Schmitt/Hörtnagl/Stratz

Umwandlungsgesetz
Umwandlungssteuergesetz

Umwandlungsgesetz
Umwandlungssteuergesetz

erläutert von

Dipl.-Kfm. PD Dr. Joachim Schmitt
Rechtsanwalt
Fachanwalt für Steuerrecht
Wirtschaftsprüfer
Bonn

Robert Hörtnagl
Rechtsanwalt
München

Rolf-Christian Stratz
Rechtsanwalt
Leipzig

6. Auflage

C.H.BECK

www.beck.de

ISBN 978 3 406 63870 1

Wilhelmstraße 9, 80801 München
Druck und Bindung: Druckerei C. H. Beck Nördlingen
(Adresse wie Verlag)

Satz: Meta Systems Publishing & Printservices GmbH, Wustermark

Gedruckt auf säurefreiem, alterungsbeständigem Papier
(hergestellt aus chlorfrei gebleichtem Zellstoff)

Vorwort zur 6. Auflage

Das Umwandlungsgesetz und das Umwandlungssteuergesetz sind und bleiben lebendige Rechtsgebiete. So waren auch in dieser Neuauflage seit 2009 verschiedene Entwicklungen zu berücksichtigen. Diesmal ist an erster Stelle das Steuerrecht zu nennen. Die Änderungen durch den Gesetzgeber waren vergleichsweise gering. Nicht minder bedeutend für die Praxis ist aber, dass Anfang 2012 die Finanzverwaltung endlich – immerhin erst fünf Jahre nach Inkrafttreten des SEStEG – mit BMF-Schreiben vom 11.11.2011 den neuen Umwandlungssteuer-Erlass veröffentlicht hat, der umfassend berücksichtigt ist. Er hat zwar manche Praxisfragen gelöst, zugleich aber andere geschaffen. Im Zivilrecht war neben Gesetzesänderungen, u.a. durch das 3. UmwÄndG, die weitere Auseinandersetzung in Literatur und Rechtsprechung nachzuvollziehen. Berücksichtigt werden konnte noch das Gesetz zur Umsetzung des EuGH-Urteils vom 20. Oktober 2011 in der Rechtssache C-284/09 vom 21. März 2913.

Neue Impulse zeichnen sich durch die Fortentwicklung der Rechtsprechung des EuGH zur grenzüberschreitenden Mobilität von Gesellschaften ab. Die Vale-Entscheidung des EuGH zum grenzüberschreitenden Formwechsel konnte bereits berücksichtigt werden. Voraussichtlich wird dies weitere Reaktionen des EU-Richtliniengebers und anschließend der nationalen Gesetzgeber auslösen. Im Steuerrecht könnte die weitere Entwicklung von der Rechtsprechung geprägt sein, die sich zunehmend mit Sachverhalten unter Geltung des SEStEG auseinandersetzen wird. Sie wird dabei auch zu entscheiden haben, ob die deutsche Umsetzung immer den EU-Vorgaben entspricht.

Unser Ziel war auch diesmal, ein Werk von Praktikern für Praktiker vorzulegen. Wenn wir auch mit Lösungsansätzen zu offenen Fragen beitragen können, freut uns dies umso mehr. Ihre Anregungen und kritischen Hinweise sind unverändert willkommen.

Bonn/München/Leipzig, Dezember 2012 — Die Autoren

Inhaltsverzeichnis

Abkürzungsverzeichnis

A	Abschnitt (bei Richtlinien)
aA	anderer Ansicht
abl	ablehnend
ABl	Amtsblatt
Abs	Absatz
abschl	abschließend
Abt	Abteilung
abzgl	abzüglich
abw	abweichend
AcP	Archiv für die civilistische Praxis (Zeitschrift)
aE	am Ende
AEAO	Anwendungserlass der Abgabenordnung
AEUV	Vertrag über die Arbeitsweise der Europäischen Union
aF	alte Fassung
AfA	Absetzung für Abnutzung
AfK	Archiv für für Kommunalwissenschaften (Zeitschrift)
AG	Aktiengesellschaft; Die Aktiengesellschaft (Zeitschrift); Amtsgericht
AIG	Auslandsinvestitionsgesetz
AK	Anschaffungskosten
AktG	Aktiengesetz
allerd	allerdings
allg	allgemein
allgM	allgemeine Meinung
Alt, alt	Alternative, alternativ
aM	anderer Meinung
Amtl Begr	Amtliche Begründung
anschl	anschließend
AnwBl	Anwaltsblatt
AO	Abgabenordnung
AP	Ausgleichsposten; Arbeitsrechtliche Praxis (Entsch-Sammlung)
AR	Aufsichtsrat
ArbG	Arbeitsgericht
ArbN	Arbeitnehmer
ArbVerh	Arbeitsverhältnis
Arg, arg	Argument, argumentum
Art	Artikel
ARUG	Gesetz zur Umsetzung der Aktionärsrechterichtlinie (RefE)
AStG	Gesetz über die Besteuerung bei Auslandsbeziehungen (Außensteuergesetz)
Aufl	Auflage
AuR	Arbeit und Recht (Zeitschrift)
ausl	ausländisch
ausr	ausreichend
außerh	außerhalb
BA	Betriebsausgaben
BAG	Bundesarbeitsgericht
BAnz	Bundesanzeiger

Abkürzungsverzeichnis

BayObLG	Bayerisches Oberstes Landesgericht
BayObLGZ	Amtliche Sammlung des Bayerischen Obersten Landesgerichts in Zivilsachen
BB	Der Betriebsberater (Zeitschrift)
BBergG	Bundesberggesetz
BBK	Buchführung, Bilanz, Kostenrechnung, Zeitschrift für das gesamte Rechnungswesen
Bd	Band
BdF	Bundesministerium der Finanzen
BE	Betriebseinnahmen
Begr	Begründung
BerlinFG	Gesetz zur Förderung der Berliner Wirtschaft
bes	besonders, besondere
Beschl	Beschluss
betr	betrifft, betreffend
BetrAVG	Gesetz zur Verbesserung der betrieblichen Altersversorgung
BetrVG	Betriebsverfassungsgesetz
BeurkG	Beurkundungsgesetz
Bew	Bewertung
BewDV	Durchführungsverordnung zum Bewertungsgesetz
BewG	Bewertungsgesetz
Bf	Beschwerdeführer
BfF	Bundesamt für Finanzen
BFH	Bundesfinanzhof
BFHE	Sammlung der Entscheidungen des Bundesfinanzhofs, hrsg von den Mitgliedern des Bundesfinanzhofs
BFH/NV	Sammlung amtlich nicht veröffentlichter Entscheidungen des Bundesfinanzhofs
BFuP	Betriebswirtschaftliche Forschung und Praxis (Zeitschrift)
BGB	Bürgerliches Gesetzbuch
BGBl	Bundesgesetzblatt
BGH	Bundesgerichtshof
BGHZ	Amtliche Sammlung von Entscheidungen des BGH in Zivilsachen
BiRiLiG	Bilanzrichtlinien-Gesetz
Bl	Blatt
BMF	Bundesminister(ium) der Finanzen
BNotO	Bundesnotarordnung
BörsUSt	Börsenumsatzsteuer
BörsUStG	Börsenumsatzsteuergesetz
BörsUStPfl; börsustpfl	Börsenumsatzsteuerpflicht, börsenumsatzsteuerpflichtig
BP	Betriebsprüfung
BR	Bundesrat
BRAGO	Bundesgebührenordnung für Rechtsanwälte
BRD	Bundesrepublik Deutschland
BR-Drs	Bundesrats-Drucksache
BReg	Bundesregierung
bspw	beispielsweise
BStBl I–III	Bundessteuerblatt (Teil I–III)
BT	Bundestag
BT-Drs	Bundestags-Drucksache
Buchst	Buchstabe
BuW	Betrieb und Wirtschaft (Zeitschrift)

BV	Betriebsvermögen
BVerfG	Bundesverfassungsgericht
BVerfGE	Amtliche Sammlung von Entscheidungen des BVerfG
BVerwG	Bundesverwaltungsgericht
BVerwGE	Amtliche Sammlung von Entscheidungen des Bundesverwaltungsgerichts
BW	Buchwert
BWNotZ	Zeitschrift für das Notariat in Baden-Württemberg
BZBl	Bundeszollblatt
bzgl	bezüglich
bzw	beziehungsweise
ca	cirka
cic	culpa in contrahendo (Verschulden bei Vertragsschluß)
DB	Der Betrieb (Zeitschrift)
DBA	Doppelbesteuerungsabkommen
Def; def	Definition, definiert, definieren
dementspr	dementsprechend
demggü	demgegenüber
DepotG	Gesetz über die Verwahrung und Anschaffung von Wertpapieren
ders	derselbe
dgl	dergleichen
dh	das heißt
dies	dieselbe(n)
Diff, diff	Differenz, differenzieren, differenzierend, differenziert
DIHT	Deutscher Industrie- und Handelstag
DiskE	Diskussionsentwurf
Diss	Dissertation
DM	Deutsche Mark
DM-BilanzG	Gesetz über die Eröffnungsbilanz in Deutscher Mark und die Kapitalneufestsetzung
DNotZ	Deutsche Notar-Zeitschrift
DÖV	Die Öffentliche Verwaltung
DRiZ	Deutsche Richter-Zeitung
Drs	Drucksache
DStJG	Deutsche Steuerjuristische Gesellschaft e. V.
DStR	Deutsche Steuer-Rundschau (bis 1961); Deutsches Steuerrecht (ab 1962), (Zeitschrift)
DStZ	Deutsche Steuer-Zeitung
DStZ/E	Deutsche Steuer-Zeitung/Eildienst (neuerdings StE)
dt	deutsch
DtZ	Deutsch-deutsche Rechts-Zeitschrift
DVBl	Deutsches Verwaltungsblatt
DVO	Durchführungsverordnung
DVR	Deutsche Verkehrsteuer-Rundschau (jetzt unter dem Namen „Umsatzsteuer- und Verkehrsteuerrecht"; UVR)
DWI	Deutsche Wirtschaft (Zeitschrift)
DZWiR	Deutsche Zeitschrift für Wirtschaftsrecht
EAV	Ergebnisabführungsvertrag
EDV	Elektronische Datenverarbeitung
EFG	Entscheidungen der Finanzgerichte (zitiert nach Seiten)

Abkürzungsverzeichnis

eG	eingetragene Genossenschaft
EG	Einführungsgesetz; Europäische Gemeinschaft
EG-RL	EG-Richtlinie
EGAktG	Einführungsgesetz zum Aktiengesetz
EGKS	Europäische Gemeinschaft für Kohle und Stahl
EHUG	Gesetz über elektronische Handelsregister und Genossenschaftsregister sowie das Unternehmensregister
Einf	Einführung
EinigungsV	Vertrag zwischen der Bundesrepublik Deutschland und der Deutschen Demokratischen Republik über die Herstellung der Einheit Deutschlands
Einl	Einleitung
einschl	einschließlich
EK	Eigenkapital
EK-Erh	Eigenkapitalerhöhung
EnWG	Energiewirtschaftsgesetz
Entspr; entspr	Entsprechendes; entsprechend, entsprechen, entspricht
EntwLStG	Entwurf Lohnsteuergesetz
ErbSt; erbstl	Erbschaftsteuer; erbschaftsteuerlich
ErbStG	Erbschaftsteuer- und Schenkungsteuergesetz
ErbStPfl; erbstpfl	Erbschaftsteuerpflicht; erbschaftsteuerpflichtig
ErfVO	Erfinderverordnung
Erg	Ergebnis
ErgBd	Ergänzungsband
ERJuKoG	Gesetz über elektronische Register und Justizkosten für Telekommunikation
ErtrSt	Ertragsteuer
EStB	Ertrag-Steuer-Berater (Zeitschrift)
EStDV	Einkommensteuer-Durchführungsverordnung
EStG	Einkommensteuergesetz
EStPfl; estpfl	Einkommensteuerpflicht, einkommensteuerpflichtig
EStR	Einkommensteuer-Richtlinien
etc	et cetera
EU	Einzelunternehmer; Europäische Union
EuGH	Gerichtshof der Europäischen Gemeinschaften
EUmwG	Diskussionsentwurf Umwandlungsgesetz
EUR	Euro
europ	europäisch
EU-RL	EU-Richtlinie
EuZW	Europäische Zeitschrift für Wirtschaftsrecht
eV	eingetragener Verein
evtl	eventuell
EW	Einheitswert
EWG	Europäische Wirtschaftsgemeinschaft
EWGV	Vertrag zur Gründung der Europäischen Wirtschaftsgemeinschaft
EWiR	Entscheidungen zum Wirtschaftsrecht (Zeitschrift)
EWIV	Europäische wirtschaftliche Interessenvereinigung
f	folgende
FA, FÄ	Finanzamt, Finanzämter
FamRZ	Zeitschrift für das gesamte Familienrecht
ff	fortfolgende
FG	Finanzgericht

FGG	Gesetz über die freiwillige Gerichtsbarkeit
FGG-RG	Gesetz zur Reform des Verfahrens in Familiensachen und in den Angelegenheiten der freiwilligen Gerichtsbarkeit (FGG-Reformgesetz)
FGO	Finanzgerichtsordnung
FinMin	Finanzministerium
FinVerw	Finanzverwaltung
Fn	Fußnote
FördGG	Gesetz über Sonderabschreibungen und Abzugsbeträge im Fördergebiet (Fördergebietsgesetz)
FR	Finanz-Rundschau
FS	Festschrift
FusionsRL	Fusions-Richtlinie
FVG	Gesetz über die Finanzverwaltung
FW	Finanzwirtschaft (Zeitschrift)
G	Gesetz
GaststättenG	Gaststättengesetz
GAV	Gewinnabführungsvertrag
Gbl	Gesetzblatt
GBO	Grundbuchordnung
GbR	Gesellschaft bürgerlichen Rechts
GBV	Grundbuchverfügung
GebrauchsmusterG	Gebrauchsmustergesetz
gem	gemäß
gem Vertr	gemeinsame(r) Vertreter
Gen	Genossenschaft
GenG	Gesetz betreffend die Erwerbs- und Wirtschaftsgenossenschaften
Ges	Gesellschaft(en)
GesBl	Gesellschaftsblatt/blätter
GeschmacksmusterG	Gesetz betreffend das Urheberrecht an Mustern und Modellen (Geschmacksmustergesetz)
GesR	Gesellschaftsrecht
GesSt	Gesellschaftsteuer
GesStPfl	Gesellschaftsteuerpflicht
GesSt-RL	Gesellschaftsteuer-Richtlinie
Gew	Gewerbe
GewArch	Gewerbearchiv (Zeitschrift)
GewErtrSt	Gewerbeertragsteuer
GewKapSt	Gewerbekapitalsteuer
GewO	Gewerbeordnung
GewSt	Gewerbesteuer
GewStG	Gewerbesteuergesetz
gewstl	gewerbesteuerlich
GewStPfl; gewstpfl	Gewerbesteuerpflicht; gewerbesteuerpflichtig
GewStR	Gewerbesteuer-Richtlinien
GG	Grundgesetz
ggf	gegebenenfalls
Ggs	Gegensatz
ggü	gegenüber
Gj	Geschäftsjahr
GKG	Gerichtskostengesetz
GmbH	Gesellschaft mit beschränkter Haftung

Abkürzungsverzeichnis

GmbH-StB	Der GmbH-Steuer-Berater (Zeitschrift)
GmbHG	Gesetz betreffend die GmbH
GmbHR	GmbH-Rundschau (Zeitschrift)
GoB	Grundsätze ordnungsgemäßer Buchführung
Grds; Grdse; Grdsen	Grundsatz; Grundsätze(n)
grdsl	grundsätzlich
GrESt	Grunderwerbsteuer
GrEStG	Grunderwerbsteuergesetz
GrS	Großer Senat
GS	Gedächtnisschrift
GStB	Gestaltende Steuerberatung (Zeitschrift)
GuV-Rechnung	Gewinn- und Verlustrechnung
GüKG	Güterfernverkehrsgesetz
GVBl	Gesetz- und Verordnungsblatt
GVG	Gerichtsverfassungsgesetz
GWB	Gesetz gegen Wettbewerbsbeschränkungen
GWG	geringwertige Wirtschaftsgüter
hA	herrschender Ansicht
HandelsR	Handelsrecht
HB	Handelsbilanz
Hdb	Handbuch
HdU	Handbuch der Unternehmensbesteuerung
HFR	Höchstrichterliche Finanzrechtsprechung (Zeitschrift)
HGB	Handelsgesetzbuch
HK	Herstellungskosten
hL	herrschende Lehre
hM	herrschende Meinung
HR	Handelsregister
HRA	Handelsrechtsausschuss
HRefG	Gesetz zur Neuregelung des Kaufmanns- und Firmenrechts und zur Änderung anderer handels- und gesellschaftsrechtlicher Vorschriften (Handelsrechtsreformgesetz)
HRegGebNeuOG	Gesetz zur Neuordnung der Gebühren in Handels-, Partnerschafts- und Genossenschaftsregistersachen (Handelsregistergebühren-Neuordnungsgesetz)
HRegGebV	Verordnung über Gebühren in Handels-, Partnerschafts- und Genossenschaftsregistersachen (Handelsregistergebührenverordnung)
Hrsg	Herausgeber
HRV	Verordnung über die Einrichtung und Führung des Handelsregisters (Handelsregisterverfügung)
HS	Halbsatz
HV	Hauptversammlung
HypBankG	Hypothekenbankgesetz
im Allg	im Allgemeinen
idF	in der Fassung
idR	in der Regel
IDW	Institut der Wirtschaftsprüfer
idS	in dem Sinne, in diesem Sinne
ieS	im engeren Sinn
iHv; iHd	in Höhe von/der
IHK	Industrie- und Handelskammer

incl	inklusive
INF	Die Information über Steuer und Wirtschaft (Zeitschrift)
inl	inländisch
innerh	innerhalb
insbes	insbesondere
insges	insgesamt
InsO	Insolvenzordnung
int; internat	international
IntV-RL	Richtlinie über die Verschmelzung von Kapitalgesellschaften aus verschiedenen Mitgliedstaaten
InvZulG	Investitionszulagengesetz
InvZulVO (DDR)	Verordnung über die Beantragung und die Gewährung von Investitionszulagen für Anlageinvestitionen (Investitionszulagen-Verordnung)
IPRax	Praxis des internationalen Privat- und Verfahrensrechts (Zeitschrift)
iRd	im Rahmen des, -r
iRe	im Rahmen eines, -r
iRv	im Rahmen von
iS	im Sinne
iSd	im Sinne des, -r
IStR	Internationales Steuerrecht (Zeitschrift)
iSv	im Sinne von
iÜ	im Übrigen
iVm	in Verbindung mit
IWB	Internationale Wirtschafts-Briefe
iwS	im weiteren Sinn
JA	Jahresabschluss
JbFfSt	Jahrbuch der Fachanwälte für Steuerrecht
JDStJG	Jahrbuch der Deutschen Steuerjuristischen Gesellschaft e. V.
jew	jeweilig, -e, jeweils
JFG	Jahrbuch für Entscheidungen in Angelegenheiten der freiwilligen Gerichtsbarkeit
JR	Juristische Rundschau
JStErgG	Jahressteuer-Ergänzungsgesetz
JStG	Jahressteuergesetz
JuMiG	Justizmitteilungsgesetz und Gesetz zur Änderung kostenrechtlicher Vorschriften und anderer Gesetze
jur	juristisch
Jura	Juristische Ausbildung (Zeitschrift)
JürBüro	Das Juristische Büro (Zeitschrift)
JuS	Juristische Schulung (Zeitschrift)
JW	Juristische Wochenschrift (jetzt als Neue Juristische Wochenschrift)
JZ	Juristenzeitung
KAG	Kommunalabgabengesetz
KAGG	Gesetz über Kapitalanlagegesellschaften
Kap	Kapital
KapErh	Kapitalerhöhung
KapErhB	Kapitalerhöhungsbeschluss
KapErhG	Gesetz über die Kapitalerhöhung aus Gesellschaftsmitteln und über die Verschmelzung von Gesellschaften mit beschränkter Haftung
KapESt	Kapitalertragsteuer

Abkürzungsverzeichnis

KapGes .... Kapitalgesellschaft
KapVerm .... Kapitalvermögen
KaRS .... Kapitalanlagen, Recht und Steuern (Zeitschrift)
KFR .... Kommentierte Finanzrechtsprechung
KG .... Kommanditgesellschaft
KGaA .... Kommanditgesellschaft auf Aktien
KiSt .... Kirchensteuer
KiStG .... Kirchensteuergesetz
Kj .... Kalenderjahr
KKZ .... Kommunal-Kassen-Zeitschrift
KO .... Konkursordnung
KöR .... Körperschaft des öffentlichen Rechts
KÖSDI .... Kölner Steuerdialog (Zeitschrift)
Komm .... Kommentar, Kommentierung
KoordG .... Koordinierungsgesetz
KostO .... Gesetz über die Kosten in den Angelegenheiten der freiwilligen Gerichtsbarkeit (Kostenordnung)
KostRMoG .... Gesetz zur Modernisierung des Kostenrechts (Kostenrechtsmodernisierungsgesetz)
KostRspr .... Kostenrechtsprechung
Krit; krit .... Kritik; kritisch
KSchG .... Kündigungsschutzgesetz
KSt; kstl .... Körperschaftsteuer; körperschaftsteuerlich
KStG .... Körperschaftsteuergesetz
KStPfl; kstpfl .... Körperschaftsteuerpflicht; körperschaftsteuerpflichtig
KStR .... Körperschaftsteuer-Richtlinien
KStZ .... Kommunale Steuer-Zeitschrift
KTS .... Konkurs, Treuhand, Schiedsgerichtswesen (Zeitschrift)
KVStDV .... Körperschaftsteuer-Durchführungsverordnung
KVStG .... Kapitalverkehrsteuergesetz
KWG .... Kreditwesengesetz

. . .-l ....-lich, -liche, -lichen, -licher
LAG .... Landesarbeitsgericht, Lastenausgleichsgesetz
lfd .... laufend
Lfg .... Lieferung
LG .... Landgericht
Lit .... Literatur
LM .... Das Nachschlagewerk des Bundesgerichtshofs, Lindenmaier und Möhring
LöschG .... Gesetz über die Auflösung und Löschung von Gesellschaften
LS .... Leitsatz
LSt .... Lohnsteuer
LSW .... Lexikon des Steuer- und Wirtschaftsrechts (Zeitschrift)
lt .... laut
Ltd .... Limited
LuF; luf .... Land- und Forstwirtschaft; land- und forstwirtschaftlich
LwAnpG .... Landwirtschaftsanpassungsgesetz

maW .... mit anderen Worten
max .... maximal
MDR .... Monatsschrift für Deutsches Recht
mE .... meines Erachtens

MgVG	Gesetz über die Mitbestimmung der Arbeitnehmer bei einer grenzüberschreitenden Verschmelzung
MHbeG	Gesetz zur Beschränkung der Haftung Minderjähriger (Minderjährigenhaftungsbeschränkungsgesetz)
Mio	Million, -en
MitbestG	Gesetz über die Mitbestimmung der Arbeitnehmer (Mitbestimmungsgesetz)
MitbestErgG	Mitbestimmungsergänzungsgesetz
MittBayNot	Mitteilungen der Bayerischen Notar-Kammer (Zeitschrift)
MittRhNotK	Mitteilungen des Bayerischen Notarvereins (Zeitschrift)
mN	mit Nachweis(en)
MontanMitbestG	Gesetz über die Mitbestimmung der Arbeitnehmer in den Aufsichtsräten und Vorständen der Unternehmen des Bergbaus und der Eisen und Stah erzeugenden Industrie
mR	mit Recht
MU	Mitunternehmer
mwN	mit weiteren Nachweisen
Nachw	Nachweis
nat	national/es
nF	neue Fassung
NJW	Neue Juristische Wochenschrift
NJW-RR	NJW-Rechtsprechungsreport
notw	notwendig
nrk	nicht rechtskräftig
Nr	Nummer, Nummern
NStR	Neues Steuerrecht von A bis Z
nv	nicht veröffentlicht
NVwZ	Neue Zeitschrift für Verwaltungsrecht
NWB	Neue Wirtschafts-Briefe für Steuer und Wirtschaftsrecht
NZA	Neue Zeitschrift für Arbeitsrecht
oä; oÄ	oder ähnlich; oder Ähnliches
obj	objektiv
OECD	Organisation for Economic Cooperation and Development (Organisation für wirtschaftliche Zusammenarbeit und Entwicklung)
OECD-MA	OECD-Musterabkommen
OFD	Oberfinanzdirektion
öffentl	öffentlich
OHG	Offene Handelsgesellschaft
OLG	Oberlandesgericht
p. a.	per anno (im Jahr)
PartGes	Partnerschaftsgesellschaft
PartVertrag	Partnerschaftsvertrag
PatG	Patentgesetz
PersGes	Personengesellschaft
PhG, phG	Personenhandelsgesellschaft; persönlich haftende(r) Gesellschafter
prakt	praktisch
PublG	Gesetz über die Rechnungslegung von bestimmten Unternehmen und Konzernen (Publizitätsgesetz)

Abkürzungsverzeichnis

PV	Privatvermögen
pVV	positive Vertragsverletzung
RAP	Rechnungsabgrenzungsposten
RBeratG	Rechtsberatungsgesetz
rd	rund
RdA	Recht der Arbeit (Zeitschrift)
RefE	Referentenentwurf
RefEUmwG	Referentenentwurf Umwandlungsgesetz
RegBegr	Regierungsbegründung
RegE	Regierungsentwurf
RegEBegr	Regierungsentwurfsbegründung
regelm	regelmäßig
RegVBG	Gesetz zur Vereinfachung und Beschleunigung registerrechtlicher und anderer Verfahren (Registerverfahrensbeschleunigungsgesetz)
REIT	Real Estate Investment Trust
Rev	Revision
RfB	Rückstellung für Beitragsrückerstattungen
RFH	Reichsfinanzhof
RFHE	Sammlung der Entscheidungen und Gutachten des RFH
RG	Reichsgericht
RGBl	Reichsgesetzblatt
RGZ	Entscheidungen des Reichsgerichts in Zivilsachen
RIW	Recht der internationalen Wirtschaft (Zeitschrift)
rkr	rechtskräftig
RL	Richtlinie
RMBl	Reichsministerialblatt
Rn	Randnummer
Rpfleger	Rechtspfleger
RpflG	Rechtspflegergesetz
Rspr	Rechtsprechung
RSt	Rückstellung
RStBl	Reichssteuerblatt
RWP	Rechts- und Wirtschaftspraxis (LoseblattSlg)
S	Seite, iVm §§-Angabe: Satz
SA	Sonderausgaben
SBV	Sonderbetriebsvermögen
SchiffsBG	Gesetz über Rechte an eingetragenen Schiffen und Schiffsbauwerken
Schrb	Schreiben
SEStEG	Gesetz über steuerliche Begleitmaßnahmen zur Einführung der Europäischen Gesellschaft und zur Änderung weiterer steuerrechtlicher Vorschriften
Sen	Senat
SlG	Sammlung der Rechtsprechung des Gerichtshofes und des Gerichts Erster Instanz (EuGH)
SMG	Schuldrechtsmodernisierungsgesetz
sog	so genannt
SolZ	Solidaritätszuschlag
SozVers	Sozialversicherung
SpTrUG	Gesetz über die Spaltung der von der Treuhand verwalteten Unternehmen

StÄndG	Steueränderungsgesetz
StandOG	Gesetz zur Verbesserung der steuerlichen Bedingungen zur Sicherung des Wirtschaftsstandorts Deutschland im Europäischen Binnenmarkt (Standortsicherungsgesetz)
StB	Steuerbilanz; Der Steuerberater (Zeitschrift)
StBerG	Gesetz zur Bereinigung von steuerlichen Vorschriften (Steuerbereinigungsgesetz)
Stbg	Die Steuerberatung (Zeitschrift)
StbJb	Steuerberater-Jahrbuch
StBp	Die steuerliche Betriebsprüfung (Zeitschrift)
StE	Steuer-Eildienst
StEK	Steuererlasse in Karteiform, herausgegeben von Felix
StEntlG	Steuerentlastungsgesetz
SteuerSem	Steuer-Seminar (Zeitschrift)
SteuerStud	Steuer und Studium (Zeitschrift)
stfrei	steuerfrei
StK	Stammkapital
StKongrRep	Steuerkongreß-Report
stl	steuerlich
StLex	Steuer-Lexikon
StMBG	Gesetz zur Bekämpfung des Mißbrauchs und zur Bereinigung des Steuerrechts (Mißbrauchsbekämpfungs- und Steuerbereinigungsgesetz)
StPfl; stpfl	Steuerpflicht; steuerpflichtig
Stpfl	Steuerpflichtiger, -en, -e
StR	Steuerrecht
str	strittig
StRefG	Steuerreformgesetz
StRK	Steuerrechtsprechung in Karteiform
stRspr	ständige Rechtsprechung
StSenkG	Gesetz zur Senkung der Steuersätze und zur Reform der Unternehmensbesteuerung (Steuersenkungsgesetz)
StückAG	Gesetz über die Zulassung von Stückaktien
StuW	Steuer und Wirtschaft (Zeitschrift)
StVergAbG	Gesetz zum Abbau von Steuervergünstigungen und Ausnahmeregelungen (Steuervergünstigungsabbaugesetz)
StVj	Steuerliche Vierteljahresschrift (Zeitschrift)
subj	subjektiv
SV	Sondervermögen
Tats; tats	Tatsache; tatsächlich
Tb-Merkmal	Tatbestandsmerkmal
teilw	teilweise
TVG	Tarifvertragsgesetz
TW	Teilwert
ua	unter anderem
uÄ	und Ähnliches
Ubg	Die Unternehmensbesteuerung (Zeitschrift)
UG	Unternehmergesellschaft
UMAG	Gesetz zur Unternehmensintegrität und Modernisierung des Anfechtungsrechts
umstr	umstritten

Abkürzungsverzeichnis

Umw	Umwandlung
UmwBerG	Umwandlungsbereinigungsgesetz
UmwG	Umwandlungsgesetz
UmwR	Umwandlungsrecht
UmwStG	Umwandlungssteuergesetz
UntStFG	Gesetz zur Fortsetzung der Unternehmenssteuerreform
unzutr	unzutreffend
UR	Umsatzsteuer-Rundschau (Zeitschrift)
Urt	Urteil
USA	Vereinigte Staaten von Amerika
USt	Umsatzsteuer
UStG	Umsatzsteuergesetz
ustl	umsatzsteuerlich
UstPfl; ustpfl	Umsatzsteuerpflicht; umsatzsteuerpflichtig
UStR	Umsatzsteuer-Richtlinien
uU	unter Umständen
uva	und viele andere
UVR	Umsatzsteuer- und Verkehrsteuerrecht
UWG	Gesetz gegen den unlauteren Wettbewerb
va	vor allem
VA	Verwaltungsakt
VAG	Versicherungsaufsichtsgesetz
vEK	verwendbares Eigenkapital
Verb	Verbindlichkeit
Verm	Vermögen
VermG	Gesetz zur Regelung offener Vermögensfragen
VermSt	Vermögensteuer (siehe auch VSt)
VermStPfl; vermstpfl	Vermögensteuerpflicht, -pflichtig
Verschm	Verschmelzung, verschmelzen
VersR	Versicherungsrecht (Zeitschrift)
VersW	Versicherungswirtschaft (Zeitschrift)
Vfg	Verfügung
VG	Verwaltungsgericht
vGA	verdeckte Gewinnausschüttung
VGBest	Bestimmung des Bundesrats über das Vereinsregister und das Güterrechtsregister
Vgl; vgl	Vergleich; vergleiche
vglbar	vergleichbar
Vor; Vorb	Vorbemerkung
VormschG	Vormundschaftsgericht
VSt	Vermögensteuer (siehe auch VermSt)
vstl	vermögensteuerlich
VStR	Vermögensteuer-Richtlinien
VuV	Vermietung und Verpachtung
VVaG	Versicherungsverein auf Gegenseitigkeit
VwGO	Verwaltungsgerichtsordnung
VwVG	Verwaltungsvollstreckungsgesetz
VwZG	Verwaltungszustellungsgesetz
VZ	Veranlagungszeitraum
WE	Willenserklärung
WEG	Gesetz über das Wohnungseigentum und das Dauerwohnrecht (Wohnungseigentumsgesetz)

WG	Wirtschaftsgut
Wj	Wirtschaftsjahr
WM	Wertpapier-Mitteilungen (Zeitschrift)
wN	weitere Nachweise
WPg	Die Wirtschaftsprüfung (Zeitschrift)
WPrax	Wirtschaftsrecht und Praxis (Zeitschrift)
WStH	Die Wirtschafts- und Steuer-Hefte
WuB	Entscheidungssammlung zum Wirtschafts- und Bankrecht
zB	zum Beispiel
ZfbF	Schmalenbachs Zeitschrift für betriebswirtschaftliche Forschung
ZGR	Zeitschrift für Unternehmens- und Gesellschaftsrecht
ZHR	Zeitschrift für das gesamte Handelsrecht und Wirtschaftsrecht
Ziff	Ziffer
ZIP	Zeitschrift für Wirtschaftsrecht
zit	zitiert
ZKF	Zeitschrift für Kommunalfinanzen
ZonenRFG, ZRFG	Gesetz zur Förderung des Zonenrandgebiets (Zonenrandförderungsgesetz)
ZPO	Zivilprozessordnung
ZRP	Zeitschrift für Rechtspolitik
Zshg	Zusammenhang
zT	zum Teil
ZTR	Zeitschrift für Tarifrecht
zugel	zugelassen
zul	zulässig
zust	zustimmend
zutr	zutreffend
ZVersWiss	Zeitschrift für die gesamte Versicherungswissenschaft
ZVR	Zeitschrift für Verkehrsrecht
ZW	Zwischenwert
zzgl	zuzüglich
ZZP	Zeitschrift für Zivilprozeß
zZt	zur Zeit

Verzeichnis der abgekürzt verwendeten Literatur

ADS	Adler/Düring/Schmaltz, Rechnungslegung und Prüfung der Unternehmen, Loseblatt
Baumbach/Hopt/*Bearbeiter* HGB	Baumbach/Hopt, Handelsgesetzbuch, 35. Aufl 2012
Baumbach/Hueck AktG	Baumbach/Hueck, Aktiengesetz, 13. Aufl 1968
Baumbach/Hueck/*Bearbeiter* GmbHG	Baumbach/Hueck, Kommentar zum GmbH-Gesetz, 20. Aufl 2013
Baumbach/Lauterbach/*Bearbeiter* ZPO	Baumbach/Lauterbach/Albers/Hartmann, Zivilprozessordnung, 71. Aufl 2013
BeBiKo/*Bearbeiter*	Beck'scher Bilanz-Kommentar, hrsg von Ellrott/Förschle/Grottel/Kozikowski/Schmidt/Winkeljohann, 8. Aufl 2012
BeckHdB GmbH/*Bearbeiter*	Beck'sches Handbuch der GmbH, 4. Aufl 2009, hrsg von Müller/Winkeljohann
Beuthien/*Bearbeiter* GenG	Beuthien, Genossenschaftsgesetz, 15. Aufl 2011
Biergans	Biergans, Einkommensteuer, 6. Aufl 1992
Blümich/*Bearbeiter*	Blümich, EStG KStG GewStG, Kommentar, Stand 2012
Boecken	Boecken, Unternehmensumwandlungen und Arbeitsrecht, 1996
Böttcher/Zartmann/Kandler	Böttcher/Zartmann/Kandler, Wechsel der Unternehmensform: Umwandlung – Verschmelzung – Einbringung, 4. Aufl 1982
Bordewin/Brandt/*Bearbeiter* EStG	Bordewin/Brandt, Kommentar zum Einkommensteuergesetz, Loseblatt, Stand 2012
Boruttau/*Bearbeiter*	Boruttau, Grunderwerbsteuergesetz, Kommentar, 17. Aufl 2011
BFW/*Bearbeiter*	Budde/Förschle/Winkeljohann, Sonderbilanzen, 4. Aufl 2008
Budde/Forster/*Bearbeiter*	Budde/Forster, D-Markbilanzgesetz, Kommentar, 1991; Ergänzungsband
Bumiller/Haders/*Bearbeiter* FamFG	Bumiller/Haders, Freiwillige Gerichtsbarkeit, 10. Aufl 2011
Bunjes/Geist UStG	Bunjes, Umsatzsteuergesetz Kommentar, 11. Aufl 2012
Debatin/Wassermeyer/*Bearbeiter* DBA	Debatin/Wassermeyer, Doppelbesteuerung, Kommentar, Loseblatt, Stand September 2012
Dehmer UmwSt-Erlaß	Dehmer, Umwandlungssteuer-Erlaß 1998
Demharter GBO	Demharter, Grundbuchordnung, 18. Aufl 2012
Dötsch/Jost/Pung/Witt	Dötsch/Jost/Pung/Witt, Die Körperschaftsteuer, Kommentar, Loseblatt, Stand 2012
DPPM/*Bearbeiter*	Dötsch/Patt/Pung/Möhlenbrock, Umwandlungssteuerrecht, 7. Aufl 2012
Eisgruber/*Bearbeiter*	Eisgruber, Umwandlungssteuergesetz, Kommentar, 2012

Literaturverzeichnis

Emmerich/Habersack/*Bearbeiter*	Emmerich/Habersack, Aktien- und GmbH-Konzernrecht, Kommentar, 6. Aufl 2010
Engelmeyer	Engelmeyer, Die Spaltung von Aktiengesellschaften nach dem neuen Umwandlungsrecht, (Diss Bielefeld 1995)
ErfK/*Bearbeiter*	Müller-Glöge/Preis/Schmidt, Erfurter Kommentar zum Arbeitsrecht, 13. Aufl 2013
FKBP/*Bearbeiter*	Fahr/Kaulbach/Bähr/Pohlmann, Versicherungsaufsichtsgesetz, 5. Aufl 2012
Fitting/*Bearbeiter* BetrVG	Fitting/Engels/Schmidt/Trebinger/Linsenmaier, Betriebsverfassungsgesetz, Handkommentar, 26. Aufl 2012
Flick/Wassermeyer/Baumhoff/Schönfeld	Flick/Wassermeyer/Baumhoff/Schönfeld, Kommentar zum Außensteuerrecht, Loseblatt, Stand November 2011
Fritzsche/Dreier/Verfürth	Fritzsche/Dreier/Verfürth, Kommentar zum Spruchverfahrensgesetz, 2004
Frotscher/Maas/*Bearbeiter*	Frotscher/Maas, Kommentar zum Körperschaft-, Gewerbe- und Umwandlungssteuergesetz, Loseblatt, Stand 2012
Ganske	Ganske, Umwandlungsrecht, 2. Aufl 1995
Glade/Steinfeld	Glade/Steinfeld, Umwandlungssteuergesetz 1977: Gesetz über steuerliche Maßnahmen bei Änderung der Unternehmensform, Kommentar, 3. Aufl 1980
Glanegger/Güroff/*Bearbeiter* GewStG	Glanegger/Güroff, Gewerbesteuergesetz, Kommentar, 7. Aufl 2009
GK-HGB/*Bearbeiter*	Ensthaler, Gemeinschaftskommentar zum Handelsgesetzbuch, Loseblatt, 7. Aufl 2007
GKT/*Bearbeiter*	Goutier/Knopf/Tulloch, Kommentar zum Umwandlungsrecht, 1996
Gosch/*Bearbeiter*	Gosch, Kommentar zum Körperschaftsteuergesetz, 2. Aufl 2009
GroßKomm AktG/*Bearbeiter*	Aktiengesetz, Großkommentar, hrsg von Hopt/Wiedemann, 4. Aufl 1992 ff
GroßKomm HGB	siehe Staub
Gürsching/Stenger/*Bearbeiter*	Gürsching/Stenger, Bewertungsrecht – BewG ErbStG, Loseblatt-Kommentar, Stand 2011
Gustavus/Böhringer/Melchior	Gustavus/Böhringer/Melchior, Handelsregister-Anmeldungen, 7. Aufl 2009
Haase/Hruschka/*Bearbeiter*	Haase/Hruschka, Umwandlungssteuergesetz, Praxiskommentar, 2012
Hachenburg/*Bearbeiter* GmbHG	Hachenburg, Gesetz betreffend die Gesellschaften mit beschränkter Haftung (GmbHG), Großkommentar, Bd 3, 8. Aufl 1992-1997
Habersack/Drinhausen/*Bearbeiter*	Habersack/Drinhausen SE-Recht, 2013
Haritz/Menner/*Bearbeiter*	Haritz/Menner, Umwandlungssteuergesetz, Kommentar, 3. Aufl 2010
Hartmann	Hartmann, Kostengesetze, 42. Aufl 2012
Hauschild/Kallrath/Wachter/*Bearbeiter*	Hauschild/Kallrath/Wachter, Notarhandbuch Gesellschafts- und Unternehmensrecht, 2011

HdR/*Bearbeiter*	Küting/Weber, Handbuch der Rechnungslegung, Loseblatt
Henssler/Strohn/*Bearbeiter*	Henssler/Strohn, Gesellschaftsrecht, 2011
Herrmann/Heuer/Raupach/*Bearbeiter*	Herrmann/Heuer/Raupach, Einkommensteuer- und Körperschaftsteuergesetz, Loseblatt-Kommentar, Stand 2012
Hettler/Stratz/Hörtnagl/*Bearbeiter*	Hettler/Stratz/Hörtnagl, Beck'sches Mandatshandbuch Unternehmenskauf, 2. Aufl 2012
Heymann/*Bearbeiter* HGB	Heymann, Handelsgesetzbuch, Kommentar, 2. Aufl 1995 ff
HK HGB/*Bearbeiter*	Glanegger ua, Heidelberger Kommentar zum Handelsgesetzbuch, 7. Aufl 2007
Hübschmann/Hepp/Spitaler	Hübschmann/Hepp/Spitaler, Kommentar zur Abgabenordnung und Finanzgerichtsordnung, Loseblatt
Hüffer AktG	Hüffer, Aktiengesetz, Kommentar, 10. Aufl 2012
Kallmeyer/*Bearbeiter*	Kallmeyer, Umwandlungsgesetz, 4. Aufl 2009
Keidel/*Bearbeiter* FamFG	Keidel, Kommentar zum Gesetz über das Verfahren in Familiensachen und in den Angelegenheiten der freiwilligen Gerichtsbarkeit, 17. Aufl 2011
Kessler/Kühnberger/*Bearbeiter*	Kessler/Kühnberger, Umwandlungsrecht, 2009
Kirchhof/Söhn/Mellinghoff/*Bearbeiter*	Kirchhof/Söhn/Mellinghoff, Einkommensteuergesetz, Loseblatt-Kommentar
Kirchhof/*Bearbeiter* EStG	Kirchhof, Einkommensteuergesetz, Kommentar, 11. Aufl 2012
KLBR/*Bearbeiter* KostO	Korintenberg/Lappe/Bengel/Reimann, Kostenordnung, Kommentar, 18. Aufl 2010
Klein/*Bearbeiter*	Klein, Kommentar zur Abgabenordnung, 11. Aufl 2012
Klöcker/Frowein	Klöcker/Frowein, Spruchverfahrensgesetz, Kommentar, 2004
Knobbe-Keuk	Knobbe-Keuk, Bilanzsteuerrecht und Unternehmenssteuerrecht, 9. Aufl 1993
KölnerKommAktG/*Bearbeiter*	Kölner Kommentar zum Aktiengesetz, hrsg von Zöllner/Noack, 3. Aufl 2004 ff
KölnerKommSpruchG/*Bearbeiter*	Kölner Kommentar zum Spruchverfahrensgesetz, hrsg von Riegger/Wasmann, 2005
KölnerKommUmwG/*Bearbeiter*	Kölner Kommentar zum Umwandlungsgesetz, hrsg von Dauner-Lieb/Simon, 2009
Kraft/Edelmann/*Bearbeiter*	Kraft/Edelmann, Umwandlungssteuergesetz, 2012
Kreutziger/Schaffner/Stephany/*Bearbeiter* BewG	Kreutziger/Schaffner/Stephany, Bewertungsgesetz, 3. Aufl 2013
Kühn/v. Wedelstädt AO/FGO	Kühn/v. Wedelstädt, Abgabenordnung – Finanzgerichtsordnung – Nebengesetze, 20. Aufl 2011
Lademann/*Bearbeiter* EStG	Lademann, Kommentar zum Einkommensteuergesetz, Loseblatt, Stand 2012
Lademann/*Bearbeiter*	Lademann, Umwandlungssteuergesetz, 2012
Lang/Weidmüller	Lang/Weidmüller, Genossenschaftsgesetz, 37. Aufl 2011
Lenski/Steinberg GewStG	Lenski/Steinberg, Kommentar zum Gewerbesteuergesetz, Loseblatt

Literaturverzeichnis

Limmer/*Bearbeiter*	Limmer, Handbuch der Unternehmensumwandlung, 4. Aufl 2012
Littmann/Bitz/Pust EStG	Littmann/Bitz/Pust, Das Einkommensteuerrecht, Loseblatt-Kommentar, Stand 2012
Löwisch/Kaiser BetrVG	Löwisch/Kaiser, Betriebsverfassungsgesetz, Kommentar, 6. Aufl 2010
Lutter/*Bearbeiter*, Kölner Umwandlungsrechtstage 1995	Lutter, Kölner Umwandlungsrechtstage, Verschmelzung, Spaltung, Formwechsel nach dem neuen Umwandlungsrecht und Umwandlungssteuerrecht, 1995
Lutter/*Bearbeiter*	Lutter/Winter, Umwandlungsgesetz, Kommentar, 4. Aufl 2009
Lutter/Hommelhoff/*Bearbeiter* GmbHG	Lutter/Hommelhoff, GmbH-Gesetz, Kommentar, 18. Aufl 2012
Lutter/Hommelhoff/*Bearbeiter* SE-Komm	Lutter/Hommelhoff, SE-Kommentar, 2008
Lutter/Hommelhoff SE/ *Bearbeiter*	Lutter/Hommelhoff, Die Europäische Gesellschaft, 2005
Lutter/*Bearbeiter* Holding-HdB	Lutter/Jesse/Keller, Holding-Handbuch, 2004
Manz/Mayer/Schröder	Manz/Mayer/Schröder, Europäische Aktiengesellschaft SE, 2. Aufl 2010
Maulbetsch/Klumpp/Rose/ *Bearbeiter*	Maulbetsch/Klumpp/Rose, Umwandlungsgesetz, 2008
Meincke ErbStG	Meincke, Kommentar zum Erbschaftsteuer- und Schenkungsteuergesetz, 16. Aufl 2012
Metz/Schaffland GenG	Metz/Schaffland, Genossenschaftsgesetz, 2. Aufl 1999
Meyer-Scharenberg	Meyer-Scharenberg, Umwandlungsrecht: Einführung – Gesetze – Materialien zum neuen Handels- und Steuerrecht, 1995
Michalski/*Bearbeiter*	Michalski, GmbHG-Kommentar, 2. Aufl 2010
Michalski/Römermann PartGG	Michalski/Römermann, Partnerschaftsgesellschaftsgesetz, Kommentar, 3. Aufl 2005
MHdB AG/*Bearbeiter*	Münchener Handbuch des Gesellschaftsrechts, Band 4: Aktiengesellschaft, hrsg von Hoffmann-Becking, 3. Aufl 2007
MüKoAktG/*Bearbeiter*	Münchener Kommentar zum Aktiengesetz, hrsg Goette/Habersack, 3. Aufl 2008-2013
MüKoBGB/*Bearbeiter*	Münchener Kommentar zum Bürgerlichen Gesetzbuch, hrsg von Rixecker/Säcker/Oetker, 6. Aufl 2012 ff
MüKoHGB/*Bearbeiter*	Münchener Kommentar zum HGB, hrsg von K. Schmidt, 3. Aufl 2010 ff
MüKoInsO/*Bearbeiter*	Münchener Kommentar zur Insolvenzordnung, hrsg von Kirchhof/Lwowski/Stürner, Bd 1: 2. Aufl 2007, Bd 2: 2. Aufl 2008, Bd 3: 2. Aufl 2008
MüKoZPO/*Bearbeiter*	Münchener Kommentar zur ZPO, hrsg von Krüger/Rauscher, 4. Aufl 2012 ff
MVHdB GesR/*Bearbeiter*	Münchener Vertragshandbuch, Bd 1: Gesellschaftsrecht, hrsg von Heidenhain/Meister, 7. Aufl 2011
Palandt/*Bearbeiter* BGB	Palandt, Bürgerliches Gesetzbuch, 72. Aufl 2013
Petersen/Zwirner/Brösel/ *Bearbeiter* BilR	Petersen/Zwirner/Brösel, Systematischer Praxiskommentar Bilanzrecht, 2010

Petersen/Zwirner/Brösel HdB BilR	Petersen/Zwirner/Brösel, Handbuch Bilanzrecht. Abschlussprüfung und Sonderfragen in der Rechnungslegung, 2010
PFB/*Bearbeiter* GenG	Pöhlmann/Fandrich/Bloehs, Genossenschaftsgesetz, Kommentar, 4. Aufl 2012
Prölss/*Bearbeiter* VAG	Prölss, Versicherungsaufsichtsgesetz, Kommentar, 12. Aufl 2005
Rau/Dürrwächter/*Bearbeiter* UStG	Rau/Dürrwächter, Kommentar zum Umsatzsteuergesetz, Loseblatt
RHL/*Bearbeiter*	Rödder/Herlinghaus/van Lishaut, Umwandlungssteuergesetz, 2008
Rowedder/Schmidt-Leithoff/*Bearbeiter* GmbHG	Rowedder/Schmidt-Leithoff, GmbHG, Kommentar, 5. Aufl 2013
SBB/*Bearbeiter*	Sagasser/Bula/Brünger, Umwandlungen - Verschmelzung, Spaltung, Formwechsel, Vermögensübertragung, 4. Aufl 2011
Schaub/*Bearbeiter*	Schaub, Arbeitsrechts-Handbuch, bearbeitet von Schaub/Koch/Linck/Treber/Vogelsang, 14. Aufl 2011
Schaumburg/Rödder UmwG/UmwStG	Schaumburg/Rödder, Umwandlungsgesetz/Umwandlungssteuergesetz, 1995
Schlegelberger/*Bearbeiter* HGB	Schlegelberger, Handelsgesetzbuch, Kommentar, 5. Aufl 1973 ff
K. Schmidt GesR	K. Schmidt, Gesellschaftsrecht, 4. Aufl 2002
L. Schmidt/*Bearbeiter* EStG	L. Schmidt, Einkommensteuergesetz, Kommentar, 31. Aufl 2012
Schneider/Ruoff/Sistermann	Schneider/Ruoff/Sistermann, Umwandlungssteuer-Erlass 2011
Schöner/Stöber/*Bearbeiter*	Schöner/Stöber, Grundbuchrecht, 15. Aufl 2012
Scholz/*Bearbeiter* GmbHG	Scholz, Kommentar zum GmbH-Gesetz, 10. Aufl 2006 ff; Bd 1: 11. Aufl 2012
Schwarz	Schwarz, Verordnung (EG) Nr. 2157/2001 des Rates über das Statut der Europäischen Gesellschaft (SE) – SE-VO, 2006
Seibert/Kiem/Schüppen/*Bearbeiter*	Seibert/Kiem/Schüppen, Handbuch der kleinen AG, 5. Aufl 2008
Semler/Stengel/*Bearbeiter*	Semler/Stengel, Umwandlungsgesetz, 3. Aufl 2012
Simon/*Bearbeiter*	Simon, Spruchverfahrensgesetz, 2007
Sölch/Ringleb/*Bearbeiter* UStG	Sölch/Ringleb, Umsatzsteuergesetz, Kommentar, Loseblatt, Stand 2012
Soergel/*Bearbeiter* BGB	Soergel, Bürgerliches Gesetzbuch mit Einführungsgesetzen, 13. Aufl 1999 ff
Staub/*Bearbeiter*	Staub, Großkommentar zum Handelsgesetzbuch, hrsg von Canaris/Habersack/Schäfer, 4. Aufl. 1983 ff; 5. Aufl 2008 ff
Staudinger/*Bearbeiter* BGB	Staudinger, Kommentar zum Bürgerlichen Gesetzbuch
Streck/*Bearbeiter* KStG	Streck, Körperschaftsteuergesetz mit Nebengesetzen, Kommentar, 7. Aufl 2008
Streinz	Streinz, EUV/AEUV Vertrag über die Europäische Union und Vertrag über die Arbeitsweise der Europäischen Union, 2. Aufl 2012

Literaturverzeichnis

Theisen/Wenz/*Bearbeiter*	Theisen/Wenz, Die Europäische Aktiengesellschaft, 2. Aufl 2005
Tipke/Lang/*Bearbeiter*	Tipke/Lang, Steuerrecht, 21. Aufl 2013
Tipke/Kruse/*Bearbeiter* AO/FGO	Tipke/Kruse, Abgabenordnung · Finanzgerichtsordnung, Loseblatt-Kommentar, Stand 2012
Ulmer/*Bearbeiter*	Ulmer/Habersack/Winter, GmbHG, Großkommentar, 2008
Van Hulle/Maul/Drinhausen/*Bearbeiter*	Van Hulle/Maul/Drinhausen, Handbuch zur Europäischen Gesellschaft (SE), 2007
Bearbeiter FS Widmann	Wassermeyer/Mayer/Rieger, Umwandlungen im Zivil- und Steuerrecht, Festschrift für Siegfried Widmann, 2000
Widmann/Mayer/*Bearbeiter*	Widmann/Mayer, Umwandlungsrecht, Loseblatt, Stand 2012
Wlotzke/Preis/Kreft/*Bearbeiter* BetrVG	Wlotzke/Preis/Kreft, Betriebsverfassungsgesetz, Kommentar, 4. Aufl 2009
WHSchS/*Bearbeiter*	Willemsen/Hohenstatt/Schweibert/Seibt, Umstrukturierung und Übertragung von Unternehmen, 4. Aufl 2011
Winkeljohann/Fuhrmann	Winkeljohann/Fuhrmann, Handbuch des Umwandlungssteuerrechts, 2007
Winnefeld	Winnefeld, Bilanz-Handbuch 4. Aufl 2006
WP-HdB	Wirtschaftsprüfer-Handbuch, Bd I, 14. Aufl 2012; Bd II, 13. Aufl 2007
WP-HdU	WP-Handbuch der Unternehmensbesteuerung, 2. Aufl, Ergänzungsband 1995
Zöller/*Bearbeiter* ZPO	Zöller, Zivilprozessordnung, 29. Aufl 2012

Gesetzestexte

Umwandlungsgesetz (UmwG)

Vom 28. Oktober 1994 (BGBl I 3210, ber 1995, 428)

Zuletzt geändert durch Art 2 Abs 48 Gesetz zur Änderung von Vorschriften über Verkündung und Bekanntmachungen sowie der ZPO, des EGZPO und der AO vom 22. Dezember 2011 (BGBl I 3044)

FNA 4120-9-2

Inhaltsverzeichnis

Drittes Buch. Spaltung (§§ 123–173)

Viertes Buch. Vermögensübertragung (§§ 174–189)

Erstes Buch. Möglichkeiten von Umwandlungen

§ 1 Arten der Umwandlung; gesetzliche Beschränkungen

(1) Rechtsträger mit Sitz im Inland können umgewandelt werden
1. durch Verschmelzung;
2. durch Spaltung (Aufspaltung, Abspaltung, Ausgliederung);
3. durch Vermögensübertragung;
4. durch Formwechsel.

(2) Eine Umwandlung im Sinne des Absatzes 1 ist außer in den in diesem Gesetz geregelten Fällen nur möglich, wenn sie durch ein anderes Bundesgesetz oder ein Landesgesetz ausdrücklich vorgesehen ist.

(3) [1] Von den Vorschriften dieses Gesetzes kann nur abgewichen werden, wenn dies ausdrücklich zugelassen ist. [2] Ergänzende Bestimmungen in Verträgen, Satzungen oder Willenserklärungen sind zulässig, es sei denn, daß dieses Gesetz eine abschließende Regelung enthält.

Zweites Buch. Verschmelzung

Erster Teil. Allgemeine Vorschriften

Erster Abschnitt. Möglichkeit der Verschmelzung

§ 2 Arten der Verschmelzung

Rechtsträger können unter Auflösung ohne Abwicklung verschmolzen werden
1. im Wege der Aufnahme durch Übertragung des Vermögens eines Rechtsträgers oder mehrerer Rechtsträger (übertragende Rechtsträger) als Ganzes auf einen anderen bestehenden Rechtsträger (übernehmender Rechtsträger) oder
2. im Wege der Neugründung durch Übertragung der Vermögen zweier oder mehrerer Rechtsträger (übertragende Rechtsträger) jeweils als Ganzes auf einen neuen, von ihnen dadurch gegründeten Rechtsträger

gegen Gewährung von Anteilen oder Mitgliedschaften des übernehmenden oder neuen Rechtsträgers an die Anteilsinhaber (Gesellschafter, Partner, Aktionäre oder Mitglieder) der übertragenden Rechtsträger.

§ 3 Verschmelzungsfähige Rechtsträger

(1) An Verschmelzungen können als übertragende, übernehmende oder neue Rechtsträger beteiligt sein:
1. Personenhandelsgesellschaften (offene Handelsgesellschaften, Kommanditgesellschaften) und Partnerschaftsgesellschaften;
2. Kapitalgesellschaften (Gesellschaften mit beschränkter Haftung, Aktiengesellschaften, Kommanditgesellschaften auf Aktien);
3. eingetragene Genossenschaften;
4. eingetragene Vereine (§ 21 des Bürgerlichen Gesetzbuchs);
5. genossenschaftliche Prüfungsverbände;
6. Versicherungsvereine auf Gegenseitigkeit.

(2) An einer Verschmelzung können ferner beteiligt sein:
1. wirtschaftliche Vereine (§ 22 des Bürgerlichen Gesetzbuchs), soweit sie übertragender Rechtsträger sind;
2. natürliche Personen, die als Alleingesellschafter einer Kapitalgesellschaft deren Vermögen übernehmen.

(3) An der Verschmelzung können als übertragende Rechtsträger auch aufgelöste Rechtsträger beteiligt sein, wenn die Fortsetzung dieser Rechtsträger beschlossen werden könnte.

(4) Die Verschmelzung kann sowohl unter gleichzeitiger Beteiligung von Rechtsträgern derselben Rechtsform als auch von Rechtsträgern unterschiedlicher Rechtsform erfolgen, soweit nicht etwas anderes bestimmt ist.

Zweiter Abschnitt. Verschmelzung durch Aufnahme

§ 4 Verschmelzungsvertrag

(1) [1] Die Vertretungsorgane der an der Verschmelzung beteiligten Rechtsträger schließen einen Verschmelzungsvertrag. [2] § 311b Abs. 2 des Bürgerlichen Gesetzbuchs gilt für ihn nicht.

(2) Soll der Vertrag nach einem der nach § 13 erforderlichen Beschlüsse geschlossen werden, so ist vor diesem Beschluß ein schriftlicher Entwurf des Vertrags aufzustellen.

§ 5 Inhalt des Verschmelzungsvertrags

(1) Der Vertrag oder sein Entwurf muß mindestens folgende Angaben enthalten:

1. den Namen oder die Firma und den Sitz der an der Verschmelzung beteiligten Rechtsträger;
2. die Vereinbarung über die Übertragung des Vermögens jedes übertragenden Rechtsträgers als Ganzes gegen Gewährung von Anteilen oder Mitgliedschaften an dem übernehmenden Rechtsträger;
3. das Umtauschverhältnis der Anteile und gegebenenfalls die Höhe der baren Zuzahlung oder Angaben über die Mitgliedschaft bei dem übernehmenden Rechtsträger;
4. die Einzelheiten für die Übertragung der Anteile des übernehmenden Rechtsträgers oder über den Erwerb der Mitgliedschaft bei dem übernehmenden Rechtsträger;
5. den Zeitpunkt, von dem an diese Anteile oder die Mitgliedschaften einen Anspruch auf einen Anteil am Bilanzgewinn gewähren, sowie alle Besonderheiten in bezug auf diesen Anspruch;
6. den Zeitpunkt, von dem an die Handlungen der übertragenden Rechtsträger als für Rechnung des übernehmenden Rechtsträgers vorgenommen gelten (Verschmelzungsstichtag);
7. die Rechte, die der übernehmende Rechtsträger einzelnen Anteilsinhabern sowie den Inhabern besonderer Rechte wie Anteile ohne Stimmrecht, Vorzugsaktien, Mehrstimmrechtsaktien, Schuldverschreibungen und Genußrechte gewährt, oder die für diese Personen vorgesehenen Maßnahmen;
8. jeden besonderen Vorteil, der einem Mitglied eines Vertretungsorgans oder eines Aufsichtsorgans der an der Verschmelzung beteiligten Rechtsträger, einem geschäftsführenden Gesellschafter, einem Partner, einem Abschlußprüfer oder einem Verschmelzungsprüfer gewährt wird;
9. die Folgen der Verschmelzung für die Arbeitnehmer und ihre Vertretungen sowie die insoweit vorgesehenen Maßnahmen.

(2) Befinden sich alle Anteile eines übertragenden Rechtsträgers in der Hand des übernehmenden Rechtsträgers, so entfallen die Angaben über den Umtausch der Anteile (Absatz 1 Nr. 2 bis 5), soweit sie die Aufnahme dieses Rechtsträgers betreffen.

(3) Der Vertrag oder sein Entwurf ist spätestens einen Monat vor dem Tage der Versammlung der Anteilsinhaber jedes beteiligten Rechtsträgers, die gemäß § 13 Abs. 1 über die Zustimmung zum Verschmelzungsvertrag beschließen soll, dem zuständigen Betriebsrat dieses Rechtsträgers zuzuleiten.

§ 6 Form des Verschmelzungsvertrags

Der Verschmelzungsvertrag muß notariell beurkundet werden.

§ 7 Kündigung des Verschmelzungsvertrags

[1] Ist der Verschmelzungsvertrag unter einer Bedingung geschlossen worden und ist diese binnen fünf Jahren nach Abschluß des Vertrags nicht eingetreten, so kann jeder Teil den Vertrag nach fünf Jahren mit halbjähriger Frist kündigen; im Verschmelzungsvertrag kann eine kürzere Zeit als fünf Jahre vereinbart werden. [2] Die Kündigung kann stets nur für den Schluß des Geschäftsjahres des Rechtsträgers, dem gegenüber sie erklärt wird, ausgesprochen werden.

§ 8 Verschmelzungsbericht

(1) [1] Die Vertretungsorgane jedes der an der Verschmelzung beteiligten Rechtsträger haben einen ausführlichen schriftlichen Bericht zu erstatten, in dem die Verschmelzung, der Verschmelzungsvertrag oder sein Entwurf im einzelnen und insbesondere das Umtauschverhältnis der Anteile oder die Angaben über die Mitgliedschaft bei dem übernehmenden Rechtsträger sowie die Höhe einer anzubietenden Barabfindung rechtlich und wirtschaftlich erläutert und begründet werden (Verschmelzungsbericht); der Bericht kann von den Vertretungsorganen auch gemeinsam erstattet werden. [2] Auf besondere Schwierigkeiten bei der Bewertung der Rechtsträger sowie auf die Folgen für die Beteiligung der Anteilsinhaber ist hinzuweisen. [3] Ist ein an der Verschmelzung beteiligter Rechtsträger ein verbundenes Unternehmen im Sinne des § 15 des Aktiengesetzes, so sind in dem Bericht auch Angaben über alle für die Verschmelzung wesentlichen Angelegenheiten der anderen verbundenen Unternehmen zu machen. [4] Auskunftspflichten der Vertretungsorgane erstrecken sich auch auf diese Angelegenheiten.

(2) [1] In den Bericht brauchen Tatsachen nicht aufgenommen zu werden, deren Bekanntwerden geeignet ist, einem der beteiligten Rechtsträger oder einem verbundenen Unternehmen einen nicht unerheblichen Nachteil zuzufügen. [2] In diesem Falle sind in dem Bericht die Gründe, aus denen die Tatsachen nicht aufgenommen worden sind, darzulegen.

(3) [1] Der Bericht ist nicht erforderlich, wenn alle Anteilsinhaber aller beteiligten Rechtsträger auf seine Erstattung verzichten oder sich alle Anteile des übertragenden Rechtsträgers in der Hand des übernehmenden Rechtsträgers befinden. [2] Die Verzichtserklärungen sind notariell zu beurkunden.

§ 9 Prüfung der Verschmelzung

(1) Soweit in diesem Gesetz vorgeschrieben, ist der Verschmelzungsvertrag oder sein Entwurf durch einen oder mehrere sachverständige Prüfer (Verschmelzungsprüfer) zu prüfen.

(2) Befinden sich alle Anteile eines übertragenden Rechtsträgers in der Hand des übernehmenden Rechtsträgers, so ist eine Verschmelzungsprüfung nach Absatz 1 nicht erforderlich, soweit sie die Aufnahme dieses Rechtsträgers betrifft.

(3) § 8 Abs. 3 ist entsprechend anzuwenden.

§ 10 Bestellung der Verschmelzungsprüfer

(1) [1]Die Verschmelzungsprüfer werden auf Antrag des Vertretungsorgans vom Gericht ausgewählt und bestellt. [2]Sie können auf gemeinsamen Antrag der Vertretungsorgane für mehrere oder alle beteiligten Rechtsträger gemeinsam bestellt werden. [3]Für den Ersatz von Auslagen und für die Vergütung der vom Gericht bestellten Prüfer gilt § 318 Abs. 5 des Handelsgesetzbuchs.

(2) [1]Zuständig ist jedes Landgericht, in dessen Bezirk ein übertragender Rechtsträger seinen Sitz hat. [2]Ist bei dem Landgericht eine Kammer für Handelssachen gebildet, so entscheidet deren Vorsitzender an Stelle der Zivilkammer.

(3) Auf das Verfahren ist das Gesetz über das Verfahren in Familiensachen und in den Angelegenheiten der freiwilligen Gerichtsbarkeit anzuwenden, soweit in den folgenden Absätzen nichts anderes bestimmt ist.

(4) [1]Gegen die Entscheidung findet die Beschwerde statt. [2]Sie kann nur durch Einreichung einer von einem Rechtsanwalt unterzeichneten Beschwerdeschrift eingelegt werden.

(5) [1]Die Landesregierung kann die Entscheidung über die Beschwerde durch Rechtsverordnung für die Bezirke mehrerer Oberlandesgerichte einem der Oberlandesgerichte oder dem Obersten Landesgericht übertragen, wenn dies der Sicherung einer einheitlichen Rechtsprechung dient. [2]Die Landesregierung kann die Ermächtigung auf die Landesjustizverwaltung übertragen.

§ 11 Stellung und Verantwortlichkeit der Verschmelzungsprüfer

(1) [1]Für die Auswahl und das Auskunftsrecht der Verschmelzungsprüfer gelten § 319 Abs. 1 bis 4, § 319a Abs. 1, § 319b Abs. 1, § 320 Abs. 1 Satz 2 und Abs. 2 Satz 1 und 2 des Handelsgesetzbuchs entsprechend. [2]Soweit Rechtsträger betroffen sind, für die keine Pflicht zur Prüfung des Jahresabschlusses besteht, gilt Satz 1 entsprechend. [3]Dabei findet § 267 Abs. 1 bis 3 des Handelsgesetzbuchs für die Umschreibung der Größenklassen entsprechende Anwendung. [4]Das Auskunftsrecht besteht gegenüber allen an der Verschmelzung beteiligten Rechtsträgern und gegenüber einem Konzernunternehmen sowie einem abhängigen und einem herrschenden Unternehmen.

(2) [1]Für die Verantwortlichkeit der Verschmelzungsprüfer, ihrer Gehilfen und der bei der Prüfung mitwirkenden gesetzlichen Vertreter einer Prüfungsgesellschaft gilt § 323 des Handelsgesetzbuchs entsprechend. [2]Die Verantwortlichkeit besteht gegenüber den an der Verschmelzung beteiligten Rechtsträgern und deren Anteilsinhabern.

§ 12 Prüfungsbericht

(1) [1]Die Verschmelzungsprüfer haben über das Ergebnis der Prüfung schriftlich zu berichten. [2]Der Prüfungsbericht kann auch gemeinsam erstattet werden.

(2) [1]Der Prüfungsbericht ist mit einer Erklärung darüber abzuschließen, ob das vorgeschlagene Umtauschverhältnis der Anteile, gegebenenfalls die Höhe der baren Zuzahlung oder die Mitgliedschaft bei dem übernehmenden Rechtsträger als Gegenwert angemessen ist. [2]Dabei ist anzugeben,
1. nach welchen Methoden das vorgeschlagene Umtauschverhältnis ermittelt worden ist;
2. aus welchen Gründen die Anwendung dieser Methoden angemessen ist;

3. welches Umtauschverhältnis oder welcher Gegenwert sich bei der Anwendung verschiedener Methoden, sofern mehrere angewandt worden sind, jeweils ergeben würde; zugleich ist darzulegen, welches Gewicht den verschiedenen Methoden bei der Bestimmung des vorgeschlagenen Umtauschverhältnisses oder des Gegenwerts und der ihnen zugrundeliegenden Werte beigemessen worden ist und welche besonderen Schwierigkeiten bei der Bewertung der Rechtsträger aufgetreten sind.

(3) § 8 Abs. 2 und 3 ist entsprechend anzuwenden.

§ 13 Beschlüsse über den Verschmelzungsvertrag

(1) [1] Der Verschmelzungsvertrag wird nur wirksam, wenn die Anteilsinhaber der beteiligten Rechtsträger ihm durch Beschluß (Verschmelzungsbeschluß) zustimmen. [2] Der Beschluß kann nur in einer Versammlung der Anteilsinhaber gefaßt werden.

(2) Ist die Abtretung der Anteile eines übertragenden Rechtsträgers von der Genehmigung bestimmter einzelner Anteilsinhaber abhängig, so bedarf der Verschmelzungsbeschluß dieses Rechtsträgers zu seiner Wirksamkeit ihrer Zustimmung.

(3) [1] Der Verschmelzungsbeschluß und die nach diesem Gesetz erforderlichen Zustimmungserklärungen einzelner Anteilsinhaber einschließlich der erforderlichen Zustimmungserklärungen nicht erschienener Anteilsinhaber müssen notariell beurkundet werden. [2] Der Vertrag oder sein Entwurf ist dem Beschluß als Anlage beizufügen. [3] Auf Verlangen hat der Rechtsträger jedem Anteilsinhaber auf dessen Kosten unverzüglich eine Abschrift des Vertrags oder seines Entwurfs und der Niederschrift des Beschlusses zu erteilen.

§ 14 Befristung und Ausschluß von Klagen gegen den Verschmelzungsbeschluß

(1) Eine Klage gegen die Wirksamkeit eines Verschmelzungsbeschlusses muß binnen eines Monats nach der Beschlußfassung erhoben werden.

(2) Eine Klage gegen die Wirksamkeit des Verschmelzungsbeschlusses eines übertragenden Rechtsträgers kann nicht darauf gestützt werden, daß das Umtauschverhältnis der Anteile zu niedrig bemessen ist oder daß die Mitgliedschaft bei dem übernehmenden Rechtsträger kein ausreichender Gegenwert für die Anteile oder die Mitgliedschaft bei dem übertragenden Rechtsträger ist.

§ 15 Verbesserung des Umtauschverhältnisses

(1) [1] Ist das Umtauschverhältnis der Anteile zu niedrig bemessen oder ist die Mitgliedschaft bei dem übernehmenden Rechtsträger kein ausreichender Gegenwert für den Anteil oder die Mitgliedschaft bei einem übertragenden Rechtsträger, so kann jeder Anteilsinhaber dieses übertragenden Rechtsträgers, dessen Recht, gegen die Wirksamkeit des Verschmelzungsbeschlusses Klage zu erheben, nach § 14 Abs. 2 ausgeschlossen ist, von dem übernehmenden Rechtsträger einen Ausgleich durch bare Zuzahlung verlangen; die Zuzahlungen können den zehnten Teil des auf die gewährten Anteile entfallenden Betrags des Grund- oder Stammkapitals übersteigen. [2] Die angemessene Zuzahlung wird auf Antrag durch das Gericht nach den Vorschriften des Spruchverfahrensgesetzes bestimmt.

(2) [1]Die bare Zuzahlung ist nach Ablauf des Tages, an dem die Eintragung der Verschmelzung in das Register des Sitzes des übernehmenden Rechtsträgers nach § 19 Abs. 3 bekannt gemacht worden ist, mit jährlich 5 Prozentpunkten über dem jeweiligen Basiszinssatz nach § 247 des Bürgerlichen Gesetzbuchs zu verzinsen. [2]Die Geltendmachung eines weiteren Schadens ist nicht ausgeschlossen.

§ 16 Anmeldung der Verschmelzung

(1) [1]Die Vertretungsorgane jedes der an der Verschmelzung beteiligten Rechtsträger haben die Verschmelzung zur Eintragung in das Register (Handelsregister, Partnerschaftsregister, Genossenschaftsregister oder Vereinsregister) des Sitzes ihres Rechtsträgers anzumelden. [2]Das Vertretungsorgan des übernehmenden Rechtsträgers ist berechtigt, die Verschmelzung auch zur Eintragung in das Register des Sitzes jedes der übertragenden Rechtsträger anzumelden.

(2) [1]Bei der Anmeldung haben die Vertretungsorgane zu erklären, daß eine Klage gegen die Wirksamkeit eines Verschmelzungsbeschlusses nicht oder nicht fristgemäß erhoben oder eine solche Klage rechtskräftig abgewiesen oder zurückgenommen worden ist; hierüber haben die Vertretungsorgane dem Registergericht auch nach der Anmeldung Mitteilung zu machen. [2]Liegt die Erklärung nicht vor, so darf die Verschmelzung nicht eingetragen werden, es sei denn, daß die klageberechtigten Anteilsinhaber durch notariell beurkundete Verzichtserklärung auf die Klage gegen die Wirksamkeit des Verschmelzungsbeschlusses verzichten.

(3) [1]Der Erklärung nach Absatz 2 Satz 1 steht es gleich, wenn nach Erhebung einer Klage gegen die Wirksamkeit eines Verschmelzungsbeschlusses das Gericht auf Antrag des Rechtsträgers, gegen dessen Verschmelzungsbeschluß sich die Klage richtet, durch Beschluß festgestellt hat, daß die Erhebung der Klage der Eintragung nicht entgegensteht. [2]Auf das Verfahren sind § 247 des Aktiengesetzes, die §§ 82, 83 Abs. 1 und § 84 der Zivilprozessordnung sowie die im ersten Rechtszug für das Verfahren vor den Landgerichten geltenden Vorschriften der Zivilprozessordnung entsprechend anzuwenden, soweit nichts Abweichendes bestimmt ist. [3]Ein Beschluss nach Satz 1 ergeht, wenn

1. die Klage unzulässig oder offensichtlich unbegründet ist oder
2. der Kläger nicht binnen einer Woche nach Zustellung des Antrags durch Urkunden nachgewiesen hat, dass er seit Bekanntmachung der Einberufung einen anteiligen Betrag von mindestens 1 000 Euro hält oder
3. das alsbaldige Wirksamwerden der Verschmelzung vorrangig erscheint, weil die vom Antragsteller dargelegten wesentlichen Nachteile für die an der Verschmelzung beteiligten Rechtsträger und ihre Anteilsinhaber nach freier Überzeugung des Gerichts die Nachteile für den Antragsgegner überwiegen, es sei denn, es liegt eine besondere Schwere des Rechtsverstoßes vor.

[4]Der Beschluß kann in dringenden Fällen ohne mündliche Verhandlung ergehen. [5]Der Beschluss soll spätestens drei Monate nach Antragstellung ergehen; Verzögerungen der Entscheidung sind durch unanfechtbaren Beschluss zu begründen. [6]Die vorgebrachten Tatsachen, auf Grund derer der Beschluß nach Satz 3 ergehen kann, sind glaubhaft zu machen. [7]Über den Antrag entscheidet ein Senat des Oberlandesgerichts, in dessen Bezirk die Gesellschaft ihren Sitz hat. [8]Eine Übertragung auf den Einzelrichter ist ausgeschlossen; einer Güteverhandlung bedarf es nicht. [9]Der Beschluss ist unanfechtbar. [10]Erweist sich die Klage als begründet, so ist der Rechtsträger, der den Beschluß erwirkt hat, verpflichtet, dem Antragsgegner den Schaden zu ersetzen, der ihm aus einer auf dem Beschluß beruhenden

Eintragung der Verschmelzung entstanden ist; als Ersatz des Schadens kann nicht die Beseitigung der Wirkungen der Eintragung der Verschmelzung im Register des Sitzes des übernehmenden Rechtsträgers verlangt werden.

§ 17 Anlagen der Anmeldung

(1) Der Anmeldung sind in Ausfertigung oder öffentlich beglaubigter Abschrift oder, soweit sie nicht notariell zu beurkunden sind, in Urschrift oder Abschrift der Verschmelzungsvertrag, die Niederschriften der Verschmelzungsbeschlüsse, die nach diesem Gesetz erforderlichen Zustimmungserklärungen einzelner Anteilsinhaber einschließlich der Zustimmungserklärungen nicht erschienener Anteilsinhaber, der Verschmelzungsbericht, der Prüfungsbericht oder die Verzichtserklärungen nach § 8 Abs. 3, § 9 Abs. 3, § 12 Abs. 3, § 54 Abs. 1 Satz 3 oder § 68 Abs. 1 Satz 3, ein Nachweis über die rechtzeitige Zuleitung des Verschmelzungsvertrages oder seines Entwurfs an den zuständigen Betriebsrat beizufügen.

(2) [1] Der Anmeldung zum Register des Sitzes jedes der übertragenden Rechtsträger ist ferner eine Bilanz dieses Rechtsträgers beizufügen (Schlußbilanz). [2] Für diese Bilanz gelten die Vorschriften über die Jahresbilanz und deren Prüfung entsprechend. [3] Sie braucht nicht bekanntgemacht zu werden. [4] Das Registergericht darf die Verschmelzung nur eintragen, wenn die Bilanz auf einen höchstens acht Monate vor der Anmeldung liegenden Stichtag aufgestellt worden ist.

§ 18 Firma oder Name des übernehmenden Rechtsträgers

(1) Der übernehmende Rechtsträger darf die Firma eines der übertragenden Rechtsträger, dessen Handelsgeschäft er durch die Verschmelzung erwirbt, mit oder ohne Beifügung eines das Nachfolgeverhältnis andeutenden Zusatzes fortführen.

(2) Ist an einem der übertragenden Rechtsträger eine natürliche Person beteiligt, die an dem übernehmenden Rechtsträger nicht beteiligt wird, so darf der übernehmende Rechtsträger den Namen dieses Anteilsinhabers nur dann in der nach Absatz 1 fortgeführten oder in der neu gebildeten Firma verwenden, wenn der betroffene Anteilsinhaber oder dessen Erben ausdrücklich in die Verwendung einwilligen.

(3) [1] Ist eine Partnerschaftsgesellschaft an der Verschmelzung beteiligt, gelten für die Fortführung der Firma oder des Namens die Absätze 1 und 2 entsprechend. [2] Eine Firma darf als Name einer Partnerschaftsgesellschaft nur unter den Voraussetzungen des § 2 Abs. 1 des Partnerschaftsgesellschaftsgesetzes fortgeführt werden. [3] § 1 Abs. 3 und § 11 des Partnerschaftsgesellschaftsgesetzes sind entsprechend anzuwenden.

§ 19 Eintragung und Bekanntmachung der Verschmelzung

(1) [1] Die Verschmelzung darf in das Register des Sitzes des übernehmenden Rechtsträgers erst eingetragen werden, nachdem sie im Register des Sitzes jedes der übertragenden Rechtsträger eingetragen worden ist. [2] Die Eintragung im Register des Sitzes jedes der übertragenden Rechtsträger ist mit dem Vermerk zu versehen, daß die Verschmelzung erst mit der Eintragung im Register des Sitzes des übernehmenden Rechtsträgers wirksam wird, sofern die Eintragungen in den Registern aller beteiligten Rechtsträger nicht am selben Tag erfolgen.

(2) [1]Das Gericht des Sitzes des übernehmenden Rechtsträgers hat von Amts wegen dem Gericht des Sitzes jedes der übertragenden Rechtsträger den Tag der Eintragung der Verschmelzung mitzuteilen. [2]Nach Eingang der Mitteilung hat das Gericht des Sitzes jedes der übertragenden Rechtsträger von Amts wegen den Tag der Eintragung der Verschmelzung im Register des Sitzes des übernehmenden Rechtsträgers im Register des Sitzes des übertragenden Rechtsträgers zu vermerken und die bei ihm aufbewahrten Dokumente dem Gericht des Sitzes des übernehmenden Rechtsträgers zur Aufbewahrung zu übermitteln.

(3) Das Gericht des Sitzes jedes der an der Verschmelzung beteiligten Rechtsträger hat jeweils die von ihm vorgenommene Eintragung der Verschmelzung von Amts wegen nach § 10 des Handelsgesetzbuchs ihrem ganzen Inhalt nach bekanntzumachen.

§ 20 Wirkungen der Eintragung

(1) Die Eintragung der Verschmelzung in das Register des Sitzes des übernehmenden Rechtsträgers hat folgende Wirkungen:

1. Das Vermögen der übertragenden Rechtsträger geht einschließlich der Verbindlichkeiten auf den übernehmenden Rechtsträger über.
2. [1]Die übertragenden Rechtsträger erlöschen. [2]Einer besonderen Löschung bedarf es nicht.
3. [1]Die Anteilsinhaber der übertragenden Rechtsträger werden Anteilsinhaber des übernehmenden Rechtsträgers; dies gilt nicht, soweit der übernehmende Rechtsträger oder ein Dritter, der im eigenen Namen, jedoch für Rechnung dieses Rechtsträgers handelt, Anteilsinhaber des übertragenden Rechtsträgers ist oder der übertragende Rechtsträger eigene Anteile innehat oder ein Dritter, der im eigenen Namen, jedoch für Rechnung dieses Rechtsträgers handelt, dessen Anteilsinhaber ist. [2]Rechte Dritter an den Anteilen oder Mitgliedschaften der übertragenden Rechtsträger bestehen an den an ihre Stelle tretenden Anteilen oder Mitgliedschaften des übernehmenden Rechtsträgers weiter.
4. Der Mangel der notariellen Beurkundung des Verschmelzungsvertrags und gegebenenfalls erforderlicher Zustimmungs- oder Verzichtserklärungen einzelner Anteilsinhaber wird geheilt.

(2) Mängel der Verschmelzung lassen die Wirkungen der Eintragung nach Absatz 1 unberührt.

§ 21 Wirkung auf gegenseitige Verträge

Treffen bei einer Verschmelzung aus gegenseitigen Verträgen, die zur Zeit der Verschmelzung von keiner Seite vollständig erfüllt sind, Abnahme-, Lieferungs- oder ähnliche Verpflichtungen zusammen, die miteinander unvereinbar sind oder die beide zu erfüllen eine schwere Unbilligkeit für den übernehmenden Rechtsträger bedeuten würde, so bestimmt sich der Umfang der Verpflichtungen nach Billigkeit unter Würdigung der vertraglichen Rechte aller Beteiligten.

§ 22 Gläubigerschutz

(1) [1]Den Gläubigern der an der Verschmelzung beteiligten Rechtsträger ist, wenn sie binnen sechs Monaten nach dem Tag, an dem die Eintragung der Verschmelzung in das Register des Sitzes desjenigen Rechtsträgers, dessen Gläubiger sie sind, nach § 19 Abs. 3 bekannt gemacht worden ist, ihren Anspruch nach

Grund und Höhe schriftlich anmelden, Sicherheit zu leisten, soweit sie nicht Befriedigung verlangen können. [2] Dieses Recht steht den Gläubigern jedoch nur zu, wenn sie glaubhaft machen, daß durch die Verschmelzung die Erfüllung ihrer Forderung gefährdet wird. [3] Die Gläubiger sind in der Bekanntmachung der jeweiligen Eintragung auf dieses Recht hinzuweisen.

(2) Das Recht, Sicherheitsleistung zu verlangen, steht Gläubigern nicht zu, die im Falle der Insolvenz ein Recht auf vorzugsweise Befriedigung aus einer Deckungsmasse haben, die nach gesetzlicher Vorschrift zu ihrem Schutz errichtet und staatlich überwacht ist.

§ 23 Schutz der Inhaber von Sonderrechten

Den Inhabern von Rechten in einem übertragenden Rechtsträger, die kein Stimmrecht gewähren, insbesondere den Inhabern von Anteilen ohne Stimmrecht, von Wandelschuldverschreibungen, von Gewinnschuldverschreibungen und von Genußrechten, sind gleichwertige Rechte in dem übernehmenden Rechtsträger zu gewähren.

§ 24 Wertansätze des übernehmenden Rechtsträgers

In den Jahresbilanzen des übernehmenden Rechtsträgers können als Anschaffungskosten im Sinne des § 253 Abs. 1 des Handelsgesetzbuchs auch die in der Schlußbilanz eines übertragenden Rechtsträgers angesetzten Werte angesetzt werden.

§ 25 Schadenersatzpflicht der Verwaltungsträger der übertragenden Rechtsträger

(1) [1] Die Mitglieder des Vertretungsorgans und, wenn ein Aufsichtsorgan vorhanden ist, des Aufsichtsorgans eines übertragenden Rechtsträgers sind als Gesamtschuldner zum Ersatz des Schadens verpflichtet, den dieser Rechtsträger, seine Anteilsinhaber oder seine Gläubiger durch die Verschmelzung erleiden. [2] Mitglieder der Organe, die bei der Prüfung der Vermögenslage der Rechtsträger und beim Abschluß des Verschmelzungsvertrags ihre Sorgfaltspflicht beobachtet haben, sind von der Ersatzpflicht befreit.

(2) [1] Für diese Ansprüche sowie weitere Ansprüche, die sich für und gegen den übertragenden Rechtsträger nach den allgemeinen Vorschriften auf Grund der Verschmelzung ergeben, gilt dieser Rechtsträger als fortbestehend. [2] Forderungen und Verbindlichkeiten vereinigen sich insoweit durch die Verschmelzung nicht.

(3) Die Ansprüche aus Absatz 1 verjähren in fünf Jahren seit dem Tage, an dem die Eintragung der Verschmelzung in das Register des Sitzes des übernehmenden Rechtsträgers nach § 19 Abs. 3 bekannt gemacht worden ist.

§ 26 Geltendmachung des Schadenersatzanspruchs

(1) [1] Die Ansprüche nach § 25 Abs. 1 und 2 können nur durch einen besonderen Vertreter geltend gemacht werden. [2] Das Gericht des Sitzes eines übertragenden Rechtsträgers hat einen solchen Vertreter auf Antrag eines Anteilsinhabers oder eines Gläubigers dieses Rechtsträgers zu bestellen. [3] Gläubiger sind nur antragsberechtigt, wenn sie von dem übernehmenden Rechtsträger keine Befriedigung erlangen können. [4] Gegen die Entscheidung findet die Beschwerde statt.

(2) [1]Der Vertreter hat unter Hinweis auf den Zweck seiner Bestellung die Anteilsinhaber und Gläubiger des betroffenen übertragenden Rechtsträgers aufzufordern, die Ansprüche nach § 25 Abs. 1 und 2 binnen einer angemessenen Frist, die mindestens einen Monat betragen soll, anzumelden. [2]Die Aufforderung ist im Bundesanzeiger und, wenn der Gesellschaftsvertrag, der Partnerschaftsvertrag oder die Satzung andere Blätter für die öffentlichen Bekanntmachungen des übertragenden Rechtsträgers bestimmt hatte, auch in diesen Blättern bekanntzumachen.

(3) [1]Der Vertreter hat den Betrag, der aus der Geltendmachung der Ansprüche eines übertragenden Rechtsträgers erzielt wird, zur Befriedigung der Gläubiger dieses Rechtsträgers zu verwenden, soweit die Gläubiger nicht durch den übernehmenden Rechtsträger befriedigt oder sichergestellt sind. [2]Für die Verteilung gelten die Vorschriften über die Verteilung, die im Falle der Abwicklung eines Rechtsträgers in der Rechtsform des übertragenden Rechtsträgers anzuwenden sind, entsprechend. [3]Gläubiger und Anteilsinhaber, die sich nicht fristgemäß gemeldet haben, werden bei der Verteilung nicht berücksichtigt.

(4) [1]Der Vertreter hat Anspruch auf Ersatz angemessener barer Auslagen und auf Vergütung für seine Tätigkeit. [2]Die Auslagen und die Vergütung setzt das Gericht fest. [3]Es bestimmt nach den gesamten Verhältnissen des einzelnen Falles nach freiem Ermessen, in welchem Umfange die Auslagen und die Vergütung von beteiligten Anteilsinhabern und Gläubigern zu tragen sind. [4]Gegen die Entscheidung findet die Beschwerde statt; die Rechtsbeschwerde ist ausgeschlossen. [5]Aus der rechtskräftigen Entscheidung findet die Zwangsvollstreckung nach der Zivilprozeßordnung statt.

§ 27 Schadenersatzpflicht der Verwaltungsträger des übernehmenden Rechtsträgers

Ansprüche auf Schadenersatz, die sich auf Grund der Verschmelzung gegen ein Mitglied des Vertretungsorgans oder, wenn ein Aufsichtsorgan vorhanden ist, des Aufsichtsorgans des übernehmenden Rechtsträgers ergeben, verjähren in fünf Jahren seit dem Tage, an dem die Eintragung der Verschmelzung in das Register des Sitzes des übernehmenden Rechtsträgers nach § 19 Abs. 3 bekannt gemacht worden ist.

§ 28 Unwirksamkeit des Verschmelzungsbeschlusses eines übertragenden Rechtsträgers

Nach Eintragung der Verschmelzung in das Register des Sitzes des übernehmenden Rechtsträgers ist eine Klage gegen die Wirksamkeit des Verschmelzungsbeschlusses eines übertragenden Rechtsträgers gegen den übernehmenden Rechtsträger zu richten.

§ 29 Abfindungsangebot im Verschmelzungsvertrag

(1) [1]Bei der Verschmelzung eines Rechtsträgers im Wege der Aufnahme durch einen Rechtsträger anderer Rechtsform oder bei der Verschmelzung einer börsennotierten Aktiengesellschaft auf eine nicht börsennotierte Aktiengesellschaft hat der übernehmende Rechtsträger im Verschmelzungsvertrag oder in seinem Entwurf jedem Anteilsinhaber, der gegen den Verschmelzungsbeschluß des übertragenden Rechtsträgers Widerspruch zur Niederschrift erklärt, den Erwerb seiner Anteile oder Mitgliedschaften gegen eine angemessene Barabfindung anzubieten;

§ 71 Abs. 4 Satz 2 des Aktiengesetzes und § 33 Abs. 2 Satz 3 zweiter Halbsatz erste Alternative des Gesetzes betreffend die Gesellschaften mit beschränkter Haftung sind insoweit nicht anzuwenden. [2] Das gleiche gilt, wenn bei einer Verschmelzung von Rechtsträgern derselben Rechtsform die Anteile oder Mitgliedschaften an dem übernehmenden Rechtsträger Verfügungsbeschränkungen unterworfen sind. [3] Kann der übernehmende Rechtsträger auf Grund seiner Rechtsform eigene Anteile oder Mitgliedschaften nicht erwerben, so ist die Barabfindung für den Fall anzubieten, daß der Anteilsinhaber sein Ausscheiden aus dem Rechtsträger erklärt. [4] Eine erforderliche Bekanntmachung des Verschmelzungsvertrags oder seines Entwurfs als Gegenstand der Beschlußfassung muß den Wortlaut dieses Angebots enthalten. [5] Der übernehmende Rechtsträger hat die Kosten für eine Übertragung zu tragen.

(2) Dem Widerspruch zur Niederschrift im Sinne des Absatzes 1 steht es gleich, wenn ein nicht erschienener Anteilsinhaber zu der Versammlung der Anteilsinhaber zu Unrecht nicht zugelassen worden ist oder die Versammlung nicht ordnungsgemäß einberufen oder der Gegenstand der Beschlußfassung nicht ordnungsgemäß bekanntgemacht worden ist.

§ 30 Inhalt des Anspruchs auf Barabfindung und Prüfung der Barabfindung

(1) [1] Die Barabfindung muß die Verhältnisse des übertragenden Rechtsträgers im Zeitpunkt der Beschlußfassung über die Verschmelzung berücksichtigen. [2] § 15 Abs. 2 ist auf die Barabfindung entsprechend anzuwenden.

(2) [1] Die Angemessenheit einer anzubietenden Barabfindung ist stets durch Verschmelzungsprüfer zu prüfen. [2] Die §§ 10 bis 12 sind entsprechend anzuwenden. [3] Die Berechtigten können auf die Prüfung oder den Prüfungsbericht verzichten; die Verzichtserklärungen sind notariell zu beurkunden.

§ 31 Annahme des Angebots

[1] Das Angebot nach § 29 kann nur binnen zwei Monaten nach dem Tage angenommen werden, an dem die Eintragung der Verschmelzung in das Register des Sitzes des übernehmenden Rechtsträgers nach § 19 Abs. 3 bekannt gemacht worden ist. [2] Ist nach § 34 ein Antrag auf Bestimmung der Barabfindung durch das Gericht gestellt worden, so kann das Angebot binnen zwei Monaten nach dem Tage angenommen werden, an dem die Entscheidung im Bundesanzeiger bekanntgemacht worden ist.

§ 32 Ausschluß von Klagen gegen den Verschmelzungsbeschluß

Eine Klage gegen die Wirksamkeit des Verschmelzungsbeschlusses eines übertragenden Rechtsträgers kann nicht darauf gestützt werden, daß das Angebot nach § 29 zu niedrig bemessen oder daß die Barabfindung im Verschmelzungsvertrag nicht oder nicht ordnungsgemäß angeboten worden ist.

§ 33 Anderweitige Veräußerung

Einer anderweitigen Veräußerung des Anteils durch den Anteilsinhaber stehen nach Fassung des Verschmelzungsbeschlusses bis zum Ablauf der in § 31 bestimmten Frist Verfügungsbeschränkungen bei den beteiligten Rechtsträgers nicht entgegen.

§ 34 Gerichtliche Nachprüfung der Abfindung

[1] Macht ein Anteilsinhaber geltend, daß eine im Verschmelzungsvertrag oder in seinem Entwurf bestimmte Barabfindung, die ihm nach § 29 anzubieten war, zu niedrig bemessen sei, so hat auf seinen Antrag das Gericht nach den Vorschriften des Spruchverfahrensgesetzes die angemessene Barabfindung zu bestimmen. [2] Das gleiche gilt, wenn die Barabfindung nicht oder nicht ordnungsgemäß angeboten worden ist.

§ 35 Bezeichnung unbekannter Aktionäre; Ruhen des Stimmrechts

[1] Unbekannte Aktionäre einer übertragenden Aktiengesellschaft oder Kommanditgesellschaft auf Aktien sind im Verschmelzungsvertrag, bei Anmeldungen zur Eintragung in ein Register oder bei der Eintragung in eine Liste von Anteilsinhabern durch die Angabe des insgesamt auf sie entfallenden Teils des Grundkapitals der Gesellschaft und der auf sie nach der Verschmelzung entfallenden Anteile zu bezeichnen, soweit eine Benennung der Anteilsinhaber für den übernehmenden Rechtsträger gesetzlich vorgeschrieben ist; eine Bezeichnung in dieser Form ist nur zulässig für Anteilsinhaber, deren Anteile zusammen den zwanzigsten Teil des Grundkapitals der übertragenden Gesellschaft nicht überschreiten. [2] Werden solche Anteilsinhaber später bekannt, so sind Register oder Listen von Amts wegen zu berichtigen. [3] Bis zu diesem Zeitpunkt kann das Stimmrecht aus den betreffenden Anteilen in dem übernehmenden Rechtsträger nicht ausgeübt werden.

Dritter Abschnitt. Verschmelzung durch Neugründung

§ 36 Anzuwendende Vorschriften

(1) [1] Auf die Verschmelzung durch Neugründung sind die Vorschriften des Zweiten Abschnitts mit Ausnahme des § 16 Abs. 1 und des § 27 entsprechend anzuwenden. [2] An die Stelle des übernehmenden Rechtsträgers tritt der neue Rechtsträger, an die Stelle der Eintragung der Verschmelzung in das Register des Sitzes des übernehmenden Rechtsträgers tritt die Eintragung des neuen Rechtsträgers in das Register.

(2) [1] Auf die Gründung des neuen Rechtsträgers sind die für dessen Rechtsform geltenden Gründungsvorschriften anzuwenden, soweit sich aus diesem Buch nichts anderes ergibt. [2] Den Gründern stehen die übertragenden Rechtsträger gleich. [3] Vorschriften, die für die Gründung eine Mindestzahl der Gründer vorschreiben, sind nicht anzuwenden.

§ 37 Inhalt des Verschmelzungsvertrags

In dem Verschmelzungsvertrag muß der Gesellschaftsvertrag, der Partnerschaftsvertrag oder die Satzung des neuen Rechtsträgers enthalten sein oder festgestellt werden.

§ 38 Anmeldung der Verschmelzung und des neuen Rechtsträgers

(1) Die Vertretungsorgane jedes der übertragenden Rechtsträger haben die Verschmelzung zur Eintragung in das Register des Sitzes ihres Rechtsträgers anzumelden.

(2) Die Vertretungsorgane aller übertragenden Rechtsträger haben den neuen Rechtsträger bei dem Gericht, in dessen Bezirk er seinen Sitz haben soll, zur Eintragung in das Register anzumelden.

Zweiter Teil. Besondere Vorschriften

Erster Abschnitt. Verschmelzung unter Beteiligung von Personengesellschaften

Erster Unterabschnitt. Verschmelzung unter Beteiligung von Personenhandelsgesellschaften

§ 39 Ausschluß der Verschmelzung

Eine aufgelöste Personenhandelsgesellschaft kann sich nicht als übertragender Rechtsträger an einer Verschmelzung beteiligen, wenn die Gesellschafter nach § 145 des Handelsgesetzbuchs eine andere Art der Auseinandersetzung als die Abwicklung oder als die Verschmelzung vereinbart haben.

§ 40 Inhalt des Verschmelzungsvertrags

(1) [1] Der Verschmelzungsvertrag oder sein Entwurf hat zusätzlich für jeden Anteilsinhaber eines übertragenden Rechtsträgers zu bestimmen, ob ihm in der übernehmenden oder der neuen Personenhandelsgesellschaft die Stellung eines persönlich haftenden Gesellschafters oder eines Kommanditisten gewährt wird. [2] Dabei ist der Betrag der Einlage jedes Gesellschafters festzusetzen.

(2) [1] Anteilsinhabern eines übertragenden Rechtsträgers, die für dessen Verbindlichkeiten nicht als Gesamtschuldner persönlich unbeschränkt haften, ist die Stellung eines Kommanditisten zu gewähren. [2] Abweichende Bestimmungen sind nur wirksam, wenn die betroffenen Anteilsinhaber dem Verschmelzungsbeschluß des übertragenden Rechtsträgers zustimmen.

§ 41 Verschmelzungsbericht

Ein Verschmelzungsbericht ist für eine an der Verschmelzung beteiligte Personenhandelsgesellschaft nicht erforderlich, wenn alle Gesellschafter dieser Gesellschaft zur Geschäftsführung berechtigt sind.

§ 42 Unterrichtung der Gesellschafter

Der Verschmelzungsvertrag oder sein Entwurf und der Verschmelzungsbericht sind den Gesellschaftern, die von der Geschäftsführung ausgeschlossen sind, spätestens zusammen mit der Einberufung der Gesellschafterversammlung, die gemäß § 13 Abs. 1 über die Zustimmung zum Verschmelzungsvertrag beschließen soll, zu übersenden.

§ 43 Beschluß der Gesellschafterversammlung

(1) Der Verschmelzungsbeschluß der Gesellschafterversammlung bedarf der Zustimmung aller anwesenden Gesellschafter; ihm müssen auch die nicht erschienenen Gesellschafter zustimmen.

(2) [1] Der Gesellschaftsvertrag kann eine Mehrheitsentscheidung der Gesellschafter vorsehen. [2] Die Mehrheit muß mindestens drei Viertel der abgegebenen Stimmen betragen. [3] Widerspricht ein Anteilsinhaber eines übertragenden Rechtsträgers, der für dessen Verbindlichkeiten persönlich unbeschränkt haftet, der Verschmelzung, so ist ihm in der übernehmenden oder der neuen Personenhandelsgesellschaft die Stellung eines Kommanditisten zu gewähren; das gleiche gilt für einen Anteilsinhaber der übernehmenden Personenhandelsgesellschaft, der für deren Verbindlichkeiten persönlich unbeschränkt haftet, wenn er der Verschmelzung widerspricht.

§ 44 Prüfung der Verschmelzung

[1] Im Fall des § 43 Abs. 2 ist der Verschmelzungsvertrag oder sein Entwurf für eine Personenhandelsgesellschaft nach den §§ 9 bis 12 zu prüfen, wenn dies einer ihrer Gesellschafter innerhalb einer Frist von einer Woche verlangt, nachdem er die in § 42 genannten Unterlagen erhalten hat. [2] Die Kosten der Prüfung trägt die Gesellschaft.

§ 45 Zeitliche Begrenzung der Haftung persönlich haftender Gesellschafter

(1) Überträgt eine Personenhandelsgesellschaft ihr Vermögen durch Verschmelzung auf einen Rechtsträger anderer Rechtsform, dessen Anteilsinhaber für die Verbindlichkeiten dieses Rechtsträgers nicht unbeschränkt haften, so haftet ein Gesellschafter der Personenhandelsgesellschaft für ihre Verbindlichkeiten, wenn sie vor Ablauf von fünf Jahren nach der Verschmelzung fällig und daraus Ansprüche gegen ihn in einer in § 197 Abs. 1 Nr. 3 bis 5 des Bürgerlichen Gesetzbuchs bezeichneten Art festgestellt sind oder eine gerichtliche oder behördliche Vollstreckungshandlung vorgenommen oder beantragt wird; bei öffentlich-rechtlichen Verbindlichkeiten genügt der Erlass eines Verwaltungsakts.

(2) [1] Die Frist beginnt mit dem Tage, an dem die Eintragung der Verschmelzung in das Register des Sitzes des übernehmenden Rechtsträgers nach § 19 Abs. 3 bekannt gemacht worden ist. [2] Die für die Verjährung geltenden §§ 204, 206, 210, 211 und 212 Abs. 2 und 3 des Bürgerlichen Gesetzbuchs sind entsprechend anzuwenden.

(3) Einer Feststellung in einer in § 197 Abs. 1 Nr. 3 bis 5 des Bürgerlichen Gesetzbuchs bezeichneten Art bedarf es nicht, soweit der Gesellschafter den Anspruch schriftlich anerkannt hat.

(4) Die Absätze 1 bis 3 sind auch anzuwenden, wenn der Gesellschafter in dem Rechtsträger anderer Rechtsform geschäftsführend tätig wird.

Zweiter Unterabschnitt. Verschmelzung unter Beteiligung von Partnerschaftsgesellschaften

§ 45a Möglichkeit der Verschmelzung

[1] Eine Verschmelzung auf eine Partnerschaftsgesellschaft ist nur möglich, wenn im Zeitpunkt ihres Wirksamwerdens alle Anteilsinhaber übertragender Rechtsträger natürliche Personen sind, die einen Freien Beruf ausüben (§ 1 Abs. 1 und 2 des Partnerschaftsgesellschaftsgesetzes). [2] § 1 Abs. 3 des Partnerschaftsgesellschaftsgesetzes bleibt unberührt.

§ 45b Inhalt des Verschmelzungsvertrages

(1) Der Verschmelzungsvertrag oder sein Entwurf hat zusätzlich für jeden Anteilsinhaber eines übertragenden Rechtsträgers den Namen und den Vornamen sowie den in der übernehmenden Partnerschaftsgesellschaft ausgeübten Beruf und den Wohnort jedes Partners zu enthalten.

(2) § 35 ist nicht anzuwenden.

§ 45c Verschmelzungsbericht und Unterrichtung der Partner

[1] Ein Verschmelzungsbericht ist für eine an der Verschmelzung beteiligte Partnerschaftsgesellschaft nur erforderlich, wenn ein Partner gemäß § 6 Abs. 2 des Partnerschaftsgesellschaftsgesetzes von der Geschäftsführung ausgeschlossen ist. [2] Von der Geschäftsführung ausgeschlossene Partner sind entsprechend § 42 zu unterrichten.

§ 45d Beschluß der Gesellschafterversammlung

(1) Der Verschmelzungsbeschluß der Gesellschafterversammlung bedarf der Zustimmung aller anwesenden Partner; ihm müssen auch die nicht erschienenen Partner zustimmen.

(2) [1] Der Partnerschaftsvertrag kann eine Mehrheitsentscheidung der Partner vorsehen. [2] Die Mehrheit muß mindestens drei Viertel der abgegebenen Stimmen betragen.

§ 45e Anzuwendende Vorschriften

[1] Die §§ 39 und 45 sind entsprechend anzuwenden. [2] In den Fällen des § 45d Abs. 2 ist auch § 44 entsprechend anzuwenden.

Zweiter Abschnitt. Verschmelzung unter Beteiligung von Gesellschaften mit beschränkter Haftung

Erster Unterabschnitt. Verschmelzung durch Aufnahme

§ 46 Inhalt des Verschmelzungsvertrags

(1) [1] Der Verschmelzungsvertrag oder sein Entwurf hat zusätzlich für jeden Anteilsinhaber eines übertragenden Rechtsträgers den Nennbetrag des Geschäftsanteils zu bestimmen, den die übernehmende Gesellschaft mit beschränkter Haftung ihm zu gewähren hat. [2] Der Nennbetrag kann abweichend von dem Betrag festgesetzt werden, der auf die Aktien einer übertragenden Aktiengesellschaft oder Kommanditgesellschaft auf Aktien als anteiliger Betrag ihres Grundkapitals entfällt. [3] Er muss auf volle Euro lauten.

(2) Sollen die zu gewährenden Geschäftsanteile im Wege der Kapitalerhöhung geschaffen und mit anderen Rechten und Pflichten als sonstige Geschäftsanteile der übernehmenden Gesellschaft mit beschränkter Haftung ausgestattet werden, so sind auch die Abweichungen im Verschmelzungsvertrag oder in seinem Entwurf festzusetzen.

(3) Sollen Anteilsinhaber eines übertragenden Rechtsträgers schon vorhandene Geschäftsanteile der übernehmenden Gesellschaft erhalten, so müssen die Anteils-

inhaber und die Nennbeträge der Geschäftsanteile, die sie erhalten sollen, im Verschmelzungsvertrag oder in seinem Entwurf besonders bestimmt werden.

§ 47 Unterrichtung der Gesellschafter

Der Verschmelzungsvertrag oder sein Entwurf und der Verschmelzungsbericht sind den Gesellschaftern spätestens zusammen mit der Einberufung der Gesellschafterversammlung, die gemäß § 13 Abs. 1 über die Zustimmung beschließen soll, zu übersenden.

§ 48 Prüfung der Verschmelzung

[1]Der Verschmelzungsvertrag oder sein Entwurf ist für eine Gesellschaft mit beschränkter Haftung nach den §§ 9 bis 12 zu prüfen, wenn dies einer ihrer Gesellschafter innerhalb einer Frist von einer Woche verlangt, nachdem er die in § 47 genannten Unterlagen erhalten hat. [2]Die Kosten der Prüfung trägt die Gesellschaft.

§ 49 Vorbereitung der Gesellschafterversammlung

(1) Die Geschäftsführer haben in der Einberufung der Gesellschafterversammlung, die gemäß § 13 Abs. 1 über die Zustimmung zum Verschmelzungsvertrag beschließen soll, die Verschmelzung als Gegenstand der Beschlußfassung anzukündigen.

(2) Von der Einberufung an sind in dem Geschäftsraum der Gesellschaft die Jahresabschlüsse und die Lageberichte der an der Verschmelzung beteiligten Rechtsträger für die letzten drei Geschäftsjahre zur Einsicht durch die Gesellschafter auszulegen.

(3) Die Geschäftsführer haben jedem Gesellschafter auf Verlangen jederzeit Auskunft auch über alle für die Verschmelzung wesentlichen Angelegenheiten der anderen beteiligten Rechtsträger zu geben.

§ 50 Beschluß der Gesellschafterversammlung

(1) [1]Der Verschmelzungsbeschluß der Gesellschafterversammlung bedarf einer Mehrheit von mindestens drei Vierteln der abgegebenen Stimmen. [2]Der Gesellschaftsvertrag kann eine größere Mehrheit und weitere Erfordernisse bestimmen.

(2) Werden durch die Verschmelzung auf dem Gesellschaftsvertrag beruhende Minderheitsrechte eines einzelnen Gesellschafters einer übertragenden Gesellschaft oder die einzelnen Gesellschaftern einer solchen Gesellschaft nach dem Gesellschaftsvertrag zustehenden besonderen Rechte in der Geschäftsführung der Gesellschaft, bei der Bestellung der Geschäftsführer oder hinsichtlich eines Vorschlagsrechts für die Geschäftsführung beeinträchtigt, so bedarf der Verschmelzungsbeschluß dieser übertragenden Gesellschaft der Zustimmung dieser Gesellschafter.

§ 51 Zustimmungserfordernisse in Sonderfällen

(1) [1]Ist an der Verschmelzung eine Gesellschaft mit beschränkter Haftung, auf deren Geschäftsanteile nicht alle zu leistenden Einlagen in voller Höhe bewirkt sind, als übernehmender Rechtsträger beteiligt, so bedarf der Verschmelzungsbeschluß eines übertragenden Rechtsträgers der Zustimmung aller bei der Beschluß-

fassung anwesenden Anteilsinhaber dieses Rechtsträgers. [2] Ist der übertragende Rechtsträger eine Personenhandelsgesellschaft, eine Partnerschaftsgesellschaft oder eine Gesellschaft mit beschränkter Haftung, so bedarf der Verschmelzungsbeschluß auch der Zustimmung der nicht erschienenen Gesellschafter. [3] Wird eine Gesellschaft mit beschränkter Haftung, auf deren Geschäftsanteile nicht alle zu leistenden Einlagen in voller Höhe bewirkt sind, von einer Gesellschaft mit beschränkter Haftung durch Verschmelzung aufgenommen, bedarf der Verschmelzungsbeschluss der Zustimmung aller Gesellschafter der übernehmenden Gesellschaft.

(2) Wird der Nennbetrag der Geschäftsanteile nach § 46 Abs. 1 Satz 2 abweichend vom Betrag der Aktien festgesetzt, so muss der Festsetzung jeder Aktionär zustimmen, der sich nicht mit seinem gesamten Anteil beteiligen kann.

§ 52 Anmeldung der Verschmelzung

[1] Bei der Anmeldung der Verschmelzung zur Eintragung in das Register haben die Vertretungsorgane der an der Verschmelzung beteiligten Rechtsträger im Falle des § 51 Abs. 1 auch zu erklären, daß dem Verschmelzungsbeschluß jedes der übertragenden Rechtsträger alle bei der Beschlußfassung anwesenden Anteilsinhaber dieses Rechtsträgers und, sofern der übertragende Rechtsträger eine Personenhandelsgesellschaft, eine Partnerschaftsgesellschaft oder eine Gesellschaft mit beschränkter Haftung ist, auch die nicht erschienenen Gesellschafter dieser Gesellschaft zugestimmt haben. [2] Wird eine Gesellschaft mit beschränkter Haftung, auf deren Geschäftsanteile nicht alle zu leistenden Einlagen in voller Höhe bewirkt sind, von einer Gesellschaft mit beschränkter Haftung durch Verschmelzung aufgenommen, so ist auch zu erklären, dass alle Gesellschafter dieser Gesellschaft dem Verschmelzungsbeschluss zugestimmt haben.

§ 53 Eintragung bei Erhöhung des Stammkapitals

Erhöht die übernehmende Gesellschaft zur Durchführung der Verschmelzung ihr Stammkapital, so darf die Verschmelzung erst eingetragen werden, nachdem die Erhöhung des Stammkapitals im Register eingetragen worden ist.

§ 54 Verschmelzung ohne Kapitalerhöhung

(1) [1] Die übernehmende Gesellschaft darf zur Durchführung der Verschmelzung ihr Stammkapital nicht erhöhen, soweit

1. sie Anteile eines übertragenden Rechtsträgers innehat;
2. ein übertragender Rechtsträger eigene Anteile innehat oder
3. ein übertragender Rechtsträger Geschäftsanteile dieser Gesellschaft innehat, auf welche die Einlagen nicht in voller Höhe bewirkt sind.

[2] Die übernehmende Gesellschaft braucht ihr Stammkapital nicht zu erhöhen, soweit

1. sie eigene Geschäftsanteile innehat oder
2. ein übertragender Rechtsträger Geschäftsanteile dieser Gesellschaft innehat, auf welche die Einlagen bereits in voller Höhe bewirkt sind.

[3] Die übernehmende Gesellschaft darf von der Gewährung von Geschäftsanteilen absehen, wenn alle Anteilsinhaber eines übertragenden Rechtsträgers darauf verzichten; die Verzichtserklärungen sind notariell zu beurkunden.

(2) Absatz 1 gilt entsprechend, wenn Inhaber der dort bezeichneten Anteile ein Dritter ist, der im eigenen Namen, jedoch in einem Fall des Absatzes 1 Satz 1

Nr. 1 oder des Absatzes 1 Satz 2 Nr. 1 für Rechnung der übernehmenden Gesellschaft oder in einem der anderen Fälle des Absatzes 1 für Rechnung des übertragenden Rechtsträgers handelt.

(3) [1] Soweit zur Durchführung der Verschmelzung Geschäftsanteile der übernehmenden Gesellschaft, die sie selbst oder ein übertragender Rechtsträger innehat, geteilt werden müssen, um sie den Anteilsinhabern eines übertragenden Rechtsträgers gewähren zu können, sind Bestimmungen des Gesellschaftsvertrags, welche die Teilung der Geschäftsanteile der übernehmenden Gesellschaft ausschließen oder erschweren, nicht anzuwenden; jedoch muss der Nennbetrag jedes Teils der Geschäftsanteile auf volle Euro lauten. [2] Satz 1 gilt entsprechend, wenn Inhaber der Geschäftsanteile ein Dritter ist, der im eigenen Namen, jedoch für Rechnung der übernehmenden Gesellschaft oder eines übertragenden Rechtsträgers handelt.

(4) Im Verschmelzungsvertrag festgesetzte bare Zuzahlungen dürfen nicht den zehnten Teil des Gesamtnennbetrags der gewährten Geschäftsanteile der übernehmenden Gesellschaft übersteigen.

§ 55 Verschmelzung mit Kapitalerhöhung

(1) Erhöht die übernehmende Gesellschaft zur Durchführung der Verschmelzung ihr Stammkapital, so sind § 55 Abs. 1, §§ 56a, 57 Abs. 2, Abs. 3 Nr. 1 des Gesetzes betreffend die Gesellschaften mit beschränkter Haftung nicht anzuwenden.

(2) Der Anmeldung der Kapitalerhöhung zum Register sind außer den in § 57 Abs. 3 Nr. 2 und 3 des Gesetzes betreffend die Gesellschaften mit beschränkter Haftung bezeichneten Schriftstücken der Verschmelzungsvertrag und die Niederschriften der Verschmelzungsbeschlüsse in Ausfertigung oder öffentlich beglaubigter Abschrift beizufügen.

Zweiter Unterabschnitt. Verschmelzung durch Neugründung

§ 56 Anzuwendende Vorschriften

Auf die Verschmelzung durch Neugründung sind die Vorschriften des Ersten Unterabschnitts mit Ausnahme der §§ 51 bis 53, 54 Absatz 1 bis 3 sowie des § 55 entsprechend anzuwenden.

§ 57 Inhalt des Gesellschaftsvertrags

In den Gesellschaftsvertrag sind Festsetzungen über Sondervorteile, Gründungsaufwand, Sacheinlagen und Sachübernahmen, die in den Gesellschaftsverträgen, Partnerschaftsverträgen oder Satzungen übertragender Rechtsträger enthalten waren, zu übernehmen.

§ 58 Sachgründungsbericht

(1) In dem Sachgründungsbericht (§ 5 Abs. 4 des Gesetzes betreffend die Gesellschaften mit beschränkter Haftung) sind auch der Geschäftsverlauf und die Lage der übertragenden Rechtsträger darzulegen.

(2) Ein Sachgründungsbericht ist nicht erforderlich, soweit eine Kapitalgesellschaft oder eine eingetragene Genossenschaft übertragender Rechtsträger ist.

§ 59 Verschmelzungsbeschlüsse

[1] Der Gesellschaftsvertrag der neuen Gesellschaft wird nur wirksam, wenn ihm die Anteilsinhaber jedes der übertragenden Rechtsträger durch Verschmelzungsbeschluß zustimmen. [2] Dies gilt entsprechend für die Bestellung der Geschäftsführer und der Mitglieder des Aufsichtsrats der neuen Gesellschaft, soweit sie von den Anteilsinhabern der übertragenden Rechtsträger zu wählen sind.

Dritter Abschnitt. Verschmelzung unter Beteiligung von Aktiengesellschaften

Erster Unterabschnitt. Verschmelzung durch Aufnahme

§ 60 Prüfung der Verschmelzung; Bestellung der Verschmelzungsprüfer

Der Verschmelzungsvertrag oder sein Entwurf ist für jede Aktiengesellschaft nach den §§ 9 bis 12 zu prüfen.

§ 61 Bekanntmachung des Verschmelzungsvertrags

[1] Der Verschmelzungsvertrag oder sein Entwurf ist vor der Einberufung der Hauptversammlung, die gemäß § 13 Abs. 1 über die Zustimmung beschließen soll, zum Register einzureichen. [2] Das Gericht hat in der Bekanntmachung nach § 10 des Handelsgesetzbuchs einen Hinweis darauf bekanntzumachen, daß der Vertrag oder sein Entwurf beim Handelsregister eingereicht worden ist.

§ 62 Konzernverschmelzungen

(1) [1] Befinden sich mindestens neun Zehntel des Stammkapitals oder des Grundkapitals einer übertragenden Kapitalgesellschaft in der Hand einer übernehmenden Aktiengesellschaft, so ist ein Verschmelzungsbeschluß der übernehmenden Aktiengesellschaft zur Aufnahme dieser übertragenden Gesellschaft nicht erforderlich. [2] Eigene Anteile der übertragenden Gesellschaft und Anteile, die einem anderen für Rechnung dieser Gesellschaft gehören, sind vom Stammkapital oder Grundkapital abzusetzen.

(2) [1] Absatz 1 gilt nicht, wenn Aktionäre der übernehmenden Gesellschaft, deren Anteile zusammen den zwanzigsten Teil des Grundkapitals dieser Gesellschaft erreichen, die Einberufung einer Hauptversammlung verlangen, in der über die Zustimmung zu der Verschmelzung beschlossen wird. [2] Die Satzung kann das Recht, die Einberufung der Hauptversammlung zu verlangen, an den Besitz eines geringeren Teils am Grundkapital der übernehmenden Gesellschaft knüpfen.

(3) [1] Einen Monat vor dem Tage der Gesellschafterversammlung oder der Hauptversammlung der übertragenden Gesellschaft, die gemäß § 13 Abs. 1 über die Zustimmung zum Verschmelzungsvertrag beschließen soll, sind in dem Geschäftsraum der übernehmenden Gesellschaft zur Einsicht der Aktionäre die in § 63 Abs. 1 bezeichneten Unterlagen auszulegen. [2] Gleichzeitig hat der Vorstand der übernehmenden Gesellschaft einen Hinweis auf die bevorstehende Verschmelzung in den Gesellschaftsblättern der übernehmenden Gesellschaft bekanntzumachen und den Verschmelzungsvertrag oder seinen Entwurf zum Register der übernehmenden Gesellschaft einzureichen; § 61 Satz 2 ist entsprechend anzuwenden. [3] Die Aktionäre sind in der Bekanntmachung nach Satz 2 erster Halbsatz auf ihr Recht nach

Absatz 2 hinzuweisen. [4]Der Anmeldung der Verschmelzung zur Eintragung in das Handelsregister ist der Nachweis der Bekanntmachung beizufügen. [5]Der Vorstand hat bei der Anmeldung zu erklären, ob ein Antrag nach Absatz 2 gestellt worden ist. [6]Auf Verlangen ist jedem Aktionär der übernehmenden Gesellschaft unverzüglich und kostenlos eine Abschrift der in Satz 1 bezeichneten Unterlagen zu erteilen. [7]Die Unterlagen können dem Aktionär mit dessen Einwilligung auf dem Wege elektronischer Kommunikation übermittelt werden. [8]Die Verpflichtungen nach den Sätzen 1 und 6 entfallen, wenn die in Satz 1 bezeichneten Unterlagen für denselben Zeitraum über die Internetseite der Gesellschaft zugänglich sind.

(4) [1]Befindet sich das gesamte Stamm- oder Grundkapital einer übertragenden Kapitalgesellschaft in der Hand einer übernehmenden Aktiengesellschaft, so ist ein Verschmelzungsbeschluss des Anteilsinhabers der übertragenden Kapitalgesellschaft nicht erforderlich. [2]Ein solcher Beschluss ist auch nicht erforderlich in Fällen, in denen nach Absatz 5 Satz 1 ein Übertragungsbeschluss gefasst und mit einem Vermerk nach Absatz 5 Satz 7 in das Handelsregister eingetragen wurde. [3]Absatz 3 gilt mit der Maßgabe, dass die dort genannten Verpflichtungen nach Abschluss des Verschmelzungsvertrages für die Dauer eines Monats zu erfüllen sind. [4]Spätestens bei Beginn dieser Frist ist die in § 5 Absatz 3 genannte Zuleitungsverpflichtung zu erfüllen.

(5) [1]In Fällen des Absatzes 1 kann die Hauptversammlung einer übertragenden Aktiengesellschaft innerhalb von drei Monaten nach Abschluss des Verschmelzungsvertrages einen Beschluss nach § 327a Absatz 1 Satz 1 des Aktiengesetzes fassen, wenn der übernehmenden Gesellschaft (Hauptaktionär) Aktien in Höhe von neun Zehnteln des Grundkapitals gehören. [2]Der Verschmelzungsvertrag oder sein Entwurf muss die Angabe enthalten, dass im Zusammenhang mit der Verschmelzung ein Ausschluss der Minderheitsaktionäre der übertragenden Gesellschaft erfolgen soll. [3]Absatz 3 gilt mit der Maßgabe, dass die dort genannten Verpflichtungen nach Abschluss des Verschmelzungsvertrages für die Dauer eines Monats zu erfüllen sind. [4]Spätestens bei Beginn dieser Frist ist die in § 5 Absatz 3 genannte Zuleitungsverpflichtung zu erfüllen. [5]Der Verschmelzungsvertrag oder sein Entwurf ist gemäß § 327c Absatz 3 des Aktiengesetzes zur Einsicht der Aktionäre auszulegen. [6]Der Anmeldung des Übertragungsbeschlusses (§ 327e Absatz 1 des Aktiengesetzes) ist der Verschmelzungsvertrag in Ausfertigung oder öffentlich beglaubigter Abschrift oder sein Entwurf beizufügen. [7]Die Eintragung des Übertragungsbeschlusses ist mit dem Vermerk zu versehen, dass er erst gleichzeitig mit der Eintragung der Verschmelzung im Register des Sitzes der übernehmenden Aktiengesellschaft wirksam wird. [8]Im Übrigen bleiben die §§ 327a bis 327f des Aktiengesetzes unberührt.

§ 63 Vorbereitung der Hauptversammlung

(1) Von der Einberufung der Hauptversammlung an, die gemäß § 13 Abs. 1 über die Zustimmung zum Verschmelzungsvertrag beschließen soll, sind in dem Geschäftsraum der Gesellschaft zur Einsicht der Aktionäre auszulegen
1. der Verschmelzungsvertrag oder sein Entwurf;
2. die Jahresabschlüsse und die Lageberichte der an der Verschmelzung beteiligten Rechtsträger für die letzten drei Geschäftsjahre;
3. falls sich der letzte Jahresabschluß auf ein Geschäftsjahr bezieht, das mehr als sechs Monate vor dem Abschluß des Verschmelzungsvertrags oder der Aufstellung des Entwurfs abgelaufen ist, eine Bilanz auf einen Stichtag, der nicht vor

dem ersten Tag des dritten Monats liegt, der dem Abschluß oder der Aufstellung vorausgeht (Zwischenbilanz);
4. die nach § 8 erstatteten Verschmelzungsberichte;
5. die nach § 60 in Verbindung mit § 12 erstatteten Prüfungsberichte.

(2) [1]Die Zwischenbilanz (Absatz 1 Nr. 3) ist nach den Vorschriften aufzustellen, die auf die letzte Jahresbilanz des Rechtsträgers angewendet worden sind. [2]Eine körperliche Bestandsaufnahme ist nicht erforderlich. [3]Die Wertansätze der letzten Jahresbilanz dürfen übernommen werden. [4]Dabei sind jedoch Abschreibungen, Wertberichtigungen und Rückstellungen sowie wesentliche, aus den Büchern nicht ersichtliche Veränderungen der wirklichen Werte von Vermögensgegenständen bis zum Stichtag der Zwischenbilanz zu berücksichtigen. [5]§ 8 Absatz 3 Satz 1 erste Alternative und Satz 2 ist entsprechend anzuwenden. [6]Die Zwischenbilanz muss auch dann nicht aufgestellt werden, wenn die Gesellschaft seit dem letzten Jahresabschluss einen Halbjahresfinanzbericht gemäß § 37w des Wertpapierhandelsgesetzes veröffentlicht hat. [7]Der Halbjahresfinanzbericht tritt zum Zwecke der Vorbereitung der Hauptversammlung an die Stelle der Zwischenbilanz.

(3) [1]Auf Verlangen ist jedem Aktionär unverzüglich und kostenlos eine Abschrift der in Absatz 1 bezeichneten Unterlagen zu erteilen. [2]Die Unterlagen können dem Aktionär mit dessen Einwilligung auf dem Wege elektronischer Kommunikation übermittelt werden.

(4) Die Verpflichtungen nach den Absätzen 1 und 3 entfallen, wenn die in Absatz 1 bezeichneten Unterlagen für denselben Zeitraum über die Internetseite der Gesellschaft zugänglich sind.

§ 64 Durchführung der Hauptversammlung

(1) [1]In der Hauptversammlung sind die in § 63 Absatz 1 bezeichneten Unterlagen zugänglich zu machen. [2]Der Vorstand hat den Verschmelzungsvertrag oder seinen Entwurf zu Beginn der Verhandlung mündlich zu erläutern und über jede wesentliche Veränderung des Vermögens der Gesellschaft zu unterrichten, die seit dem Abschluss des Verschmelzungsvertrages oder der Aufstellung des Entwurfs eingetreten ist. [3]Der Vorstand hat über solche Veränderungen auch die Vertretungsorgane der anderen beteiligten Rechtsträger zu unterrichten; diese haben ihrerseits die Anteilsinhaber des von ihnen vertretenen Rechtsträgers vor der Beschlussfassung zu unterrichten. [4]§ 8 Absatz 3 Satz 1 erste Alternative und Satz 2 ist entsprechend anzuwenden.

(2) Jedem Aktionär ist auf Verlangen in der Hauptversammlung Auskunft auch über alle für die Verschmelzung wesentlichen Angelegenheiten der anderen beteiligten Rechtsträger zu geben.

§ 65 Beschluß der Hauptversammlung

(1) [1]Der Verschmelzungsbeschluß der Hauptversammlung bedarf einer Mehrheit, die mindestens drei Viertel des bei der Beschlußfassung vertretenen Grundkapitals umfaßt. [2]Die Satzung kann eine größere Kapitalmehrheit und weitere Erfordernisse bestimmen.

(2) [1]Sind mehrere Gattungen von Aktien vorhanden, so bedarf der Beschluß der Hauptversammlung zu seiner Wirksamkeit der Zustimmung der stimmberechtigten Aktionäre jeder Gattung. [2]Über die Zustimmung haben die Aktionäre jeder Gattung einen Sonderbeschluß zu fassen. [3]Für diesen gilt Absatz 1.

§ 66 Eintragung bei Erhöhung des Grundkapitals

Erhöht die übernehmende Gesellschaft zur Durchführung der Verschmelzung ihr Grundkapital, so darf die Verschmelzung erst eingetragen werden, nachdem die Durchführung der Erhöhung des Grundkapitals im Register eingetragen worden ist.

§ 67 Anwendung der Vorschriften über die Nachgründung

[1] Wird der Verschmelzungsvertrag in den ersten zwei Jahren seit Eintragung der übernehmenden Gesellschaft in das Register geschlossen, so ist § 52 Abs. 3, 4, 6 bis 9 des Aktiengesetzes über die Nachgründung entsprechend anzuwenden. [2] Dies gilt nicht, wenn auf die zu gewährenden Aktien nicht mehr als der zehnte Teil des Grundkapitals dieser Gesellschaft entfällt oder wenn diese Gesellschaft ihre Rechtsform durch Formwechsel einer Gesellschaft mit beschränkter Haftung erlangt hat, die zuvor bereits seit mindestens zwei Jahren im Handelsregister eingetragen war. [3] Wird zur Durchführung der Verschmelzung das Grundkapital erhöht, so ist der Berechnung das erhöhte Grundkapital zugrunde zu legen.

§ 68 Verschmelzung ohne Kapitalerhöhung

(1) [1] Die übernehmende Gesellschaft darf zur Durchführung der Verschmelzung ihr Grundkapital nicht erhöhen, soweit
1. sie Anteile eines übertragenden Rechtsträgers innehat;
2. ein übertragender Rechtsträger eigene Anteile innehat oder
3. ein übertragender Rechtsträger Aktien dieser Gesellschaft besitzt, auf die der Ausgabebetrag nicht voll geleistet ist.

[2] Die übernehmende Gesellschaft braucht ihr Grundkapital nicht zu erhöhen, soweit
1. sie eigene Aktien besitzt oder
2. ein übertragender Rechtsträger Aktien dieser Gesellschaft besitzt, auf die der Ausgabebetrag bereits voll geleistet ist.

[3] Die übernehmende Gesellschaft darf von der Gewährung von Aktien absehen, wenn alle Anteilsinhaber eines übertragenden Rechtsträgers darauf verzichten; die Verzichtserklärungen sind notariell zu beurkunden.

(2) Absatz 1 gilt entsprechend, wenn Inhaber der dort bezeichneten Anteile ein Dritter ist, der im eigenen Namen, jedoch in einem Fall des Absatzes 1 Satz 1 Nr. 1 oder des Absatzes 1 Satz 2 Nr. 1 für Rechnung der übernehmenden Gesellschaft oder in einem der anderen Fälle des Absatzes 1 für Rechnung des übertragenden Rechtsträgers handelt.

(3) Im Verschmelzungsvertrag festgesetzte bare Zuzahlungen dürfen nicht den zehnten Teil des auf die gewährten Aktien der übernehmenden Gesellschaft entfallenden anteiligen Betrags ihres Grundkapitals übersteigen.

§ 69 Verschmelzung mit Kapitalerhöhung

(1) [1] Erhöht die übernehmende Gesellschaft zur Durchführung der Verschmelzung ihr Grundkapital, so sind § 182 Abs. 4, § 184 Abs. 1 Satz 2, §§ 185, 186, 187 Abs. 1, § 188 Abs. 2 und 3 Nr. 1 des Aktiengesetzes nicht anzuwenden; eine Prüfung der Sacheinlage nach § 183 Abs. 3 des Aktiengesetzes findet nur statt, soweit übertragende Rechtsträger die Rechtsform einer Personenhandelsgesellschaft, einer Partnerschaftsgesellschaft oder eines rechtsfähigen Vereins haben,

wenn Vermögensgegenstände in der Schlußbilanz eines übertragenden Rechtsträgers höher bewertet worden sind als in dessen letzter Jahresbilanz, wenn die in einer Schlußbilanz angesetzten Werte nicht als Anschaffungskosten in den Jahresbilanzen der übernehmenden Gesellschaft angesetzt werden oder wenn das Gericht Zweifel hat, ob der Wert der Sacheinlage den geringsten Ausgabebetrag der dafür zu gewährenden Aktien erreicht. [2]Dies gilt auch dann, wenn das Grundkapital durch Ausgabe neuer Aktien auf Grund der Ermächtigung nach § 202 des Aktiengesetzes erhöht wird. [3]In diesem Fall ist außerdem § 203 Abs. 3 des Aktiengesetzes nicht anzuwenden. [4]Zum Prüfer kann der Verschmelzungsprüfer bestellt werden.

(2) Der Anmeldung der Kapitalerhöhung zum Register sind außer den in § 188 Abs. 3 Nr. 2 und 3 des Aktiengesetzes bezeichneten Schriftstücken der Verschmelzungsvertrag und die Niederschriften der Verschmelzungsbeschlüsse in Ausfertigung oder öffentlich beglaubigter Abschrift beizufügen.

§ 70 Geltendmachung eines Schadenersatzanspruchs

Die Bestellung eines besonderen Vertreters nach § 26 Abs. 1 Satz 2 können nur solche Aktionäre einer übertragenden Gesellschaft beantragen, die ihre Aktien bereits gegen Anteile des übernehmenden Rechtsträgers umgetauscht haben.

§ 71 Bestellung eines Treuhänders

(1) [1]Jeder übertragende Rechtsträger hat für den Empfang der zu gewährenden Aktien und der baren Zuzahlungen einen Treuhänder zu bestellen. [2]Die Verschmelzung darf erst eingetragen werden, wenn der Treuhänder dem Gericht angezeigt hat, daß er im Besitz der Aktien und der im Verschmelzungsvertrag festgesetzten baren Zuzahlungen ist.

(2) § 26 Abs. 4 ist entsprechend anzuwenden.

§ 72 Umtausch von Aktien

(1) [1]Für den Umtausch der Aktien einer übertragenden Gesellschaft gilt § 73 Abs. 1 und 2 des Aktiengesetzes, bei Zusammenlegung von Aktien dieser Gesellschaft § 226 Abs. 1 und 2 des Aktiengesetzes über die Kraftloserklärung von Aktien entsprechend. [2]Einer Genehmigung des Gerichts bedarf es nicht.

(2) Ist der übernehmende Rechtsträger ebenfalls eine Aktiengesellschaft, so gelten ferner § 73 Abs. 3 des Aktiengesetzes sowie bei Zusammenlegung von Aktien § 73 Abs. 4 und § 226 Abs. 3 des Aktiengesetzes entsprechend.

Zweiter Unterabschnitt. Verschmelzung durch Neugründung

§ 73 Anzuwendende Vorschriften

Auf die Verschmelzung durch Neugründung sind die Vorschriften des Ersten Unterabschnitts mit Ausnahme der §§ 66, 67, 68 Abs. 1 und 2 und des § 69 entsprechend anzuwenden.

§ 74 Inhalt der Satzung

[1]In die Satzung sind Festsetzungen über Sondervorteile, Gründungsaufwand, Sacheinlagen und Sachübernahmen, die in den Gesellschaftsverträgen, Partner-

schaftsverträgen oder Satzungen übertragender Rechtsträger enthalten waren, zu übernehmen. [2] § 26 Abs. 4 und 5 des Aktiengesetzes bleibt unberührt.

§ 75 Gründungsbericht und Gründungsprüfung

(1) [1] In dem Gründungsbericht (§ 32 des Aktiengesetzes) sind auch der Geschäftsverlauf und die Lage der übertragenden Rechtsträger darzustellen. [2] Zum Gründungsprüfer (§ 33 Absatz 2 des Aktiengesetzes) kann der Verschmelzungsprüfer bestellt werden.

(2) Ein Gründungsbericht und eine Gründungsprüfung sind nicht erforderlich, soweit eine Kapitalgesellschaft oder eine eingetragene Genossenschaft übertragender Rechtsträger ist.

§ 76 Verschmelzungsbeschlüsse

(1) Eine übertragende Aktiengesellschaft darf die Verschmelzung erst beschließen, wenn sie und jede andere übertragende Aktiengesellschaft bereits zwei Jahre im Register eingetragen sind.

(2) [1] Die Satzung der neuen Gesellschaft wird nur wirksam, wenn ihr die Anteilsinhaber jedes der übertragenden Rechtsträger durch Verschmelzungsbeschluß zustimmen. [2] Dies gilt entsprechend für die Bestellung der Mitglieder des Aufsichtsrats der neuen Gesellschaft, soweit diese nach § 31 des Aktiengesetzes zu wählen sind. [3] Auf eine übertragende Aktiengesellschaft ist § 124 Abs. 2 Satz 2, Abs. 3 Satz 1 und 3 des Aktiengesetzes entsprechend anzuwenden.

§ 77 *(aufgehoben)*

Vierter Abschnitt. Verschmelzung unter Beteiligung von Kommanditgesellschaften auf Aktien

§ 78 Anzuwendende Vorschriften

[1] Auf Verschmelzungen unter Beteiligung von Kommanditgesellschaften auf Aktien sind die Vorschriften des Dritten Abschnitts entsprechend anzuwenden. [2] An die Stelle der Aktiengesellschaft und ihres Vorstands treten die Kommanditgesellschaft auf Aktien und die zu ihrer Vertretung ermächtigten persönlich haftenden Gesellschafter. [3] Der Verschmelzungsbeschluß bedarf auch der Zustimmung der persönlich haftenden Gesellschafter; die Satzung der Kommanditgesellschaft auf Aktien kann eine Mehrheitsentscheidung dieser Gesellschafter vorsehen. [4] Im Verhältnis zueinander gelten Aktiengesellschaften und Kommanditgesellschaften auf Aktien nicht als Rechtsträger anderer Rechtsform im Sinne der §§ 29 und 34.

Fünfter Abschnitt. Verschmelzung unter Beteiligung eingetragener Genossenschaften

Erster Unterabschnitt. Verschmelzung durch Aufnahme

§ 79 Möglichkeit der Verschmelzung

Ein Rechtsträger anderer Rechtsform kann im Wege der Aufnahme mit einer eingetragenen Genossenschaft nur verschmolzen werden, wenn eine erforderliche

Änderung der Satzung der übernehmenden Genossenschaft gleichzeitig mit der Verschmelzung beschlossen wird.

§ 80 Inhalt des Verschmelzungsvertrags bei Aufnahme durch eine Genossenschaft

(1) [1]Der Verschmelzungsvertrag oder sein Entwurf hat bei Verschmelzungen im Wege der Aufnahme durch eine eingetragene Genossenschaft für die Festlegung des Umtauschverhältnisses der Anteile (§ 5 Abs. 1 Nr. 3) die Angabe zu enthalten,

1. daß jedes Mitglied einer übertragenden Genossenschaft mit einem Geschäftsanteil bei der übernehmenden Genossenschaft beteiligt wird, sofern die Satzung dieser Genossenschaft die Beteiligung mit mehr als einem Geschäftsanteil nicht zuläßt, oder
2. daß jedes Mitglied einer übertragenden Genossenschaft mit mindestens einem und im übrigen mit so vielen Geschäftsanteilen bei der übernehmenden Genossenschaft beteiligt wird, wie durch Anrechnung seines Geschäftsguthabens bei der übertragenden Genossenschaft als voll eingezahlt anzusehen sind, sofern die Satzung der übernehmenden Genossenschaft die Beteiligung eines Mitglieds mit mehreren Geschäftsanteilen zuläßt oder die Mitglieder zur Übernahme mehrerer Geschäftsanteile verpflichtet; der Verschmelzungsvertrag oder sein Entwurf kann eine andere Berechnung der Zahl der zu gewährenden Geschäftsanteile vorsehen.

[2]Bei Verschmelzungen im Wege der Aufnahme eines Rechtsträgers anderer Rechtsform durch eine eingetragene Genossenschaft hat der Verschmelzungsvertrag oder sein Entwurf zusätzlich für jeden Anteilsinhaber eines solchen Rechtsträgers den Betrag des Geschäftsanteils und die Zahl der Geschäftsanteile anzugeben, mit denen er bei der Genossenschaft beteiligt wird.

(2) Der Verschmelzungsvertrag oder sein Entwurf hat für jede übertragende Genossenschaft den Stichtag der Schlußbilanz anzugeben.

§ 81 Gutachten des Prüfungsverbandes

(1) [1]Vor der Einberufung der Generalversammlung, die gemäß § 13 Abs. 1 über die Zustimmung zum Verschmelzungsvertrag beschließen soll, ist für jede beteiligte Genossenschaft eine gutachtliche Äußerung des Prüfungsverbandes einzuholen, ob die Verschmelzung mit den Belangen der Mitglieder und der Gläubiger der Genossenschaft vereinbar ist (Prüfungsgutachten). [2]Das Prüfungsgutachten kann für mehrere beteiligte Genossenschaften auch gemeinsam erstattet werden.

(2) Liegen die Voraussetzungen des Artikels 25 Abs. 1 des Einführungsgesetzes zum Handelsgesetzbuche in der Fassung des Artikels 21 § 5 Abs. 2 des Gesetzes vom 25. Juli 1988 (BGBl. I S. 1093) vor, so kann die Prüfung der Verschmelzung (§§ 9 bis 12) für die dort bezeichneten Rechtsträger auch von dem zuständigen Prüfungsverband durchgeführt werden.

§ 82 Vorbereitung der Generalversammlung

(1) [1]Von der Einberufung der Generalversammlung an, die gemäß § 13 Abs. 1 über die Zustimmung zum Verschmelzungsvertrag beschließen soll, sind auch in dem Geschäftsraum jeder beteiligten Genossenschaft die in § 63 Abs. 1 Nr. 1 bis 4 bezeichneten Unterlagen sowie die nach § 81 erstatteten Prüfungsgutachten zur

Einsicht der Mitglieder auszulegen. [2]Dazu erforderliche Zwischenbilanzen sind gemäß § 63 Absatz 2 Satz 1 bis 4 aufzustellen.

(2) Auf Verlangen ist jedem Mitglied unverzüglich und kostenlos eine Abschrift der in Absatz 1 bezeichneten Unterlagen zu erteilen.

§ 83 Durchführung der Generalversammlung

(1) [1]In der Generalversammlung sind die in § 63 Abs. 1 Nr. 1 bis 4 bezeichneten Unterlagen sowie die nach § 81 erstatteten Prüfungsgutachten auszulegen. [2]Der Vorstand hat den Verschmelzungsvertrag oder seinen Entwurf zu Beginn der Verhandlung mündlich zu erläutern. [3]§ 64 Abs. 2 ist entsprechend anzuwenden.

(2) [1]Das für die beschließende Genossenschaft erstattete Prüfungsgutachten ist in der Generalversammlung zu verlesen. [2]Der Prüfungsverband ist berechtigt, an der Generalversammlung beratend teilzunehmen.

§ 84 Beschluß der Generalversammlung

[1]Der Verschmelzungsbeschluß der Generalversammlung bedarf einer Mehrheit von drei Vierteln der abgegebenen Stimmen. [2]Die Satzung kann eine größere Mehrheit und weitere Erfordernisse bestimmen.

§ 85 Verbesserung des Umtauschverhältnisses

(1) Bei der Verschmelzung von Genossenschaften miteinander ist § 15 nur anzuwenden, wenn und soweit das Geschäftsguthaben eines Mitglieds in der übernehmenden Genossenschaft niedriger als das Geschäftsguthaben in der übertragenden Genossenschaft ist.

(2) Der Anspruch nach § 15 kann auch durch Zuschreibung auf das Geschäftsguthaben erfüllt werden, soweit nicht der Gesamtbetrag der Geschäftsanteile des Mitglieds bei der übernehmenden Genossenschaft überschritten wird.

§ 86 Anlagen der Anmeldung

(1) Der Anmeldung der Verschmelzung ist außer den sonst erforderlichen Unterlagen auch das für die anmeldende Genossenschaft erstattete Prüfungsgutachten in Urschrift oder in öffentlich beglaubigter Abschrift beizufügen.

(2) Der Anmeldung zur Eintragung in das Register des Sitzes des übernehmenden Rechtsträgers ist ferner jedes andere für eine übertragende Genossenschaft erstattete Prüfungsgutachten in Urschrift oder in öffentlich beglaubigter Abschrift beizufügen.

§ 87 Anteilstausch

(1) [1]Auf Grund der Verschmelzung ist jedes Mitglied einer übertragenden Genossenschaft entsprechend dem Verschmelzungsvertrag an dem übernehmenden Rechtsträger beteiligt. [2]Eine Verpflichtung, bei einer übernehmenden Genossenschaft weitere Geschäftsanteile zu übernehmen, bleibt unberührt. [3]Rechte Dritter an den Geschäftsguthaben bei einer übertragenden Genossenschaft bestehen an den Anteilen oder Mitgliedschaften des übernehmenden Rechtsträgers anderer Rechtsform weiter, die an die Stelle der Geschäftsanteile der übertragenden Genossenschaft treten. [4]Rechte Dritter an den Anteilen oder Mitgliedschaften

des übertragenden Rechtsträgers bestehen an den bei der übernehmenden Genossenschaft erlangten Geschäftsguthaben weiter.

(2) [1] Übersteigt das Geschäftsguthaben, das das Mitglied bei einer übertragenden Genossenschaft hatte, den Gesamtbetrag der Geschäftsanteile, mit denen es nach Absatz 1 bei einer übernehmenden Genossenschaft beteiligt ist, so ist der übersteigende Betrag nach Ablauf von sechs Monaten seit dem Tage, an dem die Eintragung der Verschmelzung in das Register des Sitzes der übernehmenden Genossenschaft nach § 19 Abs. 3 bekannt gemacht worden ist, an das Mitglied auszuzahlen; die Auszahlung darf jedoch nicht erfolgen, bevor die Gläubiger, die sich nach § 22 gemeldet haben, befriedigt oder sichergestellt sind. [2] Im Verschmelzungsvertrag festgesetzte bare Zuzahlungen dürfen nicht den zehnten Teil des Gesamtnennbetrags der gewährten Geschäftsanteile der übernehmenden Genossenschaft übersteigen.

(3) Für die Berechnung des Geschäftsguthabens, das dem Mitglied bei einer übertragenden Genossenschaft zugestanden hat, ist deren Schlußbilanz maßgebend.

§ 88 Geschäftsguthaben bei der Aufnahme von Kapitalgesellschaften und rechtsfähigen Vereinen

(1) [1] Ist an der Verschmelzung eine Kapitalgesellschaft als übertragender Rechtsträger beteiligt, so ist jedem Anteilsinhaber dieser Gesellschaft als Geschäftsguthaben bei der übernehmenden Genossenschaft der Wert der Geschäftsanteile oder der Aktien gutzuschreiben, mit denen er an der übertragenden Gesellschaft beteiligt war. [2] Für die Feststellung des Wertes dieser Beteiligung ist die Schlußbilanz der übertragenden Gesellschaft maßgebend. [3] Übersteigt das durch die Verschmelzung erlangte Geschäftsguthaben eines Mitglieds den Gesamtbetrag der Geschäftsanteile, mit denen es bei der übernehmenden Genossenschaft beteiligt ist, so ist der übersteigende Betrag nach Ablauf von sechs Monaten seit dem Tage, an dem die Eintragung der Verschmelzung in das Register des Sitzes der übernehmenden Genossenschaft nach § 19 Abs. 3 bekannt gemacht worden ist, an das Mitglied auszuzahlen; die Auszahlung darf jedoch nicht erfolgen, bevor die Gläubiger, die sich nach § 22 gemeldet haben, befriedigt oder sichergestellt sind.

(2) Ist an der Verschmelzung ein rechtsfähiger Verein als übertragender Rechtsträger beteiligt, so kann jedem Mitglied dieses Vereins als Geschäftsguthaben bei der übernehmenden Genossenschaft höchstens der Nennbetrag der Geschäftsanteile gutgeschrieben werden, mit denen es an der übernehmenden Genossenschaft beteiligt ist.

§ 89 Eintragung der Genossen in die Mitgliederliste; Benachrichtigung

(1) [1] Die übernehmende Genossenschaft hat jedes neue Mitglied nach der Eintragung der Verschmelzung in das Register des Sitzes der übernehmenden Genossenschaft unverzüglich in die Mitgliederliste einzutragen und hiervon unverzüglich zu benachrichtigen. [2] Sie hat ferner die Zahl der Geschäftsanteile des Mitglieds einzutragen, sofern das Mitglied mit mehr als einem Geschäftsanteil beteiligt ist.

(2) Die übernehmende Genossenschaft hat jedem Anteilsinhaber eines übertragenden Rechtsträgers, bei unbekannten Aktionären dem Treuhänder der übertragenden Gesellschaft, unverzüglich in Textform mitzuteilen:
1. den Betrag des Geschäftsguthabens bei der übernehmenden Genossenschaft;
2. den Betrag des Geschäftsanteils bei der übernehmenden Genossenschaft;

3. die Zahl der Geschäftsanteile, mit denen der Anteilsinhaber bei der übernehmenden Genossenschaft beteiligt ist;
4. den Betrag der von dem Mitglied nach Anrechnung seines Geschäftsguthabens noch zu leistenden Einzahlung oder den Betrag, der ihm nach § 87 Abs. 2 oder nach § 88 Abs. 1 auszuzahlen ist, sowie
5. den Betrag der Haftsumme der übernehmenden Genossenschaft, sofern deren Mitglieder Nachschüsse bis zu einer Haftsumme zu leisten haben.

§ 90 Ausschlagung durch einzelne Anteilsinhaber

(1) Die §§ 29 bis 34 sind auf die Mitglieder einer übertragenden Genossenschaft nicht anzuwenden.

(2) Auf der Verschmelzungswirkung beruhende Anteile und Mitgliedschaften an dem übernehmenden Rechtsträger gelten als nicht erworben, wenn sie ausgeschlagen werden.

(3) [1]Das Recht zur Ausschlagung hat jedes Mitglied einer übertragenden Genossenschaft, wenn es in der Generalversammlung oder als Vertreter in der Vertreterversammlung, die gemäß § 13 Abs. 1 über die Zustimmung zum Verschmelzungsvertrag beschließen soll,
1. erscheint und gegen den Verschmelzungsbeschluß Widerspruch zur Niederschrift erklärt oder
2. nicht erscheint, sofern es zu der Versammlung zu Unrecht nicht zugelassen worden ist oder die Versammlung nicht ordnungsgemäß einberufen oder der Gegenstand der Beschlußfassung nicht ordnungsgemäß bekanntgemacht worden ist.

[2]Wird der Verschmelzungsbeschluß einer übertragenden Genossenschaft von einer Vertreterversammlung gefaßt, so steht das Recht zur Ausschlagung auch jedem anderen Mitglied dieser Genossenschaft zu, das im Zeitpunkt der Beschlußfassung nicht Vertreter ist.

§ 91 Form und Frist der Ausschlagung

(1) Die Ausschlagung ist gegenüber dem übernehmenden Rechtsträger schriftlich zu erklären.

(2) Die Ausschlagung kann nur binnen sechs Monaten nach dem Tage erklärt werden, an dem die Eintragung der Verschmelzung in das Register des Sitzes des übernehmenden Rechtsträgers nach § 19 Abs. 3 bekannt gemacht worden ist.

(3) Die Ausschlagung kann nicht unter einer Bedingung oder einer Zeitbestimmung erklärt werden.

§ 92 Eintragung der Ausschlagung in die Mitgliederliste

(1) Die übernehmende Genossenschaft hat jede Ausschlagung unverzüglich in die Mitgliederliste einzutragen und das Mitglied von der Eintragung unverzüglich zu benachrichtigen.

(2) Die Ausschlagung wird in dem Zeitpunkt wirksam, in dem die Ausschlagungserklärung dem übernehmenden Rechtsträger zugeht.

§ 93 Auseinandersetzung

(1) [1]Mit einem früheren Mitglied, dessen Beteiligung an dem übernehmenden Rechtsträger nach § 90 Abs. 2 als nicht erworben gilt, hat der übernehmende

Rechtsträger sich auseinanderzusetzen. [2]Maßgebend ist die Schlußbilanz der übertragenden Genossenschaft.

(2) Dieses Mitglied kann die Auszahlung des Geschäftsguthabens, das es bei der übertragenden Genossenschaft hatte, verlangen; an den Rücklagen und dem sonstigen Vermögen der übertragenden Genossenschaft hat es vorbehaltlich des § 73 Abs. 3 des Genossenschaftsgesetzes keinen Anteil, auch wenn sie bei der Verschmelzung den Geschäftsguthaben anderer Mitglieder, die von dem Recht zur Ausschlagung keinen Gebrauch machen, zugerechnet werden.

(3) [1]Reichen die Geschäftsguthaben und die in der Schlußbilanz einer übertragenden Genossenschaft ausgewiesenen Rücklagen zur Deckung eines in dieser Bilanz ausgewiesenen Verlustes nicht aus, so kann der übernehmende Rechtsträger von dem früheren Mitglied, dessen Beteiligung als nicht erworben gilt, die Zahlung des anteiligen Fehlbetrags verlangen, wenn und soweit dieses Mitglied im Falle der Insolvenz Nachschüsse an die übertragende Genossenschaft zu leisten gehabt hätte. [2]Der anteilige Fehlbetrag wird, falls die Satzung der übertragenden Genossenschaft nichts anderes bestimmt, nach der Zahl ihrer Mitglieder berechnet.

§ 94 Auszahlung des Auseinandersetzungsguthabens

Ansprüche auf Auszahlung des Geschäftsguthabens nach § 93 Abs. 2 sind binnen sechs Monaten seit der Ausschlagung zu befriedigen; die Auszahlung darf jedoch nicht erfolgen, bevor die Gläubiger, die sich nach § 22 gemeldet haben, befriedigt oder sichergestellt sind, und nicht vor Ablauf von sechs Monaten seit dem Tag, an dem die Eintragung der Verschmelzung in das Register des Sitzes des übernehmenden Rechtsträgers nach § 19 Abs. 3 bekannt gemacht worden ist.

§ 95 Fortdauer der Nachschußpflicht

(1) [1]Ist die Haftsumme bei einer übernehmenden Genossenschaft geringer, als sie bei einer übertragenden Genossenschaft war, oder haften den Gläubigern eines übernehmenden Rechtsträgers nicht alle Anteilsinhaber dieses Rechtsträgers unbeschränkt, so haben zur Befriedigung der Gläubiger der übertragenden Genossenschaft diejenigen Anteilsinhaber, die Mitglieder der übertragenden Genossenschaft waren, weitere Nachschüsse bis zur Höhe der Haftsumme bei der übertragenden Genossenschaft zu leisten, sofern die Gläubiger, die sich nach § 22 gemeldet haben, wegen ihrer Forderung Befriedigung oder Sicherstellung auch nicht aus den von den Mitgliedern eingezogenen Nachschüssen erlangen können. [2]Für die Einziehung der Nachschüsse gelten die §§ 105 bis 115a des Genossenschaftsgesetzes entsprechend.

(2) Absatz 1 ist nur anzuwenden, wenn das Insolvenzverfahren über das Vermögen des übernehmenden Rechtsträgers binnen zwei Jahren nach dem Tage eröffnet wird, an dem die Eintragung der Verschmelzung in das Register des Sitzes dieses Rechtsträgers nach § 19 Abs. 3 bekannt gemacht worden ist.

Zweiter Unterabschnitt. Verschmelzung durch Neugründung

§ 96 Anzuwendende Vorschriften

Auf die Verschmelzung durch Neugründung sind die Vorschriften des Ersten Unterabschnitts entsprechend anzuwenden.

§ 97 Pflichten der Vertretungsorgane der übertragenden Rechtsträger

(1) Die Satzung der neuen Genossenschaft ist durch sämtliche Mitglieder des Vertretungsorgans jedes der übertragenden Rechtsträger aufzustellen und zu unterzeichnen.

(2) [1] Die Vertretungsorgane aller übertragenden Rechtsträger haben den ersten Aufsichtsrat der neuen Genossenschaft zu bestellen. [2] Das gleiche gilt für die Bestellung des ersten Vorstands, sofern nicht durch die Satzung der neuen Genossenschaft anstelle der Wahl durch die Generalversammlung eine andere Art der Bestellung des Vorstands festgesetzt ist.

§ 98 Verschmelzungsbeschlüsse

[1] Die Satzung der neuen Genossenschaft wird nur wirksam, wenn ihm die Anteilsinhaber jedes der übertragenden Rechtsträger durch Verschmelzungsbeschluß zustimmen. [2] Dies gilt entsprechend für die Bestellung der Mitglieder des Vorstands und des Aufsichtsrats der neuen Genossenschaft, für die Bestellung des Vorstands jedoch nur, wenn dieser von den Vertretungsorganen aller übertragenden Rechtsträger bestellt worden ist.

Sechster Abschnitt. Verschmelzung unter Beteiligung rechtsfähiger Vereine

§ 99 Möglichkeit der Verschmelzung

(1) Ein rechtsfähiger Verein kann sich an einer Verschmelzung nur beteiligen, wenn die Satzung des Vereins oder Vorschriften des Landesrechts nicht entgegenstehen.

(2) Ein eingetragener Verein darf im Wege der Verschmelzung Rechtsträger anderer Rechtsform nicht aufnehmen und durch die Verschmelzung solcher Rechtsträger nicht gegründet werden.

§ 100 Prüfung der Verschmelzung

[1] Der Verschmelzungsvertrag oder sein Entwurf ist für einen wirtschaftlichen Verein nach den §§ 9 bis 12 zu prüfen. [2] Bei einem eingetragenen Verein ist diese Prüfung nur erforderlich, wenn mindestens zehn vom Hundert der Mitglieder sie schriftlich verlangen.

§ 101 Vorbereitung der Mitgliederversammlung

(1) [1] Von der Einberufung der Mitgliederversammlung an, die gemäß § 13 Abs. 1 über die Zustimmung zum Verschmelzungsvertrag beschließen soll, sind in dem Geschäftsraum des Vereins die in § 63 Abs. 1 Nr. 1 bis 4 bezeichneten Unterlagen sowie ein nach § 100 erforderlicher Prüfungsbericht zur Einsicht der Mitglieder auszulegen. [2] Dazu erforderliche Zwischenbilanzen sind gemäß § 63 Absatz 2 Satz 1 bis 4 aufzustellen.

(2) Auf Verlangen ist jedem Mitglied unverzüglich und kostenlos eine Abschrift der in Absatz 1 bezeichneten Unterlagen zu erteilen.

§ 102 Durchführung der Mitgliederversammlung

[1] In der Mitgliederversammlung sind die in § 63 Abs. 1 Nr. 1 bis 4 bezeichneten Unterlagen sowie ein nach § 100 erforderlicher Prüfungsbericht auszulegen. [2] § 64 Abs. 1 Satz 2 und Abs. 2 ist entsprechend anzuwenden.

§ 103 Beschluß der Mitgliederversammlung

[1] Der Verschmelzungsbeschluß der Mitgliederversammlung bedarf einer Mehrheit von drei Vierteln der abgegebenen Stimmen. [2] Die Satzung kann eine größere Mehrheit und weitere Erfordernisse bestimmen.

§ 104 Bekanntmachung der Verschmelzung

(1) [1] Ist ein übertragender wirtschaftlicher Verein nicht in ein Handelsregister eingetragen, so hat sein Vorstand die bevorstehende Verschmelzung durch den Bundesanzeiger bekanntzumachen. [2] Die Bekanntmachung im Bundesanzeiger tritt an die Stelle der Eintragung im Register. [3] Sie ist mit einem Vermerk zu versehen, daß die Verschmelzung erst mit der Eintragung im Register des Sitzes des übernehmenden Rechtsträgers wirksam wird. [4] Die §§ 16 und 17 Abs. 1 und § 19 Abs. 1 Satz 2, Abs. 2 und Abs. 3 sind nicht anzuwenden, soweit sie sich auf die Anmeldung und Eintragung dieses übertragenden Vereins beziehen.

(2) Die Schlußbilanz eines solchen übertragenden Vereins ist der Anmeldung zum Register des Sitzes des übernehmenden Rechtsträgers beizufügen.

§ 104a Ausschluß der Barabfindung in bestimmten Fällen

Die §§ 29 bis 34 sind auf die Verschmelzung eines eingetragenen Vereins, der nach § 5 Abs. 1 Nr. 9 des Körperschaftsteuergesetzes von der Körperschaftsteuer befreit ist, nicht anzuwenden.

Siebenter Abschnitt. Verschmelzung genossenschaftlicher Prüfungsverbände

§ 105 Möglichkeit der Verschmelzung

[1] Genossenschaftliche Prüfungsverbände können nur miteinander verschmolzen werden. [2] Ein genossenschaftlicher Prüfungsverband kann ferner als übernehmender Verband einen rechtsfähigen Verein aufnehmen, wenn bei diesem die Voraussetzungen des § 63b Abs. 2 Satz 1 des Genossenschaftsgesetzes bestehen und die in § 107 Abs. 2 genannte Behörde dem Verschmelzungsvertrag zugestimmt hat.

§ 106 Vorbereitung, Durchführung und Beschluß der Mitgliederversammlung

Auf die Vorbereitung, die Durchführung und den Beschluß der Mitgliederversammlung sind die §§ 101 bis 103 entsprechend anzuwenden.

§ 107 Pflichten der Vorstände

(1) [1] Die Vorstände beider Verbände haben die Verschmelzung gemeinschaftlich unverzüglich zur Eintragung in die Register des Sitzes jedes Verbandes anzumelden, soweit der Verband eingetragen ist. [2] Ist der übertragende Verband nicht eingetragen, so ist § 104 entsprechend anzuwenden.

(2) Die Vorstände haben ferner gemeinschaftlich den für die Verleihung des Prüfungsrechts zuständigen obersten Landesbehörden die Eintragung unverzüglich mitzuteilen.

(3) Der Vorstand des übernehmenden Verbandes hat die Mitglieder unverzüglich von der Eintragung zu benachrichtigen.

§ 108 Austritt von Mitgliedern des übertragenden Verbandes

Tritt ein ehemaliges Mitglied des übertragenden Verbandes gemäß § 39 des Bürgerlichen Gesetzbuchs aus dem übernehmenden Verband aus, so sind Bestimmungen der Satzung des übernehmenden Verbandes, die gemäß § 39 Abs. 2 des Bürgerlichen Gesetzbuchs eine längere Kündigungsfrist als zum Schlusse des Geschäftsjahres vorsehen, nicht anzuwenden.

Achter Abschnitt. Verschmelzung von Versicherungsvereinen auf Gegenseitigkeit

Erster Unterabschnitt. Möglichkeit der Verschmelzung

§ 109 Verschmelzungsfähige Rechtsträger

[1] Versicherungsvereine auf Gegenseitigkeit können nur miteinander verschmolzen werden. [2] Sie können ferner im Wege der Verschmelzung durch eine Aktiengesellschaft, die den Betrieb von Versicherungsgeschäften zum Gegenstand hat (Versicherungs-Aktiengesellschaft), aufgenommen werden.

Zweiter Unterabschnitt. Verschmelzung durch Aufnahme

§ 110 Inhalt des Verschmelzungsvertrags

Sind nur Versicherungsvereine auf Gegenseitigkeit an der Verschmelzung beteiligt, braucht der Verschmelzungsvertrag oder sein Entwurf die Angaben nach § 5 Abs. 1 Nr. 3 bis 5 und 7 nicht zu enthalten.

§ 111 Bekanntmachung des Verschmelzungsvertrags

[1] Der Verschmelzungsvertrag oder sein Entwurf ist vor der Einberufung der obersten Vertretung, die gemäß § 13 Abs. 1 über die Zustimmung zum Verschmelzungsvertrag beschließen soll, zum Register einzureichen. [2] Das Gericht hat in der Bekanntmachung nach § 10 des Handelsgesetzbuchs einen Hinweis darauf bekanntzumachen, daß der Vertrag oder sein Entwurf beim Handelsregister eingereicht worden ist.

§ 112 Vorbereitung, Durchführung und Beschluß der Versammlung der obersten Vertretung

(1) [1] Von der Einberufung der Versammlung der obersten Vertretung an, die gemäß § 13 Abs. 1 über die Zustimmung zum Verschmelzungsvertrag beschließen soll, sind in dem Geschäftsraum des Vereins die in § 63 Abs. 1 bezeichneten Unterlagen zur Einsicht der Mitglieder auszulegen. [2] Dazu erforderliche Zwischenbilanzen sind gemäß § 63 Absatz 2 Satz 1 bis 4 aufzustellen.

(2) [1]In der Versammlung der obersten Vertretung sind die in § 63 Abs. 1 bezeichneten Unterlagen auszulegen. [2]§ 64 Abs. 1 Satz 2 und Abs. 2 ist entsprechend anzuwenden.

(3) [1]Der Verschmelzungsbeschluß der obersten Vertretung bedarf einer Mehrheit von drei Vierteln der abgegebenen Stimmen. [2]Die Satzung kann eine größere Mehrheit und weitere Erfordernisse bestimmen.

§ 113 Keine gerichtliche Nachprüfung

Sind nur Versicherungsvereine auf Gegenseitigkeit an der Verschmelzung beteiligt, findet eine gerichtliche Nachprüfung des Umtauschverhältnisses der Mitgliedschaften nicht statt.

Dritter Unterabschnitt. Verschmelzung durch Neugründung

§ 114 Anzuwendende Vorschriften

Auf die Verschmelzung durch Neugründung sind die Vorschriften des Zweiten Unterabschnitts entsprechend anzuwenden, soweit sich aus den folgenden Vorschriften nichts anderes ergibt.

§ 115 Bestellung der Vereinsorgane

[1]Die Vorstände der übertragenden Vereine haben den ersten Aufsichtsrat des neuen Rechtsträgers und den Abschlußprüfer für das erste Voll- oder Rumpfgeschäftsjahr zu bestellen. [2]Die Bestellung bedarf notarieller Beurkundung. [3]Der Aufsichtsrat bestellt den ersten Vorstand.

§ 116 Beschlüsse der obersten Vertretungen

(1) [1]Die Satzung des neuen Rechtsträgers und die Bestellung seiner Aufsichtsratsmitglieder bedürfen der Zustimmung der übertragenden Vereine durch Verschmelzungsbeschlüsse. [2]§ 76 Abs. 2 und § 112 Abs. 3 sind entsprechend anzuwenden.

(2) [1]In der Bekanntmachung der Tagesordnung eines Vereins ist der wesentliche Inhalt des Verschmelzungvertrags bekanntzumachen. [2]In der Bekanntmachung haben der Vorstand und der Aufsichtsrat, zur Wahl von Aufsichtsratsmitgliedern und Prüfern nur der Aufsichtsrat, Vorschläge zur Beschlußfassung zu machen. [3]Hat der Aufsichtsrat auch aus Aufsichtsratsmitgliedern der Arbeitnehmer zu bestehen, so bedürfen Beschlüsse des Aufsichtsrats über Vorschläge zur Wahl von Aufsichtsratsmitgliedern nur der Mehrheit der Stimmen der Aufsichtsratsmitglieder der Mitglieder des Vereins.

§ 117 Entstehung und Bekanntmachung des neuen Vereins

[1]Vor der Eintragung in das Register besteht ein neuer Verein als solcher nicht. [2]Wer vor der Eintragung des Vereins in seinem Namen handelt, haftet persönlich; handeln mehrere, so haften sie als Gesamtschuldner.

Vierter Unterabschnitt. Verschmelzung kleinerer Vereine

§ 118 Anzuwendende Vorschriften

[1] Auf die Verschmelzung kleinerer Vereine im Sinne des § 53 des Versicherungsaufsichtsgesetzes sind die Vorschriften des Zweiten und des Dritten Unterabschnitts entsprechend anzuwenden. [2] Dabei treten bei kleineren Vereinen an die Stelle der Anmeldung zur Eintragung in das Register der Antrag an die Aufsichtsbehörde auf Genehmigung, an die Stelle der Eintragung in das Register und ihrer Bekanntmachung die Bekanntmachung im Bundesanzeiger nach § 119.

§ 119 Bekanntmachung der Verschmelzung

Sobald die Verschmelzung von allen beteiligten Aufsichtsbehörden genehmigt worden ist, macht die für den übernehmenden kleineren Verein zuständige Aufsichtsbehörde, bei einer Verschmelzung durch Neugründung eines kleineren Vereins die für den neuen Verein zuständige Aufsichtsbehörde die Verschmelzung und ihre Genehmigung im Bundesanzeiger bekannt.

Neunter Abschnitt. Verschmelzung von Kapitalgesellschaften mit dem Vermögen eines Alleingesellschafters

§ 120 Möglichkeit der Verschmelzung

(1) Ist eine Verschmelzung nach den Vorschriften des Ersten bis Achten Abschnitts nicht möglich, so kann eine Kapitalgesellschaft im Wege der Aufnahme mit dem Vermögen eines Gesellschafters oder eines Aktionärs verschmolzen werden, sofern sich alle Geschäftsanteile oder alle Aktien der Gesellschaft in der Hand des Gesellschafters oder Aktionärs befinden.

(2) Befinden sich eigene Anteile in der Hand der Kapitalgesellschaft, so werden sie bei der Feststellung der Voraussetzungen der Verschmelzung dem Gesellschafter oder Aktionär zugerechnet.

§ 121 Anzuwendende Vorschriften

Auf die Kapitalgesellschaft sind die für ihre Rechtsform geltenden Vorschriften des Ersten und Zweiten Teils anzuwenden.

§ 122 Eintragung in das Handelsregister

(1) Ein noch nicht in das Handelsregister eingetragener Alleingesellschafter oder Alleinaktionär ist nach den Vorschriften des Handelsgesetzbuchs in das Handelsregister einzutragen; § 18 Abs. 1 bleibt unberührt.

(2) Kommt eine Eintragung nicht in Betracht, treten die in § 20 genannten Wirkungen durch die Eintragung der Verschmelzung in das Register des Sitzes der übertragenden Kapitalgesellschaft ein.

Zehnter Abschnitt. Grenzüberschreitende Verschmelzung von Kapitalgesellschaften

§ 122a Grenzüberschreitende Verschmelzung

(1) Eine grenzüberschreitende Verschmelzung ist eine Verschmelzung, bei der mindestens eine der beteiligten Gesellschaften dem Recht eines anderen Mitglied-

staats der Europäischen Union oder eines anderen Vertragsstaats des Abkommens über den Europäischen Wirtschaftsraum unterliegt.

(2) Auf die Beteiligung einer Kapitalgesellschaft (§ 3 Abs. 1 Nr. 2) an einer grenzüberschreitenden Verschmelzung sind die Vorschriften des Ersten Teils und des Zweiten, Dritten und Vierten Abschnitts des Zweiten Teils entsprechend anzuwenden, soweit sich aus diesem Abschnitt nichts anderes ergibt.

§ 122b Verschmelzungsfähige Gesellschaften

(1) An einer grenzüberschreitenden Verschmelzung können als übertragende, übernehmende oder neue Gesellschaften nur Kapitalgesellschaften im Sinne des Artikels 2 Nr. 1 der Richtlinie 2005/56/EG des Europäischen Parlaments und des Rates vom 26. Oktober 2005 über die Verschmelzung von Kapitalgesellschaften aus verschiedenen Mitgliedstaaten (ABl. EU Nr. L 310 S. 1) beteiligt sein, die nach dem Recht eines Mitgliedstaats der Europäischen Union oder eines anderen Vertragsstaats des Abkommens über den Europäischen Wirtschaftsraum gegründet worden sind und ihren satzungsmäßigen Sitz, ihre Hauptverwaltung oder ihre Hauptniederlassung in einem Mitgliedstaat der Europäischen Union oder einem anderen Vertragsstaat des Abkommens über den Europäischen Wirtschaftsraum haben.

(2) An einer grenzüberschreitenden Verschmelzung können nicht beteiligt sein:

1. Genossenschaften, selbst wenn sie nach dem Recht eines anderen Mitgliedstaats der Europäischen Union oder eines anderen Vertragsstaats des Abkommens über den Europäischen Wirtschaftsraum unter die Definition des Artikels 2 Nr. 1 der Richtlinie fallen;
2. Gesellschaften, deren Zweck es ist, die vom Publikum bei ihnen eingelegten Gelder nach dem Grundsatz der Risikostreuung gemeinsam anzulegen und deren Anteile auf Verlangen der Anteilsinhaber unmittelbar oder mittelbar zulasten des Vermögens dieser Gesellschaft zurückgenommen oder ausgezahlt werden. Diesen Rücknahmen oder Auszahlungen gleichgestellt sind Handlungen, mit denen eine solche Gesellschaft sicherstellen will, dass der Börsenwert ihrer Anteile nicht erheblich von deren Nettoinventarwert abweicht.

§ 122c Verschmelzungsplan

(1) Das Vertretungsorgan einer beteiligten Gesellschaft stellt zusammen mit den Vertretungsorganen der übrigen beteiligten Gesellschaften einen gemeinsamen Verschmelzungsplan auf.

(2) Der Verschmelzungsplan oder sein Entwurf muss mindestens folgende Angaben enthalten:

1. Rechtsform, Firma und Sitz der übertragenden und übernehmenden oder neuen Gesellschaft,
2. das Umtauschverhältnis der Gesellschaftsanteile und gegebenenfalls die Höhe der baren Zuzahlungen,
3. die Einzelheiten hinsichtlich der Übertragung der Gesellschaftsanteile der übernehmenden oder neuen Gesellschaft,
4. die voraussichtlichen Auswirkungen der Verschmelzung auf die Beschäftigung,
5. den Zeitpunkt, von dem an die Gesellschaftsanteile deren Inhabern das Recht auf Beteiligung am Gewinn gewähren, sowie alle Besonderheiten, die eine Auswirkung auf dieses Recht haben,

6. den Zeitpunkt, von dem an die Handlungen der übertragenden Gesellschaften unter dem Gesichtspunkt der Rechnungslegung als für Rechnung der übernehmenden oder neuen Gesellschaft vorgenommen gelten (Verschmelzungsstichtag),
7. die Rechte, die die übernehmende oder neue Gesellschaft den mit Sonderrechten ausgestatteten Gesellschaftern und den Inhabern von anderen Wertpapieren als Gesellschaftsanteilen gewährt, oder die für diese Personen vorgeschlagenen Maßnahmen,
8. etwaige besondere Vorteile, die den Sachverständigen, die den Verschmelzungsplan prüfen, oder den Mitgliedern der Verwaltungs-, Leitungs-, Aufsichts- oder Kontrollorgane der an der Verschmelzung beteiligten Gesellschaften gewährt werden,
9. die Satzung der übernehmenden oder neuen Gesellschaft,
10. gegebenenfalls Angaben zu dem Verfahren, nach dem die Einzelheiten über die Beteiligung der Arbeitnehmer an der Festlegung ihrer Mitbestimmungsrechte in der aus der grenzüberschreitenden Verschmelzung hervorgehenden Gesellschaft geregelt werden,
11. Angaben zur Bewertung des Aktiv- und Passivvermögens, das auf die übernehmende oder neue Gesellschaft übertragen wird,
12. den Stichtag der Bilanzen der an der Verschmelzung beteiligten Gesellschaften, die zur Festlegung der Bedingungen der Verschmelzung verwendet werden.

(3) Befinden sich alle Anteile einer übertragenden Gesellschaft in der Hand der übernehmenden Gesellschaft, so entfallen die Angaben über den Umtausch der Anteile (Absatz 2 Nr. 2, 3 und 5), soweit sie die Aufnahme dieser Gesellschaft betreffen.

(4) Der Verschmelzungsplan muss notariell beurkundet werden.

§ 122d Bekanntmachung des Verschmelzungsplans

[1]Der Verschmelzungsplan oder sein Entwurf ist spätestens einen Monat vor der Versammlung der Anteilsinhaber, die nach § 13 über die Zustimmung zum Verschmelzungsplan beschließen soll, zum Register einzureichen. [2]Das Gericht hat in der Bekanntmachung nach § 10 des Handelsgesetzbuchs unverzüglich die folgenden Angaben bekannt zu machen:
1. einen Hinweis darauf, dass der Verschmelzungsplan oder sein Entwurf beim Handelsregister eingereicht worden ist,
2. Rechtsform, Firma und Sitz der an der grenzüberschreitenden Verschmelzung beteiligten Gesellschaften,
3. die Register, bei denen die an der grenzüberschreitenden Verschmelzung beteiligten Gesellschaften eingetragen sind, sowie die jeweilige Nummer der Eintragung,
4. einen Hinweis auf die Modalitäten für die Ausübung der Rechte der Gläubiger und der Minderheitsgesellschafter der an der grenzüberschreitenden Verschmelzung beteiligten Gesellschaften sowie die Anschrift, unter der vollständige Auskünfte über diese Modalitäten kostenlos eingeholt werden können.

[3]Die bekannt zu machenden Angaben sind dem Register bei Einreichung des Verschmelzungsplans oder seines Entwurfs mitzuteilen.

§ 122e Verschmelzungsbericht

[1]Im Verschmelzungsbericht nach § 8 sind auch die Auswirkungen der grenzüberschreitenden Verschmelzung auf die Gläubiger und Arbeitnehmer der an der

Verschmelzung beteiligten Gesellschaft zu erläutern. [2]Der Verschmelzungsbericht ist den Anteilsinhabern sowie dem zuständigen Betriebsrat oder, falls es keinen Betriebsrat gibt, den Arbeitnehmern der an der grenzüberschreitenden Verschmelzung beteiligten Gesellschaft spätestens einen Monat vor der Versammlung der Anteilsinhaber, die nach § 13 über die Zustimmung zum Verschmelzungsplan beschließen soll, nach § 63 Abs. 1 Nr. 4 zugänglich zu machen. [3]§ 8 Abs. 3 ist nicht anzuwenden.

§ 122f Verschmelzungsprüfung

[1]Der Verschmelzungsplan oder sein Entwurf ist nach den §§ 9 bis 12 zu prüfen; § 48 ist nicht anzuwenden. [2]Der Prüfungsbericht muss spätestens einen Monat vor der Versammlung der Anteilsinhaber, die nach § 13 über die Zustimmung zum Verschmelzungsplan beschließen soll, vorliegen.

§ 122g Zustimmung der Anteilsinhaber

(1) Die Anteilsinhaber können ihre Zustimmung nach § 13 davon abhängig machen, dass die Art und Weise der Mitbestimmung der Arbeitnehmer der übernehmenden oder neuen Gesellschaft ausdrücklich von ihnen bestätigt wird.

(2) Befinden sich alle Anteile einer übertragenden Gesellschaft in der Hand der übernehmenden Gesellschaft, so ist ein Verschmelzungsbeschluss der Anteilsinhaber der übertragenden Gesellschaft nicht erforderlich.

§ 122h Verbesserung des Umtauschverhältnisses

(1) § 14 Abs. 2 und § 15 gelten für die Anteilsinhaber einer übertragenden Gesellschaft nur, sofern die Anteilsinhaber der an der grenzüberschreitenden Verschmelzung beteiligten Gesellschaften, die dem Recht eines anderen Mitgliedstaats der Europäischen Union oder eines anderen Vertragsstaats des Abkommens über den Europäischen Wirtschaftsraum unterliegen, dessen Rechtsvorschriften ein Verfahren zur Kontrolle und Änderung des Umtauschverhältnisses der Anteile nicht vorsehen, im Verschmelzungsbeschluss ausdrücklich zustimmen.

(2) § 15 gilt auch für Anteilsinhaber einer übertragenden Gesellschaft, die dem Recht eines anderen Mitgliedstaats der Europäischen Union oder eines anderen Vertragsstaats des Abkommens über den Europäischen Wirtschaftsraum unterliegt, wenn nach dem Recht dieses Staates ein Verfahren zur Kontrolle und Änderung des Umtauschverhältnisses der Anteile vorgesehen ist und deutsche Gerichte für die Durchführung eines solchen Verfahrens international zuständig sind.

§ 122i Abfindungsangebot im Verschmelzungsplan

(1) [1]Unterliegt die übernehmende oder neue Gesellschaft nicht dem deutschen Recht, hat die übertragende Gesellschaft im Verschmelzungsplan oder in seinem Entwurf jedem Anteilsinhaber, der gegen den Verschmelzungsbeschluss der Gesellschaft Widerspruch zur Niederschrift erklärt, den Erwerb seiner Anteile gegen eine angemessene Barabfindung anzubieten. [2]Die Vorschriften des Aktiengesetzes über den Erwerb eigener Aktien sowie des Gesetzes betreffend die Gesellschaften mit beschränkter Haftung über den Erwerb eigener Geschäftsanteile gelten entsprechend, jedoch sind § 71 Abs. 4 Satz 2 des Aktiengesetzes und § 33 Abs. 2 Satz 3 zweiter Halbsatz erste Alternative des Gesetzes

betreffend die Gesellschaften mit beschränkter Haftung insoweit nicht anzuwenden. [3] § 29 Abs. 1 Satz 4 und 5 sowie Abs. 2 und die §§ 30, 31 und 33 gelten entsprechend.

(2) [1] Die §§ 32 und 34 gelten für die Anteilsinhaber einer übertragenden Gesellschaft nur, sofern die Anteilsinhaber der an der grenzüberschreitenden Verschmelzung beteiligten Gesellschaften, die dem Recht eines anderen Mitgliedstaats der Europäischen Union oder eines anderen Vertragsstaats des Abkommens über den Europäischen Wirtschaftsraum unterliegen, dessen Rechtsvorschriften ein Verfahren zur Abfindung von Minderheitsgesellschaftern nicht vorsehen, im Verschmelzungsbeschluss ausdrücklich zustimmen. [2] § 34 gilt auch für Anteilsinhaber einer übertragenden Gesellschaft, die dem Recht eines anderen Mitgliedstaats der Europäischen Union oder eines anderen Vertragsstaats des Abkommens über den Europäischen Wirtschaftsraum unterliegt, wenn nach dem Recht dieses Staates ein Verfahren zur Abfindung von Minderheitsgesellschaftern vorgesehen ist und deutsche Gerichte für die Durchführung eines solchen Verfahrens international zuständig sind.

§ 122j Schutz der Gläubiger der übertragenden Gesellschaft

(1) [1] Unterliegt die übernehmende oder neue Gesellschaft nicht dem deutschen Recht, ist den Gläubigern einer übertragenden Gesellschaft Sicherheit zu leisten, soweit sie nicht Befriedigung verlangen können. [2] Dieses Recht steht den Gläubigern jedoch nur zu, wenn sie binnen zwei Monaten nach dem Tag, an dem der Verschmelzungsplan oder sein Entwurf bekannt gemacht worden ist, ihren Anspruch nach Grund und Höhe schriftlich anmelden und glaubhaft machen, dass durch die Verschmelzung die Erfüllung ihrer Forderung gefährdet wird.

(2) Das Recht auf Sicherheitsleistung nach Absatz 1 steht Gläubigern nur im Hinblick auf solche Forderungen zu, die vor oder bis zu 15 Tage nach Bekanntmachung des Verschmelzungsplans oder seines Entwurfs entstanden sind.

§ 122k Verschmelzungsbescheinigung

(1) [1] Das Vertretungsorgan einer übertragenden Gesellschaft hat das Vorliegen der sie betreffenden Voraussetzungen für die grenzüberschreitende Verschmelzung zur Eintragung bei dem Register des Sitzes der Gesellschaft anzumelden. [2] § 16 Abs. 2 und 3 und § 17 gelten entsprechend. [3] Die Mitglieder des Vertretungsorgans haben eine Versicherung abzugeben, dass allen Gläubigern, die nach § 122j einen Anspruch auf Sicherheitsleistung haben, eine angemessene Sicherheit geleistet wurde.

(2) [1] Das Gericht prüft, ob für die Gesellschaft die Voraussetzungen für die grenzüberschreitende Verschmelzung vorliegen, und stellt hierüber unverzüglich eine Bescheinigung (Verschmelzungsbescheinigung) aus. [2] Als Verschmelzungsbescheinigung gilt die Nachricht über die Eintragung der Verschmelzung im Register. [3] Die Eintragung ist mit dem Vermerk zu versehen, dass die grenzüberschreitende Verschmelzung unter den Voraussetzungen des Rechts des Staates, dem die übernehmende oder neue Gesellschaft unterliegt, wirksam wird. [4] Die Verschmelzungsbescheinigung darf nur ausgestellt werden, wenn eine Versicherung nach Absatz 1 Satz 3 vorliegt. [5] Ist ein Spruchverfahren anhängig, ist dies in der Verschmelzungsbescheinigung anzugeben.

(3) Das Vertretungsorgan der Gesellschaft hat die Verschmelzungsbescheinigung innerhalb von sechs Monaten nach ihrer Ausstellung zusammen mit dem Verschmelzungsplan der zuständigen Stelle des Staates vorzulegen, dessen Recht die übernehmende oder neue Gesellschaft unterliegt.

(4) Nach Eingang einer Mitteilung des Registers, in dem die übernehmende oder neue Gesellschaft eingetragen ist, über das Wirksamwerden der Verschmelzung hat das Gericht des Sitzes der übertragenden Gesellschaft den Tag des Wirksamwerdens zu vermerken und die bei ihm aufbewahrten elektronischen Dokumente diesem Register zu übermitteln.

§ 122l Eintragung der grenzüberschreitenden Verschmelzung

(1) [1] Bei einer Verschmelzung durch Aufnahme hat das Vertretungsorgan der übernehmenden Gesellschaft die Verschmelzung und bei einer Verschmelzung durch Neugründung haben die Vertretungsorgane der übertragenden Gesellschaften die neue Gesellschaft zur Eintragung in das Register des Sitzes der Gesellschaft anzumelden. [2] Der Anmeldung sind die Verschmelzungsbescheinigungen aller übertragenden Gesellschaften, der gemeinsame Verschmelzungsplan und gegebenenfalls die Vereinbarung über die Beteiligung der Arbeitnehmer beizufügen. [3] Die Verschmelzungsbescheinigungen dürfen nicht älter als sechs Monate sein; § 16 Abs. 2 und 3 und § 17 finden auf die übertragenden Gesellschaften keine Anwendung.

(2) Die Prüfung der Eintragungsvoraussetzungen erstreckt sich insbesondere darauf, ob die Anteilsinhaber aller an der grenzüberschreitenden Verschmelzung beteiligten Gesellschaften einem gemeinsamen, gleichlautenden Verschmelzungsplan zugestimmt haben und ob gegebenenfalls eine Vereinbarung über die Beteiligung der Arbeitnehmer geschlossen worden ist.

(3) Das Gericht des Sitzes der übernehmenden oder neuen Gesellschaft hat den Tag der Eintragung der Verschmelzung von Amts wegen jedem Register mitzuteilen, bei dem eine der übertragenden Gesellschaften ihre Unterlagen zu hinterlegen hatte.

Drittes Buch. Spaltung

Erster Teil. Allgemeine Vorschriften

Erster Abschnitt. Möglichkeit der Spaltung

§ 123 Arten der Spaltung

(1) Ein Rechtsträger (übertragender Rechtsträger) kann unter Auflösung ohne Abwicklung sein Vermögen aufspalten

1. zur Aufnahme durch gleichzeitige Übertragung der Vermögensteile jeweils als Gesamtheit auf andere bestehende Rechtsträger (übernehmende Rechtsträger) oder
2. zur Neugründung durch gleichzeitige Übertragung der Vermögensteile jeweils als Gesamtheit auf andere, von ihm dadurch gegründete neue Rechtsträger

gegen Gewährung von Anteilen oder Mitgliedschaften dieser Rechtsträger an die Anteilsinhaber des übertragenden Rechtsträgers (Aufspaltung).

(2) Ein Rechtsträger (übertragender Rechtsträger) kann von seinem Vermögen einen Teil oder mehrere Teile abspalten

1. zur Aufnahme durch Übertragung dieses Teils oder dieser Teile jeweils als Gesamtheit auf einen bestehenden oder mehrere bestehende Rechtsträger (übernehmende Rechtsträger) oder
2. zur Neugründung durch Übertragung dieses Teils oder dieser Teile jeweils als Gesamtheit auf einen oder mehrere, von ihm dadurch gegründeten neuen oder gegründete neue Rechtsträger

gegen Gewährung von Anteilen oder Mitgliedschaften dieses Rechtsträgers oder dieser Rechtsträger an die Anteilsinhaber des übertragenden Rechtsträgers (Abspaltung).

(3) Ein Rechtsträger (übertragender Rechtsträger) kann aus seinem Vermögen einen Teil oder mehrere Teile ausgliedern

1. zur Aufnahme durch Übertragung dieses Teils oder dieser Teile jeweils als Gesamtheit auf einen bestehenden oder mehrere bestehende Rechtsträger (übernehmende Rechtsträger) oder
2. zur Neugründung durch Übertragung dieses Teils oder dieser Teile jeweils als Gesamtheit auf einen oder mehrere, von ihm dadurch gegründeten neuen oder gegründete neue Rechtsträger

gegen Gewährung von Anteilen oder Mitgliedschaften dieses Rechtsträgers oder dieser Rechtsträger an den übertragenden Rechtsträger (Ausgliederung).

(4) Die Spaltung kann auch durch gleichzeitige Übertragung auf bestehende und neue Rechtsträger erfolgen.

§ 124 Spaltungsfähige Rechtsträger

(1) An einer Aufspaltung oder einer Abspaltung können als übertragende, übernehmende oder neue Rechtsträger die in § 3 Abs. 1 genannten Rechtsträger sowie als übertragende Rechtsträger wirtschaftliche Vereine, an einer Ausgliederung können als übertragende, übernehmende oder neue Rechtsträger die in § 3 Abs. 1 genannten Rechtsträger sowie als übertragende Rechtsträger wirtschaftliche Vereine, Einzelkaufleute, Stiftungen sowie Gebietskörperschaften oder Zusammenschlüsse von Gebietskörperschaften, die nicht Gebietskörperschaften sind, beteiligt sein.

(2) § 3 Abs. 3 und 4 ist auf die Spaltung entsprechend anzuwenden.

§ 125 Anzuwendende Vorschriften

[1] Auf die Spaltung sind die Vorschriften des Ersten Teils und des Ersten bis Neunten Abschnitts des Zweiten Teils des Zweiten Buches mit Ausnahme des § 9 Absatz 2 und des § 62 Absatz 5, bei Abspaltung und Ausgliederung mit Ausnahme des § 18 sowie bei Ausgliederung mit Ausnahme des § 14 Abs. 2 und der §§ 15, 29 bis 34, 54, 68 und 71 entsprechend anzuwenden, soweit sich aus diesem Buch nichts anderes ergibt. [2] Eine Prüfung im Sinne der §§ 9 bis 12 findet bei Ausgliederung nicht statt. [3] An die Stelle der übertragenden Rechtsträger tritt der übertragende Rechtsträger, an die Stelle des übernehmenden oder neuen Rechtsträgers treten gegebenenfalls die übernehmenden oder neuen Rechtsträger.

Zweiter Abschnitt. Spaltung zur Aufnahme

§ 126 Inhalt des Spaltungs- und Übernahmevertrags

(1) Der Spaltungs- und Übernahmevertrag oder sein Entwurf muß mindestens folgende Angaben enthalten:

1. den Namen oder die Firma und den Sitz der an der Spaltung beteiligten Rechtsträger;
2. die Vereinbarung über die Übertragung der Teile des Vermögens des übertragenden Rechtsträgers jeweils als Gesamtheit gegen Gewährung von Anteilen oder Mitgliedschaften an den übernehmenden Rechtsträgern;
3. bei Aufspaltung und Abspaltung das Umtauschverhältnis der Anteile und gegebenenfalls die Höhe der baren Zuzahlung oder Angaben über die Mitgliedschaft bei den übernehmenden Rechtsträgern;
4. bei Aufspaltung und Abspaltung die Einzelheiten für die Übertragung der Anteile der übernehmenden Rechtsträger oder über den Erwerb der Mitgliedschaft bei den übernehmenden Rechtsträgern;
5. den Zeitpunkt, von dem an diese Anteile oder die Mitgliedschaft einen Anspruch auf einen Anteil am Bilanzgewinn gewähren, sowie alle Besonderheiten in bezug auf diesen Anspruch;
6. den Zeitpunkt, von dem an die Handlungen des übertragenden Rechtsträgers als für Rechnung jedes der übernehmenden Rechtsträger vorgenommen gelten (Spaltungsstichtag);
7. die Rechte, welche die übernehmenden Rechtsträger einzelnen Anteilsinhabern sowie den Inhabern besonderer Rechte wie Anteile ohne Stimmrecht, Vorzugsaktien, Mehrstimmrechtsaktien, Schuldverschreibungen und Genußrechte gewähren, oder die für diese Personen vorgesehenen Maßnahmen;
8. jeden besonderen Vorteil, der einem Mitglied eines Vertretungsorgans oder eines Aufsichtsorgans der an der Spaltung beteiligten Rechtsträger, einem geschäftsführenden Gesellschafter, einem Partner, einem Abschlußprüfer oder einem Spaltungsprüfer gewährt wird;
9. die genaue Bezeichnung und Aufteilung der Gegenstände des Aktiv- und Passivvermögens, die an jeden der übernehmenden Rechtsträger übertragen werden, sowie der übergehenden Betriebe und Betriebsteile unter Zuordnung zu den übernehmenden Rechtsträgern;
10. bei Aufspaltung und Abspaltung die Aufteilung der Anteile oder Mitgliedschaften jedes der beteiligten Rechtsträger auf die Anteilsinhaber des übertragenden Rechtsträgers sowie den Maßstab für die Aufteilung;
11. die Folgen der Spaltung für die Arbeitnehmer und ihre Vertretungen sowie die insoweit vorgesehenen Maßnahmen.

(2) [1] Soweit für die Übertragung von Gegenständen im Falle der Einzelrechtsnachfolge in den allgemeinen Vorschriften eine besondere Art der Bezeichnung bestimmt ist, sind diese Regelungen auch für die Bezeichnung der Gegenstände des Aktiv- und Passivvermögens (Absatz 1 Nr. 9) anzuwenden. [2] § 28 der Grundbuchordnung ist zu beachten. [3] Im übrigen kann auf Urkunden wie Bilanzen und Inventare Bezug genommen werden, deren Inhalt eine Zuweisung des einzelnen Gegenstandes ermöglicht; die Urkunden sind dem Spaltungs- und Übernahmevertrag als Anlagen beizufügen.

(3) Der Vertrag oder sein Entwurf ist spätestens einen Monat vor dem Tag der Versammlung der Anteilsinhaber jedes beteiligten Rechtsträgers, die gemäß § 125

in Verbindung mit § 13 Abs. 1 über die Zustimmung zum Spaltungs- und Übernahmevertrag beschließen soll, dem zuständigen Betriebsrat dieses Rechtsträgers zuzuleiten.

§ 127 Spaltungsbericht

[1] Die Vertretungsorgane jedes der an der Spaltung beteiligten Rechtsträger haben einen ausführlichen schriftlichen Bericht zu erstatten, in dem die Spaltung, der Vertrag oder sein Entwurf im einzelnen und bei Aufspaltung und Abspaltung insbesondere das Umtauschverhältnis der Anteile oder die Angaben über die Mitgliedschaften bei den übernehmenden Rechtsträgern, der Maßstab für ihre Aufteilung sowie die Höhe einer anzubietenden Barabfindung rechtlich und wirtschaftlich erläutert und begründet werden (Spaltungsbericht); der Bericht kann von den Vertretungsorganen auch gemeinsam erstattet werden. [2] § 8 Abs. 1 Satz 2 bis 4, Abs. 2 und 3 ist entsprechend anzuwenden.

§ 128 Zustimmung zur Spaltung in Sonderfällen

[1] Werden bei Aufspaltung oder Abspaltung die Anteile oder Mitgliedschaften der übernehmenden Rechtsträger den Anteilsinhabern des übertragenden Rechtsträgers nicht in dem Verhältnis zugeteilt, das ihrer Beteiligung an dem übertragenden Rechtsträger entspricht, so wird der Spaltungs- und Übernahmevertrag nur wirksam, wenn ihm alle Anteilsinhaber des übertragenden Rechtsträgers zustimmen. [2] Bei einer Spaltung zur Aufnahme ist der Berechnung des Beteiligungsverhältnisses der jeweils zu übertragende Teil des Vermögens zugrunde zu legen.

§ 129 Anmeldung der Spaltung

Zur Anmeldung der Spaltung ist auch das Vertretungsorgan jedes der übernehmenden Rechtsträger berechtigt.

§ 130 Eintragung der Spaltung

(1) [1] Die Spaltung darf in das Register des Sitzes des übertragenden Rechtsträgers erst eingetragen werden, nachdem sie im Register des Sitzes jedes der übernehmenden Rechtsträger eingetragen worden ist. [2] Die Eintragung im Register des Sitzes jedes der übernehmenden Rechtsträger ist mit dem Vermerk zu versehen, daß die Spaltung erst mit der Eintragung im Register des Sitzes des übertragenden Rechtsträgers wirksam wird, sofern die Eintragungen in den Registern aller beteiligten Rechtsträger nicht am selben Tag erfolgen.

(2) [1] Das Gericht des Sitzes des übertragenden Rechtsträgers hat von Amts wegen dem Gericht des Sitzes jedes der übernehmenden Rechtsträger den Tag der Eintragung der Spaltung mitzuteilen sowie einen Registerauszug und den Gesellschaftsvertrag, den Partnerschaftsvertrag oder die Satzung des übertragenden Rechtsträgers in Abschrift, als Ausdruck oder elektronisch zu übermitteln. [2] Nach Eingang der Mitteilung hat das Gericht des Sitzes jedes der übernehmenden Rechtsträger von Amts wegen den Tag der Eintragung der Spaltung im Register des Sitzes des übertragenden Rechtsträgers zu vermerken.

§ 131 Wirkungen der Eintragung

(1) Die Eintragung der Spaltung in das Register des Sitzes des übertragenden Rechtsträgers hat folgende Wirkungen:

1. Das Vermögen des übertragenden Rechtsträgers, bei Abspaltung und Ausgliederung der abgespaltene oder ausgegliederte Teil oder die abgespaltenen oder ausgegliederten Teile des Vermögens einschließlich der Verbindlichkeiten gehen entsprechend der im Spaltungs- und Übernahmevertrag vorgesehenen Aufteilung jeweils als Gesamtheit auf die übernehmenden Rechtsträger über.
2. [1] Bei der Aufspaltung erlischt der übertragende Rechtsträger. [2] Einer besonderen Löschung bedarf es nicht.
3. [1] Bei Aufspaltung und Abspaltung werden die Anteilsinhaber des übertragenden Rechtsträgers entsprechend der im Spaltungs- und Übernahmevertrag vorgesehenen Aufteilung Anteilsinhaber der beteiligten Rechtsträger; dies gilt nicht, soweit der übernehmende Rechtsträger oder ein Dritter, der im eigenen Namen, jedoch für Rechnung dieses Rechtsträgers handelt, Anteilsinhaber des übertragenden Rechtsträgers ist oder der übertragende Rechtsträger eigene Anteile innehat oder ein Dritter, der im eigenen Namen, jedoch für Rechnung dieses Rechtsträgers handelt, dessen Anteilsinhaber ist. [2] Rechte Dritter an den Anteilen oder Mitgliedschaften des übertragenden Rechtsträgers bestehen an den an ihre Stelle tretenden Anteilen oder Mitgliedschaften der übernehmenden Rechtsträger weiter. [3] Bei Ausgliederung wird der übertragende Rechtsträger entsprechend dem Ausgliederungs- und Übernahmevertrag Anteilsinhaber der übernehmenden Rechtsträger.
4. Der Mangel der notariellen Beurkundung des Spaltungs- und Übernahmevertrags und gegebenenfalls erforderlicher Zustimmungs- oder Verzichtserklärungen einzelner Anteilsinhaber wird geheilt.

(2) Mängel der Spaltung lassen die Wirkungen der Eintragung nach Absatz 1 unberührt.

(3) Ist bei einer Aufspaltung ein Gegenstand im Vertrag keinem der übernehmenden Rechtsträger zugeteilt worden und läßt sich die Zuteilung auch nicht durch Auslegung des Vertrags ermitteln, so geht der Gegenstand auf alle übernehmenden Rechtsträger in dem Verhältnis über, das sich aus dem Vertrag für die Aufteilung des Überschusses der Aktivseite der Schlußbilanz über deren Passivseite ergibt; ist eine Zuteilung des Gegenstandes an mehrere Rechtsträger nicht möglich, so ist sein Gegenwert in dem bezeichneten Verhältnis zu verteilen.

§ 132 *(aufgehoben)*

§ 133 Schutz der Gläubiger und der Inhaber von Sonderrechten

(1) [1] Für die Verbindlichkeiten des übertragenden Rechtsträgers, die vor dem Wirksamwerden der Spaltung begründet worden sind, haften die an der Spaltung beteiligten Rechtsträger als Gesamtschuldner. [2] Die §§ 25, 26 und 28 des Handelsgesetzbuchs sowie § 125 in Verbindung mit § 22 bleiben unberührt; zur Sicherheitsleistung ist nur der an der Spaltung beteiligte Rechtsträger verpflichtet, gegen den sich der Anspruch richtet.

(2) [1] Für die Erfüllung der Verpflichtung nach § 125 in Verbindung mit § 23 haften die an der Spaltung beteiligten Rechtsträger als Gesamtschuldner. [2] Bei Abspaltung und Ausgliederung können die gleichwertigen Rechte im Sinne des § 125 in Verbindung mit § 23 auch in dem übertragenden Rechtsträger gewährt werden.

(3) [1] Diejenigen Rechtsträger, denen die Verbindlichkeiten nach Absatz 1 Satz 1 im Spaltungs- und Übernahmevertrag nicht zugewiesen worden sind, haften für

diese Verbindlichkeiten, wenn sie vor Ablauf von fünf Jahren nach der Spaltung fällig und daraus Ansprüche gegen sie in einer in § 197 Abs. 1 Nr. 3 bis 5 des Bürgerlichen Gesetzbuchs bezeichneten Art festgestellt sind oder eine gerichtliche oder behördliche Vollstreckungshandlung vorgenommen oder beantragt wird; bei öffentlich-rechtlichen Verbindlichkeiten genügt der Erlass eines Verwaltungsakts. [2] Für vor dem Wirksamwerden der Spaltung begründete Versorgungsverpflichtungen auf Grund des Betriebsrentengesetzes beträgt die in Satz 1 genannte Frist zehn Jahre.

(4) [1] Die Frist beginnt mit dem Tage, an dem die Eintragung der Spaltung in das Register des Sitzes des übertragenden Rechtsträgers nach § 125 in Verbindung mit § 19 Abs. 3 bekannt gemacht worden ist. [2] Die für die Verjährung geltenden §§ 204, 206, 210, 211 und 212 Abs. 2 und 3 des Bürgerlichen Gesetzbuchs sind entsprechend anzuwenden.

(5) Einer Feststellung in einer in § 197 Abs. 1 Nr. 3 bis 5 des Bürgerlichen Gesetzbuchs bezeichneten Art bedarf es nicht, soweit die in Absatz 3 bezeichneten Rechtsträger den Anspruch schriftlich anerkannt haben.

(6) [1] Die Ansprüche nach Absatz 2 verjähren in fünf Jahren. [2] Für den Beginn der Verjährung gilt Absatz 4 Satz 1 entsprechend.

§ 134 Schutz der Gläubiger in besonderen Fällen

(1) [1] Spaltet ein Rechtsträger sein Vermögen in der Weise, daß die zur Führung eines Betriebes notwendigen Vermögensteile im wesentlichen auf einen übernehmenden oder mehrere übernehmende oder auf einen neuen oder mehrere neue Rechtsträger übertragen werden und die Tätigkeit dieses Rechtsträgers oder dieser Rechtsträger sich im wesentlichen auf die Verwaltung dieser Vermögensteile beschränkt (Anlagegesellschaft), während dem übertragenden Rechtsträger diese Vermögensteile bei der Führung seines Betriebes zur Nutzung überlassen werden (Betriebsgesellschaft), und sind an den an der Spaltung beteiligten Rechtsträgern im wesentlichen dieselben Personen beteiligt, so haftet die Anlagegesellschaft auch für die Forderungen der Arbeitnehmer der Betriebsgesellschaft als Gesamtschuldner, die binnen fünf Jahren nach dem Wirksamwerden der Spaltung auf Grund der §§ 111 bis 113 des Betriebsverfassungsgesetzes begründet werden. [2] Dies gilt auch dann, wenn die Vermögensteile bei dem übertragenden Rechtsträger verbleiben und dem übernehmenden oder neuen Rechtsträger oder den übernehmenden oder neuen Rechtsträgern zur Nutzung überlassen werden.

(2) Die gesamtschuldnerische Haftung nach Absatz 1 gilt auch für vor dem Wirksamwerden der Spaltung begründete Versorgungsverpflichtungen auf Grund des Betriebsrentengesetzes.

(3) Für die Ansprüche gegen die Anlagegesellschaft nach den Absätzen 1 und 2 gilt § 133 Abs. 3 Satz 1, Abs. 4 und 5 entsprechend mit der Maßgabe, daß die Frist fünf Jahre nach dem in § 133 Abs. 4 Satz 1 bezeichneten Tage beginnt.

Dritter Abschnitt. Spaltung zur Neugründung

§ 135 Anzuwendende Vorschriften

(1) [1] Auf die Spaltung eines Rechtsträgers zur Neugründung sind die Vorschriften des Zweiten Abschnitts entsprechend anzuwenden, jedoch mit Ausnahme der §§ 129 und 130 Abs. 2 sowie der nach § 125 entsprechend anzuwendenden §§ 4,

7 und 16 Abs. 1 und des § 27. [2]An die Stelle der übernehmenden Rechtsträger treten die neuen Rechtsträger, an die Stelle der Eintragung der Spaltung im Register des Sitzes jeder der übernehmenden Rechtsträger tritt die Eintragung jedes der neuen Rechtsträger in das Register.

(2) [1]Auf die Gründung der neuen Rechtsträger sind die für die jeweilige Rechtsform des neuen Rechtsträgers geltenden Gründungsvorschriften anzuwenden, soweit sich aus diesem Buch nichts anderes ergibt. [2]Den Gründern steht der übertragende Rechtsträger gleich. [3]Vorschriften, die für die Gründung eine Mindestzahl der Gründer vorschreiben, sind nicht anzuwenden.

§ 136 Spaltungsplan

[1]Das Vertretungsorgan des übertragenden Rechtsträgers hat einen Spaltungsplan aufzustellen. [2]Der Spaltungsplan tritt an die Stelle des Spaltungs- und Übernahmevertrags.

§ 137 Anmeldung und Eintragung der neuen Rechtsträger und der Spaltung

(1) Das Vertretungsorgan des übertragenden Rechtsträgers hat jeden der neuen Rechtsträger bei dem Gericht, in dessen Bezirk er seinen Sitz haben soll, zur Eintragung in das Register anzumelden.

(2) Das Vertretungsorgan des übertragenden Rechtsträgers hat die Spaltung zur Eintragung in das Register des Sitzes des übertragenden Rechtsträgers anzumelden.

(3) [1]Das Gericht des Sitzes jedes der neuen Rechtsträger hat von Amts wegen dem Gericht des Sitzes des übertragenden Rechtsträgers den Tag der Eintragung des neuen Rechtsträgers mitzuteilen. [2]Nach Eingang der Mitteilungen für alle neuen Rechtsträger hat das Gericht des Sitzes des übertragenden Rechtsträgers die Spaltung einzutragen sowie von Amts wegen den Zeitpunkt der Eintragung den Gerichten des Sitzes jedes der neuen Rechtsträger mitzuteilen sowie ihnen einen Registerauszug und den Gesellschaftsvertrag, den Partnerschaftsvertrag oder die Satzung des übertragenden Rechtsträgers in Abschrift, als Ausdruck oder elektronisch zu übermitteln. [3]Der Zeitpunkt der Eintragung der Spaltung ist in den Registern des Sitzes jedes der neuen Rechtsträger von Amts wegen einzutragen; gesetzlich vorgesehene Bekanntmachungen über die Eintragung der neuen Rechtsträger sind erst danach zulässig.

Zweiter Teil. Besondere Vorschriften

Erster Abschnitt. Spaltung unter Beteiligung von Gesellschaften mit beschränkter Haftung

§ 138 Sachgründungsbericht

Ein Sachgründungsbericht (§ 5 Abs. 4 des Gesetzes betreffend die Gesellschaften mit beschränkter Haftung) ist stets erforderlich.

§ 139 Herabsetzung des Stammkapitals

[1]Ist zur Durchführung der Abspaltung oder der Ausgliederung eine Herabsetzung des Stammkapitals einer übertragenden Gesellschaft mit beschränkter Haf-

tung erforderlich, so kann diese auch in vereinfachter Form vorgenommen werden. [2]Wird das Stammkapital herabgesetzt, so darf die Abspaltung oder die Ausgliederung erst eingetragen werden, nachdem die Herabsetzung des Stammkapitals im Register eingetragen worden ist.

§ 140 Anmeldung der Abspaltung oder der Ausgliederung

Bei der Anmeldung der Abspaltung oder der Ausgliederung zur Eintragung in das Register des Sitzes einer übertragenden Gesellschaft mit beschränkter Haftung haben deren Geschäftsführer auch zu erklären, daß die durch Gesetz und Gesellschaftsvertrag vorgesehenen Voraussetzungen für die Gründung dieser Gesellschaft unter Berücksichtigung der Abspaltung oder der Ausgliederung im Zeitpunkt der Anmeldung vorliegen.

Zweiter Abschnitt. Spaltung unter Beteiligung von Aktiengesellschaften und Kommanditgesellschaften auf Aktien

§ 141 Ausschluss der Spaltung

Eine Aktiengesellschaft oder eine Kommanditgesellschaft auf Aktien, die noch nicht zwei Jahre im Register eingetragen ist, kann außer durch Ausgliederung zur Neugründung nicht gespalten werden.

§ 142 Spaltung mit Kapitalerhöhung; Spaltungsbericht

(1) § 69 ist mit der Maßgabe anzuwenden, daß eine Prüfung der Sacheinlage nach § 183 Abs. 3 des Aktiengesetzes stets stattzufinden hat.

(2) In dem Spaltungsbericht ist gegebenenfalls auf den Bericht über die Prüfung von Sacheinlagen bei einer übernehmenden Aktiengesellschaft nach § 183 Abs. 3 des Aktiengesetzes sowie auf das Register, bei dem dieser Bericht zu hinterlegen ist, hinzuweisen.

§ 143 Verhältniswahrende Spaltung zur Neugründung

Erfolgt die Gewährung von Aktien an der neu gegründeten Aktiengesellschaft oder an den neu gegründeten Aktiengesellschaften (§ 123 Absatz 1 Nummer 2, Absatz 2 Nummer 2) im Verhältnis zur Beteiligung der Aktionäre an der übertragenden Aktiengesellschaft, so sind die §§ 8 bis 12 sowie 63 Absatz 1 Nummer 3 bis 5 nicht anzuwenden.

§ 144 Gründungsbericht und Gründungsprüfung

Ein Gründungsbericht (§ 32 des Aktiengesetzes) und eine Gründungsprüfung (§ 33 Abs. 2 des Aktiengesetzes) sind stets erforderlich.

§ 145 Herabsetzung des Grundkapitals

[1]Ist zur Durchführung der Abspaltung oder der Ausgliederung eine Herabsetzung des Grundkapitals einer übertragenden Aktiengesellschaft oder Kommanditgesellschaft auf Aktien erforderlich, so kann diese auch in vereinfachter Form vorgenommen werden. [2]Wird das Grundkapital herabgesetzt, so darf die Abspaltung oder die Ausgliederung erst eingetragen werden, nachdem die Durchführung der Herabsetzung des Grundkapitals im Register eingetragen worden ist.

§ 146 Anmeldung der Abspaltung oder der Ausgliederung

(1) Bei der Anmeldung der Abspaltung oder der Ausgliederung zur Eintragung in das Register des Sitzes einer übertragenden Aktiengesellschaft hat deren Vorstand oder einer Kommanditgesellschaft auf Aktien haben deren zu ihrer Vertretung ermächtigte persönlich haftende Gesellschafter auch zu erklären, daß die durch Gesetz und Satzung vorgesehenen Voraussetzungen für die Gründung dieser Gesellschaft unter Berücksichtigung der Abspaltung oder der Ausgliederung im Zeitpunkt der Anmeldung vorliegen.

(2) Der Anmeldung der Abspaltung oder der Ausgliederung sind außer den sonst erforderlichen Unterlagen auch beizufügen:
1. der Spaltungsbericht nach § 127;
2. bei Abspaltung der Prüfungsbericht nach § 125 in Verbindung mit § 12.

Dritter Abschnitt. Spaltung unter Beteiligung eingetragener Genossenschaften

§ 147 Möglichkeit der Spaltung

Die Spaltung eines Rechtsträgers anderer Rechtsform zur Aufnahme von Teilen seines Vermögens durch eine eingetragene Genossenschaft kann nur erfolgen, wenn eine erforderliche Änderung der Satzung der übernehmenden Genossenschaft gleichzeitig mit der Spaltung beschlossen wird.

§ 148 Anmeldung der Abspaltung oder der Ausgliederung

(1) Bei der Anmeldung der Abspaltung oder der Ausgliederung zur Eintragung in das Register des Sitzes einer übertragenden Genossenschaft hat deren Vorstand auch zu erklären, daß die durch Gesetz und Satzung vorgesehenen Voraussetzungen für die Gründung dieser Genossenschaft unter Berücksichtigung der Abspaltung oder der Ausgliederung im Zeitpunkt der Anmeldung vorliegen.

(2) Der Anmeldung der Abspaltung oder der Ausgliederung sind außer den sonst erforderlichen Unterlagen auch beizufügen:
1. der Spaltungsbericht nach § 127;
2. das Prüfungsgutachten nach § 125 in Verbindung mit § 81.

Vierter Abschnitt. Spaltung unter Beteiligung rechtsfähiger Vereine

§ 149 Möglichkeit der Spaltung

(1) Ein rechtsfähiger Verein kann sich an einer Spaltung nur beteiligen, wenn die Satzung des Vereins oder Vorschriften des Landesrechts nicht entgegenstehen.

(2) Ein eingetragener Verein kann als übernehmender Rechtsträger im Wege der Spaltung nur andere eingetragene Vereine aufnehmen oder mit ihnen einen eingetragenen Verein gründen.

Fünfter Abschnitt. Spaltung unter Beteiligung genossenschaftlicher Prüfungsverbände

§ 150 Möglichkeit der Spaltung

Die Aufspaltung genossenschaftlicher Prüfungsverbände oder die Abspaltung oder Ausgliederung von Teilen eines solchen Verbandes kann nur zur Aufnahme der Teile eines Verbandes (übertragender Verband) durch einen anderen Verband (übernehmender Verband), die Ausgliederung auch zur Aufnahme von Teilen des Verbandes durch eine oder zur Neugründung einer Kapitalgesellschaft erfolgen.

Sechster Abschnitt. Spaltung unter Beteiligung von Versicherungsvereinen auf Gegenseitigkeit

§ 151 Möglichkeit der Spaltung

[1] Die Spaltung unter Beteiligung von Versicherungsvereinen auf Gegenseitigkeit kann nur durch Aufspaltung oder Abspaltung und nur in der Weise erfolgen, daß die Teile eines übertragenden Vereins auf andere bestehende oder neue Versicherungsvereine auf Gegenseitigkeit oder auf Versicherungs-Aktiengesellschaften übergehen. [2] Ein Versicherungsverein auf Gegenseitigkeit kann ferner im Wege der Ausgliederung einen Vermögensteil auf eine bestehende oder neue Gesellschaft mit beschränkter Haftung oder eine bestehende oder neue Aktiengesellschaft übertragen, sofern damit keine Übertragung von Versicherungsverträgen verbunden ist.

Siebenter Abschnitt. Ausgliederung aus dem Vermögen eines Einzelkaufmanns

Erster Unterabschnitt. Möglichkeit der Ausgliederung

§ 152 Übernehmende oder neue Rechtsträger

[1] Die Ausgliederung des von einem Einzelkaufmann betriebenen Unternehmens, dessen Firma im Handelsregister eingetragen ist, oder von Teilen desselben aus dem Vermögen dieses Kaufmanns kann nur zur Aufnahme dieses Unternehmens oder von Teilen dieses Unternehmens durch Personenhandelsgesellschaften, Kapitalgesellschaften oder eingetragene Genossenschaften oder zur Neugründung von Kapitalgesellschaften erfolgen. [2] Sie kann nicht erfolgen, wenn die Verbindlichkeiten des Einzelkaufmanns sein Vermögen übersteigen.

Zweiter Unterabschnitt. Ausgliederung zur Aufnahme

§ 153 Ausgliederungsbericht

Ein Ausgliederungsbericht ist für den Einzelkaufmann nicht erforderlich.

§ 154 Eintragung der Ausgliederung

Das Gericht des Sitzes des Einzelkaufmanns hat die Eintragung der Ausgliederung auch dann abzulehnen, wenn offensichtlich ist, daß die Verbindlichkeiten des Einzelkaufmanns sein Vermögen übersteigen.

§ 155 Wirkungen der Ausgliederung

[1] Erfaßt die Ausgliederung das gesamte Unternehmen des Einzelkaufmanns, so bewirkt die Eintragung der Ausgliederung nach § 131 das Erlöschen der von dem Einzelkaufmann geführten Firma. [2] Das Erlöschen der Firma ist von Amts wegen in das Register einzutragen.

§ 156 Haftung des Einzelkaufmanns

[1] Durch den Übergang der Verbindlichkeiten auf übernehmende oder neue Gesellschaften wird der Einzelkaufmann von der Haftung für die Verbindlichkeiten nicht befreit. [2] § 418 des Bürgerlichen Gesetzbuchs ist nicht anzuwenden.

§ 157 Zeitliche Begrenzung der Haftung für übertragene Verbindlichkeiten

(1) [1] Der Einzelkaufmann haftet für die im Ausgliederungs- und Übernahmevertrag aufgeführten Verbindlichkeiten, wenn sie vor Ablauf von fünf Jahren nach der Ausgliederung fällig und daraus Ansprüche gegen ihn in einer in § 197 Abs. 1 Nr. 3 bis 5 des Bürgerlichen Gesetzbuchs bezeichneten Art festgestellt sind oder eine gerichtliche oder behördliche Vollstreckungshandlung vorgenommen oder beantragt wird; bei öffentlich-rechtlichen Verbindlichkeiten genügt der Erlass eines Verwaltungsakts. [2] Eine Haftung des Einzelkaufmanns als Gesellschafter des aufnehmenden Rechtsträgers nach § 128 des Handelsgesetzbuchs bleibt unberührt.

(2) [1] Die Frist beginnt mit dem Tage, an dem die Eintragung der Ausgliederung in das Register des Sitzes des Einzelkaufmanns nach § 125 in Verbindung mit § 19 Abs. 3 bekannt gemacht worden ist. [2] Die für die Verjährung geltenden §§ 204, 206, 210, 211 und 212 Abs. 2 und 3 des Bürgerlichen Gesetzbuchs sind entsprechend anzuwenden.

(3) Einer Feststellung in einer in § 197 Abs. 1 Nr. 3 bis 5 des Bürgerlichen Gesetzbuchs bezeichneten Art bedarf es nicht, soweit der Einzelkaufmann den Anspruch schriftlich anerkannt hat.

(4) Die Absätze 1 bis 3 sind auch anzuwenden, wenn der Einzelkaufmann in dem Rechtsträger anderer Rechtsform geschäftsführend tätig wird.

Dritter Unterabschnitt. Ausgliederung zur Neugründung

§ 158 Anzuwendende Vorschriften

Auf die Ausgliederung zur Neugründung sind die Vorschriften des Zweiten Unterabschnitts entsprechend anzuwenden, soweit sich aus diesem Unterabschnitt nichts anderes ergibt.

§ 159 Sachgründungsbericht, Gründungsbericht und Gründungsprüfung

(1) Auf den Sachgründungsbericht (§ 5 Abs. 4 des Gesetzes betreffend die Gesellschaften mit beschränkter Haftung) ist § 58 Abs. 1, auf den Gründungsbericht (§ 32 des Aktiengesetzes) § 75 Abs. 1 entsprechend anzuwenden.

(2) Im Falle der Gründung einer Aktiengesellschaft oder einer Kommanditgesellschaft auf Aktien haben die Prüfung durch die Mitglieder des Vorstands und des Aufsichtsrats (§ 33 Abs. 1 des Aktiengesetzes) sowie die Prüfung durch einen

oder mehrere Prüfer (§ 33 Abs. 2 des Aktiengesetzes) sich auch darauf zu erstrecken, ob die Verbindlichkeiten des Einzelkaufmanns sein Vermögen übersteigen.

(3) [1] Zur Prüfung, ob die Verbindlichkeiten des Einzelkaufmanns sein Vermögen übersteigen, hat der Einzelkaufmann den Prüfern eine Aufstellung vorzulegen, in der sein Vermögen seinen Verbindlichkeiten gegenübergestellt ist. [2] Die Aufstellung ist zu gliedern, soweit das für die Prüfung notwendig ist. [3] § 320 Abs. 1 Satz 2 und Abs. 2 Satz 1 des Handelsgesetzbuchs gilt entsprechend, wenn Anlaß für die Annahme besteht, daß in der Aufstellung aufgeführte Vermögensgegenstände überbewertet oder Verbindlichkeiten nicht oder nicht vollständig aufgeführt worden sind.

§ 160 Anmeldung und Eintragung

(1) Die Anmeldung nach § 137 Abs. 1 ist von dem Einzelkaufmann und den Geschäftsführern oder den Mitgliedern des Vorstands und des Aufsichtsrats einer neuen Gesellschaft vorzunehmen.

(2) Die Eintragung der Gesellschaft ist abzulehnen, wenn die Verbindlichkeiten des Einzelkaufmanns sein Vermögen übersteigen.

Achter Abschnitt. Ausgliederung aus dem Vermögen rechtsfähiger Stiftungen

§ 161 Möglichkeit der Ausgliederung

Die Ausgliederung des von einer rechtsfähigen Stiftung (§ 80 des Bürgerlichen Gesetzbuchs) betriebenen Unternehmens oder von Teilen desselben aus dem Vermögen dieser Stiftung kann nur zur Aufnahme dieses Unternehmens oder von Teilen dieses Unternehmens durch Personenhandelsgesellschaften oder Kapitalgesellschaften oder zur Neugründung von Kapitalgesellschaften erfolgen.

§ 162 Ausgliederungsbericht

(1) Ein Ausgliederungsbericht ist nur erforderlich, wenn die Ausgliederung nach § 164 Abs. 1 der staatlichen Genehmigung bedarf oder wenn sie bei Lebzeiten des Stifters von dessen Zustimmung abhängig ist.

(2) Soweit nach § 164 Abs. 1 die Ausgliederung der staatlichen Genehmigung oder der Zustimmung des Stifters bedarf, ist der Ausgliederungsbericht der zuständigen Behörde und dem Stifter zu übermitteln.

§ 163 Beschluß über den Vertrag

(1) Auf den Ausgliederungsbeschluß sind die Vorschriften des Stiftungsrechts für die Beschlußfassung über Satzungsänderungen entsprechend anzuwenden.

(2) Sofern das nach Absatz 1 anzuwendende Stiftungsrecht nicht etwas anderes bestimmt, muß der Ausgliederungsbeschluß von dem für die Beschlußfassung über Satzungsänderungen nach der Satzung zuständigen Organ oder, wenn ein solches Organ nicht bestimmt ist, vom Vorstand der Stiftung einstimmig gefaßt werden.

(3) Der Beschluß und die Zustimmung nach den Absätzen 1 und 2 müssen notariell beurkundet werden.

§ 164 Genehmigung der Ausgliederung

(1) Die Ausgliederung bedarf der staatlichen Genehmigung, sofern das Stiftungsrecht dies vorsieht.

(2) Soweit die Ausgliederung nach Absatz 1 der staatlichen Genehmigung nicht bedarf, hat das Gericht des Sitzes der Stiftung die Eintragung der Ausgliederung auch dann abzulehnen, wenn offensichtlich ist, daß die Verbindlichkeiten der Stiftung ihr Vermögen übersteigen.

§ 165 Sachgründungsbericht und Gründungsbericht

Auf den Sachgründungsbericht (§ 5 Abs. 4 des Gesetzes betreffend die Gesellschaften mit beschränkter Haftung) ist § 58 Abs. 1, auf den Gründungsbericht (§ 32 des Aktiengesetzes) § 75 Abs. 1 entsprechend anzuwenden.

§ 166 Haftung der Stiftung

[1] Durch den Übergang der Verbindlichkeiten auf übernehmende oder neue Gesellschaften wird die Stiftung von der Haftung für die Verbindlichkeiten nicht befreit. [2] § 418 des Bürgerlichen Gesetzbuchs ist nicht anzuwenden.

§ 167 Zeitliche Begrenzung der Haftung für übertragene Verbindlichkeiten

Auf die zeitliche Begrenzung der Haftung der Stiftung für die im Ausgliederungs- und Übernahmevertrag aufgeführten Verbindlichkeiten ist § 157 entsprechend anzuwenden.

Neunter Abschnitt. Ausgliederung aus dem Vermögen von Gebietskörperschaften oder Zusammenschlüssen von Gebietskörperschaften

§ 168 Möglichkeit der Ausgliederung

Die Ausgliederung eines Unternehmens, das von einer Gebietskörperschaft oder von einem Zusammenschluß von Gebietskörperschaften, der nicht Gebietskörperschaft ist, betrieben wird, aus dem Vermögen dieser Körperschaft oder dieses Zusammenschlusses kann nur zur Aufnahme dieses Unternehmens durch eine Personenhandelsgesellschaft, eine Kapitalgesellschaft oder eine eingetragene Genossenschaft oder zur Neugründung einer Kapitalgesellschaft oder einer eingetragenen Genossenschaft sowie nur dann erfolgen, wenn das für die Körperschaft oder den Zusammenschluß maßgebende Bundes- oder Landesrecht einer Ausgliederung nicht entgegensteht.

§ 169 Ausgliederungsbericht; Ausgliederungsbeschluß

[1] Ein Ausgliederungsbericht ist für die Körperschaft oder den Zusammenschluß nicht erforderlich. [2] Das Organisationsrecht der Körperschaft oder des Zusammenschlusses bestimmt, ob und unter welchen Voraussetzungen ein Ausgliederungsbeschluß erforderlich ist.

§ 170 Sachgründungsbericht und Gründungsbericht

Auf den Sachgründungsbericht (§ 5 Abs. 4 des Gesetzes betreffend die Gesellschaften mit beschränkter Haftung) ist § 58 Abs. 1, auf den Gründungsbericht (§ 32 des Aktiengesetzes) § 75 Abs. 1 entsprechend anzuwenden.

§ 171 Wirksamwerden der Ausgliederung

Die Wirkungen der Ausgliederung nach § 131 treten mit deren Eintragung in das Register des Sitzes des übernehmenden Rechtsträgers oder mit der Eintragung des neuen Rechtsträgers ein.

§ 172 Haftung der Körperschaft oder des Zusammenschlusses

[1] Durch den Übergang der Verbindlichkeiten auf den übernehmenden oder neuen Rechtsträger wird die Körperschaft oder der Zusammenschluß von der Haftung für die Verbindlichkeiten nicht befreit. [2] § 418 des Bürgerlichen Gesetzbuchs ist nicht anzuwenden.

§ 173 Zeitliche Begrenzung der Haftung für übertragene Verbindlichkeiten

Auf die zeitliche Begrenzung der Haftung für die im Ausgliederungs- und Übernahmevertrag aufgeführten Verbindlichkeiten ist § 157 entsprechend anzuwenden.

Viertes Buch. Vermögensübertragung

Erster Teil. Möglichkeit der Vermögensübertragung

§ 174 Arten der Vermögensübertragung

(1) Ein Rechtsträger (übertragender Rechtsträger) kann unter Auflösung ohne Abwicklung sein Vermögen als Ganzes auf einen anderen bestehenden Rechtsträger (übernehmender Rechtsträger) gegen Gewährung einer Gegenleistung an die Anteilsinhaber des übertragenden Rechtsträgers, die nicht in Anteilen oder Mitgliedschaften besteht, übertragen (Vollübertragung).

(2) Ein Rechtsträger (übertragender Rechtsträger) kann

1. unter Auflösung ohne Abwicklung sein Vermögen aufspalten durch gleichzeitige Übertragung der Vermögensteile jeweils als Gesamtheit auf andere bestehende Rechtsträger,
2. von seinem Vermögen einen Teil oder mehrere Teile abspalten durch Übertragung dieses Teils oder dieser Teile jeweils als Gesamtheit auf einen oder mehrere bestehende Rechtsträger oder
3. aus seinem Vermögen einen Teil oder mehrere Teile ausgliedern durch Übertragung dieses Teils oder dieser Teile jeweils als Gesamtheit auf einen oder mehrere bestehende Rechtsträger

gegen Gewährung der in Absatz 1 bezeichneten Gegenleistung in den Fällen der Nummer 1 oder 2 an die Anteilsinhaber des übertragenden Rechtsträgers, im Falle der Nummer 3 an den übertragenden Rechtsträger (Teilübertragung).

§ 175 Beteiligte Rechtsträger

Eine Vollübertragung ist oder Teilübertragungen sind jeweils nur möglich
1. von einer Kapitalgesellschaft auf den Bund, ein Land, eine Gebietskörperschaft oder einen Zusammenschluß von Gebietskörperschaften;
2. a) von einer Versicherungs-Aktiengesellschaft auf Versicherungsvereine auf Gegenseitigkeit oder auf öffentlich-rechtliche Versicherungsunternehmen;
   b) von einem Versicherungsverein auf Gegenseitigkeit auf Versicherungs-Aktiengesellschaften oder auf öffentlich-rechtliche Versicherungsunternehmen;
   c) von einem öffentlich-rechtlichen Versicherungsunternehmen auf Versicherungs-Aktiengesellschaften oder auf Versicherungsvereine auf Gegenseitigkeit.

Zweiter Teil. Übertragung des Vermögens oder von Vermögensteilen einer Kapitalgesellschaft auf die öffentliche Hand

Erster Abschnitt. Vollübertragung

§ 176 Anwendung der Verschmelzungsvorschriften

(1) Bei einer Vollübertragung nach § 175 Nr. 1 sind auf die übertragende Kapitalgesellschaft die für die Verschmelzung durch Aufnahme einer solchen übertragenden Gesellschaft jeweils geltenden Vorschriften des Zweiten Buches entsprechend anzuwenden, soweit sich aus den folgenden Vorschriften nichts anderes ergibt.

(2) [1] Die Angaben im Übertragungsvertrag nach § 5 Abs. 1 Nr. 4, 5 und 7 entfallen. [2] An die Stelle des Registers des Sitzes des übernehmenden Rechtsträgers tritt das Register des Sitzes der übertragenden Gesellschaft. [3] An die Stelle des Umtauschverhältnisses der Anteile treten Art und Höhe der Gegenleistung. [4] An die Stelle des Anspruchs nach § 23 tritt ein Anspruch auf Barabfindung; auf diesen sind § 29 Abs. 1, § 30 und § 34 entsprechend anzuwenden.

(3) [1] Mit der Eintragung der Vermögensübertragung in das Handelsregister des Sitzes der übertragenden Gesellschaft geht deren Vermögen einschließlich der Verbindlichkeiten auf den übernehmenden Rechtsträger über. [2] Die übertragende Gesellschaft erlischt; einer besonderen Löschung bedarf es nicht.

(4) Die Beteiligung des übernehmenden Rechtsträgers an der Vermögensübertragung richtet sich nach den für ihn geltenden Vorschriften.

Zweiter Abschnitt. Teilübertragung

§ 177 Anwendung der Spaltungsvorschriften

(1) Bei einer Teilübertragung nach § 175 Nr. 1 sind auf die übertragende Kapitalgesellschaft die für die Aufspaltung, Abspaltung oder Ausgliederung zur Aufnahme von Teilen einer solchen übertragenden Gesellschaft geltenden Vorschriften des Dritten Buches sowie die dort für entsprechend anwendbar erklärten Vorschriften des Zweiten Buches auf den vergleichbaren Vorgang entsprechend anzuwenden, soweit sich aus den folgenden Vorschriften nichts anderes ergibt.

(2) [1] § 176 Abs. 2 bis 4 ist entsprechend anzuwenden. [2] An die Stelle des § 5 Abs. 1 Nr. 4, 5 und 7 tritt § 126 Abs. 1 Nr. 4, 5, 7 und 10.

Dritter Teil. Vermögensübertragung unter Versicherungsunternehmen

Erster Abschnitt. Übertragung des Vermögens einer Aktiengesellschaft auf Versicherungsvereine auf Gegenseitigkeit oder öffentlich-rechtliche Versicherungsunternehmen

Erster Unterabschnitt. Vollübertragung

§ 178 Anwendung der Verschmelzungsvorschriften

(1) Bei einer Vollübertragung nach § 175 Nr. 2 Buchstabe a sind auf die beteiligten Rechtsträger die für die Verschmelzung durch Aufnahme einer Aktiengesellschaft und die für einen übernehmenden Versicherungsverein im Falle der Verschmelzung jeweils geltenden Vorschriften des Zweiten Buches entsprechend anzuwenden, soweit sich aus den folgenden Vorschriften nichts anderes ergibt.

(2) § 176 Abs. 2 bis 4 ist entsprechend anzuwenden.

(3) Das für ein übernehmendes öffentlich-rechtliches Versicherungsunternehmen maßgebende Bundes- oder Landesrecht bestimmt, ob der Vertrag über die Vermögensübertragung zu seiner Wirksamkeit auch der Zustimmung eines anderen als des zur Vertretung befugten Organs des öffentlich-rechtlichen Versicherungsunternehmens oder einer anderen Stelle und welcher Erfordernisse die Zustimmung bedarf.

Zweiter Unterabschnitt. Teilübertragung

§ 179 Anwendung der Spaltungsvorschriften

(1) Bei einer Teilübertragung nach § 175 Nr. 2 Buchstabe a sind auf die beteiligten Rechtsträger die für die Aufspaltung, Abspaltung oder Ausgliederung zur Aufnahme von Teilen einer Aktiengesellschaft und die für übernehmende Versicherungsvereine auf Gegenseitigkeit im Falle der Aufspaltung, Abspaltung oder Ausgliederung von Vermögensteilen geltenden Vorschriften des Dritten Buches und die dort für entsprechend anwendbar erklärten Vorschriften des Zweiten Buches auf den vergleichbaren Vorgang entsprechend anzuwenden, soweit sich aus den folgenden Vorschriften nichts anderes ergibt.

(2) § 176 Abs. 2 bis 4 sowie § 178 Abs. 3 sind entsprechend anzuwenden.

Zweiter Abschnitt. Übertragung des Vermögens eines Versicherungsvereins auf Gegenseitigkeit auf Aktiengesellschaften oder öffentlich-rechtliche Versicherungsunternehmen

Erster Unterabschnitt. Vollübertragung

§ 180 Anwendung der Verschmelzungsvorschriften

(1) Bei einer Vollübertragung nach § 175 Nr. 2 Buchstabe b sind auf die beteiligten Rechtsträger die für die Verschmelzung durch Aufnahme eines Versicherungs-

vereins und die für eine übernehmende Aktiengesellschaft im Falle der Verschmelzung jeweils geltenden Vorschriften des Zweiten Buches entsprechend anzuwenden, soweit sich aus den folgenden Vorschriften nichts anderes ergibt.

(2) § 176 Abs. 2 bis 4 sowie § 178 Abs. 3 sind entsprechend anzuwenden.

(3) Hat ein Mitglied oder ein Dritter nach der Satzung des Vereins ein unentziehbares Recht auf den Abwicklungsüberschuß oder einen Teil davon, so bedarf der Beschluß über die Vermögensübertragung der Zustimmung des Mitglieds oder des Dritten; die Zustimmung muß notariell beurkundet werden.

§ 181 Gewährung der Gegenleistung

(1) Der übernehmende Rechtsträger ist zur Gewährung einer angemessenen Gegenleistung verpflichtet, wenn dies unter Berücksichtigung der Vermögens- und Ertragslage des übertragenden Vereins im Zeitpunkt der Beschlußfassung der obersten Vertretung gerechtfertigt ist.

(2) [1] In dem Beschluß, durch den dem Übertragungsvertrag zugestimmt wird, ist zu bestimmen, daß bei der Verteilung der Gegenleistung jedes Mitglied zu berücksichtigen ist, das dem Verein seit mindestens drei Monaten vor dem Beschluß angehört hat. [2] Ferner sind in dem Beschluß die Maßstäbe festzusetzen, nach denen die Gegenleistung auf die Mitglieder zu verteilen ist.

(3) [1] Jedes berechtigte Mitglied erhält eine Gegenleistung in gleicher Höhe. [2] Eine andere Verteilung kann nur nach einem oder mehreren der folgenden Maßstäbe festgesetzt werden:

1. die Höhe der Versicherungssumme,
2. die Höhe der Beiträge,
3. die Höhe der Deckungsrückstellung in der Lebensversicherung,
4. der in der Satzung des Vereins bestimmte Maßstab für die Verteilung des Überschusses,
5. der in der Satzung des Vereins bestimmte Maßstab für die Verteilung des Vermögens,
6. die Dauer der Mitgliedschaft.

(4) Ist eine Gegenleistung entgegen Absatz 1 nicht vereinbart worden, so ist sie auf Antrag vom Gericht zu bestimmen; § 30 Abs. 1 und § 34 sind entsprechend anzuwenden.

§ 182 Unterrichtung der Mitglieder

[1] Sobald die Vermögensübertragung wirksam geworden ist, hat das Vertretungsorgan des übernehmenden Rechtsträgers allen Mitgliedern, die dem Verein seit mindestens drei Monaten vor dem Beschluß der obersten Vertretung über die Vermögensübertragung angehört haben, den Wortlaut des Vertrags in Textform mitzuteilen. [2] In der Mitteilung ist auf die Möglichkeit hinzuweisen, die gerichtliche Bestimmung der angemessenen Gegenleistung zu verlangen.

§ 183 Bestellung eines Treuhänders

(1) [1] Ist für die Vermögensübertragung eine Gegenleistung vereinbart worden, so hat der übertragende Verein einen Treuhänder für deren Empfang zu bestellen. [2] Die Vermögensübertragung darf erst eingetragen werden, wenn der Treuhänder dem Gericht angezeigt hat, daß er im Besitz der Gegenleistung ist.

(2) [1]Bestimmt das Gericht nach § 181 Abs. 4 die Gegenleistung, so hat es von Amts wegen einen Treuhänder für deren Empfang zu bestellen. [2]Die Gegenleistung steht zu gleichen Teilen den Mitgliedern zu, die dem Verein seit mindestens drei Monaten vor dem Beschluß der obersten Vertretung über die Vermögensübertragung angehört haben. [3]§ 26 Abs. 4 ist entsprechend anzuwenden.

Zweiter Unterabschnitt. Teilübertragung

§ 184 Anwendung der Spaltungsvorschriften

(1) Bei einer Teilübertragung nach § 175 Nr. 2 Buchstabe b sind auf die beteiligten Rechtsträger die für die Aufspaltung, Abspaltung oder Ausgliederung zur Aufnahme von Teilen eines Versicherungsvereins auf Gegenseitigkeit und die für übernehmende Aktiengesellschaften im Falle der Aufspaltung, Abspaltung oder Ausgliederung geltenden Vorschriften des Dritten Buches und die dort für entsprechend anwendbar erklärten Vorschriften des Zweiten Buches auf den vergleichbaren Vorgang entsprechend anzuwenden, soweit sich aus den folgenden Vorschriften nichts anderes ergibt.

(2) § 176 Abs. 2 bis 4 sowie § 178 Abs. 3 sind entsprechend anzuwenden.

Dritter Abschnitt. Übertragung des Vermögens eines kleineren Versicherungsvereins auf Gegenseitigkeit auf eine Aktiengesellschaft oder auf ein öffentlich-rechtliches Versicherungsunternehmen

§ 185 Möglichkeit der Vermögensübertragung

Ein kleinerer Versicherungsverein auf Gegenseitigkeit kann sein Vermögen nur im Wege der Vollübertragung auf eine Versicherungs-Aktiengesellschaft oder auf ein öffentlich-rechtliches Versicherungsunternehmen übertragen.

§ 186 Anzuwendende Vorschriften

[1]Auf die Vermögensübertragung sind die Vorschriften des Zweiten Abschnitts entsprechend anzuwenden. [2]Dabei treten bei kleineren Vereinen an die Stelle der Anmeldung zur Eintragung in das Register der Antrag an die Aufsichtsbehörde auf Genehmigung, an die Stelle der Eintragung in das Register und ihrer Bekanntmachung die Bekanntmachung im Bundesanzeiger nach § 187.

§ 187 Bekanntmachung der Vermögensübertragung

Sobald die Vermögensübertragung von allen beteiligten Aufsichtsbehörden genehmigt worden ist, macht bei einer Vermögensübertragung auf ein öffentlich-rechtliches Versicherungsunternehmen die für den übertragenden kleineren Verein zuständige Aufsichtsbehörde die Vermögensübertragung und ihre Genehmigung im Bundesanzeiger bekannt.

Vierter Abschnitt. Übertragung des Vermögens eines öffentlich-rechtlichen Versicherungsunternehmens auf Aktiengesellschaften oder Versicherungsvereine auf Gegenseitigkeit

Erster Unterabschnitt. Vollübertragung

§ 188 Anwendung der Verschmelzungsvorschriften

(1) Bei einer Vollübertragung nach § 175 Nr. 2 Buchstabe c sind auf die übernehmenden Rechtsträger die für die Verschmelzung durch Aufnahme geltenden Vorschriften des Zweiten Buches sowie auf das übertragende Versicherungsunternehmen § 176 Abs. 3 entsprechend anzuwenden, soweit sich aus den folgenden Vorschriften nichts anderes ergibt.

(2) § 176 Abs. 2 und 4 sowie § 178 Abs. 3 sind entsprechend anzuwenden.

(3) [1] An die Stelle der Anmeldung zur Eintragung in das Register treten bei den öffentlich-rechtlichen Versicherungsunternehmen der Antrag an die Aufsichtsbehörde auf Genehmigung, an die Stelle der Eintragung in das Register und ihrer Bekanntmachung die Bekanntmachung nach Satz 2. [2] Die für das öffentlich-rechtliche Versicherungsunternehmen zuständige Aufsichtsbehörde macht, sobald die Vermögensübertragung von allen beteiligten Aufsichtsbehörden genehmigt worden ist, die Übertragung und ihre Genehmigung im Bundesanzeiger bekannt.

Zweiter Unterabschnitt. Teilübertragung

§ 189 Anwendung der Spaltungsvorschriften

(1) Bei einer Teilübertragung nach § 175 Nr. 2 Buchstabe c sind auf die übernehmenden Rechtsträger die für die Aufspaltung, Abspaltung oder Ausgliederung zur Aufnahme geltenden Vorschriften des Dritten Buches und die dort für entsprechend anwendbar erklärten Vorschriften des Zweiten Buches auf den vergleichbaren Vorgang sowie auf das übertragende Versicherungsunternehmen § 176 Abs. 3 entsprechend anzuwenden, soweit sich aus den folgenden Vorschriften nichts anderes ergibt.

(2) § 176 Abs. 2 und 4, § 178 Abs. 3 sowie § 188 Abs. 3 sind entsprechend anzuwenden.

Fünftes Buch. Formwechsel

Erster Teil. Allgemeine Vorschriften

§ 190 Allgemeiner Anwendungsbereich

(1) Ein Rechtsträger kann durch Formwechsel eine andere Rechtsform erhalten.

(2) Soweit nicht in diesem Buch etwas anderes bestimmt ist, gelten die Vorschriften über den Formwechsel nicht für Änderungen der Rechtsform, die in anderen Gesetzen vorgesehen oder zugelassen sind.

§ 191 Einbezogene Rechtsträger

(1) Formwechselnde Rechtsträger können sein:
1. Personenhandelsgesellschaften (§ 3 Abs. 1 Nr. 1) und Partnerschaftsgesellschaften;
2. Kapitalgesellschaften (§ 3 Abs. 1 Nr. 2);
3. eingetragene Genossenschaften;
4. rechtsfähige Vereine;
5. Versicherungsvereine auf Gegenseitigkeit;
6. Körperschaften und Anstalten des öffentlichen Rechts.

(2) Rechtsträger neuer Rechtsform können sein:
1. Gesellschaften des bürgerlichen Rechts;
2. Personenhandelsgesellschaften und Partnerschaftsgesellschaften;
3. Kapitalgesellschaften;
4. eingetragene Genossenschaften.

(3) Der Formwechsel ist auch bei aufgelösten Rechtsträgern möglich, wenn ihre Fortsetzung in der bisherigen Rechtsform beschlossen werden könnte.

§ 192 Umwandlungsbericht

(1) [1] Das Vertretungsorgan des formwechselnden Rechtsträgers hat einen ausführlichen schriftlichen Bericht zu erstatten, in dem der Formwechsel und insbesondere die künftige Beteiligung der Anteilsinhaber an dem Rechtsträger rechtlich und wirtschaftlich erläutert und begründet werden (Umwandlungsbericht). [2] § 8 Abs. 1 Satz 2 bis 4 und Abs. 2 ist entsprechend anzuwenden. [3] Der Umwandlungsbericht muß einen Entwurf des Umwandlungsbeschlusses enthalten.

(2) [1] Ein Umwandlungsbericht ist nicht erforderlich, wenn an dem formwechselnden Rechtsträger nur ein Anteilsinhaber beteiligt ist oder wenn alle Anteilsinhaber auf seine Erstattung verzichten. [2] Die Verzichtserklärungen sind notariell zu beurkunden.

§ 193 Umwandlungsbeschluß

(1) [1] Für den Formwechsel ist ein Beschluß der Anteilsinhaber des formwechselnden Rechtsträgers (Umwandlungsbeschluß) erforderlich. [2] Der Beschluß kann nur in einer Versammlung der Anteilsinhaber gefaßt werden.

(2) Ist die Abtretung der Anteile des formwechselnden Rechtsträgers von der Genehmigung einzelner Anteilsinhaber abhängig, so bedarf der Umwandlungsbeschluß zu seiner Wirksamkeit ihrer Zustimmung.

(3) [1] Der Umwandlungsbeschluß und die nach diesem Gesetz erforderlichen Zustimmungserklärungen einzelner Anteilsinhaber einschließlich der erforderlichen Zustimmungserklärungen nicht erschienener Anteilsinhaber müssen notariell beurkundet werden. [2] Auf Verlangen ist jedem Anteilsinhaber auf seine Kosten unverzüglich eine Abschrift der Niederschrift des Beschlusses zu erteilen.

§ 194 Inhalt des Umwandlungsbeschlusses

(1) In dem Umwandlungsbeschluß müssen mindestens bestimmt werden:
1. die Rechtsform, die der Rechtsträger durch den Formwechsel erlangen soll;
2. der Name oder die Firma des Rechtsträgers neuer Rechtsform;

3. eine Beteiligung der bisherigen Anteilsinhaber an dem Rechtsträger nach den für die neue Rechtsform geltenden Vorschriften, soweit ihre Beteiligung nicht nach diesem Buch entfällt;
4. Zahl, Art und Umfang der Anteile oder der Mitgliedschaften, welche die Anteilsinhaber durch den Formwechsel erlangen sollen oder die einem beitretenden persönlich haftenden Gesellschafter eingeräumt werden sollen;
5. die Rechte, die einzelnen Anteilsinhabern sowie den Inhabern besonderer Rechte wie Anteile ohne Stimmrecht, Vorzugsaktien, Mehrstimmrechtsaktien, Schuldverschreibungen und Genußrechte in dem Rechtsträger gewährt werden sollen, oder die Maßnahmen, die für diese Personen vorgesehen sind;
6. ein Abfindungsangebot nach § 207, sofern nicht der Umwandlungsbeschluß zu seiner Wirksamkeit der Zustimmung aller Anteilsinhaber bedarf oder an dem formwechselnden Rechtsträger nur ein Anteilsinhaber beteiligt ist;
7. die Folgen des Formwechsels für die Arbeitnehmer und ihre Vertretungen sowie die insoweit vorgesehenen Maßnahmen.

(2) Der Entwurf des Umwandlungsbeschlusses ist spätestens einen Monat vor dem Tage der Versammlung der Anteilsinhaber, die den Formwechsel beschließen soll, dem zuständigen Betriebsrat des formwechselnden Rechtsträgers zuzuleiten.

§ 195 Befristung und Ausschluß von Klagen gegen den Umwandlungsbeschluß

(1) Eine Klage gegen die Wirksamkeit des Umwandlungsbeschlusses muß binnen eines Monats nach der Beschlußfassung erhoben werden.

(2) Eine Klage gegen die Wirksamkeit des Umwandlungsbeschlusses kann nicht darauf gestützt werden, daß die in dem Beschluß bestimmten Anteile an dem Rechtsträger neuer Rechtsform zu niedrig bemessen sind oder daß die Mitgliedschaft kein ausreichender Gegenwert für die Anteile oder die Mitgliedschaft bei dem formwechselnden Rechtsträger ist.

§ 196 Verbesserung des Beteiligungsverhältnisses

[1] Sind die in dem Umwandlungsbeschluß bestimmten Anteile an dem Rechtsträger neuer Rechtsform zu niedrig bemessen oder ist die Mitgliedschaft bei diesem kein ausreichender Gegenwert für die Anteile oder die Mitgliedschaft bei dem formwechselnden Rechtsträger, so kann jeder Anteilsinhaber, dessen Recht, gegen die Wirksamkeit des Umwandlungsbeschlusses Klage zu erheben, nach § 195 Abs. 2 ausgeschlossen ist, von dem Rechtsträger einen Ausgleich durch bare Zuzahlung verlangen. [2] Die angemessene Zuzahlung wird auf Antrag durch das Gericht nach den Vorschriften des Spruchverfahrensgesetzes bestimmt. [3] § 15 Abs. 2 ist entsprechend anzuwenden.

§ 197 Anzuwendende Gründungsvorschriften

[1] Auf den Formwechsel sind die für die neue Rechtsform geltenden Gründungsvorschriften anzuwenden, soweit sich aus diesem Buch nichts anderes ergibt. [2] Vorschriften, die für die Gründung eine Mindestzahl der Gründer vorschreiben, sowie die Vorschriften über die Bildung und Zusammensetzung des ersten Aufsichtsrats sind nicht anzuwenden. [3] Beim Formwechsel eines Rechtsträgers in eine Aktiengesellschaft ist § 31 des Aktiengesetzes anwendbar.

§ 198 Anmeldung des Formwechsels

(1) Die neue Rechtsform des Rechtsträgers ist zur Eintragung in das Register, in dem der formwechselnde Rechtsträger eingetragen ist, anzumelden.

(2) [1] Ist der formwechselnde Rechtsträger nicht in einem Register eingetragen, so ist der Rechtsträger neuer Rechtsform bei dem zuständigen Gericht zur Eintragung in das für die neue Rechtsform maßgebende Register anzumelden. [2] Das gleiche gilt, wenn sich durch den Formwechsel die Art des für den Rechtsträger maßgebenden Registers ändert oder durch eine mit dem Formwechsel verbundene Sitzverlegung die Zuständigkeit eines anderen Registergerichts begründet wird. [3] Im Falle des Satzes 2 ist die Umwandlung auch zur Eintragung in das Register anzumelden, in dem der formwechselnde Rechtsträger eingetragen ist. [4] Diese Eintragung ist mit dem Vermerk zu versehen, daß die Umwandlung erst mit der Eintragung des Rechtsträgers neuer Rechtsform in das für diese maßgebende Register wirksam wird, sofern die Eintragungen in den Registern aller beteiligten Rechtsträger nicht am selben Tag erfolgen. [5] Der Rechtsträger neuer Rechtsform darf erst eingetragen werden, nachdem die Umwandlung nach den Sätzen 3 und 4 eingetragen worden ist.

(3) § 16 Abs. 2 und 3 ist entsprechend anzuwenden.

§ 199 Anlagen der Anmeldung

Der Anmeldung der neuen Rechtsform oder des Rechtsträgers neuer Rechtsform sind in Ausfertigung oder öffentlich beglaubigter Abschrift oder, soweit sie nicht notariell zu beurkunden sind, in Urschrift oder Abschrift außer den sonst erforderlichen Unterlagen auch die Niederschrift des Umwandlungsbeschlusses, die nach diesem Gesetz erforderlichen Zustimmungserklärungen einzelner Anteilsinhaber einschließlich der Zustimmungserklärungen nicht erschienener Anteilsinhaber, der Umwandlungsbericht oder die Erklärungen über den Verzicht auf seine Erstellung, ein Nachweis über die Zuleitung nach § 194 Abs. 2 beizufügen.

§ 200 Firma oder Name des Rechtsträgers

(1) [1] Der Rechtsträger neuer Rechtsform darf seine bisher geführte Firma beibehalten, soweit sich aus diesem Buch nichts anderes ergibt. [2] Zusätzliche Bezeichnungen, die auf die Rechtsform der formwechselnden Gesellschaft hinweisen, dürfen auch dann nicht verwendet werden, wenn der Rechtsträger die bisher geführte Firma beibehält.

(2) Auf eine nach dem Formwechsel beibehaltene Firma ist § 19 des Handelsgesetzbuchs, § 4 des Gesetzes betreffend die Gesellschaften mit beschränkter Haftung, §§ 4, 279 des Aktiengesetzes oder § 3 des Genossenschaftsgesetzes entsprechend anzuwenden.

(3) War an dem formwechselnden Rechtsträger eine natürliche Person beteiligt, deren Beteiligung an dem Rechtsträger neuer Rechtsform entfällt, so darf der Name dieses Anteilsinhabers nur dann in der beibehaltenen bisherigen oder in der neu gebildeten Firma verwendet werden, wenn der betroffene Anteilsinhaber oder dessen Erben ausdrücklich in die Verwendung des Namens einwilligen.

(4) [1] Ist formwechselnder Rechtsträger oder Rechtsträger neuer Rechtsform eine Partnerschaftsgesellschaft, gelten für die Beibehaltung oder Bildung der Firma

oder des Namens die Absätze 1 und 3 entsprechend. [2]Eine Firma darf als Name einer Partnerschaftsgesellschaft nur unter den Voraussetzungen des § 2 Abs. 1 des Partnerschaftsgesellschaftsgesetzes beibehalten werden. [3]§ 1 Abs. 3 und § 11 des Partnerschaftsgesellschaftsgesetzes sind entsprechend anzuwenden.

(5) Durch den Formwechsel in eine Gesellschaft des bürgerlichen Rechts erlischt die Firma der formwechselnden Gesellschaft.

§ 201 Bekanntmachung des Formwechsels

Das für die Anmeldung der neuen Rechtsform oder des Rechtsträgers neuer Rechtsform zuständige Gericht hat die Eintragung der neuen Rechtsform oder des Rechtsträgers neuer Rechtsform nach § 10 des Handelsgesetzbuchs ihrem ganzen Inhalt nach bekanntzumachen.

§ 202 Wirkungen der Eintragung

(1) Die Eintragung der neuen Rechtsform in das Register hat folgende Wirkungen:

1. Der formwechselnde Rechtsträger besteht in der in dem Umwandlungsbeschluß bestimmten Rechtsform weiter.
2. [1]Die Anteilsinhaber des formwechselnden Rechtsträgers sind an dem Rechtsträger nach den für die neue Rechtsform geltenden Vorschriften beteiligt, soweit ihre Beteiligung nicht nach diesem Buch entfällt. [2]Rechte Dritter an den Anteilen oder Mitgliedschaften des formwechselnden Rechtsträgers bestehen an den an ihre Stelle tretenden Anteilen oder Mitgliedschaften des Rechtsträgers neuer Rechtsform weiter.
3. Der Mangel der notariellen Beurkundung des Umwandlungsbeschlusses und gegebenenfalls erforderlicher Zustimmungs- oder Verzichtserklärungen einzelner Anteilsinhaber wird geheilt.

(2) Die in Absatz 1 bestimmten Wirkungen treten in den Fällen des § 198 Abs. 2 mit der Eintragung des Rechtsträgers neuer Rechtsform in das Register ein.

(3) Mängel des Formwechsels lassen die Wirkungen der Eintragung der neuen Rechtsform oder des Rechtsträgers neuer Rechtsform in das Register unberührt.

§ 203 Amtsdauer von Aufsichtsratsmitgliedern

[1]Wird bei einem Formwechsel bei dem Rechtsträger neuer Rechtsform in gleicher Weise wie bei dem formwechselnden Rechtsträger ein Aufsichtsrat gebildet und zusammengesetzt, so bleiben die Mitglieder des Aufsichtsrats für den Rest ihrer Wahlzeit als Mitglieder des Aufsichtsrats des Rechtsträgers neuer Rechtsform im Amt. [2]Die Anteilsinhaber des formwechselnden Rechtsträgers können im Umwandlungsbeschluß für ihre Aufsichtsratsmitglieder die Beendigung des Amtes bestimmen.

§ 204 Schutz der Gläubiger und der Inhaber von Sonderrechten

Auf den Schutz der Gläubiger ist § 22, auf den Schutz der Inhaber von Sonderrechten § 23 entsprechend anzuwenden.

§ 205 Schadenersatzpflicht der Verwaltungsträger des formwechselnden Rechtsträgers

(1) [1] Die Mitglieder des Vertretungsorgans und, wenn ein Aufsichtsorgan vorhanden ist, des Aufsichtsorgans des formwechselnden Rechtsträgers sind als Gesamtschuldner zum Ersatz des Schadens verpflichtet, den der Rechtsträger, seine Anteilsinhaber oder seine Gläubiger durch den Formwechsel erleiden. [2] § 25 Abs. 1 Satz 2 ist entsprechend anzuwenden.

(2) Die Ansprüche nach Absatz 1 verjähren in fünf Jahren seit dem Tage, an dem die anzumeldende Eintragung der neuen Rechtsform oder des Rechtsträgers neuer Rechtsform in das Register bekannt gemacht worden ist.

§ 206 Geltendmachung des Schadenersatzanspruchs

[1] Die Ansprüche nach § 205 Abs. 1 können nur durch einen besonderen Vertreter geltend gemacht werden. [2] Das Gericht des Sitzes des Rechtsträgers neuer Rechtsform hat einen solchen Vertreter auf Antrag eines Anteilsinhabers oder eines Gläubigers des formwechselnden Rechtsträgers zu bestellen. [3] § 26 Abs. 1 Satz 3 und 4, Abs. 2, Abs. 3 Satz 2 und 3 und Abs. 4 ist entsprechend anzuwenden; an die Stelle der Blätter für die öffentlichen Bekanntmachungen des übertragenden Rechtsträgers treten die entsprechenden Blätter des Rechtsträgers neuer Rechtsform.

§ 207 Angebot der Barabfindung

(1) [1] Der formwechselnde Rechtsträger hat jedem Anteilsinhaber, der gegen den Umwandlungsbeschluß Widerspruch zur Niederschrift erklärt, den Erwerb seiner umgewandelten Anteile oder Mitgliedschaften gegen eine angemessene Barabfindung anzubieten; § 71 Abs. 4 Satz 2 des Aktiengesetzes ist insoweit nicht anzuwenden. [2] Kann der Rechtsträger auf Grund seiner neuen Rechtsform eigene Anteile oder Mitgliedschaften nicht erwerben, so ist die Barabfindung für den Fall anzubieten, daß der Anteilsinhaber sein Ausscheiden aus dem Rechtsträger erklärt. [3] Der Rechtsträger hat die Kosten für eine Übertragung zu tragen.

(2) § 29 Abs. 2 ist entsprechend anzuwenden.

§ 208 Inhalt des Anspruchs auf Barabfindung und Prüfung der Barabfindung

Auf den Anspruch auf Barabfindung ist § 30 entsprechend anzuwenden.

§ 209 Annahme des Angebots

[1] Das Angebot nach § 207 kann nur binnen zwei Monaten nach dem Tage angenommen werden, an dem die Eintragung der neuen Rechtsform oder des Rechtsträgers neuer Rechtsform in das Register bekannt gemacht worden ist. [2] Ist nach § 212 ein Antrag auf Bestimmung der Barabfindung durch das Gericht gestellt worden, so kann das Angebot binnen zwei Monaten nach dem Tage angenommen werden, an dem die Entscheidung im Bundesanzeiger bekanntgemacht worden ist.

§ 210 Ausschluß von Klagen gegen den Umwandlungsbeschluß

Eine Klage gegen die Wirksamkeit des Umwandlungsbeschlusses kann nicht darauf gestützt werden, daß das Angebot nach § 207 zu niedrig bemessen oder

daß die Barabfindung im Umwandlungsbeschluß nicht oder nicht ordnungsgemäß angeboten worden ist.

§ 211 Anderweitige Veräußerung

Einer anderweitigen Veräußerung des Anteils durch den Anteilsinhaber stehen nach Fassung des Umwandlungsbeschlusses bis zum Ablauf der in § 209 bestimmten Frist Verfügungsbeschränkungen nicht entgegen.

§ 212 Gerichtliche Nachprüfung der Abfindung

[1] Macht ein Anteilsinhaber geltend, daß eine im Umwandlungsbeschluß bestimmte Barabfindung, die ihm nach § 207 Abs. 1 anzubieten war, zu niedrig bemessen sei, so hat auf seinen Antrag das Gericht nach den Vorschriften des Spruchverfahrensgesetzes die angemessene Barabfindung zu bestimmen. [2] Das gleiche gilt, wenn die Barabfindung nicht oder nicht ordnungsgemäß angeboten worden ist.

§ 213 Unbekannte Aktionäre

Auf unbekannte Aktionäre ist § 35 entsprechend anzuwenden.

Zweiter Teil. Besondere Vorschriften

Erster Abschnitt. Formwechsel von Personengesellschaften

Erster Unterabschnitt. Formwechsel von Personenhandelsgesellschaften

§ 214 Möglichkeit des Formwechsels

(1) Eine Personenhandelsgesellschaft kann auf Grund eines Umwandlungsbeschlusses nach diesem Gesetz nur die Rechtsform einer Kapitalgesellschaft oder einer eingetragenen Genossenschaft erlangen.

(2) Eine aufgelöste Personenhandelsgesellschaft kann die Rechtsform nicht wechseln, wenn die Gesellschafter nach § 145 des Handelsgesetzbuchs eine andere Art der Auseinandersetzung als die Abwicklung oder als den Formwechsel vereinbart haben.

§ 215 Umwandlungsbericht

Ein Umwandlungsbericht ist nicht erforderlich, wenn alle Gesellschafter der formwechselnden Gesellschaft zur Geschäftsführung berechtigt sind.

§ 216 Unterrichtung der Gesellschafter

Das Vertretungsorgan der formwechselnden Gesellschaft hat allen von der Geschäftsführung ausgeschlossenen Gesellschaftern spätestens zusammen mit der Einberufung der Gesellschafterversammlung, die den Formwechsel beschließen soll, diesen Formwechsel als Gegenstand der Beschlußfassung in Textform anzukündigen und einen nach diesem Buch erforderlichen Umwandlungsbericht sowie ein Abfindungsangebot nach § 207 zu übersenden.

§ 217 Beschluß der Gesellschafterversammlung

(1) [1]Der Umwandlungsbeschluß der Gesellschafterversammlung bedarf der Zustimmung aller anwesenden Gesellschafter; ihm müssen auch die nicht erschienenen Gesellschafter zustimmen. [2]Der Gesellschaftsvertrag der formwechselnden Gesellschaft kann eine Mehrheitsentscheidung der Gesellschafter vorsehen. [3]Die Mehrheit muß mindestens drei Viertel der abgegebenen Stimmen betragen.

(2) Die Gesellschafter, die im Falle einer Mehrheitsentscheidung für den Formwechsel gestimmt haben, sind in der Niederschrift über den Umwandlungsbeschluß namentlich aufzuführen.

(3) Dem Formwechsel in eine Kommanditgesellschaft auf Aktien müssen alle Gesellschafter zustimmen, die in dieser Gesellschaft die Stellung eines persönlich haftenden Gesellschafters haben sollen.

§ 218 Inhalt des Umwandlungsbeschlusses

(1) [1]In dem Umwandlungsbeschluß muß auch der Gesellschaftsvertrag der Gesellschaft mit beschränkter Haftung oder die Satzung der Genossenschaft enthalten sein oder die Satzung der Aktiengesellschaft oder der Kommanditgesellschaft auf Aktien festgestellt werden. [2]Eine Unterzeichnung der Satzung durch die Mitglieder ist nicht erforderlich.

(2) Der Beschluß zur Umwandlung in eine Kommanditgesellschaft auf Aktien muß vorsehen, daß sich an dieser Gesellschaft mindestens ein Gesellschafter der formwechselnden Gesellschaft als persönlich haftender Gesellschafter beteiligt oder daß der Gesellschaft mindestens ein persönlich haftender Gesellschafter beitritt.

(3) [1]Der Beschluß zur Umwandlung in eine Genossenschaft muß die Beteiligung jedes Mitglieds mit mindestens einem Geschäftsanteil vorsehen. [2]In dem Beschluß kann auch bestimmt werden, daß jedes Mitglied bei der Genossenschaft mit mindestens einem und im übrigen mit so vielen Geschäftsanteilen, wie sie durch Anrechnung seines Geschäftsguthabens bei dieser Genossenschaft als voll eingezahlt anzusehen sind, beteiligt wird.

§ 219 Rechtsstellung als Gründer

[1]Bei der Anwendung der Gründungsvorschriften stehen den Gründern die Gesellschafter der formwechselnden Gesellschaft gleich. [2]Im Falle einer Mehrheitsentscheidung treten an die Stelle der Gründer die Gesellschafter, die für den Formwechsel gestimmt haben, sowie beim Formwechsel in eine Kommanditgesellschaft auf Aktien auch beitretende persönlich haftende Gesellschafter.

§ 220 Kapitalschutz

(1) Der Nennbetrag des Stammkapitals einer Gesellschaft mit beschränkter Haftung oder des Grundkapitals einer Aktiengesellschaft oder einer Kommanditgesellschaft auf Aktien darf das nach Abzug der Schulden verbleibende Vermögen der formwechselnden Gesellschaft nicht übersteigen.

(2) In dem Sachgründungsbericht beim Formwechsel in eine Gesellschaft mit beschränkter Haftung oder in dem Gründungsbericht beim Formwechsel in eine Aktiengesellschaft oder in eine Kommanditgesellschaft auf Aktien sind auch der bisherige Geschäftsverlauf und die Lage der formwechselnden Gesellschaft darzulegen.

(3) [1]Beim Formwechsel in eine Aktiengesellschaft oder in eine Kommanditgesellschaft auf Aktien hat die Gründungsprüfung durch einen oder mehrere Prüfer (§ 33 Abs. 2 des Aktiengesetzes) in jedem Fall stattzufinden. [2]Die für Nachgründungen in § 52 Abs. 1 des Aktiengesetzes bestimmte Frist von zwei Jahren beginnt mit dem Wirksamwerden des Formwechsels.

§ 221 Beitritt persönlich haftender Gesellschafter

[1]Der in einem Beschluß zur Umwandlung in eine Kommanditgesellschaft auf Aktien vorgesehene Beitritt eines Gesellschafters, welcher der formwechselnden Gesellschaft nicht angehört hat, muß notariell beurkundet werden. [2]Die Satzung der Kommanditgesellschaft auf Aktien ist von jedem beitretenden persönlich haftenden Gesellschafter zu genehmigen.

§ 222 Anmeldung des Formwechsels

(1) [1]Die Anmeldung nach § 198 einschließlich der Anmeldung der Satzung der Genossenschaft ist durch alle Mitglieder des künftigen Vertretungsorgans sowie, wenn der Rechtsträger nach den für die neue Rechtsform geltenden Vorschriften einen Aufsichtsrat haben muß, auch durch alle Mitglieder dieses Aufsichtsrats vorzunehmen. [2]Zugleich mit der Genossenschaft sind die Mitglieder ihres Vorstandes zur Eintragung in das Register anzumelden.

(2) Ist der Rechtsträger neuer Rechtsform eine Aktiengesellschaft oder eine Kommanditgesellschaft auf Aktien, so haben die Anmeldung nach Absatz 1 auch alle Gesellschafter vorzunehmen, die nach § 219 den Gründern dieser Gesellschaft gleichstehen.

(3) Die Anmeldung der Umwandlung zur Eintragung in das Register nach § 198 Abs. 2 Satz 3 kann auch von den zur Vertretung der formwechselnden Gesellschaft ermächtigten Gesellschaftern vorgenommen werden.

§ 223 Anlagen der Anmeldung

Der Anmeldung der neuen Rechtsform oder des Rechtsträgers neuer Rechtsform sind beim Formwechsel in eine Kommanditgesellschaft auf Aktien außer den sonst erforderlichen Unterlagen auch die Urkunden über den Beitritt aller beitretenden persönlich haftenden Gesellschafter in Ausfertigung oder öffentlich beglaubigter Abschrift beizufügen.

§ 224 Fortdauer und zeitliche Begrenzung der persönlichen Haftung

(1) Der Formwechsel berührt nicht die Ansprüche der Gläubiger der Gesellschaft gegen einen ihrer Gesellschafter aus Verbindlichkeiten der formwechselnden Gesellschaft, für die dieser im Zeitpunkt des Formwechsels nach § 128 des Handelsgesetzbuchs persönlich haftet.

(2) Der Gesellschafter haftet für diese Verbindlichkeiten, wenn sie vor Ablauf von fünf Jahren nach dem Formwechsel fällig und daraus Ansprüche gegen ihn in einer in § 197 Abs. 1 Nr. 3 bis 5 des Bürgerlichen Gesetzbuchs bezeichneten Art festgestellt sind oder eine gerichtliche oder behördliche Vollstreckungshandlung vorgenommen oder beantragt wird; bei öffentlich-rechtlichen Verbindlichkeiten genügt der Erlass eines Verwaltungsakts.

(3) [1]Die Frist beginnt mit dem Tage, an dem die Eintragung der neuen Rechtsform oder des Rechtsträgers neuer Rechtsform in das Register bekannt gemacht

worden ist. [2]Die für die Verjährung geltenden §§ 204, 206, 210, 211 und 212 Abs. 2 und 3 des Bürgerlichen Gesetzbuchs sind entsprechend anzuwenden.

(4) Einer Feststellung in einer in § 197 Abs. 1 Nr. 3 bis 5 des Bürgerlichen Gesetzbuchs bezeichneten Art bedarf es nicht, soweit der Gesellschafter den Anspruch schriftlich anerkannt hat.

(5) Die Absätze 1 bis 4 sind auch anzuwenden, wenn der Gesellschafter in dem Rechtsträger anderer Rechtsform geschäftsführend tätig wird.

§ 225 Prüfung des Abfindungsangebots

[1]Im Falle des § 217 Abs. 1 Satz 2 ist die Angemessenheit der angebotenen Barabfindung nach § 208 in Verbindung mit § 30 Abs. 2 nur auf Verlangen eines Gesellschafters zu prüfen. [2]Die Kosten trägt die Gesellschaft.

Zweiter Unterabschnitt. Formwechsel von Partnerschaftsgesellschaften

§ 225a Möglichkeit des Fomwechsels

Eine Partnerschaftsgesellschaft kann auf Grund eines Umwandlungsbeschlusses nach diesem Gesetz nur die Rechtsform einer Kapitalgesellschaft oder einer eingetragenen Genossenschaft erlangen.

§ 225b Umwandlungsbericht und Unterrichtung der Partner

[1]Ein Umwandlungsbericht ist nur erforderlich, wenn ein Partner der formwechselnden Partnerschaft gemäß § 6 Abs. 2 des Partnerschaftsgesellschaftsgesetzes von der Geschäftsführung ausgeschlossen ist. [2]Von der Geschäftsführung ausgeschlossene Partner sind entsprechend § 216 zu unterrichten.

§ 225c Anzuwendende Vorschriften

Auf den Formwechsel einer Partnerschaftsgesellschaft sind § 214 Abs. 2 und die §§ 217 bis 225 entsprechend anzuwenden.

Zweiter Abschnitt. Formwechsel von Kapitalgesellschaften

Erster Unterabschnitt. Allgemeine Vorschriften

§ 226 Möglichkeit des Formwechsels

Eine Kapitalgesellschaft kann auf Grund eines Umwandlungsbeschlusses nach diesem Gesetz nur die Rechtsform einer Gesellschaft des bürgerlichen Rechts, einer Personenhandelsgesellschaft, einer Partnerschaftsgesellschaft, einer anderen Kapitalgesellschaft oder einer eingetragenen Genossenschaft erlangen.

§ 227 Nicht anzuwendende Vorschriften

Die §§ 207 bis 212 sind beim Formwechsel einer Kommanditgesellschaft auf Aktien nicht auf deren persönlich haftende Gesellschafter anzuwenden.

Zweiter Unterabschnitt. Formwechsel in eine Personengesellschaft

§ 228 Möglichkeit des Formwechsels

(1) Durch den Formwechsel kann eine Kapitalgesellschaft die Rechtsform einer Personenhandelsgesellschaft nur erlangen, wenn der Unternehmensgegenstand im Zeitpunkt des Wirksamwerdens des Formwechsels den Vorschriften über die Gründung einer offenen Handelsgesellschaft (§ 105 Abs. 1 und 2 des Handelsgesetzbuchs) genügt.

(2) [1] Ein Formwechsel in eine Partnerschaftsgesellschaft ist nur möglich, wenn im Zeitpunkt seines Wirksamwerdens alle Anteilsinhaber des formwechselnden Rechtsträgers natürliche Personen sind, die einen Freien Beruf ausüben (§ 1 Abs. 1 und 2 des Partnerschaftsgesellschaftsgesetzes). [2] § 1 Abs. 3 des Partnerschaftsgesellschaftsgesetzes bleibt unberührt.

§ 229 *(aufgehoben)*

§ 230 Vorbereitung der Versammlung der Anteilsinhaber

(1) Die Geschäftsführer einer formwechselnden Gesellschaft mit beschränkter Haftung haben allen Gesellschaftern spätestens zusammen mit der Einberufung der Gesellschafterversammlung, die den Formwechsel beschließen soll, diesen Formwechsel als Gegenstand der Beschlußfassung in Textform anzukündigen und den Umwandlungsbericht zu übersenden.

(2) [1] Der Umwandlungsbericht einer Aktiengesellschaft oder einer Kommanditgesellschaft auf Aktien ist von der Einberufung der Hauptversammlung an, die den Formwechsel beschließen soll, in dem Geschäftsraum der Gesellschaft zur Einsicht der Aktionäre auszulegen. [2] Auf Verlangen ist jedem Aktionär und jedem von der Geschäftsführung ausgeschlossenen persönlich haftenden Gesellschafter unverzüglich und kostenlos eine Abschrift des Umwandlungsberichts zu erteilen. [3] Der Umwandlungsbericht kann dem Aktionär und dem von der Geschäftsführung ausgeschlossenen persönlich haftenden Gesellschafter mit seiner Einwilligung auf dem Wege elektronischer Kommunikation übermittelt werden. [4] Die Verpflichtungen nach den Sätzen 1 und 2 entfallen, wenn der Umwandlungsbericht für denselben Zeitraum über die Internetseite der Gesellschaft zugänglich ist.

§ 231 Mitteilung des Abfindungsangebots

[1] Das Vertretungsorgan der formwechselnden Gesellschaft hat den Gesellschaftern oder Aktionären spätestens zusammen mit der Einberufung der Gesellschafterversammlung oder der Hauptversammlung, die den Formwechsel beschließen soll, das Abfindungsangebot nach § 207 zu übersenden. [2] Der Übersendung steht es gleich, wenn das Abfindungsangebot im Bundesanzeiger und den sonst bestimmten Gesellschaftsblättern bekanntgemacht wird.

§ 232 Durchführung der Versammlung der Anteilsinhaber

(1) [1] In der Gesellschafterversammlung oder in der Hauptversammlung, die den Formwechsel beschließen soll, ist der Umwandlungsbericht auszulegen. [2] In der Hauptversammlung kann der Umwandlungsbericht auch auf andere Weise zugänglich gemacht werden.

(2) Der Entwurf des Umwandlungsbeschlusses einer Aktiengesellschaft oder einer Kommanditgesellschaft auf Aktien ist von deren Vertretungsorgan zu Beginn der Verhandlung mündlich zu erläutern.

§ 233 Beschluß der Versammlung der Anteilsinhaber

(1) Der Umwandlungsbeschluß der Gesellschafterversammlung oder der Hauptversammlung bedarf, wenn die formwechselnde Gesellschaft die Rechtsform einer Gesellschaft des bürgerlichen Rechts, einer offenen Handelsgesellschaft oder einer Partnerschaftsgesellschaft erlangen soll, der Zustimmung aller anwesenden Gesellschafter oder Aktionäre; ihm müssen auch die nicht erschienenen Anteilsinhaber zustimmen.

(2) [1] Soll die formwechselnde Gesellschaft in eine Kommanditgesellschaft umgewandelt werden, so bedarf der Umwandlungsbeschluß einer Mehrheit von mindestens drei Vierteln der bei der Gesellschafterversammlung einer Gesellschaft mit beschränkter Haftung abgegebenen Stimmen oder des bei der Beschlußfassung einer Aktiengesellschaft oder einer Kommanditgesellschaft auf Aktien vertretenen Grundkapitals; § 50 Abs. 2 und § 65 Abs. 2 sind entsprechend anzuwenden. [2] Der Gesellschaftsvertrag oder die Satzung der formwechselnden Gesellschaft kann eine größere Mehrheit und weitere Erfordernisse bestimmen. [3] Dem Formwechsel müssen alle Gesellschafter oder Aktionäre zustimmen, die in der Kommanditgesellschaft die Stellung eines persönlich haftenden Gesellschafters haben sollen.

(3) [1] Dem Formwechsel einer Kommanditgesellschaft auf Aktien müssen ferner deren persönlich haftende Gesellschafter zustimmen. [2] Die Satzung der formwechselnden Gesellschaft kann für den Fall des Formwechsels in eine Kommanditgesellschaft eine Mehrheitsentscheidung dieser Gesellschafter vorsehen. [3] Jeder dieser Gesellschafter kann sein Ausscheiden aus dem Rechtsträger für den Zeitpunkt erklären, in dem der Formwechsel wirksam wird.

§ 234 Inhalt des Umwandlungsbeschlusses

In dem Umwandlungsbeschluß müssen auch enthalten sein:

1. die Bestimmung des Sitzes der Personengesellschaft;
2. beim Formwechsel in eine Kommanditgesellschaft die Angabe der Kommanditisten sowie des Betrages der Einlage eines jeden von ihnen;
3. der Gesellschaftsvertrag der Personengesellschaft. Beim Formwechsel in eine Partnerschaftsgesellschaft ist § 213 auf den Partnerschaftsvertrag nicht anzuwenden.

§ 235 Anmeldung des Formwechsels

(1) [1] Beim Formwechsel in eine Gesellschaft des bürgerlichen Rechts ist statt der neuen Rechtsform die Umwandlung der Gesellschaft zur Eintragung in das Register, in dem die formwechselnde Gesellschaft eingetragen ist, anzumelden. [2] § 198 Abs. 2 ist nicht anzuwenden.

(2) Die Anmeldung nach Absatz 1 oder nach § 198 ist durch das Vertretungsorgan der formwechselnden Gesellschaft vorzunehmen.

§ 236 Wirkungen des Formwechsels

Mit dem Wirksamwerden des Formwechsels einer Kommanditgesellschaft auf Aktien scheiden persönlich haftende Gesellschafter, die nach § 233 Abs. 3 Satz 3 ihr Ausscheiden aus dem Rechtsträger erklärt haben, aus der Gesellschaft aus.

§ 237 Fortdauer und zeitliche Begrenzung der persönlichen Haftung

Erlangt ein persönlich haftender Gesellschafter einer formwechselnden Kommanditgesellschaft auf Aktien beim Formwechsel in eine Kommanditgesellschaft die Rechtsstellung eines Kommanditisten, so ist auf seine Haftung für die im Zeitpunkt des Formwechsels begründeten Verbindlichkeiten der formwechselnden Gesellschaft § 224 entsprechend anzuwenden.

Dritter Unterabschnitt. Formwechsel in eine Kapitalgesellschaft anderer Rechtsform

§ 238 Vorbereitung der Versammlung der Anteilsinhaber

[1] Auf die Vorbereitung der Gesellschafterversammlung oder der Hauptversammlung, die den Formwechsel beschließen soll, sind die §§ 230 und 231 entsprechend anzuwenden. [2] § 192 Abs. 2 bleibt unberührt.

§ 239 Durchführung der Versammlung der Anteilsinhaber

(1) [1] In der Gesellschafterversammlung oder in der Hauptversammlung, die den Formwechsel beschließen soll, ist der Umwandlungsbericht auszulegen. [2] In der Hauptversammlung kann der Umwandlungsbericht auch auf andere Weise zugänglich gemacht werden.

(2) Der Entwurf des Umwandlungsbeschlusses einer Aktiengesellschaft oder einer Kommanditgesellschaft auf Aktien ist von deren Vertretungsorgan zu Beginn der Verhandlung mündlich zu erläutern.

§ 240 Beschluß der Versammlung der Anteilsinhaber

(1) [1] Der Umwandlungsbeschluß bedarf einer Mehrheit von mindestens drei Vierteln der bei der Gesellschafterversammlung einer Gesellschaft mit beschränkter Haftung abgegebenen Stimmen oder des bei der Beschlußfassung einer Aktiengesellschaft oder einer Kommanditgesellschaft auf Aktien vertretenen Grundkapitals; § 65 Abs. 2 ist entsprechend anzuwenden. [2] Der Gesellschaftsvertrag oder die Satzung der formwechselnden Gesellschaft kann eine größere Mehrheit und weitere Erfordernisse, beim Formwechsel einer Kommanditgesellschaft auf Aktien in eine Aktiengesellschaft auch eine geringere Mehrheit bestimmen.

(2) [1] Dem Formwechsel einer Gesellschaft mit beschränkter Haftung oder einer Aktiengesellschaft in eine Kommanditgesellschaft auf Aktien müssen alle Gesellschafter oder Aktionäre zustimmen, die in der Gesellschaft neuer Rechtsform die Stellung eines persönlich haftenden Gesellschafters haben sollen. [2] Auf den Beitritt persönlich haftender Gesellschafter ist § 221 entsprechend anzuwenden.

(3) [1] Dem Formwechsel einer Kommanditgesellschaft auf Aktien müssen ferner deren persönlich haftende Gesellschafter zustimmen. [2] Die Satzung der formwechselnden Gesellschaft kann eine Mehrheitsentscheidung dieser Gesellschafter vorsehen.

§ 241 Zustimmungserfordernisse beim Formwechsel einer Gesellschaft mit beschränkter Haftung

(1) Werden durch den Umwandlungsbeschluß einer formwechselnden Gesellschaft mit beschränkter Haftung die Aktien in der Satzung der Aktiengesellschaft oder der Kommanditgesellschaft auf Aktien auf einen höheren als den Mindestbetrag nach § 8 Abs. 2 oder 3 des Aktiengesetzes und abweichend vom Nennbetrag der Geschäftsanteile der formwechselnden Gesellschaft gestellt, so muß dem jeder Gesellschafter zustimmen, der sich nicht dem Gesamtnennbetrag seiner Geschäftsanteile entsprechend beteiligen kann.

(2) Auf das Erfordernis der Zustimmung einzelner Gesellschafter ist ferner § 50 Abs. 2 entsprechend anzuwenden.

(3) Sind einzelnen Gesellschaftern außer der Leistung von Kapitaleinlagen noch andere Verpflichtungen gegenüber der Gesellschaft auferlegt und können diese wegen der einschränkenden Bestimmung des § 55 des Aktiengesetzes bei dem Formwechsel nicht aufrechterhalten werden, so bedarf der Formwechsel auch der Zustimmung dieser Gesellschafter.

§ 242 Zustimmungserfordernis beim Formwechsel einer Aktiengesellschaft oder einer Kommanditgesellschaft auf Aktien

Wird durch den Umwandlungsbeschluß einer formwechselnden Aktiengesellschaft oder Kommanditgesellschaft auf Aktien der Nennbetrag der Geschäftsanteile in dem Gesellschaftsvertrag der Gesellschaft mit beschränkter Haftung abweichend vom Betrag der Aktien festgesetzt, so muß der Festsetzung jeder Aktionär zustimmen, der sich nicht mit seinem gesamten Anteil beteiligen kann.

§ 243 Inhalt des Umwandlungsbeschlusses

(1) [1] Auf den Umwandlungsbeschluß ist § 218 entsprechend anzuwenden. [2] Festsetzungen über Sondervorteile, Gründungsaufwand, Sacheinlagen und Sachübernahmen, die in dem Gesellschaftsvertrag oder in der Satzung der formwechselnden Gesellschaft enthalten sind, sind in den Gesellschaftsvertrag oder in die Satzung der Gesellschaft neuer Rechtsform zu übernehmen. [3] § 26 Abs. 4 und 5 des Aktiengesetzes bleibt unberührt.

(2) Vorschriften anderer Gesetze über die Änderung des Stammkapitals oder des Grundkapitals bleiben unberührt.

(3) [1] In dem Gesellschaftsvertrag oder in der Satzung der Gesellschaft neuer Rechtsform kann der auf die Anteile entfallende Betrag des Stamm- oder Grundkapitals abweichend vom Betrag der Anteile der formwechselnden Gesellschaft festgesetzt werden. [2] Bei einer Gesellschaft mit beschränkter Haftung muss er auf volle Euro lauten.

§ 244 Niederschrift über den Umwandlungsbeschluß; Gesellschaftsvertrag

(1) In der Niederschrift über den Umwandlungsbeschluß sind die Personen, die nach § 245 Abs. 1 bis 3 den Gründern der Gesellschaft gleichstehen, namentlich aufzuführen.

(2) Beim Formwechsel einer Aktiengesellschaft oder einer Kommanditgesellschaft auf Aktien in eine Gesellschaft mit beschränkter Haftung braucht der Gesellschaftsvertrag von den Gesellschaftern nicht unterzeichnet zu werden.

§ 245 Rechtsstellung als Gründer; Kapitalschutz

(1) [1] Bei einem Formwechsel einer Gesellschaft mit beschränkter Haftung in eine Aktiengesellschaft oder in eine Kommanditgesellschaft auf Aktien treten bei der Anwendung der Gründungsvorschriften des Aktiengesetzes an die Stelle der Gründer die Gesellschafter, die für den Formwechsel gestimmt haben, sowie beim Formwechsel einer Gesellschaft mit beschränkter Haftung in eine Kommanditgesellschaft auf Aktien auch beitretende persönlich haftende Gesellschafter. [2] § 220 ist entsprechend anzuwenden. [3] § 52 des Aktiengesetzes ist nicht anzuwenden, wenn die Gesellschaft mit beschränkter Haftung vor dem Wirksamwerden des Formwechsels bereits länger als zwei Jahre in das Register eingetragen war.

(2) [1] Beim Formwechsel einer Aktiengesellschaft in eine Kommanditgesellschaft auf Aktien treten bei der Anwendung der Gründungsvorschriften des Aktiengesetzes an die Stelle der Gründer die persönlich haftenden Gesellschafter der Gesellschaft neuer Rechtsform. [2] § 220 ist entsprechend anzuwenden. [3] § 52 des Aktiengesetzes ist nicht anzuwenden.

(3) [1] Beim Formwechsel einer Kommanditgesellschaft auf Aktien in eine Aktiengesellschaft treten bei der Anwendung der Gründungsvorschriften des Aktiengesetzes an die Stelle der Gründer die persönlich haftenden Gesellschafter der formwechselnden Gesellschaft. [2] § 220 ist entsprechend anzuwenden. [3] § 52 des Aktiengesetzes ist nicht anzuwenden.

(4) Beim Formwechsel einer Aktiengesellschaft oder einer Kommanditgesellschaft auf Aktien in eine Gesellschaft mit beschränkter Haftung ist ein Sachgründungsbericht nicht erforderlich.

§ 246 Anmeldung des Formwechsels

(1) Die Anmeldung nach § 198 ist durch das Vertretungsorgan der formwechselnden Gesellschaft vorzunehmen.

(2) Zugleich mit der neuen Rechtsform oder mit dem Rechtsträger neuer Rechtsform sind die Geschäftsführer der Gesellschaft mit beschränkter Haftung, die Vorstandsmitglieder der Aktiengesellschaft oder die persönlich haftenden Gesellschafter der Kommanditgesellschaft auf Aktien zur Eintragung in das Register anzumelden.

(3) § 8 Abs. 2 des Gesetzes betreffend die Gesellschaften mit beschränkter Haftung und § 37 Abs. 1 des Aktiengesetzes sind auf die Anmeldung nach § 198 nicht anzuwenden.

§ 247 Wirkungen des Formwechsels

(1) Durch den Formwechsel wird das bisherige Stammkapital einer formwechselnden Gesellschaft mit beschränkter Haftung zum Grundkapital der Gesellschaft neuer Rechtsform oder das bisherige Grundkapital einer formwechselnden Aktiengesellschaft oder Kommanditgesellschaft auf Aktien zum Stammkapital der Gesellschaft neuer Rechtsform.

(2) Durch den Formwechsel einer Kommanditgesellschaft auf Aktien scheiden deren persönlich haftende Gesellschafter als solche aus der Gesellschaft aus.

§ 248 Umtausch der Anteile

(1) Auf den Umtausch der Geschäftsanteile einer formwechselnden Gesellschaft mit beschränkter Haftung gegen Aktien ist § 73 des Aktiengesetzes, bei Zusammenlegung von Geschäftsanteilen § 226 des Aktiengesetzes über die Kraftloserklärung von Aktien entsprechend anzuwenden.

(2) Auf den Umtausch der Aktien einer formwechselnden Aktiengesellschaft oder Kommanditgesellschaft auf Aktien gegen Geschäftsanteile einer Gesellschaft mit beschränkter Haftung ist § 73 Abs. 1 und 2 des Aktiengesetzes, bei Zusammenlegung von Aktien § 226 Abs. 1 und 2 des Aktiengesetzes über die Kraftloserklärung von Aktien entsprechend anzuwenden.

(3) Einer Genehmigung des Gerichts bedarf es nicht.

§ 249 Gläubigerschutz

Auf den Formwechsel einer Kommanditgesellschaft auf Aktien in eine Gesellschaft mit beschränkter Haftung oder in eine Aktiengesellschaft ist auch § 224 entsprechend anzuwenden.

§ 250 Nicht anzuwendende Vorschriften

Die §§ 207 bis 212 sind auf den Formwechsel einer Aktiengesellschaft in eine Kommanditgesellschaft auf Aktien oder einer Kommanditgesellschaft auf Aktien in eine Aktiengesellschaft nicht anzuwenden.

Vierter Unterabschnitt. Formwechsel in eine eingetragene Genossenschaft

§ 251 Vorbereitung und Durchführung der Versammlung der Anteilsinhaber

(1) [1]Auf die Vorbereitung der Gesellschafterversammlung oder der Hauptversammlung, die den Formwechsel beschließen soll, sind die §§ 229 bis 231 entsprechend anzuwenden. [2]§ 192 Abs. 2 bleibt unberührt.

(2) Auf die Gesellschafterversammlung oder die Hauptversammlung, die den Formwechsel beschließen soll, ist § 239 Abs. 1 Satz 1, auf die Hauptversammlung auch § 239 Abs. 1 Satz 2 und Abs. 2 entsprechend anzuwenden.

§ 252 Beschluß der Versammlung der Anteilsinhaber

(1) Der Umwandlungsbeschluß der Gesellschafterversammlung oder der Hauptversammlung bedarf, wenn die Satzung der Genossenschaft eine Verpflichtung der Mitglieder zur Leistung von Nachschüssen vorsieht, der Zustimmung aller anwesenden Gesellschafter oder Aktionäre; ihm müssen auch die nicht erschienenen Anteilsinhaber zustimmen.

(2) [1]Sollen die Mitglieder nicht zur Leistung von Nachschüssen verpflichtet werden, so bedarf der Umwandlungsbeschluß einer Mehrheit von mindestens drei Vierteln der bei der Gesellschafterversammlung einer Gesellschaft mit beschränkter Haftung abgegebenen Stimmen oder des bei der Beschlußfassung einer Aktiengesellschaft oder einer Kommanditgesellschaft auf Aktien vertretenen Grundkapitals; § 50 Abs. 2 und § 65 Abs. 2 sind entsprechend anzuwenden. [2]Der

Gesellschaftsvertrag oder die Satzung der formwechselnden Gesellschaft kann eine größere Mehrheit und weitere Erfordernisse bestimmen.

(3) Auf den Formwechsel einer Kommanditgesellschaft auf Aktien ist § 240 Abs. 3 entsprechend anzuwenden.

§ 253 Inhalt des Umwandlungsbeschlusses

(1) [1] In dem Umwandlungsbeschluß muß auch die Satzung der Genossenschaft enthalten sein. [2] Eine Unterzeichnung der Satzung durch die Mitglieder ist nicht erforderlich.

(2) [1] Der Umwandlungsbeschluß muß die Beteiligung jedes Mitglieds mit mindestens einem Geschäftsanteil vorsehen. [2] In dem Beschluß kann auch bestimmt werden, daß jedes Mitglied bei der Genossenschaft mit mindestens einem und im übrigen mit so vielen Geschäftsanteilen, wie sie durch Anrechnung seines Geschäftsguthabens bei dieser Genossenschaft als voll eingezahlt anzusehen sind, beteiligt wird.

§ 254 Anmeldung des Formwechsels

(1) Die Anmeldung nach § 198 einschließlich der Anmeldung der Satzung der Genossenschaft ist durch das Vertretungsorgan der formwechselnden Gesellschaft vorzunehmen.

(2) Zugleich mit der Genossenschaft sind die Mitglieder ihres Vorstandes zur Eintragung in das Register anzumelden.

§ 255 Wirkungen des Formwechsels

(1) [1] Jeder Anteilsinhaber, der die Rechtsstellung eines Mitglieds erlangt, ist bei der Genossenschaft nach Maßgabe des Umwandlungsbeschlusses beteiligt. [2] Eine Verpflichtung zur Übernahme weiterer Geschäftsanteile bleibt unberührt. [3] § 202 Abs. 1 Nr. 2 Satz 2 ist mit der Maßgabe anzuwenden, daß die an den bisherigen Anteilen bestehenden Rechte Dritter an den durch den Formwechsel erlangten Geschäftsguthaben weiterbestehen.

(2) Das Gericht darf eine Auflösung der Genossenschaft von Amts wegen nach § 80 des Genossenschaftsgesetzes nicht vor Ablauf eines Jahres seit dem Wirksamwerden des Formwechsels aussprechen.

(3) Durch den Formwechsel einer Kommanditgesellschaft auf Aktien scheiden deren persönlich haftende Gesellschafter als solche aus dem Rechtsträger aus.

§ 256 Geschäftsguthaben; Benachrichtigung der Mitglieder

(1) Jedem Mitglied ist als Geschäftsguthaben der Wert der Geschäftsanteile oder der Aktien gutzuschreiben, mit denen es an der formwechselnden Gesellschaft beteiligt war.

(2) [1] Übersteigt das durch den Formwechsel erlangte Geschäftsguthaben eines Mitglieds den Gesamtbetrag der Geschäftsanteile, mit denen es bei der Genossenschaft beteiligt ist, so ist der übersteigende Betrag nach Ablauf von sechs Monaten seit dem Tage, an dem die Eintragung der Genossenschaft in das Register bekannt gemacht worden ist, an das Mitglied auszuzahlen. [2] Die Auszahlung darf jedoch nicht erfolgen, bevor die Gläubiger, die sich nach § 204 in Verbindung mit § 22 gemeldet haben, befriedigt oder sichergestellt sind.

(3) Die Genossenschaft hat jedem Mitglied unverzüglich nach der Bekanntmachung der Eintragung der Genossenschaft in das Register in Textform mitzuteilen:
1. den Betrag seines Geschäftsguthabens;
2. den Betrag und die Zahl der Geschäftsanteile, mit denen es bei der Genossenschaft beteiligt ist;
3. den Betrag der von dem Mitglied nach Anrechnung seines Geschäftsguthabens noch zu leistenden Einzahlung oder den Betrag, der nach Absatz 2 an das Mitglied auszuzahlen ist;
4. den Betrag der Haftsumme der Genossenschaft, sofern die Mitglieder Nachschüsse bis zu einer Haftsumme zu leisten haben.

§ 257 Gläubigerschutz

Auf den Formwechsel einer Kommanditgesellschaft auf Aktien ist auch § 224 entsprechend anzuwenden.

Dritter Abschnitt. Formwechsel eingetragener Genossenschaften

§ 258 Möglichkeit des Formwechsels

(1) Eine eingetragene Genossenschaft kann auf Grund eines Umwandlungsbeschlusses nach diesem Gesetz nur die Rechtsform einer Kapitalgesellschaft erlangen.

(2) Der Formwechsel ist nur möglich, wenn auf jedes Mitglied, das an der Gesellschaft neuer Rechtsform beteiligt wird, als beschränkt haftender Gesellschafter ein Geschäftsanteil, dessen Nennbetrag auf volle Euro lautet, oder als Aktionär mindestens eine volle Aktie entfällt.

§ 259 Gutachten des Prüfungsverbandes

Vor der Einberufung der Generalversammlung, die den Formwechsel beschließen soll, ist eine gutachtliche Äußerung des Prüfungsverbandes einzuholen, ob der Formwechsel mit den Belangen der Mitglieder und der Gläubiger der Genossenschaft vereinbar ist, insbesondere ob bei der Festsetzung des Stammkapitals oder des Grundkapitals § 263 Abs. 2 Satz 2 und § 264 Abs. 1 beachtet sind (Prüfungsgutachten).

§ 260 Vorbereitung der Generalversammlung

(1) [1] Der Vorstand der formwechselnden Genossenschaft hat allen Mitgliedern spätestens zusammen mit der Einberufung der Generalversammlung, die den Formwechsel beschließen soll, diesen Formwechsel als Gegenstand der Beschlußfassung in Textform anzukündigen. [2] In der Ankündigung ist auf die für die Beschlußfassung nach § 262 Abs. 1 erforderlichen Mehrheiten sowie auf die Möglichkeit der Erhebung eines Widerspruchs und die sich daraus ergebenden Rechte hinzuweisen.

(2) [1] Auf die Vorbereitung der Generalversammlung sind die §§ 229, 230 Abs. 2 Satz 1 und 2 und § 231 Satz 1 entsprechend anzuwenden. [2] § 192 Abs. 2 bleibt unberührt.

(3) [1] In dem Geschäftsraum der formwechselnden Genossenschaft ist außer den sonst erforderlichen Unterlagen auch das nach § 259 erstattete Prüfungsgutachten

zur Einsicht der Mitglieder auszulegen. [2]Auf Verlangen ist jedem Mitglied unverzüglich und kostenlos eine Abschrift dieses Prüfungsgutachtens zu erteilen.

§ 261 Durchführung der Generalversammlung

(1) [1]In der Generalversammlung, die den Formwechsel beschließen soll, ist der Umwandlungsbericht, sofern er nach diesem Buch erforderlich ist, und das nach § 259 erstattete Prüfungsgutachten auszulegen. [2]Der Vorstand hat den Umwandlungsbeschluß zu Beginn der Verhandlung mündlich zu erläutern.

(2) [1]Das Prüfungsgutachten ist in der Generalversammlung zu verlesen. [2]Der Prüfungsverband ist berechtigt, an der Generalversammlung beratend teilzunehmen.

§ 262 Beschluß der Generalversammlung

(1) [1]Der Umwandlungsbeschluß der Generalversammlung bedarf einer Mehrheit von mindestens drei Vierteln der abgegebenen Stimmen. [2]Er bedarf einer Mehrheit von neun Zehnteln der abgegebenen Stimmen, wenn spätestens bis zum Ablauf des dritten Tages vor der Generalversammlung mindestens 100 Mitglieder, bei Genossenschaften mit weniger als 1 000 Mitgliedern ein Zehntel der Mitglieder, durch eingeschriebenen Brief Widerspruch gegen den Formwechsel erhoben haben. [3]Die Satzung kann größere Mehrheiten und weitere Erfordernisse bestimmen.

(2) Auf den Formwechsel in eine Kommanditgesellschaft auf Aktien ist § 240 Abs. 2 entsprechend anzuwenden.

§ 263 Inhalt des Umwandlungsbeschlusses

(1) Auf den Umwandlungsbeschluß sind auch die §§ 218, 243 Abs. 3 und § 244 Abs. 2 entsprechend anzuwenden.

(2) [1]In dem Beschluß ist bei der Festlegung von Zahl, Art und Umfang der Anteile (§ 194 Abs. 1 Nr. 4) zu bestimmen, daß an dem Stammkapital oder an dem Grundkapital der Gesellschaft neuer Rechtsform jedes Mitglied, das die Rechtsstellung eines beschränkt haftenden Gesellschafters oder eines Aktionärs erlangt, in dem Verhältnis beteiligt wird, in dem am Ende des letzten vor der Beschlußfassung über den Formwechsel abgelaufenen Geschäftsjahres sein Geschäftsguthaben zur Summe der Geschäftsguthaben aller Mitglieder gestanden hat, die durch den Formwechsel Gesellschafter oder Aktionäre geworden sind. [2]Der Nennbetrag des Grundkapitals ist so zu bemessen, daß auf jedes Mitglied möglichst volle Aktien entfallen.

(3) [1]Die Geschäftsanteile einer Gesellschaft mit beschränkter Haftung sollen auf einen höheren Nennbetrag als hundert Euro nur gestellt werden, soweit auf die Mitglieder der formwechselnden Genossenschaft volle Geschäftsanteile mit dem höheren Nennbetrag entfallen. [2]Aktien können auf einen höheren Betrag als den Mindestbetrag nach § 8 Abs. 2 und 3 des Aktiengesetzes nur gestellt werden, soweit volle Aktien mit dem höheren Betrag auf die Mitglieder entfallen. [3]Wird das Vertretungsorgan der Aktiengesellschaft oder der Kommanditgesellschaft auf Aktien in der Satzung ermächtigt, das Grundkapital bis zu einem bestimmten Nennbetrag durch Ausgabe neuer Aktien gegen Einlagen zu erhöhen, so darf die Ermächtigung nicht vorsehen, daß das Vertretungsorgan über den Ausschluß des Bezugsrechts entscheidet.

§ 264 Kapitalschutz

(1) Der Nennbetrag des Stammkapitals einer Gesellschaft mit beschränkter Haftung oder des Grundkapitals einer Aktiengesellschaft oder einer Kommanditgesellschaft auf Aktien darf das nach Abzug der Schulden verbleibende Vermögen der formwechselnden Genossenschaft nicht übersteigen.

(2) Beim Formwechsel in eine Gesellschaft mit beschränkter Haftung sind die Mitglieder der formwechselnden Genossenschaft nicht verpflichtet, einen Sachgründungsbericht zu erstatten.

(3) [1] Beim Formwechsel in eine Aktiengesellschaft oder in eine Kommanditgesellschaft auf Aktien hat die Gründungsprüfung durch einen oder mehrere Prüfer (§ 33 Abs. 2 des Aktiengesetzes) in jedem Fall stattzufinden. [2] Jedoch sind die Mitglieder der formwechselnden Genossenschaft nicht verpflichtet, einen Gründungsbericht zu erstatten; die §§ 32, 35 Abs. 1 und 2 und § 46 des Aktiengesetzes sind nicht anzuwenden. [3] Die für Nachgründungen in § 52 Abs. 1 des Aktiengesetzes bestimmte Frist von zwei Jahren beginnt mit dem Wirksamwerden des Formwechsels.

§ 265 Anmeldung des Formwechsels

[1] Auf die Anmeldung nach § 198 ist § 222 Abs. 1 Satz 1 und Abs. 3 entsprechend anzuwenden. [2] Der Anmeldung ist das nach § 259 erstattete Prüfungsgutachten in Urschrift oder in öffentlich beglaubigter Abschrift beizufügen.

§ 266 Wirkungen des Formwechsels

(1) [1] Durch den Formwechsel werden die bisherigen Geschäftsanteile zu Anteilen an der Gesellschaft neuer Rechtsform und zu Teilrechten. [2] § 202 Abs. 1 Nr. 2 Satz 2 ist mit der Maßgabe anzuwenden, daß die an den bisherigen Geschäftsguthaben bestehenden Rechte Dritter an den durch den Formwechsel erlangten Anteilen und Teilrechten weiterbestehen.

(2) Teilrechte, die durch den Formwechsel entstehen, sind selbständig veräußerlich und vererblich.

(3) [1] Die Rechte aus einer Aktie einschließlich des Anspruchs auf Ausstellung einer Aktienurkunde können nur ausgeübt werden, wenn Teilrechte, die zusammen eine volle Aktie ergeben, in einer Hand vereinigt sind oder wenn mehrere Berechtigte, deren Teilrechte zusammen eine volle Aktie ergeben, sich zur Ausübung der Rechte zusammenschließen. [2] Der Rechtsträger soll die Zusammenführung von Teilrechten zu vollen Aktien vermitteln.

§ 267 Benachrichtigung der Anteilsinhaber

(1) [1] Das Vertretungsorgan der Gesellschaft neuer Rechtsform hat jedem Anteilsinhaber unverzüglich nach der Bekanntmachung der Eintragung der Gesellschaft in das Register deren Inhalt sowie die Zahl und, mit Ausnahme von Stückaktien, den Nennbetrag der Anteile und des Teilrechts, die auf ihn entfallen sind, in Textform mitzuteilen. [2] Dabei soll auf die Vorschriften über Teilrechte in § 266 hingewiesen werden.

(2) [1] Zugleich mit der Mitteilung ist deren wesentlicher Inhalt in den Gesellschaftsblättern bekanntzumachen. [2] Der Hinweis nach Absatz 1 Satz 2 braucht in die Bekanntmachung nicht aufgenommen zu werden.

§ 268 Aufforderung an die Aktionäre; Veräußerung von Aktien

(1) [1] In der Mitteilung nach § 267 sind Aktionäre aufzufordern, die ihnen zustehenden Aktien abzuholen. [2] Dabei ist darauf hinzuweisen, daß die Gesellschaft berechtigt ist, Aktien, die nicht binnen sechs Monaten seit der Bekanntmachung der Aufforderung in den Gesellschaftsblättern abgeholt werden, nach dreimaliger Androhung für Rechnung der Beteiligten zu veräußern. [3] Dieser Hinweis braucht nicht in die Bekanntmachung der Aufforderung in den Gesellschaftsblättern aufgenommen zu werden.

(2) [1] Nach Ablauf von sechs Monaten seit der Bekanntmachung der Aufforderung in den Gesellschaftsblättern hat die Gesellschaft neuer Rechtsform die Veräußerung der nicht abgeholten Aktien anzudrohen. [2] Die Androhung ist dreimal in Abständen von mindestens einem Monat in den Gesellschaftsblättern bekanntzumachen. [3] Die letzte Bekanntmachung muß vor dem Ablauf von einem Jahr seit der Bekanntmachung der Aufforderung ergehen.

(3) [1] Nach Ablauf von sechs Monaten seit der letzten Bekanntmachung der Androhung hat die Gesellschaft die nicht abgeholten Aktien für Rechnung der Beteiligten zum amtlichen Börsenpreis durch Vermittlung eines Kursmaklers und beim Fehlen eines Börsenpreises durch öffentliche Versteigerung zu veräußern. [2] § 226 Abs. 3 Satz 2 bis 6 des Aktiengesetzes ist entsprechend anzuwenden.

§ 269 Hauptversammlungsbeschlüsse; genehmigtes Kapital

[1] Solange beim Formwechsel in eine Aktiengesellschaft oder in eine Kommanditgesellschaft auf Aktien die abgeholten oder nach § 268 Abs. 3 veräußerten Aktien nicht insgesamt mindestens sechs Zehntel des Grundkapitals erreichen, kann die Hauptversammlung der Gesellschaft neuer Rechtsform keine Beschlüsse fassen, die nach Gesetz oder Satzung einer Kapitalmehrheit bedürfen. [2] Das Vertretungsorgan der Gesellschaft darf während dieses Zeitraums von einer Ermächtigung zu einer Erhöhung des Grundkapitals keinen Gebrauch machen.

§ 270 Abfindungsangebot

(1) Das Abfindungsangebot nach § 207 Abs. 1 Satz 1 gilt auch für jedes Mitglied, das dem Formwechsel bis zum Ablauf des dritten Tages vor dem Tage, an dem der Umwandlungsbeschluß gefaßt worden ist, durch eingeschriebenen Brief widersprochen hat.

(2) [1] Zu dem Abfindungsangebot ist eine gutachtliche Äußerung des Prüfungsverbandes einzuholen. [2] § 30 Abs. 2 Satz 2 und 3 ist nicht anzuwenden.

§ 271 Fortdauer der Nachschußpflicht

[1] Wird über das Vermögen der Gesellschaft neuer Rechtsform binnen zwei Jahren nach dem Tage, an dem ihre Eintragung in das Register bekannt gemacht worden ist, das Insolvenzverfahren eröffnet, so ist jedes Mitglied, das durch den Formwechsel die Rechtsstellung eines beschränkt haftenden Gesellschafters oder eines Aktionärs erlangt hat, im Rahmen der Satzung der formwechselnden Genossenschaft (§ 6 Nr. 3 des Genossenschaftsgesetzes) zu Nachschüssen verpflichtet, auch wenn es seinen Geschäftsanteil oder seine Aktie veräußert hat. [2] Die §§ 105 bis 115a des Genossenschaftsgesetzes sind mit der Maßgabe entsprechend anzuwenden, daß nur solche Verbindlichkeiten der Gesellschaft zu berücksichtigen sind, die bereits im Zeitpunkt des Formwechsels begründet waren.

Vierter Abschnitt. Formwechsel rechtsfähiger Vereine

Erster Unterabschnitt. Allgemeine Vorschriften

§ 272 Möglichkeit des Formwechsels

(1) Ein rechtsfähiger Verein kann auf Grund eines Umwandlungsbeschlusses nur die Rechtsform einer Kapitalgesellschaft oder einer eingetragenen Genossenschaft erlangen.

(2) Ein Verein kann die Rechtsform nur wechseln, wenn seine Satzung oder Vorschriften des Landesrechts nicht entgegenstehen.

Zweiter Unterabschnitt. Formwechsel in eine Kapitalgesellschaft

§ 273 Möglichkeit des Formwechsels

Der Formwechsel ist nur möglich, wenn auf jedes Mitglied, das an der Gesellschaft neuer Rechtsform beteiligt wird, als beschränkt haftender Gesellschafter ein Geschäftsanteil, dessen Nennbetrag auf volle Euro lautet, oder als Aktionär mindestens eine volle Aktie entfällt.

§ 274 Vorbereitung und Durchführung der Mitgliederversammlung

(1) [1] Auf die Vorbereitung der Mitgliederversammlung, die den Formwechsel beschließen soll, sind die §§ 229, 230 Abs. 2 Satz 1 und 2, § 231 Satz 1 und § 260 Abs. 1 entsprechend anzuwenden. [2] § 192 Abs. 2 bleibt unberührt.

(2) Auf die Mitgliederversammlung, die den Formwechsel beschließen soll, ist § 239 Abs. 1 Satz 1 und Abs. 2 entsprechend anzuwenden.

§ 275 Beschluß der Mitgliederversammlung

(1) Der Umwandlungsbeschluß der Mitgliederversammlung bedarf, wenn der Zweck des Rechtsträgers geändert werden soll (§ 33 Abs. 1 Satz 2 des Bürgerlichen Gesetzbuchs), der Zustimmung aller anwesenden Mitglieder; ihm müssen auch die nicht erschienenen Mitglieder zustimmen.

(2) [1] In anderen Fällen bedarf der Umwandlungsbeschluß einer Mehrheit von mindestens drei Vierteln der abgegebenen Stimmen. [2] Er bedarf einer Mehrheit von mindestens neun Zehnteln der abgegebenen Stimmen, wenn spätestens bis zum Ablauf des dritten Tages vor der Mitgliederversammlung wenigstens hundert Mitglieder, bei Vereinen mit weniger als tausend Mitgliedern ein Zehntel der Mitglieder, durch eingeschriebenen Brief Widerspruch gegen den Formwechsel erhoben haben. [3] Die Satzung kann größere Mehrheiten und weitere Erfordernisse bestimmen.

(3) Auf den Formwechsel in eine Kommanditgesellschaft auf Aktien ist § 240 Abs. 2 entsprechend anzuwenden.

§ 276 Inhalt des Umwandlungsbeschlusses

(1) Auf den Umwandlungsbeschluß sind auch die §§ 218, 243 Abs. 3, § 244 Abs. 2 und § 263 Abs. 2 Satz 2, Abs. 3 entsprechend anzuwenden.

(2) Die Beteiligung der Mitglieder am Stammkapital oder am Grundkapital der Gesellschaft neuer Rechtsform darf, wenn nicht alle Mitglieder einen gleich hohen Anteil erhalten sollen, nur nach einem oder mehreren der folgenden Maßstäbe festgesetzt werden:
1. bei Vereinen, deren Vermögen in übertragbare Anteile zerlegt ist, der Nennbetrag oder der Wert dieser Anteile;
2. die Höhe der Beiträge;
3. bei Vereinen, die zu ihren Mitgliedern oder einem Teil der Mitglieder in vertraglichen Geschäftsbeziehungen stehen, der Umfang der Inanspruchnahme von Leistungen des Vereins durch die Mitglieder oder der Umfang der Inanspruchnahme von Leistungen der Mitglieder durch den Verein;
4. ein in der Satzung bestimmter Maßstab für die Verteilung des Überschusses;
5. ein in der Satzung bestimmter Maßstab für die Verteilung des Vermögens;
6. die Dauer der Mitgliedschaft.

§ 277 Kapitalschutz

Bei der Anwendung der für die neue Rechtsform maßgebenden Gründungsvorschriften ist auch § 264 entsprechend anzuwenden.

§ 278 Anmeldung des Formwechsels

(1) Auf die Anmeldung nach § 198 ist § 222 Abs. 1 und 3 entsprechend anzuwenden.

(2) [1] Ist der formwechselnde Verein nicht in ein Handelsregister eingetragen, so hat sein Vorstand den bevorstehenden Formwechsel durch das in der Vereinssatzung für Veröffentlichungen bestimmte Blatt, in Ermangelung eines solchen durch dasjenige Blatt bekanntzumachen, das für Bekanntmachungen des Amtsgerichts bestimmt ist, in dessen Bezirk der formwechselnde Verein seinen Sitz hat. [2] Die Bekanntmachung tritt an die Stelle der Eintragung der Umwandlung in das Register nach § 198 Abs. 2 Satz 3. [3] § 50 Abs. 1 Satz 4 des Bürgerlichen Gesetzbuchs ist entsprechend anzuwenden.

§ 279 *(aufgehoben)*

§ 280 Wirkungen des Formwechsels

[1] Durch den Formwechsel werden die bisherigen Mitgliedschaften zu Anteilen an der Gesellschaft neuer Rechtsform und zu Teilrechten. [2] § 266 Abs. 1 Satz 2, Abs. 2 und 3 ist entsprechend anzuwenden.

§ 281 Benachrichtigung der Anteilsinhaber; Veräußerung von Aktien; Hauptversammlungsbeschlüsse

(1) Auf die Benachrichtigung der Anteilsinhaber durch die Gesellschaft, auf die Aufforderung von Aktionären zur Abholung der ihnen zustehenden Aktien und auf die Veräußerung nicht abgeholter Aktien sind die §§ 267 und 268 entsprechend anzuwenden.

(2) Auf Beschlüsse der Hauptversammlung der Gesellschaft neuer Rechtsform sowie auf eine Ermächtigung des Vertretungsorgans zur Erhöhung des Grundkapitals ist § 269 entsprechend anzuwenden.

§ 282 Abfindungsangebot

(1) Auf das Abfindungsangebot nach § 207 Abs. 1 Satz 1 ist § 270 Abs. 1 entsprechend anzuwenden.

(2) Absatz 1 und die §§ 207 bis 212 sind auf den Formwechsel eines eingetragenen Vereins, der nach § 5 Abs. 1 Nr. 9 des Körperschaftsteuergesetzes von der Körperschaftsteuer befreit ist, nicht anzuwenden.

Dritter Unterabschnitt. Formwechsel in eine eingetragene Genossenschaft

§ 283 Vorbereitung und Durchführung der Mitgliederversammlung

(1) [1] Auf die Vorbereitung der Mitgliederversammlung, die den Formwechsel beschließen soll, sind die §§ 229 und 230 Abs. 2 Satz 1 und 2, § 231 Satz 1 und § 260 Abs. 1 entsprechend anzuwenden. [2] § 192 Abs. 2 bleibt unberührt.

(2) Auf die Mitgliederversammlung, die den Formwechsel beschließen soll, ist § 239 Abs. 1 Satz 1 und Abs. 2 entsprechend anzuwenden.

§ 284 Beschluß der Mitgliederversammlung

[1] Der Umwandlungsbeschluß der Mitgliederversammlung bedarf, wenn der Zweck des Rechtsträgers geändert werden soll (§ 33 Abs. 1 Satz 2 des Bürgerlichen Gesetzbuchs) oder wenn die Satzung der Genossenschaft eine Verpflichtung der Mitglieder der Genossenschaft zur Leistung von Nachschüssen vorsieht, der Zustimmung aller anwesenden Mitglieder; ihm müssen auch die nicht erschienenen Mitglieder zustimmen. [2] Im übrigen ist § 275 Abs. 2 entsprechend anzuwenden.

§ 285 Inhalt des Umwandlungsbeschlusses

(1) Auf den Umwandlungsbeschluß ist auch § 253 Abs. 1 und Abs. 2 Satz 1 entsprechend anzuwenden.

(2) Sollen bei der Genossenschaft nicht alle Mitglieder mit der gleichen Zahl von Geschäftsanteilen beteiligt werden, so darf die unterschiedlich hohe Beteiligung nur nach einem oder mehreren der in § 276 Abs. 2 Satz 1 bezeichneten Maßstäbe festgesetzt werden.

§ 286 Anmeldung des Formwechsels

Auf die Anmeldung nach § 198 sind die §§ 254 und 278 Abs. 2 entsprechend anzuwenden.

§ 287 *(aufgehoben)*

§ 288 Wirkungen des Formwechsels

(1) [1] Jedes Mitglied, das die Rechtsstellung eines Mitglieds der Genossenschaft erlangt, ist bei der Genossenschaft nach Maßgabe des Umwandlungsbeschlusses beteiligt. [2] Eine Verpflichtung zur Übernahme weiterer Geschäftsanteile bleibt unberührt. [3] § 255 Abs. 1 Satz 3 ist entsprechend anzuwenden.

(2) Das Gericht darf eine Auflösung der Genossenschaft von Amts wegen nach § 80 des Genossenschaftsgesetzes nicht vor Ablauf eines Jahres seit dem Wirksamwerden des Formwechsels aussprechen.

§ 289 Geschäftsguthaben; Benachrichtigung der Mitglieder

(1) Jedem Mitglied der Genossenschaft kann als Geschäftsguthaben auf Grund des Formwechsels höchstens der Nennbetrag der Geschäftsanteile gutgeschrieben werden, mit denen es bei der Genossenschaft beteiligt ist.

(2) § 256 Abs. 3 ist entsprechend anzuwenden.

§ 290 Abfindungsangebot

Auf das Abfindungsangebot nach § 207 Abs. 1 Satz 2 sind § 270 Abs. 1 sowie § 282 Abs. 2 entsprechend anzuwenden.

Fünfter Abschnitt. Formwechsel von Versicherungsvereinen auf Gegenseitigkeit

§ 291 Möglichkeit des Formwechsels

(1) Ein Versicherungsverein auf Gegenseitigkeit, der kein kleinerer Verein im Sinne des § 53 des Versicherungsaufsichtsgesetzes ist, kann auf Grund eines Umwandlungsbeschlusses nur die Rechtsform einer Aktiengesellschaft erlangen.

(2) Der Formwechsel ist nur möglich, wenn auf jedes Mitglied des Vereins, das an der Aktiengesellschaft beteiligt wird, mindestens eine volle Aktie entfällt.

§ 292 Vorbereitung und Durchführung der Versammlung der obersten Vertretung

(1) Auf die Vorbereitung der Versammlung der obersten Vertretung, die den Formwechsel beschließen soll, sind die §§ 229 und 230 Abs. 2 Satz 1 und 2, § 231 Satz 1 und § 260 Abs. 1 entsprechend anzuwenden.

(2) Auf die Durchführung der Versammlung der obersten Vertretung, die den Formwechsel beschließen soll, ist § 239 Abs. 1 Satz 1 und Abs. 2 entsprechend anzuwenden.

§ 293 Beschluß der obersten Vertretung

[1]Der Umwandlungsbeschluß der obersten Vertretung bedarf einer Mehrheit von mindestens drei Vierteln der abgegebenen Stimmen. [2]Er bedarf einer Mehrheit von neun Zehnteln der abgegebenen Stimmen, wenn spätestens bis zum Ablauf des dritten Tages vor der Versammlung der obersten Vertretung wenigstens hundert Mitglieder des Vereins durch eingeschriebenen Brief Widerspruch gegen den Formwechsel erhoben haben. [3]Die Satzung kann größere Mehrheiten und weitere Erfordernisse bestimmen.

§ 294 Inhalt des Umwandlungsbeschlusses

(1) [1]Auf den Umwandlungsbeschluß sind auch § 218 Abs. 1 und § 263 Abs. 3 Satz 2 und 3 entsprechend anzuwenden. [2]In dem Umwandlungsbeschluß kann bestimmt werden, daß Mitglieder, die dem formwechselnden Verein weniger als

drei Jahre vor der Beschlußfassung über den Formwechsel angehören, von der Beteiligung an der Aktiengesellschaft ausgeschlossen sind.

(2) [1] Das Grundkapital der Aktiengesellschaft ist in der Höhe des Grundkapitals vergleichbarer Versicherungsunternehmen in der Rechtsform der Aktiengesellschaft festzusetzen. [2] Würde die Aufsichtsbehörde einer neu zu gründenden Versicherungs-Aktiengesellschaft die Erlaubnis zum Geschäftsbetrieb nur bei Festsetzung eines höheren Grundkapitals erteilen, so ist das Grundkapital auf diesen Betrag festzusetzen, soweit dies nach den Vermögensverhältnissen des formwechselnden Vereins möglich ist. [3] Ist eine solche Festsetzung nach den Vermögensverhältnissen des Vereins nicht möglich, so ist der Nennbetrag des Grundkapitals so zu bemessen, daß auf jedes Mitglied, das die Rechtsstellung eines Aktionärs erlangt, möglichst volle Aktien entfallen.

(3) Die Beteiligung der Mitglieder am Grundkapital der Aktiengesellschaft darf, wenn nicht alle Mitglieder einen gleich hohen Anteil erhalten sollen, nur nach einem oder mehreren der folgenden Maßstäbe festgesetzt werden:
1. die Höhe der Versicherungssumme;
2. die Höhe der Beiträge;
3. die Höhe der Deckungsrückstellung in der Lebensversicherung;
4. der in der Satzung bestimmte Maßstab für die Verteilung des Überschusses;
5. ein in der Satzung bestimmter Maßstab für die Verteilung des Vermögens;
6. die Dauer der Mitgliedschaft.

§ 295 Kapitalschutz

Bei der Anwendung der Gründungsvorschriften des Aktiengesetzes ist auch § 264 Abs. 1 und 3 entsprechend anzuwenden.

§ 296 Anmeldung des Formwechsels

Auf die Anmeldung nach § 198 ist § 246 Abs. 1 und 2 entsprechend anzuwenden.

§ 297 *(aufgehoben)*

§ 298 Wirkungen des Formwechsels

[1] Durch den Formwechsel werden die bisherigen Mitgliedschaften zu Aktien und Teilrechten. [2] § 266 Abs. 1 Satz 2, Abs. 2 und 3 ist entsprechend anzuwenden.

§ 299 Benachrichtung der Aktionäre; Veräußerung von Aktien; Hauptversammlungsbeschlüsse

(1) Auf die Benachrichtigung der Aktionäre durch die Gesellschaft ist § 267, auf die Aufforderung zur Abholung der ihnen zustehenden Aktien und auf die Veräußerung nicht abgeholter Aktien ist § 268 entsprechend anzuwenden.

(2) [1] Auf Beschlüsse der Hauptversammlung der Aktiengesellschaft sowie auf eine Ermächtigung des Vorstandes zur Erhöhung des Grundkapitals ist § 269 entsprechend anzuwenden. [2] Die Aufsichtsbehörde kann Ausnahmen von der entsprechenden Anwendung des § 269 Satz 1 zulassen, wenn dies erforderlich ist, um zu verhindern, daß der Aktiengesellschaft erhebliche Nachteile entstehen.

§ 300 Abfindungsangebot

Auf das Abfindungsangebot nach § 207 Abs. 1 Satz 1 ist § 270 Abs. 1 entsprechend anzuwenden.

Sechster Abschnitt. Formwechsel von Körperschaften und Anstalten des öffentlichen Rechts

§ 301 Möglichkeit des Formwechsels

(1) Soweit gesetzlich nichts anderes bestimmt ist, kann eine Körperschaft oder Anstalt des öffentlichen Rechts durch Formwechsel nur die Rechtsform einer Kapitalgesellschaft erlangen.

(2) Der Formwechsel ist nur möglich, wenn die Körperschaft oder Anstalt rechtsfähig ist und das für sie maßgebende Bundes- oder Landesrecht einen Formwechsel vorsieht oder zuläßt.

§ 302 Anzuwendende Vorschriften

[1] Die Vorschriften des Ersten Teils sind auf den Formwechsel nur anzuwenden, soweit sich aus dem für die formwechselnde Körperschaft oder Anstalt maßgebenden Bundes- oder Landesrecht nichts anderes ergibt. [2] Nach diesem Recht richtet es sich insbesondere, auf welche Weise der Gesellschaftsvertrag oder die Satzung der Gesellschaft neuer Rechtsform abgeschlossen oder festgestellt wird, wer an dieser Gesellschaft als Anteilsinhaber beteiligt wird und welche Person oder welche Personen den Gründern der Gesellschaft gleichstehen; die §§ 28 und 29 des Aktiengesetzes sind nicht anzuwenden.

§ 303 Kapitalschutz; Zustimmungserfordernisse

(1) Außer den für die neue Rechtsform maßgebenden Gründungsvorschriften ist auch § 220 entsprechend anzuwenden.

(2) [1] Ein Formwechsel in eine Kommanditgesellschaft auf Aktien bedarf der Zustimmung aller Anteilsinhaber, die in dieser Gesellschaft die Stellung eines persönlich haftenden Gesellschafters haben sollen. [2] Auf den Beitritt persönlich haftender Gesellschafter ist § 221 entsprechend anzuwenden.

§ 304 Wirksamwerden des Formwechsels

[1] Der Formwechsel wird mit der Eintragung der Kapitalgesellschaft in das Handelsregister wirksam. [2] Mängel des Formwechsels lassen die Wirkungen der Eintragung unberührt.

§§ 305–312 *(aufgehoben)*

Sechstes Buch. Strafvorschriften und Zwangsgelder

§ 313 Unrichtige Darstellung

(1) Mit Freiheitsstrafe bis zu drei Jahren oder mit Geldstrafe wird bestraft, wer als Mitglied eines Vertretungsorgans, als vertretungsberechtigter Gesellschafter oder

Partner, als Mitglied eines Aufsichtsrats oder als Abwickler eines an einer Umwandlung beteiligten Rechtsträgers bei dieser Umwandlung

1. die Verhältnisse des Rechtsträgers einschließlich seiner Beziehungen zu verbundenen Unternehmen in einem in diesem Gesetz vorgesehenen Bericht (Verschmelzungsbericht, Spaltungsbericht, Übertragungsbericht, Umwandlungsbericht), in Darstellungen oder Übersichten über den Vermögensstand, in Vorträgen oder Auskünften in der Versammlung der Anteilsinhaber unrichtig wiedergibt oder verschleiert, wenn die Tat nicht in § 331 Nr. 1 oder Nr. 1a des Handelsgesetzbuchs mit Strafe bedroht ist, oder
2. in Aufklärungen und Nachweisen, die nach den Vorschriften dieses Gesetzes einem Verschmelzungs-, Spaltungs- oder Übertragungsprüfer zu geben sind, unrichtige Angaben macht oder die Verhältnisse des Rechtsträgers einschließlich seiner Beziehungen zu verbundenen Unternehmen unrichtig wiedergibt oder verschleiert.

(2) Ebenso wird bestraft, wer als Geschäftsführer einer Gesellschaft mit beschränkter Haftung, als Mitglied des Vorstands einer Aktiengesellschaft, als zur Vertretung ermächtigter persönlich haftender Gesellschafter einer Kommanditgesellschaft auf Aktien oder als Abwickler einer solchen Gesellschaft in einer Erklärung nach § 52 über die Zustimmung der Anteilsinhaber dieses Rechtsträgers oder in einer Erklärung nach § 140 oder § 146 Abs. 1 über die Deckung des Stammkapitals oder Grundkapitals der übertragenden Gesellschaft unrichtige Angaben macht oder seiner Erklärung zugrunde legt.

§ 314 Verletzung der Berichtspflicht

(1) Mit Freiheitsstrafe bis zu drei Jahren oder mit Geldstrafe wird bestraft, wer als Verschmelzungs-, Spaltungs- oder Übertragungsprüfer oder als Gehilfe eines solchen Prüfers über das Ergebnis einer aus Anlaß einer Umwandlung erforderlichen Prüfung falsch berichtet oder erhebliche Umstände in dem Prüfungsbericht verschweigt.

(2) Handelt der Täter gegen Entgelt oder in der Absicht, sich oder einen anderen zu bereichern oder einen anderen zu schädigen, so ist die Strafe Freiheitsstrafe bis zu fünf Jahren oder Geldstrafe.

§ 314a Falsche Angaben

Mit Freiheitsstrafe bis zu drei Jahren oder mit Geldstrafe wird bestraft, wer entgegen § 122k Abs. 1 Satz 3 eine Versicherung nicht richtig abgibt.

§ 315 Verletzung der Geheimhaltungspflicht

(1) Mit Freiheitsstrafe bis zu einem Jahr oder mit Geldstrafe wird bestraft, wer ein Geheimnis eines an einer Umwandlung beteiligten Rechtsträgers, namentlich ein Betriebs- oder Geschäftsgeheimnis, das ihm in seiner Eigenschaft als

1. Mitglied des Vertretungsorgans, vertretungsberechtigter Gesellschafter oder Partner, Mitglied eines Aufsichtsrats oder Abwickler dieses oder eines anderen an der Umwandlung beteiligten Rechtsträgers,
2. Verschmelzungs-, Spaltungs- oder Übertragungsprüfer oder Gehilfe eines solchen Prüfers

bekannt geworden ist, unbefugt offenbart, wenn die Tat im Falle der Nummer 1 nicht in § 85 des Gesetzes betreffend die Gesellschaften mit beschränkter Haftung,

§ 404 des Aktiengesetzes, § 151 des Genossenschaftsgesetzes oder § 138 des Versicherungsaufsichtsgesetzes, im Falle der Nummer 2 nicht in § 333 des Handelsgesetzbuchs mit Strafe bedroht ist.

(2) [1]Handelt der Täter gegen Entgelt oder in der Absicht, sich oder einen anderen zu bereichern oder einen anderen zu schädigen, so ist die Strafe Freiheitsstrafe bis zu zwei Jahren oder Geldstrafe. [2]Ebenso wird bestraft, wer ein Geheimnis der in Absatz 1 bezeichneten Art, namentlich ein Betriebs- oder Geschäftsgeheimnis, das ihm unter den Voraussetzungen des Absatzes 1 bekannt geworden ist, unbefugt verwertet.

(3) [1]Die Tat wird nur auf Antrag eines der an der Umwandlung beteiligten Rechtsträgers verfolgt. [2]Hat ein Mitglied eines Vertretungsorgans, ein vertretungsberechtigter Gesellschafter oder Partner oder ein Abwickler die Tat begangen, so sind auch ein Aufsichtsrat oder ein nicht vertretungsberechtigter Gesellschafter oder Partner antragsberechtigt. [3]Hat ein Mitglied eines Aufsichtsrats die Tat begangen, sind auch die Mitglieder des Vorstands, die vertretungsberechtigten Gesellschafter oder Partner oder die Abwickler antragsberechtigt.

§ 316 Zwangsgelder

(1) [1]Mitglieder eines Vertretungsorgans, vertretungsberechtigte Gesellschafter, vertretungsberechtigte Partner oder Abwickler, die § 13 Abs. 3 Satz 3 sowie § 125 Satz 1, § 176 Abs. 1, § 177 Abs. 1, § 178 Abs. 1, § 179 Abs. 1, § 180 Abs. 1, § 184 Abs. 1, § 186 Satz 1, § 188 Abs. 1 und § 189 Abs. 1, jeweils in Verbindung mit § 13 Abs. 3 Satz 3, sowie § 193 Abs. 3 Satz 2 nicht befolgen, sind hierzu von dem zuständigen Registergericht durch Festsetzung von Zwangsgeld anzuhalten; § 14 des Handelsgesetzbuchs bleibt unberührt. [2]Das einzelne Zwangsgeld darf den Betrag von fünftausend Euro nicht übersteigen.

(2) Die Anmeldungen einer Umwandlung zu dem zuständigen Register nach § 16 Abs. 1, den §§ 38, 122k Abs. 1, § 122l Abs. 1, §§ 129 und 137 Abs. 1 und 2, § 176 Abs. 1, § 177 Abs. 1, § 178 Abs. 1, § 179 Abs. 1, § 180 Abs. 1, § 184 Abs. 1, §§ 186, 188 Abs. 1, § 189 Abs. 1, §§ 198, 222, 235, 246, 254, 265, 278 Abs. 1, §§ 286 und 296 werden durch Festsetzung von Zwangsgeld nicht erzwungen.

Siebentes Buch. Übergangs- und Schlußvorschriften

§ 317 Umwandlung alter juristischer Personen

[1]Eine juristische Person im Sinne des Artikels 163 des Einführungsgesetzes zum Bürgerlichen Gesetzbuche kann nach den für wirtschaftliche Vereine geltenden Vorschriften dieses Gesetzes umgewandelt werden. [2]Hat eine solche juristische Person keine Mitglieder, so kann sie nach den für Stiftungen geltenden Vorschriften dieses Gesetzes umgewandelt werden.

§ 318 Eingeleitete Umwandlungen; Umstellung auf den Euro

(1) [1]Die Vorschriften dieses Gesetzes sind nicht auf solche Umwandlungen anzuwenden, zu deren Vorbereitung bereits vor dem 1. Januar 1995 ein Vertrag oder eine Erklärung beurkundet oder notariell beglaubigt oder eine Versammlung der Anteilsinhaber einberufen worden ist. [2]Für diese Umwandlungen bleibt es bei der Anwendung der bis zu diesem Tage geltenden Vorschriften.

(2) [1] Wird eine Umwandlung nach dem 31. Dezember 1998 in das Handelsregister eingetragen, so erfolgt eine Neufestsetzung der Nennbeträge von Anteilen einer Kapitalgesellschaft als übernehmendem Rechtsträger, deren Anteile noch der bis dahin gültigen Nennbetragseinteilungen entsprechen, nach den bis zu diesem Zeitpunkt geltenden Vorschriften. [2] Wo dieses Gesetz für einen neuen Rechtsträger oder einen Rechtsträger neuer Rechtsform auf die jeweils geltenden Gründungsvorschriften verweist oder bei dem Formwechsel in eine Kapitalgesellschaft anderer Rechtsform die Vorschriften anderer Gesetze über die Änderung des Stammkapitals oder des Grundkapitals unberührt läßt, gilt dies jeweils auch für die entsprechenden Überleitungsvorschriften zur Einführung des Euro im Einführungsgesetz zum Aktiengesetz und im Gesetz betreffend die Gesellschaften mit beschränkter Haftung; ist ein neuer Rechtsträger oder ein Rechtsträger neuer Rechtsform bis zum 31. Dezember 1998 zur Eintragung in das Handelsregister angemeldet worden, bleibt es bei der Anwendung der bis zu diesem Tage geltenden Gründungsvorschriften.

§ 319 Enthaftung bei Altverbindlichkeiten

[1] Die §§ 45, 133 Abs. 1, 3 bis 5, §§ 157, 167, 173, 224, 237, 249 und 257 sind auch auf vor dem 1. Januar 1995 entstandene Verbindlichkeiten anzuwenden, wenn

1. die Umwandlung danach in das Register eingetragen wird und
2. die Verbindlichkeiten nicht später als vier Jahre nach dem Zeitpunkt, an dem die Eintragung der Umwandlung in das Register bekannt gemacht worden ist, fällig werden oder nach Inkrafttreten des Gesetzes zur zeitlichen Begrenzung der Nachhaftung von Gesellschaftern vom 18. März 1994 (BGBl. I S. 560) begründet worden sind.

[2] Auf später fällig werdende und vor Inkrafttreten des Gesetzes zur zeitlichen Begrenzung der Nachhaftung von Gesellschaftern vom 18. März 1994 (BGBl. I S. 560) entstandene Verbindlichkeiten sind die §§ 45, 49 Abs. 4, §§ 56, 56f Abs. 2, § 57 Abs. 2 und § 58 Abs. 2 des Umwandlungsgesetzes in der durch Artikel 10 Abs. 8 des Gesetzes vom 19. Dezember 1985 (BGBl. I S. 2355) geänderten Fassung der Bekanntmachung vom 6. November 1969 (BGBl. I S. 2081) mit der Maßgabe anwendbar, daß die Verjährungsfrist ein Jahr beträgt. [3] In den Fällen, in denen das bisher geltende Recht eine Umwandlungsmöglichkeit nicht vorsah, verjähren die in Satz 2 genannten Verbindlichkeiten entsprechend den dort genannten Vorschriften.

§ 320 Aufhebung des Umwandlungsgesetzes 1969

Das Umwandlungsgesetz in der Fassung der Bekanntmachung vom 6. November 1969 (BGBl. I S. 2081), zuletzt geändert durch Artikel 2 des Gesetzes vom 18. März 1994 (BGBl. I S. 560), wird aufgehoben.

§ 321 Übergangsvorschrift zum Gesetz zur Umsetzung der Aktionärsrechterichtlinie und zum Dritten Gesetz zur Änderung des Umwandlungsgesetzes

(1) Im Fall des § 15 Abs. 2 Satz 1 bleibt es für die Zeit vor dem 1. September 2009 bei dem bis dahin geltenden Zinssatz.

(2) § 16 Abs. 3 Satz 3 Nr. 2 in der Fassung des Gesetzes zur Umsetzung der Aktionärsrechterichtlinie vom 30. Juli 2009 (BGBl. I S. 2479) ist nicht auf Freiga-

beverfahren und Beschwerdeverfahren anzuwenden, die vor dem 1. September 2009 anhängig waren.

(3) § 62 Absatz 4 und 5, § 63 Absatz 2 Satz 5 bis 7, § 64 Absatz 1 sowie § 143 in der Fassung des Dritten Gesetzes zur Änderung des Umwandlungsgesetzes vom 11. Juli 2011 (BGBl. I S. 1338) sind erstmals auf Umwandlungen anzuwenden, bei denen der Verschmelzungs- oder Spaltungsvertrag nach dem 14. Juli 2011 geschlossen worden ist.

§ 322 Gemeinsamer Betrieb

Führen an einer Spaltung oder an einer Teilübertragung nach dem Dritten oder Vierten Buch beteiligte Rechtsträger nach dem Wirksamwerden der Spaltung oder der Teilübertragung einen Betrieb gemeinsam, gilt dieser als Betrieb im Sinne des Kündigungsschutzrechts.

§ 323 Kündigungsrechtliche Stellung

(1) Die kündigungsrechtliche Stellung eines Arbeitnehmers, der vor dem Wirksamwerden einer Spaltung oder Teilübertragung nach dem Dritten oder Vierten Buch zu dem übertragenden Rechtsträger in einem Arbeitsverhältnis steht, verschlechtert sich auf Grund der Spaltung oder Teilübertragung für die Dauer von zwei Jahren ab dem Zeitpunkt ihres Wirksamwerdens nicht.

(2) Kommt bei einer Verschmelzung, Spaltung oder Vermögensübertragung ein Interessenausgleich zustande, in dem diejenigen Arbeitnehmer namentlich bezeichnet werden, die nach der Umwandlung einem bestimmten Betrieb oder Betriebsteil zugeordnet werden, so kann die Zuordnung der Arbeitnehmer durch das Arbeitsgericht nur auf grobe Fehlerhaftigkeit überprüft werden.

§ 324 Rechte und Pflichten bei Betriebsübergang

§ 613a Abs. 1, 4 bis 6 des Bürgerlichen Gesetzbuchs bleibt durch die Wirkungen der Eintragung einer Verschmelzung, Spaltung oder Vermögensübertragung unberührt.

§ 325 Mitbestimmungsbeibehaltung

(1) [1] Entfallen durch Abspaltung oder Ausgliederung im Sinne des § 123 Abs. 2 und 3 bei einem übertragenden Rechtsträger die gesetzlichen Voraussetzungen für die Beteiligung der Arbeitnehmer im Aufsichtsrat, so finden die vor der Spaltung geltenden Vorschriften noch für einen Zeitraum von fünf Jahren nach dem Wirksamwerden der Abspaltung oder Ausgliederung Anwendung. [2] Dies gilt nicht, wenn die betreffenden Vorschriften eine Mindestzahl von Arbeitnehmern voraussetzen und die danach berechnete Zahl der Arbeitnehmer des übertragenden Rechtsträgers auf weniger als in der Regel ein Viertel dieser Mindestzahl sinkt.

(2) [1] Hat die Spaltung oder Teilübertragung eines Rechtsträgers die Spaltung eines Betriebes zur Folge und entfallen für die aus der Spaltung hervorgegangenen Betriebe Rechte oder Beteiligungsrechte des Betriebsrats, so kann durch Betriebsvereinbarung oder Tarifvertrag die Fortgeltung dieser Rechte und Beteiligungsrechte vereinbart werden. [2] Die §§ 9 und 27 des Betriebsverfassungsgesetzes bleiben unberührt.

Umwandlungssteuergesetz[1]

Vom 7. Dezember 2006 (BGBl I 2782)

Geändert durch Unternehmenssteuerreformgesetz 2008 vom 14. August 2007 (BGBl I 1912), Jahressteuergesetz 2008 (JStG 2008) vom 20. Dezember 2007 (BGBl I 3150), Jahressteuergesetz 2009 (JStG 2009) vom 19. Dezember 2008 (BGBl I 2794), Gesetz zur Beschleunigung des Wirtschaftswachstums (Wachstumsbeschleunigungsgesetz) vom 22. Dezember 2009 (BGBl I 3950), Gesetz zur Umsetzung des EuGH-Urteils vom 20. Oktober 2011 in der Rechtssache C-284/09 vom 21. März 2013 (BGBl I 561)

FNA 610-6-16

Erster Teil. Allgemeine Vorschriften

§ 1 Anwendungsbereich und Begriffsbestimmungen

(1) [1]Der Zweite bis Fünfte Teil gilt nur für

1. die Verschmelzung, Aufspaltung und Abspaltung im Sinne der §§ 2, 123 Abs. 1 und 2 des Umwandlungsgesetzes von Körperschaften oder vergleichbare ausländische Vorgänge sowie des Artikels 17 der Verordnung (EG) Nr. 2157/2001 und des Artikels 19 der Verordnung (EG) Nr. 1435/2003;
2. den Formwechsel einer Kapitalgesellschaft in eine Personengesellschaft im Sinne des § 190 Abs. 1 des Umwandlungsgesetzes oder vergleichbare ausländische Vorgänge;
3. die Umwandlung im Sinne des § 1 Abs. 2 des Umwandlungsgesetzes, soweit sie einer Umwandlung im Sinne des § 1 Abs. 1 des Umwandlungsgesetzes entspricht sowie
4. die Vermögensübertragung im Sinne des § 174 des Umwandlungsgesetzes vom 28. Oktober 1994 (BGBl. I S. 3210, 1995 I S. 428), das zuletzt durch Artikel 10 des Gesetzes vom 9. Dezember 2004 (BGBl. I S. 3214) geändert worden ist, in der jeweils geltenden Fassung.

[2]Diese Teile gelten nicht für die Ausgliederung im Sinne des § 123 Abs. 3 des Umwandlungsgesetzes.

(2) [1]Absatz 1 findet nur Anwendung, wenn

1. beim Formwechsel der umwandelnde Rechtsträger oder bei den anderen Umwandlungen die übertragenden und die übernehmenden Rechtsträger nach den Rechtsvorschriften eines Mitgliedstaats der Europäischen Union oder eines Staates, auf den das Abkommen über den Europäischen Wirtschaftsraum Anwendung findet, gegründete Gesellschaften im Sinne des Artikels 48 des Vertrags zur Gründung der Europäischen Gemeinschaft oder des Artikels 34 des Abkommens über den Europäischen Wirtschaftsraum sind, deren Sitz und Ort der Geschäftsleitung sich innerhalb des Hoheitsgebiets eines dieser Staaten befinden oder
2. übertragender Rechtsträger eine Gesellschaft im Sinne der Nummer 1 und übernehmender Rechtsträger eine natürliche Person ist, deren Wohnsitz oder gewöhnlicher Aufenthalt sich innerhalb des Hoheitsgebiets eines der Staaten im Sinne der Nummer 1 befindet und die nicht auf Grund eines Abkommens

---

[1] Verkündet als Art. 6 G v. 7.12.2006 (BGBl. I S. 2782, ber. I 2007 S. 68); Inkrafttreten gem. Art. 14 dieses G am 13.12.2006.

zur Vermeidung der Doppelbesteuerung mit einem dritten Staat als außerhalb des Hoheitsgebiets dieser Staaten ansässig angesehen wird.

[2] Eine Europäische Gesellschaft im Sinne der Verordnung (EG) Nr. 2157/2001 und eine Europäische Genossenschaft im Sinne der Verordnung (EG) Nr. 1435/2003 gelten für die Anwendung des Satzes 1 als eine nach den Rechtsvorschriften des Staates gegründete Gesellschaft, in dessen Hoheitsgebiet sich der Sitz der Gesellschaft befindet.

(3) Der Sechste bis Achte Teil gilt nur für

1. die Verschmelzung, Aufspaltung und Abspaltung im Sinne der §§ 2 und 123 Abs. 1 und 2 des Umwandlungsgesetzes von Personenhandelsgesellschaften und Partnerschaftsgesellschaften oder vergleichbare ausländische Vorgänge;
2. die Ausgliederung von Vermögensteilen im Sinne des § 123 Abs. 3 des Umwandlungsgesetzes oder vergleichbare ausländische Vorgänge;
3. den Formwechsel einer Personengesellschaft in eine Kapitalgesellschaft oder Genossenschaft im Sinne des § 190 Abs. 1 des Umwandlungsgesetzes oder vergleichbare ausländische Vorgänge;
4. die Einbringung von Betriebsvermögen durch Einzelrechtsnachfolge in eine Kapitalgesellschaft, eine Genossenschaft oder Personengesellschaft sowie
5. den Austausch von Anteilen.

(4) [1] Absatz 3 gilt nur, wenn

1. der übernehmende Rechtsträger eine Gesellschaft im Sinne von Absatz 2 Satz 1 Nr. 1 ist und
2. in den Fällen des Absatzes 3 Nr. 1 bis 4
   a) beim Formwechsel der umwandelnde Rechtsträger, bei der Einbringung durch Einzelrechtsnachfolge der einbringende Rechtsträger oder bei den anderen Umwandlungen der übertragende Rechtsträger
      aa) eine Gesellschaft im Sinne von Absatz 2 Satz 1 Nr. 1 ist und, wenn es sich um eine Personengesellschaft handelt, soweit an dieser Körperschaften, Personenvereinigungen, Vermögensmassen oder natürliche Personen unmittelbar oder mittelbar über eine oder mehrere Personengesellschaften beteiligt sind, die die Voraussetzungen im Sinne von Absatz 2 Satz 1 Nr. 1 und 2 erfüllen, oder
      bb) eine natürliche Person im Sinne von Absatz 2 Satz 1 Nr. 2 ist

   oder
   b) das Recht der Bundesrepublik Deutschland hinsichtlich der Besteuerung des Gewinns aus der Veräußerung der erhaltenen Anteile nicht ausgeschlossen oder beschränkt ist.

[2] Satz 1 ist in den Fällen der Einbringung eines Betriebs, Teilbetriebs oder Mitunternehmeranteils in eine Personengesellschaft nach § 24 nicht anzuwenden.

(5) Soweit dieses Gesetz nichts anderes bestimmt, ist

1. Richtlinie 90/434/EWG
   die Richtlinie 90/434/EWG des Rates vom 23. Juli 1990 über das gemeinsame Steuersystem für Fusionen, Spaltungen, die Einbringung von Unternehmensanteilen und den Austausch von Anteilen, die Gesellschaften verschiedener Mitgliedstaaten betreffen (ABl. EG Nr. L 225 S. 1), zuletzt geändert durch die Richtlinie 2005/19/EG des Rates vom 17. Februar 2005 (ABl. EU Nr. L 58 S. 19), in der zum Zeitpunkt des steuerlichen Übertragungsstichtags jeweils geltenden Fassung;
2. Verordnung (EG) Nr. 2157/2001
   die Verordnung (EG) Nr. 2157/2001 des Rates vom 8. Oktober 2001 über das Statut der Europäischen Gesellschaft (SE) (ABl. EG Nr. L 294 S. 1), zuletzt

geändert durch die Verordnung (EG) Nr. 885/2004 des Rates vom 26. April 2004 (ABl. EU Nr. L 168 S. 1), in der zum Zeitpunkt des steuerlichen Übertragungsstichtags jeweils geltenden Fassung;

3. Verordnung (EG) Nr. 1435/2003
   die Verordnung (EG) Nr. 1435/2003 des Rates vom 22. Juli 2003 über das Statut der Europäischen Genossenschaften (SCE) (ABl. EU Nr. L 207 S. 1) in der zum Zeitpunkt des steuerlichen Übertragungsstichtags jeweils geltenden Fassung;
4. Buchwert
   der Wert, der sich nach den steuerrechtlichen Vorschriften über die Gewinnermittlung in einer für den steuerlichen Übertragungsstichtag aufzustellenden Steuerbilanz ergibt oder ergäbe.

§ 2 Steuerliche Rückwirkung

(1) [1] Das Einkommen und das Vermögen der übertragenden Körperschaft sowie des übernehmenden Rechtsträgers sind so zu ermitteln, als ob das Vermögen der Körperschaft mit Ablauf des Stichtags der Bilanz, die dem Vermögensübergang zu Grunde liegt (steuerlicher Übertragungsstichtag), ganz oder teilweise auf den übernehmenden Rechtsträger übergegangen wäre. [2] Das Gleiche gilt für die Ermittlung der Bemessungsgrundlagen bei der Gewerbesteuer.

(2) Ist die Übernehmerin eine Personengesellschaft, gilt Absatz 1 Satz 1 für das Einkommen und das Vermögen der Gesellschafter.

(3) Die Absätze 1 und 2 sind nicht anzuwenden, soweit Einkünfte auf Grund abweichender Regelungen zur Rückbeziehung eines in § 1 Abs. 1 bezeichneten Vorgangs in einem anderen Staat der Besteuerung entzogen werden.

(4)[1] [1] Der Ausgleich oder die Verrechnung eines Übertragungsgewinns mit verrechenbaren Verlusten, verbleibenden Verlustvorträgen, nicht ausgeglichenen negativen Einkünften, einem Zinsvortrag nach § 4h Absatz 1 Satz 5 des Einkommensteuergesetzes und einem EBITDA-Vortrag nach § 4h Absatz 1 Satz 3 des Einkommensteuergesetzes (Verlustnutzung) des übertragenden Rechtsträgers ist nur zulässig, wenn dem übertragenden Rechtsträger die Verlustnutzung auch ohne Anwendung der Absätze 1 und 2 möglich gewesen wäre. [2] Satz 1 gilt für negative Einkünfte des übertragenden Rechtsträgers im Rückwirkungszeitraum entsprechend.

Zweiter Teil. Vermögensübergang bei Verschmelzung auf eine Personengesellschaft oder auf eine natürliche Person und Formwechsel einer Kapitalgesellschaft in eine Personengesellschaft

§ 3 Wertansätze in der steuerlichen Schlussbilanz der übertragenden Körperschaft

(1) [1] Bei einer Verschmelzung auf eine Personengesellschaft oder natürliche Person sind die übergehenden Wirtschaftsgüter, einschließlich nicht entgeltlich erworbener

[1] § 2 Abs. 4 angef. durch G v. 19.12.2008 (BGBl. I S. 2794); zur Anwendung siehe § 27 Abs. 9; Abs. 4 Satz 1 geänd. durch G v. 22.12.2009 (BGBl. I S. 3950); zur Anwendung siehe § 27 Absatz 10.

und selbst geschaffener immaterieller Wirtschaftsgüter, in der steuerlichen Schlussbilanz der übertragenden Körperschaft mit dem gemeinen Wert anzusetzen. [2]Für die Bewertung von Pensionsrückstellungen gilt § 6a des Einkommensteuergesetzes.

(2) [1]Auf Antrag können die übergehenden Wirtschaftsgüter abweichend von Absatz 1 einheitlich mit dem Buchwert oder einem höheren Wert, höchstens jedoch mit dem Wert nach Absatz 1, angesetzt werden, soweit

1. sie Betriebsvermögen der übernehmenden Personengesellschaft oder natürlichen Person werden und sichergestellt ist, dass sie später der Besteuerung mit Einkommensteuer oder Körperschaftsteuer unterliegen, und
2. das Recht der Bundesrepublik Deutschland hinsichtlich der Besteuerung des Gewinns aus der Veräußerung der übertragenen Wirtschaftsgüter bei den Gesellschaftern der übernehmenden Personengesellschaft oder bei der natürlichen Person nicht ausgeschlossen oder beschränkt wird und
3. eine Gegenleistung nicht gewährt wird oder in Gesellschaftsrechten besteht.

[2]Der Antrag ist spätestens bis zur erstmaligen Abgabe der steuerlichen Schlussbilanz bei dem für die Besteuerung der übertragenden Körperschaft zuständigen Finanzamt zu stellen.

(3) [1]Haben die Mitgliedstaaten der Europäischen Union bei Verschmelzung einer unbeschränkt steuerpflichtigen Körperschaft Artikel 10 der Richtlinie 90/434/EWG anzuwenden, ist die Körperschaftsteuer auf den Übertragungsgewinn gemäß § 26 des Körperschaftsteuergesetzes um den Betrag ausländischer Steuer zu ermäßigen, der nach den Rechtsvorschriften eines anderen Mitgliedstaats der Europäischen Union erhoben worden wäre, wenn die übertragenen Wirtschaftsgüter zum gemeinen Wert veräußert worden wären. [2]Satz 1 gilt nur, soweit die übertragenen Wirtschaftsgüter einer Betriebsstätte der übertragenden Körperschaft in einem anderen Mitgliedstaat der Europäischen Union zuzurechnen sind und die Bundesrepublik Deutschland die Doppelbesteuerung bei der übertragenden Körperschaft nicht durch Freistellung vermeidet.

§ 4 Auswirkungen auf den Gewinn des übernehmenden Rechtsträgers

(1) [1]Der übernehmende Rechtsträger hat die auf ihn übergegangenen Wirtschaftsgüter mit dem in der steuerlichen Schlussbilanz der übertragenden Körperschaft enthaltenen Wert im Sinne des § 3 zu übernehmen. [2]Die Anteile an der übertragenden Körperschaft sind bei dem übernehmenden Rechtsträger zum steuerlichen Übertragungsstichtag mit dem Buchwert, erhöht um Abschreibungen, die in früheren Jahren steuerwirksam vorgenommen worden sind, sowie um Abzüge nach § 6b des Einkommensteuergesetzes und ähnliche Abzüge, höchstens mit dem gemeinen Wert, anzusetzen. [3]Auf einen sich daraus ergebenden Gewinn finden § 8b Abs. 2 Satz 4 und 5 des Körperschaftsteuergesetzes sowie § 3 Nr. 40 Satz 1 Buchstabe a Satz 2 und 3 des Einkommensteuergesetzes Anwendung.

(2) [1]Der übernehmende Rechtsträger tritt in die steuerliche Rechtsstellung der übertragenden Körperschaft ein, insbesondere bezüglich der Bewertung der übernommenen Wirtschaftsgüter, der Absetzungen für Abnutzung und der den steuerlichen Gewinn mindernden Rücklagen. [2]Verrechenbare Verluste, verbleibende Verlustvorträge, vom übertragenden Rechtsträger nicht ausgeglichene negative Einkünfte, ein Zinsvortrag nach § 4h Absatz 1 Satz 5 des Einkommensteuergesetzes und ein EBITDA-Vortrag nach § 4h Absatz 1 Satz 3 des Einkom-

mensteuergesetzes gehen nicht über.[1] [3]Ist die Dauer der Zugehörigkeit eines Wirtschaftsguts zum Betriebsvermögen für die Besteuerung bedeutsam, so ist der Zeitraum seiner Zugehörigkeit zum Betriebsvermögen der übertragenden Körperschaft dem übernehmenden Rechtsträger anzurechnen. [4]Ist die übertragende Körperschaft eine Unterstützungskasse, erhöht sich der laufende Gewinn des übernehmenden Rechtsträgers in dem Wirtschaftsjahr, in das der Umwandlungsstichtag fällt, um die von ihm, seinen Gesellschaftern oder seinen Rechtsvorgängern an die Unterstützungskasse geleisteten Zuwendungen nach § 4d des Einkommensteuergesetzes; § 15 Abs. 1 Satz 1 Nr. 2 Satz 2 des Einkommensteuergesetzes gilt sinngemäß. [5]In Höhe der nach Satz 4 hinzugerechneten Zuwendungen erhöht sich der Buchwert der Anteile an der Unterstützungskasse.

(3) Sind die übergegangenen Wirtschaftsgüter in der steuerlichen Schlussbilanz der übertragenden Körperschaft mit einem über dem Buchwert liegenden Wert angesetzt, sind die Absetzungen für Abnutzung bei dem übernehmenden Rechtsträger in den Fällen des § 7 Abs. 4 Satz 1 und Abs. 5 des Einkommensteuergesetzes nach der bisherigen Bemessungsgrundlage, in allen anderen Fällen nach dem Buchwert, jeweils vermehrt um den Unterschiedsbetrag zwischen dem Buchwert der einzelnen Wirtschaftsgüter und dem Wert, mit dem die Körperschaft die Wirtschaftsgüter in der steuerlichen Schlussbilanz angesetzt hat, zu bemessen.

(4) [1]Infolge des Vermögensübergangs ergibt sich ein Übernahmegewinn oder Übernahmeverlust in Höhe des Unterschiedsbetrags zwischen dem Wert, mit dem die übergegangenen Wirtschaftsgüter zu übernehmen sind, abzüglich der Kosten für den Vermögensübergang und dem Wert der Anteile an der übertragenden Körperschaft (Absätze 1 und 2, § 5 Abs. 2 und 3). [2]Für die Ermittlung des Übernahmegewinns oder Übernahmeverlusts sind abweichend von Satz 1 die übergegangenen Wirtschaftsgüter der übertragenden Körperschaft mit dem Wert nach § 3 Abs. 1 anzusetzen, soweit an ihnen kein Recht der Bundesrepublik Deutschland zur Besteuerung des Gewinns aus einer Veräußerung bestand. [3]Bei der Ermittlung des Übernahmegewinns oder des Übernahmeverlusts bleibt der Wert der übergegangenen Wirtschaftsgüter außer Ansatz, soweit er auf Anteile an der übertragenden Körperschaft entfällt, die am steuerlichen Übertragungsstichtag nicht zum Betriebsvermögen des übernehmenden Rechtsträgers gehören.

(5) [1]Ein Übernahmegewinn erhöht sich und ein Übernahmeverlust verringert sich um einen Sperrbetrag im Sinne des § 50c des Einkommensteuergesetzes, soweit die Anteile an der übertragenden Körperschaft am steuerlichen Übertragungsstichtag zum Betriebsvermögen des übernehmenden Rechtsträgers gehören. [2]Ein Übernahmegewinn vermindert sich oder ein Übernahmeverlust erhöht sich um die Bezüge, die nach § 7 zu den Einkünften aus Kapitalvermögen im Sinne des § 20 Abs. 1 Nr. 1 des Einkommensteuergesetzes gehören.

(6)[2] [1]Ein Übernahmeverlust bleibt außer Ansatz, soweit er auf eine Körperschaft, Personenvereinigung oder Vermögensmasse als Mitunternehmerin der Personengesellschaft entfällt. [2]Satz 1 gilt nicht für Anteile an der übertragenden Gesellschaft, die die Voraussetzungen des § 8b Abs. 7 oder des Abs. 8 Satz 1 des Körperschaftsteuerge-

---

[1] § 4 Abs. 2 Satz 2 neu gef. durch G v. 14.8.2007 (BGBl. I S. 1912); zur Anwendung siehe § 27 Abs. 5; Satz 2 geänd. durch G v. 22.12.2009 (BGBl. I S. 3950); zur Anwendung siehe § 27 Abs. 10.

[2] § 4 Abs. 6 Satz 4 geänd., Satz 5 eingef., bish. Satz 5 wird Satz 6 und geänd. durch G v. 19.12.2008 (BGBl. I S. 2794); zur Anwendung siehe § 27 Abs. 8.

setzes erfüllen. [3] In den Fällen des Satzes 2 ist der Übernahmeverlust bis zur Höhe der Bezüge im Sinne des § 7 zu berücksichtigen. [4] In den übrigen Fällen ist er in Höhe von 60 Prozent, höchstens jedoch in Höhe von 60 Prozent der Bezüge im Sinne des § 7 zu berücksichtigen; ein danach verbleibender Übernahmeverlust bleibt außer Ansatz. [5] Satz 4 gilt nicht für Anteile an der übertragenden Gesellschaft, die die Voraussetzungen des § 3 Nr. 40 Satz 3 und 4 des Einkommensteuergesetzes erfüllen; in diesen Fällen gilt Satz 3 entsprechend. [6] Ein Übernahmeverlust bleibt abweichend von den Sätzen 2 bis 5 außer Ansatz, soweit bei Veräußerung der Anteile an der übertragenden Körperschaft ein Veräußerungsverlust nach § 17 Abs. 2 Satz 6 des Einkommensteuergesetzes nicht zu berücksichtigen wäre oder soweit die Anteile an der übertragenden Körperschaft innerhalb der letzten fünf Jahre vor dem steuerlichen Übertragungsstichtag entgeltlich erworben wurden.

(7)[1] [1] Soweit der Übernahmegewinn auf eine Körperschaft, Personenvereinigung oder Vermögensmasse als Mitunternehmerin der Personengesellschaft entfällt, ist § 8b des Körperschaftsteuergesetzes anzuwenden. [2] In den übrigen Fällen ist § 3 Nr. 40 sowie § 3c des Einkommensteuergesetzes anzuwenden.

§ 5 Besteuerung der Anteilseigner der übertragenden Körperschaft

(1) Hat der übernehmende Rechtsträger Anteile an der übertragenden Körperschaft nach dem steuerlichen Übertragungsstichtag angeschafft oder findet er einen Anteilseigner ab, so ist sein Gewinn so zu ermitteln, als hätte er die Anteile an diesem Stichtag angeschafft.

(2) Anteile an der übertragenden Körperschaft im Sinne des § 17 des Einkommensteuergesetzes, die an dem steuerlichen Übertragungsstichtag nicht zu einem Betriebsvermögen eines Gesellschafters der übernehmenden Personengesellschaft oder einer natürlichen Person gehören, gelten für die Ermittlung des Gewinns als an diesem Stichtag in das Betriebsvermögen des übernehmenden Rechtsträgers mit den Anschaffungskosten eingelegt.

(3) [1] Gehören an dem steuerlichen Übertragungsstichtag Anteile an der übertragenden Körperschaft zum Betriebsvermögen eines Anteilseigners, ist der Gewinn so zu ermitteln, als seien die Anteile an diesem Stichtag zum Buchwert, erhöht um Abschreibungen sowie um Abzüge nach § 6b des Einkommensteuergesetzes und ähnliche Abzüge, die in früheren Jahren steuerwirksam vorgenommen worden sind, höchstens mit dem gemeinen Wert, in das Betriebsvermögen des übernehmenden Rechtsträgers überführt worden. [2] § 4 Abs. 1 Satz 3 gilt entsprechend.

§ 6 Gewinnerhöhung durch Vereinigung von Forderungen und Verbindlichkeiten

(1) [1] Erhöht sich der Gewinn des übernehmenden Rechtsträgers dadurch, dass der Vermögensübergang zum Erlöschen von Forderungen und Verbindlichkeiten zwischen der übertragenden Körperschaft und dem übernehmenden Rechtsträger oder zur Auflösung von Rückstellungen führt, so darf der übernehmende Rechtsträger insoweit eine den steuerlichen Gewinn mindernde Rücklage bilden. [2] Die Rücklage ist in den auf ihre Bildung folgenden drei Wirtschaftsjahren mit mindestens je einem Drittel gewinnerhöhend aufzulösen.

---

[1] § 4 Abs. 7 Satz 2 geänd. durch G v. 19.12.2008 (BGBl. I S. 2794); zur Anwendung siehe § 27 Abs. 8.

(2) [1]Absatz 1 gilt entsprechend, wenn sich der Gewinn eines Gesellschafters des übernehmenden Rechtsträgers dadurch erhöht, dass eine Forderung oder Verbindlichkeit der übertragenden Körperschaft auf den übernehmenden Rechtsträger übergeht oder dass infolge des Vermögensübergangs eine Rückstellung aufzulösen ist. [2]Satz 1 gilt nur für Gesellschafter, die im Zeitpunkt der Eintragung des Umwandlungsbeschlusses in das öffentliche Register an dem übernehmenden Rechtsträger beteiligt sind.

(3) [1]Die Anwendung der Absätze 1 und 2 entfällt rückwirkend, wenn der übernehmende Rechtsträger den auf ihn übergegangenen Betrieb innerhalb von fünf Jahren nach dem steuerlichen Übertragungsstichtag in eine Kapitalgesellschaft einbringt oder ohne triftigen Grund veräußert oder aufgibt. [2]Bereits erteilte Steuerbescheide, Steuermessbescheide, Freistellungsbescheide oder Feststellungsbescheide sind zu ändern, soweit sie auf der Anwendung der Absätze 1 und 2 beruhen.

§ 7 Besteuerung offener Rücklagen

[1]Dem Anteilseigner ist der Teil des in der Steuerbilanz ausgewiesenen Eigenkapitals abzüglich des Bestands des steuerlichen Einlagekontos im Sinne des § 27 des Körperschaftsteuergesetzes, der sich nach Anwendung des § 29 Abs. 1 des Körperschaftsteuergesetzes ergibt, in dem Verhältnis der Anteile zum Nennkapital der übertragenden Körperschaft als Einnahmen aus Kapitalvermögen im Sinne des § 20 Abs. 1 Nr. 1 des Einkommensteuergesetzes zuzurechnen. [2]Dies gilt unabhängig davon, ob für den Anteilseigner ein Übernahmegewinn oder Übernahmeverlust nach § 4 oder § 5 ermittelt wird.

§ 8 Vermögensübergang auf einen Rechtsträger ohne Betriebsvermögen

(1) [1]Wird das übertragene Vermögen nicht Betriebsvermögen des übernehmenden Rechtsträgers, sind die infolge des Vermögensübergangs entstehenden Einkünfte bei diesem oder den Gesellschaftern des übernehmenden Rechtsträgers zu ermitteln. [2]Die §§ 4, 5 und 7 gelten entsprechend.

(2) In den Fällen des Absatzes 1 sind § 17 Abs. 3 und § 22 Nr. 2 des Einkommensteuergesetzes nicht anzuwenden.

§ 9 Formwechsel in eine Personengesellschaft

[1]Im Falle des Formwechsels einer Kapitalgesellschaft in eine Personengesellschaft sind die §§ 3 bis 8 und 10 entsprechend anzuwenden. [2]Die Kapitalgesellschaft hat für steuerliche Zwecke auf den Zeitpunkt, in dem der Formwechsel wirksam wird, eine Übertragungsbilanz, die Personengesellschaft eine Eröffnungsbilanz aufzustellen. [3]Die Bilanzen nach Satz 2 können auch für einen Stichtag aufgestellt werden, der höchstens acht Monate vor der Anmeldung des Formwechsels zur Eintragung in ein öffentliches Register liegt (Übertragungsstichtag); § 2 Absatz 3 und 4 gilt entsprechend.[1]

---

[1] § 9 Satz 3 Verweis geänd. durch G v. 22.12.2009 (BGBl. I S. 3950); zur Anwendung siehe § 27 Abs. 10.

§ 10[1] *(aufgehoben)*

Dritter Teil. Verschmelzung oder Vermögensübertragung (Vollübertragung) auf eine andere Körperschaft

§ 11 Wertansätze in der steuerlichen Schlussbilanz der übertragenden Körperschaft

(1) [1] Bei einer Verschmelzung oder Vermögensübertragung (Vollübertragung) auf eine andere Körperschaft sind die übergehenden Wirtschaftsgüter, einschließlich nicht entgeltlich erworbener oder selbst geschaffener immaterieller Wirtschaftsgüter, in der steuerlichen Schlussbilanz der übertragenden Körperschaft mit dem gemeinen Wert anzusetzen. [2] Für die Bewertung von Pensionsrückstellungen gilt § 6a des Einkommensteuergesetzes.

(2) [1] Auf Antrag können die übergehenden Wirtschaftsgüter abweichend von Absatz 1 einheitlich mit dem Buchwert oder einem höheren Wert, höchstens jedoch mit dem Wert nach Absatz 1, angesetzt werden, soweit
1. sichergestellt ist, dass sie später bei der übernehmenden Körperschaft der Besteuerung mit Körperschaftsteuer unterliegen und
2. das Recht der Bundesrepublik Deutschland hinsichtlich der Besteuerung des Gewinns aus der Veräußerung der übertragenen Wirtschaftsgüter bei der übernehmenden Körperschaft nicht ausgeschlossen oder beschränkt wird und
3. eine Gegenleistung nicht gewährt wird oder in Gesellschaftsrechten besteht.

[2] Anteile an der übernehmenden Körperschaft sind mindestens mit dem Buchwert, erhöht um Abschreibungen sowie um Abzüge nach § 6b des Einkommensteuergesetzes und ähnliche Abzüge, die in früheren Jahren steuerwirksam vorgenommen worden sind, höchstens mit dem gemeinen Wert, anzusetzen. [3] Auf einen sich daraus ergebenden Gewinn findet § 8b Abs. 2 Satz 4 und 5 des Körperschaftsteuergesetzes Anwendung.

(3) § 3 Abs. 2 Satz 2 und Abs. 3 gilt entsprechend.

§ 12 Auswirkungen auf den Gewinn der übernehmenden Körperschaft

(1) [1] Die übernehmende Körperschaft hat die auf sie übergegangenen Wirtschaftsgüter mit dem in der steuerlichen Schlussbilanz der übertragenden Körperschaft enthaltenen Wert im Sinne des § 11 zu übernehmen. [2] § 4 Abs. 1 Satz 2 und 3 gilt entsprechend.

(2) [1] Bei der übernehmenden Körperschaft bleibt ein Gewinn oder ein Verlust in Höhe des Unterschieds zwischen dem Buchwert der Anteile an der übertragenden Körperschaft und dem Wert, mit dem die übergegangenen Wirtschaftsgüter zu übernehmen sind, abzüglich der Kosten für den Vermögensübergang, außer Ansatz. [2] § 8b des Körperschaftsteuergesetzes ist anzuwenden, soweit der Gewinn im Sinne des Satzes 1 abzüglich der anteilig darauf entfallenden Kosten für den Vermögensübergang, dem Anteil der übernehmenden Körperschaft an der übertragenden Körperschaft entspricht. [3] § 5 Abs. 1 gilt entsprechend.

(3) Die übernehmende Körperschaft tritt in die steuerliche Rechtsstellung der übertragenden Körperschaft ein; § 4 Abs. 2 und 3 gilt entsprechend.

---

[1] § 10 aufgeh. durch G v. 20.12.2007 (BGBl. I S. 3150); zur Anwendung siehe § 27 Abs. 6.

(4) § 6 gilt sinngemäß für den Teil des Gewinns aus der Vereinigung von Forderungen und Verbindlichkeiten, der der Beteiligung der übernehmenden Körperschaft am Grund- oder Stammkapital der übertragenden Körperschaft entspricht.

(5) Im Falle des Vermögensübergangs in den nicht steuerpflichtigen oder steuerbefreiten Bereich der übernehmenden Körperschaft gilt das in der Steuerbilanz ausgewiesene Eigenkapital abzüglich des Bestands des steuerlichen Einlagekontos im Sinne des § 27 des Körperschaftsteuergesetzes, der sich nach Anwendung des § 29 Abs. 1 des Körperschaftsteuergesetzes ergibt, als Einnahme im Sinne des § 20 Abs. 1 Nr. 1 des Einkommensteuergesetzes.

§ 13 Besteuerung der Anteilseigner der übertragenden Körperschaft

(1) Die Anteile an der übertragenden Körperschaft gelten als zum gemeinen Wert veräußert und die an ihre Stelle tretenden Anteile an der übernehmenden Körperschaft gelten als mit diesem Wert angeschafft.

(2) [1] Abweichend von Absatz 1 sind auf Antrag die Anteile an der übernehmenden Körperschaft mit dem Buchwert der Anteile an der übertragenden Körperschaft anzusetzen, wenn

1. das Recht der Bundesrepublik Deutschland hinsichtlich der Besteuerung des Gewinns aus der Veräußerung der Anteile an der übernehmenden Körperschaft nicht ausgeschlossen oder beschränkt wird oder
2. die Mitgliedstaaten der Europäischen Union bei einer Verschmelzung Artikel 8 der Richtlinie 90/434/EWG anzuwenden haben; in diesem Fall ist der Gewinn aus einer späteren Veräußerung der erworbenen Anteile ungeachtet der Bestimmungen eines Abkommens zur Vermeidung der Doppelbesteuerung in der gleichen Art und Weise zu besteuern, wie die Veräußerung der Anteile an der übertragenden Körperschaft zu besteuern wäre. § 15 Abs. 1a Satz 2 des Einkommensteuergesetzes ist entsprechend anzuwenden.

[2] Die Anteile an der übernehmenden Körperschaft treten steuerlich an die Stelle der Anteile an der übertragenden Körperschaft. [3] Gehören die Anteile an der übertragenden Körperschaft nicht zu einem Betriebsvermögen, treten an die Stelle des Buchwerts die Anschaffungskosten.

§ 14 *(weggefallen)*

Vierter Teil. Aufspaltung, Abspaltung und Vermögensübertragung (Teilübertragung)

§ 15 Aufspaltung, Abspaltung und Teilübertragung auf andere Körperschaften

(1) [1] Geht Vermögen einer Körperschaft durch Aufspaltung oder Abspaltung oder durch Teilübertragung auf andere Körperschaften über, gelten die §§ 11 bis 13 vorbehaltlich des Satzes 2 und des § 16 entsprechend. [2] § 11 Abs. 2 und § 13 Abs. 2 sind nur anzuwenden, wenn auf die Übernehmerinnen ein Teilbetrieb übertragen wird und im Falle der Abspaltung oder Teilübertragung bei der übertragenden Körperschaft ein Teilbetrieb verbleibt. [3] Als Teilbetrieb gilt auch ein Mitunternehmeranteil oder die Beteiligung an einer Kapitalgesellschaft, die das gesamte Nennkapital der Gesellschaft umfasst.

(2) [1] § 11 Abs. 2 ist auf Mitunternehmeranteile und Beteiligungen im Sinne des Absatzes 1 nicht anzuwenden, wenn sie innerhalb eines Zeitraums von drei Jahren vor dem steuerlichen Übertragungsstichtag durch Übertragung von Wirtschaftsgütern, die kein Teilbetrieb sind, erworben oder aufgestockt worden sind. [2] § 11 Abs. 2 ist ebenfalls nicht anzuwenden, wenn durch die Spaltung die Veräußerung an außenstehende Personen vollzogen wird. [3] Das Gleiche gilt, wenn durch die Spaltung die Voraussetzungen für eine Veräußerung geschaffen werden. [4] Davon ist auszugehen, wenn innerhalb von fünf Jahren nach dem steuerlichen Übertragungsstichtag Anteile an einer an der Spaltung beteiligten Körperschaft, die mehr als 20 Prozent der vor Wirksamwerden der Spaltung an der Körperschaft bestehenden Anteile ausmachen, veräußert werden. [5] Bei der Trennung von Gesellschafterstämmen setzt die Anwendung des § 11 Abs. 2 außerdem voraus, dass die Beteiligungen an der übertragenden Körperschaft mindestens fünf Jahre vor dem steuerlichen Übertragungsstichtag bestanden haben.

(3)[1] Bei einer Abspaltung mindern sich verrechenbare Verluste, verbleibende Verlustvorträge, nicht ausgeglichene negative Einkünfte, ein Zinsvortrag nach § 4h Absatz 1 Satz 5 des Einkommensteuergesetzes und ein EBITDA-Vortrag nach § 4h Absatz 1 Satz 3 des Einkommensteuergesetzes der übertragenden Körperschaft in dem Verhältnis, in dem bei Zugrundelegung des gemeinen Werts das Vermögen auf eine andere Körperschaft übergeht.

§ 16 Aufspaltung oder Abspaltung auf eine Personengesellschaft

[1] Soweit Vermögen einer Körperschaft durch Aufspaltung oder Abspaltung auf eine Personengesellschaft übergeht, gelten die §§ 3 bis 8, 10 und 15 entsprechend. [2] § 10 ist für den in § 40 Abs. 2 Satz 3 des Körperschaftsteuergesetzes bezeichneten Teil des Betrags im Sinne des § 38 des Körperschaftsteuergesetzes anzuwenden.

Fünfter Teil. Gewerbesteuer

§ 17 *(weggefallen)*

§ 18 Gewerbesteuer bei Vermögensübergang auf eine Personengesellschaft oder auf eine natürliche Person sowie bei Formwechsel in eine Personengesellschaft

(1) [1] Die §§ 3 bis 9 und 16 gelten bei Vermögensübergang auf eine Personengesellschaft oder auf eine natürliche Person sowie bei Formwechsel in eine Personengesellschaft auch für die Ermittlung des Gewerbeertrags. [2] Der maßgebende Gewerbeertrag der übernehmenden Personengesellschaft oder natürlichen Person kann nicht um Fehlbeträge des laufenden Erhebungszeitraums und die vortragsfähigen Fehlbeträge der übertragenden Körperschaft im Sinne des § 10a des Gewerbesteuergesetzes gekürzt werden.

(2) [1] Ein Übernahmegewinn oder Übernahmeverlust ist nicht zu erfassen. [2] In Fällen des § 5 Abs. 2 ist ein Gewinn nach § 7 nicht zu erfassen.

---

[1] § 15 Abs. 3 neu gef. durch G v. 14.8.2007 (BGBl. I S. 1912); zur Anwendung siehe § 27 Abs. 5; Abs. 3 geänd. durch G v. 22.12.2009 (BGBl. I S. 3950); zur Anwendung siehe § 27 Abs. 10.

(3)[1] [1] Wird der Betrieb der Personengesellschaft oder der natürlichen Person innerhalb von fünf Jahren nach der Umwandlung aufgegeben oder veräußert, unterliegt ein Aufgabe- oder Veräußerungsgewinn der Gewerbesteuer, auch soweit er auf das Betriebsvermögen entfällt, das bereits vor der Umwandlung im Betrieb der übernehmenden Personengesellschaft oder der natürlichen Person vorhanden war. [2] Satz 1 gilt entsprechend, soweit ein Teilbetrieb oder ein Anteil an der Personengesellschaft aufgegeben oder veräußert wird. [3] Der auf den Aufgabe- oder Veräußerungsgewinnen im Sinne der Sätze 1 und 2 beruhende Teil des Gewerbesteuer-Messbetrags ist bei der Ermäßigung der Einkommensteuer nach § 35 des Einkommensteuergesetzes nicht zu berücksichtigen.

§ 19 Gewerbesteuer bei Vermögensübergang auf eine andere Körperschaft

(1) Geht das Vermögen der übertragenden Körperschaft auf eine andere Körperschaft über, gelten die §§ 11 bis 15 auch für die Ermittlung des Gewerbeertrags.

(2) Für die vortragsfähigen Fehlbeträge der übertragenden Körperschaft im Sinne des § 10a des Gewerbesteuergesetzes gelten § 12 Abs. 3 und § 15 Abs. 3 entsprechend.

Sechster Teil. Einbringung von Unternehmensteilen in eine Kapitalgesellschaft oder Genossenschaft und Anteilstausch

§ 20 Einbringung von Unternehmensteilen in eine Kapitalgesellschaft oder Genossenschaft

(1) Wird ein Betrieb oder Teilbetrieb oder ein Mitunternehmeranteil in eine Kapitalgesellschaft oder eine Genossenschaft (übernehmende Gesellschaft) eingebracht und erhält der Einbringende dafür neue Anteile an der Gesellschaft (Sacheinlage), gelten für die Bewertung des eingebrachten Betriebsvermögens und der neuen Gesellschaftsanteile die nachfolgenden Absätze.

(2) [1] Die übernehmende Gesellschaft hat das eingebrachte Betriebsvermögen mit dem gemeinen Wert anzusetzen; für die Bewertung von Pensionsrückstellungen gilt § 6a des Einkommensteuergesetzes. [2] Abweichend von Satz 1 kann das übernommene Betriebsvermögen auf Antrag einheitlich mit dem Buchwert oder einem höheren Wert, höchstens jedoch mit dem Wert im Sinne des Satzes 1, angesetzt werden, soweit

1. sichergestellt ist, dass es später bei der übernehmenden Körperschaft der Besteuerung mit Körperschaftsteuer unterliegt,
2. die Passivposten des eingebrachten Betriebsvermögens die Aktivposten nicht übersteigen; dabei ist das Eigenkapital nicht zu berücksichtigen,
3. das Recht der Bundesrepublik Deutschland hinsichtlich der Besteuerung des Gewinns aus der Veräußerung des eingebrachten Betriebsvermögens bei der übernehmenden Gesellschaft nicht ausgeschlossen oder beschränkt wird.

[3] Der Antrag ist spätestens bis zur erstmaligen Abgabe der steuerlichen Schlussbilanz bei dem für die Besteuerung der übernehmenden Gesellschaft zuständigen

---

[1] § 18 Abs. 3 Satz 1 geänd. durch G v. 20.12.2007 (BGBl. I S. 3150); zur Anwendung siehe § 27 Abs. 7.

Finanzamt zu stellen. [4] Erhält der Einbringende neben den Gesellschaftsanteilen auch andere Wirtschaftsgüter, deren gemeiner Wert den Buchwert des eingebrachten Betriebsvermögens übersteigt, hat die übernehmende Gesellschaft das eingebrachte Betriebsvermögen mindestens mit dem gemeinen Wert der anderen Wirtschaftsgüter anzusetzen.

(3) [1] Der Wert, mit dem die übernehmende Gesellschaft das eingebrachte Betriebsvermögen ansetzt, gilt für den Einbringenden als Veräußerungspreis und als Anschaffungskosten der Gesellschaftsanteile. [2] Ist das Recht der Bundesrepublik Deutschland hinsichtlich der Besteuerung des Gewinns aus der Veräußerung des eingebrachten Betriebsvermögens im Zeitpunkt der Einbringung ausgeschlossen und wird dieses auch nicht durch die Einbringung begründet, gilt für den Einbringenden insoweit der gemeine Wert des Betriebsvermögens im Zeitpunkt der Einbringung als Anschaffungskosten der Anteile. [3] Soweit neben den Gesellschaftsanteilen auch andere Wirtschaftsgüter gewährt werden, ist deren gemeiner Wert bei der Bemessung der Anschaffungskosten der Gesellschaftsanteile von dem sich nach den Sätzen 1 und 2 ergebenden Wert abzuziehen. [4] Umfasst das eingebrachte Betriebsvermögen auch einbringungsgeborene Anteile im Sinne von § 21 Abs. 1 in der Fassung der Bekanntmachung vom 15. Oktober 2002 (BGBl. I S. 4133, 2003 I S. 738), geändert durch Artikel 3 des Gesetzes vom 16. Mai 2003 (BGBl. I S. 660), gelten die erhaltenen Anteile insoweit auch als einbringungsgeboren im Sinne von § 21 Abs. 1 in der Fassung der Bekanntmachung vom 15. Oktober 2002 (BGBl. I S. 4133, 2003 I S. 738), geändert durch Artikel 3 des Gesetzes vom 16. Mai 2003 (BGBl. I S. 660).

(4) [1] Auf einen bei der Sacheinlage entstehenden Veräußerungsgewinn ist § 16 Abs. 4 des Einkommensteuergesetzes nur anzuwenden, wenn der Einbringende eine natürliche Person ist, es sich nicht um die Einbringung von Teilen eines Mitunternehmeranteils handelt und die übernehmende Gesellschaft das eingebrachte Betriebsvermögen mit dem gemeinen Wert ansetzt. [2] In diesen Fällen ist § 34 Abs. 1 und 3 des Einkommensteuergesetzes nur anzuwenden, soweit der Veräußerungsgewinn nicht nach § 3 Nr. 40 Satz 1 in Verbindung mit § 3c Abs. 2 des Einkommensteuergesetzes teilweise steuerbefreit ist.

(5) [1] Das Einkommen und das Vermögen des Einbringenden und der übernehmenden Gesellschaft sind auf Antrag so zu ermitteln, als ob das eingebrachte Betriebsvermögen mit Ablauf des steuerlichen Übertragungsstichtags (Absatz 6) auf die Übernehmerin übergegangen wäre. [2] Dies gilt hinsichtlich des Einkommens und des Gewerbeertrags nicht für Entnahmen und Einlagen, die nach dem steuerlichen Übertragungsstichtag erfolgen. [3] Die Anschaffungskosten der Anteile (Absatz 3) sind um den Buchwert der Entnahmen zu vermindern und um den sich nach § 6 Abs. 1 Nr. 5 des Einkommensteuergesetzes ergebenden Wert der Einlagen zu erhöhen.

(6) [1] Als steuerlicher Übertragungsstichtag (Einbringungszeitpunkt) darf in den Fällen der Sacheinlage durch Verschmelzung im Sinne des § 2 des Umwandlungsgesetzes der Stichtag angesehen werden, für den die Schlussbilanz jedes der übertragenden Unternehmen im Sinne des § 17 Abs. 2 des Umwandlungsgesetzes aufgestellt ist; dieser Stichtag darf höchstens acht Monate vor der Anmeldung der Verschmelzung zur Eintragung in das Handelsregister liegen. [2] Entsprechendes gilt, wenn Vermögen im Wege der Sacheinlage durch Aufspaltung, Abspaltung oder Ausgliederung nach § 123 des Umwandlungsgesetzes auf die übernehmende Gesellschaft übergeht. [3] In anderen Fällen der Sacheinlage darf die Einbringung

auf einen Tag zurückbezogen werden, der höchstens acht Monate vor dem Tag des Abschlusses des Einbringungsvertrags liegt und höchstens acht Monate vor dem Zeitpunkt liegt, an dem das eingebrachte Betriebsvermögen auf die übernehmende Gesellschaft übergeht. [4] § 2 Abs. 3 und 4 gilt entsprechend.[1]

(7) § 3 Abs. 3 ist entsprechend anzuwenden.

(8) Ist eine gebietsfremde einbringende oder erworbene Gesellschaft im Sinne von Artikel 3 der Richtlinie 90/434/EWG als steuerlich transparent anzusehen, ist auf Grund Artikel 10a der Richtlinie 90/434/EWG die ausländische Steuer, die nach den Rechtsvorschriften des anderen Mitgliedstaats der Europäischen Union erhoben worden wäre, wenn die einer in einem anderen Mitgliedstaat belegenen Betriebsstätte zuzurechnenden eingebrachten Wirtschaftsgüter zum gemeinen Wert veräußert worden wären, auf die auf den Einbringungsgewinn entfallende Körperschaftsteuer oder Einkommensteuer unter entsprechender Anwendung von § 26 Abs. 6 des Körperschaftsteuergesetzes und von den §§ 34c und 50 Abs. 6 des Einkommensteuergesetzes anzurechnen.

(9)[2] Ein Zinsvortrag nach § 4h Abs. 1 Satz 5 des Einkommensteuergesetzes und ein EBITDA-Vortrag nach § 4h Absatz 1 Satz 3 des Einkommensteuergesetzes des eingebrachten Betriebs gehen nicht auf die übernehmende Gesellschaft über.

§ 21 Bewertung der Anteile beim Anteilstausch

(1) [1] Werden Anteile an einer Kapitalgesellschaft oder einer Genossenschaft (erworbene Gesellschaft) in eine Kapitalgesellschaft oder Genossenschaft (übernehmende Gesellschaft) gegen Gewährung neuer Anteile an der übernehmenden Gesellschaft eingebracht (Anteilstausch), hat die übernehmende Gesellschaft die eingebrachten Anteile mit dem gemeinen Wert anzusetzen. [2] Abweichend von Satz 1 können die eingebrachten Anteile auf Antrag mit dem Buchwert oder einem höheren Wert, höchstens jedoch mit dem gemeinen Wert, angesetzt werden, wenn die übernehmende Gesellschaft nach der Einbringung auf Grund ihrer Beteiligung einschließlich der eingebrachten Anteile nachweisbar unmittelbar die Mehrheit der Stimmrechte an der erworbenen Gesellschaft hat (qualifizierter Anteilstausch); § 20 Abs. 2 Satz 3 gilt entsprechend. [3] Erhält der Einbringende neben den Gesellschaftsanteilen auch andere Wirtschaftsgüter, deren gemeiner Wert den Buchwert der eingebrachten Anteile übersteigt, hat die übernehmende Gesellschaft die eingebrachten Anteile mindestens mit dem gemeinen Wert der anderen Wirtschaftsgüter anzusetzen.

(2) [1] Der Wert, mit dem die übernehmende Gesellschaft die eingebrachten Anteile ansetzt, gilt für den Einbringenden als Veräußerungspreis der eingebrachten Anteile und als Anschaffungskosten der erhaltenen Anteile. [2] Abweichend von Satz 1 gilt für den Einbringenden der gemeine Wert der eingebrachten Anteile als Veräußerungspreis und als Anschaffungskosten der erhaltenen Anteile, wenn für die eingebrachten Anteile nach der Einbringung das Recht der Bundesrepublik Deutschland hinsichtlich der Besteuerung des Gewinns aus der Veräußerung dieser Anteile ausgeschlossen oder beschränkt ist; dies gilt auch, wenn das Recht der

[1] § 20 Abs. 6 Satz 4 geänd. durch G v. 19.12.2008 (BGBl. I S. 2794); zur Anwendung siehe § 27 Abs. 9.

[2] § 20 Abs. 9 angef. durch G v. 14.8.2007 (BGBl. I S. 1912); zur Anwendung siehe § 27 Abs. 5; Abs. 9 geänd. durch G v. 22.12.2009 (BGBl. I S. 3950); zur Anwendung siehe § 27 Abs. 10.

Bundesrepublik Deutschland hinsichtlich der Besteuerung des Gewinns aus der Veräußerung der erhaltenen Anteile ausgeschlossen oder beschränkt ist. [3] Auf Antrag gilt in den Fällen des Satzes 2 unter den Voraussetzungen des Absatzes 1 Satz 2 der Buchwert oder ein höherer Wert, höchstens der gemeine Wert, als Veräußerungspreis der eingebrachten Anteile und als Anschaffungskosten der erhaltenen Anteile, wenn

1. das Recht der Bundesrepublik Deutschland hinsichtlich der Besteuerung des Gewinns aus der Veräußerung der erhaltenen Anteile nicht ausgeschlossen oder beschränkt ist oder
2. der Gewinn aus dem Anteilstausch auf Grund Artikel 8 der Richtlinie 90/434/EWG nicht besteuert werden darf; in diesem Fall ist der Gewinn aus einer späteren Veräußerung der erhaltenen Anteile ungeachtet der Bestimmungen eines Abkommens zur Vermeidung der Doppelbesteuerung in der gleichen Art und Weise zu besteuern, wie die Veräußerung der Anteile an der erworbenen Gesellschaft zu besteuern gewesen wäre; § 15 Abs. 1a Satz 2 des Einkommensteuergesetzes ist entsprechend anzuwenden.

[4] Der Antrag ist spätestens bis zur erstmaligen Abgabe der Steuererklärung bei dem für die Besteuerung des Einbringenden zuständigen Finanzamt zu stellen. [5] Haben die eingebrachten Anteile beim Einbringenden nicht zu einem Betriebsvermögen gehört, treten an die Stelle des Buchwerts die Anschaffungskosten. [6] § 20 Abs. 3 Satz 3 und 4 gilt entsprechend.

(3) [1] Auf den beim Anteilstausch entstehenden Veräußerungsgewinn ist § 17 Abs. 3 des Einkommensteuergesetzes nur anzuwenden, wenn der Einbringende eine natürliche Person ist und die übernehmende Gesellschaft die eingebrachten Anteile nach Absatz 1 Satz 1 oder in den Fällen des Absatzes 2 Satz 2 der Einbringende mit dem gemeinen Wert ansetzt; dies gilt für die Anwendung von § 16 Abs. 4 des Einkommensteuergesetzes unter der Voraussetzung, dass eine im Betriebsvermögen gehaltene Beteiligung an einer Kapitalgesellschaft eingebracht wird, die das gesamte Nennkapital der Kapitalgesellschaft umfasst. [2] § 34 Abs. 1 des Einkommensteuergesetzes findet keine Anwendung.

§ 22[1] Besteuerung des Anteilseigners

(1) [1] Soweit in den Fällen einer Sacheinlage unter dem gemeinen Wert (§ 20 Abs. 2 Satz 2) der Einbringende die erhaltenen Anteile innerhalb eines Zeitraums von sieben Jahren nach dem Einbringungszeitpunkt veräußert, ist der Gewinn aus der Einbringung rückwirkend im Wirtschaftsjahr der Einbringung als Gewinn des Einbringenden im Sinne von § 16 des Einkommensteuergesetzes zu versteuern (Einbringungsgewinn I); § 16 Abs. 4 und § 34 des Einkommensteuergesetzes sind nicht anzuwenden. [2] Die Veräußerung der erhaltenen Anteile gilt insoweit als rückwirkendes Ereignis im Sinne von § 175 Abs. 1 Satz 1 Nr. 2 der Abgabenordnung. [3] Einbringungsgewinn I ist der Betrag, um den der gemeine Wert des eingebrachten Betriebsvermögens im Einbringungszeitpunkt nach Abzug der Kosten für den Vermögensübergang den Wert, mit dem die übernehmende Gesellschaft dieses eingebrachte Betriebsvermögen angesetzt hat, übersteigt, vermindert um jeweils ein Siebtel für jedes seit dem Einbringungszeitpunkt abgelaufene Zeitjahr. [4] Der Einbringungsgewinn I gilt als nachträgliche Anschaffungskosten der erhaltenen Anteile. [5] Umfasst das eingebrachte Betriebsvermögen auch Anteile an Kapitalgesellschaften oder Genossenschaften, ist insoweit § 22 Abs. 2 anzuwenden; ist

[1] Zur Nichtanwendung siehe § 27 Abs. 4.

in diesen Fällen das Recht der Bundesrepublik Deutschland hinsichtlich der Besteuerung des Gewinns aus der Veräußerung der erhaltenen Anteile ausgeschlossen oder beschränkt, sind daneben auch die Sätze 1 bis 4 anzuwenden. [6] Die Sätze 1 bis 5 gelten entsprechend, wenn

1. der Einbringende die erhaltenen Anteile unmittelbar oder mittelbar unentgeltlich auf eine Kapitalgesellschaft oder eine Genossenschaft überträgt,
2. der Einbringende die erhaltenen Anteile entgeltlich überträgt, es sei denn er weist nach, dass die Übertragung durch einen Vorgang im Sinne des § 20 Abs. 1 oder § 21 Abs. 1 oder auf Grund vergleichbarer ausländischer Vorgänge zu Buchwerten erfolgte,
3. die Kapitalgesellschaft, an der die Anteile bestehen, aufgelöst und abgewickelt wird oder das Kapital dieser Gesellschaft herabgesetzt und an die Anteilseigner zurückgezahlt wird oder Beträge aus dem steuerlichen Einlagekonto im Sinne des § 27 des Körperschaftsteuergesetzes ausgeschüttet oder zurückgezahlt werden,
4. der Einbringende die erhaltenen Anteile durch einen Vorgang im Sinne des § 21 Abs. 1 oder einen Vorgang im Sinne des § 20 Abs. 1 oder auf Grund vergleichbarer ausländischer Vorgänge zum Buchwert in eine Kapitalgesellschaft oder eine Genossenschaft eingebracht hat und diese Anteile anschließend unmittelbar oder mittelbar veräußert oder durch einen Vorgang im Sinne der Nummer 1 oder 2 unmittelbar oder mittelbar übertragen werden, es sei denn, er weist nach, dass diese Anteile zu Buchwerten übertragen wurden (Ketteneinbringung),
5. der Einbringende die erhaltenen Anteile in eine Kapitalgesellschaft oder eine Genossenschaft durch einen Vorgang im Sinne des § 20 Abs. 1 oder einen Vorgang im Sinne des § 21 Abs. 1 oder auf Grund vergleichbarer ausländischer Vorgänge zu Buchwerten einbringt und die aus dieser Einbringung erhaltenen Anteile anschließend unmittelbar oder mittelbar veräußert oder durch einen Vorgang im Sinne der Nummer 1 oder 2 unmittelbar oder mittelbar übertragen werden, es sei denn er weist nach, dass die Einbringung zu Buchwerten erfolgte, oder
6. für den Einbringenden oder die übernehmende Gesellschaft im Sinne der Nummer 4 die Voraussetzungen im Sinne von § 1 Abs. 4 nicht mehr erfüllt sind.

[7] Satz 4 gilt in den Fällen des Satzes 6 Nr. 4 und 5 auch hinsichtlich der Anschaffungskosten der auf einer Weitereinbringung dieser Anteile (§ 20 Abs. 1 und § 21 Abs. 1 Satz 2) zum Buchwert beruhenden Anteile.

(2) [1] Soweit im Rahmen einer Sacheinlage (§ 20 Abs. 1) oder eines Anteilstausches (§ 21 Abs. 1) unter dem gemeinen Wert eingebrachte Anteile innerhalb eines Zeitraums von sieben Jahren nach dem Einbringungszeitpunkt durch die übernehmende Gesellschaft unmittelbar oder mittelbar veräußert werden und soweit beim Einbringenden der Gewinn aus der Veräußerung dieser Anteile im Einbringungszeitpunkt nicht nach § 8b Abs. 2 des Körperschaftsteuergesetzes steuerfrei gewesen wäre, ist der Gewinn aus der Einbringung im Wirtschaftsjahr der Einbringung rückwirkend als Gewinn des Einbringenden aus der Veräußerung von Anteilen zu versteuern (Einbringungsgewinn II); § 16 Abs. 4 und § 34 des Einkommensteuergesetzes sind nicht anzuwenden. [2] Absatz 1 Satz 2 gilt entsprechend. [3] Einbringungsgewinn II ist der Betrag, um den der gemeine Wert der eingebrachten Anteile im Einbringungszeitpunkt nach Abzug der Kosten für den

Vermögensübergang den Wert, mit dem der Einbringende die erhaltenen Anteile angesetzt hat, übersteigt, vermindert um jeweils ein Siebtel für jedes seit dem Einbringungszeitpunkt abgelaufene Zeitjahr. [4]Der Einbringungsgewinn II gilt als nachträgliche Anschaffungskosten der erhaltenen Anteile. [5]Sätze 1 bis 4 sind nicht anzuwenden, soweit der Einbringende die erhaltenen Anteile veräußert hat; dies gilt auch in den Fällen von § 6 des Außensteuergesetzes vom 8. September 1972 (BGBl. I S. 1713), das zuletzt durch Artikel 7 des Gesetzes vom 7. Dezember 2006 (BGBl. I S. 2782) geändert worden ist, in der jeweils geltenden Fassung, wenn und soweit die Steuer nicht gestundet wird. [6]Sätze 1 bis 5 gelten entsprechend, wenn die übernehmende Gesellschaft die eingebrachten Anteile ihrerseits durch einen Vorgang nach Absatz 1 Satz 6 Nr. 1 bis 5 weiter überträgt oder für diese die Voraussetzungen nach § 1 Abs. 4 nicht mehr erfüllt sind. [7]Absatz 1 Satz 7 ist entsprechend anzuwenden.

(3) [1]Der Einbringende hat in den dem Einbringungszeitpunkt folgenden sieben Jahren jährlich spätestens bis zum 31. Mai den Nachweis darüber zu erbringen, wem mit Ablauf des Tages, der dem maßgebenden Einbringungszeitpunkt entspricht,

1. in den Fällen des Absatzes 1 die erhaltenen Anteile und die auf diesen Anteilen beruhenden Anteile und
2. in den Fällen des Absatzes 2 die eingebrachten Anteile und die auf diesen Anteilen beruhenden Anteile

zuzurechnen sind. [2]Erbringt er den Nachweis nicht, gelten die Anteile im Sinne des Absatzes 1 oder des Absatzes 2 an dem Tag, der dem Einbringungszeitpunkt folgt oder der in den Folgejahren diesem Kalendertag entspricht, als veräußert.

(4) Ist der Veräußerer von Anteilen nach Absatz 1

1. eine juristische Person des öffentlichen Rechts, gilt in den Fällen des Absatzes 1 der Gewinn aus der Veräußerung der erhaltenen Anteile als in einem Betrieb gewerblicher Art dieser Körperschaft entstanden,
2. von der Körperschaftsteuer befreit, gilt in den Fällen des Absatzes 1 der Gewinn aus der Veräußerung der erhaltenen Anteile als in einem wirtschaftlichen Geschäftsbetrieb dieser Körperschaft entstanden.

(5) Das für den Einbringenden zuständige Finanzamt bescheinigt der übernehmenden Gesellschaft auf deren Antrag die Höhe des zu versteuernden Einbringungsgewinns, die darauf entfallende festgesetzte Steuer und den darauf entrichteten Betrag; nachträgliche Minderungen des versteuerten Einbringungsgewinns sowie die darauf entfallende festgesetzte Steuer und der darauf entrichtete Betrag sind dem für die übernehmende Gesellschaft zuständigen Finanzamt von Amts wegen mitzuteilen.

(6) In den Fällen der unentgeltlichen Rechtsnachfolge gilt der Rechtsnachfolger des Einbringenden als Einbringender im Sinne der Absätze 1 bis 5 und der Rechtsnachfolger der übernehmenden Gesellschaft als übernehmende Gesellschaft im Sinne des Absatzes 2.

(7) Werden in den Fällen einer Sacheinlage (§ 20 Abs. 1) oder eines Anteilstauschs (§ 21 Abs. 1) unter dem gemeinen Wert stille Reserven auf Grund einer Gesellschaftsgründung oder Kapitalerhöhung von den erhaltenen oder eingebrachten Anteilen oder von auf diesen Anteilen beruhenden Anteilen auf andere Anteile verlagert, gelten diese Anteile insoweit auch als erhaltene oder eingebrachte Anteile oder als auf diesen Anteilen beruhende Anteile im Sinne des Absatzes 1 oder 2 (Mitverstrickung von Anteilen).

§ 23[1] Auswirkungen bei der übernehmenden Gesellschaft

(1) Setzt die übernehmende Gesellschaft das eingebrachte Betriebsvermögen mit einem unter dem gemeinen Wert liegenden Wert (§ 20 Abs. 2 Satz 2, § 21 Abs. 1 Satz 2) an, gelten § 4 Abs. 2 Satz 3 und § 12 Abs. 3 erster Halbsatz entsprechend.

(2) [1]In den Fällen des § 22 Abs. 1 kann die übernehmende Gesellschaft auf Antrag den versteuerten Einbringungsgewinn im Wirtschaftsjahr der Veräußerung der Anteile oder eines gleichgestellten Ereignisses (§ 22 Abs. 1 Satz 1 und Satz 6 Nr. 1 bis 6) als Erhöhungsbetrag ansetzen, soweit der Einbringende die auf den Einbringungsgewinn entfallende Steuer entrichtet hat und dies durch Vorlage einer Bescheinigung des zuständigen Finanzamts im Sinne von § 22 Abs. 5 nachgewiesen wurde; der Ansatz des Erhöhungsbetrags bleibt ohne Auswirkung auf den Gewinn. [2]Satz 1 ist nur anzuwenden, soweit das eingebrachte Betriebsvermögen in den Fällen des § 22 Abs. 1 noch zum Betriebsvermögen der übernehmenden Gesellschaft gehört, es sei denn, dieses wurde zum gemeinen Wert übertragen. [3]Wurden die veräußerten Anteile auf Grund einer Einbringung von Anteilen nach § 20 Abs. 1 oder § 21 Abs. 1 (§ 22 Abs. 2) erworben, erhöhen sich die Anschaffungskosten der eingebrachten Anteile in Höhe des versteuerten Einbringungsgewinns, soweit der Einbringende die auf den Einbringungsgewinn entfallende Steuer entrichtet hat; Satz 1 und § 22 Abs. 1 Satz 7 gelten entsprechend.

(3) [1]Setzt die übernehmende Gesellschaft das eingebrachte Betriebsvermögen mit einem über dem Buchwert, aber unter dem gemeinen Wert liegenden Wert an, gilt § 12 Abs. 3 erster Halbsatz entsprechend mit der folgenden Maßgabe:

1. Die Absetzungen für Abnutzung oder Substanzverringerung nach § 7 Abs. 1, 4, 5 und 6 des Einkommensteuergesetzes sind vom Zeitpunkt der Einbringung an nach den Anschaffungs- oder Herstellungskosten des Einbringenden, vermehrt um den Unterschiedsbetrag zwischen dem Buchwert der einzelnen Wirtschaftsgüter und dem Wert, mit dem die Kapitalgesellschaft die Wirtschaftsgüter ansetzt, zu bemessen.
2. Bei den Absetzungen für Abnutzung nach § 7 Abs. 2 des Einkommensteuergesetzes tritt im Zeitpunkt der Einbringung an die Stelle des Buchwerts der einzelnen Wirtschaftsgüter der Wert, mit dem die Kapitalgesellschaft die Wirtschaftsgüter ansetzt.

[2]Bei einer Erhöhung der Anschaffungskosten oder Herstellungskosten auf Grund rückwirkender Besteuerung des Einbringungsgewinns (Absatz 2) gilt dies mit der Maßgabe, dass an die Stelle des Zeitpunkts der Einbringung der Beginn des Wirtschaftsjahrs tritt, in welches das die Besteuerung des Einbringungsgewinns auslösende Ereignis fällt.

(4) Setzt die übernehmende Gesellschaft das eingebrachte Betriebsvermögen mit dem gemeinen Wert an, gelten die eingebrachten Wirtschaftsgüter als im Zeitpunkt der Einbringung von der Kapitalgesellschaft angeschafft, wenn die Einbringung des Betriebsvermögens im Wege der Einzelrechtsnachfolge erfolgt; erfolgt die Einbringung des Betriebsvermögens im Wege der Gesamtrechtsnachfolge nach den Vorschriften des Umwandlungsgesetzes, gilt Absatz 3 entsprechend.

---

[1] Zur Nichtanwendung siehe § 27 Abs. 4.

(5) Der maßgebende Gewerbeertrag der übernehmenden Gesellschaft kann nicht um die vortragsfähigen Fehlbeträge des Einbringenden im Sinne des § 10a des Gewerbesteuergesetzes gekürzt werden.

(6) § 6 Abs. 1 und 3 gilt entsprechend.

Siebter Teil. Einbringung eines Betriebs, Teilbetriebs oder Mitunternehmeranteils in eine Personengesellschaft

§ 24 Einbringung von Betriebsvermögen in eine Personengesellschaft

(1) Wird ein Betrieb oder Teilbetrieb oder ein Mitunternehmeranteil in eine Personengesellschaft eingebracht und wird der Einbringende Mitunternehmer der Gesellschaft, gelten für die Bewertung des eingebrachten Betriebsvermögens die Absätze 2 bis 4.

(2) [1] Die Personengesellschaft hat das eingebrachte Betriebsvermögen in ihrer Bilanz einschließlich der Ergänzungsbilanzen für ihre Gesellschafter mit dem gemeinen Wert anzusetzen; für die Bewertung von Pensionsrückstellungen gilt § 6a des Einkommensteuergesetzes. [2] Abweichend von Satz 1 kann das übernommene Betriebsvermögen auf Antrag mit dem Buchwert oder einem höheren Wert, höchstens jedoch mit dem Wert im Sinne des Satzes 1, angesetzt werden, soweit das Recht der Bundesrepublik Deutschland hinsichtlich der Besteuerung des eingebrachten Betriebsvermögens nicht ausgeschlossen oder beschränkt wird. [3] § 20 Abs. 2 Satz 3 gilt entsprechend.

(3) [1] Der Wert, mit dem das eingebrachte Betriebsvermögen in der Bilanz der Personengesellschaft einschließlich der Ergänzungsbilanzen für ihre Gesellschafter angesetzt wird, gilt für den Einbringenden als Veräußerungspreis. [2] § 16 Abs. 4 des Einkommensteuergesetzes ist nur anzuwenden, wenn das eingebrachte Betriebsvermögen mit dem gemeinen Wert angesetzt wird und es sich nicht um die Einbringung von Teilen eines Mitunternehmeranteils handelt; in diesen Fällen ist § 34 Abs. 1 und 3 des Einkommensteuergesetzes anzuwenden, soweit der Veräußerungsgewinn nicht nach § 3 Nr. 40 Satz 1 Buchstabe b in Verbindung mit § 3c Abs. 2 des Einkommensteuergesetzes teilweise steuerbefreit ist. [3] In den Fällen des Satzes 2 gilt § 16 Abs. 2 Satz 3 des Einkommensteuergesetzes entsprechend.

(4) § 23 Abs. 1, 3, 4 und 6 gilt entsprechend; in den Fällen der Einbringung in eine Personengesellschaft im Wege der Gesamtrechtsnachfolge gilt auch § 20 Abs. 5 und 6 entsprechend.

(5)[1] Soweit im Rahmen einer Einbringung nach Absatz 1 unter dem gemeinen Wert eingebrachte Anteile an einer Körperschaft, Personenvereinigung oder Vermögensmasse innerhalb eines Zeitraums von sieben Jahren nach dem Einbringungszeitpunkt durch die übernehmende Personengesellschaft veräußert oder durch einen Vorgang nach § 22 Absatz 1 Satz 6 Nummer 1 bis 5 weiter übertragen werden und soweit beim Einbringenden der Gewinn aus der Veräußerung dieser Anteile im Einbringungszeitpunkt nicht nach § 8b Absatz 2 des Körperschaftsteuergesetzes steuerfrei gewesen wäre, ist § 22 Absatz 2, 3 und 5 bis 7 insoweit entsprechend anzuwenden, als der Gewinn aus der Veräußerung der eingebrachten

---

[1] § 24 Abs. 5 geänd. mWv 29.3.2013 durch G v. 21.3.2013 (BGBl. I S. 561).

Anteile auf einen Mitunternehmer entfällt, für den insoweit § 8b Absatz 2 des Körperschaftsteuergesetzes Anwendung findet.

(6)[1] § 20 Abs. 9 gilt entsprechend.

Achter Teil. Formwechsel einer Personengesellschaft in eine Kapitalgesellschaft oder Genossenschaft

§ 25 Entsprechende Anwendung des Sechsten Teils

[1] In den Fällen des Formwechsels einer Personengesellschaft in eine Kapitalgesellschaft oder Genossenschaft im Sinne des § 190 des Umwandlungsgesetzes vom 28. Oktober 1994 (BGBl. I S. 3210, 1995 I S. 428), das zuletzt durch Artikel 10 des Gesetzes vom 9. Dezember 2004 (BGBl. I S. 3214) geändert worden ist, in der jeweils geltenden Fassung oder auf Grund vergleichbarer ausländischer Vorgänge gelten §§ 20 bis 23 entsprechend. [2] § 9 Satz 2 und 3 ist entsprechend anzuwenden.

Neunter Teil. Verhinderung von Missbräuchen

§ 26 *(weggefallen)*

Zehnter Teil. Anwendungsvorschriften und Ermächtigung

§ 27 Anwendungsvorschriften

(1) [1] Diese Fassung des Gesetzes ist erstmals auf Umwandlungen und Einbringungen anzuwenden, bei denen die Anmeldung zur Eintragung in das für die Wirksamkeit des jeweiligen Vorgangs maßgebende öffentliche Register nach dem 12. Dezember 2006 erfolgt ist. [2] Für Einbringungen, deren Wirksamkeit keine Eintragung in ein öffentliches Register voraussetzt, ist diese Fassung des Gesetzes erstmals anzuwenden, wenn das wirtschaftliche Eigentum an den eingebrachten Wirtschaftsgütern nach dem 12. Dezember 2006 übergegangen ist.

(2) [1] Das Umwandlungssteuergesetz in der Fassung der Bekanntmachung vom 15. Oktober 2002 (BGBl. I S. 4133, 2003 I S. 738), geändert durch Artikel 3 des Gesetzes vom 16. Mai 2003 (BGBl. I S. 660), ist letztmals auf Umwandlungen und Einbringungen anzuwenden, bei denen die Anmeldung zur Eintragung in das für die Wirksamkeit des jeweiligen Vorgangs maßgebende öffentliche Register bis zum 12. Dezember 2006 erfolgt ist. [2] Für Einbringungen, deren Wirksamkeit keine Eintragung in ein öffentliches Register voraussetzt, ist diese Fassung letztmals anzuwenden, wenn das wirtschaftliche Eigentum an den eingebrachten Wirtschaftsgütern bis zum 12. Dezember 2006 übergegangen ist.

(3) Abweichend von Absatz 2 ist

1. § 5 Abs. 4 für einbringungsgeborene Anteile im Sinne von § 21 Abs. 1 mit der Maßgabe weiterhin anzuwenden, dass die Anteile zu dem Wert im Sinne von § 5 Abs. 2 oder Abs. 3 in der Fassung des Absatzes 1 als zum steuerlichen Über-

[1] § 24 Abs. 6 angef. durch G v. 14.8.2007 (BGBl. I S. 1912); zur Anwendung siehe § 27 Abs. 5.

tragungsstichtag in das Betriebsvermögen des übernehmenden Rechtsträgers überführt gelten,
2. § 20 Abs. 6 in der am 21. Mai 2003 geltenden Fassung für die Fälle des Ausschlusses des Besteuerungsrechts (§ 20 Abs. 3) weiterhin anwendbar, wenn auf die Einbringung Absatz 2 anzuwenden war,
3. § 21 in der am 21. Mai 2003 geltenden Fassung *ist*[1] für einbringungsgeborene Anteile im Sinne von § 21 Abs. 1, die auf einem Einbringungsvorgang beruhen, auf den Absatz 2 anwendbar war, weiterhin anzuwenden. [2]Für § 21 Abs. 2 Satz 1 Nr. 2 in der am 21. Mai 2003 geltenden Fassung gilt dies mit der Maßgabe, dass eine Stundung der Steuer gemäß § 6 Abs. 5 des Außensteuergesetzes in der Fassung des Gesetzes vom 7. Dezember 2006 (BGBl. I S. 2782) unter den dort genannten Voraussetzungen erfolgt, wenn die Einkommensteuer noch nicht bestandskräftig festgesetzt ist; § 6 Abs. 6 und 7 des Außensteuergesetzes ist entsprechend anzuwenden.

(4) Abweichend von Absatz 1 sind §§ 22, 23 und 24 Abs. 5 nicht anzuwenden, soweit hinsichtlich des Gewinns aus der Veräußerung der Anteile oder einem gleichgestellten Ereignis im Sinne von § 22 Abs. 1 die Steuerfreistellung nach § 8 b Abs. 4 des Körperschaftsteuergesetzes in der am 12. Dezember 2006 geltenden Fassung oder nach § 3 Nr. 40 Satz 3 und 4 des Einkommensteuergesetzes in der am 12. Dezember 2006 geltenden Fassung ausgeschlossen ist.

(5)[1] [1]§ 4 Abs. 2 Satz 2, § 15 Abs. 3, § 20 Abs. 9 und § 24 Abs. 6 in der Fassung des Artikels 5 des Gesetzes vom 14. August 2007 (BGBl. I S. 1912) sind erstmals auf Umwandlungen und Einbringungen anzuwenden, bei denen die Anmeldung zur Eintragung in das für die Wirksamkeit des jeweiligen Vorgangs maßgebende öffentliche Register nach dem 31. Dezember 2007 erfolgt ist. [2]Für Einbringungen, deren Wirksamkeit keine Eintragung in ein öffentliches Register voraussetzt, ist diese Fassung des Gesetzes erstmals anzuwenden, wenn das wirtschaftliche Eigentum an den eingebrachten Wirtschaftsgütern nach dem 31. Dezember 2007 übergegangen ist.

(6)[2] [1]§ 10 ist letztmals auf Umwandlungen anzuwenden, bei denen der steuerliche Übertragungsstichtag vor dem 1. Januar 2007 liegt. [2]§ 10 ist abweichend von Satz 1 weiter anzuwenden in den Fällen, in denen ein Antrag nach § 34 Abs. 16 des Körperschaftsteuergesetzes in der Fassung des Artikels 3 des Gesetzes vom 20. Dezember 2007 (BGBl. I S. 3150) gestellt wurde.

(7)[3] § 18 Abs. 3 Satz 1 in der Fassung des Artikels 4 des Gesetzes vom 20. Dezember 2007 (BGBl. I S. 3150) ist erstmals auf Umwandlungen anzuwenden, bei denen die Anmeldung zur Eintragung in das für die Wirksamkeit der Umwandlung maßgebende öffentliche Register nach dem 31. Dezember 2007 erfolgt ist.

(8)[4] § 4 Abs. 6 Satz 4 bis 6 sowie § 4 Abs. 7 Satz 2 in der Fassung des Artikels 6 des Gesetzes vom 19. Dezember 2008 (BGBl. I S. 2794) sind erstmals auf

---

[1] Redaktionelles Versehen: kursives Wort müsste entfallen.

[1] § 27 Abs. 5 angef. durch G v. 14.8.2007 (BGBl. I S. 1912).

[2] § 27 Abs. 6 als Abs. 5 angef. durch G v. 20.12.2007 (BGBl. I S. 3150); Absatzzählung geänd. durch G v. 19.12.2008 (BGBl. I S. 2794).

[3] § 27 Abs. 7 als Abs. 6 angef. durch G v. 20.12.2007 (BGBl. I S. 3150); Absatzzählung geänd. durch G v. 19.12.2008 (BGBl. I S. 2794).

[4] § 27 Abs. 8 angef. durch G v. 19.12.2008 (BGBl. I S. 2794); zur Anwendung von § 3 Nr. 40 EStG idF des G v. 14.8.2007 siehe § 52a Abs. 3 EStG.

Umwandlungen anzuwenden, bei denen § 3 Nr. 40 des Einkommensteuergesetzes in der durch Artikel 1 Nr. 3 des Gesetzes vom 14. August 2007 (BGBl. I S. 1912) geänderten Fassung für die Bezüge im Sinne des § 7 anzuwenden ist.

(9)[1] [1]§ 2 Abs. 4 und § 20 Abs. 6 Satz 4 in der Fassung des Artikels 6 des Gesetzes vom 19. Dezember 2008 (BGBl. I S. 2794) sind erstmals auf Umwandlungen und Einbringungen anzuwenden, bei denen der schädliche Beteiligungserwerb oder ein anderes die Verlustnutzung ausschließendes Ereignis nach dem 28. November 2008 eintritt. [2]§ 2 Abs. 4 und § 20 Abs. 6 Satz 4 in der Fassung des Artikels 6 des Gesetzes vom 19. Dezember 2008 (BGBl. I S. 2794) gelten nicht, wenn sich der Veräußerer und der Erwerber am 28. November 2008 über den später vollzogenen schädlichen Beteiligungserwerb oder ein anderes die Verlustnutzung ausschließendes Ereignis einig sind, der übernehmende Rechtsträger dies anhand schriftlicher Unterlagen nachweist und die Anmeldung zur Eintragung in das für die Wirksamkeit des Vorgangs maßgebende öffentliche Register bzw. bei Einbringungen der Übergang des wirtschaftlichen Eigentums bis zum 31. Dezember 2009 erfolgt.

(10)[2] § 2 Absatz 4 Satz 1, § 4 Absatz 2 Satz 2, § 9 Satz 3, § 15 Absatz 3 und § 20 Absatz 9 in der Fassung des Artikels 4 des Gesetzes vom 22. Dezember 2009 (BGBl. I S. 3950) sind erstmals auf Umwandlungen und Einbringungen anzuwenden, deren steuerlicher Übertragungsstichtag in einem Wirtschaftsjahr liegt, für das § 4h Absatz 1, 4 Satz 1 und Absatz 5 Satz 1 und 2 des Einkommensteuergesetzes in der Fassung des Artikels 1 des Gesetzes vom 22. Dezember 2009 (BGBl. I S. 3950) erstmals anzuwenden ist.

(11)[3] Für Bezüge im Sinne des § 8b Absatz 1 des Körperschaftsteuergesetzes aufgrund einer Umwandlung ist § 8b Absatz 4 des Körperschaftsteuergesetzes in der Fassung des Artikels 1 des Gesetzes vom 21. März 2013 (BGBl. I S. 561) abweichend von § 34 Absatz 7a Satz 2 des Körperschaftsteuergesetzes bereits erstmals vor dem 1. März 2013 anzuwenden, wenn die Anmeldung zur Eintragung in das für die Wirksamkeit des jeweiligen Vorgangs maßgebende öffentliche Register nach dem 28. Februar 2013 erfolgt.

§ 28 Bekanntmachungserlaubnis

Das Bundesministerium der Finanzen wird ermächtigt, den Wortlaut dieses Gesetzes und der zu diesem Gesetz erlassenen Rechtsverordnungen in der jeweils geltenden Fassung satzweise nummeriert mit neuem Datum und in neuer Paragraphenfolge bekannt zu machen und dabei Unstimmigkeiten im Wortlaut zu beseitigen.

---

[1] § 27 Abs. 9 angef. durch G v. 19.12.2008 (BGBl. I S. 2794).
[2] § 27 Abs. 10 angef. durch G v. 22.12.2008 (BGBl. I S. 3950).
[3] § 27 Abs. 11 angef. durch G v. 21.3.2013 (BGBl. I S. 561).

Richtlinie 2009/133/EG des Rates vom 19. Oktober 2009 über das gemeinsame Steuersystem für Fusionen, Spaltungen, Abspaltungen, die Einbringung von Unternehmensteilen und den Austausch von Anteilen, die Gesellschaften verschiedener Mitgliedstaaten betreffen, sowie für die Verlegung des Sitzes einer Europäischen Gesellschaft oder einer Europäischen Genossenschaft von einem Mitgliedstaat in einen anderen Mitgliedstaat

(ABl Nr L 310, 34)

EU-Dok-Nr 3 2009 L 0133

DER RAT DER EUROPÄISCHEN UNION –

gestützt auf den Vertrag zur Gründung der Europäischen Gemeinschaft, insbesondere auf Artikel 94,

auf Vorschlag der Kommission,

nach Stellungnahme des Europäischen Parlaments[1],

nach Stellungnahme des Europäischen Wirtschafts- und Sozialausschusses[2],

in Erwägung nachstehender Gründe:

(1) Die Richtlinie 90/434/EWG des Rates vom 23. Juli 1990 über das gemeinsame Steuersystem für Fusionen, Spaltungen, Abspaltungen, die Einbringung von Unternehmensteilen und den Austausch von Anteilen, die Gesellschaften verschiedener Mitgliedstaaten betreffen, sowie für die Verlegung des Sitzes einer Europäischen Gesellschaft oder einer Europäischen Genossenschaft von einem Mitgliedstaat in einen anderen Mitgliedstaat[3] wurde mehrfach und erheblich geändert[4]. Aus Gründen der Klarheit und der Übersichtlichkeit empfiehlt es sich, die genannte Richtlinie zu kodifizieren.

(2) Fusionen, Spaltungen, Abspaltungen, die Einbringung von Unternehmensteilen und der Austausch von Anteilen, die Gesellschaften verschiedener Mitgliedstaaten betreffen, können notwendig sein, um binnenmarktähnliche Verhältnisse in der Gemeinschaft zu schaffen und damit das Funktionieren eines solchen Binnenmarktes zu gewährleisten. Sie sollten nicht durch besondere Beschränkungen, Benachteiligungen oder Verfälschungen aufgrund von steuerlichen Vorschriften der Mitgliedstaaten behindert werden. Demzufolge müssen wettbewerbsneutrale steuerliche Regelungen für diese Vorgänge geschaffen werden, um die Anpassung von Unternehmen an die Erfordernisse des Binnenmarktes, eine Erhöhung ihrer Produktivität und eine Stärkung ihrer Wettbewerbsfähigkeit auf internationaler Ebene zu ermöglichen.

---

[1] **Amtl. Anm.:** Stellungnahme vom 13. Januar 2009 (noch nicht im Amtsblatt veröffentlicht).

[2] **Amtl. Anm.:** ABl. C 100 vom 30.4.2009, S. 153.

[3] **Amtl. Anm.:** ABl. L 225 vom 20.8.1990, S. 1.

[4] **Amtl. Anm.:** Siehe Anhang II Teil A.

(3) Gegenwärtig werden diese Vorgänge im Vergleich zu entsprechenden Vorgängen bei Gesellschaften desselben Mitgliedstaats durch Bestimmungen steuerlicher Art benachteiligt. Diese Benachteiligung muss beseitigt werden.

(4) Dieses Ziel lässt sich nicht dadurch erreichen, dass man die in den einzelnen Mitgliedstaaten geltenden nationalen Systeme auf Gemeinschaftsebene ausdehnt, da die Unterschiede zwischen diesen Systemen Wettbewerbsverzerrungen verursachen können. Nur eine gemeinsame steuerliche Regelung kann deshalb eine befriedigende Lösung darstellen.

(5) Die gemeinsame steuerliche Regelung sollte eine Besteuerung anlässlich einer Fusion, Spaltung, Abspaltung, Einbringung von Unternehmensteilen oder eines Austauschs von Anteilen vermeiden, unter gleichzeitiger Wahrung der finanziellen Interessen des Mitgliedstaats der einbringenden oder erworbenen Gesellschaft.

(6) Soweit es sich um Fusionen, Spaltungen oder die Einbringung von Unternehmensteilen handelt, haben diese Vorgänge in der Regel entweder die Umwandlung der einbringenden Gesellschaft in eine Betriebsstätte der übernehmenden Gesellschaft oder die Zurechnung des übertragenen Vermögens zu einer Betriebsstätte der übernehmenden Gesellschaft zur Folge.

(7) Wird auf die einer solchen Betriebsstätte zugewiesenen Vermögenswerte das Verfahren des Aufschubs der Besteuerung des Wertzuwachses eingebrachter Vermögenswerte bis zu deren tatsächlicher Realisierung angewendet, so lässt sich dadurch die Besteuerung des entsprechenden Wertzuwachses vermeiden und zugleich seine spätere Besteuerung durch den Mitgliedstaat der einbringenden Gesellschaft im Zeitpunkt der Realisierung sicherstellen.

(8) Die in Anhang I Teil A aufgeführten Gesellschaften sind in ihrem Ansässigkeitsmitgliedstaat körperschaftsteuerpflichtig, aber einige können jedoch von anderen Mitgliedstaaten als steuerlich transparent angesehen werden. Damit die Wirksamkeit der vorliegenden Richtlinie aufrechterhalten bleibt, sollten die Mitgliedstaaten, die gebietsfremde körperschaftsteuerpflichtige Gesellschaften als steuerlich transparent ansehen, diesen die Vorteile der vorliegenden Richtlinie gewähren. Jedoch sollte es den Mitgliedstaaten frei stehen, die diesbezüglichen Bestimmungen der vorliegenden Richtlinie bei der Besteuerung eines mittelbaren oder unmittelbaren Gesellschafters dieser steuerpflichtigen Gesellschaften nicht anzuwenden.

(9) Für bestimmte Rücklagen, Rückstellungen und Verluste der einbringenden Gesellschaft ist es erforderlich, die anzuwendenden steuerlichen Regelungen festzulegen und die steuerlichen Probleme zu lösen, die auftreten, wenn eine der beiden Gesellschaften eine Beteiligung am Kapital der anderen besitzt.

(10) Die Zuteilung von Anteilen an der übernehmenden oder erwerbenden Gesellschaft an die Gesellschafter der einbringenden Gesellschaft sollte für sich allein keine Besteuerung in der Person der Gesellschafter auslösen.

(11) Eine von einer Europäischen Gesellschaft (SE) oder Europäischen Genossenschaft (SCE) beschlossene Umstrukturierung durch Sitzverlegung sollte nicht durch diskriminierende steuerliche Vorschriften oder durch Beschränkungen, Nachteile und Verzerrungen, die sich aus dem Gemeinschaftsrecht zuwiderlaufenden Steuervorschriften der Mitgliedstaaten ergeben, behindert werden. Die Verlegung oder ein mit dieser Verlegung zusammenhängender Vorgang kann zu einer Besteuerung in dem Mitgliedstaat führen, in dem die Gesellschaft vorher ihren Sitz hatte. Bleiben die Wirtschaftsgüter der SE bzw. der SCE weiter einer ihrer Betriebsstätten in dem Mitgliedstaat zugerechnet, in dem die SE bzw. die SCE

vorher ihren Sitz hatte, so sollten für diese Betriebsstätte ähnliche Vorteile gelten, wie sie in den Artikeln 4, 5 und 6 vorgesehen sind. Außerdem sollte eine Besteuerung der Gesellschafter anlässlich der Sitzverlegung ausgeschlossen werden.

(12) Die vorliegende Richtlinie befasst sich nicht mit den Verlusten einer Betriebsstätte in einem anderen Mitgliedstaat, die in dem Mitgliedstaat, in dem die SE oder SCE ihren Sitz hat, berücksichtigt werden. Insbesondere hindert die Tatsache, dass der Sitz einer SE oder einer SCE in einen anderen Mitgliedstaat verlegt wurde, den Mitgliedstaat, in dem diese SE oder SCE vorher ihren Steuersitz hatte, nicht daran, die Verluste der Betriebsstätte zu gegebener Zeit hinzuzurechnen.

(13) Wenn eine Fusion, Spaltung, Abspaltung, Einbringung von Unternehmensteilen, ein Austausch von Anteilen oder die Verlegung des Sitzes einer SE oder SCE als Beweggrund die Steuerhinterziehung oder -umgehung hat oder dazu führt, dass eine an dem Vorgang beteiligte Gesellschaft oder eine an dem Vorgang nicht beteiligte Gesellschaft die Voraussetzungen für die Vertretung der Arbeitnehmer in den Organen der Gesellschaft nicht mehr erfüllt, sollten die Mitgliedstaaten die Anwendung dieser Richtlinie versagen können.

(14) Mit der vorliegenden Richtlinie wird u.a. bezweckt, Hindernisse für das Funktionieren des Binnenmarkts – wie die Doppelbesteuerung – zu beseitigen. Soweit dieses Ziel mit der vorliegenden Richtlinie nicht vollständig erreicht werden kann, sollten die Mitgliedstaaten die hierfür erforderlichen Maßnahmen treffen.

(15) Diese Richtlinie sollte die Verpflichtung der Mitgliedstaaten hinsichtlich der Fristen für die Umsetzung in innerstaatliches Recht und für die Anwendung der in Anhang II Teil B aufgeführten Richtlinien unberührt lassen –

HAT FOLGENDE RICHTLINIE ERLASSEN:

Kapitel I. Allgemeine Vorschriften

Art. 1 [Anwendungsbereich]

Jeder Mitgliedstaat wendet diese Richtlinie auf folgende Vorgänge an:

a) Fusionen, Spaltungen, Abspaltungen, die Einbringung von Unternehmensteilen und den Austausch von Anteilen, wenn daran Gesellschaften aus zwei oder mehr Mitgliedstaaten beteiligt sind;

b) Verlegungen des Sitzes einer Europäischen Gesellschaft (Societas Europaea – SE) im Sinne der Verordnung (EG) Nr. 2157/2001 des Rates vom 8. Oktober 2001 über das Statut der Europäischen Gesellschaft (SE)[1] oder einer Europäischen Genossenschaft (SCE) im Sinne der Verordnung (EG) Nr. 1435/2003 des Rates vom 22. Juli 2003 über das Statut der Europäischen Genossenschaft (SCE)[2] von einem Mitgliedstaat in einen anderen.

Art. 2 [Begriffsbestimmungen]

Im Sinne dieser Richtlinie ist

a) „Fusion" der Vorgang, durch den

   i) eine oder mehrere Gesellschaften zum Zeitpunkt ihrer Auflösung ohne Abwicklung ihr gesamtes Aktiv- und Passivvermögen auf eine bereits beste-

---

1 **Amtl. Anm.:** ABl. L 294 vom 10.11.2001, S. 1.

2 **Amtl. Anm.:** ABl. L 207 vom 18.8.2003, S. 1.

hende Gesellschaft gegen Gewährung von Anteilen am Gesellschaftskapital der anderen Gesellschaft an ihre eigenen Gesellschafter und gegebenenfalls einer baren Zuzahlung übertragen; letztere darf 10% des Nennwerts oder – bei Fehlen eines solchen – des rechnerischen Werts dieser Anteile nicht überschreiten;

ii) zwei oder mehrere Gesellschaften zum Zeitpunkt ihrer Auflösung ohne Abwicklung ihr gesamtes Aktiv- und Passivvermögen auf eine von ihnen gegründete Gesellschaft gegen Gewährung von Anteilen am Gesellschaftskapital der neuen Gesellschaft an ihre eigenen Gesellschafter und gegebenenfalls einer baren Zuzahlung übertragen; letztere darf 10% des Nennwerts oder – bei Fehlen eines solchen – des rechnerischen Werts dieser Anteile nicht überschreiten;

iii) eine Gesellschaft zum Zeitpunkt ihrer Auflösung ohne Abwicklung ihr gesamtes Aktiv- und Passivvermögen auf die Gesellschaft überträgt, die sämtliche Anteile an ihrem Gesellschaftskapital besitzt;

b) „Spaltung" der Vorgang, durch den eine Gesellschaft zum Zeitpunkt ihrer Auflösung ohne Abwicklung ihr gesamtes Aktiv- und Passivvermögen auf zwei oder mehr bereits bestehende oder neu gegründete Gesellschaften gegen Gewährung von Anteilen am Gesellschaftskapital der übernehmenden Gesellschaften an ihre eigenen Gesellschafter, und gegebenenfalls einer baren Zuzahlung, anteilig überträgt; letztere darf 10% des Nennwerts oder – bei Fehlen eines solchen – des rechnerischen Werts dieser Anteile nicht überschreiten;

c) „Abspaltung" der Vorgang, durch den eine Gesellschaft, ohne sich aufzulösen, einen oder mehrere Teilbetriebe auf eine oder mehr bereits bestehende oder neu gegründete Gesellschaften gegen Gewährung von Anteilen am Gesellschaftskapital der übernehmenden Gesellschaften an ihre eigenen Gesellschafter, und gegebenenfalls einer baren Zuzahlung, anteilig überträgt, wobei mindestens ein Teilbetrieb in der einbringenden Gesellschaft verbleiben muss; die Zuzahlung darf 10% des Nennwerts oder – bei Fehlen eines solchen – des rechnerischen Werts dieser Anteile nicht überschreiten;

d) „Einbringung von Unternehmensteilen" der Vorgang, durch den eine Gesellschaft, ohne aufgelöst zu werden, ihren Betrieb insgesamt oder einen oder mehrere Teilbetriebe in eine andere Gesellschaft gegen Gewährung von Anteilen am Gesellschaftskapital der übernehmenden Gesellschaft einbringt;

e) „Austausch von Anteilen" der Vorgang, durch den eine Gesellschaft am Gesellschaftskapital einer anderen Gesellschaft eine Beteiligung, die ihr die Mehrheit der Stimmrechte verleiht, oder – sofern sie die Mehrheit der Stimmrechte bereits hält – eine weitere Beteiligung dadurch erwirbt, dass die Gesellschafter der anderen Gesellschaft im Austausch für ihre Anteile Anteile am Gesellschaftskapital der erwerbenden Gesellschaft und gegebenenfalls eine bare Zuzahlung erhalten; letztere darf 10% des Nennwerts oder – bei Fehlen eines Nennwerts – des rechnerischen Werts der im Zuge des Austauschs ausgegebenen Anteile nicht überschreiten;

f) „einbringende Gesellschaft" die Gesellschaft, die ihr Aktiv- und Passivvermögen überträgt oder einen oder mehrere Teilbetriebe einbringt;

g) „übernehmende Gesellschaft" die Gesellschaft, die das Aktiv- und Passivvermögen oder einen oder mehrere Teilbetriebe von der einbringenden Gesellschaft übernimmt;

h) „erworbene Gesellschaft" die Gesellschaft, an der beim Austausch von Anteilen eine Beteilung erworben wurde;

i) „erwerbende Gesellschaft“ die Gesellschaft, die beim Austausch von Anteilen eine Beteiligung erwirbt;
j) „Teilbetrieb“ die Gesamtheit der in einem Unternehmensteil einer Gesellschaft vorhandenen aktiven und passiven Wirtschaftsgüter, die in organisatorischer Hinsicht einen selbständigen Betrieb, d.h. eine aus eigenen Mitteln funktionsfähige Einheit, darstellen;
k) „Sitzverlegung“ der Vorgang, durch den eine SE oder eine SCE ihren Sitz von einem Mitgliedstaat in einen anderen Mitgliedstaat verlegt, ohne dass dies zu ihrer Auflösung oder zur Gründung einer neuen juristischen Person führt.

Art. 3 [Definition der Gesellschaft]

Im Sinne dieser Richtlinie ist eine „Gesellschaft eines Mitgliedstaats“ jede Gesellschaft,
a) die eine der in Anhang I Teil A aufgeführten Formen aufweist;
b) die nach dem Steuerrecht eines Mitgliedstaats als in diesem Mitgliedstaate ansässig und nicht aufgrund eines Doppelbesteuerungsabkommens mit einem Drittstaat als außerhalb der Gemeinschaft ansässig angesehen wird; und
c) die ferner ohne Wahlmöglichkeit einer der in Anhang I Teil B aufgeführten Steuern oder irgendeiner Steuer, die eine dieser Steuern ersetzt, unterliegt, ohne davon befreit zu sein.

Kapitel II. Regeln für Fusionen, Spaltungen, Abspaltungen, die Einbringung von Unternehmensteilen und den Austausch von Anteilen

Art. 4 [Auslösen der Besteuerung des Veräußerungsgewinns]

(1) Die Fusion, Spaltung oder Abspaltung darf keine Besteuerung des Veräußerungsgewinns auslösen, der sich aus dem Unterschied zwischen dem tatsächlichen Wert des übertragenen Aktiv- und Passivvermögens und dessen steuerlichem Wert ergibt.

(2) Für die Zwecke dieses Artikels gilt als
a) „steuerlicher Wert“ der Wert, auf dessen Grundlage ein etwaiger Gewinn oder Verlust für die Zwecke der Besteuerung des Veräußerungsgewinns der einbringenden Gesellschaft ermittelt worden wäre, wenn das Aktiv- und Passivvermögen gleichzeitig mit der Fusion, Spaltung oder Abspaltung, aber unabhängig davon, veräußert worden wäre;
b) „übertragenes Aktiv- und Passivvermögen“ das Aktiv- und Passivvermögen der einbringenden Gesellschaft, das nach der Fusion, Spaltung oder Abspaltung tatsächlich einer Betriebsstätte der übernehmenden Gesellschaft im Mitgliedstaat der einbringenden Gesellschaft zugerechnet wird und zur Erzielung des steuerlich zu berücksichtigenden Ergebnisses dieser Betriebsstätte beiträgt.

(3) Findet Absatz 1 Anwendung und betrachtet ein Mitgliedstaat eine gebietsfremde einbringende Gesellschaft aufgrund seiner Beurteilung ihrer juristischen Merkmale, die sich aus dem Recht, nach dem sie gegründet wurde, ergeben, als steuerlich transparent und besteuert daher die Gesellschafter nach ihrem Anteil an den ihnen zuzurechnenden Gewinnen der einbringenden Gesellschaft im Zeitpunkt der Zurechnung, so besteuert dieser Mitgliedstaat Veräußerungsgewinne,

die sich aus der Differenz zwischen dem tatsächlichen Wert des eingebrachten Aktiv- und Passivvermögens und dessen steuerlichem Wert ergeben, nicht.

(4) Die Absätze 1 und 3 finden nur dann Anwendung, wenn die übernehmende Gesellschaft neue Abschreibungen und spätere Wertsteigerungen oder Wertminderungen des übertragenen Aktiv- und Passivvermögens so berechnet, wie die einbringende Gesellschaft sie ohne die Fusion, Spaltung oder Abspaltung berechnet hätte.

(5) Darf die übernehmende Gesellschaft nach dem Recht des Mitgliedstaats der einbringenden Gesellschaft neue Abschreibungen und spätere Wertsteigerungen oder Wertminderungen des übertragenen Aktiv- und Passivvermögens abweichend von Absatz 4 berechnen, so findet Absatz 1 keine Anwendung auf das Vermögen, für das die übernehmende Gesellschaft von diesem Recht Gebrauch macht.

Art. 5 [Ausweisen der Rückstellungen]

Die Mitgliedstaaten treffen die notwendigen Regelungen, damit die von der einbringenden Gesellschaft unter völliger oder teilweiser Steuerbefreiung zulässigerweise gebildeten Rückstellungen oder Rücklagen – soweit sie nicht von Betriebsstätten im Ausland stammen – unter den gleichen Voraussetzungen von den im Mitgliedstaat der einbringenden Gesellschaft gelegenen Betriebsstätten der übernehmenden Gesellschaft ausgewiesen werden können, wobei die übernehmende Gesellschaft in die Rechte und Pflichten der einbringenden Gesellschaft eintritt.

Art. 6 [Übernahme von Verlusten]

Wenden die Mitgliedstaaten für den Fall, dass die in Artikel 1 Buchstabe a genannten Vorgänge zwischen Gesellschaften des Mitgliedstaats der einbringenden Gesellschaft erfolgen, Vorschriften an, die die Übernahme der bei der einbringenden Gesellschaft steuerlich noch nicht berücksichtigten Verluste durch die übernehmende Gesellschaft gestatten, so dehnen sie diese Vorschriften auf die Übernahme der bei der einbringenden Gesellschaft steuerlich noch nicht berücksichtigten Verluste durch die in ihrem Hoheitsgebiet gelegenen Betriebsstätten der übernehmenden Gesellschaft aus.

Art. 7 [Besteuerung der Wertsteigerungen]

(1) Wenn die übernehmende Gesellschaft am Kapital der einbringenden Gesellschaft eine Beteiligung besitzt, so unterliegen die bei der übernehmenden Gesellschaft möglicherweise entstehenden Wertsteigerungen beim Untergang ihrer Beteiligung am Kapital der einbringenden Gesellschaft keiner Besteuerung.

(2) Die Mitgliedstaaten können von Absatz 1 abweichen, wenn der Anteil der übernehmenden Gesellschaft am Kapital der einbringenden Gesellschaft weniger als 15% beträgt.

Ab 1. Januar 2009 beträgt der Mindestanteil 10%.

Art. 8 [Besteuerung des einbringenden Gesellschafters]

(1) Die Zuteilung von Anteilen am Gesellschaftskapital der übernehmenden oder erwerbenden Gesellschaft an einen Gesellschafter der einbringenden oder

erworbenen Gesellschaft gegen Anteile an deren Gesellschaftskapital aufgrund einer Fusion, einer Spaltung oder des Austauschs von Anteilen darf für sich allein keine Besteuerung des Veräußerungsgewinns dieses Gesellschafters auslösen.

(2) Die Zuteilung von Anteilen am Gesellschaftskapital der übernehmenden Gesellschaft an einen Gesellschafter der einbringenden Gesellschaft aufgrund einer Abspaltung darf für sich allein keine Besteuerung des Veräußerungsgewinns dieses Gesellschafters auslösen.

(3) Betrachtet ein Mitgliedstaat einen Gesellschafter aufgrund seiner Beurteilung von dessen juristischen Merkmalen, die sich aus dem Recht, nach dem dieser gegründet wurde, ergeben, als steuerlich transparent und besteuert daher die an diesem Gesellschafter beteiligten Personen nach ihrem Anteil an den ihnen zuzurechnenden Gewinnen des Gesellschafters im Zeitpunkt der Zurechnung, so besteuert dieser Mitgliedstaat den Veräußerungsgewinn dieser Personen aus der Zuteilung von Anteilen am Gesellschaftskapital der übernehmenden oder erwerbenden Gesellschaft an den Gesellschafter nicht.

(4) Die Absätze 1 und 3 finden nur dann Anwendung, wenn der Gesellschafter den erworbenen Anteilen keinen höheren steuerlichen Wert beimisst, als den in Tausch gegebenen Anteilen unmittelbar vor der Fusion, der Spaltung oder dem Austausch der Anteile beigemessen war.

(5) Die Absätze 2 und 3 finden nur dann Anwendung, wenn der Gesellschafter der Summe der erworbenen Anteile und seiner Anteile an der einbringenden Gesellschaft keinen höheren steuerlichen Wert beimisst, als den Anteilen an der einbringenden Gesellschaft unmittelbar vor der Abspaltung beigemessen war.

(6) Die Anwendung der Absätze 1, 2 und 3 hindert die Mitgliedstaaten nicht, den Gewinn aus einer späteren Veräußerung der erworbenen Anteile in gleicher Weise zu besteuern wie den Gewinn aus einer Veräußerung der vor dem Erwerb vorhandenen Anteile.

(7) Für die Zwecke dieses Artikels ist der „steuerliche Wert" der Wert, auf dessen Grundlage ein etwaiger Gewinn oder Verlust für die Zwecke der Besteuerung des Veräußerungsgewinns eines Gesellschafters ermittelt würde.

(8) Darf ein Gesellschafter nach dem Recht seines Wohnsitzstaats oder Sitzstaats eine von den Absätzen 4 und 5 abweichende steuerliche Behandlung wählen, so finden die Absätze 1, 2 und 3 keine Anwendung auf die Anteile, für die der Gesellschafter von diesem Recht Gebrauch macht.

(9) Die Absätze 1, 2 und 3 hindern die Mitgliedstaaten nicht, eine bare Zuzahlung aufgrund einer Fusion, einer Spaltung, einer Abspaltung oder eines Austausches von Anteilen an die Gesellschafter zu besteuern.

Art. 9 [Einbringung von Unternehmensteilen]

Die Artikel 4, 5 und 6 gelten entsprechend für die Einbringung von Unternehmensteilen.

Kapitel III. Sonderfall der Einbringung einer Betriebsstätte

Art. 10 [Einbringung einer Betriebsstätte]

(1) Wenn sich unter den bei einer Fusion, Spaltung, Abspaltung oder Einbringung von Unternehmensteilen eingebrachten Wirtschaftsgütern eine in einem

anderen Mitgliedstaat als dem der einbringenden Gesellschaft liegende Betriebsstätte befindet, so verzichtet der Mitgliedstaat der einbringenden Gesellschaft endgültig auf seine Rechte zur Besteuerung dieser Betriebsstätte.

Der Mitgliedstaat der einbringenden Gesellschaft kann bei der Ermittlung des steuerbaren Gewinns dieser Gesellschaft frühere Verluste dieser Betriebsstätte, die von dem in diesem Mitgliedstaat steuerbaren Gewinn der Gesellschaft abgezogen wurden und noch nicht ausgeglichen worden sind, hinzurechnen.

Der Mitgliedstaat, in dem sich die Betriebsstätte befindet, und der Mitgliedstaat der übernehmenden Gesellschaft wenden auf diese Einbringung die Bestimmungen dieser Richtlinie an, als ob der Mitgliedstaat der Betriebsstätte mit dem Mitgliedstaat der einbringenden Gesellschaft identisch wäre.

Dieser Absatz gilt auch für den Fall, dass die Betriebsstätte in dem Mitgliedstaat gelegen ist, in dem die übernehmende Gesellschaft ansässig ist.

(2) Abweichend von Absatz 1 ist der Mitgliedstaat der einbringenden Gesellschaft, sofern er ein System der Weltgewinnbesteuerung anwendet, berechtigt, die durch die Fusion, Spaltung, Abspaltung oder Einbringung von Unternehmensteilen entstehenden Veräußerungsgewinne der Betriebsstätte zu besteuern, vorausgesetzt, er rechnet die Steuer, die ohne die Bestimmungen dieser Richtlinie auf diese Veräußerungsgewinne im Staat der Betriebsstätte erhoben worden wäre, in gleicher Weise und mit dem gleichen Betrag an, wie wenn diese Steuer tatsächlich erhoben worden wäre.

Kapitel IV. Sonderfall steuerlich transparenter Gesellschaften

Art. 11 [Steuerlich transparente Gesellschaften]

(1) Betrachtet ein Mitgliedstaat eine gebietsfremde einbringende oder erworbene Gesellschaft aufgrund seiner Beurteilung ihrer juristischen Merkmale, die sich aus dem Recht, nach dem sie gegründet wurde, ergeben, als steuerlich transparent, so ist er berechtigt, die Bestimmungen dieser Richtlinie bei der Besteuerung der Veräußerungsgewinne eines unmittelbaren oder mittelbaren Gesellschafters dieser Gesellschaft nicht anzuwenden.

(2) Macht ein Mitgliedstaat von seinem Recht gemäß Absatz 1 Gebrauch, so rechnet er die Steuer, die ohne die Bestimmungen dieser Richtlinie auf die Veräußerungsgewinne der steuerlich transparenten Gesellschaft erhoben worden wäre, in gleicher Weise und mit dem gleichen Betrag an, wie wenn diese Steuer tatsächlich erhoben worden wäre.

(3) Betrachtet ein Mitgliedstaat eine gebietsfremde übernehmende oder erwerbende Gesellschaft aufgrund seiner Beurteilung ihrer juristischen Merkmale, die sich aus dem Recht, nach dem sie gegründet wurde, ergeben, als steuerlich transparent, so ist er berechtigt, Artikel 8 Absätze 1, 2 und 3 nicht anzuwenden.

(4) Betrachtet ein Mitgliedstaat eine gebietsfremde übernehmende Gesellschaft aufgrund seiner Beurteilung ihrer juristischen Merkmale, die sich aus dem Recht, nach dem sie gegründet wurde, ergeben, als steuerlich transparent, so kann er jedem unmittelbaren oder mittelbaren Gesellschafter die gleiche steuerliche Behandlung zuteil werden lassen, wie wenn die übernehmende Gesellschaft in seinem Gebiet ansässig wäre.

Kapitel V. Regeln für die Sitzverlegung einer SE oder einer SCE

Art. 12 [Besteuerung bei Sitzverlegung]

(1) Wenn

a) eine SE oder SCE ihren Sitz von einem Mitgliedstaat in einen anderen verlegt, oder

b) eine SE oder SCE, die in einem Mitgliedstaat ansässig ist, infolge der Verlegung ihres Sitzes von diesem Mitgliedstaat in einen anderen Mitgliedstaat ihren Steuersitz in diesem Mitgliedstaat aufgibt und in einem anderen Mitgliedstaat ansässig wird,

darf diese Verlegung des Sitzes oder die Aufgabe des Steuersitzes in dem Mitgliedstaat, aus dem der Sitz verlegt wurde, keine Besteuerung des nach Artikel 4 Absatz 1 berechneten Veräußerungsgewinns aus dem Aktiv- und Passivvermögen einer SE oder SCE auslösen, das in der Folge tatsächlich einer Betriebsstätte der SE bzw. der SCE in dem Mitgliedstaat, von dem der Sitz verlegt wurde, zugerechnet bleibt, und das zur Erzielung des steuerlich zu berücksichtigenden Ergebnisses beiträgt.

(2) Absatz 1 findet nur dann Anwendung, wenn die SE bzw. die SCE neue Abschreibungen und spätere Wertsteigerungen oder Wertminderungen des Aktiv- und Passivvermögens, das tatsächlich dieser Betriebsstätte zugerechnet bleibt, so berechnet, als habe keine Sitzverlegung stattgefunden, oder als habe die SE oder SCE ihren steuerlichen Sitz nicht aufgegeben.

(3) Darf die SE bzw. die SCE nach dem Recht des Mitgliedstaats, aus dem der Sitz verlegt wurde, neue Abschreibungen oder spätere Wertsteigerungen oder Wertminderungen des in jenem Mitgliedstaat verbleibenden Aktiv- und Passivvermögens abweichend von Absatz 2 berechnen, so findet Absatz 1 keine Anwendung auf das Vermögen, für das die Gesellschaft von diesem Recht Gebrauch macht.

Art. 13 [Rückstellungen bei Sitzverlegung]

(1) Wenn

a) eine SE oder SCE ihren Sitz von einem Mitgliedstaat in einen anderen verlegt oder

b) eine SE oder SCE, die in einem Mitgliedstat ansässig ist, infolge der Verlegung ihres Sitzes von diesem Mitgliedstaat in einen anderen Mitgliedstaat ihren Steuersitz in diesem Mitgliedstaat aufgibt und in einem anderen Mitgliedstaat ansässig wird,

treffen die Mitgliedstaaten die erforderlichen Maßnahmen, um sicherzustellen, dass Rückstellungen und Rücklagen, die von der SE oder SCE vor der Verlegung des Sitzes ordnungsgemäß gebildet wurden und ganz oder teilweise steuerbefreit sind sowie nicht aus Betriebsstätten im Ausland stammen, von einer Betriebsstätte der SE oder SCE im Hoheitsgebiet des Mitgliedstaats, von dem der Sitz verlegt wurde, mit der gleichen Steuerbefreiung übernommen werden können.

(2) Insofern als eine Gesellschaft, die ihren Sitz innerhalb des Hoheitsgebietes eines Mitgliedstaats verlegt, das Recht hätte, steuerlich noch nicht berücksichtigte Verluste vor- oder rückzutragen, gestattet der betreffende Mitgliedstaat auch der in seinem Hoheitsgebiet gelegenen Betriebsstätte der SE oder SCE, die ihren Sitz

verlegt, die Übernahme der steuerlich noch nicht berücksichtigten Verluste der SE bzw. der SCE, vorausgesetzt, die Vor- oder Rückübertragung der Verluste wäre für ein Unternehmen, das weiterhin seinen Sitz oder seinen steuerlichen Sitz in diesem Mitgliedstaat hat, zu vergleichbaren Bedingungen möglich gewesen.

Art. 14 [Gesellschafterbesteuerung bei Sitzverlegung]

(1) Die Verlegung des Sitzes einer SE bzw. einer SCE darf für sich allein keine Besteuerung des Veräußerungsgewinns der Gesellschafter auslösen.

(2) Die Anwendung des Absatzes 1 hindert die Mitgliedstaaten nicht, den Gewinn aus einer späteren Veräußerung der Anteile am Gesellschaftskapital der ihren Sitz verlegenden SE bzw. SCE zu besteuern.

Kapitel VI. Schlussbestimmungen

Art. 15 [Anwendungsvorbehalte]

(1) Ein Mitgliedstaat kann die Anwendung der Artikel 4 bis 14 ganz oder teilweise versagen oder rückgängig machen, wenn einer der in Artikel 1 genannten Vorgänge

a) als hauptsächlichen Beweggrund oder als einen der hauptsächlichen Beweggründe die Steuerhinterziehung oder -umgehung hat; vom Vorliegen eines solchen Beweggrundes kann ausgegangen werden, wenn der Vorgang nicht auf vernünftigen wirtschaftlichen Gründen – insbesondere der Umstrukturierung oder der Rationalisierung der beteiligten Gesellschaften – beruht;
b) dazu führt, dass eine an dem Vorgang beteiligte Gesellschaft oder eine an dem Vorgang nicht beteiligte Gesellschaft die Voraussetzungen für die bis zu dem Vorgang bestehende Vertretung der Arbeitnehmer in den Organen der Gesellschaft nicht mehr erfüllt.

(2) Absatz 1 Buchstabe b ist so lange und so weit anwendbar, wie auf die von dieser Richtlinie erfassten Gesellschaften keine Vorschriften des Gemeinschaftsrechts anwendbar sind, die gleichwertige Bestimmungen über die Vertretung der Arbeitnehmer in den Gesellschaftsorganen enthalten.

Art. 16 [Bericht der Mitgliedstaaten]

Die Mitgliedstaaten teilen der Kommission den Wortlaut der wichtigsten innerstaatlichen Vorschriften mit, die sie auf dem unter diese Richtlinie fallenden Gebiet erlassen.

Art. 17 [Aufhebung der Richtlinie 90/434/EWG; Bezugnahmen]

Die Richtlinie 90/434/EWG, in der Fassung der in Anhang II Teil A aufgeführten Rechtsakte, wird unbeschadet der Verpflichtung der Mitgliedstaaten hinsichtlich der in Anhang II Teil B genannten Fristen für die Umsetzung in innerstaatliches Recht und für die Anwendung aufgehoben.

Bezugnahmen auf die aufgehobene Richtlinie gelten als Bezugnahmen auf die vorliegende Richtlinie und sind nach Maßgabe der Entsprechungstabelle in Anhang III zu lesen.

Art. 18 **[Inkrafttreten]**

Diese Richtlinie tritt am zwanzigsten Tag nach ihrer Veröffentlichung[1] im *Amtsblatt der Europäischen Union* in Kraft.

Art. 19 **[Adressaten]**

Diese Richtlinie ist an die Mitgliedstaaten gerichtet.

[1] Veröffentlicht am 25.11.2009.

Anhang I. [Gesellschaftsarten; Steuerarten]

Teil A. Liste der Gesellschaften im Sinne von Artikel 3 Buchstabe a

a) Die gemäß der Verordnung (EG) Nr. 2157/2001 und der Richtlinie 2001/86/EG des Rates vom 8. Oktober 2001 zur Ergänzung des Statuts der Europäischen Gesellschaft hinsichtlich der Beteiligung der Arbeitnehmer[1] gegründeten Gesellschaften (SE) sowie die gemäß der Verordnung (EG) Nr. 1435/2003 und der Richtlinie 2003/72/EG des Rates vom 22. Juli 2003 zur Ergänzung des Statuts der Europäischen Genossenschaft hinsichtlich der Beteiligung der Arbeitnehmer[2] gegründeten Genossenschaften (SCE);

b) die Gesellschaften belgischen Rechts mit der Bezeichnung „société anonyme"/„naamloze vennootschap", „société en commandite par actions"/„commanditaire vennootschap op aandelen", „société privée à responsabilité limitée"/„besloten vennootschap met beperkte aansprakelijkheid", „société coopérative à responsabilité limitée"/„coöperatieve vennootschap met beperkte aansprakelijkheid", „société coopérative à responsabilité illimitée"/„coöperatieve vennootschap met onbeperkte aansprakelijkheid", „société en nom collectif"/„vennootschap onder firma", „société en commandite simple"/„gewone commanditaire vennootschap", öffentliche Unternehmen, die eine der genannten Rechtsformen angenommen haben und andere nach belgischem Recht gegründete Gesellschaften, die der belgischen Körperschaftsteuer unterliegen;

c) Gesellschaften bulgarischen Rechts mit der Bezeichnung: „събирателното дружество", „командитното дружество", „дружеството с ограничена отговорност", „акционерното дружество", „командитното дружество с акции", „кооперации", „кооперативни съюзи" und „държавни предприятия", die nach bulgarischem Recht gegründet wurden und gewerbliche Tätigkeiten ausüben;

d) die Gesellschaften tschechischen Rechts mit der Bezeichnung „akciová společnost" und „společnost s ručením omezeným";

e) die Gesellschaften dänischen Rechts mit der Bezeichnung „aktieselskab" und „anpartsselskab"; weitere nach dem Körperschaftsteuergesetz steuerpflichtige Unternehmen, soweit ihr steuerbarer Gewinn nach den allgemeinen steuerrechtlichen Bestimmungen für „aktieselskaber" ermittelt und besteuert wird;

f) die Gesellschaften deutschen Rechts mit der Bezeichnung „Aktiengesellschaft", „Kommanditgesellschaft auf Aktien", „Gesellschaft mit beschränkter Haftung", „Versicherungsverein auf Gegenseitigkeit", „Erwerbs- und Wirtschaftsgenossenschaft", „Betriebe gewerblicher Art von juristischen Personen des öffentlichen Rechts" und andere nach deutschem Recht gegründete Gesellschaften, die der deutschen Körperschaftsteuer unterliegen;

g) die Gesellschaften estnischen Rechts mit der Bezeichnung „täisühing", „usaldusühing", „osaühing", „aktsiaselts" und „tulundusühistu";

h) nach irischem Recht gegründete oder eingetragene Gesellschaften, gemäß dem Industrial and Provident Societies Act eingetragene Körperschaften,

---

[1] **Amtl. Anm.:** ABl. L 294 vom 10.11.2001, S. 22.

[2] **Amtl. Anm.:** ABl. L 207 vom 18.8.2003, S. 25.

gemäß den Building Societies ACTS gegründete „building societies" und „trustee savings banks" im Sinne des Trustee Savings Banks Act von 1989;

i) die Gesellschaften griechischen Rechts mit der Bezeichnung „ανώνυμη εταιρεία" und „εταιρεία περιορισμένης ευθύνης (Ε.Π.Ε.)";

j) die Gesellschaften spanischen Rechts mit der Bezeichnung „sociedad anónima", „sociedad comanditaria por acciones" und „sociedad de responsabilidad limitada" sowie die öffentlich-rechtlichen Körperschaften, deren Tätigkeit unter das Privatrecht fällt;

k) die Gesellschaften französischen Rechts mit der Bezeichnung „société anonyme", „société en commandite par actions" und „société à responsabilité limitée", „sociétés par actions simplifiées", „sociétés d'assurances mutuelles", „caisses d'épargne et de prévoyance", „sociétés civiles", die automatisch der Körperschaftsteuer unterliegen, „coopératives", „unions de coopératives", die öffentlichen Industrie- und Handelsbetriebe und -unternehmen und andere nach französischem Recht gegründete Gesellschaften, die der französischen Körperschaftsteuer unterliegen;

l) die Gesellschaften italienischen Rechts mit der Bezeichnung „società per azioni", „società in accomandita per azioni", „società a responsabilità limitata", „società cooperative", „società di mutua assicurazione" sowie öffentliche und private Körperschaften, deren Tätigkeit ganz oder überwiegend handelsgewerblicher Art ist;

m) die nach zyprischem Recht gegründeten Gesellschaften: „εταιρείες" gemäß der Begriffsbestimmung in den Einkommensteuergesetzen;

n) die Gesellschaften lettischen Rechts mit der Bezeichnung „akciju sabiedrība" und „sabiedrība ar ierobežotu atbildību";

o) die nach litauischem Recht gegründeten Gesellschaften;

p) die Gesellschaften luxemburgischen Rechts mit der Bezeichnung „société anonyme", „société en commandite par actions", „société à responsabilité limitée", „société coopérative", „société coopérative organisée comme une société anonyme", „association d'assurances mutuelles", „association d'épargnepension", „entreprise de nature commerciale, industrielle ou minière de l'État, des communes, des syndicats de communes, des établissements publics et des autres personnes morales de droit public" sowie andere nach luxemburgischem Recht gegründete Gesellschaften, die der luxemburgischen Körperschaftsteuer unterliegen;

q) die Gesellschaften ungarischen Rechts mit der Bezeichnung „közkereseti társaság", „betéti társaság", „közös vállalat", „korlátolt felelősségű társaság", „részvénytársaság", „egyesülés", „közhasznú társaság" und „szövetkezet";

r) die Gesellschaften maltesischen Rechts mit der Bezeichnung „Kumpaniji ta' Responsabilita Limitata" und „Soċjetajiet en commandite li l-kapital tagħhom maqsum f'azzjonijiet";

s) die Gesellschaften niederländischen Rechts mit der Bezeichnung „naamloze vennnootschap", „besloten vennootschap met beperkte aansprakelijkheid", „open commanditaire vennootschap", „coöperatie", „onderlinge waarborgmaatschappij", „fonds voor gemene rekening", „vereniging op coöperatieve grondslag" und „vereniging welke op onderlinge grondslag als verzekeraar of kredietinstelling optreedt" sowie andere nach niederländischem Recht gegründete Gesellschaften, die der niederländischen Körperschaftsteuer unterliegen;

t) die Gesellschaften österreichischen Rechts mit der Bezeichnung „Aktiengesellschaft", „Gesellschaft mit beschränkter Haftung" und „Erwerbs- und Wirtschaftsgenossenschaft";
u) die Gesellschaften polnischen Rechts mit der Bezeichnung „spółka akcyjna" und „spółka z ograniczoną odpowiedzialnością";
v) die nach portugiesischem Recht gegründeten Handelsgesellschaften und zivilrechtlichen Handelsgesellschaften sowie andere nach portugiesischem Recht gegründete juristische Personen, die Industrie- oder Handelsunternehmen sind;
w) Gesellschaften rumänischen Rechts mit der Bezeichnung: „societăţi pe acţiuni", „societăţi în comandită pe acţiuni" und „societăţi cu răspundere limitată";
x) die Gesellschaften slowenischen Rechts mit der Bezeichnung „delniška družba", „komanditna družba" und „družba z omejeno odgovornostjo";
y) die Gesellschaften slowakischen Rechts mit der Bezeichnung „akciová spoločnosť", „spoločnost' s ručením obmedzeným" und „komanditná spoločnosť";
z) die Gesellschaften finnischen Rechts mit der Bezeichnung „osakeyhtiö"/„aktiebolag", „osuuskunta"/„andelslag", „säästöpankki"/„sparbank" und „vakuutusyhtiö"/„försäkringsbolag";
aa) die Gesellschaften schwedischen Rechts mit der Bezeichnung „aktiebolag", „bankaktiebolag", „försäkringsaktiebolag", „ekonomiska föreningar", „sparbanker" und „ömsesidiga försäkringsbolag";
bb) die nach dem Recht des Vereinigten Königreichs gegründeten Gesellschaften.

Teil B. Liste der Steuern im Sinne von Artikel 3 Buchstabe c

– vennootschapsbelasting/impôt des sociétés in Belgien,
– корпоративен данък in Bulgarien,
– daň z příjmů právnických osob in der Tschechischen Republik,
– selskabsskat in Dänemark,
– Körperschaftsteuer in Deutschland, – tulumaks in Estland,
– corporation tax in Irland,
– φόρος εισοδήματος νομικών προσώπων κερδοσκοπικού χαρακτήρα in Griechenland,
– impuesto sobre sociedades in Spanien,
– impôt sur les sociétés in Frankreich,
– imposta sul reddito delle società in Italien,
– φόρος εισοδήματος in Zypern,
– uzņēmumu ienākuma nodoklis in Lettland,
– pelno mokestis in Litauen,
– impôt sur le revenu des collectivités in Luxemburg,
– társasági adó in Ungarn,
– taxxa fuq l-income in Malta,
– vennootschapsbelasting in den Niederlanden,
– Körperschaftsteuer in Österreich,
– podatek dochodowy od osób prawnych in Polen,
– imposto sobre o rendimento das pessoas colectivas in Portugal,
– impozit pe profit in Rumänien,
– davek od dobička pravnih oseb in Slowenien,

– daň z príjmov právnických osôb in der Slowakei,
– yhteisöjen tulovero/inkomstskatten för samfund in Finnland,
– statlig inkomstskatt in Schweden,
– corporation tax im Vereinigten Königreich.

Anhang II. [Aufhebungen; Fristen]

Teil A. Aufgehobene Richtlinie mit Liste ihrer nachfolgenden Änderungen (gemäß Artikel 17)

Richtlinie 90/434/EWG des Rates (ABl. L 225 vom 20.8.1990, S. 1).	
Beitrittsakte von 1994 Anhang I Nr. XI.B.I.2 (ABl. C 241 vom 29.8.1994, S. 196).	
Beitrittsakte von 2003 Anhang II Nr. 9.7 (ABl. L 236 vom 23.9.2003, S. 559).	
Richtlinie 2005/19/EG des Rates (ABl. L 58 vom 4.3.2005, S. 19).	
Richtlinie 2006/98/EG des Rates (ABl. L 363 vom 20.12.2006, S. 129).	nur Nummer 6 des Anhangs

Teil B. Fristen für die Umsetzung in innerstaatliches Recht und für die Anwendung (gemäß Artikel 17)

Richtlinie	Umsetzungsfrist	Datum der Anwendung
90/434/EWG	1. Januar 1992	1. Januar 1993[1]
2005/19/EG	1. Januar 2006[2] 1. Januar 2007[3]	–
2006/98/EG	1. Januar 2007	–

Anhang III. Entsprechungstabelle

Richtlinie 90/434/EWG	Vorliegende Richtlinie
Artikel 1	*Artikel 1*
Artikel 2 Buchstabe a erster Gedankenstrich	Artikel 2 Buchstabe a Ziffer i
Artikel 2 Buchstabe a zweiter Gedankenstrich	Artikel 2 Buchstabe a Ziffer ii
Artikel 2 Buchstabe a dritter Gedankenstrich	Artikel 2 Buchstabe a Ziffer iii

[1] **Amtl. Anm.:** Betrifft ausschließlich die Portugiesische Republik.

[2] **Amtl. Anm.:** Bezüglich der in Artikel 2 Absatz 1 der Richtlinie genannten Bestimmungen.

[3] **Amtl. Anm.:** Bezüglich der in Artikel 2 Absatz 2 der Richtlinie genannten Bestimmungen.

Artikel 2 Buchstabe b	Artikel 2 Buchstabe b
Artikel 2 Buchstabe ba	Artikel 2 Buchstabe c
Artikel 2 Buchstabe c	Artikel 2 Buchstabe d
Artikel 2 Buchstabe d	Artikel 2 Buchstabe e
Artikel 2 Buchstabe e	Artikel 2 Buchstabe f
Artikel 2 Buchstabe f	Artikel 2 Buchstabe g
Artikel 2 Buchstabe g	Artikel 2 Buchstabe h
Artikel 2 Buchstabe h	Artikel 2 Buchstabe i
Artikel 2 Buchstabe i	Artikel 2 Buchstabe j
Artikel 2 Buchstabe j	Artikel 2 Buchstabe k
Artikel 3 Buchstabe a	Artikel 3 Buchstabe a
Artikel 3 Buchstabe b	Artikel 3 Buchstabe b
Artikel 3 Buchstabe c einleitender Satz zu Absätzen 1 und 2	Artikel 3 Buchstabe c
Artikel 3 Buchstabe c Absatz 1 erster bis siebenundzwanzigster Gedankenstrich	Anhang I Teil B
Artikel 4 Absatz 1 Unterabsatz 1	Artikel 4 Absatz 1
Artikel 4 Absatz 1 Unterabsatz 2	Artikel 4 Absatz 2
Artikel 4 Absatz 2	Artikel 4 Absatz 3
Artikel 4 Absatz 3	Artikel 4 Absatz 4
Artikel 4 Absatz 4	Artikel 4 Absatz 5
Artikel 5 und 6	Artikel 5 und 6
Artikel 7 Absatz 1	Artikel 7 Absatz 1
Artikel 7 Absatz 2 Unterabsatz 1	Artikel 7 Absatz 2 Unterabsatz 1
Artikel 7 Absatz 2 Unterabsatz 2 Satz 1	–
Artikel 7 Absatz 2 Unterabsatz 2 Satz 2	Artikel 7 Absatz 2 Unterabsatz 2
Artikel 8, 9 und 10	Artikel 8, 9 und 10
Artikel 10a	*Artikel 11*
Artikel 10b	*Artikel 12*
Artikel 10c	*Artikel 13*
Artikel 10d	*Artikel 14*
Artikel 11	*Artikel 15*
Artikel 12 Absatz 1	–
Artikel 12 Absatz 2	–
Artikel 12 Absatz 3	*Artikel 16*
–	*Artikel 17*
–	*Artikel 18*
Artikel 13	*Artikel 19*
Anhang	Anhang I Teil A
–	Anhang II
–	Anhang III

Kommentar

A. Umwandlungsgesetz

Vom 28. Oktober 1994 (BGBl I 3210, ber BGBl I 1995, 428)

Zuletzt geändert durch Gesetz vom 22. Dezember 2011 (BGBl I 3044)

Einführung zum UmwG

Übersicht

1. Historische Entwicklung

Schrifttum: *Gäbelein,* Die Unternehmensspaltung – Aktuelle Probleme und Gesetzgebungsvorhaben, BB 1989, 1420; *Balser/Bokelmann/Piorrek/Dostmann/Kauffmann,* Umwandlung – Verschmelzung – Vermögensübertragung, 1990; Zu den Umwandlungen im Zusammenhang mit der deutschen Wiedervereinigung (Umwandlungsverordnung und Treuhandgesetz) vgl. Supplement Deutsche Einigung – Rechtsentwicklungen, BB Beilage 40/1990; BB Beilage 13/1991, 14: Folge 17 *(Köstler),* Folge 22 *(Semler),* Folge 23 *(Lipps);* ausführlich zum SpTrUG *Widmann/Mayer* 28. EL Einführung UmwG 1.3; *D. Mayer/Kössinger* in Widmann/Mayer 21. EL Rn 2915 ff; *Schwedhelm,* Die Unternehmensumwandlung, 1993; *Heußner,* Grundlagen der Neuorganisation der Wirtschaftseinheiten auf dem Gebiet der ehemaligen DDR mit Hinweisen auf steuerliche Besonderheiten, StBp 1995, 149, 180, 204; 1996, 12; *Wagner,* Die Umwandlung einer Produktionsgenossenschaft des Handwerks (PGH) in eine GmbH, DB 1995, 501; *Ebbing,* Probleme bei der Umwandlung sozialistischer Wirtschaftseinheiten in Kapitalgesellschaften auf der Grundlage der UmwVO und der §§ 11 ff TreuhG, NZG 1998, 132; *Hommelhoff/Schubel,* Das Gesellschaftsrecht auf dem Prüfstand: Zur Transformation der DDR-Genossenschaften, ZIP 1998, 537.

Eine gesetzl Regelung der Umw erfolgte erstmals in der Novelle des ADHGB **1** von 1884 (Art 206a betrifft Umw einer KGaA in eine AG). Die modernen Umwandlungsregelungen haben ihren Ursprung in §§ 80, 81 GmbHG 1892 (übertragende Umw einer AG in eine GmbH) und §§ 263 ff AktG 1937 (formwechselnde Umw von KapGes in andere KapGes).

2 Umwandlungsmöglichkeiten zwischen KapGes und PersGes sowie Einzelkaufleuten wurden erstmals durch das Gesetz über die Umw von KapGes von 1934 eröffnet (zur Unvollkommenheit dieses gesetzgeberischen Ansatzes vgl *K. Schmidt* FS Heinsius, 1991, 715) und im Gesetz über die Umw von KapGes und bergrechtl Gewerkschaften von 1956 erweitert. Beide Gesetzeswerke regelten nur die übertragende Umw von KapGes und bergrechtl Gewerkschaften auf eine PersGes oder einen Gesellschafter; der umgekehrte Fall, die Umw durch Übertragung von einer PersGes oder einem Einzelkaufmann auf eine KapGes, blieb ungeregelt.

3 Erst mit dem **UmwG 1969** (dazu *Meyer-Ladewig* DB 1969, 1005 und *Knur* DNotZ 1971, 10 sowie ausführl *Schneider/Schlaus* DB 1969, 2213 mit Fortsetzung DB 1969, 2261; DB 1970, 237 und 621) wurden die noch verbliebenen gesetzl Lücken ausgefüllt. Neben dem UmwG 1969 fanden sich Vorschriften über die Verschm und den Formwechsel auch in §§ 339 ff AktG, §§ 19 ff KapErhG, §§ 63e ff, 93a ff GenG und §§ 44a ff, 53a VAG. Dieser Rechtszustand war unübersichtl und für die Betroffenen unbefriedigend, weil allg Grdse der Umw von Unternehmen gesetzl nicht formuliert waren (RegEBegr BR-Drs 75/94 zu Allg Begr; einen Überblick der früheren Regelungen zu den einzelnen Rechtsformen gibt Widmann/Mayer/*Fronhöfer* § 2 Rn 2 ff; KölnerKommUmwG/*Dauner-Lieb* Einl A Rn 7); außerdem waren die Regelungen lückenhaft, weil zum einen die in Betracht kommenden Rechtsträger nur unzulängl berücksichtigt wurden und zum anderen die Spaltung nicht erfasst war (RegEBegr BR-Drs 75/94 zu Allg Begr; Lutter/*Lutter* Rn 7).

4 Der Beitritt der fünf neuen Bundesländer machte die Umstrukturierung ehemaliger DDR-Betriebe durch eine gesetzl normierte Umw erforderl. Deshalb wurde nach dem Vorbild des DiskE für das Gesetz zur Bereinigung des UmwR sowohl die Aufspaltung in Form der Teilung landwirtschaftl Produktionsgenossenschaften in §§ 4–12 **LwAnpG** (BGBl I 1991, 14, 18), als auch die Aufspaltung bzw Abspaltung zu großen Wirtschaftseinheiten nach dem Gesetz über die Spaltung der von der Treuhandanstalt verwalteten Unternehmen, **SpTrUG** vom 5.4.1991 (BGBl I 894), statuiert. Vgl im Einzelnen beim angegebenen Schrifttum sowie *Heußner* StBp 1995, 149, 180, 204; 1996, 12. Zur UmwVO und zu §§ 11 ff TreuhG vgl BGH NZG 1998, 150 und *Ebbing* NZG 1998, 132.

2. Reform des Umwandlungsrechts

a) Europarechtliche Vorgaben.

Schrifttum: *Saß,* Probleme der Umsetzung der steuerlichen EG-Fusionsrichtlinie in Deutschland, Frankreich, Belgien, Niederlande, Großbritannien, DB 1993, 1892; *Schwarz,* Das neue Umwandlungsrecht, DStR 1994, 1694; *Meilicke,* Zur Vereinbarkeit der Sitztheorie mit der EMRK, BB Beilage 9/1995; *Schöne,* Das Aktienrecht als Maß aller Dinge im neuen Umwandlungsrecht? Zugleich Anmerkungen zu den Kölner Umwandlungsrechtstagen, GmbHR 1995, 325; *Krause,* Das Übergangsmandat des Betriebsrats im Licht der novellierten Betriebsübergangsrichtlinie, NZA 1998, 1201; *Meilicke,* Zum Vorschlag der Europäischen Kommission für die 14. EU-Richtlinie zur Koordinierung des Gesellschaftsrechts-Sitzverlegungs-Richtlinie, GmbHR 1998, 1053; *Oetker,* Die Vorgaben der Betriebsübergangsrichtlinie für die Beteiligungsrechte des Betriebsrats, NZA 1998, 1193; *Weber,* Arbeitnehmerschutz kontra Sanierung?, EuZW 1998, 583; *Peters,* Übertragung von Gesellschaftsvermögen und „Freezeout" – Konfliktpotential im Minderheitenschutz, BB 1999, 801; *Weißhaupt,* Der „eigentliche" Holzmüller, NZG 1999, 804; *Halm,* „Squeeze-Out" heute und morgen: Eine Bestandsaufnahme nach dem künftigen Übernahmerecht, NZG 2000, 1162; *Horn,* Internationale Unternehmenszusammenschlüsse, ZIP 2000, 473; *Krause,* Die geplante Takeover-Richtlinie der Europäischen Union mit Ausblick auf das geplante deutsche Übernahmegesetz,

NZG 2000, 905; *Land/Hasselbach,* „Going private" und „Squeeze-out" nach deutschem Aktien- Börsen- und Übernahmerecht, DB 2000, 557; *Lutter,* Das Europäische Unternehmensrecht im 21. Jahrhundert, ZGR 2000, 1; *Neye,* Der gemeinsame Standpunkt des Rates zur 13. Richtlinie – Ein entscheidender Schritt auf dem Weg zu einem europäischen Übernahmerecht, AG 2000, 289; *Wiesner,* Europäisches Unternehmensrecht, ZIP 2000, 1792; *ders,* Der Nizza-Kompromiss zur Europa-AG, ZIP 2001, 397; *Kloster,* Societas Europaea und europäische Unternehmenszusammenschlüsse, EuZW 2003, 293; *Maul/Teichmann/Wenz,* Der Richtlinienvorschlag zur grenzüberschreitenden Verschmelzung von Kapitalgesellschaften, BB 2003, 2633; *Bayer,* Aktuelle Entwicklungen im Europäischen Gesellschaftsrecht, BB 2004, 1; *Drygala,* Stand und Entwicklung des europäischen Gesellschaftsrechts, ZEuP 2004, 337; *Ihrig/Wagner,* Das Gesetz zur Einführung der Europäischen Gesellschaft (SEEG) auf der Zielgeraden, BB 2004, 1749; *Müller,* Die grenzüberschreitende Verschmelzung nach dem neuen Richtlinienentwurf der EU-Kommission, ZIP 2004, 1790; *Neye,* Der Gesetzentwurf zur Einführung der Europäischen Aktiengesellschaft vor den Ausschussberatungen im Deutschen Bundestag, BB 2004, 1973; *Paefgen,* Umwandlung, europäische Grundfreiheiten und Kollisionsrecht, GmbHR 2004, 463; vgl auch Schrifttum zu § 1 Rn 3.

Vgl zur Rechtslage bis 2001 3. Aufl 2001, Einf Rn 5, 6 mwN. **5**

Vgl jetzt § 1 Rn 21 ff und Lutter/*Lutter* Rn 26 ff je mwN. Am 1.5.2004 trat **6** die Fusionskontrollverordnung in Kraft (VO 139/2004 des Rates vom 20.1.2004 über die Kontrolle von Unternehmenszusammenschlüssen ABl EG 2004 Nr L 24, 1 ff. Zum Inhalt: *Staebe/Stenzel* EWS 2004, 194; *Rosenthal* EuZW 2004, 327). Danach werden vom dt Gesetzgeber weitere europäische RL auch durch Änderung des UmwG umgesetzt: die RL 2003/72/EG zur Europäischen Gen, die RL 2003/58/EG zur Änderung der RL 68/151/EWG in Bezug auf die Offenlegungspflichten von Ges bestimmter Rechtsformen, die RL 2004/109/EG und vor allem die RL 2005/56/EG über die Verschm von KapGes aus verschiedenen Mitgliedsstaaten (zu den Änderungen des UmwG Rn 28). Folgende weitere europäische RL waren zuvor bereits umgesetzt:

- Publizitätsrichtlinie vom 9.3.1968 (Erste RL Nr 68/151/EWG, ABl EG Nr L 65, 8 ff)
- Kapitalrichtlinie vom 13.12.1976 (Zweite RL Nr 77/191/EWG des Rates, ABl EG 1977 Nr L 26, 1 ff)
- Fusionsrichtlinie vom 9.10.1978 (Dritte RL Nr 78/855/EWG des Rates, ABl EG Nr L 295, 36 ff)
- Jahresabschlussrichtlinie vom 25.7.1978 (Vierte RL Nr 78/660/EWG des Rates, ABl EG Nr L 222, 11 ff)
- Spaltungsrichtlinie vom 17.12.1982 (Sechste RL Nr 82/891/EWG des Rates, ABl EG Nr L 378, 47 ff)
- Richtlinie über den konsolidierten Abschluss vom 13.6.1983 (Siebte RL Nr 83/349/EWG des Rates, ABl EG Nr L 193, 1 ff)
- Prüferbefähigungsrichtlinie vom 10.4.1984 (Achte RL Nr 84/253/EWG des Rates, ABl EG Nr L 126, 20 ff)
- Zweigniederlassungsrichtlinie vom 22.12.1989 (Elfte RL Nr 89/666/EWG des Rates, ABl EG Nr L 395, 36 ff)
- Einpersonen-GmbH-Richtlinie vom 22.12.1989 (Zwölfte RL Nr 89/667/EWG des Rates, ABl EG Nr L 395, 40 ff, Berichtigung ABl EG Nr L 232 vom 2.9.1999)

b) Diskussionsentwurf des Justizministeriums.

Schrifttum: *Gäbelein,* Die Unternehmensspaltung – Aktuelle Probleme und Gesetzgebungsvorhaben, BB 1989, 1420; *Heckschen,* Das Verschmelzungsrecht auf dem Prüfstand, ZIP

1989, 1168; *Kallmeyer,* Hauptversammlungskompetenzen in der AG – Zugleich ein Beitrag zur Reform des Umwandlungsrechts –, DB 1989, 2009; *K. Schmidt* FS Heinsius, 1991, 715; *Hirte,* Beteiligungserwerb und Sacheinlage im Entwurf des Umwandlungsgesetzes, AG 1990, 373; *ders,* Gesetzliche Gestaltung und dogmatisches Konzept eines neuen Umwandlungsgesetzes, ZGR 1990, 580; Diverse Beiträge in ZGR 1990, 392–611; *Hahn,* Zum Gläubigerschutz bei der Spaltung von Kapitalgesellschaften, GmbHR 1991, 242; *Niederleitinger,* Auf dem Weg zu einem neuen deutschen Umwandlungsrecht, DStR 1991, 879; *Zöllner,* Bemerkungen zu allgemeinen Fragen des Referentenentwurfs eines Umwandlungsgesetzes, ZGR 1993, 334; *Neye,* Die Reform des Umwandlungsrechts, DB 1994, 2069; *Schwarz,* Das neue Umwandlungsrecht, DStR 1994; *Ganske,* Umwandlung von Unternehmen – neuere Entwicklungen im Gesellschaftsrecht, DB 1992, 125.

7 Ausgangspunkt des umfangreichen Gesetzgebungsverfahrens war eine Anregung des Rechtsausschusses des BT zur GmbH-Novelle 1980 in BT-Drs 8/3908, 77 zu Art 1 Nr 27: „. . . der Rechtsausschuss hält es außerdem für erforderlich, die Verschmelzung und Umwandlung aller in Betracht kommenden Unternehmensformen in einem Gesetz zu regeln und bei dieser Gelegenheit inhaltlich und formal zu überprüfen." Am 3.8.1988 legte das Bundesministerium der Justiz den **DiskE** eines Gesetzes zur Bereinigung des UmwR (Beilage Nr 214a zum BAnz Nr 214 vom 15.11.1988) vor. Ziel des nach längeren, umfangreichen Vorbereitungsarbeiten entstandenen DiskE war es, Vorschläge zur Rechtsbereinigung sowie zur Schließung bislang bestehender Lücken in den gesetzl Regelungen des gesamten UmwR anzubieten und damit dt Unternehmen neue Möglichkeiten zu eröffnen, ihre rechtl Strukturen jew den veränderten Umständen des Wirtschaftslebens anzupassen. Auch der Schutz von Anlegern, insbes von Minderheitsbeteiligten, und von Gläubigern sollte in angemessener Weise Berücksichtigung finden. Der DiskE wurde umfassend besprochen (ausführl Nachw bei *Engelmeyer,* Die Spaltung von AG nach dem neuen UmwR, 1995, Fn 2; *Zöllner* ZGR 1993, 334; *K. Schmidt* ZGR 1990, 580; *Ganske* DB 1992, 125; *Niederleitinger* DStR 1991, 879).

c) Referentenentwurf zum Umwandlungsrecht.

Schrifttum: Text des Referentenentwurfs mit Begründung, herausgegeben und mit einer Einführung versehen von *Ganske; Ganske,* Reform des Umwandlungsrechts, WM 1993, 1117; *Hennrichs,* Wirkung der Spaltung, AG 1993, 508; *Hirte,* Die Behandlung unbegründeter oder missbräuchlicher Gesellschafterklagen im Referentenentwurf eines Umwandlungsgesetzes – Die Regelung der vorläufigen Eintragung einer Umwandlung –, DB 1993, 77; *Kallmeyer,* Die Reform des Umwandlungsrechts, DB 1993, 367; *Köstler,* Amtsende des Aufsichtsrats nach formwechselnder Umwandlung einer GmbH in eine AG, BB 1993, 81; *Werner,* Die Bereinigung des Umwandlungsrechts, WM 1993, 1178; diverse Beiträge in ZGR 1993, 321 ff (Arbeitskreis UmwR); *Baums,* Vorzugsaktien, Ausgliederung und Konzernfinanzierung, AG 1994, 1, 6; *Hommelhoff,* Zum vorläufigen Bestand fehlerhafter Strukturänderungen in Kapitalgesellschaften, ZHR 158 (1994), 11, 33; *Mertens,* Zur Universalsukzession im neuen Umwandlungsrecht, AG 1994, 66; *Neye,* Das neue Umwandlungsrecht vor der Verabschiedung im Bundestag, ZIP 1994, 917; IDW, Reform des Umwandlungsrechts; HRA des DAV, WM Beilage 2/1993, 1 ff.

8 Mit einer durch die dt Wiedervereinigung bedingten Verzögerung (zu §§ 4 ff LwAnpG und zum SpTrUG vgl Rn 4) wurde am 15.4.1992 der RefE eines Gesetzes zur Bereinigung des UmwR vorgelegt (Beilage Nr 112a zum BAnz Nr 112 vom 20.6.1992; dazu instruktiv *Zöllner* ZGR 1993, 334 ff). Der **RefEUmwG** war in Aufbau und Struktur mit dem später in Kraft getretenen UmwBerG bereits vglbar:

– die Spaltung (oder Realteilung) von KapGes wurde in § 123 RefEUmwG unterteilt in Aufspaltung (als Spiegelbild der Verschm), Abspaltung (in Form

der Abspaltung zur Aufnahme bei Sonderrechtsnachfolge durch einen bereits bestehenden Rechtsträger oder der Abspaltung zur Neugründung als Sonderrechtsnachfolge auf einen neu gegründeten Rechtsträger) und schließl Ausgliederung (ebenfalls ausgestaltet als Ausgliederung zur Aufnahme oder Ausgliederung zur Neugründung),
- der Formwechsel (§ 189 RefEUmwG) sah die Umw von KapGes in PersGes vor;
- des Weiteren sah der RefEUmwG eine Vielzahl neuer Umwandlungsmöglichkeiten vor, die die rechtl Rahmenbedingungen für die Tätigkeit dt Unternehmen entscheidend verbessern sollten.

d) Gesetzgebungsverfahren. Das eigentl Gesetzgebungsverfahren wurde 9
zum Schluss der Legislaturperiode des 12. Dt Bundestages im Jahre 1994 durchgeführt. Im Einzelnen:
- am 26.1.1994 wurde ein gemeinsamer Entwurf der BReg und der Regierungskoalition als „**Regierungsentwurf** eines Gesetz zur Bereinigung des Umwandlungsrechts" (BT-Drs 12/6699 = BR-Drs 75/94) vorgelegt (dazu *Neye* ZIP 1994, 165; *ders* ZIP 1994, 917; *ders* DB 1994, 2069);
- am 13.6.1994 erging die Beschlussempfehlung und der Bericht des Rechtsausschusses des BT (BT-Drs 12/7850);
- am 16.6.1994 wurde der Entwurf der BReg vom 12. Dt Bundestag in zweiter und dritter Lesung angenommen (vgl BR-Drs 599/94);
- am 8.7.1994 verweigerte der BR wegen fehlender Einbeziehung von § 613a BGB und von Vorschriften über die Mitbestimmung der ArbN die Zustimmung;
- nach umfangreichen und kontroversen Diskussionen im Vermittlungsausschuss wurde am 6.9.1994 der geringfügig überarbeitete Entwurf vom BT verabschiedet, der BR stimmte am 23.9.1994 zu (BR-Drs 843/94);
- am 28.10.1994 wurde das Gesetz zur Bereinigung des UmwR vom 28.10.1994 im BGBl (I 3210 ff) verkündet.

Zum Ganzen: Lutter/*Lutter* Rn 8 ff, 13 ff; Widmann/Mayer/*Mayer* Rn 1, 2. 10

3. Umwandlungsgesetz 1995

Schrifttum: *Dehmer,* Auf dem Weg zur Reform des Umwandlungsrechts: Die Entwürfe zur Bereinigung des Umwandlungsrechts und zur Änderung des Umwandlungssteuerrechts, WiB 1994, 307; *Kallmeyer,* Das neue Umwandlungsgesetz, ZIP 1994, 1746; *Schwarz,* Das neue Umwandlungsrecht, DStR 1994, 1694; Regierungsentwurfsbegründung BR-Drs 75/1994 Teil A: Allgemeine Begründung und Lauf des Gesetzgebungsverfahrens; *Bolks/Reiß,* Überblick zum Umwandlungsbereinigungsgesetz 1995, SteuerStud 1995, 247; *Crezelius,* Grundsätzliches und Zweifelsfragen zum Umwandlungsrecht 1995, Stbg 1995, 438, 497; *Dörrie,* Das neue Umwandlungsgesetz, WiB 1995, 1; *Lüttge,* Das neue Umwandlungs- und Umwandlungssteuerrecht, NJW 1995, 417; *Ott,* Das neue Umwandlungs- und Umwandlungssteuerrecht, INF 1995, 143; *Schöne,* Das Aktienrecht als „Maß aller Dinge" im neuen Umwandlungsrecht?, GmbHR 1995, 325; *Heckschen,* Neues Umwandlungsrecht im Überblick, WPrax 1996, 194; *Welf Müller,* Zweifelsfragen zum Umwandlungsrecht, WPg 1996, 857; *Timm,* Einige Zweifelsfragen zum neuen Umwandlungsrecht, ZGR 1996, 247; *Wiesch,* Grundwissen Umwandlungsrecht/Umwandlungssteuerrecht, SteuerStud 1996, 418; *Bayer,* Tausend Tage neues Umwandlungsrecht – eine Zwischenbilanz, ZIP 1997, 1613; *Gerold,* Die Verschmelzung nach dem neuen Umwandlungsgesetz, MittRhNotK 1997, 205; *Trölitzsch,* Rechtsprechungsübersicht: Das Umwandlungsrecht seit 1995, WiB 1997, 795; *Wöllert,* Umwandlung von Unternehmen zur Abwendung von Krisen, StB 1997, 11; *Heckschen,* Die

Entwicklung des Umwandlungsrechts aus Sicht der Rechtsprechung und Praxis, DB 1998, 1385; *Neye,* Die Änderungen des Umwandlungsrechts nach den handels- und gesellschaftsrechtlichen Reformgesetzen in der 13. Legislaturperiode, DB 1998, 1649; *Hofmann/Riethmüller,* Einführung in das Umwandlungsrecht, JA 2009, 481; *Luther,* Einführung in das Umwandlungsrecht, JURA 2009, 770.

11 Die Umwandlungsrechtsreform verfolgte im Wesentl **drei Ziele.**

12 Bereits bestehende Möglichkeiten der Umstrukturierung und Reorganisation von Unternehmen (zuvor nur unzulängl, unübersichtl und unvollständig in fünf Gesetzeswerken geregelt, Rn 3) sollten **zusammengefasst und systematisiert** werden (vgl Widmann/Mayer/*Mayer* Rn 4). Dieses Vorhaben ist gelungen. Der Aufbau des UmwG ist systematisch (dazu ausführl § 1 Rn 9 ff); die nach altem Recht gegebenen Umwandlungsmöglichkeiten wurden fortgeführt, was die nachfolgenden (auszugsweisen, ohne eG, PartGes, genossenschaftl Prüfungsverband, VVaG) Übersichten belegen:

a) Fälle der Verschmelzung.

13

von:	in:	bis 31.12.1994	ab 1.1.1995			geregelt als:
GmbH	GmbH	§§ 19 ff KapErhG	§§ 2–38	§§ 46–59		Verschm
GmbH	AG	§ 355 AktG	§§ 2–38	§§ 46–59	§§ 60–77	Verschm
GmbH	KGaA	§ 356 AktG	§§ 2–38	§§ 46–59	§ 78	Verschm
AG	AG	§§ 339 ff AktG	§§ 2–38	§§ 60–77		Verschm
AG	GmbH	§ 33 KapErhG	§§ 2–38	§§ 60–77	§§ 46–59	Verschm
AG	KGaA	§ 354 AktG	§§ 2–38	§§ 60–77	§ 78	Verschm
KGaA	GmbH	§ 34 KapErhG	§§ 2–38	§ 78	§§ 46–59	Verschm
KGaA	AG	§ 354 AktG	§§ 2–38	§ 78	§§ 60–77	Verschm
KGaA	KGaA	§ 354 AktG	§§ 2–38	§ 78		Verschm

b) Frühere Fälle der übertragenden Umwandlung.

14

von:	in:	bis 31.12.1994		ab 1.1.1995			geregelt als:
AG	OHG	§§ 3–14, 16–19 UmwG		§§ 2–38 §§ 190–213	§§ 60–77 §§ 226–237	§§ 39–45	Verschm Formwechsel
AG	KG	§ 20 UmwG		§§ 2–38 §§ 190–213	§§ 60–77 §§ 226–237	§§ 39–45	Verschm Formwechsel
AG	Allein-G'ter	§ 15 UmwG	nat Pers eV eG VVaG eG	§§ 2–38 §§ 190–213	§§ 60–77 §§ 60–77 §§ 60–77 §§ 60–77 §§ 226 f	§§ 120–122 §§ 99–104 §§ 79–98 §§ 109–119 §§ 215–257	Verschm Verschm Verschm Verschm Formwechsel
AG	GbR	§§ 21–22 UmwG		§§ 190–213	§§ 226–237		Formwechsel
GmbH	OHG	§ 24 UmwG		§§ 2–38 §§ 190–213	§§ 46–59 §§ 226–237	§§ 39–45	Verschm Formwechsel
GmbH	KG	§ 24 UmwG		§§ 2–38 §§ 190–213	§§ 46–59 §§ 226–237	§§ 39–45	Verschm Formwechsel
GmbH	GbR	§§ 21, 22 UmwG		§§ 190–213	§§ 226–237		Formwechsel

von:	in:	bis 31.12.1994		ab 1.1.1995			geregelt als:
GmbH	Allein- G'ter	§§ 24, 15 UmwG	nat Pers	§§ 2–38	§§ 46–59	§§ 120–122	Verschm
			eV		§§ 46–59	§§ 99–104	Verschm
			eG		§§ 46–59	§§ 79–98	Verschm
			VVaG		§§ 46–59	§§ 109–119	Verschm
			eG	§§ 190–213	§§ 226 f	§§ 215–257	Formwechsel
KGaA	OHG	§ 23 UmwG		§§ 2–38	§ 78	§§ 39–45	Verschm
				§§ 190–213	§§ 226–237		Formwechsel
KGaA	KG	§ 23 UmwG		§§ 2–38	§ 78	§§ 39–45	Verschm
				§§ 190–213	§§ 226–237		Formwechsel
KGaA	GbR	§ 23 UmwG		§§ 190–213	§§ 226–237		Formwechsel
KGaA	Allein- G'ter	§§ 23, 15 UmwG	nat Pers	§§ 2–38	§ 78	§§ 120–122	Verschm
			eV		§ 78	§§ 99–104	Verschm
			eG		§ 78	§§ 79–98	Verschm
			VVaG		§ 78	§§ 109–119	Verschm
			eG	§§ 190–213	§§ 226 f	§§ 215–257	Formwechsel
OHG	AG	§§ 40–45 UmwG		§§ 2–38	§§ 39–45	§§ 60–77	Verschm
				§§ 190–213	§§ 214–235		Formwechsel
OHG	GmbH	§§ 46–49 UmwG		§§ 2–38	§§ 39–45	§§ 46–59	Verschm
				§§ 190–213	§§ 214–235		Formwechsel
KG	AG	§§ 40–45 UmwG		§§ 2–38	§§ 39–45	§§ 60–77	Verschm
				§§ 190–213	§§ 214–235		Formwechsel
KG	GmbH	§§ 46–49 UmwG		§§ 2–38	§§ 39–45	§§ 46–59	Verschm
				§§ 190–213	§§ 214–235		Formwechsel
EinzK	AG	§§ 50–56 UmwG		§§ 123–137	§§ 152–160		Ausgliede- rung
EinzK	GmbH	§§ 56a–56f UmwG		§§ 123–137	§§ 152–160		Ausgliede- rung

c) Frühere Fälle der formwechselnden Umwandlung. 15

von:	in:	bis 31.12.1994	ab 1.1.1995			geregelt als:
AG	KGaA	§§ 362–365 AktG	§§ 190–213	§§ 226 f	§§ 238–250	Formwechsel
KGaG	AG	§§ 366–368 AktG	§§ 190–213	§§ 226 f	§§ 230–250	Formwechsel
AG	GmbH	§§ 369–375 AktG	§§ 190–213	§§ 226 f	§§ 230–250	Formwechsel
GmbH	AG	§§ 376–383 AktG	§§ 190–213	§§ 226 f	§§ 230–250	Formwechsel
VVaG	AG	§§ 385d–385l AktG	§§ 190–213	§§ 291–300	§§ 291–300	Formwechsel
eG	AG	§§ 385m–385q AktG	§§ 190–213	§§ 258–271		Formwechsel
KGaA	GmbH	§§ 386–388 AktG	§§ 190–213	§§ 226 f	§§ 230–250	Formwechsel
GmbH	KGaA	§§ 389–392 AktG	§§ 190–213	§§ 226 f	§§ 230–250	Formwechsel

Das **zweite Ziel** war die Schließung von vorhandenen Lücken des früheren 16
UmwR. Sämtl Rechtsträgern dt Unternehmen sollten die Umstrukturierungsmöglichkeiten eröffnet werden, die zur Aufrechterhaltung oder Verbesserung der Rahmenbedingungen für die werbende wirtschaftl Tätigkeit notw sind. Die Schließung von Lücken wurde dadurch erreicht, dass zu den früher schon bestehenden 44 Möglichkeiten der Umw weitere 75 neue Möglichkeiten hinzukamen

(RegEBegr BR-Drs 75/94, Einleitung); Diff man dabei noch die Umwandlungsvorgänge durch/zur Aufnahme und durch/zur Neugründung besonders, eröffnen sich insges 271 neue Umwandlungsvorgänge (*Schwarz* DStR 1994, 1694 Fn 33). Die zwischenzeitl Änderungen des UmwG haben diese Zahl noch vergrößert, weil die PartGes als umwandlungsfähiger Rechtsträger zugelassen wurde (aktueller Überblick zur Verschm Semler/Stengel/*Stengel* § 3 Rn 57 f, Widmann/Mayer/*Fronhöfer* § 3 Rn 88 f; zur Spaltung Semler/Stengel/*Stengel*/*Schwanna* § 124 Rn 10; zum Formwechsel Semler/Stengel/*Stengel*/*Schwanna* § 191 Rn 15; KölnerKomm-UmwG/*Dauner-Lieb* Einl A Rn 23). Im Einzelnen:

d) Fälle der Verschmelzung.

17

von:	auf:	anzuwendende Normen		
GmbH	AG	§§ 2–38	§§ 46–59	§§ 60–77
	KGaA	§§ 2–38	§§ 46–59	§ 78
	GmbH	§§ 2–38	§§ 46–59	
	PhG	§§ 2–38	§§ 39–45	§§ 46–59
	PartGes	§§ 2–38	§§ 45a–45e	§§ 46–59
	eV	nein (§ 99 II)		
	eG	§§ 2–38	§§ 46–59	§§ 79–98
	gen PrV	nein (§ 105)		
	VVaG	nein (§ 109)		
	nat Pers	§§ 2–38	§§ 46–59	§§ 120–122
AG	AG	§§ 2–38	§§ 60–77	
	KGaA	§§ 2–38	§§ 60–77	§ 78
	GmbH	§§ 2–38	§§ 60–77	§§ 46–59
	PhG	§§ 2–38	§§ 39–45	§§ 60–77
	PartGes	§§ 2–38	§§ 45a–45e	§§ 60–77
	eV	nein (§ 99 II)		
	eG	§§ 2–38	§§ 60–77	§§ 79–98
	gen PrV	nein (§ 105)		
	VVaG	nein (§ 109)		
	nat Pers	§§ 2–38	§§ 60–77	§§ 120–122
KGaA	AG	§§ 2–38	§ 78	§§ 60–77
	KGaA	§§ 2–38	§ 78	
	GmbH	§§ 2–38	§ 78	§§ 46–59
	PhG	§§ 2–38	§§ 39–45	§ 78
	PartGes	§§ 2–38	§§ 45a–45e	§ 78
	eV	nein (§ 99 II)		
	eG	§§ 2–38	§ 78	§§ 79–98
	gen PrV	nein (§ 105)		
	VVaG	nein (§ 109)		
	nat Pers	§§ 2–38	§ 78	§§ 120–122
PhG	AG	§§ 2–38	§§ 39–45	§§ 60–77
	KGaA	§§ 2–38	§§ 39–45	§ 78
	GmbH	§§ 2–38	§§ 39–45	§§ 46–59
	PhG	§§ 2–38	§§ 39–45	
	PartGes	§§ 2–38	§§ 39–45	
	eV	nein (§ 99 II)		§§ 45a–45e
	eG	§§ 2–38	§§ 39–45	
	gen PrV	nein (§ 105)		§§ 79–98
	VVaG	nein (§ 109)		
	nat Pers	nein (§ 33 II 2)		

von:	auf:	anzuwendende Normen			
PartGes	AG	§§ 2–38	§§ 45a–45e	§§ 60–77	
	KGaA	§§ 2–38	§§ 45a–45e	§ 78	
	GmbH	§§ 2–38	§§ 45a–45e	§§ 46–59	
	PhG	§§ 2–38	§§ 39–45	§§ 45a–45e	
	PartGes	§§ 2–38	§§ 45a–45e		
	eV	nein (§ 99 II)			
	eG	§§ 2–38	§§ 45a–45e	§§ 79–98	
	gen PrV	nein (§ 105)			
	VVaG	nein (§ 109)			
	nat Pers	nein (§ 3 II 2)	§ 78		
eG	AG	§§ 2–38	§§ 60–77	§§ 79–98	
	KGaA	§§ 2–38	§ 78	§§ 79–98	
	GmbH	§§ 2–38	§§ 46–59	§§ 79–98	
	PhG	§§ 2–38	§§ 39–45	§§ 79–98	
	PartGes	§§ 2–38	§§ 45a–45e	§§ 79–98	
	eV	nein (§ 99 II)			
	eG	§§ 2–38	§§ 79–98		
	gen PrV	nein (§ 105)			
	VVaG	nein (§ 109)			
	nat Pers	nein (§ 3 II 2)			
eV	eV	§§ 2–38	§§ 99–104 a		
	gen PrV	nein (§ 105)			
	VVaG	nein (§ 109)			
	AG		§§ 2–38	§§ 60–77	§§ 99–104 a
	GmbH		§§ 2–38	§§ 56–59	§§ 99–104 a
	KGaA		§§ 2–38	§ 78	§§ 99–104 a
	PhG		§§ 2–38	§§ 39–45	§§ 99–104 a
	PartGes		§§ 2–38	§§ 45a–45e	§§ 99–104 a
	eG		§§ 2–38	§§ 79–98	§§ 99–104 a
gen PrV	AG	nein (§ 105)			
	KGaA	nein (§ 105)			
	GmbH	nein (§ 105)			
	PhG	nein (§ 105)			
	PartGes	nein (§ 105)			
	eV	nein (§ 105)			
	eG	nein (§ 105)			
	gen PrV	nur Aufnahme:	§§ 2–38	§§ 105–108	
	VVaG	nein (§ 105)			
VVaG	AG	nein (§ 109)			
	KGaA	nein (§ 109)			
	GmbH	nein (§ 109)			
	PhG	nein (§ 109)			
	PartGes	nein (§ 109)			
	eV	nein (§ 109)			
	eG	nein (§ 109)			
	gen PrV	nein (§ 109)			
	VVaG	§§ 2–38	§§ 109–113		
	VersAG	nur Aufnahme:	§§ 2–38	§§ 60–77	§§ 109–113

von:	auf:	anzuwendende Normen		
wirtschaftl Verein	AG	§§ 2–38	§§ 60–77	
	KGaA	§§ 2–38	§ 78	
	GmbH	§§ 2–38	§§ 46–59	
	PhG	§§ 2–38	§§ 39–45	
	PartGes	§§ 2–38	§§ 45a–45e	
	eV	nein (§ 99 II)		
	eG	§§ 2–38	§§ 79–98	
	gen PrV	nein (§ 105)		
	VVaG	nein (§ 109)		

e) Spaltung.

18

von:	auf:	anzuwendende Normen		
AG	AG	§§ 123–137	§§ 141–146	
	KGaA	§§ 123–137	§§ 141–146	
	GmbH	§§ 123–137	§§ 138–140	§§ 141–146
	PhG	§§ 123–137	§§ 141–146	
	PartGes	§§ 123–137	§§ 141–146	
	eV	nein (§ 149 II)		
	eG	§§ 123–137	§§ 141–146	§§ 147 f
	gen PrV	§§ 123–137		
	VVaG	nein (§ 151)		
KGaA	AG	§§ 123–137	§§ 141–146	
	KGaA	§§ 123–137	§§ 141–146	
	GmbH	§§ 123–137	§§ 138–140	§§ 141–146
	PhG	§§ 123–137	§§ 141–146	
	PartGes	§§ 123–137	§§ 141–146	
	eV	nein (§ 149 II)		
	eG	§§ 123–137	§§ 141–146	§§ 147 f
	gen PrV	§§ 123–137		
	VVaG	nein (§ 151)		
GmbH	AG	§§ 123–137	§§ 138–140	§§ 141–146
	KGaA	§§ 123–137	§§ 138–140	§§ 141–146
	GmbH	§§ 123–137	§§ 138–140	
	PhG	§§ 123–137	§§ 138–140	
	PartGes	§§ 123–137	§§ 138–140	
	eV	nein (§ 149 II)		
	eG	§§ 123–137	§§ 138–140	§§ 147 f
	gen PrV	§§ 123–137	§§ 138–140	
	VVaG	nein (§ 151)		
PhG	AG	§§ 123–137	§§ 141–146	
	KGaA	§§ 123–137	§§ 141–146	
	GmbH	§§ 123–137	§§ 138–140	
	PhG	§§ 123–137		
	PartGes	§§ 123–137		
	eV	nein (§ 149 II)		
	eG	§§ 123–137	§§ 147 f	
	gen PrV	§§ 123–137		
	VVaG	nein (§ 151)		

von:	auf:	anzuwendende Normen			
eV	AG	§§ 123–137	§§ 141–146		
	KGaA	§§ 123–137	§§ 141–146		
	GmbH	§§ 123–137	§§ 138–140		
	PhG	§§ 123–137	§ 149		
	eV	§§ 123–137	§ 149		
	PartGes	§§ 123–137			
	eG	§§ 123–137	§§ 147 f	§ 149	
	gen PrV	§§ 123–137	§ 149	§ 149	
	VVaG	nein (§ 154)	§ 149	§ 149	
eG	AG	§§ 123–137	§§ 141–146	§§ 147 f	
	KGaA	§§ 123–137	§§ 141–146	§§ 147 f	
	GmbH	§§ 123–137	§§ 138–140	§§ 147 f	
	PhG	§§ 123–137	§§ 147 f		
	PartGes	§§ 123–137			
	eV	nein (§ 149 II)			
	eG	§§ 123–137	§§ 147 f		
	gen PrV	§§ 123–137			
	VVaG	nein (§ 154)			
gen PrV	AG	nur Ausgliederung	§§ 123–137	§§ 141–146	
	KGaA	nur Ausgliederung	§§ 123–137	§§ 141–146	
	GmbH	nur Ausgliederung	§§ 123–137	§§ 138–140	
	gen PrV	§§ 123–137			
	PhG	nein (§ 150)			
	PartGes	nein (§ 150)			
	eV	nein (§ 150)			
	eG	nein (§ 150)			
	VVaG	nein (§ 150)			
VVaG	AG	nein (§ 151)			
	KGaA	nein (§ 151)			
	GmbH	nur Ausgliederung	§§ 123–137	§§ 138–140	§ 151
	PhG	nein (§ 151)			
	PartGes	nein (§ 151)			
	eV	nein (§ 151)			
	eG	nein (§ 151)			
	gen PrV	nein (§ 151)	§§ 123–137	§ 151	
	VVaG	nur (Auf-/Abspaltung)	§§ 120–137	§§ 141–146	§ 151
	VersAG	nur (Auf-/Abspaltung)			
Wirtschaftl Verein	AG		§§ 123–137	§§ 141–146	
	KGaA		§§ 123–137	§§ 141–146	
	GmbH		§§ 123–137	§§ 138–140	
	PhG		§§ 123–137		
	PartGes		§§ 123–137		
	eV		nein (§ 149 II)		
	eG		§§ 123–137	§§ 147 f	
	gen PrV		§§ 123–137	§§ 138–140	
	VVaG	nein (§ 151)			

von:	auf:	anzuwendende Normen			
EinzK	AG	nur Ausgliederung	§§ 123–137	§§ 141–146	§§ 152–160
	KGaA	nur Ausgliederung	§§ 123–137	§§ 141–146	§§ 152–160
	GmbH	nur Ausgliederung	§§ 123–137	§§ 138–140	§§ 152–160
	PhG	nur Ausgliederung	§§ 123–137	§§ 152–160	
	PartGes	nein (§ 161)			
	eG	nur Ausgliederung	§§ 123–137	§§ 147 f	§§ 152–160
	eV	nein (§ 152)			
	gen PrV	nein (§ 152)			
	VVaG	nein (§ 152)			
Stiftungen	AG	nur Ausgliederung	§§ 123–137	§§ 141–146	§§ 161–167
	KGaA	nur Ausgliederung	§§ 123–137	§§ 141–146	§§ 161–167
	GmbH	nur Ausgliederung	§§ 123–137	§§ 138–140	§§ 161–167
	PhG	nur Ausgliederung	§§ 123–137	§§ 161–167	
	eV	nein (§ 161)			
	eG	nein (§ 161)			
	gen PrV	nein (§ 161)			
	VVaG	nein (§ 161)			
Gebietskörperschaften	AG	nur Ausgliederung	§§ 123–137	§§ 141–146	§§ 168–173
	KGaA	nur Ausgliederung	§§ 123–137	§§ 141–146	§§ 168–173
	GmbH	nur Ausgliederung	§§ 123–137	§§ 138–140	§§ 168–173
	PhG	nur Ausgliederung	§§ 123–137	§§ 168–173	
	PartGes	nein (§ 168)			
	eG	nur Ausgliederung	§§ 123–137	§§ 147 f	§§ 168–173
	eV	nein (§ 168)			
	gen PrV	nein (§ 168)			
	VVaG	nein (§ 168)			

f) Vermögensübertragung.

	von:	auf:	anzuwendende Normen	
19				
	AG	öff Hand	§§ 174–177	
	KGaA	öff Hand	§§ 174–177	
	GmbH	öff Hand	§§ 174–177	
	VersAG	VVaG	§§ 174 f	§§ 178 f
		öffr VersU	§§ 174 f	§§ 178 f
	VVaG	VersAG	§§ 174 f	§§ 180–187
		öffr VersU	§§ 174 f	§§ 180–187
	öffr VersU	VersAG	§§ 174 f	§§ 188 f
		VVaG	§§ 174 f	§§ 188 f

g) Formwechsel.

	von:	in:	anzuwendende Normen	
20				
	AG	KGaA	§§ 190–213	§§ 238–250
		GmbH	§§ 190–213	§§ 238–250
		PhG	§§ 190–213	§§ 228–237
		PartGes	§§ 190–213	§§ 228–237
		eG	§§ 190–213	§§ 251–257
		GbR	§§ 190–213	§§ 228–237

von:	in:	anzuwendende Normen	
KGaA	AG	§§ 190–213	§§ 238–250
	GmbH	§§ 190–213	§§ 238–250
	PhG	§§ 190–213	§§ 228–237
	PartGes	§§ 190–213	§§ 228–237
	eG	§§ 190–213	§§ 251–257
	GbR	§§ 190–213	§§ 228–237
GmbH	AG	§§ 190–213	§§ 238–250
	KGaA	§§ 190–213	§§ 238–250
	PhG	§§ 190–213	§§ 228–237
	PartGes	§§ 190–213	§§ 228–237
	eG	§§ 190–213	§§ 251–257
	GbR	§§ 190–213	§§ 228–237
PhG	AG	§§ 190–213	§§ 214–225
	KGaA	§§ 190–213	§§ 214–225
	GmbH	§§ 190–213	§§ 214–225
	eG	§§ 190–213	§§ 214–225
PartGes	AG	§§ 190–213	§§ 225a–225c
	KGaA	§§ 190–213	§§ 225a–225c
	GmbH	§§ 190–213	§§ 225a–225c
	eG	§§ 190–213	§§ 225a–225c
eV	AG	§§ 190–213	§§ 272–282
	KGaA	§§ 190–213	§§ 272–282
	GmbH	§§ 190–213	§§ 272–282
	eG	§§ 190–213	§§ 283–290
eG	AG	§§ 190–213	§§ 258–271
	KGaA	§§ 190–213	§§ 258–271
	GmbH	§§ 190–213	§§ 258–271
VVaG	AG	§§ 190–213	§§ 291–300
Wirtschaftl Verein	AG	§§ 190–213	§§ 272–282
	KGaA	§§ 190–213	§§ 272–282
	GmbH	§§ 190–213	§§ 272–282
	eG	§§ 190–213	§§ 283–289
Öffentl. rechtl. Körperschaften/Anstalten	AG	§§ 190–213	§§ 301–304
	KGaA	§§ 190–213	§§ 301–304
	GmbH	§§ 190–213	§§ 301–304

Schließl wurde als **drittes Ziel** die angemessene Berücksichtigung des Schutzes 21 von Anlegern, Gläubigern und ArbN verfolgt. Auch dieses Ziel wurde weitgehend erreicht (vgl Widmann/Mayer/*Mayer* Rn 5). Das UmwG 1995 verstärkt zum einen den Schutz der Anteilsinhaber durch verbesserte Informationsrechte vor und bei der Beschlussfassung, durch die Prüfung des Anteilstauschs bzw der Anteilsveränderung durch unabhängige Sachverständige – und zwar auch nachträgl im Gerichtsverfahren – und durch ein Austrittsrecht gegen Barabfindung sowie durch die Haftung der Organmitglieder. Des Weiteren wird die Rechtssicherheit dadurch erhöht, dass die einmal getroffene Umwandlungsentscheidung nur eingeschränkt anfechtbar ist. Nichtstimmberechtigte Inhaber von Sonderrechten erhalten zudem einen Anspruch auf Einräumung eines wirtschaftl gleichwertigen Rechts (sog Verwässerungsschutz).

Für Forderungen Dritter, deren Ansprüche vor der Umw entstanden sind, 22 greifen Gläubigerschutzmechanismen; für Forderungen Dritter, deren Ansprüche

erst nach der Umw entstehen – und zugunsten des allg Rechtsverkehrs – greifen Kapitalschutzmechanismen zur Sicherstellung der Aufbringung des Stamm- bzw Grundkapitals von GmbH und AG/KGaA.

23 Der Schutz der ArbN wird einerseits durch den Übergang der ArbVerh (§ 324, § 613a I, IV BGB), andererseits durch das Verschlechterungsverbot von § 323 und das Übergangsmandat des Betriebsrats (früher § 321; heute § 21a BetrVG) sowie durch die Mitbestimmungsbeibehaltung von § 325 erreicht.

4. Gesetzesänderungen

Schrifttum: *Timm,* Einige Zweifelsfragen zum Neuen Umwandlungsrecht, ZGR 1996, 247; *Bayer,* 1000 Tage neues Umwandlungsrecht – eine Zwischenbilanz, ZIP 1997, 1613; *Kögel,* Entwurf eines Handelsrechtsreformgesetzes, BB 1997, 793; *Trölitzsch,* Rechtsprechungsbericht: Das Umwandlungsrecht seit 1995, WiB 1997, 795; *Gustavus,* Die Neuregelungen im Gesellschaftsrecht nach dem Regierungsentwurf eines Handelsrechtsreformgesetzes, GmbHR 1998, 17; *Heckschen,* Die Entwicklung des Umwandlungsrechts aus Sicht der Rechtsprechung und Praxis, DB 1998, 1385; *Hörtnagl,* Das Handelsrechtsreformgesetz – ein Überblick, INF 1998, 750; *Neye,* Die Änderungen im Umwandlungsrecht nach den handels- und gesellschaftsrechtlichen Reformgesetzen in der 13. Legislaturperiode, DB 1998, 1649; *Schaefer,* Das Handelsrechtsreformgesetz nach dem Abschluss des parlamentarischen Verfahrens, DB 1998, 1269; *Patt,* Neue steuerliche Gestaltungsmöglichkeiten durch die Novellierung des Handelsgesetzbuchs und Änderungen des UmwG, DStZ 1999, 5; *Trölitzsch,* Aktuelle Tendenzen im Umwandlungsrecht, DStR 1999, 764; *Goedecke/Heuser,* NaStraG: Erster Schritt zur Öffnung des Aktienrechts für moderne Kommunikationstechniken, BB 2001, 369; *Paefgen,* Umwandlung, europäische Grundfreiheiten und Kollisionsrecht, GmbHR 2004, 463; *Rieble/Gutzeit,* Übergangsmandat bei Betriebsverschmelzung: Streit zwischen Betriebsräten und Durchsetzung, ZIP 2004, 693.

24 Das UmwG hat sich im Wesentl bewährt (Überblicksaufsätze bei *Timm* ZGR 1996, 247; *Trölitzsch* WiB 1997, 795; *ders* DStR 1999, 764; *Bayer* ZIP 1997, 1613; *Heckschen* DB 1998, 1385).

25 Eine erste bedeutende Änderung des UmwG enthält das **Gesetz zur Änderung des UmwG,** des PartGG und anderer Gesetze vom 22.7.1998 (BGBl I 1878). Auch die PartGes ist inzwischen (zur früheren Rechtslage vgl 2. Aufl 1996, § 3 Rn 11) umwandlungsfähiger Rechtsträger; grdsl hat die PartGes die gleichen Möglichkeiten zur Umstrukturierung wie eine PhG (vgl Erläuterung zu §§ 45a–45e); Einschränkungen ergeben sich, weil Gesellschafter der PartGes nur Freiberufler sein können (vgl § 1 I PartGG). Die PartGes wird nun als verschmelzungsfähiger Rechtsträger in § 3 I Nr 1 (für die Spaltung iVm § 124 I) genannt, spezielle Vorschriften finden sich in §§ 45a ff; gem § 191 I Nr 1, II Nr 2 können PartGes auch formwechselnde Rechtsträger und Rechtsträger neuer Rechtsform sein, Näheres ist in §§ 225a ff geregelt. Die Aufnahme der PartGes hat der Gesetzgeber zugleich zum Anlass genommen, einige weitere Vorschriften (klarstellend) zu ändern, so insbes §§ 29 I 2, 33, 43 II 2, 211, 217 I 3 (zum Ganzen ausführl *Neye* DB 1998, 1649).

26 Durch das **Handelsrechtsreformgesetz** (BGBl I 1998, 1474; dazu auch *Hörtnagl* INF 1998, 750; *Schaefer* DB 1998, 1269; *Patt* DStZ 1999, 5; zum Entwurf *Gustavus* GmbHR 1998, 17; *Kögel* BB 1997, 793) wurde das Firmenrecht auch für das UmwG liberalisiert; § 122 wurde „klarstellend“ geändert. Das **Euro-EinführungsG** (BGBl I 1998, 1242) und das **StückAG** (BGBl I 1998, 590) führten zur Änderung von Mindestnennbeträgen und zur Anpassung des UmwG an die Zulassung nennwertloser Aktien. § 316 I 2 wurde durch das **NaStraG** (BGBl I 2001, 123; Überblick bei *Goedecke/Heuser* BB 2001, 369) geändert. Das **SMG**

vom 26.11.2001 (BGBl I 3138) hatte nur geringe (unmittelbare) Auswirkungen auf das UmwG, inhaltl geändert wurden wegen des neuen Verjährungsrechts die Nachhaftungsvorschriften (§§ 45, 133, 157, 224, vgl Erläuterung dort), iÜ wurde in einigen Vorschriften Schriftform durch Textform ersetzt (zB §§ 89 II, 216, 230). Auch das **BetriebsverfassungsreformG** vom 23.7.2001 (BGBl I 1852), mit dem § 321 aufgehoben und § 322 geändert wurde, hat inhaltl nichts wesentl Neues gebracht; für das Übergangsmandat des Betriebsrats gilt jetzt § 21a BetrVG (vgl dazu *Rieble/Gutzeit* ZIP 2004, 693 mwN). Der Reform von § 613a BGB durch Gesetz vom 23.3.2002 (BGBl I 1163) wurde durch entsprechende Ergänzung des Verweises in § 324 Rechnung getragen.

Wesentl weitere Änderungen hat das **SpruchverfahrensneuordnungsG** vom 12.6.2003 (BGBl I 838) gebracht. §§ 305–312 wurden aufgehoben und durch das SpruchG ersetzt (dazu Teil B; vgl auch *Bungert/Mennicke* BB 2003, 2021; DAV NZG 2003, 316; *Neye* BB 2003, 1245), die Verweisungsvorschriften wurden entsprechend geändert (§§ 15 I 2, 34 S 1, 196 S 2, 212 S 1, vgl die Erläuterung dort) und die Vorschriften zur Bestellung der Verschmelzungsprüfer so gefasst, dass jetzt nur noch eine gerichtl Bestellung mögl ist (vgl dazu ausführl Komm zu § 10, die Sonderregelungen zur AG in § 60 II, III aF sind wegen der Neufassung von § 10 gestrichen worden). 27

Schrifttum: *Drygala,* Die Mauer bröckelt – Zur Bewegungsfreiheit deutscher Unternehmen in Europa, ZIP 2005, 1995; *Wiesner,* Die grenzüberschreitende Verschmelzung und der neue Mitbestimmungskompromiss, DB 2005, 91; *Geschwandtner/Helios,* Neues Recht für die eingetragene Genossenschaft, NZG 2006, 691; *Hirte,* Das neue Genossenschaftsrecht, EStR 2007, 2166 (Teil I), DStR 2007, 2215 (Teil II); *Keßler,* Das neue Genossenschaftsrecht im Wettbewerb der Unternehmensformen – Erleichterter Zugang auch für KMU?, BB 2006, 1693; *ders,* Die Genossenschaftsreform im Lichte des Regierungsentwurfs, BB 2006, 561 ff; *Pistorius,* Der Regierungsentwurf zur Änderung des Genossenschaftsrechts – Stärkung der Rechtsform der eG?, DStR 2006, 278; *Schaffland/Korte,* Das Genossenschaftsgesetz im Zeichen der Europäisierung und Internationalisierung – Zum Gesetzesentwurf der Bundesregierung, NZG 2006, 253; Stellungnahme der Centrale für GmbH Dr. Otto Schmidt vom 16.3.2006 zum Referentenentwurf eines Zweiten Gesetzes zur Änderung des Umwandlungsgesetzes, GmbHR 2006, 418; HRA des DAV: Stellungnahme zum Regierungsentwurf eines Zweiten Gesetzes zur Änderung des Umwandlungsgesetzes, NZG 2006, 737; *Bayer/Schmidt,* Der Regierungsentwurf zur Änderung des Umwandlungsgesetzes, NZG 2006, 841; *Drinhausen,* Regierungsentwurf eines Zweiten Gesetzes zur Änderung des Umwandlungsgesetzes – Ein Gewinn für die Praxis, BB 2006, 2313; *Heckschen,* Die GmbH-Reform – Wege und Irrwege, DStR 2007, 1442; *ders,* Die Reform des Umwandlungsrechts, DNotZ 2007, 444; *Mayer/Weiler,* Neuregelungen durch das Zweite Gesetz zur Änderung des Umwandlungsgesetzes, DB 2007, 1235 (Teil I); DB 2007, 1291 (Teil II), *dies,* Aktuelle Änderungen des Umwandlungsrechts aus Sicht der notariellen Praxis, MittBayNot 2007, 368; *Neye,* BB-Gesetzgebungsreport: Bundestag beschließt neues Umwandlungsrecht, BB 2007, 389.

Das Gesetz zur Einführung der Europäischen Gen und zur Änderung **des Genossenschaftsrechts** vom 14.8.2006 (BGBl I 1911) hat für das UmwG selbst im Wesentl nur terminologische Änderungen bewirkt (vgl Vor §§ 79–98 Rn 6); die eG hat jetzt eine Satzung, nicht mehr ein Statut und ihre Mitglieder heißen jetzt so und nicht mehr Genossen. Die Europäische Gen (SCE) findet ihre Rechtsgrundlage vor allem in der SCE-VO (ABl EU Nr L 207 vom 18.8.2003), die für SCE mit Sitz in Deutschland durch das SCE-AusführungsG ergänzt wird (zum Ganzen *Schaffland/Korte* NZG 2006, 253; *Hirte* DStR 2007, 2215; Semler/Stengel/*Drinhausen* Einl C Rn 64 ff je mwN). Das Gesetz über elektronische Handelsregister und Genossenschaftsregister sowie das Unternehmensregister – **EHUG** – 28

vom 10.11.2006 (BGBl I 2553) führte im UmwG zu entsprechenden Änderungen der registerrechtl Vorschriften, zB § 19 II 2, III 1. Eine bedeutende Gesetzesänderung in der jüngeren Vergangenheit geschah durch das Zweite Gesetz zur Änderung des UmwG – **2. UmwÄndG** – vom 19.4.2007 (BGBl I 542), dazu *Heckschen* NotZ 2007, 444; *ders* DStR 2007, 1442; *Mayer/Weiler* MittBayNot 2007, 368; *dies* DB 2007, 1235 (Teil I), 1291 (Teil II); Stellungnahme der Centrale für GmbH zum RefE GmbHR 2006, 418; *Drinhausen* BB 2006, 2313; *Bayer/Schmidt* NZG 2006, 841; HRA des DAV, Stellungnahme zum RegE eines zweiten Gesetzes zur Änderung des UmwG, NZG 2006, 737. Mit dem 2. UmwÄndG wurden zunächst auf Anregung der Praxis verschiedene Klarstellungen und Erleichterungen vorgenommen, das Freigabeverfahren von § 16 III wurde beschleunigt, das parallele Eintragungsverfahren bei der Verschm am gleichen Tag gem § 19 I 2 erleichtert, die Barabfindung von § 29 auf das kalte Delisting erstreckt, die Verschmelzungsprüfung nach §§ 44, 48 einer Wochenfrist unterworfen etc. Prominent sind die Änderungen von §§ 54 I, 68 I, die nun die KapErh bei einer übernehmenden GmbH oder AG entbehrl machen, wenn alle Anteilsinhaber eines übertragenden Rechtsträgers notariell auf die KapErh verzichten. Dies erleichtert insbes Umstrukturierungen im Konzern, zB die Verschm von SchwesterGes. Die mit Abstand wichtigste Reform, die das 2. UmwÄndG umsetzt, ist die transnationale Verschm. Die RL 2005/56/EG vom 26.10.2005 über die Verschm von KapGes aus verschiedenen Mitgliedsstaaten war am 25.11.2005 im ABl der EU Nr L 310, 1 ff veröffentlicht worden. Sie regelt die grenzüberschreitende Verschm von KapGes unterschiedl Rechts und unterschiedl Rechtsform in der EU und war bis zum Dezember 2007 in nat Recht umzusetzen. Das Zweite Buch zur Verschm wurde durch das 2. UmwÄndG um einen Zehnten Abschnitt zur grenzüberschreitenden Verschm von KapGes erweitert, vgl §§ 122a ff und Kommentierung dort sowie *Krause/Kulpa* ZHR 171 (2007), 38; *Müller* ZIP 2007, 1081; *Neye/Timm* GmbHR 2007, 561; *Kiem* WM 2006, 1091; *Vetter* AG 2006, 613, *Louven* ZIP 2006, 2021 je mwN. Dort sind alle Regelungen, die dt KapGes bei transnationalen Verschm zu beachten haben, zusammengefasst.

29 Mit dem **FGG-Reformgesetz** (FGG-RG) vom 17.12.2008 (BGBl I 2586) wurde insbes das Recht über die Angelegenheiten der freiwilligen Gerichtsbarkeit neu geordnet. Schwerpunkt der Reform war die Ablösung des FGG durch das FamFG, welches am 1.9.2009 in Kraft getreten ist. Diese Aufl enthält nur noch die Gesetzestexte nach Inkrafttreten des FGG-RG. Vgl zur Rechtslage davor die 5. Aufl. Das FamFG enthält ein geändertes Rechtsmittelrecht. Die sofortige Beschwerde nach § 22 FGG wurde abgeschafft. Stattdessen findet die (normale) Beschwerde nach §§ 58 ff FamFG statt. Die Frist für die Einlegung der Beschwerde verlängert sich dadurch von zwei Wochen auf einen Monat, vgl § 63 I FamFG. Über die Beschwerde entscheidet wie früher (vgl § 10 VI 1 UmwG aF) das Oberlandesgericht gem § 119 I Nr 2 GVG. Die weitere Beschwerde nach § 27 FGG wurde durch die Rechtsbeschwerde gem §§ 70 ff FamFG ersetzt. Auf Grund dessen erfolgten Änderungen in §§ 10 und 26 UmwG, die mit Art 73 des FGG-RG ebenso am 1.9.2009 in Kraft getreten sind. Der Verweis in § 10 III UmwG wurde entsprechend angepasst. § 10 IV und VI wurden aufgehoben. Der frühere § 10 V wurde IV. Der ehemalige § 10 VII wurde V. Die früher in § 10 IV UmwG enthaltene Konzentrationsermächtigung der Landesregierung für die erste Instanz findet sich nun in § 71 IV GVG. IÜ sind die Änderungen aber nicht nur redaktioneller Natur. Der Ausschluss der weiteren Beschwerde in § 10 VI 2 UmwG aF wurde nicht übernommen. Nach der Begr des FGG-RG (BT-Drs 16/6308) sei der Aus-

schluss der Rechtsbeschwerde in § 10 IV UmwG nF nicht (mehr) nötig, da diese ohnehin nur auf Zulassung erfolge (vgl § 70 I FamFG). Im Gegensatz zur alten Rechtslage ist damit nun eine dritte Instanz mögl, obgleich die Zulassungsvoraussetzungen (§ 70 II FamFG) selten gegeben sein dürften. In § 26 I und IV wurden ledigl die Begrifflichkeiten angepasst. Inhaltl Änderungen hat der Gesetzgeber hier nicht vorgenommen. Insbes wurde der in § 26 IV 4 HS 2 UmwG aF enthaltene Ausschluss der weiteren Beschwerde übernommen. Gem § 26 IV 4 HS 2 UmwG nF ist die Rechtsbeschwerde – anders als in § 10 IV UmwG nF – hier ausdrückl ausgeschlossen. Zur Begründung führt der Gesetzgeber an, dass Fragen über die angemessene Vergütung und den Ersatz barer Auslagen eines gerichtl bestellten Vertreters keiner höchstrichterl Klärung bedürften (BT-Drs 16/6308). Vgl im Einzelnen die Komm zu den geänderten Vorschriften des UmwG. Vgl allg zum FamFG die Kommentarliteratur zur ZPO, zum Beispiel Baumbach/Lauterbach/Albers/*Hartmann* 70. Aufl 2012, FamFG; MüKoZPO, Band 4, 2010; Thomas/Putzo, 33. Aufl 2012, FamFG; Zöller, 28. Aufl. FamFG.

Schrifttum: *Seibert,* Der Regierungsentwurf des MoMiG und die haftungsbeschränkte Unternehmergesellschaft, GmbHR 2007, 673; *Hirte,* Die „Große GmbH-Reform" – Ein Überblick über das Gesetz zur Modernisierung des GmbH-Rechts und zur Bekämpfung von Missbräuchen (MoMiG), NZG 2008, 761; *Meister,* Die Auswirkungen des MoMiG auf das Umwandlungsrecht, NZG 2008, 767; *Ropohl/Schulz,* Gestaltungsmöglichkeiten zur Strukturierung eines Joint Venture Unternehmens, GmbHR 2008, 561; *Wälzholz,* Das MoMiG kommt: Ein Überblick über die neuen Regelungen, GmbHR 2008, 841; *Schulte,* Zwei Jahre MoMiG – aktuelle Problemfelder im Handelsregisterverfahren, GmbHR 2010, 1128; *Melchior,* Die englische Limited in der Praxis – zwei Jahre nach dem MoMiG, AnwBl 2011, 20; *Ritter,* MoMiG und die Folgen: Praktische Probleme bei der GmbH, AnwBl 2011, 13.

Wesentl Änderungen des GmbHG und des UmwG bewirkte das Gesetz zur Modernisierung des GmbH-Rechts und zur Bekämpfung von Missbräuchen (MoMiG; Zusammenfassung der Änderungen und umfangreiche Literaturnachweise bei *Wälzholz* GmbHR 2008, 841). Das MoMiG wurde vom Bundesrat am 19.9.2008 endgültig beschlossen (BR-Drs 615/08). Dabei wurde das vom Bundestag am 26.6.2008 verabschiedete Gesetz (BT-Drs 16/9737 und 16/6140) unverändert belassen. Art 17 des **MoMiG** bewirkt zahlreiche Änderungen im UmwG. Geändert wurden die speziellen Vorschriften zur Umw unter Beteiligung einer GmbH in §§ 46 I 3, 51 II, 54 III 1, 55 I 2, 241 I 2, 242, 243 III 2, 246 III, 258 II und § 273. Die Änderungen des UmwG waren notw, weil das GmbHG in seiner nF nach dem MoMiG jetzt nur noch vorsieht, dass der Nennbetrag jedes Geschäftsanteils auf volle Euro lauten muss. Ein Gesellschafter kann bei Errichtung der Ges mehrere Geschäftsanteile übernehmen, § 5 II GmbHG. Nach dem alten Recht musste die Stammeinlage mindestens EUR 100 betragen, außerdem musste der Betrag der Stammeinlage durch 50 teilbar sein, § 5 I, III 2 GmbHG aF. Durch das MoMiG wurden deshalb die Regelungen des UmwG, die sich mit der Ausgestaltung der Geschäftsanteile beim Zielrechtsträger GmbH befassen, erhebl vereinfacht. Vgl im Einzelnen die Komm zu den geänderten Vorschriften des UmwG. 30

Schrifttum: *Seibert,* Berufsopponenten – Anfechtungsklage – Freigabeverfahren – Haftungsklage: Das UMAG, eine Rechtsfolgenanalyse, NZG 2007, 841; *Baums/Drinhausen,* Weitere Reform des Rechts der Anfechtung von Hauptversammlungsbeschlüssen, ZIP 2008, 145; *Hemeling,* Beschlussmängelrecht – Quo Vadis?, ZHR 172 (2008), 379; *Hüffer,* Ausgleichsanspruch und Spruchverfahren statt Anfechtungsklage beim Verschmelzungs- oder Kapitalerhöhungsbeschluss des erwerbenden Rechtsträgers, ZHR 172 (2008), 8; *Schmidt,* Reflexionen

über das Beschlussmängelrecht, AG 2009, 248; *Wilm,* Beobachtungen der Hauptversammlungssaison 2010, DB 2010, 1686.

31 Mit dem vom Bundestag am 16.6.2005 beschlossenen und vom Bundesrat am 8.7.2005 gebilligten **UMAG** (Gesetz zur Unternehmensintegrität und Modernisierung des Anfechtungsrechts vom 22.9.2005, BGBl I S 2802) wurde die aktienrechtl Beschlusskontrolle umfassend reformiert (dazu *Veil* AG 2005, 567; zur Vereinbarkeit mit dem GG vgl OLG Frankfurt aM NZG 2010, 785). Allerdings hat das am 1.11.2005 in Kraft getretene (und im Vorfeld iRv Freigabeverfahren schon zu berücksichtigende, OLG Hamm DB 2005, 1956, sowie auch auf zuvor anhängige Verfahren uneingeschränkt anwendbare, vgl OLG Düsseldorf Der Konzern 2006, 768; OLG Frankfurt aM AG 2006, 249; LG Frankfurt aM AG 2007, 48; zum Ganzen *Schwab* NZG 2007, 521) UMAG nicht zur vollständigen Umsetzung der Beschlüsse des 63. Dt. Juristentags (DB 2000, 2108; dazu auch *Schindler/Witzel* NZG 2001, 577) geführt. Dort wurde dem Gesetzgeber angetragen, dem verbreiteten Missbrauch im Anfechtungsrecht durch Mindestbesitzquoten, Mindestbesitzzeiten, Kausalitäts- und Verhältnismäßigkeitsprüfungen entgegenzuwirken; das UMAG lässt diese Bereiche aber weitgehend unangetastet und überantwortet die Rechtsfortbildung insoweit im Wesentl der Rspr (dazu ausführl *Schütz* DB 2004, 419 mit umfangreichen Nachweisen; vgl zum UMAG iÜ *Veil* AG 2005, 567; *Seibert/Schütz* ZIP 2004, 252; *Wilsing* ZIP 2004, 1082; ZIP-Dokumentation 2004, 1230 und zusammenfassend *Tielemann* WM 2007, 1686 sowie *Winter* FG Happ, 2006, 363 je mwN). Nicht zuletzt die sehr lesenswerte empirische Studie von *Baums/Keinath/Gajek* ZIP 2007, 1629 hat gezeigt, dass der Gesetzgeber mehr tun muss; vgl. jetzt zum ARUG nachfolgend Rn 32.

Schrifttum: *Drinhausen/Keinath,* Referentenentwurf eines Gesetzes zur Umsetzung der Aktionärsrichtlinie (ARUG) – Weitere Schritte zur Modernisierung des Aktienrechts, BB 2008, 2078; *Gärtner/Thiel,* Zurückweisung der Nebenintervention unter Berücksichtigung der „räuberischen Aktionärs-Nebenintervention" mit Ausblick auf das ARUG, BB 2008, 2089; *Hüffer,* Ausgleichsanspruch und Spruchverfahren statt Anfechtungsklage beim Verschmelzungs- oder Kapitalerhöhungsbeschluss des erwerbenden Rechtsträgers, ZHR 172 (2008), 8; *Krause,* Handelsrechtsausschuss des Deutschen Anwaltsvereins: Stellungnahme zum Referentenentwurf eines Gesetzes zur Umsetzung der Aktionärsrechte-Richtlinie (ARUG), NZG 2008, 534; *Miettinen/Rothbächer,* Verschärfte Probleme bei der Berechnung der Gegenantragsfrist nach dem ARUG, BB 2008, 2084; *Noack,* ARUG: das nächste Stück der Aktenrechtsreform in Permanenz, NZG 2008, 441; *Paschos/Goslar,* Der Referentenentwurf des Gesetzes zur Umsetzung der Aktionärsrechterichtlinie (ARUG) aus Sicht der Praxis, AG 2008, 605, *Sauter,* Offene Fragen zum Referentenentwurf eines Gesetzes zur Umsetzung der Aktionärsrechterichtlinie (ARUG), ZIP 2008, 1706; *Schmidt,* Die Änderung der umwandlungsrechtlichen Informationspflichten durch das ARUG, NZG 2008, 734; *Schulte/Bode,* Offene Fragen zur Form der Vollmachtserteilung an Vertreter i.S.v. § 135 AktG, AG 2008, 730; *Seibert,* Der Referentenentwurf eines Gesetzes zur Umsetzung der Aktionärsrechterichtlinie (ARUG), ZIP 2008, 906; *Spindler,* Regeln für börsennotierte vs. Regeln für geschlossene Gesellschaften – Vollendung des Begonnenen?, AG 2008, 598; *Waclawik,* Das ARUG und die klagefreudigen Aktionäre: Licht am Ende des Tunnels?, ZIP 2008, 1141; *Hollstein,* Gesetz zur Umsetzung der Aktionärsrechterichtlinie („ARUG"), jurisPR-HaGesR 8/2009, Anm 4; *Leuering,* Das neue „Bagatellquorum" im Freigabeverfahren, NJW-Spezial 2009, 543; *Schmidt,* Reflexionen über das Beschlussmängelrecht, AG 2009, 248; *Verse,* Das Beschlussmängelrecht nach dem ARUG, NZG 2009, 1127; *Kiefner,* Wenn BilMoG und ARUG sich in die Quere kommen – der erläuternde Bericht zu den Angaben nach §§ 289 IV, 315, IV HGB, NZG 2010, 692; *Schall/Habbe/Wiegand,* Anfechtungsmissbrauch – Gibt es einen überzeugenderen Ansatz als das ARUG?, NJW 2010, 1789.

Das Gesetz zur Umsetzung der Aktionärsrichtlinie – **ARUG** (vom 30.7.2009, BGBl I 2479) änderte das UmwG an zahlreichen Stellen. Durch das ARUG soll die Aktionärsrichtlinie in deutsches Recht umgesetzt werden. Es ging dabei um die Verbesserung der Aktionärsinformation bei börsennotierten Ges sowie um die Erleichterung der grenzüberschreitenden Ausübung von Aktionärsrechten. Das ARUG wurde zugleich zum Anlass genommen, das Aktienrecht zu modernisieren, deregulieren und flexibilisieren. Ein weiteres Ziel war die Eindämmung missbräuchl Aktionärsklagen. Im Ergebnis wurden die Transparenzanforderungen im Vorfeld der Hauptversammlung modernisiert und der Zugang zu Informationen für den Aktionär verbessert. Zudem wurden insbesondere im Interesse gebietsfremder Aktionäre Erleichterungen für die Wahrnehmung der Rechte in Bezug auf die HV vorgesehen. **Geändert wurden** im UmwG ua **§ 15 II** (Zinssatz jetzt fünf statt zwei Prozentpunkten über Basiszins, entsprechend allg Regelungen über Verzugs- und Prozesszinsen von § 288 I S 2, § 291 S 2 BGB; die Erhöhung der Verzinsung im Aktiengesetz, im UmwG, im SE-AusführungsG sowie im SCE-AusführungsG soll dazu beitragen, dass das Spruchverfahren unter finanziellen Gesichtspunkten nicht übermäßig verzögert wird), **§ 16 III** (Fortsetzung der Aktienreform nach UMAG, zB Quorum für Anteile von nominal mindestens EUR 1 000, § 16 III 3 Nr 2 und Freigabebeschluss, wenn das alsbaldige Wirksamwerden des Umwandlungsbeschlusses vorrangig erscheint, weil die vom Antragsteller dargelegten wesentl Nachteile für Rechtsträger und Anteilsinhaber nach freier Überzeugung des Gerichts die Nachteile für den Antragsgegner überwiegen, es sei denn, es liegt eine besondere Schwere des Rechtsverstoßes vor, § 16 III 3 Nr 3, Entscheidung nicht mehr durch Gericht der Hauptsache, sondern durch OLG), **§§ 62–64** (Erleichterungen für Formalien in HV wegen Internet, entsprechende Änderung auch in §§ 230, 232, 239, 251, 260, 274, 283, 292), iÜ gab es redaktionelle Anpassungen. 32

Schrifttum: *Sandhaus,* Richtlinienvorschlag der Kommission zur Vereinfachung der Berichts- und Dokumentationspflichten bei Verschmelzungen und Spaltungen, NZG 2009, 41; *Bayer/Schmidt,* Der Referentenentwurf zum 3. Umwandlungsänderungsgesetz: Vereinfachungen bei Verschmelzungen und Spaltungen und ein neuer verschmelzungsspezifischer Squeeze out, ZIP 2010, 953; *Conreder,* Internet im neuen Umwandlungsrecht, CR 2010, R 114; *Diekmann,* Änderung des Umwandlungsgesetzes, NZG 2010, 489; *Freytag,* Neues zum Recht der Konzernverschmelzung und des Squeeze out, BB 2010, 1611; *ders,* Der Regierungsentwurf zur Änderung des Umwandlungsrechts, BB 2010, 2839; *Leuering/Rubner,* Die Absenkung des Schwellenwerts für den Squeeze-out auf 90%, NJW-Spezial 2010, 271; *Wagner,* Der Regierungsentwurf für ein Drittes Gesetz zur Änderung des Umwandlungsgesetzes, DStR 2010, 1629; *Austmann,* Der verschmelzungsrechtl Squeeze-Out nach dem 3. Umwandlungsänderungsgesetz 2011, NZG 2011, 684; *Breschendorf/Wallner,* Neues im Umwandlungsrecht durch das Dritte Gesetz zur Änderung des UmwG, GWR 2011, 511; *Buschmann,* Neues zur Novellierung des Umwandlungsgesetzes, DZWIR 2011, 318; *Gosslar/Mense,* Der umwandlungsrechtliche Squeeze-Out als neues Gestaltungsmittel für die Praxis, GWR 2011, 275; *Erkens/Lakenberg,* Das 3. Gesetz zur Änderung des Umwandlungsgesetzes, Der Konzern 2011, 392; *Heckschen,* Die Novelle des Umwandlungsgesetzes – Erleichterungen für Verschmelzungen und Squeeze-out, NJW 2011, 2390; *Leitzen,* Die Änderungen des Umwandlungsgesetzes durch das Dritte Gesetz zur Änderung des Umwandlungsrechts, DNotZ 2011, 526; *Neye/Kraft,* Neuigkeiten beim Umwandlungsrecht, NZG 2011, 681; *Simon/Merkelbach,* Das Dritte Gesetz zur Änderung des UmwG, DB 2011, 1317.

Das **3. UmwÄndG** (BGBl I 2011, 1338) setzte die Vorgaben der Richtlinie 2009/109/EG (ÄndRL) über Berichts- und Dokumentationspflichten bei Verschm und Spaltungen von Ges um mit dem Ziel, die Verwaltungslasten der Unternehmen zu reduzieren. § 52 II aF wurde aufgehoben, weil seit dem MoMiG § 40 II GmbHG 33

den bei der Umw mitwirkenden Notar (vgl §§ 6, 13 III 1) zur Einreichung der Gesellschafterliste verpflichtet. Inhaltl regelt das 3. UmwÄndG vor allem für die von der Änderungsrichtlinie unmittelbar betr Rechtsform AG, Ansätze im Gesetzgebungsverfahren, die Regelungen teilweise rechtsformübergreifend auszugestalten, wurden fallengelassen. Von besonderer Bedeutung sind insoweit: **§ 62** wurde umfassend geändert. Durch Art 2 Nr 9 ÄndRL wurde Art 25 der Richtlinie 78/855/EWG zu einer für die Mitgliedstaaten verbindl Vorschrift umgestaltet. Danach darf bei der Verschm einer 100%igen Tochter- auf ihre MutterGes auch von den Gesellschaftern des übertragenden Unternehmens kein Zustimmungsbeschluss mehr verlangt werden. Entsprechend wurde § 62 IV gefasst. Neu ist auch der umwandlungsrechtl Squeeze Out für AG in § 62 V. Art 2 Nr 11 ÄndRL hat Art 28 der Richtlinie 78/855/EWG zu einer für die Mitgliedstaaten an sich zwingenden Vorschrift umgestaltet, um Konzernverschmelzungen zu vereinfachen. Bei der Verschm einer mindestens 90%igen TochterGes auf ihre MutterGes dürfen ein Verschmelzungsbericht (§ 8), eine Verschmelzungsprüfung (§§ 9–12) und die Bereitstellung von Unterlagen für die Aktionäre danach nicht mehr verlangt werden. Der dt Gesetzgeber hat jedoch von der Option in Art 28 II der Richtlinie 78/855/EWG Gebrauch gemacht und verweist den Konzern auf den Squeeze-Out. Anders als beim aktien- und übernahmerechtl Squeeze Out liegt die Beteiligungsschwelle von § 62 V nicht bei 95%, sondern nur bei 90%. Nach der Vorstellung des dt Gesetzgebers handelt es sich beim umwandlungsrechtl Squeeze Out um eine eigentumsentziehende Inhaltsbestimmung, die den Anforderungen der Verhältnismäßigkeit entspricht und damit die verfassungsrechtl Vorgaben (zB BVerfG ZIP 2007, 2121; NJW 2001, 279) erfüllt. Der von § 62 V betroffene Minderheitsaktionär werde allein aus einer bestimmten Art der Kapitalanlage verdrängt, sein Vermögensinteresse aber angemessen abgefunden (§ 327b AktG), die Barabfindung verzinst und ggf gerichtl überprüft (§ 327f S 2 AktG, § 1 Nr 3 SpruchG). Auch **§ 63** wurde erhebl geändert, um Art 2 Nr 5 lit a ÄndRL betr Art 11 Abs 1 Unterabs 2 der Richtlinie 78/855/EWG umzusetzen. Die Aktionäre können jetzt auf eine Zwischenbilanz verzichten, auch kann die Zwischenbilanz durch einen Halbjahresfinanzbericht ersetzt werden; dafür sieht § 64 jetzt eine erweiterte Unterrichtungspflicht des Vorstands in der HV vor.

34 Die **übrigen Änderungen des UmwG** bis zum Redaktionsschluss der 6. Aufl waren technisch bedingt und wenig spektakulär. Das BilanzrechtsmodernisierungsG vom 25.5.2009 (BGBl I 1102) hat im UmwG ausschließl § 11 I geändert. In die dortige Verweiskette wurde die neue Regelung von § 319b I HGB (Netzwerk) eingefügt. Das Gesetz zur Erleichterung elektronischer Anmeldungen zum Vereinsregister und andere vereinsrechtl Änderungen vom 24.9.2009 (BGBl I 3145) hat § 103 und § 275 II geändert, es kommt jetzt auf die abgegebenen Stimmen und nicht mehr auf die erschienenen Stimmen/Mitglieder an, vgl Komm dort. Die Änderung steht im Zusammenhang mit den Änderungen von §§ 32, 33 BGB und § 41 BGB. Das Gesetz zur Änderung von Vorschriften über Verkündung und Bekanntmachungen vom 22.12.2011 (BGBl I 3044), dessen Änderungen am 1.4.2012 in Kraft traten, änderte folgende Paragrafen des UmwG: §§ 26, 31, 104, 118, 119,186, 187, 188, 209 und 231. Jeweils wird dort das Wort „elektronischen" vor dem Wort „Bundesanzeiger" gestrichen. Bisher gab es die Möglichkeit, den Bundesanzeiger in gedruckter und in elektronischer Fassung zu beziehen. Weil die gedruckte Fassung nur von wenigen Abonnenten bezogen wurde, wurde sie abgeschafft und durch eine dauerhaft verfügbare elektronische Veröffentlichung ersetzt.

Erstes Buch. Möglichkeiten von Umwandlungen

§ 1 Arten der Umwandlung; gesetzliche Beschränkungen

(1) **Rechtsträger mit Sitz im Inland können umgewandelt werden**
1. durch Verschmelzung;
2. durch Spaltung (Aufspaltung, Abspaltung, Ausgliederung);
3. durch Vermögensübertragung;
4. durch Formwechsel.

(2) **Eine Umwandlung im Sinne des Absatzes 1 ist außer in den in diesem Gesetz geregelten Fällen nur möglich, wenn sie durch ein anderes Bundesgesetz oder ein Landesgesetz ausdrücklich vorgesehen ist.**

(3) [1] **Von den Vorschriften dieses Gesetzes kann nur abgewichen werden, wenn dies ausdrücklich zugelassen ist.** [2] **Ergänzende Bestimmungen in Verträgen, Satzungen oder Willenserklärungen sind zulässig, es sei denn, daß dieses Gesetz eine abschließende Regelung enthält.**

Schrifttum: Schrifttum bis 1994 siehe 3. Auflage; *K. Schmidt,* Vermögensveräußerung aus der Personengesellschaft: ein Lehrstück am Rande des neuen Umwandlungsrechts (Besprechung der Entscheidung BGH NJW 1995, 596), ZGR 1995, 675; *Wertenbruch,* Partnerschaftsgesellschaft und neues Umwandlungsrecht, ZIP 1995, 712; *Schiefer,* Die Anwachsung bei der Gesellschaft bürgerlichen Rechts, DStR 1996, 788; *K. Schmidt,* Zum Analogieverbot des § 1 Abs 2 UmwG – Denkanstöße gegen ein gesetzliches Denkverbot, FS Kropff, 1997, 259; *Bayer,* 1000 Tage neues Umwandlungsrecht – eine Zwischenbilanz, ZIP 1997, 1613; *Bungert,* Ausgliederung durch Einzelrechtsübertragung und analoge Anwendung des Umwandlungsgesetzes, NZG 1998, 367; *Trölitzsch,* Aktuelle Tendenzen im Umwandlungsrecht, DStR 1999, 764; *Kießlin,* Der Rechtsformwechsel zwischen Personalgesellschaften, WM 1999, 2391; *Joost,* „Holzmüller 2000" vor dem Hintergrund des Umwandlungsgesetzes, ZHR 163 (1999), 164; *Kallmeyer,* Anwendung von Verfahrensvorschriften des Umwandlungsgesetzes auf Ausgliederungen nach Holzmüller, Zusammenschlüsse nach der Puling-off-interest-Methode und die sog übertragende Auflösung, FS Lutter, 2000, 1245; *Priester,* Die klassische Ausgliederung, ein Opfer des Umwandlungsgesetzes 1994?, ZHR 163 (1999), 187; *Schnorbus,* Grundlagen zur Auslegung des allgemeinen Teils des UmwG, WM 2000, 2321; *ders,* Analogieverbot und Rechtsfortbildung im UmwR, DB 2001, 1654; *Neye,* BB-Gesetzgebungsreport: Bundestag beschließt neues Umwandlungsrecht, BB 2007, 389; *Mayer/Weiler,* Neuregelungen durch das Zweite Gesetz zur Änderung des Umwandlungsgesetzes, DB 2007, 1235, 1291; vgl auch Schrifttum zu den einzelnen Abschnitten.

Übersicht

1. Arten der Umwandlung, Abs 1

1 **a) Begriff der Umwandlung.** Der Begriff der Umw ist im UmwG nicht def. Abs 1 enthält nur mittelbar eine Aufzählung der mögl Arten der Umw, für die das UmwG gilt. Dies sind die Verschm, die Spaltung, die Vermögensübertragung und der Formwechsel; die grenzüberschreitende Verschm ist ein Fall der Verschm. Den ersten drei Umwandlungsarten ist gemeinsam, dass mindestens ein Rechtsträger Vermögen durch Gesamtrechtsnachfolge auf andere Rechtsträger überträgt. Als Gegenleistung erhalten die Anteilsinhaber der übertragenden Rechtsträger oder diese selbst eine Beteiligung am übernehmenden Rechtsträger (Verschm, Spaltung) oder eine sonstige Leistung (Vermögensübertragung). Beim Formwechsel ändert der Rechtsträger ledigl seine Rechtsform, damit ändert sich allerdings auch die Rechtsqualität der Anteilsinhaberschaft. Vermögen wird indes nicht übertragen, der Rechtsträger bleibt identisch. Abs 1 enthält damit **abschl** (vgl dazu auch Rn 62 ff) alle Rechtsgestaltungen, die unter den einheitl Begriff der Umw iSd UmwG zu subsumieren sind. Zu den einzelnen Arten näher Rn 3 ff.

2 **b) Begriff des Rechtsträgers.** Abs 1 verwendet im Allgemeinen zur Benennung der Umwandlungsobjekte nicht den Begriff des „Unternehmens", sondern den des „Rechtsträgers". Dies deshalb, weil es in nahezu allen Fällen der Umw nicht darauf ankommen soll, ob ein Rechtsträger ein Unternehmen im betriebswirtschaftl oder im rechtl Sinne betreibt (vgl RegEBegr BR-Drs 75/1994, Teil A). Entscheidend ist demnach, ob eine im Rechtsverkehr auftretende jur Einheit an einem Umwandlungsvorgang beteiligt ist. Unter **Rechtsträger** wird jeder Vollinhaber eines Rechts (RegEBegr BR-Drs 75/1994, Teil A), jede im Rechtsverkehr auftretende und an einem Umwandlungsvorgang beteiligte jur Einheit (*Dehmer* WiB 1994, 307, 308) bzw jede Rechtseinheit, die Träger von Rechten und Pflichten sein kann, gleich ob rechtl verselbstständigt oder nicht (*Schwarz* DStR 1994, 1695), verstanden. Wer bei einem konkreten Umwandlungsvorgang iSv Abs 1 Nr 1–4 übertragender, übernehmender oder formwechselnder Rechtsträger sein kann, wird zu Beginn des Zweiten, Dritten, Vierten und Fünften Buches jew ausdrückl bestimmt (vgl im Einzelnen § 3 Rn 6 ff; § 124 Rn 2 ff; § 175 Rn 3 ff; § 191 Rn 4 ff). Materielle Bedeutung hat Abs 1 hierfür nicht. Zur Beteiligung von aufgelösten Rechtsträgern vgl § 3 Rn 46, § 124 Rn 53 und § 191 Rn 34. Zur Beschränkung auf Rechtsträgern mit **Sitz im Inland** vgl Rn 23 ff. Abweichend hiervon verwendet der Gesetzgeber in den **§§ 122a ff** den Begriff

der beteiligten **Ges.** Hintergrund hierfür ist, dass an grenzüberschreitenden Verschm nur inl oder EU-/EWR-ausl KapGes beteiligt sein können (vgl näher § 122b).

c) Aufbau und Systematik des Umwandlungsgesetzes 1995.

Schrifttum: *Zöllner,* Bemerkungen zu allgemeinen Fragen des Referentenentwurfs eines Umwandlungsgesetzes, ZGR 1993, 334; *Dehmer,* Auf dem Weg zur Reform des Umwandlungsrechts: Die Entwürfe zur Bereinigung des Umwandlungsrechts und zur Änderung des Umwandlungssteuerrechts, WiB 1994, 308; *Schwarz,* Das neue Umwandlungsrecht, DStR 1994, 1695; *Dörrie,* Das neue Umwandlungsrecht, WiB 1995, 1; *Lüttge,* Das neue Umwandlungs- und Umwandlungssteuerrecht, NJW 1995, 417; *Hansen,* Die großen Fusionen der jüngsten Zeit, AG-Report 1999, R4; *Lettl,* Wirtschaftliche Betätigung und Umstrukturierung von Ideal-Vereinen, DB 2000, 1449; *Nietzer/Stadie,* Die Familienstiftung & Co. KG – eine Alternative für die Nachfolgerregelung bei Familienunternehmen, NJW 2000, 3457; *Balzer,* Die Umwandlung von Vereinen der Fußball-Bundesligen in Kapitalgesellschaften zwischen Gesellschafts-, Vereins- und Verbandsrecht, ZIP 2001, 175; *Neye/Timm,* Mehr Mobilität für die GmbH in Europa, GmbHR 2007, 561.

aa) Aufbau. Die vier Möglichkeiten der Umw sind jew in einem eigenen Buch normiert, und zwar **3**
- im Zweiten Buch (§§ 2–122l) die Verschmelzung,
- im Dritten Buch (§§ 123–173) die Spaltung,
- im Vierten Buch (§§ 174–189) die Vermögensübertragung,
- im Fünften Buch (§§ 190–304) der Formwechsel.

4 Das Zweite, Dritte und Fünfte Buch sind jew unterteilt in einen Allgemeinen und einen Besonderen Teil, wodurch rechtsformunabhängige Vorschriften „vor die Klammer" gezogen werden. Darüber hinaus enthält das Sechste Buch (§§ 313–316) Strafvorschriften und Regelungen zum Zwangsgeld, das Siebte Buch (§§ 317–325) enthält schließl Übergangs- und Schlussvorschriften sowie arbeitsrechtl Regelungen. Das frühere Sechste Buch (§§ 305–312) enthielt Vorschriften zum Spruchverfahren, das zwischenzeitl einheitl im **SpruchG** geregelt ist (vgl B. SpruchG).

5 Die Vorschriften über die Spaltung nehmen Bezug auf §§ 2–122 (vgl insbes § 125), im Vierten Buch über die Vermögensübertragung werden die Vorschriften des Zweiten Buches (Vollübertragung) bzw des Dritten Buches (Teilübertragung) weitgehend für entspr anwendbar erklärt. **Bes Bedeutung** haben die allg Vorschriften zur Verschm in **§§ 2–38,** denn sie enthalten einen „versteckten **allgemeinen Teil**" für das Zweite, Dritte und Vierte Buch (*Dörrie* WiB 1995, 2; vgl Vor §§ 2–38 Rn 4). Der Formwechsel ist in §§ 190–304 ausführl und eigenständig geregelt (näher Vor §§ 190–213 Rn 3), weil diese Art der Umw wesenstypische Unterschiede (keine Vermögensübertragung, kein Anteilstausch) zu den anderen Arten der Umw aufweist.

6 Jedes Buch ist so aufgebaut, dass zunächst die Möglichkeiten der Umw unter Benennung der Umwandlungsarten und der umwandlungsfähigen Rechtsträger geregelt werden, danach wird das einzuhaltende Verfahren festgelegt, anschl werden die Besonderheiten für die jew konkrete Rechtsform geregelt. Innerh der einzelnen Bücher sind in einem Ersten Teil rechtsformunabhängige allg Regeln aufgeführt; danach folgen bes Vorschriften, abhängig von der jew Rechtsform. Eine systematische Besonderheit stellen die §§ 122a–122l dar, da diese nicht rechtsformspezifische Besonderheiten, sondern solche der grenzüberschreitenden Verschmelzung regeln (vgl näher § 122a Rn 12). Das Umwandlungsverfahren wird bei allen Umwandlungsvarianten in drei Entwicklungsphasen aufgeteilt (**„Drei-**

takt", vgl auch Widmann/Mayer/*Mayer* Einf Rn 127; zum Dreitakt bei der Verschm vgl Vor §§ 2–38 Rn 2):

7 **Vorbereitungsphase.** Bei allen Umwandlungsvarianten ist – nach dem Vorbild des Verschmelzungsberichts in § 340a AktG aF – die Entscheidungsfindung der Anteilsinhaber durch einen von den Leitungsorganen der Rechtsträger zu verfassenden **Bericht** vorzubereiten, der die näheren Umstände – auch die Beteiligungsveränderungen – rechtl und wirtschaftl erläutert und begründet. In allen Fällen der vermögensübertragenden Umw (also bei Verschm, Spaltung und Vermögensübertragung) ist grdsl der Abschluss eines **Vertrags in notarieller Form** mit einem bestimmten Mindestinhalt erforderl; ausgenommen hiervon ist die Spaltung durch Neugründung (Spaltungsplan, vgl § 136), da es dort keinen „Vertragspartner" gibt. Auch bei grenzüberschreitenden Verschm spricht das Gesetz in Anlehnung an die IntV-RL von einem **Verschmelzungsplan,** über dessen Inhalt aber ebenfalls Einigkeit zwischen den Ges erzielt werden muss (vgl näher zur Rechtsnatur § 122c). Beim Formwechsel muss der **Formwechselbeschluss** einen Mindestinhalt haben (vgl § 194). Bei den vermögensübertragenden Umw hat des Weiteren im Grundsatz die **Prüfung** der Umw und der Beteiligungsveränderung durch unabhängige Sachverständige zu erfolgen, wobei deren Notwendigkeit je nach Unternehmensnähe der Anteilsinhaber unterschiedl geregelt ist (vgl §§ 43, 48, 60), während ein Verzicht der Zustimmung aller Anteilsinhaber bedarf (§ 9 III). Beim Formwechsel wird nur die Barabfindung geprüft.

8 **Beschlussphase.** Zwingende Voraussetzung ist bei allen Umwandlungsformen die Beschlussfassung der Anteilsinhaber über die Umwandlung. Um die Entscheidungsfindung zu erleichtern, sind ihnen die dafür bedeutsamen Unterlagen (Vertrag, Bericht der Leitungsorgane und ggf Bericht der Umwandlungsprüfer, Jahresabschlüsse und Lageberichte) zu übersenden bzw sind derartige beschlussvorbereitende Unterlagen zugängl zu machen. Weitere Erläuterungspflichten bestehen ggf während der beschlussfassenden **Anteilsinhaberversammlung** (vgl etwa § 64 I). Der Beschluss und uU erforderl Zustimmungserklärungen der Anteilsinhaber sind notariell zu beurkunden. Die Wirksamkeit des Umwandlungsbeschlusses kann bei allen Umwandlungsvarianten gerichtl überprüft werden (Klagefrist: ein Monat). Die **Unwirksamkeitsklage** kann aber teilweise nicht auf ein fehlerhaftes Umtauschverhältnis oder ein unzureichendes oder gar fehlendes Barabfindungsangebot gestützt werden. Der Anteilsinhaber kann die Angemessenheit des Umtauschverhältnisses bzw der Barabfindung vielfach nur im Wege des **gerichtl Spruchverfahrens** überprüfen lassen (vgl B. SpruchG); Besonderheiten bestehen bei grenzüberschreitenden Verschm (vgl §§ 122h I, 122i II). Dem Anfechtungsmissbrauch, der eine Registersperre bewirken kann (§§ 16 I, II, 198 II), wird durch ein besonderes Freigabeverfahren entgegengewirkt (§ 16 III).

9 **Vollzugsphase.** Je nach Umwandlungsvariante sind Anmeldung, Eintragung und Bekanntmachung – auch in Bezug auf ihre Reihenfolge – unterschiedl geregelt. Die Anmeldung muss alle Erklärungen und – als Anlagen – sämtl Unterlagen enthalten, anhand derer das Registergericht die Ordnungsmäßigkeit der Umw prüfen kann. Hierzu zählt bei der Anmeldung zum Register des übertragenden Rechtsträgers auch eine handelsrechtl Schlussbilanz (§ 17 II). Die Umw wird durch **Eintragung** in das zuständige Handels-, Partnerschafts-, Genossenschafts- oder Vereinsregister wirksam, Mängel werden durch Registereintrag unbeachtl. Die Eintragung bewirkt (vgl auch *Ganske* WM 1993, 1117; *Schwarz* DStR 1994, 1700; *Ott* INF 1995, 147)

- bei Verschm, Spaltung und Vermögensübertragung den Übergang des ganzen Vermögens bzw eines Vermögensteils im Wege der Gesamtrechts- bzw Sonderrechtsnachfolge auf den übernehmenden/neuen Rechtsträger;
- bei Verschm, Aufspaltung und Verm(Voll-)Übertragung des Weiteren das Erlöschen des übertragenden Rechtsträgers sowie den Wechsel der Anteilsinhaber zum übernehmenden/neuen Rechtsträger, bei Ausgliederung die Beteiligung des übertragenden Rumpfunternehmens am übernehmenden/neuen Rechtsträger;
- beim Formwechsel die Änderung der Rechtsform und damit der Qualität der Beteiligung der Anteilsinhaber unter Aufrechterhaltung des formwechselnden Rechtsträgers (Identität).

Besonderheiten bestehen bei **grenzüberschreitenden Verschm.** Hierfür sieht die IntV-RL ein zweistufiges Eintragungsverfahren vor, das national in §§ 122k, 122l umgesetzt wurde. Aufgrund der Beteiligung von Ges aus verschiedenen Staaten wird die Erfüllung der Voraussetzungen von den zuständigen Stellen der jew Staaten geprüft und in einer Verschmelzungsbescheinigung bestätigt. Grenzüberschreitende Verschm werden bei Beteiligungen von inl übernehmenden oder neuen Ges ebenfalls mit der Eintragung in deren Register wirksam. Unterliegt die übernehmende oder neue Ges einer ausl Rechtsordnung, richten sich der Zeitpunkt des Wirksamwerdens und die einzelnen Rechtswirkungen nach dem ausl Recht. 10

bb) Verschmelzung, Nr 1. Bei der Verschm geht das gesamte Vermögen von einem oder mehreren Rechtsträgern im Wege der Gesamtrechtsnachfolge auf einen anderen, bereits bestehenden (Verschm durch Aufnahme) oder neu gegründeten (Verschm durch Neugründung) Rechtsträger unter Auflösung ohne Abwicklung über. Die Anteilsinhaber (Gesellschafter, Partner, Aktionäre, Gen, Mitglieder, vgl § 2 Rn 3) der übertragenden Rechtsträger werden durch Anteilstausch am übernehmenden bzw neu gegründeten Rechtsträger beteiligt (vgl § 2 Rn 14 f). 11

Die Verschm ist nach Maßgabe von § 3 I für PhG und PartGes, KapGes, eG, eV, genossenschaftl Prüfungsverbände, VVaG, wirtschaftl Vereine und Alleingesellschafter einer KapGes mögl (näher § 3 Rn 6 ff; zur Beteiligung von ausl Rechtsträgern vgl Rn 35 f). Erstmalig durch das UmwG 1995 wurde die Verschm von eG mit Vereinen oder Ges anderer Rechtsform mögl; der Gesetzgeber kam damit dem praktischen Bedürfnis nach, die Umw auch von rechtsfähigen Vereinen (zB Postsparvereinen) und von früheren Idealvereinen, die sich mittlerweile zu wirtschaftl Vereinen entwickelt haben (zB Fußballvereinen; dazu *Lettl* DB 2000, 1449; *Mayer* FS Widmann, 2000, 67; *Balzer* ZIP 2001, 175; zur Sanierung eines insolventen Vereins durch Umw vgl *Streck/Mack/Schwedhelm* AG 1998, 230), zuzulassen. Klargestellt wurde auch eine wichtige Streitfrage des früheren Verschmelzungsrechts: Es können gleichzeitig mehrere Rechtsträger auf einen Übernehmer verschmelzen (§ 2 Rn 8). 12

Mit Gesetz vom 19.4.2007 (BGBl I 542) wurden ferner mit den §§ 122a ff die Voraussetzungen für **grenzüberschreitende Verschm von europäischen KapGes** geschaffen. Mit diesen Normen wurde die IntV-RL umgesetzt (vgl näher § 122a Rn 1). Diese Vorschriften entfalten indes nur für die beteiligten inl Ges rechtl Wirkungen (vgl § 122a Rn 15). 13

cc) Spaltung, Nr 2. Die Spaltung eines Rechtsträgers wird in drei Formen – als Aufspaltung, Abspaltung und als Ausgliederung – zugelassen (§ 123). Bei der 14

Aufspaltung, dem Spiegelbild zur Verschm, wird das gesamte Vermögen des Rechtsträgers ohne Abwicklung übertragen. Die Vermögensteile gehen als Gesamtheit im Wege der Sonderrechtsnachfolge (partiellen Universalsukzession) auf mindestens zwei andere, bereits bestehende (Aufspaltung zur Aufnahme) oder neu gegründete (Aufspaltung zur Neugründung) Rechtsträger über. Die Anteilsinhaber des sich aufspaltenden Rechtsträgers werden an den übernehmenden oder neuen Rechtsträger mit ggf abweichenden Beteiligungsverhältnissen (§ 128) beteiligt (§ 123 I). Bei der **Abspaltung** bleibt der alte Rechtsträger bestehen und überträgt im Wege der Sonderrechtsnachfolge Vermögensteile auf einen oder mehrere andere, bereits bestehende (Abspaltung zur Aufnahme) oder neu gegründete (Abspaltung zur Neugründung) Rechtsträger; hinsichtl der Beteiligung der Anteilsinhaber gilt das zur Aufspaltung Gesagte (§ 123 II). Bei der **Ausgliederung** werden ebenfalls Vermögensteile durch Sonderrechtsnachfolge übertragen, die Anteile an den übernehmenden (Ausgliederung zur Aufnahme) oder an den neu gegründeten (Ausgliederung zur Neugründung) Rechtsträger erhält allerdings der übertragende Rechtsträger selbst; es entsteht dabei also ein Mutter-Tochter-Verhältnis.

15 Der Kreis der **spaltungsfähigen Rechtsträger** entspricht grdsl demjenigen bei Verschmelzungen (§ 3), die Ausgliederung ist darüber hinaus grdsl auch für Einzelkaufleute, Stiftungen, Gebietskörperschaften sowie deren Zusammenschlüsse, die nicht Gebietskörperschaften sind, als übertragende Rechtsträger zulässig (§ 124 I). Wirtschaftl Vereine werden generell nur als übertragende Rechtsträger zugelassen (vgl näher § 124).

16 Die Spaltung durch Sonderrechtsnachfolge wurde erstmals im UmwG 1995 geregelt. Begleitend wurden mit §§ 15, 16 UmwStG 1995 die Voraussetzungen für eine **steuerneutrale Auf-/Abspaltungen** von Körperschaften geschaffen. Zuvor mussten komplizierte Hilfskonstruktionen gewählt werden, die stl bestenfalls die Billigung der FinVerw fanden. Die **Ausgliederung** ist stl ein Einbringungsfall, der von den §§ 20, 21, 24 UmwStG erfasst ist.

17 **dd) Vermögensübertragung, Nr 3.** Die Vermögensübertragung kann als Vollübertragung (§ 174 I, vglbar der Verschm) oder als Teilübertragung (§ 174 II, vglbar der Spaltung) erfolgen; im Ggs zur Verschm bzw Spaltung werden die Anteilsinhaber jedoch nicht an den übernehmenden bzw neu gegründeten Rechtsträgern beteiligt, sie erhalten vielmehr eine **Gegenleistung anderer Art,** regelm eine Barleistung.

18 Die Vermögensübertragung kann nur von einer KapGes auf die öffentl Hand durchgeführt werden bzw unter Versicherungsunternehmen dann erfolgen, wenn sie in der Rechtsform der AG, VVaG oder des öffentl rechtl Versicherungsunternehmens geführt werden (§ 175).

19 **ee) Formwechsel, Nr 4.** Mit dem Formwechsel (§§ 190–304) wurde die früher bestehende Möglichkeit der formwechselnden Umw fortgeschrieben. Die Identität des Rechtsträgers als Verband bleibt unberührt, allein seine äußere Form ändert sich (vgl § 190 Rn 5 ff). Da beim Formwechsel als formwechselnder Rechtsträger (§ 191 I) PhG (auch KapGes & Co, Stiftung & Co; zu Letzterem *Nietzer/Stadie* NJW 2000, 3457) und PartGes, KapGes, eG, rechtsfähige Vereine, VVaG, Körperschaften und Anstalten des öffentl Rechts beteiligt sein können und zulässige neue Rechtsformen (§ 191 II) GbR, PhG und PartGes, KapGes und eG sind, ist auch ein Formwechsel von KapGes in PersGes und umgekehrt zulässig.

Stl ist zu beachten, dass der Formwechsel von einer Körperschaft in eine PersGes oder umgekehrt einen **Wechsel der Besteuerungssysteme** bewirkt. Trotz der zivilrechtl Identität (kein zivilrechtl Vermögensübergang) wird stl daher in diesen Fällen ein **Vermögensübergang fingiert.** Vgl näher §§ 9, 25 UmwStG. **20**

Neu eingeführt wurde durch das UmwG 1995 auch die generelle Möglichkeit der Beteiligung eines rechtsfähigen Vereins als formwechselnder Rechtsträger; nach § 62 S 1 UmwG 1969 konnten wirtschaftl Vereine nur dann die Möglichkeit zur Umw in eine AG nutzen, wenn sie ein in übertragbare Anteile zerlegbares Vermögen hatten und ihnen vor Inkrafttreten des BGB die Rechtsfähigkeit verliehen wurde. Des Weiteren wurde im UmwG 1995 erstmals der Formwechsel zur Umw in eine eG zugelassen. **21**

ff) Gesamtrechtsnachfolge. Die Besonderheit der Umw im Wege der Verschm, der Spaltung und der Vermögensübertragung besteht darin, dass das Vermögen der übertragenden Rechtsträger (oder Teile hiervon) in einem Akt im Ganzen (uno actu) auf den übernehmenden Rechtsträger übergeht. Das UmwG enthält damit Sonderregelungen zum allg Rechtsgrundsatz des dt Zivilrechts, dass Rechte und Verb nur im Wege der Einzelrechtsnachfolge von einem Rechtsträger auf den anderen übergehen können (vgl zB §§ 398 ff, 873, 925, 929 ff BGB). Ein praktisch bedeutsamer Unterschied zwischen Einzel- und Gesamtrechts- bzw Sonderrechtsnachfolge ist etwa, dass bei der Einzelrechtsnachfolge der Übergang von Verb jew die Zustimmung aller betroffenen Gläubiger erfordert (vgl §§ 414 ff BGB), bei der Gesamtrechtsnachfolge nicht. Vgl zur Gesamtrechtsnachfolge ausführl § 20 Rn 23 ff, zur Sonderrechtsnachfolge § 131 Rn 4 ff. **22**

2. Sitz im Inland, Abs 1

Schrifttum: Schrifttum bis 1995 siehe 3. Auflage: Schrifttum bis 2000 siehe 4. Auflage; *Wiesner,* Der Nizza-Kompromiss zur Europa-AG, ZIP 2001, 397; *Eidenmüller,* Wettbewerb der Gesellschaftsrechte in Europa, ZIP 2002, 2233; *Kallmeyer,* Tragweite des Überseering-Urteils des EuGH vom 5.11.2002 zur grenzüberschreitenden Sitzverlegung, DB 2002, 2521; *Leible/Hoffmann,* „Überseering" und das (vermeintliche) Ende der Sitztheorie, RIW 2002, 925; *Bayer,* Die EuGH-Entscheidung „Inspire Art" und die deutsche GmbH im Wettbewerb der europäischen Rechtsordnungen, BB 2003, 2357; *Dorr/Stukenborg,* „Going to the Chapel": Grenzüberschreitende Ehen im Gesellschaftsrecht – die ersten transnationalen Verschmelzungen nach dem UmwG (1994), DB 2003, 647; *Geyrhalter/Gänßler,* Perspektiven nach „Überseering" – wie geht es weiter?, NZG 2003, 409; *Großerichter,* Ausländische Kapitalgesellschaften im deutschen Rechtsraum: Das deutsche Internationale Gesellschaftsrecht und seine Perspektiven nach der Entscheidung „Überseering", DStR 2003, 159; *Halasz/Kloster,* Fortschreitende Europäisierung des Rechts grenzüberschreitender Unternehmenszusammenschlüsse, DStR 2003, 1324; *Kersting,* Rechtswahlfreiheit im Europäischen Gesellschaftsrecht nach Überseering, NZG 2003, 9; *Leible/Hoffmann,* „Überseering" und das deutsche Gesellschaftskollisionsrecht, ZIP 2003, 925; *Maul/Schmidt,* Inspire Art – Quo vadis Sitztheorie?, BB 2003, 2297; *Lutter,* „Überseering" und die Folgen, BB 2003, 7; *Maul/Teichmann/Wenz,* Der Richtlinienvorschlag zur grenzüberschreitenden Verschmelzung von Kapitalgesellschaften, BB 2003, 2633; *Meilicke,* Die Niederlassungsfreiheit nach „Überseering" Rückblick und Ausblick nach Handelsrecht und Steuerrecht, GmbHR 2003, 793; *Schanze/Jüttner,* Die Entscheidung für Pluralität: Kollisionsrecht und Gesellschaftsrecht nach der EuGH-Entscheidung „Inspire Art", AG 2003, 661; *Triebel/von Hase,* Wegzug und grenzüberschreitende Umwandlungen deutscher Gesellschaften nach „Überseering" und „Inspire Art", BB 2003, 2409; *Ziemons,* Freie Bahn für den Umzug von Gesellschaften nach Inspire Art?!, ZIP 2003, 1913; *Bayer,* Aktuelle Entwicklungen im Europäischen Gesellschaftsrecht, BB 2004, 1; *von Busekist,* „Umwandlung" einer GmbH in eine im Inland ansässige EU-Kapitalgesellschaft am Beispiel der englischen Ltd. Möglichkeiten und Gestaltungen in gesellschafts- und steuerrecht-

licher Sicht, GmbHR 2004, 650; *Doralt,* Österreichischer OGH zur verschmelzenden Umwandlung über die Grenze nach Deutschland, NZG 2004, 396; *Horn,* Deutsches und europäisches Gesellschaftsrecht und die EuGH-Rechtsprechung zur Niederlassungsfreiheit – Inspire Art, NJW 2004, 893; *Kloster,* EU-grenzüberschreitende Verschmelzungen sind (steuerneutral) durchführbar, GmbHR 2003, 1413; *Leible,* Niederlassungsfreiheit und Sitzverlegungsrichtlinie, ZGR 2004, 531; *Müller,* Die grenzüberschreitende Verschmelzung nach dem neuen Richtlinienentwurf der EU-Kommission, ZIP 2004, 1790; *Paefgen,* Umwandlung, europäische Grundfreiheiten und Kollisionsrecht, GmbHR 2004, 463; *Schenk/Scheibeck,* Vereinfachte Möglichkeit der Übertragung des Unternehmens einer österreichischen Tochter- auf die deutsche Muttergesellschaft, RIW 2004, 673; *Weller,* Zum identitätswahrenden Wegzug deutscher Gesellschaften, DStR 2004, 1218; *Wenglorz,* Die grenzüberschreitende „Heraus"-Verschmelzung einer deutschen Kapitalgesellschaft: Und es geht doch!, BB 2004, 1061; *Drygala,* Bemerkungen zur Bewegungsfreiheit deutscher Unternehmen in Europa, ZIP 2005, 1995, 1998; *Geyrhalter/Weber,* Die Schlussanträge des Generalanwalts in Sachen SEVIC Systems AG, NZG 2005, 837; *Knapp,* Am Vorabend zur Anerkennung grenzüberschreitende Umwandlungen, DNotZ 2005, 723; *Kraft/Bron,* Defizite bei der grenzüberschreitenden Verschmelzung – eine sekundärrechtliche Bestandsaufnahme, RIW 2005, 641; *Schaumburg,* Der Wegzug von Unternehmen, FS Wassermeyer, 2005, 441; *Sinewe,* Eintragungsfähigkeit grenzüberschreitender Verschmelzungen, DB 2005, 2061; *Westermann,* Die GmbH in der nationalen und internationalen Konkurrenz der Rechtsformen, GmbHR 2005, 4; *Bayer/Schmidt,* Der Schutz der grenzüberschreitenden Verschmelzung durch die Niederlassungsfreiheit, ZIP 2006, 210; *Bungert,* Grenzüberschreitende Verschmelzungsmobilität – Anmerkung zur Sevic-Entscheidung des EuGH, BB 2006, 53; *Drinhausen/Gesell,* Gesellschaftsrechtliche Gestaltungsmöglichkeiten grenzüberschreitender Mobilität von Unternehmen in Europa, BB 2006, 3; *Forsthoff,* Internationale Verschmelzungsrichtlinie: Verhältnis zur Niederlassungsfreiheit und Vorwirkung; Handlungszwang für Mitbestimmungsreform, DStR 2006, 613; *Gesell/Krömker,* Grenzüberschreitende Verschmelzungen nach SEVIC: Praxisbericht über die Verschmelzung einer niederländischen auf eine deutsche Kapitalgesellschaft, DB 2006, 2558; *Geyrhalter/Weber,* Transnationale Verschmelzungen – im Spannungsfeld zwischen SEVIC Systems und der Verschmelzungsrichtlinie, DStR 2006, 146; *Kallmeyer/Kappes,* Grenzüberschreitende Verschmelzungen und Spaltungen nach SEVIC Systems und der EU-Verschmelzungsrichtlinie, AG 2006, 224; *Kappes,* Zulässigkeit grenzüberschreitender Verschmelzungen, NZG 2006, 101; *Koppensteiner,* Zur grenzüberschreitenden Verschmelzung, Der Konzern 2006, 40; *Leible/Hoffmann,* Grenzüberschreitende Verschmelzungen im Binnenmarkt nach „Sevic", RIW 2006, 161; *Louven/Dettmeier/Pöschke/Weng,* Optionen grenzüberschreitender Verschmelzungen innerhalb der EU – gesellschafts- und steuerrechtliche Grundlagen, BB 2006, 1; *Lutter/Drygala,* Internationale Verschmelzungen in Europa, JZ 2006, 770; *Meilicke/Rabback,* Die EuGH-Entscheidung in der Rechtssache Sevic und die Folgen für das deutsche Umwandlungsrecht nach Handels- und Steuerrecht, GmbHR 2006, 123; *Oechsler,* Die Zulässigkeit grenzüberschreitender Verschmelzungen – Die Sevic-Entscheidung des EuGH, NJW 2006, 812; *Samson/Flindt,* Internationale Unternehmenszusammenschlüsse, NZG 2006, 290; *Spahlinger/Wegen,* Deutsche Gesellschaften in grenzüberschreitenden Umwandlungen nach „SEVIC" und der Verschmelzungsrichtlinie in der Praxis, NZG 2006, 721; *Teichmann,* Binnenmarktmobilität von Gesellschaften nach „Sevic", ZIP 2006, 355; *Hoffmann,* Die stille Bestattung der Sitztheorie durch den Gesetzgeber, ZIP 2007, 1581; *Kindler,* GmbH-Reform und internationales Gesellschaftsrecht, AG 2007, 721; *Limmer,* Grenzüberschreitende Umwandlungen nach dem Sevic-Urteil des EuGH und den Neuregelungen des UmwG, ZNotP 2007, 242; *Neye/Timm,* Mehr Mobilität für die GmbH in Europa, GmbHR 2007, 561; *Veil,* Kollisionsrechtliche und sachrechtliche Lösungen für eine Verschmelzung und eine Spaltung über die Grenze, Der Konzern 2007, 98; *Behme,* Der Weg deutscher Aktiengesellschaften ins Ausland – Goldene Brücke statt Stolperpfad, BB 2008, 70; *Kußmaul/Richter/Ruiner,* Die Sitztheorie hat endgültig ausgedient!, DB 2008, 451; *Rotheimer,* Referentenentwurf zum Internationalen Gesellschaftsrecht, NZG 2008, 181; *Bayer/Schmidt,* Grenzüberschreitende Sitzverlegung und grenzüberschreitende Restrukturierungen nach MoMiG, Cartesio und Trabrennbahn, ZHR 173 (2009), 735–774; *Franz,* Internationales Gesellschaftsrecht und deutsche Kapitalgesellschaften im In- bzw. Ausland, BB 2009, 1250; *Frobenius,* „Cartesio":

Partielle Wegzugsfreiheit für Gesellschaften in Europa, DStR 2009, 487, 490; *Hennrichs/Pöschke/von der Laage/Klavina,* Die Niederlassungsfreiheit der Gesellschaften in Europa – Eine Analyse der Rechtsprechung des EuGH und ein Plädoyer für eine Neuorientierung, WM 2009, 2009; *Leible/Hoffmann,* Cartesio – fortgeltende Sitztheorie, grenzüberschreitender Formwechsel und Verbot materiellrechtlicher Wegzugsbeschränkungen, BB 2009, 58; *Leitzen,* Die GmbH mit Verwaltungssitz im Ausland, NZG 2009, 728; *Otte/Rietschel,* Freifahrschein für den grenzüberschreitenden Rechtsformwechsel nach „Cartesio"?, GmbHR 2009, 983; *Schindler,* Was folgt aus den EuGH-Urteilen in den Rs. Cartesio und SEVIC für die grenzüberschreitende Verschmelzung und das SE-Statut? in Beck/Osterloh-Konrad, Unternehmensnachfolge, 2009; *Sethe/Winzer,* Der Umzug von Gesellschaften in Europa nach dem Cartesio-Urteil, WM 2009, 536; *Teichmann,* Cartesio: Die Freiheit zum formwechselnden Wegzug, ZIP 2009, 393; *Thümmel/Hack,* Die grenzüberschreitende Verschmelzung von Personengesellschaften, Der Konzern 2009, 1; *Zimmer/Naendrup,* Das Cartesio-Urteil des EuGH: Rück- oder Fortschritt für das internationale Gesellschaftsrecht?, NJW 2009, 545; *Bayer/Schmidt,* BB-Rechtsprechungs- und Gesetzgebungsreport im Europäischen Gesellschaftsrecht 2008/09, BB 2010, 387, 390; *Behme,* Verwaltung Sitzverlegung deutscher Kapitalgesellschaften ins Ausland: Behandlung von Altfällen nach MoMiG und Cartesio, BB 2010, 1679; *Kußmaul/Richter/Heyd,* Ausgewählte Problemfelder der Hinausverschmelzung von Kapitalgesellschaften aus Deutschland, IStR 2010, 73; *Bayer/Schmidt,* Das Vale-Urteil des EuGH: Die endgültige Bestätigung der Niederlassungsfreiheit als „Formwechselfreiheit", ZIP 2012, 1481; *Behme,* Der grenzüberschreitende Formwechsel von Gesellschaften nach Cartesio und Vale , NZG 2012, 936; *Böttcher/Kraft,* Grenzüberschreitender Formwechsel und tatsächliche Sitzverlegung – Die Entscheidung VALE des EuGH, NJW 2012, 2701; *Ege/Klett,* Praxisfragen der grenzüberschreitenden Mobilität von Gesellschaften, DStR 2012, 2442; *Roth,* Das Ende der Briefkastengründung? – Vale contra Centros, ZIP 2012, 1744; *Schall/Barth,* Stirbt Daily Mail langsam? Zu den Folgen von EuGH C-371/10 (National Grid Indus) für Kollisionsrecht und Wegzugsbesteuerung, NZG 2012, 414; *Schneider,* BB Kommentar zu OLG Nürnberg, 12 W 2361/11 v. 13.2.2012, BB 2012, 992; *Stöber,* Grenzüberschreitende Umwandlungen und ihre Besteuerung im Lichte der Niederlassungsfreiheit, ZIP 2012, 1273; *Teichmann,* Der grenzüberschreitende Formwechsel ist spruchreif: Das Urteil des EuGH in der Rs. Vale, DB 2012, 2085; *Wicke,* Zulässigkeit des grenzüberschreitenden Formwechsels, DStR 2012, 1756; *Wiehe/Thies,* Sitzverlegung nach Luxemburg in der Praxis, BB 2012, 1891.

a) Bedeutung, verbleibende Fragen. Abs 1 ist nicht nur ein den Regelungsgegenstand des UmwG beschreibender Einleitungssatz ohne eigenständigen materiellen Gehalt (zum Begriff Rechtsträger Rn 2, zu den genannten Umwandlungsformen Rn 11 ff). Denn er legt fest, dass **nur Rechtsträger mit Sitz im Inland** umgewandelt werden können. Die Einordnung dieser Einschränkung und ihre konkreten Auswirkungen bereiteten von Anfang an Schwierigkeiten. Die Vorgängervorschriften zum UmwG – etwa §§ 339 ff AktG aF, §§ 19 ff KapErhG – enthielten eine derartige ausdrückl Festlegung des Gesetzgebers auf Rechtsträger mit Sitz im Inland nicht. Die Frage war daher ausschließl nach dem dt internationalen GesR, das hinsichtl des Personalstatuts derzeit ebenfalls noch nicht kodifiziert ist (vgl etwa Palandt/*Thorn* BGB Anh zu EGBGB Art 12 Rn 1; vgl aber Referentenentwurf eines Gesetzes zum Internationalen Privatrecht der Gesellschaften, Vereine und juristischen Personen), zu lösen. Und sie war wie das gesamte dt internationale GesR umstr (näher Lutter/*Lutter/Drygala* Rn 4). Der RegEBegr zum UmwG 1995 ist zu entnehmen, dass eine Regelung grenzüberschreitender Vorgänge, insbes der internationalen Fusion, angesichts der Bemühungen der europäischen Gemeinschaften um eine derartige Regelung zurückgestellt werden sollte (BR-Drs 75/94 zu § 1). Vgl nun aber §§ 122a ff und Rn 45 ff. 23

Trotz der scheinbar klaren Aussage – Rechtsträger mit Sitz im Inland können umgewandelt werden – bereitet das **Verständnis** der Vorschrift **verschiedene Probleme.** Teilw wurde darin ein **Verbot der grenzüberschreitenden Umw** 24

gesehen (vgl etwa *Kallmeyer* ZIP 1994, 1746, 1752; anders allerdings später *ders* ZIP 1996, 536; *Lutter* ZGR 1994, 87, 88 Fn 3; zwischenzeitl aber Lutter/*Lutter/Drygala* Rn 6; *Schaumburg* GmbHR 1996, 501, 502; *Kloster,* Grenzüberschreitende Zusammenschlüsse, S 303; vgl auch die ausführl Darstellung der historischen Entwicklung bei Widmann/Mayer/*Heckschen* Rn 91 ff). Nach diesem Verständnis enthielte Abs 1 die Aussage, Rechtsträger mit Sitz im Inland können an einer grenzüberschreitenden Umw (Verschm oder Spaltung) nicht beteiligt sein. Dies wäre eine materielle, sachrechtl Bestimmung des Gesetzgebers für Umw mit internationalem Bezug, zugleich aber auch eine kollisionsrechtl Bestimmung für deutsche Rechtsträger. Nach **zutr aA** enthält Abs 1 – unabhängig von einer mögl Überlagerung durch europäisches Gemeinschaftsrecht (dazu Rn 47) – **kein Verbot** einer grenzüberschreitenden Umw für Rechtsträger mit Sitz im Inland. Die Vorschrift **begrenzt** ledigl die **Anwendung des UmwG** auf Rechtsträger mit Sitz im Inland (Lutter/*Lutter/Drygala* Rn 15; Semler/Stengel/*Drinhausen* Einl C Rn 5, 23, 33; MüKoBGB/*Kindler* IntGesR Rn 866; vgl aber Rn 904 ff; Kallmeyer/*Marsch-Barner* Vor §§ 122a ff Rn 8; *Triebel/von Hase* BB 2003, 2409, 2416; *Door/Stuckenborg* DB 2003, 647; *Kronke* ZGR 1994, 26, 35; *Wenglorz* BB 2004, 1061, 1062 f; *Kraft/Bron* RIW 2005, 641; aA Kallmeyer/*Kallmeyer* Rn 11). Mehr lässt sich weder aus dem Wortlaut, der erkennbar *nur* auf das UmwG Bezug nimmt, noch aus der RegEBegr (Rn 23) ableiten. Selbst wenn der Gesetzgeber ein generelles Verbot grenzüberschreitender Umw gewollt hätte, wäre dies in EU- und diesen gleichgestellten Fällen ein Verstoß gegen die europarechtl garantierte Niederlassungsfreiheit (näher Rn 47). Abs 1 wäre dann europarechtskonform einschränkend auszulegen (vgl auch Semler/Stengel/*Drinhausen* Einl C Rn 5, 23, 33). Zwischenzeitl ist natürl zu berücksichtigen, dass das UmwG in Umsetzung der IntV-RL in den §§ 122a ff Regelungen für die grenzüberschreitende Verschm von EU-/EWR-KapGes enthält. Die Frage beschränkt sich damit darauf, ob darüber hinaus grenzüberschreitende Umw (unter Beteiligung von Rechtsträgern anderer Rechtsform und andere Umwandlungsarten, insbes Spaltungen) mögl sind (vgl dazu Rn 45 ff). Aber gerade die Einfügung der §§ 122a ff bei unveränderten Wortlaut von § 1 I zeigt auch, dass der Gesetzgeber das vorstehende Verständnis teilt. Denn anderenfalls hätte es einer Klarstellung bei § 1 I bedurft, dass in von §§ 122a ff nicht erfassten Fällen das UmwG nur anwendbar ist, wenn ausschließl inl Rechtsträger beteiligt sind (vgl auch Lutter/*Lutter/Drygala* Rn 5a; KölnerKommUmwG/*Dauner-Lieb* Rn 27).

25 Damit besagt die Beschränkung auf Rechtsträger mit Sitz im Inland aber nichts, was nicht auch ohne diesen Zusatz gelten würde. Denn das UmwG kann grdsl keine gesellschaftsrechtl Regelungen für Rechtsträger treffen, die nicht der inl Rechtsordnung unterliegen. Dies gilt auch für grenzüberschreitende Verschm nach §§ 122a ff. Diese Normen wie auch die nach § 122a II entsprechend anwendbaren Vorschriften des innerstaatl Verschmelzungsrechts gelten nur für die der inl Rechtsordnung unterliegenden Ges (RegEBegr BT-Drs 16/2919 zu § 122a II). Freilich ist damit auch nicht positiv festgestellt, dass grenzüberschreitende Umw unter Beteiligung von dt Rechtsträgern über die von §§ 122a ff erfassten Fälle hinaus mögl sind. Nicht ausgeschlossen ist es aber, das UmwG bei grenzüberschreitenden Umw nur auf die Rechtsträger mit Sitz im Inland anzuwenden, während sich die Voraussetzungen und Rechtsfolgen für die ausl Rechtsträger nach deren Rechtsordnung richten. Indes wirft dies, soweit Regelungen fehlen, die die Kompatibilität zwischen den Rechtsordnungen herstellen, verschiedene Probleme auf (näher Rn 57 ff). Im Erg bedeutet dies, dass Abs 1 für die Frage, ob

über die §§ 122a ff hinaus grenzüberschreitende Umw mögl sind, keine Aussage trifft. Auch der Gesetzgeber scheint nicht von einer Unanwendbarkeit des UmwG auf sonstige grenzüberschreitende Vorgänge auszugehen, sieht aber die Notwendigkeit einer kollisionsrechtlichen Lösung (RegEBegr zum UmwÄndG 2007 Allg Teil, BT-Drs 16/2919; vgl auch § 10a EGBGB-E idF des RefE für ein Gesetz zum Internationalen Privatrecht der Ges, Vereine und juristischen Personen).

Ebenso war von Anfang an umstr, **welcher Sitz,** der Satzungssitz oder der tats Verwaltungssitz, gemeint ist. Dies könnte – so scheint es zunächst – Einfluss auf die Beteiligtenfähigkeit von Rechtsträgern, also auf die Frage, welche Rechtsträger eine Umw nach dem UmwG durchführen können, haben. Denn am tats Verwaltungssitz orientiert sich ggf das Personalstatut, also das auf den Rechtsträger anwendbare GesR. Folgt man der in Deutschland bislang herrschenden und insbes von der Rspr vertretenen **Sitztheorie** (vgl etwa BGH NJW 2003, 1607; für Ges aus Drittstaaten – hier Schweiz – bestätigt durch BGH NJW 2009, 289), könnte es nur auf den tats Verwaltungssitz ankommen. Denn ein Auseinanderfallen von Satzungs- und Verwaltungssitz ist nach diesem Verständnis nicht denkbar (*Paefgen* GmbHR 2004, 463, 465), weil sich eine in Deutschland gegründete Ges mit statutarischem Sitz in Deutschland auflösen würde, sobald sie den tats Verwaltungssitz ins Ausland verlegt hätte (näher Rn 40; zur Verlegung des Satzungssitzes Rn 38). Umgekehrt richtet sich nach der Sitztheorie das Personalstatut für ausl Rechtsträger nach dem Verwaltungssitz. **26**

Folgt man hingegen der sog **Gründungstheorie,** könnte es in der Tat auf die Frage ankommen, welcher Sitz – tats Verwaltungssitz oder statutarischer Sitz – in Abs 1 gemeint ist, da ein Auseinanderfallen nicht den Verlust der Rechtsfähigkeit und auch nicht einen Wechsel des Personalstatuts des Rechtsträgers bewirken würde. Indes bestimmt sich die Beteiligtenfähigkeit nicht nach Abs 1, sondern nach den Vorschriften für die einzelnen Umwandlungsarten, insbes nach §§ 3, 124, 175 und 191. Die Lösung leitet sich aus diesen Vorschriften ab, ohne dass es eines Rückgriffs auf Abs 1 bedarf (im Einzelnen Rn 38 ff). Auch insofern läuft die Beschränkung in Abs 1 auf Rechtsträger im Inland im Wesentl leer. **27**

Bei der Auslegung von Abs 1 und damit bei der Frage nach der Anwendbarkeit des UmwG auf ausl Rechtsträger und auf grenzüberschreitende Vorgänge sind zudem die **europarechtl Rahmenbedingungen** zu beachten. Diese überlagern auch einen ggf abweichenden historischen Willen des Gesetzgebers des UmwG 1995 (Semler/Stengel/*Drinhausen* Einl C Rn 24). Zwischenzeitl sind verschiedene Arten von grenzüberschreitenden Umw positivrechtl geregelt. Hierzu zählen die auf unmittelbar geltenden europäischen Sekundärrecht beruhenden Umw nach der **SE-VO** (vgl hierzu im Einzelnen C. SE-VO) und nach der **SCE-VO.** Außerdem wurden mit Gesetz vom 19.4.2007 (BGBl I 542) die **§§ 122a ff** eingefügt und damit Regelungen für die grenzüberschreitende Verschm von **EU-/EWR-KapGes** geschaffen. Mit diesen Normen wurde die IntV-RL umgesetzt (vgl näher § 122a Rn 1). Diese Vorschriften entfalten indes nur für die beteiligten inl Ges unmittelbare rechtl Wirkungen. Andererseits sind diese Regelungen für die von ihnen erfassten Fallgruppen abschließend und stellen eine Konkretisierung der Niederlassungsfreiheit dar (Lutter/*Lutter/Drygala* Rn 7). **28**

Einen wesentl Einfluss hat ferner die Rechtsprechung des **EuGH.** Mit den Urteilen Centros (NJW 1999, 2027), Überseering (NJW 2002, 3614) und Inspire Art (NJW 2003, 3331) hat der EuGH nicht nur den Umfang der Grundfreiheiten, insbes der Niederlassungsfreiheit, von Ges innerh der EU weiter geklärt, die Urteile beeinflussen wenigstens für das Verhältnis zu Staaten des EU-Raums und **29**

zu gleichgestellten Staaten (EWR: Liechtenstein, Island, Norwegen; vgl auch dt-amerikanischen Freundschaftsvertrag; dazu BGH NJW 2003, 1607) unmittelbar **elementare Fragen des jeweiligen internationalen GesR,** die auch bei der Anwendung des UmwG zu berücksichtigen sind. Unmittelbar mit der Frage der Zulässigkeit grenzüberschreitender Umw befasst sich der EuGH in dem Urteil Sevic (NJW 2006, 425). Danach ist es mit der Niederlassungsfreiheit nicht zu vereinbaren, wenn die Eintragung einer grenzüberschreitenden Hineinverschmelzung generell verweigert wird, während eine innerstaatl Verschm mögl ist (vgl näher Rn 49). Ebenso muss der Zuzugsstaat anlässl einer Verlegung des Satzungssitzes einen grenzüberschreitenden Formwechsel ermöglichen, wenn inl Rechtsträger die Möglichkeit einer derartigen Umw haben (EuGH NZG 2012, 871 – Vale; dazu näher Rn 52). Andererseits hat der EuGH zwischenzeitl für den Wegzugsstaat auch festgestellt, die Niederlassungsfreiheit stehe nicht Rechtsvorschriften entgegen, die es einer nach dem nationalen Recht dieses Mitgliedstaats gegründeten Ges verwehren, ihren Sitz in einen anderen Mitgliedstaat zu verlegen und dabei ihre Eigenschaft als Ges des nationalen Rechts des Mitgliedstaats, nach dessen Recht sie gegründet wurde, zu behalten (EuGH NJW 2009, 569 – Cartesio). Diese unterschiedlichen Anforderungen im Zuzugs- und Wegzugsstaat können zu schwierigen Konstellationen führen. Jedenfalls ist die Gründungstheorie nicht gemeinschaftsrechtlich geboten (*Sethe/Winzer* WM 2009, 536; *Teichmann,* DB 2012, 2085, 2086).

30 Grenzüberschreitende Vorgänge haben regelmäßig auch **stl Auswirkungen.** Auch insoweit hat der Gesetzgeber reagiert und mit dem **SEStEG** Regelungen für grenzüberschreitende Sachverhalte eingeführt. Insbesondere wurde das UmwStG neu gefasst und sein Anwendungsbereich auf EU-/EWR-Rechtsträger sowie auf grenzüberschreitende und vglbare ausl Vorgänge erweitert (vgl hierzu im Einzelnen § 1 UmwStG).

31 Vor diesem Hintergrund stellen sich für die **Praxis** momentan noch folgende **Fragen:**

- Ist ein nach einer **ausl Rechtsordnung gegründeter Rechtsträger** mit **Verwaltungssitz im Inland** ein Rechtsträger iSd UmwG und damit **fähig,** an einer **Umw nach dem UmwG teilzunehmen?** Ist insofern zwischen EU-/EWR- Rechtsträger und Rechtsträger aus Drittstaaten zu unterscheiden? Dazu Rn 35 ff.
- Sind nach inl Recht gegründete Rechtsträger mit tats **Verwaltungssitz** und/oder **Satzungssitz** im EU- oder sonstigen **Ausland** beteiligtenfähig iSd UmwG? Dazu Rn 38 ff.
- Kann ein Rechtsträger mit Sitz im Inland auf einen Rechtsträger mit Sitz im Ausland außerhalb des Anwendungsbereichs der §§ 122a ff umgewandelt werden **(Hinausumwandlung)?** Dazu Rn 54 ff.
- Kann ein Rechtsträger mit Sitz im Ausland auf einen Rechtsträger mit Sitz im Inland außerhalb des Anwendungsbereichs der §§ 122a ff umgewandelt werden **(Hineinumwandlung)?** Dazu Rn 49 ff.

32 **b) Beteiligtenfähigkeit. aa) Grundsatz.** Die Fähigkeit eines Rechtsträgers (zum Begriff des Rechtsträgers Rn 2), an einer Umw nach dem UmwG beteiligt zu sein (Beteiligtenfähigkeit), folgt nicht aus Abs 1. Hierfür enthält das UmwG in § 3 I, II, § 124 I, § 175 und § 191 bes Vorschriften, die die Beteiligtenfähigkeit der Rechtsträger verschiedener Rechtsformen regeln. Die danach mögl Kombinationen werden teilw noch durch Vorschriften in den rechtsformspezifischen bes

Teilen des UmwG eingeschränkt. Vgl im Einzelnen die Komm zu den genannten Vorschriften.

Danach sind – neben nat Person – ausschließl Ges/Körperschaften beteiligtenfähig, die dem **dt Gesellschaftsstatut** unterstehen. Die Beschränkung in Abs 1 auf Rechtsträger mit Sitz im Inland führt insoweit zu keinen anderen Ergebnissen. 33

Eine scheinbare Ausnahme besteht nach § 122b für grenzüberschreitende Verschm iSv § 122a. Neben inl KapGes (AG/SE/KGaA/GmbH) sind an einer derartigen Verschm auch **EU-/EWR-KapGes** beteiligtenfähig (vgl im Einzelnen § 122b Rn 8). Hierbei ist aber zu beachten, dass die §§ 122a ff unmittelbare Rechtswirkungen nur für die an der grenzüberschreitenden beteiligten inl Ges entfalten (vgl auch § 122a Rn 15, 20). § 122b ist damit keine Regelung der Beteiligtenfähigkeit der ausl Ges, sondern Tatbestandsvoraussetzung für die Anwendung der §§ 122a ff auf die inl Ges. 34

bb) Ausländischer Rechtsträger mit Verwaltungssitz im Inland. Ein nach ausl Recht gegründeter Rechtsträger mit tats Verwaltungssitz im Inland ist nicht iSd UmwG beteiligtenfähig. Derartige Ges (etwa niederl B. V., franz SA, englische ltd) sind in §§ 3, 124, 175, 191 nicht aufgezählt. Eine Verlegung des Verwaltungssitzes in das Inland ändert an der Beteiligtenfähigkeit nichts, und zwar unabhängig davon, ob die Ges nach dem Recht eines EU-Mitgliedstaates, eines gleichgestellten Staates (EWR, Staatsvertrag) oder eines Drittlandes gegründet worden ist. Denn auch eine wirksam nach dem Recht eines EU-/EWR-Mitgliedstaats gegründete Ges ist nach der Verlegung des tats Verwaltungssitzes in einen anderen Mitgliedstaat von der Rechtsordnung dieses Staats **als Rechtsträger der ausl Rechtsform** (also als B. V., SA usw) anzuerkennen und nach diesem **Gesellschaftsstatut** zu behandeln. Dies ist die Kernaussage der „Überseering"-Entscheidung des EuGH (NJW 2002, 3614; BGH NJW 2003, 1461). In diesen EU- und gleichgestellten Fällen (zum dt-amerikanischen Freundschaftsvertrag vgl BGH NJW 2003, 1607; zum EWR vgl BGH NJW 2005, 3351; zu weiteren Staaten, mit denen bilaterale Verträge bestehen, vgl Widmann/Mayer/*Heckschen* Rn 185) ist das Personalstatut nach der Gründungstheorie zu bestimmen (BGH NJW 2003, 1607; BFH BStBl II 2004, 1043; OLG Naumburg GmbHR 2003, 533; KG NJW-RR 2004, 331; aA LG Frankenthal NJW 2003, 762). Ob nach der Entscheidung des EuGH in der Rechtssache Vale (EuGH NZG 2012, 871) Briefkastengründungen ausreichend sind, bleibt abzuwarten (dazu *Roth* ZIP 2012, 1744; *Böttcher/Kraft* NJW 2012, 2701). Diese vom Gemeinschaftsrecht vorausgesetzte Anerkennung eines Rechtsträgers ausl Rechtsform bedeutet aber gerade, dass auf diesen Rechtsträger unabhängig von der Verlegung des tats Verwaltungssitzes in kooperationsrechtl Fragen weiterhin das **Recht des Gründungsstaates Anwendung** findet (BGH DStR 2005, 839: zur unzulässigen Anwendung von § 11 II GmbHG; Lutter/*Lutter/Drygala* Rn 13; *Lutter* BB 2003, 7, 8; *Paefgen* GmbHR 2004, 466; *Horn* NJW 2004, 893, 897; *Geyrhalter/Gänßler* NZG 2003, 409, 410; *Behme* NZG 2012, 937). Das Gemeinschaftsrecht verlangt mithin zwar die Anerkennung der Rechtsfähigkeit *und* der ausl Rechtsform, gebietet aber nicht, auf einen derartigen Rechtsträger auch die gesellschaftsrechtl Normen (entspr) anzuwenden, die für inl Rechtsträger gelten. Im Gegenteil: Die **Niederlassungsfreiheit gewährleistet** gerade, dass dieser Rechtsträger **weiterhin** dem **Gesellschaftsstatut** unterliegt, nach dem er gegründet worden ist (EuGH NJW 2002, 3614; BGH NJW 2003, 1461; zweifelnd, wenn der Gründungsstaat der Sitztheorie folgt, *Horn* NJW 2004, 893, 897; ebenso *Kallmeyer* DB 2002, 2521; dagegen *Triebel/von Hase* BB 2003, 35

2409, 2412). Ein Statutenwechsel tritt nicht ein. Das dt GesR *darf* – von gerechtfertigten Eingriffen in die Grundfreiheiten abgesehen – gesellschaftsrechtl Regelungen für diesen Rechtsträger nicht aufstellen (BGH DStR 2005, 839). Der ausl Rechtsträger darf zwar nicht behindert werden, er muss aber auch akzeptieren, dass er sich in einem Rechtskreis bewegt, der ein anderes Gesellschaftsstatut als dasjenige seiner Gründung hat.

36 Im Erg nichts anderes gilt für Rechtsträger, die nach dem Recht eines **Drittstaates** gegründet worden sind. Folgt man auch in diesen Fällen der Gründungstheorie (vgl etwa OLG Hamm ZIP 2006, 1822 zu nach dem Recht der Schweiz gegründeten AG; dagegen aber BGH NJW 2009, 289; vgl auch § 10 EGBGB-E idF des RefE für ein Gesetz zum Internationalen Privatrecht der Ges, wonach die Gründungstheorie allgemein kodifiziert werden soll (dazu *Franz,* BB 2009, 1250), fehlt es wiederum an der Beteiligtenfähigkeit nach §§ 3, 124, 175, 191, da die ausl Rechtsform nicht erwähnt ist (Rn 35). Behandelt man Drittstaaten-Fälle weiterhin nach der Sitztheorie, ist ein derartiger Rechtsträger zwar partei- und rechtsfähig (BGH NJW 2009, 289; OLG Hamburg NZG 2007, 597; BGH DStR 2002, 1678), er ist jedoch dann als OHG oder GbR, die keiner Eintragung im HR bedürfen, zu behandeln (BGH NJW 2009, 289, 291). Zwar kann auch ohne Eintragung im HR eine OHG entstehen (§ 105 I HGB), die Umwandlungsfähigkeit setzt aber die tats Eintragung im HR voraus. Nach Verlegung des Satzungssitzes ins Inland **und** Eintragung im HR wäre eine Neugründung anzunehmen (vgl BGH NJW 2009, 289, 290). In diesem Fall könnte der Rechtsträger dann als OHG eine Umw nach dem UmwG durchführen (Lutter/*Lutter/Drygalla,* 3. Aufl 2004, Rn 9; vgl auch *Meilicke* GmbHR 2003, 793, 800 f). Als GbR ist er aber – mit Ausnahme als Zielrechtsform beim Formwechsel – nach dem UmwG nicht beteiligtenfähig.

37 Ein ausl Rechtsträger mit Verwaltungssitz im Inland kann aber als **Rechtsträger dieser Rechtsform an** einer **grenzüberschreitenden Umw beteiligt** sein. An einer grenzüberschreitenden Verschm nach §§ 122a ff können nach § 122b KapGes beteiligt sein, die nach dem Recht eines EU-/EWR-Staats gegründet worden sind und ihren satzungsmäßigen Sitz, ihre Hauptverwaltung oder ihre Hauptniederlassung in einem Mitgliedstaat haben. Hierbei müssen der Gründungsstaat und der Staat, in dem die Hauptverwaltung ist, nicht identisch sein. Demzufolge ist etwa die Verschm einer englischen Ltd mit Verwaltungssitz in Deutschland auf eine inl GmbH eine grenzüberschreitende Verschm iSd §§ 122a ff (vgl § 122b Rn 11). Entsprechendes gilt für grenzüberschreitende Umw **außerhalb** der **§§ 122a ff** (Rn 45 ff).

38 **cc) Inländischer Rechtsträger mit Satzungssitz im Ausland.** Eine Verlegung des **Satzungssitzes** in einen EU-Mitgliedstaat oder in einen Drittstaat führt derzeit noch nach inl Grds des IPR zum Verlust der Rechtspersönlichkeit dieses Rechtsträgers, indem er sich auflöst (OLG München GmbHR 2007, 1273; OLG Düsseldorf BB 2001, 901; OLG Hamm NJW 2001, 2183; BayObLG NJW-RR 1993, 43; vgl auch *Weller* DStR 2004, 1218). Teilw wird auch die Nichtigkeit des Beschlusses angenommen (Michalski/*Leible* GmbHG Bd 1 System Darstellung 2 Rn 133; *Hüffer* AktG § 5 Rn 12; *Hoffmann* ZIP 2007, 1581, 1582; *Triebel/von Hase* BB 2003, 2409, 2415; offengelassen BayObLG DStR 2004, 1224). Denn die Verlegung des Satzungssitzes ist ein Statutenwechsel, also eine internationale formwechselnde Umw (OLG Nürnberg NZG 2012, 468, 469; Ulmer/Habersack/Winter/*Behrens* GmbHG Einl B Rn B 122). Selbst wenn der Rechtsträger den

Statutenwechsel identitätswahrend durchführen kann (dazu Rn 52, 55), hat er jedenfalls dann keine in § 3 I, II, § 124 I, § 175 und § 191 vorausgesetzte inl Rechtsform mehr. Mangels Beteiligtenfähigkeit nach dem UmwG kann er an einer Umw nicht teilnehmen (zur Beteiligung aufgelöster Rechtsträger Rn 44). Diese Konsequenzen folgen nicht aus der Gründungs- oder Sitztheorie, die sich in dieser Frage nicht unterscheiden. Denn ein Satzungssitz im Inland ist eine Anforderung des inl Sachrechts (etwa § 4a GmbHG, § 5 AktG; BayObLG DStR 2004, 1224; Baumbach/Hueck/*Hueck/Fastrich* GmbHG § 4a Rn 9; Lutter/Hommelhoff/*Bayer* GmbHG § 4a Rn 27; *Schaumburg* FS Wassermeyer, 2005, 417; *Triebel/von Hase* BB 2003, 2409, 2415; *Weller* DStR 2004, 1218). Auch im Zusammenhang mit den Änderungen durch das MoMiG sind nur die Rechtsfolgen der Verlegung des Verwaltungssitzes und nicht des Satzungssitzes geändert worden (OLG Nürnberg NZG 2012, 468, 469; *Hoffmann* ZIP 2007, 1581, 1582; Baumbach/Hueck/*Hueck/Fastrich* GmbHG § 4a Rn 11).

Diese Konsequenz bei Verlegung des Satzungssitzes verstößt auch nicht gegen 39 Gemeinschaftsrecht (EuGH NJW 2009, 569 – Cartesio; BayObLG DStR 2004, 1224, 1226; Baumbach/Hueck/*Hueck/Fastrich* GmbHG § 4a Rn 10; *Leible* ZGR 2004, 531, 535; *Behrens* IPrax 2000, 384; *Triebel/von Hase* BB 2003, 2409, 2413 f; aA AG Heidelberg NZG 2000, 927). Denn der EuGH hat festgestellt, dass sich die Möglichkeiten für eine nach dem Recht eines Mitgliedstaates gegründete Ges, ihren Satzungssitz oder ihren Verwaltungssitz in einen anderen Mitgliedstaat zu verlegen, ohne hierbei die durch den Gründungsstaat zuerkannte Rechtspersönlichkeit zu verlieren, und ggf die Modalitäten dieser Verlegung nach den Rechtsvorschriften des Gründungsstaats richten (EuGH NJW 2009, 569 Rn 104 ff – Cartesio; idS auch schon EuGH NJW 2002, 3614 Rn 70 – Überseering und EuGH NJW 1989, 2186 – Daily Mail; bestätigt durch EuGH DStR 2011, 2334 Rn 27 – National Grid Indus und EuGH NZG 2012, 871 Rn 27 ff – Vale). Damit entscheidet auch das nationale Recht als Vorfrage, ob sich ein Rechtsträger, der eine derartige Sitzverlegung vornimmt, überhaupt als Gesellschaft anzusehen ist, die sich auf die Niederlassungsfreiheit (Art 54 iVm 49 AEUV) berufen kann (EuGH NJW 2009, 569 Rn 109 f – Cartesio; EuGH NZG 2012, 871 Rn 28 – Vale). Dies ist allerdings der Fall, wenn ein Staat der Gründungstheorie folgt (EuGH DStR 2011, 2334 Rn 32 – National Grid Indus; krit hierzu etwa *Schall/Barth* NZG 2012, 414, 418). Eine davon zu unterscheidende Frage ist, ob die Niederlassungsfreiheit einen grenzüberschreitenden Formwechsel gebietet (dazu Rn 52, 55).

dd) Inländischer Rechtsträger mit Verwaltungssitz im Ausland. Zwi- 40 schenzeitlich für dt Rechtsträger geklärt ist die Umw eines nach der inl Rechtsordnung gegründeten Rechtsträgers mit Verwaltungssitz im Ausland. Nach der bislang vorherrschenden und von der Rspr angewandten Sitztheorie hatte auch die Verlegung des tats Verwaltungssitzes (zum Satzungssitz Rn 38) die Auflösung zur Folge (BGHZ 25, 134, 144). Dies ist auch mit den Grundfreiheiten vereinbar, da die Niederlassungsfreiheit es nicht verbietet, dass der Wegzugsstaat selbst mit der Verlegung (nur) des Verwaltungssitzes (zur Verlegung des Satzungssitzes vgl Rn 39) die Konsequenz der Auflösung verknüpft. Die Überseering-Entscheidung des EuGH (NJW 2002, 3614) hatte ebenso wie Centros (NJW 1999, 2027) und Inspire Art (NJW 2003, 3331) – die letztgenannten Urteile hinsichtl Zweigniederlassungen – Beschränkungen des Zuzugs zum Gegenstand. Einen Wegzugsfall betraf Daily Mail (EuGH NJW 1989, 2186). Das Gericht stellte damals ausdrückl

fest, dass die Niederlassungsfreiheit einer Ges kein Recht gewähre, den Sitz ihrer Geschäftsleitung unter Bewahrung ihrer Eigenschaft als Ges des Mitgliedstaates ihrer Gründung zu verlegen. Davon rückte der Gerichtshof in Überseering und in Centros nicht ab, sondern stellte nur fest, dass die Aussagen in Daily Mail wenigstens in Zuzugsfällen nicht dahin verstanden werden dürfen, dass der Zuzugsstaat die Anerkennung des Rechtsträgers von der Beachtung des eigenen nat GesR abhängig machen könne (EuGH NJW 2002, 3614 Rn 72 – Überseering). Knapper stellte er in der nachfolgenden Inspire Art-Entscheidung (NJW 2003, 3331 Rn 102 f) fest, dass Aussagen aus Daily Mail auf Zuzugsfälle nicht übertragbar seien. Zwischenzeitl hat der EuGH (NJW 2009, 569 – Cartesio) seine mit der Daily Mail-Entscheidung begründete Auffassung bestätigt und festgestellt, dass sich die Möglichkeiten für eine nach dem Recht eines Mitgliedstaates gegründete Ges, ihren Satzungssitz **oder ihren Verwaltungssitz** in einen anderen Mitgliedstaat zu verlegen, ohne hierbei die durch den Gründungsstaat zuerkannte Rechtspersönlichkeit zu verlieren, und ggf die Modalitäten dieser Verlegung ausschließl nach den Rechtsvorschriften des Gründungsstaats richten (EuGH NJW 2009, 569 Rn 107 – Cartesio; vgl ergänzend Rn 39).

41 Diese Bestätigung des EuGH mag bedauert werden (vgl etwa *Hennrichs/Pöschke/von der Laage/Klavina* WM 2009, 2009; vgl aber etwa *Zimmer/Naendrup* NJW 2009, 545; *Teichmann* ZIP 2009, 393; zuvor EuGH-GA NZG 2008, 498; *Koppensteiner* Der Konzern 2006, 40; *Bayer* BB 2004, 1, 4; *Paefgen* GmbHR 2004, 463, 466 f; *Maul/Schmidt* BB 2003, 2297, 2300; *Ziemonis* ZIP 2003, 1913, 1919; *Großerichter* DStR 2003, 159, 164; aA wohl *Kallmeyer* DB 2002, 2522). Denn umfassend ist die Niederlassungsfreiheit wenigstens in Staaten, die der Sitztheorie folgen (Daily Mail betraf eine britische Ges; in Großbritannien gilt die Gründungstheorie, weswegen eine Auflösung durch den Wegzug nicht in Frage stand), nur dann gewährleistet, wenn auch der Wegzug ohne Auflösung der Ges gewährleistet ist (so auch RegEBegr MoMiG BT-Drs 16/6140, 29; *Koppensteiner* Der Konzern 2006, 40, 41 f). In anderem Zusammenhang hat der EuGH auch klargestellt, dass die Niederlassungsfreiheit natürl Personen den Wegzug ohne Beschränkungen gewährleistet (GmbHR 2004, 504, 509 Rn 42 – Hughes de Lasteyrie du Saillant). Zwar unterliegen natürl Personen anders als Ges nicht einem Personalstatut (vgl auch *Triebel/von Hase* BB 2003, 2409, 2410), hinsichtl der durch die Sitztheorie vermittelten Wegzugsbeschränkung scheint eine derart unterschiedl Behandlung von nat Personen und Ges aber nicht gerechtfertigt (vgl allerdings auch EuGH DStR 2011, 2334 – National Grid Indus BV). Abgemildert wird dieser Befund aber durch die Möglichkeit eines grenzüberschreitenden Formwechsels (dazu Rn 52, 55).

42 Jedenfalls wurde für nach **dt Recht gegründete** GmbHG und AG/KGaA durch Streichung von § 4a II GmbHG und § 5 II AktG die Möglichkeit eingeräumt, sich mit der Hauptverwaltung an einem Ort unabhängig von dem in der Satzung oder im Gesellschaftsvertrag gewählten Sitz niederzulassen, um gleiche Ausgangsbedingungen gegenüber vglbaren Auslandsgesellschaften zu schaffen (RegEBegr MoMiG BT-Drs 16/6140, 29; vgl dazu etwa *Franz* BB 2009, 1250, 1251 mwN; *Leitzen* NZG 2009, 728; zur Behandlung von Altfällen *Behme* BB 2010, 1679; zu praktischen Fragen im Verhältnis zu Luxemburg vgl *Wiehe/Thies* BB 2012, 1891). Nichts anderes kann für PhG gelten (die Cartesio-Entscheidung betraf eine PersGes; dazu auch *Leible/Hoffmann* BB 2009, 58; *Teichmann* ZIP 2009, 393, 402). Eine Unterscheidung zwischen Mitglieds- und Drittstaaten erfolgt hierbei nicht. Ob damit eine Abkehr von der Sitztheorie verbunden ist (dazu

Kindler AG 2007, 721; *Franz* BB 2009, 1250, 1251 mwN), kann hier offenbleiben. Da Deutschland nunmehr mit der Verlegung des Verwaltungssitzes nicht mehr die Auflösung verbindet, können sich wegziehende Ges auch auf die Grundfreiheiten berufen (EuGH DStR 2011, 2334 Rn 32 – National Grid Indus). Ebenso gibt es Bestrebungen, de lege ferenda die Gründungstheorie gesetzl festzuschreiben. Der RefE vom 7.1.2008 eines Gesetzes zum Internationalen Privatrecht der Gesellschaften, Vereine und juristischen Personen sieht folgende Regelung vor: „Gesellschaften, Vereine und juristische Personen des Privatrechts unterliegen dem Recht des Staates, in dem sie in ein öffentliches Register eingetragen sind. Sind sie nicht oder noch nicht in ein öffentliches Register eingetragen, unterliegen sie dem Recht des Staates, nach dem sie organisiert sind" (Art 10 I EGBGB-E; dazu auch *Kußmaul/Richter/Ruiner* DB 2008, 451). Dabei wird jeweils nicht zwischen einer Verlegung des Verwaltungssitzes in einen EU-/EWR-Mitgliedstaats oder einen Drittstaat unterschieden.

Bei einer Verlegung des Verwaltungssitzes eines nach dt Recht gegründeten Rechtsträgers in einen EU-/EWR-Staat haben damit sowohl der Zuzugs- (vgl Rn 35) als auch der Wegzugsstaat den Rechtsträger mit dem aufgrund seiner Gründung und Registereintragung maßgebl Gesellschaftsstatut anzuerkennen. Ein derartiger Rechtsträger, der zu den in §§ 3, 124, 175, 191 genannten Rechtsformen zählt, ist daher auch mit einem ausl Verwaltungssitz fähig, an einer Umw nach dem UmwG teilzunehmen. **Sitz iSv Abs 1 bedeutet** in diesen Fällen **Satzungssitz** (Semler/Stengel/*Drinhausen* Einl C Rn 20; Kallmeyer/*Kallmeyer* Rn 10; Widmann/Mayer/*Heckschen* Rn 103; *Leitzen* NZG 2009, 728, 729; *Triebel/von Hase* BB 2003, 2409, 2416). 43

Anderes kann in **Drittlandsfällen** gelten. Zwar unterscheidet das dt Sachrecht nicht zwischen einer Verlegung des Verwaltungssitzes in einen EU/EWR-Staat oder in einen Drittstaat (Rn 42). Zusätzliche Voraussetzung für eine sichere Rechtsanwendung ist in diesem Fall aber, dass auch der Zuzugsstaat den Rechtsträger als dt Rechtsträger anerkennt (vgl etwa *Franz* BB 2009, 1250, 1252). 44

c) Grenzüberschreitende Umwandlungen. aa) Offene Fragen. Mit Gesetz vom 19.4.2007 (BGBl I 542) wurden die §§ 122a–122l eingefügt. Sie regeln die grenzüberschreitende Verschm von EU-/EWR-KapGes und setzen damit die EU-RL über die Verschm von KapGes aus verschiedenen Mitgliedstaaten vom 26.10.2005 (ABl EU Nr L 310, 1) um. Damit wurde ein praktisch wichtiger Bereich der grenzüberschreitenden Umw positivrechtl und aufgrund der Vorgaben durch die RL europaweit harmonisiert geregelt. Die neu eingefügten Normen befassen sich aber nur mit Verschm von EU-/EWR-KapGes, sind also sowohl hinsichtl des persönl als auch des sachl Anwendungsbereichs beschränkt (vgl hierzu im Einzelnen die Komm der §§ 122a, 122b). Positivrechtl geregelt – allerdings außerhalb des UmwG – ist ferner die grenzüberschreitende Umw nach Maßgabe der **SE-VO** und der **SCE-VO** sowie der jew nat Ausführungsgesetze (vgl hierzu im Einzelnen die Komm zur SE-VO). 45

Demnach **fehlen** insbesondere Regelungen zu grenzüberschreitenden Verschm von Rechtsträgern anderer Rechtsform (insbes **PersGes**) und für andere Umwandlungsarten (insbes **grenzüberschreitende Spaltungen**). Ebenso fehlen Regelungen für einen grenzüberschreitenden Formwechsel, also die Verlegung des Satzungssitzes bei gleichzeitigem Wechsel in eine Rechtsform des Zuzugsstaats (zu dessen Möglichkeiten aufgrund der Niederlassungsfreiheit vgl Rn 52, 55). Die 14. gesellschaftsrechtl RL über die grenzüberschreitende Sitzverlegung von 46

KapGes (Text: ZIP 1997, 1721; ZGR 1999, 157) ist noch nicht verabschiedet. Von der sofortigen Umsetzung über die §§ 122a ff hinausgehender gesetzlicher Regelungen zu grenzüberschreitenden Umwandlungen hat der Gesetzgeber trotz Kenntnis der Vorgaben durch die Rechtsprechung des EuGH (dazu Rn 49) bewusst abgesehen (RegEBegr UmwÄndG BT-Drs 16/2919, 11). Da europarechtliche Harmonisierungsregelungen fehlen würden und eine unüberschaubar große Anzahl von Kombinationsmöglichkeiten bestünden, könne eine Kodifizierung in der bisher vom UmwG bekannten Regelungstiefe nicht erfolgen. Daher solle nach dem Vorbild ausländischer Rechtsordnungen ein kollisionsrechtlicher Ansatz gewählt werden. Dieser soll möglichst in einer EU-Verordnung aufgenommen werden, andernfalls soll das dt Internationale Privatrecht ergänzt werden (RegEBegr UmwÄndG BT-Drs 16/2919, 11). Seit 2008 liegt der RefE eines Gesetzes zum Internationalen Privatrecht der Gesellschaften, Vereine und juristischen Personen vor, der in Art 10a EGBGB-E den kollisionsrechtlichen Ansatz aufgreift, in dem sich die Voraussetzungen, das Verfahren und die Wirkungen einer Umw im Wege der Verschm, Spaltung, Vermögensübertragung oder des Formwechsels nach dem Recht, in dem der jeweilige Rechtsträger unterliegt, richten sollen. De lege lata ist festzuhalten, dass auch der Gesetzgeber nicht von einem generellen Verbot weiterer grenzüberschreitender Umwandlungen ausgeht.

47 **bb) Kein Verbot.** Die Beschränkung auf Rechtsträger **mit Sitz im Inland** hat auf die Zulässigkeit von grenzüberschreitenden Umw keinen Einfluss. Dieser Zusatz verbietet sie nicht (bereits Rn 24 ff). Seine Bedeutung beschränkt sich auf die an sich überflüssige Feststellung, dass das UmwG bei derartigen grenzüberschreitenden Umw Rechtswirkungen nur für die beteiligten Rechtsträger mit Sitz im Inland entfaltet, da nur sie dem inl Gesellschaftsstatut unterliegen (Lutter/*Lutter/Drygala* Rn 15; Semler/Stengel/*Drinhausen* Einl C Rn 5, 23, 33: bei Beteiligung von Rechtsträgern aus der EU; ebenso wohl KölnerKommUmwG/*Dauner-Lieb* Rn 28 f und KölnerKommUmwG/*Simon/Rubner* Vor §§ 122a ff Rn 39 f; *Leible/Hoffmann* RIW 2006, 161, 164). Rechtswirkungen für nicht der inl Rechtsordnung unterliegende Rechtsträger, etwa deren Auflösung als Folge der Umw (§§ 20 I Nr 1, 131 I Nr 1), kann das UmwG nicht festlegen. Wer beteiligtenfähig ist, bestimmt nicht Abs 1, sondern bestimmen §§ 3 I, II, 124 I, 191 (näher Rn 35).

48 Ein generelles **Verbot** der Beteiligung inl Rechtsträger an grenzüberschreitenden Verschm und Spaltungen wäre iÜ in EU-/EWR-Fällen ein **Verstoß gegen die europarechtl Niederlassungsfreiheit** nach Art 54 iVm 49 AEUV (vormals Art 43, 48 EGV) (EuGH NJW 2006, 425 – Sevic; Lutter/*Lutter/Drygala* Rn 9 ff; Semler/Stengel/*Drinhausen* Einl C Rn 32; *Kallmeyer/Kappes* AG 2006, 224; *Drygala* ZIP 2005, 1995, 1996; *Koppensteiner* Der Konzern 2006, 42; *Bayer/Schmidt* ZIP 2006, 210, 212; *Geyrhalter/Weber* DStR 2006, 146, 149; *Meilicke/Rabback* GmbHR 2006, 123, 124; dazu näher Rn 49 ff). Aber auch darüber hinaus – Drittstaatenfälle – ist angesichts der zwischenzeitlichen Entwicklungen, insbesondere der Aufweichung der Sitztheorie, von einem gewandelten Verständnis auszugehen, das bei der Auslegung von Abs 1 zu berücksichtigen ist (vgl auch Lutter/*Lutter/Drygala* Rn 13; aA KölnerKommUmwG/*Dauner-Lieb* Rn 28 f und KölnerKommUmwG/*Simon/Rubner* Vor §§ 122a ff Rn 39 f). Nicht zuletzt sind hierbei die gesetzgeberischen Entscheidungen bei der Anpassung von §§ 4a GmbHG, 5 AktG (dazu Rn 42), die Äußerungen des Gesetzgebers im Rahmen der Einführung der §§ 122a ff (vgl Rn 25) und die Bestrebungen zur Kodifizierung einer kollisionsrechtlichen Lösung (vgl 25) zu beachten (Lutter/*Lutter/Drygala* Rn 13). Vgl auch Rn 53, 56.

cc) Hineinumwandlung. Es stellt einen Verstoß gegen die Niederlassungsfreiheit (Art 54, 49 AEUV, vormals Art 43, 48 EGV) dar, wenn in einem Mitgliedstaat die Eintragung einer Verschm durch Auflösung ohne Abwicklung einer Ges und durch Übertragung ihres Vermögens als Ganzes auf eine andere Ges in das nationale Handelsregister generell verweigert wird, wenn eine der beiden Ges ihren Sitz in einem anderen Mitgliedstaat hat, während eine solche Eintragung, sofern bestimmte Voraussetzungen erfüllt sind, mögl ist, wenn beide an der Verschm beteiligten Ges ihren Sitz im erstgenannten Mitgliedstaat haben (EuGH NJW 2006, 425 – Sevic). Denn nach Ansicht des EuGH stellt eine Verschm ein wirksames Mittel zur Umw von Ges dar, das es im Rahmen eines einzigen Vorgangs ermöglicht, eine bestimmte Tätigkeit in neuer Form und ohne Unterbrechung auszuüben, sodass Komplikationen sowie Zeit- und Kostenaufwand verringert werden. Umwandlungen gehören damit zu den wirtschaftlichen Tätigkeiten, bei denen die Mitgliedstaaten die Niederlassungsfreiheit beachten müssen (vgl auch EuGH NZG 2012, 871 Rn 24 – Vale). Wenn ein Mitgliedstaat die Möglichkeit der innerstaatlichen Verschm vorsieht, die Beteiligung von Ges aus anderen Mitgliedstaaten aber nicht zulässt, ist diese unterschiedliche Behandlung geeignet, Ges davon abzuhalten, von der Niederlassungsfreiheit Gebrauch zu machen (EuGH NJW 2006, 425 Rn 21 f – Sevic). Das Bestehen von gemeinschaftlichen Harmonisierungsvorschriften wäre zwar hilfreich, sei jedoch keine Vorbedingung für die Durchführung der Niederlassungsfreiheit. Zwingende Gründe des Allgemeininteresses, wie der Schutz der Interessen von Gläubigern, Minderheitsgesellschaftern und Arbeitnehmern sowie die Wahrung der Wirksamkeit der Steueraufsicht und der Lauterkeit des Handelsverkehrs, können unter bestimmten Umständen eine die Niederlassungsfreiheit beschränkende Maßnahme rechtfertigen, dies erlaube aber keine generelle Verweigerung einer grenzüberschreitenden Verschm (EuGH NJW 2006, 425 Rn 28 ff – Sevic; vgl auch EuGH NZG 2012, 871 Rn 34 ff – Vale). 49

Mit diesem nicht unerwarteten (vgl bereits EuGH-GA DB 2005, 1510) Urteil des EuGH (in der Begründung bestätigt durch EuGH NZG 2012, 871 – Vale) ist klargestellt, dass Abs 1 wenigstens für die Fälle einer **Hineinverschmelzung** einer Ges **aus einem anderen EU-/EWR-Mitgliedstaat** kein Verbot einer grenzüberschreitenden Verschm beinhalten darf (Semler/Stengel/*Drinhausen* Einl C Rn 26 f; Lutter/*Lutter/Drygala* Rn 9; Kallmeyer/*Marsch-Barner* Vor §§ 122a ff Rn 9; KölnerKommUmwG/*Simon/Rubner* Vor §§ 122a ff Rn 47; *Kallmeyer/Kappes* AG 2006, 224; *Drygala* ZIP 2005, 1995, 1996; *Koppensteiner* Der Konzern 2006, 42; *Bayer/Schmidt* ZIP 2006, 210, 212; *Geyrhalter/Weber* DStR 2006, 146, 149; *Meilicke/Rabback* GmbHR 2006, 123, 124). Auch eine analoge Anwendung der Vorschriften des UmwG darf nicht an Abs 2 scheitern. Dem Sevic-Urteil des EuGH lassen sich ferner keine Beschränkungen auf KapGes entnehmen. Auf die Niederlassungsfreiheit können sich nach Art 49 AEUV (vormals Art 43 EGV) alle Ges iSv Art 54 AEUV (vormals Art 48 EGV), zu denen unzweifelhaft auch inl **PhG** zählen (vgl § 1 UmwStG Rn 57), berufen. Demzufolge muss auch die Hineinverschmelzung von anderen Ges iSv Art 54 AEUV wie auch auf andere, nach dem UmwG beteiligtenfähige Rechtsträger (§ 3) ermöglicht werden (Lutter/*Lutter/Drygala* Rn 9; Semler/Stengel/*Drinhausen* Einl C Rn 27; Kallmeyer/*Marsch-Barner* Vor §§ 122a ff Rn 10; *Thümmel/Hack* Der Konzern 2009, 1; *Sinewe* DB 2005, 2061; *Spahlinger/Wegen* NZG 2006, 721, 727; *Geyrhalter/Weber* DStR 2006, 146, 149; *Stöber* ZIP 2012, 1273, 1275). 50

51 Die Entscheidungsgründe des EuGH lassen ferner erkennen, dass auch grenzüberschreitende **Hineinspaltungen** zulässig sein müssen (Semler/Stengel/*Drinhausen* Einl C Rn 28; Lutter/*Lutter/Drygala* Rn 11; Kallmeyer/*Marsch-Barner* Vor §§ 122a ff Rn 11; KölnerKommUmwG/*Simon/Rubner* Vor §§ 122a ff Rn 53 f; *Kallmeyer/Kappes* AG 2006, 224, 234; *Bungert* BB 2006, 53, 55; *Sinewe* DB 2005, 2061; *Spahlinger/Wegen* NZG 2006, 721, 725; *Geyrhalter/Weber* DStR 2006, 146, 150; *Meilicke/Rabback* GmbHR 2006, 123, 126; *Leible/Hoffmann* RIW 2006, 161, 165; *Stöber* ZIP 2012, 1273, 1275; *Ege/Klett* DStR 2012, 2442, 2446). Denn inl KapGes und andere Rechtsträger iSv § 124 können innerstaatliche Spaltungen als wirksames Mittel der Umw nutzen. Ebenso wie bei Verschm stellt der Ausschluss von EU-Rechtsträgern eine Ungleichbehandlung dar, die geeignet ist, die Niederlassungsfreiheit zu beschränken (vgl Rn 49). Zwar können bei Spaltungen die Interessen von Minderheitsgesellschaftern, aber insbes von Gläubigern und ArbN im stärkeren Maße als bei Verschm betroffen sein (vgl etwa die bes Schutzvorschriften für Spaltung in § 128 – nichtverhältniswahrende Spaltung –, § 133 – gesamtschuldnerische Haftung –, § 134 – besonderer Schutz bei Betriebsaufspaltungen – und die Arbeitnehmerschutzvorschriften bei Spaltung nach §§ 322 ff). Aber auch dies rechtfertigt keine generelle Unzulässigkeit. Schließlich ist auch das Fehlen harmonisierter Regelungen über Spaltungen keine Rechtfertigung, die Niederlassungsfreiheit einzuschränken (EuGH NJW 2006, 425 Rn 26 – Sevic; EuGH NZG 2012, 871 Rn 38 – Vale).

52 Nach Ansicht des EuGH gebietet es die Niederlassungsfreiheit (Art 54 iVm 49 AEUV) ferner, einen identitätswahrenden grenzüberschreitenden **Hinein-Formwechsel,** also eine Verlegung des Satzungssitzes ins Inland bei gleichzeitiger Annahme einer inl Rechtsform zu ermöglichen, wenn – wie in Deutschland – für inl Ges diese Möglichkeit der Umw besteht (EuGH NZG 2012, 871 – Vale; anders noch OLG Nürnberg NZG 2012, 468; vgl auch *Behme* NZG 2012, 936; *Bayer/Schmidt* ZIP 2012, 1481). Zwar ließ sich aus der Sevic-Entscheidung des EuGH (NJW 2006, 425) noch nicht ableiten, dass ein Mitgliedstaat (Zuzugsstaat) verpflichtet sei, auf einen Rechtsträger aus einem anderen Mitgliedstaat das inl Sachrecht anzuwenden. Der EuGH verlangt im Gegenteil grdsl vom Zuzugsstaat, den Rechtsträger als Rechtsträger der ausl Rechtsform (also als B. V., SA usw) anzuerkennen und nach diesem Gesellschaftsstatut zu behandeln (vgl Rn 35; ebenso OLG Nürnberg NZG 2012, 468, 470; aA etwa *Teichmann* ZIP 2009, 393, 402; *Otte/Rietschel* GmbHR 2009, 983, 984 f; *Frobenius* DStR 2009, 487, 490 f). Gegenstand der Sevic-Entscheidung war daher die Frage, ob das dt GesR eine grenzüberschreitende Verschm auf einen inl Rechtsträger, für den unstreitig das inl Sachrecht gilt, verweigern kann, wenn zugleich für inl Rechtsträger diese Möglichkeit besteht. Das bedeutete aber nicht, dass ein Mitgliedstaat ohne einen (schon vorhandenen) Bezug zum Inland verpflichtet wäre, außerhalb des eigenen Rechts eine weitere Variante der Gründung einer inl Ges zuzulassen (vgl auch den Vortrag verschiedener Regierungen in EuGH NZG 2012, 871 Rn 25 – Vale). Bereits im Cartesio-Urteil des EuGH, das einen Wegzugsfall betraf, stellte indes der EuGH die weitere Erwägung (obiter dictum) an, die Niederlassungsfreiheit würde es gebieten, dass eine Gesellschaft aus einem Mitgliedstaat ihren (Satzungs-)Sitz in einen anderen Mitgliedstaat unter Änderung des anwendbaren nationalen Rechts verlege und sich dabei in eine dem nationalen Recht des zweiten Mitgliedstaats unterliegende Gesellschaftsform umwandle, soweit dies nach dem Recht des Zuzugsstaats möglich ist (EuGH NJW 2009, 569 Rn 111 f – Cartesio). Den Vorbehalt „soweit dies nach diesem Recht möglich ist" präzisierte

der EuGH nunmehr dahingehend, dass (nur) die Bedingungen, die die nationalen Regelungen für die Gründung vorsehen, erfüllt sein müssen (EuGH NZG 2012, 871 Rn 32 – Vale; vgl zu diesen Bedingungen auch OLG Nürnberg NZG 2012, 468, 471; vgl auch *Bayer/Schmidt* ZIP 2012, 1481, 1485). Diese Regelungen des Zuzugsstaates sind aber nicht von vornherein dem Grundsatz der Niederlassungsfreiheit entzogen (EuGH NZG 2012, 871 Rn 32 – Vale). Wenn demzufolge nationale Rechtsvorschriften nur die Umw einer Ges vorsehen, die ihren Sitz schon im betreffenden Mitgliedstaat hat, begründet diese Regelung eine unterschiedliche Behandlung, die geeignet ist, Ges mit Sitz in anderen Mitgliedstaaten davon abzuhalten, von der Niederlassungsfreiheit Gebrauch zu machen (EuGH NZG 2012, 871 Rn 36 – Vale; vgl auch *Teichmann*, DB 2012, 2085, 2089). Weder das Fehlen koordinierter EU-Vorschriften noch die Interessen der Gläubiger, Minderheitsgesellschafter oder ArbN noch fiskalische Interessen rechtfertigen eine generelle Verweigerung eines Hinein-Formwechsels (EuGH NZG 2012, 871 Rn 38 ff – Vale). Den Umstand, dass die Ges in der Vale-Entscheidung (eine italienische KapGes) auf der Grundlage der IntV-RL eine grenzüberschreitende Verschm vornehmen hätte können, erwähnt das Gericht nicht; es scheint ihm für die Frage der Rechtfertigung einer Beschränkung der Niederlassungsfreiheit keine Bedeutung beizumessen. Der Zuzugsstaat ist danach zwar befugt, das für einen solchen Vorgang maßgebende innerstaatliche Recht und damit die Anforderungen an die Umw und die damit verbundene Gründung der Ges als Rechtsträger einer Rechtsform seiner nationalen Rechtsordnung festzulegen, diese Erfordernisse dürfen jedoch nicht ungünstiger als bei nationalen Umw sein (Äquivalenzprinzip) und die Ausübung der Niederlassungsfreiheit nicht praktisch unmöglich machen oder übermäßig erschweren (EuGH NZG 2012, 871 Rn 48 – Vale). Nachdem in Deutschland inl Rechtsträgern ein identitätswahrender Formwechsel ermöglicht ist (§§ 190 ff), muss dieser im Grundsatz damit auch EU-/EWR-ausl Rechtsträgern offenstehen (vgl auch *Behme* NZG 2012, 936, 938). Zur praktischen Umsetzung vgl Rn 57 ff.

53 Hineinumwandlungen von Rechtsträgern aus **Drittstaaten** genießen hingegen nicht den Schutz der Niederlassungsfreiheit. Allerdings ist im Einzelfall aufgrund völkerrechtlicher Abkommen eine Gleichstellung mit EU-/EWR-Staaten vorzunehmen (vgl zum dt-amerikanischen Freundschaftsvertrag BGH NJW 2003, 1607; Lutter/*Lutter/Drygala* Rn 13; Semler/Stengel/*Drinhausen* Einl C Rn 13; aA KölnerKommUmwG/*Simon/Rubner* Vor §§ 122a ff Rn 41). Deren Zulässigkeit hängt davon ab, ob und welche Rechtsordnung die hierfür notwendigen Regelungen bereitstellt. Eine positivrechtliche Regelung existiert in Deutschland hierfür derzeit noch nicht. Der RefE eines Gesetzes zum Internationalen Privatrecht der Gesellschaften, Vereine und juristischen Personen sieht in Art 10a EGBGB-E den kollisionsrechtlichen Ansatz vor, dass sich die Voraussetzungen, das Verfahren und die Wirkungen einer Umw im Wege der Verschm, Spaltung, Vermögensübertragung oder des Formwechsels nach dem Recht, dem der jeweilige Rechtsträger unterliegt, richten soll. Dies entspricht aber letztl den Vorgaben der so genannten Vereinigungstheorie (Rn 57 ff). Da das UmwG damit Wirkungen nur für den der inl Rechtsordnung unterliegenden Rechtsträger entfalten würde, sind grdsl auch diese Hineinumwandlungen zulässig, wenn im konkreten Einzelfall hinsichtl der wesentl Schutzbelange für die Minderheitsgesellschafter, die Gläubiger und die ArbN eine ausreichende Übereinstimmung der anzuwendenden Rechtsordnungen besteht (57 ff).

54 **dd) Hinausumwandlung.** Die Hinausumwandlung auf einen Rechtsträger eines **EU-/EWR-Mitgliedstaates** ist grdsl ebenfalls von der Niederlassungsfreiheit gedeckt (Semler/Stengel/*Drinhausen* Einl C Rn 29 f; Lutter/*Lutter/Drygla* Rn 10; Maulbetsch/Klumpp/Rose/*Becker* Vor § 122a Rn 7; Kallmeyer/*Marsch-Barner* Vor §§ 122a ff Rn 10; KölnerKommUmwG/*Simon/Rubner* Vor §§ 122a ff Rn 50 f; Widmann/Mayer/*Heckschen* Rn 251; *Bungert* BB 2006, 53, 56; *Teichmann* ZIP 2006, 355, 358; *Spahlinger/Wegen* NZG 2006, 721, 724; *Geyrhalter/Weber* DStR 2006, 146, 149 f; *Meilicke/Rabback* GmbHR 2006, 123, 125; zweifelnd *Leible/Hoffmann* RIW 2006, 161, 166). Zwar hatten die Sevic-Entscheidung (NJW 2006, 425) und die Vale-Entscheidung des EuGH (NZG 2012, 871) die Behandlung der Umwandlung im Zuzugsstaat zum Gegenstand (vgl Rn 49 ff). Aus der Cartesio-Entscheidung (EuGH NJW 2009, 569 – Cartesio) lässt sich aber ableiten, dass auch der Wegzugsstaat eine grenzüberschreitende Umw ermöglichen muss (ebenso Semler/Stengel/*Drinhausen* Einl C Rn 29 f; Kallmeyer/*Marsch-Barner* Vor §§ 122a ff Rn 10; KölnerKommUmwG/*Simon/Rubner* Vor §§ 122a ff Rn 50 f; *Leible/Hoffmann* BB 2009, 58, 62; ausführl Beck/Osterloh-Konrad/*Schindler* S 101, 121). In diesem Urteil stellt der EuGH einerseits fest, die Niederlassungsfreiheit gebiete es nicht, dass der Wegzugsstaat einem nach seiner Rechtsordnung gegründeten Rechtsträger die Verlegung des Satzungs- oder Verwaltungssitzes unter Beibehaltung der durch die Gründung erworbenen Rechtsform ermögliche (EuGH NJW 2009, 569 Rn 107 –Cartesio; vgl auch EuGH DStR 2011, 2334 Rn 27 – National Grid Indus BV). Denn allein nationales Recht entscheide, ob und unter welchen Voraussetzungen eine Ges iSv Art 54 AEUV (vormals Art 48 EGV) entstehe und als Rechtsträger dieser Rechtsform fortbestehe (EuGH NJW 2009, 569 Rn 109 f – Cartesio). Anderseits unterscheidet der EuGH davon ausdrücklich den Fall, dass sich eine Ges in eine Ges nach dem Recht eines anderen Mitgliedstaates umwandelt (EuGH NJW 2009, 569 Rn 111 ff – Cartesio). Ein Hemmnis für eine solche tats Umw, ohne vorherige Auflösung und Liquidation, stelle im Grundsatz eine Beschränkung der Niederlassungsfreiheit dar, wenn sie nicht zwingenden Gründen des Allgemeininteresses entspreche (EuGH NJW 2009, 569 Rn 113 – Cartesio). In diesem Fall stelle sich auch nicht die nach nationalen Recht zu beurteilende Vorfrage, ob eine Ges iSv Art 54 AEUV (vormals Art 48 EGV) vorliege, sondern nur die Frage, ob die unstreitig bestehende Ges in der Ausübung ihres Rechts auf Niederlassung in einem anderen Staat beschränkt werde (EuGH NJW 2009, 569 Rn 121 ff – Cartesio unter Auseinandersetzung mit EuGH NJW 2006, 425 – Sevic). Wenngleich der EuGH in diesem obiter dictum auf einen grenzüberschreitenden Formwechsel abzielt, gelten die tragenden Gründe auch für andere Hinausumwandlungen. Denn auch in diesem Fall begehrt die Ges nicht den Fortbestand als Rechtsträger der bisherigen, durch Gründung erlangten Rechtsform trotz des Wegzugs, sondern die Fortführung der bisherigen Tätigkeit als Rechtsträger in der Rechtsform eines anderen Mitgliedstaates. Dass der Umstand des Untergangs des übertragenden Rechtsträgers keinen Einfluss auf seine Niederlassungsfreiheit hat, hat der EuGH bereits in seinem Sevic-Urteil (NJW 2006, 425) klargestellt (Lutter/*Lutter/Drygala* Rn 6; aA Widmann/Mayer/*Heckschen* Rn 209). Ergänzend wird darauf hingewiesen, ein Verbot der Hinausumwandlung sei auch eine Diskriminierung des übernehmenden Rechtsträgers, weil er wegen dessen ausl Rechtsform nicht durch Umw dessen Vermögen erwerben könne (Lutter/*Lutter/Drygala* Rn 10; *Geyrhalter/Weber* DStR 2006, 146, 150). Demzufolge sind in EU/EWR-Fällen über den Anwendungsbereich von §§ 122a ff hinaus auch Hinausverschmelzungen von **PhG,** die bei inner-

staatlichen Verschm nach § 3 beteiligtenfähig sind, grdsl zulässig. Entsprechendes gilt – wie bei Hineinspaltungen (Rn 51) – für grenzüberschreitende **Hinausspaltungen** (Lutter/*Lutter/Drygala* Rn 11; Semler/Stengel/*Drinhausen* Einl C Rn 30; Kallmeyer/*Marsch-Barner* Vor §§ 122a ff Rn 10 f; Widmann/Mayer/*Heckschen* Rn 238.2; KölnerKommUmwG/*Simon/Rubner* Vor §§ 122a ff Rn 39).

Ein grenzüberschreitender **Hinaus-Formwechsel** ist von einer bloßen Verlegung des Satzungssitzes ins Ausland abzugrenzen. Anders als im Zusammenhang mit der Verlegung des Satzungssitzes (vgl Rn 38 f) gebietet es die Niederlassungsfreiheit (Art 54 iVm 49 AEUV), einer Gesellschaft aus einem Mitgliedstaat die Verlegung ihre (Satzungs-)Sitzes in einen anderen Mitgliedstaat unter Änderung des anwendbaren nationalen Rechts durch Umw in eine dem nationalen Recht des zweiten Mitgliedstaats unterliegende Gesellschaftsform zu ermöglichen, soweit dies nach dem Recht des Zuzugsstaats möglich ist (EuGH NJW 2009, 569 Rn 111 f – Cartesio). Damit muss innerhalb der EU (EWR) sowohl der Wegzugs- als auch der Zuzugsstaat (vgl Rn 52) einen grenzüberschreitenden Formwechsel ermöglichen. 55

Die Hinausumwandlung auf einen Rechtsträger einer Rechtsordnung eines **Drittstaates** ist zwar nicht von der Niederlassungsfreiheit gedeckt (vgl aber zum dt-amerikanischen Freundschaftsvertrag BGH NJW 2003, 1607; Lutter/*Lutter/Drygala* Rn 13; insoweit zweifelnd Semler/Stengel/*Drinhausen* Einl C Rn 32), sie ist aber auf der kollisionsrechtlichen Grundlage der Vereinigungstheorie (Rn 57) ebenso wie Hineinumwandlungen (Rn 53) zulässig, wenn im konkreten Einzelfall hinsichtlich der wesentlichen Schutzbelange für die Minderheitsgesellschafter, die Gläubiger und die Arbeitnehmer eine ausreichende Übereinstimmung der anzuwendenden Rechtsordnungen besteht (Rn 60 f); dies ist bei Hinausumwandlungen auf Rechtsträger aus Drittstaaten bes kritisch zu prüfen. Aus Abs 1 kann nichts abgeleitet werden (vgl Rn 47; aA KölnerKommUmwG/*Simon/Rubner* Vor §§ 122a ff Rn 40). Auch die Entscheidung des Gesetzgebers, bei der Änderung von § 4a GmbHG, § 5 AktG (vgl Rn 42) keine Beschränkung auf die Verlegung des Verwaltungssitzes in einen EU-Staat vorzunehmen, spricht dafür – im Grundsatz – auch Hinausumwandlungen in Drittstaaten zuzulassen (vgl auch Lutter/*Lutter/Drygala* Rn 11). 56

ee) Durchführung der Umwandlung. Die eigentl Problematik bei **Hinein- und Hinausumwandlungen** ist, dass außerhalb der §§ 122a ff die entspr Regelungen für grenzüberschreitende Verschm und Spaltungen wie auch für einen grenzüberschreitenden Formwechsel fehlen. Das UmwG enthält nur Regelungen für Rechtsträger mit Satzungssitz im Inland. Dies folgt nicht aus Abs 1, sondern aus §§ 3, 124, 175, 191 (Rn 35 ff; vgl auch OLG Nürnberg NZG 2012, 468, 469). Rechtswirkungen für den ausl Rechtsträger kann das UmwG nicht entfalten, da der ausl Rechtsträger nicht der inl Rechtsordnung unterliegt (vgl aber *Paefgen* GmbHR 2004, 463, 469). Entsprechendes gilt für die ausl Rechtsordnung, die keine Rechtswirkungen für den inl Rechtsträger anordnen kann. 57

Demnach setzen derartige grenzüberschreitende Verschm/Spaltungen voraus, dass sich die Umw für den inl Rechtsträger nach dem UmwG richtet, während für den übernehmenden ausl Rechtsträger zugleich (!) dessen nat UmwR gilt (sog **Vereinigungstheorie**). Davon geht im Grundsatz auch der EuGH aus (EuGH NZG 2012, 871 Rn 43 – Vale). An dem **Analogieverbot** (Abs 2) darf eine derartige Umw wenigstens in EU-Fällen nicht scheitern (ebenso Semler/Stengel/*Drinhausen* Einl C Rn 34). 58

59 Indes ist zweifelhaft, ob selbst bei vglbaren und innerh der EU sogar für AG harmonisierten Regelungen der jew nat Umwandlungsnormen eine ausreichende **Kompatibilität** herrscht (so aber grdsl Kallmeyer/*Kallmeyer* Rn 12; *ders* ZIP 1996, 535; *Picot/Land* DB 1998, 1601, 1606 f; *Door/Stuckenborg* DB 2003, 647; *Wenglorz* BB 2004, 1061; *Doralt* NZG 2004, 396, 398 ff; *Paefgen* GmbHR 2004, 463; *Triebel/von Hase* BB 2003, 2409, 2416; *Horn* NJW 2004, 893, 898; *Behrens* ZGR 1994, 1; zweifelnd auch *Kloster* GmbHR 2003, 1413, 1416; *ders,* Grenzüberschreitende Unternehmenszusammenschlüsse, S 303 ff; *Halász/Kloster* DStR 2004, 1324, 1326). Denn das UmwG ist ebenso wie die Bestimmungen der jew ausl Rechtsordnungen ein in sich geschlossenes, aufeinander abgestimmtes System, das die Tatbestandsvoraussetzungen wie auch die Rechtsfolgen sowohl für die übertragenden als auch die übernehmenden Rechtsträger festlegt. Beleuchtet man die in der Praxis bekannt gewordenen Fälle (*Door/Stuckenborg* DB 2003, 647; *Wenglorz* BB 2004, 1061) näher, so wurde bei ihnen von den beteiligten Gerichten angesichts der scheinbaren oder auch tats vorhandenen Ähnlichkeit sowohl der Umwandlungsvoraussetzungen als auch der Umwandlungswirkungen in den jew nat Gesetzen unterstellt, dass das jew UmwG auch Wirkungen für den anderen, nicht dieser Rechtsordnung unterliegenden Rechtsträger entfaltet. Diese Regelung der rechtl Verknüpfung fehlt indes. Der vom öOGH (ZIP 2003, 1086) entschiedene Fall (Hineinumwandlung) weist zudem die Besonderheit auf, dass Gegenstand der Entscheidung eine verschmelzende Umw nach §§ 2 ff öUmwG war. Bei dieser Umwandlungsart bedarf es nach österr Recht keines Organisationsaktes beim übernehmenden (dort: dt) Rechtsträger. Der öOGH unterstellte daher, dass es weiterer Rechtshandlungen nach dem (dt) UmwG und auch eines Registervollzugs in Deutschland nicht bedarf (krit *Doralt* NZG 2004, 396; vgl auch *Schenk/Scheibeck* RIW 2004, 673).

60 Indes würde in EU-/EWR die Niederlassungsfreiheit und die daraus resultierende Zulässigkeit der grenzüberschreitenden Verschm/Spaltung (Rn 49 ff) ins Leere laufen. Der RefE vom 7.1.2008 eines Gesetzes zum Internationalen Privatrecht der Gesellschaften, Vereine und juristischen Personen sieht in Art 10a EGBGB-E den kollisionsrechtlichen Ansatz vor, dass sich die Voraussetzungen, das Verfahren und die Wirkungen einer Umw im Wege der Verschm, Spaltung, Vermögensübertragung oder des Formwechsels nach dem Recht, in dem der jeweilige Rechtsträger unterliegt, richten sollen. Daher ist derzeit schon der kollisionsrechtl Lösung der **Vereinigungstheorie** der Vorzug einzuräumen. Unter deren Voraussetzungen (Zulässigkeit der Umw nach der jew Rechtsordnung, Beteiligtenfähigkeit des jew Rechtsträgers nach seiner Rechtsordnung, Anwendung des jew Personalstatuts beim Verfahren, Anwendung der jew strengeren Regelung; vgl hierzu näher Lutter/*Lutter/Drygala* Rn 16 ff; MüKoBGB/*Kindler* IntGesR Rn 874 ff; *Door/Stuckenborg* DB 2003, 647; *Wenglorz* BB 2004, 1061; *Teichmann* ZIP 355, 361; *Koppensteiner* Der Konzern 2006, 40, 43; *Gesell/Krömker* DB 2006, 2558, 2560) müssen daher in **EU/EWR-Fällen** grenzüberschreitende Umw durchführbar sein. Ferner dürfen in diesen Fällen keine höheren Anforderungen als in vglbaren nat Fällen aufgestellt werden; die Anforderungen dürfen auch die Umw nicht praktisch unmöglich machen oder diese unnötig erschweren (EuGH NZG 2012, 871 Rn 48 – Vale). Für Verschm von Rechtsträgern anderer Rechtsform wird regelmäßig auch eine entsprechende Anwendung der §§ 122a ff und den in den anderen Staaten auf Grund der IntV-RL damit vglbaren Vorschriften mögl sein (Lutter/*Lutter/Drygala* Rn 18; Kallmeyer/*Marsch-Barner* Vor §§ 122a ff Rn 12; vgl auch *Thümmel/Hack* Der Konzern 2009,

1; *Kallmeyer/Kappes* AG 2006, 224, 231 ff: Anwendung der IntV-RL; krit insoweit Semler/Stengel/*Drinhausen* Einl C Rn 37 ff). So ist etwa an ein Recht zum Ausscheiden noch aus der übertragenden Ges in entsprechender Anwendung von § 122i zu denken (vgl auch *Drygala* ZIP 2005, 1995, 1998). Auch aus der VerschmRL vom 9.10.1978 (ABl EG Nr L 295, 36) lassen sich Leitlinien ableiten (*Koppensteiner* Der Konzern 2006, 40, 43). Der ausl Rechtsträger muss zudem die Voraussetzungen nach seiner Rechtsordnung, also des für ihn geltenden Umwandlungsrechts, erfüllen (Lutter/*Lutter/Drygala* Rn 14; Kallmeyer/*Marsch-Barner* Vor §§ 122a ff Rn 12). Bei einem grenzüberschreitenden **Formwechsel** wird sich im Inland eine Anwendung der §§ 190 ff anbieten, zumal diese auch das jeweilige Gründungsrecht umfassen (vgl *Bayer/Schmidt* ZIP 2012, 1481, 1488; *Wicke* DStR 2012, 1756, 1758; *Teichmann* DB 2012, 2085, 2091). In der Praxis sind viele schwierige Detailfragen zu klären (*Bungert* BB 2006, 53, 55; *Teichmann* ZIP 355, 361). Hierbei sind auch mitbestimmungsrechtliche Fragen zu beachten (Semler/Stengel/*Drinhausen* Einl C Rn 35). Es werden sich nur einzelfallgeprägte Gestaltungen mit großem Vorbereitungs- und Abstimmungsaufwand durchführen lassen (vgl auch Kallmeyer/*Marsch-Barner* Vor §§ 122a ff Rn 13). Daher besteht dringender Bedarf an der weiteren Harmonisierung der europaweiten Regelungen durch entsprechende Richtlinien. Es ist auch zu hoffen, dass nach der weiteren Entwicklung der EuGH-Rechtsprechung zum grenzüberschreitenden Formwechsel (vgl Rn 52, 55) die 14. gesellschaftsrechtl RL über die grenzüberschreitende Sitzverlegung von KapGes rasch verabschiedet wird (vgl auch *Böttcher/Kraft* NJW 2012, 2701, 2703).

Bei grenzüberschreitenden Vorgängen mit **Drittstaaten** ist hingegen im Einzelfall zu prüfen, ob gerade auch im Hinblick auf die Schutzrechte von Minderheitsgesellschaftern, Gläubigern und Arbeitnehmern und den Grundprinzipien eine ausreichende Übereinstimmung zwischen den Rechtsordnungen besteht. 61

3. Beschränkung der Umwandlungsfälle, Abs 2

Schrifttum: *de Weerth,* Die „Verschmelzung" von Personengesellschaften und das neue Umwandlungs(steuer)recht, WiB 1995, 625; *Aha,* Einzel- oder Gesamtrechtsnachfolge bei der Ausgliederung, AG 1997, 345; *Bungert,* Ausgliederung durch Einzelrechtsübertragung und analoge Anwendung des Umwandlungsgesetzes, NZG 1998, 367; *Kallmeyer,* Kombination von Spaltungsarten nach dem neuen Umwandlungsgesetz, DB 1995, 81; *Schöne,* Das Aktienrecht als „Maß aller Dinge im neuen Umwandlungsrecht?" Zugleich Anmerkungen zu den Kölner Umwandlungsrechtstagen, GmbHR 1995, 325; *Wertenbruch,* Partnerschaftsgesellschaft und neues Umwandlungsrecht, ZIP 1995, 712; *K. Schmidt,* Zum Analogieverbot des § 1 Abs. 2 UmwG – Denkanstöße gegen ein gesetzliches Denkverbot, FS Kropff, 1997, 259; *Bayer,* 1000 Tage neues Umwandlungsrecht – eine Zwischenbilanz, ZIP 1997, 1613; *Veil,* Aktuelle Probleme im Ausgliederungsrecht ZIP 1998, 361; *Trölitzsch,* Aktuelle Tendenzen im Umwandlungsrecht, DStR 1999, 764; *Kießling,* Der Rechtsformwechsel zwischen Personalgesellschaften, WM 1999, 2391; *Hirte,* Die Entwicklung des Unternehmens- und Gesellschaftsrechts in Deutschland in den Jahren 1998 und 1999, NJW 2000, 3542; *Kallmeyer,* Anwendung von Verfahrensvorschriften des Umwandlungsgesetzes auf Ausgliederungen nach Holzmüller, Zusammenschlüsse nach der Pooling-of-interests-Methode und die sog übertragende Auflösung, FS Lutter, 2000, 1245; *Schnorbus* DB 2001, 1654.

a) Numerus clausus. Nach **Abs 2** ist eine Umw iSv Abs 1 außer in den im UmwG geregelten Fällen nur dann mögl, wenn sie durch ein anderes Bundes- oder Landesgesetz ausdrückl vorgesehen ist. Damit wird zunächst klargestellt, dass die in Abs 1 vorgesehenen Umwandlungsmöglichkeiten einen **numerus clausus** darstellen. Diese Umw (also Verschm, Spaltung, Vermögensübertragung) können 62

außer nach dem UmwG nur dann durchgeführt werden, wenn dies ausdrückl in einer bundes- oder landesgesetzl Regelung vorgesehen ist (zB § 6b VermG oder landesgesetzl Regelungen zur Umstrukturierung von Sparkassen, RegEBegr BR-Drs 75/94 zu § 1 II). Bedeutung hat dies insbes für Rechtsträger, die generell oder für bestimmte Umwandlungsarten bzw Umwandlungskombinationen nicht nach dem UmwG beteiligtenfähig sind, §§ 3, 124, 175, 191. Diese können nicht die in Abs 1 genannten Umw durchführen, im Erg also nicht die Gesamtrechtsnachfolge nutzen bzw identitätswahrend die Rechtsform wechseln. Insofern ist der numerus clausus eng mit dem ebenfalls aus Abs 2 ableitbaren Analogieverbot (dazu Rn 68) verknüpft (zutr Lutter/*Lutter/Drygala* Rn 34), da die analoge Anwendung einzelner oder aller Vorschriften des UmwG bei diesen Rechtsträgern ausscheidet.

63 Der numerus clausus hatte zunächst etwa die Umw (iSv Abs 1) von **PartGes** ausgeschlossen. Erst durch deren Aufnahme in den Kreis der beteiligtenfähigen Rechtsträger (§§ 3, 191) wurde diese praktisch bedeutsame Lücke gesetzl geschlossen (näher § 3 Rn 12). Die **EWIV** gilt hingegen als HandelsGes (§ 1 EWIV-G) und ist daher auch ohne ausdrückl Nennung beteiligungsfähig (§ 3 Rn 11). Entsprechendes gilt für die **SE,** die nach den nat Rechtsordnungen wie eine AG zu behandeln ist (Art 10 SE-VO; dazu § 124 Rn 10).

64 Der numerus clausus untersagt jedoch nicht, **innerhalb des UmwG** einzelne Normen entsprechend anzuwenden (Semler/Stengel/*Semler* Rn 62; Widmann/Mayer/*Heckschen* Rn 406; Rn 69).

65 Aus Abs 2 lässt sich darüber hinaus das **Verbot** ableiten, die in Abs 1 aufgezählten **Umwandlungsmöglichkeiten** zu **modifizieren,** etwa dadurch, dass verschiedene Umwandlungsarten oder innerh einer Umwandlungsart verschiedene Umwandlungsvarianten miteinander kombiniert werden (**Typenzwang,** vgl etwa § 123 Rn 17; grdsl auch Semler/Stengel/*Semler* Rn 69; GKT/*Bermel* Rn 64 ff; aA Kallmeyer/*Kallmeyer* Rn 20; Kallmeyer/*Kallmeyer/Sickinger* § 123 Rn 13; *Kallmeyer* DB 1995, 81; *Schnorbus* DB 2001, 1654, 1657). Unzulässig sind danach Kombinationen von Umw iSv Abs 1, die sich nicht auf die jew Grundform zurückführen lassen. Dies wird hauptsächl bei der Spaltung diskutiert (näher § 123 Rn 14 ff). Selbstverständl erfasst der numerus clausus nicht vom Gesetz ausdrückl vorgesehene Kombinationen, etwa die gleichzeitige Verschm mehrerer Rechtsträger zur Aufnahme oder die Beteiligung von Rechtsträgern unterschiedl Rechtsformen (§ 3 III, IV).

66 Abs 2 nimmt ausdrückl auf Abs 1 Bezug. Umstrukturierungen, die den dort genannten Umwandlungsarten nicht entsprechen, sind damit nicht ausgeschlossen (LG Hamburg AG 1997, 238; Semler/Stengel/*Semler* Rn 59; Lutter/*Lutter/Drygala* Rn 27; *Bayer* ZIP 1997, 1613, 1625). Dies sind insbes alle Umw, bei denen die Vermögensübertragung und ggf auch die Gewährung der Gegenleistung durch **Einzelrechtsnachfolge** stattfinden, selbst wenn die Umw wirtschaftl einer Umw nach dem UmwG entspricht (etwa Ausgliederung durch Einzelrechtsnachfolge anlässl einer Sachkapitalerhöhung). Ebenso ließ das UmwG alle Formen der **Anwachsung** (§ 738 BGB) unberührt. Sie ermögl Vermögensübertragungen auf einen Gesellschafter und können stl privilegiert sein. Insbes bei der Umw von Körperschaften muss die Praxis aber vielfach die Möglichkeiten nach dem UmwG nutzen, da nur diese stl privilegiert sind (vgl § 1 UmwStG Rn 12). Ledigl die von §§ 20–24 UmwStG erfassten Einbringungen unterscheiden nicht zwischen Umw nach UmwG und mittels Einzelrechtsnachfolge (vgl § 1 UmwStG Rn 78). Zur entspr Anwendung von Vorschriften des UmwG vgl Rn 69.

Umw iSv Abs 1, die so im UmwG nicht vorgesehen sind und damit gegen den numerus clausus verstoßen, sind **nicht eintragungsfähig.** Werden sie dennoch eingetragen, ist fragl, ob die Normen des UmwG gelten, die die Unumkehrbarkeit des UmwG anordnen (§§ 20 II, 131 II, 202 III). Einerseits greifen die Normen des UmwG für diese Umw nicht, andererseits sollen diese Vorschriften gerade Unsicherheiten über die Wirksamkeit trotz Mängel der Umw vermeiden. Vgl hierzu näher § 20 Rn 121 ff, § 131 Rn 112 ff und § 202 Rn 11 f. 67

b) Analogieverbot, Ausstrahlungswirkung. Vielfach wird aus Abs 2 neben dem numerus clausus (Rn 55) ein Analogieverbot abgeleitet (vgl Semler/Stengel/*Semler* Rn 61). Bereits der numerus clausus beinhaltet ein Analogieverbot idS, dass etwa die Vorschriften des UmwG nicht entsprechend auf Umw (iSv Abs 1) von Rechtsträgern, die nach UmwG nicht beteiligtenfähig sind, angewendet werden können (ähnl Lutter/*Lutter/Drygala* Rn 34). Ebenso verhindert bereits die Festlegung des numerus clausus die Entwicklung von Mischformen (Rn 65). Eine eigenständige Aussagekraft eines derartigen Analogieverbots (nach Lutter/*Lutter/Drygala* Rn 34: ieS) verbleibt wohl nicht (ebenso wohl Lutter/*Lutter/Drygala* Rn 34). 68

Weitgehend Einigkeit besteht, dass Abs 2 die analoge Anwendung von Vorschriften des UmwG **innerh des UmwG** nicht unterbindet (Semler/Stengel/*Semler* Rn 62; Widmann/Mayer/*Heckschen* Rn 406). Dies richtet sich nach den allg Grdsen, setzt also insbes eine planwidrige Regelungslücke voraus. In eine andere Richtung und auch losgelöst von Abs 2 geht die Frage, ob Vorschriften des UmwG bei Strukturmaßnahmen außerh des UmwG entspr angewendet werden können. Die Thematik wird sehr anschaul mit dem Begriff der **Ausstrahlungswirkung** des UmwG umschrieben. Ob die Problematik tats mit Abs 2 verknüpft ist, erscheint indes zweifelhaft (so aber etwa Semler/Stengel/*Semler* Rn 68; *Bungert* NZG 1998, 367, 368; *Heckschen* DB 1998, 1385, 1386; wie hier Lutter/*Lutter/Drygala* Rn 35). Der Aussagegehalt von Abs 2 wird überstrapaziert, wenn man daraus ableiten will, dass Vorschriften des UmwG generell nicht analogietaugl sind. Ein derartiges „Eiland des GesR" (OLG Frankfurt DB 1999, 1004, 1005; Lutter/*Lutter/Drygala* Rn 35) war vom Gesetzgeber weder gewollt, noch besteht hierfür ein Bedürfnis. Die Problematik lässt sich bereits mit den gewohnten Instrumentarien der Rechtsanwendung lösen. Es ist mithin immer zu fragen, ob die Einzelgesetze eine planwidrige Lücke (LG München ZIP 2006, 2036) haben und diese durch die isolierte Anwendung einzelner Normen des UmwG angemessen geschlossen werden kann (BayObLG DB 1998, 2356, 2357 f). 69

Hierbei ist nicht zu verkennen, dass das UmwG ein in sich geschlossenes System ist und vielfach auch auf europarechtl Vorgaben beruht. Daraus kann nicht geschlossen werden, dass das Fehlen entsprechender Gesellschafter- und Gläubigerschutzvorschriften in anderen Gesetzen bereits eine Regelungslücke darstellt. Die Instanzrechtsprechung bejahte dies verschiedentl vorschnell und mit fehlerhafter Begr. Soweit das LG Karlsruhe (NJW-RR 1999, 182 – Badenwerk; dagegen LG München ZIP 2006, 2036 – Infineon) bereits aus Art 3 GG eine Anwendung der Vorschriften des UmwG auf eine wirtschaftl Ausgliederung durch Einzelrechtsübertragung verlangte, wird aus der wirtschaftl Vergleichbarkeit eine Pflicht zur Gleichbehandlung abgeleitet. Dies allein rechtfertigt aber noch keine Annahme der Willkür (ebenso LG München ZIP 2006, 2036; Semler/Stengel/*Semler* Rn 64; *Priester* ZHR 163 (1999), 187, 191 f). IÜ bestehen strukturelle Unterschiede zwischen einer Ausgliederung durch Einzelrechtsübertragung und nach dem UmwG (LG München ZIP 2006, 2036). Vgl auch OLG Frankfurt zur 70

analogen Anwendung von §§ 63, 64 bei Verträgen, die der Vorstand der Aktiengesellschaft der HV zur Zustimmung unterbreitet (BB 1999, 1928). Hier ist zu beachten, dass das Gesetz keinen generellen Schutz vor den mit einer Auflösung einer Ges verbundenen wirtschaftl Schäden bietet (OLG Stuttgart ZIP 1997, 362; vgl auch LG Hamburg AG 1997, 238; ArbG Frankfurt NZA-RR 1998, 129; ArbG Freiburg NZA-RR 1997, 179; *Aha* AG 1997, 356; *Bungert* NZG 1998, 367; *Veil* ZIP 1998, 366; *Trölitzsch* DStR 1999, 764).

71 Auch bei Strukturmaßnahmen iSv § 179a AktG bedarf es nicht ergänzend der Heranziehung von Vorschriften des UmwG (BayObLG DB 1998, 2356; OLG Stuttgart 1997, 362; *Lutter/Leinekugel* ZIP 1999, 261). Wesentl Fragen hat das **BVerfG** mit Beschluss vom 23.8.2000 (AG 2001, 42) geklärt. Eine analoge Anwendung von Verfahrensvorschriften auf eine „übertragende Auflösung" ist verfassungsrechtl nicht geboten. In Bezug auf das mitgliedschaftl Bestandsinteresse bestehen keine verfassungsrechtl Bedenken. Das Grundrecht aus Art 14 I GG erfordert allerdings, dass (Minderheits-)Gesellschafter, die gegen ihren Willen aus der Ges gedrängt werden, wirtschaftl voll entschädigt werden. **Verfassungsrechtl geboten** sind demnach Schutzvorrichtungen, die verhindern, dass ein zum Ausscheiden gezwungener Anteilsinhaber übervorteilt wird. Das BVerfG überlässt es den Fachgerichten, ob sie den notw Schutz der Anteilsinhaber durch analoge Anwendung des aktienrechtl Spruchverfahrens oder durch anderweitige gerichtl Kontrolle, etwa im Rahmen einer aktienrechtl Anfechtungsklage, darstellen. Damit bestätigt die jüngste Entscheidung des BVerfG (BB 2000, 2011) die stRspr zur Tragweite von Art 14 I GG im Wirtschaftsrecht (vgl BVerfGE 100, 289; 90, 25 je mwN). Ein verfassungsrechtl „Zwang zur Analogie" besteht nicht; die schutzwürdigen Eigentumsbelange der Anteilsinhaber müssen aber stets hinreichend gewahrt werden, wenn nicht durch Analogie, dann durch extensive Anwendung vorhandener Instrumentarien oder notfalls dadurch, dass die Maßnahme gänzl unterbunden wird (BVerfG BB 2000, 2013). Am ehesten trifft die Formel von *Kallmeyer* (FS Lutter, 2000, 1245, 1260): für Strukturentscheidungen außerhalb des UmwG sind einzelfallbezogene diff Lösungen zu entwickeln, die es dem Vertretungsorgan erlauben, den Minderheitenschutz unternehmensspezifisch zu gestalten. Auch wenn eine entspr Anwendung der Vorschriften des UmwG für die Beteiligten einer Umstrukturierung außerhalb des UmwG vorteilhaft wäre, kommt sie grdsl nicht in Betracht, zumindest dann nicht, wenn dadurch ein im UmwG gerade nicht zugelassener Vorgang doch vollziehbar würde. Unabhängig davon verbleibt es bei den umgeschriebenen Hauptversammlungszuständigkeiten die von der Rspr mit der Holzmüller-Entscheidung (BGH 1983, 122) begründet worden sind. Zwischenzeitl hatte der BGH allerdings Gelegenheit, die Aussagen zu präzisieren (BGH NJW 2004, 1860). Im Erg wurde die Leitungsbefugnis des Vorstandes klar herausgestellt (vgl auch LG München ZIP 2006, 2036). Der BGH sieht in der Entscheidung keine Notwendigkeit, auf eine analoge Anwendung der Vorschriften des UmwG abzustellen. Entsprechendes gilt für die Fälle des Delisting (BGH ZIP 2003, 387). Soweit hierbei (BGH ZIP 2003, 387) wie auch in den Fällen des „Kalten Delisting" (OLG Düsseldorf ZIP 2005, 300) eine Überprüfung im Spruchverfahren mögl sein muss, ist dies angesichts der zwischenzeitl Schaffung des SpruchG keinesfalls vom Analogieverbot umfasst.

4. Umwandlungsgesetz als zwingendes Recht, Abs 3

72 In Anlehnung an den Wortlaut von § 23 V AktG stellt **Abs 3** klar, dass die Vorschriften des UmwG zwingendes Recht enthalten. Von ihnen darf nur abgewi-

chen werden, wenn dies im Gesetz ausdrückl zugelassen ist. Ergänzungen sind nur mögl, wenn die gesetzl Vorschriften eine abschl Regelung nicht enthalten.

Abs 3 verbietet damit parteiautonome Regelungen (insbes in Verträgen, aber auch im Organisationsstatut eines beteiligten Rechtsträgers), wenn und soweit dadurch der Regelungsgehalt einer Norm verändert wird. Damit ergänzt die Vorschrift Abs 2, der den gesetzl Anwendungsbereich begrenzt. In diesem Fall liegt näml eine **Abweichung** vor; dies ist grdsl nicht erlaubt, §§ 1 ff sind nicht dispositiv. Anderes gilt dann, wenn eine spezielle Norm selbst eine „Öffnungsklausel" enthält, dh dann, wenn eine vom Gesetz abw Regelung **ausdrückl zugelassen** ist. Gerade bei den Vorschriften, die sich mit den notw Beschlussmehrheiten befassen, ist von dieser Ausnahme Gebrauch gemacht worden (zB §§ 50 I 2, 65, 84 S 2; die Befugnis zur abw Regelung im Organisationsstatut des jew Rechtsträgers gilt dort aber nur für verschärfende Klauseln). Zwingend sind insbes die Regelungen zum Minderheits- und Gläubigerschutz (Semler/Stengel/*Semler* Rn 82). 73

Abs 3 darf aber nicht dahin missverstanden werden, jede parteiautonome Vereinbarung sei ausgeschlossen. Unschädl sind Regelungen zwischen den Beteiligten, die ledigl **Ergänzungen** zu den zwingenden gesetzl Regelungen enthalten (vgl etwa § 122c Rn 5 zu ergänzenden Regelungen zum Verschmelzungsplan). Die Abgrenzung zwischen (erlaubter) Ergänzung und (verbotenem) Eingriff in den zwingenden Regelungsgehalt einer Vorschrift kann im Einzelfall Schwierigkeiten bereiten. Man wird davon ausgehen dürfen, dass solche Vorschriften, die dem Schutz von Anlegern, insbes von Minderheitsbeteiligten, und dem Schutz von Gläubigern dienen, jedenfalls insoweit abschl sind, als sie einen Mindeststandard garantieren, von dem nur „nach oben" abgewichen werden darf (vgl Lutter/*Lutter/Drygala* Rn 38 ff; Semler/Stengel/*Semler* Rn 82). Gleiches gilt für arbeitsrechtl Regelungen (etwa §§ 321 ff). Aus dem Schweigen des Gesetzes *allein* (keine Öffnungsklausel) kann nicht in jedem Fall auf die Unzulässigkeit einer Parteidisposition geschlossen werden (aA Semler/Stengel/*Semler* Rn 82). Immer dann, wenn die rechtl oder wirtschaftl Rahmenbedingungen für die Beteiligten ohne Eingriff in die geschützten Positionen Dritter verbessert oder sinnvoll dem Einzelfall angepasst werden können, ist eine ergänzende Regelung zulässig, die ihrerseits die gesetzl Regelung nicht grdsl verändern, sondern nur sinnvoll „fortdenken" darf (Lutter/*Lutter/Drygala* Rn 39). 74

Vgl iÜ Rspr und Lit zu § 23 V AktG. 75

Zweites Buch. Verschmelzung

Erster Teil. Allgemeine Vorschriften

Vorbemerkungen zu §§ 2–38

Schrifttum: Schrifttum bis 1994 siehe 3. Auflage; Schrifttum bis 2000 siehe 4. Auflage; *Winter,* Die Anteilsgewährung – zwingendes Prinzip des Verschmelzungsrechts?, FS Lutter, 2000, 1279; *Tillmann,* Die Verschmelzung von Schwestergesellschaften unter Beteiligung von GmbH und GmbH & Co. KG, GmbHR 2003, 740; *Maier-Reimer,* Vereinfachte Kapitalherabsetzung durch den gerichtlich bestellten Prüfer, GmbHR 2004, 1128; *Petersen,* Vereinfachte Kapitalherabsetzung durch Verschmelzung?, GmbHR 2004, 728.

1. Allgemeines

1 Der Erste Teil des Zweiten Buches enthält die **allg Vorschriften** zur Umw durch Verschm. In §§ 2 f sind die Möglichkeiten der Verschm dargestellt, §§ 4–35 regeln allg die Verschm durch Aufnahme, §§ 36–38 befassen sich mit der Verschm durch Neugründung. Besondere Bedeutung kommt §§ 4–35 zu. Zum einen wird auch bei der Verschm durch Neugründung auf die Anwendung dieser Vorschriften verwiesen, § 36 I; zum anderen gelten §§ 4–35 für jede Form der Verschm, unabhängig davon, welcher Rechtsträger an der konkreten Umstrukturierungsmaßnahme beteiligt ist. Die besonderen Vorschriften im Zweiten Teil des Zweiten Buches (§§ 39–122l) ergänzen ledigl die Regelungen in §§ 4–35, erst dort ist die Frage nach den jew beteiligten Rechtsträgern von Bedeutung. Neu sind die Regelungen zur grenzüberschreitenden Verschm von KapGes in §§ 122a–l, vgl Einf Rn 28. Durch das FGG-RG wurden §§ 10 und 26 geändert. Zum FGG-RG allg Einf Rn 29.

2 Die allg Regelungen zur Verschm durch Aufnahme sind weitgehend aus dem **früheren Recht** übernommen worden. Der Gesetzgeber der Umwandlungsreform hat sich an die bewährten Regeln des AktG (§§ 339–358a AktG aF), des KapErhG (§§ 19–35 KapErhG aF) und des VAG (§§ 44a–44c VAG aF) sowie des GenG (§§ 63e–63i, 93a–93s GenG aF) angelehnt. Die Reihenfolge der gesetzl Vorschriften entsprechen weitgehend dem Ablauf des **Verschmelzungsverfahrens** (vgl *Dehmer* WiB 1994, 307; *K. Schmidt* ZGR 1990, 580, 583; *ders,* Reform des UmwR, IDW 1992, 40; *Ganske* WM 1993, 1117, 1121; *Neye* ZIP 1994, 165, 166; *ders* DB 1994, 2069, 2071; zum „Dreitakt" § 1 Rn 6 ff mwN; zum zeitl Ablauf einer Verschm auch Lutter/*Lutter/Drygala* § 2 Rn 30; praxisorientiert Semler/Stengel/*Stengel* § 2 Rn 55 ff, der zu Recht darauf hinweist, dass rechtstatsächl viele Formalien eine geringe Rolle spielen, weil von den vielfältigen Verzichtsmöglichkeiten des UmwG oft Gebrauch gemacht wird).

3 Zunächst wird der Verschmelzungsvertrag behandelt (§§ 4–7), danach der Verschmelzungsbericht (§ 8), dann die Prüfung der Verschm (§§ 9–11) sowie der Prüfungsbericht (§ 12), anschließend der Verschmelzungsbeschluss (§§ 13 f), schließl die Anmeldung der Verschm (§§ 16 f) und deren Eintragung (§§ 19 ff). Die genannten Vorschriften werden ergänzt durch Regelungen über das Umtauschverhältnis (§ 15), das Firmenrecht (§ 18), den Gläubigerschutz (§ 22), die Organhaftung (§§ 25–27) und die Barabfindung (§§ 29 ff).

4 Die weitgehende Übernahme der Verschmelzungsvorschriften des AktG hat zur Folge, dass in teilw Abweichung zu den früheren Regelungen, insbes des

KapErhG, eine größere **Formenstrenge** und gesteigerte Anforderungen an die Durchführung einer Verschm für alle in Frage kommenden Rechtsformen festgeschrieben wurden. Denn der Reformgesetzgeber hat sich nicht unreflektiert an das frühere Recht angelehnt, sondern bewusst die **strengen Vorschriften des AktG** zum **Leitbild des neuen allg Teils** erkoren (vgl Vor §§ 60–77 Rn 3; RegEBegr BR-Drs 75/94 zu § 2; *Schöne* GmbHR 1995, 325). Dies hat zB zur Folge, dass – anders als noch im KapErhG – bei Verschm unter Beteiligung von zwei GmbH ein Verschmelzungsbericht zu verfassen und uU eine Verschmelzungsprüfung durchzuführen ist. Bei der Auslegung der jew Tb-Merkmale von §§ 4 ff können rechtsformspezifische Besonderheiten berücksichtigt werden (*Schöne* GmbHR 1995, 325 ff mwN; Widmann/Mayer/*Mayer* Einf Rn 103, 104).

2. Gesetzessystematik

Besondere Bedeutung erhalten §§ 4–35 durch die **Verweisungstechnik** des UmwG (dazu § 1 Rn 9 ff). §§ 4–35 regeln nicht nur Allgemeines zur Umw im Wege der Verschm, sie stellen gleichsam auch einen vor die Klammer gezogenen **allg Teil** des Zweiten, Dritten und Vierten Buches des UmwG dar. Ledigl bei den im Fünften Buch enthaltenen Vorschriften zum Formwechsel wird auf eine allg Verweisung auf §§ 4–35 verzichtet; iÜ folgt die Bedeutung von §§ 4–35 auch maßgebl aus den Verweisungsvorschriften in §§ 125, 176, 177 (Spaltung, Vermögensübertragung). 5

3. Änderungen durch das UmwG 1995

Obwohl §§ 4–35 weitgehend aus auch früher schon vorhandenen Normen übernommen wurden, hatte sich der Reformgesetzgeber seinem Ziel zur Erweiterung und Flexibilisierung von Umstrukturierungsmaßnahmen gem zur Einführung von bedeutenden **Änderungen** entschlossen. § 3 erweitert den Kreis der umwandlungsfähigen Rechtsträger, § 5 I Nr 9, III begründen weitreichende Informationsrechte für die betroffenen Arbeitnehmervertretungen, § 8 I 3, 4 erweitern für verbundene Unternehmen die Berichtspflichten im Verschmelzungsbericht und die Auskunftspflichten in den Versammlungen der Anteilsinhaber, § 8 II, III enthalten in Weiterentwicklung zur früheren Rspr Ausnahmen von der Berichtspflicht. Weitere wesentl Neuerungen finden sich in § 14 I für die Frist bei Klagen gegen den Verschmelzungsbeschluss und in § 15. 6

Mit dem UmwG 1995 erstmals eingeführt wurde auch das **Gerichtsverfahren sui generis (Unbedenklichkeitsverfahren),** als Reaktion auf das Urteil des BGH zur Möglichkeit der Eintragung der Verschm trotz anhängiger Anfechtungsklage (BGHZ 112, 9). Zur Entlastung des Registergerichts ist es dem Prozessgericht in bestimmten Fällen mögl, bei der Eintragungsfähigkeit der Verschm zwischen dem Interesse des Klägers auf der einen Seite und dem Interesse der an der Verschm beteiligten Rechtsträger und ihrer Anteilsinhaber auf der anderen Seite abzuwägen (vgl RegEBegr BR-Drs 75/94 zu § 16 III und ausführl § 16 Rn 58 ff). Allgemein eingeführt wurde schließl das Rechtsinstitut der **Barabfindung** (§§ 29 ff), das früher ledigl in § 33 III KapErhG aF durch Verweisung auf §§ 369, 375 AktG als Möglichkeit des Wertausgleichs für dissentierende Gesellschafter bekannt war. Zu den seit 1995 auf das UmwG bezogenen Gesetzesänderungen vgl Einf Rn 24 ff. 7

Erster Abschnitt. Möglichkeit der Verschmelzung

§ 2 Arten der Verschmelzung

Rechtsträger können unter Auflösung ohne Abwicklung verschmolzen werden
1. im Wege der Aufnahme durch Übertragung des Vermögens eines Rechtsträgers oder mehrerer Rechtsträger (übertragende Rechtsträger) als Ganzes auf einen anderen bestehenden Rechtsträger (übernehmender Rechtsträger) oder
2. im Wege der Neugründung durch Übertragung der Vermögen zweier oder mehrerer Rechtsträger (übertragende Rechtsträger) jeweils als Ganzes auf einen neuen, von ihnen dadurch gegründeten Rechtsträger
gegen Gewährung von Anteilen oder Mitgliedschaften des übernehmenden oder neuen Rechtsträgers an die Anteilsinhaber (Gesellschafter, Partner, Aktionäre oder Mitglieder) der übertragenden Rechtsträger.

Schrifttum: Siehe Schrifttum Vor §§ 2–38; *Pfeiffer,* Eingegliederte Gesellschaften, DZWiR 2005, 452; *Beuthien/Helios,* Die Umwandlung als transaktionslose Rechtsträgertransformation, NZG 2006, 369; *Ulrich/Böhle,* Verschmelzung auf zum Stichtag nicht existierende Rechtsträger, GmbHR 2006, 644; *Ettinger/Reiff,* Die Gelatine-Entscheidungen des BGH: Auswirkungen auf die Kompetenzverteilungen in der GmbH bei Ausgliederungen außerhalb des Umwandlungsgesetzes, GmbHR 2007, 617; *Heckschen,* Die Pflicht zur Anteilsgewährung im Umwandlungsrecht, DB 2008, 1363; *Krumm,* Die Verschmelzung von Schwesterkapitalgesellschaften ohne Anteilsgewährung, GmbHR 2010, 24.

Übersicht

1. Allgemeines

1 § 2 übernimmt weitgehend früher geltendes Recht, die Formulierung von Nr 2 wurde sprachl an Art 4 der EU-Verschmelzungsrichtlinie (dazu Lutter/*Lutter/Drygala* Rn 8 ff) angelehnt. Die Änderung des GenG (vgl Einf Rn 28) führte zum Wegfall der früheren Bezeichnung der Mitglieder als Genossen.

2 Die Gliederung von § 2 setzt sich fort in §§ 4–35 für die Verschm durch Aufnahme und in §§ 36–38 für die Verschm durch Neugründung.

2. Definition und Wesen der Verschmelzung

3 Als **Verschmelzung** bezeichnet man die Vereinigung der Verm mehrerer Rechtsträger durch Gesamtrechtsnachfolge (dazu Rn 5 und ausführl § 20 Rn 23 ff)

unter Ausschluss der Liquidation (vgl allg *Hügel,* Verschmelzung und Einbringung, 1993, S 28 ff; *Gerold* MittRhNotK 1997, 205; vgl zur Abgrenzung von fusionsähnl Verbindungen – etwa Holding, Eingliederung, Organschaftsvertrag – und Teilfusionen Lutter/*Lutter/Drygala* Rn 35 ff; Semler/*Stengel* Rn 43 ff; zur Möglichkeit, als Alt zur Verschm eine übertragende Auflösung gem § 179a AktG durchzuführen BVerfG DB 2000, 1905; zur Einbringung OLG Frankfurt aM DB 2003, 2327). Bei der Verschm erlischt mindestens ein Rechtsträger (übertragender Rechtsträger). Als Gegenleistung für die Vermögensübertragung werden den Anteilsinhabern (Legaldefinition: Gesellschafter, Partner, Aktionäre oder Mitglieder; Übersicht bei Widmann/Mayer/*Fronhöfer* Rn 78, 79, zu Rechtsträgern ohne Anteilsinhaber Widmann/Mayer/*Fronhöfer* Rn 14.2) des übertragenden Rechtsträgers Anteile oder Mitgliedschaften des übernehmenden oder neuen Rechtsträgers gewährt (dazu ausführl § 20 Rn 109 ff). In Erweiterung des Wortlauts von § 2 kommt auch eine Barabfindung iSv §§ 29 ff in Betracht. Um Wertunterschiede auszugleichen, kann neben den Anteilen am übernehmenden Rechtsträger eine bare Zuzahlung nach § 15 gewährt werden.

Auf diese wesenstypischen Merkmale einer Verschm **kann nicht verzichtet** 4 werden (vgl KG DB 1998, 2511; Semler/*Stengel* Rn 37 ff mwN; zur Verschm von SchwesterGes allerdings Rn 21 ff; grundlegende Kritik an der sonst allg anerkannten Dogmatik üben *Beuthien/Helios* NZG 2006, 369, die die Verschm als „totalen gesellschaftsrechtl Umorganisationsakt“ und als „transaktionslose Rechtsträgertransformation“ begreifen; krit zur Anteilsgewährung als wesenstypisches Merkmal einer Verschm *Heckschen* DB 2008, 1363 mwN).

Zur stl Behandlung der Verschm, von Barabfindungen und baren Zuzahlungen 5 vgl Komm zu § 4 UmwStG und § 20 UmwStG.

Der **sachenrechtl Spezialitätsgrundsatz** (dazu *Feuerborn* ZIP 2001, 600; 6 Palandt/*Bassenge* BGB § 930 Rn 3 ff mwN) findet bei der Gesamtrechtsnachfolge keine Anwendung, eine Einzelübertragung der Vermögensgegenstände des oder der übertragenden Rechtsträger(s) findet nicht statt (§ 20 I Nr 1). „Vermögen“ umfasst hierbei sowohl die Aktiven als auch die Passiven. Mit Eintragung der Verschm in das Register des Sitzes des **übernehmenden** Rechtsträgers (Ausnahme: § 122 II, dazu § 122 Rn 2) tritt dieser in die Rechtsposition ein, die der übertragende Rechtsträger zu diesem Zeitpunkt innehatte. Dies geschieht ohne weitere Handlungen und unabhängig von der Kenntnis (über die Tats der Eintragung oder über die Zusammensetzung des Verm) und vom Willen der Beteiligten (zur Gesamtrechtsnachfolge ausführl § 20 Rn 23 ff).

Nach Abschluss des Verschmelzungsvorgangs erlöschen der/die übertra- 7 gende(n) Rechtsträger ohne weiteres (§ 20 I Nr 2). § 2 stellt klar, dass dies ohne Abwicklung erfolgt; das Erlöschen der übertragenden Rechtsträger gehört – wie früher – zu den zwingenden Merkmalen einer Verschm (OLG Celle WM 1988, 1375; Semler/Stengel/*Stengel* Rn 37; Kallmeyer/*Marsch-Barner* Rn 10, 11; *Hügel,* Verschmelzung und Einbringung, 1993, S 28 ff).

Das ändert aber nichts daran, dass Rechte und Pflichten aus dem bisherigen 8 Verhältnis der Anteilsinhaber zum übertragenden Rechtsträger sich auf das neue Anteilsinhaberverhältnis auswirken, etwa hinsichtl noch bestehender Einzahlungsverpflichtungen (vgl Lutter/*Lutter/Drygala* Rn 27 mwN; vgl auch § 20 Rn 16 f).

3. Übertragende Rechtsträger

Der früher in Rspr und Lit ausgetragene Streit (dazu 1. Aufl 1994, § 19 9 KapErhG Anm 4 mwN und Lutter/*Lutter/Drygala* Rn 23 Fn 5), ob bei einer

Verschm durch Aufnahme auch **mehrere übertragende Rechtsträger** beteiligt sein können, wurde durch die klare gesetzl Regelung entschieden. In Übereinstimmung mit dem VerschmRL-Gesetz von 1982 (BGBl I 1425) und § 339 AktG aF, jedoch in Abweichung zu § 19 I Nr 1 KapErhG aF, regelt § 2 Nr 1 die Möglichkeit der Verschm im Wege der Aufnahme durch Übertragung des Verm eines oder **mehrerer** Rechtsträger. § 2 Nr 1 gilt für alle denkbaren Verschm durch Aufnahme. Der Kreis der verschmelzungsfähigen Rechtsträger ist in § 3 I, II umschrieben.

4. Übernehmender Rechtsträger

10 Das durch Verschm übertragene Verm muss auf einen bereits bestehenden oder auf einen durch die Vermögensübertragung neu gegründeten Rechtsträger übergehen. Dieser Rechtsträger muss seinen Sitz im Inland haben, § 1 I. Zum Kreis der in Frage kommenden Rechtsträger vgl § 3 Rn 6 ff. Zur grenzüberschreitenden Verschm § 1 Rn 23 ff und §§ 122a–l.

5. Verschmelzung durch Aufnahme, Nr 1

11 Die Verschm durch Aufnahme erfolgt durch Übertragung des Verm eines oder mehrerer Rechtsträger auf einen anderen, **bereits bestehenden** Rechtsträger gegen Gewährung von Anteilen an diesem Rechtsträger. Der jew übertragende Rechtsträger hört mit Abschluss des Verschmelzungsvorgangs auf zu existieren, während der übernehmende Rechtsträger als Gesamtrechtsnachfolger Träger aller Rechte und Pflichten des übertragenden Rechtsträgers wird.

12 Die Verschm durch Aufnahme ist als **Grundfall der Verschm** geregelt, auf §§ 4–35 wird bei der Verschm durch Neugründung weitgehend verwiesen (§ 36 I). Das gesetzl Grundmuster setzt zunächst den Abschluss eines notariell beurkundeten Verschmelzungsvertrages (bzw Entwurf, vgl § 4 II) voraus, dem die Anteilsinhaberversammlungen der jew beteiligten Rechtsträger zustimmen müssen, wobei im Einzelfall qualifizierte Mehrheiten ausreichen können.

13 Erforderlichenfalls ist beim übernehmenden Rechtsträger auch ein **KapErhB** zu fassen (vgl §§ 54 f, 68 f). In diesem Fall sind KapErh und Verschm beim jew zuständigen Register anzumelden. Die Verschm ihrerseits darf erst nach **Eintragung der KapErh** eingetragen werden (vgl §§ 53, 66; zur Wirksamkeitsverknüpfung § 55 Rn 36 mwN), wobei die **Eintragung der Verschm** in das Register am Sitz des übernehmenden Rechtsträgers konstitutiv wirkt (Ausnahme: § 122 II).

6. Verschmelzung durch Neugründung, Nr 2

14 Als zweite Variante stellt das Gesetz die (regelm mit höheren Kosten verbundene, vgl § 14 Rn 33 und Vor §§ 36–38 Rn 7 je mwN sowie Widmann/Mayer/*Mayer* § 36 Rn 115 ff; *Martens* AG 2000, 307) Möglichkeit der Verschm durch Neugründung zur Vfg. Hierbei wird das gesamte Verm von **mindestens zwei** bereits bestehenden Rechtsträgern gegen Gewährung von Anteilen oder Mitgliedschaften auf einen **neu gegründeten Rechtsträger** übertragen. Näheres regeln §§ 36–38 und die rechtsformspezifischen Vorschriften des Besonderen Teils der Verschm in §§ 39 ff, zB §§ 56 ff für die GmbH. Der Unterschied zur Verschm durch Aufnahme liegt also darin, dass der endgültige Rechtsträger der vereinigten Verm noch gebildet werden muss. Bei Durchführung einer solchen Verschm ist jeder der bestehenden Rechtsträger als übertragender Rechtsträger anzusehen.

Neben den auch bei der Verschm durch Aufnahme notw Schritten (Rn 11–13) muss zusätzl der Gesellschaftsvertrag (PartVertrag/Satzung) des neuen Rechtsträgers unter Beachtung der jew gültigen **Gründungsvorschriften** (§ 36 II) abgeschlossen werden, dem die Anteilsinhaber der übertragenden Rechtsträger ebenfalls zustimmen müssen (zB §§ 59 S 1, 76 II 1).

7. Gewährung von Anteilen am übernehmenden Rechtsträger

Den Anteilsinhabern der übertragenden Rechtsträger müssen Anteile des übernehmenden Rechtsträgers (Verschm durch Aufnahme) bzw Anteile des neu gebildeten Rechtsträgers (Verschm durch Neugründung) gewährt werden. Dies ist zwingendes (vgl aber Rn 18, 21 ff und §§ 54, 68 sowie *Winter* FS Lutter, 2000, 1279 ff) **Wesensmerkmal** der Verschm (Rn 3; zu den Konsequenzen KG DB 1998, 2511 und OLG Frankfurt aM DB 1998, 917; vgl zum Anteilstausch iÜ § 20 Rn 109 ff; möglicherweise kann für den Komplementär ohne Kapitalbeteiligung einer GmbH & Co KG auf einen Anteilstausch verzichtet werden, vgl LG Saarbrücken DNotI-Report 1999, 163, das sollte aber mit dem Registergericht vorab geklärt werden). Bei der Verschm zur Neugründung sind die zu gewährenden Anteile stets neue Anteile. In den Fällen der Verschm durch Aufnahme kann es sich sowohl um neue Anteile (bei KapErh) als auch um bereits vorhandene Anteile (eigene Anteile des übernehmenden Rechtsträgers bzw Anteile am übernehmenden Rechtsträger, die der übertragende Rechtsträger hält, zB § 54 I, II) handeln. 15

Die **Gegenleistung** kann nicht in Form von Anteilen an anderen Unternehmen oder durch Entschädigung in Geld oder in sonstiger Weise erbracht werden (Semler/*Stengel* Rn 41; Lutter/*Lutter/Drygala* Rn 27 mwN). Ledigl ausnahmsweise können **statt** der Anteilsgewährung **Barabfindungen** (§§ 29 ff) oder **neben** der Anteilsgewährung **bare Zuzahlungen** (§ 15) geleistet werden. Diese Zuzahlungen dürfen jedoch keinen Ersatz für die Anteilsgewährung darstellen. Vgl zur Anteilsgewährung auch § 5 Rn 5 ff und § 20 Rn 109 ff. 16

8. Verschmelzung von vertikal verbundenen Rechtsträgern

Verbundene Unternehmen iSv §§ 15 ff AktG können als Rechtsträger miteinander verschmolzen werden. Verschm im Konzern sind mögl und praktisch relevant (Semler/*Stengel* Rn 20). Eine Verschm liegt zwar grdsl nur dann vor, wenn den Anteilsinhabern der übertragenden Rechtsträger als Ausgleich für die Vermögensübertragung Anteile oder Mitgliedschaften am übernehmenden Rechtsträger gewährt werden (vgl Rn 3). 17

Eine Ausnahme hiervon besteht allerdings zunächst bei der Verschm einer **100%igen TochterGes** auf ihre MutterGes, § 20 I Nr 3 S 1. Denn ist der übernehmende Rechtsträger zu 100% am übertragenden Rechtsträger beteiligt, müsste er sich eigene Anteile gewähren. Eine damit einhergehende KapErh anlässl der Verschm ist aber verboten (vgl für die GmbH § 54 I 1 Nr 1, für die AG § 68 I 1 Nr 1); eine Gewährung von Anteilen/Mitgliedschaften ist nicht erforderl, **soweit** außenstehende Anteilsinhaber des übertragenden Rechtsträgers nicht vorhanden sind (so für die frühere Rechtslage bereits BayObLG DB 1983, 2675; 1984, 285; *Heckschen,* Verschmelzung von KapGes, 1989, S 52; Scholz/*Priester* GmbHG 7. Aufl Anh Umw § 19 KapErhG Rn 5). 18

IÜ besteht bei der Verschm der TochterGes mit der MutterGes schon nach allg zivilrechtl Grdsen **keine Anteilsgewährungspflicht.** In der Person des überneh- 19

menden Rechtsträgers vereinigt sich mit der Verschm die Pflicht mit dem Recht (als Anteilsinhaber) auf Anteilsgewährung. Dadurch erlischt das Schuldverhältnis durch Konfusion (BayObLG DB 1984, 285 f).

20 Entsprechend ist zu verfahren, wenn und soweit der Anteil des übernehmenden am übertragenden Rechtsträgers **unter 100%** liegt. Neue Anteile werden im Regelfall nur den restl Anteilsinhabern des übertragenden Rechtsträgers gewährt, iÜ gilt das KapErhVerbot (vgl zB § 54 I „die übernehmende Gesellschaft darf zur Durchführung der Verschmelzung ihr Stammkapital nicht erhöhen, **soweit** . . .“).

9. Verschmelzung von Schwestergesellschaften

21 Die Notwendigkeit einer **KapErh bei Verschm von SchwesterGes** war ein Standardproblem des UmwR. Einen zusammenfassenden Überblick über die alte Rechtslage enthält die 4. Aufl 2006, Rn 19 ff; vgl auch *Maier-Reimer* GmbHR 2004, 1128 und *Baumann* DB 1998, 2321.

22 SchwesterGes idS sind Rechtsträger, an denen dieselben Anteilsinhaber mit jew identischer Quote beteiligt sind. Hier greifen die erwähnten KapErhVerbote nicht, die Bildung eines neuen Geschäftsanteils ist grdsl mögl. In der rechtsgestaltenden Praxis besteht jedoch ein Bedürfnis, **bloße Förmelei** zu vermeiden und deshalb auf die KapErh und die Anteilsgewährung zu verzichten, weil sich die Beteiligungsverhältnisse der einzelnen Anteilsinhaber vor und nach Durchführung der Verschm ohnehin entsprechen.

23 Der Gesetzgeber ist diesem Bedürfnis durch das 2. UmwÄndG (vgl Einf Rn 28) nachgekommen. **§§ 54 I 3, 68 I 3** lassen den notariellen Verzicht der Anteilsinhaber des übertragenden Rechtsträgers auf die Gewährung von Geschäftsanteilen bzw Aktien zu (vgl Komm dort). Damit haben es die Anteilsinhaber von SchwesterGes selbst in der Hand, ob sie beim übernehmenden Rechtsträger neue Anteile schaffen oder nicht (*Krumm* GmbHR 2010, 24 mwN; *Drinhausen* BB 2006, 2313; HRA des DAV NZG 2006, 802; ausführl *Heckschen* DNotZ 2007, 449 ff, der zu Recht die systematische Stellung der Neuregelungen im Zweiten Teil des Zweiten Buches kritisiert; grdsl krit mit zT guten Arg *Mayer/Weiler* DB 2005, 1235, die auch europarechtl Bedenken wegen eines Verstoßes von § 68 gegen Art 19 der VerschmRL haben).

24 Die MinderheitsGes des betreffenden übertragenden Rechtsträgers sind vor Missbrauch geschützt, weil ein Verzicht durch alle Anteilsinhaber gefordert ist. Die MinderheitsGes anderer übertragender Rechtsträger, des übernehmenden Rechtsträgers und die Gläubiger können aber Nachteile erleiden, wenn und soweit der übertragende Rechtsträger per Saldo negatives Verm überträgt (dazu *Heckschen* DNotZ 2007, 450; *Mayer/Weiler* DB 2007, 1238).

10. Kartellrechtliche Verschmelzungskontrolle

25 Vgl zum nat und zum EG-Kartellrecht Semler/Semler/*Stengel* Rn 69 ff; Lutter/*Lutter/Drygala* Rn 15 ff und ausführl Hettler/Stratz/Hörtnagl/*Neuhaus* § 10 Kartellrecht.

§ 3 Verschmelzungsfähige Rechtsträger

(1) **An Verschmelzungen können als übertragende, übernehmende oder neue Rechtsträger beteiligt sein:**

1. Personenhandelsgesellschaften (offene Handelsgesellschaften, Kommanditgesellschaften) und Partnerschaftsgesellschaften;
2. Kapitalgesellschaften (Gesellschaften mit beschränkter Haftung, Aktiengesellschaften, Kommanditgesellschaften auf Aktien);
3. eingetragene Genossenschaften;
4. eingetragene Vereine (§ 21 des Bürgerlichen Gesetzbuchs);
5. genossenschaftliche Prüfungsverbände;
6. Versicherungsvereine auf Gegenseitigkeit.

(2) **An einer Verschmelzung können ferner beteiligt sein:**
1. wirtschaftliche Vereine (§ 22 des Bürgerlichen Gesetzbuchs), soweit sie übertragender Rechtsträger sind;
2. natürliche Personen, die als Alleingesellschafter einer Kapitalgesellschaft deren Vermögen übernehmen.

(3) **An der Verschmelzung können als übertragende Rechtsträger auch aufgelöste Rechtsträger beteiligt sein, wenn die Fortsetzung dieser Rechtsträger beschlossen werden könnte.**

(4) **Die Verschmelzung kann sowohl unter gleichzeitiger Beteiligung von Rechtsträgern derselben Rechtsform als auch von Rechtsträgern unterschiedlicher Rechtsform erfolgen, soweit nicht etwas anderes bestimmt ist.**

Schrifttum: Schrifttum bis 1994 siehe 3. Auflage; Schrifttum bis 2000 siehe 4. Auflage; Schrifttum zur SE siehe Teil C; *Habersack,* Die Anerkennung der Rechts- und Parteifähigkeit der GbR und der akzessorischen Gesellschafterhaftung durch den BGH, BB 2001, 477; *Nagel,* Gibt es eine OHG mbH?, NZG 2001, 202; *Peifer,* Der BGH und die GbR mbH – Rückschlag oder Fortschritt auf dem Weg zum Verständnis der Gesamthand?, NZG 2001, 193; *K. Schmidt,* Die BGB-Außengesellschaft: rechts- und parteifähig, NJW 2001, 993; *Ulmer,* Die höchstrichterlich „enträtselte" Gesellschaft bürgerlichen Rechts, ZIP 2001, 585; *Wertenbruch,* Die Markenrechtsfähigkeit der BGB-Gesellschaft, DB 2001, 419; *Halasz/Kloster/Kloster,* Die GmbH & Co. KG aA, GmbHR 2002, 77; *dies,* Umwandlung von GmbH und GmbH & Co. KG in eine GmbH & Co. KGaA (I), GmbHR 2002, 310; *dies,* Umwandlung von GmbH und GmbH & Co. KG in eine GmbH & Co. KGaA (II), GmbHR 2002, 359; *Kallmeyer,* Umwandlung nach UmwG und Unternehmensakquisition, DB 2002, 568; *Kempfler,* Nicht rechtsfähige Vereine aktiv parteifähig, NZG 2002, 411; *Pfaar/Welke,* Verschmelzung und Spaltung auf Organgesellschaften, GmbHR 2002, 516; *Scholz,* Die BGB-Gesellschaft nach dem Grundsatzurteil des BGH vom 29.1.2001, NZG 2002, 153; *Segna,* Vereinsrechtsreform, NZG 2002, 1048; *Waßmer,* Die GmbH & Stroh KG als Publizitäts-Vermeidungsmodell, GmbHR 2002, 412; *Bergmann,* Die BGB-Gesellschaft als persönlich haftender Gesellschafter in oHG und KG, ZIP 2003, 2231; *Elsing,* Alles entschieden bei der Gesellschaft bürgerlichen Rechts? – Die Rechtsprechung zwischen Mosaik- und Meilensteinen, BB 2003, 979; *Gronstedt,* Vorratsgesellschaften: Praktische Konsequenzen nach der neuen BGH-Rechtsprechung, BB 2003, 860; *Meilicke,* Droht Überregulierung für Vorratsgesellschaften?, BB 2003, 857; *Tillmann,* Die Mehrfachverschmelzungen auf eine GmbH unter Beteiligung vermögensloser übertragender Rechtsträger, BB 2004, 673; *Bälz/Kuntz,* Die grenzüberschreitende Bestandsübertragung in der EU: Probleme der horizontalen Behördenkooperation im internationalen Verwaltungsrecht, VersR 2005, 310; *Hasselbach/Komp,* Die Bestandsübertragung als Maßnahme zur Restrukturierung von Versicherungsunternehmen, VersR 2005, 1651; *Heckschen,* Die Ltd. – Wie legitimiert sie sich in Deutschland?, NotBZ 2005, 24; *ders,* Umstrukturierung von Kapitalgesellschaften vor und während der Krise: Umwandlungsmaßnahmen vor dem Insolvenzeröffnungsantrag, DB 2005, 2283; *ders,* Umstrukturierung krisengeschüttelter Kapitalgesellschaften: Umwandlungsmaßnahmen nach Stellung des Insolvenzantrags, DB 2005, 2675; *Priester,* Personengesellschaften im Umwandlungsrecht, DStR 2005, 788; *Schwintowski,* Die Rechte der Versicherten bei einer Bestandsübertragung, VuR 2005, 321; *Beuthien/Helios,* Die Umwandlung als transaktionslose Rechtsträgertransformation, NZG 2006, 369; *Hövelmann/*

Brouwers, Bestandsübertragungen zwischen privaten Krankenversicherungsunternehmen nach dem Urteil des BVerfG vom 26.7.2005, VersR 2006, 1306; *Müller,* Die Limited in Deutschland: Ein Überblick über das anzuwendende englische Gesellschaftsrecht, DB 2006, 824; *ders,* Die englische Limited in Deutschland – Für welche Unternehmen ist sie tatsächlich geeignet?; BB 2006, 837; *Schenke,* Versicherungsrecht im Fokus des Verfassungsrechts – Die Urteile des BVerfG vom 26. Juli 2005, VersR 2006, 871; *Tebben/Tebben,* Der Weg aus der Limited: Die grenzüberschreitende Verschmelzung auf eine GmbH, DB 2007, 2355; *Beuthien,* Ist die Genossenschaftsrechtsreform geglückt?, NZG 2008, 210; *Tettinger,* UG (umwandlungsbeschränkt)?, Der Konzern 2008, 75; *Freitag/Riemenschneider,* Die Unternehmergesellschaft – „GmbH light" als Konkurrenz für die Limited?, ZIP 2007, 1485; *Seibert,* Der Regierungsentwurf des MoMiG und die haftungsbeschränkte Unternehmergesellschaft, GmbHR 2007, 673; *Heinemann,* Die Unternehmergesellschaft als Zielgesellschaft von Formwechsel, Verschmelzung und Spaltung nach dem Umwandlungsgesetz, NZG 2008, 820; *Hirte,* Die „Große GmbH-Reform" – Ein Überblick über das Gesetz zur Modernisierung des GmbH-Rechts und zur Bekämpfung von Missbräuchen (MoMiG), NZG 2008, 761; *Meister,* Die Auswirkungen des MoMiG auf das Umwandlungsrecht, NZG 2008, 767; *Hegemann,* Die Komplementär-GmbH bei der Verschmelzung von zwei GmbH & Co. Kg, GmbHR 2009, 702; *Schreiber,* Die Unternehmergesellschaft als Rechtsformvariante im Gefüge des GmbH-Rechts, DZWiR 2009, 492; *Berninger,* Die Unternehmergesellschaft (haftungsbeschränkt) – Sachkapitalerhöhungsverbot und Umwandlungsrecht, GmbHR 2010, 63; *Gasteyer,* Die Unternehmergesellschaft (haftungsbeschränkt) – Praktische Umsetzung des § 5a GmbHG aus anwaltlicher Sicht, NZG 2009, 1364; *Heckschen,* Das MoMiG in der notariellen Praxis, 2009; *Tettinger,* UG (umwandlungsbeschränkt)? – Die Unternehmergesellschaft nach dem MoMiG-Entwurf und das UmwG –, Der Konzern 2008, 75; *Maschke,* Die Societas Privata Europaea im Rahmen von Unternehmenstransaktionen, BB 2011, 1027; *Schwetlik,* Umwandlung überschuldeter Unternehmen auf haftungsbeschränkte Gesellschaften, GmbHR 2011, 130.

Übersicht

1. Allgemeines

1 Abs 1, 2 bewirken eine wesentl **Erweiterung der** früher zulässigen **Verschmelzungsmöglichkeiten.** Durch das **UmwG 1995** erstmals zugelassen wur-

den insbes die Verschm von PhG untereinander, von PhG mit KapGes, eG und mit eV, von GmbH mit eV sowie wirtschaftl Verein; Entsprechendes gilt für die anderen KapGes, also AG und KGaA; eG können mit PhG, mit KapGes und mit eV sowie wirtschaftl Vereinen verschmolzen werden. Zu den insoweit mögl Verschmelzungsvorgängen vgl Einf Rn 17 ff und Semler/Stengel/*Stengel* Rn 57 ff. Für KapGes ist durch das 2. UmwÄndG die grenzüberschreitende Verschm geregelt worden, vgl Einf Rn 28 und §§ 122a–l; zu den insoweit verschmelzungsfähigen Ges vgl § 122b und Komm dort. Zur Verschmelzungsfähigkeit der durch das **MoMiG** eingeführten **UnternehmerGes** – UG (haftungsbeschränkt) – vgl Rn 18 ff. Zum MoMiG allg Einf Rn 30.

Die erhebl Erweiterung der zulässigen Verschm soll interessierten Rechtsträgern wirtschaftl erforderl Neustrukturierungen der verschiedensten Arten ermögl (RegEBegr BR-Drs 75/94 zu § 3). 2

Stets zu beachten ist die allg Regelung von **§ 1 II,** wonach die in § 3 dargebotenen und durch die besonderen Vorschriften in §§ 39–122 genau festgelegten Möglichkeiten der Verschm als abschl zu verstehen sind, wenn und soweit nicht ausnahmsweise durch Bundesgesetz oder Landesgesetz ausdrückl etwas anderes vorgesehen ist (vgl § 1 Rn 62 ff). 3

Besondere Bedeutung erhält § 3, der unmittelbar nur für die Verschm durch Aufnahme gilt, durch Verweise in § 36 (Verschm durch Neugründung) und in § 124 (Spaltung, dort wird der in § 3 festgelegte Kreis der Rechtsträger zusätzl noch erweitert). 4

Abs 1 führt Rechtsträger auf, die zugleich als **übertragende und** als **übernehmende Rechtsträger** an einer Verschm beteiligt sein können. **Abs 2 Nr 1** lässt den wirtschaftl Verein nur als übertragenden Rechtsträger zu, **Abs 2 Nr 2** führt die früher in §§ 15, 24 UmwG 1969 gegebene Möglichkeit der Verschm des Verm einer KapGes auf eine natürl Person fort. In **Abs 3** wird – wie früher – die **Verschm** auch **eines aufgelösten Rechtsträgers** als zulässig bestimmt. Schließl stellt **Abs 4** die erhöhte Flexibilität des reformierten Rechts nochmals ausdrückl klar: Verschm können sowohl unter gleichzeitiger Beteiligung von Rechtsträgern derselben Rechtsform als auch von Rechtsträgern unterschiedl Rechtsform **(Mischverschmelzung)** erfolgen, soweit nicht etwas anderes bestimmt ist. 5

2. Umfassend verschmelzungsfähige Rechtsträger, Abs 1

Die in Abs 1 Nr 1–6 aufgeführten Rechtsträger können nicht nur als übertragende und übernehmende Rechtsträger an einem Verschmelzungsvorgang beteiligt sein, sie können auch kraft ausdrückl Regelung als neue Rechtsträger fungieren. Abs 1 darf nicht dahin missverstanden werden, dass jeder der in Nr 1–6 aufgeführten Rechtsträger in beliebiger Weise mit anderen Rechtsträgern verschmolzen werden könnte; diese Frage beantworten jew abschl die Vorschriften des Zweiten Buches, vgl zB §§ 105, 109 für genossenschaftl Prüfungsverbände und VVaG. 6

a) Personenhandelsgesellschaft. PhG sind die **OHG** (§§ 105 ff HGB) und die **KG** (§§ 161 ff HGB). Für deren rechtl Qualifikation entscheiden allein **obj Kriterien** (BGHZ 32, 310; 10, 95 ff für die Abgrenzung OHG/GbR; Rechtsanwalts-GmbH & Co KG ist mangels Betrieb Handelsgewerbe unzulässig, Bay AGH BRAK-Mitt 2011,81; Übersicht bei Baumbach/*Hopt* HGB Einl vor § 105 Rn 19 ff, § 105 Rn 7 f, § 161 Rn 17; zur stillen Ges § 3 Rn 17 UmwStG; § 20 Rn 158 ff UmwStG; Kallmeyer/*Marsch-Barner* Rn 5; Palandt/*Sprau* BGB § 705 7

Rn 6 und *Mertens* AG 2000, 32). Es kommt damit nicht auf den Willen der Beteiligten an.

8 Die Abgrenzung hat besondere Bedeutung, da die **GbR** nicht zum Kreis der verschmelzungsfähigen Rechtsträger gehört (vgl Rn 13 ff). Sollte eine GbR **Gesellschafter** einer PhG (LG Berlin ZIP 2003, 1201; vgl auch OLG Brandenburg NZG 2007, 458 zur GbR als Mitglied einer eG) sein, hat dies aber keinen Einfluss auf deren Verschmelzungsfähigkeit.

9 Auch **PublikumsGes** und die **KapGes & Co KG** gelten ohne Einschränkung als PhG (aA für GmbH & Co KG *Kallmeyer* GmbHR 2000, 418, 541; wie hier hM, vgl Lutter/*Lutter/Drygala* Rn 3 mwN; auch Kallmeyer/*Marsch-Barner* Rn 3). Zur (Familien)Stiftung & Co KG siehe *Nietzer/Stadie* NJW 2000, 3457.

10 Ebenso kann eine **fehlerhafte Ges** Beteiligte einer Verschm sein. Die fehlerhafte Ges ist nach innen und außen voll wirksam und wird nicht nur kraft Rechtsscheins als wirksame Ges behandelt (MüKoHGB/*K. Schmidt* § 105 Rn 216, 225; *ders* ZGR 1991, 373; Baumbach/*Hopt* HGB § 105 Rn 85 ff mwN; Semler/Stengel/*Stengel* Rn 17).

11 **b) EWIV als verschmelzungsfähiger Rechtsträger?** Zur Rechtsform EWIV vgl § 20 UmwStG Rn 166 und *Steding* NZG 2000, 913. § 1 EWIV-Ausführungsgesetz (BGBl I 1988, 514) verweist auf das sinngemäß anzuwendende OHG-Recht („OHG mit Fremdgeschäftsführung", vgl Baumbach/*Hopt* HGB Anh § 160 Rn 1). Die EWIV ist damit wie die OHG zu behandeln (LG Frankfurt BB 1991, 496) und kann gem Abs 1 Nr 1 an Verschm beteiligt sein. Das Analogieverbot von § 1 II steht dem nicht entgegen. Die Möglichkeiten des UmwG werden für die EWIV nicht entsprechend angewendet, vielmehr ist die EWIV kraft Gesetz gleich einer OHG zu behandeln (Semler/Stengel/*Stengel* Rn 4, 14; Lutter/*Lutter/Drygala* Rn 3 mwN; *K. Schmidt* NJW 1995, 1, 7; *Wertenbruch* ZIP 1995, 712 f; ebenso *Lutter/Karollus/H. Schmidt/Decher,* Kölner Umwandlungsrechtstage 1995, S 68, 164, 204; Lutter/*H. Schmidt* § 39 Rn 12; Widmann/Mayer/*Fronhöfer* Rn 12; aA für den Formwechsel Widmann/Mayer/*Vossius* § 191 Rn 9, 10).

12 **c) Partnerschaftsgesellschaft.** Seit dem Gesetz zur Änderung des UmwG, des PartGG und anderer Gesetze vom 22.7.1998 (BGBl I 1878) ist die **PartGes** als umwandlungsfähiger Rechtsträger zugelassen (vgl Einf Rn 25). Vgl zur Rechtsnatur der PartGes *K. Schmidt* NJW 1995, 1 ff; *Michalski* ZIP 1993, 1210; *Seibert,* Die Partnerschaft, eine neue Rechtsform für die freien Berufe, 1994, jew mwN; zu den Motiven des Gesetzgebers des am 1.7.1995 in Kraft getretenen PartGG (BGBl I 1994, 1744, 1747) *Neye* DB 1998, 1649.

13 **d) GbR als verschmelzungsfähiger Rechtsträger?** Nach § 1 II sind Verschm nur in den gesetzl genannten Fällen zulässig. § 3 – anders als § 191 II Nr 1 für den Formwechsel – zählt die **GbR nicht als verschmelzungsfähigen Rechtsträger** auf. Die Unterscheidung anhand obj Kriterien zwischen OHG und KG ist demnach von geringer, die Abgrenzung dieser PhG zur GbR dagegen von wesentl Bedeutung. Liegen die Voraussetzungen von §§ 105, 161 HGB nicht vor, ist die Ges als GbR zu qualifizieren (Rn 7–10) und scheidet als Beteiligte einer Verschm aus.

14 Ob die gesetzgeberische Entscheidung den Bedürfnissen der Praxis gerecht wird, ist zumindest zu bezweifeln (vgl *Lutter* ZGR 1990, 392, 399 f mit zutr Hinweis auf Art 1844–4 des französischen Code Civile, der die Societe Civile in alle Formen der Umw, auch der Fusion, einbezieht; weiter krit zur gesetzgeberi-

schen Entscheidung *K. Schmidt* ZGR 1990, 580, 591; vgl iÜ *Heckschen* DB 1998, 1385 und *Priester* DStR 2005, 788). Der Reformgesetzgeber hatte sich gerade das Ziel gesetzt, durch eine erhebl Ausweitung der früher zulässigen Umstrukturierungsmaßnahmen größtmögl Flexibilität zu gewähren und den Wirtschaftsstandort Deutschland zu fördern.

Nachdem der Gesetzgeber selbst durch das PartGG vom 25.7.1994 (BGBl I 15 1744) und durch die Handelsrechtsreform (BGBl I 1998, 1474) deutl gemacht hat, dass der „Abstand" zwischen GbR und PhG in der Rechtspraxis geringer geworden ist, und seit geraumer Zeit der BGH die Rechtsnatur der GbR weitgehend neu definiert hat (dazu § 190 Rn 9; Palandt/*Sprau* BGB § 705 Rn 24, 24a je mwN), wäre durchaus eine Entscheidung für die generelle Einbeziehung auch der GbR in den Kreis der verschmelzungsfähigen Rechtsträger begrüßenswert. Auch für die Umw einer Erbengemeinschaft oder einer VorgründungsGes wäre die Eröffnung einer Umwandlungsmöglichkeit sinnvoll (vgl auch *K. Schmidt* ZGR 1990, 580, 592 mit beachtl Argumenten, die dort befürwortete Analogie kommt aber nicht in Betracht, dazu sogleich Rn 16). Der Gesetzgeber hat dies indes bislang nicht aufgegriffen.

Aufgrund des Gesetzeswortlauts und des **eindeutig geäußerten Willens** des 16 historischen Gesetzgebers ist eine Beteiligung von GbR an Verschmelzungsvorgängen – etwa im Wege der analogen Anwendung von § 3 I Nr 1 – nicht mögl. Die in §§ 21, 22 UmwG 1969 vorgesehene Möglichkeit der errichtenden Umw auf eine GbR ist dadurch allerdings nicht weggefallen, sie ist als Formwechsel mögl (vgl § 226 Rn 1; § 228 Rn 4 ff).

e) Kapitalgesellschaft. Eine KapGes **(GmbH, AG, KGaA)** kann als übertra- 17 gender, übernehmender oder neuer Rechtsträger an einer Verschm beteiligt sein (Abs 1 Nr 2). Vgl zur Teilnahme einer **Europäischen AG** an einer Verschm und die SE-VO ausführl Teil C.

Mit Inkrafttreten des **MoMiG** (dazu allg Einf Rn 30) wurde die **Unterneh-** 18 **merGes – UG (haftungsbeschränkt)** – eingeführt, § 5a GmbHG. Vgl dazu allg *Tettinger* Der Konzern 2008, 75. Die UG ist keine eigenständige Gesellschaftsform, sondern nur eine **Variante der GmbH** mit geringerem Stammkapital, für die iÜ das GmbHG und alle anderen die GmbH betreffenden Vorschriften unmittelbar gelten (Begr RegE, BT-Drs 16/6140, 75; allgM vgl *Berninger* GmbHR 2010, 63 mwN; *Hirte* NZG 2008, 761; *Meister* NZG 2008, 767; Kallmeyer/*Marsch-Barner* Rn 9; KölnerKommUmwG/*Simon* Rn 21). Die UG kann damit unproblematisch **übertragender Rechtsträger** sein. Im Weiteren ist zu differenzieren:

Soll die UG als **übernehmender Rechtsträger einer Verschm durch Auf-** 19 **nahme** fungieren, ist das **Sacheinlagenverbot** von § 5a II 2 GmbHG zu beachten. Ein Verstoß dagegen liegt **nicht** vor, wenn in den Fällen von § 54 I UmwG eine Kapitalerhöhung nicht erforderl ist oder das StK auf das MindestStK einer GmbH (EUR 25 000, § 5 I GmbHG) erhöht wird (*Berninger* GmbHR 2010, 63, 66; *Meister* NZG 2008, 767, 768; KölnerKommUmwG/*Simon* Rn 21). Im letzteren Fall wird die UG gem § 5a V HS 1 GmbHG automatisch zu einer GmbH, sodass § 5a II 2 GmbHG nicht mehr greift. Dies gilt auch, wenn die KapErh durch eine Sacheinlage erfolgt (Kallmeyer/*Marsch-Barner* Rn 9; *Heinemann* NZG 2008, 820, 821). Andernfalls wäre die UG schlechter gestellt als eine normale GmbH, die ihr StK grdsl mit Sacheinlagen aufbringen kann (§ 5 IV GmbHG; vgl BGH ZIP 2011, 955 und Semler/Stengel/*Stengel* Rn 20a mwN).

Bei einer **Verschm durch Neugründung** kann die UG nicht als übernehmen- 20 der Rechtsträger beteiligt sein. Diese Umw ist **Sachgründung** (§ 56 Rn 5), sodass

§ 5a II 2 GmbHG entgegensteht, der gem § 36 II 1 anzuwenden ist (*Schreiber* DZWiR 2009, 492; Maulbetsch/Klumpp/Rose/*Schäffler* Rn 7; Kallmeyer/*Marsch-Barner* Rn 9; OLG Frankfurt GmbHR 2010, 920 zur Unvereinbarkeit von § 5a II 2 GmbHG mit der Neugründung einer UG durch Abspaltung; aA Lutter/*Lutter/Drygala* Rn 8, die von einer Überlagerung des Sachgründungsverbotes durch das UmwG ausgehen).

21 Wie jede andere KGaA auch kann die **GmbH & Co KGaA** als übertragender, übernehmender oder formwechselnder Rechtsträger an einer Umw beteiligt sein. Die Ges gilt uneingeschränkt als KapGes (BGH DB 1997, 1219; vgl auch *Halasz/Kloster/Kloster* GmbHR 2002, 310, 359).

22 Den **Beginn der Umwandlungsfähigkeit** markiert die Eintragung in das HR (so auch Kallmeyer/*Marsch-Barner* Rn 10; Semler/Stengel/*Stengel* Rn 21; KölnerKommUmwG/*Simon* § 3 Rn 22). Eine KapGes besteht kraft ausdrückl gesetzl Regelung vor der Eintragung in das HR noch nicht, vgl § 41 I 1 AktG für die AG, § 278 III iVm § 41 I 1 AktG für die KGaA und § 11 I GmbHG für die GmbH. Die Eintragung in das HR wirkt in allen Fällen konstitutiv. Da in Abs 1 Nr 2 **eine KapGes** als solche vorausgesetzt wird, beginnt die Fähigkeit zur Beteiligung an einem Verschmelzungsvorgang erst mit der **Eintragung in das HR** (aA GKT/*Bermel* Rn 12 f, der bis zur Eintragung der KapGes von einem schwebend unwirksamen Verschmelzungsbeschluss ausgehen will; *Bayer* ZIP 1997, 1613 verlangt die Eintragung der KapGes zumindest eine logische Sekunde vor Eintragung der Verschm). Maßgebl sind damit weder der Zeitpunkt der Errichtung der Ges noch derjenige der Bekanntmachung der Eintragung.

23 Der Streit über die Rechtsnatur der **VorGes** (vgl *K. Schmidt* GesR § 11 IV 2 mwN; Baumbach/Hueck/*Hueck/Fastrich* GmbHG § 11 Rn 6 ff) ist für die Verschmelzungsfähigkeit als KapGes ohne Belang (vgl *K. Schmidt* ZGR 1990, 580, 592 mwN; die VorGes selbst ist nicht als KapGes verschmelzungsfähig, sie kann aber im Hinblick auf die spätere Eintragung nach hM den Verschmelzungsvertrag schließen, vgl Kallmeyer/*Marsch-Barner* Rn 10 mwN; Widmann/Mayer/*Fronhöfer* Rn 75; für den Formwechsel Kallmeyer/*Meister/Klöcker* § 191 Rn 22); mögl ist auch die unmittelbare Beteiligung der VorGes an einer Verschm als PhG, sofern die weiteren Voraussetzungen als OHG oder KG vorliegen, vgl Rn 7 ff, was aber selten sein wird, weil die VorGes zunehmend als eigenständige körperschaftl Organisation wahrgenommen wird (umfangreiche Nachw bei Palandt/*Sprau* BGB § 705 Rn 5).

24 Eine KapGes erlangt ihre Rechtsfähigkeit – und damit die Möglichkeit, an einer Verschm beteiligt zu sein – nach hM auch dann, wenn sie **nicht ordnungsgemäß errichtet** oder angemeldet, aber eingetragen ist (vgl Baumbach/Hueck/*Hueck/Fastrich* GmbHG § 9c Rn 9; Hachenburg/*Ulmer* GmbHG ErgBd § 10 Rn 15; Scholz/*Winter* GmbHG § 10 Rn 21 ff für die GmbH; GroßKomm AktG/*Wiedemann* § 275 Rn 8 f und *Hüffer* AktG § 275 Rn 3 für die AG; Baumbach/*Hueck* AktG § 278 Rn 8, 9 für die KGaA). Das gilt selbst dann, wenn die Mängel so schwerwiegend sind, dass sie zur **Nichtigkeit** der Ges führen (§ 275 AktG, § 75 GmbHG). Ist eine solche KapGes eingetragen, kann sie auch umgewandelt werden (so auch Semler/Stengel/*Stengel* Rn 21 mwN).

25 Auf den Zeitpunkt der **Beendigung der KapGes,** dh der Eintragung der Löschung im HR (dazu *K. Schmidt* GesR § 11 V 3 b; Baumbach/Hueck/*Haas* GmbHG § 60 Rn 2 ff mwN), kommt es für das UmwG nicht an, weil § 3 III insoweit eine Sonderregelung trifft (dazu Rn 46 ff).

26 Gem § 1 I können nur Rechtsträger mit Sitz im Inland umgewandelt werden (dazu näher § 1 Rn 21 ff). Die Umw einer englischen **Limited** nach den für eine dt KapGes geltenden Regeln ist nicht mögl, auch dann nicht, wenn diese Ltd eine im dt HR eingetragene Zweigniederlassung unterhält (vgl BayObLG RNotZ 2006, 290; OLG München GmbHR 2006, 600; zur Ltd allg *Heckschen* NotBZ 2005, 24; *Müller* BB 2006, 837; *Drygala* EWiR 2007, 435; zur grenzüberschreitenden Verschm einer Ltd vgl § 122a Rn 20, § 122b Rn 8 und *Tebben/Tebben* DB 2007, 2355).

27 **f) Eingetragene Genossenschaft.** Zur Europäischen Gen Einf Rn 28. Gem Abs 1 Nr 3 können an einer Verschm als übertragender, übernehmender oder neue Rechtsträger auch eG beteiligt sein. Der **Begriff der Gen** ist abschl in § 1 GenG bestimmt. Die genossenschaftl Zusammenschlüsse nach dem Recht der ehemaligen DDR fallen nicht darunter. Vgl dazu 5. Aufl 2009, Rn 28.

28 **Vor der Eintragung** in das Genossenschaftsregister ihres Sitzes hat die Gen die Rechte einer eG nicht, § 13 GenG; da Abs 1 Nr 3 nur die eingetragene Gen erwähnt, ist die Registereintragung also – ähnl wie bei den KapGes – konstitutiv auch für die Verschmelzungsfähigkeit der eG (Beuthien/*Beuthien* GenG §§ 2 ff UmwG Rn 4; Widmann/Mayer/*Fronhöfer* Rn 75 und § 79 Rn 14). Für den Fall der Auflösung der eG durch Beschluss der Generalversammlung oder durch Zeitablauf (§§ 78, 79 GenG) greift die Sonderregelung in Abs 3, die das Ende der Verschmelzungsfähigkeit auch für eG bestimmt.

29 **g) Eingetragener Verein.** Abs 1 Nr 4 bestimmt die Beteiligungsfähigkeit eines eV iSv § 21 BGB als übertragender, übernehmender oder neuer Rechtsträger bei einer Verschm.

30 Die jur Person eV erlangt durch die **Normativbestimmung von § 21 BGB** ihre Rechtsfähigkeit durch Eintragung in das Vereinsregister des zuständigen AG. **Wirtschaftl Vereine** iSv § 22 BGB (dazu Rn 37–40) können hingegen an einer Verschm nur eingeschränkt, näml als übertragender Rechtsträger, beteiligt sein. Der eV ist kraft gesetzl Regelung als nicht wirtschaftl Verein oder sog Idealverein ausgestaltet. Maßgebende Bedeutung für die Zuordnung als eV oder wirtschaftl Verein hat demnach das Vorliegen eines **wirtschaftl Geschäftsbetriebs,** nach hM eine nach außen gerichtete, dauernde entgeltl Tätigkeit, gleichgültig, ob die Vorteile dem Verein oder unmittelbar den Mitgliedern zufließen; es kommt auf die unternehmergleiche Teilnahme am Wirtschafts- und Rechtsverkehr an (statt aller Palandt/*Ellenberger* BGB § 21 Rn 2 mwN; vgl auch *Neumayer/Schulz* DStR 1996, 872; zur Umstrukturierung früherer Idealvereine, die sich mittlerweile zu wirtschaftl Vereinen entwickelt haben, vgl § 1 Rn 11 mwN).

31 Die Verschmelzungsfähigkeit ist an die **konstitutiv wirkende Eintragung** gebunden (so auch Lutter/*Hadding/Hennrichs* § 99 Rn 15; Widmann/Mayer/*Vossius* § 99 Rn 19 je mwN), für den Fall der Auflösung nach § 41 BGB gilt Abs 3. War der Verein entgegen den Rn 30 genannten Kriterien fälschlicherweise eingetragen worden, wirkt diese Eintragung auch für die Beurteilung der Verschmelzungsfähigkeit fort; bis zur Amtslöschung gilt der Verein unabhängig vom Vorliegen eines wirtschaftl Geschäftsbetriebs als eV.

32 **h) Genossenschaftliche Prüfungsverbände.** Genossenschaftl Prüfungsverbände, die in erster Linie gem §§ 53 ff GenG zur Prüfung von Jahresabschluss, Buchführung und Lagebericht von eG gem §§ 316 f HGB berufen sind, können gem Abs 1 Nr 5 selbst als übertragende, übernehmende oder neue Rechtsträger

an Verschm beteiligt sein. Nach früherem Recht war insoweit nur eine Verschm durch Aufnahme mögl (dazu 4. Aufl 2006, Rn 33). Anregungen aus der Praxis folgend (HRA des DAV NZG 2000, 802, Vorschlag Nr 2) hat der Gesetzgeber mit der Neufassung von § 105 durch das 2. UmwÄndG (dazu Einf Rn 28) für Prüfungsverbände auch die Verschm zur Neugründung zugelassen (vgl BT-Drs 16/2919, 14; HRA des DAV NZG 2006, 740; *Mayer/Weiler* MittBayNot 2007, 372; *dies* DB 2007, 1240).

33 Die Aufnahme des genossenschaftl Prüfungsverbandes in den Katalog der verschmelzungsfähigen Rechtsträger ist in kontinuierl Fortsetzung von §§ 63e ff GenG aF zu sehen, wäre aber an sich nicht notw gewesen, weil der genossenschaftl Prüfungsverband gem § 63b GenG **eingetragener Verein** sein soll; deswegen hätte die Fähigkeit für diese Rechtsform, an Verschm beteiligt zu sein, bereits wegen Abs 1 Nr 4 bestanden (dazu auch § 124 Rn 17, 18).

34 Hat der genossenschaftl Prüfungsverband die Rechtsform des eV iSv § 21 BGB, kommt es für den **Beginn der Verschmelzungsfähigkeit** nicht allein auf die konstitutive Eintragung (dazu bereits Rn 31 zum eV), sondern auch auf die Verleihung des **Prüfungsrechts** iSv § 63 GenG an: Erst mit Verleihung des Prüfungsrechts durch die zuständige Landesbehörde wird der Anwendungsbereich von Abs 1 Nr 5 eröffnet. Allerdings kann der genossenschaftl Prüfungsverband seit dem 2. UmwÄndG (vgl Rn 32 und Nachw dort) jetzt auch einen eV aufnehmen, wenn dessen Mitglieder Gen oder genossenschaftsnahe Unternehmen sind.

35 **i) Versicherungsverein auf Gegenseitigkeit.** In umfassendem Sinne als übertragende, übernehmende oder neue Rechtsträger können gem Abs 1 Nr 6 VVaG iSv §§ 15 ff VAG an einer Verschm beteiligt sein. Abs 1 Nr 6 unterscheidet dabei nicht zwischen **großen VVaG** und **kleineren VVaG** iSv § 53 VAG; dies wird nochmals in §§ 118 f verdeutlicht. Obgleich die Formulierung von Abs 1 Nr 6 auf umfassende Teilnahme von VVaG an beliebigen Verschmelzungsvorgängen deutet, ist die tats Möglichkeit eines VVaG, Beteiligter von Verschm zu sein, erhebl eingeschränkt. Gem § 109 können VVaG **grdsl nur miteinander** verschmolzen werden, ausnahmsweise ist auch die Verschm mit einer besonderen AG, näml der VersicherungsAG, zulässig (sog Mischverschmelzung, vgl auch § 3 IV).

36 Die Anmeldung zum HR (§§ 30 ff VAG) genügt für die Existenz eines VVaG nicht, vielmehr ist gem § 15 VAG die **Erlaubnis der Aufsichtsbehörde** Voraussetzung zur Erlangung der Rechtsfähigkeit, zuvor ist eine Umwandlungsfähigkeit iSv Abs 1 Nr 6 nicht gegeben (Semler/Stengel/*Stengel* Rn 29 mwN). Weiterhin ist **§ 14a VAG** zu beachten, der durch Art 8 des Gesetzes zur Bereinigung des UmwR vom 28.10.1994 (BGBl I 3210) eingefügt wurde. Danach ist jede Umw eines VVaG der Genehmigungspflicht durch die Aufsichtsbehörde unterstellt (vgl auch die früher gültigen Genehmigungsvorbehalte in §§ 44a II 4, 44b IX, 44 c III 1, 53a I 2 VAG aF; zu § 14a VAG ausführl Semler/Stengel/*Koerfer* Anh § 119 Rn 81 ff mwN).

3. Eingeschränkt verschmelzungsfähige Rechtsträger, Abs 2

37 **a) Wirtschaftlicher Verein.** Abs 2 Nr 1 eröffnet wirtschaftl Vereinen iSv § 22 BGB die Möglichkeit, als **übertragender Rechtsträger** an einer Verschm beteiligt zu sein. Mit dieser Regelung wird also der Weg aus dem wirtschaftl Verein eröffnet, er kann hingegen nicht ZielGes einer Verschm sein.

38 Grund für diese **eingeschränkte Rolle** des wirtschaftl Vereins ist die Vorstellung des Gesetzgebers, dass der Verein als Träger eines Unternehmens nur aus-

nahmsweise geeignet sei und seine Vergrößerung oder Neugründung im Wege der Verschm daher verhindert werden solle (vgl RegEBegr BR-Drs 75/94 zu § 3; zur Umstrukturierung großer Sportvereine § 1 Rn 17 mwN). Die mangelnde Fähigkeit des Vereins, dauerhaft Träger eines Unternehmens zu sein, wird aus vier Argumenten abgeleitet, näml der weitgehenden Freiheit des Vereins von der Pflicht zur Rechnungslegung, dem Fehlen von Kapitalaufbringungs- und Erhaltungsvorschrift, der mangelnden Kontrolle des Vereinsvorstandes durch die Mitglieder des Vereins und schließl der fehlenden Mitbestimmung der ArbN.

Der wirtschaftl Verein setzt das Vorliegen eines **wirtschaftl Geschäftsbetriebs** 39 voraus (dazu und zur Abgrenzung zum nichtwirtschaftl eV Rn 30).

Abs 2 Nr 1 betrifft den wirtschaftl Verein iSv § 22 BGB, mithin einen **rechtsfä-** 40 **higen Verein;** die Rechtsfähigkeit wird durch staatl Akt (als Konzession) verliehen. Da wirtschaftl Vereine als übertragende Rechtsträger an einer Verschm beteiligt sein dürfen, gilt für das Ende der Umwandlungsfähigkeit wiederum die Sonderregelung von Abs 3.

b) Natürliche Personen. Natürl Personen, die als **Alleingesellschafter einer** 41 **KapGes** deren Verm übernehmen, können an einer Verschm als Übernehmer beteiligt sein, Abs 2 Nr 2. Mit dieser eingeschränkten Aufnahme natürl Personen als verschmelzungsfähiger Rechtsträger hat der Reformgesetzgeber die in § 15 UmwG 1969 eröffnete Möglichkeit der verschmelzenden Umw auf einen Haupt- oder Alleingesellschafter fortgesetzt; auf die Handelsregistereintragung kommt es nicht an. Auch die Eintragungsfähigkeit nach Vollzug der Verschm ist im Erg ohne Belang, vgl § 122 Rn 3, 4 zu § 122 II.

Voraussetzung ist zunächst, dass die natürl Person **Alleingesellschafter** der 42 KapGes ist. Eine überwiegende Mehrheitsbeteiligung reicht also nicht aus. Die Gesellschafterstellung der natürl Personen muss sich auf eine **KapGes** iSv Abs 1 Nr 2 (GmbH, AG, KGaA) beziehen, andere jur Person kommen nicht in Betracht.

Es ist unerhebl, ob die natürl Person vor der Verschm **Kaufmann** iSv § 1 HGB 43 ist oder nicht. Auch auf die dt Staatsangehörigkeit oder auf den Aufenthalt im Inland kommt es nicht an. Nach inzwischen hM dürfte wegen der aktuellen Rspr des EuGH auch das Kriterium von § 1 I – Sitz im Inland – für die natürl Person iSv § 120 nicht (mehr) entscheidend sein (vgl Lutter/*Karollus* § 120 Rn 25 mwN insbes zu öOGH ZIP 2003, 1086; Semler/Stengel/*Maier-Reimer* § 120 Rn 21 f mwN; ausführl Widmann/Mayer/*Heckschen* § 120 Rn 14 ff mwN).

Ist die natürl Person **minderjährig,** so bedarf der Verschmelzungsbeschluss – 44 wie früher – eigentl keiner vormundschaftsgerichtl Genehmigung, da weder § 1821 Nr 5 BGB noch § 1822 Nr 3 BGB für den Beschluss als solchen einschlägig sind (vgl Rowedder/Schmidt-Leithoff/*Zimmermann* GmbHG, 4. Aufl 2002, Anh nach § 77 Rn 243; aA Lutter/*Karollus* § 120 Rn 28 und Widmann/Mayer/*Heckschen* § 120 Rn 17, § 121 Rn 24, 25; Semler/Stengel/*Maier-Reimer/Semler* § 120 Rn 23 lassen die Frage offen und verweisen auf die unmittelbare Anwendung von § 1822 Nr 10 BGB). Auch durch den nun vorgesehenen Abschluss eines Verschmelzungsvertrages (§§ 4 ff) ergibt sich keine Notwendigkeit zur Einholung einer vormundschaftsgerichtl Genehmigung. §§ 1822 Nr 3, 1821 I Nr 5 sehen jew einen **entgeltl** Erwerbsvorgang vor. Da in Abs 2 Nr 2 die natürl Person aber Alleingesellschafter der KapGes sein muss, kommt es nicht zu einer Anteilsgewährungspflicht (§ 20 I Nr 3 S 1), Entgeltlichkeit liegt nicht vor.

Die analoge Anwendung von § 1822 Nr 3 BGB, die von Lutter/*Karollus* § 120 45 Rn 32 und Widmann/Mayer/*Heckschen* § 121 Rn 25 als Folge der Grundsatzent-

scheidung des BVerfG zur Haftung Minderjähriger bei Fortführung eines Geschäftsbetriebs im Fall der Erbfolge (NJW 1986, 1859) gefordert wird, ist nicht notw; durch das **MHbeG** vom 25.8.1998 (BGBl I 2487) wurde § 1629a BGB geschaffen, der die Minderjährigen ausreichend schützt (dazu ausführl *Christmann* ZEV 1999, 416 und ZEV 2000, 45; zur Änderung für Genehmigungserfordernisse instruktiv auch *Damrau* ZEV 2000, 209). Einer entsprechenden Anwendung von §§ 1821, 1822 ist der Boden entzogen, weil der Gesetzgeber des MHbeG sich bewusst gegen das Modell der Fortschreibung des Katalogs vormundschaftl genehmigungsbedürftiger Rechtsgeschäfte entschieden hat (BT-Drs 13/5624, 2 ff).

4. Aufgelöste Rechtsträger, Abs 3

46 An der Verschm können als übertragende Rechtsträger auch **aufgelöste Rechtsträger** beteiligt sein, wenn die Fortsetzung dieser Rechtsträger (dazu auch § 124 Rn 55 ff) beschlossen werden könnte, Abs 3. Diese bereits aus dem früheren Recht bekannte Regelung (vgl § 339 II AktG aF, § 19 II KapErhG aF, § 2 UmwG 1969, § 93a II GenG aF, § 44a III, § 4 VAG aF) bezieht sich nur auf den übertragenden Rechtsträger. Nach Eintragung der Verschm ist eine fehlerhafte Anwendung von Abs 3 unbeachtl (BGH ZIP 2001, 2006).

47 Damit hat der Gesetzgeber den Streit, ob eine Verschm durch Aufnahme auch dann mögl ist, wenn **der übernehmende** Rechtsträger aufgelöst ist, seine Fortsetzung jedoch beschlossen werden könnte, nicht geschlichtet (vgl Widmann/Mayer/*Fronhöfer* Rn 70 ff mwN; Lutter/*Lutter/Drygala* Rn 20 mwN; Kölner-KommUmwG/*Simon* § 3 Rn 58). Aus dem Schweigen des Gesetzgebers lässt sich – da in der Gesetzesbegründung auf dieses Problem auch nicht eingegangen wurde – kein Rückschluss ziehen (so wohl auch Widmann/Mayer/*Fronhöfer* Rn 71, 72; aA Semler/Stengel/*Stengel* Rn 46; Lutter/*Lutter/Drygala* Rn 20 je mwN). Gegen eine **entsprechende Anwendung** von Abs 3 auch für **übernehmende Rechtsträger** hat sich das OLG Naumburg (NJW-RR 1998, 178 mit Besprechung von *Bayer* EWiR 1997, 807) entschieden. Eine Verschm auf einen aufgelösten Rechtsträger sei – auch zum Zwecke der gemeinsamen Liquidation – nicht zulässig, der Verschmelzungsvertrag daher unwirksam. Das Registergericht habe die Befugnis, die Verschmelzungsfähigkeit aller beteiligten Rechtsträger von Amts wegen zu prüfen. Ähnl hatte zuvor bereits das AG Erfurt (RpflG 1996, 163) entschieden. Abs 3 wolle nur Sanierungsfusionen erleichtern, nicht aber Abwicklungsfusionen ermögl (so auch die hM, vgl Lutter/*Lutter/Drygala* Rn 23; Semler/Stengel/*Stengel* Rn 46, 47 mit Verweis auf die Verschmelzungsrichtlinie; *Trölitzsch* WiB 1997, 797, 798; teilw aA *Bayer* ZIP 1997, 1614; überzeugend gegen die hM *Heckschen* DB 1998, 1385, 1387; Widmann/Mayer/*Heckschen* § 6 Rn 59.1; Beuthien/*Wolff* GenG §§ 2 ff UmwG Rn 4a mwN).

48 Auf den nahe liegenden Gedanken, dass zumindest der Verschmelzungsbeschluss gleichzeitig als Fortsetzungsbeschluss für den aufgelösten übernehmenden Rechtsträger zu qualifizieren ist (so zutr Lutter/*H. Schmidt,* Kölner Umwandlungsrechtstage 1995, S 59, 68 f), geht die hM nicht ein. Aus Vorsichtsgründen ist es deshalb für den aufgelösten übernehmenden Rechtsträger zu empfehlen, die Fortsetzung unmittelbar vor der Verschm tats zu beschließen (Widmann/Mayer/*Fronhöfer* Rn 73; Kallmeyer/*Marsch-Barner* Rn 26).

49 Das KG Berlin (DB 1998, 2409) hat eine GmbH, die nach früherem § 1 I 1 LöschG (nun § 60 I Nr 4, 5 GmbHG) aufgelöst ist und ihre Fortsetzung nicht mehr beschließen kann, von der Beteiligung an einer Verschm als übernehmenden

Rechtsträger ausgeschlossen. Die Zurückweisung eines Insolvenzantrags mangels Masse ist nach Ansicht des KG Berlin auch während des registerrechtl Verfahrens vom Rechtsbeschwerdegericht als neue Tats zu beachten. IÜ lässt das KG Berlin offen, ob ein aufgelöster übernehmender Rechtsträger vor der Verschm seine Fortsetzung beschlossen haben muss oder ob es ausreicht, wenn er seine Fortsetzung als werbendes Unternehmen noch beschließen könnte (so zutr *Heckschen* DB 1998, 1387 mwN).

Unabhängig von der Auflösung stellt sich die Frage, ob ein **überschuldeter Rechtsträger** an einer Verschm teilnehmen kann (vgl *Schwetlik* GmbHR 2011, 130). Dies ist grdsl der Fall. Bei einer Verschm einer GmbH auf den Alleingesellschafter kommt es auf die Überschuldung nicht an (OLG Stuttgart DB 2005, 2681 mit Anm *Wälzholz* DStR 2006, 383 und *Heckschen* EWiR 2005, 839). Auch im Konzern steht die Überschuldung des übertragenden Rechtsträgers einer Verschm grdsl nicht entgegen (vgl LG Leipzig DB 2006, 885 mit Anm *Scheunemann*). Ist im Zusammenhang mit der Verschm eine KapErh nicht notw, ist eine Prüfung durch das Registergericht dahin, ob eine verbotene Unterpariemission vorliegt, nicht möglich. Insbes beim Verzicht auf eine KapErh nach § 54 I 3 (dazu § 54 Rn 12 ff) und beim Downstream-Merger (dazu § 55 Rn 29 mwN) besteht deswegen **Missbrauchsgefahr.** Die allg Grdse zum existenzvernichtenden Eingriff sind anwendbar, die Anwendung von zB §§ 30 ff GmbHG ist hingegen umstritten (vgl *Heckschen* DB 2005, 2283, 2675; *Wälzholz* AG 2006, 469 und die in § 55 Rn 29 genannten Autoren). 50

a) Keine Vermögensverteilung. Anders als zB in § 2 I UmwG 1969 hat der Gesetzgeber auf eine Regelung in Abs 3 idS, dass noch nicht mit der **Verteilung des Verm** an die Anteilsinhaber begonnen worden sein darf, verzichtet (vgl aber RegEBegr BR-Drs 75/94 zu § 3 III). Das Vermögensverteilungsverbot folgt jedoch mittelbar aus § 274 I 1, III 2 AktG, der auch entsprechend für die GmbH gilt (Lutter/*Lutter/Drygala* Rn 17; Semler/Stengel/*Stengel* Rn 38 je auch mit Verweis auf Art 3 Abs 2 Verschmelzungsrichtlinie; Widmann/Mayer/*Fronhöfer* Rn 48 je mwN); danach ist die Fortsetzung von KapGes, eG und VVaG nur mögl, solange noch nicht mit der Verteilung des Verm unter die Anteilsinhaber begonnen ist (weiter Lutter/*Lutter/Drygala* Rn 17; Lutter/*H. Schmidt* § 39 UmwG Rn 11 mwN: Vermögensverteilungsverbot auch für PersGes; dazu § 39 Rn 2). Zu Einzelheiten 3. Aufl 2001, § 3 Rn 35 ff, 43 ff und Spezialliteratur zu § 274 AktG, § 79a I 1 GenG; § 49a I 1 VAG. 51

Sofern mit der Vermögensverteilung noch nicht begonnen worden ist, richtet sich die Umwandlungsfähigkeit des übertragenden Rechtsträgers danach, ob seine Fortsetzung beschlossen werden könnte. Einen **ausdrückl Fortsetzungsbeschluss** setzt § 3 III jedoch nicht voraus, dieser wird durch den Umwandlungsbeschluss ersetzt (Kallmeyer/*Marsch-Barner* Rn 24; Semler/Stengel/*Stengel* Rn 43; Lutter/*Lutter/Drygala* Rn 17). 52

Nach hM darf eine aufgelöste KapGes zu diesem Zeitpunkt jedoch **nicht überschuldet** sein (Semler/Stengel/*Stengel* Rn 44 mwN). Zu weit ging die Forderung des RG (RGZ 118, 337), das Nominalkapital der KapGes müsse unversehrt sein oder – soweit schon ausgezahlt – vor der Umw wieder hereingebracht werden. Auch die noch in der 2. Aufl vertretene Ansicht, das Gesellschaftsvermögen müsse iHd gesetzl Mindestkapitals vorhanden sein (so auch KG DR 1941, 1543; OLG Düsseldorf GmbHR 1979, 227), ist zu eng. Es reicht vielmehr aus, dass eine Überschuldung der KapGes nicht vorliegt (so für die GmbH BayObLG ZIP 1998, 53

739; Hachenburg/*Ulmer* GmbHG § 60 Rn 86). Die Entscheidung des BayObLG ist allerdings unter dem Vorbehalt zu sehen, dass im Streitfall die Verschm einer GmbH auf ihren Alleingesellschafter in Rede stand. Bei Umw, die als Zielrechtsträger eine KapGes haben, steht der Grds des Verbots der materiellen Unterpariemission nicht einer Fortsetzung des aufgelösten übertragenden Rechtsträgers, wohl aber der Zulässigkeit der Umw entgegen, wenn die notw KapErh nicht dargestellt werden kann.

54 Vgl zur Fortsetzungsfähigkeit für PhG § 39 und § 124 Rn 59 f.

55 Die Möglichkeit der Fortsetzung – und damit der Verschm gem § 3 III – besteht ua bei folgendem Fall (zu anderen Fällen ausführl Überblick bei Widmann/Mayer/*Fronhöfer* Rn 59 ff): Die **Nichtigerklärung einer KapGes** wegen eines Satzungsmangels (§ 275 AktG, § 75 GmbHG) führt zur Auflösung der Ges (§ 277 AktG, § 77 GmbHG; dazu *Hüffer* AktG § 277 Rn 2 mwN). Umw oder Fortsetzung der Ges ist nur mögl, wenn durch einen Satzungsänderungsbeschluss nach § 274 AktG (der auch entsprechend für die GmbH gilt) der Mangel beseitigt (OLG Düsseldorf GmbHR 1979, 276, 277; GroßKomm AktG/*Wiedemann* § 277 Anm 4; Hachenburg/*Ulmer* GmbHG § 60 Rn 108) und der Beschluss im HR eingetragen wird, § 274 IV AktG.

56 **b) Auflösung durch Kündigung.** Eine KapGes kann bei entsprechender Satzungsregelung auch durch die (in der Satzung bzw im Gesellschaftsvertrag vorgesehene) **Kündigung** eines Aktionärs/Gesellschafters aufgelöst werden. Die Umw der Ges ist grdsl nur mit dessen Zustimmung mögl.

57 **c) Auflösung durch Insolvenz.** Die Eröffnung des Insolvenzverfahrens führt zur Auflösung der AG (§ 262 I Nr 3 AktG), der KGaA (§ 289 I AktG iVm §§ 161, 131 Nr 3 HGB, § 289 II Nr 1 AktG), der GmbH (§ 60 I Nr 4, 5 GmbHG), der eG (§ 101 GenG), des VVaG (§ 42 Nr 3 VAG) und der PhG (§§ 131 I Nr 3, II, 161 II HGB). Sinn und Zweck des Insolvenzverfahrens gebieten es jedoch, die Fortsetzung einer aufgelösten Ges zuzulassen, wenn das Insolvenzverfahren auf Antrag des Schuldners eingestellt oder nach der Bestätigung eines Insolvenzplans, der den Fortbestand der Ges vorsieht, aufgehoben wird (zB § 274 II Nr 1 AktG, § 60 I Nr 4 GmbHG; wie hier Semler/Stengel/*Stengel* Rn 44; vgl zu Umstrukturierungsmaßnahmen nach Stellung des Insolvenzantrags ausführl *Heckschen* DB 2005, 2675; vgl *Heckschen* DB 2005, 2283 zu Umwandlungsmaßnahmen vor dem Insolvenzeröffnungsantrag; zusammenfassend *Heckschen* FS Widmann, 2000, 31). Zur Rechtslage vor der am 1.1.1999 in Kraft getretenen InsO (BGBl I 2911) vgl 5. Aufl 2009, Rn 56.

5. Verschmelzung unter gleichzeitiger Beteiligung verschiedener Rechtsträger, Abs 4

58 Nach dem Vorbild von § 358a AktG aF lässt **Abs 4** sowohl die Verschm unter gleichzeitiger Beteiligung von Rechtsträgern derselben Rechtsform als auch von Rechtsträgern unterschiedl Rechtsform zu. Etwas anderes gilt nur, wenn es ausdrückl gesetzl bestimmt ist (zB §§ 105, 109, vgl Rn 6; Überblick bei Lutter/*Lutter/Drygala* Rn 22 ff). Ziel war, eine möglichst große Bewegungsfreiheit bei Umstrukturierungsvorgängen zu erreichen (vgl RegEBegr BR-Drs 75/94 zu § 3 IV).

59 Da § 3 sowohl für die Verschm durch Aufnahme als auch für die Verschm durch Neugründung gilt, ist bspw eine Verschm einer AG mit einer GmbH durch

Neugründung auf eine OHG ohne weiteres mögl. Die jew einschlägigen besonderen Vorschriften des Zweiten Teils des Zweiten Buches (§§ 39–122l) sind entsprechend der Beteiligung der jew Rechtsträger zu beachten; im Beispielsfall wären also neben §§ 4–35 und §§ 36–38 (Verschm durch Neugründung) noch §§ 46–55 (für die GmbH), §§ 60–72 (für die AG) und §§ 39–45 (für die OHG) anzuwenden; bei den PhG gibt es – anders als zB bei den KapGes – keine Sondervorschrift zur Verschm durch Neugründung.

Zweiter Abschnitt. Verschmelzung durch Aufnahme

§ 4 Verschmelzungsvertrag

(1) [1]**Die Vertretungsorgane der an der Verschmelzung beteiligten Rechtsträger schließen einen Verschmelzungsvertrag.** [2]**§ 311b Abs. 2 des Bürgerlichen Gesetzbuchs gilt für ihn nicht.**

(2) **Soll der Vertrag nach einem der nach § 13 erforderlichen Beschlüsse geschlossen werden, so ist vor diesem Beschluß ein schriftlicher Entwurf des Vertrags aufzustellen.**

Schrifttum: Schrifttum bis 1994 siehe 3. Auflage; Schrifttum bis 2000 siehe 4. Auflage; *Erb,* Der Börsenkurs als Untergrenze der Abfindung auch in Verschmelzungsfällen, DB 2001, 523; *Hommel/Braun/Schmotz,* Neue Wege in der Unternehmensbewertung, DB 2001, 341; *Hülsmann,* Gesellschafterabfindung und Unternehmensbewertung nach der Ertragswertmethode im Lichte der Rechtsprechung, ZIP 2001, 450; *Löhr,* Bewertung von Kapitalgesellschaften mit dem Zukunftserfolgswert, BB 2001, 351; *Piltz,* Unternehmensbewertung und Börsenkurs im aktienrechtlichen Spruchstellenverfahren, ZGR 2001, 185; *Teichmann/Kiessling,* Datenschutz bei Umwandlungen, ZGR 2001, 38; *Weiler/Meyer,* Heranziehung des Börsenkurses zur Unternehmensbewertung bei Verschmelzungen, ZIP 2001, 2153; *Zöllner,* Umwandlung und Datenschutz, ZHR 2001, 440; *Blaufus,* Unternehmensbewertung und Probleme mit der Unendlichkeit, DB 2002, 1517; *Großfeld,* Europäische Unternehmensbewertung, NZG 2002, 353; *Schaffland,* Datenschutz und Bankgeheimnis bei Fusion – (k)ein Thema?, NJW 2002, 1539; *Schütz/Fett,* Variable oder starre Stichtagsregelungen in Verschmelzungsverträgen?, DB 2002, 2696; *Barthel,* Unternehmenswert: Berücksichtigungsfähigkeit und Ableitung von Fungibilitätszuschlägen; DB 2003, 1181; *Bungert,* Umtauschverhältnis bei Verschmelzungen entspricht den Börsenwerten, BB 2003, 2021; *Esters/Marenbach,* Die Trennung von GmbH-Gesellschafterstämmen im Vorfeld einer Beteiligung von Finanzinvestoren – gesellschafts- und steuerrechtliche Problempunkte, GmbHR 2003, 979; *Knoll,* Unternehmensverträge und der BGH: Volle Entschädigung der außenstehenden Aktionäre?, ZIP 2003, 2329; *Kruschwitz/Löffler,* Zur Bewertung ewig lebender Unternehmen mit Hilfe von DCF-Verfahren, DB 2003, 2391; *Martens,* Die Unternehmensbewertung nach dem Grundsatz der Methodengleichheit oder dem Grundsatz der Meistbegünstigung, AG 2003, 593; *Moser/Doleczik/Granget/Marmann,* Unternehmensbewertung auf der Grundlage von IAS/IFRS, BB 2003, 1664; *Paschos,* Die Maßgeblichkeit das Börsenkurses bei Verschmelzungen, ZIP 2003, 1017; *Puszkajler,* Verschmelzungen zum Börsenkurs? – Verwirklichung der BVerfG-Rechtsprechung, BB 2003, 1692; *Weiler/Meyer,* „Abgestimmtes Verhalten" gemäß § 30 WpÜG: Neue Ansätze der Bundesanstalt für Finanzdienstleistungsaufsicht, NZG 2003, 909; *Drygala,* Deal Protection in Verschmelzungs- und Unternehmenskaufverträgen – eine amerikanische Vertragsgestaltung auf dem Weg ins Deutsche Recht, WM 2004, 1413 (Teil I), 1457 (Teil II); *Leuering,* Die parallele Angemessenheitsprüfung durch den gerichtlich bestellten Prüfer, NZG 2004, 606; *Schmidbauer,* Marktbewertung mithilfe von Multiplikatoren im Spiegel des Discounted-Cashflow-Ansatzes, BB 2004, 148; *Wagner/Jonas,* Weiterentwicklung der Grundsätze zur Durchführung von Unternehmensbewertungen, WPg 2004, 889; *Austmann/Frost,* Vorwirkungen von Verschmelzungen, ZHR 169 (2005), 431; *Pöllath/Philipp,* Unternehmenskauf und Verschmelzung: Pflichten und Haftung von Vorstand und Geschäftsführer, DB 2005,

1503; Stellungnahme der Centrale für GmbH Dr. Otto Schmidt vom 16.3.2006 zum Referentenentwurf eines Zweiten Gesetzes zur Änderung des Umwandlungsgesetzes, GmbHR 2006, 418; HRA des DAV: Stellungnahme zum Regierungsentwurf eines Zweiten Gesetzes zur Änderung des Umwandlungsgesetzes, NZG 2006, 737; *Bayer/Schmidt,* Der Regierungsentwurf zur Änderung des Umwandlungsgesetzes, NZG 2006, 841; *Drinhausen,* Regierungsentwurf eines Zweiten Gesetzes zur Änderung des Umwandlungsgesetzes – Ein Gewinn für die Praxis, BB 2006, 2313; *Heckschen,* Die Formbedürftigkeit der Veräußerung des gesamten Vermögens im Wege des „asset deal", NZG 2006, 772; *Wälzholz,* Nebenleistungspflichten beim aufnehmenden Rechtsträger als Verschmelzungshindernis?, DStR 2006, 236; *ders,* Die GmbH-Reform – Wege und Irrwege, DStR 2007, 1442; *Heckschen,* Die Reform des Umwandlungsrechts, DNotZ 2007, 444; *Mayer/Weiler,* Neuregelungen durch das Zweite Gesetz zur Änderung des Umwandlungsgesetzes, DB 2007, 1235 (Teil I); DB 2007, 1291 (Teil II), *dies,* Aktuelle Änderungen des Umwandlungsrechts aus Sicht der notariellen Praxis, MittBayNot 2007, 368; *Neye,* BB-Gesetzgebungsreport: Bundestag beschließt neues Umwandlungsrecht, BB 2007, 389; *Blasche/Söntgerath,* Verschmelzung: Möglichkeiten des übertragenden Rechtsträgers zur Einflussnahme auf die Geschäftspolitik des übernehmenden Rechtsträgers, BB 2009, 1432; *Grunewald,* Auslegung von Unternehmens- und Umwandlungsverträgen, ZGR 2009, 647.

Übersicht

1. Allgemeines

1 Für sämtl Verschmelzungsvorgänge (für grenzüberschreitende Verschm gilt § 122c zum Verschmelzungsplan) fordert Abs 1 S 1 den Abschluss eines (auslegungsfähigen, vgl KG AG 2005, 400 und Rn 10) **Verschmelzungsvertrages.** Die Vorschrift führt die in § 340 I AktG aF, § 21 I, IV KapErhG aF, § 44 III VAG aF enthaltenen Regelungen fort, inhaltl hat sich nichts geändert.

2 Abs 1 S 2 übernahm zunächst unverändert § 341 I 2 AktG aF, § 21 IV KapErhG aF; die bei der Schuldrechtsmodernisierung notw Änderung der Bezugnahme von § 310 BGB aF auf den inhaltsgleichen § 311b II BGB wurde zunächst vergessen, aber durch das 2. UmwÄndG (Einf Rn 28) nachgeholt.

3 Abs 2 stellt klar, dass bei Abfassung der Verschmelzungsbeschlüsse nach § 13 nicht notw der bereits abgeschlossene Vertrag vorzuliegen hat; es genügt vielmehr ein **schriftl Entwurf;** auch diese Regelung ist dem früheren § 340 I AktG entlehnt und soll dem Schutz der Anteilsinhaber dienen (vgl RegEBegr BR-Drs 75/94 zu § 4 II).

2. Rechtsnatur des Verschmelzungsvertrages

4 Der Verschmelzungsvertrag bestimmt das Rechtsverhältnis zwischen den an der Verschm beteiligten Rechtsträgern. Er gestaltet also das **Außenverhältnis,** das durch Beschlüsse der Anteilsinhaber (Def: § 2) nach § 13 auf das Innenverhältnis des jew Rechtsträgers transformiert wird. Der Verschmelzungsvertrag bestimmt im Wesentl die Übertragung des Verm der übertragenden Rechtsträger gegen Gewährung von Anteilen/Mitgliedschaften am übernehmenden Rechtsträger

ohne Liquidation der übertragenden Rechtsträger. Sein Mindestinhalt wird durch § 5 vorgegeben.

Nach **§ 311b Abs 2 BGB** (§ 310 BGB aF) ist ein Vertrag, der die Verpflichtung zur Übertragung künftigen Verm enthält, unwirksam. Diese Norm würde beim Abschluss eines Verschmelzungsvertrages Schwierigkeiten bereiten, da zum Zeitpunkt seines Abschlusses noch nicht eindeutig feststeht, welche Vermögensgegenstände mit Wirksamwerden der Verschm tats übergehen. Zur Klarstellung wird in Abs 1 S 2 die Anwendung von § 311b II BGB ausgeschlossen, was insbes bei Abschluss des Verschmelzungsvertrags unter einer Bedingung (§ 7 S 1; dazu § 7 Rn 4 ff mwN) unnötige Probleme vermeidet. 5

Verschmelzungsvertrag und Verschmelzungsbeschluss (dazu § 13) stehen in enger Abhängigkeit zueinander. Der Verschmelzungsvertrag wird nur **wirksam,** wenn alle Verschmelzungsbeschlüsse rechtsverbindl gefasst werden (§ 13 I 1). Auf die etwa notw Zustimmung eines Aufsichtsorgans des jew Rechtsträgers kommt es hingegen im Außenverhältnis nicht an (Lutter/*Lutter/Drygala* Rn 12 mwN; KölnerKommUmwG/*Simon* § 4 Rn 3). Umgekehrt muss zum Zeitpunkt der Beschlussfassung der Verschmelzungsvertrag wenigstens als Entwurf (Abs 2) vorliegen, dh also, es können nach Beschlussfassung keine inhaltl Änderungen mehr vorgenommen werden (vgl Rn 23 ff und § 13 Rn 8 ff, 19), ohne dass es erneuter Beschlussfassung bedürfte. 6

Die **Rechtsnatur des Verschmelzungsvertrages** ist nach wie vor nicht eindeutig zu bestimmen. Nach heute herrschender und zutr Ansicht ist er in erster Linie gesellschaftsrechtl Organisationsakt, daneben schuldrechtl Vertrag (Widmann/Mayer/*Mayer* Rn 23; Lutter/*Lutter/Drygala* Rn 3 ff; Semler/Stengel/*Schröer* Rn 3 ff je mwN; GKT/*Bermel* Rn 9 ff). Nur in dieser zweistufigen Sichtweise kommt zum Ausdruck, dass der Verschmelzungsvertrag Bestandteil des gesamten Verschmelzungsvorgangs ist und für die Rechtsverhältnisse der an der Verschm Beteiligten gestaltende Wirkung hat. Die darüber hinaus notw Verschmelzungsbeschlüsse ändern an der im Verschmelzungsvertrag getroffenen inhaltl Festlegung der zukünftigen Rechtsverhältnisse nichts mehr. Gleichzeitig werden die Verschmelzungsbeschlüsse wieder durch den Verschmelzungsvertrag umgesetzt (vgl *Hügel,* Verschmelzung und Einbringung, S 159 ff; so zum früheren Recht bereits Scholz/*Priester* GmbHG 7. Aufl Anh Umw § 21 KapErhG Rn 1). 7

Dingl Wirkungen entfaltet der Verschmelzungsvertrag **nicht.** Erst die Eintragung der Verschm führt die in § 20 aufgeführten Rechtsfolgen herbei. Der Verschmelzungsvertrag ist also nur schuldrechtl Voraussetzung der dingl Rechtsänderung, hat aber selbst noch keine verfügende Wirkung (so auch Widmann/Mayer/*Mayer* Rn 26; Lutter/*Lutter/Drygala* Rn 6; Semler/Stengel/*Schröer* Rn 3 aE; aA Peter/Crezelius/*Limmer,* Gesellschaftsverträge und Unternehmensformen, Rn 2429, der auch eine unmittelbare Wirkung des Verschmelzungsvertrages für die Vermögensübertragung – wenn auch durch die Eintragung in das entsprechende Register bedingt – sieht. Dies geht zu weit, der Verschmelzungsvertrag bewirkt die Gesamtrechtsnachfolge gerade nicht, diese folgt vielmehr aus dem Gesetz, § 20 I Nr 1; wäre es anders, könnte der Verschmelzungsvertrag ja auch gewisse Vermögensgegenstände aus der Gesamtrechtsnachfolge herausnehmen, was gerade nicht der Fall ist). 8

Mit der Einstufung als gesellschaftsrechtl Organisationsakt ist allerdings für die praktische Rechtsanwendung nicht viel gewonnen. Hilfreicher ist die Feststellung, dass der Verschmelzungsvertrag zugleich auch **schuldrechtl Wirkungen** auslöst. Dies ist allg anerkannt (Lutter/*Lutter/Drygala* Rn 5 mwN; KölnerKommUmwG/ 9

Simon § 4 Rn 5). Als (auch) schuldrechtl Vertrag kann der Verschmelzungsvertrag gewertet werden, weil er die Verpflichtung enthält, Verm gegen Gewährung von Anteilen zu übertragen und außerdem gegenseitige Pflichten der am Vertragsschluss beteiligten Rechtsträger festlegt. Die Anteilsinhaber selbst sollen aus dem Verschmelzungsvertrag nur im Einzelfall klagbare Ansprüche ableiten können (vgl OLG München BB 1993, 2040; zur Bindung der Vertretungsorgane Rn 25 und Lutter/*Lutter/Drygala* Rn 28, 29 f mwN).

10 Damit sind die **allg Regeln des Bürgerl Rechts** auf den Verschmelzungsvertrag anzuwenden (vgl auch § 7 und *Körner/Rodewald* BB 1999, 853). So kann der Vertrag nach allg Grdsen nichtig oder anfechtbar (vgl zum idR fehlenden Interesse an einer Anfechtung nach Eintragung der Verschm § 26 Rn 14 mwN) sein, bei Wirksamkeit kann auf seine Erfüllung geklagt (vgl dazu Rn 11) werden. Auch können Schadensersatzansprüche wegen Verzug oder wegen Haftung aus § 311 II, III BGB (cic) entstehen. Die Auslegung des Verschmelzungsvertrags richtet sich nach den allg Vorschriften von §§ 133, 157 BGB. Nach BGH ZIP 2008, 600 (dazu auch § 126 Rn 81) ist ein Spaltungs- und Übernahmevertrag (§ 126) subjektiv auszulegen, dh es ist auf den **tats Willen** der Vertragsparteien abzustellen. Dies ist nach *Grunewald* ZGR 2009, 647, 660 auch auf den Verschmelzungsvertrag übertragbar. Für eine obj Auslegung des Verschmelzungsvertrages aus Sicht eines verständigen Dritten Lutter/*Lutter/Drygala* § 5 Rn 4 mwN; ähnl Kallmeyer/*Marsch-Barner* Rn 10; Widmann/Mayer/*Mayer* Rn 15; vgl auch KG AG 2005, 400; anders noch 5. Aufl 2009. Die Auslegung kann sich auch darauf beziehen, ob überhaupt ein Verschmelzungsvertrag abgeschlossen wurde (vgl KG AG 2005, 400).

11 Aus dem wirksamen Verschmelzungsvertrag kann jeder Rechtsträger auf **Erfüllung** klagen. Als klagbare Ansprüche kommen hier ua die Durchführung der Verschm als solche, der KapErh oder einer Änderung von Gesellschaftsvertrag oder Satzung, aber auch die Herausgabe von Urkunden, die Abgabe der Negativerklärung nach § 16 II 1 oder die Errichtung der Schlussbilanz iSv § 17 II in Betracht (Widmann/Mayer/*Mayer* Rn 60 f; Lutter/*Lutter/Drygala* Rn 27, die zutr darauf hinweisen, dass für eine Klage des übernehmenden Rechtsträgers gegen einen übertragenden Rechtsträger auf Durchführung der Anmeldung wegen § 16 I 2 im Einzelfall das Rechtsschutzbedürfnis fehlen kann). Zudem sind Regelungen denkbar, die es dem übertragenden Rechtsträger erlauben, auch nach Wirksamwerden der Verschm auf die Geschäftspolitik des übernehmenden Rechtsträgers Einfluss zu nehmen (*Blaschke/Söntgerath* BB 2009, 1432; vgl dazu § 25 Rn 29 und § 26 Rn 9).

12 Die Vollstreckung erfolgt je nach Art des Titels gem §§ 894, 888 ZPO.

3. Abschlusskompetenz

13 Der Verschmelzungsvertrag ist ein Vertrag zwischen den an der Verschm beteiligten Rechtsträgern, also ein Vertrag im Außenverhältnis. Nach allg Regeln handeln für die jew Rechtsträger deren **Vertretungsorgane** in jew erforderl Anzahl.

14 Soweit Gesellschaftsvertrag oder Satzung Erleichterungen der Vertretungsberechtigung vorsehen, genügt auch die Unterzeichnung durch einen einzelnen Geschäftsführer/ein einzelnes Vorstandsmitglied; im Falle **unechter Gesamtvertretung** ist auch die Mitwirkung von Prokuristen mögl. Keinesfalls genügt aber die alleinige Vertretung durch einen **Prokuristen,** da der Abschluss eines Ver-

schmelzungsvertrages nicht zu den Geschäften oder Rechtshandlungen gehört, die der Betrieb eines Handelsgewerbes mit sich bringt (§ 49 I HGB, § 42 I GenG).

Mögl ist allenfalls die Erteilung einer (nach hM grdsl formlosen, vgl Lutter/*Lutter/Drygala* Rn 9; Semler/Stengel/*Schröer* Rn 6) **Spezial- oder Generalvollmacht** (Widmann/Mayer/*Mayer* Rn 32 ff, 39 ff; Lutter/*Lutter/Drygala* Rn 9; Semler/Stengel/*Schröer* Rn 6; zum früheren Recht bereits Scholz/*Priester* GmbHG 7. Aufl Anh Umw § 21 KapErhG Rn 2; KölnerKommAktG/*Kraft* § 340 Rn 12). Zum mögl Abschluss des Verschmelzungsvertrages durch einen vollmachtlosen Vertreter vgl ausführl Lutter/*Lutter/Drygala* Rn 10 mwN; KölnerKommUmwG/*Simon* § 4 Rn 17. Zur Befugnis eines Testamentsvollstreckers LG Mannheim ZEV 1999, 443. Zu Haftungsgefahren für die Organe *Pöllath/Philipp* DB 2005, 1503 mwN. 15

4. Mängel des Verschmelzungsvertrages

Ein Verschmelzungsvertrag, der die Mindestanforderungen von §§ 5, 6 nicht erfüllt, kann vom Registergericht zurückgewiesen werden. Sofern der Verschmelzungsvertrag unwirksame Elemente enthält, ist **§ 139 BGB** zu beachten (vgl § 6 Rn 5). Der Verschmelzungsvertrag unterliegt den allg Regelungen des BGB (vgl Rn 10). Deswegen können einzelne Vertragsbestandteile wegen Verstoßes gegen ein gesetzl Verbot nach **§ 134 BGB** nichtig sein (zB Verstoß gegen § 72 iVm §§ 57 II, 4 Nr 1 StGB, vgl OLG Hamm WiB 1997, 363 mit Anm *Berg;* Verstoß gegen das Gebot des Anteilstauschs, vgl OLG Frankfurt aM DB 2003, 31 und OLG Karlsruhe ZIP 2003, 78 mit Anm *Kowalski* EWiR 2003, 181). Auch kann Nichtigkeit nach **§ 138 BGB** vorliegen (vgl LG Mühlhausen DB 1996, 1967; generell sind Fälle der Sittenwidrigkeit oder des Wuchers aber schwer vorstellbar). 16

Ein **Verstoß gegen das BDSG** wegen Übermittlung von Kundendaten kommt hingegen wohl nicht in Betracht, zutr LG München WM 2007, 1277 (auch zum Bankgeheimnis); *Lüttge* NJW 2000, 2463; *Teichmann/Kiessling* ZGR 2001, 33 und *Schaffland* NJW 2002, 1539 gegen *G. Wengert/Widmann/K. Wengert* NJW 2000, 1289; diff Lutter/*Teichmann* § 131 Rn 28 ff mwN, der § 131 – und wohl auch § 20 – als gesetzl Erlaubnisnorm iSv § 4 BDSG bewertet (wie hier Lutter/*Grunewald* § 20 Rn 39 mwN; ähnl Widmann/Mayer/*Vossius* § 20 Rn 177.2 ff mwN). Auch iÜ sind Abstimmungen von Geschäftsführungsmaßnahmen zwischen den beteiligten Rechtsträgern und der Austausch von Geschäftsgeheimnissen bereits vor Wirksamwerden der Verschm grdsl denkbar, vgl *Austmann/Frost* ZHR 169 (2005), 466 f. Sie können aber sehr gefährl sein, wenn und soweit sie gegen das kartellrechtl Vollzugsverbot (dazu ausführl Hettler/Stratz/Hörtnagl/*Neuhaus* § 10 Rn 40 f) verstoßen. 17

Willensmängel bei Abschluss des Vertrages können gem §§ 119, 123 BGB zur **Anfechtung** berechtigen; insoweit bestehen keine Besonderheiten zum allg Zivilrecht. 18

Nach den allg Regeln des Zivilrechts kommt auch eine **Anpassung** des Verschmelzungsvertrages nach den Grdsen zum **Wegfall der Geschäftsgrundlage** (dazu § 7 Rn 25 ff) in Betracht. Der Verschmelzungsvertrag kann des Weiteren jederzeit zwischen den Parteien einvernehml wieder aufgehoben werden, Kündigung und Rücktritt sind mögl (dazu ausführl § 7 Rn 4 ff; Lutter/*Lutter/Drygala* Rn 19 ff und *Körner/Rodewald* BB 1999, 853). 19

Nach überwiegender Ansicht ist **§ 323 BGB** auf den Verschmelzungsvertrag anwendbar (Lutter/*Lutter/Drygala* Rn 30 mwN; für analoge Anwendung vor 20

Zustimmung nach § 13 *Austmann/Frost* ZHR 169 [2005], 443). Dies ist auch zutr. Zwar schuldet der übertragende Rechtsträger aus dem Verschmelzungsvertrag nicht die Übertragung von Vermögensgegenständen, da diese Folge schon kraft Gesetzes mit Eintragung der Verschm eintritt (§ 20 I Nr 1; dazu auch Rn 8 aE); die Vertragspartner schulden sich aber gegenseitig die Durchführung aller für die Verschm notw Mitwirkungshandlungen. Diese Verpflichtungen stehen in einem Synallagma.

21 Liegen die Voraussetzungen von § 323 BGB vor, kann insbes der **Rücktritt** vom Verschmelzungsvertrag erklärt werden. Für die erforderl Erklärungen bedarf das jew Vertretungsorgan nicht der Zustimmung durch die Anteilsinhaber (wie hier Lutter/*Lutter/Drygala* Rn 30 mwN; einschränkend Widmann/Mayer/*Mayer* Rn 66: nur bis zur Beschlussfassung; ausführl Begr dazu bei Widmann/Mayer/*Heckschen* § 7 Rn 41 ff mwN; diff nach dem Maß der Freiheit in der Willensentschließung Semler/Stengel/*Schröer* Rn 56).

5. Kosten des Verschmelzungsvertrages

22 Die **Beurkundung** des Verschmelzungsvertrages löst eine doppelte Gebühr (auch $^{20}/_{10}$-Gebühr) nach §§ 141, 36 II KostO aus. Der Geschäftswert entspricht dem Wert der übertragenden Rechtsträger ohne Schuldenabzug (§§ 39 II, 18 III KostO) oder, wenn der Wert der Gegenleistung höher ist, diesem Wert. Der Geschäftswert ist auf EUR 5 Mio begrenzt (§ 39 V KostO; damit Vorteil ggü Umstrukturierung durch Einzelrechtsnachfolge, vgl BayObLG DB 1998, 2410). Werden mehrere rechtlich voneinander unabhängige Verschmelzungsverträge in einer Urkunde beurkundet, findet die Begrenzung des Geschäftswerts mehrfach Anwendung (OLG Hamm NZG 2003, 643). Etwaige notarielle Verzichtserklärungen (zB §§ 8 III, 9 II) sind gegenstandsgleich iSv § 44 I KostO (OLG Hamm DB 2002, 1314). Vgl iÜ zu Notar- und Gerichtskosten ausführl § 6 Rn 19, § 13 Rn 77 ff, § 19 Rn 41 ff. Als weitere Kosten kommen insbes die anwaltl Beratungskosten und die Kosten für einen Wirtschaftsprüfer, der die Ges bewertet, sowie für den Verschmelzungsprüfer (§§ 9–12) in Betracht.

6. Vertragsentwurf, Abs 2

23 Infolge der Rspr des BGH (BGHZ 82, 188) und wie schon in § 340 I AktG aF, ist entsprechend der Vorgaben von Art 5 I der Verschmelzungsrichtlinie (78/855 EWG, ABl EG Nr L 295, 36) in Abs 2 generell festgeschrieben, dass die Vorlage ledigl eines **schriftl Entwurfes des Verschmelzungsvertrages** bei der nach § 13 erforderl Beschlussfassung ausreicht. Die Regelung dient dazu, **unnötige Beurkundungskosten** zu vermeiden (Lutter/*Lutter/Drygala* Rn 15; zur notariellen Beurkundung des Verschmelzungsvertrages § 6).

24 Abs 2 darf aber nicht dahingehend missverstanden werden, dass eine **Rohversion** des späteren Vertrages zum Gegenstand der Beschlussfassung gemacht werden kann. Entwurf iSv Abs 2 und späterer Verschmelzungsvertrag müssen **identisch** sein, anderenfalls fehlt es an der notw Transformation des Inhalts des Verschmelzungsvertrags durch die jew Beschlüsse (BGHZ 82, 188; Kallmeyer/*Marsch-Barner* Rn 9). Etwas anderes darf nur im Zusammenhang mit der Vorlage des Verschmelzungsvertrags ggü außenstehenden Dritten gelten. So schaden geringfügige Änderung des Verschmelzungsvertrages oder seines Entwurfs im Zusammenhang mit der **Zuleitung an den Betriebsrat** (§ 5 III) nicht, es wird keine erneute Zuleitungsverpflichtung ausgelöst (vgl Bericht des Rechtsausschusses des BT zu § 5 III

und § 5 Rn 106 ff). Das gilt aber nicht, wenn die Anteilsinhaberversammlung über Alternativentwürfe (dazu Semler/Stengel/*Schröer* Rn 19) abstimmt, die der Betriebsrat nicht kennt.

Zur **Bindungswirkung** der Beschlussfassung auf Basis eines Entwurfs vgl § 13 Rn 8 ff mwN. Zu Bericht und Prüfung bei Änderung des Entwurfs OLG Hamm AG 2005, 361. **25**

Nach Ansicht des LG Paderborn (NZG 2000, 899) kann eine Vertragsstrafenregelung in einem auf die Durchführung einer späteren Verschm gerichteten „Letter of intent" wirksam nur bei notarieller Beurkundung vereinbart werden (allg zu sog Break Fee-Vereinbarungen *Sieger/Hasselbach* BB 2000, 625). Denn die Vertragsstrafe führe faktisch zur Verpflichtung der Anteilsinhaber, die Beschlüsse gem § 13 zu fassen; ein solcher „Vorvertrag" sei im Hinblick auf § 13 III formbedürftig (LG Paderborn NZG 2000, 899, 900). Gegen diese Argumentation Semler/Stengel/*Gehling* § 13 Rn 51 mwN. Ausführl zu weiteren Deal-Protection-Klauseln *Drygala* WM 2004, 1413 ff, 1457 ff mwN; vgl auch *Austmann/Frost* ZHR 169 (2005), 450 f. **26**

§ 5 Inhalt des Verschmelzungsvertrags

(1) **Der Vertrag oder sein Entwurf muß mindestens folgende Angaben enthalten:**

1. den Namen oder die Firma und den Sitz der an der Verschmelzung beteiligten Rechtsträger;

2. die Vereinbarung über die Übertragung des Vermögens jedes übertragenden Rechtsträgers als Ganzes gegen Gewährung von Anteilen oder Mitgliedschaften an dem übernehmenden Rechtsträger;

3. das Umtauschverhältnis der Anteile und gegebenenfalls die Höhe der baren Zuzahlung oder Angaben über die Mitgliedschaft bei dem übernehmenden Rechtsträger;

4. die Einzelheiten für die Übertragung der Anteile des übernehmenden Rechtsträgers oder über den Erwerb der Mitgliedschaft bei dem übernehmenden Rechtsträger;

5. den Zeitpunkt, von dem an diese Anteile oder die Mitgliedschaften einen Anspruch auf einen Anteil am Bilanzgewinn gewähren, sowie alle Besonderheiten in bezug auf diesen Anspruch;

6. den Zeitpunkt, von dem an die Handlungen der übertragenden Rechtsträger als für Rechnung des übernehmenden Rechtsträgers vorgenommen gelten (Verschmelzungsstichtag);

7. die Rechte, die der übernehmende Rechtsträger einzelnen Anteilsinhabern sowie den Inhabern besonderer Rechte wie Anteile ohne Stimmrecht, Vorzugsaktien, Mehrstimmrechtsaktien, Schuldverschreibungen und Genußrechte gewährt, oder die für diese Personen vorgesehenen Maßnahmen;

8. jeden besonderen Vorteil, der einem Mitglied eines Vertretungsorgans oder eines Aufsichtsorgans der an der Verschmelzung beteiligten Rechtsträger, einem geschäftsführenden Gesellschafter, einem Partner, einem Abschlußprüfer oder einem Verschmelzungsprüfer gewährt wird;

9. die Folgen der Verschmelzung für die Arbeitnehmer und ihre Vertretungen sowie die insoweit vorgesehenen Maßnahmen.

(2) **Befinden sich alle Anteile eines übertragenden Rechtsträgers in der Hand des übernehmenden Rechtsträgers, so entfallen die Angaben über den Umtausch der Anteile (Absatz 1 Nr. 2 bis 5), soweit sie die Aufnahme dieses Rechtsträgers betreffen.**

(3) **Der Vertrag oder sein Entwurf ist spätestens einen Monat vor dem Tage der Versammlung der Anteilsinhaber jedes beteiligten Rechtsträgers, die gemäß § 13 Abs. 1 über die Zustimmung zum Verschmelzungsvertrag beschließen soll, dem zuständigen Betriebsrat dieses Rechtsträgers zuzuleiten.**

Schrifttum: Siehe zunächst § 4; *Hentzen,* IFRS-Werte als Grundlage der Unternehmensbewertung aus Anlass von Umstrukturierungsmaßnahmen, DB 2005, 1891; *Ulrich/Böhle,* Verschmelzung auf zum Verschmelzungsstichtag nicht existierende Rechtsträger, GmbHR 2006, 644; *Wagner/Jonas/Ballwieser/Tschöpel,* Unternehmensbewertung in der Praxis – Empfehlungen und Hinweise zur Anwendung von IDW S 1, WPg 2006, 1005; *Bayer,* Fehlerhafte Bewertung: Aktien als Ausgleich bei Sachkapitalerhöhung und Verschmelzung?, ZHR 172 (2008) 24; *Behringer,* Unternehmensbewertung der Mittel- und Kleinbetriebe, 4. Aufl 2008; *Friese-Dormann/Rothenfußer,* Selbstfinanzierungseffekt und Bagatellgrenze als Frage der Angemessenheit des Umtauschverhältnisses bei Verschmelzungen, AG 2008, 243; *Jonas,* Relevanz persönlicher Steuern? – Mittelbare und unmittelbare Typisierung der Einkommensteuer in der Unternehmensbewertung, WPg 2008, 826; *Wagner/Saur/Willershausen,* Zur Anwendung der Neuerungen der Unternehmensbewertungsgrundsätze des IDW S 1 i.d.F. 2008 in der Praxis, WPg 2008, 731; *Adolff,* Konkurrierende Bewertungssysteme bei der grenzüberschreitenden Verschmelzung von Aktiengesellschaften – zu den Vorgaben des europäischen Gemeinschaftsrechts für die gerichtliche Überprüfung des Umtauschverhältnisses –, ZHR 172 (2009) 67; *Brandi/Wilhelm,* Gesellschaftsrechtliche Strukturmaßnahmen und Börsenkursrechtsprechung – Aktuelle Tendenzen in der Rechtsprechung, NZG 2009, 1408; *Drukarczyk/Schüler,* Unternehmensbewertung, 6. Aufl 2009; *Kruschwitz/Löffler/Esser,* Unternehmensbewertung für die Praxis, Fragen und Antworten, 2009; *Schürnbrand,* Gewinnbezogene Schuldtitel in der Umstrukturierung, ZHR 2009, 689; *Barthel,* Unternehmenswert: Das Problem der Scheingenauigkeit – Zur Nichtanwendbarkeit der Ertragswertmethode bei der Bewertung von Unternehmen –, DB 2010, 2236; *Dörschell/Franken/Schulte,* Kapitalkosten 2010 für die Unternehmensbewertung, 2010; *Henselmann/Kniest,* Unternehmensbewertung: Praxisfälle mit Lösungen, 4. Aufl 2010; *Puszkajler,* Börsenwert über alles bei Verschmelzungen?, ZIP 2010, 2275; *Wollny,* „Führt der objektivierte Unternehmenswert zum Verkehrswert?“ – eine Begriffsbestimmung, BewertungsPraktiker 2010, 12; *Ballwieser,* Unternehmensbewertung, 3. Aufl 2011; *Peemöller,* Praxishandbuch der Unternehmensbewertung, 5. Aufl 2012; *Petersen/Zwirner/Brösel,* Handbuch Unternehmensbewertung, 2012; *Zwirner/Mugler* in Hettler/Stratz/Hörtnagl, Becksches Handbuch Unternehmenskauf, 2. Aufl 2012, § 4 Bewertungsmethoden. Vgl zum arbeitsrechtl Schrifttum vor Rn 87.

Übersicht

1. Allgemeines

Abs 1 schreibt für Verschm unter Beteiligung aller in § 3 genannten Rechtsträger in Übereinstimmung mit den EU-RL (dazu Lutter/*Lutter/Drygala* Rn 1) zwingend den **Mindestinhalt des Verschmelzungsvertrages** fest. Durch die Umwandlungsreform neu eingefügt wurde nur Abs 1 Nr 9, der die Vertretungsorgane der beteiligten Rechtsträger veranlasst, die Folgen der Verschm für die ArbN und ihre Vertretungen sowie die insoweit vorgesehenen Maßnahmen als unmittelbar Inhalt des Verschmelzungsvertrages aufzunehmen. In Zusammenhang mit der Regelung in **Abs 3** ergibt sich ein geschlossenes Bild über die Informationsrechte der ArbN bei Umw nach dem UmwG (zu grenzüberschreitenden Verschm § 122c Rn 27 und § 122e); die Vorschriften des BetrVG bleiben unberührt. 1

Abs 2 entspricht § 352b II AktG aF. 2

2. Inhalt des Verschmelzungsvertrages

a) Name, Firma und Sitz. Die Aufnahme des Namens/der Firma und des Sitzes aller an der Verschm beteiligten Rechtsträger ist eine Selbstverständlichkeit. Wie in jedem Vertrag müssen die Vertragsparteien hinreichend bestimmt sein; Probleme können sich bei einer Kettenverschmelzung ergeben, vgl OLG Hamm GmbHR 2006, 225 mwN mit Anm *Weiler* MittBayNot 2006, 377. Die jew Anforderungen an die Bezeichnung lassen sich den Spezialgesetzen entnehmen (zB §§ 4, 5 AktG, § 3 I GmbHG, § 19 HGB, § 3 GenG). Zur mögl Firmierung nach der Verschm vgl § 18. 3

b) Vermögensübertragung. Der Vertrag muss klarstellen, dass es sich um eine Verschm iSd UmwG handelt. Die **Wesensmerkmale der Verschm,** also die Übertragung des Verm jedes übertragenden Rechtsträgers als Ganzes (= Gesamtrechtsnachfolge) ohne Abwicklung und gegen Gewährung von Anteilen/ Mitgliedschaften am übernehmenden Rechtsträger, müssen im Vertragswerk niedergelegt werden (vgl ausführl § 2 Rn 3 ff). Hierbei sollte der Klarheit und Einfachheit halber eine möglichst weitgehende Orientierung am Gesetzestext (§ 2) erfolgen. Einzelheiten zur Gewährung von Anteilen oder Mitgliedschaften am übernehmenden Rechtsträger bei Widmann/Mayer/*Mayer* Rn 15 ff; Lutter/*Lutter/Drygala* Rn 12 ff; Semler/Stengel/*Schröer* Rn 9 ff je mwN. 4

c) Bestimmung des Umtauschverhältnisses. aa) Umtauschverhältnis der Anteile. Abs 1 Nr 3 verlangt Angaben über das **Umtauschverhältnis der Anteile** und ggf die Höhe der **baren Zuzahlung.** Die Bestimmung des 5

Umtauschverhältnisses ist für die Anteilsinhaber der beteiligten Rechtsträger von besonderer Bedeutung, da ihre Vermögenswerte direkt betroffen sind. Demgemäß stellt dieser Vertragsbestandteil auch meist das **Zentralproblem** der Verhandlungen dar. Das Umtauschverhältnis ist auch für andere Regelungen des UmwG von Bedeutung. Es ist im Verschmelzungsbericht rechtl und wirtschaftl zu erläutern und zu begründen (§ 8 I 1), der Prüfungsbericht ist mit einer Erklärung darüber abzuschließen, ob das Umtauschverhältnis angemessen ist und wie es berechnet wurde (§ 12 II). Die Anteilsinhaber der übertragenden Rechtsträger können bei zu niedrigem Umtauschverhältnis Ausgleich durch bare Zuzahlung verlangen (§ 15 I); ihnen steht das Spruchverfahren offen, bei dem das zuständige Gericht von Amts wegen die Höhe der baren Zuzahlung mit Wirkung für und gegen alle festlegt (vgl B. SpruchG). Bei grenzüberschreitenden Verschm gelten insoweit §§ 122h, i; § 122c II Nr 11 hat mit dem Umtauschverhältnis nichts zu tun, vgl § 122c Rn 29.

6 Für die **Bestimmung des Umtauschverhältnisses** kommt es auf die **Wertrelation** zwischen übertragenden und übernehmenden Rechtsträgern an (vgl zur rechnerischen Darstellung des Umtauschverhältnisses ausführl GKT/*Bermel/Hannappel* Rn 35 ff; Widmann/Mayer/*Mayer* Rn 113 ff je mwN; KölnerKomm-UmwG/*Simon* § 5 Rn 10, 11). Der wahre innere Wert des einzelnen Anteils entspricht dem jew Bruchteil des Unternehmenswertes, der dem konkreten Anteil zuzuordnen ist. Ein Aufschlag für bestimmte Anteilsgrößen (etwa 50% + eine Stimme) ist nicht vorzunehmen.

7 Das Umtauschverhältnis ist stets dann richtig bemessen, wenn kein Anteilsinhaber durch die Verschm eine Vermögenseinbuße erleidet (Idealbild ist also ein wirtschaftl **Nullsummenspiel;** vgl BVerfG AG 1999, 566; BVerfGE 14, 263; BGHZ 71, 40; BayObLG WM 1995, 1580; BayObLG AG 1996, 127; OLG Hamburg AG 1980, 163; wN bei Semler/Stengel/*Schröer* Rn 15 Fn 46). **Art 14 I GG** gebietet stets einen vollen Wertausgleich (BVerfG AG 2007, 697 mwN; BVerfG BB 2000, 2011 zur Entschädigung ausscheidender Anteilsinhaber bei der übertragenden Auflösung nach § 179a AktG; vgl auch BVerfG DB 2000, 611). Der innere Wert der jew Anteile am untergehenden übertragenden Rechtsträger muss dem inneren Wert der Anteile entsprechen, die als Gegenleistung vom übernehmenden Rechtsträger gewährt werden. Unter Außerachtlassung von positiven und negativen Verbundeffekten wird dann auch die **Vermögensintegrität der Anteilsinhaber** des übernehmenden Rechtsträgers gewahrt.

8 Fragl ist, ob – ausschließl bei Einverständnis aller Anteilsinhaber aller beteiligten Rechtsträger – von dieser Wertneutralität abgewichen werden darf, ob also eine **nichtverhältniswahrende Verschm** mögl ist. Eine nichtverhältniswahrende Spaltung ist ausdrückl anerkannt (§ 128). Auch beim Formwechsel lässt sich mit guten Gründen die Möglichkeit zur freiwilligen Wertveränderung der Anteile vertreten (vgl § 192 Rn 14; Lutter/*Decher* § 194 Rn 13). Bei der Verschm gibt es ebenfalls keinen Grund, den Anteilsinhabern eine **freiwillige Verschiebung der Wertrelationen** von vornherein zu untersagen (vgl Lutter/*Lutter/Drygala* Rn 20 mwN; vgl BFH GmbHR 2011, 266 zu den stl Konsequenzen einer – anerkannten, vgl BFH GmbHR 2011, 268 – nicht verhältniswahrenden Verschm). Eine solche autonome Entscheidung ist jedoch zunächst durch den Zwang begrenzt, überhaupt einen Anteilstausch durchzuführen; denn der Anteilstausch ist – außer in den gesetzl vorgegebenen Ausnahmefällen, zB die durch das 2. UmwÄndG eingefügten §§ 54 I 3, 68 I 3 (zur Verschm von SchwersterGes allg § 2 Rn 21 ff mwN) – Wesensmerkmal der Verschm. Weiter gebietet der Schutz des Rechtsver-

kehrs, insbes der Gläubiger, die Kontrolle der Kapitalerhaltung, sodass es nicht ohne weiteres angeht, den Anteilsinhabern durch autonome Entscheidung die Übertragung negativen Verm zu ermögl (Nachw 4. Aufl 2006, Rn 8; zur Verschm überschuldeter Rechtsträger § 3 Rn 50 mwN). Dieser Grds ist mittlerweile in erhebl Maße aufgeweicht, vgl ausführl § 54 Rn 12 ff mwN.

bb) Ausnahme von der Festlegungspflicht. Die Angaben über den Umtausch der Anteile entfallen, soweit sich (Konzernverschmelzung, Upstream-Merger) alle Anteile eines übertragenden Rechtsträgers in der Hand des übernehmenden Rechtsträgers befinden und es um die Gegenleistung für diese Aufnahme geht **(Abs 2).** 9

cc) Unternehmensbewertung. Zur Bestimmung des Umtauschverhältnisses sind bei den beteiligten Rechtsträgern regelm Unternehmensbewertungen durchzuführen. Anderes gilt, wenn die Anteilsinhaber der beteiligten Rechtsträger durch autonome und nicht missbräuchl Entscheidung das Umtauschverhältnis einverständl festlegen (Rn 8). 10

Für die Unternehmensbewertungen bieten sich verschiedene in der Betriebswirtschaftslehre entwickelte Modelle an (dazu ausführl Hettler/Stratz/Hörtnagl/*Zwirner/Mugler* § 4 Rn 12 ff, 87 ff, 118 ff, 129 ff mwN). Seit langem haben sich Rspr und Lit umfassend mit den Grdsen der „richtigen Unternehmensbewertung" auseinandergesetzt. Nach der hM ist weiterhin die **Ertragswertmethode** maßgebl (dazu ausführl Rn 16 ff). Die Anwendung **anderer Methoden** ist aber nicht ausgeschlossen (vgl Rn 47, 48). Auch auf den **Börsenkurs** als Untergrenze kann abgestellt werden (vgl ausführl Rn 49 ff). 11

Noch nicht geklärt ist allerdings, was bei grenzüberschreitenden Umw an Bewertungsmethoden zulässig ist (zur Unternehmensbewertung unter dem Einfluss des Rechnungslegungsstandards IAS vgl *Moser/Doleczik/Granget/Marmann* BB 2003, 1664; zum **IFRS** OLG Düsseldorf DB 2006, 2223 mit Anm *Zetzsche* EWiR 2007, 89; OLG Hamburg DB 2004, 2805 mit Anm *Hentzen* DB 2005, 1891; zur Ermittlung des Umtauschverhältnisses bei grenzüberschreitender Verschm ausführl *Kiem* ZGR 2007, 543; *Großfeld* NZG 2002, 353 mwN). Im Zuge der Vorbereitung einer Verschm ist insbes den **Organen der jew beteiligten Rechtsträger** dringend zu empfehlen, sich mit den nachfolgenden Grdsen vertraut zu machen (es drohen SE-Ansprüche gem §§ 25, 27; vgl zu den Anforderungen an ein pflichtgemäßes Verhalten der jew Organe im Vorfeld von Umstrukturierungen zB *Kau/Kukat* BB 2000, 1045; *Clemm/Dürrschmidt* FS Widmann, 2000, 3, 10 ff; *Kiethe* NZG 1999, 976; *Holzapfel/Pöllath,* Unternehmenskauf in Recht und Praxis, Rn 17a ff mwN; *Pöllath/Philipp* DB 2005, 1503 und ausführl *Austmann/Frost* ZHR 169 [2005], 431 mwN; vgl iÜ zur mögl Gewährleistungshaftung bei falscher Planungsrechnung *von Bernuth* DB 1999, 1689; zur Due Diligence Hettler/Stratz/Hörtnagl/*Hörtnagl* § 2 Rn 47 ff mwN insbes zu den Anforderungen der Business Judgment Rule; *Müller* NJW 2000, 3452; *Turiaux/Knigge* BB 1999, 913; zur Verhandlungsführung Hettler/Stratz/Hörtnagl/*Stratz* § 1 Rn 82 ff; *Rosenbaum* DB 1999, 1613; zu feindl Übernahmen *Hopt* FS Lutter, 2000, 1361 und *Kort* FS Lutter, 2000, 1421). 12

Durch das Spruchverfahren nach dem SpruchG wird den Anteilsinhabern des übertragenden Rechtsträgers die Möglichkeit gegeben, das Umtauschverhältnis gerichtl überprüfen zu lassen (die Anteilsinhaber des übernehmenden Rechtsträgers sind auf die Unwirksamkeitsklage verwiesen, § 14 Rn 30 ff). In diesem Fall wird die Unternehmensbewertung zur **Rechtsfrage** (sehr weitgehend OLG 13

Stuttgart ZIP 2004, 43; stark gekürzt und sehr lesenswert OLG Stuttgart ZIP 2010, 274, ausführl unter juris zu Az 20 W 2/08; stark gekürzte Grundsatzentscheidung des OLG Stuttgart AG 2010, 510, ausführl unter juris zu Az 20 W 9/08; OLG Frankfurt ZIP 2010, 729; OLG Düsseldorf WM 2009, 2220: Schätzung nach § 287 ZPO), das Gericht darf alle Bewertungsansätze und -maßstäbe in vollem Umfang überprüfen und ggf durch eigene Entscheidung ersetzen. Die Instanzgerichte haben dies in letzter Zeit aber in zT angreifbarer Weise zum Anlass genommen, sich selbst als Sachverständige zu gerieren.

14 Komplexe fachspezifische Fragen der Unternehmensbewertung darf der Tatrichter grdsl nicht ohne vorherige Einholung eines gerichtl **Sachverständigengutachtens** entscheiden (BGH AG 2007, 625; ausführl mwN OLG Stuttgart Beschluss vom 14.9.2012 – 20 W 4/10; einen Ausnahmefall nimmt OLG Düsseldorf AG 2012, 797 an, wenn im Spruchverfahren der Antragsgegner insolvent wird und bereits früheres Bewertungsgutachten vorliegt). Die Unternehmensbewertung ist kein wissenschaftl statischer Vorgang, ihre Grdse werden laufend weiter entwickelt (eine hervorragende Zusammenfassung enthält das vom IDW herausgegebene WP-HdB Bd II A; dort ist nicht nur die Weiterentwicklung des Bewertungsstandards IDW S 1 vom 18.10.2005 [WPg 2005, 1303] berücksichtigt, sondern bereits der Entwurf einer Neufassung IDW ES 1 vom 5 9.2007 [WPg Supplement 3/2007]). Dieser Entwurf wurde mit unwesentl redaktionellen Änderungen von der Hauptversammlung des IDW 29./30.5.2008 als **IDW S 1 2008** billigend in Kauf genommen. Der Standard ist in Heft 7 der IDW Fachnachrichten 2008 und im WPg Supplement 3/2008 veröffentlicht.

15 Die Instanzgerichte sind gehalten, auf den bertriebswirtschaftl Sachverstand und das aktualisierte Wissen der Gutachter zurückzugreifen, denn die Folgen der für und gegen alle geltenden gerichtl Entscheidung (§ 13 S 2 SpruchG, § 311 S 2 UmwG aF) können wirtschaftl erhebl sein, wie zB die vielbeachtete „Paulaner-Entscheidung" des BayObLG (AG 1996, 127) gezeigt hat (ältere empirische Daten zu abw gerichtl Bew bei *Dörfler/Gahler/Wirichs* BB 1994, 156).

16 **(1) Ertragswertmethode.** Von der heute hM wird zur Ermittlung des Unternehmenswerts und somit zur Feststellung eines angemessenen Umtauschverhältnisses und einer etwa zu leistenden Barabfindung in erster Linie die sog **Ertragswertmethode** herangezogen (gegen diese Methode bestehen verfassungsrechtl keine Bedenken, BVerfG AG 2007, 697; vgl iÜ Rspr-Nachw bei Rn 21; Lutter/*Lutter/Drygala* Rn 32 und *Hüffer* AktG § 305 Rn 19, 20 mwN insbes zur Rspr der Instanzgerichte; Semler/Stengel/*Gehling* § 8 Rn 23 ff; Widmann/Mayer/*Mayer* Rn 102 ff; *Hülsmann* ZIP 2001, 450; *Bender/Lorson* BuW 1996, 1, 650; *Bellinger/Vahl,* Unternehmensbewertung in Theorie und Praxis, 1992, S 145 ff, 285 ff; WP-HdB Bd II A Rn 1 ff, 237 ff; *Engelmeyer* S 108 ff; *Piltz,* Die Unternehmensbewertung in der Rechtsprechung, 3. Aufl 1994, S 16 ff; *Seetzen* WM 1999, 570; *ders* WM 1994, 47 f; *Heurung* WPg 1998, 204 und *ders* DStR 1997, 302, 1341 zur Spaltung je mwN aus Rspr und Schrifttum; neuere Zusammenfassungen ua bei den im LitVerz aufgeführten betriebswirtschaftl Standardwerken *Drukarczyk/Schüler, Henselmann/Kniest, Peemöller* sowie bei in Hettler/Stratz/Hörtnagl/*Zwirner/Mugler* § 4; vgl auch *Wagner/Jonas/Ballwieser/Tschöpel* WPg 2006, 1005 und *Wagner/Saur/Willershausen* WPg 2008, 731. Die Ertragswertmethode ist auch zur Berechnung des Umtauschverhältnisses bei **Kreditinstituten** geeignet, OLG Düsseldorf AG 2001, 189; zur Bew einer ertraglosen Bank LG Dortmund AG 2003, 50; zur Bew von **Versicherungsunternehmen** OLG Düsseldorf Beschluss vom 17.11.2008 – I-26 W 6/08; ferner AG 2006, 287 und NZG 2004, 429;

zur Bew von **Bausparkassen** OLG Stuttgart WM 2010, 173; zur Bew eines Unternehmens des **öffentlichen Personenverkehrs** OLG Düsseldorf – 26 W 7/07, AG 2009, 667).

Die Ertragswertmethode geht davon aus, dass der Wert eines Unternehmens in seinen entnehmbaren Gewinnen bzw seinen Einnahmeüberschüssen zum Ausdruck kommt. Der Nachteil der Ertragswertmethode besteht insbes darin, dass die Ermittlung des zukünftigen Ertrags notw prognostischen Charakter haben muss; die – bereinigten – Erg der Vergangenheit sind ledigl Orientierungshilfen für die Beurteilung zukünftiger Ergebniserwartungen, über die vermutete betriebl Entwicklung und über die gesamtwirtschaftl Einflüsse lässt sich im Endeffekt aber nur spekulieren. 17

Die **Zukunftsprognose** über die wirtschaftl Entwicklung der beteiligten Rechtsträger kann **gerichtl nur eingeschränkt überprüft** (OLG Stuttgart AG 2010, 510) werden; bei Plausibilität und Nachvollziehbarkeit, insbes auch bei Schlüssigkeit in Ansehung der Vergangenheitsergebnisse, ist sie deshalb der Kernbereich des unternehmerischen Beurteilungsspielraums. Um ein gerechtes Umtauschverhältnis zu erhalten, müssen aber alle beteiligten Rechtsträger grdsl vglbare Annahmen zu allg Marktentwicklungen treffen (Rn 62 aE). 18

Die **Berechnung des Ertragswerts** richtet sich in der Praxis in erster Linie nach den Grdsen, die das Institut der Wirtschaftsprüfer (IDW) aufgestellt hat. Maßgebl waren ursprüngl die Grdse zur Durchführung von Unternehmensbewertungen des Hauptfachausschusses (HFA 2/83, WPg 1983, 468); sie wurden ergänzt durch die Grdse zur Unternehmensbewertung im Familien- und Erbrecht (HFA 2/95, WPg 1995, 522) und durch die Grdse zu Besonderheiten der Bew kleiner und mittlerer Unternehmen (HFA 6/97, WPg 1998, 26) sowie durch die Ausführungen im WP-HdB 2002 Bd II, 12. Aufl, Abschnitt A. 19

Die zusammengefassten **neueren Grde zur Unternehmensbewertung** wurden erstmals als IDW S 1 am 28.6.2000 beschlossen (IDW-Fachnachrichten 2000, 415; dazu auch *Hayn* DB 2000, 1346; *Hommel/Braun/Schmotz* DB 2001, 341). Seitdem wurden die Grdse mehrfach geändert (vgl dazu die 5. Aufl 2009, Rn 16). Zurzeit enthält der **IDW S 1 2008** (WPg Supplement 3/2008; vgl auch Rn 14) die Bewertungsvorgaben, an die sich ein Sachverständiger lege artis halten kann. Darin wurde die Unternehmenssteuerreform 2008 berücksichtigt. Zu berücksichtigen sind ferner insbes der Wechsel von der Vollausschüttungshypothese zum Unternehmenskonzept der marktüblichen Ausschüttung, der Wechsel bei der Ermittlung des Basiszinses im Rahmen des Kapitalisierungszinssatzes von der risikolosen Staatsanleihe auf das Aktienportfolio und die Berücksichtigung der Zinsstrukturkurve der Deutschen Bundesbank sowie schließl die veränderte Ableitung des Risikozuschlags, die jetzt marktgestützt erfolgt (zum Ganzen Rn 22 ff und ausführl WP-HdB Bd II A Rn 1 ff mwN). Der Tatrichter muss deshalb bei Bewertungsfragen immer auf dem aktuellen Stand sein und darf seinen Entscheidungen nicht das zugrunde legen, was früher einmal Stand der Wissenschaft war (vorbildl insoweit OLG Stuttgart AG 2007, 705 und in elektronischer Vollversion veröffentlichte Beschlüsse vom 17.10.2011 – 20 W 7/11; 14.9.2011 – 20 W 4/10; 17.3.2010 – 20 W 9/08 sowie vom 18.12.2009 – 20 W 2/08). 20

Die **Rspr** hat sich zur Ertragswertmethode ebenfalls umfassend geäußert, wobei die grundlegenden Entscheidungen vom BGH (AG 2007, 625; BGHZ 138, 136; 71, 40; WM 1993, 1412; NJW 1985, 192), vom BayObLG (BayObLGZ 1998, 231; AG 1996, 127; 1996, 176; WM 1995, 1580), vom OLG Düsseldorf (AG 1984, 216; WM 1988, 1052; AG 1990, 397; 1990, 490; 1991, 106; 1992, 200; 21

WM 1995, 756; WM 1998, 2058; WM 2009, 2220; AG 2009, 873) und inzwischen maßgeblich auch vom OLG Stuttgart (AG 2006, 421; AG 2007, 705; AG 2008, 510; ZIP 2008, 883; NJW-Spezial 2010, 305; ZIP 2010, 274; zusammenfassend Beschluss vom 17.10.2011 – 20 W 7/11 und Beschluss vom 14.9.2011 – 20 W 4/10) stammen. Mittlerweile sind insbes die Entscheidungen der OLG zu Unternehmensbewertung so umfangreich, dass sie in den Zeitschriften nur noch stark verkürzt wiedergegeben werden. Insbes die jüngeren Entscheidungen, zB des OLG Stuttgart, enthalten in der Vollversion sehr gute Zusammenfassungen der einschlägigen Themenbereiche.

22 **Grundsatz der Bew künftiger finanzieller Überschüsse:** Ausgangspunkt der Überlegung zum tats (Ertrags-)Wert eines Unternehmens ist die Frage, welche künftigen Überschüsse ein Anteilsinhaber erwartet, wenn er umgekehrt einen bestimmten Zahlbetrag als Kaufpreis/Tauschwert für das Unternehmen aufwenden muss. Dabei spielt es grdsl keine Rolle, welche Vorteile das Unternehmen seinen Eigentümern in der Vergangenheit gebracht hat. Bisher erzielte finanzielle Überschüsse sind nur in Bezug auf die Plausibilität der Zukunftsprognose von Bedeutung. Für die Bew kommt es alleine auf die Ermittlung **künftiger Zahlungsströme** zwischen Rechtsträger und Anteilsinhaber an. Der Barwert künftiger Ausschüttungen wird unter Zugrundelegung des going-concern-Prinzips in der letzten Phase nach der **Formel der ewigen Rente** berechnet. Die Grundlagen zur Ermittlung finanzieller Überschüsse bei der Bew des betriebsnotw Verm sind im WP-HdB Bd II A Rn 60 ff dargestellt. Zu fragen ist, was bei Fortführung des Unternehmens auf Basis des dokumentierten Unternehmenskonzepts und unter Einbeziehung aller realistischen Zukunftserwartungen iRd gegebenen Marktchancen und -risiken ausgeschüttet werden kann (WP-HdB Bd II A Rn 76 ff, 86 ff). Das bilanzielle Vorsichtsprinzip spielt dabei keine Rolle (WP-HdB Bd II A Rn 137 ff).

23 Da der tats Zahlungsfluss zum Anteilsinhaber maßgebl ist, sind nicht allein die Nettoauszahlungen aus dem Unternehmen (also die Ausschüttungen abzgl der erforderl Kapitaleinlagen bzw etwaiger Kapitalrückzahlungen) zu ermitteln. Bedeutung haben darüber hinaus auch die mit dem Eigentum am Unternehmen verbundenen Zahlungsstromveränderungen, insbes die **persönl Steuern der Anteilsinhaber** (WP-HdB Bd II A Rn 104 ff mwN; zur Nachsteuerbetrachtung zusammenfassend mwN OLG Stuttgart NZG 2007, 302; AG 2008, 510; ZIP 2008, 883). Persönl ErtrSt sind generell und unabhängig vom Bewertungsanlass iRd Ermittlung obj Unternehmenswerte zu berücksichtigen. Ein typisierter persönl Steuersatz von 35% wird zZt als sachgerecht beurteilt (ausführl *Kruschwitz/Löffler* WPg 2005, 73 mwN; die Rspr hat die Einbeziehung der persönl ErtrSt übernommen, zB LG Dortmund NZG 2004, 723; LG Bremen AG 2003, 214). Bei der Bew von KapGes ist bis VZ 2008 das Halbeinkünfteverfahren mit der Folge eines typisierten Steuersatzes von 17,5% auf die ausgeschütteten Gewinne, ab dem VZ 2009 ist eine definitive Steuerbelastung von 25% zzgl SolZ zu berücksichtigen (WP-HdB Bd II A Rn 107, 326 ff). Die persönl Steuerbelastung des Anteilsinhabers ist nicht nur bei der Prognose der Ausschüttungen von Bedeutung, sondern auch bei der Ermittlung des Kapitalisierungszinssatzes (dazu ausführl WP-HdB Bd II A Rn 197 ff).

24 Hingegen werden die **Betriebssteuern** unmittelbar iRd betriebsbezogenen Renditeprognose berücksichtigt. Betriebssteuern sind zB die **Grundsteuer** und die **KFZ-Steuer** (WP-HdB Bd II A Rn 266). Aber auch die Ertragsteuern können auf Unternehmensebene eine Rolle spielen. Die **GewSt** wird unabhängig

von der Rechtsform bei allen Unternehmen von den Vorsteuerergebnissen der Planungsrechnung abgesetzt (WP-HdB Bd II A Rn 74). Dabei ist das Unternehmenssteuerreformgesetz 2008 zu berücksichtigen, die GewSt ist also keine abzugsfähige Betriebsausgabe mehr. Bei Körperschaften, insbes bei KapGes, ist des Weiteren die **Körperschaftsteuer** als Definitivbelastung anzusetzen und ebenfalls vom Vorsteuerergebnis abzuziehen. Der Körperschaftsteuersatz beträgt derzeit 15% zzgl SolZ (zum Ganzen WP-HdB Bd II A Rn 74 mwN). **Verlustvorträge** mindern (unter Beachtung der Mindestbesteuerung und bei Annahme, dass die Gesellschafter nicht wechseln) die stl Belastung der zukünftigen finanziellen Überschüsse und können deshalb ebenfalls Einfluss auf den Unternehmenswert haben (vgl auch OLG Düsseldorf NZG 2000, 1079; OLG Stuttgart AG 2010, 510).

Künftige Ertragsüberschüsse lösen nur dann einen Zahlungsfluss aus, wenn sie 25 ausgeschüttet werden. Bei der Prüfung, ob eine solche **Ausschüttung** mögl ist, ist die künftig zu erwartende Liquiditätssituation des Unternehmens ebenso zu berücksichtigen wie die handels- und gesellschaftsrechtl Möglichkeit einer Ausschüttung (WP-HdB Bd II A Rn 63 ff; zu den Planungsphasen WP-HdB Bd II A Rn 156 ff). Die nach dem Bewertungsstichtag (Rn 27 ff) zwischenzeitl eingetretene tats Entwicklung darf bei der Ermittlung der zukünftigen Ertragslage mit berücksichtigt werden, soweit sie in den Verhältnissen zum Bewertungsstichtag wurzelt (**Wurzeltheorie,** vgl WP-HdB Bd II A Rn 54 mwN; BGH DB 1973, 563; BGH WM 1998, 869 mit Bespr *Hennrichs* ZGR 1999, 837; OLG Düsseldorf ZIP 2004, 1503 mit Anm *Luttermann* EWiR 2004, 263; OLG Düsseldorf AG 1989, 442; LG Berlin AG 2000, 285; LG Nürnberg-Fürth AG 2000, 90; ausführl und mwN OLG Stuttgart Beschluss vom 14.9.2011 – 20 w 4/10).

Das komplexe Zusammenspiel zwischen künftig zu erwartenden handelsrechtl 26 Erfolgen, daraus folgenden stl Belastungen, notw Investitionen, Finanzbedarfsanalysen etc lässt sich seriös nur mit **aufeinander abgestimmten Planbilanzen, Plan-GuV sowie Finanzbedarfsrechnungen** darstellen (vgl WP-HdB Bd II A Rn 68 ff. Die dieser Planung zugrunde liegende Prognose ist Sache des Managements des zu bewertenden Unternehmens; sie kann vom gerichtl Sachverständigen auf Plausibilität überprüft und entsprechend korrigiert werden (fragwürdig deshalb OLG Düsseldorf AG 2008, 498, das den gerichtl Gutachter selbst die Prognose erstellen lässt). Bei der Prognose des künftigen Investitions-, Finanzierung- und Ausschüttungsverhaltens ist entweder der Grds der Nettosubstanzerhaltung zu beachten oder die Änderung der Kapitalstruktur beim Unternehmensrisiko zu berücksichtigen (WP-HdB Bd II A Rn 124 ff, 229 ff mwN). Für die Ermittlung des Ertragswertes eines Unternehmens ist deshalb grdsl nicht die Höhe der tats Abschreibungen, sondern der Abschreibungen auf Basis der Wiederbeschaffungskosten zum Zeitwert maßgebend, die erforderl sind, um die Ertragskraft des Unternehmens auch in Zukunft zu sichern (so auch OLG Düsseldorf DB 2000, 82; LG Berlin AG 2000, 285).

Der Ertragsbewertung ist ein konkreter **Stichtag** zugrunde zu legen (WP-HdB 27 Bd II A Rn 51 ff). Denn die Erwartung des künftigen Unternehmenserfolges ist zeitgebunden, Veränderungen der Informationen zum Unternehmen und zu Umwelteinflüssen können die Prognose beeinflussen. Bei späterer Überprüfung der Unternehmensbewertung, etwa durch das Gericht im Spruchverfahren, ist in einer ex-ante-Betrachtung der Umfang der Informationen zugrunde zu legen, der am Stichtag objektiv erreichbar war (oben Rn 25 zur Wurzeltheorie und OLG

Stuttgart NZG 2007, 115; NZG 2007, 478; BayObLG NZG 2001, 1138; vgl aber auch OLG Düsseldorf AG 2000, 327).

28 Welcher konkrete **Stichtag** für die Unternehmensbewertung anlässl der Verschm zugrunde zu legen ist, ist abschl nicht geklärt. In Betracht kommen der Verschmelzungsstichtag (Abs 1 Nr 6), der Zeitpunkt des Abschlusses des Umwandlungsvertrages (§ 4) oder der Zeitpunkt des Umwandlungsbeschlusses eines jeden Rechtsträgers (§ 13). Praktisch dürften die Erg bei Wahl eines dieser Stichtage nicht sehr unterschiedl sein, weil die Zeitspanne zwischen den in Betracht kommenden Stichtagen regelmäßig gering ist. Bei genauerer Betrachtung darf aber der Verschmelzungsstichtag nur dann als maßgebl Stichtag auch für die Unternehmensbewertung gewählt werden, wenn dieser nicht variabel ist (dazu Rn 79). Dann würde sich näml bei nicht rechtzeitiger Eintragung der Verschm der Bewertungsstichtag jew um ein Jahr verschieben. Damit können erhebl Änderungen der Unternehmenswerte und insbes der Wertrelation der Rechtsträger zueinander verbunden sein. Ebenfalls nicht empfehlenswert ist es, auf den Zeitpunkt des Verschmelzungsbeschlusses (§ 13) abzustellen. Zum einen muss der entscheidenden Versammlung der Anteilsinhaber bereits der Verschmelzungsbericht und die Verschmelzungsprüfung vorliegen, die jew gerade das Umtauschverhältnis behandeln, ihrerseits also eine Unternehmensbewertung schon voraussetzen; zum anderen sind an der Verschm mehrere Rechtsträger beteiligt, sodass die Zeitpunkte der Anteilsinhaberversammlungen und damit die Stichtage für die jew Wertermittlung auseinanderfallen können, was nicht sinnvoll ist, weil ja ein Umtauschverhältnis gefunden werden soll.

29 Empfehlenswert ist es damit, die Unternehmenswerte für die Bestimmung des Umtauschverhältnisses jew auf den Zeitpunkt **des Abschluss des Verschmelzungsvertrages oder auf den Verschmelzungsstichtag** zu ermitteln (den Zeitpunkt der jew Anteilsinhaberversammlung sieht die früher hM als maßgebl an, OLG Düsseldorf WM 1995, 756; *Aha* BB 1996, 2569; *Heckschen* DB 1998, 1385; *Seetzen* WM 1999, 569 mwN und Widmann/Mayer/*Mayer* 50. EL Rn 131 f; wN zur früher hM auch 4. Aufl 2006, § 15 Rn 12 und Semler/Stengel/*Schröer* Rn 59; zutr auf den Verschmelzungsstichtag iSv § 5 I Nr 6 auch als Bewertungsstichtag für die Ermittlung des Umtauschverhältnisses verweist die jetzt **hM,** vgl Widmann/Mayer/*Mayer* Rn 131; Lutter/*Lutter/Drygala* Rn 24 je mwN), wenn diese Stichtage in den letzten drei Monaten vor der letzten Anteilsinhaberversammlung liegen (ähnl Widmann/Mayer/*Mayer* Rn 131, der zutr auf die BGH-Rspr zum Börsenkurs und den dortigen Referenzzeitraum von drei Monaten – unten Rn 58 ff – verweist, aber nur auf die Anteilsinhaberversammlung des übertragenden Rechtsträgers abstellt und dabei verkennt, dass das Umtauschverhältnis die Anteilsinhaber aller Rechtsträger gleichermaßen betrifft, Rn 28). Bei der Ermittlung der **Barabfindung** ist der Zeitpunkt des Verschmelzungsbeschlusses maßgebl (§ 30 I 1), nicht wie beim Beherrschungsvertrag derjenige der tats Umsetzung des Rechtsakts (zu Letzterem BGH WM 1998, 867 mit Anm von *Gerkan* ZIP 1998, 690; dagegen OLG Düsseldorf ZIP 2004, 1503; OLG Stuttgart ZIP 2004, 712; LG Berlin AG 2000, 285).

30 Bei der Zukunftsprognose ist vom Fall des **„stand-alone"** auszugehen (Lutter/*Lutter/Drygala* Rn 34 mwN; zur Berücksichtigung von Entwicklungen im Konzern vgl OLG München NZG 2005, 181). Fragl ist, ob positive und negative Verbundeffekte (**Synergien** und Desynergien) zu berücksichtigen sind (dazu ausführl *Seetzen* WM 1999, 572 mwN aus Rspr und Lit sowie WP-HdB Bd II A Rn 83 ff). Es ist zu diff: Scheidet ein Anteilsinhaber gegen **Barabfindung**

(§§ 29 ff) endgültig aus dem Unternehmen aus, hat er Anspruch auf den vollen Gegenwert seines Anteils zum Zeitpunkt des Verschmelzungsbeschlusses (Rn 29). Dieser Wert kann den durch die Verschm bewirkten Verbund gerade noch nicht berücksichtigen.

Dies bedeutet zunächst, dass die konkreten Verbundeffekte mit den Rechtsträgern, die an der Verschm beteiligt sind („echte Synergien"), außer Acht gelassen werden müssen. Zu nennen sind in diesem Zusammenhang ein ins Auge gefasster konkreter Know-How-Transfer oder die Ergänzung der jew Produktportfolios. Unabhängig von der Verschm kann der Rechtsträger aber bereits mögl Verbundeffekte bzw Chancen hierauf realisiert und damit an Wert zugenommen haben. Dies dann, wenn das zu bewertende Unternehmen mit einer nahezu beliebigen Vielzahl von Partnern jederzeit Verbundeffekte aufrufen könnte, etwa durch Ausnutzung von Größeneffekten, verbessertes Cashmanagement, Kostenreduktion etc. Diese sog „unechten Verbundeffekte" sind aber nur ausnahmsweise dann zu berücksichtigen, wenn und soweit die erforderl Maßnahmen bereits eingeleitet wurden (Wurzeltheorie, vgl Rn 25; ähnl Widmann/Mayer/*Mayer* Rn 107 mwN). 31

Geht es bei der Frage der Unternehmensbewertung aber nicht um die Barabfindung als Gegenleistung für das vollständige Ausscheiden des Anteilsinhabers anlässl der Verschm, sondern um eine **bare Zuzahlung** des nach der Verschm eigentl zu gering beteiligten Anteilsinhabers, dürfen die mit der Verschm verbundenen konkreten Verbundeffekte gerade nicht außer Betracht gelassen werden. Es geht in diesem Falle nicht darum, dem Anteilsinhaber den Verkehrswert seines Anteils zum Zeitpunkt der Verschm abzugelten, vielmehr sind durch die bare Zuzahlung die Nachteile auszugleichen, die ihm künftig durch die zu geringe Beteiligung am übernehmenden Rechtsträger entstehen. Der Grds der Integrität des Verm jedes Anteilsinhabers verlangt nur vordergründig die Wertidentität zwischen seinen Anteilen vor und nach der Verschm. Tats geht es darum, auch eine relative Wertidentität zwischen den jew Anteilsinhabern des übernehmenden Rechtsträgers nach der Verschm zu schaffen. Wird das Umtauschverhältnis falsch berechnet, muss die bare Zuzahlung demnach das ausgleichen, was die anderen Anteilsinhaber zu viel bekommen haben. Der innere Wert der Anteile am übernehmenden Rechtsträger nach der Verschm bemisst sich aber gerade auch nach den realisierten Verbundeffekten, sodass kein Grund besteht, diese Verbundeffekte bei der Berechnung der baren Zuzahlung außen vor zu lassen (vgl auch *Ossadnik* DB 1997, 885; *Großfeld,* Unternehmens- und Anteilsbewertung im Gesellschaftsrecht, 3. Aufl 1994, S 119; **aA die hM,** vgl WP-HdB Bd II A Rn 84; Widmann/Mayer/*Mayer* Rn 107 mwN; OLG Düsseldorf seit WM 1984, 732; *Seetzen* WM 1999, 572). Die Ausführungen des BGH (WM 1998, 869) zur Unzulässigkeit der Berücksichtigung von Verbundeffekten bei der Bemessung von Ausgleich oder Abfindung nach §§ 304, 305 AktG können für die Verschm nicht herangezogen werden, da beim Beherrschungsvertrag weiter zwei Unternehmen bestehen bleiben, bei denen es vom Parteiwillen abhängt, in welcher Ges sich Verbundeffekte niederschlagen, hingegen sich bei der Verschm die Rechtsträger gerade vereinen. 32

Kapitalisierung der künftigen finanziellen Überschüsse: Der Unternehmenswert wird durch Diskontierung der künftigen finanziellen Überschüsse (Zahlungsströme) auf den Bewertungsstichtag ermittelt. Nur bei konkreten Anhaltspunkten darf eine begrenzte Lebensdauer des zu bewertenden Unternehmens unterstellt werden, iÜ ist von einer unbegrenzten Lebensdauer auszugehen (WP-HdB Bd II A Rn 176 ff; krit dazu *Blaufus* DB 2002, 1517 mwN zum Problem des „ewig thesaurierenden Unternehmens"). Es gilt dementsprechend die Formel 33

der **ewigen Rente,** wobei jedoch die **verschiedenen Prognosephasen** getrennt berechnet werden sollen (im Einzelnen WP-HdB Bd II A Rn 155 ff; Detailplanungsphase von nur zwei Jahren muss nicht zu kurz sein, OLG Stuttgart NZG 2007, 478; Phase der ewigen Rente muss nachhaltigem Beharrungszustand entsprechen, ähnl OLG München OLGR 2008, 446). In dieser Formel steht der Kapitalisierungszinsfuß im Nenner. Deshalb wird der Unternehmenswert umso höher, je niedriger der Kapitalisierungszins ist.

34 Der **Kapitalisierungszins** setzte sich nach **früher hM** aus **drei Elementen** zusammen: Dem Basiszins, einem Zuschlag für das Unternehmerrisiko und einem Geldentwertungsabschlag für den durch eine unternehmerische Beteiligung mögl Inflationsausgleich. Dieser auch in der aktuellen Rspr der Instanzgerichte zT noch vertretene Ansatz ist jetzt nicht mehr kunstgerecht und deshalb abzulehnen. Zur Ermittlung des Kapitalisierungszinses nach der früher hM ausführl 4. Aufl 2006, Rn 31 ff. Diese steht schon länger mit den betriebswirtschaftl Methoden und Begrifflichkeiten der Unternehmensbewertung nicht mehr in Einklang.

35 Die erste Komponente beim Kapitalisierungszinssatz ist die **Alternativanlage.** Anhand eines Opportunitätsgedankens wird danach gefragt, welche alternative Rendite der Anteilsinhaber erhalten würde, wenn er sein Geld nicht in das Unternehmen, sondern in anderer Form investiert. Früher wurde die Alternativanlage in der öffentlichen Anleihe gesehen und aus ihr der so genannte Basiszins abgeleitet. Jetzt gilt als Alternativanlage die Rendite aus einer Investition in Unternehmensanteile, insbes in Aktien (WP-HdB Bd II A Rn 284 ff mwN). Gefragt ist insoweit nach einer **(quasi-)risikofreien** Kapitalmarktanlage.

36 Früher wurde der **Basiszins** wegen des Rückgriffs auf die langjährige durchschnittliche Rendite öffentl Anleihen mit 4,5%–pa–ca 8% pa bemessen (vgl die Nachw in der 4. Aufl 2006, Rn 32). Heute ist nach richtiger Ansicht die **Zinsstrukturkurve** für hypothetische Zerobonds nach der Methodik der Deutschen Bundesbank maßgeblich. Für das Jahr 2006 führte dies noch zu Basiszinssätzen für Unternehmen mit einer zeitlich unbegrenzten Lebensdauer um 4% pa (exakte Angaben im WP-HdB Bd II A Rn 289 ff; sehr hoch OLG Stuttgart AG 2007, 706 f: 5,7%–6,5%). Zwischenzeitlich ist der Basiszins mit 2,75% pa bzw per 31.3.2012 nur noch mit 2,5% pa (unterstelltes Wachstum jew 1%) anzunehmen, vgl in Hettler/Stratz/Hörtnagl/*Zwirner/Mugler* Rn 66.

37 Die Bereitschaft zur Anlage in ein Unternehmen ist beim (quasi-)risikolosen Basiszins noch nicht gegeben. Erst dann, wenn das im Einzelfall zu ermittelnde **Unternehmerrisiko** durch eine entsprechende **Risikoprämie** abgegolten wird, wird der Anleger bereit sein, in das konkrete Unternehmen zu investieren. Die individuelle Risikosituation des zu bewertenden Unternehmens ist ausgehend von empirischen Risikoprämien für Unternehmen derselben Branche (Peer Group) in zwei Schritten zu ermitteln. Die Marktrisikoprämie des Gesamtmarktes und der Peer Group ist mit geeigneten Verfahren (**CAPM** bzw Tax-CAPM trotz gelegentlich geäußerter Bedenken wird das CAPM als maßgeblich angesehen, vgl OLG Düsseldorf WM 2009, 2220, **„State of the Art";** ausführl Herleitung OLG Stuttgart Beschluss vom 17.10.2011 – 20 W 7/11 mwN) zunächst für die Vergangenheit zu analysieren und anschließend zu prognostizieren. Dieser Prognosewert wird multipliziert mit dem unternehmensspezifischen Risikofaktor, der als Beta-Faktor bezeichnet wird (zum Ganzen WP-HdB Bd II A Rn 293 ff mwN).

38 Die Ermittlung der Risikoprämie ist schwierig. Zu berücksichtigen sind insbes das operative Risiko des zu bewertenden Unternehmens, aber auch dessen Kapitalstrukturrisiko, das insbes von der Gesamtkapitalrendite und vom Verschuldungs-

grad abhängt. Anders als früher ist das **Risiko nur** noch bei der Ermittlung des **Kapitalisierungszinssatzes** zu berücksichtigen und nicht (ein zweites Mal) auch bei der Prognose der abzuzinsenden Ergebnisse des Unternehmens (WP-HdB Bd II A Rn 139; anders die frühere Rspr, vgl 4. Aufl 2006, Rn 33). Im Rahmen der Risikobetrachtung ist auch die Verwertbarkeit der Unternehmensanteile von Bedeutung (zum Einfluss der Fungibilität auf die Unternehmensbewertung zB *Barthel* DB 2003, 1181; neben Erwägungen zur Fungibilität sind auch erhebliche Kursschwankungen der Vergangenheit, Vinkulierungen, Unterschiede zwischen Namens- und Inhaberaktien etc von Bedeutung, vgl 4. Aufl 2006, Rn 34 mwN).

In aller Deutlichkeit ist nochmals darauf hinzuweisen, dass eine **höhere Risikoprämie zu einem niedrigeren Unternehmenswert** führt. Die Rspr hat in der Vergangenheit den früher sog „Risikozuschlag", der als in Prozentpunkten bemessener Aufschlag auf den Basiszins ausgedrückt wurde, sehr niedrig angesetzt (Nachw 4. Aufl 2006, Rn 36). Deshalb kam es vor allem in Spruchverfahren zu zT erheblichen Wertaufschlägen mit der Konsequenz hoher barer Zuzahlungen iSv § 15 I. 39

Ohne Berücksichtigung spezifischer Risiken der Peer Group oder des zu bewertenden Unternehmens – **Beta-Faktor** – kann für die Zwecke der Unternehmensbewertung derzeit auf Grundlage von empirischen dt Kapitalmarktdaten bei Anwendung des stl Halbeinkünfteverfahrens eine **Marktrisikoprämie** vor persönl Einkommensteuern zwischen 4%-Punkten und 5%-Punkten bzw von einer Marktrisikoprämie nach persönl Einkommensteuern in einer Größenordnung von 5%-Punkten bis 6%-Punkten ausgegangen werden (WP-HdB Bd II A Rn 298 f; vgl OLG Frankfurt aM Beschluss vom 24.11.2011 – 21 W 7/11: 5,5%-Punkte für Mitte 2007). Früher von der Rspr angenommene Risikozuschläge von unter 4%-Punkten, die die Regel waren (Nachw 4. Aufl 2006, Rn 36, ähnl in einer aktuelleren Entscheidung noch OLG München OLGR 2008, 446), sind deswegen kaum mehr vertretbar. Durch einen hohen Beta-Faktor kann die Marktrisikoprämie deutl ansteigen, bei kleinen Unternehmen ohne weiteres um das 1,5- bis zweifache. 40

Früher wurde der maßgebl Kapitalisierungszins aus dem Basiszins, dem Risikozuschlag und dem sog Geldentwertungsabschlag errechnet. Dieser Geldentwertungsabschlag sollte ausdrücken, in welcher Weise das zu bewertende Unternehmen in der Lage war, die durchschnittl Geldentwertung durch übermäßige Steigerung des nominalen Unternehmensergebnisses auszugleichen (dazu 4. Aufl 2006, Rn 37–39 mwN). Ein solcher Geldentwertungsabschlag ist heute nicht mehr zu bilden. Stattdessen ist nach den neuen Bewertungsgrundsätzen der durch Marktrisikoprämie und Beta-Faktor modifizierte Basiszins nun mit **Wachstumsabschlägen** zu korrigieren (vgl WP-HdB Bd II A Rn 312 ff mwN). 41

Zur Ermittlung des konkreten Wachstumsabschlags ist zunächst nach den Bewertungsphasen (WP-HdB Bd II A Rn 155 ff) zu unterscheiden. Für die Detailplanungsphase, also dem überschaubaren ersten Zeitraum der Prognose von etwa drei bis fünf Jahren, wird ein Wachstumsabschlag regelm nicht berücksichtigt. Es stehen iRd integrierten Finanzplanung (Rn 26) konkrete Planzahlungen zur Verfügung, denen eine hinreichende prognostische Verlässlichkeit zukommt (WP-HdB Bd II A Rn 159). Für die danach folgenden Planungsjahre im sog Beharrungszustand gilt dies nicht mehr. In der **zweiten Phase der ewigen Rente** ist deshalb ein **inflations- und mengenbedingtes Wachstum** zu berücksichtigen (WP-HdB Bd II A Rn 207 ff, 323). Für dieses inflationsbedingte Wachstum können die früher von der Rspr zum Geldentwertungsabschlag gefundenen Werte 42

durchaus als Anhaltspunkt dienen (die Werte lagen zwischen 0% und [hohen] 3%-Punkten, vgl 4. Aufl 2006, Rn 39).

43 Der Wachstumsabschlag hat aber heute eine weit größere Bedeutung als nur die Berücksichtigung von inflations- bzw mengenbedingten Effekten in der Phase der ewigen Rente. Er ist stets einzelfallbezogen zu ermitteln (vgl auch OLG Stuttgart Beschluss vom 14.9.2011 – 20 W 4/10 mwN). Von zentraler Bedeutung ist nun die Ermittlung des sog **thesaurierungsbedingten Wachstums.** Anders als früher wird der Prognoserechnung nicht mehr die Vollausschüttungshypothese zugrunde gelegt. Vielmehr ist bei der objektivierten Unternehmensbewertung jetzt von den Ausschüttungen auszugehen, die nach Berücksichtigung des zum Bewertungsstichtag dokumentierten Unternehmenskonzepts und absehbarer rechtl Restriktionen zu erwarten sind (WP-HdB Bd II A Rn 276). Für die Detailplanungsphase kommt es dabei auf das individuelle Unternehmenskonzept unter Berücksichtigung der bisherigen und geplanten Ausschüttungspolitik an. Für die Prognosephase der ewigen Rente ist hingegen regelm auf das **Ausschüttungsverhalten der Alternativanlage** (Rn 35) abzustellen. Damit scheidet die Annahme einer Vollausschüttung faktisch aus. Da es für die Bew aber auf die Ermittlung ausschließl der zu erwartenden Zahlungsströme ankommt (Rn 22), würde der Unternehmenswert verzerrt, wenn die thesaurierten Überschüsse nicht berücksichtigt würden. Die frühere Vollausschüttungshypothese wird deshalb jetzt ersetzt durch den so genannten thesaurierungsbedingten Wachstumsabschlag in der Phase der ewigen Rente (dazu ausführl WP-HdB Bd II A Rn 312 ff mwN). Der thesaurierungsbedingte Wachstumsabschlag wird unter Berücksichtigung der Ausschüttungsquote und der Wiederanlagerendite der thesaurierten Gewinne ermittelt. Er kann beträchtl sein und führt regelm dazu, dass der Kapitalisierungszins in der Phase der ewigen Rente deutl niedriger ist als in der Detailplanungsphase.

44 Die Ertragswertmethode geht davon aus, dass das Unternehmen in der Zukunft einen bestimmten Ertrag erwirtschaften wird. Alle Gegenstände des Anlage- und Umlaufvermögens, die zur Erzielung dieses Ertrages unentbehrl sind, werden als betriebsnotw Verm bezeichnet. Der Wert dieses betriebsnotw Verm spiegelt sich also gerade im Ertragswert wider. Viele Unternehmen verfügen jedoch auch über Gegenstände, die ausgesondert werden können, ohne die eigentl Ertragskraft spürbar zu schwächen. Dieses sog **nicht betriebsnotw Verm** beeinflusst den Ertragswert demnach nicht, es ist **gesondert zu bewerten** (WP-HdB Bd II A Rn 277 ff mwN; teilweise abw für §§ 304 ff AktG OLG Stuttgart ZIP 2004, 712).

45 Allg anerkannt ist, dass das nicht betriebsnotw Verm mit dem **Verkehrswert,** also dem vermeintl am Markt zu erzielenden Kaufpreis, anzusetzen ist. Auch Barmittel können zum nicht betriebsnotw Verm gehören, wenn sie zur Erreichung des Unternehmenszwecks mehr als nur vorübergehend nicht erforderl sind, etwa bei Unternehmen mit langjährig prall gefüllter „Portokasse". Der Gesamtwert des nicht betriebsnotw Verm (nach teilweise vertretener Ansicht abzgl Veräußerungskosten und latenter ErtrSt, OLG Düsseldorf DB 2000, 82; einschränkend BGH BB 1982, 887: Veräußerungskosten nur ansatzfähig, wenn Verkauf bereits konkret geplant) ist mit dem Ertragswert des betriebsnotw Verm zu addieren, die Summe entspricht dem für die Barabfindung, für die Berechnung des Umtauschverhältnisses und für die Berechnung der baren Zuzahlung relevanten Unternehmenswert.

46 In der grundlegenden „Paulaner-Entscheidung" hat das BayObLG zutr zum Ausdruck gebracht, dass die Entscheidung über das Vorliegen von nicht betriebsnotw Verm **Rechtsfrage** ist. Das Gericht kann also **in wertender Beurteilung**

bestimmen, ob die vorhandene Vermögensmasse des Unternehmens tats notw ist, um den prognostizierten Ertrag zu erwirtschaften. In der „Paulaner-Entscheidung" hat sich das BayObLG (AG 1996, 127) konkret die Freiheit genommen, Brauereigrundstücke – anders als der Unternehmer! – als nicht betriebsnotw anzusehen, weil diese bei lfd Geschäftsbetrieben nur eine geringe Rendite erwirtschaften, während eine Aussonderung und ein Verkauf dieser Grundstücke zum Verkehrswert den Anteilsinhabern einen weit größeren finanziellen Nutzen gebracht hätten (zur funktionalen Abgrenzung auch IDW S 1 Rn 64). Ob die durch das Gericht als nicht betriebsnotw erkannten Gegenstände tats zum Verkehrswert veräußert werden oder nicht, spielte für die Unternehmensbewertung keine Rolle (wesentl zurückhaltender hingegen OLG Düsseldorf DB 2002, 781, das grdsl Bedenken zur gesonderten Bew des nicht betriebsnotw Verm auf Basis funktionaler Betrachtung hat, die Frage im Streitfall aber im Ergebnis offenlässt).

Neben der ausführl in Rn 10 ff dargestellten Ertragswertmethode kann die Unternehmensbewertung iRd Ermittlung des Umtauschverhältnisses auch nach **anderen Methoden** erfolgen, was schon § 12 II Nr 1 zeigt. Dabei gibt es grdsl geeignete Möglichkeiten, wie zB die Mittelwertmethode (dazu 2. Aufl 1996, Rn 14) oder das **DCF-Verfahren** (dazu WP-HdB Bd II A Rn 337 ff; *Kruschwitz/Löffler* DB 2003, 1401; ausführl Hettler/Stratz/Hörtnagl/*Zwirner/Mugler* § 4 Rn 87 ff, die auch zu Recht darauf hinweisen, dass das Ertragswertverfahren und das DCF-Verfahren trotz unterschiedl Bewertungsansätze zum gleichen Bewertungsergebnis führen); grdsl ungeeignet sind hingegen das Substanzwertverfahren, das Stuttgarter Verfahren oder Bew, die die BW des jew bilanzierten Verm zugrunde legen (vgl im Einzelnen 2. Aufl 1996, Rn 11 ff; *Hüffer* AktG § 305 Rn 20; *Seetzen* WM 1999, 570 ff; Widmann/Mayer/*Mayer* Rn 98 ff je mit umfangreichen Nachw auch aus der Rspr). In dafür geeigneten Fällen kann hingegen die Bew mit dem Multiplikatorverfahren (Hettler/Stratz/Hörtnagl/*Zwirner/Mugler* § 4 Rn 118 ff; *Schmidbauer* BB 2004, 148 mwN) geeignet sein, das Bewertungsergebnis zu finden (Ausnahme) oder zu plausibilisieren (Regelfall). Im Einzelfall kann der Wert des Anteils einer Garantiedividende bei der Verschm aus vorangegangenem Ergebnisabführungsvertrag errechnet werden (KG NZG 2003, 644). Insoweit kommt es nicht darauf an, ob diese Garantiedividende seinerzeit richtig berechnet wurde oder nicht (BVerfG ZIP 2003, 2114). 47

Grdsl gilt, dass nur solche Methoden **angemessen** sind, die den gegen Barabfindung ausscheidenden Anteilsinhabern einen vollen Wertausgleich ermögl, die also insbes auch alle immateriellen WG der Unternehmen und die jew Zukunftsaussichten angemessen berücksichtigen. Wenn der Liquidationswert den Ertragswert übersteigt, ist vom **Liquidationswert** auszugehen (BayObLG NJW-RR 1997, 314; LG Dortmund AG 2000, 84; einschränkend OLG Düsseldorf DB 2002, 781: Liquidationswert nur, wenn Unternehmen ertraglos; noch enger OLG Düsseldorf ZIP 2004, 753; nur wenn Liquidation beabsichtigt oder Weiterführung des Unternehmens unvertretbar; ähnl OLG Düsseldorf WM 2009, 2220, nur wenn Unternehmensfortführung nicht lohnt). Dabei dürfen allerdings Wirtschaftsgüter, die nur einem lebenden Unternehmen wirtschaftl Vorteile vermitteln, nicht bewertet werden (LG Dortmund AG 2000, 84 für die Zuckerquote einer stillgelegten Zuckerfabrik). Liquidationskosten einschl Steuern sind wertmindernd zu berücksichtigen (BGH NJW-RR 2005, 155; OLG Stuttgart ZIP 2008, 883). 48

(2) Börsenkurs. Früher war umstr, ob der **Börsenkurs** zumindest bei größeren börsennotierten Ges zur Wertermittlung herangezogen werden kann. Die früher hM hat dies abgelehnt (vgl 2. Aufl 1996, Rn 24; *Seetzen* WM 1999, 571; 49

Hüffer AktG § 305 Rn 20a je mwN; aus der Rspr BGH AG 1967, 264; BayObLG AG 1995, 509; OLG Düsseldorf AG 1995, 85; OLG Celle AG 1999, 128). Mit einer weiteren Entscheidung des BayObLG (BayObLGZ 1998, 231, 237 ff = DB 1998, 2315 mit Anm von *Rodloff* DB 1999, 1149; vgl auch *Seetzen* WM 1999, 565; *Ammon* FGPrax 1998, 121; *Luttermann* ZIP 1999, 45 je mwN) kam jedoch Bewegung in die Diskussion. Das BayObLG hatte einen Fall zu entscheiden, bei dem kein Sachverständiger bereit war, nach der Vergütung von § 7 ZSEG ein Bewertungsgutachten zu erstellen. Deshalb zog das Gericht den Börsenkurs der Aktie als Bemessungsgrundlage heran, weil er den Marktwert des Unternehmens nach Ansicht des BayObLG nicht offensichtl unrichtig wiedergab. Ausdrückl offengelassen wurde, ob der Börsenkurs am Stichtag allg mit der geschuldeten Mindestbarabfindung gleichzusetzen ist (vgl auch *Seetzen* WM 1999, 565; *Hüffer* AktG § 305 Rn 20a).

50 Über den vom BayObLG (dessen Begr in Bezug auf die finanziellen Nöte bei Einholung eines Sachverständigengutachtens im Hinblick auf die Rechtsschutzgarantie von Art 19 IV GG mehr als fragwürdig ist, vgl auch BVerfG AG 2007, 697 und BB 2000, 2011 zur Reichweite von Art 14 I GG sowie BGH AG 2007, 625 zur gebotenen Sachaufklärung durch den Tatrichter und allg 3. Aufl 2001, § 307 Rn 10) entschiedenen Einzelfall hinaus hat das **BVerfG** mit Beschluss vom 27.4.1999 – ebenfalls im Rahmen eines aktienrechtl Spruchstellenverfahrens nach § 306 AktG – allg zur Bedeutung des Börsenwerts bei Unternehmensbewertungen ausgeführt (ZIP 1999, 1436 mit Anm *Wilken;* AG 1999, 566 mit Anm *Vetter;* NZG 1999, 931 mit Anm *Behnke;* weitere Anm von *Riegger* DB 1999, 1889 und *Neye* EWiR 1999, 751, vgl auch *Wilms* NZG 2000, 234 und LG Nürnberg-Fürth AG 2000, 89; ausführl *Piltz* ZGR 2001, 185).

51 Nach Ansicht des BVerfG ist es mit Art 14 I GG unvereinbar, bei der Bestimmung der Abfindung oder des Ausgleichs für außenstehende oder ausgeschiedene Aktionäre nach §§ 304, 305, 320b AktG den Börsenkurs der Aktien außer Betracht zu lassen. Grundlage der Entscheidung war eine Verfassungsbeschwerde eines Minderheitsaktionärs gegen die Beschlüsse des OLG Düsseldorf vom 2.8.1994 (AG 1995, 84; AG 1995, 85). In Anlehnung an die „Feldmühle"-Entscheidung (BVerfGE 14, 263) vertritt das BVerfG die Ansicht, dass die ausscheidenden Aktionäre durch die Abfindung „nicht weniger erhalten dürfen, als sie bei einer **freien Deinvestitionsentscheidung** zum Zeitpunkt des Unternehmensvertrags oder der Eingliederung erlangt hätten".

52 Es war längere Zeit umstr, ob diese Vorgaben des BVerfG auch **für Umw entsprechend** gelten (vgl zunächst ausführl Lutter/*Lutter/Drygala* Rn 26 ff mwN). Das BVerfG selbst lässt die Frage offen (AG 2007, 698). Insbes hat das BayObLG (ZIP 2003, 253 mit Anm *Wilhelm* EWiR 2003, 583, dazu auch *Weiler/Meyer* NZG 2003, 909; *Puszkajler* BB 2003, 1692; *Paschos* ZIP 2003, 1017; *Bungert* BB 2003, 699 je mwN) sich für den Fall einer Verschm außerhalb eines Konzerns und unter etwa gleich großen Unternehmen (merger of equals) gegen die Berücksichtigung des Börsenkurses ausgesprochen; vor allem sei eine Meistbegünstigung (der insbes *Martens* AG 2003, 593 das Wort redet, ähnl LG Mannheim AG 2003, 216) nicht geboten.

53 Insges sprechen trotz gewichtiger Bedenken (ausführl Lutter/*Lutter/Drygala* Rn 26 ff mwN) mE die besseren Argumente **für die Berücksichtigung** des Börsenkurses als Untergrenze des Unternehmenswertes auch bei der Umw, denn dem betreffenden Anteilsinhaber steht – wie zB §§ 29 ff zeigen – auch hier das Recht zu, sich auf den Opportunitätsgedanken der freien Deinvestitionsentschei-

dung zu berufen (vgl KG 2007, 76; im Erg ebenso Semler/Stengel/*Gehling* § 8 Rn 26; *Brandi/Wilhelm* NZG 2009, 1408; *Weiler/Meyer* NZG 2003, 669; *Puszkajler* BB 2003, 1692 mwN; sehr eng Kallmeyer/*Marsch-Barner* § 8 Rn 14). So wie *Weiler/Meyer* ZIP 2001, 2153 aus BGH ZIP 2001, 734, die Maßgeblichkeit des Börsenkurses für Verschm mittelbar ableiten, ist mE BVerfG ZIP 2003, 2114 entsprechend zu würdigen, denn das BVerfG hätte dort Gelegenheit gehabt, zur fehlenden Relevanz des Börsenkurses bei Verschm Stellung zu nehmen, was aber gerade nicht geschehen ist.

Jedenfalls hat das BVerfG in AG 2007, 697 zum Verhältnis von Börsenwert und Unternehmensbewertung bei der Verschm von AG ausgeführt. Auch bei der Verschm geht es darum, dass „die Entschädigung" (also die eingetauschten Anteile und ggf die bare Zuzahlung iSv § 15 I) den „wirklichen" oder „wahren" Wert des Anteilseigentums widerspiegeln muss. Der Schutz der Minderheitsaktionäre gebietet, dass sie auch beim Vermögenstransfer iRd **Verschm nicht weniger erhalten, als sie bei einer freien Deinvestitionsentscheidung zum Zeitpunkt der unternehmensrechtl Maßnahme erhalten hätten.** Daher darf ein existierender Börsenkurs nicht unberücksichtigt bleiben. Das BVerfG (AG 2007, 697) hat aber ausdrückl offengelassen, ob bei Verschm von nicht im Konzern verbundenen AG, bei denen nur eine börsennotiert ist, die verfassungsrechtl Grdse zur Berücksichtigung des Börsenkurses ebenso anzuwenden sind wie in den entschiedenen Fällen BVerfG AG 2003, 624, AG 2001, 42 und AG 1999, 566. Auf die Frage kam es im entschiedenen Fall nicht an; das OLG Stuttgart hatte in der durch Verfassungsbeschwerde angegriffenen Entscheidung (AG 2006, 420) näml das Ertragswertverfahren angewendet und nur im Rahmen einer Hilfsbegründung dargelegt, dass die Antragsteller auch bei Berücksichtigung des Börsenkurses kein günstigeres Umtauschverhältnis hätten erlangen können. 54

Der **Börsenwert ist allerdings grdsl nur die Untergrenze** einer mögl Abfindung (OLG Düsseldorf AG 2009, 873 mwN; ausführl und mit einer Begr, die den gesamten Komplex Börsenwert unter Berücksichtigung der Rspr insbes des BVerfG und der Zivilgerichte darstellt, OLG Stuttgart AG 2007, 705 mit umfangreichen Nachw; bestätigender Nichtannahmebeschluss durch BVerfG, AG 2011, 128), ähnl wie der Liquidationswert eines Unternehmens ohne Ertragsaussichten (dazu Rn 48 und BayObLG NJW-RR 1997, 314; OLG Düsseldorf ZIP 2004, 753; LG Dortmund AG 2000, 84; vgl auch *Hommel/Braun/Schmotz* DB 2001, 341; *Piltz* ZGR 2001, 185; *Busse von Colbe* FS Lutter, 2000, 1053; *Schwark* FS Lutter, 2000, 1541). Dies gilt aber nicht absolut; eine Überschreitung des Börsenwerts ist verfassungsrechtl unbedenkl, es kann aber auch verfassungsrechtl beachtl Gründe geben, ihn zu unterschreiten: „Da Art 14 I GG keine Entschädigung zum Börsenkurs, sondern zum wahren Wert, mindestens aber zum Verkehrswert verlangt, kommt eine Unterschreitung dann in Betracht, wenn der Börsenkurs ausnahmsweise nicht den Verkehrswert der Aktie widerspiegelt" (BVerfG ZIP 1999, 1436). Einen ähnl Ansatz hatte zuvor bereits das LG Nürnberg-Fürth (AG 2000, 89) gewählt. **Eine kurzfristige Höherbewertung von Aktien** (zu den Börsenkursen von Internetunternehmen etwa *Luttermann* AG 2000, 459) habe mit einer marktgerechten Bew nichts mehr zu tun und scheide daher als Bewertungsmaßstab aus; auch eine Schlechterstellung von Vorzugs- ggü Stammaktionären kann unzutr sein (OLG Karlsruhe AG 2006, 463; OLG Frankfurt aM 5 W 38/09, LS und Kurzwiedergabe der Gründe in GWR 2010, 138; OLG Frankfurt aM ZIP 2010, 729: keine Berücksichtigung des Börsenkurses bei 55

Marktenge; vgl iÜ ausführl Lutter/*Lutter/Drygala* Rn 26 ff mwN; *Vollrath* FS Widmann, 2000, 121 ff).

56 Die Rspr des BVerfG wird von den Zivilgerichten und der Lit (vgl insbes WP-HdB Bd II A Rn 501 ff mwN) überwiegend akzeptiert (vgl auch *Bungert/Eckert* BB 2000, 1845). Dass bis August 1999 noch anderslautende Urteile ergingen, hat das BVerfG nicht beanstandet, weil die Entscheidung vom 27.4.1999 erst am 10.8.1999 bekannt gegeben wurde. Nach Ansicht des BVerfG (NZG 2000, 420) stellt es keine grobe Verkennung des durch ein Grundrecht gewährten Schutzes oder einen geradezu leichtfertigen Umgang mit grundrechtl Positionen dar, wenn ein Gericht seiner Spruchpraxis eine jahrelange, in Lit und Rspr weitgehend unbestrittene Auffassung zugrunde legt, die erst durch eine nach Verkündung bekannt gewordene Entscheidung des BVerfG grundlegend verändert wird.

57 **Hingegen** ist in erstinstanzl Urt (LG Frankfurt ZIP 2009, 1322 mit Anm *Korsten* jurisPR-HaGesR 9/2009 Anm 3; dazu auch *Brandi/Wilhelm* NZG 2009, 1408; LG Köln AG 2009, 835) die Auffassung zu finden, dass der Börsenwert generell der Ertragswertmethode vorzuziehen sei. Der unter übl Marktbedingungen gebildete Börsenwert zeige den Unternehmenswert besser die mit zahlreichen fiktiven Annahmen arbeitende Ertragswertmethode. Diese Ansicht ist krit zu sehen und deckt sich auch nicht mit der Rspr des BVerfG (oben Rn 47 ff). Danach ist der „wahre" Unternehmenswert maßgebl und der Börsenwert ist idR nur dessen Untergrenze. Sollte der Börsenwert unter dem Unternehmenswert nach der Ertragswertmethode liegen, ist die **Ertragswertmethode vorzuziehen.**

58 Umstr war in den ersten instanzgerichtl Entscheidung (dazu auch 3. Aufl 2001, § 5 Rn 25 mwN) zur Maßgeblichkeit des Börsenwertes noch, ob auf einen **Durchschnittskurs** (OLG Stuttgart NZG 2000, 744, *Luttermann* AG 2000, 459; ähnl LG München I AG 2001, 99) oder auf den **Stichtagskurs** (so OLG Düsseldorf im Vorlagebeschluss NZG 2000, 1075) abzustellen sei (dazu auch *Wilms* NZG 2000, 1070; *Busse von Colbe* FS Lutter, 2000, 1063). Diese Frage ist mittlerweile entschieden. Maßgebl ist grdsl der Durchschnittskurs der letzten drei Monate vor dem Stichtag (grundlegend BGH DB 2001, 969 mit Anm *Meilicke/Heidel,* die sehr lesenswert ist; dem folgend die Instanzgerichte, zB OLG Düsseldorf ZIP 2003, 1247; DB 2003, 1941; OLG Stuttgart OLGR 2004, 6; AG 2007, 710; OLG Karlsruhe AG 2005, 45; OLG München ZIP 2006, 1722; LG Mannheim AG 2003, 216; LG Frankfurt aM AG 2005, 930; AG 2006, 757; NZG 2006, 868).

59 Umstr war ferner die Frage, welcher **Stichtag** das Ende des dreimonatigen Referenzzeitraums markiert. Der BGH rechnete in seiner ersten Entscheidung vom Hauptversammlungsbeschluss drei Monate zurück (BGH DB 2001, 969; NJW 2003, 3272). In Rspr und Lit wurde indes auch vertreten, es komme auf den nach Umsätzen gewichteten durchschnittlichen Börsenkurs im Referenzzeitraum von drei Monaten vor Bekanntgabe der Umwandlungsmaßnahme an (dazu mit ausführl Begr OLG Stuttgart NZG 2007, 302, das diese Rechtsfrage gem § 28 II FGG vorgelegt hat; vgl auch OLG Stuttgart AG 2007, 710 und *Winter* EWiR 2007, 27 zu KG ZIP 2007, 75).

60 Der BGH (AG 2010, 629; Vorinstanz OLG Düsseldorf AG 2010, 35; ihm folgend OLG Frankfurt aM Beschluss vom 24.11.2011 – 21 W 7/11) ist der Kritik gefolgt und hat jetzt entschieden, dass der maßgebl Stichtag für das Ende der Referenzperiode der **Tag der Bekanntmachung** der Strukturmaßnahme ist. Maßgebl Grund für die Entscheidung war, dass der Börsenwert vor dem alten Stichtag (Hauptversammlungsbeschluss) wesentl von den erwarteten Abfindungswerten bestimmt wurde. Diese spekulative (werterhöhende) Kursbildung ist zu

Recht nicht auf den Unternehmenswert zu übertragen, da den berechtigten Anteilsinhabern nur das zu gewähren ist, was sie ohne die Strukturmaßnahme bei einem Verkauf erlangt hätten. Sollte zwischen der Bekanntgabe und dem Beschlusstag ein längerer Zeitraum verstreichen, ist der Börsenwert nach der allg oder branchentypischen Wertentwicklung unter Berücksichtigung der seitherigen Kursentwicklung **hochzurechnen,** wenn die Kursentwicklung dies gebietet. Dadurch soll einer Fixierung des maßgebl Börsenwertes über einen langen Zeitraum entgegengewirkt werden.

dd) Wertrelation. Entscheidend für die korrekte Bestimmung des Umtauschverhältnisses ist nicht die exakte Berechnung der einzelnen Unternehmenswerte, sondern vielmehr das Verhältnis der jew Unternehmenswerte zueinander (Rn 6). Deshalb erscheint es zunächst zwingend, bei allen beteiligten Rechtsträgern dieselbe Wertermittlungsmethode (OLG Düsseldorf AG 2009, 873) anzuwenden. 61

An der Praxis vorbei geht jedoch die Annahme, dass zB die jew Anwendung der Ertragswertmethode bei allen beteiligten Rechtsträgern auch dann zum richtigen Umtauschverhältnis führt, wenn innerh der Wertermittlung jew die gleichen „Fehler" gemacht werden. Denn die Fehler haben je nach konkret bewertetem Unternehmen unterschiedl Auswirkungen auf den Unternehmenswert. Weiter haben die Anteilsinhaber, die gegen **Barabfindung** (§§ 29 ff) ausscheiden, ohnehin Anspruch auf vollen Wertersatz, sodass Wertermittlungsmethoden, die nicht den Verkehrswert ermitteln, ungeeignet sind. Schließl ist auch bei Anwendung der gleichen Methoden jew streng darauf zu achten, dass die allg Parameter (wie zB die angenommene Entwicklung in einem Markt, die volkswirtschaftl Gesamtentwicklung von Preisen oder Löhnen etc) von allen beteiligten Rechtsträgern in gleicher Höhe zugrunde gelegt werden; ebenso müssen die Rechtsträger bei der Prognose ihres künftigen Erfolgs eine vglbare Planungsphilosophie vertreten. 62

Die Bew von **HoldingGes** ist bislang noch nicht endgültig geklärt, insbes nicht die Frage, ob die Beteiligungen gesondert oder ledigl über die pauschale Zurechnung von tats ausschüttbaren Beteiligungsergebnissen zu berücksichtigen sind. 63

ee) Form der Festlegung. Im Verschmelzungsvertrag wird nur das Verhältnis der Unternehmenswerte zueinander festgelegt. Dies geschieht durch **Angabe eines Umtauschverhältnisses,** bezogen auf die jew Nennwerte der Anteile/Mitgliedschaften. Im Regelfall (anders zB §§ 46, 80) ist eine Zuordnung der den bisherigen Anteilsinhabern der übertragenden Rechtsträger nunmehr zustehenden Anteile/Mitgliedschaften nicht notw (dies gilt auch für PersGes, vgl Semler/Stengel/*Schröer* Rn 27 mwN auch zur aA). Unstatthaft ist es, im Verschmelzungsvertrag Zu- oder Abschläge für Mehrheits- bzw Minderheitsbeteiligungen festzulegen, da das Umtauschverhältnis ledigl durch die Relation der Unternehmenswerte bestimmt wird. 64

ff) Bare Zuzahlungen. Des Weiteren muss bereits im Verschmelzungsvertrag die Höhe von ggf zu leistenden baren Zuzahlungen festgelegt werden. Bare Zuzahlungen dienen in erster Linie dem Zweck, durch einen **Spitzenausgleich in Geld** praktikable Umtauschverhältnis zu schaffen (vgl näher § 15 Rn 13 ff). Die Festlegung der Zuzahlungen bereits im Verschmelzungsvertrag ist notw, da sich nur aus der Berücksichtigung von Umtauschverhältnissen und Zuzahlungen die Angemessenheit der Gegenleistung als solche beurteilen lässt. Die Zuzahlungen dürfen den 10. Teil des Gesamtnennbetrags der gewährten Anteile/Mitglied- 65

schaften nicht übersteigen (vgl §§ 54 IV, 68 III, 87 II); anders bei der Verbesserung des Umtauschverhältnisses durch gerichtl Entscheidung, vgl § 15 I HS 2, und bei PersGes.

66 Ein Ausgleich durch **Sachleistung** oder in Anteilen kann nicht aufgezwungen werden, erscheint indes bei allseitigem Einverständnis zulässig (§ 15 Rn 22; **aA hM** [nur Barzahlung zulässig]: Widmann/Mayer/*Mayer* Rn 64 ff; Lutter/*Winter* § 54 Rn 27 mit Hinweis, dass die hM nicht problematisiert wird; wie hier Kallmeyer/*Müller* Rn 22). Umgekehrt kann nicht verlangt werden, dass ein Gesellschafter einen Spitzenausgleich leistet (MVHdB GesR/*Hoffmann-Becking* IX 2 Rn 19).

67 **gg) Barabfindung.** Gem § 29 I ist unter den dort geregelten Voraussetzungen auch das Barabfindungsangebot in den Verschmelzungsvertrag oder dessen Entwurf aufzunehmen. Die Barabfindung ist nach Grund und Höhe konkret zu bezeichnen. Insoweit ist allerdings str, ob weitere Angaben zu den Unterschieden der Anteile vor und nach Verschm in den Verschmelzungsvertrag oder in den Verschmelzungsbericht gehören (vgl Semler/Stengel/*Schröer* Rn 41 mwN).

68 **d) Einzelheiten für die Übertragung der Anteile/den Erwerb der Mitgliedschaft.** Gem **Abs 1 Nr 4** ist im Verschmelzungsvertrag zu den Einzelheiten für die Übertragung der Anteile des übernehmenden Rechtsträgers oder zu denen des Erwerbs der Mitgliedschaft beim übernehmenden Rechtsträger auszuführen. Praktische Bedeutung hat dies vor allem für den Fall der Einschaltung eines Treuhänders, § 71, und den mit seiner Hilfe auszuführenden Anteilstausch iSv § 72. Bedeutsam ist weiter die Frage, wer die Kosten der Anteilsübertragung zu tragen hat und die Höhe dieser Kosten. Ob diese Angaben allerdings in den Verschmelzungsvertrag gehören, ist str (Nachw bei Semler/Stengel/*Schröer* Rn 35).

69 **e) Teilnahme am Bilanzgewinn. Abs 1 Nr 5** verpflichtet zur Angabe des Zeitpunktes, von dem an die für die Verschm zu gewährenden Anteile/Mitgliedschaften gewinnberechtigt sind.

70 Im Außenverhältnis wird die Verschm erst am Tag der Eintragung in das jew Register am Sitz des übernehmenden Rechtsträgers wirksam (§ 20 I).

71 Im Einzelfall kann es sich anbieten, davon im Innenverhältnis abzuweichen, zumal die Dauer des Eintragungsverfahrens ungewiss ist. Dadurch wird die Möglichkeit geschaffen, Veränderungen während des Verschmelzungsvorgangs zu neutralisieren und somit eine feste Basis für die Berechnung des Umtauschverhältnisses und damit letztl für die Vermögensübertragung zu schaffen. Eine Gleichschaltung des Stichtages nach Abs 1 Nr 5 mit dem Verschmelzungsstichtag (Abs 1 Nr 6, dazu Rn 73) kann empfehlenswert sein. Der Zeitpunkt kann aber auf jeden Fall **frei bestimmt werden** (Lutter/*Lutter/Drygala* Rn 44; RegEBegr BR-Drs 75/94 zu § 5 I Nr 5, 6). Der Stichtag iSv Abs 1 Nr 5 kann unproblematisch als variabler Stichtag ausgestaltet werden (Semler/Stengel/*Schröer* Rn 47 mwN).

72 Ebenso wie bei Abs 1 Nr 2–4 gilt auch für Nr 5 das Privileg von **Abs 2;** soweit die Verschm einer 100%igen TochterGes mit ihrer MutterGes in Rede steht, sind die Angaben nach Abs 1 Nr 2–5 entbehrl.

73 **f) Verschmelzungsstichtag. Abs 1 Nr 6** enthält zunächst die Def des Verschmelzungsstichtags: Es ist dies der Zeitpunkt, von dem an die Handlungen der übertragenden Rechtsträger als für Rechnung des übernehmenden Rechtsträgers vorgenommen gelten. Auch diesen Stichtag dürfen die Beteiligten **frei bestimmen** (vgl RegEBegr BR-Drs 75/94 zu § 5 I Nr 5, 6 UmwG). Während der

Stichtag in Abs 1 Nr 5 (Rn 69 ff) das **Innenverhältnis der Anteilsinhaber** der jew beteiligten Rechtsträger betrifft, hat der Verschmelzungsstichtag das **Innenverhältnis der beteiligten Rechtsträger** zum Gegenstand. Darauf, ob der übernehmende Rechtsträger am Verschmelzungsstichtag bereits rechtl existent war oder nicht, kommt es nicht an (zutr *Ulrich/Böhle* GmbHR 2006, 644 mwN).

Da die Festlegung des Verschmelzungsstichtags auch (mittelbar, dazu sogleich) **74**
nach außen wirkt, kann das Privileg von Abs 2 für die Angabe des Verschmelzungsstichtages nicht genutzt werden. Der zivilrechtl Vermögensübergang erfolgt erst am Tag der Eintragung der Umw, § 20 I Nr 1.

Umwandlungsstichtag kann jeder in einen Tag fallende **Zeitpunkt** sein. Er **75**
darf auch in der Zukunft liegen (Lutter/*Lutter/Drygala* Rn 46 mwN; dies gilt ohne Einschränkung auch für eG, vgl LG Kassel Rpfleger 2008, 668). Der Stichtag der handelsrechtl Schlussbilanz (§ 17 II) liegt unmittelbar vor diesem Umwandlungsstichtag (wie hier Semler/Stengel/*Schröer* Rn 54 mwN; OLG Frankfurt aM GmbHR 2006, 382; aA Widmann/Mayer/*Mayer* Rn 159). Wird als Umwandlungsstichtag zB der 1.1.2012, 0.00 Uhr, vereinbart, so werden die Geschäfte ab diesem Zeitpunkt für Rechnung des übernehmenden Rechtsträgers geführt; die handelsrechtl Schlussbilanz ist daher auf den 31.12.2011, 24.00 Uhr, aufzustellen. Mit dem Verschmelzungsstichtag führt der übertragende Rechtsträger die Geschäfte zwar auf Rechnung des übernehmenden Rechtsträgers, er existiert allerdings bis zur Eintragung der Umw in das Register fort. Bis zu diesem Zeitpunkt ist er gesetzl verpflichtet, Bücher zu führen und Jahresabschlüsse zu erstellen, §§ 238, 242 HGB.

Der Verschmelzungsvertrag führt nicht zum Übergang der **Buchführungsver-** **76**
pflichtung, da diese gesetzl Pflicht vertragl nicht übertragen werden kann. Die Finanzbuchhaltungen der an der Umw beteiligten Rechtsträger sind demnach bis zur Eintragung der Umw in das Register zunächst getrennt weiterzuführen. Der übernehmende Rechtsträger hat also bis zur Eintragung der Umw handelsrechtl ohne Berücksichtigung des künftigen Vermögensübergangs Rechnung zu legen. An sich wären mit der Eintragung der Umw (nach IDW HFA 1/97 Rn 22 zum Zeitpunkt des Übergangs des wirtschaftl Eigentums) alle Geschäftsvorfälle seit dem Verschmelzungsstichtag nachzubuchen. Da die übertragenden Rechtsträger aber ohnehin alle Geschäftsvorfälle erfassen, ist es nicht zu beanstanden, wenn die Buchung der Jahresverkehrszahlen in einem Akt erfolgen. Diese **Saldenbuchungen** können aber idR nicht unverändert übernommen werden. So sind zB **Innengeschäfte** der beteiligten Rechtsträger zu eliminieren, auch die Abschreibungen können durch etwaige Buchwertaufstockung andere Werte erhalten. Eine Zusammenführung der Buchhaltungen der jew Rechtsträger vor Wirksamwerden der Verschm ist nicht zulässig. Vgl auch § 17 Rn 67 ff.

Auch ustl ist es notw, die getrennten Rechnungsausweise bis zur zivilrechtl **77**
Wirksamkeit der Umw aufrechtzuerhalten.

Erhebl Bedeutung kommt dem Verschmelzungsstichtag schließl für die **stl** **78**
Behandlung der Verschm zu. Gem § 2 I UmwStG ist der Bilanzstichtag stl maßgebend.

Erfolgt die Eintragung in das Register nicht bis zum jew GjEnde, so haben die **79**
übertragenden Rechtsträger jew einen Jahresabschluss aufzustellen. Ausnahmsweise wird man den übertragenden Rechtsträger (wie bei wertaufhellenden Tats) zugestehen dürfen, auf die Erstellung eines weiteren Jahresabschlusses zu verzichten, wenn die Eintragung unmittelbar nach dem GjEnde erfolgt. Die Erstellung von Jahresabschlüssen in der Interimszeit kann iÜ allenfalls (mit guten Gründen

krit Widmann/Mayer/*Heckschen* § 7 Rn 15) durch die Vereinbarung eines **variablen Verschmelzungsstichtags** (zB MVHdB GesR/*Hoffmann-Becking* Muster X.1 § 7; Widmann/Mayer/*Mayer* Rn 164 f; Kallmeyer/*Müller* Rn 36; Lutter/*Lutter/Drygala* Rn 47; Semler/Stengel/*Schröer* Rn 62, 63) umgangen werden. Wenn der Umwandlungsstichtag allerdings (Rn 39) als Stichtag für die Berechnung des Umtauschverhältnisses angesehen wird oder eine solche Regelung im Verschmelzungsvertrag enthalten ist, darf ein variabler Verschmelzungsstichtag nicht gewählt werden (so wohl auch *Kiem* ZIP 1999, 179 f; überzeugend *Schütz/Fett* DB 2002, 2696 mwN). Außerdem ist gem § 17 II die Schlussbilanz Bestandteil der ordnungsgemäßen Anmeldung zum Register, sie darf gem § 17 II 4 auf einen höchstens acht Monate vor der Anmeldung liegenden Stichtag aufgestellt werden (vgl § 17 Rn 35 ff; Semler/Stengel/*Schröer* Rn 63 kommt deshalb zu variablen Schlussbilanzstichtagen).

80 Fragl ist, ob bei Beteiligung **mehrerer übertragender Rechtsträger** zwingend ein **einheitl Verschmelzungsstichtag** zu wählen ist. Der Wortlaut von Abs 1 Nr 6 legt dies nahe **(den Zeitpunkt).** Die Gesetzesbegründung gibt keinen Anhalt. Richtigerweise wird man bei der Beteiligung mehrerer übertragender Rechtsträger die Bestimmung abw Verschmelzungsstichtage als zulässig anzusehen haben (so auch Widmann/Mayer/*Mayer* Rn 166; Kallmeyer/*Müller* Rn 37). Außer den damit verbundenen praktischen Schwierigkeiten ist kein Grund ersichtl, der gegen ein solches Vorgehen spricht. Vielmehr kann es im Interesse der beteiligten Rechtsträger liegen, über eine abw Festsetzung der jew Verschmelzungsstichtage die vorhandene Jahresbilanz als Schlussbilanz iSv § 17 II auch dann zu verwenden, wenn die übertragenden Rechtsträger abw Gje gewählt haben (so Widmann/Mayer/*Mayer* Rn 166; Kallmeyer/*Müller* Rn 37; wohl auch Lutter/*Lutter/Drygala* Rn 46 Fn 1).

81 **g) Sonderrechte.** Soweit der übernehmende Rechtsträger einzelnen Anteilsinhabern **Sonderrechte** einräumt, müssen diese bereits im Verschmelzungsvertrag bestimmt werden, **Abs. 1 Nr. 7** (vgl auch § 23). Negativerklärung ist nicht erforderlich, zutr OLG Frankfurt aM AG 2011, 793. Praktisch wird dieser Fall hauptsächl bei der AG werden, der Gesetzestext zählt in nicht abschl Form Anteile ohne Stimmrecht, Vorzugsaktien, Mehrstimmrechtsaktien (zur Entschädigungspflicht LG München I ZIP 2001, 1959), Schuldverschreibungen und Genussrechte auf. Auch das Delisting kann hierzu zählen (vgl LG Hanau DB 2002, 2261). Vgl zu gewinnbezogenen Schuldtiteln und § 5i Nr 7 auch *Schürnbrand* ZHR 173 (2009), 689, 704 f. Zur Abfindungszahlung für entfallende Aktienoptionsrechte des Vorstands einer AG OLG Hamburg ZIP 2004, 906. Gewinnbezogene Schuldtitel wie zB Tantiemen werden nicht erfasst (anders *Schürnbrand* ZHR 2009, 689, vgl § 23 Rn 8).

82 Die Regelung dient – wie früher bereits § 340 II Nr 7 AktG aF – dem Schutz der Anteilsinhaber, weil die nicht begünstigten Anteilsinhaber erst dadurch in die Lage versetzt werden, die Einhaltung des gesellschaftsrechtl **Gleichbehandlungsgrundsatzes** (der zB in § 53a AktG seine Ausprägung gefunden hat, dazu ausführl *K. Schmidt* GesR § 16 II 4b mwN; KölnerKommUmwG/*Simon* Rn 111) zu überprüfen. Vorteile, die allen Anteilsinhabern in gleichem Umfang gewährt werden sollen, müssen hingegen nicht aufgeführt werden. Vgl iÜ ausführl Lutter/*Lutter/Drygala* Rn 48 ff; Semler/Stengel/*Schröer* Rn 65 ff; Rn 33 ff; Widmann/Mayer/*Mayer* Rn 167 ff; *Hüffer* FS Lutter, 2000, 1227 ff.

83 **h) Vorteile für sonstige Beteiligte. Abs 1 Nr 8** übernimmt im Wesentl die Regelung von § 340 II Nr 8 AktG aF, fordert darüber hinaus aber auch eine

Erwähnung von besonderen Vorteilen für **Abschlussprüfer.** Die RegEBegr (BR-Drs 75/94 zu § 5 I Nr 8 UmwG) hat die Bedeutung der Aufnahme dieses zusätzl Erfordernisses jedoch gleich wieder selbst durch den Hinweis relativiert, dass aufgrund berufsrechtl Regelungen nur selten mit einer Entschädigung für Abschlussprüfer zu rechnen sei. Zu den Rechtsfolgen eines Verstoßes gegen § 5 I Nr 8 ausführl *Graef* GmbHR 2005, 908 mwN. Wenn – Regelfall – keine besonderen Vorteile gewährt werden, ist eine Negativerklärung nicht erforderlich (OLG Frankfurt aM AG 2011, 793).

Falls sonst im Zusammenhang mit der Verschm **Organmitgliedern** besondere 84
Vorteile gewährt werden sollen, muss auch dies im Verschmelzungsvertrag festgehalten werden. Die Vereinbarung derartiger Sondervorteile ist grdsl nicht außergewöhnl, da durch die Verschm bei den übertragenden Rechtsträgern die Organfunktionen mit dem Erlöschen der Ges wegfallen (zu den Anstellungsverträgen vgl § 20 Rn 9, 45 ff). Oftmals wird ein Ausgleich für den Verlust der entsprechenden Stellung vereinbart. Praktisch bes bedeutsam wird dies in den Fällen werden, in denen mehrere übertragende Rechtsträger auf einen anderen Rechtsträger verschmelzen, weil dies naturgemäß zu einem Überangebot an potenziellen Organmitgliedern führt. Wird § 5 I Nr 8 nicht beachtet, soll der Begünstigte die Leistung nicht verlangen können (LAG Nürnberg ZIP 2005, 398 mwN, mit Anm *Graef/Fandrich* in EWiR 2005, 441), was aber bei entspr vertraglichem Anspruch nicht richtig sein dürfte.

Unwirksam sind hingegen **Zusagen ggü Organmitgliedern** über die Über- 85
nahme von Organfunktionen bei der übernehmenden Ges, wenn über die jew Besetzung der Organe ausschließl und vertragl nicht abdingbar die jew gesetzl vorgeschriebenen Entscheidungsträger bei der übernehmenden Ges zu entscheiden haben; eine gleichwohl aufgenommene Zusage im Verschmelzungsvertrag wäre für den übernehmenden Rechtsträger deswegen auch nicht verbindl (Lutter/*Lutter/Drygala* Rn 53 mwN; unklar Widmann/Mayer/*Mayer* Rn 172; auf die „moralisch verpflichtende Zusage" rekurriert Semler/Stengel/*Schröer* Rn 73; KölnerKommUmwG/*Simon* Rn 130).

Die Vorschrift dient schließl dem **Gläubigerschutz** (Anknüpfung der Organ- 86
haftung gem § 25) und dem Schutz der Anteilsinhaber der jew beteiligten Rechtsträger. Diese sollen selbst beurteilen können, ob den an der Verschm maßgebl beteiligten Personen Vorteile gewährt wurden, die Zweifel an deren Objektivität begründen (Widmann/Mayer/*Mayer* Rn 171). Dies dürfte in verstärktem Maß auf die Verschmelzungsprüfer zutreffen. Keiner Erwähnung bedürfen hingegen die **übl Sachverständigen- und Verschmelzungsprüfungskosten,** da sie keinen besonderen Vorteil darstellen.

i) Folgen der Verschmelzung für die ArbN und ihre Vertretungen.

Schrifttum: Schrifttum bis 1994 siehe 3. Auflage; Schrifttum bis 2000 siehe 4. Auflage; DAV, Vorschläge des Handelsrechtsausschusses zur Änderung des Umwandlungsgesetzes, NZG 2000, 802; *Bauer/Göpfert/von Steinau-Steinrück,* Aktienoptionen bei Betriebsübergang, ZIP 2001, 1129; *Kiem/Uhrig,* Der umwandlungsbedingte Wechsel des Mitbestimmungsstatuts- am Beispiel der Verschmelzung durch Aufnahme zwischen AGs, NZG 2001, 680; *Zerres,* Arbeitsrechtliche Aspekte bei der Verschmelzung von Unternehmen, ZIP 2001, 359; *Bauer/von Steinau-Steinrück,* Neuregelung des Betriebsübergangs: Erhebliche Risiken und viel mehr Bürokratie!, ZIP 2002, 457; *Gaul/Kühnreich,* Änderung von Versorgungszusagen nach Betriebsübergang und Umwandlung, NZA 2002, 495; *Gaul/Otto,* Unterrichtungsanspruch und Widerspruchsrecht bei Betriebsübergang und Umwandlung, DB 2002, 634; *Grobys,* Die Neuregelung des Betriebsübergangs in § 613a BGB, BB 2002, 726; *Neumann,* Behandlung

von Pensionszusagen an Gesellschafter-Geschäftsführer bei Umwandlung einer GmbH auf eine Personengesellschaft, GmbHR 2002, 996; *Pfaff,* Angaben zu den arbeitsrechtlichen Folgen einer Umwandlung sind auch bei fehlendem Betriebsrat erforderlich, BB 2002, 1604; *ders,* Dispositivität der Betriebsratsunterrichtung im Umwandlungsverfahren, DB 2002, 686; *Schnitker/Grau,* Übergang und Anpassung von Rechten aus Aktienoptionsplänen bei Betriebsübergang nach § 613a BGB; *Willemsen/Lembke,* Die Neuregelung von Unterrichtung und Widerspruchsrecht der Arbeitnehmer beim Betriebsübergang, NJW 2002, 1159; *Lindemann/Simon,* Ablösung und Bestandsschutz von Altersversorgungsregelungen beim Betriebsübergang, BB 2003, 2510; *Meyer,* Unterrichtspflicht und Widerspruchsrecht beim Betriebsübergang, BB 2003, 1010; *Schiefer/Pogge,* Betriebsübergang und dessen Folgen – Tatbestandsvoraussetzungen des § 613a BGB und Fortgeltung kollektiv-rechtlicher Regelungen, NJW 2003, 3734; *Gaul/Otto,* Rechtsfolgen einer fehlenden oder fehlerhaften Unterrichtung bei Betriebsübergang und Umwandlung, DB 2005, 2465; *Hausch,* Arbeitsrechtliche Pflichtangaben nach dem Umwandlungsgesetz, RNotZ 2007, 308 (Teil I), 396 (Teil II); *Dzida/Schramm,* Arbeitsrechtliche Pflichtangaben bei innerstaatlichen und grenzüberschreitenden Verschmelzungen, NZG 2008, 521; *Simon/Hinrichs,* Unterrichtung der Arbeitnehmer und ihrer Vertretungen bei grenzüberschreitenden Verschmelzungen, NZA 2008, 391; *Dzida,* Die Unterrichtung des „zuständigen" Betriebsrates bei innerstaatlichen und grenzüberschreitenden Verschmelzungen, GmbHR 2009, 459; *Nießen,* Die Zuleitung von Umwandlungsverträgen an den Betriebsrat, Der Konzern 2009, 321; *Reinhard,* Die Pflicht zur Unterrichtung über wirtschaftliche Folgen eines Betriebsübergangs – ein weites Feld, NZA 2009, 63.

87 Gem **Abs 1 Nr 9** muss der Verschmelzungsvertrag oder sein Entwurf auch Angaben zu den **Folgen der Verschm für die ArbN** und ihre Vertretungen sowie die insoweit vorgesehenen Maßnahmen enthalten. Diese erstmals mit der Umwandlungsreform eingefügte Vorschrift (die nicht systemgerecht ist, zutr HRA des DAV NZG 2000, 803 f) soll die frühzeitige Information der Arbeitnehmervertretungen, denen der Verschmelzungsvertrag oder sein Entwurf gem Abs 3 (dazu Rn 105 ff) zuzuleiten ist, gewährleisten. Dadurch soll es mögl sein, bereits im Vorfeld des Verschmelzungsvorgangs eine möglichst sozialverträgl Durchführung der Verschm zu erleichtern und damit den sozialen Frieden zu befördern (RegEBegr BR-Drs 75/94 zu § 5 I Nr 9).

88 Auf Abs 1 Nr 9 wird in § 176 (Vollübertragung) verwiesen, entsprechende Regelungen finden sich in § 126 I Nr 11 für die Spaltung und § 194 I Nr 7 für den Formwechsel. Zum Verhältnis von Abs 1 Nr 9 zu §§ 122c II Nr 4, 122e vgl die Komm dort und *Simon/Hinrichs* NZA 2008, 391. Wenn kein Betriebsrat besteht, ist **Abs 3** nicht einschlägig (vgl § 194 Rn 11 ff; anders bei Abs 1 Nr 9, Rn 99).

89 Die Formulierung von Abs 1 Nr 9 ist nicht gelungen. Für den Gesetzesanwender stellt sich das Problem, aus der weiten Fassung des Wortlauts das Substrat dessen herauszufiltern, was über die Folgen der Verschm für die ArbN und ihre Vertretungen sowie die insoweit vorgesehenen Maßnahmen im Verschmelzungsvertrag zu sagen ist. Wenig hilfreich ist in diesem Zusammenhang die Erläuterung des Gesetzgebers, dass „die durch die Verschmelzung eintretenden individual- und kollektivarbeitsrechtlichen Änderung im Verschmelzungsvertrag aufzuzeigen" sind. Dies spricht dafür, dass **sämtl Auswirkungen der Umstrukturierung** sowohl für die einzelnen ArbN als auch für ihre Vertreter so ausführl als mögl darzustellen sind (so etwa OLG Düsseldorf AG 1998, 587 mit abl Anm von *Willemsen* EWiR 1998, 855; *ders* RdA 1998, 29 ff; abl auch *Trölitzsch* DStR 1999, 768).

90 Dies wäre in hohem Maße **unpraktikabel:** Durch die Gesamtrechtsnachfolge, durch § 324 UmwG, durch § 613a I, IV BGB, durch die besonderen Vorschriften von §§ 321 ff bei der Spaltung, durch die etwaige Veränderung oder Auflösung

von Betriebsräten, Gesamtbetriebsräten, Sprecherausschüssen etc und durch etl andere mit dem Arbeitsrecht zumindest zusammenhängende Fragestellungen eröffnet sich ein derart großes Spektrum, dass eine sinnvolle und verständl Darstellung all dieser „Folgen der Verschmelzung für die Arbeitnehmer und deren Vertretungen sowie die insoweit vorgesehenen Maßnahmen" den Rahmen eines Verschmelzungsvertrages sprengen würde. Darüber hinaus fragt sich, ob die Anteilsinhaber mittelbar über Abs 1 Nr 9 dazu gezwungen werden sollen, sämtl Motive der Umstrukturierung (Rationalisierung, Arbeitsplatzabbau) offenzulegen.

Sinn der Vorschrift ist ledigl die rechtzeitige Information des Betriebsrates, 91 um diesen in die Lage zu versetzen, seine **Beteiligungsrechte nach dem BetrVG** (dazu ausführl *Gaul* DB 1995, 2265 mwN) wirkungsvoll wahrzunehmen. Dies setzt sich bei der Zuleitung nach Abs 3 fort (zutr LG Essen ZIP 2002, 893 mit Anm *Kiem* EWiR 2002, 637). Hingegen geht es nicht darum, dem Betriebsrat ein neues Beteiligungsrecht eigener Art zu eröffnen (vgl *Willemsen* EWiR 1998, 855; *ders* RdA 1998, 23, 29 ff; *Dzida/Schramm* NZG 2008, 522). Es darf nicht übersehen werden, dass die **arbeitsrechtl Vorschriften im UmwG nicht abschl** sind, sondern nur das normale Arbeitsrecht ergänzen. Auch die individuellen Rechte der ArbN – zB Unterrichtung über den Betriebsübergang nach Maßgabe von § 613a V BGB – bleiben unberührt. Nachw zu brauchbaren Mustern und zu Formulierungen in veröffentl Verschmelzungsverträgen finden sich bei Semler/Stengel/*Simon* vor Rn 82 Fn 214 und Rn 84 Fn 224.

Unberührt bleibt damit zunächst **§ 106 III Nr 8 BetrVG,** der als wirtschaftl 92 Angelegenheit den Zusammenschluss (= Verschm) oder die Spaltung von Unternehmen oder Betrieben erwähnt. Gem § 106 II BetrVG hat der Unternehmer den **Wirtschaftsausschuss** rechtzeitig und umfassend über die wirtschaftl Angelegenheiten des Unternehmens unter Vorlage der erforderl Unterlagen zu unterrichten und die sich daraus ergebenden Auswirkungen auf die Personalplanung darzustellen. **Rechtzeitige Unterrichtung** verlangt die Information an den Betriebsrat bereits unmittelbar, nachdem die Planung einer Umstrukturierung iSv § 106 III Nr 8 BetrVG ins Auge gefasst wird. Der Wirtschaftsausschuss ist dann schon in die weitere Planung der Umstrukturierung einzubeziehen, Ziele und Wege der begehrten Änderung sind im Wirtschaftsausschuss zur Diskussion zu stellen. Umfassend ist die Unterrichtung nur dann, wenn der Wirtschaftsausschuss alle Informationen erhält, die für eine sinnvolle Beratung der Angelegenheit erforderl sind. Zur umfassenden Information gehören auch Glaubwürdigkeit und Verständlichkeit der dargelegten Planungen; der Wirtschaftsausschuss muss in die Lage versetzt werden, eigene Vorschläge zu unterbreiten, wobei er sich nach Maßgabe von § 80 III BetrVG eines Sachverständigen bedienen kann. Wird dies nicht beachtet, kann gem § 109 S 2 BetrVG die Einigungsstelle angerufen werden, es drohen die Sanktionen von § 121 BetrVG und ggf eine einstweilige Vfg des Arbeitsgerichts (vgl *Röder/Göpfert* BB 1997, 2105; *Gaul* DB 1995, 2265 mwN).

Des Weiteren sind **§§ 111 ff BetrVG** über Betriebsänderungen und die etwaige 93 Notwendigkeit eines **Interessenausgleichs** oder eines **Sozialplans** zu beachten (dazu ausführl WHSchS/*Willemsen* B Rn 94 ff, C Rn 2 ff mwN; *Gaul* DB 1995, 2265; über bereits vorhandene Sozialpläne ist nicht notw zu berichten, vgl LAG Düsseldorf ZIP 2005, 1752). Verschm und Spaltung können Betriebsänderungen iSv § 111 S 3 Nr 3 BetrVG sein. Auch dort steht dem Betriebsrat das Recht offen, die **Einigungsstelle** anzurufen. Außerdem kann der Unternehmer gem § 113 III BetrVG zum **Nachteilsausgleich** verpflichtet sein. Im Einzelnen wird auf die SpezialLit zum BetrVG verwiesen.

94 Da das BetrVG dem Betriebsrat somit umfassende Mitwirkungsmöglichkeiten einräumt, ist es verfehlt, Abs 1 Nr 9 zu überdehnen, wie dies das OLG Düsseldorf (AG 1998, 587 mit abl Anm *Trölitzsch* DStR 1999, 768; *Willemsen/Müller* EWiR 1998, 855; *Schneider/Singhof* WuB 1998, 1034) tut, wenn es Angaben im Umwandlungsvertrag verlangt, die nur bei Vorliegen der Voraussetzungen von §§ 106 ff BetrVG zu geben sind. Nicht zuletzt wegen dadurch mögl Überschreitung des im Mitbestimmungsurteil des BVerfG (E 36, 1 ff) gezogenen Rahmens des für die Kapitaleignerseite Zumutbaren sollte der ohnehin systemfremde **Abs 1 Nr 9 restriktiv ausgelegt** werden (Lutter/*Lutter/Drygala* Rn 67; Semler/Stengel/*Simon* Rn 83–84).

95 Der **Umfang der nach Abs 1 Nr 9 notw Angaben** ist insges noch nicht geklärt, insbes nicht, ob die Angaben sich auf unmittelbare oder mittelbare sowie nur auf rechtl oder auch auf faktische Änderungen beziehen müssen (vgl Widmann/Mayer/*Mayer* Rn 176 ff; Lutter/*Lutter/Drygala* Rn 57 ff, 64 ff; Semler/Stengel/*Simon* Rn 81 ff; GKT/*Bermel/Hannappel* Rn 65 ff; *Joost* ZIP 1995, 976; *Wlotzke* DB 1995, 45; *Bachner* NJW 1995, 2881; *Willemsen* NZA 1996, 791; *ders* RdA 1998, 23; *ders* EWiR 1998, 855; *Drygalla* ZIP 1996, 1365; *Bungert* DB 1997, 2209; *Hjort* NJW 1999, 750 je mwN; *Dzida/Schramm* NZG 2008, 521 und ausführl *Hansch* RNotZ 2007, 319 ff mit umfassenden Nachw; KölnerKommUmwG/*Hohenstatt/Schramm* Rn 139). Zumindest ist zu fordern, dass eine katalogartige Aufzählung der **wesentl konkreten Auswirkungen** der Verschm **für den Einzelfall** zur Erfüllung der in Abs 1 Nr 9 festgelegten Pflicht genügt; darüber hinausgehende allg Ausführungen zu den Wirkungen der Verschm auf individual- oder kollektivarbeitsrechtl Ebene sind nicht notw.

96 Anzugeben sind danach

- die Folgen für die Arbeitsverträge der jew ArbN aller beteiligten Rechtsträger (Darstellung der Wirkung der Gesamtrechtsnachfolge, ggf § 613a BGB, Interessenausgleich), vgl § 20 Rn 95 ff, § 323 Rn 15 ff;
- die Wirkung der Verschm in Zusammenhang mit dem Schicksal von Verbands- oder/und Firmentarifverträgen, vgl § 20 Rn 106;
- die Folgen der Verschm für etwa geschlossene Betriebsvereinbarungen, dazu § 20 Rn 105;
- eine Darstellung, welche Betriebe (zum Begriff § 20 Rn 11) oder Betriebsteile der übertragenden Rechtsträger unverändert auf den übernehmenden Rechtsträger übergehen oder ggf als betriebl Einheit verändert oder aufgelöst werden (vgl auch § 21a BetrVG, Übergangsmandat des Betriebsrats);
- die konkreten Auswirkungen der Verschm für den Fortbestand von Betriebsräten, Gesamtbetriebsräten, Konzernbetriebsräten, Sprecherausschüssen, Konzernsprecherausschüssen (vgl zB § 20 Rn 11 ff);
- Wirkung der Verschm für die Mitbest (vgl auch § 325) und den Kündigungsschutz;
- die künftige arbeitsrechtl Organisation des übernehmenden Rechtsträgers, etwa vorhandene Pläne zum Personalabbau, zu Versetzungen oder Umgruppierungen als unmittelbare Folge der Umstrukturierung.

96a Anzugeben sind „die Folgen", also nicht nur Nachteile für die Arbeitnehmer (OLG Düsseldorf AG 1998, 587). Hat die Verschmelzung keine Folgen für die Arbeitnehmer oder ihre Vertretungen, ist dies durch entsprechende Negativerklärungen anzugeben (OLG Düsseldorf AG 1998, 587; aA etwa Semler/Stengel/*Simon* Rn 92).

Wenn der Verschmelzungsvertrag den Anforderungen von Abs 1 Nr 9 nicht genügt, wird man dem **Registergericht,** dem ggü die rechtzeitige Zuleitung des Verschmelzungsvertrages gem § 17 I ohnehin nachzuweisen ist, eine **Prüfung** des Verschmelzungsvertrages auf die Einhaltung von Abs 1 Nr 9 und eine etwaige Beanstandung zuzugestehen haben, schlimmstenfalls kann die Eintragung verweigert werden. Dem Registergericht ist eine **inhaltl Überprüfung** der Angaben iSv § 5 I Nr 9 jedoch nicht gestattet (Rn 98, 101). 97

Ein etwaiger **Verstoß gegen § 5 I Nr 9** führt keinesfalls zur Nichtigkeit gem 98
§ 134 BGB (ebenso Widmann/Mayer/*Mayer* Rn 204). Ebenfalls strikt abzulehnen ist eine Nichtigkeit gem § 241 Nr 3 AktG (so auch Lutter/*Grunewald,* Kölner Umwandlungsrechtstage 1995, S 20, 23). Dem Registergericht ist eine inhaltl (materielle) Überprüfung der Angaben iSv Abs 1 Nr 9 nicht gestattet (offengelassen vom OLG Düsseldorf AG 1998, 587; wie hier die Lit, vgl *Engelmeyer* DB 1996, 2542; Lutter/*Decher* § 194 Rn 32; Semler/Stengel/*Simon* Rn 97 ff; Kallmeyer/*Willemsen* Rn 58; *ders* NZA 1996, 791; GKT/*Bermel/Hannappel* Rn 109; *Dzida/Schramm* NZG 2008, 524; in Fällen offenbarer Unrichtigkeit soll nach Widmann/Mayer/*Mayer* Rn 205; *Mayer* DB 1995, 861, 864; *Priester* DNotZ 1995, 435 und wohl auch *Joost* ZIP 1995, 986 die Eintragung verweigert werden dürfen, was wegen der Unbestimmtheit des Begriffs „offenbar" aber mit der hL abzulehnen ist).

Entgegen der Ansicht des LG Stuttgart (WiB 1996, 994; 1997, 32) muss Abs 1 99
Nr 9 auch für den Fall beachtet werden, dass **keiner der an der Umw beteiligten Rechtsträger über einen Betriebsrat verfügt.** Der Argumentation des LG Stuttgart, dass Abs 1 Nr 9 nur im Zusammenhang mit Abs 3, der Zuleitung an den zuständigen Betriebsrat, zu lesen sei, steht der klare Wortlaut des Eingangssatzes von Abs 1 (der Vertrag oder sein Entwurf **muss** mindestens folgende Angaben enthalten) entgegen (vgl auch *Pfaff* BB 2002, 1604 mwN; *Trölitzsch* WiB 1997, 32; wN Semler/Stengel/*Simon* Rn 93 und *Dzida/Schramm* NZG 2008, 524; aA Widmann/Mayer/*Mayer* Rn 202 mwN). Auch zeigt Abs 2, dass Ausnahmen vom zwingenden Inhalt des Umwandlungsvertrages ausdrückl gesetzl geregelt sind. **Angaben gem Abs 1 Nr 9 sind** nur **entbehrl,** wenn bei allen an der Verschm beteiligten Rechtsträgern **ArbN nicht vorhanden sind;** dann wären die Angaben nach Abs 1 Nr 9 in der Tat bloße Förmelei (anderes kann allerdings für HoldingGes gelten, dort ist eine Einzelfallbetrachtung unter Berücksichtigung des Schutzzwecks von Abs 1 Nr 9 angezeigt). Das Fehlen von ArbN ist allerdings im Verschmelzungsvertrag zu erwähnen und ggü dem Registergericht ggf nachzuweisen.

Nach allg Ansicht steht dem **Betriebsrat** bei Missachtung von Abs 1 Nr 9, 100
Abs 3 ein eigenes **Anfechtungsrecht** nicht zu (OLG Naumburg DB 1997, 466 mit Anm *Trölitzsch* WiB 1997, 868; Widmann/Mayer/*Mayer* Rn 203 mwN). Die Interessen der ArbN werden allein durch die registerrechtl Prüfung der Umw (Rn 97) und durch die Sondervorschriften des BetrVG (Rn 91, 92) gewahrt. Allerdings hat der Betriebsrat die Möglichkeit, das Registergericht auf fehlerhafte oder fehlende Angaben in dem Vertragsentwurf durch formlose Gegendarstellung hinzuweisen, mit der möglichen Folge der Verzögerung der Eintragung (vgl Semler/Stengel/*Simon* Rn 100). Häufig übersehen wird jedoch, dass **Anteilsinhaber** sich zum Sachverwalter der Interessen der ArbN machen können. **§§ 241 ff AktG,** die die Anfechtbarkeit von Hauptversammlungsbeschlüssen regeln, gelten entsprechend für alle Unwirksamkeitsklagen (§§ 14, 15) in Bezug auf gefasste Umwandlungsbeschlüsse. Sie dienen nicht nur der Wahrung subj Rechte der

Antragsteller, sondern nach gefestigter Rspr auch der **obj Rechtskontrolle.** Damit kann jeder Anteilsinhaber grdsl auch einen Verstoß gegen § 5 im Wege der Umwirksamkeitsklage geltend machen, wenn es sich um einen gravierenden und offensichtl Rechtsverstoß handelt (näher Lutter/*Grunewald,* Kölner Umwandlungsrechtstage 1995, S 22, 24 mwN; die Frage ist str, Nachw bei Widmann/Mayer/*Mayer* Rn 203 und Widmann/Mayer/*Heckschen* § 13 Rn 158.8.2). Dieses Rechtsmittel ist unabhängig von der Entscheidung des Registergerichts und hindert die Vertretungsorgane, die Negativerklärung gem § 16 II 1 abzugeben. Folge ist die Registersperre.

101 Auf eine entsprechende Zwischenverfügung durch das Registergericht hin muss es den Leitungsorganen der an der Verschm beteiligten Rechtsträger jedoch mögl sein, ohne erneute Beschlussfassung durch die Anteilsinhaber (§ 13) den **Verschmelzungsvertrag** nach Maßgabe von Abs 1 Nr 9 entsprechend zu **ergänzen.** Entgegenstehende Interessen der Anteilsinhaber sind nicht ersichtl, weil die Darstellung der Folgen der Verschm nach Abs 1 Nr 9 ledigl einen Zustand dokumentiert, ihn aber nicht gestaltet (dazu ausführl Rn 96 ff; zum Berichtscharakter von Abs 1 Nr 9 auch Semler/Stengel/*Simon* Rn 76 ff).

102 Falls – was nach Abs 3 zulässig ist – den zuständigen Betriebsräten nur ein Entwurf des Verschmelzungsvertrags iSv § 4 II vorgelegt wurde und dieser nicht den Anforderungen von Abs 1 Nr 9 genügt, dürfte es ausnahmsweise zulässig sein, den Grds strenger Identität zwischen Entwurf und Verschmelzungsvertrag (dazu § 4 Rn 24) zu durchbrechen; demnach ist auch in diesem Fall den Vertretungsorganen die Abweichung vom Entwurf ohne erneute Beschlussfassung der Anteilsinhaber zu gestatten.

103 Nichtigkeit des gesamten Verschmelzungsvertrages gem §§ 134, 139 BGB ist bei Missachtung von Abs 1 Nr 9 keinesfalls anzunehmen. Die Vorschrift hat nicht den Charakter eines gesetzl Verbots iSv § 134 BGB (Rn 98).

104 Durch **Eintragung der Verschm** wird ein etwa vorliegender Verstoß gegen Abs 1 Nr 9 unbeachtl. Den ArbN der beteiligten Rechtsträger steht kein Recht zu, gegen die Verschm oder deren Eintragung gerichtl vorzugehen. Denkbar ist allerdings ein Anspruch der ArbN gegen die Mitglieder der handelnden Vertretungsorgane (§§ 25 ff); Voraussetzung dafür ist neben einem ersatzfähigen Schaden und der entsprechenden Kausalität die konkrete Betroffenheit der ArbN als Gläubiger iSv § 25 I 1.

105 **j) Sonstige Vorschriften.** Außer durch § 5 und durch § 29 I wird der Inhalt des Verschmelzungsvertrages durch **Vorschriften im Zweiten Teil** des Zweiten Buches bestimmt, vgl §§ 40, 46, 80, 110 und Komm dort sowie Lutter/*Lutter/Drygala* Rn 83 ff mwN.

3. Zuleitung an den Betriebsrat

106 Gem **Abs 3** ist der Verschmelzungsvertrag oder sein Entwurf spätestens einen Monat vor dem Tag der Anteilsinhaberversammlung eines jeden an der Verschm beteiligten Rechtsträgers dem zuständigen Betriebsrat dieses Rechtsträgers zuzuleiten. Entsprechendes gilt gem §§ 126 III, 194 II UmwG für Spaltung und Formwechsel. Die Erfüllung dieser Pflicht durch jeden Rechtsträger ist gem § 17 I dem Registergericht ggü nachzuweisen (dazu ausführl Widmann/Mayer/*Mayer* Rn 258 f), der **Nachw** ist notw Anlage der Anmeldung (vgl zum Nachweis bei Weiterleitung durch E-Mail *Nießen* Der Konzern 2009, 321, 326). Hat ein Rechts-

träger keinen Betriebsrat, sondern einen Personalrat, kommt eine entsprechende Anwendung von Abs 3 in Betracht (Nachw bei *Hansch* RNotZ 2007, 315).

Hat der jew gem Abs 3 verpflichtete Rechtsträger **keinen Betriebsrat, entfällt die Pflicht zur Zuleitung** (vgl § 194 Rn 12). Sinnvollerweise sollte das Vorhandensein bzw Nichtvorhandensein eines Betriebsrats bereits im Umwandlungsvertrag erwähnt werden. Überzogen ist die Ansicht des AG Duisburg (GmbHR 1996, 372; so auch Kallmeyer/*Willemsen* 1. Aufl Rn 78, ab der 2. Aufl nicht aufrechterhalten; WHSchS/*Willemsen* C Rn 358 aE), nach der eine eigene registergerichtl Überprüfung zum Bestehen eines Betriebsrats gem § 12 FamFG nur entfallen könne, wenn die Vertretungsorgane des Rechtsträgers durch eidesstattl Versicherung glaubhaft machen, dass kein Betriebsrat besteht (wie hier Semler/Stengel/*Simon* Rn 148 mwN, wonach eine einfache schriftliche Erklärung genügt). 107

Praktisch bedeutsam ist die Frage, was zu geschehen hat, wenn der **Umwandlungsvertrag** nach erfolgter Zuleitung **geändert** wird bzw wenn dem Betriebsrat zulässig nur der Entwurf des Umwandlungsvertrages zugeleitet wurde und dieser mit dem endgültig abgeschlossenen Vertrag nicht vollständig übereinstimmt. Nur für den Fall einer auf die ArbN wirkenden Änderung ist eine erneute Zuleitung an den Betriebsrat erforderl, iÜ ist Abs 3 eine **Formvorschrift mit Ordnungscharakter** (OLG Naumburg DB 1997, 466 mit Anm *Trölitzsch* WiB 1997, 866; grdsl zust Semler/Stengel/*Simon* Rn 147 mwN; *Müller* DB 1997, 713, 714; *Willemsen* RdA 1998, 22, 33; GKT/*Bermel*/*Hannappel* Rn 131; vgl auch LG Essen ZIP 2002, 893 mit Anm *Kiem* EWiR 2002, 638 zum Zweck der Zuleitung). Änderung des Vertrags oder des Entwurfs, die vornehml die Interessen der Anteilsinhaber berühren, lösen damit keine erneute Zuleitungspflicht aus (Semler/Stengel/*Simon* Rn 147 mwN). 108

Zuzuleiten ist der Vertrag gem Abs 3 an den **zuständigen Betriebsrat** jedes an der Verschm beteiligten Rechtsträgers. Die Zuständigkeit ergibt sich aus dem **BetrVG** (ausführl zum zuständigen Betriebsrat *Hansch* RNotZ 2007, 312 ff; *Dzida* GmbHR 2009, 459). IdR wird ausschließl der **Gesamtbetriebsrat** richtiger Adressat sein (vgl den Bericht des Rechtsausschusses des Bundestages mit zutr Verweis auf §§ 50, 58 BetrVG, BT-Drs 12/7850 vom 13.6.1994). Gem § 50 I 1 BetrVG ist der Gesamtbetriebsrat zuständig, wenn die jew Maßnahme das Unternehmen und nicht nur einzelne Betriebe betrifft und wenn die Angelegenheit nicht durch die Einzelbetriebsräte geregelt werden kann (vgl *Boecken* Rn 333 und SpezialLit zu § 50 BetrVG). In diesem Fall ist der Gesamtbetriebsrat ausschließl zuständig, die auf das ganze Unternehmen bezogene Umw kann diesem Gremium ggü einheitl und abschl dargestellt werden; eine gleichzeitige Zuleitung des Verschmelzungsvertrages oder seines Entwurfs auch an alle Einzelbetriebsräte des Unternehmens ist entbehrl (aA *Wlotzke* DB 1995, 40, 45, der die Einbeziehung auch der Einzelbetriebsräte im Interesse der Transparenz und des sozialen Friedens im Unternehmen für geboten hält). Der Gesetzestext („dem") ist insoweit eindeutig, ferner besteht kein Bedürfnis für die Information der einzelnen Betriebsräte, sie würde im Gegenteil die gesetzl angedachte Stellung und Autorität des Gesamtbetriebsrats untergraben. Allerdings ist wegen des mit einer falschen Auswahl des zuständigen Betriebsrats verbundenen Risikos eine vorsorgl Zuleitung an alle Betriebsräte im Zweifel durchaus der sichere Weg (Semler/Stengel/*Simon* Rn 143). 109

Umstr ist die Frage, ob bei **Konzernunternehmen** auch oder allein der Konzernbetriebsrat zu unterrichten ist. Im Regelfall ist dies zu verneinen (mit zutr 110

Arg ausführl *Müller* DB 1997, 713, 715 mwN, vgl iÜ WHSchS/*Willemsen* C Rn 357 mwN; Semler/Stengel/*Simon* Rn 142; *Melchior* GmbHR 1996, 833; *Joost* ZIP 1995, 985; *Dzida* GmbHR 2009, 461, *Nießen* Der Konzern 2009, 321, 324).

111 Der Rechtsträger trägt das **Risiko der falschen Auswahl** des zuständigen Betriebsrats: Wird ohne Vorabstimmung (Beweislast beim Rechtsträger) der falsche Betriebsrat beteiligt, ist die Zuleitung fehlerhaft (so auch WHSchS/ *Willemsen* C Rn 357 mwN; Semler/Stengel/*Simon* Rn 143). Das Registergericht kann durch Verweigerung der Eintragung (Rn 87) und die Anteilsinhaber können durch Anfechtung (Rn 90) die Umw blockieren. Umgekehrt fehlt dem Betriebsrat in einem Verfahren auf Feststellung der Unwirksamkeit eines Umwandlungsbeschlusses bereits die Parteifähigkeit, seine Klage (vor den Zivil- und vor den Arbeitsgerichten) ist ohne weiteres unzulässig (OLG Naumburg WiB 1997, 864; WHSchS/*Willemsen* C Rn 379).

112 Existiert in einem Unternehmen mit mehreren Betrieben **kein Gesamtbetriebsrat,** wohl aber mehrere (Einzel)Betriebsräte, so ist Abs 3 nur dann Genüge getan, wenn die Zuleitung ggü **allen Betriebsräten** erfolgt (aA *Dzida* GmbHR 2009, 461: Wegfall der Zuleitungspflicht bei gesetzeswidrig nicht gebildeten Gesamtbetriebsrat). Ist bei keinem der an der Verschm beteiligten Rechtsträger ein Betriebsrat vorhanden, entfällt die Pflicht zur Zuleitung, vgl Rn 107 und § 194 Rn 11 ff.

113 Die Zuleitung des Verschmelzungsvertrages ist spätestens **einen Monat** vor der jew Anteilsinhaberversammlung zu bewirken. Der zuständige Betriebsrat kann auf die Einhaltung der Monatsfrist **verzichten** (LG Stuttgart GmbHR 2000, 622 mwN; *Stohlmeier* BB 1999, 1396; ausführl Semler/Stengel/*Simon* Rn 145, 146 mwN; *Pfaff* DB 2002, 688, dort S 686 ff auch zur Frage, ob der Betriebsrat komplett auf die Zuleitung verzichten kann.

114 Die **Fristberechnung** richtet sich nach §§ 187 I, 188 II BGB. Wegen des Streits um die Fristberechnung empfiehlt Semler/Stengel/*Simon* Rn 144 als sicheren Weg die Zuleitung einen Monat und zwei Werktage vor dem Tag der Anteilsinhaberversammlung. Zu Recht weisen *Müller-Eising/Bert* (DB 1996, 1398; so auch *Müller* DB 1997, 713, 716 f und *Krause* NJW 1999, 1448) darauf hin, dass die rückwärts zu berechnende **Monatsfrist von Abs 3** in entsprechender Anwendung von § 188 II Alt 1 BGB mit dem Anbruch des Tages, der durch seine Zahl dem Tag entspricht, an dem der Verschmelzungsbeschluss gefasst werden soll, beginnt. Da gem Abs 3 „spätestens einen Monat **vor** dem Tage der Versammlung der Anteilsinhaber" zuzuleiten ist, muss ausgehend vom Tag der Anteilsinhaberversammlung bei der Fristberechnung um einen Monat **und einen Tag** zurückgerechnet werden.

115 **Beispiel:**

Bei einer Anteilsinhaberversammlung, die am 15.12. stattfindet, ist die Frist von Abs 3 noch gewahrt, wenn die Zuleitung spätestens am 14.11. bewirkt wird. Fiele dieser Tag auf einen Sonnabend, Sonn- oder Feiertag, muss die Zuleitung am davor liegenden Werktag geschehen (ähnl, wenn auch mit fragwürdiger Begr, insbes in Fn 14, *Stohlmeier* BB 1999, 1395. Vgl zum Verzicht auf die Monatsfrist Rn 113; wie hier Semler/Stengel/*Simon* Rn 144 mwN und im Ergebnis auch Widmann/Mayer/*Mayer* Rn 256 mwN).

116 Bei Verletzung der Zuleitungspflicht durch auch nur einen der an der Verschm beteiligten Rechtsträger ist das Wirksamwerden der Verschm gefährdet; gem § 17 I ist die rechtzeitige Erfüllung der in Abs 3 festgelegten Pflicht durch alle Rechtsträger nachzuweisen, gelingt dies nicht, wird das Registergericht die Eintragung der Verschm ablehnen. Gleiches gilt, wenn der Entwurf des Verschmelzungsvertrags

nach Zuleitung an den zuständigen Betriebsrat erhebl (also auf die ArbN wirkend, Rn 108 mwN) geändert und keine erneute Zuleitung nach Abs 3 veranlasst wurde. Vgl iÜ ausführl *Gaul/Otto* DB 2005, 2465 mwN.

§ 6 Form des Verschmelzungsvertrags

Der Verschmelzungsvertrag muß notariell beurkundet werden.

Schrifttum: Schrifttum bis 1994 siehe 3. Auflage; Schrifttum bis 2000 siehe 4. Auflage; *B. Schaub,* Ausländische Handelsgesellschaften und deutsches Registerverfahren, NZG 2000, 953; *Küperkoch,* Notarielle Mitteilungspflichten, RNotZ 2002, 297; *Heckschen,* Die Formbedürftigkeit der Veräußerung des gesamten Vermögens im Wege des „asset deal", NZG 2006, 772; *Meister,* Die Auswirkungen des MoMiG auf das Umwandlungsrecht, NZG 2008, 767; *Berninger,* Gesellschafterliste und Übergangsproblematik der Einreichungsverantwortlichkeit bei nachträglicher Berichtigung, GmbHR 2009, 679; *Gottschalk,* Neue Regelungen für die Gesellschafterliste und die Geschäftsanteile sowie der gutgläubige Erwerb von Geschäftsanteilen nach dem MoMiG, DZWiR 2009, 45; *Flick,* Die Gesellschafterliste bei einer Verschmelzung mit Kapitalerhöhung, NZG 2010, 170; *Laeger,* Formwirksamkeit der Übertragung von GmbH-Anteilen in der Schweiz, BB 2010, 2647; *Olk*, OLG Düsseldorf erkennt Zulässigkeit der Auslandsbeurkundung durch Notare aus dem Kanton Basel bei Abtretung von GmbH-Geschäftsanteilen an, NZG 2010, 381; *Ries,* Never ending story, die Gesellschafterliste, NZG 2010, 135.

Übersicht

1. Allgemeines

1 Aus dem früheren Recht übernommen wurde die Pflicht zur **notariellen Beurkundung des Verschmelzungsvertrages** (vgl § 341 I 1 AktG aF, § 21 IV 1 KapErhG aF, § 44 III a VAG aF); die frühere Sonderrolle der Verschm von eG bzw genossenschaftl Prüfungsverbänden (§§ 93c, 63e II GenG, danach genügte jew Schriftform) ist entfallen; dies verkennt das LG Kiel (DB 1997, 1223), wenn es für die Zulässigkeit einer Auslandsbeurkundung bei eG darauf abstellt, dass eG bei Verschm nach altem Recht nur die Schriftform zu beachten hatten; auch die gesetzl Prüfungspflicht von eG (§§ 53 ff GenG) und die Begutachtung der Verschm durch den Prüfungsverband (§ 81) rechtfertigen **keine Sonderbehandlung der eG** (so aber LG Kiel DB 1997, 1223; wie hier allgM, vgl Widmann/Mayer/*Heckschen* Rn 8 mwN).

2 Das generelle Erfordernis der notariellen Beurkundung wurde festgeschrieben, um bei Beteiligung beliebiger Rechtsträger an einer Verschm gleichartige Voraussetzungen zu schaffen; des Weiteren soll eine Umgehung von zwingenden Formvorschriften des Bürgerl Rechts bei der Einzelübertragung von Vermögenswerten – vor allem bei Spaltung – verhindert werden (vgl RegEBegr BR-Drs 75/94 zu § 6; zur Funktion der Beurkundung grdsl Widmann/Mayer/*Heckschen* Rn 1 ff; Semler/Stengel/*Schröer* Rn 2).

2. Notarielle Beurkundung

3 Der Verschmelzungsvertrag bedarf zu seiner Wirksamkeit der notariellen Beurkundung. § 128 BGB findet Anwendung (zur Sukzessivbeurkundung Widmann/Mayer/*Heckschen* Rn 47 f). Das Beurkundungserfordernis bezieht sich nur auf den **endgültig abgeschlossenen Verschmelzungsvertrag,** nicht hingegen auf den Entwurf iSv § 4 II, hierfür ist einfache Schriftform ausreichend (BGH NJW 1982, 933; Lutter/*Lutter/Drygala* Rn 2; zur Wirksamkeit eines Vertragsstrafeversprechens für den Fall des Scheiterns der Verschm vgl § 4 Rn 26 ua zu LG Paderborn NZG 2000, 899).

4 Formbedürftig ist nicht nur der Verschmelzungsvertrag an sich, sondern sind auch alle ggf bestehenden **Nebenabreden,** die nach dem Willen der Parteien mit dem Verschmelzungsvertrag ein untrennbares Ganzes darstellen, mit ihm also „stehen und fallen" sollen (vgl die entsprechend zu § 311b Abs 1 BGB entwickelten Grdse, dazu Palandt/*Grüneberg* BGB § 311b Rn 25 ff; ausführl zum Beurkundungsumfang Widmann/Mayer/*Heckschen* Rn 19 ff; KölnerKommUmwG/*Simon* Rn 2).

5 Wenn im Verschmelzungsvertrag nicht alle Vereinbarungen aufgenommen worden sind, die nach dem Willen der beteiligten Rechtsträger eine untrennbare Einheit darstellen (vgl zu diesem Merkmal BGHZ 101, 396), ist wegen der Auslegungsvorschrift von **§ 139 BGB** regelm die Nichtigkeit des gesamten Verschmelzungsvertrages gem § 125 S 1 BGB anzunehmen. **Heilung** ist jedoch mögl, § 20 I Nr 4 (vgl § 20 Rn 119).

6 **Beurkundungsgegenstand** ist der Verschmelzungsvertrag, anwendbar sind demgemäß die Vorschriften in §§ 8 ff BeurkG über die Beurkundung von Willenserklärungen (ausführl zum Beurkundungsverfahren Widmann/Mayer/*Heckschen* Rn 38 ff).

3. Gesellschafterliste

7 Ist eine GmbH übernehmender Rechtsträger einer Verschm, wirkt der Notar durch die Beurkundung des Verschmelzungsvertrages **unmittelbar** an der Änderung der Gesellschafterstruktur dieser Ges iSv **§ 40 II GmbHG** mit (OLG Hamm ZIP 2010, 128 mit Anm von *Heckschen* NotBZ 2010, 151; *Herrler* ZIP 2010, 129; *Ising* DNotZ 2010, 216; *Omlor* EWiR 2010, 251; *Ries* NZG 2010, 135; *Wachter* GmbHR 2010, 206). Immer dann, wenn der Notar die Urkunde, die die Veränderung hervorruft, beurkundet oder entworfen und anschließend die Unterschrift unter die Handelsregisteranmeldung beglaubigt hat, wirkt er unmittelbar iSv § 40 Abs II GmbHG mit (vgl OLG Hamm ZIP 2010, 128).

8 Der Notar ist damit verpflichtet, unverzügl nach Wirksamwerden der Veränderung (Eintragung der Verschm, § 20 I) und ohne Rücksicht auf später eintretende Unwirksamkeitsgründe eine aktualisierte **Gesellschafterliste** zu unterschreiben und zum HR einzureichen (§ 40 II 1 GmbHG). Ferner hat er eine Notarbescheinigung beizufügen (§ 40 II 2 GmbHG). Vgl zu diesen Anforderungen und zum Prüfungsrecht des Registergerichts OLG München MittBayNot 2010, 64 mit Anm *Omlor* MittBayNot 2010, 65 und OLG Frankfurt GmbHR 2011, 823. Zur Übergangsproblematik bei Altfällen vor Inkrafttreten des MoMiG *Berninger* GmbHR 2009, 679.

9 § 40 II GmbHG wurde durch das **MoMiG** neu gefasst, um die Legitimationswirkung der Gesellschafterliste zu stärken (*Gottschalk* DZWiR 2009, 45 mwN). Vgl zum MoMiG Einf Rn 30. Daraufhin wurde verstärkt diskutiert, ob die Mit-

nach Zuleitung an den zuständigen Betriebsrat erhebl (also auf die ArbN wirkend, Rn 108 mwN) geändert und keine erneute Zuleitung nach Abs 3 veranlasst wurde. Vgl iÜ ausführl *Gaul/Otto* DB 2005, 2465 mwN.

§ 6 Form des Verschmelzungsvertrags

Der Verschmelzungsvertrag muß notariell beurkundet werden.

Schrifttum: Schrifttum bis 1994 siehe 3. Auflage; Schrifttum bis 2000 siehe 4. Auflage; *B. Schaub,* Ausländische Handelsgesellschaften und deutsches Registerverfahren, NZG 2000, 953; *Küperkoch,* Notarielle Mitteilungspflichten, RNotZ 2002, 297; *Heckschen,* Die Formbedürftigkeit der Veräußerung des gesamten Vermögens im Wege des „asset deal", NZG 2006, 772; *Meister,* Die Auswirkungen des MoMiG auf das Umwandlungsrecht, NZG 2008, 767; *Berninger,* Gesellschafterliste und Übergangsproblematik der Einreichungsverantwortlichkeit bei nachträglicher Berichtigung, GmbHR 2009, 679; *Gottschalk,* Neue Regelungen für die Gesellschafterliste und die Geschäftsanteile sowie der gutgläubige Erwerb von Geschäftsanteilen nach dem MoMiG, DZWiR 2009, 45; *Flick,* Die Gesellschafterliste bei einer Verschmelzung mit Kapitalerhöhung, NZG 2010, 170; *Laeger,* Formwirksamkeit der Übertragung von GmbH-Anteilen in der Schweiz, BB 2010, 2647; *Olk,* OLG Düsseldorf erkennt Zulässigkeit der Auslandsbeurkundung durch Notare aus dem Kanton Basel bei Abtretung von GmbH-Geschäftsanteilen an, NZG 2010, 381; *Ries,* Never ending story, die Gesellschafterliste, NZG 2010, 135.

Übersicht

1. Allgemeines

1 Aus dem früheren Recht übernommen wurde die Pflicht zur **notariellen Beurkundung des Verschmelzungsvertrages** (vgl § 341 I 1 AktG aF, § 21 IV 1 KapErhG aF, § 44 III a VAG aF); die frühere Sonderrolle der Verschm von eG bzw genossenschaftl Prüfungsverbänden (§§ 93c, 63e II GenG, danach genügte jew Schriftform) ist entfallen; dies verkennt das LG Kiel (DB 1997, 1223), wenn es für die Zulässigkeit einer Auslandsbeurkundung bei eG darauf abstellt, dass eG bei Verschm nach altem Recht nur die Schriftform zu beachten hatten; auch die gesetzl Prüfungspflicht von eG (§§ 53 ff GenG) und die Begutachtung der Verschm durch den Prüfungsverband (§ 81) rechtfertigen **keine Sonderbehandlung der eG** (so aber LG Kiel DB 1997, 1223; wie hier allgM, vgl Widmann/Mayer/*Heckschen* Rn 8 mwN).

2 Das generelle Erfordernis der notariellen Beurkundung wurde festgeschrieben, um bei Beteiligung beliebiger Rechtsträger an einer Verschm gleichartige Voraussetzungen zu schaffen; des Weiteren soll eine Umgehung von zwingenden Formvorschriften des Bürgerl Rechts bei der Einzelübertragung von Vermögenswerten – vor allem bei Spaltung – verhindert werden (vgl RegEBegr BR-Drs 75/94 zu § 6; zur Funktion der Beurkundung grdsl Widmann/Mayer/*Heckschen* Rn 1 ff; Semler/Stengel/*Schröer* Rn 2).

2. Notarielle Beurkundung

3 Der Verschmelzungsvertrag bedarf zu seiner Wirksamkeit der notariellen Beurkundung. § 128 BGB findet Anwendung (zur Sukzessivbeurkundung Widmann/Mayer/*Heckschen* Rn 47 f). Das Beurkundungserfordernis bezieht sich nur auf den **endgültig abgeschlossenen Verschmelzungsvertrag,** nicht hingegen auf den Entwurf iSv § 4 II, hierfür ist einfache Schriftform ausreichend (BGH NJW 1982, 933; Lutter/*Lutter/Drygala* Rn 2; zur Wirksamkeit eines Vertragsstrafeversprechens für den Fall des Scheiterns der Verschm vgl § 4 Rn 26 ua zu LG Paderborn NZG 2000, 899).

4 Formbedürftig ist nicht nur der Verschmelzungsvertrag an sich, sondern sind auch alle ggf bestehenden **Nebenabreden,** die nach dem Willen der Parteien mit dem Verschmelzungsvertrag ein untrennbares Ganzes darstellen, mit ihm also „stehen und fallen" sollen (vgl die entsprechend zu § 311b Abs 1 BGB entwickelten Grdse, dazu Palandt/*Grüneberg* BGB § 311b Rn 25 ff; ausführl zum Beurkundungsumfang Widmann/Mayer/*Heckschen* Rn 19 ff; KölnerKommUmwG/*Simon* Rn 2).

5 Wenn im Verschmelzungsvertrag nicht alle Vereinbarungen aufgenommen worden sind, die nach dem Willen der beteiligten Rechtsträger eine untrennbare Einheit darstellen (vgl zu diesem Merkmal BGHZ 101, 396), ist wegen der Auslegungsvorschrift von **§ 139 BGB** regelm die Nichtigkeit des gesamten Verschmelzungsvertrages gem § 125 S 1 BGB anzunehmen. **Heilung** ist jedoch mögl, § 20 I Nr 4 (vgl § 20 Rn 119).

6 **Beurkundungsgegenstand** ist der Verschmelzungsvertrag, anwendbar sind demgemäß die Vorschriften in §§ 8 ff BeurkG über die Beurkundung von Willenserklärungen (ausführl zum Beurkundungsverfahren Widmann/Mayer/*Heckschen* Rn 38 ff).

3. Gesellschafterliste

7 Ist eine GmbH übernehmender Rechtsträger einer Verschm, wirkt der Notar durch die Beurkundung des Verschmelzungsvertrages **unmittelbar** an der Änderung der Gesellschafterstruktur dieser Ges iSv **§ 40 II GmbHG** mit (OLG Hamm ZIP 2010, 128 mit Anm von *Heckschen* NotBZ 2010, 151; *Herrler* ZIP 2010, 129; *Ising* DNotZ 2010, 216; *Omlor* EWiR 2010, 251; *Ries* NZG 2010, 135; *Wachter* GmbHR 2010, 206). Immer dann, wenn der Notar die Urkunde, die die Veränderung hervorruft, beurkundet oder entworfen und anschließend die Unterschrift unter die Handelsregisteranmeldung beglaubigt hat, wirkt er unmittelbar iSv § 40 Abs II GmbHG mit (vgl OLG Hamm ZIP 2010, 128).

8 Der Notar ist damit verpflichtet, unverzügl nach Wirksamwerden der Veränderung (Eintragung der Verschm, § 20 I) und ohne Rücksicht auf später eintretende Unwirksamkeitsgründe eine aktualisierte **Gesellschafterliste** zu unterschreiben und zum HR einzureichen (§ 40 II 1 GmbHG). Ferner hat er eine Notarbescheinigung beizufügen (§ 40 II 2 GmbHG). Vgl zu diesen Anforderungen und zum Prüfungsrecht des Registergerichts OLG München MittBayNot 2010, 64 mit Anm *Omlor* MittBayNot 2010, 65 und OLG Frankfurt GmbHR 2011, 823. Zur Übergangsproblematik bei Altfällen vor Inkrafttreten des MoMiG *Berninger* GmbHR 2009, 679.

9 § 40 II GmbHG wurde durch das **MoMiG** neu gefasst, um die Legitimationswirkung der Gesellschafterliste zu stärken (*Gottschalk* DZWiR 2009, 45 mwN). Vgl zum MoMiG Einf Rn 30. Daraufhin wurde verstärkt diskutiert, ob die Mit-

wirkung des Notars **unmittelbar** oder nur **mittelbar** sein müsse (*Omlor* EWiR 2010, 251 mit umfassenden Nachw). Unter einer bloß mittelbaren Mitwirkung versteht die hM alle Handlungen des Notars, die nicht final auf eine Veränderung in der Person des Gesellschafters bzw des Umfangs seiner Beteiligung gerichtet sind (*Heilmeier* NZG 2012, 217). Obergerichtlich ist dieses Problem noch nicht entschieden.

Das **OLG Hamm** (ZIP 2010, 128; mit Anm; vgl Rn 7) hat eine **mittelbare** Mitwirkung für ausreichend erachtet und so die Pflicht des Notars nach § 40 II GmbHG bejaht. Der Entscheidung lag der Fall zu Grunde, dass zum Verm des übertragenden Rechtsträgers einer Verschm auch die Beteiligung an einer „dritten" GmbH gehörte, was der Notar positiv wusste. Die Änderung der Gesellschafterstruktur dieser Dritt-GmbH führte zu der Pflicht des Notars nach § 40 II GmbHG. Die Entscheidung ist überwiegend auf Zustimmung gestoßen (*Ries* NZG 2010, 135; *Herrler* GmbHR 2010, 432; *Ising* DNotZ 2010, 217; *Wachter* GmbHR 2010, 206; *Omlor* EWiR 2010, 251; iE wohl auch *Heckschen* NotBZ 2010, 152). Ein anderer Senat des OLG Hamm hat hingegen entschieden, dass ein Notar, der eine Firmenänderung einer Mutter-GmbH beurkundete, nicht für die Folgeaktualisierung der Gesellschafterlisten in den GmbH-Beteiligungen der umfirmierten Mutter zuständig ist (OLG Hamm NZG 2011, 1395). Der Senat geht ausdrücklich von einer mittelbaren Mitwirkung aus und verneint entgegen der Entscheidung aus 2009 die Pflicht iSv § 40 II GmbHG. 10

Die Rechtsfrage ist aber gegenwärtig noch nicht abschl geklärt (vgl *Heckschen* NotBZ 2010, 152). Insbes ist str, ob die Pflicht von § 40 II GmbHG obj greift oder nur gilt, wenn der Notar die Beteiligung an der Dritt-GmbH kennt oder kennen muss (*Herrler* GmbHR 2010, 431 mit umfassenden Nachw). Jedenfalls um Haftungsfälle (§ 19 BNotO) zu vermeiden, wird der Notar sich Kenntnis davon verschaffen müssen, ob zu dem Verm der beteiligten Rechtsträger GmbH-Anteile gehören (*Herrler* GmbHR 2010, 432; *Ising* DNotZ 2010, 218; *Omlor* EWiR 2010, 252; aA *Ries* NZG 2010, 136; *Wachter* GmbHR 2010, 207). 11

Der damit aufgekommene Konflikt mit § 52 II (dazu auch *Flick* NZG 2010, 170 und *Meister* NZG 2008, 770) wurde durch den Reformgesetzgeber des 3. UmwÄndG gesehen. Vgl dazu Einf Rn 34. **§ 52 II wurde gestrichen.** Dies ist konsequent, da neben der – praktisch immer bestehenden – Pflicht des Notars eine weitere Pflicht der Geschäftsführer überflüssig ist. 12

4. Auslandsbeurkundung

Seit BGHZ 80, 76 war für die Rechtspraxis klar, dass die Beurkundung bei **Gleichwertigkeit** mit einer inl Beurkundung auch im Ausland durch einen ausl Notar stattfinden darf (zur praktischen Abwicklung bei der Registeranmeldung hilfreich *Schaub* NZG 2000, 956 ff). Von Gleichwertigkeit war auszugehen, wenn die ausl Urkundsperson nach Vorbild und Stellung im Rechtsleben eine der Tätigkeit des dt Notars entsprechende Funktion ausübte und ein Verfahrensrecht zu beachten hatte, das den tragenden Grdsen des dt Beurkundungsrechts entsprach (vgl schon RGZ 88, 227; LG Nürnberg-Fürth AG 1992, 241; LG Köln DB 1989, 2214; *Hüffer* AktG § 23 Rn 11 mwN, dort auch zur Beurkundung durch einen dt Konsul; Baumbach/Hueck/*Hueck/Fastrich* GmbHG § 2 Rn 9 mwN; *Schaffland* DB 1997, 863). 13

In einem Aufsatz des damaligen RiBGH *Goette* (FS Boujong, 1996, 131), der sich der vor allem durch die Vertreter des Notarstandes vertretenen Meinung zur 14

grdsl **Unzulässigkeit der Auslandsbeurkundung** angeschlossen hat, ist die langjährige Rechtspraxis hinterfragt worden. Der II. Zivilsenat des BGH hat sich seit seiner Grundsatzentscheidung BGHZ 80, 76 nicht mehr unmittelbar geäußert (vgl zum damaligen Meinungsstand in der Lit ausführl *Reuter* BB 1998, 116; *van Randenborgh/Kallmeyer* GmbHR 1996, 908; *Heckschen* DB 1998, 1385; Widmann/Mayer/*Heckschen* Rn 56 ff; Lutter/*Lutter/Drygala* Rn 7 ff; *Sick/Schwarz* NZG 1998, 540; *Hellwig* in RWS-Forum 10 [1997], 285, 291 ff je mwN; KölnerKommUmwG/*Simon* Rn 10 ff).

15 Das **LG Augsburg** hat in einer **viel beachteten Entscheidung** (DB 1996, 1666) die Auslandsbeurkundung eines Verschmelzungsvertrags durch einen Schweizer Notar als nicht ausreichend angesehen. Zur Begr wird angeführt, die Ortsform iSv Art 11 I HS 2 EGBGB sei bei der Auslandsbeurkundung von Verschmelzungsverträgen nicht ausreichend. Auch der BGH habe (zB BGHZ 105, 338) die Notwendigkeit der materiellen Richtigkeitsgewähr mittlerweile in den Vordergrund gestellt; Entsprechendes gelte für Beweissicherungs- und Rechtssicherheitsgründe. Das LG Kiel (DB 1997, 1223) hat für die Verschm von eG die Zulässigkeit einer in Österreich vorgenommenen Auslandsbeurkundung hingegen bestätigt. Die (unzutreffende, vgl Rn 1) Entscheidung ist allerdings nicht allg tragend, weil sie zu Unrecht darauf abhebt, dass nach früherem Recht für die Verschm von eG die Schriftform als ausreichend angesehen wurde. Genossenschaften unterlägen gem §§ 53 ff GenG der gesetzl Prüfungspflicht, zudem habe der Prüfungsverband kraft Gesetzes ein Gutachten zur Verschm abzugeben. Die sonst dem Notar obliegende Rechtmäßigkeitskontrolle sei damit durch die Mitwirkung des genossenschaftl Prüfungsverbandes gewahrt (zust *Stange* DB 1997, 1223; vgl auch *Schaffland* DB 1997, 863).

16 Das **OLG München** hat durch rkr Urteil (BB 1998, 119; zur Nichtannahme der Revision Rn 18) die Beurkundung eines Unternehmenskaufvertrages durch einen **Notar in Basel-Stadt** als ordnungsgemäß iSv § 15 IV GmbHG bestätigt. Diese Auslandsbeurkundung sei einer dt Beurkundung gleichwertig, weil dort tätige Urkundspersonen nach Vorbildung und Stellung im Rechtsleben eine der Tätigkeit des dt Notars entsprechende Funktion ausübten. In Basel-Stadt seien in erster Linie freiberufl (Anwalts-)Notare tätig. Erforderl für die Bestellung sei eine abgeschlossene jur Hochschulausbildung und ein mehrmonatiges Notariatspraktikum. Schließl entspricht das Beurkundungsverfahren im Wesentl dem dt Recht. Die gesetzl vorgeschriebene Form beziehe sich auf alle Tats- und Willenserklärungen, die Urkundsperson müsse persönl mitwirken, sie habe die Pflicht zur Ermittlung der Identität der beteiligten Person, eine Beratungspflicht und schließl die Pflicht, sich unparteiisch zu verhalten. Zu an diesen Maßstäben gemessenen gleichwertigen Notariatsverfassungen vgl MüKoAktG/*Pentz* § 23 Rn 35. Zur OLGRspr vgl iÜ Nachw bei Widmann/Mayer/*Heckschen* Rn 66 Fn 4.

17 Die mit der aktuellen Diskussion (für die Zulässigkeit der Auslandsbeurkundung ua Semler/Stengel/*Schröer* Rn 17; Lutter/*Lutter/Drygala* Rn 8 je mwN; *Weller* BB 2005, 1807 mwN; dagegen insbes Widmann/Mayer/*Heckschen* Rn 56 ff mwN) verbundene Unsicherheit ist für die Rechtspraxis belastend. Gerüchte, dass der II. Zivilsenat des BGH entsprechend der von *Goette* FS Boujong, 1996, 131 vertretenen Ansicht seine bisherige Rspr ändern wird, sind nicht belastbar (*Goette* MittRhNotK 1997, 1, 2). Nach wie vor ist den Gegnern der Auslandsbeurkundung zu erwidern, dass das lateinische Notariat grdsl Gleichwertigkeit mit einer inl Beurkundung gewähren kann. Enthaftungsverein-

barungen sind bei Auslandsbeurkundungen nicht die Regel und umgekehrt in der Bundesrepublik Deutschland zumindest in Bezug auf die stl Auswirkungen anspruchsvoller Gestaltungen nicht die Ausnahme (zu § 54 EStDV und den daraus folgenden Mitteilungspflichten des Notars vgl Widmann/Mayer/*Heckschen* Rn 59; § 6 fehlt der insoweit notw Bezug, stl Pflichten treffen die Beteiligten unmittelbar und unabhängig vom Ort der Beurkundung, vgl auch Lutter/*Lutter/Drygala* Rn 8 aE und *Küperkoch* RNotZ 2002, 297, 299). Eine etwaige Mehrarbeit von Registerrichtern ist eine ebenso sachfremde Erwägung wie die Annahme, nur ein dt Notar sei in der Lage, die Parteien umfassend zu belehren.

Der Praktiker ist bis zur endgültigen Klärung der Frage jedoch gut beraten, 18
sich vor Durchführung einer Auslandsbeurkundung mit den zuständigen Registergerichten abzustimmen. Als Argumentationshilfe kann mE auf zwei **Entscheidungen des BGH** zurückgegriffen werden, bei denen inzidenter auch die Auslandsbeurkundung behandelt wurde. Zum einen geht es um die Entscheidung des VIII. Zivilsenat des BGH in NJW-RR 2000, 273 mit Anm *Hergeth* DStR 2000, 601 und *Werner* EWiR 2000, 487. Die Entscheidung betraf eine öffentl Urkunde eines Schweizer Notars über den Verkauf von Geschäftsanteilen an einer dt GmbH. Hätte der Kaufvertrag den Anforderungen von § 15 III GmbHG nicht genügt, was bei Unwirksamkeit der Auslandsbeurkundung der Fall gewesen wäre, hätte der BGH anders entscheiden müssen (dazu *Werner* EWiR 2000, 487 f). Der VIII. Zivilsenat des BGH teilt im Sachverhalt nur mit, dass ein „Schweizer Notar" beurkundet habe, zu dessen Sitz und Qualifikation führt er nichts aus. Zum anderen hat wiederum der VIII. Zivilsenat die Revision gegen das Urteil des OLG München (BB 1998, 119, vgl Rn 16) unter Hinweis auf § 554b I ZPO nicht angenommen. Die Entscheidung ist, soweit ersichtl, nicht veröffentlicht. Aus der Nichtannahme der Revision ist aber nach der Auslegung durch das BVerfG (vgl BVerfGE 54, 277), das besonders strenge Anforderungen stellt, zu folgern, dass die Revision im Erg keine Aussicht auf Erfolg gehabt hat. Der VIII. Zivilsenat des BGH konnte solches nur annehmen, wenn er der Ansicht war, dass BGHZ 80, 76 (Rn 13) noch aktuell ist. Denn ersichtl hat sich das OLG München maßgebl mit der Zulässigkeit der Auslandsbeurkundung auseinandergesetzt, die Frage war streitentscheidend (dagegen ausführl Widmann/Mayer/*Heckschen* Rn 72 mwN). Die Entscheidung des OLG Stuttgart DB 2000, 1218) steht dem nicht entgegen. Das OLG Stuttgart hatte über die Beglaubigung einer Übertragung von GmbH-Anteilen durch einen **amerikanischen notary public** zu befinden; nach allg Grdsen (siehe Rn 13) ist die Auslandsbeurkundung nur vglbar, wenn sie nach den Rechtsgrundsätzen des lateinischen Notariats erfolgt.

5. Kosten der Beurkundung

Gem §§ 141, 36 II KostO wird für die **Beurkundung** von Verträgen das Dop- 19
pelte der vollen Gebühr erhoben. Der Anfall dieser $^{20}/_{10}$-Gebühr ist nicht verhandelbar, weil es dt Notaren gem § 140 KostO untersagt ist, von der Kostenordnung abw Vereinbarungen über die Höhe der Notarkosten zu schließen. Dieses Verbot gilt auch bzgl Vereinbarungen über den Geschäftswert. Gerade diese Vorschrift wird auch weiterhin die Auslandsbeurkundung (dazu Rn 13 ff) interessant erscheinen lassen, weil den dt Notaren gleichwertige ausl Notare (zB in Österreich, Schweiz und den Ländern des sog lateinischen Notariats, vor allem Frankreich, Belgien, Spanien, Italien und Niederlande) eine den rechtl und wirtschaftl Gegebenheiten entsprechende Vereinbarung der Gebühren nicht generell untersagt ist.

Die Wertbeschränkung (Rn 20) macht die Auslandsbeurkundung nicht unnötig (so aber wohl Lutter/*Lutter/Drygala* Rn 10 und § 2 Rn 44; Semler/Stengel/*Schröer* Rn 11, 15). Zur GesStRL für den Beamtennotar in Baden-Württemberg § 19 Rn 44.

20 Durch Art 33 VI JuMiG wurde die **Wertbeschränkung von § 39 V KostO** (damaliger § 39 IV KostO) auch für Verträge und Pläne nach dem UmwG maßgebend (vgl *Filzek/Sommerfeldt* MittRhNotK 1997, 306; § 39 V KostO gilt nicht für Umstrukturierungen durch Einzelrechtsnachfolge, BayObLG DB 1998, 2410). Bei Beurkundung von Plänen und Verträgen nach dem UmwG ist der Geschäftswert auf höchstens EUR 5 Mio beschränkt. Die damit verbundene deutl Kostenreduzierung gilt für Vertragsabschlüsse seit dem 25.6.1997 (dazu Widmann/Mayer/*Heckschen* Rn 99 ff, 107 ff). Die $^{20}/_{10}$-Gebühr erhöht sich im Erg durch getrennte Beurkundung von Vertragsangebot und -annahme nicht, der Anbietende trägt gem § 37 KostO jedoch eine $^{15}/_{10}$-Gebühr, der Annehmende gem § 38 II Nr 2 KostO ledigl noch eine $^{5}/_{10}$-Gebühr.

21 Zu den Gebühren für die Beurkundung des Verschmelzungsvertrages kommen noch Gebühren für die Anmeldung (dazu § 19 Rn 40 ff), für die **Eintragung** und Gebühren für etwa notw werdende **Zustimmungsbeschlüsse** (dazu § 13 Rn 77 ff). Zur Berechnung des Geschäftswerts ebenda und Widmann/Mayer/*Heckschen* Rn 100 ff mwN.

§ 7 Kündigung des Verschmelzungsvertrags

[1]Ist der Verschmelzungsvertrag unter einer Bedingung geschlossen worden und ist diese binnen fünf Jahren nach Abschluß des Vertrags nicht eingetreten, so kann jeder Teil den Vertrag nach fünf Jahren mit halbjähriger Frist kündigen; im Verschmelzungsvertrag kann eine kürzere Zeit als fünf Jahre vereinbart werden. [2]Die Kündigung kann stets nur für den Schluß des Geschäftsjahres des Rechtsträgers, dem gegenüber sie erklärt wird, ausgesprochen werden.

Schrifttum: Schrifttum bis 1994 siehe 3. Auflage; Schrifttum bis 2000 siehe 4. Auflage. *Grunewald,* Auslegung von Unternehmens- und Umwandlungsverträgen, ZGR 2009, 647.

Übersicht

1. Allgemeines

1 Die Regelung führt die schon früher in §§ 341 II AktG aF, 21 V KapErhG aF, 44a III VAG aF gegebenen Möglichkeiten der **Kündigung des Verschmelzungsvertrages** fort. Ersatzlos entfallen ist allerdings die vormalige Möglichkeit, den Vertrag nach Ablauf einer Zehn-Jahres-Frist zu kündigen, sofern dessen Wir-

kungen erst nach diesem Zeitpunkt eintreten; für die Weiterführung einer derartigen Vorschrift bestand kein praktisches Bedürfnis (vgl RegEBegr BR-Drs 75/94 zu § 7).

Weiterhin wurde die früher gleichmäßig geltende Sperrfrist für den Ausspruch der Kündigung von zehn auf fünf Jahre verkürzt. Schließl ist durch S 1 HS 2 klargestellt worden, dass die Dauer der Kündigungsfrist durch einvernehml Regelung verkürzt werden kann. **2**

Die Kündigung ist nur eine Möglichkeit zur Herbeiführung der Auflösung des Verschmelzungsvertrages. Daneben bestehen die im UmwG nicht ausdrückl aufgeführten Möglichkeiten der Inhaltsveränderung oder der Auflösung des Verschmelzungsvertrages aus anderen, dem allg Zivilrecht entstammenden Rechtsinstituten (dazu Rn 13 ff). **3**

2. Kündigung

§ 7 stellt zunächst klar, dass Verschmelzungsverträge auch unter Vereinbarung von Bedingungen und Befristungen geschlossen werden können. Problematisch ist dies jedoch im Hinblick auf die Vereinbarung einer **auflösenden Befristung bzw Bedingung.** Eine derartige Vertragsklausel kann nur bis zum Wirksamwerden der Verschm (§ 20 I) gelten; danach besteht der übertragende Rechtsträger nicht mehr, er kann nicht nachträgl wieder entstehen (Verbot der sog „Entschmelzung", wie hier *Körner/Rodewald* BB 1999, 853 mwN; Widmann/Mayer/*Heckschen* Rn 18; diff Lutter/*Lutter/Drygala* § 4 Rn 21 mwN; vgl zu § 20 II, der § 352a AktG aF ersetzt hat, § 20 Rn 94 ff und Lutter/*Grunewald* § 20 Rn 71 ff je mwN). Bis zum Wirksamwerden der Verschm ist die Vereinbarung einer auflösenden Bedingung bzw Befristung jedoch gültig (wie hier *Körner/Rodewald* BB 1999, 856 mwN auch zu abw Ansichten). **4**

Bei Vereinbarung einer **aufschiebenden Bedingung** (zB bei einer Kettenverschmelzung, vgl OLG Hamm GmbHR 2006, 255 mwN) soll nach Ansicht von Widmann/Mayer/*Heckschen* Rn 19 die Anmeldung gem § 17 nur wirksam sein, wenn die Bedingung innerhalb des Acht-Monats-Zeitraums von § 17 II 4 eingetreten ist; erleichternd soll ledigl der Nachw über den Eintritt der Bedingung nach Ablauf des Acht-Monats-Zeitraums nachgereicht werden können. Zur Begr führt *Heckschen* aus, dass ohne Eintritt der aufschiebenden Bedingung ein unwirksamer Verschmelzungsvertrag vorliege, der nicht wirksam angemeldet werden könne (in die gleiche Richtung arg KG DB 1998, 2511 und OLG Frankfurt aM NJW-RR 1999, 185, jew im Zusammenhang mit der Verschm von SchwesterGes). **5**

Dies dürfte zu weit gehen. Denn das bedingte Rechtsgeschäft ist tatbestandl vollendet und voll gültig, nur seine Rechtswirkungen sind bis zum Eintritt der Bedingung in der Schwebe (BGH NJW 1994, 3228; vgl auch *Körner/Rodewald* BB 1999, 856 mwN). Deshalb kommt es auch für die Fragen der Geschäftsfähigkeit, der Verfügungsbefugnis, der etwaigen Sittenwidrigkeit und aller sonstigen Gültigkeitsvoraussetzungen nicht auf den Zeitpunkt des Bedingungseintritts, sondern auf den Zeitpunkt der Vornahme des Rechtsgeschäfts an (vgl statt aller Palandt/*Ellenberger* BGB Einf vor § 158 Rn 8). Wenn der Verschmelzungsvertrag vor Eintritt der aufschiebenden Bedingung damit nicht unwirksam ist, kommt es auf § 17 II 4 nicht an. Es genügt, wenn der Bedingungseintritt auf Anforderung des Registergerichts nachgewiesen wird. **6**

7 Voraussetzung für die Kündigungsmöglichkeit ist, dass der Verschmelzungsvertrag unter einer (aufschiebenden) Bedingung geschlossen wurde und diese Bedingung innerhalb eines Zeitraums von mehr als fünf Jahren nicht eingetreten ist. Hintergrund dieses **besondere Kündigungsrechts** ist, dass sich in einem Zeitraum von fünf Jahren die Rahmendaten (Kapitalausstattung, wirtschaftl Entwicklung, Zahl und Zusammensetzung von Anteilsinhabern) so grundlegend verändern können, dass das Umtauschverhältnis nicht mehr den tats Gegebenheiten entspricht (wie hier Lutter/*Lutter/Drygala* Rn 1).

8 Die **Fünf-Jahres-Frist beginnt** kraft ausdrückl gesetzl Regelung **mit Abschluss des Verschmelzungsvertrages.** Damit wurde der früher hM (vgl Nachw in der 1. Aufl 1994 zu § 341 AktG Rn 10 mwN) eine Absage erteilt (RegEBegr BR-Drs 75/94 zu § 7). Es erschien dem Gesetzgeber nicht mehr sachgerecht, auf das Vorliegen der notw Zustimmungsbeschlüsse zu rekurrieren, weil bei Verschm unter Beteiligung von mehr als zwei Rechtsträgern eher Umstände eintreten können, die den Eintritt der Bindungswirkung des Verschmelzungsvertrages hinauszögern und damit die sachl gebotene Kündigungsmöglichkeit einengen, obwohl sich die Verhältnisse, die das Umtauschverhältnis der Anteile bestimmt, in demselben Maße geändert haben können (RegEBegr BR-Drs 75/94 zu § 7). Dieser Ansatz ist insoweit nicht korrekt, als auch nach früherer Rechtslage eine Verschm unter Beteiligung mehrerer Rechtsträger mögl war, die Interessenlage sich also nicht geändert hat (zu Unklarheiten der gesetzl Regelung auch Widmann/Mayer/*Heckschen* Rn 7). Gleichwohl ist der eindeutige gesetzl Wortlaut zu respektieren.

9 Im Verschmelzungsvertrag kann eine kürzere Zeit als fünf Jahre vereinbart werden, **S 1 HS 2.** Damit wird – was früher ebenfalls anerkannt war – klargestellt, dass die Sonderkündigungsmöglichkeit nach § 7 sowohl hinsichtl der maßgebl Frist als auch bezügl der Anwendbarkeit der Kündigungsbestimmung als solcher **dispositiv** ist. Kommen die beteiligten Rechtsträger überein, § 7 vollständig abzubedingen (aA hM, vgl Lutter/*Lutter/Drygala* Rn 9; Kallmeyer/*Marsch-Barner* Rn 3 je mwN; KölnerKommUmwG/*Simon* Rn 16), stellt sich die Frage nach der Existenz von Kündigungsmöglichkeiten aus anderen als den in § 7 aufgeführten Gründen.

10 Den beteiligten Rechtsträgern steht – bei Vorliegen der sonstigen Voraussetzungen – zumindest ein **Kündigungsrecht aus wichtigem Grund** zu. Nach dem ursprüngl von der Rspr aus §§ 543, 626, 723 BGB, § 92 HGB allg entwickelten und heute in **§ 314 BGB** niedergelegten Grds, dass Dauerschuldverhältnisse stets aus wichtigem Grund gekündigt werden können, ist auch für den Verschmelzungsvertrag ein solches allg Kündigungsrecht abzuleiten. Zwar begründet der Verschmelzungsvertrag kein Dauerschuldverhältnis im klassischen Sinne (Lutter/*Lutter/Drygala* § 4 Rn 31 Fn 6; für die Gleichstellung mit Dauerschuldverhältnis Semler/Stengel/*Schröer* § 4 Rn 59), die herausragende Bedeutung für die beteiligten Rechtsträger und die erhebl Zeitdauer zwischen Abschluss des Verschmelzungsvertrags und Umsetzung der in ihm festgeschriebenen Wirkungen durch die Eintragung der Verschm gebieten jedoch diesen Parallelschluss (allgM, vgl Lutter/*Lutter/Drygala* § 4 Rn 31 mwN; zur Arg mit dem Rechtsinstitut Wegfall der Geschäftsgrundlage Widmann/Mayer/*Heckschen* Rn 35).

11 Die **Kündigungsfrist** beträgt ein halbes Jahr zum Ende des Gj (dazu krit Widmann/Mayer/*Heckschen* Rn 6, 56) des die Kündigung empfangenden Rechtsträgers, **S 1 HS 1 S 2.** Wie allg endet das Vertragsverhältnis erst mit Ablauf der

Frist; in der Zwischenzeit kann die Verschm noch wirksam (§ 20 I), die Kündigung also gegenstandslos werden (Semler/Stengel/*Schröer* Rn 9 mwN).

Die **Kündigungserklärung** wird durch die jew Vertretungsorgane des erklärenden Rechtsträgers abgegeben, eine **Zustimmung der Anteilsinhaber** (quasi als actus contrarius zu § 13 I) ist nicht notw (teilw abl Widmann/Mayer/*Heckschen* Rn 42 ff, der danach differenziert, ob die Anteilsinhaberversammlung dem Verschmelzungsvertrag bereits zugestimmt hat oder nicht; wie hier Semler/Stengel/*Schröer* Rn 10; Lutter/*Lutter/Drygala* Rn 6). 12

3. Sonstige Veränderungen des Verschmelzungsvertrages

Der **Verschmelzungsvertrag ist** Organisationsakt, zugleich aber auch **schuldrechtl Vertrag.** Insoweit gelten die allg Regelungen des materiellen Zivilrechts (vgl § 4 Rn 7 ff, 16 ff). Die beteiligten Rechtsträger können das zwischen ihnen bestehende und durch den Verschmelzungsvertrag def Rechtsverhältnis durch Aufhebung, Änderung oder Anfechtung des Verschmelzungsvertrages modifizieren. 13

a) Aufhebung des Verschmelzungsvertrages. Mit Eintragung der Verschm in das Register des Sitzes des übernehmenden Rechtsträgers wird die Verschm wirksam (§ 20 I). Nach diesem Zeitpunkt kann die Verschm nicht wieder rückgängig gemacht oder aufgehoben werden (allg **Verbot der Entschmelzung,** vgl auch § 20 II; OLG Frankfurt aM NZG 2003, 236). Die Änderung des Verschmelzungsvertrages muss noch früher, näml spätestens bis zur ersten Eintragung bei einem übertragenden Rechtsträger iSv § 19 I 2, erfolgen, da bereits das dafür zuständige Registergericht die endgültige Vereinbarung prüfen muss (ähnl Semler/Stengel/*Schröer* Rn 37: Antrag auf Löschung der ersten Eintragung notw). 14

Vor der Eintragung der Verschm kann der Verschmelzungsvertrag einvernehml aufgehoben werden. Bei den Voraussetzungen für eine Aufhebung des Verschmelzungsvertrages ist zu diff: Wurde ein Zustimmungsbeschluss (§ 13) noch nicht gefasst, so können die jew zum Vertragsabschluss berufenen Vertretungsorgane der beteiligten Rechtsträger den bereits abgeschlossenen Verschmelzungsvertrag ohne weiteres wieder aufheben (allgM, vgl Lutter/*Lutter/Drygala* § 4 Rn 19 mwN). 15

Entsprechendes gilt, falls noch mindestens ein Zustimmungsbeschluss eines beteiligten Rechtsträgers fehlt. Die Vertretungsorgane derjenigen Rechtsträger, deren Anteilsinhaberversammlungen dem Verschmelzungsvertrag bereits zugestimmt haben, verstoßen hierbei zwar gg ihre **interne Bindung,** im **Außenverhältnis** ist die Aufhebung des Verschmelzungsvertrages jedoch wirksam. 16

Sofern allerdings alle notw Zustimmungsbeschlüsse auf Seiten aller beteiligten Rechtsträger gefasst sind, bedarf eine wirksame Aufhebung des Verschmelzungsvertrages sowohl des Abschlusses einer Aufhebungsvereinbarung als auch der **Zustimmung** der jew Anteilsinhaberversammlung (actus contrarius zu § 13 I, Lutter/*Lutter/Drygala* § 4 Rn 19 mwN; Widmann/Mayer/*Heckschen* § 6 Rn 52, der not Beurkundung fordert; Semler/Stengel/*Schröer* § 4 Rn 27 ff mwN, der bei Zustimmung der Anteilsinhaberversammlung nur eines Rechtsträgers bereits eine Wirkung auf das Außenverhältnis befürwortet; die Entscheidung OLG Karlsruhe DB 1994, 1462 zum Zustimmungserfordernis bei Aufhebung eines Beherrschungs- und Gewinnabführungsvertrages – keine Zustimmung erforderl – ist auf die Aufhebung des Verschmelzungsvertrages nicht anwendbar, da dieser noch wesentl weiter in die Rechtsposition der Beteiligten eingreift). 17

18 Für den actus contrarius wird man die gleichen **Mehrheitserfordernisse** verlangen müssen wie für den eigentl Zustimmungsbeschluss (vgl § 13 Rn 29; Widmann/Mayer/*Heckschen* § 13 Rn 66 mwN; aA Lutter/*Lutter/Drygala* § 4 Rn 20 mwN; Semler/Stengel/*Schröer* § 4 Rn 32; für Formbedürftigkeit dieses Beschlusses Widmann/Mayer/*Heckschen* § 13 Rn 163.32 und Widmann/Mayer/*Vossius* § 43 Rn 166).

19 Die Vertragsaufhebung selbst kann jedoch formlos erfolgen, § 6 gilt insoweit nicht (wie hier Semler/Stengel/*Schröer* § 6 Rn 10; Widmann/Mayer/*Heckschen* § 6 Rn 51).

20 **b) Abänderung des Verschmelzungsvertrages.** Auch bei einvernehml Änderung – zum spätesten Zeitpunkt Rn 14 – ist in zeitl Hinsicht zu diff. Solange ein Zustimmungsbeschluss noch nicht vorliegt, können die jew Vertretungsorgane der beteiligten Rechtsträger den Verschmelzungsvertrag jederzeit einvernehml ändern.

21 Liegt hingegen schon ein Zustimmungsbeschluss vor, so muss die **Versammlung der Anteilsinhaber,** welche die Zustimmung bereits erteilt hat, nach allgM über den veränderten Verschmelzungsvertrag (die Änderung müssen von den insoweit zuständigen Vertretungsorganen in den Vertrag eingearbeitet werden, zutr Widmann/Mayer/*Heckschen* § 13 Rn 64 mwN) erneut abstimmen, weil sonst die Voraussetzungen von § 13 I nicht eingehalten sind. Da auch der Beschluss über eine Vertragsänderung als Beschluss iSv § 13 I anzusehen ist, gelten die allg Mehrheitserfordernisse. Auch bedarf der geänderte Vertrag der **notariellen Beurkundung** nach § 6, ggf ist eine erneute Zuleitung des geänderten Vertrages gem § 5 III notw (dazu § 5 Rn 106 ff).

22 **c) Anfechtung und Nichtigkeit.** Der Verschmelzungsvertrag ist trotz seines organisationsrechtl Charakters auch schuldrechtl Vertrag, die **allg Regeln des Zivilrechts über Anfechtung und Nichtigkeit** finden daher Anwendung. Praktische Bedeutung kann die Anfechtung aber regelm erst nach Fassung der Zustimmungsbeschlüsse (§ 13) erlangen, da der Verschmelzungsvertrag zuvor ohnehin noch nicht wirksam ist und keine Bindungswirkung entfaltet (Kallmeyer/*Marsch-Barner* § 4 Rn 14).

23 Als **Anfechtungsgrund** wird neben der arglistigen Täuschung insbes der Irrtum über eine verkehrswesentl Eigenschaft eines beteiligten Rechtsträgers in Betracht kommen (§ 119 II BGB). Die **Nichtigkeit** des Verschmelzungsvertrages kann aus §§ 134, 138 BGB folgen; § 311b II BGB ist hingegen nicht anwendbar (§ 4 I 2, dazu § 4 Rn 5 und *Körner/Rodewald* BB 1999, 854).

24 **Nach Eintragung** der Verschm scheidet sowohl eine Anfechtung des Verschmelzungsvertrages nach §§ 119, 123 BGB (aA Widmann/Mayer/*Heckschen* Rn 38) als auch eine Berufung auf dessen Nichtigkeit aus (§ 20 II; ausführl § 20 Rn 120 ff; vgl auch § 26 Rn 14 mwN).

25 **d) Wegfall der Geschäftsgrundlage.** Grdsl sind auf den Verschmelzungsvertrag auch die Regeln über die Störung der Geschäftsgrundlage (§ 313 BGB) anwendbar). Die Anwendung der Grdse vom Wegfall der Geschäftsgrundlage wird insbes in Betracht kommen, wenn bei einem der beteiligten Rechtsträger nach Wirksamwerden des Verschmelzungsvertrags eine wesentl und nicht voraussehbare **Veränderung der Vermögenslage** eintritt (Semler/Stengel/*Schröer* § 4 Rn 58 mwN).

26 Rechtsfolge des Instituts der Störung der Geschäftsgrundlage ist regelm nicht die Auflösung des Vertrages, sondern vielmehr eine **Anpassung** an die veränderten Umstände. Eine Kündigung kommt nur in Betracht, wenn ein Festhalten am Vertrag für den anderen Vertragspartner schlichtweg unzumutbar ist, wenn also ein wichtiger Grund vorliegt (Lutter/*Lutter/Drygala* § 4 Rn 31; Widmann/Mayer/*Heckschen* Rn 35 aE und allg Lit zu § 313 III BGB). Dies wird zB bei einem nach der Veränderung der Vermögenslage eines der beteiligten Rechtsträger völlig unzutr Umtauschverhältnis regelm zu bejahen sein.

27 Eine Anpassung des Umtauschverhältnisses nach den Regeln über die Störung der Geschäftsgrundlage kommt nur dann in Frage, wenn die Vorschriften über den allg Schutz der Anteilsinhaber (Verschmelzungsbericht, Verschmelzungsprüfung, Prüfungsbericht etc) beachtet und weiterhin die Zustimmungen der Anteilsinhaberversammlungen (entsprechend § 13) erteilt werden; anderes dürfte bei gerichtl Festsetzung gelten. Sonderregelung zu § 313 BGB ist § 21 über die Wirkung der Umw auf gegenseitige Verträge mit Dritten.

28 **e) Rücktritt.** Nach überwiegender Ansicht ist **§ 323 BGB** auch auf den Verschmelzungsvertrag anwendbar (vgl § 4 Rn 20). Diese Ansicht ist zutr. Zwar schulden die übertragenden Rechtsträger aus dem Verschmelzungsvertrag nicht die Übertragung von Vermögensgegenständen, da diese Folge schon kraft Gesetzes mit Eintragung der Verschm eintritt (§ 20 I 1); die Vertragspartner schulden sich aber gegenseitig die Durchführung der für die Verschm notw Mitwirkungshandlungen. Diese Verpflichtungen stehen in einem **Synallagma.**

29 Liegen die Voraussetzungen von §§ 323 ff BGB vor, kann insbes der **Rücktritt vom Verschmelzungsvertrag** erklärt werden. Für die erforderl Erklärungen bedarf das jew Vertretungsorgan des handelnden Rechtsträger nicht der Zustimmung seiner Anteilsinhaberversammlung, weil die Ausübung dieses Gestaltungsrechts – anders als zB die Vertragsänderung – nicht der Zuständigkeit dieses Gremiums zugewiesen ist (so früher schon Lutter/*Lutter/Drygala* § 4 Rn 30 mwN; aA Widmann/Mayer/*Heckschen* Rn 41 ff, der für die Ausübung gesetzl und vertragl Rücktrittsrechte jew die Zustimmung der Anteilsinhaberversammlung[en] fordert, wenn und soweit diese der Verschm bereits zugestimmt haben). Das Rechtsschutzbedürfnis für eine bereits erhobene Unwirksamkeitsklage iSv § 14 soll nach LG Hanau DB 2002, 2261 durch den Rücktritt nicht entfallen.

§ 8 Verschmelzungsbericht

(1) [1] **Die Vertretungsorgane jedes der an der Verschmelzung beteiligten Rechtsträger haben einen ausführlichen schriftlichen Bericht zu erstatten, in dem die Verschmelzung, der Verschmelzungsvertrag oder sein Entwurf im einzelnen und insbesondere das Umtauschverhältnis der Anteile oder die Angaben über die Mitgliedschaft bei dem übernehmenden Rechtsträger sowie die Höhe einer anzubietenden Barabfindung rechtlich und wirtschaftlich erläutert und begründet werden (Verschmelzungsbericht); der Bericht kann von den Vertretungsorganen auch gemeinsam erstattet werden.** [2] **Auf besondere Schwierigkeiten bei der Bewertung der Rechtsträger sowie auf die Folgen für die Beteiligung der Anteilsinhaber ist hinzuweisen.** [3] **Ist ein an der Verschmelzung beteiligter Rechtsträger ein verbundenes Unternehmen im Sinne des § 15 des Aktiengesetzes, so sind in dem Bericht auch Angaben über alle für die Verschmelzung wesentlichen**

Angelegenheiten der anderen verbundenen Unternehmen zu machen. [4] Auskunftspflichten der Vertretungsorgane erstrecken sich auch auf diese Angelegenheiten.

(2) **[1] In den Bericht brauchen Tatsachen nicht aufgenommen zu werden, deren Bekanntwerden geeignet ist, einem der beteiligten Rechtsträger oder einem verbundenen Unternehmen einen nicht unerheblichen Nachteil zuzufügen. [2] In diesem Falle sind in dem Bericht die Gründe, aus denen die Tatsachen nicht aufgenommen worden sind, darzulegen.**

(3) **[1] Der Bericht ist nicht erforderlich, wenn alle Anteilsinhaber aller beteiligten Rechtsträger auf seine Erstattung verzichten oder sich alle Anteile des übertragenden Rechtsträgers in der Hand des übernehmenden Rechtsträgers befinden. [2] Die Verzichtserklärungen sind notariell zu beurkunden.**

Schrifttum: Schrifttum bis 1994 siehe 3. Auflage; Schrifttum bis 2000 siehe 4. Auflage; *Heckschen,* Beschränkung des Klagerechts im Umwandlungsverfahren, NotBZ 2001, 206; *Hüffer,* Beschlussmängel im Aktienrecht und im Recht der GmbH – eine Bestandsaufnahme unter Berücksichtigung der Beschlüsse von Leistungs- und Überwachungsorganen, ZGR 2001, 833; *Kiem/Uhrig,* Der umwandlungsbedingte Wechsel des Mitbestimmungsstatuts am Beispiel der Verschmelzung durch Aufnahme zwischen AG's, NZG 2001, 680; *Kleindiek,* Abfindungsbezogene Informationsmängel und Anfechtungsausschluss, NZG 2001, 552; *Sinewe,* Keine Anfechtungsklage gegen Umwandlungsbeschlüsse bei wertbezogenen Informationsmängeln, DB 2001, 690; *Fritzsche/Dreier,* Spruchverfahren und Anfechtungsklage im Aktienrecht: Vorrang oder Ausnahme des Anfechtungsausschlusses gemäß § 14 Abs. 2 UmwG, BB 2002, 737; *Henze,* Aspekte und Entwicklungstendenzen der aktienrechtlichen Anfechtungsklage in der Rechtsprechung des BGH, ZIP 2002, 97; *Vetter,* Abfindungswertbezogene Informationsmängel und Rechtsschutz, FS Wiedemann, 2002, 1321; *Hirte,* Informationsmängel und Spruchverfahren, ZHR 2003, 8; *Fuhrmann,* Gesetzliche Formerfordernisse von Vorstandsberichten, AG 2004, 135; *Schütz,* Neuerungen im Anfechtungsrecht durch den Referentenentwurf des Gesetzes zur Unternehmensintegrität und Modernisierung des Anfechtungsrechts (UMAG), DB 2004, 419; *Seibert/Schütz,* Der Referentenentwurf eines Gesetzes zur Unternehmensintegrität und Modernisierung des Anfechtungsrechts – UMAG, ZIP 2004, 252; *Wilsing,* Neuerungen des UMAG für die aktienrechtliche Beratungspraxis, ZIP 2004, 1082; ZIP-Dokumentation, DAV-Stellungnahme zum UMAG, ZIP 2004, 1230; *Sandhaus,* Richtlinienvorschlag der Kommission zur Vereinfachung der Berichts- und Dokumentationspflichten bei Verschmelzungen und Spaltungen, NZG 2009, 41; *Bayer/Schmidt,* Der Referentenentwurf zum 3. UmwÄndG: Vereinfachungen bei Verschmelzungen und Spaltungen und ein neuer verschmelzungsspezifischer Squeeze out, ZIP 2010, 953; *Diekmann,* Änderungen des Umwandlungsgesetzes, NZG 2010, 489; *Freytag,* Neues zum Recht der Konzernverschmelzung und des Squeeze out, BB 2010, 1611.

Übersicht

1. Allgemeines

Der nach § 8 vorgesehene **Verschmelzungsbericht** (Strafbewehrung: § 313 I Nr 1) dient ausschließl dem **Schutz der Anteilsinhaber** (Lutter/*Lutter/Drygala* Rn 3 mwN; KölnerKommUmwG/*Simon* Rn 3), er ist mittelbare Grundlage auch für die Durchführung der Verschmelzungsprüfung nach §§ 9–12. Während früher ein Verschmelzungsbericht ledigl für die Verschm von AG, KGaA oder bei entsprechender Beteiligung von GmbH erforderl war (vgl §§ 340a, 340b IV 5, 354 II, 355 II, 356 II AktG aF, dazu *Priester* NJW 1983, 1459), unterscheidet § 8 nicht mehr nach den beteiligten Rechtsträgern. An einer ausführl Vorabinformation haben die Anteilsinhaber eines jeden Rechtsträgers ohne Rücksicht auf dessen Rechtsform ein berechtigtes Interesse (vgl RegEBegr BR-Drs 75/94 zu § 8; ein GmbH-Gesellschafter kann aber wegen § 51a II GmbHG privilegiert sein, vgl Lutter/*Lutter/Drygala* Rn 45). 1

Durch die Umwandlungsreform geändert wurde auch die Verpflichtung der Vertretungsorgane der jew beteiligten Rechtsträger, zu den **rechtl und wirtschaftl Gründen** der Verschm an sich (und nicht nur des Verschmelzungsvertrags) Stellung zu nehmen. Anknüpfungspunkt waren die Vorschriften von § 186 IV 2 AktG (RegEBegr BR-Drs 75/94 zu § 8) und Art 9 der VerschmRL (78/855 EWG, ABl EG Nr L 295, 36). Die Berichtspflicht erstreckt sich auch auf eine etwa anzubietende **Barabfindung,** da dieses Institut bei einer Vielzahl von Verschm einschlägig sein kann. 2

Abs 2 und 3 sehen Ausnahmen von der Berichtspflicht vor, die bereits in der früheren Rechtspraxis als notw angesehen wurden. 3

Durch das 3. UmwÄndG (dazu Einf Rn 33) sollte ursprünglich in einem neuen Abs 3 die Informationspflicht der Vertretungsorgane ggü den Anteilsinhabern über wesentliche Vermögensveränderungen zwischen Abschluss des Verschmelzungsvertrages und Verschmelzungspflicht geregelt werden. In der endgültigen gesetzlichen Regelung wurde indes auf eine Änderung des für alle Rechtsnormen geltenden § 8 verzichtet und stattdessen ausschließlich für die AG § 64 Abs 1 neu gefasst, vgl Kommentierung dort. 4

§ 8 ist zum Schutz der Anteilsinhaber notw, weil der Verschmelzungsvertrag als solcher für die an den Verhandlungen nicht beteiligten Anteilsinhaber nicht genügend Informationen enthält; er schreibt nur das Erg der Verhandlungen fest. Die Anteilsinhaber der jew Rechtsträger als die eigentl Entscheidungs- und Vermögensträger sollen aber in die Lage versetzt werden, ihre Zustimmung zur oder Ablehnung der Verschm in **Kenntnis aller wesentl Umstände** abgeben zu können (so bereits BGH WM 1990, 2073, 2074; BGHZ 107, 296, 304 ff – Kochs-Adler; treffend *Hommelhoff* ZGR 1993, 463: „Präziser könnte der Gesetzgeber im Moment auch nicht lösen"; *Mertens* AG 1990, 20). Dieser **Normzweck** (vgl ergänzend Widmann/Mayer/*Mayer* Rn 9 ff; Lutter/*Lutter/Drygala* Rn 3 ff) ist bei der Auslegung von § 8 stets ausreichend zu berücksichtigen. 5

2. Schuldner der Berichtspflicht

6 **Abs 1 S 1** weist den jew Vertretungsorganen jedes der an der Verschm beteiligten Rechtsträger die Pflicht zur Abfassung eines ausführl Verschmelzungsberichts zu. Die jew Organmitglieder sind auch aufgrund ihres Dienstvertrages zur Erstattung des Verschmelzungsberichts verpflichtet (Semler/Stengel/*Gehling* Rn 5, dort auch zur Verantwortung innerhalb Ressort- und Gesamtzuständigkeit).

7 Formwirksam erstattet ist der Verschmelzungsbericht bereits dann, wenn er von Mitgliedern des Vertretungsorgans in **vertretungsberechtigter Anzahl** unterzeichnet ist. Gegen die früher hM (dazu 4. Aufl 2006, Rn 6 mwN) sieht der BGH das Schriftformerfordernis von Abs 1 S 1 als gewahrt, wenn nicht alle, sondern nur so viele Organmitglieder handeln, wie es zur regulären gesellschaftsrechtl Vertretung notw ist (BGH AG 2007, 625 = BB 2007, 1977 mit zust Anm *v. Rechenberg;* ebenso *Linnerz* EWiR 2005, 135 zu KG DB 2004, 2746; vgl auch OLG Stuttgart ZIP 2003, 2363). Wird der Verschmelzungsbericht gedruckt, kann die Unterschrift durch Faksimile ersetzt werden.

8 Eine **Vertretung** der Vertretungsorgane ist unzulässig, da der Verschmelzungsbericht eine Wissens- und keine Willenserklärung darstellt (Lutter/*Lutter/Drygala* Rn 7; Semler/Stengel/*Gehling* Rn 5; Widmann/Mayer/*Mayer* Rn 14 aE; aA *Hüffer* FS Claussen, 2004, 183 f).

3. Gemeinsamer Bericht

9 In Übereinstimmung mit der früher hM (dazu 1. Aufl 1994, § 340a AktG Anm 4 mwN) wird in **Abs 1 S 1 HS 2** festgeschrieben, dass der Bericht von den Vertretungsorganen aller beteiligten Rechtsträger auch **gemeinsam** erstattet werden kann. Dieses Vorgehen ist empfehlenswert, weil die wirtschaftl und rechtl Erläuterung und Begr zur Verschm, zum Verschmelzungsvertrag bzw zu dessen Entwurf und zum Umtauschverhältnis nicht ohne ein Eingehen auf jew alle an der Verschm beteiligten Rechtsträger mögl ist.

10 Der Verschmelzungsbericht fasst letztl nur die Verhandlungen über den Verschmelzungsvertrag unter Offenlegung der jew Verhandlungsansätze und Zielsetzungen der Rechtsträger zusammen. Zum Schriftformerfordernis vgl Rn 7.

4. Umfang der Berichtspflicht

11 **a) Allgemeines.** Der **ausführl** schriftl Bericht hat **rechtl und wirtschaftl Erläuterungen und Begr** zur Verschm an sich, zum Verschmelzungsvertrag oder dessen Entwurf, zum Umtauschverhältnis, zur Stellung der Anteilsinhaber beim übernehmenden Rechtsträger und schließl zur Höhe einer etwa anzubietenden Barabfindung zu enthalten (**Abs 1 S 1 HS 1;** krit zu der weiten Formulierung von Abs 1 S 1 HRA des DAV WM Sonderbeilage 2/1993 Rn 31 ff, der die Ausweitung der Berichtspflicht als nicht erforderl und den Gesetzestext, soweit er über § 340a AktG aF hinausgeht, als überflüssiges Beiwerk ansieht; sehr weitgehende Freiheiten werden den Berichtspflichtigen durch OLG Düsseldorf ZIP 1999, 793 und OLG Hamm ZIP 1999, 798 zugestanden; dagegen zu Recht *Heermann* ZIP 1999, 1861). Der Normzweck (Rn 5) gebietet es, den jew Anteilsinhabern einen möglichst umfassenden Einblick zu gewähren, weswegen auch LG Essen AG 1999, 329, 331 nicht recht verständl ist, soweit dort allg behauptet wird, Meinungen von Organen anderer an der Verschm beteiligter Rechtsträger seien nicht erwähnenswert. Richtig aber OLG Hamm DB 1999, 1156: Angaben

zur Höhe mögl Zahlungen im Spruchverfahren interessieren nicht. Grenze der Berichtspflicht ist § 8 II, der sich an § 131 III 1 AktG anlehnt (dazu Rn 29 ff).

Der **Umfang der Berichtspflicht** ist **nicht** deswegen **eingeschränkt,** weil §§ 9–12 eine **Verschmelzungsprüfung** durch Sachverständige vorsehen (vgl auch OLG Köln AG 1989, 101, 102; in diese Richtung argumentierend aber Lutter/*Lutter/Drygala* Rn 12). Auch der Umstand, dass der einzelne Anteilsinhaber wegen eines zu gering bemessenen Umtauschverhältnisses keine Unwirksamkeitsklage erheben kann, sondern auf das **Spruchverfahren** angewiesen ist, führt nicht zu einer Beschränkung der Berichtspflicht (OLG Karlsruhe WM 1989, 1134, 1136 ff). Ein Bericht, in dem ledigl der Verschmelzungsvertrag mit einem anderen Wortlaut referiert wird, wird den gesetzl Anforderungen ebenso wenig gerecht wie allg Erwägungen zur Sinnhaftigkeit eines Umstrukturierungsvorgangs. 12

Auf der anderen Seite verlangt Abs 1 nicht, die jew Anteilsinhaber derart umfassend mit Datenmaterial zu versorgen, dass diese – ggf unter Hinzuziehung von Sachverständigen – in der Lage wären, die rechtl und wirtschaftl Hintergründe der Verschm, des Verschmelzungsvertrages etc selbst abschl zu beurteilen. Es ist also insbes **nicht notw,** dass der einzelne **Anteilsinhaber** mit Hilfe der im Verschmelzungsbericht genannten Daten die dem Verschmelzungsvertrag zugrunde liegenden **Unternehmensbewertungen selbst erstellen** könnte (OLG Saarbrücken ZIP 2011, 469; OLG Düsseldorf DB 2002, 781; so schon OLG Hamm DB 1989, 1616, 1617). Ausreichend ist es vielmehr, wenn die Anteilsinhaber aufgrund des Verschmelzungsberichts eine **Plausibilitätskontrolle** durchführen können (allgM, Lutter/*Lutter/Drygala* Rn 12; Kallmeyer/*Marsch-Barner* Rn 6 und Semler/Stengel/*Gehling* Rn 11 ff je mwN; ausführl Widmann/Mayer/*Mayer* Rn 19 ff). 13

b) Erläuterungen zur Verschmelzung. Gegenstand des Verschmelzungsberichts sind zunächst wirtschaftl und rechtl **Erläuterungen und Begr zur Verschm an sich.** Dieses Erfordernis ist durch das UmwG 1995 neu eingeführt worden. Vorbild war § 186 IV 2 AktG über die Berichtspflicht im Zusammenhang mit dem Bezugsrechtsausschluss. Die Leitungsorgane haben demnach **schlüssig und nachvollziehbar** darzulegen, warum gerade eine Umstrukturierung im allg und eine Verschm im Besonderen das **geeignete Mittel** (vgl zu anderen Möglichkeiten Widmann/Mayer/*Mayer* Rn 20; KölnerKommUmwG/*Simon* Rn 24) zur Verfolgung des Unternehmenszwecks des jew beteiligten Rechtsträgers sein soll (so auch LG München I AG 2000, 88). In diesem Zusammenhang kann bspw auf Synergieeffekte, marktspezifische Besonderheiten, stl Vorteile durch oder infolge der Verschm, Haftungsgesichtspunkte, Publizitäts- und Mitbestimmungspflichten etc eingegangen werden. Eine allg Bezugnahme auf generelle Motive von Verschm ohne konkrete „Subsumtion" ist nicht opportun (vgl auch LG Essen AG 1999, 331). 14

c) Erläuterungen zum Verschmelzungsvertrag. Rechtl und wirtschaftl zu erläutern und zu begründen ist auch der **Verschmelzungsvertrag** bzw sein Entwurf. Wie im früheren Recht ist damit die Erläuterung der Bestimmungen des Verschmelzungsvertrages im Einzelnen gefordert. Der technische Vorgang der Verschm ist den Anteilsinhabern zur Vorbereitung der Beschlussfassung (§ 13) rechtl darzulegen, die Wirkungen der vollzogenen Verschm (für die jew Betriebe der einzelnen Unternehmen, für Verträge mit Dritten, für die ArbN, das Mitbestimmungsstatut, dazu *Kiem/Uhrig* NZG 2001, 680 etc) sind ebenfalls zu erläutern. 15

Anhaltspunkte für die vollständige Abfassung des Berichts bieten die in §§ 5 I, 20 ff aufgeführten Tatbestände. Die **wirtschaftl Erläuterungen** müssen auf Tat- 16 sachen basieren (OLG Frankfurt aM ZIP 2000, 1928) und haben vor allem eine Komm der rechtl Erläuterungen aus bilanzieller, stl und betriebswirtschaftl Sicht zum Gegenstand (vgl *Ossadnik* DB 1995, 105; Semler/Stengel/*Gehling* Rn 17 ff; zu eng auf rechtliche Gesichtspunkte beschränkt sich Widmann/Mayer/*Mayer* Rn 23; wie hier wohl Kallmeyer/*Marsch-Barner* Rn 9 und Lutter/*Lutter*/*Drygala* Rn 17). Auch die wirtschaftliche Zweckmäßigkeit der Verschmelzung an sich ist Berichtsgegenstand (OLG Jena NJW-RR 2009, 182; OLG Düsseldorf DB 2006, 2223).

17 Wenn rechtl das Schicksal gegenseitiger Verträge iSv § 21 erläutert wird, sollte auch darauf eingegangen werden, welche wirtschaftl Konsequenzen dies zB für den Bilanzansatz beim übernehmenden Rechtsträger, für die beleihende Bank etc hat. Nur so wird dem Gesetzeswortlaut („ausführlichen Bericht . . ., in dem der Verschmelzungsvertrag oder sein Entwurf im Einzelnen . . . rechtlich und wirtschaftlich erläutert und begründet werden") ausreichend Rechnung getragen. Es gibt eine Vielzahl von Vertragsklauseln, die unter „rechtlichen Gesichtspunkten" (Widmann/Mayer/*Mayer* Rn 23) nicht erklärungsbedürftig sind, die aber unmittelbar wirtschaftl Auswirkungen haben können; genannt seien zB Vereinbarungen über die Kostenverteilung, die sich stl auswirken können oder Vereinbarungen zu einem variablen Verschmelzungsstichtag (dazu § 5 Rn 79), die das Umtauschverhältnis ändern oder schlimmstenfalls die ganze Verschm verhindern können.

18 Auf die Abfassung des Verschmelzungsberichts ist – auch was die Erläuterung des Verschmelzungsvertrages oder seines Entwurfs betrifft – große **Sorgfalt** zu verwenden. Gleichwohl darf der Bogen nicht überspannt werden; den jew Anteilsinhabern soll ein **geschlossenes Bild der rechtl und wirtschaftl Bedeutung und Wirkung des Verschmelzungsvertrags** vermittelt werden, eine wissenschaftl Abhandlung zu allen mit dem Verschmelzungsvertrag und seinen Wirkungen zusammenhängenden Fragen ist nicht gefordert. Selbstverständlichkeiten brauchen keine Darstellung (Lutter/*Lutter*/*Drygala* Rn 17; Widmann/Mayer/*Mayer* Rn 23 aE).

19 **d) Erläuterungen zum Umtauschverhältnis.** Gegenstand der wirtschaftl und rechtl Begr und Erläuterung ist auch das **Umtauschverhältnis** der Anteile oder die Angaben über die Mitgliedschaft bei dem übernehmenden Rechtsträger. Bereits durch die Gesetzesfassung (insbes) wird klargestellt, dass dieser Teil des Verschmelzungsberichts nach wie vor als **Schwerpunkt** angesehen wird, er wird naturgemäß auch auf das größte Interesse der Anteilsinhaber treffen (vgl *Schöne* GmbHR 1995, 325, 330 f mwN).

20 Die noch zu § 340a AktG aF ergangenen Gerichtsentscheidungen, die sich mit der Berichtspflicht in Zusammenhang mit der Berechnung des Umtauschverhältnisses befassen, gelten weiterhin uneingeschränkt (vgl etwa BGH WM 1990, 2073; 1990, 140; DB 1989, 1664; OLG Hamm AG 1989, 31; OLG Karlsruhe DB 1989, 1616; LG Frankenthal WM 1989, 1854). Diese Entscheidungen lassen indessen noch keine sichere Festlegung zu, was in den Verschmelzungsbericht aufgenommen werden muss.

21 Es reicht nicht aus, nur die Grdse zu erläutern, nach denen Unternehmenswerte und Umtauschverhältnisse bestimmt worden sind (BGH WM 1990, 2073, 2074). In dem Bericht können sich die Vertretungsorgane der Rechtsträger also **nicht auf die Mitteilung der angewandten Bewertungsmethode und einzelner Rechenansätze** beschränken (OLG Köln AG 1989, 101, 102). Ungenügend ist es auch, ledigl die Wertrelation der beteiligten Rechtsträger anzugeben (OLG

Karlsruhe DB 1989, 1616) oder sich auf nicht näher begründete Erläuterungen von Wirtschaftsprüfern bzgl der Angemessenheit des Umtauschverhältnisses zu berufen (*Hügel,* Verschmelzung und Einbringung, 1993, S 146 ff; ausführl zu den geforderten Erläuterungen Lutter/*Lutter/Drygala* Rn 18 ff; Semler/Stengel/*Gehling* Rn 22 ff und Widmann/Mayer/*Mayer* Rn 24 ff je mwN).

Vielmehr müssen die **ermittelten Unternehmenswerte** und die für die Ermittlung erforderl **Einzelfaktoren** angegeben werden, da die angenommenen Unternehmenswerte das Umtauschverhältnis bestimmen. Jeder Anteilsinhaber eines jeden Rechtsträgers muss in die Lage versetzt werden, in Form einer **Plausibilitätskontrolle** die Korrektheit der einzelnen **Unternehmensbewertungen nachvollziehen** zu können und bei Zweifeln hieran ein Spruchverfahren zu erwägen (vgl auch OLG Hamm ZIP 1999, 798). Sofern die Bew mit Hilfe der Ertragswertmethode (oder eines anderen Zukunftserfolgsverfahrens, zB DCF-Bewertungen) durchgeführt wurden, müssen die **wesentl Kennzahlen der Zukunftsprognose** dargestellt werden. Zu erläutern ist ebenfalls der **Kapitalisierungszinsfuß** (siehe vorstehende Lit). 22

Angaben über die Mitgliedschaft beim übernehmenden Rechtsträger sind immer dann sehr sorgfältig abzufassen (vgl *Schöne* GmbHR 1995, 325, 330 f; zutr Differenzierung bei Lutter/*Lutter/Drygala* Rn 29 ff mwN, die auch Angaben zur Beteiligungsquote fordern), wenn die **ZielGes eine andere Rechtsform** als der jew übertragende Rechtsträger hat, des Weiteren, wenn bei Rechtsformidentität von übertragenden Rechtsträgern und ZielGes eine andere Stellung der Anteilsinhaber (etwa durch Vinkulierung, Stimmrechtsausschluss etc) zu verzeichnen ist, vgl auch § 29 I, II. 23

e) Erläuterungen zur Barabfindung. Eine etwa anzubietende **Barabfindung** ist ebenfalls zu erläutern (zB in den Fällen Rn 23, vgl § 29) und zu begründen. Bzgl der **Angemessenheit** der Barabfindung gilt das in Rn 19–22 zur Angemessenheit des Umtauschverhältnisses Gesagte entsprechend. IÜ haben die Vertretungsorgane darzustellen, weswegen ein Abfindungsangebot nach §§ 29 ff zu unterbreiten war (aA Semler/Stengel/*Gehling* Rn 49 aE), denn Abs 1 S 1 dient der Information der Anteilsinhaber, die nach dem gesetzl Leitbild von § 29 selbst entscheiden sollen, wodurch ihren Interessen am besten genügt wird; dabei ist insbes auf die Voraussetzungen von § 29 I, II einzugehen. Ebenfalls in die rechtl Erläuterung einzubeziehen ist die Regelung von § 31, sinnvollerweise sollten die gesetzl **Ausschlussfristen** noch einmal klarstellend mitgeteilt werden (Widmann/Mayer/*Mayer* Rn 28; Kallmeyer/*Marsch-Barner* Rn 22). 24

f) Schwierigkeiten bei der Bewertung. Soweit im Zusammenhang mit der Abfassung des Verschmelzungsberichts auf die Unternehmens einzugehen ist, muss auf **besondere Schwierigkeiten bei der Bew der Rechtsträger** sowie auf die Folgen für die Beteiligung der Anteilsinhaber hingewiesen werden, **Abs 1 S 2.** Damit sind jedoch nicht die Schwierigkeiten einer jeden Unternehmensbewertung gemeint (vgl bereits KölnerKommAktG/*Kraft* § 340a Rn 18), sondern vielmehr Umstände, die gerade eine **konkret** im Zusammenhang mit dieser Verschm vorzunehmende Bew erschwert haben. 25

Bspw ist zu erläutern, warum und in welchem Ausmaß außergewöhnl Schwierigkeiten bei der Unternehmensbewertung eines Rechtsträgers aufgetreten sind, bei dem die übl Bewertungsmethoden (dazu § 5 Rn 11 ff) nicht oder nicht auf Anhieb zu einem verlässl Erg geführt haben. Auch die praktisch sehr wichtige Frage nach Vorhandensein und Umfang von nicht betriebsnotw Verm (funktionale 26

Betrachtung, vgl § 5 Rn 44–46) sollte schlüssig beantwortet werden; besondere Schwierigkeiten können sich ebenfalls bei der Bew von HoldingGes (dazu § 5 Rn 63) und in Sondersituationen (Sanierung, junges Unternehmen, absehbare politische Veränderungen wie Liberalisierung von Märkten bei Telekom, Strom, Wasser etc oder Verbot von Kernkraftwerken, Beispiel nach Lutter/*Lutter/Drygala* Rn 28 aE; zweifelnd Semler/Stengel/*Gehling* Rn 51 Fn 129, dessen Ansicht durch das jetzt praktisch gewordene Beispiel des Atomausstiegs mit seinen erheblichen wirtschaftlichen Auswirkungen für die betroffenen Unternehmen widerlegt sein dürfte) ergeben.

5. Verbundene Unternehmen

27 Ist ein an der Verschm beteiligter Rechtsträger ein verbundenes Unternehmen iSv § 15 AktG, so sind im Verschmelzungsbericht auch Angaben über alle für die Verschm wesentl Angelegenheiten **der anderen verbundenen Unternehmen** zu machen, **Abs 1 S 3.**

28 **Abs 1 S 4** stellt darüber hinaus klar, dass die erweiterten Berichtspflichten von Abs 1 S 3 auch mit entsprechenden **Auskunftspflichten** der jew Vertretungsorgane in den Versammlungen der Anteilsinhaber anlässl der Beschlussfassung korrespondieren. Diese Regelung ist nur vor dem Hintergrund zu verstehen, dass Unternehmensverträge iSv §§ 15 ff AktG auch nach Wirksamwerden der Verschm aktuell bleiben können (dazu ausführl § 20 Rn 55 ff und *Vossius* FS Widmann, 2000, 133). Deswegen soll den Anteilsinhabern der jew beteiligten Rechtsträger bereits vor Beschlussfassung die Möglichkeit gegeben werden, sich auch über diejenigen Angelegenheiten verbundener Rechtsträger zu unterrichten, die für die Verschm wesentl sind (vgl RegEBegr BR-Drs 75/94 zu § 8 I 3, 4; vgl iÜ ausführl Lutter/*Lutter/Drygala* Rn 38 ff und Semler/Stengel/*Gehling* Rn 58 ff).

6. Geheimnisschutz

29 **Abs 2** normiert ausdrückl die **Grenze der Berichtspflicht** bei Geheimnisschutz. In Anlehnung an § 131 III Nr 1 AktG und in Fortsetzung der höchstrichterl Rspr (die RegEBegr bezieht sich auf BGHZ 107, 296, 305 f; BGH ZIP 1990, 168, 169; 1990, 1560, 1561) darf die Mitteilung von Tats verweigert werden, deren Bekanntwerden geeignet ist, einem der beteiligten Rechtsträger oder einem verbundenen Unternehmen einen **nicht unerhebl Nachteil** zuzufügen (dazu ausführl *Ebenroth/Koos* BB Beilage 8/1995, 2). Abs 2 gilt für alle Rechtsformen einheitl, obwohl die rechtsformspezifischen Gesetze durchaus unterschiedl Wertungen zum Informationsinteresse der Anteilsinhaber enthalten (vgl Lutter/*Lutter/Drygala* Rn 46, 47 mwN; vgl auch Widmann/Mayer/*Mayer* Rn 50 mwN zur Frage, ob § 51a GmbHG die betreffenden Gesellschafter insoweit privilegiert).

30 Das Informationsbedürfnis der Anteilsinhaber findet seine Grenze beim **wohlverstandenen Geheimhaltungsinteresse** der beteiligten Rechtsträger. Die jew Rechtsträger stehen im Wettbewerb mit anderen Unternehmen, die aus den internen Daten wertvolle Informationen ableiten könnten. Insbes die für die Berechnung des Umtauschverhältnisses notw Prognosen und Planungen dürften für Konkurrenzunternehmen von erhebl Interesse sein. Das Geheimhaltungsinteresse ist umso höher zu bewerten, als zum Zeitpunkt der Aufstellung des Verschmelzungsberichts die Durchführung der Verschm gerade noch nicht als sicher unterstellt werden kann. Umgekehrt sind die Anteilsinhaber bei ihrer Entscheidung, ob sie der Verschm zustimmen wollen, auf **gehaltvolle Informationen** – die auf Tats

und nicht nur auf Wertungen der Leitungsorgane beruhen – angewiesen; auch im Spruchverfahren (dazu Teil B) kann das Gericht nur auf Basis prüfbarer Tats beurteilen, ob ein Sachverständiger beizuziehen ist oder nicht.

Die zu § 131 III 1 AktG entwickelten Grdse sind in vollem Umfang auf § 8 II 1 zu übertragen, auf die aktienrechtl Spezialliteratur (zB *Hüffer* AktG § 131 Rn 23 ff; MüKoAktG/*Kubis,* 2. Aufl 2004, § 131 Rn 94 ff je mwN) wird verwiesen. Danach steht es im Ermessen des Vertretungsorgans, ob Auskunft gewährt wird. Es handelt sich nicht um eine freie Ermessensentscheidung, maßgebend ist die vernünftige kaufmännische Beurteilung als obj verstandener, **voller richterl Nachprüfung** zugängl Maßstab (hM, Nachw bei *Hüffer* AktG § 131 Rn 25). 31

Beispiele für Umstände, die das Geheimhaltungsinteresse des Rechtsträgers überwiegen lassen können (Einzelfallabwägung!): Fragen nach stl Wertansätzen und Höhe einzelner Steuern, Fragen nach stillen Rücklagen, Fragen nach über den Jahresabschluss hinausgehenden Verlusten, Ausforschung. Eigene Interessen des Leitungsorgans sind unbeachtl, es kommt nur auf die Beachtung der Unternehmensinteressen an, vgl *Ebenroth/Koos* BB Beilage 8/1995, 10. Zur Pflicht des Vertretungsorgans, sich in einschlägigen Fällen auf den Geheimnisschutz zu berufen vgl Semler/Stengel/*Gehling* Rn 67. 32

Abs 2 S 1 wird seinerseits wieder **eingeschränkt** durch die Pflicht der jew Vertretungsorgane, die Gründe, aus denen heraus Tats nicht aufgenommen worden sind, im Bericht darzulegen. Damit wird der **pauschale Hinweis auf das Geheimhaltungsinteresse abgeschnitten** und die von der Rspr geforderte **Transparenz** (zB BGH WM 1990, 2073, 2075) gewährleistet. Im Verschmelzungsbericht selbst – und nicht erst in der Anteilsinhaberversammlung gem § 13 – müssen die Umstände **konkret** dargelegt werden, weswegen eine weitergehende Erläuterung in rechtl oder wirtschaftl Hinsicht schädl Auswirkungen hätte. Die Darlegung der Gründe für das Geheimhaltungsinteresse muss wiederum zumindest einer **Plausibilitätskontrolle** standhalten (BGH WM 1990, 2073; 1990, 140, 142; Lutter/*Lutter/Drygala* Rn 48; KölnerKommUmwG/*Simon* Rn 76). 33

Ab wann sich ein Rechtsträger bzw dessen Vertretungsorgan auf den Geheimnisschutz iSv § 8 II berufen kann, lässt sich nicht abstrakt und generell beantworten, dies ist vielmehr stets eine Frage des **Einzelfalls.** Bei der Bew wird auch zu berücksichtigen sein, inwieweit der jew Rechtsträger allg (vgl auch Rn 29 und zu § 51a GmbHG etwa § 49 Rn 7; zu § 131 III AktG unten § 64 Rn 7 ff) oder durch sonstige verbindl Rechtsvorschriften (zB Publizitätspflichten) zu einer verstärkten Preisgabe von Informationen verpflichtet ist. 34

Auch kann es nicht angehen, durch Abs 2 Unternehmen zu privilegieren, die die Öffentlichkeit oder Analysten bei anderer Gelegenheit (zB im Zusammenhang mit shareholder value) umfassend informieren. Geschützt werden nur **Geheimnisse des Unternehmens,** also der (auch begrenzten) Öffentlichkeit bisher verborgene Informationen. Dass hier gerade in den letzten Jahren umfassende Entwicklungen stattgefunden haben, muss auch bei der konkreten Entscheidung im Einzelfall berücksichtigt werden. 35

7. Verzicht

Abs 3 S 1 lässt die Pflicht zur Abfassung eines Verschmelzungsberichts dann entfallen, wenn **alle** Anteilsinhaber **aller** beteiligten Rechtsträger auf seine Erstattung in notarieller Urkunde verzichten (dies kann nicht auf Vorrat, etwa im Gesellschaftsvertrag, geschehen, zutr Semler/Stengel/*Gehling* Rn 68; §§ 8 ff BeurkG 36 sind einzuhalten, zutr Widmann/Mayer/*Heckschen* § 13 Rn 9.10). Durch die eindeutige Gesetzesformulierung wird klar, dass ein Verschmelzungsbericht selbst dann zu fertigen ist, wenn nur ein einziger Anteilsinhaber auf seiner Abfassung besteht.

37 Auch für den Fall, dass kein gemeinsamer Bericht iSv Abs 1 S 2 verfasst wird, sind die Leitungsorgane **aller Rechtsträger** dazu berufen, einen Verschmelzungsbericht zu erstellen, dies selbst dann, wenn „ihre" Anteilsinhaber eine formgerechte Verzichtserklärung abgegeben haben. Ob damit nicht über das gesteckte Ziel hinausgeschossen wurde (der Verschmelzungsbericht dient den Anteilsinhabern; auch ist für die Verzichtserklärung die Form von §§ 13 ff BeurkG einzuhalten) steht zu bezweifeln (wie hier Lutter/*Lutter/Drygala* Rn 49).

38 Die Pflicht zur **notariellen Beurkundung** (Abs 3 S 2) ist nicht disponibel, die Warnfunktion der notariellen Form wurde bewusst fruchtbar gemacht, außerdem soll dem Registergericht (vgl § 17 I) die sichere Nachprüfung ermöglicht werden (RegEBegr BR-Drs 75/94 zu § 8 III). Vgl zur Heilung § 20 I Nr 4; vgl zu den Notarkosten und zum Zeitpunkt der Verzichtserklärung Widmann/Mayer/*Mayer* Rn 59 ff. Die GesSt-RL (vgl § 19 Rn 36) soll für die Beurkundung der Verzichtserklärungen durch Amtsnotare nicht gelten, weil diese Erklärungen die Umw als solche nicht betreffen (LG Stuttgart GmbHR 2001, 977; mE zu formal).

8. Aufnahme einer 100%igen Tochtergesellschaft

39 Auf Anregung des Rechtsausschusses des BT wurde Abs 3 S 1 um eine 2. Alt ergänzt: Wenn sich alle Anteile des übertragenden Rechtsträgers in der Hand des übernehmenden Rechtsträgers befinden, ist ein Verschmelzungsbericht in Übereinstimmung mit Art 24 der Verschmelzungsrichtlinie ebenfalls entbehrl. Diese Erleichterung für die **Konzernverschmelzung** (die nicht für die Verschm von SchwesterGes gilt, Lutter/*Lutter/Drygala* Rn 53) wird auch dann zu gelten haben, wenn auf der übertragenden Seite mehrere Rechtsträger beteiligt sind, aber nur ein Rechtsträger das Privileg aus Abs 3 S 1 HS 2 genießt. In diesem Fall haben nur die anderen Rechtsträger einen Verschmelzungsbericht zu erstatten (so auch Widmann/Mayer/*Mayer* Rn 66).

9. Rechtsfolge mangelhafter Berichte

40 Erfüllt der Verschmelzungsbericht nicht die oben dargestellten Anforderungen, so ist ein dennoch gefasster Zustimmungsbeschluss grdsl nach § 243 I AktG **anfechtbar** (bzw allg: Unwirksamkeitsklage, vgl § 14 Rn 5 ff; vgl aber auch § 192 Rn 15 zu BGH ZIP 2001, 199; GmbHR 2001, 247; vgl insbes den durch das UMAG eingeführten § 243 IV 2 AktG zu den besonderen Anforderungen für die Relevanz [Rn 42] von Informationen ausschließl in der Anteilsinhaberversammlung, die im Rahmen des Spruchverfahrens Bewertungsrügen begründen, dazu Semler/Stengel/*Gehling* Rn 81 und *Hüffer* AktG § 243 Rn 47b, 47c je mwN); entsprechende Mängel des Verschmelzungsberichts begründen damit die Anfechtung (zutr Semler/Stengel/*Gehling* Rn 81). Auch das vollständige Fehlen des Verschmelzungsberichts begründet die Anfechtbarkeit (bei KapGes, eG und VVaG keine Nichtigkeit, zutr Widmann/Mayer/*Mayer* Rn 68; bei PersGes und Vereinen nach allg Grdsen Nichtigkeit, vgl Semler/Stengel/*Bärwaldt* § 192 Rn 33 mwN).

41 Soweit die Vertretungsorgane in der Anteilsinhaberversammlung ihren Anteilsinhabern zusätzl Informationen zukommen lassen, kann das den fehlerhaften Verschmelzungsbericht nicht heilen (BGH WM 1990, 2073; LG München I AG

2000, 88; Widmann/Mayer/*Mayer* Rn 73 ff mwN; Widmann/Mayer/*Heckschen* § 13 Rn 163; KölnerKommUmwG/*Simon* Rn 74; Semler/Stengel/*Bärwaldt* § 192 Rn 37; aA *Mertens* AG 1990, 90). Es kommt auch nicht darauf an, ob der Anteilsinhaber in der Versammlung iSv § 13 I zusätzl Informationen verlangt oder ob er überhaupt Einsicht in den Verschmelzungsbericht genommen hat. Der schriftl Verschmelzungsbericht soll sicherstellen, dass sich der Anteilsinhaber auf die Versammlung iSv § 13 I vorbereiten kann. Wenn man die Relevanz des Verstoßes gegen die Berichtspflicht beseitigen würde, liefen die gesetzl Bestimmungen zu den Informationsmöglichkeiten der Anteilsinhaber leer (LG München I AG 2000, 87 und 88). Der BGH (ZIP 2001, 199; GmbHR 2001, 247) höhlt die bisher strengen Grdse allerdings zunehmend aus (vgl § 192 Rn 15; dort auch zur Frage, ob diese Rspr zum Formwechsel auf die Verschm oder Spaltung übertragen werden kann).

Ein fehlerhafter Verschmelzungsbericht allein rechtfertigt jedoch noch nicht 42
die Unwirksamkeitsklage. Vielmehr muss auch ein **Ursachenzusammenhang** zwischen dem fehlerhaften Verschmelzungsbericht und dem Abstimmungsverhalten in der Anteilsinhaberversammlung bestehen. Erforderl ist eine am Zweck der verletzten Norm orientierte wertende Betrachtung (Relevanz, vgl BGH WM 2007, 1932 mwN zur Rspr des BGH und zusammenfassend *Hüffer* AktG § 243 Rn 13 ff mwN).

Vgl iÜ § 14 Rn 28 ff, dort auch zum UMAG und zum ARUG. 43

Bei Verstößen gegen die Berichtspflicht kann die **Strafvorschrift von § 313 I** 44
Nr 1 einschlägig sein.

Vorbemerkungen zu §§ 9–12

In §§ 9–11 ist die **Verschmelzungsprüfung,** in § 12 die Abfassung des Ver- 1
schmelzungsprüfungs**berichts** geregelt. Wie bereits beim Verschmelzungsbericht (§ 8) hat sich der Gesetzgeber dazu entschlossen, das früher nur im AktG enthaltene Institut der Verschmelzungsprüfung (vgl §§ 340b I, 352b II, 355 II 1, 2 AktG aF, dazu die im Schrifttum zu § 9 aufgeführte Lit in der 3. Aufl 2001) generell im neuen Recht zu verankern.

Die Vorschriften dienen dem **Schutz der Anteilsinhaber** (*Ganske* WPg 1994, 2
159) und sollen eine sachverständige und neutrale Überprüfung des festgelegten Anteils- und Umtauschverhältnisses bzw der etwaig anzubietenden Barabfindung gewährleisten.

§§ 9–11 regeln die Verschmelzungsprüfung nur als **Institut;** zur Anwendung 3
dieser Vorschriften für einen einzelnen Verschmelzungsvorgang ist stets noch ein **Prüfungsbefehl** im Besonderen Teil (§§ 39–122; Tabelle bei Widmann/Mayer/*Mayer* § 9 Rn 44) erforderl. Solche Prüfungsbefehle finden sich bspw für die AG und die KGaA in § 60 (notw Prüfung), für die GmbH in § 48 (Prüfung auf Verlangen eines Gesellschafters), für die PhG/PartGes in § 44 (Prüfung auf Verlangen eines Gesellschafters im Fall der Mehrheitsumwandlung), für Vereine in § 100 (Prüfung bei wirtschaftl Vereinen stets erforderl, bei eV auf schriftl Verlangen von 10% der Mitglieder); bei der Verschm unter Beteiligung von **eG** gilt die **Sondervorschrift in § 81,** dort wird die Verschmelzungsprüfung durch eine gutachtl Äußerung des Prüfungsverbandes ersetzt (beachte auch § 81 II betreffend AG und GmbH, die im Mehrheitsbesitz einer eG sind, § 81 Rn 11).

4 Wenn eine **Barabfindung** (§§ 29 ff) in Rede steht, ist deren Angemessenheit rechtsformunabhängig stets zu prüfen (§ 30 II 1, vgl § 30 Rn 13 f).

5 **§ 9** stellt die Systematik des Gesetzes (Zusammenspiel von Prüfung als Institut und Prüfungsbefehl) nochmals klar, die Norm enthält weiterhin Ausnahmen (Abs 2, 3) von der Prüfungspflicht auch für den Fall, dass in den besonderen Vorschriften ein Prüfungsbefehl enthalten ist. **§ 10** behandelt die Bestellung der Verschmelzungsprüfer, wobei § 10 I 1, 2, III durch das Spruchverfahrensneuordnungsgesetz vom 12.6.2003 (BGBl I 838) neu gefasst und § 10 IV–VII angefügt wurden (dazu § 10 Rn 1 und *Neye* NZG 2002, 23, 24). Ferner wurde § 10 durch das **FGG-RG** geändert (vgl auch Einf Rn 29). **§ 11,** der durch das **BilMoG** vom 25.5.2009 (BGBl I S 1102) geändert wurde, regelt die Stellung und die Verantwortlichkeit der Verschmelzungsprüfer und die Anforderungen an die Qualifikation der Prüfenden. **§ 12** schließl gibt Anhaltspunkte für den Inhalt des schriftl Prüfungsberichts.

§ 9 Prüfung der Verschmelzung

(1) **Soweit in diesem Gesetz vorgeschrieben, ist der Verschmelzungsvertrag oder sein Entwurf durch einen oder mehrere sachverständige Prüfer (Verschmelzungsprüfer) zu prüfen.**

(2) **Befinden sich alle Anteile eines übertragenden Rechtsträgers in der Hand des übernehmenden Rechtsträgers, so ist eine Verschmelzungsprüfung nach Absatz 1 nicht erforderlich, soweit sie die Aufnahme dieses Rechtsträgers betrifft.**

(3) **§ 8 Abs. 3 ist entsprechend anzuwenden.**

Schrifttum: Schrifttum bis 1994 siehe 3. Auflage; Schrifttum bis 2000 siehe 4. Auflage; DAV, Stellungnahme des Deutschen Anwaltvereins zum Referentenentwurf eines Spruchverfahrensneuordnungsgesetzes, NZG 2002, 119; NZG-Dokumentation, Referentenentwurf eines Gesetzes zur Neuordnung des gesellschaftsrechtlichen Spruchverfahrens, NZG 2002, 25; NZG-Dokumentation, RegE: Spruchverfahrensneuordnungsgesetz, NZG Beilage zu Heft 24/2002; *Neye,* Die Reform des Spruchverfahrens, NZG 2002, 23; ZIP-Dokumentation, Spruchverfahrensneuordnungsgesetz, ZIP 2002, 2097; *Bungert/Mennicke,* BB-Gesetzgebungsreport: Das Spruchverfahrensneuordnungsgesetz, BB 2003, 2021; DAV, Stellungnahme zum Regierungsentwurf eines Spruchverfahrensneuordnungsgesetzes, NZG 2003, 316; *Marx,* Beratungsleistungen des Abschlussprüfers erneut auf dem Prüfstand, DB 2003, 431; *Neye,* BB-Gesetzgebungsreport: Spruchverfahrensneuordnungsgesetz verkündungsreif, BB 2003, 1245; ZIP-Dokumentation, DAV-Stellungnahme zum Spruchverfahrensneuordnungsgesetz, ZIP 2003, 552; *Leuering,* Die parallele Angemessenheitsprüfung durch den gerichtlich bestellten Prüfer, NZG 2004, 606; *Baßler,* Die Rüge der fehlerhaften Prüferbestellung im Anfechtungsprozess, AG 2006, 487; *Wittgens,* Zur Frage des Prüfungsumfangs des gerichtlich bestellten sachverständigen Prüfers eines Unternehmensvertrages, BB 2007, 1070; IDW, WP-HdB 2008, Band II, Teil D Rn 1 ff, Rn 27 ff; *Bayer/Schmidt,* Der Referentenentwurf zum 3. UmwÄndG: Vereinfachungen bei Verschmelzungen und Spaltungen und ein neuer Verschmelzungsspezifischer Squeeze out, ZIP 2010, 953; *Freytag,* Neues zum Recht der Konzernverschmelzung und des Squeeze out, BB 2010, 1611; *Henckel,* Die Verschmelzungsprüfung als Schutzrecht der Anteilsinhaber, Diss 2011.

1. Allgemeines

1 Die Regelung in **Abs 1** entspricht weitgehend § 340b I AktG aF. Mit der Prüfung des Verschmelzungsvertrages oder seines Entwurfs (nicht: der Verschm oder des Verschmelzungsberichts) soll durch bessere Information ein **Präventiv-**

schutz für die von der Verschm in ihren Vermögensinteressen berührten Anteilsinhaber statuiert werden (vgl RegEBegr BR-Drs 75/94 zu § 9 I). Für Verschm unter Beteiligung von AG war die Verschmelzungsprüfung bereits früher zwingendes Recht (vgl auch Art 10 I der Verschmelzungsrichtlinie und BT-Drs 9/1065, 14 f; *Ganske* DB 1981, 1551); nunmehr kann das Institut der Verschmelzungsprüfung für alle Verschmelzungsvorgänge aktuell werden (vgl Vor §§ 9–12 Rn 2; zur richtlinienkonformen Auslegung bei anderen Rechtsträgern als AG vgl Lutter/*Lutter/Drygala* Rn 3 und *dies* Einl Rn 21 ff mwN; vgl auch Semler/Stengel/*Gehling* § 8 Rn 3 mwN).

Mit der Formulierung „soweit in diesem Gesetz vorgeschrieben" in Abs 1 wird klargestellt, dass eine Verschmelzungsprüfung nur dann durchzuführen ist, wenn in den besonderen Vorschriften ein **Prüfungsbefehl** für den konkreten Fall einschlägig ist (vgl Vor §§ 9–12 Rn 3). 2

Abs 2 sieht eine **Ausnahme** von der Durchführung einer Verschmelzungsprüfung dann vor, wenn sich alle Anteile eines übertragenden Rechtsträgers in der Hand des übernehmenden Rechtsträgers befinden, wenn also eine TochterGes auf ihre MutterGes verschmolzen wird. 3

Abs 3 erklärt schließl § 8 III für entsprechend anwendbar; praktische Bedeutung hat insbes die Abgabe notarieller Verzichtserklärungen. 4

2. Gegenstand der Verschmelzungsprüfung

Gegenstand der Prüfung ist der **Verschmelzungsvertrag** bzw dessen Entwurf (Abs 1). Nach dem klaren Wortlaut des Gesetzes erstreckt sich die Verschmelzungsprüfung nicht auf den nach § 8 von den Vertretungsorganen der beteiligten Rechtsträger zu erstellenden Verschmelzungsbericht (zustimmend Widmann/Mayer/*Mayer* Rn 18; Lutter/*Lutter/Drygala* Rn 9; Semler/Stengel/*Zeidler* Rn 18; vgl schon früher zu § 340b I AktG aF Stellungnahme des IDW (HFA) 6/88 WPg 1989, 42 f; aA KölnerKommAktG/*Kraft* § 340 Rn 7; *Bayer* ZIP 1997, 1613, 1621; *Priester* NJW 1983, 1459, 1462 Fn 66; *Ganske* DB 1981, 1551, 1553; *Becker* AG 1988, 223, 225). 5

Verschmelzungsbericht und Verschmelzungsprüfung stehen als eigenständige Mechanismen zum Schutz der Anteilsinhaber nebeneinander. Auch das Sanktionensystem ist unterschiedl ausgestaltet: Für die Verantwortlichkeit der Verschmelzungsprüfer ist § 11 II maßgebend, für diejenige der Vertretungsorgane §§ 25 ff. Selbstverständl sind für die Verschmelzungsprüfer die Verschmelzungsberichte der jew Vertretungsorgane der beteiligten Rechtsträger wichtige Erkenntnisquellen, die im Regelfall auszuwerten und zu berücksichtigen sind. 6

Nach wohl einhelliger Ansicht beschränkt sich die Verschmelzungsprüfung – unter besonderer Berücksichtigung der Angemessenheit der Umtauschverhältnisses, vgl § 12 II – auf die **Rechtmäßigkeit des Verschmelzungsvertrags** (Lutter/*Lutter/Drygala* Rn 9 ff, 12; Widmann/Mayer/*Mayer* Rn 17 ff, 23; KölnerKommUmwG/*Simon* Rn 10; KölnerKommAktG/*Kraft* § 340 b Rn 7; krit *Priester* in IDW, Reform des Umwandlungsrechts 1993, S 207 f, der nur die betriebswirtschaftl Fragen als durch Verschmelzungsprüfer beurteilenswert ansieht), selbstverständl in der zum Zeitpunkt der Prüfung aktuellen Fassung (Semler/Stengel/*Zeidler* Rn 24). Der Prüfungsbericht muss deshalb **nicht** auf die Frage eingehen, ob die Verschm aus wirtschaftl Sicht sinnvoll oder gar geboten ist (wohl aber der Verschmelzungsbericht, vgl OLG Jena NJW-RR 2009, 182). Das müssen – auf der Grundlage von Verschmelzungsvertrag, Verschmelzungsbericht und Prüfungs- 7 bericht – die Anteilsinhaber selbst beurteilen. Die Verschmelzungsprüfung ist **Rechtmäßigkeits-, nicht Zweckmäßigkeitskontrolle** (Nachw bei Lutter/*Lutter/Drygala* Rn 12 Fn 5).

3. Entbehrlichkeit der Verschmelzungsprüfung

8 Wenn die in §§ 9–11 vorgesehene Verschmelzungsprüfung kraft Prüfungsbefehl im Besonderen Teil (zB §§ 44, 48, 60, 100) durchzuführen ist, können § 9 II, III gleichwohl eine Befreiung vorsehen.

9 **a) Konzernverschmelzung, Abs 2.** In **Abs 2** wird die Durchführung der Verschmelzungsprüfung dann für entbehrl erklärt, wenn sich alle Anteile eines übertragenden Rechtsträgers in der Hand des übernehmenden Rechtsträgers befinden, wenn also eine **TochterGes auf** die **MutterGes** verschmolzen wird. Ein Schutz der Anteilsinhaber ist hier nicht erforderl, weil es nicht zu einem Umtausch von Anteilen kommt, der zentrale Zweck der Verschmelzungsprüfung – die Kontrolle der Angemessenheit des Umtauschverhältnisses (§ 12 Rn 5 ff) – also nicht erreicht werden kann (vgl RegEBegr BR-Drs 75/94 zu § 9 II). Konzernverschmelzungen sind in der Praxis häufig (vgl Semler/*Stengel* § 2 Rn 56 Fn 118).

10 Für die **Verschm von SchwesterGes** findet sich hingegen keine Sonderregelung, sodass bei Verschm zB von AG auf die Durchführung der Verschmelzungsprüfung gem §§ 60 I, 9 III ausdrückl verzichtet werden muss (vgl Lutter/*Lutter/Drygala* Rn 17; Semler/Stengel/*Zeidler* Rn 50; KölnerKommUmwG/*Simon* Rn 32).

11 Greift die Ausnahme von Abs 2 bei einer Verschm von **mehreren Rechtsträger** auf einen anderen Rechtsträger nur in Bezug auf das Verhältnis eines übertragenden zum übernehmenden Rechtsträger, so ist gleichwohl eine Verschmelzungsprüfung durchzuführen. Die Befreiungsvorschrift in Abs 2 gilt nur, **„soweit“** die Aufnahme des begünstigten Rechtsträgers betroffen ist.

12 **b) Verzicht, Abs 3 iVm § 8 III.** Gem **Abs 3** ist § 8 III entsprechend anzuwenden (zu den Voraussetzungen vgl § 8 Rn 36–38). Da die Verschmelzungsprüfung ausschließl dem Schutz der Anteilsinhaber dient (vgl *Ganske* WPg 1994, 157, 159), ist ein **Verzicht** dieser Personen auf die durch die Verschmelzungsprüfung vermittelte Schutzwirkung ohne weiteres zulässig. Dies gilt auch für die kleine **AG,** europäisches Recht steht dem nicht entgegen (näher Lutter/*Lutter/Drygala* Rn 18; Widmann/Mayer/*Mayer* Rn 37, 38; KölnerKommUmwG/*Simon* Rn 34). Zumindest dürfte einem etwaigen Verstoß gegen Art 10 der Verschmelzungsrichtlinie (so *Engelmeyer* S 116) die lückenschließende Auslegung mittels Art 10 der SpaltungsRL entgegenstehen (zutr Widmann/Mayer/*Mayer* Rn 38, vgl allerdings *IDW* WPg 1992, 613 f).

13 In der Praxis wird sich generell der Versuch anbieten, die Anteilsinhaber zur Abgabe einer entsprechenden Erklärung zu bewegen, um das langwierige und kostenintensive (hier hilft uU auch der eingeschränkte Verzicht von § 12 III) Prüfungsverfahren zu umgehen. Allerdings ist darauf zu achten, dass anlässl der erforderl notariellen Beurkundung die Grdse von § 17 BeurkG genauestens befolgt werden; nur auf diese Weise ist die **Warnfunktion** der Beurkundung in ausreichendem Maße gewahrt. Bei Nichtbeachtung und entsprechender Kausalität steht eine Schadensersatzpflicht auch des Notars in Rede.

14 Die Verweisung in Abs 3 auf die entsprechende Anwendung von § 8 III beschränkt sich in ihren Rechtswirkungen auf die genannte Verzichtsmöglichkeit

der Anteilsinhaber. Die **zweite Alt von § 8 III 1** ist bereits durch den Wortlaut von Abs 2 abgedeckt. Die Regelungen unterscheiden sich nicht, auch die Verwendung eines bestimmten Artikels (des übertragenden Rechtsträgers) in § 8 III im Ggs zum offenen Wortlaut in Abs 2 (eines übertragenden Rechtsträgers) hat für den jew Anwendungsbereich der Vorschriften nichts zu sagen. In der Gesetzesbegründung findet sich kein Hinweis auf eine bewusst vorgenommene sprachl Unterscheidung; vielmehr dürfte Ursache der **teilw überflüssigen Verweisung** auf § 8 III und des divergierenden Wortlauts der Umstand sein, dass die Privilegierung bei der Konzernverschmelzung erst nachträgl in § 8 III eingefügt worden ist. Der Rechtsausschuss des BT wollte mit dieser nachträgl Einbeziehung Art 24 der Verschmelzungsrichtlinie Genüge tun, anlässl der Änderung von § 8 III wurde die Sinnhaftigkeit einer Änderung auch von Abs 2, 3 übersehen. Ohne eine Beschränkung der Verweisung wäre zB der Ausschluss von Abs 2 iRv § 125 sinnentleert (insges zustimmend Widmann/Mayer/*Mayer* Rn 39; Lutter/*Lutter/Drygala* Rn 19).

Durch das 3. UmwÄndG (dazu Einf Rn 33) sollte Abs 3 ursprüngl neu gefasst **15** und an die geplante Änderung von § 8 angepasst werden. Damit wäre auch die problematische Doppelverweisung in Abs 3 beseitigt worden (vgl *Bayer/Schmidt* ZIP 2010, 956; *Freytag* BB 2010, 1611). Da die Änderung in § 8 indes unterblieb (dazu § 8 Rn 4) und nur rechtsformspezifisch für die AG (dazu § 64) eine erweiterte Unterrichtungspflicht vorgesehen wurde, ist auch die beabsichtigte Folgeänderung von § 8 IV unterblieben mit der Konsequenz, dass § 9 insgesamt nicht geändert wurde.

§ 10 Bestellung der Verschmelzungsprüfer

(1) [1] **Die Verschmelzungsprüfer werden auf Antrag des Vertretungsorgans vom Gericht ausgewählt und bestellt.** [2] **Sie können auf gemeinsamen Antrag der Vertretungsorgane für mehrere oder alle beteiligten Rechtsträger gemeinsam bestellt werden.** [3] **Für den Ersatz von Auslagen und für die Vergütung der vom Gericht bestellten Prüfer gilt § 318 Abs. 5 des Handelsgesetzbuchs.**

(2) [1] **Zuständig ist jedes Landgericht, in dessen Bezirk ein übertragender Rechtsträger seinen Sitz hat.** [2] **Ist bei dem Landgericht eine Kammer für Handelssachen gebildet, so entscheidet deren Vorsitzender an Stelle der Zivilkammer.**

(3) **Auf das Verfahren ist das Gesetz über das Verfahren in Familiensachen und in den Angelegenheiten der freiwilligen Gerichtsbarkeit anzuwenden, soweit in den folgenden Absätzen nichts anderes bestimmt ist.**

(4) [1] **Gegen die Entscheidung findet die Beschwerde statt.** [2] **Sie kann nur durch Einreichung einer von einem Rechtsanwalt unterzeichneten Beschwerdeschrift eingelegt werden.**

(5) [1] **Die Landesregierung kann die Entscheidung über die Beschwerde durch Rechtsverordnung für die Bezirke mehrerer Oberlandesgerichte einem der Oberlandesgerichte oder dem Obersten Landesgericht übertragen, wenn dies der Sicherung einer einheitlichen Rechtsprechung dient.** [2] **Die Landesregierung kann die Ermächtigung auf die Landesjustizverwaltung übertragen.**

Schrifttum: Siehe Schrifttum § 9.

Übersicht

1. Allgemeines

1 § 10 ist durch das Spruchverfahrensneuordnungsgesetz vom 12.6.2003 (BGBl I 838) mit Wirkung zum 1.9.2003 erhebl geändert worden (zum Spruchverfahren Teil B; das frühere Sechste Buch §§ 305–312 wurde durch das SpruchG ersetzt). Umfassend wurde § 10 auch mit dem FGG-RG geändert; dazu Einf Rn 29. Die Bestellung und jetzt auch uneingeschränkt die Auswahl der Verschmelzungsprüfer obliegen dem Gericht, Abs 1, und nicht mehr wie früher grdsl den Vertretungsorganen der beteiligten Rechtsträger (dazu auch Widmann/Mayer/*Fronhöfer* Rn 1.1; Lutter/*Lutter/Drygala* Rn 2; *Neye* NZG 2002, 23, 24). Zweck der Regelung ist neben der Herstellung der Rechtseinheitlichkeit mit dem AktG (Widmann/Mayer/*Fronhöfer* Rn 1.1 mwN) die größere Akzeptanz des Prüfungsergebnisses und damit verbunden die Hoffnung, dass es künftig weniger Spruchverfahren geben werde. Auch sollen die Verschmelzungsprüfer, deren Unabhängigkeit durch die gerichtl Bestellung gesichert sein soll, grdsl als sachverständige Zeugen im Spruchverfahren eingesetzt werden können, was dieses Verfahren zumindest verkürzen soll (zum Ganzen BT-Drs 15/371; *Neye* NZG 2002, 23; Lutter/*Lutter/Drygala* Rn 2 mwN; Widmann/Mayer/*Fronhöfer* Rn 1.1). Mit der Streichung von §§ 305–312 hat sich auch die ursprüngl Verweisung in § 10 III aF auf §§ 306 III, 307 I, 309 aF erledigt, weswegen diese Verweisungsvorschrift inhaltsgleich (Widmann/Mayer/*Fronhöfer* Rn 1.2; Lutter/*Lutter/Drygala* Rn 1; KölnerKommUmwG/*Simon* Rn 2) als neue Abs 3–7 angefügt wurden (Abs 3 entspricht § 307 I aF, Abs 4 entspricht § 306 III aF, Abs 5–7 entspricht § 309 I–III aF).

2 **Abs 1** legt die Zuständigkeit für die Bestellung und die Auswahl der Verschmelzungsprüfer fest. Sie liegt ausschließl beim Gericht, dessen Zuständigkeit sich aus Abs 2 ergibt. Gleichzeitig wird eine gemeinsame Bestellung – wiederum nur durch das Gericht – zugelassen (Abs 1 S 2). Abs 1 S 3 wurde aus der früheren Regelung von § 340b II 4 AktG aF übernommen.

Abs 2 erklärt für die Bestellung und die Auswahl der Verschmelzungsprüfer dasjenige LG für zuständig, das auch später zur Entscheidung in einem etwaigen Spruchverfahren (§ 15 UmwG, §§ 1 ff SpruchG) berufen ist. Die sachl Zuständigkeit der Landgerichte folgt zusätzl aus § 71 II Nr 4 lit d GVG idF des FGG-RG. Mit dieser Regelung wird – in Zusammenspiel mit Abs 3 ff – eine **Verfahrensökonomie** erreicht, die insbes gewährleisten soll, dass die Bestellung eines „Obergutachters" im späteren Spruchverfahren obsolet wird (so schon RegEBegr BR-Drs 75/94 zu § 10 II; zum Begriff des Obergutachters zu Recht krit Lutter/*Lutter*/*Drygala* Rn 19). 3

Ob allerdings der Prüfungsbericht eines gerichtl bestellten Verschmelzungsprüfers wie ein Beweissicherungsgutachten iSv § 485 ZPO verwertet werden kann (so *Seetzen* WM 1999, 567 gegen Emmerich/Habersack/*Emmerich* Aktienkonzernrecht, 1998, § 293c Rn 8; vgl auch *Altmeppen* ZIP 1998, 1853; OLG Düsseldorf EWiR 2002, 543; LG Mannheim DB 2002, 889; LG Frankfurt aM NZG 2002, 395), scheint mehr als fragl. Der Gegenstand der Verschmelzungsprüfung (dazu § 12 Rn 5 ff) erreicht nicht den Umfang der vom Gericht iRd Spruchverfahrens verlangten Überprüfung. Die von *Seetzen* (WM 1999, 567) ins Feld geführten Kostenvorteile für die Verfahrensbeteiligten oder gar die unzureichenden Gebühren des vormaligen Zeugen- und Sachverständigen-EntschädigungsG (jetzt: Justizvergütungs- und -entschädigungsG [JVEG] vom 5.5.2004, BGBl I 718, 776; zum richtigen Umgang mit dem ZSEG beim Spruchverfahren OLG Stuttgart AG 2001, 603: Erhöhung der Stundensätze durch gerichtl Entscheidung) haben mit dem Recht der Anteilsinhaber auf eine angemessene Gegenleistung für die hingegebenen Anteile ersichtl nichts zu tun. Daran ändert auch das pragmatische Handeln einiger Instanzgerichte (zB LG Köln AG 1997, 187; BayObLG ZIP 1998, 1872; OLG Düsseldorf AG 1998, 37) nichts (so auch überzeugend Lutter/*Lutter*/*Drygala* Rn 19 mwN). 4

Abs 3 regelt, dass sich das Bestellungsverfahren grundsätzl nach dem FamFG richtet, soweit nicht aus Abs 4 und 5 anderes folgt. Die vor Inkrafttreten des FGG-RG in **Abs 4** enthaltene Konzentrationsermächtigung der Landesregierung für die Rspr erster Instanz findet sich nun in § 71 IV GVG. **Abs 5** (ex Abs 7) enthält eine Konzentrationsermächtigung für die zweite Instanz. 5

2. Bestellung und Auswahl der Verschmelzungsprüfer

Nach dem gesetzl Leitbild vor dem Spruchverfahrensneuordnungsgesetz (Rn 1) oblag die Bestellung und die Auswahl der Verschmelzungsprüfer primär den Vertretungsorganen der jew Rechtsträger (dazu 3. Aufl 2001, § 10 Rn 6, 7). Jetzt ist das Gericht nicht mehr ergänzend zuständig, es hat vielmehr eine **Alleinzuständigkeit.** Diese erstreckt sich nicht nur auf die Bestellung, sondern auch auf die Auswahl der Verschmelzungsprüfer. Verkennen die beteiligten Rechtsträger die ausschließl Zuständigkeit des Gerichts und bestellen entgegen Abs 1 S 1 die Verschmelzungsprüfer wie früher selbst, ist die Verschmelzungsprüfung nicht durchgeführt, was das Registergericht beanstanden muss (§ 19 Rn 17 ff, Rechtsfolge ist die Verweigerung der Eintragung; in diesem Fall ist auch eine Anfechtungsklage mögl, weil bei gerichtl Bestellung wegen der statusbegründenden Entscheidung sonst ausgeschlossen ist, zutr *Baßler* AG 2006, 487; unklar insoweit Kallmeyer/*Müller* Rn 23). Die Nachholung eines gerichtl Bestellungsverfahrens (Heilung) ist in Grenzen mögl, nach Eintragung der Verschm gilt § 20 II (zum Ganzen Lutter/*Lutter*/*Drygala* Rn 14). Die geschil- 6 derten Fehler können durchaus eintreten, denn das Gericht wird nicht von Amts wegen tätig, sondern gem Abs 1 S 1 nur auf entsprechenden Antrag der Vertretungsorgane (Rn 18 ff).

7 Das Gericht darf nur einen Verschmelzungsprüfer bestellen, der über die Qualifikation iSv § 11 I verfügt. Verkennt es die dortigen Anforderungen, ist die Verschmelzungsprüfung ebenfalls fehlerhaft und hindert die Eintragung (wie Rn 6). Obwohl § 11 I 1 von der „Auswahl" der Verschmelzungsprüfer spricht, meint Abs 1 S 1 etwas anderes, wenn er dem Gericht die Möglichkeit gibt, die Verschmelzungsprüfer auszuwählen. Maßgebl Hintergrund der Gesetzesänderung war es, dem Institut der Verschmelzungsprüfung, vor allem aber der Person des Verschmelzungsprüfers selbst, größere Akzeptanz zu geben (Rn 1). Nur in diesem Fall ist es überhaupt mögl, dem Verschmelzungsprüfer im etwaigen späteren Spruchverfahren eine wirkl unabhängige Rolle als sachverständiger Zeuge (allerdings in den seltensten Fällen als Sachverständiger, zutr Lutter/*Lutter/Drygala,* 3. Aufl 2004, Rn 21 aE) zuzuordnen. Im Allg ist diese Doppelfunktion unglückl. Der Verschmelzungsprüfer hat die Angemessenheit des Umtauschverhältnisses geprüft und im Prüfungsbericht bestätigt. Inwieweit er als Zeuge in einem Spruchverfahren von seinen eigenen Ergebnissen abweichen wird, erscheint mehr als fragl (vgl auch § 12 Rn 14). Jedenfalls ist *Fronhöfer* uneingeschränkt Recht zu geben, wenn er den an der Verschm beteiligten Rechtsträgern empfiehlt, im Antrag zur gerichtl Bestellung auf einen **konkreten Vorschlag** zur Person des Verschmelzungsprüfers zu verzichten (Widmann/Mayer/*Fronhöfer* Rn 2.1, 11.5). Halten sich die beteiligten Rechtsträger nicht an diese Empfehlung, ist das Gericht bei seiner Auswahl, die nach freiem Ermessen erfolgt, selbstverständl nicht an den Vorschlag gebunden (Widmann/Mayer/*Fronhöfer* Rn 11.5; Semler/Stengel/*Zeidler* Rn 8; Kallmeyer/*Müller* Rn 13; will man einen konkreten Vorschlag unterbreiten, sollte dem Gericht eine Liste mehrerer geeigneter Prüfer übergeben werden; das Ermessen des Gerichts wird aber selbst durch den Vorschlag nur eines Prüfers auch in praxi nicht unzulässig gekürzt, vgl OLG Hamm AG 2005, 854; OLG Düsseldorf AG 2005, 293; OLG Hamburg AG 2005, 253; OLG Hamm AG 2005, 361).

8 Anders als früher wird das Gericht idR intensiv prüfen, ob es einem Vorschlag der beteiligten Rechtsträger für die Auswahl eines bestimmten Verschmelzungsprüfers folgt (für das frühere Recht anders Kallmeyer/*Müller,* 2. Aufl 2001, Rn 6). Denn mit der Empfehlung der beteiligten Rechtsträger ist ein Indiz verbunden, das die vom Gericht zu sichernde Unabhängigkeit des Prüfers, insbes unter dem Gesichtspunkt von Beratungstätigkeiten des Benannten für einen der beteiligten Rechtsträger oder innerh der Konzerne, denen diese Rechtsträger angehören, in Frage stellt. Deshalb ist das Gericht, will es dem Vorschlag der beteiligten Rechtsträger folgen, zur bes krit Prüfung verpflichtet (zutr Lutter/*Lutter/Drygala* Rn 9). Folgt das Gericht einem Vorschlag der beteiligten Rechtsträger, rechtfertigt dies eine spätere **Unwirksamkeitsklage** gegen den Verschmelzungsbeschluss nicht, denn die Prüferbestellung bindet als statusbegründende Entscheidung iRd FamFG das Gericht der Unwirksamkeitsklage nach § 14 oder des Freigabeverfahren nach § 16 III (zutr *Baßler* AG 2006, 487 mwN).

9 Praktisch von Bedeutung ist in diesem Zusammenhang auch die Frage, ob der von einem an der Verschm beteiligten Rechtsträger beauftragte Ersteller eines oder mehrerer Bewertungsgutachten **gleichzeitig** mit dem gerichtl Verschmelzungsprüfer tätig sein und sich mit diesem ggf abstimmen darf. Der BGH (ZIP 2006, 2080, 2082) hat bzgl eines Squeeze out die Prüfung der Angemes-

senheit der Barabfindung gem § 327c II 2 AktG durch den gerichtl bestellten Prüfer **während** der Unternehmensbewertung durch den Hauptaktionär (sog Parallelprüfung) für zulässig und sinnvoll befunden. Die Unabhängigkeit des gerichtl bestellten Prüfers sei nicht in Frage gestellt. Vielmehr diene die Parallelprüfung der frühzeitigen Fehlerkorrektur. Der BGH hat dies mittlerweile bestätigt (ZIP 2009, 908). Die Entscheidung ist auf die Verschmelzungsprüfung übertragbar (so auch Kallmeyer/*Müller* Rn 28). Der BGH ist damit der Tendenz mehrerer Obergerichte gefolgt (OLG Stuttgart NZG 2004, 146; OLG Hamm AG 2005, 361; OLG Düsseldorf NZG 2004, 328, 332 f). IdS jetzt auch OLG Stuttgart AG 2010, 510; OLG Frankfurt NZG 2010, 389; OLG Frankfurt ZIP 2008, 1966. Für eine Parallelprüfung auch *Leuering* NZG 2004, 606 mwN; zweifelnd *Puszkajler* ZIP 2003, 518 mwN. Zur Frage, ob ein **Abschlussprüfer** eines an der Verschm Beteiligten zum Verschmelzungsprüfer bestellt werden darf, vgl § 11 Rn 18, 19. Zur **Gründungsprüfung** einer AG durch den Verschmelzungsprüfer vgl § 75 I 2. Zur Sacheinlageprüfung Semler/Stengel/*Zeidler* § 9 Rn 4.

3. Gemeinsame Bestellung

Gem **Abs 1 S 2** können für mehrere oder für alle beteiligten Rechtsträger gemeinsame Verschmelzungsprüfer bestellt werden (für Anträge bei verschiedenen Gerichten gilt § 2 I FamFG entsprechend, vgl zur Vorgängervorschrift § 4 FGG HRA des DAV NZG 2000, 804 und zum Parallelproblem im Spruchverfahren § 2 I 2 SpruchG). Die gemeinsame Bestellung obliegt nun, anders als nach früherem Recht (dazu 3. Aufl 2001, § 10 Rn 8), jedenfalls ausschließl dem zuständigen Gericht. Die gemeinsame Prüfung ist allerdings nur insoweit mögl, wie sie sich aus dem Gesetz ergibt; damit scheidet die Teilnahme einer eG an einer gemeinsamen Prüfung aus (Widmann/Mayer/*Fronhöfer* Rn 3.1 ff mit Beispiel zu § 81). Nach früherem Recht stand es im Ermessen der Vertretungsorgane der beteiligten Rechtsträger, ob sie einen oder mehrere Prüfer bestellen wollten. Das Entschließungsermessen ist ihnen auch nach Neufassung von § 10 verblieben, denn gem Abs 1 S 2 kommt eine gemeinsame Bestellung nur in Betracht, wenn die Rechtsträger zuvor einen darauf gerichteten gemeinsamen Antrag gestellt haben (abw Kallmeyer/*Müller* Rn 20; wie hier Semler/Stengel/*Zeidler* Rn 7). Das Entscheidungsermessen hat jetzt aber alleine das Gericht. Es ist ohne weiteres dazu befugt, den Antrag auf Bestellung eines gemeinsamen Prüfers abzuweisen und jew gesonderte Prüfer zu bestellen (zutr Widmann/Mayer/*Fronhöfer* Rn 4). Dies dürfte insbes für Verschm unter Beteiligung von AG gelten, bei der auch nach früherem Recht zwar gem § 60 III aF eine gemeinsame gerichtl Bestellung mögl war (dazu 3. Aufl 2001, § 60 Rn 4), das gesetzl Leitbild aber eine getrennte Verschmelzungsprüfung vorsah (§ 60 II 1 aF). Folgt das Gericht dem **gemeinsamen Antrag** der beteiligten Rechtsträger iSv Abs 1 S 2 nicht, steht den Rechtsträgern eine Beschwerdemöglichkeit nicht zu. 10

4. Zuständiges Gericht

Zuständig ist nach Abs 2 und § 71 II Nr 4 lit d GVG jedes **LG,** in dessen Bezirk ein übertragender Rechtsträger seinen Sitz (Verwaltungssitz, zutr Widmann/Mayer/*Fronhöfer* Rn 6.1) hat. Die Zuständigkeit kann gem § 71 IV GVG innerh eines Bundeslandes wiederum **konzentriert** sein. Vgl dazu Rn 24 f. Sofern mehrere übertragende Rechtsträger vorhanden sind, und es um die Bestel- 11 lung eines oder mehrerer gemeinsamer Verschmelzungsprüfer geht, besteht ein **Wahlrecht bzgl der örtl Zuständigkeit** (zutr mit ausführl Begr Widmann/Mayer/*Fronhöfer* Rn 6; teilw aA *Bungert* BB 1995, 1399: Vorgriffszuständigkeit iSv § 2 I FamFG ist maßgebl). Zur Rechtslage vor dem UmwG vgl 5. Aufl Rn 9.

12 Gem **Abs 2 S 2** ist – so vorhanden – die Kammer für Handelssachen zuständig, die Entscheidung ist dem Vorsitzenden alleine zugewiesen. Die Zuständigkeit des **Vorsitzenden der KfH** ist auf die Initiative des BR zurückzuführen (vgl Stellungnahme des BR, BR-Drs 132/94 zu § 10 II 2 UmwG), der richtig erkannt hatte, dass im früheren FGG-Verfahren § 349 ZPO nicht galt, die Zuständigkeit des Vorsitzenden also durch Sonderregelung gesetzl zu begründen war. Des Weiteren wird damit eine den Zielen des Gesetzgebers konforme einheitl Zuständigkeit erreicht (vgl den Katalog in § 2 III SpruchG).

13 Sollte ausnahmsweise bei einem zuständigen LG **keine Kammer für Handelssachen** gebildet sein, ist die Zuständigkeit der Zivilkammer gegeben. Der eindeutige Wortlaut von Abs 2 begründet nicht die Zuständigkeit des Vorsitzenden einer „normalen" Zivilkammer. Dies ist auch richtig, da nur der Vorsitzende der KfH über genügend Erfahrung verfügen dürfte.

5. Anwendbare Vorschriften des FamFG

14 Gem Abs 3, der der früheren Vorschrift von § 307 I aF entspricht, ist auf das Bestellungsverfahren nach Abs 1 vorbehaltl speziellerer Regelungen in Abs 4 und 5 das FamFG anzuwenden. Vgl allg zum FamFG die in Einf Rn 29 aE zitierte Kommentarliteratur. Für dieses nicht streitige Antragsverfahren (Widmann/Mayer/*Fronhöfer* Rn 9) gelten damit insbes die folgenden Vorschriften:

15 **a) Örtliche Zuständigkeit, §§ 2, 5 FamFG.** §§ 2 und 5 FamFG sind hinsichtl der **örtl Zuständigkeit** anwendbar. § 2 I FamFG kann bedeutsam werden, wenn ein **Doppelsitz** vorliegt oder mehrere übertragende Rechtsträger beteiligt sind (dazu Teil B § 2 Rn 5). Das Verfahren nach § 5 FamFG ist durchzuführen, wenn die örtl Zuständigkeit str oder ungewiss ist. Ausführl dazu MüKoZPO/*Pabst* § 5 FamFG. Bei erst nachträgl festgestellter örtl Unzuständigkeit greift ergänzend § 2 III FamFG ein, wonach allein die örtl Unzuständigkeit des Gerichts keinen Einfluss auf die Wirksamkeit der gerichtl Handlungen hat.

16 **b) Ausschließung und Ablehnung von Richtern, § 6 FamFG.** § 6 FamFG ist anwendbar. § 6 I 1 FamFG verweist auf die §§ 41–49 ZPO. Damit ist die Ausschließung und Ablehnung von Richtern im Bestellungsverfahren auch wegen **Befangenheit** mögl. Hinsichtl der Einzelheiten wird auf MüKoZPO/*Pabst* § 6 FamFG und die Spezialliteratur zur ZPO verwiesen. Vgl zur Rechtslage vor Inkrafttreten des FGG-RG 5. Aufl 2009, Rn 14.

17 **c) Anwendung des GVG.** Die früheren Regelungen von §§ 8 und 9 FGG haben keine Entsprechung im FamFG gefunden. Trotz § 2 EGGVG, der nur von der ordentl streitigen Gerichtsbarkeit spricht, gilt das GVG auch für FamFG-Sachen (Baumbach/Lauterbach/*Hartmann* ZPO Übers § 1 GVG Rn 3).

18 **d) Form der Antragstellung, §§ 23, 25 FamFG.** Das Gericht wird sowohl im Fall von Abs 1 S 1 als auch im Fall von Abs 1 S 2 nur auf **Antrag** (§ 23 FamFG) tätig (Muster für einen solchen Antrag bei Widmann/Mayer/*Fronhöfer* Rn 19). Für diese Anträge gilt § 25 FamFG, sodass der Antrag entweder **schriftl einzureichen** oder zu Protokoll der Geschäftsstelle des zuständigen Landgerichts oder eines belie-

bigen Amtsgerichts zu erklären ist (Lutter/*Lutter/Drygala* Rn 8). Anwaltszwang besteht nicht (Widmann/Mayer/*Fronhöfer* Rn 11.2; KölnerKommUmwG/*Simon* Rn 8). Antragsberechtigt ist jew das Vertretungsorgan des beteiligten Rechtsträgers, mithin genügt Handeln in vertretungsberechtigter Zahl.

§ 23 FamFG enthält formelle Anhaltspunkte, die in praxi betrachtet werden 19 sollten (vgl Zöller/*Feskorn* ZPO § 23 FamFG und ausführl MüKoZPO/*Ulrici* § 23 FamFG). Danach soll der Antrag **begründet** und die zur Begründung dienenden Tatsachen und Beweismittel angegeben werden. In Bezug genommene Urkunden sollen in Urschrift oder Abschrift beigefügt werden. Nach § 23 I 4 FamFG soll der Antrag von dem Antragsteller oder seinem Bevollmächtigten unterschrieben werden. Trotz der Formulierung „soll" ist eine Unterzeichnung dringend zu empfehlen. Zwingend notw ist diese aber nicht (Lutter/*Lutter/Drygala* Rn 9 aE mwN; handschriftl Unterzeichnung ist übl, Kallmeyer/*Müller* Rn 10; KölnerKommUmwG/*Simon* Rn 8). Der Antrag soll dem Gericht die Notwendigkeit der Bestellung eines oder mehrerer Verschmelzungsprüfer für bestimmte an der Verschm beteiligte Rechtsträger aufzeigen. Es obliegt deshalb den Vertretungsorganen, deutl zu machen, ob sie eine **gemeinsame Verschmelzungsprüfung** beantragen, welche Rechtsträger Prüfungsgegenstand sein sollen, woraus sich die Notwendigkeit der Prüfung ergibt (Prüfungsbefehl, dazu Vor §§ 9–12 Rn 3) etc. Neben der kurzen Schilderung des zugrunde liegenden Sachverhalts sind deshalb die Urkunden beizufügen, die dem Gericht die selbstständige Nachprüfung der Angaben der Antragsteller ermöglicht, insbes also der Verschmelzungsvertrag und etwaige Prüfungsverlangen von Anteilsinhabern (zum Ganzen Lutter/*Lutter/Drygala* Rn 9; Widmann/Mayer/*Fronhöfer* Rn 11 ff; Kallmeyer/*Müller* Rn 9 ff; Semler/Stengel/*Zeidler* Rn 6 ff). Von der Anregung, einen bestimmten Prüfer zu bestellen, sollte abgesehen werden (dazu Rn 7).

Eine **Antragsfrist** gibt es nicht, jedoch liegt es im eigenen Interesse der betei- 20 ligten Rechtsträger, den Antrag unverzügl nach Erkennen der Notwendigkeit einer Verschmelzungsprüfung zu stellen, denn sonst ist ihnen eine ordnungsgemäße Vorbereitung des Beschlusses ihrer Anteilsinhaberversammlung iSv § 13 I nicht mögl (vgl zB § 63 I Nr 5). In der Praxis führt insbes die Acht-Monats-Frist von § 17 II 4 dazu, dass die an einer Verschm beteiligten Rechtsträger bestrebt sind, jede Vorbereitungshandlung für die Verschm zügig durchzuführen. Auf dieses offensichtl Interesse der beteiligten Rechtsträger hat auch das Gericht Rücksicht zu nehmen, die zügige Prüfung und Bearbeitung des Antrags ist geboten.

e) Amtsermittlung und Beweisgrundsätze, § 26 FamFG. § 26 FamFG 21 ist im Bestellungsverfahren anwendbar. Dem Gericht obliegt danach die **Pflicht zur Amtsermittlung,** die umso weiter geht, je weniger Substanz die Schilderung des Sachverhalts in den Anträgen hat. Die Amtsermittlungspflicht ist auf dasjenige begrenzt, was das Gericht für entscheidungserhebl hält (Baumbach/Lauterbach/*Hartmann* ZPO § 26 FamFG Rn 1).

Die Antragsteller müssen die ihrem Antrag zugrunde liegenden Tats nicht glaub- 22 haft machen oder gar beweisen. Vielmehr hat das Gericht **von Amts wegen** den Sachverhalt zu erforschen. Flankierend dazu regelt § 27 I FamFG, dass die Beteiligten bei der Ermittlung des Sachverhalts mitwirken sollen. Dadurch ändert sich zwar nichts an der grdsl Pflicht des Gerichts zur Amtsermittlung. In ihrem eigenen Interesse sollten die Antragsteller aber das Gericht bestmögl unterstützen und zügig von allen entscheidungserhebl Umständen in Kenntnis setzen. Vgl ausführl zur **Mitwirkungslast** der Antragsteller MüKoZPO/*Ulrici* § 27 Rn 3 ff. Praktisch werden die Antragsteller also wie in Rn 18 beschrieben vorgehen.

23 **f) Bekanntmachung des Beschlusses, §§ 40, 41 FamFG.** Gem § 40 I FamFG wird der Beschluss mit der Bekanntmachung an denjenigen, für welchen sie ihrem Inhalt nach bestimmt sind, wirksam. **Adressaten des Beschlusses** über die Bestellung der Verschmelzungsprüfer sind damit nicht nur die antragstellenden Rechtsträger, sondern auch der oder die bestellten Verschmelzungsprüfer (Widmann/Mayer/*Fronhöfer* Rn 15, 15.1). Die Form der Bekanntmachung richtet sich nach § 41 FamFG, sodass nur bei ablehnenden Beschlüssen wegen Unzulässigkeit förml zugestellt werden muss. IÜ genügt formlose Übersendung des Beschlusses (Lutter/*Lutter/Drygala* Rn 11; Widmann/Mayer/*Fronhöfer* Rn 15.2).

6. Übertragung der Zuständigkeit durch Rechtsverordnung

24 Die früher in Abs 4 enthaltene Konzentrationsermächtigung ist seit Inkrafttreten des FGG-RG in § 71 IVGVG enthalten. Die Ermächtigung für die Landesregierung bzw die jew Landesjustizverwaltung, durch Rechtsverordnung die Zuständigkeit für mehrere LG-Bezirke einem LG zu übertragen, dient der Sicherung einer einheitl Rspr.

25 Von dieser **Konzentrationsermächtigung** haben auf Basis der entsprechende Verordnungsermächtigung von § 306 III aF die Bundesländer Baden-Württemberg (LG Stuttgart und LG Mannheim, abhängig vom OLG-Bezirk), Bayern (LG München I für den OLG-Bezirk München, iÜ LG Nürnberg), Hessen (LG Frankfurt aM), Mecklenburg-Vorpommern (LG Rostock), Niedersachsen (LG Hannover), Nordrhein-Westfalen (LG Dortmund für den OLG-Bezirk Hamm, LG Düsseldorf für den OLG-Bezirk Düsseldorf und LG Köln für den OLG-Bezirk Köln) und Sachsen (LG Leipzig) Gebrauch gemacht (Nachw bei Lutter/*Lutter/Drygala* Rn 6). Die entsprechenden Rechtsverordnungen müssen dem neuen Recht nicht angepasst werden. Sie gelten auch für § 71 IV GVG unverändert fort (zutr Lutter/*Lutter/Drygala* Rn 6).

7. Beschwerde

26 Gem Abs 4 findet gegen die Entscheidung des Gerichts die Beschwerde statt. Diese richtet sich nach §§ 58 ff FamFG, Abs 3. Die praktische Bedeutung ist gering, denn der Kreis der beschwerdeberechtigten Personen ist eingeschränkt (Rn 28). Gegen die Beschwerdeentscheidung findet seit Inkrafttreten des FGG-FG die Rechtsbeschwerde statt (Rn 31). Vgl zur alten Rechtslage 5. Aufl 2009, Rn 24. Zu den Änderungen durch das FGG-FG Einf Rn 29. Zur Beschwerde allg MüKoZPO/*Koritz* §§ 58 ff FamFG; Zöller/*Feskorn* ZPO §§ 58 ff FamFG.

27 **a) Statthaftigkeit, Form und Frist.** Statthaftes Rechtsmittel gegen die Endentscheidung des LG ist die **Beschwerde,** Abs 4. Sie ist innerh einer **Frist von einem Monat** einzulegen (§ 63 I FamFG). Die Frist beginnt jew mit der schriftl Bekanntgabe (Rn 23) an die Beteiligten (§ 63 III FamFG). Die Beschwerde kann nur mittels einer von einem Rechtsanwalt unterzeichneten Beschwerdeschrift eingelegt werden (Abs 4 S 2). Für die weiteren Verfahrenshandlungen besteht kein Anwaltszwang. Die Beschwerde ist bei dem Gericht einzulegen, dessen Beschluss angefochten wird (§ 64 I FamFG), und soll begründet werden (§ 65 I FamFG). Ein Verstoß gegen die Begründungspflicht führt nicht zur Unzulässigkeit der Beschwerde (Zöller/*Feskorn* ZPO § 65 FamFG Rn 2). §§ 26, 27 FamFG gelten auch im Beschwerdeverfahren (vgl dazu Rn 21 f). Eine Begründung ist aber im eigenen Interesse der Beschwerdeführer dringend zu empfehlen.

28 **b) Beschwerdeberechtigung.** Die Beschwerde ist nur zulässig, wenn sie von einer beschwerdeberechtigten Person eingelegt wird. Gem § 59 I FamFG sind das die Personen, die in ihren Rechten beeinträchtigt sind, im Ergebnis also die Antragsteller. Die notw Beschwer besteht aber nur, wenn der Antrag als unzulässig zurückgewiesen wurde (vgl Lutter/*Lutter/Drygala* Rn 13; Widmann/Mayer/*Fronhöfer* Rn 17 ff) oder wenn das Gericht die Prüferbefähigung iSv § 11 I verkennt und eine nicht mit der dort vorgeschriebenen Qualifikation ausgestattete Person oder Institution bestellt. Grund dieser Einschränkung ist, dass die Antragsteller keinen Anspruch auf die Bestellung eines bestimmten Verschmelzungsprüfers haben (Kallmeyer/*Müller* Rn 25).

29 Die nicht-antragstellenden Rechtsträger sind von vornherein nicht beschwerdebefugt (zutr Widmann/Mayer/*Fronhöfer* Rn 17.2). Entsprechendes gilt für die Anteilsinhaber (zutr *Baßler* AG 2006, 490) und für den bestellten Verschmelzungsprüfer. Letzterer ist nicht auf eine Beschwerde gegen die gerichtl Entscheidung angewiesen. Er hat es selbst in der Hand, den Auftrag anzunehmen oder abzulehnen (Widmann/Mayer/*Fronhöfer* Rn 16.1, 17.3). Schließl kann die Beschwerde nicht darauf gestützt werden, dass das Gericht seine Zuständigkeit zu Unrecht angenommen hat (§ 65 IV FamFG).

30 **c) Zuständigkeit.** Über die Beschwerde entscheidet das **OLG.** Gem **Abs 5** kann die Landesregierung bzw die Landesjustizverwaltung durch **Rechtsverordnung** die Konzentration auf ein OLG vornehmen, dessen Zuständigkeit sich dann über mehrere OLG-Bezirke erstreckt. Davon haben die Länder Bayern (OLG München), Nordrhein-Westfalen (OLG Düsseldorf) und Rheinland-Pfalz (OLG Zweibrücken) schon zum früheren § 309 III aF Gebrauch gemacht. Diese Konzentrationsverordnungen sind weiter gültig (Lutter/*Lutter/Drygala* Rn 20; Kallmeyer/*Müller* Rn 26 mwN).

31 Seit Inkrafttreten des FGG-RG findet gegen die Beschwerdeentscheidung des OLG die **Rechtsbeschwerde** nach §§ 70 ff FamFG statt. Der frühere Ausschluss der weiteren Beschwerde in § 10 VI 2 aF wurde nicht übernommen. Allg zum FGG-RG Einf Rn 29. Die Rechtsbeschwerde muss durch das OLG zugelassen werden (§ 70 I FamFG). Die Rechtsbeschwerde ist zuzulassen, wenn die Rechtssache grdsl Bedeutung hat oder die Fortbildung des Rechts oder die Sicherung einer einheitl Rspr eine Entscheidung des Rechtsbeschwerdegerichts erfordert (§ 70 II FamFG). Diese Voraussetzungen dürften selten vorliegen. Vgl allg zur Rechtsbeschwerde MüKoZPO/*Koritz* §§ 70 ff FamFG; Zöller/*Feskorn* §§ 70 ff FamFG.

32 Mit Einwilligung aller Beteiligten ist auch mögl, unter Übergehung der Beschwerdeinstanz die **Sprungrechtsbeschwerde** einzulegen (§ 75 I FamFG). Hierbei ist zu beachten, dass gem § 75 I 2 FamFG der Antrag auf Zulassung der Sprungrechtsbeschwerde und die Erklärung der Einwilligung als Verzicht auf das Rechtsmittel der Beschwerde gelten. Wird der Zulassungsantrag abgelehnt, steht das Rechtsmittel der Beschwerde nicht mehr zur Verfügung (MüKoZPO/*Koritz* § 75 FamFG Rn 2).

8. Vergütung der Verschmelzungsprüfer

33 Gem **Abs 1 S 3** gilt **§ 318 V HGB** für den Ersatz von Auslagen und für die Vergütung der vom Gericht bestellten Prüfer entsprechend. Damit ist § 340b II 4 AktG aF unverändert übernommen worden. Die Verschmelzungsprüfer haben Anspruch auf Ersatz barer Auslagen und auf eine **angemessene Vergütung,** die vom **Gericht** festgesetzt wird und die mit der Beschwerde überprüft werden kann

(§ 318 V 3 HGB). Die rkr Entscheidung über die Festsetzung der Vergütung ist gleichzeitig Vollstreckungstitel für den Verschmelzungsprüfer (§ 318 V 4 HGB).

34 Zu beachten ist allerdings, dass der Verweis auf § 318 V HGB für die von der gerichtl Entscheidung Betroffenen, also die beteiligten Rechtsträger und den/die Verschmelzungsprüfer, unbefriedigend ist. Die gerichtl Bestellung ersetzt zwar die sonst zur Bestellung eines Prüfers notw Willenserklärung des Rechtsträgers, sie begründet aber gerade keinen Auftrag des Gerichts, wie dies bei der Bestellung eines Sachverständigen etwa im normalen Zivilprozess der Fall ist (Widmann/Mayer/*Fronhöfer* Rn 16.2). Vielmehr entsteht durch die gerichtl Entscheidung und die nachfolgenden unverzügl Annahmeerklärung durch den Verschmelzungsprüfer (die ihm freisteht, dazu Widmann/Mayer/*Fronhöfer* Rn 16.1; er muss unverzügl reagieren, wenn er den Auftrag ablehnt, Semler/Stengel/*Zeidler* Rn 10) ein **werkvertragsähnl gesetzl Schuldverhältnis** zwischen dem Verschmelzungsprüfer und den von ihm zu prüfenden Rechtsträger (Lutter/*Lutter/Drygala* Rn 13; Widmann/Mayer/*Fronhöfer* Rn 16.2).

35 Gerade weil es in der Praxis häufig Schwierigkeiten im Zusammenhang mit der Vergütung von Verschmelzungsprüfern und von iRd Spruchverfahrens bestellten Sachverständigen gibt, sollte das Gericht vor der Festsetzung der Vergütung versuchen, eine Einigung zwischen den Parteien des gesetzl Schuldverhältnisses über die Höhe der Vergütung zu erzielen, die anschl der gerichtl Entscheidung iRv § 318 V HGB zugrunde gelegt wird (solche Einigungen sind gängige Praxis, vgl Semler/Stengel/*Zeidler* Rn 16; zur Abweichung von den Sätzen des JVEG/ZSEG Rn 4).

36 Das darf allerdings nicht dazu führen, dass die Bereitschaft der beteiligten Rechtsträger zu einer großzügigen Vergütung eine Loyalität des Verschmelzungsprüfers diesen Rechtsträger ggü begründet (auch dies lässt sich in der Praxis beobachten, ebenso die Tendenz der beteiligten Rechtsträger oder ihrer Konzern-Ges, die Neutralität des Prüfers durch großzügig dotierte weitere freiwillige Beratungsaufträge zu unterminieren).

37 Gem § 318 V 3 ist die Entscheidung des Gerichts über die Vergütung des Verschmelzungsprüfers mit der Beschwerde angreifbar. Ebenso wie vor dem FGG-RG die weitere Beschwerde ist nun die Rechtsbeschwerde ausgeschlossen (§ 318 V 3 2. HS HGB). Beschwerdeberechtigt sind sowohl der Prüfer als auch die beteiligten Rechtsträger, und zwar jew in dem Umfang, in dem sie durch die Entscheidung beschwert sind (Widmann/Mayer/*Fronhöfer* Rn 16.3.3; iÜ wird auf die Spezialliteratur zu § 318 HGB verwiesen).

§ 11 Stellung und Verantwortlichkeit der Verschmelzungsprüfer

(1) [1] **Für die Auswahl und das Auskunftsrecht der Verschmelzungsprüfer gelten § 319 Abs. 1 bis 4, § 319a Abs. 1, § 319b Abs. 1, § 320 Abs. 1 Satz 2 und Abs. 2 Satz 1 und 2 des Handelsgesetzbuchs entsprechend.** [2] **Soweit Rechtsträger betroffen sind, für die keine Pflicht zur Prüfung des Jahresabschlusses besteht, gilt Satz 1 entsprechend.** [3] **Dabei findet § 267 Abs. 1 bis 3 des Handelsgesetzbuchs für die Umschreibung der Größenklassen entsprechende Anwendung.** [4] **Das Auskunftsrecht besteht gegenüber allen an der Verschmelzung beteiligten Rechtsträgern und gegenüber einem Konzernunternehmen sowie einem abhängigen und einem herrschenden Unternehmen.**

(2) [1] **Für die Verantwortlichkeit der Verschmelzungsprüfer, ihrer Gehilfen und der bei der Prüfung mitwirkenden gesetzlichen Vertreter einer Prüfungsgesellschaft gilt § 323 des Handelsgesetzbuchs entsprechend.** [2] **Die Verantwortlichkeit besteht gegenüber den an der Verschmelzung beteiligten Rechtsträgern und deren Anteilsinhabern.**

Schrifttum: Siehe Schrifttum § 9.

Übersicht

1. Allgemeines

1 **Abs 1,** der § 340b II AktG aF nur eingeschränkt fortführt, verweist weitestgehend auf die Vorschriften des HGB zur Auswahl und zum Auskunftsrecht der Abschlussprüfer (§§ 319 ff HGB). **Das Gericht** (§ 10 I) hat diese Vorschriften bei der Auswahl der Verschmelzungsprüfer entsprechend zu beachten. Abs 1 S 4 übernimmt § 340b III 2 AktG aF und ergänzt diese Vorschriften noch.

2 Durch das **BilMoG** vom 25.5.2009 (BGBl I S 1102) wurde zur Umsetzung der Abschlussprüferrichtlinie (2006/43/EG) **§ 319b HGB** neu eingeführt. Gleichzeitig wurde die Verweisung in Abs 1 entsprechend ergänzt.

3 **Abs 2** regelt die Verantwortlichkeit der Verschmelzungsprüfer und verweist dafür auf § 323 HGB. Die Vorschrift entspricht § 340b V AktG aF.

2. Auswahl der Prüfer

4 **a) Befähigter Personenkreis.** Welche Person als Verschmelzungsprüfer in Frage kommt, richtet sich nach der **Rechtsform** des betroffenen Rechtsträgers.

5 Gem **Abs 1 S 1** iVm § 319 I 1 HGB wird zunächst klargestellt, dass die Verschmelzungsprüfung, soweit sie **AG** als beteiligte Rechtsträger betrifft, **ausschließl von Wirtschaftsprüfern oder WirtschaftsprüfungsGes** durchgeführt werden kann. Vereidigte Buchprüfer bzw BuchprüfungsGes scheiden bei einer **AG, KGaA** aus, § 319 I 2 HGB (zur kleinen AG jedoch Rn 7). Gleiches gilt für **große GmbH** iSv § 267 III HGB. Zur Ausnahme bei Beteiligung einer **eG** Rn 10.

6 Bei allen **anderen Rechtsträgern** (zB Verein, PhG, zur eG vgl Rn 9) sind die Voraussetzungen von **Abs 1 S 2, 3** zu prüfen. Durch die entsprechende Anwendung von § 319 I 2 (in Abs 1 S 1 festgeschrieben) wird klargestellt, dass für kleine und mittelgroße Rechtsträger iSv § 267 I, II HGB der Kreis der mögl Verschmelzungsprüfer auch auf **vereidigte Buchprüfer und BuchprüfungsGes** ausgedehnt wird. Da es sich bei den an der Verschm beteiligten Rechtsträgern iSv § 3 I nicht notw um KapGes handeln muss, war die entsprechende Anwendung von § 267 I, II HGB in Abs 1 S 3 geboten.

7 Zusammengefasst ergibt sich folgende Zuständigkeit:

8 – **Wirtschaftsprüfer und WirtschaftsprüfungsGes** können **stets** Verschmelzungsprüfer sein, für AG (nicht jedoch für die „kleine AG“, Widmann/Mayer/*Mayer* Rn 7; KölnerKommUmwG/*Simon* Rn 3; Semler/Stengel/*Zeidler* Rn 3; wohl auch Kallmeyer/*Müller* Rn 2; aA Lutter/*Lutter/Drygala* Rn 3) und KGaA ist ihre Zuständigkeit exklusiv begründet (Abs 1 S 1 iVm § 319 I 1 HGB), ebenso für große KapGes (Abs 1 S 1 iVm § 319 I 1, 2 HGB) und sonstige Rechtsträger, die entsprechend § 267 III HGB als große Ges einzustufen sind (Abs 1 S 2, 3 iVm § 267 III HGB).

9 – IÜ konkurrieren Wirtschaftsprüfer und WirtschaftsprüfungsGes mit **vereidigten Buchprüfern und BuchprüfungsGes.** Diese können die Verschmelzungsprüfung bei der kleinen AG und bei kleinen und mittelgroßen GmbH (Abs 1 S 1 iVm § 319 I 2 HGB; zu der ursprüngl anderen Intention des Gesetzgebers für die Zuständigkeit bei der Prüfung mittelgroßer GmbH iRv § 11 vgl *Ganske* WPg 1994, 159 f mwN) und iÜ bei allen Rechtsträgern, die nicht KapGes sind und unter die Größenklassenmerkmale von § 267 I, II HGB fallen, vornehmen (Abs 1 S 2, 3 iVm § 267 I, II HGB).

10 – Jew von der Prüfungstätigkeit ausgeschlossen sind Wirtschaftsprüfer, WirtschaftsprüfungsGes, vereidigte Buchprüfer und BuchprüfungsGes bei **Beteiligung von eG** und deren Tochterunternehmen, insoweit gilt die **Sonderregelung** von § 81 (vgl RegEBegr BR-Drs 75/94 zu § 11 I UmwG; Semler/Stengel/*Zeidler* Rn 4; Widmann/Mayer/*Mayer* Rn 9).

11 **b) Ausschlussgründe.** Gem Abs 1 S 1 gelten für die Auswahl der Verschmelzungsprüfer die Ausschlussgründe von §§ 319 II, III, IV; 319a I und 319b I HGB entsprechend. **Das Gericht,** welches die Verschmelzungsprüfer allein bestellt (§ 10 I) hat diese Vorschriften zu beachten. Sie dienen der **Unabhängigkeit** der Prüfer.

12 **§ 319 II HGB** legt den Grds fest und regelt allg den Ausschluss eines Prüfers wegen der Besorgnis der **Befangenheit**. Diese kann auf Grund geschäftl, finanzieller oder persönl Umstände vorliegen.

13 **§ 319 III und IV HGB** zählen umfassend aber nicht abschließend einzelne Konstellationen auf, bei denen die Besorgnis der Befangenheit als begründet angesehen wird. Wegen der Einzelheiten wird auf BeBiKo/*Schmidt* § 319 HGB Rn 20 ff verwiesen.

14 Bes Ausschlussgründe bestehen gem **§ 319a I HGB** bei Rechtsträgern, die kapitalmarktorientiert iSv § 264d HGB sind. Diese beruhen letztl ebenso auf dem Grds des § 319 II HGB. Hinsichtl der Einzelheiten wird auf *Förschle/Schmidt* HGB § 319a Rn 5 ff verwiesen.

15 Durch das **BilMoG** vom 25.5.2009 (BGBl I S 1102) wurde der „Netzwerktatbestand“ (Kallmeyer/*Müller* Rn 5) in **§ 319b HGB** neu eingeführt. Gleichzeitig wurde Abs 1 um diesen Tatbestand ergänzt. Die zu beachtenden Ausschlussgründe wurden dadurch nochmals erweitert. Nach **§ 319b I 1 HGB** ist ein Prüfer ausgeschlossen, wenn ein Mitglied seines **Netzwerkes** bestimmte Ausschlussgründe nach § 319 II–IV HGB erfüllt, es sei denn, dass das Netzwerkmitglied keinen Einfluss auf das Ergebnis der Prüfung nehmen kann (§ 319b I 1 HS 2). **§ 319 I 2 HGB** normiert absolute Ausschlussgründe ohne Möglichkeit, die Besorgnis der Befangenheit zu entkräften. Ein Netzwerk liegt gem § 319b I 3 HGB vor, wenn Personen bei ihrer Berufsausübung zur Verfolgung **gemeinsamer** wirtschaftl Interessen für eine gewisse Dauer zusammenwirken. Kriterien für ein Netzwerk sind bspw eine Gewinn- und Kostenteilung, gemeinsames Eigentum und die

gemeinsame Kontrolle bzw Geschäftsführung, Qualitätssicherung, Geschäftsstrategie, Marke und Nutzung fachl Ressourcen (RegE Begr BT-Drs 16/10067, S 90).

16 Zur Frage, ob eine **Bestellung des Abschlussprüfers zum Verschmelzungsprüfer** gegen § 319 II Nr 5, III Nr 4 HGB aF verstößt, hat das LG München I (ZIP 1999, 2154) bereits früh zu Recht darauf hingewiesen, dass beide Tätigkeiten sich funktional und konzeptionell grdsl unterscheiden. Auch die PrüferbefähigungsRL vom 10.4.1984 (84/253/EWG) stehe einer solchen Auslegung nicht entgegen, ebenso wenig die Entscheidung des BGH zur Abgrenzung zwischen zulässiger Beratung und unzulässiger Mitwirkung an der Erstellung des Abschlusses (BGH ZIP 1997, 1162 mit Anm *Heni* EWiR 1998, 67). Ähnl für Sonderprüfung OLG München AG 2001, 193. Vgl auch Lutter/*Lutter/Drygala* Rn 4, die zutr auch auf den Ausschlusstatbestand von § 319 III Nr 6 HGB hinweisen.

17 Anlässl der Fusion zur Hypo Vereinsbank hat der BGH (DB 2003, 383) umfassend zur Anwendung von §§ 318, 319 HGB ausgeführt. Als Abschlussprüfer darf danach grdsl auch tätig sein, wer zuvor bei der Verschm als Bewerter (nicht Gegenstand der BGH-Entscheidung: als Verschmelzungsprüfer) tätig war (dazu ausführl mwN *Marx* DB 2003, 431). § 318 III HGB kann der Tätigkeit im Einzelfall entgegenstehen (BGH DB 2003, 383). Für die Frage, ob der Verschmelzungsprüfer wegen früherer Tätigkeiten als Abschlussprüfer ungeeignet ist, kommt es deshalb iE auf die Würdigung des konkreten Einzelfalls an (zu an einer amerikanischen Börse notierten Rechtsträgern Semler/Stengel/*Zeidler* Rn 7).

18 Das Problem dürfte sich in der Praxis indes nicht mehr stellen, denn nach der Änderung von § 10 – nur noch gerichtl Bestellung des Verschmelzungsprüfers – wird das Gericht regelmäßig die Abschlussprüfer nicht bestellen (vgl § 10 Rn 6, 7). Eine Tätigkeit als Gründungsprüfer ist zulässig, vgl § 10 Rn 9 aE.

3. Auskunftsrecht

19 **Abs 1 S 4** ergänzt die Verweisung auf § 320 I 2, II 1, 2 HGB in Abs 1 S 1. Diese **Duldungspflicht** besteht ggü allen Verschmelzungsprüfern, auch ggü Verschmelzungsprüfern anderer Rechtsträger in Zusammenhang mit dem einheitl Verschmelzungsvorgang (näher Lutter/*Lutter/Drygala* Rn 6 mwN). § 320 I 2 HGB ist iRv Abs 1 S 4 aber nicht anzuwenden (zutr Kallmeyer/*Müller* Rn 12 mwN).

20 Ebenso besteht für alle Abschlussprüfer das Recht, von allen Leitungsorganen aller beteiligten Rechtsträger sämtl **Aufklärungen und Nachw** zu verlangen, die für eine sorgfältige Prüfung notw sind, § 320 II 1 HGB.

21 Abs 1 S 4 stellt schließl klar, dass die beschriebenen Pflichten und Rechte auch ggü **verbundenen Unternehmen iSv § 15 AktG** bestehen; damit wird eine Gleichschaltung mit der gewünschten Ausführlichkeit des Verschmelzungsberichts gem § 8 I 3 erreicht. Außerdem kann nur auf diese Weise der Prüfungsgegenstand „Verschmelzungsvertrag" abschl beurteilt werden, weil auch im Verschmelzungsbericht auf die rechtl und wirtschaftl Verhältnisse bei verbundenen Unternehmen einzugehen ist (dazu § 8 Rn 27, 28).

22 **Unrichtige Angaben** ggü dem Verschmelzungsprüfer sind strafrechtl sanktioniert, vgl § 313 I Nr 2.

4. Verantwortlichkeit der Verschmelzungsprüfer

23 **Abs 2 S 1** verweist in vollem Umfang auf § 323 HGB. In Übereinstimmung mit Abs 1 S 4, der den Verschmelzungsprüfern Rechte ggü allen an der Verschm

beteiligten Rechtsträgern gewährt, schreibt **Abs 2 S 2** zusätzl die Verantwortlichkeit der Verschmelzungsprüfer ggü allen beteiligten Rechtsträgern und deren Anteilsinhabern fest.

24 Gefordert wird eine **gewissenhafte und unparteiische Prüfung,** die unbefugte Verwendung oder Offenbarung von Geschäfts- und Betriebsgeheimnissen ist untersagt. Eine Verantwortlichkeit ggü verbundenen Unternehmen (zum Prüfungsgegenstand Rn 20 f) besteht gem Abs 2 S 2 wohl nicht, weil insoweit § 323 I 3 HGB verdrängt wird (krit dazu Lutter/*Lutter/Drygala* Rn 8; KölnerKommUmwG/*Simon* Rn 19); Entsprechendes gilt in Bezug auf die Gläubiger der Rechtsträger (Widmann/Mayer/*Mayer* Rn 33; Kallmeyer/*Müller* Rn 15).

25 Eine schuldhafte Verletzung der Pflichten aus § 323 I 1, 2 HGB führt zum **Schadensersatz** (Abs 2 iVm § 323 I 3 HGB). Die gesamtschuldnerische Haftung ist bei fahrlässigen Pflichtverstößen, auch bei mehreren schadensbegründenden Handlungen, grdsl auf eine Million Euro begrenzt, § 323 II 1 HGB (Änderung auf Euro durch Art 1 EuroBilG vom 10.12.2001, BGBl I 3414; vor Inkrafttreten – § 46 EGHGB – des **KonTraG** vom 27.4.1998, BGBl I 786 lautete der Höchstbetrag auf DM 500 000). Gem § 323 II 2 HGB gilt bei AG, deren Aktien zum Handel im amtl Markt zugelassen sind, eine Haftungsbegrenzung von vier Millionen Euro (Art 8 Gesetz vom 21.6.2002, BGBl I 2010). Der Schadensersatzanspruch kann nicht abbedungen werden, er **verjährt** in fünf Jahren (Abs 2 iVm § 323 IV, V HGB).

26 Vgl zur Strafbarkeit der Verschmelzungsprüfer § 314.

§ 12 Prüfungsbericht

(1) [1]**Die Verschmelzungsprüfer haben über das Ergebnis der Prüfung schriftlich zu berichten.** [2]**Der Prüfungsbericht kann auch gemeinsam erstattet werden.**

(2) [1]**Der Prüfungsbericht ist mit einer Erklärung darüber abzuschließen, ob das vorgeschlagene Umtauschverhältnis der Anteile, gegebenenfalls die Höhe der baren Zuzahlung oder die Mitgliedschaft bei dem übernehmenden Rechtsträger als Gegenwert angemessen ist.** [2]**Dabei ist anzugeben,**

1. **nach welchen Methoden das vorgeschlagene Umtauschverhältnis ermittelt worden ist;**
2. **aus welchen Gründen die Anwendung dieser Methoden angemessen ist;**
3. **welches Umtauschverhältnis oder welcher Gegenwert sich bei der Anwendung verschiedener Methoden, sofern mehrere angewandt worden sind, jeweils ergeben würde; zugleich ist darzulegen, welches Gewicht den verschiedenen Methoden bei der Bestimmung des vorgeschlagenen Umtauschverhältnisses oder des Gegenwerts und der ihnen zugrundeliegenden Werte beigemessen worden ist und welche besonderen Schwierigkeiten bei der Bewertung der Rechtsträger aufgetreten sind.**

(3) **§ 8 Abs. 2 und 3 ist entsprechend anzuwenden.**

Schrifttum: Siehe Schrifttum § 9.

Übersicht

1. Allgemeines

1 **Abs 1** wurde wörtl aus § 340b IV 1, 2 AktG aF übernommen. Die Verschmelzungsprüfer haben einen schriftl, ggf gemeinsamen **Bericht** über das Erg der von ihnen vorgenommenen Prüfung zu erstatten (vgl zur Strafbarkeit § 314). In **Abs 2** wurde zum Schutz der Anteilsinhaber der notw **Mindestinhalt** des Prüfungsberichts in Fortsetzung und teilw Erweiterung zu § 340 IV 2 ff AktG aF festgelegt. Gem **Abs 3** gelten § 8 II, III UmwG für die Entbehrlichkeit des Verschmelzungsprüfungsberichts entsprechend.

2. Form des Berichts

2 Vgl zum Ganzen WP-HdB Bd II D Rn 64 ff. Der Prüfungsbericht muss **schriftl** abgefasst sein, **Abs 1 S 1.** Grdsl hat jeder Prüfer einen eigenen Bericht zu verfassen; soweit eine **gemeinsame Bestellung** erfolgt ist (vgl hierzu § 10 I 2), gibt es nur einen **einheitl Prüfungsbericht** (aA Kallmeyer/*Müller* Rn 2; KölnerKommUmwG/*Simon* Rn 4).

3 Darüber hinaus eröffnet **Abs 1 S 2** auch dann die Möglichkeit zur Erstellung eines einzigen gemeinsamen Berichts, wenn für jeden beteiligten Rechtsträger verschiedene Verschmelzungsprüfer bestellt wurden. Ob von der Möglichkeit von Abs 1 S 2 Gebrauch gemacht wird, liegt grdsl **im freien Ermessen** der Verschmelzungsprüfer (Lutter/*Lutter/Drygala* Rn 2; Semler/Stengel/*Zeidler* Rn 5; KölnerKommUmwG/*Simon* Rn 5); die von Abs 2 und dem Sinn und Zweck von § 12 (Anteilsinhaberschutz) geforderte Transparenz darf dadurch allerdings nicht beeinträchtigt werden.

3. Gegenstand der Verschmelzungsprüfung

4 Die Prüfung erstreckt sich zunächst darauf, ob der – zum Zeitpunkt der Prüfung aktuelle (vgl Semler/Stengel/*Gehling* Rn 21 mit Verweis auf OLG Hamm AG 2005, 361 und LG München AG 2010, 419) – **Verschmelzungsvertrag** bzw dessen Entwurf den Anforderungen von § 5 I entspricht (vgl auch *Ganske* WPg 1994, 157, 161; Lutter/*Lutter/Drygala* § 9 Rn 9 mwN). Wesentl Element ist die Begutachtung der **Angemessenheit des vorgeschlagenen Umtauschverhältnisses** der Anteile (Rn 11 ff), ggf ist auch das Erg der Prüfung einer zu gewährenden baren Zuzahlung oder der Wert der Mitgliedschaft beim übernehmenden Rechtsträger mitzuteilen.

5 Die Verschmelzungsprüfer sind aber nicht gehalten, das Umtauschverhältnis zu errechnen und den so ermittelten Wert mit dem im Verschmelzungsvertrag angegebenen Umtauschverhältnis zu vergleichen. **Der Verschmelzungsprüfer bestimmt nicht das Umtauschverhältnis,** er überprüft ledigl das ihm vorgegebene Erg (Lutter/Lutter/*Drygala* § 9 Rn 11 mwN; Semler/Stengel/*Zeidler* § 9

Rn 30; Kallmeyer/*Müller* mit zutr Verweis auf IDW [HFA] 6/88; zum früheren Recht schon KölnerKommAktG/*Kraft* § 340 Rn 8;). Der wesentl Unterschied besteht darin, dass der Verschmelzungsprüfer nicht alle zur Bew notw Daten erneut ermitteln muss (so bereits Stellungnahme des IDW [HFA] 6/88 WPg 1989, 42, 43; *Meyer zu Lösebeck* WPg 1989, 499).

6 Dies schließt nicht aus, dass der Verschmelzungsprüfer ggf **Kontrollrechnungen** durchzuführen hat; er muss sich auch das konkrete Zahlenmaterial vorlegen lassen, wozu ihn § 320 I 2, II 1 HGB im Zusammenhang mit § 11 I 1, 4 UmwG ermächtigen. Auf der Grundlage dieser Daten hat der Verschmelzungsprüfer die ihm vorgelegten Unternehmensbewertungen und die diesen zugrunde liegenden Überlegungen dahingehend zu überprüfen, ob sie **nachvollziehbar und vertretbar** sind und ob sie den Grdsen ordnungsgemäßer Unternehmensbewertung (dazu § 5 Rn 10 ff) entsprechen (Lutter/*Lutter/Drygala* § 9 Rn 10, 11 mwN; KölnerKommAktG/*Kraft* § 340 Rn 8; *Meyer zu Lösebeck* WPg 1989, 499). Seine Aufgabe besteht also kurz gefasst darin, die vorgegebenen Unternehmenswertgutachten seinerseits zu begutachten.

4. Aufbau und Inhalt des Berichts

7 Ein fester **Aufbau und Inhalt des Prüfungsberichts** ist gesetzl nicht vorgeschrieben (vgl Beispiel aus der Praxis in ZIP 1990, 270: Verschm zweier Hypothekenbanken; vgl auch *Mertens* AG 1990, 20; *Rodewald* BB 1992, 237). Das Institut der Wirtschaftsprüfer (IDW) hat jedoch Empfehlungen veröffentlicht, um gewisse Vereinheitlichungen zu gewährleisten; diese Stellungnahme (IDW [HFA] 6/88 WPg 1989, 42, 43) ist immer noch aktuell, da sich durch die Umwandlungsreform ggü den früheren aktienrechtl Regelungen inhaltl und sachl nichts geändert hat (eine umfassende aktuelle Darstellung zum Prüfungsbericht enthält das vom IDW herausgegebene WP-HdB Bd II D Rn 64 ff).

8 Der zuständige Hauptfachausschuss (HFA) empfiehlt darin, in einer einleitenden Klausel darauf hinzuweisen, dass die Vollständigkeit und Richtigkeit des Verschmelzungsberichts nicht Gegenstand der Verschmelzungsprüfung war. Dies ist nicht zwingend, mag aber sinnvoll sein, um den Anteilsinhabern nochmals den (eingeschränkten) Prüfungsauftrag zu verdeutlichen.

9 Der Prüfungsbericht sollte weitere Ausführungen darüber enthalten, ob der Verschmelzungsvertrag den gesetzl Anforderungen (§ 5 I) entspricht. Dies kann, sofern keine Beanstandungen festzustellen waren, in der gebotenen Kürze erfolgen (Rechtsprechungsübersicht bis 1990 bei Kallmeyer/*Müller* Rn 5; vgl iÜ Widmann/Mayer/*Mayer* Rn 10 ff).

10 Wegen der aktuell häufigen Probleme mit den Anforderungen von **§ 5 I Nr 9, III** (vgl § 5 Rn 87 ff und 106 ff) sollte auf die Einhaltung dieser Normen eingegangen werden (so auch Lutter/*Lutter/Drygala* § 9 Rn 9; Widmann/Mayer/*Mayer* § 9 Rn 32 fordert eine Plausibilitätsprüfung, bei der die Angaben des Verschmelzungsvertrags mit den Aussagen des Verschmelzungsberichts und der Prüfungsunterlagen verglichen werden).

11 Im **Mittelpunkt der Prüfung** hat entsprechend der Gesetzesfassung die Erklärung über die **Angemessenheit des Umtauschverhältnisses,** ggf der baren Zuzahlung oder den Wert der Mitgliedschaft beim übernehmenden Rechtsträger, zu stehen. Der Prüfungsbericht ist Ergebnisbericht (Rn 18 ff mwN), über den Verlauf der Prüfung ist nicht zu berichten (zutr Semler/Stengel/*Zeidler* Rn 7;

BGH ZIP 1990, 168; OLG Frankfurt aM ZIP 2000, 1932; wN zum Mindestinhalt des Prüfungsberichts bei Kallmeyer/*Müller* Rn 5).

In diesem Zusammenhang hat der Prüfungsbericht Angaben darüber zu enthalten, nach welchen Methoden das im Verschmelzungsvertrag vorgeschlagene Umtauschverhältnis ermittelt worden ist **(Abs 2 S 2 Nr 1).** Der Umfang der Ausführungen hierzu hängt im Einzelfall davon ab, welche Methode der Unternehmensbewertung angewandt wurde. Erfolgte die Berechnung des Umtauschverhältnisses auf der Grundlage der Ertragswertmethode (vgl § 5 Rn 11 ff) unter Berücksichtigung des Standards S 1 zur Durchführung von Unternehmensbewertungen des IDW, so braucht dieses Verfahren nicht näher erläutert zu werden (Nachw zum Meinungsstand bei *Lutter* Rn 7 Fn 5; so auch Widmann/Mayer/*Mayer* Rn 18, 22). 12

Aufgabe des Prüfungsberichts ist es nicht, den Anteilsinhabern die betriebswirtschaftl Methoden als solche näher zu bringen. Etwas anderes gilt jedoch dann, wenn nicht ein Standardverfahren zur Anwendung kam, weil **Besonderheiten** zu berücksichtigen waren (vgl auch Abs 2 S 2 Nr 3 aE; zu anderen Bewertungsmethoden vgl § 5 Rn 47, 48). Dann ist auch die **Bewertungsmethode zu erläutern,** damit sich die Anteilsinhaber – ggf unter Hinzuziehung eigener Sachverständiger – ein klares Bild machen können. 13

Der Prüfungsbericht muss auch Erläuterung enthalten, warum die angewandte Methode der Unternehmensbewertung im konkreten Fall **angemessen** ist **(Abs 2 S 2 Nr 2).** Auch insofern wird von Fall zu Fall der Umfang der Berichtspflicht schwanken. Sofern ein Standardverfahren gewählt wurde und dieses angemessen ist, wird im Regelfall der Hinweis genügen, dass bei den vorgenommenen Unternehmensbewertungen keine Besonderheiten zu berücksichtigen waren. 14

Wenn die Berechnung des Umtauschverhältnisses auf Unternehmenswerten beruht, die durch verschiedene Methoden ermittelt wurden, verlangt **Abs 2 S 2 Nr 3** weitergehende Angaben. Eine derartige **Kombination von Bewertungsmethoden** wird nur in Betracht kommen, wenn besondere Schwierigkeiten aufgetreten sind (zum **Börsenkurs** § 5 Rn 49 ff). Diese sind im Bericht zu erwähnen. Des Weiteren ist die Gewichtung der einzelnen Methoden anzugeben, sodass der Anteilsinhaber wiederum in die Lage versetzt wird, das konkret benutzte Verfahren nachzuvollziehen. Zudem sollen die Erg der Einzelbewertungen angegeben werden, damit der Anteilsinhaber erkennen kann, innerhalb welcher Bandbreite die konkrete Festsetzung des Unternehmenswerts erfolgt ist. 15

Die alternative Berechnung einzelner Wertansätze **innerh** einer Bewertungsmethode wird jedoch vom Gesetz nicht verlangt, da dies keine Kombination von Methoden darstellt (aA KölnerKommAktG/*Kraft* § 340b Rn 13). Ausführungen hierzu können aber nach Abs 2 S 2 Nr 1 geboten sein. 16

Innerh des gesetzl vorgegebenen Rahmens war der **Umfang der Berichtspflicht** bereits zum AktG aF umstr. Teilw wurde gefordert, der Prüfungsbericht dürfe sich nicht auf die Mitteilung der Erg beschränken, es müsse vielmehr im Einzelnen dargelegt werden, aufgrund welcher tats von den Prüfern getroffenen Feststellungen sie zu der Überzeugung gelangt seien, dass das Umtauschverhältnis angemessen sei (OLG Karlsruhe WM 1989, 1134, 1139; dagegen LG Frankfurt WM 1990, 593, 594). Diese Ansicht wurde ua auf einen Umkehrschluss aus der Regelung über den Geheimnisschutz gestützt, die bereits in § 340b IV 5 AktG aF vorgeschrieben war und nun gem Abs 3 iVm § 8 II allg gilt. Aus der Zulässigkeit der Geheimhaltung nur weniger, nach dem Gesetzestext bestimmbarer Daten 17 wurde gefolgert, dass bei Nichtvorliegen dieses Ausnahmefalls die konkreten Daten anzugeben sind.

18 Dieser zu weitgehenden Auffassung war und ist zu widersprechen (eine noch vertretbare Differenzierung nimmt Kallmeyer/*Müller* Rn 6 vor). Nach dem Wortlaut von Abs 1 S 1 haben die Prüfer gerade **nur über das Erg der Prüfung zu berichten,** sie müssen die Prüfung selbst nicht darstellen (aA OLG Frankfurt aM ZIP 2000, 1928; wie hier Lutter/*Lutter/Drygala* Rn 7; Widmann/Mayer/*Mayer* Rn 14; WP-HdB Bd II D Rn 76; unklar Semler/Stengel/*Zeidler* Rn 7; Kölner-KommUmwG/*Simon* Rn 7).

19 Auch die Konkretisierungen in **Abs 2 S 2 Nr 1–3** zeigen, dass der Gesetzgeber eine **Beschränkung auf das Erg** im Sinn hatte. Es geht nicht darum, die in einem strengen Verfahren ausgewählten und mit hohem Sachverstand versehenen, ihrerseits unabhängigen Verschmelzungsprüfer – die Unabhängigkeit wird durch die Neufassung von § 10 I jetzt noch gestärkt, vgl Erläuterung dort – wiederum zu kontrollieren (vgl auch OLG Frankfurt aM AG 2010, 368; so bereits Kölner-KommAktG/*Kraft* § 340 b Rn 14); auch ist der Verschmelzungsprüfer nicht abschl dazu berufen, die Angemessenheit des Umtauschverhältnisses zu beurteilen, schließl gibt es noch die Möglichkeit eines Spruchverfahrens nach dem SpruchG (dort kann es allerdings zu einer unglückl Doppelfunktion des Verschmelzungsprüfers kommen, vgl § 10 Rn 4, 7 mwN; Lutter/*Lutter/Drygala* § 10 Rn 17).

20 Ferner rechtfertigt der Geheimnisschutz keinen Umkehrschluss, weil selbst bei der Beschränkung auf das Prüfungsergebnis die Gefahr der Offenbarung geheimhaltungsbedürftiger Daten bestehen kann und deswegen der Verweis in Abs 3 auf die entsprechende Anwendung von § 8 II durchaus sinnvoll ist (vgl OLG Hamm WM 1988, 1164, 1168; Stellungnahme des IDW [HFA] 2/83).

21 Weiterhin dürfen die Anteilsinhaber davon ausgehen, dass die im Verschmelzungsbericht (§ 8) enthaltenen Tats auch der Verschmelzungsprüfung zugrunde gelegen haben. Zwar ist eigentl Prüfungsgegenstand nur der Verschmelzungsvertrag, eine Verschmelzungsprüfung lege artis wird jedoch auf den Inhalt des Verschmelzungsberichts zumindest mittelbar einzugehen haben (wobei es aber nicht darum geht, dass der Verschmelzungsprüfer Fehler des Verschmelzungsberichts korrigiert; aA LG München I AG 2000, 86). Die Verschmelzungsprüfung stellt nur eine von mehreren Sicherungsmaßnahmen für die Anteilsinhaber dar, sie muss nicht die gleiche inhaltl Vielschichtigkeit aufweisen wie der Verschmelzungsbericht der Vertretungsorgane einerseits und die abschl Überprüfung im Spruchverfahren andererseits (so auch Lutter/*Lutter/Drygala* § 9 Rn 10 ff – Verschmelzungsbericht und Verschmelzungsprüfung als ineinander greifendes System).

22 Der Prüfungsbericht ist mit einer Erklärung (krit zum Begriff Testat zu Recht Kallmeyer/*Müller* Rn 11; besser: **„Schlusserklärung"** vgl WP-HdB Bd II D Rn 84) darüber abzuschließen, ob das vorgeschlagene Umtauschverhältnis der Anteile, ggf die Höhe der baren Zuzahlung oder die Mitgliedschaft bei dem übernehmenden Rechtsträger als Gegenwert angemessen ist, **Abs 2 S 1.**

23 Eine feste Formulierung der Erklärung ist nicht vorgeschrieben. Das **IDW** hatte insofern ledigl eine **Empfehlung** ausgesprochen (vgl WPg 1989, 42, 44), die im vom IDW herausgegebenen WP-HdB Bd II D Rn 84 fortgeschrieben ist: „Nach meinen/unseren Feststellungen ist aus den dargelegten Gründen das vorgeschlagene Umtauschverhältnis, nach dem die Gesellschafter der … für … Anteile ihre Gesellschaft im Nennbetrag von (zum geringsten Ausgabebetrag von) EUR … Anteile der … im Nennbetrag von (zum geringsten Ausgabebetrag von) EUR … erhalten, auf der Grundlage der Verschmelzungswertrelation zum … angemessen.

Bare Zuzahlungen wurden (nicht) gewährt". In die gleiche Richtung geht der Formulierungsvorschlag bei Widmann/Mayer/*Mayer* Rn 26. Kallmeyer/*Müller* Rn 11 geht hingegen davon aus, dass die vom IDW vorgeschlagene Schlusserklärung nur bei einfach gelagerten Fällen ausreichend sei. So lange das IDW als für den Stand der Technik zuständige Institution keine neue Empfehlung gibt, dürfte die in der Praxis übliche Übernahme (mit Anpassung auf den Einzelfall) der Schlusserklärung aus dem WP-HdB indes uneingeschränkt zu empfehlen sein.

5. Geheimnisschutz

Abs 3 verweist auf **§ 8 II,** die Komm dort ist in vollem Umfang einschlägig (vgl § 8 Rn 29 ff). Durch die Entscheidung der Vertretungsorgane bei Abfassung des Verschmelzungsberichts, welche Tats dem Geheimnisschutz unterliegen sollen, sind die **Verschmelzungsprüfer nicht gebunden** (Lutter/*Lutter/Drygala* Rn 10; Semler/Stengel/*Zeidler* Rn 12; Widmann/Mayer/*Mayer* Rn 14). Die Beurteilung der Nachteilszufügungsmöglichkeit steht allein in ihrem **pflichtgemäßem Ermessen.** 24

Aufgrund der Regelung in § 11 II über die Verantwortlichkeit der Verschmelzungsprüfer ist jedoch dazu zu raten, nur bei genügender Tragfähigkeit der Beurteilungsgrundlage von den Vorgaben der Vertretungsorgane abzuweichen (Lutter/*Lutter/Drygala* Rn 10 mN; KölnerKommUmwG/*Simon* Rn 23). Umgekehrt droht für den Fall, dass die Angaben der Vertretungsorgane „blind übernommen" werden, eine eigenständige Haftung der Verschmelzungsprüfer gem § 11 II ggü den Anteilsinhabern oder den beteiligten Rechtsträgern, sofern der Pflichtverstoß für entsprechende Schäden kausal ist. 25

6. Verzicht durch die Anteilsinhaber

Gem **Abs 3 iVm § 8 III** kommen zwei Möglichkeiten in Betracht, nach denen ein Prüfungsbericht entbehrl ist: Zum einen bei der Verschm einer 100%igen TochterGes auf ihre MutterGes, zum anderen bei Vorliegen notarieller Verzichtserklärungen aller Anteilsinhaber aller beteiligten Rechtsträger (vgl § 8 Rn 36 ff). 26

Wie bei §§ 8 III, 9 III gilt: Die Pflicht zur Abfassung des Prüfungsberichts dient ausschließl dem Schutz der Anteilsinhaber, auf die Gewährung dieses Schutzes kann verzichtet werden. Da der Prüfungsbericht die Durchführung einer Verschmelzungsprüfung nach §§ 9–11 voraussetzt und § 9 III seinerseits bereits den Verzicht auf die Durchführung der Prüfung ermöglicht, ist der Anwendungsbereich der Verzichtsmöglichkeit von Abs 3 eingeschränkt. 27

Gleichwohl erfolgt die Wiederholung nicht in überflüssiger Weise; gedacht wurde vielmehr an den Fall, dass die Anteilsinhaber nach Durchführung der Prüfung deren Erg nach mündl Erörterung bereits für richtig halten und deswegen auf den häufig **kostenintensiven Bericht** verzichten (vgl RegEBegr BR-Drs 75/94 zu § 12 III; Lutter/*Lutter/Drygala* Rn 12, die aber zu Recht darauf hinweisen, dass die notariellen Verzichtserklärungen ihrerseits wieder Kosten verursachen, wobei diese Kosten durch die Ersparnis regelmäßig überkompensiert werden dürften). 28

7. Bedeutung der Prüfung

Nach Vorlage eines Verschmelzungsprüfungsberichts, der zu dem Erg kommt, dass das **Umtauschverhältnis nicht angemessen** sei, wird im Regelfall die 29

Zustimmung zum Verschmelzungsvertrag (§ 13) verweigert werden. Rechtl zwingend ist dies jedoch nicht, die Anteilsinhaberversammlungen können mit der jew notw Mehrheit dem Verschmelzungsvertrag gleichwohl zustimmen, sodass dieser wirksam wird (so auch Widmann/Mayer/*Mayer* § 9 Rn 34; Lutter/*Lutter/Drygala* Rn 14).

30 Insoweit bleibt nur die Möglichkeit der **gerichtl Nachprüfung** im Spruchverfahren nach dem SpruchG. In diesem Zusammenhang wird man zu überlegen haben, ob der Anteilsinhaber, der trotz Kenntnis von der Unangemessenheit der Gegenleistung für die Verschm gestimmt hat, überhaupt noch Begünstigter des Spruchverfahrens sein darf (zur grdsl Antragsberechtigung § 15 Rn 12 mwN); letztl wird der Einwand des treuwidrigen Verhaltens aber auch in diesem Fall nicht ergiebig sein, weil die Intention des Gesetzes allein auf einen **obj Wertausgleich** gerichtet ist (vgl aber § 5 Rn 8 zur nichtverhältniswahrenden Verschm).

31 Der Verschmelzungsbeschluss der Anteilsinhaberversammlung, der auf der Grundlage eines **den Anforderungen von § 12 nicht entsprechenden Verschmelzungsprüfungsberichts** gefasst wurde, ist anfechtbar (OLG Frankfurt aM AG 2010, 368). Insofern bestehen keine Unterschiede zu den Rechtsfolgen, die ein fehlerhafter Verschmelzungsbericht auslöst (dazu § 8 Rn 40 ff und Lutter/*Lutter/Drygala* Rn 13; Widmann/Mayer/*Mayer* Rn 34; KölnerKomm-AktG/*Kraft* § 340 b Rn 29).

§ 13 Beschlüsse über den Verschmelzungsvertrag

(1) [1] **Der Verschmelzungsvertrag wird nur wirksam, wenn die Anteilsinhaber der beteiligten Rechtsträger ihm durch Beschluß (Verschmelzungsbeschluß) zustimmen.** [2] **Der Beschluß kann nur in einer Versammlung der Anteilsinhaber gefaßt werden.**

(2) **Ist die Abtretung der Anteile eines übertragenden Rechtsträgers von der Genehmigung bestimmter einzelner Anteilsinhaber abhängig, so bedarf der Verschmelzungsbeschluß dieses Rechtsträgers zu seiner Wirksamkeit ihrer Zustimmung.**

(3) [1] **Der Verschmelzungsbeschluß und die nach diesem Gesetz erforderlichen Zustimmungserklärungen einzelner Anteilsinhaber einschließlich der erforderlichen Zustimmungserklärungen nicht erschienener Anteilsinhaber müssen notariell beurkundet werden.** [2] **Der Vertrag oder sein Entwurf ist dem Beschluß als Anlage beizufügen.** [3] **Auf Verlangen hat der Rechtsträger jedem Anteilsinhaber auf dessen Kosten unverzüglich eine Abschrift des Vertrags oder seines Entwurfs und der Niederschrift des Beschlusses zu erteilen.**

Schrifttum: Schrifttum bis 1994 siehe 3. Auflage; Schrifttum bis 2000 siehe 4. Auflage; *Joussen,* Der Auskunftsanspruch des Aktionärs, AG 2000, 241; *Schmidt/Schneider,* Haftungserhaltende Gläubigerstrategien beim Ausscheiden von Gesellschaftern bei Unternehmensübertragung, Umwandlung und Auflösung, BB 2003, 1961; *Schulte/Bode,* Offene Fragen zur Form der Vollmachtserteilung an Vertreter i.S.v. § 135 AktG, AG 2008, 730.

Übersicht

1. Allgemeines

§ 13 übernimmt im Wesentl bereits früher geltendes Recht. Der Verschmelzungsvertrag wird nur wirksam, wenn die Anteilsinhaber aller beteiligten Rechtsträger ihm durch **Beschluss** zustimmen, vgl auch § 340c I AktG aF, § 20 I KapErhG aF, § 93b I 1 GenG aF, § 44a II VAG aF; der Verschmelzungsbeschluss muss notariell beurkundet werden, Abs 3 S 1. 1

Abs 1 S 2 bestimmt für alle Fälle der Verschm und für alle beteiligten Rechtsträger, dass der Verschmelzungsbeschluss nur in einer Versammlung der Anteilsinhaber gefasst werden kann; damit wurde insbes der Meinungsstreit zu § 20 I KapErhG aF (dazu 1. Aufl 1994, § 20 KapErhG Anm 4e) entschieden. 2

Das Zustimmungserfordernis in **Abs 2** (vgl § 376 II 2 AktG aF als Vorgängerregelung für die nach altem AktG mögl formwechselnde Umw) soll eine Beeinträchtigung von vorhandenen Sonderrechten einzelner Anteilsinhaber anlässl einer Umstrukturierung vermeiden. 3

2. Verschmelzungsbeschluss

a) Rechtsnatur. Während der als gesellschaftsrechtl Organisationsakt und schuldrechtl Vertrag ausgestaltete **Verschmelzungsvertrag** von den jew Leitungsorganen der beteiligten Rechtsträger geschlossen wird und das **Außenverhältnis** bestimmt (dazu § 4 Rn 4, 9), ist die Entscheidung über den Verschmelzungsbeschluss allein den Anteilsinhabern zugeordnet. Der **Verschmelzungsbeschluss ist Transformationsakt und Voraussetzung für die Wirksamkeit des Verschmelzungsvertrages, Abs 1 S 1** (ledigl im Fall von § 62 ist ein Beschluss der übernehmenden AG nicht erforderl). Mit Vorhandensein des letzten Verschmelzungsbeschlusses tritt somit die **Bindungswirkung zwischen den beteiligten Rechtsträgern** (Rn 8 ff) ein, die Entscheidung der Anteilsinhaber bindet die jew Leitungsorgane. 4

Die Mitwirkung des jew Anteilsinhabers bei Abfassung des Verschmelzungsbeschlusses ist seine zentrale Aufgabe beim gesamten Umstrukturierungsvorgang. Verschmelzungsbericht (§ 8) und Verschmelzungsprüfung (§§ 9–12) sowie die 5 rechtsformspezifische Vorbereitung der Anteilsinhaberversammlung (zB §§ 63, 64) befördern die Willensbildung.

6 Die **Durchführung der Anteilsinhaberversammlung** ist rechtsformabhängig im Besonderen Teil (§§ 39–122l) geregelt, vgl zB §§ 64, 83; dort finden sich auch Regelungen zu den notw Mehrheiten (Rn 29). § 122g enthält eine Sonderregelung für die grenzüberschreitende Verschm von KapGes. Einen ausführl Überblick über die Beschlussvorbereitung bei den einzelnen Rechtsformen gibt Widmann/Mayer/*Heckschen* Rn 8.

7 Abs 1 stellt klar, dass **ausschließl die Anteilsinhaber** über die Durchführung einer Verschm entscheiden. Hintergrund dieser gesetzl Anordnung sind die Rechtsfolgen der Verschm, näml die Übertragung des Verm durch Gesamtrechtsnachfolge, das Erlöschen der übertragenden Rechtsträger, der Anteilstausch und ggf die Ausweitung des Kreises der Anteilsinhaber beim übernehmenden Rechtsträger (§ 20 I). Dadurch werden die originären Interessen der Anteilsinhaber aller Rechtsträger unmittelbar berührt.

8 **b) Bindungswirkung.** Der Verschmelzungsbeschluss ist die Billigung des Verschmelzungsvertrages auf Ebene der Anteilsinhaber. Mit der Beschlussfassung tritt eine Bindung ein, und zwar in zweifacher Hinsicht: Zum einen ist der Beschluss für die **Anteilsinhaber der jew Rechtsträger** untereinander bindend, zum anderen enthält der Beschluss jew eine **Weisung an die Leitungsorgane,** die Verschm durchzuführen. Es steht nicht im Ermessen der Leitungsorgane, ob sie die Verschm vollenden; weigern sie sich, können sie sich schadensersatzpflichtig machen (Lutter/*Lutter/Drygala* Rn 18 mwN).

9 Bis zum vollständigen Vorliegen aller notw Verschmelzungsbeschlüsse ist ein schon geschlossener Verschmelzungsvertrag **schwebend unwirksam.** Die Leitungsorgane haften in diesem Fall jedoch nicht nach § 179 BGB, da sie nicht als Vertreter ohne Vertretungsmacht gehandelt, sondern die ihnen vom Gesetz zugeordnete Aufgabe erfüllt haben und eine darüber hinausgehende Vertretungsmacht überhaupt nicht mögl wäre (vgl Rn 15 ff und Rn 45 ff; im Erg auch KölnerKommAktG/*Kraft* § 340 c Rn 7).

10 Liegt zum Zeitpunkt der Zustimmungsbeschlüsse ledigl ein **Entwurf** eines Verschmelzungsvertrages vor (vgl § 4 II), so resultiert aus den Beschlussfassungen noch **keine Bindungswirkung ggü dem Vertragspartner,** der Schwebezustand dauert an. Derjenige Rechtsträger, der den Verschmelzungsbeschluss bereits gefasst und alle etwa notw Zustimmungen herbeigeführt hat, ist in diesem Fall jedoch bereits an den Verschmelzungsvertrag gebunden. Sofern im Verschmelzungsvertrag keine Befristungen vorgesehen sind, kann er sich von dem Vertrag nur in analoger Anwendung von §§ 108 II, 177 II, 1829 BGB wieder lösen (vgl Kallmeyer/*Zimmermann* Rn 18; aA Semler/Stengel/*Gehling* Rn 68).

11 Der Vertragspartner muss also unter **Fristsetzung** zur Herbeiführung der Zustimmungsbeschlüsse aufgefordert werden. Bei der Fristsetzung ist darauf zu achten, dass die notw Zustimmungsbeschlüsse in einer Anteilsinhaberversammlung gefasst werden müssen, die Frist also nicht zu knapp bemessen werden darf.

12 Nach Wirksamwerden des Verschmelzungsvertrages iSv Abs 1 S 1 bleibt für die beteiligten Rechtsträger bis zur Eintragung der Verschm in das Register des Sitzes des übernehmenden Rechtsträgers, also der Wirksamkeit der Verschm (§ 20 I), noch Zeit, durch **Kündigung** oder sonstige (einvernehml) Änderung **des Verschmelzungsvertrages** die Bindungswirkung zu beseitigen (dazu ausführl § 7 Rn 4 ff).

13 Schließl kann der Eintritt der Rechtswirkungen von § 20 I durch **Unterlassen** der Anmeldung der Verschm nach § 16 erreicht werden, gem § 316 II ist eine Erzwingung der Anmeldung durch Festsetzung von Zwangsgeld nicht mögl. Allerdings berechtigt § 16 I 2 das Vertretungsorgan des übernehmenden Rechtsträgers dazu, die Verschm auch zur Eintragung in das Register des/der übertragenden Rechtsträger(s) anzumelden (vgl § 16 Rn 10 ff).

14 **c) Zuständigkeit. Abs 1 S 2** bestimmt, dass der Verschmelzungsbeschluss nur in einer **Versammlung der Anteilsinhaber** gefasst werden darf. Damit wurde insbes die bei § 20 KapErhG aF umstrittene Frage, ob eine Beschlussfassung auch im schriftl Abstimmungsverfahren mögl ist, entschieden (vgl RegEBegr BR-Drs 75/94 zu § 13 I 2).

15 Die **Kompetenzzuweisung an die Anteilsinhaber ist zwingend;** von ihr kann auch nicht durch Gesellschaftsvertrag oder Satzung abgewichen werden (Widmann/Mayer/*Heckschen* Rn 42; Lutter/*Lutter/Drygala* Rn 4; Semler/Stengel/*Gehling* Rn 10). Auch eine Delegation der Befugnisse der Anteilsinhaberversammlung auf Leitungs- oder Aufsichtsorgane der jew Rechtsträger durch Beschluss der Anteilsinhaberversammlung selbst ist nicht zulässig (zust Lutter/*Lutter/Drygala* Rn 17 mit Verweis auch auf LG Frankfurt aM WM 1990, 237; Kallmeyer/*Zimmermann* Rn 3; zur Stellvertretung unten Rn 45 ff). Zustimmungsvorbehalte für sonstige Gremien (Aufsichtsrat, Beirat etc) entfalten keine Außenwirkung (zutr Semler/Stengel/*Schröer* § 4 Rn 23).

16 Die Einzelheiten zur Durchführung der Anteilsinhaberversammlung bestimmen sich nach den für die jew Rechtsträger einschlägigen Vorschriften; vgl für GmbH §§ 48 ff GmbHG, für AG und KGaA §§ 118 ff AktG (zu den Verpflichtungen des Gesamtvorstandes insoweit ausführl BGH ZIP 2002, 216 und BGH DB 2002, 216), für eG §§ 43 ff GenG, für VVaG § 36 VAG iVm §§ 118 ff AktG und nach den besonderen Vorschriften von §§ 39–122l (dazu ausführl Widmann/Mayer/*Heckschen* Rn 9 ff, 14 ff mit umfangreichen Nachw).

17 **d) Zeitpunkt der Beschlussfassung.** Der Zustimmungsbeschluss kann sowohl als (vorherige) **Einwilligung** als auch als (nachträgl) **Genehmigung** gefasst werden (§§ 183, 184 BGB entsprechend; Semler/Stengel/*Gehling* Rn 11 mwN). Die Einwilligung ist dann notw, wenn der Anteilsinhaberversammlung ledigl der Vertragsentwurf vorliegt. Durch § 4 II ist die Möglichkeit der Beschlussfassung zu einem Vertragsentwurf ausdrückl geregelt (vgl ausführl § 4 Rn 23 ff); klargestellt wird dies nochmals in **Abs 3 S 2,** wonach dem Beschluss der Vertrag oder sein Entwurf als Anlage beizufügen ist.

18 Voraussetzung für eine wirksame Einwilligung ist aber, dass wirkl ein Vertragsentwurf vorliegt und dieser **ohne inhaltl Änderung** später rechtsverbindl wird. Unzulässig ist es hingegen, den Inhalt des Verschmelzungsvertrages zur Disposition anderer zu stellen, zB durch Ermächtigung an Leitungs- oder Aufsichtsorgane, den Vertragsinhalt nach Ermessen zu gestalten (vgl ausführl Widmann/Mayer/*Heckschen* Rn 53.4; Lutter/*Lutter/Drygala* Rn 17 je mwN).

19 Der der Beschlussfassung zugrunde liegende **Vertragsentwurf** muss mit dem später abgeschlossenen Vertrag nicht nur inhaltl übereinstimmen, er muss – bis auf wenige Ausnahmen, zB § 5 Rn 98 – vielmehr **wortgleich übernommen werden** (näher § 4 Rn 23 ff; ebenso Widmann/Mayer/*Heckschen* Rn 53, § 4 Rn 10 f mwN; Kallmeyer/*Zimmermann* Rn 7). Nur so ist gewährleistet, dass die in Abs 1 S 1 statuierte Alleinentscheidungsgewalt der Anteilsinhaberversammlung vollständig umgesetzt wird. Selbst bei geringfügigen Abweichungen zwischen

Verschmelzungsbeschluss und später abgeschlossenem Verschmelzungsvertrag wird der Vertrag nicht wirksam.

20 **§ 139 BGB** findet keine, auch keine entsprechende Anwendung, da aus der Diktion des Gesetzes ersichtl wird, dass allein der Wille der Anteilsinhaber und nicht der Wille der Vertragspartner maßgebl sein soll (einschränkend – Vertrag ledigl gegenstandslos, bei späterer Zustimmung aber wirksam – Lutter/*Lutter*/*Drygala* Rn 19; KölnerKommUmwG/*Simon* Rn 33).

21 Aus dem Erfordernis der Letztentscheidung durch die Anteilsinhaberversammlung folgt auch, dass diese dem Verschmelzungsvertrag ledigl zustimmen oder ihn ablehnen kann; sie kann ihn jedoch grdsl nicht **mit Änderung beschließen.** Ein geänderter Vertrag muss nach Abstimmung mit dem Vertragspartner erneut zur Beschlussfassung vorgelegt werden (vgl Rn 28 und § 7 Rn 21 ff; aA KölnerKommUmwG/*Simon* Rn 37 ff; uU mögl ist das von Lutter/*Lutter*/*Drygala* Rn 19 beschriebene Vorgehen: Vertragsänderungen durch Anteilsinhaberversammlung, danach Vertragsschluss; grdsl werden in diesem Fall aber die Voraussetzungen einer wirksamen Beschlussankündigung nicht vorliegen, vgl auch Rn 18, vgl des Weiteren § 7 Rn 21 und Widmann/Mayer/*Heckschen* Rn 64 mwN; Semler/Stengel/*Gehling* Rn 28a mwN).

22 Auch bei nachträgl erfolgter Zustimmung (Genehmigung), also bei Vorliegen eines schwebend unwirksamen Verschmelzungsvertrages zum Zeitpunkt der Beschlussfassung, kann der Verschmelzungsvertrag grdsl nicht mehr – Ausnahme § 7 – verändert werden. Erforderlichenfalls ist eine **erneute** Beschlussfassung herbeizuführen.

23 Eine auf die Erteilung einer verbindl Auskunft der Finanzverwaltung gerichtete **auflösende Bedingung** im Umwandlungsbeschluss ist zulässig, zutr LG Hamburg AG 1999, 240.

24 Denkbar ist auch die Beschlussfassung über **alternative Verschmelzungsvertragsentwürfe.** Dafür besteht nicht selten ein praktisches Bedürfnis. Die Formalien – zB jeweils Zuleitung an den BR, detaillierte und konkret auf das jeweilige Vertragswerk bezogene vollständige Information etc – müssen dabei **streng** beachtet werden (zum Ganzen Widmann/Mayer/*Heckschen* Rn 53.3 ff mwN).

25 **e) Inhalt des Beschlusses.** Die Beschlussfassung muss den **gesamten Verschmelzungsvertrag** (oder dessen Entwurf) umfassen. Sollten neben dem in § 5 I festgelegten Mindestinhalt zwischen den Vertragspartnern weitere Vereinbarungen getroffen worden sein, müssen auch diese Gegenstand der Beschlussfassung sein. Dies gilt selbstverständl auch, wenn sie in einer getrennten Urkunde aufgenommen wurden (ausführl zum Beschlussgegenstand Widmann/Mayer/*Heckschen* Rn 53 ff).

26 Ein Zustimmungsbeschluss, dem ein **nicht ordnungsgemäßer Verschmelzungsvertrag** zugrunde lag (etwa weil Nebenabreden nicht beurkundet wurden, dazu § 6 Rn 4), ist seinerseits mit Mängeln behaftet und daher anfechtbar. Zur Fassung eines sog Bestätigungsbeschlusses vgl OLG München DB 1997, 1912 mit Anm *Karollus* EWiR 1997, 867.

27 **Beschlussgegenstand** ist nicht die Verschm an sich, sondern der **Verschmelzungsvertrag,** Abs 1 S 1. Dieser muss noch nicht abgeschlossen sein, vielmehr können die Anteilsinhaber auch einem ihnen vorgelegten **Entwurf** zustimmen (Abs 3 S 2, § 4 II, dazu Rn 17, 18); Inhalt und Wortlaut des Vertragsentwurfs sind bindend (dazu Rn 19, 20). Der Verschmelzungsbeschluss darf wegen dieser Bindungswirkung ledigl einen vollumfängl zustimmenden Inhalt haben.

Eine **Veränderung des Vertragsinhalts durch Beschluss** ist grdsl nicht mögl (dazu Rn 21 ff und § 7 Rn 21); für den Fall, dass die Anteilsinhaberversammlung dem Verschmelzungsvertrag nur eingeschränkt zuzustimmen bereit ist, müssen die Leitungsorgane der beteiligten Rechtsträger zunächst einen neuen Vertrag abschließen oder entsprechend einen neuen, allen Anteilsinhaberversammlungen vorzulegenden Entwurf erstellen. Allenfalls zulässig könnte die Einfügung einer **Bedingung** idS sein, dass die Zustimmung zum vorliegenden Verschmelzungsvertrag nur als erteilt gelten soll, wenn die im Beschluss konkret bezeichneten Änderungen zum Vertragsinhalt geworden sind (in diese Richtung Lutter/*Lutter/Drygala* Rn 19). 28

f) Mehrheitsverhältnisse. Der Zustimmungsbeschluss in der Anteilsinhaberversammlung muss mit der **vom UmwG vorgeschriebenen Mehrheit** gefasst werden. Die für die jew beteiligten Rechtsträger einschlägigen Vorschriften finden sich im Zweiten Teil des Zweiten Buches (zu den Beschlussmehrheiten ausführl Widmann/Mayer/*Heckschen* Rn 70 ff; KölnerKommUmwG/*Simon* Rn 22 ff). 29

Im Einzelnen gilt: 30

- Bei **PhG** ist grdsl Einstimmigkeit erforderl (§ 43 I), der Gesellschaftsvertrag kann eine Mehrheitsentscheidung der Gesellschafter mit mindestens drei Viertel der Stimmen vorsehen (§ 43 II 1, 2); zur Frage, ob eine Regelung im Gesellschaftsvertrag der PhG dahin, dass der Gesellschaftsvertrag mit einer Mehrheit von drei Vierteln geändert werden kann, genügt, vgl im Einzelnen § 43 Rn 9 (Bestimmtheitsgrundsatz). 31
- Bei **PartGes** regelt § 45d entsprechend. 32
- Bei **GmbH** bedarf der Verschmelzungsbeschluss der Gesellschafterversammlung einer Mehrheit von mindestens drei Vierteln der abgegebenen Stimmen, der Gesellschaftsvertrag kann eine größere Mehrheit vorsehen (§ 50 I). 33
- Bei **AG** und **KGaA** ist – mit Ausnahme der Entbehrlichkeit des Verschmelzungsbeschlusses nach § 62 I (dazu Rn 74, 75) – eine Mehrheit von mindestens drei Vierteln des bei der Beschlussfassung vertretenen Grundkapitals und zusätzl die einfache Mehrheit der abgegebenen Stimmen notw (§ 65 I 1), wobei eine sog Blockabstimmung in einem Sammelbeschlussverfahren grdsl mögl ist, wenn bei Einwänden der Aktionäre die Einzelabstimmung erreichbar bleibt (BGH DStR 2003, 2031 mit Anm *Radlmayr* EWiR 2003, 1113; KG ZIP 2002, 890); die Satzung kann eine größere Kapitalmehrheit bestimmen. Bei **KGaA** ist zusätzl § 78 S 3 (notw Zustimmung der phG) zu beachten. 34
- Bei **eG** ist eine Mehrheit von drei Vierteln der abgegebenen Stimmen notw, die Satzung kann eine größere Mehrheit vorsehen (§ 84). 35
- Bei **rechtsfähigen Vereinen** bedarf der Verschmelzungsbeschluss vorbehaltl einer strengeren Satzungsregelung der Mehrheit von drei Vierteln der erschienenen Mitglieder. 36
- Bei **VVaG** bedarf der Verschmelzungsbeschluss der obersten Vertretung einer Mehrheit von drei Vierteln der abgegebenen Stimmen, die Satzung kann eine größere Mehrheit bestimmen (§ 112 III). 37

Eine **Verminderung** der notw Mehrheiten durch Gesellschaftsvertrag oder Satzung ist nicht mögl. 38

Zulässig sind aber **Stimmbindungsverträge** in Form von Konsortialverträgen, Stimmrechtskonsortien oder Stimmenpools (BGH ZIP 2009, 216 mwN). Stimmenrechtskonsortien bestehen regelm als Innen-GbR (BGHZ 126, 226, 234 „Schutzgemeinschaftsvertrag I"). Im Gesellschaftsvertrag der Innen-GbR kann 39 vereinbart werden, dass die Gesellschafter ihr Stimmrecht in der Inhaberversammlung des betreffenden Rechtsträgers so auszuüben haben, wie zuvor mit **einfacher Mehrheit** in der Innen-GbR beschlossen wurde (sog „Mehrheitsklausel").

40 Die **qualifizierten** Mehrheitserfordernisse des Aktien- und UmwR (vgl Rn 30) schlagen nicht auf die Ebene des Konsortialvertrages durch, da zwischen der schuldrechtl und korporationsrechtl Ebene zu unterscheiden ist (BGH ZIP 2009, 216 ff „Schutzgemeinschaftsvertrag II").

41 Die **Abstimmung in der Anteilsinhaberversammlung** richtet sich nach den allg Grdsen des für den jew Rechtsträger anwendbaren Rechts. Zu den Einzelheiten vgl die Komm der oben Rn 30 ff zit Vorschriften. Werden die notw Mehrheiten erreicht, kann der Verschmelzungsbeschluss auch dann gefasst werden, wenn eine überstimmte Minderheit dadurch Nachteile erleidet. Zu beachten sind aber uU Mitwirkungsrechte Dritter, zB Pfändungsgläubiger, Nießbrauchsberechtigte, Ehegatten, dazu ausführl Widmann/Mayer/*Heckschen* Rn 121 ff mwN.

42 **Minderheitenschutz** wird durch besondere Zustimmungserfordernisse (dazu Rn 60 ff) gewährt, nicht aber durch eine **materielle Beschlusskontrolle** (vgl dazu BGHZ 70, 117; 71, 40; 80, 69; 83, 319; BGH ZIP 1995, 819 mit Bespr von *Lutter* JZ 1995, 1053 und *Bungert* DB 1995, 1749; OLG Jena NJW-RR 2009, 182; OLG Düsseldorf ZIP 2003, 1749; OLG Naumburg DB 1998, 251; LG Hamburg AG 1999, 239; LG Arnsberg ZIP 1994, 536; LG Dresden ZIP 1995, 1596) im Hinblick darauf, ob der Beschluss im Interesse des Rechtsträgers liegt, zur Verfolgung des Unternehmensgegenstands erforderl ist und das angemessene Mittel hierzu darstellt (vgl RegEBegr BR-Drs 75/94 zu § 13 II).

43 Ausführl Darstellung zur **sachl Rechtfertigung** finden sich bei Lutter/*Lutter/Drygala* Rn 31 ff, die nicht an die RegEBegr anknüpfen, sondern materiell-rechtl arg, und bei Widmann/Mayer/*Heckschen* Rn 163.11 ff, der bei der materiellen Beschlusskontrolle zwischen dem übertragenden und dem übernehmenden Rechtsträger unterscheidet, im Erg eine sachl Rechtfertigung des Verschmelzungsbeschlusses aber ebenfalls nicht für nötig erachtet; gegen eine materielle Beschlusskontrolle auch GKT/*Bermel* Rn 17 ff, Semler/Stengel/*Gehling* Rn 23, 24 und Kallmeyer/*Zimmermann* Rn 12; vgl auch *Wiedemann* ZGR 1999, 876 ff; *Binnewies* GmbHR 1997, 727 mwN sowie die auch für das dt Recht übertragbare Entscheidung des öOGH AG 1999, 142, nach der die sachl Rechtfertigung bereits im Mehrheitsbeschluss selbst liege; Rechtsmissbrauch sei ausnahmsweise nur dann anzunehmen, wenn das unlautere Motiv der Rechtsausübung das lautere Motiv eindeutig überwiege, wenn also der Schädigungszweck augenscheinl im Vordergrund stehe (ähnl für die Verschm zur Beseitigung von Nebenleistungspflichten *Wälzholz* DStR 2006, 240; zur allg Missbrauchskontrolle auch Nachw bei § 54 Rn 14).

44 In diese Richtung geht der Fall des OLG Dresden WiB 1997, 358 – Sachsenmilch zur notw sachl Rechtfertigung einer vereinfachten Kapitalherabsetzung im Verhältnis 750 : 1, wenn kein qualifiziertes Sanierungskonzept vorliegt. Doch auch hier hat der BGH (BGHZ 138, 71, 76 ff) der sachl Beschlusskontrolle grdsl eine Absage erteilt. Entsprechendes gilt in Bezug auf das Argument, der Mehrheitsgesellschafter wolle unlauter die Verschm als Vorbereitungshandlung für einen Squeeze-out durchsetzen (vgl OLG Hamburg BB 2008, 2199). Zu den Möglichkeiten eines überstimmten Anteilsinhabers, den Austritt zu erklären oder Barabfindung zu verlangen vgl Rn 31 und § 29.

45 **g) Stellvertretung.** Von der Stellvertretung zu unterscheiden ist die Situation, dass die Anteilsinhaber des Rechtsträgers nicht vollständig bekannt sind und des-

halb bei der Beschlussfassung nicht mitwirken können; eine Beschlussfassung kann dann gleichwohl erfolgen, was schon § 35 belegt, uU muss aber gem § 1913 BGB ein Pfleger bestellt werden (vgl für die GmbH OLG Bremen BB 2003, 1525; *Pappmehl* MittBayNot 2003, 28, 30). Zur Ergänzungspflegschaft für den Fall, dass der Testamentsvollstrecker zugleich gesetzl Vertreter des Erben ist, vgl OLG Nürnberg MittBayNot 2002, 403.

Stellvertretung bei der Beschlussfassung ist grdsl zulässig, sofern das für die jew Rechtsträger einschlägige Recht nicht etwas anderes vorsieht (anders als bei KapGes können sich insbes bei PhG und PartGes Schwierigkeiten ergeben, vgl den ausführl Überblick bei Widmann/Mayer/*Heckschen* Rn 96 ff; ausführl zu Vollmachten bei Umw auch *Melchior* GmbHR 1999, 520). **46**

Eine **notarielle Beglaubigung für die Vollmachten** (so etwa *Scholz/Priester* GmbHG 7. Aufl Anh Umw § 20 KapErhG Rn 10) ist grdsl nicht notw; gem § 167 II BGB bedarf die Erklärung nicht der Form, welche für das eigentl Rechtsgeschäft bestimmt ist (vgl aber § 193 Rn 8). UU ist aber **Textform** erforderl (zB § 47 III GmbHG; § 134 III 3 AktG iVm § 126b BGB; vgl dazu Rn 48 ff). Vgl iÜ Widmann/Mayer/*Heckschen* Rn 106 ff, der gegen Kallmeyer/*Zimmermann* Rn 13 auf die analoge Anwendung von § 2 II GmbHG bei Verschm mit KapErh bei der übernehmenden GmbH sowie auf § 13 III 1 in den Fällen verweist, bei denen bestimmte Anteilsinhaber ausdrückl zustimmen müssen (zB Abs 2, §§ 40 II 2, 50 II, 51). Da die Zustimmungserklärung zwingend formbedürftig ist, kann die Vollmacht dazu nicht weniger strengen Formvorschriften unterliegen (so auch Gutachten des Deutschen Notarinstituts zum UmwR 1996/97 Band IV Nr 3, 20; vgl auch § 43 Rn 8). **47**

In jüngerer Zeit sind Klagen gegen Hauptversammlungsbeschlüsse von AG (§§ 241 ff AktG; vgl allg § 14 Rn 5 ff) vermehrt auf fehlerhafte Einladungen zur HV in Bezug auf die Form von **Stimmrechtsvollmachten** gestützt worden (Nachw Rn 51). Zum Ganzen *Schulte/Bode* AG 2008, 730. Nach § 121 III 3 AktG ist bei börsennotierten AG bereits in der Einladung zur HV auf die Voraussetzungen für die Ausübung des Stimmrechts hinzuweisen. § 134 III 3 AktG in der Fassung des **ARUG** (vgl Einf Rn 32) sieht für die **Vollmacht** zur Ausübung des Stimmrechts **Textform** (§ 126b BGB) vor. § 135 I 2 AktG verlangt für die Vollmacht zu Gunsten eines Kreditinstitutes hingegen nur, dass diese **„nachprüfbar festzuhalten"** ist. **48**

Auf diese Differenzierung ist in der **Einladung** genau zu achten, um Klagen gegen den Hauptversammlungsbeschluss keinen Vorschub zu leisten. Sollte die Einladung für die Vollmacht zu Gunsten eines Kreditinstituts entgegen § 135 I 2 AktG ausdrückl **„Textform"** verlangen, begründet dies einen **Gesetzesverstoß,** da ein „nachprüfbares Festhalten" iSv § 135 I 2 AktG nF auch ohne Einhaltung der Textform gewährleistet werden kann (zB durch Telefonaufzeichnung; BT-Drs 14/4051, 16). **49**

Zum alten § 134 III 2 AktG, der noch „Schriftform" vorsah, haben OLG München (BB 2008, 2366 mit Anm *Hollstein* jurisPR-HaGesR 6/2008 Anm 2) und KG Berlin (AG 2010, 163) zwar entschieden, dass die Erstreckung des Formerfordernisses auf § 135 AktG auf Grund der Wertung von § 135 VI AktG aF (jetzt § 135 VII AktG nF) keinen **Ladungsfehler** begründe, der zur Anfechtbarkeit des Beschlusses führen könne. Diese Entscheidungen sind aber krit zu sehen, da § 135 VII AktG nF meines Erachtens nur Verstöße für unbeachtl erklären will, die iS eines „Weniger" hinter den Anforderungen von § 135 II AktG zurückbleiben. Wird aber ein über § 135 II AktG hinausgehendes „Mehr" an Formerforder- **50** nis verlangt, kann dieser Verstoß nicht gem § 135 VII AktG unbeachtl sein, da der Gesetzgeber bei § 135 I AktG gerade Formerleichterungen im Sinn hatte (BT-Drs 14/4051, 15). Für eine Anfechtbarkeit in vglbaren Fällen *Schulte/Bode* AG 2008, 732; OLG Bremen (AG 2009, 412) und OLG Frankfurt (ZIP 2008, 1722), das sogar zu einer Nichtigkeit (§ 241 Nr 1 AktG) tendiert.

51 Da der Verschmelzungsbeschluss das Verhältnis der Anteilsinhaber untereinander beeinflusst, ist das **Selbstkontrahierungsverbot von § 181 BGB** (zumindest in analoger Anwendung) zu beachten (hM, vgl BGH GmbHR 1988, 337, 338; Scholz/*K. Schmidt* GmbHG § 47 Rn 180; KölnerKommUmwG/*Simon* Rn 21; Kallmeyer/*Zimmermann* Rn 14; Widmann/Mayer/*Heckschen* Rn 100, dort auch zur Zulässigkeit der Stellvertretung eines Gesellschafters durch einen vollmachtlosen Vertreter; *Kirstgen* GmbHR 1989, 406; vgl auch ausführl Lutter/*Happ* § 233 Rn 39 ff mwN; Lutter/Hommelhoff/*Bayer* GmbHG § 47 Rn 23, 31, 33 mwN). Ein Anteilsinhaber kann also bei der Stimmabgabe den anderen nur dann vertreten, wenn ihm eine entsprechende Befreiung erteilt worden ist; diese kann allerdings in der Vollmachtserteilung konkludent enthalten sein (so auch GKT/*Bermel* § 50 Rn 12; diff *Melchior* GmbHR 1999, 524).

52 Gesetzl Vertreter von **minderjährigen Anteilsinhabern** haben die Beschränkung nach §§ 1629 II, 1795 BGB zu beachten. Eine vormundschaftsgerichtl Genehmigung gem § 1643 BGB ist hingegen nicht erforderl. Weder § 1822 Nr 3 BGB (Abschluss eines Gesellschaftsvertrages) noch § 1822 Nr 10 BGB (Übernahme einer fremden Verbindlichkeit) trifft zu (vgl auch *Damrau* ZEV 2000, 209; eine entsprechende Anwendung dieser Vorschrift kommt nach Einfügung von § 1629a BGB durch das MHbeG nicht mehr in Betracht, vgl § 3 Rn 44, 45).

53 Anderes gilt bei einer **Verschm durch Neugründung** (§ 1822 Nr 3 BGB; Widmann/Mayer/*Heckschen* Rn 141 mwN). Wenn dem minderjährigen Anteilsinhaber bei PhG die persönl Haftung oder bei KapGes eine Differenzhaftung droht, wenn also beim übernehmenden Rechtsträger die Einlageverpflichtungen nicht voll bewirkt sind, beschränkt § 1629a BGB die Haftung des Minderjährigen auf den Bestand des bei Eintritt der Volljährigkeit vorhandenen Verm, es sei denn, die Ermächtigung zum selbstständigen Betrieb eines Erwerbsgeschäfts wurde durch das VormG genehmigt, § 1629a II Alt 1 BGB.

54 Zum **Testamentsvollstrecker** OLG Nürnberg MittBayNot 2002, 403; LG Mannheim ZEV 1999, 443; Widmann/Mayer/*Heckschen* Rn 142 ff. Zur Zustimmung von **Ehegatten** Semler/Stengel/*Gehling* Rn 25a, b mwN.

3. Mangelhaftigkeit des Beschlusses

55 Der Verschmelzungsbeschluss ist hinsichtl seiner Wirksamkeit, insbes bzgl Anfechtbarkeit und Nichtigkeit, wie ein normaler Anteilsinhaberbeschluss des Rechtsträgers zu beurteilen. **Mängel der Verschm** lassen die Wirkungen der Eintragung im jew Register aber unberührt, **§ 20 II;** durch diese § 352a AktG aF nachgebildete Regelung ist für alle Fälle die Irreversibilität der Verschm festgeschrieben, eine Entschmelzung findet nicht statt (ausführl § 20 Rn 120 ff).

56 Im Anschluss an RGZ 164, 220 ist für den Bereich des UmwG davon auszugehen, dass Mängel des Verschmelzungsbeschlusses der Nachprüfung gem §§ 241 ff AktG (der entsprechend für die GmbH gilt, vgl Scholz/*K. Schmidt* GmbHG § 45 Rn 45 mwN auch zur dogmatischen Einordnung von Anfechtungs- und Nichtigkeitsfeststellungsklage), § 51 GenG unterliegen. Vgl allg zur Klage gegen die Wirk-

samkeit des Verschmelzungsbeschlusses § 14 UmwG Rn 5 ff; zur Registersperre § 16 Rn 25.

Zum Spezialproblem der Form einer Stimmrechtsvollmacht bei der AG vgl Rn 48 ff. 57

4. Minderheitenschutz

Für überstimmte Gesellschafter sehen **§§ 29 ff** umfassende Möglichkeiten vor, 58 gegen angemessene Barabfindung auszuscheiden. Ein darüber hinaus zu gewährendes Austrittsrecht aus wichtigem Grund (dazu 1. Aufl 1994, § 20 KapErhG Anm 5a mwN) ist nicht mehr anzuerkennen, §§ 29 ff sind abschl (vgl Komm dort; ausführl zum Minderheitenschutz auch *Vollrath* FS Widmann, 2000, 117).

5. Wirksamwerden der Verschmelzung

Mit Fassung aller notw Verschm- (Abs 1) und Zustimmungsbeschlüsse (Abs 2) 59 wird zwar der Verschmelzungsvertrag wirksam, die (handelsrechtl, anders bei den steuerrechtl) **Wirkungen der Verschm** als solche treten jedoch erst mit der **Eintragung** der Verschm in das Register des Sitzes des übernehmenden Rechtsträgers ein (§ 20 I). Allein die Fassung der Verschmelzungsbeschlüsse führt also weder zur Vermögensübertragung noch zur Auflösung der übertragenden Rechtsträger (allerdings kann § 613a BGB schon wirken, vgl BAG ZIP 2000, 1630 mit Anm *Bauer/Mengel;* zur Vorwirkung von Verschm ausführl *Austmann/Frost* ZHR 169 [2005], 431).

6. Zustimmungserfordernis, Abs 2

a) Allgemeines. Die Regelung in **Abs 2** ist für das Verschmelzungsrecht neu, 60 das Zustimmungserfordernis eines einzelnen Anteilsinhabers war früher nur für die formwechselnde Umw in § 376 II 2 AktG aF bekannt. Der Gesetzgeber hat sich ausführl mit dieser Vorschrift zum Schutz der Sonderrechte eines Anteilsinhabers befasst (vgl RegEBegr BR-Drs 75/94 zu § 13 II), er hat die generelle Einführung des Zustimmungserfordernisses auch in Ansehung von § 23 als notw angesehen. Abs 2 ist Ausdruck des allg Rechtsgedankens, dass **Sonderrechte eines Anteilsinhabers** nicht ohne dessen Zustimmung beeinträchtigt werden dürfen (vgl § 35 BGB; RegEBegr BR-Drs 75/94 zu § 13 II). Die **Zustimmung** des jew Anteilsinhabers ist **Wirksamkeitserfordernis** für den Verschmelzungsbeschluss (dazu Rn 66).

Auf eine Übernahme auch von § 376 II 3 AktG aF, der beim Wegfall von 61 Nebenleistungspflichten ein eigenes Zustimmungserfordernis der hiervon betroffenen Aktionäre vorsah (dazu 1. Aufl 1994, § 376 AktG Anm 7), hat der Gesetzgeber verzichtet. Dem UmwG 1995 ist ein so ausgestaltetes Zustimmungserfordernis nicht bekannt, auch nicht iRd für die einzelnen Rechtsformen geltenden besonderen Vorschriften (vgl § 50 II, dazu § 50 Rn 8 ff).

b) Vinkulierung. Abs 2 hat zunächst nichts mit der Frage zu tun, ob der 62 Umwandlungsbeschluss selbst zu einem Verfügungsverbot führt (was selbstverständl nicht der Fall ist, vgl BayObLG DB 2003, 1377). Das Zustimmungserfordernis in Abs 2 betrifft, nur den Fall, dass die Abtretung der Anteile eines **übertragenden** Rechtsträgers unter Genehmigungsvorbehalt steht. Der Gesellschaftsvertrag bzw die Satzung muss die Zustimmung einzelner Anteilsinhaber – geknüpft entweder an deren Person oder an die von diesen gehaltenen Anteilen – des übertragenden

Rechtsträgers vorsehen. Für AG ist dies nicht mögl (Semler/Stengel/*Gehling* Rn 35 mwN). Die Notwendigkeit der **Zustimmung durch die Versammlung der Anteilsinhaber oder den Rechtsträger** als solchem oder einem seiner Organe **führt nicht zur Anwendung von Abs 2,** weswegen die Frage nach dem Vorliegen unentziehbarer Sonderrechte einzelner Anteilsinhaber, dazu OLG Hamm ZIP 2001, 1915, sich insoweit nicht stellt. Dazu krit Lutter/*Lutter/Drygala* Rn 24, die jedoch den eindeutigen Gesetzeswortlaut ebenfalls anerkennen.

63 Wird – wie in der Praxis häufig (vgl *Priester* ZGR 1990, 420, 440 mwN) – die Zustimmung aller Anteilsinhaber (nicht: der Anteilsinhaberversammlung) zur Abtretung eines Anteils verlangt, müssen der Verschm **alle Anteilsinhaber** des übertragenden Rechtsträgers **ausdrückl zustimmen;** in diesem Fall werden die Regelungen des UmwG über die für die Beschlussfassung notw Mehrheitsverhältnisse (dazu Rn 30 ff) faktisch gegenstandslos. Demgemäß empfiehlt es sich, mit solchen Regelungen bei Abfassung der Satzungen „sparsam" umzugehen. Zum Ganzen ausführl *Reichert* GmbHR 1995, 176 ff mwN und Widmann/Mayer/*Heckschen* Rn 165 ff.

64 Ebenfalls findet **Abs 2 keine – auch keine analoge – Anwendung** auf Fälle eines statutarischen Ausschlusses der Abtretbarkeit oder auf solche Satzungsbestimmungen, die als echte oder unechte Satzungsbestandteile ein Vorkaufs- oder Vorerwerbsrecht für einzelne oder für alle Anteilsinhaber vorsehen (so auch *Reichert* GmbHR 1995, 176, 180 f; Widmann/Mayer/*Heckschen* Rn 172, 174; teilw aA Lutter/*Lutter/Drygala* Rn 27).

65 **c) Zustimmung.** Nach §§ 182 ff BGB kann die Zustimmung als (vorherige) **Einwilligung** und (nachträgl) **Genehmigung** ausgesprochen werden. Demnach kommt es nicht darauf an, ob der Verschmelzungsbeschluss iSv Abs 1 S 1 zum Zeitpunkt der Zustimmung bereits vorliegt oder nicht. Die Zustimmungserklärung des berechtigten Anteilsinhabers bedarf der notariellen Beurkundung (dazu Rn 69 ff; zur Heilung § 20 I Nr 4).

66 **d) Wirksamkeit des Verschmelzungsbeschlusses.** Ohne die nach Abs 2 notw Zustimmung ist der Verschmelzungsbeschluss – und damit letztl der Verschmelzungsvertrag – **schwebend unwirksam.** Wird die Zustimmung auch nur von einem der Zustimmungsberechtigten verweigert, führt dies zur **endgültigen Unwirksamkeit** des Beschlusses (vgl Widmann/Mayer/*Heckschen* Rn 207; Kallmeyer/*Zimmermann* Rn 30; Lutter/*Lutter/Drygala* Rn 23 mwN). Durch Eintragung der Verschm in das maßgebl Register wird dieser Mangel nicht geheilt; gem **§ 20 II** bleibt der Mangel der Verschm bzgl der Wirkungen der Eintragung jedoch ohne Folgen, eine Entschmelzung findet nicht statt. Nach Sinn und Zweck von § 20 II können deswegen letztl nur die im Verschmelzungsvertrag aufgenommenen und im Verschmelzungsbeschluss – wenn auch ohne notw Zustimmungserklärungen – transformierten Vereinbarungen maßgebend sein (vgl § 20 Rn 120 ff).

67 Für die von dieser Rechtsfolge belasteten zustimmungsberechtigten Anteilsinhaber bleibt grdsl nur die Berufung auf **Schadensersatzanspruch** nach §§ 25 ff, eine analoge Anwendung von § 23 kommt demggü wohl nicht in Betracht (vgl auch *Reichert* GmbHR 1995, 176, 184). Um so wichtiger ist es für die Leitungsorgane der an der Verschm beteiligten Rechtsträger und für das Registergericht (insoweit kann § 839 BGB Schadensersatzansprüche begründen), die als notw Anlage zur Anmeldung gem § 17 I beizufügenden Zustimmungserklärungen einzelner Anteilsinhaber auf formelle Richtigkeit und Vollständigkeit zu prüfen.

Sonstige Zustimmungserfordernisse finden sich zB für die Verschm unter Beteiligung von GmbH in §§ 50 II, 51, des Weiteren für die Verschm unter Beteiligung von KGaA in § 78 S 3 (ausführl Überblick bei Widmann/Mayer/*Heckschen* Rn 175 ff). **68**

7. Formelle Wirksamkeitserfordernisse, Abs 3

Der Verschmelzungsbeschluss und alle ihn betreffenden Zustimmungserklärungen müssen **notariell beurkundet** werden, **Abs 3 S 1.** Bei der Beurkundung sind §§ 36 ff BeurkG zu beachten. Auslandsbeurkundung (dazu § 6 Rn 13 ff) ist mögl und zulässig (str). Auch in diesem Fall kann das Ziel der in Abs 3 S 1 vorgesehenen notariellen Beurkundung – Rechtssicherheit durch die Kontrolle des Notars, der die Verantwortung dafür übernimmt, dass die Versammlung der Anteilsinhaber ordnungsgemäß abgewickelt wird (vgl RegEBegr BR-Drs 75/94 zu § 13 III 1) – erreicht werden. **69**

Nach LG Paderborn (NZG 2000, 900) soll Abs 3 bereits auf die Form eines **letter of intent** wirken können (vgl § 4 Rn 26). Vgl zu sonstigen Vorfeldvereinbarungen *Drygala* WM 2004, 1413 ff, 1457 ff mwN. **70**

Bei einer AG kann nach OLG Düsseldorf AG 2003, 510 die Wirksamkeit der notariellen Beurkundung des Beschlusses der HV nicht mit dem Argument angegriffen werden, eine Überwachung der **Stimmenauszählung** sei nicht durch den Notar, sondern nur durch den Versammlungsleiter erfolgt; es komme insoweit nur auf den Inhalt des vom Notar gefertigten Protokolls an. **71**

Gem **Abs 3 S 2** ist der **Verschmelzungsvertrag** bzw dessen **Entwurf** dem Beschluss **als Anlage beizufügen.** Zweck der Vorschrift ist, dem Registergericht die Überprüfung zu ermögl, ob der Verschmelzungsbeschluss sich auch tats auf den endgültig abgeschlossenen Verschmelzungsvertrag bezogen hat; von Interesse ist diese Frage insbes für den Fall, dass dem Verschmelzungsbeschluss nur ein Entwurf iSv § 4 II zugrunde lag (Identitätserfordernis, vgl § 4 Rn 24; zu Änderungen Rn 21 ff, 28). **72**

Auf Kosten des Anteilsinhabers ist diesem unverzügl (ohne schuldhaftes Zögern, § 121 I 1 BGB) eine **Abschrift des Vertrages** oder seines Entwurfs und der **Niederschrift des Beschlusses** zu erteilen, **Abs 3 S 3.** Dieser Anspruch dient letztl dem Schutz der Anteilsinhaber, weil auch auf diesem Wege eine vollständige Kontrolle des Verschmelzungsvorgangs bewirkt und in diesem Zusammenhang eine Prüfung der Frage nach einer Klage gegen die Wirksamkeit des Verschmelzungsbeschlusses oder auf Verbesserung des Umtauschverhältnisses (vgl §§ 14, 15) durchgeführt werden kann. **73**

8. Entbehrlichkeit des Verschmelzungsbeschlusses

Befinden sich bei der **Verschm einer KapGes auf eine AG** mindestens neun Zehntel des Stamm- oder Grundkapitals der übertragenden KapGes in der Hand der übernehmenden AG, ist ausnahmsweise ein Verschmelzungsbeschluss der übernehmenden AG nicht erforderl, **§ 62 I 1,** es sei denn, Aktionäre mit mindestens 5% des Grundkapitals (oder bei entsprechender Satzungsbestimmung weniger) verlangen die Durchführung einer HV und einen Verschmelzungsbeschluss. Damit wurde § 352b I AktG aF übernommen (vgl *Priester* ZGR 1990, 420, 435). **74**

75 Die so festgeschriebene Ausnahme von der Notwendigkeit der Fassung eines Verschmelzungsbeschlusses gilt ausschließl für den Fall, dass übernehmender Rechtsträger eine AG ist, eine **Analogie** auch für andere Rechtsformen kommt nicht in Betracht. Des Weiteren ist zu beachten, dass **nur für die übernehmende AG** die Abhaltung einer HV und der Verzicht auf die Fassung des Verschmelzungsbeschlusses in Betracht kommt; die übertragende KapGes hat ganz normal nach § 13 I vorzugehen.

76 § 62 wurde durch das **3. UmwÄndG** (vgl Einf Rn 33) geändert. Nach § 62 IV nF ist ein Verschmelzungsbeschluss auch seitens des **übertragenden Rechtsträgers** entbehrl, wenn sich das gesamte Stamm- oder Grundkapital einer übertragenden KapGes in der Hand der übernehmenden AG befindet. Die Entbehrlichkeit des Verschmelzungsbeschlusses eines übertragenden Rechtsträgers kann auch in Folge des neu eingeführten **verschmelzungsspezifischen Squeeze out** nach § 62 V nF erreicht werden. Vgl die Komm zu § 62.

9. Kosten

77 Die Beurkundung eines jeden Verschmelzungsbeschlusses durch den Notar löst eine **doppelte Gebühr** nach §§ 141, 47 KostO aus. Sie ist auf EUR 5 000 begrenzt (zur Vereinbarkeit dieser Gebührenerhebung mit EU-Recht bei Amtsnotaren vgl § 19 Rn 44 mwN). Seit dem 1.1.2005 gilt für den **Geschäftswert** § 41c KostO, gem dessen Abs 2 das Aktivvermögen der übertragenden Rechtsträger maßgebl ist. § 18 III KostO findet Anwendung, nach Widmann/Mayer/*Heckschen* Rn 245 auch § 18 I 2 KostO, der den Geschäftswert auf höchstens EUR 60 Mio begrenzt. Vgl zur Rechtslage bis 31.12.2004 5. Aufl 2009, § 13 Rn 46.

78 Der Wegfall von Forderungen des übertragenden gegen den übernehmenden Rechtsträger bei **Kettenverschmelzung** reduziert den Geschäftswert nicht (OLG Düsseldorf DB 1998, 2004; zur Addition der Geschäftswerte OLG Hamm MittBayNot 2004, 68). Werden die Verschmelzungsbeschlüsse gemeinsam beurkundet, sind sie nach § 44 KostO gegenstandsgleich. Etwa mit dem Verschmelzungsbeschluss erklärte Verzichte auf Verschmelzungsbericht, Verschmelzungsprüfung, Prüfungsbericht oder Unwirksamkeitsklage können ebenfalls gegenstandsgleich sein, zumindest mit dem Verschmelzungsvertrag, vgl OLG Hamm DB 2002, 1314.

79 Werden **besondere Zustimmungen einzelner Gesellschafter** beurkundet, so fällt eine Gebühr gem § 36 I KostO an. Die GesSt-RL (dazu § 19 Rn 44) ist bei Amtsnotaren zu beachten (zutr OLG Karlsruhe GmbHR 2002, 1248). Der Geschäftswert richtet sich nach dem Wert der Beteiligung des Anteilsinhabers, der die Zustimmung erklärt (§ 40 II 2 KostO). Wird die Zustimmungserklärung mit dem Verschmelzungsbeschluss beurkundet, sind beide Erklärungen gem § 44 I KostO als gegenstandsgleich zu behandeln. Die Kosten der Beurkundung trägt der Rechtsträger, nicht der zuständige Anteilsinhaber (Widmann/Mayer/*Heckschen* Rn 250).

§ 14 Befristung und Ausschluß von Klagen gegen den Verschmelzungsbeschluß

(1) **Eine Klage gegen die Wirksamkeit eines Verschmelzungsbeschlusses muß binnen eines Monats nach der Beschlußfassung erhoben werden.**

(2) **Eine Klage gegen die Wirksamkeit des Verschmelzungsbeschlusses eines übertragenden Rechtsträgers kann nicht darauf gestützt werden,**

daß das Umtauschverhältnis der Anteile zu niedrig bemessen ist oder daß die Mitgliedschaft bei dem übernehmenden Rechtsträger kein ausreichender Gegenwert für die Anteile oder die Mitgliedschaft bei dem übertragenden Rechtsträger ist.

Schrifttum: Schrifttum bis 1994 siehe 3. Auflage; Schrifttum bis 2000 siehe 4. Auflage; *Heckschen,* Beschränkung des Klagerechts im Umwandlungsverfahren, NotBZ 2001, 206; *Hüffer,* Beschlussmängel im Aktienrecht und im Recht der GmbH – eine Bestandsaufnahme unter Berücksichtigung der Beschlüsse von Leistungs- und Überwachungsorganen, ZGR 2001, 833; *Kiem/Uhrig,* Der umwandlungsbedingte Wechsel des Mitbestimmungsstatuts am Beispiel der Verschmelzung durch Aufnahme zwischen AG's, NZG 2001, 680; *Kleindiek,* Abfindungsbezogene Informationsmängel und Anfechtungsausschluss, NZG 2001, 552; *Schindler/Witzel,* Bedarf es einer neuen gesetzlichen Regelung des Anfechtungsrechts zur Bekämpfung räuberischer Aktionäre? – Stellungnahme zu den Empfehlungen der wirtschaftlichen Abteilung des 63. DJT, NZG 2001, 577; *Sinewe,* Keine Anfechtungsklage gegen Umwandlungsbeschlüsse bei wertbezogenen Informationsmängeln, DB 2001, 690; *Wilhelm,* Inkompetenz des Aktionärs und Auskunfts- und Klagerecht, DB 2001, 520; *Fritzsche/Dreier,* Spruchverfahren und Anfechtungsklage im Aktienrecht: Vorrang oder Ausnahme des Anfechtungsausschlusses gemäß § 14 Abs 2 UmwG, BB 2002, 737; *Henze,* Aspekte und Entwicklungstendenzen der aktienrechtlichen Anfechtungsklage in der Rechtsprechung des BGH, ZIP 2002, 97; *Vetter,* Abfindungswertbezogene Informationsmängel und Rechtsschutz, FS Wiedemann, 2002, 1321; *Klöhn,* Der Abfindungsanspruch des Aktionärs als Aufopferungsanspruch, AG 2002, 443; *Schwerin,* Grunderwerbsteuer bei Umwandlungen, RNotZ 2003, 479; *Tröger,* Neues zur Anfechtung bei Informationspflichtverletzungen, NZG 2002, 211; *Hirte,* Informationsmängel und Spruchverfahren, ZHR 2003, 8; *Kiethe,* Maßnahmenkatalog der Bundesregierung zur Aktienrechtsreform 2003 – „Verbesserung" des Klagerechts der Aktionäre?, ZIP 2003, 707; *Schütz,* Neuerungen im Anfechtungsrecht durch den Referentenentwurf des Gesetzes zur Unternehmensintegrität und Modernisierung des Anfechtungsrechts (UMAG), DB 2004, 419; *Seibert/Schütz,* Der Referentenentwurf eines Gesetzes zur Unternehmensintegrität und Modernisierung des Anfechtungsrechts – UMAG, ZIP 2004, 252; *Wilsing,* Neuerungen des UMAG für die aktienrechtliche Beratungspraxis, ZIP 2004, 1082; DAV-Stellungnahme zum UMAG, ZIP 2004, 1230; *Veil,* Klagemöglichkeiten bei Beschlussmängeln der Hauptversammlung nach dem UMAG, AG 2005, 567; *Weißhaupt,* Informationsmängel in der Hauptversammlung: die Neuregelungen durch das UMAG, ZIP 2005, 1766; *Koch,* Das Gesetz zur Unternehmensintegrität und Modernisierung des Anfechtungsrechts (UMAG), ZGR 2006, 769; *Noack/Zetzsche,* Die Informationsanfechtung nach der Neufassung des § 243 Abs. 4 AktG, ZHR 170 (2006), 218; *M. Winter,* Die Reform des Beschlussanfechtungsrechts – eine Zwischenbilanz, FG Happ, 2006, 363; *Kersting,* Die aktienrechtliche Beschlussanfechtung wegen unrichtiger, unvollständiger oder verweigerter Erteilung von Informationen, ZGR 2007, 319; *Schwab,* Zum intertemporalen Anwendungsbereich des § 243 IV 2 AktG, NZG 2007, 521; *Tielemann,* Die Anfechtungsklage – ein Gesamtüberblick unter Berücksichtigung des UMAG, WM 2007, 1686; *Götz,* Beschlussmängelklagen bei der SE, ZGR 2008, 593; *Hemeling,* Beschlussmängelrecht – Quo Vadis?, ZHR 2008, 379; *Hüffer,* Ausgleichsanspruch und Spruchverfahren statt Anfechtungsklage beim Verschmelzungs- oder Kapitalerhöhungsbeschluss des erwerbenden Rechtsträgers, ZHR 172 (2008), 8; *K. Schmidt,* Mehrheitsbeschlüsse in Personenhandelsgesellschaften, ZGR 2008, 1; *Schockenhoff,* Die nachgeschobene Nichtigkeitsklage gegen den Hauptversammlungsbeschluss einer AG, ZIP 2008, 1945; **zum ARUG** (vgl auch Einf vor Rn 32): *Bannes/Drinhausen,* Weitere Reform des Rechts der Anfechtung von Hauptversammlungsbeschlüssen, ZIP 2008, 145; HRA des DAV, Stellungnahme zum Referentenentwurf eines Gesetzes zur Umsetzung der Aktionärs-Richtlinie (ARUG), NZG 2008, 534; *Niemeier,* Im zweiten Anlauf ein Ende der missbräuchlichen Aktionärsklagen?, ZIP 2008, 1148; *Vetter,* Modifikation der aktienrechtlichen Anfechtungsklage, AG 2008, 177; *Waclawik,* Das ARUG und die klagefreudigen Aktionäre: Licht am Ende des Tunnels?, ZIP 2008, 1141; *K. Schmidt,* Reflexionen über das Beschlussmängelrecht, AG 2009, 248.

Übersicht

1. Allgemeines

1 Die Vorschrift bestimmt in **Abs 1 für alle Klagen** gegen die Wirksamkeit eines Verschmelzungsbeschlusses eines Rechtsträgers die **Klagefrist** als materiellrechtliche Ausschlussfrist (§ 195 Rn 4 aE) einheitl auf einen Monat. Materiellrechtl Regelungen zur Frage, in welchem Fall der Verschmelzungsbeschluss durch einen Anteilsinhaber der gerichtl Überprüfung zugeführt werden kann, enthält § 14 nicht; insoweit ist das jew für den betroffenen Rechtsträger geltende materielle Recht ausschlaggebend.

2 Die fristgemäß erhobene Unwirksamkeitsklage führt grdsl (sofort, vgl OLG Hamm NZG 2006, 274) zur **Registersperre** iSv § 16 II 2, sodass der Kläger die anmeldenden Organe und vor allem das Registergericht bösgläubig machen sollte (zutr Widmann/Mayer/*Heckschen* Rn 48; vgl auch BVerfG DB 2005, 1373).

3 **Abs 2** übernimmt den allg Gedanken des Verschmelzungsrechts, dass eine Klage gegen die Wirksamkeit des Beschlusses über die Verschm nicht auf eine zu niedrige Bemessung der Abfindung gestützt werden soll (vgl auch § 352c I 1 AktG aF, §§ 12, 13, 15, 30 UmwG 1969; vgl zur Parallele bei der Barabfindung §§ 32–34). Ein **falsch berechnetes Umtauschverhältnis** rechtfertigt ledigl die Durchführung des Spruchverfahrens nach dem SpruchG.

4 Abs 2 gilt allerdings nur für Unwirksamkeitsklagen gegen Beschlüsse der **übertragenden Rechtsträger.** Die Anteilsinhaber des **übernehmenden Rechtsträgers** können ihre Unwirksamkeitsklagen deswegen auch gerade darauf stützen, das Umtauschverhältnis sei falsch ermittelt worden (dazu Rn 30). Der Gesetzgeber hat die damit verbundenen Rechtsprobleme erkannt, insoweit aber auf die Ausdehnung von Abs 2 auch auf die Anteilsinhaber des übernehmenden Rechtsträgers bewusst verzichtet und stattdessen auf die allg Rechtsinstitute (§ 16 III, Abwehr rechtsmissbräuchl Klagen) verwiesen (dazu krit mwN Widmann/Mayer/*Heckschen* Rn 60 ff und ausführl *Martens* AG 2000, 301).

2. Klagen gegen die Wirksamkeit des Verschmelzungsbeschlusses, Abs 1

5 **Anders als Abs 2** erfasst die Vorschrift auch Klagen gegen die Wirksamkeit eines Verschmelzungsbeschlusses **beim übernehmenden Rechtsträger.** Der

Gesetzgeber hat bewusst einen offenen Wortlaut gewählt, um alle mögl Fälle der Nichtigkeit, der Unwirksamkeit oder der Anfechtbarkeit eines Beschlusses der Anteilsinhaber zu erfassen, „denn eine Beschränkung auf Anfechtungsklagen würde beim gegenwärtigen Stand der Meinungen PhG und Vereine nicht erfassen" (RegEBegr BR-Drs 75/94 zu § 14 I).

Einziger Gegenstand der Regelung von **Abs 1** ist die Festlegung der **Monatsfrist** zur Klageerhebung. Die Monatsfrist gilt unabhängig vom Grund der angebl Unwirksamkeit und unabhängig vom materiellen Recht des betroffenen Rechtsträgers **für alle Klagen einheitl.** Die Formulierung folgt § 246 I AktG, Rspr und Lit zur Fristberechnung können insoweit übernommen werden. 6

Zur Fristberechnung und zu geeigneten Maßnahmen für die Fristwahrung ausführl Lutter/*Bork* Rn 7 ff, dort Rn 9 auch zur Fristwahrung durch PKH-Antrag; zum PKH-Antrag auch Widmann/Mayer/*Heckschen* Rn 34 mwN; fristwahrend ist eine Klage auch dann erhoben, wenn sie erst dem übernehmenden Rechtsträger nach Eintragung der Verschm zugestellt werden konnte, OLG Hamburg ZIP 2004, 906 gegen LG Hamburg DB 2003, 930; es gilt § 167 ZPO, die Zustellung „demnächst" genügt, wenn die Klage selbst rechtzeitig eingereicht wurde, LG München I WM 2007, 1276; vgl iÜ Lit zu § 246 AktG, zB *Hüffer* AktG § 246 Rn 20 ff mwN). Die Klagefrist gilt auch bei schweren Fehlern, also zB Nichtigkeitsgründen, erhebl Einberufungsmängeln und sogar bei Manipulationen, zB „Geheimbeschlüssen" (krit *Bork* ZGR 1993, 343, 355; *Schöne* DB 1995, 317; *K. Schmidt* DB 1995, 1849; GKT/*Bermel* Rn 7). 7

Eine **unzulässige** Klage kann die Frist uU wahren, vgl OLG Stuttgart ZIP 2004, 2232. Fristwahrung ist auch bei Klageerhebung vor sachl oder örtl zuständigem Gericht mögl, Widmann/Mayer/*Heckschen* Rn 34 mwN. Die Einhaltung der Frist durch einen Streitgenossen wirkt nach LG Bonn EWiR 2001, 445 aber nicht zugunsten eines säumigen Klägers. 8

Die Gründe, auf die der Kläger die Unwirksamkeitsklage stützt, müssen innerh der Klagefrist durch gerichtl Vortrag wenigstens umrissen werden, der jeweilige Lebenssachverhalt ist in seinem wesentl sachl Kern darzulegen; insoweit ist ein späteres **Nachschieben von Gründen** idR ausgeschlossen, vgl *Hüffer* AktG § 246 Rn 26 mwN; BGH WM 2006, 1151; LG München I WM 2007, 1281; OLG Frankfurt aM DB 2003, 872. Zum Rechtsschutzbedürfnis für die Unwirksamkeitsklage nach Wirksamwerden der Verschm § 20 Rn 40, bei Rücktritt vom Verschmelzungsvertrag LG Hanau DB 2002, 2261, bei vorangegangenem Freigabeverfahren § 16 Rn 91 ff. 9

IÜ kommt es auf das materielle Recht des jew von der Unwirksamkeitsklage betroffenen Rechtsträgers an. Anhand des Katalogs der zugelassenen Rechtsträger in § 3 I gelten folgende Grdse: 10

a) Bei der AG. §§ 241 ff AktG (zum Beschlussmängelrecht bei der SE vgl *Götz* ZGR 2008, 593 ff mwN) unterscheiden zwischen Nichtigkeit (§§ 241, 242 AktG) und Anfechtbarkeit (§§ 243–246 AktG). Die Monatsfrist von Abs 1 gilt auch für die Fälle der Nichtigkeit (auch dann richtet sich die Klage gegen die „Wirksamkeit" des Verschmelzungsbeschlusses), längere Fristen des AktG (zB § 242 II AktG) haben keine Bedeutung (Kallmeyer/*Marsch-Barner* Rn 9). Nachgeschobene Nichtigkeitsklagen sind nicht mögl, *Schockenhoff* ZIP 2008, 1948. Zur **Nichtigkeit** führen in erster Linie die in §§ 271, 250, 253 AktG genannten schwerwiegenden Normverstöße. Häufig wird Nichtigkeit im Zusammenhang mit Verstößen gegen Einberufungsvorschriften von § 121 II–IV AktG relevant, 11 dazu *Hüffer* AktG § 241 Rn 8 ff mwN. Die Verletzung anderer Einberufungsvorschriften als derjenigen von § 121 II–IV AktG begründen ledigl die **Anfechtbarkeit** des Beschlusses, nicht aber seine Nichtigkeit. Zum Spezialproblem der Form der **Stimmrechtsvollmacht** vgl § 13 Rn 47 ff.

12 Nichtig ist gem § 241 Nr 2 AktG ein Verschmelzungsbeschluss, der überhaupt nicht (§ 130 I AktG) oder inhaltl unzureichend (§ 130 II AktG; Baumbach/*Hueck* AktG § 130 Rn 5, 6; BayObLG NJW 1973, 250 f) **beurkundet** ist bzw bei dessen Niederschrift die Unterschrift des Notars fehlt (§ 130 IV AktG). Die Verletzung anderer Vorschriften über die Form und den Inhalt der Niederschrift führt nicht zur Nichtigkeit und auch nicht zur Anfechtbarkeit (*Hüffer* AktG § 241 Rn 13). Weitere Nichtigkeitsgründe enthalten § 241 Nr 3–6 AktG.

13 Eine **Heilung** kommt in den Fällen von § 242 AktG in Betracht. Die Nichtigkeit kann gem § 249 AktG bis zum Ausschluss grdsl durch Klage eines Aktionärs, des Vorstands oder des AR festgestellt werden. Für die Verschm wird die Drei-Jahres-Frist von § 242 II AktG durch Abs 1 überlagert (krit hierzu *Bork* ZGR 1993, 343, 355; *Schöne* DB 1995, 1317, 1319 ff; aA *K. Schmidt* DB 1995, 1849).

14 Bei der **Anfechtung** ist die Klagefrist von § 246 I AktG (ein Monat nach Beschlussfassung) zu beachten, für den Bereich des UmwG gilt jedoch der inhaltsgleiche § 14 I (Rn 5 ff). Ein anfechtbarer Verschmelzungsbeschluss ist grdsl wirksam, erst durch rkr Urteil iSv § 248 I AktG wird der Beschluss endgültig mit Wirkung für und gegen alle Aktionäre und Organe für nichtig erklärt.

15 Nichtigkeits- und Anfechtungsklage verfolgen mit der richterl Klärung der Nichtigkeit von Gesellschaftsbeschlüssen mit Wirkung für und gegen jedermann dasselbe materielle Ziel (Streitgegenstand ist das mit der Klage verfolgte prozessuale Ziel, die richterl Klärung der Nichtigkeit eines Hauptversammlungsbeschlusses herbeizuführen, BGH ZIP 2002, 1684; vgl bereits BGH ZIP 1997, 732; anders noch BGHZ 32, 322). Der Nichtigkeitsantrag schließt den Anfechtungsantrag ein und umgekehrt (*Hüffer* AktG § 246 Rn 12 ff mwN).

16 Haben **mehrere Aktionäre** sowohl Nichtigkeits- als auch Anfechtungsklage gegen einen Hauptversammlungsbeschluss erhoben, ist ein Teilurteil, das sich auf die Nichtigkeitsklage bzw die Anfechtungsklage oder auf einen Teil der Kläger beschränkt, unzulässig (BGH DB 1999, 890; vgl auch BGH DB 1997, 865; zum Ganzen ausführl *Bayer* NJW 2000, 2609; *Zöllner* AG 2000, 145; *Kindl* ZGR 2000, 166; vgl auch *Henze* BB 2000, 2055; *Kurzwelly* AG 2000, 337 f; umfassend zu Verschm, Spruchverfahren und Anfechtungsklage *Martens* AG 2000, 301).

17 Zur Anfechtbarkeit führen neben Gesetzesverstößen (soweit sie nicht unter § 241 AktG fallen, zB Verstöße gegen die sorgfältige und vollständige Abfassung des Verschmelzungsberichts) auch **Satzungsverstöße,** vgl auch Semler/Stengel/*Gehling* Rn 6 ff mwN zu den Standardrügen („Kanon der Anfechtungsrügen“). Ein Anfechtungsgrund kann zB bei Nichtbeachtung von §§ 61, 62 III gegeben sein. In engem Rahmen ist auch eine Anfechtung wegen sittenwidrigen Missbrauchs von Mehrheitsbefugnissen oder einer Verletzung des Gleichbehandlungsgrundsatz mögl (vgl jedoch § 13 Rn 43 mwN zur materiellen Beschlusskontrolle).

18 **b) Bei der KGaA.** Es gilt das oben zur AG Ausgeführte entsprechend, § 278 III AktG.

19 **c) Bei der GmbH.** In Rspr und Lit herrscht sei langem Einigkeit darüber, dass die aktienrechtl Vorschriften über die Anfechtbarkeit und Nichtigkeit **(§§ 241 ff AktG)** für GmbH-Gesellschafter-Beschlüsse und damit auch für den Verschmelzungsbeschluss **entsprechend Anwendung** finden, soweit nicht Besonderheiten der GmbH entgegenstehen (BGH NJW 2003, 2314; NJW 2000, 2819; BGHZ 51, 209, 210 f; Scholz/*K. Schmidt* GmbHG § 45 Rn 36 ff, 45 ff; Ulmer/*Hüffer* GmbHG § 47 Rn 29 je mwN; teilw zweifelnd Lutter/Hommelhoff/*Bayer* GmbHG Anh § 47 Rn 1 mwN). Es gilt das oben zur AG Gesagte entsprechend.

Anfechtungsgründe können demgem zB aus Verstößen gegen gesetzl oder satzungsmäßige Vorschriften oder aus der unberechtigten Verweigerung von Auskünften ggü den GmbH-Gesellschaftern hergeleitet werden. Auch bei der Verschm können der Grds der Gleichbehandlung der Gesellschafter und Verstöße gegen Treuebindungen besondere Bedeutung erlangen (vgl Baumbach/Hueck/*Zöllner* GmbHG Anh § 47 Rn 48 ff; Lutter/Hommelhoff/*Bayer* GmbHG Anh § 47 Rn 54 ff mwN). 20

Die frühere Unsicherheit bzgl der **Anfechtungsfrist** (vgl noch BGH ZIP 1990, 784: Die Ein-Monats-Frist von § 246 I AktG ist auf die GmbH nicht entsprechend anwendbar, ihr kommt ledigl Leitbildfunktion zu; auch OLG Brandenburg DB 1995, 1022 (LS): 10 Wochen sind zu lang; seit BGH NZG 2005, 551, 553 aber: Monatsfrist von § 246 I AktG ist von eng begrenzten Ausnahmen abgesehen für GmbH-Beschlussanfechtung verbindl, vgl auch BGH NZG 2005, 479 mwN) bei der entsprechenden Anwendung von §§ 241 ff AktG auf die GmbH wurde für den Bereich des UmwG durch § 14 I beseitigt. Klagen gegen die Wirksamkeit des Verschmelzungsbeschlusses der GmbH müssen binnen Monatsfrist erhoben werden (*Schöne* DB 1995, 1317 ff). 21

Zur durch Gesellschaftsvertrag begründeten Zuständigkeit eines **Schiedsgerichts** vgl OLG Karlsruhe DB 1995, 721; zur Schiedsklausel beim Spruchstellenverfahren vgl OLG Düsseldorf DB 1995, 260. 22

d) Bei Personenhandels- und Partnerschaftsgesellschaften. Nach hM (vgl Baumbach/*Hopt* HGB § 119 Rn 31 mwN) wird bei der PersGes nicht zwischen anfechtbaren und nichtigen Beschlüssen unterschieden, **§§ 241 ff AktG sind nicht entsprechend anwendbar** (aA *K. Schmidt* FS Stimpel, 1985, 217 ff; *ders* GesR § 21 V 2, § 15 II 3 mwN; *ders* ZGR 2008, 1; wie hier die ganz hM, vgl BGH WM 2007, 1932 mwN). Fehlerhafte Beschlüsse der Gesellschafterversammlung in der PersGes sind grdsl nach §§ 134, 138 BGB nichtig, sofern der Verstoß gegen Gesetz oder Gesellschaftsvertrag nicht nur eine bloße Ordnungsvorschrift betrifft (*Hommelhoff* ZGR 1990, 447, 460 mwN). 23

Der Gesetzgeber wollte durch die **offene Formulierung in § 14** gerade nicht in den Streit um die Zulässigkeit von Anfechtungs- und Nichtigkeitsklagen auch im Bereich des PersGes- oder Vereinsrechts eingreifen (RegEBegr BR-Drs 75/94 zu § 14, ausführl zur Wirkung von § 14 bei PersGes *Timm* ZGR 1996, 247, 254). Deswegen scheint es auch nicht opportun, für den Bereich des UmwG nun davon auszugehen, dass die Klage gegen die Wirksamkeit des Verschmelzungsbeschlusses nach Abs 1 zwingend gegen den betroffenen Rechtsträger zu richten ist; maßgebl ist vielmehr allein die weitere Entwicklung im materiellen Recht; danach sind Streitigkeiten über die Grundlagen der Ges unter den Gesellschaftern auszutragen (vgl Baumbach/*Hopt* HGB § 109 Rn 38 ff mwN vgl ausführl BGH WM 2011, 789 mwN). Dies kann zu erhebl Beeinträchtigungen des Klägers führen, es besteht eine kaum überwindbare Zeitnot (*Schöne* DB 1995, 1317, 1318 Fn 14). Materiell-rechtl bestimmt Abs 1 ledigl, dass die **Klagefrist** auch in diesem Fall einen Monat seit Beschlussfassung beträgt. 24

e) Bei Vereinen. Im Wesentl gilt das oben Rn 22, 23 zu den PersGes Ausgeführte entsprechend, die Unwirksamkeit fehlerhafter Beschlüsse richtet sich **nicht** 25

nach §§ 241 ff AktG (vgl BGHZ 59, 369, 371 f; Palandt/*Ellenberger* BGB § 32 Rn 9 ff mwN). Im Ggs zu Klagen gegen den Gesellschafterbeschluss einer PersGes ist die Unwirksamkeitsklage bei fehlerhaften Beschlüssen der Mitgliederversammlung des Vereins **gegen den Verein** selbst zu führen, Klageart ist die **allg Feststellungsklage** iSv § 256 ZPO (BGH NJW-RR 1992, 1209); nach Ablauf der Monatsfrist verbleibt auch keine Beschwerdemöglichkeit im Registerverfahren, KG Rpfleger 2005, 441. Vgl iÜ zur Wirkung von Abs 1 auf das Beschlussmängelsystem von Vereinen *Timm* ZGR 1996, 254 mwN.

26 **f) Bei Genossenschaften.** Für die **Anfechtung** von Beschlüssen der Generalversammlung enthält **§ 51 GenG** eine eigenständige Regelung, iÜ ist die **Nichtigkeitsklage** bei der eG seit RGZ 170, 83, 88 f allg anerkannt (vgl BGHZ 32, 318, 323 f; Nachw bei Lang/*Weidmüller* GenG § 51 Rn 12–25a). Die Klage ist gegen die eG zu richten, § 51 III 1 GenG, auf die Monatsfrist von § 51 I 2 GenG kommt es im Bereich der Verschm wegen § 14 I UmwG nicht an. Materiellrechtl gilt für Anfechtbarkeit und Nichtigkeit eines Beschlusses der Generalversammlung der eG das zur AG Gesagte weitgehend entsprechend. Der anfechtbare Beschluss ist bis zum rkr Urteil als voll wirksam, danach als nichtig anzusehen, § 51 V 1 GenG.

27 **g) Beim Versicherungsverein auf Gegenseitigkeit.** Gem § 36 S 1 VAG gelten **§§ 241–253 AktG** für Beschlüsse der obersten Vertretung **entsprechend,** auf die Ausführungen zur Anfechtung und Nichtigkeit von Hauptversammlungsbeschlüssen bei der AG wird verwiesen.

3. Ausschluss von Klagen gegen den Verschmelzungsbeschluss, Abs 2

28 **a) Allgemeines.** In inhaltl Fortführung von §§ 352c I 1 AktG aF, 31a I 1 KapErhG aF, § 13 I UmwG 1969 bestimmt **Abs 2,** dass die Klage gegen die Wirksamkeit des Verschmelzungsbeschlusses **des übertragenden Rechtsträgers** (zum übernehmenden Rechtsträger Rn 3 ff, 30, 31) weder auf ein zu niedrig bemessenes Umtauschverhältnis noch auf die Unangemessenheit der Mitgliedschaft beim übernehmenden Rechtsträger gestützt werden kann. Insoweit verbleibt nur der Anspruch auf bare Zuzahlung gem § 15 und die **Durchführung des Spruchverfahrens** nach dem SpruchG. Durch das UMAG (dazu Einf Rn 31) wurde **§ 243 IV 2 AktG** eingefügt. Unrichtige, unvollständige oder unzureichende (nicht aber gänzl verweigerte) Informationen ausschließl in der Anteilsinhaberversammlung (also nicht in deren Vorfeld, vgl zB § 8 Rn 40 zum Verschmelzungsbericht) können nicht durch Anfechtung, sondern ausschließl im Spruchverfahren verfolgt werden. Zum Ganzen *Hüffer* AktG § 243 Rn 47b, c und Semler/Stengel/*Gehling* § 8 Rn 81 mwN.

29 Damit ist gewährleistet, dass die benachteiligten Anteilsinhaber die Möglichkeit haben, gegen ein unangemessenes Umtauschverhältnis vorzugehen, ohne die Verschm an sich unwirksam zu machen oder deren Eintragung zu verhindern (vgl § 16 II 2, Registersperre nur bei Unwirksamkeitsklage). Die Durchführung des Spruchverfahrens setzt nicht voraus, dass der Antragsteller in der Anteilsinhaberversammlung, die gem § 13 I über die Zustimmung zum Verschmelzungsvertrag zu beschließen hat, seinen Widerspruch zum Ausdruck bringt (vgl *Bork* ZGR 1993, 343, 354 mwN).

Abs 2 schließt nur Klagen gegen die Wirksamkeit des Verschmelzungsbeschlusses eines **übertragenden** Rechtsträgers aus. Diese eindeutige Regelung auf Basis einer bewussten Entscheidung des Gesetzgebers (Rn 4 aE), die auch im 2. UmwÄndG beibehalten wurde, führt zu einer Ungleichbehandlung zwischen den Anteilsinhabern der übertragenden und des übernehmenden Rechtsträgers, die gravierende Auswirkungen auf deren jew Rechtsposition haben kann (dazu insbes *Martens* AG 2000, 303 ff). Während die Anteilsinhaber der übertragenden Rechtsträger bei Bewertungsstreitigkeiten iSv Abs 2 ausschließl auf das Spruchverfahren nach dem SpruchG verwiesen werden, sind die **Anteilsinhaber des übernehmenden Rechtsträgers** auf die allg Klagemöglichkeiten gegen den bei ihrem Rechtsträger gefassten Verschmelzungsbeschluss beschränkt, das kostengünstige Spruchverfahren ist ihnen verschlossen. 30

Die Entscheidung des Gesetzgebers ist **schwer nachzuvollziehen,** weil offensichtl alle Anteilsinhaber der an einer Verschm beteiligten Rechtsträger grdsl durch ein fehlerhaftes Umtauschverhältnis betroffen sein können, während gleichzeitig die Zielrichtung der Verschm, also die Entscheidung, wer übernehmender Rechtsträger sein soll, nicht vorgegeben, sondern von den Umständen des Einzelfalls abhängig ist (zu krit Stimmen bereits während des Gesetzgebungsverfahrens vgl *Bork* ZGR 1993, 354 mwN; ausführl *Hüffer* ZHR 172 [2008], 8 ff mwN; HRA des DAV NZG 2007, 497; *Martens* AG 2000, 301 ff mwN; vgl auch HRA des DAV NZG 2000, 803, dazu 3. Aufl 2001, Rn 20). Die Konsequenzen der Beschränkung von Abs 2 nur auf den übertragenden Rechtsträger können weitreichend sein, Blockaden sind trotz § 16 III mögl (zutr Widmann/Mayer/*Heckschen* Rn 61). 31

Der Gesetzgeber hat diese von der hM in der Lit zu Recht krit Ungleichbehandlung bewusst **beibehalten.** Weder das UMAG (vgl Einf Rn 31) noch das ARUG (vgl Einf Rn 32) schufen Abhilfe. Auch das 3. UmwÄndG (vgl Einf Rn 33) ließ Abs 2 unberührt. 32

Das Interesse der an der Umw beteiligten Rechtsträger dürfte regelm die zügige Durchführung der beschlossenen Strukturmaßnahme sein (zB BGH ZIP 2001, 199; vgl auch die allg Wertung des Gesetzgebers im Freigabeverfahren nach § 16 III). Soll das Risiko von auf Bewertungsstreitigkeiten iSv Abs 2 gestützten Unwirksamkeitsklagen vollständig vermieden werden, bleibt den Rechtsträgern nur die Gestaltung der Umw als **Verschm durch Neugründung** (§§ 2 Nr 2, 36 ff; dazu *Martens* AG 2000, 302 f), denn bei der Verschm durch Neugründung sind alle bisherigen Anteilsinhaber ausschließl an den übertragenden Rechtsträgern beteiligt, sodass Unwirksamkeitsklagen für alle Anteilsinhaber gem Abs 2 ausgeschlossen sind. Indes ist die Verschm durch Neugründung regelm teurer als die Verschm durch Aufnahme (dazu Vor §§ 36–38 Rn 7 mwN), je nach Umfang des bei den Rechtsträgern vorhandenen Immobilienvermögens kann auch die GrESt die Verschm durch Neugründung unattraktiv machen (vgl *Schwerin* RNotZ 2003, 479; *Gärtner* DB 2000, 401). 33

Erahnen die Beteiligten, wessen Anteilsinhaber wegen Bewertungsfragen zu Unwirksamkeitsklagen tendieren, können sie im geeigneten Einzelfall die **Zielrichtung** der Verschm entsprechend steuern. Dabei soll eine analoge Anwendung von Abs 2 auch vor Unwirksamkeitsklagen der Anteilsinhaber des übertragenden Rechtsträgers mit dem Arg schützen, das Umtauschverhältnis sei zu Lasten der Anteilsinhaber des übernehmenden Rechtsträgers unangemessen (LG Essen AG 1999, 329; Lutter/*Bork* Rn 15; Kallmeyer/*Marsch-Barner* Rn 13). IÜ bleibt dem übernehmenden Rechtsträger nur die Möglichkeit des Freigabeverfahrens 34 nach § 16 III, um trotz erhobener Unwirksamkeitsklagen seiner Anteilsinhaber die Registersperre von § 16 II 2 zu überwinden.

35 Der Ausschluss der Unwirksamkeitsklage ist nur auf Fälle beschränkt, bei denen ein unrichtiges (aus Sicht der Anteilsinhaber der übertragenden Rechtsträger also zu niedrig bemessenes) Umtauschverhältnis oder eine entsprechende Wertdifferenz zwischen der Mitgliedschaft beim übernehmenden Rechtsträger und den gewährten Anteilen beim übertragenden Rechtsträger gerügt wird. Daraus folgt im Gegenzug, dass Abs 2 für **sonstige Klagen** keine Sperre darstellt.

36 Allg Unwirksamkeitsklagen gegen den Verschmelzungsbeschluss sind statthaft (vgl etwa OLG Karlsruhe WM 1989, 1134 zu § 352c AktG aF; so auch Kallmeyer/*Marsch-Barner* Rn 14; OLG Frankfurt ZIP 2000, 1928 mit Anm *Keil* EWiR 2000, 1125; Vorsicht aber wegen BGH ZIP 2001, 199, dazu § 192 Rn 15). Anders als bei der allg Vorschrift von § 243 IV 2 AktG unterliegt das gesamte Berichtswesen vor und außerhalb der Anteilsinhaberversammlung jedoch dem Ausschluss der Unwirksamkeitsklage nach Abs 2; deshalb haben die iÜ problematischen Abgrenzungen (vgl *Hüffer* AktG § 243 Rn 47c mwN) für das UmwG keine Bedeutung.

37 **Eine Unwirksamkeitsklage, die auf ein unzutr Umtauschverhältnis gestützt wird,** wird ausnahmsweise dann für statthaft zu erachten sein, wenn die mangelhafte Berechnung auf ein kollusives Zusammenwirken der jew Organe zurückzuführen ist und daher **§ 826 BGB** eingreift (OLG Düsseldorf ZIP 1999, 793; so auch Widmann/Mayer/*Heckschen* Rn 54 mwN; Lutter/*Bork* Rn 13; aA Kallmeyer/*Marsch-Barner* Rn 13 teilw gegen Kallmeyer/*Meister/Klöcker* § 195 Rn 24). Denn Abs 2 soll nur für „normale" Fälle auf das Spruchverfahren verweisen, nicht aber einen **bewussten Rechtsmissbrauch** befördern. Vgl zu dem Sonderfall der grenzüberschreitenden Verschm § 122h Rn 7 ff.

38 Bei den auch in Ansehung von Abs 2 zulässigen Klagen gegen die Wirksamkeit des Verschmelzungsbeschlusses ist stets die Möglichkeit von **§ 16 III** zu bedenken. Durch dieses summarische Verfahren kann die Sperre gegen den Verschmelzungsbeschluss beseitigt werden (vgl § 16 Rn 27 ff).

39 **b) Aktienrechtliche Beschränkungen.** Neben Abs 2 sehen insbes **§§ 241 ff AktG** Beschränkungen des Klagerechts gegen Hauptversammlungsbeschlüsse vor (zur analogen Anwendbarkeit der §§ 241 ff AktG auf Gesellschafterbeschlüsse einer GmbH vgl Rn 19). Das aktienrechtl Beschlussmängelrecht unterliegt einer stetigen Reform durch den Gesetzgeber („Aktienrechtsreform in Permanenz" *Zöllner* AG 1994, 336). Allg zur rechtspolitischen Geschichte und Dogmatik des Beschlussmängelrechts *K. Schmidt* AG 2009, 248. Jüngere Reformen wurden durch das **UMAG** (dazu allg Einf Rn 31) und das **ARUG** (dazu allg Einf Rn 32) durchgeführt. Ziel war dabei ua den durchaus verbreiteten **Missbrauch** im Anfechtungsrecht einzudämmen (*Verse* NZG 2009, 1127).

40 Das **UMAG** (zur Historie und zur Unzulänglichkeit dieser Reform Einf Rn 31) enthält zwei Regelungsgegenstände, die hier von besonderem Interesse sind. Mit **§ 243 IV 1 AktG** wird die Rspr des BGH zur Relevanz (dazu § 8 Rn 41 mwN) aufgenommen. Erforderl ist nach inzwischen gefestigter Rspr eine am Zweck der verletzten Norm orientierte wertende Betrachtung aus Sicht des objektiv urteilenden Aktionärs (zur Relevanz statt der früheren potenziellen Kausalitätsbetrachtung *Hüffer* AktG § 243 Rn 13 mwN). Des Weiteren sind gem **§ 243 IV 2 AktG** Anfechtungsklagen wegen Informationspflichtverletzungen in der Hauptversammlung ausgeschlossen, wenn sich diese auf Fragen beziehen, für deren Aufklärung gesetzl ein Spruchverfahren vorgesehen ist (OLG Frankfurt AG 2010,

368; *Schütz* DB 2004, 420 mwN). Damit greift das UMAG die umstr BGH-Rspr zum Formwechsel (ZIP 2001, 199; GmbHR 2001, 247; dazu § 192 Rn 15 mwN) für Umw von AG auf, lässt die Unwirksamkeitsklage aber – anders als der BGH in den zitierten Entscheidung zum Formwechsel – bei der Totalverweigerung von Informationen zu (RegEBegr BT-Drs 15/5092, 57; die Frage, ob eine Totalverweigerung gegeben ist, ist formal zu beantworten, zum Ganzen ausführl *Hüffer* AktG § 243 Rn 47b, c mwN). Vgl iÜ § 192 Rn 15 aE zur Frage, ob die BGH-Rspr zum Formwechsel auf die Verschmelzung übertragen werden kann.

Für das UmwG ist noch darauf hinzuweisen, dass das UMAG **ausschließl AG und KGaA** betrifft, womit eine allg Anwendbarkeit auf die anderen Rechtsträger iSv Rn 19 ff gesetzl nicht gewährleistet ist; dies gilt auch für Vereine und GmbH (vgl Widmann/Mayer/*Heckschen* § 8 Rn 69.1). 41

Die hier interessanten Änderungen durch das **ARUG** beziehen sich im Wesentl auf das reformierte **Freigabeverfahren.** § 16 III und die Parallelvorschrift(en) in § 246a AktG wurden geändert, um die Zahl missbräuchl Unwirksamkeitsklagen zu verringern. Vgl umfassend dazu die Komm zu § 16 III. 42

§ 15 Verbesserung des Umtauschverhältnisses

(1) [1] **Ist das Umtauschverhältnis der Anteile zu niedrig bemessen oder ist die Mitgliedschaft bei dem übernehmenden Rechtsträger kein ausreichender Gegenwert für den Anteil oder die Mitgliedschaft bei einem übertragenden Rechtsträger, so kann jeder Anteilsinhaber dieses übertragenden Rechtsträgers, dessen Recht, gegen die Wirksamkeit des Verschmelzungsbeschlusses Klage zu erheben, nach § 14 Abs. 2 ausgeschlossen ist, von dem übernehmenden Rechtsträger einen Ausgleich durch bare Zuzahlung verlangen; die Zuzahlungen können den zehnten Teil des auf die gewährten Anteile entfallenden Betrags des Grund- oder Stammkapitals übersteigen.** [2] **Die angemessene Zuzahlung wird auf Antrag durch das Gericht nach den Vorschriften des Spruchverfahrensgesetzes bestimmt.**

(2) [1] **Die bare Zuzahlung ist nach Ablauf des Tages, an dem die Eintragung der Verschmelzung in das Register des Sitzes des übernehmenden Rechtsträgers nach § 19 Abs. 3 bekannt gemacht worden ist, mit jährlich 5 Prozentpunkten über dem jeweiligen Basiszinssatz nach § 247 des Bürgerlichen Gesetzbuchs zu verzinsen.** [2] **Die Geltendmachung eines weiteren Schadens ist nicht ausgeschlossen.**

Schrifttum: Schrifttum bis 1994 siehe 3. Auflage; Schrifttum bis 2000 siehe 4. Auflage; *Büchel,* Neuordnung des Spruchverfahrens, NZG 2003, 793; *Bungert/Mennicke,* BB-Gesetzgebungsreport: Das Spruchverfahrensneuordnungsgesetz, BB 2003, 2021; *Hirte,* Informationsmängel und Spruchverfahren, ZHR 2003, 8; *Lamb/Schluck-Amend,* Die Neuregelung des Spruchverfahrens durch das Spruchverfahrensneuordnungsgesetz, DB 2003, 1259; *Neye,* BB-Gesetzgebungsreport: Spruchverfahrensneuordnungsgesetz verkündungsreif, BB 2003, 1245; *Puszkajler,* Diagnose und Therapie von aktienrechtlichen Spruchverfahren, ZIP 2003, 518; *Tomson/Hammerschmitt,* Aus alt mach neu? Betrachtungen zum Spruchverfahrensneuordnungsgesetz, NJW 2003, 2572; *Wasmann,* Erlöschen und Beseitigung von Mehrstimmrechten nach § 5 EGAktG: Gerichtliche Prüfung des Ausgleichs im Spruchverfahren, BB 2003, 57; ZIP-Dokumentation, DAV-Stellungnahme zum Spruchverfahrensneuordnungsgesetz, ZIP 2003, 552; *Knoll,* Gesetzliche Verzinsung von Spruchverfahrensansprüchen: Legislativer Wille und verfahrenswidrige Wirklichkeit, BB 2004, 1727; *Meilicke,* Erste Probleme mit § 16 SpruchG, NZG 2004, 547; *Vetter,* Ausweitung des Spruchverfahrens, ZHR 2004, 8; *Zimmer/*

Meese, Vergleiche im Spruchverfahren und bei der Anfechtungsklage, NZG 2004, 201; *Habersack,* Abfindung für vom herrschenden Unternehmen oder von der beherrschten Gesellschaft erworbene Aktien?, AG 2005, 711; *Braun/Krämer,* Anm. zu BGH, Urteil vom 8.5.2006 – Jenoptik, ZIP 2006, 1396; *Bungert,* Anspruchsinhaberschaft von Abfindungsansprüchen bei Beherrschungs- und Gewinnabführungsverträgen, BB 2006, 1866; *Koppensteiner,* Nachvertragliche Abfindungsansprüche bei Unternehmensverträgen, DStR 2006, 1605; *zur Megede,* Verschmelzung von Aktiengesellschaften – Materielle Anspruchsberechtigung auf Erhalt der baren Zuzahlung, BB 2007, 337; *Bayer,* Fehlerhafte Bewertung – Aktien als Ausgleich bei Sachkapitalerhöhung und Verschmelzung?, ZHR 172 (2008), 24; *Friese-Dormann/Rothenfußer,* Selbstfinanzierungseffekt und Bagatellgrenze als Frage der Angemessenheit des Umtauschverhältnisses bei Verschmelzungen, AG 2008, 243; *Hoger,* Kapitalschutz als Durchsetzungsschranke umwandlungsrechtlicher Ausgleichsansprüche von Gesellschaftern, AG 2008, 149; *Hüffer,* Ausgleichsanspruch und Spruchverfahren statt Anfechtungsklage beim Verschmelzungs- oder Kapitalerhöhungsbeschluss des erwerbenden Rechtsträgers, ZHR 172 (2008), 8; *Tettinger,* Die Barzuzahlung gem. § 15 UmwG – Für mehr Gestaltungsfreiheit im Verschmelzungsrecht, NZG 2008, 93.

Übersicht

1. Allgemeines

1 § 15 ergänzt die Regelung von § 14 II und dient als **Bindeglied zum Spruchverfahren,** das bis zum 31.8.2003 in §§ 305–312 UmwG aF (dazu ausführl Komm in der 3. Aufl) und seit dem 1.9.2003 im SpruchG (BGBl I 838; Komm hier in B. SpruchG) geregelt ist. Zur Klarstellung wurde Abs 1 S 2 angefügt.

2 Der Anteilsinhaber des übertragenden Rechtsträgers, dessen Klage gegen die Wirksamkeit des Verschmelzungsbeschlusses nach § 14 II ausgeschlossen ist, hat Anspruch auf **wirtschaftl Ausgleich** durch bare Zuzahlung nach dem Vorbild von § 352c AktG aF, § 31a KapErhG aF, § 12 UmwG 1969.

3 Die **Höhe** der baren Zuzahlung ist nicht begrenzt, **Abs 1 S 1 HS 2.** Bei der Verschm von **eG** wird § 15 durch **§ 85** eingeschränkt, um eine Beteiligung dissentierender Gen an den Rücklagen der eG zu vermeiden.

4 Die bare Zuzahlung ist **zu verzinsen. Abs 2 S 1** legt den Mindestanspruch fest, die Geltendmachung eines weiteren Schadens ist nicht ausgeschlossen, **Abs 2 S 2.** Durch das **ARUG** (dazu Einf Rn 32) wurde der Mindestzinsanspruch von 2 Prozentpunkten auf 5 Prozentpunkte über dem jew Basiszinssatz (§ 247 BGB) erhöht.

5 Das Spruchverfahren kann nur mittels **Antrag binnen drei Monaten** (nach § 305 UmwG aF waren es nur zwei) nach dem Tag der Eintragung der Verschm in das Register des Sitzes des übernehmenden Rechtsträgers (§ 20 I) eingeleitet werden, §§ 1 Nr 4, 4 I Nr 4 SpruchG. Der Antrag ist substantiiert zu begründen, § 4 II SpruchG. Vgl zur **Begründungspflicht** die Komm dort und KG Berlin ZIP 2009, 1714.

2. Antragsberechtigung

Jeder Anteilsinhaber eines übertragenden Rechtsträgers (zu Anteilsinhabern des übernehmenden Rechtsträgers vgl § 14 Rn 4, 30; ihnen bleibt nur die Unwirksamkeitsklage, was teilw verfassungsrechtl Bedenken laut werden ließ, vgl Widmann/Mayer/*Heckschen* Rn 75, 76 mwN; vgl auch *Tettinger* NZG 2008, 93 mwN; *Hüffer* ZHR 172 [2008], 8 und Widmann/Mayer/*Heckschen* Rn 47 ff; zur Sonderregelung bei grenzüberschreitender Verschm vgl § 122h) kann, sofern die Voraussetzungen von § 14 II vorliegen, Ausgleich seiner wirtschaftl Schlechterstellung durch bare Zahlung verlangen. 6

Notw ist stets, dass **alle Voraussetzungen** für eine Klage gegen die Wirksamkeit des Verschmelzungsbeschlusses vorliegen, dass der Klage also nur wegen **§ 14 II** kein Erfolg beschieden sein kann. Somit steht denjenigen, die ledigl ein dingl Recht am betroffenen Anteil oder der Mitgliedschaft beim übertragenden Rechtsträger haben, keine Antragsberechtigung iSv Abs 1 zu. 7

Insolvenzverwalter und Testamentsvollstrecker hingegen sind als Parteien kraft Amtes antragsberechtigt. 8

Antragsberechtigt für das Spruchverfahren ist gem § 3 S 3 SpruchG jeder in § 15 bezeichnete Anteilsinhaber (§ 1 Nr 4 SpruchG). Gem § 3 S 2 SpruchG ist die Antragsberechtigung nur gegeben, wenn der Antragsteller zum Zeitpunkt der Antragstellung Anteilsinhaber ist (dazu § 3 SpruchG Rn 5 mwN; dazu krit unter Verweis auf BGH AG 2008, 659 Semler/Stengel/*Gehling* Rn 23 aE). Vor dem Wirksamwerden der Verschm muss der Abfindungsanspruch nicht selbstständig übertragen werden. Nach der auch auf § 15 übertragbaren Rspr des BGH (ZIP 2006, 1393) erlangt der Erwerber des Anteils beim übertragenden Rechtsträger die Abfindungsberechtigung originär „ad personam" (ähnl Semler/Stengel/*Gehling* Rn 13; missverständl Widmann/Mayer/*Heckschen* Rn 86, der bei Übertragungen nach Beschlussfassung und bis zur Eintragung der Verschm eine Abtretung des Anspruchs auf bare Zuzahlung gem § 398 BGB fordert). **Anteilsveräußerungen beim übertragenden Rechtsträger** lassen damit ohne gesonderten Übertragungsakt die Antragsberechtigung mit übergehen, wenn sie vor dem Wirksamwerden der Verschm stattfinden (zutr Widmann/Mayer/*Heckschen* Rn 83; Semler/Stengel/*Gehling* Rn 13 je mwN). 9

Mit dem Wirksamwerden der Verschm (spätestens mit dem vollzogenen Anteilstausch, vgl *zur Megede* BB 2007, 340) kommt es zur Zäsur. Ab diesem Zeitpunkt ist nach jetzt hM der Abfindungsanspruch vom Anteil getrennt und selbstständig **verkehrsfähig** (BGH ZIP 2006, 1392 zum Abfindungsanspruch nach § 305 AktG gegen OLG Jena AG 2005, 619; OLG Düsseldorf ZIP 2006, 2382 f zum Abfindungsanspruch beim Squeeze-out nach § 327a AktG; OLG München AG 2007, 702; Widmann/Mayer/*Heckschen* Rn 84; Semler/Stengel/*Gehling* Rn 14; *zur Megede* BB 2007, 337 je mwN). Der Abfindungsanspruch geht damit nur auf den Erwerber des Anteils am übernehmenden Rechtsträger über, wenn er gem § 398 BGB gesondert abgetreten wird. 10

Der Erwerber tritt iÜ nur in die Stellung ein, die der Veräußerer innehatte (zur obj Darlegungslast im FamFG-Verfahren vgl § 10 Rn 22; *Schulenberg* AG 1998, 81, der dem Anteilsinhaber zu Recht die Pflicht zur Vorlage geeigneter Beweise auferlegt, wobei gem § 3 S 3 SpruchG Urkundenbeweis notw sein kann). Vgl aber auch § 20 Rn 42 zu BVerfG ZIP 1999, 532 und BVerfG AG 1999, 217, bestätigt durch BVerfG ZIP 2003, 2114. 11

12 In Abweichung zu § 352c AktG aF, § 31a KapErhG aF ist der Ausgleichsanspruch nicht mehr auf diejenigen Anteilsinhaber/Mitglieder eines übertragenden Rechtsträgers beschränkt, die sich der Verschm widersetzt haben (vgl auch OLG Düsseldorf DB 1994, 419 mwN; *Hoffmann-Becking* ZGR 1990, 482, 487; Lutter/*Bork* Rn 4; Semler/Stengel/*Gehling* Rn 9; Widmann/Mayer/*Heckschen* Rn 41 je mwN). Damit soll verhindert werden, dass Anteilsinhaber, die an sich die Verschm befürworten, gegen die Verschm nur deshalb **Widerspruch** erklären, um sich ihren Nachbesserungsanspruch zu sichern (vgl RegEBegr BR-Drs 75/94 zu § 15).

3. Bare Zuzahlungen

13 Leitbild des Gesetzes ist die vollkommene **wirtschaftl Identität** der Anteilsinhaberschaft/Mitgliedschaft beim übertragenden und später beim übernehmenden Rechtsträger. Jede Abweichung zu Ungunsten der Anteilsinhaber des übertragenden Rechtsträgers kann zur Festlegung einer baren Zuzahlung führen. Auch verfassungsrechtl ist diese Wertidentität geboten (vgl BVerfGE 14, 263 ff – Feldmühle-Entscheidung, noch für den Fall des vollständigen Ausscheidens eines Minderheitsgesellschafters; vgl auch BVerfG AG 1999, 566 zum Börsenwert und BB 2000, 2011 zu § 179a AktG sowie die wN bei § 5 Rn 7).

14 In der Rechtsprechung (OLG Düsseldorf Beschluss vom 17.11.2008 – I-26 W 6/08; OLG Frankfurt ZIP 2010, 729; OLG Stuttgart AG 2010, 42) ist die Formel verbreitet, dass das Umtauschverhältnis bereits angemessen sei, wenn es unter Berücksichtigung der Interessen aller Anteilsinhaber sowohl des übertragenden als auch des übernehmenden Rechtsträgers so bemessen ist, dass sich über die Beteiligungsquote aller Anteilsinhaber am vereinigten Unternehmen die bisherige Investition nach der Verschm **„im Wesentlichen"** fortsetzt. Trotz dieser etwas schwammigen Formulierung sollte stets versucht werden, sich dem verfassungsrechtl gebotenen Grds der Wertidentität soweit wie mögl anzunähern.

15 Aus praktischen Gründen können aber Unterschiede im **Bagatellbereich** unberücksichtigt bleiben. Die genaue Höhe der Bagatellgrenze steht indes nicht fest. Das OLG München AG 2007, 701 hat diese Frage offengelassen, aber das Unterschreiten der Bagatellgrenze jedenfalls bei einer Abweichung des Umtauschverhältnisses von 1,5% angenommen. Das LG Köln AG 2009, 835 hält eine Abweichung von 1–2% für vertretbar. Eine weiter gehende Ansicht in Rspr und Lit zieht die Bagatellgrenze bei 10% (*Friese-Dormann/Rothenfußer* AG 2008, 247 mwN; Kallmeyer/*Marsch-Barner* Rn 8). Dies dürfte im Hinblick auf den Grds der Wertidentität zu weitreichend sein.

16 Zur **Errechnung der baren Zuzahlung** ist zunächst der Wert des Anteils am übertragenden Rechtsträger festzustellen. Maßgebl ist der (Fortsetzung unterstellt) wirkl Wert des Unternehmens einschl des inneren Werts (Goodwill, Firmenwert, Warenzeichen, gewerbl Schutzrechte etc) unter Einbeziehung aller stillen Reserven. Maßgebl ist somit im Allg die dem Anteil entsprechende Quote aus dem Preis, der bei einem möglichst vorteilhaften Verkauf des Unternehmens als Einheit erzielt würde (**Verkehrswert;** zur Ermittlung des Verkehrswertes durch Unternehmensbewertung ausführl § 5 Rn 10 ff mwN; in der Rspr auch des BVerfG wird dem betriebswirtschaftl Unterschied von Wert und Preis nicht die gebotene Beachtung geschenkt; der isolierte Wert des Anteils soll maßgebl sein, wenn der Anteilsinhaber unter Verkehrswert aus dem Rechtsträger gedrängt werden kann, OLG Thüringen OLG-NL 2005, 179, dies ist aber bedenkl und kann nur im dafür geeigneten Einzelfall in Betracht kommen).

Der für die Berechnung der Höhe der baren Zuzahlungen maßgebl Unternehmenswert wird mit Hilfe betriebswirtschaftl Verfahren ermittelt. Betriebswirtschaftl **Gutachten** über den Unternehmenswert sind im gerichtl Verfahren jedoch ledigl Entscheidungshilfen (zu entscheiden ist vom Gericht über eine Rechtsfrage, dazu § 5 Rn 12, deshalb darf diese Entscheidung nicht faktisch auf Sachverständige delegiert werden; dieses Verständnis prägt wohl auch die Entscheidungen OLG Düsseldorf DB 2000, 1116 und LG Frankfurt aM DB 2001, 1980; klarstellend BGH AG 2007, 625, der zutr darauf hinweist, dass eine Bewertung ohne Zuhilfenahme eines vorgelagerten Sachverständigengutachtens idR rechtsfehlerhaft ist). 17

Sodann ist der Unternehmenswert des übernehmenden Rechtsträgers zu ermitteln und mit der neuen Beteiligungsquote des Anteilsinhabers an diesem Rechtsträger nach der Verschm zu vergleichen. Wegen der Gesamtrechtsnachfolge (§ 20 I) kann der für den übertragenden Rechtsträger gefundene Wert in diese Berechnung mit einfließen, zu addieren ist regelm nur noch der übrige Wert des Verm des übernehmenden Rechtsträgers. Anderes gilt, wenn durch besondere Aspekte des Verschmelzungsvorgangs (zB Untergang von gegenseitigen Forderungen der Rechtsträger, Synergieeffekte, Marktmacht etc) Wertkorrekturen zu erfolgen haben. 18

Ist der Wert des Anteils/der Mitgliedschaft vor und nach der Verschm auf diese Weise ermittelt worden, ist der Anspruch auf bare Zuzahlung nach Abs 1 in der Höhe gegeben, in der der **ursprüngl Anteil** am übertragenden Rechtsträger **wertvoller** war **als der neue Anteil** am übernehmenden Rechtsträger. Im umgekehrten Fall greifen §§ 14 II, 15 nicht, die dann benachteiligten Anteilsinhaber des übernehmenden Rechtsträgers können nur eine „normale" Klage gegen den Verschmelzungsbeschluss ihres Rechtsträgers führen (vgl Rn 6 ff), die Monatsfrist von § 14 I ist dabei zu beachten. 19

Die Zuzahlung ist durch den übernehmenden Rechtsträger zu leisten, Abs 1. Da die ausgleichsberechtigten Anteilsinhaber der übertragenden Rechtsträger Anteilsinhaber des übernehmenden Rechtsträgers werden (§ 20 I Nr 3), finanzieren sie ihren Ausgleich anteilig selbst. Für eine Neutralisierung dieses sog **„Selbstfinanzierungseffekts"** besteht keine gesetzl Grundlage (Kallmeyer/*Marsch-Barner* Rn 2 und ausführl *Friese-Dormann/Rothenfußer* AG 2008, 243 mwN). 20

Ein **Bewertungsstichtag** ist – anders als zB in § 12 I 2 UmwG 1969 – gesetzl nicht benannt. Vgl zunächst § 5 Rn 27 ff. Man könnte davon ausgehen, dass Stichtag für die Bew der Rechtsträger und somit für die Bemessung der baren Zuzahlung der Zeitpunkt der Eintragung der Verschm in das Register des Sitzes des übernehmenden Rechtsträgers ist (so noch die in der 2. Aufl vertretene Ansicht). Erst zu diesem Zeitpunkt erlischt der Anteil am übertragenden Rechtsträger, erst dann findet der Vermögensübergang statt (vgl § 20 I). **Die hM** (BayObLG DB 2003, 436; LG Dortmund DB 1997, 1915; DB 1996, 2221; LG Düsseldorf AG 1989, 136; Lutter/*Bork* Rn 3; Widmann/Mayer/*Heckschen* Rn 63; Kallmeyer/*Marsch-Barner* Rn 2) erachtet den Zeitpunkt der Beschlussfassung beim jew übertragenden Rechtsträger als maßgebend. Dem ist zwar entgegenzuhalten, dass erst die Eintragung der Verschm den Bezugspunkt der baren Zuzahlung schafft, näml den neuen Anteil; andererseits führt diese Ansicht zur Übereinstimmung mit dem Bewertungsstichtag von § 30 I 1, was wesentl praktische Vorteile mit sich bringt. BVerfG ZIP 2003, 2114 belegt, dass bei der Wahl des Bewertungsstichtags vor allem entscheidend ist, ob der berechtigte Anteilsinhaber den wirkl Wert seines nach Art 14 GG geschützten Eigentums ersetzt erhält, weswegen zumindest bei einer erhebl Verzögerung der Eintragung die Frage nach dem 21 richtigen Bewertungsstichtag Bedeutung erlangt. Zum Stichtag bei Zugrundelegung des **Börsenkurses** vgl § 5 Rn 60.

22 Die bare Zuzahlung ist grdsl **in Geld** geschuldet. Eine **andere Art der Abfindung** kann weder verlangt noch aufgezwungen werden (krit hierzu HRA des DAV NZG 2000, 803). Gem § 364 I BGB dürfte es jedoch mögl sein, den damit einverstandenen Anteilsinhabern auch Sachwerte oder Anteile als Abfindung anzutragen (aA die hM, vgl § 5 Rn 66 mwN).

23 Die bare Zuzahlung ist nicht iSd **EStG** steuerbar, da sich diese bei wirtschaftl Betrachtung nicht als Leistung auf Grund des Gesellschaftsverhältnisses, sondern als schuldrechtl Leistung darstellt; insbes ist § 20 I Nr 1 S 2, II Nr 1 EStG nicht einschlägig (FG München Urteil vom 5.3.2009 – 5 K 4/07; Nichtzulassungsbeschwerde unbegründet, BFH/NV 2010, 890).

4. Zuzahlungsverlangen

24 **Abs 1 S 1** gibt den betroffenen Anteilsinhabern das Recht, vom übernehmenden Rechtsträger **bare Zuzahlung iHd Wertdifferenz** (Rn 16 ff) zu verlangen. Der Anspruch entsteht mit Wirksamwerden der Verschm, gem § 20 I also mit Eintragung der Verschm in das Register des Sitzes des übernehmenden Rechtsträgers. Kommt der übernehmende Rechtsträger dem Anspruch nicht freiwillig nach, ist gem § 4 SpruchG **Antrag auf gerichtl Entscheidung im Spruchverfahren** zu stellen. Zu beachten ist die **Ausschlussfrist von drei Monaten,** die mit der Eintragung iSv § 19 I, III beginnt.

25 Hingegen haben die betroffenen Anteilsinhaber der übertragenden Rechtsträger **keinen Auskunftsanspruch** zur Überprüfung der Angemessenheit der Abfindung (vgl BGH NJW 1967, 45). Zum einen findet sich für einen solchen Auskunftsanspruch im materiellen Recht (zB § 131 AktG) keine Stütze; zum anderen ist jeder betroffene Anteilsinhaber in der Lage, das Spruchverfahren selbst einzuleiten. Da dieses Verfahren für ihn idR **kostenfrei** ist (gem § 15 IV SpruchG besteht ein Anspruch auf den Ersatz der eigenen Kosten des Antragstellers allerdings nur noch bei gesonderter gerichtl Anordnung), ist nicht einzusehen, warum ein Bedürfnis für einen gesonderten Auskunftsanspruch anerkannt werden soll.

26 Der Anteilsinhaber kann unmittelbar Festsetzung der Abfindung beantragen; er muss in seiner Antragsbegründung gem § 4 II Nr 4 SpruchG **konkrete Einwendungen** gegen die angebotene Zuzahlung erheben, die Ermittlung des richtigen Betrages erfolgt dann aber von Amts wegen (§ 4 II SpruchG, § 26 FamFG). Nach KG Berlin ZIP 2009, 1714 mwN sind die Anforderungen an die konkrete Bewertungsrüge auf Grund der gesetzgeberischen Zielsetzung (Verfahrensbeschleunigung; RegEBegr BT-Drs 15/371, 13) **generell hoch.** Vgl dazu die Komm zu § 4 II SpruchG.

27 Aus der Formulierung von Abs 1 S 2 ist nicht zu schließen, dass das Verlangen ggü dem übernehmenden Rechtsträger notw **Voraussetzung für die Zulässigkeit** eines gerichtl Antrags sein soll. Die Möglichkeit, bare Zuzahlung zunächst außerhalb des gerichtl Verfahrens zu verlangen, ist eine weitere Option für den Anteilsinhaber, keine Obliegenheit oder Pflicht.

5. Höhe der baren Zuzahlung

28 Die bare Zuzahlung soll die Wertdifferenz zwischen dem alten und dem neuen Anteil ausgleichen (vgl Rn 13 ff). Abfindungsanspruch und -streitigkeiten im Zusammenhang mit früher geschlossenen Unternehmensverträgen bleiben dabei

außer Betracht, BVerfG ZIP 2003, 2114. Zwischenzeitl geleistete Zahlungen sind nach einer auch für das UmwG vertretbaren Ansicht anzurechnen, vgl BGH ZIP 2003, 1600 und OLG Hamburg ZIP 2002, 754 zur Abfindung beim Unternehmensvertrag.

Der Anspruch ist stets und einzig auf eine Geldleistung gerichtet, die Aufstockung des Anteils/der Mitgliedschaft beim übernehmenden Rechtsträger kann nicht verlangt werden (vgl auch § 20 Rn 120 ff). Der Anspruch auf bare Zuzahlung ist der **Höhe** nach **nicht begrenzt,** auch nicht durch Kapitalschutz- (zB § 33 IV GmbHG idF des UmwBerG) oder Erhaltungsvorschriften (Abs 1 S 1 HS 2; vgl auch RegEBegr BR-Drs 75/94 zu § 54 IV; aA Semler/Stengel/*Gehling* Rn 23 ff, der dem Gläubigerschutz Vorrang gibt, anders als Lutter/*Bork* Rn 5 mwN den Anspruch auf bare Zuzahlung aber nicht auf das im Zeitpunkt der letzten mündl Verhandlung im Spruchverfahren beim übernehmenden Rechtsträger vorhandene freie Verm beschränkt, sondern auch künftig entstehendes freies Verm einsetzen will; Widmann/Mayer/*Heckschen* Rn 107 stellt die Ausgleichsberechtigten iSv § 15 mit den anderen Gläubigern des übernehmenden Rechtsträgers gleich). 29

Dies kann durchaus zu für den übernehmenden Rechtsträger gefährl wirtschaftl Situationen führen (dazu ausführl *Philipp* AG 1998, 264, dessen Reformvorschläge aber nur zT mit den verfassungsrechtl Vorgaben, Rn 5, übereinstimmen; zur Sicherung der Kapitalaufbringung auch *Ihrig* GmbHR 1995, 622, 632; *ders* ZHR 1996, 317, 336). 30

6. Zinsen

Abs 2 S 1 legt den Beginn der Verzinsungspflicht und die Höhe der Zinsen fest. Nach Ablauf des Tages, an dem die entscheidende Eintragung der Verschm in das Register des Sitzes des übernehmenden Rechtsträgers nach § 19 III bekannt gemacht worden ist (Änderung durch das EHUG, vgl Einf Rn 28), ist der Anspruch auf bare Zuzahlung zwingend zu verzinsen (vgl auch OLG Düsseldorf ZIP 2004, 1503 mit Anm *Luttermann* EWiR 2004, 263). Auf weitere Erfordernisse (zB Verzugseintritt) kommt es nicht an. Dadurch soll gewährleistet werden, dass das Spruchverfahren von dem zur baren Zuzahlung verpflichteten Rechtsträger nicht verzögert wird (vgl RegEBegr BR-Drs 75/94 zu § 15 II). Die Zinsen sind demgemäß auch dann **rückwirkend** zu bezahlen, wenn der Antrag auf gerichtl Entscheidung nach § 305 erst kurz vor Ablauf der Drei-Monats-Frist gestellt wird. Umgekehrt **erlischt** der Zinsanspruch als Nebenanspruch mit Ablauf der **Ausschlussfrist** von drei Monaten nach Wirksamwerden der Verschm. 31

Der Anspruch auf Verzinsung schließt die Geltendmachung eines **weiteren Schadens** (zB aus Verzug durch Verzögerung der Auszahlung der baren Zuzahlung) gem Abs 2 S 2 nicht aus. Der betroffene Anteilsinhaber trägt die Darlegungs- und Beweislast für einen derartigen Schaden (BayObLG DB 1983, 333). 32

Ein solcher **weiter gehender Schaden** ist **nicht im Spruchverfahren,** sondern im gewöhnl Zivilprozess geltend zu machen, weil § 1 Nr 4 SpruchG eine abschl Aufzählung enthält; dort wird auf § 15 verwiesen, die Geltendmachung eines weiteren Schadens beruht aber gerade nicht auf dieser Vorschrift (so auch Lutter/*Bork* Rn 8; KölnerKommUmwG/*Simon* Rn 39). § 16 SpruchG (dazu *Meilicke* NZG 2004, 547) ändert daran nichts. Ebenso wenig die Rspr des BVerfG zum Vorrang der Rechtssicherheit nach Abschluss des Spruchverfahrens (BVerfG ZIP 2003, 2114). Aus der gesetzl Formulierung darf nicht gefolgert werden, dass 33

Abs 2 insges den Charakter einer Schadenersatznorm hat. Insbes ist § 287 ZPO bei der Bemessung der baren Zuzahlung nicht unmittelbar anzuwenden.

34 Die **Höhe der Zinsen** ist variabel gestellt (vgl RegEBegr BR-Drs 75/94 zu § 15 II; krit zur Zinsregelung und besonders zur damaligen Höhe der Zinsen *Philipp* AG 1998, 264). Maßgebl ist der jew Basiszins nach § 247 BGB, die nach Abs 2 S 1 mindestens geschuldeten Zinsen liegen jetzt (Neufassung durch das ARUG, vgl Einf Rn 33 mwN) 5%-Punkte höher als dieser Wert. Eine **Beschränkung der Verzinsungspflicht wegen teleologischer Reduktion von Abs 2 S 1** (so Kallmeyer/*Zimmermann* Rn 9 aE; Kallmeyer/*Marsch-Barner* § 29 Rn 22 mwN) ist abzulehnen (wie hier Semler/Stengel/*Gehling* Rn 29; Widmann/Mayer/*Heckschen* Rn 155 Fn 2; KölnerKommUmwG/*Simon* Rn 38).

§ 16 Anmeldung der Verschmelzung

(1) [1] **Die Vertretungsorgane jedes der an der Verschmelzung beteiligten Rechtsträger haben die Verschmelzung zur Eintragung in das Register (Handelsregister, Partnerschaftsregister, Genossenschaftsregister oder Vereinsregister) des Sitzes ihres Rechtsträgers anzumelden.** [2] **Das Vertretungsorgan des übernehmenden Rechtsträgers ist berechtigt, die Verschmelzung auch zur Eintragung in das Register des Sitzes jedes der übertragenden Rechtsträger anzumelden.**

(2) [1] **Bei der Anmeldung haben die Vertretungsorgane zu erklären, daß eine Klage gegen die Wirksamkeit eines Verschmelzungsbeschlusses nicht oder nicht fristgemäß erhoben oder eine solche Klage rechtskräftig abgewiesen oder zurückgenommen worden ist; hierüber haben die Vertretungsorgane dem Registergericht auch nach der Anmeldung Mitteilung zu machen.** [2] **Liegt die Erklärung nicht vor, so darf die Verschmelzung nicht eingetragen werden, es sei denn, daß die klageberechtigten Anteilsinhaber durch notariell beurkundete Verzichtserklärung auf die Klage gegen die Wirksamkeit des Verschmelzungsbeschlusses verzichten.**

(3) [1] **Der Erklärung nach Absatz 2 Satz 1 steht es gleich, wenn nach Erhebung einer Klage gegen die Wirksamkeit eines Verschmelzungsbeschlusses das Gericht auf Antrag des Rechtsträgers, gegen dessen Verschmelzungsbeschluß sich die Klage richtet, durch Beschluß festgestellt hat, daß die Erhebung der Klage der Eintragung nicht entgegensteht.** [2] **Auf das Verfahren sind § 247 des Aktiengesetzes, die §§ 82, 83 Abs. 1 und § 84 der Zivilprozessordnung sowie die im ersten Rechtszug für das Verfahren vor den Landgerichten geltenden Vorschriften der Zivilprozessordnung entsprechend anzuwenden, soweit nichts Abweichendes bestimmt ist.** [3] **Ein Beschluss nach Satz 1 ergeht, wenn**

1. **die Klage unzulässig oder offensichtlich unbegründet ist oder**
2. **der Kläger nicht binnen einer Woche nach Zustellung des Antrags durch Urkunden nachgewiesen hat, dass er seit Bekanntmachung der Einberufung einen anteiligen Betrag von mindestens 1 000 Euro hält oder**
3. **das alsbaldige Wirksamwerden der Verschmelzung vorrangig erscheint, weil die vom Antragsteller dargelegten wesentlichen Nachteile für die an der Verschmelzung beteiligten Rechtsträger und ihre Anteilsinhaber nach freier Überzeugung des Gerichts die Nachteile für**

den Antragsgegner überwiegen, es sei denn, es liegt eine besondere Schwere des Rechtsverstoßes vor.
[4]Der Beschluß kann in dringenden Fällen ohne mündliche Verhandlung ergehen. [5]Der Beschluss soll spätestens drei Monate nach Antragstellung ergehen; Verzögerungen der Entscheidung sind durch unanfechtbaren Beschluss zu begründen. [6]Die vorgebrachten Tatsachen, auf Grund derer der Beschluß nach Satz 3 ergehen kann, sind glaubhaft zu machen. [7]Über den Antrag entscheidet ein Senat des Oberlandesgerichts, in dessen Bezirk die Gesellschaft ihren Sitz hat. [8]Eine Übertragung auf den Einzelrichter ist ausgeschlossen; einer Güteverhandlung bedarf es nicht. [9]Der Beschluss ist unanfechtbar. [10]Erweist sich die Klage als begründet, so ist der Rechtsträger, der den Beschluß erwirkt hat, verpflichtet, dem Antragsgegner den Schaden zu ersetzen, der ihm aus einer auf dem Beschluß beruhenden Eintragung der Verschmelzung entstanden ist; als Ersatz des Schadens kann nicht die Beseitigung der Wirkungen der Eintragung der Verschmelzung im Register des Sitzes des übernehmenden Rechtsträgers verlangt werden.

Schrifttum: Schrifttum bis 1994 siehe 3. Auflage; Schrifttum bis 2000 siehe 4. Auflage; *Schindler/Witzel,* Bedarf es einer neuen gesetzlichen Regelung des Anfechtungsrechts zur Bekämpfung räuberischer Aktionäre? – Stellungnahme zu den Empfehlungen der wirtschaftlichen Abteilung des 63. DJT, NZG 2001, 577; *Meilicke,* Kein Rechtsschutz gegen rechtswidrige Handelsregistereintragung?, DB 2001, 1235; *Wilhelm,* Inkompetenz des Aktionärs und Auskunfts- und Klagerecht, DB 2001, 520; *Bachner,* Fortgeltung von Gesamt- und Einzelbetriebsvereinbarungen nach Betriebsübergang, NJW 2003, 2861; *Bandehzadeh,* Zur Zulässigkeit gesellschaftsvertraglicher Handelsregistervollmachten bei Personengesellschaften, DB 2003, 1663; *Keul,* Anfechtungsklage und Überwindung der Registersperre im Rahmen eines Squeeze-out, ZIP 2003, 566; *M. Winter,* Die Anfechtung eintragungsbedürftiger Strukturbeschlüsse de lege lata und de lege feranda, FS Ulmer, 2003, 699; *Berninger,* Handelsregistereintragung des Formwechsels einer AG in die Rechtsform der GmbH bzw. umgekehrt, GmbHR 2004, 659; *Harbarth,* Freigabeverfahren für strukturändernde Gesellschafterbeschlüsse in der GmbH – Zur entsprechenden Anwendung des neuen § 246a AktG im GmbH-Recht, GmbHR 2005, 966; *Horsch,* Löschung eingetragener und angefochtener Verschmelzungsbeschlüsse von Kapitalgesellschaften im Handelsregister, Rpfleger 2005, 577; *Ihrig/Erwin,* Zur Anwendung des Freigabeverfahrens nach § 246a AktG auf „Altbeschlüsse" und bereits eingetragene Beschlüsse, BB 2005, 1973; *Kort,* Die Registereintragung gesellschaftsrechtlicher Strukturänderungen nach dem Umwandlungsgesetz und nach dem Gesetz zur Unternehmensintegrität und Modernisierung des Anfechtungsrechts (UMAG), BB 2005, 1577; *Bozenhardt,* Der Bestätigungsbeschluß nach § 244 AktG – Mittel der Heilung unrichtig festgestellter Hauptversammlungsbeschlüsse und zur Überwindung der Registersperre bei Anfechtungsklagen?, FS Mailänder, 2006, 301; *Büchel,* Vom Unbedenklichkeitsverfahren nach §§ 16 Abs. 3 UmwG, 319 Abs. 6 AktG zum Freigabeverfahren nach dem UMAG, FG Happ, 2006, 1; *Büchel,* Voreilige Eintragung von Verschmelzung oder Formwechsel und die Folgen, ZIP 2006, 2289; *Custodis,* Die gelöschte Verschmelzung, GmbHR 2006, 904; *Faßbender,* Das Freigabeverfahren nach § 246a AktG – Offene Fragen und Gestaltungsmöglichkeiten, AG 2006, 872; *Halfmeier,* Sind die Erfolgsaussichten der Anfechtungsklage bei der Interessenabwägung im Freigabeverfahren oder §§ 16 Abs. 3 UmwG, 246a AktG zu berücksichtigen?, WM 2006, 1465; *Koch,* Das Gesetz zur Unternehmensintegrität und Modernisierung des Anfechtungsrechts (UMAG), ZGR 2006, 769; *Paschos/Johannsen-Roth,* Freigabeverfahren und Bestandsschutz bei aktien- und umwandlungsrechtlichen Strukturmaßnahmen, NZG 2006, 327; *Riegger,* Aktuelle Fragen des gesellschaftsrechtlichen Freigabeverfahrens, FS Bechtold, 2006, 375; *Schmidt,* Drittbeteiligung und Drittschutz im Freigabeverfahren – Überlegungen zum Verständnis der §§ 16 Abs. 3 UmwG, 246a, 319 Abs. 6 AktG, FG Happ, 2006, 259; *Volhard,* Ist die Rechtsbeschwerde im Verfahren nach § 16 III UmwG statthaft?, NZG 2006,

297; *M. Winter,* Die Reform des Beschlussanfechtungsrechts – eine Zwischenbilanz, FG Happ, 2006, 363; *Baums/Keinath/Gajek,* Fortschritte bei Klagen gegen Hauptversammlungsbeschlüsse? Eine empirische Studie, ZIP 2007, 1629; *Kort,* Einstweiliger Rechtsschutz bei eintragspflichtigen Hauptversammlungsbeschlüssen, NZG 2007, 169; *Seibert,* Berufsopponenten – Anfechtungsklage – Freigabeverfahren – Haftungsklage: Das UMAG, eine Rechtsfolgenanalyse, NZG 2007, 841; *Baum/Drinhausen,* Weitere Reform der Anfechtung von Hauptversammlungsbeschlüssen, ZIP 2008, 145; *Drinhausen/Keinath,* Referentenentwurf eines Gesetzes zur Umsetzung der Aktionärsrichtlinie (ARUG) – Weitere Schritte zur Modernisierung des Aktienrechts, BB 2008, 2078; *Gärtner/Thiel,* Zurückweisung der Nebenintervention unter Berücksichtigung der „räuberischen Aktionärs-Nebenintervention" mit Ausblick auf das ARUG, BB 2008, 2089; *Geißler,* Einstweiliger Rechtsschutz gegen die Registersperre bei eintragungspflichtigen Gesellschafterbeschlüssen, GmbHR 2008, 128; HRA des DAV, Stellungnahme zum Referentenentwurf eines Gesetzes zur Umsetzung der Aktionärsrechte-Richtlinie (ARUG), NZG 2008, 534; *Kort,* Bedeutung und Reichweite des Bestandsschutzes von Umwandlungen, AG 2010, 230; *Noack,* ARUG: das nächste Stück der Aktienrechtsreform in Permanenz, NZG 2008, 441; *Paschos/Goslar,* Der Referentenentwurf des Gesetzes zur Umsetzung der Aktionärsrechterichtlinie (ARUG) aus Sicht der Praxis, AG 2008, 605; *Rieckers,* Rechtskraftwirkung abweisender Entscheidungen im Freigabeverfahren, BB 2008, 514; *Sauter,* Offene Fragen zum Referentenentwurf eines Gesetzes zur Umsetzung der Aktionärsrechterichtlinie (ARUG), ZIP 2008, 1706; *Schockenhoff,* Die nachgeschobene Nichtigkeitsklage gegen den Hauptversammlungsbeschluss einer AG, ZIP 2008, 1945; *Seibert,* Der Referentenentwurf eines Gesetzes zur Umsetzung der Aktionärsrechterichtlinie, ZIP 2008, 906; *Vetter,* Modifikation der aktienrechtlichen Anfechtungsklage, AG 2008, 177; *Zöllner,* Evaluation des Freigabeverfahrens, FS Westermann, 2008, 1631; *Goette,* Zu den Folgen der Eintragung eines Squeeze-out-Beschlusses vor Ablauf der Eintragungsfrist, FS K. Schmidt, 2009, 469; *Hollstein,* Gesetz zur Umsetzung der Aktionärsrechterichtlinie („ARUG"), jurisPR-HaGesR 8/2009, Anm 4; *Koch/Wackerbeck,* Der Schutz vor räuberischen Aktionären durch die Neuregelungen des ARUG, ZIP 2009, 1603; *Leuering,* Das neue „Bagatellquorum" im Freigabeverfahren, NJW-Spezial 2009, 543; *Rothley,* Die Neuregelung des Beschlussmängelrechts durch das ARUG, GWR 2009, 312; *Rubel,* Die Interessenabwägungsklauseln im Freigabeverfahren nach dem ARUG – Bestandsaufnahme und Anwendungshinweise, DB 2009, 2027; *Verse,* Das Beschlussmängelrecht nach dem ARUG, NZG 2009, 1127; *Enders/Ruttmann,* Die Interessenabwägung im aktienrechtlichen Freigabeverfahren nach § 246a Abs. 2 Nr. 3 AktG – ein Leitfaden für die Praxis, ZIP 2010, 2280; *Schall/Habbe/Wiegand,* Anfechtungsmissbrauch – Gibt es einen überzeugenderen Ansatz als das ARUG?, NJW 2010, 1789; *Stohlmeier,* Freud und Leid des reformierten Freigabeverfahrens – eine Bestandsaufnahme mit Verbesserungsvorschlägen, NZG 2010, 1011; *Bayer/Lieder,* Das aktienrechtliche Freigabeverfahren für die GmbH, NZG 2011, 1170; *Fleischer,* Zur (Nicht-)Anwendbarkeit des Freigabeverfahrens nach § 246a AktG im GmbH-Recht, DB 2011, 2132 weitere Lit zum UMAG und zum ARUG Einf Rn 31, 32 sowie Schrifttum zu § 14.

Übersicht

1. Allgemeines

Die Vorschrift regelt in **Abs 1 S 1** zunächst die Pflicht der Leitungsorgane, die Verschm jew zur Eintragung in das Register ihres Rechtsträgers **anzumelden.** Der **Inhalt der Anmeldung** ergibt sich maßgebl aus den in **§ 17** aufgeführten Anlagen, der Zweite Teil des Zweiten Buches enthält teilw ergänzende Vorschriften (vgl zB §§ 52, 86). Die Anmeldung ist als Verfahrenshandlung grdsl so auszulegen, dass sie im Erg Erfolg haben kann (BayObLG DB 2000, 811, näher § 17 Rn 7). In Anknüpfung an § 345 I 2 AktG aF wird das Vertretungsorgan des übernehmenden Rechtsträgers darüber hinaus berechtigt, die Verschm auch zur Eintragung in die jew Register der übertragenden Rechtsträger anzumelden, **Abs 1 S 2.** 1

Abs 2 und 3 befassen sich mit etwaigen Klagen gegen die Wirksamkeit eines der gefassten Verschmelzungsbeschlüsse. Zunächst müssen die Leitungsorgane eine Erklärung darüber abgeben, ob zum Zeitpunkt der Anmeldung eine Unwirksamkeitsklage bzgl des Verschmelzungsbeschlusses eines Rechtsträgers noch anhängig ist (sog **Negativerklärung**). In Erweiterung des früheren Rechts statuiert Abs 2 S 1 HS 2 eine lfd Mitteilungspflicht über das Vorliegen einer Unwirksamkeitsklage (zB im Fall verspäteter Zustellung, die auch das Registergericht bei seiner Prüfung einkalkulieren muss, vgl BGH DB 2006, 2563; OLG Hamm NZG 2006, 274, OLG Hamburg NZG 2003, 981; OLG Karlsruhe DB 2001, 1483; LG Dortmund DB 2002, 783; *Büchel* ZIP 2006, 2289; Lutter/*Bork* Rn 11). Abs 2 S 2 stellt klar, dass die Negativerklärung grdsl Eintragsvoraussetzung ist. 2

Abs 3 sieht ein **gerichtl Verfahren sui generis** (Freigabeverfahren) vor; ob gegen die Registersperre darüber hinaus auch mit einer einstweiligen Vfg vorgegangen werden kann, ist fraglich (dazu *Geißler* GmbHR 2008, 128 mwN), aber praktisch kaum von Bedeutung (Beispiele bei *Hüffer* AktG § 246a Rn 28). Das Verfahren nach Abs 3 ist ein **summarisches Verfahren,** eine mündl Verhandlung ist nicht zwingend vorgesehen; die Prüfung durch das Gericht weist Parallelen zum Verfahren der einstweiligen Vfg nach § 935 ZPO auf; auch droht die Möglichkeit der verschuldensunabhängigen Schadensersatzpflicht, wenn sich im späteren Hauptsacheverfahren erweist, dass die Unwirksamkeitsklage doch begründet ist. 3

Durch das **ARUG** (dazu allg Einf Rn 32) wurde Abs 3 mit Wirkung ab dem 1.9.2009 umfassend geändert. Die Entscheidung, ob die Registereintragung trotz einer anhängigen Klage erfolgen soll (vgl dazu die grundlegende Entscheidung zur missbräuchl Anfechtungsklage, BGHZ 112, 9) obliegt nun in erster und letzter Instanz dem **OLG,** in dem der antragstellende Rechtsträger seinen Sitz hat. Damit wurde die frühere Zuständigkeit des Prozessgerichts, welches auch über die Unwirksamkeitsklage entscheidet, aufgegeben. Vgl zur alten Rechtslage die 5. Aufl 2009. Um missbräuchl Unwirksamkeitsklagen weiter einzuschränken, wurden ferner erleichterte **Zustellungsmöglichkeiten** ausdrückl geregelt, ein 4

Bagatellquorum eingeführt und die Anforderungen an eine Freigabe im Rahmen der **Interessenabwägung** modifiziert.

5 Freigabeverfahren sind auch in **§§ 246a, 319 VI AktG** vorgesehen. Diese durch das ARUG ebenfalls geänderten Vorschriften sind **im Wesentl inhaltsgleich.** Lit und Rspr können insoweit zur Auslegung von Abs 3 herangezogen werden, vgl Rn 33.

2. Anmeldung, Abs 1

6 **a) Anmeldeberechtigte Personen.** Die Anmeldung muss gem **Abs 1 S 1** von den **Vertretungsorganen** (vgl ausführl § 25 Rn 6; *Schöne* GmbHR 1995, 325, 332 f; eine Vertretung ist nicht ausgeschlossen, BayObLG BB 2000, 811) der jew an der Verschm beteiligten Rechtsträger vorgenommen werden. Zum Registerverfahren für ausl HandelsGes ausführl *B. Schaub* NZG 2000, 954. Zur einstweiligen Vfg, die die Anmeldung unterbinden kann, BVerfG DB 2005, 1373 und *Kort* NZG 2007, 171. Läuft das Freigabeverfahren, ist der Verfügungsantrag unzulässig (*Hüffer* AktG § 246a Rn 28).

7 Bei der **AG** hat der Vorstand die Anmeldung in der zur Vertretung berechtigenden Zahl (§ 78 II AktG) vorzunehmen; unechte Gesamtvertretung iSv § 78 III AktG ist mögl. Auch eine Vertretung des Vorstands durch Bevollmächtigte ist unschädl, sofern eine öffentl beglaubigte Vollmacht erteilt wurde (§ 12 II HGB, § 129 BGB; dazu ausführl *Melchior* GmbHR 1999, 520 und BayObLG DB 2000, 812); bei der Vollmacht kommt Einzel- oder Generalbevollmächtigung in Betracht, Prokura oder Handlungsvollmacht alleine genügen nicht.

8 Bei der **GmbH** haben die Geschäftsführer in vertretungsberechtigter Anzahl zu handeln. Hat ein Geschäftsführer Alleinvertretungsmacht, so kann er die Anmeldung ohne Mitwirkung der anderen Geschäftsführer durchführen (Lutter/*Bork* Rn 2 mwN). Falls im Zusammenhang mit der Verschm bei der übernehmenden Ges eine **KapErh** durchzuführen ist, müssen alle Geschäftsführer bei der Anmeldung des KapErhB mitwirken (§ 78 GmbHG; Entsprechendes gilt für die AG, vgl § 188 I AktG; ob die KapErh, die gem §§ 53, 66 voreintragungspflichtig ist, auch spätestens mit der Anmeldung der Verschm anzumelden ist, ist str, vgl Rn 15 und Semler/Stengel/*Schwanna* Rn 3 mwN; jedenfalls sind der Anmeldung der KapErh der Verschmelzungsvertrag und die Verschmelzungsbeschlüsse beizufügen, §§ 55 II, 69 II). Prokuristen oder sonstige Handlungsbevollmächtigte können die Anmeldung in unechter Gesamtvertretung nur bei entsprechender Satzungsgrundlage oder Spezialvollmacht durchführen.

9 Bei der **KGaA** gilt gem § 278 II der phG als zur Geschäftsführung berufen, die Kommanditaktionäre sind nicht zur Anmeldung berechtigt (§ 278 II AktG, § 164 HGB). Bei der **KG** gilt Entsprechendes. Bei der **OHG** sind vorbehaltl einer abw Bestimmung im Gesellschaftsvertrag alle Gesellschafter gem §§ 114, 115 HGB – jeder für sich – zur Vornahme der Anmeldung in der Lage. Entsprechendes gilt bei der **PartGes,** § 6 III PartGG. Zu gesellschaftsvertragl Vollmachten vgl *Bandehzadeh* DB 2003, 1663. Für den **Verein** handelt der Vorstand, für die **eG** (§ 24 GenG) und den **VVaG** (§ 34 VAG) ebenfalls.

10 **b) Fremdanmeldung und Anmeldepflicht. Abs 1 S 2** erstreckt die früher nur in § 345 I 2 AktG aF vorgesehene Möglichkeit der **Fremdanmeldung** auf alle Verschmelzungsvorgänge. Das **Vertretungsorgan des übernehmenden Rechtsträgers** ist berechtigt, die Verschm in das Register des Sitzes jedes der übertragenden Rechtsträger zur Eintragung anzumelden.

Diese subsidiär ausgestaltete Anmeldeberechtigung korrespondiert wiederum mit einer **Pflicht** des betroffenen Leitungsorgans. Die Pflicht besteht einmal ggü den Anteilsinhabern des eigenen Rechtsträgers, des Weiteren aber auch ggü den anderen Rechtsträgern und deren Anteilsinhabern (insoweit anders bei Verweigerung der Anmeldung durch Organe des übertragenden Rechtsträgers, vgl Rn 14), sie folgt unmittelbar aus dem Verschmelzungsvertrag. Verweigert ein Leitungsorgan eines übertragenden Rechtsträgers die Anmeldung der Verschm beim für ihn zuständigen Register, so hat das Vertretungsorgan des übernehmenden Rechtsträgers zunächst die Wahl, die Verpflichtung zur Anmeldung der Verschm gerichtl durchzusetzen oder die Anmeldung selbst vorzunehmen. 11

Stellt sich heraus, dass das gerichtl Verfahren lange dauern wird, besteht eine **Obliegenheit** für das Vertretungsorgan des übernehmenden Rechtsträgers, von der subsidiären Befugnis in Abs 1 S 2 Gebrauch zu machen. Es ist allerdings zu sehen, dass die Möglichkeit der „Ersatzvornahme" in der Praxis ein stumpfes Schwert sein kann, da das Leitungsorgan des übernehmenden Rechtsträgers in aller Regel nicht sämtl Anlagen der Anmeldung (vgl § 17) in Besitz hat; im Fall eines Streites wird die Herausgabe dieser Unterlagen durch das Vertretungsorgan des übernehmenden Rechtsträgers wohl genauso verweigert werden wie die Vornahme der Anmeldung selbst (zum Ganzen auch Lutter/*Bork* Rn 2, 3 mwN). 12

Die **Leitungsorgane der übertragenden Rechtsträger** haben keine der Regelung von Abs 1 S 2 vglbare Befugnis. Verweigert demnach das Vertretungsorgan des übernehmenden Rechtsträgers die Anmeldung, verbleibt nur die Durchsetzung im Klageweg. Dies gilt insbes auch für die Anmeldung einer ggf notw KapErh, deren Eintragung Voraussetzung für die Eintragung der Verschm ist (vgl §§ 53, 66). 13

Ihren Rechtsträgern bzw ihren Anteilsinhabern/Mitgliedern ggü sind die Leitungsorgane zur Vornahme der unverzügl (Semler/Stengel/*Schwanna* Rn 4) Registeranmeldung verpflichtet. Demggü kann das Registergericht selbst die Anmeldung der Verschm nicht erzwingen, **§ 316 II** lässt eine **Festsetzung von Zwangsgeld** zur Bewirkung der Registeranmeldung nicht zu. Widersetzen sich die Leitungsorgane entgegen dem Willen der Anteilsinhaber ihres jew Rechtsträgers der Pflicht zur Anmeldung, kann dies zur Abberufung aus wichtigem Grund bzw zur Schadensersatzpflicht der Organe führen (Lutter/*Bork* Rn 2 mwN; KölnerKommUmwG/*Simon* Rn 13). Der übernehmende Rechtsträger kann säumige Organe der übertragenden Rechtsträger nicht mit einem Schadensersatzanspruch belangen, weil Abs 1 S 2 jederzeit eine unmittelbare Anmeldung durch die Leitungsorgane des übernehmenden Rechtsträgers auch für die Registereintragung der anderen Rechtsträger ermöglicht. Anderes gilt nur für den Fall der Vorenthaltung von notw Anmeldungsunterlagen (vgl Rn 12). 14

c) Reihenfolge. Die **Reihenfolge der Anmeldung** ist nicht zwingend vorgeschrieben. Dies gilt nicht nur für die einzelnen Anmeldungen im Gesamtrahmen der Verschm, sondern auch für die Anmeldung etwa notw KapErhB. Entscheidend für die Wirksamkeit der angemeldeten Vorgänge ist eben nicht deren Anmeldung, sondern deren Eintragung. Lediglich dabei muss die gesetzl vorgeschriebene Reihenfolge eingehalten werden (vgl § 19; so auch Lutter/*Bork* Rn 4; Semler/Stengel/*Schwanna* Rn 6). 15

Unabhängig davon empfiehlt sich die **gleichzeitige Anmeldung** von KapErh und Verschm sowie die zeitl Abstimmung der Vornahme der Anmeldung zwischen den beteiligten Rechtsträgern (zum Zusammenhang zwischen KapErh und 16

Verschm ausführl § 55 Rn 36). Sinnvollerweise sollte von der Möglichkeit in Abs 1 S 2 dergestalt Gebrauch gemacht werden, dass das Vertretungsorgan des übernehmenden Rechtsträgers im Verschmelzungsvertrag grdsl die Pflicht zur Vornahme **aller Anmeldungen** überantwortet bekommt. Hilfreich ist auch die Einschaltung des Notars. Der die Verschm insgesamt beurkundende Notar – Regelfall zB bei Konzernverschmelzung – fertigt und beglaubigt die Anmeldungen und reicht diese in eigener Regie ein, vgl § 378 II FamFG (Semler/Stengel/*Schwanna* Rn 10).

17 **d) Inhalt. Gegenstand der Anmeldung** ist die Verschm an sich, also nicht der Verschmelzungsvertrag und auch nicht die Verschmelzungsbeschlüsse. Die Anmeldung muss daher erkennen lassen, dass das Verm der übertragenden Rechtsträger ohne Abwicklung auf den übernehmenden Rechtsträger im Wege der Gesamtrechtsnachfolge gegen Gewährung von Anteilen/Mitgliedschaften des übernehmenden Rechtsträgers übertragen wird (vgl § 2). Im Fall der Anmeldung einer **Verschm durch Neugründung** sollte zum Ausdruck kommen, dass das Verm jedes Rechtsträgers gegen Gewährung von Anteilen/Mitgliedschaften am neuen Rechtsträger übertragen wird. Zwingend ist eine Anlehnung an den Gesetzestext jedoch nicht.

18 Darüber hinausgehende Angaben zum Verschmelzungsvertrag und den Verschmelzungsbeschlüssen sind zwar zweckmäßig, jedoch grdsl nicht notw. Diese Angaben stehen dem Registergericht ohnehin zur Vfg, da der Anmeldung der Verschmelzungsvertrag und die Niederschriften der Verschmelzungsbeschlüsse beizufügen sind (§ 17 I). Wurde der Verschmelzungsvertrag unter einer aufschiebenden Bedingung (zur Zulässigkeit vgl § 7 Rn 5) geschlossen, sollte in der Anmeldung auch der Eintritt der Bedingung nachgewiesen werden, da dies Voraussetzungen für die Eintragung der Verschm ist (enger Lutter/*Bork* Rn 4, der Angabe des Bedingungseintritts als zwingenden Anmeldungsinhalt ansieht). Zum Nachw der Zuleitung an den Betriebsrat vgl § 17 Rn 6.

19 Die Anmeldung muss gem § 12 I HGB (§§ 77 BGB, 157 GenG) elektronisch in **öffentl beglaubigter Form** beim zuständigen Register (HR, Partnerschaftsregister, Genossenschaftsregister oder Vereinsregister) eingereicht werden. Handeln die Leitungsorgane nicht selbst, ist die entsprechende **Vollmacht** ebenfalls in öffentl beglaubigter Form erforderl, § 12 I 2 HGB.

3. Negativerklärung, Abs 2

20 **Abs 2 S 1** verlangt die aus dem früheren Recht (§ 24 II KapErhG aF, § 345 AktG aF) bekannte **„Negativerklärung"**. Die jew Vertretungsorgane – handelnd in vertretungsberechtigter Zahl (Lutter/*Bork* Rn 9) – haben bei Vornahme der Anmeldung ggü dem Registergericht zu erklären, dass eine Klage gegen die Wirksamkeit eines Verschmelzungsbeschlusses (nicht Verschmelzungsvertrag, KapErhB etc, vgl Semler/Stengel/*Schwanna* Rn 14, 15) nicht oder nicht fristgemäß erhoben oder eine solche Klage rkr abgewiesen oder zurückgenommen worden ist. Eine rechtsgeschäftl Vertretung (bei der Anmeldung nach Abs 1 zulässig, vgl Rn 6 ff, 16) ist bei der Abgabe der Negativerklärung nicht statthaft (Semler/Stengel/*Schwanna* Rn 7 aE; KölnerKommUmwG/*Simon* Rn 22 mwN).

21 Ohne eine solche Erklärung darf das Registergericht nicht eintragen (**Registersperre in Abs 2 S 2,** die in Fortführung der Entscheidung BGHZ 112, 9 ausdrückl in den Gesetzestext aufgenommen worden ist; zum vorherigen Meinungsstreit vgl 1. Aufl 1994, § 24 KapErhG Anm 6). Die Negativerklärung bezieht sich

nur auf Unwirksamkeitsklagen iSv § 14 I, andere Klagen brauchen nicht offenbart zu werden (zutr Lutter/*Bork* Rn 9 mwN). Vgl zur Registersperre Rn 25 ff.

22 Die Vertretungsorgane haben auch ihr Wissen über Klagen gegen die Wirksamkeit von Verschmelzungsbeschlüssen anderer Rechtsträger zu offenbaren. Nach Wortlaut („eines") sowie Sinn und Zweck der Vorschriften muss die Negativerklärung die Verschmelzungsbeschlüsse **aller** beteiligten **Rechtsträger** umfassen. Die im Vgl zu § 345 II AktG aF, § 24 II KapErhG aF geänderte Formulierung hat keine sachl Änderung bewirkt. Abzugeben ist die Negativerklärung allerdings immer nur von den Vertretungsorganen des die jew Anmeldung vornehmenden Rechtsträgers (zum Ganzen auch Lutter/*Bork* Rn 9 mwN).

23 Unproblematisch ist die Erklärung, wenn eine Klage gegen die Wirksamkeit eines Verschmelzungsbeschlusses bereits rkr abgewiesen oder zurückgenommen wurde. Durch die eindeutige Regelung in § 14 I kann nun auch eine klare Aussage darüber abgegeben werden, ob eine Klage **nicht fristgemäß** erhoben wurde (wobei allerdings die Zeit für die Zustellung der Klage mit zu berücksichtigen ist, OLG Hamburg NZG 2003, 981).

24 Zu beachten ist die Verpflichtung der Vertretungsorgane, **auch nach Vornahme der Anmeldung** über die Erhebung einer etwaigen Klage zu unterrichten. Durch diese Pflicht wird gewährleistet, dass eine Registereintragung außerhalb des Verfahrens von Abs 3 nicht erfolgt, damit wird die Stellung etwaiger Kläger gestärkt (vgl RegEBegr BR-Drs 75/94 zu § 16 II; zur Zustellung „demnächst" und zur Aktualisierungspflicht bzgl der Negativerklärung vgl Semler/Stengel/*Schwanna* Rn 15 mwN sowie *Kort* AG 2010, 230).

25 Wird die Negativerklärung nicht abgegeben, darf die Verschm **nicht eingetragen** werden: **Registersperre.** Erfolgt die Eintragung dennoch, kommt eine **Amtslöschung** nicht in Betracht, OLG Frankfurt aM DB 2003, 1725, weil § 16 II 2 verfahrensrechtl Vorschrift ist; OLG Hamburg NZG 2003, 981; OLG Karlsruhe DB 2001, 1483 mit zutr Verweis auf Gesetzeszweck; OLG Hamm ZIP 2001, 569; zur versehentl Amtslöschung *Custodis* GmbHR 2006, 904; in einer weiteren Entscheidung hat der 8. Senat des OLG Hamm gem § 148 ZPO ausgesetzt, bis das BVerfG über die Verfassungsmäßigkeit von § 20 II entschied, OLG Hamm DB 2002, 1431, was durch Nichtannahme der Verfassungsbeschwerde geschehen ist, BVerfG DB 2005, 1373, weil der Anteilsinhaber dem Registergericht ggü selbst den Grund für die Registersperre hätte mitteilen können; anders noch *Horsch* Rpfleger 2005, 577; vgl iÜ § 19 Rn 31 und § 20 Rn 120 ff.

26 Die Registersperre entfällt außer im Fall von Abs 3 nur, wenn alle klageberechtigten Anteilsinhaber durch notariell beurkundete Erklärung auf die Klage gegen die Wirksamkeit des Verschmelzungsbeschlusses **verzichtet** haben, **Abs 2 S 2,** wobei durch diesen Verzicht bei der AG das Anfechtungsrecht von Vorstand und AR ausgehebelt werden kann, vgl Lutter/*Bork* Rn 14. Ähnl wie bei den Verzichtserklärungen nach §§ 8 III, 9 III, 12 III empfiehlt sich die Aufnahme eines weit reichenden Klageverzichts bereits bei Vornahme der notw Organisationsakte anlässl der Verschm, hier bei der Beschlussfassung (vgl dazu LG München I GmbHR 1986, 193 und *Heckschen,* Verschmelzung von KapGes, S 3). Lutter/*Bork* Rn 13 aE stellt dem Verzicht aller Anteilsinhaber den Fall allseits einstimmiger Verschmelzungsbeschlüsse gleich (so auch Semler/Stengel/*Schwanna* Rn 20; Widmann/Mayer/*Fronhöfer* Rn 91; zurückhaltend KölnerKommUmwG/*Simon* Rn 43). Dies ist mE zumindest in der praktischen Umsetzung gefährl, denn auch dann kann Unwirksamkeitsklage erhoben werden, Abs 2 S 2 gilt nicht unmittelbar; § 245 Nr 1–3 AktG gelten für GmbH nicht entsprechend.

27 Die **Negativerklärung** muss nicht zwingend bei der Anmeldung abgegeben werden; es handelt sich um einen **behebbaren Mangel,** für dessen Beseitigung vom Registergericht eine Frist gesetzt werden kann (BGH WM 1990, 1372, 1373; Widmann/Mayer/*Fronhöfer* Rn 96 mwN). Dies bedeutet, dass die Anmeldung innerhalb der Klagfrist von § 14 I erfolgen kann und dass ledigl die Eintragung der Verschm innerhalb dieses Zeitraums (zzgl der übl Zustellungszeit, Rn 2, 23, 24) zurückgestellt werden muss. Trägt das Registergericht zu Unrecht vorzeitig ein, kommen **Amtshaftungsansprüche** in Betracht (vgl BGH DB 2006, 2563; OLG Hamm NZG 2006, 274; OLG Hamburg NZG 2003, 981; OLG Frankfurt aM DB 2003, 1725; LG Dortmund DB 2002, 783; zusammenfassende Darstellung *Büchel* ZIP 2006, 2289), selbst dann, wenn die Eintragung auch bei pflichtgemäßem und rechtmäßigem Vorgehen des Registergerichts erfolgt wäre (OLG Hamm DB 2002, 1431 mit Anm *Meilicke*).

4. Freigabeverfahren, Abs 3

28 **a) Allgemeines.** Abs 3 wurde erstmals durch das UmwG 1995 eingeführt und markierte damals mit dem gleichzeitig eingeführten § 319 VI AktG den ersten gesetzl Meilenstein bei der Rechtsentwicklung zum Themenkreis **„rechtsmissbräuchl (räuberische) Anfechtungsklage"** (dazu etwa *Timm* DB 1990, 1221; *Bokelmann* DB 1994, 1341; *Bork,* Kölner Umwandlungsrechtstage 1995, S 261 ff; 1. Aufl 1994, § 24 KapErhG Anm 6, § 345 AktG Anm 7, jew mit umfangreichen Nachw).

29 Der BGH hatte bereits bei der alten Gesetzeslage mit Billigung der damals wohl hL in den Grundsatzentscheidungen BGHZ 107, 296; 112, 9 dem Registergericht die Möglichkeit zugesprochen, die Eintragung der Verschm in bestimmten Ausnahmefällen (etwa offensichtl Unzulässigkeit oder Unbegründetheit der Klage) trotz einer anhängigen Anfechtungsklage vorzunehmen (vgl zu Einzelheiten die oben genannten Fundstellen, insbes *Bokelmann* DB 1994, 1341; zu rechtspolitischen Erwägungen *Wilhelm* DB 2000, 520; verfassungsrechtl Bedenken gegen das summarische Verfahren, wie vom LG Wuppertal AG 2004, 161 geäußert, sind unbegründet, OLG Düsseldorf DB 2004, 590; es ist auch nicht per se rechtsmissbräuchl, wenn ein Rechtsträger die Verschm insbes deshalb wählt, weil es dort das Unbedenklichkeitsverfahren gibt, OLG Frankfurt aM DB 2003, 872).

30 Parallel zu Abs 3 wurde **§ 319 VI AktG** eingefügt, der das Freigabeverfahren für die Eingliederung eröffnet. Auf ihn verweist seit der gesetzl Regelung des Squeeze-out § 327e II AktG. Lit und Rspr sind übertragbar.

31 Durch das **UMAG** vom 22. 9.2005 (BGBl I 2802, dazu Einf Rn 31) wurde das Freigabeverfahren als Teil der allg Anfechtungs- und Nichtigkeitsvorschriften von §§ 241 ff AktG in **§ 246a AktG** geregelt. § 246a AktG bezweckt die Durchsetzung der Registereintragung bei Kapitalmaßnahmen und Unternehmensverträgen.

32 Durch das **ARUG** vom 30.7.2009 (BGBl I 2479; vgl allg Einf Rn 32) wurden die in Abs 3 und §§ 246a, 319 VI AktG geregelten Freigabeverfahren mit Wirkung zum 1.9.2009 gleichförmig neu systematisiert und inhaltl geändert. Nach dem Willen des Gesetzgebers wird dadurch nach dem UMAG ein weiterer Schritt zur Bekämpfung missbräuchl Aktionärsklagen unternommen (RegEBegr BT-Drs 16/ 11642; *Seibert* ZIP 2008, 910).

33 Die umfangreiche Lit und Rspr zu § 246a AktG ist voll inhaltl auf Abs 3 übertragbar. Die Vorschriften entsprechen einander inhaltl, auch wenn sie sich vom Aufbau und Wortlaut nicht so vollständig gleichen wie § 16 III UmwG und

§ 319 VI AktG. § 246a I 1 AktG entspricht funktionell Abs 3 S 1, § 246a I 2 AktG entspricht Abs 3 S 2. Die Zuständigkeit des OLG folgt aus § 246a I 3 AktG bzw Abs 3 S 7. Der neu gefasste Katalog in § 246a II AktG entspricht Abs 3 S 3. § 246a III 1 AktG entspricht Abs 3 S 8, § 246a III 2 AktG entspricht inhaltl Abs 3 S 4, § 246a III 3 entspricht Abs 3 S 6, § 246a III 4 entspricht Abs 3 S 9, § 246a III 6 entspricht Abs 3 S 5 und § 246a IV entspricht Abs 3 S 10.

Durch das ARUG wurden erleichterte Zustellungsmöglichkeiten nun ausdrückl geregelt (Abs 3 S 2); die Alleinzuständigkeit des OLG (Abs 3 S 7), die Unanfechtbarkeit des Beschlusses (Abs 3 S 9) und ein Bagatellquorum (Abs 3 S 3 Nr 2) wurden **neu eingeführt.** Die Anforderungen an die bereits vor dem ARUG vorgesehene Interessenabwägung (Abs 3 S 2 Alt 2 aF) wurden zu Gunsten der antragstellenden Ges **abgesenkt.** 34

Die Gesetzesbegründung zur ursprüngl Fassung von Abs 3 ist in der 4. Aufl 2006, Rn 26 ff abgedruckt. Zu den Änderungen von Abs 3 durch das **2. UmwÄndG** (dazu Einf Rn 28) vgl die 5. Aufl 2009, Rn 27. 35

b) Prozessuales. Bei **Abs 3** handelt es sich um einen **eigenständigen Rechtsbehelf** (*Hermann* ZIP 1999, 1861; Lutter/*Bork* Rn 19), der als **summarisches Verfahren** neben dem eigentl Hauptsacheverfahren (das ist die Unwirksamkeitsklage iSv § 14 I) auf entsprechenden Antrag Rechtsschutz für den durch die Unwirksamkeitsklage belasteten Rechtsträger bietet. Für das Freigabeverfahren sind die Rechtsanwaltsgebühren und die Gerichtskosten speziell geregelt (§ 13 RVG iVm VV Nr 3325, § 247 AktG, Nr 1640 der Anlage 1 zu § 3 II GKG. Der Streitwert bestimmt sich nunmehr nach § 247 AktG. Mit dem ARUG wurde ein entsprechender Verweis in Abs 3 S 2 eingeführt. Die frühere Streitwertregelung in § 53 I Nr 5 GKG aF ist damit entfallen; vgl zu den Kosten ausführl Widmann/Mayer/*Fronhöfer* Rn 203 ff; vgl auch Semler/Stengel/*Schwanna* Rn 43). 36

Sachl zuständig ist nach Abs 3 S 7 in der Fassung des ARUG nunmehr einzig ein Senat des örtl zuständigen **OLG.** Eine weitere Instanz ist nicht vorgesehen. Die Neuregelung dient vor allem der Beschleunigung des Freigabeverfahrens (Beschlussempfehlung des Rechtsausschusses BT-Drs 16/13098; der ursprüngl RegE sah noch die Zuständigkeit des LG vor, BT-Drs 16/11642, 13; vgl auch *Verse* NZG 2009, 1128). Die frühere Eingangszuständigkeit des LG, das über die eigentliche Unwirksamkeitsklage entscheidet, wurde bewusst aufgegeben. Nach zutr Einschätzung des Gesetzgebers wurden das Freigabeverfahren und die Unwirksamkeitsklage letztl ohnehin in zweiter Instanz vor dem OLG verhandelt, sodass ein Gleichlauf faktisch immer noch besteht. In zeitl Hinsicht wird aber das OLG über die Freigabe früher als das LG über die Unwirksamkeit entscheiden. Insofern überzeugt die Begr des Gesetzgebers nicht vollständig (krit zum Auseinanderfallen von Hauptsache- und Freigabeverfahren auch Arbeitskreis Beschlussmängelrecht AG 2008, 625). Konsequenter wäre es, gem dem Gesetzentwurf des BR zur Einführung erstinstanzl Zuständigkeiten des OLG in aktienrechtl Streitigkeiten (BR-Drs 901/07; BT-Drs 16/9020; vgl auch Stellungnahme des BR zu RegEBegr BT-Drs 16/11642, 53) die erstinstanzl Zuständigkeit generell dem OLG zuzuweisen (so auch *Hüffer* AktG § 246a Rn 11 mwN). 37

Die **örtl** Zuständigkeit richtet sich nach dem Sitz des von der Unwirksamkeitsklage gegen den Verschmelzungsbeschluss betroffenen Rechtsträgers. Bei Doppelsitz besteht Wahlmöglichkeit (allg zu Doppelsitzen bei KapGes *König* AG 2000, 18; *Katschinski* WiB 1997; 620; die Zuständigkeit bei Vorliegen eines Doppelsitzes ist umstritten, einige kommen zur Zuständigkeit mehrerer Gerichte, zB KG 38

AG 1996, 421; LG Berlin AG 1995, 41; andere stellen auf den tats inländischen Verwaltungssitz ab, statt aller *Hüffer* AktG § 246 Rn 37 mwN; die im Zusammenhang mit dem Spruchverfahren diskutierte entsprechende Anwendung von § 4 FGG aF, jetzt § 2 I FamFG, dazu Teil B § 2 SpruchG Rn 5, kommt nicht in Betracht, da das Freigabeverfahren sich nach der ZPO und nicht nach dem FamFG richtet, zudem besteht nicht die Notwendigkeit einer einheitl Entscheidung).

39 **Mehrere Unwirksamkeitsklagen** gegen den Verschmelzungsbeschluss iSv §§ 13, 14 eines Rechtsträgers können, auch wenn die gerügten Fehler bei der Beschlussfassung unterschiedl sein sollten, durch ein einheitl Freigabeverfahren angegangen werden. Werden von mehreren an der Verschm beteiligten Rechtsträgern Verfahren nach Abs 3 angestrengt, kann die Eintragung erst nach der letzten stattgebenden Entscheidung erfolgen. Bis dahin wirkt die Registersperre (zum Ganzen auch Lutter/*Bork* Rn 29 mwN; Widmann/Mayer/*Fronhöfer* Rn 121, der zutr darauf hinweist, dass sich das Freigabeverfahren auf alle anhängigen Unwirksamkeitsklagen beziehen muss, weil dem Antrag nach Abs 3 sonst das Rechtsschutzbedürfnis fehlt).

40 Neben Abs 3 gelten die Verfahrensvorschriften der **ZPO,** nicht die des FamFG (so schon die Gesetzesbegründung, vgl 4. Aufl 2006, Rn 42; vgl iÜ ausführl Widmann/Mayer/*Fronhöfer* Rn 110 ff; KölnerKommUmwG/*Simon* Rn 49). Durch das ARUG wurde dieses durch den Verweis in Abs 3 S 2 ausdrückl klargestellt.

41 Die Durchführung einer **mündl Verhandlung** steht im Ermessen des Gerichts, § 128 IV ZPO (OLG München ZIP 2005, 615). Dieses Ermessen wird aber durch Abs 3 S 4 eingeschränkt: Der Beschluss darf nur in **dringenden Fällen** ohne mündl Verhandlung ergehen. Die Dringlichkeit kann zB wegen des Zeitaufwands für eine notw Auslandszustellung bejaht werden (LG Münster AG 2007, 378; zust *Hüffer* AktG § 246a Rn 10 mwN).

42 Das Gericht wird nur auf **Antrag** tätig, Abs 3 S 1. Wie bereits zuvor vereinzelt in der Rspr vertreten (LG Münster AG 2007, 378) stellt der mit dem ARUG eingeführte Verweis in Abs 3 S 2 auf **§§ 82, 83 I und 84 ZPO** nun klar, dass die Antragsschrift dem Prozessbevollmächtigten zugestellt werden kann, den der Antragsgegner in der Hauptsache bestellt hat. Dadurch soll wiederum eine Beschleunigung des Verfahrens erreicht werden (RegEBegr BT-Drs 16/11642, 40). Die gesetzl Klarstellung sorgt für Rechtssicherheit und ist zu begrüßen (*Schall/Habbe/Wiegand* NJW 2010, 1790; *Verse* NZG 2009, 1128; *Paschos/Goslar* AG 2008, 615; *Waclawik* ZIP 2008, 1142).

43 **Antragsbefugt** ist nur der Rechtsträger, gegen dessen Verschmelzungsbeschluss sich die anhängige Unwirksamkeitsklage richtet (Widmann/Mayer/*Fronhöfer* Rn 119 mwN; KölnerKommUmwG/*Simon* Rn 50). Für die Antragsschrift selbst gilt **§ 253 II ZPO analog** (Widmann/Mayer/*Fronhöfer* Rn 120). Der Antrag darf erst gestellt werden, wenn die Unwirksamkeitsklage in der Hauptsache erhoben wurde. Er kann auch nach Abweisung **wiederholt** werden, sofern neue Tats vorgetragen und glaubhaft gemacht werden können, die die Überwindung der Registersperre rechtfertigen (vgl Lutter/*Bork* Rn 34 aE mwN). Zur eingeschränkten Rechtskraftwirkung abweisender Beschlüsse im Freigabeverfahren OLG Frankfurt BB 2008, 239; *Rieckers* BB 2008, 514; aA wohl Semler/Stengel/*Schwanna* Rn 47 und KölnerKommUmwG/*Simon* Rn 61.

44 Das Verfahren selbst ist als summarisches Erkenntnisverfahren ausgestaltet. Es herrscht der **Beibringungsgrundsatz,** nicht der Amtsermittlungsgrundsatz von § 12 FamFG.

Die für den Beschluss des Gerichts erforderl Tats sind **glaubhaft (§ 294 ZPO)** zu machen, Abs 3 S 6. Das Freigabeverfahren ist der **einstweiligen Verfügung** (§§ 935, 940 ZPO) nachgebildet. Alle iRd einstweiligen Verfügung zulässigen Beweismittel stehen auch im Freigabeverfahren zur Verfügung, sofern sie in der mündl Verhandlung **präsent** sind. Zulässig ist insbes auch die Glaubhaftmachung durch **eidesstattl Versicherung** (vgl *Riegger* FS Bechtold, 2006, 382 f; *Fassbender* AG 2006, 875; *Hüffer* AktG § 246a Rn 11). Eine Beweisaufnahme, die nicht sofort erfolgen kann, ist unstatthaft (§ 294 II ZPO). Deshalb besteht im Tatsachenbereich insoweit Raum für eine kursorische Prüfung. Der unterschiedl Beweiswert der Glaubhaftmachung im Vgl zum Vollbeweis kann berücksichtigt werden, iÜ wird auf die Spezialliteratur zu § 294 ZPO verwiesen. 45

Im Gegensatz zur Grundregel bei der einstweiligen Verfügung wird im Freigabeverfahren bei stattgebender Entscheidung die **Hauptsache vorweggenommen.** Gem Abs 3 S 8 HS 2 ist eine Naturalrestitution ausgeschlossen, nach Eintragung der Verschm ist eine Entschmelzung nicht mehr mögl (gleicher Rechtsgedanke wie bei § 20 II, dazu § 20 Rn 121 ff mwN). 46

Die **gerichtl Entscheidung** (dazu Widmann/Mayer/*Fronhöfer* Rn 133 ff) ergeht – idR nach mündl Verhandlung, Abs 3 S 4, allerdings ohne obligatorische Güteverhandlung, Abs 3 S 8 HS 2 – als Beschluss, eine Präjudizierung des Hauptsacheverfahrens ist damit weder in tats noch in rechtl Hinsicht verbunden. Die Entscheidung ergeht nach hM **ohne Auflagen** (aA *Heermann* ZIP 1999, 1861). Der Beschluss ist **unanfechtbar.** Die Rechtskraft und damit die Wirkung von Abs 3 S 1 tritt damit sofort mit Verkündung des Beschlusses ein (vgl dazu Rn 90). Die **Kosten** des Verfahrens trägt der Unterliegende, wobei str ist, ob der unterliegende Anteilsinhaber für den Fall seines späteren Obsiegens in der Hauptsache iRv Abs 3 S 10 auch diese Kosten als Schaden geltend machen kann, vgl Lutter/*Bork* Rn 40 mwN. 47

c) Wirkung der gerichtlichen Entscheidung, Abs 3 S 1. Der Beschluss des Gerichts **ersetzt die Erklärung** der Vertretungsorgane **nach Abs 2 S 1** und führt damit zur Eintragbarkeit der Verschm trotz anhängiger Unwirksamkeitsklage. 48

Die **Entscheidung des Prozessgerichts** ist insoweit (iÜ bleibt es bei der umfassenden Prüfungspflicht des Registergerichts, dazu ausführl Lutter/*Bork* Rn 36, 37; Semler/Stengel/*Schwanna* Rn 44 ff mwN) **bindend** (ausführl *Bork,* Kölner Umwandlungsrechtstage 1995, S 261, 265 f); eine nochmalige eigenständige Überprüfung der Sach- und Rechtslage durch das Registergericht ist ebenso wenig statthaft wie eine eigenmächtige Eintragung trotz anhängiger Unwirksamkeitsklage, wenn der belastete Rechtsträger keinen Antrag iSv Abs 3 S 1 gestellt hat. 49

d) Voraussetzungen einer stattgebenden Entscheidung, Abs 3 S 3. Durch das ARUG wurde der früher in Abs 3 S 2 aF enthaltene eigentl **Kern der Regelung in Abs 3 S 3** neu systematisiert und inhaltl erweitert. Abs 3 S 3 regelt, unter welchen Voraussetzungen ein Freigabebeschluss ergehen kann. In Abs 3 S 3 Nr 1 findet sich die bereits in Abs 3 S 2 Alt 1 aF enthaltene Möglichkeit der Freigabe, falls die Unwirksamkeitsklage **unzulässig oder offensichtl unbegründet** ist (dazu Rn 54 ff). Neu hinzugekommen ist ein **Bagatellquorum,** Abs 3 S 3 Nr 2 (dazu Rn 61 ff). Die vor dem ARUG nach Abs 3 S 2 Alt 2 aF ermöglichte **Interessenabwägung** findet sich nun mit geänderter Formulierung in Abs 3 S 3 Nr 3 (dazu Rn 77 ff). 50

51 Die **vier Varianten** in Abs 3 S 3 Nr 1–3 ermögl auf Grund der **alt** Aufzählung jew für sich die Freigabeentscheidung. In der Praxis dürfte die Prüfung der Zulässigkeit zuerst erfolgen. Danach bietet sich die Prüfung des Bagatellquorums an. Sollte die Klage zulässig und das Quorum gewahrt sein, hat die Prüfung der offensichtl Unbegründetheit zu folgen. Erst wenn dieser Freigabegrund auch nicht greift, wird das Gericht die Interessenabwägung vornehmen.

52 Der Antragsgegner ist durch seinen (rechtzeitigen) Vortrag in der Unwirksamkeitsklage **präkludiert.** Er kann grdsl keine weiteren Gründe nachschieben, um die Freigabe zu verhindern, vgl § 14 Rn 9.

53 Die einschlägige Rspr ist kaum überschaubar, Abs 3 ist einer der praktischen Schwerpunkte bei der Anwendung des UmwG (Rechtsprechungsübersicht bei Widmann/Mayer/*Heckschen* Rspr UmwG § 16 Rn 1 ff; umfangreiche Nachw bei Widmann/Mayer/*Fronhöfer* Rn 133 ff; Lutter/*Bork* Rn 20 ff; Semler/Stengel/*Schwanna* Rn 27 ff; KölnerKommUmwG/*Simon* Rn 68 ff; *Hüffer* AktG § 246a Rn 15 ff).

54 **aa) Unzulässigkeit oder offensichtliche Unbegründetheit, Abs 3 S 3 Nr 1.** Für die **Zulässigkeit** der Umwirksamkeitsklage gelten die allg Regeln. Das Prozessgericht hat mit allen ihm aktuell zu Gebote stehenden Mitteln die Zulässigkeitskriterien erschöpfend zu prüfen, auf Offensichtlichkeit kommt es nur bei Prüfung der Begründetheit an.

55 Nach dem Willen des Gesetzgebers des UmwG sollte die Entscheidung, wann eine Klage **offensichtl unbegründet** ist, der weiteren Rspr überlassen bleiben. Ernstl Zweifel (vgl etwa § 80 IV 3 VwGO) genügen nicht. Auch die Ansätze in Lit und Rspr, durch verschiedene Umschreibungen auf Evidenz abzustellen, sind verfehlt (Evidenz verlangt LG Wuppertal AG 2004, 161, aufgehoben durch OLG Düsseldorf DB 2004, 590; *Kiem* AG 1992, 432 spricht von „auf den ersten Blick erkennbarer" Unbegründetheit; das LG Hanau in ZIP 1995, 1820 davon, dass der Klage „die Erfolglosigkeit sozusagen auf die Stirn geschrieben" sein müsse). Ebenfalls verfehlt ist die Formel des LG Freiburg (AG 1998, 536), das verlangt, die Erfolglosigkeit der Klage müsse ohne Weiteres offen zu Tage liegen und dürfe nicht von schwierigen Rechts- oder Tatfragen abhängen (ähnl OLG Frankfurt aM ZIP 2000, 1928; LG Wiesbaden AG 1997, 274).

56 **Offensichtl unbegründet ist eine Klage regelm dann,** wenn das Gericht auf der Grundlage der unstreitigen oder der entsprechend glaubhaft gemachten Tats (zu weitgehend wohl OLG Köln AG 2004, 39, das im Erg umfassende Sachverhaltsermittlung fordert; auch OLG Hamburg DB 2004, 2805 verlangt Prüfung aller tats Fragen; ähnl OLG Düsseldorf AG 2004, 207 mit Anm *Gustmann* EWiR 2004, 467) **ohne weitere tats Ermittlung** zu der Überzeugung kommt, dass die Klage **zweifelsfrei unbegründet** ist (so auch die Begr zum UMAG, vgl BT-Drs 15/5029, 29; vgl iÜ zB OLG Düsseldorf AG 2004, 207; OLG Frankfurt aM AG 2006, 249, AG 2003, 573, AG 1998, 428; OLG Hamburg NZG 2005, 86, AG 2003, 696, AG 2003, 441; OLG Hamm AG 2009, 791; AG 2005, 361; OLG Jena AG 2009, 582; AG 2007, 31; OLG Karlsruhe ZIP 2007, 270; OLG Köln AG 2004, 39; OLG Stuttgart AG 2009, 204; AG 2004, 105, AG 2003, 456; OLG München AG 2012, 45).

57 Sinn des Merkmals „offensichtl" bei Abs 3 S 3 Nr 1 ist es, Fälle abzugrenzen, bei denen die Interessen des Anfechtenden ohne Vornahme einer Interessenabwägung zurückstehen müssen, was nur dann gerechtfertigt ist, wenn **„ein Erfolg der Anfechtung gewiss nicht zu erwarten** ist" (OLG Frankfurt aM AG 1998, 428

mit zust Anm von *Bayer* EWiR 1998, 665). Diese Formel des OLG Frankfurt aM verträgt sich am besten mit der Rspr des BGH (BGHZ 112, 9), der in dieser Grundsatzentscheidung zur Behandlung von Unwirksamkeitsklagen räuberischer Aktionäre ausgeführt hatte: „Hängt die Entscheidung über die Begründetheit der schwebenden Anfechtungsklage von nicht zweifelsfrei zu beantwortenden Rechtsfragen ab, die bei der **gebotenen zurückhaltenden Betrachtung** unterschiedlicher Würdigung zugänglich sind, so hat die Eintragung bis zur rechtskräftigen Entscheidung des Rechtsstreits zu unterbleiben, selbst wenn damit für die beteiligten Unternehmen nicht unbeträchtliche wirtschaftliche Nachteile verbunden sind".

Zu warnen ist vor einer oberflächl Rechtsprüfung; für **rechtl Zweifel** ist nur 58 bei schwierigen, höchstrichterl noch nicht entschiedenen Rechtsfragen Raum (anders GKT/*Bermel* Rn 40, der die bei einer Verschm anfallenden Rechtsfragen als regelm von so komplexer Natur ansieht, dass sich die offensichtl Unbegründetheit nicht ohne weiteres offenbare; wie hier die in Rn 55, 56 zitierten OLG-Entscheidungen und die mittlerweile ganz hM, zB HRA des DAV NZG 2005, 393; *Riegger* FS Bechtold, 2006, 380 f; Widmann/Mayer/*Fronhöfer* Rn 153; Semler/Stengel/*Schwanna* Rn 31; *Hüffer* AktG § 246a Rn 17 ff je mwN). Es kommt also nicht darauf an, wie zeitsparend das Gericht bei oberflächl Sicht eine Unbegründetheit erkennt, sondern wie zweifelsfrei eine gefundene Wertung der Sach- und Rechtslage ist (so schon *Bayer,* RWS-Forum Gesellschaftsrecht 1997, S 133, 136; *Timm* ZGR 1996, 247, 259). Der Prüfungsaufwand des Gerichts spielt keine Rolle, es ist der gesamte Streitstoff in rechtl Hinsicht vollständig durchzuarbeiten (OLG Jena AG 2009, 582; ähnl OLG Stuttgart AG 2009, 204). Vom BGH bereits entschiedene Rechtsfragen sind dabei als zweifelsfrei geklärt anzusehen, der Umkehrschluss ist nicht gestattet (zutr *Hüffer* AktG § 246a Rn 8 gegen OLG Karlsruhe AG 2007, 270 und LG Landshut AG 2005, 935; vgl auch *Riegger* FS Bechtold, 2006, 381).

Offensichtl unbegründet kann eine Unwirksamkeitsklage nach hM auch dann 59 sein, wenn sie rechtsmissbräuchl erhoben wurde (dazu allg *Riegger/Schockenhoff* ZIP 1997, 2105, 2108; *Decher* AG 1997, 388, 389). Die Unbegründetheit der Klage ergibt sich aus dem spezifischen GesR; in diesem Fall kann auch eine an sich begründete Klage wegen **Rechtsmissbrauchs** unbegründet sein (BGHZ 107, 296; OLG Frankfurt AG 2009, 200; OLG Köln ZIP 2004, 760; OLG Frankfurt aM ZIP 1996, 379 mit Anm *Bork* EWiR 1996, 187; *Bokelmann* DB 1994, 1348 mwN; *Bayer* NJW 2000, 2613 mwN; zum Rechtsmissbrauch wegen Kostenübernahme durch Aktionärsvereinigung, spätem Anteilserwerb und Befangenheitsantrag wegen Vergleichsbemühungen des Gerichts OLG Stuttgart DB 2001, 321).

Der Annahme von Rechtsmissbrauch sind aber **enge Grenzen** gesetzt. Der 60 EuGH (AG 2000, 470) geht davon aus, dass einem Aktionär eine missbräuchl Ausübung seines Rechts nicht deshalb zur Last gelegt werden darf, weil er Minderheitsaktionär ist, weil ihm die Sanierung der einer Sanierungsregelung unterliegenden Ges zugute gekommen ist, weil er sein Bezugsrecht nicht ausgeübt hat, weil er zu den Aktionären gehört, die die Unterstellung der Ges unter die für Ges in ernsten Schwierigkeiten geltende Regelungen beantragt haben, oder weil er (in den Grenzen von § 14) vor Klageerhebung eine gewisse Zeit hat verstreichen lassen.

bb) Bagatellquorum, Abs 3 S 3 Nr 2. Mit dem ARUG wurde ein **neuer** 61 **Freigabegrund** in Form eines Bagatellquorums eingeführt (dazu ausführl mwN

Hüffer AktG § 264a Rn 20). Nach Abs 3 S 3 Nr 2 ergeht ein Freigabebeschluss (ohne Prüfung der Sach- und Interessenlage iÜ; *Noack* NZG 2008, 446) auch, wenn der Kläger (in der Hauptsache) nicht binnen **einer Woche** nach **Zustellung** des Antrags (im Freigabeverfahren) durch Urkunden nachgewiesen hat, dass er **seit Bekanntmachung der Einberufung** (der Anteilsinhaberversammlung, in welcher der angegriffene Verschmelzungsbeschluss gefasst wurde) einen **anteiligen Betrag** (des gezeichneten Kapitals, also Nominalbetrag maßgebl, auf Verkehrswert des Anteils kommt es nicht an, vgl Rn 65) von **mindestens EUR 1 000** hält.

62 Das Bagatellquorum dient wiederum dem Ziel des Gesetzgebers, missbräuchl Aktionärsklagen einzuschränken. Anteilsinhaber mit Kleinstbeteiligungen ohne wirtschaftl Bedeutung sollen nicht im Stande sein, die Verschm zu blockieren. Dabei geht der Gesetzgeber selbst davon aus, dass ein Bagatellquorum nicht in der Lage ist, das Problem missbräuchl Aktionärsklagen durch professionelle Opponenten (diese können bei börsennotierten Ges über Hedge Fonds oder mittels Wertpapierleihe das Quorum leicht überspringen, *Sauter* ZIP 2008, 1712) im Kern zu beantworten. Jedenfalls soll aber vermieden werden, dass die Freigabeverfahren durch Trittbrettfahrer, die sich mit sehr geringem Eigenanteil ohne eigenständigen Vortrag an andere Kläger anschließen, zahlenmäßig aufgebläht und allein deshalb **verzögert** werden (vgl zum Ganzen Beschlussempfehlung des Rechtsausschusses BT-Drs 16/13098, 41). Krit zum Bagatellquorum allg *Sauter* ZIP 2008, 1712 mit Verweis auf die Stellungnahme der BRAK Nr 39/2008.

63 Das zunächst in Höhe von EUR 100 vorgeschlagene Bagatellquorum (*Seibert* ZIP 2008, 910) wurde im Gesetzgebungsverfahren auf **EUR 1 000** erhöht. Dies ist zu begrüßen, da sonst die Schwelle des Quorums allzu leicht zu erreichen gewesen wäre (*Paschos/Goslar* AG 2008, 616; *Waclawik* ZIP 2008, 1143; KölnerKommUmwG/*Simon* Rn 105). Der Gesetzgeber stellt bzgl einer börsennotierten AG darauf ab, dass ein Eigenanteil am Grundkapital von EUR 1 000 bei Börsenwerten im Mittelmaß etwa einem Anlagevolumen von EUR 10 000 bis EUR 20 000 entspreche. Diese Größenordnung stelle ein aus sich heraus ökonomisch sinnvolles Investment dar, welches ein ernsthaftes Interesse an der nachhaltigen Entwicklung des Unternehmens vermuten lasse. Somit sei es auch erst ab Erreichen dieser Schwelle gerechtfertigt, die Durchführung einer unternehmerischen Maßnahme blockieren zu können (Beschlussempfehlung des Rechtsausschusses BT-Drs 16/13098, 41).

64 Ob die Höhe des Quorums ausreicht, bleibt abzuwarten, vgl insbes *Schall/Habbe/Wiegand* NJW 2010, 1791 zu den großen DAX-Unternehmen.

65 Der **„anteilige Betrag“** ergibt sich bei **Stückaktien** aus der Division des Grundkapitals durch die Anzahl der Aktien und bei **Nennbetragsaktien** aus dem Nennbetrag (vgl *Verse* NZG 2009, 1129).

66 Im Falle mehrerer Kläger (in der Praxis die Regel) kann das Verfahren bzgl derjenigen, welche das Quorum unterschreiten, **ausgesetzt** werden, § 148 ZPO (Beschlussempfehlung des Rechtsausschusses BT-Drs 16/13098, 41; Kallmeyer/*Marsch-Barner* Rn 41a).

67 Der Anteilsbesitz der einzelnen Kläger ist **nicht zu addieren,** da sonst der Zweck des Quorums unterlaufen würde (OLG Hamburg AG 2010, 215; OLG Frankfurt ZIP 2010, 986 jew zur Parallelvorschrift von § 246a II Nr 2 AktG; *Schall/Habbe/Wiegand* NJW 2010, 1791; *Leuering* NJW-Spezial 2009, 543; *Verse* NZG 2009, 1129; *Drinhausen/Keinath* BB 2008, 2081; Kallmeyer/*Marsch-Barner* Rn 41b; KölnerKommUmwG/*Simon* Rn 104).

Auf Grund der gebotenen **Einzelbetrachtung** der Unwirksamkeitsklagen muss auch eine im Erg durchdringende Begr eines Klägers unberücksichtigt bleiben, wenn dieser das Quorum nicht erreicht. Seine Begr kommt den anderen Klägern nicht zu Gute, obwohl die Kläger nach § 62 I Alt 1 ZPO **notw Streitgenossen** sind (OLG Hamburg AG 2010, 215 zu § 246a II Nr 2 AktG; *Leuering* NJW-Spezial 2009, 544). 68

Verse NZG 2009, 1129 schlägt (ohne nähere Begr) vor, dass das Quorum nach Sinn und Zweck auch für den **Nebenintervenienten** gelten müsse. AA *Gärtner/Thiel* BB 2008, 2092 die verkennen, dass es nicht um die Wirksamkeit der Nebenintervention im Hauptsacheverfahren, sondern um die Beachtlichkeit des Vortrags des Nebenintervenienten im Rahmen der Freigabeentscheidung geht. Die Frage ist in Lit und Rspr noch nicht näher thematisiert. 69

Das Quorum muss im Zeitraum zwischen der Bekanntmachung der Einberufung und einer Woche nach Zustellung des Antrags **ununterbrochen** gehalten werden. Wird der Kapitalanteil von EUR 1 000 erst nach Bekanntmachung erreicht oder sinkt er bis eine Woche nach der Zustellung des Antrags ab, ist das Quorum nicht erfüllt. Ab einer Woche nach der Zustellung muss der Anteil aber nicht mehr gehalten werden (vgl zum Ganzen Kallmeyer/*Marsch-Barner* Rn 41b); die zu § 142 II AktG ergangene Rspr ist auf § 16 III Nr 2 nicht ohne Weiteres zu übertragen, zutr OLG Saarbrücken ZIP 2011, 470. 70

Das Quorum ist als **formelle Voraussetzung** für eine Freigabe ausgestaltet. Auf die Schwere des mit der Unwirksamkeitsklage gerügten Verstoßes kommt es nicht an (*Verse* NZG 2009, 1129; *Noack* NZG 2008, 446) Erreicht ein Kläger das Quorum nicht, bleibt seine Klage im Freigabeverfahren außer Betracht. 71

Nach OLG Frankfurt ZIP 2012, 766; ZIP 2010, 986, ähnlich KG ZIP 2011, 172, ist der Nachw des Mindestbesitzanteils nicht erforderl, wenn das Erreichen des Quorums **unstreitig** ist. Dem dürfte Abs 3 S 3 Nr 2 formal entgegenstehen, zutr OLG Hamm AG 2011, 826 zu § 246a II Nr 2 AktG mit krit Anm *Pluszkat/Rozsa* EWIR 2012, 67. 72

Im Übrigen hat das Quorum auf die Unwirksamkeitsklage **keinen Einfluss.** Erreicht werden kann mit ihr aber letztl nur noch **Schadensersatz** nach Abs 3 S 10 (*Hollstein* jurisPR-HaGesR 8/2009 Anm 4, S 5; vgl dazu Rn 91). Auch redl Aktionäre sind davon betroffen (*Verse* NZG 2009, 1129). Dies ist im Hinblick auf Art 14 GG unbedenkl (OLG Hamburg AG 2010, 215 zur Parallelvorschrift § 246a IV AktG mit Verweis auf BVerfG ZIP 2007, 1261; vgl auch KG ZIP 2010, 180). 73

Das Bagatellquorum ist auf die **AG** und die dort anzutreffenden Kleinaktionäre zugeschnitten. Dies folgt bereits daraus, dass der Gesetzgeber seine Überlegungen zur Einführung des Quorums auf § 246a II Nr 2 AktG beschränkt und das gefundene Erg nur auf Abs 3 S 3 Nr 2 übertragen hat (Beschlussempfehlung des Rechtsausschusses BT-Drs 16/13098, S 43 zu Art 4 Nr 2). Dabei wurde nicht genügend berücksichtigt, dass Abs 3 S 3 auch andere Rechtsträger erfasst. Bzgl **KGaA** und **SE** macht das Quorum Sinn. Auf die **GmbH** und andere **börsenferne Rechtsformen** passt der Freigabegrund eher nicht. Dementsprechend schlägt Kallmeyer/*Marsch-Barner* Rn 41a eine Einschränkung des Anwendungsbereichs vor. Wegen des eindeutigen Gesetzeswortlauts ist dies iE aber nicht mögl. 74

In einer ersten Entscheidung (OLG Hamburg 2010, 215 mit Anm *Kläsener* AG 2010, 202, vgl auch KG ZIP 2010. 180) zum parallel in § 246a II Nr 2 AktG eingeführten Bagatellquorum wurde dieses für **verfassungsrechtl unbedenkl** gehalten. Das Bagatellquorum sei weder willkürl noch zu unbestimmt, vgl auch Rn 73. 75

76 Das Bagatellquorum in Abs 3 S 3 Nr 2 ist gem der **Übergangsvorschrift** in § 321 II auf Freigabeverfahren anwendbar, die ab dem 1.9.2009 anhängig geworden sind. Eine vorherige Anhängigkeit der Hauptsache ist ohne Belang (OLG Hamburg AG 2010, 215).

77 **cc) Interessenabwägung, Abs 3 S 3 Nr 3.** Durch das **ARUG** wurde die früher in Abs 3 S 2 Variante 3 aF vorgesehene Interessenabwägung (die im RefE des UmwG 1994 noch nicht enthalten war und erst nach Krit, dazu *Bork* ZGR 1993, 363 mwN, im Gesetzgebungsverfahren aufgenommen wurde) **neu formuliert.** Dadurch sollen bisweilen bestehende Unklarheiten beseitigt werden, die trotz der amtl Begr des UMAG zur Parallelvorschrift in § 246a II AktG aF bestanden haben (RegEBegr BT-Drs 16/11642, 41). Nach *Verse* NZG 2009, 1129 solle jetzt das gelten, was schon nach dem UMAG hätte gelten sollen. Im Erg bewirkt die Klarstellung eine **Absenkung** der Freigabevoraussetzungen. Vgl zur alten Rechtslage die 5. Aufl 2009, Rn 46 ff.

78 Die jetzige Gesetzesfassung gibt eine klar strukturierte **zweistufige Prüfung** vor. In der **ersten Stufe** sind die wesentl Nachteile der Registersperre für die an der Verschm beteiligten Rechtsträger und ihre Anteilsinhaber gegen die Nachteile der Registereintragung für den Antragsgegner abzuwägen. Dabei sind nur die **wirtschaftl** Auswirkungen für die Beteiligten zu gewichten (Beschlussempfehlung des Rechtsausschusses BT-Drs 16/13098, 42). Die Erfolgsaussichten der Klage und die Schwere des Rechtsverstoßes sind hierbei – anders als nach dem Wortlaut vor dem ARUG – auszublenden (*Verse* NZG 2009, 1130; aA noch die 5. Aufl 2009, Rn 48).

79 Zu Gunsten des **Antragstellers** (Vollzugsinteresse) sind die **wesentl wirtschaftl Nachteile** der Registersperre für **alle** beteiligten Rechtsträger und deren Anteilsinhaber **zusammenfassend** zu würdigen. Sie sind nicht erst bei drohender Insolvenz oder ähnl extremer Szenarien anzunehmen. In die Abwägung sind alle **nicht vernachlässigbaren** wirtschaftl Nachteile einzubeziehen, auch die Kosten der Wiederholung einer HV, Zinseffekte etc (Beschlussempfehlung des Rechtsausschusses BT-Drs 16/13098, 42; teilw aA noch die 5. Aufl 2009, Rn 49). Dadurch wird der Rspr ein deutl Signal gegeben, das Merkmal des wesentl Nachteils nicht zu eng auszulegen (*Verse* NZG 2009, 1130 mwN). Nach dem Willen des Gesetzgebers verliert das einschränkende Merkmal „wesentlich" somit deutl an Bedeutung. Entgegen Kallmeyer/*Marsch-Barner* Rn 45 ist das Merkmal aber nicht gestrichen worden.

80 In der Rspr zu Abs 3 S 2 Variante 3 aF waren als wesentl Nachteile bspw anerkannt: Verlust angestrebter Synergie- und Rationalisierungseffekte (OLG Düsseldorf ZIP 1999, 793), stl Nachteile (OLG Düsseldorf ZIP 2001, 1717), Verlust von Geschäftschancen (OLG Frankfurt ZIP 2003, 1654), Verunsicherung der Geschäftspartner (OLG Stuttgart ZIP 1997, 75), Abwanderung von qualifiziertem Personal (OLG Hamm Der Konzern 2005, 374). Auch die Marktsituation der beteiligten Rechtsträger kann berücksichtigt werden (LG Frankfurt DB 1999, 2304).

81 Der neu gefasste Wortlaut stellt überdies klar, dass es auf Seiten des **Antragsgegners** (Aufschubinteresse) ausschließl auf seine **eigenen** wirtschaftl Nachteile ankommt (so iE auch *Paschos/Goslar* AG 2008, 616). Nachteile anderer Anteilsinhaber werden ihm nicht zugerechnet (Beschlussempfehlung des Rechtsausschusses BT-Drs 16/13098, 42; *Verse* NZG 2009, 1130). Maßgebl sind also die wirtschaftl Auswirkungen der Registereintragung auf die Investition des Antragsgegners.

Nach der Vorstellung des Gesetzgebers werden diese Auswirkungen insbes bei Anteilsinhabern mit geringer Beteiligung im Rahmen der Abwägung **„schwerlich"** überwiegen (Beschlussempfehlung des Rechtsausschusses BT-Drs 16/13098, 42; so auch *Drinhausen/Keinath* BB 2008, 2082).

Die Abwägung erfolgt nach der **freien Überzeugung des Gerichts** (Überzeugung muss gewonnen werden, frei ist nur der Weg, der zur Überzeugung führt, zutr Lutter/*Bork* Rn 23; freie Überzeugung eröffnet größtmögl Entscheidungsfreiheit mit weitem Beurteilungsspielraum, vgl Semler/Stengel/*Schwanna* Rn 41). Da die seitens des Antragstellers vorgetragenen Tats nur glaubhaft zu machen sind (Abs 3 S 6), genügt es, wenn das Gericht sie für überwiegend wahrscheinl hält (Kallmeyer/*Marsch-Barner* Rn 46 mwN) 82

Auf Grund dessen wird es in der Praxis bei gründl Vorgehen des Antragstellers regelm auf die **zweite Stufe** der Prüfung ankommen. Auf dieser Stufe ist die **besondere Schwere des Rechtsverstoßes** relevant. Anders als vor dem ARUG trifft auf Grund der Formulierung „es sei denn" die **Darlegungslast** insoweit den Antragsgegner. Dieser hat die Umstände, die einen besonders schweren Rechtsverstoß begründen, zur **freien Überzeugung** des Gerichts **glaubhaft** zu machen. Anders als früher wird der Vortrag des Antragsgegners insoweit nicht mehr als begründet unterstellt (Kallmeyer/*Marsch-Barner* Rn 46a; widersprüchl KölnerKommUmwG/*Simon* Rn 92 und 94). 83

Um einen besonders schweren Rechtsverstoß festzustellen, müssen die Bedeutung der Norm sowie Art und Umfang des Verstoßes im konkreten Einzelfall bewertet werden. Dabei gibt der Gesetzgeber eine **restriktive** Linie vor (*Verse* NZG 2009, 1130). Eine besondere Schwere des Rechtsverstoßes liegt danach nur in gravierenden Fällen vor, in denen die Registereintragung für die Rechtsordnung **„unerträglich"** wäre (Beschlussempfehlung des Rechtsausschusses BT-Drs 16/13098, 42; in der RegEBegr BT-Drs 16/11642, 41 findet sich die Formulierung „krass rechtswidrig"). Dies sei gegeben, wenn **elementare Rechte** des Antragsgegners verletzt würden, die nicht angemessen durch Schadenersatz kompensiert werden können (hier wird – insofern inkonsequent – der wirtschaftl Nachteil des Antragsgegners, der denknotwendig bereits auf Stufe 1 zurücktreten musste, zur Bestimmung des besonders schweren Rechtsverstoßes wieder herangezogen). 84

Allg lässt sich eine Differenzierung zwischen Anfechtungs- und Nichtigkeitsgründen nicht sicher vornehmen. Nichtigkeitsgründe wegen „kleiner formeller Fehler" führen in der Regel nicht zu einer besonderen Schwere des Verstoßes (RegEBegr BT-Drs 16/11642, 41). Erst recht nicht, wenn diese von professionellen Klägern provoziert worden sind (Beschlussempfehlung des Rechtsausschusses BT-Drs 16/13098, 42). Vorsätzl oder besonders grobe Verstöße können besonders schwer sein, auch wenn sie nur zur Anfechtbarkeit führen. 85

Beispielhaft zählt die Gesetzesbegründung als besonders schweren Verstoß auf (Beschlussempfehlung des Rechtsausschusses BT-Drs 16/13098, 42): Bewusstes Veranstalten einer Geheimversammlung ohne ordnungsgemäße Einberufung, absichtl Verstöße gegen das Gleichbehandlungsgebot und die Treuepflicht mit schweren Folgen, völliges Fehlen der notariellen Beurkundung oder die Herabsetzung des Grundkapitals einer AG endgültig auf einen Nennbetrag unter fünfzigtausend Euro. 86

Nach diesen Vorgaben des Gesetzgebers dürfte Abs 3 S 3 Nr 3 – außer in sehr begrenzten Ausnahmefällen – **regelm eine Freigabe ermögl.** Damit kann die unumkehrbare Wirkung der Registereintragung (§ 20 II) idR eintreten, auch 87 wenn das die Freigabe erteilende Gericht von der Begründetheit der Unwirksamkeitsklage ausgehen sollte. Dementsprechend wurde in der Lit kritisiert, dass das ARUG faktisch zu einem verdeckten (Teil-) Ausschluss des Anfechtungsrechtes geführt habe, da die Rechtsfolge der Anfechtbarkeit oder Nichtigkeit oftmals nicht mehr durchsetzbar sei (*Verse* NZG 2009, 1130 mwN; Arbeitskreis Beschlussmängelrecht AG 2008, 619; *Noack* NZG 2008, 446 mwN). Letztl sind die Reformen im Bereich der umwandlungsrechtl und aktienrechtl Freigabeverfahren so deutl ausgefallen, weil es über Jahre nicht gelungen ist, die „Berufskläger" und „räuberischen Aktionäre" anders zu zügeln. Selbst die Aussicht auf Schadenersatz (dazu Rn 91 ff) hatte wenig Abschreckungspotential. Deshalb ist die Neufassung von § 16 III iE zu begrüßen.

88 Nach OLG München ZIP 2010, 84 kann das Interesse an einer Freigabe entfallen, wenn der Antragsteller das Verfahren selbst nicht **zügig** betreibt. Der Entscheidung lag der Fall zu Grunde, dass zwischen der Zustellung der Unwirksamkeitsklage und dem Freigabeantrag 4½ Monate verstrichen sind. Das Gericht hat deshalb die (als Voraussetzung einer Freigabe angesehene) **Eilbedürftigkeit** verneint und den Antrag abgelehnt. Anders OLG Frankfurt ZIP 2010, 986: das Freigabeinteresse könne nach Zuwarten des Antragstellers sogar noch ansteigen. Die Frage ist – soweit ersichtl – noch nicht hinreichend diskutiert. In der Praxis wird aber regelm der Antragsteller an einer schnellstmögl Verfahrenseinleitung interessiert sein, um die Nachteile der Verzögerung zu minimieren.

89 **e) Zügige Gerichtsentscheidung, Abs 3 S 5.** Durch das 2. UmwÄndG neu eingefügt wurde Abs 3 S 4 aF, (jetzt Abs 3 S 5), nachdem der Beschluss spätestens drei Monate nach Antragstellung ergehen soll. Ist dies nicht mögl, hat das Gericht die Verzögerung der Entscheidung durch unanfechtbaren Beschluss zu begründen. Bei besonderen Schwierigkeiten rechtl oder tats Art kann die Drei-Monats-Frist angemessen verlängert werden. Die Vorschrift war im Gesetzgebungsverfahren umstritten (dazu *Mayer/Weiler* DB 2007, 1235 mwN). Die grundlose Überschreitung der Frist durch das Gericht bleibt **prozessual sanktionslos.** Theoretisch mögl sind aber Staatshaftungsansprüche, wenn dem begründeten Freigabeverfahren der sonst mögl rasche Erfolg wegen willkürl Fristüberschreitung durch das Gericht für längere Zeit der Erfolg versagt bleibt und es dadurch zu wirtschaftl Nachteilen der an der Verschm beteiligten Rechtsträger kommt.

90 **f) Unanfechtbarkeit, Abs 3 S 9.** Der Freigabebeschluss des OLG ist **unanfechtbar,** Abs 3 S 9. Die früher in Abs 3 S 6 aF vorgesehene sofortige Beschwerde nach § 577 ZPO wurde für das Freigabeverfahren mit dem ARUG konsequenterweise – Zuständigkeit des OLG gem Abs 3 S 7 – abgeschafft. Ziel des Gesetzgebers war es, das Freigabeverfahren weiter zu **beschleunigen** (RegEBegr BT-Drs 16/11642, 42, der nur eine Beschränkung der Anfechtbarkeit vorsah; der völlige Ausschluss erfolgte erst auf Empfehlung des Rechtsausschusses, BT-Drs 16/13098, 41). Dies begegnet keinen verfassungsrechtl Bedenken, da Art 19 IV GG keinen Instanzenzug fordert (OLG Frankfurt ZIP 2009, 271; *Schall/Habbe/Wiegand* NJW 2010, 1789 mwN). Ein einmal ergangener Freigabebeschluss beseitigt die Registersperre endgültig; daran ändern auch etwaige weitere Nichtigkeitsklagen nichts, zutr *Schockenhoff* ZIP 2008, 1945.

91 **g) Schadensersatzanspruch, Abs 3 S 10.** Da eine Entschmelzung gesetzl ausgeschlossen ist (Abs 3 S 10 HS 2), kommt nur der **Ersatz des tats entstandenen Schadens** (regelm) in Geld in Betracht (krit *Heermann* ZIP 1999, 1681;

Lutter/*Bork* Rn 40: da Schaden fast nie substantiiert werden könne, liefe Anspruch praktisch leer). Der Antragsgegner ist von seinen Vermögensverhältnissen her so zu stellen, als sei die Eintragung nicht erfolgt, die Verschm also nicht wirksam geworden. Der Schaden kann nach Maßgabe von **§ 287 ZPO** auch geschätzt werden. **Verschulden** des Antragstellers ist nicht erforderl (*Zöller* ZPO § 945 Rn 13 mwN).

Nach **Freigabe** der Eintragung kann die Unwirksamkeitsklage als „Art Fortset- 92
zungsfeststellungsklage nach dem Muster von § 113 I 4 VwGO" (HRA des DAV NZG 2000, 804; für fortbestehendes Rechtsschutzbedürfnis bei der Unwirksamkeitsklage nach § 14 I zutr OLG Hamburg ZIP 2004, 906; OLG Stuttgart ZIP 2004, 1145 und OLG Düsseldorf ZIP 2001, 1717 sowie Lutter/*Bork* Rn 38; aA LG München I DB 1999, 628) fortgeführt werden.

Wegen des Schadensersatzanspruchs nach Abs 3 S 10 bleibt das **Rechtsschutz-** 93
bedürfnis für eine gegen den Verschmelzungsbeschluss gerichtete Unwirksamkeitsklage auch nach Wirksamwerden der Verschm bestehen. Entsprechendes gilt, wenn die Unwirksamkeitsklage sich nicht nur gegen die Verschm selbst, sondern auch gegen die mit der Verschm einhergehende **KapErh** (zB § 53) richtet (BGH AG 2007, 625).

§ 17 Anlagen der Anmeldung

(1) Der Anmeldung sind in Ausfertigung oder öffentlich beglaubigter Abschrift oder, soweit sie nicht notariell zu beurkunden sind, in Urschrift oder Abschrift der Verschmelzungsvertrag, die Niederschriften der Verschmelzungsbeschlüsse, die nach diesem Gesetz erforderlichen Zustimmungserklärungen einzelner Anteilsinhaber einschließlich der Zustimmungserklärungen nicht erschienener Anteilsinhaber, der Verschmelzungsbericht, der Prüfungsbericht oder die Verzichtserklärungen nach § 8 Abs. 3, § 9 Abs. 3, § 12 Abs. 3, § 54 Abs. 1 Satz 3 oder § 68 Abs. 1 Satz 3, ein Nachweis über die rechtzeitige Zuleitung des Verschmelzungsvertrages oder seines Entwurfs an den zuständigen Betriebsrat beizufügen.

(2) [1] **Der Anmeldung zum Register des Sitzes jedes der übertragenden Rechtsträger ist ferner eine Bilanz dieses Rechtsträgers beizufügen (Schlußbilanz).** [2] **Für diese Bilanz gelten die Vorschriften über die Jahresbilanz und deren Prüfung entsprechend.** [3] **Sie braucht nicht bekanntgemacht zu werden.** [4] **Das Registergericht darf die Verschmelzung nur eintragen, wenn die Bilanz auf einen höchstens acht Monate vor der Anmeldung liegenden Stichtag aufgestellt worden ist.**

Schrifttum: *Kilger,* Neue Tendenzen zum Maßgeblichkeitsgrundsatz im Licht des Umwandlungssteuergesetzes, DB 2003, 2677; *Kutt,* Ende der Maßgeblichkeit bei Umwandlungen, BB 2004, 371; *Gelhausen/Heinz,* Handelsrechtliche Zweifelsfragen der Abwicklung von Ergebnisabführungsverträgen in Umwandlungsfällen, NZG, 2005, 775; *Henckel,* Rechnungslegung und Prüfung anläßlich einer grenzüberschreitenden Verschmelzung zu einer Societas Europaea (SE), DStR 2005, 1785; *Scheunemann,* Die Schlussbilanz bei der Verschmelzung von in einem Konzernabschluss einbezogenen Gesellschaften, DB 2006, 797; *Schwenn,* Kettenverschmelzung bei Konzernsachverhalten, Der Konzern 2007, 173; *W. Müller,* Bilanzierungsfragen bei der grenzüberschreitenden Umwandlung und Sitzverlegung, FS Raupach, 2006, 261; *Mayer,* Zweifelsfragen bei der Durchführung von Mehrfach- und Kettenumwandlungen, FS Spiegelberger, 2009, 833; *Behrens,* Keine phasenverschobene Wertaufholung nach Umwandlungen, BB 2009, 318; *Schmidt/Heinz,* Schlussbilanzen bei Spaltungen, DB 2008,

2696; *Empt,* Zur Anwendbarkeit von § 17 II UmwG bei einer SE-Gründung durch Verschmelzung auf eine deutsche AG, NZG 2010, 1013; *Hörtnagl,* Rechnungslegung bei Umwandlungen nach dem UmwG, in Petersen/Zwirner/Brösel, Handbuch Bilanzrecht, 2010; *Simlacher,* Bilanzierung von latenten Steuern im Zusammenhang mit Verschmelzungen im handelsrechtlichen Abschluss, DStR 2011, 1868; *Perwein,* Neutralisierung von Geschäftsvorfällen zwischen verschmolzenen Kapitalgesellschaften im Rückwirkungszeitraum?, GmbHR 2011, 977; IDW, Stellungnahme zur Rechnungslegung: Auswirkungen eines Formwechsels auf den handelsrechtlichen Jahresabschluss (IDW RS HFA 41), IDW-FN 2012, 539; IDW, Stellungnahme zur Rechnungslegung: Auswirkungen einer Verschmelzung auf den handelsrechtlichen Jahresabschluss (IDW RS HFA 42), IDW-FN 2012, 701; IDW, Stellungnahme zur Rechnungslegung: Auswirkungen einer Spaltung auf den handelsrechtlichen Jahresabschluss (IDW RS HFA 43), IDW-FN 2012, 714; *Kahle/Hiller/Vogel,* Bewertungswahlrechte und Bewertungsmaßstäbe im Umwandlungsfall in Handels- und Steuerbilanz, FR 2012, 789; *Schmid,* Entwürfe von IDW-Verlautbarungen zur Rechnungslegung bei Umwandlungen: Analyse der Änderungen und Ergänzungen, BB 2012, 499.

Übersicht

1. Allgemeines

In **Abs 1** sind die **Anlagen der Anmeldung einer Verschm, Spaltung und Vermögensübertragung (für den Formwechsel vgl § 199)** aufgeführt. Ergänzend sind § 86 (eG) und §§ 122k, 122l (grenzüberschreitende Verschm) zu beachten. Diese sind jew in Ausfertigung oder öffentl beglaubigter Abschrift (soweit sie notariell zu beurkunden sind) bzw in Urschrift oder Abschrift einzureichen. Ohne Einreichung der notw Anlagen wird das Registergericht – ggf nach einer Zwischenverfügung – den Antrag auf Eintragung der Verschm (§ 19 I) zurückweisen; dies bedingt den Nichteintritt der Verschmelzungswirkungen (vgl § 20). 1

Bereits nach früherem Recht waren der Anmeldung umfangreiche Unterlagen beizufügen (vgl 1. Aufl 1994, § 4 UmwG Rn 3, § 24 KapErhG Anm 8–10, § 345 AktG Rn 8). Um dem Registergericht die Prüfung, ob alle Voraussetzungen für die Eintragungen erfüllt sind, zu erleichtern, wird nun ausdrückl die Vorlage aller **Zustimmungserklärungen** sowie der etwa nach §§ 8 III, 9 III, 12 III, 54 I 3 oder 68 I 3 abgegebenen **Verzichtserklärungen** gefordert. Damit sollte auch der Schutz der Anteilsinhaber verstärkt werden (vgl RegEBegr BR-Drs 75/94 zu § 17 I). 2

Abs 2 enthält Bestimmungen zur Schlussbilanz, die im Wesentl dem früheren Recht entsprechen (vgl § 345 III AktG aF, § 24 III KapErhG aF, § 44a III VAG aF iVm § 345 AktG aF). Abw von § 93d III GenG aF, § 4 II UmwG 1969 darf der Stichtag der Bilanz nicht länger als **acht Monate vor der Anmeldung** zum Register zurückliegen. Die Vorschrift ist zwingend und nicht mehr Sollvorschrift, wie dies § 4 II UmwG 1969 war. Die Schlussbilanz ist bedeutsam für die bilanzielle Erfassung des übergehenden Verm beim übernehmenden Rechtsträger (§ 24). Der Stichtag der Schlussbilanz bestimmt ferner den stl Übertragungsstichtag (§§ 2 I, 20 VI, 24 IV UmwStG). 3

2. Anlagen

Der eigentl Anmeldung (dazu § 16 UmwG Rn 14) nebst Negativattest nach § 16 II 1 sind die in Abs 1 aufgeführten Anlagen (Rechtsträger aller Rechtsformen) beizufügen. § 62 III 4 und § 86 ergänzen den Katalog für AG/SE/KGaA und eG. Trotz des Begriffs „beifügen“ müssen nicht alle Anlagen gleichzeitig mit der Anmeldung vorgelegt werden (vgl Rn 44 ff); prakt bedeutsam ist insbes die Nach- 4 reichung der Schlussbilanz (Rn 46). Die Vorschrift gilt für Verschm (bei **grenzüberschreitenden Verschm** für eine inl übertragende KapGes vgl § 122a Rn 12 ff, § 122k Rn 9), Spaltungen (§ 125) und für Vermögensübertragungen (§ 176) entspr. Bei grenzüberschreitender Verschm enthält § 122l I für inl übernehmende KapGes eine eigenständige Regelung (§ 122l Rn 6 ff). Für den Formwechsel vgl § 199. Mit dem ARUG (BGBl II 2009, 2497) wurde die Verpflichtung, eine ggf erforderliche **Genehmigungsurkunde** beizufügen, gestrichen. Demzufolge hängt die Registereintragung nicht mehr von der Erteilung der Genehmigung ab; die Verfahren können nebeneinander geführt werden (Semler/Stengel/*Schwanna* Rn 3). Zur Ausnahme für Bankgeschäfte und Finanzdienstleistungen vgl § 43 I KWG. Weitere Anlagenerfordernisse folgen bei einer Umw zur **Neugründung** aus dem jeweiligen Gründungsrecht (vgl etwa Semler/Stengel/*Schwanna* Rn 5 ff).

5 In **Ausfertigung** (§§ 47, 49 BeurkG) oder **beglaubigter Abschrift** (§ 42 BeurkG) sind von den jew anmeldenden Rechtsträgern in elektronischer Form (§ 39a BeurkG, § 12 II 2 Alt 1 HGB) vorzulegen

- der **Verschmelzungsvertrag** (§ 4 I), der **Spaltungsvertrag** (Spaltungsplan) (§§ 126, 136) oder Übertragungsvertrag in der endgültig abgeschlossenen Form; der Umwandlungsvertrag oder sein Entwurf ist bereits dem Umwandlungsbeschluss als Anlage beigefügt (§ 13 III 2). Einer gesonderten Beifügung des Umwandlungsvertrags bedarf es daher nur bei einer Beschlussfassung über einen Entwurf, da die Verbindung des Umwandlungsvertrags mit der Ausfertigung/beglaubigten Abschrift des Verschmelzungsbeschlusses durch Schnur und Prägesiegel auch als beglaubigte Abschrift des Verschmelzungsvertrags gilt (OLG Karlsruhe NJW-RR 1998, 903);
- die Niederschriften der **Verschmelzungsbeschlüsse** jedes an der Verschm beteiligten Rechtsträgers, weil nur so die Wirksamkeit des Verschmelzungsvertrags nachgewiesen wird (vgl § 13 Rn 4); Entsprechendes gilt für die Spaltungsbeschlüsse (§§ 125, 135) und die Beschlüsse zur Vermögensübertragung; in der Praxis werden vielfach der Umwandlungsvertrag und die (gemeinsamen) Umwandlungsbeschlüsse in einer Urkunde zusammengefasst; dann genügt die Vorlage dieser Urkunde;
- die notw **Zustimmungserklärungen** einzelner – erschienener oder nicht erschienener – Anteilsinhaber (zB §§ 13 II, 43 I HS 2, 50 II, 51 I 2, 51 II);
- etwa abgegebene **Verzichtserklärungen** in Bezug auf den Verschmelzungsbericht (§ 8 III), die Verschmelzungsprüfung (§ 9 III), den Verschmelzungsprüfungsbericht (§ 12 III) oder die Gewährung von Anteilen (§§ 54 I 3, 68 I 3).

6 Die übrigen in Abs 1 aufgeführten Anlagen sind keine notariellen Urkunden, deshalb genügt eine Einreichung (Übermittlung einer elektronischen Aufzeichnung, § 12 II 1 HGB) in **Urschrift** oder (einfacher) **Abschrift.** Auf diese Weise sind beizufügen:

- der **Verschmelzungsbericht** iSv § 8 oder Spaltungsbericht (§ 127); wurde ein gemeinsamer Bericht erstattet (§ 8 I HS 2), so ist dieser beizufügen;
- der (ggf gemeinsam erstattete) **Prüfungsbericht** iSv § 12;
- der Nachw **über** die rechtzeitige **Zuleitung** des Verschmelzungsvertrags oder seines Entwurfs (bzw des Spaltungsvertrag/-plans) **an den zuständigen Betriebsrat.** Wie der erforderl Nachw zu führen ist, hat der Gesetzgeber bewusst offengelassen (vgl RegEBegr BR-Drs 75/94 zu § 17 I). Die Erfordernisse an den Nachw sollen der Praxis überlassen bleiben, in Betracht komme etwa die Vorlage des Übersendungsschreibens oder der Empfangsbestätigung des Vorsitzenden des jew Betriebsrats (RegEBegr 75/94 zu § 17 I UmwG).

Richtigerweise wird man die zum Nachw der Anhörung des Betriebs- oder Personalrats im Zshg mit einer Kündigung entwickelten Grdse entspr anwenden. Eine Empfangsbestätigung des Betriebsratsvorsitzenden (als empfangsberechtigtem Vertreter des Betriebsrats) oder bei entspr Verhinderung dessen Stellvertreters genügt, um dem Registergericht die Prüfung der Einhaltung von § 5 III zu ermögl. Ob das Übersendungsschreiben ausreicht, ist fraglich (Kallmeyer/*Zimmermann* Rn 3). Hat der Rechtsträger **keinen Betriebsrat,** ist dies von den Anmeldern durch Versicherung anlässl der Anmeldung oder durch ein gesondertes Schrb kundzugeben; das Registergericht kann insoweit eigene Nachforschungen anstellen, nicht aber – da unverhältnismäßig – Glaubhaftmachung durch eidesstattl Versicherung verlangen (aA AG Duisburg GmbHR 1996, 372; wie hier *Trölitzsch* WiB 1997, 797; Lutter/*Bork* Rn 2; *Limmer* Rn 804; zweifelnd Semler/Stengel/*Schwanna* Rn 10). Indes kann der Nachw durch eidesstattl Versicherung erbracht werden (Semler/Stengel/*Schwanna* Rn 10; Kallmeyer/*Zimmermann* Rn 3). Soweit der Betriebsrat auf die Einhaltung der Frist oder die Zuleitung an sich verzichtet hat (§ 5 Rn 103), ist auch dies nachzuweisen;

- für beteiligte AG/SE/KGaA: Nachweis der Bekanntmachung, § 62 III 4;
- für eG die Prüfungsgutachten nach § 86.

Die aufgeführten Anlagen sind **gleichzeitig** mit der Anmeldung beim Regis- 7
tergericht einzureichen; geschieht dies nicht, kann der Mangel regelm (bei fehlenden Angaben zur Anteilsgewährung und KapErh vgl aber OLG Hamm GmbHR 2004, 1533 und KG DB 1998, 2511) noch behoben werden (Henssler/Strohn/*Heidinger* Rn 4). Das Registergericht hat unter Fristsetzung zur Nachreichung aufzufordern (vgl § 19 Rn 7). Dabei hat es stets zu beachten, dass die Anmeldung als Verfahrenshandlung so auszulegen ist, dass sie im Erg Erfolg haben kann (BayObLG DB 2000, 811 und zuvor schon BayObLG DB 1999, 474; falsch deshalb LG Dresden NotBZ 1997, 138; vgl als Negativbeispiel OLG Hamm GmbHR 2004, 1533 und KG DB 1998, 2511; zu weitgehend hingegen OLG Jena NZG 2003, 43, das für rechtzeitige Anmeldung keine Form verlangt).

3. Schlussbilanz der übertragenden Rechtsträger

a) Wesen und Zweck der Schlussbilanz. Nach Abs 2 S 1 ist als weitere 8
Anlage der Anmeldung zum Register des Sitzes jedes der übertragenden Rechtsträgers eine gesetzl so def Schlussbilanz einzureichen. Dies gilt auch für **grenzüberschreitende Umw** nach §§ 122a ff und Umw nach der SE-VO, soweit der übertragende Rechtsträger der deutschen Rechtsordnung unterliegt (vgl Kallmeyer/*Müller* Rn 40; SBB/*Bula/Pernegger* § 15 Rn 2; *Empt* NZG 2010, 1013; *Henckel* DStR 2005, 1785; *W. Müller* FS Raupach, 2006, 261, 264, 267 f; IDW RS HFA 42 Rn 84). Bei einer Hereinverschmelzung muss weder der ausl übertragende noch der inl übernehmende Rechtsträger nach Maßgabe von Abs 2 eine Schlussbilanz beifügen; für den ausl übertragenden Rechtsträger richten sich die Anforderungen an die Beifügung einer Bilanz nach der für ihn maßgebl Rechtsordnung (näher *Empt* NZG 2010, 1013; vgl auch IDW RS HFA 42 Rn 87). Hinsichtl der Schlussbilanz ist ledigl geregelt, dass die Vorschriften über die Jahresbilanz und deren Prüfung entspr gelten (Abs 2 S 2), sie nicht bekannt gemacht werden muss (Abs 2 S 3) und die Verschm nur eingetragen werden darf, wenn der Stichtag dieser Bilanz höchstens acht Monate vor dem Zeitpunkt der Anmeldung liegt (Abs 2 S 4). Für die weitere Auslegung und insbes für die entspr Anwen-

dung der Vorschriften über die Jahresbilanz (dieser Begriff existiert weder im HGB noch in anderen handelsrechtl Rechnungslegungsvorschriften), bedarf es Klarheit über das Wesen und den Zweck der Schlussbilanz.

9 Die Schlussbilanz ist dem **Wesen** nach eine Bilanz iSd §§ 242 ff HGB, die wiederum nach den handelsbilanziellen Vorschriften Bestandteil des JA ist (§ 242 III HGB). Die Schlussbilanz ist nicht ein Vermögensstatus und auch nicht eine Vermögensaufstellung, die etwa § 192 II aF für den Formwechsel als Bestandteil des Formwechselberichts gefordert hatte. Dies folgt unmissverständl aus der entspr Anwendung der Vorschriften über die „Jahresbilanz" nach Abs 2 S 2 (ebenso *Henckel* DStR 2005, 1785, 1788; Widmann/Mayer/*Widmann* § 24 Rn 44; Lutter/*Bork* Rn 5; GKT/*Bermel* Rn 16).

10 Die Schlussbilanz hat verschiedene **Zwecke.** Auch nach Wegfall der bis 1994 zwingenden Buchwertverknüpfung (heute Wahlrecht, vgl § 24) bei der Übernahme der WG durch den übernehmenden Rechtsträger dient die Schlussbilanz der Ermöglichung der **Bilanzkontinuität** (Semler/Stengel/*Schwanna* Rn 13; Lutter/*Bork* Rn 4; Widmann/Mayer/*Widmann* § 24 Rn 36; *Limmer* Rn 806; auch noch IDW HFA 2/97 Ziff 111). Denn nach § 24 kann der übernehmende Rechtsträger das übergehende Verm auch mit den in der Schlussbilanz angesetzten Werten ansetzen. Dieser Zweck der Schlussbilanz bedingt, dass der Stichtag der Schlussbilanz nicht frei bestimmt werden kann, da eine Abhängigkeit zum Umwandlungsstichtag (§§ 5 I Nr 6, 126 I Nr 6) besteht (dazu Rn 37 ff).

11 Die Bilanzkontinuität rechtfertigt allerd nicht die Einreichung zum HR. Bestandteil der Anmeldeunterlagen ist die Schlussbilanz auch deshalb, weil sie – durch Einsichtnahme im HR (§ 9 HGB, § 10 HRV; eine Bekanntmachung erfolgt nicht, Abs 2 S 3) – den **Gläubigern** die Prüfung ermöglicht, ob sie Sicherheitsleistung nach § 22 verlangen sollen (OLG Hamm NZG 2007, 914; Widmann/Mayer/*Widmann* § 24 Rn 38; Lutter/*Bork* Rn 4; Kallmeyer/*Müller* Rn 11; Semler/Stengel/*Schwanna* Rn 13; BFW/*Budde/Zerwas* H 82). Dies ist insbes für die Gläubiger der anderen beteiligten Rechtsträger (der anderen übertragenden Rechtsträger und des übernehmenden Rechtsträgers) von Bedeutung, sofern sie mit dem übertragenden Rechtsträger bislang nicht in Kontakt standen.

12 Oftmals wird darauf hingewiesen, dass die Schlussbilanz auch der **KapErhKontrolle** dient (etwa Widmann/Mayer/*Widmann* § 24 Rn 39; Lutter/*Bork* Rn 4; Kallmeyer/*Müller* Rn 11; Semler/Stengel/*Schwanna* Rn 13; GKT/*Bermel* Rn 11, jew mwN). Dies kann sie allerd nur in eingeschränktem Maße leisten. Zunächst wird die Schlussbilanz bei dem für den übernehmenden Rechtsträger zuständigen HR, das die KapErhKontrolle (Deckung der KapErh durch das übergehende Verm) durchzuführen hat, nicht eingereicht. Darüber hinaus sind für die Prüfung, ob keine Unterpariemission vorliegt, nicht die BW, sondern ausschließl die tats Zeitwerte maßgebend (SBB/*Bula/Pernegger* § 10 Rn 30). Sie ist – sofern sich das Registergericht des übernehmenden Rechtsträgers die Schlussbilanz vorlegen lässt – ein Anhaltspunkt, ob eine weiter gehende Prüfung notw ist. Wenn das übergehende Nettovermögen (Aktiva abzgl Passiva ohne EK) nach BW lt Schlussbilanz bereits die KapErh deckt, werden sich weitere Nachforschungen oftmals erübrigen, soweit Anhaltspunkte für eine Überbewertung nicht bestehen (BFW/*Budde/Zerwas* H 82). Hiervon ist auszugehen, wenn die Schlussbilanz geprüft und mit einem uneingeschränkten Bestätigungsvermerk versehen ist.

13 Schließl dient die Schlussbilanz der **Ergebnisabgrenzung** (KölnerKomm-UmwG/*Simon* Rn 28: primäre Zielsetzung; *Winnefeld* N 229; SBB/*Bula/Pernegger* § 10 Rn 31: Vorrangiger Zweck; IDW RS HFA 42 Rn 10; Semler/Stengel/

Schwanna Rn 13; einschränkend Widmann/Mayer/*Widmann* § 24 Rn 41 und Kallmeyer/*Müller* Rn 11). Denn zwingender Bestandteil des Umwandlungsvertrags ist die Festlegung des Umwandlungsstichtags (§§ 5 I Nr 6, 126 I Nr 6). Demzufolge bedarf es einer Abgrenzung des noch für eigene Rechnung erwirtschafteten und des – ab dem Umwandlungsstichtag – bereits für fremde Rechnung erwirtschafteten Erg, da bis zum Umwandlungsstichtag grdsl die Gesellschafter des übertragenden Rechtsträgers gewinnberechtigt sind (so grdsl auch Kallmeyer/*Müller* Rn 11). Kommt es noch vor dem Wirksamwerden der Umw, aber nach dem Umwandlungsstichtag noch zu einer Gewinnausschüttung, ist zu prüfen, ob dies das Umtauschverhältnis beeinflusst. Auch dieser Zweck bedingt eine Abhängigkeit des Stichtags der Schlussbilanz vom Umwandlungsstichtag (dazu Rn 37 ff).

b) Formelle Anforderungen an die Schlussbilanz. aa) Nur Bilanz. Nach dem klaren Wortlaut von Abs 2 S 1 ist als Anlage der Anmeldung ledigl eine **Bilanz** beizufügen. Auch aus sonstigen Umständen und dem Sinn und Zweck der §§ 17, 14 lässt sich nicht ableiten, dass ein JA, mithin auch eine GuV-Rechnung und ggf ein Anh (§§ 242 III, 264 I 1 HGB) einzureichen sind (wie hier LG Stuttgart DNotZ 1996, 701; LG Dresden GmbHR 1998, 1086; Lutter/*Bork* Rn 5; Lutter/*Priester* § 24 Rn 12; GKT/*Bermel* Rn 17; Kallmeyer/*Müller* Rn 18; IDW RS HFA 42 Rn 7; BFW/*Budde/Zerwas* H 77; aA SBB/*Bula/Pernegger* § 10 Rn 35: auch GuV; Widmann/Mayer/*Widmann* § 24 Rn 103; *Aha* BB 1996, 2995: auch Anh). Dies gilt selbst dann, wenn als Schlussbilanz die Bilanz des regulären JA verwendet wird. Die freiwillige Einreichung des gesamten JA ist allerd unschädl (Kallmeyer/*Müller* Rn 18; IDW RS HFA 42 Rn 8: dann keine gesonderte Prüfung). Wahlpflichtangaben, die entweder im Anh oder in der Bilanz erfolgen können, sind bei Nichteinreichung eines Anh zwingend in der Bilanz aufzunehmen (Kallmeyer/*Müller* Rn 18; Lutter/*Priester* § 24 Rn 12; BFW/*Budde/Zerwas* H 77; KölnerKommUmwG/*Simon* Rn 32; IDW RS HFA 42 Rn 7: oder in einer Anlage zur Bilanz). Unter den Voraussetzungen von §§ 264 III, 264b HGB (ua Einbeziehung in Konzernabschluss) müssen KapGes bzw KapCoGes die strengeren Vorschriften der §§ 264 ff HGB und damit die Verpflichtung zur Erstellung eines Anhangs nicht einhalten. Dies gilt auch für die Schlussbilanz, da Abs 2 keine über die Bilanzierungsregeln hinausgehenden Anforderungen schafft (näher *Scheunemann* DB 2006, 797; BFW/*Budde/Zerwas* H 79). Die Erleichterungen greifen allerd nicht, wenn der Stichtag der Schlussbilanz vom Stichtag des JA/Konzern-JA abweicht (BFW/*Budde/Zerwas* H 79). Für Energieversorgungsunternehmen ist § 6b I EnWG zu beachten. Einer Angabe der **Vorjahreszahlen** bedarf es nicht (IDW RS HFA 42 Rn 16). 14

bb) Anmeldung des übertragenden Rechtsträgers. Nach dem unmissverständl Wortlaut sind nur die übertragenden Rechtsträger verpflichtet, „ihre" Schlussbilanz „ihrer" Anmeldung beizufügen (BayObLG GmbHR 1999, 295; LG Frankfurt aM GmbHR 1996, 542, 543; Lutter/*Bork* Rn 4; *Germann* GmbHR 1999, 591; Widmann/Mayer/*Widmann* § 24 Rn 154; *Limmer* Rn 818). Ferner kann sich aus den allgemeinen Vorschriften eine Pflicht zur Vorlage einer Bilanz beim übernehmenden Rechtsträger ergeben (*Limmer* Rn 818). 15

Demgemäß sind weder die Schlussbilanz anderer übertragender Rechtsträger noch die Schlussbilanz der übertragenden Rechtsträger bei der Anmeldung beim Register des übernehmenden Rechtsträgers beizufügen. Dies schließt nicht aus, dass das für den übernehmenden Rechtsträger zuständige Registergericht aufgrund Amtsermittlung die Vorlage der Schlussbilanz verlangt (BayObLG GmbHR 16

1999, 295; Widmann/Mayer/*Widmann* § 24 Rn 155). Eine Ausnahme regelt § 104 II. Zur Situation bei grenzüberschreitender Verschm vgl Rn 8.

17 **cc) Keine eigenständige Bilanzierungspflicht.** Die Pflicht zur Einreichung einer Schlussbilanz nach Abs 2 ist rechtsformunabhängig. Dennoch besteht keine Verpflichtung zur Aufstellung und Einreichung einer Schlussbilanz, wenn der übertragende Rechtsträger nicht abschlusspflichtig ist; Abs 2 schafft keine eigenständige Bilanzierungspflicht (Semler/Stengel/*Schwanna* Rn 15; Lutter/*Bork* Rn 5; Lutter/*Priester* § 24 Rn 12; Kallmeyer/*Müller* Rn 12; Widmann/Mayer/*Widmann* § 24 Rn 34; Henssler/Strohn/*Heidinger* Rn 19; IDW HFA 2/97 Ziff 11; *Scheunemann* DB 2006, 797). Denkbar ist dies zB bei eingetragenen Vereinen. Auch aus § 104 II lässt sich eine Aufstellungsverpflichtung nicht ableiten (Kallmeyer/*Müller* Rn 12; Lutter/*Priester* § 24 Rn 12). In diesen Fällen sind die bisherigen Rechnungsunterlagen der Anmeldung zum Register beizufügen (Kallmeyer/*Müller* Rn 12; Lutter/*Priester* § 24 Rn 12; IDW HFA 2/97 Ziff 11).

18 **dd) Aufstellung und Feststellung.** Aus der Verweisung auf die Vorschriften über die „Jahresbilanz" folgt, dass die Schlussbilanz von den für den regulären JA zuständigen Person **aufzustellen** und **festzustellen** ist (wie hier LG Kempten Rpfleger 2001, 433; Widmann/Mayer/*Widmann* § 24 Rn 51 ff; Lutter/*Priester* § 24 Rn 12; Semler/Stengel/*Schwanna* Rn 18; wohl auch Henssler/Strohn/*Heidinger* Rn 21; aA SBB/*Bula/Pernegger* § 10 Rn 63; Kallmeyer/*Müller* Rn 18; IDW RS HFA 42 Rn 13; BFW/*Budde/Zerwas* H 112; offengelassen von *Gassner* FS Widmann, 2000, 343, 346 f). Das Arg von *Müller* (Kallmeyer/*Müller* Rn 18), dies hätte einer Bestimmung im bes Teil des UmwG bedurft, überzeugt nicht. Abs 2 S 2 ordnet vielmehr die entspr Geltung der Vorschriften über die „Jahresbilanz" (lies: JA) an. Hierzu zählen auch die rechtsformunterschiedl Regelungen über die Aufstellung und Feststellung. Dies gilt umso mehr, als die Schlussbilanz der Ergebnisabgrenzung dient (Rn 13). Dann bedarf es der Feststellung, damit sie für den Rechtsträger und die Anteilsinhaber verbindl wird. Ebenso ist die Schlussbilanz entspr § 245 HGB zu **unterzeichnen.** Prakt bedeutsam wird der Streit selten, da regelm als Schlussbilanz die letzte reguläre Jahresbilanz als Teil des JA verwendet wird. IÜ kann die Feststellung im Rahmen des Umwandlungsbeschlusses stattfinden. Kraft ausdrückl Anordnung in Abs 2 S 3 ist die Schlussbilanz nicht bekannt zu machen **(Offenlegung).**

19 **ee) Inventur.** Der Verweis in Abs 2 S 2 bezieht sich auch auf §§ 240 f HGB. Demzufolge ist eine **Inventur** durchzuführen und ein Inventar auf den Stichtag der Schlussbilanz aufzustellen (wie hier Widmann/Mayer/*Widmann* § 24 Rn 84; *Gassner* FS Widmann, 2000, 345; BFW/*Budde/Zerwas* H 80; wohl auch Kallmeyer/*Müller* Rn 10). Dies folgt auch aus § 63 II 2, da dort ausdrückl geregelt ist, dass für die Aufstellung der Zwischenbilanz nach § 63 I Nr 3 eine körperl Bestandsaufnahme nicht erforderl ist (Widmann/Mayer/*Widmann* § 24 Rn 84). Bedeutsam ist dies ohnehin nur, wenn als Schlussbilanz nicht die Bilanz des letzten regulären JA verwendet wird. Die Vereinfachungen nach §§ 240 f HGB gelten. Weitergehend kann nach Ansicht des IDW auf eine Inventur verzichtet werden, wenn gesichert ist, dass der Bestand der Vermögensgegenstände nach Art, Menge und Wert auch ohne körperl Bestandsaufnahme festgestellt werden kann (IDW RS HFA 42 Rn 14).

20 **ff) Prüfung der Schlussbilanz.** Nach Abs 2 S 2 gelten für die Schlussbilanz die Vorschriften über die **Prüfung** der „Jahresbilanz" (lies: JA) entspr. Hierdurch

wird keine eigenständige Prüfungspflicht begründet. Die Schlussbilanz ist nur dann zu prüfen, wenn auch für die Jahresbilanz (JA) Prüfungspflicht besteht (Lutter/*Bork* Rn 5; Semler/Stengel/*Schwanna* Rn 15; Kallmeyer/*Müller* Rn 33; SBB/*Bula/Pernegger* § 10 Rn 57; GKT/*Bermel* Rn 24; Widmann/Mayer/*Widmann* § 24 Rn 142; IDW RS HFA 42 Rn 7, 13). Dies richtet sich nach § 316 I HGB (iVm § 264a HGB), § 53 II GenG, §§ 340k, 341k HGB und nach §§ 1, 6 PublG. Eine ledigl im Gesellschaftsvertrag oder der Satzung festgelegte Prüfungspflicht gilt mangels gesetzl Anordnung für die Schlussbilanz nicht (SBB/*Bula/Pernegger* § 10 Rn 57; wohl auch IDW RS HFA 42 Rn 13: kraft Gesetzes; aA BFW/*Budde/Zerwas* H 131). Ebenso bedarf es keiner Prüfung der Schlussbilanz, sofern eine Bilanz verwendet wird, die Bestandteil eines regulären JA ist, für den nach §§ 264 III, 264b HGB aufgrund (ua) der Einbeziehung in einen Konzernabschluss weder eine gesonderte Prüfung noch ein gesonderter Prüfungsbericht noch ein eigener Bestätigungsvermerk erforderl ist (näher *Scheunemann* DB 2006, 797; ebenso BFW/*Budde/Zerwas* H 132). Für die Prüfung der **Größenmerkmale** gilt der Schlussbilanzstichtag der Schlussbilanz als zweiter Abschlussstichtag iSv § 267 IV HGB, auch wenn er vor dem regulären Abschlussstichtag liegt (zutr und näher BFW/*Budde/Zerwas* H 131). Die Qualifizierung der Prüfer richtet sich nach den jew einschlägigen Bestimmungen (Kallmeyer/*Müller* Rn 34; SBB/*Bula/Pernegger* § 10 Rn 57); für ausl Prüfer einer inl Ges gilt – auch bei grenzüberschreitenden Verschm – § 133k WPO (Kallmeyer/*Müller* Rn 34). Auch die Bestellung der Prüfer bestimmt sich nach den jew allg Vorschriften (Kallmeyer/*Müller* Rn 35). Zuständig ist dasjenige Organ, das auch den Jahresabschlussprüfer bestellt, regelm also die Gesellschafter, wenn der Gesellschaftsvertrag nicht zulässigerweise eine andere Zuständigkeit bestimmt (§ 318 I 1, 2 HGB, § 6 PublG). Einer gesonderten Bestellung bedarf es nur, wenn als Schlussbilanz nicht die Bilanz des regulären JA verwendet wird; der Prüfer des regulären JA ist nicht bereits konkludent bestellt (KölnerKommUmwG/*Simon* Rn 35). Entgegen § 318 IV HGB kann in diesem Fall auch nach dem Stichtag der Schlussbilanz das zuständige Organ den Prüfer bestellen (Kallmeyer/*Müller* Rn 35). Eine **Prüfung** durch den **Aufsichtsrat** (§ 171 I 1 AktG) ist nicht notw (SBB/*Bula/Pernegger* § 10 Rn 60; Kallmeyer/*Müller* Rn 18; IDW RS HFA 42 Rn 13). Für Energieversorgungsunternehmen ist § 6b I EnWG zu beachten.

Soweit die Jahresbilanz (als Bestandteil des regulären JA) mit der Schlussbilanz **21**
übereinstimmt, bedarf es keiner isolierten Prüfung der Schlussbilanz (SBB/*Bula/Pernegger* § 10 Rn 59; BFW/*Budde/Zerwas* H 132; Widmann/Mayer/*Widmann* § 24 Rn 143; vgl aber IDW RS HFA 42 Rn 8: keine gesonderte Prüfung, wenn JA mit Bestätigungsvermerk eingereicht wird). Eine Prüfung ist indes notwendig, wenn die Schlussbilanz trotz übereinstimmenden Stichtags – etwa wegen anderer Ausübung von Wahlrechten oder umwandlungsbedingten Rückstellungen (bspw Kosten oder Steuern aufgrund der Umwandlung) – von der regulären Jahresbilanz abweicht.

Über das Erg der Prüfung ist entspr § 321 HGB schriftl zu berichten, sofern **22**
nicht ohnehin über die reguläre Jahresabschlussprüfung berichtet wird. Ferner ist ein **Bestätigungsvermerk** entspr § 322 HGB zu erteilen. Unter den Voraussetzungen von § 264 III HGB bzw § 264b HGB (vgl dazu bereits Rn 14, 20) bedarf es mangels Prüfungspflicht weder eines Prüfungsberichtes noch eines Bestätigungsvermerks (*Scheunemann* DB 2006, 797, 798; BFW/*Budde/Zerwas* H 132). Der Bestätigungsvermerk ist bei der isolierten Prüfung einer vom JA abw Schlussbilanz auf die Bilanz zu beschränken (IDW HFA 2/97 Ziff 113). Sofern die regu-

läre Jahresbilanz als Schlussbilanz verwendet wird, bedarf es selbst dann keines auf die Bilanz beschränkten Bestätigungsvermerks, wenn nur die Jahresbilanz und nicht der gesamte JA beim Registergericht eingereicht wird (wie hier Widmann/Mayer/*Widmann* § 24 Rn 143; *Aha* BB 1996, 2559; wohl aA IDW HFA RS 42 Rn 8; BFW/*Budde/Zerwas* H 132). Es besteht **Siegelpflicht,** da die Prüfung der Schlussbilanz eine Vorbehaltsaufgabe für WP ist (vgl Rn 20).

23 Str ist, welche rechtl Folgerungen aus dem **Fehlen** oder aus der **Einschränkung/Versagung** eines **Bestätigungsvermerks** zu ziehen sind. Fehlt der Bestätigungsvermerk, weil die erforderl Prüfung nicht stattgefunden hat, ist die Eintragung abzulehnen (Kallmeyer/*Müller* Rn 36; Widmann/Mayer/*Widmann* § 24 Rn 145; SBB/*Bula/Pernegger* § 10 Rn 61; BFW/*Budde/Zerwas* H 132; WP-HdB Bd II E Rn 40). Entsprechendes gilt, wenn der Bestätigungsvermerk von einem nicht qualifizierten Prüfer erteilt worden ist (Kallmeyer/*Müller* Rn 36). Enthält ledigl das beim Register eingereichte Exemplar der Schlussbilanz keinen Bestätigungsvermerk, kann dies nachgeholt werden (aA LG Hagen GmbHR 1994, 714 und GKT/*Bermel* Rn 24: Beibringung des Bestätigungsvermerk sei nicht vorgeschrieben). Ein eingeschränkter Bestätigungsvermerk oder ein Vermerk mit Ergänzungen begründet alleine keine Ablehnung (wie hier Kallmeyer/*Müller* Rn 36; Semler/Stengel/*Schwanna* Rn 15 (Fn 74); BFW/*Budde/Zerwas* H 132; WP-HdB Bd II E Rn 40; einschränkend Widmann/Mayer/*Widmann* § 24 Rn 145: Unschädl seien Ergänzungen nach § 322 II HGB; SBB/*Bula/Pernegger* § 10 Rn 61: können unschädl sein). Selbst auf einen Versagungsvermerk (§ 322 II 2 HGB) kann die Eintragungsablehnung nicht gestützt sein (wie hier Widmann/Mayer/*Widmann* § 24 Rn 145; Semler/Stengel/*Schwanna* Rn 15 (Fn 72), aA BFW/*Budde/Zerwas* H 132; WP-HdB Bd II E Rn 40; Widmann/Mayer/*Widmann* § 24 Rn 145). Hierfür fehlt eine Rechtsgrundlage. Abs 2 S 2 verlangt nur eine geprüfte, nicht eine richtige Schlussbilanz. Eine Regelung wie etwa § 209 I, III AktG oder § 57 f II GmbHG fehlt im UmwG. Darin ist auch keine unbewusste Regelungslücke zu erblicken, da die Schlussbilanz anderen Zwecken dient (Rn 10 ff). Aus anderen Vorschriften des UmwG lässt sich nicht ableiten, dass eine ordnungsgemäße Bilanz Voraussetzung für die Umwandlungsfähigkeit ist. Die Durchführung der Prüfung wird durch den eingeschränkten Bestätigungs- wie auch durch den Versagungsvermerk dokumentiert. Auch außerh des UmwR kommt der Einschränkung oder der Versagung des Bestätigungsvermerks eine unmittelbare rechtl Wirkung nicht zu (etwa für die Wirksamkeit der Feststellung und des Gewinnverwendungsbeschlusses; vgl BeBiKo/*Förschle/Küster* § 322 HGB Rn 11).

24 Die Einschränkung oder die Versagung des Bestätigungsvermerks wird allerd für die **Gläubiger** Anlass sein, Sicherheit nach § 22 zu verlangen. Auch wird das Registergericht bes krit prüfen. Dies gilt im Besonderen bei der Voreintragung einer umwandlungsbedingten KapErh. Sofern das für den übernehmenden Rechtsträger und damit für die Eintragung der KapErh zuständige Registergericht von der Einschränkung oder Versagung des Bestätigungsvermerks Kenntnis erlangt (etwa aufgrund Amtsermittlung oder weil die Schlussbilanz als Wertnachweis eingereicht worden ist), wird es regelm auf weitere Wertnachweise bestehen.

25 **c) Entsprechende Anwendung der Ansatzvorschriften. aa) Allgemeines.** Nach Abs 2 S 2 gelten für die Schlussbilanz die Vorschriften über die Jahresbilanz (JA) entspr. Demzufolge ist die Schlussbilanz so zu erstellen, als wäre sie Bestandteil eines regulären handelsrechtl HGB-Einzelabschlusses (unstr; vgl etwa

SBB/*Bula/Pernegger* § 10 Rn 39; BFW/*Budde/Zerwas* H 93; IDW RS HFA 15). Daher gelten die für die Jahresbilanz (JA) maßgebl **Ansatzvorschriften** (§§ 246–251, 274 HGB). Die Erleichterungen nach § 264 III HGB bzw § 264b HGB können in Anspruch genommen werden, wenn der Stichtag der Schlussbilanz mit dem Stichtag des in den Konzernabschluss einbezogenen JA übereinstimmt (BFW/*Budde/Zerwas* H 79; vgl auch Rn 14). Bei **Kettenumwandlungen** auf den gleichen Stichtag (vgl Rn 39) erfasst dennoch jeder Rechtsträger nur sein am Stichtag vorhandenes Vermögen, auch wenn der übernehmende Rechtsträger der vorrangigen Umw in der Folge als übertragender Rechtsträger beteiligt ist (IDW RS HFA 42 Rn 21). Die Änderungen durch das **BilMoG** sind erstmals in der Schlussbilanz zu beachten, wenn der übertragende Rechtsträger die geänderten Vorschriften bei einem regulären JA am Schlussbilanzstichtag berücksichtigen müsste. Er kann hierbei die Wahlrechte nach Art 67 EGHGB ausüben. Für Energieversorgungsunternehmen ist § 6b I EnWG zu beachten (unabhängig von der Rechtsform wie KapGes). Die Anwendung internationaler Rechnungslegungsstandards **(IAS/IFRS)** genügt den Anforderungen nicht (vgl § 325 IIa HGB: nur für Offenlegung; WP-HdB Bd II E Rn 30; Kallmeyer/*Müller* Rn 25). Im Einzelnen:

bb) Aktivseite. Neben sämtl **Vermögensgegenständen** (§ 246 I HGB) muss 26
(Aktivierungsgebote) bzw kann (Aktivierungswahlrechte) der übertragende Rechtsträger in seiner Schlussbilanz entspr den Vorschriften über die Jahresbilanz (JA) aktive **RAP** (§ 250 I 1 HGB), ein **Disagio** gem § 250 III HGB, aktive latente Steuern gem § 274 I 2 HGB und einen entgeltlich erworbenen **Geschäfts- oder Firmenwert** nach § 246 I 4 HGB (vgl auch Rn 27) aktivieren. Anzusetzen sind auch Forderungen ggü dem übernehmenden Rechtsträger, da die **Konfusion** erst mit dem Vermögensübergang infolge der Umw eintritt (SBB/*Bula/Pernegger* § 10 Rn 44; Widmann/Mayer/*Widmann* § 24 Rn 99; Lutter/*Priester* § 24 Rn 14; BFW/*Budde/Zerwas* H 94; GKT/*Bermel* Rn 20). **Steuerforderungen,** die erst durch die Umw entstehen (früher etwa KSt-Minderung nach §§ 10 UmwStG aF, 37 KStG aF) sind zu berücksichtigen. **Aktive latente Steuern** können in der Schlussbilanz nur angesetzt oder beibehalten werden, wenn und soweit die Steuerentlastung auch beim übernehmenden Rechtsträger eintritt (Kallmeyer/*Müller* Rn 27; diff *Simlacher* DStR 2011, 1868, 1870). Dies ist aufgrund des umwandlungsbedingten Untergangs von Verlust- und Zinsvorträgen vielfach gerade nicht der Fall (vgl etwa §§ 4 II 2, 12 III UmwStG). **Anteile** des übertragenden Rechtsträgers **am übernehmenden** Rechtsträger sind in der Schlussbilanz noch zu aktivieren. Sie werden erst mit Wirksamwerden der Umw beim übernehmenden Rechtsträger eigene Anteile, soweit sie nicht zur Anteilsgewährung verwendet werden; erst der übernehmende Rechtsträger erfasst diese nach § 272 Ia HGB (BFW/*Budde/Zerwas* H 96; *Winnefeld* N 232; Widmann/Mayer/*Widmann* § 24 Rn 100; GKT/*Bermel* Rn 20). **Eigene Anteile** des übertragenden Rechtsträgers sind seit den Änderungen durch das BilMoG auch in der Schlussbilanz nach § 272 Ia HGB offen vom Gezeichneten Kapital und den frei verfügbaren Rücklagen abzusetzen (Kallmeyer/*Müller* Rn 31; zur früheren Rechtslage vgl Voraufl Rn 26). Aktivierungswahlrechte und Ansatzmethoden sind nach dem Grds der **Ansatzstetigkeit** (§ 246 III 1 HGB) wie im vorhergehenden JA auszuüben. Hiervon kann nur unter den engen Voraussetzungen des § 252 II HGB (begründeter Ausnahmefall) abgewichen werden (§ 246 III 3 HGB), etwa wenn bei beabsichtigter Buchwertverknüpfung nach § 24 eine Anpassung an die Bilanzierungsgrundsätze beim

übernehmenden Rechtsträger erfolgen soll (IDW RS HFA 42 Rn 17; Kallmeyer/*Müller* Rn 27).

27 **cc) Immaterielle Vermögensgegenstände.** Selbst geschaffene immaterielle Vermögensgegenstände des Anlagevermögens dürfen (Wahlrecht) seit den Änderungen durch das BilMoG unter den Voraussetzungen von § 248 II HGB auch in der Schlussbilanz angesetzt werden. Dies gilt auch für die Schlussbilanz, allerdings ist der Grds der Ansatzstetigkeit zu beachten (vgl Rn 26). Eine erstmalige Aktivierung in der Schlussbilanz wird nur unter engen Voraussetzungen (etwa Anpassung an Bilanzierungsgrundsätze beim übernehmenden Rechtsträger vgl Rn 26) in Betracht kommen (Kallmeyer/*Müller* Rn 27). Zur Aktivierung beim übernehmenden Rechtsträger vgl 24 Rn 26, 64.

28 **dd) Passivseite.** Auf der Passivseite der Schlussbilanz sind sämtl Verb anzusetzen und RSt (einschl Drohverlustrückstellungen) entspr den für den JA geltenden Vorschriften (insbes § 249 HGB) zu bilden. Das Passivierungsverbot und die Regelung zur Auflösung von Rückstellungen nach § 249 II HGB sind auch in der Schlussbilanz zu beachten. Verb ggü dem übernehmenden Rechtsträger sind ebenso wie Forderungen (vgl Rn 26) in der Schlussbilanz noch auszuweisen. Passive RAP nach § 250 II HGB sind anzusetzen (SBB/*Bula/Pernegger* § 10 Rn 43). Das Passivierungswahlrecht nach Art 28 EGHGB ist wie in den vorherigen Abschlüssen auszuüben, soweit kein begründeter Ausnahmefall vorliegt, etwa wegen Anpassung an die Bilanzierungsgrundsätze beim übernehmenden Rechtsträger (vgl Rn 26).

29 Die **Kosten** der Verschm sind, soweit sie vom übertragenden Rechtsträger zu tragen sind, in der Schlussbilanz zurückzustellen (Kallmeyer/*Müller* Rn 27). Dies gilt selbst dann, wenn mit Verschmelzungshandlungen vor dem Stichtag der Schlussbilanz noch nicht begonnen worden ist oder vor diesem Zeitpunkt die Absicht zur Verschm noch nicht bestand. Denn in der Schlussbilanz sind letztmalig unabhängig von den allg Grdsen alle noch dem übertragenden Rechtsträger zuzuordnenden Aufwendungen zu erfassen (aA WP-HdB Bd II E Rn 33; BFW/*Budde/Zerwas* H 100: nur, wenn Schlussbilanzstichtag vom regulären JA-Stichtag abweicht; SBB/*Bula/Pernegger* § 10 Rn 42: Beschluss der Verschm vor dem Stichtag). Anzusetzen sind auch die **Steuerverbindlichkeiten,** die aufgrund der Umw entstehen (Kallmeyer/*Müller* Rn 38; Widmann/Mayer/*Widmann* § 24 Rn 93; WP-HdB Bd II E Rn 33; *W. Müller* FS Raupach, 2006, 261, 270; aA BFW/*Budde/Zerwas* H 100: nur bei vom JA-Stichtag abweichendem Schlussbilanzstichtag; IDW RS HFA 42 Rn 20). Dies ist insbes die KSt- und GewSt-Belastung aufgrund einer Aufstockung der BW in der stl Schlussbilanz des übertragenden Rechtsträgers (§§ 3, 11, 15, 16 UmwStG) und KSt-Erhöhungen nach § 10 UmwStG aF. Zur möglichen Kompensation mit aktiven latenten Steuern vgl *W. Müller* FS Raupach, 2006, 261, 270. Da der Antrag auf steuerliche Buchwertfortführung spätestens (und in der Praxis regelmäßig erst) bis zur Abgabe der Steuerbilanz des übertragenden Rechtsträgers – vom übernehmenden Rechtsträger als Rechtsnachfolger – gestellt wird (vgl etwa § 3 II 2 UmwStG), ist auf den Kenntnisstand (Absicht; ggf Regelung im Umwandlungsvertrag; vgl Kallmeyer/*Müller* Rn 38) zum Zeitpunkt der Aufstellung der Schlussbilanz abzustellen; wird hiervon später abgewichen, lässt dies die Wirksamkeit der Schlussbilanz unberührt. Stl Folgen der Umw bei den Gesellschaftern bleiben unberücksichtigt (etwa ESt/KSt bei der Umw einer PersGes). Nicht erfasst werden durch die Umw ausgelöste Verkehrsteuern, die nicht der stl Rückwirkung unterliegen (WP-HdB Bd II

E Rn 34). Beide Fälle (Passivierung von Kosten und Steuerverbindlichkeiten) bewirken regelmäßig eine Abweichung von der Jahresbilanz auf den gleichen Stichtag mit allen daraus resultierenden Folgen (insbesondere eigenständige Prüfung).

§ 268 I HGB gilt (SBB/*Bula/Pernegger* § 10 Rn 46; Kallmeyer/*Müller* Rn 27; BFW/*Budde/Zerwas* H 99; GKT/*Bermel* Rn 21). Danach kann die Schlussbilanz einer übertragenden KapGes unter Berücksichtigung der vollständigen oder teilw **Verwendung** des Jahresergebnisses aufgestellt werden. Anderenfalls wirken sich nach dem Stichtag beschlossene Gewinnausschüttungen, die noch an die Anteilsinhaber des übertragenden Rechtsträgers ausbezahlt werden, nicht auf die Schlussbilanz aus (IDW RS HFA 42 Rn 18; aA SBB/*Bula/Pernegger* § 10 Rn 46 f). Ebenso wenig sind in der Schlussbilanz nach deren Stichtag beschlossene Kapitalerhöhungen zu erfassen (IDW RS HFA 42 Rn 19). Sowohl die Gewinnausschüttungen als auch die Kapitalzuführungen sind erst beim übernehmenden Rechtsträger zu berücksichtigen (IDW RS HFA 42 Rn 18 f). 30

d) Entsprechende Anwendung der Bewertungsvorschriften. aa) Fortentwicklung der Anschaffungskosten. Die entspr Anwendung der Vorschriften für die Jahresbilanz (JA) nach Abs 2 S 2 (zu **IAS/IFRS** vgl Rn 25) bedeutet für die **Bewertung,** dass die Schlussbilanz unter Berücksichtigung zwischenzeitl Geschäftsvorfälle nach den handelsrechtl Vorschriften einschl den Grdsen ordnungsgemäßer Buchführung aus der letzten Jahresbilanz zu entwickeln ist (IDW ERS HFA 42 Rn 15). Eine Realisation durch den umwandlungsbedingten Vermögensübergang ist nicht zu berücksichtigen. Ein Bewertungswahlrecht besteht anders als für die Steuerbilanz (vgl §§ 3, 11 UmwStG) nicht. Trotz des Untergangs des übertragenden Rechtsträgers ist nach Fortführungsgesichtspunkten zu bilanzieren (BFW/*Budde/Zerwas* H 103; SBB/*Bula/Pernegger* § 10 Rn 52; IDW RS HFA 42 Rn 15; vgl auch Rn 32). Wertobergrenze sind die AK oder HK vermindert um die zwischenzeitl Abschreibungen (Kallmeyer/*Müller* Rn 28; SBB/*Bula/Pernegger* § 10 Rn 50; GKT/*Bermel* Rn 22). Zuschreibungen sind nach den allg, auch für den regulären JA geltenden Vorschriften (§ 253 V HGB) vorzunehmen (ganz hM; etwa IDW RS HFA 42 Rn 15; Widmann/Mayer/*Widmann* § 24 Rn 98; GKT/*Bermel* Rn 22; Lutter/*Priester* § 24 Rn 15; *Gassner* FS Widmann, 2000, 346; SBB/*Bula/Pernegger* § 10 Rn 52; Kallmeyer/*Müller* Rn 28; BFW/*Budde/Zerwas* H 103; *Winnefeld* N 232; insges aA *Müller-Gatermann* WPg 1996, 868, 869: Auflösung der stillen Reserven bis zu ihrem Zeitwert). Ein Aufstockungswahlrecht lässt sich keinesfalls daraus ableiten, dass stl (vgl §§ 3, 11, 15, 16 UmwStG) die WG grdsl mit dem gemeinen Wert anzusetzen sind und nur unter gewissen Voraussetzungen das Wahlrecht zur Fortführung der bisherigen BW oder zur Bewertung mit einem ZW besteht (ebenso Kallmeyer/*Müller* Rn 29; so aber *Müller-Gatermann* WPg 1996, 868, 869). Der Grds der **Maßgeblichkeit** gilt bei Umw nicht (vgl Rn 66 und § 24 Rn 108). 31

bb) Allgemeine Bewertungsgrundsätze. § 252 HGB gilt im Grds ohne Einschränkungen (Kallmeyer/*Müller* Rn 30). Damit ist bei der Bew insbes nach § 252 I Nr 2 HGB von der Fortführung der Unternehmenstätigkeit auszugehen (vgl schon Rn 31; SBB/*Bula/Pernegger* § 10 Rn 52; Widmann/Mayer/*Widmann* § 24 Rn 96; *Gassner* FS Widmann, 2000, 346; Kallmeyer/*Müller* Rn 30; BFW/*Budde/Zerwas* H 103; IDW RS HFA 42 Rn 15). 32

Die Umw kann allerd ein begründeter Ausnahmefall iSv § 252 II HGB sein, um von den Grdsen der Ansatz-, Bewertungs- und Darstellungsstetigkeit nach 33

§§ 246 III 1, 252 I HGB – etwa zur Anpassung an die Bewertungsgrundsätze beim übernehmenden Rechtsträger – abzuweichen (im Grds ganz hM; vgl etwa IDW RS HFA 42 Rn 17; Kallmeyer/*Müller* Rn 30; SBB/*Bula/Pernegger* § 10 Rn 53; Lutter/*Priester* § 24 Rn 16 ff; GKT/*Bermel* Rn 22; Widmann/Mayer/*Widmann* § 24 Rn 57; *Gassner* FS Widmann, 2000, 346; BFW/*Budde/Zerwas* H 105 f). Dies hängt nicht davon ab, ob der übernehmende Rechtsträger nach § 24 die BW fortführt (so aber SBB/*Bula/Pernegger* § 10 Rn 53; Lutter/*Priester* § 24 Rn 16 ff; Widmann/Mayer/*Widmann* § 24 Rn 57; BFW/*Budde/Zerwas* H 105 f; vgl aber IDW RS HFA 42 Rn 17: insbes bei vorgesehener Buchwertverknüpfung). Diese Differenzierung überzeugt nicht. Das Wahlrecht nach § 24 wird ausschließl durch den übernehmenden Rechtsträger und erst – frühestens – im ersten regulären JA nach dem Umwandlungsstichtag ausgeübt. Dies kann keinen Einfluss auf die Schlussbilanz nehmen. Eine Anpassung der Bewertungsmethoden an diejenigen des übernehmenden Rechtsträgers kann daher auch erfolgen, wenn der übernehmende Rechtsträger zunächst beabsichtigt, die BW fortzuführen oder hierüber noch keine Klarheit herrscht. Die Wahlrechte können auch abw von einem auf den gleichen Stichtag bereits aufgestellten und geprüften JA ausgeübt werden. Dann ist eine eigenständige Schlussbilanz aufzustellen und erneut zu prüfen (Kallmeyer/*Müller* Rn 32; WP-HdB Bd II E Rn 36). Eine Änderung des regulären JA ist nicht notw (aA BFW/*Budde/Zerwas* H 106). Anderes gilt, wenn aufgrund der Ergebnisbeeinflussung durch die Wahlrechtsausübung eine bereits beschlossene Gewinnausschüttung nicht mehr zulässig wäre.

34 **e) Besonderheiten bei eigenständiger Schlussbilanz.** In der Praxis wird als Schlussbilanz meist die Jahresbilanz des letzten regulären JA verwendet. Zwingend ist dies indes nicht. Wird die Schlussbilanz auf einen nicht mit dem GjEnde zusammenfallenden Stichtag aufgestellt, entsteht kein RumpfGj (Kallmeyer/*Müller* Rn 17; Widmann/Mayer/*Widmann* § 24 Rn 67; Lutter/*Priester* § 24 Rn 13; Henssler/Strohn/*Heidinger* Rn 18). Es bedarf demzufolge keiner Satzungsänderung zur Anpassung des Gj. Eine derartige Schlussbilanz kann nicht Grundlage für Gewinnausschüttungen sein (Kallmeyer/*Müller* Rn 17; Widmann/Mayer/*Widmann* § 24 Rn 43). IÜ bestehen aber aufgrund des vom GjEnde abw Stichtags keine Besonderheiten. Grdsl ist eine Inventur durchzuführen (vgl Rn 19; *Winnefeld* N 230). Auch eine derartige Schlussbilanz ist festzustellen (vgl Rn 18) und zu prüfen.

35 **f) Acht-Monats-Frist. aa) Allgemeines.** Nach Abs 2 S 4 darf der Stichtag der Schlussbilanz höchstens acht Monate vor der Anmeldung liegen. Vgl ergänzend § 118 S 2 für VVaG. Hierdurch soll die Aktualität gewährleistet werden (Lutter/*Bork* Rn 6). Innerh des von Abs 2 S 4 vorgegebenen Zeitrahmens kann jeder beliebige Stichtag gewählt werden, es besteht indes eine Abhängigkeit zum Umwandlungsstichtag (§§ 5 I Nr 6, 126 I Nr 6; vgl Rn 37).

36 **bb) Beliebiger Stichtag.** Der Stichtag der Schlussbilanz muss nicht mit dem Stichtag des letzten regulären Jahresabschlusses übereinstimmen (allgM; vgl etwa Widmann/Mayer/*Widmann* § 24 Rn 70). Dann muss ledigl eine eigenständige Schlussbilanz aufgestellt werden (vgl auch Rn 34). Grdsl kann jeder beliebige Stichtag innerh des von Abs 2 S 4 vorgegebenen Zeitrahmens (Rückrechnung vom Zeitpunkt der Anmeldung) gewählt werden. Eine unmittelbare Abhängigkeit vom Zeitpunkt gewisser, für die Umw notw Rechtshandlungen (Abschluss des Umwandlungsvertrags, Fassung erforderl Zustimmungsbeschlüsse etc) besteht

nicht (Widmann/Mayer/*Widmann* § 24 Rn 71). Der Stichtag der Schlussbilanz (und damit auch der Umwandlungsstichtag – vgl Rn 37) kann auch nach dem Zeitpunkt des Abschlusses des Verschmelzungsvertrags und/oder der Fassung des Verschmelzungsbeschlusses liegen (KölnerKommUmwG/*Simon* § 5 Rn 94). Er muss aber vor dem Tag der Anmeldung liegen. Unabhängig davon, ob die Schlussbilanz nachgereicht werden kann (dazu Rn 46), ordnet Abs 2 S 1 die Beifügung der Schlussbilanz an. Nach der gesetzl Systematik existiert sie mithin zum Zeitpunkt der Anmeldung. Sie kann aber – wie jede Bilanz – nicht auf einen künftigen Stichtag aufgestellt sein (so auch BFW/*Budde/Zerwas* H 42; KölnerKommUmwG/*Simon* § 5 Rn 93). Unzweifelhaft muss der Stichtag vor dem Zeitpunkt des Wirksamwerdens der Umw (etwa § 20 I Nr 2) liegen (Kallmeyer/*Müller* Rn 13).

cc) Abhängigkeit vom Umwandlungsstichtag. Der Stichtag der Schlussbilanz ist aber abhängig vom **Umwandlungsstichtag,** also von dem Zeitpunkt, von dem an die Handlungen des übertragenden Rechtsträgers als bereits für den übernehmenden Rechtsträger vorgenommen gelten (§§ 5 I Nr 6, 126 I Nr 6). Denn der Stichtag der Schlussbilanz geht **zwingend** dem im Umwandlungsvertrag (Spaltungsplan) bestimmten Umwandlungsstichtag unmittelbar voraus (hM; FG Köln DStRE 2005, 890; offengelassen von BFH DStR 2010, 1517 und FG Niedersachen EFG 2008, 263; SBB/*Bula/Pernegger* § 10 Rn 13; BFW/*Budde/Zerwas* H 39; *Winnefeld* N 228; Lutter/*Priester* § 24 Rn 13; Lutter/*Lutter/Drygala* § 5 Rn 46; GKT/*Bermel* Rn 13; IDW RS HFA 42 Rn 11: idR; Semler/Stengel/*Schröer* § 5 Rn 42; KölnerKommUmwG/*Simon* § 5 Rn 79; aA Kallmeyer/*Müller* Rn 13, § 5 Rn 33 f: sinnvoll, zwingend aber nur bei Buchwertfortführung; Widmann/Mayer/*Widmann* § 24 Rn 64 f; BFH DStR 1999, 1983: meist identisch; Semler/Stengel/*Moszka* § 24 Rn 12). Dies folgt aus den Zwecken der Schlussbilanz und wird von § 24 vorausgesetzt. **37**

Denn die Schlussbilanz dient – vgl Rn 8 ff – in erster Linie der Ermöglichung der Bilanzkontinuität und der Ergebnisabgrenzung (vgl auch FG Köln DStRE 2005, 890; SBB/*Bula/Pernegger* § 10 Rn 13). Die Ergebnisabgrenzung kann die Schlussbilanz nur leisten, wenn ihr Stichtag unmittelbar vor dem Zeitpunkt liegt, von dem an die Handlungen bereits dem übernehmenden Rechtsträger zugerechnet werden. Nachdem die Ergebnisermittlung insges lückenlos sein muss, kann der Stichtag der Schlussbilanz dem Umwandlungsstichtag nur unmittelbar vorangehen, denn § 24 räumt für die Übernahme des übergehenden Verm das Wahlrecht ein, es „auch“ mit den Werten der Schlussbilanz anzusetzen. In diesem Fall sind die lückenlose Ergebnisermittlung und die Bilanzkontinuität nur bei einem unmittelbaren Aufeinanderfolgen von Stichtag der Schlussbilanz und Umwandlungsstichtag gewährleistet (dies räumen auch Kallmeyer/*Müller* Rn 14 und Semler/Stengel/*Moszka* § 24 Rn 12 ein). Das Verhältnis von Stichtag der Schlussbilanz und Umwandlungsstichtag kann aber nicht von der Ausübung des Wahlrechts nach § 24 abhängen. Denn dieses Wahlrecht wird erst zeitl später, frühestens im auf den Umwandlungsstichtag folgenden nächsten regulären JA und zudem autonom durch den übernehmenden Rechtsträger ausgeübt. Dieses Erg wird durch § 80 II nicht entkräftet (so aber Widmann/Mayer/*Widmann* § 24 Rn 64). Soweit danach bei Beteiligung von eG der Stichtag der Schlussbilanz im Verschmelzungsvertrag anzugeben ist, hängt dies mit der bes Bedeutung der Schlussbilanz für die Bestimmung des Umtauschverhältnisses bei eG zusammen. Denn damit wird zugleich der Stichtag der Bew festgelegt. Dieser Regelung hätte es – insofern ist *Widmann* zuzustimmen – allerd nicht bedurft. **38**

39 Weder aus der rechtlichen Systematik des UmwG noch aus Bilanzierungsgrundsätzen lässt sich ableiten, dass der Umwandlungsstichtag am Beginn eines Tages (und damit der Stichtag am Ende des vorausgehenden Tages) sein muss (ebenso KölnerKommUmwG/*Simon* § 5 Rn 97 f). Bedeutung hat dies bei hintereinander vollzogenen Umwandlungen **(Kettenumwandlungen).** Aus handelsbilanzieller Sicht können bei Kettenumwandlungen auch identische Stichtage für die Schlussbilanz gewählt werden (IDW RS HFA 42 Rn 12). Vielfach ist aber eine Reihenfolge hinsichtl der stl Übertragungsstichtage gewünscht (vgl Rn 42). Hier würde sich die Festlegung von Zeitpunkten innerhalb eines Tages anbieten (Beispiel: Verschmelzungsstichtag 1.1., 00:01 Uhr). Die Finanzverwaltung erkennt dies indes nicht an (BMF-Schrb vom 11.11.2011, BStBl I 1314 Rn 02.02; vgl näher § 2 UmwStG Rn 24).

40 **dd) Kein variabler Stichtag.** Die Abhängigkeit zwischen Stichtag der Schlussbilanz und Umwandlungsstichtag bedingt darüber hinaus, dass ein **variabler Umwandlungsstichtag** nicht vereinbart werden kann (str; § 5 Rn 79). Denn dann müsste konsequenterweise eine neue, dem späteren Umwandlungsstichtag angepasste Schlussbilanz aufgestellt werden (zutr SBB/*Bula/Pernegger* § 10 Rn 22; zwingende „Identität" bei Buchwertverknüpfung nach § 24 verlangt Kallmeyer/*Müller* Rn 14; wohl auch IDW RS HFA 42 Rn 26). Davon geht das Gesetz aber nicht aus, wenn es die Schlussbilanz als Anlage der Anmeldung behandelt (vgl auch Rn 37). Unabhängig vom Wortlaut des Abs 2 S 4, der ggf auch noch eine Schlussbilanz mit einem Stichtag nach dem Zeitpunkt der Anmeldung decken würde, wäre die Zulassung eines variablen Stichtags der Schlussbilanz, der wiederum vom variablen Umwandlungsstichtag abh wäre, nicht systemkonform. Denn die Schlussbilanz stellt auch das Erg fest, das noch dem übertragenden Rechtsträger zuzurechnen ist (vgl Rn 13). Mit dem Umwandlungsstichtag wird fiktiv der Übergang des Geschäftsbetriebs auf den übernehmenden Rechtsträger festgelegt; ab dem Umwandlungsstichtag soll das wirtschaftl Erg bereits dem übernehmenden Rechtsträger und damit auch dessen Anteilsinhaber zustehen. Dann wird sich aber – wenigstens im Regelfall – auch die Bew der beteiligten Rechtsträger zur Festlegung des Umtauschverhältnisses am Umwandlungsstichtag orientieren. Da Unternehmen sich unterschiedl entwickeln, müsste eine Nachbewertung und eine Neufeststellung des Umtauschverhältnisses bei einem variablen Stichtag erfolgen (vgl auch § 5 Rn 29, 79).

41 **ee) Rechnungslegungspflicht.** Der Stichtag der Schlussbilanz markiert allerd nicht die Beendigung der Rechnungslegungspflicht des übertragenden Rechtsträgers (Kallmeyer/*Müller* Rn 15; WP-HdB Bd II E Rn 26; anders ggf Lutter/*Drygala* § 5 Rn 46). Diese endet erst mit Wirksamwerden der Verschm; dazu Rn 67 ff.

42 **ff) Steuerlicher Übertragungsstichtag.** Der Stichtag der Schlussbilanz bestimmt zugleich auch den stl Übertragungsstichtag nach §§ 2 I 1, 20 VIII 1, 2 UmwStG. Denn die Bilanz, die dem Vermögensübergang zugrunde liegt (vgl § 2 I 1 UmwStG) ist die Schlussbilanz iSv § 17 II (BMF-Schrb vom 11.11.2011, BStBl I 1314 Rn 02.02; Widmann/Mayer/*Widmann* § 24 Rn 79; Kallmeyer/*Müller* Rn 13; vgl weiter § 2 UmwStG Rn 18 ff).

43 **gg) Fristberechnung.** Für die **Berechnung** der Fristen gelten §§ 186 ff BGB entspr (BFH DStR 1999, 1983; Semler/Stengel/*Schwanna* Rn 17; Widmann/Mayer/*Widmann* § 24 Rn 69; Kallmeyer/*Müller* Rn 24). Es ist allerdings eine Rückrechnung vorzunehmen. § 193 BGB ist nicht anwendbar (Semler/Stengel/

Schwanna Rn 17; KölnerKommUmwG/*Simon* Rn 41; Henssler/Strohn/*Heidinger* Rn 24). Weder kann ein früherer Stichtag gewählt werden, wenn die Rückrechnung vom Tag der Anmeldung dazu führt, dass der früheste Stichtag der Schlussbilanz auf einen Samstag oder einen Sonn- oder Feiertag fällt (Widmann/Mayer/*Widmann* § 24 Rn 69), noch kann die Anmeldung später durchgeführt werden, wenn die Acht-Monats-Frist – vom Stichtag der Schlussbilanz an gerechnet – an einem Samstag oder an einem Sonn- oder Feiertag enden würde (Semler/Stengel/*Schwanna* Rn 17). Denn Abs 2 S 4 legt nicht eine Anmeldefrist fest, sondern den frühesten Stichtag der Schlussbilanz. Demzufolge muss die Anmeldung spätestens bis zum Ablauf des Tages des achten Monats nach dem Bilanzstichtag erfolgen, der zahlenmäßig dem Bilanzstichtag entspricht (§ 188 II BGB). Ist bspw Bilanzstichtag der 28.2. (alternativ: 30.4), kann die Anmeldung bis zum 28.10.(30.12) (und nicht bis zum 31.10. bzw 31.12.!) erfolgen (vgl OLG Köln GmbHR 1998, 1085; aA Semler/Stengel/*Schwanna* Rn 17; Widmann/Mayer/*Widmann* § 24 Rn 69; KölnerKommUmwG/*Simon* Rn 40); die entspr Anwendung von § 188 III BGB führt angesichts der Rückrechnung zu keinem anderen Ergebnis. Die Acht-Monats-Frist ist **zwingend.** Selbst geringfügige Fristüberschreitungen sind schädl (OLG Köln GmbHR 1998, 1095, 1096; Kallmeyer/*Müller* Rn 24; Lutter/*Bork* Rn 6; Widmann/Mayer/*Widmann* § 24 Rn 72; BFW/*Budde/Zerwas* H 89; aA LG Ffm GmbHR 1998, 379; dazu Rn 48). Wird dennoch eingetragen, ist die Umw gem §§ 20 II, 131 II wirksam (Lutter/*Bork* Rn 6; Widmann/Mayer/*Widmann* § 24 Rn 78). In diesem Fall ist trotz der Fristüberschreitung der Stichtag der Schlussbilanz für den stl Übertragungsstichtag (§§ 2 I, 20 VIII UmwStG) maßgebl (wie hier Widmann/Mayer/*Widmann* § 24 Rn 80).

hh) Rechtzeitige Einreichung der Unterlagen. Die jew Schlussbilanz der 44
übertragenden Rechtsträger ist nur deren Anmeldung beizufügen (Rn 15 f). Abs 2 S 4 legt keine Anmeldefrist fest, sondern bewirkt eine Abhängigkeit zwischen dem Zeitpunkt der Anmeldung und dem Stichtag der Schlussbilanz. Dies bedeutet nicht, dass alle Unterlagen zugleich mit der Anmeldung eingereicht werden müssen.

Unzweifelhaft muss innerh der Acht-Monats-Frist die Anmeldung **an sich** 45
erfolgen. Auch eine nicht formgerechte Anmeldung (vgl § 12 HGB) wahrt die Frist, wenn der Formmangel im weiteren Verfahren behoben wird (OLG Jena NJW-RR 2003, 1999: Zugang der Anmeldung per Telefax; zweifelhaft). Zur Anmeldung beim unzuständigen Gericht vgl Rn 48. Weitere Voraussetzung ist, dass zum Zeitpunkt der Anmeldung (nicht ledigl bis zum Fristablauf!) auch der Umwandlungsvertrag wirksam (notarielle Beurkundung) geschlossen und die Umwandlungsbeschlüsse nebst den notw sonstigen Zustimmungserklärungen wirksam gefasst sind (Kallmeyer/*Müller* Rn 24; Widmann/Mayer/*Fronhöfer* § 16 Rn 32). Denn eine vorsorgl Anmeldung wäre wegen des Fehlens einer einzutragenden Tats unverzügl zurückzuweisen. Umwandlungsvertrag, Umwandlungsbeschlüsse und sonstige Zustimmungserklärungen einzelner Anteilsinhaber müssen damit bis zum Ablauf der Frist formwirksam vorliegen (Lutter/*Bork* Rn 6; Kallmeyer/*Zimmermann* Rn 8; *Heckschen* DB 1998, 1385, 1393; KölnerKommUmwG/*Simon* Rn 43). Dabei muss sich wenigstens durch Auslegung ermitteln lassen, dass ein Umwandlungsvertrag geschlossen worden ist (KG AG 2005, 400). Die Anmeldung kann aber auch erfolgen, wenn eine zulässige Bedingung noch nicht eingetreten ist, insbes ein weiterer Umwandlungsvorgang **(Kettenverschmelzung)** noch nicht wirksam geworden ist (OLG Hamm NZG 2007, 914; *Mayer* FS Spiegelberger, 2009, 833, 839).

46 Diese Unterlagen müssen nicht nur existieren, sondern müssen regelm zugleich mit der Anmeldung und damit spätestens bis zum Fristablauf beim Registergericht eingereicht werden, damit dieses prüfen kann, ob eine eintragungsfähige Tats angemeldet wurde (KölnerKommUmwG/*Simon* Rn 43). Wurde ihre Beifügung versehentl unterlassen, kann dies kurzfristig nachgeholt werden (auch Rn 7). Der Umwandlungsvertrag und die Zustimmungsbeschlüsse dürfen auch nicht an wesentl Mängeln leiden; insbes müssen die Mindestvoraussetzungen von §§ 5 I, 126 I erfüllt sein (KG NJW-RR 1999, 186, 187 f; anders wohl *Heckschen* DB 1998, 1385, 1393: wenn auch möglicherweise fehlerhaft). **Weitere Unterlagen** können hingegen **nachgereicht** werden (Widmann/Mayer/*Widmann* § 24 Rn 68; Lutter/*Bork* Rn 6; Kallmeyer/*Zimmermann* Rn 7 f; KölnerKommUmwG/*Simon* Rn 43; *Heckschen* DB 1998, 1385, 1393; GKT/*Bermel* Rn 12). Auch die **Schlussbilanz** kann nachgereicht werden (OLG Jena NJW-RR 2003, 1999; OLG Zweibrücken RNotZ 2002, 516; LG Frankfurt aM NZG 1998, 269; Lutter/*Bork* Rn 6; Semler/Stengel/*Schwanna* Rn 20; Kallmeyer/*Müller* Rn 24; KölnerKommUmwG/*Simon* Rn 44; *Heckschen* Rpfleger 1999, 357, 363; WP-HdB Bd II E Rn 24; Henssler/Strohn/*Heidinger* Rn 28; aA LG Kempten Rpfleger 2001, 433). Ggf ist sie durch Zwischenverfügung (Rn 47) anzufordern (Semler/Stengel/*Schwanna* Rn 20; Kallmeyer/*Müller* Rn 24; Lutter/*Bork* Rn 6). Sie ist allerd zeitnah nachzureichen (Rn 47). Die Zwecke der Schlussbilanz (Rn 8 ff) rechtfertigen keine Unterscheidung danach, ob die nachgereichte Schlussbilanz zum Zeitpunkt der Anmeldung bereits aufgestellt war (so aber LG Ffm NZG 1998, 269; Kallmeyer/*Müller* Rn 24; Henssler/Strohn/*Heidinger* Rn 28). Denn die Schlussbilanz muss nicht etwa bei Fassung der Verschmelzungsbeschlüsse bereits vorliegen (für eG vgl § 80 Rn 10; offengelassen von LG Kempten Rpfleger 2001, 433). Auch die Prüfung muss nicht bis zur Anmeldung (oder bis zum Ablauf der Acht-Monats-Frist) abgeschlossen sein. Der Bestätigungsvermerk kann nachgereicht werden (Semler/Stengel/*Schwanna* Rn 20; Kallmeyer/*Müller* Rn 35).

47 In all diesen Fällen, in denen **behebbare Mängel** vorliegen, hat das Registergericht durch Zwischenverfügung (§ 26 S 2 HRV) zur Vorlage der fehlenden Unterlagen **unverzügl** nach Eingang der Anmeldung (§ 25 I 3 HRV) aufzufordern (LG Frankfurt aM GmbHR 1998, 380, 381; Widmann/Mayer/*Widmann* § 24 Rn 68; Kallmeyer/*Zimmermann* Rn 7). Bei der vom Registergericht einzuräumenden Frist für die Nachreichung der Unterlagen ist der Informationszweck für die Gläubiger (vgl Rn 11) und die vom Gesetzgeber mit den letzten Gesetzesänderungen beabsichtigte Beschleunigung des Registerverfahrens zu beachten. Sie wird daher regelm kurz zu bemessen sein. Nach Ablauf dieser Nachreichungsfrist ist die Anmeldung zurückzuweisen (AG Duisburg GmbHR 1996, 372: keine Nachbesserung innerh von drei Monaten seit Zugang der Zwischenverfügung). Dies gilt allerd nicht, wenn die Eintragung wegen Umständen, die außerh der Einflusssphäre des Anmeldenden liegen (etwa ein schwebender Anfechtungsprozess; noch laufendes Freigabeverfahren nach § 16 III), ohnehin nicht erfolgen kann. Dann kann das Registergericht weder eine aktualisierte Schlussbilanz verlangen (Lutter/*Bork* Rn 7) noch die Eintragung zurückweisen, wenn die Schlussbilanz zwar verspätet, aber noch vor Wegfall des Eintragungshindernisses eingereicht worden ist.

48 Die Anmeldung beim **unzuständigen Gericht** ist ausreichend, wenn dieses den Antrag von Amts wegen an das zuständige Gericht abgibt (Lutter/*Bork* Rn 7; Henssler/Strohn/*Heidinger* Rn 23; offengelassen von BayObLG DStR 1999, 680). Zu weitgehend ist die Ansicht des LG Frankfurt aM (GmbHR 1998, 379), bei

einer Verschm mit KapErh sei eine nach Fristablauf erfolgte Anmeldung anzuerkennen, wenn die Eintragung der KapErh zu lange gedauert habe (krit auch *Heckschen* DB 1998, 1385, 1393).

4. Besonderheiten bei der Spaltung

a) Entsprechende Anwendung von Abs 2. Das Dritte Buch des UmwG (Spaltung) enthält keine bes Vorschriften für die handelsbilanzielle Behandlung der Spaltung. Maßgebl ist zunächst § 125, der die entspr Anwendung von §§ 17 II, 24 anordnet. Daneben sind die allg handelsbilanziellen Regelungen und Grdse zu beachten (Lutter/*Priester* Anh § 134 Rn 1). Demzufolge gelten die vorstehenden Ausführungen auch für die Schlussbilanz eines übertragenden Rechtsträgers bei einer Spaltung (vgl auch IDW RS HFA 43 Rn 5: Verweis auf ERS HFA 42). Einige **Besonderheiten** werden nachfolgend behandelt. 49

b) Gesamt- oder Teilbilanz. § 125 S 1 ordnet eine **entspr** Anwendung der Verschmelzungsvorschriften an. Hieraus wird teilw abgeleitet, dass bei Spaltungen nur eine **Teilschlussbilanz** aufzustellen sei (so Widmann/Mayer/*Widmann* § 24 Rn 163). In dieser Teilbilanz sei das zu übertragende Verm auszuweisen; bei der Übertragung verschiedener Vermögensteile auf unterschiedl übernehmende Rechtsträger seien jew getrennte Teilschlussbilanzen zu erstellen (Widmann/Mayer/*Widmann* § 24 Rn 163). Nach aA können derartige Teilschlussbilanzen zusätzl erstellt werden, sie sind aber weder ausreichend noch erforderl (SBB/*Bula/Pernegger* § 19 Rn 16 ff). Das **IDW** (RS HFA 43 Rn 7 f) ist grdsl der Ansicht, eine Gesamtbilanz sei erforderl, Teilbilanzen könnten nicht zusätzl gefordert werden (auch *Dörner* WP-HdB Bd II E Rn 95; *Winnefeld* N 340). Bei einer **Auf- oder Abspaltung** könnten allerd anstelle einer Gesamtbilanz geprüfte Teilbilanzen für das jeweils zu übertragende bzw das zu übertragende und das verbleibende Verm beigefügt werden (IDW RS HFA 43 Rn 8; WP-HdB Bd II E Rn 95; *Winnefeld* N 340 a). Sei bei Abspaltungen das zu übertragende Verm unwesentl im Verhältnis zum Gesamtvermögen des übertragenden Rechtsträgers, genüge auch eine „geprüfte" Teilbilanz für das zu übertragende Verm (zust Lutter/*Priester* Anh § 134 Rn 2; Kallmeyer/*Kallmeyer/Sickinger* § 125 Rn 23; BFW/*Klingberg* I 107). Bei **Ausgliederungen** könne anstelle einer Gesamtbilanz auch eine Teilbilanz für das zu übertragende Verm eingereicht werden, da das Verm des übertragenden Rechtsträgers nicht gemindert werde (IDW ERS HFA 43 Rn 9; *Schmidt/Heinz* DB 2008, 2696: zwingend Teilbilanz). 50

Tats wird **nur** eine **Gesamtbilanz** dem Sinn und Zweck der Schlussbilanz (dazu Rn 8 ff) gerecht. Dass eine Gesamtbilanz ausreichend ist, folgt aus der GesetzesBegr (RegEBegr BR-Drs 75/94 zu § 17), wonach die Acht-Monats-Frist gewählt wurde, um dem übertragenden Rechtsträger die Möglichkeit einzuräumen, seine reguläre Jahresbilanz (JA) als Schlussbilanz zu verwenden (so auch Kallmeyer/*Sickinger* § 125 Rn 23). Sollte dies für die Spaltung nicht gelten, hätte man eine entspr Einschränkung bei § 125 erwarten können. Allein aus der dort angeordneten „entspr" Anwendung (vgl hierzu auch § 125 Rn 10) lässt sich dies nicht ableiten (so aber Widmann/Mayer/*Widmann* § 24 Rn 163). Entsprechende Anwendung bedeutet nur, dass spaltungsspezifische Notwendigkeiten zu berücksichtigen sind. Dies ist gerade nicht der Fall. Denn dem Zweck der Information der Gläubiger, ob sie Sicherheitsleistung nach §§ 125, 22 verlangen sollen (Rn 11), wird nur eine Gesamtschlussbilanz gerecht. Aufgrund der gesamtschuldnerischen Haftung nach § 133 I bedarf es hierzu einer Information über das gesamte Verm 51 des übertragenden Rechtsträgers. Auch die Ergebnisabgrenzung (Rn 13) kann nur eine Gesamtbilanz leisten. Aus § 126 II 3 lässt sich nichts ableiten, da diese Vorschrift nur Erleichterungen für die Bezeichnung des übergehenden Vermögens schaffen soll (SBB/*Bula/Pernegger* § 19 Rn 17, vgl auch § 126 Rn 77). Daher ist auch bei einer Spaltung die Schlussbilanz **zwingend** eine **Gesamtbilanz.**

52 Eine **Teilbilanz** kann **zusätzl** aufgestellt und auch eingereicht werden; notw ist sie nicht (Lutter/*Priester* Anh § 134 Rn 2; Kallmeyer/*Sickinger* § 125 Rn 23; SBB/*Bula/Pernegger* § 19 Rn 19). Für die Festlegung des übergehenden Verm kommt es ausschließl auf die Bestimmungen im Spaltungsvertrag an (§ 126 I Nr 9; vgl im Einzelnen § 126 Rn 60 ff; vgl auch IDW RS HFA 43 Rn 7). Der Nachw der Kapitaldeckung bei Durchführung einer KapErh beim übernehmenden Rechtsträger kann auch mittels anderer Unterlagen erbracht werden, da es insoweit ohnehin auf die tats Werte ankommt. Auch die Bilanzkontinuität (Rn 10) wird durch eine Gesamtbilanz ermöglicht, da der übernehmende Rechtsträger bei Buchwertfortführung (vgl § 24) die entspr Werte aus dem der Gesamtbilanz zugrunde liegenden Rechnungswesen (BW der einzelnen übergehenden Vermögensgegenstände) ableiten kann.

53 **c) Bilanzierung beim fortbestehenden Rechtsträger. aa) Allgemeines.** Bei der **Aufspaltung** treten Besonderheiten im Vgl zur Verschm nicht auf, weil der übertragende Rechtsträger ebenfalls infolge der Umw erlischt (IDW RS HFA 43 Rn 10). Anderes gilt für die Abspaltung und die Ausgliederung, bei denen der übertragende Rechtsträger auch nach Wirksamwerden fortbesteht. Hier ist zu klären, wie der Vermögensabgang erfolgsmäßig und bilanziell beim übertragenden Rechtsträger (zur Behandlung beim übernehmenden Rechtsträger vgl § 24) zu erfassen ist. Es ist zwischen den Auswirkungen einer **Abspaltung** und denjenigen einer **Ausgliederung** zu unterscheiden.

54 **bb) Erfassung des Vermögensabganges.** Der **Vermögensabgang** (Abspaltung, Ausgliederung) ist nicht in der Schlussbilanz, sondern erst in dem ersten auf das Wirksamwerden der Spaltung folgenden JA zu erfassen. Denn der Stichtag der Schlussbilanz ist zwingend unmittelbar vor dem Spaltungsstichtag (dazu Rn 37 ff). Bis zu diesem Zeitpunkt werden sämtl Vermögensgegenstände noch dem übertragenden Rechtsträger zugeordnet. Die übergehenden Vermögensgegenstände sind im **Anlagenspiegel** (§ 268 II HGB) nach Übergang des (wirtschaftlichen) Eigentums (Rn 83) mit Wirkung ab dem Umwandlungsstichtag als Abgang zu erfassen.

55 **cc) Erfolgsmäßige Verbuchung bei der Abspaltung.** Bei der **Abspaltung** kommt es zu einer Vermögensänderung auf der Ebene des übertragenden Rechtsträgers. Denn die Gegenleistung für die Übertragung des Verm wird – anders als bei der Ausgliederung – nicht dem übertragenden Rechtsträger selbst, sondern dessen Anteilsinhaber gewährt. Die Vermögensänderung kann nach tats und/oder nach BW eine Vermögensmehrung oder Vermögensminderung sein. Zivilrechtl besteht keine Bindung, Vermögensgesamtheiten, insbes einen (stl) Teilbetrieb, zu übertragen; denkbar ist selbst die bloße Übertragung von Verb (§ 126 Rn 64). Die Übertragung eines Teilbetriebs ist ledigl Voraussetzung, damit die Abspaltung ohne Aufdeckung stiller Reserven (steuerneutral) erfolgen kann (vgl insbes § 15 I UmwStG). Auch bei der Abspaltung auf eine KapGes ist die Übertragung eines negativen Buchvermögens mögl, wenn nach tats Werten das (gewährte) Kap gedeckt ist.

Für die erfolgsmäßige Verbuchung und für die bilanzielle Behandlung der Abspaltung beim übertragenden Rechtsträger ist zunächst zu beachten, dass die Abspaltung – ebenso wie die Verschm – ein **Anschaffungs- und Veräußerungsgeschäft** ist. Denn die Übertragung des Verm erfolgt zur Erfüllung der diesbzgl ggü dem übernehmenden Rechtsträger übernommenen Verpflichtung. Die Gegenleistung besteht in der Gewährung von Gesellschaftsrechten an die Anteilsinhaber des übertragenden Rechtsträgers (vgl hierzu ausführl § 24 Rn 10 ff). Obwohl aus der Sicht des übertragenden Rechtsträgers damit ein Veräußerungsgeschäft vorliegt, ist die mit dem Vermögensabgang verbundene Vermögensmehrung oder -minderung nicht als Ertrag oder Aufwand in der GuV-Rechnung des übertragenden Rechtsträgers zu erfassen. Denn der Grund für die Vermögensminderung/-mehrung liegt im Gesellschaftsverhältnis begründet; es ist ein Akt der Vermögensverwendung (wie hier SBB/*Bula/Pernegger* § 19 Rn 46 f; Lutter/*Priester* Anh § 134 Rn 7; *Müller* WPg 1996, 857, 886; *ADS* § 272 HGB Rn 51; IDW RS HFA 11; BFW/*Klingberg* I 331; WP-HdB Bd II E Rn 100; aA Widmann/Mayer/*Widmann* § 24 Rn 167). **56**

Demzufolge ist eine **Vermögensminderung** (Abgang eines positiven Nettobuchvermögens) bei einer **AG** als Ergebnisverwendung in Ergänzung der GuV-Rechnung entspr § 158 I 1 AktG nach dem Posten „Jahresüberschuss/Jahresfehlbetrag" gesondert als „Vermögensminderung durch Abspaltung" auszuweisen (IDW RS HFA 43 Rn 17; BFW/*Klingberg* I 331; Lutter/*Priester* Anh § 134 Rn 7). Ein entspr Ausweis ist auch für **andere Rechtsformen** als AG sinnvoll (IDW RS HFA 43 Rn 18; BFW/*Klingberg* I 331; SBB/*Bula/Pernegger* § 19 Rn 47). Soweit die Vermögensminderung nicht durch den Gewinnvortrag (vgl § 158 I 1 Nr 1 AktG) gedeckt ist, sind Rücklagen aufzulösen (ausführl hierzu *Zeidler* WPg 2004, 324). Hierbei sind bei **AG** vor einer Auflösung der gesetzl Rücklage und der Kapitalrücklage nach § 272 II Nr 1–3 HGB zunächst andere verfügbare Rücklagen aufzulösen (IDW RS HFA 43 Rn 14; SBB/*Bula/Pernegger* § 19 Rn 53; BFW/*Klingberg* I 331; ausführl *Zeidler* WPg 2004, 324; entspr Anwendung von § 150 III Nr 1, IV Nr 2 AktG). Dies ist wiederum nach §§ 158 I, 240 AktG nach dem Posten „Jahresüberschuss/Jahresfehlbetrag" gesondert auszuweisen (IDW RS HFA 43 Rn 17). Auch bei einer **GmbH** sind zunächst in den Grenzen von § 58a II GmbHG ein Gewinnvortrag und die Kapital- und Gewinnrücklagen aufzulösen (IDW RS HFA 43 Rn 14). Nicht aufzulösen war die gesetzl **Rücklage** für **eigene Anteile** (vgl nunmehr § 272 Ia HGB) und sind Rücklagen für Anteile an herrschenden oder mehrheitl beteiligten Unternehmen nach **§ 272 IV HGB** sowie Rücklagenanteile, die nach **§ 268 VIII HGB** einer Ausschüttungssperre unterliegen, soweit die Gründe für deren Bildung nach der Abspaltung (Ausgliederung) beim übertragenden Rechtsträger unverändert bestehen bleiben (IDW RS HFA 43 Rn 14; SBB/*Bula/Pernegger* § 19 Rn 53). Entsprechendes gilt für eine Kapitalrücklage für Nachschusskapital nach § 42 II 3 GmbHG (KölnerKommUmwG/*Simon/Nießen* § 139 Rn 15). Soweit nach der Auflösung der Rücklagen die Vermögensminderung noch nicht ausgeglichen ist, muss nach Maßgabe von § 139 (GmbH) bzw § 145 (AG) eine **Kapitalherabsetzung** (in vereinfachter Form) erfolgen (vgl dazu § 139 Rn 5 ff, § 145 Rn 2 ff). Der hieraus gewonnene Ertrag ist nach § 240 AktG (unmittelbar oder entspr) als „Ertrag aus der Kapitalherabsetzung" gesondert auszuweisen (SBB/*Bula/Pernegger* § 19 Rn 55; wohl auch IDW RS HFA 43 Rn 17). Im **Anh** ist zu erläutern, inwieweit er zum Ausgleich der abspaltungsbedingten Wertminderung verwendet wurde (§ 240 S 3 AktG). **57**

58 Der Abgang eines negativen Buchvermögens **(Vermögensmehrung)** ist demggü erfolgsneutral als andere Zuzahlung nach § 272 II Nr 4 HGB in die Kapitalrücklage einzustellen (IDW RS HFA 43 Rn 19; SBB/*Bula/Pernegger* § 19 Rn 58f; BFW/*Klingberg* I 332). Denn andere Zuzahlungen idS sind Beiträge der Gesellschafter an ihre Ges (Gesellschafterleistungen), die ihre Ursache im Gesellschaftsverhältnis haben. Dies setzt allerd voraus, dass die Gesellschafter den Willen zur Leistung in das EK hatten (vgl dazu etwa Petersen/Zwirner/Brösel/ *Vielmeyer* BilR § 272 HGB Rn 108; BeBiKo/*Förschle/Hoffmann* § 272 HGB Rn 195). Demzufolge können die Gesellschafter *auch* bestimmen, dass die Vermögensmehrung als (außerordentl) Ertrag über die GuV-Rechnung zu erfassen ist (gewillkürter Erfolgsbeitrag oder Erfolgszuschuss; BFW/*Klingberg* I 332; BeBiKo/*Förschle/Hoffmann* § 272 HGB Rn 195).

59 **dd) Erfolgsmäßige Verbuchung bei der Ausgliederung.** Anders als bei der Abspaltung (Rn 55 ff) erhält bei der Ausgliederung der übertragende Rechtsträger selbst die Gegenleistung für die Vermögensübertragung. Mit dem Anschaffungsgeschäft auf Seiten des übernehmenden Rechtsträgers (vgl dazu ausführl § 24 Rn 10 ff) korrespondiert ein Veräußerungsgeschäft auf der Ebene des übertragenden Rechtsträgers; die übergehenden WG werden gg die gewährten Anteile **getauscht** (vgl etwa Lutter/*Priester* Anh § 134 Rn 8; BFW/*Klingberg* I 335; Widmann/Mayer/ *Widmann* § 24 Rn 169; IDW RS HFA 43 Rn 21; *Winnefeld* N 340 f; wohl aA SBB/*Bula/Pernegger* § 19 Rn 64: es fehle am Umsatzakt). Anders als bei der Abspaltung beruht die Vermögensänderung nicht auf dem Gesellschaftsverhältnis (vgl Rn 56). Demzufolge ist die Übertragung des Verm bei der Ausgliederung **zwingend erfolgswirksam,** also über die GuV-Rechnung zu erfassen (Lutter/*Priester* Anh § 134 Rn 8; IDW RS HFA 43 Rn 21; *Winnefeld* N 340 f).

60 Die dem übertragenden Rechtsträger anlässl der Ausgliederung gewährten Anteile können handelsbilanziell nur mit dem **Zeitwert** angesetzt werden. Dies ist die zwingende Konsequenz aus dem Umstand, dass die Ausgliederung ein Tauschgeschäft ist. Der übernehmende Rechtsträger muss die übergehenden WG mit dem Zeitwert ansetzen, da sie zur Erfüllung der Einlageverpflichtung geleistet werden (dazu ausführl § 24 Rn 29 ff). Nichts anderes gilt für den übertragenden Rechtsträger. Er hat – für eine logische Sekunde; vgl insoweit BFH DStR 1998, 366 – die als Gegenleistung zu gewährende Beteiligung am übernehmenden Rechtsträger als Forderung zu erfassen (BFH DStR 1998, 366). Diese Forderung ist mit dem Zeitwert des zu gewährenden Anteils zu bewerten. Mit der Anteilsgewährung erfolgt eine Erfüllung der Forderung; der Anteil ist mithin ebenso mit dem Zeitwert anzusetzen (aA Widmann/Mayer/ *Widmann* § 24 Rn 169: mit dem BW der hingegebenen WG, mit dem Zeitwert der hingegebenen WG oder mit einem dazwischen liegenden Wert; SBB/*Bula/Pernegger* § 19 Rn 64: mangels Umsatzakt mit dem BW des ausgegliederten Verm; IDW RS HFA 43 Rn 21: BW des ausgegliederten Verm, Zeitwert oder erfolgsneutraler ZW; BFW/*Klingberg* I 335: BW des ausgegliederten Verm, dessen Zeitwert sowie zum BW zzgl der durch den Tausch ausgelösten Ertragsteuerbelastung).

61 Ein durch den Ansatz des Zeitwertes entstehender **Gewinn** ist als außerordentl Ertrag über die GuV-Rechnung zu erfassen.

62 Nach der hier vertretenen Ansicht ist der gewährte Anteil auch dann zwingend mit dem Zeitwert anzusetzen, wenn ein **negatives Buchvermögen** übertragen wird (so auch BFW/*Klingberg* I 336; anders IDW RS HFA 43 Rn 21: Ansatz mit einem Merkposten; ähnl SBB/*Bula/Pernegger* § 19 Rn 66; Widmann/Mayer/

Widmann § 24 Rn 169; *Winnefeld* N 340 f). Der Zeitwert des **gewährten Anteils** ist auch maßgebl, wenn tats ein **negatives** Verm übertragen werden würde (denkbar bei einer Ausgliederung auf eine PersGes). Dass in diesem Fall überhaupt ein Anteil gewährt wird, kann auf Umstände außerh des Umwandlungsvorgangs zurückzuführen sein.

d) Berücksichtigung von Haftungsverbindlichkeiten. Zur bilanziellen **63** Berücksichtigung von Haftungsverbindlichkeiten aufgrund der für alle beteiligten Rechtsträger eintretenden gesamtschuldnerischen Haftung nach § 133 I vgl § 133 Rn 40 f.

5. Verhältnis zum Steuerrecht

a) Steuerliche Schlussbilanzen. Der übertragende Rechtsträger muss bzw **64** wird regelm auch für stl Zwecke eine Schlussbilanz erstellen (vgl §§ 3, 11, 15, 16 UmwStG). In den Fällen der §§ 3–19 UmwStG (also Verschm von KapGes auf PhG oder auf ihren Alleingesellschafter, Verschm von KapGes untereinander, Auf- und Abspaltung von KapGes auf KapGes und auf PhG) übt der übertragende Rechtsträger in der stl Schlussbilanz die stl Wahlrechte hinsichtl des Ansatzes und der Bew der übergehenden WG aus (grdsl Bew mit dem gemeinen Wert, unter gewissen Voraussetzungen und auf Antrag Bew mit dem BW oder einem ZW). In den von §§ 20 ff UmwStG erfassten Fallgruppen stehen hingegen dem übernehmenden Rechtsträger diese Wahlrechte zu (vgl §§ 20 II, 21 I, 24 II UmwStG).

In den Fällen der §§ 3–19 UmwStG entspricht der **Stichtag** der handelsbilanzi- **65** ellen Schlussbilanz nach Abs 2 auch demjenigen der stl Schlussbilanz, da durch den handelsbilanziellen Schlussbilanzstichtag der stl Übertragungsstichtag festgelegt wird, § 2 I UmwStG (vgl § 2 UmwStG Rn 19 ff). Entsprechendes gilt in den Fällen der §§ 20 ff UmwStG, soweit die Wahlrechte auf stl Rückwirkung (vgl §§ 20 V, VI, 24 IV UmwStG) ausgeübt werden (können).

b) Keine Maßgeblichkeit. Für die stl Schlussbilanz gelten eigene Vorschriften **66** (Rn 64), die nur teilw an die handelsrechtl Vorschriften anknüpfen (Widmann/Mayer/*Widmann* § 24 Rn 200). Von bes Bedeutung ist, dass der Grds der Maßgeblichkeit nicht gilt. Der Grds der umgekehrten Maßgeblichkeit (§ 5 I 2 EStG aF – Ausübung stl Wahlrechte in Übereinstimmung mit der handelsrechtl Bilanz) ist nach den Änderungen durch das BilMoG ohnehin weggefallen (§ 5 I 1 EStG). IÜ fehlt es an **korrespondierenden Wahlrechten,** da handelsrechtl nach Abs 2 zwingend entspr den für den JA geltenden Vorschriften zu bilanzieren ist (also Fortentwicklung der bisherigen BW; vgl dazu ausführl Rn 25 ff), während der übertragende Rechtsträger die übergehenden WG einschl nicht entgeltl erworbener und selbst geschaffener immaterieller WG nach § 3 I UmwStG (Verschm Körperschaft auf PersGes oder auf ihren Alleingesellschafter), nach § 11 I UmwStG (Verschm Körperschaft auf Körperschaft), nach § 15 UmwStG (Auf- und Abspaltung einer Körperschaft auf eine Körperschaft) und nach § 16 UmwStG (Auf- oder Abspaltung einer Körperschaft auf eine PhG) in der stl Schlussbilanz im Grds mit dem gemeinen Wert anzusetzen hat. Nur unter gewissen Voraussetzungen besteht auf Antrag das vom übertragenden Rechtsträger auszuübende Wahlrecht, die übergehenden WG mit dem bisherigen BW oder einem ZW anzusetzen und zu bewerten (vgl im Einzelnen die Komm der genannten Vorschriften). Die zum früheren UmwStG vertretene Auffassung der FinVerw, die stl Wahlrechte nach §§ 3, 11, 15, 16 UmwStG aF könnten wegen des Grdses der Maßgeblichkeit nicht ausgeübt werden (vgl BMF-Schrb vom 25.3.1998, BStBl I 268 Rn 03.01), war fehlerhaft (BFH DStR 2007, 1767). Anlässl der Änderungen durch das SEStEG wurde auch vom Gesetzgeber klargestellt, dass bei Umw der Grds der Maßgeblichkeit nicht gilt (RegEBegr BT-Drs 16/2710 zum Ersten bis Fünften Teil). Dem folgt nun auch die Finverw (vgl BMF-Schrb vom 11.11.2011, BStBl I 1314 Rn 03.10, 03.25, 11.05, 20.20, 21.07, 21.11). Ebenso wenig kommt es zu einer phasenverschobenen Wertaufholung, wenn handelsrechtl nicht die BW fortgeführt werden (dazu *Behrens* BB 2009, 318).

6. Rechnungslegung und Bilanzierung in der Interimszeit

67 **a) Verpflichtung zur Rechnungslegung.** Die Wirkungen der Verschm (Spaltung) treten mit Eintragung der Verschm (Spaltung) im Register des übernehmenden (übertragenden) Rechtsträgers ein, §§ 20 I, 131 I. Erst in diesem Moment erlischt (bei der Verschm und bei der Aufspaltung) der übertragende Rechtsträger, §§ 20 I Nr 2, 131 I Nr 2. Bis zu diesem Zeitpunkt besteht die handelsrechtl **Rechnungslegungsverpflichtung** (§§ 238 ff, 242 ff HGB) des übertragenden Rechtsträgers fort (ganz hM; Kallmeyer/*Müller* Rn 19 f; SBB/*Bula/Pernegger* § 10 Rn 66; Lutter/*Priester* § 24 Rn 27; Widmann/Mayer/*Widmann* § 24 Rn 516; IDW RS HFA 42 Rn 22; *Gassner* FS Widmann, 2000, 343, 355; BFW/*Budde/Zerwas* H 50). Der Abschluss des Verschmelzungsvertrags (Spaltungsvertrags) mit der Vereinbarung eines Umwandlungsstichtags (§§ 5 I Nr 6, 126 I Nr 6) lässt die Verpflichtung zur Rechnungslegung unberührt. Ab diesem Zeitpunkt gelten zwar die Handlungen des übertragenden Rechtsträgers als für Rechnung des übernehmenden Rechtsträgers vorgenommen, diese Zuordnung setzt aber eine wirksame und damit eine eingetragene Umw (Verschm, Spaltung, Vermögensübertragung) voraus. Wird die Umw wirksam, ist sie im Rechnungswesen des übernehmenden Rechtsträgers so abzubilden, als wäre das Verm bereits mit dem Umwandlungsstichtag übergegangen und wären die Geschäfte des übertragenden Rechtsträgers bereits im Namen und für Rechnung des übernehmenden Rechtsträgers geführt worden. Nur idS ist es zutr, dass der Umwandlungsstichtag den Zeitpunkt des Wechsels der Rechnungslegung festlegt (so Lutter/*Drygala* § 5 Rn 46; Widmann/Mayer/*Widmann* § 5 Rn 153). Davon zu unterscheiden ist der Zeitpunkt des Vermögensübergangs (Rn 73 ff) und das Ende der Verpflichtung, (noch) einen Jahresabschluss aufzustellen (Rn 72).

68 Das Fortbestehen einer nur den übertragenden Rechtsträger erfassenden Rechnungslegung ist bereits notw, um die **stl Verpflichtungen** des übertragenden Rechtsträgers erfüllen zu können. Zwar tritt regelm (vgl §§ 2, 20 V, VI, 22 IV UmwStG) auch eine stl Rückwirkung auf den Stichtag der Schlussbilanz (und damit auf den Zeitpunkt unmittelbar vor dem Umwandlungsstichtag, vgl Rn 37 ff) ein, diese wirkt allerd nur für Ertragsteuern (BMF-Schrb vom 11.11.2011, BStBl I 1314 Rn 01.01). Für **Verkehrsteuern,** insbes für die USt, gilt sie nicht. Der übertragende Rechtsträger bleibt bis zur Eintragung der Umw im HR Unternehmer iSd UStG. Demzufolge muss der übertragende Rechtsträger bis zu seinem Erlöschen Voranmeldungen und ggf Jahreserklärungen abgeben, was eine entspr Buchführung voraussetzt (vgl dazu auch § 2 UmwStG Rn 39; vgl auch Semler/Stengel/*Moszka* § 24 Rn 17).

69 Die in der Person des übertragenden Rechtsträgers fortbestehende Rechnungslegungsverpflichtung kann aber bereits vor dem Wirksamwerden der Umw **durch** den **übernehmenden Rechtsträger** erfüllt werden. In diesem Fall führt er die

Bücher des übertragenden Rechtsträgers im Auftrag des übernehmenden Rechtsträgers, indem er einen eigenständigen Buchungskreis einrichtet (BFW/*Budde/Zerwas* H 50; Widmann/Mayer/*Widmann* § 24 Rn 517). Dies ändert nichts an der originären Verantwortlichkeit des übertragenden Rechtsträgers (BFW/*Budde/Zerwas* H 50).

Soweit vor Wirksamwerden der Eintragung ein regulärer JA für den übertragenden Rechtsträger aufzustellen ist (vgl Rn 72), muss dieser auch **festgestellt** und – bei Vorliegen der Voraussetzungen – **geprüft** und **offengelegt** werden (wie hier Kallmeyer/*Müller* Rn 20; IDW RS HFA 42 Rn 22). **70**

Bereits erstellte JA werden mit Wirksamwerden der Umw nicht nachträgl unrichtig. Eine Verpflichtung zur **Änderung** der JA besteht nicht (Lutter/*Priester* § 24 Rn 31; Widmann/Mayer/*Widmann* § 24 Rn 557). **71**

b) Aufstellung von Jahresabschlüssen. Aufgrund der fortbestehenden Verpflichtung zur Rechnungslegung (dazu Rn 67) muss der übertragende Rechtsträger grdsl auch eigene JA aufstellen, wenn zum Stichtag von regulären JA (§ 242 HGB) die Umw noch nicht eingetragen ist (Kallmeyer/*Müller* Rn 20; BFW/*Budde/Zerwas* H 56; Lutter/*Priester* § 24 Rn 27; Widmann/Mayer/*Widmann* § 24 Rn 554; SBB/*Bula/Pernegger* § 10 Rn 67; *Gassner* FS Widmann, 2000, 343, 355; IDW RS HFA 42 Rn 22; *Kiem* ZIP 1999, 173, 177). Entsprechendes gilt für die Pflicht zur Prüfung und Offenlegung dieses Abschlusses (Rn 70). Dieser JA ist für das gesamte Gj und nicht etwa für den Zeitraum ab dem Stichtag der Schlussbilanz zu erstellen, da durch die Aufstellung der Schlussbilanz ein RumpfGj nicht gebildet wird (dazu Rn 34; SBB/*Bula/Pernegger* § 10 Rn 67). Maßgebl für die Verpflichtung ist der Zeitpunkt der Aufstellung und nicht der Stichtag des JA. Wird die Umw zwar nicht bis zum GjEnde, aber bis zur Aufstellung des JA durch Eintragung wirksam, entfällt diese originär die Organe des übertragenden Rechtsträgers treffende Verpflichtung mit dessen Erlöschen (wie hier Kallmeyer/*Müller* Rn 20; SBB/*Bula/Pernegger* § 10 Rn 67; BFW/*Budde/Zerwas* H 56; IDW RS HFA 42 Rn 23). Denn mit Wirksamwerden der Umw sind das Verm und die Geschäfte des übertragenden Rechtsträgers vereinbarungsgemäß ab dem Umwandlungsstichtag (vgl § 5 I Nr 6) beim übernehmenden Rechtsträger zu erfassen. Demzufolge könnte der übertragende Rechtsträger in dem JA nichts mehr ausweisen; die entspr Verpflichtung geht unter. Sie kann dann nicht mehr im Wege der Gesamtrechtsnachfolge auf den übernehmenden Rechtsträger übergehen. **72**

c) Vermögenszuordnung. Für JA, die der übertragende Rechtsträger vor Wirksamwerden der Verschm noch aufzustellen hat, gelten zunächst die allg Vorschriften (insbes §§ 242 ff HGB) und die allg Grdse. Danach hat nicht der zivilrechtl Eigentümer, sondern – bei Auseinanderfallen – der **wirtschaftl Eigentümer** die Vermögensgegenstände anzusetzen (§ 246 I 2 HS 2 HGB; dazu etwa Petersen/Zwirner/Brösel/*Tanski* BilR § 246 HGB Rn 53 ff). Dieser Grds gilt uneingeschränkt auch bei Umw. Bei einer schwebenden Umw ist daher bei der Aufstellung eines JA für den übertragenden Rechtsträger zu prüfen, ob vor dem Wirksamwerden der Umw das wirtschaftl Eigentum bereits auf den übernehmenden Rechtsträger übergegangen ist (Kallmeyer/*Müller* Rn 21; *Gassner* FS Widmann, 2000, 343, 355; SBB/*Bula/Pernegger* § 10 Rn 69 f; BFW/*Budde/Zerwas* H 51; *Kiem* ZIP 1999, 175, 179; IDW RS HFA 42 Rn 27; Lutter/*Priester* § 24 Rn 29; *Tischer* WPg 1996, 745; aA Widmann/Mayer/*Widmann* § 24 Rn 555). **73**

Der Übergang des wirtschaftlichen Eigentums kann nicht rückwirkend begründet werden (Kallmeyer/*Müller* Rn 21).

74 Nach der für die Praxis bedeutsamen Auffassung des **IDW** (RS HFA 42 Rn 29), der die Lit zutreffend größtenteils zustimmt (etwa SBB/*Bula/Pernegger* § 10 Rn 70; BFW/*Budde/Zerwas* F 51; Kallmeyer/*Müller* Rn 21) ist von einem **Übergang** des **wirtschaftl Eigentums** auf den übernehmenden Rechtsträger auszugehen, wenn **kumulativ** folgende **Voraussetzungen** zum Umwandlungsstichtag erfüllt sind:

- Der Umwandlungsvertrag muss formwirksam abgeschlossen sein und die Umwandlungsbeschlüsse sowie ggf weitere Zustimmungserklärungen der Anteilsinhaber müssen vorliegen.
- Der vereinbarte Umwandlungsstichtag muss vor dem Abschlussstichtag liegen oder mit diesem zusammenfallen.
- Die Umw muss bis zur Beendigung der Aufstellung des JA eingetragen sein oder mit an Sicherheit grenzender Wahrscheinlichkeit eingetragen werden.
- Es muss faktisch oder durch eine entspr Regelung im Umwandlungsvertrag sichergestellt sein, dass der übertragende Rechtsträger nur im Rahmen eines ordnungsmäßigen Geschäftsgangs oder mit Einwilligung des übernehmenden Rechtsträgers über die Vermögensgegenstände verfügen kann.

75 Wenn das wirtschaftl Eigentum am Aktivvermögen aufgrund der vorgenannten Umstände bereits beim übernehmenden Rechtsträger liegt, hat er auch die **Verb** entweder unmittelbar oder als Ausgleichsverpflichtung zu passivieren (IDW RS HFA 42 Rn 30; SBB/*Bula/Pernegger* § 10 Rn. 73; BFW/*Budde/Zerwas* H 51). Der **übertragende** Rechtsträger kann in diesem Fall von der Passivierung nur absehen, wenn der übernehmende Rechtsträger vor dem Abschlussstichtag aufgrund ausdrückl Vereinbarung (regelm wohl im Umwandlungsvertrag) die gesamtschuldnerische Mithaftung für die Verb übernommen hat (aA IDW RS HFA 42 Rn 30: vertragliche Schuldübernahme nicht erforderlich). Dann genügt beim übertragenden Rechtsträger eine Angabe als Haftungsverhältnis iSv § 251 HGB unter der Bilanz (Kallmeyer/*Müller* Rn 21). Solange der übertragende Rechtsträger die Verb selbst noch bilanziert, hat er ggf auf der Aktivseite einen Ausgleichsposten einzustellen (wie hier Kallmeyer/*Müller* Rn 21).

76 Solange das **wirtschaftl Eigentum** zum Abschlussstichtag noch **nicht** auf den übernehmenden Rechtsträger übergegangen ist, hat der übertragende Rechtsträger sämtl Vermögensgegenstände und sämtl Schulden nach den allg Grdsen zu erfassen. Auf die künftigen Auswirkungen des geschlossenen Umwandlungsvertrags ist im Anh hinzuweisen.

77 **d) Ergebniszuordnung.** Es sind zwei Zeitpunkte zu beachten. Der Umwandlungsstichtag bestimmt den Zeitpunkt, von dem die Handlungen des übertragenden Rechtsträgers als für Rechnung des übernehmenden Rechtsträgers vorgenommen gelten (§§ 5 I Nr 6, 126 I Nr 6). Demzufolge ist das vom übertragenden Rechtsträger ab dem Umwandlungsstichtag erwirtschaftete Erg bereits dem übernehmenden Rechtsträger zuzurechnen.

78 Davon zu unterscheiden ist der Zeitpunkt, ab dem der übernehmende Rechtsträger mit dem übergehenden Verm ein originär eigenes Erg erwirtschaftet. Obwohl der Übergang der Aktiva und Passiva erst mit Wirksamwerden der Umw erfolgt, ist auch insoweit bei JA während einer schwebenden Umw bereits auf den Übergang des **wirtschaftl Eigentums** abzustellen (vgl auch Rn 73 ff). Denn mit Übergang des wirtschaftl Eigentums hat der übernehmende Rechtsträger aufgrund der ihm zugeordneten Vermögensgegenstände und Verb eigene Erträge

und Aufwendungen; korrespondierend hat der übertragende Rechtsträger ab diesem Zeitpunkt keine originären Aufwendungen und Erträge mehr (IDW RS HFA 42 Rn 31; SBB/*Bula/Pernegger* § 10 Rn 79; *Gassner* FS Widmann, 2000, 343, 356; Lutter/*Priester* § 24 Rn 29; WP-HdB Bd II E Rn 51 f). Regelmäßig wird in diesem Zeitpunkt die Überleitung der Geschäftsvorfälle seit dem Umwandlungsstichtag erfolgen (vgl Rn 83).

Solange das **wirtschaftl Eigentum** nicht übergegangen ist, hat der übertragende Rechtsträger noch originäre Aufwendungen und Erträge. Der übertragende Rechtsträger hat sich aber mit Abschluss des Umwandlungsvertrags, der mit Fassung aller notw Zustimmungsbeschlüsse für die Parteien bindend wurde, verpflichtet, ab dem Umwandlungsstichtag alle Handlungen für Rechnung des übernehmenden Rechtsträgers vorzunehmen (§§ 5 I Nr 6, 126 I Nr 6). Daher kann ein in der Zeit ab dem Umwandlungsstichtag erwirtschafteter Gewinn nicht mehr für **Ausschüttungen** an die Anteilsinhaber des übertragenden Rechtsträgers verwendet werden. Das Handeln für Rechnung des übernehmenden Rechtsträgers muss in dem JA des übertragenden Rechtsträgers unabhängig vom Übergang des wirtschaftl Eigentums vermerkt werden. Eine entspr Erläuterung kann etwa im Anh erfolgen (Kallmeyer/*Müller* Rn 22; SBB/*Bula/Pernegger* § 10 Rn 90; *Gassner* FS Widmann, 2000, 343, 356; IDW RS HFA 42 Rn 31: im JA). 79

Eine bilanzielle Ausschüttungssperre, die rechtl aber wegen des Abschlusses des Umwandlungsvertrags regelm besteht, tritt hierdurch jedoch nicht ein. Daher ist es vorzugswürdig, einen seit dem Umwandlungsstichtag erwirtschafteten **Gewinn** als RSt (Verbindlichkeitenrückstellung) zu passivieren. Der Aufwand ist in der GuV-Rechnung gesondert vor dem Jahresergebnis als „für fremde Rechnung erwirtschaftetes Ergebnis" auszuweisen (Kallmeyer/*Müller* Rn 22; Lutter/*Priester* § 24 Rn 28; *Gassner* FS Widmann, 2000, 343, 356; aA IDW RS HFA 42 Rn 31). 80

Die hiergegen erhobenen Bedenken, es fehle an den Voraussetzungen für eine Rückstellungsbildung (so SBB/*Bula/Pernegger* § 10 Rn 86; vgl auch IDW RS HFA 42 Rn 31: der nach dem Abschlussstichtag gefasste Verschmelzungsbeschluss sei ein wertbegründendes Ereignis), überzeugen nicht. Die im Umwandlungsvertrag getroffene Vereinbarung eines Umwandlungsstichtags ist eine ausreichende rechtl Verpflichtung für eine Verbindlichkeitenrückstellung iSv § 259 I 1 HGB. Die Ungewissheit vor der Eintragung der Umw ist der Grund, warum eine RSt und nicht eine Verb auszuweisen ist. 81

Der **übernehmende Rechtsträger** kann einen korrespondierenden Ertrag vor der Eintragung der Umw noch nicht ausweisen; dies wäre ein Verstoß gegen das Realisationsprinzip nach § 252 I Nr 4 HGB (IDW RS HFA 42 Rn 31; SBB/*Bula/Pernegger* § 10 Rn 91). Ebenso wenig kann der **übertragende** Rechtsträger bei Entstehen eines **Verlustes** seit dem Umwandlungsstichtag wegen § 252 I Nr 4 HGB einen Anspruch auf Ausgleich der Vermögensminderung einstellen (Kallmeyer/*Müller* Rn 22; Lutter/*Priester* § 24 Rn 28). Der **übernehmende** Rechtsträger muss einen beim übertragenden Rechtsträger seit dem Umwandlungsstichtag eingetretenen **Verlust** bereits durch eine entspr RSt erfassen; der Aufwand ist in der GuV-Rechnung gesondert als letzter Posten vor dem Erg der gewöhnl Geschäftstätigkeit auszuweisen. Zur Behandlung eines **EAV** in der Interimsphase vgl ausführl BFW/*Budde/Zerwas* Rn 64 f und insbesondere *Gelhausen/Heinz* NZG 2005, 775. 82

e) Überleitung im Rechnungswesen. Spätestens mit Wirksamwerden der Umw (zur Maßgeblichkeit des Übergangs des wirtschaftl Eigentums vgl Rn 73 ff 83 und 77 ff) sind die übergehenden Vermögensgegenstände und Verb und die Geschäftsvorfälle seit dem Umwandlungsstichtag endgültig beim übernehmenden Rechtsträger so zu erfassen, als ob die Umw zum Umwandlungsstichtag wirksam geworden wäre. Die Geschäftsvorfälle seit dem Umwandlungsstichtag sind in der GuV des übernehmenden Rechtsträgers zu erfassen (BFW/*Förschle/Hoffmann* K 15; IDW RS HFA 42 Rn 33; Kallmeyer/*Müller* § 24 Rn 54). Zum Ansatz und zur Bew des übergehenden Verm beim übernehmenden Rechtsträger vgl § 24. Die Überleitung kann durch entspr Saldenbuchungen oder durch eine Nachbuchung beim übernehmenden Rechtsträger erfolgen (IDW RS HFA 42 Rn 33; Semler/Stengel/*Moszka* § 24 Rn 16). Allerd sind **Insich-Geschäfte** zwischen den beteiligten Rechtsträgern zu eliminieren; dies ist die zwingende Konsequenz aus dem Umstand, dass nach §§ 5 I Nr 6, 126 I Nr 6 Rechtsgeschäfte des übertragenden Rechtsträgers als bereits für Rechnung des übernehmenden Rechtsträgers vorgenommen gelten (vgl Rn 13). Anderenfalls würde der übernehmende Rechtsträger ein von ihm noch nicht realisierter Erfolg zugerechnet werden (aA *Perwein* GmbHR 2011, 977: erst ab dem Übergang des wirtschaftl Eigentums). Eine **Abschlussbilanz,** die zwingend ein Nullvermögen ausweisen müsste, muss der übertragende Rechtsträger bzw der übernehmende Rechtsträger für den übertragenden Rechtsträger nicht aufstellen (IDW RS HFA 42 Rn 42; Kallmeyer/*Müller* Rn 20).

7. Bilanzierung beim Formwechsel

84 Im Ggs zur bis 1994 geltenden Rechtslage ist der Formwechsel nach §§ 194 ff **identitätswahrend.** Eine Vermögensübertragung findet nicht statt. Demzufolge ist es konsequent, dass die §§ 190 ff weder auf §§ 17, 24 verweisen noch eigene Regelungen für eine Schlussbilanz und/oder eine Eröffnungsbilanz enthalten. Mangels Vermögensübertragung lässt sich auch aus den allg Vorschriften und den allg Grdsen eine Verpflichtung zur Aufstellung derartiger Bilanzen nicht ableiten (wie hier Widmann/Mayer/*Widmann* § 24 Rn 196, 482; SBB/*Bula/Pernegger* § 27 Rn 4 f; Kallmeyer/*Meister/Klöcker* § 192 Rn 21; BFW/*Hoffmann* J 30; IDW RS HFA 41 Rn 22; BeBiKo/*Grottel/Gadek* § 255 HGB Rn 43; aA *Priester* DB 1995, 911, 915 ff; *Müller-Gattermann* WPg 1996, 868, 870). Dies ist ein wesentl Unterschied zur **stl Situation,** denn nach §§ 9, 25 UmwStG muss beim „kreuzenden" Formwechsel (von Körperschaft in PersGes und umgekehrt) zu stl Zwecken eine Schlussbilanz und eine Eröffnungsbilanz erstellt werden. Hintergrund ist, dass wegen des Wechsels der Besteuerungssysteme stl ein Vermögensübergang fingiert wird. Vgl hierzu näher § 9 UmwStG und § 25 UmwStG.

85 Mangels Vermögensübertragung (Identität des Rechtsträgers) müssen im **nächsten JA** des neuer Rechtsform die fortentwickelten BW zwingend fortgeführt werden (IDW RS HFA 41 Rn 5, 27; Widmann/Mayer/*Widmann* § 24 Rn 483; SBB/*Bula/Pernegger* § 27 Rn 8; BeBiKo/*Grottel/Gadek* § 255 HGB Rn 43; BFW/*Förschle/Hoffmann* L 30; *Breuninger* FS Widmann, 2000, 203, 210). Der Rechtsträger in neuer Rechtsform führt vollumfänglich die Rechtsstellung fort (SBB/*Bula/Pernegger* § 27 Rn 8). Eine Durchbrechung der Ansatz- und Bewertungsstetigkeit ist nur aufgrund zwingender Anforderungen für die neue Rechtsform gerechtfertigt (IDW RS HFA 41 Rn 23). Eine Rückwirkung tritt nicht ein (IDW RS HFA 41 Rn 3; SBB/*Bula/Pernegger* § 27 Rn 10). Ab Wirksamwerden des Formwechsels sind die für die neue Rechtsform geltenden Vorschriften (etwa §§ 264 ff HGB für KapGes) zu beachten. Wird der Formwechsel vor

Aufstellung, aber nach dem Bilanzstichtag wirksam, gelten für diesen JA noch die Vorschriften der Rechtsform alter Form (IDW RS HFA 41 Rn 24 mit weiteren Hinweisen; SBB/*Bula/Pernegger* § 27 Rn 12; WP-HdB Bd II E Rn 132). Eine zum Abschlussstichtag bestehende **Prüfungspflicht** bleibt unberührt (IDW RS HFA 41 Rn 25).

Auch auf der Ebene der **Anteilsinhaber** ist die Identität des Rechtsträgers zu **86** beachten. Die Beteiligung an dem formgewechselten Rechtsträger wird fortgesetzt, ein Anteilstausch erfolgt nicht. Ein Neubewertung der Beteiligung kann mangels Anschaffungsgeschäft nicht erfolgen (IDW RS HFA 41 Rn 35)

Beim Formwechsel einer **PhG in eine KapGes** wird das EK der PersGes **87** ohne individuelle Zuordnung (Kapitalkonten) EK der KapGes (IDW RS HFA 41 Rn 7). Übersteigt das EK der PhG den Betrag des Nennkapitals, ist der übersteigende Betrag in die KapRL nach § 272 II Nr 4 HGB einzustellen (IDW RS HFA 41 Rn 8; aA SBB/*Bula/Pernegger* § 27 Rn 29 mwN: Grdsl Agio nach § 272 II Nr 1 HGB). Im Formwechselbeschluss kann indes eine Einstellung in die KapRL nach § 272 II Nr 1 HGB festgelegt werden (IDW RS HFA 41 Rn 8). Thesaurierte Gewinne, auch solche, die gesellschaftsvertragl einer gesamthänderisch gebundenen RL zugeführt wurden, können auch anderen GewinnRL (§ 272 III HGB) zugeführt werden (IDW RS HFA 41 Rn 8). Zur Kapitaldeckung beim Formwechsel in eine KapGes vgl § 220 UmwG. Deckt das EK nach BW nicht das festgesetzte Festkapital, ist der Unterschiedsbetrag als Verlustvortrag oder als Abzugsposten innerhalb des bilanziellen EK auszuweisen (vgl im Einzelnen IDW RS HFA 41 Rn 9). Zum Formwechsel einer **KapGes in eine PhG** vgl IDW RS HFA 41 Rn 35 ff).

8. Zwischenbilanz nach § 63

Neben der Schlussbilanz kann nach § 63 I Nr 3 bei Beteiligung von AG eine **88** **Zwischenbilanz** erforderl werden (vgl auch §§ 82 I, 101 I, 106, 112 I für eG, eV, genossenschaftl Prüfungsverbände und VVaG; vgl auch § 143). Voraussetzung dafür ist, dass sich der letzte JA auf ein Gj bezieht, das mehr als sechs Monate vor dem Abschluss des Verschmelzungsvertrags oder der Aufstellung des Entwurfs abgelaufen ist. Die Zwischenbilanz muss dann auf einen Stichtag aufgestellt sein, der nicht vor dem ersten Tag des dritten Monats liegt, der dem Abschluss oder der Aufstellung des Verschmelzungsvertrags vorausgeht. Die Zwischenbilanz ist grdsl nach den Vorschriften aufzustellen, die auf den letzten JA angewendet worden sind, nach § 63 II 2–4 gelten aber einige Vereinfachungen.

Die Zwischenbilanz muss nicht geprüft und nicht bekannt gemacht werden **89** (Widmann/Mayer/*Widmann* § 24 Rn 190). Vgl iÜ § 63 Rn 4 ff).

§ 18 Firma oder Name des übernehmenden Rechtsträgers

(1) **Der übernehmende Rechtsträger darf die Firma eines der übertragenden Rechtsträger, dessen Handelsgeschäft er durch die Verschmelzung erwirbt, mit oder ohne Beifügung eines das Nachfolgeverhältnis andeutenden Zusatzes fortführen.**

(2) **Ist an einem der übertragenden Rechtsträger eine natürliche Person beteiligt, die an dem übernehmenden Rechtsträger nicht beteiligt wird, so darf der übernehmende Rechtsträger den Namen dieses Anteilsinhabers nur dann in der nach Absatz 1 fortgeführten oder in der neu gebilde-**

ten Firma verwenden, wenn der betroffene Anteilsinhaber oder dessen Erben ausdrücklich in die Verwendung einwilligen.

(3) [1] **Ist eine Partnerschaftsgesellschaft an der Verschmelzung beteiligt, gelten für die Fortführung der Firma oder des Namens die Absätze 1 und 2 entsprechend.** [2] **Eine Firma darf als Name einer Partnerschaftsgesellschaft nur unter den Voraussetzungen des § 2 Abs. 1 des Partnerschaftsgesellschaftsgesetzes fortgeführt werden.** [3] **§ 1 Abs. 3 und § 11 des Partnerschaftsgesellschaftsgesetzes sind entsprechend anzuwenden.**

Schrifttum: Schrifttum bis 1994 siehe 3. Auflage; Schrifttum bis 2000 siehe 4. Auflage; *Heckschen,* Firmenbildung und Firmenverwertung – Aktuelle Tendenzen, NotBZ 2006, 346; *ders,* Die Verwertung der Firma in der Insolvenz, Kölner Schrift zur Insolvenzordnung, 3. Aufl 2009, Kapitel 33, S 1067.

Übersicht

1. Allgemeines

1 Im früheren Verschmelzungsrecht gab es keine firmenrechtl Regelungen. Die Möglichkeit, die Firma eines übertragenden Rechtsträgers bei Fortführung des von diesem betriebenen Handelsgeschäfts weiter zu verwenden, war nicht gegeben. Die erste Fassung von § 18 UmwG 1995 ermöglicht eine flexible Firmenbildung. Nach dem Vorbild von § 6 II UmwG 1969 wurde die **Firmenfortführung** bei Verschm zugelassen; § 18 I 2, 3 aF schränkten die Firmenfortführung für PhG wegen des grdsl Verbots der Sachfirma und für eG wegen des grdsl Verbots der Personenfirma allerdings ein. Abs 2 aF gestattete in Fortführung von § 6 III UmwG 1969 die Aufnahme des Namens einer natürl Person in die Firma einer PhG, auch wenn der Namensträger nicht Gesellschafter der PhG wurde.

2 Durch das **HRefG** vom 22.7.1998 (BGBl I 1474; dazu *Hörtnagl* INF 1998, 750; *Schaefer* DB 1998, 1269; *Patt* DStZ 1999, 5) wurde das Firmenrecht im HGB umfassend liberalisiert (dazu RefEBegr ZIP 1996, 1445; *Bokelmann* GmbHR 1998, 57; *Busch* Rpfleger 1998, 178; *Bydlinski* ZIP 1998, 1169; *Fezer* ZHR 161 [1997], 52; *Gustavus* GmbHR 1998, 17; *Jung* ZIP 1998, 677; *Kögel* BB 1998, 1645; *Scheibe* BB 1997, 1489; *Schulz* JA 1999, 24/9).

3 Zweck der **Liberalisierung** war die Angleichung an andere europäische Rechtsordnungen, um die durch das ehemals strenge deutsche Firmenrecht bestehenden Wettbewerbsnachteile zu eliminieren (vgl RegEBegr BT-Drs 13/8444, 35 ff). Durch die **umfassende Änderung von §§ 17 ff HGB** und der gesellschaftsrechtl Sondergesetze wurde grdsl allen Unternehmen die Möglichkeit eröffnet, ihre Firma nach unternehmerischen Bedürfnissen als **Personen-, Sach- oder Phantasiefirma** zu wählen (vgl aber OLG Celle GmbHR 1999, 412 und Baumbach/*Hopt* HGB § 19 Rn 10 zur Verwendung von reinen Buchstabenzusammenstellungen; umfassender Überblick für den Praktiker bei *Heckschen* NotBZ 2006, 346 mwN).

Um dem Rechtsverkehr den ausreichenden Rückschluss auf die Rechtsform zu ermögl, wird in § 19 I HGB nun die Zufügung eines **Rechtsformzusatzes als Firmenbestandteil** auch der Einzelfirma und der PhG vorgeschrieben. Zur Vermeidung von Irreführungen sieht § 19 II HGB des Weiteren den **Ausweis der Haftungsbeschränkung** für solche HandelsGes vor, bei denen keine natürl Person persönl haftet. Die firmenrechtl Neuerungen der Handelsrechtsreform führten auch zur Änderung spezialgesetzl Firmenregelungen. §§ 4, 279 AktG, § 4 GmbHG und § 3 GenG wurden geändert. Die firmenrechtl Regelungen im UmwG (§§ 18, 200) ebenfalls. 4

§ 18 regelt **zur Firma oder zum Namen** des übernehmenden Rechtsträgers. Abs 1 S 1 blieb unverändert, Abs 1 S 2, 3 aF wurden ebenso ersatzlos gestrichen wie § 18 II aF. Abs 3 aF ist nun Abs 2. Sämtl dieser Änderungen resultieren daraus, dass PhG und eG nun grdsl Personen, Sach- und Phantasiefirmen zugeordnet werden dürfen. 5

Abs 3, der zur Beteiligung einer **PartGes** an der Verschm regelt, wurde durch Art 1 Nr 6b des Gesetzes zur Änderung des UmwG, des PartGG und anderer Gesetze vom 22.7.1998 (BGBl I 1878) eingefügt. Bei Beteiligung einer PartGes als übertragender Rechtsträger gelten die normalen firmenrechtl Regelungen entsprechend, Abs 3 S 1. Wenn die PartGes übernehmender Rechtsträger ist, muss ihr Name gem Abs 3 S 2, 3 den speziellen Namensregelungen des PartGG entsprechen. 6

2. Grundsatz: Firmenfortführung

a) Gestaltung. Abs 1 gibt dem übernehmenden Rechtsträger zwar die umfassende Möglichkeit, anstelle seiner Firma die (berechtigte, Widmann/Mayer/*Vollrath* Rn 14; Lutter/*Bork* Rn 3, 4; nicht bei der Verschm auf Alleingesellschafter, wenn Vorname fehlt, OLG Düsseldorf DB 1997, 2526; bei akademischem Titel in der Firma des übertragenden Rechtsträgers ist Nachfolgezusatz erforderl, BGH WM 1998, 1094 mit Anm *Klaka* EWiR 1998, 325) Firma eines der übertragenden Rechtsträger fortzuführen. Dabei handelt es sich aber nicht um eine „Weiterführung" iSv § 38 I EGHGB, sondern um die Bildung einer **Neufirma,** sodass die Übergangsregelung bis zum 31.3.2003 nicht einschlägig war (GK-HGB/*Nickel* § 19 Rn 7; Altersrang siehe Rn 10). 7

Unzulässig ist auch nach der Handelsrechtsreform eine **Kombination von Firmenbestandteilen** mehrerer übertragender Rechtsträger in der neuen Firma des übernehmenden Rechtsträgers. Für einen solchen Verstoß gegen den Grds der Firmenwahrheit besteht kein Bedürfnis. Abs 1 soll nur die Möglichkeit der Fortführung eines traditionsreichen Firmennamens gewährleisten (vgl RegEBegr BR-Drs 75/94 zu § 18 I aF). Eine beliebige Kombination von Firmenbestandteilen wird vom Sinn der Norm nicht gedeckt (aA Semler/Stengel/*Schwanna* Rn 2 mwN; Widmann/Mayer/*Vossius* Vor §§ 39 ff Rn 71.1). 8

Die Firmenfortführung kann mit oder ohne Beifügung eines das Nachfolgeverhältnis andeutenden Zusatzes erfolgen. Soweit die Firma eines übertragenden Rechtsträgers mit einem **Nachfolgezusatz** fortgeführt wird, muss klargestellt werden, dass der übernehmende Rechtsträger Nachfolger des erloschenen übertragenden Rechtsträgers ist und nicht umgekehrt (zB übertragender Rechtsträger: Max Müller, Freiburger Farbwerke AG, übernehmender Rechtsträger: Anna Mayer & Co OHG; zulässige Firmierung: Max Müller, Freiburger Farbwerke, Nachfolger [Inhaber] Anna Mayer & Co OHG). Unabhängig davon, ob von 9 dieser Möglichkeit Gebrauch gemacht wird, behält die übernommene Firma ihren **Altersrang nach dem Prioritätsprinzip** (Lutter/*Bork* Rn 4; zur Bedeutung des Prioritätsprinzips für die Firma als Marke vgl Hettler/Stratz/Hörtnagl/*Hug/Gaugenrieder* § 10 Rn 100 ff).

10 Der Rechtsformzusatz in der Firma des übertragenden Rechtsträgers entfällt (vgl Rn 14).

11 Abw vom Verbot der Kombination von Firmenbestandteilen mehrerer übertragender Rechtsträger (Rn 8) ist auch eine **Firmenvereinigung** der bisherigen Firma des übernehmenden Rechtsträgers und der Firma eines übertragenden Rechtsträgers mögl (neue Firma, vgl Lutter/*Bork* Rn 9); bereits vor der Einführung von § 18 I 1 aF durch das UmwG 1995 war die Zulässigkeit einer Firmenvereinigung bei der Verschm allg anerkannt (Nachw in der 2. Aufl 1996, § 18 Rn 4).

12 **b) Voraussetzungen.** Nach dem für alle Rechtsträger geltenden Abs 1 ist die Firmenfortführung nur für den Fall zulässig, dass das **Handelsgeschäft** des übertragenden Rechtsträgers **durch Verschm erworben** wird. Der Begriff Handelsgeschäft ist § 22 I HGB entlehnt und unabhängig von der Rechtsform des übertragenden Rechtsträgers nach §§ 1 ff HGB zu bestimmen (Staub/*Würdinger* § 22 Rn 1, 2 mwN; Lutter/*Bork* Rn 3; KölnerKommUmwG/*Simon* Rn 12). Durch die Verschm wird ein noch bestehendes Handelsgeschäft des übertragenden Rechtsträgers stets erworben, § 20 I Nr 1.

13 Bei der Spaltung (§§ 123 ff) und bei der Teilübertragung (§ 177) ist entscheidend, ob das Handelsgeschäft als solches Gegenstand der partiellen Gesamtrechtsnachfolge ist oder nicht, wobei § 125 S 1 bei Abspaltung und Ausgliederung nicht auf § 18 verweist. Abw von § 22 I HGB ist die Zustimmung des übertragenden Rechtsträgers zumindest bei der Verschm nicht notw (Lutter/*Bork* Rn 3 mwN). Anderes gilt gem **Abs 2** für anlässl der Verschm **ausscheidende natürl Personen,** deren Name in der Firma des übernehmenden Rechtsträgers verwendet werden soll (dazu nachfolgend Rn 16 ff)

14 Abw vom früheren Recht (dazu 2. Aufl 1996, § 18 Rn 12) muss der **Rechtsformzusatz** in der Firma **des übertragenden Rechtsträgers** nun stets entfallen, um Täuschungen im Rechtsverkehr zu vermeiden. Durch die Neufassung von § 19 I HGB hat der Gesetzgeber deutl gemacht, dass die Firma Informationsträger über Rechts- bzw Gesellschaftsform und Haftungsverhältnis zu sein hat (Minimalfunktion der Firma, vgl RegEBegr BT-Drs 13/8444, 37). Die Fortführung eines nicht mehr aktuellen Rechtsformzusatzes aus der Firma des übertragenden Rechtsträgers würde auch bei Beifügung eines eindeutigen Nachfolgezusatzes zur **Irreführung** beitragen.

15 Ebenfalls in Abweichung zum früheren Recht muss der **übernehmende Rechtsträger** seine **Rechtsform** nun durch einen geeigneten **Zusatz** in der Firma zum Ausdruck bringen, denn § 19 I HGB hat das Privileg für die PhG beseitigt und schreibt entsprechend §§ 4, 279 AktG, § 4 GmbHG, § 3 GenG die Bezeichnung der Rechtsform oder die Aufnahme einer sinnvollen Abkürzung vor.

3. Ausgeschiedene natürliche Personen, Abs 2

16 **Abs 2** entspricht Abs 3 aF. Die an sich zulässige Firmenfortführung oder Firmenneubildung steht unter dem umfassenden **Einwilligungsvorbehalt zugunsten einer natürl Person,** deren Name Firmenbestandteil eines übertragenden Rechtsträgers ist.

Voraussetzung ist zunächst die ursprüngl Beteiligung einer natürl Person am übertragenden Rechtsträger, weiterhin die Verwendung des Namens dieser natürl Person im Rahmen einer Firmierung nach Abs 1 und schließl das **Ausscheiden** des namensgebenden Anteilsinhabers **im Zusammenhang mit der Verschm** (zum Ausscheiden gegen Barabfindung vgl § 200 Rn 10). Nach dem neuen Firmenrecht kommt es nicht mehr darauf an, ob übertragender Rechtsträger eine KapGes oder eine PhG ist (GK-HGB/*Nickel* § 22 Rn 24a mwN). **17**

Die Verwendung des Namens dieser natürl Person ist nur für den Fall ihrer **ausdrückl Einwilligung** in die Verwendung des Namens mögl (zur PartGes aber Rn 23). Nach dem Tod der natürl Person geht diese Rechtsmacht auf die **Erben** über, sofern der Erblasser keine gegenteilige Vfg getroffen hat (dazu MüKoHGB/*Bokelmann* § 22 Rn 46; Staub/*Hüffer* § 22 Rn 38; GK-HGB/*Nickel* § 22 Rn 25 je mwN). Str ist die Befugnis des **Insolvenzverwalters** zur Erteilung der Einwilligung (dagegen Semler/Stengel/*Schwanna* Rn 8; Kallmeyer/*Marsch-Barner* Rn 12; differenzierend und mwN zum Meinungsstand *Heckschen,* Kölner Schrift zur InsO, S 1067 ff). **18**

An die Ausdrücklichkeit der Einwilligung sind keine allzu hohen Anforderungen zu stellen. Es genügt, wenn der Wille, die Firmenfortführung zu gestatten, zweifelsfrei zum Ausdruck kommt (BGH NJW 1994, 2025). Auch eine **stillschweigende Einwilligung** ist mögl, die bloße Duldung der Firmenfortführung genügt jedoch nicht (MüKoHGB/*Steckhan* § 22 Rn 12; Kallmeyer/*Marsch-Barner* Rn 13; aA Semler/Stengel/*Schwanna* Rn 8; wohl auch LG München I NJW-RR 1997, 1188). **19**

Die Einwilligung kann auch bedingt oder befristet erteilt werden (RGZ 76, 263; Baumbach/*Hopt* HGB § 22 Rn 11); sie kann auch auf eine bestimmte Rechtsform beschränkt werden (BayObLG NZG 1998, 148). **20**

Die Einwilligung muss nicht gleichzeitig, aber **in unmittelbarem Zusammenhang mit der Eintragung der Verschm** erklärt werden (Staub/*Hüffer* § 22 Rn 26). Zumindest muss die Einwilligung im Zeitpunkt der tats Firmenfortführung vorliegen. **21**

Ein **Widerruf der Einwilligung** ist grdsl ausgeschlossen, es sei denn, dass der übernehmende Rechtsträger die Firma zu unlauteren Geschäften missbraucht (MüKoHGB/*Steckhan* § 22 Rn 14; Semler/Stengel/*Schwanna* Rn 8). **22**

4. Beteiligung einer Partnerschaftsgesellschaft, Abs 3

Abs 3 wurde notw, weil § 3 Abs 1 Nr 1 die Verschm seit 1998 (Rn 3) auch für **PartGes** eröffnet. Die PartGes hat keine Firma, sondern einen **Namen** (§ 2 PartGG). Ist die **PartGes übertragender Rechtsträger** und ein Rechtsträger anderer Rechtsform übernehmender Rechtsträger, können Abs 1 und 2 somit nicht unmittelbar angewendet werden. **Abs 3 S 1** beseitigt dieses Hindernis. Auch für den umgekehrten Fall, dass die PartGes übernehmender Rechtsträger ist, kann sie grdsl eine bisherige Firma eines übernehmenden Rechtsträgers als Namen fortführen, Abs 1, 2 gelten entsprechend. **23**

Abs 3 S 2, 3 haben Bedeutung, wenn die **PartGes übernehmender Rechtsträger** ist. Die Liberalisierung des Firmenrechts ließ die strengen Voraussetzungen an die Namensbildung einer PartGes unberührt. Gem § 2 I PartGG muss der Name der Partnerschaft mindestens den **Namen eines Partners,** den **Zusatz** „und Partner" oder „Partnerschaft" (der für andere Rechtsformen verschlossen ist, BGH DStR 1997, 1051; OLG Karlsruhe NZG 1998, 269; zweifelhaft LG **24**

München I MittBayNot 1998, 270) sowie die **Berufsbezeichnungen** aller in der Partnerschaft vertretenen Berufe enthalten.

25 Die Namen **anderer Personen** als der Partner dürfen unabhängig von einer etwaigen Einwilligung gem Abs 2 nicht in den Namen der Partnerschaft aufgenommen werden, § 2 I 3 PartGG (vgl aber auch BayObLG NZG 1999, 148 zur Fortwirkung einer Namensgestattung bei Umw einer GbR in eine PartGes, § 1 II PartGG; OLG Frankfurt aM GmbHR 1999, 411 zum Formwechsel OHG in GmbH). Reine **Sach- oder Phantasiefirmen** sind unzulässig, Mischformen aber mögl (Lutter/*Bork* Rn 8).

26 Der Verweis in Abs 3 S 2 auf § 1 PartGG ist nur sinnvoll, wenn übertragender Rechtsträger nicht selbst eine PartGes ist. Da die Übergangsfrist von § 11 I 2 PartGG zwischenzeitl abgelaufen ist, kommt die Firmenfortführung mit der Bezeichnung „Partnerschaft" oder „und Partner" durch einen Rechtsträger anderer Rechtsform nur dann in Betracht, wenn ein eindeutiger Hinweis auf die andere Rechtsform hinzugefügt wird, § 11 I 3 PartGG (vgl dazu auch OLG Stuttgart BB 2000, 1001; BGH NJW 1997, 1854 und OLG Frankfurt aM BB 1999, 554 mit Bespr *Seibert* EWiR 1999, 417). Da seit der Handelsrechtsreform die Aufnahme des Rechtsformzusatzes ohnehin für alle Rechtsformen vorgeschrieben ist (dazu Rn 4), hat die Verweisung auf § 11 PartGG keine eigenständige Bedeutung.

§ 19 Eintragung und Bekanntmachung der Verschmelzung

(1) [1] **Die Verschmelzung darf in das Register des Sitzes des übernehmenden Rechtsträgers erst eingetragen werden, nachdem sie im Register des Sitzes jedes der übertragenden Rechtsträger eingetragen worden ist.** [2] **Die Eintragung im Register des Sitzes jedes der übertragenden Rechtsträger ist mit dem Vermerk zu versehen, daß die Verschmelzung erst mit der Eintragung im Register des Sitzes des übernehmenden Rechtsträgers wirksam wird, sofern die Eintragungen in den Registern aller beteiligten Rechtsträger nicht am selben Tag erfolgen.**

(2) [1] **Das Gericht des Sitzes des übernehmenden Rechtsträgers hat von Amts wegen dem Gericht des Sitzes jedes der übertragenden Rechtsträger den Tag der Eintragung der Verschmelzung mitzuteilen.** [2] **Nach Eingang der Mitteilung hat das Gericht des Sitzes jedes der übertragenden Rechtsträger von Amts wegen den Tag der Eintragung der Verschmelzung im Register des Sitzes des übernehmenden Rechtsträgers im Register des Sitzes des übertragenden Rechtsträgers zu vermerken und die bei ihm aufbewahrten Dokumente dem Gericht des Sitzes des übernehmenden Rechtsträgers zur Aufbewahrung zu übermitteln.**

(3) **Das Gericht des Sitzes jedes der an der Verschmelzung beteiligten Rechtsträger hat jeweils die von ihm vorgenommene Eintragung der Verschmelzung von Amts wegen nach § 10 des Handelsgesetzbuchs ihrem ganzen Inhalt nach bekanntzumachen.**

Schrifttum: Schrifttum bis 1994 siehe 3. Auflage; Schrifttum bis 2000 siehe 4. Auflage; *König,* Doppelsitz einer Kapitalgesellschaft – gesetzliches Verbot oder zulässiges Mittel der Gestaltung einer Fusion?, AG 2000, 18; *Meininger/Gänzle,* Rückforderung europarechtswidriger Registergebühren, BB 2000, 840; *Meilicke,* Kein Rechtsschutz gegen rechtswidrige Handelsregistereintragung?, DB 2001, 1235; *Noack,* Online- Unternehmensregister in Deutschland und Europa – Bemerkungen zum Regierungsentwurf eines ERJuKoG, BB 2001, 1261; *Lenz,* Verschmelzung zur Neugründung, GmbHR 2001, 717; *Rinnert,* Auswirkung eines Formwechsels von einer AG in eine GmbH auf das bedingte Kapital zur Sicherung von Bezugsrechten, NZG 2001, 865; *Seibert,* Der Online-Abruf aus dem Handelsregister kommt!, BB 2001, 2494; *Zilles,* Handelsregisteranmeldung von Unternehmensverträgen bei Verschmelzung der herrschenden Gesellschaft, GmbHR 2001, 21; *Klinke,* Europäisches Unternehmensrecht und EuGH, ZGR 2002, 163; *vom Stein,* Anfechtung von Hauptversammlungsbeschlüssen und Amtshaftungsprozeß wegen angeblich rechtswidriger Handelsregistereintragung, DB 2002, 2421; *Bandehzadeh,* Zur Zulässigkeit gesellschaftsvertraglicher Handelsregistervollmachten bei Personenhandelsgesellschaften, DB 2003, 1663; *Gronstedt,* Vorratsgesellschaften: Praktische Konsequenzen nach der neuen BGH-Rechtsprechung, BB 2003, 860; *Kallmeyer,* Ist die Wiederbelebung einer Mantel-GmbH wirklich strenger zu behandeln als der Formwechsel einer AG in eine GmbH?, DB 2003, 2583; *Meilicke,* Droht Überregulierung für Vorratsgesellschaften?, BB 2003, 857; *Nolting,* Registerrechtliche Gründungsprüfung beim Erwerb von Mantel- und Vorratsgesellschaften, ZIP 2003, 651, *Berninger,* Handelsregistereintragung des Formwechsels einer AG in die Rechtsform der GmbH bzw. umgekehrt, GmbHR 2004, 659; *Haeder,* Änderung der Kostenordnung durch das Kostenrechtsmodernisierungsgesetz, DNotZ 2004, 405; *Kort,* Gesellschaftsrechtlicher und registerrechtlicher Bestandsschutz eingetragener fehlerhafter Umwandlungen und anderer Strukturänderungen, DStR 2004, 185; *Maier-Reimer,* Vereinfachte Kapitalherabsetzung durch Verschmelzung?, GmbHR 2004, 1128; *Mathias,* Änderungen der Kostenordnung durch das Kostenrechtsmodernisierungsgesetz und das Handelsregistergebühren-Neuordnungsgesetz, JurBüro 2004, 463; *Petersen,* Vereinfachte Kapitalherabsetzung durch Verschmelzung?, GmbHR, 2004, 728; *Tillmann,* Die Mehrfachverschmelzungen auf eine GmbH unter Beteiligung vermögensloser übertragender Rechtsträger, BB 2004, 673; *Bengel/Tiedtke,* Die Kostenrechtsprechung 2004, DNotZ 2005, 336; *Hintzen,* Entwicklungen im Handels- und Registerrecht seit 2003, Rpfleger 2005, 344; *Horsch,* Löschung eingetragener und angefochtener Verschmelzungsbeschlüsse von Kapitalgesellschaften im Handelsregister, Rpfleger 2005, 577; *Ulrich,* Verwendung von gebrauchten Gesellschaftsmänteln: Die Behandlung von Altfällen, GmbHR 2005, 900; *Bayer/Schmidt,* Der Regierungsentwurf zur Änderung des Umwandlungsgesetzes, NZG 2006, 841; *Büchel,* Voreilige Eintragung von Verschmelzung oder Formwechsel und die Folgen, ZIP 2006, 2289; *Custodis,* Die gelöschte Verschmelzung, GmbHR 2006, 904; *Drinhausen,* Regierungsentwurf eines Zweiten Gesetzes zur Änderung des Umwandlungsgesetzes – Ein Gewinn für die Praxis, BB 2006, 2313; Handelsrechtsausschuss des Deutschen Anwaltvereins: Stellungnahme zum Regierungsentwurf eines Zweiten Gesetzes zur Änderung des Umwandlungsgesetzes, NZG 2006, 737; Stellungnahme der Centrale für GmbH Dr. Otto Schmidt vom 16.3.2006 zum Referentenentwurf eines Zweiten Gesetzes zur Änderung des Umwandlungsgesetzes, GmbHR 2006, 418; *Heckschen,* Die GmbH-Reform – Wege und Irrwege, DStR 2007, 1442; *ders,* Die Reform des Umwandlungsrechts, DNotZ 2007, 444; *Kögel,* Entwicklungen im Handels- und Registerrecht seit 2005, Rpfleger 2007, 299; *Mayer/Weiler,* Neuregelungen durch das Zweite Gesetz zur Änderung des Umwandlungsgesetzes, DB 2007, 1235 (Teil I); DB 2007, 1291 (Teil II), *dies,* Aktuelle Änderungen des Umwandlungsrechts aus Sicht der notariellen Praxis, MittBayNot 2007, 368; *Neye,* BB-Gesetzgebungsreport: Bundestag beschließt neues Umwandlungsrecht, BB 2007, 389; *Grunewald,* Auslegung von Unternehmens- und Umwandlungsverträgen, ZGR 2009, 647.

Übersicht

1. Allgemeines

1 **Abs 1 und 2** legen die **Reihenfolge der notw Registereintragungen** fest. Abs 1 aF hatte die früheren Regelungen von § 346 I 1, 3 AktG aF wörtl übernommen; diese Vorschrift war im Gegensatz zu den anderen Eintragungsregelungen (§ 25 KapErhG aF, § 93e IV GenG aF, § 44a III VAG aF) durch das VerschmRLG geändert und entsprechend den Erfordernissen bei der Verschm unter Beteiligung mehrerer übertragender Rechtsträger formuliert worden. Durch das **2. UmwÄndG** (dazu Einf Rn 28) wurde Abs 1 S 2 ergänzt, vgl Rn 5.

2 Entscheidende Bedeutung für den Vermögensübergang iSv § 20 Abs 1 Nr 1 hat bis auf den Ausnahmefall von § 122 II (wenn im **Fall von § 122 II** eine Eintragung beim übernehmenden Rechtsträger nicht mögl ist, wirkt diejenige beim übertragenden Rechtsträger konstitutiv; dazu § 122 Rn 4 und BGH DB 1998, 1607; OLG Celle FGPrax 1998, 69; wenn keine Registereintragung mögl ist, wird diese durch die Bekanntmachung ersetzt, vgl § 104 für den wirtschaftl Verein und § 119 für den kleineren VVaG) die **Eintragung in das Register des** Sitzes des **übernehmenden Rechtsträgers;** dadurch wird bei der Beteiligung mehrerer übertragender Rechtsträger (dazu auch *Tillmann* BB 2004, 673) notw ein zeitl Gleichlauf der Übertragungsvorgänge (zum Innenverhältnis der Rechtsträger: § 5 Rn 73 ff) gewährleistet. Die Eintragung kann ggf durch eine einstweilige Vfg unterbunden werden, vgl Rn 31. Zur Negativerklärung § 16 II, zum Freigabeverfahren § 16 III und Komm dort.

3 **Abs 3** enthält eine für die ersten vier Bücher des UmwG einschlägige Vorschriften zur **Bekanntmachung** der jew Eintragung. Für den Formwechsel gilt § 201. Mit der Aufnahme von Abs 3 in seiner ursprüngl Fassung sollte eine Verweisung auf ein anderes Gesetz – § 10 HGB – vermieden werden (vgl RegEBegr BR-Drs 75/94 zu § 19 III). Außerdem war nach der Vorstellung des Gesetzgebers für eG und Vereine eine Rechtsgrundverweisung auf § 10 HGB nicht mögl, dort ist nur die Bekanntmachung der Eintragung in das HR geregelt. Durch das EHUG (dazu Einf Rn 28) wurde Abs 3 geändert, jetzt gibt es den Verweis auf § 10 HGB, vgl Rn 35.

2. Eintragungsreihenfolge, Abs 1

4 Die **Reihenfolge** der einzelnen Eintragungen (zur Reihenfolge der Anmeldung vgl § 16 Rn 15; zur Voreintragung einer KapErh auch bei Sitzverlegung OLG Frankfurt aM DB 2005, 154) ist nicht von den Parteien oder vom Registergericht frei bestimmbar, sondern gesetzl **zwingend angeordnet.** Die Festlegung der Eintragungsreihenfolge dient dem Schutz der Anteilsinhaber und hat – da erst die Eintragung bei den übertragenden Rechtsträgern vorzunehmen ist – Warnfunktion für alle anderen Betroffenen (vgl zB für die Gläubiger § 22, für den Verjährungsbeginn beim Schadensersatzanspruch §§ 25 III, 27, für die Barabfindung § 31; Lutter/*Bork* Rn 2 aE).

Die **konstitutive Eintragung** (vgl § 20 I) in das Register des Sitzes des übernehmenden Rechtsträgers (Ausnahme: § 122 II) darf gem Abs 1 S 1 erst vorgenommen werden, nachdem die Verschm bereits in den jew Registern am Sitz eines jeden übertragenden Rechtsträgers eingetragen worden ist. Da diese Eintragungen den tats Verhältnissen vorgreifen, muss durch Aufnahme eines Vermerks darauf hingewiesen werden, dass die Verschm erst mit Eintragung im Register am Sitz des übernehmenden Rechtsträgers wirksam wird, Abs 1 S 2 HS 1. **5**

Letzteren Vermerk bedarf es nicht, sofern die Eintragungen in den Registern aller beteiligten Rechtsträger **am selben Tag** erfolgen, Abs 1 S 2 HS 2. Diese Norm wurde durch das **2. UmwÄndG** ergänzt. Die einem praktischen Bedürfnis folgende und kostengünstige (RegEBegr BT-Drs 16/2919, 13, 19) Regelung ist zu begrüßen. Sie ermöglicht insbes Absprachen mit den zuständigen Registergerichten, bei den übertragenden Rechtsträgern können Veröffentlichungskosten eingespart werden. Die taggleiche Registereintragung ist auch mögl, wenn mehrere Registergerichte zuständig sind. **6**

Nicht geklärt ist, was gilt, wenn mehrere übertragende Rechtsträger an der Verschm beteiligt sind und bei einem dieser Rechtsträger eine **zeitl frühere Voreintragung** erfolgt. Beispiel: Rechtsträger A und Rechtsträger B verschmelzen zur Aufnahme auf Rechtsträger C. Die Voreintragung gem Abs 1 S 1 findet beim Rechtsträger A am 1.10.2008 statt, die Voreintragung beim Rechtsträger B am 3.10.2008. Ebenfalls am 3.10.2008 kommt es zur Eintragung beim übernehmenden Rechtsträger C. Nach dem Wortlaut von Abs 1 S 2 müsste dann auch beim Rechtsträger B der Vermerk eingetragen werden. Dies wäre indes unnötige Förmelei, gegen den Wortlaut von Abs 1 S 2 ist beim Rechtsträger B der Vermerk deshalb entbehrl. **7**

Bei Verschm zur Aufnahme durch eine **KapGes** ist zur Sicherung der Anteilsinhaber der jew übertragenden Rechtsträger vor Eintragung der Verschm in das Register am Sitz des übernehmenden Rechtsträgers idR ein weiterer Zwischenschritt erforderl: Gem § 53 darf die Verschm (am Sitz des übernehmenden Rechtsträgers, hier einer GmbH) erst eingetragen werden, nachdem die **Erhöhung des StK im HR eingetragen** worden ist; Gleiches gilt gem § 66 für die Erhöhung des Grundkapitals bei der AG. Damit ist gewährleistet, dass die Wirkungen der Verschm erst zu einem Zeitpunkt eintreten können, zu dem das zur Gewährung der neuen Geschäftsanteile/Aktien notw Stamm-/Grundkapital bei der übernehmenden KapGes geschaffen worden ist (zum Zusammenhang zwischen Verschm und KapErh vgl § 55 Rn 36). **8**

Für die Registereintragung bei den übertragenden Rechtsträgern ist es ohne Belang, ob die KapErh bereits eingetragen ist oder nicht (Lutter/*Bork* Rn 2; Semler/Stengel/*Schwanna* Rn 9; GKT/*Bermel* Rn 8; aA Widmann/Mayer/*Fronhöfer* Rn 21, der auf den Wortlaut von §§ 53, 66 verweist; wegen der konstitutiven Wirkung der Eintragung erst im Register des übernehmenden Rechtsträgers ist diese Argumentation zu formal). **9**

Die durch Abs 1 festgeschriebene **Eintragungsreihenfolge ist zwingend. Verstöße** gegen die Eintragungsreihenfolge haben allerdings nach Eintragung der Verschm in das Register des übernehmenden Rechtsträgers keine Auswirkungen (vgl § 20 II; § 20 Rn 120 ff). Wird die Verschm zuerst im Register des übernehmenden Rechtsträgers eingetragen, so löst bereits diese Eintragung die Verschmelzungswirkungen aus. Die dennoch durchzuführenden Eintragungen in den Registern der übertragenden Rechtsträger haben auch in diesem Fall nur deklaratorische **10**

Bedeutung (Lutter/*Grunewald* § 20 Rn 3 mwN; KölnerKommUmwG/*Simon* § 20 Rn 2; Semler/Stengel/*Schwanna* Rn 10).

3. Informationspflicht, Abs 2

11 Das Registergericht am Sitz des übernehmenden Rechtsträgers **informiert** die anderen beteiligten Registergerichte **von Amts wegen** über die erfolgte Eintragung der Verschm, **Abs 2 S 1.** Dieser für die Veränderung der Rechtslage gem § 20 I entscheidende Zeitpunkt wird von Amts wegen im zuständigen Register jedes der übertragenden Rechtsträger vermerkt.

12 Da der übernehmende Rechtsträger aufgrund der Gesamtrechtsnachfolge künftig für alle Angelegenheiten der erloschenen übertragenden Rechtsträger zuständig ist, werden anschl **alle** die übertragenden Rechtsträger betreffenden Dokumente mit Ausnahme des Registerblattes dem jetzt allein zuständigen Registergericht am Sitz des übernehmenden Rechtsträgers von Amts wegen zur Aufbewahrung und zum dauerhaften Verbleib übermittelt (**Abs 2 S 2** in der durch das EHUG geänderte Fassung), wobei nach Lutter/*Bork* Rn 4 gem § 8 III HRV beglaubigte Abschriften zurückbehalten werden sollen. § 8 III HRV behandelt aber nur die Rückgabe von Urkunden, nicht die Übersendung an ein anderes Registergericht.

4. Zuständigkeit

13 **Zuständig** für die Eintragung ist bei KapGes und VVaG der **Richter** (§ 17 Nr 1c RpflG), in den übrigen Fällen der **Rechtspfleger** (Widmann/Mayer/*Fronhöfer* § 16 Rn 19; Kallmeyer/*Zimmermann* Rn 2). Soweit keine Eintragungshindernisse vorliegen, hat er die Eintragung vorzunehmen; iÜ kann er eigene Ermittlungen anstellen (§ 26 FamFG; zu Prüfungsrecht und -pflicht des Registergerichts Rn 17 ff).

14 Bei Vorliegen behebbarer Eintragungsmängel wird das Registergericht eine **Zwischenverfügung** erlassen. Wird der Mangel innerhalb der gesetzten Frist nicht behoben oder ist er nicht behebbar, wird die Eintragung abgelehnt (beachte aber BayObLG DB 2000, 811, wonach die Maßnahmen des Registergerichts auf die Herbeiführung des Eintragungserfolgs gerichtet sein sollen; dazu gehört auch die Pflicht, Erklärungen eintragungsfreundl auszulegen, KG DB 2004, 2096; zur Aussetzung bei anhängigem oder bevorstehendem Rechtsstreit vgl Semler/Stengel/*Schwanna* Rn 6).

15 Trotz der Eigenständigkeit der beteiligten Registerrichter am jew Sitz des/der übertragenden Rechtsträger/s und des übernehmenden Rechtsträgers ist die **gegenseitige Abstimmung** zulässig und auch oft erforderl. Zur Mitteilung von Mängeln sind die Registerrichter nicht nur gegenseitig berechtigt, sondern auch verpflichtet (vgl auch Lutter/*Bork* § 16 Rn 5 ff). Dies ändert allerdings nichts daran, dass jedes Registergericht **ein umfassendes und autonomes Prüfungsrecht** (Rn 17 ff) hat (Widmann/Mayer/*Fronhöfer* Rn 12; Lutter/*Bork* Rn 3; OLG Naumburg NJW-RR 1998, 178; durchaus vertretbar ist es, dem Registergericht beim übertragenden Rechtsträger eine geringere Prüfungsdichte nachzulassen, vgl OLG Hamm BB 1996, 975).

16 Zur Eintragungszuständigkeit bei einer Sitzverlegung mit gleichzeitiger Verschm OLG Oldenburg GmbHR 1997, 657; zur Begr eines Doppelsitzes durch entsprechende Gestaltung einer Verschm *König* AG 2000, 18; *Katschinski* ZIP 1997, 620.

5. Prüfungsrecht des Registergerichts

Jeder Registerrichter hat zunächst die **Einhaltung der Formalien** der bei ihm eingereichten Anmeldung zu prüfen (vgl Semler/Stengel/*Schwanna* Rn 4), insbes, ob die Anmeldung an sich den Anforderungen entspricht, ob also die nach § 17 einzureichenden Unterlagen und die nach § 16 II abzugebenden Erklärungen vorliegen. Vgl zur Amtshaftung bei voreiliger Eintragung § 16 Rn 27 mwN. 17

Der **Verschmelzungsvertrag** ist inhaltl auf die **Einhaltung der gesetzl Mindestanforderungen** (insbes § 5) zu überprüfen (zu weitgehend in Bezug auf § 5 I Nr 9 aber OLG Düsseldorf DB 1998, 1399, das nach einer „nachvollziehbaren Darstellung" forschen lassen will, dazu § 5 Rn 89 ff mwN; zutr KG DB 2004, 2096, das gewissenhafte Auslegung der rechtsgeschäftl Erklärungen fordert; zur zielorientierten Auslegung eines Ausgliederungsvertrages BGH AG 2004, 98; zur Auslegung von Verschmelzungsverträgen ausführl *Grunewald* ZGR 2009, 647, 660 ff mwN). 18

Besonderes Augenmerk hat das Registergericht auf die Einhaltung von Normen zu richten, die dem Schutz **öffentl Interessen** dienen; insoweit kann es sogar zum Konflikt mit der Bindungswirkung einer Entscheidung iRv § 16 III kommen, vgl Lutter/*Bork* § 16 Rn 36 f. 19

Ebenso erstreckt sich die Prüfung auf die **Ordnungsmäßigkeit der Verschmelzungsbeschlüsse** (§ 13) und die Beachtung der dafür notw **Beschlussmehrheiten.** Auch ist darauf zu achten, ob eine etwa notw **KapErh** ordnungsgemäß und unter Beachtung etwaiger Sacheinlagevorschriften (vgl dazu OLG Düsseldorf DB 1995, 1392 f und § 36 Rn 28) erfolgen wird (zum Ganzen ausführl Widmann/Mayer/*Fronhöfer* Rn 13 ff). 20

Eine Kontrolle der Unversehrtheit des Nominalkapitals des übernehmenden Rechtsträgers ist nach der BGH-Rspr (dazu *Gronstedt* BB 2003, 860; *Kallmeyer* DB 2003, 2583; *Meilicke* BB 2003, 857; *Nolting* ZIP 2003, 651 je mwN) geboten, wenn dieser vor der Verschm nur **Mantel- oder Vorrats-GmbH** war. Der Erwerb eines leeren GmbH-Mantels stellte bereits nach Ansicht des OLG Frankfurt aM (NJW-RR 1999, 476; so auch OLG Brandenburg DB 2002, 1600 mit Anm *Keil* EWiR 2002, 875; LG Düsseldorf ZIP 2002, 2215) eine Umgehung der Gründungsvorschriften mit der Folge dar, dass insbes die Vorschriften über die Kapitalaufbringung bei der GmbH entsprechend anzuwenden seien (zust Anm *Börner* GmbHR 1999, 34). Gegen diese Ansicht argumentierte insbes das BayObLG (DB 1999, 955 im Anschluss an *Bärwaldt/Schabacker* GmbHR 1998, 1008 ff mwN; zum Ganzen auch *Mayer* NJW 2000, 175). Bei der Verwertung einer Mantel- oder VorratsGes habe zumindest eine registergerichtl Kontrolle des StK nicht zu erfolgen. Insbes sei die analoge Anwendung der im Fall einer Neugründung maßgebl Vorschriften mangels planwidriger Gesetzeslücke und Vergleichbarkeit der Sach- und Rechtslage nicht gerechtfertigt. Auch sei die Verwertung von Mantel- oder VorratsGes dazu geeignet, das als berechtigt anerkannte Motiv der Zeitersparnis zu erfüllen (dazu auch BGH DB 1992, 1230). 21

Durch die beiden Entscheidungen BGH ZIP 2003, 1698 und ZIP 2003, 251 wurden die bis dahin diskutierten Fragen höchstrichterl entschieden. Die Tats der Wiederverwendung eines Gesellschaftsmantels ist dem Registergericht offenzulegen, gem § 8 II GmbHG ist die Unversehrtheit des StK zu versichern; vorsorgl greifen die Instrumente der diff (Unterbilanz-)haftung und der Handelndenhaftung (BGH ZIP 2003, 1698 mwN; vgl auch *Meilicke* BB 2003, 857; *Kallmeyer* 22

DB 2003, 2583; ausführl Heckschen/Heidinger/*Heckschen,* Die GmbH in der Gestaltungs- und Beratungspraxis, 2. Aufl 2009, § 3 Rn 112 ff mwN).

23 In jüngerer Zeit wird das Prüfungsrecht des Registergerichts auch im Zusammenhang mit der Pflicht zur Einreichung einer aktualisierten **Gesellschafterliste** nach § 40 II GmbHG idF des MoMiG (vgl dazu Einf Rn 30) diskutiert. Vgl zur Gesellschafterliste ausführl § 6 Rn 7 ff. Teilw wird ein Prüfungsrecht gänzl abgelehnt (vgl die Anm zu OLG Hamm ZIP 2010, 128 von *Wachter* GmbHR 2010, 206 und *Heckschen* NotBZ 2010, 151 mwN). Nach zutreffender Ansicht des OLG München MittBayNot 2010, 64 hat das Registergericht zu prüfen, ob die für die Gesellschafterliste geltenden **Formalien** vorliegen. Auch das OLG Hamm ZIP 2010, 128 hat eine formelle Prüfungspflicht unterstellt. Ein **materielles** Prüfungsrecht besteht bzgl der Gesellschafterliste grdsl nicht. Nur bei offenkundigen Fehlern kann das Registergericht die Gesellschafterliste zurückweisen (OLG München MittBayNot 2010, 64).

24 Bzgl der **wirtschaftl Zweckmäßigkeit** der Verschm darf das Registergericht **nicht** prüfen. Das Prüfungsrecht erstreckt sich ebenfalls nicht auf die **Angemessenheit des Umtauschverhältnisses** (Kallmeyer/*Zimmermann* Rn 5 aE; Widmann/Mayer/*Fronhöfer* Rn 26; Semler/Stengel/*Schwanna* Rn 5). Die Entscheidung über die korrekte Wertrelation soll dem LG im Spruchverfahren nach dem SpruchG vorbehalten bleiben. Zur Bindungswirkung einer Entscheidung nach § 16 III für das Registergericht Rn 19 aE und § 16 Rn 49.

6. Rechtsmittel

25 Weder die deklaratorischen Eintragungen in die Register der übertragenden Rechtsträger noch die konstitutive Eintragung in das Register am Sitz des übernehmenden Rechtsträgers können mit Rechtsmitteln angegriffen werden, § 383 III FamFG (vgl *Bumiller/Harders* FamFG § 383 Rn 4; Keidel/*Meyer-Holz* FamFG § 58 Rn 50; Staub/*Hüffer* § 8 Rn 86 mwN). In Betracht kommt ledigl eine **Amtslöschung** nach §§ 395 ff FamFG (früher §§ 142, 143 FGG), die aber beim übernehmenden Rechtsträger wegen § 20 II nicht mögl ist, vgl § 16 Rn 25 mwN, zu etwaigen Amtshaftungsansprüchen § 16 Rn 27 mwN. Zum Verhältnis von § 16 II und § 142 II FGG aF vgl OLG Hamm DB 2001, 85. Vgl allg zum FGG-RG Einf Rn 29.

26 Gegen **Vfg** des Rechtspflegers ist gem § 11 RpflG **Erinnerung** mögl, gegen Vfg des Registerrichters findet gem § 58 FamFG (früher § 19 I FGG) die **Beschwerde** statt. Vfg idS ist dabei jede sachl Entscheidung des Gerichts, die nicht nur den internen Geschäftsablauf betrifft, sondern auf eine Feststellung oder Änderung der Sach- oder Rechtslage abzielt. Mit der Beschwerde anfechtbar sind daher zB förml **Beanstandungen** der Anmeldung, **Zwischenverfügungen** oder die endgültige **Zurückweisung** der Anmeldung.

27 Nicht anfechtbar sind dagegen die Eintragungsverfügung, die Eintragung als solche (ist ledigl gerichtsinterner Vorgang) oder bloße Meinungsäußerungen des Registerrichters (Keidel/*Meyer-Holz* FamFG § 58 Rn 42). Die **Eintragungsverfügung** ist ausnahmsweise aber dann mit der Beschwerde anfechtbar, wenn sie schon bekannt gemacht, aber noch nicht vollzogen ist (OLG Stuttgart Rpfleger 1970, 283; *Bumiller/Harders* FamFG § 58 Rn 11). Insoweit kann ggf auch eine einstweilige Vfg erwirkt werden, vgl Rn 31.

28 Ist gegen die Eintragung selbst Beschwerde eingelegt worden, so ist zu prüfen, ob sie nicht in eine Anregung zur Einleitung eines Amtslöschungsverfahrens

(§§ 395 FamFG), uU verbunden mit dem Antrag auf eine Neueintragung, umgedeutet werden kann (*Bumiller/Harders* FamFG § 395 Rn 2; übertragbar sind die zu § 142 FGG ergangenen Entscheidungen BayObLGZ 56, 303; OLG Hamm OLGZ 67, 471; vgl auch Widmann/Mayer/*Fronhöfer* Rn 40).

Meinungsäußerungen des Registerrichters (Rn 27) sind auch dann nicht anfechtbar, wenn er sich dahingehend äußert, ein Antrag solle zur Vermeidung der Zurückweisung zurückgenommen oder geändert werden (OLG Hamm Rpfleger 1973, 172 f; BayObLG Rpfleger 1975, 349; Keidel/*Meyer-Holz* FamFG § 58 Rn 42). Anders verhält es sich jedoch, wenn der Richter die Antragsänderung anordnet. **29**

Die **Beschwerdeberechtigung** und die Form der Einlegung richten sich nach **§§ 58 ff FamFG.** Das Registergericht kann der **Beschwerde** abhelfen; andernfalls legt es die Beschwerde dem OLG (§ 68 I FamFG) zur Entscheidung vor. In Folge des FGG-RG ist nicht mehr das LG, sondern das **OLG** Beschwerdegericht (§ 119 I Nr 1 lit b GVG; aA Kallmeyer/*Zimmermann* Rn 13, obwohl er sich bereits auf das FamFG bezieht). Hat sich die IHK im Verfahren erster Instanz gegen die Eintragung ausgesprochen, so muss sie auch im Beschwerdeverfahren gehört werden (OLG Frankfurt aM NJW 1969, 330). Gegen die Beschwerdeentscheidung des OLG ist die **Rechtsbeschwerde** gem §§ 70 ff FamFG unter den engen Voraussetzungen von § 70 II 1 FamFG (vgl dazu § 10 Rn 31) zum **BGH** (§ 133 GVG) zulässig, der die Entscheidung dann nur noch in rechtl Hinsicht überprüft. Zur **Sprungrechtsbeschwerde** vgl § 10 Rn 32. **30**

Zum Schutz gegen eine angemeldete, aber noch nicht vollzogene Eintragung kann nach LG Heilbronn (AG 1971, 372) ein mit der Umw nicht einverstandener Minderheitsgesellschafter auch eine **einstweilige Vfg** erwirken (§§ 16 II HGB, 940 ZPO). Dies ist grdsl zutreffend, vgl BVerfG DB 2005, 1373; Semler/Stengel/*Schwanna* Rn 12 und *Meilicke* DB 2001, 1235. Wenn allerdings – fast immer – eine Unwirksamkeitsklage (vgl § 14) mögl ist oder war, fehlt hierfür das **Rechtsschutzbedürfnis,** die Registersperre (§ 16 II 2) genügt. Der Kläger kann das Registergericht von sich aus über die durch die Unwirksamkeitsklage eingetretene Registersperre informieren, vgl § 16 Rn 24 mwN. **31**

Unklar ist der Kreis der zur Beschwerde Berechtigten. Nach Ansicht des BayObLG (BayObLGZ 87, 314) sind es die Anmelder, während der BGH (WM 1988, 1819 für eine Satzungsänderung) den Rechtsträgern selbst als **beschwerdeberechtigt** ansieht. Das FGG-RG brachte zu dieser Frage nichts neues, die Vorschriften zur Beschwerdeberechtigung (§ 20 I, II FGG) wurden wortgleich in § 59 I, II FamFG übernommen. **32**

7. Bekanntmachung, Abs 3

Die Bekanntmachung erfolgt nach dem durch das EHUG (dazu Einf Rn 28) neu gefassten Abs 3 gem § 10 HGB. Am Folgetag beginnt die **Frist iSv § 187 II BGB** ua für den Gläubigerschutz (§ 22 I), für die Schadensersatzpflicht der Verwaltungsträger (§§ 25 III, 27), für die Annahme des Angebots auf Barabfindung (§ 31 S 1), für die Nachhaftung (zB § 45 II), für die Auszahlung des Geschäftsguthabens an das Mitglied der eG (§ 87 II 1) und für die fortdauernde Nachschusspflicht solcher Mitglieder (§ 95 II, vgl auch Semler/Stengel/*Schwanna* Rn 19). **33**

Die **Wirkungen der Eintragung** (§ 20 I) treten mit Eintragung der Verschm ein, auf die Bekanntmachung kommt es nicht an (Kallmeyer/*Zimmermann* Rn 17; **34**

KölnerKommUmwG/*Simon* Rn 28, vgl aber §§ 104, 119 für wirtschaftl Verein und kleineren VVaG).

35 Abs 3 aF verwies früher nicht auf § 10 HGB, weil von einer solchen Verweisung insbes eG und Vereine nicht erfasst gewesen wären (Rn 3). Deshalb ist es nicht nachvollziehbar, dass Abs 3 in der durch das EHUG geänderten Fassung jetzt (nur) auf § 10 HGB verweist, der sich auf das HR und nicht auf das Unternehmensregister iSv § 8b HGB bezieht. Die Genossenschaftsregisterverordnung wird nicht erwähnt. § 10 HGB gilt für die Verschm unter Beteiligung von eG nicht ohne weiteres entsprechend, statt dem HR ist das Genossenschaftsregister iSv § 10 GenG anzusprechen. IÜ ist der Gesetzesbefehl von **§ 10 HGB** aber rechtsformübergreifend anzuwenden.

36 Das Gericht macht die Eintragungen in das Register in dem von der Landesjustizverwaltung bestehenden elektronischen Informations- und Kommunikationssystem ihrem ganzen Inhalt nach bekannt. Die früher notw Bekanntmachung im Bundesanzeiger und in einem weiteren Blatt ist nicht mehr notw. Bis zum 31.12.2008 galt allerdings gem Art 61 IV EGHGB die Verpflichtung, die Eintragung gem § 10 HGB nicht nur auf der **Internetplattform** www.handelsregisterbekanntmachungen.de zu veröffentl, sondern zusätzl auch in einer Tageszeitung oder in einem sonstigen Blatt, das zuvor vom Registergericht allg bezeichnet wurde (vgl auch Semler/Stengel/*Schwanna* Rn 18 Fn 54 mwN).

37 Unverändert gilt jedoch § 22 I 3. In der Bekanntmachung der jew Eintragung sind die **Gläubiger** der an der Verschm beteiligten Rechtsträger auf ihr Recht zur **Sicherheitsleitung** nach § 22 hinzuweisen. Wird dieser Hinweis unterlassen, berührt das die Wirksamkeit der Bekanntmachung zwar nicht, kann aber Amtshaftungsansprüche auslösen.

38 IÜ ist nach **§ 383 I, 7 I FamFG** (entspricht § 130 II 1 FGG) jede Eintragung demjenigen ggü, der sie beantragt hat, bekannt zu machen. Wie früher (§ 130 II 2 FGG) kann auf diese Bekanntgabe verzichtet werden, § 383 I HS 2 FamFG.

8. Kosten

39 **a) Allgemeines.** Durch das KostRMoG (BGBl I 2004, 718), das HRegGebNeuOG (BGBl I 2004, 1410) und die HRegGebV (BGBl I 2004, 2562) ist die **KostO** im Jahr 2004 **mehrfach geändert** worden (Überblick bei *Mathias* JurBüro 2004, 463; *Haeder* DNotZ 2004, 405; *Bengel/Tiedtke* DNotZ 2005, 336). Die nach jetzigem Stand letzte Änderung des KostO, die für das Umwandlungsrecht relevant ist, vollzog sich durch das Dritte Gesetz zur Änderung des UmwG im Jahr 2011 (BGBl I 1338) und betraf §§ 79, 79a KostO.

40 **b) Anmeldung.** Für die notarielle **Beurkundung der Anmeldung** zum jew zuständigen Register fällt gem §§ 141, 86, 38 II Nr 7 KostO bei jedem anmeldenden Rechtsträger eine halbe Gebühr an. Fertigt der Notar keinen Entwurf, sondern beglaubigt ledigl die Unterschriften, ermäßigt sich die Gebühr iRv §§ 141, 45 KostO (Widmann/Mayer/*Vossius* § 198 Rn 48).

41 Für den **Geschäftswert** bei Anmeldung zur Eintragung ins HR ist § 41a KostO und bei Anmeldung zur Eintragung ins Partnerschaftsregister § 41b KostO maßgebl. Bei der Berechnung des Geschäftswerts für eine **Verschm durch Aufnahme** gilt § 41a IV KostO, der nach der Rechtsform des Rechtsträgers unterscheidet. Handelt es sich um eine **Verschm durch Neugründung,** sind auf die erste Anmeldung des neu gegründeten Rechtsträgers § 41a I, III KostO anzuwenden. Nach Lutter/*Drygala* § 2 Rn 47, findet auch hier die Höchstwertgrenze von

§ 39 V KostO Anwendung – das ist mit Blick auf den entfallenen § 26 IV Nr 1 KostO zumindest zweifelhaft.

42 Ist die Anmeldung der Verschm zum **Vereins- oder Genossenschaftsregister** anzumelden, ermittelt sich der Geschäftswert gem §§ 29, 30 II KostO (*Hartmann* KostO § 30 Rn 50).

43 **c) Eintragung.** Die Eintragung der Verschm in das jew Register durch das Registergericht löst weitere Gebühren aus. Für das **HR,** das **Partnerschaftsregister** und das **Genossenschaftsregister** regeln dies nach dem HRegGebNeuOG nun §§ 79, 79a KostO einheitl. Die Einzelheiten ergeben sich aus der zu § 79a KostO erlassenen HRegGebV (BGBl I 2004, 2562; abgedruckt bei *Hartmann* KostO Anh nach § 79a). Die HRegGebV enthält nur noch Festgebühren; eine Ermittlung des Geschäftswerts muss nicht mehr vorgenommen werden. Für Eintragungen in das **Vereinsregister** gilt weiterhin § 80 KostO, der regelm gem § 80 I Nr 2 KostO zur Berechnung einer vollen Gebühr aus dem Regelgeschäftswert von § 30 II 1 KostO (EUR 3 000) führen wird (*Hartmann* KostO § 80 Rn 5 und 9). Werden iRd Verschm **Grundstücke** übertragen, kommt eine Gebühr für die Grundbuchberichtigung hinzu, vgl Semler/Stengel/*Stengel* § 2 Rn 83.

44 Anders als die Notargebühren, die nicht unmittelbar dem Staat zugute kommen (Ausnahme bei reinen Gebührennotaren, vgl EuGH DB 2002, 834; OLG Karlsruhe GmbHR 2002, 1248 mit Anm *Mennicke* EWiR 2003, 129; OLG Karlsruhe GmbHR 2004, 670; die Grdse für den badischen Amtsnotar gelten auch für die beamteten Notare in Württemberg, EuGH DStRE 2005, 980; zu den Änderungen des Gebührensystems im Bereich des Beamtennotariats Widmann/Mayer/*Heckschen* § 6 Rn 82.16 ff mwN), unterliegt die HRegGebV den Vorgaben des EuGH zur Auslegung der **GesSt-RL,** nach der Eintragungsgebühren verboten sind, die den erforderl Aufwand übersteigen (vgl EuGH ZIP 1998, 206; 2000, 1891); die gem Erlass vom 23.8.2007 festgelegte pauschale Auswandsentschädigung für die Staatskasse von 15% soll nach OLG Karlsruhe ZIP 2011, 279 keine Steuer iSd GesSt-RL sein. Durch die **Festgebühren der HRegGebV** soll dem Rechnung getragen werden, da die Kosten pauschal erhoben werden und sich nicht mehr im Verhältnis zum eingetragenen Nennkapital errechnen (zum alten Recht BayObLG NJW 1999, 653; KG NJOZ 2002, 2713; *Klinke* ZGR 2002, 163, 192; ausführl *Meininger/Gänzle* BB 2000, 840 mwN; *Fabis* ZIP 1999, 1041; *Mathias* JurBüro 1998, 566; *Gustavus* ZIP 1998, 502; zur Kettenverschmelzung 3. Aufl 2001, Rn 22 und OLG Hamm MittBayNot 2004, 68; *Braunfels* RNotZ 2002, 291; *Tillmann* BB 2004, 673).

45 Durch das im Zuge der Verschm eintretende Erlöschen des übertragenden Rechtsträgers ist eine entsprechende registerrechtl Behandlung **(Löschung)** erforderl. Nach hM ist dieser rein registertechnische Vorgang **kostenfrei** (vgl OLG Karlsruhe JurBüro 1974, 1422). Daran hat auch die HRegGebV nichts geändert; diese kennt keine Löschungsgebühren (KLBR/*Lappe* KostO § 79a Rn 48).

46 **d) Rechtsmittel bzw -behelfe gegen die Kostenentscheidungen. aa) Notarkosten.** Die **Kostenrechnung des Notars** (§ 154 KostO) kann der Kostenschuldner (auch der noch nicht in Anspruch genommene Gesamtschuldner, KG MDR 1998, 62) ggü dem Notar **beanstanden** (§ 156 I 3 KostO). Der Notar kann dem beanstandeten Mangel abhelfen oder die Sache dem LG seines Bezirks vorlegen. Als Antragsteller gilt dann der Kostenschuldner (KLBR/*Bengel/Tiedtke* KostO § 156 Rn 33).

47 Statt einer Beanstandung kann der Kostenschuldner auch direkt die **Entscheidung des Landgerichts** beantragen (§ 156 I 1 KostO, der durch das FGG-RG (vgl dazu allg Einf Rn 29 geändert wurde). Das Verfahren richtet sich nach den Vorschriften des FamFG, § 156 V 3 KostO. Insbes gilt der Amtsermittlungsgrundsatz von § 26 FamFG (*Hartmann* KostO § 156 Rn 25).

48 Eine bestimmte Gebührenhöhe ist weder bei der Beanstandung noch für den Antrag auf Entscheidung des Gerichts Zulässigkeitsvoraussetzung (KLBR/*Bengel/Tiedtke* KostO § 156 Rn 9). Voraussetzung ist nur die allgemeine Beschwer.

49 Die Beanstandung oder der Antrag auf Entscheidung des Gerichts können sich zB gegen einen unrichtigen Geschäftswert, gegen eine falsche Rechnung, gegen die Inanspruchnahme als Kostenschuldner, gegen die rechtsfehlerhafte Erteilung der Vollstreckungsklausel etc richten (alphabetische Auflistung mögl Einwendungen bei *Hartmann* KostO § 156 Rn 6 ff).

50 Zu beachten ist, dass nach **Ablauf des Kalenderjahres,** das auf das Jahr folgt, in dem die vollstreckbare Ausfertigung der Kostenberechnung **zugestellt** ist, neue Anträge nach § 156 I KostO (Beanstandung und Antrag auf Entscheidung des Gerichts) nicht mehr gestellt werden können, soweit die tragenden Umstände auf Gründen beruhen, die vor der Zustellung entstanden sind, § 156 II KostO (vgl dazu *Hartmann* KostO § 156 Rn 18).

51 Gegen die Entscheidung des LG findet binnen einer Frist von einem Monat die **Beschwerde zum OLG** statt. Auf den Wert des Beschwerdegegenstandes kommt es nicht an, § 156 III KostO. Gegen die Entscheidung des OLG findet die **Rechtsbeschwerde zum BGH** (§ 133 GVG) statt, die aber gem § 70 II FamFG zulassungsbedürftig ist (vgl dazu § 10 Rn 31).

52 **bb) Gerichtskosten.** Gegen den **Gerichtskostenansatz** können der Kostenschuldner und die Staatskasse **Erinnerung** beim AG einlegen (§ 14 II KostO). Über die Erinnerung entscheidet der Richter oder – sofern für die Eintragung zuständig, Rn 13 – der Rpfleger (hM, vgl *Hartmann* KostO § 14 Rn 9 mwN). Die mit der Erinnerung geltend gemachten Einwendungen können sich gegen einen unrichtigen Geschäftswert (§§ 18, 30 KostO), gegen die Inanspruchnahme als Gebührenschuldner (vgl § 79 II KostO) oder gegen die Höhe der Gebührenrechnung auf der Grundlage von §§ 79, 79a KostO iVm HRegGebV richten (vgl auch KLBR/*Lappe* KostO § 14 Rn 58 ff).

53 Gegen die Entscheidung des AG ist **Beschwerde zum LG** zulässig; gegen die Entscheidung des LG findet die **weitere Beschwerde zum OLG** statt, wenn das Beschwerdegericht wegen der grdsl Bedeutung der Rechtsfrage dies zulässt (§ 14 V 1 KostO). Eine **Nichtzulassungsbeschwerde** ist idR wegen des Verweises in § 14 V 4 KostO auf IV 4 unzulässig (hM; *Hartmann* KostO § 14 Rn 29 mwN; OLG Frankfurt vom 26.9.2003 – 20 W 329/03).

54 Eine Änderung des Kostenansatzes zum Nachteil des Erinnerungs- bzw Beschwerdeführers **(reformatio in peius)** ist weder im Erinnerungs- noch im Beschwerdeverfahren zulässig. Dies folgt aus dem Wegfall von § 14 II 2 KostO aF durch die Novelle 1975 (so RegEBegr BT-Drs 7/2016, 111, 68; KLBR/*Lappe* KostO § 14 Rn 111).

§ 20 Wirkungen der Eintragung

(1) **Die Eintragung der Verschmelzung in das Register des Sitzes des übernehmenden Rechtsträgers hat folgende Wirkungen:**

1. **Das Vermögen der übertragenden Rechtsträger geht einschließlich der Verbindlichkeiten auf den übernehmenden Rechtsträger über.**
2. **[1]Die übertragenden Rechtsträger erlöschen. [2]Einer besonderen Löschung bedarf es nicht.**
3. **[1]Die Anteilsinhaber der übertragenden Rechtsträger werden Anteilsinhaber des übernehmenden Rechtsträgers; dies gilt nicht, soweit der übernehmende Rechtsträger oder ein Dritter, der im eigenen Namen, jedoch für Rechnung dieses Rechtsträgers handelt, Anteilsinhaber des übertragenden Rechtsträgers ist oder der übertragende Rechtsträger eigene Anteile innehat oder ein Dritter, der im eigenen Namen, jedoch für Rechnung dieses Rechtsträgers handelt, dessen Anteilsinhaber ist. [2]Rechte Dritter an den Anteilen oder Mitgliedschaften der übertragenden Rechtsträger bestehen an den an ihre Stelle tretenden Anteilen oder Mitgliedschaften des übernehmenden Rechtsträgers weiter.**
4. **Der Mangel der notariellen Beurkundung des Verschmelzungsvertrags und gegebenenfalls erforderlicher Zustimmungs- oder Verzichtserklärungen einzelner Anteilsinhaber wird geheilt.**

(2) **Mängel der Verschmelzung lassen die Wirkungen der Eintragung nach Absatz 1 unberührt.**

Schrifttum: Schrifttum bis 1994 siehe 3. Auflage; Schrifttum bis 2000 siehe 4. Auflage; *Jäger,* Rechtsprechungsbericht: Die Entwicklung der Judikatur zur AG in den Jahren 1999–2000, NZG 2001, 97; *Zerres,* Arbeitsrechtliche Aspekte bei der Verschmelzung von Unternehmen, ZIP 2001, 359; *Bauer/von Steinau-Steinrück,* Neuregelung des Betriebsübergangs: Erhebliche Risiken und viel mehr Bürokratie!, ZIP 2002, 457; *Gaul/Kühnreich,* Änderung von Versorgungszusagen nach Betriebsübergang bzw. Umwandlung, NZA 2002, 495; *Gaul/Otto,* Unterrichtungsanspruch und Widerspruchsrecht bei Betriebsübergang und Umwandlung, DB 2002, 634; *Grobys,* Die Neuregelung des Betriebsübergangs in § 613a BGB, BB 2002, 726; *Lindemeier,* Kurzbeitrag: Fragen der „Umschreibung" der Vollstreckungsklausel ohne Rechtsnachfolge, RNotZ 2002, 41; *Meyer,* Umstrukturierungsmaßnahmen als unentgeltliche Leistung?, ZIP 2002, 250; *Mutter/Stehle,* Exportfinanzierung in Gefahr – der drohende Verlust von Akkreditiven bei der Verschmelzung, ZIP 2002, 1829; *Neumann,* Behandlung von Pensionszusagen an Gesellschafter-Geschäftsführer bei Umwandlung einer GmbH auf eine Personengesellschaft, GmbHR 2002, 996; *Schnitker/Grau,* Übergang und Anpassung von Rechten aus Aktienoptionsplänen bei Betriebsübergang nach § 613a BGB, BB 2002, 2497; *Sieger/Aleth,* Die Ausgliederung der Pensionsverpflichtung auf eine Pensionsgesellschaft, DB 2002, 1487; *Thüsing,* Das Übergangsmandat und das Restmandat des Betriebsrats nach § 21a und § 21b BetrVG, DB 2002, 738; *Willemsen/Lembke,* Die Neuregelung von Unterrichtung und Widerspruchsrecht der Arbeitnehmer beim Betriebsübergang, NJW 2002, 1159; *Bachner,* Fortgeltung von Gesamt- und Einzelbetriebsvereinbarungen nach Betriebsübergang, NJW 2003, 2861; *Besgen/Langner,* Zum Übergangsmandat des Personalrats bei der privatisierenden Umwandlung, NZA 2003, 1239; *Bork/Jacoby,* Das Schicksal des Zivilprozesses bei Abspaltungen, ZHR 2003, 440; *Lindemann/Simon,* Ablösung und Bestandsschutz von Altersversorgungsregelungen beim Betriebsübergang, BB 2003, 2510; *Meyer,* Unterrichtungspflicht und Widerspruchsrecht beim Betriebsübergang, BB 2003, 1010; *Racky,* Die Behandlung von im Ausland belegenen Gesellschaftsvermögen bei Verschmelzungen, DB 2003, 923; *Schall/Horn,* Der Übergang öffentlich-rechtlicher Pflichten in der Spaltung am Beispiel der abstrakten Polizeipflicht, ZIP 2003, 327; *Schiefer/Pogge,* Betriebsübergang und dessen Folgen – Tatbestandsvoraussetzungen des § 613a BGB und Fortgeltung kollektiv-rechtlicher Regelungen, NJW 2003, 3734; *Töpfer/Butler,* Der Erwerb subventionierter Unternehmen: Rechtsprobleme und Risiken, ZIP 2003, 1677; *Buchner/Schlobach,* Die Auswirkung der Umwandlung von Gesellschaften auf die Rechtsstellung ihrer Organpersonen, GmbHR 2004, 1; *Kort,* Gesellschaftsrechtlicher und registerrechtlicher Bestandsschutz eingetragener fehlerhafter Umwandlungen und anderer Strukturänderungen, DStR 2004, 185; *Rieble/Gutzeit,* Übergangsmandat bei Betriebsverschmelzung: Streit zwischen Betriebsräten und Durchsetzung, ZIP 2004, 693; *Schmidt,* Schadensersatz nach § 327e Abs. 2 i. V. m. § 319 Abs. 6 S. 6 AktG im Wege der Naturalrestitution beim fehlerhaften Squeeze-out?, AG 2004, 299; *Seibt,* Drittelbeteiligungsgesetz und Fortsetzung der Reform des Unternehmensmitbestimmungsrechts, NZA 2004, 767; *Weidenmann,* Neuere Rechtsprechung des BGH zur Haftung und Vollstreckung bei der Gesellschaft bürgerlichen Rechts, BWNotZ 2004, 130; *Weiss,* Put Option auf eigene Aktien kraft Gesamtrechtsnachfolge?, AG 2004, 127; *Austmann/Frost,* Vorwirkungen von Verschmelzungen, ZHR 169 (2005), 431; *Bock,* Institutioneller Gläubigerschutz nach § 30 Abs. 1 GmbHG beim Down-stream-merger nach einem Anteilskauf?, GmbHR 2005, 1023; *Semler/Stengel/Bungert,* Grenzüberschreitendes Umwandlungsrecht; Gesamtrechtsnachfolge für im Ausland belegene Immobilien bei Verschmelzung deutscher Gesellschaften, FS Heldrich, 2005, S 527; *Gelhausen/Heinz,* Handelsrechtliche Zweifelsfragen der Abwicklung von Ergebnisabführungsverträgen in Umwandlungsfällen, NZG 2005, 775; *Grage,* Ausgewählte Aspekte der Verwaltungstreuhand an Geschäftsanteilen, RNotZ 2005, 251; *Grub,* Keine Zustimmung des Pensions-Sicherungs-Vereins zur Spaltung, DZWiR 2005, 397; *Heckschen,* Umstrukturierung von Kapitalgesellschaften vor und während der Krise: Umwandlungsmaßnahmen vor dem Insolvenzeröffnungsantrag, DB 2005, 2283; *Heckschen,* Umstrukturierung krisengeschüttelter Kapitalgesellschaften: Umwandlungsmaßnahmen nach Stellung des Insolvenzantrags, DB 2005, 2675; *Hilf/Roth,* Umweltrechtliche Informationspflichten bei Unternehmenstransaktionen, DB 2005, 1951; *Horsch,* Löschung eingetragener und angefochtener Verschmelzungsbeschlüsse von Kapitalgesellschaften im Handelsregister, Rpfleger 2005, 577; *Klemm/Hamisch,* Das BAG ebnet den Weg für „Rentner-GmbHs", BB 2005, 2409; *Krause-Ablaß/Link,* Fortbestand, Zusammensetzung und Kompetenzen des Aufsichtsrats nach Umwandlung einer AG in eine GmbH, GmbHR 2005, 731; *Kusserow/Prüm,* Die Gesamtrechtsnachfolge bei Umwandlungen mit Auslandsbezug, WM 2005, 633; *Louis/Nowak,* Unternehmensumwandlung: Schicksal von Versorgungsverbindlichkeiten gegenüber Betriebsrentnern, DB 2005, 2354; *Mertens,* Aktuelle Fragen zur Verschmelzung von Mutter- auf Tochtergesellschaften – down stream merger, AG 2005, 785; *Middendorf/Stegemann,* Down-stream merger einer Personenhandelsgesellschaft auf ihre 100%ige Tochtergesellschaft, DStR 2005, 1082; *Odenthal,* Das Schicksal personenbezogener gewerberechtlicher Erlaubnisse bei der Umwandlung von Gesellschaften, GewArch 2005, 132; *Orth,* Organschaft und Anwachsung, DStR 2005, 1629; *Pöllath/Philipp,* Unternehmenskauf und Verschmelzung: Pflichten und Haftung von Vorstand und Geschäftsführer, DB 2005, 1503; *Reithmann,* Formerfordernisse bei Verträgen über Beteiligungen an ausländischen Gesellschaften und über Grundstücke im Ausland, NZG 2005, 873; *Rodewald,* Der Umgang mit Stamm- und Grundkapitalziffern bei Verschmelzungsvorgängen – Gläubigerschutz jenseits gesetzlicher Erfordernisse?, GmbHR 2005, 515; *Widder,* Kapitalmarktrechtliche Beteiligungstransparenz und Gesamtrechtsnachfolge, BB 2005, 1979; *Bader/Ebert,* Risiken bei der Ausgliederung/Abspaltung von Pensionsverpflichtungen nach dem Umwandlungsgesetz, DB 2006, 938; *Custodis,* Die gelöschte Verschmelzung, GmbHR 2006, 904; *Enneking/Heckschen,* Gesellschafterhaftung beim down-stream-merger, DB 2006, 1099; *ders,* Die Formbedürftigkeit der Veräußerung des gesamten Vermögens im Wege des „asset deal", NZG 2006, 772; *Hohenstatt/Seibt,* Ausgliederung laufender Pensionsverbindlichkeiten: Eine arbeits- und umwandlungsrechtliche Betrachtung, ZIP 2006, 546; *Simon/Zerres,* Unternehmensspaltung und Arbeitsrecht, FS Leinemann, 2006, S 229; *Stöber,* Die Auswirkungen einer Umwandlung nach dem Umwandlungsgesetz auf einen laufenden Zivilprozess, NZG 2006, 574; *Wälzholz,* Aktuelle Probleme der Unterbilanz- und Differenzhaftung bei Umwandlungsvorgängen, AG 2006, 469; *Wollenweber/Ebert,* Ausgliederung von Pensionsverbindlichkeiten nach dem Umwandlungsgesetz, NZG 2006, 41; *Kallmeyer,* Differenzhaftung bei Verschmelzung mit Kapitalerhöhung und Verschmelzung im Wege der Neugründung, GmbHR 2007, 1121; *Klein/Stephanblome,* Der Downstream Merger – Aktuelle umwandlungs- und gesellschaftsrechtliche Fragestellungen, ZGR 2007, 351; *Kollmorgen/Feldhaus,* Probleme der Übertragung von Vermögen mit Auslandsbezug nach dem Umwandlungsgesetz, BB 2007, 2189; *Wulff/Buchner,* Sicherung der Amtskontinuität des mitbestimmten Aufsichtsrats bei Verschmelzung und Formwechsel, ZIP 2007, 314; *Gimmy/Hügel,* Schicksal von Vorstands- und Geschäftsführeranstellungsverträgen bei Fusionen öffentlich-rechtlicher Landesbanken, BB 2008, 2178; *Lutter,* Zur Unzulässigkeit einer Anfechtungsklage gegen ein Organmitglied der übertragenden Gesellschaft betreffenden Entlassungsbeschluss nach Eintragung der Verschmelzung, ZIP 2008, 837; *Mels/Franzen,* Rechtsnachfolge in die gesetzliche Unterlassungsschuld des Wettbewerbsrechts, GRUR 2008, 968; *Bitter,* Kreditverträge in Umwandlung und Umstrukturierung, ZHR 173 (2009), 379; *Blasche/Söntgerath,* Verschmelzung: Möglichkeiten des übertragenden Rechtsträgers zur Einflussnahme auf die Geschäftspolitik des übernehmenden Rechtsträgers, BB 2009, 1432; *Diller,* Sozialversicherungspflicht des AG-Vorstands nach Umwandlung, Verschmelzung und Restrukturierung?, AG 2009, 817; *Eusani/Schaudinn,* Die Bindungswirkung formfreier Anteilsveräußerungen nach zwischenzeitlicher Umwandlung in eine GmbH, GmbHR 2009, 1125; *Grunewald,* Auslegung von Unternehmens- und Umwandlungsverträgen, ZGR 2009, 647; *Kemper/Hey,* Folgen einer Gesamtrechtsnachfolge für das Trägerunternehmen einer Unterstützungskasse, BB 2009, 720; *Klein/Theusinger,* Beteiligungstransparenz ohne Beteiligungsrelevanz? Mitteilungspflichten bei Umfirmierungen und Umwandlungsmaßnahmen, NZG 2009, 250; *Korts,* Die Vereinbarung von Kontrollwechselklauseln in Vorstandsverträgen, BB 2009, 1876; *Meschke,* MVZ-Trägergesellschaften – Veränderungen auf Gesellschafter- und Trägerebene, MedR 2009, 263; *Reinhard,* Die Pflicht zur Unterrichtung über wirtschaftliche Folgen eines Betriebsübergangs – ein weites Feld, NZA 2009, 63; *Fichtelmann,* Die Beendigung des Gewinnabführungsvertrags und ihre Auswirkungen auf die Organschaft, GmbHR 2010, 576; *Kort,* Bedeutung und Reichweite des Bestandsschutzes von Umwandlungen, AG 2010, 230; *Rehborn,* Beendigung Medizinischer Versorgungszentren, MedR 2010, 290; *Simon/Weninger,* Betriebsübergang und Gesamtrechtsnachfolge: Kein Widerspruch – keine Unterrichtung?, BB 2010, 117; *Widder,* Mitteilungspflichten gemäß §§ 21 ff. WpHG und Anteilserwerb nach UmwG, NZG 2010, 455; *Gaul/Ludwig,* Wird § 316a BGB jetzt uferlos?, DB 2011, 298; *Leckschas,* Pensionsverpflichtungen als Deal Breaker bei Unternehmenstransaktionen?, DB 2011, 1176; *Otto/Mückl,* Aufspaltung, Verschmelzung, Anwachsung – Schadensersatz bei unzureichender Unterrichtung trotz Erlöschen des übertragenden Rechtsträgers?, BB 2011, 1978; *Willemsen,* Erosion des Arbeitgeberbegriffs nach der Albron-Entscheidung des EuGH?, NJW 2011, 1546.

Übersicht

1. Allgemeines

1 § 20 behandelt die **Wirkungen der Eintragung** in das Register des Sitzes des übernehmenden Rechtsträgers (§ 19). Inhaltl knüpft die Vorschrift an § 5 UmwG 1969, § 25 KapErhG aF, § 346 AktG aF an.

2 Die Vorschrift ist für das UmwG **von zentraler Bedeutung.** Die **Gesamtrechtsnachfolge** von **Abs 1 Nr 1** ist Wesensmerkmal einer jeden Verschm, Spaltung oder Vermögensübertragung. Bei der Verschm und der Vollübertragung geht das gesamte Verm auf den übernehmenden Rechtsträger über, bei der Spaltung und der Teilübertragung gilt das Prinzip der partiellen Gesamtrechtsnachfolge. Einzig der Formwechsel (§§ 190–304) führt nicht zum Vermögensübergang.

3 Die Wirkungen von § 20 sind **unabdingbar,** eine abw Regelung im Verschmelzungsvertrag oder in einem Verschmelzungsbeschluss, zB dass die dingl Umwandlungswirkungen bereits vor oder erst nach der Eintragung der Verschm in das Register des Sitzes des übernehmenden Rechtsträgers eintreten sollen, ist nicht mögl. Anderes gilt für die schuldrechtl Abrede im Innenverhältnis, die aus der Vereinbarung eines Verschmelzungsstichtages folgt, vgl § 5 Rn 73 ff; § 17 Rn 37 ff (Lutter/*Grunewald* Rn 5; Semler/Stengel/*Kübler* Rn 6). Auch § 613a

BGB kann schon vor Eintragung wirken, BAG ZIP 2000, 1630 mit Anm *Bauer/Mengel; Zerres* ZIP 2001, 359. Für die GrESt kommt eine Vorwirkung nicht in Betracht, BFH BB 2006, 86. Vgl zu anderen Vorwirkungen der Verschm *Austmann/Frost* ZHR 169 (2005), 431.

Folge der durch Abs 1 Nr 1 angeordneten Gesamtrechtsnachfolge ist ua die **unbeschränkte Haftung des übernehmenden Rechtsträgers** für die Schulden jedes übertragenden Rechtsträgers. Der übernehmende Rechtsträger haftet mit seinem ganzen Verm (dh mit dem durch die Verschm übernommenen Verm des/der übertragenden Rechtsträger(s) und mit dem bisherigen Verm des übernehmenden Rechtsträgers) unbeschränkt. 4

Eine **Beschränkung der Haftung** wie im früheren § 419 II BGB (bis 31.12.1998) oder § 25 II HGB kennt das UmwG nicht. Auch persönl haftende Anteilsinhaber beim übernehmenden Rechtsträger werden nicht privilegiert; so haften etwa die Gesellschafter des übernehmenden Rechtsträgers, der OHG ist, gem §§ 124, 128 HGB persönl, unbeschränkt, unmittelbar und primär auf das Ganze mit ihrem PV, wobei mehrere Gesellschafter Gesamtschuldner iSv § 421 BGB sind. Für Komplementäre einer KG oder KGaA und Partner gilt Entsprechendes. Zur **Haftung des ausgeschiedenen Gesellschafters** vgl Baumbach/*Hopt* HGB § 128 Rn 28 ff und MüKoHGB/*K. Schmidt* § 128 Rn 40 ff je mwN; zur **Nachhaftung** bei Wegfall der persönl Haftung durch Verschm vgl zB § 45. 5

Voraussetzung für den Eintritt der Rechtsfolgen von Abs 1 ist die **Eintragung der Verschm** in das Register des Sitzes des übernehmenden Rechtsträgers (Ausnahme: **§ 122 II,** §§ 104, 119). Gem §§ 16, 17, 19 wird nur eingetragen, wenn ein wirksamer Verschmelzungsvertrag und wirksame Verschmelzungsbeschlüsse vorliegen. **Mängel der Verschm** lassen die Wirkungen der Eintragung nach Abs 1 jedoch unberührt **(Abs 2),** sodass der durch Anwendung von Abs 1 herbeigeführte Rechtszustand nicht mehr zu ändern ist (keine „Entschmelzung"). 6

2. Erlöschen der übertragenden Rechtsträger, Abs 1 Nr 2

a) Vollbeendigung der übertragenden Rechtsträger. Gem Abs 1 Nr 2 **erlöschen** die übertragenden Rechtsträger mit **Eintragung** der Verschm in das Register des Sitzes des übernehmenden Rechtsträgers ohne weiteres. Einer besonderen Löschung bedarf es nicht, was in der Praxis wegen des damit verbundenen Entfalls oftmals langwieriger Liquiditätsverfahren von erhebl Vorteil ist. Mit Erlöschen sind die übertragenden Rechtsträger als Rechtssubjekt nicht mehr existent (vgl BayObLG DB 1974, 962 f; vgl aber auch die Fiktion in § 25 II, dort Rn 26 ff). Das kann für PersGes bei finanzgerichtl Streitigkeiten im Zusammenhang mit § 180 AO von erhebl Bedeutung sein, eine vollbeendete PersGes kann nicht Beteiligte des Verfahrens sein, die Klagebefugnis besteht nur für die ehemaligen Gesellschafter, vgl BFH/NV 2009, 588. Die spezialgesetzl Vorschriften über die Auflösung eines Rechtsträgers (vgl zB §§ 262, 263 AktG, §§ 60 ff GmbHG, §§ 78 ff GenG) sind nicht anwendbar. Auch ist eine Eintragung des Erlöschens nicht notw. 7

b) Erlöschen von Organstellungen, Prokuren und Handlungsvollmachten. Die Ämter der Mitglieder von Leitungsorganen sind an die Existenz des jew übertragenden Rechtsträgers gekoppelt, mit deren Erlöschen **endet** auch **die Organstellung** (Lutter/*Grunewald* Rn 28; Semler/Stengel/*Kübler* Rn 20; Widmann/Mayer/*Vossius* Rn 330; KölnerKommUmwG/*Simon* Rn 6). Übernehmen die Organe nach Wirksamwerden der Verschm vglbare Ämter, kann die Durch- 8 führung der Verschm für dortige Entlastungen von Bedeutung sein, BGH DB 2004, 2803.

9 Dies gilt auch für den mitbestimmten AR. § 325 ändert daran nichts, dort wird ledigl die Aufrechterhaltung der Mitbest geregelt, nicht aber der Fortbestand des Organs als solches (anders beim Formwechsel, vgl § 203). Zur Wirkung des Erlöschens auf die **Anstellungsverhältnisse** der Organmitglieder vgl Rn 45 ff.

10 Ebenso erlöschen **Prokuren** (§ 53 II HGB gilt nicht; aA Lutter/*Grunewald* Rn 26 und Semler/Stengel/*Kübler* Rn 17; wie hier die hM) und **Handlungsvollmachten** (vgl *Köhler* BB 1979, 912 ff; Widmann/Mayer/*Vossius* Rn 304). Ist der übertragende Rechtsträger eine KapGes, kommt eine **Entlastung** der Organmitglieder auch nach Eintragung der Verschm in Betracht (Kallmeyer/*Marsch-Barner* Rn 17 mwN; Semler/Stengel/*Kübler* Rn 20; Widmann/Mayer/*Vossius* Rn 330; aA OLG München DB 2001, 524; Lutter/*Grunewald* Rn 29; vgl auch BGH DB 2004, 2803).

11 **c) Betriebsrat.** Anknüpfungspunkt für das BetrVG und damit auch für die Stellung der Betriebsräte ist der **Begriff des Betriebs** als „organisatorische Einheit, innerhalb derer ein Arbeitgeber allein oder mit seinen ArbN mit Hilfe von technischen und immateriellen Mitteln bestimmte arbeitstechnische Zwecke fortgesetzt verfolgt, die sich nicht in der Befriedigung von Eigenbedarf erschöpfen" (BAG, stRspr zB AP BetrVG § 1 Nr 5, 6, 7, 9, 12; *Fitting* BetrVG § 1 Rn 63; ErfK/*Preis* § 613a BGB Rn 5 je mwN).

12 Der Betrieb als arbeitstechnische Einheit wird vom Verschmelzungsvorgang und dessen Rechtsfolgen grdsl nicht berührt. **Der Betriebsrat bleibt** demzufolge idR **im Amt** (Lutter/*Joost* § 324 Rn 20 mit Nachw zur Rspr des BAG; *Röder/Haußmann* DB 1999, 1754; *Heinze* DB 1998, 1861, 1863 ff; *Buchner* GmbHR 1998, 377, 382; *Willemsen* NZA 1996, 791, 801 f; *Baumann* DStR 1995, 888, 892 f; *Wlotzke* DB 1995, 40, 45; *Hanau* ZGR 1990, 548, 558; MüKoBGB/*Müller-Glöge* § 613a Rn 72, dort auch zum Übergangsmandat und zum Restmandat gem §§ 21a, 21b BetrVG; *Haas/Durchlaub* FS Widmann, 2000, 29 f; zum gleichen Erg kommt *Römhild* DB 1976, 845, 847, jedoch mit der falschen Begr, dass das Betriebsratsamt mit dem ArbVerh übergehe; ausführl zur Vertretung der ArbN nach Umw auf Betriebs- und Unternehmensebene *Hansch* RNotZ 2007, 396 ff mit umfangreichen Nachw).

13 Wenn der Betrieb bei der Verschm unter Verlust seiner Identität als selbstständiger Betrieb untergeht (zB durch Stilllegung, vollständige oder teilw Eingliederung, Zusammenlegung mit anderen Betrieben oder Fortführung als Nebenbetrieb iSv § 4 BetrVG), gilt **§ 21a BetrVG,** der Art 6 RL 2001/23/EG vom 12.3.2001 umsetzte (dazu BAG NZA 2000, 1350; zu § 21a BetrVG ausführl *Rieble/Gutzeit* ZIP 2004, 693; *Fitting* BetrVG § 21a Rn 1 ff je mwN; vgl auch Lutter/*Joost* § 321 und Widmann/Mayer/*Vossius* Rn 135; kein Übergangsmandat eines Personalrats bei materieller Privatisierung einer öffentl Einrichtung: ArbG Dessau-Roßlau, Urteil vom 7.4.2009 – 6 Ca 181/08).

14 Ein bei einem übertragenden Rechtsträger möglicherweise bestehender **Gesamtbetriebsrat** entfällt mit Wirksamwerden der Verschm automatisch, da dieser vom Bestand des Unternehmens (und nicht des Betriebs) abhängig ist, vgl § 47 BetrVG (vgl aber Lutter/*Joost* § 324 Rn 27; *Fitting* BetrVG § 47 Rn 17 für den Sonderfall, dass der übernehmende Rechtsträger vor der Verschm keinen eigenen Betrieb hat, dann ist Übergang Gesamtbetriebsrat denkbar; zum Begriff des Unternehmens *Fitting* BetrVG § 1 Rn 144 ff mwN). Der erloschene übertra-

gende Rechtsträger ist nicht derselbe Arbeitgeber wie der übernehmende Rechtsträger (vgl auch BAG DB 2005, 950 mit Anm *Hollich* EWiR 2005, 683 zum TzBfG). Ein beim übernehmenden Rechtsträger bestehender Gesamtbetriebsrat bleibt bestehen, die übergehenden Betriebsräte können Mitglieder entsenden (*Fitting* BetrVG § 47 Rn 17 mwN).

Für **Sprecherausschüsse** gilt das unter Rn 11 ff Ausgeführte entsprechend (vgl *Löwisch* BB 1990, 1698 f; Widmann/Mayer/*Vossius* Rn 136; WHSchS/*Hohenstatt* D Rn 108 ff mwN). Betriebl Sprecherausschüsse bleiben bei Identität des Betriebs im Amt, während ein Unternehmenssprecherausschuss des übertragenden Rechtsträgers mit der Verschm wegfällt. **15**

d) Erlöschen der Gesellschafterstellung. Mit Eintragung der Verschm **erlischt die gesellschaftsrechtl Stellung der Anteilsinhaber** der übertragende Rechtsträger, dh die Mitgliedschaft bzw die Anteile am jew übertragenden Rechtsträger gehen unter, da dieser ab Eintragung der Verschm nicht mehr existiert. Als Ersatz für diese ursprüngl Rechtsstellung gewähren §§ 20 I Nr 3, 29 ff neue Anteile am übernehmenden Rechtsträger bzw eine Barabfindung (zur dingl Surrogation Rn 19 ff). Mit Wegfall des Anteils erlöschen auch die sich hieraus ergebenden Rechte (zB Gewinnanspruch), sodass eine Änderung gefasster Beschlüsse nach Eintragung der Verschm nicht mehr – auch nicht mehr durch die Anteilsinhaber des übernehmenden Rechtsträgers – mögl ist (so auch Widmann/Mayer/*Vossius* Rn 333 ff; OLG Frankfurt aM NZG 2003, 236; vgl iÜ Rn 50). **16**

Zur Entlastung Rn 10; zu ausstehenden Einlagen § 3 UmwStG Rn 116; zum Forderungsverzicht gegen Besserungsschein § 3 UmwStG Rn 124; zu PensionsRSt § 3 UmwStG Rn 132. **17**

Ein etwaiges **Anfechtungsrecht** des Anteilsinhabers geht mit Ausnahme eines solchen gegen den Verschmelzungsbeschluss nicht unbedingt verloren (dazu Rn 40; teilw abw zum Auskunftserzwingungsverfahren nach §§ 131, 132 AktG LG München I DB 1999, 629 mit Bespr *Kort* EWiR 1999, 241; zum Wegfall des Anfechtungsrechts jedoch wie hier in einer weiteren Entscheidung vom gleichen Tage LG München I DB 1999, 628; krit Bespr beider Urteile von *Mayrhofer/Dohm* DB 2000, 961 mwN). **18**

e) Dingliche Surrogation. Gem **Abs 1 Nr 3 S 2** bestehen Rechte Dritter an den untergegangenen Anteilen oder Mitgliedschaften eines übertragenden Rechtsträgers an den als Äquivalent gewährten Anteilen oder Mitgliedschaften des übernehmenden Rechtsträgers weiter. Durch diese **dingl Surrogation** (§§ 1075, 1287 BGB) werden **Pfand- und Nießbrauchsberechtigte** (dazu *Rieder/Ziegler* ZIP 2004, 481; *Teichmann* FS Lutter, 2000, 1275 ff) umfassend geschützt. Eine Ausnahme gilt allerdings für eigene Anteile des übertragenden Rechtsträgers oder Anteile des übernehmenden Rechtsträgers an einem übertragenden Rechtsträger; diese erlöschen ersatzlos (vgl Abs 1 Nr 3), was ebenfalls zum Erlöschen dingl Rechte Dritter führt. Eine Surrogation findet nicht statt (Lutter/*Grunewald* Rn 65 mwN). **19**

Auf den Anteil bezogene rein **schuldrechtl Absprachen** (zB Vorkaufsrecht, Treuhand, Unterbeteiligung; dazu ausführl Rn 113 ff) gehen nicht kraft Gesetzes über; durch Auslegung (dazu ausführl *Grunewald* ZGR 2009, 658) ist der jew Parteiwille im Einzelfall zu ermitteln (Kallmeyer/*Marsch-Barner* Rn 31; Semler/Stengel/*Kübler* Rn 81; Lutter/*Grunewald* Rn 64, die davon ausgeht, dass im Zweifel ein Übergang nicht anzunehmen ist; vgl auch LG Frankfurt aM AG 1985, 226). **20**

21 Eine **Testamentsvollstreckung** kann sich am getauschten Anteil fortsetzen (vgl Widmann/Mayer/*Vossius* Rn 363 ff mwN; *Reimann* ZEV 2000, 381; *Dörrie* GmbHR 1996, 245; vgl auch *Lüdicke* ZEV 1995, 132). Bei der **Verwaltungstreuhand** kommt es auf die Auslegung des Treuhandvertrages an (ausführl *Grage* RNotZ 2005, 251, 272 ff). Vgl auch Rn 84 ff.

22 Eine bei Eintragung der Verschm nicht oder nicht vollständig erfüllte **Einlageforderung** des übertragenden Rechtsträgers gegen seine Anteilsinhaber (zB § 19 GmbHG) erlischt nicht (vgl § 3 UmwStG Rn 116; Lutter/*Grunewald* Rn 43 je mwN). Diese Forderung geht auf den übernehmenden Rechtsträger im Wege der Gesamtrechtsnachfolge über. Zur Frage, inwieweit die Anteilsinhaber des übertragenden und des übernehmenden Rechtsträgers haften vgl § 51 Rn 7 ff; zur Differenzhaftung bei einer KapErh anlässl der Verschm vgl § 55 Rn 5 für die GmbH und davon abw § 69 Rn 29 für die AG.

3. Gesamtrechtsnachfolge, Abs 1 Nr 1

23 **a) Wesen der Gesamtrechtsnachfolge. aa) Allgemeines.** Die Gesamtrechtsnachfolge ist wesentl Merkmal der Verschm. Das Verm (im umfassenden Sinn) geht nicht durch Einzelübertragung über, vielmehr tritt die Rechtsänderung kraft Gesetzes ohne besondere Übertragungsakte ein. Im Ggs zum Formwechsel (§§ 190–304) findet tats ein **umfassender Rechtsübergang** von einem (erlöschenden) Rechtsträger auf den übernehmenden Rechtsträger statt (dagegen grundlegend *Beuthien/Helios* NZG 2006, 369, die Verschm nicht als Fall der Gesamtrechtsnachfolge ansehen, sondern gegen allgM als „totalen gesellschaftsrechtl Umorganisationsakt").

24 Die Gesamtrechtsnachfolge kann durch den Verschmelzungsvertrag **nicht ausgeschlossen** werden (dazu bereits Rn 3). Sollen einzelne Vermögensgegenstände an ihr nicht teilhaben, so müssen sie vorher – oft mit erhebl stl Belastungen – aus dem Verm des übertragenden Rechtsträgers herausgenommen werden. Umgekehrt ist bei PersGes **Sonderbetriebsvermögen** einzelner Gesellschafter nur dann an der Gesamtrechtsnachfolge beteiligt, wenn es vor der Verschm dem Rechtsträger durch Rechtsgeschäft übertragen wurde (dazu auch § 24 UmwStG Rn 98, 102 und § 20 UmwStG Rn 77).

25 Durch die Gesamtrechtsnachfolge ist ein **gutgläubiger Erwerb** ausgeschlossen (Rn 32). Dieser ist nur bei einem rechtsgeschäftl Erwerbsvorgang mögl. Der übernehmende Rechtsträger kann ledigl in die Rechtsstellung eintreten, die der übertragende Rechtsträger seinerseits innehatte. Vgl jedoch für beschränkt dingl Rechte Rn 81, 82, 111, 112.

26 Die zwingende Anordnung der Gesamtrechtsnachfolge hindert dagegen nicht, mit Dritten Vereinbarungen über den Bestand von Forderungen und Verbindlichkeiten nach Durchführung der Verschm zu treffen (vgl auch Lutter/*Grunewald* Rn 8, die der Vereinbarung aber wohl auch dingl Wirkung zukommen lassen will, was dem Wesen der Gesamtrechtsnachfolge widerspricht, Rn 3).

27 **bb) Umfang der Gesamtrechtsnachfolge.** Mit Eintragung der Verschm gehen **alle Aktiven und Passiven,** die zu diesem Zeitpunkt beim jew übertragenden Rechtsträger vorhanden sind, im Wege der Gesamtrechtsnachfolge kraft Gesetzes auf den übernehmenden Rechtsträger über. Zu diesen Aktiven und Passiven gehören auch **die nicht bilanzierten Vermögensgegenstände.**

28 Die Gläubiger von übernehmenden und übertragenden Rechtsträgern sind gem § 22 umfassend geschützt; iÜ können sie den Vermögensübergang nicht

verhindern, ihre Zustimmung ist nicht erforderl. Auch entfallen idR die bei Einzelrechtsnachfolge notw **öffentl-rechtl Genehmigungen** (Widmann/Mayer/*Vossius* Rn 247; *Gaiser* DB 2000, 361 mwN; LG Ellwangen BWNotZ 1996, 125; vgl aber zu entsprechenden Anzeigepflichten *Hilf/Roth* DB 2005, 1951).

Umgekehrt können aber auch bestimmt Teile des Aktiv- und Passivvermögen nicht von der Gesamtrechtsnachfolge ausgenommen werden (Lutter/*Grunewald* Rn 8 mwN). Entsprechende Vorbehalte im Verschmelzungsvertrag oder einem Verschmelzungsbeschluss sind unwirksam. Dagegen erfasst die Gesamtrechtsnachfolge bei **Spaltung und Teilübertragung** nur die jew aufgeführten oder durch Auslegung ermittelbaren Vermögensgegenstände (partielle Gesamtrechtsnachfolge, dazu ausführl § 131 Rn 4 ff). **29**

Der übernehmende Rechtsträger tritt ohne weiteres in die Rechte und Pflichten des übertragenden Rechtsträgers ein mit Ausnahme derjenigen, deren Erlöschen ausdrückl bestimmt ist oder die ihrer Natur nach nicht auf einen Gesamtrechtsnachfolge übergehen (RGZ 136, 313 und Rn 81, 89 ff). Soweit übernehmender Rechtsträger eine PhG oder PartGes ist, wird das übernommene Verm zum Gesamthandsvermögen. **30**

cc) Keine Einzelübertragung. Wirkung der Gesamtrechtsnachfolge ist, dass eine gesonderte Einzelübertragung bestimmter Vermögensgegenstände grdsl nicht erforderl ist (anders uU bei ausländischem Verm eines übertragenden Rechtsträgers, dazu Rn 33 f). Daher bedarf es zB für eine **Grundstücksübertragung** keiner Auflassung, für die Übertragung **bewegl Sachen** keiner Einigung und Übergabe; das Eigentum geht vielmehr kraft Gesetzes auf den übernehmenden Rechtsträger über. Bei Grundstücken ist ledigl eine Grundbuchberichtigung iSv § 894 BGB erforderl (dazu Rn 77). **31**

dd) Kein gutgläubiger Erwerb. Gutgläubiger Erwerb von Grundstücken und Sachen durch den übernehmenden Rechtsträger ist konsequenterweise ausgeschlossen: Die Vorschriften über den Erwerb vom Nichtberechtigten (§§ 892, 932 BGB) setzen stets einen rechtsgeschäftl Erwerb und nicht – wie im Fall der Verschm (aA *Rieble* ZIP 1997, 303 mwN in Fn 19) – eine gesetzl angeordnete umfassende Rechtsnachfolge im Wege der Universalsukzession voraus (Palandt/*Bassenge* BGB § 892 Rn 3 mwN; *K. Schmidt* AcP 191 [1991], 446, 517 ff; Lutter/*Grunewald* Rn 10 mwN; Semler/Stengel/*Kübler* Rn 9). **32**

ee) Ausländisches Vermögen. Ob die Gesamtrechtsnachfolge auch das im Ausland befindl Verm eines übertragenden Rechtsträgers erfasst, richtet sich nach der lex rei sitae (ausführl *Racky* DB 2003, 923; *Reithmann* NZG 2005, 873; *Kusserow/Prüm* WM 2005, 633; *Kollmorgen/Feldhaus* BB 2007, 2189; Widmann/Mayer/*Vossius* Rn 33 ff je mwN; vgl iÜ Lutter/*Grunewald* Rn 11; Semler/Stengel/*Kübler* Rn 10; Kallmeyer/*Marsch-Barner* Rn 5). Wenn der ausl Staat den Übergang des Verm im Wege der Gesamtrechtsnachfolge nicht anerkennt, ist es empfehlenswert, dass übertragender und übernehmender Rechtsträger einen gesonderten, dem ausl Recht genügenden **Übertragungsvertrag** schließen und auch sonst sämtl dort geltenden formellen Erfordernisse (zB Registereintragungen; vgl *Reithmann* NZG 2005, 873) einhalten. Nach Wirksamwerden der Verschm ist dies grdsl nicht mehr mögl, der übertragende Rechtsträger ist erloschen (Lutter/*Grunewald* Rn 11; zur Nachtragsliquidation vgl *Racky* DB 2003, 923; zur Bestellung eines besonderen Vertreters § 26 Rn 9, zur nachträgl Geltendmachung von Erfüllungsansprüchen gegen den übertragenden Rechtsträgern § 25 Rn 29). **33**

34 Dies gilt unabhängig davon, dass nach richtiger Ansicht das internat Privatrecht für das GesR die zwingende **Anerkennung der Gesamtrechtsnachfolge** auch **durch den ausl Staat** gebietet (so überzeugend Widmann/Mayer/*Vossius* Rn 41; *Kusserow/Prüm* WM 2005, 633; dies gilt insbes für die EU-Staaten, da diese durch die Verschmelzungsrichtlinie entspr gebunden sind, vgl Semler/Stengel/*Kübler* Rn 10 mwN); allein bereits Gründe der Praktikabilität und vor allem der **Rechtssicherheit** lassen es empfehlenswert erscheinen, zumindest in den Ländern, deren Rechtsvorschriften nicht mit denen der Bundesrepublik vglbar sind, die Einzelrechtsnachfolge nach dortigen Vorschriften herbeizuführen (vgl auch *Racky* DB 2003, 923). Stl darf den Rechtsträgern hieraus kein Nachteil erwachsen (vgl aber § 3 UmwStG Rn 84 ff), das ausl Verm muss auch bei vorzeitiger Übertragung im Ausland grdsl als anlässl der Verschm übergegangen angesehen werden (näher § 3 UmwStG Rn 113 ff).

35 **ff) Rechte und Pflichten aus Schuldverhältnissen.** Mit Eintragung der Verschm gehen idR sämtl Rechte und Pflichten der übertragenden Rechtsträger aus von ihnen geschlossenen oder zu schließenden Schuldverhältnissen auf den übernehmenden Rechtsträger über. **Vertragsangebote,** die dem übertragenden Rechtsträger unterbreitet wurden, gelten in entsprechender Anwendung von §§ 130 II, 153 BGB als dem übernehmenden Rechtsträger zugegangen, sofern nicht gerade die Person (möglicherweise auch die Rechtsform) des übertragenden Rechtsträgers der entscheidende Grund für die Abgabe des Angebots war (Einzelheiten bei *Mutter/Stehle* GmbHR 2003, 290 mwN).

36 Entsprechendes gilt für die dem übertragenden Rechtsträger erteilte **Vollmacht,** § 168 BGB (Lutter/*Grunewald* Rn 25 mwN; LG Koblenz MittRhNotK 1997, 321; KölnerKommUmwG/*Simon* Rn 5), auch umgekehrt für eine durch den übertragenden Rechtsträger erteilte Vollmacht (für Prozessvollmacht ausdrückl BGH NJW 2004, 1528).

37 Auch in bereits **bestehende vertragl Schuldverhältnisse** tritt der übernehmende Rechtsträger regelm ein, ohne dass es einer Vertragsänderung bedarf; in den normalen Leistungsaustauschverträgen wird es der anderen Partei regelm nicht auf die Person des Vertragspartners, sondern vielmehr auf dessen Fähigkeit und Bereitschaft zur Erfüllung der vertragl Verpflichtung ankommen. **§§ 414, 415 BGB** sind für den Fall der Gesamtrechtsnachfolge ebenso wenig anwendbar wie die Grdse über die gewillkürte Vertragsübernahme (dazu MüKoBGB/*Bydlinski* Vor § 414 Rn 27), weswegen eine Mitwirkung des anderen Vertragspartners nicht notw ist. Jedoch gelten die **allg Vorschriften von §§ 157, 242, 275, 326, 313 ff BGB;** bei Dauerschuldverhältnissen kann aus §§ 313, 314 BGB ein Anpassungsanspruch oder ein außerordentl Kündigungsrecht des Vertragspartners hergeleitet werden, sofern die Fähigkeit zur Erbringung der versprochenen Leistung durch die Verschm gefährdet erscheint oder eine bestehende Vertrauensgrundlage weggefallen ist (für die Landpacht BGH DB 2002, 1598; vgl iÜ ausführl Lutter/*Grunewald* Rn 50 ff mwN; zum Sukzessionsschutz bei der Gesamtrechtsnachfolge nach dem UmwG *Rieble* ZIP 1997, 301; vgl iÜ auch Komm zu § 21).

38 **gg) Prozesse.** Für schwebende Prozesse des übertragenden Rechtsträgers gelten **§ 246 ggf iVm § 239 ZPO entsprechend,** es kann also auch zur Unterbrechung des Verfahrens kommen (BGH NJW 2004, 1528; vgl auch BGH ZIP 2005, 854 zur Anwachsung; BFH/NV 2010, 370 zum gesetzl Beteiligtenwechsel bei Gesamtrechtsnachfolge durch Verschm; Zöller/*Greger* ZPO § 239 Rn 6; aA Lutter/*Grunewald* Rn 55 mwN und ihr folgend Semler/Stengel/*Kübler* Rn 66; siehe

aber auch Rn 93 zur Fiktion der Partei- und Prozessfähigkeit des übertragenden Rechtsträgers im Steuerverfahren). Bei PersGes als übertragender Rechtsträger kann deren Beteiligtenfähigkeit entfallen, vgl Rn 7 zu BFH/NV 2009, 588. Der BGH (DB 2002, 2208) hat die Anwendung von § 270 III ZPO offengelassen, wenn die Klage nach Wirksamwerden der Verschm gegen den übertragenden Rechtsträger gerichtet wird, weil Verjährung zumindest dann nicht eintritt, wenn der Kläger von der Klage gegen den richtigen Schuldner abgehalten wird. Vgl LG Frankfurt aM NZG 2007, 120 zur örtl Zuständigkeit, wenn die Klage gegen den übertragenden Rechtsträger erst nach Wirksamwerden der Verschm anhängig wird. Vgl zu den Auswirkungen einer Umw auf den Zivilprozess ausführl *Stöber* NZG 2006, 574.

Die gleichen Grdse gelten für das **Mahnverfahren** (BGB NJW 1974, 493; 39 Widmann/Mayer/*Vossius* Rn 238), solange noch kein Vollstreckungsbescheid erteilt ist. Der übernehmende Rechtsträger ist nach Vollzug der Verschm verpflichtet, den durch die Umw gem § 239 ZPO unterbrochenen Prozess fortzuführen (BFH NJW 1988, 2760 LS).

Auch **schwebende Anfechtungs- und Nichtigkeitsprozesse** gegen den 40 übertragenden Rechtsträger werden uU gem § 246 ZPO fortgesetzt. Dies ist zunächst bei der Frage der Zustellung der Klage zu beachten, die nach Wirksamwerden der Verschm auch noch fristwahrend ggü dem übernehmenden Rechtsträger erfolgen kann, zutr OLG Hamburg ZIP 2004, 906 gegen LG Hamburg DB 2003, 930, vgl aber auch BGH DB 2002, 2208, Rn 38 und LG Frankfurt aM NZG 2007, 120 zum Wechsel der örtl Zuständigkeit. Es kommt allerdings darauf an, ob der angefochtene Beschluss des übertragenden Rechtsträgers sich beim übernehmenden Rechtsträger fortsetzt, dort also noch Wirkungen entfaltet (das ist beim Beschluss über die Entlastung von Organmitgliedern nicht der Fall, vgl LG Bonn ZIP 2008, 235 mit zust Anm *Lutter* ZIP 2008, 837; vgl auch OLG Schleswig Urteil vom 30.4.2009 – 5 U 100/08, GWR 2009, 396, das für die Entlastung wie das LG Bonn ZIP 2008, 235 entscheidet, für den Gewinnverwendungsbeschluss aber eine Fortwirkung und damit fortwährendes Rechtsschutzbedürfnis bejaht). Ob nach der Fortsetzung die Erledigung der Hauptsache zu erklären ist, ist str (vgl auch *Mayrhofer/Dohm* DB 2000, 961). Soweit ein Anteilsinhaber **Unwirksamkeitsklage gegen den Umwandlungsbeschluss selbst** erhoben hat, bleibt sein Anfechtungsrecht jedenfalls bestehen (OLG Stuttgart DB 2004, 749 in einer Entscheidung zur Ausgliederung mit dem zutr Ergebnis, dass das Rechtsschutzbedürfnis in diesem Fall schon allein wegen § 16 III 10 weiter besteht, vgl auch § 16 Rn 93). Bei der Spaltung kommt es nicht stets zur Rechtsnachfolge im Prozess; BGH ZIP 2001, 305 lässt bei der Ausgliederung nach § 123 III nur Nebenintervention zu. Eine „umgekehrte" Rechtsnachfolge des übertragenden Rechtsträgers gibt es insoweit nicht, vgl BGH BB 2006, 2038.

Rkr Entscheidungen für und gegen den übertragenden Rechtsträger wirken 41 auch für und gegen den übernehmenden Rechtsträger, § 325 ZPO (vgl auch BGH BB 2006, 2038). Etwaige **Titel** sind auf den übernehmenden Rechtsträger umzuschreiben, § 727 ZPO (vgl für die Aufspaltung OLG Frankfurt aM BB 2000, 1000; zum Anspruch auf Erteilung der Rechtsnachfolgeklausel Thüringer OLG vom 23.5.2012 – 9 W 107/12; vgl iÜ Lutter/*Grunewald* Rn 55 mwN; Kölner-KommUmwG/*Simon* Rn 33; zur Urteilsberichtigung nach § 319 ZPO BGH NJW 2004, 1528; zur Klauselberichtigung bei Umstrukturierungen ohne Rechtsnachfolge, zB beim Formwechsel, *Lindemeier* RNotZ 2002, 41). Zum Nachw der Rechtsnachfolge genügt die Vorlage eines beglaubigten Registerauszugs bzw seitens der Gläubiger die Bezugnahme auf die Registerakten. Bei Zwangsvollstreckung aus notarieller Urkunde muss die vollstreckbare Ausfertigung die Rechtsnachfolge unmittelbar mitteilen, andere Nachweise genügen nicht (BGH vom 8.11.2012 – V B 124/12).

42 **Anhängige Spruchverfahren** sollten sich nach Ansicht des LG Mannheim (DB 1994, 1463 mit Anm *Koppensteiner* EWiR 1994, 839) und des OLG Karlsruhe (WiB 1995, 206 mit Anm *Jäger*) mit Auflösung des Anspruchsgegners, dem übertragenden Rechtsträger, erledigen, das Recht auf Abfindung erlöschen. Zu Recht hat das **BVerfG** (ZIP 1999, 532 mit Anm *Neye* EWiR 1999, 459; *Schwab* BB 2000, 527) diese Entscheidung aufgehoben: Art 14 I 1 GG verlangt eine wirtschaftl umfassende Entschädigung; für **formale Argumente** ist insoweit kein Platz (vgl dazu auch BGHZ 135, 374 = ZIP 1997, 1193 mit Anm *Hüffer* EWiR 1997, 769 auf Vorlage von OLG Düsseldorf FGPrax 1996, 230; vgl auch *Naraschewski* DB 1997, 1653). Entsprechend argumentiert der I. Senat des BVerfG in der zweiten Entscheidung vom 27.1.1999 (AG 1999, 217), mit der die Entscheidung des OLG Zweibrücken (AG 1994, 563) zur Beendigung des aktienrechtl Spruchverfahrens bei Auflösung des Unternehmensvertrags aufgehoben wird (zustimmend Lutter/*Grunewald* Rn 40). Vgl auch OLG Frankfurt aM NZG 2006, 556 zur Weiterführung des Spruchverfahrens bei Insolvenz des übernehmenden Rechtsträgers.

43 **hh) Anfechtung im Rahmen eines Insolvenzverfahrens.** Rechtshandlungen, die ein Dritter vor oder nach Eröffnung eines Insolvenzverfahrens gegen den übertragenden Rechtsträger vorgenommen hat, sind nach Eintragung der Verschm gem §§ 81, 129 ff InsO, die auch im Fall der Umw Anwendung finden, ggü dem übernehmenden Rechtsträger anfechtbar, soweit bereits ein Anfechtungsrecht ggü dem übertragenden Rechtsträger begründet war (Uhlenbruck/*Hirte* InsO § 145 Rn 6 mwN; vgl iÜ ausführl *Heckschen* FS Widmann, 2000, 31). Zur Anfechtung trotz Erlöschens des Rechtsvorgängers und Verteilung der Vermögenswerte auf die Gläubiger, zu denen auch der übernehmende Rechtsträger gehören kann, vgl BGH NJW 1978, 1525 ff.

44 **ii) Firma und Gläubigerschutz.** Die Möglichkeiten der Firmenfortführung bzw Firmenneubildung sind in **§ 18,** der Gläubigerschutz ist in **§ 22** ausführl geregelt. Auf die Komm dort wird verwiesen.

45 **b) Einzelfälle (Forderungen und Verträge). aa) Anstellungsverträge der Vorstände bzw Geschäftsführer.** Mit der Vollbeendigung der übertragenden Rechtsträger erlöschen auch die Ämter ihrer Leitungsorgane (Rn 8 f). Der diesen Organstellungen zugrunde liegende **Anstellungsvertrag** bleibt von der Verschm jedoch unberührt (vgl BAG NJW 2003, 2473; BGH NJW 1989, 1928 ff mwN; OLG Hamm NJW-RR 1995, 1317; ausführl zu den Auswirkungen der Umw von Ges auf die Rechtsstellung ihrer Organpersonen *Buchner/Schlobach* GmbHR 2004, 1 mwN; der Übergang erfolgt mangels ArbVerh nicht gem § 613a BGB, wobei diese Norm jedoch für ein ruhendes ArbVerh des Organmitglieds Anwendung findet, vgl Semler/Stengel/*Simon* Rn 56 ff; *ders* § 324 Rn 16 mwN). Die Vorstände bzw Geschäftsführer behalten vorbehaltl entgegenstehender Vertragsabreden ihren **Vergütungsanspruch** aus diesen Verträgen bis zu deren Beendigung durch Zeitablauf, Kündigung oder Aufhebung (zu den gesellschaftsrechtl Besonderheiten vgl *Bauer/Krets* DB 2003, 811; zur Sozialversicherung *Diller* AG 2009, 817). Der Anspruch richtet sich gegen den übernehmenden Rechtsträger (BGH NJW 1978, 1435 ff; *Hueck* DB 1957, 1259). Die Entscheidung des BGH vom

12.5.1997 (DStR 1997, 932 mit Anm *Goette* = WiB 1997 mit Anm *Deckert*) steht dem nicht entgegen. Dort wird nicht die Wirkung der Gesamtrechtsnachfolge auf den Anstellungsvertrag problematisiert, sondern die Frage, ob § 84 I 5 AktG auch nach Übergang des Vorstands-Anstellungsvertrags in einen GmbH-Geschäftsführer-Anstellungsvertrag wirkt.

Die Weitergeltung des Anstellungsvertrags nach Beendigung der Organstellung ist jedoch nicht zwingend. Im Anstellungsvertrag kann eine vertragl **Vereinbarung über die Koppelung des Bestellungsvertrages mit dem Anstellungsvertrag** getroffen werden (vgl *Röder/Lingemann* DB 1993, 1341, 1343 ff; Semler/Stengel/*Simon* Rn 56; zur Zulässigkeit von Change-of-Control-Klauseln in Anstellungsverträgen von Organmitgliedern ausführl *Korts* BB 2009, 1876 mwN); zu beachten ist ferner, dass bei Fortbestand des Anstellungsverhältnisses zwar eine Vergütung geschuldet wird, der Anspruch auf Weiterzahlung einer (erfolgsabhängig) **Tantieme** aber diff zu beurteilen ist. Hier darf nicht schematisch auf die Fortführung bisher geleisteten Tantiemen bestanden werden (so aber Lutter/*Grunewald* Rn 28), es ist vielmehr zu fragen, ob nicht eine **ergänzende Auslegung** des Anstellungsvertrages oder die Grdse über die Störung der Geschäftsgrundlage zumindest zu einer Verminderung der Tantieme führen (vgl dazu *Hockemeier,* Die Auswirkung der Verschmelzung von KapGes auf die Anstellungsverhältnisse der Geschäftsleiter, 1990, mit Rezensionsabhandlung von *Baums* in ZHR 1992, 248, 252 und *Eckardt,* Die Beendigung der Vorstands- und Geschäftsführerstellung in Kapitalgesellschaften, 1989). Mit dem Fortbestand des Anstellungsverhältnisses gehen auch etwaige Verpflichtungen aus Pensionszusagen auf den übernehmenden Rechtsträger über (Einzelheiten bei Widmann/Mayer/*Vossius* Rn 105 ff; zu den stl Besonderheiten vgl *Neumann* GmbHR 2002, 996; § 3 UmwStG Rn 132). **46**

Nach *Hueck* (DB 1957, 1259, 1260 ff; ebenso *Buchner/Schlobach* GmbHR 2004, 1, 17 und KölnerKommAktG/*Kraft* § 346 Rn 28) ist die Umw grdsl kein wichtiger Grund zur **außerordentl Kündigung des Anstellungsvertrages.** Dem ehem Vorstandsmitglied bzw Geschäftsführer könne zugemutet werden, in einer vglbaren leitenden Stellung (zB als Prokurist) beim übernehmenden Rechtsträger tätig zu werden. Ein Rechtsanspruch hierauf bestehe jedoch nicht (*Hueck* DB 1957, 1261 f). Sei er nicht bereit, eine solche ihm **zumutbare Stellung** zu übernehmen, verliere er seinen Vergütungsanspruch (§ 615 S 2 BGB), habe dann aber die Möglichkeit, den Anstellungsvertrag seinerseits durch außerordentl Kündigung zu beenden (so auch *Röder/Lingemann* DB 1993, 1341, 1345 ff mwN). **47**

Auch hier ist zu diff: Der übernehmende Rechtsträger kann den Anstellungsvertrag grdsl **nicht kündigen** (WHSchS/*Willemsen* D Rn 160). Nicht jedes Organ eines übertragenden Rechtsträgers ist jedoch verpflichtet, beim übernehmenden Rechtsträger in einer vglbaren leitenden Stellung (*Hockemeier,* Die Auswirkung der Verschmelzung von KapGes auf die Anstellungsverhältnisse der Geschäftsleiter, 1990, spricht unzutr von Diensten eines leitenden Angestellten iSv § 5 III BetrVG) seinen ursprüngl Anstellungsvertrag zu erfüllen. Es kommt vielmehr auf den **Inhalt des Anstellungsvertrages** bzw dessen Auslegung an; der Geschäftsleiter, der nach seinem Anstellungsvertrag von vornherein ausschließl eine Tätigkeit als Vorstandsmitglied oder Geschäftsführer schuldete, kann sich im Ggs zu einem früheren Angestellten, der zum Geschäftsführer aufgestiegen ist, auf die Unmöglichkeit der Vertragserfüllung und auf die Unzumutbarkeit einer anderen Beschäftigung berufen (so zutr *Baums* ZHR 1992, 248, 253 f und WHSchS/*Willemsen* H Rn 159 f; ähnl Semler/Stengel/*Simon/Kübler* Rn 58 mwN). Zu beachten ist stets **§ 615 S 2 BGB** (dazu *Röder/Lingemann* DB 1993, 1341, 1346 f mwN) und **48**

§ 628 II BGB, der dem Organ im Fall einer berechtigten Eigenkündigung des Anstellungsvertrags uU einen – erhebl – Schadensersatzanspruch eröffnet (allerdings hat das BAG NZA 2008, 815 die Anwendung von § 628 II BGB mangels vertragswidrigen Verhaltens verneint; diese Entscheidung gilt für ArbN, auf Anstellungsverträge von Organmitgliedern ist sie nicht übertragbar, aA Semler/Stengel/*Kübler* Rn 59).

49 **bb) Vergütung der Aufsichtsratsmitglieder.** Mit dem Erlöschen ihres Amtes verlieren Mitglieder von Aufsichtsorganen ihren Anspruch auf eine Vergütung (vgl zB § 113 AktG sowie RGZ 81, 153 ff; Lutter/*Grunewald* Rn 28 aE mwN; Semler/Stengel/*Kübler* Rn 20; Kallmeyer/*Marsch-Barner* Rn 16 auch für den unübl Fall eines dienstvertragl Anspruchs). Wurde den Aufsichtsratsmitgliedern als Vergütung ein Anteil am Jahresgewinn des übertragenden Rechtsträgers gewährt (§ 113 III AktG), so entfällt dieser Anspruch mit dem Erlöschen ihres Amtes, da sie nur während ihrer Amtszeit Anspruch auf eine Vergütung haben. Nach Hachenburg/*Schilling* GmbHG Anh § 77 UmwG § 5 Rn 2 soll der Anspruch der Aufsichtsratsmitglieder auf eine **Gewinnbeteiligung** aber dann bestehen bleiben, wenn vor der Eintragung des Verschmelzungsbeschlusses ein Abschluss bei der Übertragerin festgestellt worden ist, der einen Gewinn ausweist.

50 **cc) Gewinnbeteiligungen.** Nach Eintragung der Verschm sind die übertragenden Rechtsträger erloschen und ist die Rechtsstellung ihrer Anteilsinhaber als solche beendet. Daraus folgt ua, dass nach diesem Zeitpunkt ein **Gewinnverteilungsbeschluss** für den übertragenden Rechtsträger nicht mehr gefasst werden kann. Auch bei vollständiger Personenidentität von Anteilsinhabern bei übertragendem und übernehmendem Rechtsträger ist ein nachträgl Gewinnverteilungsbeschluss ausgeschlossen, da das Beschlussrecht auch in diesem Fall nicht auf die Anteilsinhaber des übernehmenden Rechtsträgers übergeht (Widmann/Mayer/*Vossius* Rn 333 ff; BFH BB 1975, 23 f).

51 **dd) Genussrechte und Gewinnschuldverschreibungen.** Zum Übergang der Verpflichtungen eines übertragenden Rechtsträgers aus Genussrechten und Gewinnschuldverschreibungen vgl § 23 Rn 13.

52 **ee) Wandelschuldverschreibungen.** Zum Übergang von Wandelschuldverschreibungen eines übertragenden Rechtsträgers vgl § 23 Rn 11.

53 **ff) Gegenseitige Forderungen der beteiligten Rechtsträger.** Forderungen zwischen den beteiligten Rechtsträgern erlöschen durch Konfusion. Dies mindert nicht den Geschäftswert des Aktivvermögens bei der notariellen Beurkundung (OLG Düsseldorf DB 1998, 2004). Vgl zur Besteuerung § 6 UmwStG Rn 9 ff. Vgl zu Unternehmensverträgen Rn 55 ff.

54 **gg) Unvereinbare Verpflichtungen.** Treffen Abnahme-, Lieferungs- oder ähnl Verpflichtungen aus gegenseitigen Verträgen, die zwischen den beteiligten Rechtsträgern und Dritten bestehen, zusammen, und sind diese Verpflichtungen miteinander unvereinbar (zB Alleinvertriebsverträge von Konkurrenten für dasselbe Gebiet) oder bedeutet es eine schwere Unbilligkeit für den übernehmenden Rechtsträger, beide Verträge zu erfüllen, so hat der übernehmende Rechtsträger uU einen entsprechenden **Anpassungsanspruch** gegen den oder die Vertragspartner ähnl den Regeln zur Störung der Geschäftsgrundlage (zu Einzelheiten vgl § 21 Rn 1 ff). Eine ergänzende Anwendung von § 313 BGB ist nicht ausgeschlos-

sen; der übernehmende Rechtsträger wird freilich regelm mit dem Einwand konfrontiert sein, die Änderung liege in seiner Sphäre, Lutter/*Grunewald* Rn 53.

hh) Unternehmensverträge. Unternehmensverträge sind gesellschaftsrechtl Natur, deswegen hängen sie im besonderen Maße von der Identität der Vertragspartner ab. Insges ist die Materie für das UmwR noch nicht ausreichend durchdacht, dazu ausführl *Vossius* FS Widmann, 2000, 133; vgl auch *Fichtelmann* GmbHR 2010, 576, 582 ff; wesentl Bedeutung hat auch immer die konkrete Auslegung der Unternehmensverträge im Einzelfall, vgl *Grunewald* ZGR 2009, 647 mwN. **55**

Bei **Verschm von herrschendem und abhängigem Unternehmen** erlischt der Unternehmensvertrag wegen Konfusion (OLG Hamm DB 1988, 1842; *Müller* BB 2002, 157). Ein ggü dem abhängigen Unternehmen vor der Verschm bestehender konzernrechtl **Abfindungsanspruch eines außenstehenden Aktionärs** ist jedoch durch Art 14 GG geschützt und erlischt nicht (BVerfG ZIP 1999, 532 mit Anm *Neye* EWiR 1999, 459 und Rn 42; vgl auch *Naraschewski* DB 1997, 1653; *Schubert* DB 1998, 761 und *Schwab* BB 2000, 527). Der gesetzl gewährleistete Schutz des Eigentums des außenstehenden Aktionärs darf auf der Rechtsanwendungsebene nicht durch formale Argumentation unterlaufen werden. Der Vertragskonzern und die Verschm sind rechtl und wirtschaftl durchaus vglbare Instrumente, die nicht selten denselben wirtschaftl Zielen dienen (vgl RegEBegr BR-Drs 75/94, 178; *Altmeppen* ZIP 1998, 1853; *ders* DB 1999, 2453). **56**

Gem § 302 AktG hat das herrschende Unternehmen beim **Beherrschungs- und Gewinnabführungsvertrag** (zu Unternehmensverträgen iSv § 292 AktG sh § 131 UmwG Rn 73; zu grenzüberschreitenden Unternehmensverträgen *Bärwaldt/Schabacker* AG 1998, 182) den sonst entstehenden Jahresfehlbetrag des abhängigen Unternehmens grdsl auszugleichen. Unabhängig davon, ob das **abhängige Unternehmen** als übertragender oder als übernehmender Rechtsträger an einer Verschm beteiligt ist, muss in einer **wertenden Betrachtung des Einzelfalls** danach gefragt werden, ob die Wirkungen des Unternehmensvertrages für die Beteiligten jew noch zumutbar sind. Ist dies nicht der Fall, kann der betreffenden Vertragspartei ein außerordentl Kündigungsrecht zustehen (so Lutter/*Grunewald* Rn 35; diff KölnerKommUmwG/*Simon* Rn 25), wenn man nicht mit der hM zur Beendigung ohne Kündigung tendiert (dazu Kallmeyer/*Marsch-Barner* Rn 21 mwN). Ausführl zu Unternehmensvertrag und Umw *Vossius* FS Widmann, 2000, 133, insbes 139 ff und *Müller* BB 2002, 157; speziell zu Ergebnisabführungsvertrag *Gelhausen/Heinz* NZG 2005, 775; *Fichtelmann* GmbHR 2010, 576; zur stl Organschaft bei Anwachsung auf den letzten Gesellschafter einer PersGes *Orth* DStR 2005, 1629. **57**

Ist der übertragende Rechtsträger **herrschende Ges,** gehen die Rechte und Pflichten aus einem Beherrschungsvertrag mit einem dritten Unternehmen (§§ 291 ff AktG) auf den übernehmenden Rechtsträger über (hM, vgl OLG Köln ZIP 2010, 519; Lutter/*Grunewald* Rn 37 mwN; Semler/Stengel/*Kübler* Rn 30; Widmann/Mayer/*Vossius* Rn 293; *Vossius* FS Widmann, 2000, 133; *Priester* ZIP 1992, 293; aA *Bayer* ZGR 1993, 599, der § 295 AktG anwenden will, und LG Frankfurt aM DB 1999, 271 für den Fall des Verkaufs; zur Umw LG Bonn GmbHR 1996, 774; GroßKomm AktG/*Würdinger* § 291 Anm 11, 22, 24 und 47, der den Beherrschungsvertrag als zur Rechtsgrundlage des übertragenden und durch die Verschm erlöschenden Rechtsträgers zugehörig ansieht). Die hM ist zutr, am einmal statuierten Abhängigkeitsverhältnis zwischen übertragendem **58**

Rechtsträger und beherrschtem Dritten ändert sich durch die Vermögensübertragung nichts (vgl auch BGH DStR 1998, 898 mit Anm *Goette* zum Beitritt eines Unternehmens auf Seiten des herrschenden Unternehmens, dazu ausführl *Kort* ZGR 1999, 402; *Kurzwelly* AG 2000, 339 f). Freilich kann dem abhängigen Unternehmen ein Recht zur Kündigung aus wichtigem Grund unter den Voraussetzungen von § 297 I AktG zustehen. Der Übergang des Unternehmensvertrages ist im Falle der Verschm der herrschenden Ges als übertragender Rechtsträger zum Handelsregister der abhängigen Ges anzumelden (*Zilles* GmbHR 2001, 21).

59 Gleiches wie Rn 58 muss für den Fall gelten, dass der **übernehmende Rechtsträger herrschende Ges in Bezug auf ein drittes Unternehmen** ist, auch hier steht nur ein für das Schicksal des Unternehmensvertrages unerhebl Vermögenszuwachs des herrschenden Unternehmens in Rede (Semler/Stengel/*Kübler* Rn 29). Hat der Wechsel der Vertragspartei ausnahmsweise für das beherrschte Unternehmen **unzumutbare Folgen,** steht ihm ein außerordentl Kündigungsrecht zu (so bereits Hachenburg/*Schilling* GmbHG Anh § 77 UmwG § 5 Rn 3); die Kündigung wirkt allerdings nur ex nunc.

60 **ii) Wettbewerbs- und Kartellverpflichtungen, Lizenzverträge uä.** Wettbewerbs- und Kartellverpflichtungen gehen ebenfalls auf den übernehmenden Rechtsträger über (zutr Lutter/*Grunewald* Rn 38; teilw abw Widmann/Mayer/*Vossius* Rn 320; dies kann auch entstandene Schadenersatzverpflichtungen umfassen, zutr BGH DB 2007, 2089, nicht aber die bußgeldrechtl Verantwortlichkeit nach § 30 OWiG, wenn die Tat vor Eintragung der Verschm begangen wurde, vgl BGH wistra 2012, 152 zu Geldbußen nach § 1 GWB). Soweit sich durch die Übernahme derartiger Verpflichtungen ein Widerstreit oder eine über den bisherigen Wirkungsbereich hinausgehende Ausdehnung der Verpflichtungen ergibt, hat der übernehmende Rechtsträger ggf wiederum gem § 21 einen **Anpassungsanspruch** (vgl Komm dort und zum früheren Recht bereits *v. Godin/Wilhelmi* AktG § 346 Anm 21; KölnerKommAktG/*Kraft* § 346 Rn 37). Die Rechtsnachfolge erstreckt sich aber nicht auf die Tatbestände der Erstbegehungs- oder Wiederholungsgefahr iSd **UWG.** Insoweit ist es nur mögl, dass nach der Verschm und unter der Voraussetzung der Betriebsfortführung eine Erstbegehungsgefahr durch besondere Umstände, die zu der früher begangenen Zuwiderhandlung hinzutreten, neu begründet wird (BGH DB 2007, 2088; OLG Hamburg Beschluss vom 24.8.2009 – 5 W 183/08, Der Konzern 2010, 73 (LS); OLG Hamburg DB 2007, 2033; vgl *Mels/Franzen* GRUR 2008, 968 mwN; vgl zu den sich daraus für ein Bestrafungsverfahren nach eV ergebenden Konsequenzen – keine Vollstreckungsmaßnahmen iSv § 890 ZPO – OLG Köln NZG 2009, 477). Vgl zum wettbewerbl Unterlassungsanspruch § 131 Rn 80 aE.

61 Unterliegt der übertragende Rechtsträger einem **vertragl Wettbewerbsverbot,** so geht auch dieses grdsl iRd Gesamtrechtsnachfolge über. Soweit damit der aufnehmende Rechtsträger in einem Gebiet, auf dem er schon tätig ist, betroffen wäre, ist im Einzelfall eine **Anpassung gem § 313 BGB, § 21 UmwG** zu prüfen (zB Lutter/*Grunewald* Rn 38: Beschränkung des Wettbewerbsverbots auf die übernommenen Betriebsstätten).

62 Der umgekehrte Interessenkonflikt könnte eintreten, wenn der übertragende Rechtsträger Lizenznehmer eines Schutzrechts war, das der übernehmende Rechtsträger wegen seiner Konkurrenzsituation mit der Lizenzgeberin niemals erhalten hätte. Hier kommt entweder eine Kündigung aus wichtigem Grund oder eine Anpassung nach § 313 BGB in Betracht (vgl auch § 21).

jj) Beteiligungen an anderen Gesellschaften. Soweit der übertragende Rechtsträger **an einer KapGes beteiligt** ist, gehen deren Anteile im Wege der Gesamtrechtsnachfolge gem Abs 1 Nr 1 auf den übernehmenden Rechtsträger über. Gem § 124 I HGB kann eine übernehmende PhG ebenfalls Inhaberin solcher Anteile sein. Eine **Vinkulierung** hindert den Rechtsübergang nicht (Lutter/*Grunewald* Rn 17 mwN; Semler/Stengel/*Kübler* Rn 22; KölnerKommUmwG/*Simon* Rn 19). Ob bestehende **Mitteilungspflichten** gem §§ 21 ff WpHG übergehen, ist str (*Widder* BB 2005, 1979 mwN; *Klein/Theusinger* NZG 2009, 250; *Widder* NZG 2010, 455 mwN). **63**

Die Folgen der Verschm sind umstr, wenn der übertragende Rechtsträger **an einer PersGes beteiligt** ist. Nach Rspr des RG (RGZ 150, 289, 291) ist das Erlöschen einer KapGes dem Tod eines Gesellschafters gleichzusetzen. Dies hatte gem § 131 Nr 4 HGB aF zur Folge, dass mit dem Erlöschen zB einer übertragenden KapGes (§ 20 I Nr 2) auch die PhG, an der die KapGes beteiligt war, aufgelöst wurde (Ausnahme: Tod eines Kommanditisten, § 177 HGB; zur früheren Rechtslage 3. Aufl 2001, Rn 51 mwN). Seit dem HRefG (BGBl I 1998, 1474, vgl Einf Rn 26 mwN) ist der Tod eines Gesellschafters kein Auflösungsgrund mehr. Es kommt gem § 131 III S 1 Nr 1 HGB zum Ausscheiden des betreffenden Gesellschafters, die Ges bleibt grdsl bestehen (vgl Baumbach/*Hopt* HGB § 131 Rn 18 ff, Rn 34 ff mwN; Lutter/*Grunewald* Rn 19). Eine Rechtsnachfolge in die Gesellschafterstellung durch den übernehmenden Rechtsträger wäre dann nicht mehr mögl. **64**

Soweit der **Gesellschaftsvertrag** der PhG, an der der übertragende Rechtsträger beteiligt ist, eine Fortsetzung der Ges vorsieht, muss im Wege der Auslegung ermittelt werden, ob die Klausel eine Fortsetzung mit oder ohne den übernehmenden Rechtsträger nach Verschm vorsieht. Ergibt die **Auslegung** ausnahmsweise (grdsl ist zum Schutz der Gesamtrechtsnachfolge großzügig auszulegen, vgl 3. Aufl 2001, Rn 51 schon zur alten Rechtslage), dass die Ges ohne den übernehmenden Rechtsträger fortgesetzt werden soll, geht auf diesen mit der Eintragung der Verschm nur der entsprechende Abfindungsanspruch über (Lutter/*Grunewald* Rn 19; KölnerKommUmwG/*Simon* Rn 23 ff mwN). **65**

Zur **alten Rechtslage** vor dem HRefG vgl 3. Aufl 2001, Rn 51. **66**

Schließt hingegen der **Gesellschaftsvertrag** oder die Satzung der Ges, an der der übertragende Rechtsträger beteiligt ist, den Übergang oder die Übertragung der Beteiligung **ausdrückl aus,** so ist im Einzelfall durch Auslegung zu ermitteln, ob davon auch der Übergang durch Umw (Verschm) erfasst werden soll. Bei eindeutigem Auslegungsergebnis gegen einen Übergang der Beteiligung als Folge der Umw scheidet der übertragende Rechtsträger aus der Ges aus. **67**

Die gleichen Grdse gelten für die **stille Ges** (Def und Lit zur stillen Ges bei § 20 UmwStG Rn 158; vgl auch *Mertens* AG 2000, 32), soweit der übertragende Rechtsträger sie als Geschäftsinhaber eingegangen ist (dazu ausführl *Jung* ZIP 1996, 1734; vgl auch Kallmeyer/*Marsch-Barner* Rn 7). Ist der übertragende Rechtsträger selbst stiller Gesellschafter, so tritt der übernehmende Rechtsträger ohne weiteres an seine Stelle (§ 234 II HGB analog, zutr Kallmeyer/*Marsch-Barner* Rn 7; Lutter/*Grunewald* Rn 20; siehe zur Beteiligung an der stillen Ges auch *Felix* BB 1987, 1265, 1267 f). Ein **vertragl Zustimmungserfordernis** hat für die Gesamtrechtsnachfolge kraft Gesetzes keine Geltung (Rn 63). Vgl auch § 23 Rn 8. **68**

Anderes gilt für den Fall, dass ein übertragender Rechtsträger **Mitglied einer eG** war. Wegen der ausdrückl Regelung in §§ 77, 77a GenG – insbes in § 77a S 2 GenG – endet die Mitgliedschaft nach Eintragung der Verschm zum Schluss des **69**

Gj der eG (OLG Stuttgart BB 1989, 1148; Semler/Stengel/*Kübler* Rn 28; Lutter/*Grunewald* Rn 22); es sei denn, die Satzung sieht anderes vor (str).

70 Die Mitgliedschaft im **Verein** ist grdsl höchstpersönl, § 38 BGB. Deshalb scheidet eine Gesamtrechtsnachfolge aus, vgl Semler/Stengel/*Kübler* Rn 27; Lutter/*Grunewald* Rn 21 mwN. Rechtsnachfolgefähig ist hingegen die Rolle des **Stifters,** dessen Wille die Stiftungsaufsicht im Rahmen der jew Landes Stiftungsgesetze zu berücksichtigen hat.

71 **kk) Bürgschaften und Kredite.** Zum Ganzen *Bitter* ZHR 173 (2009), 379 ff mwN auch zum Datenschutz respektive dem „Bankgeheimnis"; *H. P. Westermann* FS Rowedder, 1994, 529 ff; Lutter/*Grunewald* Rn 33 mwN. Bei der Verschm zweier Kreditinstitute ist eine Darlehenskündigung durch die Kunden nicht ausgeschlossen (OLG Karlsruhe DB 2001, 1548). Ist dem übertragenden Rechtsträger ein Kredit eingeräumt worden oder hat ein Dritter Bürgschaften auch für künftige Schulden von ihm übernommen, so ist **im Zweifel** davon auszugehen, dass eine Erweiterung dieser Pflichten (Kreditgewährung auch an den übernehmenden Rechtsträger oder Bürgenhaftung auch für künftige Schulden dieses Rechtsträgers) **nicht gewollt** ist (vgl BGH NJW 1993, 1917 für die Anwachsung). Vgl zur Immobilienfinanzierung auch Rn 79.

72 Wenn allerdings vorgeschlagen wird, Rechte und Pflichten aus einer Bürgschaft überhaupt nicht übergehen zu lassen (etwa GroßKomm AktG/*Schilling* § 346 Anm 26), so wird übersehen, dass sich der Bürge oder Kreditgeber durch die Umw und den vollständigen Entfall des Bürgenrisikos besser stellen würde, als dies zuvor der Fall war. Auch dogmatisch gibt es für diesen Ansatz keine Begr, die Verschm würde bei Lösung der Verpflichtung aus der Bürgschaft auf einen Vertrag zwischen zwei an der Verschm völlig unbeteiligte Personen (Bürge und Gläubiger) wirken. **§ 418 BGB** findet keine Anwendung. Allenfalls eine **entsprechende Anwendung von § 775 BGB** ist denkbar.

73 **ll) Forderungen und Wertpapiere. Wertpapiere** gehen wie die in ihnen verbrieften Forderungen und Rechte **ohne Abtretung oder Indossament** auf den übernehmenden Rechtsträger über (Widmann/Mayer/*Vossius* Rn 314 ff). Soweit die Indossierung zur Weiterleitung des Rechts erforderl ist, kann sie der übernehmende Rechtsträger als Rechtsnachfolger ohne weiteres vornehmen. Zur Geltendmachung des Anspruchs, auch im Wechselprozess, genügt es, wenn die Rechtsnachfolge durch einen aktuellen Registerauszug über die Eintragung der Verschm nachgewiesen wird.

74 **Forderungen** können allerdings im Einzelfall erlöschen (§§ 400 ff BGB). **§ 399 BGB** gilt bei der Verschm nicht, sodass eine Forderung trotz eines Abtretungsverbots übergeht (ähnl Lutter/*Grunewald* Rn 31 mwN, die im Einzelfall ein Kündigungsrecht zugesteht; Widmann/Mayer/*Vossius* Rn 196 unter zutr Verweis auf Art 19 III Verschm-RL; Kallmeyer/*Marsch-Barner* Rn 8; Semler/Stengel/*Kübler* Rn 13 mit Hinweis auf LG Hamburg AfP 2002, 70, wonach der Anspruch auf Gegendarstellung untergeht; vgl auch die allg Einschränkung des Abtretungsverbots bei Handelsgeschäften, § 354a HGB, dazu *Henseler* BB 1995, 5). Vgl bei der **Spaltung** § 131 Rn 30 ff.

75 **mm) Schuldrechtliches Vorkaufsrecht.** Kraft Gesamtrechtsnachfolge gehen schuldrechtl Ansprüche auf den Nachfolger über, soweit nichts Gegenteiliges bestimmt ist. Beim schuldrechtl Vorkaufsrecht greift jedoch **§ 473 BGB,** der die Übertragbarkeit des schuldrechtl Vorkaufsrechts bei der Umw grdsl ausschließt

(wie hier MüKoBGB/*H. P. Westermann* § 473 Rn 3; abw Soergel/*Huber* BGB § 514 aF Rn 4; ihm folgend Erman/*Grunewald* BGB § 473 Rn 2 und Widmann/Mayer/*Vossius* Rn 309, die aber mE den Wegfall von § 514 BGB nicht berücksichtigt), andere Vereinbarungen aber zulässt.

c) Einzelfälle (Rechte und Pflichten). aa) Rechte Dritter an Anteilen eines übertragenden Rechtsträgers. Da mit Eintragung der Verschm die übertragenden Rechtsträger und damit auch die an ihnen bestehenden Anteile erlöschen, ordnet Abs 1 Nr 3 S 2 eine **dingl Surrogation** an: die Rechte Dritter (zB Pfandrecht, Nießbrauch, vgl Rn 19) bestehen – ohne einen besonderen Übertragungsakt – an den die alte Rechtsposition der Anteilsinhaber ersetzenden Anteilen oder Mitgliedschaften am neuen Rechtsträger fort. Damit ist der Gesetzgeber einer weitverbreiteten Ansicht in der Lit (1. Aufl 1994, § 5 Anm 8a; Widmann/Mayer 28. EL Rn 91) gefolgt. 76

bb) Immobiliareigentum. Die Übernehmerin wird ohne jeden weiteren Übertragungsakt Eigentümerin der Grundstücke der übertragenden Rechtsträger. Ihre Eintragung im Grundbuch erfolgt nur noch im Wege der **Grundbuchberichtigung** nach § 894 BGB, § 22 GBO. Diese ist gebührenpflichtig, vgl § 19 Rn 43 aE. Sie erfolgt jedoch nur auf **Antrag** der Übernehmerin. Die nach § 22 II GBO erforderl **Zustimmung** ist entbehrl, wenn die Unrichtigkeit des Grundbuchs durch Vorlage eines Registerauszugs über die Umw nachgewiesen wird. Vgl iÜ ausführl *Gärtner* DB 2000, 409. 77

Zur Eintragung der Verschm iSv Abs 1 als maßgebl Zeitpunkt für die GrESt BFH BB 2006, 85; vgl auch *Götz* GmbHR 2001, 277; zum mögl Charakter von § 60 KostO als Besitzwechselsteuer iSd GesSt-RL LG Freiburg NZG 2003, 490; zum Grundbuchberichtigungsverfahren *Gärtner* DB 2000, 409. Vgl zur etwaigen Genehmigung einer Grundstücksteilung bei Spaltung gem § 19 BauGB, § 9 LBO (BW) LG Ellwangen BWNotZ 1996, 125. Vgl zur Sanierungsverantwortlichkeit nach dem BBodSchG VG Hannover Urteil vom 24.11.2009 – 4 A 2022/09, IBR 2010, 238 (LS, Kurzwiedergabe); *Giesberts/Frank* DB 2000, 505 und zu den entsprechenden Informationspflichten *Hilf/Roth* DB 2005, 1951. 78

Sieht ein **Hypothekendarlehen** vor, dass die Fälligkeit der Rückzahlungsverpflichtung im Fall der Veräußerung des Grundstücks sofort eintreten soll **(Veräußerungsklausel),** so ergibt die Auslegung idR, dass die Klausel Fälle der Umw nicht erfasst, da in diesem Fall die wirtschaftl Kontinuität gewahrt bleibt. Eine entsprechende Anwendung der zu Bürgschaften und Krediten entwickelten Grdse (vgl Rn 71, 72) scheint wegen der dingl Absicherung der Forderung nicht angemessen. 79

Die einem übertragenden Rechtsträger bereits erteilte **Eintragungsbewilligung** (§§ 19, 20 GBO) geht ebenso wie die geschützte Rechtsposition nach **§ 883 BGB** auf die Übernehmerin über. An von übertragenden Rechtsträgern erteilte **Bewilligungen** ist die Übernehmerin im Fall von § 873 II BGB gebunden (Widmann/Mayer/*Vossius* Rn 190). 80

cc) Beschränkt dingliche Rechte. Ein **Nießbrauch,** eine beschränkt persönl Dienstbarkeit oder ein **dingl Vorkaufsrecht** in der Rechtsinhaberschrift eines übertragenden Rechtsträgers geht nach Maßgabe von §§ 1059a I Nr 1, II, 1092 II bzw 1098 III BGB auf den übernehmenden Rechtsträger über (§ 1059a II BGB stellt OHG, KG, PartGes und EWIV den jur Person von § 1059a I BGB gleich, *Bassenge* NJW 1996, 2777). Der Übergang kann allerdings bei Bestellung 81 des Rechts **ausgeschlossen** werden. Vgl ausführl *Teichmann* FS Lutter, 2000, 1261 ff; vgl auch Semler/Stengel/*Kübler* Rn 33 mwN.

82 **Hypotheken, Grund- und Rentenschulden** gehen ohne weiteres über. Sofern ein **Brief** über sie ausgestellt ist, bedarf es seiner Übergabe nicht. Die Umschreibung im Grundbuch ist ledigl Berichtigung. Soweit die Übernehmerin die Hypothek oder Grundschuld weiter übertragen will, ist analog § 40 I GBO eine **Voreintragung** nicht erforderl.

83 **dd) Besitz.** Der Besitz an den Sachen der Übertragerin geht **analog § 857 BGB** auf die Übernehmerin über. Eine besondere Besitzergreifung ist nicht erforderl (Palandt/*Bassenge* BGB § 857 Rn 1; MüKoBGB/*Joost* § 857 Rn 14).

84 **ee) Höchstpersönliche Rechte.** Rechte, die nur mit Rücksicht auf eine bestimmte Person eingeräumt werden (zB persönl Wohnrecht, Wegerecht nach § 69 III TKG 2004, vgl ausführl VG Köln CR 2009, 714), **gehen grdsl nicht** auf den Rechtsnachfolger **über;** iÜ wird man durch **Auslegung** des jew Rechtsverhältnisses mit persönl Einschlag ermitteln müssen, ob der Übergang auf einen Rechtsnachfolger gewollt ist oder nicht. Dabei ist zu berücksichtigen, dass bei Übertragung derartiger Rechte auf eine jur Person die **persönl Beziehung** idR nicht im Vordergrund steht.

85 Funktionen wie **Treuhänder,** Vermögensverwalter, Testamentsvollstrecker (dazu aA *Reimann* ZEV 2000, 381), Berater oder Bevollmächtigter werden vielmehr häufig deshalb auf eine jur Person übertragen, weil in ihrer Organisation eine Gewähr für fachmännische Ausführung und Kontinuität gesehen wird. Die Person des Ausführenden, Geschäftsführers oder Vorstandsmitglieds tritt demggü in den Hintergrund. Soweit der übertragende Rechtsträger und der übernehmende Rechtsträger eine jur Person ist, wird die Auslegung daher idR ergeben, dass nach dem Parteiwillen die Rechte und Pflichten aus derartigen Rechtsverhältnissen übergehen sollen (Lutter/*Grunewald* Rn 24 mwN; GKT/*Bermel* Rn 21 aE; Semler/Stengel/*Kübler* Rn 16; Kallmeyer/*Marsch-Barner* Rn 23). Eine andere Frage ist, ob sich die Verwaltungstreuhand an Anteilen eines umgewandelten Rechtsträgers fortsetzt (Auslegung notw, vgl Rn 21).

86 Nach LG Koblenz (MittRhNotK 1997, 321) gelten diese Grdse auch für die rechtsgeschäftl Vollmacht. Das OLG Karlsruhe (DB 2001, 1548) ordnet dem Kreditverhältnis höchstpersönl Elemente zu, weswegen die außerordentl Kündigung eines Darlehens durch den Kunden bei Bankenfusion nicht ausgeschlossen sein soll. Nach BayObLG (MDR 1987, 588, 589; offengelassen Rpfleger 2002, 305) soll ein Verwalteramt einer Wohnungseigentümergemeinschaft auch dann nicht auf den Gesamtrechtsnachfolger übergehen, wenn der **Wohnungseigentumsverwalter** (zur Teilrechtsfolge der WEG vgl § 3 Rn 9 mwN) eine jur Person ist. Dieser Entscheidung hat sich jüngst das LG Frankfurt (NZG 2012, 1107) ohne überzeugende Begründung angeschlossen. Im Hinblick auf den übergehenden Verwaltervertrag besteht dann faktisch Handlungsunfähigkeit des Verwalters. Es ist daher interessengerecht, auch von dem Übergang des Verwalteramtes auszugehen und die Eigentümergemeinschaft auf ein Kündigungsrecht aus wichtigem Grund zu verweisen (so auch Widmann/Mayer/*Vossius* Rn 322 f; Gutachten DNotI-Report 2005, 59 mwN). Zu Nießbrauch und beschränkt persönl Dienstbarkeit Rn 81, zu Kredit- und Bürgschaftsverträgen Rn 71, 72.

87 **ff) Gewerbliche Schutzrechte und Lizenzen. Patentrechte** (§ 15 PatG), **Geschmacksmuster** (§ 29 GeschmacksmusterG) und **Marken** (§ 27 MarkenG) gehen automatisch mit der Eintragung der Verschm auf die Übernehmerin über.

Die Eintragung (§§ 27 III MarkenG, 29 III GeschmacksmusterG) ist nicht konstitutiv, aber zu empfehlen (zur Bedeutung der RegEintragung von gewerbl SchutzR ausführl in Hettler/Stratz/Hörtnagl/*Hug/Gaugenrieder* § 7 Rn 52 ff). Gem §§ 27 II MarkenG, 29 II GeschmacksmusterG wird der Übergang der Rechte mit dem Geschäftsbetrieb vermutet. Zum Markenwert bei Unternehmensübernahmen *Franzen* DStR 1994, 1625. Ebenso verhält es sich mit Lizenzrechten für derartige Rechte (ausführl zu gewerbl Schutzrechten Hettler/Stratz/Hörtnagl/*Hug/Gaugenrieder* § 7 Rn 1 ff). Im Einzelfall ist dem Lizenznehmer aber nicht das Recht eingeräumt, seinen Betrieb durch eine Umw zu erweitern. Vgl zum **Urheberrecht** Widmann/Mayer/*Vossius* Rn 207, 208. **Wettbewerbsrechtl Unterlassungsansprüche** gehen nicht über. Die Erstbegehungsgefahr oder Wiederholungsgefahr muss auch bei Fortführung des Betriebs bezogen auf die Verhältnisse des übernehmenden Rechtsträgers positiv festgestellt werden (BGH DB 2007, 2088, vgl Rn 60).

gg) Öffentlich-rechtliche Befugnisse. Grdsl gehen auch **öffentl-rechtl** 88
Rechtspositionen der übertragenden Rechtsträger auf die Übernehmerin über (vgl auch *Bremer* GmbHR 2000, 865; *Gaiser* DB 2000, 361).

Zu beachten ist allerdings, dass eine Vielzahl öffentl-rechtl Erlaubnisse **höchst-** 89
persönl Art sind, sodass sie mit dem Ende der Existenz des Berechtigten erlöschen (*Odenthal* GewArch 2005, 132; Widmann/Mayer/*Vossius* Rn 247 ff; Lutter/*Grunewald* Rn 13 mwN; zweifelnd Widmann/Mayer/*Heckschen* § 168 Rn 221 ff). Auch gibt es Erlaubnisse, die nur Unternehmen mit einer bestimmten Rechtsform erteilt werden können und die deshalb zB mit der Verschm von einer Kap- auf eine PersGes erlöschen. Wechselt anlässl der Verschm die Rechtsform, kann auch ein Widerruf von Erlaubnissen in Rede stehen (zB BGH DB 2005, 1050 zum Widerruf der Anwaltszulassung beim Weg von der GmbH in die AG).

Nach Maßgabe des zuvor Gesagten sind dabei insbes zu beachten: **Luftfahrt** 90
(§ 20 LuftverkehrsG), **Personenbeförderung** (§§ 2, 9, 13 PBefG), **Güterkraftverkehr** (§§ 10, 81 GüKG), **Gaststätten** (§§ 2, 3 GastG), **Handwerk** (§ 7 HandwerksO), **Bewachungsgewerbe** (§ 34a GewO), **Spielhalle** (§ 33i GewO), **Makler, Bauträger, Baubetreuer** (§ 34c GewO), **Versicherung** (§§ 5, 7 VAG), **Versteigerungsgewerbe** (§ 34b GewO), **Kreditinstitut** (§ 32 KWG), **Privatkrankenanstalt** (§ 30 GewO), **Apotheke** (§ 2 ApoG), **Gentechnische Anlagen** (§§ 8, 11 GenTG), **Kernbrennstoffe** (§ 7 AtomG), **Bodenschätze** (§§ 6, 11, 22 BundesbergG), **BImSchG-Anlagen** (§ 4 BImSchG). Die nach § 9 III **StromStG** ersteilte Erlaubnis zur steuerbegünstigten Verwendung von Strom geht bei der Verschm unter (BFH/NV 2012, 344). Im **Vergabeverfahren** kann eine schädl inhaltl Änderung des Angebots vorkommen, allerdings nicht, wenn die Verschm dem eingereichten Angebot nachfolgt (OLG Düsseldorf IBR 2011, 661; zum Vergabeverfahren auch OLG Düsseldorf VergabeR 2007, 92 und Semler/Stengel/*Kübler* Rn 72). Die **Arbeitnehmerüberlassungserlaubnis** gem § 1 I 1 AÜG erlischt mit der Verschm (LAG Düsseldorf EzAÜG § 2 AÜG Erlöschungsgründe Nr 3). Auch die Berechtigung nach § 95 I 1 SGB V ist höchstpersönl, weswegen zB **Medizinische Versorgungszentren** durch Verschm die Zulassung verlieren, vgl § 95 VII 2 SGB V (dazu ausführl *Rehborn* MedR 2010, 290; *Meschke* MedR 2009, 263 je mwN; vgl auch Semler/Stengel/*Kübler* Rn 70 zu rechtsformgebundenen Erlaubnissen, zB Investmentgeschäft, Versicherungen etc).

Es empfiehlt sich daher, vor Abfassung des Verschmelzungsbeschlusses bereits – 91
iRd rechtl Möglichen – für einen **Neuerwerb der entsprechenden Erlaubnisse** durch die Übernehmerin zu sorgen.

92 **hh) Öffentlich-rechtliche Verpflichtungen.** Öffentl-rechtl Verbindlichkeiten und Handlungs- bzw Unterlassungspflichten gehen – soweit sie nicht höchstpersönl Natur sind – regelm auf die Übernehmerin über. Dies gilt insbes für **Steuerschulden** (BFH GmbHR 2004, 263). Die Übernehmerin tritt gem § 45 AO materiell- und verfahrensrechtl in die abgabenrechtl Stellung der Übertragerin ein (Klein/*Orlopp* AO § 45 Rn 1, 2 mwN). Vgl allg zur stl Rechtsnachfolge § 4 UmwStG Rn 53 ff mwN.

93 Ein Steuerbescheid gegen einen bereits erloschenen übertragenden Rechtsträger ist unzulässig. Wird dennoch ein Steuerbescheid erlassen, ist er allerdings für das Verfahren zur Beseitigung des Bescheids partei- und prozessfähig (BFH GmbHR 1966, 196).

94 Bei **ordnungsrechtl Vfg** ist danach zu unterscheiden, ob die geforderte Handlung vertretbar oder unvertretbar ist. Bei vertretbaren Handlungen geht die Verpflichtung im Wege der Gesamtrechtsnachfolge über, bei unvertretbaren Handlungen muss man wohl zumindest die Erstellung eines neuen Inanspruchnahmebescheides verlangen, da der ursprüngl Adressat der höchstpersönl Handlungspflicht erloschen ist. Unter Berücksichtigung der Rspr des BVerfG zur verfassungsunmittelbaren Begrenzung der Inanspruchnahme eines Störers bei der Gesamtrechtsnachfolge (dazu *Knopp* DÖV 2001, 441 und BVerfG NJW 2000, 2573) ist eine Einzelfallbetrachtung geboten; bei einem Upstream-Merger oder der Verschm mit dem Vermögen des Alleingesellschafters kann die verursachungsbezogene Haftung idR transformiert werden (vgl VGH Baden-Württemberg ZUR 2008, 325 mwN). Zur Sanierungsverantwortung nach § 4 III BBodSchG, vgl Rn 78; zum Übergang öffentl-rechtl Pflichten vgl *Schall/Horn* ZIP 2003, 327; zu umweltrechtl Informationspflichten *Hilf/Roth* DB 2005, 1951. Zum **Datenschutz** § 4 Rn 17 mwN.

95 **d) Arbeitsrecht. aa) Anwendung von § 613a BGB auf Dienst- und Arbeitsverträge.** Nach früher hM war § 613a BGB auf ArbVerh im Fall der Verschm nicht anwendbar (MüKoBGB/*Schaub,* 3. Aufl 1997, § 613a Rn 12; Schaub/*Koch* ArbR-HdB § 118 Rn 4; Soergel/*Kraft* BGB § 613a Rn 12; *Hanau* ZGR 1990, 549 ff; 1. Aufl 1994, § 25 KapErhG Anm 7d). Auch das BAG sah (zunächst) keinen Grund für eine direkte oder auch nur entsprechende Anwendung von § 613a BGB (AP BGB § 613a Nr 13); der III. Senat hat sich aber 1994 (noch zum alten Recht) für die entsprechende Anwendung von § 613a I 2 BGB bei der Verschm ausgesprochen (BAG DB 1994, 1683 f unter Berufung auf Löwisch/*Rieble* TVG § 4 Rn 50; Erman/*Hanau* BGB § 613a Rn 102; *Hanau* FS Gaul, 1992, 287, 302 f).

96 Auch die Neufassung von **§ 324,** nach der § 613a I, IV–VI BGB durch die Wirkungen der Eintragung einer Verschm, Spaltung oder Vermögensübertragung unberührt bleibt, und die Willensäußerungen des Gesetzgebers (RegEBegr BR-Drs 75/94 zu §§ 126 und 132) gaben Anlass, die Anwendbarkeit von § 613a BGB neu zu überprüfen.

97 § 324 fordert die Anwendung von § 613a BGB nicht eindeutig („bleibt unberührt"), gleichwohl ist die Anwendung von § 613a BGB für alle Umwandlungsfälle mit Vermögensübertragung geboten. Die Frage ist mittlerweile höchstrichterl geklärt. Das **BAG** (seit ZIP 2000, 1630 mit Anm *Bauer/Mengel*) fordert die Anwendung von § 613a BGB, der auch im Bereich des UmwR eigenständige Bedeutung hat.

98 Das gegen die Anwendung von § 613a BGB vorgebrachte Hauptargument, bei der Gesamtrechtsnachfolge fehle es am „Rechtsgeschäft" iSv § 613a I BGB (vgl

Nachw Rn 95; *H. Seiter,* Betriebsinhaberwechsel, 1980; *Heinze* DB 1980, 205, 208; *ders* VIZ 1992, 301, 302; *Bauer,* Unternehmensveräußerung und Arbeitsrecht, 1983, S 25 ff; *Quander,* Betriebsinhaberwechsel bei Gesamtrechtsnachfolge, 1990; *Oetker/Busche* NZA Beilage 1/1991, 18, 20; Staudinger/*Richardi* BGB § 613a Rn 76, 81, 190 ff), ist formal und führte bei Spaltungsfällen zu teilw nicht notw Friktionen.

Mit Recht wendet daher die hM § 613a BGB unmittelbar auf den Übergang von ArbVerh bei Verschm, Spaltung und Vermögensübertragung an (Nachw bei § 131 Rn 52; ausführl BAG ZIP 2000, 1630 mit Anm *Bauer/Mengel;* vgl aber BAG NZA 2003, 449; *Zerres* ZIP 2001, 359; Semler/Stengel/*Simon* § 324 Rn 1 ff; Lutter/*Joost* § 324 Rn 3 ff je mwN; KölnerKommUmwG/*Simon* Rn 8). Dafür sprechen neben der Willensäußerung des Gesetzgebers (Rn 96) va europarechtl Vorgaben. Das UmwG dient ua der Umsetzung der Dritten (ABl EG Nr L 295, 36) und Sechsten (ABl EG Nr L 378, 47) gesellschaftsrechtl RL in nat Recht. Diese RL nehmen wiederum Bezug auf die RL 77/187/EWG, die nicht zwischen Einzel- und Gesamtrechtsnachfolge unterscheidet (zur Auslegung der RL ausführl EuGH AG 2000, 358, 360 f; ZIP 2001, 258). Eine richtlinienkonforme Auslegung von § 324 UmwG führt somit zur Anwendbarkeit von § 613a I, IV–VI BGB. Damit ist insbes bei Konzernverschmelzungen und bei Verschm von KonzernGes auf dritte Unternehmen auch die so genannte **„Alberon"-Entsch des EuGH** vom 21.10.2010 (Az C-242/09, NJW 2011, 439) einschlägig, nach der auch die beim übertragenden Rechtsträger tätigen Leiharbeitnehmer auf den übernehmenden Rechtsträger übergehen können, vgl ausführl mwN *Gaul/Ludwig* DB 2011, 298; *Willemsen* NJW 2011, 1546. 99

bb) Folgen der Anwendung von § 613a I 1 BGB (Übergang der ArbVerh). Geht mit der Verschm ein **Betriebs- oder Betriebsteilübergang** einher, treten die Rechtsfolgen von § 613a I, IV BGB ein und es besteht die Unterrichtungspflicht sowie das Widerspruchsrecht des ArbN gem § 613a V, VI BGB (vgl dazu auch § 324 und ausführl *Gaul/Otto* DB 2005, 2465; *Hansch* RNotZ 2007, 328 ff; zu § 613a BGB auführl mit Entscheidungssammlung der BAG-Rspr bis April 2012 Hettler/Stratz/Hörtnagl/*Uhl* § 9 Rn 1 ff mwN. Auch kann § 613a schon vor Eintragung der Umw wirken, BAG ZIP 2000, 1630. Für das TzBfG ist der erloschene übertragende Rechtsträger nicht derselbe Arbeitgeber wie der übernehmende Rechtsträger (BAG ZIP 2005, 772). § 613a BGB hat auch für Versorgungsansprüche ausgeschiedener ArbN keine Bedeutung (BAG NZA 2005, 639). Vgl zur Spaltung § 131 Rn 53, 54. 100

Die umfassende **Unterrichtungspflicht** nach § 613a V BGB (zu den umwandlungsrechtl Besonderheiten Rn 100 und *Otto/Mückl* BB 2011, 1978; *Simon/Weninger* BB 2010, 117; *Reinhard* NZA 2009, 63; *Meyer* BB 2003, 1010) besteht unabhängig von den sich aus §§ 5 I Nr 9, 126 I Nr 11 UmwG ergebenden Unterrichtungspflichten (str, vgl auch *Hörtnagl* § 131 Rn 60). Mängel in der Unterrichtung lösen das Widerspruchsrecht des ArbN (§ 613a VI BGB) und Schadenersatzanspruch (§ 280 BGB) aus (Einzelheiten bei *Bauer/von Steinau-Steinrück* ZIP 2002, 457 und *Willemsen/Lembke* NJW 2002, 1159). 101

Das **Widerspruchsrecht** der ArbN ist nach der jüngeren Rspr des BAG (ZIP 2008, 1296) nicht gegeben. § 613a VI BGB gilt nicht in den Fällen gesellschaftsrechtl Gesamtrechtsnachfolge. Das BAG lehnt die Umdeutung des Widerspruchs in eine Kündigung des ArbN (dazu 4. Aufl 2006, Rn 102 mwN) ab, sieht aber eine außerordentl Kündigung durch den ArbN gem § 626 BGB als grdsl mögl 102 an, ohne insbes einen dazu korrespondierenden SE-Anspruch gem § 628 II BGB zuzugestehen, vgl BAG ZIP 2008, 1296. Die gegen diese Entscheidung gerichtete Verfassungsbeschwerde wurde nicht zur Entscheidung angenommen.

103 **Versorgungszusagen** (Renten, Pensionen etc) der übertragenden Rechtsträger gehen einschl verfallbarer wie unverfallbarer Anwartschaften auf die Übernehmerin über (BAG NJW 1977, 1791; vgl § 131 Rn 81, dort auch Nichtanwendbarkeit von § 4 BetrAVG; vgl zu § 17 II BetrAVG auch BVerwG ZIP 1999, 1816; zum Ganzen auch *Leckschas* DB 2011, 1176; *Kemper/Hey* BB 2009, 720). Auf Wartezeiten ist die Dienstzeit beim übertragenden Rechtsträger anzurechnen (Hachenburg/*Schilling* GmbHG Anh § 77 UmwG § 5 Rn 6; zur Gleichbehandlung *Wiese* RdA 1979, 432 ff): Für die Anpassung von Renten sind die Verhältnisse bei der Übernehmerin, nicht bei der Übertragerin, entscheidend (BGH WM 1977, 53, 55; Hachenburg/*Schilling* GmbHG Anh § 77 UmwG § 5 Rn 6; zu **Pensionsrückstellungen** vgl § 3 UmwStG Rn 132).

104 **Pensionsansprüche** von ArbN, bei denen der Versorgungsfall bereits vor Eintragung der Verschm eingetreten ist, gehen automatisch im Wege der Gesamtrechtsnachfolge (§ 20 I Nr 1 UmwG, nicht § 613a I BGB) über (BAG NZA 2005, 639).

105 **cc) Folgen der Anwendung von § 613a I 2–4 BGB (Kollektives Arbeitsrecht). Betriebsvereinbarungen,** die vor der Verschm abgeschlossen wurden, wirken, sofern der Betrieb als solcher bestehen bleibt, kraft Gesamtrechtsnachfolge ohne weiteres auch für den übernehmenden Rechtsträger als Arbeitgeber (so schon *Gaul* NZA 1995, 717, 723 f). Zum Begriff des Betriebs im arbeitsrechtl Sinne Rn 11. Die Anwendung von § 613a I 2 BGB wäre für die betreffenden ArbN in diesem Fall möglicherweise sogar nachteilig, weil danach nur eine individual-arbeitsvertragl Weitergeltung mit weitreichender Änderungsmöglichkeit angeordnet ist. Allerdings bleibt die kollektivrechtl Wirkung der Betriebsvereinbarung nach wohl hM (vgl BAG DB 1991, 637; *Bachner* NJW 2003, 2861, 2862 mwN) auch iRv § 613a BGB dann erhalten, wenn **im Wesentl Betriebsidentität** gegeben ist. Die Kollision von widersprüchl Betriebsvereinbarungen ist stets in Anwendung von § 613a I 3 BGB zu lösen. Vgl iÜ ausführl § 131 Rn 69 ff, dort auch zu Gesamt- und Konzernbetriebsvereinbarungen. Zu Gesamtbetriebsvereinbarungen auch *Röder/Haußmann* DB 1999, 1754; *Schiefer/Pogge* NJW 2003, 3734.

106 Im Ggs zu ArbVerh und Betriebsvereinbarungen gehen **Tarifverträge** nicht automatisch durch Gesamtrechtsnachfolge über. Dies ergibt sich zum einen daraus, dass Tarifverträge Tarifgebundenheit des Arbeitgeber voraussetzen, was im Fall der Umw nicht notw gewährleistet ist; zum anderen ist bei Verbandstarifverträgen die Mitgliedschaft im Arbeitgeberverband Voraussetzung. Diese ist aber **höchstpersönl Natur** und unterliegt grdsl nicht der Gesamtrechtsnachfolge (BAG BB 1999, 211 und ausführl § 131 Rn 59 ff). Soweit eine kollektivrechtl Bindung beim übernehmenden Rechtsträger nicht entsteht, gelten die Tarifvereinbarungen individualrechtl weiter, § 613a I 2–4 BGB.

107 Zum **Firmentarifvertrag** hat das BAG (ZIP 2008, 611 mit Anm *Hertzfeld/Isenhardt* EWiR 2008, 345; zuvor schon BAG DB 1999, 290 und NZA 2002, 517) zwischenzeitl entschieden. Geht ein Firmentarifvertrag gem Abs 1 S 1 durch Verschm auf einen neuen Rechtsträger über, ist für eine Anwendung von § 324 UmwG, § 613a I 2 BGB kein Raum (anders bei Einzelrechtsnachfolge, vgl BAG NZA 2010, 51). Anders als Verbands- oder Flächentarifverträge kann der Firmentarifvertrag kollektivrechtl auch beim übernehmenden Rechtsträger wirken. Bei

der Verschm durch Neugründung gilt dies ohne weiteres; der Firmentarifvertrag ist eine Verbindlichkeit, die zum Verm des übertragenden Rechtsträgers zu zählen ist (BAG NZA 2010, 51). Ob auch bei der Verschm durch Aufnahme der Firmentarifvertrag des übertragenden Rechtsträgers unmittelbar auf den übernehmenden Rechtsträger übergeht, hat das BAG zunächst offengelassen (vgl auch *Gussen/Dauck,* Die Weitergeltung von Betriebsvereinbarungen und Tarifverträgen bei Betriebsübergang und Umw, Rn 367 ff mwN), mit der Entscheidung ZIP 2008, 611 aber bejaht. Der Firmentarifvertrag geht auf den übernehmenden Rechtsträger über, in einem zweiten Schritt ist über dessen Fortbestand nach den Grdsen der Tarifkonkurrenz oder -pluralität zu entscheiden.

dd) Folgen der Anwendung von § 613a IV BGB. Nach § 613a IV BGB ist 108 die **Kündigung des Arbeitsverhältnisses** wegen des Betriebsübergangs sowohl durch den alten als auch durch den neuen Arbeitgeber unwirksam. Macht der ArbN von seinem Widerspruchsrecht Gebrauch, hindert § 613a IV BGB allerdings eine Kündigung durch den übertragenden Rechtsträger aus betriebsbedingten Gründen nicht, wenn bei diesem tats keine sinnvolle Weiterbeschäftigung mögl ist (§ 613a IV 2 BGB; die Frage stellt sich nur bei Abspaltung und Ausgliederung, Rn 102 sowie BAG ZIP 2000, 1630 und § 131 Rn 60; ErfK/*Preis* § 613a BGB Rn 190).

4. Anteilstausch, Abs 1 Nr 3

Gem **Abs 1 Nr 3 S 1 HS 1** werden die Anteilsinhaber der übertragenden 109 Rechtsträger kraft Gesetzes Anteilsinhaber des übernehmenden Rechtsträgers. Entsprechende Willenserklärungen sind ebenso wenig notw wie – bei einer AG als Übernehmerin – etwa die Übertragung von Aktienurkunden. Vgl zur Pflicht zur Anteilsgewährung im UmwR auch *Heckschen* DB 2008, 1363 mwN.

Abs 1 Nr 3 S 1 HS 2 übernimmt (rechtsformneutral) § 346 IV 2 HS 2 AktG aF. 110 Mit dieser Regelung soll das grdsl verbotene (AG) oder zumindest unerwünschte (GmbH) **Entstehen eigener Anteile** unterbunden werden (vgl RegEBegr BR-Drs 75/94 zu § 20 I Nr 3 S 1 HS 2; vgl aber zum zulässigen Entstehen eigener Anteile durch Übergang einer Put-Option Lutter/*Grunewald* Rn 17 aE; *Weiss* AG 2004, 127).

Rechte Dritter an den ursprüngl Anteilen bestehen kraft **dingl Surrogation** 111 (Rn 19 ff) an den neuen Anteilen fort (Abs 1 Nr 3 S 2).

Der **Nießbrauch** am Gesellschaftsanteil (zum Begriff § 20 UmwStG Rn 167; 112 ausführl zum Nießbrauch an Gesellschaftsanteilen bei Verschm, Spaltung und Formwechsel *Sandhaus,* Diss 2007, dazu auch *Wälzholz* MittBayNot 2009, 129) ist auf verschiedene Weise mögl, zB durch Einräumung nur des Gewinnbezugsrechts, durch treuhänderisch beschränkte Übertragung des Anteils oder durch Übertragung bestimmter Mitwirkungsrechte (vgl ausführl dazu *K. Schmidt* GesR § 61 II und BGH NJW 1999, 571). Der Nießbrauch muss sich nicht auf die Nutzung an den vermögensrechtl Bezügen beschränken, er kann sich auch auf die Ausübung der vollen Gesellschafterrechte erstrecken. Üblicherweise beschränkt sich jedoch das Fruchtziehungsrecht auf die entnahmefähigen Erträge (BGHZ 58, 316 ff). Der Nießbrauch nimmt an der dingl Surrogation teil, wenn aber ein Anteilstausch nicht stattfindet, zB gem § 54 I 1, geht er unter (zutr Lutter/*Grunewald* Rn 65; vgl auch Semler/Stengel/*Kübler* Rn 80 f).

Ist im Gesellschaftsvertrag vereinbart, dass die Anteile veräußert werden dürfen, 113 so kann ein Nießbrauch wirksam eingeräumt werden. Beim Nießbrauch an

Gesellschaftsanteilen handelt es sich um einen sog Rechtsnießbrauch iSv § 1068 BGB (allg für Anteile an KapGes Palandt/*Bassenge* BGB § 1068 Rn 3; für Anteile an PersGes Palandt/*Bassenge* BGB § 1068 Rn 4 je mwN). Umstr ist, ob dem Nießbraucher, der nach erfolgter Umw Anspruch auf den Gewinnanteil hat, zugleich ein **Bezugsrecht,** etwa nach § 186 AktG, zusteht. Die hM ordnet das Bezugsrecht dem Anteilsinhaber zu (Palandt/*Bassenge* BGB § 1068 Rn 3).

114 Bei der gesetzl nicht geregelten **Unterbeteiligung** handelt es sich um eine atypische GbR iSe InnenGes ohne Gesamthandsvermögen (vgl § 20 UmwStG Rn 161 mwN; *Thomsen,* Die Unterbeteiligung an einem Personengesellschaftsanteil, 1978, S 21 mwN) oder um eine (untechnisch) stille Beteiligung an einem Gesellschaftsanteil (*K. Schmidt* GesR § 63 I 1).

115 **Im Außenverhältnis** wird der Hauptbeteiligte durch das Vorhandensein der Unterbeteiligung nicht in der Ausübung seines Stimmrechts beschränkt (*Thomsen,* Die Unterbeteiligung an einem Personengesellschaftsanteil, 1978, S 38). Der Unterbeteiligte muss daher der **Umw nicht zustimmen** (anders bei der stillen Ges, Rn 68, die aber nicht mit der „stillen Beteiligung an einem Gesellschaftsanteil" iSv Rn 114 verwechselt werden darf).

116 Davon zu unterscheiden sind jedoch die **Auswirkungen im Innenverhältnis,** die sich nach der Abrede zwischen dem Hauptbeteiligten und dem Unterbeteiligten richten (Auftrags- oder Gesellschaftsrecht, vgl BGH NJW 1994, 2886). Hat sich der Hauptbeteiligte verpflichtet, das Stimmrecht nur in bestimmtem Sinn oder nach Weisung des Unterbeteiligten auszuüben, so ist der Hauptbeteiligte dem Unterbeteiligten zum Schadensersatz verpflichtet, wenn er ohne Rücksprache oder entgegen getroffener Abreden seine Stimme abgibt. Dies gilt auch für die Zustimmung zur Umw.

117 Die Verpflichtung, Schadensersatz zu leisten, hängt in diesen Fällen davon ab, ob die Zustimmung zur Verschm von der Geschäftsführungsbefugnis getragen wurde, ob sie für den Schaden des Unterbeteiligten kausal war und schließl davon, ob der Hauptbeteiligte wegen seiner Treuepflicht den Anteilsinhabern der HauptGes ggü zur Zustimmung verpflichtet war (*Schmidt-Diemitz* DB 1978, 2398). Ein Schaden liegt aber dann nicht vor, wenn sich die Unterbeteiligung am neu errichteten Rechtsträger fortsetzt. Ob sich die Unterbeteiligung fortsetzt, ist umstr. *Böttcher/Hennerkes* DB 1970, 2393 vertreten die Auffassung, durch die Umw werde das Unterbeteiligungsverhältnis beendet.

118 Demggü meint *Schmidt-Diemitz* DB 1978, 2398, dass die Unterbeteiligung an dem neuen Anteil fortbesteht. Der Grundgedanke von § 281 BGB aF (jetzt § 285 BGB) gebiete die Fortsetzung der Unterbeteiligung (so auch *Schulze zur Wiesche* DB 1980, 1189, 1190). Dies trifft zu. **§ 285 BGB** regelt einen Fall der „schuldrechtl Surrogation" und ist gleichsam ein „gesetzl geregelter Fall ergänzender Vertragsauslegung" (Palandt/*Grüneberg* BGB § 285 Rn 2 mwN). Deshalb ist im Zweifel vom übereinstimmenden Parteiwillen zur Fortsetzung der Unterbeteiligung auszugehen (aA wohl Lutter/*Grunewald* Rn 66).

119 Auch nach *Blaurock* (Unterbeteiligung und Treuhand an Gesellschaftsanteilen 1981, S 970) wird durch eine Umw der HauptGes die UnterbeteiligungsGes in ihrem Bestand nicht berührt. Die rechtl Veränderung des Hauptgesellschaftsanteils als Gegenstand der UnterbeteiligungsGes wirke aber auch auf diese ein. *Blaurock* gewährt daher dem Unterbeteiligten ein Recht zur Kündigung aus wichtigem Grund, wenn infolge der Umw auch das Risiko des Unterbeteiligten erhöht wird (etwa bei Verlustbeteiligung eines Unterbeteiligten und Änderung der Stellung des Hauptgesellschafters vom Kommanditisten zum phG oder wenn sich Veränderungen im Hinblick auf die Erträge des Anteils ergeben).

5. Heilung von Beurkundungsmängeln, Abs 1 Nr 4

Abs 1 Nr 4 ordnet die **Heilung von Mängeln der notariellen Beurkundung** des Verschmelzungsvertrages und etwaiger Zustimmungs- und Verzichtserklärungen an. Es wird wegen der Prüfung durch das Registergericht selten vorkommen, dass auf Basis eines überhaupt nicht beurkundeten Verschmelzungsvertrages eingetragen wird. Die Bedeutung der Vorschrift liegt vielmehr darin, dass **nicht beurkundete Nebenabreden** mit der Eintragung rechtswirksam werden (vgl § 6 Rn 4, 5). Eine verschwiegene Sonderabrede iSv § 5 I Nr 8 wird nicht geheilt (LAG Nürnberg ZIP 2005, 398). **120**

6. Mängel der Verschmelzung, Abs 2

Abs 2 setzt die bereits in § 352a AktG aF enthaltene Regelung zum Ausschluss der „Entschmelzung“ bei der Verschm von AG fort und erweitert den Anwendungsbereich auf **alle Verschmelzungsfälle.** Entsprechende Regelungen finden sich in § 131 II für die Spaltung und § 202 III für den Formwechsel (ausführl *Kreuznacht,* Wirkungen der Eintragung fehlerhafter Verschmelzungen von AG und GmbH nach § 20 II UmwG, 1998; *Kort* AG 2010, 230 mwN). Für die notw einheitl Auslegung dieser Vorschrift des UmwG können die zu § 37 II LwAnpG 1990 und § 34 III LwAnpG 1991 ergangenen zahlreichen Entscheidungen nur bedingt herangezogen werden (dazu Rn 128). Die Verfassungsmäßigkeit der Norm (vgl OLG Hamm DB 2002, 1431, das aber nur nach § 148 ZPO ausgesetzt hat) wurde vom BVerfG (DB 2005, 1373) wegen nicht ausgeschöpften Rechtswegs durch den Beschwerdeführer – einstweiliger Verfügung gegen Registereintragung – materiell nicht geprüft, dürfte tats aber auch nicht ernsthaft in Frage stehen. **121**

Sobald die Verschm in das Register des Sitzes des übernehmenden Rechtsträgers eingetragen ist, soll sie **unabhängig von Mängeln,** die im Verschmelzungsverfahren aufgetreten sind, wirksam sein und bleiben. Es kommt nicht darauf an, welche Rechtshandlung iRd Umwandlungsverfahrens mit Mängeln behaftet ist und **wie schwer der Mangel wiegt** (RegEBegr BT-Drs 9/1065 zu § 352a AktG; OLG Frankfurt aM AG 2012, 461; BayObLG DB 1999, 2504; BGH NZG 1999, 785 mwN zu § 34 III LwAnpG 1991; LG Hamburg AG 2006, 512; Lutter/*Grunewald* Rn 71 mwN), es sei denn, es handelt sich gar nicht um eine Umw iSv § 1 oder es beteiligen sich Rechtsträger, die nicht in § 3 zugelassen sind (BGH ZIP 2001, 2006). Auch eine „freiwillige“ Entschmelzung durch Aufhebung von Umwandlungsvertrag oder Umwandlungsbeschluss kommt nicht in Betracht (OLG Frankfurt aM NZG 2003, 236). Die eingetragene Verschm unterliegt auch nicht der Insolvenzanfechtung, vgl *Keller/Klett* DB 2010, 1223. **122**

Hintergrund der „Konstitutivwirkung“ von Abs 2 ist zunächst, dass die Rückgängigmachung einer Verschm in der Praxis große Schwierigkeiten bereitet, und zwar nicht nur in rechtl, sondern auch in praktischer Hinsicht (RegEBegr BT-Drs 9/1065 zu § 352a AktG). **Normzweck** der Bestimmung ist demgemäß, die Wirksamkeit der Umw nach der Eintragung außer Streit zu stellen (BGH ZIP 1995, 422; *K. Schmidt* ZIP 1998, 187; *ders* ZGR 1991, 380). **123**

Der Gesetzgeber beabsichtigte aber **nicht,** mit § 352a AktG aF eine **Heilungsvorschrift** für fehlerhafte Rechtshandlungen einzuführen. Die Eintragung in das **124**

Register soll ledigl unabhängig von Beschluss- und Verfahrensmängeln stets konstitutiv wirken. Eine Heilung, wie sie zB vom BayObLG (AG 2000, 130), von Semler/Stengel/*Kübler* Rn 86 und von Kallmeyer/*Marsch-Barner* Rn 33 – anders aber wohl in Rn 38 – vertreten wird, hätte zu weitgehende Rechtsfolgen (missverständl Lutter/*Grunewald* Rn 72; wie hier Widmann/Mayer/*Vossius* Rn 373 ff).

125 Abs 2 normiert nur die **dingl Bestandskraft** der eingetragenen Umw, auch eine **Amtslöschung** kommt nach hM nicht in Betracht (OLG Frankfurt aM ZIP 2003, 1607; NZG 2003, 236; OLG Hamburg AG 2004, 619 und NZG 2003, 981; BayObLG AG 2000, 130; OLG Hamm ZIP 2001, 569; LG Hamburg AG 2006, 512; *K. Schmidt* ZIP 1998, 187; Lutter/*Grunewald* Rn 73). Eine Amtslöschung kann aber angezeigt sein, wenn und soweit ein falscher Anteilsinhaber im Register eingetragen wurde (BayObLG DB 2003, 1377 zur Eintragung eines Kommanditisten, der seinen Anteil – im Entscheidungsfall Aktien – vor Wirksamwerden der Umw veräußert hatte und deshalb an der Umw nicht mehr teilnahm). Unberührt bleiben aber Ansprüche, die aus der Mangelhaftigkeit der einzelnen Rechtshandlung resultieren (RegEBegr BT-Drs 9/1065 zu § 352a AktG). In diesem Zusammenhang sind insbes **Schadensersatzansprüche** gem §§ 16 III 8, 25 zu nennen. Eine aus den Regeln der fehlerhaften Ges abgeleitete Möglichkeit zur **Entschmelzung** mit Wirkung ex nunc (vertreten von *K. Schmidt* ZIP 1998, 187; *ders* ZGR 1991, 373; *Schmid* ZGR 1997, 514 ff; *Engelmeyer* S 370 ff; *Veil* ZIP 1996, 1068) ist grdsl nicht wünschenswert und auch in **Extremfällen** (andauernde Verletzung verfassungsrechtl geschützter subj Rechte, *K. Schmidt* ZGR 1991, 373) als Inhalt eines auf Naturalrestitution gerichteten Schadensersatzanspruchs ausgeschlossen (richtig diejenigen, die ex nunc faktisch die Wirkungen einer ordnungsgemäßen Verschm herstellen oder im Innenverhältnis einen schuldrechtl Anspruch auf Ausgleich zubilligen, vgl OLG Rostock ZIP 1994, 1062; *Henze* BB 1999, 2208; GKT/*Laumann* § 202 Rn 29; Lutter/*Decher* § 202 Rn 59; Widmann/Mayer/*Vossius* Rn 376; offengelassen von BGH ZIP 1996, 225 mit Anm *Grunewald* EWiR 1996, 267).

126 Zwar schließt § 16 III 10 HS 2 die Beseitigung der Eintragungswirkungen iRd Schadensersatzes aus, damit ist aber noch nichts über einen **schuldrechtl Anspruch im Innenverhältnis** gesagt. Verhindert werden muss aus Gründen der Rechtssicherheit eine förml Entschmelzung iSd Trennung verbundener Vermögensmassen, wie Lutter/*Grunewald* Rn 71 richtig ausführt. Bei andauernder schwerer Verletzung verfassungsrechtl geschützter Positionen durch die Konstitutivwirkung der Eintragung muss es dem Betroffenen aber grdsl mögl sein, **für die Zukunft** einen bestmögl Schadensausgleich zu erreichen. Wurde zB ein Anteilsinhaber eines übertragenden Rechtsträgers überhaupt nicht mit einem Anteil am übernehmenden Rechtsträger bedacht, ist somit ein Anspruch auf künftige Teilhabe am umgewandelten Verband denkbar (*Hommelhoff/Schubel* ZIP 1998, 537, 544, 546). Durch einen solchen Anspruch würden die Interessen der Gläubiger (dazu *Henze* BB 1999, 2208, 2209) nicht beeinträchtigt. Zu Mängeln im Organisationsvertrag des übernehmenden Rechtsträgers vgl § 131 Rn 114.

127 Damit bleibt festzuhalten, dass nach Eintragung der Verschm in das Register des Sitzes des übernehmenden Rechtsträgers eine **Entschmelzung ausnahmslos ausscheidet.** Denkbar sind allein **Schadensersatzansprüche** übergangener Anteilsinhaber dahin, künftig am Erfolg des übernehmenden Rechtsträgers umfassender teilzuhaben, als dies nach den (mangelhaften) Abreden im Umwandlungsvertrag vorgesehen war.

Die zu **§ 37 II LwAnpG 1990 und § 34 III LwAnpG 1991** ergangenen Entscheidungen (BGH NZG 1999, 900; DB 1999, 2207; NZG 1999, 785; ZIP 1997, 2134 mit Anm *Lohlein* EWiR 1998, 135; wN bei *K. Schmidt* ZIP 1998, 181 und *Hommelhoff/Schubel* ZIP 1998, 537) **schränken die Eintragungswirkungen** der umwandlungsrechtl Vorschriften (§§ 20 II, 131 II, 202 III) entgegen dem ersten Eindruck (vgl *K. Schmidt* ZIP 1998, 181) **nicht ein.** Soweit dort aus dem numerus clausus der Umw Mindestanforderungen an das Umwandlungsverfahren und den Inhalt des Umwandlungsbeschlusses abgeleitet werden, handelt es sich nicht um allg tragende Erwägungen zum UmwR, sondern um die **Berücksichtigung einer Sondersituation** (so zutr das damalige Mitglied des II. Zivilsenat des BGH *Henze* BB 1999, 2208, 2210). Anders als bei Umw nach dem UmwG findet die Umw von LPG ihre Legitimation nicht in einer frei getroffenen und vom Willen der Anteilsinhaber getragenen Entscheidung (dazu ausführl *Wenzel* AgrarR 1998, 139 ff). 128

Ein Mangel der Verschm lässt die Wirksamkeit der Verschm unberührt, sofern sie in das Register des Sitzes des übernehmenden Rechtsträgers eingetragen wird. Dies ist die Kernaussage von Abs 2. Damit ist jedoch noch nicht festgelegt, **zu welchen Bedingungen die Verschm durchgeführt wird.** 129

Abs 2 bewirkt zB, dass nach Eintragung der Verschm ein mangelhafter Verschmelzungsvertrag keinen Einfluss mehr auf die Wirksamkeit der Verschm an sich hat. Anders als bei Vorliegen eines mangelhaften Zustimmungsbeschlusses taucht hier jedoch die Frage auf, ob die im Verschmelzungsvertrag festgelegten Bedingungen noch maßgebend sind. Der Sinn und Zweck von Abs 2 verlangt nicht, den **Verschmelzungsvertrag mit den abgeschlossenen Bedingungen** durchzuführen. Es wird ledigl keine Entschmelzung durchgeführt. Durch einen mangelhaften Verschmelzungsvertrag werden zudem die Interessen aller beteiligten Rechtsträger berührt. Insofern besteht ein Unterschied zu der Situation bei Vorliegen eines mangelhaften Zustimmungsbeschlusses. 130

Unter Aufrechterhaltung der Verschm an sich muss daher eine **ergänzende Vertragsauslegung** vorgenommen werden (Lutter/*Grunewald* Rn 82 mwN; GKT/*Bermel* Rn 58; Kallmeyer/*Marsch-Barner* Rn 40; Semler/Stengel/*Kübler* Rn 99). Hierbei kann der Wille der Vertragsparteien nur insoweit von Bedeutung sein, als dessen Berücksichtigung den Abschluss des Verschmelzungsvertrages an sich nicht in Frage stellt. Nur so wird die Vertragsauslegung der gesetzl angeordneten Wirksamkeit der Verschm gerecht. 131

Die ergänzende Vertragsauslegung wird aber nur bei den wesentl Elementen des Verschmelzungsvertrages in Betracht kommen. Sofern sich die Mangelhaftigkeit auf **Nebenabreden** beschränkt, werden diese im Zweifel keine Wirkung entfalten (so wohl auch Lutter/*Grunewald* Rn 82). 132

Auch ein **mangelhafter KapErhB** lässt die Wirksamkeit der Verschm unberührt (zur konditionalen Verknüpfung von Verschm und KapErh § 55 Rn 35 mwN). Dies gilt selbst dann, wenn die KapErh zum Zeitpunkt der Eintragung der Verschm in das HR am Sitz der übernehmenden Ges noch nicht eingetragen ist, also ein Verstoß gegen §§ 53, 66 vorliegt (so auch GKT/*Bermel* Rn 59; Kallmeyer/*Marsch-Barner* Rn 45; Lutter/*Grunewald* Rn 84; Semler/Stengel/*Kübler* Rn 95). Die **KapErh** muss in diesem Fall **nachträgl eingetragen** werden (aA Widmann/Mayer/*Vossius* Rn 378, der die nochmalige Eintragung der Verschm fordert). Die entsprechende Verpflichtung der übernehmenden Ges folgt aus dem Verschmelzungsvertrag. Nur diese Ansicht wird dem mit Abs 2 verfolgten Zweck, 133 die Wirksamkeit der Verschm zu gewährleisten, gerecht. Ausführl zum Verhältnis von Verschm und KapErh § 55 Rn 35.

134 Entsprechend ist zu verfahren, wenn der **KapErhB** gänzl **fehlt.** Auch dann bleibt nach Sinn und Zweck von Abs 2 die Wirksamkeit der Verschm an sich unberührt; es muss ledigl der **KapErhB nachgeholt** werden (Lutter/*Grunewald* Rn 84). Der Verschmelzungsvertrag vermittelt in diesem Fall sowohl den übertragenden Rechtsträger (§ 26 entsprechend) als auch deren Anteilsinhabern einen unmittelbaren Anspruch auf die Durchführung der KapErh (teilw abw die hM, zB Kallmeyer/*Marsch-Barner* Rn 44 und Semler/Stengel/*Kübler* Rn 96: KapErh ist im Allg nicht erzwingbar; mE lässt sich in den meisten Fällen ein hinreichend bestimmter Anspruch geltend machen, die Vollstreckung ist gem § 894 I ZPO mögl). Entsprechendes gilt, wenn die KapErh nicht in ausreichendem Maße durchgeführt wurde. Zur Schaffung der noch benötigten Anteile muss sie dann nachgeholt werden.

135 Eine Nachholung der KapErh kann ausnahmsweise dann nicht verlangt werden, wenn sie zu einer **verbotenen Unterpariemission** führen würde. In diesem Fall sind schutzwürdige Gläubigerinteressen tangiert. Die betroffenen Anteilsinhaber können dann nur Schadensersatz verlangen.

136 Die Wirkung der Eintragung bleibt ebenfalls iSv Abs 2 unberührt, wenn sich im Nachhinein herausstellt, dass zum Zeitpunkt der Verschm ein Vertragspartner Schein-KG war, was nach der Neufassung des HGB durch das HRefG kaum mehr der Fall sein wird. Entsprechendes gilt für eine KapGes mit Sitz im Ausland (dazu ausführl § 1 Rn 21 ff).

137 Die endgültige Wirkung der Eintragung in das Register ist bei weitem nicht nur von Vorteil. In der Praxis geschieht es häufig, dass erst nach Durchführung einer Umw überhaupt bemerkt wird, welche **negativen Folgen,** insbes stl Folgen, sich ergeben. Dann ist es für Korrekturen – zumindest nach Überschreitung des stl Rückwirkungszeitraums – zu spät. Wenn zB bei einer Spaltung kein Teilbetrieb übertragen wird oder wenn bei der Umw einer PersGes (Mitunternehmerschaft) die Übertragung auch von im Eigentum der Anteilsinhaber stehendem Sonderbetriebsvermögen (dazu Rn 24) vergessen wird, ist der **Steuerschaden** mit der Eintragung endgültig entstanden. Instruktiv ist die Entscheidung des BGH zur Schadensersatzpflicht des Steuerberaters für falsche Beratung bei Verschm von KapGes (ZIP 1997, 322).

138 Ist die **Umw fehlerhaft** und wird dieser Fehler noch vom Registergericht bemerkt, wird es nicht zur Eintragung kommen. Da umgekehrt die beteiligten Rechtsträger bereits unmittelbar nach Abschluss der Umwandlungsverträge die erwartete rechtl Umstrukturierung oft **tats vorab vollziehen,** ergibt sich die Frage, ob dieses faktische Verhalten bereits zu **Haftungsfolgen** führen kann. Dem ist der II. Zivilsenat des BGH in seinem Urteil vom 18.12.1995 (noch zu §§ 25, 31 KapErhG, DB 1996, 417 mit zust Anm *K. Schmidt* DB 1996, 1859; *Goette* DStR 1996, 1057 sowie von *Grunewald* EWiR 1996, 267) entgegengetreten. Nach Ansicht des BGH sind bei organisatorischer Umsetzung der Verschm im Vorgriff zur Eintragung idR die **Grdse über die Behandlung fehlerhafter gesellschaftsrechtl Akte** ebenso wenig anwendbar wie die Rspr zum qualifiziert faktischen Konzern. Rein formal arg der BGH damit, für das Kapitalgesellschaftsrecht seien die Anwendungen der Grdse über die Behandlung fehlerhafter gesellschaftsrechtl Akte ausschließl unter der Prämisse zu erörtern, dass eine Eintragung in das HR überhaupt stattgefunden habe. Einer subsidiären Haftung des in Aussicht genommenen übernehmenden Rechtsträgers nach § 419 BGB, der bis zum

31.12.1998 galt, stehe der Wille der beteiligten Anteilsinhaber entgegen. Vgl zur etwaigen Vorwirkung einer Verschm Rn 3.

§ 21 Wirkung auf gegenseitige Verträge

Treffen bei einer Verschmelzung aus gegenseitigen Verträgen, die zur Zeit der Verschmelzung von keiner Seite vollständig erfüllt sind, Abnahme-, Lieferungs- oder ähnliche Verpflichtungen zusammen, die miteinander unvereinbar sind oder die beide zu erfüllen eine schwere Unbilligkeit für den übernehmenden Rechtsträger bedeuten würde, so bestimmt sich der Umfang der Verpflichtungen nach Billigkeit unter Würdigung der vertraglichen Rechte aller Beteiligten.

Schrifttum: Schrifttum bis 1994 siehe 3. Auflage; Schrifttum bis 2000 siehe 4. Auflage.

1. Allgemeines

Die Vorschrift entspricht § 346 III 2 AktG aF, § 25 II 2 KapErhG aF. Sie regelt 1 das Vorgehen bei **Zusammentreffen** von **miteinander unvereinbaren Verpflichtungen aus gegenseitigen Verträgen.** Der Regelungsgegenstand hat nur bei oberflächl Hinsehen mit den allg Grdsen des Wegfalls der Geschäftsgrundlage im Zusammenhang mit der Gesamtrechtsnachfolge (§ 20 Rn 37) zu tun; in Wahrheit geht § 21 über die Rechtswirkungen dieses Instituts hinaus und privilegiert die Verschm (vgl Widmann/Mayer/*Vossius* Rn 2; GroßKomm AktG/*Schilling* § 346 Anm 30), weil insbes die Zuordnung zur Risikosphäre der an der Verschm beteiligten Rechtsträger unterbleibt.

§ 21 regelt nicht den Fall, dass übertragende und übernehmende Rechtsträger 2 miteinander einen gegenseitigen Vertrag geschlossen haben (hierfür gelten die Grdse der **Konfusion,** § 20 Rn 53), die Vorschrift ist vielmehr erst dann anwendbar, wenn übertragender und übernehmender Rechtsträger jew **mit Dritten** gegenseitige Verträge geschlossen haben, die nach Vollzug der Verschm und infolge der eingetretenen Universalsukzession beeinträchtigt werden. Auf den Wegfall der Geschäftsgrundlage könnte sich der übernehmende Rechtsträger regelm nicht berufen, weil er durch seine freiwillige Teilnahme an der Verschm die Ursache für die Unvereinbarkeit der in seiner Person zusammenfallenden Vertragspflichten ggü Dritten selbst zu vertreten hat; hierfür bietet § 242 BGB an sich keinen Ausweg, weil der Eintritt des Ereignisses, das die Störung der Geschäftsgrundlage ausmacht (Verschm), als solches der Abhilfe begehrenden Partei (dem übernehmenden Rechtsträger) zuzurechnen ist (Risikosphäre, vgl MüKoBGB/*Roth/Schubert* § 242 Rn 468 f; *Ulmer* AcP 174 (1974), 185; BGH ZIP 1993, 234).

2. Tatbestandsvoraussetzungen

a) Gegenseitige Verträge. Sowohl ein übertragender als auch der überneh- 3 mende Rechtsträger müssen einen **gegenseitigen Vertrag mit einem Dritten** geschlossen haben. Dies ist zunächst ein Vertrag, in dem jeder Vertragsteil dem anderen eine Leistung verspricht und die beiderseitigen Leistungen sich gegenseitig bedingen, wenn also jeder Vertragsteil in der Leistung des anderen Teils das Äquivalent für seine eigene Leistung finden will (RGZ 65, 46, 47). Rspr und Lit zum „zweiseitigen Vertrag" iSv § 17 KO, § 103 InsO können uneingeschränkt übernommen werden. Die Gesetzesfassung ist bewusst offengehalten, eine **Beschränkung auf bestimmte Vertragstypen** oder nur auf Dauerverträge ist **nicht** ersichtl (Lutter/*Grunewald* Rn 4; Kallmeyer/*Marsch-Barner* Rn 4; vgl auch KölnerKommAktG/*Kraft* § 346 Rn 36). Betroffen können demnach Kauf- und Tauschverträge, Werk- und Werklieferungsverträge, Mietverträge, Dienstverträge etc sein. **Hauptanwendungsbereich** von § 21 sind vertragl Wettbewerbsverbote und Wettbewerbsabreden sowie Exklusiv-Bezugs- oder Vertriebsrechte (Verpflichtung eines übertragenden Rechtsträgers, eine bestimmte Gruppe von Waren nur vom Lieferanten A zu beziehen, während der übernehmende Rechtsträger eine identische Verpflichtung ggü dem Lieferanten B eingegangen ist; change-of-control-Klauseln etc).

4 **b) Keine Erfüllung.** § 21 setzt – wieder vglbar mit § 103 InsO – voraus, dass noch keiner der beiden Vertragsteile vollständig erfüllt hat. Mit **vollständiger Erfüllung** aller Vertragspflichten **auch nur durch eine Partei** und auch nur in Bezug auf einen der beiden miteinander unvereinbaren Verträge kann § 21 nicht mehr angewendet werden (vgl auch BGH NJW 1980, 226); dann bleibt nur der Rückgriff auf § 242 BGB (Lutter/*Grunewald* Rn 3, 9).

5 Für die vollständige Erfüllung ist der **Leistungserfolg** maßgebend (näher MüKoInsO/*Huber* § 103 Rn 122 mwN), eine bloß mangelhafte Erfüllung der Vertragspflichten genügt regelm nicht.

6 **c) Vertragsverpflichtungen.** Das Gesetz zählt als miteinander unvereinbare oder nur unter schwer unbilligen Umständen zu erfüllende Vertragspflichten „Abnahme-, Lieferungs- oder ähnl Verpflichtungen" auf. Mit diesem **offenen Wortlaut** wird zunächst eine unnötige Beschränkung auf gewisse Typen von gegenseitigen Verträgen vermieden, des Weiteren ist aus den „ähnl Verpflichtungen" zu lesen, dass es **nicht notw Hauptpflichten** der gegenseitigen Verträge sein müssen, die noch nicht vollständig erfüllt sind (BGHZ 58, 246; MüKoInsO/*Huber* § 103 Rn 123) oder die die Unvereinbarkeit bzw schwere Unbilligkeit bewirken. Jede vertragl Verpflichtung **von nicht ganz untergeordneter Bedeutung** (dazu BGHZ 58, 246, 249) ist grdsl dazu geeignet, den Anwendungsbereich von § 21 zu eröffnen (für weite Auslegung des Tb-Merkmals auch Widmann/Mayer/*Vossius* Rn 9; Lutter/*Grunewald* Rn 4 mwN; Semler/Stengel/*Kübler* Rn 4).

7 **d) Unvereinbarkeit, schwere Unbilligkeit.** Die jew übernommenen vertragl Verpflichtungen des übertragenden und des übernehmenden Rechtsträgers ggü Dritten müssen entweder **miteinander unvereinbar** sein oder für den übernehmenden Rechtsträger durch Zusammenfallen beider Vertragspflichten in seiner Person eine **schwere Unbilligkeit** darstellen.

8 **Unvereinbarkeit** idS liegt vor, wenn die Erfüllung des einen Vertrages gerade die Erfüllung des anderen Vertrages vereitelt, so zB bei Kollision von Alleinvertriebsverträgen verschiedener Lieferanten von vglbaren Produkten. Hier kann zum gleichen Zeitpunkt nur eine Vertragspflicht erfüllt werden, die Erfüllung eines Vertrages bedeutet automatisch die Verletzung der entsprechenden Vertragspflicht des anderen Vertrages. Die Unvereinbarkeit kann auch durch vertragl Vorfeldvereinbarungen herbeigeführt werden, insbes durch inzwischen weit verbreitete change-of-control-Klauseln (vgl Widmann/Mayer/*Vossius* Rn 21 f).

9 **Schwere Unbilligkeit** ist darüber hinaus gegeben, wenn die Vertragspflichten aus den kollidierenden Verträgen zwar ohne zwangsläufige Vertragsverletzung des

jew anderen Vertrages erfüllt werden könnten, wenn die Erfüllung beider Verpflichtungen (obj betrachtet, zutr Semler/Stengel/*Kübler* Rn 6) aber die wirtschaftl Lage des übernehmenden Rechtsträgers erhebl beeinträchtigt (**aA die hM,** etwa Lutter/*Grunewald* Rn 5; Kallmeyer/*Marsch-Barner* Rn 5: ausreichend ist nicht mehr hinnehmbare Belastung von erhebl wirtschaftl Bedeutung; Widmann/Mayer/*Vossius* Rn 17 fordert einen spürbaren Nachteil; unklar Semler/Stengel/*Kübler* Rn 6; die Unterschiede zur hier vertretenen Def dürften aber nicht wesentl sein, vgl auch Widmann/Mayer/*Vossius* Rn 18 und GroßKomm AktG/*Schilling* § 346 Anm 30 aE). Maßstab für die Beurteilung, ob „schwere Unbilligkeit" vorliegt, sollte die **vglbare Wertung in § 319 I BGB** – „offenbare Unbilligkeit" – sein. Sie ist anzunehmen, wenn für einen unbefangenen, aber sachverständigen Beurteiler ein unbezweifelbarer und sicherer **Verstoß gegen die Einzelfallgerechtigkeit** vorliegt, der ins Auge springt (RGZ 96, 57, 62; 99, 106; BGH NJW 1991, 2761; wN bei Palandt/*Grüneberg* BGB § 319 Rn 3). Die Feststellung der schweren Unbilligkeit ist stets Frage des Einzelfalls, sie ist unter Berücksichtigung aller anerkennenswerten Interessen der jew Vertragsparteien vorzunehmen; ledigl aus der Durchführung der Verschm als solcher darf dem übernehmenden Rechtsträger nach Sinn und Zweck von § 21 kein Vorwurf gemacht werden (die Initiative des Rechtsträgers wird schon bei der Auslegung des Tb-Merkmals „schwere Unbilligkeit" berücksichtigt, Widmann/Mayer/*Vossius* Rn 18). Für das Vorliegen der schweren Unbilligkeit ist der übernehmende Rechtsträger **beweisbelastet** (vgl Soergel/*Wolf* BGB § 319 Rn 13 mwN).

3. Rechtsfolge

Der Umfang der Verpflichtungen aus § 21 bestimmt sich nach Billigkeit unter **10** Würdigung der vertragl Rechte aller Beteiligten. Es ist demnach mögl, beide kollidierenden Verträge so abzuändern, dass die Unvereinbarkeit oder schwere Unbilligkeit entfällt; eine Lösung des Konflikts kann aber auch durch Änderung (oder uU Wegfall) nur eines Vertrages erreicht werden. Sinn und Zweck von § 21 verlangen ein **pragmatisches Vorgehen unter Berücksichtigung aller Umstände des Einzelfalls** sowie unter Würdigung der vormaligen Rechtsposition aller Beteiligten. Die iRv §§ 242, 315 BGB erarbeiteten Grdse für eine interessengerechte Konfliktlösung sind auch für die Rechtsfolge von § 21 anzuwenden. Auch wird man dem übernehmenden Rechtsträger (§ 21 soll die Verschm schützen, Rn 1) die Möglichkeit von **§ 315 II, III BGB** (sinngemäß Anwendung, vgl KölnerKommAktG/*Kraft* § 346 Rn 38 mwN; Kallmeyer/*Marsch-Barner* Rn 7; aA Widmann/Mayer/*Vossius* Rn 20 mwN) zugestehen müssen: Durch **Erklärung des übernehmenden Rechtsträgers** ggü dem jew anderen Vertragsteil wird der zukünftige Umfang der Verpflichtungen aus dem geschlossenen gegenseitigen Vertrag modifiziert; verkennt der übernehmende Rechtsträger dabei die Interessen und die vertragl Rechte seiner Vertragspartner, haben diese die Möglichkeit, eine der Billigkeit entsprechende Änderung des Vertrages durch **gerichtl Bestimmung** zu erwirken.

§ 22 Gläubigerschutz

(1) [1] **Den Gläubigern der an der Verschmelzung beteiligten Rechtsträger ist, wenn sie binnen sechs Monaten nach dem Tag, an dem die Eintragung der Verschmelzung in das Register des Sitzes desjenigen Rechtsträ-**

gers, dessen Gläubiger sie sind, nach § 19 Abs. 3 bekannt gemacht worden ist, ihren Anspruch nach Grund und Höhe schriftlich anmelden, Sicherheit zu leisten, soweit sie nicht Befriedigung verlangen können. [2]Dieses Recht steht den Gläubigern jedoch nur zu, wenn sie glaubhaft machen, daß durch die Verschmelzung die Erfüllung ihrer Forderung gefährdet wird. [3]Die Gläubiger sind in der Bekanntmachung der jeweiligen Eintragung auf dieses Recht hinzuweisen.

(2) **Das Recht, Sicherheitsleistung zu verlangen, steht Gläubigern nicht zu, die im Falle der Insolvenz ein Recht auf vorzugsweise Befriedigung aus einer Deckungsmasse haben, die nach gesetzlicher Vorschrift zu ihrem Schutz errichtet und staatlich überwacht ist.**

Schrifttum: Schrifttum bis 1994 siehe 3. Auflage; Schrifttum bis 2000 siehe 4. Auflage; *Gärtner,* Verschmelzung von Kapitalgesellschaften und Grundstücksfragen, DB 2000, 409; *Giesberts/Frank,* Sanierungsverantwortlichkeit nach BBodSchG bei Erwerb, Veräußerung und Umwandlung von Unternehmen und bei Grundstückstransaktionen, DB 2000, 505; *Kallmeyer,* Gläubigerschutz bei Umwandlung beteiligungsidentischer GmbH & Co. KG, GmbHR 2000, 541; *Petersen,* Der Gläubigerschutz im Umwandlungsrecht, 2001; *Veith,* Der Gläubigerschutz beim Formwechsel nach dem Umwandlungsgesetz, Diss Mainz 2003; *Eusani,* Auswirkung der Verschmelzung auf Bürgschaftsverpflichtungen für Dauerschuldverhältnisse am Beispiel der Mietbürgschaft, WM 2004, 866; *Soldierer,* Die Höhe der Sicherheitsleistung im Umwandlungsgesetz, Diss Köln 2004; *Petersen,* Vereinfachte Kapitalherabsetzung durch Verschmelzung?, GmbHR 2004, 728; *Maier-Reimer,* Vereinfachte Kapitalherabsetzung durch Verschmelzung? GmbHR 2004, 1128; *Koppensteiner,* Zum Gläubigerschutz bei der Verschmelzung von Aktiengesellschaften, FS Westermann, 2008, 1157; *Bräuer,* Die Sicherheitsleistung nach § 303 I AktG (analog), NZBau 2009, 483; *Kalss,* Gläubigerschutz bei Verschmelzungen von Kapitalgesellschaften, ZGR 2009, 74; *Keller/Klett,* Die sanierende Verschmelzung, DB 2010, 1220; *Wessels,* Umhängung und Isolierung von Pensionsverpflichtungen durch Spaltung, ZIP 2010, 1417.

Übersicht

1. Allgemeines

1 Die Vorschrift regelt iRd **Gläubigerschutzes** bei Verschm das **Recht auf Sicherheitsleistung.** Daneben können den Gläubigern Schadensersatzansprüche

nach §§ 25 ff zustehen. Zum Gläubigerschutz durch Sicherung der Kapitalaufbringung Überblick bei *Ihrig* GmbHR 1995, 622 und ausführl Darstellung bei *Petersen*, Der Gläubigerschutz im Umwandlungsrecht, S 74 ff. Zum Gläubigerschutz bei grenzüberschreitenden Verschm *Passarge/Stark* GmbHR 2007, 803. Da die Gläubiger der übertragenden und des übernehmenden Rechtsträgers am VerschmVorgang nicht beteiligt sind, können durch die Verschm Risiken entstehen, auf die sie keinen Einfluss haben. Insbes konkurrieren die Gläubiger der übertragenden Rechtsträger nach der Verschm mit den Gläubigern des übernehmenden Rechtsträgers, eine **Trennung der Vermögensmassen** (im früheren Recht etwa § 8 UmwG 1969) ist **nicht** vorgesehen. Die Vorschrift knüpft an die Regelungen von § 347 AktG aF, § 26 KapErhG aF, §§ 93 f GenG aF, § 44a III VAG aF, §§ 7, 8 UmwG 1969 an.

Abs 1 S 1 weist den **Anspruch auf Sicherheitsleistung** sowohl den Gläubi- 2
gern der übertragenden als auch denen des übernehmenden Rechtsträgers zu (anders noch zB § 26 I 1 KapErhG aF, dort wurden nur die Gläubiger der übertragenden Ges privilegiert). Die Einbeziehung auch der Gläubiger des übernehmenden Rechtsträgers ist sinnvoll, weil es häufig von nicht zu kontrollierenden Erwägungen abhängt, welcher der beteiligten Rechtsträger welche Rolle bei einer Verschm übernimmt (vgl RegEBegr BR-Drs 75/94 zu § 22 I 1; Lutter/*Grunewald* Rn 4; vgl auch BGH ZIP 1997, 322). Die **Gefährdung der Forderungserfüllung** braucht im Ggs zum früheren Recht nicht mehr nachgewiesen, sondern gem **Abs 1 S 2** nur noch **glaubhaft** gemacht werden, allerdings gilt diese Verpflichtung in Abweichung zu § 347 I 2 AktG aF sowohl für die Gläubiger der übertragende als auch die Gläubiger des übernehmenden Rechtsträgers.

Gläubiger, die bereits anderweitig ausreichend gesichert sind, sind nach **Abs 2** 3
vom Gläubigerschutz durch Entrichtung einer Sicherheitsleistung ausgeschlossen.

2. Anspruch auf Sicherheitsleistung, Abs 1

a) Anspruchsinhaber. Sicherheitsleistung können **grdsl alle Gläubiger** aller 4
an der Verschm beteiligten Rechtsträger (also der **übertragende und** der **übernehmende** Rechtsträger) verlangen, Abs 1 S 1. Die **Rechtsträger selbst** sind nicht in den Schutzbereich von Abs 1 S 1 einbezogen, ihre **Anteilsinhaber** können jedoch sicherungsberechtigte Gläubiger sein, sofern der Anspruch nicht gesellschaftsrechtl Natur ist. Entsprechendes gilt für Ansprüche der **Organe.**

b) Art der Forderung. Sicherheitsleistung können nur **Gläubiger eines** 5
obligatorischen Anspruchs (Übersicht über die erfassten Ansprüche bei Semler/Stengel/*Maier-Reimer/Seulen* Rn 15 ff mwN) verlangen; § 22 erfasst **keine dingl Ansprüche,** insoweit stellt schon der Gegenstand des dingl Rechts die Sicherheit dar (so auch Widmann/Mayer/*Vossius* Rn 17; GKT/*Bermel* Rn 10; Kallmeyer/*Marsch-Barner* Rn 2; Darstellung des Meinungsstandes bei Semler/Stengel/*Maier-Reimer/Seulen* Rn 7 und ausführl bei *Soldierer* S 32 ff, der einen generellen Ausschluss von dingl Rechten iRv § 22 mit vertretbarer Argumentation ablehnt). IÜ kommt es auf den Rechtsgrund des zu schützenden schuldrechtl Anspruchs nicht an, er kann sich **aus Vertrag oder unmittelbar aus Gesetz** ergeben (etwa Ansprüche aus unerlaubter Handlung oder Bereicherungsrecht, vgl Semler/Stengel/*Maier-Reimer/Seulen* Rn 15 ff). Auch der **Inhalt der Forderung** ist unerhebl, sie muss ledigl einen Vermögenswert darstellen (Baumbach/*Hueck* AktG Anh zu § 393, § 7 Rn 3). Der zu sichernde Anspruch muss also nicht notw unmittelbar auf Geld gerichtet sein, vielmehr besteht aus einem Anspruch auf

Lieferung von Sachen oder sonstigen Leistungen ein Sicherungsbedürfnis hinsichtl eines später evtl daraus resultierenden Schadensersatzanspruchs (vgl KölnerKomm-AktG/*Kraft* § 346 Rn 5).

6 **c) Entstehungszeitpunkt.** Aus § 22 begünstigt sind Gläubiger aller beteiligten Rechtsträger. **Gläubiger ist** zunächst derjenige Vertragspartner, dessen Anspruch **entstanden** ist. Beruht er auf Rechtsgeschäft, muss dieses wirksam zustande gekommen sein; beruht er auf Gesetz, müssen die entsprechenden Tatbestandsvoraussetzungen erfüllt sein (zB §§ 823 ff BGB). Von den auf einmalige Leistung gerichteten Schuldverhältnissen unterscheidet sich das **Dauerschuldverhältnis** dadurch, dass aus ihm während seiner Laufzeit ständig neue Leistungs-, Neben- und Schutzpflichten entstehen (Palandt/*Grüneberg* BGB Einl vor § 241 Rn 3). Diese Ansprüche sind bereits mit Abschluss des Dauerschuldverhältnisses **begründet** (vgl BGHZ 142, 324 mwN; vgl auch § 133 Rn 11). Für die Gläubigerstellung iRv § 22 reicht dieser Begründungstatbestand aus, sodass in Zukunft fällig werdende Teilansprüche iRv Dauerschuldverhältnisses einen Anspruch auf Sicherheitsleistung auslösen können (die noch in der 3. Aufl 2001 geäußerte gegenteilige Ansicht gebe ich auf; wie hier Lutter/*Grunewald* Rn 6; Widmann/Mayer/*Vossius* Rn 20; Semler/Stengel/*Maier-Reimer/Seulen* Rn 19 mit Einschränkung in Rn 46 f; Kallmeyer/*Marsch-Barner* Rn 3; umfassende Darstellung bei *Soldierer* S 44 ff mwN). Maßgebl Zeitpunkt für die Beurteilung des Schuldverhältnisses ist das Wirksamwerden der Verschm (also der **Eintragung der Verschm** in das Register des Sitzes des übernehmenden Rechtsträgers, vgl § 20 I; wie hier Lutter/*Grunewald* Rn 5; GKT/*Bermel* Rn 11; aA Kallmeyer/*Marsch-Barner* Rn 3: maßgebl sei Bekanntmachung gem § 19 III; ebenso mit Hinweis auf § 15 HGB Semler/Stengel/*Maier-Reimer/Seulen* Rn 12; diff Widmann/Mayer/*Vossius* Rn 19). Der in Abs 1 S 1 bezeichnete Beginn der Ausschlussfrist (dazu Rn 11) hat für den Entstehungszeitpunkt der Forderung keine Bedeutung; die Sicherheitsleistung soll eine Vermögensgefährdung infolge der Verschm verhindern, erst die Eintragung der Verschm in das Register am Sitz des übernehmenden Rechtsträgers führt zur Auflösung der übertragenden Rechtsträger und zur uU vermögensgefährdenden Gesamtrechtsnachfolge. Nach diesem Zeitpunkt können Forderungen gegen die übertragenden Rechtsträger nicht mehr entstehen; diese Rechtsträger sind gem § 20 Nr 2 S 1 kraft Gesetzes im gleichen Moment erloschen. Die Gläubiger des übernehmenden Rechtsträgers haben nur für solche Forderungen einen Anspruch auf Sicherheitsleistung, die ihrerseits vor Eintritt der Verschmelzungswirkungen begründet wurden (zu Steuerforderungen vgl Widmann/Mayer/*Vossius* Rn 22 ff); für später begründete Forderungen ergibt sich, da die Vermögensmassen zu diesem Zeitpunkt bereits vereinigt sind, keine Erhöhung des bereits vorgegebenen Gefährdungspotenzials (*Soldierer* S 52 ff, 54 erkennt in Übereinstimmung mit Widmann/Mayer/*Vossius* Rn 19 und Semler/Stengel/*Maier-Reimer/Seulen* Rn 12 indes wegen der Fiktion von § 15 I HGB ein besonderes Schutzbedürfnis für die Gläubiger, die von der Verschm keine Kenntnis hatten).

7 **Sicherungsfähig** sind auch **befristete und auflösend bedingte** (aA *Schröer* DB 1999, 319; KölnerKommUmwG/*Simon* Rn 22) Forderungen, da sie zum Zeitpunkt der Verschm bereits bestehen. Entsprechendes gilt für **betagte oder von einer Gegenleistung abh Forderungen** (Lutter/*Grunewald* Rn 7; Semler/Stengel/*Maier-Reimer* Rn 16 je mwN). Keinen Anspruch auf Sicherheitsleistung gewähren hingegen **aufschiebend bedingte Ansprüche** (wie hier *Rowedder/Zimmermann* GmbHG, 2. Aufl 1990, Anh nach § 77 Rn 443; KölnerKommAktG/

Kraft § 346 Rn 5 mwN; aA Lutter/*Grunewald* Rn 6 und jetzt auch Widmann/Mayer/*Vossius* Rn 20; diff Semler/Stengel/*Maier-Reimer/Seulen* Rn 17 und Kallmeyer/*Marsch-Barner* Rn 3: es kommt auf die Wahrscheinlichkeit des Bedingungseintritts an). Derartige Forderungen entstehen erst mit Eintritt der Bedingung, zuvor begründen sie nur ein Anwartschaftsrecht (Palandt/*Ellenberger* BGB Einf vor § 158 Rn 8, 9 mwN). Praktisch relevant wird dies insbes für die **Versorgungsanwartschaft nach dem BetrAVG.** Auch wenn die Voraussetzungen von § 1 BetrAVG erfüllt sind und die Versorgungsanwartschaft somit unverfallbar geworden ist, hat der Anwartschaftsinhaber noch kein Vollrecht erworben, sodass ein Anspruch auf Sicherheitsleistung ausscheidet (*Krieger* FS Nirk, 1992, 556; **aA BAG** ZIP 1997, 289, das der dort nachgewiesenen hM zur Einbeziehung gesicherter Anwartschaften wegen des Schutzzwecks von § 22 folgt; ebenso Lutter/*Grunewald* Rn 7; Semler/Stengel/*Maier-Reimer/Seulen* Rn 72 je mwN und *Soldierer* S 39 ff).

d) Geltendmachung. aa) Schriftliche Anmeldung. Die berechtigten Gläubiger haben gem Abs 1 S 1 binnen einer **sechsmonatigen Ausschlussfrist** ihren Anspruch nach Grund und Höhe schriftl anzumelden. Ausnahmsweise kann Sicherheit auch dann verlangt werden, wenn eine Forderung nur dem Grunde und nicht ihrer Höhe nach festliegt, wie dies zB bei Schadensersatzansprüchen der Fall sein kann (aA Semler/Stengel/*Maier-Reimer/Seulen* Rn 17, die vor Eintritt des Schadens die Entstehung des Anspruchs als nicht hinreichend wahrscheinl ansehen; krit auch Kallmeyer/*Meister/Klöcker* § 294 Rn 8). Die so festgeschriebene Präzisierung der Forderung erschien dem Gesetzgeber notw, um dem betroffenen Leitungsorgan des übernehmenden Rechtsträgers die weitere wirtschaftl Behandlung zu erleichtern (vgl RegBegr BR-Drs 75/94 zu § 22 I Nr 1). Die Anmeldung ist nicht notw an den übernehmenden Rechtsträger zu adressieren, aus praktischen Gründen ist dies jedoch zu empfehlen (wenn die Verschm bereits wirksam geworden ist, kann der Anspruch nur noch gegen den übernehmenden Rechtsträger gerichtet sein; auch in diesem Fall schadet eine etwaige Falschbezeichnung wegen Adressierung an einen übertragenden Rechtsträger nicht, zutr Lutter/*Grunewald* Rn 17 mwN). Das **Recht auf Sicherheitsleistung entsteht** mit Beginn der Ausschlussfrist, also nach Eintragung der Verschm in das Register des Sitzes desjenigen Rechtsträgers, dessen Gläubiger den Anspruch geltend macht, Abs 1 S 1 (aA Semler/Stengel/*Maier-Reimer/Seulen* Rn 42); da die Registeranmeldung beim übertragenden Rechtsträger nur Warnfunktion hat (dazu § 19 Rn 4), dieser Rechtsträger also noch nicht nach § 20 I Nr 2 erloschen ist, kann er durchaus selbst für die Sicherheitsleistung sorgen. Mit Eintragung der Verschm in das Register am Sitz des übernehmenden Rechtsträgers geht die Anspruchsverpflichtung durch Gesamtrechtsnachfolge auf diesen über (aA die hM, vgl Semler/Stengel/*Maier-Reiner/Seulen* Rn 42 mwN). 8

Sicherheitsleistung muss nicht ausdrückl verlangt werden, es genügt, wenn das Anspruchsbegehren dem Inhalt der schriftl Anmeldung insges entnommen werden kann. Notw ist aber eine so **genaue Beschreibung** (Widmann/Mayer/*Vossius* Rn 51) der dem Anspruch zugrunde liegenden Forderung, dass eine **Individualisierung ohne weitere Nachforschungen** mögl ist (Konkretisierung des Anspruchsgrunds; wird die Höhe des Anspruchs zu niedrig angemeldet, beschränkt sich die Pflicht zur Sicherheitsleistung auf diesen Betrag), weshalb in begründeten Fällen die Höhe zunächst offengelassen werden kann (Rn 8, str). 9

bb) Hinweispflicht, Abs 1 S 3. Die Gläubiger sind in der Bekanntmachung der jew Eintragung auf das Recht zur Geltendmachung der Sicherheitsleistung 10 hinzuweisen, Abs 1 S 3 (vgl auch § 19 Rn 22, 23). Eine Missachtung dieser Vorschrift durch das Registergericht kann Amtshaftungsanspruch auslösen (Widmann/Mayer/*Vossius* Rn 62), iÜ macht die Formulierung deutl, dass **§ 22 als Schutzgesetz iSv § 823 II BGB** anzusehen ist (Rn 22). Darüber hinaus begründet die Missachtung der Hinweispflicht einen eigenständigen **Schadensersatzanspruch iSv § 25 I** unmittelbar gegen die Verwaltungsträger der übertragenden Rechtsträger (aA insbes Lutter/*Grunewald* Rn 30 aE mwN), sofern die Gläubiger durch die Missachtung von Abs 1 S 3 einen Schaden erleiden und die Verwaltungsträger – was schwer vorstellbar ist – an der Unterlassung der Bekanntmachung ein Verschulden trifft.

11 **cc) Ausschlussfrist.** Die Sicherheitsleistung kann bereits **vor Fristbeginn** (Lutter/*Grunewald* Rn 19; KölnerKommUmwG/*Simon* Rn 45), muss aber **spätestens sechs Monate nach Bekanntmachung der Eintragung** in das Register desjenigen Rechtsträgers, dessen Gläubiger Sicherheit begehrt, gefordert werden (Abs 1 S 1). Die Frist beginnt gem dem durch das EHUG (dazu Einf Rn 28) geänderten **§ 19 III** mit der Bekanntmachung der Eintragung der Verschm im Register desjenigen Rechtsträgers, der Schuldner des Anspruchs ist (Semler/Stengel/*Maier-Reimer/Seulen* Rn 38). Ein Fehlen des obligatorisches Hinweises nach Abs 1 S 3 auf die Möglichkeit, Sicherheitsleistung zu verlangen, hindert den Fristbeginn nicht; in diesem Fall können aber Amtshaftungsansprüche gegen das Registergericht und Schadensersatzanspruch gegen die Verwaltungsträger begründet sein (vgl Rn 10, Rn 22).

12 Die Frist ist eine **materiell-rechtl Ausschlussfrist.** Nach Fristablauf geht der Anspruch unter; eine **Wiedereinsetzung in den vorigen Stand** kommt nicht in Betracht (Kallmeyer/*Marsch-Barner* Rn 5; Semler/Stengel/*Maier-Reimer/Seulen* Rn 39; KölnerKommUmwG/*Simon* Rn 47). Die Frist läuft auch **unabhängig von Kenntnis und Wissen** der jew anspruchsberechtigten Gläubiger um die Bekanntmachung der Verschm. Nach Fristablauf ohne entsprechenden Anspruch geleistete Sicherheiten sind kondizierbar, soweit nicht § 814 BGB entgegensteht (Lutter/*Grunewald* Rn 20). Die **Frist** kann **weder abgekürzt noch verlängert** werden (Semler/Stengel/*Maier-Reimer/Seulen* Rn 39; aA für Verlängerung Kallmeyer/*Marsch-Barner* § 22 Rn 5; Kallmeyer/*Meister/Klöcker* § 294 Rn 2; ähnl Lutter/*Grunewald* Rn 18); hiergegen verstoßende Bestimmungen im Verschmelzungsvertrag oder im Verschmelzungsbeschluss sind nichtig (nach Semler/Stengel/*Maier-Reimer/Seulen* Rn 39 ist eine Verlängerungsvereinbarung als Vertrag zugunsten Dritter mögl, aber idR aus Sicht der handelnden Organe pflichtwidrig). Eine Verlängerung der Ausschlussfrist kommt selbst dann nicht in Betracht, wenn die zu sichernde Forderung erst nach Fristbeginn entsteht, was wegen des Auseinanderfallens der maßgebl Zeitpunkte (Rn 6) durchaus mögl ist.

13 **dd) Glaubhaftmachung.** In Abweichung zum früheren Recht wird nicht mehr der Nachw, sondern nur noch die **Glaubhaftmachung der Gefährdung ihres Anspruchs** durch die Gläubiger verlangt, weil der Nachw der Gefährdung häufig unzumutbar schwer zu führen ist (RegEBegr BR-Drs 75/94 zu § 22 I Nr 2). Die Glaubhaftmachung ist eine ggü dem Nachw erleichterte Beweisführung, bei der ein **geringerer Grad von Wahrscheinlichkeit** ausreicht (Vollbeweis ist allerdings bzgl der Forderung notw, vgl Rn 14). Ihre Besonderheiten bestehen zum einen darin, dass **jedes Beweismittel** (im Prozess etwa auch die uneidl Parteivernehmung iSv § 452 ZPO und vor allem die Versicherung an Eides Statt, § 294 I ZPO) zulässig ist; zum anderen, dass die **Beweisaufnahme sofort**

mögl sein muss (§ 294 II ZPO, „Präsente Beweismittel"). Im Zusammenhang mit Abs 1 S 2 bedeutet dies für den jew anspruchsverpflichteten Rechtsträger zunächst, dass er die überwiegende Wahrscheinlichkeit für die Gefährdung genügen lassen muss. Die Erfüllung der Forderung wird durch die Verschm etwa dann gefährdet, wenn das übertragene Passivvermögen das übertragene Aktivvermögen übersteigt, wenn also eine **Unterpariemission** vorliegt; notw ist in diesem Zusammenhang aber eine **Gesamtschau,** dh die einheitl Bewertung des von allen übertragenden Rechtsträgern auf den übernehmenden Rechtsträger verschmolzenen Verm (dazu ausführl § 46 Rn 8). Auch genügt es für eine Gefährdung der Gläubiger, wenn durch die Verschm die **Liquidität beeinträchtigt** wird (zumindest, wenn der Liquiditätsengpass in Richtung drohender Zahlungsunfähigkeit tendiert, zutr *Soldierer* S 71 mwN; wie hier Lutter/*Grunewald* Rn 13; Widmann/Mayer/*Vossius* Rn 33.2; *Priester* NJW 1983, 1459 ff). Eine Liquiditätsgefährdung idS kann etwa daraus resultieren, dass die übertragenden Rechtsträger mit kurzfristigen Verbindlichkeiten belastet sind, während ihr Aktivvermögen überwiegend langfristig gebunden ist. Auch eine vor der Verschm nachgewiesenermaßen angespannte wirtschaftl Situation des übernehmenden Rechtsträgers kann einen Anspruch auf Sicherheitsleistung für die Gläubiger der übertragenden Rechtsträger begründen, sofern zu besorgen ist, dass die eingebrachten Vermögensmassen die wirtschaftl Lage des übernehmenden Rechtsträgers nachhaltig nicht entscheidend verbessern. Die **Gefährdung** der Gläubiger muss sich durch die Verschm aber **obj erhöhen,** was nicht der Fall ist, wenn bereits ihr bisheriger Schuldner marode war (Lutter/*Grunewald,* 2. Aufl 2000, § 22 Rn 13; zu Sachverhalten, bei denen die Gefährdung einer Forderung zu bejahen ist, ausführl und mwN Semler/Stengel/*Maier-Reimer/Seulen* Rn 20 ff; *Soldierer* S 63 ff).

ee) Gerichtliche Durchsetzung. Sofern der rechtzeitig angemeldete Sicherungsanspruch vom betroffenen Rechtsträger nicht freiwillig erfüllt wird, kann ihn der Gläubiger gerichtl durchsetzen. Wird in dem Verfahren die zu sichernde Forderung selbst bestritten, ist deren Bestehen vom Gläubiger nach allg Grdsen zu beweisen (**Vollbeweis,** hier hat die Glaubhaftmachung keine Bedeutung; Lutter/*Grunewald* Rn 14). Das **Bestehen der Forderung** ist Tb-Merkmal des Sicherungsanspruchs. Nach allg zivilprozessualen Grdsen muss der Kläger im Bestreitensfall alle für ihn günstigen Umstände beweisen. Anhaltspunkte für eine Abkehr von diesem Grds sind in § 22 nicht enthalten (vgl auch OLG Celle BB 1989, 868). 14

In Bezug auf die mutmaßl Gefährdung der Erfüllung der Forderung muss der Gläubiger zunächst einen Grund vortragen, der die **Anspruchsgefährdung schlüssig** erscheinen lässt (auch dabei kann es noch zu erhebl Problemen kommen, weil der Gläubiger idR nicht genügend Informationen über alle an der Verschm beteiligten Rechtsträger haben wird, zutr Widmann/Mayer/*Vossius* Rn 36.1, der deshalb dafür plädiert, die Anforderungen an die Glaubhaftmachung nicht zu überspannen). Insoweit ist der Gläubiger vom Erfordernis des Vollbeweises entbunden; es genügt die **Glaubhaftmachung iSv § 294 ZPO** (vgl Rn 13). 15

3. Anspruchsausschluss

a) Wegen Fälligkeit. Sofern der Gläubiger bereits **Befriedigung verlangen** kann, besteht kein Sicherungsanspruch, Abs 1 S 1. Mit Eintritt der Fälligkeit muss der Gläubiger also Erfüllung verlangen, er hat **kein Wahlrecht** zwischen Sicherheitsleistung und Erfüllung. Dies gilt auch dann, wenn der anspruchsverpflichtete 16

Rechtsträger den Anspruch bestreitet. Der Gläubiger muss in diesem Fall die Forderung auf normalem Wege gerichtl durchsetzen (vgl OLG Celle BB 1989, 868).

17 Der Ausschluss des Sicherungsanspruchs wegen eingetretener Fälligkeit (Durchsetzbarkeit) ist schon dann anzunehmen, wenn er **ggü einem** neben dem anspruchsverpflichteten Rechtsträger haftenden **Gesamtschuldner fällig** ist (aA Lutter/*Grunewald* Rn 9; Semler/Stengel/*Maier-Reimer/Seulen* Rn 36; wie hier Widmann/Mayer/*Vossius* Rn 37; Maulbetsch/Klumpp/Rose/*Maulbetsch* Rn 35; Hachenburg/*Schilling/Zutt* GmbHG 7. Aufl § 26 KapErhG Rn 9; KölnerKomm-UmwG/*Simon* Rn 36). Entsprechendes gilt bei einer **Bürgenhaftung** des in Anspruch zu nehmenden Rechtsträgers, wenn die gesicherte Hauptforderung fällig ist (*Scholz/Priester* GmbHG 7. Aufl Anh Umw § 26 KapErhG Rn 6). Auch das Bestehen eines **Zurückbehaltungsrechts** oder das Vorliegen einer Forderung, die nur **Zug um Zug** zu erfüllen ist, hindert den Anspruch auf Sicherheitsleistung (GKT/*Bermel* Rn 8; Lutter/*Grunewald* Rn 9; Semler/Stengel/*Maier-Reimer/Seulen* Rn 36), weil dies an der Fälligkeit der Forderung nichts ändert.

18 **b) Gemäß Abs 2.** Der **Anspruch auf Sicherheitsleistung** nach Abs 1 ist ebenfalls dann **ausgeschlossen,** wenn die Gläubiger im Fall der Insolvenz ein **Recht auf vorzugsweise Befriedigung** aus einer Deckungsmasse haben, die nach gesetzl Vorschriften zu ihrem Schutz errichtet und staatl überwacht ist, **Abs 2.** Diese Vorzugsstellung haben die **Inhaber von Pfandbriefen** einer Hypothekenbank (§ 25 Hypothekenbankgesetz), von **Schiffspfandbriefen** (§ 36 SchiffsBG) und die Gläubiger von Ansprüchen aus **Lebens-, Unfall- und Krankenversicherungen** gegen VersicherungsGes (§§ 77, 79 VAG) inne. **Versorgungsanwartschaften** nach **§ 1 BetrAVG** unterfallen dem Anwendungsbereich von Abs 2 nicht, weil bei ihnen schon eine Anspruchsbegründung nach Abs 1 ausscheidet (dazu Rn 7 aE, wie hier KölnerKommAktG/*Kraft* § 347 Rn 6; aA BAG ZIP 1997, 289, das Ansprüche nach Abs 1 grdsl bejaht und deshalb auf den Insolvenzschutz nach § 7 BetrAVG verweist, vgl auch Rn 19).

19 **c) Bereits gesicherte Forderungen. Zweck von § 22** ist die Verminderung des Insolvenzrisikos für die Gläubiger der jew an der Verschm beteiligten Rechtsträger. Sicherheitsleistung kann daher nicht verlangt werden, wenn vor dem Zeitpunkt der Verschm bereits eine **ausreichende Sicherheit** gewährt wurde (allgM). Von besonderer praktischer Bedeutung ist dies insbes für Rentenansprüche aus einer betreffenden Altersversorgung (zur Sicherung von bloßen Anwartschaften vgl Rn 7 aE). Nach zutr hA besteht kein Raum für eine weitere Sicherheit, wenn die Voraussetzungen von **§§ 7 ff BetrAVG** vorliegen, wenn also im Insolvenzfall der Pensionssicherungsverein einzutreten hat (BAG ZIP 1997, 289; Lutter/*Grunewald* § 22 Rn 23 mwN, die zutr darauf hinweist, dass der Pensionssicherungsverein selbst nicht Gläubiger iSv § 22 ist, dazu ausführl *Soldierer* S 155 f mwN; vgl auch *Wessels* ZIP 2010, 1417, 1419 insbes gegen ein faktisches Zustimmungsrecht des Pensionssicherungsvereins auch bei künftigen gesetzl Maßnahmen).

4. Leistung der Sicherheit

20 Die **Tauglichkeit der Sicherungsmittel** richtet sich nach **§§ 232 ff BGB.** Die Auswahl erfolgt nach Wahl des anspruchsverpflichteten Rechtsträger. Erst im Stadium der **Zwangsvollstreckung** geht das Wahlrecht entsprechend § 264 BGB auf den Gläubiger über (Palandt/*Ellenberger* BGB § 232 Rn 1). Subsidiär zur eigentl

Sicherheitsleistung kann auch ein Bürge gestellt werden, §§ 232 II iVm 239 BGB, allerdings muss es sich um eine selbstschuldnerische Bürgschaft handeln.

Die **Höhe der zu leistenden Sicherheit** richtet sich nach der Höhe der zu sichernden Forderung (ausführl *Schröer* DB 1999, 320 ff und umfassend *Soldierer* S 112 ff). Instruktiv ist die Entscheidung des II. Zivilsenat des **BGH** vom 18.3.1996 noch zu § 26 KapErhG (AG 1996, 321 mit Bespr *Jaeger* DB 1996, 1069), die auf das neue Recht übertragen werden kann (einschränkend *Soldierer* S 128 ff). Danach ist bei einem **Dauerschuldverhältnis** die zu leistende Sicherheit nicht schlechthin nach den während der Restlaufzeit des Vertrages fällig werdenden Ansprüchen zu bemessen, sondern nach dem konkret zu bestimmenden Sicherungsinteresse des Gläubigers. Bei der **Prüfung des Einzelfalls** sind alle maßgebenden Umstände zu würdigen, in der Entscheidung des BGH (langjähriger Mietvertrag) etwa das Insolvenzrisiko, die Schwierigkeiten einer Räumungsvollstreckung, die mögl Pfändung von Mietzinsforderungen gegen einen Untermieter, der Preisverfall auf dem Vermietungsmarkt und die Chance zeitnaher Wiedervermietung (AG 1996, 321, 322). Für eine **zeitl Begrenzung entsprechend § 160 HGB** (so *Jaeger* DB 1996, 1071) ist kein Raum. Wie hier *Schröer* DB 1999, 317; abw Lutter/*Grunewald* Rn 23, soweit es die Berücksichtigung von Schwierigkeiten bei der Rechtsverfolgung anlangt). Bei der Bemessung der Sicherheit für eine auflösend bedingte Forderung kann auch die **Wahrscheinlichkeit des Bedingungseintritts** Berücksichtigung finden (GroßKomm AktG/*Schilling* § 225 Anm 14). IÜ ist Maßstab für den Umfang der Sicherheitsleistung die **Sichtweise eines vernünftigen Kaufmanns.** 21

5. Schadensersatzanspruch

§ 22 ist ein Schutzgesetz iSv § 823 II BGB (Rn 10; Kallmeyer/*Marsch-Barner* Rn 13; aA *Schröer* DB 1999, 323; Lutter/*Grunewald* Rn 30; Semler/Stengel/*Maier-Reimer/Seulen* Rn 67 je mwN zum Meinungsstand; KölnerKommUmwG/*Simon* Rn 62). Die Leitungsorgane des anspruchsverpflichteten Rechtsträgers haben die Pflicht, den angemeldeten Anspruch auf Sicherheitsleistung sorgfältig zu prüfen und ggf eine taugl und die Höhe des Risikos (das nicht mit dem Wert der Forderung identisch sein muss, Rn 21) abdeckende Sicherheit zu stellen. Verletzen sie schuldhaft diese Pflichten, so sind sie zum Ersatz des daraus dem Gläubiger entstehenden Schadens verpflichtet. Der **Schadensersatzanspruch** besteht nach Wirksamwerden der Verschm ohne weiteres **gegen den übernehmenden Rechtsträger.** 22

§ 23 Schutz der Inhaber von Sonderrechten

Den Inhabern von Rechten in einem übertragenden Rechtsträger, die kein Stimmrecht gewähren, insbesondere den Inhabern von Anteilen ohne Stimmrecht, von Wandelschuldverschreibungen, von Gewinnschuldverschreibungen und von Genußrechten, sind gleichwertige Rechte in dem übernehmenden Rechtsträger zu gewähren.

Schrifttum: Schrifttum bis 1994 siehe 3. Auflage; Schrifttum bis 2000 siehe 4. Auflage; *Hüffer,* Der Schutz besonderer Rechte in der Verschmelzung, FS Lutter, 2000, 1227; *Brause,* Stimmrechtslose Vorzugsaktien bei Umwandlungen, 2001; *Petersen,* Der Gläubigerschutz im Umwandlungsrecht, 2001; *Winter,* Die Rechtsstellung des stillen Gesellschafters in der Verschmelzung, FS Peltzer, 2001, 661; *Brause,* Stimmrechtslose Vorzugsaktion bei Umwandlungen, 2002; *Schnürband,* Gewinnbezogene Schuldtitel in der Umstrukturierung, ZHR 173 (2009), 689.

1. Allgemeines

1 Mit § 23 wurde der **Verwässerungsschutz,** der früher in § 347a AktG aF eingeschränkt enthalten war, jetzt in §§ 216 III, 304 AktG, § 57m III GmbHG vglbare (dazu *Schnürband* ZHR 173 [2009], 689 ff) Regelungen hat und der dem allg Grundgedanken von § 35 BGB entspricht, für die Verschm von Rechtsträgern aller Rechtsformen eingeführt (RegEBegr BR-Drs 75/94 zu § 23). Der Schutz durch die allg Regelung in § 23 ist zutr als erforderl angesehen worden, weil die Rechtsstellung der Inhaber von Rechten **in** einem übertragenden Rechtsträger qualitativ über die schuldrechtl Gläubigereigenschaft hinausgeht, andererseits aber diesen Inhabern von Rechten in einem übertragenden Rechtsträger die Möglichkeit fehlt, durch Ausübung von Stimmrechten (seien sie von vornherein nicht vorhanden oder aber ausgeschlossen; der Anschluss muss jedoch grdsl Natur sein, ein vorübergehendes Stimmverbot genügt nicht, Widmann/Mayer/*Vossius* Rn 12) auf die Verschm Einfluss zu nehmen (so auch RegEBegr BR-Drs 75/94 zu § 23). Mit der **für alle Rechtsformen** anzuwendenden Regelung wurde den Festlegungen der Dritten gesellschaftsrechtl RL zum Schutz der Inhaber von Sonderrechten in AG Folge geleistet.

2 Nach Ansicht der RegEBegr (BR-Drs 75/94 zu § 23) ist die Fassung von § 23 ggü § 347a AktG aF vereinfacht worden. Tats ist durch die Eingangsformulierung „Inhaber von Rechten in einem übertragenden Rechtsträger" der Anwendungsbereich erweitert, und gleichzeitig sind durch die Bezugnahme auf stimmrechtslose Anteile bzw Mitgliedschaften neue Probleme geschaffen worden. Das gilt nicht zuletzt auch für die (amtl) Überschrift zu § 23 mit dem Begriff der „Inhaber von **Sonderrechten**".

3 § 23 gewährleistet den teilw Verwässerungsschutz nicht nur (wie früher) bei AG, sondern auch bei allen anderen verschmelzungsfähigen Rechtsträgern (RegEBegr BR-Drs 75/94 zu § 23). Die institutionelle Absicherung des Verwässerungsschutzes (die Verwässerung ergäbe sich aus der Vereinigung unterschiedl Vermögensmassen beim übernehmenden Rechtsträger) in § 23 ist für die betroffenen Sonderrechtsinhaber auch notw, ohne diese Vorschriften hätten sie – da kein Einfluss auf die eigentl Verschm Entscheidung besteht – außerhalb des Anwendungsbereichs von § 35 BGB keine geschützte Rechtsposition. Soweit Inhaber von Wandelschuldverschreibungen, Gewinnschuldverschreibungen und von Genussrechten betroffen sind, lässt sich der Verwässerungsschutz in § 23 als **besondere Ausgestaltung des allg Gläubigerschutzes** von § 22 verstehen.

2. Inhaber von Rechten in einem übertragenden Rechtsträger

4 Rechtsinhaber ist nicht der Inhaber von Rechten **an** einem übertragenden Rechtsträger, sondern der Inhaber von Rechten **in** einem solchen. Die Vorschrift bezieht damit, wie sich auch aus der beispielhaften Aufzählung erkennen lässt, nicht nur **Inhaber von Mitgliedschaftsrechten** (Aktionäre, GmbH-Anteilsinhaber, Inhaber von Anteilen an PersGes, Genossen) in den Kreis der Berechtigten ein, begünstigt vielmehr auch solche, die nicht als Anteilsinhaber zu beurteilen sind. Gemeinsam ist allen Berechtigten ledigl, dass der Gesetzgeber eine Rechtsstellung begünstigen will, die **über die schuldrechtl Gläubigereigenschaft hinausgeht,** andererseits aber mangels Stimmrecht von der Mitwirkung bei der

Verschm ausgeschlossen ist. Damit sind „normale" Gläubiger (eines Darlehens, eines Anspruchs aus Lieferung und Leistung, aus Dauerschuldverhältnis, aus Vorkaufsrechten etc) ausgeschlossen. Ggü der früheren Regelung in § 347a AktG aF, die eine abschl Aufzählung der geschützten Rechte (Wandelschuldverschreibungen, Gewinnschuldverschreibungen, Genussscheine) enthielt, ist § 23 aber nicht abschl, wie sich aus der Verwendung des Wortes „insbesondere" ergibt. **Insbesondere** beschränkt sich nicht auf die Inhaber von Anteilen ohne Stimmrecht, sondern bezieht sich auch auf Inhaber von Wandelschuldverschreibungen, von Gewinnschuldverschreibungen und von Genussrechten.

Wesensmerkmal von **Wandelschuldverschreibungen und Optionsanleihen** 5
ist, dass vor Ausübung des Wandel- oder Bezugsrechts ein Mitgliedschaftsrecht am übertragenden Rechtsträger gerade nicht besteht; die Wertpapiere verkörpern vielmehr in erster Linie (schuldrechtl, nicht korporationsrechtl) Ansprüche auf Geld („Finanzierungsinstrumente zur Fremdkapitalbeschaffung", *Hüffer* AktG § 221 Rn 2) und nur subsidiär die rechtl Möglichkeit, anstelle oder in Ergänzung der durch die Wertpapiere vermittelten Gläubigerstellung eine mitgliedschaftl Beteiligung zu erwerben. Entsprechendes gilt für **Gewinnschuldverschreibungen und Genussscheine,** da auch hier die Rechtsinhaber nur als Gläubiger des Rechtsträgers anzusehen sind. Allerdings ist – insbes durch die uneingeschränkte Einbeziehung von Gewinnschuldverschreibungen und von Genussrechten – der Anwendungsbereich von § 23 nicht dahin einzuschränken, dass nur solche Rechte erfasst sein sollen, die – abhängig von Willenserklärungen des Rechtsinhabers und/oder des übertragenden Rechtsträgers – zu einer Mitgliedschaft führen. Deshalb erstreckt sich § 23 zB auch auf die **stille Ges** eines Dritten mit dem übertragenden Rechtsträger (vgl Rn 8 und § 20 Rn 68).

3. Rechte ohne Stimmrecht

Die Rechte **in** einem übertragenden Rechtsträger dürfen **kein Stimmrecht** 6
gewähren, da sonst für einen besonderen Schutz der Rechtsinhaber kein Anlass besteht. Das Gesetz selbst nennt insbes den Inhaber von **Anteilen ohne Stimmrecht.** Solche stimmrechtslosen Anteile sind zB für die AG die stimmrechtslosen Vorzugsaktien (§ 12 I 2 AktG; zweifelnd Kallmeyer/*Marsch-Barner* Rn 4; krit auch *Kiem* ZIP 1997, 1630 ff; abl *Hüffer* FS Lutter, 2000, 1231; Semler/Stengel/*Kalss* Rn 10, 11; wie hier Lutter/*Grunewald* Rn 10; Widmann/Mayer/*Vossius* Rn 11), bei der GmbH die durch Satzung stimmrechtslos gestellten Geschäftsanteile (Baumbach/Hueck/*Hueck/Fastrich* GmbHG § 14 Rn 14; Lutter/Hommelhoff/*Bayer* GmbHG § 3 Rn 73; Scholz/*Winter/Seibt* GmbHG § 14 Rn 32 mwN), für die PhG ist der Stimmrechtsausschluss durch Gesellschaftsvertrag (vgl für die KG: BGHZ 20, 363; für die OHG: *Hueck,* Das Recht der OHG, S 168 f; RGZ 167, 65, 73; BGHZ 14, 264, 269; BGH WM 1985, 256; Einzelheiten sind str, Kernbereichslehre), für den Verein ist Stimmrechtsentzug durch Mehrheitsbeschluss mögl (MüKoBGB/*Reuter* § 32 Rn 17 f; Soergel/*Hadding* BGB § 32 Rn 22). Stets ist erforderl, dass die stimmrechtslosen Anteile vor der Verschm mit **Sondervorteilen** verbunden waren (*Hüffer* FS Lutter, 2000, 1231).

Als weitere Beispiele für Rechte in einem übertragenden Rechtsträger nennt 7
§ 23 insbes Inhaber von **Wandelschuldverschreibungen,** von **Gewinnschuldverschreibungen** und von **Genussrechten;** damit wird erkennbar auf **§ 221 AktG** Bezug genommen. Die Inhaber dieser Rechte sind nicht Mitglieder des übertragenden Rechtsträgers, die Rechte verkörpern ledigl **schuldrechtl Geld-**

anspruch, ohne den Rechtsinhabern aus dem Recht selbst Stimmrechte bei der Entscheidung des übertragenden Rechtsträgers über die Teilnahme an einer Verschm einzuräumen. Zu den Einzelheiten vgl die Speziallteratur zu § 221 AktG und Rn 11 ff.

8 Rechte in einem Rechtsträger vermittelt auch die (typische oder atypische) **stille Beteiligung** (§§ 230 ff HGB). Der Stille ist als solcher nicht Inhaber eines Mitgliedschaftsrechts am übertragenden Rechtsträger, seine (gesellschaftsrechtl) Rechtsbeziehungen bestehen ausschließl zum übertragenden Rechtsträger selbst (InnenGes). Ein erhebl Teil der Lit (Widmann/Mayer/*Vossius* Rn 11; Kallmeyer/*Marsch-Barner* Rn 3; *Hüffer* FS Lutter, 2000, 1236 f; *Feddersen/Kiem* ZIP 1994, 1082) will dem Stillen nur eine allg Gläubigerposition zuordnen. Die wohl hM (wie hier GKT/*Bermel* Rn 10; Lutter/*Grunewald* Rn 20 mwN; Semler/Stengel/*Kalss* Rn 7; *Jung* ZIP 1996, 1738; *Rümker* WM Sonderheft 4/1994, 77; wohl auch HRA des DAV NZG 2000, 804; umfassende Nachw bei *Schnürband* ZHR 173 [2009], 696 ff) sieht dies anders. Die Rechtsstellung zumindest des **atypisch stillen Beteiligten** ist erhebl stärker als zB die eines Inhabers von Genussrechten, da der Stille je nach Ausgestaltung des Gesellschaftsvertrags weitgehende Mitwirkungsrechte bei für den übertragenden Rechtsträger wesentl Entscheidungen besitzt. Anders als im Fall, dass der übertragende Rechtsträger selbst stiller Gesellschafter ist (dazu § 20 Rn 68), muss dann, wenn der **übertragende Rechtsträger als Geschäftsinhaber** fungiert, danach gefragt werden, welche Ausgestaltung die stille Ges nach der Verschm haben soll, wenn der übernehmende Rechtsträger die Vermögensmassen bei sich vereinigt. Genau dieser Fragestellung widmet sich § 23. Die stille Ges ist auch nicht mit rein gewinnabhängigen Ansprüchen zu vergleichen, weswegen zB eine **Tantieme nicht** durch § 23 geschützt ist (aA GKT/*Bermel* Rn 10; wie hier jetzt auch Lutter/*Grunewald* Rn 21; ausführl Darstellung des Meinungsstreits bei *Schnürband* ZHR 173 [2009], 695 f).

4. Gleichwertige Rechte

9 Als **Rechtsfolge** schreibt § 23 die Pflicht des übernehmenden Rechtsträgers vor, den zu schützenden Inhabern von Sonderrechten **gleichwertige Rechte beim übernehmenden Rechtsträger** zu gewähren. Die Ausgestaltung dieser neuen Rechtsposition muss gem § 5 I Nr 7 im Verschmelzungsvertrag bzw dessen Entwurf beschrieben werden. Nach Möglichkeit sollen Rechte gleicher Art gewährt werden (Lutter/*Grunewald* Rn 5; Widmann/Mayer/*Vossius* Rn 27), auf jeden Fall ist auf **wirtschaftl Gleichwertigkeit** zu achten (KölnerKommAktG/*Kraft* § 347 a Rn 6; *Hüffer* FS Lutter, 2000, 1239; vgl auch *Feddersen/Kiem* ZIP 1994, 1078, 1082; *Kiem* ZIP 1997, 1632). Der Anspruch kann auch durch Gewährung eines höherwertigen Rechts erfüllt werden (RegEBegr BR-Drs 75/94 zu § 23; dies ist jedoch str); nicht ausreichend wäre es somit, den Inhabern von Wandelschuldverschreibungen eines übertragenden Rechtsträgers im Austausch Gewinnschuldverschreibungen des übernehmenden Rechtsträgers zu gewähren oder umgekehrt, da diese Beteiligungsformen in ihrer wirtschaftl Zielsetzung unbeschadet des durch sie repräsentierten Geldwerts nicht vglbar und damit nicht gleichwertig sind (KölnerKommAktG/*Kraft* § 347 a Rn 7). Im Einzelnen gilt:

10 **a) Stimmrechtslose Anteile.** Die mit den stimmrechtslosen Anteilen an einem übertragenden Rechtsträger verknüpften Sonderrechte sind in möglichst gleicher Form beim übernehmenden Rechtsträger wieder zu gewähren. Die **Beibehaltung der Stimmrechtslosigkeit** des Anteils ist allerdings nicht notw, eine

Besserstellung des Anteilsinhabers iRv § 23 schadet insoweit zumindest nicht (Kallmeyer/*Marsch-Barner* Rn 8 fordert Gesamtbetrachtung; wie hier Lutter/*Grunewald* Rn 6; Semler/Stengel/*Kalss* Rn 12; *Kiem* ZIP 1997, 1632). § 23 darf aber nicht dazu führen, dass **zwingende gesetzl Regelungen für die Rechtsform** des übernehmenden Rechtsträgers oder für die Ausgestaltung der Anteilsinhaberschaft missachtet werden.

b) Wandelanleihen. Wandelanleihen sind Schuldverschreibungen, bei denen den Gläubigern das Recht eingeräumt wird, anstelle der Rückzahlung der verbrieften Forderung Aktien der Ges zu verlangen (§ 221 I 1 AktG; *Hüffer* AktG § 221 Rn 4). Mit Wirksamwerden der Verschm können keine Aktien der übertragenden Ges mehr gewährt werden. Das Bezugsrecht hat bei Verschm ebenfalls auf eine AG von diesem Zeitpunkt an Aktien der übernehmenden Ges zum Inhalt. Die in den **Anleihebedingungen** vereinbarten Maßgaben für das Bezugsrecht, insbes die Höhe des Bezugsrechts, müssen so angepasst werden, dass **wirtschaftl Gleichwertigkeit** eintritt. Im Regelfall wird daher die Umw des Bezugsrechts entsprechend dem im Verschmelzungsvertrag festgelegten **Umtauschverhältnis für Aktien** erfolgen (Lutter/*Grunewald* Rn 16; Kallmeyer/*Marsch-Barner* Rn 8). Die Umtauschbedingungen müssen bereits im Verschmelzungsvertrag festgelegt werden. Das Umtauschverhältnis wird regelm durch die Relation von Ertragswerten ausgedrückt (dazu § 5 Rn 10 ff). Da der Ertragswert jew die künftige Ertragserwartung des jew Rechtsträgers ausdrückt, ist die **Übertragung des Umtauschverhältnisses** auch dazu geeignet, die Sonderrechtsinhaber vor der Entwertung ihres Rechts (Verwässerungsschutz) zu schützen. Wandelanleihen sind auch **in anderen Gesellschaftsformen als AG** denkbar (Widmann/Mayer/*Vossius* Rn 16; zu praktischen Schwierigkeiten insbes wegen bedingtem Kap vgl Lutter/Hommelhoff/*Lutter/Bayer* GmbHG § 55 Rn 57 mwN). Soweit dies irgend mögl ist, gibt damit § 23 einen Anspruch auf gleichartigen Umtausch in Wandelanleihen auch für solche Verschm, bei denen übertragender und übernehmender Rechtsträger unterschiedl Rechtsformen haben. Sofern eine vglbare Sicherung nicht erreicht werden kann, ist ein wirtschaftl vglbares Recht zu gewähren, wobei ein unbedingter Anspruch zum sofortigen Umtausch bzw Bezug nicht das einzige Mittel der Wahl ist (so aber Lutter/*Grunewald* Rn 17, 18). 11

c) Optionsanleihen. Optionsanleihe ist eine Schuldverschreibung, bei der dem Gläubiger neben dem Recht auf Rückzahlung das Recht eingeräumt wird, Aktien der Ges zu einem bereits bestimmten Preis zu erwerben (Bezugsrecht; *Hüffer* AktG § 221 Rn 3, 6 mwN). Dieses Optionsrecht bezieht sich nach der Verschm auf Anteile des übernehmenden Rechtsträgers, muss jedoch zur Erreichung der wirtschaftl Gleichwertigkeit angepasst werden. Insoweit kann auf die Ausführungen Rn 11 verwiesen werden. 12

d) Gewinnschuldverschreibungen. Die aus **Gewinnschuldverschreibungen** resultierenden Forderungen sind von den Gewinnanteilen der Aktionäre abhängig (§ 221 I 1 AktG; *Hüffer* AktG § 221 Rn 8). Diese Abhängigkeit muss für die Zeit nach der Verschm bereits im Verschmelzungsvertrag neu festgelegt werden (§ 5 I Nr 7; *Schnürband* ZHR 173 [2009], 702 mwN). Regelm wird man auch hier die **Anpassung anhand des im Verschmelzungsvertrag festgelegten Umtauschverhältnisses** vornehmen müssen (Widmann/Mayer/*Vossius* Rn 17), wobei Gewinnschuldverschreibungen **nicht an die Rechtsform AG gebunden** sind. Die Rechte aus Gewinnschuldverschreibungen bestimmen sich 13 also nach der Verschm nach dem Gewinnanteil der Anteilsinhaber der übernehmenden Ges unter Berücksichtigung des Umtauschverhältnisses (Berechnungsbeispiel bei Widmann/Mayer/*Vossius* Rn 30, 31).

14 **e) Genussrechte.** Mit **Genussrechten** werden Forderungen verbrieft, die verschiedenen Inhalt haben können; sie sehen jedoch oftmals eine Beteiligung am Gewinn sowie ein Umtausch- bzw Optionsrecht vor. Genussrechte sind **nicht an eine bestimmte Rechtsform gebunden** (Widmann/Mayer/*Vossius* Rn 19 ff; zur GmbH zB Lutter/Hommelhoff/*Lutter/Bayer* GmbHG § 55 Rn 58 ff mwN). Sofern eine Gewinnbeteiligung verbrieft wurde, muss diese anhand des **Umtauschverhältnisses** angepasst werden. Insoweit gelten die Ausführungen Rn 11. Bei sonstigen **gewinnunabhängigen Vermögensrechten** ist ein vglbar gerechtes Werterhaltungskriterium zu finden.

5. Zwangsweise Durchsetzung

15 **§ 23** kann im Verschmelzungsvertrag **nicht abbedungen** werden. Dies folgt zwingend aus § 5 I Nr 7 und daraus, dass die Sonderrechtsinhaber gerade keinen Einfluss auf die Verschm haben. Hingegen kann in den **Anleihebedingungen** abw vereinbart werden (aA Lutter/*Grunewald* Rn 25; zweifelnd auch Semler/Stengel/*Kalss* Rn 3; wie hier Kallmeyer/*Marsch-Barner* Rn 9; Widmann/Mayer/*Vossius* Rn 2, 46 ff); die allg zivilrechtl Grenzen sind dabei zu beachten.

16 Rechtsfolge von § 23 ist der Anspruch des Berechtigten auf rechtsgeschäftl Gewährung gleichwertiger Rechte (*Hüffer* FS Lutter, 2000, 1238). § 23 schafft ein **klagbares Recht.** Regelm wird eine **Leistungsklage,** etwa gerichtet auf einen höheren Gewinnanteil, in Betracht kommen (vgl ausführl *Schnürband* ZHR 173 [2009], 703 mwN). **Schuldner des Anspruchs** ist der übernehmende Rechtsträger, etwaige Vorbereitungshandlungen (zB Schaffung eines bedingten Kap) sind vom Anspruch nach § 23 mit umfasst (Widmann/Mayer/*Vossius* Rn 44; *Hüffer* FS Lutter, 2000, 1240; aA wohl Semler/Stengel/*Kalss* Rn 17 Fn 68).

§ 24 Wertansätze des übernehmenden Rechtsträgers

In den Jahresbilanzen des übernehmenden Rechtsträgers können als Anschaffungskosten im Sinne des § 253 Abs. 1 des Handelsgesetzbuchs auch die in der Schlußbilanz eines übertragenden Rechtsträgers angesetzten Werte angesetzt werden.

Schrifttum: *Kutt,* Ende der Maßgeblichkeit bei Umwandlungen, BB 2004, 371; *Kußmaul/Richter,* Die Behandlung von Verschmelzungsdifferenzbeträgen nach UmwG und UmStG, GmbHR 2004, 701; *Henckel,* Rechnungslegung und Prüfung anlässl einer grenzüberschreitenden Verschmelzung zu einer Societas Europaea (SE), DStR 2005, 1785; *Enneking/Heckschen,* Gesellschafterhaftung beim down-stream-merger, DB 2006, 1099; *Hölzle,* Unternehmensumwandlung in Krise, Sanierung und Insolvenz, FR 2006, 447; *Joswig,* Größenabhängige Klassifizierung nach § 267 HGB bei Neugründungen und Umwandlungen, BB 2007, 763; *Welf Müller,* Bilanzierungsfragen bei der grenzüberschreitenden Umwandlung und Sitzverlegung, FS Raupach, 2006, 261; *Roß/Drögemüller,* Verschmelzungen und Abspaltungen bei Schwestergesellschaften nach der Reform des UmwG, DB 2009, 580; *Haritz,* Bewertung im Umwandlungs- und Umwandlungssteuerrecht, FS Spiegelberger, 2009, 674; *Priester,* Kapitalschutz beim Down-stream-Merger, FS Spiegelberger, 2009, 890; *Behrens,* Keine phasenverschobene Wertaufholung nach Umwandlungen, BB 2009, 318; *Lüdenbach,* Bilanzierung von Gesellschafterzuschüssen und verdeckten Einlagen bei der Gesellschaft, StuB 2010, 709; *Zwirner,* BilMoG: Eigenkapitalgefährdung durch die Steuerabgrenzung (nicht nur) bei früheren Umwandlungsfällen, DB 2010, 737; *Bahns,* „Down-stream"-Abspaltung ohne Kapitalerhöhung bei Kapitalgesellschaften – eine Alternative zur Ausgliederung, Ubg 2010, 414; *Hörtnagl,* Rechnungslegung bei Umwandlungen nach dem UmwG, in Petersen/Zwirner/Brösel, Handbuch Bilanzrecht, 2010; *Simlacher,* Bilanzierung von latenten Steuern im Zusammenhang mit Verschmelzungen im handelsrechtl Abschluss, DStR 2011, 1868; IDW, Stellungnahme zur Rechnungslegung: Auswirkungen eines Formwechsels auf den handelsrechtl Jahresabschluss (IDW RS HFA 41), IDW-FN 2012, 539; IDW, Stellungnahme zur Rechnungslegung: Auswirkungen einer Verschmelzung auf den handelsrechtl Jahresabschluss (IDW RS HFA 42), IDW-FN 2012, 701; IDW, Stellungnahme zur Rechnungslegung: Auswirkungen einer Spaltung auf den handelsrechtl Jahresabschluss (IDW RS HFA 43), IDW-FN 2012, 714; *Kahle/Hiller/Vogel,* Bewertungswahlrechte und Bewertungsmaßstäbe im Umwandlungsfall in Handels- und Steuerbilanz, FR 2012, 789; *Schmid,* Entwürfe von IDW-Verlautbarungen zur Rechnungslegung bei Umwandlungen: Analyse der Änderungen und Ergänzungen, BB 2012, 499.

Übersicht

1. Allgemeines

Im Ggs zu den bis 1994 geltenden Regelungen in § 348 AktG aF, § 27 I KapErhG aF, § 93g GenG und § 44a III VAG, die eine zwingende Verknüpfung bei Bew und Ansatz der übergehenden Vermögensgegenstände in der HB des übernehmenden Rechtsträgers vorsahen, bestimmt § 24 ein **Wahlrecht** zwischen dem Anschaffungswertprinzip und der Buchwertverknüpfung. Hintergrund war die Erkenntnis, dass durch die gesetzl angeordnete zwingende Abweichung von der Anschaffungskostenregelung in § 253 HGB beim übernehmenden Rechtsträger trotz stiller Reserven Buchverluste entstehen konnten, die den Wert der Anteile der bisherigen Gesellschafter des übernehmenden Rechtsträgers minderten, obwohl wirtschaftl eine Veränderung nicht eingetreten war. Ferner konnten hierdurch wirtschaftl nicht begründete Ausschüttungssperren entstehen. Die Bilanzierungshilfen nach § 27 II KapErhG aF bzw § 348 II AktG aF – aufzulösen innerh von fünf Jahren – konnten diese Problematik von Verschmelzungsverlusten (Buchverlusten) nicht, zumindest nicht befriedigend beseitigen (vgl zur früheren Rechtslage 1. Aufl 1994, § 27 KapErhG Anm 6 ff; § 348 AktG Rn 5 ff). 1

Rechtstechnisch hat sich der Gesetzgeber darauf beschränkt, in § 24 „auch" die Fortführung der BW aus der Schlussbilanz des übertragenden Rechtsträgers zuzulassen. Eine weitere Klarstellung dahin, ob iÜ das Anschaffungskostenprinzip gelten solle und ob ein davon unabhängiges Ansatzwahlrecht mögl sein soll, wurde offenbar für entbehrl angesehen; die RegEBegr (BR-Drs 75/94 zu § 24) enthält allerd ausdrückl den Hinweis, dass mit Zulassung der Fortführung der BW auch zugleich die Geltung des Grds in § 253 I HGB (Anschaffungswertprinzip) hergestellt werde (vgl näher Rn 10 ff). 2

Die Vorschrift ist in **Zshg mit § 17** zu sehen, der für die Schlussbilanz den Ansatz der bisherigen BW unter Beachtung der Bilanzkontinuität verlangt (vgl § 17 Rn 25 ff). Eine **Buchwertverknüpfung** zwischen der Schlussbilanz des übertragenden und den Jahresbilanzen des übernehmenden Rechtsträgers ist danach zwar noch **mögl,** aber **nicht mehr zwingend** vorgeschrieben. Die Vorschrift gilt – wie auch § 17 (Rn 8) – auch für Verschm nach **§§ 122a ff** und nach der **SE-VO,** soweit der übernehmende Rechtsträger der dt Rechtsordnung unterliegt (SBB/*Bula/Pernegger* § 15 Rn 4; Kallmeyer/*Müller* Rn 61 f; WP-HdB Bd II E Rn 157; *Henckel* DStR 2005, 1785; *W. Müller* FS Raupach, 2006, 261, 268 f, 271). Vgl näher Rn 112 ff; die Vorschrift bezieht sich ausschließl auf einen HGB-Einzelabschluss des übernehmenden Rechtsträgers iSv 242 HGB. Auf nach anderen Rechnungslegungsstandards aufgestellte Abschlüsse **(IAS/IFRS)** ist sie nicht anwendbar (Kallmeyer/*Müller* Rn 60; Lutter/*Priester* Rn 93). Nach IFRS 3.24 ist eine Buchwertverknüpfung nicht zulässig. 3

2. Erfassung des Vermögensübergangs

a) Umwandlung zur Aufnahme. Weder das UmwG noch die allg Vorschriften sehen vor, dass der übernehmende Rechtsträger bei einer Umw (Verschm, Spaltung, Vermögensübertragung) zur Aufnahme (für die Umw zur Neugründung siehe Rn 7 ff) eine **Übernahmebilanz** aufstellt. Aus der Sicht des übernehmen- 4 den Rechtsträgers stellt die Umw zur Aufnahme einen **lfd Geschäftsvorfall** dar (wohl allgM; vgl etwa Kallmeyer/*Müller* Rn 5; Semler/Stengel/*Moszka* Rn 19; Widmann/Mayer/*Widmann* Rn 280; Lutter/*Priester* Rn 21; SBB/*Bula/Pernegger* § 10 Rn 92; BFW/*Förschle/Hoffmann* K 1; IDW RS HFA 42 Rn 32; BFH BStBl II 2008, 916). Die Umw wird damit im nächsten regulären JA des übernehmenden Rechtsträgers abgebildet. Maßgebl ist, ob vor dem Stichtag des JA (GjEnde des übernehmenden Rechtsträgers) das **wirtschaftl Eigentum** an den Vermögensgegenständen bereits übergegangen ist; spätestens dann ist der umwandlungsbedingte Vermögensübergang in dem JA darzustellen, der das Gj abschließt, in dem die Umw wirksam geworden ist (§§ 20 I, 131 I; IDW RS HFA 42 Rn 32, 28 ff). Vgl hierzu näher § 17 Rn 73 ff.

5 Unabhängig vom Zeitpunkt der erstmaligen Erfassung ist der Vermögensübergang beim übernehmenden Rechtsträger so zu erfassen, als wäre er bereits am Umwandlungsstichtag (§§ 5 I Nr 6, 126 I Nr 6) wirksam geworden (Semler/Stengel/*Moszka* Rn 16; IDW RS HFA 42 Rn 33). Vgl § 17 Rn 83. Im **Anlagespiegel** (§ 268 II HGB) sind die übergehenden Vermögensgegenstände als Zugang mit Wirkung ab dem Umwandlungsstichtag zu erfassen.

6 Wird dennoch eine Übernahmebilanz erstellt, dient sie ausschließl internen Dokumentations- und Hilfszwecken (Lutter/*Priester* Rn 21; Widmann/Mayer/*Widmann* Rn 280). Eine handels- oder steuerrechtl Relevanz hat sie nicht. Sie muss weder unterzeichnet noch festgestellt noch geprüft werden (Lutter/*Priester* Rn 21). Sie kann nicht Grundlage von Gewinnverwendungsbeschlüssen sein und hat auch keinen Einfluss auf die Ausübung von steuerrechtl Wahlrechten, insbes gilt der Maßgeblichkeitsgrundsatz nicht (dazu § 17 Rn 66 und Rn 108).

7 **b) Umwandlung zur Neugründung.** Bei einer Umw zur Neugründung (etwa § 2 Nr 2, § 123 I–III, jew Nr 2) hat der übernehmende Rechtsträger eine Übernahmebilanz in Form einer **Eröffnungsbilanz** aufzustellen, § 242 I 1 HGB (IDW RS HFA 42 Rn 40; SBB/*Bula/Pernegger* § 10 Rn 92; Semler/Stengel/*Moszka* § 24 Rn 18). Entsprechendes gilt, wenn der übernehmende Rechtsträger – etwa bei der Verschm auf den Alleingesellschafter – erstmals durch die Umw abschlusspflichtig wird (SBB/*Bula/Pernegger* § 10 Rn 92; Widmann/Mayer/*Widmann* Rn 219, 280).

8 **Stichtag** der Eröffnungsbilanz ist der Umwandlungsstichtag gem §§ 5 I Nr 6, 126 I Nr 6 (wie hier Lutter/*Priester* Rn 22; Semler/Stengel/*Moszka* Rn 18; Widmann/Mayer/*Widmann* Rn 225 ff; *Gassner* FS Widmann, 2000, 343, 349; SBB/*Bula/Pernegger* § 10 Rn 92: wenn auch das wirtschaftl Eigentum zu diesem Stichtag übergeht; aA BFW/*Förschle/Hoffmann* K 13: Aufnahme der Tätigkeit der VorGes; ebenso Kallmeyer/*Müller* Rn 55; KölnerKommUmwG/*Simon* Rn 26: Wirksamwerden der Umw; wohl auch IDW RS HFA 42 Rn 40: auf den Beginn des Handelsgewerbes). Es ist zwischen der Verpflichtung zur Aufstellung und dem Stichtag zu unterscheiden. Die Eröffnungsbilanz muss von den Organen des übernehmenden Rechtsträgers erst aufgestellt werden, wenn der Rechtsträger mit Wirksamwerden der Umw entstanden ist (Ausnahme: Wenn die VorGes bereits Geschäftstätigkeiten entfaltet hat, was bei Umw zur Neugründung selten sein dürfte). Der Stichtag der Eröffnungsbilanz ist dann zwingend der Umwandlungsstichtag. Dies folgt aus dem Wesen des Umwandlungsstichtags und aus §§ 17, 24 UmwG. Da die Vereinbarung des Umwandlungsstichtags (vgl §§ 5 I Nr 6, 126 I Nr 6) bedeutet, dass von diesem Zeitpunkt an die Handlungen des übertragenden Rechtsträgers als für Rechnung des übernehmenden Rechtsträgers vorgenommen

gelten, muss dieser Zeitpunkt – fiktiv – als Beginn der Geschäftstätigkeit des neuen Rechtsträgers angesehen werden. Die von §§ 17, 24 ermöglichte Bilanzkontinuität zeigt zudem, dass zu bilanziellen Zwecken vom Vermögensübergang zu diesem Zeitpunkt auszugehen ist (vgl auch Widmann/Mayer/*Widmann* Rn 225). Sind mehrere übertragende Rechtsträger mit **unterschiedl Umwandlungsstichtagen** beteiligt, ist der zeitl früheste Umwandlungsstichtag für den Stichtag der Eröffnungsbilanz maßgebl (Widmann/Mayer/*Widmann* Rn 226; Lutter/*Priester* Rn 22).

In der Eröffnungsbilanz sind der Vermögensübergang und die daraus resultierenden **Ergebnisauswirkungen** (dazu Rn 34 f, 41, 46, 51, 55, 75 ff) zu erfassen. Demzufolge ist auch eine GuV-Rechnung zu erstellen. Eine **Ergebnisverwendung** kann auf die Eröffnungsbilanz nicht gestützt werden. 9

3. Umwandlung als entgeltliche Anschaffung

a) Anschaffungsvorgang. Für die bilanzielle Behandlung des umwandlungsbedingten Vermögensübergangs ist von entscheidender Bedeutung, ob ein **entgeltl Anschaffungsgeschäft** (und damit korrespondierend beim übertragenden Rechtsträger ein Veräußerungsgeschäft) vorliegt. Die heute ganz hM nimmt dies an (Lutter/*Priester* Rn 42; Semler/Stengel/*Moszka* Rn 23; RHL/*Rödder/Stangl* Anh 1 Rn 8; SBB/*Bula/Pernegger* § 10 Rn 116: gleichgestellt; Kallmeyer/*Müller* Rn 7, 22: anschaffungsähnl; *Gassner* FS Widmann, 2000, 343, 349; Petersen/Zwirner/Brösel/*Richter/Künkele/Zwirner* BilR § 255 HGB Rn 74; BeBiKo/*Grottel/Gadek* § 255 HGB Rn 44; *Schulze-Osterloh* ZGR 1993, 420, 429; IDW RS HFA 42 Rn 3; vgl auch BFH BStBl II 2000, 230; BMF-Schrb vom 11.11.2011, BStBl I 1314 Rn 00.02; aA wohl Widmann/Mayer/*Widmann* Rn 290; vgl auch BFH BStBl II 2004, 686 – tauschähnl). 10

Dies ist zutr, denn **Anschaffung bedeutet** zunächst nur den Erwerb eines bereits bestehenden Vermögensgegenstandes, der aus einer fremden in die eigene wirtschaftl Verfügungsmacht überführt wird (statt vieler Petersen/Zwirner/Brösel/*Richter/Künkele/Zwirner* BilR § 255 HGB Rn 15). Dies folgt bereits aus dem Wortlaut von § 255 I 1 HGB, wonach AK die Aufwendungen sind, die geleistet werden, **um** einen Vermögensgegenstand zu **erwerben.** Das Anschaffungsgeschäft bei einer Umw ist zudem **entgeltl,** denn der übernehmende Rechtsträger erbringt idR eine Gegenleistung durch Gewährung von neuen bzw bestehenden Anteilen oder durch die Aufgabe einer Beteiligung (vgl auch Rn 32 f, 38 f, 44, 50 – zur Behandlung von Umw mit Verzicht auf eine Anteilsgewährung vgl Rn 53 ff. Auch der Gesetzgeber schien bei Verschm, Spaltungen und Vermögensübertragungen von einem Anschaffungsvorgang auszugehen. Denn in der Begr für die Neuregelung von § 24 UmwG (RegEBegr BR-Drs 75/94 zu § 24 – zur früheren Rechtslage vgl Rn 1) wird betont, dass die Einführung des Wahlrechts dazu diene, auch bei Umw nach dem grdsl geltenden Anschaffungswertprinzip zu bilanzieren. 11

Ein (entgeltl) Anschaffungsvorgang ist nicht deswegen abzulehnen, weil der Vermögensübergang durch (partielle) **Gesamtrechtsnachfolge** erfolgt (dazu ausführl *Schmitt/Hülsmann* BB 2000, 1563). Denn die Vermögensübertragung durch Einzelrechtsübertragung (außerh des UmwG) und durch Gesamtrechtsnachfolge unterscheiden sich nur auf sachenrechtl Ebene. Für die Qualifikation des zugrunde liegenden Rechtsgeschäfts (Verschm, Spaltung, Vermögensübertragung) als entgeltl Anschaffung ist die Art der Vermögensübertragung bedeutungslos. Auf welcher Rechtsgrundlage ein Vermögensgegenstand übertragen wird und im Beson- 12 deren, ob eine Gegenleistung hierfür erbracht wird, entscheidet sich ausschließl auf der schuldrechtl und nicht auf der sachenrechtl Ebene (Lutter/*Priester* Rn 22). Das Prinzip der Gesamtrechtsnachfolge ist allerd die Rechtfertigung für die wahlweise Zulassung der Buchwertfortführung. Wegen der Gesamtrechtsnachfolge soll dem übernehmenden Rechtsträger die Möglichkeit eingeräumt werden, auch die bisherige Bilanzierung fortzuführen (*Schulze-Osterloh* ZGR 1993, 420, 425; SBB/*Bula/Pernegger* § 10 Rn 232).

13 Ein Anschaffungsvorgang ist iÜ nicht deswegen zu verneinen, weil die Vermögensübertragung durch den übertragenden Rechtsträger erfolgt, während die Gegenleistung – wenigstens bei Anteilsgewährung – die Anteilsinhaber des übertragenden Rechtsträgers erhalten (Ausnahme: Ausgliederung). Denn insofern erfolgt die Vermögensübertragung für Rechnung der Anteilsinhaber (*Schulze-Osterloh* ZGR 1993, 420, 428; Lutter/*Priester* Rn 44; SBB/*Bula/Pernegger* § 10 Rn 133: mittelbar).

14 **b) Konsequenzen.** Die Einstufung der Verschm, Spaltung und Vermögensübertragung als „normale" Anschaffung hat verschiedene Konsequenzen. Bei der Erfassung des Vermögensübergangs sind sämtl Vorschriften anzuwenden, die einen Anschaffungsvorgang voraussetzen oder hieraus Folgerungen ableiten. Für den **Ansatz** bedeutet dies, dass sämtl Vermögensgegenstände vom übernehmenden Rechtsträger angeschafft und sämtl Verb bei ihm neu begründet worden sind. Demzufolge hat er bspw vom übertragenden Rechtsträger originär erstellte immaterielle Vermögensgegenstände derivativ erworben. Zu den Auswirkungen für den Ansatz im Einzelnen vgl Rn 21 ff.

15 Die Qualifikation als entgeltl Anschaffungsgeschäft bedeutet weiter, dass der übernehmende Rechtsträger die Vermögensgegenstände nach der Grundregel des § 253 I 1 HGB **mit** den **AK** und die Verb mit ihrem Erfüllungsbetrag sowie RSt in Höhe des nach vernünftiger kaufmännischer Beurteilung notw Erfüllungsbetrags anzusetzen hat. Daher muss bei Verschm, Spaltungen und Vermögensübertragungen die Höhe der AK, also die Aufwendungen, die geleistet werden, um die Vermögensgegenstände zu erwerben (§ 255 I 1 HGB), festgestellt werden. Diese bestimmen sich nach den übernommenen Verb/RSt und der Gegenleistung für die Vermögensübertragung (vgl im Einzelnen Rn 29 ff). Entsprechend muss der übernehmende Rechtsträger selbstständig ohne Bindung an die Bilanzierung beim übertragenden Rechtsträger hinsichtl der übernommenen Verb/RSt den **Erfüllungsbetrag** ermitteln.

16 Da die Verschm, Spaltung oder Vermögensübertragung ein entgeltl Anschaffungsvorgang ist, ist auch gewährleistet, dass sie grdsl **ergebnisneutral** ist (vgl allerd Rn 34 f, 41, 46, 51, 55). Denn Anschaffungsvorgänge sind grdsl ergebnisneutrale Vermögensumschichtungen (vgl etwa BeBiKo/*Grottel/Gadek* § 255 HGB Rn 20). Dies war ein wesentl Grund, von der im früheren Recht geltenden zwingenden Bilanzkontinuität abzuweichen (RegEBegr BR-Drs 75/94 zu § 24). Bei **Buchwertfortführung** hat die Umw regelm **Ergebnisauswirkungen,** indem ein Umwandlungsgewinn oder -verlust entsteht (dazu im Einzelnen Rn 75 ff). Dem konnte nach früherem Recht nur eingeschränkt mit Bilanzierungshilfen begegnet werden. Der Ausweis eines Umwandlungsergebnisses ist oftmals nicht gerechtfertigt. Er kann zu einem unerwünschten Kapitalabfluss (Ausschüttungen) oder einer nicht notw Ausschüttungssperre führen. Dies entspricht weder den Interessen des Unternehmens noch denjenigen der Anteilsinhaber (vgl Rn 1; zu den Schranken der Wahlrechtsausübung vgl Rn 87 ff).

Die Qualifizierung der Umw als entgeltl Anschaffungsgeschäft und damit verbunden die Bew zu AK hat über die HB hinaus Bedeutung. Insbes ist dies ein wesentl Grund, weswegen bei Umw generell der Grds der **Maßgeblichkeit** nicht gilt (dazu § 17 Rn 66 und Rn 108). 17

c) Durchbrechung des Anschaffungswertprinzips. § 24 ordnet an, dass der übernehmende Rechtsträger als AK iSv § 253 I HGB „auch" die in der Schlussbilanz des übertragenden Rechtsträgers angesetzten Werte übernehmen kann. Bereits der Wortlaut legt nahe, dass die Übernahme der BW die Ausnahme sein soll („auch"). Nicht bestimmt wird, welche Werte anzusetzen sind, falls die Buchwertfortführung nicht gewählt wird. Dieser Regelung bedurfte es auch nicht. Denn nach den allg Grdsen und nach § 255 I HGB bestimmt sich die Bew von erworbenen Vermögensgegenständen (entgeltl Anschaffungsgeschäft) nach den AK. Damit schafft § 24 eine Ausnahme, näml eine Durchbrechung des ansonsten zwingenden **Anschaffungswertprinzips.** 18

Darin erschöpft sich die Bedeutung von § 24 nicht. Trotz des nur auf die AK abstellenden Wortlauts räumt die Vorschrift nicht nur ein **Bewertungs-,** sondern **auch** ein **Ansatzwahlrecht** ein. Denn der übernehmende Rechtsträger kann zur Erreichung der Bilanzkontinuität die Ansätze und die Bew des übertragenden Rechtsträgers fortführen. Vgl hierzu im Einzelnen Rn 62 ff. 19

4. Bilanzierung nach allgemeinen Grundsätzen

a) Geltung der allgemeinen Grundsätze. Nach § 24 kann der übernehmende Rechtsträger hinsichtl des übergehenden Verm auch die Bilanzierung des übertragenden Rechtsträgers fortsetzen. Übt er dieses Wahlrecht nicht aus, gelten die allg Grdse für entgeltl Anschaffungsgeschäfte. Dies gilt sowohl für den **Ansatz** wie auch für die **Bew** der Vermögensgegenstände. RSt und Verb hat der übernehmende Rechtsträger so zu erfassen, als wären sie mit dem Umwandlungsstichtag (§§ 5 I Nr 6, 126 I Nr 6) erstmals begründet worden. Maßgebl sind also insbes die §§ 246 ff HGB. 20

b) Ansatz der übergehenden Vermögensgegenstände. aa) Vollständigkeitsgebot. Zunächst gilt das Vollständigkeitsgebot nach § 246 I 1 HGB (Semler/Stengel/*Moszka* Rn 20; Kallmeyer/*Müller* Rn 7; SBB/*Bula*/*Pernegger* § 10 Rn 118; IDW RS HFA 42 Rn 36). Danach hat der übernehmende Rechtsträger **sämtl** übergehenden Vermögensgegenstände, Schulden und RAP unabhängig von der bisherigen Bilanzierung beim übertragenden Rechtsträger in seinem JA zu erfassen. Dies gilt auch für ungewisse Verb und drohende Verluste (RSt), die kraft Gesamtrechtsnachfolge auf den übernehmenden Rechtsträger übergehen. Den **Rückstellungsbedarf** nach § 249 HGB hat der übernehmende Rechtsträger in eigener Verantwortlichkeit dem Grunde und der Höhe nach festzustellen. An die Ansätze (und die Bew) beim übernehmenden Rechtsträger ist er nicht gebunden. Er hat ggf neue RSt zu bilden und bestehende aufzulösen. Die Gesamtrechtsnachfolge bewirkt nur den Übergang der ungewissen Verb, bindet den übernehmenden Rechtsträger aber nicht hinsichtl deren Einschätzung (vgl auch Rn 15). **Rückstellungswahlrechte** (vor den Änderungen durch das BilMoG) konnte der übernehmende Rechtsträger abw vom übertragenden Rechtsträger ausüben (GKT/*Hannappel* Rn 42). 21

Der übernehmende Rechtsträger hat **aktive und passive RAP** nach § 250 HGB zu bilden, soweit entspr Ausgaben und Einnahmen beim übertragenden 22

Rechtsträger vorlagen. Sie sind ebenfalls neu zu bewerten (KölnerKommUmwG/*Simon* Rn 51; Lutter/*Priester* Rn 35; BFW/*Förschle/Hoffmann* K 27, 32; IDW HFA 2/1997 Ziff 3211; Kallmeyer/*Müller* Rn 6: aus der Natur der Gesamtrechtsnachfolge; unklar Semler/Stengel/*Moszka* Rn 25). Die Anpassungen durch das **BilMoG** nimmt der übernehmende Rechtsträger originär vor, wenn er die gesetzl Änderungen in dem ersten JA nach dem Vermögensübergang zu beachten hat. Dies gilt unabhängig davon, ob der übertragende Rechtsträger die Umstellungen bereits durchgeführt hat (etwa Schlussbilanz auf den 31.12.2009) oder welche Wahlrechte er für den Übergang (Art 67 EGHGB) ausgeübt hat. Da der übernehmende Rechtsträger die übergehenden Aktiva und Passiva anschafft (Rn 10 ff), hat er eigenständig die geänderten Ansatz- und Bewertungsvorschriften zu beachten. Dadurch ausgelöste Ergebnisauswirkungen entstehen erstmals beim übernehmenden Rechtsträger; das Wahlrecht nach Art 67 I EGHGB bei einer Neubewertung von Pensionsverpflichtungen und die sonstigen Wahlrechte nach Art 67 EGHGB stehen ihm nicht zu. Vielmehr muss er die übernommenen Pensionsrückstellungen mit dem nach § 253 HGB anzusetzenden Wert bilanzieren.

23 **bb) Bilanzierungshilfen, Geschäftswert beim übertragenden Rechtsträger.** Eine Bilanzierungshilfe nach § 269 HGB aF (Ingangsetzungskosten) konnte beim übernehmenden Rechtsträger nicht angesetzt werden, auch wenn der übertragende Rechtsträger sie gebildet hatte. Vgl hierzu Voraufl Rn 23. Dies gilt auch für vom übertragenden Rechtsträger fortgeführte (Art 67 V 1 EGHGB) Ingangsetzungskosten. Eine **Neubildung** ist für ab dem 1.1.2010 beginnende Gj ohnehin nicht möglich.

24 Ein beim übertragenden Rechtsträger angesetzter **Geschäftswert** nach § 255 IV HGB aF bzw § 246 I 4 HGB nF kann nicht übernommen werden (wie hier IDW RS HFA 42 Rn 36; Semler/Stengel/*Moszka* Rn 24; Lutter/*Priester* Rn 33; BFW/*Förschle/Hoffmann* K 20; aA Kallmeyer/*Müller* Rn 6). Dieser geht in einem eigenen Geschäftswert des übernommenen Verm (§ 246 I 4 HGB), der ggf angesetzt werden muss (dazu Rn 26), auf, da die Umw aus Sicht des übernehmenden Rechtsträgers eine Anschaffung ist (IDW RS HFA 42 Rn 36; BFW/*Förschle/Hoffmann* K 20; Lutter/*Priester* Rn 33; Semler/Stengel/*Moszka* Rn 24). Zu **Verschmelzungsmehrwerten** nach §§ 348 II AktG aF, 27 II KapErhG aF vgl Voraufl Rn 24.

25 **cc) Latente Steuern.** Vom übertragenden Rechtsträger angesetzte aktive und passive Steuerabgrenzungsposten gehen nicht auf den übernehmenden Rechtsträger über (IDW RS HFA 42 Rn 39; Kallmeyer/*Müller* Rn 9; aA *Simlacher* DStR 2011, 1868, 1872 f). Der übernehmende Rechtsträger hat selbstständig zu prüfen, ob bei ihm hinsichtl des übernommenen Vermögens – unter Berücksichtigung der Umwandlung, insbes aufgrund der Ausübung von stl Wahlrechten nach dem UmwStG und des Untergangs von Verlustvorträgen – die Voraussetzungen für die Bildung passiver (Gebot) oder aktiver (Wahlrecht) latenter Steuern (§ 274 HGB) bestehen. Diese sind erfolgsneutral zugunsten oder zulasten des Geschäfts- und Firmenwerts bzw des EKs zu erfassen, soweit die Umw an sich erfolgsneutral ist (IDW RS HFA 42 Rn 39; *Simlacher* DStR 2011, 1868, 1872 f). Zu Effekten aus dem Übergang durch das **BilMoG** vgl *Zwirner* DB 2010, 737. Zu beachten ist allerdings, dass dieser zukünftig höhere Steueraufwand regelm bei der Bew des übernommenen Verm (Bestimmung des Umtauschverhältnisses) berücksichtigt worden ist. Dies beeinflusst wiederum die handelsbilanzielle Bewertung und damit die Höhe der Steuerlatenz. IÜ ist die Werthaltigkeit von originären aktiven laten-

ten Steuern des übernehmenden Rechtsträgers aufgrund der Einflüsse durch die Umw zu prüfen (vgl dazu *Simlacher* DStR 2011, 1871).

26 **dd) GWG, immaterielle Vermögensgegenstände, Geschäftswert.** Der übernehmende Rechtsträger hat nach dem Vollständigkeitsgebot (§ 246 I 1 HGB) auch **GWG** des Anlagevermögens anzusetzen. Er kann sie jedoch sogleich wieder vollständig abschreiben (RHL/*Rödder/Stangl* Anh 1 Rn 11; BFW/*Förschle/Hoffmann* K 24; Lutter/*Priester* Rn 35; Semler/Stengel/*Moszka* Rn 23). Da die Verschm aus der Sicht des übernehmenden Rechtsträgers eine entgeltl Anschaffung ist (dazu Rn 10 ff), gilt für ihn weder das Aktivierungsverbot nach § 248 II 2 HGB noch das Aktivierungswahlrecht nach § 248 II 1 HGB. Demzufolge muss (Ansatzpflicht, § 246 I HGB) der übernehmende Rechtsträger die vom übertragenden Rechtsträger selbst erstellten (oder unentgeltl erworbenen) **immateriellen Vermögensgegenstände,** die auf ihn übergehen, ansetzen (Lutter/*Priester* Rn 35; SBB/*Bula/Pernegger* § 10 Rn 121 f: Kallmeyer/*Müller* Rn 7; BFW/*Förschle/Hoffmann* K 20; Widmann/Mayer/*Widmann* Rn 302; *Gassner* FS Widmann, 2000, 343, 349 f; IDW RS HFA 42 Rn 36). Eine Aktivierungspflicht (Petersen/Zwirner/Brösel/*Tanski* BilR § 246 HGB Rn 57) besteht für den übernehmenden Rechtsträger hinsichtl eines – aufgrund der verschmelzungsbedingten Anschaffung (Rn 10 ff) von ihm entgeltl erworbenen – **Geschäfts- und Firmenwerts** nach § 246 I 4 HGB, soweit nach Ansatz aller Vermögensgegenstände (zum Zeitwert) und aller Schulden ein darüber hinausgehender Wert des übernommenen Verm besteht (IDW RS HFA 42 Rn 36, 58; SBB/*Bula/Pernegger* § 10 Rn 122; Semler/Stengel/*Moszka* Rn 22; BFW/*Förschle/Hoffmann* K 21; Kallmeyer/*Müller* Rn 7; Lutter/*Priester* Rn 37; *Gassner* FS Widmann, 2000, 343, 350 f; *Aha* BB 1996, 2559, 2561; *Knop/Küting* BB 1995, 1023, 1024). Ob und in welcher Höhe ein Geschäfts- und Firmenwert anzusetzen ist, hängt von der Bewertung der übrigen Wirtschaftsgüter (dazu im Einzelnen Rn 29 ff) und dem Gesamtwert des übertragenden Rechtsträgers ab. Maßgebl ist regelm der Unternehmenswert des übertragenden Rechtsträgers, der der Bestimmung des Umtauschverhältnisses zugrunde gelegt worden ist. Ein Geschäfts- und Firmenwert kann auch bei einer **konzerninternen Umw** angesetzt werden. Hier fehlt es zwar an einem echten Interessengegensatz, dennoch liegt ein entgeltl Anschaffungsgeschäft vor. Mangels „Markttestes" ist jedoch vorsichtig zu bewerten (Kallmeyer/*Müller* Rn 8; Lutter/*Priester* Rn 37).

27 **ee) Verbindlichkeiten.** Das Vollständigkeitsgebot (§ 246 I HGB) bedingt, dass der übernehmende Rechtsträger alle auf ihn übergehenden Verb und RSt, die ihn wirtschaftl belasten, zu passivieren hat (vgl bereits Rn 21). Dies gilt unabhängig davon, ob der übertragende Rechtsträger bereits eine entspr Passivierung dem Grunde und der Höhe nach vorgenommen hatte (vgl auch Rn 21, 15). **Passivierungswahlrechte,** insbes Aufwandsrückstellungen nach § 249 II HGB aF (vor den Änderungen durch das BilMoG), konnte der übernehmende Rechtsträger unabhängig von einem Ansatz beim übertragenden Rechtsträger ausüben (BFW/*Förschle/Hoffmann* K 29). Das Passivierungswahlrecht nach **Art 28 EGHGB** (Pensionsaltverpflichtungen) steht dem übernehmenden Rechtsträger unabhängig von dessen Ausübung beim übertragenden Rechtsträger nicht zu, denn die kraft Gesamtrechtsnachfolge auf ihn übergegangenen Verpflichtungen sind beim übernehmenden Rechtsträger neu begründet (Lutter/*Priester* Rn 35; Kallmeyer/*Müller* Rn 10; BFW/*Förschle/Hoffmann* K 28; SBB/*Bula/Pernegger* § 10 Rn 125). Außerdem ist die Übernahme der Pensionsverpflichtungen eine Gegenleistung für die

Übernahme der Vermögensgegenstände (IDW RS HFA 42 Rn 37). **Drohverlustrückstellungen** des übertragenden Rechtsträgers (§ 249 I 2 HGB) sind auch beim übernehmenden Rechtsträger als RSt (oder im Einzelfall als Verb) zu passivieren; da die Übernahme der Verpflichtung Teil der Gegenleistung ist, verlieren sie den Charakter eines drohenden Verlustes aus einem schwebenden Geschäft (BFH DStR 2010, 265; BFH DStR 2012, 452). Zu den Anpassungen durch das **BilMoG** vgl Rn 22.

28 **ff) Konfusion, eigene Anteile.** Nicht anzusetzen sind Vermögensgegenstände, die anlässl der Umw untergehen bzw erlöschen. Dies gilt insbes für gegenseitige Forderungen und Verb der beteiligten Rechtsträger, die wegen **Konfusion** erlöschen. Insofern kann ein Konfusionsgewinn entstehen, wenn zuvor ein Rechtsträger die Forderung wertberichtigt hatte (SBB/*Bula/Pernegger* § 10 Rn 126 ff; zur stl Situation vgl § 6 UmwStG). **Eigene Anteile** des übertragenden Rechtsträgers gehen mit der Umw unter und können daher beim übernehmenden Rechtsträger nicht mehr angesetzt werden. Zur Situation beim übertragenden Rechtsträger vgl § 17 UmwG Rn 26.

29 **c) Bewertung bei Kapitalerhöhung. aa) Allgemeines.** Soweit die Umw gg Gewährung neuer, durch KapErh geschaffener Anteile erfolgt, ist sie bilanziell wie eine **Sacheinlage** der Gesellschafter zu behandeln. Gleiches gilt bei einer Umw zur Neugründung. Hierüber besteht im Wesentl Einigkeit (IDW RS HFA 42 Rn 41; Lutter/*Priester* Rn 44; SBB/*Bula/Pernegger* § 10 Rn 133; BFW/*Förschle/Hoffmann* K 41; *Schulze-Osterloh* ZGR 1993, 420, 428; WP-HdB Bd II E Rn 76; *Schmitt/Hülsmann* BB 2000, 1563, 1568; *Angermayer* DB 1998, 145, 148). Die Vermögensübertragung durch den übertragenden Rechtsträger steht einer Sacheinlage nicht entgg, da dies für Rechnung der Anteilsinhaber des übertragenden Rechtsträgers geschieht (Lutter/*Priester* Rn 44; *Schulze-Osterloh* ZGR 1993, 420, 428; SBB/*Bula/Pernegger* § 10 Rn 133: mittelbar; vgl bereits Rn 13). **Str** ist allerd, **wie** die übergehenden Vermögensgegenstände **bei** einer **Sacheinlage** zu **bewerten** sind (vgl den Überblick zum Meinungsstand bei Widmann/Mayer/*Widmann* Rn 287 f).

30 **bb) Bewertungswahlrecht nach herrschender Meinung.** Nach der wohl herrschenden und – für die Praxis bes bedeutsam – vom HFA des IDW geteilten Ansicht bestimmen sich die AK nach dem (vereinbarten) Ausgabebetrag der gewährten Anteile. Hintergrund dieser Ansicht ist, dass die Parteien die AK durch Vereinbarung bestimmen können (Kallmeyer/*Müller* Rn 25; *ADS* § 255 Rn 97). Im Erg besteht damit bei Sacheinlagen ein **Bewertungswahlrecht** (IDW RS HFA 42 Rn 43; Kallmeyer/*Müller* Rn 25 f; Lutter/*Priester* Rn 45 f; BFW/*Förschle/Hoffmann* K 44 f; KölnerKommUmwG/*Simon* Rn 64 f; *Rödder* DStR 1997, 1353, 1355; WP-HdB Bd II F Rn 76). Danach gilt:

- Obergrenze ist der Zeitwert;
- Wird bei der KapErh ein beziffertes Agio festgesetzt, sind die AK durch den Ausgabebetrag bestimmt; bei PersGes sind die vereinbarten Kapitalkonten maßgebl;
- Wird bestimmt, dass eine Diff zwischen dem Zeitwert des übernommenen Verm und der NominalKapErh in die Kapitalrücklage eingestellt werden kann, bilden die NominalKapErh und die entspr Rücklagendotierung (Rest bis zum Zeitwert) die AK;

– Wird im KapErhB nur der Betrag der NominalKapErh festgelegt, ist durch Auslegung zu ermitteln, ob die AK durch den Nominalbetrag bestimmt sind (Untergrenze) oder ob ein Agio bis zur Höhe des Zeitwerts der Sacheinlage mit der Folge höherer AK in die Kapitalrücklage eingestellt werden darf.

Damit steht es zur Disposition der Parteien, als Anschaffungskosten einen Wert zwischen dem Nominalbetrag der KapErh bzw – bei Umw zur Neugründung – des festgelegten Nominalkapitals (Untergrenze) bis zum Zeitwert der übergehenden Vermögensgegenstände zu bestimmen. Die **Verteilung** der **Gesamt-AK** (Grds der Einzelbewertung, § 252 I Nr 3 HGB) erfolgt regelm nach dem Verhältnis der Zeitwerte; im Einzelfall ist aber auch eine andere, nicht willkürl Aufteilung denkbar (Kallmeyer/*Müller* Rn 28; KölnerKommUmwG/*Simon* Rn 70; vgl näher etwa Petersen/Zwirner/Brösel/*Richter/Künkele/Zwirner* BilR § 255 HGB Rn 45 ff; BFW/*Förschle/Hoffmann* K 47; SBB/*Bula/Pernegger* § 10 Rn 185 ff; IDW RS HFA 42 Rn 56). Die Verteilung ist im Anh (§ 284 II Nr 1 HGB) zu erläutern (IDW RS HFA 42 Rn 56; Lutter/*Priester* Rn 52). Im **Anlagespiegel** sind die übernommenen Vermögensgegenstände als Zugang mit den eigenen (nicht den historischen) AK zu erfassen (IDW RS HFA 42 Rn 56; Lutter/*Priester* Rn 52; Kallmeyer/*Müller* Rn 37). Ein über die Zeitwerte aller materiellen und immateriellen Vermögensgegenstände hinausgehender Betrag ist als **Geschäfts- oder Firmenwert** (§ 246 I 4 HGB) zu aktivieren (IDW RS HFA 42 Rn 58).

cc) Zwingende Bewertung mit Zeitwert. Tats besteht ein derartiges **Wahlrecht nicht.** Die Vermögensgegenstände sind **zwingend** mit ihrem **Zeitwert** anzusetzen (im Erg wie hier SBB/*Bula/Pernegger* § 10 Rn 141 ff; *Schulze-Osterloh* ZGR 1993, 420, 428 ff; Widmann/Mayer/*Widmann* Rn 289 ff: es sei denn, eine steuerrechtl Regelung gebe die Möglichkeit eines niedrigeren Ansatzes und diese Wahlrechtsausübung sei vom Ansatz in der HB abhängig; *Schmitt/Hülsmann* BB 2000, 1563, 1568 f; *Haritz* FS Spiegelberger, 2009, 674, 675; BFH BStBl II 2000, 230; FG Berlin-Brandenburg EFG 2008, 1167; vgl auch den Grds nach §§ 3 I, 11 I, 20 II, 21 I, 24 II UmwStG). Zur Bestimmung des Zeitwerts vgl Rn 33. 31

Der zwingende Ansatz der Vermögensgegenstände zum Zeitwert folgt daraus, 32 dass die „normale" Sacheinlage wie auch die Sacheinlage in Form der Verschm, Spaltung oder Vermögensübertragung in Erfüllung der übernommenen Sacheinlageverpflichtung erfolgt. Aus der Sicht des übernehmenden Rechtsträgers macht es keinen Unterschied, ob eine Sacheinlage im eigentl Sinne oder eine Sachübernahme vereinbart worden ist (BFH BStBl II 2000, 230). Der übernehmende Rechtsträger und seine Anteilsinhaber waren zu der vereinbarten Umw und insbes zur Gewährung der vereinbarten Anteile nur unter der Voraussetzung bereit, dass die iRd Bestimmung des Umtauschverhältnisses bewerteten Vermögensgegenstände auf ihn übergehen. Demzufolge wurde bei ihm eine Einlageforderung begründet, für die als Gegenleistung die neuen Anteile gewährt werden. Diese Einlageforderung kann nur mit ihrem Nennwert, also dem Zeitwert der Vermögensgegenstände abzgl der ebenfalls übernommenen Schulden bewertet werden. Dies folgt bereits daraus, dass anstelle des Gegenstands ein entspr Geldbetrag geleistet werden müsste. Der Vermögensübergang durch Wirksamwerden der Umw ist sodann nur die Erfüllung der Einlageverpflichtung, die mit der Einlageforderung verrechnet wird (BFH BStBl II 2000, 230; aA Kallmeyer/*Müller* Rn 22: werde der Natur der Verschm nicht gerecht). Bilanziell bedeutet dies den Ansatz der Vermögensgegenstände mit dem Zeitwert und der Schulden mit dem Rückzahlungsbetrag.

33 IÜ entspricht nur der Ansatz zum Zeitwert den AK iSv § 255 I HGB. Vermögensgegenstände dürfen nach § 253 I 1 HGB höchstens mit den AK angesetzt werden. Diese bilden – vermindert um Abschreibungen – auch die **Wertuntergrenze** (*ADS* § 253 Rn 35 ff). AK sind nach § 255 I 1 HGB die Aufwendungen, die geleistet werden, um den Vermögensgegenstand (hier: das Verm, also die übergehenden Aktiva abzgl Schulden) zu erwerben. Bei der Umw gegen Gewährung von Gesellschaftsrechten (mit KapErh) stellen die an die Anteilsinhaber des übertragenden Rechtsträgers gewährten **Anteile** und die übernommenen **Verb** die **Gegenleistung** dar. Damit entsprechen die AK dem Wert der gewährten Anteile, und zwar deren Zeitwert (so zutr Semler/Stengel/*Moszka* Rn 36 f). Diese entsprechen wertmäßig bei korrekter Bestimmung des Umtauschverhältnisses dem Zeitwert des übergehenden Verm (Aktiva abzgl Schulden). Daher sind die Vermögensgegenstände mit dem Zeitwert und die Schulden mit dem Rückzahlungsbetrag zu bewerten. Zugleich ist dadurch bestimmt, **wie** der **Zeitwert** der Vermögensgegenstände **zu ermitteln** ist. Maßgebl sind nicht die Einzelveräußerungspreise, sondern der **Unternehmenswert des übertragenden Rechtsträgers** (zutr Semler/Stengel/*Moszka* Rn 36 f). Regelm wird auf die Bew anlässl der Ermittlung des Umtauschverhältnisses zurückzugreifen sein. Dieser Wert ist auf die Aktiva – ggf einschl eines Geschäftswerts (Rn 26) – unter Berücksichtigung der übernommenen Verb zu verteilen (Rn 30). Ein Ansatz unterhalb des Zeitwerts würde schließl den Einblick in die Vermögens-, Ertrags- und Finanzlage erschweren (vgl auch SBB/*Bula/Pernegger* § 10 Rn 143).

34 **dd) Erfolgsauswirkungen, Kapitalrücklage.** Das zu Zeitwerten angesetzte übergehende Verm (Vermögensgegenstände abzgl Schulden) ist zunächst mit dem Nominalbetrag der gewährten Anteile (KapErh) zu verrechnen. Ein überschießender Betrag ist bei **KapGes** gem § 272 II **Nr 1** HGB als **Agio** (Aufgeld) in die Kapitalrücklage einzustellen (Lutter/*Priester* Rn 47; GKT/*Hannappel* Rn 29; BFW/*Förschle/Hoffmann* I 44; IDW RS HFA 42 Rn 43; Kallmeyer/*Müller* Rn 26; *Schulze-Osterloh* ZGR 1993, 420, 431 f; RHL/*Rödder/Stangl* Anh 1 Rn 14; KölnerKommUmwG/*Simon* Rn 67; aA SBB/*Bula/Pernegger* § 10 Rn 144: § 272 II Nr 4 HGB). Dies folgt aus dem Charakter der Umw mit KapErh als Sacheinlage. Insofern liegt eine über dem Nennbetrag der gewährten Anteile hinausgehende Leistung der Gesellschafter vor. Eine Verbuchung über die GuV-Rechnung erfolgt nicht (*Schmitt/Hülsmann* BB 2000, 1563, 1569). Bei **PersGes** sind die gesellschaftsvertragl Regelungen und die anlässl der Umw getroffenen Abreden maßgebl. Vielfach erfolgt die Verbuchung auf dem für die Beteiligungsverhältnisse maßgebl Festkapitalkonto und darüber hinaus auf einer gesamthänderisch gebundenen Kapitalrücklage (IDW RS HFA 42 Rn 44: Rücklagen iSv § 264c II 1 II. HGB). Es kann aber auch eine Verbuchung auf anderen Kapital- und Darlehenskonten der Gesellschafter vereinbart werden (KölnerKommUmwG/*Simon* Rn 68; Lutter/*Priester* Rn 49), wobei die Verbuchung auf als Fremdkapital zu wertende Darlehenskonten aus stl Gründen (Veräußerungsentgelt) regelm vermieden wird. Eine Erfassung als Verschmelzungsgewinn erfolgt nicht, da Anschaffungsvorgänge **erfolgsneutral** sind (aA Kallmeyer/*Müller* Rn 25). Bei Rechtsträgern, bei denen die Mitglieder nicht am Nominalkapital beteiligt sind (insbes eV), ist der Vermögenszugang unmittelbar im EK zu erfassen. Da mit der Sacheinlage keine Vermögensbeteiligung der Mitglieder verbunden ist (vgl Rn 32), kann hier die Bew der Einlageforderung und damit auch der übergehenden Vermögensgegenstände bis zur Höhe des Zeitwerts gewählt werden (KölnerKommUmwG/*Simon* Rn 68 Rn 69; Kallmeyer/*Müller* Rn 25, Rn 29; Lutter/*Priester* Rn 50).

35 Ein **Verschmelzungsverlust** (das übergehende Verm zu Zeitwerten ist geringer als der Nennbetrag der gewährten Anteile) wäre nur bei einer **Unterpariemission** denkbar. Diese ist bei KapGes unzulässig und verhindert die Eintragung. Bleibt sie zunächst unentdeckt, wird der Verschmelzungsverlust durch die Aktivierung einer Ausgleichsforderung gg die Anteilsinhaber des übertragenden Rechtsträgers ausgeglichen (Kallmeyer/*Müller* Rn 27; vgl auch SBB/*Bula/Pernegger* § 10 Rn 141). Entsprechendes wird regelm bei **PersGes** gelten, wenn das gewährte Kap als Pflichteinlage zu verstehen ist. Sofern es auch der Hafteinlage entspricht, ist die Einlageverpflichtung nicht erfüllt (§ 171 I HGB).

36 **d) Bewertung bei der Gewährung bestehender Anteile. aa) Allgemeines.** Die Anteilsgewährungspflicht kann auch durch die Übertragung bislang **eigener Anteile** des übernehmenden Rechtsträgers an die Anteilsinhaber des übertragenden Rechtsträgers erfüllt werden. Bei KapGes besteht insoweit ein KapErhWahlrecht (§§ 54 I 2 Nr 1, 68 I 2 Nr 1 UmwG). In diesen Fällen liegt ebenfalls ein entgeltl Anschaffungsgeschäft vor. Die Hingabe eigener Anteile als Gegenleistung für die Übernahme des Verm ist ein **Tauschvorgang;** der übernehmende Rechtsträger veräußert seine eigenen Anteile (ganz hM; vgl etwa Lutter/*Priester* Rn 53; GKT/*Hannappel* Rn 31; SBB/*Bula/Pernegger* § 10 Rn 157; BFW/*Förschle/Hoffmann* K 53; *Gassner* FS Widmann, 2000, 343, 351; *Schulze-Osterloh* ZGR 1993, 420, 435;). Seit den Änderungen durch das BilMoG ist auch zu beachten, dass (der Erwerb und) die Veräußerung eigener Anteile auch bilanziell als Kapitalmaßnahme dargestellt wird (§ 272 Ia/b HGB). Daher ist der Vorgang „ähnlich" einer KapErh zu erfassen (IDW RS HFA 42 Rn 53; Kallmeyer/*Müller* Rn 34).

37 **bb) Tauschgrundsätze.** Die wohl hM wendet bei einer Umw gg Hingabe eigener Anteile die **Tauschgrundsätze** an. Danach bestehe das Wahlrecht, das übernommene Verm entweder mit dem BW der hingegebenen Anteile (seit den Änderungen durch das BilMoG also wohl der Nennwert der eigenen Anteile zzgl des Betrags, der mit frei verfügbaren Rücklagen verrechnet wurde, § 272 Ia HGB), deren Zeitwert oder einem erfolgsneutralen ZW (zur Erfolgsneutralität idS vgl BFW/*Förschle/Hoffmann* K 60) anzusetzen (so etwa Lutter/*Priester* Rn 54; Kallmeyer/*Müller* Rn 30; KölnerKommUmwG/*Simon* Rn 71; *Gassner* FS Widmann, 2000, 343, 351; BFW/*Förschle/Hoffmann* K 54; vgl auch IDW RS HFA 42 Rn 53: maximal der vorsichtig geschätzte Zeitwert des übergehenden Reinvermögens). Andere ZW seien nicht zul (Lutter/*Priester* Rn 54; Kallmeyer/*Müller* Rn 30; BFW/*Förschle/Hoffmann* K 54; KölnerKommUmwG/*Simon* Rn 71). Die Art der Ausübung ist im Anh anzugeben (BFW/*Förschle/Hoffmann* K 54). Zur **Verteilung** der **Gesamt-AK** vgl Rn 30.

38 **cc) Zwingende Bewertung mit Zeitwert.** Der hM ist nicht zuzustimmen. Bei der Umw gegen Gewährung bestehender eigener Anteile durch den übernehmenden Rechtsträger sind die Vermögensgegenstände wie bei der Umw mit KapErh (Rn 29 ff) **zwingend** mit dem **Zeitwert** anzusetzen (ebenso im Erg SBB/*Bula/Pernegger* § 10 Rn 160; Semler/Stengel/*Moszka* Rn 41; *Schulze-Osterloh* ZGR 1993, 420, 436). Die Erwägungen zur Sacheinlage (Rn 31 ff) gelten hier entspr. Auch bei der Verschm gegen Hingabe bestehender eigener Anteile entsteht eine Verpflichtung des übertragenden Rechtsträgers zur Vermögensübertragung. Die damit korrespondierende Forderung des übernehmenden Rechtsträgers kann nur mit dem Zeitwert des übergehenden Verm (Aktiva abzgl Schulden)

bewertet werden. Demzufolge sind die an die Stelle der Forderung tretenden Vermögensgegenstände ebenfalls zwingend mit dem Zeitwert und die Schulden mit dem Rückzahlungsbetrag anzusetzen.

39 Die Bew mit dem Zeitwert entspricht auch den Aufwendungen iSv § 255 I 1 HGB. Der übernehmende Rechtsträger wendet nicht den BW der eigenen Anteile auf, er verliert deren Zeitwert (so auch Semler/Stengel/*Moszka* Rn 41). Dieser muss bei einem korrekt bestimmten Umtauschverhältnis dem Wert des übergehenden Verm (Aktiva abzgl Schulden) entsprechen (vgl Rn 33).

40 Eine unterschiedl Behandlung der Umw durch Sacheinlage und durch Hingabe eigener Anteile ist iÜ nicht gerechtfertigt. In beiden Fällen handelt es sich um die Einbringung von Vermögensgegenständen durch Gesellschafter (*Schulze-Osterloh* ZGR 1993, 420, 436; Semler/Stengel/*Moszka* Rn 41). Es macht wirtschaftl keinen Unterschied, ob als Gegenleistung durch KapErh geschaffene oder bereits bestehende eigene Anteile gewährt werden (SBB/*Bula*/*Pernegger* § 10 Rn 158).

41 **dd) Erfolgsauswirkungen.** Aus Sicht des übernehmenden Rechtsträgers veräußert er seine eigenen Anteile (Semler/Stengel/*Moszka* Rn 41). Der Reinvermögenssaldo des übergehenden Vermögens ist zunächst mit dem für die eigenen Anteile abgesetzten Nennbetrag und den übrigen anlässl des Erwerbs der eigenen Anteile verrechneten frei verfügbaren Rücklagen auszugleichen, § 272 Ib HGB. In dieser Höhe werden das Nennkapital und die verrechneten Rücklagen wieder aufgefüllt. Übersteigt der Ansatz des übernommenen Verm zu Zeitwerten (Aktiva abzgl Schulden) den – so verstandenen; vgl auch Rn 37 – BW der als Gegenleistung gewährten Anteile, ist dieser „Umwandlungsgewinn" bei KapGes aufgrund der ausdrückl gesetzl Anordnung in § 272 Ib 3 HGB in die Kapitalrücklage iSv § 272 II Nr 1 HGB einzustellen (anders noch zur Rechtslage vor BilMoG Voraufl Rn 41: Kapitalrücklage nach § 272 II Nr 4 HGB; so unverändert SBB/*Bula*/*Pernegger* § 10 Rn 160; KölnerKommUmwG/*Simon* Rn 73; aA Kallmeyer/*Müller* Rn 35). Zwar sind Tauschgeschäfte (als Veräußerung) grdsl erfolgswirksam und damit über die GuV-Rechnung zu erfassen, bei der Gewährung eigener Anteile ist aber zu berücksichtigen, dass eine Leistung der Gesellschafter gegeben ist. Dies spricht für eine Dotierung der Kapitalrücklage wie bei der Sacheinlage. Außerdem ist die Situation ähnl derjenigen beim Erwerb eines Vermögensgegenstands durch die Ges vom Gesellschafter unterhalb des Verkehrswerts (*Schulze-Osterloh* ZGR 1993, 420, 436; SBB/*Bula*/*Pernegger* § 10 Rn 160).

42 **e) Bewertung bei Untergang der Anteile (Upstream-Merger). aa) Allgemeines.** Soweit der übernehmende Rechtsträger am übertragenden Rechtsträger beteiligt ist, gehen diese Anteile mit Wirksamwerden der Umw infolge des Erlöschens des übertragenden Rechtsträgers unter. Neue Anteile werden nicht gewährt. Bei KapGes besteht ein KapErhVerbot (§§ 54 I 1 Nr 1, 68 I 1 Nr 1). Demzufolge kommt es bei der Verschm der 100%igen TochterGes auf die MutterGes (Upstream-Merger) zu keiner Anteilsgewährung.

43 **bb) Tauschgrundsätze.** Auch in diesem Fall geht die hM zu Recht von einem **entgeltl Anschaffungsgeschäft** aus. Das übergehende Verm (Aktiva abzgl Schulden) tritt an die Stelle der untergehenden Beteiligung, sodass wiederum ein tauschähnlicher Vorgang vorliegt (*Kußmaul*/*Richter* GmbHR 2004, 701, 704; Kallmeyer/*Müller* Rn 24, 30; Lutter/*Priester* Rn 55; KölnerKommUmwG/*Simon* Rn 74; *Gassner* FS Widmann, 2000, 343, 351; RHL/*Rödder*/*Stangl* Anh 1 Rn 15; WP-HdB Bd II E Rn 81; BFW/*Förschle*/*Hoffmann* I 52; IDW RS HFA 42 Rn 46).

Folgerichtig besteht nach hM das Bewertungswahlrecht entspr den Tauschgrundsätzen (BW der untergehenden Anteile, deren Zeitwert oder ein erfolgsneutraler ZW, vgl Rn 37). Zur **Verteilung** der Gesamt-AK vgl Rn 30. Nach aA kann der Ansatz mangels eines Umsatzgeschäfts zwingend nur mit dem BW der untergehenden Anteile erfolgen (*Schulze-Osterloh* ZGR 1993, 439: wenigstens, wenn die übernehmende Ges bei der übertragenden Ges mindestens über eine Dreiviertelmehrheit verfügt; SBB/*Bula/Pernegger* § 10 Rn 152 ff).

cc) Zwingende Bewertung mit Zeitwert. Trotz der Bedenken, dass ein echter „Markttest" wenigstens bei einer beherrschenden Beteiligung der übernehmenden Ges an der übertragenden Ges fehlt, kann auch in diesem Fall das übergehende Verm nur mit dem Zeitwert angesetzt werden. Es gelten die Rn 31 ff dargestellten Erwägungen entspr. Auch beim Untergang eigener Anteile erfolgt der Vermögensübergang in Erfüllung des Anspruchs des übernehmenden Rechtsträgers auf das Verm. Diese Forderung kann nur mit dem Zeitwert des übergehenden Verm (Aktiva abzgl Schulden) bewertet werden (dazu Rn 32). Demzufolge müssen die an die Stelle der Forderung tretenden Vermögensgegenstände ebenfalls mit dem Zeitwert bewertet werden. Der Zeitwert der Vermögensgegenstände entspricht auch den Aufwendungen, die der übernehmende Rechtsträger für die Vermögensübertragung hat (vgl § 255 I 1 HGB). Denn der Wert der untergehenden Anteile entspricht dem (anteiligen) Wert des übergehenden Verm. Die untergehenden Anteile und die übernommenen Verb sind die Gegenleistung, da der übernehmende Rechtsträger nach dem übereinstimmenden Willen aller Beteiligten die Anteile aufgibt, um das Verm zu erhalten (vgl Semler/Stengel/*Moszka* Rn 44 ff). **44**

Der aus dem fehlenden Interessengegensatz resultierenden Gefahr ist durch eine **vorsichtige Bew** zu begegnen. Sie ändert nichts daran, dass rechtl ein Umsatzgeschäft vorliegt (ebenso Lutter/*Priester* Rn 56 ff; Semler/Stengel/*Moszka* Rn 47; KölnerKommUmwG/*Simon* Rn 77). **45**

dd) Erfolgsauswirkungen. Übersteigt der Ansatz des übergehenden Verm (Aktiva abzgl Passiva) zu Zeitwerten den bisherigen Ansatz der Beteiligung am übertragenden Rechtsträger, entsteht ein **Umwandlungsgewinn.** Anders als bei der Umw gg Gewährung neuer Anteile oder gg Gewährung eigener Anteile des übernehmenden Rechtsträgers (vgl Rn 34 und Rn 41) liegt in diesem Fall eine Leistung der Gesellschafter des übertragenden Rechtsträgers nicht vor. Eine Einstellung des übersteigenden Betrags in die Kapitalrücklage scheidet damit aus (*Schmitt/Hülsmann* BB 2000, 1563, 1569; KölnerKommUmwG/*Simon* Rn 76; GKT/*Hannappel* Rn 17; Kallmeyer/*Müller* Rn 32; BFW/*Förschle/Hoffmann* K 59; IDW RS HFA 42 Rn 46; WP-HdB Bd II E Rn 81; aA Lutter/*Priester* Rn 55 iVm 54). Der Verschmelzungsgewinn ist über die **GuV-Rechnung** zu erfassen und als außerordentl Ertrag auszuweisen. Er steht für Ausschüttungen an die Anteilsinhaber zur Verfügung (KölnerKommUmwG/*Simon* Rn 76) **46**

f) Bewertung bei Umwandlung der Mutter auf die Tochter (Downstream-Merger). aa) Allgemeines. Bei der Verschm der MutterGes auf ihre TochterGes (Beteiligung des übertragenden Rechtsträgers am übernehmenden Rechtsträger) besteht bei KapGes ein Wahlrecht zur KapErh, wenn die Einlagen in voller Höhe bewirkt sind (§§ 54 I 2 Nr 2, 68 I 2 Nr 2). Soweit die KapErh nicht durchgeführt wird, werden den Anteilsinhabern des übertragenden Rechtsträgers (MutterGes) die vom übertragenden Rechtsträger gehaltenen Anteile am über- **47**

nehmenden Rechtsträger (TochterGes) gewährt. Nach heute ganz hM vollzieht sich diese Anteilsübertragung ohne Durchgangserwerb (Begr eigener Anteile) beim übertragenden Rechtsträger. Auf den übernehmenden Rechtsträger geht nur das Restvermögen (ohne die Anteile am übernehmenden Rechtsträger) über.

48 Auch in diesem Fall liegt ein entgeltl Anschaffungsgeschäft vor. Wirtschaftl betrachtet wendet der übernehmende Rechtsträger als Gegenleistung die zuvor vom übertragenden Rechtsträger gehaltenen Anteile an sich auf, die anderenfalls eigene Anteil geworden wären (vgl auch BFW/*Förschle/Hoffmann* K 67: ein Teil der Leistung ist die Gegenleistung; ähnl auch SBB/*Bula/Pernegger* § 10 Rn 175). Korrespondierend liegt aus der Sicht der Anteilsinhaber des übertragenden Rechtsträgers ebenfalls ein Anschaffungsgeschäft vor. Denn der Wert der untergehenden Anteile an der MutterGes entspricht dem Wert der als Gegenleistung gewährten Anteile an der TochterGes (bezogen auf das Verm der TochterGes nach Verschm). Bei der Verschm auf eine 100%ige TochterGes ist dies offensichtl. Aus der Sicht der Anteilsinhaber der MutterGes war vor der Verschm das Verm ledigl auf zwei Rechtsträger aufgeteilt. Dies gilt aber auch in Fällen mit einer geringeren Beteiligung. Denn die Wertidentität zwischen den untergehenden Anteilen an der MutterGes und den ihren Anteilsinhabern gewährten Anteilen an der übernehmenden Ges folgt aus einem korrekt berechneten Umtauschverhältnis. Nach anderer Ansicht liegt bei Übergang eines positiven Reinvermögens eine unentgeltl Gesellschafterleistung und bei negativen Reinvermögen eine Sachentnahme vor (IDW RS HFA 42 Rn 47, 49).

49 **bb) Wahlrecht nach herrschender Meinung.** Die wohl hM räumt dem übernehmenden Rechtsträger (TochterGes) hinsichtl der Bew des übernommenen Verm ein Wahlrecht ein. Die übernommenen Vermögensgegenstände seien mindestens mit dem Zeitwert der übernommenen Verb anzusetzen, soweit der Zeitwert der Vermögensgegenstände nicht überschritten werde. Alternativ könne das übernommene Verm auch zum Zeitwert angesetzt werden (Lutter/*Priester* Rn 61; KölnerKommUmwG/*Simon* Rn 79; SBB/*Bula/Pernegger* § 10 Rn 176; wohl auch Kallmeyer/*Müller* Rn 38). Nach aA bestimmen sich die AK nur nach dem Wert der übernommenen Verb (Semler/Stengel/*Moszka* Rn 50 f) bzw nur nach dem vorsichtig geschätzten Zeitwert (IDW RS HFA 42 Rn 47). Zur **Verteilung** der **Gesamt-AK** vgl Rn 30.

50 **cc) Zwingende Bewertung mit Zeitwert.** Zutr ist es, auch bei der Verschm der Mutter- auf die TochterGes die übergehenden Vermögensgegenstände ohne die Anteile am übertragenden Rechtsträger (diese werde nicht gebucht; Lutter/*Priester* Rn 61; Kallmeyer/*Müller* Rn 39) **zwingend** mit dem **Zeitwert** anzusetzen (im Erg auch IDW RS HFA 42 Rn 47). Auch dieser Verschm liegt die Vereinbarung zugrunde, das Verm der MutterGes auf die TochterGes zu übertragen. Die TochterGes kann diese Forderung nur mit dem Zeitwert des übergehenden Verm (ohne Anteile am übertragenden Rechtsträger) bewerten (vgl Rn 32). Der Vermögensübergang erfolgt sodann in Erfüllung dieser Forderung, weswegen die Vermögensgegenstände mit dem Zeitwert und die Schulden mit dem Rückzahlungsbetrag anzusetzen sind.

51 **dd) Erfolgsauswirkungen.** Der Ansatz der Vermögensgegenstände zum Zeitwert führt vielfach zu einem **Umwandlungsgewinn.** Dieser ist als sonstige Zuzahlung iSv § 272 II Nr 4 HGB in die Kapitalrücklage einzustellen, da er wirtschaftl betrachtet auf eine Leistung der Gesellschafter des übertragenden Rechts-

trägers zurückzuführen ist (IDW RS HFA 42 Rn 48; BFW/*Förschle/Hoffmann* K 67; aA Kallmeyer/*Müller* Rn 38; KölnerKommUmwG/*Simon* Rn 79; Lutter/*Priester* Rn 61). Die Situation ist vglbar mit derjenigen bei Gewährung bestehender eigener Anteile (dazu Rn 41).

Problematisch ist die Übertragung eines zu Zeitwerten **negativen Verm.** Dazu kommt es insbes dann, wenn die Anteile an der TochterGes fremdfinanziert waren und die MutterGes kein nennenswertes sonstiges Verm besitzt. In diesem Fall gehen die Verb aus der Anteilsfinanzierung auf den übernehmenden Rechtsträger über, während die Anteile an die Anteilsinhaber des übertragenden Rechtsträgers ausgekehrt werden. Wirtschaftl betrachtet finanziert der übernehmende Rechtsträger damit sein EK mit Fremdmitteln (so zutr Kallmeyer/*Müller* Rn 39). Es entsteht ein erfolgswirksam zu erfassender Verlust (BFW/*Förschle/Hoffmann* K 67; aA IDW RS HFA 42 Rn 49: unmittelbar ohne Berührung der GuV-Rechnung mit dem EK zu verrechnen). Der Ansatz eines Firmenwerts scheidet aus (so aber *Enneking/Heckschen* DB 2006, 1099), da nicht erworbene, sondern – ohne Anschaffung – die beim übernehmenden Rechtsträger vorhandenen stillen Reserven aufgedeckt werden würden (zutr BFW/*Förschle/Hoffmann* K 67; Lutter/*Priester* Rn 62). Bei KapGes als übernehmender Rechtsträger ist die Verschm der Mutter- auf die TochterGes demnach nur zulässig, soweit sie nicht einen Verstoß gegen die KapErhGrdse darstellt. Bei einer GmbH muss eine Verrechnung mit ungebundenen Eigenkapitalanteilen (§ 30 GmbHG) mögl sein (Kallmeyer/*Müller* Rn 39; Lutter/*Priester* Rn 62; *Priester* FS Spiegelberger, 2009, 890, 892 ff; BFW/*Förschle/Hoffmann* K 68; aA *Enneking/Heckschen* DB 2006, 1099: Ggf existenzvernichtender Eingriff). Bei einer AG als übernehmender Rechtsträger ist die Übertragung eines negativen Verm eine unzulässige Einlagenrückgewähr iSv § 57 AktG (wie hier IDW RS HFA 42 Rn 49; BFW/*Förschle/Hoffmann* K 68). 52

g) Bewertung bei Verzicht auf Kapitalerhöhung (Sidestream-Merger). aa) Allgemeines. Mit Gesetz vom 19.4.2007 (BGBl I 542) wurden §§ 54 I 3, 68 I 3 eingefügt. Danach darf die übernehmende Ges von der Gewährung von Gesellschaftsanteilen absehen, wenn alle Anteilsinhaber eines übertragenden Rechtsträgers darauf verzichten (vgl im Einzelnen § 54). Der prakt wichtigste Fall ist die Verschm von (meist 100%igen) SchwesterGes (Sidestream-Merger) bzw Umw innerhalb eines Konzerns. Entsprechendes gilt für Auf- oder Abspaltungen auf (100%ige) SchwesterGes (vgl § 126 Rn 49) oder innerh eines Konzerns. Die Umw ist in diesem Fall **kein Anschaffungsvorgang.** Der übernehmende Rechtsträger wendet, anders als in den Fällen der Hingabe eigener Anteile (Rn 36), beim Upstream-Merger (Rn 42) oder beim Downstream-Merger (Rn 47) aus seinem Verm nichts auf; ebenso erhalten die Anteilsinhaber des übertragenden Rechtsträgers keine Gegenleistung für die Vermögensübertragung. Die Wertveränderung der Anteile am übernehmenden Rechtsträger ist ein bloßer wirtschaftl Reflex. Derartige Umw stellen aus wirtschaftl Sicht eine verdeckte Einlage dar (ebenso Kallmeyer/*Müller* Rn 7; wohl auch IDW RS HFA 42 Rn 50 iVm 47; KölnerKommUmwG/*Simon* Rn 82; *Bahns* Ubg 2010, 414, 417: auch zur Downstream-Abspaltung; wohl auch *Roß/Drögemüller* DB 2009, 580; vgl hingegen RHL/*Rödder/Stangl* Anh 1 Rn 18: Gedankl Zerlegung in eine Einbringung der Beteiligung der gemeinsamen Mutter an der Übertragerin in die Übernehmerin und anschließender Upstream-Merger; wohl auch SBB/*Bula/Pernegger* § 10 Rn 288 bei Buchwertverknüpfung). Soweit – etwa in Konzernfällen – keine unmittelbare Beteiligungsidentität am übertragenden und übernehmenden 53

Rechtsträger besteht, kann die Umw zugleich eine Vermögensauskehrung aus dem übertragenden Rechtsträger an dessen unmittelbaren oder mittelbaren Anteilsinhaber darstellen (IDW RS HFA 42 Rn 51). Insoweit ist ferner zu prüfen, ob ein Verstoß gegen die KapErhGrdse (§ 30 GmbHG, § 57 AktG) vorliegt (IDW RS HFA 42 Rn 52). Auch aus **stl Sicht** ist ggf der Vorrang der Grdse der verdeckten Einlage bzw verdeckten Gewinnausschüttung zu beachten (BFH BStBl II 2011, 799; BMF-Schrb vom 11.11.2011, BStBl I 2011, 1314 Rn 13.03, 15.44).

54 **bb) Bewertung.** Mangels Anschaffungsgeschäft (Rn 53) kommt eine Bewertung nach Tauschgrundsätzen (vgl Rn 36 f und Rn 42 f) nicht in Betracht. Die verdeckte Sacheinlage ist gerade dadurch gekennzeichnet, dass sie nicht aufgrund gesellschaftsrechtl Verpflichtung und ohne Hingabe eigener Vermögensgegenstände als Gegenleistung erfolgt. Nach den effektiven AK müssten die vom übertragenden Rechtsträger übergehenden WG daher mit dem Wert der übernommenen Verbindlichkeiten (im Saldo also mit Null) angesetzt werden (vgl BeBiKo/*Förschle/Taetzner* § 272 HGB Rn 405; vgl auch KölnerKommUmwG/*Simon* Rn 83; Henssler/Strohn/*Müller* Rn 17). Die hM lässt jedoch aufgrund der GoB einen Ansatz der unentgeltl erworbenen Vermögensgegenstände mit den Kosten, die bei entgeltl Erwerb für sie aufgewendet hätten werden müssen, zu (vgl BeBiKo/*Förschle/Taetzner* § 272 HGB Rn 405; *Winnefeld* E 530, C 421; KölnerKommUmwG/*Simon* Rn 83). Demzufolge kommt nur eine Bew mit dem (mangels Markttest vorsichtig geschätzten) Zeitwert in Betracht, da andernfalls der Einblick in die Vermögens- und Ertragslage nicht gewährleistet wäre (Kallmeyer/*Müller* Rn 7; *Winnefeld* C 421; MüKoHGB/*Ballwieser* § 254 Rn 45; im Erg auch IDW RS HFA 42 Rn 50 iVm 47; *Bahns* Ubg 2010, 414, 418: BW oder Zeitwert; vgl allg auch *Lüdenbach* StuB 2010, 709). Der Ansatz immaterieller WG einschl eines Geschäfts- oder Firmenwerts erfolgt mangels entgeltl Anschaffung nicht (§ 246 I 4 HGB). Zur **Verteilung** der **Gesamt-AK** vgl Rn 30.

55 **cc) Erfolgsauswirkungen.** Der Ansatz und die Bew des übergehenden Verm (ohne immaterielle WG und eines Geschäfts- oder Firmenwerts; Rn 54) zum vorsichtig geschätzten Zeitwert (Rn 54) führt idR zu einem Umwandlungsgewinn beim übernehmenden Rechtsträger. Dieser ist als sonstige Zuzahlung nach § 272 II Nr 4 HGB auf der Passivseite in der Kapitalrücklage zu erfassen (IDW RS HFA 42 Rn 50 iVm 48; BeBiKo/*Förschle/Taetzner* § 272 HGB Rn 405; KölnerKommUmwG/*Simon* Rn 85: bei Gesellschaftergleichheit Wahlrecht, auch erfolgswirksam zu vereinnahmen). Bei **PersGes** sind die Festlegungen im Gesellschaftsvertrag oder anlässl der Umw maßgebl (regelm auf gesamthänderisch gebundenem Kapitalrücklagenkonto oder sonstigem Kapitalkonto). Bei der Übertragung eines zu Zeitwerten **negativen Verm** treten ähnl Fragen wie beim Downstream-Merger auf (vgl Rn 52). Soweit die Umw danach (Rn 52) gesellschaftsrechtl zul ist, ist ein Umwandlungsverlust ergebniswirksam zu erfassen.

56 **h) Behandlung von Mischfällen. aa) Allgemeines.** Bei Umw treten auch Mischfälle auf, indem etwa teilw durch KapErh neu geschaffene Anteile und/oder bestehende eigene Anteile gewährt werden sowie teilw – soweit der übernehmende Rechtsträger am übertragenden Rechtsträger beteiligt ist – Anteile am übertragenden Rechtsträger durch die Umw untergehen. Die bilanzielle Erfassung richtet sich in diesen Mischfällen nach einer Kombination der vorstehenden (Rn 29 ff) Grdse (IDW RS HFA 42 Rn 55).

bb) Ansatz und Bewertung. Hinsichtl des **Ansatzes** der übergehenden Vermögensgegenstände ergeben sich keine Besonderheiten, da in allen Fällen entgeltl Anschaffungsgeschäfte vorliegen. Nach hier vertretener Auffassung ist auch eine Aufteilung der AK nicht vorzunehmen (im Erg ebenso Semler/Stengel/*Moszka* Rn 52), da die **Bew** immer zu Zeitwerten (vgl Rn 29 ff) erfolgt (aA vor dem Hintergrund unterschiedl AK Lutter/*Priester* Rn 60; Kallmeyer/*Müller* Rn 36; BFW/*Förschle/Hoffmann* K 65 f). Folgt man der aA, sind die ggf unterschiedl AK auf die einzelnen Vermögensgegenstände aufzuteilen (Lutter/*Priester* Rn 60; Kallmeyer/*Müller* Rn 36). Aufteilungsmaßstab sei der Verkehrswert der jew Gegenleistung (Kallmeyer/*Müller* Rn 36). 57

cc) Erfolgsverbuchung. Eine **Aufteilung** hat hinsichtl eines Umwandlungsergebnisses zu erfolgen. Soweit für den Vermögensübergang neu geschaffene oder bereits bestehende eigene Anteile gewährt werden, ist ein **Umwandlungsgewinn** in der Kapitalrücklage zu erfassen (Rn 34, 41); der Teil des Verschmelzungsgewinns, der auf den Untergang von Anteilen entfällt, ist erfolgswirksam als außerordentl Ertrag über die GuV-Rechnung zu buchen (Rn 46). **Maßstab** für die Aufteilung ist, inwieweit der Vermögensübergang anteilig auf die jew Gegenleistung zurückgeht. Dies bestimmt sich nach den ursprüngl Beteiligungsverhältnissen am übertragenden Rechtsträger. Ein **Umwandlungsverlust** ist immer (ggf teilweise) erfolgswirksam über die GuV-Rechnung zu erfassen. 58

i) Bare Zuzahlungen, Anschaffungsnebenkosten. Bare Zuzahlungen iSv §§ 5 I Nr 3, 126 I Nr 3 zählen zur Gegenleistung und sind damit grdsl Bestandteil der AK (Kallmeyer/*Müller* Rn 56; Lutter/*Priester* Rn 48; IDW RS HFA 42 Rn 43; Semler/Stengel/*Moszka* Rn 42). Aufgrund eines Spruchverfahrens festgesetzte bare Zuzahlungen sind nachträgl AK (Lutter/*Priester* Rn 48). Für die Bew des übergehenden Verm haben die baren Zuzahlungen nach hier vertretener Auffassung keine Bedeutung, da zwingend ein Ansatz zum Zeitwert der Vermögensgegenstände erfolgt (Rn 29 ff). Sie reduzieren als weitere Gegenleistung aber einen Umwandlungsgewinn bzw erhöhen einen Umwandlungsverlust. **Barabfindungen** an ausscheidende Anteilsinhaber (§§ 29 ff) beeinflussen hingegen die AK nicht; diese werden nicht als Gegenleistung für die Vermögensübertragung, sondern als Entgelt für das Ausscheiden des Anteilsinhabers geleistet (Semler/Stengel/*Moszka* Rn 43). 59

Entsprechendes gilt für **Anschaffungsnebenkosten.** Sie werden indes nicht zusätzl zum Zeitwert der Vermögensgegenstände (Höchstwert) aktiviert, sondern mindern den Umwandlungsgewinn bzw erhöhen den Umwandlungsverlust. Dies gilt allerd nur für den **objektbezogenen Aufwand,** also Aufwendungen, die konkret einzelnen Vermögensgegenständen zugeordnet werden können (insbes GrESt). Sonstige Anschaffungsnebenkosten, die die Umw an sich betreffen (Kosten der Umw), sind hingegen aufwandswirksam und mindern den Jahresüberschuss bzw erhöhen den Jahresfehlbetrag (ebenso Widmann/Mayer/*Widmann* Rn 406; SBB/*Bula/Pernegger* § 10 Rn 184; vgl auch BFW/*Förschle/Hoffmann* K 43: nicht aktivierungsfähige Aufwendungen für die Beschaffung von EK; aA Kallmeyer/*Müller* Rn 11). 60

j) Sonstiges. Im **Anlagespiegel** (§ 268 II HGB) sind die übergehenden Vermögensgegenstände des Anlagevermögens mit den der Bilanzierung zugrunde liegenden (Zeit-)Werten als Zugänge zum Zeitpunkt des Umwandlungsstichtags aufzunehmen (IDW RS HFA 42 Rn 56). Die historischen AK, ggf auch die 61

BW der Schlussbilanz, können zu informatorischen Zwecken zusätzl angegeben werden (Kallmeyer/*Müller* Rn 35; Lutter/*Priester* Rn 52). Zur **Ausübung des Wahlrechts** vgl Rn 85.

5. Bilanzierung bei Buchwertverknüpfung

62 **a) Durchbrechung des Anschaffungswertprinzips.** Verschm, Spaltung und Vermögensübertragungen sind für den übernehmenden Rechtsträger entgeltl Anschaffungsgeschäfte (Rn 10 ff). Nach allg Grdsen käme damit eine Fortführung der BW des übertragenden Rechtsträgers nicht in Betracht, denn die AK richten sich nach den Aufwendungen, die der übernehmende Rechtsträger selbst getragen hat (§ 255 I HGB). Die Einräumung des Wahlrechts, auch die BW des übertragenden Rechtsträgers fortzuführen, ist demnach eine Durchbrechung des Anschaffungswertprinzips. Neben der historischen Entwicklung (Rn 1) beruht die Möglichkeit der Buchwertfortführung auf dem Gedanken, den Vermögensübergang durch Gesamtrechtsnachfolge wahlweise mittels Bilanzkontinuität abbilden zu können (vgl bereits Rn 12).

63 Dennoch tritt **keine Gesamtrechtsnachfolge in** die **Bilanzpositionen** des übertragenden Rechtsträgers ein (dazu ausführl *Schmitt/Hülsmann* BB 2000, 1563; Lutter/*Priester* Rn 66; aA SBB/*Bula/Pernegger* § 10 Rn 236). § 24 bestimmt ledigl, dass **als AK** des übernehmenden Rechtsträgers auch die BW des übernehmenden Rechtsträgers übernommen werden können. Der übernehmende Rechtsträger hat damit kraft der Umw eigene AK und übernimmt damit weder die historischen AK (oder HK) des übertragenden Rechtsträgers noch die Bilanzpositionen in der Schlussbilanz. Bedeutung hat dies für Vorschriften, bei denen auf die historischen AK (etwa **Wertaufholung;** nach Umw nur bis zu den Werten der Schlussbilanz) abgestellt wird (Lutter/*Priester* Rn 66; Kallmeyer/*Müller* Rn 43; KölnerKommUmwG/*Simon* Rn 87; IDW RS HFA 42 Rn 64). Vgl auch Rn 72.

64 Da der übernehmende Rechtsträger bei der Umw zur Aufnahme eine Übernahmebilanz nicht erstellt (Rn 4 ff), bedeutet die von § 24 zugelassene Übernahme der Schlussbilanzwerte des übertragenden Rechtsträgers, dass diese Werte auf den Stichtag des ersten JA, in dem der übernehmende Rechtsträger das übergehende Verm zu erfassen hat (dazu § 17 Rn 73 ff), **fortzuentwickeln** sind (Lutter/*Priester* Rn 67; Kallmeyer/*Müller* Rn 42).

65 **b) Ansatz der übergehenden Vermögensgegenstände und Schulden. aa) Ansatzwahlrecht nach § 24.** Ausdrückl ist in § 24 nur die Bew der übergehenden Vermögensgegenstände (AK) angesprochen. § 24 gewährt aber nicht nur ein Bewertungs-, sondern auch ein Ansatzwahlrecht. Entscheidet sich der übernehmende Rechtsträger für die **Buchwertverknüpfung,** ist er **auch an** die **bilanziellen Ansätze** des übertragenden Rechtsträgers **gebunden** (ganz hM; vgl etwa Kallmeyer/*Müller* Rn 12 f; Lutter/*Priester* Rn 38; SBB/*Bula/Pernegger* § 10 Rn 237; GKT/*Hannappel* Rn 12; Semler/Stengel/*Moszka* Rn 20; IDW RS HFA 42 Rn 60; RHL/*Rödder/Stangl* Anh 1 Rn 19; KölnerKommUmwG/*Simon* Rn 86). Dies ist unabhängig davon, ob der übernehmende Rechtsträger kraft seiner Rechtsform entspr Wahlrechte gehabt hätte (IDW RS HFA 42 Rn 60).

66 Dies folgt zum einen aus der historischen Entwicklung. Denn die früher allein zulässige Buchwertverknüpfung iSe Bilanzkontinuität (Rn 1) sollte wahlweise zulässig bleiben (Kallmeyer/*Müller* Rn 13; Lutter/*Priester* Rn 38). Zum anderen kann nur bei diesem Verständnis das angestrebte Ziel der Bilanzkontinuität als Ausdruck der Gesamtrechtsnachfolge (dazu *Schulze-Osterloh* ZGR 1993, 420, 425)

erreicht werden. Schließl müssten bislang nicht angesetzte WG und Schulden mangels eines BW in der Schlussbilanz mit dem Wert Null erfasst werden (Kallmeyer/*Müller* Rn 13). Im Erg bedeutet dies für die **Ansatzebene,** dass der übernehmende Rechtsträger das übergehende Verm (Aktiva und Passiva ohne EK) so zu bilanzieren hat, als läge kein Anschaffungsgeschäft vor (vgl aber Rn 62 ff).

bb) Fortführung der Ansätze. Demzufolge ist der übernehmende Rechtsträger bei **Ansatzwahlrechten** an die Ausübung durch den übertragenden Rechtsträger in seiner Schlussbilanz gebunden (zur Durchbrechung der Bewertungsstetigkeit in der Schlussbilanz des übertragenden Rechtsträgers vgl § 17 Rn 33). Dies gilt für Aktivierungs- wie auch für Passivierungswahlrechte (insbes vor den Änderungen durch das BilMoG) und unabhängig davon, ob der übernehmende Rechtsträger kraft seiner Rechtsform die Wahlrechte hätte (Kallmeyer/*Müller* Rn 12; Semler/Stengel/*Moszka* Rn 26; IDW RS HFA 42 Rn 60; RHL/*Rödder*/*Stangl* Anh 1 Rn 19). **Bilanzierungshilfen** (insbes § 269 HGB aF) und vom übertragenden Rechtsträger nach § 255 IV HGB aF, § 246 I 4 HGB aktivierte **Geschäftswerte** sind vom übernehmenden Rechtsträger fortzuführen (Lutter/*Priester* Rn 39; Kallmeyer/*Müller* Rn 43; BFW/*Förschle*/*Hoffmann* K 71 f; *Gassner* FS Widmann, 2000, 343, 352; SBB/*Bula*/*Pernegger* § 10 Rn 237). Vom übertragenden Rechtsträger selbst erstellte **immaterielle Vermögensgegenstände** des Anlagevermögens können vom übernehmenden Rechtsträger nur übernommen werden, wenn der übertragende Rechtsträger sie bereits angesetzt hatte (§ 248 II HGB); das Wahlrecht nach § 248 II 1 HGB kann nicht erneut ausgeübt werden (IDW RS HFA 42 Rn 65; Lutter/*Priester* Rn 39). Ebenso wenig kann ein **originärer Geschäftswert** des übertragenden Rechtsträgers angesetzt werden. Insoweit wirkt das Aktivierungsverbot nach § 248 II HGB, das für die Schlussbilanz des übertragenden Rechtsträgers gilt, auch beim übernehmenden Rechtsträger fort (Kallmeyer/*Müller* Rn 44; SBB/*Bula*/*Pernegger* § 10 Rn 237; Lutter/*Priester* Rn 39; BFW/*Förschle*/*Hoffmann* K 73; RHL/*Stangl* Anh 1 Rn 19; IDW RS HFA 42 Rn 65; KölnerKommUmwG/*Simon* Rn 57). Die Nichtausübung der Wahlrechte des übertragenden Rechtsträgers im Zusammenhang mit der Umstellung durch das **BilMoG** (Art 67 EGHGB) ist vom übernehmenden Rechtsträger fortzuführen. Hat der übernehmende Rechtsträger das übernommene Verm erstmals in dem JA zu erfassen, in dem er die Änderung durch das BilMoG zu beachten hat, kann er diese Wahlrechte dann ausüben, wenn der übertragende Rechtsträger dies in der Schlussbilanz noch nicht berücksichtigt hat (vgl auch § 17 Rn 25). Eine erfolgsneutrale Einstellung in die GewinnRL scheidet bei ihm aber aus. Die Höhe der jährl Zuführungen nach Art 67 I 1 EGHGB bestimmt der übernehmende Rechtsträger künftig selbstständig. 67

Der übernehmende Rechtsträger ist an die Ausübung des Passivierungswahlrechts nach **Art 28 EGHGB** durch den übertragenden Rechtsträger gebunden. Bislang nicht angesetzte Pensionsverpflichtungen darf er nicht passivieren (Semler/Stengel/*Moszka* Rn 26; Lutter/*Priester* Rn 39; SBB/*Bula*/*Pernegger* § 10 Rn 237; BFW/*Förschle*/*Hoffmann* K 77; IDW RS HFA 42 Rn 60). Zu Ausnahmen vgl Rn 81. 68

Grdsl sind vom übertragenden Rechtsträger gebildete aktive und passive **latente Steuern** nach § 274 HGB vom übernehmenden Rechtsträger zu übernehmen. Es ist aber zu prüfen, ob die dafür nötigen Voraussetzungen in der Zukunft vom übernehmenden Rechtsträger noch erfüllt werden können (ebenso IDW RS HFA 42 Rn 61; Kallmeyer/*Müller* Rn 43; BFW/*Förschle*/*Hoffmann* K 80). 69

70 Nicht zu übernehmen sind Vermögensgegenstände und Schulden, die anlässl der Verschm untergehen. Dies betrifft, betreffend insbes zwischen den Rechtsträgern bestehende Forderungen und Verb, die durch **Konfusion** erlöschen (SBB/*Bula/Pernegger* § 10 Rn 238). **Eigene Anteile** des übertragenden Rechtsträgers sind nach den Änderungen durch das BilMoG ohnehin in der Schlussbilanz nicht mehr aktivisch erfasst (vgl § 17 Rn 26). Eine Absetzung vom Nennkapital und Verrechnung mit den frei verfügbaren Rücklagen entfällt beim übernehmenden Rechtsträger.

71 **c) Bewertung des übergehenden Vermögens und der übergehenden Verbindlichkeiten. aa) Allgemeines.** Der übernehmende Rechtsträger hat das übergehende Verm mit den BW der Schlussbilanz, die auf den Zeitpunkt des ersten JA des übernehmenden Rechtsträgers, in dem der Vermögensübergang erfasst wird, fortzuentwickeln sind, zu bewerten (vgl bereits Rn 65). Die Wertansätze sind auch bindend, wenn sie der übernehmende Rechtsträger kraft seiner Rechtsform nicht ansetzen dürfte (IDW RS HFA 42 Rn 60; Lutter/*Priester* Rn 65; BFW/*Förschle/Hoffmann* K 85).

72 **bb) Eigene Anschaffungskosten.** Die Verschm mit Buchwertfortführung ist aber dennoch für den übernehmenden Rechtsträger ein entgeltl Anschaffungsgeschäft (vgl auch Rn 63). Die fortgeführten BW stellen die eigenen AK des übernehmenden Rechtsträgers dar. **Wertaufholungen** kann er nur bis zu diesen BW, nicht aber bis zu den historischen AK des übertragenden Rechtsträgers berücksichtigen (wie hier Kallmeyer/*Müller* Rn 43; KölnerKommUmwG/*Simon* Rn 87; BFW/*Förschle/Hoffmann* K 86; RHL/*Rödder/Stangl* Anh 1 Rn 20; Semler/Stengel/*Moszka* Rn 56; IDW RS HFA 42 Rn 64; SBB/*Bula/Pernegger* § 10 Rn 239; vgl auch Rn 63). Wegen des Vorliegens eines entgeltl Anschaffungsgeschäftes gilt für den übernehmenden Rechtsträger nicht der Grds der **Bewertungsstetigkeit** nach §§ 246 III 1, 252 I Nr 6 HGB. Er ist bei künftigen JA nicht an die Bewertungsmethoden des übertragenden Rechtsträgers gebunden (ebenso Kallmeyer/*Müller* Rn 43; Lutter/*Priester* Rn 66; Semler/Stengel/*Moszka* Rn 57; IDW RS HFA 42 Rn 60; SBB/*Bula/Pernegger* § 10 Rn 240: soweit der übertragende Rechtsträger nicht bereits nach § 252 II HGB abgewichen ist). Zur Durchbrechung der Bewertungsstetigkeit in der Schlussbilanz vgl § 17 Rn 33. Für die Bemessung der künftigen Abschreibungen ist die (Rest-)Nutzungsdauer neu festzulegen (BFW/*Förschle/Hoffmann* K 86; Lutter/*Priester* Rn 66; KölnerKommUmwG/*Simon* Rn 87).

73 **cc) Kosten der Umwandlung, Anschaffungsnebenkosten.** Aufgrund der Fortführung der BW der Schlussbilanz kann der übernehmende Rechtsträger **Anschaffungsnebenkosten** (etwa Kosten der Umw) nicht aktivieren. Sie sind aufwandswirksam zu erfassen (Kallmeyer/*Müller* Rn 15, 44; Lutter/*Priester* Rn 66; BFW/*Förschle/Hoffmann* K 86; IDW RS HFA 42 Rn 62). Dies gilt auch für objektbezogene Anschaffungsnebenkosten (insbes **GrESt**); zur stl Behandlung vgl BMF-Schrb vom 18.1.2010, BStBl I 70; BMF-Schrb vom 11.11.2011, BStBl I 1314 Rn 03.05.

74 **dd) Formelle Unterpariemission.** Die Bindung an die BW gilt auch, wenn auf eine KapGes gegen Gewährung neuer Gesellschaftsrechte verschmolzen wird und das übertragene Nettobuchvermögen geringer als die KapErh ist. Für die Kapitaldeckung sind die tats Werte ausschlaggebend. Ein Verbot einer nominellen Unterpariemission existiert nicht (wie hier Lutter/*Priester* Rn 87 ff; BFW/*För-*

schle/Hoffmann K 91; *Mujkanovic* BB 1995, 1735; SBB/*Bula/Pernegger* § 10 Rn 245; KölnerKommUmwG/*Simon* Rn 43; IDW RS HFA 42 Rn 70; aA Kallmeyer/*Müller* Rn 17, 51). Vgl auch Rn 89.

ee) Erfolgsauswirkungen. Bei Buchwertfortführung wird regelm ein Umwandlungsgewinn oder -verlust als Unterschiedsbetrag zwischen dem übergehenden Nettobuchvermögen und der Gegenleistung (Gewährung neuer oder bereits bestehender Anteile, Untergang von Anteilen) entstehen. Dabei handelt es sich um **Buchgewinne bzw Buchverluste,** da der übernehmende Rechtsträger eine Bew mit „seinen" AK gerade nicht vornimmt. Denn die Höhe der Gegenleistung (Gewährung neuer oder bestehender Anteile) hängt vom Umtauschverhältnis und damit von den tats Werten und nicht von den BW des übergehenden Verm ab. Auch beim Untergang von Beteiligungen (Upstream-Merger) ist das Entstehen eines Umwandlungsergebnisses nicht von den tats Wertverhältnissen, sondern vom BW der Beteiligung (vielfach historische AK) einerseits und dem übergehenden Nettobuchvermögen andererseits abhängig. Diese vielmals willkürl Erfolgsauswirkungen der Umw waren der wesentl Grund, warum die Buchwertverknüpfung entgegen der früheren Rechtslage nur noch als Wahlrecht ausgestaltet ist (Rn 1). 75

Das Entstehen eines **Umwandlungsverlusts** kann anders als nach der bis 1994 geltenden Rechtslage (vgl § 27 II KapErhG aF, § 348 II AktG aF) **nicht** durch die **Aktivierung** eines **Verschmelzungsmehrwerts** oder eines Geschäftswerts vermieden werden (wohl unstr; ebenso Lutter/*Priester* Rn 70; KölnerKommUmwG/*Simon* Rn 91; IDW RS HFA 42 Rn 70). Ebenso wenig kann der negative Differenzbetrag unmittelbar mit Rücklagen verrechnet werden (IDW RS HFA 42 Rn 70; KölnerKommUmwG/*Simon* Rn 91). Ist das übergehende Nettobuchvermögen betragsmäßig geringer als die Gegenleistung (gewährte neue oder bestehende Anteile, untergehende Anteile; zur Zulässigkeit Rn 74), ist dieser Differenzbetrag (Umwandlungsverlust) vielmehr als außerordentl Aufwand über die GuV-Rechnung zu erfassen (SBB/*Bula/Pernegger* § 10 Rn 244; Lutter/*Priester* Rn 70; KölnerKommUmwG/*Simon* Rn 91; Widmann/Mayer/*Widmann* Rn 331 f; Kallmeyer/*Müller* Rn 20, 46; BFW/*Förschle/Hoffmann* I 91; RHL/*Rödder/Stangl* Anh 1 Rn 21; GKT/*Hannappel* Rn 17 f; IDW RS HFA 42 Rn 70; vgl aber Rn 74, 75 zum Downstream-/Sidestream-Merger). Will der übernehmende Rechtsträger das Entstehen eines Umwandlungsverlusts vermeiden, darf er das Wahlrecht zur Buchwertverknüpfung nicht ausüben und muss die Umw nach den allg Grdsen der Anschaffung abbilden (Rn 20 ff). Die Wahlrechtsausübung ist selbst bei einer formellen Unterpariemission indes nicht eingeschränkt (vgl Rn 74 und 89). 76

Bei **Umwandlungsgewinnen** ist – ebenso wie bei der Bilanzierung nach allg Grdsen (dazu Rn 34, 41, 46, 51) – nach der Gegenleistung zu diff. Erfolgt die Umw gegen Gewährung neuer, durch **KapErh** geschaffener Anteile, ist der den Nennwert übersteigende Betrag (abzgl barer Zuzahlungen; dazu Rn 83) nach § 272 II Nr 1 HGB in die Kapitalrücklage einzustellen. Auch bei Buchwertverknüpfung ist die Umw wie eine Sacheinlage zu behandeln. Der Betrag des Verschmelzungsgewinns stellt das Aufgeld (Agio) dar (Semler/Stengel/*Moszka* Rn 62; BFW/*Förschle/Hoffmann* K 90; GKT/*Hannappel* Rn 18; Lutter/*Priester* Rn 71; SBB/*Bula/Pernegger* § 10 Rn 246; *Schulze-Osterloh* ZGR 1993, 420, 427; Kallmeyer/*Müller* Rn 46; IDW RS HFA 42 Rn 68). Bei **PersGes** sollte der Umwandlungsvertrag eine Regelung über die Erfassung eines Umwandlungsgewinns enthalten (Kallmeyer/*Müller* Rn 46; RHL/*Rödder/Stangl* Anh 1 Rn 21). Ist nichts bestimmt, ist der Unterschiedsbetrag anteilig auf den Kapitalkonten der Gesell- 77 schafter (Lutter/*Priester* Rn 71; Kallmeyer/*Müller* Rn 46) oder auf einer gesamthänderisch gebundenen Rücklage zu erfassen (vgl IDW RS HFA 42 Rn 69: Rücklage nach § 264c II 1 II. HGB; weitergehend KölnerKommUmwG/*Simon* Rn 93: auch erfolgswirksame Erfassung mögl). Eine anteilige Verbuchung auf Darlehenskonten scheidet meist schon aus stl Gründen aus, da hierdurch (Entgelt) die Steuerneutralität nach § 24 UmwStG entfällt (dazu § 24 UmwStG Rn 131). Bei **Vereinen** geht der Mehrbetrag in das Vereinsvermögen (Kallmeyer/*Müller* Rn 46; Lutter/*Priester* Rn 71; KölnerKommUmwG/*Simon* Rn 93).

78 Bei der Umw gegen Hingabe bestehender **eigener Anteile** und bei der Umw der Mutter auf die Tochter **(Downstream-Merger)** gelten die Ausführungen zur Behandlung eines **Umwandlungsgewinns** bei Bilanzierung nach allg Grdsen (Rn 41 und Rn 51) entspr. In diesen Fällen erfolgt eine Verbuchung in der Kapitalrücklage als sonstige Zuzahlung iSv § 272 II Nr 4 HGB (Semler/Stengel/*Moszka* Rn 62; BFW/*Förschle/Hoffmann* K 95; IDW RS HFA 42 Rn 74 zum Downstream-Merger; diff KölnerKommUmwG/*Simon* Rn 78: bei Hingabe eigener Anteile § 272 II Nr 4 HGB, beim Downstream-Merger erfolgswirksame Verbuchung; aA Lutter/*Priester* Rn 71: § 272 II Nr 1 HGB; SBB/*Bula/Pernegger* § 10 Rn 279: erfolgswirksame Verbuchung beim Downstream-Merger; aA Kallmeyer/*Müller* Rn 47: erfolgswirksame Verbuchung über die GuV-Rechnung). Ein **Umwandlungsverlust** (übergehendes Verm zu BW geringer als BW der eigenen Anteile/der untergehenden Anteile am übernehmenden Rechtsträger) ist stets erfolgswirksam als außerordentl Aufwand zu erfassen (SBB/*Bula/Pernegger* § 10 Rn 279; Kallmeyer/*Müller* Rn 47; KölnerKommUmwG/*Simon* Rn 78; *Priester* Rn 70; aA IDW ERS HFA 42 Rn 74: unmittelbare Verrechnung mit frei verfügbaren Eigenkapitalteilen).

79 Anderes gilt, soweit der übernehmende Rechtsträger am übertragenden Rechtsträger beteiligt ist **(Upstream-Merger).** In diesen Fällen ist die Gegenleistung für den Vermögensübergang der Untergang der Beteiligung. Eine Leistung der Gesellschafter ist nicht gegeben (vgl Rn 46). Demzufolge ist der **Umwandlungsgewinn** als außerordentl Ertrag über die GuV-Rechnung zu erfassen (Lutter/*Priester* Rn 71; Kallmeyer/*Müller* Rn 47; BFW/*Förschle/Hoffmann* K 95; RHL/*Rödder/Stangl* Anh 1 Rn 21; SBB/*Bula/Pernegger* § 10 Rn 261; KölnerKommUmwG/*Simon* Rn 93; Semler/Stengel/*Haritz* Rn 62; IDW RS HFA 42 Rn 72). Ein **Umwandlungsverlust** ist entspr als außerordentl Aufwand zu erfassen (SBB/*Bula/Pernegger* § 10 Rn 263; KölnerKommUmwG/*Simon* Rn 93; IDW RS HFA 42 Rn 72).

80 Bei der Umw ohne KapErh (**Sidestream-Merger;** vgl Rn 53) liegt ein Anschaffungsgeschäft nicht vor; es gelten die Grdse der verdeckten Einlage (Rn 54). Ein zu BW übergehendes positives Verm ist bei **KapGes** als sonstige Zuzahlung iSv § 272 II Nr 4 HGB zu erfassen (IDW RS HFA 42 Rn 75 iVm 74). Bei **PersGes** sind die Festlegungen im Gesellschaftsvertrag oder anlässl der Umw maßgebl. Regelm wird eine Erfassung auf einem gesamthänderisch gebundenen Kapitalrücklagenkonto oder auf einem sonstigen Kapitalkonto erfolgen. Die Verbuchung auf einem Darlehenskonto wäre steuerschädl (§ 24 UmwStG Rn 131). Ist das übergehende Verm nach BW negativ **(Umwandlungsverlust),** ist der Unterschiedsbetrag als außerordentl Aufwand ergebniswirksam zu verbuchen (aA IDW ERS HFA 42 Rn 70 iVm 69: unmittelbare Verrechnung mit frei verfügbaren Eigenkapitalteilen).

81 Ist der **BW** des übergehenden Verm **höher als** sein **Zeitwert,** etwa weil der übertragende Rechtsträger nach Art 28 EGHGB Pensionsverpflichtungen nicht bilanziert hatte (zur Bindung des übernehmenden Rechtsträgers Rn 68), und die Verpflichtung durch stille Reserven nicht ausgeglichen wird, ist eine entspr Verb beim übernehmenden Rechtsträger zu passivieren (BFW/*Förschle/Hoffmann* K 89; Lutter/*Priester* Rn 72). Die Pensionsverpflichtung verringert den Verschmelzungsgewinn bzw erhöht den Verschmelzungsverlust.

Für **Mischfälle** gelten die Ausführungen Rn 56 entspr (IDW RS HFA 42 Rn 76). Die erfolgsmäßige Erfassung des Verschmelzungsgewinns anteilig über die Kapitalrücklage und anteilig über die GuV-Rechnung erfolgt entspr dem Verhältnis der jew Gegenleistungen. **82**

d) Bare Zuzahlungen. Bare Zuzahlungen mindern einen Umwandlungsgewinn und erhöhen einen Umwandlungsverlust. Sie sind damit – je nach Fallgruppe, vgl Rn 75 ff – aufwandswirksam oder verringern damit auch das Agio (Aufgeld) bzw die sonstige Zuzahlung, das/die in die Kapitalrücklage eingestellt wird (Kallmeyer/*Müller* Rn 56). Dies gilt auch bei nachträgl in einem Spruchverfahren festgesetzten Zuzahlungen (Kallmeyer/*Müller* Rn 56; KölnerKomm-UmwG/*Simon* Rn 89). Barabfindungen (§§ 29 ff) haben keinen Einfluss auf die AK (vgl Rn 59). **83**

e) Sonstiges. Die Fortführung der BW ist im **Anh** anzugeben. Weitere Erläuterungen im Anh sind notw, soweit die Fortführung der BW die Darstellung der Vermögens- und Ertragslage erhebl beeinflusst (Kallmeyer/*Müller* Rn 20, 49; ausführl zu den Anhangangaben BFW/*Förschle/Hoffmann* K 96 ff). Vgl auch Rn 91. Im **Anlagespiegel** des übernehmenden Rechtsträgers sind die fortgeführten BW als Zugangswerte zu erfassen (IDW RS HFA 42 Rn 64; SBB/*Bula/Pernegger* § 10 Rn 239). Die historischen AK des übertragenden Rechtsträgers und die bei ihm angefallenen kumulierten Abschreibungen können zu informatorischen Zwecken zusätzl angegeben werden. Notw ist aber eine klare Darstellung (IDW RS HFA 42 Rn 64: Sonderspalte). **84**

6. Ausübung des Wahlrechts

a) Einheitliche Ausübung. Nach dem Wortlaut von § 24 („können auch") hat der übernehmende Rechtsträger (Rn 86) ein **Wahlrecht** bei der bilanziellen Erfassung des Vermögensübergangs. Dem übernehmenden Rechtsträger sollte neben der nach der bis 1994 geltenden Rechtslage einzig zulässigen Buchwertverknüpfung die Möglichkeit eingeräumt werden, zur Vermeidung von Umwandlungsverlusten den Vermögensübergang nach allg Bilanzierungsgrundsätzen zu erfassen (RegEBegr BR-Drs 75/1994 zu § 24; Rn 1). Dieses Wahlrecht kann nur **einheitl** für das gesamte Verm des übertragenden Rechtsträgers ausgeübt werden. Eine Buchwertübernahme bei nur einzelnen Vermögensgegenständen scheidet aus (allgM; vgl etwa Kallmeyer/*Müller* Rn 16; Lutter/*Priester* Rn 77; SBB/*Bula/Pernegger* § 10 Rn 99; Semler/Stengel/*Moszka* Rn 74; IDW RS HFA 42 Rn 35; KölnerKommUmwG/*Simon* Rn 34). Dies gilt auch für **Mischfälle,** bei denen teilw neu geschaffene und/oder bestehende eigene Anteile gewährt werden und teilw Beteiligungen untergehen (Lutter/*Priester* Rn 77). Bei der Beteiligung **mehrerer** übertragender Rechtsträger kann das Wahlrecht hinsichtl des Verm jedes Rechtsträgers unterschiedl ausgeübt werden (IDW RS HFA 42 Rn 35; Lutter/*Priester* Rn 77; Kallmeyer/*Müller* Rn 16; KölnerKommUmwG/*Simon* Rn 35). **85**

b) Ausübung des Wahlrechts. Das Wahlrecht nach § 24 steht dem übernehmenden Rechtsträger zu. Er übt es in dem ersten JA aus, in dem er den Vermö- **86**

gensübergang zu erfassen hat (dazu § 17 Rn 73 ff; Kallmeyer/*Müller* Rn 16; KölnerKommUmwG/*Simon* Rn 31; IDW RS HFA 42 Rn 32 f). **Zuständig** ist das für die Feststellung des JA berufene Organ (Semler/Stengel/*Moszka* Rn 66 ff; Kallmeyer/*Müller* Rn 16, 49; IDW RS HFA 42 Rn 35: im Rahmen der Auf- und Feststellung). Dies ist rechtsformabhängig und richtet sich nach den allg Vorschriften. Bei der AG ist daher im Regelfall der Vorstand und der AR (§ 172 AktG) zuständig (zutr Semler/Stengel/*Moszka* Rn 66 ff; aA Lutter/*Priester* Rn 79 f: Annexkompetenz der HV). Eine **Änderung** der Wahlrechtsausübung ist nach Bilanzfeststellung nur unter den engen Voraussetzungen einer zulässigen Bilanzänderung mögl.

87 **c) Beschränkungen der Wahlrechtsausübung. aa) Allgemeines.** Grdsl ist das für die Feststellung des JA des übernehmenden Rechtsträgers zuständige Organ (vgl Rn 86) in der Wahlrechtsausübung frei (Kallmeyer/*Müller* Rn 49; SBB/*Bula/Pernegger* § 10 Rn 100). Beschränkungen können sich jedoch aus Vereinbarungen anlässl der Umw und aus allg Grdsen ergeben.

88 **bb) Bindung durch Vereinbarungen.** Da die Ausübung des Wahlrechts unmittelbaren Einfluss auf die künftige Kapitalstruktur, auf die künftigen Erg (Abschreibungsvolumen) und auf das künftige Ausschüttungsvolumen hat, werden im Umwandlungsvertrag oftmals **Vereinbarungen** über die Wahlrechtsausübung getroffen; sie stellen aber noch nicht selbst die Wahlrechtsausübung dar (KölnerKommUmwG/*Simon* Rn 32; Henssler/Strohn/*Müller* Rn 4; aA Lutter/*Priester* Rn 81: in der Zustimmung zur Umw liege die Wahlrechtsausübung; vgl auch Kallmeyer/*Müller* Rn 16f). Wird die Vereinbarung nicht eingehalten, ist der JA dennoch wirksam. Ggf ist der Feststellungsbeschluss gesellschaftsrechtl angreifbar oder es werden Schadensersatzansprüche begründet (KölnerKommUmwG/*Simon* Rn 32).

89 **cc) Formelle Unterpariemission.** Keine Verpflichtung zur Bilanzierung nach den allg Grdsen besteht, auch wenn bei einer Umw auf eine KapGes bei Buchwertfortführung die durch KapErh geschaffenen Anteile nicht durch das Nettobuchvermögen gedeckt sind. Das Verbot einer nur formellen Unterpariemission existiert nicht (str; vgl bereits Rn 74, 76).

90 **dd) Beschränkungen nach allgemeinen Grundsätzen.** Darüber hinaus kann die Wahlrechtsausübung nach **allg Grdsen** allenfalls unter sehr engen Voraussetzungen beschränkt sein. Grdsl ist die mit der Einräumung des Wahlrechts getroffene Entscheidung des Gesetzgebers zu respektieren (so zutr Lutter/*Priester* Rn 84). Die Einschränkung mittels unbestimmter Rechtsbegriffe wie Willkürfreiheit oder Rechtsmissbräuchlichkeit (vgl etwa Kallmeyer/*Müller* Rn 50) muss Extremfällen vorbehalten bleiben.

91 Das Gebot der Darstellung eines zutr Einblicks in die Vermögens-, Finanz- und Ertragslage nach § 264 II HGB beschränkt die Wahlrechtsausübung nicht generell (Lutter/*Priester* Rn 84; SBB/*Bula/Pernegger* § 10 Rn 100; KölnerKommUmwG/*Simon* Rn 46; Henssler/Strohn/*Müller* Rn 5). Vielmehr ist das Wahlrecht nach § 24 vorrangig (Lutter/*Priester* Rn 84: lex specialis). Dies verlangt nur einen gesonderten Ausweis in der GuV-Rechnung und/oder eine Erläuterung im **Anh,** weswegen die Darstellung der Vermögens- und Ertragslage durch die konkrete Wahlrechtsausübung beeinflusst ist.

92 Unter **Minderheitsschutzgesichtspunkten** kann aufgrund gesellschaftsrechtl Treuepflichten im Einzelfall eine Ermessensreduzierung gegen eine Buchwertfortführung eintreten, wenn wegen eines hohen Verschmelzungsverlusts das künftige Ausschüttungsvolumen erhebl beeinträchtigt wird (Kallmeyer/*Müller* Rn 50; Lutter/*Priester* Rn 86; KölnerKommUmwG/*Simon* Rn 40; aA Semler/Stengel/*Moszka:* Ausschüttungsinteressen unbeachtl). Allein das Auftreten eines Verschmelzungsverlusts rechtfertigt keinesfalls eine Versagung des Wahlrechts.

7. Besonderheiten bei der Spaltung

a) Entsprechende Anwendung von § 24. Kraft der Verweisung in § 125 ist 93
§ 24 auch bei der Spaltung anwendbar. Der Vermögensübergang bei der Spaltung ist aus der Sicht des übernehmenden Rechtsträgers ebenfalls ein **entgeltl Anschaffungsgeschäft.** Demzufolge kann er das übergehende Verm nach den allg Grdsen oder aufgrund des Wahlrechts nach § 24 unter Berücksichtigung der bisherigen BW bilanziell erfassen. Als Gegenleistung werden auch bei der Spaltung neu geschaffene oder bestehende Anteile gewährt (zur Spaltung von Verm der TochterGes auf die MutterGes vgl Rn 94). Die bilanzielle Erfassung des Vermögensübergangs bei der Spaltung entspricht daher im Wesentl derjenigen bei der Verschm (Kallmeyer/*Müller* § 125 Rn 35a; Lutter/*Priester* Anh § 134 Rn 9; Semler/Stengel/*Moszka* Rn 82; IDW RS HFA 43 Rn 24 f).

b) Mutter-Tochter-Verhältnis. aa) Allgemeines. Besonderheiten treten bei 94
der Abspaltung von Verm der TochterGes auf ihre MutterGes auf. In diesem Fall werden Anteile als Gegenleistung nicht gewährt, da der übernehmende Rechtsträger am übertragenden Rechtsträger beteiligt ist (für KapGes vgl §§ 54 I 1 Nr 1, 68 I 1 Nr 1: KapErhVerbot). Anders als bei der Verschm (vgl Rn 42 ff) gehen die Anteile am übertragenden Rechtsträger jedoch nicht unter, da der übertragende Rechtsträger bei der Abspaltung fortbesteht. Die Anteile am übertragenden Rechtsträger sind indes infolge des Vermögensabgangs weniger werthaltig. Ob deswegen eine Abschreibung auf den Beteiligungsansatz stattzufinden hat, hängt von der Größe des verbleibenden Verm und vom bisherigen Beteiligungsansatz (regelm den historischen AK) ab. Eine Abschreibung scheidet aus, soweit der Wert der Beteiligung am übertragenden Rechtsträger auch unter Berücksichtigung des abgehenden Verm den Bilanzansatz nicht unterschreitet. Eine Kapitalherabsetzung beim übertragenden Rechtsträger erfolgt nicht zwingend. Dies hängt von den Kapitalverhältnissen und der Höhe des verbleibenden Verm ab (vgl § 139 Rn 5 ff). Näher zur Bilanzierung beim übertragenden Rechtsträger § 17 Rn 53 ff. Zum umgekehrten Fall der Downstream-Abspaltung ausführl *Bahns* Ubg 2010, 414.

bb) Bewertung. Teilw wird die Ansicht vertreten, neben den sonstigen Mög- 95
lichkeiten nach § 24 könne das übergehende Verm mit dem Betrag der erforderl Beteiligungswertberichtigung angesetzt werden (Kallmeyer/*Müller* § 125 Rn 35b; *ders* WPg 1996, 857, 866; Lutter/*Wegener,* Verschmelzung Spaltung Formwechsel, 105). Tats ist auch in diesem Fall das übergehende Verm mit dem **Zeitwert** anzusetzen, sofern nicht Buchwertfortführung gewählt wird. Es liegt aus der Sicht des übernehmenden Rechtsträgers ein entgeltl Anschaffungsgeschäft vor. Die Gegenleistung besteht in dem Verlust der Werthaltigkeit der Beteiligung (WP-HdB Bd II E Rn 107; aA SBB/*Bula/Pernegger* § 19 Rn 85: zwar Anschaffungsvorgang, Untergang der Beteiligung aber kein Umsatzakt). Dies ist dem Erlöschen der Beteiligung bei der Verschm gleichzustellen (vgl Rn 42 ff). Auch wäre es nicht verständl, weswegen eine Aufspaltung (Untergang der Beteiligung) und eine Abspaltung auf einen Rechtsträger, der am übertragenden Rechtsträger beteiligt

ist, unterschiedl zu behandeln sind. Für die Bew ist entscheidend, dass der Abspaltung die Vereinbarung zugrunde liegt, Verm auf den übernehmenden Rechtsträger zu übertragen. Diesen Anspruch kann der übernehmende Rechtsträger nur mit dem Zeitwert des übergehenden Verm bewerten. Der Vermögensübergang selbst tritt dann an die Stelle dieser Forderung (Rn 44).

96 **cc) Erfolgsauswirkungen.** Der Übergang des Verm ist ebenso wie bei der Verschm mit Untergang der Beteiligung nicht auf eine Leistung der Gesellschafter zurückzuführen. Eine Vermögensmehrung **(Spaltungsgewinn)** kann daher nicht unmittelbar in die Kapitalrücklage eingestellt werden; sie ist wie bei der Verschm (Rn 46) als außerordentl Ertrag über die GuV-Rechnung zu verbuchen (Kallmeyer/*Müller* § 125 Rn 35b; SBB/*Bula/Pernegger* § 19 Rn 84). Korrespondierend ist eine Wertberichtigung des Beteiligungsansatzes als außerordentl Aufwand zu erfassen. Entsprechendes gilt bei einem – bei Buchwertfortführung evtl eintretenden – Spaltungsverlust.

97 **c) Aktivierung eines Geschäfts- und Firmenwerts.** Umw sind Anschaffungsgeschäfte (Rn 10 ff). Demzufolge kann der übernehmende Rechtsträger nicht nur beim übertragenden Rechtsträger bislang nicht bilanzierte immaterielle Vermögensgegenstände (§ 248 II HGB), sondern auch einen Geschäfts- und Firmenwert ansetzen (§ 246 I 4 HGB bzw § 255 IV HGB aF; dazu Rn 26), sofern er nicht Buchwertfortführung wählt (Rn 62 ff). Bei der Spaltung gilt allerd die Besonderheit, dass eine Aktivierung eines Geschäfts- oder Firmenwerts (Wahlrecht) nur in Betracht kommt, wenn ein Betrieb oder Teilbetrieb übertragen wird, für den ein Geschäfts- oder Firmenwert feststellbar ist (SBB/*Bula/Pernegger* § 19 Rn 75).

98 **d) Ausübung des Wahlrechts.** Zur Ausübung des Wahlrechts vgl Rn 85 ff. Hinsichtl des jew übertragenen Verm kann das Wahlrecht nur einheitl ausgeübt werden (Rn 85). Verschiedene übernehmende Rechtsträger können das Wahlrecht jew unterschiedl wahrnehmen.

8. Bilanzierung beim Anteilsinhaber

99 Als Gegenleistung für die Vermögensübertragung werden den Anteilsinhabern des übertragenden Rechtsträgers Anteile am übernehmenden Rechtsträger gewährt, soweit nicht der übernehmende Rechtsträger am übertragenden Rechtsträger beteiligt ist (Mutter-Tochter-Verhältnis) oder nach §§ 54 I 3, 68 I 3 auf die Gewährung von Anteilen verzichtet wird (etwa bei Umw von SchwesterGes; dazu Rn 53). Aus der Sicht der Anteilsinhaber des übertragenden Rechtsträgers ist die Verschm oder Spaltung ein **entgeltl Veräußerungs- und Anschaffungsgeschäft.** An die Stelle der untergehenden Anteile am übertragenden Rechtsträger (bei Abspaltung: der wertgeminderten Anteile) treten die Anteile am übernehmenden Rechtsträger. Es handelt sich um ein tauschähnliches Geschäft, bei dem die Grdse der Bilanzierung von Tauschgeschäften anzuwenden sind (IDW RS HFA 42 Rn 77; IDW RS HFA 43 Rn 32; SBB/*Bula/Pernegger* § 10 Rn 315; BFW/*Budde/Zerwas* H 125; RHL/*Rödder/Stangl* Anh 1 Rn 24). Dies gilt auch für die Abspaltung (BFW/*Budde/Klingberg* I 360)

100 Beim Tausch besteht nach hM ein Wahlrecht. Die Beteiligung am übernehmenden Rechtsträger kann danach mit dem BW der untergehenden Beteiligung am übertragenden Rechtsträger oder mit dem Zeitwert angesetzt werden; mögl ist auch ein Ansatz des BW zzgl der durch den Tausch ausgelösten Ertragsteuerbelas-

tung (vgl etwa BFW/*Budde/Zerwas* H 126 f; BeBiKo/*Grottel/Gadek* § 255 HGB Rn 40 f; vgl aber SBB/*Bula/Pernegger* § 10 Rn 316: BW der untergehenden Anteile oder BW der erhaltenen Anteile; IDW RS HFA 42 Rn 77 iVm 46 und IDW ERS HFA 3 Rn 32, 34: BW, Zeitwert oder erfolgsneutraler ZW). Dem ist nicht zuzustimmen. Maßgebl ist der **Zeitwert.** Auch hier greift die Überlegung, dass der Anteilsinhaber des übertragenden Rechtsträgers zur Verschm nur bereit ist, weil er hierfür einen Anteil am übernehmenden Rechtsträger bekommt. Dieser Anspruch auf Anteilsgewährung kann nur mit dem Zeitwert der Anteile am übernehmenden Rechtsträger bewertet werden. Die Anteilsgewährung erfolgt sodann in Erfüllung dieser Verpflichtung. Demzufolge sind auch die gewährten Anteile mit dem Wert des Anspruchs, also mit dem Zeitwert, anzusetzen (vgl näher Rn 31 ff). Bei der **Abspaltung** ist zudem zu prüfen, ob der Ansatz der Beteiligung am übertragenden Rechtsträger durch den verbleibenden Wert noch gedeckt ist (aA IDW RS HFA 43 Rn 33: sachgerecht, einen mengenmäßigen Abgang im Verhältnis zu buchen). Zur Erhöhung des inneren Werts der Beteiligung am übertragenden Rechtsträger (Abgang eines negativen Verm) vgl IDW RS HFA 43 Rn 36.

Die Bew der gewährten Anteile mit dem Zeitwert ist unabhängig davon, ob **101**
der übernehmende Rechtsträger das Wahlrecht zur Buchwertfortführung nach § 24 ausübt. Einen Grds der korrespondierenden Bilanzierung beim übernehmenden Rechtsträger und beim Anteilsinhaber gibt es nicht. Zur **stl Situation** vgl Rn 109.

Anders ist der Fall der Verschm von **SchwesterGes** (KonzernGes) **ohne** **102**
KapErh (Sidestream-Merger; § 54 I 3) zu beurteilen. Es liegt insoweit eine verdeckte Einlage der Anteilsinhaber des übertragenden Rechtsträgers in den übernehmenden Rechtsträger vor (Rn 53). Auch auf der Ebene des Gesellschafters ist bei einer verdeckten Einlage eine Anschaffung nicht anzunehmen. Ein Wertzuwachs im Anteil am übernehmenden Rechtsträger ist ein Reflex der verdeckten Einlage. In dieser Höhe liegen im eigentl Sinne weder AK nach § 255 I 1 HGB noch nach § 255 I 2 HGB vor (BeBiKo/*Grottel/Gadek* § 255 HGB Rn 163; Petersen/Zwirner/Brösel/*Richter/Künkele/Zwirner* BilR § 255 HGB Rn 85; vgl auch *Roß/Drögemüller* DB 2009, 580, 581). Entsprechendes gilt bei einer Downstream-Abspaltung ohne Kapitalerhöhung (zutr *Bahns* Ubg 2010, 414, 415 f); Zum StR vgl hingegen etwa § 6 VI 2 EStG: bei verdeckter Einlage in KapGes Erhöhung der AK der Beteiligung an der KapGes um den TW des eingelegten WG. Die durch die verdeckte Einlage entstehenden Aufwendungen (Untergang/Wertminderung der Beteiligung am übertragenden Rechtsträger) stehen damit nicht unmittelbar mit dem Erwerb eines Vermögensgegenstands in Zshg (BeBiKo/*Grottel/Gadek* § 255 HGB Rn 163). Demzufolge besteht keine Verpflichtung, den BW der Beteiligung am übernehmenden Rechtsträger um den BW der Beteiligung am übertragenden Rechtsträger zu erhöhen (so auch RHL/*Rödder/Stangl* Anh 1 Rn 25). Eine Hinzuaktivierung um den Betrag des BW der untergehenden Beteiligung am übertragenden Rechtsträger kann jedoch unter dem Gesichtspunkt der nachhaltigen Wertsteigerung der Beteiligung erfolgen (BeBiKo/*Grottel/Gadek* § 255 HGB Rn 163; ebenso Petersen/Zwirner/Brösel/*Richter/Künkele/Zwirner* BilR § 255 HGB Rn 85; vgl hingegen IDW RS HFA 42 Rn 78: wirtschaftl ein Tausch, daher Anwendung der Tauschgrundsätze; ebenso IDW RS HFA 43 Rn 35; *Roß/Drögemüller* DB 2009, 580, 582; vgl auch *Bahns* Ubg 2010, 414, 415 f zur insoweit vglbaren Situation für den übertragenden Rechtsträger bei einer Downstream-Abspaltung: Buchwert oder Zeitwert). Andernfalls liegt im Unter-

gang der Beteiligung am übertragenden Rechtsträger ein als außerordentl Aufwand zu erfassender Vorgang vor. Bei der Übertragung eines nach Zeitwerten negativen Verm auf den übernehmenden Rechtsträger ist zudem der Wertansatz der Beteiligung am übernehmenden Rechtsträger zu prüfen.

9. Auswirkungen auf den Konzernabschluss

103 **a) Bewertung im Konzernabschluss.** Nach DRS 4.1 lit c ist DRS 4 „Unternehmenserwerbe im Konzernabschluss" auch auf den Erwerb eines Unternehmens durch Verschm anzuwenden. Der übernehmende Rechtsträger hat in seinem Konzernabschluss das erworbene Unternehmen mit den AK zu bewerten (DRS 4.12 ff). Die AK bestimmen sich nach der Gegenleistung und damit nach dem Zeitwert der hingegebenen Vermögenswerte oder Anteile zzgl Anschaffungsnebenkosten und einschl sonstiger direkt dem Erwerb zurechenbarer Leistungen (DRS 4.13). Demzufolge ist im Konzernabschluss des übernehmenden Rechtsträgers das durch die Verschm übergehende Verm unabhängig von der Bew im Einzelabschluss (vgl Rn 20 ff) und unabhängig von der Art der Gegenleistung (KapErh oder Gründung, Hingabe eigener Anteile oder Untergang einer bestehenden Beteiligung) mit dem Zeitwert anzusetzen (WP-HdB Bd II E Rn 84).

104 **b) Bilanzierung konzerninterner Verschmelzungen.** Auswirkungen konzerninterner Verschm müssen im Zuge der Aufstellung des Konzernabschlusses eliminiert werden. Aus Konzernsicht liegt ein Anschaffungsvorgang nicht vor; das Konzernvermögen hat sich nicht verändert (vgl weiter WP-HdB II E Rn 93; BFW/*Förschle/Hoffmann* K 100 ff).

10. Steuerrechtliche Erfassung des Vermögensübergangs

105 **a) Steuerrechtliche Wahlrechte.** Die stl Wahlrechte stimmen mit den handelsrechtl nicht überein. Die Verschm einer **Körperschaft auf eine PersGes** oder auf den einzigen Anteilsinhaber wird stl von §§ 3–10 UmwStG erfasst. Danach hat der übertragende Rechtsträger in seiner stl Schlussbilanz die übergehenden WG grdsl mit dem gemeinen Wert anzusetzen. Unter gewissen, in Inlandsfällen regelm erfüllten Bedingungen kann der übertragende Rechtsträger indes auch die bisherigen BW fortführen oder einen beliebigen ZW wählen, § 3 UmwStG. Der übernehmende Rechtsträger ist nach § 4 I UmwStG an die Ansätze des übertragenden Rechtsträgers gebunden. Es besteht also eine im Vgl zum Handelsrecht genau **spiegelbildl Situation.**

106 Entsprechendes gilt für die Verschm einer **Körperschaft auf** eine andere **Körperschaft.** Hier bestimmt § 11 I UmwStG die grdsl Bew der übergehenden WG mit dem gemeinen Wert, § 11 II UmwStG eröffnet aber unter gewissen Voraussetzungen das Wahlrecht zur Buchwertfortführung oder zur Bew mit einem ZW. An die vom übertragenden Rechtsträger getroffene Wahl ist der übernehmende Rechtsträger nach § 12 I 1 UmwStG gebunden. Entsprechendes gilt für die Auf- und Abspaltung einer Körperschaft auf eine KapGes oder auf eine PersGes, §§ 15, 16 UmwStG.

107 Die **Verschm** einer **PersGes auf** eine **KapGes** und die **Ausgliederung auf** eine **KapGes** erfasst § 20 UmwStG. Danach hat der übernehmende Rechtsträger das übergehende Verm mit dem gemeinen Wert anzusetzen, unter gewissen Voraussetzungen besteht aber das Wahlrecht zur Übernahme der BW oder zum Ansatz mit einem ZW; § 20 II UmwStG. Entsprechendes gilt für die Verschm/

Spaltung einer **PersGes auf** eine **PersGes** bzw für die Ausgliederung aus dem Verm einer Körperschaft auf eine PersGes. Diese Umw gehören stl zu den von § 24 UmwStG erfassten Sachverhalten. Auch hier kann der übernehmende Rechtsträger das übergehende Verm in der Gesamthandsbilanz einschl der Ergänzungsbilanzen unter gewissen Voraussetzungen mit den bisherigen BW, mit dem gemeinen Wert oder mit jedem ZW erfassen. Aber auch bei den in §§ 20–24 UmwStG geregelten Umw bestehen korrespondierende Wahlrechte nicht. Handelsrechtl hat der übernehmende Rechtsträger nach der hier vertretenen Auffassung das übergehende Verm zwingend mit dem Zeitwert anzusetzen, wenn er nicht die Buchwertfortführung nach § 24 wählt.

b) Maßgeblichkeit. Der Grds der Maßgeblichkeit gilt in Umwandlungsfällen nicht (vgl näher § 17 Rn 66). Dies folgt daraus, dass korrespondierende Wahlrechte nicht existieren. Die steuerrechtl Wahlrechte der übertragenden Rechtsträger nach §§ 3, 11, 15, 16 UmwStG bestehen handelsbilanziell nicht, da § 17 zwingend die Fortentwicklung der bisherigen BW vorschreibt. Aber auch soweit der übernehmende Rechtsträger ein stl Wahlrecht hat (§§ 20 ff UmwStG), stimmen die Wahlrechte nicht überein. Der Grds der umgekehrten Maßgeblichkeit (§ 5 I 2 EStG aF – Ausübung stl Wahlrechte in Übereinstimmung mit der handelsrechtl Bilanz) ist nach den Änderungen durch das BilMoG ohnehin weggefallen (§ 5 I 1 EStG). Ebenso wenig kommt es zu einer phasenverschobenen Wertaufholung, wenn handelsrechtl nicht die BW fortgeführt werden (dazu *Behrens* BB 2009, 318). 108

c) Steuerliche Situation bei den Anteilsinhabern. Hinsichtl der stl Situation bei den Anteilsinhabern ist zwischen den Fallgruppen des UmwStG zu unterscheiden. Bei der von **§§ 3–10** UmwStG erfassten Verschm einer Körperschaft auf eine PersGes oder auf eine natürl Person und der Auf- oder Abspaltung einer Körperschaft auf eine PersGes (§ 16 UmwStG) sind auf der Ebene der Anteilsinhaber nach § 4 UmwStG ein Umwandlungsergebnis und Bezüge nach § 7 UmwStG zu ermitteln. Bei der Verschm einer Körperschaft auf eine Körperschaft bestimmt § 13 UmwStG, dass unter gewissen Voraussetzungen ein steuerneutraler Anteilstausch stattfindet. Die BW/AK der Anteile am übertragenden Rechtsträger werden bei den Anteilen am übernehmenden Rechtsträger fortgeführt. Anderenfalls wird eine Veräußerung und Anschaffung zum gemeinen Wert fingiert. Entsprechendes gilt für Auf- und Abspaltung auf eine Körperschaft, § 15 UmwStG. Für die von § 20 UmwStG erfassten Fallgruppen bestimmt § 20 III UmwStG, dass der Wert, mit dem die übernehmende KapGes das eingebrachte BV ansetzt, für den Einbringenden als Veräußerungspreis und als AK der Anteile am übernehmenden Rechtsträger gilt. Entsprechendes gilt nach § 24 III UmwStG für Verschm und Spaltung, die eine Einbringung in eine PersGes darstellen. 109

11. Größenkriterien

Für die Einstufung des übernehmenden Rechtsträgers am nächsten Abschlussstichtag in die Größenkriterien nach § 267 HGB ist die Besonderheit nach § 267 IV 2 HGB zu beachten. Danach treten in den Fällen der Umw oder Neugründung die jew Rechtsfolgen bereits ein, wenn die Voraussetzungen hinsichtl Bilanzsumme, Umsatzerlösen und ArbN am nächsten Abschlussstichtag nach der Umw oder Neugründung vorliegen. Unproblematisch festzustellen ist das für das statische Kriterium der Bilanzsumme. Nach herrschender Ansicht werden für die zeitraumbezogenen Kriterien der Umsatzerlöse und der Anzahl der ArbN die 110

Werte der übernehmenden und übertragenden Rechtsträger der letzten zwölf Monate vor dem Bilanzstichtag zusammengezählt (BFW/*Förschle/Hoffmann* K 10; Petersen/Zwirner/Brösel/*Lentz* BilR § 267 HGB Rn 32; aA MüKoHGB/*Beater* § 267 Rn 4; *Joswig* BB 2007, 763). Bei Spaltungen sind nur die anteilig übergehenden Umsatzerlöse (die seit dem Spaltungsstichtag mit dem übergehenden Verm erwirtschafteten Umsatzerlöse) und ArbN zu berücksichtigen (BFW/*Förschle/Hoffmann* K 10).

111 Bei Umw zur Neugründung ist ebenfalls der erste Abschlussstichtag maßgebl (§ 267 IV 2 HGB). Auch hier sind nach Sinn und Zweck von § 267 HGB die Umsatzerlöse und die ArbN des übertragenden Rechtsträgers (bei Spaltungen: des übertragenen Vermögensteils) zu berücksichtigen, selbst wenn das erste Gj der neuen Ges weniger als zwölf Monate hat (BFW/*Förschle/Hoffmann* K 10).

12. Grenzüberschreitende Umwandlungen

112 § 24 ist ebenso wie § 17 (vgl dort Rn 8) auf inl Rechtsträger anwendbar, die an einer grenzüberschreitenden Verschm beteiligt sind (Kallmeyer/*Müller* Rn 61 f; Lutter/*Priester* Rn 95; SBB/*Bula/Pernegger* § 15 Rn 4; IDW ERS HFA 42 Rn 2). Erfasst der inl übernehmende Rechtsträger die auf ihn übergehenden Aktiva und Passiva nach dem Anschaffungskostenprinzip (Rn 20 ff), treten Besonderheiten nicht auf, da sich sowohl der Ansatz als auch die Bew nach der inl Rechtsordnung (HGB, GoB) bestimmt (IDW RS HFA 42 Rn 88). Dem inl übernehmenden Rechtsträger steht aber auch das Wahlrecht zur Buchwertverknüpfung zu (Kallmeyer/*Müller* Rn 61; Lutter/*Priester* Rn 95; vgl auch IDW RS HFA 42 Rn 86 ff). § 122a II enthält diesbzgl keine Einschränkung. Ebenso verweist Art 18 SE-VO uneingeschränkt auf § 24 (Lutter/*Priester* Rn 95).Zu berücksichtigen ist indes, dass die Buchwertverknüpfung eine Schlussbilanz des übertragenden Rechtsträgers voraussetzt. Für einen ausl übertragenden Rechtsträger bestimmt sich deren Notwendigkeit wie auch die dafür geltenden Grdse nach dessen Rechtsordnung (für inl übertragende Rechtsträger vgl § 17 Rn 8 und § 122k Rn 9). Soweit eine derartige Schlussbilanz des übertragenden Rechtsträgers auf einen Bilanzstichtag unmittelbar vor dem Umwandlungsstichtag (vgl § 17 Rn 37 ff – anderenfalls wäre die lückenlose Ergebniserfassung nicht gewährleistet) nicht vorgesehen ist und eine solche Schlussbilanz auch nicht freiwillig oder aufgrund einer Vereinbarung im Verschmelzungsplan auch nicht aufgestellt wird, besteht das Wahlrecht nicht (Lutter/*Priester* Rn 96; IDW RS HFA 42 Rn 87).

113 Die Schlussbilanz des ausl übertragenden Rechtsträgers muss nicht nach den inl Regeln (HGB, GoB) erstellt sein. Nur so kommt die uneingeschränkte Verweisung in § 122a II, Art 18 SE-VO europarechtskonform zur Geltung (Kallmeyer/*Müller* Rn 62; IDW RS HFA 42 Rn 89). Die notw Anpassungen hat der inl übernehmende Rechtsträger im Rahmen der Übernahme vorzunehmen (Kallmeyer/*Müller* Rn 62; Lutter/*Priester* Rn 96; SBB/*Bula/Pernegger* § 15 Rn 4; vgl auch IDW RS HFA Rn 90).

§ 25 Schadenersatzpflicht der Verwaltungsträger der übertragenden Rechtsträger

(1) [1] **Die Mitglieder des Vertretungsorgans und, wenn ein Aufsichtsorgan vorhanden ist, des Aufsichtsorgans eines übertragenden Rechtsträgers sind als Gesamtschuldner zum Ersatz des Schadens verpflichtet, den**

dieser Rechtsträger, seine Anteilsinhaber oder seine Gläubiger durch die Verschmelzung erleiden. [2] Mitglieder der Organe, die bei der Prüfung der Vermögenslage der Rechtsträger und beim Abschluß des Verschmelzungsvertrags ihre Sorgfaltspflicht beobachtet haben, sind von der Ersatzpflicht befreit.

(2) [1] **Für diese Ansprüche sowie weitere Ansprüche, die sich für und gegen den übertragenden Rechtsträger nach den allgemeinen Vorschriften auf Grund der Verschmelzung ergeben, gilt dieser Rechtsträger als fortbestehend. [2] Forderungen und Verbindlichkeiten vereinigen sich insoweit durch die Verschmelzung nicht.**

(3) **Die Ansprüche aus Absatz 1 verjähren in fünf Jahren seit dem Tage, an dem die Eintragung der Verschmelzung in das Register des Sitzes des übernehmenden Rechtsträgers nach § 19 Abs. 3 bekannt gemacht worden ist.**

Schrifttum: Schrifttum bis 1994 siehe 3. Auflage; Schrifttum bis 2000 siehe 4. Auflage; *Clemm/Dürrschmidt,* Überlegungen zu den Sorgfaltspflichten für Vertretungs- und Aufsichtsorgane bei der Verschmelzung von Unternehmen gem. §§ 25 und 27 UmwG, FS Widmann, 2000, 3; *Kau/Kukat,* Haftung von Vorstands- und Aufsichtsratsmitgliedern bei Pflichtverletzungen nach dem Aktiengesetz, BB 2000, 1045; *Snorbus,* Grundlagen der persönlichen Haftung von Organmitgliedern nach § 25 Abs. 1 UmwG, ZHR 167 (2003), 666; *Austmann/Frost,* Vorwirkungen von Verschmelzungen, ZHR 169 (2005), 431; *Pöllath/Philipp,* Unternehmenskauf und Verschmelzung: Pflichten und Haftung von Vorstand und Geschäftsführer, DB 2005, 1503; *Blasche/Söntgerath,* Verschmelzung: Möglichkeiten des übertragenden Rechtsträgers zur Einflussnahme auf die Geschäftspolitik des übernehmenden Rechtsträgers, BB 2009, 1432; *Otto/Mückl,* Aufspaltung, Verschmelzung, Anwachsung – Schadensersatz bei unzureichender Unterrichtung trotz Erlöschen des übertragenden Rechtsträgers?, BB 2011, 1978.

Übersicht

1. Allgemeines

1 Regelungsgegenstand von § 25 sind **Schadensersatzansprüche gegen die Verwaltungsträger der** übertragenden **Rechtsträger,** die aus der Verschm resultieren können (zu Schadensersatzansprüchen gegen Verwaltungsträger des übernehmenden Rechtsträgers vgl § 27).

2 Abs 1 S 1 enthält eine **eigenständige Anspruchsgrundlage** ggü den Mitgliedern des **Vertretungsorgans** und – soweit vorhanden – des **Aufsichtsorgans** eines jeden übertragenden Rechtsträgers. Der Anspruch ist auf die Zahlung von Geld gerichtet. Naturalrestitution iSe „Entschmelzung" kann nicht verlangt werden, § 20 II und § 20 Rn 121 ff; Lutter/*Grunewald* Rn 17 mwN. Anspruchsberechtigte sind nicht nur der übertragende Rechtsträger selbst, sondern auch unmittelbar dessen Anteilsinhaber und Gläubiger. Nach Abs 1 S 2 wird das Verschulden der Organmitglieder vermutet. Die Vorschrift ist insges – bis auf eine technische Abweichung in Abs 3 – inhaltsgleich mit § 349 AktG aF, § 28 KapErhG aF.

3 Für den Anspruch nach Abs 1 S 1 und für weitere Ansprüche ordnet Abs 2 S 1 die Fiktion des Fortbestehens an. Abs 2 S 2 stellt klar, dass insoweit keine Konfusion eintritt.

4 **Abs 3** enthält schließl eine **Verjährungsvorschrift** für den in Abs 1 geregelten Anspruch. Die durch das EHUG (dazu Einf Rn 28) geänderte Verweisung auf § 19 III entspricht den früheren Verweisungen auf § 10 HGB (RegEBegr BR-Drs 75/94 zu § 25).

5 Die Vorschrift steht in engem **Zusammenhang mit § 26.** Dort ist das **spezielle Verfahren** geregelt, in dem Ansprüche nach Abs 1 und Abs 2 geltend gemacht werden müssen; auch diese Vorschrift ist weitgehend aus dem früheren Recht (§ 350 AktG aF, § 29 KapErhG aF) übernommen, wurde aber zwischenzeitl reformiert (dazu § 26 Rn 1).

2. Schadenersatzanspruch nach Abs 1 S 1

6 **a) Schuldner des Anspruchs.** Schuldner des Anspruchs nach Abs 1 sind die **Mitglieder des Vertretungsorgans** eines jeden übertragenden Rechtsträgers und weiter die Mitglieder eines evtl bestehenden Aufsichtsorgans unabhängig davon, ob sie einem obligatorischen oder einem fakultativen Aufsichtsorgan angehören.

7 Vertretungsorgane sind bei

- **PhG:** Jeder Gesellschafter bei der OHG, wenn er nicht durch den Gesellschaftsvertrag von der Vertretung ausgeschlossen ist (§ 125 I HGB); bei der KG der/die Komplementäre (§ 170 HGB), nicht aber die ggf geschäftsführenden Kommanditisten (Lutter/*Decher* § 205 Rn 2 mwN);
- **PartGes:** Wie bei der OHG (§ 7 III PartGG iVm § 125 I HGB) die Partner, soweit sie nicht von der Vertretung ausgeschlossen sind;
- **AG** der Vorstand (§ 78 I AktG);
- **GmbH** die Geschäftsführer (§ 35 I GmbHG);
- **KGaA** die phG (§ 278 AktG, §§ 161 ff HGB; aA Lutter/*Grunewald* Rn 3; Widmann/Mayer/*Vossius* Rn 15; wie hier Semler/Stengel/*Kübler* Rn 4: es kommt nicht allein auf die Vertretungsmacht an, Zweck von § 25 gebietet Einbeziehung der geschäftsführenden Gesellschafter);
- **eG** der Vorstand (§ 24 I GenG);
- **eV** der Vorstand (§ 26 II BGB);

– **genossenschaftl Prüfungsverbänden** der Vorstand (§ 63b I GenG iVm § 26 II BGB, § 63b V 1 GenG);
– **VVaG** der Vorstand, § 34 VAG iVm § 78 I AktG;
– **mitbestimmten Unternehmen** auch die **Arbeitsdirektoren** (zB § 13 I MontanMitbestG, § 33 I MitbestG).

Mitglieder eines Aufsichtsorgans haften ebenfalls nach Abs 1 S 1. Ob das Aufsichtsorgan obligatorisch oder fakultativ ist (dazu sogleich), ist nicht entscheidend; allerdings muss es sich um ein **echtes Aufsichtsorgan** mindestens mit Kontrollaufgaben ggü dem Vertretungsorgan und nicht ledigl um einen beratenden Beirat handeln (so auch Lutter/*Decher* § 205 Rn 4; Kallmeyer/*Marsch-Barner* Rn 4; Semler/Stengel/*Kübler* Rn 5; aA Lutter/*Grunewald* Rn 4, 9 ff). Der Anwendungsbereich von Abs 1 S 1 erstreckt sich sonach insbes auf folgende **Aufsichtsorgane** (zu den Mitbestimmungsvorschriften näher bei § 325 Rn 3): 8
– Gesetzl zwingend vorgesehene und durch die Rechtsform bedingter AR bei **AG, KGaA, eG** und **VVaG;**
– aufgrund von **§ 1 MitbestG** vorgeschriebener AR bei AG/GmbH mit idR mehr als 2000 ArbN;
– aufgrund von **§§ 1 ff MontanMitbestG** vorgeschriebener AR bei AG/GmbH mit idR mehr als 1000 ArbN oder sog „Einheitsgesellschaften“ sowie gem **§ 1 MontanMitbestErgG** bei beherrschenden Ges gleicher Rechtsform;
– aufgrund des DrittelbG vorgeschriebener AR bei Rechtsträgern mit mehr als 500 ArbN;
– aufgrund von **Gesellschaftsvertrag/Satzung** vorgesehener AR (vgl zB § 52 GmbHG; dazu auch *Vetter* GmbHR 2011, 449 mwN), soweit es sich nicht ledigl um einen rein beratenden Funktionsträger ohne Kontrollaufgaben ggü dem Vertretungsorgan handelt.

ArbN, die einem nach Maßgabe von § 4 DrittelbG, § 1 MitbestG, § 3 MontanMitbestG oder § 5 MontanMitbestErgG gebildeten AR angehören, **haften grdsl in gleicher Weise** nach Abs 1 S 1 wie die sonstigen Mitglieder des Aufsichtsorgans. 9

Die Haftung eines Organmitglieds kann auch dann eintreten, wenn es noch vor dem Erlöschen des übertragenden Rechtsträgers **aus** seinem **Amt ausgeschieden** ist. Sein Verhalten muss sich ledigl noch **kausal** auf den Verschmelzungsschaden ausgewirkt haben (Lutter/*Grunewald* Rn 5 mwN; Lutter/*Decher* § 205 Rn 3; GKT/*Laumann* § 205 Rn 8; Widmann/Mayer/*Vossius* Rn 15). **Mehrere Anspruchsverpflichtete** haften als **Gesamtschuldner** iSv §§ 421 ff BGB, Abs 1 S 1. 10

Der Anspruch richtet sich grdsl nicht gegen den übertragenden Rechtsträger selbst. Soweit er allerdings nach den allg Vorschriften für das Handeln seiner Organe einzustehen hat **(§ 31 BGB),** können auch Ansprüche ihm ggü bestanden haben (Lutter/*Grunewald* Rn 6 mwN). Derartige Ansprüche sind im Wege der Gesamtrechtsnachfolge (§ 20 I Nr 1) auf den übernehmenden Rechtsträger als Verbindlichkeiten übergegangen, sodass sie diesem ggü geltend gemacht werden müssen. Soweit es sich allerdings um Ansprüche iSv Abs 1 oder Abs 2 S 1 handelt, tritt die Fiktion des Fortbestehens ein (dazu Rn 26–28). 11

b) Gläubiger des Anspruchs. Anspruchsberechtigt sind nicht nur der übertragende Rechtsträger selbst, sondern auch dessen Anteilsinhaber und Gläubiger. 12

c) Schaden. Bei Durchführung einer Verschm bestehen für Gläubiger und Anteilsinhaber erhebl Gefahren, die ihnen zustehenden Rechte zu verlieren oder 13 entwertet zu bekommen. So kann ein **Schaden für die Gläubiger** zB dadurch entstehen, dass der vor Verschm hoch verschuldete übernehmende Rechtsträger den Wert der ursprüngl gegen den übertragenden Rechtsträger gerichteten Forderung vermindert; die Durchsetzung der Forderung kann aufgrund der Konkurrenz zu den Gläubigern des übernehmenden Rechtsträgers vereitelt werden. Der **Vorrang von § 22** ist zu beachten (Schadensminderungspflicht, vgl Rn 16 aE). Die **Anteilsinhaber eines übertragenden Rechtsträgers** können entweder durch die Vereinbarung eines zu niedrig bemessenen Umtauschverhältnisses (insoweit stellt sich allerdings das Problem des „Reflexschadens", dazu Lutter/*Grunewald* Rn 13, 15 mwN; anders die hier vertretene Ansicht, vgl Rn 17) oder zB durch Verschweigen von Sondervorteilen ggü Mitgliedern eines Vertretungs- oder Aufsichtsorgans etc (vgl § 5 I Nr 8) geschädigt werden.

14 Ein **Schaden des übertragenden Rechtsträgers selbst** ist bei wirksamer Verschm kaum denkbar (Kallmeyer/*Marsch-Barner* Rn 9 mwN; KölnerKomm-AktG/*Kraft* § 349 Rn 6 mwN, siehe auch Rn 18), er ist aber durch die Ansprüche auch der Anteilsinhaber bzw der Gläubiger eines übertragenden Rechtsträgers nicht von vornherein ausgeschlossen (so aber zum früheren Recht Rowedder/Schmidt-Leithoff/*Zimmermann* GmbHG, 4. Aufl 2002, Anh nach § 77 Rn 449; *Scholz/Priester* GmbHG 7. Aufl Anh Umw § 28 KapErhG Rn 1).

15 Als **ersatzfähiger Verschmelzungsschaden** ist nach Abs 1 S 1 jeder Vermögensnachteil anzusehen, der sich für die Anspruchsberechtigten aus dem **Vermögensvergleich vor und nach der Verschm** ergibt („Schaden durch die Verschm", so schon zum alten Recht *Scholz/Priester* GmbHG 7. Aufl Anh Umw § 28 KapErhG Rn 1; aA Widmann/Mayer/*Vossius* Rn 20, der mE die Sondervorschriften von § 20 II zum Ausschluss der Naturalrestitution nicht hinreichend berücksichtigt, dazu auch *Schnorbus* ZHR 167 [2003], 666, 691).

16 Die Ersatzpflicht besteht für Schäden, die „durch" die Verschm entstanden sind. Damit wird nicht nur dem Erfordernis der Kausalität Ausdruck verliehen, sondern auch klargestellt, dass **Schadensersatz nur bei Vorliegen einer wirksamen Verschm** (vgl auch § 20 II; wie hier Widmann/Mayer/*Vossius* Rn 18) verlangt werden kann. Der Anspruch scheidet also aus, wenn die Nichtigkeit einer Verschm **vor Eintragung** aufgrund einer **Unwirksamkeitsklage** festgestellt wird (so zum alten Recht bereits Rowedder/Schmidt-Leithoff/*Zimmermann* GmbHG, 4. Aufl 2002, Anh nach § 77 Rn 450). In diesem Fall bestehen ggü den Vertretungs- und Aufsichtsorganen nur Ansprüche aus den allg Vorschriften (zB §§ 43, 52 GmbHG, §§ 93, 116 AktG).

17 **d) Kausalität.** Kausalität zw Pflichtverletzung und Schaden ist erforderlich. Ersatzfähig ist mithin nur der Schaden, der auf der Pflichtverletzung beruht (Lutter/*Grunewald* Rn 17; Kallmeyer/*Marsch-Barner* Rn 8; Widmann/Mayer/*Vossius* Rn 23 ff). Die Tats der Verschm und des Erlöschens des übertragenden Rechtsträgers allein begründet keinen kausalen Schaden (Widmann/Mayer/*Vossius* Rn 19). Das Erlöschen des übertragenden Rechtsträgers und der Vermögensübergang sind nicht Folge pflichtwidrigen Handels.

18 **aa) Schäden der Gläubiger.** Für die **Gläubiger** des übertragenden Rechtsträgers entsteht ein durch die Verschm bedingter Schaden nur dann, wenn der übernehmende Rechtsträger aufgrund seiner Vermögenssituation den dem Gläubiger zustehenden Anspruch bzw dessen Durchsetzung **erschwert oder gefährdet.** Durch die Verschm erhalten die Gläubiger des übernehmenden Rechtsträgers eine neue Haftungsmasse, die zuvor nur den Gläubigern des übertragenden Rechtsträgers zur Vfg stand. Hierdurch können die Gläubiger des übertragenden Rechtsträgers mit ihren Forderungen leichter ausfallen (vgl Lutter/*Grunewald* Rn 16 mwN; Widmann/Mayer/*Vossius* Rn 24; GroßKomm AktG/*Schilling* § 349 Anm 4; KölnerKommAktG/*Kraft* § 349 Rn 6; unklar Semler/Stengel/*Kübler* Rn 16, der auf den Schutzzweck von § 22 verweist). Ein **ungünstiges Umtauschverhältnis** führt im Regelfall nicht zu einem Schaden der Gläubiger, da dies auf die für die Haftung zur Vfg stehende Vermögensmasse keinen Einfluss hat. Ein Schaden der Gläubiger kann insoweit nur entstehen, wenn bei einer **ordnungsgemäßen Überprüfung der Vermögenslagen** eine Verschm ganz unterblieben wäre (Lutter/*Grunewald* Rn 16 mwN). Macht ein Gläubiger von seinem **Recht aus § 22** keinen Gebrauch, kann ihm **Mitverschulden** iSv § 254 BGB entgegengehalten werden (Widmann/Mayer/*Vossius* Rn 24).

bb) Schäden der Anteilsinhaber eines übertragenden Rechtsträgers. 19
Für die **Anteilsinhaber des übertragenden Rechtsträgers** entsteht ein kausal durch die Verschm verursachter Schaden in erster Linie durch ein **falsches Umtauschverhältnis** (Lutter/*Grunewald* Rn 15; Kallmeyer/*Marsch-Barner* Rn 9; Widmann/Mayer/*Vossius* Rn 25, 26). Hierbei ist aber zu beachten, dass das **SpruchG ein gesondertes und vorrangiges Verfahren** ermöglicht, durch das das mangelhafte Umtauschverhältnis ausgeglichen und die Perpetuierung des Schadens vermieden werden kann. Ein Verschmelzungsschaden liegt erst dann vor, wenn diese Möglichkeit (schuldlos) nicht realisiert werden kann (so im Erg wohl auch Semler/Stengel/*Kübler* Rn 14, 23; Lutter/*Grunewald* Rn 15, weil das dort jew berücksichtigte Mitverschulden des Anteilsinhabers so überwiegend sein dürfte, dass Schadensersatzanspruch letztl entfällt). Beruht das ungünstige Umtauschverhältnis auf einem durch das Verschmelzungsverfahren bedingten Wertverlust (nicht nur auf einem falsch berechneten Umtauschverhältnis, näher Rn 18), entsteht ein Schaden beim übertragenden Rechtsträger selbst **und** bei dessen Anteilsinhabern (ebenso KölnerKommAktG/*Kraft* § 349 Rn 6; *Clemm/Dürrschmidt* FS Widmann, 2000, 7; aA Lutter/*Grunewald* Rn 13: Schaden nur des übertragenden Rechtsträgers).

20 **Gläubiger der Anteilsinhaber** (zB solche Dritte, die ein Recht an den Anteilen oder Mitgliedschaften haben, vgl § 20 I Nr 3 S 2), werden durch Abs 1 S 1 nicht geschützt (so auch Lutter/*Grunewald* Rn 16). Eine etwa eingetretene Verminderung des Anteilswerts durch ein zu gering bemessenes Umtauschverhältnis stellt zwar einen Schaden für diese Person dar, der Schadensersatzanspruch könnte durch den Anteilsinhaber selbst im Wege der **Drittschadensliquidation** geltend gemacht werden. Der Anspruchsinhaber dürfte dafür aber selbst keinen Schaden haben. Da die Drittrechte an den Anteilen der Sicherung von Verbindlichkeiten dienen, erleidet der Anteilsinhaber aber dadurch einen Schaden, dass er im Sicherungsfall die Tilgung seiner Schuld in der Höhe des zu gering bestimmten Umtauschverhältnisses nicht mehr erreichen kann. Vgl zur Problematik KölnerKommUmwG/*Simon* § 25 Rn 20.

21 **cc) Schäden eines übertragenden Rechtsträgers.** Ein Schaden eines **übertragenden Rechtsträgers selbst** wird nur in seltenen Fällen eintreten. Ein **falsch berechnetes Umtauschverhältnis** stellt keinen Schaden des Rechtsträgers, sondern seiner Anteilsinhaber dar (so auch Widmann/Mayer/*Vossius* Rn 27; Lutter/*Grunewald* Rn 15). Wirtschaftl betrachtet haben die Anteilsinhaber und nicht der Rechtsträger das Verm übertragen. Ein Schaden auch des übertragenden Rechtsträgers, der selbstständig neben einem Schaden seiner Anteilsinhaber auftreten

kann, wird nur anzunehmen sein, wenn im Verlauf des Verschmelzungsverfahrens durch pflichtwidriges Handeln ein **Wertverlust des übertragenden Rechtsträgers** herbeigeführt wurde (etwa Verminderung des Unternehmenswertes, Goodwill, vgl Rn 17; wie hier Widmann/Mayer/*Vossius* Rn 28 mwN).

22 **e) Verschulden.** Die Haftung nach Abs 1 setzt ein **Verschulden der Organmitglieder** voraus. Sie müssen also **pflichtwidrig und vorwerfbar** gehandelt haben. Abs 1 S 2 gibt einen Anhaltspunkt dafür, welche Pflichten den Organen und ihren Mitgliedern obliegen. Sie müssen demnach **sorgfältig** die Vermögenslage der beteiligten Rechtsträger prüfen und auf die Einhaltung aller den Verschmelzungsvertrag betreffenden Vorschriften achten. Damit haben sie insbes die Berechnung eines angemessenen Umtauschverhältnisses sorgfältig zu überwachen. Die **Prüfungspflicht der Organmitglieder** erstreckt sich aber nicht nur auf die rechtl, sondern auch auf die wirtschaftl Überwachung der Verschm (dazu gehört auch die Möglichkeit der bilanziellen Darstellung eines Anteilserwerbs nach Barabfindung, § 272 IV HGB, dazu § 29 Rn 12, 13). Auf den Verwaltungsträgern lastet damit zwar nicht das wirtschaftl Risiko der Verschm, sie müssen aber dafür Sorge tragen, dass von Anfang an **unzweckmäßige Verschm** unterbleiben (so auch Widmann/Mayer/*Vossius* Rn 21; zum alten Recht bereits *Scholz/Priester* GmbHG 7. Aufl Anh Umw § 28 KapErhG Rn 5).

23 Darüber hinaus sind die Verwaltungsträger, insbes die Vertretungsorgane, für die **Einhaltung der formellen Anforderungen** der Verschm verantwortl. Auch diese Pflichten stehen im Zusammenhang mit der Verschm. Soweit ein Verstoß – was gesondert zu prüfen ist – zu einem Verschmelzungsschaden führt, besteht die Haftung nach Abs 1 S 1. Neben der **Exkulpation** (Rn 20) ist der Einwand des **Mitverschuldens** (zB Rn 16 aE) oder ein etwaiger **Haftungsausschluss** (Rn 23) mögl.

24 **f) Exkulpation, Abs 1 S 2.** Die Verwaltungsträger haften nach allg zivilrechtl Regelungen schon für **leichte Fahrlässigkeit.** Zudem ordnet Abs 1 S 2 eine **Beweislastumkehr** an: Der Anspruchsteller hat ledigl das Vorliegen eines Schadens und die Kausalität mit der Verschm nachzuweisen. Das **Verschulden** der Verwaltungsträger wird dann **vermutet.** Die Mitglieder des Vertretungs- oder Aufsichtsorgans können sich ledigl exkulpieren, indem sie den Nachw der Einhaltung aller mögl und zumutbaren Sorgfaltspflichten erbringen. Die Anforderungen an die Exkulpation werden nicht zu niedrig zu bemessen sein (aA Widmann/Mayer/*Vossius* Rn 31; zu einer für die Verwaltungsträger großzügigen Betrachtung rät auch Lutter/*Grunewald* Rn 8 ff, die damit die nicht systemkonforme Norm – direkte Ansprüche Dritter gegen Organe – beschränken will; gerade die strenge Betrachtung der Organpflichten außerhalb von § 25, insbes in der Grundsatzentscheidung BGH NJW 2003, 358 zur Beweislast iRv § 43 GmbHG, zeigt aber, dass Organe mit Großzügigkeit nicht rechnen dürfen).

25 Insbes ist eine **Berufung auf mangelnde Sachkunde** nicht opportun. Soweit es um die Bew des übernehmenden Rechtsträgers und die Angemessenheit des Umtauschverhältnisses geht, ist auch die Berufung darauf, dass vom übernehmenden Rechtsträger nur unzureichende Unterlagen zur Vfg gestellt worden seien, ausgeschlossen. Bei Vorliegen eines solchen Sachverhalts muss das verantwortl Aufsichts- oder Vertretungsorgan notfalls die Verschm verweigern (Widmann/Mayer/*Vossius* Rn 33; zum alten Recht bereits *Scholz/Priester* GmbHG 7. Aufl Anh Umw § 28 KapErhG Rn 5 mwN). Im Regelfall wird man für die Bew auch die **Hinzuziehung von sachverständigen Dritten** verlangen müssen.

Rechtstechnisch handelt es sich bei der Möglichkeit von Abs 1 S 2 um einen Entlastungsbeweis **(Vollbeweis)** durch Widerlegung der Verschuldensvermutung. Das jew Organmitglied muss behaupten und vollumfängl beweisen, dass es seiner Sorgfaltspflicht nachgekommen ist. Auf eine **Kompetenzverteilung innerhalb des Organs** (zB Behauptung der Alleinzuständigkeit des kaufmännischen Geschäftsführers/Vorstands für die Verschm) kann sich das Organmitglied nur eingeschränkt berufen; die gesamtschuldnerische Haftung bedingt grdsl ein Einstehenmüssen auch für Fehlleistungen der anderen Organmitglieder in solchen Angelegenheiten, die für den übertragenden Rechtsträger **wesentl Bedeutung** haben (stRspr, vgl nur BGH DB 1977, 1248; *Lutter* ZIP 1986, 1188, 1196 und Lit zu § 43 GmbHG, § 93 AktG, § 34 GenG), hierzu zählen zweifellos alle wesentl Abreden im Zusammenhang mit der Verschm (vgl auch BGH DB 2002, 196 und BGH ZIP 2002, 216 zur Gesamtverantwortung des Vorstands einer AG bereits bei der Einberufung einer HV). 26

Die Kompetenzverteilung hat gleichwohl Bedeutung insoweit, als der Maßstab für die Sorgfaltspflichten des „zuständigen" Organmitglieds höher anzusetzen ist als für seine Kollegen. Eine ähnl **wertende Betrachtung** muss auch dazu führen, dass die Intensität der Sorgfaltspflichten der Mitglieder eines Aufsichtsorgans geringer anzusetzen ist als diejenige der Mitglieder des Vertretungsorgans. 27

Über die Formulierung von Abs 1 S 2 hinaus ist den Leitungsorganen in Übernahme des **Rechtsgedankens von § 831 I 2 BGB aE** die Möglichkeit einzuräumen, den Entlastungsbeweis durch **Widerlegung der Ursächlichkeitsvermutung** (Pflichtwidrigkeitszusammenhang) zu führen. Wenn nachgewiesen werden kann, dass der Schaden auch bei Anwendung der gebotenen Sorgfalt durch das jew Organmitglied in gleicher Weise entstanden wäre, liegt zwar ein individuelles Fehlverhalten vor, eine Grundlage für die persönl Haftung ist aber nicht gegeben. 28

g) Haftungsausschluss. Die Haftung ggü dem übertragenden Rechtsträger selbst und seinen Anteilsinhabern ist nicht dadurch ausgeschlossen, dass die Anteilsinhaber durch ihren Verschmelzungsbeschluss der Verschm zugestimmt haben (allgM). Da ein Verschmelzungsbeschluss stets Voraussetzung für eine wirksame Verschm ist, die von § 25 wiederum vorausgesetzt wird, würde der Schadensersatzanspruch der Anteilsinhaber in unzumutbarem Maße beschnitten. 29

Der **Ausschluss der Haftung** ggü den Anteilsinhabern kann sich jedoch daraus ergeben, dass die Verwaltungsträger aufgrund einer **ausdrückl Weisung** in Form eines gesonderten Beschlusses der Anteilsinhaber gehandelt haben, wobei fragl ist, ob dieser Einwand bei Mehrheitsbeschluss auch den überstimmten Anteilsinhabern entgegengehalten werden kann (vgl Widmann/Mayer/*Vossius* Rn 40; grdsl krit Semler/Stengel/*Kübler* Rn 18 ff). Die **Freistellung** erfolgt hier **nur im Verhältnis zu den Anteilsinhabern,** selbstverständl nicht ggü den Gläubigern des übertragenden Rechtsträgers (Widmann/Mayer/*Vossius* Rn 38 mN). 30

Die Anwendung von **§ 254 BGB** (Einwand des Mitverschuldens des Anspruchsberechtigten) kann zu einer quotalen Beschränkung des Schadensersatzanspruchs und im Einzelfall sogar zum vollständigen Anspruchausschluss führen. 31

h) Verjährung, Abs 3. Ansprüche iSv Abs 1 verjähren in **fünf Jahren** nach Wirksamwerden der Verschm, **Abs 3. Fristbeginn** ist der Tag der Bekanntmachung der Eintragung der Verschm in das Register des Sitzes des übernehmenden Rechtsträgers nach § 19 III (Ausnahme: Fall von § 122 II). Es kommt mithin auf die Bekanntmachung gem § 10 HGB in das HR an, nicht auf das **Entstehen des Anspruchs** als solchem oder auf die **Kenntnis der Beteiligten** vom schädigen- 32 den Ereignis oder vom Schadenseintritt (allgM, vgl Lutter/*Grunewald* Rn 22; Semler/Stengel/*Kübler* Rn 31; Hachenburg/*Schilling/Zutt* GmbHG § 77 Anh II §§ 28, 29 KapErhG Rn 9; *Scholz/Priester* GmbHG 7. Aufl Anh Umw § 28 KapErhG Rn 11). IÜ gelten die allg Vorschriften des BGB **(§§ 187 ff BGB).** Vgl auch § 27 Rn 10 ff. Auf **konkurrierende deliktische Ansprüche** (Rn 25) ist Abs 3 nicht anzuwenden, hierfür gilt die **allg Verjährungsvorschrift** von § 195 BGB.

33 **i) Anspruchskonkurrenz.** Die Ansprüche aus Abs 1 S 1 können in Konkurrenz zu **Schadensersatzansprüchen aus Delikt** treten. Oftmals wird der Sorgfaltsverstoß in der Nichtbeachtung eines Schutzgesetzes iSv § 823 II BGB liegen, auch unmittelbare Ansprüche nach § 823 I BGB oder – in eingeschränktem Maße – nach § 826 BGB sind mögl (KölnerKommAktG/*Kraft* § 349 Rn 14 mwN; vgl etwa zur Haftung von Vorstand und AR nach allg Recht *Kau/Kukat* BB 2000, 1045).

3. Weitere Ansprüche, Abs 2

34 **a) Des übertragenden Rechtsträgers.** Als Ansprüche eines übertragenden Rechtsträgers im Anwendungsbereich von Abs 2 S 1 kommen zunächst **Gestaltungsrechte** in Bezug auf den Verschmelzungsvertrag in Betracht (etwa §§ 119 ff, 123 BGB). Bei einer darauf gestützten Feststellungsklage ist der Rechtsträger als fortbestehend anzusehen. Auch Ansprüche des übertragenden Rechtsträgers gegen den übernehmenden Rechtsträger selbst werden von Abs 2 S 1 erfasst. Bspw können **Schadensersatzansprüche** aus einer Verletzung des Verschmelzungsvertrages **(positive Vertragsverletzung)** entstehen und geltend gemacht werden (Lutter/*Grunewald* Rn 23 mwN).

35 Eine Beschränkung allein auf Schadenersatzansprüche ist nicht geboten, die Geltendmachung von **Erfüllungsansprüchen** ist ebenfalls denkbar (OLG Frankfurt aM ZIP 2007, 331). Dabei dürfte auch möglich sein, im Verschmelzungsvertrag Regelungen aufzunehmen, die es dem übertragenden Rechtsträger erlauben, auf die Geschäftspolitik des übernehmenden Rechtsträgers Einfluss zu nehmen (*Blasche/Söntgerath* BB 2009, 1432). Zur modifizierten Anwendung von § 26 bei der Durchsetzung von Erfüllungsansprüchen vgl § 26 Rn 9. Auch **Ansprüche gegen Dritte** sind von Abs 2 S 1 erfasst. Denkbar sind zB unmittelbar Schadensersatzansprüche gegen die Verwaltungsträger des übernehmenden Rechtsträgers iRv § 27 aufgrund deliktischer Haftung.

36 **b) Gegenüber dem übertragenden Rechtsträger.** Die Fiktion des Fortbestehens ist auch bei Ansprüchen gegen einen übertragenden Rechtsträger anzuwenden. Hier sind insbes mögl **Ansprüche des übernehmenden Rechtsträgers** zu erwähnen. Neben Gestaltungs- oder Anfechtungsrechten in Bezug auf den Verschmelzungsvertrag kommen auch hier **Schadensersatzansprüche** etwa **aus cic** (Verschulden bei Vertragsschluss, § 311 II, III BGB) **oder pVV** (positive Vertragsverletzung, § 280 I BGB) in Betracht. Letztere sind trotz des Vermögensübergangs von Interesse, falls dem übertragenden Rechtsträger selbst Ansprüche zustehen, denen ggü **aufgerechnet** werden kann (vgl Rowedder/Schmidt-Leithoff/*Zimmermann* GmbHG, 4. Aufl 2002, Anh nach § 77 Rn 452). An einer Anfechtung des Verschmelzungsvertrag besteht aber wegen § 20 Abs 2 idR kein Interesse, da die Anfechtung die Wirksamkeit der eingetragenen Verschm nicht mehr berührt (vgl § 26 Rn 14 mwN). In Betracht kommen ferner **Ansprüche der Anteilsinhaber und Gläubiger des übernehmenden Rechtsträgers,** die

im Zusammenhang mit der Verschm einen Schaden (etwa aus verbotener Unterpariemission) erlitten haben (daneben besteht auch ein Anspruch gegen den übernehmenden Rechtsträger, vgl KölnerKommUmwG/*Simon* Rn 37 mwN).

c) Verjährung. Die Verjährung der weiteren Ansprüche richtet sich nach den jew einschlägigen allg Vorschriften. Abs 3 ist nicht anwendbar. 37

4. Fiktion des Fortbestehens, Abs 2

Die übertragenden Rechtsträger erlöschen mit Eintragung der Verschm in das Register des Sitzes des übernehmenden Rechtsträgers, § 20 I Nr 2. Ihr Verm geht im Zuge der Gesamtrechtsnachfolge auf den übernehmenden Rechtsträger über, § 20 Abs 1 Nr 1. Andererseits können ihnen auch nach der Verschm noch Ansprüche zustehen. Diese können aus Abs 1 folgen, aber auch aus den allg Vorschriften (weitere Ansprüche), Abs 2 S 1. Zur Lösung der daraus resultierenden Probleme ordnet **Abs 2 S 1** an, dass der betroffene **übertragende Rechtsträger als fortbestehend gilt.** Ergänzend wird in Abs 2 S 2 festgelegt, dass Forderungen zwischen den sich vereinigenden Rechtsträgern insoweit nicht durch Konfusion untergehen. 38

Die Bedeutung der Vorschrift beschränkt sich nicht nur darauf, den betroffenen übertragenden Rechtsträgern die **aktive und passive Prozessfähigkeit** einzuräumen (so *Scholz/Priester* GmbHG 7. Aufl Anh Umw § 28 KapErhG Rn 7), vielmehr wird das Bestehen des übertragenden Rechtsträgers als Rechtspersönlichkeit fingiert (zu den Wirkungen der Fiktion ausführl Widmann/Mayer/*Vossius* Rn 44 ff; KölnerKommUmwG/*Simon* Rn 42). Im Erg führt die Fiktion dazu, dass in bestimmtem Umfang eine **Abwicklung des übertragenden Rechtsträgers** durchgeführt werden kann (Hachenburg/*Schilling/Zutt* GmbHG § 77 Anh II §§ 28, 29 KapErhG Rn 10). 39

Die Fiktion beschränkt sich auf das Wiederaufleben der Rechtspersönlichkeit, sonstige Wirkungen sind damit nicht verbunden. Insbes erlangen durch die Fiktion die früheren Organe nicht wieder ihre Stellung. Der fiktive Rechtsträger erhält vielmehr einen **gesondert zu bestellenden Vertreter** nach Maßgabe von **§ 26.** 40

Die **Fiktion des Fortbestehens tritt nicht ein,** soweit es sich um Ansprüche des übertragenden Rechtsträgers gegen Dritte handelt, die **in keinem Zusammenhang mit der Verschm** stehen. Solche Ansprüche sind kraft Gesamtrechtsnachfolge auf den übernehmenden Rechtsträger übergegangen (§ 20 Rn 23 ff, 74) und müssen auch von diesem durchgesetzt werden. Abs 2 ist des Weiteren – trotz Zusammenhang mit der Verschm – nicht auf einen **Anspruch gegen einen Steuerberater** anwendbar, der einen infolge ungünstiger Vertragsgestaltung bei der Verschm begründeten Steuerschaden zu ersetzen hat; insoweit reicht die Geltendmachung durch den übernehmenden Rechtsträger (BGH WiB 1997, 435 noch zu § 28 II KapErhG aF). 41

Die Fiktion hat zur Folge, dass die Forderungen, die im Zusammenhang mit der Verschm stehen, nicht dem übernehmenden, sondern dem jew übertragenden Rechtsträger zugerechnet werden müssen. Sie stehen damit **nicht zur Disposition des übernehmenden Rechtsträgers,** er kann insbes nicht auf diese Ansprüche verzichten. Auf der anderen Seite wird der übernehmende Rechtsträger aber auch nicht Schuldner dieser Ansprüche. Dies ist insbes auch bei einer **Aufrechnung** zu beachten; mit Ansprüchen, die kraft Fiktion ggü einem übertragenden Rechtsträger bestehen, kann nicht gegen Forderungen des übernehmenden Rechtsträgers aufgerechnet werden. 42

§ 26 Geltendmachung des Schadenersatzanspruchs

(1) [1]**Die Ansprüche nach § 25 Abs. 1 und 2 können nur durch einen besonderen Vertreter geltend gemacht werden. [2]Das Gericht des Sitzes eines übertragenden Rechtsträgers hat einen solchen Vertreter auf Antrag eines Anteilsinhabers oder eines Gläubigers dieses Rechtsträgers zu bestellen. [3]Gläubiger sind nur antragsberechtigt, wenn sie von dem übernehmenden Rechtsträger keine Befriedigung erlangen können. [4]Gegen die Entscheidung findet die Beschwerde statt.**

(2) [1]**Der Vertreter hat unter Hinweis auf den Zweck seiner Bestellung die Anteilsinhaber und Gläubiger des betroffenen übertragenden Rechtsträgers aufzufordern, die Ansprüche nach § 25 Abs. 1 und 2 binnen einer angemessenen Frist, die mindestens einen Monat betragen soll, anzumelden. [2]Die Aufforderung ist im Bundesanzeiger und, wenn der Gesellschaftsvertrag, der Partnerschaftsvertrag oder die Satzung andere Blätter für die öffentlichen Bekanntmachungen des übertragenden Rechtsträgers bestimmt hatte, auch in diesen Blättern bekanntzumachen.**

(3) [1]**Der Vertreter hat den Betrag, der aus der Geltendmachung der Ansprüche eines übertragenden Rechtsträgers erzielt wird, zur Befriedigung der Gläubiger dieses Rechtsträgers zu verwenden, soweit die Gläubiger nicht durch den übernehmenden Rechtsträger befriedigt oder sichergestellt sind. [2]Für die Verteilung gelten die Vorschriften über die Verteilung, die im Falle der Abwicklung eines Rechtsträgers in der Rechtsform des übertragenden Rechtsträgers anzuwenden sind, entsprechend. [3]Gläubiger und Anteilsinhaber, die sich nicht fristgemäß gemeldet haben, werden bei der Verteilung nicht berücksichtigt.**

(4) [1]**Der Vertreter hat Anspruch auf Ersatz angemessener barer Auslagen und auf Vergütung für seine Tätigkeit. [2]Die Auslagen und die Vergütung setzt das Gericht fest. [3]Es bestimmt nach den gesamten Verhältnissen des einzelnen Falles nach freiem Ermessen, in welchem Umfange die Auslagen und die Vergütung von beteiligten Anteilsinhabern und Gläubigern zu tragen sind. [4]Gegen die Entscheidung findet die Beschwerde statt; die Rechtsbeschwerde ist ausgeschlossen. [5]Aus der rechtskräftigen Entscheidung findet die Zwangsvollstreckung nach der Zivilprozeßordnung statt.**

Schrifttum: Siehe Schrifttum § 25.

Übersicht

1. Allgemeines

Die Vorschrift über die **Geltendmachung von Schadensersatzansprüchen** wurde zunächst vollständig aus §§ 350 AktG aF, 29 KapErhG aF übernommen. Ledigl in Abs 3 S 2 wurde abw formuliert, um der Ausdehnung des Schutzbereichs der Norm gerecht zu werden. Geringfügige Änderung gab es nach der Umwandlungsreform 1994 noch durch das PartG (Rn 17 aE) sowie durch das EHUG und das neue GenG (dazu Einf Rn 28) bei Abs 2 S 2. Durch das FGG-RG wurden redaktionelle Anpassungen vorgenommen. Vgl allg zum FGG-RG Einf Rn 29. Mit dem Gesetz zur Änderung von Vorschriften über Verkündung und Bekanntmachungen wurde in Abs 2 S 2 das Wort „elektronischen" vor dem Wort „Bundesanzeiger" gestrichen, vgl Einf Rn 34. 1

§ 26 ergänzt § 25 durch ein **spezielles Verfahren** (zum normalen Vorgehen nach allg Recht etwa *Kau/Kukat* BB 2000, 1045 für AG), in welchem die Ansprüche nach § 25 I, II geltend zu machen sind. Die Verfahrensvorschrift ist notw, um zu verhindern, dass die Verwaltungsträger des übertragenden Rechtsträgers mit zahlreichen Prozessen überzogen werden, in denen **voneinander abw Entscheidungen** über ihr Verschulden ergehen könnten; außerdem soll durch die Konzentration auf ein Verfahren ein **Wettlauf der Berechtigten** mit der Folge unterschiedl Befriedigung vermieden werden (RegEBegr BR-Drs 75/94 zu § 26). Die selbstständige Klage eines Beteiligten unter Umgehung von § 26 ist unzulässig (Rn 8, 19; dem steht die Entscheidung BGH ZIP 1998, 508 zur Vertretung einer übernehmenden eG ausschließl durch ihren AR bei Schadensersatzprozessen gegen ehemalige Vorstände von übertragenden eG nicht entgegen, denn dort ging es um Pflichtwidrigkeiten außerhalb der Verschm). 2

Zweck der Vorschrift ist damit zum einen, dem betroffenen übertragenden Rechtsträger für die Phase des fiktiven Fortbestehens iSv § 25 II einen Vertreter zu bestellen, nachdem die ursprüngl vorhandenen Organe zur Vertretung nicht mehr in der Lage sind. Zum anderen sollen die verschiedenen Ansprüche von einer Entscheidung erfasst werden, um Divergenzen zu vermeiden. Wenn Ansprüche nach § 25 I, II von mehreren übertragenden Rechtsträgern geltend gemacht werden sollen, ist die **gemeinsame Bestellung eines besonderen Vertreters** gesetzl nicht vorgesehen. Aus Zweckmäßigkeitsgründen kann eine solche gemeinsame Bestellung jedoch geboten sein, wenn der Anspruch gegen die Verwaltungsträger verschiedener übertragender Rechtsträger auf einem einheitl Pflichtverstoß basiert. Zulässig ist auch die **Bestellung mehrerer Vertreter** (Lutter/*Grunewald* Rn 13; Kallmeyer/*Marsch-Barner* Rn 4). Ein praktisches Bedürfnis besteht schließl dahin, eine **Sozietät** von Rechtsanwälten insges als besonderen Vertreter zu bestellen; zumindest die Bestellung von PartGes und KapGes dürfte mögl sein, da nirgends bestimmt ist, dass der besondere Vertreter natürl Person sein muss (aA hM beim SpruchG, vgl Teil B § 6 Rn 6). 3

4 Das **Verfahren** unterteilt sich in **drei Abschnitte.** Zunächst muss in der **ersten Stufe** ein besonderer Vertreter für den zwar als fortbestehend geltenden (§ 25 II 1), aber nicht mehr handlungsfähigen übertragenden Rechtsträger bestellt werden. Dies ordnet **Abs 1** S 1 an. Abs 1 S 2, 3 befassen sich mit der Antragsbefugnis, während Abs 1 S 4 das in diesem Stadium statthafte Rechtsmittel (Beschwerde) festlegt.

5 **Abs 2** regelt die **zweite Stufe** des Verfahrens. Ansprüche iSv § 25 I, II müssen bei dem besonderen Vertreter angemeldet werden. Damit die potenziell Anspruchsberechtigten hiervon Kenntnis erlangen, ist eine Aufforderung im BAnz und ggf in anderen Bekanntmachungsblättern des übertragenden Rechtsträgers zu veröffentl. Sodann hat der besondere Vertreter die gesammelten Ansprüche, notfalls gerichtl, geltend zu machen.

6 **Abs 3** legt als dritte Stufe die **Reihenfolge der Verteilung des Erlöses** fest. Die Gläubiger des übertragenden Rechtsträgers gehen deren (ehemaligen) Anteilsinhabern vor. Abs 3 S 4 enthält einen **Ausschluss** für diejenigen Gläubiger und Anteilsinhaber, die sich nicht fristgemäß gemeldet haben.

7 **Abs 4** schließl regelt die **Vergütungs- und Auslagenersatzansprüche des besonderen Vertreters.** Gem Abs 4 S 5 ist die gerichtl Festsetzung der Vergütung ohne weitere Zwischenschritte vollstreckbar.

2. Geltendmachung von Ansprüchen, Abs 1 S 1

8 **a) Ansprüche nach § 25 I.** Ansprüche nach § 25 I können nur einem übertragenden Rechtsträger selbst, seinen Anteilsinhabern oder seinen Gläubigern zustehen. Da § 25 I nur Ansprüche regelt, die sich nicht gegen den übertragenden Rechtsträger richten können, tritt der **besondere Vertreter stets als Anspruchsteller** auf (Ausnahme: Rn 9 aE). Er allein ist zur Geltendmachung der Ansprüche berechtigt, auch ist ausschließl er klageberechtigt; im Prozess ist er **Partei kraft Amtes** (Rn 16, str). Die **Klage eines Anteilsinhabers oder eines Gläubigers** in eigener Regie unter Umgehung von § 26 ist als **unzulässig** abzuweisen; dies gilt auch für den Fall, dass die betreffende Person als einzige einen Anspruch nach § 25 geltend machen möchte und demgemäß der Sinn und Zweck einer Einschaltung des besonderen Vertreters nicht erreicht werden kann. Str ist, ob die Antragsberechtigten als **Intervenient** (§§ 64, 66 ZPO) agieren dürfen (dafür Lutter/*Grunewald,* 2. Aufl 2000, § 26 Rn 4 mwN; Kallmeyer/*Marsch-Barner* Rn 2; Semler/Stengel/*Kübler* Rn 3; dagegen mit überzeugender Begr Widmann/Mayer/*Vossius* Rn 8).

9 **b) Ansprüche des übertragenden Rechtsträgers nach § 25 II.** Nach dem Wortlaut von Abs 1 S 1 findet das besondere Verfahren auch auf **Ansprüche des übertragenden Rechtsträgers** iSv § 25 II Anwendung. Hier ist allerdings zu diff: Das Verfahren nach § 26 ist sinnvoll, soweit es sich um **sonstige Ansprüche** des übertragenden Rechtsträgers bzw seiner Anteilsinhaber oder Gläubiger gegen Organmitglieder des übertragenden Rechtsträgers (etwa aus § 823 BGB) oder gegen Dritte (etwa bei der Verschm tätige Berater; nach BGH WiB 1997, 435 ist ein Schadensersatzanspruch gegen einen Steuerberater aber grdsl allein vom übernehmenden Rechtsträger geltend zu machen, vgl § 25 Rn 36) handelt. In diesem Fall sind eine Kumulierung der Ansprüche und eine alleinige Geltendmachung durch den besonderen Vertreter praktisch durchführbar und durchaus sinnvoll. Soll dagegen etwa der **Verschmelzungsvertrag angefochten** werden (§§ 119 ff, 123 BGB), so benötigt der übertragende Rechtsträger zwar einen

besonderen Vertreter (so auch OLG Frankfurt aM ZIP 2007, 331 für Erfüllungsansprüche), ein Anmeldeverfahren nach Abs 2 wäre aber insoweit sinnlos. Demzufolge ist der besondere Vertreter in diesem Fall nur zur Erklärung der Anfechtung und zur Erhebung einer ggf notw Feststellungsklage berufen. Bei der Durchsetzung von Erfüllungsansprüchen des übertragenden Rechtsträgers (vgl § 25 Rn 35) ist § 26 entsprechend zu modifizieren (*Blasche/Söntgerath* BB 2009, 1432). Ein Anmelde- oder Verteilungsverfahren ist hier ebenso sinnlos.

c) Ansprüche gegen den übertragenden Rechtsträger nach § 25 II. 10
Ansprüche nach § 25 II gegen den übertragenden Rechtsträger können nur in sehr beschränktem Umfang entstehen. Wegen der Gesamtrechtsnachfolge sind diese Ansprüche **grdsl gegen den übernehmenden Rechtsträger** zu richten (vgl auch § 25 Rn 10). Praktisch relevant werden eigentl nur **Ansprüche des übernehmenden Rechtsträgers selbst.** Insbes kommt hier die Anfechtung des Verschmelzungsvertrags durch den übernehmenden Rechtsträger oder die Geltendmachung von Schadensersatzansprüchen aus cic (§§ 280 Abs 1, 311 Abs 2, 3 BGB) bzw pVV in Betracht. Der Eintritt der Fiktion nach § 25 II und das Nichtvorhandensein vertretungsberechtigter Organe bedingt die Notwendigkeit der Bestellung eines besonderen Vertreters auch für diesen Fall. An einer Anfechtung des Verschmelzungsvertrags besteht idR kein Interesse, da wegen § 20 II die Unwirksamkeit der Verschm nicht erreicht werden kann (Vgl Rn 14 mwN.)

Entgegen dem Wortlaut von § 26 wird man mit der hM zu § 29 KapErhG 11
aF, § 350 AktG aF wohl annehmen müssen, dass der besondere Vertreter auch zu bestellen ist, wenn Ansprüche gegen einen übertragenden Rechtsträger geltend gemacht werden (vgl Hachenburg/*Schilling/Zutt* GmbHG § 77 Anh II § 29 KapErhG Rn 43, KölnerKommAktG/*Kraft* § 350 Rn 8). Der besondere Vertreter vertritt den betroffenen übertragenden Rechtsträger nicht nur im evtl anstehenden Passivprozess, er ist vielmehr auch schon im Vorfeld für die **Entgegennahme von Erklärungen** zuständig. Er wird in analoger Anwendung von § 26 bestellt (vgl OLG Hamm DB 1991, 2535; aA *Schmidt-Troschke* GmbHR 1992, 505, 508: Bestellung eines Liquidators nach § 2 II LöschG). Antragsberechtigt ist in diesem Fall der übernehmende Rechtsträger (Lutter/*Grunewald* Rn 10; Kallmeyer/*Marsch-Barner* Rn 3 je mwN).

3. Bestellung des besonderen Vertreters

a) Zuständigkeit. Der besondere Vertreter wird **durch „das Gericht“** 12
bestellt, Abs 1 S 2. Aus §§ 23a II Nr 4 GVG iVm § 375 Nr 5 FamFG folgt die sachl Zuständigkeit der Amtsgerichte. Damit hat sich die früher gemäß § 145 I FGG bestehende Rechtslage im Ergebnis nicht geändert. Vgl zum FGG-RG allgemein Einf Rn 29. Zuständig ist mithin das **Amtsgericht am Sitz des betroffenen übertragenden Rechtsträgers.** Funktionell zuständig ist der **Richter,** § 17 Nr 2 lit a RpflG.

b) Antragsberechtigung, Abs 1 S 2, 3. Der besondere Vertreter wird **auf** 13
Antrag gerichtl bestellt. **Antragsberechtigt sind** zunächst die **Anteilsinhaber** des übertragenden Rechtsträgers, Abs 1 S 2 (vgl für den Sonderfall AG § 70). Entscheidend ist die Stellung als Anteilsinhaber zum Zeitpunkt der Verschm. Der Berechtigte eines Anteilserwerbs, der nach Wirksamwerden der Verschm durchgeführt wurde, tritt in das Antragsrecht nicht ein, weil er durch die Verschm selbst keinen Schaden erlitten haben kann (Lutter/*Grunewald* Rn 6 mwN). Das

Antragsrecht ist nicht abtretbar, wohl aber der Anspruch auf Teilhabe an der Erlösverteilung (Kallmeyer/*Marsch-Barner* Rn 6; Lutter/*Grunewald* Rn 7).

14 **Antragsberechtigt sind auch** die **Gläubiger** des übertragenden Rechtsträgers (Abs 1 S 2), jedoch mit der Einschränkung, dass Antragsberechtigung nur besteht, wenn der Gläubiger vom übernehmenden Rechtsträger keine volle Befriedigung erlangen konnte (**Subsidiarität,** die wohl auch dann anzuerkennen ist, wenn dem Gläubiger entgegen § 22 keine oder keine genügende Sicherheit geleistet wurde). Der Kreis der antragsberechtigten Gläubiger ist ebenso wie bei § 22 zu bestimmen (dort Rn 4). An den Nachw von Abs 1 S 2, dass Befriedigung beim übernehmenden Rechtsträger nicht erlangt werden kann, sind keine allzu strengen Anforderungen zu stellen; eine **erfolglose Zwangsvollstreckung** kann zB nicht verlangt werden (so auch Lutter/*Grunewald* Rn 8; Kallmeyer/*Marsch-Barner* Rn 8; Widmann/Mayer/*Vossius* Rn 23).

15 Der **übernehmende Rechtsträger** ist grdsl nicht antragsberechtigt, da seine Ansprüche durch Konfusion untergegangen sind (*Scholz/Priester* GmbHG 7. Aufl Anh Umw § 29 KapErhG Rn 3 mwN); anderes gilt nur, soweit sich die Ansprüche aus unmittelbarem Zusammenhang mit der Durchführung der Verschm ergeben, § 25 II und Rn 10 sowie nachfolgend Rn 16.

16 Der Kreis der in Abs 1 S 2, 3 ausdrückl genannten Antragsberechtigten ist zu eng. Grdsl muss jedem die Antragsberechtigung zustehen, der Ansprüche iSv § 25 I, II haben kann. **Antragsberechtigt** ist daher etwa auch **der übernehmende Rechtsträger selbst,** soweit er Schadensersatzansprüche (§ 25 Rn 34) geltend machen will (aA MüKoZPO/*Krafka* § 375 Rn 44 FamFG, der aufrechenbare Ansprüche des übernehmenden Rechtsträgers im Falle der Verschmelzung nicht erkennt). Der übernehmende Rechtsträger ist auch antragsberechtigt, soweit er einen Vertreter zur Entgegennahme einer **Anfechtungserklärung** benötigt (OLG Hamm DB 1991, 2535). An einer Anfechtung des Verschmelzungsvertrag besteht aber wegen der Konstitutivwirkung von § 20 II idR kein Interesse (vgl § 20 Rn 121 ff; Kallmeyer/*Marsch-Barner* Rn 3; Semler/Stengel/*Kübler* Rn 7).

17 Die **Antragsteller müssen** im Bestellungsverfahren **glaubhaft machen,** dass sie einen Anspruch iSv § 25 I, II haben. Darzulegen und mit zugelassenen Beweismitteln zu stützen ist im Regelfall also das Vorliegen eines Schadens, der auf die Verschm zurückzuführen ist.

18 **c) Bestellungsverfahren.** Zuständig für die Bestellung des besonderen Vertreters ist das AG am Sitz des jew übertragenden Rechtsträgers (vgl Rn 11; KölnerKommUmwG/*Simon* Rn 8). Mit der Bestellung entsteht ein **gesetzl Schuldverhältnis** zwischen dem Vertreter und dem Staat (Hachenburg/*Schilling/Zutt* GmbHG § 77 Anh II § 29 KapErhG Rn 27; KölnerKommAktG/*Kraft* § 350 Rn 21). Es entsteht hingegen **kein Vertragsverhältnis** mit den Anspruchsberechtigten selbst. Der besondere Vertreter ist insbes **an Weisungen** des von ihm vertretenen Personenkreises **nicht gebunden.** Seine Vorgehensweise bestimmt er nach pflichtgemäßem Ermessen in eigener Verantwortung und Zuständigkeit. In einem Prozess tritt er nicht als gesetzl Vertreter, sondern als **Partei kraft Amtes** auf (hM, Nachw bei Lutter/*Grunewald* Rn 15 mwN; aA mit ausführl Begr Widmann/Mayer/*Vossius* Rn 42 unter Verweis auf den Wortlaut von Abs 1 S 1 und auf § 327 ZPO). Die Bestellung und deren Ablehnung kann mit der **Beschwerde** (Abs 1 S 4) angefochten werden, §§ 58 ff FamFG (ausführl zur Beschwerde § 10 Rn 26 ff). Gegen die Beschwerdeentscheidung ist die Rechtsbeschwerde nach §§ 70 ff FamFG (ausführl zur Rechtsbeschwerde § 10 Rn 31) statthaft.

4. Durchsetzung der Ansprüche

a) Anmeldeverfahren, Abs 2. Die **erste Aufgabe** des besonderen Vertreters ist es im Regelfall (zur Ausnahme Rn 9), das **Anmeldeverfahren** in Gang zu setzen. Er hat zu diesem Zweck die potenziell Anspruchsberechtigten, also die Anteilsinhaber und Gläubiger des betroffenen übertragenden Rechtsträgers, **aufzufordern,** ihre Ansprüche innerh einer angemessenen Frist anzumelden. Die **Frist** soll mindestens einen Monat betragen, Abs 2 S 1, sie muss stets den Umständen des Einzelfalls angepasst werden (in Ausnahmefällen – „soll" – kann auch eine kürzere Frist angemessen sein, zutr Lutter/*Grunewald* Rn 22; jetzt auch Widmann/Mayer/*Vossius* Rn 32). Die Angemessenheit der Frist bestimmt sich nach den Schwierigkeiten bei der Sammlung des Prozessmaterials und nach den auftauchenden Rechtsproblemen (vgl etwa *Scholz/Priester* GmbHG 7. Aufl Anh Umw § 29 KapErhG Rn 5); str ist, ob eine unangemessen kurze Frist die Aufforderung unwirksam macht (so zB Kallmeyer/*Marsch-Barner* Rn 16) oder nur durch eine angemessene Frist ersetzt wird (so in Übereinstimmung mit anderen Rechtsgebieten zu Recht die hM, Widmann/Mayer/*Vossius* Rn 33; Semler/Stengel/*Kübler* Rn 12 aE; Lutter/*Grunewald* Rn 22). 19

Die Aufforderung muss auf jeden Fall im **BAnz** und, wenn Gesellschaftsvertrag/PartVertrag/Satzung noch weitere Blätter bestimmt hatten, auch in diesen bekannt gemacht werden, **Abs 2 S 2** in neuer Fassung (Rn 1). Sinnvollerweise sollte auf die Folgen der Fristversäumnis hingewiesen werden, wenngleich dies nicht vorgeschrieben ist (Widmann/Mayer/*Vossius* Rn 34). Die Einbeziehung der PartGes in den Kreis der Rechtsträger von § 3 I führte auch zur Änderung von Abs 2 S 2, vgl Art 1 Nr 7 des Gesetzes zur Änderung des UmwG, BGBl I 1998, 1878. 20

Anspruchsberechtigte müssen sich innerh der angemessenen (Semler/Stengel/*Kübler* Rn 12 aE) Frist beim besonderen Vertreter **melden.** Dies kann, sollte aus Beweisgründen aber nicht formlos geschehen. Als Mindestanforderung ist zu verlangen, dass der Gläubiger seinen Anspruch hinsichtl Sachverhalt und Anspruchsgrund kurz beschreibt und entsprechend § 22 I 1 die Höhe des **Anspruchs genau bezeichnet.** Eine Hinzufügung von Beweismitteln bereits bei der Anmeldung ist nicht erforderl. 21

Die **Folgen der Fristversäumnis** bestimmt sich nach **Abs 3 S 4;** Gläubiger und Anteilsinhaber, die ihre Ansprüche nicht rechtzeitig angemeldet haben, werden **bei der Verteilung** eines vom besonderen Vertreter erzielten **Erlöses nicht berücksichtigt.** Die Überschreitung der Anmeldefrist führt zum materiell-rechtl Anspruchsausschluss, eine Klage im eigenen Namen ist unzulässig, eine erneute Durchführung des Verfahrens nach § 26 nicht mögl. Missachtet der besondere Vertreter bei der Verteilung des erzielten Erlöses den durch Fristversäumnis bedingten Anspruchsausschluss, entsteht ein Kondiktionsanspruch gegen den zu Unrecht Bereicherten, darüber hinaus stehen Schadensersatzansprüche (dazu Rn 27) gegen den besonderen Vertreter in Rede (KölnerKommAktG/*Kraft* § 350 Rn 22 mwN). 22

b) Geltendmachung der Ansprüche und Erlösverteilung, Abs 3. Die **Geltendmachung der Ansprüche** erfolgt **ausschließl durch den besonderen Vertreter.** Dies gilt sowohl für außergerichtl als auch für gerichtl Maßnahmen. Ihm allein obliegt die Entscheidung hinsichtl der Vorgehensweise; er ist auch ausschließl zuständig für die Einlegung oder Rücknahme von **Rechtsmitteln** oder den Abschluss von **Vergleichen,** an Weisungen der von ihm Vertretenen ist er nicht gebunden. 23

24 Der vom besonderen Vertreter erzielte **Erlös** wird – idR nach Abzug von Vergütung und Auslagen, Rn 22, 23 – **zunächst** zur Befriedigung der **Gläubiger** des übertragenden Rechtsträgers verwendet. Reicht er hierfür nicht aus, hat – vorbehaltl entgegenstehender Vereinbarungen oder Nachrangigkeit einzelner Ansprüche (zutr Widmann/Mayer/*Vossius* Rn 38; Lutter/*Grunewald* Rn 26, 27) – eine **verhältnismäßige Verteilung** stattzufinden. An der Verteilung werden Gläubiger nicht beteiligt, die von dem übernehmenden Rechtsträger befriedigt wurden bzw denen nach § 22 Sicherheit in ausreichender Höhe geleistet wurde. Ein **darüber hinausgehender Erlös** wird auf die **Anteilsinhaber** des übertragenden Rechtsträgers verteilt. Abs 3 S 2 verweist insoweit auf die rechtsformspezifischen Vorschriften über die Verteilung des Verm im Falle der Abwicklung eines Rechtsträgers.

5. Ansprüche für und gegen den besonderen Vertreter

25 **a) Vergütung und Auslagenersatz, Abs 4.** Nach **Abs 4 S 1** hat der besondere Vertreter Anspruch auf **Ersatz seiner Auslagen** und auf **Vergütung** seiner Tätigkeit. Der Umfang der erstattungsfähigen Auslagen und die Vergütung werden **vom Gericht festgesetzt,** Abs 4 S 2. Das Gericht bestimmt dabei auch die **verhältnismäßige Umlegung auf die einzelnen Anspruchsteller,** Abs 4 S 3. Diese Verteilung erfolgt nur soweit, als die Kosten nicht ohnehin von der Gegenseite erstattet werden. Die Festlegung der Auslagenerstattungspflicht bedeutet nun aber nicht, dass der besondere Vertreter immer zur Vorlage verpflichtet ist. Er ist vielmehr auch berechtigt, von den Anspruchstellern im Einzelfall **Vorschüsse** einzufordern, etwa für seinerseits von ihm zu erbringende Gerichtskostenvorschüsse oder Vorschüsse nach § 9 RVG (**aA hM,** Widmann/Mayer/*Vossius* Rn 45; Lutter/*Grunewald* Rn 17; Kallmeyer/*Marsch-Barner* Rn 13; Semler/Stengel/*Kübler* Rn 10 verlangen wegen Wortlaut von Abs 4 S 3 gerichtl Festsetzung). Der **Staat** als Partei des gesetzl Schuldverhältnisses (Rn 18) ist nur **subsidiär** für den Fall einstandspflichtig, dass der besondere Vertreter weder aus dem Erlös iSv Abs 3 S 1 noch durch Leistungen der von ihm Vertretenen Befriedigung erlangt.

26 Wird ein **Rechtsanwalt** als besonderer Vertreter bestellt, so bestimmt sich seine Vergütung grdsl nach den Gebührensätzen des **RVG** (bzw früher der BRAGO, vgl OLG Düsseldorf DB 1984, 2188). Die gerichtl festgesetzten Auslagen und die Vergütung kann der besondere Vertreter grdsl **vom Erlös einbehalten** (Lutter/*Grunewald* Rn 18 mwN; Kallmeyer/*Marsch-Barner* Rn 14; Widmann/Mayer/*Vossius* Rn 38), womit aber nicht gesagt ist, dass die Kosten immer dem Erlös zu entnehmen sind (so aber wohl Lutter/*Grunewald* Rn 18 mwN, die eine Kostentragung nur annimmt, wenn der Erlös nicht ausreicht). **Abs 4 S 3** gibt dem Gericht durchaus die Möglichkeit, einzelnen Anteilsinhabern oder Gläubigern **nach freiem Ermessen** über deren Erlösanteil hinausgehende Kosten aufzuerlegen, etwa wenn deren schließl unbegründete Ansprüche die Verfahrenskosten in die Höhe getrieben haben. IÜ kann aus der rkr gerichtl Festsetzung der dem besonderen Vertreter zustehenden Forderung die **Zwangsvollstreckung** betrieben werden, Abs 4 S 4. Die Entscheidung über die Festsetzung der Vergütung und der ersatzfähigen Auslagen kann durch die hiervon Betroffenen mit **Beschwerde** angefochten werden, §§ 58 FamFG (ausführl zur Beschwerde § 10 Rn 26 ff). Die Rechtsbeschwerde nach §§ 70 ff FamFG ist ausgeschlossen, Abs 4 S 4 HS 2. Allg zum FGG-RG Einf Rn 29.

27 **b) Haftung des besonderen Vertreters.** Der besondere Vertreter steht mit den Anspruchsberechtigten nicht in einem unmittelbaren Vertragsverhältnis; **vertragl Schadensersatzansprüche** scheiden daher aus. Da er als Vertreter für den

übertragenden (und als fortbestehend geltenden) Rechtsträger bestellt wird, können die rechtsformspezifischen **Vorschriften über die Haftung der Vertretungsorgane analog** herangezogen werden (aA Widmann/Mayer/*Vossius* Rn 46 mwN; Semler/Stengel/*Kübler* Rn 11 plädiert für Anwendung der Haftungsgrundsätze für Liquidatoren, was im Erg der hier vertretenen Ansicht entspricht; ebenso Kallmeyer/*Marsch-Barner* Rn 11; Lutter/*Grunewald* Rn 16 bildet Rechtsanalogie zu §§ 1833, 1915, 1908i BGB, § 60 InsO). Schadensersatzansprüche für die Anspruchsberechtigten können sich aus **unerlaubter Handlung** ergeben. Da es regelm an einer Rechtsgutverletzung iSv § 823 I BGB fehlen dürfte, können hier praktisch nur Ansprüche nach **§§ 823 II, 826 BGB** relevant werden. IÜ können **Vorschriften des Auftragsrechts entsprechend** angewendet werden (aA Lutter/*Grunewald* Rn 16; wie hier Widmann/Mayer/*Vossius* Rn 47; Kallmeyer/*Marsch-Barner* Rn 12). So ist der besondere Vertreter in entsprechender Anwendung von § 666 BGB auskunfts- und rechenschaftspflichtig. Auch können die Anspruchsberechtigten in entsprechender Anwendung von § 667 BGB die Herausgabe des Erlöses verlangen; derartige Ansprüche können **von jedem Berechtigten einzeln** ggü dem besonderen Vertreter geltend gemacht werden, die Einschränkungen für die Verteilung des Erlöses durch Abs 3 (Rn 24) sind dabei zu beachten.

§ 27 Schadenersatzpflicht der Verwaltungsträger des übernehmenden Rechtsträgers

Ansprüche auf Schadenersatz, die sich auf Grund der Verschmelzung gegen ein Mitglied des Vertretungsorgans oder, wenn ein Aufsichtsorgan vorhanden ist, des Aufsichtsorgans des übernehmenden Rechtsträgers ergeben, verjähren in fünf Jahren seit dem Tage, an dem die Eintragung der Verschmelzung in das Register des Sitzes des übernehmenden Rechtsträgers nach § 19 Abs. 3 bekannt gemacht worden ist.

Schrifttum: Siehe Schrifttum § 25.

1. Allgemeines

1 Die Norm enthält – anders als § 25 – **keine eigenständige Anspruchsgrundlage** für Schadensersatzansprüche gegen die Verwaltungsorgane des übernehmenden Rechtsträgers. **Regelungsgegenstand** ist einzig der **Beginn der Verjährung** von Schadensersatzansprüchen, in Übereinstimmung mit § 25 III ist die **Verjährungsfrist auf fünf Jahre** festgeschrieben (ob das auch für Vertretungsorgane von Vereinen und PersGes gilt, ist fragl, im Erg aber zu bejahen, vgl Lutter/*Grunewald* Rn 2, 3; früher wäre die Anwendung der Regelverjährung von 30 Jahren sonst für diese Organe eine Belastung gewesen, vgl dazu Semler/Stengel/*Kübler* Rn 4, heute entgeht ihnen wegen § 27 das Privileg der neuen Regelfrist von drei Jahren, § 195 BGB; vgl dazu auch Widmann/Mayer/*Vossius* Rn 1 Fn 3; KölnerKommUmwG/*Simon* Rn 4). Abw von § 199 I BGB beginnt die Verjährung mit der Eintragung der Verschm in das Register am Sitz des übernehmenden Rechtsträgers nach **§ 19 III,** also mit Wirksamwerden der Verschm (vgl § 20 I, Ausnahme: § 122 II).

2 Die Vorschrift knüpft an § 30 KapErhG aF, § 351 AktG aF, § 93o GenG aF an. Anders als diese Vorschriften führt § 27 die rechtl Grundlagen der gegen die Verwaltungsträger des übernehmenden Rechtsträgers gerichteten Schadensersatzansprüche nicht mehr auf.

2. Ansprüche auf Schadensersatz

3 Die fünfjährige Verjährungsfrist bezieht sich auf **alle Ansprüche auf Schadensersatz,** die sich **aufgrund der Verschm** gegen ein Mitglied eines Vertretungs- oder Aufsichtsorgans (zum Bestehen und zur Zusammensetzung dieser Organe vgl § 25 Rn 6, 7) bestehen. Die Verwaltungsträger des übernehmenden Rechtsträgers haften grdsl auch für die Schäden, die aufgrund der Verschm entstehen, nur nach den allg Vorschriften; ein spezieller, § 25 entsprechender, Haftungstatbestand fehlt für die Mitglieder des Vertretungs- bzw Aufsichtsorgans des übernehmenden Rechtsträgers.

4 Aufgrund der Verschm ergeben sich **Schadensersatzansprüche nach den allg Vorschriften** bereits dann, wenn das die Ersatzpflicht auslösende Verhalten in irgendeinem **Zusammenhang mit der Verschm** steht (Lutter/*Grunewald* Rn 6; diff KölnerKommUmwG/*Simon* Rn 7, zumindest ein sachl Zusammenhang muss bestehen), wenn also die vorgeworfene Pflichtverletzung eines Organmitglieds im Zusammenhang mit einer von ihm geforderten Tätigkeit anlässl der Verschm steht. Zur Haftung aus Delikt Rn 10.

5 Mitglieder eines Verwaltungsorgans haben zunächst die **Sorgfalt eines ordentl und gewissenhaften Geschäftsleiters** zu beachten (§ 93 I AktG für den Vorstand einer AG; gem § 34 VAG gilt diese Pflicht entsprechend für den Vorstand eines VVaG; § 116 AktG für die Mitglieder des AR einer AG, für den AR einer VVaG gilt gem § 35 VAG entsprechend; für die phG einer KGaA gilt gem § 283 Nr 3 AktG die Sorgfaltspflicht und Verantwortlichkeit des Vorstands einer AG gem § 93 I AktG; § 43 I GmbHG für die Geschäftsführer einer GmbH, § 52 GmbHG iVm §§ 116, 93 I AktG für den AR einer GmbH; § 34 I 1 GenG für den Vorstand einer eG; §§ 41, 34 I 1 GenG für die Aufsichtsratsmitglieder einer eG).

6 Zu den Pflichten der Vertretungs-, aber auch der Aufsichtsorgane des übernehmenden Rechtsträgers bei Durchführung der Verschm gehören insbes umfassende Nachforschungen über den Vermögensbestand aller übertragender Rechtsträger. Sie haben Einsicht in das Zahlenmaterial zu nehmen, insbes aber im Rahmen ihrer (obj) Möglichkeiten auf eine zutr Berechnung des tats Wertes der übertragenden Rechtsträgers zu achten. Im Regelfall müssen sie sich dafür eines Sachverständigen bedienen, dieser ist entsprechend der gegebenen Möglichkeiten zu überwachen. Besonderheiten können sich auch ergeben, wenn die Verschm im Rahmen eines Management-Buy-Out erfolgt (dazu *Wittkowski* GmbHR 1990, 544).

7 Damit kann zB eine fehlerhafte Abfassung des **Verschmelzungsberichts** nach § 8 zur Haftung der Mitglieder des Vertretungsorgans führen; das Vorliegen eines **Schadens,** die entsprechende **Kausalität** und ein **Verschulden** der Organmitglieder muss gegeben sein, wobei nach allg spezialgesetzl Regelungen die Beweislast in wesentl Teilen bei den Organmitgliedern liegt; auch eine fehlerhafte Abfassung des **Verschmelzungsvertrages** (zB durch Nichtbeachtung von § 5 oder durch falsche Gestaltung des Umtauschverhältnisses) kann zur Schadensersatzpflicht führen.

8 Sofern der übernehmende Rechtsträger in einem **Konzernverhältnis** gem §§ 15 ff AktG steht, können sich Ersatzansprüche auch aus §§ 309, 310, 317 und 318 AktG ergeben. Die Verschm von Konzernunternehmen ist zwar grdsl zulässig und führt daher als solche nicht zur Ersatzpflicht der Verwaltungsträger, eine Weisung zum Abschluss eines nachteiligen Verschmelzungsvertrages ist jedoch von § 308 AktG nicht gedeckt (Widmann/Mayer/*Vossius* Rn 6; GroßKomm AktG/*Schilling* § 351 Anm 4). §§ 309, 317 AktG finden Anwendung, wenn eine Verschm

des abhängigen Rechtsträgers auf das herrschende Unternehmen durchgeführt wird. Handelt es sich dagegen beim übernehmenden Rechtsträger selbst um die abhängige Ges, die einen nachteiligen Verschmelzungsvertrag aufgrund einer Weisung des Vertretungsorgans des herrschenden Rechtsträgers abschließt, können die Verwaltungsträger des übernehmenden Rechtsträgers nach §§ 310, 318 ersatzpflichtig werden. Zum Schicksal von Unternehmensverträgen bei der Verschm § 20 Rn 55 ff mwN.

Neben den unter Rn 5 genannten Ansprüchen erfasst § 27 auch allgemeine Schadensersatzansprüche vertragl Natur, etwa aus Vertragsverletzung gem § 280 I BGB zB eines übertragenden Rechtsträgers (vgl § 25 Rn 34), die dann durch den besonderen Vertreter iSv § 26, vgl § 26 Rn 23 ff, geltend gemacht werden. 9

Soweit sich die **Ansprüche** gegen die Verwaltungsträger des übernehmenden Rechtsträgers jedoch **aus Delikt** ergeben, gilt die **dreijährige Verjährungsfrist** von **§ 195 BGB.** Durch die weite Formulierung von § 27, der seinem Wortlaut nach alle Ansprüche auf Schadensersatz erfasst, sind grdsl auch Ansprüche auf deliktischer Grundlage in den Regelungsgegenstand dieser Norm einbezogen. Von den Vorgängerregelungen in § 351 AktG aF, § 30 KapErhG aF, § 93o GenG aF waren deliktische Ansprüche jedoch gerade nicht erfasst. Da der Gesetzgeber sachl an der Dauer der Verjährung nichts ändern wollte (vgl RegEBegr BR-Drs 75/94 zu § 27) und er den Anwendungsbereich von § 27 auch auf deliktische Ansprüche nur als „Nebeneffekt" der allg Formulierung der Norm eröffnet hat, ist davon auszugehen, dass die Regelverjährung von § 195 BGB (vormals Sondervorschrift in § 852 I BGB) **nicht geändert** werden sollte (so auch Widmann/Mayer/*Vossius* Rn 10; Kallmeyer/*Marsch-Barner* Rn 4). Diese Lösung verträgt sich auch am besten mit dem früher für § 852 I BGB allg anerkannten dogmatischen Ansatz, dass beim Zusammentreffen von Delikts- und Vertragshaftung grdsl **echte Anspruchskonkurrenz** vorliegt und die abw Verjährungsfristen sich gegenseitig nicht beeinflussen (vgl BGH NJW 1998, 2282; NJW-RR 1993, 793, 1113; BGHZ 116, 297; 66, 315 jew mwN). Auch hat der BGH (BGHZ 100, 190, 201) gerade für das Verhältnis von § 43 GmbHG, §§ 34, 41 GenG, §§ 93, 116 AktG zu deliktischen Ansprüchen in dogmatisch überzeugender Weise festgestellt, dass eine Gesetzeskonkurrenz zwischen den genannten Anspruchsgrundlagen nicht vorliege (BGHZ 100 ab S 199 unter 3 b) bb)); es gibt keine Anhaltspunkte dafür, dass der Gesetzgeber des UmwG 1995 hier ändernd eingreifen wollte. Auch die umfassende Reform des Verjährungsrechts durch das SMG hat daran nichts geändert; bei der Anspruchsgrundlagenkonkurrenz wird grdsl jeder Anspruch für sich betrachtet (vgl etwa BGH ZIP 2004, 1810; allg Palandt/*Ellenberger* BGB § 195 Rn 17, 18; aA für § 27 Lutter/*Grunewald* Rn 4). 10

3. Anspruchsberechtigte

Die Verjährungsvorschrift von § 27 gilt für alle Ansprüche auf Schadensersatz, die sich aufgrund der Verschm gegen Mitglieder eines Verwaltungsorgans des übernehmenden Rechtsträgers ergeben; diese Ansprüche können demzufolge die übertragenden Rechtsträger, der übernehmende Rechtsträger selbst sowie Gläubiger bzw Anteilsinhaber aller beteiligten Rechtsträger innehaben. 11

4. Durchsetzung der Ansprüche

Da der übernehmende Rechtsträger durch die Verschm nicht erlischt, bedarf es – anders als für die Ansprüche nach § 25 – **keines besonderen Verfahrens** 12 für die Durchsetzung der Ansprüche. Es gelten die **allg Vorschriften,** jeder Anspruchsberechtigte kann seinen eigenen Anspruch selbst verfolgen und nötigenfalls im Zivilprozess geltend machen. Einzig für den Fall, dass ein übertragender Rechtsträger (der gem § 25 II dann als fortbestehend gilt) einen Schadensersatzanspruch gegen die Verwaltungsträger des übernehmenden Rechtsträgers geltend macht, ist die Einschaltung des besonderen Vertreters iSv § 26 zwingend notw (dazu § 26 Rn 8).

5. Verjährung

13 Die **Verjährung beginnt** mit dem Tage, an dem die Eintragung der Verschm in das Register des Sitzes des übernehmenden Rechtsträgers (Ausnahme: § 122 II) nach dem durch das EHUG (dazu Einf Rn 28) geänderten § 19 III bekannt gemacht worden ist, also mit Ablauf des Tages, an dem die Bekanntmachung gem § 10 HGB in das elektronische HR erfolgt ist. Im Regelfall wird dies zu einem späteren Verjährungsbeginn als nach § 199 I BGB führen, § 27 greift jedoch auch dann, wenn ausnahmsweise die Verjährung nach § 199 I BGB erst zu einem späteren Zeitpunkt zu laufen begonnen hätte.

14 Für die **Dauer der Verjährung** ergibt sich sachl ggü dem geltenden Recht kein Unterschied (RegEBegr BR-Drs 75/94 zu § 27), vgl § 43 IV GmbHG, § 93 VI AktG, § 116 iVm § 93 VI AktG, § 52 III GmbHG, §§ 34 VI, 41 GenG, § 34 VAG iVm § 93 VI AktG, § 35 III VAG iVm §§ 116, 93 VI AktG.

§ 28 Unwirksamkeit des Verschmelzungsbeschlusses eines übertragenden Rechtsträgers

Nach Eintragung der Verschmelzung in das Register des Sitzes des übernehmenden Rechtsträgers ist eine Klage gegen die Wirksamkeit des Verschmelzungsbeschlusses eines übertragenden Rechtsträgers gegen den übernehmenden Rechtsträger zu richten.

Schrifttum: Schrifttum bis 1994 siehe 3. Auflage; Schrifttum bis 2000 siehe 4. Auflage; *Mayrhofer/Dohm,* Das Rechtsschutzbedürfnis des Aktionärs bei einer Beschlussanfechtungsklage nach einer Verschmelzung, DB 2000, 961; *Hoffmann-Becking,* Organnachfolge bei der Verschmelzung, FS Ulmer, 2003, 243.

1. Allgemeines

1 § 28 übernimmt inhaltl die Regelungen von § 352 AktG aF, § 31 KapErhG aF, § 93q GenG aF. Die Norm erfasst ihrem Wortlaut nach nur eine prozessuale Einzelfrage, näml die der **Passivlegitimation bei Unwirksamkeitsklagen** gegen den Verschmelzungsbeschluss durch Anteilsinhaber eines übertragenden Rechtsträgers nach Abschluss des Verschmelzungsvorgangs, also nach Eintragung der Verschm, in das Register am Sitz des übernehmenden Rechtsträgers (§ 20 I; Ausnahme: § 122 II). Diese Klagen sind gegen den übernehmenden Rechtsträger zu richten. Notw ist die Regelung, weil mit Eintragung der Verschm der übertragende Rechtsträger erlischt (vgl aber § 20 Rn 38 ff). Wie früher ist die Vorschrift aber **über den Wortlaut hinaus** auch auf solche Klagen entsprechend anwendbar, die bereits vor Eintragung der Verschm erhoben wurden (dazu Rn 6).

2. Anwendungsbereich

a) Klagen nach Eintragung der Verschmelzung. Die Vorschrift ist unmittelbar anwendbar auf **gegen den Verschmelzungsbeschluss eines übertragenden Rechtsträgers gerichtete Unwirksamkeitsklagen,** die **nach** Wirksamwerden der Verschm iSv § 20 I erhoben werden. Erfassten die Vorgängerregelungen ausdrückl nur Nichtigkeitsklagen, so gilt wegen des erweiterten Wortlauts § 28 auch für alle anderen Unwirksamkeitsklagen iSv § 14 (dazu § 14 Rn 5 ff), insbes auch für Anfechtungsklagen (vgl RegEBegr BR-Drs 75/94 zu § 28). 2

Entsprechend anwendbar ist die Vorschrift darüber hinaus bei **Unwirksamkeitsklagen gegen sonstige Beschlüsse** der Anteilsinhaber eines übertragenden Rechtsträgers. Die hM (*Döss,* Die Auswirkung von Mängeln einer Verschmelzung durch Aufnahme auf die rechtl Stellung einer übertragenden Gesellschaft und ihrer Aktionäre, 1990, S 40; Lutter/*Grunewald* Rn 4, 7; Kallmeyer/*Marsch-Barner* Rn 4; Widmann/Mayer/*Vossius* Rn 16 mwN; zum alten Recht bereits Kölner-KommAktG/*Kraft* § 352 Rn 6; *Scholz/Priester* GmbHG 7. Aufl Anh Umw § 31 KapErhG Rn 2, jew mwN) geht davon aus, dass Beschlüsse der Anteilsinhaber eines übertragenden Rechtsträgers grdsl auch **nach** Wirksamwerden der Verschm noch angefochten werden können (vgl auch § 20 Rn 18, 40). Aus § 28 kann nichts Gegenteiliges abgeleitet werden, da die Norm keinen materiellen Regelungsgehalt hat. Auch die Anteilsinhaberschaft am übertragenden Rechtsträger ist nicht ersatzlos weggefallen, sie findet beim übernehmenden Rechtsträger ihre Fortsetzung (§ 20 I Nr 3). 3

Die eigentl Problematik dieser Klagen liegt aber beim **Rechtsschutzbedürfnis** (so auch Lutter/*Grunewald* Rn 4 mwN). Dessen Vorliegen trotz Verschm muss im Einzelfall sehr sorgfältig geprüft werden. Nach dem Schleswig-Holsteinischen OLG (Urteil vom 30.4.2009 – 5 U 100/08, Kurzwiedergabe GWR 2009, 396) liegt das Rechtsschutzbedürfnis nur vor, wenn die angefochtenen Beschlüsse der übertragenden Rechtsträger in der neuen Ges **fortwirken.** Dies ist zB gegeben, wenn der Ausgang des Verfahrens **präjudiziell** für die Ansprüche des Anteilsinhabers ist. Vgl iÜ § 20 Rn 40 mwN. 4

§ 16 II steht der Möglichkeit von Klagen iSv § 28 nicht notw entgegen. Zunächst bedarf es auch einer Regelung der Passivlegitimation bei unzulässigen, weil erst nach Ablauf der in § 14 I einheitl auf einen Monat bestimmten Frist erhobenen Unwirksamkeitsklagen. Darüber hinaus besteht die Möglichkeit, dass die Verschm bereits vor Ablauf der Frist nach § 14 I angemeldet und eingetragen wurde, weil zunächst alle Berechtigten auf ihr Anfechtungsrecht verzichtet hatten (dazu § 16 Rn 26), dieser Verzicht jedoch später angefochten wurde (§§ 119, 123) oder weil das Registergericht schlicht seine Prüfungspflicht (dazu § 19 Rn 17 ff) missachtet hat. Ferner kann die Eintragung erfolgt sein, weil die Vorstände eine unrichtige Erklärung iSv § 16 II 1 abgegeben oder ihrer Informationspflicht nach § 16 II 1 HS 2 nicht nachgekommen sind. Schließl ist an die **Fälle von § 16 III** zu denken, bei denen die (begründete) Unwirksamkeitsklage der Eintragung nicht entgegensteht. 5

b) Klagen vor Eintragung der Verschmelzung. Eine Unwirksamkeitsklage gegen den Verschmelzungsbeschluss eines übertragenden Rechtsträgers ist vor **Eintragung der Verschm** nach allg Grdsen gegen den übertragenden Rechtsträger zu richten. Wegen § 16 II wird bei rechtshängiger Unwirksamkeitsklage ohne Anwendung von § 16 III eine Eintragung der Verschm nicht erfolgen. Wird trotz rechtshängiger Unwirksamkeitsklage eingetragen, wird der Prozess mit Eintragung 6 der Verschm nicht unterbrochen, § 246 ZPO findet aber entsprechende Anwendung (str, dazu § 20 Rn 38). Die Wiederaufnahme bzw Fortsetzung erfolgt dann in entsprechender Anwendung von § 28 durch den übernehmenden Rechtsträger (Lutter/*Grunewald* Rn 2; Kallmeyer/*Marsch-Barner* Rn 2). Zutr gilt eine Unwirksamkeitsklage nach OLG Hamburg ZIP 2004, 906 als fristgerecht erhoben, wenn sie vor Wirksamwerden der Verschm eingereicht, aber erst danach und dann an den übernehmenden Rechtsträger zugestellt wird (anders noch LG Hamburg DB 2003, 930).

3. Prozessuales

7 Die Klage ist zwar gegen den übernehmenden Rechtsträger zu richten, **örtl zuständig für die Unwirksamkeitsklage** ist aber das LG am Sitz des jew übertragenden Rechtsträgers (allg Ansicht, vgl OLG Düsseldorf AG 1957, 279; Widmann/Mayer/*Vossius* Rn 20 mwN). Damit wird dem Umstand Rechnung getragen, dass der Streit materiell den übertragenden Rechtsträger betrifft.

8 Wegen des Verbots der Entschmelzung (§ 20 II) kann die Unwirksamkeitsklage materiell keinen Erfolg zeitigen (dazu Rn 9). Gleichwohl dürfte für bereits anhängige Unwirksamkeitsklagen das **Rechtsschutzbedürfnis des Anteilsinhabers** zu bejahen sein. Dafür spricht zum einen § 16 III 10, der ein solches Rechtsschutzbedürfnis als gegeben voraussetzt (zum Rechtsschutzbedürfnis für die Unwirksamkeitsklage vgl § 20 Rn 40, § 16 Rn 93), zum anderen die Überlegung, dass das der Klage stattgebende Urteil neben dem Anspruch aus § 16 III 10 präjudiziell auch für Schadensersatzansprüche gegen die Personen sein kann, die die Mängel der Beschlüsse zu vertreten haben (etwa gem §§ 25, 27).

4. Materielle Rechtsfolgen bei erfolgreicher Klage

9 Mängel der Verschm lassen die Wirkungen der Eintragung nach § 20 I unberührt, **§ 20 II.** Erfolgreiche Klagen gegen die Wirksamkeit des Verschmelzungsbeschlusses eines übertragenden Rechtsträgers führen also **nicht zur sog Entschmelzung.** Diese gesetzgeberische Entscheidung basiert auf der Tats, dass die Rückübertragung von verschmolzenen und idR tats bereits vermischten Vermögensmassen der einzelnen Rechtsträger auf große praktische und rechtl Schwierigkeiten stößt (vgl BT-Drs 9/1065, 19 f; krit *Paschke* ZHR 155 [1991] 1, 14; wN bei § 20 Rn 120 ff).

10 Der Anteilsinhaber, der die erfolgreiche Unwirksamkeitsklage geführt hat, ist auf die **Geltendmachung von Schadensersatzansprüchen** beschränkt; als Ersatz des Schadens kann nicht die Beseitigung der Wirkungen der Eintragung der Verschm im Register des Sitzes des übernehmenden Rechtsträgers verlangt werden (§ 16 III 10); zu Änderung mit Wirkung ex nunc § 20 Rn 122. Der ersatzfähige Schaden ist durch eine Gegenüberstellung des Verm des betroffenen Anteilsinhabers vor und nach Wirksamwerden der Verschm zu ermitteln; etwa entstandene Aufwendungen (zB für eine Begutachtung des Wertes der neuen Anteile) sind ersatzfähige Schadenspositionen.

Vorbemerkungen zu §§ 29–34

Schrifttum: Schrifttum bis 1994 siehe 3. Auflage; Schrifttum bis 2000 siehe 4. Auflage; *Bilda,* Zur Dauer der Spruchstellenverfahren, NZG 2000, 296; *Schwab,* Abfindungsanspruch außenstehender Aktionäre bei Beendigung des Unternehmensvertrages durch Verschmelzung, BB 2000, 527; *Zöllner,* Zur Problematik der aktienrechtlichen Anfechtungsklage, AG 2000, 145; *Lutter,* Mindestumfang der Kapitalerhöhung bei der Verschmelzung zur Aufnahme oder Neugründung in Aktiengesellschaften, FS Wiedemann, 2002, 1097; *Pfeiffer,* Eingegliederte Gesellschaften, DZWiR 2005, 452; *Wälzholz,* Nebenleistungspflichten beim aufnehmenden Rechtsträger als Verschmelzungshindernis?, DStR 2006, 236; *Megede,* Verschmelzung von Aktiengesellschaften – Materielle Anspruchsberechtigung auf Erhalt einer baren Zuzahlung, BB 2007, 337; *Geißler,* Der Erwerb eigener GmbH-Anteile zur Realisierung von Strukturmaßnahmen, GmbHR 2008, 1018; *Heckschen,* Die Pflicht zur Anteilsgewährung im Umwandlungsrecht, DB 2008, 1363; *Hoger,* Kapitalschutz als Durchsetzungsschranke umwandlungsrechtlicher Ausgleichsansprüche von Gesellschaften, AG 2008, 149; *Burg/Braun,* Austrittsrechte nach Verschmelzung von börsennotierten Aktiengesellschaften bei gleichbleibender Kontrolle im aufnehmenden Rechtsträger?, AG 2009, 22; *Klöhn,* Das System der aktien- und umwandlungsrechtlichen Abfindungsansprüche, 2009; *Simon/Burg,* Zur Anwendung des § 29 Abs. 1 Satz 1 UmwG beim kalten Delisting, Der Konzern 2009, 214; *Bücker,* Die Berücksichtigung des Börsenkurses bei Strukturmaßnahmen – BGH revidiert DAT/Altana, NZG 2010, 967; *Bungert,* Vorgaben aus Karlsruhe zum Referenzzeitraum des Börsenwerts für die Abfindung bei Strukturmaßnahmen, BB 2010, 2227; *Decher,* Die Ermittlung des Börsenkurses für Zwecke der Barabfindung beim Squeeze out, ZIP 2010, 1673; siehe ferner Schrifttum zu § 14 und § 15 UmwG.

1. Angemessene Barabfindung

§§ 29–34 gewähren einen **Anspruch** des überstimmten Anteilsinhabers eines übertragenden Rechtsträgers auf Anteilsübertragung oder Ausscheiden gegen **angemessene Barabfindung.** Auf die übertragende Auflösung sind §§ 29 ff nicht entsprechend anzuwenden (BayObLG ZIP 1998, 2002), beim Delisting (zur Vereinbarkeit mit Art 14 GG BVerfG AG 2012, S 57) hat der Gesetzgeber jetzt durch Ergänzung von § 29 I 1 durch das 2. UmwÄndG Klarheit geschaffen (vgl § 29 Rn 9). Voraussetzung für das Barabfindungsangebot ist zum einen die Strukturänderung des Anteils iSv § 29 I 1, 2, zum anderen der Widerspruch des betroffenen Anteilsinhabers; dem Widerspruch steht es gleich, wenn ein Anteilsinhaber an der Mitwirkung bei der Beschlussfassung gehindert worden ist (§ 29 II). Die angemessene **Barabfindung dient als Äquivalent** für den nicht nachhaltig erfolgten Anteilstausch und muss die wirtschaftl Verhältnisse des übertragenden Rechtsträgers zum Zeitpunkt der Beschlussfassung über die Umw berücksichtigen (§ 30 I 1). Der Gesetzgeber hat es bewusst vermieden, den Begriff „angemessene Barabfindung" weiter zu konkretisieren, vgl Stellungnahme des BR zu § 29 I und Gegenäußerung der BReg hierzu, BR-Drs 132/94; BR-Drs 75/94 zu § 30 I und BT-Drs 12/7263 (ausführl und krit *Schöne* GmbHR 1995, 325, 328 f mwN). Als Gegenleistung für die rechtsgeschäftl vorzunehmende Anteilsübertragung bzw das freiwillige Ausscheiden soll der Anteilsinhaber das erhalten, was seine Beteiligung an dem weiterarbeitenden übertragenden Rechtsträgern tats wert wäre. Dies ist verfassungsrechtl geboten (Nachw zur Rspr des BVerfG bei § 5 Rn 7, vgl auch § 20 Rn 42). Grdsl ist der **Anspruch auf Leistung in Geld gerichtet,** eine andere Art der Abfindung – zB durch Anteile an einer anderen Ges – kann aber im Einvernehmen der Parteien vereinbart werden. 1

§§ 29–34 sind auf die Mitglieder einer übertragenden **eG nicht anzuwenden** (§ 90 I), es gelten dort spezielle Vorschriften zur Ausschlagung (§§ 90 ff). Vgl zum Ausschluss der Barabfindung bei **gemeinnützigen Vereinen § 104a.** Gem § 78 S 4 gelten AG und KGaA im Verhältnis zueinander nicht als Rechtsträger anderer Rechtsform iSv §§ 29, 34; insoweit ist § 29 I 1 nicht anwendbar. 2

2. Gesetzesaufbau

3 In **§ 29** ist die Pflicht des übernehmenden Rechtsträgers festgeschrieben, im Verschmelzungsvertrag oder dessen Entwurf unter gewissen Voraussetzungen Barabfindungen entweder für die Anteilsübertragung an den übernehmenden Rechtsträger selbst oder für das freiwillige Ausscheiden des betroffenen Anteilsinhabers anzubieten. **§ 30** regelt den Inhalt des Anspruchs auf Barabfindung und gibt eine Bewertungshilfe, weiter schreibt § 30 II den Zwang zur Prüfung der Angemessenheit der Barabfindung durch die Verschmelzungsprüfer fest. **§ 31** in der durch das EHUG (dazu Einf UmwG Rn 29) geänderten Fassung enthält in Fortführung des früher geltenden Rechts eine materielle Ausschlussfrist von zwei Monaten, in der das Angebot auf Anteilsübertragung oder Ausscheiden gegen Barabfindung anzunehmen ist. **§§ 32, 34** übernehmen den Regelungsinhalt von §§ 14, 15; die Unwirksamkeitsklage gegen einen übertragenden Rechtsträger kann nicht darauf gestützt werden, dass die angebotene Barabfindung zu niedrig bemessen ist. Der betroffene Anteilsinhaber ist vielmehr auf die Durchführung des Spruchverfahrens nach dem SpruchG angewiesen. Schließl ermögl der durch Gesetzesänderung vom 22.7.1998 (BGBl I 1878) konkretisierte **§ 33** die Umgehung der Anteilsübertragung gegen Barabfindung auf den übernehmenden Rechtsträger. Dem Anteilsinhaber, der ab Fassung des Verschmelzungsbeschlusses bis zum Ablauf der Ausschlussfrist von § 31 aus dem übertragenden Rechtsträger oder – nach Wirksamwerden der Verschm – aus dem übernehmenden Rechtsträger auszuscheiden gedenkt, bleibt nach § 33 die Möglichkeit unbenommen, seinen Anteil an Dritte zu veräußern. Etwa bestehende Verfügungsbeschränkungen der beteiligten Rechtsträger stehen dem nicht entgegen.

§ 29 Abfindungsangebot im Verschmelzungsvertrag

(1) [1] **Bei der Verschmelzung eines Rechtsträgers im Wege der Aufnahme durch einen Rechtsträger anderer Rechtsform oder bei der Verschmelzung einer börsennotierten Aktiengesellschaft auf eine nicht börsennotierte Aktiengesellschaft hat der übernehmende Rechtsträger im Verschmelzungsvertrag oder in seinem Entwurf jedem Anteilsinhaber, der gegen den Verschmelzungsbeschluß des übertragenden Rechtsträgers Widerspruch zur Niederschrift erklärt, den Erwerb seiner Anteile oder Mitgliedschaften gegen eine angemessene Barabfindung anzubieten; § 71 Abs. 4 Satz 2 des Aktiengesetzes und § 33 Abs. 2 Satz 3 zweiter Halbsatz erste Alternative des Gesetzes betreffend die Gesellschaften mit beschränkter Haftung sind insoweit nicht anzuwenden.** [2] **Das gleiche gilt, wenn bei einer Verschmelzung von Rechtsträgern derselben Rechtsform die Anteile oder Mitgliedschaften an dem übernehmenden Rechtsträger Verfügungsbeschränkungen unterworfen sind.** [3] **Kann der übernehmende Rechtsträger auf Grund seiner Rechtsform eigene Anteile oder Mitgliedschaften nicht erwerben, so ist die Barabfindung für den Fall anzubieten, daß der Anteilsinhaber sein Ausscheiden aus dem Rechtsträger erklärt.** [4] **Eine erforderliche Bekanntmachung des Verschmelzungsvertrags oder seines Entwurfs als Gegenstand der Beschlußfassung muß den Wortlaut dieses Angebots enthalten.** [5] **Der übernehmende Rechtsträger hat die Kosten für eine Übertragung zu tragen.**

(2) **Dem Widerspruch zur Niederschrift im Sinne des Absatzes 1 steht es gleich, wenn ein nicht erschienener Anteilsinhaber zu der Versamm-**

lung der Anteilsinhaber zu Unrecht nicht zugelassen worden ist oder die Versammlung nicht ordnungsgemäß einberufen oder der Gegenstand der Beschlußfassung nicht ordnungsgemäß bekanntgemacht worden ist.

Schrifttum: Stellungnahme der Centrale für GmbH Dr. Otto Schmidt vom 16.3.2006 zum Referentenentwurf eines Zweiten Gesetzes zur Änderung des Umwandlungsgesetzes, GmbHR 2006, 418; HRA des DAV, Stellungnahme zum Regierungsentwurf eines Zweiten Gesetzes zur Änderung des Umwandlungsgesetzes, NZG 2006, 737; *Bayer/Schmidt,* Der Regierungsentwurf zur Änderung des Umwandlungsgesetzes, NZG 2006, 841; *Drinhausen,* Regierungsentwurf eines Zweiten Gesetzes zur Änderung des Umwandlungsgesetzes – Ein Gewinn für die Praxis, BB 2006, 2313; *Heckschen,* Die GmbH-Reform – Wege und Irrwege, DStR 2007, 1442; *ders,* Die Reform des Umwandlungsrechts, DNotZ 2007, 444; *Mayer/Weiler,* Neuregelungen durch das Zweite Gesetz zur Änderung des Umwandlungsgesetzes, DB 2007, 1235 (Teil I); DB 2007, 1291 (Teil II), *dies,* Aktuelle Änderungen des Umwandlungsrechts aus Sicht der notariellen Praxis, MittBayNot 2007, 368; *Neye,* BB-Gesetzgebungsreport: Bundestag beschließt neues Umwandlungsrecht, BB 2007, 389; *Beuthien,* Ist die Genossenschaftsrechtsreform geglückt?, NZG 2008, 210; *Hoger,* Kapitalschutz als Durchsetzungsschranke umwandlungsrechtlicher Ausgleichsansprüche von Gesellschaftern, AG 2008, 149. Siehe iÜ Schrifttum Vor §§ 29–34.

Übersicht

1. Allgemeines

§ 29 erklärt die früher in § 33 III KapErhG aF iVm §§ 369 IV, 375 I 1, II 1 AktG aF für die Verschm nur ausnahmsweise vorgesehene Möglichkeit des Ausscheidens gegen **Barabfindung** als **für alle Verschmelzungsvorgänge** verbindl, bei denen – gleich unter Beteiligung welcher Rechtsträger – die Voraussetzungen von Abs 1 S 1, 2 vorliegen. Auch in § 12 UmwG 1969 war eine Regelung über die Gewährung einer angemessenen Barabfindung anlässl eines Umwandlungsvorgangs enthalten. Im Ggs zu § 12 UmwG 1969 wird die Barabfindung in § 29 aber nicht als Gegenleistung für das Ausscheiden anlässl der Umw, das bei der Mehrheitsumwandlung gem § 9 UmwG 1969 auch gegen den Willen des Gesellschafters erfolgte, gewährt; der dissentierende (Minderheits-)Gesellschafter hat jetzt vielmehr ein **Wahlrecht** dahingehend, ob er den durch die Verschm erhaltenen Anteil am übernehmenden Rechtsträger behalten möchte oder ob er diesen gegen angemessene Barabfindung an den übernehmenden Rechtsträger veräußert bzw aus diesem ausscheidet. Vgl allg *Klöhn,* System der aktien- und umwandlungsrechtlichen Abfindungsansprüche, 2009. 1

2 **Abs 1 S 1, 2** legen die **Voraussetzungen für die Entstehung des Anspruchs** auf angemessene Barabfindung fest. Sie können durch das Organisationsstatut des betreffenden Rechtsträgers, also zB durch seinen Gesellschaftsvertrag, grdsl nicht modifiziert werden (vgl OLG Frankfurt aM DB 2003, 31; OLG Karlsruhe ZIP 2003, 78 mit Anm *Kowalski* EWiR 2003, 181). Allein die Tats, dass ein Minderheitsgesellschafter gegen den Verschmelzungsbeschluss seines Rechtsträgers gestimmt und Widerspruch zur Niederschrift erklärt hat, berechtigt ihn noch nicht zur Entgegennahme der Barabfindung. Vielmehr hat der Gesetzgeber zwei Fälle benannt, bei denen abstrakt – und damit **unwiderlegl und ohne Prüfung des Einzelfalls** – davon auszugehen ist, dass die Strukturänderung auch mit Nachteilen für die Anteilsinhaber einhergehen kann.

3 Gem **Abs 1 S 1 HS 1** ist das Ausscheiden gegen Barabfindung stets mögl, wenn der übernehmende Rechtsträger eine **andere Rechtsform** hat als der übertragende Rechtsträger, an dem der betreffende Anteilsinhaber vor der Verschm beteiligt ist. Die Vorschrift gilt unmittelbar nur für Verschm durch Aufnahme (§ 2 Nr 1), gem § 36 I 1 gilt sie für die Verschm durch Neugründung (§ 2 Nr 2) aber entsprechend. Der Ansatz des Gesetzgebers ist leicht nachzuvollziehen: Bei Änderung der Rechtsform erfährt der Anteilsinhaber eine Veränderung seiner Rechtsposition. Die Wertung, ob dies zu seinen Gunsten oder zu seinen Ungunsten erfolgt, soll ihm überlassen bleiben (deswegen kennt auch der Formwechsel das Institut der Barabfindung, §§ 207–212); ein Anspruch auf bare Zuzahlung gem §§ 15, 196 folgt aus der Veränderung der Ausgestaltung der Mitgliedschaft jedoch nur in besonderen Fällen, vgl OLG Stuttgart AG 2008, 510. Ledigl **AG und KGaA** sind einander so ähnl, dass Abs 1 S 1 nicht anzuwenden ist, **§ 78 S 4.** Bei der Verschm von einer OHG auf eine KG bleibt Abs 1 S 1 HS 1 indes anwendbar (*Schaub* NZG 1998, 626; Lutter/*Grunewald* Rn 2 mwN; Semler/Stengel/*Kalss* Rn 6). Im umgekehrten Fall der Verschm einer KG auf eine OHG steht eine Barabfindung von vornherein nicht in Rede, weil diese Verschm nur mit Zustimmung aller Anteilsinhaber der übertragenden KG durchgeführt werden kann. Nicht zu folgen ist GKT/*Bermel* § 29 Rn 7, der Abs 1 S 1 HS 1 gegen den klaren Gesetzeswortlaut nicht anwenden will, soweit die Stellung eines persönl haftenden Anteilsinhabers umgewandelt wird. Dem mag die Vorstellung zugrunde liegen, dass solche Anteilsinhaber nicht schutzwürdig seien, weil sie beim übertragenden Rechtsträger bereits persönl haften. Dabei wird aber übersehen, dass es einen großen Unterschied machen kann, in welchem Rechtsträger die persönl Haftung übernommen wird. Auch wenn der Kreis der Anteilsinhaber nach der Verschm identisch sein sollte, bleibt es dem Anteilsinhaber grdsl unbenommen, zu entscheiden, ob er das Risiko der persönl Haftung auch im übernehmenden Rechtsträger eingehen möchte. Selbst dann, wenn der Anteilsinhaber der Verschm widerspricht und ihm gem § 43 II 1 HS 1 die Stellung eines Kommanditisten gewährt wird, kann es in seinem Interesse liegen, gegen Barabfindung auszuscheiden, denn mit der dann völlig anderen Rechtsstellung muss er sich nicht gegen seinen Willen zufrieden geben (Lutter/*Grunewald* Rn 2). Bereits seit längerem wurde kritisiert, dass die Barabfindung nicht unmittelbar für das kalte Delisting (dazu allg § 195 Rn 3) gilt (zB HRA des DAV NZG 2000, 804). Deshalb wurde Abs 1 S 1 um den Fall erweitert, dass eine börsennotierte AG auf eine nicht börsennotierte AG verschmilzt. Damit wird die Rechtslage dem Fall des regulären Delistings angepasst, vgl Rn 9.

4 Ändert sich die Rechtsform anlässl der Verschm nicht, ermöglicht **Abs 1 S 2** über den bereits in Abs 1 S 1 erfassten Fall des kalten Delistings hinaus ein Aus-

scheiden gegen Barabfindung dann, wenn die Anteile oder Mitgliedschaften am übernehmenden Rechtsträger **Verfügungsbeschränkungen** unterworfen sind. Abs 1 S 2 wurde durch Art 1 Nr 8 des Gesetzes zur Änderung des UmwG, des PartGG und anderer Gesetze vom 22.7.1998 (BGBl I 1878) neu gefasst (dazu auch *Schaub* NZG 1998, 626; *Neye* DB 1998, 1649). Inhaltl hat sich dadurch eine wesentl Änderung ergeben: wenn eine PersGes Zielrechtsform ist, liegt grdsl eine Verfügungsbeschränkung vor; während früher nur vertragl Beschränkungen erfasst waren, eröffnet die gesetzl Neuregelung den Abfindungsanspruch auch stets für den Fall gesetzl Verfügungsbeschränkungen. Damit wird jede Mehrheitsumwandlung in eine PersGes zum Anwendungsfall von Abs 1 S 2, wenn nicht der Gesellschaftsvertrag abw vom HGB eine Vfg uneingeschränkt erlaubt (vgl BT-Drs 13/8808, 11; *Neye* DB 1998, 1651; Lutter/*Grunewald* Rn 5; Widmann/Mayer/*Wälzholz* Rn 21). § 8 V AktG, § 17 I GmbHG über die Teilung von Anteilen an KapGes fallen nicht unter Abs 1 S 2 (zutr Widmann/Mayer/*Wälzholz* Rn 21; *Vollrath* Rn 16; *ders* FS Widmann, 2000, 131 f: teleologische Reduktion). Wenn der neue Anteil beim übernehmenden Rechtsträger Verfügungsbeschränkungen unterliegt, kann sich der betreffende Anteilsinhaber je nach Einzelfall wirtschaftl und tats schlechter stellen, als dies vor der Verschm der Fall war. Bis auf wenige Ausnahmen (dazu Rn 10) soll es wiederum nur der Bew durch den Anteilsinhaber überlassen bleiben, ob in der neuen Verfügungsbeschränkung eine Position mit soviel Gewicht gesehen wird, dass es zum Ausscheiden gegen Barabfindung kommt. Darauf, ob der Anteilsinhaber ähnl oder gleichen Verfügungsbeschränkungen bereits beim übertragenden Rechtsträger unterworfen war oder nicht, kommt es nicht an (teilw anders noch die 2. Aufl 1996, § 29 Rn 8).

Anders als § 15 verlangt § 29 ausdrückl den **Widerspruch des betroffenen Anteilsinhabers gegen den Verschmelzungsbeschluss** seines (übertragenden) Rechtsträgers (Rn 15, 16). Eine durch den Grds der Gleichbehandlung bedingte **Ausnahme** sieht ledigl **Abs 2** für den Fall vor, dass der Anteilsinhaber unverschuldet an der Stimmabgabe gehindert war. Das Privileg von § 29 soll nach Sinn und Zweck der Vorschrift nur den Anteilsinhabern zugute kommen, die nicht nur Widerspruch erklärt, sondern auch tats gegen die Verschm gestimmt haben (hM). Die Barabfindung führt regelm zu einer wirtschaftl Schwächung des übernehmenden Rechtsträgers, der aus seiner Vermögensmasse eine auf den tats Verkehrswert des gesamten Anteils berechnete Barabfindung zu erbringen hat. Zur Kapitalerhaltung Rn 12, 13. Dazu soll er nur gezwungen werden, wenn ein Minderheitsgesellschafter nicht mit der Verschm einverstanden ist. Geht es dem Anteilsinhaber ledigl um seine wirtschaftl Integrität, ist er aber iÜ mit der Durchführung der Verschm einverstanden oder ist ihm diese gleichgültig, verbleibt ihm die Möglichkeit, die Angemessenheit des Umtauschverhältnisses gem § 15 nach den Regelungen des SpruchG (dazu *Vetter* ZHR 2004, 8; *Büchel* NZG 2003, 793; weitere Lit siehe Schrifttum zu § 15) zu überprüfen. 5

Abs 1 S 4, 5 enthalten **Verfahrensregelungen.** Der Wortlaut des Angebots auf angemessene Barabfindung muss in der Bekanntmachung des Verschmelzungsvertrags oder dessen Entwurf enthalten sein (zum Zugang des Angebots Widmann/Mayer/*Wälzholz* Rn 48, 49); die Kosten einer etwa notw Anteilsübertragung hat der übernehmende Rechtsträger zu tragen. 6

2. Mischverschmelzung, Abs 1 S 1

Voraussetzung für den Anspruch auf Gewährung einer angemessenen Barabfindung als Gegenleistung für die Anteilsübertragung oder das Ausscheiden aus dem 7 übernehmenden Rechtsträger ist die **Abweichung der Zielrechtsform von der Ausgangsrechtsform;** wenn der übertragende Rechtsträger also die gleiche Rechtsform wie der übernehmende Rechtsträger hat, ist ein Anspruch auf angemessene Barabfindung nur für das kalte Delisting (Rn 9) oder für den Fall von Abs 1 S 2 denkbar. Durch den Rechtsformwechsel können dem Anteilsinhaber diverse Nachteile entstehen. So kann die personalistische Struktur der GmbH bei Verschm auf eine AG beeinträchtigt werden, im umgekehrten Fall ist zB die Beschränkung der Fungibilität des ursprüngl innegehabten Anteils nachteilhaft (zur Berücksichtigung der Fungibilität bei der Unternehmensbewertung *Barthel* DB 2003, 1181 mwN). Beim Wechsel aus einer KapGes in eine PersGes kann die persönl Haftung des Anteilsinhabers eröffnet werden (dieser Fall bleibt theoretisch, weil ausdrückl Zustimmung jedes betroffenen Anteilsinhabers erforderl ist), im umgekehrten Fall (zB Verschm einer OHG auf eine GmbH) kann sich die Beschränkung der Geschäftsführungs- und Vertretungsbefugnisse der Anteilsinhaber nachteilig auswirken. Für jede Rechtsform lassen sich sowohl in handelsrechtl als auch vor allem in steuerrechtl Hinsicht Vor- und Nachteile finden. Abs 1 S 1 überantwortet dem betroffenen Anteilsinhaber die Entscheidung, ob er den durch die Verschm hervorgerufenen Wechsel der Rechtsform gutheißt oder nicht. Damit wird Rechtseinheit mit den Barabfindungsregelungen beim Formwechsel (§§ 207–212) geschaffen.

8 Die **Rechtsformabweichung ist obj Anspruchsvoraussetzung.** Es kommt nicht darauf an, ob rechtstats eine konkrete Abweichung zwischen Ausgangs- und Zielrechtsform gegeben ist oder nicht. Der Anteilsinhaber braucht seine Entscheidung **nicht zu begründen;** eine Kontrolle – sei es auch nur auf Willkür – der so getroffenen Entscheidung findet nicht statt. Im Verhältnis zueinander gelten **AG und KGaA** nicht als Rechtsträger anderer Rechtsform; **Abs 1 S 1** ist insoweit **nicht anwendbar (§ 78 S 4).** Für den Wechsel der Rechtsform von OHG zu KG bleibt Abs 1 S 1 HS 1 hingegen anwendbar (Rn 3).

3. Kaltes Delisting, Abs 1 S 1

9 Der BGH hat in seiner „Macrotron"-Entscheidung für die Fälle des regulären Delisting bereits Ende 2002 entschieden, dass die Minderheitsaktionäre durch Abgabe eines Pflichtangebots zu schützen sind. Dies wurde überwiegend begrüßt (Nachw bei § 195 Rn 3). Das reguläre Delisting hat mit dem UmwR unmittelbar nichts zu tun, es handelt sich um einen einfachen Hauptversammlungsbeschluss bei der AG. Daneben gab es für eine AG jedoch auch einen zweiten Weg, die Präsenz am Kapitalmarkt zu beenden, nämlich das so genannte **„kalte Delisting"** durch Umw auf einen Rechtsträger, der selbst nicht börsennotiert war (gefordert war ein sog „going-private-merger", vgl OLG Stuttgart AG 2006, 420). Hatte dieser Rechtsträger selbst nicht die Rechtsform einer AG oder KGaA, handelte es sich um eine so genannte Mischverschmelzung, für die Abs 1 S 1 HS 1 aF die Pflicht zur Abgabe eines Barabfindungsangebots normierte. Anderes galt jedoch für die Fälle, in der der übernehmende Rechtsträger die Rechtsform der AG oder der KGaA (§ 78 S 4) hatte. Schon frühzeitig wurde deshalb gefordert, die Fälle des kalten Delisting tatbestandlich in § 29 abzubilden (Nachw bei *Mayer/Weiler* DB 2007, 1236 und *Heckschen* DNotZ 2007, 448). Dies ist durch das **2. UmwÄndG** (dazu Einf Rn 28) geschehen. In der RegEBegr heißt es: „Bei der Verschmelzung einer börsennotierten AG auf einen nicht börsenfähigen Rechtsträger anderer Rechtsform haben die widersprechenden Aktionäre dieser

Gesellschaft das Recht, gegen Barabfindung auszuscheiden. Gleichgestellt werden soll der Fall der Verschmelzung auf eine nicht börsennotierte AG. Der Verlust der Börsennotierung erschwert zwar nicht rechtlich, aber faktisch die Veräußerungsmöglichkeit der Anteile, sodass die Anwendbarkeit des § 29 sachlich gerechtfertigt erscheint" (BT-Drs 16/2919, 13). Diese Änderung ist grdsl zu begrüßen (*Mayer/Weiler* DB 2007, 1236; Widmann/Mayer/*Wälzholz* Rn 13 ff; HRA des DAV NZG 2006, 738). Wie mehrfach im 2. UmwÄndG hat der Gesetzgeber aber einen zu regulierenden Tatbestand übersehen. Abs 1 S 1 ist wegen einer planwidrigen Regelungslücke und iÜ offensichtl vergleichbarer Rechts- und Interessenlage entsprechend auch auf die Fälle anwendbar, bei denen eine **KGaA** als übertragender und/oder übernehmender Rechtsträger beteiligt ist (zutr Mayer/*Weiler* DB 2007, 1236; Widmann/Mayer/*Wälzholz* Rn 14). Da die gesetzl Neuregelung zum kalten Delisting dem Schutz der Minderheitsaktionäre dient, ist **maßgebl Zeitpunkt** zur Beurteilung, ob die übertragende AG börsennotiert ist, nicht der Tag der Anteilsinhaberversammlung nach § 13 I, sondern der Tag des Wirksamwerdens der Verschm iSv § 20 I (zutr Widmann/Mayer/*Wälzholz* Rn 15). *Drinhausen* (BB 2006, 2314) hat zurecht die Frage aufgeworfen, was gelten soll, wenn die Aktien der aufnehmenden AG zwar zum Zeitpunkt des Wirksamwerdens der Verschm noch nicht börsennotiert sind, ihre Börsennotierung jedoch im Zuge der Verschm geplant ist. Hier ist zu differenzieren. Verlieren die Anteilsinhaber des übertragenden Rechtsträgers nur für sehr kurze Zeit die Möglichkeit der freien Handelbarkeit ihrer Aktien, weil der übernehmende Rechtsträger erst im Zuge der Verschm an der Börse notiert werden soll, liegt kein Fall des kalten Delisting vor und ist Abs 1 S 1 entsprechend teleologisch zu reduzieren (*Drinhausen* BB 2006, 2314; ihm folgend *Mayer/Weiler* DB 2007, 1236). Die vorübergehend fehlende Börsennotierung darf aber allein technisch bedingt sein („unverzügliche Börsennotierung nach Verschmelzung", vgl OLG Stuttgart AG 2006, 428). Ist hingegen die Börsennotierung nur geplant, hat die übernehmende AG/KGaA aber noch nicht alle dafür notw Schritte in die Wege geleitet, muss ein Barabfindungsangebot abgegeben werden (zutr Widmann/Mayer/*Wälzholz* Rn 14 gegen *Drinhausen* BB 2006, 2314). Vgl zum Ganzen *Simon/Burg* Der Konzern 2009, 214 mwN.

4. Verfügungsbeschränkung, Abs 1 S 2

Abs 1 S 2 ist durch das Gesetz zur Änderung des UmwG, des PartGG und anderer Gesetze (BStBl I 1878) neu gefasst worden. Sofern die durch die Verschm erworbenen Anteile am übernehmenden Rechtsträger **Verfügungsbeschränkungen** unterworfen sind, kann der betreffende Anteilsinhaber Barabfindung verlangen (vgl insbes Rn 4 aE). Nach dem Wortlaut des Gesetzes kommt es nicht darauf an, ob der Anteilsinhaber auch **bereits beim übertragenden Rechtsträger Verfügungsbeschränkungen** unterworfen war oder nicht. Man könnte Abs 1 S 2 dahin auslegen, ein Austrittsrecht gegen Barabfindung bestünde nur dann, wenn der Anteilsinhaber durch die Verschm erstmals mit einer Verfügungsbeschränkung konfrontiert wird. Denn Abs 1 S 2 findet grdsl nur Anwendung, wenn die Rechtsform bei Ausgangs- und Zielrechtsträger identisch ist („Rechtsträger derselben Rechtsform"). Damit wäre bei rechtl Identität der Verfügungsbeschränkung vor und nach der Verschm scheinbar eine Verschlechterung für den Anteilsinhaber nicht zu befürchten (so noch die 2. Aufl 1996, Rn 8; auch die RegEBegr zu Abs 1 S 2 [BT-Drs 12/6699, 94] kann für eine solche Auslegung 10 fruchtbar gemacht werden, weil die Verpflichtung zur Barabfindung dort als notw angesehen wird, wenn aus einem frei veräußerbaren Anteil ein vinkulierter Anteil wird). Die **hM** gewährt das Recht zur Barabfindung jedoch zu Recht auch dann, wenn die **bisherigen Anteile Verfügungsbeschränkungen** unterworfen waren (Kallmeyer/*Marsch-Barner* Rn 9; Widmann/Mayer/*Wälzholz* Rn 18; Lutter/*Grunewald* Rn 6; Semler/Stengel/*Kalss* Rn 11; KölnerKommUmwG/*Simon* Rn 23; GKT/*Bermel* Rn 16; *Reichert* GmbHR 1995, 187; *Schaub* NZG 1998, 627; vgl auch Begr zum RegE des ersten Gesetzes zur Änderung des UmwG, BT-Drs 13/8808, 11). Nur **in Extremfällen** gilt etwas anderes. Stellt sich der Anteilsinhaber durch die nach Wirksamwerden der Verschm geltende Verfügungsbeschränkung weder rechtl noch tats irgendwie schlechter als vor der Verschm, ist ihm der Austritt gegen Barabfindung zu verweigern. Ob man dieses Erg über teleologische Reduktion von Abs 1 S 2 (so Lutter/*Grunewald* Rn 6; Semler/Stengel/*Kalss* Rn 12; wohl auch KölnerKommUmwG/*Simon* Rn 23) oder durch Anwendung der Grdse zur missbräuchl oder treuwidrigen Rechtsausübung (so Kallmeyer/*Marsch-Barner* Rn 10; Widmann/Mayer/*Wälzholz* Rn 18; *Reichert* GmbHR 1995, 188) erreicht, kann dahinstehen.

11 Unter **Verfügungsbeschränkungen iSv Abs 1 S 2** sind all diejenigen Regelungen **im Gesetz** (Zusammenstellung bei Widmann/Mayer/*Wälzholz* Rn 21 ff) oder **in Gesellschaftsvertrag bzw Satzung** zu verstehen, die eine Beschränkung, eine Erschwerung oder ein (auch zeitl befristetes) Verbot der Anteilsübertragung festschreiben. Hierbei ist es ohne Belang, wie die Verfügungsbeschränkung ausgestaltet ist, ob also die Übertragbarkeit bereits von Gesetzes wegen ausgeschlossen bzw eingeschränkt ist oder ob für die wirksame Anteilsübertragung die Zustimmung des übernehmenden Rechtsträgers selbst oder/und einzelner bzw aller übrigen Anteilsinhaber oder/und von Dritten (zB Aufsichtsorgan) erforderl ist. Verfügungsbeschränkungen sind zB mögl nach § 15 V GmbHG (dazu Lutter/Hommelhoff/*Bayer* GmbHG § 15 Rn 41 ff), § 68 AktG (dazu *Hüffer* AktG § 68 Rn 10 ff), §§ 105 ff, 161 ff HGB (Baumbach/*Hopt* HGB § 105 Rn 70), § 76 I 2 GenG (*Lang/Weidmüller/Schulte* GenG § 76 Rn 4, 9, 10). Ob **schuldrechtl Vereinbarungen** (Vorkaufsrechte, Optionen) den Anwendungsbereich von Abs 1 S 2 eröffnen, ist str (vgl Lutter/*Grunewald* Rn 8 mwN; Widmann/Mayer/*Wälzholz* Rn 19, 20 mwN; KölnerKommUmwG/*Simon* Rn 17).

5. Eigene Anteile des übernehmenden Rechtsträgers

12 Grdsl soll der belastete Anteilsinhaber seinen durch die Verschm erworbenen Anteil am übernehmenden Rechtsträger an diesen übertragen („Erwerb seiner Anteile", Abs 1 S 1). Gesellschaftsvertragl Modifikationen, zB vorzeitiges Ausscheiden ohne Teilnahme an der Verschm, sind nicht mögl (vgl OLG Frankfurt aM DB 2003, 31; OLG Karlsruhe ZIP 2003, 78 mit Anm *Kowalski* EWiR 2003, 181). Aus **Kapitalerhaltungsvorschriften** folgende Verbote des Erwerbs eigener Anteile finden keine Anwendung. Für § 33 GmbHG folgt dies aus § 33 III GmbHG und jetzt nach Ergänzung durch das 2. UmwÄndG unmittelbar aus Abs 1 S 1 HS 2 (redaktionelle Klarstellung, vgl RegEBegr BT-Drs 16/2919, 13; vgl ausführl Widmann/Mayer/*Wälzholz* Rn 39). Die Vorschriften des AktG werden in modifizierter Form angewendet. § 71 IV 2 AktG gilt näml gem Abs 1 S 1 HS 2 nicht, sodass die eigenen Anteile einer AG durch den Anteilserwerb im Zusammenhang mit Gewährung der Barabfindung auch zur Überschreitung der in § 71 II AktG geregelten **10%-Grenze** führen dürfen. Der Grds der Kapitalerhaltung steht hier ausnahmsweise hinter den Interessen der Anteilsinhaber zurück. Durch diese Vorschriften sollen Verschm erleichtert werden (RegEBegr BR-Drs 75/94 zu § 29 I 1 HS 2). Der nachhaltigen Kapitalerhaltung und Einhaltung der 10%-Grenze wird durch § 71c AktG Genüge getan. Die Aktien, die unter Verstoß gegen § 71 I Nr 3, II AktG erworben wurden, sind innerhalb eines Jahres zu veräußern (ähnl Widmann/Mayer/*Wälzholz* Rn 37). Die Drei-Jahres-Frist von § 71c II AktG kann ebenfalls einschlägig sein, weil § 71 I Nr 3 AktG die Barabfindung als Grundlage des Erwerbstatbestandes erfasst (anders noch die 4. Aufl 2006, Rn 12; wie hier Widmann/Mayer/*Wälzholz* Rn 37; Kallmeyer/*Marsch-Barner* Rn 26). Die **hM** (Nachw bei Lutter/*Grunewald* Rn 24 ff; Semler/Stengel/*Kalss* Rn 33) hält den Verschmelzungsbeschluss bei vorheriger Erkennbarkeit der Verletzung der 10%-Grenze für rechtswidrig. Dies widerspricht der im RegEBegr zum Ausdruck gekommenen Zielsetzung des Gesetzgebers. Nach dem gesetzl Grundmuster ist es durchaus mögl, dass bis zu 25% des Kap gegen die Verschm stimmen. Sämtl dissentierenden Anteilsinhaber können grdsl Barabfindung verlangen. Die ausdrückl Suspendierung von § 71 IV 2 AktG durch Abs 1 S 1 HS 2 ist nur sinnvoll, wenn der Erwerb eigener Anteile aufgrund einer zu gewährenden Barabfindung unabhängig von der 10%-Grenze erlaubt sein soll (wie hier wohl Widmann/Mayer/*Wälzholz* Rn 37 und Kallmeyer/*Marsch-Barner* Rn 26). Die dauerhafte Kapitalsicherung wird durch § 71c AktG gewährleistet.

Hat der übernehmende Rechtsträger nicht genügend freies Verm, um den Erwerb der eigenen Anteile darzustellen und bleibt er länger als eine jur Sekunde Inhaber der Anteile, verstößt dies gegen § 272 IV HGB (nach Semler/Stengel/*Kalss* Rn 33 ist die Einhaltung von § 272 IV HGB Zulässigkeitsvoraussetzung des Erwerbs iRv § 29; vgl iÜ zur Darstellung eigener Anteile BeBiKo/*Ellrott/Krämer* § 266 HGB Rn 185 und BeBiKo/*Ellrott* § 314 HGB Rn 84 ff). In diesem Fall ist die Rücklage gleichwohl zu bilden und ein entsprechender Bilanzverlust auszuweisen (*ADS* § 272 HGB Rn 150 ff). Wird die Rücklage im Jahr des Erwerbs der eigenen Anteile nicht oder nicht in voller Höhe gebildet oder vorzeitig aufgelöst, kann der Jahresabschluss gem § 256 I Nr 4 AktG (für die GmbH analog anzuwenden) nichtig sein (BeBiKo/*Förschle/Hoffmann* § 272 Rn 196). Ist eine solche Entwicklung bereits bei Fassung des Verschmelzungsbeschlusses abzusehen, ist die Umw rechtswidrig, sie darf nicht eingetragen werden (Kallmeyer/*Marsch-Barner* Rn 27; Lutter/*Grunewald* Rn 24 mwN; dies ist vom Registergericht iRd Eintragungsverfahrens zu prüfen, vgl § 19 Rn 17 ff, gegen ein Prüfungsrecht Widmann/Mayer/*Wälzholz* Rn 46; vgl auch *Hoger* AG 2008, 149 und *Geißler* GmbHR 2008, 1018). Erfolgt die Eintragung der Verschm dennoch, ist das Verpflichtungsgeschäft wirksam. Abs 1 S 1 HS 1 verhindert die Anwendung von § 33 II 3 HS 2. Deshalb geht das Austrittsrecht den Kapitalerhaltungsregeln vor, die Barabfindung ist auszuzahlen (Widmann/Mayer/*Wälzholz* Rn 39 mwN). 13

6. Ausscheiden des Anteilsinhabers, Abs 1 S 3

Sofern eine Übernahme eigener Anteile (Rn 12) wegen der Rechtsform des übernehmenden Rechtsträgers nicht mögl ist (zB bei PersGes, Vereinen und eG), ist der die Barabfindung begehrende Anteilsinhaber zum **Austritt aus dem übernehmenden Rechtsträger verpflichtet.** Durch den Austritt erlischt der ursprüngl innegehabte Anteil, die quotale Beteiligung der übrigen Anteilsinhaber am Rechtsträger wächst – soweit gesetzl zulässig – entsprechend an (etwa § 738 BGB; Semler/Stengel/*Kalss* Rn 36). 14

7. Widerspruch des Anteilsinhabers

15 **a) Pflicht zum Widerspruch.** Grdsl ist nur derjenige Anteilsinhaber anspruchsberechtigt, der gegen den Verschmelzungsbeschluss seines (übertragenden) Rechtsträgers gestimmt und darüber hinaus **Widerspruch zur Niederschrift** erklärt hat. Die Möglichkeit des Ausscheidens oder der Anteilsübertragung im Zusammenhang mit der Verschm soll nur denjenigen Minderheitsgesellschaftern gewährt werden, die durch ihr Verhalten das Nichteinverstandensein mit dem Verschmelzungsvorgang dokumentiert haben (vgl Rn 5). Durch diese Beschränkung wird im Zusammenspiel mit den für wirksame Verschmelzungsbeschlüsse erforderl Mehrheitsverhältnisse (dazu § 13 Rn 29 ff) insbes vermieden, dass der übernehmende Rechtsträger mit quantitativ zu hohen Barabfindungsansprüchen belastet und damit in seiner Existenz gefährdet wird.

16 Mit dem Widerspruch bringt der Anteilsinhaber zum Ausdruck, dass er nicht (dauerhaft) Anteilsinhaber des übernehmenden Rechtsträgers zu werden wünscht und er sich die Geltendmachung des ihm kraft Gesetzes zustehenden Abfindungsanspruchs vorbehält (vgl BGH NJW 1989, 2693 mwN). Der Widerspruch zur Niederschrift setzt zunächst voraus, dass der Anteilsinhaber selbst oder ein autorisierter Vertreter an der Versammlung der Anteilsinhaber des übertragenden Rechtsträgers teilgenommen **und gegen die Verschm gestimmt hat** (Rn 5, 15; hM, vgl Lutter/*Grunewald* Rn 10; GKT/*Bermel* Rn 18; Widmann/Mayer/*Wälzholz* Rn 30; Semler/Stengel/*Kalss* Rn 22; *Schaub* NZG 1998, 628; *Zimmermann* FS Brandner, 1996, 179; aA und damit gegen die Notwendigkeit einer Fundamentalopposition Kallmeyer/*Marsch-Barner* Rn 13; Kallmeyer/*Meister*/*Klöcker* § 207 Rn 15; *Veil,* Umw einer AG in eine GmbH, 1996, S 214 ff; Lutter/*Decher* § 207 Rn 8 je mwN). Ein **nachträgl Widerspruch** (also ein Widerspruch nach Beendigung der Anteilsinhaberversammlung) ist nicht ausreichend. Der Anteilsinhaber muss zur Niederschrift (des Notars) in der Versammlung der Anteilsinhaber eindeutig erklären, dass er mit dem gefassten Beschluss nicht einverstanden ist. Auf die Wortwahl kommt es – sofern der Wille eindeutig zum Ausdruck gebracht wird – nicht an (MüKoAktG/*Hüffer* § 245 Rn 33 mwN); eine **Begr des Widerspruchs** ist ebenso wenig notw wie die **tats Aufnahme der Erklärung** des Anteilsinhabers in der Niederschrift (Kallmeyer/*Marsch-Barner* Rn 12; *Hüffer* AktG § 245 Rn 15).

17 **b) Ausnahme gem Abs 2.** Die Entscheidung BGH NJW 1989, 2693, in der ausdrückl offengelassen wurde, ob § 375 AktG aF auch auf solche Aktionäre anwendbar ist, die der Umw mangels rechtzeitiger Kenntnis nicht zustimmen konnten, hat den Gesetzgeber dazu bewogen, in **Abs 2** eine **Ausnahme von der Widerspruchspflicht** zu verankern; dies entspricht zudem einem allg Grds des Anfechtungsrechts (vgl RegEBegr BR-Drs 75/94 zu § 29 II). Abs 2 zählt Fälle auf, bei denen der Anteilsinhaber **unverschuldet** an der Erklärung des Widerspruchs zur Niederschrift in der Anteilsinhaberversammlung gehindert ist, also bei nicht ordnungsgemäß Einberufung der Anteilsinhaberversammlung, bei Verletzung der Mitteilungspflicht bzgl des Gegenstands der Beschlussfassung oder bei Nichtzulassung zur Abstimmung. Hatte der Anteilsinhaber hingegen vor oder nach der Beschlussfassung, aber noch innerhalb der Anteilsinhaberversammlung, die **Möglichkeit, seinen Widerspruch zu erklären,** findet Abs 2 keine Anwendung (Lutter/*Grunewald* Rn 14). Ob die Anteilsinhaberversammlung ordnungsgemäß einberufen und der Gegenstand der Beschlussfassung ordnungsgemäß bekannt gemacht worden ist, richtet sich nach den Besonderen Vorschriften im Zweiten Teil des Zweiten Buches (§§ 39–122l) und nach den für die jew Rechtsform einschlägigen

allg Vorschriften. **Abs 2** ist **entsprechend anzuwenden** oder erweiternd auszulegen für die Fälle, die vom Gesetzeswortlaut nicht eindeutig erfasst sind, inhaltl aber gleichschwer wiegen (zweifelnd OLG München ZIP 2010, 326, wenn Anteilsinhaber erschienen ist). **Täuscht** etwa **der Versammlungsleiter** über die Notwendigkeit des Widerspruchs, können die Anteilsinhaber, die gegen den Beschluss gestimmt haben, trotz Fehlens eines förml Widerspruchs Barabfindung verlangen (*Schaub* NZG 1998, 628; Lutter/*Grunewald* Rn 15, die zutr danach fragt, in wessen Sphäre der Grund für den fehlenden Widerspruch liegt, ähnl KölnerKomm-UmwG/*Simon* Rn 31; Erklärungen des beurkundenden Notars sind dieser Sphäre nicht zuzuordnen, zutr OLG München ZIP 2010, 329 und ausführl LG München I Beschluss vom 4.9.2009 – 5 HKO 6163/09).

8. Entstehung und Schuldner des Anspruchs

Mit Eintragung der Verschm im Register des übernehmenden Rechtsträgers **und nach Annahme des Angebots** durch den jew Anteilsinhaber entsteht der verkehrsfähige (vgl OLG Jena AG 2005, 619) Abfindungsanspruch (zum abw Beginn der Möglichkeit einer anderweitigen Veräußerung vgl § 33). Vor Wirksamwerden der Verschm kann der Anteilsinhaber zwar bereits die Annahme des Angebots erklären, diese ist aber bedingt durch das Wirksamwerden der Verschm, erst zu diesem Zeitpunkt erlöschen die alten Anteile am übertragenden Rechtsträger (§ 20 I Nr 2, dazu § 20 Rn 7 ff) und entstehen im Gegenzug Anteile am übernehmenden Rechtsträger (§ 20 I Nr 3), die gegen Gewährung der Barabfindung zu übertragen sind („Erwerb seiner Anteile", Abs 1 S 1 HS 1). Mit **Zugang der Annahmeerklärung** wird der **Anspruch** auf Barabfindung Zug um Zug gegen die Übertragung der Anteile **fällig.** In der **Zeit bis zur Annahme** des Angebots stehen dem Anteilsinhaber seine normalen Rechte in vollem Umfang zu. Auch **nach Annahme** des Angebots verbleiben ihm bis zu dem Zeitpunkt, zu dem die Gegenleistung in vollem Umfang bewirkt ist, je nach Einzelfall Rechte als Gesellschafter. Es kann nichts anderes gelten als bei der Einziehung eines Anteils gegen Abfindung, wo der BGH (wie von *Goette* FS Lutter, 2000, 410 mwN angekündigt) die sofortige Wirksamkeit der Einziehung eines GmbH-Geschäftsanteils zugelassen hat, wenn dies im Gesellschaftsvertrag entsprechend geregelt ist (BGH GmbHR 2003, 1062 mit Anm *Blöse/Kleinert*). Damit kommt es im Einzelfall auf das Vorhandensein gesellschaftsvertragl Regelungen und deren Auslegung an. Die Mitgliedschaftsrechte sind für den Fall einer fehlenden gesellschaftsvertragl Sonderregelung jedoch nur beschränkt ausübbar. Zur für die Anteilsinhaber sehr wesentl **stl Behandlung der Abfindung** vgl § 5 UmwStG Rn 18 ff. 18

Schuldner des Abfindungsanspruchs ist der übernehmende Rechtsträger; dieser kann den Anteilsinhaber nicht auf die anderweitige Veräußerung nach § 33 oder auf einen sonstigen Erwerbsinteressenten verweisen, eine freiwillige Vereinbarung nach Wirksamwerden der Verschm ist jedoch mögl. Der übernehmende Rechtsträger schuldet neben der Kostenübernahme, Abs 1 S 5, die **Mitwirkung an der Formulierung und Durchführung des Erwerbsvorgangs,** die hierzu notw Willenserklärungen können vom berechtigten Anteilsinhaber eingeklagt und gem § 894 ZPO vollstreckt werden. Die Pflicht zur Gewährung der Abfindung ist bereits durch das nach § 29 geschuldete Abfindungsangebot als notw Bestandteil des Verschmelzungsvertrages (Entwurfs) begründet worden, die Annahme des Angebots unterliegt der Ausschlussfrist von § 31. 19

9. Bekanntmachung des Verschmelzungsvertrages, Abs 1 S 4

20 **Abs 1 S 4 ist nur einschlägig,** wenn die für die betreffende Rechtsform geltenden Vorschriften eine Bekanntmachung des Beschlussgegenstandes vorsehen (**erforderl** Bekanntmachung, vgl RegEBegr BR-Drs 75/94 zu § 29 I 4). Dies ist zunächst für AG und KGaA gem § 124 II 2 AktG (§ 278 III AktG) der Fall, für eG gilt § 46 II 1 GenG (vgl aber § 90 I zum Ausschluss der Barabfindung bei eG), für VVaG gilt § 36 VAG iVm § 124 AktG, iÜ kann durch Gesellschaftsvertrag oder Satzung eine Bekanntmachungspflicht gegeben sein (vgl für Verein LG Bremen Rpfleger 1992, 304; für GmbH [„Ankündigung"] *Scholz/K. Schmidt* GmbHG § 49 Rn 27). Bei den PhG ist die Aufnahme von Bekanntmachungspflichten in den Gesellschaftsvertrag nur mit erhebl Einschränkungen mögl (vgl MüKoHGB/*Enzinger* § 119 Rn 6 ff). Gleiches gilt für PartGes. Auch die durch Satzung/Gesellschaftsvertrag vorgesehene Bekanntmachung ist eine „erforderl" Bekanntmachung iSv Abs 1 S 4.

21 **Regelungsgegenstand von Abs 1 S 4** ist die Pflicht des Einberufenden, in der erforderl Bekanntmachung des Verschmelzungsvertrages oder dessen Entwurf als Beschlussgegenstand den **Wortlaut des Angebots zur Barabfindung** anzugeben. Das Angebot muss die Höhe der Abfindung konkret bezeichnen (anders noch § 369 IV AktG aF; vgl 1. Aufl 1994, § 369 AktG Anm 6 mwN). Eine Erhöhung des Angebots anlässl der Beschlussfassung kann zur Anfechtbarkeit führen, vgl OLG München AG 2010, 84 mit Bespr *Kläsener* AG 2010, 202, vgl auch Vorinstanz LG München I AG 2010, 419. Auch das Argument, dass wegen der frühzeitigen Einladung zur Anteilsinhaberversammlung die Höhe der Barabfindung zu dieser Zeit oft noch nicht bestimmbar ist, vermag daran nichts zu ändern; gem § 30 II haben die Verschmelzungsprüfer die angebotene Barabfindung auf ihre Angemessenheit hin zu überprüfen, das Prüfungsergebnis ist bereits in der Anteilsinhaberversammlung zu eröffnen. Ohne die Festlegung auch der Höhe der anzubietenden Barabfindung bereits im Vorfeld der Anteilsinhaberversammlung könnte eine solche Prüfung nicht durchgeführt werden. Auch in Anbetracht von § 31 ist eine frühzeitige Festlegung der Höhe der Barabfindung geboten. Sollte dem Rechtsträger gestattet werden, diese erst nach der Beschlussfassung iSv § 13 festzulegen, droht – wenn die Eintragung zügig vorgenommen wird – eine unbillige Verkürzung der zweimonatigen Ausschlussfrist. Schließl darf nicht verkannt werden, dass der Anteilsinhaber, der das Angebot zur Barabfindung annehmen möchte, gehalten ist, in der Anteilsinhaberversammlung Widerspruch zur Niederschrift zu erklären; die von ihm geforderte Entscheidung, ob er für oder gegen den Verschmelzungsvertrag votieren möchte, hängt für ihn – unbeschadet der Möglichkeit zur gerichtl Nachprüfung der Abfindung nach § 34 – maßgebl von der Höhe der angebotenen Barabfindung ab.

10. Kosten der Anteilsübertragung

22 Der widersprechende Anteilsinhaber hat gem Abs 1 S 1 HS 1 einen Anspruch gegen den übernehmenden Rechtsträger, der darauf gerichtet ist, dass dieser seinen Anteil gegen eine angemessene Barabfindung erwirbt. Der früher zu § 375 AktG aF hM (KölnerKommAktG/*Zöllner* § 375 Rn 19; aA GroßKomm AktG/*Meyer-Landrut* § 375 Rn 3), dass derjenige Anteilsinhaber, der anlässl der Verschm mehrere Anteile erlangt hat, sein **Barabfindungsverlangen auf einzelne dieser Anteile** beschränken kann, ist auch iRv § 29 zu folgen (OLG Düsseldorf ZIP 2001, 158; Lutter/*Decher* § 209 Rn 5 mwN; Semler/Stengel/

Kalss Rn 29; einschränkend Widmann/Mayer/*Vollrath* § 31 Rn 6: nach Maßgabe des Angebots; aA GKT/*Bermel* Rn 35, der aber nicht auf den Fall eingeht, dass ein Anteilsinhaber mehrere Anteile hat; abl auch Kallmeyer/*Meister/Klöcker* § 209 Rn 7 gegen Kallmeyer/*Marsch-Barner* Rn 19).

Abs 1 S 1 HS 1 spricht vom Erwerb der Anteile oder Mitgliedschaften durch den übernehmenden Rechtsträger. Dies wird regelm durch einen **Anteilsübertragungsvertrag** geschehen (zur klagweisen Geltendmachung und Vollstreckung Rn 19). Gem **Abs 1 S 5** hat der übernehmende Rechtsträger die **Kosten für die Übertragung des Anteils/der Mitgliedschaft** zu tragen. Hierunter fallen die Kosten des Erwerbsvertrags selbst sowie alle sonstigen notw Kosten des eigentl Übertragungsvorgangs, nicht aber zB Beratungskosten des Anteilsinhabers. 23

§ 30 Inhalt des Anspruchs auf Barabfindung und Prüfung der Barabfindung

(1) [1]**Die Barabfindung muß die Verhältnisse des übertragenden Rechtsträgers im Zeitpunkt der Beschlußfassung über die Verschmelzung berücksichtigen.** [2]**§ 15 Abs. 2 ist auf die Barabfindung entsprechend anzuwenden.**

(2) [1]**Die Angemessenheit einer anzubietenden Barabfindung ist stets durch Verschmelzungsprüfer zu prüfen.** [2]**Die §§ 10 bis 12 sind entsprechend anzuwenden.** [3]**Die Berechtigten können auf die Prüfung oder den Prüfungsbericht verzichten; die Verzichtserklärungen sind notariell zu beurkunden.**

Schrifttum: Siehe Schrifttum Vor §§ 29–34.

1. Allgemeines

§ 30 behandelt die **Angemessenheit der** nach § 29 I 1, 2 anzubietenden **Barabfindung.** Die Regelung führt im Wesentl § 375 I 1 AktG aF, § 12 I 2 UmwG 1969 fort. Die Verzinsung ist gem Abs 1 S 2 durch Verweis auf § 15 II wie diejenige der baren Zuzahlung ausgestaltet. 1

Anders als bei § 320b AktG (dazu OLG Hamm AG 1993, 93) sieht **Abs 2** die **Pflicht zur Prüfung** der Angemessenheit der Barabfindung vor, allerdings können die Berechtigten auf die Prüfung selbst oder zumindest auf den Prüfungsbericht verzichten. 2

Nach BVerfG (BVerfGE 14, 263 ff – Feldmühle-Entscheidung; ZIP 1999, 1436 mit Anm *Wilken,* „Börsenkurs"; BB 2000, 2011 „§ 179a AktG", dazu ausführl mwN § 5 Rn 7, 49 ff, vgl auch § 20 Rn 42) ist es **verfassungsrechtl geboten,** dass der ausscheidende (Minderheits-)Anteilsinhaber für den Verlust seiner Rechtsposition **wirtschaftl voll entschädigt** wird. Der Ausscheidende soll das erhalten, was seine Beteiligung an dem weiterarbeitenden Unternehmen wert war, dh es ist die Verm- und Ertragslage des übertragenden Rechtsträgers am Stichtag (Abs 1 S 1) zu berücksichtigen. Bei börsennotierten AG kann insoweit dem Börsenkurs maßgebl Bedeutung zukommen, vgl *Bücker* NZG 2010, 967; *Bungert* BB 2010, 2227; *Decker* ZIP 2010, 1673; Semler/Stengel/*Zeidler* Rn 7 ff; vgl zum Börsenkurs beim Umtauschverhältnis § 5 Rn 49 ff. 3

2. Höhe der Barabfindung, Bewertungszeitpunkt, Abs 1 S 1

4 **a) Inhalt des Anspruchs.** Mit Eintragung der Verschm erlischt jeder übertragende Rechtsträger, § 20 I Nr 2, die Anteilsinhaber erhalten gem § 20 I Nr 3 Anteile am übernehmenden Rechtsträger; das Umtauschverhältnis der Anteile darf nicht zu niedrig bemessen sein, den Anteilsinhabern ist nach § 15 iVm dem SpruchG die gerichtl Nachprüfung der Angemessenheit des Umtauschverhältnisses mögl. Sofern die Voraussetzungen von § 29 I vorliegen, bleibt es dem jew Anteilsinhaber unbenommen, den durch Eintragung der Verschm erworbenen Anteil am übernehmenden Rechtsträger gegen angemessene Barabfindung auf den übernehmenden Rechtsträger zu übertragen oder aus diesem auszuscheiden. Um den verfassungsrechtl Vorgaben (Rn 3) zu genügen, ist es notw, die **Barabfindung** so zu bemessen, dass sie **vollwertiges Äquivalent für die ursprüngl Beteiligung** am übertragenden Rechtsträger ist. Stl Vorteile, die sich anlässl der Verschm nur für die ausscheidenden Anteilsinhaber oder nur für die verbleibenden Anteilsinhaber, nicht aber für die Rechtsträger selbst ergeben, bleiben außer Betracht (OLG Düsseldorf ZIP 1990, 1474; der gegen Barabfindung ausscheidende Anteilsinhaber wird stl so gestellt, als sei er noch aus dem übertragenden Rechtsträger ausgeschieden, vgl ausführl § 5 UmwStG Rn 18 ff).

5 **b) Bewertungszeitpunkt.** Die Barabfindung muss die Verhältnisse des übertragenden Rechtsträgers **im Zeitpunkt der Beschlussfassung** über die Verschm berücksichtigen, **Abs 1 S 1.** Die spontane Erhöhung der Barabfindung anlässl der Beschlussfassung macht den Beschluss insges anfechtbar, vgl OLG München AG 2010, 84 mit Bespr *Kläsener* AG 2010, 202, vgl auch Vorinstanz LG München I AG 2010, 419. § 30 schreibt nicht vor, wie die angemessene Barabfindung ihrer Höhe nach zu berechnen ist, insbes werden **keine Bewertungsmethoden** vorgegeben (vgl RegEBegr BR-Drs 75/94 zu § 30 I). Zur Berechnung der Barabfindung Rn 9 ff.

6 **c) Kein Ausschluss durch Beschluss der Anteilsinhaber.** § 30 ist **nicht abdingbar,** weder durch Gesellschaftsvertrag bzw Satzung noch durch Beschluss der Anteilsinhaber kann der Abfindungsanspruch zu Lasten der austretenden (Minderheits-)Anteilsinhaber beschränkt werden. Auch eine **Beschränkung des Abfindungsanspruchs** bspw auf Abfindung zu BW ist nicht zulässig. Unbenommen bleibt es den berechtigten Anteilsinhabern allerdings, auf die Gewährung einer Barabfindung zu verzichten.

7 Die Abfindung nach § 30 ist **grdsl in Geld** geschuldet (Barabfindung). Eine andere Art der Abfindung kann weder verlangt noch aufgezwungen werden. Gem § 364 I BGB ist es jedoch mögl, den damit einverstandenen Anteilsinhaber mit Sachwerten oder Anteilen an einer anderen Ges abzufinden. Das Einverständnis kann nicht pauschal im Vorfeld einer Verschm erklärt werden, vielmehr muss die Bereitschaft des Anteilsinhabers anlässl des konkreten Verschmelzungsvorgangs vorhanden sein und ggü dem übernehmenden Rechtsträger erklärt werden.

8 **d) Kein Auskunftsanspruch.** Dem berechtigten Anteilsinhaber steht nach hM **kein Auskunftsanspruch** zur Überprüfung der Angemessenheit der Abfindung zu (BGH NJW 1967, 45; GroßKomm AktG/*Meyer-Landrut* Anh zu § 393 UmwG § 12 Anm 4 mwN). Einem etwa auf § 131 AktG gestützten gerichtl Auskunftsanspruch lässt sich die Berechtigung des Anteilsinhabers zur gerichtl Nachprüfung der Abfindung nach § 34 iVm dem SpruchG entgegenhalten (vgl auch die entsprechende Argumentation des BGH zur Auskunftspflichtverletzung, ZIP

2001, 199; aA LG Frankfurt aM DB 2003, 1726). Da dieses Verfahren für ihn idR kostenfrei ist (gem § 15 IV SpruchG besteht ein Anspruch auf den Ersatz der eigenen Kosten des Antragstellers allerdings nur noch bei gesonderter gerichtl Anordnung), ist nicht einzusehen, warum zunächst ein Bedürfnis für einen gesonderten Auskunftsanspruch anerkannt werden soll. Der Anteilsinhaber kann gleich Zahlung bzw **Festsetzung der Abfindung** im Spruchverfahren verlangen.

e) Berechnung des Abfindungsanspruchs. Für die Berechnung der **Höhe der angemessenen Barabfindung** sind die Verhältnisse des übertragenden Rechtsträgers im Zeitpunkt der Beschlussfassung über die Verschm (§ 13) zu berücksichtigen, Abs 1 S 1 (Stichtag, vgl § 5 Rn 29). Der berechtigte Anteilsinhaber soll das erhalten, was seine Beteiligung am (weiterarbeitenden) übertragenden Rechtsträger wert war, maßgebl ist somit die **Vermögens- und Ertragslage des übertragenden Rechtsträgers am Stichtag.** Wird für die Berechnung der Wertrelation beim Umtauschverhältnis ein anderer Stichtag gewählt (dazu § 5 Rn 27 ff), kann grdsl fortgeschrieben werden (Kallmeyer/*Müller* Rn 11; Semler/Stengel/*Zeidler* Rn 19). **9**

Die Berücksichtigung bestimmter Bewertungsmethoden zur Berechnung der Barabfindung ist nicht vorgeschrieben. Es ist diejenige **Bewertungsmethode** zu wählen, die **im Einzelfall** den Wert des übertragenden Rechtsträgers und des betroffenen Anteils am besten aufzeigt. Grdsl wird dies die **Ertragswertmethode** (§ 5 Rn 10 ff) sein, uU kann der **Börsenkurs** herangezogen werden (dazu Rn 3 und § 5 Rn 49 ff); andere Methoden sind idR nicht geeignet (§ 5 Rn 47). Unabhängig von der konkret angewandten Bewertungsmethode ist der Abfindungsanspruch auf der Grundlage des wirkl Werts des fortgeführten Unternehmens einschl des inneren Werts (Goodwill, Firmenwert, Warenzeichen, gewerbl Schutzrechte etc) unter Einbeziehung aller stiller Reserven zu berechnen. Maßgebend dürfte im Allg der Preis sein, der bei einem mögl vorteilhaften Verkauf des Unternehmens als Einheit erzielt würde. Das **nicht betriebsnotw Verm** des übertragenden Rechtsträgers ist mittels funktionaler Betrachtung zu ermitteln und gesondert mit dem tats Verkehrswert zu bewerten (dazu § 5 Rn 44 ff; aA für die Ermittlung des angemessenen Ausgleichs OLG Stuttgart ZIP 2004, 712, das für die Barabfindung das nicht betriebsnotw Verm aber berücksichtigt). **10**

Alle **schwebenden Geschäfte** des übertragenden Rechtsträgers, die wegen der Gesamtrechtsnachfolge künftig durch den übernehmenden Rechtsträger weitergeführt werden, sind in die Bew miteinzubeziehen (für Schadensersatzansprüche nach §§ 117, 317 AktG: OLG Düsseldorf ZIP 1990, 1474), weil diese Vermögenswerte des übertragenden Rechtsträgers auch anteilig dem die Barabfindung begehrenden Anteilsinhaber zustehen. Dies ist aber keine Besonderheit, sondern Ausfluss der iRd Unternehmensbewertung allg anerkannten „Wurzeltheorie" (dazu auch Widmann/Mayer/*Vollrath* Rn 8 mwN und Rn 27; KölnerKomm-UmwG/*Simon* Rn 16). Eine Minderung des Anspruchs auf Barabfindung mit der Begr, dass die Wahl der Barabfindung willkürl sei und den übernehmenden Rechtsträger über Gebühr beeinträchtigen würde, kommt nicht in Betracht. Vgl iÜ ausführl § 5 Rn 10 ff und Spezialliteratur zu §§ 305, 320b AktG, § 320 V 5 AktG aF. **11**

3. Verzinsung, Abs 1 S 2

§ 15 II ist auf die Barabfindung **entsprechend** anzuwenden, **Abs 1 S 2.** Mit Ablauf des Tages, an dem die Verschm gem § 10 HGB in das elektronische HR **12**

des übernehmenden Rechtsträgers eingetragen ist (Neufassung von §§ 15 II, 19 III durch das EHUG, kritische bereits zur Vorgängerregelung *Liebscher* AG 1996, 455), ist der ermittelte Betrag der Barabfindung oder hilfsweise die durch das Gericht festgelegte angemessene Barabfindung variabel mit jährl **5%-Punkten über dem jew Basiszins** der Dt Bundesbank zu verzinsen (Neufassung von § 15 II 1 durch das ARUG, vgl § 15 Rn 4, 21). Gem § 15 II 2 ist die Geltendmachung eines **weiteren Schadens** im Zivilprozess nicht ausgeschlossen, die Norm ist aber nicht selbst Anspruchsgrundlage (Lutter/*Grunewald* Rn 4). Auf § 15 Rn 18 ff wird verwiesen.

4. Prüfung, Abs 2

13 **a) Prüfungsbefehl, Abs 2 S 1. Abs 2 S 1** schreibt die **Prüfung der Angemessenheit** der anzubietenden Barabfindung **durch Verschmelzungsprüfer** fest; die Prüfung ist – mit Ausnahme des Verzichts nach Abs 2 S 2 – stets erforderl. Sie muss rechtzeitig vor dem Verschmelzungsbeschluss abgeschlossen sein (Kallmeyer/*Marsch-Barner* Rn 18; Lutter/*Grunewald* Rn 6). Für die Durchführung der Prüfung gelten die allg Grdse (vgl §§ 9–12). Die Verschmelzungsprüfer haben demnach zunächst zu beurteilen, ob die betriebswirtschaftl angewandten Berechnungsmethoden und die tragenden Bewertungselemente des konkreten Einzelfalls zu einer angemessenen Abfindung führen. Neben einer in die Einzelheiten gehenden Überprüfung der Bewertungsparameter ist stets zu fragen, ob die gewählte Bewertungsmethode auch lege artis angewandt wurde. Den Verschmelzungsprüfern ist es wie auch sonst versagt, selbst die Höhe der angemessenen Abfindung festzulegen, hierfür ist ausschließl das Gericht iRd Spruchverfahrens zuständig. Kommen die Verschmelzungsprüfer demzufolge zum Erg, dass die angebotene Barabfindung als nicht angemessen anzusehen ist, haben sie dies dem Rechtsträger und den berechtigten Anteilsinhabern ggü zum Ausdruck zu bringen. Damit ist die Verschmelzungsprüfung in diesem Fall abgeschlossen.

14 **b) Verzicht, Abs 2 S 3.** Ebenso wie §§ 9 III, 12 III ermöglicht **Abs 2 S 3** den **Verzicht** auf die Durchführung der **Prüfung** selbst oder auf die Abfassung des **Prüfungsberichts.** Obwohl Abs 2 auf §§ 10–12 und damit auf § 12 III verweist, war eine besondere Aufnahme der Verzichtsmöglichkeit geboten. Die Möglichkeit zum Ausspruch der Verzichtserklärung nach Abs 2 S 3 ist ausschließl den **Berechtigten,** also denjenigen Anteilsinhabern, die von ihrem Recht nach § 29 I 1, 2 Gebrauch machen wollen, zugewiesen (vgl RegEBegr BR-Drs 75/94 zu § 30 II 3; krit Lutter/*Grunewald* Rn 8, 11; Semler/Stengel/*Zeidler* Rn 29; Kallmeyer/*Müller* Rn 20, die jew zu Recht darauf hinweisen, dass zum Zeitpunkt der Prüfung gerade noch nicht bekannt ist, wer Berechtigter iSv Abs 2 S 3 HS 1 ist; vgl auch KölnerKommUmwG/*Simon* Rn 28). Die Berechtigten können auf die Durchführung der Prüfung insges oder nur auf die Abfassung des Prüfungsberichts verzichten. Die Verzichtserklärungen sind notariell zu beurkunden, Abs 2 S 3 HS 2.

§ 31 Annahme des Angebots

[1]Das Angebot nach § 29 kann nur binnen zwei Monaten nach dem Tage angenommen werden, an dem die Eintragung der Verschmelzung in das Register des Sitzes des übernehmenden Rechtsträgers nach § 19 Abs. 3 bekannt gemacht worden ist. [2]Ist nach § 34 ein Antrag auf Bestimmung der Barabfindung durch das Gericht gestellt worden, so kann das Angebot

binnen zwei Monaten nach dem Tage angenommen werden, an dem die Entscheidung im Bundesanzeiger bekanntgemacht worden ist.

Schrifttum: Siehe Schrifttum Vor §§ 29–34.

1. Allgemeines

Die Vorschrift schreibt eine **zweimonatige materielle Ausschlussfrist** fest. 1
Diese Frist läuft uU **zweimal,** stets vom Wirksamwerden der Verschm an (S 1), und nochmals, wenn, wie dies häufig der Fall ist, nach § 34 ein Antrag auf gerichtl Bestimmung der Barabfindung nach dem SpruchG gestellt worden ist (S 2). Die Vorschrift entspricht damit auch nach den redaktionellen Änderungen durch das EHUG (dazu Einf Rn 28) inhaltl § 375 I 2, 3 AktG aF. Sie ist nicht zum Nachteil des Anteilsinhabers abdingbar (OLG Frankfurt aM DB 2003, 31).

2. Ausschlussfrist, S 1

Das Angebot auf Barabfindung gegen Übertragung der Anteile am überneh- 2
menden Rechtsträger (§ 29 I 1, 2) oder bei Ausscheiden aus dem übernehmenden Rechtsträger (§ 29 I 3) kann nur binnen einer **Frist von zwei Monaten** angenommen werden. **Fristbeginn** ist gem S 1 iVm § 19 III nicht der Tag, an dem gem § 10 HGB beim übernehmenden Rechtsträger in das elektronische HR eingetragen wurde, sondern der Folgetag. Die Fristberechnung erfolgt dann nach §§ 187 II 1, 188 II letzte Alt BGB (Semler/Stengel/*Kalss* Rn 2).

Bei der Frist handelt es sich um eine **Ausschlussfrist;** wird sie versäumt, steht 3
dem Anteilsinhaber **keine Wiedereinsetzungsmöglichkeit** und kein sonstiger Rechtsbehelf zur Vfg (Lutter/*Grunewald* Rn 2; Semler/Stengel/*Kalss* Rn 2; GKT/*Bermel* Rn 6; Kallmeyer/*Marsch-Barner* Rn 3; für das frühere Recht bereits KölnerKommAktG/*Zöllner* § 375 Rn 10; *v. Godin/Wilhelmi* AktG § 375 Anm 4; allenfalls kann versucht werden, das Vorliegen eines wirksamen Angebots zu bestreiten, vgl BGHZ 131, 262 und Lutter/*Decher* § 209 Rn 3, oder mit § 149 BGB zu arg, unten Rn 4 aE; vgl zur Verwirkung KölnerKommUmwG/*Simon* Rn 9).

Das im Verschmelzungsvertrag enthaltene Barabfindungsangebot muss vom 4
berechtigten Anteilsinhaber fristgemäß angenommen werden; **§ 151 S 1 BGB** findet keine Anwendung. Die **Annahmeerklärung** bedarf keiner Form, auch dann nicht, wenn im Zuge der Barabfindung eine Anteilsübertragung iSv § 29 I 1 durchzuführen ist (aA Widmann/Mayer/*Wälzholz* Rn 3 unter Verweis auf § 15 IV GmbHG, der mE das Unmittelbarkeitserfordernis, zB Scholz/*Seibt* GmbHG § 15 Rn 53, übersieht; wie hier die hM, zB Lutter/*Grunewald* Rn 3; Semler/Stengel/*Kalss* Rn 5; Kallmeyer/*Marsch-Barner* Rn 4; unklar GKT/*Bermel* Rn 8; KölnerKommUmwG/*Simon* Rn 3); die **Anteilsübertragung selbst** ist nur Umsetzung der Barabfindungsabrede, erst sie bedarf uU der **notariellen Beurkundung** (vgl zB § 15 III GmbHG). Die Annahme durch den berechtigten Anteilsinhaber ist **Willenserklärung** iSv §§ 133, 157 BGB, bei der Auslegung maßgebend ist der Empfängerhorizont; demgemäß muss sich die Annahmeerklärung nicht notw auf das Abfindungsangebot beziehen, es genügt, wenn der übernehmende Rechtsträger als Adressat der Willenserklärung erkennen kann, dass der berechtigte Anteilsinhaber von seinem Recht nach § 29 I 1–3 Gebrauch machen möchte. Das Barabfindungsverlangen muss dem übernehmenden Rechtsträger

vor Ablauf der Zwei-Monats-Frist zugehen, die allg Vorschriften des BGB zum **Zugang von Willenserklärungen** – auch § 149 BGB – finden Anwendung.

3. Nochmalige Ausschlussfrist, S 2

5 In Ergänzung von S 1 beginnt die Ausschlussfrist von zwei Monaten gem **S 2** für den praktisch bedeutsamen Fall, dass ein **Antrag auf gerichtl Bestimmung** der Barabfindung gestellt worden ist, erneut mit dem Tag, an dem die **gerichtl Entscheidung im BAnz bekannt gemacht** worden ist (vgl jetzt § 14 SpruchG, zuvor § 310 UmwG aF).

6 Entscheidend ist, dass bei Durchführung des Spruchverfahrens die Ausschlussfrist generell erneut zu laufen beginnt. Auch die Anteilsinhaber, die das Abfindungsangebot bereits innerh der ersten Frist angenommen haben, profitieren von einer etwaigen **Aufstockung der Barabfindung,** so jetzt ausdrückl § 13 S 2 SpruchG, der die früher hM (dazu 3. Aufl 2001, § 31 Rn 6 mwN, dagegen zuletzt OLG Düsseldorf ZIP 2001, 158) abbildet. Es kommt auch nicht darauf an, ob der widersprechende Anteilsinhaber, der nach § 29 I 1–3 vorgehen will, selbst das gerichtl Verfahren – allein oder mit anderen – betrieben hat (missverständl OLG Frankfurt aM NZG 2010, 307 zum regulären Delisting unter Bezugnahme auf § 31); allein maßgebend ist für S 2 die Tats, dass überhaupt ein **Antrag auf Bestimmung der angemessenen Barabfindung** (nicht ausreichend: alleiniger Antrag auf Verbesserung der Umtauschverhältnisses iSv § 15) beim zuständigen Gericht gestellt wurde. Die Entscheidung des Gerichts wirkt für und gegen alle, § 13 S 2 SpruchG; deshalb haben auch nicht am Spruchverfahren beteiligte Anteilsinhaber ein berechtigtes Interesse daran, erneut über die Geltendmachung der Barabfindung zu entscheiden. Auf den **Inhalt der gerichtl Entscheidung** kommt es nicht an, die Ausschlussfrist nach S 2 läuft selbst dann, wenn das Gericht im Spruchverfahren die ursprüngl angebotene Barabfindung als angemessen ansieht. Werden gem § 12 SpruchG **Rechtsmittel** eingelegt, verlagert sich der Beginn der Ausschlussfrist nach S 2 entsprechend, denn §§ 13 S 1, 14 SpruchG verlangten Rechtskraft der Entscheidung.

7 Problematisch ist der **Sonderfall,** dass das Spruchverfahren nicht durch gerichtl Entscheidung, sondern durch **Vergleich** beendet wird (dazu § 11 II, IV SpruchG). S 2 lässt von seinem Wortlaut her die nochmalige Annahme des Abfindungsangebots nur zu, wenn dem „die Entscheidung" vorausgegangen und im BAnz bekannt gemacht worden ist. Mit dem Wortlaut von S 2 lässt sich damit zunächst die Auslegung vereinbaren, dass nicht nur eine Sachentscheidung des Gerichts erneut zum Fristlauf führt, sondern auch eine Abweisung der Anträge als unzulässig oder unbegründet. Aus § 14 SpruchG kann demggü geschlossen werden, dass ein Vgl nicht gemeint ist, denn Gegenstand der Bekanntmachung ist nur die rkr Entscheidung des Gerichts (so auch Lutter/*Krieger/Mennicke* Anh I SpruchG § 14 Rn 3 mwN). Ein solcher gerichtl oder außergerichtl Vgl wirkt auch nicht für und gegen alle, wie dies für die gerichtl Entscheidung angeordnet ist, sondern nur zwischen den Vergleichsparteien (zutr Lutter/*Krieger/Mennicke* Anh I SpruchG § 11 Rn 6 mwN). Wenn alle Antragsteller mit einem Vgl einverstanden waren und anschl ihre Anträge zurücknehmen, können ursprüngl Barabfindungsberechtigte nur noch darauf hoffen, dass der gemeinsam bestellte Vertreter das Verfahren weiterführt oder die Wirkungen des Vgl durch einen Vertrag zugunsten Dritter auf sie erstreckt (Lutter/*Krieger/Mennicke* Anh I SpruchG § 11 Rn 6 mwN). Schließt auch der gemeinsame Vertreter einen Vgl, wird man **S 2 entsprechend**

anwenden müssen, weil diese Art der Verfahrensbeendigung gerade den Sinn hat, den außenstehenden Barabfindungsberechtigten einen über die ursprüngl angebotene Barabfindung hinausgehenden Vorteil zukommen zu lassen. Die **Ausschlussfrist** sollte dann **vom Zeitpunkt des Vergleichsabschlusses** an berechnet werden, sofern nicht ebenfalls eine Bekanntmachung im BAnz erfolgt (wie hier Semler/Stengel/*Kalss* Rn 3; ähnl Lutter/*Grunewald* Rn 2; Kallmeyer/*Marsch-Barner* Rn 9, die jew eine Bekanntmachungspflicht erkennen, was aber unzutreffend ist, statt aller Lutter/*Krieger/Mennicke* Anh I SpruchG § 14 Rn 3 mwN; generell Fristlauf erst ab Zustellung des Vergleichs Widmann/Mayer/*Wälzholz* Rn 8.2; KölnerKommUmwG/*Simon* Rn 12).

Für den widersprechenden Anteilsinhaber gilt für den Lauf der Ausschlussfrist 8
somit: Mit dem Ablauf des Tages, an dem die Bekanntmachung nach § 19 III erfolgt ist, beginnt die Frist; sie dauert zwei Monate an. Nach Ablauf der gem §§ 187 II, 188 II BGB berechneten Frist ist der widersprechende Anteilsinhaber mit seinem Anspruch nach § 29 I 1–3 ausgeschlossen, es sei denn, dass zwischenzeitl ein gerichtl Spruchverfahren eingeleitet wurde. Für diesen Fall beginnt erneut eine zweimonatige Ausschlussfrist zu laufen, sobald die das Verfahren abschl gerichtl Entscheidung im BAnz bekannt gemacht oder durch den gemeinsamen Vertreter ein Vgl geschlossen worden ist. Je nach Dauer des gerichtl Verfahrens (dazu *Bilda* NZG 2000, 296; durch das SpruchG sollte eine Verkürzung der Verfahrensdauer erreicht werden, was in der Praxis auch beobachtet werden kann, insbes weil zwischenzeitl fast alle Fragen zur Unternehmensbewertung gerichtl fundiert geklärt wurden, dazu § 5 Rn 21) kann es also durchaus sein, dass die **Ausschlussfrist erst Jahre nach Ablauf der in S 1 bestimmten Frist tats endet.** Um sicherzugehen, sollte der widersprechende Anteilsinhaber demgemäß entweder binnen zwei Monaten nach Wirksamwerden der Verschm seinen Anspruch gegen den übernehmenden Rechtsträger aus S 1 geltend machen (wenn er auf jeden Fall unabhängig von einer etwaigen Verbesserung der Barabfindung ausscheiden möchte, ist dies stets zu empfehlen, Rn 6; der Anteilsinhaber wird dabei nicht präkludiert, § 13 S 1 SpruchG) oder aber gem S 2 eine gerichtl Entscheidung über die Höhe der angemessenen Barabfindung anstrengen und erst nach Bekanntmachung dieser Entscheidung im BAnz – wiederum binnen zwei Monaten – seinen Anspruch aus § 29 I durch Annahme des Barabfindungsangebots (ggf modifiziert durch die gerichtl Festlegung) verfolgen.

§ 32 Ausschluß von Klagen gegen den Verschmelzungsbeschluß

Eine Klage gegen die Wirksamkeit des Verschmelzungsbeschlusses eines übertragenden Rechtsträgers kann nicht darauf gestützt werden, daß das Angebot nach § 29 zu niedrig bemessen oder daß die Barabfindung im Verschmelzungsvertrag nicht oder nicht ordnungsgemäß angeboten worden ist.

Schrifttum: Siehe Schrifttum Vor §§ 29–34.

1. Allgemeines

Parallel zu § 14 II soll § 32 **Unwirksamkeitsklagen** gegen die jew Beschlüsse 1
der Anteilsinhaberversammlung der übertragenden Rechtsträger nach § 13 (dazu § 14 Rn 5 ff) gestützt auf die Begr, dass die angebotene Barabfindung zu niedrig bemessen sei, **verhindern.** Einer Umgehung dieser Vorschrift, etwa durch die

Behauptung, dass die Informationen zur Berechnung der Barabfindung in der Anteilsinhaberversammlung unzureichend oder falsch gewesen seien, steht uU jetzt die Rspr des BGH (ZIP 2001, 199, dazu auch § 192 Rn 15 sowie *Vetter* FS Wiedemann, 2002, 1323; *H. Schmidt* FS Ulmer, 2003, 543; Widmann/Mayer/*Vollrath* Rn 5 je mwN; vgl auch OLG München AG 2010, 170 mit Anm *Kläsener* AG 2010, 202) entgegen.

2 Die Vorschrift übernimmt § 375 II 1 AktG aF vollständig und § 375 II 3 AktG aF in eingeschränktem Umfang; die dort für mögl gehaltene Unwirksamkeitsklage mit der Begr, dass die Barabfindung im Verschmelzungsvertrag überhaupt nicht oder nicht ordnungsgemäß angeboten worden sei, ist nun als generell **unzulässig** anzusehen; gem **§ 34 S 2** ist der betroffene Anteilsinhaber auf die Durchführung des Spruchverfahrens nach dem SpruchG festgelegt.

2. Ausschluss von Unwirksamkeitsklagen

3 Ein hiervon betroffener Anteilsinhaber – § 29 I 1–3 eröffnet nur dem widersprechenden Anteilsinhaber den Anspruch auf Barabfindung – kann gegen die Wirksamkeit des Verschmelzungsbeschlusses „seines" übertragenden Rechtsträger nicht mit der Unwirksamkeitsklage vorgehen, wenn das Angebot auf Barabfindung nach § 29 zu niedrig bemessen ist oder die Barabfindung im Verschmelzungsvertrag überhaupt nicht oder nicht ordnungsgemäß angeboten wurde. Eine dennoch erhobene **Unwirksamkeitsklage** ist **unzulässig,** das Begehren des Anteilsinhabers darf nur im Spruchverfahren geltend gemacht werden.

4 Damit ist gewährleistet, dass die benachteiligten Anteilsinhaber die Möglichkeit haben, gegen ein unangemessenes Barabfindungsangebot vorzugehen, ohne die Verschm an sich unwirksam zu machen. § 32 schließt nur Klagen gegen die Wirksamkeit des Verschmelzungsbeschlusses eines **übertragenden Rechtsträgers** aus. Die Anteilsinhaber des **übernehmenden Rechtsträgers,** die etwa durch ein zu hohes Barabfindungsangebot einen Schaden erleiden können, sind daher auf die **allg Klagemöglichkeiten** gegen den bei ihrem Rechtsträger gefassten Verschmelzungsbeschluss beschränkt (vgl ausführl § 14 Rn 30 f, 30; wie hier Lutter/*Grunewald* Rn 2; Widmann/Mayer/*Vollrath* Rn 6; aA Kallmeyer/*Meister/Klöcker* § 210 Rn 10 für eine vglbare Frage beim Formwechsel und Kallmeyer/*Marsch-Barner* § 32 Rn 3). Nachteilig daran ist, dass die Verschm auf diese Weise doch blockiert werden kann (dazu ausführl *Bork* ZGR 1993, 343, 354 mwN zur überwiegenden Kritik an der Gesetzesfassung; vgl auch Semler/Stengel/*Gehling* Rn 8; *Martens* AG 2000, 302); auch bei solchen Klagen besteht die Möglichkeit, die Registereintragung trotz anhängiger Unwirksamkeitsklage durchzuführen, vgl § 16 III.

5 IÜ wird auf die Komm zu § 14 Rn 30 f verwiesen.

6 **Antragsberechtigt** ist nur der Anteilsinhaber, dem auch der **materielle Anspruch auf Barabfindung** nach § 29 I 1–3 zustehen kann (§ 1 Nr 4 SpruchG). Ein weiter gehendes **Rechtsschutzbedürfnis** ist nicht notw (*Meyer-Landrut* FS Schilling, 1973, 235, 245). **Nach Ablauf der Ausschlussfrist** von § 31 S 1 steht dem betroffenen Anteilsinhaber keine Barabfindung mehr zu, ein Spruchverfahren wäre unzulässig. Auch in diesem Fall greift § 32, der Verschmelzungsbeschluss kann nicht durch Unwirksamkeitsklage angegriffen werden.

§ 33 Anderweitige Veräußerung

Einer anderweitigen Veräußerung des Anteils durch den Anteilsinhaber stehen nach Fassung des Verschmelzungsbeschlusses bis zum Ablauf der

in § 31 bestimmten Frist Verfügungsbeschränkungen bei den beteiligten Rechtsträgers nicht entgegen.

Schrifttum: Siehe Schrifttum Vor §§ 29–34.

1. Allgemeines

Die Vorschrift in ihrer ursprüngl Fassung sollte die in §§ 375 IV, 388 AktG aF vorgesehenen Möglichkeiten der **Vfg über einen vinkulierten Anteil** für alle betroffenen Rechtsformen weiterführen (vgl RegEBegr BR-Drs 75/94 zu § 33). Dabei wurde allerdings übersehen, dass diese Regelungen die formwechselnde Umw (einer AG in eine GmbH bzw einer KGaA in eine GmbH) betrafen, dass also die Vinkulierung vor und nach Durchführung der Umw gegeben war. Bei der Verschm erlischt hingegen der jew übertragende Rechtsträger (§ 20 I Nr 2) und damit auch die Anteile an diesem Rechtsträger sowie alle hierfür etwa geltenden Vinkulierungsvorschriften. Da die erste Gesetzesfassung nur auf Vinkulierungsvorschriften beim übertragenden Rechtsträger Bezug nahm, wurde § 33 durch das Gesetz zur Änderung des UmwG, PartGG und anderer Gesetze vom 22.7.1998 (BGBl I 1878) neu gefasst (dazu auch *Neye* DB 1998, 1649; zur berechtigten Kritik an der alten Gesetzesfassung 2. Aufl 1999, Rn 4, 5). Nun kommt es nicht mehr darauf an, bei welchem Rechtsträger eine Verfügungsbeschränkung (zum Begriff Rn 3 und § 29 Rn 4, 9) besteht; anders als früher erfasst § 33 darüber hinaus nicht mehr nur vertragl, sondern auch gesetzl Verfügungsbeschränkungen (dazu § 29 Rn 4). Doch auch jetzt ist § 33 rechtspolitisch noch fragwürdig (dazu Rn 7, 8). 1

Sinn der Vorschrift ist, dem widersprechenden Anteilsinhaber eine **Alt zur Barabfindung** nach § 29 I 1–3 zu eröffnen. Damit wird der Anteilsinhaber in die Lage versetzt, den tats Verkehrswert seines durch Verschm erworbenen Anteils am übernehmenden Rechtsträger zu realisieren, ohne durch eine Verfügungsbeschränkung behindert zu sein. Für eine solche Veräußerung verbleibt ihm nach Wirksamwerden der Verschm eine Frist von zwei Monaten, bei Durchführung des Spruchverfahrens kann diese Frist erhebl verlängert werden (dazu § 31 Rn 7, 8). 2

2. Verfügungsbeschränkungen

Rechtstats hat sich die Aufnahme von **Verfügungsbeschränkungen in Gesellschaftsvertrag bzw Satzung** weitgehend durchgesetzt. Die Anteilsinhaber sollen durch Vinkulierungsvorschriften an der freien Vfg über ihre Anteile gehindert werden. Die Ausprägung der Vinkulierungsvorschriften sind vielgestaltig, die Zulässigkeit der Abtretung wird alt von Zustimmungen des Rechtsträgers selbst, der Vertretungs- oder Aufsichtsorgane oder von einzelnen oder allen übrigen Anteilsinhabern abhängig gemacht (vgl *Reichert* GmbHR 1995, 176 mwN sowie die Spezialliteratur zu den jew in § 3 I aufgezählten Rechtsformen). § 33 erfasst auch **gesetzl Verfügungsbeschränkungen** (vgl dazu § 29 Rn 4). Bei nicht übertragbaren Mitgliedschaften findet § 33 keine Anwendung (Semler/Stengel/*Kalss* Rn 7; Lutter/*Grunewald* Rn 3). 3

3. Veräußerung des Anteils

Die Gesetzesänderung vom 22.7.1998 (Rn 1 aE) griff auch die berechtigte Kritik der Lit bzgl des Zeitkorridors für die Suspendierung der Verfügungsbe- 4 schränkungen auf (dazu 2. Aufl 1996, Rn 4, 5). Nunmehr ist klargestellt, dass die anderweitige Veräußerung **von der Fassung des Verschmelzungsbeschlusses** (nach Lutter/*Grunewald* Rn 8 und Semler/Stengel/*Kalss* Rn 11 ist von mehreren Verschmelzungsbeschlüssen der zeitlich letzte maßgeblich, weil erst durch diesen der Verschmelzungsvertrag wirksam wird) **an bis zum Ablauf der in § 31 bestimmten Frist** (zur Mehrdeutigkeit dieser Fristbestimmung zutr Widmann/Mayer/*Wälzholz* Rn 17; KölnerKommUmwG/*Simon* Rn 19) vorgenommen werden darf. Dieser Zeitraum kann Jahre umfassen. Zum einen kann die Eintragung der Verschm (deren Bekanntmachung, § 19 III, als Fristbeginn bei § 31 gilt, dort Rn 2 ff) entweder durch Schwierigkeiten beim registerrechtl Verfahren (zum Prüfungsrecht des Registergerichts § 19 Rn 17 ff) behindert werden oder sich deshalb verzögern, weil eine Unwirksamkeitsklage (§ 14) zur **Registersperre** (§ 16 II 2; vgl § 16 Rn 20 ff) führt, wenn es nicht gelingt, das Unbedenklichkeitsverfahren nach § 16 III (dort Rn 28 ff) erfolgreich zu führen. Zum anderen erfasst die Verweisung auf § 31 nicht nur den dortigen S 1, sondern auch S 2 mit der Konsequenz, dass ein **gerichtl Spruchverfahren** (zu dessen mögl Dauer § 31 Rn 8) die Möglichkeit zur Annahme des Barabfindungsangebots auf Jahre offen hält.

5 Unabhängig von der Frage, ob die Suspendierung von Verfügungsbeschränkungen überhaupt angemessen ist (dazu Rn 7, 8), ist es schwer nachzuvollziehen, weswegen das Gesetz eine **Anteilsveräußerung noch vor Eintragung der Verschm** zulässt. Die freie Anteilsveräußerung nach § 33 soll eine Alternative zur Anteilsübertragung nach § 29 I 1 darstellen. Der dort zu übertragende Anteil ist der Anteil am übernehmenden Rechtsträger (Erwerb seiner Anteile, vgl § 29 Rn 12). Außerdem ist Ursache für die Anteilsveräußerung anstelle der Barabfindung gerade das Wirksamwerden der Verschm, dh die Unzufriedenheit des betreffenden Anteilsinhabers mit der Strukturveränderung seines Anteils (§ 29 Rn 16). Es ist nicht einzusehen, weshalb entgegen den an sich festgeschriebenen Verfügungsbeschränkungen zu einem Zeitpunkt verfügt werden darf, zu dem noch nicht einmal die endgültige Durchführung der Verschm als sicher angesehen werden kann; das endgültige Wirksamwerden der Verschm hängt von der Eintragung in das Register des übernehmenden Rechtsträgers ab, §§ 19 I, III, 20 I Nr 4, 20 II. Diese Kritik war dem Gesetzgeber aber zum Zeitpunkt der Gesetzesänderung (Rn 1 aE) bekannt (vgl insbes *Neye* DB 1998, 1652), sodass eine **vom Wortlaut abw Auslegung** nicht in Betracht kommt (allgM; nach Widmann/Mayer/*Wälzholz* Rn 15 aE soll für diese Verfügungen vor Wirksamwerden der Umw allerdings die Suspendierung der Kapitalerhaltungsvorschrift iSv § 29 Rn 12 nicht gelten; dies hat aber nur Bedeutung für den unwahrscheinl Fall der anderweitigen Veräußerung gerade an den übernehmenden Rechtsträger). Deshalb verbietet sich mE erst Recht eine erweiternde Auslegung von § 33 dahin, dass auch die Anteilsinhaber des übernehmenden Rechtsträgers ihre Anteile ohne Vinkulierung veräußern dürfen (so aber Lutter/*Grunewald* Rn 4 gegen die dort nachgewiesene hM).

6 Veräußerung meint **nicht** notw ein **entgeltl Geschäft.** Welche Art von schuldrechtl Geschäft der privilegierten Vfg zugrunde liegt, ist vielmehr unbeachtl (zutr Lutter/*Grunewald* Rn 7).

4. Teleologische Reduktion

7 Rechtspolitisch ist § 33 – auch nach der Gesetzesänderung (Rn 1 aE, 4) – eher fragwürdig. Dem dissentierenden Anteilsinhaber wird durch die Vorschrift die

Möglichkeit eröffnet, Verfügungsbeschränkungen zu unterlaufen. Da der übernehmende Rechtsträger für den Fall der anderweitigen Veräußerung kein Vorerwerbsrecht hat, ist der **Eintritt von fremden Dritten** – auch von ungeliebten Konkurrenten – leicht mögl. Wägt man das Interesse des betroffenen Anteilsinhabers, über seine Anteile trotz Abfindungsangebot verfügen zu können, gegen die mögl Gefahren für die Rechtsträger ab, rechtfertigt das gesetzgeberische Ziel derartige Eingriffe im Erg nicht (*Reichert* GmbHR 1995, 190; HRA des DAV NZG 2000, 804).

Gleichwohl wird man den gesetzgeberischen Willen zu respektieren haben. 8
§ 33 ist eine weitere Ausprägung des Minderheitenschutzes und kann **nicht** – auch nicht durch Gesellschaftsvertrag oder Satzung – **abbedungen** werden, weil eine solche Regelung selbst wieder Verfügungsbeschränkung iSv § 33 wäre. Als mittelbare Umgehung dürfte auch eine Klausel des Inhalts, dass der im Wege von § 33 durch einen Dritten erworbene Anteil eingezogen werden kann (so *Reichert* GmbHR 1995, 190), unwirksam sein. Demzufolge scheint es nach wie vor angeraten, § 33 dahin abzuändern, dass künftig ein Vorerwerbsrecht des übernehmenden Rechtsträgers – ebenfalls mit dem Privileg beim Erwerb eigener Anteile (dazu § 29 Rn 12, 13) – zugelassen wird. Bereits heute ist § 33 zumindest mildernd so auszulegen, dass die Möglichkeit zur anderweitigen Veräußerung nur denjenigen Anteilsinhabern zuzugestehen ist, die in der Anteilsinhaberversammlung gegen den Verschmelzungsbeschluss gestimmt und ausdrückl Widerspruch (dazu § 29 Rn 5, 15, 16) erklärt haben (so Lutter/*Grunewald* Rn 5, 6; Semler/Stengel/*Kalss* Rn 12, 13; teilw abw Kallmeyer/*Marsch-Barner* Rn 5). Widmann/Mayer/*Wälzholz* Rn 8 will § 33 grundrechtskonform auslegen und verweist auf § 137 BGB.

§ 34 Gerichtliche Nachprüfung der Abfindung

[1] Macht ein Anteilsinhaber geltend, daß eine im Verschmelzungsvertrag oder in seinem Entwurf bestimmte Barabfindung, die ihm nach § 29 anzubieten war, zu niedrig bemessen sei, so hat auf seinen Antrag das Gericht nach den Vorschriften des Spruchverfahrensgesetzes die angemessene Barabfindung zu bestimmen. [2] Das gleiche gilt, wenn die Barabfindung nicht oder nicht ordnungsgemäß angeboten worden ist.

Schrifttum: Siehe Schrifttum Vor §§ 29–34.

§ 34 ist Verbindungsvorschrift zum SpruchG, das jetzt in Nachfolge von §§ 305– 1
312 UmwG aF das gerichtl Spruchverfahren regelt. Da dem berechtigten Anteilsinhaber iSv § 29 I 1–3 die Möglichkeit zur Erhebung der Unwirksamkeitsklage gegen den Verschmelzungsbeschluss seines (übertragenden) Rechtsträgers gem § 32 genommen ist, ist er für den Fall, dass die angebotene **Barabfindung nicht angemessen** ist oder entgegen den gesetzl Bestimmungen ein (ordnungsgemäßes) Barabfindungsgebot überhaupt nicht in den Vertrag aufgenommen wurde, auf die **gerichtl Festsetzung der angemessenen Barabfindung** angewiesen. Entsprechendes gilt bzgl mögl **anderer Verfahrensmängeln** (vgl BGH ZIP 2001, 199 und § 32 Rn 1). Die Vorschrift greift zurück auf § 33 III KapErhG aF iVm § 375 I 3, II, 3 AktG aF. Da der Anspruch auf Barabfindung gem § 31 einer zweimonatigen Ausschlussfrist unterliegt, musste der Antrag auf gerichtl Nachprüfung der Abfindung nach § 34 früher vor Ablauf dieser Ausschlussfrist gestellt werden (§ 305 UmwG aF; RegEBegr BR-Drs 75/94 zu § 34). Durch das SpruchG wurde dies geändert, es gilt jetzt eine Antragsfrist von drei Monaten, § 4 I Nr 4 SpruchG,

innerh derer der Antrag allerdings konkret begründet werden muss, § 4 II SpruchG.

2 Das Gericht kann ledigl zur **Höhe des Anspruchs** auf angemessene Barabfindung eine Entscheidung treffen. Dabei sollen betriebswirtschaftl Gutachten über den Unternehmenswert erhoben werden. Etwaige Gutachten stellen jedoch nur eine Entscheidungshilfe dar, die eigentl Entscheidung steht allein im Ermessen des nach § 2 SpruchG zuständigen LG. **Verweigert der Rechtsträger** trotz Entscheidung über die Höhe der angemessenen Barabfindung **die Zahlung,** ist der Anteilsinhaber zur Durchsetzung seines Rechts auf den ordentl Zivilrechtsweg angewiesen. Die festgestellte Abfindungshöhe ist allerdings für den Zivilrichter bindend. Vgl zum Ganzen auch die Erläuterung zum SpruchG (Teil B).

§ 35 Bezeichnung unbekannter Aktionäre; Ruhen des Stimmrechts

[1] Unbekannte Aktionäre einer übertragenden Aktiengesellschaft oder Kommanditgesellschaft auf Aktien sind im Verschmelzungsvertrag, bei Anmeldungen zur Eintragung in ein Register oder bei der Eintragung in eine Liste von Anteilsinhabern durch die Angabe des insgesamt auf sie entfallenden Teils des Grundkapitals der Gesellschaft und der auf sie nach der Verschmelzung entfallenden Anteile zu bezeichnen, soweit eine Benennung der Anteilsinhaber für den übernehmenden Rechtsträger gesetzlich vorgeschrieben ist; eine Bezeichnung in dieser Form ist nur zulässig für Anteilsinhaber, deren Anteile zusammen den zwanzigsten Teil des Grundkapitals der übertragenden Gesellschaft nicht überschreiten. [2] Werden solche Anteilsinhaber später bekannt, so sind Register oder Listen von Amts wegen zu berichtigen. [3] Bis zu diesem Zeitpunkt kann das Stimmrecht aus den betreffenden Anteilen in dem übernehmenden Rechtsträger nicht ausgeübt werden.

Schrifttum: *Grumann/Soehlke,* Namensaktie und Hauptversammlung, DB 2001, 576; *Hüther,* Namensaktien, Internet und die Zukunft der Stimmenrechtsvertretung, AG 2001, 68; *Bayer/Schmidt,* Der Regierungsentwurf zur Änderung des Umwandlungsgesetzes, NZG 2006, 841; *Drinhausen,* Regierungsentwurf eines Zweiten Gesetzes zur Änderung des Umwandlungsgesetzes – Ein Gewinn für die Praxis, BB 2006, 2313; HRA des DAV, Stellungnahme zum Regierungsentwurf eines Zweiten Gesetzes zur Änderung des Umwandlungsgesetzes, NZG 2006, 737; Stellungnahme der Centrale für GmbH Dr. Otto Schmidt vom 16.3.2006 zum Referentenentwurf eines Zweiten Gesetzes zur Änderung des Umwandlungsgesetzes, GmbHR 2006, 418; *Heckschen,* Die GmbH-Reform – Wege und Irrwege, DStR 2007, 1442; *ders,* Die Reform des Umwandlungsrechts, DNotZ 2007, 444; *Mayer/Weiler,* Neuregelungen durch das Zweite Gesetz zur Änderung des Umwandlungsgesetzes, DB 2007, 1235 (Teil I); DB 2007, 1291 (Teil II), *dies,* Aktuelle Änderungen des Umwandlungsrechts aus Sicht der notariellen Praxis, MittBayNot 2007, 368; *Neye,* BB-Gesetzgebungsreport: Bundestag beschließt neues Umwandlungsrecht, BB 2007, 389.

1. Erleichterte Bezeichnung unbekannter Aktionäre, S 1

1 § 35 ist durch das **2. UmwÄndG** (dazu Einf Rn 28) umfassend reformiert worden. Die alte Gesetzesfassung, die weitgehend die frühere Regelung von § 33 II 3 KapErhG aF fortgeschrieben hat, bereitete in der Praxis große Schwierigkeiten (dazu 4. Aufl 2006, Rn 3, 4). Anders als früher enthält § 35 nun nicht nur formale Erleichterungen, sondern mit dem Stimmrechtsauschluss von S 3 auch die materielle **Regelung der Rechtsfolge** (Widmann/Mayer/*Wälzholz* Rn 1).

Die Neufassung von § 35 fand sich im Wortlaut der späteren Gesetzesfassung bereits in der RegEBegr, die Gesetzgebungsorgane selbst haben die Vorschrift nicht näher erörtert (Widmann/Mayer/*Wälzholz* Rn 1 aE mwN). Die Neufassung von § 35 durch das 2. UmwÄndG ist nicht uneingeschränkt zu begrüßen (so aber HRA des DAV NZG 2006, 739), denn sie geht nicht weit genug. Rechtspolitisch sinnvoll und rechtssystematisch konsequent wäre es gewesen, den Anwendungsbereich von § 35 auch auf Vereine und Publikums-KG zu strecken (zutr Widmann/Mayer/*Wälzholz* Rn 7 mwN). Auch bei diesen Rechtsformen können Anteilsinhaber unbekannt sein. Da der Gesetzgeber aber – bewusst – nur die Rechtsformen der AG und KGaA privilegieren wollte, kommt eine **analoge Anwendung** nicht in Betracht (so auch Kallmeyer/*Marsch-Barner* Rn 1; Semler/Stengel/*Schwanna* Rn 2). Deshalb wäre es konsequent gewesen, § 35 zu streichen und eine entsprechende Regelung bei §§ 60 ff in den Sondervorschriften zur Verschm von AG einzufügen.

Die Aktie ist als Mitgliedschaft in der AG grdsl frei veräußerl und vererbl. Die Veräußerung der Mitgliedschaft erfolgt, sofern sie nicht als Wertpapier verbrieft wurde, nach Zessionsrecht (§§ 398 ff, 413 BGB). Die Abtretung und der zugrunde liegende Verpflichtungsvertrag sind im Ggs zu § 15 III, IV GmbHG nicht an eine bestimmte Form gebunden. Personalien und Zusammensetzung der jeweiligen Aktionäre sind demgemäß für die AG nicht zu jedem Zeitpunkt nachvollziehbar. Wurden ausschließl Namensaktien ausgegeben, beeinträchtigt dies die AG im Ergebnis nicht. Dem gem § 67 II AktG gilt im Verhältnis zur AG als Aktionär nur derjenige, der als solcher im Aktienregister eingetragen ist. Wurden hingegen **Inhaberaktien** ausgegeben, kann die AG ihre Aktionäre nicht sicher identifizieren. Das NaStraG vom 18.1.2001 (BGBl I 123; dazu *Seibert* ZIP 2001, 53; *Noack* ZIP 2001, 57) hat zwar mit §§ 128 I, V, 129 IV, 130 III, 135 I 1 AktG Verfahrensregeln gebracht, die eine Identifizierung auch von Inhaberaktionären erleichtern, Sicherheit über den Bestand ihrer Aktionäre hat die AG dadurch aber nicht. Zum einen befinden sich Aktien häufig in der Giro-Sammelverwahrung ohne Einzelverbriefung oder es ist von vornherein gem § 10 V AktG der Verbriefungsanspruch rechtmäßig ausgeschlossen. Zum anderen kommt es erst mit dem Wirksamwerden der Verschm zum Anteilstausch gem § 20 I Nr 3. Übertragungen von Inhaberaktien zwischen der Beschlussfassung über die Umw und dem Wirksamwerden der Umw können deshalb dazu führen, dass statt des bei der Beschlussfassung noch bekannten Aktionärs nun der Erwerber als unbekannter Aktionär berechtigt ist. Für diese Konstellation bietet § 35 auch nach der Reform keine Lösung an. 2

Die Bezeichnung nach **S 1 HS 1** im Verschmelzungsvertrag, bei der Anmeldung zur Eintragung in ein Register oder bei der Eintragung in eine Liste von Anteilsinhabern betrifft nur die Fälle der Verschm, bei denen der unbekannte Aktionär beim übernehmenden Rechtsträger in seiner Haftung beschränkt ist. Denn bei **unbeschränkter Haftung** beim übernehmenden Rechtsträger ist eine Verschm ohne ausdrückl Zustimmung des zukünftig persönl Haftenden gar nicht mögl (zutr Widmann/Mayer/*Wälzholz* Rn 5 aE). § 35 ist damit nur anwendbar bei einer Verschm auf eine GmbH oder auf eine eG sowie auf eine KG, sofern der unbekannte Aktionär die Stellung eines Kommanditisten erhalten soll (Semler/Stengel/*Schwanna* Rn 3 bis 5; ausführl Widmann/Mayer/*Wälzholz* Rn 9 ff, der in Rn 12 mwN zutr ausführt, dass es insoweit nicht darauf ankommt, ob der Kommanditist seine Einlage beim übernehmenden Rechtsträger durch die Verschm vollständig geleistet hat oder nicht). Der Partner einer PartGes hat eine 3 gegenständl begrenzte unbeschränkte Haftung zu übernehmen; konsequent schließt deshalb § 45b II die Anwendung von § 35 für Verschm von AG auf PartGes aus.

4 Von der erleichterten Bezeichnung nach Abs 1 S 1 darf die AG nur Gebrauch machen, wenn die Anteile der unbekannten Aktionäre zusammen **fünf Prozent ihres Grundkapitals** nicht überschreiten, **Abs 1 S 1 HS 2.** Auf die Beteiligungsquote der unbekannten Aktionäre beim übernehmenden Rechtsträger nach Wirksamwerden der Verschm kommt es nicht an (Widmann/Mayer/*Wälzholz* Rn 22). Die Beteiligung des Komplementärs der KGaA ist für die Fünf-Prozent-Grenze ohne Belang (Widmann/Mayer/*Wälzholz* Rn 22). Abs 1 S 1 HS 2 dient nach dem Willen des Gesetzgebers der Verhinderung von Rechtsmissbrauch. Dies bedeutet aber im Umkehrschluss nicht, dass die AG ohne weitere Ermittlungen die Fünf-Prozent-Grenze ausnutzen darf. Denn gem S 3 können die betroffenen Anteilsinhaber im übernehmenden Rechtsträger ihr Stimmrecht so lange nicht ausüben, bis die Register oder Listen iSv S 2 berichtigt sind. Deshalb bleibt das Urteil des BayObLG (ZIP 1996, 1467 mA *Neye* EWiR 1996, 761) auch nach der Reform von § 35 in Teilen aktuell. Die AG ist gehalten, bereits in ihrer Einladung zur beschlussfassenden HV ihre Aktionäre aufzufordern, der Ges den Aktienbesitz unter Namensnennung anzuzeigen. Weiter hat sie das Verzeichnis der bei der HV erschienenen oder vertretenen Aktionäre auszuwerten. Soweit dies geschieht und eine Namensnennung erfolgt, darf die AG von einem bekannten Aktionär ausgehen, auch wenn zwischen Beschlussfassung und Wirksamwerden der Verschm noch Aktienübertragungen mögl sind. Insoweit ist der AG zu empfehlen, im Vorfeld oder spätestens anlässl der HV die Aktionäre darauf hinzuweisen, dass künftig stattfindende Aktienübertragungen angezeigt werden sollen. Hat die AG solche Maßnahmen veranlasst, kann sie im Rahmen der Fünf-Prozent-Grenze von der Erleichterung des S 1 HS 1 Gebrauch machen. Weitere ernsthafte Ermittlungsmaßnahmen muss sie nicht darlegen (zutreffend *Schöne* EWiR 1996, 619 gegen LG Augsburg ZIP 1996, 1011, dazu ausführl 4. Aufl 2006, Rn 3; vgl auch Widmann/Mayer/*Wälzholz* Rn 27–29; KölnerKommUmwG/*Simon* Rn 34, 35).

5 Der von S 1 HS 1 vorgesehene **Sammelvermerk** (Formulierungsbeispiel bei Widmann/Mayer/*Wälzholz* Rn 21) hat aufzuführen, wie viel Grundkapital auf die unbekannten Aktionäre entfällt. Das Grundkapital ist insoweit als absoluter Betrag und als relativer Wert in Prozent des gesamten Grundkapitals zu bezeichnen. Kommt es zwischen Anmeldung der Verschm und ihrem Wirksamwerden zu Kapitalmaßnahmen, kann bereits in der Anmeldung das künftige Grundkapital als Bezugsgröße gewählt werden, wenn zum Zeitpunkt der Anmeldung die Durchführung der Kapitalmaßnahme gesichert ist. Denn den Anforderungen von § 35 ist genüge getan, wenn zum Zeitpunkt des Wirksamwerdens der Verschm nach § 20 die Fünf-Prozent-Grenze eingehalten ist (zutr Widmann/Mayer/*Wälzholz* Rn 22). Dies kann in der Anmeldung bereits antizipiert werden. Im Sammelvermerk nach S 1 HS 1 sind des Weiteren die auf die unbekannten Aktionäre insgesamt nach Anteilstausch iSv § 20 I 3 entfallenden Anteile am übernehmenden Rechtsträger zu bezeichnen, soweit das Gesetz eine Benennung der Anteilsinhaber für den übernehmenden Rechtsträger vorschreibt. Diese Bezeichnung von S 1 HS 2 wird bei der Bekanntmachung der Eintragung im Register übernommen (Widmann/Mayer/*Wälzholz* Rn 23). Eine zusätzl Bezeichnung der unbekannten Aktionäre durch die Angabe von Aktienurkunden ist nicht mehr notw (Semler/Stengel/*Schwanna* Rn 8).

6 Der Sammelvermerk ist nicht nur bei der Anmeldung zur Eintragung in ein Register oder bei der Eintragung in eine Liste von Anteilsinhabern zu berücksichtigen, sondern auch in den **Verschmelzungsvertrag** aufzunehmen (Formulierungsbeispiel bei Widmann/Mayer/*Wälzholz* Rn 26).

2. Berichtigung, S 2

7 Werden die bis dato unbekannten Aktionäre nach Wirksamwerden der Verschm bekannt, so sind Register oder Listen **von Amts wegen zu berichtigen, S 2.** Die Geschäftsführer der übernehmenden GmbH können durch Zwangsgeld nach § 14 HGB dazu angehalten werden, die ehemals unbekannten Aktionäre in die Gesellschafterliste aufzunehmen und zum HR einzureichen, § 79 II GmbHG entbindet hiervon nicht (aA Widmann/Mayer/*Wälzholz* Rn 24; die Thematik hat sich entspannt, weil jetzt der Notar die Gesellschafterliste einreicht, vgl Komm zu § 52). Der Vorstand der eG hat gem § 30 GenG eine Mitgliederliste zu führen. Diese Verpflichtung unterliegt der Aufsicht des Registergerichts, das Gericht hat jedoch nicht die Befugnis, sich regelm die Mitgliederliste vorlegen zu lassen (*Lang/Weidmüller* GenG § 30 Rn 5). Allerdings sind die Mitglieder des Vorstands von dem zur Führung des Registers zuständigen Gericht (§ 10 II GenG) zur Befolgung der in § 30 GenG enthaltenen Verpflichtung durch Festsetzung von Zwangsgeld anzuhalten; überdies ist § 30 GenG gem § 147 II Nr 1 GenG strafbewehrt. Der Vorstand des eV hat dem Registergericht auf dessen Verlangen jederzeit eine von ihm vollzogene Bescheinigung über die Zahl der Vereinsmitglieder einzureichen, § 72 BGB. Die Erfüllung dieser Pflicht kann wiederum mit Zwangsgeld erzwungen werden, § 78 I BGB.

3. Stimmrechtsausschluss, S 3

8 Bis zum Zeitpunkt der Berichtigung nach S 2 sind die durch Anteilstausch iSv von § 20 I Nr 3 erworbenen Anteile der beim übertragenden Rechtsträger unbekannten Aktionäre vom Stimmrecht ausgeschlossen. Sinn und Zweck von S 3 ist es, beim übernehmenden Rechtsträger von Anfang an die Voraussetzungen für das Fassen **wirksamer Gesellschafterbeschlüsse** zu schaffen. Deshalb ist Rechtssicherheit erforderl, die nach der Vorstellung des Gesetzgebers gerade nur gegeben sein soll, wenn der ehemals unbekannte Aktionär bekannt geworden ist und diese Tatsache von Amts wegen durch entsprechende Eintragung nach S 2 berücksichtigt wurde. Kommt es bei der Berichtigung nach S 2 zu Verzögerungen, ist die damit verbundene Beschränkung der Gesellschafterrechte des ehemals unbekannten Anteilsinhabers hinzunehmen (aA Widmann/Mayer/*Wälzholz* Rn 30 aE). Das Wiederaufleben des Stimmrechts für einen unbekannten Anteilsinhaber ist aber allein von seiner Eintragung nach S 2 abhängig, auf die Eintragung aller unbekannten Aktionäre kommt es nicht an. Allerdings hat der übernehmende Rechtsträger bis zur vollständigen Berichtigung in Bezug auf alle Anteilsinhaber iSv S 2 Probleme mit den für die jew Rechtsform des übernehmenden Rechtsträgers geltenden Ladungsvorschriften zu gewärtigen. Denn der Ausschluss des Stimmrechts sagt nichts über das **Teilnahmerecht** an Anteilsinhaberversammlungen. Das Problem ist pragmatisch zu lösen, eine Ladung der noch immer unbekannten Anteilsinhaber kann ebenso unterbleiben wie die Bestellung von Pflegern (dazu ausführl Widmann/Mayer/*Wälzholz* Rn 31, 32). Auch die etwaige Mitwirkung an der Handelsregisteranmeldung ist so lange und soweit suspendiert, wie die Berichtigung nach S 2 noch aussteht (zutr Widmann/Mayer/*Wälzholz* Rn 33).

Dritter Abschnitt. Verschmelzung durch Neugründung

Vorbemerkungen zu §§ 36–38

Schrifttum: Schrifttum bis 1994 siehe 3. Auflage; Schrifttum bis 2000 siehe 4. Auflage; *Bachmann,* Die Einmann- AG, NZG 2001, 961; *Fuhrmann,* Einzelfragen zum Mantelkauf bei konzerninternen Umstrukturierungen, DB 2001, 1690; *Lenz,* Verschmelzung zur Neugründung, GmbHR 2001, 717; *Henze,* Ausfallhaftung des GmbH- Gesellschafters, BB 2002, 1011; *Müller,* Verjährung des Einlageanspruchs der GmbH nach der Schuldrechtsreform, BB 2002, 1377; *Pentz,* Eingeschränkte Unverjährbarkeit von Einlageansprüchen und von Forderungen wegen Verstoßes gegen das Auszahlungsverbot als Folge der Schuldrechtsreform, GmbHR 2002, 225; *ders,* Nochmals: Zur eingeschränkten Unverjährbarkeit von Einlage- und einlageähnlichen Ansprüchen in Folge der Schuldrechtsreform, GmbHR 2002, 632; *Streuer,* Die Gestaltung des Unternehmensgegenstandes in der GmbH-Satzung-Flexibilität versus Fokussierung, GmbHR 2002, 407; *Kort,* Gesellschaftsrechtlicher und registerrechtlicher Bestandsschutz eingetragener fehlerhafter Umwandlungen und anderer Strukturänderungen, DStR 2004, 185; *Maier-Reimer,* Vereinfachte Kapitalherabsetzung durch Verschmelzung?, GmbHR 2004, 1128; *Petersen,* Vereinfachte Kapitalherabsetzung durch Verschmelzung?, GmbHR 2004, 728; *Tillmann,* Die Mehrfachverschmelzungen auf eine GmbH unter Beteiligung vermögensloser übertragender Rechtsträger, BB 2004, 673; *Moog,* Differenzhaftung im Umwandlungsrecht, Diss 2008; *Röhricht,* Die Anwendung der gesellschaftsrechtlichen Gründungsvorschriften bei Umwandlungen, 2009.

1. Verschmelzung durch Neugründung

1 **§§ 36–38** regeln allg die **Verschm durch Neugründung** iSv § 2 Nr 2. Der wesentl Unterschied zur Verschm durch Aufnahme besteht darin, dass bei der Verschm durch Neugründung die sich vereinigenden Vermögensmassen auf einen Rechtsträger übergehen, der erst im Zusammenhang mit der Verschm gegründet wird. Im Mittelpunkt der Vorschrift steht demzufolge nicht die Behandlung des Verschmelzungsvorgangs als solchem – hier verweist § 36 I umfassend auf §§ 4–35 –, sondern die Anforderungen, die an die Gründung des neuen Rechtsträgers zu stellen sind.

2 Auch bei der Verschm durch Neugründung muss ein **Verschmelzungsvertrag** abgeschlossen werden. Vertragspartner sind die übertragenden Rechtsträger. Der Verschmelzungsvertrag bedarf der Zustimmung in einer Anteilsinhaberversammlung der jew beteiligten übertragenden Rechtsträger. Zusätzl muss eine Einigung über den Inhalt des Gesellschaftsvertrags/PartVertrags/der Satzung des neuen Rechtsträgers erzielt werden; das Organisationsstatut ist notw Inhalt des Verschmelzungsvertrages (§ 37). Mit **Eintragung des neuen Rechtsträgers** in das Register an dem für diesen Rechtsträger gewählten Sitz treten die Verschmelzungswirkungen ein, § 36 I 2. Die Verm der übertragenden Rechtsträger gehen auf den neuen Rechtsträger über, während die übertragenden Rechtsträger selbst erlöschen. In diesem Augenblick werden die Anteilsinhaber der übertragenden Rechtsträger zu Anteilsinhabern des neuen Rechtsträgers. Die Anmeldung **der Verschm** in das jew Register der übertragenden Rechtsträger nach § 38 I ist nur deklaratorisch.

3 An einer Verschm durch Neugründung können als ZielGes, dh als übernehmender bzw neuer Rechtsträger, grdsl alle in § 3 I aufgeführten Rechtsträger beteiligt sein.

2. Verweisungstechnik

Zunächst enthält **§ 36 I** eine **Generalverweisung** auf §§ 4–35. Für § 16 I trifft § 38 eine Sonderregelung, die Anwendung von § 27 ergäbe für die Verschm durch Neugründung keinen Sinn. Damit schreibt § 36 I die Durchführung des normalen Verschmelzungsverfahrens auch für die Verschm durch Neugründung fest. Der Verzicht auf eine ähnl komplizierte Verweisungstechnik wie in den Vorgängerregelungen von § 353 AktG aF, § 32 KapErhG aF, § 93s GenG aF, die letztl auch keine höhere Regelungsdichte bewirkten, ist sinnvoll; die Generalverweisung erleichtert den praktischen Umgang mit dem Regelungsgebilde „Verschm durch Neugründung" erhebl. 4

Rechtsformspezifische Anforderungen an die Durchführung der Verschm durch Neugründung finden sich im Zweiten Teil des Zweiten Buches, für GmbH in §§ 57–59, für AG und KGaA in §§ 73–77 (§ 78), für eG in §§ 96–98 und schließl für VVaG in §§ 114–117. Auch die Besonderen Vorschriften enthalten Verweisungen, die Regelungen zur Verschm durch Neugründung für die einzelnen Rechtsformen greifen zunächst grdsl auf die rechtsformspezifischen Bestimmungen zur Verschm durch Aufnahme zurück. 5

Die Verweisungstechnik des Gesetzgebers sei am Beispiel der Verschm durch Neugründung unter Beteiligung einer AG als ZielGes beschrieben: Zunächst schreibt § 36 I die entsprechende Anwendung von §§ 4–35 mit Ausnahme von §§ 16 I, 27 fest; ergänzend bestimmt § 37, dass die Satzung der neu zu gründenden AG bereits im Verschmelzungsvertrag enthalten sein muss, § 38 regelt die Anmeldung der Verschm. Im Zweiten Teil des Zweiten Buches sind zunächst §§ 73–77 maßgebend, auf die Verschm durch Neugründung sind weiter §§ 60–72 mit Ausnahme von §§ 66, 67, 68 I, II und 69 entsprechend anzuwenden, § 73; dieser Verweis ist für den hier unterstellten Fall, dass die AG übernehmender und damit neu zu gründender Rechtsträger sein soll, allerdings ohne Bedeutung. Es bleibt sonach die Pflicht zur besonderen Ausgestaltung der Satzung nach § 74, zur speziellen Abfassung des Gründungsberichts gem § 75 I, zum Verschmelzungsbeschluss gem § 76 II 1, 2 und zur Bekanntmachung der Eintragung der neuen Ges gem § 77. 6

3. Beachtung der Gründungsvorschriften

Zentrale Bedeutung hat **§ 36 II,** der die Beachtung der rechtsformspezifischen Gründungsvorschriften für den neu zu gründenden Rechtsträger bestimmt (dazu ausführl *Röhricht,* Die Anwendung der gesellschaftsrechtlichen Gründungsvorschriften bei Umwandlungen, 2009). Falls der übernehmende Rechtsträger die Rechtsform einer AG, einer KGaA, einer GmbH, eines VVaG oder einer eG hat, kommt § 36 II entscheidende Bedeutung für die Durchführung der Verschm, die hierbei zu beachtenden Formalien und nicht zuletzt für die anlässl der Verschm aufzuwendenden Kosten zu. Gerade die bei der Verschm durch Neugründung regelm höheren Kosten bewirken die nur eingeschränkte Bedeutung dieser Umstrukturierungsvariante (vgl Lutter/*Lutter/Drygala* § 2 Rn 24 mwN; KölnerKommUmwG/*Simon/Nießen* § 36 Rn 5 ff;; Widmann/Mayer/*Mayer* § 36 Rn 115 ff zu Notar- und Gerichtskosten; *Martens* AG 2000, 302 f; vgl aber § 14 Rn 33, 34 zum Ausschluss des Risikos einer Unwirksamkeitsklage wegen falsch berechnetem Umtauschverhältnis durch die Gestaltung der Umstrukturierung als Verschm durch Neugründung). 7

§ 36 Anzuwendende Vorschriften

(1) [1] **Auf die Verschmelzung durch Neugründung sind die Vorschriften des Zweiten Abschnitts mit Ausnahme des § 16 Abs. 1 und des § 27 entsprechend anzuwenden.** [2] **An die Stelle des übernehmenden Rechtsträgers tritt der neue Rechtsträger, an die Stelle der Eintragung der Verschmelzung in das Register des Sitzes des übernehmenden Rechtsträgers tritt die Eintragung des neuen Rechtsträgers in das Register.**

(2) [1] **Auf die Gründung des neuen Rechtsträgers sind die für dessen Rechtsform geltenden Gründungsvorschriften anzuwenden, soweit sich aus diesem Buch nichts anderes ergibt.** [2] **Den Gründern stehen die übertragenden Rechtsträger gleich.** [3] **Vorschriften, die für die Gründung eine Mindestzahl der Gründer vorschreiben, sind nicht anzuwenden.**

Schrifttum: Siehe Vor §§ 36–38.

Übersicht

1. Allgemeines

1 **§ 36** ist Grundnorm für die Verschm durch Neugründung, **§§ 37, 38** betreffen nur die Technik, sie enthalten selbst keine materiell-rechtl Regelungen. Der Gesetzgeber hat die noch in § 353 AktG aF, § 32 KapErhG aF, § 93s GenG aF gewählte eingeschränkte Verweisung aufgegeben. **Abs 1 S 1** verweist nun generell auf die entsprechende Anwendung der Vorschriften zur Verschm durch Aufnahme in §§ 4–35, ledigl §§ 16 I, 27 sind aus dieser Verweisung ausgenommen. An die Stelle des übernehmenden Rechtsträgers tritt der neue Rechtsträger; maßgebender Zeitpunkt für das Wirksamwerden der Verschm ist die Eintragung in das Register am gewählten Sitz des neuen Rechtsträgers, **Abs 1 S 2.** Die Generalverweisung in Abs 1 wird rechtsformspezifisch ergänzt durch die Vorschriften im Zweiten Teil des Zweiten Buches, dazu Vor §§ 36–38 Rn 5.

2 Von zentraler Bedeutung für das Recht der Verschm durch Neugründung ist **Abs 2 S 1,** der die Beachtung der rechtsformbezogenen Gründungsvorschriften (dazu *Röhricht,* Die Anwendung der gesellschaftsrechtlichen Gründungsvorschriften für Umwandlungen, 2009) festschreibt. Außer für die Fälle, in denen eine PhG/PartGes oder ein eV (für den wirtschaftl Verein gilt die Beschränkung von § 3 II 1) als übernehmender Rechtsträger gewählt wird, bringt Abs 2 S 1 die Pflicht zur Beachtung strenger Gründungsvorschriften mit sich. **Abs 2 S 2, 3** sind aus sich heraus verständl.

2. Generalverweisung, Abs 1

§§ 4–35 finden auch bei der Verschm durch Neugründung **entsprechende Anwendung.** Für die Anmeldung der Verschm wird § 16 I durch § 38 ersetzt; § 27 über die Schadensersatzpflicht der Verwaltungsträger des übernehmenden Rechtsträgers ist von der Verweisung ausgenommen, weil die Leitungs- und Aufsichtsorgane des übernehmenden Rechtsträgers per definitionem nicht an der Verschm beteiligt sein können. 3

Zwei oder mehrere (§ 2 Nr 2) übertragende Rechtsträger iSv § 3 I, II 1 können ihr Verm im Wege der Gesamtrechtsnachfolge auf einen neuen, von ihnen dadurch gegründeten Rechtsträger unter Auflösung ohne Abwicklung übertragen. Notw ist der Abschluss eines **Verschmelzungsvertrages,** dessen Inhalt § 5 I genügen muss und der außerdem gem **§ 37** den Gesellschaftsvertrag, den PartVertrag oder die Satzung des neuen Rechtsträgers zu enthalten hat. Der Verschmelzungsvertrag muss seinem gesamten Inhalt nach **notariell beurkundet** werden, dies gilt auch stets für das Organisationsstatut des neuen Rechtsträgers (damit ist zB der Gesellschaftsvertrag einer PhG zwingend notariell zu beurkunden, so auch Lutter/*Grunewald* § 37 Rn 5 und Semler/Stengel/*Bärwaldt* Rn 21, 28). Die Vertretungsorgane jedes übertragenden Rechtsträgers haben einen **Verschmelzungsbericht** iSv § 8 zu fertigen; der Verschmelzungsvertrag oder dessen Entwurf ist, sofern ein Prüfungsbefehl dies vorschreibt, durch unabhängige Verschmelzungsprüfer zu prüfen, gem § 12 ist über das Erg dieser **Prüfung** zu berichten. Der zwischen den übertragenden Rechtsträgern geschlossene Verschmelzungsvertrag bzw dessen Entwurf bedarf der **Zustimmung** in den jew Anteilsinhaberversammlungen mit den entsprechenden Mehrheiten (dazu § 13 Rn 29 ff); die Zustimmung muss sich auch auf Gesellschaftsvertrag/PartVertrag/Satzung beziehen, vgl zB §§ 59 S 1, 76 II 1. 4

Die Verbesserung des Umtauschverhältnisses der Anteile bzw einer etwa anzubietenden Barabfindung kann gem §§ 15, 34 durch das **Spruchverfahren** nach dem SpruchG erreicht werden (eine Unwirksamkeitsklage ist insoweit nicht mögl, was die Verschm zur Neugründung zur interessanten Alt machen kann, vgl § 14 Rn 33, 34; KölnerKommUmwG/*Simon/Nießen* Rn 8 und *Martens* AG 2000, 302 f). In Abs 1 S 1 ist § 16 I von der Generalverweisung ausgenommen, § 16 II über die notw Negativerklärungen bei der Anmeldung und vor allem § 16 III über die Möglichkeit der Eintragung der Verschm trotz anhängiger Unwirksamkeitsklage finden hingegen uneingeschränkt Anwendung. Den durch die Vertretungsorgane der übertragenden Rechtsträger gem § 38 vorzunehmenden Registeranmeldung sind die in § 17 aufgeführten Anlagen beizufügen; eine Erweiterung dieser Vorschriften war nicht notw, weil Gesellschaftsvertrag/PartVertrag/Satzung des neuen Rechtsträgers als Bestandteil des Verschmelzungsvertrages bereits nach § 17 I Anlage der Anmeldung sein muss (vgl auch OLG Karlsruhe DB 1998, 714). Die **Firma** des übernehmenden Rechtsträgers wird durch Verweis auf die Gründungsvorschriften in § 36 II bestimmt, § 18 lässt darüber hinaus eine Firmenfortführung mit und ohne Beifügung eines Nachfolgezusatzes zu. Die **Wirkungen der Eintragung** bestimmen sich nach § 20, die Verm der übertragenden Rechtsträger vereinigen sich durch Gesamtrechtsnachfolge beim übernehmenden Rechtsträger, die übertragenden Rechtsträger erlöschen. **Maßgebl Zeitpunkt** für den Eintritt der Verschmelzungswirkungen ist gem **Abs 1 S 2** die Eintragung der Verschm in das Register am gewählten Sitz des neuen Rechtsträgers. 5

3. Verschmelzungsvertrag

6 Der Verschmelzungsvertrag wird durch die sich vereinigenden übertragenden Rechtsträger geschlossen; der neue Rechtsträger kann daran noch nicht beteiligt sein. Der Abschluss erfolgt durch die Vertretungsorgane.

7 Die Verweisung in Abs 1 S 1 bedingt, dass zum notw Inhalt des Verschmelzungsvertrages auch die Angabe über die **Gewährung von Anteilen** oder Mitgliedschaften **am neuen Rechtsträger** iSv § 5 I Nr 2 gehört (zur Währungsumstellung auf Euro § 318 II 2, § 86 GmbHG und Widmann/Mayer/*Mayer* Rn 67; vgl auch Nachw bei § 46 Rn 12). Dies sei in den folgenden Rn an einem Beispiel verdeutl: Die GmbH A mit einem tats Wert von 100 (Gesellschafter: A 1 mit 25%, A 2 mit 75%), die GmbH B mit einem tats Wert von 150 (Alleingesellschafter B) und die GmbH C mit einem tats Wert von 250 (Gesellschafter: C 1 mit 10%, C 2 mit 90%) beabsichtigen die Vereinigung ihrer Vermögensmassen durch Neugründung der GmbH N mit einem StK von 300.

8 Die Angabe der einzelnen Nennbeträge bedingt, dass schon im Verschmelzungsvertrag das **StK** der neu zu gründenden Ges **festgelegt** werden muss. Bei der Festlegung der Höhe des StK besteht wie bei der sonstigen Gründung einer GmbH ein gewisser **Spielraum.** Das StK der neu zu gründenden Ges muss nicht der Summe der Stammkapitalien der übertragenden Ges entsprechen (ausführl Widmann/Mayer/*Mayer* Rn 58 ff mwN). Umgekehrt darf die Neugründung nicht zu einer **Unterpariemission** führen. Die Verschm durch Neugründung ist vereinfachte Sachgründung. Die Sacheinlagen müssen daher das StK decken (vgl § 9 GmbHG). Das Verbot der materiellen Unterpariemission folgt aus Abs 2 S 1, der auf die Gründungsvorschriften von §§ 5, 8, 9–9c GmbHG verweist. Das StK der neu zu gründenden Ges darf damit nicht höher sein als die Summe der **tats Werte,** die von den an der Verschm beteiligten Rechtsträger eingebracht werden (zum Prüfungsrecht des Registergerichts hierbei OLG Düsseldorf DB 1995, 1392 f; zur Beteiligung vermögensloser übertragender Rechtsträger *Tillmann* BB 2004, 673 mwN). Andernfalls tritt die Differenzhaftung für die Gesellschafter ein (vgl Rn 28). Maßgebl ist der Zeitpunkt der Anmeldung iSv § 38 I (Widmann/Mayer/*Mayer* Rn 29 m zutr Hinweis auf § 9 I GmbHG).

9 Eine Unterpariemission liegt hingegen nicht vor, wenn das StK durch den tats Wert des Verm der sich vereinigenden Ges gedeckt ist und ledigl einzelne Gesellschafter einer untergehenden Ges neue Geschäftsanteile in Höhe eines Nennbetrags erhalten, der über dem Wert des ihnen zuzurechnenden Vermögensteils liegt. In diesem Fall ist das Umtauschverhältnis zwar nicht korrekt berechnet worden, die belasteten Gesellschafter sind auf die Durchführung des Spruchverfahrens nach § 15 iVm dem SpruchG angewiesen (aA Widmann/Mayer/*Mayer* § 5 Rn 56.18); die eigentl Kapitalausstattung des übernehmenden Rechtsträgers ist aber auch in diesem Fall gesichert (**Saldierung,** vgl § 46 Rn 8 mwN). Ebenfalls keine Unterpariemission stellt die Verschm durch Neugründung von Ges dar, die jede für sich einen geringeren tats Wert als ihr bisheriges nominelles StK aufweisen. Das StK der neu zu gründenden Ges darf sich in diesem Fall nur nicht an dem bisherigen StK der einzelnen Ges ausrichten, sondern an der Summe der tats eingebrachten Werte, die nicht überschritten werden darf.

10 Der **Betrag der einzelnen Geschäftsanteile,** der im Verschmelzungsvertrag festgelegt werden muss, ergibt sich nach der Bestimmung der Stammkapitalhöhe einerseits aus dem Umtauschverhältnis, andererseits aus dem jew Anteilsverhältnis

der Gesellschafter der bisherigen Ges untereinander. Anhand des in Rn 7 geschilderten Beispiel errechnet sich das Umtauschverhältnis wie folgt:

11 **GmbH A:** tats Wert = 100; Ges A 1 = 25%, Ges A 2 = 75%
GmbH B: tats Wert = 150; Ges B = 100%
GmbH C: tats Wert = 250; Ges C 1 = 10%, Ges C 2 = 90%
GmbH N (Neugründung)

StK: 300	Ges A 1	15	60
	Ges A 2	45	
	Ges B	90	90
	Ges C 1	15	150
	Ges C 2	135	
		300	300

Probe: Wert Anteil A 1 vor Verschm: $100 \times 0{,}25 = 25$

Probe: Wert Anteil A 1 nach Verschm: $500 \times \frac{15}{300} = 25.$

12 Nach **§ 54 III,** der auf die Verschm durch Neugründung gem § 56 Anwendung findet, ist eine kleinere als nach § 5 GmbHG vorgesehene **Stückelung der Geschäftsanteile** zuzulassen (vgl auch § 46 Rn 11 ff), was aber seit der Neufassung von § 5 II GmbHG durch das MoMiG ohne praktische Bedeutung ist. Bare Zuzahlungen sind nicht erlaubt, § 56 verweist nicht auf § 54 IV.

13 Zum notw Inhalt des Verschmelzungsvertrages gehört außer den in § 5 I aufgeführten Gegenständen auch der Gesellschaftsvertrag der neu gegründeten GmbH N. In den Gesellschaftsvertrag sind außerdem Festsetzungen über Sondervorteile, Gründungsaufwand, Sacheinlagen und Sachübernahmen, die in den Gesellschaftsverträgen der übertragenden Rechtsträger von A bis C enthalten waren, zu übernehmen.

4. Gründungsvorschriften, Abs 2 S 1

14 Auf die Gründung des neuen Rechtsträgers sind grdsl die für dessen Rechtsform geltenden **Gründungsvorschriften anzuwenden, Abs 2 S 1.** Die Vorschrift bezieht sich auf die in § 3 I bezeichneten Rechtsträger.

15 Die durch Abs 2 S 1 festgeschriebene Beachtung von Gründungsvorschriften führt bei **eV** und **PhG/PartGes** nur zu geringem Mehraufwand. Für den eV ist in erster Linie die Satzung nach § 25 BGB, die ohnehin gem § 37 in den Verschmelzungsvertrag aufzunehmen ist, maßgebl; auch die konstitutive Registereintragung findet durch § 38 eine Entsprechung. Für PhG gilt gem §§ 105, 106, 161 HGB Entsprechendes. Die besonderen Vorschriften im Zweiten Teil des Zweiten Buches enthalten bis auf § 40 I für PhG ebenfalls keine zusätzl Anforderungen. Für PartGes enthalten §§ 45a, b berufsspezifische Beschränkungen (vgl §§ 45a ff Rn 3–9).

16 Sofern für die ZielGes jedoch eine andere Rechtsform (AG, KGaA, GmbH, VVaG oder eG) gewählt wird, erhält der Verweis von Abs 2 S 1 weit reichende Bedeutung. im Einzelnen gilt:

17 **a) Gründung einer AG.** In Abweichung von der „normalen" Gründung einer AG sind bei einer Verschm durch Neugründung die **Gründer und die Erstaktionäre nicht personenidentisch.** Die Gründung der AG erfolgt durch die sich vereinigenden Rechtsträger, während die Aktien von den bisherigen

Anteilsinhabern der übertragenden Rechtsträger übernommen werden. An der neu zu gründenden AG können sich Aktionäre nur unmittelbar beteiligen, wenn sie zuvor Anteilsinhaber der sich vereinigenden Rechtsträger waren.

18 **Gründungsvorschrift** iSv § 36 II 1 sind insbesondere (Widmann/Mayer/*Mayer* Rn 135; KölnerKommUmwG/*Simon/Nießen* Rn 53) in **§§ 23 ff AktG** enthalten. Der notw Inhalt der festzustellenden Satzung folgt aus **§ 23 AktG,** die Aufnahme von Sondervorteilen, Gründungsaufwand, Sacheinlagen und Sachübernahmen richtet sich nach **§ 74 UmwG iVm § 26 AktG.** Dass Abs 2 S 1 vornehml dem Umgehungsschutz dient, wird anhand der Verweisung auch auf **§ 27 AktG** deutl. Durch die sinngemäße Anwendung dieser Vorschrift soll verhindert werden, dass über den Umweg der Verschm eine AG entsteht, die – wäre von vornherein eine AG gegründet worden – so nicht zur Eintragung gekommen wäre. Das der AG anlässl der Verschm übertragene Verm muss, soweit es als auf das Grundkapital geleistet gilt, in der Satzung ebenso wie die dafür gewährten Aktien festgesetzt werden. Sacheinlagen idS können nur Vermögensgegenstände sein, deren wirtschaftl Wert feststellbar ist, **§ 27 II AktG.** Ohne die eben beschriebene Festsetzung ist die Sacheinlage unwirksam, **§ 27 III AktG.** Der nach **§ 32 AktG** (vgl dazu auch § 197 Rn 23) notw Gründungsbericht hat gem § 75 I auch den Geschäftsverlauf und die Lage der übertragenden Rechtsträger darzustellen. Gem **§§ 33 ff AktG** ist eine Gründungsprüfung (dazu ausführl § 197 Rn 25 ff) durchzuführen. Gem § 75 II sind Gründungsbericht und Gründungsprüfung jedoch entbehrl, soweit eine KapGes oder eine eG übertragender Rechtsträger ist. Hintergrund dieser Norm ist der Umstand, dass bei diesen Rechtsformen durch die ähnl strengen Vorschriften zur Kapitalaufbringung und -erhaltung ein Gläubigerschutz bereits gewährleistet ist. Die Sacheinlagen sind gem **§ 36a II AktG** aber auf jeden Fall vollständig zu leisten, eine nur anteilige Erfüllung der Einlagepflicht ist nicht opportun. Der gesamte Gründungsvorgang unterliegt gem **§ 38 I** der gerichtl Prüfung, womit auch der Umfang der Prüfungspflicht des Registergerichts bei der Verschm, dazu allg § 19 Rn 17 ff, konkretisiert wird.

19 **b) Gründung einer KGaA.** Für die **Gründung einer KGaA** gilt das zur AG Gesagte im Wesentl entsprechend (vgl § 278 III AktG, § 78 S 1). An die Stelle der AG und ihres Vorstands treten die KGaA und die zu ihrer Vertretung ermächtigten phG. Die Festlegungen von **§§ 279 ff AktG,** insbes zur Feststellung der Satzung (§ 280 AktG) und zum Inhalt der Satzung (§ 281 AktG) sind zu beachten. Zur GmbH & Co KGaA § 3 Rn 21.

20 **c) Gründung einer GmbH.** Die Gründung erfolgt durch die sich vereinigenden Rechtsträger, nicht durch deren Anteilsinhaber. Die Geschäftsanteile an der neu zu gründenden Ges erhalten allerdings mit Eintragung der Verschm die Anteilsinhaber der erloschenen übertragenden Rechtsträger. Die Verschm durch Neugründung einer **UG** ist nicht zulässig, vgl § 3 Rn 20 mwN; Semler/Stengel/*Bärwaldt* Rn 43a mwN.

21 Von **§ 2 I 2 GmbHG** wird abgewichen, weil Gründer und (spätere) Gesellschafter nicht personenidentisch sind; der Abschluss des Gesellschaftsvertrags ist als Bestandteil des Verschmelzungsvertrages (§ 37) den Vertretungsorganen der übertragenden Rechtsträger zugewiesen.

22 Der Verweis in Abs 2 erfasst die **Gründungsvorschriften** von **§§ 1–12 GmbHG,** von besonderer Bedeutung sind der Sachgründungsbericht nach § 5 IV GmbHG und die Vorschriften zur Kapitalaufbringung nach §§ 9–9c GmbHG. Im

Sachgründungsbericht nach **§ 5 IV GmbHG** sind die für die Angemessenheit der Leistungen für Sacheinlagen wesentl Umstände darzulegen; wegen der Gesamtrechtsnachfolge sind die Jahresergebnisse der beiden letzten Gj für die jew übergegangenen Unternehmen anzugeben (vgl auch § 58). Im Gesellschaftsvertrag der neu gegründeten GmbH ist das Verm der übertragenden Rechtsträger als Gegenstand der Sacheinlage anzugeben, ebenso ist der Betrag der dafür gewährten Stammeinlage zu benennen. Die Stammeinlagen der Anteilsinhaber müssen nicht dem Verhältnis der ursprüngl Einlagen ihrer Rechtsträger oder dem Wertverhältnis der Rechtsträger untereinander entsprechen.

Die **Bew der Sacheinlage** ergibt sich nicht unmittelbar aus der Schlussbilanz iSv § 17 II. Ist eine Bew notw, muss ggf eine Vermögensbilanz zum Verschmelzungsstichtag aufgestellt werden. Aufzunehmen sind dabei auch die bisher nicht bilanzierten Vermögensgegenstände, zB originäre immaterielle WG. Die Bew ist nicht an diejenigen Ansätze gebunden, die der Jahresbilanz zugrunde liegen (Lutter/Hommelhoff/*Bayer* GmbHG § 5 Rn 24 ff). Aus der Garantiefunktion des StK resultiert die Verpflichtung, dass die Sacheinlage der Gesellschafter mindestens dem Nennwert der Anteile entsprechen muss (zur Saldierung Rn 9). Die tats (wirkl) Werte dürfen nicht überschritten werden, da sonst eine unzulässige Unterpariemission vorliegt (Scholz/*Veil* GmbHG § 5 Rn 60 f). Die Überbewertung der Sacheinlagen führt zu einem Eintragungshindernis (§ 9c I 2 GmbHG), aber nicht zur Nichtigkeit der Vereinbarung über die Sacheinlage (Lutter/Hommelhoff/*Bayer* GmbHG § 5 Rn 32; Baumbach/Hueck/*Hueck*/*Fastrich* GmbHG § 5 Rn 35; Zu Unmöglichkeit oder Unvermögen bzgl der Sacheinlage vgl BGH GmbHR 1997, 545 mwN; zum Ganzen ausführl mwN Heckschen/*Heidinger,* Die GmbH in der Gestaltungspraxis, § 11 Rn 117 ff). 23

Zum Ansatz und zur Bew in der Eröffnungsbilanz vgl § 24 Rn 7 ff. 24

Die **Sacheinlage** ist nicht nur im Verschmelzungsvertrag, sondern auch **im Gesellschaftsvertrag festzusetzen** (arg § 46 I), dabei sind der Gegenstand der Sacheinlage und der Wert, mit dem die Sacheinlage auf die Stammeinlage angerechnet wird, anzugeben (Widmann/Mayer/*Mayer* Rn 78; Semler/Stengel/*Bärwaldt* Rn 35; aA *Sudhoff*/*Sudhoff* NJW 1982, 129, 131 noch für § 47 UmwG 1969). Entsprechende Festsetzungen in Gesellschaftsvertrag/PartVertrag/Satzung der übertragenden Rechtsträger sind zu übernehmen, § 57. 25

Der **Sachgründungsbericht** (nicht erforderl im Fall von § 58 II) nach **§ 5 IV 2 GmbHG** hat die wesentl Umstände, die für die Angemessenheit der Einlageleistung maßgebend sind, darzulegen. Darüber hinaus sind auch der Geschäftsverlauf und die Lage der übertragenden Rechtsträger darzulegen (§ 58 I) und in Sonderheit gem § 5 IV 2 GmbHG die Jahresergebnisse der beiden letzten Gj mitzuteilen. In den Fällen, in denen ein übertragender Rechtsträger noch nicht zwei Jahre bestanden hat, ist ein diesbzgl Vermerk im Sachgründungsbericht anzubringen. Im Sachgründungsbericht sind die wesentl Positionen der Umwandlungsbilanz und ihre Bew zu erörtern. Der Sachgründungsbericht dient der Erleichterung der Prüfung durch das Registergericht nach § 9c GmbHG (Rn 18 aE). Er ist schriftl zu verfassen, von allen (vgl Semler/Stengel/*Reichert* § 58 Rn 4 mwN) Vertretungsorganen aller (vgl Lutter/Hommelhoff/*Bayer* GmbHG § 5 Rn 34) übertragenden Rechtsträger zu unterschreiben (einer besonderen Form bedarf es nicht) und mit der Anmeldung nach § 8 I Nr 4 GmbHG vorzulegen. 26

Ein **Sachgründungsbericht** ist **nicht erforderl,** soweit eine KapGes oder eine eG übertragender Rechtsträger ist, **§ 58 II.** In diesem Fall ist dem Gläubiger- 27 schutz bereits durch Kapitalaufbringungs- und Erhaltungsvorschriften des jew Rechts Genüge getan worden, es besteht die Gewähr der Kapitalerhaltung.

28 Nach § 5 I GmbHG muss das **StK der GmbH** mindestens EUR 25 000 betragen. Es muss durch das Reinvermögen der an der Verschm beteiligten übertragenden Rechtsträger gedeckt sein, sofern nicht der Differenzbetrag – was als zulässig anzusehen ist – durch **zusätzl Bar- oder Sacheinlagen** ausgeglichen wird. Eine Prüfung dieser Sachgründung durch unabhängige Dritte darf das Registergericht nicht generell, sondern nur bei berechtigten Zweifeln im Einzelfall verlangen (OLG Düsseldorf DB 1995, 1392; teilw abw BayObLG NJW 1995, 1971: Auf Aufforderung des Registergerichts ist als Nachw für den Wert der Sacheinlage regelm ein Sachverständigengutachten vorzulegen; vgl auch BayObLG ZIP 1999, 968 zur Unschädlichkeit einer Überschreitung der Acht-Monats-Frist von § 17 II und zur Pflicht des Registergerichts, eine Zwischenverfügung zu erlassen). Übersteigt das EK aller übertragender Rechtsträger das vorgeschriebene Mindeststammkapital der GmbH, so besteht keine Verpflichtung, das gesamte EK als StK der GmbH zu binden, denn der Gesetzgeber hat nicht vorgesehen, dass Identität zwischen der Nominalkapitalausstattung der übertragenden Rechtsträger und der zu gründenden GmbH bestehen muss (Rn 8, 9). Mögl ist es auch, einem übertragenden Rechtsträger gewährte werthaltige Darlehen durch **Verzicht auf** die **Darlehensrückzahlung** in Einlagen und damit in EK des übertragenden Rechtsträgers vor oder anlässl der Verschm umzuwandeln. Über das Nominalkapital hinausgehende Werte sind alt als Kapitalrücklage iSv § 272 II Nr 1 HGB oder als Darlehen, stille Beteiligung oder ähnl der jew berechtigten Anteilsinhaber zu behandeln, die Einzelheiten sind im Verschmelzungsvertrag festzulegen.

29 Den Anteilsinhabern der übertragenden Rechtsträger steht es frei, das Verhältnis der Stammeinlagen bei der zu errichtenden GmbH ohne Bindung an die bisherigen Beteiligungsverhältnisse und den Wert der eingebrachten Vermögensgegenstände zu bemessen (**nichtverhältniswahrende Verschm,** vgl § 5 Rn 8). Abw Beteiligungsquoten bedürfen jedoch der Zustimmung der Betroffenen, andernfalls droht das gerichtl Spruchverfahren nach § 15 iVm dem SpruchG. IdR wird die Verteilung und Festlegung der einzelnen Stammeinlagen daran anknüpfen, was die Anteilsinhaber bei ihrem Ausscheiden oder im Falle einer Liquidation erhalten würden (vgl das Beispiel Rn 7 ff, 11). Erforderl ist stets, dass sich jeder Anteilsinhaber der übertragenden Rechtsträger am Kap der neu gegründeten GmbH beteiligt, indem er eine Stammeinlage gleich welcher Höhe übernimmt (§§ 3 I Nr 4, 5 III GmbHG). Wird diesem Erfordernis nicht Genüge getan, wird der entsprechende Anteilsinhaber nicht Gesellschafter der GmbH, selbst wenn er im Verschmelzungsvertrag oder im Gesellschaftsvertrag als solcher ausgewiesen wurde. Str ist, ob anlässl der Verschm durch Neugründung auch bisher nicht Beteiligte beitreten dürfen (Nachw zum Streitstand bei Lutter/*Grunewald* Rn 15). Bei vom Wert der bisherigen Beteiligung abw Beteiligungswerten an der GmbH kann eine Schenkung vorliegen. Zur Bestellung und Haftung der ersten Organe vgl § 56 Rn 18 ff.

30 **d) Gründung einer eG.** Wenn die ZielGes bei der Verschm durch Neugründung eine eG ist, sind **§§ 1–16 GenG** zu beachten. Auch hier sind die Gründer iSv Abs 2 S 2 nicht identisch mit den späteren Mitgliedern der eG (vgl Rn 21). **§ 4 GenG,** der die Mindestzahl der Genossen mit mindestens drei bestimmt, ist gem Abs 2 S 3 während der Gründungsphase nicht anzuwenden (§ 80 GenG, vgl Rn 35 f).

31 Die eG kann nur einen zulässigen **Zweck** haben: die Förderung der Mitglieder oder deren Belange (= genossenschaftl Grundauftrag, Förderungsauftrag, vgl *Lang/Weidmüller* GenG § 1 Rn 27). Demgemäß ist die eG grdsl auch als Zielrechtsform für die Verschm durch Neugründung unter Beteiligung von übertragenden Rechtsträgern beliebiger Rechtsform geeignet. Zentrale Bedeutung innerh der Gründungsvorschriften haben **§§ 6, 7 GenG** über dem notw Inhalt der Satzung; **§ 5 GenG,** der für die Abfassung der Satzung nur Schriftform festschreibt, findet wegen §§ 37, 6 bei der Verschm durch Neugründung keine Anwendung (Semler/Stengel/*Bärwaldt* Rn 60).

32 Die neu zu gründende eG wird entscheidend durch die Festlegung nach **§ 6 Nr 3 GenG** geprägt; die Satzung muss notw eine Bestimmung darüber enthalten, ob die Mitglieder für den Fall, dass die Gläubiger im Insolvenzverfahren nicht befriedigt werden, Nachschüsse zur Insolvenzmasse unbeschränkt, beschränkt auf eine bestimmt Haftsumme oder überhaupt nicht zu leisten haben. Zentrale Bedeutung hat auch **§ 7 Nr 1 GenG,** der den Betrag des Geschäftsanteils sowie die Verpflichtung zur Einzahlung auf den Geschäftsanteil betrifft, gem **§ 7a GenG** können diese Festsetzungen ergänzt werden. Die Satzung der neuen eG ist durch sämtl Mitglieder des Vertretungsorgans jedes der übertragenden Rechtsträger aufzustellen und zu unterzeichnen, § 97 I. Vorstand und AR, **§ 9 GenG,** sind durch die Vertretungsorgane aller übertragenden Rechtsträger zu bestellen (§ 97 II), die Bestellung wird nur nach entsprechender Zustimmung der Anteilsinhaberversammlungen wirksam (§ 98 S 2).

33 Die Geschäftsanteile und das Geschäftsguthaben sind nach Maßgabe von §§ 96, 88 festzusetzen. Bedeutung für die Gründung der eG hat **§ 11a GenG** über die Gründungsprüfung durch das Gericht, die sich auch auf die Vermögenslage der eG erstrecken kann. Dadurch wird auch der Umfang der Prüfungspflicht des Registergerichts bei der Verschm, dazu allg § 19 Rn 17 ff, konkretisiert. Eine Gefährdung der Belange der eG oder der Gläubiger der eG iSv § 11a II GenG ist allerdings nur dann zu besorgen, wenn konkrete Sachverhalte die ernsthafte Erwartung rechtfertigen, dass die eG wegen der persönl oder wirtschaftl Verhältnisse zu einer Gefährdung der Interessen der Mitglieder und der Gläubiger führen würde (Beuthien/*Beuthien* GenG § 11a Rn 5). Eigene Nachprüfungen des Gerichts anlässl der Gründungsprüfung – wozu es nach §§ 378 ff, 26 FamFG jederzeit berechtigt ist – erübrigen sich idR dann, wenn die übertragenden Rechtsträger KapGes sind, weil diese strengen Kapitalaufbringungs- und -erhaltungsvorschriften unterliegen. Auf die Ausführungen zu §§ 79 ff wird verwiesen.

34 **e) Gründung eines VVaG.** Für die Verschm durch Neugründung eines VVaG gelten §§ 114 ff iVm §§ 110 ff. Dort werden die Gründungsvorschriften von §§ 17–33 VAG ergänzt.

5. Gründer, Mindestzahl der Gründer, Abs 2 S 2, 3

35 Gem **Abs 2 S 2** stehen den Gründern die übertragenden Rechtsträger gleich, dh, dass die rechtsformspezifischen Regelungen (zB §§ 2, 280 III AktG) für den Fall der Verschm durch Neugründung auf die übertragenden Rechtsträger als Gründer anzuwenden sind. Dadurch kommt es zur Inkongruenz von Gründern und Anteilsinhabern am neu gebildeten Rechtsträger (dazu Rn 20 ff). Bedeutung hat dies vor allem im Zusammenhang mit den Vorschriften, die rechtsformbezogen eine **Mindestzahl von Gründern** vorsehen (vgl § 4 GenG, § 56 BGB). § 2

AktG, der ursprüngl eine Gründerzahl von mindestens fünf Personen festlegte, ist durch Gesetz vom 2.8.1994 (BGBl I 1961, „Kleine AG"), geändert worden und lässt jetzt die „Einmann-AG" zu. Entsprechendes gilt für die KGaA (Gesetz vom 1.11.2005, BGBl I 2802 – UMAG). Eine gleichzeitige Beteiligung von mehr als zwei übertragenden Rechtsträgern ist bei der Verschm durch Neugründung zwar ohne weiteres mögl, die nach § 56 BGB erforderl Gründerzahl dürfte aber idR nicht zu erreichen sein.

36 Bedeutung erlangt die Frage, ob die Suspendierung der Vorschrift bzgl der notw Gründerzahl in Abs 2 S 3 sich auch auf die künftige Existenz des übernehmenden Rechtsträgers erstreckt. Dies ist nicht der Fall: Die Gründer iSv Abs 2 S 2 werden gerade nicht Anteilsinhaber des neuen Rechtsträgers, diese Position erlangen gem §§ 36 I, 20 II Nr 3 die Anteilsinhaber der übertragende Rechtsträger. Wenn nun in § 80 GenG bei nachhaltigem Unterschreiten der Mindestzahl von § 4 GenG (drei Mitglieder) das Registergericht die Auflösung der eG von Amts wegen auszusprechen hat, bezieht sich diese Regelung auch auf eine eG, die durch eine Verschm neu gegründet wurde. Anderenfalls könnte der vom Gesetzgeber nicht gewollte Zustand eintreten, dass eine die Rechtsform prägende Vorschrift auf Dauer unterlaufen wird. Dazu besteht kein Anlass, das Privileg von Abs 2 S 2 für die übertragenden Rechtsträger als Gründer der eG bezieht sich nicht auf die künftigen Mitglieder (wie hier Beuthien/*Wolff* GenG Anh §§ 2 ff UmwG Rn 137). Entsprechendes gilt gem § 73 BGB für den Fall, dass die Zahl der Vereinsmitglieder nachhaltig unter drei herabsinkt. Damit ist festzuhalten: Das Privileg von Abs 2 S 2 ist nur vorübergehender Natur; erreicht die Zahl der Anteilsinhaber der übertragenden Rechtsträger nicht die in § 80 GenG, § 73 BGB festgelegte Mindestzahl, oder wird nicht zeitnah nach Durchführung der Verschm durch Aufnahme weiterer Mitglieder diese Mindestzahl erreicht, gefährdet die durchgeführte Umstrukturierung den dauerhaften Bestand des wirtschaftl Zusammenschlusses der Anteilsinhaber (Semler/Stengel/*Bärwaldt* Rn 69).

§ 37 Inhalt des Verschmelzungsvertrags

In dem Verschmelzungsvertrag muß der Gesellschaftsvertrag, der Partnerschaftsvertrag oder die Satzung des neuen Rechtsträgers enthalten sein oder festgestellt werden.

1 In den früheren Vorschriften zur Verschm durch Neugründung (§ 32 KapErhG aF, § 353 AktG aF, § 93s GenG aF) war eine Verpflichtung zur Aufnahme von Gesellschaftsvertrag bzw Satzung des neuen Rechtsträgers bereits im Verschmelzungsvertrag nicht vorgesehen. Demzufolge war früher auch streitig, ob die Verfassung des neuen Rechtsträgers nicht notw Bestandteil des Verschmelzungsvertrages sein muss (vgl die Nachw in der 1. Aufl 1994, § 32 KapErhG Anm 6c, § 353 AktG Anm 7d); die wohl hM hat dies verneint. In der Praxis spielte der Meinungsstreit keine Rolle; dort hatte es sich eingebürgert, die Verfassung des neuen Rechtsträgers als Anlage zur notariellen Urkunde des Verschmelzungsvertrages aufzunehmen (Vgl RegEBegr BR-Drs 75/94 zu § 37).

2 § 37 beendet den rechtstheoretischen Streit und bestimmt, dass der Gesellschaftsvertrag, der PartVertrag oder die Satzung des neuen Rechtsträgers zwingend im Verschmelzungsvertrag enthalten sein oder festgestellt werden muss. Damit **ergänzt** die Vorschrift den Katalog von **§ 5 I,** die Aufnahme der Verfassung des neuen Rechtsträgers ist notw Inhalt des Verschmelzungsvertrages; unter Feststellung der Satzung ist der Abschluss des Gesellschaftsvertrags zu verstehen (vgl § 2 AktG; *Hüffer* AktG § 23 Rn 6).

Eine unmittelbare Aufnahme von Gesellschaftsvertrag/PartVertrag (Gesetzesänderung durch Art 1 Nr 10 vom 22.7.1998, BGBl I 1878)/Satzung in den Verschmelzungsvertrag selbst ist nicht notw. Gem § 9 I 2 BeurkG gelten Erklärungen in einem Schriftstück, auf das in der notariellen Niederschrift (hier: des Verschmelzungsvertrages) verwiesen und das dieser beigefügt wird, als in der Niederschrift selbst enthalten. Das **Verweisen auf die Anlagen** muss unter Wahrung der beurkundungsrechtl Förmlichkeiten geschehen (dazu ausführl Widmann/Mayer/*Mayer* Rn 26 ff), weil den in der Anlage enthaltenen Willenserklärungen die Rechtswirkungen der Beurkundung zuteil werden; verwiesen wird darum in Form einer rechtsgeschäftl Erklärung (vgl OLG Hamm OLGZ 81, 270, 274). Ein Vermerk auf der Anlage selbst reicht nicht aus (BGH DNotZ 1982, 228). Wird die Verfassung des neuen Rechtsträgers mit der Niederschrift vorgelesen, genehmigt und ihr beigefügt, wird sie selbst Teil der notariellen Urkunde (vgl § 13 BeurkG). Durch das Zusammenspiel von §§ 37, 36 I, 6 bedarf damit der Gesellschaftsvertrag, der PartVertrag oder die Satzung des neuen Rechtsträgers zwingend auch in den Fällen der **notariellen Beurkundung,** in denen der Abschluss des Vertrages an sich nicht an diese Form gebunden wäre (zB bei eG, bei PhG/PartGes und bei Vereinen). Das Formerfordernis bezieht sich jedoch nur auf die Erstfassung des Organisationsstatuts, **spätere Änderungen** können – vorbehaltl anderer Festsetzungen durch die Anteilsinhaber – nach den jew einschlägigen rechtsformspezifischen Festlegungen vorgenommen werden (wie hier Lutter/*Grunewald* Rn 5; Kallmeyer/*Marsch-Barner* Rn 2; Semler/Stengel/*Schröer* Rn 4). 3

§ 38 Anmeldung der Verschmelzung und des neuen Rechtsträgers

(1) **Die Vertretungsorgane jedes der übertragenden Rechtsträger haben die Verschmelzung zur Eintragung in das Register des Sitzes ihres Rechtsträgers anzumelden.**

(2) **Die Vertretungsorgane aller übertragenden Rechtsträger haben den neuen Rechtsträger bei dem Gericht, in dessen Bezirk er seinen Sitz haben soll, zur Eintragung in das Register anzumelden.**

Gem § 36 I sind auf die Verschm durch Neugründung auch die in §§ 16, 17 und 19 enthaltenen Vorschriften anzuwenden; von der Verweisung nimmt **§ 36 I** allerdings die Vorschrift von **§ 16 I** aus, die Anmeldung **der Verschm und des neuen Rechtsträgers** wird eigenständig in **§ 38** geregelt. In Abweichung zu den früheren Regelungen (vgl zB § 353 V 1, VIII 1 AktG aF) ermöglicht **Abs 1** den Vertretungsorganen der übertragenden Rechtsträger die Vornahme der Anmeldung für ihren Rechtsträger, ein Handeln der Organe des neuen Rechtsträgers ist insoweit nicht mehr erforderl. 1

IÜ wurde das frühere Recht übernommen (vgl § 353 V 1 AktG aF, § 32 IV 1 KapErhG aF, § 92s III 1 GenG aF); die Vertretungsorgane aller übertragenden Rechtsträger haben den neuen Rechtsträger bei dem Gericht, in dessen Bezirk er seinen Sitz haben soll, zur Eintragung in das Register anzumelden, **Abs 2.** Die Vertretungsorgane der übertragenden Rechtsträger haben die **Negativerklärung nach §§ 36 I, 16 II** abzugeben und der Anmeldung die in § 17 bestimmten Anla- 2 gen beizufügen; der Gesellschaftsvertrag, der PartVertrag oder die Satzung des neuen Rechtsträger ist gem § 37 in der Niederschrift über den Verschmelzungsvertrag enthalten. Einer Negativerklärung iSv § 16 II bedarf es im Hinblick auf die Zustimmungsbeschlüsse zur Satzung des neuen Rechtsträgers (vgl §§ 59, 76 II 1, 98 S 1) nicht.

3 Die **Eintragungsreihenfolge** in § 19 bleibt unverändert; der neue Rechtsträger darf gem §§ 36 I, 19 I 1 erst eingetragen werden, nachdem die Verschm im Register des Sitzes jedes der übertragenden Rechtsträger eingetragen worden ist. Die Eintragung des neuen (übernehmenden) Rechtsträgers wirkt **konstitutiv** iSv §§ 36 I, 20 I (KölnerKommUmwG/*Simon/Nießen* Rn 21). IÜ wird auf die Komm zu §§ 16, 17 und § 19 verwiesen. Ausführl dazu auch Widmann/Mayer/*Schwarz* Rn 2 ff.

Zweiter Teil. Besondere Vorschriften

Erster Abschnitt. Verschmelzung unter Beteiligung von Personengesellschaften

Vorbemerkungen zu §§ 39–45e

Schrifttum: Schrifttum bis 1994 siehe 3. Auflage; Schrifttum bis 2000 siehe 4. Auflage; *Altmeppen,* Zur Enthaftung des ausscheidenden Personengesellschafters, NJW 2000, 2529; *Kallmeyer,* Die GmbH & Co.KG im Umwandlungsrecht, GmbHR 2000, 418; *Luttermann,* Das Kapitalgesellschaften- und Co.-Richtlinie-Gesetz, ZIP 2000, 517; *Hansen,* Die Rechtsformen der deutschen Unternehmen, AG 2001, 31; *Kempter/Kopp,* Hinweise zur Gestaltung der Satzung einer Rechtsanwalts-AG, NJW 2001, 777; *Kilian,* Kapitalgesellschaften als Organisationsformen anwaltlicher Berufsausübung, NZG 2001, 150; *Muthers,* Gemeinsame anwaltliche Berufsausübung in der Kapitalgesellschaft – Die Anwalts-AG und KGaA, NZG 2001, 930; *Nagel,* Gibt es eine OHG mbH, NZG 2001, 202; *Schmidt,* § 673 BGB bei Verschmelzungsvorgängen in Dienstleistungsunternehmen – oder: Geisterstunde im Umwandlungsrecht?, DB 2001, 1019; *Schmidt,* Alte Kündigungsklauseln und neue Kündigungsfolgen bei Personengesellschaften- Auslegungs- und Vertragsgestaltungsprobleme um § 131 HGB n. F., BB 2001, 1; *Tröger,* Vorbereitung von Zustimmungsbeschlüssen bei Strukturmaßnahmen, ZIP 2001, 2029; *Altmeppen,* „Fortschritte" im modernen Verjährungsrecht, DB 2002, 514; *Eidenmüller,* Die Verjährung beim Rechtskauf, NJW 2002, 1625; *Hierstetter/Schwarz,* Übertragung einer verlustbehafteten KG-Beteiligung zwischen Kapitalgesellschaften durch Verschmelzung oder Spaltung, DB 2002, 1963; *Lange,* Die Haftung des Gesellschafters einer GbR für Altverbindlichkeiten, NZG 2002, 401; *Sauter/Heurung/Babel,* Stille Reserven und Verlustvorträge bei der Verschmelzung von Kapitalgesellschaften auf eine Personenhandelsgesellschaft, DB 2002, 1177; *Bandehzadeh,* Zur Zulässigkeit gesellschaftsvertraglicher Handelsregistervollmachten bei Personenhandelsgesellschaften, DB 2003, 1663; *Bergmann,* Die BGB-Gesellschaft als persönlich haftender Gesellschafter in oHG und KG, ZIP 2003, 2231; *Schmidt/Schneider,* Haftungserhaltende Gläubigerstrategien beim Ausscheiden von Gesellschaftern bei Unternehmensübertragung, Umwandlung und Auflösung, BB 2003, 1961; *Weidenmann,* Neuere Rechtsprechung des BGH zur Haftung und Vollstreckung bei der Gesellschaft bürgerlichen Rechts, BWNotZ 2004, 130; *Priester,* Personengesellschaften im Umwandlungsrecht, DStR 2005, 788; *Tsambikakis,* Aktuelles zum Strafrecht bei GmbH und GmbH & Co., GmbHR 2005, 331; *Heinrichs,* Mehrheitsbeschlüsse bei Personengesellschaften, Diss 2006; *Kilian,* Die Trennung vom „missliebigen" Personengesellschafter – Neue Ansätze in Sachen Ausschluss, Hinauskündigung und Kollektivaustritt?, WM 2006, 1567; *K. Schmidt,* Mehrheitsbeschlüsse in Personengesellschaften, ZGR 2008, 1; *Hegemann,* Die Komplementär-GmbH bei der Verschmelzung von zwei GmbH & Co. KG, GmbHR 2009, 702; *Schäfer,* Mehrheitserfordernisse bei Stimmrechtskonsortien, ZGR 2009, 768; *Nelißen,* Augen auf bei konzerninternen Verschmelzungen!, NZG 2010, 1291.

1. Regelungsgegenstand von §§ 39–122l

1 Der **Zweite Teil des Zweiten Buches** enthält die **besonderen Vorschriften zur Verschm** durch Aufnahme und zur Verschm durch Neugründung. In Ergänzung zu den allg Regelungen von §§ 4–38 werden in §§ 39–122l **rechtsformspezifische Einzelheiten** festgelegt, die bei Durchführung der Verschm zu beachten sind. Gerade bei PersGes kann die Einbringung Alt zur Verschm nach dem UmwG sein (zB OLG Frankfurt aM DB 2003, 2327 mwN).

2 Der **Aufbau innerh der einzelnen Abschnitte** entspricht dem von §§ 4–38; bei den speziellen Regelungen zu den einzelnen Rechtsformen wird grdsl zunächst die Verschm durch Aufnahme und daran anschl die Verschm durch

Neugründung geregelt, dort wird wiederum weitgehend auf die vorangestellten Vorschriften zur Verschm durch Aufnahme verwiesen. Weiterhin lehnt sich die Reihenfolge der Regelungen an den Gang des Verschmelzungsverfahrens an, die einzelnen Abschnitte enthalten zusätzl Anforderungen an den Verschmelzungsvertrag, den Verschmelzungsbericht, die Verschmelzungsprüfung und den Verschmelzungsbeschluss, jew grdsl in dieser Reihenfolge.

2. Aufbau von §§ 39–122l

3 Innerh des Zweiten Teils des Zweiten Buches wird der Aufbau eingehalten, dem schon das BiRiLiG folgte: Es wird mit der Verschm einfach strukturierter Rechtsträger wie **OHG, KG und PartGes** (1. Abschnitt) begonnen, die weniger strenge Regeln erfordern als die Verschm von **GmbH** (2. Abschnitt), **AG** (3. Abschnitt) und **KGaA** (4. Abschnitt) sowie eG (5. Abschnitt), **rechtsfähigen Vereinen** (6. Abschnitt), genossenschaftl **Prüfungsverbänden** (7. Abschnitt) und **VVaG** (8. Abschnitt), vgl RegEBegr BR-Drs 75/94 zum Zweiten Teil des Zweiten Buches. Im 9. Abschnitt (§§ 120–122) ist die Verschm von KapGes mit dem Verm eines **Alleingesellschafters** geregelt. Der neue 10. Abschnitt regelt die **grenzüberschreitende Verschm** von KapGes, §§ 122a ff.

4 Im Einzelfall (dazu Einf Rn 11 ff) ist demnach zu überprüfen, welche Rechtsträger – als übertragender, übernehmender oder neu gegründeter Rechtsträger – an der Verschm beteiligt sind; davon ist es abhängig, welche der jew Vorschriften von §§ 39–122l neben den allg Regelungen in §§ 4–35 (§§ 36–38) zu berücksichtigen sind. Wegen der besonderen Bedeutung für die Praxis wird in der Komm auf die Darstellung von §§ 46–59 (Verschm unter Beteiligung einer GmbH) verstärkt Gewicht gelegt.

3. Verschmelzung unter Beteiligung von Personenhandelsgesellschaften und Partnerschaftsgesellschaften, §§ 39–45e

5 **§§ 39–45** über die Verschm von **PhG** unterscheiden nicht zwischen OHG und KG. Auch wurde keine Sonderregelung für bestimmte Sonderrechtsgestaltungen der Praxis (GmbH & Co KG, Publikums-KG) eingefügt (vgl RegEBegr BR-Drs 75/94 zu §§ 39–45). Schließl wurde in Abweichung zu den meisten anderen Abschnitten in §§ 39–122l bei den PhG auf eine Differenzierung zwischen Verschm durch Aufnahme und Verschm durch Neugründung verzichtet.

6 Die Verschm unter Beteiligung von PhG wurde für das dt Recht durch die Umwandlungsreform neu geschaffen, der Gesetzgeber konnte dabei aber auf die Regelungen zur verschmelzenden Umw im UmwG 1969 (insbes §§ 40 ff UmwG 1969) zurückgreifen.

7 **§ 39** befasst sich mit dem Ausschluss der Verschm für den Fall, dass eine andere Art der Auseinandersetzung als die Abwicklung oder die Verschm vereinbart wurde; **§ 40** enthält in Ergänzung zu § 5 I zusätzl Anforderungen an den Inhalt des Verschmelzungsvertrages; **§ 41** ermöglicht den Wegfall des Verschmelzungsberichts insbes bei der OHG; **§§ 42, 43** befassen sich mit dem Beschluss der Anteilsinhaber; **§ 44** enthält einen Prüfungsbefehl für den Fall der Mehrheitsumwandlung; **§ 45** transformiert schließl die Festlegungen des Nachhaftungsbegrenzungsgesetzes vom 18.3.1994 (BGBl I 560) für die Verschm, die Vorschrift wurde durch das SMG vom 26.11.2001 (BGBl I 3138) geändert.

8 Durch das Gesetz zur Änderung des UmwG, des PartGG und anderer Gesetze vom 22.7.1998 (BGBl I 1878; dazu Einf Rn 25 und *Neye* DB 1998, 1649) wurde

der erste Abschnitt der besonderen Vorschriften erweitert. In einem **neuen zweiten Unterabschnitt** wird in **§§ 45a–45e** nun zur **Verschm unter Beteiligung von PartGes** geregelt. Die praktische Bedeutung ist nicht unerhebl, denn die PartGes hat als Rechtsform für die freien Berufe Akzeptanz gefunden. **§§ 45a, 45b** stellen klar, dass die Verschm auf eine PartGes nur bei Einhaltung der berufsrechtl Vorgaben von §§ 1, 3 PartGG in Betracht kommt. **§ 45c** konkretisiert §§ 41, 42 für den Fall, dass ein einzelner Partner gem § 6 II PartGG von der Führung sonstiger Geschäfte ausgeschlossen ist. **§ 45d** entspricht § 43 I, II 1, 2. **§ 45e** schreibt schließl die entsprechende Anwendung von §§ 39, 45 und für den Fall der Mehrheitsentscheidung von § 44 vor. Vgl zum Ganzen auch *Neye* DB 1998, 1651; *Römermann* NZG 1998, 675 und Lutter/*H. Schmidt* § 45a Rn 1 ff.

Erster Unterabschnitt. Verschmelzung unter Beteiligung von Personenhandelsgesellschaften

§ 39 Ausschluß der Verschmelzung

Eine aufgelöste Personenhandelsgesellschaft kann sich nicht als übertragender Rechtsträger an einer Verschmelzung beteiligen, wenn die Gesellschafter nach § 145 des Handelsgesetzbuchs eine andere Art der Auseinandersetzung als die Abwicklung oder als die Verschmelzung vereinbart haben.

Schrifttum: Siehe Schrifttum Vor §§ 39–45e.

1 An der Verschm können **als übertragender Rechtsträger auch aufgelöste Rechtsträger** beteiligt sein, wenn deren Fortsetzung beschlossen werden könnte, **§ 3 III.** Diese Vorschrift wird für die aufgelöste PhG (OHG, KG, vgl § 3 I Nr 1, zur EWIV § 3 Rn 13, zur PartGes § 45e S 1) **ergänzt durch § 39,** der ein Verschmelzungsverbot für die aufgelöste PhG für den Fall festschreibt, dass die Gesellschafter nach § 145 HGB (für PartGes gem § 10 I PartGG anwendbar) eine **andere Art der Auseinandersetzung** als die Abwicklung oder als die Verschm vereinbart haben.

2 In Fortführung von §§ 40 II, 46 II UmwG 1969 soll damit erreicht werden, dass nicht mehr verschmolzen werden kann, **wenn den Gesellschaftern das Verm** der aufgelösten Ges (zu den Auflösungsgründen vgl Lit zu § 131 HGB, § 9 PartGG und Widmann/Mayer/*Vossius* Rn 9 ff) aufgrund der anderen Art der Auseinandersetzung **zufließt** (vgl RegEBegr BR-Drs 75/94 zu § 39; aA Lutter/*H. Schmidt* Rn 11 mwN, der dies bereits aus § 3 III ableitet). Als **andere Art der Auseinandersetzung iSv § 145 HGB** kommt ua die **Einbringung** (dazu OLG Frankfurt aM DB 2003, 2327) in eine KapGes, die **Realteilung** oder die **Übernahme** des gesamten Handelsgeschäfts durch einen Gesellschafter in Betracht (vgl Baumbach/*Hopt* HGB § 145 Rn 10 mwN). Die andere Art der Auseinandersetzung muss nicht bereits im Gesellschaftsvertrag angelegt sein, es genügt auch die (ggf einstimmige) **ad-hoc-Entschließung** der Gesellschafter bei Auflösung der PhG (vgl § 158 HGB). Umgekehrt enthält zumindest der einstimmig gefasste Verschmelzungsbeschluss zugleich die Änderung einer der Verschm an sich entgegenstehenden Vertragsklausel (allgM, vgl Lutter/*H. Schmidt* Rn 15 mwN).

3 Abw von § 40 II UmwG 1969 wird jedoch nicht mehr verlangt, dass eine **Liquidation** stattfindet, dh eine Abwicklung stattgefunden hat, und dass nur noch die Verteilung des nach der Berichtigung der Verbindlichkeiten verbleibenden Verm an die Gesellschafter aussteht. Dies ist nicht erforderl, denn die Gläubiger der übertragenden PhG/PartGes werden durch die Haftung des übernehmenden Rechtsträgers einerseits und durch die fünfjährige Nachhaftung der Gesellschafter der übertragenden PhG andererseits (vgl §§ 45, 45e) hinreichend geschützt (vgl auch RegEBegr BR-Drs 75/94 zu § 214). **Grund für das Verschmelzungsverbot** in § 39 ist, dass die zulässigen anderen Arten der Auseinandersetzung nicht sicherstellen, dass das Verm der aufgelösten PhG im Zeitpunkt des Verschmelzungsbeschlusses noch in vollem Umfang vorhanden ist (so auch Lutter/*H. Schmidt* Rn 8; Semler/Stengel/*Ihrig* Rn 2; KölnerKommUmwG/*Dauner-Lieb/Tettinger* Rn 2; auf den Schutz der Minderheitsgesellschafter stellt Kallmeyer/*Kallmeyer* Rn 1 ab, auf die Kapitalgrundlage des übernehmenden Rechtsträgers Widmann/Mayer/*Vossius* Rn 2).

§ 40 Inhalt des Verschmelzungsvertrags

(1) [1] **Der Verschmelzungsvertrag oder sein Entwurf hat zusätzlich für jeden Anteilsinhaber eines übertragenden Rechtsträgers zu bestimmen, ob ihm in der übernehmenden oder der neuen Personenhandelsgesellschaft die Stellung eines persönlich haftenden Gesellschafters oder eines Kommanditisten gewährt wird.** [2] **Dabei ist der Betrag der Einlage jedes Gesellschafters festzusetzen.**

(2) [1] **Anteilsinhabern eines übertragenden Rechtsträgers, die für dessen Verbindlichkeiten nicht als Gesamtschuldner persönlich unbeschränkt haften, ist die Stellung eines Kommanditisten zu gewähren.** [2] **Abweichende Bestimmungen sind nur wirksam, wenn die betroffenen Anteilsinhaber dem Verschmelzungsbeschluß des übertragenden Rechtsträgers zustimmen.**

Schrifttum: Siehe Schrifttum Vor §§ 39–45e.

1. Allgemeines

1 **§ 40** (iVm § 5) hat für die Verschm unter Beteiligung von PhG **zentrale Bedeutung;** bei PartGes gibt es eine dem Kommanditisten vglbare Gesellschafterstellung nicht, insoweit helfen ausschließl das Austrittsrecht nach § 29 und das Veräußerungsrecht nach § 33 (vgl auch *Neye* DB 1998, 1651). Da im früheren Recht nur ein Umwandlungsbeschluss (kein Umwandlungsvertrag) notw war, fehlen entsprechende Vorgängerregelungen.

2 **Abs 1 S 1** gilt für Verschmelzungskonstellationen, bei denen eine **KG übernehmender** (Verschm durch Aufnahme) **oder neuer** (Verschm durch Neugründung) **Rechtsträger** ist. Abs 1 S 1 verlangt eine **Festsetzung im Verschmelzungsvertrag** oder dessen Entwurf darüber, welche Anteilsinhaber bei der übernehmenden KG die Stellung eines phG innehaben und welche Anteilsinhaber ledigl Kommanditisten werden sollen. Der **Betrag der Einlage jedes Gesellschafters** (also bei KG der Kommanditisten und der Komplementäre, bei OHG aller Gesellschafter; Kallmeyer/*Kallmeyer* Rn 3) ist im Verschmelzungsvertrag festzusetzen, **Abs 1 S 2.**

Abs 2 behandelt den Sonderfall, dass an der Verschm unter Beteiligung einer PhG als übernehmender Rechtsträger ein übertragender Rechtsträger beteiligt ist, dessen Anteilsinhaber für die Verbindlichkeiten dieses Rechtsträgers nicht als Gesamtschuldner persönl unbeschränkt haften (zB Kommanditisten, KapGes, eG ohne Nachschusspflicht, Verein). Die Grundregel von **Abs 2 S 1** besagt, dass diese Anteilsinhaber des übertragenden Rechtsträgers auch künftig der persönl Haftung gem §§ 128, 130 HGB nicht ausgesetzt werden sollen; anderes gilt nur dann, wenn die betroffenen Anteilsinhaber dem Verschmelzungsbeschluss des übertragenden Rechtsträgers in notarieller Form (§ 13 III 1) **ausdrückl zustimmen, Abs 2 S 2.** 3

2. Bestimmungsrecht, Abs 1

Ein echtes **Wahlrecht** eröffnet Abs 1 nur für den Fall, dass **übernehmender oder neuer Rechtsträger eine KG** ist. Für die OHG schreibt § 128 S 2 HGB zwingend fest, dass eine Haftungsbeschränkung ggü Dritten unwirksam ist; die persönl, unbeschränkt, unmittelbar und primär aufs Ganze gerichtete Haftung der OHG-Gesellschafter nach außen ist konstitutives Merkmal dieser Rechtsform (vgl Baumbach/*Hopt* HGB § 105 Rn 6, 7; aA Schlegelberger/*K. Schmidt* HGB § 105 Rn 44: Unbeschränkte Haftung ist Rechtsfolge der Rechtsform OHG). Durch die Formulierung von Abs 1 S 1 – „Stellung eines Kommanditisten" – wird deutl, dass es auf eine etwa vorhandene Haftungsbeschränkung im Innenverhältnis der OHG (diese kann iRv § 109 HGB willkürl festgelegt werden) oder auf eine Beschränkung der Vertretungsmacht der geschäftsführenden Gesellschafter (dazu Schlegelberger/*K. Schmidt* HGB § 128 Rn 13) nicht ankommt. 4

Der phG (Komplementär) einer KG haftet gleich einem OHG-Gesellschafter nach §§ 128, 130 HGB. Allerdings ist bei der Verschm nach dem UmwG 1995 die Möglichkeit gegeben, als einzig phG der KG eine KapGes (insbes **GmbH & Co KG,** dazu auch Kallmeyer/*Kallmeyer* Rn 4) zu benennen. Das in § 1 II 1 UmwG 1969 noch enthaltene Verbot der Beteiligung einer KapGes an der übernehmenden PhG ist ersatzlos weggefallen (vgl RegEBegr BR-Drs 75/94 zu § 39). Vielmehr kann die GmbH & Co KG als „Lehrmeisterin eines modernen Rechts der typischen KommanditGes gelten" (*K. Schmidt* ZGR 2008, 11). Schwierigkeiten kann die Rechtsform der GmbH & Co KG zum einen bereiten, wenn zwei GmbH & Co KG miteinander verschmolzen werden und die Frage zu beantworten ist, wie dem Grundsatz der Anteilsgewährungspflicht im Hinblick auf die Komplementär-GmbH des übertragenden Rechtsträgers, die üblicherweise keine Kapitalanteile innehat, entsprochen werden kann (dazu *Hegemann* GmbHR 2009, 702 mwN). Zum anderen stellt sich die Frage, ob die Komplementär-GmbH selbst auf die KG, in der die GmbH die Komplementärfunktion wahrnimmt, verschmolzen werden kann. Dies verneint das OLG Hamm (NZG 2010, 1309 mit abl Anm *Schlüter* EWiR 2010, 799) mit der Begründung, die übernehmende KG erlösche kraft Gesetzes im Augenblick des Wirksamwerdens der Verschm. Diese Art des Downstream-Mergers ist bei konzerninternen Verschm eine nicht selten gewählte Gestaltung (vgl *Nelißen* NZG 2010, 1291). *Nelißen* empfiehlt aus Vorsichtsgründen zu Recht den sicheren Weg der Verschm auf den (alleinigen) Kommanditisten oder die Modelle der einfachen bzw erweiterten Anwachsung (dazu auch OLG München ZIP 2010, 2147). 5

6 Die Haftung des Kommanditisten in der übernehmenden KG richtet sich nach §§ 171 ff HGB; im Verhältnis zu den Gläubigern der Ges haftet der Kommanditist unmittelbar nur bis zur Höhe seiner Einlage, diese wird mit dem in der HR-Eintragung angegebenen Betrag bestimmt, §§ 171 I, 172 I HGB. Aus diesem Grunde ist der **Betrag der Einlage** (dh die konkrete und betragsmäßig bestimmte Haft- und die wenigstens durch den Verschmelzungsvertrag bestimmbare Pflichteinlage, dazu Lutter/*H. Schmidt* Rn 15 ff, 19 mwN; Semler/Stengel/*Ihrig* Rn 9; Widmann/Mayer/*Vossius* Rn 10 und GKT/*Bermel* Rn 19) **jedes Gesellschafters im Verschmelzungsvertrag festzusetzen;** eine Haftung über den Einlagebetrag hinaus ist ausgeschlossen. Die festzusetzende **Höhe der Haftsumme** ist in das Belieben der Vertragsschließenden gestellt. Es sollte jedoch darauf geachtet werden, dass der Wert des iRv § 20 I Nr 1 übertragenen Verm zum Haftungsausschluss nach § 171 I HS 2 HGB führt (tats Wertzuführung, Kapitalaufbringungsprinzip, vgl BGHZ 109, 334 mwN), da sonst die **Nachschusspflicht in bar** bis zur Höhe der Einlage droht (dazu ausführl Widmann/Mayer/*Vossius* Rn 14 ff; zur Anwendung von Abs 2 hierbei Rn 8 aE).

3. Privilegierte Anteilsinhaber, Abs 2

7 Sofern Anteilsinhaber eines übertragenden Rechtsträgers für dessen Verbindlichkeiten nicht als Gesamtschuldner vglbar zu §§ 128, 130 HGB persönl unbeschränkt haften (zB Gesellschafter einer KapGes, Gen ohne Verpflichtung zum Nachschuss, Mitglieder von Vereinen, Kommanditisten einer übertragenden KG), ist diesen Anteilsinhabern in der übernehmenden KG gem **Abs 2 S 1** die Stellung eines **Kommanditisten** zu gewähren. Damit wird zum einen die künftige unbeschränkte Haftung für die Verbindlichkeiten des übertragenden Rechtsträgers selbst, zum anderen die unbeschränkte Haftung für Verbindlichkeiten auch der anderen übertragenden Rechtsträger und – im Fall der Verschm durch Aufnahme – für Altverbindlichkeiten des übernehmenden Rechtsträgers ausgeschlossen. Ist kein Gesellschafter zur Übernahme der persönl Haftung bereit, bleibt nur der **Beitritt eines Dritten** (dazu Kallmeyer/*Kallmeyer* Rn 10; ausführl Semler/Stengel/*Ihrig* Rn 18, 19 mwN und allg § 226 Rn 3; KölnerKommUmwG/*Dauner-Lieb/Tettinger* Rn 39).

8 Eine von Abs 2 S 1 **abw Vereinbarung im Verschmelzungsvertrag** wird nur wirksam, wenn die betreffenden Anteilsinhaber dem Verschmelzungsbeschluss iSv §§ 13, 43 ausdrückl zustimmen. Die **Zustimmung** bedarf stets der notariellen Form, § 13 III 1; sie wird konkludent dadurch erteilt, dass der Anteilsinhaber bei der Abstimmung zum Verschmelzungsbeschluss mit „Ja" stimmt (zutr Lutter/*H. Schmidt* Rn 10; *Priester* DStR 2005, 790; aA Widmann/Mayer/*Vossius* Rn 50; Semler/Stengel/*Ihrig* Rn 21 mit dem Arg, Adressat der Zustimmungserklärung als empfangsbedürftige Willenserklärung sei das Vertretungsorgan des übertragenden Rechtsträgers). Das zwingende Zustimmungserfordernis kann aber nicht gegen den Willen des Betroffenen durch Gestaltung nach Abs 1 iVm einem Mehrheitsbeschluss nach § 43 II umgangen werden. Sinn und Zweck von Abs 2 gebieten es weiter, die ausdrückl Zustimmung auch für den Fall zu fordern, dass zwar gem Abs 2 S 1 die Stellung eines **Kommanditisten** eingeräumt wird, die festgesetzte **Hafteinlage** durch die Verschm von vornherein erkennbar aber **nicht oder nicht in voller Höhe erbracht** werden kann, weil die Haftsumme größer ist als der anteilige Vermögenswert des übertragenden Rechtsträgers, der dem künftigen Kommanditisten zugeordnet werden kann. Es wäre in diesem Fall unbillig, allein

formal mit dem Wortlaut von Abs 2 S 2 zu arg (so aber Lutter/*H. Schmidt* Rn 10; wie hier Semler/Stengel/*Ihrig* Rn 15; Widmann/Mayer/*Vossius* Rn 46 f; GKT/*Bermel* Rn 13).

§ 41 Verschmelzungsbericht

Ein Verschmelzungsbericht ist für eine an der Verschmelzung beteiligte Personenhandelsgesellschaft nicht erforderlich, wenn alle Gesellschafter dieser Gesellschaft zur Geschäftsführung berechtigt sind.

Schrifttum: Siehe Schrifttum Vor §§ 39–45e.

Bei Beteiligung einer PhG an einer Verschm als übertragender oder übernehmender Rechtsträger sieht § 41 eine **Ausnahme von der Pflicht zur Abfassung des Verschmelzungsberichts nach § 8** vor: Ein Verschmelzungsbericht ist dann nicht erforderl, wenn alle Gesellschafter der PhG zur Geschäftsführung berechtigt sind. Für die PartGes gilt Entsprechendes, wenn nicht von § 6 II PartGG Gebrauch gemacht wurde, § 45c S 1. 1

Der Verschmelzungsbericht nach § 8 soll diejenigen Anteilsinhaber, die selbst nicht an den Verhandlungen zum Abschluss des Verschmelzungsvertrages und an den entsprechenden Sachverhaltserkundungen im Vorfeld des Vertragsabschlusses beteiligt waren, über die rechtl und wirtschaftl Hintergründe der Verschm umfassend informieren (näher § 8 Rn 5, 11 ff). Es wäre **unnötiger Formalismus,** auch für den Fall einen Verschmelzungsbericht zu verlangen, dass sämtl Gesellschafter der PhG ohnehin über die durch den Verschmelzungsbericht zu vermittelnden Informationen verfügen, weil sie selbst jederzeit die Möglichkeit haben, sich umfassende Kenntnis zu verschaffen (vgl RegEBegr BR-Drs 75/94 zu § 41). 2

Maßgebend ist die **Befugnis aller Gesellschafter zur Geschäftsführung.** Dies entspricht dem gesetzl Leitbild der **OHG** (§ 114 I HGB); für die Anwendung von § 41 ist aber stets auf etwaige **andere Vereinbarungen im Gesellschaftsvertrag** (§ 114 II HGB) zu achten (allgM, vgl Lutter/*H. Schmidt* Rn 4 mwN; KölnerKomm-UmwG/*Dauner-Lieb/Tettinger* Rn 6). Das gesetzl Leitbild der **KG** sieht gerade umgekehrt den grdsl Ausschluss der Kommanditisten von der Führung der Geschäfte der Ges vor. § 164 HGB ist jedoch dispositiv, der Gesellschaftsvertrag kann einzelnen oder allen Kommanditisten entsprechend § 116 HGB Geschäftsführungsbefugnis verleihen (Baumbach/*Hopt* HGB § 164 Rn 7 mwN). Im letzteren Fall ist § 41 einschlägig. § 41 ist nach zutr hM nicht einschlägig, wenn die Kommanditisten einer **GmbH & Co KG** sämtl als Geschäftsführer der Komplementär-GmbH mittelbar geschäftsführungsbefugt sind (Lutter/*H. Schmidt* Rn 5; jetzt auch Kallmeyer/*Kallmeyer* Rn 2; Widmann/Mayer/*Vossius* Rn 27 hält in diesem Fall einen konkludenten Verzicht iSv § 8 III für mögl; aA Semler/Stengel/*Ihrig* Rn 10, der allerdings die Vorabstimmung mit dem HR empfiehlt und die bei § 215 Rn 1 zit Autoren). 3

Die Entbindung von der Abfassung eines Verschmelzungsberichts nach § 41 bezieht sich nur auf die PhG selbst, die **anderen beteiligten Rechtsträger** haben, sofern das Gesetz nichts anderes vorschreibt, einen Verschmelzungsbericht zu erstellen. Die freiwillige Erstattung eines Verschmelzungsberichts durch eine PersGes, die unter § 41 fällt, ist nicht ausgeschlossen; in der Praxis wird sich ein solches Vorgehen aber allenfalls im Fall von § 8 I 1 HS 2, bei der Abfassung eines gemeinsamen Berichts, anbieten. Durch § 41 bleiben die **sonstigen Möglichkeiten des Verzichts** auf die Abfassung eines Verschmelzungsberichts – § 8 II, III – 4 unberührt, wobei die Anwendungsvoraussetzungen von § 8 III im Einzelnen str sind (vgl § 215 Rn 2 mwN).

§ 42 Unterrichtung der Gesellschafter

Der Verschmelzungsvertrag oder sein Entwurf und der Verschmelzungsbericht sind den Gesellschaftern, die von der Geschäftsführung ausgeschlossen sind, spätestens zusammen mit der Einberufung der Gesellschafterversammlung, die gemäß § 13 Abs. 1 über die Zustimmung zum Verschmelzungsvertrag beschließen soll, zu übersenden.

Schrifttum: Siehe Schrifttum Vor §§ 39–45e.

1. Allgemeines

1 **§§ 42, 43** enthalten **Sonderregelungen für die Einladung zur bzw Durchführung der Gesellschafterversammlung,** die den Verschmelzungsbeschluss iSv § 13 I zu fassen hat. Die Gesellschafterversammlung als Beschlussorgan ist dem geltenden Recht der PhG als gesetzl vorgesehene Institution eher fremd (BGH NJW-RR 1990, 798; MüKoHGB/*Enzinger* § 119 Rn 5 ff mwN; *K. Schmidt* ZGR 2008, 1 ff). Dieser Grds ist für das UmwR durch § 13 I 2 durchbrochen (Versammlung der Anteilsinhaber, vgl § 13 Rn 14–16). Der Gesetzgeber hat es aber unterlassen, die sonstigen Formalien (Form, Frist etc) der Gesellschafterversammlung im UmwG zu regeln (vgl RegEBegr BR-Drs 75/94 zu § 42); im Ggs zum früheren Recht (§§ 40 ff UmwG 1969) sieht § 42 nun aber zumindest eine **Pflicht zur Vorabinformation** der von der Geschäftsführung ausgeschlossenen Gesellschafter vor. Erleichterungen durch elektronische Kommunikation oder via Internet gibt es dabei nicht (arg ex § 63 III 2, IV). Das kann für Publikums-KG mit teilw mehreren tausend Anteilsinhabern hinderl und aufwändig sein.

2. Einberufung der Gesellschafterversammlung

2 Der Verschmelzungsbeschluss ist nach §§ 43, 13 in einer **Gesellschafterversammlung** zu fassen. Die Gesellschafterversammlung der PhG ist gesetzl nicht geregelt, naturgemäß finden sich auch gesetzl Vorschrift zur Einberufung einer Gesellschafterversammlung nicht. Sofern im **Gesellschaftsvertrag** Vorschriften über die Organisation der Gesellschafterversammlung und deren Einberufung enthalten sind, sind diese Regularien zwingend auch für die Gesellschafterversammlung iSv § 13 I 1 zu beachten. **Fehlen gesellschaftsvertragl Festsetzungen** über die Einberufung der Gesellschafterversammlung, gilt Folgendes (vgl *Hadding,* Zur Durchführung der Gesellschafterversammlung bei einer Publikums-KG, GS Schultz, 1987, 65; *ders,* Mehrheitsbeschlüsse in der Publikums-KG, ZGR 1979, 636; *A. Hueck,* FS Heymann, 1931, 700; *Mecke,* Vertragsändernde Mehrheitsbeschlüsse in der OHG und KG, BB 1988, 2258; *ders,* Vertragsändernde Mehrheitsbeschlüsse in der OHG und KG am Beispiel der Umwandlung, ZHR 153 [1989], 35; *Renkl,* Der Gesellschafterbeschluss,1982; *Schneider/Schneider,* FS Möhring, 271; *Vogel,* Gesellschafterbeschlüsse und Gesellschafterversammlung, 1986; Widmann/Mayer/*Vossius* § 43 Rn 18 ff; Lutter/*H. Schmidt* § 43 Rn 6 ff; BGHZ 1971, 53; 102, 172; OLG Köln ZIP 1987, 1120):

3 **Leitbild ist die aktienrechtl HV** mit den dafür geltenden Einberufungsvorschriften (§§ 121 ff AktG, vgl aber MüKoHGB/*Enzinger* § 119 Rn 40, 48 ff mwN

zur entspr Anwendung des GmbHG). Die **Monatsfrist** von § 123 AktG kann auch angemessen verkürzt werden, sofern sie ausreicht, um allen Gesellschaftern die Teilnahme zu ermögl und Überrumpelungen auszuschließen (vgl Baumbach/*Hopt* HGB § 119 Rn 29 mwN); die **Wochenfrist** von § 51 I S 2 GmbHG darf dabei keinesfalls unterschritten werden (Lutter/*H. Schmidt* Rn 7 aE; ähnl Semler/Stengel/*Ihrig* Rn 12 mwN). Vorbehaltl einer anders lautenden Regelung im Gesellschaftsvertrag kann die **Einberufung formlos** erfolgen. § 42 setzt die Einberufung – wohl durch die vertretungsberechtigten Gesellschafter, nach allgM ist mangels anders lautender Regelung im Gesellschaftsvertrag jeder Gesellschafter zur Einberufung berechtigt – voraus (vgl zur Einberufungsbefugnis iÜ OLG Köln ZIP 1987, 1120; Baumbach/*Hopt* HGB § 119 Rn 29; MüKoHGB/*Enzinger* § 119 Rn 49). Der **Verschmelzungsvertrag** oder sein Entwurf **und** der **Verschmelzungsbericht** sind „mit" (dazu Rn 4) der Einberufung zu übersenden. Mindestinhalt der Einberufung ist die Mitteilung von Zeit und Ort der Gesellschafterversammlung sowie der Tagesordnung (vgl § 121 AktG; § 50 GmbHG).

3. Beizufügende Unterlagen

Spätestens mit der Einberufung der Gesellschafterversammlung sind den von 4 der Geschäftsführung ausgeschlossenen Gesellschaftern (dazu § 41 Rn 3) der PhG der Verschmelzungsvertrag oder sein Entwurf und der Verschmelzungsbericht zu übersenden (die Form der Übersendung ist str, vgl Lutter/*H. Schmidt* Rn 8 mwN; KölnerKommUmwG/*Dauner-Lieb/Tettinger* Rn 11). In Ausprägung des allg Anteilsinhaberschutzes wird damit den Auskunfts- und Informationsrechten dieser Gesellschafter Genüge getan (vgl §§ 118, 166 II HGB, RegEBegr BR-Drs 75/94 zu § 42). Für den Fall der Gruppenvertretung sind alle vertretenen Gesellschafter zu informieren (zutr Semler/Stengel/*Ihrig* Rn 9; aA Lutter/*H. Schmidt* Rn 6). Eine **Übersendung weiterer Unterlagen** ist grdsl nicht erforderl, auf besondere Nachfrage iRv § 118 HGB ist jedoch umfassend Auskunft zu geben. **Maßstab für die Auskunftspflicht** der vertretungsberechtigten Gesellschafter **sind §§ 63, 64** (vgl insbes § 64 Rn 2 ff; vgl auch *Hommelhoff* ZGR 1993, 452, 462 Fn 23, 24 und Lutter/*H. Schmidt* Rn 12 mwN; Semler/Stengel/*Ihrig* Rn 17). Die in § 42 genannten Unterlagen können bereits im Vorfeld der Einberufung der Gesellschafterversammlung übersandt werden. Wird eine **Verschmelzungsprüfung** nach § 44 durchgeführt, ist ein etwa vorliegender Prüfungsbericht beizufügen (*Hommelhoff* ZGR 1993, 452, 462; Lutter/*H. Schmidt* Rn 5 mwN; das zur GmbH § 47 Rn 1 Ausgeführte gilt entsprechend).

4. Unwirksamkeitsklage

Kommen die vertretungsberechtigten Gesellschafter ihrer Pflicht nach § 42 5 nicht oder nicht rechtzeitig nach, ist der **Beschluss** – Kausalität vorausgesetzt – ipso iure **unwirksam** (hM, vgl *K. Schmidt* GesR § 47 V 2 c mwN; Staub/*Fischer* § 119 Rn 18 mwN; Heymann/*Emmerich* HGB § 119 Rn 10 ff mwN); § 42 schützt konkrete Gesellschafterinteressen und ist **nicht nur bloße Ordnungsvorschrift** (dazu MüKoHGB/*Enzinger* § 119 Rn 11, 94 ff mwN). Das ist konsequent, denn Teilnahme- und Informationsrechte gehören zum besonders geschützten Kernbereich (*K. Schmidt* ZGR 2008, 18 f mwN). Die Unwirksamkeitsklage muss **binnen eines Monats** nach der Beschlussfassung erhoben werden, **§ 14 I.**

§ 43 Beschluß der Gesellschafterversammlung

(1) Der Verschmelzungsbeschluß der Gesellschafterversammlung bedarf der Zustimmung aller anwesenden Gesellschafter; ihm müssen auch die nicht erschienenen Gesellschafter zustimmen.

(2) [1]**Der Gesellschaftsvertrag kann eine Mehrheitsentscheidung der Gesellschafter vorsehen.** [2]**Die Mehrheit muß mindestens drei Viertel der abgegebenen Stimmen betragen.** [3]**Widerspricht ein Anteilsinhaber eines übertragenden Rechtsträgers, der für dessen Verbindlichkeiten persönlich unbeschränkt haftet, der Verschmelzung, so ist ihm in der übernehmenden oder der neuen Personenhandelsgesellschaft die Stellung eines Kommanditisten zu gewähren; das gleiche gilt für einen Anteilsinhaber der übernehmenden Personenhandelsgesellschaft, der für deren Verbindlichkeiten persönlich unbeschränkt haftet, wenn er der Verschmelzung widerspricht.**

Schrifttum: Siehe Schrifttum Vor §§ 39–45e.

1. Allgemeines

1 Die Vorschrift legt die **für den Verschmelzungsbeschluss** iSv § 13 I **notw Mehrheit** fest (vgl § 13 Rn 29 ff). Sie gilt für alle an der Verschm beteiligten PhG/PartGes (dort § 45d) unabhängig davon, ob diese als übertragende oder übernehmende Rechtsträger fungieren (arg Abs 2 S 3). Wie bei allen grundlegenden Beschlüssen im Recht der PhG sieht **Abs 1 Einstimmigkeit** vor, auch die nicht erschienenen Gesellschafter müssen ihre Zustimmung ausdrückl erklären (Abs 1 HS 2).

2 Im Ggs zu den Vorgängerregelungen in §§ 42, 48 UmwG 1969 (vgl 1. Aufl 1994, § 42 Anm 3, 4 mwN) bestimmt **Abs 2 S 1, 2** ausdrückl die Zulässigkeit der durch Gesellschaftsvertrag vorgesehenen **Mehrheitsumwandlungen.** Damit wurde der hM, insbes im Anschluss an die „Freudenberg-Entscheidung" (BGHZ 85, 350 = NJW 1983, 1056 ff mit Bespr *Marburger* NJW 1984, 2252; *Peltzer* WM 1984 Sonderbeilage Nr 7; *Wiedemann* JZ 1983, 559 f; *Hennerkes/Binz* BB 1983, 713), Folge geleistet. Auch für PartGes kann der Partnerschaftsvertrag die Mehrheitsumwandlung zulassen, § 45d II.

3 Abs 2 S 3 HS 1, 2 enthält schließl einen besonderen Schutz für diejenigen phG, die der Verschm widersprochen haben. Ihnen ist in der übernehmenden PhG die Stellung eines (beschränkt haftenden) Kommanditisten zu gewähren.

2. Gesellschafterversammlung

4 Vgl zunächst § 42 Rn 2, 3. Durch die notw Beschlussfassung in einer Gesellschafterversammlung (§ 13 I 2) wird gewährleistet, dass sämtl Gesellschafter über die Verschm in der – auch bei Fehlen entsprechender Normen notw – Einladung rechtzeitig informiert werden. **An der Gesellschafterversammlung müssen nicht alle Gesellschafter teilnehmen.** Nach hM genügt es bereits, wenn ledigl ein Gesellschafter den Beschluss fasst, die anderen können ihre Zustimmung auch außerhalb der Gesellschafterversammlung erteilen, Abs 1 HS 2 (Semler/Stengel/*Ihrig* Rn 30; Widmann/Mayer/*Vossius* Rn 17; KölnerKommUmwG/*Dauner-Lieb/Tettinger* Rn 17; Rowedder/Schmidt-Leithoff/*Zimmermann* GmbHG, 4. Aufl 2002, Anh nach § 77 Rn 301; *Caspers* WM 1969 Sonderbeilage Nr 3, 8). Sofern

der **Gesellschaftsvertrag** der PhG jedoch für die Beschlussfähigkeit eine Mindestzahl von Gesellschaftern festlegt, ist diese Regelung auch beim Verschmelzungsbeschluss zu beachten.

3. Zustimmung aller Gesellschafter

Abs 1 HS 1 verlangt die Zustimmung aller Gesellschafter. **Beschlussberechtigt** sind sämtl Gesellschafter der PhG, damit bei der KG sowohl die Komplementäre als auch die Kommanditisten (*Meyer-Ladewig* BB 1969, 1005, 1007; OLG Zweibrücken OLGZ 1975, 402). Zustimmen müssen auch die nach dem Gesellschaftsvertrag **im Stimmrecht eingeschränkten oder von Stimmrecht ausgeschlossenen Gesellschafter** (Lutter/*H. Schmidt* Rn 11 mwN); der Entzug des Stimmrechts ist idR die Konsequenz aus dem Umstand, dass der Anleger nur an der Kapitalrendite und nicht an der Mitverwaltung interessiert ist (zB bei Publikums-KG). Bei der Entscheidung über die Durchführung einer Verschm geht es jedoch gerade nicht um einen reinen Akt der Mitverwaltung, sondern um das künftige Schicksal des investierten Kapitals. Mit Vollzug der Verschm verändert sich auch der Charakter der ursprüngl Investition. Ein solch weitreichender Eingriff bedarf stets der **Zustimmung sämtl Gesellschafter** (so auch Lutter/*H. Schmidt* Rn 11 mwN; Semler/Stengel/*Ihrig* Rn 17 – Kernbereichslehre, dazu und zum Belastungsverbot ausführl *K. Schmidt* ZGR 2008, 17 ff mwN; zur abw Rechtslage bei stimmrechtslosen GmbH-Anteilen und Aktien vgl § 50 Rn 4 und § 65 Rn 4). Bei der **GmbH & Co KG** wird die Zustimmung der GmbH für entbehrl gehalten, wenn alle Kommanditisten identisch an der GmbH beteiligt sind (Lutter/*Joost* § 217 Rn 4 mwN; Kallmeyer/*Kallmeyer* GmbHR 1996, 82, der aber die beteiligungsidentische GmbH & Co KG als Rechtsträger sui generis behandeln möchte, vgl GmbHR 2000, 419). 5

Die **Zustimmung** kann auch **außerhalb der Gesellschafterversammlung** – vor und nach Beschlussfassung (hM, vgl § 13 Rn 65; Widmann/Mayer/*Vossius* Rn 62 ff) – erklärt werden, **Abs 1 HS 2.** Die Zustimmungserklärungen bedürfen der **notariellen Beurkundung,** § 13 III 1. 6

Grdsl kann kein Gesellschafter gezwungen werden, der Verschm zuzustimmen. Sofern kein **Stimmbindungsvertrag** besteht, der eine Klage auf Zustimmung zur Verschm ermöglicht (vgl etwa BGHZ 48, 163; Widmann/Mayer/*Vossius* Rn 65 ff mwN; Lutter/*Joost* § 217 Rn 8 mwN), kann die positive Stimmpflicht allenfalls in besonders gelagerten Fällen aus der **allg gesellschaftsrechtl Treuepflicht** hergeleitet werden (so auch Lutter/*Joost* § 217 Rn 7 mwN; Semler/Stengel/*Ihrig* Rn 21), wenn näml eine Interessenabwägung ergibt, dass die Vorteile für die Ges die Nachteile des (widersprechenden) Gesellschafters so stark überwiegen, dass die Verweigerung der Zustimmung rechtsmissbräuchl wäre. In extremen Fällen können sich damit auch die übrigen Gesellschafter auf die Treuepflicht (dazu BGH ZIP 2011, 768; ZIP 2009, 2289; BGHZ 44, 40, 41; 64, 253, 257; BGH NJW 1985, 974; MüKoBGB/*Ulmer* § 705 Rn 190 ff mwN) des Minderheitsgesellschafters berufen (zum umgekehrten Fall, der Treupflicht des Mehrheitsgesellschafters, ausführl *Lutter/Drygala* § 13 Rn 39, 40 mwN). In einem solchen Ausnahmefall kommt zudem (aA Semler/Stengel/*Ihrig* Rn 21) der **Ausschluss des widersprechenden Gesellschafters** aus wichtigem Grund (§ 140 I HGB) in Betracht (vgl aber BGH ZIP 2011, 768 mwN). Ein wichtiger Grund iSv §§ 133, 140 I HGB ist nur dann gegeben, wenn eine Fortsetzung der Ges ohne Durchführung der Verschm unzumutbar ist; das Verhalten des widersprechenden 7

Gesellschafters muss – auch in Ansehung seiner eigenen schützenswerten Position – grob gesellschaftsschädl sein. Die Grdse der Verhältnismäßigkeit und der Billigkeit fordern zwingend die Berücksichtigung der persönl und wirtschaftl Folgen für den Auszuschließenden (vgl MüKoHGB/*K. Schmidt* § 140 Rn 18 ff mwN).

8 Die Gesellschafter der PhG können sich bei der Beschlussfassung in der Gesellschafterversammlung **vertreten** lassen, sofern der Gesellschaftsvertrag dies vorsieht oder wenn alle Gesellschafter dem zustimmen (Baumbach/*Hopt* HGB § 119 Rn 21 mwN; allg zur Vertretung bei Umw *Melchior* GmbHR 1999, 520). Wegen § 13 III 1 iVm § 23 I 2 AktG muss die **Vollmacht im hier vorliegenden Fall der ausdrückl Zustimmung notariell beglaubigt** sein, sonst ist sie nicht gültig mit der Folge, dass der nicht ordnungsgemäß vertretene Gesellschafter als nicht erschienen gilt (str, vgl zunächst § 13 Rn 45 ff und § 193 Rn 8; wie hier Widmann/Mayer/*Vossius* Rn 32; aA *Melchior* GmbHR 1999, 521; Lutter/*H. Schmidt* Rn 8; Semler/Stengel/*Ihrig* Rn 13; Kallmeyer/*Zimmermann* Rn 17). Im Falle einer gesetzl Vertretung übt der gesetzl Vertreter das Stimmrecht in der Gesellschafterversammlung aus. Bei der **Beteiligung Minderjähriger** an der PhG empfiehlt sich die Einholung der Genehmigung des Vormundschaftsgerichts (die Genehmigungspflicht nach § 1822 Nr 3, 10 BGB ist str, vgl MüKoBGB/*Wagenitz* § 1822 Rn 25 ff mwN). Unter den Voraussetzungen von § 1365 BGB ist die **Zustimmung des Ehegatten** eines Gesellschafters erforderl (Widmann/Mayer/*Vossius* Rn 91 ff mwN; für den Formwechsel ist die Anwendung von § 1365 BGB hingegen str, vgl Lutter/*Joost* § 217 Rn 10 gegen Lutter/*Happ/Göthel* § 233 Rn 48 je mwN). Ist Verwaltungstestamentsvollstreckung angeordnet, so erstreckt sich diese auch auf den im Nachlass enthaltenen Anteil an der PhG mit der Folge, dass der **Testamentsvollstrecker** als Alleinverfügungsberechtigter der Verschm zustimmen muss (§§ 2209, 2211 BGB). Zur Bindung an eine einmal erklärte Zustimmung und zur Möglichkeit der **Anfechtung nach §§ 119 ff BGB** vgl MüKoHGB/*Enzinger* § 119 Rn 11 mwN; Baumbach/*Hopt* HGB § 119 Rn 4, 24.

4. Mehrheitsumwandlung, Abs 2 S 1, 2

9 **Abs 2 S 1, 2** (und für PartGes § 45d II) enthalten eine **Öffnungsklausel** für die durch Gesellschaftsvertrag zugelassene **Mehrheitsumwandlung.** Nach der Vorstellung des Gesetzgebers muss sich die Klausel im **Gesellschaftsvertrag ausdrückl** auf den Beschluss über die Verschm beziehen (RegEBgr BR-Drs 75/94 zu § 43 II 2; vgl ausführl BGH ZIP 2007, 475 mit Anm *Wertenbruch* ZIP 2007, 798; *K. Schmidt* ZGR 2008, 8 ff; KölnerKommUmwG/*Dauner-Lieb/Tettinger* Rn 32; vgl allg zum Bestimmtheitserfordernis *K. Schmidt* ZGR 2008, 8 ff mwN). Diesem **Bestimmtheitserfordernis** ist – mit den in der BGH-Rspr anerkannten Einschränkungen insbes bei PublikumsGes (dazu ausführl *Michalski* WiB 1997, 3 ff) – zu Recht Folge zu leisten (wie hier die hM, statt aller Lutter/*H. Schmidt* Rn 14 mwN). Der Beschlussgegenstand muss sich unzweideutig, sei es auch nur durch **Auslegung,** aus dem Gesellschaftsvertrag ergeben. Nur auf diese Weise wird die Minderheit innerh der PersGes gegen Beschlüsse ungewöhnl Inhalts geschützt. Der Gesellschaftsvertrag muss also erkennen lassen, dass Gegenstand eines Mehrheitsbeschlusses auch die Verschm sein kann, weiterhin muss der Minderheitenschutz der überstimmten Gesellschafter beachtet werden (vgl *Mecke* ZHR 1989, 42 ff). Lässt der Gesellschaftsvertrag mit Mehrheitsbeschluss eine **Umw** zu, ist wegen der Legaldefinition von § 1 I auch die Verschm mögl

Beschlussgegenstand (hM wie hier Lutter/*H. Schmidt* Rn 14, 15; Semler/Stengel/*Ihrig* Rn 31 je mwN; ausführl zum Bestimmtheitsgrundsatz MüKoHGB/*Enzinger* § 119 Rn 78 ff, 93 mwN; *Michalski* WiB 1997, 1; *Binnewies* GmbHR 1997, 727; zur Vereinbarkeit des Bestimmtheitserfordernisses mit der Freudenberg-Entscheidung *Schmidt* FS Brandner, 1996, 147; vgl auch die Otto-Entscheidung des BGH NJW 2009, 669 mit zutr Analyse *K. Schmidt* ZGR 2008, 1). Nach hM wird die **materielle Beschlusskontrolle** (dazu insbes § 13 Rn 42) wegen Eingriffs in den Kernbereich der Gesellschafterrechte (zur Kernbereichslehre *Göbel,* Mehrheitsentscheidung in PersGes, 1992; *Hermanns* ZGR 1996, 103; vgl auch *Dürrschmidt* JuS 1997, 15) bei der Umw durch den Bestimmtheitsgrundsatz verdrängt (dazu *Binnewies* GmbHR 1997, 733; *Meyer-Landrut/Kiem* WM 1997, 1365 mwN; aA Lutter/*Joost* § 217 Rn 14, 15 mwN auch zur BGH-Rspr).

Der **Gesellschaftsvertrag** muss nicht die **Dreiviertelmehrheit** von Abs 2 S 2 vorsehen, diese stellt nur eine **Mindestgrenze** dar. Wegen der einschneidenden Wirkungen der Verschm ist die einfache Mehrheit nicht ausreichend. Enthält der Gesellschaftsvertrag eine Klausel über die generelle Zulässigkeit der Mehrheitsumwandlung, schreibt er aber eine geringere als die Dreiviertelmehrheit von Abs 2 S 2 fest, ist Nichtigkeit iSv § 134 BGB anzunehmen (vgl auch § 1 III); wegen § 139 verbietet sich im Zweifel eine „geltungserhaltende Reduktion" (aA Kallmeyer/*Zimmermann* Rn 10; wie hier Lutter/*H. Schmidt* Rn 13) mit der Folge, dass in diesem Fall eine Mehrheitsumwandlung nicht mögl ist. 10

Die **Mehrheit muss mindestens drei Viertel der abgegebenen** (so nach Änderung durch Art 1 Nr 12 des Gesetzes vom 22.7.1998, BGBl I 1878, ausdrückl der Gesetzeswortlaut von Abs 2 S 2; dazu auch Lutter/*H. Schmidt* Rn 5 und Rn 13 mwN zum früheren Streitstand) **Stimmen der Gesellschafter betragen.** Stimmenthaltungen werden nicht mitgezählt; maßgebl sind ledigl die abgegebenen gültigen Ja- und Nein-Stimmen (BGH ZIP 1987, 635, 636; Semler/Stengel/*Ihrig* Rn 29 lässt Abweichung durch Gesellschaftsvertrag zu). Ein **vertragl Stimmrechtsausschluss** entfaltet keine Wirkung (Kernbereichslehre, vgl Baumbach/*Hopt* HGB § 119 Rn 13, 36 mwN und oben Rn 5, 9 aE). Nach Abs 2 S 2 ist die Mehrheit der Stimmen der Gesellschafter in der Anteilsinhaberversammlung (so auch die hM, vgl Lutter/*H. Schmidt* Rn 6 mwN) maßgebl, gem § 119 II HGB und vorbehaltl einer anders lautenden Bestimmung des Gesellschaftsvertrags ist die Mehrheit im Zweifel (vgl auch Widmann/Mayer/*Vossius* Rn 129) nach der Zahl der Gesellschafter **(Mehrheit nach Köpfen)** zu berechnen, wirksame **Mehrstimmrechte** sind zu beachten (Lutter/*Joost* § 217 Rn 18; Semler/Stengel/*Ihrig* Rn 29); auf die Spezialliteratur wird verwiesen. 11

5. Widersprechender persönlich haftender Gesellschafter, Abs 2 S 3

Abs 2 S 3 gibt den phG der an der Verschm beteiligten PhG die Möglichkeit, durch den **Widerspruch** gegen den Verschmelzungsbeschluss in der übernehmenden (oder bei Verschm durch Neugründung in der neuen) PhG die **Stellung eines Kommanditisten** zu erhalten. Bei der **PartGes** bleibt insoweit nur das Austrittsrecht nach § 29 oder das Veräußerungsrecht nach § 33 (*Neye* DB 1998, 1651; zur Haftung des neu eintretenden Partners für Altverbindlichkeiten *Mazza* BB 1997, 746). Dies gilt unabhängig davon, ob die persönl Haftung ursprüngl bei einem übertragenden Rechtsträger (Abs 2 S 3 HS 1) oder bereits bei der übernehmenden PhG (Abs 2 S 3 HS 2) bestanden hat. Durch diese Haftungsbeschrän- 12 kung soll das persönl Risiko des die Verschm ablehnenden Anteilsinhabers reduziert werden (vgl RegEBegr BR-Drs 75/94 zu § 43 II 3); die Haftung des Kommanditisten wird regelm (zu Ausnahmen vgl Widmann/Mayer/*Vossius* § 40 Rn 14 ff, 23 ff; dann wird man auf die ausdrückl Zustimmung des Betroffenen bestehen müssen, vgl § 40 Rn 7 aE mwN) nach § 171 I HS 2 ausgeschlossen sein, weil die Einlage im Fall von Abs 2 S 3 HS 1 entweder durch die Vermögensübertragung (dazu BGHZ 109, 334; 95, 188, 197) oder durch Umbuchung der bereits vorhandenen PhG-Beteiligung (Fall von Abs 2 S 3 HS 2, dazu BGHZ 101, 123, 126; zu der Behandlung der Kapitalkonten allg Lutter/*H. Schmidt* § 40 Rn 15 ff) geleistet ist.

13 **PhG** iSv Abs 2 S 3 HS 1 kann jeder OHG-Gesellschafter, ein Komplementär einer KG oder der phG einer KGaA sein. War der übernehmende oder neu zu gründende Rechtsträger nach dem Vorstellungsbild der an der Verschm Beteiligten bislang OHG, wird diese Festsetzung von Abs 2 S 3 überlagert. Eine Neufassung des Verschmelzungsvertrages bzw der Zustimmungsbeschlüsse ist wegen des stets mögl Übergangs von OHG auf KG und umgekehrt zwar nach allg Recht eigentl nicht erforderl, wegen der speziellen Regelung von § 40 I 1 nach hM aber unentbehrl (Semler/Stengel/*Ihrig* Rn 41 mwN; jetzt auch Lutter/*H. Schmidt* Rn 19). Die **Rechtsfolge von Abs 2 S 3 ist zwingend,** allerdings kann der betroffene Anteilsinhaber auf den Schutz dieser Norm **verzichten.** Zur Notwendigkeit des Widerspruchs vgl § 29 Rn 15 ff (nach Lutter/*H. Schmidt* Rn 23 und Kallmeyer/*Zimmermann* Rn 24 reicht es aus, wenn der Gesellschafter gegen die Verschm gestimmt hat; dies entspricht dem Sinn von Abs 2 S 3; aA Widmann/Mayer/*Vossius* Rn 135). **§ 29 II,** der es der Erhebung des Widerspruchs gleichstellt, wenn ein nicht erschienener Anteilsinhaber zu der Versammlung der Anteilsinhaber zu Unrecht nicht zugelassen worden ist oder die Versammlung nicht ordnungsgemäß einberufen oder der Gegenstand der Beschlussfassung nicht ordnungsgemäß bekannt gemacht worden ist, kann iRv § 43 II 3 **nicht entsprechend** angewendet werden. Zum einen fehlt es wohl an der planwidrigen Regelungslücke, zum anderen ist die Sach- und Interessenlage nicht vglbar. Der Anteilsinhaber, der nach § 29 I Barabfindung verlangt, kann sich auf einen Mangel des Verschmelzungsbeschlusses berufen, ohne diesen anzufechten (Wertung auch von § 14 II). Bei § 43 II 3 ist der Widerspruch (der nachträgl erklärt werden kann, Semler/Stengel/*Ihrig* Rn 39 aE mwN) nicht ersetzbar; bei der Anmeldung der Verschm nach §§ 16, 17 muss klar sein, welcher Anteilsinhaber in der übernehmenden oder neuen PhG die Stellung eines phG oder eines Kommanditisten innehat (vgl auch § 40 I 1). Dies wäre bei einer entsprechenden Anwendung von § 29 II nicht gewährleistet. Dem Schutzbedürfnis des betroffenen Anteilsinhabers wird durch die **Möglichkeit der Unwirksamkeitsklage** in ausreichender Weise genügt.

14 Ist der widersprechende phG als **einziger Komplementär** der übernehmenden oder neu zu gründenden KG vorgesehen, scheitert uU wegen Abs 2 S 3 die gesamte Verschm. Eine PhG ohne phG kennt das geltende Recht nicht. Zum Beitritt eines Dritten in dieser Situation Kallmeyer/*Kallmeyer* § 40 Rn 10 und Semler/Stengel/*Ihrig* § 40 Rn 18, 19 je mwN.

§ 44 Prüfung der Verschmelzung

[1]Im Fall des § 43 Abs. 2 ist der Verschmelzungsvertrag oder sein Entwurf für eine Personenhandelsgesellschaft nach den §§ 9 bis 12 zu prüfen, wenn dies einer ihrer Gesellschafter innerhalb einer Frist von einer Woche

verlangt, nachdem er die in § 42 genannten Unterlagen erhalten hat. [2] Die Kosten der Prüfung trägt die Gesellschaft.

Schrifttum: Siehe Schrifttum Vor §§ 39–45e; Stellungnahme der Centrale für GmbH Dr. Otto Schmidt vom 16.3.2006 zum Referentenentwurf eines Zweiten Gesetzes zur Änderung des Umwandlungsgesetzes, GmbHR 2006, 418; HRA des DAV, Stellungnahme zum Regierungsentwurf eines Zweiten Gesetzes zur Änderung des Umwandlungsgesetzes, NZG 2006, 737; *Bayer/Schmidt,* Der Regierungsentwurf zur Änderung des Umwandlungsgesetzes, NZG 2006, 841; *Drinhausen,* Regierungsentwurf eines Zweiten Gesetzes zur Änderung des Umwandlungsgesetzes – Ein Gewinn für die Praxis, BB 2006, 2313; *Heckschen,* Die GmbH-Reform – Wege und Irrwege, DStR 2007, 1442; *ders,* Die Reform des Umwandlungsrechts, DNotZ 2007, 444; *Mayer/Weiler,* Neuregelungen durch das Zweite Gesetz zur Änderung des Umwandlungsgesetzes, DB 2007, 1235 (Teil I); DB 2007, 1291 (Teil II); *dies,* Aktuelle Änderungen des Umwandlungsrechts aus Sicht der notariellen Praxis, MittBayNot 2007, 368; *Neye,* BB-Gesetzgebungsreport: Bundestag beschließt neues Umwandlungsrecht, BB 2007, 389; *Henckel,* Die Verschmelzungsprüfung als Schutzrecht der Anteilsinhaber, Diss 2010.

§ 44 enthält einen **Prüfungsbefehl** (dazu Vor §§ 9–12 Rn 3) für eine Verschm unter Beteiligung einer PhG als übertragender oder übernehmender Rechtsträger. Für **PartGes** verweist § 45e S 2 auf § 44. Der Verschmelzungsvertrag oder sein Entwurf ist im Fall der Mehrheitsumwandlung (§ 43 II) auf Verlangen auch nur eines Gesellschafters der PhG zu prüfen. Durch das 2. UmwÄndG (dazu Einf Rn 28) wurde S 1 durch die Aufnahme einer Wochenfrist ergänzt (vgl Rn 4). In S 2 wurde klargestellt, dass die Ges die Kosten der Prüfung, nicht aber die durch das Verlangen ggf entstehenden Kosten, trägt. Zur materiell-rechtl Durchführung der Verschmelzungsprüfung wird in § 44 nichts ausgeführt, auf §§ 9–12 wird pauschal verwiesen. 1

§ 44 gibt für den Fall der **Mehrheitsumwandlung** jedem Gesellschafter (auch den zur Geschäftsführung Berechtigten iSv § 41 und den vom Stimmrecht normalerweise Ausgeschlossenen, dazu § 43 Rn 5) das nicht abdingbare (Lutter/*H. Schmidt* Rn 1 aE; Kallmeyer/*Müller* Rn 3) Recht, die Durchführung der Verschmelzungsprüfung zu verlangen, **auf das Abstimmungsverhalten kommt es nicht an.** Ratio legis ist allerdings der Schutz von Minderheitsgesellschaftern (RegEBegr BR-Drs 75/94 zu § 44). Die (nicht dispositive, Kallmeyer/*Müller* Rn 14, und auch nicht durch entsprechende Anwendung des SpruchG überwindbare, Semler/Stengel/*Ihrig* Rn 20) Kostenregelung in S 2 soll dazu beitragen, dass schon bei der Vorbereitung der Verschm durch den Verschmelzungsbericht möglichst umfassende und überzeugende Informationen gegeben werden, die eine Verschmelzungsprüfung überflüssig machen (vgl RegEBegr BR-Drs 75/94 zu § 48). 2

Der Gesellschafter muss die Prüfung nach §§ 9–12 **verlangen.** Die dafür erforderl Willenserklärung ist ggü der Ges (also mindestens ggü einem vertretungsberechtigten Gesellschafter, Kallmeyer/*Müller* Rn 7 mwN) in eindeutiger Art und Weise abzugeben. Auf die Wortwahl kommt es nicht an. Aus der Erklärung des Gesellschafters muss aber deutl werden, dass er die sachverständige Überprüfung der im Verschmelzungsvertrag enthaltenen Angaben durch einen gesellschaftsfremden Dritten wünscht (Lutter/*H. Schmidt* Rn 5 mwN). Das Recht, eine Verschmelzungsprüfung zu verlangen, erlischt durch Abgabe einer **notariellen Verzichtserklärung** nach § 8 III (§ 9 III) unabhängig davon, ob alle anderen Anteilsinhaber ebenfalls auf die Durchführung der Verschmelzungsprüfung verzichtet haben; damit ist zwar insges kein wirksamer Verzicht ausgesprochen wor- 3 den, dem betroffenen Gesellschafter ggü lässt sich aber zumindest der **Einwand unzulässiger Rechtsausübung** erheben, weil er durch seinen Verzicht dokumentiert hat, dass er an der Durchführung der Verschmelzungsprüfung kein Interesse hat.

4 Nach früherem Recht war das Verlangen grdsl nicht fristgebunden (dazu 4. Aufl 2006, § 44 Rn 4, § 48 Rn 4 mwN). Durch das **2. UmwÄndG** wurde S 1 ergänzt. Das Verlangen entfaltet jetzt nur noch dann Rechtswirkungen, wenn es innerh einer **Frist von einer Woche** nach Erhalt (nicht: Übersendung) der in § 42 genannten Unterlagen geltend gemacht wird. Ein Verlangen noch in der Gesellschafterversammlung, die den Verschmelzungsbeschluss fasst, ist damit grdsl ausgeschlossen (zur früheren Rechtslage 4. Aufl 2006, § 48 Rn 4). Die Fristberechnung richtet sich nach §§ 187 I, 188 II BGB (Semler/Stengel/*Ihrig* Rn 13). Ein Prüfungsverlangen kann bereits vor dem Erhalt der Verschmelzungsunterlagen gestellt werden (zutr Semler/Stengel/*Ihrig* Rn 13). Es dürfte deshalb im Interesse des jew Rechtsträgers liegen, die ordnungsgemäße Unterrichtung nach § 42 zu dokumentieren. Mit der Dokumentation allein der Übersendung der Unterlagen kann der Beweis, dass und wann diese tats zugegangen sind, nicht geführt werden. Deshalb empfiehlt sich in der Praxis die Übersendung durch Boten oder gegen Empfangsnachweis. Der Lauf der Wochenfrist von S 1 ist nicht davon abhängig, dass in der Einladung auf die Notwendigkeit eines fristgerechten Prüfungsverlangens hingewiesen wird (*Heckschen* DNotZ 2007, 448). Wurde § 42 missachtet und hat der betroffene Gesellschafter deswegen Unterlagen nicht erhalten, beginnt die Wochenfrist von S 1 nicht zu laufen. Als Rechtsfolge wird man die Unwirksamkeitsklage gegen den Verschmelzungsbeschlusses zulassen müssen, wenn man nicht alternativ dem betroffenen Anteilsinhaber das Recht zugesteht, das Verlangen noch in der Gesellschafterversammlung zu formulieren (gegen Letzteres Semler/Stengel/*Ihrig* Rn 14 mwN, zum Verlangen noch in der Anteilsinhaberversammlung 4. Aufl 2006, § 48 Rn 4 mwN). Wird S 2 hingegen Folge geleistet und verlangt ein Gesellschafter innerh der Wochenfrist die Prüfung gem §§ 9–12, muss die Beschlussfassung vertagt werden, bis die Prüfung durchgeführt ist und ggf der Prüfungsbericht vorliegt (Semler/Stengel/*Ihrig* Rn 15). Die Ergänzung von S 1 durch das 2. UmwÄndG ist nach allem zu begrüßen. Sie fördert die Rechtssicherheit und beschleunigt das Umwandlungsverfahren. Zutr kritisieren *Heckschen* DNotZ 2007, 448 f und *Mayer/Weiler* DB 2007, 1236 f aber die Systematik der Gesetzesänderung. Geändert wurde § 44 und die Parallelregelung von § 48. Hingegen wurde zur Prüfung der Verschm beim Verein (§ 100) nichts geändert, obwohl dort ein entsprechend praktisches Bedürfnis vorhanden ist. Wegen der partiellen Neuregelung durch den Gesetzgeber dürfte nun beim Verein sogar die in der Praxis verbreitete Fristsetzung durch den Rechtsträger unzulässig sein (zutr *Heckschen* DNotZ 2007, 449). Systematisch richtig wäre deshalb eine Fristenregelung in § 9 UmwG gewesen (*Heckschen* DNotZ 2007, 448; *Mayer/Weiler* DB 2007, 1237).

§ 45 Zeitliche Begrenzung der Haftung persönlich haftender Gesellschafter

(1) **Überträgt eine Personenhandelsgesellschaft ihr Vermögen durch Verschmelzung auf einen Rechtsträger anderer Rechtsform, dessen Anteilsinhaber für die Verbindlichkeiten dieses Rechtsträgers nicht unbeschränkt haften, so haftet ein Gesellschafter der Personenhandelsgesell-**

schaft für ihre Verbindlichkeiten, wenn sie vor Ablauf von fünf Jahren nach der Verschmelzung fällig und daraus Ansprüche gegen ihn in einer in § 197 Abs. 1 Nr. 3 bis 5 des Bürgerlichen Gesetzbuchs bezeichneten Art festgestellt sind oder eine gerichtliche oder behördliche Vollstreckungshandlung vorgenommen oder beantragt wird; bei öffentlich-rechtlichen Verbindlichkeiten genügt der Erlass eines Verwaltungsakts.

(2) [1] **Die Frist beginnt mit dem Tage, an dem die Eintragung der Verschmelzung in das Register des Sitzes des übernehmenden Rechtsträgers nach § 19 Abs. 3 bekannt gemacht worden ist.** [2] **Die für die Verjährung geltenden §§ 204, 206, 210, 211 und 212 Abs. 2 und 3 des Bürgerlichen Gesetzbuchs sind entsprechend anzuwenden.**

(3) **Einer Feststellung in einer in § 197 Abs. 1 Nr. 3 bis 5 des Bürgerlichen Gesetzbuchs bezeichneten Art bedarf es nicht, soweit der Gesellschafter den Anspruch schriftlich anerkannt hat.**

(4) **Die Absätze 1 bis 3 sind auch anzuwenden, wenn der Gesellschafter in dem Rechtsträger anderer Rechtsform geschäftsführend tätig wird.**

Schrifttum: Siehe Schrifttum Vor §§ 39–45e.

1. Allgemeines

§ 45 begrenzt die **Nachhaftung der phG** einer übertragenden PhG für zum Zeitpunkt des Wirksamwerdens der Verschm (§ 20 I) bereits bestehende Verbindlichkeiten. Für **PartGes** schreibt § 45e S 1 die entsprechende Anwendung von § 45 vor. Für den Komplementär einer KGaA soll § 45 nach Ansicht von *H. Schmidt* (in Lutter Rn 11; ebenso Semler/Stengel/*Ihrig* Rn 5; abw Widmann/Mayer/*Vossius* Rn 12) analog anzuwenden sein. Sofern die phG als Anteilsinhaber des übernehmenden/neuen Rechtsträgers für dessen Verbindlichkeiten nicht mehr persönl haften, sollen sie nur noch für begrenzte Zeit für die im Wege der Gesamtrechtsnachfolge übergegangenen Verbindlichkeiten des übertragenden Rechtsträgers in Anspruch genommen werden können **(Abs 1).** Der phG soll in diesem Fall also wie ein ausscheidender Gesellschafter behandelt werden (vgl § 160 HGB). Hintergrund der Regelung ist der durch das **Nachhaftungsbegrenzungsgesetz** (BGBl I 1994, 560; dazu *Reichold* NJW 1994, 1617; *Steinbeck* WM 1996, 2041; *Langohr-Plato* MDR 1996, 325; *Leverenz* ZHR 160 [1996], 75 je mwN) umgesetzte Gedanke, dass eine (wenigstens theoretische) Endloshaftung des phG einer PhG unbillig sei (vgl *Ulmer/Wiesner* ZHR 144 [1980], 393, 400 f). Nach Ansicht des OLG Düsseldorf (NZG 1998, 431) war die zu § 159 III HGB aF von der Rspr entwickelte verjährungsähnl Ausschlussfrist von fünf Jahren entsprechend bereits auf § 45 UmwG 1969 zu übertragen. 1

§ 45 ist durch das **SMG** vom 26.11.2001 (BGBl I 3138) mit Wirkung zum 1.1.2002 **umfassend geändert** worden. Während Abs 1 HS 1 früher nur die nicht näher konkretisierte gerichtl Geltendmachung forderte, wird jetzt konkret auf § 197 I Nr 3–5 BGB verwiesen, weiter wird die Beantragung oder die Vornahme von gerichtl oder behördl Vollstreckungshandlungen als Tatbestand der Inanspruchnahme benannt. In Abs 2 S 2 wird auf die neuen Verjährungsvorschriften des BGB verwiesen. In Abs 3 wurde die gerichtl Geltendmachung wiederum durch den Verweis auf § 197 I Nr 3–5 BGB ersetzt. Die Neuregelung hat ihren Ausgang nicht im UmwG, sondern in der umfassenden Reform des Verjährungsrechts des BGB, das bis zum SMG unter erhebl Kritik stand (statt aller Palandt/ 2

Heinrichs BGB, 63. Aufl 2004, Vor § 194 Rn 1 mwN). Trotz scheinbar umfassender Änderung von § 45 ergeben sich inhaltl im Erg keine Unterschiede zum früheren Recht (zutr Lutter/*H. Schmidt* Rn 7).

2. Fortdauernde Haftung

3 Bei einer **PhG** als übertragender Rechtsträger haftet vor Wirksamwerden der Verschm wenigstens ein Gesellschafter unmittelbar und unbegrenzt persönl für die Gesellschaftsverbindlichkeiten (§ 128 HGB). Für **PartGes** gilt § 8 PartGG (dazu *Niebling* AnwBl 1996, 20; *Sotiropoulos* ZIP 1995, 1879; *Ulmer/Habersack* FS Brandner, 1996, 151 und ausführl *Michalski/Römermann* PartGG § 8 Rn 14 ff). An dieser **persönl Haftung** ändert der Übergang der Verbindlichkeiten im Wege der Gesamtrechtsnachfolge nichts, denn der Übergang erfasst nur die Ges-, nicht hingegen die Gesellschafterverbindlichkeiten. Die fortdauernde Haftung für die Anteilsverbindlichkeiten (Rn 4 ff) trifft nicht nur den OHG-Gesellschafter oder Komplementär (§§ 128, 161 II HGB), sondern unter den Voraussetzungen von §§ 171, 172, 176 HGB auch den Kommanditisten (vgl auch Lutter/*H. Schmidt* Rn 12, 13 mwN).

3. Verbindlichkeiten der übertragenden Personenhandelsgesellschaft

4 Die fortdauernde persönl Haftung besteht für die **Verbindlichkeiten der übertragenden PhG.** Da diese mit Wirksamwerden der Verschm erlischt (§ 20 I Nr 2), muss die Verbindlichkeit ggü der übertragenden PhG noch vor dem Wirksamwerden der Verschm begründet (so auch Lutter/*H. Schmidt* Rn 14; Widmann/Mayer/*Vossius* Rn 22, 23; Semler/Stengel/*Ihrig* Rn 27) worden sein.

5 **Begründet** ist eine Verbindlichkeit, sobald die Rechtsgrundlage für sie gelegt worden ist (MüKoHGB/*K. Schmidt* § 128 Rn 50 mwN). Bei **rechtsgeschäftl Verbindlichkeit** (zu gesetzl Ansprüchen Rn 8) ist dies mit Abschluss des Vertrages der Fall, sofern hieraus ohne Hinzutreten weiterer Abreden die Verpflichtung entstanden ist (MüKoHGB/*K. Schmidt* § 128 Rn 51 mit ausführl Nachw). Besondere Bedeutung hat dies bei **Dauerschuldverhältnissen.** Denn mit Abschluss des Vertrages ist bereits jede Einzelverbindlichkeit, die aus dem Dauerschuldverhältnis resultiert, begründet (die „Kündigungstheorie" gilt nicht, vgl BGH ZIP 1999, 1969 und Lutter/*H. Schmidt* Rn 9 mwN). Damit tritt für im Wege der Gesamtrechtsnachfolge übertragene Miet- oder Leasingverträge die persönl Haftung auch für Mietzinsforderungen oder Leasingraten ein, die Zeiträume nach dem Wirksamwerden der Verschm betreffen (BGHZ 36, 224, 228; BGH NJW 1985, 1899). Vgl zur Nachhaftung im Zusammenhang mit der betreffenden Altersversorgung *Langohr-Plato* MDR 1996, 325.

6 Ob die Verbindlichkeit zum Zeitpunkt des Wirksamwerdens der Verschm bereits **fällig** war, ist unbedeutend. Ebenso wenig wird die Haftung davon beeinflusst, ob eine **aufschiebende Bedingung** zu diesem Zeitpunkt bereits eingetreten oder ob die Höhe der Verbindlichkeit zum Zeitpunkt des Wirksamwerdens der Verschm bereits abzusehen war (zum Ganzen auch Widmann/Mayer/*Vossius* Rn 48, 75 ff).

7 Bei **Kreditgewährungen** ist maßgebl, ob die Auszahlung vor dem Wirksamwerden der Verschm erfolgte (Baumbach/*Hopt* HGB § 128 Rn 30; Semler/Stengel/*Ihrig* Rn 28; aA – Kreditzusage reicht – Widmann/Mayer/*Vossius* Rn 44). Für **Kontokorrentverbindlichkeiten** (§§ 355 ff HGB) dauert die Haftung in Höhe

des Saldos zum Zeitpunkt des Wirksamwerdens der Verschm an, jedoch nicht über den niedrigsten späteren Rechnungsabschlusssaldo hinaus. Ergibt sich zu irgendeinem Zeitpunkt nach Wirksamwerden der Verschm ein positiver Rechnungsabschlusssaldo, endet die Haftung (BGH WM 1972, 284; OLG Köln DB 2002, 35; Semler/Stengel/*Ihrig* Rn 28; die Einzelheiten sind str, vgl auch Widmann/Mayer/*Vossius* Rn 38 ff).

Überdies erstreckt sich die fortdauernde Haftung nicht nur auf die vor dem Wirksamwerden der Verschm begründeten Primärverbindlichkeiten, sondern auch auf die an deren Stelle tretenden oder kumulativ hinzutretenden **Sekundärverpflichtungen** (BGHZ 36, 224, 226; 48, 203 f; MüKoHGB/*K. Schmidt* § 128 Rn 52; Widmann/Mayer/*Vossius* Rn 25). Bedeutung hat dies etwa für Schadensersatzansprüche wegen Nichterfüllung (vgl etwa BGHZ 48, 203), für Ansprüche wegen Schlechterfüllung, für Ansprüche aus pVV und aus cic (§ 311 II, III BGB), aber etwa auch für Vertragsstrafeversprechen. Verändert sich das Schuldverhältnis durch **Rücktritt oder Wandlung,** erfasst die gesamtschuldnerische Haftung auch die sich hieraus ergebenden Ansprüche (vgl auch MüKoHGB/*K. Schmidt* § 128 Rn 52). Die fortdauernde Haftung umfasst auch einen erst nach Wirksamwerden der Verschm entstehenden **Aufwendungsersatzanspruch,** der aus einem bereits von der übertragenden PhG abgeschlossenen Vertrag resultiert (BGH NJW 1986, 1690). 8

Ansprüche aus gesetzl Schuldverhältnis sind begründet, sobald das entscheidende Tb-Merkmal erfüllt ist. Beim Aufwendungsersatzanspruch nach einer Geschäftsführung ohne Auftrag (§§ 670, 677, 683 BGB) ist maßgebl die Übernahme der Geschäftsführung (BGH NJW 1986, 1690). Ansprüche aus Delikt sind mit Vollendung der Verletzungshandlung begründet (MüKoHGB/*K. Schmidt* § 128 Rn 58). 9

4. Voraussetzungen der Nachhaftungsbegrenzung

a) Keine Übernahme der persönlichen Haftung. Die Nachhaftungsbegrenzung tritt nur ein, wenn der persönl für Verbindlichkeiten der übertragenden PhG haftende Gesellschafter für die Verbindlichkeiten des übernehmenden/neuen Rechtsträgers (und damit auch für die übernommenen Verbindlichkeiten) **nicht persönl haftet.** Dies ist immer der Fall, wenn der **übernehmende/neue Rechtsträger** die Rechtsform einer **KapGes** (AG: § 1 I 2 AktG; GmbH: § 13 II GmbHG; KGaA: § 278 III 1, I 2 AktG) oder einer **eG** (§ 2 GenG, Ausnahme: § 6 Nr 3 GenG) hat. Die Nachhaftungsbegrenzung entsteht aber auch, wenn der übernehmende/neue Rechtsträger eine **KG** ist und der bislang phG die Stellung eines Kommanditisten einnimmt, sofern die Voraussetzungen von § 171 I HS 2 (Leistung der Hafteinlage) erfüllt sind. Ein Wiederaufleben der persönl Haftung des Kommanditisten nach Wirksamwerden der Verschm gem § 172 IV HGB lässt die Nachhaftungsbegrenzung unberührt. Unter den Voraussetzungen von § 172 IV HGB haftet der betroffene Gesellschafter allerdings als Kommanditist der übernehmenden/neuen KG (vgl auch § 160 III 3 HGB). 10

b) Geschäftsführende Tätigkeit beim übernehmenden Rechtsträger, Abs 4. Der Eintritt der **Nachhaftungsbegrenzung ist unabhängig davon,** ob der phG des übertragenden Rechtsträgers in dem übernehmenden/neuen Rechtsträger **geschäftsführend tätig** wird **(Abs 4).** Die Norm ist an sich überflüssig, weil sich die Erstreckung der Enthaftungsregelung auch auf den weiterhin geschäftsführend tätigen Gesellschafter bereits aus Abs 1 ergibt (Stellungnahme 11 des BR, BR-Drs 132/94 zu § 26). Hintergrund der dennoch erfolgten ausdrückl Regelung ist, dass eine inhaltl von § 160 III 2 HGB abw Bestimmung vermieden werden sollte, um einem denkbaren Umkehrschluss zu begegnen (Gegenäußerung der BReg BR-Drs 75/94 zu § 45). Eine Wiederholung der Rspr, die vor Inkrafttreten des Nachhaftungsbegrenzungsgesetzes (BGBl I 1994, 560) die auf der Grundlage von § 159 HGB aF entwickelte Nachhaftungsbegrenzung nicht anwandte, sofern der ausscheidende phG weiterhin geschäftsführend in der Ges oder in dem Rechtsnachfolger tätig war (vgl dazu etwa BGH NJW 1983, 2256), ist damit ausgeschlossen.

12 **c) Fälligwerden.** Voraussetzung für die andauernde Haftung ist ferner, dass die **Verbindlichkeit vor Ablauf von fünf Jahren nach der Verschm** (dazu Rn 18, 19) **fällig ist.** Unter **Fälligkeit** versteht man den Zeitpunkt, von dem ab der Gläubiger die Leistung verlangen kann (Palandt/*Grüneberg* BGB § 271 Rn 1). Für die Enthaftung ist es ohne Bedeutung, ob die Verbindlichkeit bereits vor dem Wirksamwerden der Verschm fällig war oder erst später fällig wird. Die Fälligkeit einer Verbindlichkeit kann sich unmittelbar aus dem Gesetz (zB §§ 551 II, 608 I, 609, 614, 641 I, II BGB) oder aus einer rechtsgeschäftl Festlegung ergeben (zu Einzelheiten MüKoBGB/*Krüger* § 271 Rn 7 ff mwN). Eine **gestundete Verbindlichkeit** ist nicht fällig (Palandt/*Grüneberg* BGB § 271 Rn 12; Widmann/Mayer/*Vossius* Rn 49, 77).

13 **d) Feststellung des Anspruchs.** Zur früher notw gerichtl Geltendmachung vgl 3. Aufl 2001, Rn 12–14 mwN. Nach der geänderten Fassung von Abs 1 S 1 HS 1 (oben Rn 2; zu vglbaren Regelungen wie §§ 26, 160 HGB vgl Baumbach/*Hopt* HGB § 26 Rn 6 ff mwN) kommt es für die Vermeidung der Enthaftung auf die Feststellung des Anspruchs nach § 197 I Nr 3–5 BGB an, damit also auf seine Titulierung. Durch den Verweis in Abs 2 auch auf § 204 BGB reicht jedoch nach wie vor bereits die Klageerhebung (§ 204 I Nr 1 BGB; auch die Feststellungsklage ist mögl, dazu 3. Aufl 2001, Rn 13 und Lutter/*H. Schmidt* Rn 21), die Zustellung eines Mahnbescheids (§ 204 I Nr 3 BGB), die Aufrechnung im Prozess (§ 204 I Nr 5 BGB) etc. Vgl zum Ganzen ausführl Widmann/Mayer/*Vossius* Rn 90 ff.

14 Damit hat sich die Rechtslage im Erg nicht wesentl geändert (Rn 2 und Semler/Stengel/*Ihrig* Rn 45). Dies gilt ebenfalls für die weitere Ergänzung von Abs 1 HS 1, nach der gerichtl oder behördl Vollstreckungshandlungen die Enthaftung verhindern können; diesen Tatbeständen kommt keine selbstständige Bedeutung zu, denn die fristwahrende Geltendmachung wird bereits durch den Titel bewirkt, der der Vollstreckung zugrunde liegt (zutr Lutter/*H. Schmidt* Rn 22; Semler/Stengel/*Ihrig* Rn 46).

15 **e) Erlass eines Verwaltungsaktes.** Wie bereits im früheren Recht genügt zum Ausschluss der Enthaftung bei öffentl-rechtl Verpflichtungen der **Erlass eines Verwaltungsaktes** (Abs 1 HS 2). Nach hM (Baumbach/*Hopt* HGB § 160 Rn 4; Lutter/*H. Schmidt* Rn 23 mwN) kommt es für die Fristwahrung auf die **Bekanntgabe** ggü dem Betroffenen und nicht auf die Aufgabe des Schriftstücks zur Post (so noch in der 2. Aufl 1996, Rn 15 vertreten) an. Ein schriftl Anerkenntnis (Rn 16) kann den Erlass eines VA entbehrl machen (Lutter/*H. Schmidt* Rn 24 mwN).

16 **f) Schriftliches Anerkenntnis, Abs 3.** Erkennt der phG den Anspruch schriftl an, ist eine gerichtl Geltendmachung überflüssig. Das **Anerkenntnis** muss kein konstitutives Schuldanerkenntnis iSv § 781 BGB sein. Denn dieses schafft

eine neue selbstständige Verpflichtung (statt aller Palandt/*Sprau* BGB § 781 Rn 2 mwN), für die die Nachhaftungsbegrenzung ohnehin nicht eingreift. Ausreichend ist ein **deklaratorisches Schuldanerkenntnis** (zum Begriff etwa Palandt/*Sprau* BGB § 781 Rn 3) mit dem Inhalt, dass auf die künftige Einwendung des Eintritts der (noch nicht eingetretenen, Lutter/*H. Schmidt* Rn 24) Enthaftung verzichtet werde. Ob dies in der Erklärung zum Ausdruck kommt, ist durch **Auslegung** zu ermitteln (BGH NJW 1983, 1903 f).

Obwohl deklaratorische Schuldanerkenntnisse grdsl formlos mögl sind, verlangt Abs 3 **Schriftform.** Die Anforderungen hieran richten sich nach § 126 BGB (so auch Lutter/*H. Schmidt* Rn 25; Semler/Stengel/*Ihrig* Rn 53). **17**

g) Fünf-Jahres-Frist. Die Maßnahmen iSv Abs 1 verhindern die Enthaftung nur dann, wenn sie **innerh von fünf Jahren** nach der Verschm erfolgen. Ebenso muss der Anspruch innerh dieser Frist fällig sein. Eine Verlängerung der Fünf-Jahres-Frist durch Parteivereinbarung ist nach hM nicht mögl (Lutter/*H. Schmidt* Rn 28; Semler/Stengel/*Ihrig* Rn 60 je mwN). **Die Frist beginnt** mit dem Tage, an dem die (konstitutive, deshalb sind die Gedanken von *Altmeppen* NJW 2000, 2529 zu § 160 HGB nicht auf das UmwR übertragbar) Eintragung der Verschm in das Register des Sitzes des übernehmenden Rechtsträgers bekannt gemacht worden ist (Änderung von Abs 2 S 1 durch das EHUG, vgl § 19 III und Einf Rn 28). Der Tag der Bekanntmachung im Sinne von § 10 HGB wird mitgerechnet (zutr Semler/Stengel/*Ihrig* Rn 35, 36 mwN). Erfolgt die Bekanntmachung zB am 15.1.2003, endet die Enthaftungsfrist am 15.1.2008, §§ 187 I, 188 II BGB). Auch nach der Neufassung von § 19 III durch das EHUG kommt es auf den Zeitpunkt der tats Eintragung nicht an (zutr Semler/Stengel/*Ihrig* Rn 36). **18**

Der **Fristlauf** kann in entsprechender Anwendung von §§ 204, 206, 210, 211 BGB gehemmt sein, Abs 2 S 2. Eine Unterbrechung der Verjährung (dazu 3. Aufl 2001, Rn 19) gibt es seit dem SMG nicht mehr, der Neubeginn der Verjährung ist jetzt nur noch in § 212 BGB geregelt, dessen Abs 2 und 3 auch iRv § 45 entsprechend anzuwenden sind. Die Wirkung der Hemmung gem § 209 BGB kann der Gläubiger kraft ausdrückl Verweisung in Abs 2 S 2 nur beanspruchen, wenn die dort enumerativ aufgezählten Normen des BGB einschlägig sind, sodass insbes Verhandlungen iSv § 203 BGB nicht zur Enthaftung führen (dazu krit Lutter/*H. Schmidt* Rn 27). **19**

5. Wirkung der Frist

Die Frist nach Abs 1 stellt eine **Ausschluss-, keine Verjährungsfrist** dar (allgM zu den durch das Nachhaftungsbegrenzungsgesetz [BGBl I 1994, 560] eingefügten Regelungen; etwa Baumbach/*Hopt* HGB § 160 Rn 3; Widmann/Mayer/*Vossius* Rn 157 mwN). Der phG muss also nicht die Einrede der Enthaftung erheben, es handelt sich um eine **von Amts wegen** im gerichtl Verfahren zu berücksichtigende Einwendung. **20**

Zweiter Unterabschnitt. Verschmelzung unter Beteiligung von Partnerschaftsgesellschaften

§ 45a Möglichkeit der Verschmelzung

[1]Eine Verschmelzung auf eine Partnerschaftsgesellschaft ist nur möglich, wenn im Zeitpunkt ihres Wirksamwerdens alle Anteilsinhaber über-

tragender Rechtsträger natürliche Personen sind, die einen Freien Beruf ausüben (§ 1 Abs. 1 und 2 des Partnerschaftsgesellschaftsgesetzes). [2] § 1 Abs. 3 des Partnerschaftsgesellschaftsgesetzes bleibt unberührt.

§ 45b Inhalt des Verschmelzungsvertrages

(1) **Der Verschmelzungsvertrag oder sein Entwurf hat zusätzlich für jeden Anteilsinhaber eines übertragenden Rechtsträgers den Namen und den Vornamen sowie den in der übernehmenden Partnerschaftsgesellschaft ausgeübten Beruf und den Wohnort jedes Partners zu enthalten.**

(2) **§ 35 ist nicht anzuwenden.**

§ 45c Verschmelzungsbericht und Unterrichtung der Partner

[1] Ein Verschmelzungsbericht ist für eine an der Verschmelzung beteiligte Partnerschaftsgesellschaft nur erforderlich, wenn ein Partner gemäß § 6 Abs. 2 des Partnerschaftsgesellschaftsgesetzes von der Geschäftsführung ausgeschlossen ist. [2] Von der Geschäftsführung ausgeschlossene Partner sind entsprechend § 42 zu unterrichten.

§ 45d Beschluß der Gesellschafterversammlung

(1) **Der Verschmelzungsbeschluß der Gesellschafterversammlung bedarf der Zustimmung aller anwesenden Partner; ihm müssen auch die nicht erschienenen Partner zustimmen.**

(2) **[1] Der Partnerschaftsvertrag kann eine Mehrheitsentscheidung der Partner vorsehen. [2] Die Mehrheit muß mindestens drei Viertel der abgegebenen Stimmen betragen.**

§ 45e Anzuwendende Vorschriften

[1] Die §§ 39 und 45 sind entsprechend anzuwenden. [2] In den Fällen des § 45d Abs. 2 ist auch § 44 entsprechend anzuwenden.

Schrifttum: Siehe Schrifttum Vor §§ 39–45e.

1. Allgemeines

1 Bei der Umwandlungsreform wurde die **PartGes** zunächst nicht berücksichtigt (dazu 2. Aufl 1996, § 3 Rn 11 mwN). Zur Beteiligung von PartGes an Umw wurde 1997 ein Referentenentwurf verfasst (Auszüge bei *Neye* ZIP 1997, 725) und mit dem Gesetz zur Änderung des UmwG, des PartGG und anderer Gesetze vom 22.7.1998 unverändert übernommen (dazu Einf Rn 25 und Vor §§ 39–45e Rn 8). Seit dem 1.8.1998 ist die PartGes damit **umfassend beteiligungsfähiger Rechtsträger** iSv § 3 I Nr 1.

2 Die PartGes wird den PhG weitgehend gleichgestellt (diese sind wegen des Betriebs eines Handelsgewerbes für freie Berufe nicht zulässig, vgl Bay AGH BRAK-Mitt 2011, 81 für RA-GmbH & Co KG). **Abweichungen** ergeben sich aus dem **besonderen Charakter der PartGes als BerufsausübungsGes** (vgl RegEBegr PartGG BT-Drs 12/6152, 8). Anders als beim Formwechsel aus der

PartGes (dazu §§ 225a–225c) war in §§ 45a ff (und beim Formwechsel in die PartGes gem §§ 228 III, 234 Nr 3) zu sichern, dass die spezifischen Rechtsformbegrenzungen des PartGG und des ergänzenden Berufsrechts (§ 45a S 2) beachtet werden. §§ 45a, 45b gelten nur für die aufnehmende, § 45e S 1 nur für die übertragende PartGes und §§ 45c, 45d sowie 45e S 2 in allen Fällen der Verschm unter Beteiligung einer PartGes.

2. Möglichkeit der Verschmelzung, § 45a

§ 45a eröffnet die Anwendung der zentralen Bestimmung (*Michalski/Römermann* PartGG § 1 Rn 1) **von § 1 PartGG.** § 45a S 1 übernimmt hierbei den Inhalt von § 1 I, II PartGG, § 45a S 2 verweist auf den Berufsrechtsvorbehalt von § 1 III PartGG. 3

Die PartGes als BerufsausübungsGes steht und fällt mit der **Ausübung des freien Berufs.** Streitig ist hierbei, ob der Beruf aktiv iSe tats Mitarbeit ausgeübt werden muss (dazu ausführl *Michalski/Römermann* PartGG § 1 Rn 5 ff mwN). Unabhängig davon, ob man mit der wohl hM die aktive Berufsausübung verlangt oder nicht, ist zumindest zu fordern, dass im Moment des Abschlusses des Partnerschaftsvertrages oder des Aufnahmevertrages mit einem neuen Partner das **Ziel einer gemeinsamen Berufsausübung** besteht (*Michalski/Römermann* PartGG § 1 Rn 9, Rn 13; KölnerKommUmwG/*Dauner-Lieb/Tettinger* Rn 7), wofür grdsl kraft Berufszugehörigkeit die Möglichkeit (besteht auch bei vorübergehender Verhinderung, Semler/Stengel/*Ihrig* § 45a Rn 9) der Berufsausübung genügt. Für die Verschm bedeutet *dies,* dass alle Anteilsinhaber des übertragenden Rechtsträgers einen **Katalogberuf** oder einen **ähnl Beruf** iSv § 1 II PartGG ausüben **dürfen** und in der übernehmenden PartGes auch ausüben **wollen** (zum Ganzen ausführl Lutter/*H. Schmidt* § 45a Rn 11 mwN; vgl zu den von § 1 II PartGG erfassten Berufen die Spezialliteratur zum PartGG und zu § 18 I EStG; zum maßgebl Zeitpunkt Rn 7). 4

Kraft ausdrückl Regelung in § 45a S 1 müssen die Anteilsinhaber der übertragenden Rechtsträger **natürl Personen** sein (zu unbekannten Aktionären vgl § 234 Rn 6). Die entsprechende Regelung in § 1 I 3 PartGG wurde trotz der in der Lit geübten Kritik (vgl *K. Schmidt* ZIP 1993, 639; *ders* NJW 1995, 3; *Michalski/Römermann* PartGG § 1 Rn 25 ff) damit inhaltsgleich übernommen. 5

§ 45a S 2 lässt § 1 III PartGG unberührt. Diese Vorschrift enthält einen **Berufsrechtsvorbehalt** der Art, dass die Berufsausübung in der Partnerschaft berufsrechtl ausgeschlossen oder von weiteren Voraussetzungen abhängig gemacht werden kann. Bei sich widersprechenden Regelungen im PartGG und in den berufsrechtl Normen gilt damit jew die strengere Vorschrift (Prinzip des kleinsten gemeinsamen Nenners; vgl RegEBegr PartGG BT-Drs 12/6152, 11; *Michalski/Römermann* PartGG § 1 Rn 100 mwN). Bislang ist noch für keinen freien Beruf die Berufsausübung in der Partnerschaft gesetzl ausgeschlossen worden, Apotheker und Nur-Notare wurden in „vorauseilendem Gehorsam" aber schon gar nicht im Katalog von § 1 II 2 PartGG erwähnt (vgl Lutter/*H. Schmidt* § 45a Rn 13 mwN). Das Berufsrecht wirkt aber durchaus beschränkend, insbes im Hinblick auf die Möglichkeit der Zusammenarbeit mit anderen Berufsträgern, dazu ausführl Überblick bei *Michalski/Römermann* PartGG § 1 Rn 117 ff mwN. 6

Eine Verschm ist nur dann zulässig, wenn sämtl Voraussetzungen von § 45a **zum Zeitpunkt des Wirksamwerdens der Verschm,** also der Eintragung im Partnerschaftsregister, vorliegen (§ 45a S 1, der vom Sinn und Zweck der Vor- 7 schrift auch für § 45a S 2 Beachtung finden muss). Auf den Abschluss des Verschmelzungsvertrages kommt es insoweit nicht an, der Wortlaut von § 45a S 1 ist eindeutig (zutr Semler/Stengel/*Ihrig* § 45a Rn 10 KölnerKommUmwG/*Dauner-Lieb/Tettinger* Rn 10; jetzt wohl auch Lutter/*H. Schmidt* Rn 18, der in der 2. Aufl noch die Urteilsgründe OLG Naumburg GmbHR 1997, 1152 zur Nichtigkeit des Verschmelzungsvertrages bei Fehlen gesetzl Voraussetzungen entsprechend herangezogen hat).

3. Inhalt des Verschmelzungsvertrages, § 45b

8 **§ 45b I** wiederholt **§ 3 II Nr 2 PartGG.** Name, Vorname, ausgeübter Beruf und Wohnort gehören zum **Mindestinhalt des Partnerschaftsvertrages.** Gleiches gilt für den Gegenstand der Partnerschaft (§ 3 II Nr 3), der in § 45b I aber nicht zu erwähnen war, weil er bei der Verschm durch Aufnahme bereits beschrieben und bei der Verschm durch Neugründung gem §§ 36 II, 37 ohnehin aufzuführen ist. Name und Sitz der Partnerschaft (§ 3 II Nr 1 PartGG) werden als allg Inhalt des Verschmelzungsvertrages von § 5 I Nr 1, der von § 45b I nur ergänzt wird, erfasst.

9 **§ 45b II** schließt die Anwendung von § 35 über die **Bezeichnung unbekannter Aktionäre** aus. Besondere Erschwernisse ergeben sich dadurch für die Praxis aber nicht, weil bei einer übertragenden Freiberufler-AG oder Freiberufler-KGaA (nur diese kommen wegen § 45a als übertragender Rechtsträger in Betracht) ohnehin alle Aktionäre bekannt sind (Lutter/*H. Schmidt* § 45b Rn 4).

4. Vorbereitung und Durchführung der Gesellschafterversammlung

10 **a) Verschmelzungsbericht und Unterrichtung der Partner, § 45c.** Anders als bei der normalen PhG (dazu § 41 Rn 3) kann ein Partner nicht grdsl von der Führung der Geschäfte ausgeschlossen werden. Für seine **Berufsausübung** ist er immer nach außen verantwortl (vgl auch § 8 II PartGG) und vertretungsbefugt. Folgerichtig zieht **§ 45c S 1** eine Parallele zu § 41 für den Fall, dass ein einzelner Partner im Partnerschaftsvertrag zulässig von der Führung der **sonstigen Geschäfte** der PartGes ausgeschlossen ist (zu diesem Tb-Merkmal ausführl *Michalski/Römermann* PartGG § 6 Rn 11 ff mwN). IÜ gelten die Ausführungen zu § 41 Rn 1 ff entsprechend.

11 Gem § 42 muss den von der Geschäftsführung ausgeschlossenen Gesellschaftern spätestens zusammen mit der Einberufung der Gesellschafterversammlung der Verschmelzungsvertrag bzw dessen Entwurf und der Verschmelzungsbericht übersendet werden. Für den Fall der Prüfung (§ 45e S 2 iVm § 44) gilt Entsprechendes, vgl § 42 Rn 4 aE. **§ 45c S 2** befiehlt die **entsprechende Anwendung von § 42** in Bezug auf die Partner, die gem § 6 II PartGG von der Geschäftsführung partiell ausgeschlossen sind.

12 **b) Gesellschafterbeschluss, § 45d. § 45d I, II entspricht § 43 I, II 1, 2.** Auf die Komm dort wird verwiesen. Ledigl § 43 II 3 findet für die PartGes keine Anwendung; einem widersprechenden Gesellschafter kann keine Kommanditistenstellung in der übernehmenden PartGes gewährt werden, weil ein solches Institut dort unbekannt ist. Der **Minderheitenschutz** wird insoweit durch das Austrittsrecht nach § 29 und durch das Veräußerungsrecht nach § 33 gewährleistet

(vgl *Neye* DB 1998, 1651; Lutter/*H. Schmidt* § 45d Rn 7 mit Verweis auf die Gesetzesbegründung).

5. Verweisung auf Personenhandelsgesellschaft

a) Aufgelöste Partnerschaftsgesellschaft, § 45e S 1. Der Verweis auf § 39 betrifft die **aufgelöste PartGes als übertragender Rechtsträger** (Lutter/*H. Schmidt* § 45e Rn 3). Gem § 10 I PartGG sind die Vorschriften über die Liquidation der OHG auch für die PartGes maßgebend, sodass der Verweis in § 45e S 1 vollumfängl wirkt. 13

b) Nachhaftung, § 45e S 1. Gem § 10 II PartGG bestimmt sich die **Haftung der Partner** für Verbindlichkeiten der Partnerschaft **nach dem Ausscheiden** eines Partners an sich nach § 160 HGB. Für den Fall der Verschm ist die nahezu inhaltsgleiche Vorschrift von § 45 lex specialis. Für PartGes richtet sich die Haftung der Gesellschafter nach § 8 PartGG (dazu *Niebling* AnwBl 1996, 20; *Sotiropoulos* ZIP 1995, 1879; *Ulmer/Habersack* FS Brandner, 1996, 151 und ausführl *Michalski/Römermann* PartGG § 8 Rn 14 ff, insbes zur Neufassung von § 8 II PartGG durch Gesetz vom 22.7.1998, BGBl I 1881; vgl zur Haftung der PartGes selbst BGH WM 2010, 1946 mwN). Diese Haftung wird durch die Ausschlussfrist von § 45 zeitl **auf die Dauer von fünf Jahren begrenzt,** vgl Erläuterung dort. Vgl zur Haftung des neu eintretenden Partners für Altverbindlichkeiten ausführl *Mazza* BB 1997, 746 und BGH WM 2010, 1946. Für den Fall des Ausscheidens gegen Barabfindung ist eine etwaige Kundenschutzklausel zu beachten (vgl BGH NJW 2000, 2584 zur geltungserhaltenden Reduktion). 14

c) Prüfung, § 45e S 2. Lässt der Partnerschaftsvertrag die **Mehrheitsumwandlung** zu (§ 45d II), können Minderheitsgesellschafter die Verschm nicht durch Ausübung ihres Stimmrechts verhindern. In diesem Fall findet gem § 45e S 2 deshalb § 44 Anwendung, der bei entsprechendem **Verlangen** zur Durchführung der **Verschmelzungsprüfung** nach §§ 9–12 zwingt. Vgl iÜ die Komm zu § 44. 15

Zweiter Abschnitt. Verschmelzung unter Beteiligung von Gesellschaften mit beschränkter Haftung

Vorbemerkungen zu §§ 46–59

Schrifttum: Schrifttum bis 1994 siehe 3. Auflage; Schrifttum bis 2000 siehe 4. Auflage; *Albach,* Nachfolgeregelung im Mittelstand – ein Praxistest, BB 2000, 781; *Clemm/Dürrschmidt,* Überlegungen zu den Sorgfaltspflichten für Vertretungs- und Aufsichtsorgane bei der Verschmelzung von Unternehmen gem. §§ 25 und 27 UmwG, FS Widmann, 2000, 3; DAV, Vorschläge des Handelsrechtsausschusses zur Änderung des Umwandlungsgesetzes, NZG 2000, 802; *Gärtner,* Verschmelzung von Kapitalgesellschaften und Grundstücksfragen, DB 2000, 409; *Heidinger,* Die Euro-Umstellung beim Formwechsel von Kapitalgesellschaften, NZG 2000, 532; *Kindl,* Die Notwendigkeit einer einheitlichen Entscheidung über aktienrechtliche Anfechtungs- und Nichtigkeitsklagen, ZGR 2000, 166; *König,* Doppelsitz einer Kapitalgesellschaft – gesetzliches Verbot oder zulässiges Mittel der Gestaltung einer Fusion?, AG 2000, 18; *Mayerhofer/Dohm,* Das Rechtsschutzbedürfnis des Aktionärs bei einer Beschlussanfechtungsklage nach einer Verschmelzung, DB 2000, 961; *Meininger/Gänzle,* Rückforderung europarechtswidriger Registergebühren, BB 2000, 840; *Mertens,* Verschmelzung, Spruchverfahren und Anfechtungsklage in Fällen eines unrichtigen Umtauschverhältnisses, AG 2000, 301; *Mül-*

ler, Unterzeichnung des Verschmelzungsberichts, NJW 2000, 2001; *Müller,* Gestattung der Due-Diligence durch den Vorstand der Aktiengesellschaft, NJW 2000, 3452; *Ossadnik/Dorenkamp,* Sperrminorität: Auswirkungen auf das Volumen von Unternehmensübernahmen, BB 2000, 1615; *Winter,* Die Anteilsgewährung – Zwingendes Prinzip des Verschmelzungsrechts?, FS Lutter, 2000, 1279; *Armbrüster,* Treuhändische GmbH-Beteiligung (I) Begründung, Übertragung, Umwandlung, Beendigung, GmbHR 2001, 941; *Fuhrmann,* Einzelfragen zum Mantelkauf bei konzerninternen Umstrukturierungen, DB 2001, 1690; *Hansen,* Fast die Hälfte der steuerpflichtigen Umsätze entfallen auf GmbH und GmbH & Co. KG, GmbHR 2001, 286; *Heidenhain,* Aufgabe des Beurkundungserfordernisses beim Verkauf und der Abtretung von GmbH-Geschäftsanteilen, ZIP 2001, 721; *ders,* Nochmals: Der Zweck der Beurkundungspflicht für Veräußerungsverträge über GmbH-Geschäftsanteile, ZIP 2001, 2113; *Hüffer,* Beschlussmängel im Aktienrecht und im Recht der GmbH- eine Bestandsaufnahme unter Berücksichtigung der Beschlüsse von Leistungs- und Überwachungsorganen, ZGR 2001, 833; *Kanzleiter,* Der Zweck der Beurkundungspflicht für Veräußerungsverträge über GmbH-Geschäftsanteile, ZIP 2001, 2105; *Kilian,* Kapitalgesellschaften als Organisationsformen anwaltlicher Berufsausübung, NZG 2001, 150; *Kleindiek,* Abfindungsbezogene Informationsmängel und Anfechtungsausschluss, NZG 2001, 552; *Kort,* Das Verhältnis von Auszahlungsverbot (§ 30 Abs. 1 GmbHG) und Erstattungspflicht (§ 31 GmbHG), ZGR 2001, 615; *Lenz,* Verschmelzung zur Neugründung, GmbHR 2001, 717; *Rottnauer,* Gesellschaftsrechtliche Treuepflichten bei Holdingbildung durch Anteilseinbringung, NZG 2001, 115; *Rozijn,* Geheimhaltungspflichten und Kapitalschutz beim Abschluss von M&A-Dienstleistungsverträgen, NZG 2001, 494; *Sinewe,* Keine Anfechtungsklage gegen Umwandlungsbeschlüsse bei wertbezogenen Informationsmängeln, DB 2001, 690; *Tröger,* Vorbereitung von Zustimmungsbeschlüssen bei Strukturmaßnahmen, ZIP 2001, 2029; *Bauschatz,* Zur Reichweite der mit einer Anfechtungsklage verbundenen positiven Beschlußfeststellungsklage im GmbH-Recht, NZG 2002, 317; *Carlé/Bauschatz,* Vermeidbares Haftungsrisiko bei der Umwandlung einer GmbH in eine GmbH & Co. KG, ZIP 2002, 2072; *Hansen,* Die GmbH als weiterhin umsatzstärkste Rechtsform, GmbHR 2002, 148; *Henze,* Ausfallhaftung des GmbH-Gesellschafters, BB 2002, 1011; *Hierstetter/Schwarz,* Übertragung einer verlustbehafteten KG-Beteiligung zwischen Kapitalgesellschaften durch Verschmelzung oder Spaltung, DB 2002, 1963; *Hoffmann,* Das GmbH-Konzernrecht nach dem „Bremer Vulkan"-Urteil, NZG 2002, 68; *Ludwig,* Formanforderungen an die individuell erteilte Stimmrechtsvollmacht in der Aktiengesellschaft und in der GmbH, AG 2002, 433; *Meyer,* Die GmbH und andere Handelsgesellschaften im Spiegel empirischer Forschung (I), GmbHR 2002, 177; *ders,* Die GmbH und andere Handelsgesellschaften im Spiegel empirischer Forschung (II), GmbHR 2002, 242; *Müller,* Verjährung des Einlageanspruchs der GmbH nach der Schuldrechtsreform, BB 2002, 1377; *Pentz,* Eingeschränkte Unverjährbarkeit von Einlageansprüchen und von Forderungen wegen Verstoßes gegen das Auszahlungsverbot als Folge der Schuldrechtsreform, GmbHR 2002, 225; *ders,* Nochmals: Zur eingeschränkten Unverjährbarkeit von Einlage- und einlageähnlichen Ansprüchen in Folge der Schuldrechtsreform, GmbHR 2002, 632; *Tröger,* Neues zur Anfechtung bei Informationspflichtverletzungen, NZG 2002, 211; *Waßmer,* Die GmbH & Stroh KG als Publizitäts-Vermeidungsmodell, GmbHR 2002, 412; *Lergon,* Die persönliche Haftung des Gesellschafters einer GmbH, RNotZ 2003, 213; *Peetz,* Die Vor-GmbH und der gewissenhafte Gründer, GmbHR 2003, 933; *Schmidt/Schneider,* Haftungserhaltende Gläubigerstrategien beim Ausscheiden von Gesellschaftern bei Unternehmensübertragung, Umwandlung und Auflösung, BB 2003, 1961; *Winter,* Abzug von GmbH-Verlusten in Zusammenhang mit Gesellschafterwechsel und Verschmelzung, GmbHR 2003, 318; *Maier-Reimer,* Vereinfachte Kapitalherabsetzung durch Verschmelzung?, GmbHR 2004, 1128; *Petersen,* Vereinfachte Kapitalherabsetzung durch Verschmelzung?, GmbHR 2004, 728; *Temme,* Rechtsfolgen fehlerhafter Kapitalerhöhungen bei der GmbH, RNotZ 2004, 1; *Tillmann,* Die Mehrfachverschmelzungen auf eine GmbH unter Beteiligung vermögensloser übertragender Rechtsträger, BB 2004, 673; *Bock,* Institutioneller Gläubigerschutz nach § 30 Abs. 1 GmbHG beim Down-stream-merger nach einem Anteilskauf?, GmbHR 2005, 1023; *Grage,* Ausgewählte Aspekte der Verwaltungstreuhand an Geschäftsanteilen, RNotZ 2005, 251; *Heckschen,* Umstrukturierung von Kapitalgesellschaften vor und während der Krise: Umwandlungsmaßnahmen vor dem Insolvenzeröffnungsantrag, DB 2005, 2283; *ders,* Umstrukturierung krisengeschüttelter Kapitalgesellschaften: Umwandlungsmaßnahmen nach Stellung des Insolvenzantrags, DB 2005, 2675; *Mertens,* Aktuelle Fragen zur Verschmelzung von Mutter- auf Tochtergesellschaften – down stream merger, AG 2005, 785; *Middendorf/Stegemann,* Down-stream merger einer Personenhandelsgesellschaft auf ihre 100%ige Tochtergesellschaft, DStR 2005, 1082; *Pfeiffer,* Eingegliederte Gesellschaften, DZWiR 2005, 452; *Rodewald,* Der Umgang mit Stamm- und Grundkapitalziffern bei Verschmelzungsvorgängen – Gläubigerschutz jenseits gesetzlicher Erfordernisse?, GmbHR 2005, 515; *Tsambikakis,* Aktuelles zum Strafrecht bei GmbH und GmbH & Co., GmbHR 2005, 331; *Enneking/Heckschen,* Gesellschafterhaftung beim down-stream-merger, DB 2006, 1099; *Wälzholz,* Nebenleistungspflichten beim aufnehmenden Rechtsträger als Verschmelzungshindernis?, DStR 2006, 236; *Wälzholz,* Aktuelle Probleme der Unterbilanz- und Differenzhaftung bei Umwandlungsvorgängen, AG 2006, 469; *Kallmeyer,* Differenzhaftung bei Verschmelzung mit Kapitalerhöhung und Verschmelzung im Wege der Neugründung, GmbHR 2007, 1121; *Klein/Stephanblome,* Der Downstream Merger – Aktuelle umwandlungs- und gesellschaftsrechtliche Fragestellungen, ZGR 2007, 351; *Seibert,* Der Regierungsentwurf des MoMiG und die haftungsbeschränkte Unternehmergesellschaft, GmbHR 2007, 673; *Hirte,* Die „Große GmbH-Reform" – Ein Überblick über das Gesetz zur Modernisierung des GmbH-Rechts und zur Bekämpfung von Missbräuchen (MoMiG), NZG 2008, 761; *Heckschen,* Die Pflicht zur Anteilsgewährung im Umwandlungsrecht, DB 2008, 1363; *Meister,* Die Auswirkungen des MoMiG auf das Umwandlungsrecht, NZG 2008, 767; *Moog,* Differenzhaftung im Umwandlungsrecht, Diss 2008; *Ropohl/Schulz,* Gestaltungsmöglichkeiten zur Strukturierung eines Joint Venture Unternehmens, GmbHR 2008, 561; *Stoppel,* Vinkulierungsklauseln in der Vorgesellschaft und bei Umwandlung, WM 2008, 147; *Wälzholz,* Das MoMiG kommt: Ein Überblick über die neuen Regelungen, GmbHR 2008, 841; *Weiler,* Grenzen des Verzichts auf die Anteilsgewährung im Umwandlungsrecht, NZG 2008, 527; *Berninger,* Gesellschafterliste und Übergangsproblematik der Einreichungsverantwortlichkeit bei nachträglicher Berichtigung, GmbHR 2009, 679; *Gottschalk,* Neue Regelungen für die Gesellschafterliste und die Geschäftsanteile sowie der gutgläubige Erwerb von Geschäftsanteilen nach dem MoMiG, DZWiR 2009, 45; *Roß/Drögemüller,* Verschmelzungen und Abspaltungen bei Schwestergesellschaften nach der Reform des UmwG, BB 2009, 581; *Flick,* Die Gesellschafterliste bei einer Verschmelzung mit Kapitalerhöhung, NZG 2010, 170; *Heckschen/Gassen,* Der Verzicht auf Anteilsgewähr bei Umwandlungsvorgängen aus gesellschafts- und steuerrechtlicher Sitz, GWR 2010, 101; *Keller/Klett,* Die sanierende Verschmelzung, DB 2010, 1220; *Krumm,* Die Verschmelzung von Schwestergesellschaften ohne Anteilsgewährung, GmbHR 2010, 24; *Ries,* Never ending story, die Gesellschafterliste, NZG 2010, 135; *Schulte,* Zwei Jahre MoMiG – aktuelle Problemfelder im Handelsregisterverfahren, GmbHR 2010, 1128; *Melchior,* Die englische Limited in der Praxis – zwei Jahre nach dem MoMiG, AnwBl 2011, 20; *Ritter,* MoMiG und die Folgen: Praktische Probleme bei der GmbH, AnwBl 2011, 13; *Schwetlik,* Umwandlung überschuldeter Unternehmen auf haftungsbeschränkte Gesellschaften GmbHR 2011, 130; *Ulbrich,* Angabe des Umtauschverhältnisses bei Verzicht auf Anteilsgewährung?, GmbHR 2011, R 85.

1. Historie

Mit der Aufhebung des KapErhG (Art 5 UmwBerG) wurden auch §§ 19–35 KapErhG aF über die **Verschm unter Beteiligung einer GmbH** gegenstandslos; die dortigen Regelungen finden sich jetzt im Wesentl in §§ 46–59 (vgl die Komm in Rn 1 bei §§ 46, 49, 50–57, 59). 1

Wie früher und in Umsetzung der allg Regelungstechnik des UmwG 1995 wird zwischen der **Verschm durch Aufnahme** (Erster Unterabschnitt §§ 46–55) und der **Verschm durch Neugründung** (Zweiter Unterabschnitt §§ 56–59) unterschieden. 2

2. Anwendbarkeit von §§ 46–59

Die Vorschriften im Zweiten Abschnitt des Zweiten Buches sind stets dann anzuwenden, wenn eine **GmbH an einer Verschm beteiligt** ist, gleichgültig, 3 ob es sich um eine reine Verschm unter GmbH oder um eine Mischverschmelzung unter Beteiligung von Rechtsträgern anderer Rechtsform handelt. §§ 46–55 unterscheiden dabei grdsl nicht danach, ob die **GmbH als übertragender oder als übernehmender Rechtsträger** fungiert (anders allerdings §§ 46, 51–55, die nur bei Beteiligung einer GmbH als übernehmender Rechtsträger Anwendung finden).

4 §§ 56–59 regeln den Fall, dass bei einer Verschm durch Neugründung der übernehmende und damit der neu zu gründende Rechtsträger GmbH sein soll.

3. Neuerungen, Gesetzesänderungen

5 Neben einigen eher unbedeutenden Änderungen ggü den früheren für die Verschm unter Beteiligung von GmbH geltenden Vorschriften des KapErhG, des UmwG 1969 und des AktG (zB Wegfall des Zustimmungserfordernisses bei abw Festsetzung des Nennbetrags der Geschäftsanteile, § 46 I 2, 3) sowie zT gut gelungener redaktioneller Vereinfachungen (zB § 54 über KapErhVerbote und -Wahlrechte) enthalten §§ 48, 49 II erhebl **Schutzvorschriften für Minderheitsgesellschafter.** Durch § 49 II, der die Auslage der drei letzten Jahresabschlüsse der jew an der Verschm beteiligten anderen Rechtsträger festschreibt, erhalten die Gesellschafter in Erweiterung des allg Auskunfts- und Einsichtsrechts nach § 51a GmbHG mehr Transparenz. Vor allem aber § 48, der einen Befehl zur (für den Gesellschafter kostenlosen) Durchführung der Verschmelzungsprüfung nach §§ 9–12 auf Verlangen nur eines Gesellschafters enthält, führt zu einer deutl anderen „Kräfteverteilung" als früher (zB bei den vielfältig gegebenen Möglichkeiten der Beschlussanfechtung wegen mangelhafter Verschmelzungsprüfung).

6 Einzelne Vorschriften wurden durch das **StückAG** vom 25.3.1998 (BGBl I 590; dazu § 46 Rn 10) und durch das **EuroEG** vom 9.6.1998 (BGBl I 1242; dazu *Schneider* NJW 1998, 3158) geändert. Auf die Komm zu §§ 46 III, 54 III und 55 I wird verwiesen. Ferner wurden §§ 46 III, 51 I und 57 durch das Gesetz zur Änderung des UmwG, des **PartGG** und anderer Gesetze vom 22.7.1998 (BGBl I 1878; dazu Einf Rn 25) redaktionell angepasst, weil gem § 3 I Nr 1 jetzt auch PartGes an Verschm beteiligt sein können.

7 Die Neufassung des GenG (dazu Einf Rn 28) hat ledigl eine unwesentl sprachl Änderung von § 57 zur Folge. Auch die eG hat jetzt eine Satzung und nicht mehr ein Statut. Wesentl Änderungen der §§ 46 ff wurden durch das **2. UmwÄndG** vom 19.4.2007 (BGBl I 542) bewirkt. Hervorragende Zusammenfassungen zu dieser Reform bei *Heckschen* DNotZ 2007, 444; *Mayer/Weiler* DB 2007, 1235; *dies* MittBayNot 2007, 368; vgl auch Stellungnahme der Centrale für GmbH GmbHR 2006, 418; HRA des DAV NZG 2006, 737; *Bayer/Schmidt* NZG 2006, 841; *Drinhausen* BB 2006, 2313. In § 48 S 1 wird für das Verlangen nach einer Umwandlungsprüfung eine Frist von einer Woche gesetzt. § 51 I 3 wurde geändert. Früher gab es eine verunglückte und mehrdeutige Verweisung auf § 51 I 1, 2. Der neue § 51 I 3 formuliert nun eindeutig: Wird eine übertragende GmbH, auf deren Geschäftsanteile nicht alle zu leistenden Einlagen in vollem Umfang bewirkt sind, von einer anderen GmbH durch Verschm aufgenommen, müssen dieser Verschm alle Gesellschafter der übernehmenden GmbH zustimmen. Die Zustimmung ist geboten, weil die Gesellschafter der übernehmenden GmbH das Risiko der Ausfallhaftung nach § 24 GmbHG tragen (dazu *Mayer/Weiler* MittBayNot 2007, 370 mwN). Die Vertretungsorgane der an der Verschm beteiligten Rechtsträger haben bei der Anmeldung zu erklären, dass die entsprechenden

Zustimmungen vorliegen, § 52 S 2. Sehr wichtig war die Einfügung von § 54 I 3. Danach darf die übernehmende Ges von der Gewährung von Geschäftsanteilen absehen, wenn alle Anteilsinhaber eines übertragenden Rechtsträgers darauf verzichten; die Verzichtserklärungen sind notariell zu beurkunden. Anlass für die Neuregelung war der Streit um die Notwendigkeit der KapErh bei der Verschm von SchwesterGes, insbes im Konzern (dazu § 2 Rn 21 mwN). Die Regelung ist indes systematisch nicht geglückt und greift – verbunden mit erhebl Gefahren – weiter, als auf den ersten Blick erkennbar (dazu ausführl § 54 Rn 12 ff und *Heckschen* DNotZ 2007, 449 ff; *Mayer/Weiler* MittBayNot 2007, 370 ff). Schließl wird in § 59 S 2 klargestellt, dass die Anteilsinhaber der übertragenden Rechtsträger durch Beschluss nicht nur der Bestellung der Mitglieder des AR, sondern auch der Bestellung der Geschäftsführer der neuen GmbH zustimmen müssen.

Weitere Änderungen hat das **MoMiG** bewirkt. Vgl Einf Rn 30 und die Komm 8 zu §§ 46 I 3, 51 II, 54 III 1 und § 55 I 2. Die Gesellschafterliste ist Angelegenheit des Notars (§ 40 II GmbHG), weswegen § 52 II durch das **3. UmwÄndG** gestrichen wurde (vgl § 6 Rn 7 ff, 12 mwN). Im Reflex wurde der Verweis in § 56 geändert.

Erster Unterabschnitt. Verschmelzung durch Aufnahme

§ 46 Inhalt des Verschmelzungsvertrags

(1) [1] **Der Verschmelzungsvertrag oder sein Entwurf hat zusätzlich für jeden Anteilsinhaber eines übertragenden Rechtsträgers den Nennbetrag des Geschäftsanteils zu bestimmen, den die übernehmende Gesellschaft mit beschränkter Haftung ihm zu gewähren hat.** [2] **Der Nennbetrag kann abweichend von dem Betrag festgesetzt werden, der auf die Aktien einer übertragenden Aktiengesellschaft oder Kommanditgesellschaft auf Aktien als anteiliger Betrag ihres Grundkapitals entfällt.** [3] **Er muss auf volle Euro lauten.**

(2) **Sollen die zu gewährenden Geschäftsanteile im Wege der Kapitalerhöhung geschaffen und mit anderen Rechten und Pflichten als sonstige Geschäftsanteile der übernehmenden Gesellschaft mit beschränkter Haftung ausgestattet werden, so sind auch die Abweichungen im Verschmelzungsvertrag oder in seinem Entwurf festzusetzen.**

(3) **Sollen Anteilsinhaber eines übertragenden Rechtsträgers schon vorhandene Geschäftsanteile der übernehmenden Gesellschaft erhalten, so müssen die Anteilsinhaber und die Nennbeträge der Geschäftsanteile, die sie erhalten sollen, im Verschmelzungsvertrag oder in seinem Entwurf besonders bestimmt werden.**

Schrifttum: Siehe Schrifttum Vor §§ 46–59.

1. Allgemeines

Die Vorschrift regelt in Ergänzung zu §§ 4, 5 den **Inhalt des Verschmelzungsvertrages** bei Verschm unter Beteiligung einer GmbH als übernehmender Rechtsträger. § 46 knüpft im Wesentl an das frühere Recht an; **Abs 1 S 1** entspricht § 21 I KapErhG aF, Abs 2 und Abs 3 stimmen inhaltl mit § 21 II, III KapErhG aF überein. Sie wurden durch Art 2 Nr 2 StückAG vom 25.3.1998 1

(BGBl I 590) und Art 3 § 4 Nr 1 EuroEG vom 9.6.1998 (BGBl I 1242; vgl auch § 318 II) an die aktuelle Rechtslage angepasst. Abs 1 S 3 wurde durch das **MoMiG** geändert (vgl Einf Rn 30 und unten Rn 12). Für den Sonderfall, dass übertragender Rechtsträger eine AG oder KGaA ist, schreibt **Abs 1 S 2, 3** die Regelung von § 33 III KapErhG, § 369 VI 1, 2 AktG aF fort, allerdings ist die früher notw Zustimmung der Aktionäre, die sich nicht dem anteiligen Betrag ihrer Aktien am Grundkapital der AG entsprechend beteiligen können (vgl § 369 VI 3–5 AktG aF), nicht mehr erforderl (RegEBegr BR-Drs 75/94 zu § 46 I 2, 3).

2 **Durch § 46 wird der Katalog von § 5 I Nr 1–9 erweitert,** die geregelten Festsetzungen sind zwingend. Bei Missachtung gelten die allg Grdse, dh bis zur Eintragung der Verschm (§ 20 II) ist der Verschmelzungsvertrag unwirksam, das Registergericht kann die Eintragung iSv § 19 verweigern; des Weiteren können die Anteilsinhaber Klage gegen die Wirksamkeit des Verschmelzungsbeschlusses ihres Rechtsträgers binnen der in § 14 I bestimmten Frist erheben.

2. Bestimmung des Nennbetrages, Abs 1 S 1

3 Gem § 20 I Nr 3 ist die Gewährung von Geschäftsanteilen der aufnehmenden GmbH Wesensmerkmal der Verschm. Als zwingende inhaltl Voraussetzung des Verschmelzungsvertrages bestimmt **Abs 1 S 1** daher, dass der **Nennbetrag des Geschäftsanteils** an der übernehmenden GmbH, den jeder Anteilsinhaber der übertragenden Rechtsträger erhält, **im Verschmelzungsvertrag festzulegen** ist. Die bloße Angabe des Umtauschverhältnisses (§ 5 I Nr 3) reicht nicht aus. Der Wortlaut der Vorschrift legt es nahe, eine **namentl Zuordnung** zu verlangen, also unter konkreter Bezeichnung jedes Anteilsinhabers eines übertragenden Rechtsträgers den diesem zuzuordnenden Geschäftsanteil zu bestimmen (allgM, vgl Lutter/*Winter* Rn 5; Semler/Stengel/*Reichert* Rn 2, 3; Widmann/Mayer/*Mayer* Rn 9 ff je mwN). Bei Beteiligung von **AG oder KGaA** als übertragender Rechtsträger ermöglicht **§ 35,** der durch das 2. UmwÄndG neu gefasst wurde, die Erfüllung der in Abs 1 S 1 bestimmten Pflicht auch im Hinblick auf unbekannte Aktionäre (Lutter/*Winter* Rn 5 aE mwN). Abs 1 S 1 spricht auch nach Änderung von § 5 II 2 GmbHG durch das MoMiG vom Geschäftsanteil im Singular. Wenn die Beteiligten der Verschm sich aber auf eine kleinteilige Stückelung der GmbH-Geschäftsanteile zB mit der Mindestgröße von EUR 1,00 verständigen, dürfte die Gewährung von mehreren Geschäftsanteilen an einen Gesellschafter dennoch zulässig sein (vgl auch Rn 7, 12).

4 Unklar ist, ob der **Verschmelzungsvertrag** eine **KapErh zur Schaffung neuer Geschäftsanteile** erwähnen muss. Ausdrückl wird dies nicht angeordnet; Abs 2 regelt nur einen Sonderfall (dazu Rn 13 ff). Üblicherweise wird die Angabe schon deshalb erfolgen, um die Verpflichtung der Gesellschafter der übernehmenden GmbH, einen KapErhB durchzuführen, klarzustellen. Auch wird nur auf diese Weise klar, wer Übernehmer der neuen Anteile ist; denn § 55 I 1 verzichtet auf eine Übernahmeerklärung nach § 55 I GmbHG (so ausdrückl OLG Hamm DB 2002, 1314: der Übernahmeerklärung kommt keine rechtsgeschäftl Bedeutung zu, die über die in dem Verschmelzungsvertrag getroffenen Vereinbarungen hinausgeht). Zwingend ist die Angabe hingegen nicht, da die Notwendigkeit der KapErh sich auch bei Schweigen des Verschmelzungsvertrages aus dem Gesetz ergibt (aA Lutter/*Winter* Rn 14; Widmann/Mayer/*Mayer* Rn 23.1; *Lutter/Hommelhoff* GmbHG 13. Aufl Anh Verschm § 21 KapErhG Rn 4; Hachenburg/*Schil-*

ling/Zutt GmbHG § 77 Anh II § 21 KapErhG Rn 17; wie hier GKT/*Bermel* Rn 8; Semler/Stengel/*Reichert* Rn 16; *Streck/Mack/Schwedhelm* GmbHR 1995, 163).

Die **Höhe der Nennbeträge** der zu gewährenden Geschäftsanteile ergibt sich aus der Wertrelation von übertragenden und übernehmenden Rechtsträgern. Das Verm der betroffenen Anteilsinhaber darf durch die Verschm grdsl nicht verändert werden (Nullsummenspiel, vgl ausführl § 5 Rn 7); der Wert der gewährten Geschäftsanteile muss dem Wert der untergehenden Anteile am übertragenden Rechtsträger entsprechen. Das ist der Fall, wenn das Verhältnis zwischen zu gewährenden Geschäftsanteilen und allen Geschäftsanteilen dem Verhältnis zwischen der Summe der eingebrachten Verm und dem Gesamtvermögen der GmbH nach der Verschm entsprechen. Die zu gewährenden Geschäftsanteile werden auf die Anteilsinhaber der übertragenden Rechtsträger **entsprechend ihrer bisherigen Beteiligung** verteilt. Zur Berechnung der Wertverhältnisse bei Durchführung einer KapErh vgl § 55 Rn 15 ff. 5

Die Festlegung der Nennbeträge muss dem Grds der **Gleichbehandlung aller Gesellschafter** entsprechen. Dies gilt sowohl im Hinblick auf das Verhältnis der Anteilsinhaber der übertragenden Rechtsträger untereinander als auch in Bezug auf das Verhältnis zwischen den Gesellschaftern der übernehmenden GmbH und den Anteilsinhabern der übertragenden Rechtsträger (Ausnahme: einvernehml nichtverhältniswahrende Verschm, vgl § 5 Rn 8). So wäre etwa ein Verstoß gegen den Gleichbehandlungsgrundsatz anzunehmen, wenn das Verhältnis der zu gewährenden Geschäftsanteile nicht der bisherigen Beteiligung der Anteilsinhaber der übertragenden Rechtsträger an diesen Rechtsträger entsprechen würde (auf die Zahl der zu gewährenden Geschäftsanteile hat dies indes keinen Einfluss, zutr Semler/Stengel/*Reichert* Rn 3 gegen OLG Frankfurt aM ZIP 1998, 1191; vgl auch Rn 8). Insbes muss das Verhältnis der Geschäftsanteile am übernehmenden Rechtsträger der Relation der jew Unternehmenswerte entsprechen (§ 5 Rn 6 ff; *Ihrig* ZHR 160 [1996], 324 f; Kallmeyer/*Kallmeyer* Rn 2, 4). Ein Ausgleich **durch bare Zuzahlungen** ist nur in beschränktem Umfang mögl, vgl § 54 IV. 6

Bei der Festlegung der Nennbeträge müssen **Besonderheiten bei den übertragenden Rechtsträgern** beachtet werden. Hat zB ein Gesellschafter einer übertragenden GmbH **mehrere Geschäftsanteile** inne, so müssen ihm auch mehrere Geschäftsanteile an der übernehmenden GmbH übertragen werden, es sei denn, er verzichtet auf diesen Vorteil (Lutter/*Winter* Rn 12; Kallmeyer/*Kallmeyer* Rn 2; Widmann/Mayer/*Mayer* Rn 11; Semler/Stengel/*Reichert* Rn 9 ff; *Streck/Mack/Schwedhelm* GmbHR 1995, 161, 163). Die Aufhebung von § 17 aF GmbHG durch das MoMiG ändert an diesem Grds nichts. **§ 5 II GmbHG** in seiner Fassung vor dem MoMiG war bereits nach altem Recht nicht anzuwenden (allgM; vgl die Nachw bei Lutter/*Winter* Rn 12; Semler/Stengel/*Reichert* § 56 Rn 14). Deshalb konnte ein GmbH-Gesellschafter in Zusammenhang mit der Verschm mehrere Geschäftsanteile innehaben. Zur Rechtslage nach dem MoMiG Rn 12. Hält ein Anteilsinhaber eines übertragenden Rechtsträgers bereits vor Durchführung der Verschm einen Geschäftsanteil an der übernehmenden GmbH, so kann statt der Ausgabe neuer Geschäftsanteile mit seiner Zustimmung die Anteilsgewährung auch durch eine entsprechende **Nennwertaufstockung** erfolgen (Lutter/*Winter* Rn 12; GKT/*Bermel* Rn 10; vgl zur Nennwertaufstockung allg Scholz/*Priester* GmbHG § 55 Rn 25 ff). 7

Auch bei einer **Mehrfachverschmelzung,** also bei Teilnahme mehrerer übertragender Rechtsträger an der Verschm, bleibt es allein den an der Verschm Beteiligten überlassen, ob sie Anteilsinhabern, die an mehreren übertragenden Rechts- 8 trägern beteiligt waren (zur Verschm von SchwesterGes allg § 2 Rn 21 ff), einen oder mehrere Geschäftsanteile zuordnen. Die hiervon abw Entscheidung des OLG Frankfurt (DB 1998, 917) trägt nicht. Es ist mögl, den anteiligen Wert des übertragenen Verm eines Anteilsinhabers zu saldieren. Wird ihm beim übernehmenden Rechtsträger nur ein Geschäftsanteil zugeordnet, kommt es nicht darauf an, ob bei isolierter Betrachtung nur eines (zB notleidenden) Rechtsträgers eine Unterpariemission vorläge oder nicht. Allein die **Gesamtbetrachtung** wird der Tats gerecht, dass die Mehrfachverschmelzung als einheitl Vorgang zu werten ist. Die gegenteilige Entscheidung des OLG Frankfurt aM ist zu Recht auf allg Ablehnung gestoßen (ausführl Semler/Stengel/*Reichert* Rn 3; Lutter/*Winter* Rn 6; Widmann/Mayer/*Mayer* Rn 9.1; *ders* DB 1998, 913; *Heckschen* DB 1998, 1389; *Trölitzsch* DStR 1999, 767; *Neye* EWiR 1998, 517).

3. Abweichende Festsetzung bei AG, KGaA, Abs 1 S 2, 3

9 Die Festlegung des Nennbetrages der zu gewährenden Geschäftsanteile kann ausnahmsweise dann unterbleiben, wenn **keine Anteilsgewährungspflicht** besteht, also zB bei der Verschm von Mutter- und TochterGes (vgl §§ 54 I, 20 I Nr 3; zur Verschm von SchwesterGes vgl § 2 Rn 21 mwN). Kommt es nach Abschluss des Verschmelzungsvertrages zu Veränderungen (etwa durch **Anteilsveräußerung,** Einziehung etc), genügt die Einreichung einer aktuellen Gesellschafterliste (zur Neufassung von § 40 I GmbHG durch Art 9 HRefG ausführl Scholz/*Schneider* GmbHG § 40 Rn 4 ff, zur Gesellschafterliste bei Verschm oben § 6 Rn 7 ff) bei der Anmeldung iSv § 17 I bzw danach die unverzügl Änderungsanzeige (Lutter/*Winter* Rn 7, 8; Widmann/Mayer/*Mayer* § 5 Rn 91, 92).

10 Gem § 33 III KapErhG aF, § 369 VI AktG aF war mit Zustimmung der betroffenen Aktionäre eine zum Nennbetrag der übertragenden AG, KGaA abw Festsetzung des Nennbetrags der Geschäftsanteile der übernehmenden GmbH mögl. Abs 1 S 2, 3 in der bis 1998 geltenden Fassung übernahmen diese Möglichkeit grdsl, allerdings unter Verzicht auf die Zustimmung der betroffenen Aktionäre (vgl 2. Aufl 1996, § 46 Rn 9 ff; KölnerKommUmwG/*Simon*/*Nießen* Rn 9).

11 **Abs 1 S 2** wurde durch Art 2 Nr 2 StückAG vom 25.3.1998 (BGBl I 590) geändert. Auch AG, die **Stückaktien** ausgegeben haben, werden von der Regelung erfasst. Stückaktien sind Anteile am Grundkapital, die durch dessen Zerlegung entstehen, notwendigerweise den gleichen Umfang haben und deshalb auf quantitative Unterscheidungsmerkmale verzichten (näher *Hüffer* AktG § 8 Rn 20; vgl auch *Neye* DB 1998, 1654 und Lutter/*Winter* Rn 16 mwN). Gem Abs 1 S 2 ist **Identität zwischen** dem **Nennbetrag der gewährten Geschäftsanteile** an der übernehmenden GmbH und dem **Grundkapital** einer übertragenden AG bzw KGaA (Entsprechendes gilt ohne weiteres auch für eine übertragende GmbH) **nicht erforderl.** Dies gilt sowohl für die Gesamtbetrachtung beim übertragenden Rechtsträger als auch für die individuellen Verhältnisse jedes Aktionärs. **Maßgebend** für die Bemessung des Geschäftsanteils an der übernehmenden GmbH ist allein das **Wertverhältnis** des eingebrachten Verm zum späteren Gesamtvermögen (Rn 5, 6 und § 55 Rn 15 ff sowie Semler/Stengel/*Reichert* Rn 10 mwN).

12 **Rechtslage nach dem MoMiG:** Die **Mindesthöhe des Nennbetrages** eines GmbH-Geschäftsanteils bestimmt sich nach dem neu gefassten Abs 1 S 3 (vgl Einf Rn 30). Korrespondierend zu § 5 I 1 GmbHG muss der Nennbetrag jedes Geschäftsanteils auf volle Euro lauten; die Mindeststückelung ist damit EUR 1,00. Die Regelung führt insoweit zu einer Gleichbehandlung von GmbH-Geschäftsanteilen und Nennbetragsaktien iSv § 8 II 1 AktG (vgl statt aller *Wälzholz* GmbHR 2008, 844 mwN). Im Zuge des Anteilstauschs ist es damit mögl, den Anteilsinhabern der übertragenden Rechtsträger mehrere Geschäftsanteile an der übernehmenden GmbH zu gewähren.

Früheres Recht: Vor dem MoMiG bestimmte sich die Mindesthöhe eines GmbH-Geschäftsanteils gem § 14 aF GmbHG nach dem Betrag der übernommenen Stammeinlage. In Abweichung von § 5 III 2 GmbHG aF wurde der Mindestnennbetrag in der ursprüngl Gesetzesfassung zunächst auf DM 50 festgesetzt. Durch Art 3 § 4 Nr 1 EuroEG vom 9.6.1998 (BGBl I 1242) wurde Abs 1 S 3 der Währungsumstellung angepasst. Der Nennbetrag eines jeden gewährten Geschäftsanteils musste mindestens EUR 50 betragen und durch 10 teilbar sein. Damit wurde die Stückelung der Anteile ggü der gesetzl Grundregel von § 5 I, III aF GmbHG (Mindesteinlage EUR 100, Teilbarkeit durch 50) erleichtert. Bis zum 31.12.2001 war die Währungsumstellung fakultativ, es sei denn, die übernehmende GmbH hatte bereits vor der Verschm ihr Kap auf Euro umgestellt und die Nennbeträge geglättet (vgl § 318 II; *Schneider* NJW 1998, 3158; Lutter/*Winter* 2. Aufl Rn 9, 10). Bei der Verschm durch Neugründung galt § 318 II 2, der bei Anmeldung des neuen Rechtsträgers zur Eintragung in das HR nach dem 31.12.1998 grdsl zum Ausweis in Euro zwang (vgl *Neye* DB 1998, 1655; *Schneider* NJW 1998, 3160; Lutter/*Winter* § 56 Rn 20; wN bei Widmann/Mayer/*Mayer* § 36 Rn 67). Seit dem 1.1.2002 galt für alle seither angemeldeten Verschm die Pflicht zur Angabe des Nennbetrags der gewährten Geschäftsanteile in Euro, gleich ob die Verschm durch Aufnahme oder durch Neugründung erfolgt und gleich, ob neue oder bereits vorhandene Anteile gewährt werden, vgl statt aller Lutter/*Winter* Rn 11 und § 54 Rn 25 mwN. Der Nennbetrag war so festzulegen, dass sich möglichst alle Aktionäre ihrem Anteil an der übertragenden AG/KGaA entsprechend in vollem Umfang an der übernehmenden GmbH beteiligen konnten (Widmann/Mayer/*Mayer* Rn 19, der zu Recht darauf hinweist, dass bei einer gegen den Verhältnismäßigkeits- und Gleichheitsgrundsatz verstoßenden willkürl Festsetzung der Anteilsgröße eine Unwirksamkeitsklage iSv § 14 mögl ist, vgl auch BGH ZIP 1999, 1444). Da Nennbetragsaktien gem § 8 II 1 AktG ledigl auf mindestens einen Euro lauten müssen, war es bei Kleinstaktionären durchaus mögl, dass auch bei der Mindeststückelung iSv Abs 1 S 3 aF die Hürde für eine Beteiligung am übernehmenden Rechtsträger zu hoch war. In diesem Fall war mehreren Kleinstaktionären die Möglichkeit der Mitberechtigung an einem Geschäftsanteil gem § 18 GmbHG zu eröffnen. Verweigerten sie die hierzu notw Zustimmung, schieden sie gegen Barabfindung aus (anders noch die 2. Aufl 1996, § 54 Rn 17; ähnl wie hier *Winter* FS Lutter, 2000, 1285 ff, der keine Notwendigkeit zum Angebot auf Bildung gemeinschaftl Anteile sieht; Widmann/Mayer/*Mayer* § 50 Rn 117, 118; Lutter/*Winter* § 54 Rn 41; Semler/Stengel/*Reichert* § 54 Rn 44, 45 und § 51 Rn 28 je mwN). Auch § 51 II aF sprach für diese Auslegung. Mit Inkrafttreten des MoMiG (Rn 12) haben sich diese Probleme sämtl erledigt. 13

4. Kapitalerhöhung und Sonderstatus, Abs 2

Eine besondere Festsetzung im Verschmelzungsvertrag fordert **Abs 2** für den Fall, dass die zu gewährenden Geschäftsanteile an der übernehmenden GmbH durch KapErh (vgl § 55) geschaffen werden **und** die Geschäftsanteile, die die Anteilsinhaber der übertragenden Rechtsträger erhalten, mit anderen Rechten und Pflichten als sonstige Geschäftsanteile der Übernehmerin ausgestattet werden 14 sollen. Aus der gesetzl Bestimmung folgt zunächst, dass allein die Schaffung der neuen Geschäftsanteile im Wege der KapErh im Verschmelzungsvertrag nicht angegeben werden muss (str, Rn 4).

15 Sollen die durch KapErh geschaffenen und zu übertragenden Geschäftsanteile mit **Sonderrechten bzw -pflichten** ausgestattet werden, so müssen diese Abweichungen **ausdrückl im Verschmelzungsvertrag festgesetzt** werden. Sie werden zwar erst mit der Satzungsänderung bei der übernehmenden GmbH wirksam, diese KapErh muss aber zum Schutz aller Anteilsinhaber bereits durch Aufnahme in den Verschmelzungsvertrag vereinbart sein (Schutz- und Warnfunktion, Widmann/Mayer/*Mayer* Rn 22; Lutter/*Winter* Rn 22; Scholz/*Priester* GmbHG 7. Aufl Anh Umw § 21 KapErhG Rn 21). Notw ist eine derartige Regelung, da Sonderrechte und -pflichten bei den übertragenden Rechtsträgern mit dem Erlöschen des jew Anteils untergehen; weiterhin, um die Gesellschafter der Übernehmerin vor etwa von ihrer Rechtsstellung abw – günstigen – Sonderrechten der neuen Gesellschafter zu warnen (dazu Semler/Stengel/*Reichert* Rn 22). Die Einräumung von Sonderrechten an die Anteilsinhaber der übertragenden Rechtsträger kann insbes im Fall von **§ 23** (zB stimmrechtslose Anteile) geboten sein. **Abs 2 gilt entsprechend,** wenn die Anteilsinhaber des übertragenden Rechtsträgers bereits bestehende Geschäftsanteile der übernehmenden Rechtsträger erhalten (vgl Abs 3), die mit Sonderrechten verbunden sind (allgM, vgl Widmann/Mayer/*Mayer* Rn 22; Semler/Stengel/*Reichert* Rn 19; Lutter/*Winter* Rn 23; Kallmeyer/*Kallmeyer* Rn 6).

16 Zweifelhaft ist die rechtstechnische Einordnung derartiger Festsetzungen im Verschmelzungsvertrag. Zumeist wird ihre Durchführung – durch KapErhB und entsprechende Satzungsänderung bei der übernehmenden GmbH – als aufschiebende Bedingung für die Wirksamkeit des Verschmelzungsvertrages angesehen (Widmann/Mayer/*Mayer* Rn 28; *ders* § 5 Rn 219; Lutter/*Winter* Rn 25 mwN auch zum früheren Recht). Denkbar ist es aber auch, die mit der Festsetzung verbundene Einräumung von Sondervorteilen als eine schlicht klagbare (actio pro socio) Verpflichtung anzusehen. Angesichts der Bedeutung der Angelegenheit für den einzelnen Anteilsinhaber wird eine Auslegung im Regelfall dazu führen, die Satzungsänderung als **aufschiebende Bedingung** anzusehen. Die Vereinbarung aufschiebender Bedingungen ist grdsl zulässig (dazu § 7 Rn 5, 6). Die Satzungsänderung muss spätestens bei Eintragung der Verschm erfolgt sein (arg § 53; wie hier Lutter/*Winter* Rn 25).

17 Abs 2 betrifft auch den Fall, dass mit einigen oder allen (alten) Geschäftsanteilen der übernehmenden **GmbH Sonderrechte** verbunden sind. Diese bleiben durch die Verschm zunächst unberührt. Die Festsetzung dieser Sondervorteile für die Anteilsinhaber der übernehmenden GmbH bereits im Verschmelzungsvertrag verhindert die Geltendmachung eines aus dem gesellschaftsrechtl Gleichbehandlungsgrundsatz folgenden Anpassungsanspruch der neuen GmbH-Gesellschafter (wie hier Kallmeyer/*Kallmeyer* Rn 6; Widmann/Mayer/*Mayer* Rn 22 aE; Semler/Stengel/*Reichert* Rn 19).

5. Gewährung schon vorhandener Geschäftsanteile, Abs 3

18 Gem **Abs 3** ist eine konkrete Festlegung im Verschmelzungsvertrag auch dann notw, wenn den Anteilsinhabern der übertragenden Rechtsträger **bereits vorhandene Geschäftsanteile** gewährt werden. In diesem Fall ist der Nennbetrag und der Anteilsinhaber, der den Geschäftsanteil übernimmt, anzugeben. § 35 bleibt unberührt. Ist dieser Anteil mit Sonderrechten ausgestattet oder sollen solche geschaffen

werden, gilt Abs 2 entsprechend, da auch hier die Schutz- und Warnfunktion der Aufnahme von Sondervorteilen oder besondere Pflichten notw ist (Rn 15 aE).

Der Angabe des Nennbetrags und der übernehmenden Gesellschafter im Verschmelzungsvertrag (Rn 3; Formulierungsbeispiel bei Kallmeyer/*Kallmeyer* Rn 7) bedarf es iÜ auch dann, wenn **bestehende Anteile Dritter** gewährt werden sollen (Lutter/*Winter* Rn 15 aE; Semler/Stengel/*Reichert* Rn 25; Widmann/Mayer/*Mayer* Rn 14). **19**

§ 47 Unterrichtung der Gesellschafter

Der Verschmelzungsvertrag oder sein Entwurf und der Verschmelzungsbericht sind den Gesellschaftern spätestens zusammen mit der Einberufung der Gesellschafterversammlung, die gemäß § 13 Abs. 1 über die Zustimmung beschließen soll, zu übersenden.

Schrifttum: Siehe Schrifttum Vor §§ 46–59.

1 Die für die konkrete Verschm durch entsprechende Verzichtserklärungen **dispositive** (Lutter/*Winter* Rn 5; zum Verzicht auf Form- und Fristerfordernisse in der Anteilsinhaberversammlung nach § 13 I Semler/Stengel/*Reichert* Rn 5 und Lutter/*Lutter/Drygala* § 13 Rn 6 mwN) Vorschrift konkretisiert in Anlehnung an § 24 II UmwG 1969 das allg Auskunfts- und Einsichtsrecht des GmbH-Gesellschafters (vgl § 51a GmbHG) für den Vorgang der Verschm (RegEBgr BR-Drs 75/94 zu § 47). Um den Beschlussgegenstand zu bestimmen, sind die einberufenden Geschäftsführer (§ 49 I GmbHG) gehalten, **allen Gesellschaftern** (auch den nicht stimmberechtigten Gesellschaftern, Lutter/*Winter* Rn 8 mwN) den Verschmelzungsvertrag oder dessen Entwurf und den Verschmelzungsbericht zu übersenden. Erleichterungen durch elektronische Kommunikation oder via Internet gibt es dabei nicht (arg ex § 63 III 2, IV). Wurde eine **Prüfung** durchgeführt (§ 48, §§ 9–12), gilt **§ 47 entsprechend** auch für die Übersendung des Prüfungsberichts (hM, vgl *Zimmermann* FS Brandner, 1996, 176; Semler/Stengel/*Reichert* Rn 8; Lutter/*Winter* Rn 7 je mwN; aA Widmann/Mayer/*Mayer* Rn 4, der auf das allg Auskunftsrecht nach § 51a GmbHG verweist, dort muss allerdings der Anteilsinhaber initiativ werden). Die Übersendung muss nicht notw gemeinsam („spätestens zusammen") mit der Einladung nach § 51 I 1 GmbHG erfolgen, die **Wochenfrist** von § 51 I 2 GmbHG ist jedoch zwingend zu beachten (vgl RegEBegr BR-Drs 75/94 zu § 47). Damit gelten auch die für § 51 I 2 GmbHG entwickelten Grdse, wonach die Frist mit dem Tag beginnt, an dem bei normaler postalischer Beförderung (Rn 2) mit Zugang beim letzten Gesellschafter zu rechnen wäre (BGHZ 100, 264; BGH ZIP 1994, 1525; Lutter/Hommelhoff/*Bayer* GmbHG § 51 Rn 13 ff mwN; Michalski/*Römermann* GmbHG § 51 Rn 40 ff mwN; zum verhinderten Gesellschafter vgl OLG Brandenburg NZG 1999, 832 und Lutter/*Winter* Rn 9 mwN).

2 Die Einladung zur Gesellschafterversammlung setzt **nicht den Zugang** bei den Gesellschaftern voraus (BGHZ 100, 264, 267 ff; Michalski/*Römermann* GmbHG § 51 Rn 44), denn die Einberufung ist nicht rechtsgeschäftl Willenserklärung (Scholz/*K. Schmidt/Seibt* GmbHG § 51 Rn 8 mwN; BGH ZIP 1994, 1525). In Abweichung zur hM bei § 24 UmwG 1969 (dazu 1. Aufl 1994, § 24 Anm 4c mwN) genügt für die „Übersendung" iSv § 47 demnach unabhängig vom Zugang bereits die Aufgabe des letzten (Lutter/*Winter* Rn 16) den Verschmelzungsvertrag bzw seinen Entwurf und den Verschmelzungsbericht enthaltenden Schreibens zur Post zzgl der für die Postbeförderung notw Zeit innerh der Bun-

desrepublik von zwei und innerh Westeuropas von vier Tagen. Bei der Einberufung der Gesellschafterversammlung selbst ist § 49 I zu beachten.

§ 48 Prüfung der Verschmelzung

[1] Der Verschmelzungsvertrag oder sein Entwurf ist für eine Gesellschaft mit beschränkter Haftung nach den §§ 9 bis 12 zu prüfen, wenn dies einer ihrer Gesellschafter innerhalb einer Frist von einer Woche verlangt, nachdem er die in § 47 genannten Unterlagen erhalten hat. [2] Die Kosten der Prüfung trägt die Gesellschaft.

Schrifttum: Siehe Schrifttum Vor §§ 46–59; Stellungnahme der Centrale für GmbH Dr. Otto Schmidt vom 16.3.2006 zum Referentenentwurf eines Zweiten Gesetzes zur Änderung des Umwandlungsgesetzes, GmbHR 2006, 418; HRA des DAV, Stellungnahme zum Regierungsentwurf eines Zweiten Gesetzes zur Änderung des Umwandlungsgesetzes, NZG 2006, 737; *Bayer/Schmidt,* Der Regierungsentwurf zur Änderung des Umwandlungsgesetzes, NZG 2006, 841; *Drinhausen,* Regierungsentwurf eines Zweiten Gesetzes zur Änderung des Umwandlungsgesetzes – Ein Gewinn für die Praxis, BB 2006, 2313; *Heckschen,* Die GmbH-Reform – Wege und Irrwege, DStR 2007, 1442; *ders,* Die Reform des Umwandlungsrechts, DNotZ 2007, 444; *Mayer/Weiler,* Neuregelungen durch das Zweite Gesetz zur Änderung des Umwandlungsgesetzes, DB 2007, 1235 (Teil I); DB 2007, 1291 (Teil II); *dies,* Aktuelle Änderungen des Umwandlungsrechts aus Sicht der notariellen Praxis, MittBayNot 2007, 368; *Neye,* BB-Gesetzgebungsreport: Bundestag beschließt neues Umwandlungsrecht, BB 2007, 389; *Henckel,* Die Verschmelzungsprüfung als Schutzrecht der Anteilsinhaber, Diss 2010.

1 § 48 enthält einen **Prüfungsbefehl** (Vor §§ 9–12 Rn 3) für eine Verschm unter Beteiligung einer GmbH. Der Verschmelzungsvertrag oder sein Entwurf ist für die GmbH **auf Verlangen eines ihrer Gesellschafter** (auch der nicht stimmberechtigten, Lutter/*Winter* Rn 5 mwN; KölnerKommUmwG/*Simon/Nießen* Rn 8) zu prüfen. Die Vorschrift ist nicht dispositiv (§ 44 Rn 2 mwN). Zur materiellrechtl Durchführung der Verschmelzungsprüfung wird in § 48 nichts ausgeführt, auf §§ 9–12 wird pauschal verwiesen.

2 Jeder Gesellschafter der GmbH ist in der Entscheidung frei, ob er – **auf Kosten der Ges, S 2** – auf die Durchführung einer Verschmelzungsprüfung besteht. Damit soll unabhängig vom Interesse der anderen Gesellschafter ein Schutz von Minderheitsgesellschaftern oder – bei Publikums-GmbH – von reinen Kapitalanlegern bewirkt werden (RegEBegr BR-Drs 75/94 zu § 48). Die Kostenregelung in S 2 soll dazu beitragen, dass schon bei der Vorbereitung der Verschm durch den Verschmelzungsbericht der Geschäftsführer der GmbH (§ 8) möglichst umfassende und überzeugende Informationen gegeben werden, die eine Verschmelzungsprüfung überflüssig machen (RegEBegr BR-Drs 75/94 zu § 48).

3 Der Gesellschafter muss die Prüfung nach §§ 9–12 **verlangen.** Die dafür erforderl **Willenserklärung** ist ggü der Ges, vertreten durch ihre Geschäftsführer, in eindeutiger Art und Weise abzugeben. Nicht notw ist zwar die Verwendung der Begriffe „Verschmelzungsprüfung, Prüfung"; aus der Erklärung des Gesellschafters muss aber deutl werden, dass er die sachverständige Überprüfung der im Verschmelzungsvertrag und im Verschmelzungsbericht enthaltenen Angaben, insbes zum Umtauschverhältnis, durch einen sachverständigen Dritten wünscht. Das Recht, eine Verschmelzungsprüfung zu verlangen, erlischt durch Abgabe einer **notariellen Verzichtserklärung** nach § 8 III (§ 9 III) unabhängig davon, ob alle anderen Anteilsinhaber ebenfalls auf die Durchführung der Verschmelzungsprü-

fung verzichtet haben; damit ist zwar insges kein wirksamer Verzicht ausgesprochen worden, dem betroffenen Gesellschafter ggü lässt sich aber zumindest der Einwand unzulässiger Rechtsausübung erheben, weil er durch seinen Verzicht dokumentiert hat, dass er an der Durchführung der Verschmelzungsprüfung kein Interesse hat.

S 1 ist durch das 2. UmwÄndG (dazu Einf Rn 28) ergänzt worden. Das Verlangen nach einer Prüfung ist nun **fristgebunden.** Damit haben sich die Fragen, ob der Rechtsträger für das Verlangen eine Frist setzen kann und bis zu welchem Zeitpunkt die Prüfung durchzuführen ist (dazu 4. Aufl 2006, Rn 4) erledigt. S 1 ist in Bezug auf die Wochenfrist, ihre Berechnung und ihre Auswirkungen inhaltsgleich mit § 44 S 1, vgl deshalb die Komm zu § 44 Rn 4 mwN. 4

§ 49 Vorbereitung der Gesellschafterversammlung

(1) **Die Geschäftsführer haben in der Einberufung der Gesellschafterversammlung, die gemäß § 13 Abs. 1 über die Zustimmung zum Verschmelzungsvertrag beschließen soll, die Verschmelzung als Gegenstand der Beschlußfassung anzukündigen.**

(2) **Von der Einberufung an sind in dem Geschäftsraum der Gesellschaft die Jahresabschlüsse und die Lageberichte der an der Verschmelzung beteiligten Rechtsträger für die letzten drei Geschäftsjahre zur Einsicht durch die Gesellschafter auszulegen.**

(3) **Die Geschäftsführer haben jedem Gesellschafter auf Verlangen jederzeit Auskunft auch über alle für die Verschmelzung wesentlichen Angelegenheiten der anderen beteiligten Rechtsträger zu geben.**

Schrifttum: Siehe Schrifttum Vor §§ 46–59.

1. Allgemeines

Abs 1 schreibt für die Geschäftsführer in Ergänzung zu § 51 II GmbHG vor, dass die Verschm als Gegenstand der Beschlussfassung anzukündigen ist. Im Zusammenspiel mit § 47 dient Abs 1 somit dazu, den Gesellschaftern bereits im Vorfeld der Anteilsinhaberversammlung nach § 13 I Klarheit über Tragweite und Umfang des Beschlussgegenstandes zu vermitteln, wie dies für Grundlagenbeschlüsse geboten ist (vgl Hachenburg/*Hüffer* GmbHG § 51 Rn 24 f; Lutter/*Winter* § 47 Rn 3; KölnerKommUmwG/*Simon*/*Nießen* Rn 1, 4). Auf die Frist für das Verlangen nach einer Umwandlungsprüfung (§ 48 S 1, vgl dort Rn 4) muss in der Einladung nicht hingewiesen werden (*Heckschen* DNotZ 2007, 448). 1

In Anlehnung an § 340d II Nr 2 AktG aF legt **Abs 2** fest, dass sämtl Jahresabschlüsse und Lageberichte der an der Verschm beteiligten Rechtsträger für die letzten drei Gj zur Einsicht durch die Gesellschafter in den Geschäftsräumen der GmbH auszulegen sind (die Veröffentlichung im Internet genügt nicht, Arg ex § 63 IV); damit erweitert Abs 2 das allg Auskunfts- und Einsichtsrecht der GmbH-Gesellschafter nach § 51a GmbHG. 2

Abs 3 übernimmt schließl § 20 V KapErhG aF; der spezielle Auskunftsanspruch hinsichtl der übrigen an der Verschm beteiligten Rechtsträger soll dem naturgemäßen großen Informationsbedürfnis der Gesellschafter im Vorfeld der Verschm Genüge tun. Vgl zur **Strafbarkeit falscher Angaben** § 313 I Nr 1. 3

2. Verschmelzung als Gegenstand der Beschlussfassung, Abs 1

4 Spätestens **eine Woche** (§ 51 I 2 GmbHG; Zustellungsfrist und Dispositionsfrist sind zusammenzurechnen, BGHZ 100, 264 und § 47 Rn 1 aE; § 51 IV GmbHG gilt nicht) vor Durchführung der Anteilsinhaberversammlung nach § 13 muss die **Verschm als Gegenstand der Beschlussfassung angekündigt werden,** Abs 1. Auf die Wochenfrist von § 48 S 1 muss nicht hingewiesen werden (Rn 1). Die Ankündigung hat in der Einberufung der Gesellschafterversammlung iSv § 51 I 1 GmbHG zu erfolgen (eingeschriebener Brief); verpflichtet sind damit die Geschäftsführer der GmbH (vgl auch § 49 I GmbHG). Vgl iÜ § 47 Rn 1, 2. **Sonstige satzungsmäßige Anforderungen** an die Ordnungsmäßigkeit der Einberufung der Gesellschafterversammlung sind zu beachten, sodass sich insbes die Einberufungsfrist von § 51 I GmbHG verlängern kann, wobei dies uU Auswirkungen für den Zustellungsaufschlag (dh die Zeit des regelm Postlaufs) hat, OLG Brandenburg NZG 1999, 832.

5 Die Ankündigung der Zustimmung zum Verschmelzungsvertrag als Gegenstand der Anteilsinhaberversammlung nach § 13 I hat notw **in der Einberufung** der Gesellschafterversammlung zu erfolgen, eine anderweitige Information – etwa durch separates Schreiben – genügt anders als iRv § 47 nicht (Lutter/*Winter* Rn 6; Semler/Stengel/*Reichert* Rn 5; Widmann/Mayer/*Mayer* Rn 9; GKT/*Bermel* Rn 6; KölnerKommUmwG/*Simon/Nießen* Rn 8). Die **Angaben in der Tagesordnung** müssen grdsl so genau sein, dass die Gesellschafter erkennen können, worüber verhandelt und ein Beschluss gefasst werden soll, sodass sie zu einer ausreichenden Vorbereitung auf die Gesellschafterversammlung im Stande sind. Unverzichtbar dürfte mithin die Verwendung des Begriffs „Verschm" sein; wegen § 47 ist ein Aufführen der an der Verschm beteiligten Rechtsträger nicht zwingend notw, durch die Übersendung des Verschmelzungsvertrages wird genügend Transparenz vermittelt. Zum übrigen Inhalt der Einberufung und zur Folge von Verstößen gegen die ordnungsgemäße Mitteilung des Beschlussgegenstandes wird auf die Komm zu § 51 GmbHG verwiesen. Bei einer **Universalversammlung** (Vollversammlung aller Gesellschafter) kann ein etwaiger Verstoß gegen §§ 47, 49 I **geheilt** werden, vgl Lutter/Hommelhoff/*Bayer* GmbHG § 51 Rn 31 ff; ein ausdrückl Verzicht (so wohl Lutter/*Winter* Rn 2; Semler/Stengel/*Reichert* Rn 5) ist dabei nicht stets erforderl, da § 51 III GmbHG auch konkludentes Verhalten sanktioniert (zB BGH GmbHR 1998, 288; vgl auch *Goette* DStR 1998, 349).

3. Auslegungspflicht, Abs 2

6 Von der Einberufung der Gesellschafterversammlung an sind im Geschäftsraum der GmbH die **Jahresabschlüsse** und die Lageberichte **aller** an der Verschm beteiligten **Rechtsträger** für die **letzten drei Gj** zur Einsicht durch die Gesellschafter auszulegen. Sind keine Jahresabschlüsse vorhanden (zB Verein) oder besteht ein Rechtsträger weniger als drei Jahre, wird nur das ausgelegt, was vorhanden ist; die **nachträgl Erstellung** von Lageberichten etwa für kleine KapGes oder die vorfristige Aufstellung eines Jahresabschlusses ist nicht gefordert (zutr OLG Hamburg DB 2003, 1499 gegen LG Hamburg DB 2002, 2478; wie hier Kallmeyer/*Kallmeyer* Rn 2; Widmann/Mayer/*Mayer* Rn 14; Semler/Stengel/*Reichert* Rn 7 mwN; KölnerKommUmwG/*Simon/Nießen* Rn 15). Jedem Gesellschafter der GmbH ist es gestattet, während der übl Geschäftszeiten **Einsicht** in diese Unterlagen zu nehmen. Ein Anspruch auf die Anfertigung von **Kopien** (vgl aber Rn 7) besteht grdsl nicht, wohl aber ein Anspruch auf die Einsichtnahme unter Hinzuzie-

hung eines zur Berufsverschwiegenheit verpflichteten Dritten. In § 340d IV AktG aF war der Anspruch auf unverzügl kostenlose Überlassung einer Abschrift der Unterlagen enthalten, eine vglbare Vorschrift findet sich im neuen Recht (bei der GmbH, anders § 63 III 1 für die AG) nicht. Die **hM** sieht das anders (Lutter/*Winter* Rn 7 aE; Widmann/Mayer/*Mayer* Rn 16.1; Semler/Stengel/*Reichert* Rn 8 aE; GKT/*Bermel* Rn 8) und bezieht sich dabei auf die hM zu § 51a GmbHG; dabei wird aber nicht genügend berücksichtigt, dass § 51a GmbHG Auskunfts- und Einsichtsrechte zwar für verbundene Unternehmen gibt (umstr, vgl *Großfeld/Möhlenkamp* ZIP 1994, 1425), § 49 II aber bislang völlig gesellschaftsfremde Rechtsträger erfasst, die ihrerseits ein berechtigtes Interesse daran haben, ihre Jahresabschlüsse nur dann körperl auszureichen, wenn dies ausdrückl gesetzl bestimmt ist (die hM stellt bei § 49 III auf diesen Unterschied ab und legt das erweiterte Informationsrecht richtigerweise restriktiv aus, statt aller Lutter/*Winter* Rn 14 aE, weswegen sich mE insoweit ein Wertungswiderspruch ergibt). Mit der Pflicht zur Auslage der genannten Unterlagen korrespondiert nach **Abs 3** die Pflicht der Geschäftsführer der GmbH, im Rahmen ihrer Möglichkeiten **Auskunft** über die wirtschaftl Ausstattung der anderen Rechtsträger zu geben (arg § 51a GmbHG). Die Gesellschafter unterliegen einer **Verschwiegenheitspflicht,** die Weitergabe von Informationen ist nach allg Vorschriften eingeschränkt (vgl Scholz/*K. Schmidt* GmbHG § 51a Rn 6 mwN; *Lutter* ZIP 1997, 613).

4. Auskunftsanspruch, Abs 3

a) Angelegenheiten der eigenen Gesellschaft. Einen **Auskunftsanspruch** – und insoweit auch einen Anspruch auf die Erstellung von **Kopien,** anders Rn 6 in Bezug auf die übrigen Rechtsträger, soweit diese nicht verbundene Unternehmen sind – **hinsichtl der eigenen Ges** haben die Gesellschafter der GmbH bereits nach § 51a GmbHG. Diese Norm ist hier vollumfängl anwendbar, sie wird durch Abs 3 ledigl ergänzt. **§ 51a GmbHG** begründet nicht nur den Anspruch auf Auskunft, sondern auch auf Erläuterung. Die Erläuterungspflicht umfasst nicht nur die Grdse, nach denen das Umtauschverhältnis berechnet wurde, sondern vielmehr auch die Vorgehensweise bei der Wertermittlung. Nur so können die Gesellschafter nachvollziehen, ob ihnen durch den Vollzug der Verschm ein Schaden entsteht. Die auskunftspflichtigen Geschäftsführer können sich auf den Inhalt des Verschmelzungsberichts nach § 8 beziehen. Die Auskunftspflicht bzgl des eigenen Rechtsträgers findet ihre **Grenze** ledigl für den Fall von **§ 51a II GmbHG,** der restriktiv ausgelegt wird (vgl Lutter/Hommelhoff/*Bayer* GmbHG § 51a Rn 25 ff; weitere Nachw bei Lutter/*Winter* Rn 10). Bzgl der anderen an der Verschm beteiligten Rechtsträger muss der Geheimnisschutz von § 8 II, dazu § 8 Rn 29 ff, beachtet werden (Lutter/*Winter* Rn 14; Semler/Stengel/*Reichert* Rn 17). 7

b) Angelegenheiten der anderen Rechtsträger. Abs 3 erweitert den Auskunftsanspruch über die Belange der eigenen Ges hinaus auch auf die **Angelegenheiten aller anderen Rechtsträger,** mit denen die Verschm durchgeführt werden soll. Die Vorschrift erklärt sich aus dem Umstand, dass sämtl Rechtsträger in Zukunft ein gemeinsames Schicksal teilen sollen. Daher besteht für die Gesellschafter der GmbH ein entsprechendes Informationsbedürfnis, das im Interesse der anderen Rechtsträger aber **durch § 8 II beschränkt** wird (Rn 7 aE und Rn 10). Inhaltl richtet sich der Anspruch auf Auskunft auf die gesellschaftsrechtl (etwa Zahl der Anteilsinhaber und deren Beteiligung, näher Lutter/*Winter* Rn 11 mwN) und wirtschaftl Angelegenheiten der anderen Rechtsträger. Als Minimal- 8 anforderung ist auch die Auskunft darüber zu erwarten, wie sich die wirtschaftl Lage der anderen Rechtsträger aktuell darstellt und welche konkreten Zukunftsaussichten in den jew Geschäftsbereichen bestehen (Semler/Stengel/*Reichert* Rn 14 mwN). Auch hier kann auf den Verschmelzungsbericht, wenn er in der gebotenen Ausführlichkeit abgefasst wurde, größtenteils verwiesen werden.

9 Der **Anspruch** besteht nicht ggü den anderen Rechtsträgern, sondern **nur ggü den eigenen Geschäftsführern.** Diese haben sich, soweit nötig, die Informationen bei den anderen Rechtsträgern einzuholen, deren Vertretungsorgane dann Hilfspersonen der originär auskunftspflichtigen Geschäftsführer sind (Lutter/*Winter* Rn 12 mwN). Der **Anspruch** (zu dessen Umfang § 64 Rn 6) **der Geschäftsführer ggü den jew anderen Rechtsträgern** ist im Gesetz zwar nicht geregelt, er folgt aber aus dem Schuldverhältnis zwischen den beteiligten Rechtsträgern, das durch die angebahnten Vertragsbeziehungen (Entwurf des Verschmelzungsvertrages) entstanden ist (ähnl Widmann/Mayer/*Mayer* Rn 30; Lutter/*Winter* Rn 12 aE); ist der Verschmelzungsvertrag schon abgeschlossen, folgt der Auskunftsanspruch aus ihm. Deshalb gilt auch § 275 BGB, sodass bei Unmöglichkeit der Informationserlangung die Geschäftsführer von ihrer Auskunftspflicht befreit werden (Semler/Stengel/*Reichert* Rn 16 mwN zu § 293g III AktG).

10 Besondere Bedeutung kann in diesem Zusammenhang auch **den Grenzen der Informationspflicht** zukommen, etwa dann, wenn eine geplante Verschm von Konkurrenzunternehmen scheitert (vgl bereits Rn 6). Eine gesetzl Regelung fehlt. Als Maßstab ist hier **§ 8 II** heranzuziehen. Der Umfang der zu erteilenden Informationen wird im Einzelfall davon abhängen, in welchem Stadium sich der Verschmelzungsvorgang befindet. Nach dem Wortlaut von Abs 3 besteht der Anspruch zwar grdsl auch schon vor Abschluss des Verschmelzungsvertrages. Die den Anteilsinhaber privilegierende Regelung von § 51a II GmbHG überlagert § 8 II aber frühestens nach endgültigem Wirksamwerden des Verschmelzungsvertrages, mithin erst nach Beschlussfassung. Abs 3 ist restriktiv auszulegen (Rn 7 aE). Die Auskunftspflicht entsteht grdsl nur auf **Verlangen** eines Gesellschafters, eine aktive Berichtspflicht – etwa vglbar § 64 I – besteht nicht (so auch Widmann/Mayer/*Mayer* Rn 27, 28; Semler/Stengel/*Reichert* Rn 15 mwN; aA Scholz/*Priester* GmbHG 7. Aufl Anh Umw § 20 KapErhG Rn 17). Im Einzelfall kann sich aus der **Treuepflicht der Geschäftsführer** aber die Verpflichtung ergeben, Informationen ohne direkte Aufforderung dann zu erteilen, wenn aus dem Verlangen des Gesellschafters erkennbar ist, dass eine Information, die er nicht direkt begehrt hat, für seine Willensentschließung unentbehrl ist.

11 Die **Verletzung** der in § 49 insges festgelegten Pflichten (zutr Semler/Stengel/*Reichert* Rn 18) eröffnet – vorbehaltl mögl Einschränkungen bei wertbezogenen Informationsmängeln (dazu Lutter/*Winter* Rn 15 und allg hier in der Komm zu § 192 Rn 15 mwN) – die Möglichkeit der Anfechtung des Verschmelzungsbeschlusses.

§ 50 Beschluß der Gesellschafterversammlung

(1) [1] **Der Verschmelzungsbeschluß der Gesellschafterversammlung bedarf einer Mehrheit von mindestens drei Vierteln der abgegebenen Stimmen.** [2] **Der Gesellschaftsvertrag kann eine größere Mehrheit und weitere Erfordernisse bestimmen.**

(2) **Werden durch die Verschmelzung auf dem Gesellschaftsvertrag beruhende Minderheitsrechte eines einzelnen Gesellschafters einer über-**

tragenden Gesellschaft oder die einzelnen Gesellschaftern einer solchen Gesellschaft nach dem Gesellschaftsvertrag zustehenden besonderen Rechte in der Geschäftsführung der Gesellschaft, bei der Bestellung der Geschäftsführer oder hinsichtlich eines Vorschlagsrechts für die Geschäftsführung beeinträchtigt, so bedarf der Verschmelzungsbeschluß dieser übertragenden Gesellschaft der Zustimmung dieser Gesellschafter.

Schrifttum: Siehe Schrifttum Vor §§ 46–59.

1. Allgemeines

Die Vorschrift regelt in inhaltl Übereinstimmung mit § 20 II 1, 2 KapErhG aF 1
die **für den Verschmelzungsbeschluss** einer GmbH **notw Mehrheit** unabhängig davon, ob die GmbH als übertragender oder übernehmender Rechtsträger fungiert. Der Verschmelzungsbeschluss bedarf mindestens einer **Mehrheit von drei Vierteln** der in der Gesellschafterversammlung abgegebenen Stimmen, Abs 1 S 1; durch **Gesellschaftsvertrag** kann diese Mehrheit bis hin zur Einstimmigkeit verschärft werden. In Ergänzung zu § 23 schützt **Abs 2** bestimmte einzelne Gesellschafter einer übertragenden GmbH, deren Rechtsstellung durch eine Verschm bes beeinträchtigt werden kann, durch ein **individuelles Zustimmungserfordernis** (vgl RegEBegr BR-Drs 75/94 zu § 50 II); die Zustimmung bedarf gem § 13 III 1 der notariellen Beurkundung.

2. Beschlussfassung

Die **Beschlussfassung** richtet sich nach den allg Regeln des GmbH-Rechts. 2
Das Erfordernis eines Gesellschafterbeschlusses ist zwingend. Auch **der Gesellschaftsvertrag** kann hiervon keine Ausnahmen gestatten. Ferner kann die Beschlussfassung keinem anderen Organ (Geschäftsführung, AR; zutr Lutter/*Winter* Rn 6; Semler/Stengel/*Reichert* Rn 4; KölnerKommUmwG/*Simon/Nießen* Rn 9) übertragen werden. Zur Verfahrensweise bei Ersetzung der Stimme eines Gesellschafters durch Urteil gem § 894 ZPO vgl BGH ZIP 1989, 1261. Der Verschmelzungsbeschluss hat notw in einer Gesellschafterversammlung stattzufinden (vgl § 13 I 2); die ordnungsgemäße Einberufung der Gesellschafterversammlung setzt die Ankündigung der Verschm als Gegenstand der Beschlussfassung (§ 49 I) ebenso voraus wie die Übersendung der in § 47 bezeichneten Unterlagen. Die Unwirksamkeit des Beschlusses kann in **entsprechender Anwendung von §§ 241 ff AktG** (stRspr seit BGHZ 51, 210; ausführl Darstellung bei Lutter/Hommelhoff/*Bayer* GmbHG Anh § 47 Rn 1 ff) binnen eines Monats nach der Beschlussfassung (§ 14 I) geltend gemacht werden; die Klage darf sich nicht darauf stützen, dass das Umtauschverhältnis der Anteile oder das Barabfindungsangebot zu niedrig bemessen sei (§§ 14 II, 32). Seit der Einfügung von § 243 IV 2 AktG ist für die Verschm geklärt, dass beschlussvorbereitende Informationsmängel die Anfechtung begründen können (dazu § 8 Rn 40), Informationsdefizite in der Anteilsinhaberversammlung hingegen nicht.

3. Mehrheitsverhältnisse

Der auf den Verschmelzungsvertrag bezogene Zustimmungsbeschluss kommt 3
einer Satzungsänderung der an der Verschm beteiligten GmbH gleich. Deshalb schreibt **Abs 1 S 1** in Übereinstimmung mit § 53 II GmbHG vor, dass der Zustim-

mungsbeschluss mit einer **Mehrheit von drei Vierteln der abgegebenen Stimmen** gefasst werden muss. Die Dreiviertelmehrheit ist Mindestvoraussetzung; auch die Satzung kann keine geringeren Mehrheiten gestatten. Sonstige **satzungsmäßige Erfordernisse** sind hingegen zu beachten, Abs 1 S 2. So kann die Satzung ein Quorum, eine höhere Mehrheit, Einstimmigkeit oder die Zustimmung eines bestimmten Gesellschafters verlangen.

4 Die Abstimmung richtet sich nach den allg Grdsen des GmbH-Rechts (zur Beachtung von § 181 BGB bei Vertretung eines Gesellschafters durch einen anderen Gesellschafter vgl Lutter/*Winter* Rn 10 mwN; *Melchior* GmbHR 1999, 525). Berechnungsgrundlage sind nur die **abgegebenen Stimmen.** Auf die Höhe des anwesenden Kap kommt es nicht an, falls nicht die Satzung ein Mindestkapital verlangt. **Stimmenthaltungen** werden nicht mitgezählt; maßgebl sind ledigl die abgegebenen gültigen Ja- und Nein-Stimmen (BGHZ 83, 35; BGH ZIP 1987, 636). Die Mehrheit bestimmt sich nicht nach Köpfen, sondern nach dem Nominalbetrag der Geschäftsanteile; andere Regelungen im Gesellschaftsvertrag sind allerdings mögl (vgl Lutter/Hommelhoff/*Bayer* GmbHG § 47 Rn 7 mwN; *Mayer* GmbHR 1990, 61). **Mehrstimmrechte** sind zu beachten; die Zustimmung von Inhabern **stimmrechtsloser Geschäftsanteile** innerh oder außerhalb der Gesellschafterversammlung ist dagegen nicht notw. § 23 gewährt den Schutz von Inhabern stimmrechtsloser Geschäftsanteile auch für die Zeit nach Wirksamwerden der Verschm; weiterhin zeigt § 65 (dort Rn 4), dass der Gesetzgeber den Stimmrechtsausschluss auch bei Beschlussfassung über die Verschm wirken lassen will. Die in der 1. Aufl zum früheren Recht vertretene Gegenansicht (dort § 20 KapErhG Anm 4c mwN) kann nicht mehr aufrechterhalten werden, weil die durch die Verschm bewirkte Strukturänderung des Verbandes auf den Anteilsinhaber wegen § 23 keine ins Gewicht fallenden Auswirkungen hat. Damit wird insbes den Interessen eines reinen Kapitalanlegers ausreichend Genüge getan.

5 Zweifelhaft ist, ob beim Verschmelzungsbeschluss **§ 47 IV 2 GmbHG** Anwendung findet, vor allem dann, wenn die sich verschmelzenden Rechtsträger untereinander beteiligt sind. Mit der hM zum früheren Recht ist davon auszugehen, dass das **Stimmverbot** nicht besteht (Hachenburg/*Schilling*/*Zutt* GmbHG § 77 Anh II § 20 KapErhG Rn 10; Scholz/*Priester* GmbHG 7. Aufl Anh Umw § 20 KapErhG Rn 6, jew mwN). Der von § 47 IV 2 GmbHG geregelte Interessenkonflikt kann zwar auch bei der Verschm auftreten, gegen die Anwendung spricht aber die besondere Natur des Verschmelzungsvertrages als Organisationsakt. Hier bietet sich an, eine Parallele zur Zustimmung bei Unternehmensverträgen zu ziehen, bei denen § 47 IV 2 GmbHG ebenfalls keine Anwendung findet (Scholz/*K. Schmidt* GmbHG § 47 Rn 100, 114 f). IÜ gilt nach der Rspr der Stimmrechtsausschluss nicht bei Beschlüssen zu innergesellschaftl Angelegenheiten. Dies sind Angelegenheiten, bei denen jeder Gesellschafter aufgrund seines Mitgliedschaftsrechts von der Sache her zur Mitwirkung berufen ist (BGH GmbHR 1977, 81, 82; anders aber bei generell stimmrechtslosen Geschäftsanteilen, Rn 4). Der Verschmelzungsbeschluss gehört wegen seiner existenziellen Bedeutung zu dieser Gruppe (für Unternehmensvertrag offengelassen von BGH WM 1990, 1820, 1821 ff). Gegen den Stimmrechtsausschluss spricht ferner, dass trotz verschiedener Novellierungen (GmbH-Novelle 1980, VerschmRL-Gesetz 1982, MoMiG) in Kenntnis der Problematik eine entsprechende Gesetzesänderung nicht erfolgte (zum Ganzen ausführl Lutter/*Winter,* Kölner Umwandlungsrechtstage 1995, S 38 f mwN; Lutter/*Winter* Rn 9 mwN; Semler/Stengel/*Reichert* Rn 15 mwN; aA Michalski/*Römermann* GmbHG § 47 Rn 287.

Der **Gesellschaftsvertrag kann eine größere Mehrheit und weitere Erfordernisse bestimmen, Abs 1 S 2.** Die Verschärfung des Mehrheitserfordernisses kann bis zur Einstimmigkeit erfolgen, weiterhin kann der Gesellschaftsvertrag für mehrere Gesellschaftsstämme deren jew gemeinschaftl und einheitl Stimmabgabe zwingend vorsehen (vgl BGH GmbHR 1990, 75). Auch bei scheinbarer Beibehaltung der Dreiviertelmehrheit im Gesellschaftsvertrag ist darauf zu achten, ob nicht dennoch eine Änderung des Mehrheitserfordernisses gegeben ist, etwa durch die Anordnung einer Dreiviertelmehrheit in Bezug auf das bei der Beschlussfassung vertretene StK. 6

Die Satzungsbestimmung iSv Abs 1 S 2 muss **nicht notw ausdrückl** den Fall der Umw (§ 1 I) oder der Verschm behandeln. Der Zustimmungsbeschluss nach §§ 13, 50 kommt wegen seiner Bedeutung (Strukturänderung der Ges; bei der übertragenden GmbH Erlöschen der Ges) einem Satzungsänderungsbeschluss gleich. Deshalb sind die besonderen Anforderungen, die die Satzung einer an der Verschm beteiligten GmbH nach § 52 II 2 GmbHG für den allg Fall der Satzungsänderung (ebenso: für die Liquidation, vgl § 65 Rn 12; aA Widmann/Mayer/*Mayer* Rn 45) aufstellt, auch iRd Verschm zu beachten. Diese Auslegung entspricht der früher hM, es spricht nichts dafür, dass der Gesetzgeber dieses ihm bekannte Problem anders geregelt wissen wollte (Lutter/*Winter*, Kölner Umwandlungsrechtstage 1995, S 25, 37; Lutter/*Winter* Rn 6 mwN; Semler/Stengel/*Reichert* Rn 10 mwN; Widmann/Mayer/*Mayer* Rn 42 mwN; Nachw zur früher hM 1. Aufl § 20 KapErhG Anm IVc; zum besonders strengen Bestimmtheitsgrundsatz bei PhG § 43 Rn 9). 7

4. Zustimmungserfordernis, Abs 2

Abs 2 ergänzt § 23, der den Schutz von Sonderrechten bewirkt. **Sonderrechte** können grdsl nur mit Zustimmung des Berechtigten entzogen werden, § 35 BGB. Abs 2 berücksichtigt aus diesem Grund zwei Gruppen von schützenswerten Sonderrechten: Einmal auf dem Gesellschaftsvertrag beruhende Minderheitsrechte (Alt 1) und zum anderen Geschäftsführungssonderrechte sowie Bestellungsrechte und Vorschlagsrechte für die Geschäftsführung aufgrund des Gesellschaftsvertrags (Alt 2, vgl RegEBegr BR-Drs 75/94 zu § 50 II). 8

Minderheitsrechte iSv Alt 1 können beliebige Vorzugs- oder Sonderrechte sein (zB Sperrminorität, besondere Informationsrechte etc). Das Erfordernis der Zustimmung eines Sonderrechtsinhabers bei der übertragenden GmbH folgt daraus, dass mit Wirksamwerden der Verschm die übertragende GmbH erlischt, damit also auch die (besonderen) Gesellschaftsrechte untergehen (§ 20 Rn 16; Lutter/*Winter* Rn 13 mwN). Die Abgrenzung dieser Individualrechte zu Beteiligungselementen, die bei der Bemessung des Umtauschverhältnisses zu berücksichtigen sind, wie zB Gewinnvorzüge, soll nach der Vorstellung des Gesetzgebers (RegEBegr BR-Drs 75/94 zu § 50 II) im Einzelnen der Rspr überlassen bleiben. 9

Das **Zustimmungserfordernis des Sonderrechtsinhabers entfällt** nur in bestimmten Ausnahmefällen. Es ist entbehrl, wenn unabhängig von der Verschm ein **wichtiger Grund für die Entziehung des Sonderrechts** vorliegt (vgl Baumbach/Hueck/*Hueck/Fastrich* GmbHG § 14 Rn 18), ferner, wenn die **Satzung** des übernehmenden Rechtsträgers dem betroffenen Gesellschafter **gleichwertige Rechte** einräumt (Widmann/Mayer/*Mayer* Rn 92; Lutter/*Winter* § 50 Rn 21 mwN; Semler/Stengel/*Reichert* Rn 40; *Reichert* GmbHR 1995, 181). 10

11 **Abs 2 Alt 2** betrifft bestimmte Sonderrechte eines einzelnen Gesellschafters der übertragenden GmbH in der Geschäftsführung der Ges, bei der Bestellung der Geschäftsführer oder hinsichtl eines Vorschlagsrechts für die Geschäftsführung. Abs 2 Alt 2 schreibt nicht vor, dass diese Rechte anlässl der Verschm entfallen müssen (vgl auch § 46 II), die Vorschrift regelt nur die Notwendigkeit der Zustimmung bei Wegfall dieser Sonderrechte.

12 Die in Abs 2 aufgeführten Rechtspositionen müssen **einzelnen Gesellschaftern** zustehen. Damit ist gesichert, dass nur **Individualrechte** in ihrem Bestand geschützt werden, nicht aber Rechte, die sich, wie zB bei § 50 GmbHG, erst aus einer bestimmten Beteiligungsquote ergeben (RegEBegr BR-Drs 75/94 zu § 50 II; Lutter/*Winter,* Kölner Umwandlungsrechtstage 1995, S 43; Lutter/*Winter* Rn 15, 16 mwN). Es kommt nicht darauf an, ob die **Sonderrechte mit dem Geschäftsanteil verbunden** sind oder ob der einzelne Gesellschafter namentl in der Satzung erwähnt ist. Um Individualrechte iSv Abs 2 handelt es sich auch dann, wenn die Rechte iSv Abs 2 nicht einem einzelnen Gesellschafter, sondern einer Gruppe von Gesellschaftern zugewiesen sind.

13 Die **Zustimmung nach Abs 2** kann als (vorherige) **Einwilligung** oder (nachträgl) **Genehmigung** erteilt werden (vgl allg § 13 Rn 60 ff). Sie kann innerh oder außerhalb der Gesellschafterversammlung abgegeben werden, stets bedarf sie gem § 13 III 1 der **notariellen Beurkundung.** Die Kosten hierfür trägt die Ges. Bei fehlender notarieller Beurkundung ist Heilung iSv § 20 I Nr 4 mögl.

14 Als **Willenserklärung** unterliegt die Zustimmung (die durch Abstimmung in der Anteilsinhaberversammlung mit „Ja" ersetzt werden kann, Lutter/*Winter* Rn 24; Semler/Stengel/*Reichert* Rn 47) grdsl den allg Regeln, es können also etwa Anfechtungs- und Nichtigkeitsgründe eingreifen. Wird eine erforderl Zustimmungserklärung nicht erteilt, ist der Verschmelzungsbeschluss **schwebend unwirksam** (Widmann/Mayer/*Mayer* Rn 72; Lutter/*Winter* Rn 30), die Verschm darf bei endgültiger Zustimmungsverweigerung nicht eingetragen werden; geschieht dies dennoch, gilt § 20 II (§ 13 Rn 66).

§ 51 Zustimmungserfordernisse in Sonderfällen

(1) [1] **Ist an der Verschmelzung eine Gesellschaft mit beschränkter Haftung, auf deren Geschäftsanteile nicht alle zu leistenden Einlagen in voller Höhe bewirkt sind, als übernehmender Rechtsträger beteiligt, so bedarf der Verschmelzungsbeschluß eines übertragenden Rechtsträgers der Zustimmung aller bei der Beschlußfassung anwesenden Anteilsinhaber dieses Rechtsträgers.** [2] **Ist der übertragende Rechtsträger eine Personenhandelsgesellschaft, eine Partnerschaftsgesellschaft oder eine Gesellschaft mit beschränkter Haftung, so bedarf der Verschmelzungsbeschluß auch der Zustimmung der nicht erschienenen Gesellschafter.** [3] **Wird eine Gesellschaft mit beschränkter Haftung, auf deren Geschäftsanteile nicht alle zu leistenden Einlagen in voller Höhe bewirkt sind, von einer Gesellschaft mit beschränkter Haftung durch Verschmelzung aufgenommen, bedarf der Verschmelzungsbeschluss der Zustimmung aller Gesellschafter der übernehmenden Gesellschaft.**

(2) **Wird der Nennbetrag der Geschäftsanteile nach § 46 Abs. 1 Satz 2 abweichend vom Betrag der Aktien festgesetzt, so muss der Festsetzung jeder Aktionär zustimmen, der sich nicht mit seinem gesamten Anteil beteiligen kann.**

Schrifttum: Siehe Schrifttum Vor §§ 46–59; Stellungnahme der Centrale für GmbH Dr. Otto Schmidt vom 16.3.2006 zum Referentenentwurf eines Zweiten Gesetzes zur Änderung des Umwandlungsgesetzes, GmbHR 2006, 418; HRA des DAV, Stellungnahme zum Regierungsentwurf eines Zweiten Gesetzes zur Änderung des Umwandlungsgesetzes, NZG 2006, 737; *Bayer/Schmidt,* Der Regierungsentwurf zur Änderung des Umwandlungsgesetzes, NZG 2006, 841; *Drinhausen,* Regierungsentwurf eines Zweiten Gesetzes zur Änderung des Umwandlungsgesetzes – Ein Gewinn für die Praxis, BB 2006, 2313; *Heckschen,* Die GmbH-Reform – Wege und Irrwege, DStR 2007, 1442; *ders,* Die Reform des Umwandlungsrechts, DNotZ 2007, 444; *Mayer/Weiler,* Neuregelungen durch das Zweite Gesetz zur Änderung des Umwandlungsgesetzes, DB 2007, 1235 (Teil I); DB 2007, 1291 (Teil II); *dies,* Aktuelle Änderungen des Umwandlungsrechts aus Sicht der notariellen Praxis, MittBayNot 2007, 368; *Neye,* BB-Gesetzgebungsreport: Bundestag beschließt neues Umwandlungsrecht, BB 2007, 389.

1. Allgemeines

In Abweichung zu § 50 I 1 schreibt § 51 I, der durch seine enge Fassung rechtspolitisch bedenkl ist, vgl Lutter/*Winter* Rn 13 ff mwN, **Einstimmigkeit** bei der Beschlussfassung in zwei Fällen vor: Zum einen bei Beteiligung einer GmbH als übernehmender Rechtsträger einer Verschm, wenn auf deren Geschäftsanteile noch nicht alle zu leistenden Einlagen in voller Höhe bewirkt sind, **Abs 1 S 1;** zum anderen bei einer Verschm von GmbH, wenn auf die Geschäftsanteile der übertragenden GmbH noch nicht alle zu leistenden Einlagen in voller Höhe bewirkt sind, **Abs 1 S 3.** Abs 1 führt damit in inhaltl Erweiterung die Vorschrift von § 20 II 3 KapErhG aF fort. Abs 1 S 3 wurde aber durch das 2. UmwÄndG (dazu Einf Rn 28 und Vor §§ 46–59 Rn 7) geändert (vgl Rn 7, 8). 1

Die Zustimmung nur der betroffenen Aktionäre verlangt **Abs 2** in seiner durch das MoMiG (Einf Rn 30) bewirkten Neufassung für den Fall der Verschm einer AG auf eine GmbH dann, wenn der Aktionär sich nicht mit seinem gesamten Anteil beteiligen kann. Vgl Rn 11, 12. 2

2. GmbH als übernehmender Rechtsträger, Abs 1 S 1

Abs 1 S 1 regelt den Fall, dass an der Verschm eine **GmbH als übernehmender Rechtsträger** beteiligt ist und bei dieser GmbH noch **nicht alle zu leistenden Einlagen** auf deren Geschäftsanteile **in voller Höhe bewirkt** sind (Nachschusspflichten iSv § 26 GmbHG eröffnen den Anwendungsbereich von Abs 1 S 1 hingegen nur ausnahmsweise, zutr *Wälzholz* DStR 2006, 236 mwN). Ein Ausweis als ausstehende Einlage in der Bilanz der übertragenden GmbH ist nicht erforderlich, denn Abs 1 S 1 und 3 erfassen auch die verschleierte Stammeinlage (Kallmeyer/*Zimmermann* Rn 8; Semler/Stengel/*Reichert* Rn 11). Rechtsfolge dieser Konstellation – Darlegungs- und Beweislast hierfür liegt beim Anteilsinhaber, der sich auf Abs 1 S 1 beruft, ähnl Lutter/*Winter* Rn 6 und Semler/Stengel/*Reichert* Rn 11 – ist das Erfordernis der **Zustimmung aller** bei Beschlussfassung **anwesenden Anteilsinhaber** jedes der übertragenden Rechtsträger, auf dessen Rechtsform es nicht ankommt. Damit verdrängt die Vorschrift in diesem Fall die für die übertragenden Rechtsträger sonst festgeschriebenen Mehrheitserfordernisse (RegEBegr BR-Drs 75/94 zu § 51 I). Letztl wird Einstimmigkeit des Verschmelzungsbeschlusses bei jedem der übertragenden Rechtsträger gefordert, allerdings mit der Einschränkung, dass sich Abs 1 S 1 nur auf die bei der Fassung des Verschmelzungsbeschlusses **anwesenden** Anteilsinhaber dieses Rechtsträgers bezieht (anders bei PhG, PartGes und GmbH, Abs 1 S 2, dazu Rn 6). 3

4 Die Einstimmigkeit als Wirksamkeitsvoraussetzung der Beschlussfassung folgt aus **§ 24 GmbHG,** der eine Ausfallhaftung der übrigen GmbH-Gesellschafter festschreibt. Da die Verschm zu einer Gesellschafterstellung der bisherigen Anteilsinhaber der übertragenden Rechtsträger führt, droht diesen in Zukunft auch ein Einstehenmüssen für nicht erbrachte Einlagen bei der übernehmenden GmbH.

5 Unter „Zustimmung" iSv Abs 1 S 1 ist **nicht eine Zustimmung iSv § 13 III** zu verstehen. Durch die Beschränkung des Zustimmungserfordernisses auf die anwesenden Anteilsinhaber wird deutl, dass **Einstimmigkeit** bei der Beschlussfassung durch einheitl Abstimmung mit „Ja" (Stimmenthaltungen wirken damit wie „Nein"-Stimmen, Kallmeyer/*Zimmermann* Rn 2) gefordert wird.

6 Ist der **übertragende Rechtsträger** eine **PhG,** eine **PartGes** (Änderung von Abs 1 S 2 durch Gesetz vom 22.7.1998, BGBl I 1878, dazu Einf Rn 25 und *Neye* DB 1998, 1649) oder eine **GmbH,** so bedarf der Verschmelzungsbeschluss **neben der** in Abs 1 S 1 geforderten **Einstimmigkeit** bei der Beschlussfassung der Zustimmung der nicht erschienenen Gesellschafter – und zwar auch der nicht stimmberechtigten Gesellschafter (Widmann/Mayer/*Mayer* Rn 13; Lutter/*Winter* Rn 7 mwN) – **Abs 1 S 2.** Hierbei handelt es sich um **echte Zustimmungserklärungen iSv § 13 III,** notarielle Beurkundung ist zwingend erforderl. Die Privilegierung der Anteilsinhaber von PhG, PartGes und GmbH ggü den sonstigen Anteilsinhabern von übertragenden Rechtsträgern (zB Mitgliedern einer eG, Aktionären) lässt sich sachl nur durch die idR geringere Zahl der Anteilsinhaber bei diesen Rechtsformen und die Tats, dass es unbekannte Aktionäre geben kann (vgl § 35, anders § 16 I GmbHG), rechtfertigen (Lutter/*Winter* Rn 8; Semler/Stengel/*Reichert* Rn 14). Bis zum Vorliegen aller danach notw Zustimmungserklärungen ist der Verschmelzungsbeschluss **schwebend unwirksam** (vgl § 50 Rn 14).

3. GmbH als übertragender Rechtsträger, Abs 1 S 3

7 Ursprüngl hatte **Abs 1 S 3** einen anderen Wortlaut. Er ordnete die „entsprechende" Anwendung von Abs 1 S 1, 2 an, wenn bei einer übertragenden GmbH zum Zeitpunkt der Verschm nicht alle zu leistenden Einlagen in voller Höhe bewirkt waren. Abs 1 S 3 aF war widersprüchlich formuliert, über seine Auslegung bestand Streit (dazu 4. Aufl 2006, Rn 7–10).

8 Abs 1 S 3 wurde durch das **2. UmwÄndG** (dazu Einf Rn 28; vor §§ 46–59 Rn 7) neu gefasst. Das Gesetz stellt jetzt eindeutig klar, dass eine **übertragende GmbH,** auf deren Geschäftsanteile nicht alle zu leistenden Einlagen in voller Höhe bewirkt sind, nur wirksam von einer anderen GmbH im Wege der Verschm aufgenommen werden kann, wenn **alle Anteilsinhaber der übernehmenden GmbH** dem Verschmelzungsbeschluss zustimmen. In der RegEBegr heißt es dazu: „Die angeordnete entsprechende Anwendung der S 1 und 2 im bisherigen Text des § 51 I 3 hat für den dort angesprochenen Fall in der Praxis Anlass zu Missverständnissen hinsichtlich der Beschlussmehrheit gegeben. Durch die neue Formulierung wird ausdrücklich klargestellt, dass dem Verschmelzungsbeschluss alle Gesellschafter der übernehmenden Ges zustimmen müssen". Damit wurde insbes der Anregung des HRA des DAV in NZG 2000, 805 Folge geleistet. Will man das Zustimmungserfordernis vermeiden, so ist vor der Verschm eine volle Einzahlung auf die ausstehenden Einlagen beim übertragenden Rechtsträger vorzunehmen (vgl *Heckschen* DNotZ 2007, 449).

9 Alle in der Gesellschafterversammlung der übernehmenden GmbH anwesenden Gesellschafter müssen der Verschm zustimmen. **Stimmenthaltungen** gelten

damit faktisch wie Neinstimmen. Auf etwa entgegenstehende Satzungsregelungen kommt es nicht an. Weiter ist die Zustimmung aller Inhaber **stimmrechtsloser Anteile** und die Zustimmung aller Gesellschafter, die in der Anteilsinhaberversammlung nach § 13 Abs 1 S 2 **nicht anwesend** waren, erforderlich (Semler/Stengel/*Reichert* Rn 21 mwN). Anders als im Fall von Abs 1 S 1 (dazu Rn 5) sind die insoweit geforderten Zustimmungserklärungen solche iSv § 13 III. Sie bedürfen deshalb der **notariellen Beurkundung.**

10 Auch nach der Neufassung von Abs 1 S 3 ist nicht geklärt, wie zu verfahren ist, wenn der übertragende Rechtsträger mit noch offenen Einlageverpflichtungen nicht GmbH ist, sondern eine andere Rechtsform hat **(Mischverschmelzung).** Eine analoge Anwendung von Abs 1 S 3 auf den Fall der Mischverschmelzung ist nicht ausgeschlossen (dazu ausführl Semler/Stengel/*Reichert* Rn 22, 23; gegen eine Analogie insbes Lutter/*Winter* Rn 12). Eine Analogie wäre nach altem Recht wegen des Verbots der **Unterpariemission** und der damit verbundenen Sicherung der realen Kapitalaufbringung abzulehnen gewesen. Durch die Einfügung von § 54 I 3 durch das 2. UmwÄndG kann es jetzt aber passieren, dass auch außerhalb der Sonderfälle von § 54 I 1, 2 per Saldo negatives Verm übertragen wird (dazu insbes *Mayer/Weiler* MittBayNot 2007, 370 f; vgl auch § 54 Rn 12 ff). Da es keinen Vorrang der Insolvenzordnung vor dem UmwG gibt, kann auch ein Rechtsträger, der überschuldet ist, verschmolzen werden (*Heckschen* DNotZ 2007, 450; OLG Stuttgart ZIP 2005, 2066; LG Leipzig DB 2006, 885; vgl auch *Schwetlik* GmbHR 2011, 130 und ausführl *Keller/Klett* DB 2010, 1220 mwN). Eine Kontrolle durch das Registergericht findet nur statt, wenn als Gegenleistung für die Verschm Anteile an der übernehmenden GmbH gewährt werden. Soweit dies nicht der Fall ist, können insbes überstimmte Minderheitsgesellschafter schutzlos dastehen. Eine analoge Anwendung von Abs 1 S 3 auch für den Fall der Mischverschmelzung würde diese Gefahr zumindest für den Fall beseitigen, dass beim überschuldeten übertragenden Rechtsträger Einlagen ausstehen; sie ist deswegen zum Schutz der Minderheitsgesellschafter bei der übernehmenden GmbH geboten.

4. Zustimmung eines Aktionärs, Abs 2

11 Durch das **MoMiG** wurde § 5 II 1 GmbHG geändert. Der Mindestnennbetrag eines GmbH-Geschäftsanteils beträgt jetzt EUR 1,00. Entsprechend wurde § 46 I 3 gefasst (vgl § 46 Rn 1, 3, 12). Machen die Beteiligten der Verschm von den neuen Möglichkeiten der Mindeststückelung Gebrauch, kommt es deswegen – anders als nach früherem Recht, dazu § 46 Rn 13 und nachfolgend Rn 12 – nicht dazu, dass ein Aktionär einer übertragenden AG wegen zu hoher Mindeststückelung der GmbH-Geschäftsanteile Beteiligungsmöglichkeiten an der übernehmenden GmbH einbüßt. Im Regelfall werden deshalb die zu gewährenden GmbH-Geschäftsanteile entsprechend dem Betrag der Aktien festgesetzt. Wählen die Beteiligten einen höheren Nennbetrag für die gewährten GmbH-Geschäftsanteile, ist dies zwar zulässig, hat aber uU die Anwendung von **Abs 2** zur Konsequenz. Wenn wegen der abweichenden Festsetzung ein Aktionär sich an der übernehmenden GmbH nicht mit seinem Anteil beteiligen kann, hängt die gesamte Verschm auch von seiner notariell zu beurkundenden (§ 13 III 1) ausdrücklichen Zustimmung ab. Die Zustimmung bedarf nach § 13 III 1 der notariellen Beurkundung, sie kann vor oder nach der Beschlussfassung und innerh oder außerhalb der Gesellschafterversammlung erklärt werden (vgl § 50 Rn 13, 14).

12 **Alte Rechtslage:** Abs 2 aF regelte ebenfalls den Sonderfall der Verschm einer übertragenden AG auf eine GmbH, bei der die Festsetzung der Nennbeträge der GmbH-Geschäftsanteile beim übernehmenden Rechtsträger eine Beteiligung aller Aktionäre der übertragenden AG entsprechend ihrem bisherigen Anteil am Grundkapital vereitelte. Sofern die Festsetzung nicht notw durch § 46 I 3 aF bedingt war, musste derjenige Aktionär, der sich nicht dem repräsentierten Anteil seiner Aktien am Grundkapital entsprechend beteiligen konnte, seine Zustimmung zum Verschmelzungsbeschluss seiner AG erklären. Eine etwa gewährte bare Zuzahlung nach § 54 IV beseitigte das Zustimmungserfordernis nicht. Durch § 46 I 3 aF war eine abw Festsetzung nur dann bedingt, wenn durch die Festsetzung des Mindestnennbetrages von EUR 50 oder durch die Festsetzung eines anderen höheren Nennbetrages, der durch 10 teilbar ist, die ermittelte „richtige" Gewährung von Geschäftsanteilen an der GmbH rechnerisch nicht durchführbar war.

13 **Beispiel:**
AG A und mbH B haben jew den gleichen Wert, das Grundkapital der AG A beträgt ebenso wie das StK der GmbH B EUR 100 000. Nach Durchführung der KapErh (§ 53) und der Verschm kann Aktionär Z der AG A, der 55 Aktien im Nennbetrag von EUR 1 besitzt (gem § 8 II 1 AktG ist dies mögl), keinen seinem ursprüngl Beteiligungswert entsprechenden Geschäftsanteil zugewiesen bekommen. Gem § 46 I 3 aF durfte zwar abw von § 5 I GmbHG ein Geschäftsanteil mit einem Nennbetrag ab EUR 50 gebildet werden, der Betrag musste jedoch stets durch 10 teilbar sein. Z hatte ohne weiteres einen Anspruch darauf, dass ein ihm zuzuordnender Geschäftsanteil mit dem gesetzl Mindestnennbetrag von EUR 50 festgesetzt wurde (vgl auch BGH ZIP 1999, 1444; *Goette* RWS-Forum 1999, 1; Lutter/*Winter* Rn 24 aE und § 46 UmwG Rn 7 ff). Gleichwohl blieb für Z eine nicht ausgleichsfähige Spitze von EUR 5, diese war aber durch § 46 I 3 aF bedingt. Eine Zustimmung nach Abs 2 aF war deshalb nicht notw.

14 Mit der Neuregelung von § 46 I 3 durch das MoMiG (Rn 11) ist die Rechtsanwendung deutlich erleichtert worden.

§ 52 Anmeldung der Verschmelzung

[1] Bei der Anmeldung der Verschmelzung zur Eintragung in das Register haben die Vertretungsorgane der an der Verschmelzung beteiligten Rechtsträger im Falle des § 51 Abs. 1 auch zu erklären, daß dem Verschmelzungsbeschluß jedes der übertragenden Rechtsträger alle bei der Beschlußfassung anwesenden Anteilsinhaber dieses Rechtsträgers und, sofern der übertragende Rechtsträger eine Personenhandelsgesellschaft, eine Partnerschaftsgesellschaft oder eine Gesellschaft mit beschränkter Haftung ist, auch die nicht erschienenen Gesellschafter dieser Gesellschaft zugestimmt haben. [2] Wird eine Gesellschaft mit beschränkter Haftung, auf deren Geschäftsanteile nicht alle zu leistenden Einlagen in voller Höhe bewirkt sind, von einer Gesellschaft mit beschränkter Haftung durch Verschmelzung aufgenommen, so ist auch zu erklären, dass alle Gesellschafter dieser Gesellschaft dem Verschmelzungsbeschluss zugestimmt haben.

Schrifttum: Siehe Schrifttum Vor §§ 46–59; Stellungnahme der Centrale für GmbH Dr. Otto Schmidt vom 16.3.2006 zum Referentenentwurf eines Zweiten Gesetzes zur Änderung des Umwandlungsgesetzes, GmbHR 2006, 418; HRA des DAV, Stellungnahme zum Regierungsentwurf eines Zweiten Gesetzes zur Änderung des Umwandlungsgesetzes, NZG 2006, 737; *Bayer/Schmidt,* Der Regierungsentwurf zur Änderung des Umwandlungsgesetzes, NZG 2006, 841; *Drinhausen,* Regierungsentwurf eines Zweiten Gesetzes zur Änderung des Umwandlungsgesetzes – Ein Gewinn für die Praxis, BB 2006, 2313; *Heckschen,* Die GmbH-Reform – Wege und Irrwege, DStR 2007, 1442; *ders,* Die Reform des Umwandlungsrechts, DNotZ 2007, 444; *Mayer/Weiler,* Neuregelungen durch das Zweite Gesetz zur Änderung des Umwandlungsgesetzes, DB 2007, 1235 (Teil I); DB 2007, 1291 (Teil II); *dies,* Aktuelle Änderungen des Umwandlungsrechts aus Sicht der notariellen Praxis, MittBayNot 2007, 368; *Neye,* BB-Gesetzgebungsreport: Bundestag beschließt neues Umwandlungsrecht, BB 2007, 389; vgl zur Gesellschafterliste das Schrifttum zu § 6.

Die Vorschrift knüpfte früher inhaltl vollständig an § 24 II 2, IV KapErhG 1
aF an und verpflichtete die Vertretungsorgane der an der Verschm beteiligten Rechtsträger in Ergänzung zu §§ 16, 17 zur **Abgabe von besonderen Erklärungen bei der Anmeldung** (Abs 1 aF) sowie zur **Einreichung einer berichtigten Gesellschafterliste** (Abs 2 aF). Durch das 3. UmwÄndG (dazu Einf Rn 33) wurde Abs 2 ersatzlos gestrichen (Rn 5).

Soweit nach § 51 I S 1 und – neu durch das 2. UmwÄndG – § 52 S 2) Einstim- 2
migkeit bei der Fassung des Verschmelzungsbeschlusses der übertragenden Rechtsträger notw ist, müssen **alle Vertretungsorgane** (Widmann/Mayer/*Mayer* Rn 4; Kallmeyer/*Zimmermann* Rn 5; GKT/*Bermel* Rn 6; Lutter/*Winter* Rn 4; Kölner-KommUmwG/*Simon/Nießen* Rn 8) der an der Verschm beteiligten Rechtsträger bei der jew durch sie vorzunehmenden Anmeldung dem Registergericht ggü höchstpersönl (Semler/Stengel/*Reichert* Rn 6 die Beachtung der Einstimmigkeit bei diesem Rechtsträger erklären, S 1. Da dem Registergericht gem § 17 I ohnehin die Niederschriften der Verschm vorliegen (Lutter/*Winter* § 51 Rn 4), ist ein wN nicht gefordert.

Die Erklärungspflicht nach S 1 bezieht sich für den Fall von § 51 I 2 auch auf 3
die **Zustimmungserklärungen der nicht erschienenen Gesellschafter.** Auch diese Zustimmungserklärungen sind der Anmeldung gem § 17 I in Ausfertigung oder öffentl beglaubigten Abschrift der notariellen Urkunde beizufügen.

Der durch das 2. UmwÄndG neu eingefügte **S 2** ist zusammen mit dem neu 4
gefassten § 51 I 3 zu lesen. Nach § 51 I 3 ist bei einer reinen GmbH-Verschm die Zustimmung aller Gesellschafter der übernehmenden GmbH erforderl, wenn auf die Geschäftsanteile der übertragenden GmbH nicht alle zu leistenden Einlagen in voller Höhe bewirkt sind. In diesem Fall ist bei der Anmeldung der Verschm zu erklären, dass alle notw Zustimmungen vorliegen. Zur Abgabe der Erklärung verpflichtet sind alle Vertretungsorgane aller beteiligten Rechtsträger (Rn 2 und Semler/Stengel/*Reichert* Rn 6). Wendet man insoweit § 51 I 3 analog auf den Fall der Mischverschmelzung an (dazu § 51 Rn 10 mwN), ist auch § 52 I 2 analog anzuwenden.

In Ergänzung zu § 40 GmbHG ordnete Abs 2 aF an, dass die Geschäftsführer der 5
übernehmenden GmbH der Anmeldung eine **aktualisierte Gesellschafterliste** dieser Ges beifügen mussten. Abs 2 aF wurde durch das 3. UmwÄndG ersatzlos gestrichen (vgl § 6 Rn 12). Da die Verschm durch einen Notar beurkundet wird (§§ 6, 13 III), greift § 40 II 1 GmbHG, die Geschäftsführer müssen daneben nicht mehr aktiv werden. Vgl zur Gesellschafterliste iÜ § 6 Rn 7 ff mwN.

§ 53 Eintragung bei Erhöhung des Stammkapitals

Erhöht die übernehmende Gesellschaft zur Durchführung der Verschmelzung ihr Stammkapital, so darf die Verschmelzung erst eingetragen werden, nachdem die Erhöhung des Stammkapitals im Register eingetragen worden ist.

Schrifttum: Siehe Schrifttum Vor §§ 46–59.

1 Die Vorschrift übernimmt § 25 I 2 KapErhG aF und ergänzt § 19 für den Fall, dass an der Verschm eine GmbH als übernehmender Rechtsträger beteiligt und im Zuge der Verschm eine **KapErh nach § 55 notw** ist. Für diesen Fall gilt eine von § 19 abw Eintragungsreihenfolge: Die Verschm darf erst eingetragen werden, nachdem die Erhöhung des StK im Register (gemeint ist: am Sitz der übernehmenden Ges; bei einer Sitzverlegung ist KapErh voreinzutragen, OLG Frankfurt aM DB 2005, 154) eingetragen worden ist. Damit ist sichergestellt, dass zum Zeitpunkt des Wirksamwerdens der Verschm (§ 20 I) die Geschäftsanteile, die übertragen werden sollen, auch tats bestehen. Entscheidender Zeitpunkt für das Wirksamwerden der Verschm bleibt zwar weiterhin die Eintragung der Verschm in das HR am Sitz der übernehmenden GmbH als solcher; das Registergericht ist jedoch gehalten, diese Eintragung erst nach (konstitutiver) Eintragung der StKErh zu veranlassen. **KapErh und Verschm sind „konditional verknüpft"** (Lutter/*Winter* Rn 4; vgl allg unten § 55 Rn 28), sodass bei **Scheitern der Verschm** die eingetragene KapErh von Amts wegen zu löschen ist (§ 398 FamFG; Widmann/Mayer/*Mayer* § 55 Rn 110 ff mwN).

§ 54 Verschmelzung ohne Kapitalerhöhung

(1) [1] **Die übernehmende Gesellschaft darf zur Durchführung der Verschmelzung ihr Stammkapital nicht erhöhen, soweit**
1. sie Anteile eines übertragenden Rechtsträgers innehat;
2. ein übertragender Rechtsträger eigene Anteile innehat oder
3. ein übertragender Rechtsträger Geschäftsanteile dieser Gesellschaft innehat, auf welche die Einlagen nicht in voller Höhe bewirkt sind.
[2] **Die übernehmende Gesellschaft braucht ihr Stammkapital nicht zu erhöhen, soweit**
1. sie eigene Geschäftsanteile innehat oder
2. ein übertragender Rechtsträger Geschäftsanteile dieser Gesellschaft innehat, auf welche die Einlagen bereits in voller Höhe bewirkt sind.
[3] **Die übernehmende Gesellschaft darf von der Gewährung von Geschäftsanteilen absehen, wenn alle Anteilsinhaber eines übertragenden Rechtsträgers darauf verzichten; die Verzichtserklärungen sind notariell zu beurkunden.**

(2) **Absatz 1 gilt entsprechend, wenn Inhaber der dort bezeichneten Anteile ein Dritter ist, der im eigenen Namen, jedoch in einem Fall des Absatzes 1 Satz 1 Nr. 1 oder des Absatzes 1 Satz 2 Nr. 1 für Rechnung der übernehmenden Gesellschaft oder in einem der anderen Fälle des Absatzes 1 für Rechnung des übertragenden Rechtsträgers handelt.**

(3) [1] **Soweit zur Durchführung der Verschmelzung Geschäftsanteile der übernehmenden Gesellschaft, die sie selbst oder ein übertragender Rechtsträger innehat, geteilt werden müssen, um sie den Anteilsinhabern eines übertragenden Rechtsträgers gewähren zu können, sind Bestimmungen des Gesellschaftsvertrags, welche die Teilung der Geschäftsanteile der übernehmenden Gesellschaft ausschließen oder erschweren, nicht anzuwenden; jedoch muss der Nennbetrag jedes Teils der Geschäftsanteile auf volle Euro lauten.** [2] **Satz 1 gilt entsprechend, wenn Inhaber der Geschäftsanteile ein Dritter ist, der im eigenen Namen, jedoch für**

Rechnung der übernehmenden Gesellschaft oder eines übertragenden Rechtsträgers handelt.

(4) **Im Verschmelzungsvertrag festgesetzte bare Zuzahlungen dürfen nicht den zehnten Teil des Gesamtnennbetrags der gewährten Geschäftsanteile der übernehmenden Gesellschaft übersteigen.**

Schrifttum: Siehe Schrifttum Vor §§ 46–59; *Bock,* Institutioneller Gläubigerschutz nach § 30 Abs. 1 GmbHG beim Down-stream-merger nach einem Anteilskauf?, GmbHR 2005, 1023; *Heckschen,* Umstrukturierung von Kapitalgesellschaften vor und während der Krise: Umwandlungsmaßnahmen vor dem Insolvenzeröffnungsantrag, DB 2005, 2283; *ders,* Umstrukturierung krisengeschüttelter Kapitalgesellschaften: Umwandlungsmaßnahmen nach Stellung des Insolvenzantrags, DB 2005, 2675; *Mertens,* Aktuelle Fragen zur Verschmelzung von Mutter- auf Tochtergesellschaften – down stream merger, AG 2005, 785; *Middendorf/ Stegemann,* Down-stream merger einer Personenhandelsgesellschaft auf ihre 100%ige Tochtergesellschaft, DStR 2005, 1082; *Rodewald,* Der Umgang mit Stamm- und Grundkapitalziffern bei Verschmelzungsvorgängen – Gläubigerschutz jenseits gesetzlicher Erfordernisse?, GmbHR 2005, 515; Stellungnahme der Centrale für GmbH Dr. Otto Schmidt vom 16.3.2006 zum Referentenentwurf eines Zweiten Gesetzes zur Änderung des Umwandlungsgesetzes, GmbHR 2006, 418; HRA des DAV, Stellungnahme zum Regierungsentwurf eines Zweiten Gesetzes zur Änderung des Umwandlungsgesetzes, NZG 2006, 737; *Bayer/Schmidt,* Der Regierungsentwurf zur Änderung des Umwandlungsgesetzes, NZG 2006, 841; *Drinhausen,* Regierungsentwurf eines Zweiten Gesetzes zur Änderung des Umwandlungsgesetzes – Ein Gewinn für die Praxis, BB 2006, 2313; *Enneking/Heckschen,* Gesellschafterhaftung beim down-stream-merger, DB 2006, 1099; *Thoß,* Differenzhaftung bei der Kapitalerhöhung zur Durchführung einer Verschmelzung, NZG 2006, 376; *Wälzholz,* Aktuelle Probleme der Unterbilanz- und Differenzhaftung bei Umwandlungsvorgängen, AG 2006, 469; *Heckschen,* Die GmbH-Reform – Wege und Irrwege, DStR 2007, 1442; *ders,* Die Reform des Umwandlungsrechts, DNotZ 2007, 444; *Kallmeyer,* Differenzhaftung bei Verschmelzung mit Kapitalerhöhung und Verschmelzung im Wege der Neugründung, GmbHR 2007, 1121; *Klein/Stephanblome,* Der Downstream Merger – Aktuelle umwandlungs- und gesellschaftsrechtliche Fragestellungen, ZGR 2007, 351; *Mayer/Weiler,* Neuregelungen durch das Zweite Gesetz zur Änderung des Umwandlungsgesetzes, DB 2007, 1235 (Teil I); DB 2007, 1291 (Teil II); *dies,* Aktuelle Änderungen des Umwandlungsrechts aus Sicht der notariellen Praxis, MittBayNot 2007, 368; *Neye,* BB-Gesetzgebungsreport: Bundestag beschließt neues Umwandlungsrecht, BB 2007, 389; *Heckschen,* Die Pflicht zur Anteilsgewährung im Umwandlungsrecht, DB 2008, 1363; *Weiler,* Grenzen des Verzichts auf die Anteilsgewährung im Umwandlungsrecht, NZG 2008, 527; *Wälzholz,* Das MoMiG kommt: Ein Überblick über die neuen Regelungen, GmbHR 2008, 841; *Roß/Drögemüller,* Verschmelzungen und Abspaltungen bei Schwestergesellschaften nach der Reform des UmwG, BB 2009, 581; *Heckschen/Gassen,* Der Verzicht auf Anteilsgewähr bei Umwandlungsvorgängen aus gesellschafts- und steuerrechtlicher Sitz, GWR 2010, 101; *Keller/Klett,* Die sanierende Verschmelzung, DB 2010, 1220; *Krumm,* Die Verschmelzung von Schwestergesellschaften ohne Anteilsgewährung, GmbHR 2010, 24; *Schwetlik,* Umwandlung überschuldeter Unternehmen auf haftungsbeschränkte Gesellschaften GmbHR 2011, 130; *Ulbrich,* Angabe des Umtauschverhältnisses bei Verzicht auf Anteilsgewährung?, GmbHR 2011, R 85.

Übersicht

1. Allgemeines

1 **§ 54** entspricht im Wesentl § 23 KapErhG aF, § 344 AktG aF; die Parallelvorschrift für die Verschm unter Beteiligung von AG findet sich in § 68. Ratio legis ist die Verhinderung oder die Erschwerung des Entstehens eigener Geschäftsanteile; die Norm unterstützt damit § 33 GmbHG und dient allg dem **Kapitalschutz.**

2 Die Vorschrift übernimmt die bereits aus § 23 KapErhG aF bekannten Fallgruppen, gliedert jedoch neu und übersichtl. **Abs 1 S 1** enthält in abschl Aufzählung die **KapErhVerbote, Abs 1 S 2** fügt die **KapErhWahlrechte** an. Mit dem 2. UmwÄndG (dazu Einf Rn 28) neu eingefügt wurde Abs 1 S 3 (vgl Vor §§ 46–59 Rn 7), der eine KapErh entbehrl macht, wenn alle Anteilsinhaber eines übertragenden Rechtsträgers notariell auf eine Anteilsgewährung verzichten. **Abs 3, 4** übernehmen früheres Recht (§ 23 II, III KapErhG aF), Abs 3 S 1 wurde durch das MoMiG (Einf Rn 30) allerdings neu gefasst (vgl Rn 18). **Abs 2** wurde durch die Umwandlungsreform 1994 für die Verschm unter Beteiligung von GmbH neu geschaffen.

2. Kapitalerhöhungsverbote, Abs 1 S 1

3 **a) Übernehmerin besitzt Anteile an der Übertragerin, Nr 1.** Nach **Abs 1 S 1 Nr 1 darf eine KapErh nicht durchgeführt** werden, **soweit** die übernehmende GmbH selbst **Anteile an einem der übertragenden Rechtsträger** innehat (häufige Konstellation insbes bei Konzernverschmelzung, vgl Semler/Stengel/*Reichert* Rn 6 mwN). Durch die Fassung von § 20 I Nr 3 S 1 HS 2 wird ein Gleichlauf der Vorschriften erreicht, die Anteilsinhaber des betreffenden übertragenden Rechtsträgers haben keinen Anspruch auf Anteilstausch (vgl BayObLG DB 1984, 285). Diese Lösung ist konsequent, weil eine etwa bestehende Anteilsgewährungspflicht ohnehin durch Konfusion untergehen würde (vgl 1. Aufl 1994, § 23 KapErhG Anm 2 mwN sowie Widmann/Mayer/*Mayer* Rn 12; Semler/Stengel/*Reichert* Rn 5; GKT/*Bermel* Rn 9; aA Lutter/*Winter* Rn 6).

4 **b) Übertragender Rechtsträger hält eigene Anteile, Nr 2.** Unzulässig ist die KapErh im Zusammenhang mit der Verschm auch insoweit, als ein **übertragender Rechtsträger eigene Anteile** hält. Dies würde iRd Verschm dazu führen, dass die übernehmende GmbH durch die Gesamtrechtsnachfolge eigene – und zwar neu geschaffene – Geschäftsanteile erhielte, da sie in die Stellung des übertragenden Rechtsträgers eintritt. Im Erg läge also ein Verstoß gegen das Verbot vor, eigene Geschäftsanteile durch KapErh zu schaffen (vgl dazu allg Baumbach/Hueck/*Zöllner* GmbHG § 55 Rn 17 mwN). Das Verbot gilt unabhängig

davon, ob evtl zu leistende Einlagen auf die eigenen Anteile voll erbracht sind oder nicht (Lutter/*Winter* Rn 8 aE; Semler/Stengel/*Reichert* Rn 7). Eine bloße **Mitberechtigung des übertragenden Rechtsträgers** bspw nach § 18 GmbHG reicht aber für das Eingreifen des KapErhVerbotes nicht aus (Lutter/*Winter* Rn 28 mwN). Auch regelt Abs 1 S 2 Nr 2 nicht den Fall, dass ledigl eine TochterGes des übertragenden Rechtsträgers Anteile an diesem Rechtsträger innehat, vgl Widmann/Mayer/*Mayer* Rn 20. Die Fallgruppe von Nr 2 findet sich wieder bei § 20 I Nr 3 S 1 HS 2, eine Anteilsgewährungspflicht besteht nicht.

c) Übertragender Rechtsträger hält nicht voll einbezahlte Anteile an 5
der Übernehmerin, Nr 3. Unzulässig ist eine KapErh auch, soweit ein **übertragender Rechtsträger Geschäftsanteile an der übernehmenden GmbH** besitzt, deren **Einlagen noch nicht vollständig geleistet** sind. Diese Vorschrift findet in § 20 I Nr 3 S 1 HS 2 keine Entsprechung. Hintergrund der Regelung ist, dass die übernehmende GmbH aufgrund der Gesamtrechtsnachfolge die Anteile des übertragenden Rechtsträgers erhalten würde, sie in der Folge also eigene Anteile hätte, auf die die Einlage nicht vollständig bewirkt wäre (Lutter/*Winter* Rn 9 mwN). Die Einlageforderung ginge durch Konfusion unter, im Erg würde ein Verstoß gegen § 33 I GmbHG, also gegen zwingendes Recht, vorliegen (Widmann/Mayer/*Mayer* Rn 23; Semler/Stengel/*Reichert* Rn 11; vgl aber insoweit auch Lutter/*Winter* Rn 9 Fn 4 mit dem zutr Hinweis auf die Grdse zur Unterpariemission). Soweit auch in Höhe dieser Anteile eine KapErh durchgeführt werden soll, muss entweder die Einlage noch vollständig erbracht oder der Geschäftsanteil an einen Dritten veräußert werden (Kallmeyer/*Kallmeyer* § 54 Rn 10; Semler/Stengel/*Reichert* Rn 10 je mwN). **Wird die Einlage** noch rechtzeitig in voller Höhe **bewirkt,** hat die übernehmende GmbH ein **KapErhWahlrecht** iSv Abs 1 S 2 Nr 2. Zum **Downstream-Merger** auch Rn 11 und Nachw bei § 55 Rn 29.

d) Berechnung der Kapitalerhöhung. Der Wortlaut von Abs 1 S 1 6
(„soweit") und die gesetzgeberische Wertung müssen auch bei der **Berechnung der KapErh** berücksichtigt werden. Sie darf nicht dazu führen, dass die Gesellschafter der übernehmenden GmbH einen nominell höheren Geschäftsanteil erhalten. Zur Verdeutlichung Folgendes:

Beispiel: 7

X	: KapErh
Wert der übertragenden Ges	: 150
Wert der übernehmenden Ges	: 450
StK der übernehmenden Ges	: 75
Beteiligung an übernehmender Ges	: A = 50%, B = 50%
Beteiligung an übertragender Ges	: C = 50%, übernehmende GmbH = 50%

$$\frac{X}{75 + X} = \frac{75 \text{ (Wert des Anteils von C)}}{1525 \text{ (Gesamtwert ohne Beteiligung)}}$$

$$525\,X = 5625 + 75\,X$$

$$450\,X = 5625$$

$$X = 12{,}5$$

Probe: Wert Anteil C vor Verschm: 75

Wert Anteil C nach Verschm: $\frac{12{,}5 \text{ (Geschäftsanteil: C)}}{87{,}5 \text{ (StK} \times 525)} = 75$

8 Bei diesem Beispielfall müsste also eine KapErh um 12,5 auf 87,5 erfolgen. Diesen neuen Geschäftsanteil erhält ausschließl der Gesellschafter C der übertragenden Ges, während die Geschäftsanteile der Gesellschafter A und B nominell unverändert bleiben.

9 Falsch wäre es, auch die Geschäftsanteile der Gesellschafter der übernehmenden GmbH nominell zu erhöhen. Dann könnte zwar das Verhältnis der Gesellschaftsanteile untereinander gewahrt bleiben, die Methode verstieße aber gegen Abs 1 S 1 (Widmann/Mayer/*Mayer* § 5 Rn 30; so zu § 23 KapErhG aF auch schon Hachenburg/*Schilling/Zutt* GmbHG § 77 Anh II § 23 KapErhG Rn 5; Widmann/Mayer/*Mayer* Rn 2062.1, jew mit einem Beispiel). Denn es würde eine KapErh durchgeführt, die zur Erfüllung der Anteilsgewährungspflicht nicht notw und rechtl **nicht zulässig** ist.

3. Kapitalerhöhungswahlrechte, Abs 1 S 2

10 **a) Übernehmender Rechtsträger hat eigene Geschäftsanteile, Nr 1.** Im Zuge der Verschm muss den Anteilsinhabern der übertragenden Rechtsträger als Ausgleich für die Übertragung des Verm ein Geschäftsanteil an der übernehmenden GmbH gewährt werden, § 20 I Nr 3. Soweit zu diesem Zweck **bereits Geschäftsanteile zur Vfg stehen,** kann von einer KapErh abgesehen werden. Man kann also insbes auf eigene Geschäftsanteile der übernehmenden GmbH zurückgreifen. Diese können (müssen aber nicht) zur Erfüllung der Anteilsgewährungspflicht herangezogen werden (**Wahlrecht nach freiem Ermessen,** Lutter/*Winter* Rn 13; Semler/Stengel/*Reichert* Rn 12).

11 **b) Übertragender Rechtsträger hält voll einbezahlte Anteile an der Übernehmerin, Nr 2.** In Abweichung zu Abs 1 S 1 Nr 3 (dazu Rn 5) besteht für den Fall, dass ein übertragender Rechtsträger Geschäftsanteile der übernehmenden GmbH innehat, auf welche die **Einlagen bereits in voller Höhe bewirkt** sind, ein KapErhWahlrecht. Im Zuge der Verschm würde die übernehmende GmbH als Gesamtrechtsnachfolger des übertragenden Rechtsträgers eigene Geschäftsanteile erwerben, es entstünde eine mit Abs 1 S 2 Nr 1 vglbare Situation. Diese Anteile stehen damit ebenfalls zur Vfg, um sie den Anteilsinhabern der übertragenden Rechtsträgern nach § 20 I Nr 3 zu gewähren (und zwar unmittelbar **ohne Durchgangserwerb** der übernehmenden GmbH, es kommt nicht zur „Kein-Mann-GmbH": Lutter/*Winter* Rn 14, 15; Semler/Stengel/*Reichert* Rn 15, 16 mwN). Den Beteiligten der Verschm steht es frei, ob sie vom Wahlrecht Gebrauch machen. §§ 30 ff GmbHG stehen der Ausübung des Wahlrechts nicht entgegen. Auch bei 100%iger Beteiligung der Mutter- an der TochterGes ist nach zutr Ansicht ein Verstoß gegen § 30 I GmbHG nicht anzunehmen, es gelten allerdings die Rechtsprechungsgrundsätze von § 22 und zum existenzvernichtenden Eingriff (näher *Enneking/Heckschen* DB 2006, 1099, die Behandlung des Downstream-Merger ist aber str, vgl Nachw bei § 55 Rn 29). **Soweit die bestehenden Anteile nicht ausreichen,** muss die KapErh durchgeführt werden.

4. Verzicht auf Kapitalerhöhung, Abs 1 S 3

12 Mit der Änderung von §§ 54, 68 wollte der Gesetzgeber des 2. UwÄndG die **Verschm von SchwesterGes** (dazu § 2 Rn 21 ff; zur Bilanzierung *Roß/Drögemüller* BB 2009, 580) erleichtern. In der RegEBegr (BT-Drs 16/2919, 13) heißt es dazu: „Von der grundsätzlich nach § 2 UmwG bestehenden Anteilsgewährungs-

pflicht soll eine Ausnahme möglich sein, wenn alle Anteilsinhaber eines übertragenden Rechtsträgers, denen die Anteile zu gewähren wären, in notariell beurkundeter Form darauf verzichten. Bedeutung hat dies insbesondere bei der Verschmelzung von Schwestergesellschaften innerhalb eines Konzerns, deren sämtliche Anteile von der Muttergesellschaft gehalten werden. Der Verzicht auf die grundsätzlichen Erfordernisse des Verschmelzungsberichts und einer Prüfung durch Sachverständige, die in diesem Fall keinen Sinn machen, ist bereits nach geltendem Recht (§§ 8 und 9 UmwG) möglich. Im Übrigen findet bei einer GmbH gem § 48 eine Prüfung ohnehin nur auf Verlangen eines Gesellschafters statt. Bei der Verschmelzung im Konzern ist ein solches Verlangen der Muttergesellschaft nicht denkbar". Die grdsl begrüßenswerte Initiative des Gesetzgebers zur Erleichterung von Umstrukturierungen im Konzern führt durch die **rechtl und systematisch unglückl Fassung von Abs 1 S 3** indes dazu, dass bei der Verschm die Anteilsinhaber des privilegierten übertragenden Rechtsträgers Missbrauch betreiben können (ausführl *Keller/Klett* DB 2010, 1220 mwN). Abs 1 S 3 eröffnet ihnen die Möglichkeit, durch Übertragung negativen Verm die Vermögenssphäre von Minderheitsgesellschaftern anderer übertragender Rechtsträger und des übernehmenden Rechtsträgers zu beeinträchtigen.

Deshalb ist die Neuregelung von Abs 1 S 3 nicht durchweg zu begrüßen (zutr 13
Weiler NZG 2008, 527 mwN; anders Semler/Stengel/*Reichert* Rn 24, 25). Zunächst ist der Ort der Neuregelung zu kritisieren. Richtig wäre es gewesen, den Verzicht auf die KapErh bei der Verschm von SchwesterGes bei §§ 2, 4 oder 20 zu regeln (zutr *Heckschen* DNotZ 2007, 450; *Mayer/Weiler* DB 2007, 1238, 1239). Andere Rechtsträger als die GmbH und die AG (dazu § 68 I 3) werden nicht privilegiert (str, vgl Nachw bei *Heckschen/Gassen* GWR 2010, 102). Außerdem verbleibt es systemwidrig für die Fälle der **Ausgliederung** bei der Pflicht zur Anteilsgewährung, weil § 125 S 1 nicht auf §§ 54, 68 verweist (*Mayer/Weiler* DB 2007, 1239; dagegen zutr unten § 126 Rn 47). Auch stl können sich Nachteile ergeben (*Weiler* NZG 2008, 529 mwN; vgl aber *Heckschen/Gassen* GWR 2010 103 ff mwN; *Krumm* GmbHR 2010, 24 mwN; zum Ganzen § 126 Rn 47 mwN, § 13 UmStG Rn 9, 13). Zur insolvenzrechtl Anfechtbarkeit des Verzichts vgl *Keller/Klett* DB 2010, 1220.

Vor allem eröffnet Abs 1 S 3 in seiner weiten Fassung nun erhebl **Missbrauchs-** 14
möglichkeiten. Auch ein Rechtsträger, der überschuldet oder zahlungsunfähig ist, darf verschmolzen werden (vgl OLG Stuttgart ZIP 2005, 2066; LG Leipzig DB 2006, 885; *Keller/Klett* DB 2010, 1220; *Weiler* NZG 2008, 527). Verhindert werden kann eine solche Verschm nur, wenn im Rahmen der Verschm neue Anteile gewährt werden, denn dann prüft das Registergericht, ob der Nominalbetrag der hingegebenen Anteile durch das übertragende Verm gedeckt ist oder ob es sich um eine verbotene Unterpariemission handelt (vgl auch § 3 Rn 49). Semler/Stengel/*Reichert* Rn 24 ist zwar zuzugeben, dass die Gläubiger unabhängig von einer Kapitalerhöhung durch § 22 geschützt sind (so auch *Keller/Klett* DB 2010, 1222; anders wohl Widmann/Mayer/*Mayer* Rn 10.2). Nicht geschützt sind aber die **MinderheitsGes** der übernehmenden GmbH, soweit sie in zulässiger Weise gem § 50 I beim Verschmelzungsbeschluss überstimmt werden (vgl *Weiler* NZG 2008, 529 ff). Im Konzern stellt sich die Problematik nicht. Abs 1 S 3 gilt aber auch, wenn die Anteilsinhaber des übertragenden Rechtsträgers nicht oder (die Konstellation der Praxis) nur überwiegend an der übernehmenden GmbH beteiligt sind (vgl Widmann/Mayer/*Mayer* Rn 10.2). Abs 1 S 3 ermöglicht ebenfalls den Eingriff in die wirtschaftl Integrität von MinderheitsGes eines anderen

übertragenden Rechtsträgers, bei dem ein Verzicht nicht ausgesprochen wird, es zum Anteilstausch kommt und die Verschm mit Dreiviertelmehrheit iSv § 50 Abs 1 beschlossen werden kann. Deswegen besteht die Missbrauchsgefahr, die Abs 1 S 3 eröffnet, nicht nur bei der Verschm durch Aufnahme iSv § 2 Nr 1, sondern auch bei der Verschm durch Neugründung (vgl zu den Gefahren für die MinderheitsGes auch *Mayer/Weiler* DB 2007, 1239). Durch die weite Fassung von Abs 1 S 3 wird schließlich den so genannten „Firmenbestattern" ein Instrument an die Hand gegeben, um durch **Verschm überschuldeter Rechtsträger** Spuren zu verwischen (vgl *Mayer/Weiler* MittBayNot 2007, 370 = DB 2007, 1238; dagegen *Keller/Klett* DB 2010, 1223). Die Entscheidung des Gesetzgebers kann im Einzelfall möglicherweise durch die allg Missbrauchskontrolle korrigiert werden (*Mayer/Weiler* MittBayNot 2007, 371 mwN in Fn 28). Anders als bei § 68 (dazu § 68 Rn 13) dürfte es auf die Vereinbarkeit von § 54 mit der Verschmelzungsrichtlinie nicht ankommen.

15 Die notariell zu beurkundenden Verzichtserklärungen sind von **allen** Anteilsinhabern des übertragenden Rechtsträgers, bei dem auf Anteilstausch verzichtet wird, abzugeben. Verzichten müssen deshalb zunächst alle Anteilsinhaber, die am Verschmelzungsbeschluss teilgenommen haben. Verzichten müssen weiter alle Inhaber stimmrechtsloser Anteile und schließl die Anteilsinhaber, die in der Anteilsinhaberversammlung nach § 13 Abs 1 S 2 nicht anwesend waren.

5. Entsprechende Anwendung der Kapitalerhöhungsverbote und -wahlrechte, Abs 2

16 **Abs 2** wurde mit der Umwandlungsreform 1994 für die Verschm unter Beteiligung einer GmbH als übernehmender Rechtsträger neu geschaffen; die **Gleichstellung der verdeckten Anteilsinhaberschaft** mit der offenen war früher nur in § 344 I 4 AktG aF geregelt. Für Rechnung der übernehmenden Ges (in den Fällen von Abs 1 S 1 Nr 1, Abs 1 S 2 Nr 1) bzw eines übertragenden Rechtsträgers (Abs 1 S 1 Nr 2, 3, Abs 2 Nr 2) handelt, wer als **Treuhänder** (Ermächtigungs-, Vollmachts- und Vollrechtstreuhand, vgl *K. Schmidt* GesR § 61 III 1 b mwN) oder **mittelbarer Stellvertreter** (vgl *Hüffer* AktG § 71a Rn 7 mwN) anzusehen ist. Der verdeckten Anteilsinhaberschaft iSv Abs 2 steht der Besitz von Geschäftsanteilen der übernehmenden GmbH durch ein **abhängiges oder ein im Mehrheitsbesitz der GmbH stehendes Unternehmen** nicht gleich, dies kann wie bei § 344 I 4 AktG aF aus dem Schweigen des Gesetzgebers und der anders lautenden Vorschrift von § 71d S 2 AktG geschlossen werden (Semler/Stengel/*Reichert* Rn 34; Widmann/Mayer/*Mayer* Rn 70; Lutter/*Winter* Rn 26 mit der Erwägung, Abs 2 auf **100%ige TochterGes** anzuwenden; dagegen Semler/Stengel/*Reichert* Rn 35). Auch der **Nießbrauch** gehört nicht zu den Fallgruppen von Abs 2, hier handelt der Dritte für eigene Rechnung.

6. Kapitalerhöhung bei Schwester-Fusion

17 Durch die Neufassung von Abs 1 S 3 ist die Verschm von SchwesterGes (allg § 2 Rn 21) jetzt unproblematisch auch ohne KapErh mögl (Rn 12 ff). Insoweit ist die Neuregelung uneingeschränkt zu begrüßen. Gläubiger können sich iRv § 22 gegen die Übertragung negativen Verm schützen (Rn 14 und Semler/Stengel/*Reichert* Rn 24).

7. Teilungserleichterung, Abs 3

§ 17 aF GmbHG wurde durch das **MoMiG** vollständig aufgehoben. Nach dem gesetzlichen Leitbild ist damit eine Teilung von Geschäftsanteilen ohne weiteres mögl, die Entscheidung darüber obliegt gem § 46 Nr 4 GmbHG der Gesellschafterversammlung (vgl *Wälzholz* GmbHR 2008, 844 mwN). Wegen der Satzungsautonomie bei der GmbH ist es aber mögl, vom gesetzl Leitbild abzuweichen und die Teilung von Geschäftsanteilen auszuschließen oder über § 46 Nr 4 GmbHG hinaus zu erschweren (*Heckschen/Heidinger,* Die GmbH in der Gestaltung- und Beratungspraxis, 2. Aufl 2009, § 4 Rn 292 ff mwN). 18

Soweit von dem Wahlrecht nach Abs 1 S 2 Gebrauch gemacht wird, ermöglicht **Abs 3 Erleichterungen bei der Teilung.** Bestimmungen des Gesellschaftsvertrages, welche die Teilung der Geschäftsanteile der übernehmenden Ges ausschließen oder erschweren, finden keine Anwendung. **Abs 3 S 1** wurde durch das MoMiG (Einf Rn 30) neu gefasst. Die Mindeststückelung von GmbH-Geschäftsanteilen lautet nunmehr auf EUR 1,00, jeder höhere Nennbetrag der gewährten Anteile muss auf volle Euro lauten. Vgl iÜ § 46 Rn 12 und § 51 Rn 11. 19

8. Bare Zuzahlungen, Abs 4

Nach **Abs 4** sind in gewissen Grenzen bei der Verschm auch **bare Zuzahlungen** der übernehmenden GmbH an die Anteilsinhaber der übertragenden Rechtsträger zulässig. Aus der Stellung der Vorschrift im unmittelbaren Anschluss an die Regelung der KapErhVerbote bzw -Wahlrechte wird ersichtl, dass bare Zuzahlungen bei diesen Fallgruppen mögl sind. Nach allg Ansicht können bare Zuzahlungen darüber hinaus aber **auch bei regulären Anteilsgewährungen** erfolgen (Lutter/*Winter* Rn 34 mwN). Die baren Zuzahlungen dienen dem Zweck, einen **rechnerisch exakten Ausgleich** für die Übertragung der Vermögenswerte zu ermögl. Soweit also trotz der flexiblen Stückelungsmöglichkeiten noch eine Ungleichbehandlung vorliegen würde, kann der Ausgleich über die baren Zuzahlungen erfolgen. 20

Grdsl sollen bare Zuzahlungen nur **neben** einer Anteilsgewährung erfolgen. 21

Abs 4 gilt nur für bare Zuzahlungen, die schon **im Verschmelzungsvertrag festgesetzt** sind, also nicht für spätere Erhöhungen oder Neufestsetzungen durch das Gericht aufgrund von **§ 15** (vgl RegEBegr BR-Drs 75/94 zu § 54 IV, § 15 Rn 13 ff). Der Gesamtbetrag der Zuzahlungen darf bei Abs 4 im Ggs zu § 15 I HS 2 **nicht höher sein als 10% des Gesamtnennbetrags der gewährten Geschäftsanteile** (vgl § 15 Rn 28–30). Unerhebl ist insofern, woher die gewährten Geschäftsanteile stammen. In den Nenner sind also sowohl die durch KapErh geschaffenen als auch die schon vorhandenen Geschäftsanteile aufzunehmen (Lutter/*Winter* Rn 36; Semler/Stengel/*Reichert* Rn 42 je mwN). Berechnungsgrundlage sind nur die gewährten Geschäftsanteile, also nicht Geschäftsanteile der übernehmenden Ges an einem übertragenden Rechtsträger oder eigene Anteile eines übertragenden Rechtsträgers (Widmann/Mayer/*Mayer* Rn 61). 22

Die baren Zuzahlungen stellen **zusätzl Leistungen** der übernehmenden Ges an die Anteilsinhaber der übertragenden Rechtsträger als Ausgleich für die Vermögensübertragung dar. Sie werden rechnerisch also dem Wert der gewährten Geschäftsanteile zugeschlagen. Zu beachten ist dabei, dass die baren Zuzahlungen keinesfalls zu einer **verdeckten Unterpariemission** führen dürfen (Widmann/Mayer/*Mayer* Rn 66, 67 und § 36 Rn 165; Widmann/Mayer/*Rieger* § 68 Rn 46; Semler/Stengel/*Reichert* Rn 43; zum früheren Recht bereits *Lutter/Hommelhoff* 23

GmbHG 13. Aufl Anh Verschm § 23 KapErhG Rn 5; Hachenburg/*Schilling/Zutt* GmbHG 7. Aufl § 77 Anh II § 23 KapErhG Rn 15).

24 **Beispiel für eine unzulässige Unterpariemission:**

Tats Wert der Übertragerin:	EUR 1,0 Mio
Nominalbetrag des erhaltenen Geschäftsanteils an der Übernehmerin:	EUR 0,8 Mio
Bare Zuzahlung durch Übernehmerin:	EUR 0,3 Mio

25 Im Falle einer **Differenzhaftung nach § 56 UmwG iVm § 9 GmbHG** (dazu *Moog,* Differenzhaftung im Umwandlungsrecht, 2008, S 197 ff mwN) müssen die baren Zuzahlungen den gewährten Geschäftsanteilen hinzugerechnet werden. Denn der Nominalbetrag der gewährten Geschäftsanteile und die baren Zuzahlungen müssen durch den wirkl Wert der übertragenen Vermögensgegenstände, welche die Sacheinlage darstellen, gedeckt sein.

9. Rechtsfolge bei Verstößen

26 Bei **Verstößen gegen die KapErhVerbote** von Abs 1 S 1 liegt ein **Eintragungshindernis** für die Eintragung der Erhöhung des StK iSv § 53 und im Reflex auch für die Verschm als solche vor. Zur Wirkung von § 20 II bei gleichwohl erfolgter Eintragung vgl § 20 Rn 129 ff.

27 Bei einem **Verstoß** gegen das in **Abs 1 S 1 Nr 1–3** enthaltene KapErhVerbot ist der **KapErhB** analog § 241 Nr 3 AktG nichtig. Dies entspricht jetzt der allg Ansicht (teilw anders noch die 4. Aufl 2006, Rn 23; zur Nichtigkeit Lutter/*Winter* Rn 43; Widmann/Mayer/*Mayer* Rn 71, 72; Semler/Stengel/*Reichert* Rn 46 je mwN; für die AG kann Beschluss uU nur anfechtbar sein, vgl Kallmeyer/*Marsch-Barner* § 68 Rn 18 und Widmann/Mayer/*Rieger* § 68 Rn 54). Da der Verschmelzungsvertrag nach § 46 die Festsetzung der zu gewährenden Geschäftsanteile enthalten muss, führt ein Verstoß gegen Abs 1 S 1 über § 134 BGB auch zur **Unwirksamkeit des Verschmelzungsvertrages.** Werden KapErh und Verschm dennoch ins HR eingetragen, wirkt § 20 II für beide Maßnahmen, denn sie sind konditional verknüpft (vgl § 55 Rn 35; KölnerKommUmwG/*Simon/Nießen* Rn 79). Die entstehenden eigenen Anteile bei der übernehmenden GmbH sind nach hM unverzügl zu veräußern (vgl Widmann/Mayer/*Mayer* Rn 73 mwN).

28 Die Stückelung der zu übertragenden Geschäftsanteile und evtl zu gewährender barer Zuzahlungen wird im Verschmelzungsvertrag geregelt. Ein **Verstoß gegen Abs 3, 4** wirkt sich daher auf diesen aus. Nach allg Ansicht sind die entsprechenden Bestimmungen gem **§ 134 BGB** nichtig (Widmann/Mayer/*Mayer* Rn 74, 75 mwN). Gem **§ 139 BGB** ist im Zweifel damit der gesamte Verschmelzungsvertrag nichtig.

§ 55 Verschmelzung mit Kapitalerhöhung

(1) **Erhöht die übernehmende Gesellschaft zur Durchführung der Verschmelzung ihr Stammkapital, so sind § 55 Abs. 1, §§ 56a, 57 Abs. 2, Abs. 3 Nr. 1 des Gesetzes betreffend die Gesellschaften mit beschränkter Haftung nicht anzuwenden.**

(2) **Der Anmeldung der Kapitalerhöhung zum Register sind außer den in § 57 Abs. 3 Nr. 2 und 3 des Gesetzes betreffend die Gesellschaften mit beschränkter Haftung bezeichneten Schriftstücken der Verschmelzungs-**

vertrag und die Niederschriften der Verschmelzungsbeschlüsse in Ausfertigung oder öffentlich beglaubigter Abschrift beizufügen.

Schrifttum: Siehe Schrifttum Vor §§ 46–59; § 54. *Moog,* Differenzhaftung im Umwandlungsrecht, Diss 2008.

Übersicht

Allgemeines

1. Regelungsgehalt

§ 55 bestimmt die Modalitäten einer im Zuge der Verschm durchzuführenden **Erhöhung des StK bei der übernehmenden GmbH.** Regelungsinhalt sind im Wesentl Abweichungen der KapErh im Rahmen einer Verschm von §§ 55 ff GmbHG. Die Vorschrift entspricht § 22 KapErhG aF und ist mit § 69 (KapErh bei der AG) vglbar. Naturgemäß ist die Norm auf **Verschm durch Neugründung** 1 nicht anwendbar. § 55 muss immer im Zusammenhang mit § 54 gelesen werden, da dort festgelegt ist, wann eine KapErh nicht durchgeführt werden darf oder muss.

2. Notwendigkeit der Kapitalerhöhung

2 Wesenstypisch für die Verschm ist die Gewährung von Geschäftsanteilen an der übernehmenden Ges. Diese müssen, falls sie nicht schon vorhanden sind (§ 54), vor der Verschm erst im Wege der KapErh geschaffen werden. Im Regelfall muss also das StK erhöht werden. Hiervon kann nur in beschränktem Umfang abgewichen werden. Abgesehen von den in § 54 geregelten Fällen kann bei der Verschm von Mutter- und TochterGes eine **KapErh entbehrl** sein, soweit keine Anteilsgewährungspflicht besteht (vgl im Einzelnen § 2 Rn 17 ff). Durch § 54 I 3 ist insbes eine Verschm von SchwesterGes (dazu § 2 Rn 21) ohne KapErh mögl, die Regelung stellt aber auch iÜ die Notwendigkeit einer Anteilsgewährung in das Belieben der Anteilsinhaber der übertragenden Rechtsträger (vgl § 54 Rn 12 ff).

3. Besonderheiten

3 Bei der KapErh nach § 55 handelt es sich immer um eine **KapErh gegen Sacheinlage.** Die Einlagepflicht wird durch die Übertragung des Gesamtvermögens der übertragenden Rechtsträger erfüllt. Die KapErh iSv § 55 kann nur im Zusammenhang mit der Verschm durchgeführt werden (Rn 36). Ihr ist ein **Bezugsrechtsausschluss** immanent (Lutter/*Winter* Rn 25 mwN). Da wegen der Gesamtrechtsnachfolge hierbei gesichert ist, dass die Einlagepflicht erfüllt wird, und weil auch die Übernahme der neuen Geschäftsanteile bereits im Verschmelzungsvertrag (vgl § 46) vereinbart ist, kann für diese Erhöhung des StK ein **vereinfachtes Verfahren** zur Vfg gestellt werden. Unzulässig ist hingegen die KapErh nach § 55, wenn und soweit auch den Gesellschaftern der übernehmenden Ges neue Anteile übertragen werden sollen (Lutter/*Winter* Rn 5; Widmann/Mayer/*Mayer* Rn 11; zum früheren Recht bereits Hachenburg/*Schilling/Zutt* GmbHG 7. Aufl § 77 Anh II § 22 KapErhG Rn 2; Scholz/*Priester* GmbHG 7. Aufl Anh Umw § 22 KapErhG Rn 3; *Lutter/Hommelhoff* GmbHG 13. Aufl Anh Verschm § 22 KapErhG Rn 2). Das Verfahren nach § 55 kann allerdings mit einer **KapErh nach allg Grdsen,** §§ 55 ff GmbHG, **verbunden** werden; in diesem Fall ist jede KapErh allein nach den für sie geltenden Vorschriften zu behandeln (dazu Widmann/Mayer/*Mayer* Rn 115 ff). Die „reguläre" KapErh ist unabhängig von derjenigen nach § 55, von einer Zusammenfassung in einem einheitl Beschluss wird deshalb abgeraten (Lutter/*Winter* Rn 5 aE).

Anwendbare Vorschriften aus dem GmbHG

4. Kapitalerhöhungsbeschluss

4 Die **KapErh ist** zunächst eine **Satzungsänderung** bei der übernehmenden Ges. § 53 GmbHG findet daher Anwendung. Der Beschluss bedarf mindestens der **Mehrheit von drei Vierteln der abgegebenen Stimmen.** Besondere Bestimmungen in der Satzung der übernehmenden Ges sind zu beachten. Der Beschluss muss **notariell beurkundet** werden (§ 53 II 1 GmbHG). Er ist nicht schon im Zustimmungsbeschluss nach § 13 enthalten, auch wenn der Verschmelzungsvertrag die KapErh festlegt (dazu § 46 Rn 4). Vielmehr ist immer ein **geson-**

derter Beschluss zur KapErh notw (Widmann/Mayer/*Mayer* Rn 21 mwN; KölnerKommUmwG/*Simon/Nießen* Rn 6).

5. Differenzhaftung

Anwendbar ist auch **§ 56 GmbHG,** wobei der **Gegenstand der Sacheinlage** sich bereits aus dem Verschmelzungsvertrag ergibt, auf den ggf zu verweisen ist (Kallmeyer/*Kallmeyer* Rn 2; Lutter/*Winter* Rn 9; Semler/Stengel/*Reichert* Rn 7 je mwN); vor allem gilt (§§ 56 II, 9 GmbHG) die **Differenzhaftung** zu Lasten der Anteilsinhaber der übertragenden Rechtsträger (so zutr *Kallmeyer* GmbHR 2007, 1121, der belegt, dass das zur AG ergangene Urteil des BGH in AG 2007, 487 nicht auf die Differenzhaftung bei der GmbH zu übertragen ist; vgl auch § 69 Rn 29 und *Wälzholz* AG 2006, 469; Widmann/Mayer/*Mayer* Rn 80 mwN; Semler/Stengel/*Reichert* Rn 8, 11 ff mwN; *Moog* S 94 ff mwN; zum früheren Recht bereits *Lutter/Hommelhoff* GmbHG 13. Aufl Anh Verschm § 22 KapErhG Rn 6; Scholz/*Priester* GmbHG 7. Aufl Anh Umw § 22 KapErhG Rn 11). Dies wird teilw mit dem Hinweis abgelehnt, dass Erbringer der Sacheinlage nicht die Anteilsinhaber der übertragenden Rechtsträger, sondern die Rechtsträger selbst seien (Hachenburg/*Schilling/Zutt* GmbHG § 77 Anh II § 22 KapErhG Rn 11 mwN). Diese Argumentation ist zu formal (wie hier Lutter/*Winter* Rn 12; Semler/Stengel/*Reichert* Rn 11 ff). Zutr wird eingewandt, dass zwar keine weitere Leistungshandlung der Anteilsinhaber erfolge, aber diesen anlässl der Übertragung des Verm der GmbH neue Geschäftsanteile gewährt werden (ausführl *Ihrig* GmbHR 1995, 633 ff, 642 mwN). Nach **wirtschaftl Betrachtung** erbringen die Anteilsinhaber der übertragenden Rechtsträger die Sacheinlage. Denn ihr Vermögensanteil an dem zu übertragenden Rechtsträger geht durch die Verschm unter. 5

Eine davon zu trennende Frage ist es, ob die Anteilsinhaber Einfluss auf die **Bew** haben (zur bilanziellen Behandlung der KapErh *Naraschewski* GmbHR 1998, 357). Dies führt im Erg aber ledigl dazu, dass daneben auch die anmeldenden Geschäftsführer und ein evtl Prüfer zur Haftung herangezogen werden können (so auch *Ihrig* GmbH 1995, 635; Kallmeyer/*Kallmeyer* Rn 7). Die **Differenzhaftung** gilt **auch für** den **Anteilsinhaber,** der **gegen die Verschm gestimmt** hat (Widmann/Mayer/*Mayer* Rn 81, 82; Lutter/*Winter* Rn 12; Semler/Stengel/*Reichert* Rn 11; aA *Ihrig* GmbHR 1995, 635). Ein **Austritts- oder Kündigungsrecht** kann daraus nicht abgeleitet werden (überzeugend Widmann/Mayer/*Mayer* Rn 82, 83). Nach hM haften die jeweils betroffenen Gesellschafter aber nicht als Gesamtschuldner für die gesamte Differenz zwischen KapErh und dem Wert des übertragenden Verm, sondern ledigl pro rata ihrer Beteiligung (Widmann/Mayer/*Mayer* Rn 81; Kallmeyer/*Kallmeyer* Rn 5 aE; Semler/Stengel/*Reichert* Rn 11 aE). Ein Ausgleichsanspruch derjenigen Anteilsinhaber, die gegen die Verschm gestimmt haben, ist vorstellbar (vgl Widmann/Mayer/*Mayer* Rn 80 insbes zu OLG München ZIP 2005, 2108 mit Anm *Thoß* NZG 2006, 376). Die Gesellschafter sind iÜ auf die Beschlussanfechtung und auf § 25 oder auf einen Regress gem § 11 II 2 zu verweisen (Kallmeyer/*Kallmeyer* Rn 7). Amtshaftungsanspruch wegen fehlender Prüfung durch das Registergericht scheitern grdsl an § 839 I 2 BGB. 6

6. Weitere Vorschriften

Zur Anwendbarkeit von §§ 57 I, III Nr 2 und 3, 57a GmbHG vgl Rn 15 ff. 7

Nicht anwendbare Vorschriften des GmbHG

7. Keine Erklärung des Übernehmers (§ 55 I GmbHG)

8 Ausdrückl ausgeschlossen ist die Anwendbarkeit von **§ 55 I GmbHG.** Es bedarf also keiner ausdrückl **Erklärung des Übernehmers** der neuen Geschäftsanteile. Hintergrund dieser Regelung ist, dass die Zuordnung der neuen Geschäftsanteile bereits im Verschmelzungsvertrag erfolgt und dass damit der Zustimmungsbeschluss das **Einverständnis der Anteilsübernehmer** (bei zulässiger Mehrheitsentscheidung auch derjenigen, die überstimmt wurden) enthält, §§ 13, 46 (OLG Hamm DB 2002, 1314; Lutter/*Winter* Rn 19; Semler/Stengel/*Reichert* Rn 14; Widmann/Mayer/*Mayer* Rn 41; KölnerKommUmwG/*Simon*/*Nießen* Rn 11).

8. Leistung der Einlage (§ 56a GmbHG)

9 Gesetzl ausgeschlossen ist weiter die Anwendung von **§ 56a GmbHG.** Auch dies rechtfertigt sich aus der Besonderheit der KapErh im Zusammenhang mit der Verschm. Da die Einlage als Sacheinlage und mittels Übertragung des Verm der übertragenden Rechtsträger durch Gesamtrechtsnachfolge auf die übernehmende GmbH erbracht wird, mithin die **Bewirkung der Sacheinlage sichergestellt** ist, konnten hier Vereinfachungen eingeführt werden. Daraus folgt zugleich, dass die **Versicherung gem § 57 II GmbHG** ebenfalls wegfällt, die Einlagen seien bei Antragstellung bewirkt und der Gegenstand der Sacheinlage befinde sich endgültig in der freien Vfg der Geschäftsführer der Übernehmerin. Der Ausschluss von § 57 III Nr 1 GmbHG ergibt sich schon aus der Nichtanwendung von § 55 I GmbHG.

9. Stückelung der neuen Anteile

10 Früher sah Abs 1 S 2 aF für die neuen Geschäftsanteile einen Mindestbetrag von EUR 50 und einen Teiler von 10 vor. Durch das **MoMiG** (Einf Rn 30) wurde § 46 I 3 geändert (vgl § 46 Rn 3, 12). Die Mindeststückelung beträgt jetzt EUR 1,00, der Teiler lautet auf volle Euro. Damit konnte Abs 1 S 2 aF durch das MoMiG ebenfalls aufgehoben werden. Enthält der Gesellschaftsvertrag der Übernehmerin Bestimmungen, die die **Teilung der Geschäftsanteile** erschweren oder ausschließen, gelten diese bei der KapErh iRd Verschm nicht (§ 54 III; dazu § 54 Rn 14, 15).

10. Sonstige unanwendbare Vorschriften

11 Naturgemäß gilt bei der KapErh im Zusammenhang mit der Verschm **§ 55 II GmbHG** nur mit der Maßgabe, dass die neuen Geschäftsanteile ledigl den Anteilsinhabern der übertragenden Rechtsträger gewährt werden dürfen (Rn 3; vgl zur teilw Unvollständigkeit von Abs 1 iÜ Widmann/Mayer/*Mayer* Rn 49 ff).

Durchführung der Kapitalerhöhung

11. Inhalt des Beschlusses

12 Zentraler Gegenstand des KapErhB ist der Betrag, um den das StK der übernehmenden GmbH erhöht werden soll (Semler/Stengel/*Reichert* Rn 4). Auch bei der

KapErh anlässl der Verschm ist es nach jetzt einhelliger Auffassung mögl, den genauen Betrag der KapErh vorübergehend offenzulassen. Es gelten die allg Vorschriften zur KapErh mit Sacheinlagen iSv § 56 GmbHG, sodass es genügt, das StK der übernehmenden GmbH zunächst bis zu einer **bestimmten Höchstziffer** zu erhöhen (ausführl Begründung bei Widmann/Mayer/*Mayer* Rn 32; Semler/Stengel/*Reichert* Rn 5 je mwN). Spätestens zum Zeitpunkt der Anmeldung der Verschm bei der übernehmenden GmbH muss dann die endgültige Bezifferung des Erhöhungsbetrages erfolgen (Widmann/Mayer/*Mayer* Rn 32).

Keiner Angabe bedarf es hingegen hinsichtl der **Höhe der einzelnen neuen Stammeinlagen** und der **Namen der Gesellschafter,** denen die neuen Geschäftsanteile übertragen werden (so auch Widmann/Mayer/*Mayer* Rn 33), da diese Daten im Verschmelzungsvertrag genau bezeichnet sind, § 46 I 1 (vgl auch Rn 33). Aus der Anwendbarkeit von § 56 GmbHG folgt die Notwendigkeit der Angabe, dass die Leistungen auf die Sacheinlage durch die Übertragung des Verm der übertragenden Rechtsträger erbracht werden. 13

12. Berechnung der notwendigen Kapitalerhöhung

a) Grundsätzliches Ziel. Die KapErh nach § 55 erfolgt zum Zweck der Verschm. Wenn sie überhaupt durchgeführt werden darf oder muss (Rn 2), lässt sich der **Erhöhungsbetrag** abstrakt leicht beschreiben. Die KapErh muss im Erg dazu führen, dass Geschäftsanteile geschaffen werden, die **wertmäßig dem Verm der übertragenden Rechtsträger** entsprechen. Denn die Geschäftsanteile (evtl zzgl barer Zuzahlung), die die Anteilsinhaber der übertragenden Rechtsträger erhalten, müssen einen **vollen Wertausgleich** darstellen für die Anteile, die sie an dem übertragenden Rechtsträger verlieren (dazu ausführl § 5 Rn 6 ff). Die Höhe der neuen Geschäftsanteile und damit die Höhe der KapErh hängt also vom Verhältnis des Wertes der übertragenden Rechtsträger zum Wert der übernehmenden GmbH nach der Verschm ab (vgl im Einzelnen Rn 19 ff). 14

b) Bewertung der Rechtsträger. Aus der Abhängigkeit der notw KapErh vom Wert der zu verschmelzenden Rechtsträger folgt, dass deren Wert vor der Verschm ermittelt werden muss. Maßgebend hierfür ist der **wahre Wert** (§ 5 Rn 6). 15

Zur Wertermittlung idR nach der **Ertragswertmethode** ausführl § 5 Rn 10 ff; zur etwaigen **Maßgeblichkeit des Börsenkurses** § 5 Rn 49 ff. 16

Im Regelfall wird eine **Bew durch Sachverständige,** also insbes durch Wirtschaftsprüfer, notw sein. Auch unter Beachtung der Grdse der Gleichbehandlung aller Gesellschafter besteht aber nach der Berechnung des Umtauschverhältnisses noch ein gewisser **Verhandlungsspielraum,** mit dem in engen Grenzen solchen strategischen Interessen der beteiligten Rechtsträger (zB durch die Globalisierung bedingter Zwang zu schnellen Zusammenschlüssen, etwa LG Frankfurt aM DB 1999, 2304) genügt wird, die bei der Berechnung der jew Unternehmenswerte nicht fassbar waren. Die teilw in der Praxis spürbare Überbetonung dieser strategischen Ansätze (wie sie zB bei der Versteigerung der UMTS-Lizenzen oder bei der Übernahme von Mannesmann deutl wurden) durch die Leitungsorgane der Rechtsträger dürften bei Verschm allerdings mit den geschützten Interessen der Anteilsinhaber, die insbes das BVerfG stark betont (vgl § 5 Rn 7, 49 ff), nicht in Einklang stehen. Vgl zum Ganzen auch *Clemm/Dürrschmidt* FS Widmann, 2000, 3 ff, 10 ff; *Kiethe* NZG 1999, 976; *Müller* NJW 2000, 3452; *von Bernuth* DB 1999, 1689 je mwN. 17

18 **c) Berechnung im Einzelnen.** Die **Berechnung der KapErh** lässt sich auf die allg Formel bringen, dass das Verhältnis des Werts der übertragenden Rechtsträger zum Gesamtwert aller Rechtsträger dem Verhältnis der KapErh zum StK nach der Verschm entsprechen muss. Als mathematische Gleichung am einfachen **Beispiel** der Verschm einer GmbH auf eine GmbH ausgedrückt:

GmbH X = Kapitalerhöhung
GmbH Ü = Übertragende Ges
GmbH A = Aufnehmende Ges

$$\frac{\text{Beispiel Stop}}{\text{StK GmbH A + X}} = \frac{\text{Wert GmbH Ü}}{\text{Wert GmbH Ü + GmbH A}}$$

19 **Beispiel:**

Wert übertragende Ges :150
Wert aufnehmende Ges :450
Bisheriges StK der aufnehmenden Ges :75

$$\frac{X}{75 + X} = \frac{1\ 150}{1\ 600}$$
$$6001\ X = 1\ 11\ 250 + 150\ X$$
$$4501\ X = 1\ 11\ 250$$
$$4501\ X = 1\ 25$$

Es muss also eine KapErh um 25 auf den Gesamtwert 100 erfolgen.
Die Richtigkeit des Erg kann mit einer einfachen **Probe** nachgewiesen werden:
Wert der Geschäftsanteile an übertragender GmbH: 150
Wert der übertragenden Geschäftsanteile an aufnehmender GmbH:

$$\frac{\text{25 (neue Geschäftsanteile)}}{\text{100 (neues StK)}} \times 600 \text{ (Gesamtwert)} = 150$$

Die Formel zur Berechnung der notw KapErh lässt sich für die praktische Anwendung noch vereinfachen. Hierbei werden allerdings die Abhängigkeiten nicht so deutl:

X = KapErh
WÜ = Wert der übertragenden GmbH
WA = Wert der aufnehmenden GmbH
STA = StK der aufnehmenden GmbH

$$\frac{X\ STA}{STA + X} = \frac{+\ WÜ}{WÜ + WA}$$
$$X\ (WÜ + WA) = WÜ\ (STA + X)$$
$$X \times WÜ + X \times WA = WÜ \times STA + WÜ \times X$$
$$X \times WÜ + X \times WA - X \times WÜ = WÜ \times STA$$
$$X \times WA = WÜ \times STA$$
$$X = \frac{WÜ}{WA} \times STA$$

20 **d) Grenzen der Kapitalerhöhung.** Neben dem KapErhVerbot nach § 54 ist auch das **Verbot** der sog **Unterpariemission** zu beachten (dazu ausführl Lutter/*Winter* Rn 10, 11 mwN; zur fragwürdigen Entscheidung des OLG Frankfurt aM DB 1998, 917 oben § 46 Rn 8 zur Saldierung bei mehreren übertragenden Rechtsträgern). Damit wird zum Ausdruck gebracht, dass die **Erhöhung des StK mindestens durch den tats Wert des zu übertragenden Verm gedeckt** sein muss, da anderenfalls die Sacheinlage nicht vollständig bewirkt ist. Dies unter-

liegt gem § 57a GmbHG iVm § 9c GmbHG der Prüfung durch das Registergericht. Eine Unterpariemission entsteht, wenn der Wert der übernehmenden Ges geringer als der ihres nominellen StK ist. Dazu folgendes **Beispiel:**

X	= Kapitalerhöhung	21
Wert der GmbH Y	= 150	
StK GmbH Y	= 100	
Wert der GmbH Z	= 200	
StK GmbH Z	= 300	

1. Variante: Z nimmt Y auf

$$X = \frac{150}{200} \cdot 300 = 225$$

dh, das StK der GmbH Z müsste um 225 erhöht werden, während ihr nur Vermögenswerte iHv 150 zufließen: verbotene Unterpariemission.

2. Variante: Y nimmt Z auf

$$X = \frac{200}{150} \cdot 100 = 133{,}33$$

dh, das StK der GmbH Y müsste um 133,33 erhöht werden. Diese Erhöhung ist durch zu übertragende Vermögenswerte iHv 200 gedeckt: zulässige Verschm.

Zur Durchführung von **Sanierungsfusionen** unter Beteiligung eines oder mehrerer überschuldeter Rechtsträger als Übertrager oder Übernehmer zunächst § 3 Rn 48, 56, § 46 Rn 8 und § 54 Rn 14 sowie *Heckschen* DB 2005, 2283, 2675; ausführl Widmann/Mayer/*Mayer* Rn 83.1 ff; *Schwetlik* GmbHR 2011, 130 und *Limmer* in Kölner Schrift zur InsO 1997, S 929 ff. Zum **Downstream-Merger** § 54 Rn 5, 11 und *Bock* GmbHR 2005, 1023; *Mertens* AG 2005, 785; *Rodewald* GmbHR 2005, 515; *Middendorf/Stegemann* DStR 2005, 1082; *Enneking/Heckschen* DB 2006, 1099; *Klein/Stephanblome* ZGR 2007, 351; § 30 I GmbHG steht dem Downstream-Merger nach zutr Ansicht nicht entgegen, die Frage ist jedoch auch nach Neufassung von § 30 I GmbHG durch das MoMiG str. 22

13. Verteilung der neuen Anteile

Die durch die KapErh geschaffenen Anteile werden als Ausgleich für die Vermögensübertragung **den Anteilsinhabern der übertragenden Rechtsträger** gewährt. Innerh dieses Gesellschafterkreises erfolgt die Verteilung außer im Fall der nichtverhältniswahrenden Verschm (dazu § 5 Rn 8) **entsprechend dem bisherigen Beteiligungsverhältnis** der Anteilsinhaber an den jew übertragenden Rechtsträgern und unter Beachtung der Werte der jew übertragenden Rechtsträger. Dadurch ist gewährleistet, dass auch dem einzelnen Anteilsinhaber der entsprechende Vermögenswert erhalten bleibt. 23

14. Zeitpunkt der Kapitalerhöhung

Die KapErh kann erst nach Abschluss des Verschmelzungsvertrages und dem Vorliegen der Zustimmungsbeschlüsse **durchgeführt** werden. Dies ergibt sich aus Abs 2, da der Anmeldung der KapErh der Verschmelzungsvertrag (nicht nur dessen Entwurf) und die Verschmelzungsbeschlüsse beizufügen sind. Der **KapErhB** kann hingegen **schon vorher gefasst** werden (vgl zunächst Rn 13; 24

wie hier Lutter/*Winter* Rn 3, 4; Semler/Stengel/*Reichert* Rn 3 je mwN; zum früheren Recht bereits Hachenburg/*Schilling/Zutt* GmbHG 7. Aufl § 77 Anh II § 22 KapErhG Rn 4; *Lutter/Hommelhoff* GmbHG 13. Aufl Anh Verschm § 22 KapErhG Rn 1; Scholz/*Priester* GmbHG 7. Aufl Anh Umw § 22 KapErhG Rn 2).

15. Anmeldung beim Handelsregister

25 Nach Abschluss des Verschmelzungsvertrages und dem Vorliegen der Verschmelzungsbeschlüsse (Abs 2) ist die **KapErh beim HR** der Übernehmerin **anzumelden.** § 57 II GmbHG findet keine Anwendung (Abs 1 S 1), da die Bewirkung der Einlage durch die Gesamtrechtsnachfolge gesichert ist. Ob den Verpflichtungen nach **§ 57 III Nr 2 und Nr 3 GmbHG** schon durch die Einreichung des Verschmelzungsvertrages genüge getan wird, war bereits zum früheren Recht str (dafür Hachenburg/*Schilling/Zutt* GmbHG 7. Aufl § 77 Anh II § 22 KapErhG Rn 10; *Lutter/Hommelhoff* GmbHG 13. Aufl Anh Verschm § 22 KapErhG Rn 3; aA Scholz/*Priester* GmbHG 7. Aufl Anh Umw § 22 KapErhG Rn 7 mwN). Insoweit sind jedoch **keine überzogenen Anforderungen** zu stellen. Soweit die Übernehmer der neuen Geschäftsanteile im Verschmelzungsvertrag namentl genannt sind, erübrigt sich die Beifügung einer gesonderten Übernehmerliste (aA Kallmeyer/*Kallmeyer* Rn 9; Widmann/Mayer/*Mayer* Rn 90; KölnerKommUmwG/*Simon/Nießen* Rn 32; wie hier Semler/Stengel/*Reichert* Rn 22; Lutter/*Winter* Rn 25). Die in § 57 III Nr 3 GmbHG genannten **Festsetzungsverträge** gibt es nach zutr Ansicht bei einer Verschm nicht (wie hier Lutter/*Winter* Rn 28 mwN; Widmann/Mayer/*Mayer* Rn 92; Semler/Stengel/*Reichert* Rn 22).

16. Prüfung durch das Registergericht

26 Gem § 57a GmbHG iVm § 9c GmbHG obliegt dem **Registergericht** die **Prüfung der KapErh.** Daraus folgt die Notwendigkeit, der Anmeldung auch Unterlagen beizufügen, die eine Prüfung ermögl. Als geeignete Unterlagen kommen etwa die **Schlussbilanz** des übertragenden Rechtsträgers in Betracht, die dem Registergericht zur Vfg steht, § 17 II. Feste Richtlinien können aber nicht aufgestellt werden, da gem § 26 FamFG der **Amtsermittlungsgrundsatz** eingreift, dem Richter also ein weiter Ermessensspielraum zusteht (Lutter/*Winter* Rn 29; Widmann/Mayer/*Mayer* Rn 75 ff; Hachenburg/*Schilling/Zutt* GmbHG 7. Aufl § 77 Anh II § 22 KapErhG Rn 10). Ein Sacheinlagebericht ist nicht erforderl (LG München I DB 2005, 1731 zu § 126 I Nr 9). Bei mittleren und großen GmbH (vgl § 267 HGB) ist ein **geprüfter Abschluss** zu verlangen (so auch Widmann/Mayer/*Mayer* Rn 78; Scholz/*Priester* GmbHG 7. Aufl Anh Umw § 22 KapErhG Rn 10). Eine intensive Prüfung wird dann angebracht sein, wenn die **KapErh höher als das EK nach BW** der übertragenden Rechtsträger ist (wie hier Lutter/*Winter* Rn 29; Semler/Stengel/*Reichert* Rn 25; ähnl Widmann/Mayer/*Mayer* Rn 77 ff: Detailprüfung nur, wenn Wertdeckung tats zweifelhaft), da in diesem Fall zum Nachw der Deckung stille Reserven oder entsprechende Werthaltigkeit des nicht bilanzierten Verm aufgezeigt werden müssen. Zur Frage einer evtl **Differenzhaftung** der Gesellschafter vgl Rn 5. Zur Möglichkeit des „freiwilligen Nachschusses“ bei entsprechender Zwischenverfügung des Registergerichts vgl Widmann/Mayer/*Mayer* Rn 79.1 mwN.

27 Die Prüfung des Registergerichts erstreckt sich im Wesentl darauf, ob die KapErh im Zusammenhang mit einer Verschm erfolgt und ob das zu übertragende

Nettovermögen die angemeldete KapErh deckt. Nur wenn insoweit keine Bedenken bestehen, darf die Eintragung erfolgen.

Wirksamkeit und Mängel

17. Verhältnis von Kapitalerhöhung und Verschmelzung

Die **Eintragung der KapErh** ist gem § 53 **Voraussetzung für die Eintragung der Verschm.** Verschm und KapErh nach § 55 **bedingen einander gegenseitig** („gegenseitige Wirksamkeitsverknüpfung", Kallmeyer/*Kallmeyer* Rn 1; „konditionale Verbindung", Lutter/*Winter* Rn 3; GKT/*Bermel* Rn 32 verknüpft über aufschiebende Bedingung; der BGH anerkennt die gegenseitige Abhängigkeit von Verschm und KapErh ebenfalls, vgl BGH AG 2007, 625 zur KapErh als „Annex" der Verschm; vgl jetzt auch zu mit der Verschm und der dortigen KapErh eng verknüpften Kapitalherabsetzungen OLG Frankfurt aM ZIP 2012, 826 mit zust Anm *Grunewald* EWiR 2012, 331). Soweit eine KapErh erfolgen muss, ist der **KapErhB Wirksamkeitsvoraussetzung für den Verschmelzungsvertrag** (allgM, statt aller Widmann/Mayer/*Mayer* Rn 108). Die Eintragung der Verschm selbst erfolgt erst nach Eintragung der KapErh (§ 53; auch eine etwaige Sitzverlegung ist vorrangig, vgl OLG Frankfurt aM MittBayNot 2005, 327; zum früheren Recht bereits Scholz/*Priester* GmbHG 7. Aufl Anh Umw § 22 KapErhG Rn 2; Hachenburg/*Schilling/Zutt* GmbHG § 77 Anh II § 22 KapErhG Rn 3). Umgekehrt ist der **KapErhB nur wirksam, wenn die Verschm** auch **durchgeführt wird** (allgM, Lutter/*Winter* Rn 4 mwN; Widmann/Mayer/*Mayer* Rn 110 ff). Kommt es zum Zwischenerwerb (Rn 13), fällt die KapErh bei Vorliegen der Voraussetzungen von § 54 etc (Rn 2) entsprechend geringer aus, was allerdings bei der Anmeldung der KapErh auch eindeutig mitzuteilen ist (§ 54 I 2 enthält ein Wahlrecht; Entsprechendes dürfte bei richtiger Auslegung für die Verschm von SchwesterGes, § 2 Rn 21 ff, gelten; nur in den Fällen des KapErhVerbots ist die registerrechtl Behandlung auch ohne Erklärung der Anmelder klar). **Eine (zu hoch) eingetragene KapErh** ist bei Fehlen des Wirksamkeitserfordernisses „zur Durchführung der Verschm" **von Amts wegen zu löschen,** eine Umdeutung kommt regelm nicht in Betracht (Widmann/Mayer/*Mayer* Rn 111, 112). 28

18. Sonstige Mängel

Der **KapErhB** kann darüber hinaus an **eigenen Mängeln** leiden. So ist etwa an eine Beschlussfassung ohne die erforderl satzungsmäßige **Mehrheit** zu denken. Von besonderer Bedeutung ist die Frage, ob der KapErhB mit der Behauptung angefochten werden kann, das **Umtauschverhältnis** der Geschäftsanteile sei **unrichtig bestimmt** worden. Eine derartige Ansicht lässt sich dem Urteil des LG Frankfurt (WM 1990, 592, 595; dem folgend Lutter/*Winter* Rn 31; Semler/Stengel/*Reichert* Rn 27) entnehmen. Dem ist aber entgegenzutreten. Denn nach **§ 14 II** kann ein falsches Umtauschverhältnis **seitens der Gesellschafter der übertragenden Rechtsträger** nur in einem besonderen Verfahren, nicht hingegen durch Anfechtung des Zustimmungsbeschlusses nach dem SpruchG, geltend gemacht werden (vgl auch § 243 IV 2 AktG). Nach der gesetzgeberischen Wertung ist also der Zustimmungsbeschluss der richtige Ansatzpunkt für eine gerichtl Überprüfung des Umtauschverhältnisses. Dies entspricht auch dem Regelungsinhalt der jew Beschlüsse. Während durch den Zustimmungsbeschluss iVm dem 29

Verschmelzungsvertrag das Umtauschverhältnis festgelegt wird, stellt der KapErhB nur die diesbzgl Umsetzung dar (den „Annex“, vgl BGH AG 2007, 625). Soweit Lutter/*Winter* Rn 31, 32 (ihm folgend Semler/Stengel/*Reichert* Rn 27 und jetzt auch Widmann/Mayer/*Mayer* Rn 106) den **Anteilsinhabern der übernehmenden GmbH** das Recht zur Anfechtung des KapErhB zugesteht, provoziert er ohne Not eine entsprechende Anwendung von § 16, ohne die bei Anfechtung nur des KapErhB entweder keine Registersperre (§ 16 II) ausgelöst oder aber den beteiligten Rechtsträgern der Weg zum Freigabeverfahren (§ 16 III) abgeschnitten würde. Wegen der allg anerkannten Abhängigkeit von Verschm und KapErh (Rn 36) ist diese entsprechende Anwendung von § 16 mangels Regelungslücke nicht geboten. Vielmehr muss es beim allg Grds bleiben, dass die Anteilsinhaber des übernehmenden Rechtsträgers gegen ein nach ihrer Ansicht nachteiliges Umtauschverhältnis **ausschließl gegen den Verschmelzungsbeschluss** vorgehen können (dazu § 14 Rn 27 ff).

30 Sonstige Mängel des KapErhB führen nicht automatisch zur **Nichtigkeit.** Nichtigkeit ist vielmehr nur bei einem Verstoß gegen das Verbot der **Unterpariemission** bzw bei einem **Verstoß gegen § 33 I GmbHG** (§ 54 I 1 Nr 3) anzunehmen (so schon Hachenburg/*Schilling/Zutt* GmbHG § 77 Anh II § 23 KapErhG Rn 17). IÜ liegt nur **Anfechtbarkeit** des Beschlusses vor (vgl § 54 Rn 23). **Nach Eintragung der Verschm wirkt § 20 II auch für die KapErh** („Bestandskraft“, OLG Frankfurt aM ZIP 2012, 826 mwN mit zust Anm *Grunewald* EWiR 2012, 331; GKT/*Bermel* Rn 33; Lutter/*Winter* Rn 33; Widmann/Mayer/*Mayer* Rn 108; Semler/Stengel/*Reichert* Rn 29, der insoweit allerdings von Heilung spricht) und für im Zshg mit der Verschm beschlossene **Kapitalherabsetzungen** (OLG Frankfurt aM ZIP 2012, 826 mit zust Anm *Grunewald* EWiR 2012, 331).

Kosten der Kapitalerhöhung

19. Kosten des Erhöhungsbeschlusses

31 Die **Beurkundung des KapErhB** löst eine $^{20}/_{10}$ Gebühr gem § 47 KostO aus. Wird gleichzeitig der Zustimmungsbeschluss zur Verschm beurkundet, so fällt die Gebühr dann nur einmal an, wenn beide Beschlüsse in derselben Verhandlung beurkundet werden (Widmann/Mayer/*Mayer* Rn 119). Zudem wird der Geschäftswert gem § 44 IIa KostO zusammengerechnet (Widmann/Mayer/*Mayer* Rn 121; *Tiedtke* MittBayNot 1997, 212). Dies ist insofern von Vorteil, als gem § 47 S 2 KostO die Gebühr nach oben auf EUR 5 000 begrenzt ist.

20. Beurkundung der Anmeldung

32 Die **Beurkundung der Anmeldung** der KapErh löst nach § 38 II Nr 7 KostO eine $^{5}/_{10}$ Gebühr aus. Der Geschäftswert entspricht dem Nennbetrag der KapErh.

21. Gerichtskosten

33 Die Kosten für die Eintragung im HR sind 2004 umfassend geändert worden (dazu ausführl § 19 Rn 39 ff). Maßgebend ist gem § 79 KostO die HRegGebVO, die in Nr 2401 für die Erhöhung des StK nach dem UmwG eine Gebühr von EUR 140 vorsieht. Damit wird den Anforderungen der GesSt-RL genügt.

34 Zu Rechtsmitteln und -behelfen gegen Kostenentscheidungen vgl § 19 Rn 46 ff.

Zweiter Unterabschnitt. Verschmelzung durch Neugründung

§ 56 Anzuwendende Vorschriften

Auf die Verschmelzung durch Neugründung sind die Vorschriften des Ersten Unterabschnitts mit Ausnahme der §§ 51 bis 53, 54 Absatz 1 bis 3 sowie des § 55 entsprechend anzuwenden.

Schrifttum: Siehe Schrifttum Vor §§ 46–59; § 54.

Übersicht

1. Allgemeines

1 Regelungsgegenstand von § 56 ist die **Verschm durch Neugründung.** Hierbei vereinigen sich zwei oder mehrere Rechtsträger zu einer GmbH (nicht UG, vgl § 3 Rn 20 mwN), die vorher nicht bestand, sondern erst im Zusammenhang mit der Verschm gegründet wird (vgl allg § 2 Rn 14 und § 36 Rn 1 ff). Die sich vereinigenden Rechtsträger erlöschen daraufhin.

2 **§ 56** übernimmt im Wesentl den Inhalt und die Regelungstechnik von § 32 KapErhG aF. Für die Verschm durch Neugründung müssen folgende Schritte durchgeführt werden: Die sich vereinigenden Rechtsträger schließen einen **Verschmelzungsvertrag** unter Beachtung von §§ 5, 46 I, 57 (§ 46 II, III finden für die Verschm durch Neugründung keine Anwendung, obwohl sie in § 56 nicht ausdrückl genannt sind; vertretbar Lutter/*Winter* Rn 11 aE und ihm folgend Semler/Stengel/*Reichert* Rn 8: sinngemäße Anwendung von § 46 II; KölnerKomm-UmwG/*Simon*/*Nießen* Rn 10), dem die Anteilsinhaber jedes Rechtsträgers durch **Beschluss** (§ 13; § 50 gilt iRv §§ 56 ff nur bei Beteiligung einer GmbH als übertragender Rechtsträger) zustimmen müssen. Daneben muss aber auch ein **Gesellschaftsvertrag** für die neu zu gründende GmbH abgeschlossen werden, der wiederum der **Zustimmung der jew Gesellschafter** durch Beschluss (§ 59) bedarf. Die neue GmbH muss sodann **ins HR eingetragen werden,** was als konstitutiver Akt die Wirkungen der Verschm auslöst (§§ 36 I 2, 38, 20 I). Die zuvor erfolgte Eintragung der Verschm in das Register am Sitz der übertragenden Rechtsträger (§ 19 I 2) ist rein deklaratorisch.

3 Regelungstechnisch erfolgt die Behandlung der Verschm durch Neugründung durch Verweisung auf die Vorschriften über die Verschm durch Aufnahme (Vorschriften des Ersten Unterabschnitts) unter Nennung der nicht anzuwendenden Normen. **§§ 57–59** enthalten speziell auf die Verschm durch Neugründung einer GmbH zugeschnittene Sonderregelungen.

2. Verschmelzungsvertrag

4 Der Verschmelzungsvertrag wird durch die sich vereinigenden Rechtsträger geschlossen; die **neu zu gründende GmbH** ist daran noch **nicht beteiligt.** Der Abschluss erfolgt durch die jew vertretungsberechtigten Organe, ggü dem Abschluss des Verschmelzungsvertrages bei der Verschm durch Aufnahme bestehen keine Besonderheiten.

5 Wegen der **Generalverweisung in § 56** ist für den Inhalt des Verschmelzungsvertrages neben § 5 auch § 46 I maßgebl. § 46 III kann hingegen nicht angewandt werden, er setzt eine bereits bestehende Übernehmerin voraus (zu § 46 II Rn 2). Zum notw **Inhalt des Verschmelzungsvertrages** gehört damit die Angabe der Nennbeträge der Geschäftsanteile, welche die Anteilsinhaber der sich vereinigenden Rechtsträger am StK der übernehmenden GmbH erhalten. Bei der Festlegung der **Höhe des StK** besteht wie bei der sonstigen Gründung einer GmbH ein gewisser Spielraum. Bei der Verschm von KapGes muss das StK der neu zu gründenden GmbH nicht der Summe des Stamm- oder Grundkapitals der übertragenden Ges entsprechen (Widmann/Mayer/*Mayer* § 36 Rn 28 ff; zum früheren Recht bereits Hachenburg/*Schilling/Zutt* GmbH 7. Aufl § 77 Anh II § 32 KapErhG Rn 10). Umgekehrt darf die Neugründung nicht eine **unzulässige Unterpariemission** darstellen (dazu § 55 Rn 25 ff). Bei der Verschm durch Neugründung handelt es sich um eine (vereinfachte) **Sachgründung.** Sie ist bei der UG deshalb nicht mögl (vgl § 3 Rn 20 mwN). Die Sacheinlagen müssen daher das StK decken (vgl § 9 GmbHG). Das Verbot der Unterpariemission folgt bereits aus dem Verweis auf die Gründungsvorschriften des GmbHG in § 36 II, hier also aus einem Verweis auf §§ 5, 8, 9–9c GmbHG. Das StK der neu zu gründenden GmbH darf nicht höher sein als die Summe der tats Werte, die von den an der Verschm beteiligten Rechtsträgern eingebracht werden. Wird die Verschm dennoch – zu Unrecht – eingetragen, tritt die **Differenzhaftung** für die Gesellschafter ein (vgl Rn 13 und § 36 Rn 20 ff). Eine Unterpariemission liegt hingegen nicht vor, wenn das StK durch den tats Wert des Verm der sich vereinigenden (übertragenden) Rechtsträger gedeckt ist und ledigl einzelne Anteilsinhaber eines untergehenden Rechtsträgers neue Geschäftsanteile in Höhe eines Nennbetrages erhalten, der über dem Wert ihres bisherigen Anteils liegt. In diesem Fall ist ledigl das Umtauschverhältnis nicht korrekt, die anderen Anteilsinhaber werden entsprechend benachteiligt (zum Gleichbehandlungsgrundsatz vgl § 46 Rn 6; zur nichtverhältniswahrenden Verschm vgl § 5 Rn 8); auf die Kapitalausstattung der übernehmenden GmbH hat dies bei der notw Gesamtbetrachtung aber keine Auswirkung. Entsprechendes gilt nach zutr hM im Fall der **Mehrfachverschmelzung,** wenn das **saldierte Verm** die Kapitalaufbringung sichert (vgl § 46 Rn 8).

6 Ebenfalls keine Unterpariemission und damit zulässig ist die Verschm von KapGes, die jede für sich einen geringeren tats Wert als ihr bisheriges nominelles Stamm- oder Grundkapital aufweisen **(Unterbilanz).** Das StK der neu zu gründenden GmbH hat sich gerade nicht an den bisherigen Nominalkapitalien der übertragenden Rechtsträger auszurichten, sondern an der Summe der eingebrachten tats Werte, die es nicht überschreiten darf.

7 Der **Betrag der einzelnen Geschäftsanteile,** der im Verschmelzungsvertrag gem § 46 I festgelegt werden muss, ergibt sich aus der Höhe des gewählten StK der neuen GmbH, aus dem Umtauschverhältnis und aus dem jew Verhältnis der Anteilsinhaber der bisherigen Rechtsträger untereinander sowie aus dem Wertver-

hältnis der übertragenden Rechtsträger zueinander (vgl auch Widmann/Mayer/*Mayer* § 36 Rn 32 ff). Zur Verdeutlichung folgendes **Beispiel:**

GmbH A: tats Wert = 100; Gesellschafter A 1 = 125%, Gesellschafter A 2 = 75% 8
GmbH B: tats Wert = 150; Gesellschafter B = 100%
GmbH C: tats Wert = 250; Gesellschafter C 1 = 110%, Gesellschafter C 2 = 90%
GmbH N (Neugründung)

StK:	Gesellschafter A 1	15	60
	Gesellschafter A 2	45	
	Gesellschafter B	90	90
	Gesellschafter C 1	15	150
	Gesellschafter C 2	135	
		300	300
Probe:	Wert Anteil A 1 vor Verschm:	100	$\times$ 0,25 = 25
	Wert Anteil A 1 nach Verschm:	500	$\times \frac{15}{300} = 25$

Bei der Festlegung der Geschäftsanteile an der neuen GmbH kann von den Privilegien in **§ 46 I 2, 3** Gebrauch gemacht werden. Da § 56 nur die Anwendung von § 54 I–III ausschließt, sind **bare Zuzahlungen** erlaubt, solange sie nicht 10% des Gesamtnennbetrags der gewährten Geschäftsanteile übersteigen (vgl auch Lutter/*Winter* Rn 13; zum Begriff der „gewährten" Geschäftsanteile oben § 54 Rn 18 mwN; ausführl KölnerKommUmwG/*Simon/Nießen* Rn 12 mwN). 9

Schließl muss der Verschmelzungsvertrag gem § 37 den **Gesellschaftsvertrag der neuen GmbH** enthalten; dabei ist § 57 zu berücksichtigen. 10

3. Gesellschaftsvertrag

Vgl zunächst § 36 Rn 20 ff. Die Gründung der zu errichtenden GmbH erfolgt im Wege der Sachgründung, wobei das Verm der übertragenden Rechtsträger durch Gesamtrechtsnachfolge (dazu § 20 Rn 23 ff) auf die GmbH übertragen wird. **Gegenstand der Sachgründung** sind die von den übertragenden Rechtsträgern bisher betriebenen Unternehmen. Nicht notw ist, dass die GmbH diese Unternehmen unverändert fortführt; entscheidend ist allein die Übertragung des Verm. Gem § 58 I findet **§ 5 IV GmbHG** – allerdings nur unter Vorbehalt der praktisch wichtigen Ausnahmen von § 58 II – Anwendung mit der Folge, dass im Gesellschaftsvertrag der GmbH das Verm der übertragenden Rechtsträger als Gegenstand der Sacheinlage angegeben werden muss. Die **Sacheinlage ist im Gesellschaftsvertrag festzusetzen,** dabei sind der Gegenstand der Sacheinlage und der Wert, mit dem die Sacheinlage auf die Stammeinlage angerechnet wird, anzugeben (Rowedder/Schmidt-Leithoff/*Zimmermann* GmbHG, 4. Aufl 2002, Anh nach § 77 Rn 306; Scholz/*Priester* GmbHG 7. Aufl Anh UmwG § 47 Rn 16). Grdsl sind neben der Sacheinlage auch **zusätzl Bareinlagen** und weitere Sacheinlagen mögl. Auf die zusätzl Einlagen sind die allg Vorschriften (§§ 7 II, III, 8 II GmbHG) gem § 36 II unmittelbar anzuwenden. Ferner besteht die Möglichkeit, etwaige **Darlehen der Anteilsinhaber der übertragenden Rechtsträger** in Einlagen der neu gegründeten GmbH umzuwandeln, um so die vorgeschriebene Höhe des StK zu erreichen. Die Verschm mit Gesamtrechtsnachfolge kann nicht zur Annahme einer **verdeckten oder verschleierten Sacheinlage** führen. Gem § 5 I GmbHG muss das **StK** der GmbH mindestens **EUR 25 000** betragen, die Mindeststückelung lautet auf EUR 1,00. Vgl zur **Währungsumstellung** § 46 11

Rn 11 mwN und Scholz/*Winter/Westermann* GmbHG 9. Aufl § 5 Rn 15 ff sowie das EGGmbHG, das durch das MoMiG (dazu Einf Rn 30 mwN) neu geschaffen wurde; § 1 EGGmbHG ersetzte § 86 GmbHG aF und regelt die Umstellg auf Euro.

12 Der Sicherung der Kapitalaufbringung dient die **Gründerhaftung,** §§ 9, 9a und 9b GmbHG, die durch die GmbH-Novelle 1980 eingefügt wurden. Diese Vorschriften gelten ebenfalls über die Verweisung in § 36 II (vgl Lutter/*Winter* Rn 26). Dass die Anteilsinhaber der übertragenden Rechtsträger selbst nicht Gründer sind und auch nicht unmittelbar ihr Verm einbringen, ändert daran nichts (§ 55 Rn 5). Ebenfalls kommt es nach hM auf das Abstimmungsverhalten des einzelnen Anteilsinhaber iRd Verschmelzungsbeschluss nicht an (§ 55 Rn 6).

13 **§ 9 GmbHG** regelt dabei die sog **Differenzhaftung** des Sacheinlegers. Bereits vor Neufassung von § 9 GmbHG durch die GmbH-Novelle 1980 wurde die Differenzhaftung von Rspr und Lit bejaht (vgl *Moog* S 30 ff). Darüber hinaus fand diese Rspr Anwendung auf Fälle der Umw einer PhG in eine GmbH (LG Hamburg DB 1977, 1669, 1670). Ein Gründer, der sich zur Leistung einer Sacheinlage verpflichtet hat, deren Geldwert im Gesellschaftsvertrag festzusetzen ist, muss im Fall der **Überbewertung dieser Sacheinlage** den Differenzwert zwischen dem tats Wert der Einlage und dem im Gesellschaftsvertrag festgesetzten Wert in bar nachzahlen. Die Differenzhaftung knüpft bei der Verschm an den **Stichtag der Anmeldung** (§ 9 I GmbHG; daneben kommen aber trotzdem die allg Grdse zur Unterbilanzhaftung zur Anwendung, wenn bis zur Eintragung der neuen GmbH Verlustgeschäfte getätigt werden, vgl Semler/Stengel/*Reichert* Rn 17 mwN; *Heckschen/Heidinger,* Die GmbH in der Gestaltungs- und Beratungspraxis, 2. Aufl 2009, § 11 Rn 130). Gegen die Differenzhaftung können sich die Gesellschafter nicht auf BGH AG 2007, 487 berufen, denn diese Entscheidung privilegiert nur die Gesellschafter einer AG (zutr *Kallmeyer* GmbHR 2007, 1121).

14 **§ 9a GmbHG** sieht eine **Haftung** der Gesellschafter und der Geschäftsführer der GmbH vor, wenn zum Zweck der Errichtung der Ges **falsche Angaben** gemacht wurden. In diesen Fällen hat der genannte Personenkreis **fehlende Einzahlungen gesamtschuldnerisch** zu leisten; Vergütungen, die nicht unter den Gründungsaufwand aufgenommen wurden, sind ebenso wie der sonst entstehende Schaden zu ersetzen. Im Fall der Verschm kommt es auf diejenigen Angaben an, auf denen die Umwandlungsbilanz basiert (OLG Karlsruhe BB 1974, 1039). **§ 9b GmbHG** modifiziert die Haftung nach § 9a GmbHG.

15 Auch **§ 11 GmbHG** findet nach Maßgabe von § 36 II Anwendung (ausführl Lutter/*Winter* Rn 28 mwN). Die **Handelndenhaftung** nach § 11 II GmbHG bezieht sich auf Handlungen, die zwischen dem Verschmelzungsbeschluss und der Eintragung der GmbH für die GmbH und in deren Namen vorgenommen werden. Hierzu zählen aber nicht diejenigen Geschäfte, die für die übertragenden Rechtsträger, welche als solche bis zur Eintragung der Verschm noch bestehen, getätigt werden, sofern sie namens dieser Rechtsträger abgeschlossen werden. Die Handelndenhaftung nach § 11 II GmbHG erfordert, dass ausdrückl oder für den Geschäftspartner zumindest erkennbar für die zu gründende GmbH gehandelt wird, dass also, vglbar einem Geschäftsführer der GmbH, nach außen aufgetreten wird. Es muss ein rechtsgeschäftl Handeln vorliegen (Scholz/*K. Schmidt* GmbHG § 11 Rn 106).

16 Als Handelnde iSv § 11 GmbHG kommen sowohl **die übertragenden Rechtsträger** als auch deren **Leitungsorgane** in Betracht. Die Frage, ob vor Eintragung der Verschm ins Register der übernehmenden GmbH eine **VorGes**

besteht (dazu Lutter/*Winter* Rn 7), ist in diesem Zusammenhang nicht von Bedeutung (vgl Scholz/*K. Schmidt* GmbHG § 11 Rn 61, 107).

Zu weiteren Anforderungen an die Gestaltung des Gesellschaftsvertrags der neu zu gründenden GmbH vgl § 57 und Komm dort. 17

4. Organbestellung

Nach **§ 6 I GmbHG** muss die GmbH einen oder mehrere **Geschäftsführer** haben. Die Bestellung der Geschäftsführer erfolgt stets vor Wirksamwerden der Verschm (Lutter/*Winter* Rn 22 und § 59 Rn 5) entweder im Gesellschaftsvertrag oder durch gesonderten Gesellschafterbeschluss, § 6 III 2 GmbHG. Im Regelfall wird der Geschäftsführer durch separaten Beschluss bestellt, der bereits mit dem Verschmelzungsbeschluss verbunden werden kann (vgl Widmann/Mayer/*Mayer* § 36 Rn 77 und § 59 Rn 12). Die **Ausschlussgründe von § 6 II GmbHG** sind zu beachten zur Bestellung der Geschäftsführer ausführl KölnerKommUmwG/*Simon/Nießen* § 59 Rn 9 ff mwN). 18

Die Unternehmen der übertragenden Rechtsträger werden in der Zeit zwischen Verschmelzungsbeschluss und Eintragung der Verschm nicht von der Vor-GmbH, sondern von den Leitungsorganen dieser Rechtsträger geführt. 19

Für den Fall, dass für die neu gegründete Ges ein **fakultativer AR** vorgesehen ist und dessen Mitglieder schon vor der Verschm gewählt werden sollen, ist **§ 52 GmbHG** zu beachten (die Verweisung in § 36 II erstreckt sich auch auf diese Gründungsvorschrift, vgl RegEBegr BR-Drs 75/94 zu § 56). § 52 GmbHG verweist auf entsprechende Regelungen des AktG, die zur Anwendung kommen, soweit nicht gesellschaftsvertragl Regelungen bestehen. Nach § 52 II GmbHG können die Mitglieder des AR vor der Eintragung der GmbH in das HR oder erst danach bestellt werden. 20

Bei **mitbestimmten Unternehmen** ist ein AR zu bilden, §§ 1 ff DrittelbG, § 1 MitbestG (dazu § 325 Rn 3 ff). Auch hier ist die Bestellung der Aufsichtsratsmitglieder im Verschmelzungsbeschluss nicht erforderl (Widmann/Mayer/*Mayer* § 59 Rn 17 ff; nach Semler/Stengel/*Reichert* § 59 Rn 8 und Lutter/*Winter* § 59 Rn 6 ist Bestellung wegen der Notwendigkeit zur Durchführung des Statusverfahrens erst nach Eintragung der neuen GmbH mögl; differenzierend KölnerKommUmwG/*Simon/Nießen* § 59 Rn 19 ff mwN). 21

5. Zustimmungsbeschlüsse

Bei der Verschm durch Neugründung ist **§ 13 I** anwendbar. Der Verschmelzungsvertrag bedarf daher zur Wirksamkeit der **Zustimmung der Anteilsinhaber** jedes der sich vereinigenden Rechtsträger; die übernehmende GmbH selbst kann, da sie in diesem Moment noch nicht gegründet ist, keinen **Verschmelzungsbeschluss** fassen. Deswegen hat § 50, obwohl er in § 56 nicht ausdrückl genannt ist, für die Verschm durch Neugründung für die übernehmende GmbH ebenfalls keine Bedeutung. Entsprechendes gilt für §§ 47–49 (KölnerKommUmwG/*Simon/Nießen* Rn 14). In Bezug auf die Zustimmungsbeschlüsse der übertragenden Rechtsträger treten keine Besonderheiten auf; auf die Komm zu § 13 wird verwiesen. 22

§ 59 stellt klar, dass der Verschmelzungsbeschluss sich auch auf den Gesellschaftsvertrag der neuen GmbH zu beziehen hat (vgl auch § 37). Entsprechendes gilt für die Bestellung der Mitglieder des AR der neuen GmbH, soweit sie von den Anteilsinhabern der übertragenden Rechtsträger zu wählen sind, § 59 S 2. 23

6. Kosten

24 **a) Notarkosten.** Vgl zunächst Vor §§ 36–38 Rn 7, § 14 Rn 32, 33. Bei der Verschm durch Neugründung fallen zusätzl Notarkosten an. Das betrifft zunächst die **Beurkundung des Gesellschaftsvertrages** der neu zu gründenden Ges (§§ 141, 36 II KostO: $^{20}/_{10}$-Gebühr), auch wenn dieser nach § 37 im Verschmelzungsvertrag enthalten sein muss. Der Geschäftswert (Widmann/Mayer/*Mayer* § 36 Rn 116) von max EUR 5 Mio (§§ 141, 39 IV Alt 1 KostO, dazu *Otto* JB 1997, 287 und *Tiedtke* MittBayNot 1997, 209) ist aber gegenstandsgleich mit dem des Verschmelzungsvertrages, was zur Anwendung von § 44 KostO führt (vgl *Hornung* Rpfleger 1997, 518; zur Anwendung von § 44 KostO auch bzgl Verzicht auf Verschmelzungsbericht, Verschmelzungsprüfung etc OLG Hamm DB 2002, 1314). Zudem müssen die **Zustimmungsbeschlüsse** zum Gesellschaftsvertrag (§ 59 S 1) beurkundet werden. Nach §§ 141, 47 KostO fällt dabei eine $^{20}/_{10}$-Gebühr (max EUR 5 000) an. Für den Geschäftswert gilt seit Inkrafttreten des HRegGebNeuOG am 1.12.2004 § 41c II KostO. Für die **Beurkundung der Anmeldung** der neu einzutragenden GmbH zum zuständigen Register fällt schließl gem §§ 141, 86, 38 II Nr 7 KostO eine halbe Gebühr an. Der Geschäftswert von TEUR 50 (Festbetrag) ergibt sich aus § 41a III Nr 3 KostO. Vgl iÜ § 19 Rn 46.

25 **b) Gerichtskosten.** Die **Eintragung** der neu gegründeten GmbH in das HR löst weitere Gebühren aus. Nach dem HRegGebNeuOG bestimmen sich diese Festgebühren nach §§ 79, 79a KostO sowie der zu § 79a KostO ergangenen HRegGebV (dort Nr 1104, 1105). Eine günstige Übergangsregelung enthält § 164 KostO. Vgl iÜ § 19 Rn 41 ff und § 55 Rn 41.

§ 57 Inhalt des Gesellschaftsvertrags

In den Gesellschaftsvertrag sind Festsetzungen über Sondervorteile, Gründungsaufwand, Sacheinlagen und Sachübernahmen, die in den Gesellschaftsverträgen, Partnerschaftsverträgen oder Satzungen übertragender Rechtsträger enthalten waren, zu übernehmen.

Schrifttum: Siehe Schrifttum Vor §§ 46–59.

1 Für die Verschm durch Neugründung einer GmbH ergänzt § 57 in der durch Art 1 Nr 17 des Gesetzes vom 22.7.1998 (BGBl I 1878; dazu Einf Rn 25) und durch das GenG (dazu Einf Rn 28) geänderten Fassung die allg Festlegungen des GmbHG (dazu §§ 56 Rn 11 ff, 36 Rn 20 ff). In den Gesellschaftsvertrag der neu zu gründenden GmbH sind die im Einzelnen benannten **Festsetzungen,** die bereits in den Gesellschaftsverträgen, PartVerträgen und Satzungen der übertragenden Rechtsträger enthalten waren, **zu übernehmen.** Damit führt § 57 die in § 32 III 2 KapErhG aF enthaltene Regelung fort.

2 Ein **Verstoß gegen § 57** verhindert die Eintragung der neuen GmbH ins HR und mithin das Wirksamwerden der Verschm. Übersieht das Registergericht den Fehler, gehen die ursprüngl bei den übertragenden Rechtsträgern geregelten **Sondervorteile** unter (Semler/Stengel/*Reichert* Rn 12; Lutter/*Winter* Rn 8). Die bei GmbH für zehn Jahre und bei AG für 30 Jahre (Kallmeyer/*Kallmeyer* Rn 1, 2; Semler/Stengel/*Reichert* Rn 6, 9) aufzuführenden **Festsetzungen über den Gründungsaufwand** begründen bei fehlender Übernahme nur eine Haftung der Anteilsinhaber, soweit die Gründungskosten nicht bereits vollständig erbracht sind.

Entsprechendes gilt für erledigte Sacheinlagen und Sachübernahmen, wenn diese bereits vollständig erbracht wurden (anders noch die 2. Aufl 1996; wie hier Widmann/Mayer/*Mayer* Rn 20; ausführl Lutter/*Winter* Rn 8). Die Beibehaltungsfristen laufen nach der Verschm nicht neu, sodass ua eine Übernahme von Festsetzungen überflüssig ist, soweit die Frist bei einem übertragenden Rechtsträger bereits vor der Verschm abgelaufen ist (Lutter/*Winter* Rn 6; Semler/Stengel/*Reichert* Rn 4, 9; Kallmeyer/*Kallmeyer* Rn 2).

§ 58 Sachgründungsbericht

(1) **In dem Sachgründungsbericht (§ 5 Abs. 4 des Gesetzes betreffend die Gesellschaften mit beschränkter Haftung) sind auch der Geschäftsverlauf und die Lage der übertragenden Rechtsträger darzulegen.**

(2) **Ein Sachgründungsbericht ist nicht erforderlich, soweit eine Kapitalgesellschaft oder eine eingetragene Genossenschaft übertragender Rechtsträger ist.**

Schrifttum: Siehe Schrifttum Vor §§ 46–59.

Die Vorschrift befasst sich mit dem **Sachgründungsbericht für die neu gegründete GmbH** (§ 5 IV GmbHG, dazu ausführl § 36 Rn 26 ff). **Abs 1** sieht in **Erweiterung von § 5 IV GmbHG** vor, dass auch der Geschäftsverlauf und die Lage der übertragenden Rechtsträger darzulegen ist. **Abs 2** entbindet von der Pflicht zur Abfassung eines Sachgründungsberichts insoweit, als eine KapGes oder eine eG als übertragender Rechtsträger an der Verschm beteiligt ist. Damit wird die Anwendung von § 5 IV GmbHG in der Praxis erhebl eingeschränkt. 1

Nach § 36 II iVm § 5 IV 2 GmbHG haben die **Vertretungsorgane der übertragenden Rechtsträger** (vgl § 36 II 2 und § 36 Rn 26; anders noch die 2. Aufl 1996) einen Sachgründungsbericht zu erstatten. Der Sachgründungsbericht hat die wesentl Umstände, die für die **Angemessenheit der Einlageleistungen** maßgebend sind, darzulegen. Darüber hinaus sind die Jahresergebnisse der beiden letzten Gj (Semler/Stengel/*Reichert* Rn 8 mwN) anzugeben und ergänzend gem Abs 1 Angaben über den **Geschäftsverlauf und über die Lage der übertragenden Rechtsträger** zu machen. Unter den beiden letzten Gj sind die dem Verschmelzungsstichtag vorangegangenen bzw mit ihm abgeschlossenen vollen Gj zu verstehen. In den Fällen, in denen die übertragenden Rechtsträger noch nicht zwei Jahre bestanden haben, ist ein diesbzgl Vermerk im Sachgründungsbericht anzubringen. Eine **übertragende AG** darf die Verschm allerdings erst beschließen, wenn sie bereits zwei Jahre im Register eingetragen ist, § 76 I. Im Sachgründungsbericht sind die wesentl Positionen der Umwandlungsbilanz und ihrer Bew zu erörtern. Der Sachgründungsbericht dient der Erleichterung der Prüfung durch das Registergericht nach § 9c GmbHG. Er ist **schriftl** zu verfassen, von allen (Lutter/*Winter* Rn 3; KölnerKommUmwG/*Simon/Nießen* Rn 5) Vertretungsorganen der übertragenden Rechtsträger zu unterschreiben und mit der Anmeldung nach § 8 I Nr 4 GmbHG vorzulegen. Ob Abs 2 die Vertretungsorgane der dort privilegierten Rechtsträger auch von der Berichtspflicht für das von anderen Rechtsträgern anlässl der Verschm übertragene Verm befreit, erscheint wegen der Zielrichtung des Sachgründungsberichts (er soll plausibel machen, welche Überlegungen für den Einlagewert bei der neuen GmbH sprechen, vgl Lutter/Hommelhoff/*Bayer* GmbHG § 5 Rn 33) fragl, zum Ganzen KölnerKommUmwG/*Simon/Nießen* Rn 16 f mwN. 2

§ 59 Verschmelzungsbeschlüsse

[1]Der Gesellschaftsvertrag der neuen Gesellschaft wird nur wirksam, wenn ihm die Anteilsinhaber jedes der übertragenden Rechtsträger durch Verschmelzungsbeschluß zustimmen. [2]Dies gilt entsprechend für die Bestellung der Geschäftsführer und der Mitglieder des Aufsichtsrats der neuen Gesellschaft, soweit sie von den Anteilsinhabern der übertragenden Rechtsträger zu wählen sind.

Schrifttum: Siehe Schrifttum Vor §§ 46–59; Stellungnahme der Centrale für GmbH Dr. Otto Schmidt vom 16.3.2006 zum Referentenentwurf eines Zweiten Gesetzes zur Änderung des Umwandlungsgesetzes, GmbHR 2006, 418; HRA des DAV, Stellungnahme zum Regierungsentwurf eines Zweiten Gesetzes zur Änderung des Umwandlungsgesetzes, NZG 2006, 737; *Bayer/Schmidt,* Der Regierungsentwurf zur Änderung des Umwandlungsgesetzes, NZG 2006, 841; *Drinhausen,* Regierungsentwurf eines Zweiten Gesetzes zur Änderung des Umwandlungsgesetzes – Ein Gewinn für die Praxis, BB 2006, 2313; *Heckschen,* Die GmbH-Reform – Wege und Irrwege, DStR 2007, 1442; *ders,* Die Reform des Umwandlungsrechts, DNotZ 2007, 444; *Mayer/Weiler,* Neuregelungen durch das Zweite Gesetz zur Änderung des Umwandlungsgesetzes, DB 2007, 1235 (Teil I); DB 2007, 1291 (Teil II); *dies,* Aktuelle Änderungen des Umwandlungsrechts aus Sicht der notariellen Praxis, MittBayNot 2007, 368; *Neye,* BB-Gesetzgebungsreport: Bundestag beschließt neues Umwandlungsrecht, BB 2007, 389.

1 § 59 knüpft an § 32 II KapErhG aF an, **S 1** ist wegen § 37 allerdings überflüssig. Der Gesellschaftsvertrag der neu zu gründenden GmbH muss zwangsläufig Bestandteil des Verschmelzungsvertrages sein, der Verschmelzungsbeschluss nach § 13 I bezieht sich auf den gesamten Inhalt des Verschmelzungsvertrages.

2 **S 2** trägt dem Umstand Rechnung, dass die **Wahl der Aufsichtsratsmitglieder** normalerweise der Gesellschafterversammlung der (neuen) GmbH obliegt. Wird von der Möglichkeit von § 52 II GmbHG (der gem § 36 II Anwendung findet) Gebrauch gemacht, stellt sich die Frage, ob die Gründer (dh die übertragenden Rechtsträger) selbst oder die Anteilsinhaber der übertragenden Rechtsträger für die Bestellung der Mitglieder des AR zuständig sind. Um sicherzustellen, dass die späteren Gesellschafter auch Einfluss auf die Zusammensetzung des AR haben, ordnet S 2 an, dass sie noch in ihrer Eigenschaft als Anteilsinhaber der übertragenden Rechtsträger der Bestellung durch Beschluss zustimmen müssen. Für diesen Beschluss gelten die Mehrheiten und Formalien von § 13 entsprechend. Vgl iÜ § 56 Rn 20, 21. Eine entsprechende Regelung zur Bestellung der Geschäftsführer fehlte früher (Redaktionsversehen, vgl HRA des DAV NZG 2000, 805; Lutter/*Winter* Rn 5 mwN), sie wurde durch das 2. UmwÄndG (dazu Einf Rn 28) eingefügt. Solange der nach S 2 notw Beschluss auch zur Bestellung der Geschäftsführer nicht vorliegt, darf die neue Ges nicht eingetragen werden (Semler/Stengel/*Reichert* Rn 10).

Dritter Abschnitt. Verschmelzung unter Beteiligung von Aktiengesellschaften

Vorbemerkungen zu §§ 60–77

Schrifttum: Schrifttum bis 1994 siehe 3. Auflage; Schrifttum bis 2000 siehe 4. Auflage; *Albach,* Nachfolgeregelung im Mittelstand – ein Praxistest, BB 2000, 781; DAV, Vorschläge des Handelsrechtsausschusses zur Änderung des Umwandlungsgesetzes, NZG 2000, 802; *Gärtner,* Verschmelzung von Kapitalgesellschaften und Grundstücksfragen, DB 2000, 409; *Heidinger,*

Die Euro-Umstellung beim Formwechsel von Kapitalgesellschaften, NZG 2000, 532; *Joussen,* Der Auskunftsanspruch des Aktionärs, AG 2000, 241; *Kindl,* Die Notwendigkeit einer einheitlichen Entscheidung über aktienrechtliche Anfechtungs- und Nichtigkeitsklagen, ZGR 2000, 166; *König,* Doppelsitz einer Kapitalgesellschaft – gesetzliches Verbot oder zulässiges Mittel der Gestaltung einer Fusion?, AG 2000, 18; *Kurzwelly,* Die Rechtsprechung des BGH zur Aktiengesellschaft in den Jahren 1998 und 1999, AG 2000, 337; *Lauppe,* Die kleine Aktiengesellschaft ohne Aktienausgabe: Der Weg ins Chaos, DB 2000, 807; *Mayerhofer/Dohm,* Das Rechtsschutzbedürfnis des Aktionärs bei einer Beschlussanfechtungsklage nach einer Verschmelzung, DB 2000, 961; *Meininger/Gänzle,* Rückforderung europarechtswidriger Registergebühren, BB 2000, 840; *Mertens,* Die stille Beteiligung an der GmbH und ihre Überleitung bei Umwandlungen in die AG, AG 2000, 32; *Müller,* Unterzeichnung des Verschmelzungsberichts, NJW 2000, 2001; *Ossadnik/Dorenkamp,* Sperrminorität: Auswirkungen auf das Volumen von Unternehmensübernahmen, BB 2000, 1615; *Römer/Müller,* Anforderungen des Going Public mittelständischer Unternehmen, DB 2000, 1085; *Vetter,* Die Entschädigung der Minderheitsaktionäre im Vertragskonzern erneut vor dem Bundesverfassungsgericht, ZIP 2000, 561; *Witte/Wunderlich,* Die Nachgründungsproblematik bei „jungen Aktiengesellschaften“, BB 2000, 2217; *Bachmann,* Die Einmann- AG, NZG 2001, 961; *Bosse,* Mitarbeiterbeteiligung und Erwerb eigener Aktien, NZG 2001, 594; *Claussen,* Hauptversammlung und Internet, AG 2001, 161; *Dormann/Fromholzer,* Offene Fragen der Nachgründung nach dem NaStraG, AG 2001, 242; *Drinkuth,* Formalisiertes Informationsrecht bei Holzmüller-Beschlüssen?, AG 2001, 256; *Fleischhauer,* Hauptversammlung und Neue Medien, ZIP 2001, 1133; *Fleischmann,* Der Merger der Allianz AG und Dresdner Bank AG aus gesellschaftsrechtlicher, wirtschaftlicher und ertragsteuerlicher Sicht, DB 2001, 1528; *Fuhrmann,* Einzelfragen zum Mantelkauf bei konzerninternen Umstrukturierungen, DB 2001, 1690; *Geißler,* Der aktienrechtliche Auskunftsanspruch im Grenzbereich des Missbrauchs, NZG 2001, 539; *Goedecke/Heuser,* NaStraG: Erster Schritt zur Öffnung des Aktienrechts für moderne Kommunikationstechniken, BB 2001, 369; *Grooterhorst,* Praktische Probleme beim Erwerb einer Vorrats-AG, NZG 2001, 145; *Grumann/Soehlke,* Namensaktie und Hauptversammlung, DB 2001, 576; *Horbach,* Verfahrensfragen bei Holzmüller-Beschlüssen der Hauptversammlung, BB 2001, 893; *Hüffer,* Beschlussmängel im Aktienrecht und im Recht der GmbH – eine Bestandsaufnahme unter Berücksichtigung der Beschlüsse von Leistungs- und Überwachungsorganen, ZGR 2001, 833; *Hüther,* Namensaktien, Internet und die Zukunft der Stimmenrechtsvertretung, AG 2001, 68; *Kempter/Kopp,* Hinweise zur Gestaltung der Satzung einer Rechtsanwalts-AG, NJW 2001, 777; *Kiem/Uhrig,* Der umwandlungsbedingte Wechsel des Mitbestimmungsstatuts – am Beispiel der Verschmelzung durch Aufnahme zwischen AGs, NZG 2001, 680; *Kilian,* Kapitalgesellschaften als Organisationsformen anwaltlicher Berufsausübung, NZG 2001, 150; *Kleindiek,* Abfindungsbezogene Informationsmängel und Anfechtungsausschluss, NZG 2001, 552; *Muthers,* Gemeinsame anwaltliche Berufsausübung in der Kapitalgesellschaft – Die Anwalts- AG und KGaA, NZG 2001, 930; *Noack,* Online-Hauptversammlung, NZG 2001, 1057; *ders,* Stimmrechtsvertretung in der Hauptversammlung nach NaStraG, ZIP 2001, 57; *ders,* Namensaktie und Aktienregister: Einsatz für Investor Relations und Produktmarketing, DB 2001, 27; *Pentz,* Die Änderung des Nachgründungsrechts durch das NaStraG, NZG 2001, 346; *Priester,* Neue Regelungen zur Nachgründung, DB 2001, 467; *Reichert/Harbarth,* Veräußerung und Einziehung eigener Aktien, ZIP 2001, 1441; *Rottnauer,* Gesellschaftsrechtliche Treuepflichten bei Holdingbildung durch Anteilseinbringung, NZG 2001, 115; *Rozijn,* Geheimhaltungspflichten und Kapitalschutz beim Abschluss von M & A-Dienstleistungsverträgen, NZG 2001, 494; *Schockenhoff,* Informationsrechte der HV bei Veräußerung eines Tochterunternehmens, NZG 2001, 921; *Seibert,* Aktienrechtsnovelle NaStraG tritt in Kraft – Übersicht über das Gesetz und Auszüge aus dem Bericht des Rechtsausschusses, ZIP 2001, 53; *Sinewe,* Keine Anfechtungsklage gegen Umwandlungsbeschlüsse bei wertbezogenen Informationsmängeln, DB 2001, 690; *Tröger,* Vorbereitung von Zustimmungsbeschlüssen bei Strukturmaßnahmen, ZIP 2001, 2029; *Walter/Hald,* Nachgründungsvorschriften bei der Holding-AG zu beachten?, DB 2001, 1183; *Werner,* Zum Anwendungsbereich von § 52 AktG nach der Neufassung durch das NaStraG, ZIP 2001, 1403; *Wilhelm,* Inkompetenz des Aktionärs und Auskunfts- und Klagerecht, DB 2001, 520; *Bunke,* Fragen der Vollmachtserteilung zur Stimmrechtsausübung nach §§ 134, 145 AktG, AG 2002, 57;

Götze, Keine Angabe des Ausgabebetrags im Zeichnungsschein bei Sachkapitalerhöhungen in der AG?, AG 2002, 76; *Hansen,* Europäischer Gerichtshof setzt Grenzen für „Goldene Aktie"/Motive der Unternehmen zur Errichtung einer „kleinen AG", AG 2002, R 251; *Kort,* Bekanntmachungs-, Berichts- und Informationspflichten bei „Holzmüller" – Beschlüssen der Mutter im Falle von Tochter-Kapitalerhöhungen zu Sanierungszwecken, ZIP 2002, 685; *ders,* Bezugsrechtsfragen und „Holzmüller" – Fragen einer Tochter-Kapitalerhöhung aus Sanierungsgründen, AG 2002, 369; *Loges/Distler,* Gestaltungsmöglichkeiten durch Aktiengattungen, ZIP 2002, 467; *Ludwig,* Formanforderungen an die individuell erteilte Stimmrechtsvollmacht in der Aktiengesellschaft und in der GmbH, AG 2002, 433; *Maier-Reimer,* Nachhaftungsbegrenzung und neues Verjährungsrecht, DB 2002, 1818; *Noack,* Neuerungen im Recht der Hauptversammlung durch das Transparenz- und Publizitätsgesetz und den Deutschen Corporate Governance Kodex, DB 2002, 620; *Tröger,* Neues zur Anfechtung bei Informationspflichtverletzungen, NZG 2002, 211; *Mutschler/Mersmann,* Verfahrensmäßige Anforderungen an ordnungsgemäße Vorstandsentscheidungen im M&A-Bereich, DB 2003, 79; *Wasmann,* Erlöschen und Beseitigung von Mehrstimmrechten nach § 5 EGAktG: Gerichtliche Prüfung des Ausgleichs im Spruchverfahren, BB 2003, 57; *Wendt,* Die Auslegung des letzten Jahresabschlusses zur Vorbereitung der Hauptversammlung – Strukturmaßnahmen als „Saisongeschäft"?, DB 2003, 191; *Fuhrmann,* Gesetzliche Formerfordernisse von Vorstandsberichten, AG 2004, 135; *Götze,* „Gelatine" statt „Holzmüller" – Zur Reichweite ungeschriebener Mitwirkungsbefugnisse der Hauptversammlung, NZG 2004, 585; *Maier-Reimer,* Vereinfachte Kapitalherabsetzung durch Verschmelzung?, GmbHR 2004, 1128; *Noack,* Neue Entwicklungen im Aktienrecht und moderne Informationstechnologie 2003–2005, NZG 2004, 297; *Petersen,* Vereinfachte Kapitalherabsetzung durch Verschmelzung?, GmbHR 2004, 728; *Seibt,* Drittelbeteiligungsgesetz und Fortsetzung der Reform des Unternehmensmitbestimmungsrechts, NZA 2004, 767; *Weiss,* Put Option auf eigene Aktien kraft Gesamtrechtsnachfolge?, AG 2004, 127; *Wieneke,* Der Einsatz von Aktien als Akquisitionswährung, NZG 2004, 61; *Bock,* Institutioneller Gläubigerschutz nach § 30 Abs. 1 GmbHG beim Downstream-merger nach einem Anteilskauf?, GmbHR 2005, 1023; *Grage,* Ausgewählte Aspekte der Verwaltungstreuhand an Geschäftsanteilen, RNotZ 2005, 251; *Habersack,* Mitwirkungsrecht der Aktionäre nach Macroton und Gelatine, AG 2005, 137; *Heckschen,* Umstrukturierung von Kapitalgesellschaften vor und während der Krise: Umwandlungsmaßnahmen vor dem Insolvenzeröffnungsantrag, DB 2005, 2283; *ders,* Umstrukturierung krisengeschüttelter Kapitalgesellschaften: Umwandlungsmaßnahmen nach Stellung des Insolvenzantrags, DB 2005, 2675; *Mertens,* Aktuelle Fragen zur Verschmelzung von Mutter- auf Tochtergesellschaften – down stream merger, AG 2005, 785; *Middendorf/Stegemann,* Down-stream merger einer Personenhandelsgesellschaft auf ihre 100%ige Tochtergesellschaft, DStR 2005, 1082; *Pfeiffer,* Eingegliederte Gesellschaften, DZWiR 2005, 452; *Rodewald,* Der Umgang mit Stamm- und Grundkapitalziffern bei Verschmelzungsvorgängen – Gläubigerschutz jenseits gesetzlicher Erfordernisse?, GmbHR 2005, 515; *Tsambikakis,* Aktuelles zum Strafrecht bei GmbH und GmbH & Co., GmbHR 2005, 331; *Weitemeyer,* Die Entlastung im Aktienrecht – Neueste Entwicklungen in Gesetzgebung und Rechtsprechung, ZGR 2005, 280; *Bayer/Schmidt,* Der Regierungsentwurf zur Änderung des Umwandlungsgesetzes, NZG 2006, 841; *Drinhausen,* Regierungsentwurf eines Zweiten Gesetzes zur Änderung des Umwandlungsgesetzes – Ein Gewinn für die Praxis, BB 2006, 2313; *Enneking/Heckschen,* Gesellschafterhaftung beim down-stream-merger, DB 2006, 1099; *Goette,* Aktuelle Rechtsprechung des II. Zivilsenats zum Aktienrecht, DStR 2006, 2132; HRA des DAV, Stellungnahme zum Regierungsentwurf eines Zweiten Gesetzes zur Änderung des Umwandlungsgesetzes, NZG 2006, 737; Stellungnahme der Centrale für GmbH Dr. Otto Schmidt vom 16.3.2006 zum Referentenentwurf eines Zweiten Gesetzes zur Änderung des Umwandlungsgesetzes, GmbHR 2006, 418; *Wälzholz,* Nebenleistungspflichten beim aufnehmenden Rechtsträger als Verschmelzungshindernis?, DStR 2006, 236; *Wälzholz,* Aktuelle Probleme der Unterbilanz- und Differenzhaftung bei Umwandlungsvorgängen, AG 2006, 469; *Heckschen,* Die GmbH-Reform – Wege und Irrwege, DStR 2007, 1442; *ders,* Die Reform des Umwandlungsrechts, DNotZ 2007, 444; *Jäger,* Die Entwicklung der Judikatur zur AG im Jahr 2006, NZG 2007, 286; *Kallmeyer,* Differenzhaftung bei Verschmelzung mit Kapitalerhöhung und Verschmelzung im Wege der Neugründung, GmbHR 2007, 1121; *Klein/Stephanblome,* Der Downstream Merger – Aktuelle umwandlungs- und gesellschaftsrechtliche Fragestellungen, ZGR 2007, 351; *Mayer/Weiler,* Neuregelungen durch das Zweite Gesetz zur Änderung des Umwandlungsgesetzes, DB 2007, 1235 (Teil I); DB 2007, 1291 (Teil II), *dies,* Aktuelle Änderungen des Umwandlungsrechts aus Sicht der notariellen Praxis, MittBayNot 2007, 368; *Neye,* BB-Gesetzgebungsreport: Bundestag beschließt neues Umwandlungsrecht, BB 2007, 389; *Wulff/Buchner,* Sicherung der Amtskontinuität des mitbestimmten Aufsichtsrats bei Verschmelzung, ZIP 2007, 314; *J. Schmidt,* Die Änderung der umwandlungsrechtlichen Informationspflichten durch das ARUG, NZG 2008, 734; *Sandhaus,* Richtlinienvorschlag der Kommission zur Vereinfachung der Berichts- und Dokumentationspflichten bei Verschmelzungen und Spaltungen, NZG 2009, 41; *Bayer/J. Schmidt,* Der Referentenentwurf zum 3. UmwÄndG – Vereinfachungen bei Verschmelzungen und Spaltungen und ein neuer verschmelzungsspezifischer Squeeze out, ZIP 2010, 953; *Bungert/Wettich,* Der verschmelzungsspezifische Squeeze-out: Neue Gestaltungsmöglichkeiten für die Praxis, DB 2010, 2545; *Diekmann,* Änderung des Umwandlungsgesetzes, NZG 2010, 489; *Freytag,* Neues zum Recht der Konzernverschmelzung und des Squeeze out, BB 2010, 1611; *Heckschen,* Das Dritte Gesetz zur Änderung des Umwandlungsgesetzes in der Fassung des Regierungsentwurfs, NZG 2010, 1041; *Keller/Klett,* Geplante Änderung des Umwandlungsgesetzes – eine Evaluierung für die Praxis, GWR 2010, 415; *Neye/Jäckel,* Umwandlungsrecht zwischen Brüssel und Berlin – der Referentenentwurf für ein drittes Gesetz zur Änderung des Umwandlungsgesetzes, AG 2010, 237; *Wagner,* Der Regierungsentwurf für ein drittes Gesetz zur Änderung des Umwandlungsgesetzes, DStR 2010, 1629; *Austmann,* Der verschmelzungsrechtliche Squeeze-out nach dem 3. UmwÄndG 2011, NZG 2011, 684; *Bungert/Wettich,* Der neue verschmelzungsspezifische Squeeze-out nach § 62 Abs. 5 UmwG n.F., DB 2011, 1500; *Göthel,* Der verschmelzungsrechtliche Squeeze out, ZIP 2011, 1541; *Heckschen,* Die Novelle des Umwandlungsgesetzes – Erleichterungen für Verschmelzungen und Squeeze-out, NJW 2011, 2390; *Klie/Wind/Rödter,* Praxisfragen des umwandlungsrechtlichen Squeeze-Out, DStR 2011, 1668; *Neye/Kraft,* Neuigkeiten beim Umwandlungsrecht, NZG 2011, 681; *Lutter,* Der Erwerb der Dresdner Bank durch die Commerzbank – Ohne ein Votum ihrer Hauptversammlung?, ZIP 2012, 351; *Mayer,* Praxisfragen des verschmelzungsrechtlichen Squeeze-out-Verfahrens, NZG 2012, 561; *Packi,* Inhaltliche Kontrollmöglichkeiten bei Durchführung des umwandlungsrechtlichen Squeeze-out, ZGR 2011, 776; *Simon/Merkelbach,* Das Dritte Gesetz zur Änderung des UmwG, DB 2011, 1317.

1. Verschmelzung unter Beteiligung von AG

Der Dritte Abschnitt des Zweiten Teils des Zweiten Buches (§§ 60–77) regelt 1
die **Verschm unter Beteiligung von AG.** Die Vorgängerregelungen von §§ 339–358 AktG aF wurden durch Art 6 des UmwBerG aufgehoben.

Wie früher und in Umsetzung der allg Regelungstechnik des UmwG 1995 2
wird zwischen der **Verschm durch Aufnahme** (Erster Unterabschnitt, §§ 60–72) und der **Verschm durch Neugründung** (Zweiter Unterabschnitt, §§ 73–77) unterschieden.

2. Leitbildfunktion

Das UmwG 1995 verfolgt ua das Ziel der Rechtsbereinigung. Durch Harmoni- 3
sierung der für die verschiedenen Rechtsformen bislang geltenden Einzelvorschriften sollten die allg Grdse eines einheitl Verschmelzungsrechts bindend festgelegt werden. Hierbei hat der Gesetzgeber die bislang in §§ 339 ff AktG aF enthaltenen Regelungen als **gesetzl Leitbild** herangezogen (vgl *Schöne* GmbHR 1995, 325 ff). Eines der tragenden Motive war, „bei der Zusammenfassung der zahlreichen Vorschriften des geltenden Rechts der Dritten gesellschaftsrechtl RL des Rates der EG vom 9.10.1978 betreffend die Verschm von AG (Verschmelzungsrichtlinie) – ABl EG Nr L 295, 36 ff – Rechnung zu tragen, die durch

Gesetz vom 25.10.1982 (BGBl I 1425) – VerschmRLG – in dt Recht umgesetzt worden ist". Deshalb „übernimmt der Entwurf in Aufbau und Inhalt grdsl die Regelungen, die in Durchführung der Dritten gesellschaftsrechtl RL durch das VerschmRLG getroffen worden sind. Diese Regelungen gelten schon heute für AG, KGaA und VVaG. Sie sollen auch für andere Unternehmensformen, insbes für GmbH und eG gelten, soweit nicht die unterschiedl Strukturen dieser Rechtsträger andere Lösungen, vor allem Erleichterungen, erforderl machen oder zweckmäßig erscheinen lassen." (RegEBegr BR-Drs 75/94 zum Ersten Teil).

4 Da mithin der „Allg Teil" des Verschmelzungsrechts (§§ 2–38) ohnehin vom Leitbild der AG geprägt wurde, finden sich in §§ 60 ff nur noch solche Regelungen, die wegen der **besonderen organisationsrechtl Struktur der AG** für die anderen Rechtsformen nicht übertragbar sind (zB § 61 über die Bekanntmachung des Verschmelzungsvertrags, §§ 63, 64 über die Vorbereitung und die Durchführung der HV, §§ 71, 72 über die Bestellung eines Treuhänders und den Umtausch von Aktien sowie § 75 über den bei Neugründung einer AG notw Gründungsbericht und die Gründungsprüfung). Die in den europäischen RL für die Rechtsform AG vorgegebenen Institute des Verschmelzungsberichts (§ 8), der Verschmelzungsprüfung (§§ 9–12) sowie die Vorschriften zum Schutz der Inhaber von Sonderrechten (§ 23) wurden in den „Allg Teil" des Verschmelzungsrechts aufgenommen.

3. Anwendbarkeit von §§ 60–77

5 Die Vorschriften im Dritten Abschnitt des Zweiten Buches sind stets dann anzuwenden, wenn eine **AG an einer Verschm beteiligt** ist, gleich, ob es sich um eine reine Verschm unter AG oder um eine **Mischverschmelzung** unter Beteiligung von Rechtsträgern anderer Rechtsform handelt. §§ 60–72 unterscheiden dabei grdsl nicht danach, ob die **AG als übertragender oder als übernehmender Rechtsträger** fungiert (anders allerdings §§ 62, 66–69, die nur bei Beteiligung einer AG als übernehmender Rechtsträger Anwendung finden sowie § 72, der nur den Umtausch von Aktien einer übertragenden AG regelt).

4. Regelungsgegenstand

6 In Fortsetzung der Gesetzesfolge von §§ 2–38 (dazu Vor §§ 2–38 Rn 2) regeln §§ 60 ff zunächst Besonderheiten zur **Verschmelzungsprüfung (§ 60),** anschl zum **Verschmelzungsbeschluss (§§ 61–65),** ferner zur **KapErh (§§ 66–69)** und schließl Besonderheiten zum **Anteilstausch (§§ 71, 72)** sowie zum **Schadenersatzanspruch nach § 26 (§ 70).** Für die Verschm durch Neugründung wird in § 73 grdsl auf die Anwendung von §§ 60–72 verwiesen, iÜ enthalten §§ 74–76 klarstellende Ergänzungen zu §§ 36–38.

5. Neuerungen

7 Die Leitbildfunktion (Rn 3, 4) der früheren aktienrechtl Verschm für das Verschmelzungsrecht im UmwG 1995 bedingt, dass die gesetzl Neufassung für die Rechtsform der AG keine wesentl Neuerungen enthält. Sachl unverändert wurden aus §§ 339 ff AktG aF übernommen: §§ 61, 63, 64, 66–68, 70–72, 73–77. § 60 wurde bis zur Gesetzesänderung (Rn 8) ebenfalls aus dem früheren Recht übernommen. Die Konzernverschmelzung (§ 62, früher § 352b I AktG aF) wurde bzgl des Informationsrechts der Aktionäre der Konzernmutter durch Neufassung von § 62 III richtlinienkonform gestaltet; iÜ bestimmt § 65 in teilw Abweichung vom

früheren Recht (§ 33 III KapErhG aF iVm § 369 II, III AktG aF) einheitl die notw Dreiviertelmehrheit für die Abfassung des Verschmelzungsbeschlusses. Schließl wurde § 343 AktG aF durch § 69 I 1 HS 2 über die Notwendigkeit einer Sacheinlageprüfung über den Fall hinaus erweitert, dass das Gericht Zweifel am Wert der Sacheinlage hat. Diese Ergänzung des früheren Rechts wurde insbes wegen § 24 und dem darin enthaltenen Ansatzwahlrecht notw.

Nach der Umwandlungsreform von 1994 wurden einzelne Vorschriften durch **8** das **StückAG** (dazu § 46 Rn 10 und HRA des DAV NZG 1998, 213) vom 25.3.1998 (BGBl I 590) und durch das **EuroEG** vom 9.6.1998 (BGBl I 1242; dazu *Schürmann* NJW 1998, 3162; *ders* DB 1997, 1381; *Ihrig/Streit* NZG 1998, 201) geändert. Auf die Komm zu §§ 67 I 2, 68 I 1 Nr 3, 2 Nr 2, III, 60 I 1 für das StückAG und zu § 73 für das EuroEG (zum Übergangsrecht bei der Währungsumstellung auch ausführl *Hüffer* AktG § 6 Rn 4 ff, vgl auch § 318) wird verwiesen. Ferner wurden § 69 I 1 und § 74 S 1 durch das Gesetz zur Änderung des UmwG, des **PartGG** und anderer Gesetze vom 22.7.1998 (BGBl I 1878; dazu Einf Rn 25) redaktionell angepasst, weil gem § 3 I Nr 1 auch PartGes an Verschm beteiligt sein können. Durch das SpruchverfahrensNeuOG vom 12.6.2003 (BGBl I 838) wurde § 60 II, III über die Bestellung der Verschmelzungsprüfer gestrichen, es gelten jetzt auch für AG uneingeschränkt §§ 9–12.

Die Neufassung des GenG (dazu Einf Rn 28) hat ledigl eine unwesentl sprachl **9** Änderung von § 74 zur Folge. Auch die eG hat jetzt eine Satzung und nicht mehr ein Statut. Wesentl Änderung von §§ 60 ff wurden durch das **2. UmwÄndG** vom 19.4.2007 (BGBl I 542) bewirkt. Übersichtsaufsätze zu dieser Reform bei *Heckschen* DNotZ 2007, 444; *Mayer/Weiler* DB 2007, 1235; dies MittBayNot 2007, 368; vgl auch *Bayer/Schmidt* NZG 2006, 841; *Drinhausen* BB 2006, 2313. Nach der Neufassung von § 67 S 1 ist nach der Nachgründung jetzt auch § 52 VI anzuwenden. Gem § 67 S 2 ist eine Nachgründung beim Formwechsel von der GmbH in die AG nicht anzunehmen, wenn die GmbH seit mindestens zwei Jahren im HR eingetragen war. Wichtig ist die Einfügung von § 68 I 3. Danach darf die übernehmende Ges von der Gewährung von Aktien absehen, wenn alle Anteilsinhaber eines übertragenden Rechtsträgers darauf verzichten; die Verzichtserklärungen sind notariell zu beurkunden. Anlass für die Neuregelung war der Streit um die Notwendigkeit der KapErh bei der Verschm von SchwesterGes, insbes im Konzern (dazu § 2 Rn 21 mwN). Die Regelung ist indes systematisch nicht geglückt und greift – verbunden mit erhebl Gefahren – weiter als auf den ersten Blick erkennbar. Außerdem ist die Vereinbarkeit mit der Verschmelzungsrichtlinie fragl (vgl § 68 Rn 13 mwN).

Weitere Änderungen gab es durch das **ARUG** und das **3. UmwÄndG** (dazu **10** Einf Rn 32, 33). Im Mittelpunkt stand dabei die Konzernverschmelzung iSv § 62 sowie die Modernisierung des Verfahrens zur Vorbereitung und Durchführung der HV, §§ 63, 64. Vgl Kommentierung dort.

Erster Unterabschnitt. Verschmelzung durch Aufnahme

§ 60 Prüfung der Verschmelzung; Bestellung der Verschmelzungsprüfer

Der Verschmelzungsvertrag oder sein Entwurf ist für jede Aktiengesellschaft nach den §§ 9 bis 12 zu prüfen.

Schrifttum: Siehe Schrifttum Vor §§ 60–77.

1. Allgemeines

1 Die Vorschrift enthielt früher ergänzende Regelungen für die **Prüfung einer Verschm** unter Beteiligung einer AG. **Abs 2, 3 aF** übernahmen § 340b II AktG aF; in Umsetzung von Art 10 Abs 1 der FusionsRL wurde darin bestimmt, dass grdsl jede AG einen Verschmelzungsprüfer zu bestellen hat, eine gemeinsame Prüfung durfte abw von § 10 I 2 nur dann erfolgen, wenn die Prüfer auf gemeinsamen Antrag der Vorstände durch das Gericht bestellt wurden. Diese beiden Absätze wurden durch das SpruchverfahrensneuOG vom 12.6.2003 (BGBl I 838), mit dem gleichzeitig § 10 umfassend ergänzt wurde, gestrichen. Auch für die Prüfung von Verschm unter Beteiligung von AG geltend deshalb nur noch die allg Vorschriften von §§ 9–12, vgl die Erläuterung dort.

2. Prüfungsbefehl

2 Die Vorschriften über die Verschmelzungsprüfung sind jew nur bei Vorliegen eines Prüfungsbefehls anzuwenden (vgl Vor §§ 9–12 Rn 3). **§ 60 enthält einen** solchen **Prüfungsbefehl.** Danach ist der Verschmelzungsvertrag oder sein Entwurf für jede an der Verschm beteiligte AG nach §§ 9–12 zu prüfen. Auf die **Willensrichtung der Aktionäre** kommt es hierbei nicht an, der Prüfungsbefehl setzt kein entsprechendes Verlangen (vgl zB § 48) einzelner Aktionäre voraus. Allerdings kann die Verschmelzungsprüfung nach § 9 II (der § 352b II AktG aF entspricht) für die Aufnahme einer 100%igen TochterGes ebenso entbehrl sein wie nach § 9 III für den durch alle Anteilsinhaber aller beteiligten Rechtsträger notariell erklärten **Verzicht** auf die Verschmelzungsprüfung (vgl im Einzelnen § 9 Rn 13 ff und § 8 Rn 37 ff sowie Lutter/*Grunewald* Rn 2 mwN; zu Bedenken wegen eines etwaigen Verstoßes gegen die Verschmelzungsrichtlinie zutr Semler/Stengel/*Diekmann* Rn 5 mwN). Gem § 12 III kann auch isoliert auf die Abfassung des Prüfungsberichtes verzichtet werden (näher § 12 Rn 27, 28).

§ 61 Bekanntmachung des Verschmelzungsvertrags

[1] Der Verschmelzungsvertrag oder sein Entwurf ist vor der Einberufung der Hauptversammlung, die gemäß § 13 Abs. 1 über die Zustimmung beschließen soll, zum Register einzureichen. [2] Das Gericht hat in der Bekanntmachung nach § 10 des Handelsgesetzbuchs einen Hinweis darauf bekanntzumachen, daß der Vertrag oder sein Entwurf beim Handelsregister eingereicht worden ist.

Schrifttum: Siehe Schrifttum Vor §§ 60–77; *Schmidt,* § 123 Abs. 1 AktG i. d. F. des UMAG und §§ 61 S. 1, 63 Abs. 1 UmwG – Ein unbeabsichtigter Richtlinienverstoß, DB 2006, 375.

1. Einreichung beim Handelsregister, S 1

1 **S 1** entspricht § 340d I AktG aF. Danach ist der Verschmelzungsvertrag bzw dessen Entwurf bereits vor der Einberufung der HV, die gem §§ 13 I, 65 über die Zustimmung zum Verschmelzungsvertrag beschließen soll, zum HR einzureichen. Aufgrund des öffentl Zugangs zum HR (§ 9 HGB) ist es also nicht nur den Aktionären, sondern jedem Interessierten mögl, Einsicht in den Vertragstext zu nehmen. Der Vorstand kann im Verweigerungsfall durch **Zwangsgeld** zur Einrei-

chung angehalten werden (§ 407 I 1 AktG; vgl auch Widmann/Mayer/*Rieger* Rn 14: Pflicht gem § 14 HGB, der gem § 407 I 1 HS 2 AktG anwendbar ist).

Aus dem Gesetzestext lässt sich nicht entnehmen, wie lange „vor der Einberufung der Hauptversammlung" der Verschmelzungsvertrag oder sein Entwurf einzureichen ist. Da die Einberufungsfrist für die HV dreißig Tage beträgt (§ 123 I AktG) und demnach bei Beachtung von S 1 für die Begünstigten dieser Regelung mindestens dieser Zeitraum zur Vorbereitung auf die HV zur Vfg steht, ist **S 1 restriktiv auszulegen:** Es genügt eine **„ganz kurze Zeitspanne"** zwischen dem Einreichen der Unterlagen und der Einberufung der HV, bereits wenige Stunden sind ausreichend (so überzeugend bereits Lutter/*Grunewald,* Kölner Umwandlungsrechtstage 1995, S 51; Lutter/*dies* Rn 2; Semler/Stengel/*Diekmann* Rn 14; Kallmeyer/*Marsch-Barner* Rn 2; Widmann/Mayer/*Rieger* Rn 7; Kölner-KommUmwG/*Simon* Rn 13, 14). 2

2. Bekanntmachung, S 2

Der Zeitpunkt der Einberufung der HV ist gem § 121 IV 1 AktG der Zeitpunkt der Bekanntmachung in den GesBl (Änderung durch das ARUG vgl *Hüffer* AktG § 121 Rn 8a). Ergänzend hierzu sieht der durch das 2. UmwÄndG in Bezug auf § 10 HGB geänderte **S 2** nunmehr die nach den EG-RL einfachste Form (Widmann/Mayer/*Rieger* Rn 11) der Bekanntmachung über die Einreichung des Verschmelzungsvertrags bzw dessen Entwurf beim Register durch einen Hinweis des Gerichts im von der jew Landesjustizverwaltung bestimmten **elektronischen Informations- und Kommunikationssystem** vor. Die vor Änderung von § 10 HGB durch das EHUG nach § 10 I HGB aF zusätzl Bekanntmachung „durch mindestens ein anderes Blatt" ist ersatzlos entfallen. Durch die **Bekanntmachung** soll der Rechtsverkehr darüber informiert werden, dass der Text des Verschmelzungsvertrages oder des Entwurfs beim HR eingesehen werden kann. Gegenstand der Bekanntmachung ist nicht der Text des Verschmelzungsvertrags oder des Entwurfs als solcher, S 2 verlangt ledigl einen Hinweis auf die Einreichung dieser Unterlagen beim Registergericht (Semler/Stengel/*Diekmann* Rn 18). Aus § 10 S 2 HGB, der die Pflicht zur Veröffentlichung der Eintragung ihrem ganzen Inhalt nach festschreibt, kann nichts anderes gefolgert werden, ebenso wenig aus der Überschrift von § 61. 3

3. Anfechtung wegen verspäteter Einreichung

Wurde der Verschmelzungsvertrag entgegen S 1 nicht oder **verspätet** beim HR eingereicht oder vom Gericht nicht rechtzeitig oder nicht ordnungsgemäß iSv Rn 3 bekannt gemacht, rechtfertigt dies zwar grdsl die **Anfechtung des Zustimmungsbeschlusses** (Widmann/Mayer/*Rieger* Rn 15). Der Beschluss wird aber regelm nicht auf diesem Mangel beruhen (zum Ursachenzusammenhang BGH DB 2002, 196; vgl auch § 243 IV 1 AktG), sofern der Verschmelzungsvertrag bzw dessen Entwurf in den Geschäftsräumen zur Einsicht auslag (Lutter/*Grunewald* Rn 7 mwN; Semler/Stengel/*Diekmann* Rn 19 ff; Widmann/Mayer/*Rieger* Rn 15). 4

§ 62 Konzernverschmelzungen

(1) [1] **Befinden sich mindestens neun Zehntel des Stammkapitals oder des Grundkapitals einer übertragenden Kapitalgesellschaft in der Hand**

einer übernehmenden Aktiengesellschaft, so ist ein Verschmelzungsbeschluß der übernehmenden Aktiengesellschaft zur Aufnahme dieser übertragenden Gesellschaft nicht erforderlich. [2]Eigene Anteile der übertragenden Gesellschaft und Anteile, die einem anderen für Rechnung dieser Gesellschaft gehören, sind vom Stammkapital oder Grundkapital abzusetzen.

(2) **[1]Absatz 1 gilt nicht, wenn Aktionäre der übernehmenden Gesellschaft, deren Anteile zusammen den zwanzigsten Teil des Grundkapitals dieser Gesellschaft erreichen, die Einberufung einer Hauptversammlung verlangen, in der über die Zustimmung zu der Verschmelzung beschlossen wird. [2]Die Satzung kann das Recht, die Einberufung der Hauptversammlung zu verlangen, an den Besitz eines geringeren Teils am Grundkapital der übernehmenden Gesellschaft knüpfen.**

(3) **[1]Einen Monat vor dem Tage der Gesellschafterversammlung oder der Hauptversammlung der übertragenden Gesellschaft, die gemäß § 13 Abs. 1 über die Zustimmung zum Verschmelzungsvertrag beschließen soll, sind in dem Geschäftsraum der übernehmenden Gesellschaft zur Einsicht der Aktionäre die in § 63 Abs. 1 bezeichneten Unterlagen auszulegen. [2]Gleichzeitig hat der Vorstand der übernehmenden Gesellschaft einen Hinweis auf die bevorstehende Verschmelzung in den Gesellschaftsblättern der übernehmenden Gesellschaft bekanntzumachen und den Verschmelzungsvertrag oder seinen Entwurf zum Register der übernehmenden Gesellschaft einzureichen; § 61 Satz 2 ist entsprechend anzuwenden. [3]Die Aktionäre sind in der Bekanntmachung nach Satz 2 erster Halbsatz auf ihr Recht nach Absatz 2 hinzuweisen. [4]Der Anmeldung der Verschmelzung zur Eintragung in das Handelsregister ist der Nachweis der Bekanntmachung beizufügen. [5]Der Vorstand hat bei der Anmeldung zu erklären, ob ein Antrag nach Absatz 2 gestellt worden ist. [6]Auf Verlangen ist jedem Aktionär der übernehmenden Gesellschaft unverzüglich und kostenlos eine Abschrift der in Satz 1 bezeichneten Unterlagen zu erteilen. [7]Die Unterlagen können dem Aktionär mit dessen Einwilligung auf dem Wege elektronischer Kommunikation übermittelt werden. [8]Die Verpflichtungen nach den Sätzen 1 und 6 entfallen, wenn die in Satz 1 bezeichneten Unterlagen für denselben Zeitraum über die Internetseite der Gesellschaft zugänglich sind.**

(4) **[1]Befindet sich das gesamte Stamm- oder Grundkapital einer übertragenden Kapitalgesellschaft in der Hand einer übernehmenden Aktiengesellschaft, so ist ein Verschmelzungsbeschluss des Anteilsinhabers der übertragenden Kapitalgesellschaft nicht erforderlich. [2]Ein solcher Beschluss ist auch nicht erforderlich in Fällen, in denen nach Absatz 5 Satz 1 ein Übertragungsbeschluss gefasst und mit einem Vermerk nach Absatz 5 Satz 7 in das Handelsregister eingetragen wurde. [3]Absatz 3 gilt mit der Maßgabe, dass die dort genannten Verpflichtungen nach Abschluss des Verschmelzungsvertrages für die Dauer eines Monats zu erfüllen sind. [4]Spätestens bei Beginn dieser Frist ist die in § 5 Absatz 3 genannte Zuleitungsverpflichtung zu erfüllen.**

(5) **[1]In Fällen des Absatzes 1 kann die Hauptversammlung einer übertragenden Aktiengesellschaft innerhalb von drei Monaten nach Abschluss des Verschmelzungsvertrages einen Beschluss nach § 327a Absatz 1 Satz 1**

des Aktiengesetzes fassen, wenn der übernehmenden Gesellschaft (Hauptaktionär) Aktien in Höhe von neun Zehnteln des Grundkapitals gehören. [2]Der Verschmelzungsvertrag oder sein Entwurf muss die Angabe enthalten, dass im Zusammenhang mit der Verschmelzung ein Ausschluss der Minderheitsaktionäre der übertragenden Gesellschaft erfolgen soll. [3]Absatz 3 gilt mit der Maßgabe, dass die dort genannten Verpflichtungen nach Abschluss des Verschmelzungsvertrages für die Dauer eines Monats zu erfüllen sind. [4]Spätestens bei Beginn dieser Frist ist die in § 5 Absatz 3 genannte Zuleitungsverpflichtung zu erfüllen. [5]Der Verschmelzungsvertrag oder sein Entwurf ist gemäß § 327c Absatz 3 des Aktiengesetzes zur Einsicht der Aktionäre auszulegen. [6]Der Anmeldung des Übertragungsbeschlusses (§ 327e Absatz 1 des Aktiengesetzes) ist der Verschmelzungsvertrag in Ausfertigung oder öffentlich beglaubigter Abschrift oder sein Entwurf beizufügen. [7]Die Eintragung des Übertragungsbeschlusses ist mit dem Vermerk zu versehen, dass er erst gleichzeitig mit der Eintragung der Verschmelzung im Register des Sitzes der übernehmenden Aktiengesellschaft wirksam wird. [8]Im Übrigen bleiben die §§ 327a bis 327f des Aktiengesetzes unberührt.

Schrifttum: Siehe Schrifttum Vor §§ 60–77; *Habersack,* Umwandlung der AG ohne Hauptversammlung – Eine Studie zu § 62 UmwG, FS Horn 2006, 337; *Heckschen,* Die Formbedürftigkeit der Veräußerung des gesamten Vermögens im Wege des „asset deal“, NZG 2006, 772; *Ettinger/Reiff,* Die Gelatine-Entscheidungen des BGH: Auswirkungen auf die Kompetenzverteilungen in der GmbH bei Ausgliederungen außerhalb des Umwandlungsgesetzes, GmbHR 2007, 617; *J. Schmidt,* Die Änderung der umwandlungsrechtlichen Informationspflichten durch das ARUG, NZG 2008, 734; *Sandhaus,* Richtlinienvorschlag der Kommission zur Vereinfachung der Berichts- und Dokumentationspflichten bei Verschmelzungen und Spaltungen, NZG 2009, 41; *Bayer/J. Schmidt,* Der Referentenentwurf zum 3. UmwÄndG – Vereinfachungen bei Verschmelzungen und Spaltungen und ein neuer verschmelzungsspezifischer Squeeze out, ZIP 2010, 953; *Bungert/Wettich,* Der verschmelzungsspezifische Squeeze-out: Neue Gestaltungsmöglichkeiten für die Praxis, DB 2010, 2545; *Diekmann,* Änderung des Umwandlungsgesetzes, NZG 2010, 489; *Freytag,* Neues zum Recht der Konzernverschmelzung und des Squeeze out, BB 2010, 1611; *Heckschen,* Das Dritte Gesetz zur Änderung des Umwandlungsgesetzes in der Fassung des Regierungsentwurfs, NZG 2010, 1041; *Keller/Klett,* Geplante Änderung des Umwandlungsgesetzes – eine Evaluierung für die Praxis, GWR 2010, 415; *Neye/Jäckel,* Umwandlungsrecht zwischen Brüssel und Berlin – der Referentenentwurf für ein drittes Gesetz zur Änderung des Umwandlungsgesetzes, AG 2010, 237; *Wagner,* Der Regierungsentwurf für ein Drittes Gesetz zur Änderung des Umwandlungsgesetzes, DStR 2010, 1629; *Austmann,* Der verschmelzungsrechtliche Squeeze-out nach dem 3. UmwÄndG 2011, NZG 2011, 684; *Bungert/Wettich,* Der neue verschmelzungsspezifische Squeeze-out nach § 62 Abs. 5 UmwG n.F., DB 2011, 1500; *Göthel,* Der verschmelzungsrechtliche Squeeze out, ZIP 2011, 1541; *Heckschen,* Die Novelle des Umwandlungsgesetzes – Erleichterungen für Verschmelzungen und Squeeze-out, NJW 2011, 2390; *Kiefner/Brügel,* Der umwandlungsrechtliche Squeeze-out – Verfahren, Einsatzmöglichkeiten, Rechtsschutzfragen, AG 2011, 525; *Klie/Wind/Rödter,* Praxisfragen des umwandlungsrechtlichen Squeeze-Out, DStR 2011, 1668; *Neye/Kraft,* Neuigkeiten beim Umwandlungsrecht, NZG 2011, 681; *Packi,* Inhaltliche Kontrollmöglichkeiten bei Durchführung des umwandlungsrechtlichen Squeeze-out, ZGR 2011, 776; *Simon/Merkelbach,* Das Dritte Gesetz zur Änderung des UmwG, DB 2011, 1317; *Mayer,* Praxisfragen des verschmelzungsrechtlichen Squeeze-out-Verfahrens, NZG 2012, 561.

Übersicht

1. Allgemeines

1 Die Vorschrift, die ursprünglich „Hauptversammlung in besonderen Fällen" hieß, ist durch das 3. UmwÄndG in „Konzernverschmelzungen" umbenannt worden, um dem durch die Einfügung der Abs 4, 5 erweiterten Regelungsgehalt Rechnung zu tragen (vgl BegrRegE BT-Drs 17/3122 zu § 62). Sie übernimmt in Abs 1, 2 zunächst die Regelung von § 352b I AktG aF. Ein **Verschmelzungsbeschluss** nach §§ 13, 65 ist danach **grdsl entbehrl,** sofern die übernehmende AG mindestens neun Zehntel des Stamm- oder Grundkapitals einer übertragenden KapGes innehat, **Abs 1.** Anderes gilt nach **Abs 2,** wenn Aktionäre der übernehmenden AG, die gemeinsam eine Beteiligung am Grundkapital der übernehmenden AG von **mindestens 5%** innehaben, die Einberufung einer HV **verlangen;** das Recht, die Einberufung der HV zu verlangen, ist weiterhin **satzungsdispositiv,** sofern eine für die Minderheit günstigere Regelung geschaffen wird.

2 Von entscheidender Bedeutung ist **Abs 3.** Unter Berücksichtigung des **Holzmüller**-Urteils (BGHZ 83, 122; zur Weiterentwicklung der Holzmüller-Grdse durch die Gelatine-Rspr – BGHZ 159, 30 und NZG 2004, 575 – ausführl *Hüffer* AktG § 119 Rn 16 ff; K. Schmidt/Lutter/*Spindler* AktG § 119 Rn 26 ff je mwN) hat der Gesetzgeber den Schutz der Anteilsinhaber im Konzern durch (richtlinienkonforme) Aufnahme umfassender Informations- und Mitteilungsrechte erweitert. **Abs 3 S 3–5** sollen das Recht der Aktionäre auf Einberufung der HV verfahrensrechtl absichern (RegEBegr BR-Drs 75/94 zu § 62).

3 Abs 4, 5 wurden durch das 3. UmwÄndG (vgl Einf Rn 33) in Umsetzung der Änderungsrichtlinie (2009/109/EG) vom 16.9.2009 zur Verschmelzungsrichtlinie (78/855/EWG) vom 9.10.1978 eingefügt. Nach **Abs 4** ist insbes bei der Verschm einer 100%igen TochterGes auf ihre MutterGes auch kein Zustimmungsbeschluss des **übertragenden** Rechtsträgers, wenn dieser KapGes ist, mehr erforderl. **Abs 5** enthält – in Ergänzung des aktienrechtl (§§ 327a ff AktG) sowie des übernahmerechtl Squeeze-outs (§§ 39a ff WpÜG) – nunmehr die Möglichkeit eines Zwangsausschlusses von Minderheitsgesellschaftern im Zshg mit einer Konzernverschmelzung von AG (sog **„verschmelzungsrechtl Squeeze-out"**). Gesetzestechnisch verweist die Regelung des verschmelzungsrechtl Squeeze-outs im Wesentl auf die Vorschriften des aktienrechtl Squeeze-outs.

2. Berechnung der Mehrheitsverhältnisse, Abs 1

4 Die Erleichterungen nach **Abs 1** finden nur Anwendung, wenn die übernehmende AG eine Beteiligung am Stamm- oder Grundkapital der übertragenden KapGes von **mindestens 90%** hält (Abs 1 S 1). Die übernehmende Ges muss grdsl selbst (Lutter/*Grunewald* Rn 3 mwN) **Inhaberin der Anteile** in der genannten Höhe sein.

5 Bei der Ermittlung des für die Bestimmung des Mehrheitsverhältnisses maßgebl Grundkapitals sind **eigene Anteile** der übertragenden Ges und Anteile, die ein Treuhänder im eigenen Namen, aber für Rechnung der übertragenden Ges hält, nicht zu berücksichtigen (Abs 1 S 2). Eine Beteiligung der übernehmenden Ges zB iHv 81% (= $^9/_{10}$ von 90%) reicht danach aus, wenn die übertragende Ges eigene Anteile iHv 10% des Grundkapitals besitzt. Der Grund für diese Einschränkung liegt darin, dass eigene Anteile der übertragenden KapGes die beherrschende Stellung der übernehmenden AG nicht beeinflussen (Lutter/*Grunewald* Rn 3, 4; Widmann/Mayer/*Rieger* Rn 8 ff). Anteile der übertragenden Ges, die im Besitz eines von der übertragenden Ges **abhängigen oder im Mehrheitsbesitz der übertragenden Ges stehenden Unternehmens** oder im Besitz eines für ein derartiges Unternehmen tätigen **Treuhänders** stehen (zB § 71d AktG), werden hingegen beim maßgebl Stamm- bzw Grundkapital berücksichtigt (Semler/Stengel/*Diekmann* Rn 10; Kallmeyer/*Marsch-Barner* Rn 9; Lutter/*Grunewald* Rn 4 mwN; krit HRA des DAV NZG 2000, 803).

6 Abs 1 befreit bei einer Verschm unter Beteiligung mehrerer übertragender Rechtsträger **nur insoweit** vom Erfordernis der Beschlussfassung nach §§ 13, 65, als die Aufnahme des die Voraussetzungen dieser Vorschriften erfüllenden Rechtsträgers in Rede steht (**aA die hM;** vgl Widmann/Mayer/*Rieger* Rn 16, 17: § 62 überhaupt nicht anwendbar; ebenso Kallmeyer/*Marsch-Barner* Rn 10; Lutter/*Grunewald* Rn 9; Semler/Stengel/*Diekmann* Rn 13, die aber jew nicht erklären, wie ihre Auslegung des Gesetzes mit dem Wortlaut von Abs 1 S 1 [„ist ein Verschmelzungsbeschluss zur Aufnahme **dieser** übertragenden Gesellschaft nicht erforderlich"] zu vereinbaren sein soll; in der Praxis ist nach hM die Aufteilung des einheitl Vorgangs Mehrfachverschmelzung in mehrere Verschmelzungsvorgänge nicht mögl, auch greife der Aspekt der Verwaltungsvereinfachung nicht, weil der übernehmende Rechtsträger ohnehin einen Verschmelzungsbeschluss fassen müsse).

7 Die nach Abs 1 berechneten Mehrheitsverhältnisse müssen zu dem Zeitpunkt bestehen, zu dem bei der übertragenden KapGes der **Zustimmungsbeschluss** zum Verschmelzungsvertrag gefasst wird (OLG Karlsruhe WM 1991, 1759; LG Mannheim ZIP 1990, 992 ff; aA die hM, vgl *Henze* AG 1993, 341 und ihm folgend Widmann/Mayer/*Rieger* Rn 24; Kallmeyer/*Marsch-Barner* Rn 7; *Habersack,* FS Horn, 2006, 337, 345: maßgebl ist Zeitpunkt der Anmeldung zum HR; aA Semler/Stengel/*Diekmann* Rn 20; KölnerKommUmwG/*Simon* Rn 23; Widmann/*Mayer* § 5 Rn 213: maßgebl ist Zeitpunkt des Wirksamwerdens der Verschm; wie hier Lutter/*Grunewald* Rn 7 mit überzeugender Begr;). Der Zeitpunkt **des Erwerbs der Mehrheit** ist iÜ **unerhebl.** Die Aktien können auch kurz vor der Anteilsinhaberversammlung nach § 13 I und nur zu dem Zweck, die Erleichterungen nach Abs 1 zu ermögl, angeschafft worden sein (so zutr Lutter/*Grunewald* Rn 5, 6 mwN; aA für den Sonderfall, dass die Mehrheitsbeteiligung kurz zuvor im Wege der Sacheinlage erworben wurde, OLG Karlsruhe WM 1991, 1759; dagegen zu Recht Widmann/Mayer/*Rieger* Rn 21; vgl allg zu Aktienrückkaufprogrammen und Umw *Bungert/Hentzen* DB 1999, 2501).

3. Einberufung der Hauptversammlung durch die Minderheit, Abs 2

8 Liegen die Voraussetzungen von Abs 1 vor, kann zwar grdsl von einem Zustimmungsbeschluss zur Verschm bei der übernehmenden Ges abgesehen werden. **Aktionäre, die zusammen mit mindestens 5%** am Grundkapital der übernehmenden AG beteiligt sind, können jedoch die **Einberufung einer HV verlangen** (zum Begriff des Verlangens vgl § 48 Rn 3, 4, zu den Voraussetzungen Rn 9 und Lutter/*Grunewald* Rn 13 ff mwN; KölnerKommUmwG/*Simon* Rn 27), in der über die Zustimmung zur Verschm beschlossen wird, **Abs 2 S 1.** Damit wird berücksichtigt, dass die Verschm eine Grundlagenentscheidung ist und derartige Entscheidungen grdsl den Aktionären vorbehalten sind. Die noch zZt von § 352 I AktG aF ursprüngl vorhandenen praktischen Probleme beim Umgang mit dieser Norm, näml die Gefahr der fehlenden Kenntnis der (Minderheits-)Aktionäre (dazu 1. Aufl 1994, § 352b AktG Anm 4 mwN), dürften durch die Informations- und Mitteilungsrechte nach Abs 3 beseitigt sein.

9 Nach **Abs 2 S 2** kann die **Satzung** auch vorsehen, dass ein Anteilsbesitz von **weniger als 5%** ausreicht, um die Einberufung der HV zu verlangen. Die Satzung kann jedoch **keine erschwerenden Forderungen** aufstellen, das Einberufungsverlangen insbes nicht von einem höheren Anteilsbesitz abhängig machen. IÜ bedarf das Einberufungsverlangen keiner besonderen Form und muss auch nicht begründet werden (Lutter/*Grunewald* Rn 16; Semler/Stengel/*Diekmann* Rn 30). Insofern bestehen Unterschiede zum Einberufungsverlangen nach § 122 I 1 AktG (Widmann/Mayer/*Rieger* Rn 30). **§ 122 III AktG** kann jedoch **entsprechend** angewendet werden, sofern das Einberufungsverlangen missachtet wird (allg Ansicht, vgl Lutter/*Grunewald* Rn 18 mwN).

4. Rechtsfolge

10 Liegen die Voraussetzungen von Abs 1 vor und erfolgt kein Verlangen nach Abs 2, ist für den Verschmelzungsvertrag die Zustimmung der HV der **übernehmenden** AG nicht notw. Die **übertragende KapGes** hat – vorbehaltl der Entbehrlichkeit des Verschmelzungsbeschlusses nach Abs 4 (Rn 15 ff) – hingegen nach §§ 13 iVm 50, 65 oder 78 Beschluss zu fassen.

5. Hinweis- und Bekanntmachungspflichten, Abs 3

11 Das Vorliegen der Voraussetzungen von Abs 1 entbindet gem **Abs 3 S 1** vorbehaltl Abs 3 S 8 (Rn 14) nicht von der Pflicht, die in § 63 I bezeichneten **Unterlagen** in den Geschäftsräumen der übernehmenden AG **zur Einsicht auszulegen** (dazu ausführl Widmann/Mayer/*Rieger* Rn 35). Maßgebl Zeitpunkt für den Beginn der Auslagepflicht ist, da zu diesem Zeitpunkt die Notwendigkeit der Beschlussfassung durch die übernehmende AG noch nicht feststeht, der Tag, der **einen Monat** vor dem Tag der Gesellschafter- oder HV **der übertragenden KapGes** liegt. Um die tats Information der Aktionäre der übernehmenden AG zu gewährleisten, sehen **Abs 3 S 2, 3** die Pflicht des Vorstands der übernehmenden AG vor, einen **Hinweis** auf die bevorstehende Verschm **in den GesBl** dieses Rechtsträgers bekannt zu machen (dazu ausführl Widmann/Mayer/*Rieger* Rn 36 ff) und den Verschmelzungsvertrag bzw dessen Entwurf **zum HR einzureichen** sowie die Aktionäre auf ihr Recht zum Erwirken der Beschlussfassung nach Abs 2 **hinzuweisen.** § 61 S 2 über die besondere Hinweispflicht des Gerichts ist iRv Abs 3 S 2 HS 2 entsprechend anzuwenden. Durch diese verfahrensrechtl Absicherung der Aktionärsrechte ist das frühere Problem, die Kenntnis der Aktionäre herbeizuführen, in vertretbarer Weise beseitigt worden.

12 **Abs 3 S 4, 5** sichern verfahrensrechtl die Beachtung der in Abs 3 S 1–3 enthaltenen Pflichten ab. Ohne die Einreichung des Nachw der Bekanntmachung nach Abs 3 S 2 iRd Anmeldung nach §§ 16, 17 und ohne die Erklärung, dass ein

Minderheitsverlangen nach Abs 2 nicht gestellt worden ist, darf die **Verschm nicht eingetragen** werden (Semler/Stengel/*Diekmann* Rn 36; Widmann/Mayer/*Rieger* Rn 50). Der **Nachw der Bekanntmachung** ist in Ergänzung zu § 17 als Anlage der Anmeldung möglichst durch Vorlage der GesBl zu erbringen.

Abs 3 S 6 enthält schließl ein Äquivalent zu § 63 III. Der Anspruch auf **kostenlose Erteilung von Abschriften** der in § 63 I bezeichneten Unterlagen besteht vorbehaltl Abs 3 S 8 (Rn 14) unabhängig davon, ob ein Minderheitsverlangen nach Abs 2 ausgesprochen wurde oder nicht. Nach **Abs 3 S 7** können die Unterlagen dem Aktionär mit dessen Einwilligung auf dem Wege **elektronischer Kommunikation** übermittelt werden. Die Vorschrift, die durch das 3. UmwÄndG in Umsetzung der Änderungsrichtlinie (2009/109/EG) vom 16.9.2009 zur Verschmelzungsrichtlinie eingefügt wurde, erlaubt den Verzicht auf eine Versendung in Papierform, insbesondere durch Versendung einer E-Mail mit Dateianhängen in druckfähigem Format (vgl BegrRegE BT-Drs 17/3122 zu § 62). Die Art und Weise, in der die Einwilligung (§ 183 BGB) erklärt wird, ist gesetzl nicht näher bestimmt worden. Jedoch kann die Satzung der Ges hierzu Regelungen treffen, bspw zur Mitteilung der E-Mail-Adresse durch den Aktionär (vgl BegrRegE BT-Drs 17/3122 zu § 62). Von einer Einwilligung des Aktionärs ist grdsl auszugehen, wenn dieser die Unterlagen nach Abs 3 S 1 per E-Mail anfordert (Semler/Stengel/*Diekmann* Rn 25). 13

Nach **Abs 3 S 8** entfällt die Verpflichtung zur Auslage (Abs 3 S 1) sowie zur Abschriftserteilung (Abs 3 S 6), wenn die in Abs 3 S 1 bezeichneten Unterlagen für denselben Zeitraum **über die Internetseite der Ges zugängl** sind. Gesetzgeberische Intention der durch das ARUG (dazu Einf Rn 32) eingefügten Möglichkeit der Internetveröffentlichung der Unterlagen ist es, den **Bürokratieaufwand** der Ges zu verringern und zugleich den Zugang zu der Information vor allem für ortsfremde oder sogar im Ausland ansässige Aktionäre zu vereinfachen (vgl BegrRegE BT-Drs 16/11642 zu § 52 AktG; krit *J. Schmidt* NZG 2008, 734, 735; *Sandhaus* NZG 2009, 41, 44). Zugänglich sind die Unterlagen, wenn sie der Aktionär auf Grundlage einer elektronischen Ressource kostenlos in Textform zur Kenntnis nehmen, herunterladen und ausdrucken kann (vgl BegrRegE BT-Drs 17/3122, 11). 14

6. Entbehrlichkeit des Verschmelzungsbeschlusses der übertragenden Ges, Abs 4

Während unter den Voraussetzungen von **Abs 1** nur ein Verschmelzungsbeschluss der **übernehmenden AG** entbehrl ist, ist nach **Abs 4 S 1** im Falle der Verschm einer 100%igen TochterGes auf die MutterGes auch ein Verschmelzungsbeschluss der **übertragenden KapGes** entbehrlich. Die Vorschrift, die durch das 3. UmwÄndG eingefügt worden ist, setzt die Änderungsrichtlinie (2009/109/EG) vom 16.9.2009 zur Verschmelzungsrichtlinie um. Danach darf bei der **Verschm einer 100%igen TochterGes auf ihre MutterGes** auch von den Gesellschaftern des übertragenden Unternehmens kein Zustimmungsbeschluss mehr verlangt werden. Auch wenn ein Verschmelzungsbeschluss danach gesetzl nicht mehr vorgeschrieben ist, bleibt gleichwohl die Möglichkeit bestehen, eine Gesellschafter- bzw HV bei dem 100%igen Tochterunternehmen durchzuführen und damit der im dt GesR bisher übl Kompetenzverteilung bei wichtigen Strukturmaßnahmen zu entsprechen. In diesen Fällen gehört die Niederschrift des Verschmelzungsbeschlusses zu den nach § 17 notwendigen Anlagen für die Anmeldung zum HR (vgl BegrRegE BT-Drs 17/3122 zu § 62 IV). 15

16 Unberührt bleiben dabei die Bekanntmachungspflicht nach § 61, das Informationsrecht der Aktionäre der übernehmenden AG nach Abs 3 und das Minderheitenrecht nach Abs 2. Soweit in Abs 3 an den Zeitpunkt der Beschlussfassung bei der übertragenden Ges angeknüpft wird, ist dies in Fällen von Abs 4 nicht mögl. **Abs 4 S 3** sieht daher vor, dass die Verpflichtung zur Zugänglichmachung der in Abs 3 S 1 genannten Unterlagen nach Abschluss des Verschmelzungsvertrags für die Dauer eines Monats zu erfüllen sind. Nach **Abs 4 S 4** ist spätestens bei Beginn dieser Frist auch die in § 5 III genannte Zuleitungsverpflichtung zu erfüllen. Die Vorschrift stellt sicher, dass die Pflicht zur Zuleitung des Verschmelzungsvertrags gem § 5 III auch dann fristgerecht erfüllt wird und damit die **Betriebsräte** der beteiligten Rechtsträger rechtzeitig informiert werden, wenn im Rahmen einer Konzernverschmelzung weder beim übernehmenden noch beim übertragenden Rechtsträger eine Versammlung der Anteilsinhaber stattfindet (vgl Beschlussempfehlung und Bericht des Rechtsausschusses BT-Drs 17/5930 zu § 62 IV).

17 Nach **Abs 4 S 2** ist der Zustimmungsbeschluss einer übertragenden AG auch dann entbehrl, wenn zwar noch keine 100%ige Beteiligung des – mindestens zu 90% beteiligten (Abs 5 S 1, Abs 1) – Hauptaktionärs an dieser Ges besteht, wenn aber der Squeeze-out unter den besonderen Voraussetzungen von Abs 5 (vgl hierzu Rn 18 ff) bereits beschlossen und der Übertragungsbeschluss mit einem Hinweisvermerk nach Abs 5 S 7 im HR eingetragen wurde.

7. Verschmelzungsrechtl Squeeze-out, Abs 5

18 In Umsetzung der Änderungsrichtlinie (2009/109/EG) vom 16.9.2009 zur Verschmelzungsrichtlinie ist durch das 3. UmwÄndG in **Abs 5** – zusätzlich zu dem aktienrechtl (§§ 327a ff AktG) und dem übernahmerechtl Squeeze-out (§§ 39a ff WpÜG) – ein **verschmelzungsrechtl Squeeze-out** eingefügt worden. Abweichend von den aktienrechtl und übernahmerechtl Bestimmungen, die jew einen Schwellenwert von 95% vorsehen, ist danach ein Ausschluss von Minderheitsaktionären bereits dann mögl, wenn dem Hauptaktionär **90%** der Aktien gehören – dies allerdings nur als vorbereitende Maßnahme für eine anschließende Konzernverschmelzung unter **ausschließl Beteiligung von AG** (bzw KGaA oder SE; vgl Semler/Stengel/*Diekmann* Rn 32d). Der zur Ermöglichung eines verschmelzungsrechtl Squeeze-outs durchgeführte Formwechsel in eine AG ist nicht als rechtsmissbräuchlich anzusehen (vgl OLG Hamburg ZIP 2012, 1347, 1350 f; auch die Beschaffung der erforderlichen Kapitalmehrheit durch ergänzende Wertpapierdarlehen ist grdsl möglich, BGH ZIP 2009, 981; *Rieder* ZGR 2009, 981 mwN; vgl zur etwaigen Rechtsmissbräuchlichkeit sonstiger Gestaltungen *Bungert/Wettich* DB 2010, 2545, 2549 f; *Keller/Klett* GWR 2010, 415; *Wagner* DStR 2010, 1629, 1634; *Austmann* NZG 2011, 684, 690; *Bungert/Wettich* DB 2011, 1500, 1501; *Kiefner/Brügel* AG 2011, 525, 533 ff; *Packi* ZGR 2011, 776; *Simon/Merkelbach* DB 2011, 1317, 1322; *Mayer* NZG 2012, 561, 563 f).

19 Nach Abs 5 S 1 kann die HV einer übertragenden AG auch in den Fällen von Abs 1 innerh von drei Monaten nach Abschluss des Verschmelzungsvertrags einen Beschluss nach § 327a I 1 AktG fassen, wenn der übernehmenden AG (Hauptaktionär) Aktien in Höhe von 9/10 des Grundkapitals der übertragenden AG gehören (vgl zum Verfahren ausführl *Austmann* NZG 2011, 684, 687 f; *Bungert/Wettich* DB 2011, 1500, 1501 ff; *Mayer* NZG 2012, 561, 564 ff). Gesetzestechnisch modi-

fiziert der verschmelzungsrechtl Squeeze-out damit ledigl die Vorschriften des aktienrechtl Squeeze-outs: Ein Schwellenwert von 90% soll für den Ausschluss nach § 327a I AktG nur dann gelten, wenn der **Squeeze out in sachl und zeitl Zshg mit der Verschm der TochterGes auf die MutterGes** (dh nur im Falle einer „Upstream"-Verschm; vgl *Austmann* NZG 2011, 684, 687; *Bungert/Wettich* DB 2011, 1500 f) vollzogen wird. Der erforderliche zeitl Zshg von Verschm und Minderheitenausschluss wird durch die in Abs 5 S 1 vorgesehene Drei-Monats-Frist, die sich an § 39a IV WpÜG orientiert, sichergestellt. Der sachl Zshg ist im Verschmelzungsvertrag zum Ausdruck zu bringen. Nach **Abs 5 S 2** muss der Verschmelzungsvertrag oder sein Entwurf über die Angaben nach § 5 (mit Ausnahme der Angaben nach § 5 I Nr 2–5; vgl § 5 II) hinaus die Angabe enthalten, dass im Zshg mit der Verschm ein Ausschluss der Minderheitsaktionäre der übertragenden AG erfolgen soll.

Wie in den Fällen einer von Anfang an bestehenden 100%igen Beteiligung bleiben auch im Falle von Abs 5, Abs 4 S 2 die Bekanntmachungspflicht nach § 61, das Informationsrecht der Aktionäre der übernehmenden AG nach Abs 3 und das Minderheitsrecht nach Abs 2 unberührt. **Abs 5 S 3, 4** stellen entsprechend sicher, dass die Aktionäre der übernehmenden AG und die Betriebsräte der beteiligten Rechtsträger rechtzeitig informiert werden (vgl auch Rn 16 zur Parallelregelung in Abs 4). **20**

Mit Blick auf den sachl Zshg zwischen Squeeze-out und Verschm bestimmt **Abs 5 S 5,** dass der **Verschmelzungsvertrag** bzw sein Entwurf zur Vorbereitung der HV, die über den Ausschluss der Minderheitsaktionäre entscheiden soll, neben den in § 327c III AktG genannten Unterlagen **auszulegen** oder über die Internetseite der Ges zugängl zu machen (§ 327c V AktG) ist. Um dem HR die Kontrolle der besonderen Voraussetzungen von Abs 5 – insbes die Einhaltung der Drei-Monats-Frist – zu ermögl, ist nach Abs 5 S 6 außerdem der Verschmelzungsvertrag bei der Anmeldung des Squeeze-outs nach § 327e I AktG in Ausfertigung, öffentl beglaubigter Abschrift oder im Entwurf vorzulegen. **21**

Die Eintragung des Übertragungsbeschlusses in das HR ist nach **Abs 5 S 7** mit dem Vermerk zu versehen, dass er **erst gleichzeitig mit** der **Eintragung der Verschm im Register** des Sitzes **der übernehmenden AG wirksam** wird. Mit dieser auf Veranlassung des Rechtsausschusses eingefügten Regelung wird der erforderl sachl und zeitl Zshg zwischen dem verschmelzungsrechtl Squeeze-out von Abs 5 S 1 und der nachfolgenden Verschm verstärkt. Um zu verhindern, dass im Anschluss an den Ausschluss von Minderheitsaktionären unter den erleichterten Voraussetzungen nach Abs 5 S 1 die geplante Konzernverschmelzung nicht vollzogen wird, ist die Eintragung des Übertragungsbeschlusses zwingend mit dem Vermerk zu versehen, dass der Übergang der Aktien auf den Hauptaktionär erst mit der Eintragung der Verschm im Register des Sitzes der übernehmenden AG wirksam wird. Ist der Ausschluss der Minderheitsaktionäre nach § 327a I 1 AktG beschlossen und mit dem in Abs 5 S 7 vorgesehenen Vermerk eingetragen, kann die Verschm durch die Aufnahme der TochterGes vollendet werden. Eines Beschlusses der HV der TochterGes bedarf es aufgrund der Regelung in **Abs 4 S 2** nicht, wenngleich zu diesem Zeitpunkt der Squeeze-out noch nicht wirksam ist und daher noch außenstehende Aktionäre vorhanden sind (vgl Beschlussempfehlung und Bericht des Rechtsausschusses, BT-Drs 17/5930 zu § 62 Abs 5; vgl auch *Bungert/Wettich* DB 2011, 1500). **22**

Abs 5 S 8 stellt abschließend klar, dass **§§ 327a ff AktG iÜ unberührt** bleiben, insoweit unterscheiden sich der verschmelzungsrechtl und der aktienrechtl Squeeze-out nicht. **23**

§ 63 Vorbereitung der Hauptversammlung

(1) **Von der Einberufung der Hauptversammlung an, die gemäß § 13 Abs. 1 über die Zustimmung zum Verschmelzungsvertrag beschließen soll, sind in dem Geschäftsraum der Gesellschaft zur Einsicht der Aktionäre auszulegen**
1. der Verschmelzungsvertrag oder sein Entwurf;
2. die Jahresabschlüsse und die Lageberichte der an der Verschmelzung beteiligten Rechtsträger für die letzten drei Geschäftsjahre;
3. falls sich der letzte Jahresabschluß auf ein Geschäftsjahr bezieht, das mehr als sechs Monate vor dem Abschluß des Verschmelzungsvertrags oder der Aufstellung des Entwurfs abgelaufen ist, eine Bilanz auf einen Stichtag, der nicht vor dem ersten Tag des dritten Monats liegt, der dem Abschluß oder der Aufstellung vorausgeht (Zwischenbilanz);
4. die nach § 8 erstatteten Verschmelzungsberichte;
5. die nach § 60 in Verbindung mit § 12 erstatteten Prüfungsberichte.

(2) [1] **Die Zwischenbilanz (Absatz 1 Nr. 3) ist nach den Vorschriften aufzustellen, die auf die letzte Jahresbilanz des Rechtsträgers angewendet worden sind.** [2] **Eine körperliche Bestandsaufnahme ist nicht erforderlich.** [3] **Die Wertansätze der letzten Jahresbilanz dürfen übernommen werden.** [4] **Dabei sind jedoch Abschreibungen, Wertberichtigungen und Rückstellungen sowie wesentliche, aus den Büchern nicht ersichtliche Veränderungen der wirklichen Werte von Vermögensgegenständen bis zum Stichtag der Zwischenbilanz zu berücksichtigen.** [5] **§ 8 Absatz 3 Satz 1 erste Alternative und Satz 2 ist entsprechend anzuwenden.** [6] **Die Zwischenbilanz muss auch dann nicht aufgestellt werden, wenn die Gesellschaft seit dem letzten Jahresabschluss einen Halbjahresfinanzbericht gemäß § 37w des Wertpapierhandelsgesetzes veröffentlicht hat.** [7] **Der Halbjahresfinanzbericht tritt zum Zwecke der Vorbereitung der Hauptversammlung an die Stelle der Zwischenbilanz.**

(3) [1] **Auf Verlangen ist jedem Aktionär unverzüglich und kostenlos eine Abschrift der in Absatz 1 bezeichneten Unterlagen zu erteilen.** [2] **Die Unterlagen können dem Aktionär mit dessen Einwilligung auf dem Wege elektronischer Kommunikation übermittelt werden.**

(4) **Die Verpflichtungen nach den Absätzen 1 und 3 entfallen, wenn die in Absatz 1 bezeichneten Unterlagen für denselben Zeitraum über die Internetseite der Gesellschaft zugänglich sind.**

Schrifttum: Siehe Schrifttum Vor §§ 60–77 und zu § 62; *J. Schmidt,* § 123 Abs. 1 AktG i. d. F. des UMAG und §§ 61 S. 1, 63 Abs. 1 UmwG – Ein unbeabsichtigter Richtlinienverstoß, DB 2006, 375; *Horn/Parameswaran,* „Rückbau" des § 171 II 2 Aktiengesetz durch das Zweite Gesetz zur Änderung des UmwG: Praktische Hinweise für die Vorbereitung der Hauptversammlung 2007, NZG 2007, 248. Zum UMAG und zum ARUG siehe Schrifttum Einf Rn 31, 32.

1. Allgemeines

1 Die mehrfach geänderte Vorschrift befasst sich mit der **Vorbereitung der HV,** auf der der Zustimmungsbeschluss iSv § 13 I gefasst werden soll. Vom Zeitpunkt der Einberufung an bis zur Durchführung der HV sind die in **Abs 1** aufgeführten Unterlagen in den Geschäftsräumen der Ges zur Einsicht auszulegen. Jeder Aktio-

när hat das Recht, von diesen Unterlagen eine Abschrift zu verlangen, wobei die Unterlagen dem Aktionär mit dessen Einwilligung auch auf dem Wege elektronischer Kommunikation übermittelt werden können **(Abs 3).** Überdies sind die in Abs 1 bezeichneten Unterlagen während der HV auszulegen **(§ 64 I 1).** In Übereinstimmung mit Art 11 der Verschmelzungsrichtlinie wird den Aktionären somit **umfassende Transparenz** geboten, die sie in die Lage versetzt, ihre Stimmabgabe gründl vorzubereiten. Zur Auslegung weiterer Unterlagen (Verkaufs-/Börsenzulassungsprospekt) außerhalb von § 63 vgl Semler/Stengel/*Diekmann* Rn 29, 30. Die Verpflichtung zur Auslegung der Unterlagen und zur Abschriftserteilung entfällt, wenn die in Abs 1 aufgeführten Unterlagen für denselben Zeitraum **über die Internetseite der Ges zugängl** sind **(Abs 4).**

2. Bekanntmachung der Tagesordnung

2 Mit der Einberufung der HV ist die **Tagesordnung** anzugeben (§ 121 III 2 AktG). Da der Verschmelzungsvertrag nur mit Zustimmung der HV wirksam wird (§ 13 I), ist bei der Bekanntmachung nach § 121 IV 1 AktG auch der **wesentl Inhalt des Vertrags anzuführen** (§ 124 II 2 AktG; die Auslegung nach **Abs 1** muss entgegen der Mindesteinberufungsfrist von § 123 I AktG von 30 Tagen mindestens einen Monat erfolgen, vgl *J. Schmidt* DB 2006, 375 unter zutreffendem Verweis auf Art 11 der Verschmelzungsrichtlinie). Eine nur zusammenfassende Bekanntmachung ist allerdings mit erhebl Anfechtungsrisiken verbunden, sodass die Praxis oftmals eine **wörtl Wiedergabe** des Vertrags vornimmt (Widmann/Mayer/*Rieger* Rn 2; Kallmayer/*Marsch-Barner* Rn 14; vgl LG Hanau ZIP 1996, 422; LG Wiesbaden NZG 1999, 177). Dies ist auch empfehlenswert (so bereits zum alten Recht KölnerKommAktG/*Kraft,* § 340d Rn 4). Aufzunehmen ist in jedem Fall, dass über eine Verschm durch Aufnahme/Neugründung unter Ausschluss der Abwicklung gegen Gewährung von Aktien beschlossen werden soll. Ferner müssen eine geplante KapErh und die nach § 5 I Nr 1–3 und 5 notwendigen Angaben des Verschmelzungsvertrags bzw dessen Entwurfs bekannt gemacht werden. Auch Bedingungen und Befristungen zählen zum wesentl Inhalt. Entsprechendes gilt für nicht völlig unerhebl Nebenabreden (zum Ganzen Widmann/Mayer/*Rieger* Rn 2 mwN). Gem § 126 I 1 AktG brauchen Anträge von Aktionären nach § 125 AktG nur mitgeteilt zu werden, wenn der Aktionär spätestens zwei Wochen vor der HV einen Gegenantrag mit Begr übersandt hat, wobei im Rahmen der Fristberechnung nicht nur der Tag der HV, sondern nach § 126 I 2 AktG auch der Tag des Zugangs nicht mitzuzählen ist. Nach BGH (NZG 2000, 372) können die Gegenanträge bis 24.00 Uhr des 15. Tages vor der HV (vgl auch BegrRegE BT-Drs 16/11642 zu § 122 AktG) übersandt werden; auf die Möglichkeit der Kenntnisnahme kommt es zur Begründung des Zugangs nicht an.

3. Auslage der Unterlagen, Abs 1

3 Ab dem Zeitpunkt der Einberufung der HV (dh deren Bekanntmachung, § 121 IV 1 AktG; Lutter/*Grunewald* Rn 2) müssen verschiedene Unterlagen in dem Geschäftsraum der Ges (vgl § 230 Rn 5) **zur Einsicht der Aktionäre ausliegen.** Zu diesen Dokumenten zählen der **Verschmelzungsvertrag** oder dessen Entwurf (Abs 1 Nr 1), die **Jahresabschlüsse** und die Lageberichte **aller** (soweit sie Jahresabschlüsse und Lageberichte bilanzrechtl zu erstellen haben, Lutter/*Grunewald* Rn 3; Kallmeyer/*Marsch-Barner* Rn 3; KölnerKommUmwG/*Simon* Rn 7) an der Verschm beteiligten Rechtsträger **der letzten drei Gj** (Abs 1 Nr 2, dazu

ausführl Widmann/Mayer/*Rieger* Rn 11), ferner die nach § 8 von den Vertretungsorganen erstatteten **Verschmelzungsberichte aller** beteiligten Rechtsträger sowie die **Verschmelzungsprüfungsberichte** nach § 60 iVm § 12 (Abs 1 Nr 4 und 5). Ggf ist auch eine **Zwischenbilanz** zur Einsicht der Aktionäre auszulegen (Abs 1 Nr 3; dazu Rn 4 ff). Zur **Entbehrlichkeit** der Auslage nach Abs 4 vgl Rn 8.

4. Zwischenbilanz, Abs 2

4 Sofern zwischen dem Stichtag des letzten Jahresabschlusses und dem Zeitpunkt des Abschlusses des Verschmelzungsvertrags bzw der Aufstellung des Entwurfs **mehr als sechs Monate** (zur Fristberechnung Widmann/Mayer/*Rieger* Rn 17; KölnerKommUmwG/*Simon* Rn 17) verstrichen sind, muss eine **Zwischenbilanz** aufgestellt werden, deren Stichtag nicht vor dem ersten Tag des dritten Monats liegen darf, welcher dem Abschluss oder der Aufstellung vorausgeht, **Abs 1 Nr 3.** Die Zwischenbilanz ist also ausdrückl auch dann entbehrl, wenn innerh von sechs Monaten nach dem Stichtag des letzten Jahresabschlusses ein Entwurf des Verschmelzungsvertrags aufgestellt wurde. Während der Abschluss des Verschmelzungsvertrags leicht bestimmt werden kann, kann die **Festlegung des Zeitpunkts der Aufstellung des Entwurfs** Schwierigkeiten bereiten. Man wird auf den Tag abstellen müssen, an dem die Vertretungsorgane der betreffenden Rechtsträger eine **Einigung** darüber erzielten, dass der ausgehandelte Entwurf Grundlage der Verschm sein soll (Lutter/*Grunewald* Rn 4; Kallmeyer/*Müller* Rn 6 verlangt Paraphierung, Semler/Stengel/*Diekmann* Rn 14 rät zur Paraphierung mit Datumsangabe).

5 **Sinn der Zwischenbilanz** ist es, den Aktionären einen möglichst zeitnahen Einblick in die Vermögensverhältnisse zu ermögl. Sie sollen bei ihrer Entscheidung auch Entwicklungen der jüngsten Vergangenheit berücksichtigen können (RegEBegr BT-Drs 9/1065 zu § 340d AktG aF). Die Zwischenbilanz ist entsprechend den bei der letzten Jahresbilanz angewendeten Vorschriften aufzustellen, **Abs 2 S 1.** Sie hat also insbes den Vorschriften von §§ 242 ff HGB zu entsprechen. Das Gesetz fordert in Abs 1 Nr 3 ledigl die Aufstellung einer Zwischenbilanz; eine **GuV-Rechnung** sowie ein **Lagebericht** können daher unterbleiben (allgM). Entsprechendes gilt für den **Anhang,** da Abs 1 Nr 3 nur die Auslage einer Bilanz fordert (zutr Kallmeyer/*Müller* Rn 7; Widmann/Mayer/*Rieger* Rn 18; aA Lutter/*Grunewald* Rn 6, die mit dem Sinn der Vorschrift nach Information der Anteilsinhaber über die aktuellen Verhältnisse argumentiert, was durchaus einiges für sich hat, aber mit dem im Gesetz verwendeten Begriff Zwischenbilanz nicht vereinbar ist).

6 Für die **Aufstellung der Zwischenbilanz** gelten einige **Erleichterungen.** Eine **körperl Bestandsaufnahme** kann unterbleiben, **Abs 2 S 2.** Die **Wertansätze** der letzten Jahresbilanz dürfen übernommen werden. Sie müssen jedoch aktualisiert werden; es sind also die zwischenzeitl Abschreibungen und Wertberichtigungen sowie etwaige RSt und wesentl Veränderungen der wirkl Werte von Vermögensgegenständen zu berücksichtigen, **Abs 2 S 4.**

7 Die **Aufstellung einer Zwischenbilanz** ist nach **Abs 2 S 5 entbehrl,** wenn die Anteilsinhaber aller beteiligten Rechtsträger durch notariell beurkundete Erklärung hierauf verzichten. Mit Abs 2 S 5, eingefügt durch das 3. UmwÄndG (dazu Einf Rn 33), hat der Gesetzgeber von der in der Verschmelzungsrichtlinie (idF der Änderungsrichtlinie 2009/109/EG vom 16.9.2009) vorgesehenen Option für die Mitgliedstaaten Gebrauch gemacht, einen Verzicht der Aktionäre

auf die Zwischenbilanz zu erlauben (vgl BegrRegE BT-Drs 17/3122 zu § 63). Ebenfalls in Umsetzung der Änderungsrichtlinie 2009/109/EG vom 16.9.2009 durch das 3. UmwÄndG eingefügt wurden **Abs 2 S 6, 7.** Danach ist die Zwischenbilanz auch im Falle der Veröffentlichung eines **Halbjahresfinanzberichts gem § 37w WpHG** entbehrl. Der Halbjahresfinanzbericht tritt zum Zwecke der Vorbereitung der HV an die Stelle der Zwischenbilanz. Es muss sich mithin um einen – iSv Abs 1 Nr 3 – aktuellen Halbjahresfinanzbericht handeln, dh das Ende des Berichtszeitraums darf zum Zeitpunkt des Abschlusses des Verschmelzungsvertrags oder der Aufstellung des Entwurfs nicht mehr als sechs Monate (zur Fristberechnung nach §§ 187 I, 188 II BGB Semler/Stengel/*Diekmann* Rn 14) zurückliegen. Wenn die Ges von dieser Vereinfachungsmöglichkeit Gebrauch macht, ist der Halbjahresfinanzbericht den Aktionären in der gleichen Weise zur Verfügung zu stellen wie die übrigen in Abs 1 genannten Unterlagen (vgl BegrRegE BT-Drs 17/3122 zu § 63).

5. Abschriftserteilung, Abs 3

Nach **Abs 3** haben alle Aktionäre einen Anspruch, von den nach Abs 1 in den **8** Geschäftsräumen zur Einsicht ausliegenden Unterlagen unverzügl (§ 121 I BGB) und kostenlos eine **Abschrift** zu erhalten. Die Unterlagen können dem Aktionär mit dessen Einwilligung auf dem Wege elektronischer Kommunikation übermittelt werden (vgl hierzu § 62 Rn 13). Zur **Entbehrlichkeit** der Abschriftserteilung nach Abs 4 vgl Rn 8.

6. Zugänglichmachen über die Internetseite, Abs 4

Nach Abs 4, der durch das ARUG (dazu Einf Rn 32) eingefügt wurde, entfällt **9** die Verpflichtung zur Auslage (Abs 1) sowie zur Abschriftserteilung (Abs 3), wenn die in Abs 1 bezeichneten Unterlagen für denselben Zeitraum über die Internetseite der Ges zugängl sind (vgl hierzu § 62 Rn 14).

7. Anfechtung wegen verspäteter oder unterbliebener Auslegung oder Zugänglichmachung

Wurden die in Abs 1 genannten Unterlagen in den Geschäftsräumen nicht **10** ausgelegt oder erfolgte dies verspätet und wurden die Unterlagen auch nicht über die Internetseite zugängl gemacht, so ist der **Zustimmungsbeschluss anfechtbar.** Wegen § 243 IV 1 AktG ist Kausalität erforderl (zutr Semler/Stengel/*Diekmann* Rn 26; Widmann/Mayer/*Rieger* Rn 34 je mwN). Bzgl der nicht unverzügl Erteilung von Abschriften gilt Entsprechendes; wegen der individuellen Betroffenheit idR nur weniger Aktionäre wird es aber oft an der Relevanz des Gesetzesverstoßes fehlen (Semler/Stengel/*Diekmann* Rn 28; Widmann/Mayer/*Rieger* Rn 35; dagegen mit beachtl Argumenten KölnerKommUmwG/*Simon* Rn 41; zum Ganzen *Hüffer* AktG § 243 Rn 13 ff mwN).

§ 64 Durchführung der Hauptversammlung

(1) [1]**In der Hauptversammlung sind die in § 63 Absatz 1 bezeichneten Unterlagen zugänglich zu machen.** [2]**Der Vorstand hat den Verschmelzungsvertrag oder seinen Entwurf zu Beginn der Verhandlung mündlich zu erläutern und über jede wesentliche Veränderung des Vermögens der**

Gesellschaft zu unterrichten, die seit dem Abschluss des Verschmelzungsvertrages oder der Aufstellung des Entwurfs eingetreten ist. [3] Der Vorstand hat über solche Veränderungen auch die Vertretungsorgane der anderen beteiligten Rechtsträger zu unterrichten; diese haben ihrerseits die Anteilsinhaber des von ihnen vertretenen Rechtsträgers vor der Beschlussfassung zu unterrichten. [4] § 8 Absatz 3 Satz 1 erste Alternative und Satz 2 ist entsprechend anzuwenden.

(2) **Jedem Aktionär ist auf Verlangen in der Hauptversammlung Auskunft auch über alle für die Verschmelzung wesentlichen Angelegenheiten der anderen beteiligten Rechtsträger zu geben.**

Schrifttum: Siehe Schrifttum Vor §§ 60–77 und zu § 62.

1. Allgemeines

1 Die Vorschrift übernimmt unter Einbeziehung der Möglichkeit der Mischverschmelzung die bereits in § 340d V, VI AktG aF enthaltenen Regelungen zur **Durchführung der HV** anlässl der Beschlussfassung nach § 13 I. Abs 1 wurde durch das 3. UmwÄndG (dazu Einf Rn 33) neu gefasst, der Pflichtenkreis des Vorstands wurde deutl erweitert. Neben der Pflicht zur Auslage der in § 63 I bezeichneten Unterlagen während der HV obliegt dem Vorstand nach Abs 1 die Pflicht, den Verschmelzungsvertrag oder seinen Entwurf **mündl zu erläutern und über jede wesentl Veränderung** des Verm der Ges **zu unterrichten,** die seit dem Abschluss des Verschmelzungsvertrags oder der Aufstellung des Entwurfs eingetreten ist. Hierüber hat der Vorstand auch die Vertretungsorgane der anderen beteiligten Rechtsträger zu unterrichten, die ihrerseits die Anteilsinhaber des von ihnen vertretenen Rechtsträgers zu unterrichten haben. Auf **Verlangen** eines Aktionärs sind auch Auskünfte über die anderen an der Verschm beteiligten Rechtsträger zu geben (Abs 2); ein Eingriff in die allg Vorschriften des AktG über das Recht der Auskunftsverweigerung nach § 131 III AktG ist damit allerdings nicht verbunden (vgl RegEBegr BR-Drs 75/94 zu § 64).

2. Zugänglichmachen der Unterlagen, Abs 1 S 1

2 Auch **während der HV** sind die in § 63 I genannten **Unterlagen zur Einsicht** der Aktionäre (nach Lutter/*Grunewald* Rn 2 mN nur bis zur Fassung des Verschmelzungsbeschlusses; aA mit zutr Begr Semler/Stengel/*Diekmann* Rn 4; KölnerKommUmwG/*Simon* Rn 9) **zugängl zu machen.** Die Aktionäre sollen während der gesamten HV in die Lage versetzt werden, sich eingehend zu unterrichten. IRd technischen Möglichkeiten sind auf Verlangen auch während dieses Zeitraums **Abschriften iSv § 63 III** bereitzuhalten oder anzufertigen, zumindest aber **mehrere Einsichtsexemplare** vorzuhalten (Widmann/Mayer/*Rieger* Rn 4; Lutter/*Grunewald* Rn 2; Semler/Stengel/*Diekmann* Rn 4 f je mwN). Die Ges kann die Unterlagen auch in elektronischer Form zugängl machen, etwa mittels im Präsenzbereich der HV aufgestellter Computerbildschirme. Die bloße Veröffentlichung im Internet ist insoweit jedoch nicht ausreichend (*J. Schmidt* NZG 2008, 734, 735; Semler/Stengel/*Diekmann* Rn 5). Die Unterlagen müssen nicht aktualisiert werden, insoweit verbleibt die mündl Erläuterung und Unterrichtung durch den Vorstand (Rn 3; wie hier Lutter/*Grunewald* Rn 2; KölnerKommUmwG/*Simon* Rn 10).

3. Mündliche Erläuterung und Unterrichtung durch den Vorstand, Abs 1 S 2

Nach **Abs 1 S 2** hat der Vorstand den Verschmelzungsvertrag bzw dessen Entwurf zu Beginn der Verhandlung mündl zu erläutern. Der eigentl **Sinn** dieser **mündl Erläuterungsverpflichtung** liegt seit jeher darin, die im schriftl Verschmelzungsbericht (§ 8) enthaltenen Ausführungen zu **aktualisieren** (5. Aufl 2009, § 64 Rn 3). Dies wird mit der durch das 3. UmwÄndG (vgl Einf Rn 34) zusätzl eingefügten Pflicht des Vorstands, die Anteilsinhaber über wesentl Vermögensveränderungen seit dem Abschluss des Verschmelzungsvertrags oder der Aufstellung des Entwurfs zu unterrichten, nunmehr ausdrückl klargestellt. Nach § 143 existierte eine entsprechende (gesetzl normierte) Unterrichtungspflicht bereits zuvor bei der Spaltung einer AG. Der ursprüngl Ansatz, im 3. UmwÄndG durch Einfügung eines neuen § 8 III eine erweiterte Informationspflicht rechtsformübergreifend für alle Rechtsträger zu regeln, wurde im Verlauf des Gesetzgebungsverfahrens aufgegeben. 3

Die Pflicht besteht für den Vorstand jeder an der Verschm beteiligten AG. Sie besteht zunächst gegenüber den Anteilsinhabern der jew AG selbst (Abs 1 S 2), aber **auch ggü den Vertretungsorganen der anderen beteiligten Rechtsträger** (Abs 1 S 3 HS 1), die ihrerseits wiederum verpflichtet sind, die Informationen an die Anteilsinhaber der von ihnen vertretenen Rechtsträger weiterzugeben (Abs 1 S 3 HS 2). Diese Änderung von Abs 1 dient der Umsetzung der Änderungsrichtlinie 2009/109/EG vom 16.9.2009, die die Unterrichtungspflicht durch Änderung der Verschmelzungsrichtlinie auch für die Verschm einer AG einführte. Die Unterschiede zwischen der Verschmelzungsrichtlinie und der Spaltungsrichtlinie wurden insoweit harmonisiert (*Bayer/J. Schmidt* ZIP 2010, 953). Der deutsche Gesetzgeber hätte sich bei der Erweiterung der Unterrichtungspflicht nicht auf Fälle der Verschm unter Beteiligung einer AG beschränken müssen (dazu 5. Aufl 2009, § 64 Rn 3 und § 143 Rn 12; vgl auch Lutter/*Schwab* § 143 Rn 4 sowie *Sandhaus* NZG 2009, 42); er hat sich aber bewusst dagegen entschieden. Diese Entscheidung ist – auch im Rahmen der Auslegung von § 8 – zu respektieren. 4

Nach Abs 1 S 2 muss sich der Vorstand insbes dazu äußern, ob durch zwischenzeitl Veränderungen das Umtauschverhältnis unzutr geworden oder die Verschm nunmehr wirtschaftl oder rechtl anders zu beurteilen ist (Widmann/Mayer/*Rieger* Rn 7; Lutter/*Grunewald* Rn 4; Semler/Stengel/*Diekmann* Rn 10 f; Kallmeyer/*Marsch-Barner* Rn 4). IÜ kann und wird sich der Vorstand regelm auf eine **mündl Zusammenfassung des Verschmelzungsberichts** beschränken. Neben der Erläuterung des Umtauschverhältnisses, die in abstrakterer Form als im Verschmelzungsbericht erfolgen kann, muss der mündl Bericht auch die rechtl und wirtschaftl Hintergründe der Verschm beleuchten. Dies alles ist im Wesentl unstreitig (vgl Lutter/*Grunewald* Rn 3; Kallmeyer/*Marsch-Barner* Rn 3; Widmann/Mayer/*Rieger* Rn 6 f; Semler/Stengel/*Diekmann* Rn 9 je mwN). Vgl zur **Strafbarkeit** bei unzutreffender Erläuterung § 313 I Nr 1. 5

Nach **Abs 1 S 4** ist die **Auslegung** der Dokumente (Abs 1 S 1), die Erläuterung des Verschmelzungsvertrags (Abs 1 S 2) und/oder die Unterrichtung über wesentl Veränderungen (Abs 1 S 2) **entbehrl,** wenn die Anteilsinhaber aller beteiligten Rechtsträger hierauf durch notariell zu beurkundende Erklärungen verzichten. Die Möglichkeit, nach § 8 III auf den Verschmelzungsbericht zu verzichten, bleibt unberührt. Der Verzicht auf den Verschmelzungsbericht und/oder die weiterge- 6 hende Erläuterung und Unterrichtung ist sowohl alternativ als auch kumulativ mögl (vgl RegEBegr BT-Drs 17/3122 zu § 8 IV).

4. Auskunftsrecht der Aktionäre, Abs 2

7 **Abs 2** erweitert das nach § 131 AktG jedem Aktionär ohnehin hinsichtl der eigenen Ges zustehende **Auskunftsrecht auch** auf die **wesentl Angelegenheiten der anderen beteiligten Rechtsträger.** Damit wird einem legitimen Interesse der Aktionäre entsprochen, da sie ihre Entscheidung sachgerecht nur in Kenntnis der Verhältnisse bei allen beteiligten Rechtsträgern treffen können. Auf den Auskunftsanspruch sind **§§ 131, 132 AktG** (dazu ausführl *Joussen* AG 2000, 241) **entsprechend** anwendbar (Kallmeyer/*Marsch-Barner* Rn 6; Lutter/*Grunewald* Rn 8 mwN; Semler/Stengel/*Diekmann* Rn 15; KölnerKommUmwG/*Simon* Rn 24; *Engelmeyer* BB 1998, 335 mit Verweis auf RegEBegr BR-Drs 75/94 zu § 64; aA *Hirte* ZHR 167 [2003], 8, 14 ff, der auf den europarechtl Hintergrund der besonderen Informationsrechte bei Umw verweist). § 131 III 1 Nr 3 AktG verstößt nicht gegen die Eigentumsgarantie von Art 14 GG (BVerfG NJW 2000, 129).

8 Das Auskunftsrecht besteht aber nur **ggü dem Vorstand der eigenen Ges** (vgl § 49 Rn 8 f). Dies ist insofern problematisch, als dem Vorstand oftmals selbst die Kenntnisse fehlen, um die Fragen sachgerecht zu beantworten. Aus diesem Grund bietet es sich an, dass die **Vertretungsorgane der jew anderen Rechtsträger** bei der HV **als Hilfspersonen** des originär auskunftspflichtigen Vorstands präsent sind. Grdsl muss sich der Vorstand einer AG darauf einstellen, auch auf Fragen zu solchen Gegenständen der Tagesordnung zu antworten, die einer Vorbereitung bedürfen. Zu diesen Zwecken müssen in der HV Personal- und Hilfsmittel zur Vfg stehen, um sich kurzfristig sachkundig machen zu können. Ob der Vorstand seinerseits einen Anspruch auf Auskunft ggü den anderen beteiligten Rechtsträgern hat, muss diff betrachtet werden. Grdsl folgt der **Anspruch** des Vorstands **auf Auskunft** aus dem vorvertragl Schuldverhältnis (dazu § 49 Rn 9). Bei der Verschm von Konzernunternehmen ist die Informationsbeschaffung regelm unproblematisch. IÜ ist eine generelle Auskunftspflicht von Vertretungsorganen der anderen an der Verschm beteiligten Rechtsträger abzulehnen. In jedem **Einzelfall** sind die berechtigten Interessen der AG, ihrer Aktionäre nach Abs 2 und der anderen Rechtsträger gegeneinander abzuwägen; stets ist die Grenze des Auskunftsrechts nach § 131 III AktG, die für die Vertretungsorgane anderer Rechtsträger durch § 8 II eine Erweiterung erfährt (dazu § 49 Rn 10), zu beachten. In der Einzelfallabwägung, die wegen der immanenten **Ermessensentscheidung** des Vorstands nur eingeschränkt justitiabel ist, sind alle berechtigten Interessen zu berücksichtigen. Es kommt insbes darauf an, ob die Informationen für die AG und deren Aktionäre von besonderer Bedeutung sind, weil sich aus ihnen die Zweckmäßigkeit der Verschm erschließt. Sofern kein gemeinsamer Verschmelzungsbericht (§ 8 I 1 HS 2) erstattet wurde, besteht ohne weiteres ein Auskunftsanspruch bzgl des Inhalts des Verschmelzungsberichts der anderen Rechtsträger. Schließl verbietet die rechtl Wertung, die in Abs 2 zum Ausdruck gekommen ist, das willkürl Vorenthalten von Informationen, die spontan und ohne weitere Recherche verlässl gegeben werden können; anders als der Vorstand der AG selbst (dazu Rn 3 ff) sind die Vertretungsorgane der anderen Rechtsträger aber nicht dazu gehalten, sich auf etwaige Fragen umfassend vorzubereiten. Nach allem wird sich die geforderte Ermessensentscheidung im Einzelfall damit an den **Grdsen**

von Treu und Glauben (§ 242 BGB) orientieren. Gesichert ist die Auslegung von Abs 2 aber noch lange nicht (vgl zum Ganzen auch Lutter/*Grunewald* Rn 7; Widmann/Mayer/*Rieger* Rn 12 ff; Semler/Stengel/*Diekmann* Rn 15 ff, dort Rn 17 auch zum Auskunftsanspruch bzgl einer im Vorfeld der Verschm durchgeführten Due Diligence; zur Due Diligence allg Hettler/Stratz/Hörtnagl/*Stratz* § 2; zu den Sorgfaltspflichten bei der Due Diligence iR einer Verschm auch *Pöllath/Philipp* DB 2005, 1505 f; dazu und zur Wahrung von Verschwiegenheits- und Publizitätspflichten ausführl *Austmann/Frost* ZHR 169 [2005], 431).

5. Anfechtung wegen ungenügender Erläuterung und Unterrichtung

Sofern die nach Abs 1 S 2, 3 vorgeschriebene mündl Erläuterung und Unterrichtung des Vorstands ungenügend ausfällt oder der Auskunftsanspruch nach Abs 2 nicht befriedigt wird, ist der **Zustimmungsbeschluss anfechtbar.** Es kommt nicht darauf an, ob der Zustimmungsbeschluss auch bei einer makellosen Erläuterung gefasst worden wäre, vielmehr gelten die zu §§ 131, 132 und § 243 IV AktG entwickelten Grdse (zur Kausalität insbes BGH DB 2002, 196; vgl iÜ KölnerKommUmwG/*Simon* Rn 25 ff; Widmann/Mayer/*Rieger* Rn 16; ausführl zum Auskunftsergänzungsverfahren und zur Beschlussanfechtung MüKoAktG/*Kubis* § 131 Rn 150 ff, § 132 Rn 7 ff mwN). Eine fehlerhafte mündl Erläuterung und Unterrichtung ist nicht anders als ein mangelhafter schriftl Verschmelzungsbericht zu behandeln (vgl dazu § 8 Rn 40 ff). Die **Verpflichtung nach § 64 ist** ggü der Pflicht zur Abfassung eines Verschmelzungsberichts **eigenständig,** weswegen sich der Vorstand bei falscher mündl Auskunft nicht darauf berufen kann, im Verschmelzungsbericht sei alles richtig dargestellt; zu beachten ist allerdings, dass der Vorstand, sofern sich das Verm der Ges seit Abschluss des Verschmelzungsvertrags oder Aufstellung des Entwurfs nicht wesentl verändert hat, grdsl nur eine Zusammenfassung des Verschmelzungsberichts zu geben hat (Rn 5), weswegen eine Anfechtung wegen lückenhafter Erläuterung grdsl schwierig zu begründen ist. 9

§ 65 Beschluß der Hauptversammlung

(1) [1]**Der Verschmelzungsbeschluß der Hauptversammlung bedarf einer Mehrheit, die mindestens drei Viertel des bei der Beschlußfassung vertretenen Grundkapitals umfaßt.** [2]**Die Satzung kann eine größere Kapitalmehrheit und weitere Erfordernisse bestimmen.**

(2) [1]**Sind mehrere Gattungen von Aktien vorhanden, so bedarf der Beschluß der Hauptversammlung zu seiner Wirksamkeit der Zustimmung der stimmberechtigten Aktionäre jeder Gattung.** [2]**Über die Zustimmung haben die Aktionäre jeder Gattung einen Sonderbeschluß zu fassen.** [3]**Für diesen gilt Absatz 1.**

Schrifttum: Siehe Schrifttum § 13 und Vor §§ 60–77.

1. Allgemeines

Die Vorschrift regelt in inhaltl Übereinstimmung mit § 340c II, III AktG aF die für den **Verschmelzungsbeschluss** einer AG (§ 13) **notw Mehrheit** unabhängig davon, ob die AG als übertragender oder übernehmender Rechtsträger fungiert. 1

Vorbehaltl einer strengeren Satzungsbestimmung bedarf der Verschmelzungsbeschluss einer Mehrheit von **mindestens drei Vierteln des** bei der Beschlussfassung **vertretenen Grundkapitals, Abs 1 S 1.** Der Zustimmungsbeschluss der HV der AG ist Voraussetzung für die Wirksamkeit des Verschmelzungsvertrages, anderes gilt nur im Anwendungsbereich von § 62. **Abs 2** sieht bei Vorliegen verschiedener Aktiengattungen wie früher (§ 340c III AktG aF) zwingend die Fassung von **Sonderbeschlüssen** vor. Zu weiteren Zustimmungserfordernissen Semler/Stengel/*Diekmann* Rn 28 ff.

2. Beschlussfassung

2 Die Beschlussfassung richtet sich nach den **allg Regeln des Aktienrechts.** Das Erfordernis eines Beschlusses der HV ist zwingend, weil es sich bei der Frage der Zustimmung zum Verschmelzungsvertrag nach §§ 13, 65 stets um eine Grundlagenentscheidung handelt (vgl § 62 Rn 8). Die **Satzung der AG** kann weder die Beschlussfassung für verzichtbar erklären, noch ist die Übertragung der Entscheidungskompetenz etwa auf den AR oder den Vorstand mögl (Lutter/*Grunewald* Rn 4; vgl auch § 13 I 2 und § 1 III 1). Der Verschmelzungsbeschluss hat notw **in der HV** stattzufinden, bei Vorbereitung und Durchführung der HV sind §§ 61, 63, 64 zu beachten. Zu einer Ausübungssperre für das Stimmrecht des Mehrheitsaktionärs kann es bei Verletzung der Mitteilungspflichten nach §§ 20, 21 AktG kommen (vgl *Hüffer* AktG § 20 Rn 12 ff; KG Berlin DB 1999, 86; vgl auch § 328 AktG). Durch das NaStraG (BGBl I 2001, 123; dazu *Noack* ZIP 2001, 57; *Seibert* ZIP 2001, 53) ist das „Proxy-Voting" durch einen Gesellschaftsvertreter eingeführt worden; von der AG benannte Stimmrechtsvertreter können aber Beschränkungen unterliegen (vgl *Hüffer* AktG § 134 Rn 26 ff). Die Unwirksamkeit des Beschlusses kann gem §§ 241 ff AktG binnen eines Monats nach der Beschlussfassung (§ 14 I) geltend gemacht werden; die Klage darf sich beim übertragenden Rechtsträger nicht darauf stützen, dass das Umtauschverhältnis der Anteile oder das Barabfindungsangebot zu niedrig bemessen ist (§§ 14 II, 32); auch Informationsmängel stehen insoweit einer Anfechtung entgegen, § 243 IV 2 AktG.

3. Mehrheitsverhältnisse, Abs 1

3 Voraussetzung eines gültigen Verschmelzungsbeschlusses ist gem **Abs 1 S 1** die **relative Dreiviertelmehrheit.** Bei der Berechnung kommt es allein auf das bei der Beschlussfassung vertretene Grundkapital an, die Bezugsgröße ist also nicht 100% des gesamten Grundkapitals. Abs 1 S 1 steht unter dem **Satzungsvorbehalt von Abs 1 S 2,** die Satzung kann eine größere Kapitalmehrheit (bis hin zur Einstimmigkeit) und weitere Erfordernisse (etwa geheime Stimmabgabe, Quorum) bestimmen (Semler/Stengel/*Diekmann* Rn 13; allg MüKoAktG/*Stein* § 179 Rn 88 ff mwN). Die Formulierung von Abs 1 S 2 entspricht denen für Grundlagenentscheidungen einer AG (zB § 179 II AktG), sodass **kumulativ die Dreiviertelmehrheit des bei der Beschlussfassung vertretenen Kap und die einfache Stimmenmehrheit von § 133 I AktG** (vgl *Hüffer* AktG § 179 Rn 14 mwN) erreicht werden müssen (allgM, vgl Lutter/*Grunewald* Rn 2, 3; Kallmeyer/*Zimmermann* Rn 5; Widmann/Mayer/*Rieger* Rn 4, 5 je mwN; Semler/Stengel/*Diekmann* Rn 11).

4 **a) Stimmrechtslose Aktien.** Das AktG gestattet, **Aktien ohne Stimmrecht** auszugeben. Sofern diese Aktien zum Ausgleich für den Stimmrechtsentzug mit

einem Vorzug bei der Verteilung des Gewinns ausgestattet sind, spricht man von Vorzugsaktien ohne Stimmrecht (§§ 12 I 2, 139 ff AktG). Der Gesetzgeber hat durch Einfügung des Wortes „stimmberechtigten" in **Abs 2 S 1** den früher bestehenden Streit darüber, ob bei der Berechnung der relativen Kapitalmehrheit stimmrechtslose Aktien mitzuzählen sind oder nicht (dazu 1. Aufl 1994, § 19 Anm 3, 4), entschieden: Die Ergänzung in Abs 2 dient der Klarstellung, dass **Inhabern von Vorzugsaktien ohne Stimmrecht** auch **bei der Beschlussfassung** über eine Verschm **kein Stimmrecht** zusteht (Bericht des Rechtsausschusses des BT zu § 65 II). Ob im Falle von § 140 II 1 AktG das Stimmrecht uneingeschränkt auch für die Umw auflebt, ist str (vgl OLG Schleswig AG 2008, 39 mwN).

b) Mehrstimmrechtsaktien. Zur Wahrung überwiegender gesamtwirtschaftl Belange konnten bis zum Inkrafttreten des KonTraG (BGBl I 1998, 786) **Mehrstimmrechtsaktien** zugelassen werden (§ 12 II AktG aF, bekannte Beispiele waren insbes Mehrstimmrechte der öffentl Hand etwa bei RWE oder VW). Mehrstimmrechte sind mittlerweile gem **§ 12 II AktG** verboten. Gem **§ 5 I 1 EGAktG** erloschen noch vorhandene Stimmrechte mit Ablauf des 31.5.2003, wenn nicht die übrigen Anteilsinhaber einen Fortsetzungsbeschluss getroffen haben (dazu auch *Wasmann* BB 2003, 57). Bis dahin konnte das Mehrstimmrecht jederzeit gem § 5 II EGAktG beseitigt werden (zum Ganzen *Hüffer* AktG § 12 Rn 8 ff; *Lingemann/Wasmann* BB 1998, 853; krit *Milde-Büttcher* BB 1999, 1073). Für die auch in Anbetracht der Neuregelung noch vorhandenen Mehrstimmrechtsaktien gilt: Die Inhaber dieser Aktien sind privilegiert; durch Ausübung ihres Mehrstimmrechts können sie sich in der HV einen Einfluss verschaffen, der über das Maß ihrer Kapitalbeteiligung hinausgeht (statt aller *Raiser/Veil,* Recht der Kapitalgesellschaft, § 9 Rn 8). 5

Nach zutr Ansicht sind **Mehrstimmrechte** bei der Berechnung der **Stimmenmehrheit** zu berücksichtigen, bei der Berechnung der **Kapitalmehrheit** hingegen nicht (Widmann/Mayer/*Rieger* Rn 11 mwN). Die vom Gesetz geforderte zweifache Zählung bei der Abstimmung hat gerade dort Sinn, wo das Stimmgewicht nicht dem Nennbetrag oder bei Stückaktien ihrer Zahl entspricht (*Hüffer* AktG § 179 Rn 14 aE). 6

c) Stimmenthaltungen, ungültige Stimmen.

Beispiel: 7

In der HV sind A (15% des Grundkapitals), B (20%) und C (5%) anwesend. Bei der Abstimmung gem §§ 65 I 1, 13 I stimmt A für die Verschm, C dagegen und B enthält sich der Stimme.

Zunächst ist festzustellen, dass ein Verschmelzungsbeschluss trotz Präsenz von nur 40% des Grundkapitals in der HV mögl ist (nach der Formulierung von Abs 1 S 1 ist gerade kein Quorum erforderl, arg § 52 V 2 AktG). Das Erreichen der relativen Dreiviertelkapitalmehrheit hängt im Beispielfall davon ab, ob B mit berücksichtigt wird oder nicht: Abs 1 S 1 verlangt eine Dreiviertelmehrheit des bei der Beschlussfassung **„vertretenen" Grundkapitals.** Nach hM werden **Stimmenthaltungen** oder unberechtigt abgegebene oder ungültige Stimmen **nicht** in das vertretene Grundkapital eingerechnet (KölnerKommAktG/*Zöllner* § 133 Rn 71, 72; *Hüffer* AktG § 133 Rn 12, 13; Widmann/Mayer/*Rieger* Rn 3; Semler/Stengel/*Diekmann* Rn 11). Nur diese Ansicht gewährleistet eine Gleichstellung mit der Zählweise bei § 262 I Nr 2 AktG. 8

9 **d) Einfache Stimmenmehrheit in der Hauptversammlung.** Unabhängig davon, ob bestimmte höhere Mehrheiten vorgesehen sind, bedarf jeder HV-Beschluss der **einfachen Mehrheit der abgegebenen Stimmen** (§ 133 I AktG; Rn 3).

4. Andere Satzungsbestimmung, Abs 1 S 2

10 Das gesetzl Mehrheitserfordernis von Abs 1 S 1 stellt die Mindestanforderung dar. Die **Satzung** kann gem **Abs 1 S 2** die Notwendigkeit einer größeren Kapitalmehrheit und weitere Erfordernisse bestimmen. Derartige weitere Erfordernisse können etwa die Festlegung einer bestimmten Kapitalquote **(Quorum),** die vertreten sein muss, oder die Anordnung einer **mehrfachen Beschlussfassung** sein (Rn 3 mwN).

11 Ein gänzl **Ausschluss der Verschm** kann in der Satzung hingegen zulässigerweise nicht vereinbart werden. Eine entsprechende Klausel ist **nichtig,** da dies eine unzulässige Selbstbeschränkung der HV wäre (Lutter/*Grunewald* Rn 7 mwN unter Hinw auf § 23 V AktG). In einer derartigen Bestimmung kann jedoch im Wege der **Umdeutung** (§ 140 BGB) das Erfordernis der einstimmigen Beschlussfassung angenommen werden (Lutter/*Grunewald* Rn 7; Semler/Stengel/*Diekmann* Rn 16; KölnerKommUmwG/*Simon* Rn 13).

12 Sofern die Satzung für eine **Satzungsänderung erhöhte Anforderungen** an die Mehrheitsverhältnisse aufstellt, gelten diese grdsl **auch für den Verschmelzungsbeschluss** (vgl § 50 Rn 7; anders noch die 2. Aufl 1996, § 65 Rn 12; wie hier Widmann/Mayer/*Rieger* Rn 10; Kallmeyer/*Zimmermann* Rn 7; Semler/Stengel/*Diekmann* Rn 14; GKT/*Bermel* Rn 15; aA Lutter/*Grunewald* Rn 6, die zwar zu Recht darauf hinweist, dass eine Verschm gerade keine Satzungsänderung ist, andererseits in Rn 2 aber auch davon ausgeht, dass Grundlagenentscheidungen des Aktienrechts aus der Sicht des Gesetzgebers eine Einheit darstellten, weswegen bei der gebotenen objektiven Auslegung der Satzung von gleichgelagerter Intention auszugehen sei). Sieht die Satzung für die **Auflösung** der AG größere Mehrheiten oder weitere Erfordernisse (Rn 10) vor, sind diese möglichst anwendbar, es kommt auf die Auslegung im Einzelfall an (aA noch die 4. Aufl 2006, Rn 12; gegen eine generelle Anwendung überzeugend Widmann/Mayer/*Rieger* Rn 10 mwN; aA Semler/Stengel/*Diekmann* Rn 15: Satzungsbestimmungen über die Auflösung sind per se nicht anwendbar).

5. Sonderbeschlüsse, Abs 2

13 Sofern bei der AG **Aktien verschiedener Gattung** (zu diesbzgl Gestaltungsmöglichkeiten *Loges/Distler* ZIP 2002, 467) bestehen, bestimmt **Abs 2,** dass neben dem Gesamtbeschluss auch **Sonderbeschlüsse der Aktionäre jeder Gattung** notw sind. Zustimmungsbeschlüsse der Inhaber mehrerer Aktiengattungen sind gegenstandslos, wenn es an einem Beschluss der HV fehlt (so für die Aufspaltung LG Hamburg AG 1996, 281). Jeder Sonderbeschluss bedarf der doppelten Mehrheit von Abs 1 (Rn 3), Abs 2 S 3 (zur vglbaren Beschlussfassung nach § 179 III 2, 3 AktG vgl *Hüffer* AktG § 179 Rn 47 mwN); **stimmrechtslose Vorzugsaktien** werden nach dem ggü § 340c AktG aF geänderten Wortlaut nicht berücksichtigt (Rn 4; vgl aber zur Aufhebung oder Beschränkung des Vorzugs nach § 141 AktG ausführl Widmann/Mayer/*Rieger* Rn 17 ff mwN). Für die Sonderbeschlüsse ist **§ 138 AktG** zu beachten (*Hüffer* AktG § 179 Rn 46; zu § 138 S 2 AktG sogleich). Bei Vorliegen der Voraussetzungen von § 138 S 3 AktG muss daher eine **geson-**

derte Versammlung durchgeführt werden, andernfalls genügt eine gesonderte Abstimmung. Im Fall der Durchführung einer gesonderten Versammlung müssen die **Formalien von §§ 63, 64** nicht ein weiteres Mal eingehalten werden. Der Schutzzweck gebietet eine Wiederholung dieser Förmlichkeiten nicht (wie hier Lutter/*Grunewald* Rn 9; aA Kallmeyer/*Zimmermann* Rn 24; aA in Bezug auf § 64 Widmann/Mayer/*Rieger* Rn 67). Der Gegenansicht ist zwar zuzugestehen, dass § 138 S 2 AktG für die Einberufung der gesonderten Versammlung und die Teilnahme an ihr sowie für das Auskunftsrecht die Bestimmungen über die HV für entsprechend anwendbar erklärt, weswegen die Anwendung von § 64 (nicht aber von §§ 61, 63, wie dies Kallmeyer/*Zimmermann* Rn 24 vertritt) in der Tat erwogen werden kann (so Widmann/Mayer/*Rieger* Rn 67). Indes behandeln die Sonderbeschlüsse von Abs 2 nur die Zustimmung durch Sonderbeschlüsse, dh die ordnungsgemäße Durchführung der HV unter Beachtung von §§ 63, 64 bleibt stets gewahrt (vgl auch LG Hamburg AG 1996, 281). Die entsprechende Anwendung zumindest von § 64 I wäre reine Förmelei; anderes kann in Bezug auf **§ 64 II** gelten, weil iRd Sonderbeschlüsse durchaus Fragen an den Vorstand von Bedeutung sein können, die in der HV nicht thematisiert wurden. Der Rechtssicherheit dient die entsprechende Anwendung von § 64 II aber nicht.

6. Anfechtbarkeit

Die **Zustimmungsbeschlüsse** nach § 65 sind wie alle Hauptversammlungsbeschlüsse **grdsl anfechtbar.** Die Anfechtung kann beim übertragenden Rechtsträger jedoch nicht darauf gestützt werden, das Umtauschverhältnis der Anteile sei zu niedrig bemessen (§ 14 für die übertragenden Rechtsträger; dort Rn 4 zu wertbezogenen Unwirksamkeitsklagen beim übernehmenden Rechtsträger). Nach hM bedarf der Zustimmungsbeschluss weder bei der übertragenden noch bei der übernehmenden AG einer **sachl Rechtfertigung** (allg § 13 Rn 42–44; vgl auch BGHZ 103, 184). Eine richterl Kontrolle der Erforderlichkeit und der Verhältnismäßigkeit scheidet daher aus (*Hüffer* AktG § 243 Rn 27 und allg Überblick zur materiellen Beschlusskontrolle in Rn 22 ff; Lutter/*Lutter/Drygala* § 13 Rn 31 ff mwN). 14

Jew **unabhängig voneinander** zu beurteilen sind der **Zustimmungsbeschluss** nach § 65 und ein evtl notw **KapErhB** (§§ 69, 66; zum Verhältnis dieser beiden Beschlüsse § 55 Rn 36). Sollte der KapErhB nicht angefochten worden sein, hindert dies eine Anfechtung des Zustimmungsbeschlusses nach §§ 65, 13 nicht (OLG Hamm WM 1988, 1164, 1169 und allg § 55 Rn 36 ff). 15

§ 66 Eintragung bei Erhöhung des Grundkapitals

Erhöht die übernehmende Gesellschaft zur Durchführung der Verschmelzung ihr Grundkapital, so darf die Verschmelzung erst eingetragen werden, nachdem die Durchführung der Erhöhung des Grundkapitals im Register eingetragen worden ist.

Schrifttum: Siehe Schrifttum Vor §§ 60–77.

Die Vorschrift übernimmt § 346 I 2 AktG aF und ist **Parallelvorschrift zu § 53** bei der Verschm auf eine GmbH. 1

Zur Sicherung der Anteilsinhaber der übertragenden Rechtsträger darf die Verschm erst eingetragen werden, wenn eine **ggf durchzuführende KapErh** 2 (dazu §§ 68, 69) bei der übernehmenden AG im HR eingetragen worden, mithin die **KapErh wirksam** geworden ist (§ 189 AktG). Damit ist gewährleistet, dass die Wirkungen der Verschm erst dann eintreten können, wenn das zur Gewährung der neuen Aktien notw Grundkapital bei der übernehmenden AG geschaffen wurde. Die Regelung bringt damit nochmals die **Abhängigkeit von KapErh und Verschm** zum Ausdruck (vgl dazu ausführl § 55 Rn 28 ff; KölnerKomm-UmwG/*Simon* Rn 5, 6), weswegen bei Scheitern der Verschm die eingetragene KapErh von Amts wegen zu löschen ist (Widmann/Mayer/*Mayer* § 55 Rn 110 ff; Semler/Stengel/*Diekmann* Rn 11). § 66 greift unabhängig davon ein, ob für die KapErh die Erleichterungen nach § 69 in Anspruch genommen werden oder nicht.

3 Von dem Erfordernis der Voreintragung der KapErh im HR kann ledigl im Fall der **bedingten KapErh** abgesehen werden, da diese KapErh noch gleichzeitig mit Eintragung der Verschm wirksam wird. Die Eintragung der Durchführung der KapErh ist hierfür nicht Voraussetzung (§ 200 AktG), wohl aber die Eintragung des Erhöhungsbeschlusses (§ 195 AktG; vgl auch Baumbach/*Hueck* AktG § 346 Rn 3; Semler/Stengel/*Diekmann* Rn 13).

4 Die Voreintragung der KapErh ist Voraussetzung für die Eintragung im Register des übernehmenden Rechtsträgers iSv § 20 I. Ein **Verstoß gegen die Eintragungsreihenfolge** hat aber nach Eintragung der Verschm im HR am Sitz der übernehmenden AG keine Auswirkungen mehr (§ 20 II; Semler/Stengel/*Diekmann* Rn 14; Kallmeyer/*Zimmermann* Rn 20; jetzt auch Widmann/Mayer/*Rieger* Rn 10).

§ 67 Anwendung der Vorschriften über die Nachgründung

[1] Wird der Verschmelzungsvertrag in den ersten zwei Jahren seit Eintragung der übernehmenden Gesellschaft in das Register geschlossen, so ist § 52 Abs. 3, 4, 6 bis 9 des Aktiengesetzes über die Nachgründung entsprechend anzuwenden. [2] Dies gilt nicht, wenn auf die zu gewährenden Aktien nicht mehr als der zehnte Teil des Grundkapitals dieser Gesellschaft entfällt oder wenn diese Gesellschaft ihre Rechtsform durch Formwechsel einer Gesellschaft mit beschränkter Haftung erlangt hat, die zuvor bereits seit mindestens zwei Jahren im Handelsregister eingetragen war. [3] Wird zur Durchführung der Verschmelzung das Grundkapital erhöht, so ist der Berechnung das erhöhte Grundkapital zugrunde zu legen.

Schrifttum: Siehe Schrifttum Vor §§ 60–77; Stellungnahme der Centrale für GmbH Dr. Otto Schmidt vom 16.3.2006 zum Referentenentwurf eines Zweiten Gesetzes zur Änderung des Umwandlungsgesetzes, GmbHR 2006, 418; HRA des DAV, Stellungnahme zum Regierungsentwurf eines Zweiten Gesetzes zur Änderung des Umwandlungsgesetzes, NZG 2006, 737; *Bayer/Schmidt,* Der Regierungsentwurf zur Änderung des Umwandlungsgesetzes, NZG 2006, 841; *Drinhausen,* Regierungsentwurf eines Zweiten Gesetzes zur Änderung des Umwandlungsgesetzes – Ein Gewinn für die Praxis, BB 2006, 2313; *Heckschen,* Die GmbH-Reform – Wege und Irrwege, DStR 2007, 1442; *ders,* Die Reform des Umwandlungsrechts, DNotZ 2007, 444; *Mayer/Weiler,* Neuregelungen durch das Zweite Gesetz zur Änderung des Umwandlungsgesetzes, DB 2007, 1235 (Teil I); DB 2007, 1291 (Teil II); *dies,* Aktuelle Änderungen des Umwandlungsrechts aus Sicht der notariellen Praxis, MittBayNot 2007, 368; *Neye,* BB-Gesetzgebungsreport: Bundestag beschließt neues Umwandlungsrecht, BB 2007, 389; *Habersack,* Verdeckte (gemischte) Sacheinlage, Sachübernahme und Nachgründung im Aktienrecht, ZGR 2008, 48; *Lieder,* Rechtsfragen der aktienrechtlichen Nachgründung nach ARUG, ZIP 2010, 964.

1. Allgemeines

§ 67, der bis zum 2. UmwÄndG (dazu Einf Rn 28) außer der durch das StückAG bedingten redaktionellen Änderungen § 342 AktG aF entsprach, erklärt unter bestimmten Voraussetzungen die **Vorschriften über die Nachgründung** (§ 52 AktG) bei der Verschm für sinngemäß anwendbar. Die zum 1.1.2001 in Kraft getretene Änderung von § 52 I AktG (Art 1 Nr 3 NaStraG vom 18.1.2001, BGBl I 123, dazu *Seibert* ZIP 2001, 53; *Priester* DB 2001, 467) spielt insoweit keine Rolle, weil S 1 nicht auf § 52 I AktG verweist (Semler/Stengel/*Diekmann* Rn 5). Die von S 1 in Bezug genommenen Verweisungsvorschriften werden aber durch das EHUG und das ARUG teilw geändert (dazu *Lieder* ZIP 2010, 964; *Hüffer* AktG § 52 Rn 1). S 1 wurde durch Art 2 Nr 4 StückAG vom 25.3.1998 (BGBl I 590) geändert. Auch AG, die **Stückaktien** ausgegeben haben, werden von der Regelung erfasst. Stückaktien sind Anteile am Grundkapital, die durch dessen Zerlegung entstehen, notw den gleichen Umfang haben und deshalb auf quantitative Unterscheidungsmerkmale verzichten (näher *Hüffer* AktG § 8 Rn 20; vgl auch *Neye* DB 1998, 1654 und Vor §§ 60–77 Rn 8). Inhaltl hat sich jedoch nichts geändert. **Zweck** der – rechtspolitisch umstrittenen (dazu HRA des DAV NZG 2000, 805, 808; Lutter/*Grunewald* Rn 1a; *Bröcker* ZIP 1999, 1029; *Witte* BB 2000, 2217 f, dort auch zur Vorrats-AG) – Vorschrift ist es, eine Umgehung der Nachgründungsvorschriften auszuschließen. Die Verschm ist eine Form der Sacheinlage, da Aktien der Übernehmerin gegen Übertragung des Verm der übertragenden Rechtsträger gewährt werden. Die besonderen Vorschriften für die Sacheinlage (vgl *Angermayer* WPg 1995, 681) und die Nachgründungsvorschriften könnten mithin umgangen werden, wenn nicht bei der „Sacheinlage mittels Verschm" entsprechende Schutzvorschriften zu beachten wären. 1

S 2 wurde durch das 2. UmwÄndG ergänzt. Die Nachgründungsvorschriften sind wie bisher erst ab einem Mindestvolumen zu gewährender Aktien anzuwenden und sie dürfen – **neu** – nicht angewendet werden, wenn die übernehmende AG diese Rechtsform zwar erst kurze Zeit hat, sie aber nach einem Formwechsel gem §§ 190 ff identisch mit einer GmbH ist, die zuvor bereits seit mindestens zwei Jahren im HR eingetragen war. Die Intention des Gesetzgebers ist so einfach wie zutr: „Wenn eine übernehmende Aktiengesellschaft zuvor bereits seit mindestens zwei Jahren in der Rechtsform einer GmbH im Handelsregister eingetragen war, sollen die Nachgründungsregeln keine Anwendung finden. Dem liegt die Überlegung zugrunde, dass die Kapitalaufbringung bei der GmbH nach ähnl Regeln wie bei der AG erfolgt, sodass eine Behandlung als Nachgründung entbehrl erscheint" (RegEBegr BT-Drs 16/2919, 13 f). Die Änderung ist zu begrüßen. Sie gilt entsprechend für den Fall, dass die AG durch Formwechsel einer mindestens zwei Jahre bestehenden KGaA entstanden ist (vgl *Mayer/Weiler* MittBayNot 2007, 373 = DB 2007, 1240 mwN). Ebenfalls zu begrüßen ist, dass sich der durch das 2. UmwÄndG überarbeitete Verweis auch auf § 52 VI AktG über die Anmeldung zum HR bezieht. Insoweit hat der Gesetzgeber ein offensichtl Redaktionsversehen beseitigt (dazu 4. Aufl 2006, Rn 14 mwN). 2

2. Zwei-Jahres-Frist

Die Nachgründungsvorschriften finden nur sinngemäß Anwendung, wenn der **Verschmelzungsvertrag innerh von zwei Jahren seit Eintragung der übernehmenden AG** in das HR geschlossen wurde **(S 1).** Es kommt also ausschließl 3 auf den Zeitraum an, der seit Eintragung der übernehmenden Ges – ggf vor dem Formwechsel als GmbH oder KGaA (Rn 2) – verstrichen ist. Der Zeitpunkt **der Eintragung der übertragenden Rechtsträger** ist ohne Belang (Kallmeyer/*Marsch-Barner* Rn 2; GroßKomm AktG/*Schilling* § 342 Anm 3; KölnerKomm-AktG/*Kraft* § 342 Rn 3). Nach dem eindeutigen Wortlaut kommt es auf den **Abschluss des Verschmelzungsvertrages** an; der Zeitpunkt der Aufstellung des Entwurfs oder der Fassung der Zustimmungsbeschlüsse hat keine Bedeutung (Lutter/*Grunewald* Rn 4; Semler/Stengel/*Diekmann* Rn 7 je mwN; KölnerKommUmwG/*Simon* Rn 6). Entscheidend ist also der **Tag der notariellen Beurkundung** des Verschmelzungsvertrages (§ 6).

3. Zu gewährendes Aktienvolumen

4 Die Nachgründungsvorschriften sind nur anzuwenden, wenn das Volumen der zu gewährenden Aktien den **10. Teil des Grundkapitals** der übernehmenden Ges übersteigt **(S 2).** Dies entspricht inhaltl den von § 52 I aF AktG aufgestellten Voraussetzungen. Bis zu dieser Grenze ist eine Gefährdung der übernehmenden AG und der Gläubiger dieser Ges im Regelfall ausgeschlossen, ein Verzicht auf die mit der Beachtung der Nachgründungsvorschriften verbundenen Erschwerungen der Verschm daher interessengerecht.

5 Bei der Berechnung ist das **gesamte Grundkapital** der Übernehmerin zu berücksichtigen. Der maßgebl Zeitpunkt für die Berechnung des Grundkapitals ist die Eintragung der Verschm (allgM, vgl Lutter/*Grunewald* Rn 8 mwN; KölnerKommUmwG/*Simon* Rn 12; aA die hM zu § 52 AktG, vgl MüKoAktG/*Pentz* § 52 Rn 21 mwN). Wird zur Durchführung der Verschm das Grundkapital erhöht (§ 69), muss die Berechnung auf der **Basis des erhöhten Grundkapitals** durchgeführt werden **(S 3).** Auch genehmigtes und bedingtes Kap ist, sofern es bis zur Eintragung der Verschm ausgenutzt wird, bei der Quotenermittlung hinzuzurechnen (Semler/Stengel/*Diekmann* Rn 10; Lutter/*Grunewald* Rn 5 mwN unter Hinweis auf die Nachweisschwierigkeiten).

6 Für die Berechnung des auf die zu gewährenden Aktien entfallenden Teils des Grundkapitals ist es ohne Belang, in wessen Besitz sich die Aktien bislang befinden. Es werden also auch **eigene Aktien** der Übernehmerin berücksichtigt (KölnerKommUmwG/*Simon* Rn 16); ebenso Aktien im Besitz der übertragenden Rechtsträger, die deren Anteilsinhabern im Zuge der Verschm gewährt werden sollen.

7 Besitzt die Übernehmerin Anteile der übertragenden Rechtsträger, so beeinflusst dies die 10%-Grenze von S 2 nur mittelbar. Für diese **im Besitz der Übernehmerin befindl Anteile** werden keine Aktien der Übernehmerin gewährt, das Volumen der zu gewährenden Aktien verringert sich dadurch. Durch ein Aufkaufen von Anteilen der übertragenden Rechtsträger kann also im Einzelfall ein Überschreiten der 10%-Grenze vermieden werden. In einem derartigen Ankauf im Vorfeld der Verschm wird auch im Regelfall keine Umgehung zu erblicken sein. Es handelt sich vielmehr um zwei selbstständige Erwerbsakte, die getrennt unter dem Gesichtspunkt der Nachgründung einer Prüfung unterzogen werden müssen (so die hM, vgl Semler/Stengel/*Diekmann* Rn 12; GKT/*Bermel* Rn 5; Kallmeyer/*Marsch-Barner* Rn 5; KölnerKommUmwG/*Simon* Rn 16; Widmann/Mayer/*Rieger* Rn 14, der ein Umgehungsgeschäft nur annimmt, wenn mehrere Ankäufe in einem engen zeitl Zusammenhang erfolgen, auf die Zeitspanne bis zur nachfolgenden Verschm soll es aber nicht ankommen; aA Lutter/

Grunewald Rn 10, die bei unmittelbarem zeitl Zusammenhang zwischen Ankauf und Verschm ein Umgehungsgeschäft annimmt, wenn der Kauf nicht auf anderen Gründen beruht).

4. Zum Unternehmensgegenstand gehörende Geschäfte

Gem **§ 52 IX AktG,** der entsprechend Anwendung findet (S 1), sind die Nachgründungsvorschriften nicht zu beachten, wenn der Erwerb der Vermögensgegenstände iRd lfd Geschäfte der Ges, in der Zwangsvollstreckung oder an der Börse erfolgt. Die Änderung **von § 52 IX AktG** durch das NaStraG erfolgte nach Kritik in der Lit (*Lutter/Ziemons* ZGR 1999, 478; *Bröcker* ZIP 1999, 1029; wN bei *Seibert* ZIP 2001, 54 Fn 7; siehe auch *Priester* DB 2001, 467) und passt sich dem Wortlaut von Art 11 II der 2. gesellschaftsrechtl EG-RL (ABl EG Nr L 26 vom 31.1.1977, 1 ff) an. Der Erwerb in der Zwangsvollstreckung ist bei der Verschm belanglos. Die Verschm stellt auch keinen börsl Erwerb dar, sodass **nur die Fallgruppe des lfd Geschäfts** eingreift (Lutter/*Grunewald* Rn 11). Die Neufassung ist weiter als § 52 IX AktG aF, der den Erwerb von Vermögensgegenständen nur dann privilegierte, wenn er den Unternehmensgegenstand bildete. Nunmehr dürften auch, wie von der Lit gefordert, die **Hilfsgeschäfte** erfasst sein. **Für das UmwR** bedeutet das **im Erg keine Änderung,** sodass die Ausnahme nur dann eingreift, wenn der Erwerb von Unternehmen oder von solchen Vermögensgegenständen, aus denen sich das durch Verschm zu übernehmende Verm nahezu ausschließl zusammensetzt (Lutter/*Grunewald* Rn 11; Widmann/Mayer/*Rieger* Rn 17; Semler/Stengel/*Diekmann* Rn 27), zum Geschäftsgegenstand der übernehmenden AG gehört (aA insoweit Lutter/*Grunewald* Rn 11). Will man dieses Erg nicht hinnehmen, muss im geeigneten Einzelfall der „börsl Erwerb" entsprechend ausgelegt werden. 8

5. Nachgründungsbericht des Aufsichtsrats (§ 52 III AktG)

§ 52 III AktG findet sinngemäß Anwendung. Danach hat der AR der übernehmenden Ges den Verschmelzungsvertrag zu prüfen und einen schriftl Bericht **(Nachgründungsbericht)** zu erstatten. In den Bericht müssen die wesentl Umstände aufgenommen werden, welche die Angemessenheit des Umtauschverhältnisses bestimmen (§§ 52 III 2, 32 II 1 AktG). Vorausgegangene Rechtsgeschäfte sowie die Erträge der übertragenden Rechtsträger in den letzten beiden Gj sind ebenfalls darzulegen (§ 52 III iVm § 32 II AktG). Entsprechendes gilt für Sondervorteile, die Mitgliedern des Vorstands oder des AR der übernehmenden AG gewährt werden (§ 52 III iVm § 32 III AktG; Widmann/Mayer/*Mayer* Rn 22 mwN). 9

Die Eigenständigkeit des Nachgründungsberichts bedeutet nicht, dass er nicht **auf den Verschmelzungsbericht Bezug nehmen** darf (Kallmeyer/*Marsch-Barner* Rn 7 mwN; Semler/Stengel/*Diekmann* Rn 17 ff), zumal ein ordnungsgemäßer Verschmelzungsbericht die für den Nachgründungsbericht notw Angaben ebenfalls enthalten muss. Die Bedeutung des Nachgründungsberichts liegt also in erster Linie in der Prüfung durch den AR, während er ledigl in Ausnahmefällen die Quelle weiterer Erkenntnisse für die Aktionäre sein dürfte. 10

Berichterstattung und Prüfung erfolgen **vor der Beschlussfassung** der HV 11
der übernehmenden Ges.

6. Nachgründungsprüfung

12 S 1 verweist auch auf **§ 52 IV AktG.** Danach muss – vor der Beschlussfassung der HV der übernehmenden Ges – auch eine **Nachgründungsprüfung** durchgeführt werden. § 52 IV AktG verweist insofern auf §§ 33 III–V, 34, 35 AktG. Danach werden der oder die Prüfer durch das Gericht bestellt (§ 33 III AktG; ausführl Widmann/Mayer/*Rieger* Rn 27 ff). Es bestehen keine Bedenken, die **Verschmelzungsprüfer** mit der Durchführung der Nachgründungsprüfung zu beauftragen (Lutter/*Grunewald* Rn 14; Semler/Stengel/*Diekmann* Rn 19 mwN; zu Parallelprüfungen im UmwR auch § 10 Rn 9 mwN). Mitglieder der Leitungsorgane aller beteiligten Rechtsträger können dagegen nicht zum Nachgründungsprüfer bestellt werden (§§ 33 V, 143 II AktG iVm § 319 II HGB; Widmann/Mayer/*Rieger* Rn 29). Der **Umfang** der Nachgründungsprüfung bestimmt sich nach § 34 AktG; danach muss in erster Linie überprüft werden, ob das saldierte zu übertragende Verm den geringsten Ausgabebetrag erreicht, dh ob das **Verbot der materiellen Unterpariemission** beachtet wird (Lutter/*Grunewald* Rn 13; Widmann/Mayer/*Rieger* Rn 30; Semler/Stengel/*Diekmann* Rn 21).

13 Eine negativ ausfallende Nachgründungsprüfung hindert nicht die Wirksamkeit eines dennoch gefassten Zustimmungsbeschlusses (Widmann/Mayer/*Rieger* Rn 33 mit zutr Hinw auf § 52 VII AktG). Insoweit bestehen keine Unterschiede zur Verschmelzungsprüfung (vgl § 12 Rn 29–31).

7. Eintragung in das Handelsregister

14 Normalerweise wird der Verschmelzungsvertrag nicht in das HR eingetragen. S 1 verweist aber auch auf **§ 52 VI AktG** (vgl Rn 2), was nur konsequent ist, weil die Eintragung, die Anmeldung und die gerichtl Prüfung das Vorliegen der Unterlagen voraussetzt. Das Gericht prüft nicht nur die Erfüllung der formellen Voraussetzungen, sondern auch die Angemessenheit der Gegenleistung (§ 52 VII AktG und Rn 13). Es lehnt die Eintragung ab, wenn es zu der Überzeugung gelangt, dass das **Umtauschverhältnis für die Übernehmerin ungünstig** ist (vgl ausführl Widmann/Mayer/*Rieger* Rn 39, 40), nicht nur bei materieller Unterpariemission. Insoweit kommt es ausschließl auf die Ansicht des Registergerichts an, wenngleich es im Regelfall auf die Erkenntnisse aus dem Nachgründungsprüfungsbericht angewiesen ist (Lutter/*Grunewald* Rn 16 mwN).

15 Aus Sinn und Zweck der Eintragung des Verschmelzungsvertrages in das HR folgt, dass die Eintragung nach § 52 VIII AktG **zeitl vor der Eintragung der Verschm** selbst in das HR erfolgen muss (Widmann/Mayer/*Rieger* Rn 42; Semler/Stengel/*Diekmann* Rn 26). Die inhaltl Anforderungen an die Bekanntmachungen ergeben sich aus § 52 VIII AktG, der durch das EHUG (dazu Einf Rn 28) neu gefasst wurde.

8. Verstoß gegen Nachgründungsvorschriften

16 Die **Rechtsfolgen von Verstößen** gegen die gem S 1 notw Anwendung der Nachgründungsvorschriften sind unterschiedl. Fand eine Nachgründungsprüfung (auf den Bericht kommt es insoweit nicht an, zutr Semler/Stengel/*Diekmann* Rn 22) nicht statt, so ist der **Verschmelzungsbeschluss nichtig,** da dann bei der übernehmenden AG eine dem Schutz der Gläubiger dienende Vorschrift verletzt wurde (§ 241 Nr 3 AktG; so auch Lutter/*Grunewald* Rn 18 mwN; Kall-

meyer/*Marsch-Barner* Rn 10; Semler/Stengel/*Diekmann* Rn 28; aA Widmann/Mayer/*Rieger* Rn 34; KölnerKommUmwG/*Simon* Rn 28: Anfechtbarkeit). **Sonstige Mängel,** etwa das Fehlen des Berichts des AR, führen hingegen ledigl zur **Anfechtbarkeit** (Lutter/*Grunewald* Rn 18 mwN; Semler/Stengel/*Diekmann* Rn 28). Nach Ablauf der Anfechtungsfrist oder nach Eintragung der Verschm in das HR (vgl § 20 II) haben diese Mängel keine Auswirkungen mehr.

Die **fehlende Voreintragung des Verschmelzungsvertrages** in das HR **17** hindert zwar die Eintragung der Verschm, führt aber nicht zur Nichtigkeit des Verschmelzungsvertrages (Lutter/*Grunewald* Rn 19 und Widmann/Mayer/*Rieger* Rn 45 je mit dem Hinweis auf die fehlende Verweisung auf § 52 I 1 AktG, so auch Semler/Stengel/*Diekmann* Rn 29). Wird die Verschm dennoch eingetragen, bleibt deren Wirksamkeit unberührt. Die fehlende Eintragung des Verschmelzungsvertrages im HR kann auch keine Anfechtung des Zustimmungsbeschlusses rechtfertigen, da dieser bereits vor der Eintragung gefasst wird.

§ 68 Verschmelzung ohne Kapitalerhöhung

(1) [1]**Die übernehmende Gesellschaft darf zur Durchführung der Verschmelzung ihr Grundkapital nicht erhöhen, soweit**
1. sie Anteile eines übertragenden Rechtsträgers innehat;
2. ein übertragender Rechtsträger eigene Anteile innehat oder
3. ein übertragender Rechtsträger Aktien dieser Gesellschaft besitzt, auf die der Ausgabebetrag nicht voll geleistet ist.

[2]**Die übernehmende Gesellschaft braucht ihr Grundkapital nicht zu erhöhen, soweit**
1. sie eigene Aktien besitzt oder
2. ein übertragender Rechtsträger Aktien dieser Gesellschaft besitzt, auf die der Ausgabebetrag bereits voll geleistet ist.

[3]**Die übernehmende Gesellschaft darf von der Gewährung von Aktien absehen, wenn alle Anteilsinhaber eines übertragenden Rechtsträgers darauf verzichten; die Verzichtserklärungen sind notariell zu beurkunden.**

(2) **Absatz 1 gilt entsprechend, wenn Inhaber der dort bezeichneten Anteile ein Dritter ist, der im eigenen Namen, jedoch in einem Fall des Absatzes 1 Satz 1 Nr. 1 oder des Absatzes 1 Satz 2 Nr. 1 für Rechnung der übernehmenden Gesellschaft oder in einem der anderen Fälle des Absatzes 1 für Rechnung des übertragenden Rechtsträgers handelt.**

(3) **Im Verschmelzungsvertrag festgesetzte bare Zuzahlungen dürfen nicht den zehnten Teil des auf die gewährten Aktien der übernehmenden Gesellschaft entfallenden anteiligen Betrags ihres Grundkapitals übersteigen.**

Schrifttum: Siehe Schrifttum Vor §§ 60–77; *Bock,* Institutioneller Gläubigerschutz nach § 30 Abs. 1 GmbHG beim Down-stream-merger nach einem Anteilskauf?, GmbHR 2005, 1023; *Heckschen,* Umstrukturierung von Kapitalgesellschaften vor und während der Krise: Umwandlungsmaßnahmen vor dem Insolvenzeröffnungsantrag, DB 2005, 2283; *ders,* Umstrukturierung krisengeschüttelter Kapitalgesellschaften: Umwandlungsmaßnahmen nach Stellung des Insolvenzantrags, DB 2005, 2675; *Mertens,* Aktuelle Fragen zur Verschmelzung von Mutter- auf Tochtergesellschaften – down stream merger, AG 2005, 785; *Middendorf/Stegemann,* Down-stream merger einer Personenhandelsgesellschaft auf ihre 100%ige Tochtergesellschaft, DStR 2005, 1082; *Rodewald,* Der Umgang mit Stamm- und Grundkapitalziffern bei Verschmelzungsvorgängen – Gläubigerschutz jenseits gesetzlicher Erfordernisse?, GmbHR 2005, 515; Stellungnahme der Centrale für GmbH Dr. Otto Schmidt vom 16.3.2006 zum Referentenentwurf eines Zweiten Gesetzes zur Änderung des Umwandlungsgesetzes, GmbHR 2006, 418; HRA des DAV, Stellungnahme zum Regierungsentwurf eines Zweiten Gesetzes zur Änderung des Umwandlungsgesetzes, NZG 2006, 737; *Bayer/Schmidt,* Der Regierungsentwurf zur Änderung des Umwandlungsgesetzes, NZG 2006, 841; *Drinhausen,* Regierungsentwurf eines Zweiten Gesetzes zur Änderung des Umwandlungsgesetzes – Ein Gewinn für die Praxis, BB 2006, 2313; *Enneking/Heckschen,* Gesellschafterhaftung beim down-stream-merger, DB 2006, 1099; *Kallmeyer,* Differenzhaftung bei Verschmelzung mit Kapitalerhöhung und Verschmelzung im Wege der Neugründung, GmbHR 2007, 1121; *Klein/Stephanblome,* Der Downstream Merger – Aktuelle umwandlungs- und gesellschaftsrechtliche Fragestellungen, ZGR 2007, 351; *Wälzholz,* Aktuelle Probleme der Unterbilanz- und Differenzhaftung bei Umwandlungsvorgängen, AG 2006, 469; *Heckschen,* Die GmbH-Reform – Wege und Irrwege, DStR 2007, 1442; *ders,* Die Reform des Umwandlungsrechts, DNotZ 2007, 444; *Mayer/Weiler,* Neuregelungen durch das Zweite Gesetz zur Änderung des Umwandlungsgesetzes, DB 2007, 1235 (Teil I); DB 2007, 1291 (Teil II); *dies,* Aktuelle Änderungen des Umwandlungsrechts aus Sicht der notariellen Praxis, MittBayNot 2007, 368; *Neye,* BB-Gesetzgebungsreport: Bundestag beschließt neues Umwandlungsrecht, BB 2007, 389; *Habersack,* Verdeckte (gemischte) Sacheinlage, Sachübernahme und Nachgründung im Aktienrecht, ZGR 2008, 48; *Heckschen,* Die Pflicht zur Anteilsgewährung im Umwandlungsrecht, DB 2008, 1363; *Pupeter/Schnittker,* Side-step-merger ohne Anteilsgewährung, FR 2008, 160; *Weiler,* Grenzen des Verzichts auf die Anteilsgewährung im Umwandlungsrecht, NZG 2008, 527.

1. Allgemeines

1 Die Vorschrift übernimmt im Wesentl § 344 AktG aF und ist **Parallelvorschrift zu § 54** bei Verschm auf eine GmbH. Die KapErh im Zusammenhang mit einer Verschm dient ledigl dem Zweck, die als Ausgleich für die Anteilsinhaber der übertragenden Rechtsträger benötigten Aktien (§ 20 I Nr 3) zu schaffen. Wenn dies nicht notw ist, soll eine KapErh vermieden werden. Das **Entstehen eigener Aktien** soll verhindert und der Abbau bereits vorhandener eigener Aktienbestände gefördert werden (Kallmeyer/*Marsch-Barner* Rn 1; amtl Begr zu § 344 AktG aF, BT-Drs 9/1065, 18; vgl aber auch *Bungert/Hentzen* DB 1999, 2501 zum Rückkauf eigener Aktien vor Verschm).

2 **Abs 1 S 1** enthält zwingende **KapErhVerbote, Abs 1 S 2** gewährt ein **KapErhWahlrecht.** Seit 2007 gilt **Abs 1 S 3,** der durch das 2. UmwÄndG (Einf Rn 28) eingefügt wurde (dazu Rn 13).

3 **Abs 2** entspricht im Wesentl § 344 I 4 AktG aF, anders als bei der Verschm auf eine GmbH (§ 54 II, dazu § 54 Rn 12) ist die entsprechende Anwendung der KapErhVerbote und -Wahlrechte für die Verschm auf eine AG damit nicht erst durch die Umwandlungsreform 1994 geschaffen worden.

4 Insbes zur Ermöglichung eines **Spitzenausgleichs** lässt **Abs 3** die Möglichkeit zu, **bare Zuzahlungen** bis zur Höhe von 10% des anteiligen Betrags der gewährten Aktien an die Anteilsinhaber der übertragenden Rechtsträger zu leisten. Abs 1 S 1 Nr 3, Abs 1 S 2 Nr 2 und Abs 3 wurden durch Art 2 Nr 5 **StückAG** vom 25.3.1998 (BGBl I 590) geändert. Insges hat dies nur redaktionelle Bedeutung (vgl auch Vor §§ 60–77 Rn 8); insbes war bereits früher zu Abs 1 S 1 Nr 3 und Abs 1 S 2 Nr 2 anzunehmen, dass es bei Bestimmung eines Aufgelds **(Agio)** der Leistung des vollständigen Ausgabebetrages bedarf (vgl Lutter/*Grunewald* Rn 3; Widmann/Mayer/*Rieger* Rn 16).

2. Kapitalerhöhungsverbote, Abs 1 S 1

a) Übernehmerin besitzt Anteile an der Übertragerin, Nr 1. Die **KapErh ist unzulässig,** soweit die übernehmende AG Anteile eines übertragenden Rechtsträgers innehat, **Abs 1 S 1 Nr 1.** Dieses Verbot korrespondiert mit der Regelung in § 20 I Nr 3 HS 2 Alt 1. Die Gewährung von Aktien auch in diesem Fall würde zum Entstehen eigener Aktien bei der übernehmenden AG führen; dies ist nach § 56 AktG nicht zulässig (vgl iÜ § 54 Rn 3; KölnerKommUmwG/*Simon* Rn 17). 5

b) Übertragender Rechtsträger hält eigene Anteile, Nr 2. Ebenfalls unzulässig ist eine KapErh, soweit ein **übertragender Rechtsträger eigene Anteile** innehat, **Abs 1 S 1 Nr 2** (korrespondierend: § 20 I Nr 3 HS 2 Alt 2). Ohne dieses KapErhVerbot würde die übernehmende AG durch die Gesamtrechtsnachfolge eigene – und zwar neu geschaffene – Aktien erhalten, da sie in die Stellung des jew übertragenden Rechtsträgers eintritt. Vgl iÜ § 54 Rn 4. 6

c) Übertragender Rechtsträger hält nicht voll einbezahlte Anteile an der Übernehmerin, Nr 3. Das KapErhVerbot greift auch ein, wenn und soweit ein **übertragender Rechtsträger Aktien der übernehmenden AG** besitzt, auf die der **Ausgabebetrag nicht voll geleistet ist, Abs 1 S 1 Nr 3.** 7

Auch in diesem Fall besteht keine Anteilsgewährungspflicht, da für die Aktien des übernehmenden Rechtsträgers keine neuen Aktien gewährt werden, beim nach § 20 I Nr 3 notw Anteilstausch stehen diese Aktien den Anteilsinhabern der übertragenden Rechtsträger zur Vfg. Der Anteilstausch erfolgt in zwei Schritten: Durch die Gesamtrechtsnachfolge werden die Aktien der übernehmenden AG, die die übertragenden Rechtsträger innehaben, eigene Aktien der übernehmenden AG. Dies ist – anders als im Recht der GmbH (§ 33 I GmbHG) – auch zulässig, wenn die Aktien nicht voll einbezahlt sind. Das KapErhVerbot in Abs 1 S 1 Nr 3 kann nur dahingehend verstanden werden, dass derartige nicht voll eingezahlte Aktien der übernehmenden AG zur Erfüllung der Anteilsgewährungspflicht verwendet werden müssen, aber nicht stattdessen eine KapErh durchgeführt werden kann. Zur Durchführung des Umtausches ist der **rückständige Einlagebetrag in vollem Umfang zu leisten** (Lutter/*Grunewald* Rn 5 aE; aA Semler/Stengel/*Diekmann* Rn 10, der Umtausch nur gegen nicht voll einbezahlte Anteile der übertragenden Rechtsträger zulassen will, eine Pflicht zur Leistung der rückständigen Einlage aber ablehnt; ähnl Kallmeyer/*Marsch-Barner* Rn 9). Wird der Einlagebetrag noch vor Durchführung der Verschm durch den übertragenden Rechtsträger geleistet, tritt an die Stelle des KapErhVerbots von Abs 1 S 1 Nr 3 das KapErhWahlrecht von Abs 1 S 2 Nr 2 (dazu Rn 11). Widmann/Mayer/*Rieger* Rn 19 ff mwN lehnt eine Anwendung von Abs 1 S 1 Nr 3 bei vollständiger Nachzahlung grdsl ab, er differenziert insoweit hinsichtl des Zeitpunkt der Einlage nicht. Da er auch zutr den Umtausch nicht voll eingezahlter Anteile als unzulässig ansieht, kommt *Rieger* dazu, Abs 1 S 1 Nr 3 sei in den meisten SV-Konstellationen und vom Gesetzgeber so gewünscht ein Verschmelzungshindernis. 8

d) Berechnung der Kapitalerhöhung. Zur **Berechnung der KapErh** vgl § 54 Rn 6 ff. 9

3. Kapitalerhöhungswahlrechte, Abs 1 S 2

a) Übernehmende AG besitzt eigene Aktien, Nr 1. Die KapErh im Zusammenhang mit der Verschm dient ausschließl dem Zweck, die Aktien zu 10 schaffen, die den Anteilsinhabern der übertragenden Rechtsträger gewährt werden müssen (§ 20 I Nr 3). Von einer KapErh kann daher abgesehen werden, soweit entsprechende Aktien bereits vorhanden sind. Daher räumt **Abs 1 S 2 Nr 1** die Möglichkeit ein, von einer Grundkapitalerhöhung abzusehen, soweit die **übernehmende AG bereits eigene Aktien besitzt,** diese also den Anteilsinhabern der übertragenden Rechtsträger gewähren kann. Abs 1 S 2 gewährt ein **echtes Wahlrecht** nach freiem Ermessen (Lutter/*Winter* § 54 Rn 13; KölnerKomm-UmwG/*Simon* Rn 28), die entsprechende Festlegung sollte allerdings im Verschmelzungsvertrag bereits getroffen sein (§ 5 I Nr 3, 4). Zum Erwerb eigener Anteile vor Verschm vgl auch HRA des DAV NZG 2000, 805 f; *Bungert/Hentzen* DB 1999, 2501.

11 **b) Übertragender Rechtsträger besitzt voll einbezahlte Aktien der übernehmenden AG, Nr 2.** Die Notwendigkeit der KapErh fehlt auch, soweit ein **übertragender Rechtsträger voll einbezahlte Aktien der übernehmenden AG besitzt** (zum KapErhVerbot bei nicht voll geleistetem Nennbetrag oder Ausgabebetrag Rn 8). Die übernehmende AG erhält diese Aktien im Wege der Gesamtrechtsnachfolge als eigene Aktien und kann sie zur Erfüllung der Anteilsgewährungspflicht nach § 20 I Nr 3 verwenden, wobei es **nicht zum Durchgangserwerb kommt** (§ 54 Rn 11). Wiederum handelt es sich um ein **Wahlrecht,** die Aktien können auch als Eigenbestand behalten werden, wenn zur Schaffung neuer Aktien eine KapErh durchgeführt wird. Zum **Downstream-Merger** auch Nachw bei § 55 Rn 29.

12 **c) Gewährung von Aktien der übernehmenden AG aus Drittbesitz.** Mangels entgegenstehender Äußerung des Gesetzgebers dürfte nach wie vor die Aufzählung der **KapErhWahlrechte nicht abschl** sein (ausführl Widmann/Mayer/*Rieger* Rn 29 ff). Da die KapErh im Zusammenhang mit einer Verschm lediglich dem Zweck dient, die zur Erfüllung der Anteilsgewährungspflicht notw Aktien zu schaffen, kann von ihr abgesehen werden, wenn und soweit bereits vorhandene Aktien zur Vfg stehen. Dies ist auch dann der Fall, wenn ein **Aktionär der übernehmenden AG** hierfür (unentgeltl, vgl § 71 I 4 AktG und Semler/Stengel/*Diekmann* Rn 19) **freiwillig Aktien zur Vfg stellt.** Voraussetzung ist jedoch, dass die Übertragung der Aktien sichergestellt ist, da bei Aktien in Drittbesitz ein automatischer Übergang der Aktionärsstellung iSv § 20 I Nr 3 nicht stattfindet. Die Aktien müssen daher vor Wirksamwerden der Verschm der übernehmenden AG oder einem übertragenden Rechtsträger übereignet werden, sodass letztl wieder ein Fall von Abs 1 S 2 Nr 1 oder 2 gegeben ist (Widmann/Mayer/*Rieger* Rn 30). Zur **Verschm von SchwesterGes** § 54 Rn 12 ff und § 2 Rn 21.

4. Verzicht auf Kapitalerhöhung, Abs 1 S 3

13 Mit der Änderung von **Abs 1 S 3** wollte der Gesetzgeber die Verschm von SchwesterGes erleichtern. Die Parallelregelung findet sich in § 54 I 3, vgl deshalb § 54 Rn 12–15, dort auch zu den durch die weite Formulierung eröffneten Missbrauchsmöglichkeiten. Im Gegensatz zu § 54 I 3 stellt sich im Rahmen von § 68 noch ein weiteres Problem. Die **Verschmelzungsrichtlinie** (78/855/EWG vom 9.10.1978, ABl EG Nr L 295, 36) sieht den Verzicht auf die Anteilsgewährung auf Basis einer Willensentschließung aller Anteilsinhaber eines übertragenden Rechtsträgers nicht vor (*Heckschen* DNotZ 2007, 451). Vor allem *Mayer/Weiler* (DB 2007, 1239 = MittBayNot 2007, 371) haben deshalb erhebl Zweifel an der

richtlinienkonformen Umsetzung. Die Verschmelzungsrichtlinie enthalte keine Ermächtigung für die Mitgliedsstaaten, eine Anteilsgewährung bei Verzicht bestimmter Anteilsinhaber einzuräumen. Die Anteilsgewährungspflicht gehöre gerade zu den Strukturmerkmalen einer in der Verschmelzungsrichtlinie geregelten Verschm, sodass die jetzt im dt Recht geregelte weitere Ausnahme von der Anteilsgewährungspflicht weder richtlinienkonform sei noch richtlinienkonform ausgelegt werden könne. Es wird einige Zeit dauern, bis diese Frage so geklärt ist, dass die Gestaltungspraxis Rechtssicherheit hat.

5. Entsprechende Anwendung der Kapitalerhöhungsverbote und -wahlrechte, Abs 2

Abs 2 übernimmt § 344 I 4 AktG aF; die Änderung des Wortlauts ist ledigl eine redaktionelle Anpassung an die Möglichkeit der Mischverschmelzung. Für Rechnung der übernehmenden AG handelt ein Dritter dann, wenn die Voraussetzungen von **§ 71d S 1 AktG** vorliegen (vgl iÜ § 54 Rn 12). Aktienbesitz durch ein abhängiges oder ein im Mehrheitsbesitz eines der beteiligten Rechtsträger stehenden Unternehmens begründet die Anwendung von Abs 2 regelm nicht (§ 54 Rn 16). 14

6. Kapitalerhöhung bei Schwesterfusion

Vgl § 54 Rn 12 ff und § 2 Rn 21. 15

7. Bare Zuzahlungen, Abs 3

Vgl zunächst § 54 Rn 20 ff. 16

Die **Höhe der baren Zuzahlung** muss im Verschmelzungsvertrag angegeben sein (§ 5 I Nr 3). Die Gesamtsumme darf den **Zehnten Teil des** auf die **gewährten** Aktien entfallenden **anteiligen** Betrags ihres **Grundkapitals** nicht übersteigen. Sofern gegen **Abs 3** verstoßen wird (zur Berechnung Semler/Stengel/*Diekmann* Rn 23 mwN), ist die entsprechende Regelung im Verschmelzungsvertrag nach § 134 BGB wegen Verstoßes gegen ein gesetzl Verbot **nichtig.** Im Zweifel wird dies die Nichtigkeit des gesamten Verschmelzungsvertrages zur Folge haben (§ 139 BGB, vgl § 54 Rn 27; Semler/Stengel/*Diekmann* Rn 28). Ein **Zustimmungsbeschluss** nach § 13 I, der sich auf den nichtigen Verschmelzungsvertrag bezieht, ist seinerseits gem § 14 angreifbar. Wird die Verschm dennoch in das HR eingetragen, treten die Verschmelzungswirkungen ein, **§ 20 II.** 17

8. Verstoß gegen Kapitalerhöhungsverbote

Bei Verstößen gegen die KapErhVerbote von Abs 1 S 1 liegt für die Eintragung der Erhöhung des Grundkapitals iSv § 66 ein **Eintragungshindernis** vor. Vgl iÜ § 54 Rn 22, 23. 18

§ 69 Verschmelzung mit Kapitalerhöhung

(1) [1]**Erhöht die übernehmende Gesellschaft zur Durchführung der Verschmelzung ihr Grundkapital, so sind § 182 Abs. 4, § 184 Abs. 1 Satz 2, §§ 185, 186, 187 Abs. 1, § 188 Abs. 2 und 3 Nr. 1 des Aktiengesetzes nicht anzuwenden; eine Prüfung der Sacheinlage nach § 183 Abs. 3 des Aktien-**

gesetzes findet nur statt, soweit übertragende Rechtsträger die Rechtsform einer Personenhandelsgesellschaft, einer Partnerschaftsgesellschaft oder eines rechtsfähigen Vereins haben, wenn Vermögensgegenstände in der Schlußbilanz eines übertragenden Rechtsträgers höher bewertet worden sind als in dessen letzter Jahresbilanz, wenn die in einer Schlußbilanz angesetzten Werte nicht als Anschaffungskosten in den Jahresbilanzen der übernehmenden Gesellschaft angesetzt werden oder wenn das Gericht Zweifel hat, ob der Wert der Sacheinlage den geringsten Ausgabebetrag der dafür zu gewährenden Aktien erreicht. [2] Dies gilt auch dann, wenn das Grundkapital durch Ausgabe neuer Aktien auf Grund der Ermächtigung nach § 202 des Aktiengesetzes erhöht wird. [3] In diesem Fall ist außerdem § 203 Abs. 3 des Aktiengesetzes nicht anzuwenden. [4] Zum Prüfer kann der Verschmelzungsprüfer bestellt werden.

(2) **Der Anmeldung der Kapitalerhöhung zum Register sind außer den in § 188 Abs. 3 Nr. 2 und 3 des Aktiengesetzes bezeichneten Schriftstücken der Verschmelzungsvertrag und die Niederschriften der Verschmelzungsbeschlüsse in Ausfertigung oder öffentlich beglaubigter Abschrift beizufügen.**

Schrifttum: Siehe Schrifttum Vor §§ 60–77 und zu § 68.

Übersicht

1. Allgemeines

1 Die Norm bewirkt **Erleichterungen bei der KapErh,** wenn sie im Zusammenhang mit einer Verschm erfolgt. § 69 ist demnach nur für die Beteiligung einer **AG als übernehmender Rechtsträger** einschlägig.

2 Im Wesentl übernimmt § 69 die Vorgängerregelung von § 343 AktG aF. Abs 1 S 1 HS 2 ist jedoch wegen der Möglichkeit der Mischverschmelzung und wegen des Ansatzwahlrechts von § 24 erhebl erweitert worden. **Abs 1 HS 2** wurde durch Art 1 Nr 18 des Gesetzes zur Änderung des UmwG, des PartGG und anderer Gesetze vom 22.7.1998 (BGBl I 1878; dazu Einf Rn 25) geändert; ist eine **PartGes** übertragender Rechtsträger, findet eine Prüfung der Sacheinlage statt (Rn 14). Eine weitere Änderung ergab sich durch Art 2 Nr 5 **StückAG** vom 25.3.1998 (BGBl I 590; dazu Vor §§ 60–77 Rn 8). Anders als früher ist für den Fall 4 (Rn 17) nicht mehr der Nennbetrag der zu gewährenden Aktien maßgebl,

sondern der geringste Ausgabebetrag. **Abs 1 S 4** wurde durch das 3. UmwÄndG (dazu Einf Rn 33) neu eingefügt; die Prüfung der Sacheinlage kann auch durch den Verschmelzungsprüfer erfolgen. Die Verweisungen auf § 184 AktG in Abs 1 S 1 und auf § 188 AktG in Abs 2 wurden durch das ARUG bzw durch das 3. UmwÄndG redaktionell angepasst.

Abs 1 erklärt Vorschriften des AktG, die bei der normalen KapErh zu beachten sind, für nicht anwendbar. Dadurch wird die KapErh im Zusammenhang mit einer Verschm zur „erleichterten Sachkapitalerhöhung". **Abs 2** erweitert den Katalog der bei der Anmeldung der KapErh zum HR beizufügenden Unterlagen. 3

2. Voraussetzungen der Anwendung von § 69

Eine Verschm macht im Regelfall eine KapErh notw; anderes gilt insbes (zu weiteren Ausnahmen Rn 13, § 55 Rn 2), soweit ein KapErhVerbot iSv § 68 I 1 besteht oder wenn von der Möglichkeit des Verzichts auf eine KapErh (Wahlrecht iSv § 68 I 2 oder Verzicht auf KapErh gem § 68 I 3) Gebrauch gemacht wird. Als Gegenleistung für die Vermögensübertragung müssen den Anteilsinhabern der übertragenden Rechtsträger Aktien der übernehmenden Ges gewährt werden, § 20 I Nr 3. Die KapErh dient der Schaffung dieser Aktien. Daneben ist ein betragsmäßig begrenzter Ausgleich durch bare Zuzahlungen mögl, § 68 III. Aufgrund dieses **festgelegten Zwecks** und der Absicherung, dass der übernehmenden AG durch die Vermögensübertragung ein äquivalenter Gegenwert für die neuen Aktien zufließt, kann die **KapErh** im Zusammenhang mit der Verschm **einfacheren Regeln** unterworfen werden (KölnerKommUmwG/*Simon* Rn 10). 4

Die in Abs 1 vorgesehenen Vereinfachungen (allg zu Kapitalmaßnahmen bei AG *Henze* BB 2000, 2055 ff) können aber nur dann genutzt werden, wenn die **KapErh iRd Verschm** ausschließl der Schaffung der neuen Aktien dient, die den Anteilsinhabern der übertragenden Rechtsträger gewährt werden sollen. Wird die KapErh **auch aus anderen Gründen** durchgeführt, gilt § 69 nicht. Ein dennoch im vereinfachten Verfahren gefasster KapErhB ist **nichtig** oder jedenfalls anfechtbar (KölnerKommUmwG/*Simon* Rn 7 gegen Kallmeyer/*Marsch-Barner* Rn 2). Sofern eine weitere KapErh auch zu anderen Zwecken erfolgen soll, sollten deshalb **getrennte Beschlüsse** gefasst werden (vgl auch § 55 Rn 3). 5

Es ist unerhebl, ob die KapErh vor oder nach Abschluss des Verschmelzungsvertrages beschlossen wird (Semler/Stengel/*Diekmann* Rn 23). § 66 verlangt ledigl die **Eintragung der** Erhöhung des Grundkapitals **vor Eintragung der Verschm.** Bei der Fassung des KapErhB vor Abschluss des Verschmelzungsvertrages ist jedoch darauf zu achten, dass die KapErh im Nachhinein auch entsprechend den Festlegungen des Verschmelzungsvertrages durchgeführt wird, anderenfalls handelt es sich nicht mehr um eine KapErh „zur Durchführung der Verschmelzung" iSv Abs 1 S 1. Ggf ist eine **bedingte KapErh** durchzuführen (§§ 192 ff AktG; dazu auch Rn 27). 6

3. Nichtanwendbare Vorschriften, Abs 1 S 1 HS 1

a) §§ 182 IV, 184 I 2 AktG. Obwohl gem § 182 IV AktG das Grundkapital bei ausstehenden Einlagen grdsl nicht erhöht werden soll, ist die KapErh im Zusammenhang mit einer Verschm auch in diesem Fall zulässig, **Abs 1 S 1 HS 1.** Der Grund ist einleuchtend: Mit einer KapErh wird im Regelfall das Ziel verfolgt, der AG neues Kap zuzuführen. Sie erübrigt sich daher, wenn der Ges noch ausstehende Einlagen zustehen, sie sich also durch deren Einforderung weitere 7

Mittel beschaffen und insoweit auf eine KapErh verzichten kann. Demggü dient die KapErh iRd Verschm der **Schaffung neuer Aktien,** die den Anteilsinhabern der übertragenden Rechtsträger gewährt werden müssen. Die Einziehung noch ausstehender Einlageforderungen könnte diesen Zweck nicht erfüllen, auch bei vollständiger Erlangung der fehlenden Einlagen wären keine Aktien für den Anteilstausch iSv § 20 I Nr 3 vorhanden.

8 Der Ausschluss von § 182 IV AktG korrespondiert mit der Nichtanwendung von § 184 I 2 AktG, der mit § 184 II aF AktG übereinstimmt (*Hüffer* AktG § 184 Rn 2a). Da eine KapErh im Zusammenhang mit der Durchführung der Verschm trotz offener Einlageforderungen erfolgen kann, erübrigen sich entsprechende Erklärungen bei der Anmeldung.

9 **b) §§ 185, 186, 187 I, 188 III Nr 1 AktG.** Die Nichtanwendbarkeit dieser Vorschriften ist Folge davon, dass bei der Verschm feststeht, wer die durch KapErh geschaffenen Aktien erhält. Bei der Verschm ist die **Zeichnung neuer Aktien** nach § 185 AktG, also des Angebots des Zeichners an die AG, sich als Aktionär an der Ges zu beteiligen, nicht erforderl; bereits im Verschmelzungsvertrag wird festgelegt, wem die durch die KapErh geschaffenen Aktien zu gewähren sind (zum Sonderfall unbekannter Aktionäre vgl § 35). Der **Verschmelzungsvertrag ersetzt** damit den **Zeichnungsschein** (Lutter/*Grunewald* Rn 14 mwN; vgl auch OLG Hamm DB 2002, 1314 zur Entbehrlichkeit der Übernahmeerklärung bei der GmbH; zum Zeichnungsschein bei Sachkapitalerhöhung allg *Götze* AG 2002, 76; KölnerKommUmwG/*Simon* Rn 11). Damit zusammenhängend erübrigt sich eine Einreichung der Zweitschriften der Zeichnungsscheine zum HR, § 188 III Nr 1 AktG.

10 Ebenso wenig passen die Vorschriften über das **Bezugsrecht** (§§ 186, 187 I AktG) bei einer KapErh zur Durchführung der Verschm. Die durch die KapErh geschaffenen neuen Aktien sind zwingend den Anteilsinhabern der übertragenden Rechtsträger zu gewähren, ein Bezugsrecht der alten Aktionäre ist damit von vornherein ausgeschlossen (Lutter/*Grunewald* Rn 15 mwN; Semler/Stengel/*Diekmann* Rn 15). **§ 187 II AktG** ist anwendbar mit der Folge, dass der Verschmelzungsvertrag nicht wirksam zur KapErh verpflichten kann (ähnl Kallmeyer/*Marsch-Barner* Rn 13; Semler/Stengel/*Diekmann* Rn 16; Lutter/*Grunewald* Rn 16; KölnerKommUmwG/*Simon* Rn 12). Eine Pflicht, die KapErh zeitl vor dem Verschmelzungsvertrag zu beschließen, folgt daraus jedoch nicht (Rn 6).

11 **c) § 188 II AktG.** § 188 II AktG erklärt §§ 36 II, 36a und 37 I AktG für entsprechend anwendbar. Diese Verweisung erübrigt sich jedoch bei der Verschm (so auch Lutter/*Grunewald* Rn 17; KölnerKommUmwG/*Simon* Rn 13), da eine **Bareinlage iSv § 36 II AktG** nicht geleistet wird; die Leistung der Sacheinlage ist durch die Vermögensübertragung gewährleistet, dadurch wird der Normzweck von § 36a AktG stets erreicht. Der Ausschluss von § 37 I AktG (Erklärungen zum HR) folgt aus der Nichtanwendung von §§ 36, 36a AktG. Mangels Barzahlungspflicht hat auch **§ 188 II 2 AktG** bei der KapErh zur Durchführung der Verschm keine Bedeutung.

4. Prüfung der Sacheinlage, Abs 1 S 1 HS 2

12 **Abs 1 S 1 HS 2** greift nur in seinem vierten Fall auf § 343 I 1 HS 2 AktG aF zurück, wobei sich auch durch das StückAG (Rn 2) Änderung ergeben haben. Die anderen drei Varianten (Rn 14–16) wurden anlässl der Umwandlungsreform neu eingefügt.

§ 183 III AktG bestimmt bei der KapErh mit Sacheinlagen grdsl die Pflicht zur **Prüfung durch einen oder mehrere unabhängige Prüfer;** als Prüfer darf auch der Verschmelzungsprüfer bestellt werden, was der neu eingefügte Abs 1 S 4 klarstellt. Dem Registergericht wird die Möglichkeit zugestanden, die Eintragung abzulehnen, sofern der Wert der Sacheinlage nicht unwesentl hinter dem geringsten Ausgabebetrag der dafür zu gewährenden Aktien zurückbleibt **(Unterpariemission).** Grundaussage von Abs 1 S 1 HS 2 ist zunächst, dass eine Prüfung nach § 183 III AktG nicht in jedem Fall stattzufinden hat, sondern nur bei Vorliegen einer der vier nachfolgend beschriebenen Fälle (dazu auch *Angermayer* WPg 1995, 684 f). Diese bereits früher rechtspolitisch umstrittene Vorschrift (Lutter/*Grunewald* Rn 8 mwN) will in allen aufgeführten Varianten der **Gefahr einer Aushöhlung des Grundkapitals** und damit einer Verletzung des Verbots der materiellen Unterpariemission vorbeugen (RegEBegr BR-Drs 75/94 zu § 69 I 1 HS 2). 13

Fall 1 behandelt die Konstellation, dass an der Verschm übertragende Rechtsträgende in der Rechtsform der **PhG,** der **PartGG** (Rn 2) oder des rechtsfähigen **Vereins** beteiligt sind. Anders als bei den übrigen in § 3 I aufgeführten Rechtsträgern ist im jew Organisationsrecht der drei genannten Rechtsformen eine Kapitalsicherung im Wege der Prüfung durch Sachverständige oder durch das Gericht nicht vorgesehen. Bei Übernahme des Verm dieser Rechtsträger als Sacheinlage in die übernehmende AG steht der Wert der Sacheinlage nicht fest, es fehlen verbindl Anhaltspunkte zu ihrer Beurteilung (RegEBegr BR-Drs 75/94 zu §§ 69, 58). 14

Fall 2 sieht die Notwendigkeit der Prüfung der Sacheinlage nach § 183 III AktG für den Fall vor, dass ein übertragender Rechtsträger, gleich welcher Rechtsform, ihm gehörende Vermögensgegenstände in seiner **Schlussbilanz höher bewertet** hat als in der letzten Jahresbilanz, wenn also stille Reserven aufgedeckt wurden (wobei das Wahlrecht von § 24 nur beim übernehmenden Rechtsträger besteht; in Betracht kommt aber eine **Wertaufholung beim übertragenden Rechtsträger** nach allg Vorschriften, vgl Widmann/Mayer/*Rieger* Rn 25). Dem Registergericht soll durch die unabhängige Prüfung der Sacheinlage die Möglichkeit an die Hand gegeben werden, die Richtigkeit des Ansatzes in der Schlussbilanz zu überprüfen und somit einer verbotenen Unterpariemission entgegenzuwirken. 15

Fall 3 berücksichtigt den nach **§ 24** mögl Fall, dass die **übernehmende AG** die BW aus der Schlussbilanz des übertragenden Rechtsträgers nicht fortführt, sondern die übernommenen **WG neu** (und höher) **bewertet.** Die dann zwingende Sacheinlageprüfung nach § 183 III AktG soll einer Überbewertung vorbeugen (RegEBegr BR-Drs 75/94 zu § 69 I S 1 HS 2), wobei die Regelung wegen der idR unvermeidbaren Verzögerung bis zur Ausübung des Wahlrechts nach § 24 beim übernehmenden Rechtsträger praktisch unbrauchbar ist (vgl Widmann/Mayer/*Rieger* Rn 30). 16

Fall 4 schließl übernimmt im Grds (Rn 2) die frühere Regelung von § 343 I 1 HS 2 AktG aF. Bei **Zweifeln des Registergerichts** daran, ob der Wert der Sacheinlage den geringsten Ausgabebetrag (ohne Agio, dazu Rn 21) der dafür zu gewährenden Aktien erreicht, kann die Durchführung einer Prüfung nach § 183 III AktG verlangt werden. Etwaige Zweifel des Registergerichts sind nicht bereits dadurch ausgeschlossen, dass der Anmeldung der Verschm eine Schlussbilanz, die nicht älter als acht Monate sein darf, beigefügt werden muss (§ 17 II), oder dass eine Verschmelzungsprüfung durchgeführt wird (§§ 60, 9–12). Aus der Schlussbilanz kann der tats Wert des übertragenen Verm nicht eindeutig abgeleitet werden. Auch die – nach § 60 idR erforderl – Verschmelzungsprüfung ist nur 17 bedingt aussagekräftig, da Prüfungsgegenstand die Angemessenheit des Umtauschverhältnisses und nicht die Deckung des geringsten Ausgabebetrags der neu ausgegebenen Aktien ist (Semler/Stengel/*Diekmann* Rn 11), wenngleich sowohl Verschmelzungsprüfungsbericht als auch Schlussbilanz dem Registergericht Anhaltspunkte dafür geben können, ob die Prüfung nach § 183 III AktG noch notw ist (Lutter/*Grunewald* Rn 11).

18 Nach dem eindeutigen Wortlaut von Abs 1 S 1 HS 2 ist eine **Prüfung der Sacheinlage** nach § 183 III AktG nur notw, **soweit** eine der vier Fälle gegeben ist. Bei Verschm unter Beteiligung mehrerer übertragender Rechtsträger kann es demgemäß sein, dass sich die Prüfung der Sacheinlage **nur auf einen Vermögensübergang** unter mehreren bezieht (wenn zB mehrere KapGes und daneben eine PhG auf eine AG verschmelzen, Fall 1). Dennoch kommt es im Erg nur darauf an, ob insges eine materielle Unterpariemission vorliegt oder nicht, denn nach hM ist eine **Gesamtbetrachtung geboten** (dazu ausführl § 46 Rn 8; vgl auch Lutter/*Grunewald* Rn 12 aE).

5. Genehmigtes Kapital, Abs 1 S 2, 3

19 Abs 1 S 1 gilt auch, wenn das Grundkapital durch Ausgabe neuer Aktien aufgrund der Ermächtigung nach § 202 AktG erhöht wird (Lutter/*Grunewald* Rn 22 mwN). Die durch **Abs 1 S 2** bestimmte entsprechende Anwendung von Abs 1 S 1 bezieht sich auf dessen HS 1 und 2. Wenn anstelle oder neben der KapErh zur Ausgabe neuer Aktien für die Anteilsinhaber der übertragenden Rechtsträger auch auf **genehmigtes Kap** zurückgegriffen wird, finden demnach die in Rn 7 ff beschriebenen Vereinfachungen für die KapErh Anwendung. § 203 III AktG, der § 182 IV AktG entspricht, ist gem **Abs 1 S 3** nicht anzuwenden; auch bei Vorliegen von genehmigtem Kap ist es demnach unerhebl, ob noch **ausstehende Einlagen** vorhanden sind, da die übernehmende AG neue Aktien benötigt. Die Prüfung nach § 205 III AktG ist gem Abs 1 S 3 nicht notw (vgl auch Lutter/*Grunewald* Rn 22). Sie muss nur durchgeführt werden, wenn ein Fall von Abs 1 S 1 HS 2 vorliegt, also die Gefahr der Unterpariemission besteht.

20 IÜ ist der Verweis in Abs 1 S 2 jedoch so zu verstehen, dass nicht nur § 202 AktG, sondern **§§ 202–206 AktG insges** zu beachten sind. Insbes muss die Satzungsermächtigung die Ausgabe der neuen Aktien gegen Sacheinlage ausdrückl zulassen, § 205 I AktG (Widmann/Mayer/*Rieger* Rn 51, 52).

6. Beschlussfassung

21 Soweit nicht durch Abs 1 etwas anderes angeordnet wird, sind §§ 182 ff AktG auf die KapErh im Zusammenhang mit einer Verschm anzuwenden. Es bedarf also eines **KapErhB der HV** (§ 182 I AktG). Evtl müssen auch **Sonderbeschlüsse** gefasst werden (§ 182 II AktG). § 182 III AktG ist durch Abs 1 S 1 HS 1 nicht ausgeschlossen (Kallmeyer/*Marsch-Barner* Rn 17; Widmann/Mayer/*Rieger* Rn 17 f; GKT/*Bermel* Rn 19; zum alten Recht bereits GroßKomm AktG/*Schilling* § 343 Anm 11; KölnerKommAktG/*Kraft* § 343 Rn 5). Ein den geringsten Ausgabebetrag übersteigender höherer Betrag **(Agio)** ist daher **im KapErhB festzusetzen** (aA Lutter/*Grunewald* Rn 6; wohl auch Semler/Stengel/*Diekmann* Rn 5; vermittelnd Widmann/Mayer/*Rieger* Rn 18). Ein derartiger höherer Ausgabebetrag liegt vor, wenn der Wert der Sacheinlagen abzgl barer Zuzahlungen den Gesamtbetrag der dafür gewährten Aktien übersteigt. Das Aufgeld (Agio) hat zur Folge, dass in der Bilanz der übernehmenden AG **gesetzl Rücklagen** nach § 272 II

HGB zu bilden sind (Lutter/*Grunewald* Rn 6 aE; Kallmeyer/*Marsch-Barner* Rn 17; Widmann/Mayer/*Rieger* Rn 18).

Da die Vermögensübertragung iRd Verschm eine Sacheinlage darstellt, findet auch **§ 183 I, II AktG** Anwendung. Der Beschluss und die vorangegangene Bekanntmachung müssen also die KapErh zur Durchführung der Verschm, die übertragenden Rechtsträger, den jew Wert der Verm der übertragenden Rechtsträger, den geringsten Ausgabebetrag der zu gewährenden Aktien und die Höhe etwaiger barer Zuzahlungen enthalten (KölnerKommAktG/*Kraft* § 343 Rn 7). 22

Grdsl kann ein **KapErhB** bis zur Eintragung der Durchführung der KapErh mit einfacher Mehrheit **wieder aufgehoben werden.** Sofern jedoch durch den KapErhB bei der übernehmenden AG der Verschmelzungsvertrag bereits seine volle Wirksamkeit erhält, hat sich die Übernehmerin verpflichtet, die KapErh durchzuführen. Daraus dürfte wegen der stets gegebenen Autonomie der Gesellschafter (Kernbereich) zwar im Fall der Aufhebung des KapErhB kein **Erfüllungsanspruch** abzuleiten sein, die übernehmende AG macht sich jedoch schadensersatzpflichtig (Widmann/Mayer/*Rieger* Rn 20 mwN), sofern sie für die Aufhebung des KapErhB keine wichtigen Gründe vorweisen kann. 23

7. Anmeldung des Kapitalerhöhungsbeschlusses zum Handelsregister, Abs 2

Gem **§ 184 I AktG** ist der Beschluss über die Erhöhung des Grundkapitals zur Eintragung in das **HR anzumelden.** Neben den in § 188 III Nr 2, 3 AktG genannten Unterlagen sind gem **Abs 2** der **Verschmelzungsvertrag** sowie die Niederschriften der **Verschmelzungsbeschlüsse** in Ausfertigung oder öffentl beglaubigter Abschrift beizufügen (aA Semler/Stengel/*Diekmann* § 66 Rn 7 mwN: Beifügung erst bei Anmeldung zur Durchführung der KapErh; so wohl auch Kallmeyer/*Zimmermann* § 66 Rn 8; KölnerKommUmwG/*Simon* Rn 32, 35). Die Beifügung ledigl des Entwurfs des Verschmelzungsvertrags reicht nicht aus. 24

Die Anmeldung erfolgt **durch** den **Vorstand und** den **Vorsitzenden des AR** (§ 184 I 1 AktG). Das Registergericht wird den KapErhB erst eintragen, wenn der Verschmelzungsvertrag abgeschlossen und die Zustimmungsbeschlüsse gefasst sind. 25

Bei der Verschm ist **§ 188 AktG** (bis auf Abs 2, dazu Rn 11) grdsl anzuwenden (so auch Lutter/*Grunewald* Rn 17 mwN). **§ 189 AktG** soll für die Verschm jedoch nicht gelten (GKT/*Bermel* Rn 29; Lutter/*Grunewald* Rn 18; Kallmeyer/*Marsch-Barner* Rn 19; Widmann/Mayer/*Rieger* Rn 43; unklar Semler/Stengel/*Diekmann* Rn 18). Dies ist auch richtig (abw noch die 2. Aufl 1996), weil die Verschm und die KapErh nach § 69 sich einander gegenseitig bedingen (vgl § 55 Rn 28 zum etwaigen Zwischenerwerb *Bungert/Hentzen* DB 1999, 2501, die bei einem lfd Aktienrückkaufprogramm zu Recht eine variable Ausgestaltung des KapErhB, etwa durch genehmigtes oder bedingtes Kapital, empfehlen. Die Beschränkung auf 50% des im Zeitpunkt der Ermächtigung vorhandenen Grundkapitals kann dabei Probleme bereiten, vgl dazu auch HRA des DAV NZG 2000, 806). Zu **Mängeln des KapErhB** vgl § 55 Rn 29, 30. Zu den **Kosten der KapErh** vgl § 55 Rn 31 ff. 26

8. Bedingte Kapitalerhöhung

Die zur Schaffung neuer Aktien notw Grundkapitalerhöhung kann auch als **bedingte KapErh** (§§ 192 ff AktG) beschlossen werden (Lutter/*Grunewald* Rn 23 27 mwN; Semler/Stengel/*Diekmann* Rn 21). Auch insoweit kann die KapErh zu den erleichterten Bedingungen von Abs 1 S 1 HS 1 durchgeführt werden. Entgegen § 194 IV AktG, der § 183 III AktG entspricht, ist nicht in jedem Fall eine **Prüfung** durchzuführen (Lutter/*Grunewald* Rn 23). Auch die bedingte KapErh wird frühestens mit Eintragung der Verschm **wirksam** (vgl Rn 26; Semler/Stengel/*Diekmann* Rn 18). Vgl zur wünschenswerten Änderung von § 192 III AktG zur Sicherung von Options- oder Wandelanleihen iRv § 23 HRA des DAV in NZG 2000, 806.

9. Kapitalerhöhung bei unterlassener Verschmelzung

28 Sofern die KapErh bereits durchgeführt ist, wird sie bei **Scheitern der Verschm** unwirksam (vgl Rn 26 und § 55 Rn 28).

29 Umgekehrt führt der nichtige bzw erfolgreich angefochtene KapErhB (vgl § 55 Rn 29, 30) zur **Unwirksamkeit der Verschm.** Die KapErh ist notw Bestandteil der Verschm. Dieser Mangel ist nach Eintragung der Verschm gem **§ 20 II** unbeachtl. Im Fall der materiellen Unterpariemission kommt es allerdings – und anders als bei der GmbH, vgl § 55 Rn 5 – **nicht** zur **Differenzhaftung** (so ausdrückl BGH AG 2007, 487 und OLG München BB 2006, 146 mit Anm *Grunewald* EWiR 2006, 29; vgl auch *Habersack* ZGR 2008, 48 mwN; Semler/Stengel/*Diekmann* Rn 33; *Kallmeyer* GmbHR 2007, 1121; *Wälzholz* AG 2006, 469; aA *Thoß* NZG 2006, 376). In seltenen Ausnahmefällen kann § 826 BGB einschlägig sein, zutr *Grunewald* EWiR 2006, 30.

§ 70 Geltendmachung eines Schadenersatzanspruchs

Die Bestellung eines besonderen Vertreters nach § 26 Abs. 1 Satz 2 können nur solche Aktionäre einer übertragenden Gesellschaft beantragen, die ihre Aktien bereits gegen Anteile des übernehmenden Rechtsträgers umgetauscht haben.

Schrifttum: Siehe Schrifttum Vor §§ 60–77.

1 Die Vorschrift übernimmt § 350 I 3 AktG aF und **ergänzt § 26 I** für den Fall, dass **übertragender Rechtsträger eine AG** ist. Der besondere Vertreter iSv § 26 wird auf Antrag gerichtl bestellt; die allg Antragsberechtigung der Anteilsinhaber der übertragenden Rechtsträger iSv § 26 I 2 ist für die Anteilsinhaber einer AG nach § 70 nur dann gegeben, wenn sie ihre **Aktien bereits** gegen Anteile des übernehmenden Rechtsträgers **umgetauscht** haben. Da der Anspruch nach § 26 I 2 eine wirksame Verschm voraussetzt, wird dies meist der Fall sein (Lutter/*Grunewald* Rn 4).

2 Der **Umtausch der Aktien** gegen Anteile des übernehmenden Rechtsträgers richtet sich nach **§ 72,** wenn auch der übernehmende Rechtsträger AG ist. Bei der uU notw Zusammenlegung von Aktien (dazu § 72 Rn 6) kann von einem eigentl „Umtausch" iSv § 70 an sich nicht die Rede sein, gleichwohl sind auch diese Aktionäre antragsberechtigt (Lutter/*Grunewald* Rn 4 aE; Kallmeyer/*Marsch-Barner* Rn 3; Widmann/Mayer/*Rieger* Rn 8; KölnerKommUmwG/*Simon* Rn 10, 11). Gesamtrechtsnachfolger der Aktionäre sind ohne weiteres antragsberechtigt, für **Einzelrechtsnachfolger** (etwa Erwerber der Aktien) gilt dies nicht (Semler/Stengel/*Diekmann* Rn 5).

§ 71 Bestellung eines Treuhänders

(1) [1]**Jeder übertragende Rechtsträger hat für den Empfang der zu gewährenden Aktien und der baren Zuzahlungen einen Treuhänder zu bestellen.** [2]**Die Verschmelzung darf erst eingetragen werden, wenn der Treuhänder dem Gericht angezeigt hat, daß er im Besitz der Aktien und der im Verschmelzungsvertrag festgesetzten baren Zuzahlungen ist.**

(2) **§ 26 Abs. 4 ist entsprechend anzuwenden.**

Schrifttum: Siehe Schrifttum Vor §§ 60–77; *Bandehzadeh,* Verschmelzungen unter Beteiligung von Aktiengesellschaften: Bestellung eines Treuhänders bei unverbrieften Aktien (§ 71 Abs. 1 UmwG)?, DB 2007, 1514; *Megede,* Verschmelzung von Aktiengesellschaften – Materielle Anspruchsberechtigung auf Erhalt einer baren Zuzahlung, BB 2007, 337.

Abs 1 übernimmt in redaktioneller Anpassung § 346 II AktG aF. Während die Verschm früher erst eingetragen werden durfte, wenn der **Treuhänder** dem Gericht angezeigt hatte, dass er im Besitz der baren Zuzahlungen ist, gilt dies jetzt nur noch insoweit, als die im Verschmelzungsvertrag festgesetzten baren Zuzahlungen betroffen sind. Festsetzungen weiterer barer Zuzahlungen im Spruchverfahren sind für die Anzeige des Treuhänders und damit für die Eintragung der Verschm ohne Belang (RegEBegr BR-Drs 75/94 zu § 71 I). 1

Der **Treuhänder** kann **natürl oder jur Person** sein, auch eine **Personenmehrheit** (Kallmeyer/*Marsch-Barner* Rn 5; KölnerKommUmwG/*Simon* Rn 8); eine besondere Qualifikation ist nicht erforderl (Lutter/*Grunewald* Rn 4). Zu den **Aufgaben des Treuhänders** gehört es, die den Anteilsinhabern der übertragenden Rechtsträger vom übernehmenden Rechtsträger zu gewährenden Aktien (zu Besonderheiten bei unverbrieften Aktien *Bandehzadeh* DB 2007, 1514 mN zum Streitstand) und die nach dem Verschmelzungsvertrag geschuldeten baren Zuzahlungen (zur Feststellung der materiellen Berechtigung mögl Empfänger einer baren Zuzahlung *Megede* BB 2007, 337) in Empfang zu nehmen; nach Eintragung der Verschm in das HR am Sitz der übernehmenden AG hat er die Aktienurkunden und die baren Zuzahlungen an die berechtigten Anteilsinhaber oder deren Rechtsnachfolger weiterzugeben (Semler/Stengel/*Diekmann* Rn 10 ff; vgl zum früheren Recht bereits GroßKomm AktG/*Schilling* § 346 Anm 6, 10; KölnerKommAktG/*Kraft* § 346 Rn 49 ff). Der Treuhänder übt damit eine **Doppelstellung** aus (Kallmeyer/*Marsch-Barner* Rn 7). Für die Anteilsinhaber der übertragenden Rechtsträger stellt er die Sicherheit dar, dass sie umgehend die Aktien der übernehmenden AG erhalten; umgekehrt ist im Interesse der übernehmenden AG gewährleistet, dass die neuen Aktien erst nach Wirksamwerden der Verschm ausgehändigt werden. Der Treuhänder wird aber zu keinem Zeitpunkt selbst Aktionär, unabhängig davon, ob er bereits bestehende oder durch KapErh neu geschaffene Aktien in Besitz genommen hat; er kann also Mitgliedschaftsrechte aus den Anteilen, insbes Stimmrechte, nicht ausüben (Kallmeyer/*Marsch-Barner* Rn 15 mwN). 2

Der Wortlaut von Abs 1 S 1 scheint dafür zu sprechen, dass **jeder übertragende Rechtsträger** einen eigenen Treuhänder zu bestellen habe; dafür besteht aber kein Bedürfnis, es dürfte vielmehr praktikabel sein, wenn sämtl übertragende Rechtsträger einen **gemeinsamen Treuhänder** bestellen (allgM, vgl Lutter/*Grunewald* Rn 3 mwN; KölnerKommUmwG/*Simon* Rn 7). Der Treuhänder ist im **Innenverhältnis** aufgrund eines Dienst-, Geschäftsbesorgungs- oder Auftragsverhältnis mit den ihn beauftragenden Rechtsträgern verbunden (Widmann/Mayer/*Rieger* Rn 9.1 mwN). Trotz dieser vertragl Bindung kann der Treuhänder 3 aber von den Anteilsinhabern der übertragenden Rechtsträger direkt in Anspruch genommen werden, da es bereits kraft Gesetzes seine Aufgabe ist, die Belange dieser Anteilsinhaber wahrzunehmen (Semler/Stengel/*Diekmann* Rn 18; Widmann/Mayer/*Rieger* Rn 30; einschränkend Lutter/*Grunewald* Rn 5 mwN: Auslegung notw, ob Vertrag zugunsten Dritter tats vorliegt). Die Treuhandstellung führt aber nicht dazu, dass der Treuhänder die Herausgabe der Aktien ggü der übernehmenden Ges verlangen kann; § 71 I 2 ist Eintragungsvoraussetzung, ein **Anspruch des Treuhänders** wird nicht begründet. Der eingetretene Treuhandbesitz bietet Vollstreckungsschutz ggü Gläubigern der übernehmenden Ges wie auch ggü Gläubigern der Anteilsinhaber der übertragenden Rechtsträger.

4 Aus der rechtl Stellung des Treuhänders (Abs 1 S 2) und den dem Treuhandverhältnis zugrunde liegenden vertragl Verpflichtungen schuldet der Treuhänder die Durchführung der Anzeige. Die **Anzeige hat** unverzügl (§ 121 I BGB) nach Inbesitznahme der letzten Aktienurkunde bzw des vollständigen Betrags der baren Zuzahlungen zu erfolgen (Widmann/Mayer/*Rieger* Rn 28). Ein pflichtwidriges Unterlassen oder eine Verzögerung der Anzeige führt zur Schadensersatzpflicht.

5 Gem **Abs 2** ist § 26 IV entsprechend anzuwenden; diese Vergütungsregelung für den Treuhänder wurde durch die Umwandlungsreform eingefügt (vgl RegEBegr BR-Drs 75/94 zu § 71 II). Der Umfang der erstattungsfähigen Auslagen und **die Vergütung** werden stets (Lutter/*Grunewald* Rn 6 mwN; Widmann/Mayer/*Rieger* Rn 33; KölnerKommUmwG/*Simon* Rn 32) **vom Gericht festgesetzt;** zuständig ist nicht das Gericht iSv § 26 I 2, sondern, wegen der entsprechenden Anwendung von § 26 IV iRv § 71 II, das gem Abs 1 S 2 die Anzeige empfangende Gericht. Vgl iÜ zum Anspruch auf Ersatz angemessener barer Auslagen und auf Vergütung für die Tätigkeit des Treuhänders § 26 Rn 25, 26.

§ 72 Umtausch von Aktien

(1) [1] **Für den Umtausch der Aktien einer übertragenden Gesellschaft gilt § 73 Abs. 1 und 2 des Aktiengesetzes, bei Zusammenlegung von Aktien dieser Gesellschaft § 226 Abs. 1 und 2 des Aktiengesetzes über die Kraftloserklärung von Aktien entsprechend.** [2] **Einer Genehmigung des Gerichts bedarf es nicht.**

(2) **Ist der übernehmende Rechtsträger ebenfalls eine Aktiengesellschaft, so gelten ferner § 73 Abs. 3 des Aktiengesetzes sowie bei Zusammenlegung von Aktien § 73 Abs. 4 und § 226 Abs. 3 des Aktiengesetzes entsprechend.**

Schrifttum: Siehe Schrifttum Vor §§ 60–77.

1. Allgemeines

1 **§ 72** ist wie die Vorgängerregelungen von § 346 VII AktG aF, § 33 III KapErhG aF, § 373 AktG aF bloße **Verweisungsvorschrift.** Abs 1 erklärt **§§ 73, 226 AktG** für nur eingeschränkt anwendbar mit der Folge, dass eine Ausstellung neuer Aktienurkunden gem § 73 III AktG ebenso wenig in Betracht kommt wie eine öffentl Versteigerung nach § 226 III AktG.

2 Während Abs 1 bereits dann anwendbar ist, wenn ein übertragender Rechtsträger AG ist, findet Abs 2 nur Anwendung, soweit übertragender Rechtsträger und übernehmender Rechtsträger AG sind. In diesem Fall gelten §§ 73, 226 AktG in vollem Umfang. Vgl ergänzend Komm zu § 248.

2. Umtausch der Aktien einer übertragenden AG, Abs 1

Die Eintragung der Verschm stellt eine Veränderung der rechtl Verhältnisse iSv § 73 I 1 AktG dar; um die entsprechende Sicherheit im Rechtsverkehr zu erwirken, müssen die ausgegebenen **Aktien kraftlos erklärt** werden. Ein Umtausch iSv Abs 1 S 1 Alt 1 bedeutet ledigl die Rückgabe der Aktienurkunden an die Ges, nicht aber die Ausgabe neuer Wertpapiere. Aus der Formulierung von Abs 2 lässt sich entnehmen, dass in Abs 1 gerade nicht der Fall gemeint ist, bei dem eine AG auch übernehmender Rechtsträger ist; andere an der Verschm etwa beteiligte Rechtsträger (vgl § 3) können ihre Anteile nicht als Wertpapier verbriefen, solche Anteilsscheine haben ledigl den Charakter von Beweisurkunden (vgl auch Widmann/Mayer/*Rieger* Rn 9 mwN). **Zweck des Umtauschs ist** neben der Rückgabe der Aktienurkunde damit nur die Feststellung, welcher Anteil am übernehmenden Rechtsträger auf die Aktien entfällt und wer Inhaber welches Anteils am übernehmenden Rechtsträger ist (Kallmeyer/*Marsch-Barner* Rn 6; Lutter/*Grunewald* Rn 2). 3

Aufgrund der Verweisung auf § 73 I AktG ist **der übernehmende Rechtsträger** (aA noch die 2. Aufl 1996; wie hier die hM, vgl Lutter/*Grunewald* Rn 2 mwN) befugt, Aktien, die trotz Aufforderung zur Berichtigung oder zum Umtausch bei ihm nicht eingereicht werden, für kraftlos zu erklären. Abw von § 73 I 1 AktG ist eine **Genehmigung des Gerichts** nicht erforderl, **Abs 1 S 2.** Der übernehmende Rechtsträger ist als Gesamtrechtsnachfolger der übertragenden AG für das formelle Verfahren zuständig (Widmann/Mayer/*Rieger* Rn 6), wobei es bereits durch die übertragende AG – auch schon vor Verschmelzungsbeschluss – eingeleitet werden kann (Widmann/Mayer/*Rieger* Rn 19). Die Aufforderung nach § 73 I 1 AktG muss gem **§ 64 II AktG** vorgenommen werden, dh die erste Bekanntmachung muss mindestens drei Monate, die letzte mindestens einen Monat vor Fristablauf ergehen (§ 73 II 2 AktG). Zwischen den einzelnen Bekanntmachungen muss ein Zeitraum von mindestens drei Wochen liegen, § 64 II 3 AktG (zum Ganzen ausführl Widmann/Mayer/*Rieger* Rn 14 ff). Die **Bekanntmachung** hat in den GesBl – hierunter sind die Bl zu verstehen, die von der Satzung für die Bekanntmachung vorgesehen sind – zu erfolgen. Die Ges ist zur Durchführung der Kraftloserklärung im öffentl Interesse verpflichtet, sie hat **kein Ermessen** (Lutter/*Grunewald* Rn 2 mwN). 4

Bis zur Kraftloserklärung ist die **Mitgliedschaft zumindest auch nach Aktienrecht übertragbar;** auf die Eintragung der Verschm kommt es nicht an (str; vgl BGHZ 21, 175, 178; GroßKomm AktG/*Meyer-Landrut* § 373 Rn 4; Rowedder/Schmidt-Leithoff/*Zimmermann* GmbHG, 4. Aufl 2002, Anh nach § 77 Rn 121; Hachenburg/*Schilling/Zutt* GmbHG 7. Aufl Anh II § 77 UmwG § 33 KapErhG Rn 16; ähnl wie hier Lutter/*Happ* § 248 Rn 33; Widmann/Mayer/*Rieger* § 248 Rn 73; Kallmeyer/*Dirksen* § 248 Rn 9; aA Kallmeyer/*Marsch-Barner* Rn 6; Lutter/*Grunewald* Rn 7; Semler/Stengel/*Diekmann* Rn 17; wohl auch Semler/Stengel/*Scheel* § 248 Rn 33 ff: es gelten die für die Rechtsform des übernehmenden Rechtsträgers maßgebl Regeln, insbes § 15 III GmbHG). **Rechtsformspezifische Regelungen für die Vfg über den Anteil** am übernehmenden Rechtsträger (etwa § 15 III GmbHG) sind bis zur Durchführung der Kraftloserklärung nicht zwingend anzuwenden. Deshalb ist ein zügiges Vorgehen der Beteiligten erforderl, eine unangemessene Verzögerung birgt die **Gefahr einer Auflösung** des übernehmenden Rechtsträgers, etwa nach § 62 GmbHG, in sich (KölnerKommAktG/*Kraft* § 346 Rn 9). Ist der Aktionär nicht im Besitz einer Aktienurkunde, steht 5 ihm die vorgenannte Verfügungsmöglichkeit nicht zu, da sie ausschließl an den Urkundenbesitz anknüpft (Widmann/Mayer/*Rieger* § 248 Rn 74).

3. Zusammenlegung von Aktien, Abs 1

6 Eine **Zusammenlegung von Aktien** kommt nur in dem seltenen Fall in Betracht, dass der Nennbetrag der Aktien nicht dem Nennbetrag oder dem geringsten Ausgabebetrag des gewährten Anteils am übernehmenden Rechtsträger entspricht (Lutter/*Grunewald* Rn 3 mwN; Beispiel bei Semler/Stengel/*Diekmann* Rn 10). Die Zusammenlegung kann erforderl sein, wenn ein einzelner Aktionär für mehrere Aktien einen einzigen Anteil am übernehmenden Rechtsträger erhält, oder wenn mehrere Aktionäre **nicht beteiligungsfähige Spitzen** (bei Abweichung der Nennbeträge) in Händen halten (vgl Lutter/*Grunewald* Rn 3; KölnerKommUmwG/*Simon* Rn 13). Für die Aufforderung iRv § 226 II AktG gilt das Rn 4 zu § 64 II AktG Gesagte entsprechend. Die eigentl Kraftloserklärung geschieht durch Bekanntmachung in den Gesellschaftsblättern, § 226 II 3 AktG.

4. AG als Zielgesellschaft

7 Sofern sowohl (mindestens ein) übertragender Rechtsträger als auch der übernehmende Rechtsträger AG sind, gelten gem **Abs 2** auch die in Abs 1 von der Anwendung ausgeschlossenen **§§ 73 III, 226 III AktG entsprechend;** der Verweis auch auf § 73 IV AktG ist unnötig. Neben den jew Abs 3 gilt („ferner") der allg Verweis von Abs 1 auf §§ 73 I, II, 226 I, II ebenfalls.

8 Im Fall von **Abs 2 Alt 1** kommt es zu einem **echten Umtausch der Aktienurkunden.** Anstelle der für kraftlos erklärten Aktien sind durch die übernehmende AG neue Aktien auszugeben und dem Treuhänder (§ 71; Lutter/*Grunewald* Rn 4; Widmann/Mayer/*Rieger* Rn 7, 8; zur Umbuchung in den Depots bei Girosammelverwahrung Semler/Stengel/*Diekmann* Rn 7) auszuhändigen; ebenfalls mögl ist die Hinterlegung der neuen Aktienurkunden, § 73 III AktG. Bei der Zusammenlegung von Aktien, **Abs 2 Alt 2,** soll nicht die Aktie, sondern der **Verkaufserlös ausgekehrt** bzw hinterlegt werden. Nach Maßgabe von § 226 III AktG hat die (übernehmende) AG unverzügl (§ 121 I 1 BGB; vgl BGH WM 1991, 1880) für die Verwertung der neuen Aktien Sorge zu tragen. § 226 III AktG ist **SchutzG iSv § 823 II BGB** zugunsten der Aktionäre (vgl *Hüffer* AktG § 226 Rn 14 ff mwN).

5. Gerichtliche Genehmigung, Abs 1 S 2

9 Einer Genehmigung des Gerichts, die sonst gem § 73 I AktG notw ist, bedarf es gem **Abs 1 S 2** nicht. Damit entfällt auch die Möglichkeit der **Beschwerde** nach § 73 I 4 AktG.

Zweiter Unterabschnitt. Verschmelzung durch Neugründung

§ 73 Anzuwendende Vorschriften

Auf die Verschmelzung durch Neugründung sind die Vorschriften des Ersten Unterabschnitts mit Ausnahme der §§ 66, 67, 68 Abs. 1 und 2 und des § 69 entsprechend anzuwenden.

Schrifttum: Siehe Schrifttum Vor §§ 60–77.

1. Allgemeines

1 Regelungsgegenstand von § 73 ist die **Verschm durch Neugründung,** diese Grundnorm wird ergänzt durch §§ 74–76. Hierbei vereinigen sich zwei oder mehrere Rechtsträger zu einer AG, die vorher nicht bestand, sondern erst im Zusammenhang mit der Verschm gegründet wird. Die sich vereinigenden Rechtsträger erlöschen daraufhin. Ist der neu zu gründende Rechtsträger nicht selbst AG, gelten nur § 73 und die entsprechend anzuwendenden Vorschriften des Ersten Unterabschnitt, nicht aber §§ 74–76. Die übertragende AG hat in diesem Fall §§ 60, 61, 63–65 und §§ 70–72 zu beachten (vgl Kallmeyer/*Marsch-Barner* Rn 2 ff mwN; Lutter/*Grunewald* Rn 7 ff). § 62 ist nicht anwendbar, § 68 III nur, wenn der übernehmende Rechtsträger AG oder KGaA ist (zutr Lutter/*Grunewald* Rn 7; KölnerKommUmwG/*Simon* Rn 8; missverständl Kallmeyer/*Marsch-Barner* Rn 3 und Semler/Stengel/*Diekmann* Rn 6).

2 **§ 73** übernimmt im Wesentl den Inhalt und die Regelungstechnik von § 353 AktG aF; anders als im dortigen Abs 1 werden jedoch nicht die sinngemäß anzuwendenden Vorschriften benannt, sondern der gesamte Erste Unterabschnitt mit Ausnahme von §§ 66, 67, 68 Abs 1, 2 und 69, die nur für die Verschm durch Aufnahme einer bereits bestehenden AG sinnvoll sind, für entsprechend anwendbar erklärt.

3 Auch bei der Verschm durch Neugründung muss ein **Verschmelzungsvertrag** abgeschlossen werden. Vertragspartner sind die übertragenden Rechtsträger. Dieser Verschmelzungsvertrag bedarf der Zustimmung der Anteilsinhaberversammlungen aller übertragenden Rechtsträger (§ 13). Zusätzl muss eine **Einigung über den Gesellschaftsvertrag** der neu zu gründenden AG erzielt werden, der von den übertragenden Rechtsträgern geschlossen wird; diese Satzung wird nach Maßgabe von § 76 II nur wirksam, wenn ihr auch die Anteilsinhaber jedes der übertragenden Rechtsträger durch **Verschmelzungsbeschluss** zustimmen. Die **Eintragung der neu gegründeten AG** löst als konstitutiver Akt die Wirkungen der Verschm nach §§ 36 I 2, 38, 20 I aus, die zuvor erfolgte Eintragung der Verschm in die Register am Sitz der sich vereinigenden Rechtsträger (§ 19 I 2) ist rein deklaratorisch. Die Verm der übertragenden Rechtsträger gehen auf die neue AG über (§ 20 I Nr 1), während die sich vereinigenden Rechtsträger selbst erlöschen (§ 20 I Nr 2). Zu diesem Zeitpunkt werden die Anteilsinhaber der übertragenden Rechtsträger gem § 20 I Nr 3 Aktionäre (allerdings muss nach § 71 ein Treuhänder bestellt werden, vgl Lutter/*Grunewald* Rn 13) der neuen AG.

2. Verschmelzungsvertrag

4 Der **Verschmelzungsvertrag** wird durch die sich vereinigenden Rechtsträger geschlossen; die neu zu gründende AG kann daran noch nicht beteiligt sein. Der Abschluss erfolgt durch die **jew vertretungsberechtigten Organe,** ggü dem Abschluss des Verschmelzungsvertrages bei der Verschm durch Aufnahme (vgl § 4) bestehen keine Besonderheiten.

3. Satzung

5 Vgl zunächst § 36 Rn 17 ff.

6 Die Gründung der zu errichtenden AG erfolgt im Wege der Sachgründung, wobei das Verm der übertragenden Rechtsträger durch Gesamtrechtsnachfolge (dazu § 20 Rn 23 ff) auf die AG übertragen wird. **Gegenstand der Sachgrün-**

dung sind die von den übertragenden Rechtsträgern bisher betriebenen Unternehmen; nicht notw ist, dass die AG diese Unternehmen unverändert fortführt, entscheidend ist allein die Übertragung des Verm. Die Kapitalaufbringung unterliegt gem § 75 II der **Gründungsprüfung,** die Notwendigkeit der Abfassung eines **Gründungsberichts** folgt aus § 75 I (zu den europarechtl Vorgaben Semler/Stengel/*Diekmann* § 75 Rn 1 FN 3).

7 Der **gesetzl notw Satzungsinhalt** ergibt sich – neben der Sondervorschrift von **§ 74** – aus § 23 III, IV AktG. Danach sind folgende Bestimmungen in der Satzung zu treffen:

– **Firma und Sitz** der Ges, § 23 III Nr 1 AktG iVm §§ 4, 5 AktG; für die Bildung der Firma gilt gem §§ 73, 36 I, 18 das Privileg der Firmenfortführung;
– der **Gegenstand** des Unternehmens, § 23 III Nr 2 AktG;
– die **Höhe des Grundkapitals** (§ 23 III Nr 3 AktG), das gem § 6 AktG, § 318 II 2 auf Euro lauten und mindestens EUR 50 000 betragen muss, § 7 AktG;
– die **Nennbeträge** der einzelnen Aktien (Mindestnennbetrag EUR 1,00, § 8 II 1 AktG) und die Zahl der Aktien eines jeden Nennbetrages sowie, wenn mehrere Aktiengattungen bestehen, die Gattung der einzelnen Aktien, § 23 III Nr 4 AktG; statt Nennbetragsaktien können auch Stückaktien ausgegeben werden, § 8 I AktG;
– die Zahl der **Vorstandsmitglieder** oder die Regeln, nach denen diese Zahl festgelegt wird, § 23 III Nr 6 AktG iVm § 76 II AktG;
– die Form der **Bekanntmachungen** der AG, § 23 IV AktG iVm § 25 AktG.

4. Kapitalaufbringung durch Sachgründung

8 Bei der Gründung der AG nach §§ 73 ff handelt es sich ausschließl um eine **Sachgründung** durch Leistung von Sacheinlagen, soweit der Wert der übertragenen Verm das in der Satzung der AG festgesetzte Grundkapital erreicht. Gem § 20 I Nr 1 wird die Sacheinlage dadurch geleistet, dass das Verm der übertragenden Rechtsträger einschl der Verbindlichkeiten durch Gesamtrechtsnachfolge auf die AG mit deren Eintragung übergeht. Nicht erforderl ist, dass sämtl Gegenstände in einer **Sacheinlagevereinbarung** aufgeführt werden, diese wird durch den Verschmelzungsvertrag ersetzt. Erreicht der Wert des übertragenen Verm nicht die in der Satzung bestimmte Höhe des Grundkapitals (§ 23 III Nr 3 AktG, mindestens EUR 50 000, § 7 AktG) so ist auch eine **ergänzende Bargründung** mögl (GroßKomm AktG/*Barz* § 27 Rn 17; Semler/Stengel/*Diekmann* Rn 7). Stellt sich nachträgl heraus, dass die Sacheinlage überbewertet wurde, muss die **Wertdifferenz** zum geringsten Ausgabebetrag der Aktien grdsl in bar geleistet werden (§ 36a II 3 AktG; dazu ausführl Widmann/Mayer/*Mayer* § 36 Rn 166 ff mwN; die Differenzhaftung wird im Erg nicht in Betracht kommen, wenn die **Gesamtbetrachtung eine vollständige Kapitaldeckung belegt,** vgl § 46 Rn 8, oder wenn ein übertragender Rechtsträger selbst die Rechtsform der AG hat, vgl insoweit BGH AG 2007, 487 und § 69 Rn 29 mwN).

9 Gegenstand der Sacheinlage ist das Verm der übertragenden Rechtsträger. **§ 27 I 1 AktG** führt zu einer Erweiterung des nach § 23 III, IV AktG gesetzl notw Satzungsinhalts, da die Sacheinlage nach Gegenstand, Einbringer und dafür gewährtem Aktiennennbetrag in der Satzung festgesetzt werden muss. Dies ist aber keine Besonderheit der Verschm, sondern nur Reflex der Sachgründung, die §§ 73 ff zwingend vorsehen.

Vor der Verschm ist eine **Bew** der übertragenden Rechtsträger durchzuführen, die erkennen lässt, ob das Mindestgrundkapital gem § 7 AktG aufgebracht werden kann (Semler/Stengel/*Diekmann* Rn 7). **10**

Aus den jew Schlussbilanzen der übertragenden Rechtsträger (§ 17 II, dazu § 17 Rn 8 ff) können allenfalls gewisse Rückschlüsse auf den Wert der Sacheinlage gezogen werden; regelm reicht eine solche Bilanz zum Nachw des Nominalgrundkapitals dann aus, wenn entsprechend hohes EK schon bei Buchwertansatz vorhanden ist. Eine Bew (dazu ausführl § 5 Rn 10 ff) ist dann überflüssig. Deckt das ausgewiesene EK das gewählte Grundkapital dagegen nicht, müssen – sofern vorhanden – **stille Reserven** einschl selbst geschaffener immaterieller (und damit nicht im normalen Jahresabschluss enthaltener) WG nachgewiesen oder Unternehmensbewertungen vorgelegt werden. **Obergrenze** jeder Bew ist allerdings der **Zeitwert** des einzelnen Vermögensgegenstandes. **11**

Jeder an den übertragenden Rechtsträgern beteiligte Anteilsinhaber wird Aktionär der neu gegründeten AG. Regelm werden diese neuen Gesellschafter der AG eine **Aufteilung der Aktien** entsprechend ihrer ursprüngl Anteile an den übertragenden Rechtsträgern bzw deren Wert vornehmen, verpflichtet dazu sind sie aber nicht (zum Gleichbehandlungsgrundsatz vgl § 46 Rn 6; zur nichtverhältniswahrenden Verschm § 5 Rn 8). Wie viele Aktien jedem Aktionär zugeteilt werden, richtet sich allein nach den Bestimmungen der Satzung. Da das Gesetz weder Identität der Kapitalausstattung der übertragenden und des neuen Rechtsträgers noch eine Identität der Beteiligungsverhältnisse verlangt, können die Anteilsinhaber die Anteilsvergabe einvernehml frei regeln, zB ist auch eine Erhöhung der Einlagen vor dem maßgebl Stichtag der Schlussbilanz, eine **zusätzl Bareinlage** oder umgekehrt eine **bare Zuzahlung** mögl (ähnl Kallmeyer/*Marsch-Barner* Rn 5). **12**

5. Bestellung des Aufsichtsrats, des Vorstands und des Abschlussprüfers

Die Bestellung des **AR** einer AG richtet sich nach **§§ 30, 31 AktG.** Da es sich bei der Verschm durch Neugründung einer AG eigentl um eine Sachgründung handelt, könnte ausschließl § 31 AktG Anwendung finden (vgl auch § 76 Rn 2). Die Frage nach der Anwendbarkeit der „richtigen" Norm ist jedoch vor dem Hintergrund der rechtl Auswirkungen zu beantworten: Wird der AR nach § 30 AktG bestellt, so sind die Vorschriften über die Bestellung von Aufsichtsratsmitgliedern der ArbN nicht anzuwenden, § 30 II AktG. Es kommt also darauf an, ob das Unternehmen der übertragenden Rechtsträger fortgeführt wird (dann § 31 AktG) oder nicht (wie hier Kallmeyer/*Zimmermann* § 76 Rn 6; Semler/Stengel/*Bärwaldt* § 36 Rn 50; Lutter/*Grunewald* § 76 Rn 8; so schon für § 41 UmwG 1969 GroßKomm AktG/*Meyer-Landrut* Anh § 393 UmwG § 41 Rn 3; Widmann/Mayer/*Mayer* Rn 792, 793; aA Hachenburg/*Schilling* GmbHG 7. Aufl Anh § 77 UmwG § 41 Rn 12: stets nur § 31 AktG anwendbar; so auch Widmann/Mayer/*Mayer* § 36 Rn 176, der wegen der Verweisung in § 76 II 2 zur Anwendung von § 31 AktG kommt). Werden die bisherigen Unternehmen der übertragenden Rechtsträger nicht fortgeführt, ist der **erste AR** selbst dann nicht mit **Arbeitnehmervertretern zu** besetzen, wenn die neu gegründete AG ansonsten mitbestimmungspflichtig wäre (MüKoAktG/*Eckardt* § 30 Rn 16). Unabhängig davon, ob § 30 oder § 31 AktG Anwendung findet, obliegt die Bestellung des AR den **Gründern.** Diesen stehen gem **§ 36 II 2** die übertragenden Rechtsträger gleich, weswegen § 76 II 2, der iÜ die Wertung des Gesetzgebers für die **13**

Anwendung von § 31 AktG widerspiegelt (dazu auch RegEBegr BR-Drs 75/94 zu § 197), einen **Zustimmungsbeschluss auch der Anteilsinhaber** jedes der übertragenden Rechtsträger fordert. Wegen weiterer Einzelheiten zum AR wird auf die einschlägige Lit verwiesen.

14 Der erste AR bestellt sodann den **Vorstand der AG, § 30 IV AktG.** Aufgabe von Vorstand und AR ist vor allem die **Überwachung der Gründungsprüfung** (soweit erforderl, § 75 II); die Anmeldung des neuen Rechtsträgers beim zuständigen HR ist allerdings noch Sache der Vertretungsorgane aller übertragenden Rechtsträger, § 38 II.

15 Die **Gründer** (§ 36 II 2) bestellen den **Abschlussprüfer** (§ 30 I AktG) für das erste Voll- oder RumpfGj in notarieller Urkunde zweckmäßigerweise bereits im Verschmelzungsvertrag (Widmann/Mayer/*Mayer* § 36 Rn 178). Anderes gilt, sofern die neu gegründete **AG kleine KapGes iSv § 267 I HGB** ist, deren Jahresabschluss ist nicht notwendigerweise zu prüfen (§ 316 I 1 HGB). Fehlt die Bestellung, ist die AG gleichwohl ordnungsgemäß errichtet, das Registergericht muss sie eintragen, § 38 I AktG steht nicht entgegen (vgl *Hüffer* AktG § 30 Rn 10).

6. Zustimmungsbeschlüsse

16 Bei der Verschm durch Neugründung ist **§ 13** anwendbar. Der Verschmelzungsvertrag bedarf daher zur Wirksamkeit der Zustimmung der Anteilsinhaberversammlung jedes der sich vereinigenden Rechtsträger; die **übernehmende AG** selbst kann, da sie in diesem Moment noch nicht gegründet ist, einen Verschmelzungsbeschluss nicht fassen. In Bezug auf die Zustimmungsbeschlüsse der übertragenden Rechtsträger treten keine Besonderheiten auf; auf die Komm zu § 13 wird verwiesen.

17 Der Zustimmungsbeschluss einer **übertragenden AG** darf gem **§ 76 I** jedoch erst gefasst werden, wenn sie und jede andere übertragende AG bereits **zwei Jahre im Register eingetragen** sind. Damit soll eine verdeckte Nachgründung unter Umgehung von §§ 52, 53 AktG vermieden werden (Lutter/*Grunewald* § 76 Rn 2). Ein Verstoß gegen dieses Verbot macht den entsprechenden **Zustimmungsbeschluss** zumindest **anfechtbar** (Semler/Stengel/*Diekmann* § 76 Rn 7 nimmt Nichtigkeit an), ferner stellt ein Verstoß gegen § 76 I ein Eintragungshindernis dar (Lutter/*Grunewald* § 76 Rn 6; Widmann/Mayer/*Rieger* § 76 Rn 11). Wird die neu gegründete AG dennoch in das HR eingetragen, greift **§ 20 II** (so auch Semler/Stengel/*Diekmann* § 76 Rn 7 aE).

18 § 76 II 1 stellt klar, dass der **Verschmelzungsbeschluss** sich auch auf die **Satzung** der neuen AG zu beziehen hat (vgl auch § 37).

7. Kosten der Verschmelzung durch Neugründung

19 Vgl § 56 Rn 24 ff.

§ 74 Inhalt der Satzung

[1]In die Satzung sind Festsetzungen über Sondervorteile, Gründungsaufwand, Sacheinlagen und Sachübernahmen, die in den Gesellschaftsverträgen, Partnerschaftsverträgen oder Satzungen übertragender Rechtsträger enthalten waren, zu übernehmen. [2]§ 26 Abs. 4 und 5 des Aktiengesetzes bleibt unberührt.

Schrifttum: Siehe Schrifttum Vor §§ 60–77.

Für die Verschm durch Neugründung einer AG ergänzt § 74 die allg Festlegungen des AktG (dazu § 73 Rn 5 ff, § 36 Rn 17 ff). In der Satzung der neu zu gründenden AG sind die im Einzelnen benannten **Festsetzungen,** die bereits in den Gesellschaftsverträgen, Partnerschaftsverträgen (Art 1 Nr 19 des Gesetzes vom 22.7.1998, BGBl I 1878; dazu Einf Rn 25) oder Satzungen übertragender Rechtsträger enthalten waren, **zu übernehmen.** Damit führt § 74 unter redaktioneller Anpassung für die Mischverschmelzung die Vorschriften von § 353 IV 2, 3 AktG aF fort. 1

Durch den Verweis auf § 26 IV, V AktG in S 2 wird klargestellt, dass die Festsetzungen sowohl über die **Sondervorteile** und den **Gründungsaufwand** (§ 26 IV, V AktG) als auch über die **Sacheinlagen** und **Sachübernahmen** entsprechend Anwendung finden. 2

§ 75 Gründungsbericht und Gründungsprüfung

(1) [1]**In dem Gründungsbericht (§ 32 des Aktiengesetzes) sind auch der Geschäftsverlauf und die Lage der übertragenden Rechtsträger darzustellen.** [2]**Zum Gründungsprüfer (§ 33 Absatz 2 des Aktiengesetzes) kann der Verschmelzungsprüfer bestellt werden.**

(2) **Ein Gründungsbericht und eine Gründungsprüfung sind nicht erforderlich, soweit eine Kapitalgesellschaft oder eine eingetragene Genossenschaft übertragender Rechtsträger ist.**

Schrifttum: Siehe Schrifttum Vor §§ 60–77.

1. Allgemeines

§ 75 ist Parallelvorschrift zu § 58 bei Verschm durch Neugründung auf eine GmbH. Wie dort stellt **Abs 2** für die praktisch wichtigen Fälle der Beteiligung von KapGes oder eG als übertragender Rechtsträger („soweit", dazu Kallmeyer/*Marsch-Barner* Rn 4 mwN) klar, dass ein **Gründungsbericht** und eine **Gründungsprüfung** wegen der durch das entsprechende jeweilige Organisationsrecht gewährleisteten Kapitalsicherung **nicht erforderl** ist (dazu krit Lutter/*Grunewald* Rn 3; *Ihrig* GmbHR 1995, 629; zust Semler/Stengel/*Diekmann* Rn 5, der auf das Recht des Gerichts nach § 69 I verweist). **Abs 1 S 2** wurde durch das 3. UmwGÄndG (dazu Einf Rn 33) neu eingefügt und stellt klar, dass zum Gründungsprüfer auch der Verschmelzungsprüfer bestellt werden kann. Das ist zu begrüßen, weil der Verschmelzungsprüfer den relevanten Sachverhalt bereits kennt. 1

2. Gründungsbericht

Die Gewährleistung der **Kapitalaufbringung** ist wesentl Maßstab für die Ordnungsmäßigkeit der Verschm durch Neugründung auf eine AG (dazu § 73 Rn 8 ff). Der notw **Mindestinhalt des Gründungsberichts** lässt sich § 32 AktG entnehmen. Zunächst muss der – durch die Gründer, also gem § 36 II 2 durch die übertragenden Rechtsträger – gem Abs 1 S 1 verfasste Bericht alle rechtl relevanten Vorgänge (Namen der Gesellschafter, Datum und Inhalt des Verschmelzungsvertrages und der Zustimmungsbeschlüsse nach § 13, Feststellung der Satzung der AG, Aktienbeteiligung, Wahl des AR, Bestellung des Vorstands etc) angeben (*Peltzer* WM Sonderbeilage 7/1984, 3, 6; *Werner/Kindermann* ZGR 1981, 2

17, 41). Da es sich bei der Verschm durch Neugründung auch um eine Sachgründung handelt, sind zusätzl zu der allg Schilderung über den Hergang der Gründung nach **§ 32 II AktG** die wesentl Umstände darzulegen, aus denen die **hinreichende Werthaltigkeit der Sacheinlage** hervorgeht.

3 Der in **Abs 1 S 1** zusätzl geforderte Bericht über den Geschäftsverlauf und die Lage der übertragenden Rechtsträger ist Teil des Gründungsberichts; nach hM muss – arg § 32 II Nr 3 AktG – die **geschäftl Entwicklung der beiden letzten Gj** vor dem Verschmelzungsstichtag für Dritte deutl werden (Widmann/Mayer/*Rieger* Rn 7; *Timm* BB 1990, 433 f; *Friedrich* BB 1990, 741 ff; KölnerKomm-UmwG/*Simon* Rn 8, 9). Danach müssen Ereignisse, die für die Beurteilung der Geschäftsverhältnisse tragend sind, wie zB die Prosperität der übertragenden Rechtsträger, die Geschäftskontakte, drohende Verluste und umfangreiche Prozesse, angegeben werden. Es ist auch auf zukünftige Entwicklungen einzugehen und bei nennenswerten Abweichungen von der Prognose ggf ein Nachtragsbericht zu erstellen (Semler/Stengel/*Diekmann* Rn 3 mwN). Bzgl der weiteren Einzelheiten des Gründungsberichts wird auf die einschlägige Lit zu § 32 AktG verwiesen.

4 Die **Gründer** sind nach allg Vorschriften (§§ 46, 399 AktG) für die Richtigkeit der Angaben des Gründungsberichts **zivil- und strafrechtl** verantwortl. Damit scheidet eine **Vertretung** aus (*Melchior* GmbHR 1999, 521). Für den Bereich des UmwG 1995 bedeutet dies letztl die Eintrittspflicht der Verwaltungsorgane der übertragenden Rechtsträger nach §§ 25, 36 II 2. Die Berufung auf mangelnde Sachkunde stellt nicht von der Haftung frei. Die Gründerhaftung erstreckt sich auch auf Richtigkeit und Vollständigkeit des Lageberichts nach Abs 1, da dieser Bestandteil des Gründungsberichts ist.

3. Gründungsprüfung

5 Wie für den Gründungsbericht folgt die Pflicht zur Durchführung einer **Gründungsprüfung** aus dem Verweis in § 36 II auf die Gründungsvorschrift des AktG, mithin auch auf § 33 I AktG. **Verpflichtet** zur Gründungsprüfung sind stets (Kallmeyer/*Marsch-Barner* Rn 6) zunächst gem § 33 I AktG die (soweit bereits bestellt) **Mitglieder des Vorstands** und des **AR** der neu gegründeten AG. Daneben hat gem § 33 II AktG vorbehaltl Abs 2 eine weitere Prüfung durch einen oder mehrere **Gründungsprüfer** stattzufinden. Insoweit kann iRv § 11 I, §§ 319 I–IV, 319a I HGB auch der Verschmelzungsprüfer bestellt werden, Abs 1 S 2. Es bestehen daher uU zwei Prüfungskomplexe.

6 **Zweck der Gründungsprüfung ist** die Objektivierung der Angaben im Gründungsbericht durch Offenlegung des Gründungsvorgangs ggü gerichtl bestellten Sachverständigen (§ 33 III, IV AktG). Als Gründungsprüfer darf nicht bestellt werden, wer nicht Sonderprüfer sein kann, § 33 V iVm § 143 II AktG.

7 Neben der Festlegung des Umfangs der Gründungsprüfung enthält § 34 II AktG die Verpflichtung zur Erstellung eines **Gründungsprüfungsberichts,** der von sämtl Prüfern persönl unterzeichnet werden muss. Wie beim Gründungsbericht ist eine **Vertretung** nicht zulässig (*Melchior* GmbHR 1999, 521), ebenfalls kann nicht auf die Mitwirkung einzelner Organmitglieder verzichtet werden (*Semler* FS Fleck, 2004, 331, 339).

8 Der **Prüfungsumfang** bestimmt sich nach §§ 33 I, 34 I AktG. Die Aufgabe der Gründungsprüfung besteht darin, festzustellen, ob alle maßgebl Vorschriften sowohl des AktG als auch des UmwG in formeller und materieller Hinsicht beachtet wurden. Der Gegenstand der notw Prüfung nach §§ 60, 9–12 ist hiervon

selbstverständl ausgenommen. Die Prüfer haben die Angaben der Gründer betreffend die Übernahme der Aktien, die Einlagen auf das Grundkapital und die Festsetzungen nach §§ 26, 27 AktG (§ 74) auf ihre Richtigkeit und Vollständigkeit hin zu untersuchen. Zu prüfen ist, ob der Wert der Sacheinlagen oder Sachübernahmen den geringsten Ausgabebetrag (vgl § 34 I Nr 2 AktG und *Hüffer* AktG § 34 Rn 3) der dafür zu gewährenden Aktien oder den Wert der dafür zu gewährenden Leistungen (bare Zuzahlungen, Barabfindung) erreicht. Auch die Ausführungen der Gründer über die Lage der übertragenden Rechtsträger und den Geschäftsverlauf der letzten beiden Jahre sind – da vom Gründungsbericht mit umfasst – auf ihre Richtigkeit und Vollständigkeit hin zu überprüfen.

Da die Prüfer zu klären haben, ob der reine Wert des übertragenen Verm die Mindestsumme von EUR 50 000, die gem § 7 AktG als Grundkapital gefordert wird, oder das statutarisch festgesetzte höhere Grundkapital erreicht, soll nach hM die **Verschmelzungsbilanz in die Prüfung einbezogen** werden. Daneben sind die Bücher der übertragenden Rechtsträger, die notariell beurkundete Niederschrift über den Verschmelzungsvertrag und darin enthalten die Satzung der übernehmenden AG, die Niederschriften über die Zustimmungsbeschlüsse nach § 13, die Urkunden über die Bestellung des AR und des Vorstands, der Gründungsbericht der Gründer und der Gründungsprüfungsbericht von Vorstand und AR zur Einsicht vorzulegen. 9

Für ihre Tätigkeit erhalten die Gründungsprüfer eine **Vergütung,** die **vom Gericht festgesetzt** wird, § 35 III AktG. Die **Verantwortlichkeit** der Gründungsprüfer bestimmt sich nach § 49 AktG, der auf die Regelungen über die Verantwortlichkeit des Abschlussprüfers in § 323 I–IV HGB verweist. Die **Haftung** ist danach für (einfache und grobe) Fahrlässigkeit auf insges EUR 1 Mio bzw bei amtl Notierung auf EUR 4 Mio (§ 323 II 1, 2 HGB) beschränkt; vorsätzl Handelnde haften unbeschränkt. Diese Ersatzpflicht kann durch Vertrag **weder eingeschränkt noch ausgeschlossen** werden, § 323 IV HGB. 10

§ 76 Verschmelzungsbeschlüsse

(1) **Eine übertragende Aktiengesellschaft darf die Verschmelzung erst beschließen, wenn sie und jede andere übertragende Aktiengesellschaft bereits zwei Jahre im Register eingetragen sind.**

(2) [1] **Die Satzung der neuen Gesellschaft wird nur wirksam, wenn ihr die Anteilsinhaber jedes der übertragenden Rechtsträger durch Verschmelzungsbeschluß zustimmen.** [2] **Dies gilt entsprechend für die Bestellung der Mitglieder des Aufsichtsrats der neuen Gesellschaft, soweit diese nach § 31 des Aktiengesetzes zu wählen sind.** [3] **Auf eine übertragende Aktiengesellschaft ist § 124 Abs. 2 Satz 2, Abs. 3 Satz 1 und 3 des Aktiengesetzes entsprechend anzuwenden.**

Schrifttum: Siehe Schrifttum Vor §§ 60–77.

Die Vorschrift erfasst nur **Verschm zur Neugründung einer AG** (Lutter/*Grunewald* Rn 4; Semler/Stengel/*Diekmann* Rn 4; KölnerKommUmwG/*Simon* Rn 5) und knüpft an § 353 II, III AktG aF an. **Abs 1** ist aus sich heraus verständl (Erläuterung bei § 73 Rn 17). **Abs 2 S 1** ist wegen § 37 überflüssig (so auch Widmann/Mayer/*Rieger* Rn 13). Die Satzung der neu zu gründenden AG muss zwangsläufig Bestandteil des Verschmelzungsvertrages sein (§ 37); der Verschmel- 1 zungsbeschluss nach § 13 I bezieht sich auf den gesamten Inhalt des Verschmelzungsvertrages, damit ist ein weiterer Beschluss nicht notw.

2 **Abs 2 S 2** trägt dem Umstand Rechnung, dass **Gründer iSv §§ 30, 31 AktG** normalerweise auch die späteren Gesellschafter der AG sind; bei der Verschm ist dies wegen **§ 36 II 2** nicht der Fall. Der Hinweis in Abs 2 S 2 nur auf § 31 AktG hat für die Anwendung von § 30 AktG (dazu § 73 Rn 13) Bedeutung; es ist davon auszugehen, dass der Gesetzgeber bewusst eine Entscheidung des früheren Meinungsstreits herbeiführen wollte. Der nach Abs 2 S 2 notw Beschluss („dies gilt entsprechend") ist wegen §§ 76 II 1, 65 mit einer **Mehrheit von** drei Vierteln des auf der HV vertretenen Grundkapitals zu fassen. Bei der Einberufung der HV der übertragenden Rechtsträger ist § 124 II 2, III 1, 3 AktG entsprechend anzuwenden, **Abs 2 S 3.** Auch diese Verweisung ist wegen den ohnehin anwendbaren §§ 37, 61 nur begrenzt sinnvoll. Materiellen Gehalt hat ledigl das Gebot zur entsprechenden Anwendung von § 124 III 1, 3 AktG.

§ 77 *(aufgehoben)*

Vierter Abschnitt. Verschmelzung unter Beteiligung von Kommanditgesellschaften auf Aktien

§ 78 Anzuwendende Vorschriften

[1] Auf Verschmelzungen unter Beteiligung von Kommanditgesellschaften auf Aktien sind die Vorschriften des Dritten Abschnitts entsprechend anzuwenden. [2] An die Stelle der Aktiengesellschaft und ihres Vorstands treten die Kommanditgesellschaft auf Aktien und die zu ihrer Vertretung ermächtigten persönlich haftenden Gesellschafter. [3] Der Verschmelzungsbeschluß bedarf auch der Zustimmung der persönlich haftenden Gesellschafter; die Satzung der Kommanditgesellschaft auf Aktien kann eine Mehrheitsentscheidung dieser Gesellschafter vorsehen. [4] Im Verhältnis zueinander gelten Aktiengesellschaften und Kommanditgesellschaften auf Aktien nicht als Rechtsträger anderer Rechtsform im Sinne der §§ 29 und 34.

Schrifttum: Schrifttum bis 1994 siehe 3. Auflage; Schrifttum bis 2000 siehe 4. Auflage; *Bogenschütz,* Umwandlung einer Kapitalgesellschaft in eine KGaA, FS Widmann, 2000, 163; *Muthers,* Gemeinsame anwaltliche Berufsausübung in der Kapitalgesellschaft – Die Anwalts-AG und KGaA, NZG 2001, 930; *Maier-Reimer,* Nachhaftungsbegrenzung und neues Verjährungsrecht, DB 2002, 1818; *ders,* Vereinfachte Kapitalherabsetzung durch Verschmelzung?, GmbHR 2004, 1128; *Petersen,* Vereinfachte Kapitalherabsetzung durch Verschmelzung?, GmbHR 2004, 728; *Fett/Förl,* Die Mitwirkung der Hauptversammlung einer KGaA bei der Veräußerung wesentlicher Unternehmensteile, NZG 2004, 210.

1. Allgemeines

1 Die im Wesentl mit § 354 II AktG aF, § 34 II KapErhG aF, § 23 UmwG 1969 übereinstimmende Verweisungsvorschrift befasst sich mit Verschm, an denen eine **KGaA** beteiligt ist. Hinsichtl der Verschmelzungsmodalitäten verweist **S 1** vollumfängl auf die entsprechende Anwendung **von §§ 60–77.** Das ist mögl, da die KGaA eine Kombinationsform von AG und KG ist und die Stellung der Komman-

ditaktionäre sich im Wesentl an der Stellung von Aktionären orientiert (vgl § 278 AktG und Rn 9). Soweit in §§ 60 ff Aufgaben des **Vorstands** angesprochen sind, treten an dessen Stelle die vertretungsberechtigten (dazu *Hüffer* AktG § 278 Rn 19) **phG** der KGaA, **S 2.** IÜ wird die Rechtsstellung der phG nicht geregelt; insoweit ist auf §§ 278 ff AktG zurückzugreifen.

2. Wesen der KGaA

Die KGaA ist eine **Kombination der Rechtsformen KG und AG** (*Hüffer* AktG § 278 Rn 3 mit Übersicht über den derzeitigen Meinungsstand). Der KG entsprechend gibt es **mindestens einen phG;** ob dieser natürl Person sein muss oder KapGes oder gar PersGes sein kann, ist umstr, durch BGH DB 1997, 1219 für die GmbH aber geklärt (dazu § 3 Rn 18–20 und *Hüffer* AktG § 278 Rn 8 ff mwN) und in § 279 II AktG mittelbar anerkannt (*Hüffer* AktG § 278 Rn 9). Gesetzl geregelt ist die KGaA in §§ 278 ff AktG. Der **Komplementär** kann – anders als bei der KG – gleichzeitig **auch Kommanditaktionär** (sogar Alleinaktionär) sein. Sein Rechtsverhältnis bestimmt sich nach den Vorschriften des HGB über die KG (§ 278 II AktG). Insbes folgt aus § 278 II AktG, §§ 161 II, 128 HGB die persönl Haftung des Komplementärs. 2

Der Rechtsstatus der Kommanditaktionäre bestimmt sich demggü nach den aktienrechtl Vorschriften (§ 278 III AktG). Daher sind auf der HV der KGaA ausschließl die **Kommanditaktionäre stimmbefugt.** Wesentl Beschlüsse bedürfen allerdings der **Zustimmung der phG** (§ 285 II AktG; § 78 S 3 dient daher nur der Klarstellung). Wegen weiterer Einzelheiten wird auf die gesellschaftsrechtl Spezialliteratur verwiesen (vgl etwa *K. Schmidt* GesR § 32 mit Angaben zu weiterführender Lit). 3

3. Rechtsstellung des persönlich haftenden Gesellschafters vor der Verschmelzung, S 2

Soweit in §§ 60 ff Aufgaben des Vorstands geregelt sind, werden diese von den **phG** wahrgenommen, S 2. So haben die **phG** etwa den **Verschmelzungsvertrag** abzuschließen, den **Verschmelzungsbericht** zu erstatten und die Anmeldung vorzunehmen. 4

4. Zustimmung der persönlich haftenden Gesellschafter, S 3

S 3 enthält einen ausdrückl **Zustimmungsvorbehalt** zugunsten der phG; damit besteht Übereinstimmung mit § 285 II AktG (Widmann/Mayer/*Rieger* Rn 18 ff; GroßKomm AktG/*Schilling* § 354 Rn 3; KölnerKommAktG/*Kraft* § 354 Rn 8, jew mwN; KölnerKommUmwG/*Simon* Rn 10, 11). Der Zustimmungsvorbehalt gilt unabhängig davon, ob die **KGaA als Übernehmerin oder als übertragender Rechtsträger** an der Verschm beteiligt ist. Im erstgenannten Fall folgt die Notwendigkeit der Zustimmung der phG schon aus der Erweiterung des Risikos durch die Aufnahme anderer Rechtsträger (Lutter/*Grunewald* Rn 4). Aber auch im umgekehrten Fall ist die Verschm ein außergewöhnl Geschäft, das der Zustimmung der phG bedarf. Eine § 45 vglbare Regelung zur **Nachhaftungsbegrenzung** sieht § 78 nicht vor, hier gelten die durch das NachhaftungsbegrenzungsG (BGBl I 1994, 560) neu gefassten §§ 159, 160 HGB (§ 278 II AktG; wie hier Kallmeyer/*Marsch-Barner* Rn 4 aE; Widmann/Mayer/*Rieger* Rn 27; aA GKT/*Bermel* Rn 16; Semler/Stengel/*Perlitt* Rn 30 ff, 32; ihm folgend jetzt auch 5

Lutter/*Grunewald* Rn 10 unter Verweis auf Lutter/*H. Schmidt* § 45 Rn 9). Der **Zustimmungsbeschluss** der phG kann, sofern die Satzung keine abw Regelung enthält (S 3 HS 2, Mehrheitsentscheidung; dazu ausführl Widmann/Mayer/*Rieger* Rn 17 ff: grdsl reicht einfache Mehrheit, Satzungsvorschriften über qualifizierte Mehrheiten insbes bei Satzungsänderung sind aber zu beachten; wie hier mit ausführl Begr Semler/Stengel/*Perlitt* Rn 13 ff, 18, dem folgend jetzt auch Kallmeyer/*Marsch-Barner* Rn 5), **nur einstimmig** gefasst werden. Die Zustimmung ist in der Verhandlungsniederschrift oder in einem Anhang zur Niederschrift **zu beurkunden,** obwohl der Verschmelzungsbeschluss nicht in das HR eingetragen wird. Dies folgt aus **§ 13 I 1,** wenn man den phG als Anteilsinhaber iSv § 2 versteht (so wohl Widmann/Mayer/*Rieger* Rn 17), oder aus der **entsprechenden** Anwendung **von § 285 III 2 AktG.**

5. Haftung des persönlich haftenden Gesellschafters

6 Soweit die **KGaA als übertragender Rechtsträger** an der Verschm beteiligt ist, erlischt sie mit Eintragung der Verschm bzw mit Eintragung des neu gegründeten Rechtsträgers (§ 20 I Nr 2). Für Ansprüche, die erst nach Eintragung der Verschm bzw des neuen Rechtsträgers begründet werden, haften daher die phG nicht. Für Ansprüche, die bereits ggü der KGaA bestanden hatten, bleibt die persönl Haftung jedoch unberührt. Die Ansprüche gegen die phG verjähren allerdings mit Ablauf der Frist von §§ 159, 160 HGB (§ 278 II AktG; Rn 5). Die **Nachhaftung** dauert regelm noch für einen Zeitraum von fünf Jahren an; wesentl Unterschiede zu § 45 über die zeitl Begrenzung der Haftung bei Verschm von phG bestehen nicht (vgl aber Semler/Stengel/*Perlitt* Rn 30 ff mwN).

6. Rechtsstellung der persönlich haftenden Gesellschafter nach der Verschmelzung

7 **Die phG nehmen an der Verschm unmittelbar nicht teil.** Handelt es sich bei dem übernehmenden Rechtsträger um eine KGaA, so ist es zwar mögl, dass die phG auch bei dieser wieder als phG beitreten. Dies bedarf aber einer **Vereinbarung im Verschmelzungsvertrag** sowie eines entsprechenden Satzungsinhalts bei der Übernehmerin (§ 281 I AktG). Die Auswechslung der phG erfolgt also nicht kraft Gesetzes (ähnl Lutter/*Grunewald* Rn 7; wie hier Kallmeyer/*Marsch-Barner* Rn 7; unklar Widmann/Mayer/*Rieger* Rn 23; Semler/Stengel/*Perlitt* Rn 22 mwN lässt die Frage mangels praktischer Auswirkungen offen).

8 Sofern die phG nicht auch gleichzeitig Kommanditaktionäre waren, erhalten sie im Zuge der Verschm keine Anteile am übernehmenden Rechtsträger. Dies gilt auch dann, falls sie neben der Übernahme der persönl Haftung noch eine **Vermögenseinlage** geleistet haben, die nicht zum Grundkapital der KGaA gerechnet wird (vgl § 281 II AktG). In diesem Fall kann – sofern die Übernehmerin eine KGaA ist – zwar vereinbart werden, dass die Vermögenseinlage in eine Einlage bei der Übernehmerin umgewandelt wird (so auch GroßKomm AktG/*Schilling* § 354 Rn 5), es können jedoch nicht stattdessen Anteile der Übernehmerin gewährt werden (str, wie hier Lutter/*Grunewald* Rn 9 mwN; Kallmeyer/*Marsch-Barner* Rn 8; aA Widmann/Mayer/*Rieger* Rn 24 mwN; GKT/*Bermel* Rn 11, 12; Semler/Stengel/*Perlitt* Rn 25 ff mwN). §§ 2, 20, 60 ff gehen davon aus, dass ledigl für bestehende Anteile am übertragenden Rechtsträger wiederum Anteile am übernehmenden Rechtsträger gewährt werden (Semler/Stengel/*Perlitt* Rn 29 ist aA, weil §§ 60 ff gem § 78 S 1 nur entsprechend anzuwenden sind).

Dieser Anteilstausch gehört zu den Grundprinzipien der Verschm. Sofern also die **Vermögenseinlage** nicht ausnahmsweise bei einer übernehmenden KGaA fortgeführt oder vor der Verschm in Kommanditaktien umgetauscht (dazu Kallmeyer/*Marsch-Barner* Rn 8) wird, muss sie den phG **zurückgezahlt** werden. Dies geschieht iRe **Auseinandersetzung.** Gem § 278 II AktG bestimmt sich der Auseinandersetzungsanspruch nach **§ 738 BGB iVm §§ 161 II, 105 II HGB.** Durch die Satzung oder durch eine gesonderte Absprache kann insoweit aber auch eine andere Regelung getroffen werden. Der Abfindungsanspruch besteht nach Durchführung der Verschm ggü dem übernehmenden Rechtsträger (vgl § 20).

7. Rechtsstellung der Kommanditaktionäre

Die Rechtsstellung der Kommanditaktionäre unterscheidet sich bei der 9 Verschm nach §§ 78, 60 ff nicht von der Stellung der Aktionäre einer AG. Besonderheiten sind nicht zu beachten.

8. Barabfindung, S 4

S 4 dokumentiert die Entscheidung des Gesetzgebers, AG und KGaA nicht 10 nur in Bezug auf die Anwendung der besonderen Vorschriften, sondern auch bei der Frage nach der Anwendung von §§ 29, 34 gleich zu behandeln. § 29 I 1 HS 1 gewährt einem widersprechenden Anteilsinhaber eines übertragenden Rechtsträgers den **Anspruch auf Barabfindung** für den Fall, dass die Rechtsform von Ausgangs- und ZielGes voneinander abweichen. S 4 verhindert die Anwendung von § 29 I 1 HS 1 bei der **Verschm einer KGaA auf eine AG oder umgekehrt** (dazu krit Semler/Stengel/*Perlitt* Rn 36 mwN). Zu beachten ist allerdings, dass durch S 4 nicht das gesamte Institut der Barabfindung (§§ 29–34) ausgeschlossen werden soll (allgM, vgl Widmann/Mayer/*Rieger* Rn 29; Kallmeyer/*Marsch-Barner* Rn 9); S 4 kommt keine nach §§ 90 ff entsprechende Wirkung zu, dort ist der vollständige Ausschluss der Barabfindung durch die nur für das Recht der eG bekannte Ausschlagung durch einzelne Anteilsinhaber gerechtfertigt.

Fünfter Abschnitt. Verschmelzung unter Beteiligung eingetragener Genossenschaften

Vorbemerkungen zu §§ 79–98

Schrifttum: Schrifttum bis 1994 siehe 3. Auflage; Schrifttum bis 2000 siehe 4. Auflage; *Beuthien,* Zeit für eine Genossenschaftsreform, DB 2000, 1161; *ders/Wolff,* Genossenschaftsverschmelzung auf einen künftigen Verschmelzungsstichtag, BB 2001, 2126; *Fuhrmann,* Einzelfragen zum Mantelkauf bei konzerninternen Umstrukturierungen, DB 2001, 1690; *Kölling/Karakaya,* Ausgewählte Rechtsfragen zur eingetragenen Genossenschaft (e. G.) im Liquidationsstadium, NZG 2001, 455; *Beuthien,* Der genossenschaftliche Geschäftsanteil, AG 2002, 266; *Heidinger,* Genossenschaftsverschmelzung auf einen zukünftigen Stichtag, NotBZ 2002, 86; *Steding,* Die Genossenschaft und ihr ambivalentes Verhältnis zum Aktienrecht, NZG 2002, 449; *Mahi,* Die Europäische Genossenschaft, DB 2004, 967; *Fandrich/Graef/Bloehs,* Die Verschmelzung von Genossenschaften in der Praxis, 2005; *Beuthien/Helios,* Die Umwandlung als transaktionslose Rechtsträgertransformation, NZG 2006, 369; *Geschwandtner/Helios,* Neues Recht für die eingetragene Genossenschaft, NZG 2006, 691; *Keßler,* Das neue Genossenschaftsrecht im Wettbewerb der Unternehmensformen – erleichterter Zugang auch für KMU?, BB 2006, 1693; *ders,* Die Genossenschaftsreform im Lichte des Regierungsentwurfs, BB 2006, 561 ff; *Pistorius,* Der Regierungsentwurf zur Änderung des Genossenschaftsrechts –

Stärkung der Rechtsform der eG?, DStR 2006, 278; *Schaffland/Korte,* Das Genossenschaftsgesetz im Zeichen der Europäisierung und Internationalisierung – zum Gesetzesentwurf der Bundesregierung, NZG 2006, 253; *Hirte,* Das neue Genossenschaftsrecht, EStR 2007, 2166 (Teil I), DStR 2007, 2215 (Teil II); *Beuthien,* Ist die Genossenschaftsrechtsreform geglückt?, NZG 2008, 210.

1. Verschmelzung unter Beteiligung von eG

1 Gem § 3 I Nr 3 können **eG** als übertragende, übernehmende oder neue Rechtsträger an einer Verschm beteiligt sein. In Ergänzung zu den allg Vorschriften von §§ 4–38 bestimmt **§§ 79–95** die **Verschm durch Aufnahme, §§ 96–98** die **Verschm durch Neugründung** einer eG. Die eG kann nach diesen Regelungen unter Beteiligung von Rechtsträgern anderer Rechtsform an einer Verschm beteiligt sein, **Mischverschmelzung** sind unproblematisch mögl.

2 Die Vorgängerregelungen in §§ 93a–93s GenG wurden durch Art 7 des UmwBerG vollumfängl aufgehoben.

2. Neuerungen

3 Neben der Möglichkeit der Mischverschmelzung mit Rechtsträgern anderer Rechtsformen ist es nun – anders als nach § 93a I GenG aF – auch mögl, **eG unterschiedl Haftart** (vgl § 6 Nr 3 GenG) miteinander zu verschmelzen.

4 Die Verschm unter Beteiligung von eG ist in die Systematik des UmwG 1995 umfassend eingefügt worden und weicht deshalb zum Teil erhebl von §§ 93a–93s GenG aF ab.

5 Zunächst gilt der **„Allg Teil" des Verschmelzungsrechts** (§§ 2–38) auch für die Verschm unter Beteiligung von eG. Deshalb sind für den **notariellen** (anders noch § 93c GenG aF – Schriftform) **Verschmelzungsvertrag** die Festlegungen von §§ 5, 80 maßgebend; anders als im früheren Recht hat der Vorstand als Vertretungsorgan auch einen **Verschmelzungsbericht** (§ 8) zu verfassen. Ebenfalls neu ist die Pflicht zur **Auslage zahlreicher Unterlagen** zur Vorbereitung der Generalversammlung (§§ 82, 63). Die notw Mehrheit beim **Verschmelzungsbeschluss** ist zwar ggü § 93b I GenG aF unverändert belassen worden, der Verschmelzungsbeschluss bedarf aber jetzt gem §§ 84, 13 III 1 der **notariellen Beurkundung.** Die Prüfung nach §§ 9–12 wird durch das **Prüfungsgutachten des genossenschaftl Prüfungsverbands** iSv § 81 ersetzt, ebenfalls sind §§ 29–34 auf die Genossen einer übertragenden Gen nicht anzuwenden, § 90 I. §§ 90–94 sehen die Möglichkeit der **Ausschlagung** durch einzelne Mitglieder einer übertragenden Gen vor, damit wird das in §§ 93k–m GenG aF gegebene Sonderkündigungsrecht durch eine für die Mischverschmelzung praktikable Möglichkeit ersetzt. Ersatzlos weggefallen ist § 93e I 2, 3 GenG aF über die verschmelzungsbedingte Berichtigung von Grundbüchern und anderen öffentl Registern. Hier bestand keine Notwendigkeit zur Sonderbehandlung der eG (vgl RegEBegr BR-Drs 75/94 zum Fünften Abschnitt des Zweiten Buches). Nach 1995 gab es zunächst Gesetzesänderungen. In § 80 I 1 Nr 2 HS 2 wurden die Worte „zugunsten der Genossen einer übertragenden Genossenschaft" gestrichen (Gesetz zur Änderung des UmwG, BGBl I 1998, 1878); § 89 II verlangt jetzt Textform, nicht mehr wie zuvor Schriftform (Art 26 Gesetz vom 13.7.2001, BGBl I 1542). Im Beitrittsgebiet ist eine Verschm oder Spaltung von Wohnungsgenossenschaft vorübergehend von der GrESt befreit, vgl § 4 Nr 8 GrEStG (bis 2007). Durch das

3. UmwÄndG (dazu Einf Rn 33) wurde der Verweis auf § 63 in § 82 I 2 konkretisiert.

3. Änderungen durch die Neufassung des GenG

Zur Teilnahme der Europäischen Gen an einer Verschm vgl Einf Rn 28. §§ 79–98 sind von den Änderungen im Gesetz zur Einführung der Europäischen Gen und zur Änderung des Genossenschaftsrechts vom 14.8.2006 (BGBl I 1191) nur in geringem Maße betroffen. Gem Art 3 dieses Gesetzes wurde das GenG vor allem in seiner Terminologie geändert. Der Anteilsinhaber der eG wurde bis dahin als „Genosse" bezeichnet, seither ist er „Mitglied". Die Organisationsverfassung der eG war früher das „Statut", jetzt ist es die „Satzung". Wesentl inhaltl Änderungen sind mit der geänderten Terminologie nicht verbunden. Zwar wurde anlässl der Einführung der Europäischen Gen auch im nationalen Recht inhaltl geändert. So wurden die rechtl Rahmenbedingungen insbes für kleinere Gen verbessert, die Kapitalbeschaffung und -erhaltung strukturiert und einzelne Elemente der im Aktienrecht geführten Corporate Governance Diskussion auf die eG übertragen, Folgewirkungen für §§ 79–98 haben sich daraus aber nicht ergeben. Die eG muss nun mindestens drei statt bisher sieben Mitglieder haben, § 4 GenG. Die iÜ vorgenommene Änderung der Terminologie ist sachgerecht. In der genossenschaftl Praxis hat sich schon seit langem der Begriff des Mitglieds anstelle des Genossen durchgesetzt. Der veraltete Begriff des Statuts wurde jetzt durch den bei anderen Gesellschaftsformen übl Begriff der Satzung ersetzt, vgl RegEBegr BT-Drs 16/1025, 81. 6

Eine zweite Änderung von §§ 79–98 erfolgte durch das EHUG (dazu Einf Rn 28). Die Änderungen betreffen jeweils den Verweis auf § 19 III, der in § 87 II, in § 88 I, in § 91 II, in § 94 und schließl in § 95 II erfolgt. Zur inhaltl Änderung von § 19 III wird auf die Komm in § 19 Rn 33 ff verwiesen. 7

Erster Unterabschnitt. Verschmelzung durch Aufnahme

§ 79 Möglichkeit der Verschmelzung

Ein Rechtsträger anderer Rechtsform kann im Wege der Aufnahme mit einer eingetragenen Genossenschaft nur verschmolzen werden, wenn eine erforderliche Änderung der Satzung der übernehmenden Genossenschaft gleichzeitig mit der Verschmelzung beschlossen wird.

Schrifttum: Siehe Schrifttum Vor §§ 79–98.

1. Allgemeines

§ 79 ist die Zentralnorm für die Verschm eines oder mehrerer Rechtsträger durch Aufnahme einer eG. Die in § 93a I GenG aF niedergelegte Vorgängerregelung wird durch § 79 erhebl erweitert. Eine Übernahme auch von § 93a II GenG aF über die Zulässigkeit einer Verschm bei **aufgelöster übertragender eG** war wegen **§ 3 III** nicht notw. 1

2. Möglichkeiten der Verschmelzung

Zunächst können **eG unbeschränkt miteinander** verschmolzen werden. Dabei macht es anders als nach § 93a I GenG aF keinen Unterschied mehr, ob 2 die beteiligten eG **gleicher Haftart** sind oder nicht. Die Wahl zwischen der unbeschränkter Nachschusspflicht, der auf eine Haftsumme beschränkten Nachschusspflicht und dem Verzicht auf Nachschüsse überhaupt (vgl §§ 6 Nr 3, 119–121 GenG) hat für die Verschm somit keine Bedeutung mehr.

3 Gem § 79 kann nun auch ein **Rechtsträger anderer Rechtsform** im Wege der Aufnahme mit einer eG verschmolzen werden (Mischverschmelzung). Grdsl können alle verschmelzungsfähigen Rechtsträger iSv § 3 I, II auch an einer Verschm mit einer eG beteiligt sein, allerdings ist eine Verschm zur Aufnahme durch einen **eV** unter Beteiligung einer eG als übertragender Rechtsträger nicht mögl (§ 99 II). Eine Verschm mit einem genossenschaftl **Prüfungsverband** scheidet generell aus (§ 105); Gleiches gilt für eine Verschm mit einem **VVaG** (§ 109). Die eG ist keine KapGes, deshalb ist auch die Verschm auf das Verm eines **Alleingesellschafters** nach §§ 120–122 nicht mögl.

3. Notwendige Änderung der Satzung

4 Sofern die **eG** bei einer Verschm durch Aufnahme **als übernehmender Rechtsträger** fungiert, schreibt **§ 79** die Notwendigkeit zur **Änderung der Satzung** fest. Gleichzeitig (im Wortsinn, vgl Lutter/*Bayer* Rn 24; Widmann/Mayer/*Fronhöfer* Rn 23; KölnerKommUmwG/*Schöpflin* Rn 24; aA Semler/Stengel/*Scholderer* Rn 34) mit der Beschlussfassung über die Verschm an sich muss die „erforderl" Änderung der Satzung der eG beschlossen werden. Die Notwendigkeit zur Satzungsänderung (vgl insbes § 88 Rn 3) besteht nach § 79 nur und ausschließl bei der **Mischverschmelzung** (dazu krit Widmann/Mayer/*Fronhöfer* Rn 16; Lutter/*Bayer* Rn 18, 19; Semler/Stengel/*Scholderer* Rn 37).

5 Dieser Zwang zur Änderung der Satzung soll Friktionen bei der Aufnahme insbes von KapGes mit größeren Beteiligungen verhindern, soweit die Satzung der eG die Beteiligung mit mehr als einem Geschäftsanteil nicht zulässt (vgl RegEBegr BR-Drs 75/94 zu § 79). Die Notwendigkeit der Satzungsänderung ergibt sich mittelbar aus **§ 88 I,** der die Zuschreibung des übertragenen Verm (§ 20 I Nr 1) als Geschäftsguthaben nur maximal bis zur Höhe der Summe aller Geschäftsanteile zulässt. Da der **Geschäftsanteil für alle Mitglieder gleich** sein muss (RGZ 64, 187, 193), hat die Satzung gem **§ 7a I GenG** in der vorbeschriebenen Konstellation zu bestimmen, dass sich ein Mitglied mit mehr als einem Geschäftsanteil beteiligen darf. Erforderl sind darüber hinaus diejenigen Änderungen der Satzung, die zum Ausgleich der verschiedenen Unternehmens- und Beteiligungsstrukturen des übertragenden Rechtsträgers vor und nach Durchführung der Verschm unabdingbar sind; auch Änderungen des Unternehmensgegenstands nach der Verschm können eine Satzungsänderung bedingen (zum Gegenstand von Satzungsänderung Semler/Stengel/*Scholderer* Rn 23 ff; KölnerKommUmwG/*Schöpflin* Rn 26 ff je mwN).

§ 80 Inhalt des Verschmelzungsvertrags bei Aufnahme durch eine Genossenschaft

(1) [1] **Der Verschmelzungsvertrag oder sein Entwurf hat bei Verschmelzungen im Wege der Aufnahme durch eine eingetragene Genossenschaft für die Festlegung des Umtauschverhältnisses der Anteile (§ 5 Abs. 1 Nr. 3) die Angabe zu enthalten,**

1. **daß jedes Mitglied einer übertragenden Genossenschaft mit einem Geschäftsanteil bei der übernehmenden Genossenschaft beteiligt wird, sofern die Satzung dieser Genossenschaft die Beteiligung mit mehr als einem Geschäftsanteil nicht zuläßt, oder**
2. **daß jedes Mitglied einer übertragenden Genossenschaft mit mindestens einem und im übrigen mit so vielen Geschäftsanteilen bei der übernehmenden Genossenschaft beteiligt wird, wie durch Anrechnung seines Geschäftsguthabens bei der übertragenden Genossenschaft als voll eingezahlt anzusehen sind, sofern die Satzung der übernehmenden Genossenschaft die Beteiligung eines Mitglieds mit mehreren Geschäftsanteilen zuläßt oder die Mitglieder zur Übernahme mehrerer Geschäftsanteile verpflichtet; der Verschmelzungsvertrag oder sein Entwurf kann eine andere Berechnung der Zahl der zu gewährenden Geschäftsanteile vorsehen.**

[2] **Bei Verschmelzungen im Wege der Aufnahme eines Rechtsträgers anderer Rechtsform durch eine eingetragene Genossenschaft hat der Verschmelzungsvertrag oder sein Entwurf zusätzlich für jeden Anteilsinhaber eines solchen Rechtsträgers den Betrag des Geschäftsanteils und die Zahl der Geschäftsanteile anzugeben, mit denen er bei der Genossenschaft beteiligt wird.**

(2) **Der Verschmelzungsvertrag oder sein Entwurf hat für jede übertragende Genossenschaft den Stichtag der Schlußbilanz anzugeben.**

Schrifttum: Siehe Schrifttum Vor §§ 79–98.

1. Allgemeines

Die Vorschrift steht in engem **Zusammenhang mit §§ 87, 88.** Während dort die Einzelheiten des Anteilstauschs (§ 20 I Nr 3) bei Aufnahme von eG (§ 87) oder sonstigen Rechtsträgern (§ 88) durch eine eG geregelt sind, befasst sich § 80 mit dem **Inhalt des Verschmelzungsvertrages.** Damit wird, ähnl wie in § 46 für die GmbH, die allg Vorschrift von **§ 5 I Nr 3 ergänzt.** 1

Die Gesetzesbegründung sieht § 93h II GenG aF als Vorgängerregelung von Abs 1 an. Das ist unzutr; in § 93h GenG aF wurde analog §§ 87, 88 der Anteilstausch geregelt. Zum Inhalt des Verschmelzungsvertrages gab es früher für die eG keine ausdrückl Vorschrift (ähnl Lutter/*Bayer* Rn 1), einzig § 93c GenG aF bestimmt die Schriftform des Vertrages (jetzt: notarielle Beurkundung, § 6). 2

Abs 1 S 1 behandelt in Ergänzung von § 5 I Nr 3 den **notw Inhalt eines Verschmelzungsvertrages** bei einer Verschm zwischen eG; **Nr 1** ist hierbei einschlägig, wenn die Satzung der aufnehmenden Gen die Beteiligung mit mehr als einem Geschäftsanteil nicht zulässt (gesetzl Regelfall), für die Anwendung von **Nr 2** ist eine Regelung in der Satzung der übernehmenden eG iSv § 7a GenG notw. Nr 2 HS 2 wurde durch Art 1 Nr 20 des Gesetzes zur Änderung des UmwG vom 22.7.1998 (BGBl I 1878) geändert. Durch Streichung der Worte „zugunsten der Genossen (jetzt: Mitglied, vgl Vor §§ 79–98 Rn 6) einer übertragenden Genossenschaft" ist jetzt die **Umsetzung eines gerechten Umtauschverhältnisses** ohne Weiteres mögl (vgl Lutter/*Bayer* Rn 2, 23; Beuthien/*Wolff* GenG §§ 2 ff UmwG Rn 10, 10a). 3

Abs 1 S 2 ergänzt § 5 für den Fall der **Mischverschmelzung,** also der Aufnahme eines Rechtsträgers anderer Rechtsform durch eine eG. Bei einer Verschm unter Beteiligung mehrerer übertragender Rechtsträger (zur Zulässigkeit § 2 4

Rn 9), von denen mindestens einer die Rechtsform der eG und mindestens ein anderer eine davon abw Rechtsform hat, sind Abs 1 S 1, 2 kumulativ anzuwenden.

5 Für alle Fälle der Verschm durch Aufnahme unter Beteiligung einer **eG als aufnehmenden Rechtsträger** schreibt **Abs 2** als notw Inhalt des Verschmelzungsvertrages außerdem die Angabe des **Stichtags der Schlussbilanz** einer jeden als übertragender Rechtsträger an der Verschm beteiligten eG vor. Damit wird „im Interesse der Transparenz des Verschmelzungsvorgangs" (RegEBegr BR-Drs 75/94 zu § 80 II) ein Ausgleich zwischen dem Interesse der übertragenden eG daran, den nach § 17 II vorgegebenen Zeitrahmen auszuschöpfen, und dem Interesse der Anteilsinhaber, Aufklärung über das zu erwartende Geschäftsguthaben zu erlangen, angestrebt.

2. Verschmelzung unter eG, Abs 1 S 1

6 **§ 5 I Nr 3** schreibt die Notwendigkeit der Angabe des **Umtauschverhältnisses** der Anteile (§ 20 I Nr 3) und ggf der Höhe der baren Zuzahlung oder Angaben über die Mitgliedschaft beim übernehmenden Rechtsträger fest. Ähnl wie bei einer Verschm durch Aufnahme einer GmbH (§ 46) würde diese allg Klausel den Anspruch der betroffenen Anteilsinhaber nicht genügen. Ziel des Verschmelzungsvertrages muss bei der Aufnahme durch eine eG vielmehr sein, bereits zum Zeitpunkt des Abschlusses des Verschmelzungsvertrages (oder dessen Entwurf) zu **bestimmen, wie viele Geschäftsanteile** den Mitgliedern der übertragenden eG an der aufnehmenden eG als Äquivalent ihres bisherigen Geschäftsguthabens zugestanden werden.

7 **a) Beteiligung mit einem Geschäftsanteil, Nr 1.** Voraussetzung für die Anwendung von **Nr 1** ist der **gesetzl Grundfall,** bei dem eine Ausnahmeregelung in der Satzung der übernehmenden eG nach § 7a GenG fehlt. Der Geschäftsanteil ist in der Satzung zwingend betragsmäßig festzulegen, er muss für alle Mitglieder gleich hoch sein. Einen gesetzl **Höchst- oder Mindestbetrag** sieht das GenG nicht vor, der Mindestgeschäftsanteil kann frei gewählt werden; die frühere Mindesthöhe von DM 1,00 ist durch das EuroEG gestrichen worden (vgl Lutter/*Bayer* Rn 15 mwN). Der Verschmelzungsvertrag hat, da ein Anteilstausch iSv § 20 I Nr 3 grdsl geboten ist (§ 2 Rn 15) daher zu bestimmen, dass jedes Mitglied einer übertragenden eG **mit genau einem Geschäftsanteil** bei der übernehmenden eG beteiligt wird. Dies gilt selbstverständl auch dann, wenn die übertragende eG in ihrer Satzung von der Kannvorschrift in § 7a GenG Gebrauch gemacht hat. Ist ein Mitglied der übertragenden eG schon vor der Verschm auch Mitglied der übernehmenden eG gewesen, so hat die Verschm grdsl keine Doppelmitgliedschaft in der übernehmenden eG zur Folge (KölnerKommUmwG/*Schöpflin* Rn 15; Semler/Stengel/*Scholderer* Rn 28). Der nach Aufstockung des Geschäftsguthabens bis zur Höhe des Geschäftsanteils bei der übernehmenden eG übersteigende Betrag, der dem Mitglied der übertragenden eG als Verschmelzungsfolge zusteht, ist ihm gem § 87 II 1 auszuzahlen; das kann zu erhebl Liquiditätsabflüssen führen. Deshalb empfiehlt sich eine Satzungsregelung bei der übernehmenden eG, die eine möglichst vollständige Anrechnung des Geschäftsguthabens auf mehrere Geschäftsanteile ermöglicht (dazu ausführl mit Beispiel zu den einzelnen Konstellationen Semler/Stengel/*Scholderer* Rn 22 ff mwN).

8 **b) Beteiligung mit mehreren Geschäftsanteilen, Nr 2.** Sofern die aufnehmende eG bereits vor oder in Umsetzung (§ 79) der Verschm eine **Satzungsbestimmung iSv § 7a GenG** getroffen hat, hat jedes Mitglied einer übertragenden

eG Anspruch darauf, mit **mindestens einem Geschäftsanteil** bei der übernehmenden eG beteiligt zu werden; darüber hinaus sind ihm weitere Geschäftsanteile zuzugestehen, sofern sein **Geschäftsguthaben** bei der übertragenden eG – also der Betrag, mit dem das Mitglied tats finanziell an der eG beteiligt ist – dies erfordert. Es sind grdsl so viele Geschäftsanteile zu gewähren, wie sie unter Berücksichtigung des bisherigen Geschäftsguthabens bei der übertragenden eG als **voll eingezahlt** gelten (Lutter/*Bayer* Rn 18 mwN; Beispiel bei Semler/Stengel/*Scholderer* Rn 28). Eine Abweichung von diesem Berechnungsmodus ist nach der **Neufassung von Nr 2 HS 2** (Rn 3) nicht mehr nur zugunsten der Mitglieder einer übertragenden eG zulässig. Nr 2 verlangt wie bisher nur eine **abstrakte Regelung im Verschmelzungsvertrag.** Es ist nicht erforderl, dass der Verschmelzungsvertrag für des Mitglied auch schon die Zahl der Geschäftsanteile angeben muss, die dieser durch die Verschm erhält (RegEBegr BR-Drs 75/94 zu § 80 I 1 Nr 2). Dies wäre auch gar nicht mögl, da schon Abs 2 zeigt, dass Schlussbilanzen zum Zeitpunkt der Aufstellung des Verschmelzungsvertrages oder seines Entwurfs noch nicht vorliegen müssen; damit ist eine Bew der Rechtsträger, wie sie § 20 I Nr 3 voraussetzt, bzw die Bemessung der Geschäftsguthaben noch nicht mögl.

3. Mischverschmelzung, Abs 1 S 2

Abs 1 S 2 behandelt den Fall der zulässigen **Mischverschmelzung** (dazu § 79 9
Rn 3). Der **Verschmelzungsvertrag** hat in Ergänzung zu § 5 I Nr 3 und zur Vorbereitung des nach § 20 I Nr 3 durchzuführenden Anteilstauschs (vgl auch § 88) jew den **Betrag des Geschäftsanteils und die Zahl der Geschäftsanteile** anzugeben, mit denen die Anteilsinhaber des übertragenden Rechtsträgers künftig bei der übernehmenden eG beteiligt sein werden. Der so im Verschmelzungsvertrag zu nennende Geschäftsanteil darf der Höhe nach von den anderen Geschäftsanteilen nicht abweichen (Rn 7); um dennoch eine gerechte Beteiligung der Anteilsinhaber der übertragenden Rechtsträger an der übernehmenden eG zu erreichen, sind gerade bei Vermögensübertragungen durch Rechtsträger, die nur wenige Anteilsinhaber mit hoher prozentualer Beteiligung haben, **mehrere Geschäftsanteile** bei der übernehmenden eG zu gewähren (ähnl Semler/Stengel/*Scholderer* Rn 25). Sieht die Satzung der übernehmenden eG eine solche Möglichkeit bislang nicht vor, ist nach § 79 zu verfahren und die Satzung entsprechend zu ändern (§ 79 Rn 4, 5; KölnerKommUmwG/*Schöpflin* Rn 29). Dies ist nicht nur durch das Wesen der Verschm (dazu § 2 Rn 3 ff) geboten, ein solches Verhalten liegt vielmehr auch im Interesse der übernehmenden eG; wird die Äquivalenz zwischen dem Wert des übertragenen Verm und dem Wert der gewährten Anteile nicht eingehalten, ist die übernehmende eG verpflichtet, den **überschießenden Betrag** an die Anteilsinhaber der übertragenden Rechtsträger **in bar auszuzahlen** (§ 88 I 3). Dies würde zu einer nicht verantwortbaren wirtschaftl Schwächung der übernehmenden eG führen, weil für den Anteilstausch bei einer Mischverschmelzung nicht der Nominalwert des Anteils am übertragenden Rechtsträger, sondern dessen tats Wert maßgebend ist.

4. Stichtag der Schlussbilanz, Abs 2

Die **Schlussbilanz** jeder der an der Verschm beteiligten übertragenden eG ist 10
maßgebl für die Berechnung des Umtauschverhältnisses nach § 20 I Nr 3. Der übertragende Rechtsträger hat die Schlussbilanz nach § 17 II 1 der Registeranmel-

dung beizufügen. Auch der Prüfungsverband wird im Rahmen seines Gutachtens nach § 81 auf die Schlussbilanzen zurückgreifen. Zum Schutz der Mitglieder schreibt **Abs 2** deswegen als Mindestvoraussetzung vor, dass der **Verschmelzungsvertrag** oder sein Entwurf für jede übertragende Genossenschaft zumindest den **Stichtag der Schlussbilanz** anzugeben hat. Diese Festlegung ermöglicht den Mitgliedern auch eine Entscheidung darüber, ob ihnen die letztl erst mit dem Vorliegen der Schlussbilanz gewährte Transparenz zeitl noch ausreicht; uU hat die Festlegung des Stichtags damit Auswirkungen auf das Beschlussergebnis iRv § 84 (überwiegend wird vertreten, dass die Schlussbilanz zum Zeitpunkt des Verschmelzungsbeschlusses vorliegen müsse, vgl Widmann/Mayer/*Fronhöfer* Rn 64; Lutter/*Bayer* Rn 27; *Heidinger* NotBZ 2002, 86; aA Semler/Stengel/*Scholderer* Rn 48 mwN; Lang/Weidmüller/*Lehnhoff* GenG § 81 UmwG Rn 10; Beuthien/*Wolff* GenG §§ 2 ff UmwG Rn 55a mwN). Das **Geschäftsguthaben** erscheint in der Schlussbilanz der übertragenden eG, damit wird es als feste Größe bestimmt. Bei **Rechtsträgern mit anderer Rechtsform** kommt der Schlussbilanz eine ähnl bedeutende Rolle nicht zu, dort ist iRv § 5 I Nr 3 der tats Wert des Anteils maßgebend, nicht die feste Bezugsgröße „Geschäftsguthaben".

§ 81 Gutachten des Prüfungsverbandes

(1) [1] **Vor der Einberufung der Generalversammlung, die gemäß § 13 Abs. 1 über die Zustimmung zum Verschmelzungsvertrag beschließen soll, ist für jede beteiligte Genossenschaft eine gutachtliche Äußerung des Prüfungsverbandes einzuholen, ob die Verschmelzung mit den Belangen der Mitglieder und der Gläubiger der Genossenschaft vereinbar ist (Prüfungsgutachten).** [2] **Das Prüfungsgutachten kann für mehrere beteiligte Genossenschaften auch gemeinsam erstattet werden.**

(2) **Liegen die Voraussetzungen des Artikels 25 Abs. 1 des Einführungsgesetzes zum Handelsgesetzbuche in der Fassung des Artikels 21 § 5 Abs. 2 des Gesetzes vom 25. Juli 1988 (BGBl. I S. 1093) vor, so kann die Prüfung der Verschmelzung (§§ 9 bis 12) für die dort bezeichneten Rechtsträger auch von dem zuständigen Prüfungsverband durchgeführt werden.**

Schrifttum: Siehe Schrifttum Vor §§ 79–98.

1. Allgemeines

1 Während bei der Verschm unter Beteiligung von Rechtsträgern anderer Rechtsform uU (Vorliegen eines Prüfungsbefehls) eine Verschmelzungsprüfung nach §§ 9–12 stattzufinden hat, sieht § 81 in Fortführung von § 93b II 1 GenG aF die **Erstattung eines Gutachtens des Prüfungsverbands der eG** vor. Neu ist die ausdrückl Aufnahme der Zulässigkeit des **gemeinsamen Prüfungsgutachtens** nach Abs 1 S 2.

2 Die Ersetzung von §§ 9–12 durch das Gutachten des Prüfungsverbands nach § 81 sieht **Abs 2** auch für den Fall vor, dass ein Rechtsträger anderer Rechtsform als Tochter einer eG an der Verschm beteiligt ist (zB Aufnahme der TochterGes durch die eG). Diese Ausnahme rechtfertigt sich wegen der „besonderen Vertrautheit der Prüfungsverbände mit den Verhältnissen der von ihnen betreuten Genossenschaften und deren Tochterunternehmen" (RegEBegr BR-Drs 75/94 zu § 81 II).

3 § 81 steht in engem Zusammenhang mit §§ 82, 83. Das Prüfungsgutachten ist in Vorbereitung der Generalversammlung der betroffenen eG **in den Geschäftsräumen auszulegen** (§ 82 I), des Weiteren schreibt § 83 II neben der Pflicht, das Prüfungsgutachten in der Generalversammlung **zu verlesen,** das Recht zur **beratenden Teilnahme des Prüfungsverbandes** in der Generalversammlung vor.

4 Anders als bei §§ 9 III, 12 III ist ein **Verzicht** der Anteilsinhaber auf Prüfung durch den genossenschaftl Prüfungsverband oder auf Erstattung des Prüfungsgutachtens **nicht mögl** (aA Beuthien/*Wolff* GenG §§ 2 ff UmwG Rn 26; wie hier aber die hM, vgl Lutter/*Bayer* Rn 1 aE; Widmann/Mayer/*Fronhöfer* Rn 6 aE; ähnl KölnerKommUmwG/*Schöpflin* Rn 20). Zum einen wäre ein solcher Verzicht bei der regelm großen Mitgliederzahl einer eG schwerl zu erreichen, zum anderen – und das ist entscheidend – würde sich ein solches Recht der Mitglieder nicht mit §§ 53 ff GenG und der dort statuierten **besonderen Pflichtenbindung von eG und Prüfungsverband** vertragen. Die besondere Stellung und Verantwortlichkeit des Prüfungsverbands (die Pflichtmitgliedschaft im Prüfungsverband ist verfassungsgemäß, vgl BVerfG WM 2001, 360 und Semler/Stengel/*Scholderer* § 79 Rn 7) zeigt sich auch darin, dass seine Mitwirkung durch die eG erzwungen werden kann (**vollstreckbarer Anspruch auf Erstattung des Gutachtens,** zutr Lutter/*Bayer* Rn 9 mwN; Beuthien/*Wolff* GenG §§ 2 ff UmwG Rn 23; Lang/Weidmüller/*Lehnhoff* GenG § 81 UmwG Rn 6; wegen eines Anspruchs auf beratende Mitwirkung aber § 83 Rn 8).

2. Gutachterliche Äußerung des Prüfungsverbandes, Abs 1 S 1

5 Das **Gutachten** ist zwingend **schriftl** (ganz hM, vgl Nachw bei Lutter/*Bayer* Rn 18; Semler/Stengel/*Scholderer* Rn 18 je mwN; KölnerKommUmwG/*Schöpflin* Rn 7) zu verfassen, anderenfalls könnte es in der Generalversammlung nicht gem § 83 II 1 verlesen werden (vgl auch § 83 Rn 7 zur Pflicht des Prüfungsverbandes, das Gutachten zu erstellen). Die **Zielrichtung des Gutachtens** ist nicht mit § 12 identisch. § 81 I 1 weicht nicht nur in der Person des Prüfungsverpflichteten, sondern auch im Gegenstand der Prüfung vom normalen Prüfungsbericht ab. Die geforderte Aussage ist teils enger, teils weiter als die des Prüfungsberichts nach § 12. Der Prüfungsverband hat sich mit dem Inhalt des Verschmelzungsvertrages ausführl auseinanderzusetzen, eine § 9 I vglbare ausdrückl Regelung fehlt jedoch. Auch steht das „vorgeschlagene Umtauschverhältnis" bei einer reinen eG-Verschm naturgemäß nicht im Mittelpunkt der gutachterl Äußerung des Prüfungsverbandes. Da ein von den tats Werten der an der Verschm beteiligten Rechtsträger abhängiges Umtauschverhältnis bei der eG nicht ermittelbar ist (vgl § 80 II und § 80 Rn 7 ff, anders bei Mischverschmelzung unter Beteiligung eines Rechtsträgers anderer Rechtsform), kommt es iRv Abs 1 S 1 mehr auf den iRv § 12 unbeachtl (§ 9 Rn 8) **Sinn und Zweck der Verschm für die Mitglieder und die Gläubiger der Genossenschaft** an (aA Lutter/*Bayer* Rn 12; wie hier Semler/Stengel/*Scholderer* Rn 24 ff; KölnerKommUmwG/*Schöpflin* Rn 8). Der Prüfungsverband hat unter Zugrundelegung seiner spezifischen Kenntnisse aus der bisherigen Zusammenarbeit mit der eG das **Für und Wider der Verschm** zu erörtern, seine Aufgabe lässt sich am ehesten als **Hilfestellung für die Entscheidungsfindung der Generalversammlung** iRv § 84 (Zweckmäßigkeit) kennzeichnen. Deswegen legt das Gesetz auch großen Wert auf die Wiedergabe des Prüfungsgutachtens bei der Generalversammlung, § 83 II. Ziel des Prüfungsgutachtens ist es

wie früher, eine klare Aussage darüber zu treffen, ob die Verschm insbes im Hinblick auf die zu erwartende künftige Entwicklung mit den Belangen der Gläubiger und der Mitglieder vereinbar ist (allgM, vgl Lutter/*Bayer* Rn 1 mwN).

6 In der Abfassung des Prüfungsgutachtens ist der genossenschaftl Prüfungsverband relativ frei. Eine ausführl Darlegung der Wirkungen der Verschm ist nicht gefordert, zumindest dann nicht, wenn sie für die Verschm wesenstypisch sind (zB Gesamtrechtsnachfolge, dazu § 20 Rn 23 ff). Das spezifisch beim Prüfungsverband vorhandene Wissen soll vielmehr dazu fruchtbar gemacht werden, eine fundierte Meinung über die Zweckmäßigkeit der Verschm zu äußern (ausführl Lutter/*Bayer* Rn 10 mwN); die Mitglieder sollen diesen Ratschlag als Grundlage für ihre Entscheidungsfindung iRv § 84 ansehen dürfen, eine **Bindung der Mitglieder** besteht aber selbstverständl nicht (Semler/Stengel/*Scholderer* Rn 39). Der Prüfungsverband hat **entsprechend § 11 I 4** ein **Auskunftsrecht ggü allen beteiligten Rechtsträgern** (Beuthien/*Wolff* GenG §§ 2 ff UmwG Rn 24 mwN).

7 Abs 1 S 1 dient auch dem Schutz der **Gläubiger der eG.** Der Prüfungsverband hat in seinem Gutachten zu einer etwaigen Vermögensgefährdung der Gläubiger durch die Verschm auszuführen (KölnerKommUmwG/*Schöpflin* Rn 13), ein Hinweis auf die Gläubigerschutzvorschrift in § 22 sollte in das Prüfungsgutachten aufgenommen werden.

8 Abs 1 S 1 ist **SchutzG iSv § 823 II BGB** (für die Gläubiger der eG; ähnl KölnerKommUmwG/*Schöpflin* Rn 21; Beuthien/*Wolff* GenG §§ 2 ff UmwG Rn 107), bei schuldhafter Pflichtverletzung droht die Haftung aus Delikt. Für die eG als Pflichtmitglied des Prüfungsverbands sind vertragl Schadensersatzansprüche mögl (Semler/Stengel/*Scholderer* Rn 42).

9 Für die **rechtzeitige Einholung** des Prüfungsgutachtens ist der Vorstand der eG zuständig. Er hat dabei darauf zu achten, dass dem Prüfungsverband genügend Zeit bis zur notw Auslage nach § 82 I verbleibt.

3. Gemeinsames Prüfungsgutachten, Abs 1 S 2

10 Bereits nach § 93b II 1 GenG aF bestand die Möglichkeit der Erstellung eines **gemeinsamen Gutachtens.** Dies allerdings nur dann, wenn die an der Verschm beteiligten eG dem gleichen Prüfungsverband angehörten. Durch die Aufnahme von Abs 1 S 2 soll eine Gleichstellung mit der Verschmelzungsprüfung (dort § 12 I 2) erreicht werden (krit Widmann/Mayer/*Fronhöfer* Rn 23). Auch bei Zuständigkeit verschiedener Prüfungsverbände ist nun die Erstellung eines gemeinsamen Prüfungsgutachtens mögl (wie hier Lutter/*Bayer* Rn 7 mwN, der zu Recht darauf hinweist, dass ledigl die **gemeinsame Prüfung** selbst die Zugehörigkeit zum gleichen Prüfungsverband erfordert; wie hier Semler/Stengel/*Scholderer* Rn 31, 32; unklar Beuthien/*Wolff* GenG §§ 2 ff UmwG Rn 25; aA KölnerKommUmwG/*Schöpflin* Rn 16, 17).

4. AG und GmbH im Mehrheitsbesitz einer eG, Abs 2

11 Nach **Art 25 I EGHGB** ist die Prüfung des Jahresabschlusses bei **AG und GmbH,** die **im Mehrheitsbesitz** einer eG stehen, in Abweichung von § 319 HGB auch durch den Prüfungsverband, dem die beteiligte eG angehört, zulässig. Dieses Privileg soll durch **Abs 2** auch für die Verschm gelten. Die Prüfung erfolgt in diesem Fall nach den Maßgaben von §§ 9 und 11, während § 10 nicht anwendbar ist (missverständl Widmann/Mayer/*Fronhöfer* Rn 28) und § 12 nur unter Berücksichtigung von § 81 anzuwenden ist. Die Berufung auf diese Ausnahmevor-

schrift setzt aber voraus, dass von dem Prüfungsrecht des Prüfungsverbands nach Art 25 I EGHGB **in den Vorjahren auch tats Gebrauch gemacht** wurde (aA die hM, vgl Lutter/*Bayer* Rn 8; Widmann/Mayer/*Fronhöfer* Rn 27; KölnerKommUmwG/*Schöpflin* Rn 19). Anderenfalls fehlt es an der als Rechtfertigung herangezogenen „besonderen Vertrautheit" (Rn 2) des Prüfungsverbandes mit den Verhältnissen der TochterGes. Zu beachten ist schließl Art 25 I EGHGB insoweit, als an den Prüfungsverband **besondere Voraussetzungen** gestellt werden: **Mehr als die Hälfte** der geschäftsführenden Mitglieder des Vorstands des Prüfungsverbands (bei nur zwei Vorstandsmitgliedern mindestens einer) **muss Wirtschaftsprüfer sein.**

§ 82 Vorbereitung der Generalversammlung

(1) [1] **Von der Einberufung der Generalversammlung an, die gemäß § 13 Abs. 1 über die Zustimmung zum Verschmelzungsvertrag beschließen soll, sind auch in dem Geschäftsraum jeder beteiligten Genossenschaft die in § 63 Abs. 1 Nr. 1 bis 4 bezeichneten Unterlagen sowie die nach § 81 erstatteten Prüfungsgutachten zur Einsicht der Mitglieder auszulegen.** [2] **Dazu erforderliche Zwischenbilanzen sind gemäß § 63 Absatz 2 Satz 1 bis 4 aufzustellen.**

(2) **Auf Verlangen ist jedem Mitglied unverzüglich und kostenlos eine Abschrift der in Absatz 1 bezeichneten Unterlagen zu erteilen.**

Schrifttum: Siehe Schrifttum Vor §§ 79–98.

Die Regelung ist für die Verschm unter Beteiligung von eG neu. Wegen des 1
normalerweise nicht gegebenen Einsichtsrechts der Mitglieder in Unterlagen der eG (Beuthien/*Beuthien* GenG § 43 Rn 15) und der besonderen Bedeutung der Verschm für das künftige Schicksal des Vermögenswerts „Geschäftsguthaben" wurde ein **umfassendes Einsichtsrecht** aufgenommen. Aufgrund der vglbar schwachen Stellung von Aktionären und Mitgliedern verweist **Abs 1 S 1** auf **§ 63,** einer Sondervorschrift für die Verschm unter Beteiligung von AG. Mit Auslegung der in Abs 1 genannten Unterlagen erhalten die Mitglieder damit die Möglichkeit, sich schon vor der Generalversammlung über alle Sachverhalte zu informieren, die auf ihre Willensbildung Einfluss haben können (Lutter/*Bayer,* 3. Aufl 2004, Rn 1; Semler/Stengel/*Scholderer* Rn 2; Widmann/Mayer/*Fronhöfer* Rn 1 je mwN; KölnerKommUmwG/*Schöpflin* Rn 1).

§ 63 I Nr 1–4 ist gem Abs 1 S 1 entsprechend anwendbar. Neben dem **Ver-** 2
schmelzungsvertrag und dem **Verschmelzungsbericht** sind **sämtl Jahresabschlüsse** (nebst Lageberichten) aller an der Verschm beteiligten Rechtsträger für die letzten drei Gj auszulegen. Für die Aufstellung der **Zwischenbilanz** nach § 63 I Nr 3 ist der Zeitpunkt des Abschlusses des Verschmelzungsvertrages oder der Aufstellung des Entwurfs maßgebl, vgl im Einzelnen § 63 Rn 4. Für die so uU erforderl Zwischenbilanzen gilt gem Abs 1 S 2 § 63 II in dem Umfang, der für eG sinnvoll ist. Seit der Erweiterung von § 63 II durch das 3. UmwÄndG (dazu Einf Rn 33) ist dies nicht mehr vollständig der Fall, weswegen jetzt nur noch auf § 63 II 1–4 verwiesen wird. Inhaltl hat sich dadurch nichts geändert.

Auf § 63 I Nr 5 wird nicht verwiesen, der nach § 12 erstattete Verschmelzungs- 3
prüfungsbericht kann bei der eG nicht vorliegen; er wird durch das nach § 81 erstattete Prüfungsgutachten ersetzt. Damit wird auch klar, dass die bei einer

Mischverschmelzung uU nach § 12 erstatteten **Prüfungsberichte für die anderen** an der Verschm beteiligten **Rechtsträger** nicht zu den nach Abs 1 auszulegenden Unterlagen zählen (wie hier Beuthien/*Wolff* GenG §§ 2 ff UmwG Rn 30; KölnerKommUmwG/*Schöpflin* Rn 16, der zutr auf Rechtssicherheit verweist; aA die hM, Lutter/*Bayer* Rn 27; Semler/Stengel/*Scholderer* Rn 32; Widmann/Mayer/*Fronhöfer* Rn 32 je mwN).

4 Jedes Mitglied hat Anspruch auf unverzügl (ohne schuldhaftes Zögern, § 121 I BGB) und **kostenlose Abschrift** der auszulegenden Unterlagen. Das **Verlangen** ist an die eG, vertreten durch den Vorstand, zu richten. Eine besondere Form ist hierfür nicht vorgeschrieben. Das Recht auf Abschrifterteilung bleibt mindestens bis zur Beschlussfassung (aA Widmann/Mayer/*Fronhöfer* Rn 39; Lutter/*Bayer* Rn 30 aE) während der Generalversammlung erhalten, in der Generalversammlung besteht der Anspruch aber nur bei Vorhandensein von technischen Möglichkeiten (aA die ganz hM, Nachw bei Lutter/*Bayer* § 83 Rn 4; wie hier aber die wohl hM in Bezug auf die HV der AG, vgl § 64 Rn 2 mwN).

5 Die **Berufung der Generalversammlung** hat nach § 46 GenG in der durch die Satzung bestimmten Weise mit einer Frist von mindestens einer Woche zu erfolgen. Die Fristbestimmung ist danach auch für die Auslegung der in Abs 1 bezeichneten Unterlagen maßgebl, bei Fehlen einer entsprechenden Regelung gilt die Wochenfrist.

§ 83 Durchführung der Generalversammlung

(1) [1] **In der Generalversammlung sind die in § 63 Abs. 1 Nr. 1 bis 4 bezeichneten Unterlagen sowie die nach § 81 erstatteten Prüfungsgutachten auszulegen.** [2] **Der Vorstand hat den Verschmelzungsvertrag oder seinen Entwurf zu Beginn der Verhandlung mündlich zu erläutern.** [3] **§ 64 Abs. 2 ist entsprechend anzuwenden.**

(2) [1] **Das für die beschließende Genossenschaft erstattete Prüfungsgutachten ist in der Generalversammlung zu verlesen.** [2] **Der Prüfungsverband ist berechtigt, an der Generalversammlung beratend teilzunehmen.**

Schrifttum: Siehe Schrifttum Vor §§ 79–98.

1. Allgemeines

1 In Ergänzung zu §§ 43 ff GenG befasst sich die Vorschrift mit den **Formalien zur Durchführung der Generalversammlung.** Abs 1 ist neu, wie bei § 82 wurde auf die Vorschriften über das Auskunftsrecht der Aktionäre in §§ 63, 64 Bezug genommen. Die Erleichterungen, die das 3. UmwÄndG für die AG bei Vorbereitung und Durchführung der HV gebracht hat (insbes Einsatz des Internets), kommen der eG nicht zugute, insbes sind § 63 III 2, IV nicht entsprechend anzuwenden (so auch Semler/Stengel/*Scholderer* § 82 Rn 33, § 83 Rn 4).

2 Abs 2 führt § 93b II 2, 3 GenG aF inhaltl unverändert fort.

2. Auslage von Unterlagen, Abs 1 S 1

3 In Ergänzung zu § 82 I schreibt **Abs 1 S 1** die Pflicht der eG fest, die in §§ 63 I Nr 1–4, 81 bezeichneten **Unterlagen** in ausreichender Zahl (§ 64 Rn 2 mwN; Semler/Stengel/*Scholderer* Rn 8) auch in der Generalversammlung **zur Einsichtnahme auszulegen** (vom Beginn bis zum Ende der gesamten Versammlung, so

zutr Lutter/*Bayer* Rn 3 mwN; KölnerKommUmwG/*Schöpflin* Rn 3). Adressat der Auslagepflicht ist der Vorstand der eG; eine § 82 II entsprechende Regelung fehlt in § 83, sodass den Mitgliedern kein ausdrückl Recht zur unverzügl und kostenlosen Aushändigung einer Abschrift der Unterlagen während der Generalversammlung zusteht. IRd technischen Möglichkeiten sind auf Verlangen aber auch zu diesem Zeitpunkt Abschriften iSv § 82 II bereitzuhalten oder anzufertigen (§ 82 Rn 4, aA die hM).

3. Mündliche Erläuterung durch den Vorstand, Abs 1 S 2

Um einen effektiven Schutz der Mitglieder zu erreichen, hat der Gesetzgeber auch bei Durchführung der Generalversammlung die bisher nur im Aktienrecht bekannte Verpflichtung des Vorstands statuiert, **den Verschmelzungsvertrag** oder seinen Entwurf **mündl zu erläutern.** Auf § 64 Rn 3–5 wird in vollem Umfang verwiesen. Anschl ist der **Verschmelzungsbericht zu erstatten** (§ 8; vgl § 261 Rn 3 aE; aA Semler/Stengel/*Scholderer* Rn 13). 4

4. Auskunftsrecht der Mitglieder, Abs 1 S 3

Jedes Mitglied hat bzgl der Angelegenheiten seiner eG ein grdsl nur in der Generalversammlung ausübbares **Auskunftsrecht** (Lang/Weidmüller/*Caro* GenG § 43 Rn 32). Diese Rechtsposition wird durch **Abs 1 S 3** für den Fall der Verschm erweitert: Jedem Mitglied ist **auf Verlangen der Generalversammlung** durch den Vorstand Auskunft auch über alle für die Verschm wesentl Angelegenheiten **der anderen** an der Verschm beteiligten Rechtsträger zu geben. Auf die Erläuterung in § 64 Rn 5, 6 wird verwiesen. 5

5. Verlesung des Prüfungsgutachtens, Abs 2 S 1

Diese § 93b II 2 GenG aF entsprechende Vorschrift dient dazu, allen Mitgliedern unmittelbar vor der Beschlussfassung nach § 84 Kenntnis vom Inhalt des Prüfungsgutachtens auch dann zu vermitteln, wenn sie von ihrem Einsichtsrecht nach §§ 82, 83 I keinen Gebrauch gemacht haben. Die Vorschrift bestimmt nicht, **wer** dazu verpflichtet ist, das Prüfungsgutachten zu verlesen. Zweckmäßigerweise wird es sich anbieten, bei Anwesenheit eines **Repräsentanten des Prüfungsverbands** (zum Wahlrecht Rn 8) diesen als Vortragenden zu bestimmen, subsidiär ist der **Vorstand der eG** zur Verlesung verpflichtet. Die Verlesung soll nach Lutter/*Bayer* § 81 Rn 16 die Dauer von einer Stunde nicht überschreiten, vgl zur Darstellung des Gutachtens Semler/Stengel/*Scholderer* Rn 21 ff. Ein Unterlassen oder Verweigern der Verlesung ist ein Grund, den Beschluss iSv § 84 anzufechten und die Unwirksamkeitsklage (Frist: § 14 I) zu erheben (Semler/Stengel/*Scholderer* Rn 42; KölnerKommUmwG/*Schöpflin* Rn 14). Gegenstand der Verlesung ist das komplette Prüfungsgutachten iSv § 81 I, die Prüfungsgutachten anderer an der Verschm beteiligter eG sind nicht zu verlesen. Verlesen iSv Abs 2 S 1 meint die Pflicht zum **wörtl Vortrag,** nur auszugsweise Zitate sind nicht zulässig (wie hier hM, vgl statt aller Lutter/*Bayer* Rn 16). In der Praxis wird weder der Qualität des Gutachtens noch der Pflicht zum Verlesen besondere Aufmerksamkeit geschenkt, vgl Lutter/*Bayer* mit Verweis auf die empirischen Erhebungen in der Dissertation von *Blaschke.* 6

Aus § 83 II 1 folgt auch die Pflicht des Prüfungsverbandes, auf entsprechende Anforderungen ein Gutachten iSv § 81 zu erstellen. Der **Rechtsanspruch auf** 7

Erstattung des Prüfungsgutachtens ist nach § 888 I ZPO zu vollstrecken (Lutter/*Bayer* Rn 18 mwN), der materiell-rechtl Anspruch folgt aus der besonderen Pflichtenverbindung des Prüfungsverbandes nach §§ 54, 55 GenG.

6. Beratende Teilnahme des Prüfungsverbandes, Abs 2 S 2

8 Der Prüfungsverband ist nach **Abs 2 S 2 zur Teilnahme** an der Generalversammlung **berechtigt,** eine dazu korrespondierende **Verpflichtung** besteht aber wohl nicht (aA die hM, vgl KölnerKommUmwG/*Schöpflin* Rn 12 mwN; wie bisher Semler/Stengel/*Scholderer* Rn 39, der zutr auf den eindeutigen Wortlaut von Abs 2 S 2 verweist). Wird – wie übl – vom Recht zur Teilnahme Gebrauch gemacht, steht es dem Prüfungsverband frei, über die Person seines Vertreters zu bestimmen; nicht erforderl ist die Teilnahme desjenigen, der das Prüfungsgutachten iSv § 81 erstellt hat. In der **Aussprache,** die an die Erläuterung des Verschmelzungsvertrags (Abs 1 S 2), die Erstattung des Prüfungsberichts und die Verlesung des Gutachtens (Abs 2 S 1) anschließt, kann der Prüfungsverband jederzeit von seinem Recht nach Abs 2 S 2 Gebrauch machen. Hierbei kann insbes das schriftl Gutachten mündl **näher erläutert** werden, auch besteht ein umfassendes **Recht zur ausführl Antwort** auf entsprechende Fragen der Mitglieder, schließl darf sich der Vertreter des Prüfungsverbandes im umfassenden Sinne an einer etwa stattfindenden **Diskussion beteiligen** (so auch Widmann/Mayer/*Fronhöfer* Rn 24; Semler/Stengel/*Scholderer* Rn 40; Lutter/*Bayer* Rn 19). Damit wird die Intensität der Teilnahme des Prüfungsverbands an der der Beschlussfassung nach § 84 vorausgehenden Aussprache vollständig in das **Ermessen des Prüfungsverbandes** gestellt. Ein Rechtsanspruch der Mitglieder auf Ausführungen durch den Vertreter des Prüfungsverbandes besteht nicht.

§ 84 Beschluß der Generalversammlung

[1]Der Verschmelzungsbeschluß der Generalversammlung bedarf einer Mehrheit von drei Vierteln der abgegebenen Stimmen. [2]Die Satzung kann eine größere Mehrheit und weitere Erfordernisse bestimmen.

Schrifttum: Siehe Schrifttum Vor §§ 79–98.

1 Die Vorschrift führt § 93b I 2 GenG aF fort, sie ist stets in **Zusammenhang mit § 13 I** zu lesen. Vorbehaltl einer strengeren Bestimmung in der Satzung (S 2) bedarf der Verschmelzungsbeschluss der Generalversammlung einer eG – unabhängig davon, ob die eG als übertragender oder übernehmender Rechtsträger fungiert – einer **Mehrheit von drei Vierteln der abgegebenen Stimmen.** Damit enthält § 84 eine von § 43 II GenG abw Bestimmung.

2 Der Zustimmungsbeschluss nach §§ 84, 13 ist zwingende Voraussetzung für die **Wirksamkeit des Verschmelzungsvertrages** (dazu § 4 Rn 6, § 13 Rn 4 ff). In Abweichung zum früher für eG geltenden Verschmelzungsrecht bedarf der Verschmelzungsbeschluss der **notariellen Beurkundung,** § 13 III 1 (dazu § 13 Rn 69 ff).

3 Die Beschlussfassung in **offener Abstimmung** (überzeugend Widmann/Mayer/*Fronhöfer* Rn 6; wie hier auch Lutter/*Bayer* Rn 6; aA Semler/Stengel/*Scholderer* Rn 7, § 83 Rn 32 mwN) richtet sich nach den allg Regeln des GenG, auf § 43 GenG und die Spezialliteratur wird verwiesen. Das Erfordernis eines

Beschlusses der Generalversammlung (bzw der **Vertreterversammlung,** arg § 90 III) ist zwingend, weil es sich bei der Frage der Zustimmung zum Verschmelzungsvertrag nach §§ 13, 84 stets um eine Grundlagenentscheidung handelt; dieser Beschluss kann nur in einer Versammlung der Anteilsinhaber gefasst werden, § 13 I 2. Die **Satzung der eG** kann weder die Beschlussfassung für verzichtbar erklären, noch ist die Übertragung der Entscheidungskompetenz etwa auf den AR oder auf den Vorstand mögl, vgl auch § 43 IV, V GenG. Bei der Vorbereitung der Generalversammlung ist § 82, bei ihrer Durchführung § 83 zu beachten. Ein etwaiger Verstoß hiergegen kann zur **Beschlussanfechtung** (§ 51 GenG) führen.

Voraussetzung eines gültigen Verschmelzungsbeschlusses ist nach S 1 die **relative Dreiviertelmehrheit.** Bei der Berechnung kommt es allein auf die **abgegebenen Stimmen** an, **Stimmenthaltungen** zählen hierbei nicht (§ 65 Rn 7, 8; Lang/Weidmüller/*Cario* GenG § 43 Rn 62 mwN). Entsprechendes gilt für ungültige Stimmen (Beuthien/*Wolff* GenG §§ 2 ff UmwG Rn 36 mwN). **Mehrstimmrechte** sind nach Maßgabe von § 43 III Nr 1 S 3 GenG unbeachtl, eine Ausnahme gilt nur für eG, deren Mitglieder selbst wieder ausschließl oder überwiegend eG sind, § 43 III Nr 3 GenG, vgl Lang/Weidmüller/*Cario* GenG § 43 Rn 70 ff. 4

Eine **Probeabstimmung** kann durchgeführt werden (Semler/Stengel/*Scholderer* Rn 6); ebenso ist eine erneute Beratung und Abstimmung zulässig, wenn bei der ersten Beschlussfassung die erforderl Mehrheit nicht zustande gekommen ist (Semler/Stengel/*Scholderer* Rn 12; Widmann/Mayer/*Fronhöfer* Rn 9; zweifelnd Lutter/*Bayer* Rn 6). 5

Das gesetzl Mehrheitserfordernis von S 1 stellt die Mindestanforderung dar. Die Satzung kann gem S 2 die Notwendigkeit einer **größeren Mehrheit** (bis zur Einstimmigkeit) und weitere Erfordernisse bestimmen. Derartige **weitere Erfordernisse** können besondere Bestimmungen zur Beschlussfähigkeit der Generalversammlung sein (etwa Anwesenheitsquorum, Semler/Stengel/*Scholderer* Rn 21 mwN), ein gänzl **Ausschluss der Verschm** kann in der Satzung hingegen zulässigerweise nicht vereinbart werden. Sofern die Satzung für eine Satzungsänderung erhöhte Anforderungen an die Mehrheitsverhältnisse aufstellt, ist durch Auslegung zu ermitteln, ob diese Erschwerung auch für den Verschmelzungsbeschluss gelten soll. Entsprechendes gilt für Bestimmungen über die Auflösung der eG (zutr Widmann/Mayer/*Fronhöfer* Rn 19; weitergehend Lutter/*Bayer* Rn 10; Semler/Stengel/*Scholderer* Rn 20). 6

Der Verschmelzungsvertrag oder sein Entwurf ist dem Verschmelzungsbeschluss als Anlage beizufügen, § 13 III 2. Auf **Verlangen** hat die eG jedem Mitglied auf dessen Kosten unverzügl (§ 121 I BGB) eine **Abschrift des Vertrages** und der Niederschrift des Beschlusses zu erteilen, § 13 III 3; die Kostenregelung von § 82 II gilt hierfür nicht, der Anwendungsbereich dieser Vorschrift erstreckt sich auf die Zeit vor Fassung des Verschmelzungsbeschlusses (Semler/Stengel/*Scholderer* Rn 17). 7

§ 85 Verbesserung des Umtauschverhältnisses

(1) **Bei der Verschmelzung von Genossenschaften miteinander ist § 15 nur anzuwenden, wenn und soweit das Geschäftsguthaben eines Mitglieds in der übernehmenden Genossenschaft niedriger als das Geschäftsguthaben in der übertragenden Genossenschaft ist.**

(2) **Der Anspruch nach § 15 kann auch durch Zuschreibung auf das Geschäftsguthaben erfüllt werden, soweit nicht der Gesamtbetrag der**

Geschäftsanteile des Mitglieds bei der übernehmenden Genossenschaft überschritten wird.

Schrifttum: Siehe Schrifttum Vor §§ 79–98.

1 Die Vorschrift gilt nur bei einer **reinen Verschm unter eG** oder bei einer **Mischverschmelzung** für das Verhältnis einer oder mehrerer übertragender eG zur aufnehmenden eG. Die Abweichung von § 15, der die Verbesserung des Umtauschverhältnisses durch verzinsl bare Zuzahlung ermöglicht, ist für diese Verschmelzungsvarianten gerechtfertigt; durch die Erfüllung des Nachbesserungsanspruch nach § 15 könnte das beschwerte Mitglied aus Anlass der Verschm sonst näml eine Beteiligung an den Rücklagen und dem sonstigen Verm der übertragenden eG erhalten, die ihm beim Ausscheiden durch Ausschlagung (§§ 90 ff) gerade nicht zusteht (RegEBegr BR-Drs 75/94 zu § 85). Ob diese eindeutige Entscheidung des Gesetzgebers richtig ist, kann mit guten Gründen bezweifelt werden. Die gesetzl Regelung kann zu einer **unangemessenen Benachteiligung** führen (zutr Lutter/*Bayer* Rn 5, 7; § 87 Rn 33 ff mwN; Widmann/Mayer/*Fronhöfer* Rn 24; aA Semler/Stengel/*Scholderer* Rn 5; § 87 Rn 52 ff und ausführl § 80 Rn 32 ff; ebenso KölnerKommUmwG/*Schöpflin* Rn 6 ff), die angesichts auch der Rspr des BVerfG zur Eigentumsgarantie bei Verschm (ZIP 1999, 1436 mit Anm *Wilken;* dazu ausführl § 5 Rn 6 und Rn 49 ff) und beim aktienrechtl Spruchverfahren (ZIP 1999, 532 mit Anm *Neye* EWiR 1999, 459; dazu § 20 Rn 42) kaum hinnehmbar ist.

2 Das **Geschäftsguthaben** ist nicht identisch mit dem Geschäftsanteil iSv § 7 Nr 1 GenG, es stellt vielmehr den Betrag dar, der tats auf den oder die Geschäftsanteile eingezahlt (oder durch Gutschriften aus Gewinnanteilen bzw Rückvergütungen zugebucht) ist. Für eine Bew der Geschäftsguthaben ist kein Raum; der „innere Wert" (unter Einbeziehung stiller Reserven) des Unternehmens kommt gerade nicht zum Ausdruck, was auch § 73 GenG betreffend die Auseinandersetzung mit einem ausgeschiedenen Mitglied belegt (Lang/Weidmüller/*Schulte* § 7 Rn 5 ff). Im Ggs dazu unterliegt § 15 dem Leitbild des vollständigen Wertausgleichs (dazu § 15 Rn 13 ff), deshalb wird diese Vorschrift durch Abs 1 in ihrem Anwendungsbereich eingeschränkt.

3 Eine **bare Zuzahlung oder eine Zuschreibung nach Abs 2** ist deshalb nur zulässig, wenn und soweit das Geschäftsguthaben eines Mitglieds in der übernehmenden eG niedriger als sein bisheriges Geschäftsguthaben in der übertragenden eG ist. Die hierfür maßgebl Werte lassen sich aus der **Schlussbilanz der übertragenden eG** (§§ 17 II, 80 II) und der Bilanz der übernehmenden eG nach der Verschm (die normale Jahresbilanz, nicht eine gesonderte Eröffnungsbilanz, vgl Semler/Stengel/*Scholderer* Rn 13 Fn 32) entnehmen. **Abs 1** verweist auch auf **§ 15 I HS 2,** der die Höhe der baren Zuzahlung auf den **10. Teil des Gesamtnennbetrags** der gewährten Anteile begrenzt. Für die Festsetzung der baren Zuzahlung im Spruchverfahren nach dem SpruchG gilt dies jedoch nicht (§ 15 Rn 28–30).

4 Da das Geschäftsguthaben Bestandteil des EK der eG ist (Lang/Weidmüller/*Schulte* GenG § 7 Rn 29 ff), sieht Abs 2 als Alt zur baren Zuzahlung nach § 15 die Zuschreibung auf das Geschäftsguthaben bei der übernehmenden eG vor. Dadurch wird eine Abschmelzung des EK der eG vermieden (RegEBegr BR-Drs 75/94 zu § 85).

§ 86 Anlagen der Anmeldung

(1) **Der Anmeldung der Verschmelzung ist außer den sonst erforderlichen Unterlagen auch das für die anmeldende Genossenschaft erstattete Prüfungsgutachten in Urschrift oder in öffentlich beglaubigter Abschrift beizufügen.**

(2) **Der Anmeldung zur Eintragung in das Register des Sitzes des übernehmenden Rechtsträgers ist ferner jedes andere für eine übertragende Genossenschaft erstattete Prüfungsgutachten in Urschrift oder in öffentlich beglaubigter Abschrift beizufügen.**

1 In **Ergänzung von § 17** schreibt **Abs 1** die Pflicht des anmeldenden Vorstands (§ 16, nach Änderung von § 157 GenG jetzt in vertretungsberechtigter Zahl, zutr Semler/Stengel/*Scholderer* Rn 3; KölnerKommUmwG/*Schöpflin* Rn 3) der eG vor, das nach § 81 erstattete **Prüfungsgutachten** in Urschrift oder in öffentl-beglaubigter Abschrift beizufügen. Damit wird die Pflicht zur Einreichung des Prüfungsberichts bzw der Verzichtserklärungen in § 17 ersetzt.

2 **Abs 2** geht über die frühere Regelung von § 93d II GenG aF hinaus. Für Fälle der **Mischverschmelzung** soll stets gewährleistet sein, dass auch bei der Anmeldung zur Eintragung in das Register des Sitzes des übernehmenden Rechtsträgers (ggf anderer Rechtsform) das Prüfungsgutachten jeder der an der Verschm beteiligten eG in Urschrift oder in öffentl beglaubigter Abschrift beigefügt wird. Adressat dieser Verpflichtung sind die Mitglieder des Vertretungsorgans des übernehmenden Rechtsträgers, eine **§ 16 I 2** vglbare Berechtigung der Vorstände der übertagenden eG besteht nicht. Aus Abs 2 lässt sich somit die auch dem Verschmelzungsvertrag inne liegende **Pflicht der Vorstände der beteiligten eG** zur Überlassung des Gutachtens zwecks Einreichung zum Register des übernehmenden Rechtsträgers entnehmen; bei Missachtung dieser Verpflichtung droht neben der Herausgabeklage auch die Schadensersatzpflicht der Vorstandsmitglieder der beteiligten eG nach §§ 25 ff.

§ 87 Anteilstausch

(1) [1] **Auf Grund der Verschmelzung ist jedes Mitglied einer übertragenden Genossenschaft entsprechend dem Verschmelzungsvertrag an dem übernehmenden Rechtsträger beteiligt.** [2] **Eine Verpflichtung, bei einer übernehmenden Genossenschaft weitere Geschäftsanteile zu übernehmen, bleibt unberührt.** [3] **Rechte Dritter an den Geschäftsguthaben bei einer übertragenden Genossenschaft bestehen an den Anteilen oder Mitgliedschaften des übernehmenden Rechtsträgers anderer Rechtsform weiter, die an die Stelle der Geschäftsanteile der übertragenden Genossenschaft treten.** [4] **Rechte Dritter an den Anteilen oder Mitgliedschaften des übertragenden Rechtsträgers bestehen an den bei der übernehmenden Genossenschaft erlangten Geschäftsguthaben weiter.**

(2) [1] **Übersteigt das Geschäftsguthaben, das das Mitglied bei einer übertragenden Genossenschaft hatte, den Gesamtbetrag der Geschäftsanteile, mit denen es nach Absatz 1 bei einer übernehmenden Genossenschaft beteiligt ist, so ist der übersteigende Betrag nach Ablauf von sechs Monaten seit dem Tage, an dem die Eintragung der Verschmelzung in das Register des Sitzes der übernehmenden Genossenschaft nach § 19 Abs. 3**

bekannt gemacht worden ist, an das Mitglied auszuzahlen; die Auszahlung darf jedoch nicht erfolgen, bevor die Gläubiger, die sich nach § 22 gemeldet haben, befriedigt oder sichergestellt sind. [2] Im Verschmelzungsvertrag festgesetzte bare Zuzahlungen dürfen nicht den zehnten Teil des Gesamtnennbetrags der gewährten Geschäftsanteile der übernehmenden Genossenschaft übersteigen.

(3) **Für die Berechnung des Geschäftsguthabens, das dem Mitglied bei einer übertragenden Genossenschaft zugestanden hat, ist deren Schlußbilanz maßgebend.**

Schrifttum: Siehe Schrifttum Vor §§ 79–98.

1. Allgemeines

1 Bis auf eine Regelung der Rechte Dritter an den Anteilen der übertragenden Rechtsträger (Abs 1 S 2, 3) entspricht § 87 der Vorgängerregelung von § 93h II–IV GenG aF. **Abs 1, 3** gelten sowohl für die reine Verschm unter eG als auch für die Mischverschmelzung, der durch das EHUG (dazu Einf Rn 28) im Reflex von § 19 III geänderte **Abs 2** befasst sich mit der Gewährung der baren Zuzahlung (vgl auch § 85) bei der Verschm unter eG. § 87 ist stets **im Zusammenhang mit § 20 I Nr 3** zu lesen, diese Grundnorm des allg Verschmelzungsrechts wird durch Abs 1–3 konkretisiert. Eine weitere Sondervorschrift zu § 20 I Nr 3 findet sich für den Fall der Aufnahme von KapGes und rechtsfähigen Vereinen durch eine eG in **§ 88.**

2. Beteiligung am übernehmenden Rechtsträger, Abs 1 S 1

2 Der Verschmelzungsvertrag (§§ 4, 5, 80) selbst führt auch nach Eintritt seiner Wirksamkeit (durch Abfassung aller notw Zustimmungsbeschlüsse iSv § 13 I) noch nicht zum Eintritt der **Verschmelzungswirkungen** iSv § 20 I. Diese treten erst infolge der Eintragung nach § 19 ein. **Abs 1 S 1** stellt nochmals klar, dass das Ausmaß dieser dingl Wirkung von den entsprechenden Regelungen im Verschmelzungsvertrag (Umtauschverhältnis iSv § 5 I Nr 3, ergänzt durch die Sonderregelung gem § 80) abhängt. Unzulässig ist es, dem Mitglied einer übertragenden eG am übernehmenden Rechtsträger keinen Anteil zuzugestehen, ihn also nur nach Abs 2 abzufinden; die bare Zuzahlung dient nur dem Ausgleich eines etwa entstehenden Wertverlusts, sie ersetzt den **notw Anteilstausch** nicht. Für die Anwendung von Abs 1 S 1 kommt es nicht auf die Rechtsform des übernehmenden Rechtsträgers an, alle in § 3 I genannten Rechtsträger (Einschränkung: § 79 Rn 3) unterfallen dieser Vorschrift. Grundlage für die maßgebl Regelung des Verschmelzungsvertrages über die Höhe des Anteils am übernehmenden Rechtsträger ist zum einen das **Geschäftsguthaben,** das dem Mitglied bei der übertragenden eG zugestanden hat (Abs 3), zum anderen der Wert des übernehmenden Rechtsträgers nach der Verschm bzw der dem einzelnen Mitglied zugestandene Anteil. Auf den **tats Wert des Geschäftsanteils,** den ein Mitglied einer übertragenden eG innehat, kommt es nur bei der **Mischverschmelzung,** also der Aufnahme der eG durch einen Rechtsträger anderer Rechtsform, an (dazu krit § 85 Rn 1 aE). In diesem Fall muss der durch Anteilstausch erworbene Anteil am übernehmenden Rechtsträger **wirtschaftl Äquivalent** für den durch den Geschäftsanteil an der übertragenden eG repräsentierten Teil am Gesamtwert des Unternehmens sein. Würde auch im Fall der Mischverschmelzung nur auf den

Nominalbetrag des Geschäftsguthabens abgestellt, hätte dies idR zur Folge, dass die übrigen Anteilsinhaber des übernehmenden Rechtsträgers nach der Verschm zu Unrecht von dem wesentl höheren Wert des eingebrachten Verm profitieren.

3. Verschmelzung unter eG, Abs 1 S 2

Ist der **übernehmende Rechtsträger ebenfalls eG,** ergänzt **Abs 1 S 2** die Grundregel von Abs 1 S 1. Die Mitglieder der übertragenden eG sind bei der übernehmenden eG mit **mindestens einem Geschäftsanteil** beteiligt. IÜ sind sie mit so vielen Geschäftsanteilen zu beteiligen, wie das nach Abs 3 maßgebl Geschäftsguthaben dies erfordert (vgl auch § 93h II 1, 2 GenG aF). Sofern die Satzung der übernehmenden eG die Mitglieder zur Übernahme von mehr als einem Geschäftsanteil zwingend verpflichtet, bleibt diese Bestimmung durch die Wirkungen des Anteilstauschs nach §§ 20 I Nr 3, 87 unberührt. Die **Zahl der zu übernehmenden Geschäftsanteile** richtet sich auch in diesem Fall nach dem ursprüngl innegehabten Geschäftsguthaben (Abs 3), dieses wird den zu übernehmenden Geschäftsanteilen jew zugerechnet (wobei das Prinzip der Volleinzahlung zu beachten ist, zutr Semler/Stengel/*Scholderer* Rn 28). IÜ wird auf § 80 Rn 6 ff verwiesen. 3

4. Dingliche Surrogation, Abs 1 S 3, 4

Die Grundregel von § 20 I Nr 3 S 2, die eine „normale" **dingl Surrogation** vorsieht, hilft bei einer **Mischverschmelzung unter Beteiligung von eG** nicht weiter. Der Geschäftsanteil des Mitglieds einer übertragenden eG ist gerade nicht übertragbar, deshalb scheidet auch die Begr von **Rechten Dritter** am Geschäftsanteil aus. Im Ggs dazu darf das **Geschäftsguthaben** mit Rechten Dritter verbunden, uU auch belastet werden (arg § 22 IV GenG; zumindest kann eine „Verpfändung des Geschäftsguthabens" in eine stets zulässige Verpfändung des Auseinandersetzungsguthabens umgedeutet werden, Lang/Weidmüller/*Schulte* GenG § 22 Rn 12; Lutter/*Bayer* Rn 41 mwN; KölnerKommUmwG/*Schöpflin* Rn 26 ff). Dem Anteilstausch iSv § 87 I unterfällt hingegen der Geschäftsanteil („. . . die an die Stelle der Geschäftsanteile der übertragenden Genossenschaft treten", Abs 1 S 3); das Geschäftsguthaben ist nach Abs 3 nur noch für die Berechnung der Höhe der Beteiligung am übernehmenden Rechtsträger von Bedeutung, an den Wirkungen der Verschm nimmt es nicht teil, es geht ersatzlos unter. 4

Abs 1 S 3, 4 bestimmt demgemäß den „Austausch" des Gegenstandes „Geschäftsguthaben" gegen den künftigen Bezug für Rechte Dritter „Anteil oder Mitgliedschaft am übernehmenden Rechtsträger" (Abs 1 S 3); im umgekehrten Fall (Abs 1 S 4) setzen sich wirksam begründete Rechte Dritter an den Anteilen und Mitgliedschaften des übertragenden Rechtsträgers am Geschäftsguthaben bei der übernehmenden eG fort. Inwieweit diese Rechte während des Bestehens der eG und der Mitgliedschaft realisierbar sind, richtet sich nach dem für die eG geltenden Recht und nach den für die fortbestehenden Rechte maßgebl Vorschriften. Man wird mit guten Gründen einer Verwertung eines etwa bestehenden Pfandrechts eines Dritten nur iRd **entsprechenden Anwendung von § 66 GenG** zustimmen können. Am Grds, dass das eigentl Geschäftsguthaben nicht als Sicherung hingegeben werden darf, wollte der Gesetzgeber durch Abs 1 S 3, 4 wohl ebenso wenig ändern wie bei der Vorgängerregelung von § 385p I 3 AktG aF. Unter Rechten Dritter iSv Abs 1 S 3, 4 müssen nicht notwendigerweise Pfandrechte verstanden werden, darunter fallen auch alle Formen des **Nießbrauchs** 5

(KölnerKommUmwG/*Schöpflin* Rn 28). **Unterbeteiligungen,** Vorkaufsrechte etc gehen nicht automatisch über, vielmehr sind die vertragl Regeln maßgebl, vgl §§ 20 Rn 20, 113 ff mwN; vgl auch Semler/Stengel/*Scholderer* Rn 40 mwN).

5. Bare Zuzahlung, Abs 2

6 **Abs 2** behandelt den Fall der **Verschm einer eG auf eine andere eG.** Führt die Umsetzung des im Verschmelzungsvertrag Geregelten (Abs 1 S 1) dazu, dass das Geschäftsguthaben des Mitglieds bei der übertragenden eG nicht vollständig durch die ihm im Wege des Anteilstauschs zugewendeten Geschäftsanteile an der übernehmenden eG ausgeglichen wird, steht ihm (für die Mitglieder der übernehmenden eG gilt dies nicht, vgl Lutter/*Bayer* Rn 39 mwN, insoweit ist der Wertausgleich durch Abschläge auf die Geschäftsguthaben der Mitglieder der übernehmenden eG herzustellen) bzgl der Diff grdsl ein **Anspruch auf Gewährung barer Zuzahlung zu.** Die bare Zuzahlung wird sechs Monate nach Wirksamwerden der Verschm (§ 20 I) zur Auszahlung **fällig.** Die Auszahlung darf jedoch **nicht vor Befriedigung oder Sicherstellung der Gläubiger** iRv § 22 erfolgen, **Abs 2 S 1 HS 2.** Die bare Zuzahlung dient damit in erster Linie dem **Spitzenausgleich,** deshalb begrenzt **Abs 2 S 2** den Gesamtbetrag aller gewährten baren Zuzahlungen auf den 10. Teil des Gesamtnennbetrags der gewährten Geschäftsanteile. Diese Einschränkung ist allerdings nur einschlägig, wenn die bare Zuzahlung sich bereits aus den Festsetzungen des Verschmelzungsvertrags (§ 80) ergibt, bei einer Erhöhung der baren Zuzahlung durch das Gericht iRv §§ 15, 85, 305–312 ist Abs 2 S 2 nicht zu beachten. Vgl iÜ §§ 54 IV, 68 III und Erläuterung dort.

6. Maßgeblichkeit des Geschäftsguthabens, Abs 3

7 Die Mitglieder einer übertragenden eG haben an den stillen Reserven des Unternehmens nicht teil, aus der Sicht der Genossenschaft und der Mitglieder sind die **Geschäftsguthaben** jew fix zum Nominalbetrag anzusetzen (dazu krit § 85 Rn 1 aE mwN). Der verbindl Wertansatz erfolgt in der **Schlussbilanz** (§ 17 II) der übertragenden eG; diese Schlussbilanz muss – anders als bei § 80 II – bei Eintritt der Wirkungen der Verschm durch Eintragung (§ 19) vorliegen, sie ist notw Anlage zur Anmeldung der Registereintragung, § 17 (dort auch zum Acht-Monats-Zeitraum). Geschäftsguthaben, die nach dem Zeitpunkt der Schlussbilanz durch Zeichnung neuer oder weiterer Geschäftsanteile bei der übertragenden eG entstanden sind, werden von Abs 3 nicht erfasst. In diesem Fall ist der Nominalbetrag des gezahlten Geschäftsguthabens maßgebl, denn Wertveränderungen nach dem Stichtag der Schlussbilanz sollen nach Maßgabe von Abs 3 keine Beachtung finden (vgl Semler/Stengel/*Scholderer* Rn 53; KölnerKommUmwG/*Schöpflin* Rn 19; iE auch Beuthien/*Wolff* GenG §§ 2 ff UmwG Rn 70).

8 Bei der Verschm unter Beteiligung von eG als übertragender und aufnehmender Rechtsträger (vgl Abs 2) wird allein das Geschäftsguthaben ersetzt. Bei Aufnahme durch einen Rechtsträger anderer Rechtsform gilt dies nicht (Rn 2), hier wird – ähnl wie bei § 91 GenG – eine Teilhabe am tats Unternehmenswert der eG durch den Anteilstausch erreicht. Die **Ungleichbehandlung** ist bedenkl (Lutter/*Bayer* Rn 32 ff; siehe § 85 Rn 1 aE).

§ 88 Geschäftsguthaben bei der Aufnahme von Kapitalgesellschaften und rechtsfähigen Vereinen

(1) [1] **Ist an der Verschmelzung eine Kapitalgesellschaft als übertragender Rechtsträger beteiligt, so ist jedem Anteilsinhaber dieser Gesellschaft als Geschäftsguthaben bei der übernehmenden Genossenschaft der Wert der Geschäftsanteile oder der Aktien gutzuschreiben, mit denen er an der übertragenden Gesellschaft beteiligt war.** [2] **Für die Feststellung des Wertes dieser Beteiligung ist die Schlußbilanz der übertragenden Gesellschaft maßgebend.** [3] **Übersteigt das durch die Verschmelzung erlangte Geschäftsguthaben eines Mitglieds den Gesamtbetrag der Geschäftsanteile, mit denen es bei der übernehmenden Genossenschaft beteiligt ist, so ist der übersteigende Betrag nach Ablauf von sechs Monaten seit dem Tage, an dem die Eintragung der Verschmelzung in das Register des Sitzes der übernehmenden Genossenschaft nach § 19 Abs. 3 bekannt gemacht worden ist, an das Mitglied auszuzahlen; die Auszahlung darf jedoch nicht erfolgen, bevor die Gläubiger, die sich nach § 22 gemeldet haben, befriedigt oder sichergestellt sind.**

(2) **Ist an der Verschmelzung ein rechtsfähiger Verein als übertragender Rechtsträger beteiligt, so kann jedem Mitglied dieses Vereins als Geschäftsguthaben bei der übernehmenden Genossenschaft höchstens der Nennbetrag der Geschäftsanteile gutgeschrieben werden, mit denen es an der übernehmenden Genossenschaft beteiligt ist.**

Schrifttum: Siehe Schrifttum Vor §§ 79–98.

1. Allgemeines

1 Die Vorschrift wurde wegen der nach der Umwandlungsreform mögl **Mischverschmelzung** 1994 neu eingeführt neu, sie ergänzt § 20 I Nr 3 über die Wirkungen der Verschm für den Anteilstausch. Anders als bei § 87 tritt die **eG** hier nicht als übertragender, sondern **als übernehmender Rechtsträger** auf. Die Vorschrift beantwortet die Frage, wie das Geschäftsguthaben der Anteilsinhaber von übertragenden KapGes und rechtsfähigen Vereinen bei der übernehmenden eG zu ermitteln ist. Für die PhG (§ 3 I Nr 1) gibt es keine Sonderregelung, dort gilt allein § 20 I Nr 3.

2. Kapitalgesellschaft als übertragender Rechtsträger, Abs 1

2 Zunächst gilt der Grundgedanke von §§ 5 I Nr 3, 20 I Nr 3 (dazu § 5 Rn 6 ff). Der Anteilsinhaber einer übertragenden KapGes soll durch den Anteilstausch **keinen Wertverlust** erleiden. Das ihm nach der Verschm zukommende **Geschäftsguthaben** bei der übernehmenden eG muss, ggf zusammen mit einer daneben gewährten baren Zuzahlung, vollständiges **wirtschaftl Äquivalent** zum untergegangenen Anteil am übertragenden Rechtsträger sein. **Abs 1 S 2** formuliert missverständl, dass für die „Feststellung des Wertes dieser Beteiligung" maßgebl Grundlage die Schlussbilanz der übertragenden KapGes sein soll. Damit sollte aber nur zum Ausdruck gebracht werden, dass für die Wertberechnung der **Stichtag der Umwandlungsbilanz** maßgebend ist (RegEBegr BR-Drs 75/94 zu § 88 I), nicht aber auch, dass – wie dies bei der übertragenden eG rechtsformspezifisch ausnahmsweise der Fall sein kann (dazu § 87 Rn 2) –, etwaige **stille Reser-**

ven bei dieser Bew nicht zu berücksichtigen seien. Der Anteilsinhaber einer übertragenden KapGes hat vor Wirksamwerden der Verschm an den stillen Reserven seines Unternehmens partizipiert, dieser zusätzl Wert muss sich deshalb auch im Geschäftsguthaben bei der übernehmenden eG niederschlagen.

3 Gerade hier wird der Regelungsgehalt von § 79 deutl: Durch eine **rechtzeitige Änderung der Satzung** der übernehmenden eG soll die Möglichkeit geschaffen werden, den Anteilsinhabern der übertragenden KapGes eine **Vielzahl von Geschäftsanteilen** zuwenden zu können (zum Ganzen auch KölnerKommUmwG/*Schöpflin* Rn 3 ff; Semler/Stengel/*Scholderer* Rn 6 ff; dort auch jew zur Gefahr des Übergewichts der Nennmitglieder, wenn bei der übernehmenden eG nicht vor der Verschm die stillen Reserven und Rücklagen zu Gunsten der Altmitglieder aufgelöst werden). Geschieht dies nicht, sieht Abs 1 S 3 zwingend eine **Barauszahlung des überschießenden Betrages** durch die übernehmende eG vor. Der Auszahlungsbetrag ermittelt sich aus der Wertdifferenz zwischen dem zugestandenen Geschäftsguthaben (also dem Äquivalent des Wertes des ursprüngl innegehabten Anteils an der übertragenden KapGes) und dem Gesamtbetrag der dem Anteilsinhaber zugestandenen Geschäftsanteile. Bei falscher Gestaltung kann dies dazu führen, dass die übernehmende eG durch die bare Zuzahlung nach Abs 1 S 3 wirtschaftl am Weiterleben gehindert wird, eine Begrenzung der baren Zuzahlung entsprechend § 87 II kennt § 88 nicht. Für die Fälligkeit des Auszahlungsbetrages und die Beachtung der Gläubigerschutzvorschrift von § 22 enthält Abs 1 S 3 hingegen eine § 87 II vglbare Regelung, vgl dort Rn 6.

3. Rechtsfähiger Verein als übertragender Rechtsträger, Abs 2

4 Das Privileg von Abs 1 soll den Mitgliedern eines **übertragenden rechtsfähigen Vereins** nicht zugute kommen, weil sie – ähnl wie die Mitglieder einer eG – nicht anteilsmäßig an dem Wert ihres Unternehmens partizipieren (RegEBegr BR-Drs 75/94 zu § 88 II). Bei einem entsprechend hohen Wert des eingebrachten Verm ist durch eine Änderung der Satzung iRv § 79 dafür Sorge zu tragen, dass der Nennbetrag der iRd Anteilstauschs gewährten Geschäftsanteile das zu beanspruchende Geschäftsguthaben nicht unterschreitet. Eine bare Zuzahlung als Spitzenausgleich ist nicht zulässig (Semler/Stengel/*Scholderer* Rn 16).

4. Rechtsträger anderer Rechtsformen als übertragende Rechtsträger

5 **Abs 1** ist als Privileg der an der Verschm beteiligten Rechtsträger zu verstehen, der übernehmenden eG wird ein erhöhtes Maß an Flexibilität zugestanden. Diese Sondervorschrift ist nur einschlägig, wenn und soweit eine **KapGes** (Legaldefinition in § 3 I Nr 2: GmbH, AG, KGaA) übertragender Rechtsträger ist.

6 Dementsprechend verbleibt es bei den anderen Rechtsträgern, also bei **PhG/PartGes,** bei der Grundregel von § 20 I Nr 3: Der Wert des ursprüngl innegehabten Anteils am übertragenden Rechtsträger ist vollständig durch das Geschäftsguthaben an der übernehmenden eG zu ersetzen; übersteigt der Nominalbetrag dieses Geschäftsguthabens den Betrag der gewährten Geschäftsanteile, ist das Geschäftsguthaben gleichwohl auf die gewährten Geschäftsanteile zu buchen. Der überschießende Betrag darf **nicht zur Auszahlung** gelangen, er ist in der übernehmenden eG als EK gebunden (aA die **hM,** Lutter/*Bayer* Rn 8 mwN; KölnerKommUmwG/*Schöpflin* Rn 11; diff Semler/Stengel/*Scholderer* Rn 11). In diesem Fall wird der betroffene Anteilsinhaber der übertragenden

PhG/PartGes aber zu Recht im Rahmen des Spruchverfahrens geltend machen können, seine Mitgliedschaft bei der übernehmenden eG sei kein ausreichender Gegenwert für den hingegebenen Anteil (§ 15 I), was iE – aber nur bei rechtzeitigem Antrag (§ 15 Rn 5) – zu einer Auszahlung des überschießenden Betrags führt (ähnl Semler/Stengel/*Scholderer* Rn 17 aE). Für den **rechtsfähigen Verein** gilt die Sonderregelung von Abs 2.

§ 89 Eintragung der Genossen in die Mitgliederliste; Benachrichtigung

(1) [1]**Die übernehmende Genossenschaft hat jedes neue Mitglied nach der Eintragung der Verschmelzung in das Register des Sitzes der übernehmenden Genossenschaft unverzüglich in die Mitgliederliste einzutragen und hiervon unverzüglich zu benachrichtigen.** [2]**Sie hat ferner die Zahl der Geschäftsanteile des Mitglieds einzutragen, sofern das Mitglied mit mehr als einem Geschäftsanteil beteiligt ist.**

(2) **Die übernehmende Genossenschaft hat jedem Anteilsinhaber eines übertragenden Rechtsträgers, bei unbekannten Aktionären dem Treuhänder der übertragenden Gesellschaft, unverzüglich in Textform mitzuteilen:**

1. **den Betrag des Geschäftsguthabens bei der übernehmenden Genossenschaft;**
2. **den Betrag des Geschäftsanteils bei der übernehmenden Genossenschaft;**
3. **die Zahl der Geschäftsanteile, mit denen der Anteilsinhaber bei der übernehmenden Genossenschaft beteiligt ist;**
4. **den Betrag der von dem Mitglied nach Anrechnung seines Geschäftsguthabens noch zu leistenden Einzahlung oder den Betrag, der ihm nach § 87 Abs. 2 oder nach § 88 Abs. 1 auszuzahlen ist, sowie**
5. **den Betrag der Haftsumme der übernehmenden Genossenschaft, sofern deren Mitglieder Nachschüsse bis zu einer Haftsumme zu leisten haben.**

Schrifttum: Siehe Schrifttum Vor §§ 79–98.

1 Die Vorschrift führt § 93i GenG aF unter Berücksichtigung der jetzt gegebenen Möglichkeit der Mischverschmelzung fort. Durch **Abs 1** soll die Pflicht der eG iRv **§ 30 GenG** für den Bereich der Verschm konkretisiert werden, die Information nach **Abs 2** bezweckt die Aufklärung der neuen Mitglieder über den Inhalt der ihnen zustehenden Rechte und die Tragweite der von ihnen zu erfüllenden Pflichten. Die von § 89 geforderten Handlungen sind durch „die übernehmende Gen" auszuführen, damit steht der **Vorstand der eG** in der Pflicht, §§ 26, 30 GenG. Die Pflicht zur Anmeldung der Eintragung in die Liste der Mitglieder der übernehmenden Gen, wie sie noch in § 93i I GenG aF vorgesehen war, ist ersatzlos entfallen. Diese Änderung zum früheren Recht ist durch die Neufassung von § 30 GenG durch das RegVBG vom 20.12.1993 verursacht. Die **Liste der Mitglieder** wird nicht mehr beim Registergericht, sondern ausschließl bei der Gen geführt.

2 Nach Eintritt der Verschmelzungswirkungen von § 20 I durch die Eintragung der Verschm in das Register des Sitzes der übernehmenden eG (§ 19) ist die bei dieser eG vorhandene **Mitgliederliste unverzügl** (ohne schuldhaftes Zögern,

§ 121 BGB) **auf den neuesten Stand** zu bringen; die Mitglieder sind entsprechend zu benachrichtigen (die Eintragung in die Mitgliederliste ist nur deklaratorisch, vgl Lutter/*Bayer* Rn 5 mwN). Bei Beteiligung von Mitgliedern mit mehr als einem Geschäftsanteil ist Abs 1 S 2 zu beachten. Bei Nichteinhaltung dieser Verpflichtungen droht die **Festsetzung von Zwangsgeld** nach § 160 I GenG; dort ist zwar § 89 nicht erwähnt, der Bestimmtheitsgrundsatz dürfte gleichwohl beachtet sein, weil § 89 nur ein besonderer Ausfluss der nach § 30 GenG bestehenden und in § 160 I GenG erwähnten Verpflichtung ist (hM, vgl Semler/Stengel/*Scholderer* Rn 4 mwN).

3 Die **individuellen Mitteilungen** an die Anteilsinhaber der übertragenden Rechtsträger müssen zusätzl die in **Abs 2** aufgelisteten Angaben enthalten. Dadurch soll den Anteilsinhabern zum einen ihre Rechtsstellung verdeutlicht, zum anderen die Prüfung bzgl eines Vorgehens nach §§ 15, 85 oder der Erklärung der Ausschlagung nach §§ 90 ff ermöglicht werden. Für die von *Hettrich/Pöhlmann* (GenG 1. Aufl 1995, § 89 UmwG Rn 2 aE, inzwischen nicht mehr aufrechterhalten) vorgeschlagene Lösung, die Ausschlagungsfrist von § 91 erst mit der vollständigen Mitteilung in Textform (§ 126b BGB) nach Abs 2 beginnen zu lassen, findet sich kein gesetzl Anhaltspunkt (wie hier allg Ansicht, vgl Lutter/*Bayer* Rn 9 mwN). Die **Ausschlagungsfrist** beginnt unabhängig vom Vorliegen einer qualifizierten Mitteilung iSv Abs 2 mit Vollzug der Bekanntmachung nach dem durch das EHUG geänderten § 19 III. Der richtige Weg führt hier über **§ 27:** Der zur Mitteilung verpflichtete Vorstand hat eine verzögerte Mitteilung und die damit uU eintretenden Vermögensschäden bei den Anteilsinhabern der übertragenden Rechtsträger zu verantworten (aA KölnerKommUmwG/*Schöpflin*: Haftung nur der eG, Haftung des Vorstands allein im Innenverhältnis; der sachl Zshg der Pflicht aus Abs 2 mit der Verschm dürfte aber gegeben sein, vgl KölnerKommUmwG/*Simon* § 27 Rn 7). Soweit übertragender Rechtsträger eine **AG oder eine KGaA** ist, tritt an die Stelle der unbekannten Aktionäre (§ 35) der zwingend zu bestellende **Treuhänder** (§ 71).

§ 90 Ausschlagung durch einzelne Anteilsinhaber

(1) **Die §§ 29 bis 34 sind auf die Mitglieder einer übertragenden Genossenschaft nicht anzuwenden.**

(2) **Auf der Verschmelzungswirkung beruhende Anteile und Mitgliedschaften an dem übernehmenden Rechtsträger gelten als nicht erworben, wenn sie ausgeschlagen werden.**

(3) [1] **Das Recht zur Ausschlagung hat jedes Mitglied einer übertragenden Genossenschaft, wenn es in der Generalversammlung oder als Vertreter in der Vertreterversammlung, die gemäß § 13 Abs. 1 über die Zustimmung zum Verschmelzungsvertrag beschließen soll,**

1. erscheint und gegen den Verschmelzungsbeschluß Widerspruch zur Niederschrift erklärt oder

2. nicht erscheint, sofern es zu der Versammlung zu Unrecht nicht zugelassen worden ist oder die Versammlung nicht ordnungsgemäß einberufen oder der Gegenstand der Beschlußfassung nicht ordnungsgemäß bekanntgemacht worden ist.

[2] **Wird der Verschmelzungsbeschluß einer übertragenden Genossenschaft von einer Vertreterversammlung gefaßt, so steht das Recht zur Ausschla-**

gung auch jedem anderen Mitglied dieser Genossenschaft zu, das im Zeitpunkt der Beschlußfassung nicht Vertreter ist.

Schrifttum: Siehe Schrifttum Vor §§ 79–98.

1. Allgemeines

1 §§ 90 ff regeln nur oberflächl betrachtet Neues. Bereits nach altem Recht (§§ 93k ff GenG aF) stand den widersprechenden oder den an der Abstimmung unverschuldet verhinderten Mitglied ein **Sonderkündigungsrecht** zu, die übernehmende eG hatte sich mit den kündigenden Mitgliedern auseinanderzusetzen (§ 93m I GenG aF). Die Ausschlagung nach §§ 90 ff stellt dazu abw terminologisch klar, dass die Ausschlagung die Wirkungen des Anteilstauschs (§§ 20 I Nr 3, 87, 88) ex tunc beseitigt; die Ersetzung des Instituts der Sonderkündigung durch das **Ausschlagungsrecht** war auch deshalb notw, weil bei der Aufnahme einer eG durch eine AG (allg: Mischverschmelzung auf Rechtsträger, der nicht eG ist; im umgekehrten Fall gelten §§ 29 ff; vgl Lutter/*Bayer* Rn 8 mwN) eine Kündigung durch den Aktionär nicht in Betracht kommt (RegEBegr BR-Drs 75/94 zu § 90).

2 Die im Ersten Teil des Zweiten Buches für die übrigen Verschmelzungsfälle einschlägigen §§ 29–34 über die Gewährung einer **Barabfindung** sind auf die Mitglieder einer übertragenden eG nach Abs 1 nicht anzuwenden. Maßgebl Grund hierfür ist der Ansatz von § 29, nach dem die angemessene Barabfindung vollen Wertersatz für den durch die Verschm erloschenen (§ 20 I Nr 2) Anteil am übertragenden Rechtsträger sein soll. Dies würde die **Begrenzung des Auseinandersetzungsguthabens** auf den Nominalbetrag des Geschäftsguthabens bei der übertragenden eG unterlaufen.

2. Wirkung der Ausschlagung, Abs 2

3 Mit Wirksamwerden der Eintragung wird der Anteilstausch kraft Gesetzes durchgeführt, § 20 I Nr 2. Diese Wirkung wird durch die danach zu erklärende **Ausschlagung,** eine einseitig empfangsbedürftige Willenserklärung eines Anteilsinhabers der übertragenden eG ggü dem übernehmenden Rechtsträger, wieder **mit Wirkung ex tunc** beseitigt. In Abweichung zu § 33 kommt demgemäß eine anderweitige Übertragung des Geschäftsguthabens gem § 76 GenG nach Erklärung der Ausschlagung nicht mehr in Betracht.

3. Voraussetzungen der Ausschlagung, Abs 3

4 **Abs 3 S 1 Nr 1, 2** entsprechen § 93k I 1 GenG aF. Das Recht zur Ausschlagung hat danach jedes Mitglied einer übertragenden eG, wenn es gegen den Verschmelzungsbeschluss Widerspruch zur Niederschrift erklärt hat (Nr 1) oder unverschuldet an der ordnungsgemäßen Abstimmung verhindert war (Nr 2). Zu den Voraussetzungen von Nr 1 vgl § 29 Rn 15, 16, zu den Voraussetzungen von Nr 2 vgl § 29 Rn 17.

5 Eine sehr wesentl Abweichung zum Institut der Barabfindung nach §§ 29–34 ist das von § 93k II GenG aF übernommene Recht zur Ausschlagung nach **Abs 3 S 2.** Bei eG mit **mehr als 1 500 Mitgliedern** kann die Satzung der übertragenden eG nach § 43a I GenG die Beschlussfassung nach §§ 13, 84 einer **Vertreterversammlung** zuweisen. Jedes Mitglied, das im Zeitpunkt der Beschlussfassung nicht Vertreter (§ 43a II GenG) war, kann die Ausschlagung nach § 91 I erklären **(für**

die Vertreter selbst gilt Abs 3 S 1). Dadurch wird die nicht zu unterschätzende **Gefahr der Auszehrung** des Verm des übernehmenden Rechtsträgers durch die vorzunehmenden Auszahlungen (§ 93 II) hervorgerufen (Lutter/*Bayer* Rn 27 fordert stets Generalversammlung was jetzt durch § 43a I 2 GenG mögl ist – Stärkung der Basisdemokratie insbes bei Umw, vgl BT-Drs 16/1025, 87 zum neuen GenG idF vom 16.10.2006, dagegen Semler/Stengel/*Scholderer* Rn 25 mwN). Dies kann für den Fall, dass der übernehmende Rechtsträger KapGes ist, uU einen Verstoß gegen die **Kapitalerhaltungsvorschriften** von §§ 71 I AktG, 33 III GmbHG bedeuten (wie hier Widmann/Mayer/*Fronhöfer* Rn 48; aA Semler/Stengel/*Scholderer* Rn 25 mit dem Argument, ein Erwerb eigener Anteile sei wegen der Rückwirkungsfiktion von Abs 2 nicht gegeben; dabei wird übersehen, dass es sich eben nur um eine Fiktion handelt, tats besteht bis zur Ausschlagung die Anteilsinhaberschaft beim übernehmenden Rechtsträger, zutr Kölner/Komm-UmwG/*Schöpflin* Rn 14 ff). Anders als bei der Barabfindung nach § 29 I ist die **Auseinandersetzung nach § 93 II** in den genannten Vorschriften nicht erwähnt; in diesem Sonderfall muss das frühere Mitglied, das die Ausschlagung bereits erklärt hat, mit der Auszahlung des ihm zustehenden Geschäftsguthabens zuwarten, bis die übernehmende KapGes genügend EK gebildet hat. Eine anderweitige Übertragung des Geschäftsguthabens nach § 76 GenG scheidet auch in diesem Fall aus. Die konstitutive Wirkung der Ausschlagung nach § 90 II lässt sich durch eine ggf erklärte Irrtumsanfechtung der nach § 91 I abgegebenen Ausschlagungserklärung nicht mehr beseitigen (**aA die hM,** vgl Lutter/*Bayer* § 91 Rn 7 mwN; Widmann/Mayer/*Fronhöfer* Rn 49).

§ 91 Form und Frist der Ausschlagung

(1) **Die Ausschlagung ist gegenüber dem übernehmenden Rechtsträger schriftlich zu erklären.**

(2) **Die Ausschlagung kann nur binnen sechs Monaten nach dem Tage erklärt werden, an dem die Eintragung der Verschmelzung in das Register des Sitzes des übernehmenden Rechtsträgers nach § 19 Abs. 3 bekannt gemacht worden ist.**

(3) **Die Ausschlagung kann nicht unter einer Bedingung oder einer Zeitbestimmung erklärt werden.**

Schrifttum: Siehe Schrifttum Vor §§ 79–98.

1 Die **Ausschlagung** ist ggü dem übernehmenden Rechtsträger **schriftl** (die Erklärung zu Protokoll in der Genossenschaftsversammlung reicht nicht) zu erklären, **Abs 1.** Als einseitige empfangsbedürftige Willenserklärung iSv § 130 BGB unterliegt sie den allg Vorschriften, die Wirkung einer Anfechtung nach § 142 BGB (die KölnerKommUmwG/*Schöpflin* Rn 7 aus Praktikabilitätsgründen schon gar nicht zulassen will) führt aber nicht **zum Wiederaufleben** des endgültig nicht erworbenen Anteils iSv § 90 II (**aA die hM,** § 90 Rn 5 aE und Beuthien/*Wolff* GenG §§ 2 ff UmwG Rn 116). Dieser Anteil ist, sofern der übernehmende Rechtsträger KapGes ist, ersatzlos **untergegangen,** er kann nicht wieder aufleben; bei Übernahme durch eine PhG/PartGes bewirkt die Erklärung der Ausschlagung eine Anwachsung nach § 738 BGB.

2 Die Ausschlagung kann nur in einer **Sechs-Monats-Frist** erklärt werden, **Abs 2.** Maßgebend für den Fristbeginn ist die Eintragung beim übernehmenden

Rechtsträger nach Maßgabe des durch das EHUG neu gefassten § 19 III. Die Berechnung der sechsmonatigen Ausschlussfrist erfolgt anhand von §§ 187 II, 188 II letzte Alt BGB (vgl § 31 Rn 2).

Wegen der Wirkung der Ausschlagung (§ 90 II, Gestaltungsrecht) ist die Ausschlagungserklärung **bedingungsfeindl.** Eine Zeitbestimmung steht gem § 163 BGB einer Bedingung gleich. 3

§ 92 Eintragung der Ausschlagung in die Mitgliederliste

(1) **Die übernehmende Genossenschaft hat jede Ausschlagung unverzüglich in die Mitgliederliste einzutragen und das Mitglied von der Eintragung unverzüglich zu benachrichtigen.**

(2) **Die Ausschlagung wird in dem Zeitpunkt wirksam, in dem die Ausschlagungserklärung dem übernehmenden Rechtsträger zugeht.**

Schrifttum: Siehe Schrifttum Vor §§ 79–98.

In Abweichung zu § 93 I GenG aF hat die **Eintragung der** (wirksamen, vgl Lutter/*Bayer* Rn 6, 7 mwN; Semler/Stengel/*Scholderer* Rn 9) **Ausschlagung** in die Mitgliederliste der eG nach § 30 GenG in der durch das RegVBG vom 20.12.1993 (BGBl I 2182) bestimmten Fassung nur noch **deklaratorische Bedeutung.** Um dies klarzustellen, hat der Gesetzgeber die wegen § 130 II BGB an sich unnötige Regelung in Abs 2 aufgenommen (vgl RegEBegr BR-Drs 75/94 zu § 93). IÜ wird auf die Komm zu § 89 verwiesen. 1

§ 93 Auseinandersetzung

(1) [1] **Mit einem früheren Mitglied, dessen Beteiligung an dem übernehmenden Rechtsträger nach § 90 Abs. 2 als nicht erworben gilt, hat der übernehmende Rechtsträger sich auseinanderzusetzen.** [2] **Maßgebend ist die Schlußbilanz der übertragenden Genossenschaft.**

(2) **Dieses Mitglied kann die Auszahlung des Geschäftsguthabens, das es bei der übertragenden Genossenschaft hatte, verlangen; an den Rücklagen und dem sonstigen Vermögen der übertragenden Genossenschaft hat es vorbehaltlich des § 73 Abs. 3 des Genossenschaftsgesetzes keinen Anteil, auch wenn sie bei der Verschmelzung den Geschäftsguthaben anderer Mitglieder, die von dem Recht zur Ausschlagung keinen Gebrauch machen, zugerechnet werden.**

(3) [1] **Reichen die Geschäftsguthaben und die in der Schlußbilanz einer übertragenden Genossenschaft ausgewiesenen Rücklagen zur Deckung eines in dieser Bilanz ausgewiesenen Verlustes nicht aus, so kann der übernehmende Rechtsträger von dem früheren Mitglied, dessen Beteiligung als nicht erworben gilt, die Zahlung des anteiligen Fehlbetrags verlangen, wenn und soweit dieses Mitglied im Falle der Insolvenz Nachschüsse an die übertragende Genossenschaft zu leisten gehabt hätte.** [2] **Der anteilige Fehlbetrag wird, falls die Satzung der übertragenden Genossenschaft nichts anderes bestimmt, nach der Zahl ihrer Mitglieder berechnet.**

Schrifttum: Siehe Schrifttum Vor §§ 79–98.

1. Allgemeines

1 Die Vorschrift dient wie die Vorgängerregelung von § 93m GenG aF der **Festsetzung des Auseinandersetzungsguthabens,** das nach Maßgabe von § 94 auszuzahlen ist. Grundlage des Auseinandersetzungsguthabens ist das in der Schlussbilanz der übertragenden eG (§§ 17 II, 80 II, 87 III) ermittelte Geschäftsguthaben des früheren Mitglieds. Dieser Wert kann nach Maßgabe von **Abs 2** (§ 73 III GenG) erhöht werden, umgekehrt ist eine Verpflichtung zum Nachschuss nicht ausgeschlossen **(Abs 3).** Die jew aus Abs 2, 3 folgenden Ansprüche verjährten nach Maßgabe von **Abs 4 aF** früher in fünf Jahren. Durch Gesetz vom 9.12.2004 (BGBl I 3214) wurde Abs 4 aufgehoben mit der Konsequenz, dass sich die Verjährung jetzt nach den allg Regeln des BGB richtet, also die 3-jährige Regelverjährung von § 195 BGB gilt. Aufrechnungen sind mögl (Nachw bei Lutter/*Bayer* Rn 21; KölnerKommUmwG/*Schöpflin* Rn 15). **§ 93 entspricht weitgehend § 73 GenG,** auf die Spezialliteratur dazu wird verwiesen.

2. Anspruch des Mitglieds, Abs 2

2 Maßgebend für den Auszahlungsanspruch des früheren Mitglieds, das die Ausschlagung nach § 91 form- und fristgemäß erklärt hat, ist grdsl sein in der Schlussbilanz der übertragenden eG ausgewiesenes **Geschäftsguthaben, Abs 2 HS 1.** Eine **Teilhabe an den Rücklagen** und dem sonstigen Verm ist ausgeschlossen, wenn nicht ausnahmsweise eine entsprechende Bestimmung der Satzung (§ 73 III GenG, Sonderreservefonds) anderes vorsieht. Wenn über eine **Gewinnverwendung** noch nicht beschlossen ist, hat der Ausscheidende keinen Anspruch; dieser entsteht erst, wenn und soweit die Ausschüttung beschlossen wird (zum Ganzen Lutter/*Bayer* Rn 5, 7 mwN). Dem früheren Mitglied ist durch **Abs 2 HS 2** ausdrückl der Einwand abgeschnitten, dass es dadurch ggü den anderen Mitgliedern, die eine Ausschlagung nicht erklärt haben, benachteiligt wird.

3. Anspruch des übernehmenden Rechtsträgers, Abs 3

3 Ist das **Geschäftsguthaben durch** den in der Schlussbilanz der übertragenen eG ausgewiesenen **Verlust vollständig aufgezehrt,** entfällt der Abfindungsanspruch nach Abs 2. Verbleiben nach Abschreibung von Geschäftsguthaben und Auflösung der Rücklagen noch weitere Verluste, entsteht unter den Voraussetzungen von **Abs 3** ein **Ausgleichsanspruch des übernehmenden Rechtsträgers** – keine unmittelbare Haftung ggü Dritten – auch ggü den früheren Mitgliedern. Voraussetzung dafür ist eine entsprechende Bestimmung in der Satzung der übertragenden eG (vgl §§ 119 ff GenG). Das frühere Mitglied soll nicht besser gestellt sein, als wenn die Verschm nicht durchgeführt worden wäre. Deswegen ist es zum Verlustausgleich durch Zahlung des dem Umfang seiner ursprüngl **Nachschusspflicht** entsprechenden Fehlbetrages an den übernehmenden Rechtsträger verpflichtet. Diese Nachschusspflicht kann der Höhe nach begrenzt sein, gem § 119 GenG besteht sie aber mindestens **iHd Geschäftsanteils.** Die Zahlungsverpflichtung nach Abs 3 wird nach oben durch die Höhe des anteiligen Fehlbetrages, der gem Abs 3 S 2 nach der Zahl der Mitglieder berechnet wird (wobei die entsprechende Anwendung von § 105 III GenG mögl ist, dazu Lutter/*Bayer* Rn 16; Widmann/Mayer/*Fronhöfer* Rn 21), begrenzt; **absolute Höchstgrenze** für den Zahlbetrag nach Abs 3 bildet die in der Satzung festgesetzte Haftsumme.

§ 94 Auszahlung des Auseinandersetzungsguthabens

Ansprüche auf Auszahlung des Geschäftsguthabens nach § 93 Abs. 2 sind binnen sechs Monaten seit der Ausschlagung zu befriedigen; die Auszahlung darf jedoch nicht erfolgen, bevor die Gläubiger, die sich nach § 22 gemeldet haben, befriedigt oder sichergestellt sind, und nicht vor Ablauf von sechs Monaten seit dem Tag, an dem die Eintragung der Verschmelzung in das Register des Sitzes des übernehmenden Rechtsträgers nach § 19 Abs. 3 bekannt gemacht worden ist.

Schrifttum: Siehe Schrifttum Vor §§ 79–98.

Obwohl der Anspruch auf Auszahlung des Geschäftsguthabens nach § 93 II wegen der Wirkung der Ausschlagung (§ 90 II) bereits mit Feststellung des Geschäftsguthabens entsteht, tritt die Fälligkeit dieses Anspruchs erst sechs Monate nach Wirksamwerden der Verschm (§ 19 III) ein. Ein späteres Fälligwerden ist aus Gläubigerschutzgründen dann mögl, wenn die Befriedigung oder **Sicherstellung der Gläubiger der übertragenden eG** zu diesem Zeitpunkt noch nicht abgeschlossen ist. Eine unter Missachtung von HS 2 vorgenommene **vorzeitige Auszahlung** kann, sofern der Anspruch besteht, generell nicht zurückgefordert werden (allg Ansicht, vgl Lutter/*Bayer* Rn 5 mwN; die gegenteilige Ansicht bis zur 3. Aufl 2001 gebe ich auf, auch bzgl einer Schadensersatzpflicht der Vorstandsmitglieder der übertragenden Rechtsträger, die nicht besteht, zutr deshalb Widmann/Mayer/*Fronhöfer* Rn 9 Fn 6). Schadensersatzansprüche der Gläubiger gem § 823 II BGB iVm § 94 richten sich gegen die Organe des übernehmenden Rechtsträgers (Lutter/*Bayer* Rn 5; KölnerKommUmwG/*Schöpflin* Rn 6) und gegen den übernehmenden Rechtsträger selbst (§ 31 BGB, Semler/Stengel/*Scholderer* Rn 11; Widmann/Mayer/*Fronhöfer* Rn 9). 1

Nach Eintritt der Fälligkeit ist das **Geschäftsguthaben zur Auszahlung zu bringen.** Der übernehmende Rechtsträger hat die Forderung des früheren Mitglieds nach § 93 II spätestens sechs Monate nach Wirksamwerden der Ausschlagungserklärung (§ 92 II) vorzunehmen. Tritt die Fälligkeit gem HS 2 erst nach Verstreichen dieser Sechs-Monats-Frist ein, besteht ein Anspruch des früheren Mitglieds auf unverzügl (§ 121 BGB) Auszahlung des Geschäftsguthabens. Unter Geschäftsguthaben iSv § 94 ist das **Auseinandersetzungsguthaben,** dh das evtl nach Maßgabe von § 73 III GenG erhöhte Geschäftsguthaben, zu verstehen. 2

§ 95 Fortdauer der Nachschußpflicht

(1) [1]**Ist die Haftsumme bei einer übernehmenden Genossenschaft geringer, als sie bei einer übertragenden Genossenschaft war, oder haften den Gläubigern eines übernehmenden Rechtsträgers nicht alle Anteilsinhaber dieses Rechtsträgers unbeschränkt, so haben zur Befriedigung der Gläubiger der übertragenden Genossenschaft diejenigen Anteilsinhaber, die Mitglieder der übertragenden Genossenschaft waren, weitere Nachschüsse bis zur Höhe der Haftsumme bei der übertragenden Genossenschaft zu leisten, sofern die Gläubiger, die sich nach § 22 gemeldet haben, wegen ihrer Forderung Befriedigung oder Sicherstellung auch nicht aus den von den Mitgliedern eingezogenen Nachschüssen erlangen können.** [2]**Für die Einziehung der Nachschüsse gelten die §§ 105 bis 115a des Genossenschaftsgesetzes entsprechend.**

(2) **Absatz 1 ist nur anzuwenden, wenn das Insolvenzverfahren über das Vermögen des übernehmenden Rechtsträgers binnen zwei Jahren nach dem Tage eröffnet wird, an dem die Eintragung der Verschmelzung in das Register des Sitzes dieses Rechtsträgers nach § 19 Abs. 3 bekannt gemacht worden ist.**

Schrifttum: Siehe Schrifttum Vor §§ 79–98.

1 Unter weitgehender inhaltl Übernahme von § 93r GenG aF regelt die Vorschrift die **Fortdauer der Nachschusspflicht eines früheren Mitglieds,** der durch die Verschm Anteilsinhaber des übernehmenden Rechtsträgers geworden ist (für den Fall der Ausschlagung gilt § 93 III, vgl dort Rn 3 und Rn 4).

2 Bei einer **Verschm unter eG** ist Voraussetzung für die Anwendung von § 95, dass die Haftsumme bei der übernehmenden eG geringer ist, als sie bei der übertragenden eG war. Es kommt aber nicht auf die allg Regelungen in den Satzungen der Rechtsträger an, sondern ausschließl auf die **individuelle Haftungssituation** des betreffenden Mitglieds (Lutter/*Bayer* Rn 5 mit Beispiel). Im Fall der **Mischverschmelzung,** also der Aufnahme einer eG durch einen Rechtsträger anderer Rechtsform, lebt die Nachschusspflicht ausnahmsweise dann nicht auf, wenn dieser Rechtsträger OHG ist, dies kommt in der missverständl Formulierung von S 1 nur schlecht zum Ausdruck.

3 **Begünstigte der Nachschusspflicht** sind ausschließl die Gläubiger der übertragenden eG, die sich nach § 22 rechtzeitig gemeldet und die Anspruchsvorschriften dieser Norm erfüllt haben. Diese Gläubiger verlieren ihren Anspruch gegen die früheren Mitglieder, sofern sie wegen ihrer Forderung Befriedigung oder Sicherstellung aus eingezogenen Nachschüssen erlangen können.

4 **Anspruchsverpflichtet** sind nur diejenigen Anteilsinhaber des übernehmenden Rechtsträgers, die Mitglieder der betroffenen übertragenden eG waren. Durch die Verweisung nur auf §§ 105–115a GenG in **Abs 1 S 2** wird klargestellt, dass durch Ausschlagung ausgeschiedene frühere Mitglieder nicht mehr haften (kein Verweis auf §§ 115b, c GenG, vgl Lutter/*Bayer* Rn 9; Widmann/Mayer/*Fronhöfer* Rn 6 je mwN).

5 Obj Voraussetzung des Auflebens der Nachschusspflicht ist die **Eröffnung des Insolvenzverfahrens** binnen zwei Jahren nach Wirksamwerden der Verschm, **Abs 2.** Zum Verfahrensablauf ausführl Lutter/*Bayer* Rn 18 ff.

Zweiter Unterabschnitt. Verschmelzung durch Neugründung

§ 96 Anzuwendende Vorschriften

Auf die Verschmelzung durch Neugründung sind die Vorschriften des Ersten Unterabschnitts entsprechend anzuwenden.

Schrifttum: Siehe Schrifttum Vor §§ 79–98.

1. Allgemeines

1 **§§ 96–98** behandeln die **Verschm durch Neugründung einer eG.** Die allg Regelungstechnik des Zweiten Buches wird hierbei übernommen (vgl Vor §§ 36–38 Rn 4 ff; Vor §§ 39–45 Rn 3, 4). Bei der Verschm durch Neugründung vereinigen sich zwei oder mehrere Rechtsträger zu einer eG, die vorher nicht bestand,

sondern erst im Zusammenhang mit der Verschm gegründet wird. Die sich vereinigenden Rechtsträger erlöschen daraufhin. Vgl zur Verschm durch Neugründung Vor §§ 36–38 und § 36 Rn 1 ff, speziell zur Verschm durch Neugründung einer eG § 36 Rn 30 ff.

§ 96 übernimmt im Wesentl den Inhalt von § 93s GenG aF. Für die Verschm durch Neugründung müssen folgende Schritte durchgeführt werden: Die sich vereinigenden Rechtsträger schließen einen **Verschmelzungsvertrag** unter Beachtung von §§ 5, 80, 97, dem die Anteilsinhaber jedes Rechtsträgers durch Beschluss (§ 13 iVm den rechtsformspezifischen Ergänzungen, dazu § 13 Rn 30) **zustimmen** müssen. Daneben hat der Verschmelzungsvertrag gem § 37 die **Satzung** der zu gründenden eG zu enthalten, diese Satzung ist durch sämtl Mitglieder des Vertretungsorgans jedes der übertragenden Rechtsträger aufzustellen und zu unterzeichnen (§ 97 I), der Verschmelzungsbeschluss hat sich auch auf die Satzung zu beziehen (§ 98 S 1). Die neue eG muss sodann in das Genossenschaftsregister (§ 10 GenG) **eingetragen** werden, was als konstitutiver Akt die Wirkungen der Verschm auslöst (§§ 36 I 2, 38, 20 I). Die zuvor erfolgte Eintragung der Verschm in das Register am Sitz der sich vereinigenden Rechtsträger (§ 19 I 2) ist rein deklaratorisch. 2

Auf die Verschm durch Neugründung sind die Vorschriften des Ersten Unterabschnitts entsprechend anzuwenden, § 96. §§ 97, 98 enthalten speziell auf die Verschm durch Neugründung einer eG zugeschnittene Sonderregelungen. 3

2. Verschmelzungsvertrag

Der **Verschmelzungsvertrag** wird durch die sich vereinigenden Rechtsträger geschlossen; die neu zu gründende eG kann hieran noch nicht beteiligt sein. Der Abschluss erfolgt durch die jew vertretungsberechtigten Organe, ggü dem Abschluss des Verschmelzungsvertrages bei der Verschm durch Aufnahme bestehen keine Besonderheiten. 4

Wegen der Generalverweisung in § 96 ist für den **Inhalt des Verschmelzungsvertrages** neben § 5 auch § 80 (als besondere Ausprägung von § 5 I Nr 3) maßgebl. § 75 GenG findet keine Anwendung (Lutter/*Bayer* § 87 Rn 20 mwN). An die Stelle der übernehmenden Gen tritt die neu gegründete eG. Bei der Verschm durch Neugründung handelt es sich um eine **(vereinfachte) Sachgründung.** Die Kapitalaufbringung sichert die neu gefasste Regelung von § 11a II 2 GenG; der Prüfungsverband hat dem Registergericht iRv § 11 II Nr 3 GenG zu erklären, ob Sacheinlagen überbewertet werden oder nicht. Das Registergericht kann die Eintragung ablehnen, wenn **konkrete sachl Anhaltspunkte** vorhanden sind, aus denen sich schließen lässt, dass der Betrieb der eG entweder zu einem wirtschaftl Schaden bei Gläubigern führen kann, oder dass die Mitglieder über ihre Einlage hinaus mit Nachschusspflichten belastet werden (Beuthien/*Beuthien* GenG § 11a Rn 5). Hierbei ist auf die **gutachtl Äußerung des Prüfungsverbandes** nach § 11 II Nr 3 GenG zurückzugreifen. § 81 ist für die neu gegründete eG nicht anzuwenden. 5

3. Satzung

Vgl zunächst § 36 Rn 30 ff sowie §§ 97 I, 98 S 1. 6

Bei der **Aufstellung der Satzung** der neuen eG durch die Gründer (§ 36 II 2) ist der Rechtsgedanke von § 79 zu beachten. Insbes bei Verschm von KapGes mit größeren Beteiligungen auf eine neu gegründete eG zwingt § 79 zur Aufnahme der in § 7a GenG zugelassenen Bestimmung, dass sich ein Mitglied mit mehr als 7 einem Geschäftsanteil beteiligen darf. Auch auf den Betrag des Geschäftsanteils (§ 7 Nr 1 GenG) hat eine solche Konstellation Auswirkungen.

4. Entsprechende Anwendung von §§ 79–95

8 Die Generalverweisung in § 96 hat iÜ nur geringe Bedeutung. **§§ 81–84** finden für die neu gegründete eG naturgemäß keine Anwendung, da sie erst Produkt des verbindl abgeschlossenen Verschmelzungsvertrages ist. Bei der Anmeldung der neu gegründeten eG (§ 38 II) ist **§ 86 II** zu beachten. **§§ 87–89** finden vollständig Anwendung, **§§ 90–94** gewähren die Möglichkeit der Ausschlagung durch einzelne Anteilsinhaber nur für den Sonderfall, dass an der Verschm eine eG als übertragender Rechtsträger beteiligt ist (für den übertragenden Rechtsträger eG gelten bis auf §§ 79, 80 I 2 regelm alle Vorschriften des Ersten Unterabschnitts, vgl Lutter/*Bayer* Rn 12, 13; Widmann/Mayer/*Fronhöfer* Rn 11 ff; Semler/Stengel/*Scholderer* Rn 8 ff). Schließl erstreckt sich die Verweisung in § 96 auf die Anwendung von **§ 95.**

§ 97 Pflichten der Vertretungsorgane der übertragenden Rechtsträger

(1) **Die Satzung der neuen Genossenschaft ist durch sämtliche Mitglieder des Vertretungsorgans jedes der übertragenden Rechtsträger aufzustellen und zu unterzeichnen.**

(2) [1] **Die Vertretungsorgane aller übertragenden Rechtsträger haben den ersten Aufsichtsrat der neuen Genossenschaft zu bestellen.** [2] **Das gleiche gilt für die Bestellung des ersten Vorstands, sofern nicht durch die Satzung der neuen Genossenschaft anstelle der Wahl durch die Generalversammlung eine andere Art der Bestellung des Vorstands festgesetzt ist.**

Schrifttum: Siehe Schrifttum Vor §§ 79–98.

1 Als Vertreter der Gründer (§ 36 II 2) sind die Mitglieder der Vertretungsorgane jedes der übertragenden Rechtsträger dazu berufen, die Satzung der neuen Gen aufzustellen und zu unterzeichnen, **Abs 1.** Wie bei der Vorgängerregelung von § 93s II Nr 1 GenG aF gilt: Lehnt ein Mitglied eines Vertretungsorgans seine Mitwirkung ab, ist die Satzung nicht in der vorgeschriebenen Form errichtet (Lutter/*Bayer* Rn 2 mwN; Semler/Stengel/*Scholderer* Rn 7; PFB/*Fandrich* GenG § 97 UmwG Rn 1; Beuthien/*Wolff* GenG §§ 2 ff UmwG Rn 137; KölnerKommUmwG/*Schöpflin* Rn 6, dort auch mwN zur Amtsenthebung oder zur Geltendmachung von Schadensersatz). Ein solcher Mangel wird mit Eintragung der Verschm gem **§ 20 II** allerdings unbeachtl. Die **Satzung** wird nach Maßgabe von § 37 zum **Gegenstand des Verschmelzungsvertrages,** der Verschmelzungsbeschluss der Anteilsinhaber aller übertragender Rechtsträger hat sich nach § 98 S 1 nicht nur auf den Verschmelzungsvertrag, sondern auch auf die Satzung der neuen eG zu beziehen.

2 **Abs 2** regelt die **Bestellung der ersten Organe** der neu gegründeten eG. **S 1** verpflichtet die Gründer, also die übertragenden Rechtsträger durch ihre Vertretungsorgane, den **ersten AR** der neuen eG zu bestellen (zur mitbestimmten eG vgl Lutter/*Bayer* Rn 6 mN). Ob zusätzl auch der **Vorstand** der neu gegründeten eG auf diese Weise in das Amt zu setzen ist, hängt gem **Abs 2 S 2** vornehml vom Inhalt der Satzung der neuen eG ab.

3 Die in Abs 2 so geregelte Bestellung der notw Organe ergänzt § 9 GenG, deshalb ist **§ 9 II GenG,** wonach Mitglieder des Vorstands und des AR zwingend Mitglieder der Genossenschaft sein müssen, zu beachten. Die **Anzahl der Mit-**

glieder von Vorstand und AR ergibt sich aus dem Gesetz (§§ 24 II 1, 36 I GenG) oder aus der Satzung (§§ 24 II 2, 36 I GenG). Zu den Anforderungen bei der Bestellung von Vorstandsmitgliedern bei **Kreditgenossenschaften** vgl Lang/Weidmüller/*Schulte* GenG § 9 Rn 2, 4, zum Arbeitsdirektor Semler/Stengel/*Scholderer* Rn 22. Die durch Abs 2 vorgeschriebene Kompetenzzuweisung an die Gründer bzw deren Vertretungsorgane ersetzt die sonst bestehende **Zuständigkeit der Generalversammlung** (vgl §§ 24 II, 36 I GenG). Nach Durchführung der Verschm bleibt es allerdings der Generalversammlung unbenommen, von ihrem Recht nach §§ 24 III, 36 III GenG Gebrauch zu machen und die durch die Gründer vorgenommene **Bestellung zu widerrufen** (vgl auch § 98 Rn 2). Dass Vertretungsorgane der übertragenden Rechtsträger anstelle der Generalversammlung handeln, belegt Abs 2 S 2. Dort wird eine Bestimmung in der Satzung, die die Kompetenz der Generalversammlung iSv § 24 II 2 GenG ersetzt (bei der Bestellung des AR ist dies nicht mögl), auch für die erste Bestellung des Vorstands bei einer Verschm durch Neugründung für verbindl erklärt.

§ 98 Verschmelzungsbeschlüsse

[1] Die Satzung der neuen Genossenschaft wird nur wirksam, wenn ihm die Anteilsinhaber jedes der übertragenden Rechtsträger durch Verschmelzungsbeschluß zustimmen. [2] Dies gilt entsprechend für die Bestellung der Mitglieder des Vorstands und des Aufsichtsrats der neuen Genossenschaft, für die Bestellung des Vorstands jedoch nur, wenn dieser von den Vertretungsorganen aller übertragenden Rechtsträger bestellt worden ist.

Schrifttum: Siehe Schrifttum Vor §§ 79–98.

1 § 98 führt § 93s II Nr 3 GenG aF fort, **S 1** ist wegen § 37 allerdings überflüssig (aA Widmann/Mayer/*Fronhöfer* Rn 2). Die Satzung der neu zu gründenden eG muss zwangsläufig Bestandteil des Verschmelzungsvertrages sein, der Verschmelzungsbeschluss der übertragenden Rechtsträger nach § 13 I bezieht sich auf den gesamten Inhalt des Verschmelzungsvertrages. Bei der Änderung von S 1 (dazu Vor §§ 79–98 Rn 6) ist dem Gesetzgeber ein sprachl Fehler unterlaufen: statt „ihm" (das Statut nach früherem Recht) ist „ihr" (die Satzung) gemeint

2 **S 2** trägt dem Umstand Rechnung, dass die Wahl der Aufsichtsratsmitglieder normalerweise der Generalversammlung der (neuen) eG obliegt, § 36 II GenG. Da § 97 II 1 insoweit eine andere Kompetenzzuweisung vornimmt, stellt S 2 sicher, dass die späteren Mitglieder (dh vor der Verschm die Anteilsinhaber der übertragenden Rechtsträger) auch Einfluss auf die Zusammensetzung des **AR** haben. Nach hM ist die **Bestellung bis zur Zustimmung schwebend unwirksam** (Lutter/*Bayer* Rn 1; Widmann/Mayer/*Fronhöfer* Rn 8; KölnerKomm-UmwG/*Schöpflin* Rn 3). Für diesen Beschluss gelten die Mehrheiten von § 13 iVm den rechtsformspezifischen Sondervorschriften (dazu § 13 Rn 29 ff) entsprechend; der Zustimmungsbeschluss zur Bestellung der Mitglieder des Vorstands und des AR ist selbst Verschmelzungsbeschluss. Die Bestellung der Mitglieder des AR ist stets Beschlussgegenstand, für die **Mitglieder des Vorstands** kommt es auf die Regelung in der Satzung der neuen eG an (vgl § 97 II 2). Wird in der Satzung die als gesetzl Grds vorgesehene Zuständigkeit der Generalversammlung delegiert (zB auf den AR), nimmt der Verschmelzungsbeschluss auf die Bestellung der Mitglieder des Vorstands keinen Bezug.

Sechster Abschnitt. Verschmelzung unter Beteiligung rechtsfähiger Vereine

§ 99 Möglichkeit der Verschmelzung

(1) **Ein rechtsfähiger Verein kann sich an einer Verschmelzung nur beteiligen, wenn die Satzung des Vereins oder Vorschriften des Landesrechts nicht entgegenstehen.**

(2) **Ein eingetragener Verein darf im Wege der Verschmelzung Rechtsträger anderer Rechtsform nicht aufnehmen und durch die Verschmelzung solcher Rechtsträger nicht gegründet werden.**

Schrifttum: Schrifttum bis 1994 siehe 3. Auflage; Schrifttum bis 2000 siehe 4. Auflage; *Lettl,* Wirtschaftliche Betätigung und Umstrukturierung von Ideal-Vereinen, DB 2000, 1449; *Balzer,* Die Umwandlung von Vereinen der Fußball-Bundesligen in Kapitalgesellschaften zwischen Gesellschafts-, Vereins- und Verbandsrecht, ZIP 2001, 175; *Strahl,* Gemeinnützige Körperschaften: Gepräge, Unmittelbarkeit, Ausgliederung, AG 2004, 67; *Reuter,* Zur Vereinsrechtsreform 2009, NZG 2009, 1368; *Terner,* Vereinsrechtsreform(en), DNotZ 2010, 5.

1. Verschmelzungsfähigkeit, Abs 1

1 Ein **rechtsfähiger Verein** (dh jeder Verein, der nicht unter § 54 BGB fällt, unabhängig davon, ob wirtschaftl Verein oder eV) kann sich an einer Verschm nur beteiligen, wenn die Satzung des Vereins oder Vorschriften des Landesrechts nicht entgegenstehen, **Abs 1.** Mit dieser Regelung wird § 3 I Nr 4, II Nr 1 relativiert. Es ist bei jedem Verein (beim Vorverein ist die Verschmelzungsfähigkeit str, vgl Semler/Stengel/*Katschinski* Rn 53, 54 mwN) denkbar, dass seine Satzung der Auflösung durch Verschm mit einem anderen Rechtsträger ausdrückl oder sinngemäß entgegensteht (RegEBegr BR-Drs 75/94 zu § 99 I). Im Ggs zu entgegenstehenden Vorschriften des Landesrechts kann durch eine entsprechende vorzeitige **Änderung der Satzung** allerdings die Durchführung der Verschm ermöglicht werden (auch bei gemeinnützigen Vereinen, vgl Widmann/Mayer/*Vossius* Rn 26).

2 Bei den **wirtschaftl Vereinen** iSv § 3 II Nr 1 hängt der Erwerb der Rechtsfähigkeit von der dafür notw staatl Verleihung ab, § 22 BGB. Diese landesgesetzl Regelungen (§ 22 S 2 BGB, Art 82 EGBGB, Nachw bei MüKoBGB/*Reuter* §§ 21, 22 Rn 61 ff) dürfen der Durchführung der Verschm nicht entgegenstehen. Abs 1 ist bereits dann erfüllt, wenn die Verleihung der Rechtsfähigkeit mit einer Auflage iSv § 36 VwVfG verbunden ist, die zulässigerweise die Umstrukturierung ausschließt.

2. Verschmelzungsmöglichkeiten für den wirtschaftlichen Verein

3 **Wirtschaftl Vereine** iSv § 22 BGB können **gem § 3 II Nr 1 nur als übertragende Rechtsträger** an einer Verschm teilnehmen. Dadurch soll eine Vergrößerung oder Neugründung im Wege der Verschm vermieden werden, weil wirtschaftl Vereine nach der Vorstellung des Gesetzgebers wegen diverser Defizite als Unternehmensträger generell nicht geeignet sind (vgl § 3 Rn 37). Zur Rechtsform des aufnehmenden Rechtsträgers trifft § 3 II Nr 1 keine Bestimmung, deswegen kommt eine Aufnahme durch PhG, PartGes, KapGes und eG in Betracht.

3. Verschmelzungsmöglichkeiten für den eV (Idealverein), Abs 2

Eingetragene Vereine iSv § 3 I Nr 4 können als aufnehmender oder neu gegründeter Rechtsträger nur unter Einschränkungen fungieren. Die Neufassung von **Abs 2** durch Art 1 Nr 21 des Gesetzes zur Änderung des UmwG vom 22.7.1998 (BGBl I 1878; dazu *Neye* DB 1998, 1649) hat daran nichts geändert, die Norm wurde nur sprachl geglättet (vgl auch Lutter/*Hennrichs* Rn 5, 16; zum Hintergrund der Gesetzesänderung Semler/Stengel/*Katschinski* Rn 29 Fn 41). Die **Verschm auf einen eV** ist nur einem anderen eV gestattet; die **Verschm durch Neugründung** steht nur für den Fall offen, dass sich ausschließl eV als übertragende Rechtsträger beteiligen, die Zielrechtsform des neu gegründeten Rechtsträgers ist dann allerdings unbeachtl. Diese Einschränkungen sollen die vorhandenen Bedürfnisse der Praxis befriedigen, die Gesetzesbegründung sieht insbes ein Bedürfnis zur Vereinigung von Sportvereinen mit wertvollen Anlagen und zur Zusammenlegung von Verbänden. Auch freie Sparkassen, Technische Überwachungsvereine und Gewerkschaften haben Bedarf, vgl Lutter/*Hennrichs* Rn 1, 9. Die Regelungen haben sich auch in ihrem beschränkten Umfang bewährt (vgl Semler/Stengel/*Katschinski* Rn 40 ff mit Beispiel Gewerkschaft ver.di; zu politischen Parteien *ebenda* Rn 41 Fn 65). Uneingeschränkt mögl und durch Abs 2 nicht berührt ist die Verschm unter Teilhabe eines eV als übertragender Rechtsträger, sofern der aufnehmende Rechtsträger die Rechtsform einer PhG, einer PartGes, einer KapGes oder einer eG hat. Bei solchen **Mischverschmelzung** ist auch die Beteiligung weiterer übertragender Rechtsträger anderer Rechtsform mögl. 4

§ 100 Prüfung der Verschmelzung

[1] Der Verschmelzungsvertrag oder sein Entwurf ist für einen wirtschaftlichen Verein nach den §§ 9 bis 12 zu prüfen. [2] Bei einem eingetragenen Verein ist diese Prüfung nur erforderlich, wenn mindestens zehn vom Hundert der Mitglieder sie schriftlich verlangen.

Die Vorschrift enthält zwei **Prüfungsbefehle** (dazu Vor §§ 9–12 Rn 3). In **S 1** wird die Durchführung der Prüfung des Verschmelzungsvertrages oder seines Entwurfs (§ 4) für einen **wirtschaftl Verein iSv § 3 II Nr 1** zwingend vorgeschrieben (zur uU notw Substanzbewertung auch bei Mischverschmelzung vgl Lutter/*Hennrichs* § 99 Rn 28 ff; Semler/Stengel/*Katschinski* § 99 Rn 74). Es handelt sich um eine Parallelvorschrift zu § 60 I, auf die Erläuterung dort wird verwiesen. Der Verzicht auf die Durchführung der Prüfung nach § 9 III bzw der Verzicht auf die Abfassung des Verschmelzungsprüfungsberichts nach § 12 III ist unter den dort genannten Voraussetzungen mögl. Ob die Prüfung bei notw Einstimmigkeit des Verschmelzungsbeschlusses entfallen kann, ist str (Nachw bei Lutter/*Hennrichs* Rn 4). 1

Bei einem **eV iSv § 3 I Nr 4** hängt die Durchführung der Verschmelzungsprüfung von einem entsprechenden **Verlangen** von mindestens 10% der Mitglieder (maßgebend ist die Mitgliederzahl zum Zeitpunkt des Verlangens, vgl Widmann/Mayer/*Vossius* Rn 18) des eV ab, **S 2.** Diese Grenze ist dazu geeignet, einerseits Manipulationen der Vereinsleitung vorzubeugen, andererseits aber die Durchführung der Verschm zu erleichtern, weil bei der regelm großen Zahl der Vereinsmitglieder ein Verzicht auf die Durchführung der Verschm nach § 9 III praktisch 2 nicht erreichbar ist (so RegEBegr BR-Drs 75/94 zu § 100). Zum Begriff des Verlangens vgl § 44 Rn 3 und zur beim Verein nicht mögl Fristsetzung für das Verlangen § 44 Rn 4 aE.

3 Zur eigentl Verschmelzungsprüfung enthält § 100 keine Regelung, es gelten **§§ 9–12** in vollem Umfang, auf die Komm dort wird verwiesen.

§ 101 Vorbereitung der Mitgliederversammlung

(1) [1] **Von der Einberufung der Mitgliederversammlung an, die gemäß § 13 Abs. 1 über die Zustimmung zum Verschmelzungsvertrag beschließen soll, sind in dem Geschäftsraum des Vereins die in § 63 Abs. 1 Nr. 1 bis 4 bezeichneten Unterlagen sowie ein nach § 100 erforderlicher Prüfungsbericht zur Einsicht der Mitglieder auszulegen.** [2] **Dazu erforderliche Zwischenbilanzen sind gemäß § 63 Absatz 2 Satz 1 bis 4 aufzustellen.**

(2) **Auf Verlangen ist jedem Mitglied unverzüglich und kostenlos eine Abschrift der in Absatz 1 bezeichneten Unterlagen zu erteilen.**

1 Die Vorschrift regelt die **Vorbereitung der Mitgliederversammlung,** aus Vereinfachungsgründen und wegen der vorhandenen Interessenidentität wird weitgehend auf § 63 für die Verschm unter Beteiligung von AG verwiesen. Damit übernimmt § 101 die Regelungstechnik von § 82, auf die Komm dort wird verwiesen. Das Prüfungsgutachten in § 82 wird ersetzt durch den uU nach § 100 erforderl Prüfungsbericht.

§ 102 Durchführung der Mitgliederversammlung

[1] **In der Mitgliederversammlung sind die in § 63 Abs. 1 Nr. 1 bis 4 bezeichneten Unterlagen sowie ein nach § 100 erforderlicher Prüfungsbericht auszulegen.** [2] **§ 64 Abs. 1 Satz 2 und Abs. 2 ist entsprechend anzuwenden.**

1 Neben der **Auslage** der in § 101 bezeichneten Unterlagen während der gesamten Dauer der Mitgliederversammlung fordert S 2 die **mündl Erläuterung des Verschmelzungsvertrages** oder seines Entwurfs durch den Vereinsvorstand. Jedem Vereinsmitglied ist auf Verlangen in der HV **Auskunft** auch über alle für die Verschm wesentl Angelegenheiten der anderen beteiligten Rechtsträger zu geben. Auf die Erläuterung zu § 64 UmwG wird verwiesen.

§ 103 Beschluß der Mitgliederversammlung

[1] **Der Verschmelzungsbeschluß der Mitgliederversammlung bedarf einer Mehrheit von drei Vierteln der abgegebenen Stimmen.** [2] **Die Satzung kann eine größere Mehrheit und weitere Erfordernisse bestimmen.**

1 Die Vorschrift bestimmt die **für die Beschlussfassung** nach § 13 I **notw Mehrheit.** Die Pflicht zur **notariellen Beurkundung** des Verschmelzungsbeschlusses folgt aus § 13 III 1. Wie bei der Satzungsänderung nach § 33 BGB (ob bei gleichzeitiger Verschm und Satzungsänderung getrennt abzustimmen ist, ist str, vgl Semler/Stengel/*Katschinski* Rn 18 mwN) ist eine **Mehrheit von drei**

Vierteln der abgegebenen Stimmen (Palandt/*Ellenberger* BGB § 33 Rn 2, § 32 Rn 7) erforderl, dies ist jetzt durch Gesetzesänderung (dazu Einf Rn 34) klargestellt worden. **Stimmenthaltungen** und ungültige Stimmen (Lutter/*Hennrichs* Rn 3; Semler/Stengel/*Katschinski* Rn 8; KölnerKommUmwG/*Leuering* Rn 2) werden nicht gezählt. IÜ wird auf die Spezialliteratur zu § 32 BGB verwiesen.

S 2 sieht die Beachtung einer **strengeren Satzungsvorschrift** vor. Das Mehrheitserfordernis kann bis zur Einstimmigkeit gehen, ein genereller Ausschluss der Verschm in der Satzung ist wegen der stets gegebenen Satzungsautonomie der Mitgliederversammlung aber unzulässig. IÜ wird auf § 65 verwiesen. 2

§ 104 Bekanntmachung der Verschmelzung

(1) [1] **Ist ein übertragender wirtschaftlicher Verein nicht in ein Handelsregister eingetragen, so hat sein Vorstand die bevorstehende Verschmelzung durch den Bundesanzeiger bekanntzumachen.** [2] **Die Bekanntmachung im Bundesanzeiger tritt an die Stelle der Eintragung im Register.** [3] **Sie ist mit einem Vermerk zu versehen, daß die Verschmelzung erst mit der Eintragung im Register des Sitzes des übernehmenden Rechtsträgers wirksam wird.** [4] **Die §§ 16 und 17 Abs. 1 und § 19 Abs. 1 Satz 2, Abs. 2 und Abs. 3 sind nicht anzuwenden, soweit sie sich auf die Anmeldung und Eintragung dieses übertragenden Vereins beziehen.**

(2) **Die Schlußbilanz eines solchen übertragenden Vereins ist der Anmeldung zum Register des Sitzes des übernehmenden Rechtsträgers beizufügen.**

1 Da nicht alle wirtschaftl (so jetzt Abs 1 S 1 ausdrückl, Einfügung des Wortes „wirtschaftlicher" durch Art 1 Nr 22 des Gesetzes vom 22.7.1998, BGBl I 1878) Vereine in das HR einzutragen sind (§ 33 HGB), passen die allg Vorschriften von **§§ 16–19** nicht, soweit ein nicht eingetragener übertragender Verein betroffen ist. § 104 enthält die für solche Vereine notw Ergänzungen (RegEBegr BR-Drs 75/94 zu § 104).

2 Die inhaltl Anforderungen an die Bekanntmachung entsprechen denjenigen in § 19 III, Adressat der **Bekanntmachungsverpflichtung** ist mangels Zuständigkeit des Registergerichts der Vereinsvorstand. In Vollzug der Verschm bedarf es keiner Nachholung der Handelsregistereintragung, S 2–4 ersetzen auch nach der Änderung durch das EHUG (dazu Einf Rn 28) vielmehr die normale registerrechtl Behandlung (deshalb gibt es auch keine „Registersperre" gem § 16 II, vgl Lutter/*Hennrichs* Rn 4). **Maßgebl Zeitpunkt** für die Ersetzung der Eintragung des übertragenden Vereins ist allein der Tag der Bekanntmachung im BAnz.

3 Abs 2 modifiziert § 17 II. Als Ersatz für die nicht mögl Einreichung zum HR des übertragenden wirtschaftl Vereins wird dort die Pflicht zur Einreichung der Schlussbilanz **bei der Anmeldung des übernehmenden Rechtsträgers** festgeschrieben. Zur Einreichung unmittelbar verpflichtet sind gem § 16 I die Mitglieder des Vertretungsorgans des übernehmenden Rechtsträgers, der Vereinsvorstand hat die Erfüllung dieser Pflicht aber durch rechtzeitige Übergabe der Schlussbilanz zu ermögl. Kommt er dieser Pflicht nicht nach, ist eine auf dem Verschmelzungsvertrag basierende Klage mögl, die Vollstreckung erfolgt gem § 888 ZPO.

§ 104a Ausschluß der Barabfindung in bestimmten Fällen

Die §§ 29 bis 34 sind auf die Verschmelzung eines eingetragenen Vereins, der nach § 5 Abs. 1 Nr. 9 des Körperschaftsteuergesetzes von der Körperschaftsteuer befreit ist, nicht anzuwenden.

1 Die Vorschrift behandelt den Sonderfall der Beteiligung eines **gemeinnützigen eV als übertragender Rechtsträger** an einer Verschm. Nach Semler/Stengel/*Katschinski* Rn 3 mwN muss auch der übernehmende Rechtsträger steuerbegünstigt sein, weil § 104a nur die Steuerbegünstigung des übernehmenden Rechtsträgers schützen könne. Dies ist überzeugend (zustimmend auch Lutter/*Hennrichs* Rn 2 mwN). Den Anteilsinhabern des zum Zeitpunkt des Wirksamwerdens der Verschm (Lutter/*Hennrichs* Rn 3; Semler/Stengel/*Katschinski* Rn 4; Widmann/Mayer/*Vossius* Rn 9 ff) gemeinnützigen Vereins soll die sonst gegebene Möglichkeit, **Barabfindung** als Ersatz für den abgelehnten Anteilstausch zu verlangen, verschlossen bleiben; damit soll eine Bereicherung dieser Mitglieder auf Kosten anderer und die damit uU einhergehende Gefahr des Verlustes der Gemeinnützigkeit verhindert werden (RegEBegr BR-Drs 75/94 zu § 104a).

Siebenter Abschnitt. Verschmelzung genossenschaftlicher Prüfungsverbände

§ 105 Möglichkeit der Verschmelzung

[1] Genossenschaftliche Prüfungsverbände können nur miteinander verschmolzen werden. [2] Ein genossenschaftlicher Prüfungsverband kann ferner als übernehmender Verband einen rechtsfähigen Verein aufnehmen, wenn bei diesem die Voraussetzungen des § 63b Abs. 2 Satz 1 des Genossenschaftsgesetzes bestehen und die in § 107 Abs. 2 genannte Behörde dem Verschmelzungsvertrag zugestimmt hat.

§ 106 Vorbereitung, Durchführung und Beschluß der Mitgliederversammlung

Auf die Vorbereitung, die Durchführung und den Beschluß der Mitgliederversammlung sind die §§ 101 bis 103 entsprechend anzuwenden.

§ 107 Pflichten der Vorstände

(1) **[1] Die Vorstände beider Verbände haben die Verschmelzung gemeinschaftlich unverzüglich zur Eintragung in die Register des Sitzes jedes Verbandes anzumelden, soweit der Verband eingetragen ist. [2] Ist der übertragende Verband nicht eingetragen, so ist § 104 entsprechend anzuwenden.**

(2) **Die Vorstände haben ferner gemeinschaftlich den für die Verleihung des Prüfungsrechts zuständigen obersten Landesbehörden die Eintragung unverzüglich mitzuteilen.**

(3) **Der Vorstand des übernehmenden Verbandes hat die Mitglieder unverzüglich von der Eintragung zu benachrichtigen.**

§ 108 Austritt von Mitgliedern des übertragenden Verbandes

Tritt ein ehemaliges Mitglied des übertragenden Verbandes gemäß § 39 des Bürgerlichen Gesetzbuchs aus dem übernehmenden Verband aus, so sind Bestimmungen der Satzung des übernehmenden Verbandes, die gemäß § 39 Abs. 2 des Bürgerlichen Gesetzbuchs eine längere Kündigungsfrist als zum Schlusse des Geschäftsjahres vorsehen, nicht anzuwenden.

Schrifttum: Stellungnahme der Centrale für GmbH Dr. Otto Schmidt vom 16.3.2006 zum Referentenentwurf eines Zweiten Gesetzes zur Änderung des Umwandlungsgesetzes, GmbHR 2006, 418; HRA des DAV, Stellungnahme zum Regierungsentwurf eines Zweiten Gesetzes zur Änderung des Umwandlungsgesetzes, NZG 2006, 737; *Bayer/Schmidt,* Der Regierungsentwurf zur Änderung des Umwandlungsgesetzes, NZG 2006, 841; *Drinhausen,* Regierungsentwurf eines Zweiten Gesetzes zur Änderung des Umwandlungsgesetzes – Ein Gewinn für die Praxis, BB 2006, 2313; *Heckschen,* Die GmbH-Reform – Wege und Irrwege, DStR 2007, 1442; *ders,* Die Reform des Umwandlungsrechts, DNotZ 2007, 444; *Mayer/Weiler,* Neuregelungen durch das Zweite Gesetz zur Änderung des Umwandlungsgesetzes, DB 2007, 1235 (Teil I); DB 2007, 1291 (Teil II); *dies,* Aktuelle Änderungen des Umwandlungsrechts aus Sicht der notariellen Praxis, MittBayNot 2007, 368; *Neye,* BB-Gesetzgebungsreport: Bundestag beschließt neues Umwandlungsrecht, BB 2007, 389.

1. Möglichkeit der Verschmelzung

Genossenschaftl Prüfungsverbände können wie früher vom Rechtsinstitut der Verschm Gebrauch machen; §§ 105–108 führen die Vorgängerregelungen von §§ 63e–63i GenG aF im Wesentlichen unverändert fort. Der Wortlaut von § 3 I Nr 5, der den genossenschaftl Prüfungsverband als umfassend verschmelzungsfähigen Rechtsträger aufführt, erweckt den unzutreffenden Eindruck, als wenn eine beliebige Teilhabe des genossenschaftl Prüfungsverbands als übertragender, übernehmender oder neuer Rechtsträger auch an Mischverschmelzungen mögl sei. **§ 105 S 1** stellt demggü klar, dass genossenschaftl Prüfungsverbände grdsl nur miteinander verschmolzen werden können; seit Neufassung der Norm durch das **2. UmwÄndG** (dazu Einf Rn 28) ist dies aber sowohl in der Form der Verschm zur Aufnahme als auch der **Verschm zur Neugründung** zulässig. Zulässig ist nunmehr auch die Beteiligung mehrerer genossenschaftl Prüfungsverbände als übertragender Rechtsträger (früher str, vgl Widmann/Mayer/*Vossius* § 105 Rn 15 mwN). 1

Mischverschmelzungen sind dagegen weiterhin unzulässig. Eine Ausnahme gilt nach § 105 S 2 ledigl für die Verschm eines rechtsfähigen Vereins, dessen Mitglieder eG und genossenschaftl Unternehmen sind, auf einen genossenschaftl Prüfungsverband, wenn die für die Verleihung des Prüfungsrechts zuständige oberste Landesbehörde dem Verschmelzungsvertrag zugestimmt hat. 2

Eine ausdrückl Erwähnung der beiden Arten von Prüfungsverbänden (eV und wirtschaftl Verein) wie noch in § 63i GenG aF war nicht mehr erforderl, weil es nur noch Verbände in der Rechtsform des eV gibt (RegEBegr BR-Drs 75/94 zu § 105; Semler/Stengel/*Katschinski* § 105 Rn 3). 3

2. Vorbereitung, Durchführung und Beschluss der Mitgliederversammlung

In diesem Zusammenhang verweist **§ 106** umfassend auf die entsprechenden Vorschriften zur **Vorbereitung der Mitgliederversammlung** eines Vereins in 4

§§ 101–103. Auf die Erläuterung dort wird verwiesen (vgl auch LG Frankenthal RNotZ 2007, 478).

5 Die **Auslage eines Prüfungsberichts** zur Vorbereitung der Mitgliederversammlung ist in Abweichung von §§ 101 I, 102 S 1 allerdings nicht erforderl. Bei der Verschm genossenschaftl Prüfungsverbände ist eine Prüfung nach §§ 9–12 nicht vorgesehen, es fehlt am notw Prüfungsbefehl (vgl Vor §§ 9–12 Rn 3; Lutter/*Bayer* § 106 Rn 13 mwN; Semler/Stengel/*Katschinski* § 106 Rn 3 mwN; für Anwendung des § 100 S 2 dagegen Widmann/Mayer/*Vossius* § 105 Rn 4 ff mwN). Auf § 100 wird bewusst nicht verwiesen, weil davon auszugehen ist, dass die Leitungsorgane der Mitglieder der Prüfungsverbände aus eigener Sachkenntnis heraus in der Lage sind, die Interessen der von ihnen vertretenen Unternehmen zu wahren (RegEBegr BR-Drs 75/94 zu § 106; dazu krit Lutter/*Bayer* § 106 Rn 12, 13; Widmann/Mayer/*Vossius* § 105 Rn 9).

3. Pflichten der Vorstände

6 Die Vorstände beider Verbände sind für die **Eintragung in das Register** des Sitzes jedes Verbandes verantwortl. Ausreichend ist, dass die Anmeldung jew in vertretungsberechtigter Zahl unterzeichnet werden (Widmann/Mayer/*Vossius* § 107 Rn 9 mwN). Die gegenseitige Mitwirkungspflicht folgt aus **§ 107 Abs 1** und aus dem abgeschlossenen Verschmelzungsvertrag; sie ist einklagbar und unterliegt der Vollstreckung nach § 894 ZPO. Der Anmeldung sind die in § 17 aufgeführten Unterlagen beizufügen (Semler/Stengel/*Katschinski* § 107 Rn 2). Ist der übertragende Verband nicht in das Register eingetragen, gilt § 104 entsprechend (§ 107 Abs I 2), wobei die Veröffentlichung auch hier durch die Vorstände beider Verbände zu veranlassen ist (Semler/Stengel/*Katschinski* § 107 Rn 3; Widmann/Mayer/*Vossius* § 107 Rn 16).

7 Ebenfalls gemeinsam verpflichtet sind die Vorstände beider Verbände zur **Mitteilung der Eintragung** (gemeint ist jene im Register des übernehmenden Verbandes, vgl Widmann/Mayer/*Vossius* § 107 Rn 28 mwN) **an die zuständige oberste Landesbehörde** iSv § 63 GenG. Sind unterschiedl Behörden zuständig, ist jede für sich zu informieren. Sinn von § 107 II ist die Kenntniserlangung der Verleihungsbehörde vom Eintritt der Verschmelzungswirkungen gem § 20 I. Die gleiche Zielrichtung verfolgt § 107 III, der den Vorstand des übernehmenden Verbandes dazu veranlasst, seine **Mitglieder** (str, wie hier Lutter/*Bayer* § 107 Rn 6 mwN; Semler/Stengel/*Katschinski* § 107 Rn 5 mwN auch zur aA; Widmann/Mayer/*Vossius* § 107 Rn 36) von der Eintragung der Verschm **zu benachrichtigen.**

4. Austritt von Mitgliedern des übertragenden Verbandes

8 Das ursprüngl in § 63h II GenG aF enthaltene Sonderkündigungsrecht ist aus Gründen der Rechtsbereinigung durch das **allg Austrittsrecht nach § 39 I BGB** ersetzt worden. Der Austritt führt zur Beendigung der Mitgliedschaft im Prüfungsverband; sämtl Rechte und Pflichten des Mitglieds enden im Zeitpunkt des Austritts ex nunc (Semler/Stengel/*Katschinski* § 108 Rn 5). § 39 II BGB wird durch **§ 108** abgeschwächt; ob die Erleichterung zeitlich unbefristet gilt, ist str (vgl Widmann/Mayer/*Vossius* § 108 Rn 14–19 mwN). Der Austritt ist eine einseitige empfangsbedürftige WE, die keiner besonderen Form bedarf und mit dem Zugang (§§ 130, 28 II BGB) wirksam wird (Semler/Stengel/*Katschinski* § 108 Rn 3); der Austritt bedarf keiner Begr (Lutter/*Bayer* § 108 Rn 4 mwN; Semler/Stengel/

Katschinski § 108 Rn 3; Widmann/Mayer/*Vossius* § 108 Rn 12). Der Austritt kann nicht unter einer **Bedingung oder Zeitbestimmung** erklärt werden, auf die Erläuterung zu § 91 III, der insoweit anzuwenden ist, wird verwiesen. Wegen der in § 54 GenG vorgeschriebenen Pflichtmitgliedschaft der eG zu einem Prüfungsverband wird § 108 keine große praktische Bedeutung erhalten.

Achter Abschnitt. Verschmelzung von Versicherungsvereinen auf Gegenseitigkeit

Erster Unterabschnitt. Möglichkeit der Verschmelzung

§ 109 Verschmelzungsfähige Rechtsträger

[1] Versicherungsvereine auf Gegenseitigkeit können nur miteinander verschmolzen werden. [2] Sie können ferner im Wege der Verschmelzung durch eine Aktiengesellschaft, die den Betrieb von Versicherungsgeschäften zum Gegenstand hat (Versicherungs-Aktiengesellschaft), aufgenommen werden.

Schrifttum: *Fleischmann,* Zur Frage der Verschmelzung, Vermögensübertragung und Umwandlung von Versicherungsunternehmen, ZfV 1968, 357; *Frotz,* Bestimmung der Möglichkeiten und Grenzen der Privatisierung öffentlicher Unternehmungen, DB 1977, 1616; *Lutter,* Zur Reform von Umwandlung und Fusion, ZGR 1990, 392; *Baumann,* Rechtliche Grundprobleme der Umstrukturierungen von Versicherungsvereinen auf Gegenseitigkeit, VersR 1992, 950; *Müller-Wiedenhorn,* Versicherungsvereine auf Gegenseitigkeit im Unternehmensverbund, 1993; *Weigel,* Möglichkeiten der Konzernentwicklung und Eigenkapitalbildung beim Versicherungsverein auf Gegenseitigkeit, VersR 1993, 1429; *Thode,* Veräußerung öffentlich-rechtlicher Versicherungsunternehmen in der Bundesrepublik Deutschland, 1994; *Münch,* Rückumwandlung einer GmbH in eine Betriebsform des öffentlichen Rechts, insbesondere in einen Eigenbetrieb, DB 1995, 550; *Entzian/Schleifenbaum,* Bestandsübertragung und neues Umwandlungsgesetz, ZVersWiss 1996, Heft 2/3; *Biewer,* Die Umwandlung eines Versicherungsvereins auf Gegenseitigkeit in eine Aktiengesellschaft, 1998; *Venohr/Naujois/Zinke,* Größe als Chance? Konzentrationstendenzen in der Versicherungswirtschaft, VW 1998, 1120; *Stopp,* Wege der Auflösung kommunaler Eigengesellschaften unter besonderer Berücksichtigung des Umwandlungsgesetzes, SächsVBl 1999, 197; *Hübner,* Bestandsübertragung, Anh. 1 zu § 189 UmwG in Lutter UmwG, 2. Aufl 2000; *Benkel,* Der Versicherungsverein auf Gegenseitigkeit, 2002; *Gerner,* Demutualisierung eines VVaG, 2002; *Bälz/Kuntz,* Die grenzüberschreitende Bestandsübertragung in der EU, VersR 2005, 310; *Hasselbach/Komp,* Die Bestandsübertragung als Maßnahme zur Restrukturierung von Versicherungsunternehmen, VersR 2005, 1651; *Schenke,* Versicherungsrecht im Fokus des Versicherungsrechts, VersR 2006, 871; *Schwintowski,* Die Rechte der Versicherten bei einer Bestandsübertragung, VuR 2005, 321; *Armbrüster,* Eigentumsschutz im Kaptalgesellschaftsrecht – Auswirkungen der Judikatur des BVerfG zur Lebensversicherung, ZGR 2006, 683; *Hövelmann/Brouwers,* Bestandsübertragungen zwischen privaten Krankenversicherungsunternehmen und dem Urteil des BVerfG vom 26.7.2005, VersR 2006, 1306; *Schenke,* Versicherungsrecht im Fokus des Verfassungsrechts – Die Urteile des BVerfG vom 26. Juli 2005, VersR 2006, 871; *Lüttringhaus,* Neue Wege zur internationalen Restrukturierung europäischer Erst- und Rückversicherungsunternehmen, VersR 2008, 1036; *Wolf,* Das Genehmigungserfordernis nach § 14a VAG für Umwandlungen von Versicherern, VersR 2008, 1441; *Beckmann,* Bestandsübertragung, Anh I zu §§ 178–189 in KölnerKommUmwG, 1. Aufl 2009; *Hasselbach,* Der Übergang von Bedeckungswertung im Rahmen der Bestandsübertragung nach § 14 VAG, VersR 2010, 429.

1. Allgemeines

1 Die Vorschrift regelt die zulässigen Konstellationen für eine **Verschm unter Beteiligung eines VVaG.** Dabei wird nicht zwischen einem **großen Verein** und einem **kleineren Verein** iSv §§ 53 I VAG, 118 UmwG unterschieden. Nach der Struktur von § 3 ist zunächst davon auszugehen, dass VVaG an Verschm als übertragender, übernehmender oder neue Rechtsträger beteiligt sein können (§ 3 I Nr 6). Dass das anders ist, stellt § 109 klar, der unter Übernahme und teilw Ausdehnung von §§ 44a, 53a VAG aF die mögl Verschmelzungsvarianten abschl festlegt. Anders als die Vermögensübertragung gem §§ 174 ff ist die Verschm von Versicherungsunternehmen von praktischer Bedeutung (vgl Vor §§ 174–189 Rn 6 mwN).

2. Verschmelzungsmöglichkeiten

2 **VVaG** können **miteinander verschmolzen** werden, **S 1.** Dabei ist es nicht von Belang, ob ein großer oder ein kleinerer VVaG an der Verschm beteiligt ist, auch „Mischverschmelzungen" zwischen solchen Vereinen sind zulässig. Die Verschm unter ausschließl Beteiligung von VVaG ist als Verschm **durch Aufnahme** (§ 2 Nr 1) und als Verschm durch **Neugründung** (§ 2 Nr 2) mögl.

3 Die **Mischverschmelzung** lässt S 2 nur in einer Form zu: Ein oder mehrere VVaG (sowohl große als auch kleinere Vereine) können im Wege der Verschm durch eine **Versicherungs-AG** aufgenommen werden. Diese spezielle Ausprägung der AG (vgl. Semler/Stengel/*Koerfer* Rn 22; KölnerKommUmwG/*Beckmann* Rn 5) qualifiziert diesen Rechtsträger als einzigen dafür, die **besonderen Pflichtentbindungen des VVaG** auch nach Durchführung der Verschm aufrechtzuerhalten. Eine **Verschm durch Neugründung** unter Beteiligung von Versicherungs-AG ist mögl, der missverständl Wortlaut von § 90 wird in §§ 114 ff korrigiert. Nicht mögl ist eine Verschm durch Aufnahme, an der eine **Versicherungs-AG als übertragender Rechtsträger** mitwirkt. Wenn die Beteiligten die Zielrechtsform VVaG anstreben, verbleibt nur die Möglichkeit der **Vermögensübertragung nach §§ 178, 179.** Bei dieser Voll- oder Teilvermögensübertragung kommt es nicht zum Anteilstausch; deshalb wirkt dort die Struktur des Vereins, dessen Mitglieder nur Versicherungsnehmer werden können (§ 20 S 2 VAG), im Ggs zur Verschm nicht nachteilig (RegEBegr BR-Drs 75/94 zu § 109).

3. Staatliche Genehmigung

4 Die generelle Zulassung der Beteiligung eines VVaG an einer Verschm nach § 109 steht stets unter dem **Vorbehalt der Genehmigung der Aufsichtsbehörde.** Durch Art 8 des UmwBerG wurde ein neuer **§ 14a VAG** eingefügt, der in Nachfolge von §§ 44a II, 53a I 2 VAG aF bestimmt, dass jede Umw eines Versicherungsunternehmens nach § 1, also auch jede Verschm, der Genehmigung der Aufsichtsbehörde bedarf. Neben den Vorschriften des VAG sind gem § 14a S 3 VAG auch die Vorschriften des UmwG Prüfungsgegenstand und mögl Grund, die Genehmigung zu versagen. Zu Gegenstand und Umfang der Genehmigung ausführl Semler/Stengel/*Koerfer* Anh § 119 Rn 81 ff; Lutter/*Hübner* Rn 11 ff sowie BVerfG WM 2005, 1505.

Zweiter Unterabschnitt. Verschmelzung durch Aufnahme

§ 110 Inhalt des Verschmelzungsvertrags

Sind nur Versicherungsvereine auf Gegenseitigkeit an der Verschmelzung beteiligt, braucht der Verschmelzungsvertrag oder sein Entwurf die Angaben nach § 5 Abs. 1 Nr. 3 bis 5 und 7 nicht zu enthalten.

Wie bereits § 44a III VAG aF (dort eingeschränkt Verweis auf § 340 II Nr 1, 2, 6 und 8 AktG aF) schränkt § 110 bei der Verschm unter Beteiligung von VVaG den **Inhalt des Verschmelzungsvertrages** ein. Angaben nach § 5 I Nr 3–5 und Nr 7 sind im Verschmelzungsvertrag nicht aufzunehmen, weil diese Bestimmungen auf einen **Anteilstausch** Bezug nehmen, der bei der Verschm unter Beteiligung von VVaG gerade nicht in Betracht kommt. Der VVaG wird vom Gleichbehandlungsgrundsatz (§ 21 VAG) geprägt (dazu ausführl BVerwG NJW 1996, 2521), die Mitgliedschaften in ihrem genossenschaftl Teil (dazu krit FKBP/*Kaulbach* VAG § 21 Rn 2 ff) werden ohne weiteres zu Mitgliedschaften beim übernehmenden VVaG (Semler/Stengel/*Koerfer* Rn 2; KölnerKommUmwG/*Beckmann* Rn 4). 1

Für den **Inhalt der Mitgliedschaften** ist allein die Satzung des übernehmenden oder neu gegründeten VVaG maßgebend, Regelungen im Verschmelzungsvertrag haben hierauf keinen Einfluss (allerdings ist bei der Verschm durch Neugründung die Satzung iSv § 116 I Gegenstand des Verschmelzungsvertrages, § 37). Dieses Vorgegebensein der Teilhabe am Unternehmen findet sich nur, wenn ein **VVaG übernehmender Rechtsträger** ist. Deshalb gilt § 110 nicht für **Mischverschmelzungen,** insoweit verbleibt es bei der vollständigen Anwendung von § 5 I, die entsprechenden Festsetzungen im Verschmelzungsvertrag sind für den Anteilstausch nach § 20 I Nr 3 (dh für den Erwerb von Aktien der Versicherungs-AG durch die früheren Vereinsmitglieder) maßgebl. 2

§ 111 Bekanntmachung des Verschmelzungsvertrags

[1] Der Verschmelzungsvertrag oder sein Entwurf ist vor der Einberufung der obersten Vertretung, die gemäß § 13 Abs. 1 über die Zustimmung zum Verschmelzungsvertrag beschließen soll, zum Register einzureichen. [2] Das Gericht hat in der Bekanntmachung nach § 10 des Handelsgesetzbuchs einen Hinweis darauf bekanntzumachen, daß der Vertrag oder sein Entwurf beim Handelsregister eingereicht worden ist.

Entsprechend der Regelungstechnik des UmwG für den VVaG (dazu RegEBegr BR-Drs 75/94 Vor § 109) wurde der Verweis in § 44a III VAG aF auf § 340d I AktG aF durch eine eigene Vorschrift ersetzt. Inhaltl hat sich aber nichts geändert, **§ 111 entspricht** auch nach der Änderung durch das EHUG (dazu Einf Rn 28) **§ 61,** auf dessen Komm vollumfängl verwiesen wird. Zur obersten Vertretung vgl § 112 Rn 2 ff. 1

§ 112 Vorbereitung, Durchführung und Beschluß der Versammlung der obersten Vertretung

(1) [1] Von der Einberufung der Versammlung der obersten Vertretung an, die gemäß § 13 Abs. 1 über die Zustimmung zum Verschmelzungsvertrag beschließen soll, sind in dem Geschäftsraum des Vereins die in § 63 Abs. 1 bezeichneten Unterlagen zur Einsicht der Mitglieder auszulegen. [2] Dazu erforderliche Zwischenbilanzen sind gemäß § 63 Absatz 2 Satz 1 bis 4 aufzustellen.

(2) [1] In der Versammlung der obersten Vertretung sind die in § 63 Abs. 1 bezeichneten Unterlagen auszulegen. [2] § 64 Abs. 1 Satz 2 und Abs. 2 ist entsprechend anzuwenden.

(3) [1] Der Verschmelzungsbeschluß der obersten Vertretung bedarf einer Mehrheit von drei Vierteln der abgegebenen Stimmen. [2] Die Satzung kann eine größere Mehrheit und weitere Erfordernisse bestimmen.

1. Allgemeines

1 Auch § 112 knüpft nahtlos an § 44a VAG aF an. Statt der Verweisung in § 44a III VAG aF auf § 340d V, VI AktG aF regeln nun **Abs 1, 2** die Vorbereitung (Abs 1) und die Durchführung (Abs 2) der Versammlung der obersten Vertretung. Aus Vereinfachungsgründen wird auf die entsprechenden Regelungen zur Verschm unter Beteiligung einer AG (§§ 63, 64) verwiesen. **Abs 3** führt § 44a II 2, 3 VAG unverändert fort.

2. Oberste Vertretung

2 Die **oberste Vertretung des VVaG** ist gem § 36 VAG – je nach Satzungsbestimmung – entweder die Mitgliederversammlung oder die Mitgliedervertreterversammlung. Funktionell entspricht die oberste Vertretung des VVaG der HV der AG (KölnerKommUmwG/*Beckmann* Rn 2), deswegen wird in § 36 I VAG in großem Umfang auf die Anwendung der Vorschriften für die aktienrechtl HV verwiesen.

3 Die oberste Vertretung ist als **Versammlung der Anteilsinhaber** (§ 13 I) dazu berufen, über die Durchführung der Verschm zu beschließen. Dies geschieht durch Zustimmung zum Verschmelzungsvertrag, die **Mehrheit** richtet sich nach **Abs 3.**

4 Auf die Willensrichtung der **Garanten,** also derjenigen, die Anteile am Gründungsstock gezeichnet haben (vgl § 22 VAG), kommt es hingegen nicht an. Die Garanten nehmen an der Verschm nicht teil; weder werden sie bei der reinen VVaG-Verschm Mitglieder des übernehmenden VVaG, noch erhalten sie bei der Mischverschmelzung einen Anteil (§ 20 I Nr 3) an der Versicherungs-AG (den Garanten will Semler/Stengel/*Koerfer* § 109 Rn 51 als Inhaber von Sonderrechten iSv § 23 behandeln; ebenso wohl Widmann/Mayer/*Vossius* § 109 Rn 94). Anderes gilt nur, wenn und soweit die Garanten zugleich Mitglieder des übertragenden VVaG sind. IÜ sind die Garanten **als normale Gläubiger anzusehen,** sie können sich insbes auf die Schutzvorschrift von **§ 22** berufen.

3. Vorbereitung der Mitglieder(Vertreter)Versammlung, Abs 1

5 Parallel zu § 82 beschränkt sich die Regelung in Abs 1 auf das Gebot zur **entsprechenden Anwendung von § 63 I, II.** § 63 III wird von der Verweisung

nicht erfasst, anders als in § 82 II fehlt es auch an einer besonderen Regelung in § 112. Die Vereinsmitglieder haben demnach kein Recht, eine **Abschrift** der nach Abs 1 S 1 auszulegenden Unterlagen zu erhalten (aA Semler/Stengel/*Koerfer* Rn 9; Widmann/Mayer/*Vossius* Rn 11 ff; zweifelnd Lutter/*Hübner* Rn 3; wie hier KölnerKommUmwG/*Beckmann* Rn 4, der zutr auf die bewusste Entscheidung des Gesetzgebers hinweist). Damit ist ggü § 44a III VAG aF iVm § 340d VI AktG aF eine Verschlechterung der Rechtsposition der Vereinsmitglieder erfolgt. Dies geschah bewusst, weswegen eine entsprechende Anwendung etwa von § 82 II nicht in Betracht kommt; das Gesetz sieht den Schwerpunkt nicht auf einem besonderen Informationsinteresse des Mitglieds, sondern im Versicherungsverhältnis (RegEBegr BR-Drs 75/94 zu § 112 I; krit dazu Lutter/*Hübner* Rn 3; KölnerKommUmwG/*Beckmann* Rn 4 mwN).

Bzgl der nach § 63 I **auszulegenden Unterlagen** wird auf § 63 Rn 3 verwiesen; ein nach § 60 iVm § 12 erstatteter **Verschmelzungsprüfungsbericht** ist nur bei der Mischverschmelzung auf eine Versicherungs-AG auszulegen; §§ 109 ff selbst enthalten keinen Prüfungsbefehl (dazu Vor §§ 9–12 Rn 3), weswegen ein etwa auszulegender Verschmelzungsprüfungsbericht sich ausschließl auf die Versicherungs-AG beziehen kann (ebenso Lutter/*Hübner* Rn 2; aA Semler/Stengel/*Koerfer* Rn 20, 21, der insbes auf § 30 II 1 verweist). 6

Abs 1 S 2 verweist für die nach Abs 1 S 1 iVm § 63 I Nr 3 uU auszulegende Zwischenbilanz auf § 63 II, auf die Komm dort (Rn 4 ff) wird verwiesen. Die Erweiterung von § 63 II durch das 3. UmwÄndG (dazu Einf Rn 33) ist für § 122 ohne Belang, weswegen Abs 1 S 2 nur auf § 63 II 1–4 verweist. 7

4. Durchführung der Mitglieder(Vertreter)Versammlung, Abs 2

Gem **Abs 2 S 1** sind auch während der Anteilsinhaberversammlung die in § 63 I genannten Unterlagen zur Einsicht der Aktionäre auszulegen, und zwar während der gesamten Versammlung (vgl § 64 Rn 2). Allein ein elektronisches Zugänglichmachen ist nicht ausreichend. **Abs 2 S 2** verweist auf § 64 I 2, II. Damit hat die Änderung von § 64 I 2 durch das 3. UmwÄndG (dazu § 64 Rn 3 ff) auch Auswirkungen auf die Anteilsinhaberversammlung nach § 112. Die Berichtspflicht des Vorstands wurde erweitert. Ausführungen zum Umtauschverhältnis durch den Vorstand des VVaG sind allerdings nur dann gefordert, wenn ein Anteilstausch in Rede steht; dies kann nur bei der **Mischverschmelzung,** also der Aufnahme durch eine Versicherungs-AG, der Fall sein (vgl § 110). IÜ wird auf die Komm zu § 64 verwiesen. 8

5. Verschmelzungsbeschluss, Abs 3

Wie im früheren Recht (§ 44 II 2, 3 VAG aF) bedarf der Beschluss der obersten Vertretung einer **Mehrheit von drei Vierteln der abgegebenen Stimmen.** Die Beschlussfassung selbst richtet sich nach § 36 VAG iVm den Vorschriften des AktG. **Stimmenthaltungen** und ungültige Stimmen werden nicht mitgezählt (keine abgegebenen Stimmen), iÜ wird auf die Komm zu § 65 und auf die aktienrechtl Spezialliteratur (Nachw bei *Hüffer* AktG § 133 Rn 16 ff) verwiesen. 9

Die **Satzung des VVaG** kann eine größere Mehrheit und weitere Erfordernisse bestimmten, **Abs 3 S 2.** Neben der Verschärfung des Mehrheitserfordernisses bis zur Einstimmigkeit kann demnach insbes eine Mindestanwesenheit für die Beschlussfähigkeit (Quorum) oder das Erfordernis einer mehrfachen Beschlussfassung geregelt werden. IÜ wird auf § 65 Rn 10 ff verwiesen. 10

§ 113 Keine gerichtliche Nachprüfung

Sind nur Versicherungsvereine auf Gegenseitigkeit an der Verschmelzung beteiligt, findet eine gerichtliche Nachprüfung des Umtauschverhältnisses der Mitgliedschaften nicht statt.

1 Die Vorschrift regelt klarstellend, dass eine **gerichtl Nachprüfung** (§§ 15, 305–312) **des Umtauschverhältnisses** der Mitgliedschaften bei einer reinen Verschm unter VVaG (§ 110) nicht stattfindet. Dies ist nur konsequent, da die Einflussnahme auf den genossenschaftl Teil der Mitgliedschaften (dazu Prölss/*Weigel* VAG § 20 Rn 9) durch die Verschm keine wirtschaftl Auswirkungen mit sich bringt. Der für das Mitglied wesentl Versicherungsbetrag besteht in unveränderter Form fort (KölnerKommUmwG/*Beckmann* Rn 2). Selbst eine eingeschränkte Überprüfung, wie sie § 85 für die Verschm unter Beteiligung von eG vorsieht, würde dem Wesen der Mitgliedschaft bei einem VVaG nicht gerecht (aA wohl Widmann/Mayer/*Vossius* Rn 6 mwN; zum etwaigen Anspruch auf Satzungsänderung Semler/Stengel/*Koerfer* Rn 5 ff mwN).

Dritter Unterabschnitt. Verschmelzung durch Neugründung

§ 114 Anzuwendende Vorschriften

Auf die Verschmelzung durch Neugründung sind die Vorschriften des Zweiten Unterabschnitts entsprechend anzuwenden, soweit sich aus den folgenden Vorschriften nichts anderes ergibt.

1 Während früher bei der **Verschm durch Neugründung eines VVaG** § 44a IV (§ 53a I) VAG aF auf die aktienrechtl Verschm verwiesen haben, enthalten §§ 114–117 nun eigenständige Regelungen. Damit werden Friktionen, die durch die doppelte Verweisung (zum einen in § 44a IV VAG aF auf die Verschm unter Beteiligung von AG, zum anderen dort auf die Gründungsvorschriften der AG) vermieden.

2 Für die Verschm durch Neugründung gelten zunächst **§§ 36–38;** maßgebl Bedeutung hat vor allem § 36 II, der auf die Vorschriften zur Gründung eines VVaG (§§ 15 ff VAG) verweist.

3 Daneben schreibt § 114 die **entsprechende Anwendungen von §§ 109–113** auch für die Verschm durch Neugründung vor, schließl vervollständigen **§§ 115–117** den einschlägigen Regelungskomplex.

4 Der Verweis in § 114 erstreckt sich, soweit §§ 111–113 in Rede stehen, nur auf diejenigen VVaG, die als übertragende Rechtsträger fungieren. Ein Verschmelzungsbeschluss des neuen Rechtsträgers ist bei der Verschm durch Neugründung, die gerade erst zum Entstehen dieses Rechtsträgers führt, naturgemäß nicht mögl.

5 Durch § 114 iVm § 109 wollte der Gesetzgeber klargestellt wissen, dass die Verschm durch Neugründung auch den Fall erfasst, dass zwei oder mehrere VVaG im Wege der **Mischverschmelzung** (§ 3 IV) eine **Versicherungs-AG** neu gründen (RegEBegr BR-Drs 75/94 zu § 114). Dies ist trotz des unglückl Wortlauts von § 109 als mögl Konstellation anzusehen, auch § 115 S 1 („des neuen Rechtsträgers") und § 116 I („die Satzung des neuen Rechtsträgers") sprechen dafür (zust Semler/Stengel/*Koerfer* Rn 1).

Der **Inhalt des Verschmelzungsvertrages** richtet sich nach § 5 I, wobei die dortigen Nr 3–5 und 7 gem § 114 nicht anzuwenden sind, wenn das Verschmelzungsprodukt, also der neu gegründete Rechtsträger, selbst wieder VVaG ist. 6

§ 115 Bestellung der Vereinsorgane

[1]Die Vorstände der übertragenden Vereine haben den ersten Aufsichtsrat des neuen Rechtsträgers und den Abschlußprüfer für das erste Voll- oder Rumpfgeschäftsjahr zu bestellen. [2]Die Bestellung bedarf notarieller Beurkundung. [3]Der Aufsichtsrat bestellt den ersten Vorstand.

Die Vorschrift erfasst, obwohl die Überschrift der Norm missverständl ist, auch die **Mischverschmelzung,** dh die Verschm von zwei oder mehreren VVaG (§ 114 iVm § 109 I 1) durch Neugründung einer **Versicherungs-AG.** Da gem § 36 II 2 die übertragenen Vereine als Gründer des neuen Rechtsträgers gelten, sind die Vorstände als Vertretungsorgan dieser übertragenden VVaG dazu berufen, den **ersten AR** des neu gegründeten VVaG/der neu gegründeten Versicherungs-AG und den **Abschlussprüfer** für das erste Teil- oder RumpfGj zu bestellen. Da die Kompetenz zur Bestellung des AR nicht der eigentl zuständigen HV/obersten Vertretung zukommen kann – diese Gremien bestehen zum Zeitpunkt der Bestellung nach § 115 S 1 noch nicht –, sieht **§ 116 I 1 die notw Zustimmung** der Mitglieder der übertragenden VVaG für die Bestellung des **AR** durch Verschmelzungsbeschluss vor. Damit soll gewährleistet werden, dass die Bestellung des Vorstands letztl von den späteren Anteilsinhabern des neu gegründeten Rechtsträgers mitverantwortet wird. Die Bestellung des AR bedarf der **notariellen Beurkundung, S 2.** 1

Identisch zu den sonstigen rechtsformspezifischen Vorschriften beim VVaG/bei der Versicherungs-AG verläuft die **Bestellung des ersten Vorstands** (aA Semler/Stengel/*Koerfer* Rn 5; wie hier Widmann/Mayer/*Vossius* Rn 2 ff, dort auch Rn 27 zum Zeitpunkt der Beschlussfassung; § 115 ist lex specialis ggü § 76 II). Hier ist der nach S 1 ins Amt gesetzte erste AR zur Bestellung berufen, **S 3.** 2

§ 116 Beschlüsse der obersten Vertretungen

(1) **[1]Die Satzung des neuen Rechtsträgers und die Bestellung seiner Aufsichtsratsmitglieder bedürfen der Zustimmung der übertragenden Vereine durch Verschmelzungsbeschlüsse. [2]§ 76 Abs. 2 und § 112 Abs. 3 sind entsprechend anzuwenden.**

(2) **[1]In der Bekanntmachung der Tagesordnung eines Vereins ist der wesentliche Inhalt des Verschmelzungvertrags bekanntzumachen. [2]In der Bekanntmachung haben der Vorstand und der Aufsichtsrat, zur Wahl von Aufsichtsratsmitgliedern und Prüfern nur der Aufsichtsrat, Vorschläge zur Beschlußfassung zu machen. [3]Hat der Aufsichtsrat auch aus Aufsichtsratsmitgliedern der Arbeitnehmer zu bestehen, so bedürfen Beschlüsse des Aufsichtsrats über Vorschläge zur Wahl von Aufsichtsratsmitgliedern nur der Mehrheit der Stimmen der Aufsichtsratsmitglieder der Mitglieder des Vereins.**

Die Satzung des neuen Rechtsträgers ist gem § 37 Gegenstand auch des Verschmelzungsvertrages. Da der Verschmelzungsbeschluss nach §§ 13, 112 III sich 1 auf den gesamten Verschmelzungsvertrag bezieht, ist **Abs 1 S 1** insoweit ohne inhaltl Bedeutung. Zum Beschlussgegenstand „Bestellung seiner Aufsichtsratsmitglieder" vgl § 115. Bzgl **Abs 1 S 2** wird auf die Komm zu §§ 76 II (Rn 2) und 112 III (Rn 9 f) verwiesen.

2 **Abs 2** ergänzt § 111. Die Vorschrift bezieht sich nur auf die Bekanntmachung der Tagesordnung eines übertragenden VVaG; der neu gegründete Rechtsträger selbst kann einen Verschmelzungsbeschluss nach §§ 13, 112 III nicht fassen, da er zu diesem Zeitpunkt noch nicht besteht. Der in Abs 2 S 2, 3 festgelegte Umfang des Vorschlagsrechts ist aus sich heraus verständl.

§ 117 Entstehung und Bekanntmachung des neuen Vereins

[1] Vor der Eintragung in das Register besteht ein neuer Verein als solcher nicht. [2] Wer vor der Eintragung des Vereins in seinem Namen handelt, haftet persönlich; handeln mehrere, so haften sie als Gesamtschuldner.

1 Der **Inhalt der Eintragung** eines VVaG in das HR richtet sich nach § 32 VAG. Der frühere Abs 2, der ggü dem VAG erweiterte Bekanntmachungsvorschriften enthielt, ist durch das EHUG (dazu Einf Rn 28) per 1.1.2007 ersatzlos gestrichen worden. Vor der Eintragung in das Register besteht ein neuer Verein als solcher nicht, **S 1.** Damit wird – wie im alten Recht – klargestellt, dass § 15 VAG, der die Rechtsfähigkeit eines VVaG schon früher, näml mit der Zulassung zum Geschäftsbetrieb eintreten lässt, hinter den spezifischen Verschmelzungsregeln zurückzustehen hat (KölnerKommUmwG/*Beckmann* Rn 3). Wegen dieser **Abweichung zu § 15 VAG** kann es auch zum Eintritt der Handelndenhaftung nach **S 2** kommen (allgM); diese Vorschrift ist § 41 I 2 AktG nachgebildet, auf die aktienrechtl Spezialliteratur (Nachw bei *Hüffer* AktG § 41 Rn 18 ff) wird verwiesen.

Vierter Unterabschnitt. Verschmelzung kleinerer Vereine

§ 118 Anzuwendende Vorschriften

[1] Auf die Verschmelzung kleinerer Vereine im Sinne des § 53 des Versicherungsaufsichtsgesetzes sind die Vorschriften des Zweiten und des Dritten Unterabschnitts entsprechend anzuwenden. [2] Dabei treten bei kleineren Vereinen an die Stelle der Anmeldung zur Eintragung in das Register der Antrag an die Aufsichtsbehörde auf Genehmigung, an die Stelle der Eintragung in das Register und ihrer Bekanntmachung die Bekanntmachung im Bundesanzeiger nach § 119.

§ 119 Bekanntmachung der Verschmelzung

Sobald die Verschmelzung von allen beteiligten Aufsichtsbehörden genehmigt worden ist, macht die für den übernehmenden kleineren Verein zuständige Aufsichtsbehörde, bei einer Verschmelzung durch Neugründung eines kleineren Vereins die für den neuen Verein zuständige Aufsichtsbehörde die Verschmelzung und ihre Genehmigung im Bundesanzeiger bekannt.

Ein **kleinerer Verein iSv § 53 VAG** hat bestimmungsgemäß einen sachl, örtl oder dem Personenkreis nach eng begrenzten Wirkungskreis; die Beschränkungen müssen in seinem Geschäftsplan (Satzung) enthalten sein (KölnerKommUmwG/*Beckmann* § 118 Rn 3 mwN). Ob ein Verein ein kleinerer Verein ist, entscheidet die **Aufsichtsbehörde** verbindl, § 53 IV VAG; das **Registergericht** ist an die Entscheidung der Aufsichtsbehörde und ggf des Verwaltungsgerichts gebunden, nach dem rechtsgestaltenden VA (dagegen Widmann/Mayer/*Vossius* § 118 Rn 8: feststellender VA) von § 52 IV VAG kommt eine **Handelsregistereintragung** demnach nicht in Betracht (§ 53 I VAG verweist nicht auf § 16 VAG). Deshalb kann zwar in § 118 S 1 die entsprechende Anwendung der Vorschriften für den „großen" VVaG (§§ 109–117) angeordnet werden; für das **Anmeldungs- und Eintragungsverfahren** sowie für die **Bekanntmachung der Verschm** sehen §§ 118 S 2, 119 aber ein **besonderes Verfahren** vor. Anstelle der Anmeldung zur Eintragung in das Register tritt gem § 118 S 2 der Antrag an die Aufsichtsbehörde auf Genehmigung, an die Stelle der (konstitutiven, § 20 I) Eintragung in das Register und ihre Bekanntmachung tritt die Bekanntmachung im BAnz nach § 119. Ggü der Änderung durch das EHUG ist durch den jetzt entfallenen Hinweis „elektronisch" beim BAnz materiell nichts geändert worden, vgl Einf Rn 34 aE. 1

Neunter Abschnitt. Verschmelzung von Kapitalgesellschaften mit dem Vermögen eines Alleingesellschafters

§ 120 Möglichkeit der Verschmelzung

(1) **Ist eine Verschmelzung nach den Vorschriften des Ersten bis Achten Abschnitts nicht möglich, so kann eine Kapitalgesellschaft im Wege der Aufnahme mit dem Vermögen eines Gesellschafters oder eines Aktionärs verschmolzen werden, sofern sich alle Geschäftsanteile oder alle Aktien der Gesellschaft in der Hand des Gesellschafters oder Aktionärs befinden.**

(2) **Befinden sich eigene Anteile in der Hand der Kapitalgesellschaft, so werden sie bei der Feststellung der Voraussetzungen der Verschmelzung dem Gesellschafter oder Aktionär zugerechnet.**

Schrifttum: Schrifttum bis 1994 siehe 3. Auflage; Schrifttum bis 2000 siehe 4. Auflage. Zur UG siehe Schrifttum § 3.

1. Allgemeines

§§ 120–122 behandeln die **Verschm von KapGes mit dem Verm eines Alleingesellschafters** (zur Umw einer ausl KapGes über die Grenze auf dt Alleingesellschafter § 1 Rn 47 ff mwN; zur Beteiligungsfähigkeit der SE als übertragender Rechtsträger Lutter/*Karollus* Rn 18 mwN; zur ausländischen natürl Person § 3 Rn 43 mwN). Trotz des offenen Wortlauts („eines Gesellschafters oder eines Aktionärs") kann wegen § 3 II Nr 2 Alleingesellschafter iSv §§ 120 ff nur eine **natürl Person** sein (allgM, vgl Widmann/Mayer/*Heckschen* Rn 9 ff; Lutter/*Karollus* Rn 23 je mwN). Der frühere Streit in den Vorgängerregelungen von §§ 15, 23, 24 UmwG 1969 (vgl 1. Aufl 1994, § 15 Anm 6 mwN) darüber, ob auch jur Personen oder Personengemeinschaften vom Wortlaut dieser Vorschrift erfasst seien, hat sich damit erledigt. § 15 UmwG 1969 erfasste die Möglichkeiten der (verschmelzenden) Umw einer AG auf den Alleingesellschafter oder auf den 1

Hauptgesellschafter, wenn sich mehr als neun Zehntel des Grundkapitals in der Hand dieses Gesellschafters befanden. § 23 UmwG 1969 verwies für die KGaA als übertragender Rechtsträger auf die Anwendung von § 15 UmwG 1969; Gleiches galt gem § 24 für die GmbH.

2 **Abs 1** übernimmt §§ 15, 23, 24 UmwG 1969 nicht vollständig; die Möglichkeit der Mehrheitsumwandlung (auf den Hauptgesellschafter) ist ersatzlos weggefallen, „denn es entspricht nicht den Grundsätzen des Minderheiten- und des Anlegerschutzes, eine solche Möglichkeit zuzulassen" (RegEBegr BR-Drs 75/94 zum Neunten Abschnitt des Zweiten Teils des Zweiten Buches). Vgl zum umwandlungsrechtl Squeeze-out jetzt § 62 V; dazu § 62 Rn 18 ff.

3 **Abs 2** übernimmt die bereits in § 10 UmwG 1969 geregelte Zurechnung von eigenen Anteilen der KapGes. Da es wirtschaftl keinen Unterschied macht, ob die Anteile an der KapGes dem Gesellschafter unmittelbar oder nur mittelbar – durch eigenen Anteilsbesitz der KapGes – zustehen, stellt Abs 2 klar, dass beide Beteiligungen am übertragenden Rechtsträger als Einheit anzusehen sind.

2. Verschmelzung auf den Alleingesellschafter, Abs 1

4 **a) Übertragender Rechtsträger. Übertragender Rechtsträger** einer Verschm auf den Alleingesellschafter nach Abs 1 kann nur und ausschließl eine **KapGes** sein. Es gilt die Legaldefinition von § 3 I Nr 2, danach sind KapGes GmbH, AG und KGaA (für KGaA aA *Bärwaldt/Schabacker* NJW 1997, 94; wie hier Lutter/*Karollus* Rn 18; Semler/Stengel/*Maier-Reimer/Seulen* Rn 9). Auch die UG ist iRv § 120 beteiligungsfähig (allg M, vgl iÜ § 3 Rn 18 ff). Ggü §§ 15, 23, 24 UmwG 1969 ist damit der Kreis der übertragenden Rechtsträger nicht erweitert worden. Auf den **Geschäftsgegenstand der KapGes** kommt es nicht an (anders zB § 109 S 2: „Versicherungs"-AG); insbes muss die KapGes **kein vollkaufmännisches Handelsgewerbe** betreiben (Lutter/*Karollus* Rn 19 mwN; Kallmeyer/*Marsch-Barner* Rn 2). Als **aufgelöster Rechtsträger** (§ 3 III) darf sie **nicht überschuldet** sein (BayObLG NJW-RR 1998, 902). IÜ schadet eine Überschuldung der übertragenden KapGes wohl nicht (krit Lutter/*Karollus* Rn 21; wie hier Semler/Stengel/*Maier-Reimer/Seulen* Rn 13; KölnerKommUmwG/*Simon* Rn 23 je mwN).

5 **b) Übernehmender Rechtsträger.** Nach **Abs 1** muss der übernehmende Rechtsträger (spätestens eine logische Sekunde vor Wirksamwerden der Verschm, Widmann/Mayer/*Heckschen* Rn 11 und Semler/Stengel/*Maier-Reimer/Seulen* Rn 40; so jetzt auch Lutter/*Karollus* Rn 38; Lutter/*Drygala* § 5 Rn 103 verlangen für vglbare Konstellation von § 5 II alleinige Anteilsinhaberschaft spätestens zum Zeitpunkt des Verschmelzungsbeschlusses, dagegen Lutter/*Karollus* Rn 5 Fn 1) **Alleingesellschafter** des übertragenden Rechtsträgers sein, eigene Anteile in der Hand der KapGes werden nach Maßgabe von Abs 2 zugerechnet. Aus § 3 II Nr 2 ergibt sich die Einschränkung der Umwandlungsmöglichkeit von Abs 1: Übernehmender Rechtsträger kann stets und ausschließl eine **natürl Person** sein. Auf die **Kaufmannseigenschaft** kommt es nicht an; ist die natürl Person **minderjährig,** bedarf es keiner vormundschaftsgerichtl Genehmigung (aA zur vormundschaftsgerichtl Genehmigung mit beachtl Arg Widmann/Mayer/*Heckschen* Rn 17 und § 121 Rn 25; Semler/Stengel/*Maier-Reimer/Seulen* Rn 23, die auf § 1822 Nr 10 BGB verweisen; ebenso KölnerKommUmwG/*Simon* Rn 36; Lutter/*Karollus* Rn 32 unter Berufung auf BVerfG NJW 1986, 1859. Der Gesetzgeber hat die Haftungsbegrenzung für Minderjährige aber durch § 1629a BGB gestaltet, sodass

das Schutzbedürfnis der Minderjährigen ausreichend befriedigt ist, dazu und zur natürl Person allg § 3 Rn 44, 45 mwN).

Es muss sich um eine **natürl Person** handeln; Personengemeinschaften (etwa Bruchteilsgemeinschaft, Erbengemeinschaft, stille Ges) können ebenso wenig übernehmender Rechtsträger iSv Abs 1 sein wie eine Mehrheit von natürl Personen in ihrer gesamthänderischen Verbundenheit (zB GbR, dazu § 3 Rn 13 ff; wN bei Semler/Stengel/*Maier-Reimer/Seulen* Rn 20). 6

c) Keine Verschmelzung möglich. Die Verschm einer KapGes auf ihren Alleingesellschafter ist nach Abs 1 nur zulässig, wenn eine **Verschm nach den Vorschriften des Ersten bis Achten Abschnitts (§§ 39–119) nicht mögl** ist. Praktisch hat diese Beschränkung allenfalls die Bedeutung, dass § 120 nicht für Fälle gelten soll, in denen der Alleingesellschafter selbst ein in § 3 II Nr 1–6 aufgeführter Rechtsträger ist. Tats wird der Anwendungsbereich von Abs 1 jedoch von § 3 I Nr 2 def, andernfalls käme man – bei ausschließl wortlautorientierter Auslegung von Abs 1 – zu dem merkwürdigen Erg, dass zB ein VVaG (der nach § 3 I Nr 6 grdsl übernehmender Rechtsträger sein kann) gem § 120 I das Verm einer KapGes durch Verschm durch Aufnahme auf sich überführen könnte; denn „eine Verschmelzung nach den Vorschriften des Ersten bis Achten Abschnitts" wäre in diesem Fall nicht mögl; damit würde aber § 109 unterlaufen, § 120 I würde also dazu führen, dass die rechtsformspezifischen Einschränkung der Verschmelzungsmöglichkeiten umgangen werden könnten (so auch Widmann/Mayer/*Heckschen* Rn 10; aA Semler/Stengel/*Maier-Reimer/Seulen* Rn 18 und Semler/Stengel/*Koerfer* § 109 Rn 10). 7

d) Alleingesellschafter. Die natürl Person muss der **einzige Gesellschafter oder Aktionär** der übertragenden KapGes sein (bei Treuhandverhältnissen ist das Außenverhältnis entscheidend, Alleingesellschafter ist also der Treuhänder, vgl Lutter/*Karollus* Rn 33 mwN; Semler/Stengel/*Maier-Reimer/Seulen* Rn 27). Eigene Anteile der KapGes werden nach Maßgabe von Abs 2 zugerechnet, sie hindern die Umw nicht (Lutter/*Karollus* Rn 35 mwN). Eine weitere Zurechnung findet nicht statt (auch nicht für noch nicht ausgeübte Wandlungs- und Bezugsrechte, die generell außer Betracht bleiben, vgl Semler/Stengel/*Maier-Reimer/Seulen* Rn 32, 33 mwN); dies hat Bedeutung für Anteile, die **einem anderen für Rechnung des Gesellschafters** gehören (vgl §§ 20 I Nr 3 HS 2, 54 II, 62 I 2, 68 II und ausführl § 54 Rn 12). Die eben zit Vorschriften zeigen, dass eine solche Zurechnung nur dann in Betracht kommt, wenn sie gesetzl ausdrückl angeordnet ist. Aus § 120 I lässt sich deshalb folgern, dass die **verdeckte Anteilsinhaberschaft** für die Anwendung von Abs 1 nicht ausreicht (so auch Widmann/Mayer/*Heckschen* Rn 11, § 121 Rn 26, Rn 31; Lutter/*Karollus* Rn 33, 34; zu unschädl Unterbeteiligungen und stillen Beteiligungen Semler/Stengel/*Maier-Reimer/Seulen* Rn 31). 8

3. Zurechnung eigener Anteile der Kapitalgesellschaft, Abs 2

Wie bereits § 10 UmwG 1969 bestimmt **Abs 2** die Zusammenfassung von Anteilen des Alleingesellschafters mit **eigenen Anteilen der übertragenden KapGes.** Diese Zurechnung rechtfertigt sich daraus, dass die Anteile des übertragenden Rechtsträgers wirtschaftl ihrem Gesellschafter gehören. 9

§ 121 Anzuwendende Vorschriften

Auf die Kapitalgesellschaft sind die für ihre Rechtsform geltenden Vorschriften des Ersten und Zweiten Teils anzuwenden.

1 **Auf die KapGes** sind die für ihre Rechtsform geltenden allg Vorschriften (zu den besonderen Vorschriften Rn 3) des Ersten und des Zweiten Teils anzuwenden, § 121. Aus den allg Vorschriften (§§ 2–38) gelten demnach zunächst **§§ 2–26.** Der übernehmende Rechtsträger, die natürl Person, hat keine Verwaltungsträger (§ 27), ein **Verschmelzungsbeschluss** wird beim übernehmenden Rechtsträger nicht gefasst (LG Dresden GmbHR 1997, 175 gegen AG Dresden GmbHR 1997, 33; *Heckschen* DB 1998, 1395; Widmann/Mayer/*Heckschen* Rn 18; Lutter/*Karollus* Rn 11; KölnerKommUmwG/*Simon* Rn 15); die Vorschriften zur **Barabfindung** (§§ 29–34) passen ebenso wenig wie die Bezeichnung unbekannter Aktionäre (§ 35). § 120 I führt nur die natürl Person als übernehmender Rechtsträger auf, deshalb scheidet die **Verschm durch Neugründung** (§§ 36–38) aus. Anders als nach §§ 15, 23, 24 UmwG 1969 ist der Abschluss eines **Verschmelzungsvertrages** (§ 4) gefordert. Für den Inhalt des Verschmelzungsvertrages gilt § 5 I, die Angaben über den Umtausch der Anteile (§ 5 I Nr 2–5) entfallen allerdings nach Maßgabe von § 5 II. Ein **Verschmelzungsbericht** (§ 8) ist wegen § 8 III 1 Alt 2 genauso wenig erforderl wie die Durchführung der **Verschmelzungsprüfung** (§§ 9–12, § 9 II, so auch Lutter/*Karollus* Rn 6, 7 mwN). Ebenfalls bedeutungslos sind §§ 14, 15.

2 §§ 120–122 enthalten **für die natürl Person selbst** keine besonderen Vorschriften, „weil ein Alleingesellschafter über hinreichend geschäftl Erfahrung verfügt, um bei einer durch ihn allein entschiedenen Fusion seine Interessen wahrzunehmen" (RegEBegr BR-Drs 75/94 zu § 121). **§ 181 BGB** findet jedoch Anwendung (Widmann/Mayer/*Heckschen* Rn 7), sodass die Probleme des Insichgeschäfts nach allg gesellschaftsrechtl Grdsen zu lösen sind (Lutter/*Karollus* Rn 4). **§ 1365 BGB** ist hingegen nicht einschlägig (überzeugend Widman/Mayer/*Heckschen* Rn 29; Semler/Stengel/*Maier-Reimer/Seulen* Rn 12 gegen Kallmeyer/*Zimmermann* § 13 Rn 33).

3 **Besondere Vorschriften** sind demnach nur für die übertragende KapGes zu beachten, im Einzelnen gelten §§ 46–55 für die **GmbH,** §§ 60–72 für die **AG** und § 78 iVm §§ 60–72 für die **KGaA.** Auch bei der Verschm einer AG, KGaA ist ein Umwandlungsbeschluss iSv §§ 13, 65 (78) notw, **§ 62 I** gilt nur für den Fall, dass übernehmender Rechtsträger eine AG ist; dies ist auch iRv §§ 120–122 zu respektieren, weil § 121 nicht die entsprechende, sondern die unmittelbare Anwendung von §§ 2–119 festschreibt. IÜ wird auf die Komm von §§ 46 ff, 60 ff, 78 verwiesen.

§ 122 Eintragung in das Handelsregister

(1) **Ein noch nicht in das Handelsregister eingetragener Alleingesellschafter oder Alleinaktionär ist nach den Vorschriften des Handelsgesetzbuchs in das Handelsregister einzutragen; § 18 Abs. 1 bleibt unberührt.**

(2) **Kommt eine Eintragung nicht in Betracht, treten die in § 20 genannten Wirkungen durch die Eintragung der Verschmelzung in das Register des Sitzes der übertragenden Kapitalgesellschaft ein.**

1 **Abs 1,** der vor der Gesetzesänderung durch das HRefG vom 22.6.1998 (BGBl I 1474) missverständl formuliert war (dazu 2. Aufl 1996, § 122 UmwG Rn 1; Lut-

ter/*Karollus* § 120 Rn 5), lässt die Firmenfortführung gem § 18 I zu (vgl auch RegEBegr BR-Drs 75/94 zu § 122).

Durch Art 7 Nr 2a HRefG (BGBl I 1998, 1474; hierzu *Hörtnagl* INF 1998, 750; *Neye* DB 1998, 1649; *Gustavus* NotBZ 1998, 121) wurde Abs 1 HS 2 geändert und **Abs 2 neu eingefügt.** Damit wurde die vorübergehende Unsicherheit, ob die natürl Person als übernehmender Rechtsträger nach Durchführung der Verschm Kaufmannseigenschaft haben muss oder nicht (dazu Rn 3), beseitigt. **2**

Bei der Verschm geht das Verm der übertragenden KapGes auf die natürl Person im Wege der Gesamtrechtsnachfolge über (§ 20 I Nr 1), die KapGes erlischt endgültig (§ 20 I Nr 2, vgl auch OLG München GmbHR 1996, 776). Die bisherige Firmierung der KapGes (Firmenkern ohne Rechtsformzusatz) kann auch dann fortgeführt werden, wenn die bisherige Firma einen Familiennamen, aber keinen Vornamen enthält (OLG Düsseldorf GmbHR 1997, 1109). Als „Dauerbrenner" (*Bärwaldt/Schabacker* NJW 1997, 93) hat sich in den vergangenen Jahren die Frage erwiesen, ob die gem §§ 3 II Nr 1, 3 II Nr 2, 120–122 gegebene Möglichkeit der Verschm einer KapGes mit dem Verm ihres Alleingesellschafters dann uneingeschränkt besteht, wenn dieser Alleingesellschafter auch nach Verschm **Nicht- oder Minderkaufmann** bleibt. Das LG Koblenz (DB 1996, 267) und das OLG Zweibrücken (DB 1996, 418) hatten entschieden, dass eine Verschm von KapGes mit dem Verm eines Minderkaufmanns nach den Regelungen des UmwG 1995 nicht mögl sei (dazu *Gotthardt* WiB 1996, 436; *Gerken* in Anm zu LG Koblenz Rpfleger 1996, 412; *Möller* GmbHR 1996, 372; *Dehmer/Stratz* DB 1996, 1071). Anders als im früheren Recht (§ 15 II UmwG 1969) sei die für den Eintritt der Verschmelzungswirkungen konstitutive Eintragung nicht diejenige im Register der übertragenden Ges, sondern – wegen §§ 19 I, 20 I – diejenige im Register des übernehmenden Rechtsträgers. Den nach der Systematik des UmwG 1995 in der ursprüngl Gesetzesfassung zutr Entscheidung ist die **ganz hM** einem überwiegend praktischen Bedürfnis folgend entgegengetreten, nachdem *Neye* in der Besprechung der Entscheidung des OLG Zweibrücken (EWiR 1996, 277) darauf hinwies, dass das Bestreben des Gesetzgebers, im neuen Recht die Umwandlungsmöglichkeiten nicht zu beschränken, durch die restriktive Auslegung von §§ 120 ff nicht erfüllt werde. Entsprechendes arg *Priester* (DB 1996, 413) und *Heckschen* (ZIP 1996, 450). Das AG Dresden (DB 1996, 1813), das LG Tübingen (GmbHR 1997, 849), das LG Frankfurt aM (DB 1998, 410 mit zust Anm von *Rottnauer* EWiR 1998, 427) und weitere Instanzgerichte sind dem gefolgt. §§ 19 I, 20 I seien bloße Ordnungsvorschriften, entsprechend § 235 sei bei fehlender Eintragungsbefugnis der natürl Person die Eintragung im Register der übertragenden KapGes konstitutiv für die Wirkungen der Umw. Noch für die zwischenzeitl geänderte Gesetzesfassung hat der II. Zivilsenat des **BGH** mit seinem Beschluss vom 14.5.1998 (ZIP 1998, 1225) auf Vorlage gem § 28 II FGG des OLG Celle (NotBZ 1998, 31 mit Anm *Hüttinger*) die Streitfrage höchstrichterl entschieden. Danach war bereits in der ursprüngl Gesetzesfassung die Verschm einer GmbH auf ihren Alleingesellschafter als natürl Person auch dann zulässig, wenn dieser **ledigl ein minderkaufmännisches Handelsgewerbe** betrieb und daher entgegen § 122 UmwG aF nicht in das HR eingetragen werden konnte. Die **Wirkungen der Verschm** traten **durch Eintragung in das Register des Sitzes der übertragenden KapGes** ein. Die Begr des BGH war durchaus pragmatisch, maßgebl Arg war die damals beabsichtigte Änderung von § 122 UmwG aF durch das HRefG, mit der der Gesetzgeber zeigte, dass es sich bei der alten Gesetzesfassung um eine **unbeabsichtigt entstandene Regelungslücke,** also **3** um ein Redaktionsversehen, gehandelt hat (zum Ganzen ausführl Widmann/Mayer/*Heckschen* § 120 Rn 23 ff).

4 Hat die KapGes bislang ein nicht kaufmännisches Unternehmen oder gar kein Unternehmen betrieben, scheidet mithin eine Eintragung ins HR aus, gilt **Abs 2.** In allen anderen Fällen gelten für die Handelsregistereintragung die allg Vorschriften des HGB. Problematisch sind §§ 2, 3 HGB, nach denen die Eintragung im HR bei Kleingewerbetreibenden und bei luf Unternehmern erst konstitutiv die Kaufmannseigenschaft begründet. Abs 2 fragt danach, ob eine Eintragung „nicht in Betracht" kommt. Die rein wortlautorientierte Auslegung hätte mithin zur Konsequenz, dass das **Wahlrecht von §§ 2, 3 HGB** bei der Verschm von KapGes mit dem Verm ihres Alleingesellschafters nicht mehr ausgeübt werden könnte. Damit wäre dem Gesetzgeber erneut ein Redaktionsversehen unterlaufen, eine Beschneidung des allg handelsrechtl Wahlrechts wäre sachl nicht begründet (so im Erg auch Lutter/*Karollus* Rn 5; Semler/Stengel/*Maier-Reimer/Seulen* Rn 10). Der Übernehmer ist damit **berechtigt, aber nicht verpflichtet,** die Eintragung vornehmen zu lassen. Entscheidet er sich gegen die Eintragung, hat er auch künftig keine Kaufmannseigenschaft, womit eine Firmennachfolge (§ 18 I) nicht in Betracht kommt, die Firma der übertragenden KapGes erlischt. Umgekehrt greift Abs 2, die **Eintragung beim übertragenden Rechtsträger** ist konstitutiv.

5 Hingegen wird bei Vorliegen der Voraussetzungen von § 1 HGB oder bei Ausübung des Wahlrechts von §§ 2, 3 HGB zugunsten einer Eintragung der Übernehmer zum Kaufmann mit allen sich daraus ergebenden Verpflichtungen. **Konstitutiv ist in diesem Falle die Eintragung der Umw in sein HR,** §§ 19 I, 20 I. Insbes lässt Abs 1 HS 2 die firmenrechtl Regelung von § 18 I unberührt. Der Kaufmann hat damit die umfassende Möglichkeit, die **Firma** des übertragenden Rechtsträgers mit oder ohne Beifügung eines das Nachfolgeverhältnis andeutenden Zusatzes fortzuführen oder – soweit er bisher bereits firmierender Kaufmann war – eine Firmenvereinigung vorzunehmen (dazu OLG Schleswig BB 2001, 223). Schließl verbleiben noch die Möglichkeiten der Firmenneubildung und der **gesonderten Fortführung beider Firmen** (zum Ganzen § 18 Rn 7 ff), denn nach allg firmenrechtl Grdsen ist ein Einzelkaufmann berechtigt, **mehrere Handelsgeschäfte** unter verschiedenen Firmen zu betreiben (Baumbach/*Hopt* HGB § 17 Rn 5 mwN). Dass Abs 1 HS 2 nur § 18 I, nicht aber § 18 II unberührt lässt, schadet nicht; die Konstellation von § 18 II ist bei der Verschm nach §§ 120 ff bereits aus der Natur der Sache heraus ausgeschlossen (Widmann/Mayer/*Heckschen* Rn 20; Lutter/*Karollus* Rn 20). In Betracht kommt allerdings die Anwendung allg Regelungen, zB § 22 HGB, § 12 BGB.

Zehnter Abschnitt. Grenzüberschreitende Verschmelzung von Kapitalgesellschaften

Vorbemerkungen zu §§ 122a–122l

Schrifttum: Siehe Schrifttum § 122a.

1. Europarechtliche Rahmenbedingungen

1 Die §§ 122a–122l wurden mit Gesetz vom 19.4.2007 (BGBl I 542) eingefügt. Sie regeln die grenzüberschreitende Verschm von EU-/EWR-KapGes und setzen damit die EU-RL 2005/56/EG über die Verschm von KapGes aus verschiedenen

Mitgliedstaaten vom 26.10.2005 (ABl EU Nr L 310, 1 – **IntV-RL**), zuletzt geändert durch die RL 2009/109/EG vom 16.9.2009 (ABl EU Nr L 259, 14), um. Die IntV-RL gilt „für Verschm von KapGes, die nach dem Recht eines Mitgliedstaats gegründet worden sind und ihren satzungsmäßigen Sitz und ihre Hauptverwaltung oder ihre Hauptniederlassung in der Gemeinschaft haben, sofern mindestens zwei der Ges dem Recht verschiedener Mitgliedstaaten unterliegen" (Art 1 IntV-RL). Die IntV-RL war bis zum 31.12.2007 in nat Recht umzusetzen (Art 19 IntV-RL; zum Stand der Umsetzung vgl KölnerKommUmwG/*Simon/Rubner* Vor §§ 122a Rn 70 ff; zur Geltung für den **EWR** vgl § 122a ff Rn 10). Zugleich sollen mit den §§ 122a–122l und damit mit der Ermöglichung grenzüberschreitender Verschm innerhalb der EU/dem EWR den Anforderungen der Rspr des EuGH, die in dem Urteil „Sevic" aufgestellt worden sind (dazu § 1 Rn 48 f), wenigstens für die Verschm von KapGes entsprochen werden (vgl RegEBegr BT-Drs 16/2919 Allg Teil).

Mit der europaweiten Umsetzung der IntV-RL ist tats ein praktisch wichtiger 2 Ausschnitt der grenzüberschreitenden Umw positiv-rechtlich geregelt worden (wobei einige Staaten die RL nicht rechtzeitig umgesetzt hatten). Denn die §§ 122a ff ermögl gemeinsam mit den korrespondierenden Vorschriften in den anderen Mitgliedstaaten eine rechtssichere Durchführung von grenzüberschreitenden Verschm. Eine abschließende Regelung der grenzüberschreitenden Umw stellen sie indes nicht dar. Denn wenigstens innerhalb der EU – und dem gleichgestellt des EWR – gebietet die Niederlassungsfreiheit die Ermöglichung weiterer Umwandlungsvorgänge. Dies betrifft zum einen andere Umwandlungsarten (grenzüberschreitende Spaltungen und Formwechsel!), zum anderen auch andere Rechtsträger, insbes die in Deutschland weit verbreiteten PhG. Nach Ansicht des Gesetzgebers sollen diese Fälle durch einen kollisionsrechtl Ansatz gelöst werden (RegEBegr BT-Drs 16/2919 Allg Teil). Vgl hierzu auch § 1 Rn 45 ff.

2. Verhältnis zu anderen Vorschriften

a) Verhältnis zu § 1. § 1 und die dort angeordnete Geltung des UmwG für 3 Rechtsträger mit Sitz im Inland war lange Zeit der argumentative Anknüpfungspunkt für die Aussage, grenzüberschreitende Umw seien nicht zulässig (vgl näher § 1 Rn 24). Im ersten Moment mag es daher erstaunen, dass § 1 anlässl der Einfügung der §§ 122a ff unverändert blieb. Dies ist aber bei richtigem Verständnis von § 1 nur konsequent. Denn diese Vorschrift besagt lediglich, dass das UmwG nur auf Rechtsträger mit Sitz im Inland angewendet werden kann (vgl näher § 1 Rn 23 ff). Dies gilt auch für die §§ 122a ff, die unmittelbare Rechtswirkungen ausschließl für die dem dt Recht unterliegenden Ges entfalten (können). Die §§ 122a leisten demzufolge nur die Verzahnung mit dem ausl Recht, die in den ungeregelten Fällen auf der Grundlage der sog Vereinigungstheorie zu erfolgen hat (§ 1 Rn 57 ff). Insofern sind die §§ 122a ff eine positiv-rechtl Festlegung der Vereinigungstheorie (Kallmeyer/*Marsch-Barner* vor §§ 122a Rn 2; KölnerKommUmwG/*Simon/Rubner* § 122a Rn 70 ff; jew mwN). Damit trifft die Aussage und der Regelungsgehalt von § 1 auch auf die §§ 122a ff zu.

b) Verhältnis zu §§ 2–122. Die §§ 122a ff sind als Zehnter Abschnitt in das 4 Zweite Buch des UmwG aufgenommen worden. Sie gehören damit zu den Verschmelzungsvorschriften. Für grenzüberschreitende Verschm gehen sie den allg Verschmelzungsvorschriften (§§ 2–38) und den rechtsformabhängigen Vorschriften (hier: §§ 46–78) vor. Ergänzend sind indes diese Vorschriften – in der Wirkung beschränkt auf die beteiligten inl Ges – heranzuziehen (vgl näher und auch zur Prüfungsreihenfolge § 122a Rn 12 ff).

5 **c) Verhältnis zu §§ 123 ff.** Die Verschmelzungsvorschriften sind bei Spaltungen ergänzend anzuwenden (§ 125). Anlässl der Einfügung der §§ 122a ff wurde allerd durch eine Änderung von § 125 klargestellt, dass der Verweis auf das Verschmelzungsrecht den Zehnten Abschnitt, also die §§ 122a ff, nicht umfasst. Eine positivrechtl Regelung von grenzüberschreitenden Spaltungen fehlt damit. Diese können nur auf der Grundlage der Vereinigungstheorie durchgeführt werden (dazu § 1 Rn 51, 54).

6 **d) Verhältnis zur SE-VO.** Die SE-VO regelt abschließend die Möglichkeiten der Gründung einer SE. Zu den Gründungsarten zählt auch die Gründung durch Verschm von europäischen AG zu einer SE. Diese Verschm ist immer eine grenzüberschreitende Verschm. Vgl im Einzelnen hierzu Art 2 SE-VO Rn 4 ff. Grenzüberschreitende Verschm, die zur Gründung einer SE führen, fallen damit nicht unmittelbar in den Anwendungsbereich der §§ 122a ff. Bereits bestehende SE können allerd an einer Verschm nach den §§ 122a ff beteiligt sein (vgl hierzu näher § 122b Rn 7).

3. Steuerliche Regelungen

7 Einerseits aufgrund der neuen, durch die SE-VO und die §§ 122a ff eröffneten Möglichkeiten grenzüberschreitender Umw, andererseits aber auch der Rspr des EuGH (Sevic, Überseering; vgl § 1 Rn 35) musste der Gesetzgeber die stl Vorschriften anpassen. Dies geschah im Wesentl durch das SEStEG, mit dem ua das UmwStG neu gefasst und weitgehend europäisiert worden ist. Vgl hierzu Einf UmwStG. Die in den §§ 122a ff geregelten grenzüberschreitenden Verschm können nur von EU-/EWR-KapGes durchgeführt werden (vgl § 122b). Stl werden sie damit von den §§ 11–13 UmwStG erfasst (§ 1 I 1 Nr 1, II 1 Nr 1 UmwStG; vgl hierzu § 1 UmwStG Rn 13 ff, 56 ff).

4. MgVG

8 Art 16 IntV-RL trifft Regelungen zur Arbeitnehmermitbestimmung bei der aus der Verschm hervorgehenden Ges. Deutschland hat diese Vorgaben durch das MgVG (BGBl I 2006, 3332) umgesetzt. Vgl hierzu etwa *Teichmann* Der Konzern 2007, 89; *Nagel* NZG 2007, 57; *Krause/Janko* BB 2007, 2194; Widmann/Mayer/*Heckschen* Vor §§ 122a ff Rn 145 ff; Kallmeyer/*Willemsen* Vor § 322 Rn 97 ff; *Müller-Bonanni/Müntefering* NJW 2009, 2347; *Schubert* ZIP 2009, 791; *Krauel/Mense/Wind* Der Konzern 2010, 541, 548 ff; *Drinhausen/Keinath* AG 2010, 398.

§ 122a Grenzüberschreitende Verschmelzung

(1) **Eine grenzüberschreitende Verschmelzung ist eine Verschmelzung, bei der mindestens eine der beteiligten Gesellschaften dem Recht eines anderen Mitgliedstaats der Europäischen Union oder eines anderen Vertragsstaats des Abkommens über den Europäischen Wirtschaftsraum unterliegt.**

(2) **Auf die Beteiligung einer Kapitalgesellschaft (§ 3 Abs. 1 Nr. 2) an einer grenzüberschreitenden Verschmelzung sind die Vorschriften des**

Ersten Teils und des Zweiten, Dritten und Vierten Abschnitts des Zweiten Teils entsprechend anzuwenden, soweit sich aus diesem Abschnitt nichts anderes ergibt.

Schrifttum: Schrifttum bis 2004 siehe 5. Auflage; *Geyrhalter/Weber,* Die Schlussanträge des Generalanwalts in Sachen SEVIC Systems AG, NZG 2005, 837; *Henckel,* Rechnungslegung und Prüfung anlässlich einer grenzüberschreitenden Verschmelzung zu einer Societas Europaea (SE), DStR 2005, 1785; *Kraft/Bron,* Defizite bei der grenzüberschreitenden Verschmelzung – eine sekundärrechtliche Bestandsaufnahme, RIW 2005, 641; *Sinewe,* Eintragungsfähigkeit grenzüberschreitender Verschmelzungen, DB 2005, 2061; *Walden/Meyer-Landrut,* Die grenzüberschreitende Verschmelzung zu einer Europäischen Gesellschaft: Beschlussfassung und Eintragung, DB 2005, 2619; *Bayer/Schmidt,* Der Regierungsentwurf zur Änderung des Umwandlungsgesetzes, NZG 2006, 841; *Bayer/Schmidt,* Die neue Richtlinie über die grenzüberschreitende Verschmelzung von Kapitalgesellschaften, NJW 2006, 401; *dies,* Der Schutz der grenzüberschreitenden Verschmelzung durch die Niederlassungsfreiheit, ZIP 2006, 210; *Drinhausen/Gesell,* Gesellschaftsrechtliche Gestaltungsmöglichkeiten grenzüberschreitender Mobilität von Unternehmen in Europa, BB 2006, 3; *Drinhausen/Keinath,* Die grenzüberschreitende Verschmelzung inländischer Gesellschaften nach Erlass der Richtlinie zur grenzüberschreitenden Verschmelzung von Kapitalgesellschaften in Europa, RIW 2006, 81; *dies,* Referentenentwurf eines Zweiten Gesetzes zur Änderung des Umwandlungsgesetzes – Erleichterung grenzüberschreitender Verschmelzungen für deutsche Kapitalgesellschaften?, BB 2006, 725; *Drygala,* Die Mauer bröckelt – Bemerkungen zur Bewegungsfreiheit deutscher Unternehmen in Europa, ZIP 2006, 1995; *Forsthoff,* Internationale Verschmelzungsrichtlinie: Verhältnis zur Niederlassungsfreiheit und Vorwirkung; Handlungszwang für Mitbestimmungsreform, DStR 2006, 613; HRA des DAV, Stellungnahme zum Regierungsentwurf eines Zweiten Gesetzes zur Änderung des Umwandlungsgesetzes, NZG 2006, 737; *Haritz/v. Wolff,* Internationalisierung des deutschen Umwandlungsrechts, Zum Entwurf eines Zweiten Gesetzes zur Änderung des Umwandlungsgesetzes, GmbHR 2006, 340; *Kallmeyer/Kappes,* Grenzüberschreitende Verschmelzungen und Spaltungen nach SEVIC Systems und der EU-Verschmelzungsrichtlinie, AG 2006, 224; *Kappes,* Zulässigkeit grenzüberschreitender Verschmelzungen, NZG 2006, 101; *Kiem,* Die Regelung der grenzüberschreitenden Verschmelzung im deutschen Umwandlungsgesetz, WM 2006, 1091; *Koppensteiner,* Zur grenzüberschreitenden Verschmelzung, Der Konzern 2006, 40; *Louven,* Umsetzung der Verschmelzungsrichtlinie, ZIP 2006, 2021; *Louven/Dettmeier/Pöschke/Weng,* Optionen grenzüberschreitender Verschmelzungen innerhalb der EU – gesellschafts- und steuerrechtliche Grundlagen, BB 2006, 1; *Müller,* Die grenzüberschreitende Verschmelzung nach dem Referentenentwurf des Bundesjustizministeriums, NZG 2006, 286; *Neye/Timm,* Die geplante Umsetzung der Richtlinie zur grenzüberschreitenden Verschmelzung von Kapitalgesellschaften im Umwandlungsgesetz, DB 2006, 488; *Oechsler,* Die Richtlinie 2005/56/EG über die Verschmelzung von Kapitalgesellschaften aus verschiedenen Mitgliedstaaten, NZG 2006, 161; *Samson/Flindt,* Internationale Unternehmenszusammenschlüsse, NZG 2006, 290; *Schmidt,* „Offshore in drei Zügen" – Die Europäische Aktiengesellschaft (SE) als „Fähre" auf die Caymans Islands, DB 2006, 2221; *Schmidt/Maul,* BB-Kommentar, BB 2006, 13; *Simon/Rubner,* Die Umsetzung der Richtlinie über grenzüberschreitende Verschmelzungen ins deutsche Recht, Der Konzern 2006, 835; *Spahlinger/Wegen,* Deutsche Gesellschaften in grenzüberschreitenden Umwandlungen nach „SEVIC" und der Verschmelzungsrichtlinie in der Praxis, NZG 2006, 721; *Teichmann,* Binnenmarktmobilität von Gesellschaften nach „Sevic", ZIP 2006, 355; *Vetter,* Die Regelung der grenzüberschreitenden Verschmelzung im UmwG, AG 2006, 613; *Albrecht,* Grenzüberschreitende Verschmelzung von Kapitalgesellschaften, NWB 2007, 2397; *Grunewald,* Der Gläubigerschutz bei grenzüberschreitenden Verschmelzungen nach dem Entwurf eines zweiten Gesetzes zur Änderung des UmwG, Der Konzern 2007, 106; *Hilling,* Zweites Gesetz zur Änderung des Umwandlungsgesetzes im Bundestag beschlossen – insbesondere Möglichkeit grenzüberschreitender Verschmelzung von Kapitalgesellschaften aus anderen Mitgliedstaaten der Europäischen Union, Stbg 2007, 123; *Kallmeyer,* Der gemeinsame Verschmelzungsplan für grenzüberschreitende Verschmelzungen, AG 2007, 472; *Kiem,* Die Ermittlung der Verschmelzungswertrelation bei der grenzüberschreitenden Verschmelzung, ZGR 2007, 542;

Kollmorgen/Feldhaus, Probleme der Übertragung von Vermögen im Auslandsbezug nach dem Umwandlungsgesetz, BB 2007, 2189; *Krause/Janko,* Grenzüberschreitende Verschmelzungen und Arbeitnehmermitbestimmung, BB 2007, 2194; *Krause/Kulpa,* Grenzüberschreitende Verschmelzungen – Vor dem Hintergrund der „Sevic"-Entscheidung und der Reform des deutschen Umwandlungsrechts, ZHR 171 (2007), 38; *Limmer,* Grenzüberschreitende Umwandlungen nach dem Sevic-Urteil des EuGH und den Neuregelungen des UmwG (Teil 1 und 2), ZNotP 2007, 242, 282; *Müller,* Internationalisierung des deutschen Umwandlungsrechts: Die Regelung der grenzüberschreitenden Verschmelzung, ZIP 2007, 1081; *Müller,* Der Schutz der Minderheitsgesellschafter bei der grenzüberschreitenden Verschmelzung, Der Konzern 2007, 81; *Nagel,* Das Gesetz über die Mitbestimmung der Arbeitnehmer bei grenzüberschreitenden Verschmelzungen (MgVG), NZG 2007, 57; *Neye/Timm,* Mehr Mobilität für die GmbH in Europa, GmbHR 2007, 561; *Passarge/Stark,* Gläubigerschutz bei grenzüberschreitenden Verschmelzungen nach dem Zweiten Gesetz zur Änderung des Umwandlungsgesetzes, GmbHR 2007, 803; *Reute,* Gesellschaftsrechtliche Fragen der Unternehmensbewertung mit internationalen Bezügen, AG 2007, 881; *Rubner,* Grenzüberschreitende Verschmelzungen nach Umwandlungsgesetz, NJW-Spezial 2007, 219; *Schwedhelm,* Grenzüberschreitende Verschmelzungen nach neuen Recht, GmbH-StB 2007, 182; *Tebben/Tebben,* Der Weg aus der Limited: Die grenzüberschreitende Verschmelzung auf eine GmbH, DB 2007, 2355; *Teichmann,* Mitbestimmung und grenzüberschreitende Verschmelzung, Der Konzern 2007, 89; *Veil,* Kollisionsrechtliche und sachrechtliche Lösungen für eine Verschmelzung und eine Spaltung über die Grenze, Der Konzern 2007, 98; *Winter,* Planung und Vorbereitung einer grenzüberschreitenden Verschmelzung, Der Konzern 2007, 24; *Frenzel,* Grenzüberschreitende Verschmelzung von Kapitalgesellschaften – nach dem Ablauf der Umsetzungsfrist, RIW 2008, 12; *Winter,* Grenzüberschreitende Verschmelzungen – ein Update, GmbHR 2008, 532; *Wälzholz,* Verschmelzung einer Limited auf eine GmbH, GmbH-StB 2008, 177; *Dzida/Schramn,* Arbeitsrechtliche Pflichtangaben bei innerstaatlichen und grenzüberschreitenden Verschmelzungen, NZG 2008, 521; *Adolff,* Konkurrierende Bewertungssysteme bei der grenzüberschreitenden Verschmelzung von Aktiengesellschaften, ZHR 173, 733; *Pfeiffer/Heilmeier,* Einreichung und Bekanntmachung des Verschmelzungsplans bei grenzüberschreitender Verschmelzung, GmbHR 2009, 1317; *Dzida,* Die Unterrichtung des „zuständigen" Betriebsrats bei innerstaatlichen und grenzüberschreitenden Verschmelzungen, GmbHR 2009, 459; *Herrler/Schneider,* Go ahead, come back – von der Limited (zurück) zur GmbH, DStR 2009, 2433; *Müller-Bonanni/Müntefering,* Grenzüberschreitende Verschmelzung ohne Arbeitnehmerbeteiligung?, NJW 2009, 2347; *Schubert,* Die Bestellung der Arbeitnehmervertreter im Aufsichts- und Verwaltungsorgan bei grenzüberschreitenden Verschmelzungen, ZIP 2009, 79; *Freundorfer/Festner,* Praxisempfehlungen für die grenzüberschreitende Verschmelzung, GmbHR 2010, 195; *Kruse/Kruse,* Grenzüberschreitende Konzernverschmelzungen – Vorgaben und Vereinfachungen der §§ 122a ff. UmwG, BB 2010, 3035; *Krauel/Mense/Wind,* Praxisfragen der grenzüberschreitenden Verschmelzung, Der Konzern 2010, 541; *Brocker,* Die grenzüberschreitende Verschmelzung von Kapitalgesellschaften, BB 2010, 971; *Grambow,* Grenzüberschreitende Verschmelzungen unter Beteiligung einer Europäischen Gesellschaft (Societas Europaea – SE), BB 2010, 977; *Drinhausen/Keinath,* Mitbestimmung bei grenzüberschreitender Verschmelzung mitbestimmungsfreier Gesellschaften, AG 2010, 398; *Herrler/Schneider,* Grenzüberschreitende Verschmelzungen von Gesellschaften mit beschränkter Haftung zwischen Deutschland und Österreich, GmbHR 2011, 795; *Stephan,* Grenzüberschreitende Verschmelzungen von deutschen und österreichischen Kapitalgesellschaften, 2012; *Teicke,* Herausforderungen bei Planung und Umsetzung einer grenzüberschreitenden Verschmelzung, BB 2012, 2675.

1. Allgemeines

1 Die Vorschrift def in **Abs 1** den Begriff der grenzüberschreitenden Verschm und legt damit den **sachl Anwendungsbereich** der §§ 122a ff fest. Sie lehnt sich hierbei an die RL über die Verschm von KapGes aus verschiedenen Mitgliedstaaten vom 26.10.2005 (ABl EU Nr L 310, 1 – **IntV-RL;** zuletzt geändert durch die RL 2009/109/EG vom 16.9.2009 (ABl EU Nr L 259, 14) an, die „für Verschm

von KapGes, die nach dem Recht eine Mitgliedstaats gegründet worden sind und ihren satzungsmäßigen Sitz und ihre Hauptverwaltung oder ihre Hauptniederlassung in der Gemeinschaft haben", gilt, „sofern mindestens zwei der Ges dem Recht verschiedener Mitgliedstaaten unterliegen" (Art 1 IntV-RL). Ergänzend ist § 122b I, der die verschmelzungsfähigen Ges und damit den persönl Anwendungsbereich regelt, heranzuziehen. Anders als in den anderen Vorschriften des UmwG wird von „beteiligen **Ges**" und nicht von „Rechtstr" gesprochen. Hintergrund ist, dass die §§ 122a ff nur für die grenzüberschreitende Verschm von KapGes gelten (vgl näher § 122b).

Abs 2 bestimmt, dass für eine inl, an einer grenzüberschreitenden Verschm 2 beteiligte KapGes neben den §§ 122a ff subsidiär die Vorschriften des Ersten Teils (§§ 2–38: Allgemeine Vorschriften für die Verschmelzung) und des Zweiten bis Vierten Abschnitts des Zweiten Teils (§§ 46–59; §§ 60–76; § 78: rechtsformspezifische Verschmelzungsvorschriften für GmbH, AG und KGaA) gelten. Dies setzt die Vorgabe von Art 4 Abs 1 lit b der IntV-RL um, wonach eine Ges, die sich an einer grenzüberschreitenden Verschm beteiligt, die Vorschriften und Formalitäten des für sie geltenden innerstaatl Rechts einhalten bzw erledigen muss.

2. Definition der grenzüberschreitenden Verschmelzung

a) Bedeutung. Abs 1 def den Begriff der grenzüberschreitenden Verschm, der 3 sodann in Abs 2, § 122b I und II, § 122d, § 122e, § 122h, § 122i II, § 122k und § 122l verwendet wird. Über die eigentl Begriffsdefinition hinaus legt Abs 1 damit fest, dass die §§ 122a ff für grenzüberschreitende Verschm gelten **(sachl Anwendungsbereich).** Neben der Bezugnahme in den einzelnen Vorschriften und deren inhaltl Aussagen folgt dies auch aus der Überschrift des Zehnten Abschnitts („Grenzüberschreitende Verschmelzung von Kapitalgesellschaften"). Erfüllt ein grenzüberschreitender Vorgang nicht die Begriffsdefinition von Abs 1, kann die grenzüberschreitende Umw dennoch zul sein (dazu § 1 Rn 45 ff), auf diese Umw sind die §§ 122a ff jedoch nicht unmittelbar anwendbar.

b) Vorgaben der IntV-RL. Die §§ 122a ff setzen die IntV-RL um (vgl vor 4 § 122a Rn 1). Die IntV-RL def den Begriff der grenzüberschreitenden Verschm in Art 1 im Zshg mit der Festlegung des Anwendungsbereichs der RL. Danach sind grenzüberschreitende Verschm Verschm von KapGes, die nach dem Recht eines Mitgliedstaats gegründet worden sind und ihren satzungsmäßigen Sitz, ihre Hauptverwaltung oder ihre Hauptniederlassung in der Gemeinschaft haben, sofern mindestens zwei der Ges dem Recht verschiedener Mitgliedstaaten unterliegen. Abs 1 als nationale Umsetzungsvorschrift unterstellt demggü bereits die Beteiligung einer inl Ges und macht den grenzüberschreitenden Charakter daran fest, dass mindestens eine der beteiligten Ges dem Recht eines *anderen* EU-/EWR-Mitgliedstaats unterliegt. Eine inhaltl Abweichung zur IntV-RL ist damit nicht verbunden. Ergänzend def Art 2 Nr 2 IntV-RL auch den **Begriff der Verschm,** und zwar – insoweit methodisch abw von Art 3 I, 4 I der Verschm-RL vom 9.10.1978 (ABl EG Nr L 295, 36) – getrennt nach Verschm zur Aufnahme, Verschm zur Neugründung und der Verschm der 100%igen TochterGes auf die MutterGes. Eine entspr Def des Begriffs der Verschm enthalten weder Abs 1 noch die folgenden Vorschriften. Diese ergibt sich indes auch für die grenzüberschreitende Verschm aus § 2, der – soweit AG betroffen sind – bereits eine Umsetzung der Verschm-RL 1978 darstellt (vgl auch Widmann/Mayer/*Heckschen* Rn 2). Eine inhaltl Abweichung besteht nicht, denn die Def der Verschm nach § 2 erfüllt die

Begriffsbestimmung der Verschm in Art 2 Nr 2 IntV-RL. Auch der grenzüberschreitende Downstream-Merger ist von der Definition der IntV-RL erfasst (SBB/*Gutkès* § 13 Rn 13). Weitere Vorgaben enthält die RL für die beteiligten Ges (vgl dazu näher § 122b).

5 **c) Verschmelzung.** Abs 1 def nur den Begriff der *grenzüberschreitenden* Verschm und legt damit (vgl Rn 3) den sachl Anwendungsbereich der §§ 122a ff nur für diese grenzüberschreitende Umwandlungsart fest. Der Begriff der **Verschm** folgt bereits aus § 2, der für sämtl Vorschriften des Zweiten Buches und damit auch für die §§ 122a ff gilt. Die Begriffsbestimmung in § 2 erfüllt jedoch die Def der Verschm in Art 2 Nr 2 der IntV-RL (vgl schon Rn 4). Dies gilt auch für den grenzüberschreitenden Downstream-Merger (SBB/*Gutkès* § 13 Rn 13). Damit gelten die §§ 122a ff nicht für die Spaltung, was § 125 S 1 klarstellt, wonach nur die Vorschriften des Ersten bis Neunten Abschnitts des Zweiten Buches für die **Spaltung** entspr anzuwenden sind. Ebenso wenig gelten diese Vorschriften für die **Vermögensübertragung,** wenngleich § 176 I eine § 125 vglbare Einschränkung der entspr Anwendung der Vorschriften des Zweiten Buches nicht enthält. Die Vermögensübertragung unterscheidet sich von der Verschm/Spaltung darin, dass die Gegenleistung für die Vermögensübertragung nicht in Anteilen oder Mitgliedschaften besteht (vgl § 174). Sie erfüllt damit nicht den Begriff der Verschm nach Art 2 Nr 2 IntV-RL. Zwar wäre der nat Gesetzgeber nicht gehindert gewesen, auch Vermögensübertragungen einzubeziehen, aus dem Kreis der beteiligtenfähigen Rechtsträger nach § 122b folgt aber, dass eine entspr Absicht nicht bestand (vgl auch RegEBegr BT-Drs 16/2919 Allg Teil). Zur Zulässigkeit grenzüberschreitender Umw außerh der §§ 122a ff vgl § 1 Rn 45 ff.

6 Grenzüberschreitende Verschm können sowohl als Verschm **zur Aufnahme** als auch als Verschm **zur Neugründung** durchgeführt werden (vgl § 2). Die in Art 2 Nr 2 lit c IntV-RL eigens aufgezählte Verschm der 100%igen TochterGes auf die MutterGes ist nach nat Verständnis keine bes Verschmelzungsform (Lutter/*Bayer* Rn 20), sondern eine Verschm zur Aufnahme mit der Besonderheit, dass eine Anteilsgewährungspflicht nicht besteht (vgl § 2 Rn 16 ff).

7 **d) Grenzüberschreitend (Fallgruppen).** Die §§ 122a ff gelten nur für **grenzüberschreitende** Verschm, nicht jedoch für Verschm von inl KapGes iSv § 3 I Nr 2 untereinander (vgl Rn 3). Grenzüberschreitend ist eine Verschm nach Abs 1, wenn mindestens eine der beteiligten Ges dem Recht eines anderen EU-/EWR-Mitgliedstaats unterliegt. Die Begriffsbestimmung unterstellt damit stillschweigend die Beteiligung einer inl Ges (KapGes iSv § 3 I Nr 2). Denn dies ist überhaupt Voraussetzung für die Anwendung des UmwG (vgl § 1 Rn 23 ff). Maßgebl ist nicht der Sitz (zu den Sitzanforderungen vgl aber § 122b) der beteiligten Ges, sondern das auf sie anwendbare **Gesellschaftsstatut** (Kallmeyer/*Marsch-Barner* Rn 2; Lutter/*Bayer* Rn 23). Mindestens zwei Ges müssen damit Gesellschaftsstatuten aus unterschiedl EU-/EWR-Mitgliedstaaten unterliegen. Es können – neben der inl KapGes – auch KapGes aus **mehreren verschiedenen** EU-/EWR-Mitgliedstaaten zugleich („mindestens eine der beteiligten Gesellschaften") beteiligt sein (Lutter/*Bayer* Rn 21). Nach der inl Rechtsordnung gegründete Ges unterliegen unzweifelhaft der dt Rechtsordnung, wenn sie ihren Verwaltungssitz im Inland haben. Sie unterliegen aber auch dem dt Gesellschaftsstatut, wenn sie nach der Gründung ihren Verwaltungssitz verlegt haben (Lutter/*Bayer* Rn 23; vgl näher § 1 Rn 40 ff; zur Notwendigkeit eines Verwaltungssitzes innerhalb der EU/des EWR für die Durchführung einer grenzüberschreitenden Verschm vgl § 122b).

Welchem Recht ausl beteiligte Ges unterliegen, richtet sich zunächst nach dem IPR des Ansässigkeitsstaats. Folgt dieser der Gründungstheorie, unterliegt der Rechtsträger dem Recht des Gründungsstaats (dazu § 1 Rn 27). Bei Geltung der Sitztheorie ist auf den Rechtsträger hingegen das Recht des Staates anzuwenden, in dem der Rechtsträger seinen tats Verwaltungssitz hat (§ 1 Rn 26). Für die §§ 122a ff ist jedoch zu beachten, dass nur KapGes beteiligt sein können, die nach dem Recht eines Mitgliedstaats der EU/des EWR gegründet worden sind (vgl dazu § 122b Rn 10).

8 Für die Anwendung der §§ 122a ff ist indes zu berücksichtigen, dass die Mitgliedstaaten der EU/des EWR gehalten sind, Rechtsträger, die nach dem Recht eines EU-/EWR-Mitgliedstaats gegründet worden sind, auch dann als Rechtsträger dieses Rechts zu behandeln, wenn sie ihren Verwaltungssitz verlegt haben (§ 1 Rn 38). Demzufolge liegt eine grenzüberschreitende Verschm auch vor, wenn der nach dem **EU-/EWR-ausl Recht gegründete Rechtsträger** seinen tats **Verwaltungssitz im Inland** hat (Semler/Stengel/*Drinhausen* Rn 10; *Winter* Der Konzern 2007, 24, 27; Henssler/Strohn/*Polley* Rn 9). Die beteiligten Rechtsträger müssen demnach ihre Verwaltungssitze **nicht in unterschiedl Mitgliedstaaten** haben. Daher ist etwa die Verschm einer inl GmbH mit einer im Inland ansässigen Limited englischen Rechts eine grenzüberschreitende Verschm iSd §§ 122a ff (Kallmeyer/*Marsch-Barner* Rn 2; Lutter/*Bayer* Rn 23; Semler/Stengel/*Drinhausen* Rn 10; Keßler/Kühnberger/*Keßler* Rn 3; SBB/*Gutkès* § 13 Rn 16; KölnerKommUmwG/*Simon/Rubner* § 122b Rn 5; Maulbetsch/Klumpp/Rose/*Becker* § 122b Rn 13; dazu ausführl *Herrler/Schneider* DStR 2009, 2433). Ebenso kann eine beteiligte Ges ihren tats Verwaltungssitz in einem EU-/EWR-Mitgliedstaat haben, der nicht der EU-/EWR-Mitgliedstaat seiner Gründung ist. Ges, die dem Recht eines Drittstaates unterliegen, können auch nicht als weitere Ges beteiligt sein („mindestens"), da sie nicht die Voraussetzungen von § 122b erfüllen (Semler/Stengel/*Drinhausen* Rn 11). Das „mindestens" bedeutet jedoch, dass auch mehrere Ges, die dem Recht *desselben* Staates unterliegen, beteiligt sein können, wenn „mindestens" eine Ges dem Recht eines anderen Staates untersteht (Semler/Stengel/*Drinhausen* Rn 5; Keßler/Kühnberger/*Keßler* Rn 3; Maulbetsch/Klumpp/Rose/*Becker* Rn 4). Eine grenzüberschreitende Verschm liegt demnach etwa auch vor, wenn eine inl KapGes gemeinsam mit einer EU-/EWR-ausl KapGes als jew übertragende Ges auf eine inl KapGes als übernehmende Ges verschmolzen wird.

9 Der Wortlaut von Abs 1 stellt nur auf die **beteiligten Ges** ab. Hierzu zählt bei einer **Verschm zur Neugründung** auch die durch die Verschm gegründete Ges. Eine grenzüberschreitende Verschm iSv Abs 1 liegt demnach auch vor, wenn sämtl übertragende Ges dem Recht desselben Mitgliedstaates unterliegen und nur die durch die Verschm gegründete neue Ges einer anderen Rechtsordnung unterliegt (ebenso Semler/Stengel/*Drinhausen* Rn 10; *Müller* NZG 2006, 286, 287; *Frischhut* EBS 2006, 55, 56; Kallmeyer/*Marsch-Barner* Rn 4; KölnerKommUmwG/*Simon/Rubner* Rn 19; Lutter/*Bayer* Rn 26; Maulbetsch/Klumpp/Rose/*Becker* Rn 2; SBB/*Gutkès* § 13 Rn 16; Henssler/Strohn/*Polley* Rn 10; aA Widmann/Mayer/*Heckschen* Rn 72; *Spahlinger/Wegen* NZG 2006, 721, 722; *Winter* Der Konzern 2007, 24, 27). So können etwa zwei inl KapGes eine grenzüberschreitende Verschm zur Neugründung einer EU-/EWR-ausl KapGes durchführen; Entspr gilt für den umgekehrten Fall (Kallmeyer/*Marsch-Barner* Rn 4; KölnerKommUmwG/*Simon/Rubner* Rn 19). Es kann aus inl Sicht dahinstehen, ob diese Auslegung mit dem Wortlaut von Art 1 IntV-RL vereinbar ist. Jedenfalls war der dt

Gesetzgeber nicht gehindert, eine über den Anwendungsbereich der RL hinausgehende Regelung zu schaffen (so auch Widmann/Mayer/*Heckschen* Rn 73). Den Gesetzesmaterialien ist zwar (natürl) zu entnehmen, dass die Einfügung der §§ 122a ff der Umsetzung der IntV-RL dient, ein gesetzgeberischer Wille, von den Vorgaben in keiner Weise abzuweichen, lässt sich jedoch nicht entnehmen (aA Widmann/Mayer/*Heckschen* Rn 73). Dann ist dem Wortlaut der Vorrang einzuräumen, zumal aufgrund der Niederlassungsfreiheit grenzüberschreitende Umw innerh der EU-/des EWR über die §§ 122a ff hinaus zul sein müssen (darauf weist auch Widmann/Mayer/*Heckschen* Rn 74 hin; vgl auch Lutter/*Bayer* Rn 26; zur Zulässigkeit weiterer grenzüberschreitender Umw vgl § 1 Rn 43 ff). Fragl ist indes, ob auch die Rechtsordnung am Sitz der neuen Ges den Vorgang als grenzüberschreitende Verschm ansieht und demzufolge die in Umsetzung der IntV-RL ergangenen Vorschriften darauf anwendet (Lutter/*Bayer* Rn 26; Kallmeyer/*Marsch-Barner* Rn 4; Semler/Stengel/*Drinhausen* Rn 10; zum Stand der Umsetzung vgl KölnerKommUmwG/*Simon/Rubner* Vor §§ 122a ff Rn 70 ff).

10 Ebenfalls über die IntV-RL hinaus erfasst Abs 1 auch Ges, die dem Recht eines **EWR-Staats** unterliegen. Nach der Gesetzesbegründung wurde damit gerechnet, dass die Vertragsstaaten des EWR die IntV-RL kurzfristig als Anlage zum Abkommen über den EWR übernehmen (RegEBegr BT-Drs 16/2919 zu § 122a). Dies ist durch Aufnahme der IntV-RL in Anlage XXII (dort Nr 10e) des EWR-Abkommens durch Beschluss des Gemeinsamen EWR-Ausschusses vom 22.9.2006 (ABl EU Nr L 333, 59) erfolgt.

11 Die Verweisung auf das Recht der Mitgliedstaaten der EU/des EWR erfasst die jew Mitgliedstaaten zum Zeitpunkt der Vornahme der Verschmelzungshandlungen (Semler/Stengel/*Drinhausen* Rn 13; Kallmeyer/*Marsch-Barner* Rn 3; Maulbetsch/Klumpp/Rose/*Becker* Rn 5). Zum Kreis der Mitgliedstaaten vgl § 1 UmwStG Rn 67. Zur Einbeziehung des EWR vgl Rn 10.

3. Anwendung sonstiger Vorschriften (Abs 2)

12 **a) Gesetzessystematik.** Nach Abs 2 sind auf die Beteiligung einer **inl KapGes** an einer grenzüberschreitenden Verschm – nachrangig zu den §§ 122a ff – die Vorschriften des Ersten Teils und des Zweiten, Dritten und Vierten Abschnitts des Zweiten Teils entspr anzuwenden, soweit sich aus den §§ 122a ff nichts anderes ergibt. Das Gesetz folgt damit einer auch an anderer Stelle verwendeten Gesetzestechnik, die zutr als „Baukastensystem" bezeichnet wird. Die Vorschriften für die Verschm haben etwa ebenso für die Spaltung Modellcharakter; die §§ 123 ff regeln nur Besonderheiten, während nach § 125 iÜ die Verschmelzungsvorschriften gelten (zur Regelungstechnik vgl auch § 125 Rn 5). Selbst die Verschmelzungsvorschriften sind so aufgebaut, dass in den §§ 2–38 die für alle Rechtsformen geltenden „allgemeinen" Vorschriften enthalten sind, während in dem folgenden Zweiten Teil (§§ 39 ff) rechtsformspezifische Normen geregelt sind. Abs 2 schafft nun noch eine neue Stufe, indem für die inl Ges (vgl dazu Rn 15), die an einer grenzüberschreitenden Verschm beteiligt ist, zunächst und vorrangig die §§ 122a ff gelten. Soweit die §§ 122a ff keine Regelung enthalten, gelten für inl Ges aller beteiligten Rechtsformen die allg Verschmelzungsvorschriften der §§ 2–38, für beteiligte GmbH zusätzl die §§ 46–59, für beteiligte AG/SE zusätzl die §§ 60–76 und für beteiligte KGaA § 78.

13 Die Prüfungsreihenfolge lautet also:

– Besteht eine Regelung in den §§ 122a ff?

– Besteht eine rechtsformspezifische Regelung in den §§ 46–78?
– Enthalten die §§ 2–38 eine spezifische Norm?

Ggf ist – wieder rechtsformspezifisch – auch auf das für die beteiligte Ges geltende allg GesR zurückzugreifen. **14**

b) Anwendung auf den inländischen Rechtsträger. Abs 2 beschränkt die Anwendung der sonstigen Vorschriften des UmwG auf die Beteiligung einer KapGes iSv § 3 I Nr 2 an einer grenzüberschreitenden Verschm. Auf die beteiligten Rechtsträger, die dem Recht eines anderen Mitgliedstaats unterliegen, sind sie nicht anwendbar. Dies gilt allerd auch für die §§ 122a ff, da das UmwG insges nur auf Rechtsträger anwendbar ist, die der inl Rechtsordnung unterliegen (vgl auch § 1 Rn 23 f). Die §§ 122a ff und damit über Abs 2 auch die in Bezug genommenen Vorschriften des UmwG wie auch das allg GesR gelten aber auch bei einer grenzüberschreitenden Verschm von ausl Ges zur Neugründung einer dt KapGes (Hauschild/Kallrath/Wachter/*Zimmermann* § 24 Rn 158). Denn auch diese ist beteiligte Ges und bereits der Gründungsvorgang unterfällt dem dt Gesellschaftsstatut. **15**

c) Kapitalgesellschaften. Während Abs 1 nur von beteiligten Ges spricht, ist der Verweis auf die sonstigen Vorschriften in Abs 2 ausdrückl auf die Beteiligung einer KapGes beschränkt. Ergänzend ist jedoch auch § 122b I zu beachten, wonach an einer grenzüberschreitenden Verschm als übertragende, übernehmende oder neue Ges nur EU-EWR-KapGes beteiligt sein können. Aus der Bezugnahme auf § 3 I Nr 2 ergibt sich, dass als inl KapGes **GmbH, AG** und **KGaA** beteiligt sein können. Aber auch die **SE** mit Sitz im Inland ist beteiligtenfähig, da sie einer inl AG gleichgestellt ist (Art 10 SE-VO; Semler/Stengel/*Drinhausen* Rn 14; Kallmeyer/*Marsch-Barner* Rn 5; Henssler/Strohn/*Polley* Rn 12; vgl näher § 122b Rn 7). Zur Beteiligtenfähigkeit einer **UG** vgl § 122b Rn 5. Zur Beteiligtenfähigkeit von PhG bei grenzüberschreitenden Umw vgl § 1 Rn 45 ff. **16**

d) Subsidiäre Anwendung. Abs 2 erklärt die aufgezählten Vorschriften für entspr anwendbar, soweit sich aus den §§ 122a ff nichts anderes ergibt (zur Gesetzessystematik vgl Rn 12). Die §§ 122a ff sind damit für die der inl Rechtsordnung unterliegenden beteiligten Ges vorrangig. Soweit sie eine Regelung enthalten, verdrängen sie sowohl die allg Vorschriften der §§ 2–38 als auch die rechtsformspezifischen Vorschriften der §§ 46–78. Dies gilt etwa für § 122c, der § 4 I 1, § 5 und § 6 verdrängt (vgl im Einzelnen Komm zu § 122c). Die §§ 122a ff enthalten aber beispielsweise keine Angaben zu den notw Beschlussmehrheiten oder zur Vorbereitung der Gesellschafterversammlungen. Insoweit ist auf die allg Verschmelzungsvorschriften zurückzugreifen. Vgl hierzu auch die umfangreiche Übersicht bei Widmann/Mayer/*Heckschen* Rn 193 ff. **17**

Abs 2 ordnet die **entspr** Anwendung an. Demzufolge sind bei der jeweiligen Anwendung der Norm die Besonderheiten der grenzüberschreitenden Verschm zu beachten. Vgl zur ähnl Situation bei der Spaltung § 125 Rn 10. Praktisch bedeutsam ist die Diskussion, ob § 51 einschränkend anzuwenden ist (vgl Widmann/Mayer/*Heckschen* Rn 94 ff; KölnerKommUmwG/*Simon/Rubner* Rn 23). Dazu auch § 122g Rn 5. **18**

Weitere Verweisungen bzw Bezugnahmen auf die §§ 2 ff finden sich auch in verschiedenen Normen der §§ 122a ff (vgl §§ 122d, 122e, 122f, 122g, 122h, 122i, 122k und 122l). **19**

e) Anwendbares Recht für die ausländischen Rechtsträger. Für die ausl Rechtsträger gelten unmittelbar weder die §§ 122a ff noch die von Abs 2 in Bezug **20**

genommenen allg und rechtsformspezifischen Verschmelzungsvorschriften (vgl bereits Rn 15). Denn das UmwG ist insges nur auf Rechtsträger anwendbar, die der inl Rechtsordnung unterliegen (vgl § 1 Rn 23 f). Für die an einer grenzüberschreitenden Verschm beteiligten ausl Ges gelten hingegen die Vorschriften derjenigen Rechtsordnung (Gesellschaftsstatut), der sie unterliegen (Kallmeyer/*Marsch-Barner* Rn 5; KölnerKommUmwG/*Simon/Rubner* Rn 2). Aufgrund der Vorgaben der IntV-RL sollte im Wesentl gewährleistet sein, dass die Rechtsordnung der beteiligten ausl Ges ebenfalls mit den §§ 122a ff vglbare Normen enthält und damit das notw Ineinandergreifen der jeweiligen nat Vorschriften sichergestellt ist (insbes gemeinsamer Verschmelzungsplan, Art 5 IntV-RL; Zustimmungsbeschluss zum gemeinsamen Verschmelzungsplan, Art 9 IntV-RL; Anmelde- und Eintragungsverfahren, Art 10 ff IntV-RL; Wirkungen der grenzüberschreitenden Verschm, Art 14 IntV-RL). IÜ wird regelm das ausl Recht für die grenzüberschreitenden Verschm ähnl wie Abs 2 eine entspr Anwendung der nat Verschmelzungsvorschriften auf den ausl Rechtsträger anordnen (vgl Art 4 Abs 1 lit b IntV-RL). Danach entscheidet sich auch, ob der ausl Rechtsträger verschmelzungsfähig ist (KölnerKommUmwG/*Simon/Rubner* Rn 12).Viele Einzelprobleme werden allerd erst nach den prakt Erfahrungen der ersten Jahre erkennbar werden.

§ 122b Verschmelzungsfähige Gesellschaften

(1) **An einer grenzüberschreitenden Verschmelzung können als übertragende, übernehmende oder neue Gesellschaften nur Kapitalgesellschaften im Sinne des Artikels 2 Nr. 1 der Richtlinie 2005/56/EG des Europäischen Parlaments und des Rates vom 26. Oktober 2005 über die Verschmelzung von Kapitalgesellschaften aus verschiedenen Mitgliedstaaten (ABl. EU Nr. L 310 S. 1) beteiligt sein, die nach dem Recht eines Mitgliedstaats der Europäischen Union oder eines anderen Vertragsstaats des Abkommens über den Europäischen Wirtschaftsraum gegründet worden sind und ihren satzungsmäßigen Sitz, ihre Hauptverwaltung oder ihre Hauptniederlassung in einem Mitgliedstaat der Europäischen Union oder einem anderen Vertragsstaat des Abkommens über den Europäischen Wirtschaftsraum haben.**

(2) **An einer grenzüberschreitenden Verschmelzung können nicht beteiligt sein:**

1. **Genossenschaften, selbst wenn sie nach dem Recht eines anderen Mitgliedstaats der Europäischen Union oder eines anderen Vertragsstaats des Abkommens über den Europäischen Wirtschaftsraum unter die Definition des Artikels 2 Nr. 1 der Richtlinie fallen;**
2. **Gesellschaften, deren Zweck es ist, die vom Publikum bei ihnen eingelegten Gelder nach dem Grundsatz der Risikostreuung gemeinsam anzulegen und deren Anteile auf Verlangen der Anteilsinhaber unmittelbar oder mittelbar zulasten des Vermögens dieser Gesellschaft zurückgenommen oder ausgezahlt werden. Diesen Rücknahmen oder Auszahlungen gleichgestellt sind Handlungen, mit denen eine solche Gesellschaft sicherstellen will, dass der Börsenwert ihrer Anteile nicht erheblich von deren Nettoinventarwert abweicht.**

Schrifttum: Siehe Schrifttum § 122a.

1. Allgemeines

Abs 1 bestimmt den Kreis der Ges, die als übertragende, übernehmende oder neue Ges an einer grenzüberschreitenden Verschm beteiligt sein können. Die Vorschrift regelt damit den **persönl Anwendungsbereich** der §§ 122a ff und ergänzt § 122a, der in Abs 1 im Zshg mit der Def des Begriffs der grenzüberschreitenden Verschm nur von Ges spricht und in Abs 2 hinsichtl der Anwendbarkeit des UmwG iÜ nur die inl KapGes (§ 3 I Nr 2) erwähnt. Abs 1 nimmt unmittelbar auf die IntV-RL Bezug, indem zur Festlegung der beteiligtenfähigen KapGes auf die Begriffsbestimmung in Art 2 Nr 1 IntV-RL verwiesen wird. Über die Festlegungen der IntV-RL hinaus sind auch KapGes aus EWR-Mitgliedstaaten beteiligtenfähig (vgl auch § 122a Rn 10). Die KapGes müssen darüber hinaus bestimmte Anforderungen an das Gründungsrecht sowie an ihren satzungsmäßigen Sitz und Verwaltungssitz erfüllen. 1

Abs 2 greift in der Nr 1 die Ermächtigung von Art 3 II IntV-RL auf, wonach die Mitgliedstaaten Genossenschaften aus dem Kreis der beteiligtenfähigen Ges ausschließen können. In Übereinstimmung mit Art 3 III IntV-RL können nach Abs 2 Nr 2 Organismen für gemeinsame Anlagen in Wertpapieren (OGAW) an einer grenzüberschreitenden Verschm nicht beteiligt sein. Die Begriffsbestimmung für diese Ges wurde wortlautgetreu aus der IntV-RL übernommen. 2

Ges, die die Anforderungen von Abs 1 nicht erfüllen oder nach Abs 2 ausgeschlossen sind, können an einer grenzüberschreitenden Verschm iSv § 122a I nicht teilnehmen. Für sie gelten die §§ 122a ff nicht. Dies gilt auch, wenn nur eine der beteiligten Ges nicht vom Anwendungsbereich erfasst ist (Henssler/Strohn/*Polley* Rn 1; vgl auch § 122a Rn 8). Für derartige Rechtsträger kann sich die Zulässigkeit einer grenzüberschreitenden Verschm nur aus den allg Grdsen ergeben (vgl § 1 Rn 43 ff). 3

2. Beteiligtenfähige Kapitalgesellschaften (Abs 1)

a) Gesetzessystematik. Abs 1 bestimmt die beteiligtenfähigen KapGes nicht selbst, sondern verweist auf Art 2 Nr 1 IntV-RL. Art 2 Nr 1 IntV-RL definiert den Begriff der KapGes wiederum zum einen durch Bezugnahme auf Art 1 der RL 68/151/EWG, zum anderen aber auch durch Festlegung abstrakter Kriterien. Damit ist der Anwendungsbereich sowohl der IntV-RL als auch von Abs 1 und damit der §§ 122a ff auch für künftige in- oder ausländische Ges mit Kapitalgesellschaftscharakter eröffnet. Dies können sowohl neue Gesellschaftsformen in den bisherigen Mitgliedstaaten als auch Gesellschaftsformen in neu hinzutretenden Mitgliedstaaten (vgl zum Kreis der Mitgliedstaaten § 1 UmwStG Rn 67) sein. Aufgrund der in Bezug genommenen allg Def in Art 2 Nr 1 lit b IntV-RL sind von Abs 1 auch KapGes aus EWR-Staaten erfasst (vgl auch § 122a Rn 10). Aus dem deutsch-amerikanischen Freundschaftsvertrag ist eine Erweiterung auf US-amerikanische Ges nicht ableitbar (so *Kiem* WM 2006, 1091, 1093; Maulbetsch/Klumpp/Rose/*Becker* Rn 3; aA Lutter/*Bayer* Rn 11; vgl Rn 8). 4

b) Inländische Kapitalgesellschaften. Art 2 Nr 1 lit a IntV-RL, auf den Abs 1 verweist, def zunächst den Begriff der KapGes durch Bezugnahme auf Art 1 der RL 68/151/EWG vom 9.3.1968 (PublizitätsRL; ABl Nr L 65, 8; zuletzt geändert durch RL 2006/99/EG vom 20.11.2006, ABl EU Nr L 363, 137). Für Deutschland sind dies die **AG,** die **KGaA** und **GmbH.** Damit ist grdsl auch die **UG,** die eine Unterform der GmbH ist, erfasst (Lutter/*Bayer* Rn 4; SBB/*Gutkès* 5

§ 13 Rn 18); die UG kann allerdings nach inl Recht und damit auch bei grenzüberschreitenden Verschm nicht neuer Rechtsträger bei einer Verschm zur Neugründung sein (vgl § 3 Rn 20; zur Beteiligung als übernehmender Rechtsträger vgl § 3 Rn 19). Ferner ist eine **SE** mit Sitz in Deutschland erfasst (dazu auch Rn 7). Die **abstrakte Begriffsbestimmung** in Art 2 Nr 1 lit b IntV-RL, wonach eine KapGes eine Ges ist, die Rechtspersönlichkeit besitzt und über gesondertes GesKap verfügt, das allein für die Verbindlichkeiten der Ges haftet, und die nach dem für sie maßgebenden innerstaatl Recht Schutzbestimmungen iSd RL 68/151/EWG im Interesse der Gesellschafter sowie Dritter einhalten muss, führt für die inl Rechtsformen zu keiner Erweiterung (KölnerKommUmwG/*Simon/Rubner* Rn 6; zur dynamischen Verweisung vgl Rn 4). Zum Ausschluss von Gen vgl Rn 14. Die Begriffsbestimmung in Abs 1 stimmt damit mit § 122a II, der wiederum auf § 3 I Nr 2 verweist, überein. Ergänzend gelten über § 122a II auch § 3 III und IV, wonach auch **aufgelöste KapGes** als übertragende Rechtsträger (Lutter/*Bayer* Rn 9; vgl näher § 3 Rn 46 ff) und – unter den sonstigen Voraussetzungen von § 122a I – auch mehrere inl Rechtsträger verschiedener Kapitalgesellschaftsrechtsformen (**Beispiel:** GmbH und AG verschmelzen auf eine EU-KapGes) beteiligt sein können (ebenso Widmann/Mayer/*Heckschen* Rn 4).

6 Nicht beteiligtenfähig sind auch **eV** und **VVaG,** da diese Rechtsträger durch Mitgliedschaftsrechte und nicht durch das Halten von Gesellschaftsanteilen gekennzeichnet ist (vgl dazu näher *Louven* ZIP 2006, 2021, 2024; ebenso Widmann/Mayer/*Heckschen* Rn 73; Semler/Stengel/*Drinhausen* Rn 6; Kallmeyer/*Marsch-Barner* Rn 4; Lutter/*Bayer* Rn 6: zum VVaG: fragl; aA *Frenzel* RIW 2008, 12, 14). Zur Beteiligtenfähigkeit von PhG bei grenzüberschreitenden Umw vgl § 1 Rn 45 ff.

7 Eine bestehende **SE mit Sitz in Deutschland** ist ebenfalls KapGes iSv Abs 1 (RegEBegr BT-Drs 16/2919 zu § 122b I; Semler/Stengel/*Drinhausen* Rn 5; Widmann/Mayer/*Heckschen* Rn 58 ff; Kallmeyer/*Marsch-Barner* Rn 3; KölnerKommUmwG/*Simon/Rubner* Rn 7 ff; Lutter/*Bayer* Rn 7; SBB/*Gutkès* § 13 Rn 19; Keßler/Kühnberger/*Keßler* Rn 3; Maulbetsch/Klumpp/Rose/*Becker* Rn 6; Henssler/Strohn/*Polley* Rn 4; *Bayer/Schmidt* NJW 2006, 401; *Drinhausen/Keinath* BB 2006, 725, 726; *Forsthoff* DStR 2006, 613; *Haritz/v. Wolff* GmbHR 2006, 340, 341; *Neye/Timm* DB 2006, 488, 490; *Limmer* ZNotP 2007, 242, 250; *Frenzel* RIW 2008, 12, 15). Zum einen erfüllt eine SE die Begriffsbestimmung nach Art 2 Nr 1 lit b IntV-RL (Rn 5), zum anderen ist eine bestehende SE nach Art 10 SE-VO in jedem Mitgliedstaat wie eine AG zu behandeln, die nach dem Recht des Sitzstaats der SE gegründet wurde. Zur Beteiligtenfähigkeit einer SE an nicht grenzüberschreitenden Umw nach dem UmwG § 124 Rn 12, 35. Dies gilt auch für eine grenzüberschreitende Verschm **auf** eine **bestehende SE** (Widmann/Mayer/*Heckschen* Rn 65 f; Semler/Stengel/*Drinhausen* Rn 5; aA *Louven* ZIP 2006, 2021, 2024; *Müller* ZIP 2004, 1790, 1792). Vgl allerdings die Sperrfrist nach Art 66 SE-VO (dazu etwa KölnerKommUmwG/*Simon/Rubner* Rn 14; Maulbetsch/Klumpp/Rose/*Becker* Rn 9). Eine Ausnahme besteht nur für eine grenzüberschreitende Verschm, die zum Entstehen einer **SE** (Verschm **zur Neugründung** oder Verschm iSv Art 2 I, Art 17 I SE-VO) führt. Denn – aber auch nur – die Möglichkeiten der Gründung einer SE sind abschl in der SE-VO geregelt (vgl hierzu Art 2 SE-VO Rn 1). Eine davon zu unterscheidende Frage ist, ob über Art 18 SE-VO ergänzend auch die §§ 122a ff anzuwenden sind, soweit die SE-VO keine abschließende Regelung enthält (idS Semler/Stengel/*Drinhausen* Rn 5 Fn 15; vgl dazu aber Art 18 SE-VO Rn 3 ff).

c) Ausländische Kapitalgesellschaften. Beteiligte ausl Rechtsträger müssen ebenfalls die Anforderungen nach Abs 1 erfüllen. Anderenfalls (etwa Beteiligung einer ausl PersGes) kann auch die inl KapGes nicht eine Verschm auf der Grundlage der §§ 122a ff durchführen (KölnerKommUmwG/*Simon/Rubner* Rn 1). Sie müssen mithin **KapGes** iSv Art 2 Nr 1 IntV-RL sein (Übersicht etwa bei KölnerKommUmwG/*Simon/Rubner* Rn 16). Dies ist auch eine **SE** mit Sitz in einem EU-/EWR-Staat, wenn die Verschm nicht auf die Gründung einer SE gerichtet ist (KölnerKommUmwG/*Simon/Rubner* Rn 13; vgl erg Rn 7). Unzweifelhaft sind dies die in Art 1 der Publizitätsrichtlinie (Rn 5) genannten europäischen KapGes (vgl auch die Aufstellung bei Widmann/Mayer/*Heckschen* Rn 75). Sonstige ausl Rechtsträger (zum Gründungsstatut und Sitz vgl Rn 10 ff) müssen iÜ die Voraussetzungen von Art 2 Nr 1 lit b IntV-RL erfüllen. Eine Einbeziehung von Drittstaaten-Ges aufgrund staatsvertragl Vereinbarungen ist nach dem klaren Wortlaut von Abs 1 nicht mögl (Lutter/*Bayer* Rn 11; Semler/Stengel/*Drinhausen* Rn 9; *Winter* Der Konzern 2007, 24, 28; aA *Kiem* WM 2006, 1091, 1093; Maulbetsch/Klumpp/Rose/*Becker* Rn 3). Zur Prüfungskompetenz des Registergerichts vgl § 122l Rn 13. Zur stl Beurteilung ausl KapGes (sog Typenvergleich) vgl § 1 UmwStG Rn 17. 8

Weitere Anforderungen an die Beteiligtenfähigkeit der ausl Rechtsträger können aus dem jeweiligen nat Recht folgen (Kallmeyer/*Marsch-Barner* Rn 5; Lutter/*Bayer* Rn 12 ff; SBB/*Gutkès* § 13 Rn 23; Maulbetsch/Klumpp/Rose/*Becker* Rn 2). Nach dessen Rechtsordnung richtet sich auch, ob bereits aufgelöste Rechtsträger beteiligtenfähig sind (Widmann/Mayer/*Heckschen* Rn 79; zur Beteiligtenfähigkeit inl aufgelöster Rechtsträger vgl Rn 5). Ein Pflicht, bereits aufgelösten AG die aktive Verschmelzungsfähigkeit zu gewähren, besteht nach Art 3 II der Verschm-RL vom 9.10.1978 (ABl EG Nr L 295, 36) nicht, weswegen – auch für AG – die nat Regelungen divergieren können. 9

d) Gründungsstatut. Sämtl beteiligten Ges (übertragende, übernehmende oder neue Ges) müssen ferner nach dem Recht eines Mitgliedstaats der EU/des EWR gegründet worden sein. Die Anforderungen von Abs 1 entsprechen damit dem Anwendungsbereich der IntV-RL (Art 1 IntV-RL) und ergänzen § 122a I, wonach die beteiligten Ges nur dem Recht verschiedener Mitgliedstaaten der EU/des EWR (aktuell noch) unterliegen müssen. Zu den derzeitigen Mitgliedstaaten der EU/des EWR vgl § 1 UmwStG Rn 67. Die Anforderung entspricht iÜ der Regelung in Art 2 I SE-VO für die Verschm von europäischen AG zur Gründung einer SE (vgl Art 2 SE-VO Rn 6). In Drittstaaten gegründete Ges können daher selbst dann nicht an einer grenzüberschreitenden Verschm beteiligt sein, wenn sie ihren Verwaltungssitz in einen Mitgliedstaat der EU/des EWR verlegt haben (vgl RegEBegr BT-Drs 16/2919 zu § 122b I; Kallmeyer/*Marsch-Barner* Rn 5; Lutter/*Bayer* Rn 11; Henssler/Strohn/*Polley* Rn 9; *Haritz/v. Wolff* GmbHR 2006, 340, 341; vgl auch *Winter* Der Konzern 2007, 24, 28). Derartige Ges erfüllen darüber hinaus regelm auch nicht die Anforderungen nach § 122a I (kein Unterliegen dem Recht eines Mitgliedstaats, wenn dieser Staat der Gründungstheorie folgt) oder das Kriterium der KapGes (Mitgliedstaaten, die die Sitztheorie anwenden). Zu EU-/EWR-Ges, die ihren Verwaltungssitz in einen Drittstaat verlegt haben vgl Rn 11 ff. Nicht erforderl ist, dass die Ges im Gründungs-Mitgliedstaat noch ihren **Verwaltungssitz** hat (Kallmeyer/*Marsch-Barner* Rn 5; KölnerKommUmwG/*Simon/Rubner* Rn 4). Dies ist bedeutsam, da die EU-/EWR-Mitgliedstaaten gegenseitig verpflichtet sind, Rechtsträger, die nach 10 dem Recht eines Mitgliedstaats gegründet worden sind, auch nach Verlegung des Verwaltungssitzes in einen anderen Mitgliedstaat als Rechtsträger des Gründungs-Mitgliedstaats zu behandeln (§ 1 Rn 38). Demzufolge erfüllt etwa eine englische Limited mit Verwaltungssitz in Deutschland die Anforderungen an das Gründungsstatut (und an den Sitz in einem Mitgliedstaat; dazu Rn 11 und § 122a Rn 8). Zu den beteiligten Ges zählt auch die **neue,** erst durch die Verschm gegründete **Ges.** Auch sie muss (festgelegt durch ihren Gründungssitz) dem Recht eines Mitgliedstaats unterliegen (vgl auch § 122a Rn 9).

11 **e) Sitz in einem Mitgliedstaat.** Alle beteiligten Rechtsträger müssen ihren satzungsmäßigen Sitz, ihre Hauptverwaltung oder ihre Hauptniederlassung in einem Mitgliedstaat der EU/des EWR haben. Eine Verlegung des Satzungssitzes in einen anderen Mitgliedstaat führt hingegen regelm zur Auflösung des Rechtsträgers (vgl § 1 Rn 41; vgl aber *Schmidt* DB 2006, 2221, 2222 zum luxemburgischen Recht). In diesem Fall hängt die Beteiligtenfähigkeit davon ab, ob und unter welchen Voraussetzungen das auf diesen Rechtsträger anwendbare Recht die Beteiligung von aufgelösten Rechtsträgern zulässt (vgl Rn 5, 9 und § 1 Rn 46). Der aktuelle Verwaltungssitz muss indes nicht im Gründungs-Mitgliedstaat liegen (Kallmeyer/*Marsch-Barner* Rn 5). Zu den derzeitigen Mitgliedstaaten der EU/des EWR vgl § 1 UmwStG Rn 67.

12 Nach dem Wortlaut von Abs 1 muss entweder der Satzungssitz oder die Hauptverwaltung/Hauptniederlassung in einem Mitgliedstaat sein. Die Voraussetzungen müssen also **nicht kumulativ** erfüllt sein (ebenso Widmann/Mayer/*Heckschen* Rn 91; Kallmeyer/*Marsch-Barner* Rn 5). Der Wortlaut von Abs 1 stimmt insoweit mit demjenigen von Art 1 IntV-RL überein. Auch aus der Gesetzesbegründung lässt sich nicht ableiten, dass Satzungssitz und Hauptverwaltung/Hauptniederlassung innerh der EU/des EWR gelegen sein müssen. Demzufolge ist auch eine KapGes beteiligtenfähig, die nach dem Recht eines EU-/EWR-Mitgliedstaats gegründet worden ist, unverändert ihren Satzungssitz in diesem Staat (oder einem anderen Mitgliedstaat hat), selbst wenn sich die Hauptverwaltung/Hauptniederlassung in einem Drittstaat befindet (Kallmeyer/*Marsch-Barner* Rn 5). Eine derartige Ges erfüllt auch die Voraussetzungen von § 122a I (anwendbares Gesellschaftsstatut) und ist eine KapGes iSv Art 2 Nr 1 der IntV-RL, wenn der Gründungsstaat die Gründungstheorie (vgl § 1 Rn 27) anwendet. Die Beteiligtenfähigkeit eines derartigen Rechtsträgers ist auch europarechtl geboten, da die anderen Mitgliedstaaten einen Rechtsträger, der nach dem Recht eines Mitgliedstaats gegründet worden ist, als Rechtsträger dieses Mitgliedstaats anzuerkennen haben (§ 1 Rn 38). Die Anerkennung des ausl Gesellschaftsstatuts umfasst auch die in diesem Staat geltende Gründungstheorie.

13 Der **satzungsmäßige Sitz** ist der Sitz der Ges, der in dessen Satzung/Statut bestimmt ist. Der Begriff der **Hauptverwaltung** ist aufgrund der Bezugnahme auf die IntV-RL zwar grdsl europarechtl auszulegen, prakt Unterschiede zum im dt IPR gebräuchl Begriff des effektiven Verwaltungssitzes bestehen indes nicht. Danach ist als Ort der Hauptverwaltung der Ort zu verstehen, wo die grundlegenden Entscheidungen der Unternehmensleitung effektiv in laufende Geschäftsführungsakte umgesetzt werden (BGHZ 97, 269, 272; MüKoBGB/*Kindler* IntGesR Rn 434). Der Begriff der **Hauptniederlassung** entspricht bei KapGes dem Satzungssitz (Baumbach/*Hopt* HGB § 13d Rn 1; Widmann/Mayer/*Heckschen* Rn 94). Die dadurch eingetretene Doppelregelung beruht auf der wortwörtl Übernahme von Art 1 IntV-RL.

3. Ausgeschlossene Gesellschaften (Abs 2)

a) Genossenschaften. Art 3 II IntV-RL erlaubt es den Mitgliedstaaten, Gen von der Beteiligung an grenzüberschreitenden Verschm auszuschließen. Dies hat der Gesetzgeber in Abs 2 Nr 1 aufgegriffen. Hierfür bestünde kein Bedürfnis, da die Möglichkeit der Gründung einer SCE ausreichend erscheine (RegEBegr BT-Drs 16/2919 zu § 122b II). Dies gilt unabhängig davon, ob inl oder nach dem Recht eines anderen Mitgliedstaats gegründete Gen die Def der KapGes nach Art 2 Nr 1 lit b IntV-RL erfüllen (vgl etwa § 8a GenG; Kallmeyer/*Marsch-Barner* Rn 7; Keßler/Kühnberger/*Keßler* Rn 2). Der Ausschluss umfasst inl und ausl Gen sowie bestehende SCE (Kallmeyer/*Marsch-Barner* Rn 7; KölnerKommUmwG/*Simon/Rubner* Rn 17; Henssler/Strohn/*Polley* Rn 10). Mithin kann eine inl KapGes nicht nach Maßgabe der §§ 122a ff auf eine ausl Gen verschmelzen (KölnerKommUmwG/*Simon/Rubner* Rn 17). Zu grenzüberschreitenden Umw außerhalb der §§ 122a ff vgl § 1 Rn 45 ff. 14

b) OGAW. Nach Abs 2 Nr 2 sind Organismen für gemeinsame Anlagen in Wertpapieren (OGAW) von grenzüberschreitenden Verschm ausgeschlossen. Dies entspricht Art 3 III der IntV-RL. Zum Begriff der OGAW vgl Art 1 I der RL 85/611/EWG (ABl EG Nr L 375, 3). Diese Anlagegesellschaften sind regelm in der Rechtsform einer KapGes organisiert, unterliegen aber in verschiedenster Hinsicht speziellen Regelungen. Dies erfasst insbes Investmentaktiengesellschaften (InvAG – §§ 96 ff InvG), nicht jedoch Kapitalanlagegesellschaften (KAG; KölnerKommUmwG/*Simon/Rubner* Rn 19; Kallmeyer/*Marsch-Barner* Rn 8; Maulbetsch/Klumpp/Rose/*Becker* Rn 19). 15

§ 122c Verschmelzungsplan

(1) **Das Vertretungsorgan einer beteiligten Gesellschaft stellt zusammen mit den Vertretungsorganen der übrigen beteiligten Gesellschaften einen gemeinsamen Verschmelzungsplan auf.**

(2) **Der Verschmelzungsplan oder sein Entwurf muss mindestens folgende Angaben enthalten:**

1. **Rechtsform, Firma und Sitz der übertragenden und übernehmenden oder neuen Gesellschaft,**
2. **das Umtauschverhältnis der Gesellschaftsanteile und gegebenenfalls die Höhe der baren Zuzahlungen,**
3. **die Einzelheiten hinsichtlich der Übertragung der Gesellschaftsanteile der übernehmenden oder neuen Gesellschaft,**
4. **die voraussichtlichen Auswirkungen der Verschmelzung auf die Beschäftigung,**
5. **den Zeitpunkt, von dem an die Gesellschaftsanteile deren Inhabern das Recht auf Beteiligung am Gewinn gewähren, sowie alle Besonderheiten, die eine Auswirkung auf dieses Recht haben,**
6. **den Zeitpunkt, von dem an die Handlungen der übertragenden Gesellschaften unter dem Gesichtspunkt der Rechnungslegung als für Rechnung der übernehmenden oder neuen Gesellschaft vorgenommen gelten (Verschmelzungsstichtag),**
7. **die Rechte, die die übernehmende oder neue Gesellschaft den mit Sonderrechten ausgestatteten Gesellschaftern und den Inhabern von**

anderen Wertpapieren als Gesellschaftsanteilen gewährt, oder die für diese Personen vorgeschlagenen Maßnahmen,

8. etwaige besondere Vorteile, die den Sachverständigen, die den Verschmelzungsplan prüfen, oder den Mitgliedern der Verwaltungs-, Leitungs-, Aufsichts- oder Kontrollorgane der an der Verschmelzung beteiligten Gesellschaften gewährt werden,

9. die Satzung der übernehmenden oder neuen Gesellschaft,

10. gegebenenfalls Angaben zu dem Verfahren, nach dem die Einzelheiten über die Beteiligung der Arbeitnehmer an der Festlegung ihrer Mitbestimmungsrechte in der aus der grenzüberschreitenden Verschmelzung hervorgehenden Gesellschaft geregelt werden,

11. Angaben zur Bewertung des Aktiv- und Passivvermögens, das auf die übernehmende oder neue Gesellschaft übertragen wird,

12. den Stichtag der Bilanzen der an der Verschmelzung beteiligten Gesellschaften, die zur Festlegung der Bedingungen der Verschmelzung verwendet werden.

(3) **Befinden sich alle Anteile einer übertragenden Gesellschaft in der Hand der übernehmenden Gesellschaft, so entfallen die Angaben über den Umtausch der Anteile (Absatz 2 Nr. 2, 3 und 5), soweit sie die Aufnahme dieser Gesellschaft betreffen.**

(4) **Der Verschmelzungsplan muss notariell beurkundet werden.**

Schrifttum: Siehe Schrifttum § 122a.

Übersicht

1. Allgemeines

Die Vorschrift regelt den Verschmelzungsplan, der bei grenzüberschreitenden Verschm an die Stelle des Verschmelzungsvertrags (§ 4) tritt. Der Verschmelzungsplan ist indes ein gemeinsamer Verschmelzungsplan. § 122c ist damit die Umsetzung von Art 5 IntV-RL. Die Vorschrift hat unmittelbare Rechtswirkung – wie das UmwG insges (§ 122a Rn 15) – nur für die beteiligten Rechtsträger, die der inl Rechtsordnung unterliegen. Aufgrund der Vorgabe von Art 5 IntV-RL bestehen allerd korrespondierende Regelungen in den anderen Mitgliedstaaten. 1

Der Verschmelzungsplan bestimmt ebenso wie der Verschmelzungsvertrag die Rechtsverhältnisse zwischen den an der Verschm beteiligten Rechtsträger. In ihm werden die wesentl Modalitäten der Verschm festgelegt, denen die Anteilsinhaber durch Beschluss zustimmen. Demzufolge regelt **Abs 1** die Verpflichtung zur Aufstellung des gemeinsamen Verschmelzungsplans und zugleich die Zuständigkeit für die Aufstellung. Der wesentl Inhalt des Verschmelzungsplans wird durch **Abs 2** vorgegeben, der sich inhaltl vollständig und im Wesentl auch im Wortlaut an Art 5 IntV-RL anlehnt. Die inhaltl Vorgaben stimmen wiederum größtenteils mit den Mindestangaben in einem Verschmelzungsvertrag nach § 5 I überein (krit zur Gesetzestechnik Lutter/*Bayer* Rn 12). Ergänzend muss der Verschmelzungsplan Angaben zum Verfahren über die ArbN-Mitbestimmung, zur Bew des übergehenden Aktiv- und Passivvermögens sowie zum Stichtag der Bilanzen, die zur Festlegung der Bedingungen der Verschm verwendet werden, aufgenommen werden. **Abs 3** schafft Erleichterungen für die Verschm einer 100%igen TochterGes auf ihre MutterGes. Gewisse Angaben sind in diesem Fall überflüssig. Diese Regelung entspricht damit inhaltl § 5 II. Schließl ordnet **Abs 4** an, dass der Verschmelzungsplan notariell beurkundet werden muss, was für innerstaatl Verschm der Regelung in § 6 entspricht. 2

Hinsichtl des Regelungsgegenstands entspricht Abs 1 und 2 den Bestimmungen von Art 20 SE-VO. 3

2. Rechtsnatur des Verschmelzungsplans

Abs 1 verpflichtet das Vertretungsorgan einer beteiligten Ges, zusammen mit den Vertretungsorganen der übrigen beteiligten Ges einen gemeinsamen Verschmelzungs*plan* aufzustellen. Auch Art 5 der IntV-RL verlangt die Aufstellung eines gemeinsamen Verschmelzungsplans. Obwohl auch Art 5 I der VerschmRL vom 9.10.1978 (ABl EG Nr L 295, 36) von einem Verschmelzungsplan spricht, regelt § 4 für innerstaatl Verschm den Abschluss eines Verschmelzungs*vertrags*. Einen Umwandlungsplan kennt das UmwG nur in der Form des Spaltungsplans (§ 136) bei einer Spaltung zur Neugründung, da bei dieser Umwandlungsform ein Vertragspartner fehlt. 4

Der Verschmelzungsplan ist ebenso wie der Verschmelzungsvertrag nach § 4 ein gesellschaftsrechtl Organisationsakt. Er entfaltet indes anders als der Verschmelzungsvertrag (vgl § 4 Rn 9) **keine schuldrechtl Wirkungen** (ebenso Kallmeyer/ 5

Marsch-Barner Rn 4; Lutter/*Bayer* Rn 3; Widmann/Mayer/*Mayer* Rn 17; Henssler/Strohn/*Polley* Rn 5; SBB/*Gutkès* § 13 Rn 53; *Frenzel* RIW 2008, 12, 16; wohl auch *Kiem* WM 2006, 1091, 1094; aA Maulbetsch/Klumpp/Rose/*Becker* Rn 5; KölnerKommUmwG/*Simon/Rubner* Rn 6; *Forsthoff* DStR 2006, 613, 614; *Simon/Rubner* Der Konzern 2006, 835, 837; *Winter* Der Konzern 2007, 24, 33; offengelassen von Semler/Stengel/*Drinhausen* Rn 6; vgl zum Verschmelzungsplan bei der Gründung einer SE Art 20 SE-VO Rn 2). Dies folgt schon daraus, dass in anderen Mitgliedstaaten der Verschmelzungsplan als reiner Organisationsakt aufgefasst wird (*Kiem* WM 2006, 1091, 1094). Daher sieht auch weder die IntV-RL noch § 122c eine § 5 I Nr 2 vglbare Vereinbarung über die Vermögensübertragung vor (*Kiem* WM 2006, 1091, 1094; *Frenzel* RIW 2008, 12, 16; Kallmeyer/*Marsch-Barner* Rn 4; Lutter/*Bayer* Rn 3). Demzufolge tritt eine Bindung der Parteien vor dem Wirksamwerden der Verschm nicht ein. Die prakt Bedeutung ist indes eher gering, da die Parteien ergänzende schuldrechtl Vereinbarungen – in derselben oder in einer getrennten Urkunde – treffen können und werden, soweit sie nicht ohnehin verbundene Unternehmen sind (Semler/Stengel/*Drinhausen* Rn 6; Widmann/Mayer/*Mayer* Rn 18; Kallmeyer/*Marsch-Barner* Rn 4; Lutter/*Bayer* Rn 3; SBB/*Gutkès* § 13 Rn 53; zu den sog business combination agreements vgl auch *Teichmann* ZGR 2002, 383, 419). Ebenso muss zwischen den beteiligten Ges eine Einigung über den Inhalt herbeigeführt werden, da ein gemeinsamer Verschmelzungsplan erstellt werden muss (dazu Rn 10).

3. Aufstellung des Verschmelzungsplans

6 **a) Gemeinsamer Verschmelzungsplan.** Abs 1 verlangt ebenso wie Art 5 IntV-RL die Aufstellung eines gemeinsamen Verschmelzungsplans. Dies ist eine Abweichung zu der vglbaren Regelung von Art 20, 26 III SE-VO, die nur einen gleichlautenden Verschmelzungsplan verlangen (vgl dazu Art 20 SE-VO Rn 3). Der gemeinsame Verschmelzungsplan ist daher in einem **einheitl Dokument** aufzunehmen (Semler/Stengel/*Drinhausen* Rn 5; Widmann/Mayer/*Mayer* Rn 19; Kallmeyer/*Marsch-Barner* Rn 6, in Rn 41 aber: zweckmäßigerweise; Henssler/Strohn/*Polley* Rn 7; Lutter/*Bayer* Rn 7; SBB/*Gutkès* § 13 Rn 54; Keßler/Kühnberger/*Keßler* Rn 3; aA KölnerKommUmwG/*Simon/Rubner* Rn 36; *Brocker* BB 2010, 971, 972). Aus § 122l II kann nicht abgeleitet werden, dass gleichlautende, aber in unterschiedl Dokumenten enthaltene Verschmelzungspläne ausreichend sind. Die dort enthaltene Anforderung bedeutet nur, dass anlässl des Registerverfahrens zu prüfen ist, dass die jew Anteilsinhaberversammlungen tats dem unveränderten gleichlautenden Verschmelzungsplan zugestimmt haben (zutr Widmann/Mayer/*Mayer* Rn 20). Auch zusätzl, nicht nach allen betroffenen Rechtsordnungen erforderl Angaben (vgl etwa § 122i; dazu Rn 35) sind in dem gemeinsamen Verschmelzungsplan aufzunehmen (Kallmeyer/*Marsch-Barner* Rn 6; vgl auch Rn 36). Angesichts der Bekanntmachungsverpflichtungen und der registerrechtl Vorgaben (vgl §§ 488 III FamFG, 184 GVG) wird vielfach der gemeinsame Verschmelzungsplan als mehrsprachiges Dokument zu erstellen sein (Semler/Stengel/*Drinhausen* Rn 5; Kallmeyer/*Marsch-Barner* Rn 6; SBB/*Gutkès* § 13 Rn 54; vgl auch Rn 42). Für das Registerverfahren reicht indes eine Übersetzung (*Tebben/Tebben* DB 2007, 2355, 2357). Zur Einigung über den Inhalt des gemeinsamen Verschmelzungsplans durch Aufstellung vgl Rn 10.

7 **b) Entwurf.** Abs 2 regelt den Inhalt des Verschmelzungsplans oder seines Entwurfs. Dies stimmt mit der Regelung in § 5 I überein. Daneben gilt § 4 II entspr

(§ 122a II). Danach können die Anteilsinhaberversammlungen der beteiligten inl Ges den Zustimmungsbeschluss auf der Grundlage eines Entwurfs des Verschmelzungsplans fassen. Die notarielle Beurkundung (Abs 4; Rn 39) kann sodann nachgeholt werden (Lutter/*Bayer* Rn 9; SBB/*Gutkès* § 13 Rn 100; Maulbetsch/Klumpp/Rose/*Becker* Rn 54). Der Entwurf, dem zugestimmt wurde, und der endgültige Verschmelzungsplan müssen jedoch identisch sein (vgl ergänzend § 4 Rn 23 ff).

c) Aufstellungskompetenz. Für die Aufstellung des Verschmelzungsplans ist nach Abs 1 das Vertretungsorgan einer beteiligten Ges zusammen mit den Vertretungsorganen der übrigen beteiligten Ges zuständig. Dies entspricht der Regelung in § 4 I 1, während Art 5 der IntV-RL von den Leitungs- oder Verwaltungsorganen der sich verschmelzenden Ges spricht. Ein materieller Unterschied ist damit nicht verbunden (krit *Drinhausen/Keinath* BB 2006, 727). Bei beteiligten inl **AG, KGaA** und **GmbH** sind der Vorstand, die phG oder die Geschäftsführer zuständig (Lutter/*Bayer* Rn 5; Kallmeyer/*Marsch-Barner* Rn 5; Keßler/Kühnberger/*Keßler* Rn 4). Entsprechendes gilt für eine **SE** mit Sitz im Inland, die eine dualistische Struktur aufweist. Bei einer nach dem **monistischen** System organisierten SE mit Sitz im Inland ist hingegen der Begriff „Vertretungsorgan" richtlinienkonform dahingehend zu verstehen, dass auch die nicht geschäftsführenden Mitglieder des Verwaltungsrats zur Aufstellung befugt sind (zutr Semler/Stengel/*Drinhausen* Rn 9; Kallmeyer/*Marsch-Barner* Rn 6; Keßler/Kühnberger/*Kessler* Rn 4; Maulbetsch/Klumpp/Rose/*Becker* Rn 8; Henssler/Strohn/*Polley* Rn 6; aA Widmann/Mayer/*Heckschen* Rn 22). Bei den ausl beteiligten Ges sind die nach dem jew Gesellschaftsstatut zuständigen Personen berufen (Maulbetsch/Klumpp/Rose/*Becker* Rn 9). 8

Die Vertretungsorgane der beteiligten Ges müssen in vertretungsberechtigter Anzahl handeln (Maulbetsch/Klumpp/Rose/*Becker* Rn 8). Vgl hierzu näher § 4 Rn 11 ff. 9

d) Aufstellung. Das Vertretungsorgan einer beteiligten Ges muss den gemeinsamen Verschmelzungsplan mit den Vertretungsorganen der übrigen beteiligten Ges aufstellen. Obwohl der Verschmelzungsplan kein schuldrechtl Vertrag ist (vgl Rn 5), bedeutet dies, dass die Vertretungsorgane aller beteiligten Ges eine **Einigung über den genauen Inhalt** des Verschmelzungsvertrags erzielen müssen (*Kallmeyer* AG 2007, 472, 474; ähnl auch *Simon/Rubner* Der Konzern 2006, 835, 837; vgl auch *Vetter* AG 2006, 613, 617; *Limmer* ZNotP 2007, 242, 251: entspricht Vertragsschluss). Dies wird mit der Aufstellung, also der Willenserklärung, dass jede beteiligte Ges dem Verschmelzungsplan mit diesem Inhalt zustimmt, dokumentiert. Zur Form des Verschmelzungsplans vgl Rn 39. 10

4. Inhalt des Verschmelzungsplans

a) Allgemeines. Abs 2 regelt in enger Anlehnung an Art 5 IntV-RL den **Mindestinhalt** des gemeinsamen Verschmelzungsplans (zum Entwurf vgl Rn 7). Darüber hinaus kann der Verschmelzungsplan weitere Regelungen haben (dazu auch Rn 5, 6 und 36; vgl auch Erwägungsgrund 4 IntV-RL; RegEBegr BT-Drs 16/2919 zu § 122c II; *Limmer* Rn 3089; Semler/Stengel/*Drinhausen* Rn 11; Kallmeyer/*Marsch-Barner* Rn 8; Lutter/*Bayer* Rn 30; KölnerKommUmwG/*Simon/Rubner* Rn 9). Vielfach werden neben dem Verschmelzungsplan zwischen den beteiligten Ges Vereinbarungen getroffen (dazu Rn 5). Abs 2 stimmt inhaltl nur teilw mit § 5 I überein (krit hierzu Lutter/*Bayer* Rn 12). Anders als § 5 I verlangt Abs 2 keine (ausdrückl) Vereinbarung über die Übertragung des Vermö- 11 gens (§ 5 I Nr 2; dies ist indes der Verschm immanent; vgl auch Rn 5 und KölnerKommUmwG/*Simon/Rubner* Rn 12). Andererseits schafft Abs 2 darüber hinausgehende inhaltl Vorgaben, näml die Aufnahme der Satzung der übernehmenden oder neuen Ges auch bei einer Verschm zur Aufnahme (vgl demggü §§ 5, 37), ggf Angaben zum Verfahren über die Beteiligung der ArbN an der Festlegung der Mitbestimmungsrechte, Angaben zur Bew des übergehenden Aktiv- und Passivvermögens sowie den Stichtag der Bilanzen der beteiligten Ges, die zur Festlegung der Bedingungen der Verschm verwendet werden. Diese Erweiterungen im Vgl zu § 5 I gehen auf die Vorgaben von Art 5 IntV-RL zurück. Abs 2 ist aber insofern abschließend, als hinsichtl des Mindestinhalts über § 122a II kein Rückgriff auf § 5 erfolgt (Maulbetsch/Klumpp/Rose/*Becker* Rn 11).

12 **b) Rechtsform, Firma, Sitz (Abs 2 Nr 1).** Abs 2 Nr 1 verlangt die Angabe der Rechtsform, der Firma und des Sitzes der übertragenden und übernehmenden oder neuen Ges. Dies stimmt im Wesentl mit § 5 I Nr 1 überein. Zusätzl wird die Angabe der **Rechtsform** verlangt, obwohl dies für inl Ges bereits aus der Firma ersichtl ist. Dies soll allen beteiligten Registern/Behörden die Prüfung erleichtern, ob alle Ges iSv Art 1, 2 Nr 1 IntV-RL beteiligtenfähig sind (Widmann/Mayer/*Heckschen* Rn 40; Kallmeyer/*Marsch-Barner* Rn 8). Empfehlenswert ist daher eine separate Angabe der Rechtsform neben der Firma und eine Anlehnung an die Bezeichnung der Rechtsformen in Art 1 der RL 68/151/EWG vom 9.3.1968 (ABl Nr L 65, 8), auf die Art 2 Nr 1 lit a IntV-RL verweist (vgl auch § 122b Rn 5). Gebräuchl Abkürzungen könnten die Prüfung im Ausland erschweren, sind indes ausreichend (*Heckschen* aaO). **Sitz** iSv Abs 2 Nr 1 ist der Satzungssitz und nicht der ggf abw Verwaltungssitz (Widmann/Mayer/*Heckschen* Rn 43; Kallmeyer/*Marsch-Barner* Rn 8; Henssler/Strohn/*Polley* Rn 12; Hauschild/Kallrath/Wachter/*Zimmermann* § 24 Rn 48). Die Angaben dienen der eindeutigen Bestimmung der beteiligten Ges. Hierfür eignet sich der immer eindeutige Satzungssitz, zumal bei inl Ges und vielfach auch bei ausl Ges damit das zuständige Registergericht oder die zuständige Behörde festgelegt wird. Außerdem sind dadurch regelm Rückschlüsse auf das auf diese Ges anwendbare Gesellschaftsstatut möglich. Die Angaben an die **Firma** richten sich grdsl nach den nat Rechtsordnungen. Bei inl Rechtsträgern ist die aktuelle Firma, die der Registereintragung entspricht, anzugeben. Bei beschlossenen, aber in den Registern noch nicht vollzogenen Firmenänderungen sollte ein Hinweis darauf erfolgen. Ebenso sollte ein Hinweis erfolgen, wenn im Zuge der Verschm die Firma (§ 18) geändert werden soll (Kallmeyer/*Marsch-Barner* Rn 8).

13 **c) Umtauschverhältnis und bare Zuzahlung (Abs 2 Nr 2).** Abs 2 Nr 2 verlangt die Angabe des Umtauschverhältnisses der Gesellschaftsanteile und ggf die Höhe der baren Zuzahlungen. Dies entspricht inhaltl der Bestimmung in § 5 I Nr 3. Wie bei nat Verschm ist die Angabe des Umtauschverhältnisses meist die wichtigste Festlegung im Verschmelzungsplan. Bei Beteiligung von Anteilsinhabern mit echtem Interessengegensatz werden diese im Regelfall der Verschm nur zustimmen, wenn auf ihrer Ebene durch den Austausch der Beteiligungen Vermögensänderungen nicht eintreten (vgl hierzu im Einzelnen § 5 Rn 5 ff; zu rechtl Fragen der Bew mit internationalen Bezügen *Reuter* AG 2007, 881; *Kiem* ZGR 2007, 542). Das Umtauschverhältnis ist auch für den Verschmelzungsbericht und den Prüfungsbericht (§§ 122e, 122f) von Bedeutung, da die Erläuterung und Prüfung des Umtauschverhältnisses und der baren Zuzahlungen deren Schwerpunkt darstellt. Zu Möglichkeiten der Verbesserung des Umtauschverhältnisses

und insbes zum Klageausschluss bei einem nicht angemessenen Umtauschverhältnis vgl § 122h.

Der Verschmelzungsplan muss das Umtauschverhältnis nur angeben und nicht erläutern (Semler/Stengel/*Drinhausen* Rn 15; SBB/*Gutkès* § 13 Rn 61). Zur Ermittlung des Umtauschverhältnisses ist regelm eine Bew der beteiligten Ges vorzunehmen. Für die Ermittlung der Wertrelation ist meist dieselbe Bewertungsmethode bei allen Ges anzuwenden. Eine Festschreibung der Bewertungsmethode im Verschmelzungsplan (vgl etwa Kallmeyer/*Müller* Rn 11: empfehlenswert) hat nur Informationscharakter und Bedeutung für eine Überprüfung, etwa in einem Spruchverfahren. Zum Zeitpunkt der Aufstellung des Verschmelzungsplans muss das Umtauschverhältnis bereits ermittelt sein (vgl auch Maulbetsch/Klumpp/Rose/*Becker* Rn 16: bereits im Vorfeld). Nicht zu verwechseln sind solche Angaben mit denjenigen nach Abs 2 Nr 11 (dazu Rn 29). Die Angabe einer Verhältniszahl (**Beispiel:** Jeder Anteilsinhaber der A-AG erhält für eine Aktie der A-AG x Aktien der B-AG) kann bei der Verschm auf inl AG/KGaA sowie SE ausreichend sein (Henssler/Strohn/*Polley* Rn 13). Für inl GmbH als übernehmende oder neue Ges ist ergänzend § 46 zu beachten. 14

Bare Zuzahlungen dienen dem Spitzenausgleich in Geld und sind bei inl Rechtsträgern auf den Zehnten Teil des Nennbetrags der gewährten Geschäftsanteile der übernehmenden Ges beschränkt (§§ 54 IV, 68 III, 78). Dies entspricht den Vorgaben von Art 2 Nr 2 lit a und b IntV-RL (vgl auch § 5 Rn 55). Bei einer ausl übernehmenden Ges können auch höhere bare Zuzahlungen an die Anteilsinhaber der beteiligten inl übertragenden Ges vereinbart werden, da Art 3 I insofern eine Öffnungsklausel enthält und damit nach Art 4 I lit b IntV-RL das nationale Recht der übern Ges maßgebl ist (dazu näher Lutter/*Bayer* Rn 16; ebenso Kallmeyer/*Müller* Rn 13; SBB/*Gutkès* § 13 Rn 67; aA KölnerKommUmwG/*Simon/Rubner* Rn 15). 15

Auf die Angabe eines Umtauschverhältnisses kann nach **Abs 3** verzichtet werden, sofern sich alle Anteile einer übertragenden Ges in der Hand der übernehmenden Ges (Verschm der 100%igen Tochter- auf die MutterGes) befinden. In diesem Fall werden Anteile nicht gewährt. Ergänzend sind §§ 54 I 3, 68 I 3 zu beachten, wonach von der Gewährung von Gesellschaftsanteilen abgesehen werden kann, wenn alle Anteilsinhaber eines übertragenden Rechtsträgers darauf **verzichten** (vgl im Einzelnen § 54 Rn 12 ff). Die Vorschrift gilt für grenzüberschreitende Verschm entspr (§ 122a II). 16

Vgl iÜ zur Bestimmung des Umtauschverhältnisses/der baren Zuzahlungen § 5 Rn 5 ff. 17

d) Übertragung der Gesellschaftsanteile (Abs 2 Nr 3). Der Verschmelzungsplan muss Einzelheiten hinsichtl der Übertragung der Gesellschaftsanteile der übernehmenden oder neuen Ges enthalten. Inhaltl stimmt dies mit § 5 I Nr 4 überein (vgl § 5 Rn 58). Prakt bedeutsam ist bei inl übertragenden AG/KGaA/SE die Bestellung eines Treuhänders für die Durchführung des Aktienumtausches nach §§ 71 f, die gem § 122a II entspr gelten (Kallmeyer/*Marsch-Barner* Rn 14; Lutter/*Bayer* Rn 17; Semler/Stengel/*Drinhausen* Rn 19; weitergehend Widmann/Mayer/*Heckschen* Rn 93: auch übernehmende inl Ges). Bei ausl übertragenden Ges sind die Anforderungen hinsichtl der Übertragung der Gesellschaftsanteile nach deren Rechtsordnung anzugeben. Bei Mutter-Tochter-Verschm iSv **Abs 3** ist die Angabe entbehrl (Abs 3). 18

e) Auswirkungen der Verschmelzung auf die Beschäftigten (Abs 2 Nr 4). Das Erfordernis der Angabe der voraussichtl Auswirkungen der Verschm 19 auf die Beschäftigung erinnert zunächst an die Vorgabe von § 5 I Nr 9, wonach die Folgen der Verschm für die ArbN und ihre Vertretungen und die insoweit vorgesehenen Maßnahmen im Verschmelzungsvertrag anzugeben sind (vgl § 5 Rn 77 ff). Ergänzend verlangt Abs 2 Nr 10 Angaben zu dem Verfahren über die Festlegung der ArbN-Mitbestimmung (Rn 27). § 5 I Nr 9 und Abs 2 Nr 4 sind indes inhaltl nicht völlig deckungsgleich. Die Angaben im Verschmelzungsvertrag bei einer nat Verschm nach § 5 I Nr 9 dienen neben der Information der Anteilsinhaber auch der Information des Betriebsrats, dem der Verschmelzungsvertrag nach § 5 III spätestens einen Monat vor dem Tag der Anteilsinhaberversammlung zuzuleiten ist. Eine entspr Zuleitungspflicht besteht bei grenzüberschreitenden Verschm nicht (Rn 38). Der Betriebsrat bzw die ArbN sind bei grenzüberschreitenden Verschm dadurch zu informieren, dass ihnen der Verschmelzungsbericht nach § 122e II zugängl zu machen ist (vgl § 122e Rn 18). Die Angaben im Verschmelzungsplan dienen damit ausschließl der Information der Anteilsinhaber (KölnerKommUmwG/*Simon/Rubner* Rn 16; Henssler/Strohn/*Polley* Rn 15; *Limmer* Rn 3095; *Dzida/Schramm* NZG 2008, 521, 526; *Vetter* AG 2006, 619; *Simon/Rubner* Der Konzern 2006, 835, 838; *Tebben/Tebben* DB 2007, 2355, 2357; aA Semler/Stengel/*Drinhausen* Rn 21). Dies sind etwa die zu erwartende Mitarbeiterentwicklung, die damit verbundenen Kosten und die künftigen kollektivarbeitsrechtl Rahmenbedingungen (*Simon/Rubner* Der Konzern 2006, 835, 838; aA zu Kosten *Dzida/Schramm* NZG 2008, 521, 526). Maßstab ist, ob die Information für die Entscheidung der Anteilsinhaber Relevanz haben kann (Lutter/*Bayer* Rn 19; *Simon/Rubner* Der Konzern 2006, 835, 838; zweifelnd Kallmeyer/*Willemsen* Rn 2; aA Maulbetsch/Klumpp/Rose/*Becker* Rn 21). Angaben zu den Folgen für die ArbN-Vertretung (Betriebsrat) verlangt Abs 2 Nr 4 im Ggs zu § 5 I Nr 9 ausdrückl nicht (Lutter/*Bayer* Rn 19; Henssler/Strohn/*Polley* Rn 15; *Heckschen* DNotZ 2007, 444, 456; *Limmer* Rn 3095; Widmann/Mayer/*Mayer* Rn 95; HRA des DAV NZG 2006, 737, 740; die Praxis zur Vorsicht mahnend Kallmeyer/*Willemsen* Rn 17). Vgl indes zum Verfahren der Festlegung der ArbN-Mitbestimmung Rn 27. Anzugeben sind bereits **voraussichtl** Auswirkungen; diese müssen also von den Geschäftsleitungen noch nicht fest geplant sein; ein Eintritt mit einer gewissen Wahrscheinlichkeit löst schon die Angabepflicht aus (Maulbetsch/Klumpp/Rose/*Becker* Rn 22). Ob sich in der Praxis erhebl Unterschiede zu den nach § 5 I Nr 9 gebräuchl Angaben (vgl § 5 Rn 77 ff) entwickeln werden, bleibt abzuwarten. § 5 I Nr 9 ist jedenfalls für inl Ges nicht daneben zu beachten (vgl auch Lutter/*Bayer* Rn 19: lex specialis), da § 122c hinsichtl der Mindestangaben abschließend ist (vgl Rn 11). Bei Mutter-Tochter-Verschm iSv Abs 3 ist die Angabe nicht entbehrl (aA Lutter/*Bayer* Rn 20; SBB/*Gutkès* § 13 Rn 71).

20 **f) Zeitpunkt der Gewinnbeteiligung (Abs 2 Nr 5).** Abs 2 Nr 5 verlangt die Angabe des Zeitpunkts, von dem an die Gesellschaftsanteile den Inhabern das Recht auf Beteiligung am Gewinn gewähren, sowie alle Besonderheiten, die eine Auswirkung auf dieses Recht haben. Dies stimmt inhaltl mit § 5 I Nr 5 überein. Gemeint sind wie bei § 5 I Nr 5 die den Anteilsinhabern der übertragenden Ges gewährten Anteile an der übernehmenden oder neuen Ges. Im Regelfall sind die Anteile ab dem Verschmelzungsstichtag (Rn 21) gewinnbeteiligt, da auf diesen Zeitpunkt der Wechsel der Zuordnung des Ergebnisses zur übernehmenden Ges erfolgt (vgl Rn 21) und dies meist auch der Stichtag für die Feststellung der Unternehmenswertrelation ist (ebenso Kallmeyer/*Müller* Rn 23; Henssler/Strohn/*Polley* Rn 16); rechtl zwingend ist dies allerd nicht (Lutter/*Bayer* Rn 221).

Zu weiteren Einzelheiten vgl § 5 Rn 59 ff. Bei Mutter-Tochter-Verschm iSv **Abs 3** ist die Angabe entbehrl (Abs 3).

g) Verschmelzungsstichtag (Abs 2 Nr 6). Der Verschmelzungsplan muss den Zeitpunkt angeben, von dem an die Handlungen der übertragenden Ges unter dem Gesichtspunkt der Rechnungslegung als für Rechnung der übernehmenden oder neuen Ges vorgenommen gelten (Verschmelzungsstichtag). Trotz des im Detail abweichenden Wortlauts besteht inhaltl Übereinstimmung mit § 5 I Nr 6. Die Ergänzung „unter dem Gesichtspunkt der Rechnungslegung" beruht auf der Vorgabe von Art 5 lit f IntV-RL und entspricht insoweit auch Art 20 I lit e SE-VO. Denn die Festlegung des Verschmelzungsstichtags bewirkt nicht eine dingl Rückbeziehung der Verschmelzungswirkungen. Auch die Rechnungslegungspflicht der beteiligten Rechtsträger endet nicht mit dem Verschmelzungsstichtag (§ 17 Rn 67). Er markiert aber den Stichtag der Zurechnung der Geschäftsvorfälle bei der übernehmenden/neuen Ges unabhängig davon, ob sie im Außenverhältnis noch von den übertragenden Ges vorgenommen werden. Der Verschmelzungsstichtag dient damit der Erfolgszurechnung und Ergebnisabgrenzung. Daher ist er regelm mit dem Zeitpunkt der Gewinnbeteiligung (Abs 2 Nr 5) identisch (ebenso Kallmeyer/*Müller* Rn 23; vgl auch Rn 20). Zur Vereinbarung eines variablen Stichtags vgl § 17 Rn 40. 21

Die Festlegung des Verschmelzungsstichtags hat **weitere Auswirkungen.** Der Verschmelzungsstichtag bestimmt auch den Stichtag der Schlussbilanz einer inl übertragenden Ges nach § 17 II, da dieser unmittelbar vor dem Verschmelzungsstichtag liegt (§ 17 Rn 37). Damit wird zugleich der stl Übertragungsstichtag festgelegt (§ 2 UmwStG Rn 17). Zu weiteren Einzelheiten vgl § 5 Rn 73 ff. 22

h) Gewährung von Rechten an Sonderrechtsinhaber (Abs 2 Nr 7). Der Verschmelzungsplan muss Angaben über die Rechte, die die übernehmende oder neue Ges den mit Sonderrechten ausgestatteten Gesellschaftern und den Inhabern von anderen Wertpapieren als Gesellschaftsanteile gewährt, oder die für diese Personen vorgeschlagenen Maßnahmen enthalten. Die Vorschrift entspricht thematisch § 5 I Nr 7, orientiert sich am Wortlaut allerd an Art 5 lit g IntV-RL und ist nicht völlig deckungsgleich. Anders als die Richtlinienbestimmung stellt Abs 2 Nr 7 jedoch klar, dass auch die von einer übernehmenden Ges (und nicht nur bei einer Verschm durch Neugründung von einer neuen Ges) eingeräumten Rechte gemeint sind (vgl Art 5 lit g IntV-RL: aus der Verschm hervorgehende Ges). 23

Im Gegensatz zu § 5 I Nr 7 verlangt Abs 2 Nr 7 dem Wortlaut nach nur die Angabe von Rechten, die als Ersatz für **bereits bestehende** Sonderrechte gewährt werden (Lutter/*Bayer* Rn 23; KölnerKommUmwG/*Simon/Rubner* Rn 18; Henssler/Strohn/*Polley* Rn 18; aA Maulbetsch/Klumpp/Rose/*Becker* Rn 30). § 5 I Nr 7 erfasst demggü auch die erstmalige Einräumung von Sonderrechten für einzelne Gesellschafter. Die Überprüfung der Einhaltung des gesellschaftsrechtl Gleichbehandlungsgrundsatzes (vgl etwa § 53a AktG) ist damit erschwert (vgl auch Semler/Stengel/*Drinhausen* Rn 27). Indes ist auch die Satzung des übernehmenden Rechtsträgers anders als bei einer nat Verschm Bestandteil des Verschmelzungsplans (Rn 26). Unter **Sonderrechten** sind Rechte beim in- oder ausl Rechtsträger zu verstehen, die nicht allen Anteilsinhabern im gleichen Maße zustehen (etwa Mehrstimmrechte, Benennungs- und Vorschlagsrechte, Rechte auf Geschäftsführung etc; aA Lutter/*Bayer* Rn 23; Kallmeyer/*Marsch-Barner* Rn 24: auch Sonderrechte, die allen gewährt werden). Anzugeben sind jedoch nicht (nur) diese bestehenden Sonderrechte, sondern auch die Rechte, die die übernehmende 24 oder neue Ges diesen Anteilsinhabern gewähren wird. Inhaber von anderen Wertpapieren als Gesellschaftsanteile sind etwa Inhaber von Schuldverschreibungen oder Genussrechten (Lutter/*Bayer* Rn 23). Auch dies bestimmt sich für ausl Ges nach deren Rechtsordnung (Lutter/*Bayer* Rn 23). Die Angabe von für diese Personen **vorgeschlagenen Maßnahmen** ist notw, wenn den Sonderrechtsinhabern/Inhabern von anderen Wertpapieren als Gesellschaftsanteilen bei der übernehmenden/neuen Ges keine entspr Rechte eingeräumt werden, sie jedoch in anderer Form eine Entschädigung erhalten (etwa Abfindungszahlungen für den Verzicht auf Sonderrechte). Vgl iÜ § 5 Rn 71 ff.

25 **i) Sondervorteile (Abs 2 Nr 8).** Abs 2 Nr 8 verlangt die Angabe von etwaigen bes Vorteilen, die den Verschmelzungsprüfern oder den Organmitgliedern der beteiligten Ges gewährt werden. Die Regelung beruht auf der Vorgabe von Art 5 lit h IntV-RL und ist inhaltl mit § 5 I Nr 8 vglbar. Durch diese Angaben sollen die Anteilsinhaber beurteilen können, ob die genannten Personen eigene finanzielle Interessen an der Verschm haben können (Lutter/*Bayer* Rn 23; Semler/Stengel/*Drinhausen* Rn 29). Erfasst sind Vorteile für die **Verschmelzungsprüfer** und für die Mitglieder der Verwaltungs-, Leitungs-, Aufsichts- oder Kontrollorgane der an der Verschm beteiligten Ges. Hierzu zählen bei inl beteiligten AG, KGaA, SE und GmbH die **Vertretungsorgane** (Vorstand, phG, Geschäftsführer) und die gesetzl oder gesellschaftsvertragl (ebenso zu fakultativen Lutter/*Bayer* Rn 23) **Aufsichtsorgane** (AR, Beirat etc). Bei einer monistisch strukturierten SE sind dies sowohl die geschäftsführenden Direktoren als auch die sonstigen Mitglieder des Verwaltungsrats. Anders als § 5 I Nr 8 erwähnt Abs 2 Nr 8 nicht bes Vorteile für den Abschlussprüfer. Diese sind indes bereits aus berufsrechtl Gründen meist ausgeschlossen (Henssler/Strohn/*Polley* Rn 18; vgl § 5 Rn 73). Die **üblichen Kosten** für die **Verschmelzungsprüfung** stellen keinen bes Vorteil dar und sind daher nicht angabepflichtig (Lutter/*Bayer* Rn 23; SBB/*Gutkès* § 13 Rn 76). Bes Vorteile für Organmitglieder wären indes Entschädigungen für die vorzeitige Beendigung der Organstellung oder Prämien für das Zustandekommen der Verschm (SBB/*Gutkès* § 13 Rn 76). Vgl iÜ § 5 Rn 81 ff.

26 **j) Satzung (Abs 2 Nr 9).** Nach Abs 2 Nr 9 ist die Satzung der übernehmenden oder neuen Ges Bestandteil des Verschmelzungsplans. Dies gilt ausdrückl auch für eine Verschm zur Aufnahme (Lutter/*Bayer* Rn 24; Kallmeyer/*Marsch-Barner* Rn 26; Semler/Stengel/*Drinhausen* Rn 30; KölnerKommUmwG/*Simon*/*Rubner* Rn 20; vgl demggü Art 5 lit i IntV-RL: der aus der Verschm *hervorgehenden* Ges; bei nat Verschm ist die Satzung nur bei Verschm zur Neugründung Bestandteil des Verschmelzungsvertrags, § 37; zur Festlegung der Satzung bei Gründung einer SE vgl Art 20 SE-VO Rn 15). Unbeachtl ist, ob die Satzung der übernehmenden Ges anlässl der Verschm geändert wird (Henssler/Strohn/*Polley* Rn 20; *Limmer* Rn 3100; *Heckschen* DNotZ 2007, 444, 456); auch eine unveränderte Satzung ist Bestandteil des Verschmelzungsplans. Hintergrund ist, dass die Anteilsinhaber übertragender Ges ein berechtigtes Informationsbedürfnis hinsichtl des Inhalts der Satzung der Ges, an der sie zukünftig beteiligt sind, haben. Ein Verweis auf eine mögl Einsichtnahme etwa im HR wäre kein adäquater Ersatz und bei ausl Rechtsträgern auch nicht immer zielführend. Die Satzung ist im vollen Wortlaut anzugeben; regelm wird sie als Anlage zum Verschmelzungsplan aufgenommen (*Vetter* AG 2006, 613, 618; *Limmer* Rn 3100; Semler/Stengel/*Drinhausen* Rn 30; Widmann/Mayer/*Mayer* Rn 121; Kallmeyer/*Marsch-Barner* Rn 26; Lutter/*Bayer* Rn 24; SBB/*Gutkès* § 13 Rn 77). Maßgebl ist der **mit Wirksamwerden** der grenzüber-

schreitenden Verschm **geltende Satzungstext** (Widmann/Mayer/*Mayer* Rn 120). Zur Sprache vgl Rn 42.

k) Festlegung der Arbeitnehmermitbestimmung (Abs 2 Nr 10). Abs 2 Nr 10 verlangt Angaben zu dem Verfahren, nach dem die Einzelheiten über die Beteiligung der ArbN an der Festlegung ihrer Mitbestimmungsrechte in der aus der grenzüberschreitenden Verschm hervorgehenden Ges geregelt werden, und übernimmt damit die Vorgabe von Art 5 lit j IntV-RL. Die Regelung entspricht inhaltl Art 20 I lit i SE-VO. § 5 I enthält eine entspr Verpflichtung für nat Verschm nicht. Hintergrund ist das bes Verfahren zur Festlegung der ArbN-Mitbestimmung bei grenzüberschreitenden Verschm, das nat im MgVG festgelegt ist (vgl dazu *Teichmann* Der Konzern 2007, 89 ff; *Nagel* NZG 2007, 57; *Krause/Janko* BB 2007, 2194). Die Angaben sind nur notw, wenn es überhaupt zu einem derartigen Verfahren kommt (*Limmer* Rn 3101; Lutter/*Bayer* Rn 25; Kallmeyer/*Willemsen* Rn 27), also etwa nicht, wenn keine ArbN vorhanden sind oder die beteiligten Ges vor und nach der Verschm keinen Mitbestimmungsregelungen unterliegen (Henssler/Strohn/*Polley* Rn 21). Ebenso bedarf es keiner Angaben, wenn das Verhandlungsverfahren bereits abgeschlossen ist (Maulbetsch/Klumpp/Rose/*Becker* Rn 34; aA Henssler/Strohn/*Polley* Rn 21). In diesem Fall können sich die Anteilsinhaber über die künftigen Mitbestimmungsregelungen im Verschmelzungsbericht informieren. Anzugeben ist das **Verfahren,** nach dem die Beteiligung der ArbN an der Mitbestimmung geregelt wird, einschl einer gesetzlichen Auffanglösung (Lutter/*Bayer* Rn 25). Dieses ist kurz darzustellen (Lutter/*Bayer* Rn 25: Grundzüge; Kallmeyer/*Willemsen* Rn 27). Ob darüber hinaus konkrete Angaben über (zwischenzeitl) Verhandlungsergebnisse aufzunehmen sind (so *Simon/Rubner* Der Konzern 2006, 835, 838; vgl aber auch KölnerKommUmwG/*Simon/Rubner* Rn 26: allenfalls abschließende Einigung über Zwischenergebnisse; *Limmer* Rn 3101; Kallmeyer/*Willemsen* Rn 27), ist hingegen zweifelhaft. Praktisch stellt sich die Frage selten, da das Verfahren regelm erst nach Offenlegung des Verschmelzungsplans beginnt (Lutter/*Bayer* Rn 25; Kallmeyer/*Willemsen* Rn 27; Maulbetsch/Klumpp/Rose/*Becker* Rn 34). 27

Die Angaben sind sowohl bei einer Verschm zur Aufnahme als auch bei einer Verschm zur Neugründung notw. Der von anderen Bestimmungen von Abs 2 abweichende Wortlaut („der aus der grenzüberschreitenden Verschm hervorgehenden Ges“) beruht offensichtl auf der wörtl Übernahme von Art 5 lit j IntV-RL. Das Informationsbedürfnis der Anteilsinhaber besteht aber auch bei einer Verschm zur Aufnahme. 28

l) Bewertung des Aktiv- und Passivvermögens (Abs 2 Nr 11). Abs 2 Nr 11 verlangt Angaben zur Bew des Aktiv- und Passivvermögens, das auf die übernehmende oder neue Ges übertragen wird. Die Bestimmung findet keine Entsprechung in § 5 I und in Art 20 SE-VO. Sie geht auf die Vorgabe in Art 5 lit k zurück, die in der RL auf Initiative der französischen Delegation aufgenommen worden ist (*Neye/Timm* DB 2006, 488, 489). Die Vorschrift ist schwer verständl. Ein Zshg mit dem Umtauschverhältnis ist schon deswegen ausgeschlossen, weil nur Angaben zur Bew des übergehenden Verm verlangt werden, während sich das Umtauschverhältnis aus der Unternehmenswertrelation der beteiligten Rechtsträger ableitet (vgl Rn 13 ff und § 5 Rn 5 ff; vgl auch *Simon/Rubner* Der Konzern 2006, 835, 838; Lutter/*Bayer* Rn 26; KölnerKommUmwG/*Simon/Rubner* Rn 29; Kallmeyer/*Müller* Rn 31). Ferner ist der Unternehmenswert allenfalls dann aus der Bew des Aktiv- und Passivvermögens abzuleiten, wenn der wirkl 29

Wert aller WG (auch der nicht bilanzierten WG) und darüber hinaus auch ein Geschäfts- oder Firmenwert angegeben werden würden. Nach überwiegender Meinung bezieht sich die Angabepflicht daher auf die Ansätze und die Bew, mit denen das übertragene Verm im **Rechnungswesen** der **übernehmenden** Ges übernommen wird (Semler/Stengel/*Drinhausen* Rn 35; Lutter/*Bayer* Rn 26; Kallmeyer/*Müller* Rn 31; *Limmer* Rn 3102; HRA des DAV NZG 2006, 737, 740; *Simon/Rubner* Der Konzern 2006, 835, 838; *Vetter* AG 2006, 613, 618; *Kiem* WM 2006, 1091, 1095; *Tebben/Tebben* DB 2007, 2355, 2357). Diese Auslegung entspricht auch dem französischen Vorbild (Semler/Stengel/*Drinhausen* Rn 35; *Limmer* Rn 3102; *Simon/Rubner* Der Konzern 2006, 835, 838).

30 Eine inl beteiligte Ges hat nach § 24 grdsl das Wahlrecht, die übergehenden WG mit den in der Schlussbilanz nach § 17 II ausgewiesenen Werten fortzuführen oder nach dem Anschaffungskostenprinzip zu erfassen. Auch bei einer Bilanzierung nach dem Anschaffungskostenprinzip bestehen nach hM Wahlrechte hinsichtl der Bew des übergehenden Verm (vgl im Einzelnen hierzu die Komm zu § 24). Abs 2 Nr 11 verlangt nun nicht die Angabe konkreter Werte, sondern nur der Methode (Kallmeyer/*Müller* Rn 31). Über den Wortlaut hinaus sind auch Angaben zum Ansatz (und nicht nur zur Bewertung) vorzunehmen (Kallmeyer/*Müller* Rn 33). Dies gilt zum einen, wenn Ansatzwahlrechte bestehen, zum anderen wird durch die Wahl zur Übernahme der BW auch Einfluss auf den Ansatz einzelner Vermögensgegenstände genommen (vgl § 24 Rn 62 ff).

31 Der Wortlaut von Abs 2 Nr 11 beschränkt sich jedoch nicht nur auf die Bew des übergehenden Aktiv- und Passivvermögens bei der übernehmenden oder neuen Ges. Anzugeben ist auch die Bew des übergehenden Verm bei dem jew übertragenden Rechtsträger in der handelsrechtl wie auch in der **steuerrechtl** Schlussbilanz. Eine inl übertragende KapGes muss das übergehende Verm in der stl Schlussbilanz grdsl mit dem gemeinen Wert ansetzen. Eine Bew mit den bisherigen BW oder einem ZW ist nur unter gewissen Voraussetzungen mögl (vgl § 11 II UmwStG). Ein Ansatz der WG mit dem gemeinen Wert führt regelm zu einer Besteuerung der stillen Reserven mit KSt und GewSt. Dies berührt die Unternehmensbewertung und belastet die Liquidität der übertragenden Ges. Die Anteilsinhaber haben daher ein Informationsbedürfnis, ob **stl Wahlrechte** bestehen und ob und wie diese ausgeübt werden sollen. **Handelsrechtl** hat ein inl übertragender Rechtsträger zwingend die bisherigen BW fortzuführen (§ 17 II).

32 Teilw wird verlangt, dass im Verschmelzungsplan bereits bindend die Ausübung der bilanziellen Wahlrechte **festgelegt** werden muss (so etwa Semler/Stengel/*Drinhausen* Rn 36; Lutter/*Bayer* Rn 27; SBB/*Gutkès* § 13 Rn 80; Kallmeyer/*Müller* Rn 34 mit Ausführungen zu den Rechtsfolgen bei einem Verstoß). Nach zutr Gegenansicht erfüllt auch die Angabe, dass eine Entscheidung noch nicht getroffen worden ist, die Anforderungen nach Abs 2 Nr 11 (KölnerKommUmwG/*Simon/Rubner* Rn 31; Henssler/Strohn/*Polley* Rn 23; *Limmer* Rn 3103; *ders* ZNotP 2007, 242, 255; *Vetter* AG 2006, 613, 619; *Simon/Rubner* Der Konzern 2006, 835, 838). Dies gilt jedenfalls dann, wenn keine der beteiligten Rechtsordnungen bereits nach anderen Normen die vorzeitige Festlegung verlangt. Nach der inl Rechtsordnung sind die Wahlrechte erst durch die tats Bilanzierung (vgl § 24 Rn 85 ff) und – stl – durch eine entspr Antragstellung bei den Finanzbehörden (vgl § 11 II 1 UmwStG) ausgeübt.

33 **m) Stichtag der Bilanzen (Abs 2 Nr 12).** Der Verschmelzungsplan muss entspr der Vorgabe von Art 5 lit l den Stichtag der Bilanzen der an der Verschm

beteiligten Ges, die zur Festlegung der Bedingungen der Verschm verwendet werden, angeben. Die Verwendung des Begriffs Bilanz statt JA (so Art 5 lit j IntV-RL) bedeutet keine materielle Abweichung, da die Bilanz Bestandteil des JA ist (vgl für inl Rechtsträger § 242 III HGB) und damit der Bilanzstichtag mit dem Jahresabschlussstichtag übereinstimmt (Henssler/Strohn/*Polley* Rn 24). Eine entspr Regelung enthält § 5 nicht. Die (ebenfalls; vgl schon Rn 29) auf Wunsch der französischen Delegation eingefügte Richtlinienbestimmung (*Neye/Timm* DB 2006, 488, 489) beruht auf den Besonderheiten des französischen Verschmelzungsrechts (vgl *Vetter* AG 2006, 613, 619; KölnerKommUmwG/*Simon/Rubner* Rn 32; *Simon/Rubner* Der Konzern 2006, 835, 838; *Louven* ZIP 2006, 2021, 2025; *Kiem* WM 2006, 1091, 1095).

Nach dem klaren Wortlaut ist nur der Stichtag der Bilanzen anzugeben. Die **34** Bilanzen selbst werden nicht Bestandteil des Verschmelzungsplans (so aber *Haritz/v. Wolff* GmbHR 2006, 340, 341; wie hier etwa *Vetter* AG 2006, 613, 619; Kallmeyer/*Müller* Rn 36; Lutter/*Bayer* Rn 28; Maulbetsch/Klumpp/Rose/*Becker* Rn 40). Unklar ist, welche Bilanzen zur Festlegung der Bedingungen der Verschm verwendet werden (vgl Kallmeyer/*Müller* Rn 38: verschmelzungsrelevant). Das Umtauschverhältnis beruht auf der Unternehmenswertrelation der beteiligten Ges. Für die Ermittlung der einzelnen Unternehmenswerte haben Bilanzen (wenn überhaupt dann JA) nur eine eingeschränkte und untergeordnete Bedeutung (vgl hierzu im Einzelnen § 5 Rn 5 ff). Eine Festlegung von Bedingungen der Verschm erfolgt hingegen durch die Bestimmung des Verschmelzungsstichtags, da hierdurch der Wechsel der Erfolgszurechnung von im Außenverhältnis noch durch die übertragende Ges durchgeführten Geschäftsvorfälle festgelegt wird (vgl Rn 21). Aufgrund dieses Wechsels der Erfolgszurechnung ist der Verschmelzungsstichtag auch regelm der Stichtag für die Bew der beteiligten Rechtsträger und der Stichtag, von dem an die an die Anteilsinhaber der übertragenden Ges gewährten Anteile gewinnberechtigt sind (Rn 20). An den Verschmelzungsstichtag knüpft ferner der Stichtag der handelsrechtl Schlussbilanz an, die eine inl beteiligte Ges nach § 17 II zu erstellen und beim HR einzureichen hat. Denn der Stichtag der Schlussbilanz liegt unmittelbar vor dem Verschmelzungsstichtag (§ 17 Rn 37). Der Stichtag der Schlussbilanz bestimmt wiederum den stl Übertragungsstichtag (§ 2 UmwStG Rn 17). Damit leiten sich mittelbar vom Stichtag der Schlussbilanz eines übertragenden Rechtsträgers Bedingungen der Verschm ab, wenngleich der Stichtag der Schlussbilanz vom Verschmelzungsstichtag abhängt und nicht umgekehrt. Daher ist nach Abs 2 Nr 12 zunächst der **Stichtag der Schlussbilanz aller übertragenden Ges** anzugeben (so auch Semler/Stengel/*Drinhausen* Rn 37; *Vetter* AG 2006, 613, 619; KölnerKommUmwG/*Simon/Rubner* Rn 32; *Simon/Rubner* Der Konzern 2006, 835, 838; Kallmeyer/*Müller* Rn 38; Maulbetsch/Klumpp/Rose/*Becker* Rn 42). Nach dem klaren Wortlaut bezieht sich Abs 2 Nr 12 aber nicht nur auf die übertragende Ges. Daher ist bei einer Verschm zur Neugründung auch der **Stichtag der Eröffnungsbilanz** der neuen Ges (vgl dazu § 24 Rn 7) anzugeben (Maulbetsch/Klumpp/Rose/*Becker* Rn 42; *Vetter* AG 2006, 613, 619; Hauschild/Kallrath/Wachter/*Zimmermann* § 24 Rn 169). Bei einer Verschm zur Aufnahme sollte der letzte Stichtag vor der Aufstellung des Verschmelzungsplans angegeben werden. Dies ermöglicht die Kontrolle, ob der Beginn der Gewinnbeteiligung (Abs 2 Nr 5) mit dem Geschäftsjahresbeginn übereinstimmt. Darüber hinaus ist auch die Angabe des Stichtags der Bilanz, in dem **voraussichtl** (vgl zum Zeitpunkt der bilanziellen Erfassung des Vermögensübergangs § 17 Rn 67 ff) die **Verschm** bei der übernehmenden Ges **bilanziell abgebildet** wird (Maulbetsch/Klumpp/Rose/*Becker* Rn 42), notwendig. Dies verlangt insbes die Angabe des Geschäftsjahrs der übernehmenden Ges. Die Angabe von Bilanzstichtagen von nachgeordneten (etwa Tochter-/Enkel-) Ges der beteiligten Ges ist ebenso wenig erforderl wie derjenigen der (bilanzierenden) Anteilsinhaber (Kallmeyer/*Müller* Rn 37).

35 **n) Abfindungsangebot.** Unter gewissen Voraussetzungen hat die übertragende Ges widersprechenden Anteilsinhabern ein Abfindungsangebot zu unterbreiten. Dieses ist im Verschmelzungsplan aufzunehmen. Vgl hierzu im Einzelnen § 122i.

36 **o) Weitere Angaben.** Abs 2 regelt nur den Mindestinhalt. Den beteiligten Ges steht es frei, weitere Regelungen im Verschmelzungsplan oder in einer getrennten Vereinbarung aufzunehmen (Kallmeyer/*Marsch-Barner* Rn 6; Lutter/*Bayer* Rn 30; jew mwN; vgl bereits Rn 5). Zu sinnvollen weiteren Bestandteilen bei Umwandlungsverträgen vgl auch § 126 Rn 111.

37 **p) Besonderheiten bei Mutter-Tochter-Verschmelzungen (Abs 3).** Die Angaben nach Abs 2 Nr 2, Nr 3 und Nr 5 (Umtauschverhältnis, Einzelheiten der Übertragung der Anteile, Zeitpunkt der Gewinnbeteiligung der gewährten Anteile) sind nicht notw, wenn sich alle Anteile einer übertragenden Ges in der Hand der übernehmenden Ges befinden (Abs 3). Hintergrund ist, dass bei einer derartigen Verschm der 100%igen TochterGes auf die MutterGes Anteile nicht gewährt werden und die Angaben damit sinnlos sind. Die Regelung entspricht § 5 II und beruht auf Art 15 Abs 1 IntV-RL. Die Angaben sind nur entbehrl, *soweit* sie die Aufnahme der 100%igen TochterGes betreffen. Bedeutung hat dies, wenn zugleich andere, nicht in einem 100%igen Mutter-Tochter-Verhältnis stehende Ges als übertragende Ges an der Verschm beteiligt sind. Zur Entbehrlichkeit eines Barabfindungsangebots vgl § 122i Rn 5.

5. Zuleitung an den Betriebsrat

38 § 122c enthält keine § 5 III vglbare Regelung. Der Verschmelzungsplan oder sein Entwurf sind daher **nicht** vor der Beschlussfassung dem zuständigen Betriebsrat **zuzuleiten** (Semler/Stengel/*Drinhausen* Rn 44; Lutter/*Bayer* Rn 32; *Kiem* WM 2006, 1091, 1096; *Limmer* ZNotP 2007, 242, 256; KölnerKommUmwG/*Simon/Rubner* Rn 16; Maulbetsch/Klumpp/Rose/*Becker* § 122d Rn 13; Henssler/Strohn/*Polley* Rn 28; *Krauel/Mense/Wind* Der Konzern 2010, 541, 544; *Simon/Rubner* Der Konzern 2006, 835, 837; Kallmeyer/*Willemsen* Rn 18: aber vorsorgl; aA *Krause/Kulpa* ZHR 171 (2007), 38, 60; *Drinhausen/Keinath* BB 2006, 725, 727). § 5 III gilt auch nicht über § 122a II entsprechend, da die Information des Betriebsrats/der ArbN bei grenzüberschreitenden Verschm durch eine Zugänglichmachung des Verschmelzungsberichts erfolgt (§ 122e S 2; vgl im Einzelnen dort). Vgl auch Rn 19 zur Nichtanwendung von § 5 I Nr 9.

6. Form des Verschmelzungsplans

39 **a) Notarielle Beurkundung.** Abs 4 bestimmt, dass der Verschmelzungsplan notariell beurkundet werden muss. Dies gilt für Hinein- wie auch für Hinausverschmelzungen (KölnerKommUmwG/*Simon/Rubner* Rn 35; Kallmeyer/*Marsch-Barner* Rn 41; aA *Kallmeyer* AG 2007, 472, 475). Auch der Verschmelzungsplan von ausl übertragenden Ges zur Neugründung einer inl Ges ist beurkundungspflichtig (Hau-

schild/Kallrath/Wachter/*Zimmermann* § 24 Rn 172). Eine entsprechende Vorgabe enthält die IntV-RL nicht. Auch die SE-VO enthält keine Angaben zur Form des Verschmelzungsvertrags, während Art 5 der VerschmRL vom 9.10.1978 (ABl EG Nr L 295, 36) Schriftform fordert. Hieraus lässt sich jedoch nicht ableiten, dass der nat Gesetzgeber nicht befugt war, eine notarielle Beurkundung zu verlangen (Widmann/ Mayer/*Heckschen* Rn 182 f; Maulbetsch/Klumpp/Rose/*Becker* Rn 47; zweifelnd *Kallmeyer/Kappes* AG 2006, 224, 227 f). Der Gesetzgeber weist darauf hin, dass Abs 4 der Regelung in § 6 für den Verschmelzungsvertrag entspreche. Eine Beurkundung vor einem **dt Notar** erfüllt damit das Formerfordernis. Für die Erfüllung des Formerfordernisses durch eine ausl Beurkundung würden die allg Regeln gelten (RegEBegr BT-Drs 16/2919 zu § 122c IV). Damit ist auch vom Gesetzgeber klargestellt, dass wenigstens für grenzüberschreitende Verschm eine dem Erfordernis der **Gleichwertigkeit** entspr Beurkundung vor einem **ausl Notar** ausreichend ist (ebenso Semler/ Stengel/*Drinhausen* Rn 42; Kallmeyer/*Marsch-Barner* Rn 41; KölnerKommUmwG/ *Simon/Rubner* Rn 35, 39; *dies* Der Konzern 2006, 835, 837; aA SBB/*Gutkès* § 13 Rn 51, 101; *Limmer* Rn 3087; *Heckschen* DNotZ 2007, 444, 458; *Tebben/Tebben* DB 2007, 2355, 2357). Vgl iÜ zur Erfüllung des Formerfordernisses durch Auslandsbeurkundung § 6 Rn 7 ff.

Abs 4 entfaltet nur für inl beteiligte Ges Rechtswirkung (vgl § 122a Rn 15). **40**
Formerfordernisse hinsichtl des gemeinsamen Verschmelzungsplans für **ausl beteiligte Rechtsträger** richten sich nach deren Rechtsordnung. Ggf sind sie ebenfalls notariell zu beurkunden. Ob hierfür eine Beurkundung vor einem dt Notar ausreichend ist, richtet sich wiederum nach der Rechtsordnung, der die beteiligten ausl Ges unterliegen. Ggf ist eine **doppelte Beurkundung** notw (Kallmeyer/*Marsch-Barner* Rn 41; KölnerKommUmwG/*Simon/Rubner* Rn 35; Lutter/*Bayer* Rn 7; Maulbetsch/Klumpp/Rose/*Becker* Rn 53; *Limmer* Rn 3088; Semler/Stengel/*Drinhausen* Rn 43; Henssler/Strohn/*Polley* Rn 29; *Brocker* BB 2010, 971, 973; *Vetter* AG 2006, 617; *Winter* Der Konzern 2007, 24, 33; *Simon/ Rutner* Der Konzern 2006, 837; zum Verhältnis mit Österreich vgl *Herrler/Schneider* GmbHR 2011, 795, 796). Beurkundungspflichtig ist auch der Verschmelzungsplan von zwei oder mehreren ausl Ges zur Neugründung einer dt Ges (aA KölnerKommUmwG/*Simon/Rubner* Rn 37, 39). Dies mag „schwer zumutbar sein" (so KölnerKommUmwG/*Simon/Rubner* Rn 37, 39), dennoch sind auf die neue Ges die §§ 122a ff anwendbar (vgl auch § 122a Rn 15). Nichts anderes gilt, wenn Ausländer außerh des UmwG eine inl KapGes gründen.

Das Beurkundungsverfahren richtet sich nach §§ 8 ff BeurkG, da Willenserklärun- **41**
gen beurkundet werden (zur Rechtsnatur des Verschmelzungsvertrags vgl Rn 10). Eine Beurkundung in Form eines Tatsachenprotokolls gem §§ 36 ff BeurkG genügt nicht (Widmann/Mayer/*Heckschen* § 6 Rn 53; Hauschild/Kallrath/Wachter/*Zimmermann* § 24 Rn 77; aA *Frenzel* RIW 2008, 12, 16). Zu beurkunden ist die **Aufstellung** des **gemeinsamen Verschmelzungsplans.** Demzufolge sind die Erklärungen der Vertretungsorgane sämtl beteiligter Ges in einem Dokument (Rn 6) zu beurkunden. Zur Abschlusskompetenz vgl Rn 8. Eine Beurkundung bei gleichzeitiger Anwesenheit der Beteiligten ist nicht notw (Henssler/Strohn/*Polley* Rn 30; aA *Freundorfer/Festner* GmbHR 2010, 195, 197 Fn 7; Hauschild/Kallrath/Wachter/*Zimmermann* § 24 Rn 78). Die Vertretungsorgane einzelner beteiligter Rechtsträger können dem Inhalt des bereits beurkundeten Verschmelzungsplans in einer weiteren Urkunde zustimmen. Mögl ist auch, dass die Vertretungsorgane sich gegenseitig bevollmächtigen (Kallmeyer/*Marsch-Barner* Rn 41; Hauschild/Kallrath/Wachter/ *Zimmermann* § 24 Rn 79; vgl auch § 4 Rn 13). Die Vollmacht bedarf dann nach inl

Recht nicht der Beurkundung oder öffentl Beglaubigung (§ 167 II BGB), außer – wegen der im Verschmelzungsplan enthaltenen Feststellung der Satzung (§ 23 I 2 AktG, § 2 II GmbHG) – bei einer Verschm zur Neugründung einer dt Gesellschaft (Kallmeyer/*Marsch-Barner* Rn 41).

42 **b) Sprache.** Eine Bestimmung der Sprache, in der der Verschmelzungsplan aufgestellt sein muss, enthält § 122c nicht. Mittelbar folgt aus § 122d iVm §§ 488 III FamFG, 184 GVG, dass der Verschmelzungsplan wenigstens auch in dt Sprache vorliegen muss (Widmann/Mayer/*Mayer* Rn 24; Lutter/*Bayer* Rn 10; KölnerKommUmwG/*Simon/Rubner* Rn 38; *Limmer* Rn 3084; *ders* ZNotP 2007, 242, 250 *Haritz/v. Wolff* GmbHR 2006, 340, 341; *Winter* Der Konzern 2007, 24, 33 Fn 109; *Tebben/Tebben* DB 2007, 2355, 2357). Hierfür ist indes die Einreichung einer Übersetzung ausreichend. Auch der Notar kann eine Übersetzung mit Bescheinigung nach § 50 I BeurkG erstellen (KölnerKommUmwG/*Simon/Rubner* Rn 41; *Limmer* Rn 3084; *ders* ZNotP 2007, 242, 250; *Heckschen* DNotZ 2007, 444, 458; *Tebben/Tebben* DB 2007, 2355, 2357). Demzufolge kann der Verschmelzungsplan auch in einer fremden Sprache beurkundet oder eine **mehrsprachige** Urkunde (*Limmer* ZNotP 2007, 242, 250; Kallmeyer/*Marsch-Barner* Rn 41; KölnerKommUmwG/*Simon/Rubner* Rn 39) errichtet werden. Ein dt Notar soll dem Verlangen, eine Urkunde in einer anderen Sprache oder mehrsprachig zu errichten, nur entsprechen, wenn er der fremden Sprache hinreichend kundig ist (§ 5 II 2 BeurkG). Zur Vermeidung von Auslegungsschwierigkeiten sollte bei mehrsprachigen Dokumenten eine **maßgebl Sprache** bestimmt werden (KölnerKommUmwG/*Simon/Rubner* Rn 41; Widmann/Mayer/*Heckschen* Rn 24; SBB/*Gutkès* § 13 Rn 102; *Krauel/Mense/Wind* Der Konzern 2010, 541, 544; *Freundorfer/Festner* GmbHR 2010, 197 f). Anderenfalls wäre bei inhaltl Unterschieden das Erfordernis eines gemeinsamen Verschmelzungsplans nicht erfüllt (Lutter/*Bayer* Rn 10).

§ 122d Bekanntmachung des Verschmelzungsplans

[1] Der Verschmelzungsplan oder sein Entwurf ist spätestens einen Monat vor der Versammlung der Anteilsinhaber, die nach § 13 über die Zustimmung zum Verschmelzungsplan beschließen soll, zum Register einzureichen. [2] Das Gericht hat in der Bekanntmachung nach § 10 des Handelsgesetzbuchs unverzüglich die folgenden Angaben bekannt zu machen:

1. einen Hinweis darauf, dass der Verschmelzungsplan oder sein Entwurf beim Handelsregister eingereicht worden ist,

2. Rechtsform, Firma und Sitz der an der grenzüberschreitenden Verschmelzung beteiligten Gesellschaften,

3. die Register, bei denen die an der grenzüberschreitenden Verschmelzung beteiligten Gesellschaften eingetragen sind, sowie die jeweilige Nummer der Eintragung,

4. einen Hinweis auf die Modalitäten für die Ausübung der Rechte der Gläubiger und der Minderheitsgesellschafter der an der grenzüberschreitenden Verschmelzung beteiligten Gesellschaften sowie die Anschrift, unter der vollständige Auskünfte über diese Modalitäten kostenlos eingeholt werden können.

[3] Die bekannt zu machenden Angaben sind dem Register bei Einreichung des Verschmelzungsplans oder seines Entwurfs mitzuteilen.

Schrifttum: Siehe Schrifttum § 122a.

Übersicht

1. Allgemeines

1 Die Vorschrift regelt die Bekanntmachung des Verschmelzungsplans oder seines Entwurfs und dient damit der Umsetzung von Art 6 IntV-RL. Art 6 I IntV-RL verweist insofern auf Art 3 der RL 68/151/EWG (Publizitätsrichtlinie), der in Deutschland durch die Registerpublizität nach § 10 HGB umgesetzt ist (RegE-Begr BT-Drs 16/2919 zu § 122d). Vgl für innerstaatl Verschm von AG auch § 61. Der Zweck ist eine frühzeitige Information der Gesellschafter und der Gläubiger. Die Vorschrift legt in **S 1** zunächst fest, dass der Verschmelzungsplan oder sein Entwurf spätestens einen Monat vor der Anteilsinhaberversammlung zum Register einzureichen ist. Das Gericht hat sodann unverzügl die in **S 2** Nr 1–4 genannten Angaben nach § 10 HGB bekannt zu machen. Die Angaben nach S 2 Nr 2–4 entsprechen den Vorgaben von Art 6 II IntV-RL. Damit das Gericht die Bekanntmachung vornehmen kann, schafft **S 3** schließl eine Verpflichtung der inl Ges, die Angaben bei Einreichung des Verschmelzungsplans oder seines Entwurfs mitzuteilen. Dies ist bereits deshalb angezeigt, weil nicht alle nach S 2 geforderten Angaben dem Verschmelzungsplan entnommen werden können. § 122d entspricht inhaltl Art 22 SE-VO, der nat durch § 5 SEAG ergänzt wird (vgl hierzu Art 22 SE-VO Rn 1). Art 6 IntV-RL sieht zwischenzeitl (RL 2009/109/EG vom 16.9.2009, ABl EU Nr L 259, 14) vor, dass statt der Bekanntmachung durch das Gericht eine Veröffentlichung auf einer Internetseite der Ges erfolgen kann. National ist dies nicht umgesetzt.

2. Verpflichtung zur Einreichung (S 1)

a) Verpflichteter. § 122d nennt nicht den zur Einreichung der Unterlagen Verpflichteten. Dies ist aber aus der Natur der Sache die jew beteiligte dt KapGes 2

(Widmann/Mayer/*Mayer* Rn 9; Kallmeyer/*Marsch-Barner* Rn 1). Bei mehreren beteiligten dt KapGes hat jede KapGes die Einreichung in ihrem HR vorzunehmen. Auch die Bekanntmachung muss für jede beteiligte dt KapGes getrennt erfolgen. Rechtswirkungen für beteiligte ausl Ges entfaltet § 122d nicht. Diese müssen die jew Vorschriften ihrer Rechtsordnung, die im Zshg mit der Umsetzung von Art 6 der IntV-RL bestehen, erfüllen. Einer Einreichung bei einem dt Registergericht ist selbst dann nicht notw, wenn mehrere ausl Ges eine grenzüberschreitende Verschm zur Neugründung einer dt Ges durchführen. Insoweit ist der Schutzzweck der Norm mangels Gesellschafter und Gläubiger der neuen Ges nicht berührt (zutr KölnerKommUmwG/*Simon/Rubner* Rn 4; anders die Situation hinsichtl des Beurkundungserfordernisses nach § 122c IV, vgl 122c Rn 40).

3 Sanktionen für eine verspätete Einreichung bestehen nur mittelbar. Erfolgt die Einreichung nicht oder nicht vollständig oder verspätet, ist der Zustimmungsbeschluss anfechtbar (Widmann/Mayer/*Mayer* Rn 40; Maulbetsch/Klumpp/Rose/*Becker* Rn 12; KölnerKommUmwG/*Simon/Rubner* Rn 24; Henssler/Strohn/*Polley* Rn 2; vgl dazu auch § 61 Rn 4). Erfolgt keine oder eine nur unzureichende Einreichung, liegt ein Eintragungshindernis vor (Widmann/Mayer/*Mayer* Rn 42; Maulbetsch/Klumpp/Rose/*Becker* Rn 12; KölnerKommUmwG/*Simon/Rubner* Rn 23; zum Prüfungsumfang des Registergerichts vgl § 122k Rn 14). Angesichts der Einreichungspflicht nach § 122d S 1 kann das Gericht ferner nach § 14 HGB die Geschäftsführer der beteiligten inl Ges durch Festsetzung von Zwangsgeld zur Einhaltung der Einreichungspflichten anhalten (Widmann/Mayer/*Mayer* Rn 39; Henssler/Strohn/*Polley* Rn 2; vgl auch § 61 Rn 1).

4 **b) Zuständiges Gericht.** Da sich die Einreichungspflicht an die beteiligten inl KapGes richtet (Rn 2), erfolgt die Einreichung bei dem Amtsgericht, das für die Führung des HR zuständig ist, in dem die Ges eingetragen ist (Lutter/*Bayer* Rn 3). Bei einem Doppelsitz ist bei beiden Gerichten der Verschmelzungsplan oder dessen Entwurf einzureichen (Semler/Stengel/*Drinhausen* Rn 6). Bei mehreren inl beteiligten KapGes ist die Einreichung bei jedem zuständigen Gericht vorzunehmen (vgl auch Rn 2).

5 **c) Form der Einreichung.** Für die Einreichung gilt § 12 II HGB (Lutter/*Bayer* Rn 5). Wird der Entwurf eines Verschmelzungsplans eingereicht, ist nach § 12 II 2 HS 1 HGB die Übermittlung einer elektronischen Aufzeichnung ausreichend. Der bereits beurkundete Verschmelzungsplan ist nach § 12 II 2 HS 2 HGB als mit einem einfachen elektronischen Zeugnis gem § 39a BeurkG versehenes Dokument einzureichen. Für die **nach S 3 notw Mitteilungen** gilt § 12 II 2 HS 1 HGB (elektronische Aufzeichnung).

6 **d) Gegenstand der Einreichung.** Einzureichen ist der Verschmelzungsplan oder sein Entwurf. Wird der Entwurf des Verschmelzungsplans eingereicht (vgl § 122c Rn 7), muss dies der Entwurf sein, über den die Gesellschafterversammlung den Beschluss fassen soll (Kallmeyer/*Marsch-Barner* Rn 1; Henssler/Strohn/*Polley* Rn 4; *Krauel/Mense/Wind* Der Konzern 2010, 541, 542: nur noch in unwesentl Umfang, aber großzügiger bei Änderungen mit Auswirkung auf die Arbeitnehmer). Erfolgen nachträgl Änderungen, bedarf es einer erneuten Einreichung und ggf erneuter Bekanntmachung (*Krauel/Mense/Wind* Der Konzern 2010, 541, 542). Die Frist (Rn 7) ist dann ab der späteren Einreichung neu zu berechnen, da nur so gewährleistet ist, dass durch Einsichtsnahme Kenntnis vom endgültigen Verschmelzungsplan/Entwurf erlangt werden kann (etwas anders KölnerKomm-

UmwG/*Simon/Rubner* Rn 6: dann nicht, wenn die Angaben nach S 2 nicht betroffen sind). Anderenfalls kann der Zustimmungsbeschluss angefochten werden.

e) Frist für die Einreichung. Der Verschmelzungsplan oder sein Entwurf ist spätestens einen Monat vor der Versammlung der Anteilsinhaber, die dem Verschmelzungsplan zustimmen soll, zum Register einzureichen. Nach dem klaren Wortlaut ist die fristgemäße *Einreichung* (KölnerKommUmwG/*Simon/Rubner* Rn 18; Henssler/Strohn/*Polley* Rn 6; *Pfeiffer/Hellmeier* GmbHR 2009, 1317, 1318; *Freundorfer/Festner* GmbHR 2010, 195, 198), nicht die Bekanntmachung (so Art 6 I IntV-RL; krit hierzu Stellungnahme BR, BR-Drs 848/06; Kallmeyer/*Marsch-Barner* Rn 1; Lutter/*Bayer* Rn 7: nicht richtlinienkonform), die allerd unverzügl erfolgen soll, maßgebl (dazu Rn 12). Bezugspunkt für die Berechnung ist der Zeitpunkt der Anteilsinhabersammlung derjenigen Ges, die die Einreichung zu ihrem Register vornimmt. Sofern bei dieser Ges ein Zustimmungsbeschluss nicht erforderl ist (vgl § 122g II), ist die Fristberechnung am Zeitpunkt der Anteilsinhaberversammlung der übernehmenden, ggf ausl Ges auszurichten (Henssler/Strohn/*Polley* Rn 6; aA Semler/Stengel/*Drinhausen* Rn 8: § 62 IV 3 nF analog – Aufstellung Verschmelzungsplan; KölnerKommUmwG/*Simon/Rubner* Rn 17: Keine Frist; wohl auch *Kruse/Kruse* BB 2010, 3035, 3036). Zur Verkürzung der Frist vgl Rn 10. 7

Für die Fristberechnung gelten die §§ 187 f BGB. Die Monatsfrist ist rückwärts zu berechnen. Der Tag der Anteilsinhaberversammlung ist nicht mitzurechnen (§ 187 I BGB). Dementspr „endet" die Frist mit Beginn des Tages, der durch seine Zahl dem Tag der Anteilsinhaberversammlung entspricht (§ 188 II BGB). Die Einreichung muss daher spätestens an dem Tag **vor** dem so errechneten **„Fristende"** erfolgt sein, damit noch ein ganzer Monat zwischen der Einreichung und der Anteilsinhaberversammlung liegt (Beispiel: Anteilsinhaberversammlung am 15.8., dann Einreichung spätestens am 14.7.). Die Fristberechnung entspricht derjenigen nach § 5 III. Vgl auch das Beispiel bei § 5 Rn 115. § 193 BGB gilt bei Rückrechnung nicht. Ist das „Fristende" ein Samstag, Sonntag oder Feiertag, ist die Einreichung spätestens am vorhergehenden Werktag zu bewirken. 8

Auch die **ergänzenden Mitteilungen nach S 3** müssen dem Register spätestens einen Monat vor der Anteilsinhaberversammlung vorliegen. Denn nur so wird das Registergericht in die Lage versetzt, unverzügl die Angaben nach S 2 bekannt zu machen (zutr Semler/Stengel/*Drinhausen* Rn 9; vgl auch Kallmeyer/*Marsch-Barner* Rn 2; Lutter/*Bayer* Rn 6; KölnerKommUmwG/*Simon/Rubner* Rn 17). 9

f) Verzicht auf die Einreichung/Bekanntmachung. Auf die Einreichung des Verschmelzungsplans und die ergänzenden Angaben nach S 3 und damit auf die Bekanntmachung kann nicht verzichtet werden, selbst wenn alle Gesellschafter aller beteiligten Ges zustimmen. Denn die Einreichung des Verschmelzungsplans und die Mitteilung der ergänzenden Angaben nach S 3 ist die notw Vorbereitung für die Bekanntmachung nach S 2, die auch im Interesse der Gläubiger (vgl S 2 Nr 4) erfolgt (ebenso Semler/Stengel/*Drinhausen* Rn 11; Widmann/Mayer/*Mayer* Rn 30; Kallmeyer/*Marsch-Barner* Rn 3; Lutter/*Bayer* Rn 17; KölnerKommUmwG/*Simon/Rubner* Rn 26; Maulbetsch/Klumpp/Rose/*Becker* Rn 4; Henssler/Strohn/*Polley* Rn 14; *Krauel/Mense/Wind* Der Konzern 2010, 541, 543; *Müller* NZG 2006, 286, 288). Denkbar wäre allenfalls, mit Zustimmung aller Gesellschafter aller beteiligten Ges eine **Verkürzung der Monatsfrist** für zulässig zu erach- 10 ten, da die Frist für die Geltendmachung des Anspruchs der Gläubiger auf Sicherheitsleistung nach § 122j nicht mit der Einreichung, sondern mit der Bekanntmachung beginnt (idS Semler/Stengel/*Drinhausen* Rn 12; Kallmeyer/*Marsch-Barner* Rn 3; Lutter/*Bayer* Rn 18; KölnerKommUmwG/*Simon/Rubner* Rn 27 f; *Krauel/Mense/Wind* Der Konzern 2010, 541, 543; zweifelnd Maulbetsch/Klumpp/Rose/*Becker* Rn 4; Kallmeyer/*Zimmermann* § 122g Rn 4).

3. Bekanntmachung (S 2)

11 **a) Verpflichteter.** Die Bekanntmachungspflicht obliegt nicht den beteiligten Ges, sondern dem für die jew beteiligten inl Ges zuständigen Registergerichten. Diese müssen jedoch durch die Einreichung nach S 1 Kenntnis von der vorgesehenen grenzüberschreitenden Verschm haben und benötigen die Angaben nach S 3.

12 **b) Frist für die Bekanntmachung.** Die in S 2 genannten Angaben hat das Gericht **unverzügl** bekannt zu machen. Im Hinblick darauf, dass Art 6 I IntV-RL die Bekanntmachung (und nicht die Einreichung) spätestens einen Monat vor der Gesellschafterversammlung verlangt (vgl dazu Rn 7), muss die Bekanntmachung in der organisatorisch schnellstmögl Zeit veranlasst werden. Dies ist spätestens der nächste Werktag nach Einreichung der Unterlagen (Widmann/Mayer/*Mayer* Rn 34; Henssler/Strohn/*Polley* Rn 7; vgl auch Maulbetsch/Klumpp/Rose/*Becker* Rn 3: bei Einreichung am letzten Tag der Frist noch am selben Tag).

13 **c) Form der Bekanntmachung.** S 2 verweist für die Bekanntmachung auf § 10 HGB, obwohl zu diesem Zeitpunkt eine Eintragung im HR nicht erfolgt ist (krit auch Stellungnahme BR, BR-Drs 548/06). Die Bekanntmachung hat damit in elektronischer Form zu erfolgen. Für Einreichungen bis zum 31.12.2008 war zusätzl zu der elektronischen Bekanntmachung die Bekanntmachung auch in einer Tageszeitung oder in einem sonstigen Blatt erforderl (Art 61 IV 1 EGHGB entspr). Für den Fristbeginn nach § 122j war ausschließl die elektronische Bekanntmachung maßgebend (Art 61 IV 4 EGHGB).

14 **d) Inhalt der Bekanntmachung. aa) Hinweis auf die Einreichung (S 2 Nr 1).** Gegenstand der Einreichung ist zwar der Verschmelzungsplan oder sein Entwurf (Rn 6), bekannt gemacht wird nach S 2 Nr 1 indes nur der Hinweis darauf, dass der Verschmelzungsplan oder sein Entwurf beim HR eingereicht worden ist (Semler/Stengel/*Drinhausen* Rn 15; *Pfeiffer/Hellmeier* GmbHR 2009, 1317, 1318). Eine entspr Vorgabe enthält Art 6 der IntV-RL nicht. Die Regelung entspricht § 61 S 2. Durch den Hinweis erhält der Rechtsverkehr die Information, dass der Verschmelzungsplan oder sein Entwurf beim HR eingesehen werden kann. Zusätzl Angaben sind insoweit nach S 3 nicht mitzuteilen; diese ergeben sich schon aus der Einreichung des Verschmelzungsplans/Entwurfs (Lutter/*Bayer* Rn 4).

15 **bb) Rechtsform, Firma, Sitz der beteiligten Gesellschaften (S 2 Nr 2).** S 2 Nr 2 verlangt die Bekanntmachung der Rechtsform, der Firma und des Sitzes **aller** an der grenzüberschreitenden Verschm beteiligten Ges. Dies umfasst bei einer Verschm zur Neugründung auch die Daten für die neue Ges (zutr KölnerKommUmwG/*Simon/Rubner* Rn 9; *Brocker* BB 2010, 971, 973). Insoweit sind die im eingereichten Verschmelzungsplan vorgesehene Rechtsform und Firma und der vorgesehene Sitz anzugeben (*Pfeiffer/Hellmeier* GmbHR 2009, 1317, 1319). Die Angaben sind im Verschmelzungsvertrag bzw in der dort enthaltenen

Satzung als zwingender Bestandteil enthalten (§ 122c Rn 12, 26). Unter Sitz ist auch hier der Satzungssitz zu verstehen (Semler/Stengel/*Drinhausen* Rn 16; Lutter/*Bayer* Rn 11). Trotz der Aufnahme im Verschmelzungsplan und dessen Einreichung sind die Angaben zur Rechtsform, Firma und Sitz nach S 3 dem Registergericht gesondert mitzuteilen (so wohl auch Widmann/Mayer/*Mayer* Rn 11). Gemeinsam mit den Angaben nach S 2 Nr 3 (Rn 16) ermöglicht dies dem Rechtsverkehr eine ergänzende Informationsrecherche. Anzugeben ist ferner, ob die jew Ges als übertragende oder übernehmende/neue Ges beteiligt ist (Henssler/Strohn/*Polley* Rn 10).

cc) Register der beteiligten Gesellschaften (S 2 Nr 3). Bekannt zu machen sind ferner die Register, bei denen die an der grenzüberschreitenden Verschm beteiligten Ges eingetragen sind, sowie die jew Nummer der Eintragung. Für inl Ges bedeutet dies die Angabe des AG, bei dem das HR für die jew beteiligte Ges geführt wird, und die Registernummer (HRB-Nr). Für ausl beteiligte Ges sind die zuständigen ausl Stellen und die für die Ges vergebene Registernummer anzugeben. Gemeinsam mit den Angaben nach S 2 Nr 2 ermöglicht dies ergänzende Informationsrecherchen. Die Angaben sind nach S 3 dem Registergericht mitzuteilen, zumal sie kein zwingender Bestandteil des Verschmelzungsplans sind. Konsequenterweise (vgl Rn 15) ist bei einer Verschm zur Neugründung auch das (voraussichtl) für die neue Gesellschaft zuständige Register anzugeben (insoweit anders KölnerKommUmwG/*Simon/Rubner* Rn 10). Dies erleichtert den Gläubigern die spätere Informationsrecherche. **16**

dd) Modalitäten für die Ausübung der Rechte der Gläubiger und Minderheitsgesellschafter (S 2 Nr 4). Nach S 2 Nr 4 muss ein Hinweis auf die Modalitäten für die Ausübung der Rechte der Gläubiger und der Minderheitsgesellschafter der an der grenzüberschreitenden Verschm beteiligten Ges sowie die Anschrift, unter der vollständige Auskünfte über diese Modalitäten kostenlos eingeholt werden können, bekannt gemacht werden. Die Vorschrift geht auf die Vorgabe von Art 6 II lit c IntV-RL zurück und soll sicherstellen, dass die Adressaten auch Kenntnis von ihren Rechten erhalten (Lutter/*Bayer* Rn 14; Henssler/Strohn/*Polley* Rn 12). Nach dem eindeutigen Wortlaut sind die Angaben für die Rechte der Gläubiger und der Minderheitsgesellschafter **aller** beteiligten Ges (auch der ausl) bekannt zu machen (so auch Semler/Stengel/*Drinhausen* Rn 18; Widmann/Mayer/*Mayer* Rn 13; Henssler/Strohn/*Polley* Rn 12; HRA des DAV NZG 2006, 737, 740; KölnerKommUmwG/*Simon/Rubner* Rn 11; aA Lutter/*Bayer* Rn 14). Dies betrifft auch die Rechte der Gläubiger und Minderheitsgesellschafter, die diese ggü einer neuen Ges (vgl Rn 18) geltend machen können (aA KölnerKommUmwG/*Simon/Rubner* Rn 11). **17**

Die wesentl Rechte der **Gläubiger** einer beteiligten **dt** KapGes als **übertragende** Ges ergeben sich aus § 122j, wonach ein Anspruch auf Sicherheitsleistung bestehen kann (Kallmeyer/*Marsch-Barner* Rn 2; Lutter/*Bayer* Rn 15). Teilw wird auch empfohlen, die Gläubiger der übertragenden Ges allg darauf hinzuweisen, dass mit Wirksamwerden der Verschm die aufnehmende oder neue Ges neuer Schuldner ist (vgl Semler/Stengel/*Drinhausen* Rn 19; *Grunewald* Der Konzern 2007, 106, 108). ME reicht insofern die Angabe der Beteiligung als übernehmende/neue Ges iRd Bekanntmachung nach § 2 Nr 2 aus (vgl Rn 15). Als **übernehmende** Ges ist eine beteiligte dt Ges über § 122a II gem § 22 zum Gläubigerschutz verpflichtet (Kallmeyer/*Marsch-Barner* Rn 2; Lutter/*Bayer* Rn 15). **18**

19 Dem Schutz von **Minderheitsgesellschaftern** dienen die Regelungen in § 122h und § 122i. Bei einer inl übernehmenden Ges gilt § 29 (§ 122a II; vgl dazu näher § 122i Rn 5).

20 Entsprechende Angaben sind über die Rechte der Gläubiger und Minderheitsgesellschafter für die **ausl** Ges vorzunehmen (vgl bereits Rn 17).

21 Unklar ist der **Umfang und der genaue Inhalt** der Bekanntmachung. S 2 Nr 4 spricht von einem Hinweis auf die Modalitäten für die Ausübung der Rechte. Die bloße Wiedergabe der jew Gesetzestexte reicht damit nicht (*Herrler/Schneider* GmbHR 2011, 795, 797; Henssler/Strohn/*Polley* Rn 12), andererseits muss die Auskunft nicht umfassend sein, da andernfalls die Angabe einer Anschrift, unter der die vollständigen Auskünfte verlangt werden können, überflüssig wäre (zutr Widmann/Mayer/*Mayer* Rn 17). Mindestens ist anzugeben, in welcher Weise die Rechte anzumelden sind (*Tebben/Tebben* DB 2007, 2355, 2358; KölnerKomm-UmwG/*Simon/Rubner* Rn 12; Kallmeyer/*Marsch-Barner* Rn 2: kurze Erläuterung).

22 Ferner anzugeben ist eine **Anschrift,** unter der die **vollständigen Auskünfte** über diese Modalitäten kostenlos eingeholt werden können. Ausreichend ist auch die Angabe einer Internetadresse (Semler/Stengel/*Drinhausen* Rn 18; Maulbetsch/Klumpp/Rose/*Becker* Rn 10; aA Kallmeyer/*Marsch-Barner* Rn 2; Lutter/*Bayer* Rn 16; KölnerKommUmwG/*Simon/Rubner* Rn 15; *Grunewald* Der Konzern 2007, 106, 107; Henssler/Strohn/*Polley* Rn 13; vgl auch Rn 1 zur Änderung der IntV-RL). Damit ist nicht eine staatl Stelle gemeint, die entspr Auskünfte erteilt. Die beteiligten Rechtsträger müssen vielmehr – ggf gemeinsam – eine Stelle einrichten, die vollständige Auskünfte über die Modalitäten der Ausübung der Rechte der Gläubiger und Minderheitsgesellschafter aller beteiligten Ges (Kallmeyer/*Marsch-Barner* Rn 2; KölnerKommUmwG/*Simon/Rubner* Rn 13) kostenlos erteilt. Angesichts der unterschiedl Rechtssysteme und der mögl Sprachbarrieren ist ggf die Angabe verschiedener Ansprechpartner bei den jew beteiligten Ges vorzugswürdig. Bei jeder Anschrift müssen aber die vollständigen Auskünfte erhältl sein (Kallmeyer/*Marsch-Barner* Rn 2; KölnerKommUmwG/*Simon/Rubner* Rn 13). Die Auskünfte können mündl oder schriftl erteilt werden (Kallmeyer/*Marsch-Barner* Rn 2).

4. Mitteilung der Bekanntmachungsangaben (S 3)

23 S 3 verpflichtet den jew dt Rechtsträger (vgl Rn 11), die Angaben mitzuteilen, die das Registergericht nach S 2 bekannt zu machen hat. Die Angaben sind bei Einreichung des Verschmelzungsplans oder seines Entwurfs mitzuteilen (vgl Rn 9). Hintergrund ist, dass das Registergericht die Bekanntmachung unverzügl durchzuführen hat, es damit auf vorgefertigte Angaben angewiesen ist. Das Registergericht kann nicht auf die Angaben im eingereichten Verschmelzungsplan/Entwurf verwiesen werden, auch soweit die geforderten Angaben (etwa Rechtsform, Firma und Sitz) dort enthalten sind (aA *Tebben/Tebben* DB 2007, 2355, 2358).

§ 122e Verschmelzungsbericht

[1]Im Verschmelzungsbericht nach § 8 sind auch die Auswirkungen der grenzüberschreitenden Verschmelzung auf die Gläubiger und Arbeitnehmer der an der Verschmelzung beteiligten Gesellschaft zu erläutern. [2]Der

Verschmelzungsbericht ist den Anteilsinhabern sowie dem zuständigen Betriebsrat oder, falls es keinen Betriebsrat gibt, den Arbeitnehmern der an der grenzüberschreitenden Verschmelzung beteiligten Gesellschaft spätestens einen Monat vor der Versammlung der Anteilsinhaber, die nach § 13 über die Zustimmung zum Verschmelzungsplan beschließen soll, nach § 63 Abs. 1 Nr. 4 zugänglich zu machen. [3] § 8 Abs. 3 ist nicht anzuwenden.

Schrifttum: Siehe Schrifttum § 122a.

1. Allgemeines

Die Vorschrift beruht auf Art 7 IntV-RL, der einen Bericht vorsieht, in dem die rechtl und wirtschaftl Aspekte der grenzüberschreitenden Verschm erläutert und begründet und die Auswirkungen der grenzüberschreitenden Verschm auf die Gesellschafter, die Gläubiger und die ArbN erläutert werden. § 122e greift dies auf, regelt indes nur **zusätzl Anforderungen.** Die Pflicht zur Erstellung eines Verschmelzungsberichts und dessen grdsl Inhalt ergibt sich für die beteiligten inl Rechtsträger kraft der Verweisung in § 122a II aus § 8 (RegEBegr BT-Drs 16/2919 zu § 122e). Nach **S 1** sind neben den von § 8 I geforderten Angaben auch die Auswirkungen der grenzüberschreitenden Verschm auf die Gläubiger und ArbN der an der Verschm beteiligten Gesellschaften zu erläutern. Die Erstreckung der Berichtspflicht auf die Auswirkungen auf die ArbN hängt (auch) damit zusammen, dass der Verschmelzungsbericht nach **S 2** dem zuständigen Betriebsrat oder hilfsweise den ArbN zugängl zu machen ist. Damit dient die Vorschrift anders als § 8 auch dem Schutz der ArbN (vgl Rn 2). Dieser erweiterte Schutzzweck bedingt, dass die Anteilsinhaber auf die Erstellung des Verschmelzungsberichts nicht verzichten können. Richtlinienkonform ist daher § 8 III bei grenzüberschreitenden Verschm nicht anzuwenden **(S 3).** 1

2. Verschmelzungsbericht (S 1)

a) Allgemeines. Der Verschmelzungsbericht dient zunächst der umfassenden Information der Anteilsinhaber. Hierfür ist er die wichtigste Quelle, da der Verschmelzungsvertrag (hier: Verschmelzungsplan) nur die wesentl Modalitäten der Verschm regelt (vgl § 122c), nicht hingegen die rechtl und wirtschaftl Umstände erläutert und begründet (vgl § 8 Rn 1 ff). Während der Verschmelzungsbericht bei nationalen Umw ausschließl zum Schutz der Anteilsinhaber erstellt wird (vgl § 8 Rn 1), hat er bei grenzüberschreitenden Verschm auch den Schutz der ArbN zum Inhalt (Lutter/*Bayer* Rn 1; Kallmeyer/*Marsch-Barner* Rn 1; vgl auch Rn 1). Dies folgt aus S 2, wonach der Verschmelzungsbericht auch dem zuständigen Betriebsrat und hilfsweise den ArbN zugängl zu machen ist. Daher können die Anteilsinhaber auch nicht einstimmig auf die Erstellung eines Verschmelzungsberichts verzichten. Obwohl der Verschmelzungsbericht auch Angaben zu den Auswirkungen auf die Gläubiger enthalten muss, ist er diesen nicht zugängl zu machen (Kallmeyer/*Marsch-Barner* Rn 1). Er dient damit nicht deren Schutz (*Vetter* AG 2006, 613, 620; *Limmer* ZNotP 2007, 282; Maulbetsch/Klumpp/Rose/*Becker* Rn 1; KölnerKommUmwG/*Simon/Rubner* Rn 4; Lutter/*Bayer* Rn 1: allenfalls mittelbar intendiert). 2

b) Schuldner der Berichtspflicht. Zur Berichterstattung verpflichtet sind die Vertretungsorgane der an der Verschm beteiligten Rechtsträger. Dies folgt aus 3 dem über § 122a II entspr anwendbaren § 8 I 1. Dies sind bei einer AG der Vorstand, bei einer KGaA die phG und bei einer GmbH die Geschäftsführer. Bei einer dualistisch strukturieren **SE** obliegt die Berichtspflicht wie bei der AG dem Vorstand. Unklar ist der Adressat der Verpflichtung bei einer monistisch strukturierten SE. Obwohl der über § 122a II entspr anwendbare § 8 I vom Vertretungsorgan spricht, ist aufgrund der Richtlinienbestimmung (Art 7 IntV-RL) von einer Verpflichtung des Leitungs- oder Verwaltungsorgans, also des Verwaltungsrats auszugehen (zutr Semler/Stengel/*Drinhausen* Rn 3; ebenso Kallmeyer/*Marsch-Barner* Rn 2; Lutter/*Bayer* Rn 3; Maulbetsch/Klumpp/Rose/*Becker* Rn 4; SBB/*Gutkès* § 13 Rn 115). Verpflichtet ist das Organ an sich, nicht die einzelnen Mitglieder. Der Verschmelzungsbericht muss von Mitgliedern des Vertretungsorgans in vertretungsberechtigter Anzahl unterzeichnet sein (vgl BGH NZG 2007, 714; Kallmeyer/*Marsch-Barner* Rn 2; vgl dazu auch Rn 5 und § 8 Rn 7).

4 **c) Gemeinsamer Bericht.** § 8 I 1 HS 2 erlaubt die Erstellung eines gemeinsamen Berichts der Vertretungsorgane der beteiligten Ges. Dies gilt über § 122a II auch für an einer grenzüberschreitenden Verschm beteiligte inl Ges. Zusätzl müssen aber auch die Rechtsordnungen der anderen beteiligten ausl Ges eine gemeinsame Berichtserstattung erlauben (Semler/Stengel/*Drinhausen* Rn 5; Widmann/Mayer/*Mayer* Rn 35 f; Kallmeyer/*Marsch-Barner* Rn 3; Lutter/*Bayer* Rn 4; Maulbetsch/Klumpp/Rose/*Becker* Rn 5; KölnerKommUmwG/*Simon/Rubner* Rn 9; Keßler/Kühnberger/*Keßler* Rn 2; Henssler/Strohn/*Polley* Rn 7; SBB/*Gutkès* § 13 Rn 114; *Müller* NZG 2006, 286, 288; *Müller* Der Konzern 2007, 81, 82; *Bayer/Schmidt* NJW 2006, 401, 403; *Drinhausen/Keinath* BB 2006, 725, 728; *Frenzel* RIW 2008, 12, 17). Der gemeinsame Verschmelzungsbericht muss inhaltl alle Anforderungen aller betroffenen Rechtsordnungen erfüllen (Semler/Stengel/*Drinhausen* Rn 5; Kallmeyer/*Marsch-Barner* Rn 2; SBB/*Gutkès* § 13 Rn 114; *Tebben/Tebben* DB 2007, 2355, 2359).

5 **d) Inhaltliche Anforderungen. aa) Umfang der Berichtspflicht.** S 1 regelt nur zusätzl inhaltl Anforderungen an den Verschmelzungsbericht („auch"). IÜ gilt für die der inl Rechtsordnung unterliegenden Ges über § 122a II vollumfängl § 8 I. Danach haben die Vertretungsorgane einen ausführl schriftl Bericht zu erstatten, in dem die Verschm, der Verschmelzungsplan oder sein Entwurf im Einzelnen und insbes das Umtauschverhältnis der Anteile sowie die Höhe einer anzubietenden Barabfindung rechtl und wirtschaftl erläutert und begründet werden. Vgl hierzu im Einzelnen § 8 Rn 10 ff. Der Bericht muss **schriftl** erstattet werden; dies bedingt die eigenhändige Unterzeichnung durch Mitglieder des Vertretungsorgans in vertretungsberechtigter Anzahl (vgl BGH NZG 2007, 714; Henssler/Strohn/*Polley* Rn 2; vgl auch Rn 3 und § 8 Rn 7).

6 Besonderheiten bei einer grenzüberschreitenden Verschm bestehen in erster Linie hinsichtl der **rechtl Erläuterung.** Hierbei muss auch auf die betroffenen ausl Rechtsordnungen eingegangen werden. Dies gilt für die beteiligten inl Ges im bes Maße bei einer **Hinausverschmelzung.** In diesen Fällen sind die rechtl Rahmenbedingungen der künftigen Beteiligung der Anteilsinhaber der übertragenden Ges an der ausl übernehmenden/neuen Ges und die dadurch eintretenden Veränderungen ausführl zu erläutern (Widmann/Mayer/*Mayer* Rn 25; Kallmeyer/*Marsch-Barner* Rn 7; Maulbetsch/Klumpp/Rose/*Becker* Rn 10; vgl auch Semler/Stengel/*Drinhausen* Rn 8; Henssler/Strohn/*Polley* Rn 3). Die ggf eingeschränkten sonstigen Informationsmöglichkeiten der Anteilsinhaber aufgrund der Amtssprache des Sitzstaates der übernehmenden/neuen Ges sind zu berücksichtigen (Sem-

ler/Stengel/*Drinhausen* Rn 8; Kallmeyer/*Marsch-Barner* Rn 7). Bei einem gemeinsamen Verschmelzungsbericht (Rn 4) gilt dies in gleichem Maße für die Gesellschafter einer ausl übertragenden Ges bei einer Hineinverschmelzung. Im Regelfall wird der Verschmelzungsbericht in den Amtssprachen der beteiligten Sitz-Mitgliedstaaten zu verfassen sein, ein gemeinsamer Bericht damit in allen Amtssprachen (Kallmeyer/*Marsch-Barner* Rn 3). Zur Aufnahme von Pflichtangaben nach dem WpPG vgl Lutter/*Bayer* Rn 11 und SBB/*Gutkès* § 13 Rn 121.

bb) Auswirkungen auf Gläubiger. Nach S 1 sind im Verschmelzungsbericht auch die Auswirkungen der grenzüberschreitenden Verschm auf die Gläubiger der an der Verschm beteiligten Ges zu erläutern. Den Gläubigern ist er allerd nicht zugängl zu machen (Rn 2, 15). Nach dem klaren Wortlaut sind die Auswirkungen auf die Gläubiger der an der Verschm beteiligten Gesellschaft und nicht der beteiligten Gesellschaft**en** anzugeben. Demzufolge sind nur die Auswirkungen der Gläubiger der jew den Bericht erstattenden Ges darzustellen. Eine generelle Erweiterung der Berichtspflicht auf die Auswirkungen aller Gläubiger aller beteiligten Ges lässt sich auch aus Art 7 IntV-RL nicht ableiten (Lutter/*Bayer* Rn 7; Keßler/Kühnberger/*Keßler* Rn 3; SBB/*Gutkès* § 13 Rn 117; Semler/Stengel/*Drinhausen* Rn 10; Henssler/Strohn/*Polley* Rn 4). Sie ist indes bei der Erstellung eines gemeinsamen Berichts (Rn 4) notw. 7

Bei einer **übertragenden inl Ges,** die ihr Verm auf eine übernehmende oder neue ausl Ges überträgt (zu Kombinationen mit mehreren inl übertragenden und übernehmenden Ges vgl § 122a Rn 7 ff), ist insbes die Regelung des § 122j zu erläutern (Kallmeyer/*Marsch-Barner* Rn 8; Lutter/*Bayer* Rn 8; Maulbetsch/Klumpp/Rose/*Becker* Rn 11). Danach steht diesen Gläubigern unter gewissen Voraussetzungen ein vorgelagerter Anspruch auf Sicherheitsleistung zu, um der bes Gefährdungslage, dass ihr Schuldner künftig einer fremden Rechtsordnung unterliegt, gerecht zu werden (Semler/Stengel/*Drinhausen* Rn 10; Widmann/Mayer/*Mayer* Rn 32). Aufgrund des eingeschränkten Anwendungsbereichs von **§ 122j** sind aber auch darüber hinaus die Auswirkungen auf die Gläubiger darzustellen. Demzufolge bedarf es Informationen hinsichtl der künftigen Durchsetzbarkeit von Ansprüchen, etwa Angaben zum künftigen Gerichtsstand (bspw Beibehaltung einer inl Niederlassung), und zu den wesentl Gläubigerschutzregelungen, denen der übernehmende Rechtsträger in der ausl Rechtsordnung unterliegt, einschließl des auf ihn anwendbaren Insolvenzrechts (Lutter/*Bayer* Rn 8; Henssler/Strohn/*Polley* Rn 5). Ferner ist auf die mögl Schadenersatzpflicht der Mitglieder des Vertretungs- und Aufsichtsorgans nach **§ 25** hinzuweisen, und sind in diesem Zshg die Voraussetzungen und die Besonderheiten der Geltendmachung zu erläutern. 8

Bei einer **übernehmenden oder neuen inl Ges** ist die Regelung des **§ 22,** die über § 122a II anwendbar ist, zu erläutern (Kallmeyer/*Marsch-Barner* Rn 8; Lutter/*Bayer* Rn 8). Danach haben unter gewissen Voraussetzungen die Gläubiger aller an der Verschm beteiligten Rechtsträger einen nach Wirksamwerden der Verschm zeitl befristeten Anspruch auf Sicherheitsleistung (vgl im Einzelnen dort; zum Verhältnis zu § 122j vgl dort Rn 10). Im Allg sind jedoch die Berichtsanforderungen in diesem Fall geringer, da sich für die Gläubiger der übernehmenden Ges die Rechtsordnung, der ihr Schuldner unterliegt, nicht ändert. Allerd können sich die wirtschaftl Rahmenbedingungen für die Gläubiger der übernehmenden Ges ändern, da weitere Gläubiger der übertragenden Ges hinzutreten und ggf durch die Verschm eine Verschlechterung der Bonität des übernehmenden Rechtsträgers eintritt (vgl auch Widmann/Mayer/*Mayer* Rn 31). Ebenso ist auf 9 die bes Verjährungsvorschrift des **§ 27** hinzuweisen (Henssler/Strohn/*Polley* Rn 5).

10 **cc) Auswirkungen auf Arbeitnehmer.** S 1 ergänzt die Berichtspflicht nach § 8 bei grenzüberschreitenden Verschm auf die Auswirkungen auf die ArbN der an der Verschm beteiligten Ges. Auch insoweit sind nach dem klaren Wortlaut (potentielle) Adressaten der Informationen die ArbN der jew beteiligten inl Ges (nicht aller Ges; vgl auch Rn 7). Die Informationen im Verschmelzungsbericht treten bei grenzüberschreitenden Verschm an die Stelle der Angaben nach § 5 I Nr 9 im bei nat Verschm zu schließenden Verschmelzungsvertrag (vgl auch § 122c Rn 19, 38). Zwar hat auch der Verschmelzungsplan bei einer grenzüberschreitenden Verschm Angaben zu den Auswirkungen auf die Beschäftigung zu enthalten (§ 122c II Nr 4; vgl § 122c Rn 19), indes wird der Verschmelzungsplan anders als der Verschmelzungsvertrag bei nat Umw (§ 5 III) nicht vor der Verschm dem Betriebsrat zugeleitet (vgl § 122c Rn 38). Folgerichtig ordnet S 2 an, dass der Verschmelzungsbericht dem zuständigen Betriebsrat und hilfsweise den ArbN zugängl zu machen ist.

11 Hinschtl des Umfangs der Berichtspflicht wird man sich an den zu § 5 I Nr 9 entwickelten Grdsen orientieren können (ebenso Lutter/*Bayer* Rn 9; Henssler/Strohn/*Polley* Rn 6; *Limmer* Rn 3125; *Vetter* AG 2006, 613, 620). Vgl hierzu im Einzelnen § 5 Rn 77 ff. Einzugehen ist auf die **individual- und kollektivarbeitsrechtl** Folgen (Kallmeyer/*Marsch-Barner* Rn 8; Lutter/*Bayer* Rn 9; aA *Dzida/Schramm* NZG 2008, 521, 525 f). Zu den Auswirkungen auf die ArbN gehören auch Veränderungen hinsichtl der betriebl Vertretung nach dem BetrVG (Kallmeyer/*Marsch-Barner* Rn 8; Lutter/*Bayer* Rn 9). Hinsichtl des künftig anwendbaren Mitbestimmungsrechts hängt die Berichtspflicht davon ab, ob bereits eine Einigung mit den ArbN-Vertretern erzielt worden ist. In diesem Fall sind die rechtl Rahmenbedingungen der (künftig) anzuwendenden Mitbestimmungsregelungen darzulegen und zu erläutern. Anderenfalls sind das Verfahren, nach dem die Einzelheiten geregelt werden, und die möglicherweise dadurch künftig geltenden Mitbestimmungsregelungen zu beschreiben. Insoweit bietet sich eine Orientierung an den Angaben nach § 122c II Nr 10 an. Einzugehen ist auch auf **Maßnahmen, die im Anschluss an die Verschm** geplant sind, insbes auf betriebl Maßnahmen wie Betriebsstilllegungen, Personalabbau etc (Kallmeyer/*Marsch-Barner* Rn 8; Lutter/*Bayer* Rn 9; KölnerKommUmwG/*Simon/Rubner* Rn 7; SBB/*Gutkès* § 13 Rn 120; aA *Dzida/Schramm* NZG 2008, 521, 525 f).

12 Die Angaben zu den Auswirkungen auf ArbN sind entbehrl, wenn die Ges **keine ArbN** hat (Semler/Stengel/*Drinhausen* Rn 11; Kallmeyer/*Marsch-Barner* Rn 8; *Gesell/Krömker* DB 2006, 2558, 2562; *Tebben/Tebben* DB 2007, 2355, 2359). Die einzige sinnvolle Angabe in diesem Fall kann sein, dass mangels ArbN keine Auswirkungen auf diese eintreten. Angaben zu den Auswirkungen auf die ArbN sind ebenfalls nicht notw, sofern die zuständigen Betriebsräte und sämtl mögl ArbN auf die Angaben **verzichten** (*Gesell/Krömker* DB 2006, 2558, 2562). Für die Verzichtserklärungen gilt das Gleiche wie bei denjenigen nach § 5 III (vgl § 5 Rn 113). Sie bedürfen keiner bes Form, sollten aber zu Beweiszwecken regelm schriftl vorliegen. § 8 III 2 ist nicht entspr anzuwenden. Zum Verzicht auf den Verschmelzungsbericht vgl Rn 14.

13 **dd) Geheimnisschutz.** Über § 122a II gilt § 8 II. Danach brauchen Tats nicht aufgenommen werden, deren Bekanntwerden geeignet ist, einem der beteiligten Rechtsträger oder einem verbundenen Unternehmen einen nicht unerhebl Nach-

teil zuzufügen. Vgl hierzu im Einzelnen § 8 Rn 28 ff. Ein weitergehender Geheimnisschutz nach einer ausl Rechtsordnung, der eine der beteiligten Ges unterliegt, rechtfertigt keine Einschränkung für die inl beteiligte Ges (Henssler/Strohn/*Polley* Rn 9). In diesem Fall können die beteiligten Rechtsträger ggf keinen gemeinsamen Verschmelzungsbericht erstellen (Rn 4). Prakt bedeutet dies vielfach, dass hinsichtl aller zur Verfügung stehenden Informationsmaterialien nur der weniger strenge Geheimnisschutz wirksam wird. Zu Verzichtsmöglichkeiten vgl Rn 14.

e) Verzicht auf den Verschmelzungsbericht, Konzernverschmelzungen (S 3). Nach § 8 III ist ein Bericht nicht erforderl, wenn alle Anteilsinhaber aller beteiligten Rechtsträger in notariell beurkundeter Form darauf verzichten. Ein Bericht ist nach § 8 III 1 2. Alt ferner bei der Verschmelzung einer 100 %igen TochterGes auf die MutterGes nicht notw. § 8 III ist indes nach S 3 ausdrückl nicht anwendbar. Hintergrund ist, dass Art 7 IntV-RL eine Verzichtsmöglichkeit nicht regelt (RegEBegr BT-Drs 16/2919 zu § 122e; Widmann/Mayer/*Mayer* Rn 37). Zwar sieht auch die VerschmRL vom 9.10.1978 (ABl EG Nr 295, 36), die für die Verschm von AG gilt, eine Verzichtsmöglichkeit nicht vor, ein entscheidender Unterschied ist jedoch, dass der Verschmelzungsbericht bei grenzüberschreitenden Verschm nach Art 7 IntV-RL und damit auch S 2 neben der Information der Gesellschafter auch derjenigen der ArbN dient. Der Gesetzgeber hat Anregungen im Gesetzgebungsverfahren, einen Verzicht bei Zustimmung aller Gesellschafter und aller ArbN aller beteiligten Ges dennoch ausdrückl zuzulassen (vgl *Bayer/Schmidt* NZG 2006, 841, 842), nicht aufgegriffen. Trotz dieser Rahmenbedingungen, der Äußerungen in den Gesetzesmaterialien und dem klaren Wortlaut sollte angesichts des Gesetzeszwecks ein Verschmelzungsbericht dennoch entbehrl sein, wenn **alle Gesellschafter und alle Betriebsräte** bzw bei betriebsratlosen Betrieben alle ArbN **aller beteiligten Ges** hierauf verzichten oder **alle Gesellschafter aller beteiligten Ges bei arbeitnehmerlosen Ges** einen Verzicht erklären (zutr Semler/Stengel/*Drinhausen* Rn 13; Kallmeyer/*Marsch-Barner* Rn 11; Lutter/*Bayer* Rn 13; Maulbetsch/Klumpp/Rose/*Becker* Rn 9; *Krauel/Mense/Wind* Der Konzern 2010, 541, 546; *Müller* Der Konzern 2007, 81, 82; vgl auch *Gesell/Krömker* DB 2006, 2558, 2562; KölnerKommUmwG/*Simon/Rubner* Rn 10 ff und *Herrler/Schneider* GmbHR 2011, 795, 798: nur bei Fehlen von ArbN; aA etwa *Limmer* Rn 3129; SBB/*Gutkès* § 13 Rn 116). § 8 III 3 (notarielle Beurkundung des Verzichts) gilt in diesem Fall auch für die Verzichtserklärungen der ArbN entspr. Zum isolierten Verzicht auf die Aufnahme von Angaben über die Auswirkungen für die ArbN vgl Rn 12. Nur unter dieser Voraussetzung (Verzicht aller Gesellschafter der übernehmenden Ges) ist auch bei Konzern-Verschm (Fallgruppe des § 8 III 1 2. Alt) ein Verschmelzungsbericht entbehrl. 14

3. Zugänglichmachung (S 2)

a) Allgemeines. Der Verschmelzungsbericht dient sowohl der Information der Anteilsinhaber als auch der ArbN (vgl Rn 1). Bei nat Verschm ist der Verschmelzungsbericht den Gesellschaftern spätestens zusammen mit der Einberufung der Gesellschafterversammlung zu übersenden (GmbH, § 47) bzw von der Einberufung der HV in den Geschäftsraum der Ges zur Einsicht der Aktionäre auszulegen (AG/KGaA/SE; §§ 63 I Nr 4, 78). Demggü ordnet S 2 **generell** an, dass bei einer grenzüberschreitenden Verschm der Verschmelzungsbericht den Anteilsinhabern sowie dem zuständigen Betriebsrat, hilfsweise den ArbN, der an der grenz- 15 überschreitenden Verschm beteiligten Ges spätestens einen Monat vor der Versammlung der Anteilsinhaber nach **§ 63 I Nr 4** zugängl zu machen ist. Die Zurverfügungstellung des Verschmelzungsberichts für die Anteilsinhaber/Betriebsräte/ArbN der beteiligten ausl Ges richtet sich nach der Rechtsordnung, der diese Rechtsträger unterliegen. Trotz der Berichtspflicht auch über die Auswirkungen für die **Gläubiger** ist er nach dem klaren Wortlaut dieser Gruppe nicht zugängl zu machen (zum Gesetzeszweck Rn 2).

16 **b) Information der Anteilsinhaber.** Nach dem klaren Wortlaut ist der Verschmelzungsbericht den Anteilsinhabern der an der grenzüberschreitenden Verschm beteiligten Gesellschaft (und nicht Gesellschaft**en**; ebenso Kallmeyer/*Marsch-Barner* Rn 4; Lutter/*Bayer* Rn 16; Hauschild/Kallrath/Wachter/*Zimmermann* § 24 Rn 101) zugängl zu machen (vgl zum Adressat der Informationen Rn 7). Für die Aktionäre einer beteiligten inl **AG/SE/KGaA** ist damit ein materieller Unterschied im Vgl zur Situation bei nat Verschm nicht gegeben (vgl § 63 I Nr 4; zur Zugänglichmachung der anderen Verschmelzungsberichte vgl Rn 18 und § 122g Rn 4). Anderes gilt für die Gesellschafter einer beteiligten GmbH, denen nach § 47 bei nat Verschm der Verschmelzungsbericht zu übersenden ist. Angesichts der unterschiedl Strukturen zwischen GmbH einerseits und AG/KGaA/SE andererseits gilt **§ 47** indes über § 122a II bei beteiligten GmbH **zusätzl** (Kallmeyer/*Marsch-Barner* Rn 4; KölnerKommUmwG/*Simon/Rubner* Rn 17). Das Zugänglichmachen hat in diesem Fall Bedeutung nur für die Betriebsräte bzw ArbN.

17 **c) Information der Arbeitnehmer.** Die Information der zuständigen Betriebsräte und hilfsweise der ArbN erfolgt durch die Zugänglichmachung des Verschmelzungsberichts „ihrer" Ges (vgl Rn 16, 18) nach § 63 I Nr 4. Berechtigt ist der zuständige Betriebsrat. Dies ist wie bei § 5 I Nr 9 (vgl § 5 Rn 109) idR der **Gesamtbetriebsrat.** Besteht kein Gesamtbetriebsrat, gelten alle Betriebsräte als zuständig. Ausgeübt wird das Einsichtsrecht durch den Betriebsratsvorsitzenden (§ 26 III 1 BetrVG). Nur für den Fall, dass kein zuständiger Betriebsrat besteht, sind alle **ArbN** einsichtsberechtigt. Hat die beteiligte Ges mehrere Betriebe (im arbeitsrechtl Sinne) und besteht nur in einzelnen Betrieben ein Betriebsrat, können die ArbN eines **betriebsratslosen Betriebs** ihr Einsichtsrecht selbst wahrnehmen, während die durch einen Betriebsrat vertretenen ArbN ausgeschlossen sind. Ergänzend wird man auch ein Einsichtsrecht eines **Sprecherausschusses** und bei dessen Fehlen ein Einsichtsrecht der leitenden Angestellten, die vom Betriebsrat nicht vertreten werden, annehmen müssen. Eine gesonderte Zuleitung an den Betriebsrat – wie nach § 5 I Nr 9 – ist nicht erforderl (Semler/Stengel/*Drinhausen* Rn 17; *Krauel/Mense/Wind* Der Konzern 2010, 541, 545; Henssler/Strohn/*Polley* Rn 15; *Limmer* ZNotP 2007, 282, 283). Bis sich eine einheitl Registerpraxis herausgebildet hat, ist in der Praxis aber eine dokumentierte Zuleitung empfehlenswert (*Freundorfer/Festner* GmbHR 2010, 195, 199).

18 **d) Durchführung der Zugänglichmachung.** Hinsichtl der Durchführung der Zugänglichmachung verweist S 2 auf § 63 I Nr 4. Für inl AG/KGaA/SE überlagert sich die Anordnung mit der entspr Anwendung über § 122a II (vgl § 122g Rn 3 f). Demzufolge sind die Verschmelzungsberichte in dem Geschäftsraum der Ges zur Einsicht auszulegen. Zutreffenderweise kann bei AG/KGaA/SE ersatzweise eine Veröffentlichung auf der Internetseite der Ges erfolgen (§122a II iVm § 63 IV; so Kallmeyer/*Marsch-Barner* Rn 6; *Krauel/Mense/Wind* Der Konzern 2010, 541, 545;

aA Maulbetsch/Klumpp/Rose/*Becker* Rn 14). Der Verweis auf § 63 I Nr 4 beschränkt sich allerd nur auf die Art des Zugänglichmachens durch Auslegung. Anders als bei der unmittelbaren Anwendung von § 63 I Nr 4 verlangt S 2 nicht das Zugänglichmachen **aller** Verschmelzungsberichte (vgl dazu Rn 16 und § 63 Rn 3). Bedeutung hat dies für die ArbN, da die Aktionäre aufgrund §§ 122a II iVm 63 Zugang zu allen Berichten haben (vgl auch § 122g Rn 4).

Geschäftsraum iSv S 2 ist wie auch bei § 63 der Ort der Hauptverwaltung (Widmann/Mayer/*Mayer* Rn 11), der auch in einem anderen Mitgliedstaat als der Satzungssitz liegen kann. Die Zugänglichmachung ist zu den übl Geschäftszeiten zu ermögl. In **zeitl Hinsicht** ordnet S 2 die Zugänglichmachung spätestens einen Monat vor der Anteilsinhaberversammlung an. Maßgebl ist die Anteilsinhaberversammlung derjenigen Ges, die zur Auslegung verpflichtet ist. In den Fällen, in denen eine Anteilsinhaberversammlung **nicht stattfindet** (§ 122g II), ist die Anteilsinhaberversammlung der übernehmenden Ges maßgebl (vgl zur ähnl Problematik bei der Bekanntmachung des Verschmelzungsplans § 122d Rn 7). Zur Fristberechnung (Rückrechnung) vgl § 122d Rn 8. Ist der Tag des Fristbeginns ein Samstag, Sonntag oder Feiertag, ist die Zugänglichmachung am nächsten Werktag zu Beginn der übl Geschäftszeiten zu ermögl (Widmann/Mayer/*Mayer* Rn 12). Die Pflicht zur Zugänglichmachung endet **mit Beginn der Gesellschafterversammlung,** die über die Zustimmung zum Verschmelzungsvertrag beschließen soll (ebenso Kallmeyer/*Marsch-Barner* Rn 4; Lutter/*Bayer* Rn 19; KölnerKommUmwG/*Simon/Rubner* Rn 18). Eine Erweiterung der Auslegungspflicht bis zu dem Zeitpunkt, zu dem das Verfahren über die Mitbestimmung der ArbN beendet ist (so Widmann/Mayer/*Mayer* Rn 15), ist trotz der Einbeziehung der ArbN in den Kreis der Informationsadressaten nicht angezeigt. Die ArbN sind insoweit hinsichtl ihres Informationsbedürfnisses den Anteilsinhabern gleichzustellen. Eine Abkürzung der Frist ist nur unter den Voraussetzungen mögl, unter denen auch auf die Erstellung eines Berichts verzichtet werden kann (Rn 14; vgl auch *Krauel/Mense/Wind* Der Konzern 2010, 541, 545: Verzicht des Betriebsrats). **19**

S 2 verweist nicht auf § 63 III, wonach auf Verlangen jedem Aktionär unverzügl und kostenlos eine **Abschrift** der ausgelegten Unterlagen zu erteilen ist. Demzufolge haben jedenfalls die Betriebsräte und ArbN keinen Anspruch auf Erteilung einer kostenlosen Abschrift (Widmann/Mayer/*Mayer* Rn 21; Lutter/*Bayer* Rn 16). Für Aktionäre einer AG/KGaA/SE gilt aber § 63 III über § 122a II auch für den Verschmelzungsbericht, denn eine unterschiedl Behandlung des Verschmelzungsberichts und der anderen Unterlagen nach § 63 I ist nicht nachvollziehbar (ebenso Kallmeyer/*Marsch-Barner* Rn 4; vgl auch § 122g Rn 4). **20**

§ 122f Verschmelzungsprüfung

[1] Der Verschmelzungsplan oder sein Entwurf ist nach den §§ 9 bis 12 zu prüfen; § 48 ist nicht anzuwenden. [2] Der Prüfungsbericht muss spätestens einen Monat vor der Versammlung der Anteilsinhaber, die nach § 13 über die Zustimmung zum Verschmelzungsplan beschließen soll, vorliegen.

Schrifttum: Siehe Schrifttum § 122a.

1. Allgemeines

§ 122f regelt die Verschmelzungsprüfung bei einer grenzüberschreitenden Verschm. Sie dient damit der Umsetzung von Art 8 der IntV-RL. Entsprechend **1** der auch für innerstaatl Verschm geltenden Gesetzessystematik enthält S 1 nur den Prüfungsbefehl (vgl § 9 Rn 1). Die weiteren Anforderungen an die Prüfung und den Prüfungsbericht ergeben sich aus §§ 9–12. Für an der Verschm beteiligte AG/SE/KGaA würde die Pflicht zur Prüfung auch bereits aus §§ 60, 78 (über § 122a II) resultieren, während bei beteiligten GmbH nach § 48 eine Prüfung nur zu erfolgen hat, wenn einer ihrer Gesellschafter diese fristgemäß verlangt (vgl im Einzelnen dort). S 1 HS 2 schließt die Anwendung von § 48 für beteiligte GmbH klarstellend aus. Durch den generellen Verweis auf §§ 9–12 gelten auch § 9 III iVm § 8 III, wonach alle Anteilsinhaber – anders als auf den Verschmelzungsbericht (vgl § 122e Rn 14) – auf die Verschmelzungsprüfung verzichten können. IÜ enthält die Vorschrift in **S 2** nur noch eine Bestimmung, wann der Prüfungsbericht spätestens vorliegen muss.

2. Verschmelzungsprüfung

2 **a) Gesetzessystematik.** Die Vorschrift gilt für inl Ges, die an einer grenzüberschreitenden Verschm beteiligt sind (§ 122a II UmwG). S 1 enthält den generellen Prüfungsbefehl, der nach S 1 HS 2 **auch** für an der grenzüberschreitenden Verschm beteiligte **GmbH** gilt (Ausschluss von § 48). Die Auswahl und Bestellung der Prüfer, deren Stellung und Verantwortlichkeit sowie die inhaltl Vorgaben für den Prüfungsbericht folgen aus den in Bezug genommenen §§ 9–12. Weitere rechtsformspezifische Vorschriften für die Verschmelzungsprüfung enthalten die §§ 46–78 nicht. Besonderheiten können bei gemeinsamen Verschmelzungsprüfungen entstehen, da dann die inl mit den entspr ausl Vorschriften harmonieren müssen. Dies wird größtenteils gewährleistet sein, da Art 8 II IntV-RL ebenfalls eine gemeinsame Verschmelzungsprüfung vorsieht (Henssler/Strohn/*Polley* Rn 4).

3 **b) Verschmelzungsprüfer.** Die Anforderungen an die Auswahl und an den Verschmelzungsprüfer folgen aus §§ 10, 11. Der Verschmelzungsprüfer wird vom Gericht bestellt (§ 10 I 1). Zuständig ist danach – auch für die Bestellung eines Prüfers für eine einzelne beteiligte Ges – das LG, in dessen Bezirk ein *übertragender* Rechtsträger seinen Sitz hat (§ 10 II 1). Dies ist wenig sinnvoll, wenn eine inl Ges nur als übernehmender Rechtsträger beteiligt ist. In diesem Fall ist die Zuständigkeit des Gerichts beim beteiligten dt Rechtsträger anzunehmen (so zutr Semler/Stengel/*Drinhausen* Rn 4; Lutter/*Bayer* Rn 5; KölnerKommUmwG/*Simon/Rubner* Rn 4; Maulbetsch/Klumpp/Rose/*Becker* Rn 3; Henssler/Strohn/*Polley* Rn 3; grds auch Kallmeyer/*Müller* Rn 8; SBB/*Gutkès* § 13 Rn 133). Die Bestellung eines **gemeinsamen Verschmelzungsprüfers** ist ebenfalls mögl. S 1 verweist insofern auch auf § 10 I 2. Die Bestellung eines gemeinsamen Verschmelzungsprüfers sieht auch Art 8 II IntV-RL vor. Weitere Voraussetzung ist, dass auch die Rechtsordnung der anderen beteiligten Ges eine Prüfung durch einen gemeinsamen Verschmelzungsprüfer vorsieht (Widmann/Mayer/*Mayer* Rn 10); dies müsste wegen der Vorgabe in Art 8 II IntV-RL indes gewährleistet sein. Die beteiligten Ges können in diesem Fall wählen, nach welcher Rechtsordnung die gemeinsame Verschmelzungsprüfung durchgeführt werden soll (Semler/Stengel/*Drinhausen* Rn 5; Maulbetsch/Klumpp/Rose/*Becker* Rn 6; Kallmeyer/*Müller* Rn 9; Lutter/*Bayer* Rn 3; SBB/*Gutkès* § 13 Rn 130; *Bayer/Schmidt* NJW 2006, 401, 403; *Bayer/Schmidt* NZG 2006, 841, 842). Konsequenterweise müssen sich dann die Anforderungen an die Qualifikation der Verschmelzungsprüfer und der Bestellung nach der gewählten Rechtsordnung richten (Kallmeyer/*Müller* Rn 12). Die inhaltl Anforderungen an den Prüfungsbericht wie auch die Rechte der Prüfer folgen hingegen aus einer

kumulativen Anwendung der betroffenen Rechtsordnungen; bei unterschiedl Maßstäben setzt sich die strengere Rechtsordnung durch (Semler/Stengel/*Drinhausen* Rn 5; Widmann/Mayer/*Mayer* Rn 11; KölnerKommUmwG/*Simon/Rubner* Rn 9; Maulbetsch/Klumpp/Rose/*Becker* Rn 7; Henssler/Strohn/*Polley* Rn 4; SBB/*Gutkès* § 13 Rn 131; aA Kallmeyer/*Müller* Rn 10; Lutter/*Bayer* Rn 3).

c) Verschmelzungsprüfungsbericht. S 1 verweist auf § 12. Danach haben die Verschmelzungsprüfer über das Erg der Prüfung schriftl zu berichten. Für eine beteiligte inl Ges richten sich die Anforderungen an den Prüfungsbericht nach § 12 II. Gegenstand der Prüfung ist der Verschmelzungsplan bzw dessen Entwurf (aA Lutter/*Bayer* Rn 10: auch Verschmelzungsbericht). Ein Schwerpunkt der Prüfung ist die Angemessenheit des vorgeschlagenen Umtauschverhältnisses und ggf die Höhe der baren Zuzahlungen. Vgl hierzu näher § 12 Rn 4 ff. 4

Sofern **gemeinsame Verschmelzungsprüfer** bestellt worden sind, haben diese einheitl zu berichten. Darüber hinaus eröffnet S 1 iVm § 12 I 2 auch bei unterschiedl Verschmelzungsprüfern eine **gemeinsame Berichterstattung;** weitere Voraussetzung ist, dass dies auch die ausl Rechtsordnung vorsieht. Inhaltl sind bei einer gemeinsamen Berichterstattung die Anforderungen der Rechtsordnungen aller beteiligten Ges zu beachten; bei Unterschieden ist der strengere Maßstab zu erfüllen (vgl bereits Rn 3). Entsprechendes gilt für das **Prüfungstestat** (Henssler/Strohn/*Polley* Rn 6). Der Bericht ist in dt Sprache zu verfassen, bei einem gemeinsamen Prüfungsbericht ist mithin auch eine dt Fassung zu erstellen (Semler/Stengel/Drinhausen Rn 6; KölnerKommUmwG/*Simon/Rubner* Rn 10; SBB/*Gutkès* § 13 Rn 139). 5

d) Frist für die Vorlage. S 2 ordnet an, dass der Verschmelzungsprüfungsbericht spätestens einen Monat vor der Versammlung der Anteilsinhaber, die über die Zustimmung beschließt, vorliegen muss. Dies entspricht der Vorgabe von Art 8 I 1 IntV-RL. Hintergrund ist, dass der Verschmelzungsbericht den Gesellschaftern spätestens mit der Einberufung der Gesellschafterversammlung zu übersenden ist (§ 47) oder spätestens ab Einberufung der HV in den Geschäftsräumen der Ges zur Einsicht der Aktionäre ausliegen muss (§ 63 I Nr 5). 6

e) Verzicht auf Prüfung/Bericht. Die Anteilsinhaber einer beteiligten inl Ges können – anders als auf einen Verschmelzungsbericht (vgl § 122e Rn 14) – auf die Verschmelzungsprüfung und – auch isoliert – auf den Prüfungsbericht verzichten. S 1 verweist insoweit auf § 9 III und § 12 III, nach denen wiederum § 8 III entspr anwendbar ist. Voraussetzung ist indes, dass alle Anteilsinhaber aller beteiligten Ges (also auch der ausl Ges) in notariell beurkundeter Form (aA hinsichtl der Form für die Anteilsinhaber der ausl Ges *Müller* Der Konzern 2007, 81, 82; Kallmeyer/*Müller* Rn 4; KölnerKommUmwG/*Simon/Rubner* Rn 13; Maulbetsch/Klumpp/Rose/*Becker* Rn 11; Henssler/Strohn/*Polley* Rn 9; SBB/*Gutkès* § 13 Rn 141: Ortsform) auf die Prüfung und/oder den Prüfungsbericht verzichten (Kallmeyer/*Müller* Rn 4; Semler/Stengel/*Drinhausen* Rn 7; Widmann/Mayer/*Mayer* Rn 24; Lutter/*Bayer* Rn 16; KölnerKommUmwG/*Simon/Rubner* Rn 13; *Müller* NZG 2006, 286, 288; *Neye* ZIP 2005, 1893, 1896; *Drinhausen/Keinath* BB 2006, 725, 728). Für die Anteilsinhaber von beteiligten ausl Ges gelten die dortigen Verfahrensgrundsätze für eine Beurkundung (*Bayer/Schmidt* NZG 2006, 841, 842; *Müller* NZG 2006, 286, 288; Lutter/*Bayer* Rn 17). Eine Beurkundung vor dem dt Notar auch der Verzichtserklärungen der Anteilsinhaber der beteiligten ausl Ges genügt aus inl Sicht jedoch den Anforderungen nach § 8 III. 7

8 Die Verschmelzungsprüfung und/oder der Prüfungsbericht sind ferner entbehrl, wenn bzw soweit sich alle Anteile eines übertragenden Rechtsträgers in der Hand des übernehmenden Rechtsträgers befinden (§§ 8 III 1, 9 II; **Mutter-Tochter-Verschmelzung**). Einen entspr Vorbehalt enthält auch Art 15 I IntV-RL. Ob in diesem Fall auch beteiligte ausl Ges auf eine Verschmelzungsprüfung verzichten können, richtet sich jedoch ausschließl nach deren Rechtsordnung.

§ 122g Zustimmung der Anteilsinhaber

(1) **Die Anteilsinhaber können ihre Zustimmung nach § 13 davon abhängig machen, dass die Art und Weise der Mitbestimmung der Arbeitnehmer der übernehmenden oder neuen Gesellschaft ausdrücklich von ihnen bestätigt wird.**

(2) **Befinden sich alle Anteile einer übertragenden Gesellschaft in der Hand der übernehmenden Gesellschaft, so ist ein Verschmelzungsbeschluss der Anteilsinhaber der übertragenden Gesellschaft nicht erforderlich.**

Schrifttum: Siehe Schrifttum § 122a.

1. Allgemeines

1 Die Vorschrift setzt die grdsl Notwendigkeit eines Zustimmungsbeschlusses der Anteilsinhaber zur grenzüberschreitenden Verschm voraus und regelt in **Abs 1** ledigl einen Sonderfall, der bei innerstaatl Verschm nicht eintreten kann (Vorbehalt der Bestätigung der Art und Weise der Mitbestimmung). IÜ gelten über § 122a II § 13 und die rechtsformspezifischen ergänzenden Vorschriften zur Vorbereitung und Durchführung der Gesellschafterversammlungen sowie zur Beschlussfassung nach §§ 46–78. Für die beteiligten ausl Rechtsträger sind die Anforderungen der jew Rechtsordnung zu beachten. **Abs 2** erklärt den Verschmelzungsbeschluss bei einer 100%igen TochterGes für entbehrl, wenn diese auf die MutterGes verschmolzen wird. Dies dient der Umsetzung von Art 9 IntV-RL.

2. Zustimmungsbeschluss

2 **a) Anteilsinhaberversammlung.** Nach § 13 I 1 (iVm § 122a II) wird der Verschmelzungsplan nur wirksam, wenn die Anteilsinhaber aller beteiligten Rechtsträger ihm durch Verschmelzungsbeschluss zugestimmt haben. § 13 I 2 verlangt die Beschlussfassung in einer **Gesellschafterversammlung.** Zur Bedeutung und Rechtsnatur des Verschmelzungsbeschlusses vgl zunächst § 13 Rn 4. Der Zustimmungsbeschluss kann sowohl als (vorherige) Einwilligung als auch als (nachträgl) Genehmigung gefasst werden. Im ersteren Fall erfolgt die Beschlussfassung auf der Basis des Entwurfs eines Verschmelzungsplans. Vgl hierzu im Einzelnen § 13 Rn 17 ff.

3 **b) Vorbereitung der Versammlung.** Für die Vorbereitung der jew Gesellschafterversammlungen der beteiligten Rechtsträger sind verschiedene, ineinandergreifende Regelungen zu beachten. § 122d bestimmt, dass der Verschmelzungsplan oder sein Entwurf spätestens einen Monat vor der beschlussfassenden Gesellschafterversammlung zum Register einzureichen ist. Das Gericht hat unverzügl die in § 122d S 2 geregelten Angaben bekannt zu machen (vgl im Einzelnen

dort). Des Weiteren bestimmt § 122e S 2, dass der Verschmelzungsbericht (auch) den Anteilsinhabern spätestens einen Monat vor der Versammlung der Anteilsinhaber zugängl zu machen ist. IÜ richten sich die Modalitäten der Vorbereitung und Durchführung der Anteilsinhaberversammlung nach den für die jew Ges geltenden Rechtsordnungen, also für beteiligte inl Ges nach den rechtsformspezifischen Anforderungen in den §§ 46–78 und ergänzend nach den für die Gesellschaftsformen geltenden Einzelgesetzen (GmbHG, AktG, SE-VO). Danach sind für beteiligte inl GmbH neben den Vorschriften des GmbHG die §§ 47, 48, 49 und für beteiligte AG/SE/KGaA neben dem AktG/der SE-VO insbes die §§ 63, 64 zu beachten.

Informationen hinsichtl der anderen beteiligten Rechtsträger (etwa JA, nicht gemeinsam erstattete Verschmelzungs- und Prüfungsberichte, vgl § 63 I Nr 3–5) sind bei beteiligten **AG/KGaA/SE** zusätzl auszulegen. Für **GmbH** vgl §§ 47, 49 II. Dies gilt auch für die Verschmelzungsberichte der anderen beteiligten Rechtsträger. § 122e S 2 ist im Verhältnis zu den Anteilsinhabern keine abschließende Regelung (Lutter/*Bayer* Rn 8; KölnerKommUmwG/*Simon/Rubner* Rn 6; vgl auch § 122e Rn 16), da eine unterschiedl Behandlung der Unterlagen nach § 63 nicht gerechtfertigt ist. Die Unterlagen der beteiligten ausl Ges müssen in dt Sprache vorliegen (Semler/Stengel/*Drinhausen* Rn 4; Kallmeyer/*Zimmermann* Rn 8; KölnerKommUmwG/*Simon/Rubner* Rn 4; Maulbetsch/Klumpp/Rose/*Becker* Rn 1; aA *Louven* ZIP 2006, 2021, 2022; Lutter/*Bayer* Rn 15: empfehlenswert). Auf die Einhaltung von Form- und Fristerfordernissen für die Einberufung und Durchführung der Anteilsinhaberversammlung kann nach Maßgabe der allg Regelungen für die jew Gesellschaftsform verzichtet werden (Semler/Stengel/*Drinhausen* Rn 5; zur Frist hinsichtl der Bekanntmachung nach § 122d vgl dort Rn 10). Für ausl Ges gelten die Regelungen der Rechtsordnung, denen diese unterliegen. 4

c) Beschlussfassung. Für die Beschlussfassung sind über § 122a II neben § 13 für beteiligte inl GmbH §§ 50, 51 (zu § 51 vgl auch KölnerKommUmwG/*Simon/Rubner* Rn 8 ff) und für inl AG/SE/KGaA § 65 anwendbar. Die dort geregelten Beschlussmehrheiten gelten auch bei grenzüberschreitenden Verschm. Die Beschlussmehrheiten für die beteiligten ausl Ges richten sich nach deren Rechtsordnung. Zur strittigen Frage der notw Mehrheiten bei einer SE vgl Lutter/*Bayer* Rn 22. 5

Die Zustimmungsbeschlüsse bei beteiligten inl Rechtsträgern sind nach § 13 III ebenso wie zusätzl erforderl Zustimmungserklärungen einzelner Anteilsinhaber **notariell zu beurkunden.** Der Verschmelzungsplan oder sein Entwurf ist dem Beschluss als **Anlage** beizufügen (§ 13 III 2). Vgl hierzu im Einzelnen § 13 Rn 41 ff. Zur Frage der Wirksamkeit der Auslandsbeurkundung vgl § 6 Rn 13 ff. Die Formerfordernisse für die Beschlüsse bei beteiligten ausl Ges richten sich nach deren Rechtsordnung. 6

d) Zustimmungsvorbehalt Arbeitnehmermitbestimmung. Nach Abs 1 können die Anteilsinhaber ihre Zustimmung davon abhängig machen, dass die Art und Weise der Mitbestimmung der ArbN der übernehmenden oder neuen Ges ausdrückl von ihnen bestätigt wird. Die Regelung geht auf Art 9 II der IntV-RL zurück und erinnert an Art 22 II 2 SE-VO. Die Vorschrift soll ermögl, dass die Anteilsinhaber – etwa, wenn unsicher ist, ob überhaupt die notw Mehrheit zustande kommt – bereits über die Verschm an sich beschließen, obwohl zu diesem Zeitpunkt noch nicht feststeht, wie die Mitbestimmung der ArbN in der übernehmenden Ges/neuen 7

Ges ausgestaltet ist. In diesem Fall können die Gesellschafter beschließen, dass die Art und Weise der Mitbestimmung von ihnen bestätigt wird. Der Vorbehalt bezieht sich auf alle Arten der Mitbestimmungsregelung, auch auf das Eingreifen der Auffangregelung (Lutter/*Bayer* Rn 28). Die Gesellschafter haben damit zwar keinen unmittelbaren Einfluss auf die Festlegung der Art und Weise der Mitbestimmung, sie können aber die Verschm an sich und damit die Umsetzung des in dem Verfahren zur Festlegung der ArbN-Mitbestimmung Vereinbarten (vgl dazu Vor §§ 122a ff) verhindern (Kallmeyer/*Zimmermann* Rn 21).

8 Der **Bestätigungsvorbehalt** ist kein eigenständiger Beschluss, sondern Bestandteil des Zustimmungsbeschlusses (RegEBegr zu § 122g I; Widmann/Mayer/*Heckschen* Rn 109; Kallmeyer/*Zimmermann* Rn 16; KölnerKommUmwG/*Simon/Rubner* Rn 16; Maulbetsch/Klumpp/Rose/*Becker* Rn 4, 7; Henssler/Strohn/*Polley* Rn 6; aA wohl SBB/*Gutkès* § 13 Rn 157). Demzufolge gilt für die einheitl Beschlussfassung die **qualifizierte Mehrheit** nach § 122a iVm § 50 bzw § 65 (Widmann/Mayer/*Heckschen* Rn 112; Kallmeyer/*Zimmermann* Rn 16; KölnerKommUmwG/*Simon/Rubner* Rn 16; Hauschild/Kallrath/Wachter/*Zimmermann* § 24 Rn 120; *Simon/Rubner* Der Konzern 2006, 835, 839; Maulbetsch/Klumpp/Rose/*Becker* Rn 7; Henssler/Strohn/*Polley* Rn 6; aA Semler/Stengel/*Drinhausen* Rn 10; Lutter/*Bayer* Rn 30; SBB/*Gutkès* § 13 Rn 158: einfache Stimmenmehrheit; zur ähnl Situation nach Art 23 SE-VO vgl dort Rn 13).

9 Wird der Vorbehalt erklärt, muss nach Feststehen der anzuwendenden Mitbestimmungsregelung eine **weitere Versammlung** durchgeführt werden (Kallmeyer/*Zimmermann* Rn 18; KölnerKommUmwG/*Simon/Rubner* Rn 19). Eine Übertragung der Bestätigungsbefugnis auf ein anderes Organ ist nicht mögl, da die Bestätigung Teil des Verschmelzungsbeschlusses ist und hierüber nur die Gesellschafter entscheiden können (Kallmeyer/*Zimmermann* Rn 19; Lutter/*Bayer* Rn 34; Hauschild/Kallrath/Wachter/*Zimmermann* § 24 Rn 122; aA KölnerKommUmwG/*Simon/Rubner* Rn 18; SBB/*Gutkès* § 13 Rn 161). Die Gesellschafter können hierfür indes – wie auch für den Verschmelzungsbeschluss (vgl § 13 Rn 45 ff) – Vollmachten erteilen. Grdsl richten sich die Anforderungen an die Vorbereitung und Durchführung der weiteren Versammlung nach dem jew für die beteiligte Ges geltenden (in- oder ausl) Gesellschaftsrecht (Semler/Stengel/*Drinhausen* Rn 11; Widmann/Mayer/*Heckschen* Rn 113). Die bes Anforderungen nach dem UmwG sind nicht einzuhalten, soweit nicht – etwa wegen Änderungen des Entwurfs oder beurkundeten Verschmelzungsplans ggü dem bisherigen Entwurf – erneut eine Beschlussfassung über den Verschmelzungsplan erfolgen muss. Letzteres wäre etwa nötig, wenn im Zuge der Entscheidung über die ArbN-Mitbestimmung eine angepasste Satzung und damit ein angepasster Verschmelzungsplan (§ 122c II Nr 9) notw ist (vgl auch Lutter/*Bayer* Rn 29; KölnerKommUmwG/*Simon/Rubner* Rn 12). Auch die Informationspflichten im Rahmen der Vorbereitung der Beschlussfassung, die in diesem Fall die getroffene Entscheidung über die ArbN-Mitbestimmung umfassen (Hauschild/Kallrath/Wachter/*Zimmermann* § 24 Rn 122), richten sich nach den für die Rechtsformen geltenden Gesetzen.

10 Da erst der Bestätigungsbeschluss zur endgültigen Wirksamkeit des Zustimmungsbeschlusses führt, bedarf er **derselben Mehrheit** wie der Zustimmungsbeschluss (wie hier Widmann/Mayer/*Heckschen* Rn 137; Kallmeyer/*Zimmermann* Rn 20; KölnerKommUmwG/*Simon/Rubner* Rn 19; *Frenzel* RIW 2008, 12, 15; Maulbetsch/Klumpp/Rose/*Becker* Rn 8; Henssler/Strohn/*Polley* Rn 6; aA Semler/Stengel/*Drinhausen* Rn 11; Lutter/*Bayer* Rn 33; SBB/*Gutkès* § 13 Rn 160: einfache Stimmenmehrheit). Eine geringere Mehrheit wäre nur ausreichend, wenn im Verschmelzungsbeschluss ausdrückl eine Bestätigung mit einer geringeren Mehrheit zugelassen wird (KölnerKommUmwG/*Simon/Rubner* Rn 17; *dies* Der Konzern 2006, 835, 839; Maulbetsch/Klumpp/Rose/*Becker* Rn 8). Er ist ebenso wie der Verschmelzungsbeschluss (Rn 6) notariell zu beurkunden (Kallmeyer/*Zimmermann* Rn 23). Solange der Bestätigungsbeschluss mit der erforderl Mehrheit nicht getroffen ist, liegt eine wirksame Zustimmung der Anteilsinhaberversammlung nach § 122a II iVm § 13 nicht vor. Demzufolge kann eine Verschmelzungsbescheinigung nach § 122k nicht erteilt und die Verschm nicht eingetragen werden (ebenso Semler/Stengel/*Drinhausen* Rn 12; Lutter/*Bayer* Rn 31; KölnerKommUmwG/*Simon/Rubner* Rn 20; SBB/*Gutkès* § 13 Rn 156). Damit wird – ggf endgültig – die Verschm nicht wirksam. Mittelbar stimmen damit die Anteilsinhaber über die (Neu-)Regelung hinsichtl der ArbN-Mitbestimmung mit ab (vgl auch Rn 7).

3. Ausnahmen von der Beschlussfassung

Nach **Abs 2** ist ein Verschmelzungsbeschluss der Anteilsinhaber der übertragenden Ges nicht erforderl, wenn sich alle Anteile einer übertragenden Ges in der Hand der übernehmenden Ges befinden. Der beschließende Gesellschafter wäre in diesem Fall die übernehmende Ges selbst (Verschm der 100%igen TochterGes auf die MutterGes). Diese bringt ihre Zustimmung zur Verschm schon durch die Aufstellung des gemeinsamen Verschmelzungsplans (§ 122c) zum Ausdruck; ein Beschluss wäre reine Förmelei (vgl nunmehr auch § 62 IV). Abs 2 setzt die Ermächtigung in Art 15 I IntV-RL um. Rechtswirkungen entfaltet die Regelung nur für übertragende Ges, die der dt Rechtsordnung unterliegen (Semler/Stengel/*Drinhausen* Rn 14; Kallmeyer/*Zimmermann* Rn 28; Henssler/Strohn/*Polley* Rn 8). Die Ausnahme vom Beschlusserfordernis gilt auch, wenn zugleich mehrere 100%ige TochterGes auf die MutterGes verschmolzen werden (Widmann/Mayer/*Heckschen* Rn 153; Kallmeyer/*Zimmermann* Rn 27). Soweit zugleich übertragende Ges verschmolzen werden, deren Anteile nicht vollständig von der übernehmenden Ges gehalten werden, ist bei diesen Ges ein Zustimmungsbeschluss der Anteilsinhaber erforderl. 11

Maßgebl ist die über die Gesellschaftsanteile vermittelte 100%ige Beteiligung. **Unterbeteiligungen, stille Ges** an der übertragenden Ges und ähnl Rechtsverhältnisse sind nicht zu berücksichtigen. Ausreichend ist indes eine **mittelbare,** über ZwischenGes vermittelte **100%ige Beteiligung.** Eigene Anteile der übertragenden Ges werden nicht mitgezählt. Entsprechendes gilt für Anteile, die ein in eigenem Namen, jedoch für Rechnung der übernehmenden Ges handelnder Dritter hält (vgl auch zu § 62 dort Rn 5; Henssler/Strohn/*Polley* Rn 9; aA Widmann/Mayer/*Heckschen* Rn 145). 12

Weitere Vergünstigungen bei Konzernverschmelzungen bestehen hinsichtl der Verschmelzungsprüfung (vgl § 122f Rn 8). Ein Verschmelzungsbericht ist nicht entbehrl (§ 122e Rn 14). 13

Der von Art 9 III zugelassene **Verzicht** auf eine Gesellschafterversammlung **bei der übernehmenden Ges** wurde in § 122g nicht unmittelbar übernommen. Über § 122a II gilt bei Beteiligung einer AG/SE/KGaA aber **§ 62 I** (aA Lutter/*Bayer* Rn 36). Danach ist ein Verschmelzungsbeschluss bei einer inl übernehmenden AG/SE/KGaA entbehrl, wenn sich mindestens 90% des Kapitals der übertragenden Ges in der Hand der übernehmenden Ges befindet. In diesem Fall kann die Beschlussfassung gänzl entfallen (Kallmeyer/*Zimmermann* Rn 29; KölnerKommUmwG/*Simon/Rubner* Rn 26; Maulbetsch/Klumpp/Rose/*Becker* Rn 11; 14

Krauel/Mense/Wind Der Konzern 2010, 541, 546). Vgl im Einzelnen hierzu die Komm zu § 62.

§ 122h Verbesserung des Umtauschverhältnisses

(1) **§ 14 Abs. 2 und § 15 gelten für die Anteilsinhaber einer übertragenden Gesellschaft nur, sofern die Anteilsinhaber der an der grenzüberschreitenden Verschmelzung beteiligten Gesellschaften, die dem Recht eines anderen Mitgliedstaats der Europäischen Union oder eines anderen Vertragsstaats des Abkommens über den Europäischen Wirtschaftsraum unterliegen, dessen Rechtsvorschriften ein Verfahren zur Kontrolle und Änderung des Umtauschverhältnisses der Anteile nicht vorsehen, im Verschmelzungsbeschluss ausdrücklich zustimmen.**

(2) **§ 15 gilt auch für Anteilsinhaber einer übertragenden Gesellschaft, die dem Recht eines anderen Mitgliedstaats der Europäischen Union oder eines anderen Vertragsstaats des Abkommens über den Europäischen Wirtschaftsraum unterliegt, wenn nach dem Recht dieses Staates ein Verfahren zur Kontrolle und Änderung des Umtauschverhältnisses der Anteile vorgesehen ist und deutsche Gerichte für die Durchführung eines solchen Verfahrens international zuständig sind.**

Schrifttum: Siehe Schrifttum § 122a.

1. Allgemeines

1 Die Vorschrift modifiziert die für dt innerstaatl Verschm geltenden und grdsl über § 122a II anwendbaren Regelungen nach § 14 II und § 15 zur Verbesserung des Umtauschverhältnisses und setzt mit Abs 1 die Vorgabe von Art 10 III 1 IntV-RL um. Diese Regelungen verhindern für einen wichtigen Teilbereich eine Registersperre, da die Gesellschafter eines übertragenden Rechtsträgers eine Klage gegen die Wirksamkeit des Verschmelzungsbeschlusses nicht darauf stützen können, dass das Umtauschverhältnis zu niedrig bemessen sei (§ 14 II). Im Gegenzug haben diese Anteilsinhaber nach § 15 einen Anspruch gegen den übernehmenden Rechtsträger auf Ausgleich eines unangemessenen Umtauschverhältnisses durch bare Zuzahlung, der im Spruchverfahren durchzusetzen ist. Da aber nicht alle Mitgliedstaaten der EU/des EWR ein Spruchverfahren kennen, funktioniert dieses Ineinandergreifen von Klageausschluss und Spruchverfahren vielfach nicht bei grenzüberschreitenden Verschmelzungsfällen. Demzufolge müssen nach Abs 1 die Anteilsinhaber von beteiligten Ges, deren Rechtsordnungen ein Spruchverfahren nicht vorsehen, im Verschmelzungsbeschluss der Durchführung des Spruchverfahrens zustimmen. Abs 1 ist damit inhaltl mit § 6 I SEAG vglbar.

2 Soweit die Voraussetzungen von Abs 1 erfüllt sind und ein Spruchverfahren durchgeführt werden kann, enthält **Abs 2** eine Erstreckung des Anspruchs auf bare Zuzahlungen auch auf die Anteilsinhaber einer ausl übertragenden Ges. Die Regelung ist mit § 6 IV 2 SEAG vglbar und soll eine Doppelarbeit und sich widersprechende Entscheidungen in- und ausl Gerichte vermeiden (RegEBegr BT-Drs 16/2919 zu § 122h II).

2. Zustimmung zum Spruchverfahren (Abs 1)

3 **a) Systematik.** Die beteiligten inl Ges unterliegen auch iRd grenzüberschreitenden Verschm der inl Rechtsordnung (vgl § 122a Rn 12 ff). Die Zustimmungs-

beschlüsse der Gesellschafter (Verschmelzungsbeschlüsse) sind demzufolge nach Maßgabe der für die Rechtsform geltenden Vorschriften mit der Unwirksamkeitsklage (Anfechtungs- oder Nichtigkeitsklage) angreifbar. Allerdings gilt hierfür nach § 14 I rechtsformunabhängig eine Klagefrist von einem Monat. Ferner besteht bei innerstaatl Verschm die Besonderheit, dass eine Unwirksamkeitsklage der Anteilsinhaber der übertragenden Ges nach § 14 II nicht auf ein unangemessenes Umtauschverhältnis gestützt werden kann (vgl im Einzelnen § 14 Rn 28 ff). Stattdessen haben diese Anteilsinhaber einen Anspruch auf Ausgleich durch bare Zuzahlung, den sie im Spruchverfahren geltend machen können (§ 15 I). Die Anteilsinhaber der übernehmenden Ges können hingegen einerseits eine Unwirksamkeitsklage auch auf ein unangemessenes Umtauschverhältnis stützen, andererseits sind sie von der Geltendmachung eines Anspruchs auf bare Zuzahlung im Spruchverfahren ausgeschlossen (vgl § 14 Rn 30).

Abs 1 bestimmt nun, dass die Anwendung von § 14 II und § 15 bei grenzüberschreitenden Verschm für die Anteilsinhaber einer inl übertragenden Ges von den **weiteren Voraussetzungen** abhängig gemacht wird, dass entweder die anderen beteiligten Ges einer Rechtsordnung unterliegen, die ein vglbares Spruchverfahren vorsieht, oder alle Anteilsinhaber der ausl beteiligten Ges der Anwendung der § 14 II und § 15 im Verschmelzungsbeschluss ausdrückl zustimmen. Die auf Art 10 III 1 IntV-RL zurückgehende Bestimmung bezweckt den Schutz der Anteilsinhaber der beteiligten ausl Ges. Denn die Zahlung barer Zuzahlungen nach Abschluss eines Spruchverfahrens durch die übernehmende Ges beeinflusst auch die Vermögenssphäre der Gesellschafter der übernehmenden Ges. Sie sollen durch ihre Zustimmung zur (mögl) Durchführung eines Spruchverfahrens ihre Kenntnis dokumentieren, dass diese nachträgl Änderungen eintreten können, obwohl ihre eigene Rechtsordnung ein entspr Verfahren nicht vorsieht. Andererseits können die Anteilsinhaber der beteiligten ausl Ges durch die Zustimmung erreichen, dass durch eine Unwirksamkeitsklage gegen das Umtauschverhältnis eine Verzögerung (Registersperre) nicht eintritt. Zur Angabe in der Verschmelzungsbescheinigung vgl § 122k Rn 17. 4

b) Fallgruppen. Abs 1 gilt – wie die §§ 122a ff insges (§ 122a Rn 12 ff) – für beteiligte inl Ges. Da §§ 14 II, 15 nur auf den Verschmelzungsbeschluss bei einer übertragenden Ges anwendbar sind (§ 14 Rn 22), greift die Regelung ferner nur, wenn bei einer grenzüberschreitenden Verschm ein inl Ges als übertragende Ges beteiligt ist. Schließl muss mindestens eine bestehende ausl Ges als übertragende oder übernehmende Ges beteiligt sein. Bei einer grenzüberschreitenden Verschm, bei der mehrere inl Ges eine Verschm zur Neugründung einer ausl Ges vornehmen (vgl dazu § 122a Rn 9), kann die von Abs 1 vorausgesetzte Situation nicht eintreten, da dann für alle Anteilsinhaber aller übertragenden Ges §§ 14 II, 15 eingreifen (Henssler/Strohn/*Polley* Rn 7). Abs 1 ist jedoch anwendbar, wenn eine ausl Ges als weitere übertragende Ges beteiligt ist, und zwar unabhängig davon, ob bei dieser grenzüberschreitenden Verschm die übernehmende oder neue Ges ein in- oder ausl Rechtsträger ist (Henssler/Strohn/*Polley* Rn 7). Denn Abs 1 setzt nicht voraus, dass nur die Anteilsinhaber von (ausl) übernehmenden Ges zustimmen müssen. 5

c) Vergleichbare Spruchverfahren. Der Zustimmung der Anteilsinhaber einer übertragenden ausl Ges zur Anwendung der §§ 14 II, 15 bedarf es nur, wenn das Recht, denen diese Ges unterliegen, ein Verfahren zur Kontrolle und Änderung des Umtauschverhältnisses der Anteile **nicht** vorsieht. Dies trifft auf 6 die meisten EU-/EWR-Mitgliedstaaten zu (Widmann/Mayer/*Heckschen* Rn 44; *Kiem* WM 2006, 1091, 1097; *Oechsler* NZG 2006, 161, 164). Ein vglbares Verfahren kennt Österreich (§§ 225c ff öAktG). Vorsehen bedeutet, dass im konkreten Fall der zu beurteilenden grenzüberschreitenden Verschm das vglbare Spruchverfahren eingeleitet werden kann (*Simon/Rubner* Der Konzern 2006, 835, 840). Insbesondere muss das Verfahren auch bei grenzüberschreitenden Verschmelzungen eröffnet sein und gesetzl geregelt, also nicht nur schuldrechtl vereinbart sein (Kallmeyer/*Marsch-Barner* Rn 2). In einem derartigen Fall gelten für die Anteilsinhaber der übertragenden inl Ges über § 122a II, §§ 14 II, 15. Die Rechte der Anteilsinhaber der anderen beteiligten Ges in Zshg mit einem unangemessenen Umtauschverhältnis richten sich nach deren Rechtsordnung.

7 **d) Zustimmung der Anteilsinhaber ausländischer Gesellschaften.** Sofern die Rechtsordnungen, denen die beteiligten ausl Ges (als übernehmende oder übertragende Ges, vgl Rn 5) angehören, ein Spruchverfahren nicht vorsehen, bedarf die Anwendung von §§ 14 II, 15 bei der inl übertragenden Ges der ausdrückl Zustimmung der Anteilsinhaber der beteiligten ausl Ges „im Verschmelzungsbeschluss". Eine wirksame Zustimmung ist damit jedenfalls gegeben, wenn diese als Bestandteil im Verschmelzungsbeschluss enthalten ist. Nach Sinn und Zweck der Vorschrift ist es indes ausreichend, wenn die Anteilsinhaber in einem separaten Beschluss der Anwendung der §§ 14 II, 15 bei der übertragenden inl Ges zustimmen. Hierdurch wird es ermöglicht, dass die Gesellschafter der ausl Ges der Verschm an sich zustimmen und in einer getrennten Beschlussfassung über die mögl Durchführung eines Spruchverfahrens bei der übertragenden dt Ges befinden (zutr Semler/Stengel/*Drinhausen* Rn 6; Kallmeyer/*Marsch-Barner* Rn 3; Henssler/Strohn/*Polley* Rn 3; aA Widmann/Mayer/*Heckschen* Rn 46). Auch bei einem getrennten Beschluss über die Zustimmung gelten die **Mehrheitserfordernisse,** die für den Verschmelzungsbeschluss notw sind. Diese richten sich nach der jew ausl Rechtsordnung (Kallmeyer/*Marsch-Barner* Rn 3).

8 **e) Zeitliche Reihenfolge, Klagefrist.** Abs 1 gibt keine zeitl Abfolge zwischen dem Zustimmungsbeschluss der Gesellschafter der ausl Ges und dem Verschmelzungsbeschluss bei der übertragenden inl Ges vor. Dies ist insofern problematisch, als zum Zeitpunkt der Beschlussfassung bei der inl übertragenden Ges ggf noch unklar ist, ob die Anteilsinhaber der ausl Ges der Durchführung eines Spruchverfahrens zustimmen (davon hängt wiederum ab, ob die Anteilsinhaber des inl Rechtsträgers die Unwirksamkeitsklage auf ein unangemessenes Umtauschverhältnis stützen können – Anwendung von § 14 II). Vor diesem Hintergrund wird man annehmen müssen, dass die Klagefrist nach § 14 I frühestens mit der letzten Beschlussfassung einer ausl Ges iSv Abs 1 zu laufen beginnt, damit sichergestellt ist, dass die Gesellschafter der übertragenden inl Ges entweder das Spruchverfahren durchführen oder Unwirksamkeitsklage erheben können (ebenso Kallmeyer/*Marsch-Barner* Rn 5; Henssler/Strohn/*Polley* Rn 5; vgl zur Parallelproblematik auch Art 24 SE-VO Rn 13).

9 **f) Rechtsfolge.** Liegt die (notw) Zustimmung der Gesellschafter der ausl beteiligten Ges nicht vor, greift der Klageausschluss nach § 14 II nicht ein. Zugleich haben die Anteilsinhaber der inl übertragenden Ges keinen Anspruch nach § 15, den sie im Spruchverfahren durchsetzen könnten. In diesem Fall können sie unter den sonstigen Voraussetzungen die Anfechtungsklage gegen den Verschmelzungsbeschluss auch auf ein unangemessenes Umtauschverhältnis stützen. Die Register-

sperre kann dann nur durch ein erfolgreiches Freigabeverfahren nach § 16 III vorzeitig überwunden werden.

Sind die Voraussetzungen nach Abs 1 erfüllt, gelten für die Anteilsinhaber der inl übertragenden Ges die §§ 14 II, 15. Sie sind mit dem Arg eines unangemessenen Umtauschverhältnisses von der Unwirksamkeitsklage ausgeschlossen, können indes ein Spruchverfahren beantragen. Vgl hierzu im Einzelnen die Komm zu § 14 II und § 15. Zum Spruchverfahren vgl Abschnitt B. 10

g) Durchführung des Spruchverfahrens. Sind die Voraussetzungen von Abs 1 erfüllt und demzufolge §§ 14 II, 15 anwendbar, richtet sich der materielle Anspruch nach § 15 und die Durchsetzung nach dem SpruchG. Zuständig ist das LG am Sitz der übertragenden Ges (§ 2 SpruchG). Dieses ist kraft des Zustimmungsbeschlusses der Anteilsinhaber der ausl Ges auch international zuständig (vgl auch *Müller* Der Konzern 2007, 81, 84; vgl auch Kallmeyer/*Marsch-Barner* Rn 6 nach Art 5 Abs 1a EuGVVO). Zur Beteiligung eines gemeinsamen Vertreters der Anteilsinhaber der beteiligten ausl Ges vgl die Komm zu § 6c SpruchG. Die Verzinsung (vgl § 15 II 1) beginnt mit der Eintragung und Bekanntmachung nach dem Recht, dem die übernehmende Ges unterliegt (Kallmeyer/*Marsch-Barner* Rn 6). 11

3. Einbeziehung der Anteilsinhaber ausländischer Gesellschaften (Abs 2)

§ 15 gilt nach Abs 2 auch für die Anteilsinhaber einer übertragenden ausl Ges, wenn auch die ausl Rechtsordnung ein Spruchverfahren vorsieht und dt Gerichte für die Durchführung international zuständig sind. Die Regelung ist insofern missverständl, als § 15 I 1 den materiellen Anspruch auf bare Zuzahlung schafft. Dies bestimmt sich indes hinsichtl der Anteilsinhaber einer ausl übertragenden Ges nach der Rechtsordnung, der diese Ges unterliegt. Abs 2 meint daher die in § 15 I 2 enthaltene Verweisung der Durchsetzung des Anspruchs im Spruchverfahren (Kallmeyer/*Marsch-Barner* Rn 7). Nach Abs 2 können damit auch die Anteilsinhaber ausl übertragender Ges den ihnen nach ihrer Rechtsordnung zustehenden Anspruch auf bare Zuzahlung in einem dt Spruchverfahren geltend machen (Semler/Stengel/*Drinhausen* Rn 10; Henssler/Strohn/*Polley* Rn 11). Hierdurch soll Doppelarbeit vermieden und widersprechenden Urteilen vorgebeugt werden (RegEBegr BT-Drs 16/2919 zu § 122h II). Dies setzt allerd voraus, dass die Rechtsordnung, der der ausl Rechtsträger unterliegt, ebenfalls ein Spruchverfahren vorsieht. Ferner müssen dt Gerichte international zuständig sein (Kallmeyer/*Marsch-Barner* Rn 7; *Kiem* WM 2006, 1091, 1097). Die internationale Zuständigkeit kann sich etwa aus einer Gerichtsstandsvereinbarung (RegEBegr BT-Drs 16/2919 zu § 122h II; *Forsthoff* DStR 2006, 613, 614; *Neye/Timm* GmbHR 2007, 561, 564 Fn 56) oder aus Art 5 Nr 1a EuGVVO ergeben (Widmann/Mayer/*Heckschen* Rn 62; Henssler/Strohn/*Polley* Rn 11; *Simon/Rubner* Der Konzern 2006, 835, 841; *Nießen* NZG 2006, 441, 443). 12

§ 122i Abfindungsangebot im Verschmelzungsplan

(1) [1]**Unterliegt die übernehmende oder neue Gesellschaft nicht dem deutschen Recht, hat die übertragende Gesellschaft im Verschmelzungsplan oder in seinem Entwurf jedem Anteilsinhaber, der gegen den Verschmelzungsbeschluss der Gesellschaft Widerspruch zur Niederschrift**

erklärt, den Erwerb seiner Anteile gegen eine angemessene Barabfindung anzubieten. [2] Die Vorschriften des Aktiengesetzes über den Erwerb eigener Aktien sowie des Gesetzes betreffend die Gesellschaften mit beschränkter Haftung über den Erwerb eigener Geschäftsanteile gelten entsprechend, jedoch sind § 71 Abs. 4 Satz 2 des Aktiengesetzes und § 33 Abs. 2 Satz 3 zweiter Halbsatz erste Alternative des Gesetzes betreffend die Gesellschaften mit beschränkter Haftung insoweit nicht anzuwenden. [3] § 29 Abs. 1 Satz 4 und 5 sowie Abs. 2 und die §§ 30, 31 und 33 gelten entsprechend.

(2) [1] Die §§ 32 und 34 gelten für die Anteilsinhaber einer übertragenden Gesellschaft nur, sofern die Anteilsinhaber der an der grenzüberschreitenden Verschmelzung beteiligten Gesellschaften, die dem Recht eines anderen Mitgliedstaats der Europäischen Union oder eines anderen Vertragsstaats des Abkommens über den Europäischen Wirtschaftsraum unterliegen, dessen Rechtsvorschriften ein Verfahren zur Abfindung von Minderheitsgesellschaftern nicht vorsehen, im Verschmelzungsbeschluss ausdrücklich zustimmen. [2] § 34 gilt auch für Anteilsinhaber einer übertragenden Gesellschaft, die dem Recht eines anderen Mitgliedstaats der Europäischen Union oder eines anderen Vertragsstaats des Abkommens über den Europäischen Wirtschaftsraum unterliegt, wenn nach dem Recht dieses Staates ein Verfahren zur Abfindung von Minderheitsgesellschaftern vorgesehen ist und deutsche Gerichte für die Durchführung eines solchen Verfahrens international zuständig sind.

Schrifttum: Siehe Schrifttum § 122a.

1. Allgemeines

1 Die Vorschrift modifiziert die für innerstaatl Verschm geltenden Vorschriften zum Ausscheiden einzelner Anteilsinhaber gegen Barabfindung. Der Gesetzgeber wollte damit die Ermächtigung nach Art 4 II 2 IntV-RL umsetzen (RegEBegr BT-Drs 16/2919 zu § 122i I). Inhaltl vglbare Regelungen finden sich in § 7 I und VII SEAG für die Gründung einer SE durch Verschm (vgl Art 24 SE-VO Rn 15).

2 **Abs 1** richtet sich an die der inl Rechtsordnung unterliegenden übertragenden Ges. Danach muss die übertragende Ges jedem Anteilsinhaber den Erwerb seiner Anteile gegen eine angemessene Barabfindung anbieten, wenn die übernehmende oder neue Ges nicht dem dt Recht unterliegt. Da damit ein Wechsel der Rechtsform einhergeht, wären auch die Voraussetzungen von § 29 I 1 erfüllt. Die Modifikation gegenüber § 29 liegt indes darin, dass der übertragende Rechtsträger (vgl § 29: der übernehmende Rechtsträger) das Barabfindungsangebot anzubieten hat. Dadurch soll gewährleistet werden, dass kein Anteilsinhaber die mit dem Wechsel in eine ausl Rechtsform verbundene Änderung seiner Rechte und Pflichten hinnehmen muss (RegEBegr BT-Drs 16/2919 zu § 122i I).

3 Für nat Verschm sehen §§ 32 und 34 – vglbar mit der Regelung in §§ 14 II, 15 hinsichtl barer Zuzahlungen – einerseits den Ausschluss von Unwirksamkeitsklagen gegen den Verschmelzungsbeschluss bei einem nicht ordnungsgemäßen Barabfindungsangebot, andererseits die Möglichkeit der gerichtl Nachprüfung in einem Spruchverfahren vor. Da die Zahlung einer Barabfindung auch die Vermögensinteressen der Anteilsinhaber der anderen beteiligten Ges berührt und nicht alle Mitgliedstaaten vglbare Regelungen aufweisen, stellt **Abs 2 S 1** die Anwendung des Klageausschlusses bei gleichzeitiger Eröffnung des Spruchverfahrens unter den Vor-

behalt der Zustimmung der Anteilsinhaber. Abs 2 S 1 entspricht damit der Regelung in § 122h I. **Abs 2 S 2** erweitert vglbar mit der Regelung in § 122h II die Zuständigkeit dt Gerichte für die Durchführung eines einheitl Spruchverfahrens.

2. Ausscheiden gegen Barabfindung

a) Gesetzessystematik. Bei innerstaatl Verschm gelten §§ 29 ff. Danach ist unter gewissen Voraussetzungen, insbes bei einem anlässl der Verschm eintretenden Rechtsformwechsel, widersprechenden Anteilsinhabern der übertragenden Rechtsträger vom übernehmenden Rechtsträger der Erwerb der Anteile gegen Barabfindung anzubieten. Das Angebot ist im Verschmelzungsvertrag aufzunehmen. Das Angebot kann binnen zwei Monaten nach der Bekanntmachung des Wirksamwerdens der Verschm angenommen werden (§ 31). Enthält der Verschmelzungsvertrag kein, kein ordnungsgemäßes oder ein zu niedriges Barabfindungsangebot, kann hierauf eine Unwirksamkeitsklage nicht gestützt werden, die Höhe der Barabfindung kann jedoch in einem Spruchverfahren gerichtl überprüft werden (§§ 32, 34). Auf dieser Gesetzessystematik setzt Abs 1 auf. Da die übernehmende Ges ggf nicht der dt Rechtsordnung unterliegt, obliegt bei grenzüberschreitenden Verschm indes die Verpflichtung zur Abgabe eines Angebots der inl übertragenden Ges. IÜ entspricht Abs 1 aber der Regelung von § 29. 4

b) Ausländische Übernehmerin. Die Verpflichtung zur Abgabe eines Barabfindungsangebots besteht immer dann, wenn die übernehmende oder neue Ges nicht dem dt Recht unterliegt. Dies gilt auch, wenn diese börsennotiert ist (kritisch HRA des DAV NZG 2006, 737, 740; Lutter/*Bayer* Rn 6; ausführl auch SBB/*Gutkès* § 13 Rn 87 ff). Wird eine inl übertragende Ges iRe grenzüberschreitenden Verschm (etwa bei Beteiligung weiterer ausl übertragender Ges) auf eine inl übernehmende oder neue Ges verschmolzen, richtet sich die Verpflichtung zur Abgabe eines Barabfindungsangebots für die Anteilsinhaber dieser Ges ausschließl nach § 29 (§ 122a II; KölnerKommUmwG/*Simon/Rubner* Rn 5; Lutter/*Bayer* Rn 8; Kallmeyer/*Marsch-Barner* Rn 4; Maulbetsch/Klumpp/Rose/*Becker* Rn 9). Wenn eine inl Ges als übernehmender oder neuer Rechtsträger beteiligt, sind freil vglbare ausl Vorschriften zu beachten (KölnerKommUmwG/*Simon/Rubner* Rn 4). Nach Sinn und Zweck bedarf es bei der Verschmelzung einer inl 100%igen TochterGes auf die ausl Mutter keines Barabfindungsangebots (*Kruse/Kruse* BB 2010, 3035). 5

c) Verpflichteter. Anders als nach § 29 ist nach Abs 1 S 1 die übertragende Ges zur Abgabe des Angebots an ihre Gesellschafter verpflichtet. Hintergrund dieser Modifikation ist, dass der Gesetzgeber im UmwG nur für die inl beteiligten Ges Verpflichtungen schaffen kann. Soweit das Angebot zur Barabfindung erst nach Wirksamwerden der Verschm angenommen wird, geht die Verpflichtung indes wegen der Gesamtrechtsnachfolge auf den übernehmenden Rechtsträger über (Lutter/*Bayer* Rn 15). 6

d) Angebot im Verschmelzungsplan. Das Ausscheiden gegen angemessene Barabfindung ist im Verschmelzungsplan anzubieten. Dies verstößt nicht gegen die Vorgaben der IntV-RL (aA *Kallmeyer/Kappes* AG 2006, 224, 231; *Louven* ZIP 2006, 2021, 2025). Art 4 II 2 IntV-RL ermächtigt die nat Gesetzgeber, Vorschriften zum Schutz von Minderheitsgesellschaftern der seinem Recht unterliegenden Ges zu erlassen. Eine derartige Schutzvorschrift stellt die Möglichkeit des Ausscheidens gegen angemessene Barabfindung dar. Der nat Gesetzgeber war nicht gehindert, dies systematisch wie bei inl Verschm durch ein im Verschmelzungsplan 7 aufzunehmendes Angebot der beteiligten Rechtsträger zu regeln. Art 5 S 2 IntV-RL regelt Mindestangaben des Verschmelzungsplans, die nach dem Erwägungsgrund 4 der IntV-RL durch die beteiligten Rechtsträger erweitert werden können. Auch soweit hierin eine Beschränkung der nat Gesetzgeber gesehen werden könnte, zusätzl notw Bestandteile eines Verschmelzungsplans zu regeln, wird dies durch Art 4 II 2 überlagert (ebenso Semler/Stengel/*Drinhausen* Rn 6; Kallmeyer/*Marsch-Barner* Rn 3; KölnerKommUmwG/*Simon/Rubner* Rn 8; Henssler/Strohn/*Polley* Rn 4; SBB/*Gutkès* § 13 Rn 84; *Bayer/Schmidt* NJW 2006, 401, 402; *Müller* Der Konzern 2007, 81, 86, Fn 48; vgl auch Art 24 SE-VO Rn 15 ff).

8 **e) Durchführung des Ausscheidens.** Eine inl übertragende Ges hat ihren Anteilsinhabern den Erwerb ihrer Anteile anzubieten (krit zur Beschränkung auf die Anteilsinhaber der übertragenden Ges Lutter/*Bayer* Rn 6). Wird das Angebot angenommen, entstehen vor Wirksamwerden der Verschm eigene Anteile der inl übertragenden Ges (zur Annahme vor Wirksamwerden der Verschm vgl Rn 13). Hierauf finden grdsl die bes Regelungen des AktG und des GmbHG auf den Erwerb eigener Anteile Anwendung (Abs 1 S 2), aufgrund der angeordneten Nichtanwendbarkeit von §§ 71 IV 2 AktG, 33 II 3 GmbHG führen Verstöße gegen diese Normen aber nicht zur Nichtigkeit der schuldrechtl und dingl Rechtsgeschäfte. Dies wäre mit der Unumkehrbarkeit der Verschm (vgl § 20 II) nicht vereinbar. Vgl hierzu im Einzelnen § 29 Rn 12 f.

9 Mit Wirksamwerden der Verschm erlischt jedoch die inl übertragende Ges. Ab diesem Zeitpunkt (zur Annahmefrist vgl Rn 13) kann die übertragende Ges eigene Anteile nicht mehr erwerben, ebenso sind die Anteilsinhaber mit Wirksamwerden der Verschm Anteilsinhaber der übernehmenden Ges. Die Verpflichtung zum Erwerb der Anteile ist zwar im Wege der Gesamtrechtsnachfolge (vgl Art 14 IntV-RL, für inl Ges § 20 I) auf den übernehmenden Rechtsträger übergegangen, die Voraussetzungen und die Grenzen des Erwerbs eigener Anteile richten sich dann aber ausschließl nach dem ausl Recht, dem die übernehmende oder neue Ges unterliegt (Semler/Stengel/*Drinhausen* Rn 8; *Vetter* AG 2006, 613, 623; Maulbetsch/Klumpp/Rose/*Becker* Rn 12; zweifelnd auch Kallmeyer/*Marsch-Barner* Rn 5; aA *Müller* Der Konzern 2007, 81, 87; Lutter/*Bayer* Rn 18; SBB/*Gutkès* § 13 Rn 93). Dies kann zu einer Kollision zwischen der im Wege der Gesamtrechtsnachfolge übergegangenen Verpflichtung und den gesellschaftsrechtl Vorgaben der ausl Rechtsordnung führen. Wenn ein Erwerb eigener Aktien nach der ausl Rechtsordnung ausscheidet, ist der übernehmende Rechtsträger ggf zum Schadenersatz verpflichtet (Semler/Stengel/*Drinhausen* Rn 8).

10 **f) Angemessene Barabfindung.** Die Barabfindung muss angemessen sein (Abs 1 S 1). Nach S 3 ist § 30 I entspr anzuwenden. Danach muss die Barabfindung die Verhältnisse des übertragenden Rechtsträgers im Zeitpunkt der Beschlussfassung berücksichtigen. Der Anspruch ist nach Maßgabe von § 15 II zu verzinsen. Vgl im Einzelnen § 30 Rn 4 ff.

11 **g) Bekanntmachung.** S 3 ordnet die entspr Anwendung von § 29 I 4 und 5 an. Danach muss eine *erforderliche* Bekanntmachung des Verschmelzungsvertrags als Gegenstand der Beschlussfassung das Barabfindungsangebot **im Wortlaut** enthalten. Bedeutsam ist dies für AG, SE und KGaA (§ 124 II 2 AktG; vgl § 29 UmwG Rn 20). Entsprechendes gilt, wenn bei einer GmbH die Satzung eine Bekanntmachung vorsieht. Einer Bekanntmachung des Angebots durch das

Gericht nach § 122d bedarf es nicht (KölnerKommUmwG/*Simon/Rubner* Rn 9; Kallmeyer/*Marsch-Barner* Rn 3).

h) Prüfung der Barabfindung. Nach S 3 ist auch § 30 II entspr anzuwenden. Danach ist die Angemessenheit einer anzubietenden Barabfindung stets durch einen Verschmelzungsprüfer prüfen zu lassen. Da bei grenzüberschreitenden Verschm eine Verschmelzungsprüfung und ein Verschmelzungsprüfungsbericht außer bei Konzernverschmelzungen nur bei Verzicht aller Anteilsinhaber nicht notw ist (vgl hierzu § 122f Rn 7 f), ist darauf zu achten, dass der Verzicht auch die Prüfung des Abfindungsangebots umfasst. 12

i) Annahmefrist. Abs 1 S 3 verweist hinsichtl der Annahmefrist auf § 31. Danach kann das Angebot auf Ausscheiden gegen Barabfindung nur binnen zwei Monaten *nach* dem Tag angenommen werden, an dem die Eintragung der Verschm in das Register des Sitzes des übernehmenden Rechtsträgers bekannt gemacht worden ist. Bei den hier interessierenden Verschm auf eine ausl übernehmende oder neue Ges ist auf die Eintragung und Bekanntmachung nach deren Rechtsvorschriften abzustellen (Lutter/*Bayer* Rn 17: Analogie zu § 7 IV 1 SEAG; SBB/*Gutkès* § 13 Rn 94). Die Frist ist eine materielle Ausschlussfrist (§ 31 Rn 1). Sie verlängert sich bei Durchführung eines Spruchverfahrens (dazu Rn 15) auf zwei Monate nach dem Tag, an dem die Entscheidung im BAnz bekannt gemacht worden ist (dazu § 31 Rn 5). Problematisch ist, ob bei grenzüberschreitenden Verschm das Angebot bereits **vor deren Wirksamwerden** angenommen werden kann. Hierfür spricht die Systematik, dass – anders als bei der unmittelbaren Anwendung von § 29 – nach S 1 die übertragende inl Ges das Angebot unterbreitet (vgl Rn 6). Ferner suspendiert S 2 die für die inl übertragende Ges geltenden Vorschriften über den Erwerb eigener Anteile (Rn 8; dazu krit KölnerKommUmwG/*Simon/Rubner* Rn 7; Kallmeyer/*Marsch-Barner* Rn 5). Das Gesetz sieht also die Möglichkeit vor, dass noch der übertragende Rechtsträger die Anteile der ausscheidenden Gesellschafter erwirbt (zum Übergang der Verpflichtung durch Gesamtrechtsnachfolge vgl Rn 9). Andererseits steht zu diesem Zeitpunkt noch nicht fest, ob die Verschm wirksam wird. Dennoch ist davon auszugehen, dass aufgrund der Gesetzessystematik die Anteilsinhaber der übertragenden inl Ges das Angebot bereits zuvor annehmen können (ebenso Semler/Stengel/*Drinhausen* Rn 9; wohl auch Maulbetsch/Klumpp/Rose/*Becker* Rn 5: auch noch nach Wirksamwerden; aA Kallmeyer/*Marsch-Barner* Rn 5; KölnerKommUmwG/*Simon/Rubner* Rn 6; *dies* Der Konzern 2006, 835, 840; SBB/*Gutkès* § 13 Rn 87, 94; Hauschild/Kallrath/Wachter/*Zimmermann* § 24 Rn 190; Henssler/Strohn/*Polley* Rn 7; *Vetter* AG 2006, 613, 623; *Müller* Der Konzern 2007, 81, 86: Anspruch aufschiebend bedingt auf Eintragung). Das Angebot kann indes **frühestens** nach der zust Beschlussfassung beim inl übertragenden Rechtsträger angenommen werden, da nach Abs 1 S 1 materielle Anspruchsvoraussetzung ist, dass der ausscheidende Gesellschafter gegen den Verschmelzungsbeschluss der Ges Widerspruch zur Niederschrift erklärt hat. 13

j) Anderweitige Veräußerung. Nach S 3 gilt auch § 33 entspr. Danach stehen Verfügungsbeschränkungen einer anderweitigen Veräußerung nach Fassung des Verschmelzungsbeschlusses nicht entgegen. Vgl hierzu im Einzelnen die Komm zu § 33. 14

3. Zustimmung zum Spruchverfahren

Nach **Abs 2 S 1** gelten § 32 und § 34 für die inl Ges nur unter gewissen Voraussetzungen. Bei innerstaatl Verschm kann eine Unwirksamkeitsklage gegen den 15

Verschmelzungsbeschluss nicht darauf gestützt werden, dass ein nicht ordnungsgemäßes oder ein zu niedriges Barabfindungsangebot unterbreitet worden ist (§ 32). Stattdessen können die Anteilsinhaber in diesen Fällen eine gerichtl Nachprüfung iRe Spruchverfahrens beantragen (§ 34; zum Spruchverfahren in diesen Fällen vgl § 1 SpruchG Rn 4).

16 Da eine im Spruchverfahren nachträgl festgesetzte Erhöhung der Barabfindung auch die Vermögenssphäre der Anteilsinhaber der ausl übernehmenden Ges oder weiterer ausl übertragenden Ges berührt, sind die §§ 32, 34 für die Anteilsinhaber der inl übertragenden Ges nur anwendbar, wenn die Anteilsinhaber der beteiligten (übertragenden oder übernehmenden) ausl Ges entweder nach der für diese Ges geltenden Rechtsordnung ebenfalls ein „Verfahren zur Abfindung von Minderheitsgesellschaftern" durchführen können oder sie im Verschmelzungsbeschluss ausdrückl zustimmen. Ein vglbares Verfahren ist nur in wenigen Staaten vorgesehen (vgl Lutter/*Bayer* Rn 21: Niederlande, Österreich, Polen). Besteht kein vglbares Verfahren und stimmen nicht alle Anteilsinhaber der beteiligten ausl Ges zu, können die Anteilsinhaber der inl Ges kein Spruchverfahren einleiten, sie können aber eine Unwirksamkeitsklage auch auf ein unangemessenes Barabfindungsangebot stützen. Die Regelung entspricht inhaltl derjenigen in § 122h I. Vgl hierzu § 122h Rn 3 ff.

4. Anwendbarkeit des deutschen Spruchverfahrensgesetzes

17 Sofern auch die Rechtsordnung, der eine beteiligte ausl Ges unterliegt, ein Spruchverfahren zur gerichtl Nachprüfung der Barabfindung vorsieht, ordnet Abs 2 S 2 die entspr Geltung von § 34 auch für Anteilsinhaber einer ausl übertragenden Ges an. Weitere Voraussetzung ist, dass dt Gerichte für die Durchführung eines solchen Verfahrens international zuständig sind. Die Regelung entspricht inhaltl § 122h II. Wie dort schafft Abs 2 S 2 keinen materiellen Anspruch der Anteilsinhaber der übertragenden ausl Ges, sondern eröffnet nur die Möglichkeit der gerichtl Nachprüfung nach dem dt SpruchG. Daneben muss die internationale Zuständigkeit gegeben sein. Vgl hierzu § 122h Rn 12.

§ 122j Schutz der Gläubiger der übertragenden Gesellschaft

(1) [1] **Unterliegt die übernehmende oder neue Gesellschaft nicht dem deutschen Recht, ist den Gläubigern einer übertragenden Gesellschaft Sicherheit zu leisten, soweit sie nicht Befriedigung verlangen können.** [2] **Dieses Recht steht den Gläubigern jedoch nur zu, wenn sie binnen zwei Monaten nach dem Tag, an dem der Verschmelzungsplan oder sein Entwurf bekannt gemacht worden ist, ihren Anspruch nach Grund und Höhe schriftlich anmelden und glaubhaft machen, dass durch die Verschmelzung die Erfüllung ihrer Forderung gefährdet wird.**

(2) **Das Recht auf Sicherheitsleistung nach Absatz 1 steht Gläubigern nur im Hinblick auf solche Forderungen zu, die vor oder bis zu 15 Tage nach Bekanntmachung des Verschmelzungsplans oder seines Entwurfs entstanden sind.**

Schrifttum: Siehe Schrifttum § 122a.

1. Allgemeines

Die Vorschrift bezweckt den Schutz der Gläubiger einer inl übertragenden Ges. 1
Sie stützt sich auf Art 4 II 1 IntV-RL, wonach sich der Schutz der Gläubiger grdsl nach dem anzuwendenden nat Recht richtet. Vgl auch §§ 8 S 1, 13 SEAG. Bei innerstaatl Verschm können die Gläubiger der an der Verschm beteiligten Rechtsträger unter gewissen Voraussetzungen Sicherheitsleistung verlangen, wenn sie binnen sechs Monaten *nach* dem Tag der Bekanntmachung der Eintragung der Verschm in das Register ihres Schuldners den Anspruch nach Grund und Höhe schriftl anmelden (§ 22). Von dieser Regelungstechnik weicht § 122j ab, indem ein Anspruch auf Sicherheitsleistung bereits *vor* Wirksamwerden der Verschm geschaffen wird. Ein – wie in § 22 geregelter – nachgeordneter Schutz würde den Interessen der Gläubiger der übertragenden Ges nicht immer gerecht, da sie uU ihre Ansprüche im Ausland geltend machen müssten (RegEBegr BT-Drs 16/2919 zu § 122j I). Ob § 122j, der einen anderen Anspruch als bei innerstaatl Verschm begründet, von der IntV-RL (Art 4 II 1) gedeckt ist, wird krit betrachtet (Kallmeyer/*Marsch-Barner* Rn 3; Lutter/*Bayer* Rn 4 ff; KölnerKommUmwG/*Simon/Rubner* Rn 17 f; *Bayer/Schmidt* NZG 2006, 841, 843; *Drinhausen/Keinath* BB 2006, 725, 733; *Haritz/v. Wolff* GmbHR 2006, 340, 343; *Grunewald* Der Konzern 2007, 106, 107; aA SBB/*Gutkès* § 13 Rn 171). Zum Verhältnis zu § 22 vgl Rn 9.

2. Anspruch auf Sicherheitsleistung

a) Verpflichteter. Die Vorschrift entfaltet nur für übertragende inl Ges und 2
deren Gläubiger Rechtswirkungen. Denn der Anspruch auf Sicherheitsleistung richtet sich gegen die inl übertragende Ges (zum mögl Übergang der Verpflichtung durch Gesamtrechtsnachfolge vgl Rn 8). Und nur deren Gläubiger sind anspruchsberechtigt (Rn 3). Die Rechte von Gläubigern ausl übertragenden Ges richten sich zum einen nach deren Rechtsordnung, zum anderen nach § 122a II iVm § 22 (vgl dazu Rn 10). Für die Gläubiger von inl übernehmenden Ges gilt wiederum § 22 (§ 122a II; vgl Rn 10 f).

b) Anspruchsberechtigter. Nach § 122j anspruchsberechtigt sind nur die 3
Gläubiger einer **übertragenden inl Ges** (Lutter/*Bayer* Rn 7; SBB/*Gutkès* § 13 Rn 179). Insoweit ist die Vorschrift eine Sonderregelung zu § 22. Nicht erfasst sind die Gläubiger von inl übernehmenden Ges wie auch von ausl übertragenden oder übernehmenden Ges, deren Rechte sich nach den ausl Rechtsordnungen und ggf nach § 22 richten (vgl Rn 9 f).

c) Verschmelzung auf ausländische Gesellschaft. Voraussetzung ist, dass 4
die übernehmende/neue Ges nicht der dt Rechtsordnung unterliegt. Gemeint ist das Gesellschaftsstatut, nicht das dem Anspruch zugrunde liegende Recht. Ein Verwaltungssitz der übernehmenden/neuen Ges im Inland lässt den Anspruch unberührt (Kallmeyer/*Marsch-Barner* Rn 4; KölnerKommUmwG/*Simon/Rubner* Rn 4; aA Lutter/*Bayer* Rn 8; Widmann/Mayer/*Vossius* Rn 19; Henssler/Strohn/*Polley* Rn 3). Demgegenüber sind die Voraussetzungen nicht erfüllt, wenn eine nach inl Recht gegründete übernehmende Ges ihren Verwaltungssitz im Ausland (§ 4a GmbHG, § 5 AktG) hat (Kallmeyer/*Marsch-Barner* Rn 4; Lutter/*Bayer* Rn 8; Henssler/Strohn/*Polley* Rn 3).

d) Gesicherte Ansprüche. Sicherungsfähig sind grdsl sämtl obligatorischen 5
Ansprüche (vgl § 22 Rn 5), die noch **nicht fällig** sind (vgl § 22 Rn 16). Maßgebl

ist die Anmeldefrist (Rn 6), innerh der die Fälligkeit nicht eintreten darf, denn die Nichtfälligkeit ist materielle Anspruchsvoraussetzung. Weiter verlangt **Abs 2,** dass die zu sichernde Forderung vor oder bis zu 15 Tage nach der Bekanntmachung des Verschmelzungsplans oder seines Entwurfs (§ 122d S 2) **entstanden** ist. Diese zeitl Festlegung geht darauf zurück, dass § 122j – anders als § 22 – einen vorgelagerten Schutz bewirkt. Ein Abstellen auf das Wirksamwerden der Verschm scheidet damit aus. Die 15-tägige Nachfrist orientiert sich an der Vermutung nach § 15 III HGB (RegEBegr BT-Drs 16/2919 zu § 122j II). Die Bekanntmachung ist ein Ereignis iSv § 187 I BGB, sodass der Tag der Bekanntmachung nicht mitgerechnet wird. Das Fristende bestimmt sich nach § 188 I BGB.

6 Die zu sichernde Forderung – aus Sicht der Ges: Verb – muss bis zu diesem Zeitpunkt **entstanden** sein. Es reicht nicht, dass die Verb begründet ist (so etwa bei § 133; vgl aber § 22 Rn 6 f). Die Forderung muss damit wirksam und mit Ausnahme der Fälligkeit durchsetzbar sein. Ein Unterschied besteht etwa bei **Dauerschuldverhältnissen** (Henssler/Strohn/*Polley* Rn 5). Begründet ist bereits jede Einzelverbindlichkeit, entstanden ist sie erst, wenn der Vertragspartner seine Leistung erbracht hat. Entsprechendes gilt für aufschiebend bedingte Verb, die erst mit Bedingungseintritt entstehen. Anspruchsberechtigt sind auch durch eine Deckungsmasse bevorzugte Gläubiger; eine Einschränkung wie § 22 II enthält § 122j nicht (Kallmeyer/*Marsch-Barner* Rn 6; KölnerKommUmwG/*Simon/Rubner* Rn 14; aA Lutter/*Bayer* Rn 18; SBB/*Gutkès* § 13 Rn 177). Allerd sind in diesen Fällen hohe Anforderungen an die Glaubhaftmachung der Gefährdung zu stellen (Kallmeyer/*Marsch-Barner* Rn 6; KölnerKommUmwG/*Simon/Rubner* Rn 14). Zu bereits einzelgesicherten Forderungen vgl § 22 Rn 19.

7 **e) Anmeldung.** Der Anspruch auf Sicherheitsleistung muss vom Gläubiger binnen zwei Monaten nach Bekanntmachung des Verschmelzungsplans oder seines Entwurfs schriftl nach Grund und Höhe angemeldet werden. Dies ist eine **materielle Ausschlussfrist** (Kallmeyer/*Marsch-Barner* Rn 5; Lutter/*Bayer* Rn 13). Maßgebl ist der Zugang der Anmeldung. Die Fristberechnung richtet sich nach §§ 187 I, 188 II 1. Alt BGB. Die Frist beginnt mit der Bekanntmachung im BAnz (§ 122d iVm § 10 HGB) und endet an dem Tag, der dem Tag der Veröffentlichung im zweiten Monat entspricht. § 193 BGB gilt. Eine vorzeitige Anmeldung ist wirksam (Semler/Stengel/*Drinhausen* Rn 8; Kallmeyer/*Marsch-Barner* Rn 5; Lutter/*Bayer* Rn 13; Henssler/Strohn/*Polley* Rn 6). Der Anspruch muss nach Grund und Höhe **schriftl** (§ 126 BGB) angemeldet werden (Henssler/Strohn/*Polley* Rn 6). Vgl hierzu § 22 Rn 8. Aufgrund der **Versicherung des Vertretungsorgans** nach § 122k I 3 und der damit verknüpften Ausstellung der Verschmelzungsbescheinigung kann während der Anmeldefrist das Registerverfahren nach § 122k nicht zu Ende geführt werden (vgl auch § 122k Rn 11, 15). Eine nennenswerte Verzögerung tritt hierdurch meist nicht ein, da die Frist mit der Bekanntmachung des Verschmelzungsplans oder seines Entwurfs beginnt (§ 122d S 2: unverzügl nach Einreichung, diese wiederum einen Monat vor der Gesellschafterversammlung; im Regelfall muss nach der Gesellschafterversammlung wegen § 16 II der Ablauf der Klagefrist abgewartet werden; so auch HRA des DAV NZG 2006, 737, 740).

8 **f) Glaubhaftmachung der Gefährdung.** Ebenso wie bei § 22 muss der Gläubiger die Gefährdung der Erfüllung durch die Verschm glaubhaft machen. Vgl daher zunächst § 22 Rn 13 ff. Allein der Umstand der grenzüberschreitenden Verschm auf eine ausl Ges reicht hierfür nicht (ebenso Semler/Stengel/*Drinhausen* Rn 9; Kallmeyer/*Marsch-Barner* Rn 7; Lutter/*Bayer* Rn 14; SBB/*Gutkès* § 13

Rn 175; Henssler/Strohn/*Polley* Rn 8; *Neye/Timm* DB 2006, 488, 492). Nur in diesen Fällen ist der Anwendungsbereich von § 122j überhaupt eröffnet (Rn 4). Die Gefährdung muss an engere Voraussetzungen geknüpft sein. Auch die Notwendigkeit der Durchsetzung der Ansprüche im Ausland (kein Zurückbleiben eines inl Gerichtsstandes) stellt aufgrund der Erleichterungen durch die EuGVVO für sich keine Gefährdung dar (Semler/Stengel/*Drinhausen* Rn 9; *Neye/Timm* DB 2006, 488, 492; Henssler/Strohn/*Polley* Rn 8; vgl aber Widmann/Mayer/*Vossius* Rn 32: längere Verfahrensdauer, abweichende Kostentragungspflicht; ebenso Kallmeyer/*Marsch-Barner* Rn 7; Lutter/*Bayer* Rn 14; KölnerKommUmwG/*Simon/Rubner* Rn 13). Notw ist konkrete Gefährdung aufgrund von Begleitumständen der Verschm, etwa wegen der Verlagerung von Vermögensgegenständen (Kallmeyer/*Marsch-Barner* Rn 7). Regelm werden bei grenzüberschreitenden Verschm keine anderen Maßstäbe als bei § 22 gelten (vgl § 22 Rn 13). Ein geringerer rechtl Kapitalschutz bei übernehmenden ausl Ges begründet die Gefährdung nicht (Kallmeyer/*Marsch-Barner* Rn 7; Lutter/*Bayer* Rn 14; aA *Oechsler* NZG 2006, 161, 166). Dies wäre eine abstrakte Benachteiligung und würde grenzüberschreitende Verschm in diese Staaten erschweren, mithin ein Verstoß gegen die Niederlassungsfreiheit sein (zutr Semler/Stengel/*Drinhausen* Rn 9). Ein im konkreten Fall geringerer Kapitalschutz (unangemessen niedriges Nennkapital der übernehmenden Ges) kann hingegen genügen (Henssler/Strohn/*Polley* Rn 8).

g) Rechtsfolgen. Besteht der Anspruch, hat die übertragende Ges Sicherheit nach § 232 BGB zu leisten (§ 22 Rn 20). Dies ist nach § 122k I 3 von den Mitgliedern des Vertretungsorgans zu versichern (vgl § 122k Rn 11; zur Strafbewehrung vgl § 314a). Wird die Verschm wirksam, obwohl nicht alle Sicherheiten geleistet sind, geht die Verpflichtung durch Gesamtrechtsnachfolge über (Kallmeyer/*Marsch-Barner* Rn 36; Lutter/*Bayer* Rn 19). Der Fall kann allerd nur eintreten, wenn eine falsche Versicherung der Vertretungsorgane abgegeben wird oder die Verschmelzungsbescheinigung aus anderen Gründen versehentl zu früh ausgestellt wird (vgl § 122k Rn 17; vgl auch *Kiem* WM 2006, 1091, 1098). 9

3. Verhältnis zu §§ 22, 23

Nach dem Wortlaut, der Gesetzessystematik und der Gesetzesbegründung ist § 122j für Gläubiger einer inl übertragenden Ges bei einer Verschm auf eine ausl übernehmende neue Ges abschl; sie können nicht daneben Sicherheitsleistung nach § 22 verlangen (ebenso Semler/Stengel/*Drinhausen* Rn 4; Widmann/Mayer/*Vossius* Rn 3; Lutter/*Bayer* Rn 3). So können etwa Gläubiger, deren Ansprüche nach Ablauf der Frist nach Abs 2 entstanden sind (Rn 5), keine Sicherheitsleistung verlangen. § 22 ist indes uneingeschränkt anwendbar, soweit § 122j nicht eingreift. Dies ist etwa der Fall bei der Verschm auf eine inl übernehmende Ges. Dann haben sowohl die Gläubiger der übernehmenden Ges als auch der in- und ausl übertragenden Ges über § 122a II den nachgelagerten Anspruch nach § 22 (ebenso *Passarge/Stark* GmbHR 2007, 803, 804; SBB/*Gutkès* § 13 Rn 180; vgl auch Kallmeyer/*Marsch-Barner* Rn 4: Gläubiger einer übertragenden inl Ges; ebenso Lutter/*Bayer* Rn 3; KölnerKommUmwG/*Simon/Rubner* Rn 2; Henssler/Strohn/*Polley* Rn 2). 10

Für die Inhaber von Sonderrechten iSv § 23 existiert eine spezielle Regelung nicht. § 23 ist über § 122a II entspr anwendbar (Lutter/*Bayer* Rn 21; *Forsthoff* DStR 2006, 613, 615). § 23 gilt (über § 122a II) zwar unmittelbar nur für inl Rechtsträger, bei einer Verschm auf eine ausl Ges geht die Verpflichtung aber durch Gesamtrechtsnachfolge über. 11

§ 122k Verschmelzungsbescheinigung

(1) [1] **Das Vertretungsorgan einer übertragenden Gesellschaft hat das Vorliegen der sie betreffenden Voraussetzungen für die grenzüberschreitende Verschmelzung zur Eintragung bei dem Register des Sitzes der Gesellschaft anzumelden.** [2] **§ 16 Abs. 2 und 3 und § 17 gelten entsprechend.** [3] **Die Mitglieder des Vertretungsorgans haben eine Versicherung abzugeben, dass allen Gläubigern, die nach § 122j einen Anspruch auf Sicherheitsleistung haben, eine angemessene Sicherheit geleistet wurde.**

(2) [1] **Das Gericht prüft, ob für die Gesellschaft die Voraussetzungen für die grenzüberschreitende Verschmelzung vorliegen, und stellt hierüber unverzüglich eine Bescheinigung (Verschmelzungsbescheinigung) aus.** [2] **Als Verschmelzungsbescheinigung gilt die Nachricht über die Eintragung der Verschmelzung im Register.** [3] **Die Eintragung ist mit dem Vermerk zu versehen, dass die grenzüberschreitende Verschmelzung unter den Voraussetzungen des Rechts des Staates, dem die übernehmende oder neue Gesellschaft unterliegt, wirksam wird.** [4] **Die Verschmelzungsbescheinigung darf nur ausgestellt werden, wenn eine Versicherung nach Absatz 1 Satz 3 vorliegt.** [5] **Ist ein Spruchverfahren anhängig, ist dies in der Verschmelzungsbescheinigung anzugeben.**

(3) **Das Vertretungsorgan der Gesellschaft hat die Verschmelzungsbescheinigung innerhalb von sechs Monaten nach ihrer Ausstellung zusammen mit dem Verschmelzungsplan der zuständigen Stelle des Staates vorzulegen, dessen Recht die übernehmende oder neue Gesellschaft unterliegt.**

(4) **Nach Eingang einer Mitteilung des Registers, in dem die übernehmende oder neue Gesellschaft eingetragen ist, über das Wirksamwerden der Verschmelzung hat das Gericht des Sitzes der übertragenden Gesellschaft den Tag des Wirksamwerdens zu vermerken und die bei ihm aufbewahrten elektronischen Dokumente diesem Register zu übermitteln.**

Schrifttum: Siehe Schrifttum § 122a.

Übersicht

1. Allgemeines

Die IntV-RL enthält in Art 10, 11 und 13 Vorgaben für die registerrechtl Abwicklung einer grenzüberschreitenden Verschm, die in § 122k und § 122l umgesetzt sind. Ebenso wie bei der Gründung einer SE durch Verschm (Art 25, 26 SE-VO) gibt die IntV-RL ein **zweistufiges Verfahren** vor. Danach hat zunächst ein Gericht, ein Notar oder eine sonstige zuständige Behörde die Rechtmäßigkeit der grenzüberschreitenden Verschm für die Verfahrensabschnitte zu kontrollieren, welche die sich verschmelzenden Ges betreffen, die seinem innerstaatl Recht unterliegen (Art 10 I IntV-RL). Hierüber ist eine Bescheinigung auszustellen, aus der zweifelsfrei hervorgeht, dass die der Verschm vorangehenden Rechtshandlungen und Formalitäten ordnungsgemäß vollzogen wurden (Art 10 II). In einer zweiten Stufe kontrolliert ein Gericht, ein Notar oder eine sonstige zuständige Behörde im Sitzstaat des übernehmenden oder neuen Rechtsträgers die Rechtmäßigkeit der Verfahrensabschnitte, welche die Durchführung der grenzüberschreitenden Verschm und ggf die Gründung einer neuen Ges betreffen (Art 11 I IntV-RL). 1

§ 122k dient hierbei der Umsetzung von Art 10 I und II IntV-RL. Die Vorschrift regelt das HR-Verfahren für eine **inl übertragende Ges** (Kallmeyer/*Zimmermann* Rn 1; Lutter/*Bayer* Rn 3, 4). Nach **Abs 1 S 1** hat das Vertretungsorgan einer inl übertragenden Ges das Vorliegen der sie betreffenden Voraussetzungen beim HR anzumelden. Hinsichtl weiterer Voraussetzungen verweist **Abs 1 S 2** auf §§ 16 II und III und 17. Ergänzend sind die Mitglieder des Vertretungsorgans zur Abgabe einer Versicherung hinsichtl der Sicherheitsleistung nach § 122j verpflichtet **(Abs 1 S 3).** 2

Abs 2 ordnet die Prüfung durch das inl Registergericht an und regelt iÜ die Ausstellung der nach Art 10 II IntV-RL vorgesehenen Verschmelzungsbescheinigung. Diese wird nicht von Amts wegen an die zuständigen Stellen der anderen beteiligten Staaten übermittelt. **Abs 3** verpflichtet hierzu das Vertretungsorgan der inl übertragenden Ges. **Abs 4** gleicht inhaltl § 19 II 2. Nach Eingang einer Mitteilung über das Wirksamwerden der Verschm ist im Register am Sitz der übertragenden Ges der Tag des Wirksamwerdens zu vermerken. Die beim bisher zuständigen HR aufbewahrten Dokumente sind dem Register der übernehmenden/neuen Ges zu übermitteln. Die eigenständige Regelung in Abs 4 geht darauf zurück, dass § 19 II 2 von der Mitteilung der Eintragung beim übernehmenden Rechtsträger ausgeht, während bei grenzüberschreitenden Verschm auf das nach der ausl Rechtsordnung zu beurteilende Wirksamwerden abzustellen ist. 3

Für eine inl **übernehmende** oder **neue Ges** gilt § 122k nicht. Das Registerverfahren für diese Ges bestimmt sich nach § 122l. Dies wird teilw im Hinblick auf eine ausreichende Umsetzung der IntV-RL krit betrachtet (*Louven* ZIP 2006, 2021, 2027). Dem ist nicht beizupflichten, da das in § 122l geregelte Verfahren bei der übernehmenden/neuen Ges auch die von Art 10 I und II IntV-RL vorgesehenen Prüfungshandlungen ermöglicht (vgl auch Lutter/*Bayer* Rn 6). Vgl auch § 122l Rn 13. Zur Richtlinienkonformität von Abs 2 S 2 vgl Rn 14. 4

2. Anmeldeverfahren (Abs 1)

a) Anmeldeberechtigte Personen. Abs 1 regelt das Anmeldeverfahren einer **übertragenden** inl Ges (Rn 2). Die Anmeldung ist durch das Vertretungsorgan einer übertragenden Ges durchzuführen. Wie bei § 16 I 1 ist das Handeln von Organmitgliedern in einer vertretungsberechtigten Anzahl ausreichend (Semler/ 5

Stengel/*Drinhausen* Rn 7; Lutter/*Bayer* Rn 8; Maulbetsch/Klumpp/Rose/*Becker* Rn 5; Henssler/Strohn/*Polley* Rn 3; vgl näher § 16 Rn 5 ff). Die Ersatzzuständigkeit nach § 16 I 2 des Vertretungsorgans der übernehmenden Ges besteht bei grenzüberschreitenden Verschm nicht. Abs 1 S 2 ist als abschließende Verweisung auf § 16 II und III (und damit nicht auf § 16 I 2) aufzufassen (Semler/Stengel/*Drinhausen* Rn 8; Kallmeyer/*Zimmermann* Rn 3; Lutter/*Bayer* Rn 8; KölnerKommUmwG/*Simon/Rubner* Rn 6; Henssler/Strohn/*Polley* Rn 3; krit HRA des DAV NZG 2006, 737, 742). Dies entspricht auch den Besonderheiten einer grenzüberschreitenden Verschm, da andernfalls inl Registergerichte die Vertretungsberechtigung von Vertretungsorganen ausl Ges prüfen müssten. Für die Anmeldung gilt § 12 HGB.

6 **b) Zuständiges Gericht.** Die Anmeldung hat beim Register des Sitzes der Ges zu erfolgen. Dies ist das HR, in dem die übertragende Ges eingetragen ist. Deutschland hat damit iSv Art 10 I IntV-RL die Handelsregistergerichte als zuständiges Gericht für die Kontrolle der Verfahrensabschnitte benannt.

7 **c) Anmeldungsgegenstand, Zeitpunkt der Anmeldung.** Während § 16 I 1 von der Anmeldung der Verschm spricht, ist bei grenzüberschreitenden Verschm nach Abs 1 S 1 das Vorliegen der die übertragende Ges betreffenden Voraussetzungen für die grenzüberschreitende Verschm anzumelden. Dies stimmt mit dem Prüfungsumfang überein (Abs 2 S 1; dazu Rn 15). Die Erfüllung der Voraussetzungen ist allerd nicht im Anmeldetext aufzunehmen, der sich auf die Eintragung der Verschmelzung bezieht (ebenso Kallmeyer/*Zimmermann* Rn 4). Sie ergeben sich aus den beizufügenden Unterlagen (Rn 8) und den ergänzenden Versicherungen und Erklärungen (Rn 9). Zum Muster eines Anmeldetextes vgl Widmann/Mayer/*Vossius* Rn 42. Sinnvoll ist ergänzend ein Antrag auf Erteilung einer Verschmelzungsbescheinigung (Kallmeyer/*Zimmermann* Rn 4; Widmann/Mayer/*Vossius* Rn 42; Henssler/Strohn/*Polley* Rn 5). In zeitl Hinsicht ist § 17 II zu beachten. Zum Zeitpunkt der Anmeldung darf der Stichtag der Schlussbilanz (Rn 9) nicht älter als acht Monate sein (vgl auch § 17 UmwG Rn 35 ff).

8 **d) Anlagen der Anmeldung.** Nach Abs 1 S 2 gilt § 17 entspr. Anders als bei der unmittelbaren Anwendung von § 17 sind indes **nur Unterlagen** einzureichen, die die anmeldende **übertragende Ges** betreffen (Lutter/*Bayer* Rn 12; Semler/Stengel/*Drinhausen* Rn 9; Maulbetsch/Klumpp/Rose/*Becker* Rn 12; Henssler/Strohn/*Polley* Rn 11). Die Einhaltung der Voraussetzungen bei den anderen Ges wird durch deren Verschmelzungsbescheinigungen dokumentiert oder bei der übernehmenden/neuen Ges im Rahmen deren Registerverfahren geprüft (Semler/Stengel/*Drinhausen* Rn 13). Vgl ergänzend hierzu, auch zur **Form** der Unterlagen, § 17 Rn 4 ff.

9 Im Einzelnen sind als Anlage beizufügen:

- der gemeinsame Verschmelzungsplan;
- die Niederschrift des Verschmelzungsbeschlusses der übertragenden dt Ges (nicht der anderen beteiligten Ges; Kallmeyer/*Zimmermann* Rn 11);
- die notw Zustimmungserklärungen einzelner Anteilsinhaber der übertragenden dt Ges;
- in den Fällen von § 122g I der Bestätigungsbeschluss;
- der (ggf gemeinsame) Verschmelzungsbericht der übertragenden dt Ges und ein Nachw über die rechtzeitige Zugänglichmachung (§ 122e; vgl dort 15 ff);

- der (ggf gemeinsame) Verschmelzungsprüfungsbericht der übertragenden dt Ges oder die notariell beurkundeten Verzichtserklärungen aller Anteilsinhaber aller an der Verschm beteiligten Ges;
- die Genehmigungsurkunde, falls ausnahmsweise eine staatl Genehmigung notw ist;
- die Schlussbilanz der übertragenden dt Ges iSv § 17 II, deren Stichtag zum Zeitpunkt der Anmeldung nicht älter als acht Monate ist;
- ein Nachw über die Zuleitung des Verschmelzungsvertrags an den Betriebsrat (§ 17 I) **entfällt,** da dies bei grenzüberschreitenden Verschm nicht erforderl ist (vgl § 122c Rn 38; vgl aber auch Rn 12);
- ebenfalls **nicht** beizufügen ist eine etwaige Vereinbarung über die Mitbestimmung der Arbeitnehmer (Lutter/*Bayer* Rn 13; KölnerKommUmwG/*Simon*/*Rubner* Rn 15; Semler/Stengel/*Drinhausen* Rn 11; vgl dazu § 122l Rn 12).

e) Versicherungen, Nachweise, Erklärungen. Abs 1 S 2 verweist auf § 16 II und III. Danach haben die Vertretungsorgane anlässl der Anmeldung zu erklären, dass eine **Klage gegen** die Wirksamkeit eines Verschmelzungsbeschlusses nicht oder nicht fristgemäß erhoben oder eine solche Klage rkr abgewiesen oder zurückgenommen worden ist. Die Negativerklärung ist nur im Hinblick auf den Verschmelzungsbeschluss der anmeldenden Ges abzugeben (RegEBegr BT-Drs 16/2919 zu § 122k I; Kallmeyer/*Zimmermann* Rn 6; KölnerKommUmwG/*Simon*/*Rubner* Rn 17; Semler/Stengel/*Drinhausen* Rn 9; Henssler/Strohn/*Polley* Rn 6; *Kiem* WM 2006, 1091, 1099). Sie ist entbehrl, wenn alle klageberechtigten Anteilsinhaber einen wirksamen Klageverzicht erklärt haben (§ 16 II 2). Die Negativerklärung kann ebenso wie bei innerstaatl Verschm durch ein **Freigabeverfahren** nach § 16 III ersetzt werden (Kallmeyer/*Zimmermann* Rn 6; KölnerKommUmwG/*Simon*/*Rubner* Rn 17; Semler/Stengel/*Drinhausen* Rn 9). Vgl hierzu im Einzelnen § 16 UmwG Rn 28 ff. 10

Die Mitglieder des Vertretungsorgans haben nach Abs 1 S 3 ferner zu versichern, dass allen Gläubigern iSv § 122j eine angemessene **Sicherheit** geleistet wurde. Die Erklärung ist strafbewehrt (§ 314a). Entgegen dem Wortlaut (krit HRA des DAV NZG 2006, 737, 742) hat die Versicherung nur die Sicherheitsleistung ggü Gläubigern zu umfassen, die ihre Ansprüche fristgemäß angemeldet haben (vgl im Einzelnen § 122j Rn 7). Die Versicherung kann damit **erst** abgegeben werden, **wenn** die **Frist nach § 122j I 2** (§ 122j Rn 7) **abgelaufen ist** (Kallmeyer/*Zimmermann* Rn 8; SBB/*Gutkès* § 13 Rn 188; Henssler/Strohn/*Polley* Rn 7). Eine vorherige Anmeldung der Verschm ist – wie bei der Erklärung nach § 16 II 1 – unbedenkl (vgl auch KölnerKommUmwG/*Simon*/*Rubner* Rn 18: Nachmeldung; ebenso Maulbetsch/Klumpp/Rose/*Becker* Rn 9; *Kruse*/*Kruse* BB 2010, 3038). Eine besondere Form ist für die getrennte Erklärung nicht gefordert. Als strafbewehrte Wissenserklärung kann sie nicht von Bevollmächtigten abgegeben werden (Kallmeyer/*Zimmermann* Rn 8). Eine Abgabe durch Vertretungsorgane in vertretungsberechtigter Anzahl ist indes ausreichend (§ 16 UmwG Rn 20). 11

Damit das Registergericht die Einhaltung der Voraussetzungen für die grenzüberschreitende Verschm überprüfen kann, müssen die Vertretungsorgane ferner erklären, dass der **Verschmelzungsbericht** den Anteilsinhabern, dem zuständigen Betriebsrat oder hilfsweise den ArbN rechtzeitig zugängl gemacht worden ist (vgl § 122e Rn 15). Hat die Ges keinen Betriebsrat oder keine ArbN, sollte dies ebenfalls anlässl der Anmeldung erklärt werden (ebenso Widmann/Mayer/*Vossius* Rn 34 f; Kallmeyer/*Zimmermann* Rn 10; Semler/Stengel/*Drinhausen* Rn 10 Fn 26; Henssler/Strohn/*Polley* Rn 10). 12

13 Aufgrund der Verpflichtung, in der Verschmelzungsbescheinigung ein anhängiges **Spruchverfahren** anzugeben (Abs 2 S 5), haben die Vertretungsorgane eine entspr Erklärung abzugeben und ggf nachzuholen. Sinnvoll ist auch eine Erklärung, ob die Gesellschafter der anderen beteiligten Ges iSv **§§ 122h, 122i** der Durchführung eines Spruchverfahrens zugestimmt haben, um den Umfang der Prüfung hinsichtl der inhaltl Voraussetzungen des Verschmelzungsplans leichter feststellen zu können. Bei einer übertragenden GmbH kann auch eine Erklärung nach § 52 notw sein (Lutter/*Bayer* Rn 10).

3. Prüfung durch das Gericht

14 Das Gericht hat zu prüfen, ob für die übertragende Ges die Voraussetzungen für die grenzüberschreitende Verschm vorliegen (Abs 2 S 1). Die Prüfung umfasst nur die Einhaltung der Voraussetzungen durch die übertragende dt Ges (Kallmeyer/*Zimmermann* Rn 13; Lutter/*Bayer* Rn 18; KölnerKommUmwG/*Simon*/*Rubner* Rn 21; Semler/Stengel/*Drinhausen* Rn 14; Henssler/Strohn/*Polley* Rn 13). Die Einhaltung der Voraussetzungen durch die anderen beteiligten Ges wird von den für diese Ges zuständigen Gerichten oder Behörden geprüft und entweder durch eine eigene Verschmelzungsbescheinigung (weitere übertragende Ges) oder anlässl des Eintragungsverfahrens bei der übernehmenden/neuen Ges bestätigt. Die Prüfung erfolgt anhand der eingereichten Unterlagen und anhand der ergänzenden Versicherungen und Erklärungen der Vertretungsorgane. IÜ hat das Gericht im Wege der Amtsermittlung Unklarheiten aufzuklären (Henssler/Strohn/*Polley* Rn 13). Die wirtschaftl Zweckmäßigkeit und die Angemessenheit des Umtauschverhältnisses wird nicht geprüft (§ 19 Rn 17).

15 Demzufolge ist zu prüfen:
- die Verschmelzungsfähigkeit iSv § 122b der anmeldenden übertragenden dt Ges;
- die Aufstellung eines formwirksamen gemeinsamen Verschmelzungsplans, der die inhaltl Anforderungen nach § 122c erfüllt. Hierzu zählt auch, ob ein Abfindungsangebot im Verschmelzungsplan enthalten ist; dies gilt nur dann nicht, wenn sichergestellt ist, dass wegen Zustimmung aller Anteilsinhaber der anderen beteiligten Ges § 32 anwendbar ist (vgl hierzu § 122i Rn 15);
- die ordnungsgemäße Bekanntmachung des gemeinsamen Verschmelzungsplans und der sonstigen Angaben nach § 122d für die übertragende inl Ges;
- die Erstellung und Zugänglichmachung des (ggf gemeinsamen) Verschmelzungsberichts;
- die Durchführung einer Verschmelzungsprüfung und die Erstellung eines Verschmelzungsprüfungsberichts, wenn keine formgerechten Verzichtserklärungen vorliegen;
- die formwirksame Fassung des Verschmelzungsbeschlusses und ggf des Bestätigungsbeschlusses bei einem Vorbehalt iSv § 122g I;
- Erfüllung der ordnungsgemäßen Sicherheitsleistung an die Gläubiger iSv § 122j. Im Regelfall ist es ausreichend, zu kontrollieren, ob ordnungsgemäße Erklärungen iSv Abs 1 S 3 vorliegen;
- Vorliegen der Negativerklärung nach § 16 II oder des Vorliegens einer rkr Entscheidung nach § 16 III;
- Anhängigkeit eines Spruchverfahrens (vgl Rn 17);
- Einreichung einer ordnungsgemäßen Schlussbilanz nach § 17 II, deren Stichtag zum Zeitpunkt der Anmeldung nicht älter als acht Monate ist.

4. Verschmelzungsbescheinigung

16 Hat die übertragende inl Ges alle Voraussetzungen für eine grenzüberschreitende Verschm erfüllt, stellt das Gericht hierüber unverzügl eine Verschmelzungsbescheinigung aus. Nach Abs 2 S 2 gilt die Nachricht über die Eintragung der Verschm im Register als Verschmelzungsbescheinigung. Einer gesonderten Verschmelzungsbescheinigung bedürfe es nach Ansicht des Gesetzgebers nicht (RegEBegr BT-Drs 16/2919 zu § 122k II). Dies ist im Hinblick auf die Vorlage der Verschmelzungsbescheinigung bei der für die übernehmende Ges zuständigen ausl Behörde bedenkl. Denn die bloße Eintragungsnachricht mag von der ausl Behörde ggf nicht als ausreichende Verschmelzungsbescheinigung akzeptiert werden, da Art 10 II IntV-RL eine Bescheinigung verlangt, aus der „zweifelsfrei" hervorgeht, dass die der Verschm vorangehenden Rechtshandlungen und Formalitäten ordnungsgemäß vollzogen wurden (vgl auch Lutter/*Bayer* Rn 21; *Freundorfer/Festner* GmbHR 2010, 199; *Bayer/Schmidt* NZG 2006, 841, 843; *Haritz/v. Wolff* GmbHR 2006, 340, 344). Man wird daher annehmen können, dass der übertragende Rechtsträger einen **Anspruch auf eine gesonderte Bescheinigung** (vgl Lutter/*Bayer* Rn 21: Beschluss mit Tatbestand und Entscheidungsgründen) hat, falls die ausl Behörde die bloße Eintragungsnachricht nicht akzeptiert (vgl auch Semler/Stengel/*Drinhausen* Rn 22; SBB/*Gutkès* § 13 Rn 195; Henssler/Strohn/*Polley* Rn 14).

17 Die Verschmelzungsbescheinigung darf nur ausgestellt werden, wenn eine **Versicherung** über die Leistung von **Gläubigersicherheiten** nach Abs 1 S 3 vorliegt. Damit kann die Verschmelzungsbescheinigung frühestens nach Ablauf der Anmeldefrist nach § 122j I 2 ausgestellt werden (Henssler/Strohn/*Polley* Rn 14; vgl zur Versicherung auch Rn 11). Nach Ablauf der Frist ist die Verschm jedoch **unverzügl** zu erteilen. Dies wird im Regelfall spätestens der dem Tag der Erfüllung aller Voraussetzungen folgende Werktag sein. Soweit ein **Spruchverfahren** anhängig ist, ist dieses in der Verschmelzungsbescheinigung anzugeben. Ein anhängiges Spruchverfahren hindert jedoch die Ausstellung der Verschmelzungsbescheinigung nicht (RegEBegr BT-Drs 16/2919 zu § 122k II; Lutter/*Bayer* Rn 20). Für die Verschmelzungsbescheinigung fällt zusätzl zur Eintragungsgebühr eine volle Gebühr (§ 50 I Nr 1 KostO) an (aA KölnerKommUmwG/*Simon/Rubner* Rn 20: Anmeldung und Verschmelzungsbescheinigung sind ein Gebührentatbestand). Der Geschäftswert entspricht derjenigen der Handelsregisteranmeldung (§ 41a IV KostO).

5. Eintragung der Verschmelzung

18 **a) Vorläufige Eintragung der Verschmelzung (Abs 2 S 3).** Vor der Ausstellung der Verschmelzungsbescheinigung (vgl Abs 2 S 2: Eintragungsnachricht gilt als Verschmelzungsbescheinigung; vgl aber Rn 16) ist die grenzüberschreitende Verschm bereits im Register der übertragenden inl Ges einzutragen. Dies entspricht der registerrechtl Abwicklung bei innerstaatl Verschm nach § 19. Da die Verschm zu diesem Zeitpunkt jedoch noch nicht wirksam ist, ist sie mit dem Vermerk zu versehen, dass die grenzüberschreitende Verschm unter den Voraussetzungen des Rechts des Staates, dem die übernehmende oder neue Ges unterliegt, wirksam wird. Der von § 19 I 2 abweichende Wortlaut hängt damit zusammen, dass das Wirksamwerden der grenzüberschreitenden Verschm nicht zwingend von der Registereintragung abhängt. Die Eintragung des Vermerks ist analog § 19 I 2 entbehrl, wenn die Verschmelzung wegen der Erfüllung der

Voraussetzungen nach dem für die übernehmende Ges maßgebl Recht am selben Tag wirksam wird (Lutter/*Bayer* Rn 26).

19 **b) Eintragung des Wirksamwerdens (Abs 4).** Nach Wirksamwerden der Verschm erhält das Registergericht von Amts wegen eine Mitteilung des Registers, in dem die übernehmende oder neue Ges eingetragen ist (Art 13 IntV-RL; vgl für das Registergericht einer inl übernehmenden oder neuen Ges § 122l III). Nach Eingang dieser Mitteilung hat das Registergericht am Sitz der übertragenden Ges nach Abs 4 den **Tag des Wirksamwerdens** zu vermerken. Dieser Zeitpunkt bestimmt sich nach der Rechtsordnung, der die übernehmende oder neue Ges unterliegt. Er ist aus der Mitteilung zu übernehmen. Zugleich übermittelt das Registergericht am Sitz der übertragenden Ges die bei ihm aufbewahrten elektronischen Dokumente an das für die übernehmende/neue Ges zuständige Gericht (Behörde). Übermittelt werden **nur** die **elektronischen Dokumente.** Von der Verpflichtung zur Übermittlung von Dokumenten, die nicht in elektronischer Form vorliegen, hat der Gesetzgeber im Interesse einer unbürokratischen Abwicklung abgesehen (RegEBegr BT-Drs 16/2919 zu § 122k IV; Widmann/Mayer/*Vossius* Rn 68). Eine Vorgabe der IntV-RL zur Übermittlung von Dokumenten besteht nicht. Da nur elektronische Dokumente erfasst sind, sollten diese auch weiterhin beim Register der übertragenden Ges abrufbar sein (Lutter/*Bayer* Rn 29; Maulbetsch/Klumpp/Rose/*Becker* Rn 21).

20 **c) Bekanntmachung.** Für die Bekanntmachung der Eintragung gilt über § 122a II die Vorschrift des § 19 III entspr (vgl hierzu § 19 Rn 26 ff).

6. Übermittlung der Verschmelzungsbescheinigung (Abs 3)

21 Die Verschmelzungsbescheinigung wird der zuständigen Stelle des Staates, dessen Recht die übernehmende oder neue Ges unterliegt, nicht von Amts wegen übermittelt. Abs 3 verpflichtet das Vertretungsorgan der inl übertragenden Ges zur Vorlage innerhalb von sechs Monaten nach ihrer Ausstellung zusammen mit dem Verschmelzungsplan. Zur Eintragungsnachricht als Verschmelzungsbescheinigung vgl Rn 16. Die Rechtsfolgen einer Fristversäumnis sind unklar. Mit Abs 3 sollte Art 11 II IntV-RL umgesetzt werden (RegEBegr BT-Drs 16/2919 zu § 122l III). Im Regelfall werden die Vertretungsorgane ein eigenes Interesse an der unverzügl Vorlage haben. Letztl ist entscheidend, ob die ausl Behörde eine Verschmelzungsbescheinigung, die älter als sechs Monate ist, akzeptiert (ebenso Semler/Stengel/*Drinhausen* Rn 21; Kallmeyer/*Zimmermann* Rn 18; vgl für eine übernehmende inl Ges § 122k Rn 6). Ggf ist eine neue Verschmelzungsbescheinigung zu beantragen, deren Ausstellung aber keine erneute Prüfung durch das Gericht vorangehen muss (Kallmeyer/*Zimmermann* Rn 18). Die Form der Übermittlung richtet sich nach der ausl Rechtsordnung (KölnerKommUmwG/*Simon*/*Rubner* Rn 27).

22 Vorzulegen ist auch der **gemeinsame Verschmelzungsplan.** Dies ermöglicht der für die übernehmende/neue Ges zuständigen Behörde die Überprüfung, ob ein gemeinsamer Verschmelzungsplan vorliegt.

§ 122l Eintragung der grenzüberschreitenden Verschmelzung

(1) [1] **Bei einer Verschmelzung durch Aufnahme hat das Vertretungsorgan der übernehmenden Gesellschaft die Verschmelzung und bei einer**

Verschmelzung durch Neugründung haben die Vertretungsorgane der übertragenden Gesellschaften die neue Gesellschaft zur Eintragung in das Register des Sitzes der Gesellschaft anzumelden. [2] Der Anmeldung sind die Verschmelzungsbescheinigungen aller übertragenden Gesellschaften, der gemeinsame Verschmelzungsplan und gegebenenfalls die Vereinbarung über die Beteiligung der Arbeitnehmer beizufügen. [3] Die Verschmelzungsbescheinigungen dürfen nicht älter als sechs Monate sein; § 16 Abs. 2 und 3 und § 17 finden auf die übertragenden Gesellschaften keine Anwendung.

(2) **Die Prüfung der Eintragungsvoraussetzungen erstreckt sich insbesondere darauf, ob die Anteilsinhaber aller an der grenzüberschreitenden Verschmelzung beteiligten Gesellschaften einem gemeinsamen, gleichlautenden Verschmelzungsplan zugestimmt haben und ob gegebenenfalls eine Vereinbarung über die Beteiligung der Arbeitnehmer geschlossen worden ist.**

(3) **Das Gericht des Sitzes der übernehmenden oder neuen Gesellschaft hat den Tag der Eintragung der Verschmelzung von Amts wegen jedem Register mitzuteilen, bei dem eine der übertragenden Gesellschaften ihre Unterlagen zu hinterlegen hatte.**

Schrifttum: Siehe Schrifttum § 122a.

1. Allgemeines

1 Die Vorschrift regelt die zweite Stufe des von Art 10, 11, 13 IntV-RL vorgegebenen zweistufigen Eintragungsverfahrens (vgl auch § 122k Rn 1). Während § 122k die Anmeldung und das Registerverfahren für eine inl übertragende Ges festlegt, befasst sich § 122l mit der Anmeldung und dem Registerverfahren für eine **übernehmende oder neue Ges,** die dem dt Recht unterliegt. Nach **Abs 1 S 1** ist bei einer Verschm durch Aufnahme die Verschm und bei einer Verschm durch Neugründung die neue Ges anzumelden. **Abs 1 S 2** regelt die beizufügenden Unterlagen, zu denen insbes die Verschmelzungsbescheinigungen aller übertragenden Ges zählen. Nach **Abs 2** hat das zuständige inl Gericht insbes zu prüfen, ob alle Anteilsinhaber einem gemeinsamen, gleichlautenden Verschmelzungsplan zugestimmt haben und ob ggf eine Vereinbarung über die Beteiligung der ArbN geschlossen worden ist. Nach Eintragung der Verschm und damit deren Wirksamwerden hat das zuständige Gericht nach **Abs 3** den Tag der Eintragung von Amts wegen jedem Register der anderen beteiligten Ges mitzuteilen.

2. Anmeldeverfahren

2 **a) Anmeldeberechtigte Personen.** Hinsichtl der Zuständigkeit für die Anmeldung ist zwischen einer Verschm durch Aufnahme und einer Verschm durch Neugründung zu unterscheiden. Bei einer **Verschm durch Aufnahme** meldet das Vertretungsorgan der inl übernehmenden Ges die Verschm an. Die Anmeldung ist ebenso wie bei § 16 I 1 durch Organmitglieder in vertretungsberechtigter Anzahl vorzunehmen (Semler/Stengel/*Drinhausen* Rn 3; Maulbetsch/Klumpp/Rose/*Becker* Rn 3; Lutter/*Bayer* Rn 4; Henssler/Strohn/*Polley* Rn 3). Die Form der Anmeldung richtet sich nach § 12 HGB. Vgl hierzu im Einzelnen § 16 Rn 6 ff. Zur Anmeldung einer gleichzeitig durchzuführenden KapErh vgl § 16 Rn 8. Eine **Frist** für die Anmeldung ist nicht vorgesehen (Hauschild/Kall-

rath/Wachter/*Zimmermann* § 24 Rn 135). Für die Anmeldung einer inl übertragenden Ges vgl § 122k Rn 7.

3 Bei einer **Verschm durch Neugründung** ordnet Abs 1 S 1 die Anmeldung durch die Vertretungsorgane aller übertragenden Ges an. Dies entspricht der Regelung in § 38 II für innerstaatl Verschm zur Neugründung. Neben der Anmeldung durch Mitglieder des Vertretungsorgans einer inl übertragenden Ges müssen damit auch die Mitglieder des Vertretungsorgans ausl übertragender Ges die Anmeldung durchführen. Auch für die Vertretung der ausl übertragenden Ges ist ein Handeln von Organmitgliedern in vertretungsberechtigter Anzahl (Rn 2) nach deren Rechtsordnung ausreichend (Maulbetsch/Klumpp/Rose/*Becker* Rn 4; Lutter/*Bayer* Rn 4; Henssler/Strohn/*Polley* Rn 4). Die Vertretungsberechtigung ist ggf in geeigneter Weise nachzuweisen (Semler/Stengel/*Drinhausen* Rn 4; Kallmeyer/*Zimmermann* Rn 4; Keßler/Kühnberger/*Keßler* Rn 2; Henssler/Strohn/*Polley* Rn 4). Für das Anmeldeverfahren gilt § 12 HGB; die Beglaubigung durch einen ausl Notar – ggf mit Apostille – ist ausreichend (Semler/Stengel/*Drinhausen* Rn 4). Vgl auch § 10 II KonsularG.

4 **b) Zuständiges Gericht.** Die Anmeldung erfolgt bei dem für den übernehmenden Rechtsträger zuständigen Gericht. Bei einer Verschm zur Neugründung erfolgt die Anmeldung beim Registergericht, das für den künftigen Sitz der durch die Verschm entstehenden neuen Ges zuständig ist.

5 **c) Anmeldungsgegenstand.** Gegenstand der Anmeldung ist bei einer Verschm durch Aufnahme die Verschm. Ggf ist zugleich eine zur Durchführung der Verschm notw KapErh anzumelden (vgl §§ 53, 66, 69 II). Bei einer Verschm durch Neugründung ist – wie bei innerstaatl Verschm – § 38 II die neue Ges anzumelden, während die inl übertragende Ges in diesem Fall die Verschm nach § 122k anzumelden hat.

6 **d) Anlagen der Anmeldung.** Nach Abs 1 S 2 sind der Anmeldung der Verschm durch das Vertretungsorgan der übernehmenden Ges oder der Anmeldung der neuen Ges durch alle Vertretungsorgane folgende Unterlagen beizufügen:

- die Verschmelzungsbescheinigungen aller übertragenden Ges; diese dürfen nach Abs 1 S 3 HS 1 nicht älter als sechs Monate sein. Die Gültigkeitsdauer geht auf die Verpflichtung zu Art 11 II IntV-RL zur Vorlage der Verschmelzungsbescheinigung innerh von sechs Monaten zurück (vgl hierzu auch § 122k Rn 21); diese müssten dem Registergericht aber wegen der Verpflichtung des Vertretungsorgans der übertragenden Ges bereits vorliegen, vgl Art 11 II IntV-RL und die Umsetzung für inl übertragende Ges in § 122k III (vgl § 122k Rn 21);
- der gemeinsame Verschmelzungsplan;
- ggf die Vereinbarung über die Beteiligung der ArbN.

7 Problematisch hieran ist, dass **nur der Verschmelzungsplan** und nicht die Verschmelzungsbeschlüsse der Anteilsinhaber der übertragenden Ges vorzulegen sind. Denn das Registergericht hat nach Abs 3 zu prüfen, ob die Anteilsinhaber aller beteiligten Ges einem gemeinsamen, gleichlautenden Verschmelzungsplan zugestimmt haben. Aus der Eintragungsbescheinigung wird sich dies regelm nicht entnehmen lassen (vgl für dt Eintragungsbescheinigungen § 122k II 2: Eintragungsnachricht gilt als Verschmelzungsbescheinigung). Das Registergericht kann angesichts dieses Prüfungsumfangs daher auch die Vorlage der Verschmelzungsbeschlüsse der Anteilsinhaberversammlungen aller beteiligten Ges – ggf in dt Über-

setzung – verlangen (zutr Semler/Stengel/*Drinhausen* Rn 8; ebenso Maulbetsch/Klumpp/Rose/*Becker* Rn 7; KölnerKommUmwG/*Simon/Rubner* Rn 9, 11; vgl auch Kallmeyer/*Zimmermann* Rn 21; aA SBB/*Gutkès* § 13 Rn 205, 211). Vgl auch Rn 12.

Bei einer **Verschm durch Aufnahme** sind für die übernehmenden Ges ferner die nach § 17 I erforderl Unterlagen (§ 122a II) beizufügen. Abs 1 S 3 HS 2 schließt die Anwendung von § 17 nur auf die übertragende Ges aus (dazu Rn 9). Demzufolge bedarf es bei der Anmeldung durch die Vertretungsorgane der übernehmenden Ges (Verschm durch Aufnahme) der Beifügung folgender **weiterer Unterlagen:** **8**

- Verschmelzungsbeschluss der Gesellschafter der übernehmenden Ges und ggf den Bestätigungsbeschluss, soweit der Verschmelzungsbeschluss unter einem Vorbehalt iSv § 122g I stand;
- weitere erforderl Zustimmungserklärungen einzelner Anteilsinhaber;
- (ggf gemeinsamer) Verschmelzungsbericht der übernehmende Ges;
- (ggf gemeinsamer) Verschmelzungsprüfungsbericht oder die Verzichtserklärungen aller Anteilsinhaber aller beteiligten Ges;
- ggf notw staatl Genehmigungen.

Vgl ergänzend hierzu, auch zur **Form** der Unterlagen, § 17 Rn 4 ff.

Abs 1 S 3 HS 2 stellt klar, dass bei der Verschm durch Aufnahme nur die die übernehmende Ges betreffenden Unterlagen einzureichen sind. Bei einer Verschm durch Neugründung sind nur die in Abs 1 S 2 erwähnten Unterlagen (Rn 6) beizufügen. Die Erfüllung der Voraussetzungen für die grenzüberschreitende Verschm bei den übertragenden Ges wird ausschließl durch die Verschmelzungsbescheinigung nachgewiesen (vgl § 122k Rn 16; Semler/Stengel/*Drinhausen* Rn 10; Lutter/*Bayer* Rn 9). Dies gilt auch für eine beteiligte inl übertragende Ges. **9**

e) Versicherungen, Nachweise, Erklärungen. Abs 1 S 3 HS 2 schließt die Anwendung von § 16 II und III nur für die übertragende Ges aus. IÜ bleiben diese Normen anwendbar. Die Vertretungsorgane der übernehmenden Ges haben bei einer Verschm durch Aufnahme demzufolge die **Negativerklärung** nach § 16 II im Hinblick auf den Verschmelzungsbeschluss bei der anmeldenden übernehmenden Ges abzugeben (Semler/Stengel/*Drinhausen* Rn 7; Lutter/*Bayer* Rn 10; Kallmeyer/*Zimmermann* Rn 10; KölnerKommUmwG/*Simon/Rubner* Rn 7). Die Negativerklärung kann durch eine rkr Entscheidung im **Freigabeverfahren** ersetzt werden (vgl hierzu im Einzelnen § 16 Rn 18 ff). **10**

Da das Registergericht auch die Erfüllung der Voraussetzungen **der grenzüberschreitenden Verschm bei der übernehmenden Ges** zu prüfen hat, empfiehlt sich ferner eine Erklärung, dass den Anteilsinhabern und dem zuständigen Betriebsrat bzw den ArbN der Verschmelzungsbericht fristgemäß zugängl gemacht worden ist (Kallmeyer/*Zimmermann* Rn 13; Henssler/Strohn/*Polley* Rn 10; vgl dazu § 122e Rn 12). **11**

3. Prüfung durch das Gericht

Das für die übernehmende oder neue Ges zuständige Gericht prüft diejenigen Verfahrensschritte, die die Durchführung der grenzüberschreitenden Verschm und ggf die Gründung einer neuen Ges betreffen (RegEBegr BT-Drs 16/2919 zu § 122l II). Abs 2 zählt hierzu auf, dass sich die Prüfung „insbes" darauf erstreckt, ob die Anteilsinhaber aller an der grenzüberschreitenden Verschm beteiligten Ges einem gemeinsamen, gleichlautenden Verschmelzungsplan zugestimmt haben und **12** ob ggf eine Vereinbarung über die Beteiligung der ArbN geschlossen worden ist. Die Prüfung der Zustimmung zu einem gemeinsamen, gleichlautenden Verschmelzungsplan setzt voraus, dass das Registergericht auch die Verschmelzungsbeschlüsse der anderen beteiligten Ges erhält (vgl Rn 7). Deren ordnungsgemäßes Zustandekommen wird indes nicht geprüft; dies wird durch die jeweiligen Verschmelzungsbescheinigungen bestätigt (Semler/Stengel/*Drinhausen* Rn 11; KölnerKommUmwG/*Simon/Rubner* Rn 13; *Krauel/Mense/Wind* Der Konzern 2010, 541, 542). Da § 122c wie auch Art 5 IntV-RL einen gemeinsamen und nicht nur einen gleichlautenden Verschmelzungsplan verlangen, bedeutet „gleichlautend" nur, dass anlässl des Registerverfahrens zu prüfen ist, dass die jew Anteilsinhaberversammlungen tats dem unveränderten gleichlautenden Verschmelzungsplan zugestimmt haben (zutr Widmann/Mayer/*Mayer* § 122c Rn 20). Die Überprüfung hinsichtl der **Vereinbarung** über die Beteiligung der **ArbN** hat sich nur darauf zu erstrecken, ob eine solche Vereinbarung vorliegt oder auch ohne Vereinbarung ein ordnungsgemäßer Abschluss des Verfahrens erfolgt ist. Eine inhaltl Überprüfung durch das Registergericht erfolgt nicht (Widmann/Mayer/*Vossius* Rn 30; Maulbetsch/Klumpp/Rose/*Becker* Rn 9; Kallmeyer/*Zimmermann* Rn 22). Liegt keine Vereinbarung vor, ist weiter zu prüfen, ob das Verfahren auf andere Weise ordnungsgemäß abgeschlossen worden ist (Lutter/*Bayer* Rn 15; KölnerKommUmwG/*Simon/Rubner* Rn 16 f; SBB/*Gutkès* § 13 Rn 210).

13 Ferner hat das Registergericht zu überprüfen, ob die **übernehmende Ges alle Voraussetzungen** für eine grenzüberschreitende Verschm erfüllt. Insofern gilt der gleiche Maßstab wie bei der Prüfung bei einer übertragenden Ges (vgl § 122k Rn 14; Semler/Stengel/*Drinhausen* Rn 10; Lutter/*Bayer* Rn 16). Das nach § 122l zuständige Gericht prüft hingegen **nicht,** ob die Voraussetzungen für eine grenzüberschreitende Verschm bei den **übertragenden Ges** erfüllt sind (Semler/Stengel/*Drinhausen* Rn 10; Lutter/*Bayer* Rn 19; SBB/*Gutkès* § 13 Rn 207; Hauschild/Kallrath/Wachter/*Zimmermann* § 24 Rn 137). Diese werden durch die Verschmelzungsbescheinigungen nachgewiesen. Die **Verschmelzungsbescheinigungen** an sich werden nur dahingehend überprüft, ob diese vollständig und von der sachl zuständigen Stelle erteilt worden sind sowie den Vorgaben von Art 2 II IntV-RL entsprechen. Zur Kritik, ob die Eintragungsnachricht diese Vorgaben erfüllt, vgl § 122k Rn 16. Bei einer Verschm durch Neugründung prüft das Registergericht ferner die Einhaltung der Gründungsvorschriften für die jeweilige Rechtsform (Semler/Stengel/*Drinhausen* Rn 12; Lutter/*Bayer* Rn 17 f; Kallmeyer/*Zimmermann* Rn 23; Keßler/Kühnberger/*Keßler* Rn 4).

4. Eintragung der Verschmelzung, Wirksamwerden

14 Sofern die übernehmende Ges selbst alle Voraussetzungen für eine grenzüberschreitende Verschm erfüllt und die Prüfung der Eintragungsvoraussetzung nach Abs 2 zu keinen Beanstandungen führt, trägt das Registergericht die Verschm (Verschm durch Aufnahme) oder die neue Ges ein. Damit **wird** die grenzüberschreitende Verschm **wirksam** (§ 122a II iVm § 20). Denn nach Art 12 IntV-RL bestimmt sich der Zeitpunkt des Wirksamwerdens nach dem Recht des Mitgliedstaats, dem die aus der grenzüberschreitenden Verschm hervorgehende Ges unterliegt. Zu den einzelnen Wirkungen der Verschm vgl die **Komm zu § 20.** Über § 122a II gilt – als Umsetzung von Art 17 IntV-RL – auch § 20 II, sodass auch bei grenzüberschreitenden Verschm eine Rückabwicklung generell ausgeschlossen ist (Lutter/*Bayer* Rn 26; Maulbetsch/Klumpp/Rose/*Becker* Rn 15; Kölner-KommUmwG/*Simon*/*Rubner* Rn 21; SBB/*Gutkès* § 13 Rn 230).

Das Registergericht hat die Eintragung gem § 122a II iVm § 19 III von Amts wegen bekannt zu machen. Hierfür gilt § 10 HGB. **15**

5. Eintragungsmitteilung (Abs 3)

Nach Abs 3, der Art 13 S 2 IntV-RL umsetzt, hat das für die übernehmende oder neue Ges zuständige Registergericht den Tag der Eintragung der Verschm von Amts wegen jedem Register mitzuteilen, bei dem die übertragende Ges ihre Unterlagen zu hinterlegen hatten. Dadurch werden diese Registergerichte in die Lage versetzt, das Wirksamwerden der Verschm in den Registern der übertragenden Ges zu vermerken (vgl die korrespondierende Vorschrift für übertragende inl Ges in § 122k IV; dazu dort Rn 20). Abs 3 spricht von dem Tag der Eintragung der Verschm, der nach dem inl Recht zugleich der Tag des Wirksamwerdens der Verschm ist (§ 20). Zur Vermeidung von Unklarheiten sollte darauf in der Mitteilung an die ausl Behörden hingewiesen werden (Semler/Stengel/*Drinhausen* Rn 15). **16**

Drittes Buch. Spaltung

Vorbemerkungen zu §§ 123–173

Schrifttum: Schrifttum bis 1994 siehe 3. Auflage; Schrifttum bis 2000 siehe 4. Auflage; *Seibt/Heiser,* Regelungskonkurrenz zwischen neuen Übernahmerecht und Umwandlungsrecht, ZHR 165 (2001), 466; *Kallmeyer,* Umwandlung nach dem UmwG und Unternehmensakquisition, DB 2002, 559; *Hölzle,* Unternehmensumwandlung in Krise, Sanierung und Insolvenz, FR 2006, 447.

1. Aufbau des Dritten Buches

1 §§ 123–173 regeln die Spaltung von Rechtsträgern, die zweite nach § 1 I vom UmwG erfasste Art der Umw. Die Spaltung ist in drei Varianten möglich: als Aufspaltung, als Abspaltung und als Ausgliederung (näher § 123 Rn 6 ff).

2 Die Spaltung von Rechtsträgern verschiedener Rechtsform (vgl § 124) im Wege der Gesamtrechtsnachfolge (Sonderrechtsnachfolge) wurde umfassend erstmals durch das UmwG 1995 ermögl. Zuvor war die Spaltung durch Sonderrechtsnachfolge nur für Treuhandunternehmen (SpTrUG) und für landwirtschaftl Produktionsgenossenschaften (LwAnpG) geregelt (dazu Rn 12 f). Andere Rechtsträger konnten ledigl im Wege der Einzelrechtsübertragung gespalten werden; zur Erlangung stl Privilegien waren äußerst komplizierte Gestaltungen notw (dazu 1. Aufl Anh II).

3 Der Aufbau des Dritten Buches entspricht demjenigen des Zweiten Buches (Verschm). Es beginnt mit allg Vorschriften (§§ 123–137), die bei der Spaltung von Rechtsträgern aller Rechtsformen zu beachten sind. Innerh der allg Vorschriften wird zwischen Spaltung zur Aufnahme (§§ 126–134) und Spaltung zur Neugründung (§§ 135–137) unterschieden. Die folgenden Abschnitte (§§ 138–173) enthalten rechtsformspezifische Vorschriften, die nur anzuwenden sind, soweit Rechtsträger dieser Rechtsform an der Spaltung beteiligt sind. Durch eine generelle (§ 125 iVm § 135) und diverse spezielle (etwa §§ 127 S 2, 165) Verweisungen sind daneben die Regelungen des Zweiten Buches (Verschm) zu beachten (zur Regelungs- und zur daraus resultierenden Prüfungstechnik vgl § 125 Rn 5 ff und § 135 Rn 2 ff).

4 § 123 **def abschl** (vgl § 1 II) die zulässigen **Arten** der Spaltung. Welche Rechtsform die an Spaltungen beteiligten Rechtsträger haben können, ergibt sich aus § 124, der ergänzend auf § 3 I verweist. Die hieraus resultierenden Möglichkeiten werden allerd durch verschiedene Regelungen in den bes Vorschriften wieder beschränkt (vgl §§ 150, 151, 152, 161, 168). § 125 erklärt das gesamte Verschmelzungsrecht (Zweites Buch) mit Ausnahme ausdrückl aufgezählter Vorschriften für entspr anwendbar; weitere Ausnahmen von der Verweisung enthält § 135 für Spaltungen zur Neugründung.

5 § 126 legt die inhaltl Mindestanforderungen an den **Spaltungs- und Übernahmevertrag** fest; sie gelten auch für den bei der Spaltung zur Neugründung an die Stelle des Spaltungs- und Übernahmevertrags tretenden Spaltungsplan (§ 136). Daneben sind §§ 4, 6, 7 über § 125 anwendbar. § 127 regelt die inhaltl Anforderungen an den **Spaltungsbericht,** während sich die Voraussetzungen der und die Anforderungen an die **Spaltungsprüfung** – abgesehen von § 125 S 2 – vollständig aus der Verweisung auf das Zweite Buch ergeben. Da Spaltungen auch unter Veränderung der bisherigen Beteiligungsverhältnisse erfolgen können (sog **nichtverhältniswahrende** Spaltungen), enthält § 128 für diesen Fall einen bes Zustim-

mungsvorbehalt. §§ 129, 130, 137 regeln Besonderheiten des Eintragungsverfahrens; daneben sind (über §§ 125, 135) §§ 16, 17, 19 anwendbar.

Die wesentl **Rechtsfolgen** der Spaltung ergeben sich aus §§ 131–134. Hierzu 6
zählen insbes der Vermögensübergang durch Sonderrechtsnachfolge (§ 131 I Nr 1), das Entstehen der neuen Anteilsinhaberschaften (§ 131 I Nr 3) und die gesamtschuldnerische Haftung aller beteiligten Rechtsträger (§§ 133, 134). Der Vermögensübergang wurde früher durch § 132 aF bei gewissen Vermögensgegenständen eingeschränkt; die Vorschrift wurde zwischenzeitl ersatzlos aufgehoben.

Für die Spaltung zur Neugründung gelten im Wesentl die Vorschriften über 7
die Spaltung zur Aufnahme entspr (§ 135).

Rechtsformspezifische Besonderheiten sind in den bes Vorschriften berücksich- 8
tigt. Regelungen für PhG und PartGes existieren nicht. Bei der Beteiligung von KapGes sind §§ 138, 139 (GmbH) und §§ 140–146 (AG, KGaA) zu beachten. §§ 147–151 enthalten im Wesentl nur Einschränkungen der sich zunächst aus § 124 ergebenden Spaltungsmöglichkeiten für eG, rechtsfähige Vereine, genossenschaftl Prüfungsverbände und VVaG.

Im Vgl hierzu umfangreicher ist die Ausgliederung aus dem Verm des Einzel- 9
kaufmanns geregelt (§§ 152–160). Diesem Abschnitt schließen sich die bes Vorschriften über die Ausgliederung von Stiftungsvermögen (§§ 161–167) und aus dem Verm von Gebietskörperschaften (§§ 168–173) an. Vgl ergänzend die nachfolgenden Übersichten.

2. Übersichten

Übersicht über die Möglichkeiten der Ausgliederung 10

Übernehmender/ neuer Rechtsträger Übertragender Rechtsträger	PhG	GmbH, UG (nur Aufnahme)	AG KGaA SE	eG	eV	Gen Prüfungsverbände	VVaG	PartG
PhG	X	X	X	X	–	X	–	X
GmbH/UG	X	X	X	X	–	X	–	X
AG/KGaA	X	X	X	X	–	X	–	X
eG	X	X	X	X	–	X	–	X
eV/wirtschaftl Vereine	X	X	X	X	X	X	–	X
Gen Prüfungsverbände	–	X	X	–	–	X	–	–
VVaG	–	X	–	–	–	–	–	–
Einzelkaufmann	X	X	X	X	–	X	–	–
Stiftungen	X	X	X	X	–	–	–	–
Gebietskörperschaften	X	X	X	X	–	–	–	–
PartG	X	X	X	X	–	–	–	X

X = handelsrechtl mögl
– = handelsrechtl als Ausgliederung nicht mögl

11 **Übersicht über die Möglichkeiten der Aufspaltung/Abspaltung**

Übernehmender/ neuer Rechtsträger Übertragender Rechtsträger	PhG	GmbH, UG (nur Aufnahme)	AG KGaA	eG	eV	Gen Prüfungsverbände	VVaG	PartG
PhG	X	X	X	X	–	X	–	X
GmbH, UG	X	X	X	X	–	X	–	X
AG/KGaA	X	X	X	X	–	X	–	X
eG	X	X	X	X	–	X	–	X
eV/ wirtschaftlVereine	X	X	X	X	X	X	–	X
Gen Prüfungsverbände	–	–	–	–	–	X	–	–
VVaG	–	–	X	–	–	–	X	–
Einzelkaufmann	–	–	–	–	–	–	–	–
Stiftungen	–	–	–	–	–	–	–	–
Gebietskörperschaften	–	–	–	–	–	–	–	–
PartG	X	X	X	X	–	X	–	X

X = handelsrechtl mögl
– = handelsrechtl nicht mögl

12 Zur Beteiligung von **SE** und **SCE** bei Spaltungen vgl § 124 Rn 12, 17, 35, 37.

3. Vorgängerregelungen

13 Vor Inkrafttreten des UmwG 1995 waren Spaltungen im Wege der Sonderrechtsnachfolge nur bei bestimmten Rechtsträgern mögl. Nach dem **LwAnpG** (idF vom 3.7.1991, BGBl I 1418) konnten landwirtschaftl Produktionsgenossenschaften (LPG) der ehemaligen DDR „geteilt" werden (§§ 4 ff LwAnpG). Dabei handelte es sich nach der Terminologie des UmwG um eine Aufspaltung zur Neugründung von eG, PersGes und KapGes (§ 4 LwAnpG). Nach dem **SpTrUG** war die Aufspaltung und Abspaltung, jew zur Neugründung, von Treuhandunternehmen in der Rechtsform der GmbH und AG mögl.

14 Das Spaltungsverfahren in beiden Gesetzen entspricht im Wesentl dem des UmwG, denn Vorlage für beide Gesetze war der Diskussionsentwurf für ein Gesetz zur Bereinigung des UmwR vom 3.8.1988 (Beilage Nr 214a zum BAnz vom 15.11.1988). Das LwAnpG und das SpTrUG haben heute überwiegend nur noch für die Beurteilung bereits vollzogener Spaltungen Bedeutung. Zum SpTrUG vgl iÜ die ausführl Komm bei *Widmann/Mayer* 21. EL Rn 2915 ff.

4. Europarechtliche Vorgaben

15 Vgl zunächst Einf UmwG Rn 5. Beim Erlass des UmwG war hinsichtl der Spaltung die 6. gesellschaftsrechtl RL der EG vom 17.12.1982, die sog Spal-

tungsRL (ABl EG Nr L 378, 47), zu beachten, soweit AG beteiligt sind. Es bestand keine Pflicht des nat Gesetzgebers zur Umsetzung. Die Vorgaben sind nur bindend, wenn die nat Rechtsordnung Regelungen zur Spaltung von AG besitzt oder einführt (Art 26).

Die SpaltungsRL erfasst nur Aufspaltungen/Abspaltungen zur Aufnahme („Übernahme") und zur Neugründung bzw Kombinationen hiervon (Art 1, 21, 22, 25), nicht hingegen Ausgliederungen. Zur Umsetzung der RL vgl die nachfolgende synoptische Übersicht: 16

17

Richtlinie	Umwandlungsgesetz
Art 3	§§ 125, 135 iVm 4, 126, 136 III, 133 I
Art 4	§§ 125, 135 iVm 63 I
Art 5	§§ 125, 135 iVm 13, 65
Art 6	§§ 125, 135 iVm 62
Art 7	§§ 127, 142 II, 143
Art 8	§§ 125, 135 iVm 9–12, 60
Art 9	§§ 125, 135 iVm 63, 17 II
Art 10	§§ 125, 135, 127 iVm 8 III, 9 II
Art 11	§§ 324 iVm 613a BGB
Art 12	§§ 125, 135 iVm 22, 133 I
Art 13	§§ 125, 135 iVm 23
Art 14	–
Art 15	§ 133 I
Art 16	§§ 125, 135 iVm 19 III
Art 17	§§ 131 I, 132
Art 18	§§ 125, 135 iVm 25, 11 II
Art 19	§§ 125, 135 iVm 14 I, 241 ff AktG
Art 20	–
Art 21	–
Art 22	–
Art 23	–
Art 24	–
Art 25	–

Weitere europarechtl Vorgaben für die Spaltung existieren nicht. Die RL über die **grenzüberschreitende Verschm** von KapGes (dazu Vor §§ 122a–122l) erfasst nur die Verschm, nicht die Spaltung. 18

Erster Teil. Allgemeine Vorschriften

Erster Abschnitt. Möglichkeit der Spaltung

§ 123 Arten der Spaltung

(1) **Ein Rechtsträger (übertragender Rechtsträger) kann unter Auflösung ohne Abwicklung sein Vermögen aufspalten**

1. zur Aufnahme durch gleichzeitige Übertragung der Vermögensteile jeweils als Gesamtheit auf andere bestehende Rechtsträger (übernehmende Rechtsträger) oder

2. zur Neugründung durch gleichzeitige Übertragung der Vermögensteile jeweils als Gesamtheit auf andere, von ihm dadurch gegründete neue Rechtsträger

gegen Gewährung von Anteilen oder Mitgliedschaften dieser Rechtsträger an die Anteilsinhaber des übertragenden Rechtsträgers (Aufspaltung).

(2) **Ein Rechtsträger (übertragender Rechtsträger) kann von seinem Vermögen einen Teil oder mehrere Teile abspalten**

1. zur Aufnahme durch Übertragung dieses Teils oder dieser Teile jeweils als Gesamtheit auf einen bestehenden oder mehrere bestehende Rechtsträger (übernehmende Rechtsträger) oder

2. zur Neugründung durch Übertragung dieses Teils oder dieser Teile jeweils als Gesamtheit auf einen oder mehrere, von ihm dadurch gegründeten neuen oder gegründete neue Rechtsträger

gegen Gewährung von Anteilen oder Mitgliedschaften dieses Rechtsträgers oder dieser Rechtsträger an die Anteilsinhaber des übertragenden Rechtsträgers (Abspaltung).

(3) **Ein Rechtsträger (übertragender Rechtsträger) kann aus seinem Vermögen einen Teil oder mehrere Teile ausgliedern**

1. zur Aufnahme durch Übertragung dieses Teils oder dieser Teile jeweils als Gesamtheit auf einen bestehenden oder mehrere bestehende Rechtsträger (übernehmende Rechtsträger) oder

2. zur Neugründung durch Übertragung dieses Teils oder dieser Teile jeweils als Gesamtheit auf einen oder mehrere, von ihm dadurch gegründeten neuen oder gegründete neue Rechtsträger

gegen Gewährung von Anteilen oder Mitgliedschaften dieses Rechtsträgers oder dieser Rechtsträger an den übertragenden Rechtsträger (Ausgliederung).

(4) **Die Spaltung kann auch durch gleichzeitige Übertragung auf bestehende und neue Rechtsträger erfolgen.**

Schrifttum: Schrifttum bis 2004 siehe 5. Auflage; vgl auch Schrifttum zu Vor §§ 123–173; *Schmidt,* Totalausgliederung nach § 123 III UmwG, AG 2005, 26; *Heidenhain,* Partielle Gesamtrechtsnachfolge bei der Spaltung, ZHR 168 (2004), 468; *Habersack,* Mitwirkungsrechte der Aktionäre nach Macrotron und Gelatine, AG 2005, 137; *Heine/Lechner,* Die umwandlungsrechtliche Sachauskehrung durch Spaltung bei börsennotierten Aktiengesellschaften, AG 2005, 669; *Priester,* Personengesellschaften im UmwR – Praxisrelevante Fragen und offene Posten, DStR 2005, 788; *Reichert,* Mitwirkungsrechte und Rechtsschutz der Aktionäre nach Macrotron und Gelatine, AG 2005, 150; *Hölzle,* Unternehmensumwandlung in Krise und Insolvenz, FR 2006, 447.

Übersicht

1. Allgemeines

Die Vorschrift bestimmt in den Abs 1–3 die zulässigen Formen einer Spaltung. 1
Danach können **Rechtsträger aufgespalten** (Abs 1) und Teile eines Rechtsträgers **abgespalten** (Abs 2) oder **ausgegliedert** (Abs 3) werden. Jede Spaltungsart ist wiederum zur Aufnahme (Übertragung des Teilvermögens auf bestehende Rechtsträger) und zur Neugründung (Übertragung des Teilvermögens auf neu gegründete Rechtsträger) mögl.

In Abs 4 wird klargestellt, dass Spaltungen zur Aufnahme und zur Neugründung 2
miteinander kombiniert werden können.

2. Wesen der Spaltung

Die Spaltung wird vielfach als Spiegelbild der Verschm (RegEBegr BR-Drs 75/ 3
94 zu § 123; *Teichmann* ZGR 1993, 396) oder als Gegenstück zur Verschm (etwa *Kallmeyer* ZIP 1994, 1746, 1748) bezeichnet. Die Verschm führt das Verm verschiedener Rechtsträger durch Übertragung auf einen (bestehenden oder neu gegründeten) Rechtsträger zusammen, während die Spaltung die Aufteilung des Verm eines einzelnen Rechtsträgers auf mindestens zwei (bestehende oder neu gegründete) Rechtsträger bewirkt. Diese Spiegelbildlichkeit ermögl die umfangreichen Verweisungen auf die Verschmelzungsvorschriften.

Die Bezeichnung der Spaltung als spiegelbildl Verschm ist aber nur für die Aufspal- 4
tung (Abs 1; spiegelbildl Verschm zur Neugründung) und für die Abspaltung (Abs 2; spiegelbildl Verschm zur Aufnahme) zutr. Die Ausgliederung ist keine exakte Umkehrung der Verschm, da die Anteile am übernehmenden Rechtsträger nicht den Anteilsinhabern des übertragenden Rechtsträgers gewährt werden (Abs 3).

Gemeinsam ist allen Spaltungsformen, dass die Übertragung des Teilvermögens 5
jew als Gesamtheit erfolgt. Es bedarf keiner sachenrechtl Übertragung der einzelnen Gegenstände nach den jeweiligen Vorschriften (keine Einzelrechtsübertragung); der Vermögensübergang vollzieht sich uno actu im Wege der Sonderrechtsnachfolge (partielle Gesamtrechtsnachfolge). Gegenstand der Übertragung müssen aber nicht Sachgesamtheiten sein; auch ein einzelner Vermögensgegenstand kann durch Spaltung übertragen werden (vgl § 126 Rn 64). Zur partiellen Gesamtrechtsnachfolge im Einzelnen vgl § 131 Rn 4 ff. Allen Spaltungsformen ist ferner gemeinsam, dass als Gegenleistung für die Vermögensübertragung eine Beteiligung am übernehmenden Rechtsträger gewährt wird (zu Ausnahmen und Verzichtsmöglichkeiten vgl § 126 Rn 41 ff). Empfänger dieser Beteiligung sind bei der Aufspaltung und bei der Abspaltung die Anteilsinhaber des übertragenden Rechtsträgers, während bei der Ausgliederung der übertragende Rechtsträger selbst den neuen Anteil erhält. Zum Erlöschen des übertragenden Rechtsträgers führt nur die Aufspaltung, bei den übrigen Spaltungsformen bleibt der übertragende Rechtsträger bestehen.

3. Definition der Aufspaltung (Abs 1)

Bei der Aufspaltung (Abs 1) überträgt ein Rechtsträger in einem Vorgang sein 6
gesamtes Verm auf mindestens zwei übernehmende Rechtsträger. Diese Vermö-

gensübertragung erfolgt im Wege der Gesamtrechtsnachfolge. Der übertragende Rechtsträger erlischt ohne Abwicklungsverfahren. Als Gegenleistung für die Vermögensübertragung erhalten die Anteilsinhaber des übertragenden Rechtsträgers Anteile an dem übernehmenden Rechtsträger.

7 Das Gesetz lässt die Aufspaltung in zwei Formen zu: Bei der Aufspaltung zur Aufnahme treten als übernehmende Rechtsträger bereits bestehende Rechtsträger auf, während bei der Spaltung zur Neugründung die übernehmenden Rechtsträger erst durch die Spaltung gegründet werden. Mögl ist auch eine Kombination (Abs 4; Rn 13).

8 Die Aufspaltung nach Abs 1 entspricht der Spaltung durch Übernahme gem Art 2 bzw der Spaltung durch Gründung neuer Ges gem Art 21 der europäischen SpaltungsRL vom 17.12.1982 (ABl EG Nr L 378, 47).

4. Definition der Abspaltung (Abs 2)

9 Anders als bei einer Aufspaltung erlischt der übertragende Rechtsträger bei einer Abspaltung nicht, da ein Teil seines Verm bei ihm verbleibt. Die übrigen Teile werden **in einem Vorgang** auf einen oder mehrere bestehende Rechtsträger (Abspaltung zur Aufnahme) und/oder einen oder mehrere durch die Spaltung gegründete neue Rechtsträger (Abspaltung zur Neugründung) im Wege der Sonderrechtsnachfolge übertragen. Zur Kombination von Abspaltung zur Aufnahme und zur Neugründung vgl Rn 13. Auch bei der Abspaltung erhalten die Anteilsinhaber des übertragenden Rechtsträgers als Ausgleich für die Übertragung der Teilvermögen Anteile am übernehmenden Rechtsträger.

10 Die Abspaltung ist in Art 25 der europäischen SpaltungsRL vom 17.12.1982 (ABl EG Nr L 378, 47) erfasst.

5. Definition der Ausgliederung (Abs 3)

11 Bei der Ausgliederung überträgt ein übertragender Rechtsträger einen Teil oder mehrere Teile seines Verm im Wege der Sonderrechtsnachfolge in einem Vorgang auf einen oder mehrere übernehmende Rechtsträger. Insoweit besteht kein Unterschied zur Abspaltung (zur „aufspaltenden Ausgliederung" vgl Rn 22 f). Als Gegenleistung wird bei der Ausgliederung jedoch nicht den Anteilsinhabern des übertragenden Rechtsträgers, sondern dem übertragenden Rechtsträger selbst eine Beteiligung an dem übernehmenden Rechtsträger gewährt (Abs 3).

12 Die Ausgliederung ist wiederum in zwei Varianten mögl: Bei der Ausgliederung zur Aufnahme erfolgt die Übertragung des Vermögensteils auf einen bereits **bestehenden** Rechtsträger, bei der Ausgliederung zur Neugründung wird der übernehmende Rechtsträger erst durch die Spaltung **gegründet.** Zu Kombinationen vgl Rn 13. Die Ausgliederung ist kein von der EU-SpaltungsRL vom 17.12.1982 (ABl EG Nr L 378, 47) erfasster Fall einer Umw.

6. Kombination von Spaltung zur Aufnahme und zur Neugründung (Abs 4)

13 Alle Formen der Spaltung (Aufspaltung, Abspaltung, Ausgliederung) sind sowohl als Spaltung **zur Aufnahme** (Übertragung des Vermögens/Teilvermögens auf bereits bestehende Rechtsträger) als auch als Spaltung **zur Neugründung** (Übertragung des Vermögens/Teilvermögens auf neu gegründete Rechtsträger) mögl. Abs 4 stellt klar, dass diese Untervarianten der Spaltung miteinander kombiniert werden können. Eine Aufspaltung kann also bspw durch **gleichzeitige** Übertragung der Vermögensteile auf bestehende und im Zshg mit der Spaltung neu gegründete Rechtsträger erfolgen.

7. Kombination von Abspaltung und Ausgliederung

Eine ausdrückl Regelung, ob eine Abspaltung mit einer Ausgliederung kombiniert werden kann, fehlt. Folgende Varianten sind zu unterscheiden: 14

- Ein übertragender Rechtsträger überträgt ein Teilvermögen auf einen (bereits bestehenden oder neu gegründeten) übernehmenden Rechtsträger und gewährt sowohl den Anteilsinhabern des übertragenden Rechtsträgers als auch dem übertragenden Rechtsträger selbst Anteile am übernehmenden Rechtsträger (vgl hierzu Kallmeyer DB 1995, 81, 83). 15
- Ein übertragender Rechtsträger gliedert einen Teil seines Verm aus (gegen Gewährung der Anteile des übernehmenden Rechtsträgers an den übertragenden Rechtsträger) und spaltet einen anderen Teil seines Verm ab (gegen Gewährung der Anteile des übernehmenden Rechtsträgers an die Anteilsinhaber des übertragenden Rechtsträgers). 16

Entscheidend für die Zulässigkeit der **Mischformen** ist, ob sich der Gesamtvorgang in mehrere Grundspaltungsformen zerlegen lässt, die jede für sich alle Tatbestandsvoraussetzungen von Abs 1–3 erfüllen. Demgemäß ist die Spaltung Rn 16 zulässig (Semler/*Stengel* Rn 20; aA Lutter/*Karollus*, Kölner Umwandlungsrechtstage 1995, S 162). Lässt sich die Kombination hingegen nicht auf die Grundspaltungsformen zurückführen, soll also zB dasselbe Teilvermögen gegen Gewährung von Anteilen sowohl an den übertragenden Rechtsträger als auch an die Anteilseigner des übertragenden Rechtsträgers übertragen werden (Rn 15), ist dies nicht zulässig (aA Lutter/*Teichmann* Rn 30; Kallmeyer/*Kallmeyer/Sickinger* Rn 13; Semler/Stengel/*Bärwaldt* § 135 Rn 8; KölnerKommUmwG/*Simon* Rn 33; *Geck* DStR 1995, 416, 417). Eine solche „Mischform" erfüllt nicht die jew Tatbestandsvoraussetzung von Abs 1–3, ihre Zulassung würde damit gegen das Analogieverbot von § 1 II verstoßen, auch wenn weder die Interessen der Gläubiger noch die der Anteilseigner wesentl beeinträchtigt würden und diese Mischform möglicherweise in praxi wünschenswert wäre (so *Kallmeyer* DB 1995, 81, 82). IÜ ließe sich steuerneutral eine solche Mischform nicht durchführen; §§ 15, 16, 20, 24 UmwStG verlangen, ebenso wie Abs 1–3, dass die Gegenleistung – Anteile am übernehmenden Rechtsträger – an ein und denselben Empfänger (bzw ein und dieselbe Empfängergruppe) gewährt werden. 17

8. Beteiligung mehrerer übertragender Rechtsträger

Die gleichzeitige Beteiligung mehrerer übertragender Rechtsträger ist weder bei einer Spaltung zur Aufnahme noch bei einer Spaltung zur Neugründung mögl (Semler/*Stengel* Rn 19; Semler/Stengel/*Bärwaldt* § 135 Rn 8 Fn 26; KölnerKommUmwG/*Simon* Rn 36; Lutter/*Priester* § 126 Rn 10; Widmann/Mayer/*Schwarz* Rn 9; Lutter/*Teichmann* Rn 32). Dies folgt zunächst aus dem Wortlaut: § 123 spricht von **einem Rechtsträger;** ferner wird (bei der Spaltung zur Neugründung) der neue Rechtsträger **von ihm** (dem übertragenden Rechtsträger) gegründet. Darüber hinaus ist das System der §§ 123 ff nicht auf die Beteiligung mehrerer übertragender Rechtsträger zugeschnitten. So treten die Spaltungswirkungen mit der Eintragung im Register am Sitz des übertragenden Rechtsträgers ein (§ 131 I); gäbe es mehrere übertragende Rechtsträger, müsste eine Regelung bestimmen, welche von mehreren Eintragungen in den Registern am Sitz mehre- 18 rer übertragender Rechtsträger konstitutiv ist. Ferner sieht das Gesetz bei der Spaltung zur Neugründung ausnahmslos einen Spaltungsplan (§ 136) vor; bei mehreren übertragenden Rechtsträgern bedürfte es aber eines Spaltungsvertrags.

19 Folge ist, dass zB Abspaltungen aus mehreren Konzernunternehmen mit dem Ziel der Bündelung bestimmter Produktgruppen, Funktionen etc in einem einheitl Vorgang nicht mögl sind. Diese Beschränkung auf nur einen übertragenden Rechtsträger widerspricht der Intention des UmwG, die rasche Anpassung rechtl Strukturen an veränderte Umstände des Wirtschaftslebens zu ermögl und damit die rechtl Rahmenbedingungen für die Tätigkeit dt Unternehmen zu verbessern (RegEBegr BR-Drs 75/94 zu Einf UmwG).

20 Die Beschränkung auf nur einen übertragenden Rechtsträger ist umso erstaunlicher, als § 123 IV RefE 1992 (BAnz vom 20.6.1992, Beilage Nr 112a) die Beteiligung mehrerer übertragender Rechtsträger (auch als „verschmelzende Spaltung" bezeichnet, zB *Mayer* DB 1995, 861, 862; Widmann/Mayer/*Schwarz* Rn 9) noch ausdrückl vorsah.

21 Die Praxis muss sich mit aufeinander abgestimmten, isoliert zu beurteilenden Spaltungen behelfen (Lutter/*Teichmann* Rn 32; Semler/Stengel/*Stengel* Rn 19; KölnerKommUmwG/*Simon* Rn 36).

9. Ausgliederung des gesamten Vermögens

22 Nach Abs 3 kann ein Teil oder können mehrere Teile aus dem Verm eines Rechtsträgers ausgegliedert werden. Daraus folgt zum einen, dass Vermögensteile, auch einzelne WG, beim ausgliedernden Rechtsträger zurückbehalten werden können, zum anderen aber auch, dass so viele Teile aus dem Verm ausgegliedert werden können, dass im Erg das gesamte Verm auf einen oder mehrere andere Rechtsträger übertragen wird (umfassend *Schmidt* AG 2005, 26). Der Wortlaut von Abs 3 steht dem nicht entgegen; „aus seinem Vermögen" ausgliedern bedeutet nicht, dass nicht auch das gesamte Verm – ggf in Teilen – ausgegliedert werden kann (*Schmidt* AG 2005, 26; Widmann/Mayer/*Schwarz* Rn 7.3; Kallmeyer/*Kallmeyer/Sickinger* Rn 12; Semler/Stengel/*Stengel* Rn 17; Semler/Stengel/*Schröer* § 126 Rn 28; KölnerKommUmwG/*Simon* Rn 27; Lutter/*Teichmann* Rn 25; aA *Mayer* DB 1995, 861, 862; *Geck* DStR 1995, 416, 417). Soweit *Mayer* (DB 1995, 861, 862) darauf hinweist, dass die Ausgliederung sämtl Vermögensteile nicht zulässig sei, weil § 131 I Nr 2 zwingend das Erlöschen des aufspaltenden Rechtsträgers mit Eintragung der Spaltung anordne, ist entgegenzuhalten, dass bei der Ausgliederung (im Ggs zur Aufspaltung) der ausgliedernde Rechtsträger als Gegenleistung für das ausgegliederte Verm die Anteile am übernehmenden Rechtsträger erhält, damit gerade auch nach der Vorstellung des Gesetzgebers weiterbestehen muss.

23 Eine ergänzende Heranziehung von Aufspaltungsvorschriften ist insoweit nicht erforderl (so *Kallmeyer* DB 1995, 81, 82). Gegen das Analogieverbot aus § 1 II wird nicht verstoßen; die Ausgliederung mit Übertragung des gesamten Verm ist keine unzulässige Mischform (vgl Rn 17), sondern eine unmittelbar von Abs 3 geregelte zulässige Gestaltung.

10. Ausgliederung durch Einzelrechtsnachfolge

24 Bereits kurz nach Inkrafttreten des UmwG wurde streitig, ob die Spaltungsvorschriften des UmwG auch bei Ausgliederungen durch Einzelrechtsnachfolge anzuwenden sind. Die Ausgliederung durch Einzelrechtsnachfolge ist oftmals eine

echte Alt, zumal sie – anders als die Aufspaltung und Abspaltung – stl identisch behandelt wird (§§ 20, 24 UmwStG). Die Instanzgerichte sind uneins (für die entspr Anwendung einzelner Bestimmungen: LG Karlsruhe ZIP 1998, 385; LG Frankfurt aM ZIP 1997, 1698; dagegen: LG Hamburg AG 1997, 238; LG München I ZIP 2006, 2036). Der BGH (BGHZ 146, 288, 295) betont zu Recht die Notwendigkeit einer Einzelfallprüfung, ob eine vglbare Situation besteht (zur entspr Anwendung von §§ 63 I Nr 1, 64 I 1 – im Erg auf § 179a II AktG gestützt). Auch in den beiden Gelatine-Entscheidungen (BGH NZG 2004, 571 und 575) sah er keine Notwendigkeit zu einem Rückgriff auf die Normen des UmwG. Eine generelle entspr Anwendung der Spaltungsvorschriften (wie auch anderer Regelungen des UmwG) scheidet mangels unbewusster Regelungslücke aus (ebenso LG München I ZIP 2006, 2036; Lutter/*Teichmann* Rn 28; *Aha* AG 1997, 345, 356; Semler/Stengel/*Stengel* Rn 4; Kallmeyer/*Kallmeyer/Sickinger* Rn 2; KölnerKommUmwG/*Simon* Rn 12). In diesen Fällen verbleibt es bei den allg Schutzvorschriften (Lutter/*Teichmann* Rn 29). Daher bedarf es der Beteiligung der Hauptversammlung des übertragenden Rechtsträgers bei einer Ausgliederung durch Einzelrechtsnachfolge nur bei Vorliegen der Voraussetzung der umgeschriebenen Hauptversammlungskompetenz (BGH NZG 2004, 571 und 575; LG München I ZIP 2006, 2036).

§ 124 Spaltungsfähige Rechtsträger

(1) **An einer Aufspaltung oder einer Abspaltung können als übertragende, übernehmende oder neue Rechtsträger die in § 3 Abs. 1 genannten Rechtsträger sowie als übertragende Rechtsträger wirtschaftliche Vereine, an einer Ausgliederung können als übertragende, übernehmende oder neue Rechtsträger die in § 3 Abs. 1 genannten Rechtsträger sowie als übertragende Rechtsträger wirtschaftliche Vereine, Einzelkaufleute, Stiftungen sowie Gebietskörperschaften oder Zusammenschlüsse von Gebietskörperschaften, die nicht Gebietskörperschaften sind, beteiligt sein.**

(2) **§ 3 Abs. 3 und 4 ist auf die Spaltung entsprechend anzuwenden.**

Schrifttum: Schrifttum bis 2004 siehe 5. Auflage; *Heckschen,* Umstrukturierung krisengeschüttelter Kapitalgesellschaften: Umwandlungsmaßnahmen nach Stellung des Insolvenzantrags, DB 2005, 2675; *Hölzle,* Unternehmensumwandlung in Krise, Sanierung und Insolvenz, FR 2006, 447; *Kossmann/Heinrich,* Möglichkeiten der Umwandlung einer bestehenden SE, ZIP 2006, 164; *Thoß,* Differenzhaftung bei der Kapitalerhöhung zur Durchführung einer Verschmelzung, NZG 2006, 376; *Baßler,* Gesellschafterwechsel bei Umwandlungen, GmbHR 2007, 1252; *Heinemann,* Die Unternehmergesellschaft als Zielgesellschaft von Formwechsel, Verschmelzung und Spaltung nach dem Umwandlungsgesetz, NZG 2008, 820; *Meister,* Die Auswirkungen des MoMiG auf das Umwandlungsrecht, NZG 2008, 767; *Tettinger,* UG (umwandlungsbeschränkt)? – Die Unternehmergesellschaft nach dem MoMiG-Entwurf und das UmwG, Der Konzern 2008, 75; *Gasteyer,* Die Unternehmergesellschaft (haftungsbeschränkt) – Praktische Umsetzung des § 5a GmbHG aus anwaltlicher Sicht, NZG 2009, 1364; *Berninger,* Die Unternehmergesellschaft (haftungsbeschränkt) – Sachkapitalerhöhungsverbot und Umwandlungsrecht, GmbHR 2010, 63.

Übersicht

1. Allgemeines

1 Die Vorschrift bestimmt in Abs 1 diejenigen Rechtsträger, die an einer Spaltung beteiligt sein können. Sie nimmt hierzu teilw auf § 3 I Bezug. Ergänzend müssen §§ 149 II, 150, 151, 152, 161 und 168 beachtet werden, die rechtsformspezifische Einschränkungen regeln. Nach Abs 2 können an einer Spaltung auch aufgelöste Rechtsträger als übertragende Rechtsträger teilnehmen (vgl § 3 III). Die Spaltung kann unter gleichzeitiger Beteiligung von Rechtsträgern verschiedener Rechtsformen erfolgen (§ 3 IV).

2. Spaltungsfähige Rechtsträger bei Aufspaltung und Abspaltung

2 Nach Abs 1 iVm § 3 I können an Auf- und Abspaltungen PhG, PartGes, KapGes, eG, eV, genossenschaftl Prüfungsverbände und VVaG sowohl als übertragende

als auch als übernehmende bzw neue Rechtsträger beteiligt sein, wirtschaftl Vereine hingegen nur als übertragende Rechtsträger.

a) Personenhandelsgesellschaften. PhG (OHG und KG, zur EWIV § 3 Rn 13) können ohne Einschränkungen an einer Auf- oder Abspaltung beteiligt sein. Bei der Auf- oder Abspaltung zur Neugründung setzt dies allerd voraus, dass der Zweck des neu gegründeten Rechtsträgers auf den Betrieb eines Handelsgewerbes unter gemeinschaftl Firma gerichtet ist (§§ 105 I, 161 I HGB). Der neu gegründete Rechtsträger muss also insbes mit dem übertragenen Vermögensteil ein Handelsgewerbe (§§ 1–3 HGB) betreiben; freiberufl Tätigkeiten sind mangels „Gew" nicht ausreichend (zur PartGes vgl Rn 9). Seit 1.7.1998 (HRefG) genügt aber eine vermögensverwaltende Tätigkeit (§ 105 II HGB). Ebenso entfällt seit diesem Zeitpunkt die Unterscheidung zwischen voll- und minderkaufmännischen Gew, da nach § 105 II HGB die PhG wenigstens mit der Eintragung im HR entsteht (näher *Hörtnagl* INF 1998, 750). Nicht spaltungsfähig ist hingegen die **GbR.** 3

Für die Einstufung bereits bestehender Rechtsträger als PhG hat § 5 HGB keine Bedeutung. Diese Vorschrift dient zwar der obj Rechtssicherheit, sie bindet das Registergericht jedoch nicht (Maulbetsch/Klumpp/Rose/*Raible* Rn 6; allg vgl Baumbach/*Hopt* HGB § 5 Rn 1). Die Prüfungskompetenz und -pflicht idS hat nicht nur das für den ggf als Schein-OHG bzw -KG zu qualifizierenden Rechtsträger zuständige Gericht, sondern haben alle an dem Spaltungsverfahren beteiligten Registergerichte (Maulbetsch/Klumpp/Rose/*Raible* Rn 6; zur Prüfungskompetenz allg vgl § 130 Rn 10 ff). Die prakt Bedeutung hat allerd seit Inkrafttreten der Änderung durch das HRefG (vgl Rn 3) erhebl abgenommen. 4

Ferner setzt eine Auf- oder Abspaltung zur Neugründung einer PhG voraus, dass am übertragenden Rechtsträger wenigstens zwei Anteilsinhaber beteiligt sind, denn diese werden Gesellschafter der neu gegründeten PhG. Eine Einmann-OHG bzw -KG gibt es nicht (OLG Schleswig DB 2006, 274). Auch § 135 II 3 hilft hier nicht weiter. Das Erfordernis von mindestens zwei Gesellschaftern folgt nicht aus einer Vorschrift über die Gründerzahl, sondern ist bei der PhG Wesensbestandteil. Die PhG ist keine jur Person. Sie ist daher – anders als etwa die eG oder der eV – nicht von der Zahl ihrer Gesellschafter unabhängig. Zur Frage, wer Gesellschafter einer PhG sein kann, § 191 Rn 3 und § 228 Rn 9. 5

Das **Hinzutreten** eines im Zeitpunkt des Wirksamwerdens der Spaltung am übertragenden Rechtsträger nicht beteiligten Gesellschafters ist nicht mögl (Semler/Stengel/*Stengel* § 123 Rn 21; krit *Priester* DB 1997, 560; aA *Baßler* GmbHR 2007, 1252; Kallmeyer/*Kallmeyer/Sickinger* Rn 9; Maulbetsch/Klumpp/Rose/*Raible* Rn 9; vgl aber Kallmeyer/*Kallmeyer/Sickinger* § 123 Rn 6; vgl auch BGH NZG 2005, 722 zum Formwechsel). Dies folgt zunächst aus dem Wortlaut von § 123 I Nr 2 (Gründung durch Vermögensübertragung, nicht durch Abschluss eines Gesellschaftsvertrags). IÜ fehlt es (bis auf wenige Ausnahmen, die Sonderfälle betreffen, etwa § 221) an Regelungen, die zur Gestaltung des Beitritts Dritter notw gewesen wären (etwa über den Vertragsschluss mit dem Dritten). Ebenso können mit dinglicher Wirkung bei Wirksamwerden der Spaltung Dritten keine Anteile gewährt werden (vgl § 131 Rn 105). Spaltungen sind daher nur im Kreis der bislang bereits Beteiligten mögl. Anderes gilt für den Formwechsel (BGH NZG 2005, 722: obiter dictum; vgl § 226 Rn 3). Vgl auch § 126 Rn 106. Davon zu unterscheiden ist die grdsl Möglichkeit, die Spaltung und den Beitritt des Dritten als rechtl getrennte Rechtsgeschäfte zu verbinden (Lutter/*Priester* § 126 Rn 74; Semler/Stengel/*Schröer* § 126 Rn 84). 6

7 Bei der Spaltung **zur Aufnahme** reicht es aus, wenn der übernehmende Rechtsträger im Zeitpunkt der logischen Sekunde vor Wirksamwerden der Spaltung (§ 131 I) als OHG oder KG anzusehen ist. Entsprechendes gilt für eine als übertragender Rechtsträger beteiligte PhG. Verändert sich durch die Vermögensübertragung in der Folgezeit der Geschäftsgegenstand derart, dass die PhG sich etwa zur GbR wandelt (dazu § 191 Rn 5 mwN), lässt dies die Zulässigkeit der Spaltung unberührt.

8 Für PhG enthält das Dritte Buch (Spaltung) keine bes Vorschriften.

9 **b) Partnerschaftsgesellschaften.** Seit 1.8.1998 können auch PartGes als übertragende, übernehmende oder neue Rechtsträger an Auf- oder Abspaltungen beteiligt sein (Abs 1 S 1, § 3 I). Die Beschränkungen nach § 1 PartGG müssen – insbes bei einer Spaltung zur Neugründung – beachtet werden. Der Gesellschaftszweck muss auf die gemeinsame Berufsausübung durch Angehörige freier Berufe gerichtet sein; Gesellschafter können nur natürl Personen sein (näher § 45a Rn 1 ff). Die Ausführungen Rn 5–8 gelten entspr.

10 **c) Kapitalgesellschaften, SE, UG.** KapGes, zu denen nach der Legaldefinition von § 3 I Nr 2 nur GmbH, AG und KGaA zählen (zur SE vgl Rn 12, zur UG vgl Rn 14), können ebenfalls ohne Einschränkungen Rechtsträger bei Aufspaltungen und Abspaltungen sein. VorGes sind jedenfalls als KapGes noch nicht spaltungsfähig, möglicherweise aber als PhG (vgl § 3 Rn 22 ff und Keßler/Kühnberger/*Gündel* Rn 4; *Schwedhelm/Streck/Mack* GmbHR 1995, 7, 8). Für AG/KGaA ist das zeitl befristete Spaltungsverbot nach § 141 zu beachten.

11 Bei der Beteiligung von KapGes sind neben den Vorschriften des Ersten Teils die §§ 138–140 (GmbH) und die §§ 141–146 (AG, KGaA) zu berücksichtigen (vgl iÜ § 3 Rn 17 ff).

12 Auch eine Europäische Ges **(SE)** mit Sitz im Inland (dazu § 1 Rn 34 ff) kann grdsl an einer Ab- oder Aufspaltung beteiligt sein. Nach Art 9 I lit c ii der SE-VO vom 8.10.2001 (ABl EG Nr L 294, 1) unterliegt die SE hinsichtl der nicht oder nur teilw durch die SE-VO geregelten Bereiche den nat Vorschriften über AG. Hierzu zählen auch §§ 125, 3. Art 66 SE-VO steht dem nicht entgegen, da sich diese Vorschrift nur auf den Formwechsel bezieht (dazu und zum Meinungsstand Semler/Stengel/*Drinhausen* Einl C Rn 55 ff). Als **übertragender Rechtsträger** kann sie daher wie eine AG Teile ihres Verm abspalten (Semler/Stengel/*Stengel* Rn 9; Lutter/*Teichmann* Rn 6; Kallmeyer/*Kallmeyer/Sickinger* Rn 1). Ebenso kann sie als übertragender Rechtsträger an einer Aufspaltung beteiligt sein. Zwar erlischt die SE bei der Aufspaltung (§ 131 I Nr 2), das Erlöschen ist aber in der SE-VO nicht abschl geregelt (Lutter/*Teichmann* Rn 6). Schließl macht es keinen Unterschied, ob die Aufspaltung/Abspaltung der SE zur Aufnahme (auf einen bereits bestehenden inl Rechtsträger) oder zur Neugründung (auf einen durch die Spaltung entstehenden inl Rechtsträger) erfolgt.

13 Als bestehender **übernehmender Rechtsträger** kann die SE ebenso wie eine AG uneingeschränkt an Aufspaltungen/Abspaltungen mit inl Rechtsträgern iSv Abs 1 beteiligt sein (Lutter/*Teichmann* Rn 7; Semler/Stengel/*Stengel* Rn 9). Eine Aufspaltung/Abspaltung (zur Ausgliederung vgl Rn 33) auf eine dadurch **neu gegründete** SE scheidet hingegen aus, weil die Gründung einer SE abschl (vgl Art 9 I lit c ii SE-VO) durch Art 2 I–IV und Art 3 II SE-VO geregelt sind (Semler/Stengel/*Stengel* Rn 9; Kallmeyer/*Kallmeyer/Sickinger* Rn 1; SBB/*Bultmann* § 18 Rn 32, 33; Lutter/*Teichmann* Rn 7). Vgl im Einzelnen die Komm zur SE-

VO. Für die Beteiligung der SE gelten die **bes Vorschriften,** die auch bei einer AG zu beachten sind (§§ 141–146); (Semler/Stengel/*Stengel* Rn 9).

Die **UG** (haftungsbeschränkt) kann als Unterform der GmbH als übertragender Rechtsträger an Auf- und Abspaltungen uneingeschränkt beteiligt sein (Semler/Stengel/*Stengel* Rn 8a; Lutter/*Teichmann* Rn 2). Beschränkungen bestehen für die Beteiligung als übernehmender Rechtsträger wegen des Verbots der Sacheinlage (§ 5a II 2 GmbHG). Eine Auf- und Abspaltung auf eine dadurch neu gegründete UG scheidet damit aus (BGH DStR 2011, 1137 mwN; Semler/Stengel/*Stengel* Rn 8a; Lutter/*Teichmann* Rn 2; *Tettinger* Der Konzern 2008, 75, 76; KölnerKommUmwG/*Simon* Rn 7). Die Beteiligungsfähigkeit an einer Auf- oder Abspaltung zur Aufnahme setzt voraus, dass anlässl der Umw das Stammkapital auf mindestens EUR 25 000 erhöht wird (Semler/Stengel/*Stengel* Rn 8a; Lutter/*Teichmann* Rn 2; *Tettinger* Der Konzern 2008, 75, 76; KölnerKommUmwG/*Simon* Rn 7 iVm § 3 Rn 21; Keßler/Kühnberger/*Gündel* Rn 3; aA Kallmeyer/*Kallmeyer*/*Sickinger* Rn 1: uneingeschränkt). Die UG kann ferner übernehmender Rechtsträger sein, wenn anlässl der Spaltung keine Kapitalerhöhung erfolgt (KölnerKommUmwG/*Simon* Rn 7; Keßler/Kühnberger/*Gündel* Rn 3). 14

d) Eingetragene Genossenschaften, SCE. An einer Spaltung können eG sowohl als übertragende als auch als übernehmende bzw neu gegründete Rechtsträger beteiligt sein. Das Dritte Buch (Spaltung) enthält außer §§ 147, 148 für diese Rechtsform keine bes Vorschriften. Die Spaltung zur Neugründung einer eG ist auch mögl, wenn der übertragende Rechtsträger nicht mindestens sieben Anteilsinhaber besitzt, oder – bei der nichtverhältniswahrenden Spaltung (dazu § 128) – weniger als drei Anteilsinhaber des übertragenden Rechtsträgers Mitgliedschaften eingeräumt werden sollen. § 4 GenG ist gem § 135 II 3 nicht anzuwenden. Mögl ist auch eine Spaltung zur Neugründung einer eG, bei der zunächst der alleinige Anteilsinhaber des übertragenden Rechtsträgers als einziger Genosse Mitglied wird, was sich der Gesetzgeber nicht vorstellen konnte (vgl RegEBegr BR-Drs 75/94 zu § 152). Nach einer Karenzzeit von sechs Monaten droht allerd die Amtslöschung, wenn nachhaltig die Zahl von drei Genossen unterschritten wird (§ 80 GenG), denn § 4 GenG gilt nicht nur für die Gründung, sondern unverändert auch danach (Maulbetsch/Klumpp/Rose/*Raible* Rn 11; Lang/Weidmüller/*Schulte* GenG § 4 Rn 2). 15

Bei der Beteiligung von eG sind ergänzend §§ 147, 148 zu beachten. 16

Für SCE gelten die Ausführungen zur SE (Rn 12 ff) entspr. Als übertragender Rechtsträger kann sie wie eine eG ihr Verm auf- und abspalten (Semler/Stengel/*Stengel* Rn 9; KölnerKommUmwG/*Simon* Rn 6). Eine bestehende SCE kann auch als übernehmender Rechtsträger an einer Aufspaltung/Abspaltung beteiligt sein. Eine Aufspaltung/Abspaltung zur Neugründung einer SCE ist hingegen keine von der SCE-VO zugelassene Gründungsart (Semler/Stengel/*Stengel* Rn 9). 17

Für eine beteiligte SCE gelten ergänzend die Vorschriften für eG (§§ 147, 148). 18

e) Eingetragener Verein. Ein eV kann als übertragender wie auch als übernehmender Rechtsträger Beteiligter einer Auf- oder Abspaltung sein. § 149 II schränkt die Spaltungsmöglichkeiten jedoch ein: Als übernehmender Rechtsträger kann ein eV nur andere eV aufnehmen; ferner kann nur ein eV eine Spaltung zur Neugründung eines eV durchführen. Aus dem eV heraus stehen also alle Möglichkeiten offen, den Weg in den eV können nur eV gehen. 19

Wie bei der eG kommt es auf eine Mindestanzahl von Mitgliedern nicht an (vgl §§ 56, 73 BGB und Rn 15). Der Zweck des neu gegründeten eV darf nicht auf einen wirtschaftl Geschäftsbetrieb gerichtet sein. 20

21 **f) Genossenschaftliche Prüfungsverbände.** Genossenschaftl Prüfungsverbände können nach § 124 I iVm § 3 I Nr 5 grdsl sowohl als übertragende als auch als übernehmende bzw neu gegründete Rechtsträger an einer Auf- oder Abspaltung teilnehmen. Die Spaltungsmöglichkeiten für genossenschaftl Prüfungsverbände als übertragender Rechtsträger werden aber durch § 150 erhebl eingeschränkt. Es kann ledigl eine Auf- oder Abspaltung zur Aufnahme auf einen anderen genossenschaftl Prüfungsverband erfolgen. Vgl iÜ § 150 Rn 1.

22 Eine „Misch-Spaltung" (§ 3 IV) scheidet demnach aus (Widmann/Mayer/*Fronhöfer* Vor §§ 147, 148 Rn 21; aA Semler/Stengel/*Katschinski* § 150 Rn 3). Dies erklärt sich aus dem Umstand, dass genossenschaftl Prüfungsverbände grdsl die Rechtsform des eV haben sollen (§ 63b GenG). Das „soll" in § 63b GenG bedeutet, dass genossenschaftl Prüfungsverbände in anderer Rechtsform das Prüfungsrecht nur in bes gelagerten Ausnahmefällen erteilt bekommen (Lang/Weidmüller/*Korte* GenG § 63b Rn 1). § 63i GenG aF, der auch genossenschaftl Prüfungsverbände in der Rechtsform des wirtschaftl Vereins (§ 22 BGB) vorsah, hatte zuletzt nur noch historische Bedeutung und ist folgerichtig durch Art 7 des UmwBerG aufgehoben worden.

23 Genossenschaftl Prüfungsverbände sind zwar regelm in der Rechtsform des eV organisiert, für sie gelten aber bes Vorschriften (§§ 150, 125, 135, 105–108). Dies ist der Grund für die ausdrückl Nennung in § 3 I Nr 5. Wurde ausnahmsweise einem „Verband" anderer Rechtsform das Prüfungsrecht verliehen (vgl RegEBegr BR-Drs 75/94 zu § 105), so richtet sich dessen Umw nach den für diese Rechtsform geltenden Vorschriften. Vgl iÜ § 150 Rn 1 und § 3 Rn 33.

24 **g) Versicherungsvereine auf Gegenseitigkeit.** VVaG können im Grds unbeschränkt an einer Auf- oder Abspaltung beteiligt sein. § 151 schränkt allerd die Kombinationsmöglichkeiten ein. Die Auf- oder Abspaltung ist nur in der Weise zulässig, dass die Vermögensteile auf andere bestehende oder im Zuge der Spaltung neu gegründete VVaG oder auf bestehende oder neu gegründete VersicherungsAG übertragen werden (hierzu im Einzelnen § 151). Vgl iÜ § 3 Rn 35.

25 **h) Wirtschaftliche Vereine.** Wirtschaftl Vereine können ausschließl als übertragender Rechtsträger an einer Auf- oder Abspaltung beteiligt sein. Da es im Allg unerwünscht ist, dass wirtschaftl Vereine als Unternehmensträger auftreten, soll das UmwG keinen Anreiz hierfür schaffen (RegEBegr BR-Drs 75/94 zu § 124). Weil wirtschaftl Vereine umgekehrt aber zum Teil erhebl Größe und Bedeutung erlangt haben (Beispiel: GEMA), soll den bestehenden Vereinen die Möglichkeit eingeräumt werden, bestimmte Geschäftsbereiche in andere Rechtsformen zu überführen, zugleich aber den Kernbereich in der vereinsrechtl Struktur zu belassen.

26 Neben § 149 I existieren bes Vorschriften für wirtschaftl Vereine im Dritten Buch (Spaltung) nicht.

3. Spaltungsfähige Rechtsträger bei der Ausgliederung

27 Auch für die Ausgliederung verweist Abs 1 zunächst auf § 3 I. PhG, PartGes, KapGes, eG, eV, genossenschaftl Prüfungsverbände und VVaG können demnach als übertragende, übernehmende oder neue Rechtsträger an einer Ausgliederung beteiligt sein. Der Kreis der ausgliederungsfähigen Rechtsträger ist aber im Vgl zur Auf- und Abspaltung größer. Als übertragender Rechtsträger können sich

neben wirtschaftl Vereinen, die sich als übertragender Rechtsträger auch auf- und abspalten können (Rn 25), Einzelkaufleute, Stiftungen sowie Gebietskörperschaften und Zusammenschlüsse von Gebietskörperschaften, die selbst keine Gebietskörperschaften sind, beteiligen.

a) Personenhandelsgesellschaften. PhG können ohne Einschränkungen sowohl als übertragende als auch als übernehmende Rechtsträger an einer Ausgliederung beteiligt sein. Bes Vorschriften für die Beteiligung von PhG existieren im Dritten Buch (Spaltung) nicht. 28

Eine PhG darf eine Ausgliederung als übertragender Rechtsträger auch dann durchführen, wenn sie mit Wirksamwerden der Ausgliederung kein **Handelsgewerbe** mehr betreibt oder ein nach Art oder Umfang in kaufmännischer Weise eingerichteten Geschäftsbetrieb nicht mehr erforderl ist. Solange die Ges im HR eingetragen ist, bleibt die Qualifikation als OHG/KG ohnehin unverändert, § 105 II HGB. Unabhängig hiervon ist für die Spaltungsfähigkeit allein der Zeitpunkt („logische Sekunde") vor dem Wirksamwerden der Ausgliederung (vgl auch Rn 7) maßgebl. Der Wortlaut von § 123 III steht dem nicht entgegen: Die Vorschrift verlangt bei der Ausgliederung die Gewährung von Anteilen an den übertragenden Rechtsträger. Das ist auch dann der Fall, wenn (in der logischen Sekunde nach Wirksamwerden der Spaltung) die Anteilsgewährung an die GbR erfolgt, die etwa aufgrund des Wegfalls des Betriebs eines Handelsgewerbes an die Stelle der PhG getreten ist; Bedeutung hat dies nur mehr für Altfälle vor dem 1.7.1998 (HRefG; vgl Rn 3). Der Wechsel von einer PhG in eine GbR stellt keine Änderung des Rechtsträgers, sondern nur eine Veränderung der rechtl Qualifikation desselben Rechtsträgers dar (Formwechsel außerh des UmwG, vgl § 191 Rn 5). Die GbR ist nach zwischenzeitl Verständnis rechtsfähig (BGH NJW 2001, 1056) und kann selbst an anderen Rechtsträgern, auch als Kommanditistin (BGH NJW 2001, 3121), beteiligt sein. 29

Entsprechendes gilt bei einer übernehmenden **PhG.** Sie muss – wenn sich etwa in Folge der Vermögensübertragung der Gesellschaftszweck ändert – ledigl in der logischen Sekunde vor der Eintragung im Register am Sitz des übertragenden Rechtsträgers OHG/KG sein. Aufgrund der Vereinfachungen durch das HRefG ist diese Problematik allerd zwischenzeitl theoretischer Natur. 30

Eine Ausgliederung zur Neugründung einer PhG ist allerd nicht mögl. Dies würde immer zum (unmögl) Entstehen einer Einmann-OHG bzw Einmann-KG führen (zur Unzulässigkeit der Kombination von Ausgliederung und Abspaltung hinsichtl desselben Vermögensteils vgl § 123 Rn 14 ff). Insoweit gelten die gleichen Überlegungen wie bei der Auf- oder Abspaltung eines übertragenden Rechtsträgers, an dem nur ein Anteilsinhaber beteiligt ist (vgl Rn 5). Zur Bedeutung von § 5 HGB vgl Rn 4. 31

b) Partnerschaftsgesellschaften. Eine PartGes kann im Grds sowohl übertragender als auch übernehmender Rechtsträger bei einer Ausgliederung sein. Einschränkungen folgen aus dem begrenzten Gesellschaftszweck nach § 1 PartGG. So kann Anteilsinhaber einer PartGes nur eine natürl Person sein (vgl § 45a Rn 1 ff). Rechtsträger anderer Rechtsform können mithin als übertragender Rechtsträger nicht Teile ihres Verm auf eine PartGes übertragen, da die Ausgliederung die Gewährung von Anteilsrechten an den übertragenden Rechtsträger selbst vorsieht. Für den Einzelkaufmann, der zugleich Freiberufler sein könnte, schließt § 152 die Übertragung von Verm auf eine PartGes aus. Die PartGes kann demnach in keiner 32

Konstellation übernehmender Rechtsträger sein (Semler/Stengel/*Stengel* Rn 7; Maulbetsch/Klumpp/Rose/*Raible* Rn 19).

33 **c) Kapitalgesellschaften, SE, UG. AG** und **GmbH** können ohne Einschränkungen als übertragender und übernehmender Rechtsträger an Ausgliederungen beteiligt sein. Auch eine KGaA kann übertragender, übernehmender und neu gegründeter Rechtsträger sein. Bei der Ausgliederung zur Neugründung einer KGaA entsteht eine Einmann-KGaA; das ist nach heute hM zulässig. In diesem Fall ist der Komplementär der KGaA zugleich deren einziger Kommanditaktionär (*Hüffer* AktG § 278 Rn 5 mwN). Zwischenzeitl ist geklärt, dass auch eine PhG oder eine jur Person Komplementär einer KGaA sein können (BGHZ 134, 392). Zur zeitl befristeten Einschränkung der Ausgliederung von AG/KGaA vgl § 141.

34 Bei der Beteiligung von KapGes sind neben den allg Vorschriften §§ 138–140 (GmbH) und §§ 141–146 (AG, KGaA) zu beachten.

35 Ebenso wie an Auf- oder Abspaltungen (Rn 12 ff) kann eine Europäische Ges **(SE)** mit Sitz im Inland grdsl wie eine AG auch an einer Ausgliederung beteiligt sein. Art 66 SE-VO steht dem nicht entgegen, da diese Vorschrift nur den Formwechsel erfasst (Semler/Stengel/*Drinhausen* Einl C Rn 55 ff). Auf die SE sind die nat Vorschriften über die AG anwendbar, soweit die SE-VO vom 8.10.2001 (ABl EG Nr L 294, 1) einen Bereich nicht oder nur in Bezug auf einzelne Aspekte regelt (Art 9 I lit c ii SE-VO). Dies trifft auf die Beteiligtenfähigkeit nach §§ 124, 3 I als **übertragender Rechtsträger** und als bereits **bestehender übernehmender Rechtsträger** (Ausgliederung zur Aufnahme) zu (Lutter/*Teichmann* Rn 6, 7; Semler/Stengel/*Stengel* Rn 9). Die Zulässigkeit einer Ausgliederung auf eine dadurch **neu gegründete SE** hängt davon ab, ob dies ein von der SE-VO zugelassener Gründungsfall ist. Art 2 III SE-VO setzt voraus, dass mindestens zwei Ges eine Tochter-SE durch Zeichnung ihrer Aktien gründen. Die Beteiligung von zwei übertragenden Rechtsträgern ist aber nicht mögl (vgl § 123 Rn 18 ff). Damit verbleibt nur die Gründung einer Tochter-SE nach Art 3 II SE-VO durch eine SE. Diese Fallgruppe ist erfüllt, wenn eine SE als übertragender Rechtsträger eine Ausgliederung zur Neugründung auf eine SE durchführt (wie hier Lutter/*Teichmann* Rn 7; Lutter/Hommelhoff/*Bayer* SE S 26 f; Semler/Stengel/*Stengel* Rn 9; Kallmeyer/*Kallmeyer/Sickinger* Rn 1; KölnerKommUmwG/*Simon* Rn 5; Maulbetsch/Klumpp/Rose/*Raible* Rn 29; SBB/*Bultmann* § 18 Rn 32, 33; *Kossmann/Heinrich* ZIP 2006, 164, 168; aA *Hirte* NZG 2002, 1, 4, 10; vgl näher Art 3 SE-VO Rn 7). Bei Beteiligung einer SE sind über Art 9 I lit c ii SE-VO neben den allg Vorschriften des Spaltungsrechts auch die §§ 141–146 zu beachten.

36 Eine **UG** (haftungsbeschränkt) kann als übertragender Rechtsträger uneingeschränkt an einer Ausgliederung beteiligt sein (Semler/Stengel/*Stengel* Rn 8a). Eine Ausgliederung zur Neugründung einer UG ist wegen des Verbots der Sacheinlage (§ 5a II 2 GmbHG) unzulässig (BGH DStR 2011, 1137 mwN; Semler/Stengel/*Stengel* Rn 8a; Lutter/*Teichmann* Rn 2). Eine UG kann indes übernehmender Rechtsträger bei einer Ausgliederung zur Aufnahme sein, wenn anlässl der Ausgliederung eine Kapitalerhöhung auf mindestens EUR 25 000 erfolgt (Semler/Stengel/*Stengel* Rn 8a; KölnerKommUmwG/*Simon* Rn 7 iVm § 3 Rn 21; aA Kallmeyer/*Kallmeyer/Sickinger* Rn 1: uneingeschränkt). Die UG kann ferner übernehmender Rechtsträger sein, wenn anlässl der Spaltung keine Kapitalerhöhung erfolgt (KölnerKommUmwG/*Simon* Rn 7).

37 **d) Eingetragene Genossenschaften, SCE.** An einer Ausgliederung können eG sowohl als übertragende als auch als übernehmende bzw neu gegründete

Rechtsträger beteiligt sein. Einschränkungen der Ausgliederungsmöglichkeit existieren in den bes Vorschriften des Spaltungsrechts nicht. Soweit der neu gegründete Rechtsträger die Rechtsform einer eG erhalten soll, muss allerd ein geeigneter Geschäftsgegenstand vorliegen. Zur entstehenden Ein-Personen-eG vgl Rn 15. Ihre Gründung ist (rechtstechnisch durch Nichtanwendung von § 4 GenG gem § 135 II 3) durchaus mögl, denn die eG ist jur Person und damit unabhängig von Mitgliedern; dies ist der Unterschied zur PhG (vgl Rn 5). Allerd droht die Amtslöschung (vgl Rn 15). Entsprechendes gilt grds für die Beteiligung einer existenten **SCE.** Die Ausgliederung zur Neugründung einer SCE zählt indes nicht zu den von SCE-VO zugelassenen Gründungsarten (vgl Rn 17).

e) Eingetragene Vereine. EV können übertragende, übernehmende oder neu gegründete Rechtsträger bei einer Ausgliederung sein. Die Ausgliederungsvarianten werden allerd durch § 149 II eingeschränkt. Danach kann ein eV als übernehmender oder neu gegründeter Rechtsträger nur beteiligt sein, wenn auch der übertragende Rechtsträger ein eV ist. Zulässig ist die Ausgliederung von Vermögensteilen eines eV auf übernehmende oder neu gegründete Rechtsträger anderer Rechtsform. Es kann also nur eingeschränkt auf einen eV ausgegliedert werden, während ein eV sein Verm umfassend auf Rechtsträger anderer Rechtsform übertragen kann. Die Ausgliederung auf einen neu gegründeten eV führt zwangsläufig dazu, dass zunächst ein Ein-Personen-Verein entsteht. Dies ist wegen der Suspendierung von § 56 BGB (§ 135 II 3) für eine Übergangszeit mögl (vgl Rn 20). 38

f) Versicherungsverein auf Gegenseitigkeit. Obwohl Abs 1 auch für die Ausgliederung vollumfängl auf § 3 I verweist, kann ein VVaG bei einer Ausgliederung nur übertragender Rechtsträger sein. Dies folgt aus § 151. Danach können VVaG grdsl nur an Auf- oder Abspaltungen beteiligt sein (§ 151 S 1). Eine Ausgliederung kann nur in der Weise durchgeführt werden, dass der VVaG einen Vermögensteil auf eine bestehende oder neue GmbH überträgt, sofern damit keine Übertragung von Versicherungsverträgen verbunden ist (§ 151 S 2). 39

Die Einschränkung erklärt sich daraus, dass Versicherungsgeschäfte gem § 7 I VAG nur von Rechtsträgern bestimmter Rechtsform betrieben werden dürfen (AG, SE, VVaG, öffentl-rechtl Körperschaften). Dem VVaG soll daher nur die Möglichkeit eingeräumt werden, nicht unmittelbar mit dem Versicherungsgeschäft verbundene Geschäftsbereiche auszugliedern. Hierfür schienen dem Gesetzgeber ausschließl GmbH und neuerdings AG geeignet zu sein. Der AG ist die bereits existente SE gleichgestellt (Rn 35). Andere Rechtsformen scheiden aus, wenngleich dies für die Ausgliederung von Hilfsfunktionen nicht verständl ist (Lutter/*Hübner* § 151 Rn 1; für die Beteiligung aller Rechtsformen nach § 3 I Semler/Stengel/*Koerfer* § 151 Rn 8). Ein späterer Formwechsel (§§ 190 ff) ist aber nicht ausgeschlossen. 40

Eine Ausgliederung **auf** einen bestehenden oder neu gegründeten **VVaG** ist nicht mögl. Anders als beim eV und der eG (vgl Rn 15 und Rn 17) setzt ein VVaG zwingend mehr als ein Mitglied und außerdem eine Verbindung zwischen Mitgliedschaft und Versicherungsverhältnis voraus. Ebenfalls nicht mögl ist eine Ausgliederung auf eine (bestehende oder neu gegründete) VersicherungsAG, obwohl dies ohne Durchbrechung zwingender Rechtsgrundsätze mögl gewesen wäre. 41

g) Genossenschaftliche Prüfungsverbände. Nach Abs 1 können genossenschaftl Prüfungsverbände sowohl als übertragende als auch als übernehmende bzw 42 neu gegründete Rechtsträger an einer Ausgliederung beteiligt sein. Allerd schränkt § 150 die Ausgliederungsmöglichkeiten erhebl ein. Die Ausgliederung von Vermögensteilen eines genossenschaftl Prüfungsverbandes kann nur zur Aufnahme durch einen anderen Verband oder durch eine bestehende oder neu gegründete KapGes (bei Ausgliederung zur Aufnahme auch SE) erfolgen. Mit der Ausgliederung von Vermögensteilen auf KapGes soll den Prüfungsverbänden die Möglichkeit eingeräumt werden, Hilfsfunktionen auf diese zu übertragen. Ein Prüfungsrecht wird diesen TochterGes regelm nicht gewährt werden (§ 63b I GenG; dazu Rn 22 f).

43 **h) Wirtschaftliche Vereine.** Wirtschaftl Vereine können an einer Ausgliederung nur als übertragender Rechtsträger beteiligt sein. Als Übernehmer können grdsl Rechtsträger aller in § 3 I bezeichneten Rechtsformen beteiligt sein. Vgl iÜ § 3 Rn 37.

44 **i) Einzelkaufleute.** Einzelkaufleute (§§ 1, 2, 3 II HGB) können übertragende Rechtsträger bei einer Ausgliederung sein. Bes Vorschriften enthalten die §§ 152 ff. Ein Einzelkaufmann als natürl Person kann sich nicht auf- oder abspalten, da ein Anteilsinhaber, dem die Gegenleistung gewährt wird, fehlt. Daher sind die Spaltungsmöglichkeiten des Einzelkaufmanns auf die Ausgliederung beschränkt (vgl zur Umw in ein einzelkaufmännisches Unternehmen § 3 Rn 41 ff).

45 Die Ausgliederung ersetzt die frühere Umw des Unternehmens eines Einzelkaufmanns nach §§ 50 ff UmwG 1969. Dem Einzelkaufmann stehen jetzt weitere Umwandlungsmöglichkeiten offen. § 152 lässt die Ausgliederung zur Aufnahme der Vermögensteile durch PhG, KapGes (zu Besonderheiten bei der UG Rn 36) oder eG und zur Neugründung von KapGes (nicht SE und UG, Rn 35, 36) zu. Danach ist also etwa eine Ausgliederung zur Neugründung einer PhG ausgeschlossen. Dies erklärt sich durch den fast ausnahmslos (vgl § 221) eingehaltenen Grds des UmwR, dass im Zshg mit der Umw keine Anteilsinhaber hinzutreten können. Vgl näher Rn 6. Die Ausgliederung auf eine neu gegründete eG hat der Gesetzgeber nicht zugelassen, weil er – fälschlicherweise (vgl Rn 35, 15) – die Neugründung einer EinPersGen für nicht vorstellbar hielt (RegEBegr BR-Drs 75/94 zu § 152).

46 Da die Firma des Einzelkaufmanns im HR eingetragen sein muss (§ 152; vgl dort Rn 8 ff), scheiden **Freiberufler** (etwa Steuerberater, Wirtschaftsprüfer, Rechtsanwälte) als ausgliederungsfähige Rechtsträger aus. Dies ist nicht einsichtig, da für diese Berufsgruppen die GmbH oder AG eine zulässige Rechtsform ist und durchaus ein praktisches Bedürfnis besteht, den Übergang in die KapGes im Wege der Gesamtrechtsnachfolge zu ermögl.

47 Nachdem zwischenzeitl (HRefG) auch gewerbl Unternehmen, die nach Art oder Umfang einen in kaufmännischer Weise eingerichteten Geschäftsbetrieb nicht erfordern, im HR eingetragen werden können, ist die früher bestehende Beschränkung auf „Vollkaufleute" weggefallen. Dies ist auch interessengerecht, da im Recht der KapGes (Zielrechtsträger) diese Unterscheidung ohnehin nie existierte.

48 **j) Stiftungen.** Übertragender Rechtsträger kann auch eine Stiftung sein. Nur Stiftungen des **privaten Rechts** kommen in Betracht, wie sich aus der Verweisung auf §§ 80 ff BGB (privatrechtl Stiftung) in § 161 ergibt. Diese Einschränkung ist nicht einsichtig, da zur Stiftung nach öffentl Recht – abgesehen vom Gründungsakt – keine erhebl Unterschiede bestehen.

Die Möglichkeit der Ausgliederung eröffnet nicht den direkten Weg in die **Stiftung & Co.** § 161 lässt folgerichtig nur die Ausgliederung von Teilen des Stiftungsvermögens auf bereits bestehende PhG zu, denn die Ausgliederung auf eine neu gegründete PhG ist unmögl (vgl Rn 31, 5 f, 29). Zur Entstehung einer Stiftung & Co muss zunächst eine PhG gegründet werden, auf die in der Folge das Verm der Stiftung ausgegliedert wird. 49

Schließl können Teile des Stiftungsvermögens im Wege der Ausgliederung auf bestehende oder neu gegründete **KapGes** (zu Besonderheiten bei SE und UG vgl Rn 35, 36) übertragen werden. 50

Bei der Beteiligung von Stiftungen sind zusätzl §§ 161–167 zu beachten. 51

k) Gebietskörperschaften. Übertragender Rechtsträger kann auch eine Gebietskörperschaft oder ein Zusammenschluss von Gebietskörperschaften, der selbst nicht Gebietskörperschaft ist, sein. Damit sollte diesen Körperschaften die Möglichkeit eingeräumt werden, Regie- und Eigenbetriebe einfacher als bisher zu privatisieren (RegEBegr BR-Drs 75/94 zu § 168). Da die Anteile am übernehmenden Rechtsträger an die Gebietskörperschaft selbst gewährt werden müssen (es existieren keine Anteilsinhaber), ist die frühere Umw von Unternehmen der Gebietskörperschaften in AG bzw GmbH (§§ 57, 58 UmwG 1969) jetzt als Ausgliederung ausgestaltet. 52

Im Vgl zur früheren Rechtslage wurden die **Umwandlungsmöglichkeiten** erweitert. Nach § 168 kann eine Gebietskörperschaft oder ein Zusammenschluss von Gebietskörperschaften, der nicht Gebietskörperschaft ist, aus seinem Verm Teile auf eine bestehende PhG, eine bestehende KapGes, eine bestehende eG, eine neu gegründete KapGes oder eine neu gegründete eG übertragen. 53

Gebietskörperschaften sind der Bund, die Länder, die Landkreise und die Gemeinden. Abs 1 erfasst aber auch Zusammenschlüsse von Gebietskörperschaften, die selbst keine Gebietskörperschaften sind. Hierzu zählen insbes die **Zweckverbände,** die in den jew Zweckverbandgesetzen der Länder (teilw auch Gesetz über die kommunale Zusammenarbeit, Gemeindeordnung) geregelt sind. 54

4. Beteiligung bereits aufgelöster übertragender Rechtsträger (Abs 2 iVm § 3 III)

a) Notwendigkeit der tatsächlichen Fortsetzung. Nach Abs 2 iVm § 3 III können an der Spaltung auch bereits aufgelöste übertragende Rechtsträger beteiligt sein, wenn die Fortsetzung beschlossen werden könnte. Vorschriften ähnl Zuschnitts existierten auch im alten UmwR (vgl etwa § 19 II KapErhG, § 339 II AktG aF, § 2 UmwG 1969). Bei der Verschm war und ist es ledigl von theoretischem Interesse, ob es ausreicht, wenn die Fortsetzung beschlossen werden könnte, oder ob Voraussetzung für die Umw ist, dass die Fortsetzung tats durchgeführt wird. Denn bei der Verschm erlischt der übertragende Rechtsträger, eine werbende Tätigkeit wird also keinesfalls nachhaltig wieder aufgenommen. Entsprechendes galt für die übertragende Umw iSv § 2 UmwG 1969. Auch für die Aufspaltung hat die Frage keine prakt Bedeutung, da hierbei ebenfalls der Rechtsträger erlischt (§ 131 I Nr 2). Anders verhält es sich hingegen bei der Abspaltung **und Ausgliederung,** bei denen der übertragende Rechtsträger fortbestehen muss. Die tats Fortsetzung ist jedoch nicht notw; es genügt die bloße **Fortsetzungsfähigkeit** (Semler/Stengel/*Stengel* Rn 11; Maulbetsch/Klumpp/Rose/*Raible* Rn 32; Keßler/Kühnberger/*Gündel* Rn 21; aA *Geck* DStR 1995, 416, 418: Es ist ein ausdrückl Fortsetzungsbeschluss zu fassen). Dies zeigt sich bereits am 55

Wortlaut von § 3 III („könnte"); auch der Gesetzeszweck spricht für diese Sichtweise. Denn wenn § 3 III – in unmittelbarer Anwendung – vor allem Sanierungsfusionen ermögl soll (RegEBegr BR-Drs 75/94 zu § 3), gilt dies in gleichem Maße auch bei Spaltung. Dabei kann es durchaus sinnvoll sein, überlebensfähige Teile abzuspalten, iÜ aber den übertragenden Rechtsträger zu liquidieren (vgl § 145 HGB). Auch die eintretende gesamtschuldnerische Haftung (§ 133 I) bedingt keine tats Fortsetzung des übertragenden Rechtsträgers. Die Beendigung der Liquidation muss ledigl bis zum Ablauf der Frist von § 133 III hinausgeschoben werden. Ggf müssen entspr Vermögensgegenstände zurückbehalten werden (vgl etwa § 155 II HGB).

56 Gleiches gilt für die Ausgliederung. Dass hierbei dem übertragenden Rechtsträger selbst Anteile gewährt werden müssen, rechtfertigt ein anderes Erg nicht. Auch ein aufgelöster Rechtsträger ist rechtsfähig (vgl etwa §§ 156 HGB, 69 GmbHG).

57 Soll der übertragende Rechtsträger tats fortgesetzt werden, muss ein Fortsetzungsbeschluss ausdrückl gefasst werden. Der Spaltungsbeschluss ist regelm nicht zugleich ein (konkludenter) Fortsetzungsbeschluss (Keßler/Kühnberger/*Gündel* Rn 23; aA Kallmeyer/*Kallmeyer/Sickinger* Rn 4; diff Maulbetsch/Klumpp/Rose/*Raible* Rn 32; zur Verschm § 3 Rn 46 ff).

58 **b) Voraussetzungen der Fortsetzungsfähigkeit.** Die Anforderungen an die Fortsetzungsfähigkeit eines aufgelösten Rechtsträgers hängen von der Rechtsform ab.

59 **aa) Personenhandelsgesellschaft, Partnerschaftsgesellschaft.** Die Auflösung einer PhG führt im Regelfall nicht zum automatischen Erlöschen der Ges (statt vieler Baumbach/*Hopt* HGB § 131 Rn 2, 29). Es entspricht daher wohl allgM, dass eine aufgelöste PhG grdsl fortgesetzt werden kann. Voraussetzung ist allerd, dass die **Vollbeendigung** noch nicht eingetreten ist. Daran fehlt es, solange noch Aktivvermögen vorhanden ist (zu Einzelheiten etwa Baumbach/*Hopt* HGB § 131 Rn 30 ff). Eine PhG ist daher auch dann fortsetzungsfähig, wenn bereits mit der Verteilung des Verm begonnen worden ist (Keßler/Kühnberger/*Gündel* Rn 25; vgl allg MüKoHGB/*K. Schmidt* § 145 Rn 76; anders RegEBegr BR-Drs 75/94 zu § 3, wo ausschließl auf die Vermögensverteilung abgestellt wird; hierbei wird nicht in ausreichendem Maße zwischen KapGes und PhG unterschieden). Auch europarechtl bestehen insoweit keine zwingenden Vorgaben (vgl dazu RegEBegr BR-Drs 75/94 zu § 3). Eine weitere **Einschränkung** der Spaltungsfähigkeit bereits aufgelöster PhG enthält § 39 (vgl § 39 Rn 1 ff), der nach §§ 125, 135 bei einer Spaltung anwendbar ist.

60 Weitere Voraussetzung für die Fortsetzungsfähigkeit und damit für die Spaltungsfähigkeit von aufgelösten Rechtsträgern ist, dass der **Auflösungsgrund** weggefallen ist. Dies gilt insbes für die Auflösung durch Insolvenz (vgl § 144 HGB). Ein ausdrückl Fortsetzungsbeschluss ist nur erforderl, wenn der übertragende Rechtsträger nach Wirksamwerden der Spaltung tats fortgesetzt werden soll (Rn 53). In diesem Fall kann es durchaus sein, dass für den Fortsetzungsbeschluss und für den Spaltungsbeschluss unterschiedl Mehrheiten notw sind. Denn grdsl müssen zwar Fortsetzungsbeschluss und Spaltungsbeschluss einstimmig gefasst werden, der Gesellschaftsvertrag kann aber – jew unterschiedl – Mehrheitsbeschlüsse zulassen (§ 125 iVm § 43 II; zum Fortsetzungsbeschluss vgl etwa Baumbach/*Hopt* HGB § 131 Rn 31).

61 **bb) Kapitalgesellschaften.** Bei KapGes kann die Fortsetzung nur beschlossen werden, wenn mit der Vermögensverteilung noch nicht begonnen worden ist.

Eine ausdrückl Regelung, wie sie etwa § 2 I UmwG 1969 enthielt, existiert zwar im UmwG 1995 nicht mehr, die Vermögensverteilung als maßgebl Kriterium folgt jedoch aus dem Recht der jew KapGes. So kann nach § 274 I AktG die Fortsetzung einer aufgelösten **AG** nur beschlossen werden, wenn mit der Verteilung des Verm an die Aktionäre noch nicht begonnen worden ist. Wird jedoch eine Verb der Ges ggü einem Gesellschafter erfüllt, die ihre Ursache nicht im Gesellschaftsverhältnis, sondern in einem Schuldverhältnis hat, stellt dies grdsl keine Vermögensverteilung dar (Scholz/*K. Schmidt/Bittert* GmbHG § 60 Rn 82 für die GmbH).

Das **GmbHG** enthält mit Ausnahme von § 60 I Nr 4 GmbHG und Art 12 § 1 III der Novelle 1980 (BGBl I 836) keine ausdrückl Regelung über die Fortsetzung einer aufgelösten Ges. Dennoch ist es heute ganz hM, dass die Fortsetzung aufgelöster Ges grdsl zulässig ist (BayObLG NJW-RR 1998, 902). Voraussetzung ist allerd auch bei der GmbH, dass mit der Vermögensverteilung noch nicht begonnen worden ist. § 274 I 1 AktG ist hier entspr anzuwenden (hM; vgl etwa Scholz/*K. Schmidt/Bittert* GmbHG § 60 Rn 82). **62**

Bei der **KGaA** ist § 274 AktG wegen der Verweisung in § 278 III AktG sinngemäß anzuwenden. **63**

Ob im konkreten Einzelfall die Fortsetzung beschlossen werden könnte, hängt ferner vom **Auflösungsgrund** ab. Dieser darf der Fortsetzung nicht entgegenstehen. Bspw muss bei einer Auflösung durch Eröffnung des Insolvenzverfahrens dieses erst eingestellt oder aufgehoben sein, bevor die Fortsetzung beschlossen werden kann (vgl § 274 II Nr 1 AktG, § 60 I Nr 4 GmbHG; dazu näher *Heckschen* DB 2005, 2675). Auch bei einer durch Beschluss aufgelösten Ges besteht die Fortsetzungsfähigkeit nur, wenn keine Insolvenzantragspflicht besteht (BayObLG NJW-RR 1998, 902). **64**

Für die aufgelöste Ges handeln die Abwickler (§ 265 AktG) bzw Liquidatoren (§§ 68, 70 GmbHG, § 289 AktG iVm §§ 146 ff HGB). Der Fortsetzungsbeschluss führt zur Beendigung des Amtes der Liquidatoren. Ab diesem Zeitpunkt sind neue Vertretungsorgane zu bestellen, damit der übertragende Rechtsträger handlungsfähig ist. Soll die aufgelöste KapGes tats fortgesetzt werden, bedarf es eines ausdrückl Festsetzungsbeschlusses (Rn 55). Dieser muss mindestens mit Dreiviertelmehrheit gefasst werden (§ 274 AktG, die Norm gilt über § 278 II AktG auch für eine KGaA, iÜ nach hM analog im GmbH-Recht, vgl etwa Lutter/Hommelhoff/*Kleindiek* GmbHG § 60 Rn 29). **65**

cc) Eingetragene Genossenschaft. Eine eG ist fortsetzungsfähig, solange noch nicht mit der Verteilung des Verm an die Genossen begonnen worden ist (§ 79a GenG). IÜ hängt auch bei der eG die Fortsetzungsfähigkeit von dem Auflösungsgrund ab (vgl Rn 64). **66**

dd) Eingetragener Verein. Auch bei einem eV kann grdsl die Fortsetzung trotz Auflösung beschlossen werden (wohl allgM; vgl etwa MüKoBGB/*Reuter* § 49 Rn 16). Beim eV ist es unerhebl, ob mit der Verteilung des Verm an die Mitglieder bereits begonnen worden ist. Maßgebl ist allein der Zeitpunkt der Vollbeendigung (MüKoBGB/*Reuter* § 49 Rn 11). Diese tritt nicht ein, solange noch Aktivvermögen vorhanden ist. **67**

Weitere Voraussetzung ist auch beim eV, dass der Auflösungsgrund zum Zeitpunkt der Spaltung beseitigt ist. Die erforderl **Mehrheiten** richten sich nach den Auflösungsgründen. Regelm bedarf es der für einen Auflösungsbeschluss (§ 41 S 2 BGB; Palandt/*Ellenberger* BGB § 41 Rn 7) notw Mehrheit, um den Fortsetzungs- **68** beschluss zu fassen. Dieses Mehrheitserfordernis stimmt in den meisten Fällen mit demjenigen für den Spaltungsbeschluss überein (§ 125 iVm § 103). Für den aufgelösten Verein handeln die Liquidatoren, regelm also der Vorstand (§§ 48, 49 BGB).

69 **ee) Genossenschaftlicher Prüfungsverband.** Genossenschaftl Prüfungsverbände sind, derzeit wohl ausnahmslos, in der Rechtsform des eV organisiert (§ 63b GenG). Die Ausführungen Rn 67 gelten entspr.

70 **ff) Versicherungsvereine auf Gegenseitigkeit.** Bei VVaG kann die Fortsetzung beschlossen werden, solange noch nicht mit der Vermögensverteilung begonnen worden ist (§ 49 VAG). Darüber hinaus darf der Auflösungsgrund einer Fortsetzung nicht entgegenstehen (für Auflösung durch Eröffnung des Insolvenzverfahrens vgl § 49 II VAG). Für den aufgelösten VVaG handeln die Abwickler, regelm also die bisherigen Vorstandsmitglieder (§ 47 VAG). Soll der VVaG tats fortgesetzt werden, muss ein Fortsetzungsbeschluss mit mindestens Dreiviertelmehrheit gefasst werden, der der Genehmigung der Aufsichtsbehörde bedarf und im HR eingetragen werden muss (§ 49 VAG).

71 **gg) Wirtschaftlicher Verein.** Die Fortsetzung aufgelöster wirtschaftl Vereine kann grdsl beschlossen werden. Vgl Rn 67.

72 **hh) Einzelkaufleute.** Der Auflösung entspricht beim Einzelkaufmann die Aufgabe der werbenden Tätigkeit. Nimmt er diese wieder auf und erfüllt er hierdurch die Voraussetzungen für den Betrieb eines einzelkaufmännischen Unternehmens iSv §§ 1 II, 2, 3 II HGB, so ist er (wieder) ausgliederungsfähig (zur HR-Eintragung: § 152).

73 Eine Verteilung des Verm kann nicht stattfinden, da er allein Träger aller Rechte und Pflichten ist.

74 **ii) Stiftungen.** Die Fortsetzung einer aufgelösten Stiftung kann nicht beschlossen werden. Es fehlt schon an den Personen, die den Beschluss fassen könnten, da keine Anteilsinhaber vorhanden sind.

75 **jj) Gebietskörperschaften.** Für Gebietskörperschaften hat Abs 2 keine Bedeutung. Ob ein Zusammenschluss von Gebietskörperschaften, der selbst keine Gebietskörperschaft ist (etwa ein Zweckverband), nach Auflösung wieder fortgesetzt werden kann, richtet sich nach den jew einschlägigen öffentl-rechtl Vorschriften.

5. Beteiligung aufgelöster übernehmender Rechtsträger

76 Ein aufgelöster Rechtsträger kann auch als übernehmender Rechtsträger an einer Spaltung beteiligt sein, wenn er tats fortgesetzt wird (vgl § 3 Rn 46 f; Maulbetsch/Klumpp/Rose/*Raible* Rn 33; aA OLG Naumburg GmbHR 1997, 1152; offengelassen von KG DB 1998, 2409). IdR wird man in diesem Fall davon ausgehen können, dass der Fortsetzungsbeschluss konkludent im Spaltungsbeschluss enthalten ist (Maulbetsch/Klumpp/Rose/*Raible* Rn 33; aA etwa Geßler/Hefermehl/*Grunewald* AktG § 339 Rn 6; offengelassen von OLG Naumburg GmbHR 1997, 1152). Ohne tats Fortsetzung des übernehmenden Rechtsträgers wird die Spaltung auf einen aufgelösten Rechtsträger hingegen nur in den seltensten Fällen zulässig sein (vgl auch Kallmeyer/*Kallmeyer/Sickinger* Rn 5: Fortsetzungsbeschluss muss gefasst werden). Voraussetzung hierfür wäre, dass die Spaltung

dem Abwicklungszweck dient (KölnerKommAktG/*Kraft* § 339 Rn 45). Dies ist insbes nicht der Fall, wenn die Auflösung des übernehmenden Rechtsträgers auf die Eröffnung des Insolvenzverfahrens zurückzuführen ist, da den Gläubigern des übertragenden Rechtsträgers in diesem Fall keine ausreichende Sicherheit geleistet werden kann (§ 124 iVm § 22; KölnerKommAktG/*Kraft* § 339 Rn 45). Die gesamtschuldnerische Haftung aller beteiligten Rechtsträger (§ 133 I 1) bietet hierfür keinen genügenden Ausgleich, da nicht gewährleistet ist, dass beim übertragenden Rechtsträger eine ausreichende Vermögensmasse zurückbleibt (Keßler/Kühnberger/*Gündel* Rn 30). Eine aufgelöste KapGes kann schließl dann nicht als übernehmender Rechtsträger beteiligt sein, wenn die Fortsetzung aus Rechtsgründen nicht mehr beschlossen werden kann (KG DB 1998, 2409: Für Löschung nach § 1 LöschG; dazu § 3 Rn 49).

6. Beteiligung von Rechtsträgern unterschiedlicher Rechtsform (Abs 2 iVm § 3 IV)

Nach Abs 2 iVm § 3 IV können an der Spaltung zugleich Rechtsträger ders **77** Rechtsform als auch unterschiedl Rechtsform beteiligt sein. Die Einschränkungen der Kombinationsmöglichkeiten durch die bes Vorschriften des Spaltungsrechts (§§ 149 II, 150, 152, 161, 168) sind jedoch zu beachten (dazu Rn 2 ff). Erst durch die Zulassung der gleichzeitigen Beteiligung von Rechtsträgern verschiedener Rechtsformen sind für die Praxis wichtige Umstrukturierungen ermögl worden. Bspw kann durch eine Spaltung sowohl aus der KapGes als auch aus der PersGes heraus im Wege der Gesamtrechtsnachfolge eine **Betriebsaufspaltung** begründet werden, an der regelm eine PersGes als Besitzunternehmen und eine KapGes als Betriebsunternehmen beteiligt sind. Teilw wird jedoch aus anderen Gründen – etwa wegen des Eintritts der gesamtschuldnerischen Haftung nach § 133 I 1 oder wegen der Haftung nach § 134 – nicht jede handelsrechtl im Wege der Gesamtrechtsnachfolge mögl Spaltung sinnvoll sein (vgl *Aha* AG 1997, 345; *Engelmeyer* AG 1999, 263; *Fuhrmann/Simon* AG 2000, 49). Zur Gesetzesanwendung bei der Beteiligung von Rechtsträgern verschiedener Rechtsformen vgl § 125 Rn 5 ff. Ob hierdurch eine Spaltung auf eine GmbH & Co KG (Gründung sowohl der KG als auch der Komplementär-GmbH im Zuge des Spaltungsvorgangs) mögl ist, erscheint zweifelhaft (so aber Kallmeyer/*Kallmeyer/Sickinger* Rn 9; *ders* GmbHR 2000, 418; Keßler/Kühnberger/*Gündel* Rn 41).

§ 125 Anzuwendende Vorschriften

[1] Auf die Spaltung sind die Vorschriften des Ersten Teils und des Ersten bis Neunten Abschnitts des Zweiten Teils des Zweiten Buches mit Ausnahme des § 9 Absatz 2 und des § 62 Absatz 5, bei Abspaltung und Ausgliederung mit Ausnahme des § 18 sowie bei Ausgliederung mit Ausnahme des § 14 Abs. 2 und der §§ 15, 29 bis 34, 54, 68 und 71 entsprechend anzuwenden, soweit sich aus diesem Buch nichts anderes ergibt. [2] Eine Prüfung im Sinne der §§ 9 bis 12 findet bei Ausgliederung nicht statt. [3] An die Stelle der übertragenden Rechtsträger tritt der übertragende Rechtsträger, an die Stelle des übernehmenden oder neuen Rechtsträgers treten gegebenenfalls die übernehmenden oder neuen Rechtsträger.

Schrifttum: Schrifttum bis 2000 siehe 4. Auflage; vgl Schrifttum zu Vor §§ 123–173.

Übersicht

1. Allgemeines

1 § 125 bestimmt, dass auf Spaltungen mit Ausnahme weniger Vorschriften der Erste Teil und der Erste bis Neunte Abschnitt des Zweiten Teils des Zweiten Buches, also das Recht der Verschm (§§ 2–122), entspr anzuwenden sind, sofern nicht im Dritten Buch (Spaltung) speziellere Vorschriften existieren. Zu diesen spezielleren Vorschriften zählt bereits S 2, nach welchem bei der Ausgliederung eine Spaltungsprüfung nicht stattfindet. **Nicht** einbezogen ist der Zehnte Abschnitt des Zweiten Teils des Zweiten Buches, also die Vorschriften für **grenzüberschreitende** Verschm. Vgl hierzu Vor §§ 122a–122l Rn 5.

2 Der Gesetzgeber hat allerd nicht umfassend alle Verweisungsmöglichkeiten genutzt. So hätte er etwa anstelle der detaillierten Regelungen in §§ 126, 127 auch (teilw) mit Verweisungen arbeiten können. Die Gesetzesanwendung sollte nicht unnötig erschwert werden (RegEBegr BR-Drs 75/94 zu § 126).

3 Bei Spaltungen zur Neugründung ist neben § 125 als bedeutende Verweisungsnorm noch § 135 zu beachten. Spezielle Verweisungen in einzelnen Vorschriften sind selten (etwa §§ 127 S 2, 165).

4 § 125 S 3 stellt nochmals klar, dass nur **ein Rechtsträger** (also nicht zugleich mehrere) sein Verm durch Spaltung auf einen oder mehrere Rechtsträger übertragen kann (vgl ausführl § 123 Rn 18 ff).

2. Gesetzesanwendung

5 Durch die Verweisungstechnik legt der Gesetzgeber eine bestimmte Gesetzesanwendung fest. Der Aufbau des UmwG wurde zutr als „Baukastensystem" bezeichnet (*Neye* ZIP 1994, 165, 166; zum Gesetzesaufbau auch § 1 Rn 3 ff und *Geck* DStR 1995, 416, 418).

6 Die Prüfung, welche Normen bei der Spaltung im konkreten Einzelfall anwendbar sind, erfolgt auf verschiedenen **Stufen.** Zunächst müssen die allg Vorschriften des Spaltungsrechts (§§ 123–137) daraufhin untersucht werden, ob eine Regelung vorhanden ist. Handelt es sich um eine Spaltung zur Neugründung, hat sich die Suche zunächst auf §§ 135–137, sodann auf §§ 126–134 zu erstrecken (näher zur Gesetzestechnik bei der Spaltung zur Neugründung § 135 Rn 2 ff). Diese Normen sind noch rechtsformunabhängig.

7 Auf der **nächsten Stufe** bedarf es einer Prüfung der bes Vorschriften des Spaltungsrechts (§§ 138–173). Welche bes Vorschriften hierbei zu berücksichtigen sind, hängt von der Rechtsform der beteiligten Rechtsträger ab. Sind Rechtsträger

unterschiedl Rechtsform an der Spaltung beteiligt, müssen die jew einschlägigen Normen nebeneinander beachtet werden.

8 Enthält das Spaltungsrecht keine bes Vorschriften, so sind aufgrund der Verweisung in § 125 auf der **folgenden Stufe** die allg Vorschriften zur Verschm (§§ 2–38) – ggf wieder unterteilt nach Verschm durch Neugründung und durch Aufnahme – heranzuziehen. Diese gelten wiederum für alle Rechtsformen.

9 Auf der **letzten Stufe** ist schließl zu prüfen, ob sich Besonderheiten aus den bes Vorschriften zur Verschm (§§ 39–122) unter Beachtung der beteiligten Rechtsformen – ggf wiederum diff nach Verschm durch Neugründung und durch Aufnahme – ergeben.

10 S 1 ordnet die **entsprechende** Anwendung der Verschmelzungsvorschriften an. Dies bedeutet, dass jew die spaltungsspezifischen Besonderheiten bei der Anwendung der Vorschriften zu beachten sind (Kallmeyer/*Kallmeyer/Sickinger* Rn 2; aA Lutter/*Teichmann* Rn 4 [Fn 1]; Semler/Stengel/*Stengel* Rn 3: nur auf die Spaltung angepasste Terminologie). Ein – allerd eher einfaches – Beispiel dieser entspr Anwendung ist die Regelung in S 3: Da bei der Spaltung – spiegelbildl zur Verschm – nur ein übertragender Rechtsträger, aber mehrere übernehmende oder neue Rechtsträger auftreten können (müssen), müssen beim „Lesen" der Verschmelzungsvorschriften die jew Singular-/Plural-Formen ausgetauscht werden.

11 Zur Anwendung der Verschmelzungsvorschriften unter Berücksichtigung der beteiligten **Rechtsformen** vgl jew die Vorbemerkungen zu §§ 138 ff und Komm zu §§ 126, 127, 128.

3. Nichtanwendbare Vorschriften

12 **a) Keine Prüfung bei der Ausgliederung (S 2).** Bei der Ausgliederung findet eine **Spaltungsprüfung** iSv §§ 9–12 nicht statt. Der Gesetzgeber sah hierfür kein Bedürfnis, weil ein Anteilstausch nicht stattfinde (RegEBegr BR-Drs 75/94 zu § 125); dieses Arg ist nicht stichhaltig, weil bei einer Ausgliederung zur Aufnahme durchaus eine vglbare Interessenlage für die Anteilsinhaber des übertragenden Rechtsträgers eintritt und weil von einem vollständigen „Anteilstausch" ohnehin nur bei der Aufspaltung gesprochen werden kann.

13 **b) Ausschluss von § 9 II und § 62 V.** Der Ausschluss von § 9 II in S 1 ist nicht durchdacht, wie sich an folgendem **Beispiel** aufzeigen lässt:

14 Eine GmbH A will einen Teilbetrieb ihrer 100%igen Tochter-GmbH B im Wege der Abspaltung auf sich übertragen. In diesem Fall müsste A sich selbst als alleinige Anteilsinhaberin der B einen eigenen Anteil gewähren. Da idR hierzu eine KapErh erforderl ist, wäre diese Anteilsgewährung oftmals unmögl (KapErhVerbot nach § 54 I Nr 1, der über § 125 entspr anzuwenden ist). In diesem Fall ist entweder die Abspaltung unzulässig oder man verzichtet auf die Verpflichtung zur Anteilsgewährung. Welchen Zweck in diesem Fall eine Spaltungsprüfung erfüllen soll, bleibt allerd unklar (vgl auch Kallmeyer/*Kallmeyer/Sickinger* Rn 9; aA *Geck* DStR 1995, 416, 418: Der Ausschluss von § 9 II sei systematisch völlig korrekt). Konsequenterweise muss man den Ausschluss von § 9 II auf §§ 9 III iVm 8 III 1 Alt 2 ausdehnen, da sich anderenfalls der – nicht gewollte – Ausschluss der Spaltungsprüfung bei 100%iger Beteiligung des übernehmenden Rechtsträgers am übertragenden Rechtsträger hieraus ergeben würde (zur diesbzgl Doppelregelung vgl § 9 Rn 12).

15 Ferner ist bei allen Spaltungen die entspr Anwendung von § 62 V, also des verschmelzungsbedingten **Squeeze out,** ausgeschlossen. Hierzu bestanden keine gemeinschaftsrechtl Vorgaben; ferner sei ein Squeeze out nicht gerechtfertigt,

wenn bei einer TochterGes nur ein geringer Teil abgespalten werde (RegEBegr BT-Drs 17/3122 zu § 125).

16 **c) Ausschluss von § 18.** Bei der Abspaltung und Ausgliederung ist § 18 nicht entspr anzuwenden. Eine Firmenübernahme kann bei diesen Spaltungsarten nicht erfolgen, da der firmenführende (übertragende) Rechtsträger fortbesteht. Streitig ist, ob eine Firmenfortführung nach § 18 bei einer Aufspaltung voraussetzt, dass das Unternehmen im Großen und Ganzen übergeht (so Lutter/*Teichmann* Rn 6). Aus § 22 HGB folgt dies indes nicht (so aber Lutter/*Teichmann* Rn 6). § 18 regelt die Firmenfortführung bei Umw eben gerade anders als bei § 22 HGB (Kallmeyer/*Kallmeyer/Sickinger* Rn 28). Die Beschränkung lässt sich auch nicht aus dem Begriff „Erwerb des Handelsgeschäftes" in § 18 I ableiten. Damit wird die gesamte Tätigkeit des übertragenden Rechtsträgers beschrieben, die nach der Spaltung von mehreren Rechtsträgern fortgeführt wird. Entsprechende Anwendung bedeutet, dass die Firma des übertragenden Rechtsträgers nach einer Aufspaltung auch von mehreren Rechtsträgern – innerh der allg firmenrechtl Grenzen, etwa § 30 HGB – fortgeführt werden kann (so zutr *Kögel* GmbHR 1996, 168, 173; aA Kallmeyer/*Kallmeyer/Sickinger* Rn 28: Nur Firmenteile dürfen jew fortgeführt werden). Zur Übertragbarkeit bei Abspaltungen/Ausgliederungen vgl § 131 Rn 42

17 **d) Ausschluss von §§ 14 II, 15.** Nach **§ 14 II** kann eine Klage gegen die Wirksamkeit des Verschmelzungsbeschlusses des übertragenden Rechtsträgers nicht darauf gestützt werden, dass die **Gegenleistung nicht angemessen** sei. Die Vorschrift gilt bei der Ausgliederung nicht, da ein Anteilstausch nicht stattfindet (RegEBegr BR-Drs 75/94 zu § 125). Gleichwohl hätte eine entspr Anwendung von § 14 II auch bei der Ausgliederung durchaus Sinn gehabt. Denn obwohl bei der Ausgliederung ein Anteilstausch nicht stattfindet, kommt es bei einer Ausgliederung zur Aufnahme zu einer Vermögensveränderung auf der Ebene der Anteilsinhaber, wenn die dem übertragenden Rechtsträger gewährten Anteile am übernehmenden Rechtsträger keine angemessene Gegenleistung darstellen.

18 **§ 15** ist ebenfalls nicht anzuwenden. Dies ist nur folgerichtig. Für die Durchführung des Spruchverfahrens bleibt kein Raum, wenn die Anfechtungsklage – gestützt auf die unangemessene Gegenleistung – mögl bleibt (Rn 17). Den beteiligten Interessen hätte es allerd besser entsprochen, das Klagerecht auszuschließen (so wohl Semler/Stengel/*Stengel* Rn 9: nur klarstellend), dafür aber den Anteilsinhaber des übertragenden Rechtsträgers die Möglichkeit einzuräumen, im Spruchverfahren einen Ausgleich zu erlangen (dazu allg BGH ZIP 2001, 202; *Martens* AG 2000, 302 und § 14 Rn 20 f). Dies wäre auch mögl, obwohl bei der Ausgliederung die Anteile des übernehmenden Rechtsträgers an den übertragenden Rechtsträger selbst gewährt werden. Das Spruchverfahren hätte ledigl entspr modifiziert werden müssen.

19 **e) Ausschluss von §§ 29–34.** Bei der Ausgliederung sind §§ 29–34 nicht anzuwenden. Sie regeln die Voraussetzungen und die Abwicklung des Austritts eines Gesellschafters des übertragenden Rechtsträgers gegen Barabfindung im Zshg mit der Umw. Der tragende Gesichtspunkt für einen derartigen Austritt ist der erzwungene Wechsel von Art und Qualität der Beteiligung (RegEBegr BR-Drs 75/94 zu § 125). Diese Situation kann jedoch bei der Ausgliederung nicht eintreten, da kein Anteilstausch stattfindet, die Art der Beteiligung der Anteilsinhaber des übertragenden Rechtsträgers mithin unverändert bleibt.

f) Ausschluss von §§ 54, 68, 71. Schließl sind auch **§§ 54, 68** bei der **Ausgliederung** nicht anwendbar. Sie regeln KapErhVerbote und KapErhWahlrechte im Falle der gegenseitigen Beteiligung von übertragenden und übernehmenden Rechtsträgern. Damit soll die Entstehung von eigenen Anteilen im Zshg mit der Verschm verhindert werden (vgl im Einzelnen § 54 Rn 3 ff und § 68 Rn 5 ff). Da bei der Ausgliederung dem übertragenden Rechtsträger selbst die Anteile am übernehmenden Rechtsträger zu gewähren sind, eine Anteilsgewährungspflicht an den übernehmenden Rechtsträger also nicht entstehen kann, erübrigte sich bei der Ausgliederung eine entspr Regelung (RegEBegr BR-Drs 75/94 zu § 125). Problematisch ist aber der Ausschluss auf die Verzichtsmöglichkeit nach §§ 54 I 3, 68 I 3; vgl hierzu § 126 Rn 47 f. Ferner ist durch den Ausschluss klargestellt, dass bei Ausgliederungen eine Darlehensgewährung an den übertragenden Rechtsträger in der Höhe, in der der Wert des übertragenen Verm den Nennbetrag überschreitet, zulässig ist (OLG München ZIP 2011, 2359; Lutter/*Priester* Rn 35; vgl auch § 126 Rn 53). 20

Endl ist auch § 71, wonach bei der Verschm unter Beteiligung einer übernehmenden AG ein Treuhänder für den Empfang der zu gewährenden Aktien und der ggf zu gewährenden baren Zuzahlungen zu bestellen ist, nicht anwendbar. Denn Aufgabe des Treuhänders ist im Wesentl die Durchführung des Aktienumtausches bzw die Aushändigung der Aktienurkunden. Da bei der Ausgliederung nur eine Person, näml der übertragende Rechtsträger, Aktien erhält und kein Tausch stattfindet, erübrigt sich die Einsetzung eines Treuhänders. 21

Zweiter Abschnitt. Spaltung zur Aufnahme

§ 126 Inhalt des Spaltungs- und Übernahmevertrags

(1) **Der Spaltungs- und Übernahmevertrag oder sein Entwurf muß mindestens folgende Angaben enthalten:**

1. **den Namen oder die Firma und den Sitz der an der Spaltung beteiligten Rechtsträger;**
2. **die Vereinbarung über die Übertragung der Teile des Vermögens des übertragenden Rechtsträgers jeweils als Gesamtheit gegen Gewährung von Anteilen oder Mitgliedschaften an den übernehmenden Rechtsträgern;**
3. **bei Aufspaltung und Abspaltung das Umtauschverhältnis der Anteile und gegebenenfalls die Höhe der baren Zuzahlung oder Angaben über die Mitgliedschaft bei den übernehmenden Rechtsträgern;**
4. **bei Aufspaltung und Abspaltung die Einzelheiten für die Übertragung der Anteile der übernehmenden Rechtsträger oder über den Erwerb der Mitgliedschaft bei den übernehmenden Rechtsträgern;**
5. **den Zeitpunkt, von dem an diese Anteile oder die Mitgliedschaft einen Anspruch auf einen Anteil am Bilanzgewinn gewähren, sowie alle Besonderheiten in bezug auf diesen Anspruch;**
6. **den Zeitpunkt, von dem an die Handlungen des übertragenden Rechtsträgers als für Rechnung jedes der übernehmenden Rechtsträger vorgenommen gelten (Spaltungsstichtag);**
7. **die Rechte, welche die übernehmenden Rechtsträger einzelnen Anteilsinhabern sowie den Inhabern besonderer Rechte wie Anteile**

ohne Stimmrecht, Vorzugsaktien, Mehrstimmrechtsaktien, Schuldverschreibungen und Genußrechte gewähren, oder die für diese Personen vorgesehenen Maßnahmen;

8. **jeden besonderen Vorteil, der einem Mitglied eines Vertretungsorgans oder eines Aufsichtsorgans der an der Spaltung beteiligten Rechtsträger, einem geschäftsführenden Gesellschafter, einem Partner, einem Abschlußprüfer oder einem Spaltungsprüfer gewährt wird;**
9. **die genaue Bezeichnung und Aufteilung der Gegenstände des Aktiv- und Passivvermögens, die an jeden der übernehmenden Rechtsträger übertragen werden, sowie der übergehenden Betriebe und Betriebsteile unter Zuordnung zu den übernehmenden Rechtsträgern;**
10. **bei Aufspaltung und Abspaltung die Aufteilung der Anteile oder Mitgliedschaften jedes der beteiligten Rechtsträger auf die Anteilsinhaber des übertragenden Rechtsträgers sowie den Maßstab für die Aufteilung;**
11. **die Folgen der Spaltung für die Arbeitnehmer und ihre Vertretungen sowie die insoweit vorgesehenen Maßnahmen.**

(2) [1] **Soweit für die Übertragung von Gegenständen im Falle der Einzelrechtsnachfolge in den allgemeinen Vorschriften eine besondere Art der Bezeichnung bestimmt ist, sind diese Regelungen auch für die Bezeichnung der Gegenstände des Aktiv- und Passivvermögens (Absatz 1 Nr. 9) anzuwenden.** [2] **§ 28 der Grundbuchordnung ist zu beachten.** [3] **Im übrigen kann auf Urkunden wie Bilanzen und Inventare Bezug genommen werden, deren Inhalt eine Zuweisung des einzelnen Gegenstandes ermöglicht; die Urkunden sind dem Spaltungs- und Übernahmevertrag als Anlagen beizufügen.**

(3) **Der Vertrag oder sein Entwurf ist spätestens einen Monat vor dem Tag der Versammlung der Anteilsinhaber jedes beteiligten Rechtsträgers, die gemäß § 125 in Verbindung mit § 13 Abs. 1 über die Zustimmung zum Spaltungs- und Übernahmevertrag beschließen soll, dem zuständigen Betriebsrat dieses Rechtsträgers zuzuleiten.**

Schrifttum: Schrifttum bis 2004 siehe 5. Auflage; vgl auch Schrifttum zu Vor §§ 123–173; *Mertens,* Aktuelle Fragen zur Verschmelzung von Mutter- auf Tochtergesellschaften – down stream merger, AG 2005, 785; *Müntefering,* Die Bedeutung der §§ 1059a BGB, 77a GenG bei Spaltungen nach dem UmwG, NZG 2005, 64; *Heine/Lechner,* Die umwandlungsrechtliche Sachauskehrung durch Spaltung bei börsennotierten Aktiengesellschaften, AG 2005, 669; *Graef,* Nichtangabe von besonderen Vorteilen im Verschmelzungsvertrag gemäß § 5 Abs. 1 Nr. 8 UmwG – Unwirksamkeit der getroffenen Vereinbarungen?, GmbHR 2005, 908; *Hölzle,* Unternehmensumwandlung in Krise, Sanierung und Insolvenz, FR 2006, 447; *Ulrich/Böhle,* Verschmelzung auf zum Verschmelzungsstichtag nicht existierende Rechtsträger, GmbHR 2006, 644; *Simon/Zerres,* Unternehmensspaltung und Arbeitsrecht, FS Leinemann, 2006, 255; *Wälzholz,* Aktuelle Probleme der Unterbilanz- und Differenzhaftung bei Umwandlungsvorgängen, AG 2006, 469; *Maschmann,* Die Unterrichtungspflicht beim Betriebsübergang nach § 613a BGB, BB 2006, 29; *Bandehzadeh,* Verschmelzungen unter Beteiligung von Aktiengesellschaften: Bestellung eines Treuhänders bei unverbrieften Aktien (§ 71 Abs. 1 UmwG)?, DB 2007, 1514; *Mayer/Weiler,* Neuregelungen durch das Zweite Gesetz zur Änderung des Umwandlungsgesetzes, DB 2007, 1235 (Teil I) und DB 2007, 1291 (Teil II); *Kallmeyer,* Differenzhaftung bei Verschmelzung mit Kapitalerhöhung und Verschmelzung im Wege der Neugründung, GmbHR 2007, 1121; *Kollmorgen/Feldhaus,* Probleme der Übertragung von Vermögen mit Auslandsbezug nach dem Umwandlungsgesetz, BB 2007, 2189;

Schwenn, Kettenverschmelzung bei Konzernsachverhalten, Der Konzern, 2007, 173; *Heckschen,* Die Pflicht zur Anteilsgewährung im Umwandlungsrecht, DB 2008, 1363, 1368; *Schmidt-Ott,* Grundstücks- durch Gesellschaftsspaltung, ZIP 2008, 1353; *Fedke,* Auswirkungen von konzerninternen Verschmelzungsvorgängen auf bestehende Unternehmensverträge, Der Konzern 2008, 533; *Bungert/Lange,* Bezeichnungserfordernisse des Grundbuchrechts nach Abspaltungen von Dienstbarkeiten nach dem UmwG, DB 2009, 103; *Grunewald,* Auslegung von Unternehmens- und Umwandlungsverträgen, ZGR 2009, 647; *Bungert/Lange,* Übertragung von Grundstücken und Rechten an Grundstücken im Wege der Spaltung nach dem UmwG, DB 2010, 547; *Heckschen/Gassen,* Der Verzicht auf Anteilsgewähr bei Umwandlungsvorgängen aus gesellschafts- und steuerrechtlicher Sicht, GWR 2010, 101; *Keller/Klett,* Die sanierende Verschmelzung, DB 2010, 1220; *Heinz/Wilke,* Abspaltung unter Verzicht auf die Ausgabe von Gesellschaftsrechten, GmbHR 2012, 889.

Übersicht

1. Allgemeines

1 Die Vorschrift behandelt die inhaltl Anforderungen an den Spaltungsvertrag (Abs 1, 2) und legt die Verpflichtung zur Weiterleitung des Vertrags oder Entwurfs an den Betriebsrat (Abs 3) fest. Sie ist die Parallelregelung zu § 5 (vgl allerd Abs 1 Nr 10). Unmittelbar gilt die Norm nur für die Spaltung zur Aufnahme, denn bei der Spaltung zur Neugründung kann mangels Vertragspartner kein Spaltungsvertrag geschlossen werden. An dessen Stelle tritt der Spaltungsplan (§ 136). Da sich aber Spaltungsvertrag und Spaltungsplan hinsichtl der inhaltl Anforderungen nicht unterscheiden, ist § 126 über die Verweisung in § 135 I auch bei Spaltungen zur Neugründung entspr anwendbar. Abs 1 Nr 3, 4 und 10 sind nur bei Auf- und Abspaltungen zu beachten. IÜ gilt die Vorschrift für alle Arten der Spaltung. Der Begriff Ausgliederungs- und Übernahmevertrag, wie er in §§ 131 I Nr 3 S 3, 157 I verwendet wird, bezeichnet nur eine spezielle Fallgruppe des Spaltungsvertrags iSv § 126 (Lutter/*Priester* Rn 2; Kallmeyer/*Kallmeyer/Sickinger* Rn 1; Kölner-KommUmwG/*Simon* Rn 3).

2 Der Inhalt der Norm stimmt weitgehend mit § 2 SpTrUG überein. Unterschiede ergeben sich im Wesentl daraus, dass die Spaltung von Treuhandunternehmen nur im Wege der Auf- oder Abspaltung zur Neugründung mögl war, Spaltungen auf bestehende Rechtsträger und Ausgliederungen also nicht erfolgen konnten. Letztendl lehnt sich die Vorschrift an die bereits durch das VerschmRLG 1982 (BGBl I 1425) eingefügte, detaillierte Regelung der inhaltl Anforderungen an den Verschmelzungsvertrag in § 340 I AktG aF an. IÜ waren vom Gesetzgeber, soweit AG betroffen sind, die Vorgaben der europäischen SpaltungsRL vom 17.12.1982 (ABl EG Nr L 378, 47) zu beachten (dazu Vor §§ 123–173 Rn 15 ff).

3 Die detaillierte Festlegung der inhaltl Mindestanforderungen an den Spaltungsvertrag (vgl als Beispiel für eine „schlanke" Fassung etwa § 21 KapErhG aF) dient in erster Linie dem Zweck, den Anteilsinhabern, denen zum Zeitpunkt der Beschlussfassung wenigstens der Entwurf des Spaltungsvertrags vorliegen muss, eine Entscheidung in Kenntnis aller wesentl Umstände zu ermögl (so schon die Begr zum VerschmRLG BT-Drs 9/1065). § 126 I, II ist also auch eine Schutzvorschrift im Interesse der Anteilsinhaber.

2. Bedeutung des Spaltungsvertrages

Wenigstens die Auf- und Abspaltung stellt für die beteiligten Rechtsträger kein gewöhnl (Handels-) Geschäft dar, denn es wird unmittelbar in die Vermögenssphäre der Gesellschafter eingegriffen. Um diesen Rechtsfolgen gerecht zu werden, muss zum einen zwischen den beteiligten Rechtsträgern eine Einigung über die Modalitäten der Spaltung getroffen werden, zum anderen die Letztentscheidungskompetenz der Anteilsinhaber gewährleistet sein. Dem Spaltungsvertrag kommt hierbei die erstgenannte Aufgabe zu. Er stellt die Verbindung zwischen den beteiligten Rechtsträgern her. Wirksam wird der Spaltungsvertrag jedoch erst mit Zustimmung der Anteilsinhaber durch Spaltungsbeschluss (§ 125 iVm § 13 I 1). Spaltungsvertrag und Spaltungsbeschluss stehen also in enger Abhängigkeit zueinander: Der Spaltungsvertrag wird nur wirksam, wenn alle Spaltungsbeschlüsse gefasst sind; umgekehrt muss zum Zeitpunkt der Beschlussfassung der Spaltungsvertrag wenigstens als Entwurf vorliegen. Nach der Beschlussfassung kann eine **inhaltl Änderung** nicht mehr vorgenommen werden, ohne dass es erneuter Spaltungsbeschlüsse bedürfte (Rn 8 und § 13 Rn 17 ff). 4

Bei Beteiligung von mehreren Rechtsträgern ist zwingend ein einheitl Vertrag zu schließen (Widmann/Mayer/*Mayer* Rn 8; Lutter/*Priester* Rn 8; Semler/Stengel/*Schröer* Rn 9; KölnerKommUmwG/*Simon* Rn 9; Keßler/Kühnberger/*Gündel* Rn 4; vgl auch Rn 16). Dies schließt selbstverständl Kettenabspaltungen, die jew rechtl selbstständig, aber in einem sachl und zeitl Zusammenhang stehen, nicht aus (Lutter/*Priester* Rn 8; Semler/Stengel/*Schröer* Rn 9; KölnerKommUmwG/*Simon* Rn 9; Keßler/Kühnberger/*Gündel* Rn 4). Zur Beteiligung mehrerer übertragender Rechtsträger vgl § 123 Rn 18 ff. Zu Mischformen vgl § 123 Rn 14 ff. 5

3. Rechtsnatur des Spaltungsvertrages

Der Spaltungsvertrag entzieht sich ebenso wie der Verschmelzungsvertrag einer eindeutigen Zuordnung zu einem Vertragstyp. Er ist einerseits gesellschaftsrechtl Organisationsakt, andererseits entfaltet er aber auch schuldrechtl und dingl Wirkungen. Vgl im Einzelnen § 4 Rn 4 ff. Die **Auslegung** richtet sich nach §§ 133, 157 BGB (BGH WM 2008, 607, 608; BGH NZG 2003, 1172, 1174); maßgebl ist die Sicht eines verständigen Dritten (Semler/Stengel/*Schröer* Rn 25; Lutter/*Priester* Rn 8; *Grunewald* ZGR 2009, 647, 658 ff; Henssler/Strohn/*Wardenbach* Rn 7; vgl auch Kallmeyer/*Kallmeyer/Sickinger* Rn 64: Empfängerhorizont der Anteilsinhaber). Hierbei kann auch der Spaltungsbericht herangezogen werden (Kallmeyer/*Kallmeyer/Sickinger* Rn 64). Zur (vorrangigen) Auslegung bei vergessenen Aktiva vgl § 131 Rn 124. 6

4. Abschluss oder Entwurfsaufstellung

Nach §§ 4 II iVm 125 kann die Beschlussfassung auch auf der Grundlage eines schriftl Entwurfs des Spaltungsvertrags erfolgen. Zu den Anforderungen an den Entwurf vgl § 4 Rn 23 ff. Zuständig für dessen schriftl Aufstellung sind die Vertretungsorgane (Maulbetsch/Klumpp/Rose/*Raible* Rn 12). Sinnvoll ist die Beschlussfassung auf der Grundlage eines Entwurfs insbes dann, wenn nicht mit einer vorbehaltlosen Zustimmung der Anteilsinhaberversammlungen gerechnet werden kann. 7

8 Der Entwurf, der die Zustimmung der Anteilsinhaberversammlungen erhalten hat, muss mit dem schließl notariell beurkundeten Vertrag übereinstimmen (KölnerKommUmwG/*Simon* Rn 13). Nur dann wird er wirksam (§ 125 iVm § 13 I). Zur Vermeidung von Unstimmigkeiten sollte selbst auf die Änderung von Formulierungen, die die Regelung inhaltl unberührt lassen, verzichtet werden (Maulbetsch/Klumpp/Rose/*Raible* Rn 13). Vgl iÜ § 4 Rn 23 ff. Stimmen die Anteilsinhaberversammlungen dem Entwurf nur mit Änderungen zu, muss der Vertrag endgültig in der Fassung geschlossen werden, die inhaltl mit den Beschlüssen übereinstimmt. Eine neue Beschlussfassung erübrigt sich dann (Lutter/*Priester* Rn 11). Ggf ist der Beschluss über die geänderte (nicht angekündigte) Fassung aber anfechtbar, wenn nicht alle Anteilsinhaber anwesend waren (etwa § 124 IV AktG, § 51 III GmbHG; vgl Semler/Stengel/*Schröer* Rn 8).

9 Stimmt eine Anteilsinhaberversammlung einem bereits abgeschlossenen Vertrag nur mit Änderungsvorbehalten zu, wird der bereits beurkundete Spaltungsvertrag nicht wirksam (§§ 125, 13). Auf der Grundlage der Beschlüsse ist sodann der Vertrag in abgeänderter Form nochmals notariell zu beurkunden (Widmann/Mayer/*Mayer* Rn 13). Vgl hierzu auch § 13 Rn 21 f.

10 Ein bereits abgeschlossener Spaltungsvertrag ist bis zum Vorliegen aller Beschlüsse der Anteilsinhaberversammlungen (§§ 125, 13) schwebend unwirksam (Widmann/*Mayer* Rn 11; Lutter/*Priester* Rn 96). Zu den hieraus resultierenden Konsequenzen bei Ablehnung durch die Anteilsinhaberversammlungen vgl § 13 Rn 8 ff.

5. Abschlusskompetenz

11 Das Vertretungsorgan des jew beteiligten Rechtsträgers ist für den Abschluss des Spaltungsvertrags zuständig, § 125 iVm § 4 I. Ausreichend ist ein Handeln in vertretungsberechtigter Anzahl; unechte Gesamtvertretung ist zul. Zu weiteren Einzelheiten vgl § 4 Rn 13 ff. Stellvertretung ist zulässig. Die Vollmacht bedarf grdsl nicht der Form des Spaltungsvertrags (§ 167 II BGB); anderes gilt bei der Spaltung zur Neugründung einer KapGes (notarielle Beglaubigung, § 2 II GmbHG, §§ 23 I 2, 280 I 3 AktG; Hauschild/Kallrath/Wachter/*Flüth* § 22 Rn 257).

6. Form des Spaltungsvertrages

12 Als Grundlage der Beschlussfassung genügt ein schriftl Entwurf des Spaltungsvertrags (§ 125 iVm § 4 II; dazu Rn 7); der endgültige Vertrag muss notariell beurkundet werden (§ 125 iVm § 6). Andernfalls könnten aufgrund der Möglichkeit, im Wege der Spaltung ledigl einzelne Gegenstände zu übertragen, zwingende Beurkundungserfordernisse des allg Zivilrechts umgangen werden (RegEBegr BR-Drs 75/94 zu § 126). Auch **Nebenabreden** müssen beurkundet werden, mithin alles, was nach dem Willen der Parteien ein untrennbares Ganzes darstellt. Parteien idS sind nicht nur die beteiligten Rechtsträger, sondern auch die Anteilsinhaber. Beurkundungspflichtig, und zwar als Bestandteil des einheitl Spaltungsvertrags (Lutter/*Priester* Rn 8) oder der aufeinander Bezug nehmenden Urkunden (OLG Naumburg NZG 2004, 734), ist daher etwa auch die Vereinbarung von Ausgleichsleistungen (vgl dazu Rn 52, 106 und § 128 Rn 22) zwischen den Anteilsinhabern. Bei Spaltungsverträgen muss anders als bei Verschmelzungsverträgen wegen der Vermögensaufteilung regelm auf mit zu beurkundende Anlagen (Inventare, Bilanzen etc) Bezug genommen werden. Soweit nicht eine Bezugsur-

kunde erstellt wird (§ 13a BeurkG), bestehen hierfür teilw Erleichterungen hinsichtl des Verlesens (§ 14 BeurkG). Die Zusammenfassung von Spaltungsverträgen und Spaltungsbeschlüssen in einer Urkunde ist mögl und in der Praxis übl (Semler/Stengel/*Schröer* Rn 10). Vgl iÜ die Komm zu § 6, dort auch zur **Auslandsbeurkundung.**

7. Inhaltliche Mindestanforderungen (Abs 1)

Abs 1 regelt – inhaltl weitgehend mit § 5 übereinstimmend – die Mindestanforderungen an einen Spaltungsvertrag. Abs 1 Nr 3, 4 und 10 gelten nur bei Auf- und Abspaltungen, nicht bei Ausgliederungen. 13

a) Bezeichnung der beteiligten Rechtsträger (Abs 1 Nr 1). Im Spaltungsvertrag müssen die beteiligten Vertragspartner bezeichnet werden. Führt der Rechtsträger eine **Firma,** so ist diese, iÜ der im Rechtsverkehr gebräuchl Name anzugeben. Ferner bedarf es der Angabe des **Sitzes** (Satzungssitz) der beteiligten Rechtsträger. Praxisübl ist zudem die Angabe der HR-Nummer und des Registergerichts. In jedem Fall muss eine eindeutige Identifizierung der Rechtsträger und ihrer Beteiligung als übertragender oder übernehmender Rechtsträger mögl sein, was natürl die Verwendung von im Vertrag (etwa im Protokolleingang) definierten Abkürzungen nicht ausschließt (Kallmeyer/*Kallmeyer/Sickinger* Rn 4; Lutter/*Priester* Rn 19; Maulbetsch/Klumpp/Rose/*Raible* Rn 21). Unzureichend ist die Bezeichnung, wenn sich ein beteiligter Rechtsträger nur durch eine mühevolle Auswertung aller der Anmeldung beigefügten Unterlagen ermitteln lässt (OLG Hamm NZG 2007, 914). Das HR hat indes mittels Zwischenverfügung den Parteien Gelegenheit zur Behebung des Eintragungshindernisses zu geben (OLG Hamm NZG 2007, 914). Die Angaben müssen den jew Registereintragungen entspr (OLG Hamm NZG 2007, 914; Semler/Stengel/*Schröer* Rn 26). Bei einer Kettenumwandlung bedeutet dies, dass der Rechtsträger noch mit der aktuellen, die Vorumwandlung nicht berücksichtigenden Firma anzugeben ist (OLG Hamm NZG 2007, 914). 14

Bei der Spaltung zur Neugründung (also im Spaltungsplan) sind Name oder Firma und Sitz auch des **neu zu gründenden Rechtsträgers** anzugeben (Lutter/*Priester* Rn 19; Kallmeyer/*Kallmeyer/Sickinger* Rn 4; KölnerKommUmwG/*Simon* Rn 22). Die Angaben müssen den Festlegungen im Gesellschaftsvertrag, der Bestandteil des Spaltungsplanes ist (§§ 135, 125, 37), entsprechen. Hierbei sind die für die jew Rechtsform einschlägigen firmenrechtl Grdse zu beachten. Entsprechendes gilt für die Festlegung des Sitzes des neu gegründeten Rechtsträgers. Je nach beteiligter Rechtsform sind diesbzgl unterschiedl Anforderungen zu beachten. Vgl etwa §§ 4a GmbHG, 5 AktG. Bei PhG ist der Sitz der Geschäftsleitung maßgebl (str; vgl Baumbach/*Hopt* HGB § 106 Rn 8). Zur Beteiligung von Rechtsträgern mit Sitz im Ausland vgl § 1 Rn 36 ff. 15

Im Spaltungsvertrag müssen **alle** beteiligten **Rechtsträger** genannt werden. Sollen in einem einheitl Vorgang mehrere Vermögensteile auf verschiedene Rechtsträger übertragen werden, so ist hierfür ein einheitl Vertrag mit allen Rechtsträgern nötig (Rn 5; krit hierzu *Borgert* BB 1997, 589). 16

Von der bloßen Angabe im Spaltungsvertrag zu unterscheiden ist die Änderung der Firma bzw eine Sitzverlegung anlässl der Spaltung. Bei Bedarf sind entspr Regelungen ergänzend im Spaltungsvertrag aufzunehmen und durch Beschlüsse umzusetzen (Semler/Stengel/*Schröer* Rn 26). Diese richten sich nach den allg Anforderungen. Bei der Aufspaltung erlischt der übertragende Rechtsträger und 17 mit ihm die Firma; sie kann allerd nach Maßgabe von § 18 (vgl § 125 S 1) auf einen übernehmenden Rechtsträger übertragen werden; hierzu § 125 Rn 14.

18 **b) Spaltungsklausel (Abs 1 Nr 2).** Der Vertragstext muss ferner die Vereinbarung der beiden Hauptpflichten des Spaltungsvertrags enthalten, näml die Übertragung von Vermögensteilen jew als Gesamtheit gegen Gewährung von Anteilen oder Mitgliedschaften. Die Einzelheiten ergeben sich indes erst aus den Angaben zum übergehenden Vermögen (Abs 1 Nr 9) und zum Umtauschverhältnis sowie zur Aufteilung der Anteile (Abs 1 Nr 3 und 10). Hierbei sollte der Klarheit und Einfachheit halber eine möglichst weitgehende Orientierung am Gesetzestext erfolgen. Insbes sollte darauf geachtet werden, dass die Übertragung im Wege der Sonderrechtsnachfolge („jeweils als Gesamtheit") hinreichend deutl wird, da die Spaltung im Wege der Einzelrechtsnachfolge weiterhin mögl ist, hiervon also wesentl Rechtsfolgen abhängen.

19 **c) Umtauschverhältnis bei Auf- bzw Abspaltung (Abs 1 Nr 3).** Im Spaltungsvertrag müssen nach Abs 1 Nr 3 bei einer Aufspaltung oder Abspaltung das **Umtauschverhältnis** und ggf auch die Höhe der **baren Zuzahlungen** angegeben werden oder Angaben über die Mitgliedschaft beim übernehmenden Rechtsträger enthalten sein. Die Festlegung des Umtauschverhältnisses ist für die Anteilsinhaber von bes Bedeutung, da insoweit ihre Vermögenssphäre unmittelbar betroffen ist. Demgemäß stellt dieser Punkt auch meist das Zentralproblem der Verhandlungen dar. Für die Bestimmung des Umtauschverhältnisses ist der **tats Wert** des zur Übertragung vorgesehenen Verm einerseits und des übernehmenden Rechtsträgers andererseits maßgebl. Ist das Umtauschverhältnis (und die Aufteilung der Anteile, Abs 1 Nr 10) zutr bestimmt, bleibt die Vermögenssphäre der Anteilsinhaber durch die Auf- oder Abspaltung unverändert. Der Wegfall des Anteils am übertragenden Rechtsträger (Aufspaltung) bzw der Wertverlust beim Anteil am übertragenden Rechtsträger (Abspaltung) wird durch die Gegenleistung (Anteile an den übernehmenden Rechtsträger) kompensiert (ebenso Widmann/Mayer/*Mayer* Rn 127; Maulbetsch/Klumpp/Rose/*Raible* Rn 34; vgl auch Semler/Stengel/*Schröer* Rn 33; ausführl § 5 Rn 5 ff; zur Verschm vgl etwa OLG Stuttgart AG 2007, 705; DStR 2006, 626). Entsprechendes gilt für die Anteilsinhaber der übernehmenden Rechtsträger, die durch ein zu hohes Umtauschverhältnis einen Wertverlust erleiden würden. Einvernehml kann auch ein anderer Maßstab gewählt werden (Semler/Stengel/*Schröer* Rn 33), um etwa bewusst Veränderungen in den Beteiligungsverhältnissen herbeizuführen (vgl auch § 128). Auf die stl Folgen (etwa bei Ausgleichszahlungen oder Schenkungen) ist zu achten. Zum Ausschluss eines fehlerhaften Umtauschverhältnisses als **Beschlussmangel** vgl § 14 II (iVm § 125). Zum dafür eröffneten Spruchverfahren vgl § 15 UmwG.

20 Der Begriff „Umtauschverhältnis" bezeichnet den Vorgang jedoch nur bei der Aufspaltung korrekt (Kallmeyer/*Müller* Rn 8). Bei der Abspaltung erfolgt kein Anteilstausch im eigentl Sinne (vgl dazu § 123 Rn 11). Die Anteilsinhaber des übertragenden Rechtsträgers bleiben nach Wirksamwerden der Abspaltung Anteilsinhaber dieses Rechtsträgers und werden zusätzl Anteilsinhaber des übernehmenden Rechtsträgers. Die gewährten Anteile am übernehmenden Rechtsträger sind in diesem Fall Ausgleich für den Wertverlust, den die Anteile am übertragenden Rechtsträger durch den Vermögensabgang erleiden.

21 Das Umtauschverhältnis legt fest, wie viele Einheiten von Anteilen am übernehmenden Rechtsträger für eine bestimmte Einheit von Anteilen am übertragenden Rechtsträger gewährt werden.

Beispiel: 22
Für jew eine Aktie der A-AG werden eine Aktie der übernehmenden B-AG und zwei Aktien der übernehmenden C-AG gewährt.

Das Umtauschverhältnis bestimmt also die Höhe des Ausgleichs für die untergehende Beteiligung am übertragenden Rechtsträger (Aufspaltung) bzw für den Wertverlust, den die Beteiligung am übertragenden Rechtsträger infolge der Vermögensübertragung erleidet (Abspaltung). 23

Die bloße Angabe des Umtauschverhältnisses reicht allerd in den seltensten Fällen aus. **Weitere Anforderungen** folgen aus den rechtsformspezifischen bes Vorschriften und aus dem Erfordernis nach Angaben zur Aufteilung der Anteile gem Abs 1 Nr 10 (vgl hierzu Rn 101 ff; dort auch zur Frage, ob einer Person mehrere Anteile gewährt werden können). Im Spaltungsvertrag ist das Umtauschverhältnis jedoch nur anzugeben, nicht auch zu begründen (Lutter/*Priester* Rn 31; Widmann/Mayer/*Mayer* Rn 126; KölnerKommUmwG/*Simon* Rn 36). Die Erläuterung des Umtauschverhältnisses erfolgt im Spaltungsbericht (§ 127). 24

Die **Bestimmung** des korrekten Umtauschverhältnisses ist abhängig von der **Art der Spaltung:** 25

aa) Aufspaltung zur Aufnahme. Bei der Aufspaltung zur Aufnahme hat die Bestimmung des Umtauschverhältnisses anhand der auch für die Verschm geltenden Grdse zu erfolgen (dazu § 5 Rn 5 ff). Maßgebl für das Umtauschverhältnis ist der tats Vermögenswert der übertragenden Teilvermögen einerseits und der übernehmenden Rechtsträger andererseits. Die Höhe der zu gewährenden Anteile und damit das **Umtauschverhältnis** ergibt sich aus der Relation dieser beiden Vermögenswerte zueinander (ebenso Widmann/Mayer/*Mayer* Rn 128; Lutter/*Priester* Rn 32; *Heurung* DStR 1997, 1302, 1306). Bei korrekter Bestimmung stimmt der Wert der zu gewährenden Anteile mit dem Wert der untergehenden Anteile an dem übertragenden Rechtsträger überein. Vgl auch Rn 19 und im Einzelnen § 5 Rn 5 ff, dort auch mit **Berechnungsbeispiel.** 26

Zu bes Problemen der **Unternehmensbewertung** in Spaltungsfällen, etwa bei der isolierten Übertragung von Verb oder einzelnen Vermögensgegenständen, die zusammengefasst keinen (Teil-)Betrieb darstellen, vgl § 127 Rn 17. 27

bb) Aufspaltung zur Neugründung. Die Bestimmung des Umtauschverhältnisses bei einer Aufspaltung zur Neugründung bereitet keine Schwierigkeiten, da sämtl Anteile des oder der neu gegründeten Rechtsträger den Anteilsinhabern des übertragenden Rechtsträgers gewährt werden (Hauschild/Kallrath/Wachter/*Flüth* § 22 Rn 271). Von Bedeutung ist nur die Aufteilung der Anteile unter den Anteilsinhabern des übertragenden Rechtsträgers. Die diesbzgl Anforderungen an den Spaltungsvertrag regelt Abs 1 Nr 10 (vgl Rn 101 ff). 28

Die **Gesamthöhe** der zu gewährenden Anteile kann bei der Spaltung zur Neugründung in weiten Grenzen frei bestimmt werden. Es sind ledigl die in den jew Spezialgesetzen verankerten **Kapitalschutzvorschriften** zu beachten. Ist der neu gegründete Rechtsträger eine KapGes, so muss das Nennkapital (Grundkapital, StK) wertmäßig durch das übertragene Verm gedeckt sein (Semler/Stengel/*Schröer* Rn 33; Maulbetsch/Klumpp/Rose/*Raible* Rn 38). Denn die Spaltung zur Neugründung stellt nur eine bes Form der Sachgründung dar. Maßgebl sind hierbei die tats Werte und nicht die BW des übertragenen Verm (zum Ansatz in der Eröffnungshandelsbilanz des neu gegründeten Rechtsträgers vgl § 24 Rn 7). Ist das Nennkapital höher als der Wert des übertragenden Verm (Aktiva abzgl Passiva), liegt eine verbotene **Unterpariemission** vor. Dieses Verbot wird zwar 29 im UmwG nicht unmittelbar ausgesprochen, bei der Gründung im Wege der Spaltung sind aber alle für den jew Rechtsträger geltenden Gründungsvorschriften zu beachten (§§ 125, 135, 36 II). Hierzu zählen etwa für eine neu gegründete GmbH §§ 5, 8, 9, 9c GmbHG. IÜ finden sich keine Anhaltspunkte, dass von diesem elementaren Grds des Rechts der KapGes abgewichen werden sollte (vgl auch Widmann/Mayer/*Mayer* Rn 62; Lutter/*Priester* Rn 71; Semler/Stengel/*Schröer* Rn 33; Hauschild/Kallrath/Wachter/*Flüth* § 22 Rn 266).

30 Liegt – unerkannt – eine Unterpariemission dergestalt vor, dass der tats Wert der Einlage niedriger ist als der Nennbetrag, tritt für GmbH-Gesellschafter die Differenzhaftung ein (*Kallmeyer* GmbHR 2007, 1121; *Wälzholz* AG 2006, 469). Zur Differenzhaftung im Aktienrecht vgl BGH NZG 2007, 513; OLG München DB 2006, 146; *Hüffer* AktG § 9 Rn 6.

31 Zulässig ist eine Aufspaltung hingegen, wenn der tats Wert der übertragenden Ges geringer als ihr Nennkapital ist (sog Unterbilanz). Die Aufspaltung kann in diesem Fall gerade ein Weg sein, die Unterbilanz-Situation zu beenden. Die übertragenen Vermögensteile müssen nur jew das neue Nennkapital decken (Lutter/*Priester* Rn 71; Maulbetsch/Klumpp/Rose/*Raible* Rn 39). Die Untergrenze für die Bestimmung des neuen Nennkapitals folgt aus den jew Spezialgesetzen (GmbH: EUR 25 000, § 5 GmbHG; AG: EUR 50 000, § 7 AktG).

32 Bei der Aufspaltung oder Abspaltung auf eine neu gegründete **KG** kann die **Haftsumme** der Kommanditisten frei bestimmt werden. Sie kann unabhängig von der Höhe des auf den Kommanditisten entfallenden Anteils am übertragenen Verm gewählt werden. Maßgebl für die Haftung des Kommanditisten ist die im HR eingetragene Haftsumme (§ 172 HGB); ist diese durch das anteilige übertragene Verm nicht erreicht, so tritt iHd Diff die persönl Haftung des Kommanditisten ein (§ 171 I HGB). Zum Ansatz in der Eröffnungsbilanz vgl § 24 Rn 7. In dem dem Spaltungsplan beigefügten Gesellschaftsvertrag (§§ 135, 125, 37) kann vereinbart werden, dass der die Haftsumme übersteigende, auf den Kommanditisten entfallende Anteil des übertragenen Verm als Pflichteinlage geleistet wird. Hierdurch wird die Einlageverpflichtung des Kommanditisten im Innenverhältnis festgelegt.

33 Bei der Aufspaltung zur Neugründung einer **OHG** bestehen aufgrund der unbeschränkten persönl Haftung (§ 128 HGB) keinerlei Beschränkungen. Zu den Wertansätzen in der Eröffnungsbilanz vgl § 24 Rn 7.

34 **cc) Abspaltung zur Aufnahme.** Auch bei der Abspaltung zur Aufnahme kommt der Festlegung des Umtauschverhältnisses wesentl Bedeutung zu. Bei korrekter Bestimmung des Umtauschverhältnisses müssen die vom übernehmenden Rechtsträger gewährten Anteile einen Wert repräsentieren, der dem tats Wert des übertragenen Vermögensteils entspricht, denn in dieser Höhe haben die Anteile am übertragenden Rechtsträger an Wert verloren. Die Ausführungen Rn 26 f gelten entspr.

35 **dd) Abspaltung zur Neugründung.** Bei der Abspaltung zur Neugründung werden sämtl Anteile am übernehmenden Rechtsträger allein den Anteilsinhabern des übertragenden Rechtsträgers gewährt. Eine Bestimmung des Umtauschverhältnisses findet also nicht statt. Im Spaltungsvertrag genügt die Angabe, dass alle Anteile den Anteilsinhabern des übertragenden Rechtsträgers gewährt werden. Festgelegt werden muss allerd die Aufteilung der Anteile am neu gegründeten Rechtsträger unter den Anteilsinhabern des übertragenden Rechtsträgers. Die diesbzgl Anforderungen ergeben sich aus Abs 1 Nr 10 (vgl Rn 101 ff). Zur

Gesamthöhe der zu gewährenden Anteile und zur Problematik der Unterpariemission vgl Rn 28 ff.

d) Umtauschverhältnis bei Ausgliederung. Nach Abs 1 Nr 3 muss das Umtauschverhältnis im Spaltungsvertrag nur bei einer Aufspaltung und einer Abspaltung, nicht hingegen bei einer Ausgliederung festgelegt sein. Dies ist konsequent, da bei der Ausgliederung ein „Anteilstausch" nicht stattfindet. Die Gesellschafterebene bleibt unberührt; die Anteile werden als Gegenleistung für die Vermögensübertragung unmittelbar dem übertragenden Rechtsträger selbst gewährt. Ein Umtauschverhältnis im eigentl Sinne kann also nicht festgestellt werden (der Begriff „Umtauschverhältnis" passt allerd auch für die Abspaltung nicht, vgl dazu Rn 22). Die Angabe des Umtauschverhältnisses bei einer Auf- und Abspaltung hat den Sinn, die Höhe der für die Vermögensübertragung zu erbringenden Gegenleistung festzulegen. Eine Gegenleistung für die Vermögensübertragung wird aber auch bei der Ausgliederung gewährt, allerd an den übertragenden Rechtsträger. Eine ausdrückl Regelung für die Festlegung dieser Gegenleistung im Ausgliederungsvertrag fehlt (aA Widmann/Mayer/*Mayer* Rn 130, der die Festlegung der Höhe der Gegenleistung von Abs 1 Nr 2 erfasst sieht; wohl auch KölnerKommUmwG/*Simon* Rn 33). Gleichwohl kann nicht auf entspr Angaben verzichtet werden (ebenso Kallmeyer/*Müller* Rn 10; Lutter/*Priester* Rn 34; KölnerKommUmwG/*Simon* Rn 33; Keßler/Kühnberger/*Gündel* Rn 17; Hauschild/Kallrath/Wachter/*Flüth* § 22 Rn 272). Denn nach allg zivilrechtl Grdsen setzt ein gegenseitiger Vertrag (zur Rechtsnatur des Spaltungsvertrags vgl Rn 6) wenigstens die Einigung über die im Gegenseitigkeitsverhältnis stehenden Hauptpflichten voraus. Solange diese Einigung fehlt, liegt im Regelfall ein Vertragsschluss nicht vor (§ 154 BGB). Die Hauptleistungspflichten bei einem Ausgliederungsvertrag sind aber die Übertragung des Verm einerseits und die Gewährung von Anteilen am übernehmenden Rechtsträger an den übertragenden Rechtsträger andererseits (demzufolge sieht *Mayer* – Widmann/Mayer/*Mayer* Rn 130 – die Festlegung der Höhe der Gegenleistung bereits von Abs 1 Nr 2 erfasst; dann hätte aber Abs 1 Nr 3 bei Auf- und Abspaltung keine eigenständige Bedeutung). Hinsichtl der **Anforderungen** ist wiederum zwischen der Ausgliederung zur Neugründung und der Ausgliederung zur Aufnahme zu differenzieren. 36

aa) Ausgliederung zur Neugründung. Bei der Ausgliederung zur Neugründung werden sämtl Anteile des neu gegründeten Rechtsträgers an den übertragenden Rechtsträger selbst gewährt. Hier gelten die gleichen Erwägungen wie bei der Aufspaltung bzw Abspaltung zur Neugründung (vgl dazu Rn 28 ff). Ausreichend ist daher die klarstellende Festlegung im Spaltungsvertrag, dass dem übertragenden Rechtsträger alle Anteile am übernehmenden Rechtsträger gewährt werden. 37

Ebenso wie bei Auf- und Abspaltungen zur Neugründung ist die Gesamthöhe der gewährten Anteile in weiten Grenzen frei bestimmbar. Da keine anderen Anteilsinhaber existieren, hat der Nominalbetrag der Anteile keinen Einfluss auf die Höhe der Beteiligung. Vgl im Einzelnen Rn 28 ff. 38

bb) Ausgliederung zur Aufnahme. Bei der Ausgliederung zur Aufnahme kommt der Festlegung der Gegenleistung hingegen wieder bes Bedeutung zu. 39

Für die Bestimmung der Höhe der Gegenleistung gelten die gleichen Grdse wie bei der Aufspaltung bzw der Abspaltung zur Aufnahme (Rn 26). Maßgebl ist das Verhältnis zwischen dem Wert des übertragenen Verm und dem Wert des 40 übernehmenden Rechtsträgers unter Berücksichtigung des übertragenen Verm. Die gewährten Anteile müssen einen angemessenen Ausgleich für die Übertragung des Teilvermögens darstellen. Die Festlegung einer angemessenen Gegenleistung ist von wesentl Bedeutung für die Anteilsinhaber des übertragenden Rechtsträgers, da durch die Ausgliederung mittelbar auch der Wert ihrer Beteiligung beeinflusst wird (zur Klagemöglichkeit – Unwirksamkeitsklage – wegen unangemessener Gegenleistung vgl § 125 Rn 15).

41 **e) Spaltungen ohne Anteilsgewährungspflicht.** Ein Umtauschverhältnis, also die Bestimmung der als Gegenleistung zu gewährenden Anteile, muss im Spaltungsvertrag ebenso wenig wie eine Aufteilung der Anteile nach Abs 1 Nr 10 festgelegt werden, wenn und soweit Anteile nicht gewährt werden (müssen). Dies können nur Ausnahmefälle sein. Als **Grds** gilt, dass bei jeder Spaltung Anteile zu gewähren sind, da § 123 die Gewährung von Anteilen bei jeder Spaltungsart als Definitionsmerkmal aufzählt. Die denkbaren **Ausnahmefälle** setzen Konstellationen voraus, bei denen Anteile nicht gewährt werden können bzw Anteile – als Rechtsfolge der Spaltung nach § 131 I Nr 3 – nicht übergehen. Neben der Fallgruppe des Bestehens **eigener Anteile** beim übertragenden Rechtsträger bei Aufspaltungen (Semler/Stengel/*Schröer* Rn 29; SBB/*Sagasser/Bultmann* § 18 Rn 174) können diese Situationen bei gegenseitigen Beteiligungen der Rechtsträger und bei Schwestern-Beteiligungsverhältnissen eintreten. Zwischenzeitl können in gewissen Fällen die Anteilsinhaber auch auf die Anteilsgewährung **verzichten** (§§ 125, 54 I, 68 I; vgl Rn 47 ff). Ferner ist zu beachten, dass mit Zustimmung aller Anteilsinhaber auch nichtverhältniswahrende Spaltungen einschließl Spaltungen zu Null erfolgen können (dazu § 128 Rn 4 ff). Im Einzelnen:

42 **aa) Abspaltung auf die Tochtergesellschaft.** Bei einer Abspaltung zur Aufnahme auf die TochterGes werden die neu zu gewährenden Anteile den Gesellschaftern der MutterGes eingeräumt. Demzufolge muss sowohl bei einer 100%igen als auch bei einer geringeren Beteiligung des übertragenden Rechtsträgers am übernehmenden Rechtsträger die Höhe der Gegenleistung, mithin das Umtauschverhältnis, bestimmt werden (Lutter/*Priester* Rn 24). Werden den Anteilsinhabern des übertragenden Rechtsträgers keine Anteile gewährt, liegt eine Ausgliederung (ggf ohne Anteilsgewährung; dazu Rn 47) vor.

43 **bb) Abspaltung auf die Muttergesellschaft.** Bei der Abspaltung von Vermögensteilen der TochterGes auf die MutterGes sind iHd Beteiligung des übernehmenden Rechtsträgers (Mutter) am übertragenden Rechtsträger (Tochter) Anteile nicht zu gewähren. § 131 I Nr 3 S 1 HS 2 bestimmt folgerichtig, dass insoweit Anteile als Rechtsfolge der Spaltung nicht übertragen werden. Bei KapGes sind ferner die KapErhVerbote in diesen Situationen zu beachten (§§ 54 I Nr 1, 68 I Nr 1, 125; ebenso Widmann/Mayer/*Mayer* Rn 77; Kallmeyer/*Kallmeyer/Sickinger* Rn 6; Lutter/*Priester* Rn 24; Semler/Stengel/*Schröer* Rn 29; SBB/*Sagasser/Bultmann* § 18 Rn 174; KölnerKommUmwG/*Simon* Rn 27; Keßler/Kühnberger/*Gündel* Rn 14; Maulbetsch/Klumpp/Rose/*Raible* Rn 25).

44 Anteile als Gegenleistung sind nur insoweit nicht zu gewähren, **soweit** der übernehmende Rechtsträger (Mutter) am übertragenden Rechtsträger beteiligt ist. Anderen Anteilsinhabern des übertragenden Rechtsträgers (Tochter) ist als Ausgleich für den Wertverlust eine Beteiligung am übernehmenden Rechtsträger (Mutter) einzuräumen (ebenso Widmann/Mayer/*Mayer* Rn 79). Diesbzgl sind im

Spaltungsvertrag das Umtauschverhältnis und die Aufteilung der Anteile (Abs 1 Nr 10) festzulegen.

cc) Aufspaltung auf Tochtergesellschaft. Auch bei Aufspaltungen auf TochterGes müssen grdsl Anteile gewährt, mithin muss ein Umtauschverhältnis bestimmt werden (vgl Rn 26; Lutter/*Priester* Rn 24). Dies gilt unabhängig von der Höhe der Beteiligung. Die bestehenden Anteile müssen verteilt werden (die übertragende MutterGes erlischt). Daneben können auch neue Anteile gewährt werden (bei KapGes besteht ein KapErhWahlrecht nach §§ 125, 54 I 2 Nr 2, 68 I 2 Nr 2). 45

dd) Aufspaltung auf Muttergesellschaft. Bei der Übertragung von Vermögensteilen durch Aufspaltung auf einen Rechtsträger, der am übertragenden Rechtsträger beteiligt ist, sind entspr der Beteiligung des übernehmenden Rechtsträgers Anteile nicht zu gewähren. Die Ausführungen zur Abspaltung auf die MutterGes gelten entspr (Rn 43 f). 46

ee) Ausgliederung auf die Tochtergesellschaft. Bei der Ausgliederung von Vermögensteilen von der Mutter auf die Tochter werden die Anteile der Mutter selbst gewährt. Diese Pflicht zur Aufstockung leuchtet zunächst nicht ein. Eine Ausnahme zur Anteilsgewährungspflicht ließ sich früher jedoch – selbst bei Bestehen einer 100%igen Beteiligung – nicht begründen (ebenso Widmann/Mayer/*Mayer* Rn 99; aA Lutter/*Priester* Rn 26; Kallmeyer/*Kallmeyer/Sickinger* Rn 6). Bei der Ausgliederung auf eine TochterGes kann zwischenzeitl indes auf eine Anteilsgewährung verzichtet werden (Semler/Stengel/*Schröer* Rn 31; Lutter/*Priester* Rn 26). Für die Verschm von (Schwester-)KapGes hat dies der Gesetzgeber (Gesetz vom 19.4.2007, BGBl I 542) klargestellt (§§ 54 I 3, 68 I 3). Dies zeigt aber, dass die Anteilsgewährung kein unverzichtbares Wesensmerkmal ist. Die Verzichtsmöglichkeit besteht daher unabhängig davon, dass §§ 54, 68 nach § 125 bei Ausgliederungen nicht gelten (aA *Mayer/Weiler* DB 2007, 1235, 1238 f; zweif Maulbetsch/Klumpp/Rose/*Raible* Rn 26). Auf die Rechtsform der Tochter kommt es ebenfalls nicht an (krit bei §§ 54, 68 *Mayer/Weiler* DB 2007, 1235, 1238 f). Die Gewährung eines neuen Anteils in diesen Fällen ist oft aber aus stl Gründen notw, da §§ 20, 21, 24 UmwStG die Gewährung eines **neuen Anteils** voraussetzen. Der Nennwert der neu zu gewährenden Anteile ist bei einer 100%igen Beteiligung innerh der durch die Kapitalschutzvorschriften gezogenen Grenzen frei bestimmbar (vgl allerd zu den stl Anforderungen bei Einbringungen nach § 20 UmwStG, dort Rn 204 ff). Bei nicht 100%igen Beteiligungen ist wiederum die Wertrelation zwischen übertragenem Verm und Wert des übernehmenden Rechtsträgers maßgebl (Rn 44). 47

ff) Ausgliederung auf die Muttergesellschaft. Es ist schwer einsehbar, warum in diesem Fall Anteile gewährt werden sollen. Im Erg entsteht eine wechselseitige Beteiligung. Es fehlt zwar an einer Ausnahmevorschrift zum nach § 123 angeordneten Grds der Anteilsgewährungspflicht (Widmann/Mayer/*Mayer* Rn 95; Semler/Stengel/*Schröer* Rn 32). § 125 I verweist nicht auf §§ 54, 68; ein KapErhVerbot und die dort neuerdings geregelten Verzichtsmöglichkeiten unmittelbar bestehen mithin nicht. Auch die Ausnahme nach § 131 I Nr 3 ist nicht erfüllt. Bei Erwerbsverboten (etwa § 71d S 2 AktG) könnte dies die Ausgliederung verhindern (vgl aber Widmann/Mayer/*Mayer* Rn 95). Dennoch ist in diesen Fällen ist ein Verzicht auf die ohnehin unsinnige Anteilsgewährung zul (zutr Kallmeyer/*Kallmeyer/Sickinger* Rn 6; Semler/Stengel/*Schröer* Rn 32; Lutter/*Priester* 48

Rn 26; wohl auch SBB/*Sagasser/Bultmann* § 18 Rn 185; Maulbetsch/Klumpp/Rose/*Raible* Rn 27), zumal aus der Einfügung von §§ 54 I 3, 68 I 3 die gesetzgeberische Wertung folgt, dass die Anteilsgewährung kein unverzichtbares Wesensmerkmal ist. Die Rechtsform der Mutter ist dann unerhebl. Auf stl Notwendigkeiten (Anteilsgewährung bei §§ 20, 21, 24 UmwStG) ist indes zu achten.

49 **gg) Spaltungen unter Schwestergesellschaften.** Bei Spaltungen unter SchwesterGes bestanden früher keine Ausnahmen zur Anteilsgewährungspflicht. Zwar ändern sich bei Auf- oder Abspaltungen zwischen beteiligungsidentischen SchwesterGes die Beteiligungsverhältnisse der Anteilsinhaber nicht. Der zunächst klar zum Ausdruck gekommene gesetzgeberische Wille, auch bei der Verschm von beteiligungsidentischen SchwesterGes auf eine Anteilsgewährung zu bestehen (vgl hierzu OLG Frankfurt aM BB 1998, 1075; KG BB 1999, 16; Semler/Stengel/*Schröer* Rn 29; Lutter/*Priester* Rn 24; aA LG München I BB 1998, 2331), musste aber auch bei der Spaltung beachtet werden. Zwischenzeitl hat der Gesetzgeber durch Einfügung von §§ 54 I 3, 68 I 3 klargestellt, dass – insbes bei der Umw von SchwesterGes (vgl BT-Drs 16/2919, 13) – auf die Anteilsgewährung verzichtet werden kann (KölnerKommUmwG/*Simon* Rn 29; Kallmeyer/*Kallmeyer/Sickinger* Rn 6; Lutter/*Priester* Rn 24; Keßler/Kühnberger/*Gündel* Rn 14; *Heckschen* DB 2008, 1363, 1368; vgl auch *Heinz/Wilke* GmbHR 2012, 889 zu einem Asset Deal durch Abspaltung). Der Rechtsgedanke gilt unabhängig von der Rechtsform des übernehmenden Rechtsträgers (KölnerKommUmwG/*Simon* Rn 29; krit zur Regelung der Verzichtsmöglichkeit in §§ 54 I 3 *Mayer/Weiler* DB 2007, 1235, 1239). Zur **insolvenzrechtl Anfechtbarkeit** des Verzichts vgl *Keller/Klett* DB 2010, 1220.

50 **hh) Anteilsgewährungsverbot bei Übertragung eines „negativen" Vermögens.** Bei einer Spaltung können auch einzelne Gegenstände und damit auch isoliert Verb oder ein Teilvermögen mit „negativem" Wert (Überschuss der Passiva über die Aktiva) übertragen werden (RegEBegr BR-Drs 75/94 zu § 123). Ist übernehmender Rechtsträger eine KapGes, dürfen keine neuen Anteile gewährt werden, wenn ein negatives Verm übertragen wird. Dieses verstieße gegen das Verbot der Unterpariemission (dazu bereits Rn 29 f). Auf die Anteilsgewährung kann indes verzichtet werden (§§ 54 I 3, 68 I 3; vgl Rn 47 ff; Hauschild/Kallrath/Wachter/*Flüth* § 22 Rn 267). Die Rechtsfolgen der Übertragung eines negativen Verm ergeben sich neben §§ 133, 134 dann aus den allg Regeln (etwa Einlagenrückgewähr, Kapitalrückzahlung, existenzvernichtender Eingriff etc).

51 **f) Bare Zuzahlungen.** Bereits im Spaltungsvertrag muss die Höhe der ggf zu leistenden baren Zuzahlungen festgelegt werden. Diese sind bei Auf- und Abspaltungen von KapGes und eG als übernehmende Rechtsträger auf 10% des Gesamtnennbetrags der gewährten Anteile begrenzt (§§ 54 IV, 68 III, 87 II 2). Diese Grenze gilt nicht für spätere Erhöhungen infolge eines Spruchverfahrens (§§ 125, 15; Lutter/*Priester* Rn 35; Kallmeyer/*Müller* Rn 11). Bare Zuzahlungen dienen in erster Linie dem Zweck, praktikable Umtauschverhältnisse zu schaffen. Sie können auch gewährt werden, wenn dies zur Glättung nicht erforderl ist (Lutter/*Priester* Rn 35; Semler/Stengel/*Schröer* Rn 41). Die Festlegung der baren Zuzahlungen bereits im Spaltungsvertrag ist notw, da sich nur unter Berücksichtigung von Umtauschverhältnissen und baren Zuzahlungen die Angemessenheit der Gegenleistung beurteilen lässt. Zu weiteren Einzelheiten vgl § 5 Rn 65 f und § 54 Rn 20 ff.

Abs 1 Nr 3 erfasst nicht unmittelbar **sonstige Gegenleistungen** (Keßler/Kühnberger/*Gündel* Rn 20). Dies können zunächst Ausgleichsleistungen **der Anteilsinhaber** untereinander sein. Sie sind zul (Lutter/*Priester* Rn 35; Widmann/Mayer/*Mayer* Rn 137; Maulbetsch/Klumpp/Rose/*Raible* Rn 46), und zwar unabhängig von der 10%-Grenze nach §§ 54 IV, 68 III. Sie sind dann aber im Spaltungsvertrag zu regeln, wenn sie das Umtauschverhältnis beeinflussen, etwa weil ein Anteilsinhaber des übernehmenden Rechtsträgers sie leistet (Maulbetsch/Klumpp/Rose/*Raible* Rn 46; Hauschild/Kallrath/Wachter/*Flüth* § 22 Rn 273). Nur so ist gewährleistet, dass die Anteilsinhaber in Kenntnis aller Parameter, die das Umtauschverhältnis und damit die zukünftige Gesellschafterstruktur beeinflussen, über den Spaltungsvertrag beschließen. Zur Beurkundung vgl Rn 12; vgl iÜ auch Rn 106 und § 128 Rn 22. **52**

Dass der **übernehmende Rechtsträger** statt oder neben baren Zuzahlungen andere Gegenleistungen an die Anteilsinhaber leisten darf (etwa **Darlehensgewährungen**), wird bestritten (etwa Widmann/Mayer/*Mayer* Rn 142 ff; *ders* DB 1995, 861, 863 f; Maulbetsch/Klumpp/Rose/*Raible* Rn 47; Keßler/Kühnberger/*Gündel* Rn 20; Lutter/*Priester* Rn 35, nunmehr mit Hinweis auf §§ 54 I 3, 68 I 3 bejahend; zweifelnd auch *Heckschen/Gassen* GWR 2010, 101, 103). Hier ist indes zu diff. Die Anteilsinhaber haben nach der gesetzl Systematik einen Anspruch auf Anteile und – in den Grenzen der §§ 54 IV, 68 III – auf bare Zuzahlung. Ohne Zustimmung aller betroffenen Anteilsinhaber kann der Spaltungsvertrag daher nicht stattdessen andere Gegenleistungen (etwa statt der mit Wirksamwerden der Spaltung fälligen baren Zuzahlung einen Darlehensanspruch gegen den Rechtsträger) festlegen. Einvernehml (durch ausdrückl Zustimmung) kann dies aber vereinbart werden. Regelm wird dies nur bei einem begrenzten Kreis von Anteilsinhabern, nicht aber bei PublikumsGes mögl sein. Die Grenzen von §§ 54 IV, 68 III gelten hierfür nicht, da diese Vorschriften nur verhindern sollen, dass die Anteilsinhaber keine oder nur eine (deutl) geringere Beteiligung am übernehmenden Rechtsträger erhalten (vgl § 54 Rn 20). Dies hindert eine mit den betroffenen Anteilsinhabern abgestimmte Überschreitung nicht. Ob §§ 54 IV, 68 III auch dem Kapitalschutz und dem Schutz vor Liquiditätsabfluss dienen, ist ohnehin zweifelhaft. Jedenfalls bei **Ausgliederungen,** für die §§ 54, 68 nicht gelten (§ 125), ist eine Darlehensgewährung an den übertragenden Rechtsträger in der Höhe, in der der Wert des übertragenen Verm den Nennbetrag überschreitet, zulässig (OLG München ZIP 2011, 2359; Lutter/*Priester* Rn 35). Bei der Vereinbarung einer anderen oder höheren Gegenleistung genügen die allg Grdse der Kapitalerhaltung, die zu beachten sind. Daher darf die Gegenleistung bei KapGes nicht zu einer Unterpariemission und auch nicht zu einer Leistung aus dem gebundenen Verm führen. **53**

Innerh der vorstehenden Grenzen ist auch die Vereinbarung einer Gegenleistung des bei der Abspaltung nicht erlöschenden übertragenden Rechtsträgers mögl. Einer Beteiligung der betroffenen Anteilsinhaber als Vertragspartner bedarf es nicht. Die Regelung zwischen den Rechtsträgern im Spaltungsvertrag ist dann als Vertrag zugunsten Dritter (§ 328 BGB) anzusehen, dem die Anteilsinhaber einstimmig oder wenigstens die betroffenen Anteilsinhaber zustimmen müssen. Zur **stl Bedeutung** derartiger Ausgleichsleistungen vgl § 11 UmwStG 135 ff, der bei Auf- und Abspaltungen entspr gilt (§ 15 UmwStG). **54**

g) Angaben über die Mitgliedschaft (Abs 1 Nr 3). Die von Abs 1 Nr 3 alternativ („oder") geforderten Angaben über die Mitgliedschaft sind notw, soweit **55**

Rechtsträger beteiligt sind, bei denen statt Beteiligungen Mitgliedschaften bestehen (eG, eV, genossenschaftl Prüfungsverband (= eV), VVaG, wirtschaftl Vereine). Der Gesetzgeber wollte mit dieser Formulierung alle denkbaren Fälle (Anteilstausch, Mitgliedschaftenwechsel, Wechsel von Anteil zu Mitgliedschaft und umgekehrt) erfassen (RegEBegr BR-Drs 75/94 zu § 5). Ein qualitativer Unterschied ist damit nicht verbunden. Auch bei Mitgliedschaften bedarf es der Angabe eines Umtauschverhältnisses in dem Sinne, dass festgelegt wird, welche Ausgestaltung (satzungsmäßige Rechte und Pflichten) die neue Mitgliedschaft im Verhältnis zur bisherigen Mitgliedschaft erhält, bzw nach welchen Kriterien der Wechsel von Beteiligung zu Mitgliedschaft oder umgekehrt erfolgt (Lutter/*Priester* Rn 31; Semler/Stengel/*Schröer* Rn 43).

56 **h) Einzelheiten zur Übertragung der Anteile (Abs 1 Nr 4).** Der Spaltungsvertrag muss auch Angaben zur Übertragung der Anteile oder über den Erwerb der Mitgliedschaft enthalten, Abs 1 Nr 4. Insoweit ergeben sich keine Besonderheiten zu § 5 I Nr 4. Vgl im Einzelnen § 5 Rn 68. Prakt Bedeutung hat dies insbes für die Bestellung eines Treuhänders für den Aktienurkundentausch (§ 71). Dieser muss nicht bestellt werden, wenn die Aktien unverbrieft sind (*Bandehzadeh* DB 2007, 1514; *Limmer* Rn 1243). Angaben sind auch entbehrl, wenn Rechtsträger mit nicht verbrieften Anteilen (etwa GmbH, OHG, KG) beteiligt sind (Lutter/*Priester* Rn 36; Kallmeyer/*Kallmeyer/Sickinger* Rn 13). Bei der Ausgliederung sind derartige Angaben entbehrl, obwohl Regelungsbedarf bestehen kann (Lutter/*Priester* Rn 36).

57 **i) Zeitpunkt der Bilanzgewinnteilhabe (Abs 1 Nr 5).** Im Spaltungsvertrag müssen auch Angaben darüber enthalten sein, von welchem Zeitpunkt an die gewährten Anteile oder Mitgliedschaften einen Anspruch auf einen Anteil am Bilanzgewinn gewähren, Abs 1 Nr 5. Dieser Zeitpunkt stimmt meist, aber nicht zwingend mit dem Spaltungsstichtag überein (Lutter/*Priester* Rn 36). Vgl hierzu im Einzelnen § 5 Rn 69 ff. Zur bilanziellen Erfassung der Umwandlung an sich beim Anteilsinhaber vgl § 17 Rn 99 ff.

58 **j) Spaltungsstichtag (Abs 1 Nr 6).** Im Spaltungsvertrag ist festzulegen, von welchem Zeitpunkt an die Handlungen des übertragenden Rechtsträgers als für Rechnung jedes der übernehmenden Rechtsträgers vorgenommen gelten, Abs 1 Nr 6. Vgl im Einzelnen § 5 Rn 73 ff. Zur stl Bedeutung vgl § 2 UmwStG Rn 15 ff. Der Spaltungsstichtag legt den Stichtag der **Schlussbilanz** iSv § 17 II fest (§ 17 Rn 37 ff). Der übernehmende Rechtsträger muss zum Spaltungsstichtag noch nicht existieren (*Ulrich/Böhle* GmbHR 2006, 644). Zur Frage eines variablen Stichtags vgl § 17 Rn 40. Allerdings endet bei Abspaltungen und Ausgliederungen die Erfolgszurechnung beim übertragenden Rechtsträger nicht ab dem Spaltungsstichtag. Es hat vielmehr ab dem Spaltungsstichtag eine Aufteilung zu erfolgen, welche Erfolgsauswirkungen mit dem übertragenen und dem zurückbleibenden Verm verbunden sind (KölnerKommUmwG/*Simon* Rn 46). Regelm müssen daher mit Wirkung ab dem Spaltungsstichtag eigene Buchungskreise eingerichtet werden (Kallmeyer/*Müller* Rn 16). Zu Besonderheiten der Rechnungslegung bei Spaltungen vgl ferner § 17 Rn 49 ff und § 24 Rn 93 ff.

59 **k) Sonderrechte und -vorteile (Abs 1 Nr 7 und 8).** Die Anforderungen an den Spaltungsvertrag im Hinblick auf Sondervorteile (Abs 1 Nr 7 und Nr 8) stimmen inhaltl mit § 5 I Nr 7 und Nr 8 überein. Vgl hierzu im Einzelnen § 5 Rn 81 f zu Sonderrechten und § 5 Rn 83 ff zu Vorteilen für sonstige Beteiligte. Vgl iÜ

auch § 133 Rn 25 ff. Anzugeben sind auch bereits vor der Spaltung beim übernehmenden Rechtsträger bestehende Sonderrechte iSv Abs 1 Nr 7 (Widmann/Mayer/*Mayer* Rn 167; Lutter/*Priester* Rn 42; Kallmeyer/*Kallmeyer/Sickinger* Rn 17; Semler/Stengel/*Schröer* Rn 49). Nach dem Gesetzeswortlaut beschränkt sich die Angabepflicht auf Sonderrechte (Nr 7) beim übernehmenden Rechtsträger. Bei Abspaltungen erfordert der Gesetzeszweck indes auch die Angabe derartiger Sonderrechte, die anlässl der Spaltung einzelnen Anteilsinhabern des (fortbestehenden) übertragenden Rechtsträgers gewährt werden sollen (dazu § 131 Rn 102). Nicht erfasst werden Ausgleichszahlungen zwischen den Anteilsinhabern; vgl dazu aber Rn 52 ff, 106. Derartige Sonderrechte und Sondervorteile müssen auch bei einer Ausgliederung angegeben werden. Die Nichtangabe ist ein Eintragungshindernis (vgl § 130 Rn 13; OLG Hamburg NZG 2004, 729) und berechtigt die Anteilsinhaber zur Unwirksamkeitsklage. Eine Negativerklärung bei Fehlen von Sonderrechten und -vorteilen ist daher praxisübl, wenngleich sie nicht vorgeschrieben ist (Semler/Stengel/*Schröer* Rn 52; Kallmeyer/*Kallmeyer/Sickinger* Rn 17). Ob dadurch auch die Vereinbarung über den Sondervorteil unwirksam ist, ist indes zweifelhaft (*Graef* GmbHR 2005, 908). Diese dürfte aber regelm auf die Wirksamkeit der Spaltung bedingt sein.

l) Vermögensaufteilung (Abs 1 Nr 9). aa) Allgemeines. Der Spaltungsvertrag muss eine genaue Bezeichnung und Aufteilung der zu übertragenden Gegenstände des Aktiv- und Passivvermögens enthalten, Abs 1 Nr 9. Diese Gegenstände gehen mit Wirksamwerden der Spaltung als Gesamtheit auf den übernehmenden Rechtsträger über (§ 131 I Nr 1). Das Besondere an der Spaltung ist, dass einerseits die Vermögensübertragung im Wege der Gesamtrechtsnachfolge (zum Begriff vgl § 20 Rn 23 ff) erfolgt, andererseits sich die Gesamtrechtsnachfolge auf bestimmte Vermögensteile beschränkt. Hierfür sind zwischenzeitl die Begriffe „partielle Gesamtrechtsnachfolge“ oder „Sonderrechtsnachfolge“ gebräuchl geworden. **60**

Die Sonderrechtsnachfolge bei der Spaltung ist nichts grundlegend Neues. Bereits das UmwG 1969 kannte Umwandlungsformen, bei denen die Vermögensübertragung im Wege der partiellen Gesamtrechtsnachfolge erfolgte. Dies war insbes die Umw eines einzelkaufmännischen Unternehmens in eine AG (§ 50 UmwG 1969) bzw in eine GmbH (§ 56a UmwG 1969). Ein weiterer Anwendungsfall war die Umw der Unternehmen von Gebietskörperschaften (§§ 57, 58 UmwG 1969). **61**

Eine der wesentl Vorteile der Gesamtrechtsnachfolge bei der Verschmelzung liegt darin, dass der sachenrechtl **Bestimmtheitsgrundsatz** nicht zu beachten ist. Dies gilt nicht für die Sonderrechtsnachfolge bei Spaltungen. Denn anders als bei der Verschm werden nicht alle Vermögensgegenstände des übertragenden Rechtsträgers übertragen, vielmehr müssen diese aufgeteilt werden. Die übergehenden Vermögensgegenstände sind dabei so genau zu bezeichnen, dass sie identifizierbar sind; Bestimmbarkeit reicht aus (BGH NZG 2003, 1172; OLG Hamburg DB 2002, 572, 573; OLG Hamm NJW-Spezial 2010, 303; *Grunewald* ZGR 2009, 647, 659; vgl aber für Grundstücke BGH WM 2008, 607; hierzu Rn 81). Im Erg sind daher regelm keine Unterschiede zu den Anforderungen an die Bestimmtheit und die Bestimmbarkeit bei Einzelrechtsübertragungen festzustellen (so auch OLG Hamburg DB 2002, 572, 573; Lutter/*Priester* Rn 46; Kallmeyer/*Kallmeyer/Sickinger* Rn 19; Widmann/Mayer/*Mayer* Rn 202; Semler/Stengel/*Schröer* Rn 55; KölnerKommUmwG/*Simon* Rn 52, 57; Maulbetsch/Klumpp/Rose/*Raible* Rn 53; Henssler/Strohn/*Wardenbach* Rn 22). **62**

63 Dennoch bietet auch die partielle Gesamtrechtsnachfolge **Vorteile** ggü der Einzelrechtsübertragung (vgl etwa *Limmer* Rn 1459; *Aha* AG 1997, 345; *Engelmeyer* AG 1999, 263; *Fuhrmann/Simon* AG 2000, 49). Hervorzuheben ist insbes, dass die Übertragung von Verb im Wege der (partiellen) Gesamtrechtsnachfolge keiner Mitwirkung des Gläubigers bedarf. Bei der Einzelrechtsübertragung sind demggü die §§ 414, 415 BGB zu beachten (*Limmer* Rn 1459). Entsprechendes gilt bei Schuldverhältnissen. Mit der ersatzlosen Streichung von § 132 sind nun auch bislang bestehende (unnötige) Hindernisse beseitigt worden. Vgl im Einzelnen zur Übertragbarkeit § 131 Rn 12 ff.

64 **Zivilrechtl** bestehen bei der **Vermögensaufteilung** grdsl keine Schranken. Es können einzelne Gegenstände, auch einzelne Verb, übertragen werden (Semler/Stengel/*Stengel* § 123 Rn 6; Kallmeyer/*Kallmeyer/Sickinger* § 123 Rn 1; KölnerKommUmwG/*Simon* § 123 Rn 11; Lutter/*Priester* Rn 59). Diese zivilrechtl Freiheit hat prakt wenig Bedeutung. Denn Voraussetzung für eine **steuerneutrale Spaltung** ist nach §§ 15, 16, 20, 21, 24 UmwStG jew die Übertragung eines Betriebs, Teilbetriebs, eines Mitunternehmeranteils oder einer qualifizierten Beteiligung an einer KapGes (vgl im Einzelnen jew dort). Weitere Grenzen der Vermögensaufteilung ergeben sich aus den allg gesellschaftsrechtl Grdsen. Hierzu zählt bei der Beteiligung von KapGes insbes der **Kapitalaufbringungsgrundsatz** (Widmann/Mayer/*Mayer* Rn 62; Lutter/*Priester* Rn 71; vgl bereits Rn 50). Die Fallgruppe „Gestaltungsmissbrauch" ist ohne klare Konturen; derartige Konstellationen können regelm außerh des Umwandlungsrechts gelöst werden (so wohl auch Widmann/Mayer/*Mayer* Rn 63), wenn und soweit die Kapitalaufbringungs- und -erhaltungsvorschriften sowie die gesamtschuldnerische Haftung nach §§ 133 f nicht ausreichend sind (Lutter/*Priester* Rn 71; Semler/Stengel/*Schröer* Rn 28; vgl auch Lutter/*Teichmann* § 131 Rn 15 f; KölnerKommUmwG/*Simon* § 131 Rn 19; vgl auch Rn 50). Zur Aufteilung von ArbVerh vgl Rn 98.

65 **bb) Begriff des Gegenstandes.** Der Gesetzgeber verwendet die Bezeichnung „Gegenstände des Aktiv- und Passivvermögens". Diesen Begriff will er unter Hinweis auf § 90 BGB (der allerd nur den Begriff der Sache def) im zivilrechtl Sinne verstanden wissen (RegEBegr BR-Drs 75/94 zu § 126). Damit sollte die Einheitlichkeit in der Begriffsbildung auch im UmwR gewahrt werden (RegEBegr BR-Drs 75/94 zu § 126).

66 Gegenstand im zivilrechtl Sinne sind außer Sachen auch Forderungen, Immaterialgüterrechte und sonstige Vermögensrechte (Palandt/*Ellenberger* BGB Überblick vor § 90 Rn 2). Der Begriff Gegenstand kann damit als Oberbegriff für Sachen und Rechte verstanden werden (RegEBegr BR-Drs 75/94 zu § 126).

67 Rechte idS sind nicht nur Rechte des übertragenden Rechtsträgers, sondern auch Rechte ggü dem übertragenden Rechtsträger. Damit sind also auch die Verb des übertragenden Rechtsträgers umfasst („Gegenstände des Passivvermögens").

68 Die Bezeichnung der Gegenstände im Spaltungsvertrag dient der Festlegung, welche Gegenstände im Wege der Sonderrechtsnachfolge auf die übernehmenden Rechtsträger übergehen. Es kann daher auf eine Aktivierungs- oder Passivierungsfähigkeit des Gegenstandes nach Rechnungslegungsgrundsätzen nicht ankommen. So müssen etwa auch selbstgeschaffene immaterielle WG (Aktivierungsverbot nach § 248 II HGB) und bereits abgeschriebene WG im Spaltungsvertrag bezeichnet werden, wenn sie übertragen werden sollen (ebenso Lutter/*Priester* Rn 47; Semler/Stengel/*Schröer* Rn 56; KölnerKommUmwG/*Simon* Rn 54). Zur Aktivierung originärer immaterieller WG beim übernehmenden Rechtsträger vgl § 24 Rn 26, 64.

69 Gegenstände sind ferner auch schwebende Rechtsgeschäfte, insbes Schuldverhältnisse einschl **Dauerschuldverhältnisse** (BGH NZG 2003, 1172). Es muss im Spaltungsvertrag eine Entscheidung getroffen werden, ob und ggf welcher Rechtsträger die Rechtsnachfolge antritt. Dazu Rn 97 f. Zu „vergessenen" Gegenständen und dem Vorrang der Auslegung vgl § 131 Rn 116.

70 **cc) Begriff des Betriebs.** Abs 1 Nr 9 bestimmt ferner, dass im Spaltungsvertrag die übergehenden Betriebe und Betriebsteile zu bezeichnen und aufzuteilen sind. Dadurch wird die Aufteilungsfreiheit nicht eingeschränkt, denn Spaltungen sind handelsrechtl auch dann zulässig, wenn ein Teilbetrieb im stl Sinne (§ 15 UmwStG Rn 44 ff) nicht übertragen wird und damit Steuerneutralität durch Buchwertverknüpfung nicht erreichbar ist (so ausdrückl RegEBegr BR-Drs 75/94 zu § 126; vgl auch Rn 64).

71 Der Umstand, dass Abs 1 Nr 9 auch die genaue Bezeichnung und Aufteilung der übergehenden Betriebe und Betriebsteile verlangt, bedeutet nicht, dass deren Angabe ausreichend wäre. Auch bei der Übertragung von Betrieben oder Betriebsteilen müssen die einzelnen Gegenstände grdsl genau bezeichnet und aufgeteilt werden, damit die durch Sonderrechtsnachfolge zu übertragenden Gegenstände eindeutig bestimmbar sind (vgl Rn 62). Eine Ausnahme gibt es nur bei übergehenden ArbVerh (vgl RegEBegr BR-Drs 75/94 zu § 126; hierzu näher § 131 Rn 58 ff).

72 Der Begriff „Betrieb" oder „Betriebsteil" ist iRv § 126 im **arbeitsrechtl Sinne** zu verstehen (so auch Lutter/*Priester* Rn 48; Widmann/Mayer/*Mayer* Rn 265; Semler/*Stengel/Schröer* Rn 57 f; Keßler/Kühnberger/*Gündel* Rn 43; Maulbetsch/Klumpp/Rose/*Raible* Rn 56). Denn nur so kommt der Festlegung des Gesetzgebers, dass im Spaltungsvertrag auch die zu übertragenden Betriebe oder Betriebsteile zu bezeichnen sind, Sinn zu, nachdem es – wie dargelegt – auf den steuerrechtl Begriff des Teilbetriebs nicht ankommt und die bloße Bezeichnung der zu übertragenden Betriebe für die Sonderrechtsnachfolge nicht ausreicht. Arbeitsrechtl kann die Übertragung eines Betriebs oder Betriebsteils iSd BetrVG Bedeutung für den Fortbestand des Betriebsrates und damit für den Fortbestand von Betriebsvereinbarungen haben. Vgl dazu § 131 Rn 65, 69 ff und § 321 Rn 6 ff. Auch für die Zuordnung von ArbN im Wege des Interessenausgleichs nach § 323 II ist die Übertragung eines Betriebs oder Betriebsteils maßgebl. Schließl ist für § 613a BGB Anwendungsvoraussetzung, dass ein Betrieb oder Betriebsteil übertragen wird (vgl näher § 131 Rn 58 ff). Vgl iÜ auch § 2 I Nr 10 SpTrUG, wo der Gesetzgeber die arbeitsrechtl Bedeutung noch ausdrückl klargestellt hat.

73 **Betrieb** iSv Abs 1 Nr 9 **ist** also eine organisatorische Einheit, innerh der ein Unternehmer allein oder in Gemeinschaft mit seinen Mitarbeitern durch sachl und immaterielle Mittel bestimmte arbeitstechnische Zwecke fortgesetzt verfolgt (vgl etwa Palandt/*Weidenkaff* BGB Einf vor § 611 Rn 14).

74 Ein **Betriebsteil** ist ein Anteil von Betriebsmitteln eines Betriebs im Zshg mit einem bestimmten arbeitstechnischen Zweck (Palandt/*Weidenkaff* BGB § 613a Rn 10). Diese Def erfasst also insbes Betriebsabteilungen.

75 Die **Bezeichnung** im Spaltungsvertrag als Betrieb oder Betriebsteil ist nicht konstitutiv. Für die Anwendung der arbeitsrechtl Vorschriften kommt es ausschließl darauf an, ob obj ein Betrieb oder Betriebsteil übertragen worden ist (ebenso Semler/Stengel/*Schröer* Rn 60; KölnerKommUmwG/*Simon* Rn 56; Maulbetsch/Klumpp/Rose/*Raible* Rn 58). Sie ist hierfür allerd ein gewichtiger Anhaltspunkt. In der Praxis wird im Spaltungsvertrag ohnehin vielfach auf den

stl Teilbetrieb Bezug genommen, um dessen Übertragung (Voraussetzung für die Steuerneutralität; vgl Rn 64) zu dokumentieren und zu unterstützen. Bedeutung hat die Angabe übergehender Betriebe oder Betriebsteile auch für die Auslegung (vgl auch § 131 Rn 116 ff), da vielfach in Spaltungsverträgen einleitend oder in **„Catch all-Klauseln"** klargestellt wird, dass alle Aktiva und Passiva eines bestimmten Betriebs übergehen sollen.

76 **dd) Allgemeine Anforderungen an die Bestimmtheit.** Das Gesetz gibt nur wenige Anhaltspunkte, welche Anforderungen an die Bestimmtheit der Bezeichnung der Vermögensgegenstände zu stellen sind. Nach Abs 2 S 1 sind bes Arten der Bezeichnung, die im Falle der Einzelrechtsübertragung für bestimmte Gegenstände notw sind, auch im Spaltungsvertrag zu verwenden (dazu näher Rn 78 ff). Für grundstücksbezogene Rechte ist § 28 GBO entspr anzuwenden (näher Rn 81). Darüber hinaus wird ledigl angeordnet, dass auf Urkunden wie Bilanzen und Inventare Bezug genommen werden kann, deren Inhalt eine Zuweisung des einzelnen Gegenstandes ermögl (Abs 2 S 3 HS 1). Damit werden aber nur Erleichterungen zugelassen, die auch bei Einzelrechtsübertragungen zwischenzeitl anerkannt sind.

77 Eine **Bilanz** wird nur ausnahmsweise geeignet sein, einzelne Vermögensgegenstände zu bestimmen (Kallmeyer/*Kallmeyer/Sickinger* Rn 20; Widmann/Mayer/*Mayer* Rn 203; SBB/*Sagasser/Bultmann* § 18 Rn 130; Keßler/Kühnberger/*Gündel* Rn 53). Angaben in Bilanzen stellen regelm Sammelpositionen dar. Voraussetzung wäre eine Spaltungsbilanz, die nur das zu übertragende Verm ausweist (dazu § 17 Rn 50 ff) und die Möglichkeit, mittels des Rechnungswesens zweifelsfrei feststellen zu können, welche aktiven und passiven Vermögensgegenstände in den Bilanzpositionen dieser Spaltungsbilanz zusammengefasst sind (so OLG Hamburg DB 2002, 572, 573; Lutter/*Priester* Rn 52; ebenso Semler/Stengel/*Schröer* Rn 61; KölnerKommUmwG/*Simon* Rn 57). Dennoch bleiben Bedenken, dass nur mittels Unterlagen oder gar elektronisch gespeicherten Daten außerh der Urkunde eine Individualisierung erfolgen kann. Nicht bilanzierte Gegenstände sind dann jedenfalls gesondert aufzuführen (Lutter/*Priester* Rn 52; Semler/Stengel/*Schröer* Rn 61; Maulbetsch/Klumpp/Rose/*Raible* Rn 61). Sicherer ist die Beifügung von Inventarlisten. Es ist allg anerkannt und gängige Praxis etwa bei Unternehmenskäufen, auf bereits vorhandene Listen und Zusammenstellungen von einzelnen WG zurückzugreifen. Diese brauchen als Anlagen der Urkunde regelm nicht verlesen zu werden (vgl § 14 BeurkG).

78 Ferner können auch im Bereich der Sonderrechtsnachfolge die zur Übertragung von **Sachgesamtheiten,** etwa bei Sicherungsübereignungen (also im Wege der Einzelrechtsübertragung) entwickelten Grdse angewandt werden (BAG DB 2005, 954; BGH NZG 2003, 1172, 1174; OLG Hamburg DB 2002, 572, 573; Lutter/*Priester* Rn 50; Kallmeyer/*Kallmeyer/Sickinger* Rn 19). Danach gilt, dass bei Sachgesamtheiten eine Sammelbezeichnung, die den Übereignungswillen auf alle Sachen erstreckt **(All-Formel)** und die umfassten Einzelsachen klar erkennen lässt, den Anforderungen des Bestimmtheitsgrundsatzes genügt (BAG DB 2005, 954; BGH NZG 2003, 1172, 1174; OLG Hamburg DB 2002, 572, 573; OLG Hamm NJW-Spezial 2010, 303). Ausreichend ist also etwa die Festlegung, dass das gesamte Warenlager in einem bestimmten Gebäude oder alle Verb/Forderungen übertragen werden sollen. Dann ist im Einzelfall durch Auslegung (§§ 133, 157 BGB) zu ermitteln, ob ein bestimmter Gegenstand zur Sachgesamtheit gehört (BGH NZG 2003, 1172, 1174). Zu weiteren Beispielen vgl etwa Palandt/*Bassenge*

BGB § 930 Rn 3. Zu **Auffangklauseln** vgl § 131 Rn 93, zur Behandlung von **vergessenen** Vermögensgegenständen vgl § 131 Rn 116 ff.

Bloße Wert- oder Mengenangaben genügen weder für die Einzelrechtsübertragung noch für die Sonderrechtsnachfolge bei der Spaltung. Auch bloße Quotenangaben (Beispiel: „20% der Warenvorräte") sind nicht ausreichend bestimmt (Lutter/*Priester* Rn 50). **79**

Sollen **einzelne Teile einer** Sachgesamtheit **nicht übertragen** werden, bietet es sich oftmals an, die Sachgesamtheit zu bezeichnen, aber einige konkret aufgezählte Gegenstände von der Übertragung auszunehmen (KölnerKommUmwG/*Simon* Rn 59). **Veränderungen** im Bestand der Sachgesamtheiten lassen die Wirksamkeit der Festlegung unberührt. Übertragen werden alle im Zeitpunkt des Wirksamwerdens der Spaltung von dem Sachgesamtheitsbegriff umfassten Gegenstände. In der Praxis werden regelm Substitutionsklauseln aufgenommen, wonach Gegenstände, die zum Zeitpunkt des Wirksamwerdens der Spaltung an die Stelle von beim Vertragsschluss vorhandenen Gegenständen getreten sind, durch die Spaltung übergehen. Zur Angabe der übergehenden Betriebe oder Betriebsteile als Auslegungsstütze vgl Rn 75. **80**

ee) Grundstücke und grundstücksbezogene Rechte. Nach Abs 2 S 2 ist § 28 GBO zu beachten. Dies bedeutet, dass alle Vermögensgegenstände, bei denen nach Wirksamwerden der Spaltung eine Grundbuchberichtigung erforderl ist, bereits im Spaltungsvertrag in einer Weise bezeichnet werden müssen, die auch für die Eintragungsbewilligung (bzw den Eintragungsantrag) geeignet ist. Ein Verstoß hiergegen lässt den Eigentumsübergang unberührt, wenn das Grundstück so bezeichnet ist, dass es – ggf durch Auslegung – individuell bestimmt werden kann (ausführl *Volmer* WM 2002, 428; Widmann/Mayer/*Mayer* Rn 212; Lutter/*Priester* Rn 53; Kallmeyer/*Kallmeyer/Sickinger* Rn 21; *Bungert/Lange* DB 2009, 103 und DB 2010, 547; Henssler/Strohn/*Wardenbach* Rn 25). Entsprechendes gilt für die Bezeichnung von übergehenden Rechten an einem Grundstück (so auch OLG Schleswig DNotZ 2010, 66 = Der Konzern 2009, 484; DB 2009, 103 und DB 2010, 547). Die **Praxis** muss allerd beachten, dass nach Ansicht des BGH (WM 2008, 607) das Eigentum an Grundstücken nur dann mit der Registereintragung (Wirksamwerden der Spaltung) übergeht, wenn die Grundstücke im Spaltungsvertrag nach § 28 S 1 GBO bezeichnet sind (zust Semler/Stengel/*Schröer* Rn 64; KölnerKommUmwG/*Simon* Rn 60). Bedeutsam ist dies auch für die Übertragung von **Teilflächen** (vgl § 131 Rn 15). Hierfür ist mindestens ein genehmigter Veränderungsnachweis, der die übertragene Teilfläche katastermäßig bezeichnet und auf den Bezug genommen wird, notw (insoweit zutr BGH WM 2008, 610). Denn bei der Bezeichnung von Teilflächen mittels deren Lage – regelm durch zeichnerische Darstellung in einem beigefügten Lageplan und ergänzende textl Beschreibung – erfolgt der Eigentumswechsel erst mit Entstehen des Grundstücks im Rechtssinne (dies ist der Unterschied zur Gesamtflächenübertragung, bei der – entgegen BGH WM 2008, 610 – für den Übergang bereits die eindeutige Bestimmbarkeit ausreicht); bis dahin ist der Übergang schwebend unwirksam (Widmann/Mayer/*Mayer* Rn 213; KölnerKommUmwG/*Simon* Rn 61; Hauschild/Kallrath/Wachter/*Flüth* § 22 Rn 264, insges aA *Schmidt-Ott* ZIP 2008, 1353). Bei einer Aufspaltung ist bei vorherigem Handelsregistervollzug der übertragende Rechtsträger zwar aufgelöst, aber nicht erloschen. Welche Anforderungen an die grundbuchmäßige Bezeichnung gelten, ergibt sich im Einzelnen aus § 2 II GBO iVm § 6 III–V GBV. Regelm erfolgt also die Angabe des Grundbuchamtes, der Gemarkung, der Band- und Blattstelle sowie der Flurstücksnummer. **81**

82 Die für das Grundbuchverfahren geeignete Bezeichnung der Grundstücke im Spaltungsvertrag ersetzt nicht die für die Grundbuchberichtigung notw Erklärungen. Da sich der Eigentumsübergang im Wege der Sonderrechtsnachfolge außerh des Grundbuchs vollzieht, wird bei der Übertragung von Grundstücken und grundstücksbezogenen Rechten mit Wirksamwerden der Spaltung das Grundbuch unrichtig. Es bedarf also eines Antrags auf Grundbuchberichtigung, der sinnvollerweise im Spaltungsvertrag aufgenommen wird (Widmann/Mayer/*Mayer* Rn 214). Bei Teilflächenübertragungen muss zuvor noch das Grundstück im rechtl Sinne gebildet werden (Widmann/Mayer/*Mayer* Rn 214).

83 Der Nachw, dass das Grundbuch unrichtig ist (§ 22 GBO), wird durch Vorlage eines beglaubigten Auszugs des Registers, aus dem sich die Wirksamkeit der Spaltung entnehmen lässt (Eintragung der Spaltung im Register des Sitzes des übertragenden Rechtsträgers, § 131 I) und Vorlage einer Ausfertigung oder beglaubigten Abschrift des Spaltungsvertrags erbracht (Widmann/Mayer/*Mayer* Rn 214; Semler/Stengel/*Schröer* Rn 65; vgl auch LG Ellwangen BWNotZ 1996, 125). Notw Genehmigungen sind dem Grundbuchamt vorzulegen (LG Ellwangen BWNotZ 1996, 125). Der Bewilligungsantrag ist, sofern er nicht ohnehin im Spaltungsvertrag enthalten ist, nicht zwingend notariell zu beurkunden. Ausreichend ist die Aufnahme in einem Schriftstück, nicht einmal eine Unterschrift ist Voraussetzung für einen formgerechten (reinen) Grundbuchantrag nach § 13 I 2 GBO (Demharter/*Demharter* GBO § 30 Rn 5). Zur Erhebung von Grundbuchgebühren vgl OLG München JurBüro 2006, 651.

84 Bei Ausgliederungen und Abspaltungen kann die Grundbuchberichtigung auch durch Eintragungsbewilligung nebst Zustimmung des übernehmenden Rechtsträgers nach § 22 GBO erreicht werden (Widmann/Mayer/*Mayer* Rn 214).

85 **ff) Bewegliche Sachen.** Bewegl Sachen müssen so genau bezeichnet werden, dass sie identifizierbar sind. Hier wird man oftmals die Erleichterungen bei der Übertragung von **Sachgesamtheiten** und die Bezugnahme auf bereits vorhandene Verzeichnisse nutzen können (dazu bereits Rn 78 ff).

86 Aufzunehmen sind auch bewegl Sachen, die wegen **Eigentumsvorbehalten** (etwa der Lieferanten) oder wegen **Sicherungsübereignung** nicht im Eigentum des übertragenden Rechtsträgers stehen. Bei diesen Gegenständen geht zwar im Wege der Sonderrechtsnachfolge nicht das Eigentum, aber das Anwartschaftsrecht bzw die Rechtsposition aus dem Sicherungsverhältnis über. Dieses kann durch Bezeichnung der Sache im Spaltungsvertrag hinreichend bestimmt festgelegt werden. Bei Sachgesamtheiten (etwa Warenlager) muss also nicht zwischen den dem übertragenden Rechtsträger gehörenden und den in fremden Eigentum stehenden Sachen (dann Übertragung des Anwartschaftsrechts) unterschieden werden (ebenso Lutter/*Priester* Rn 53; Semler/Stengel/*Schröer* Rn 62; Maulbetsch/Klumpp/Rose/*Raible* Rn 68).

87 **gg) Forderungen.** Forderungen, die im Zshg mit der Spaltung übertragen werden sollen, müssen bestimmbar sein. Dies setzt grdsl voraus, dass die Forderungen nach Art, Grund, Höhe und Person des Schuldners angegeben werden. Die bei der Einzelrechtsnachfolge anerkannten Erleichterungen gelten auch für die Sonderrechtsnachfolge. Danach liegt Bestimmbarkeit auch dann vor, wenn die Feststellung der abgetretenen Forderung einen erhebl Arbeits- und Zeitaufwand erfordert (BGHZ 70, 86, 90). Vgl Rn 78 ff. Zum Übergang akzessorischer Sicherungsrechte und von Nebenrechten vgl § 131 Rn 30, 83 f. Zur Aufteilung von Forderungen vgl § 131 Rn 35.

Für die Übertragung von **Forderungsmehrheiten** genügt etwa die Angabe, dass alle Forderungen (Rn 78) aus einem bestimmten Geschäftsbereich, aus einer bestimmten Art von Rechtsgeschäften oder aus einem bestimmten Zeitraum übertragen werden sollen (SBB/*Sagasser/Bultmann* § 18 Rn 128; Maulbetsch/Klumpp/Rose/*Raible* Rn 63; Palandt/*Grüneberg* BGB § 398 Rn 15). Sollen alle Forderungen, die mit einem bestimmten Teilbetrieb in Zshg stehen, mit diesen übertragen werden, so genügt die Bezugnahme auf den Teilbetrieb, wenn sich aus der Buchhaltung die Zuordnung nachvollziehen lässt (Keßler/Kühnberger/*Gündel* Rn 58). Sollen aus einer Forderungsmehrheit einzelne Forderungen nicht übertragen werden, bietet sich die Formulierung an, dass alle Forderungen mit Ausnahme der individuell Aufgezählten übertragen werden. Zur Bedeutung von Abtretungsbeschränkungen vgl § 131 Rn 31. **88**

Zedierte Forderungen (etwa aufgrund einer **Globalzession**) gehen mangels Rechtsinhaberschaft des übertragenden Rechtsträgers nicht über. Durch die Bezeichnung der zedierten Forderung im Spaltungsvertrag wird allerd die aus dem Sicherungsverhältnis resultierende Rechtsposition übertragen (Widmann/Mayer/*Mayer* Rn 179; Lutter/*Priester* Rn 53; Semler/Stengel/*Schröer* Rn 67; SBB/*Sagasser/Bultmann* § 18 Rn 128). **89**

hh) Besondere Rechte. In den Spaltungsverträgen sind auch bes Rechte wie etwa **Patente, Urheberrechte** oder **Markenrechte** aufzunehmen, sofern sie übertragen werden sollen. Dies gilt auch für selbstgeschaffene immaterielle Vermögensgegenstände, da es auf die Bilanzierungsfähigkeit nicht ankommt (vgl Rn 68). Bei Urheberrechten ist zwar nicht das Urheberrecht selbst, aber das einem Dritten am Werk eingeräumte Nutzungsrecht (§ 34 UrhG) übertragbar. Zum Zustimmungserfordernis des Urhebers vgl § 131 Rn 42. Auch Patente können im Zshg mit der Spaltung übertragen werden. Dies gilt sowohl für das Recht auf das Patent, als auch für den Anspruch auf Erteilung des Patents und das Recht aus dem Patent (§ 15 I PatG). Zur Übertragung von Markenzeichen vgl § 27 MarkenG, insbes die Vermutung dort in Abs 2. Die bes Rechte müssen im Spaltungsvertrag so genau bezeichnet werden, dass sie eindeutig bestimmt werden können. **90**

ii) Beteiligungen. Bei zu übertragenden Beteiligungen an anderen Rechtsträgern genügt im Regelfall die Angabe des Rechtsträgers sowie die Art und Höhe der Beteiligung. Zur Übertragungsfähigkeit vgl § 131 Rn 38. **91**

jj) Unternehmensverträge. Sollen Unternehmensverträge übertragen werden, sind sie durch Angabe der beteiligten Rechtsträger und der Vertragsurkunde zu bezeichnen (vgl hierzu auch *Fedke* Der Konzern 2008, 533, 536). Zur Weitergeltung von Unternehmensverträgen nach der Spaltung vgl § 131 Rn 75 ff. **92**

kk) Verbindlichkeiten. Der – relative – Komfort der Sonderrechtsnachfolge wird bei der Übertragung von Verb deutl. Während bei der Einzelrechtsübertragung zwingend die Mitwirkung des Gläubigers notw ist (§§ 414, 415 BGB), ist dies bei der Sonderrechtsnachfolge im Zshg mit der Spaltung nicht nötig (vgl § 131 Rn 45). Die **Bezeichnung** von Verb richtet sich nach den Anforderungen, die auch für Forderungen bestehen (vgl Rn 87 ff). Oftmals wird man bei Verb auf bereits bestehende Verzeichnisse zurückgreifen können. **93**

Zu den aufzunehmenden Verb gehören auch solche, deren Entstehung noch ungewiss ist, die aber als **RSt** in der Bilanz bereits erfasst sind (§ 249 HGB) oder erfasst werden könnten (Art 28 EGHGB), sofern sie übertragen werden sollen (Semler/Stengel/*Schröer* Rn 68; Lutter/*Priester* Rn 53; Maulbetsch/Klumpp/ **94**

Rose/*Raible* Rn 72). Hierzu zählen etwa **Pensions-** (BAG DB 2005, 954; näher § 131 Rn 81) und Gewährleistungsverpflichtungen. Zum Vorrang des Übergangs von Pensionsverpflichtungen nach § 613a BGB vgl § 131 Rn 62 ff. Die Bezeichnung muss so genau sein, dass bei der Entstehung der Verb diese unzweifelhaft einem Rechtsträger zugeordnet werden kann. Oftmals wird eine Bezugnahme auf einen Teilbetrieb, in dem die Verb begründet worden ist, genügen.

95 Zur Frage der **Aufteilung** einzelner **Verb** vgl § 131 Rn 47. Zu Steuerverbindlichkeiten vgl § 131 Rn 45.

96 Bereits begründete, aber noch **nicht bekannte Verb** (etwa aus gesetzl Schuldverhältnissen) gehen mangels Bezeichnung im Spaltungsvertrag bei Abspaltung und Ausgliederung grdsl nicht über. Oftmals wird jedoch – etwa bei Verb aus Produkthaftung – durch (ergänzende) Vertragsauslegung eine Zuordnung zu einem übertragenen Geschäftsbetrieb mögl sein. Zur Erfassung ungewisser Verb bieten sich auch Auffangklauseln, etwa Zuordnung zu dem verursachenden Teilbetrieb, an (Semler/Stengel/*Schröer* Rn 68). Zu **„vergessenen" Verb** bei Aufspaltung vgl § 131 Rn 125 ff.

97 **ll) Vertragsverhältnisse.** Der Spaltungsvertrag muss festlegen, welche Vertragsverhältnisse übertragen werden sollen. Das gilt insbes für Dauerschuldverhältnisse, etwa Miet-, Pacht- und Leasingverträge (BGH NZG 2003, 1172). Aufgrund der Sonderrechtsnachfolge bedarf die Vertragsübernahme keiner Mitwirkung des Vertragspartners (für die Einzelrechtsübertragung grdsl §§ 414, 415 BGB analog; vgl § 131 Rn 49). Die Vertragsverhältnisse müssen so eindeutig bezeichnet werden, dass eine **Bestimmbarkeit** gewährleistet ist. Im Regelfall wird eine Bezeichnung nach der Art, der Person des Vertragspartners und dem Datum des Vertragsschlusses genügen. Zur Möglichkeit der Aufteilung von Vertragsverhältnissen vgl § 131 Rn 50 ff.

98 Im Spaltungsvertrag müssen auch die **ArbVerh** bezeichnet werden, die auf den übernehmenden Rechtsträger übergehen sollen. Im Vgl zu sonstigen Vertragsverhältnissen bestehen hierbei keine Besonderheiten. Zur Frage, ob die Festlegung der übergehenden ArbVerh wegen des Vorrangs von § 613a BGB im Einzelfall nur deklaratorische Bedeutung hat oder keine Wirkung entfaltet, vgl § 131 Rn 58 ff. Soweit die ArbVerh nach § 613a BGB übergehen, genügt die Angabe des Betriebs oder Betriebsteils (Lutter/*Priester* Rn 58; Semler/Stengel/*Schröer* Rn 74). Aber auch in diesen Fällen müssen übergehende ArbVerh, die nicht eindeutig zugeordnet werden können, aufgezählt werden (KölnerKommUmwG/*Simon* Rn 67). Zum Übergang und zur Übertragbarkeit von Pensionsverpflichtungen vgl § 131 Rn 81. Für die Anstellungsverhältnisse von **Geschäftsführern/Vorständen** gilt § 613a BGB nicht; sie müssen im Spaltungsvertrag zugewiesen werden (Semler/Stengel/*Schröer* Rn 74). Vgl auch Rn 108.

99 **mm) Öffentlich-rechtliche Rechtspositionen.** Im Spaltungsvertrag müssen öffentl-rechtl Rechtspositionen (Genehmigungen, Konzessionen etc), die übertragen werden sollen, eindeutig bestimmt werden. Da sie regelm schriftl vorliegen, bereitet dies in der Praxis keine Probleme. Genehmigungen, Erlaubnisse etc, die mit übertragenden Gegenständen im Zshg stehen, gehen auch ohne ausdrückl Erwähnung über (Semler/Stengel/*Schröer* Rn 77). Zur Übertragbarkeit vgl § 131 Rn 85 ff.

100 **nn) Prozessrechtsverhältnisse.** Bei Spaltungen muss keine Entscheidung darüber getroffen werden, wer die Rechtsnachfolge im Prozessrechtsverfahren antritt. Diese tritt kraft Gesetzes ein (Maulbetsch/Klumpp/Rose/*Raible* Rn 77;

vgl näher § 131 Rn 88 ff). Sinnvoll sind aber Ausgleichsregelungen zwischen den Rechtsträgern.

m) Aufteilung der Anteile (Abs 1 Nr 10). Nach Abs 1 Nr 10 muss im Spaltungsvertrag bei der Aufspaltung und der Abspaltung eine Bestimmung über die Aufteilung der Anteile oder Mitgliedschaften an den beteiligten Rechtsträger auf die Anteilsinhaber des übertragenden Rechtsträgers sowie die Angabe des Maßstabs hierfür enthalten sein. Für die Ausgliederung erübrigt sich diese Regelung, da alle Anteile oder Mitgliedschaften dem übertragenden Rechtsträger selbst gewährt werden. Diese Bestimmungen im Spaltungsvertrag sind notw, da die Spaltung – anders als im Grundsatz die Verschm – unter Veränderung der bisherigen Beteiligungsverhältnisse erfolgen kann. Zu den **Möglichkeiten** der **nichtverhältniswahrenden** Spaltung und den hierbei zu beachtenden Zustimmungserfordernissen vgl § 128. **101**

Wird eine **verhältniswahrende** Spaltung durchgeführt, so genügt im Grds die Angabe im Spaltungsvertrag, dass die Aufteilung der Anteile nach Maßgabe der bisherigen Beteiligungsverhältnisse beim übertragenden Rechtsträger erfolgt sei (Lutter/*Priester* Rn 73; Semler/Stengel/*Simon* Rn 83). Allerd sind über § 125 die bes Vorschriften des Verschmelzungsrechts (etwa §§ 40, 46) zu beachten; vgl Rn 104. **102**

Bei Durchführung einer **nichtverhältniswahrenden** Spaltung bedarf es weiterer Angaben. Zunächst ist der Maßstab der Aufteilung abstrakt zu beschreiben. Darüber hinaus muss aber regelm auch die Aufteilung der Anteile auf die einzelnen Anteilsinhaber konkret bezeichnet werden (Keßler/Kühnberger/*Gündel* Rn 91). **103**

Hierbei sind **rechtsformspezifische** Anforderungen aus den bes Vorschriften zu beachten, die für die Festlegung des Umtauschverhältnisses gelten (zu den Anforderungen aus den bes Vorschriften allg Rn 110). Abs 1 Nr 10 wird insoweit von Abs 1 Nr 3 überlagert. So folgt bereits aus § 40 I (iVm § 125), dass der Betrag der Einlage jedes Gesellschafters bei einer übernehmenden **PhG** angegeben werden muss. Für eine übernehmende **GmbH** ist über § 125 etwa § 46 zu beachten. Danach ist für jeden Anteilsinhaber des übertragenden Rechtsträgers der Nennbetrag des Geschäftsanteils zu bestimmen. Es können nunmehr auch mehrere Geschäftsanteile gewährt werden (vgl § 5 II 2 GmbHG idF des MoMiG; Maulbetsch/Klumpp/Rose/*Raible* Rn 80; so auch zuvor schon Widmann/Mayer/*Mayer* Rn 117; Lutter/*Priester* Rn 84). Ledigl in den Fällen, in denen nicht bereits aus der Festlegung des Umtauschverhältnisses auch die Aufteilung der Anteile unter den Anteilsinhabern folgt, insbes also bei der Beteiligung von **AG** und von **KGaA,** hat Abs 1 Nr 10 eigenständige Bedeutung (Semler/Stengel/*Schröer* Rn 82). **104**

Anzugeben ist auch die Aufteilung der **Anteile**/Mitgliedschaften **am übertragenden Rechtsträger** auf die Anteilsinhaber des übertragenden Rechtsträgers (KölnerKommUmwG/*Simon* Rn 77). Durch die am 1.8.1998 in Kraft getretene Änderung von Abs 1 Nr 10 und § 131 I Nr 3 1 wurde klargestellt, dass bei nichtverhältniswahrenden Spaltungen Beteiligungsveränderungen auch beim übertragenden Rechtsträger als unmittelbare Folge der Spaltung vorgenommen werden können; dies war zuvor str. **105**

Auch bei einer nichtverhältniswahrenden Spaltung können die Anteile an den Rechtsträger nur an die Anteilsinhaber gewährt werden, die an dem übertragenden Rechtsträger **bereits beteiligt** sind (zutr Semler/Stengel/*Schröer* Rn 84; Maulbetsch/Klumpp/Rose/*Raible* Rn 82). Dies folgt bereits aus dem Wortlaut von Abs 1 Nr 10 und auch aus § 131 I Nr 3, der die dingl Wirkungen nur auf **106** die Anteilsinhaber des übertragenden Rechtsträgers erstreckt. Mögl ist aber eine rechtsgeschäftl Kombination von Spaltung und Beitritt (Semler/Stengel/*Schröer* Rn 84; Lutter/*Priester* Rn 74; vgl auch § 124 Rn 6). Zu den Angaben über den Maßstab für die Aufteilung gehören auch die Festsetzungen über **Ausgleichsleistungen** der **Anteilsinhaber** des übertragenden Rechtsträgers **untereinander** (zu Ausgleichsleistungen, die das Umtauschverhältnis beeinflussen, vgl Rn 52). Diese sind grdsl zul (vgl § 128 Rn 22). Zwar können nichtverhältniswahrende Spaltungen ohnehin nur mit Zustimmung aller Anteilsinhaber beschlossen werden (§ 128), gerade dies bedingt aber auch die Angabe im Spaltungsvertrag, da nur durch die Bezeichnung der Gegenleistung der Maßstab der Aufteilung, dem zugestimmt wird, vollständig angegeben wird. Auch wird die Festlegung der Ausgleichsleistung eine Nebenabrede sein, ohne die wenigstens eine Partei der Spaltung nicht zustimmen würde. Sie ist damit im notariell beurkundeten Spaltungsvertrag oder wenigstens in einer Bezugsurkunde aufzunehmen (Rn 12).

107 Indessen müssen die betroffenen Anteilsinhaber nicht als Vertragspartner beteiligt sein. Die Rechtsträger handeln bei der Angabe der Ausgleichsleistungen – und damit deren Vereinbarung auf den Zeitpunkt des Wirksamwerdens – namens der jew Anteilsinhaber, die durch die – zwingend einstimmigen (§ 128) – Spaltungsbeschlüsse zustimmen. Die schuldrechtl Verpflichtung zwischen den jew Anteilsinhabern auf Leistung des Ausgleichs wird also bereits durch den Spaltungsvertrag begründet.

108 **n) Arbeitsrechtliche Folgen, Zuleitung an Betriebsrat (Abs 1 Nr 11, Abs 3).** Wie im Verschmelzungsvertrag müssen auch im Spaltungsvertrag die Folgen der Spaltung für die ArbN und ihre Vertretungen sowie die insoweit vorgesehenen Maßnahmen dargestellt werden (vgl für den Verschmelzungsvertrag ausführl § 5 Rn 87 ff). Dies ist nur folgerichtig, da eine Spaltung oftmals in erhebl Maße die Rechtsposition der beteiligten ArbN beeinflussen wird. Zur Bezeichnung der übergehenden ArbVerh vgl Rn 98. Besonderheiten bei der Spaltung können sich etwa aus dem Übergangsmandat des Betriebsrats nach § 21a BetrVG, dem Entstehen eines gemeinsamen Betriebs (§ 322), der Mitbestimmungsbeibehaltung (§ 325 I), der Fortgeltung von Rechten nach § 325 II oder aus Rechtsproblemen in Zshg mit § 613a BGB ergeben (zur Bedeutung von § 613a BGB bei der Spaltung vgl § 131 Rn 58 ff). Regelm wird auch ein Hinweis auf die bes kündigungsschutzrechtl Stellung der ArbN nach Wirksamwerden der Spaltung (§ 323) aufzunehmen sein. Ferner ist auf die bes Haftung nach §§ 133 III 2, 134 hinzuweisen (Semler/Stengel/*Schröer* Rn 89). Vgl iÜ § 5 Rn 87 ff. Die Angaben sind auch erforderl, wenn bei keinem Rechtsträger ein Betriebsrat besteht (*Pfaff* BB 2002, 1604). Daneben bleibt bei einem Betriebsübergang die Informationspflicht nach § 613a I BGB (*Maschmann* BB 2006, 29, 30; vgl § 131 Rn 62).

109 Entsprechend der Regelung bei der Verschm muss auch der Spaltungsvertrag spätestens einen Monat vor der Beschlussfassung dem zuständigen Betriebsrat zugeleitet werden, **Abs 3.** Auf die Einhaltung der Monatsfrist, nicht jedoch auf die Zuleitung an sich, kann der Betriebsrat verzichten (OLG Naumburg NZG 2004, 734; LG Stuttgart GmbHR 2000, 622; *Pfaff* DB 2002, 686). Vgl hierzu im Einzelnen § 5 Rn 106.

8. Weitere Anforderungen aus den besonderen Vorschriften

110 Weitere Anforderungen an den Spaltungsvertrag folgen aus den rechtsformabhängigen bes Vorschriften des – über §§ 135, 125 entspr anwendbaren – Zweiten

Buches (Verschm). Hierzu zählen § 29 **(Abfindungsangebot),** § 40 (PhG), § 46 (GmbH), § 80 (eG), § 109 (VVaG). Vgl im Einzelnen dort.

9. Sinnvolle Bestandteile

Über den in Abs 1 und in den bes Vorschriften festgelegten Mindestinhalt **111**
hinaus bietet sich im Einzelfall noch die Aufnahme weiterer Klauseln an. Hierzu zählen bspw:

- Bestandsgarantien für den Umfang und den Wert des übernommenen Verm (ausführl Kallmeyer/*Kallmeyer/Sickinger* Rn 44 f);
- Vereinbarung von Kündigungs- und Rücktrittsrechten (vgl hierzu § 7 Rn 4 ff);
- Aufnahme von Bedingungen und Befristungen (hierzu § 7 Rn 4); so kann zur Durchführung einer Kettenumwandlung der Umwandlungsvertrag unter der aufschiebenden Bedingung geschlossen werden, dass eine vorherige Umw durch Eintragung wirksam wird (OLG Hamm NZG 2007, 914);
- Vereinbarungen über die **Bestellung** von **Organen** beim übernehmenden Rechtsträger (Lutter/*Priester* Rn 88);
- Vereinbarung zur Ausübung von stl (etwa §§ 11, 3, 20, 21, 24 UmwStG) und handelsbilanziellen (§ 24 UmwG) **Wahlrechten;**
- Kostentragungspflicht, auch im Falle des Scheiterns der Spaltung (zum Gründungsaufwand vgl auch Rn 116);
- Auslegungshilfen für **vergessene** Gegenstände (vgl hierzu § 131 Rn 116 ff);
- Vereinbarungen über die Übertragung von Surrogaten, die an die Stelle von zum Zeitpunkt des Wirksamwerdens der Spaltung nicht mehr vorhandenen Gegenstände getreten sind (**Auffangklauseln** vgl § 131 Rn 93 ff);
- den Inhalt eines uU notw KapErhB;
- Vereinbarung von Vinkulierungen (insbes wegen § 15 II UmwStG: Drohende Aufdeckung stiller Reserven; Kallmeyer/*Kallmeyer/Sickinger* Rn 53) oder anderer Satzungsbestimmungen (Lutter/*Priester* Rn 87); vgl § 15 UmwStG Rn 133 ff;
- Regelungen zum Gesamtschuldnerausgleich aufgrund der Haftung nach § 133 (vgl § 133 Rn 16; Kallmeyer/*Kallmeyer/Sickinger* Rn 58; Lutter/*Priester* Rn 91);
- kartellrechtl Vollzugsvorbehalt;
- Klauseln zur treuhänderischen Verwaltung und nachträgl Übertragung von nicht (sofort) übergehenden Vermögensgegenständen, insbes ausl Verm (dazu *Kollmorgen/Feldhaus* BB 2007, 2189; Lutter/*Priester* Rn 93);
- Ergänzende Vereinbarungen, mittels denen nur das **wirtschaftl Eigentum** übertragen werden soll.

10. Wirksamkeit des Spaltungsvertrages

Bes Bedeutung hat das Zustimmungserfordernis der Anteilsinhaber nach § 13 **112**
(im Einzelnen dort). Daneben kann ein Spaltungsvertrag nach allg zivilrechtl Regelungen auch mangelhaft sein. Vgl im Einzelnen § 4 Rn 14 ff.

11. Kosten

Die Beurkundung des Spaltungsvertrags löst eine $^{20}/_{10}$-Gebühr nach §§ 141, **113**
36 II KostO aus; bei der Beurkundung eines Spaltungsplans fällt eine $^{10}/_{10}$-Gebühr nach § 36 I KostO an.

114 Der **Geschäftswert** für Aufspaltung bestimmt sich nach dem Aktivvermögen des übertragenden Rechtsträgers, für Abspaltung und Ausgliederung nach dem übertragenen Verm ohne Abzug von Verb (§§ 39 II, 18 III KostO; vgl BayObLG DB 1997, 88 und FGPrax 1997, 114). Er beträgt höchstens EUR 5 Mio, § 39 IV KostO. Sind mehrere Spaltungsverträge (Spaltungspläne) in einer Urkunde zusammengefasst, sind sie gegenstandsgleich, wenn sie die rechtl Wirksamkeit voneinander abhängig sein soll (Hauschild/Kallrath/Wachter/*Flüth* § 22 Rn 249 mwN).

115 Als **weitere Kosten** kommen insbes die Beratungskosten und die Kosten für die Bew (Unternehmensbewertung), für die Prüfungs- und für die Berichtspflichten in Betracht. Bei einem großen Kreis von Anteilsinhabern dürfen die Kosten für die Benachrichtigung nicht vernachlässigt werden.

116 Bei einer Spaltung zur Neugründung auf KapGes müssen die vom übernehmenden Rechtsträger zu tragenden Kosten in dessen **Satzung** aufgenommen werden (Lutter/*Priester* Rn 95; Kallmeyer/*Kallmeyer/Sickinger* Rn 63b).

§ 127 Spaltungsbericht

[1] Die Vertretungsorgane jedes der an der Spaltung beteiligten Rechtsträger haben einen ausführlichen schriftlichen Bericht zu erstatten, in dem die Spaltung, der Vertrag oder sein Entwurf im einzelnen und bei Aufspaltung und Abspaltung insbesondere das Umtauschverhältnis der Anteile oder die Angaben über die Mitgliedschaften bei den übernehmenden Rechtsträgern, der Maßstab für ihre Aufteilung sowie die Höhe einer anzubietenden Barabfindung rechtlich und wirtschaftlich erläutert und begründet werden (Spaltungsbericht); der Bericht kann von den Vertretungsorganen auch gemeinsam erstattet werden. [2] § 8 Abs. 1 Satz 2 bis 4, Abs. 2 und 3 ist entsprechend anzuwenden.

Schrifttum: Schrifttum bis 2004 siehe 5. Auflage; vgl auch Schrifttum zu Vor §§ 123–173.

Übersicht

1. Allgemeines

1 Regelungsgegenstand der Vorschrift ist der Spaltungsbericht. Er entspricht nach Funktion und inhaltl Anforderungen grdsl dem Verschmelzungsbericht nach § 8.

Ergänzend ist beim Spaltungsbericht für eine Aufspaltung oder Abspaltung der Maßstab für die Aufteilung der gewährten Anteile unter den Anteilsinhabern des übertragenden Rechtsträgers zu erläutern und zu begründen. Aufgrund dieser Erweiterung hat sich der Gesetzgeber anstelle der vollständigen Verweisung auf § 8 für eine Ausformulierung entschieden (RegEBegr BR-Drs 75/94 zu § 127). Die Vorschrift erfasst **alle Arten der Spaltung,** auch die Ausgliederung und Spaltungen zur Neugründung (§ 135 I 1).

Mit Aufnahme der Norm in das UmwG hat der Gesetzgeber – soweit AG betroffen sind – den Vorgaben durch Art 7 der europäischen SpaltungsRL vom 17.12.1982 (ABl EG Nr L 378, 47) entsprochen. 2

Zu den formellen und inhaltl Anforderungen an den Spaltungsbericht, insbes zur Erläuterung und Begr des **gesamten Spaltungsvertrags** vgl zunächst die Komm zu § 8. Die Berichtspflicht beschränkt sich nicht auf die zu übertragenden Vermögensteile (Rn 16). Ein Schwerpunkt wird vielfach die Aufteilung der Vermögensgegenstände (Aktiva und Passiva), der Rechtsverhältnisse und der ArbVerh sein, deren Auswirkungen erläutert und begründet werden müssen. Zur Schriftform vgl BGH NZG 2007, 714 (obiter dictum) und § 8 Rn 6 f. Eine Unterzeichnung durch Organmitglieder in vertretungsberechtigter Anzahl ist auch beim Spaltungsbericht ausreichend (Semler/Stengel/*Gehling* Rn 7; KölnerKommUmwG/*Simon* Rn 9; Henssler/Strohn/*Wardenbach* Rn 3; aA Lutter/*Schwab* Rn 7; Maulbetsch/Klumpp/Rose/*Raible* Rn 9). Dies lässt indes die Gesamtverantwortung aller Organmitglieder unberührt (KölnerKommUmwG/*Simon* Rn 6). Im Folgenden werden nur die **Besonderheiten** beim Spaltungsbericht dargestellt. Zur Anwendung der Spaltungsvorschriften – etwa über den Spaltungsbericht – bei Spaltungen durch **Einzelrechtsübertragung** vgl § 123 Rn 24 und § 1 Rn 61 ff. Vgl ergänzend § 142 II. 3

Kraft ausdrückl Anordnung kann – wie bei der Verschm (vgl § 8 Rn 9) – ein **gemeinsamer** Spaltungsbericht erstellt werden (S 1 HS 2). Einschränkungen bei der Spaltung existieren nicht (Semler/Stengel/*Gehling* Rn 6; aA Lutter/*Schwab* Rn 15: ein gemeinsamer Bericht für den als Hauptschuldner fungierenden Rechtsträger und dem bloßen Mithafter verbieten sich). Auch ein gemeinsamer Bericht einiger Rechtsträger und Einzelberichte anderer Rechtsträger ist mögl (Lutter/*Schwab* Rn 14; Semler/Stengel/*Gehling* Rn 6; KölnerKommUmwG/*Simon* Rn 11; Maulbetsch/Klumpp/Rose/*Raible* Rn 11; Keßler/Kühnberger/*Gündel* Rn 6). 4

2. Darstellung des Aufteilungsmaßstabs

Der Spaltungsbericht muss neben den beim Verschmelzungsbericht notw Inhalten (insbes Erläuterung und Begr des Umtauschverhältnisses) auch den **Maßstab** für die **Aufteilung** der gewährten Anteile unter den Anteilsinhabern rechtl und wirtschaftl erläutern und begründen. Die Anforderungen hieran sind davon abhängig, ob eine verhältniswahrende oder eine nichtverhältniswahrende Spaltung durchgeführt wird. Zum Begriff und den Möglichkeiten der nichtverhältniswahrenden Spaltung vgl § 128 Rn 4 ff. 5

Bei einer **verhältniswahrenden Spaltung** wird im Regelfall die Angabe genügen, dass Maßstab für die Aufteilung das bisherige Beteiligungsverhältnis war (Semler/Stengel/*Gehling* Rn 29; Kallmeyer/*Kallmeyer/Sickinger* Rn 7; Lutter/*Schwab* Rn 30; KölnerKommUmwG/*Simon* Rn 24; Maulbetsch/Klumpp/Rose/*Raible* Rn 30; Keßler/Kühnberger/*Gündel* Rn 17). Bei rechtsqualitativen Ände- 6 rungen haben aber trotz Beibehaltung der Quote Erläuterungen zu erfolgen (zutr Lutter/*Schwab* Rn 31; ebenso Keßler/Kühnberger/*Gündel* Rn 18). Ferner sind auch **sonstige Ausgleichsleistungen** darzustellen und zu begründen (dazu §§ 126 Rn 52, 106 und § 128 Rn 22; Maulbetsch/Klumpp/Rose/*Raible* Rn 30 und § 128 Rn 13). Bei einer **nichtverhältniswahrenden** Spaltung ist zu diff:

7 Führt die nichtverhältniswahrende Spaltung ledigl zu einer von den bisherigen Beteiligungsverhältnissen abw Beteiligung an den Rechtsträger, ohne dass sich der Gesamtwert der Beteiligungen der einzelnen Anteilsinhaber verändert, ist im Spaltungsbericht darzustellen und zu begründen, warum gerade die getroffene Aufteilung einen angemessenen Ausgleich für jeden Anteilsinhaber darstellt (Keßler/Kühnberger/*Gündel* Rn 21). Zwar ist auch in diesem Fall Maßstab für die Aufteilung die bisherige Beteiligung. Eine Beschränkung auf diese Angabe würde jedoch nicht dem Sinn und Zweck des Spaltungsberichts entsprechen. Dieser ist das wichtigste Informationsmittel für den Anteilsinhaber, der beurteilen können muss, ob der angestrebte Maßstab auch umgesetzt worden ist.

8 Soll dagegen mit der nichtverhältniswahrenden Spaltung auch eine Veränderung der Wertverhältnisse bewirkt werden, so sind die Gründe hierfür im Einzelnen anzugeben. Indessen muss auch in diesem Fall ergänzend erläutert und begründet werden, warum die getroffene Aufteilung dem beabsichtigten – nichtverhältniswahrenden – Maßstab entspricht, sofern sich dies nicht bereits aus den Ausführungen zum Umtauschverhältnis ergibt (Keßler/Kühnberger/*Gündel* Rn 21).

3. Angaben zur Anteilsgewährung bei der Ausgliederung

9 Nach dem Wortlaut von § 127 S 1 HS 1 muss der Spaltungsbericht bei einer Ausgliederung keine Angaben zum Umtauschverhältnis enthalten. Dies ist folgerichtig, da bei der Ausgliederung kein Anteilstausch im eigentl Sinne stattfindet (zur Tauglichkeit des Begriffs „Umtauschverhältnis“ vgl § 126 Rn 20). Gleichwohl wird bei der Ausgliederung eine Gegenleistung gewährt. Nähere Ausführungen hierzu im Spaltungsbericht erübrigen sich zwar bei einer Ausgliederung zur Neugründung, denn hier erhält der übertragende Rechtsträger alle Anteile am übernehmenden Rechtsträger. Anders ist die Interessenlage jedoch bei einer Ausgliederung zur Aufnahme, wenn am übernehmenden Rechtsträger Dritte oder die Anteilsinhaber des übertragenden Rechtsträgers in einem abw Beteiligungsverhältnis beteiligt sind. Dann ist es für die Anteilsinhaber des übertragenden Rechtsträgers von Bedeutung, wie viele Anteile des übernehmenden Rechtsträgers dem übertragenden Rechtsträger gewährt werden. Denn nur wenn die Anteile am übernehmenden Rechtsträger einen angemessenen Ausgleich für den oder die übertragenen Vermögensteile darstellen, bleibt die Vermögenssphäre der Anteilsinhaber des übertragenden Rechtsträgers unbeeinflusst (vgl zur ähnl gelagerten Problematik der Angaben im Spaltungsvertrag § 126 Rn 36 ff).

10 Unter Beachtung von Sinn und Zweck des Spaltungsberichts sind entspr Angaben zur **Anzahl** der gewährten **Anteile** und deren **Angemessenheit** daher auch bei der Ausgliederung notw (ebenso Kallmeyer/*Kallmeyer/Sickinger* Rn 7; Lutter/*Schwab* Rn 29; Semler/Stengel/*Gehling* Rn 36; KölnerKommUmwG/*Simon* Rn 18, 20; Keßler/Kühnberger/*Gündel* Rn 22; *Veil* ZIP 1998, 361, 363). Nur dann wird die Spaltung umfassend rechtl und wirtschaftl erläutert und begründet. Eine Erläuterung ledigl der Gründe für die Ausgliederung erfüllt diese Anforderungen nicht (so aber die RegEBegr BR-Drs 75/94 zu § 127).

4. Haftungsrisiken

Ebenso wie bei Verschm ist im Spaltungsbericht zu den Risiken aus der Übernahme von Verb auszuführen. Besonderheiten bestehen bei der Spaltung, da alle beteiligten Rechtsträger – zeitl befristet – nach §§ 133, 134 auch für übertragene bzw nicht übernommene Verb als **Gesamtschuldner** haften. Dies bedingt zunächst erläuternde und begründende Aussagen zur Aufteilung der Verb auf die Rechtsträger. Bei der in der Praxis häufigen Übertragung von Betrieben oder Betriebsteilen muss die Zugehörigkeit der Verb zu diesen Teilbereichen dargestellt werden. Werden Verb ganz oder überwiegend einem Rechtsträger zugeordnet, erfordert dies eine erschöpfende Information über die Gründe und ggf den Aufteilungsmaßstab. Darüber hinaus muss auch angegeben werden, ob und wie derjenige Rechtsträger, dem die Verb zugeordnet werden, zu deren Begleichung in der Lage ist. Dazu bedarf es regelm nicht nur einer statischen Gegenüberstellung des jew zu übertragenden Aktiv- und Passivvermögens, sondern auch einer Erläuterung der damit verbundenen **Ertragskraft** (zutr Lutter/*Schwab* Rn 22) und der **Liquidität** (Semler/Stengel/*Gehling* Rn 18; Maulbetsch/Klumpp/Rose/*Raible* Rn 21). Hieraus müssen sich die wirtschaftl Chancen und Risiken aufgrund der Vermögensaufteilung ergeben (KölnerKommUmwG/*Simon* Rn 16). Auch auf die Verpflichtung zur Sicherheitsleistung nach § 133 I 2 ist hinzuweisen (GKT/*Goutier* Rn 2; Maulbetsch/Klumpp/Rose/*Raible* Rn 21; aA Semler/Stengel/*Gehling* Rn 19). Die mögl Entwicklung ist zu prognostizieren (Kallmeyer/*Kallmeyer*/*Sickinger* Rn 5; Semler/Stengel/*Gehling* Rn 19; insoweit einschränkend GKT/*Goutier* Rn 5). **11**

Diese Angaben zur Leistungsfähigkeit des als Hauptschuldner vorgesehenen Rechtsträgers dienen auch der Einschätzung von **Haftungsrisiken** nach §§ 133, 134. Ebenso ist ein mögl **Gesamtschuldnerausgleich** und die Fähigkeit der mithaftenden Rechtsträger, diesen zu erfüllen, darzulegen (Lutter/*Schwab* Rn 24; Semler/Stengel/*Gehling* Rn 19; KölnerKommUmwG/*Simon* Rn 15). **12**

5. Steuerliche Risiken, bilanzielle Folgen

Spaltungen sind im Vgl zur Verschm stl meist riskanter. Zum einen setzt eine steuerneutrale Spaltung die Übertragung von (fiktiven) Teilbetrieben voraus, §§ 15, 20, 21, 24 UmwStG. Der Spaltungsbericht muss demzufolge bei beabsichtigter Steuerneutralität erläutern und begründen, dass diese Voraussetzungen erfüllt sind, zumal bei einem Verstoß gegen das (doppelte) Teilbetriebserfordernis die Spaltung auch für die Anteilsinhaber nicht steuerneutral ist (vgl § 15 UmwStG Rn 108; ebenso Maulbetsch/Klumpp/Rose/*Raible* Rn 22). Dies kann im Einzelfall äußerst anspruchsvoll sein (etwa Zuordnung von wesentl Betriebsgrundlagen, früheres Vorhandensein von Vermögensgegenständen; vgl im Einzelnen hierzu etwa die Komm zu § 15 UmwStG). **13**

Zum anderen ist die Steuerneutralität auch nach Wirksamwerden der Spaltung durch Veräußerungen **nach § 15 II UmwStG** gefährdet (vgl § 15 UmwStG Rn 133 ff). Auf dieses Risiko ist hinzuweisen, die hierfür vorgesehenen Schutzmechanismen (etwa Vinkulierung etc) sind zu erläutern. **14**

Die durch den Vermögensabgang ausgelösten **bilanziellen Folgen** (vgl dazu § 17 Rn 53 ff) sind darzustellen. Dies umfasst insbes auch die beabsichtigte Ausübung des Wahlrechts nach § 24 UmwG und anderer Bewertungs- und Ansatzwahlrechte (Maulbetsch/Klumpp/Rose/*Raible* Rn 23). Diese ist zu begründen. Im besonderen Maß gilt dies, wenn durch die Spaltung voraussichtl Spaltungsge- **15** winne oder -verluste entstehen, weil dies unmittelbar die Ausschüttungsinteressen der Anteilsinhaber berührt (vgl § 24 Rn 34 f, 41, 46, 51 f, 55, 72 f). Eine beim übertragenden Rechtsträger notw **Kapitalherabsetzung** (vgl §§ 139, 145) ist ausführl darzustellen und zu begründen (Semler/Stengel/*Gehling* Rn 20).

6. Beschränkung auf Teilbereiche

16 Eine Beschränkung der Berichtspflicht auf die zu übertragenden Teile (Betriebsteile, Geschäftsbereiche, Filialen etc) ist nicht mögl (Maulbetsch/Klumpp/Rose/*Raible* Rn 16; Keßler/Kühnberger/*Gündel* Rn 14; teilw anders Lutter/*Schwab* Rn 20). Bei den übernehmenden Rechtsträgern verbietet sich dies schon wegen der gesamtschuldnerischen Haftung (Rn 11). Deren Anteilsinhaber haben ein Interesse daran, über die Gesamtsituation des übertragenden Rechtsträgers informiert zu werden. Auch die Anteilsinhaber des übertragenden Rechtsträgers können sich im Regelfall nur bei Kenntnis der gesamten Situation die Sinnhaftigkeit der Spaltung beurteilen. Die Anforderungen an die Informationsdichte sind allerd hinsichtl der nicht betroffenen Bereiche geringer. Aber auch bei einer Ausgliederung zur Neugründung sind die Auswirkungen auf den übertragenden Rechtsträger (zB organisatorische Eingliederung der TochterGes, bilanzielle Auswirkungen, stl Auswirkungen der künftigen internen Geschäftsbeziehungen, Finanzierung der TochterGes) zu erläutern.

7. Besondere Schwierigkeiten

17 Nach § 8 I 2, der anwendbar ist (S 2), muss im Spaltungsbericht auf bes Schwierigkeiten bei der Bew hingewiesen werden. Solche treten etwa bei der Übertragung von einzelnen Vermögensgegenständen auf bestehende Rechtsträger auf (Kallmeyer/*Kallmeyer/Sickinger* Rn 11; Keßler/Kühnberger/*Gündel* Rn 25). Dann kann die Problematik auftauchen, dass unterschiedl Bewertungsverfahren anzuwenden sind. Der Wert des übernehmenden Rechtsträgers wird regelm als Unternehmenswert (Unternehmensbewertung; vgl im Einzelnen hierzu § 5 Rn 10 ff) ermittelt werden. Diese Verfahren, insbes auf der Basis des Ertragswerts, taugen oftmals nicht für die Bew von Einzelgegenständen. Es muss dann erläutert werden, nach welchen Grdsen und unter welchen Prämissen der Einzelgegenstand bewertet worden ist. Schwierigkeiten kann auch bereiten, dass ein Vermögensgegenstand aus der Sicht des übertragenden Rechtsträgers einen anderen Wert hat als aus der Sicht des übernehmenden Rechtsträgers. Dies gilt umso mehr, wenn sich die Verwendung des Gegenstandes ändert. Zu Besonderheiten der Unternehmensbewertung bei Spaltungen vgl eingehend *Heurung* DStR 1997, 1302, 1341 und *ders* WPg 1998, 201. Zur Bestimmung des Gegenwerts vgl § 126 Rn 19 ff. Wegen des Charakters von § 127 als Schutzvorschrift für die Anteilseigner (vgl hierzu § 8 Rn 1) genügt es nicht, ledigl formelhaft auf das Vorhandensein oder Nichtvorhandensein bes Schwierigkeiten hinzuweisen.

8. Verbundene Unternehmen

18 S 2 verweist auch auf § 8 I 3, 4. Der Spaltungsbericht hat sich daher ggf auch auf Angelegenheiten von verbundenen Unternehmen zu erstrecken. Es ist über alle Angelegenheiten zu berichten, die für das Spaltungsvorhaben (Umwandlungsrelevanz) wesentl sind (Lutter/*Schwab* Rn 41). Die Anforderungen sind bei der Spaltung einer OberGes strenger und umfassender als bei der Spaltung einer

UnterGes. Bei der Spaltung eines herrschenden Unternehmens sind die Auswirkungen auf den gesamten Konzern darzustellen (Lutter/*Schwab* Rn 44; Kallmeyer/*Kallmeyer/Sickinger* Rn 14; Maulbetsch/Klumpp/Rose/*Raible* Rn 14). Die Vertretungsorgane sind auch insoweit zur Auskunft verpflichtet. Einzelheiten hierzu bei § 8 Rn 27 f.

9. Gemeinsamer Bericht

19 Ebenso wie der Verschmelzungsbericht kann der Spaltungsbericht von den Vertretungsorganen gemeinsam erstellt werden (S 1 HS 2; vgl hierzu Rn 4 und im Einzelnen § 8 Rn 9 f).

10. Geheimnisschutz

20 S 2 verweist ferner auf § 8 II. Danach brauchen im Spaltungsbericht geheimnisschutzwürdige Tats nicht aufgenommen werden. Zu Einzelheiten vgl § 8 Rn 29 ff.

11. Verzicht auf den Spaltungsbericht, Ausnahmen

21 Auf die Erstattung des Spaltungsberichts kann verzichtet werden. Die Voraussetzungen entsprechen denen des **Verzichts** auf einen Verschmelzungsbericht, da S 2 auf § 8 III verweist. Vgl zu Einzelheiten § 8 Rn 36. Der Verweis bezieht sich auch auf die 2. Alt von § 8 III 1. Unmittelbar erfasst ist nur die Abspaltung oder Ausgliederung von der 100%igen Tochter auf die Mutter. In diesem Fall ist ein Bericht nicht erforderl (zutr Semler/Stengel/*Gehling* Rn 51; KölnerKomm-UmwG/*Simon* Rn 36; Maulbetsch/Klumpp/Rose/*Raible* Rn 16; Keßler/Kühnberger/*Gündel* Rn 9; Widmann/Mayer/*Mayer* Rn 64: auch Aufspaltung auf Mutter- und Drittgesellschaft; aA Lutter/*Schwab* Rn 54: wegen Verlust des konzerninternen Haftungsschutzes). Im umgekehrten Fall (Ausgliederung von der Mutter- auf die 100%ige TochterGes) fällt die Berichtspflicht nicht weg (Maulbetsch/Klumpp/Rose/*Raible* Rn 16; Lutter/*Schwab* Rn 53; aA SBB/*Sagasser/Bultmann* § 18 Rn 158).

22 Weitere **Ausnahmen** folgen aus den bes Vorschriften. Bei der Ausgliederung aus dem Verm eines Einzelkaufmanns ist ein Ausgliederungsbericht nicht erforderl, § 153. Über § 125 ist auch § 41 zu beachten. Vgl ferner §§ 162, 169 (Stiftung und Gebietskörperschaften).

12. Information der Anteilsinhaber

23 Der Spaltungsbericht ist das wichtigste Informationsmittel für die Anteilsinhaber. Sie müssen daher Gelegenheit haben, rechtzeitig vor der Beschlussfassung vom Inhalt des Berichts **Kenntnis** zu nehmen. Die diesbzgl Verpflichtungen der Rechtsträger sind in den über §§ 125, 135 entspr anwendbaren bes Vorschriften des Verschmelzungsrechts rechtsformabhängig unterschiedl geregelt. Vgl §§ 42 (PhG), 47 (GmbH), 63 I Nr 4 (AG), 78 (KGaA), 82 (eG), 104 (Vereine), 106 (genossenschaftl Prüfungsverbände) und 112 (VVaG). Zu weiteren Informationspflichten, auch der Rechtsträger untereinander und unabhängig von der Rechtsform der beteiligten Rechtsträger, vgl Komm zu § 143.

13. Mängel des Spaltungsberichts

24 Zu Mängeln des Spaltungsberichts vgl § 8 Rn 40 ff. Zur Strafbarkeit wegen Verstößen gegen die Berichtspflicht vgl § 313 I Nr 1.

§ 128 Zustimmung zur Spaltung in Sonderfällen

[1]Werden bei Aufspaltung oder Abspaltung die Anteile oder Mitgliedschaften der übernehmenden Rechtsträger den Anteilsinhabern des übertragenden Rechtsträgers nicht in dem Verhältnis zugeteilt, das ihrer Beteiligung an dem übertragenden Rechtsträger entspricht, so wird der Spaltungs- und Übernahmevertrag nur wirksam, wenn ihm alle Anteilsinhaber des übertragenden Rechtsträgers zustimmen. [2]Bei einer Spaltung zur Aufnahme ist der Berechnung des Beteiligungsverhältnisses der jeweils zu übertragende Teil des Vermögens zugrunde zu legen.

Schrifttum: Schrifttum bis 2000 siehe 4. Auflage; *Nagel/Thies,* Die nichtverhältniswahrende Abspaltung als Gestaltungsinstrument von Unternehmenszusammenschlüssen, GmbHR 2004, 83; *Rieder/Ziegler,* Die Auswirkungen einer Pfändung von Kapitalgesellschaftsanteilen auf Strukturmaßnahmen der Gesellschaft, ZIP 2004, 481.

Übersicht

1. Allgemeines

1 § 128 knüpft an § 126 I Nr 10 an. Die Vorschrift regelt ein bes Zustimmungserfordernis für die sog nichtverhältniswahrende Spaltung und ergänzt damit § 13 und die in den bes Vorschriften des Zweiten Buches geregelten Mehrheitserfordernisse, die grdsl über § 125 S 1 gelten. Sie dient dem Schutz der Anteilsinhaber (RegEBegr BR-Drs 75/94 zu § 128) und gilt nur für die **Auf- und Abspaltung,** weil bei der Ausgliederung ohnehin alle Anteile dem übertragenden Rechtsträger selbst gewährt werden. Hintergrund der Regelung ist, dass bei einer von den bisherigen Beteiligungsverhältnissen abw Aufteilung der gewährten Anteile eine bes große Gefahr für die Anteilsinhaber des übertragenden Rechtsträgers droht. Der Gesetzgeber hat zutr erkannt, dass die Mehrheitsgesellschafter ohne die Aufnahme eines Zustimmungsvorbehalts unmittelbar in den persönl Vermögensbereich der Minderheitsgesellschafter eingreifen könnten. Die bloße Verankerung eines Austrittsrechts (vgl etwa §§ 29, 207) schien kein adäquates Mittel zu sein, um dieser Gefahr zu begegnen (RegEBegr BR-Drs 75/94 zu § 128). Andererseits wollte der Gesetzgeber auf die Ermöglichung der nichtverhältniswahrenden Spaltung nicht verzichten, weil hierfür ein Bedürfnis bestehe (Auseinandersetzung von Gesellschaftergruppen und von Familienstämmen im Wege der Sonderrechtsnachfolge; RegEBegr BR-Drs 75/94 zu § 128). Europarechtl ist die Vorschrift durch Art 5 II der SpaltungsRL gedeckt (Lutter/*Priester* Rn 1).

2 Bei der Auf- bzw Abspaltung zur Aufnahme treten die Anteilsinhaber des übertragenden Rechtsträgers neben die bisherigen Anteilsinhaber des übernehmenden Rechtsträgers. Die rechnerische Beteiligungsquote am übernehmenden Rechtsträger sinkt daher im Regelfall (Ausnahme: SchwesterGes mit identischen Beteiligungsverhältnissen). Dieses ausschließl auf das Anwachsen der Zahl der

Anteilsinhaber zurückzuführende Absinken der rechnerischen Beteiligungsquote ist kein Anwendungsfall für den Zustimmungsvorbehalt nach S 1, was **S 2** klarstellt. Entsprechendes gilt, wenn die Anteilsinhaber des übertragenden Rechtsträgers insges zu wenige Anteile erhalten (Lutter/*Priester* Rn 10). Maßgebl dafür, ob eine verhältniswahrende oder nichtverhältniswahrende Spaltung vorliegt, ist allein die **Aufteilung** der **gewährten** Anteile oder Mitgliedschaften und der **verbleibenden** Anteile/Mitgliedschaften beim übertragenden Rechtsträger unter den Anteilsinhabern des übertragenden Rechtsträgers (Kallmeyer/*Kallmeyer/Sickinger* Rn 3; KölnerKommUmwG/*Simon* Rn 10). Eine nichtverhältniswahrende Spaltung **zur Neugründung** liegt hingegen immer vor, wenn die zahlenmäßigen Beteiligungsquoten mit denjenigen beim übertragenden Rechtsträger nicht übereinstimmen (allgM: etwa Lutter/*Priester* Rn 8; Semler/Stengel/*Schröer* Rn 5; Widmann/Mayer/*Mayer* Rn 30 ff; Kallmeyer/*Kallmeyer/Sickinger* Rn 2).

§ 128 behandelt nur die Anteilsquote, nicht die **Gattungsgleichheit.** Werden etwa einzelnen stimmberechtigten Anteilsinhabern stimmrechtslose Anteile gewährt, haben nur diese und nicht alle Anteilsinhaber zuzustimmen (zutr Semler/Stengel/*Schröer* Rn 8; ebenso Lutter/*Priester* Rn 10; Maulbetsch/Klumpp/Rose/*Raible* Rn 10). Zum **Beitritt** weiterer, bislang nicht beteiligter Gesellschafter vgl § 124 Rn 6. 3

2. Arten der nichtverhältniswahrenden Spaltung

a) Grundsätze. Die anderen im UmwG geregelten Umwandlungsvorgänge (§ 1) lassen die Beteiligungsverhältnisse der Anteilsinhaber des oder der übertragenden Rechtsträger untereinander grdsl – also vorbehaltl abweichender einvernehml Vereinbarungen – unberührt. So ändert sich etwa bei einer Verschm zwar fast immer die Höhe der prozentualen Beteiligung eines Anteilsinhabers des übertragenden Rechtsträgers, weil weitere Anteilsinhaber hinzutreten; die Beteiligungsverhältnisse innerh der Gruppe der Anteilsinhaber eines übertragenden Rechtsträgers verändern sich hierdurch jedoch nicht. 4

Beispiel: 5
Verschm der AG X auf die AG Y. A hält zwei Drittel, B ein Drittel der Aktien der AG X. Von den für die Vermögensübertragung gewährten Aktien der AG Y erhält A zwei Drittel, B ein Drittel. Die Relation der Beteiligungshöhe zwischen A und B bleibt also gewahrt.

Bei Spaltungen besteht hingegen die Möglichkeit, die Beteiligungsquoten bei den beteiligten Rechtsträgern neu und unabhängig von den bisherigen Verhältnissen bei dem übertragenden Rechtsträger festzusetzen, § 126 I Nr 10. Damit sollte insbes die Auseinandersetzung von Gesellschaftergruppen und Familienstämmen im Wege der Sonderrechtsnachfolge ermögl werden (RegEBegr BR-Drs 75/94 zu § 128). 6

Die Zulassung der nichtverhältniswahrenden Spaltung bedeutet aber keineswegs eine Abweichung von dem Grds, dass Umw – wenigstens handelsrechtl – ledigl auf Rechtsträgerebene, nicht aber auf Anteilsinhaberebene Veränderungen in der Vermögenssphäre bewirken sollen (§ 126 Rn 19). Auch bei der nichtverhältniswahrenden Spaltung ist daher von den beteiligten Rechtsträgern grdsl zu beachten, dass der **Wert** der Beteiligung jedes einzelnen Anteilsinhabers vor und nach der Spaltung unverändert bleibt (ebenso *Heurung* DStR 1997, 1302, 1305; Widmann/Mayer/*Mayer* § 126 Rn 127). Von diesem Grds abw Regelungen können nur einstimmig getroffen werden. 7

8 Dies gilt unabhängig davon, ob die nichtverhältniswahrende Spaltung nur zu zahlenmäßigen oder auch zu wirtschaftl Veränderungen führt. § 128 ist hingegen nicht anzuwenden, wenn die Wertverschiebungen nicht auf einer von den bisherigen Beteiligungsverhältnissen abw Aufteilung der übertragenen Anteile, sondern auf einem nicht angemessenen Umtauschverhältnis beruht (so auch Kallmeyer/*Kallmeyer/Sickinger* Rn 3; Lutter/*Priester* Rn 9; SBB/*Sagasser/Bultmann* § 18 Rn 46; KölnerKommUmwG/*Simon* Rn 9 ff; Maulbetsch/Klumpp/Rose/*Raible* Rn 11; Keßler/Kühnberger/*Gündel* Rn 46; im Erg auch Widmann/Mayer/*Mayer* Rn 40 ff, der aber eine teleologische Reduktion für nötig hält).

9 **Beispiel:**
Die GmbH X (Gesellschafter A und B zu je 50%) spaltet einen Teil ihres Verm auf die bereits bestehende GmbH Y (Alleingesellschafter C) ab. Werden die an der GmbH Y gewährten Anteile gleichmäßig zwischen A und B aufgeteilt, liegt eine verhältniswahrende Spaltung selbst dann vor, wenn diese Anteile insges nicht dem Wert des übertragenen Verm entspr, also eine Wertverschiebung zu Gunsten C erfolgt. In diesen Fällen sind die Anteilsinhaber des übertragenden Rechtsträgers auf das Spruchverfahren beschränkt (vgl §§ 125 S 1, 14 S 2).

10 **b) Möglichkeiten.** Die durch die Zulassung der nichtverhältniswahrenden Spaltung eingeräumten Möglichkeiten sind äußerst vielgestaltig; sie sind keinesfalls auf die vom Gesetzgeber als Motiv erwähnten (vgl Rn 6) Fallgruppen der Auseinandersetzung von Gesellschaftergruppen und Familienstämmen beschränkt. So kann etwa nur eine Verschiebung der Beteiligungsverhältnisse vorgenommen werden.

11 **Beispiel:**
Die GmbH Z (Gesellschafter sind A und B zu je 50%) führt eine Aufspaltung zur Neugründung auf die GmbH X und die GmbH Y durch. Der Wert von X und Y sei gleich. An der GmbH X wird A zu 70% und B zu 30% beteiligt, an der GmbH Y erhält A 30% und B 70% der Geschäftsanteile.

12 Die nichtverhältniswahrende Spaltung kann aber auch in der Form durchgeführt werden, dass einzelne Anteilsinhaber nur an bestimmten übernehmenden Rechtsträgern beteiligt werden (sog Spaltung **zu Null;** vgl LG Essen NZG 2002, 736; LG Konstanz DB 1998, 1177; Kallmeyer/*Kallmeyer/Sickinger* § 123 Rn 4, § 128 Rn 4; Lutter/*Priester* Rn 13; Widmann/Mayer/*Mayer* § 126 Rn 275 f; Semler/Stengel/*Schröer* Rn 6; SBB/*Sagasser/Bultmann* § 18 Rn 41; KölnerKommUmwG/*Simon* Rn 16 f; siehe auch die Gesetzesbegründung Rn 6).

13 **Beispiel:**
Die GmbH Z wird in die GmbH X und die GmbH Y aufgespalten. Die Aufteilung der Geschäftsanteile unter den beiden Gesellschaftern A und B erfolgt dergestalt, dass A alle Anteile an der GmbH X erhält und B alle Anteile an der GmbH Y übernimmt.

14 Es sind aber auch Kombinationen von den in Rn 10 und Rn 12 dargestellten Fallgruppen mögl (Maulbetsch/Klumpp/Rose/*Raible* Rn 7).

15 **Beispiel:**
Die GmbH Z wird auf die GmbH X und die GmbH Y aufgespalten. Die zu gewährenden Anteile werden auf die Gesellschafter der GmbH Z, A und B, in der Weise verteilt, dass A alle Anteile an der GmbH X und zudem 20% der Geschäftsanteile an der GmbH Y erhält, während dem B die restl 80% der Geschäftsanteile an der GmbH Y übertragen werden.

16 Schließl ist eine nichtverhältniswahrende Spaltung auch dergestalt mögl, dass einzelnen Gesellschaftern überhaupt keine Anteile gewährt werden (LG Essen NZG 2002, 737; LG Konstanz DB 1998, 1177; Lutter/*Priester* Rn 15; Maul-

betsch/Klumpp/Rose/*Raible* Rn 8). Zur Frage, ob **alle** Anteilsinhaber auf die Anteilsgewährung verzichten können, vgl KölnerKommUmwG/*Simon* Rn 18 ff. Dies ist in den Fallgruppen, in denen auf eine Anteilsgewährung verzichtet werden kann (vgl § 126 Rn 41 ff), insbesondere unter den Voraussetzungen von §§ 54 I 3, 68 I 3 UmwG; vgl § 126 Rn 49) zweifelsohne mögl.

Beispiel: 17
Die GmbH Z (Gesellschafter: A und B) führt eine Abspaltung auf die (neu gegründete oder bereits bestehende) GmbH Y durch. Die Geschäftsanteile der GmbH Y werden ausschließl dem Gesellschafter A gewährt.

Wenigstens seit der Änderung von §§ 126 I Nr 10, 131 I Nr 3 S 1 mit Wirkung 18
zum 1.8.1998 (zuvor str) sind auch nichtverhältniswahrende Spaltungen mögl, die zu einer Änderung bei den Beteiligungsverhältnissen am **übertragenden** Rechtsträger führen (Lutter/*Priester* Rn 14; Kallmeyer/*Kallmeyer/Sickinger* Rn 4; Semler/Stengel/*Schröer* Rn 7; Widmann/Mayer/*Mayer* § 126 Rn 277; Keßler/Kühnberger/*Gündel* Rn 8). Denn § 126 I Nr 10 bestimmt seither, dass im Spaltungsvertrag die Aufteilung der Anteile der *beteiligten* Rechtsträger festgelegt wird; die dingl Änderung der Beteiligungsverhältnisse an **allen beteiligten** Rechtsträgern tritt mit Wirksamwerden der Spaltung nach § 131 I Nr 3 S 1 ein.

Beispiel: 19
Die GmbH Z (Gesellschafter sind A und B) führt eine Abspaltung auf die GmbH Y durch. Die Anteile an der GmbH Y werden ausschließl dem B gewährt, während an der GmbH Z fortan ausschließl A beteiligt ist.

Beispiel: 20
Vorstehende Abspaltung wird so durchgeführt, dass die Anteile an der GmbH Y zwar A und B gewährt werden, B allerd überproportional beteiligt wird. Als Ausgleich hierfür wird dem A eine höhere Beteiligung an der GmbH Z eingeräumt.

Keine nichtverhältniswahrende Spaltung liegt vor, wenn die von den bisherigen 21
Beteiligungsverhältnissen abw Aufteilung der Anteile durch **bare Zuzahlungen** iSv §§ 54, 68 III (vgl § 125 S 1) ausgeglichen wird (Semler/Stengel/*Schröer* Rn 9; Widmann/Mayer/*Mayer* Rn 34; SBB/*Sagasser/Bultmann* § 18 Rn 47; Maulbetsch/Klumpp/Rose/*Raible* Rn 12; Henssler/Strohn/*Wardenbach* Rn 2; enger KölnerKommUmwG/*Simon* Rn 36 ff; zweifelnd Lutter/*Priester* Rn 11; aA Kallmeyer/*Kallmeyer/Sickinger* Rn 2). Diese baren Zuzahlungen sind auf einen Spitzenausgleich beschränkt und gewähren damit einen ausreichenden Schutz für die Anteilsinhaber (vgl im Einzelnen Komm zu §§ 54, 68; vgl aber auch § 126 Rn 51 ff).

3. Zulässigkeit von Ausgleichsleistungen

Die nichtverhältniswahrende Spaltung muss nicht, wird aber regelm zu einer 22
Änderung des Werts der Beteiligung der einzelnen Anteilsinhaber des übertragenden Rechtsträgers führen.

Beispiel: 23
Die GmbH Z (Gesellschafter: A und B zu je 50%) wird auf die GmbH X und die GmbH Y aufgespalten. Die Anteile an der GmbH X werden vollständig dem A, die Anteile an der GmbH Y vollständig dem B gewährt. Der Wert der jew übertragenen Vermögensteile sei identisch.

In diesem Fall bleibt die Vermögenssphäre der Anteilsinhaber unberührt (es 24
liegt aber eine nichtverhältniswahrende Spaltung vor, die unter § 128 fällt; vgl

Rn 7, 12 f). Der Wert der jew Beteiligung an der GmbH Z entspricht dem Wert der Beteiligung an dem jew übernehmenden Rechtsträger.

25 Anders verhält es sich, wenn bei dem Beispiel Rn 23 der Wert der jew übertragenen Vermögensteile unterschiedl ist. Dann wird der Anteilsinhaber, der weniger erhält, regelm der Spaltung nur zustimmen (Rn 29 f), wenn er einen Ausgleich in anderer Form erhält, es sei denn, Vermögensverschiebungen – etwa innerh der Familie – sind gewollt. Zur Besonderheit von baren Zuzahlungen iSv §§ 54, 68 III vgl Rn 21.

26 Derartige Ausgleichsleistungen zwischen den Anteilsinhabern des übertragenden Rechtsträgers sind grdsl zulässig (so auch Lutter/*Priester* Rn 16; Semler/Stengel/*Schröer* Rn 10; Widmann/Mayer/*Mayer* § 126 Rn 137; Maulbetsch/Klumpp/Rose/*Raible* Rn 13). Gerade bei der Trennung von Gesellschaftergruppen durch eine nichtverhältniswahrende Spaltung wird oftmals der Wert der jew übertragenen Vermögensteile nicht exakt dem Beteiligungsverhältnis entsprechen. Zwar lässt das Handelsrecht eine weitgehende Aufteilungsfreiheit zu, diese Flexibilität findet aber im Steuerrecht keine Entsprechung. Voraussetzung der steuerneutralen Spaltung einer Körperschaft ist die Übertragung von Betrieben, Teilbetrieben, Mitunternehmeranteilen oder 100%igen Beteiligungen an KapGes, zumal nach Ansicht der Finanzverwaltung auch Verbindlichkeiten als Ausgleichsmasse nicht frei zugeordnet werden können (§§ 15, 16 UmwStG; vgl die Erläuterung dort). Es wäre aber Zufall, wenn der Wert der Teilbetriebe dem Wert der jew Beteiligungen entsprechen würde. In diesem Fall sind Ausgleichsleistungen notw; nichtverhältniswahrende Spaltung wären sonst nicht durchführbar.

27 Gewichtige Gründe gegen die Zulässigkeit von Ausgleichsleistungen sind nicht ersichtl. Solche Ausgleichsleistungen stellen nicht bare Zuzahlungen iSv §§ 125 iVm 54 IV, 68 III dar, denn nicht der übernehmende Rechtsträger leistet sie, sondern die Anteilsinhaber selbst. Diese Ausgleichszahlungen sind nicht Gegenleistung iSv §§ 15 I 1, 11 I 1 Nr 2 UmwStG. Zur stl Behandlung der nichtverhältniswahrenden Spaltung vgl § 15 UmwStG Rn 216 ff, 254 ff, 295 f. Vgl auch § 126 Rn 106 zu den Anforderungen an den Spaltungsvertrag und zur Zulässigkeit anderer Gegenleistungen § 126 Rn 52.

28 Durch das Einstimmigkeitserfordernis (Rn 29) ist ferner gewährleistet, dass eine nichtverhältniswahrende Spaltung unter Einbeziehung von Ausgleichsleistungen nur mit Zustimmung aller betroffenen Anteilsinhaber beschlossen werden kann (ebenso KölnerKommUmwG/*Simon* Rn 35). Die vereinbarten Ausgleichsleistungen sind im Spaltungsvertrag anzugeben und im Spaltungsbericht zu erläutern (vgl hierzu § 126 Rn 12, 52, 106 und § 127 Rn 6).

4. Zustimmungserfordernis

29 Ein Spaltungs- und Übernahmevertrag, der eine nichtverhältniswahrende Spaltung zum Gegenstand hat, wird nur wirksam, wenn ihm alle Anteilsinhaber des übertragenden Rechtsträgers zustimmen. § 128 S 1 modifiziert den über § 125 zu beachtenden § 13 und die rechtsformabhängigen bes Vorschriften (etwa §§ 43, 50, 65). Die nichtverhältniswahrende Spaltung kann beim **übertragenden** Rechtsträger – unabhängig von der Rechtsform – nur **einstimmig** beschlossen werden. Es müssen alle in der Anteilsinhaberversammlung erschienenen Anteilsinhaber zustimmen, es bedarf aber auch der Zustimmung aller nicht erschienenen Anteilsinhaber. Selbst nichtstimmberechtigte Anteilsinhaber (wohl unstr: Lutter/*Priester* Rn 18; Kallmeyer/*Kallmeyer/Sickinger* Rn 5; Semler/Stengel/*Schröer* Rn 12; Wid-

mann/Mayer/*Mayer* Rn 20; KölnerKommUmwG/*Simon* Rn 25; Maulbetsch/Klumpp/Rose/*Raible* Rn 15; Keßler/Kühnberger/*Gündel* Rn 11) und Nießbrauchsberechtigte sowie Pfandrechtsinhaber müssen zustimmen, da ein Eingriff in den Kernbereich stattfindet (Widmann/Mayer/*Mayer* Rn 20, 23; Kallmeyer/*Kallmeyer/Sickinger* Rn 5; Lutter/*Priester* Rn 18; Semler/Stengel/*Schröer* Rn 13; KölnerKommUmwG/*Simon* Rn 26; Maulbetsch/Klumpp/Rose/*Raible* Rn 15). Die Zustimmungserklärungen der nicht erschienenen Anteilsinhaber sind notariell zu beurkunden (§ 125 iVm § 13 III 1). Entsprechendes gilt für die Zustimmungserklärung von nicht stimmberechtigten Anteilsinhabern, Nießbrauchsberechtigten, Pfandrechtsberechtigten etc. Zu weiteren Einzelheiten hinsichtl Zustimmungsbeschluss und notw Einzelzustimmungen vgl § 13.

Eine **Pflicht zur Zustimmung** besteht allenfalls unter engen Voraussetzungen aufgrund Treuepflicht (Kallmeyer/*Kallmeyer/Sickinger* Rn 6; Widmann/Mayer/*Mayer* Rn 22; Semler/Stengel/*Schröer* Rn 14; Keßler/Kühnberger/*Gündel* Rn 12). Dann ist notfalls Klage auf Zustimmung zu erheben (Kallmeyer/*Kallmeyer/Sickinger* Rn 6; Semler/Stengel/*Schröer* Rn 14). Im Regelfall scheitert indes die nichtverhältniswahrende Spaltung, wenn nur ein Anteilsinhaber nicht zustimmt, da der Spaltungsvertrag nicht wirksam wird (vgl auch § 126 Rn 4). Ersatzlösung kann eine verhältniswahrende Spaltung mit schuldrechtl Austauschverpflichtungen der Anteilsinhaber (nachfolgende Anteilsübertragungen) sein (Semler/Stengel/*Schröer* Rn 15), die oft aber mangels Steuerneutralität des Anteilstausches erhebl Nachteile hat. 30

Für den Spaltungsbeschluss beim **übernehmenden** Rechtsträger treten bei der nichtverhältniswahrenden Spaltung keine Besonderheiten auf (Lutter/*Priester* Rn 22). Die Rechtsstellung der Anteilsinhaber des übernehmenden Rechtsträgers wird durch die nichtverhältniswahrende Spaltung rechtl nicht tangiert. Die notw Mehrheitsverhältnisse bestimmen sich daher nach den beteiligten Rechtsformen (dazu § 13 Rn 19 ff). Dem (allgemeinen) Risiko eines sie benachteiligenden Umtauschverhältnisses können sie nur mit einer Unwirksamkeitsklage begegnen (Semler/Stengel/*Schröer* Rn 16; KölnerKommUmwG/*Simon* Rn 5). 31

§ 129 Anmeldung der Spaltung

Zur Anmeldung der Spaltung ist auch das Vertretungsorgan jedes der übernehmenden Rechtsträger berechtigt.

Schrifttum: Schrifttum bis 2000 siehe 4. Auflage; vgl auch Schrifttum zu § 16 und Vor §§ 123–173.

1. Zuständigkeit für die Anmeldung

Die Vorschrift ergänzt § 16 I 2, der gem § 125 entspr anzuwenden ist. Sie gilt nur für Spaltungen zur Aufnahme (§ 135 I); für Spaltungen zur Neugründung vgl § 137. Danach ist auch das Vertretungsorgan des übernehmenden Rechtsträgers zur Anmeldung der Spaltung beim Register des übertragenden Rechtsträgers berechtigt. Da an einer Spaltung mehrere übernehmende Rechtsträger beteiligt sein können, bedurfte es noch der Klarstellung, dass neben dem Vertretungsorgan des übertragenden Rechtsträgers das Vertretungsorgan **jedes übernehmenden** Rechtsträgers die Registeranmeldung am Sitz des übertragenden Rechtsträgers durchführen kann. Der Gesetzgeber hat damit – für AG – die Vorgabe von 1

Art 16 II der europäischen SpaltungsRL vom 17.12.1982 (ABl EG Nr L 378, 47) richtlinienkonform umgesetzt.

2 Trotz des offenen Wortlauts besteht die ergänzende Zuständigkeit allerd **nur** für die den **übertragenden Rechtsträger** betreffende Anmeldung. Ein Vertretungsorgan eines übernehmenden Rechtsträgers kann hingegen nicht die einem anderen übernehmenden Rechtsträger obliegende Anmeldung selbst durchführen (hM; Lutter/*Priester* Rn 2; Kallmeyer/*Zimmermann* Rn 3; Widmann/Mayer/*Schwarz* Rn 9.1; Semler/Stengel/*Schwanna* Rn 5; Maulbetsch/Klumpp/Rose/*Raible* Rn 1; KölnerKommUmwG/*Simon* Rn 6; aA GKT/*Goutier* Rn 1). Dies folgt aus der Gesetzesbegründung, nach der nur eine Klarstellung von § 16 I 2 gewollt war (RegEBegr BR-Drs 75/94 zu § 129), iÜ entspricht diese einschränkende Auslegung dem Wortlaut von Art 16 II der SpaltungsRL (RegEBegr BR-Drs 75/94 zu § 129). Ebenso wenig ist das Vertretungsorgan des übertragenden Rechtsträgers zur Anmeldung beim Register eines übernehmenden Rechtsträgers befugt; hier gilt § 16 I über § 125 (Semler/Stengel/*Schwanna* Rn 4). Verzögerungen aus der Sphäre der anderen übernehmenden Rechtsträger kann damit nur mit dem Hinweis auf die Verpflichtung zur Anmeldung aus dem Spaltungs- und Übernahmevertrag und ggf mit deren gerichtl Durchsetzung begegnet werden, vgl § 16 Rn 10 ff.

2. Anmeldung

3 Angemeldet wird die Spaltung an sich, nicht der Spaltungsvertrag oder die Spaltungsbeschlüsse. Die Art der Spaltung sollte angegeben werden (Semler/Stengel/*Schwanna* Rn 7; Lutter/*Priester* Rn 6). Die Durchführung der Anmeldung ist durch die Verweisung in § 125 auf §§ 16, 17 geregelt. Zu den Anlagen vgl § 17 Rn 4 ff. Zum Handeln durch Bevollmächtigte vgl eingehend Hauschild/Kallrath/Wachter/*Flüth* § 22 Rn 290. Prakt sehr bedeutsam ist das Freigabeverfahren nach § 16 III (dort Rn 28 ff). Bei einer Spaltung zur Aufnahme mit KapErh gelten über § 125 auch §§ 55, 69, 78. Besonderheiten treten insoweit bei der Spaltung nicht auf. Vgl daher die Komm zu diesen Vorschriften. Von den bes Vorschriften des Dritten Buches (Spaltung) sind ergänzend §§ 137, 140, 146, 148, 160 zu beachten.

3. Kosten der Anmeldung einer Spaltung zur Aufnahme

4 Für die Fertigung des Entwurfs der Anmeldung durch den Notar fällt eine 5/10-Gebühr nach §§ 145 I 1, 38 II Nr 7 an. Beschränkt sich die Notartätigkeit auf die Beglaubigung der Unterschriften, ist hierfür eine 2,5/10-Gebühr, höchstens EUR 130 nach § 45 I 1 KostO zu entrichten.

5 Der **Geschäftswert** bestimmt sich nach § 29 iVm §§ 41a, 41b KostO, sodass sich bei einer Anmeldung der Spaltung zur Aufnahme in das Register des **übernehmenden** Rechtsträgers der Geschäftswert nach dem in § 41a IV KostO (Fall der späteren Anmeldung) genannten Betrag richtet, sowie im Fall einer KapErh zzgl des Unterschiedsbetrags zum bereits eingetragenen Geldbetrag (zB GmbH: § 41 I Nr 3 KostO: Nennbetrag der KapErh).

6 Der Geschäftswert hinsichtl der Anmeldung der Spaltung in das Register des **übertragenden** Rechtsträgers bestimmt sich ebenfalls nach § 41a IV KostO (Fall der späteren Anmeldung), ggf zusätzl aus dem Geschäftswert bei Kapitalherabsetzung (Unterschiedsbetrag § 41a I KostO).

7 Allgemein gilt, dass mehrere Erklärungen in einer Anmeldung (zB Spaltung und KapErh) gem § 44 II a KostO zusammen gerechnet werden, wobei der maximale

Geschäftswert, auch bei mehreren Anmeldungen in derselben Verhandlung, EUR 500 000 beträgt (§§ 39 IV, 38 II Nr 7 KostO).

§ 130 Eintragung der Spaltung

(1) [1] **Die Spaltung darf in das Register des Sitzes des übertragenden Rechtsträgers erst eingetragen werden, nachdem sie im Register des Sitzes jedes der übernehmenden Rechtsträger eingetragen worden ist.** [2] **Die Eintragung im Register des Sitzes jedes der übernehmenden Rechtsträger ist mit dem Vermerk zu versehen, daß die Spaltung erst mit der Eintragung im Register des Sitzes des übertragenden Rechtsträgers wirksam wird, sofern die Eintragungen in den Registern aller beteiligten Rechtsträger nicht am selben Tag erfolgen.**

(2) [1] **Das Gericht des Sitzes des übertragenden Rechtsträgers hat von Amts wegen dem Gericht des Sitzes jedes der übernehmenden Rechtsträger den Tag der Eintragung der Spaltung mitzuteilen sowie einen Registerauszug und den Gesellschaftsvertrag, den Partnerschaftsvertrag oder die Satzung des übertragenden Rechtsträgers in Abschrift, als Ausdruck oder elektronisch zu übermitteln.** [2] **Nach Eingang der Mitteilung hat das Gericht des Sitzes jedes der übernehmenden Rechtsträger von Amts wegen den Tag der Eintragung der Spaltung im Register des Sitzes des übertragenden Rechtsträgers zu vermerken.**

Schrifttum: Schrifttum bis 2000 siehe 4. Auflage; *Kort,* Gesellschaftsrechtliche und registerrechtliche Bestandsschutz eingetragener fehlerhafter Umwandlungen und anderer Strukturänderungen, DStR 2004, 185; *Mayer/Weiler,* Neuregelungen durch das Zweite Gesetz zur Änderung des Umwandlungsgesetzes (Teil II), DB 2007, 1291.

Übersicht

1. Allgemeines

Die Vorschrift regelt die **rechtstechnische Abwicklung** und insbes die Rei- 1
henfolge der Eintragungen in den Registern der beteiligten Rechtsträger. Sie verdrängt insoweit § 19 I und II. § 19 III (Bekanntmachung) bleibt über die Ver-

weisung in § 125 daneben anwendbar. Für Spaltungen zur Neugründung sind § 135 I 1 (Nichtanwendung von Abs 2) und § 137 III zu beachten.

2 **Besonderheiten** im Vgl zu den Regelungen im Zweiten Buch (Verschm) ergeben sich bei der Spaltung aus dem Umstand, dass für den Eintritt der Spaltungswirkungen die Eintragung der Spaltung in das Register des Sitzes des übertragenden Rechtsträgers maßgebl ist (§ 131 I), während die Verschm mit der Eintragung in das Register am Sitz des übernehmenden Rechtsträgers wirksam wird (§ 20 I); diese Festlegung erfolgte wiederum vor dem Hintergrund, dass bei einer Spaltung anders als bei einer Verschm mehrere übernehmende Rechtsträger existieren können. § 130 knüpft damit spiegelbildl an das System bei der Verschm an, wonach die konstitutive Eintragung zuletzt erfolgen soll.

3 Die Verdrängung von § 19 II resultiert daraus, dass der übertragende Rechtsträger bei Abspaltungen und Ausgliederungen nicht erlischt und bei der Aufspaltung wenigstens zwei übernehmende Rechtsträger existieren. Der Verbleib der **Registerakten** des übertragenden Rechtsträgers musste daher anders geregelt werden.

2. Eintragungsreihenfolge

4 Die Reihenfolge der einzelnen Eintragungen ist von den beteiligten Rechtsträgern oder den Registergerichten nicht frei bestimmbar, sondern **zwingend** vorgeschrieben. Der Gesetzgeber hat sich für das bereits aus § 346 AktG aF bekannte System entschieden, nach dem die für den Eintritt der Spaltungswirkungen konstitutive Eintragung zuletzt zu erfolgen hat (anders etwa bei § 25 I KapErhG aF). Diese Vorgehensweise dient dem Anteilsinhaberschutz, hat aber auch Warnfunktion für alle anderen Betroffenen.

5 Bei der Beteiligung von **KapGes** als *übernehmende* Rechtsträger an einer Spaltung zur Aufnahme sind bei Durchführung einer KapErh über § 125 ergänzend §§ 53, 66 zu beachten. Eine etwa notw **KapErh** muss danach voreingetragen sein. Hierdurch ist sichergestellt, dass zum Zeitpunkt des Wirksamwerdens der Spaltung die zu gewährenden Anteile bereits existieren. Zu Einzelheiten vgl § 53 Rn 1 und § 66 Rn 2. Die Eintragung der Spaltung einer GmbH, AG oder KGaA setzt ferner die Voreintragung einer ggf notw **Kapitalherabsetzung** bei der *übertragenden* Ges voraus, §§ 139 S 2, 145 S 2; vgl § 139 Rn 33.

6 Im Anschluss an die ggf notw Erhöhung des Kapitals des übernehmenden Rechtsträgers erfolgt die Eintragung der Spaltung in den **Registern der übernehmenden Rechtsträger.** Da diese Eintragung den tats Verhältnissen vorgreift, muss auf das Wirksamwerden der Spaltung erst mit der Eintragung im Register am Sitz des übertragenden Rechtsträgers durch Aufnahme eines **Vermerks** hingewiesen werden (Abs 1 S 2). Der Vermerk kann vom Registergericht auch nachträgl ergänzt werden (OLG Düsseldorf NJW-RR 1999, 1052). Bei der Spaltung zur **Neugründung** ist zudem zu vermerken, dass der Rechtsträger erst mit der Eintragung im Register am Sitz des übertragenden Rechtsträgers entsteht (Kölner-KommUmwG/*Simon* Rn 9; Maulbetsch/Klumpp/Rose/*Raible* Rn 4; *Neye* GmbHR 1995, 565, 566; *Bruski* AG 1997, 17, 19; Semler/Stengel/*Schwanna* Rn 10; Hauschild/Kallrath/Wachter/*Flüth* § 22 Rn 304; aA *Heidenhain* GmbHR 1995, 264, 265). Die Vermerke sind zwischenzeitl (Gesetz vom 19.4.2007, BGBl I 542) entbehrl, sofern die Eintragungen in den Registern aller beteiligten Rechtsträger am selben Tag erfolgen (Abs 1 S 2). Eine entspr Absprache wird meistens mögl sein, wenn dasselbe Registergericht für alle Rechtsträger zuständig ist. Aber auch mehrere Registergerichte können sich abstimmen.

7 Erst nach erfolgter Eintragung in den Registern aller beteiligten übernehmenden Rechtsträger (und ggf nach Eintragung der Kapitalherabsetzung; vgl Rn 5) kann die Eintragung in das **Register** des Sitzes des **übertragenden Rechtsträgers** erfolgen (Abs 1 S 1). Den Nachw des Vollzugs aller Voreintragungen muss – sofern nicht ein Registergericht zuständig ist oder diese sich abstimmen und eine taggleiche Eintragung erfolgt, vgl Rn 7 – das Vertretungsorgan, das die Anmeldung beim übertragenden Rechtsträger durchführt (vgl § 129), erbringen. Es erfolgt **von Amts wegen keine Benachrichtigung** über die erfolgte Voreintragung (Lutter/*Priester* Rn 10; Kallmeyer/*Zimmermann* Rn 11; Semler/Stengel/*Schwanna* Rn 18). Regelm kann der Nachw durch Vorlage beglaubigter Handelsregisterauszüge, aus denen die Voreintragung ersichtl ist, geführt werden. Die dem Nachw dienenden Handelsregisterauszüge können – wie in der Praxis fast immer – nachgereicht werden (Lutter/*Priester* Rn 10; Maulbetsch/Klumpp/Rose/*Raible* Rn 11). Denn die wegen § 17 (Stichtag der Schlussbilanz) fristgebundene Anmeldung des übertragenden Rechtsträgers erfolgt meist zugleich mit denjenigen der übernehmenden Rechtsträger. Mit der Eintragung der Spaltung in das Register am Sitz des übertragenden Rechtsträgers treten die **Spaltungswirkungen** ein (§ 131 I). Zur **Mitteilung** dieser Eintragung vgl Rn 23.

3. Verstöße gegen die Reihenfolge der Eintragung

8 Verstöße gegen die **Eintragungsreihenfolge** haben nach der Eintragung der Spaltung in das Register am Sitz des übertragenden Rechtsträgers keine Auswirkungen. Wird die Spaltung zuerst im Register des übertragenden Rechtsträgers eingetragen, so löst diese Eintragung die Spaltungswirkungen aus. Die Spaltung ist allerd in den Registern der übernehmenden Rechtsträger nachträgl noch einzutragen (wohl allgM; vgl etwa Lutter/*Priester* Rn 11; Semler/Stengel/*Schwanna* Rn 12; Kallmeyer/*Zimmermann* Rn 13; Widmann/Mayer/*Fronhöfer* Rn 21; Maulbetsch/Klumpp/Rose/*Raible* Rn 7; Keßler/Kühnberger/*Gündel* Rn 6; KölnerKommUmwG/*Simon* Rn 22).

9 Selbst die fehlende Voreintragung einer ggf notw **KapErh** lässt die Wirkungen der Spaltung gem § 131 II unberührt. In diesem Fall muss die Eintragung der KapErh nachgeholt werden. Eine entspr Verpflichtung der übernehmenden KapGes folgt aus dem Spaltungsvertrag. Nur diese Sichtweise wird dem mit § 131 II verfolgten Zweck, die Wirksamkeit der Spaltung zu gewährleisten, gerecht (so auch in Lutter/*Priester* Rn 11; Semler/Stengel/*Schwanna* Rn 12; KölnerKommUmwG/*Simon* Rn 23; aA Widmann/Mayer/*Fronhöfer* Rn 21: Erneute Eintragung der Spaltung beim übertragenden Rechtsträger; Kallmeyer/*Zimmermann* Rn 13: Keine erneute Eintragung der Spaltung, aber Wirksamwerden der Spaltung erst mit Eintragung der KapErh beim übernehmenden Rechtsträger). Entsprechendes gilt bei einer nicht voreingetragenen **Kapitalherabsetzung** (Maulbetsch/Klumpp/Rose/*Raible* Rn 68; KölnerKommUmwG/*Simon* Rn 23; aA Widmann/Mayer/*Fronhöfer* Rn 21). Die prakt Umsetzung der Gegenansicht dürfte insbes dann Schwierigkeiten bereiten, wenn die fehlende Eintragung der KapErh erst geraume Zeit nach Eintragung der Spaltung entdeckt wird. Vgl auch §§ 131 Rn 112 ff, 139 Rn 35 und § 20 Rn 121 ff.

4. Prüfung durch die Registergerichte

10 **a) Verhältnis der Registergerichte zueinander.** Soweit für die beteiligten Rechtsträger unterschiedl Register zuständig sind, befassen sich verschiedene

Registergerichte mit der Eintragung der Spaltung. Der Prüfungsumfang ist nur teilw deckungsgleich. Entscheidungen eines Registergerichts (Zuständigkeit des Rechtspflegers, allerd Richtervorbehalt bei KapGes, § 17 Nr 1 lit c RpflG) binden grdsl die anderen nicht. Davon sind aber zwei wesentl **Ausnahmen** zu machen:

11 **aa) Eintragung der Spaltung in die Register der übernehmenden Rechtsträger.** Nach Abs 1 S 1 darf die Spaltung in das Register des Sitzes des übertragenden Rechtsträgers erst eingetragen werden, nachdem sie im Register des Sitzes jedes der übernehmenden Rechtsträgers eingetragen worden ist. An diese Voreintragung ist der für den übertragenden Rechtsträger zuständige Registerrichter gebunden. Er kann bspw nicht selbstständig prüfen, ob die Voreintragung zu Recht abgelehnt wird. Selbst wenn er der Ansicht ist, dass die Voreintragung erfolgen müsste, ist er an die Entscheidung des anderen Registergerichts gebunden. Entsprechendes gilt für den umgekehrten Fall der erfolgten Voreintragung im Register des übernehmenden Rechtsträgers. Das für den übertragenden Rechtsträger zuständige Gericht hat dies ohne eigene Wertung zu beachten (ebenso Lutter/*Priester* Rn 7; Maulbetsch/Klumpp/Rose/*Raible* Rn 19).

12 **bb) Voreintragung einer notwendigen Kapitalerhöhung.** Bei einer Spaltung zur Aufnahme muss die übernehmende Ges oftmals zur Schaffung der als Gegenleistung zu gewährenden Anteile eine KapErh durchführen. Diese KapErh muss eingetragen sein, bevor die Spaltung eingetragen werden darf (§§ 53, 66; dazu Rn 5). Das für den übertragenden Rechtsträger zuständige Registergericht hat zwar zu überprüfen, ob die Voreintragung der KapErh erfolgt ist, an die Eintragung selbst ist es aber gebunden. Insoweit steht ihm keine Prüfungskompetenz zu (ebenso Lutter/*Priester* Rn 7; Maulbetsch/Klumpp/Rose/*Raible* Rn 19; allgM zum früheren Recht; vgl etwa Hachenburg/*Schilling/Zutt* GmbHG § 77 Anh II § 24 KapErhG Rn 18).

13 **b) Prüfungsumfang.** Jedes Registergericht hat zunächst die Einhaltung der Formalien der bei ihm eingereichten Anmeldung zu prüfen. Es muss darauf achten, ob die Anmeldung an sich den Anforderungen entspricht und ob die nach §§ 125, 17 einzureichenden Unterlagen sowie die ggf nach §§ 125, 16 II, 52, 140, 146 I, 148 I abzugebenden Erklärungen vorliegen. Der **Spaltungsvertrag** ist inhaltl auf die Einhaltung der gesetzl Mindestanforderungen zu überprüfen. Zur Prüfungskompetenz hinsichtl § 126 I Nr 11 vgl § 5 Rn 88.

14 Ebenso erstreckt sich die Prüfung auf die Ordnungsmäßigkeit der **Spaltungsbeschlüsse** und sonst notw Zustimmungserklärungen.

15 Für die Prüfung einer gleichzeitig angemeldeten **KapErh** gelten die jew Spezialgesetze. Über § 125 sind § 55 (GmbH) und § 69 (AG), § 78 (KGaA) anwendbar. Die Spaltung zur Aufnahme führt zu einer Sacheinlage. Bei einer GmbH erfolgt die Prüfung der Sacheinlage entspr §§ 9c, 57a GmbHG; bei einer AG gilt § 38 II AktG.

16 Die **wirtschaftl Zweckmäßigkeit** der Spaltung darf das Registergericht nicht prüfen (Lutter/*Priester* Rn 6; Semler/Stengel/*Schwanna* Rn 7; Widmann/Mayer/*Fronhöfer* Rn 16; Maulbetsch/Klumpp/Rose/*Raible* Rn 15; vgl auch § 19 Rn 17). Gleiches gilt für die Angemessenheit des **Umtauschverhältnisses** oder der **Gegenleistung** (Lutter/*Priester* Rn 6; Semler/Stengel/*Schwanna* Rn 7; Maulbetsch/Klumpp/Rose/*Raible* Rn 15). Wenn schon dem Anteilsinhaber eines übertragenden Rechtsträgers eine auf die Unangemessenheit des Umtauschver-

hältnisses gestützte Unwirksamkeitsklage verwehrt ist (§ 14 II), bleibt erst recht kein Raum für eine entspr Prüfungskompetenz der Registergerichte. Hierfür ist das Spruchverfahren vorrangig und abschließend. Zur Bindungswirkung einer Entscheidung nach §§ 125, 16 III für das Registergericht vgl § 16 Rn 44.

5. Eintragungsverfahren

Zuständig für die Eintragung ist bei KapGes der Richter, iÜ der Rechtspfleger (§§ 3 Nr 2d, 17 Nr 1c RpflG). Soweit keine Eintragungshindernisse vorliegen, ist die Eintragung vorzunehmen; iÜ kann das Registergericht eigene Ermittlungen anstellen (Amtsermittlung, § 26 FamFG). Über die Eintragung ist unverzügl nach Eingang der Anmeldung zu entscheiden (§ 25 I 2 HRV). **17**

Liegen behebbare Eintragungsmängel vor, erlässt das Registergericht unverzügl (§ 25 I 3 HRV) eine **Zwischenverfügung.** Wird innerh der gesetzten Frist der Mangel nicht behoben oder liegt ein nicht behebbarer Mangel vor, ist die Eintragung abzulehnen. **18**

Trotz der Eigenständigkeit der beteiligten Registergerichte (vgl Rn 10) ist die gegenseitige Abstimmung zulässig und teilw auch erforderl; zur gegenseitigen Mitteilung von Mängeln sind die Registergerichte nicht nur berechtigt, sondern auch verpflichtet (Lutter/*Priester* Rn 7; Scholz/*Priester* GmbHG 7. Aufl Anh Umw § 24 KapErhG Rn 18). Zur Entbehrlichkeit des Voreintragungsvermerks bei taggleicher Eintragung vgl Rn 6. **19**

6. Rechtsmittel im Eintragungsverfahren

Die Eintragung in das Register kann nicht mit Rechtsmitteln angegriffen werden (OLG Düsseldorf NJW-RR 1999, 1052; BayObLG WM 1985, 480). In Betracht kommt ledigl eine Amtslöschung nach § 395 FamFG, allerd nicht mehr, sobald die Eintragung in das Register am Sitz des übertragenden Rechtsträgers erfolgt ist (§ 131 II; Semler/Stengel/*Schwanna* Rn 13; Maulbetsch/Klumpp/Rose/*Raible* Rn 21; aA Widmann/Mayer/*Schwarz* Rn 4.3.2; näher § 131 Rn 112 ff). **20**

Die Ablehnung der Eintragung oder eine Zwischenverfügung kann mit der einfachen Beschwerde (§ 58 FamFG) und sodann mit der Rechtsbeschwerde (§ 70 FamFG) angefochten werden. Nicht beschwerdefähig ist allerd die Anregung des Richters, die Anmeldung zurückzunehmen (BayObLG NJW-RR 1988, 869). Bei Entscheidungen durch den Rechtspfleger findet die Erinnerung nach § 11 RpflG statt. **21**

Unklar ist die Beschwerdeberechtigung. Nach Ansicht des BayObLG (BayObLGZ 87, 314) sind die Anmelder, nach Auffassung des BGH (WM 1988, 1819 für eine Satzungsänderung) ist die Ges beschwerdeberechtigt. **22**

7. Mitteilung der Eintragung

Der Tag der (konstitutiven, § 131 I) Eintragung der Spaltung in das Register des übertragenden Rechtsträgers wird von Amts wegen den anderen beteiligten Registergerichten mitgeteilt **(Abs 2 S 1).** Der Tag der Eintragung wird nunmehr von Amts wegen auch in den Registern des Sitzes der übernehmenden Rechtsträger eingetragen **(Abs 2 S 2).** Dadurch ist gewährleistet, dass das Wirksamwerden der Spaltung aus dem Register jedes beteiligten Rechtsträgers ersichtl wird und der Vorläufigkeitsvermerk (Rn 6) sich erledigt hat. **23**

8. Verbleib der Registerakten

24 Anders als bei der Verschm erlöscht bei einer Abspaltung und Ausgliederung der übertragende Rechtsträger nicht. Eine Schließung und Übersendung der Registerakte an das Register des übernehmenden Rechtsträgers kann daher nicht erfolgen (vgl demggü § 19 II). Bei der Aufspaltung erlischt zwar der übertragende Rechtsträger. Von einer Übersendung der Registerunterlagen wurde gleichwohl abgesehen, weil die Wahl des zur Aufbewahrung zuständigen Gerichts zwangsläufig willkürl sein müsste (RegEBegr BR-Drs 75/94 zu § 130).

25 Um wenigstens die Einsichtnahme in die **wesentl Registerunterlagen** des übertragenden Rechtsträgers auch in den Registern der übernehmenden Rechtsträger zu gewährleisten, wird aber vom Gericht des Sitzes des übertragenden Rechtsträgers von Amts wegen ein Registerauszug und eine beglaubigte Abschrift der Satzung des übertragenden Rechtsträgers als Ausdruck oder elektronisch übersandt. Die ebenfalls genannten Gesellschaftsverträge und Partnerschaftsverträge liegen dem Registergericht mangels Einreichungspflicht nicht vor und können daher nicht übermittelt werden (Kallmeyer/*Zimmermann* Rn 12; Widmann/Mayer/*Fronhöfer* Rn 26; Maulbetsch/Klumpp/Rose/*Raible* Rn 23). Dies ist ein Redaktionsversehen und bedeutet keinesfalls, dass PersGes/PartGes diese Unterlagen zwecks Übermittlung einzureichen haben. Die übermittelten Unterlagen dokumentieren allerd nur den Stand zum Zeitpunkt der Eintragung der Spaltung. Nachfolgende Änderungen, die außer bei einer Aufspaltung jederzeit eintreten können, werden nicht mehr mitgeteilt.

9. Bekanntmachungen

26 Nach §§ 125, 19 III ist jede Eintragung der Spaltung von Amts wegen nach § 10 HGB mit ihrem ganzen Inhalt bekannt zu machen. Vgl hierzu § 19 Rn 33 ff.

10. Kosten der Eintragung einer Spaltung zur Aufnahme

27 Aufgrund Urteils des EuGH (Rs C-188/95, ZIP 1998, 206, Rn 31, 33; zust BayObLG NJW 1999, 652, 654), wonach sich die Kosten für eine Eintragung im HR an dem konkreten Aufwand, nicht an der Höhe des Nennkapitals, zu bemessen haben, da ansonsten das Entgelt als indirekte Steuern zu werten sei, war auch die dt KostO zu modernisieren (zu Rückforderung und Verjährung europarechtswidrig gezahlter Handelsregistergebühren, Beschluss KG Berlin DB 2005, 441). Nach den mit Wirkung zum 1.12.2004 in Kraft getretenen §§ 79, 79a KostO (BGBl I 2004, 1410) fällt für eine Eintragung in das zuständige Register statt der bisher wertbezogenen nunmehr eine **aufwandsbezogene Gebühr** an.

28 Die aufgrund § 79a KostO ergangene **Rechtsverordnung** (HRegGebV, BGBl I 2004, 2562) diff in der Anlage zu § 1 HRegGebV nicht zwischen den verschiedenen Arten der Umw nach § 1 I UmwG, sondern nach der Eintragung in die verschiedenen Abteilungen des Registergerichts (Abt A und Register für PartGes, Abt B sowie Register für eG), innerhalb derer, ob eine Ersteintragung oder eine bes spätere Eintragung nach dem UmwG erfolgt. Erstmals werden damit auch aufwandsbezogene Gebührentatbestände für Eintragungen in das Genossenschaftsregister eingeführt (§ 83 KostO aufgehoben).

29 Gem § 2 I HRegGebV wird für die **Ersteintragung** nur eine einzige Gebühr erhoben, es sei denn, dass die gleichzeitig angemeldete Errichtung einer Zweigniederlassung oder eine Prokura eingetragen wird. Für die spätere, der Ersteintra-

gung nachfolgende Eintragung jeder **Tats** entsteht gem § 2 II HRegGebV gesondert eine im Gebührenverzeichnis bestimmte Gebühr, auch wenn mehrere einzutragende Tats von derselben Anmeldung umfasst sind, es sei denn (§ 2 III HRegGebV), mehrere Registertatsachen bilden dergestalt eine Einheit, dass sie nur gemeinsam eingetragen werden können (Begr des BR, BR-Drs 580/04). Mehrere an einem Tag eingehende und dasselbe Unternehmen betreffende Anmeldungen gelten gebührenrechtl als eine einzige Anmeldung (Nr 1506, 2502, 3502 des Gebührenverzeichnisses).

Die Eintragung einer Spaltung zur Aufnahme in das HR des übertragenden und des übernehmenden Rechtsträgers lösen – abhängig vom jew betroffenen Register – jew eine Gebühr von EUR 300 (eG, Gebühren-Nr 3400, 3401), EUR 180 (Abt A, Gebühren-Nr 1400, 1401) bzw EUR 240 (Abt B, Gebühren-Nr 2402, 2403) aus; die Anmeldung einer mit der Spaltung ggf erforderl KapErh löst in Abt B den Gebührentatbestand Nr 2401 (Sacheinlage) aus (EUR 210); mehrere gleichzeitig (ggf § 2 IV HRegGebV: in verschiedenen Anmeldungen am selben Tag) angemeldete Änderungen bereits eingetragener Angaben (etwa Firma, Stamm-/Grundkapital, Haftsumme) bilden jew eine gebührenauslösende Tats (jew Abschnitt 5 der Teile 1–3 des Gebührenverzeichnisses mit Gebührenermäßigung bei mehreren Tats). IÜ können weitere Gebühren gem Teil 5 der Anlage zu § 1 HRegGebV bei Entgegennahme der dort genannten Unterlagen bzw **Bekanntmachungen** anfallen. 30

Weitere Kosten sind mit einer nachfolgenden **Grundbuchberichtigung** verbunden (§ 60 I KostO). Zur Vereinbarkeit mit dem GG und Europarecht vgl OLG München JurBüro 2006, 651. 31

§ 131 Wirkungen der Eintragung

(1) **Die Eintragung der Spaltung in das Register des Sitzes des übertragenden Rechtsträgers hat folgende Wirkungen:**

1. **Das Vermögen des übertragenden Rechtsträgers, bei Abspaltung und Ausgliederung der abgespaltene oder ausgegliederte Teil oder die abgespaltenen oder ausgegliederten Teile des Vermögens einschließlich der Verbindlichkeiten gehen entsprechend der im Spaltungs- und Übernahmevertrag vorgesehenen Aufteilung jeweils als Gesamtheit auf die übernehmenden Rechtsträger über.**
2. **[1] Bei der Aufspaltung erlischt der übertragende Rechtsträger. [2] Einer besonderen Löschung bedarf es nicht.**
3. **[1] Bei Aufspaltung und Abspaltung werden die Anteilsinhaber des übertragenden Rechtsträgers entsprechend der im Spaltungs- und Übernahmevertrag vorgesehenen Aufteilung Anteilsinhaber der beteiligten Rechtsträger; dies gilt nicht, soweit der übernehmende Rechtsträger oder ein Dritter, der im eigenen Namen, jedoch für Rechnung dieses Rechtsträgers handelt, Anteilsinhaber des übertragenden Rechtsträgers ist oder der übertragende Rechtsträger eigene Anteile innehat oder ein Dritter, der im eigenen Namen, jedoch für Rechnung dieses Rechtsträgers handelt, dessen Anteilsinhaber ist. [2] Rechte Dritter an den Anteilen oder Mitgliedschaften des übertragenden Rechtsträgers bestehen an den an ihre Stelle tretenden Anteilen oder Mitgliedschaften der übernehmenden Rechtsträger weiter. [3] Bei Ausgliederung wird der**

übertragende Rechtsträger entsprechend dem Ausgliederungs- und Übernahmevertrag Anteilsinhaber der übernehmenden Rechtsträger.

4. Der Mangel der notariellen Beurkundung des Spaltungs- und Übernahmevertrags und gegebenenfalls erforderlicher Zustimmungs- oder Verzichtserklärungen einzelner Anteilsinhaber wird geheilt.

(2) **Mängel der Spaltung lassen die Wirkungen der Eintragung nach Absatz 1 unberührt.**

(3) **Ist bei einer Aufspaltung ein Gegenstand im Vertrag keinem der übernehmenden Rechtsträger zugeteilt worden und läßt sich die Zuteilung auch nicht durch Auslegung des Vertrags ermitteln, so geht der Gegenstand auf alle übernehmenden Rechtsträger in dem Verhältnis über, das sich aus dem Vertrag für die Aufteilung des Überschusses der Aktivseite der Schlußbilanz über deren Passivseite ergibt; ist eine Zuteilung des Gegenstandes an mehrere Rechtsträger nicht möglich, so ist sein Gegenwert in dem bezeichneten Verhältnis zu verteilen.**

Schrifttum: Schrifttum bis 2004 siehe 5. Auflage; vgl auch Schrifttum zu Vor §§ 123–173; *Buchner/Schlobach,* Die Auswirkung der Umwandlung von Gesellschaften auf die Rechtsstellung ihrer Organpersonen, DB 2004, 1; *Dißars,* Rechtsgeschäftlich bestellte Sicherheiten bei der Spaltung von Unternehmen, INF 2004, 513; *Eusani,* Auswirkungen der Verschmelzung auf Bürgschaftsverpflichtungen für Dauerschuldverhältnisse am Beispiel der Mietbürgschaft, WM 2004, 866; *Heidenhain,* Partielle Gesamtrechtsnachfolge bei der Spaltung ZHR 168 (2004), 468; *Kort,* Gesellschaftsrechtlicher und registerrechtlicher Bestandsschutz eingetragener fehlerhafter Umwandlungen und anderer Strukturänderungen DStR 2004, 185; *Riedler/Ziegler,* Die Auswirkungen einer Pfändung von Kapitalgesellschaftsanteilen auf Strukturmaßnahmen der Gesellschaft, ZIP 2004, 481; *Weiss,* Put Option auf eigene Aktien kraft Gesamtrechtsnachfolge?, AG 2004, 127; *Gaul/Otto,* Rechtsfolgen einer fehlenden oder fehlerhaften Unterrichtung bei Betriebsübergang und Umwandlung, DB 2005, 2465; *Klemm/Hamisch,* Das BAG ebnet den Weg für „Rentner-GmbHs", BB 2005, 2409; *Louis/Nowak,* Unternehmensumwandlung: Schicksal von Versorgungsverbindlichkeiten gegenüber Betriebsrentnern, DB 2005, 2354; *Müntefering,* Die Bedeutung der §§ 1059a BGB, 77a GenG bei Spaltungen nach dem UmwG, NZG 2005, 64; *Schmidt,* Totalausgliederung nach § 123 III UmwG, AG 2005, 26; *Bader/Ebert,* Risiken bei der Ausgliederung/Abspaltung von Pensionsverpflichtungen nach dem Umwandlungsgesetz, DB 2006, 938; *Büchel,* Voreilige Eintragung von Verschmelzung oder Formwechsel und die Folgen, ZIP 2006, 2289; *Custodis,* Die gelöschte Verschmelzung, GmbHR 2006, 904; *Drinhausen,* Regierungsentwurf eines Zweiten Gesetzes zur Änderung des Umwandlungsgesetzes – ein Gewinn für die Praxis, BB 2006, 2313; *Hohenstatt/Seibt,* Ausgliederung laufender Pensionsverbindlichkeiten: Eine arbeits- und umwandlungsrechtliche Betrachtung, ZIP 2006, 546; *Louven/Weng,* Die Ausgliederung von Pensionsverbindlichkeiten – Neue Optionen bei Unternehmens(ver)käufen, BB 2006, 619; *Maschmann,* Die Unterrichtungspflicht beim Betriebsübergang nach § 613a BGB, BB 2006, 29; *Müller,* Neues zur Spaltung: die geplante Streichung von §§ 131 I Nr. 1 S. 2, 132 UmwG, NZG 2006, 491; *Stöber,* Die Auswirkungen einer Umwandlung nach dem Umwandlungsgesetz auf einen laufenden Zivilprozess, NZG 2006, 574; *Dreyer,* Rechtsnachfolge in „höchstpersönliche" Rechte von Verbänden, JZ 2007, 606; *Kollmorgen/Feldhaus,* Probleme der Übertragung von Vermögen mit Auslandsbezug nach dem Umwandlungsgesetz, BB 2007, 2189; *Mayer/Weiler,* Neuregelungen durch das Zweite Gesetz zur Änderung des Umwandlungsgesetzes (Teil II), DB 2007, 1291; *Passarge,* Pensionsverbindlichkeiten bei der GmbH-Liquidation – tatsächlich ein unüberwindbares Hindernis?, GmbHR 2007, 701; *Perwein,* Vom Einzelunternehmen in die GmbH – Einzelrechtsnachfolge oder Gesamtrechtsnachfolge als besserer Weg?, GmbHR 2007, 1214; *Wälzholz,* Das 2. UmwÄndG in der Gestaltungspraxis, GmbH-StB 2007, 148; *Arnold,* Übergang von Pensionsverbindlichkeiten im Licht der Änderung des Umwandlungsgesetzes, DB 2008, 986; *Berner/Klett,* Die Aufteilung von Vertragsverhältnissen, NZG 2008, 601; *Fedke,* Auswirkungen von konzerninternen Verschmelzungsvorgängen auf bestehende Unternehmensverträge, Der Konzern 2008, 533; *Schmidt-Ott,* Grundstücksdurch Gesellschaftsspaltung, ZIP 2008, 1353; *Bitter,* Kreditverträge in Umwandlung und Umstrukturierung, ZHR 173 (2009), 379; *Diller,* Sozialversicherungspflicht des AG-Vorstandes nach Umwandlung, Verschmelzung und Restrukturierung?, AG 2009, 817; *Höfer/Küpper,* Die angemessene Dotierung von Rentnergesellschaften, DB 2009, 118; *Leitzen,* Die „partielle Gesamtrechtsnachfolge" und der Übergang von Steuerverbindlichkeiten, DStR 2009, 1853; *Roth,* Arbeitsvertragliche Pflichten bei Schaffung einer Rentnergesellschaft, NZA 2009, 1400; *Rubel/Sandhaus,* Der Wegfall des § 132 UmwG: Konsequenzen für die Beachtlichkeit von Übertragungshindernissen bei der Spaltung, Der Konzern 2009, 327; *Janssen,* „Rentner GmbH" – neues Modell zur Beseitigung von Pensionszusagen?, NWB 2010, 1998; *Keller/Klett,* Die sanierende Verschmelzung, DB 2010, 1220; *Kort,* Bedeutung und Reichweite des Bestandschutzes von Umwandlungen, AG 2010, 230; *Podewils,* Der GmbH-Kommentar, GmbHR 2010, 166; *Wessels,* Umhängung und Isolierung von Pensionsverpflichtungen durch Spaltung, ZIP 2010, 1417; *Ihrig,* Die gebundene Beteiligung bei der Spaltung, Liber Americorum Martin Winter, 2011, 297; *Otto/Mückl,* Aufspaltung, Verschmelzung, Anwachsung – Schadensersatz bei unzureichender Unterrichtung trotz Erlöschen des übertragenden Rechtsträgers?, BB 2011, 1978; *Schreier/Leicht,* Übertragung von Verträgen bei Carve-Outs, NZG 2011, 121; *Sistermann/Beutel,* Spaltung und Begründung wirtschaftl Eigentums, DStR 2011, 1162, 1163; *Mückel-Bonanni/Mehrens,* Auswirkungen von Umstrukturierungen auf die Tarifsituation, ZIP 2012, 1217.

Übersicht

1. Allgemeines

1 Die Vorschrift regelt in Abs 1 die wesentl **Rechtsfolgen,** die mit Eintragung der Spaltung in das Register des Sitzes des übertragenden Rechtsträgers eintreten. Insbes wird hier die Sonderrechtsnachfolge (partielle Gesamtrechtsnachfolge), der Anteilsübergang und – bei der Aufspaltung – das Erlöschen des übertragenden Rechtsträgers angeordnet (Abs 1 Nr 1–3). Weitere Rechtsfolgen des Wirksamwerdens der Spaltung ergeben sich aus §§ 133, 134, teilw folgen sie auch aus einer entspr Anwendung (§ 125) der Verschmelzungsvorschriften (etwa §§ 22 ff).

2 Nach dem Vorbild von § 352a AktG aF wurde auch für die Spaltung bestimmt, dass diese trotz des Vorhandenseins von Mängeln ab dem Zeitpunkt der konstitutiven Eintragung in das Register des Sitzes des übertragenden Rechtsträgers **nicht** mehr **rückabgewickelt** wird (Abs 2). Abs 3 behandelt schließl das bei Spaltungen im Ggs zu anderen Umw ggf auftauchende Problem der **„vergessenen" Gegenstände.** Der Regelungsgegenstand von § 131 entspricht damit grdsl demjenigen von § 20 bei der Verschm.

2. Maßgeblicher Rechtsakt

3 Maßgebl für den Eintritt der Spaltungswirkungen ist die Eintragung der Spaltung in das Register am Sitz des übertragenden Rechtsträgers (Abs 1). Dieser Zeitpunkt wurde gewählt, weil an Spaltungen immer nur ein übertragender, des Öfteren aber mehrere übernehmende Rechtsträger beteiligt sind (vgl dazu § 123 Rn 18 ff). Dann ist es – spiegelbildl zur Verschm (vgl § 20) – sinnvoll, auf die Eintragung in das für den übertragenden Rechtsträger zuständige Register abzustellen. Zur Eintragungsreihenfolge vgl § 130 Rn 4 ff.

3. Wesen der Sonderrechtsnachfolge

4 Der in Abs 1 Nr 1 angeordnete Vermögensübergang ist eine bes Ausgestaltung der Gesamtrechtsnachfolge. Zum Wesen der Gesamtrechtsnachfolge allg vgl § 20 Rn 23 ff. Gesamtrechtsnachfolge liegt vor, weil bei der Spaltung einzelne Vermögensteile als Ganzes, also uno acto ohne gesonderte dingl Übertragung jedes einzelnen Gegenstandes, auf den oder die übernehmenden Rechtsträger übergehen. Sie

ist damit eine besondere Form der sachenrechtl Übertragung (Semler/Stengel/*Kübler* Rn 2). Die Besonderheit der Gesamtrechtsnachfolge bei der Spaltung besteht darin, dass nicht – wie bei der Verschm – das gesamte Verm eines Rechtsträgers, sondern nur die im Spaltungsvertrag festgelegten Teile am Vermögensübergang teilnehmen. Hierdurch treten Schwierigkeiten auf, die bei sonstigen Fällen der Gesamtrechtsnachfolge nicht denkbar sind (zB vergessene Vermögensgegenstände, dazu im Einzelnen Rn 116 ff). Da die Aufteilungsfreiheit handelsrechtl fast nicht beschränkt ist (vgl § 126 Rn 60 ff), könnte die partielle Sonderrechtsnachfolge zur Umgehung von Schutzvorschriften bei Einzelrechtsübertragungen genutzt werden; diesen Risiken versuchte der Gesetzgeber insbes mit § 132 aF (zwischenzeitl ersatzlos gestrichen), aber auch mit §§ 133, 134 zu begegnen (Kallmeyer/*Kallmeyer/Sickinger* Rn 5; Maulbetsch/Klumpp/Rose/*Raible* Rn 5; vgl auch Lutter/*Teichmann* Rn 11). Im Einzelfall muss dennoch überprüft werden, ob Besonderheiten bei der Übertragung eines Vermögensgegenstandes oder Rechtsverhältnisses zu beachten sind (im Einzelnen Rn 11 ff). Maßstab hierfür ist die einschränkende Norm (Lutter/*Teichmann* Rn 4).

5 Ein Vorteil der Gesamtrechtsnachfolge ist im Allg, dass die zu übertragenden Vermögensgegenstände nicht näher bezeichnet werden müssen. Diese Erleichterung ist bei einer Spaltung kaum spürbar. Die Anforderungen an die **Bestimmtheit** der Angaben zur Vermögensaufteilung im Spaltungsvertrag sind mit den Anforderungen, die aufgrund des sachenrechtl Bestimmtheitsgrundsatzes bei Einzelrechtsübertragungen bestehen, durchaus vglbar (vgl hierzu § 126 Rn 76 ff).

6 Dennoch bietet die Sonderrechtsnachfolge bei der Spaltung greifbare **Vorteile** ggü der Einzelrechtsnachfolge (die Spaltung durch Einzelrechtsübertragung ist nach wie vor zulässig und in der Form der Ausgliederung auch in der Praxis verbreitet; vgl dazu § 123 Rn 24; vgl auch § 126 Rn 63; *Limmer* Rn 1459; *Aha* AG 1997, 345; *Engelmeyer* AG 1999, 263; *Bungert/Hentzen* DB 1999, 2501). Hervorzuheben ist etwa die Übertragung von Verb und Rechtsverhältnissen ohne Mitwirkung der Gläubiger bzw Vertragspartner (dazu im Einzelnen Rn 45, 49 ff). Bes Bedeutung hat, dass eine **steuerneutrale** Auf- oder Abspaltung von KapGes nur durch Sonderrechtsnachfolge mögl ist. Denn §§ 15, 16 UmwStG setzen eine Auf- oder Abspaltung nach §§ 123 ff voraus, § 1 I UmwStG. Ausgliederungen werden hingegen von §§ 20 ff UmwStG erfasst; sie sind unter den dort genannten Voraussetzungen sowohl durch Einzelrechtsnachfolge als auch durch Gesamtrechtsnachfolge steuerneutral durchführbar. Auch die **Grunderwerbsteuerbefreiung** nach § 6a GrEStG setzt eine Umw nach dem UmwG voraus. Seit Streichung von § 132 aF kann im Einzelfall die Übertragung durch Spaltung auch zivilrechtl einfacher als diejenige durch Einzelrechtsnachfolge sein. So kann etwa das Eigentum an Grundstücken bereits mit Wirksamwerden der Spaltung und damit regelm schneller als durch Auflassung und Eintragung im Grundbuch (nach der Spaltung ist nur eine Grundbuchberichtigung durchzuführen) übertragen werden. In der Praxis wird dies etwa genutzt, um Vermögensgegenstände auf eine separate Ges zu übertragen, deren Anteile im Anschluss übertragen werden.

7 Im Vgl zur Spaltung durch Einzelrechtsübertragung sind etwa die gesamtschuldnerische Haftung aller beteiligten Rechtsträger nach § 133 I 1 und die nachwirkende Haftung gem § 134 nachteilig. Vielfach spielen auch Kostengesichtspunkte eine Rolle.

8 Ein **gutgläubiger** Erwerb ist bei der Sonderrechtsnachfolge nicht mögl (ganz hM; vgl Kallmeyer/*Kallmeyer/Sickinger* Rn 4 mwN; Semler/Stengel/*Kübler* Rn 8; Maulbetsch/Klumpp/Rose/*Raible* Rn 4; SBB/*Sagasser/Bultmann* § 18 Rn 130;

vgl auch § 20 Rn 32). Die übernehmenden Rechtsträger treten ledigl in die Rechtsstellung ein, die der übertragende Rechtsträger innehatte. Aus diesem Grund erfasst die Sonderrechtsnachfolge auch nicht stl Sonderbetriebsvermögen, das zivilrechtl Eigentum eines Gesellschafters ist (Kallmeyer/*Kallmeyer/Sickinger* Rn 4). Da die Übertragung auch der wesentl Betriebsgrundlagen des **Sonderbetriebsvermögens** vielfach Voraussetzung für die Steuerneutralität der Spaltung ist, sind hierzu ergänzende Rechtsakte durch Einzelrechtsnachfolge vorzusehen. Zu im **Ausland belegenem Verm** vgl § 20 Rn 33 f und *Kollmorgen/Feldhaus* BB 2007, 2189; *Racky* DB 2003, 923. Hier ist ggf ergänzend eine Übertragung nach der lokalen Rechtsordnung (lex rei sitae) – bei Aufspaltungen sinnvollerweise vor deren Wirksamwerden – vorzunehmen (Kallmeyer/*Kallmeyer/Sickinger* Rn 3). Zu **Übertragungshindernissen** vgl die Darstellung zu den einzelnen Vermögensgegenständen (Rn 12 ff) und Rn 11, 97 ff.

4. Aufteilungsmaßstab

9 Der Übergang des Verm richtet sich zunächst nach den Bestimmungen, die von den beteiligten Rechtsträgern im Spaltungsvertrag getroffen worden sind (Abs 1 Nr 1 S 1). Die dort (§ 126 I Nr 9) festgelegten Vermögensteile gehen jew als Gesamtheit (Sonderrechtsnachfolge) auf die im Spaltungsvertrag bestimmten Rechtsträger über. Die Behandlung von vergessenen Vermögensgegenständen richtet sich nach Abs 3 (dazu Rn 116 ff).

10 Die **Freiheit** der **Vermögensaufteilung** erfährt nur wenige, allerd bedeutende Einschränkungen (vgl auch § 126 Rn 66 ff); die in der Praxis wesentlichste folgt aus §§ 15, 16, 20, 21, 24 UmwStG. Danach kann das **stl Bewertungswahlrecht** nur in Anspruch genommen werden, wenn ein Teilbetrieb, ein Mitunternehmeranteil (bzw ein Teil eines Mitunternehmeranteils) oder eine 100%ige Beteiligung an einer KapGes (bei § 21 UmwStG: Eine sog mehrheitsvermittelnde Beteiligung an einer KapGes) übertragen werden.

11 **Weitere Einschränkungen** des Vermögensübergangs ergaben sich früher aus den allg Vorschriften, die die Übertragung untersagen oder wenigstens beschränken (Abs 1 Nr 1 S 2, § 132, jew aF. Diese Vorschriften sind mit Gesetz vom 19.4.2007 (BGBl I 542) ersatzlos aufgehoben worden. Der Gesetzgeber reagierte damit auf die fast ausnahmslose Kritik der Lit und Praxis (vgl Komm zu § 132 in der 4. Aufl 2006). Nunmehr unterliegt die Gesamtrechtsnachfolge bei Verschm und Spaltungen denselben Grdsen (RegEBegr BT-Drs 16/2919, 19). Damit wurden viele Unsicherheiten beseitigt (krit *Maier/Weiler* DB 2007, 1291). Nach Ansicht des Gesetzgebers bleiben – grdsl wie bei der Verschm – nur höchstpersönl Rechte und Pflichten von der Übertragbarkeit durch Gesamtrechtsnachfolge ausgeschlossen (RegEBegr BT-Drs 16/2919, 19). Ein betroffener Dritter sei durch die allg Vorschriften (Kündigung, Rücktritt, Wegfall der Geschäftsgrundlage oÄ) geschützt (RegEBegr BT-Drs 16/2919, 19). Da sich Praxis und Lit zuvor auf eine einschränkende Auslegung von § 132 aF stützten, sind die Auswirkungen im Einzelfall – abgesehen von nun sicheren Rechtsgrundlagen – eher gering. Allerd verbleiben einige Unterschiede zur Verschm, die darin begründet sind, dass bei der Spaltung nicht das gesamte Verm auf einen Rechtsträger übergeht und bei der Abspaltung/Ausgliederung der übertragende Rechtsträger nicht erlischt. Dies bewirkt etwa, dass rechtl Zusammenhänge zwischen Rechtspositionen (etwa akzessorische oder Nebenrechte) oder ein rechtl Vorrangverhältnis (etwa § 613a BGB) auch bei der Spaltung zu beachten sind. Vgl die Darstellung zu den einzel-

nen Vermögensgegenständen (Rn 12 ff). Unberührt bleibt nach Aufhebung von § 132 aF, dass Übertragungshindernisse, die bei Einzelrechtsübertragungen zu beachten sind, eine **Korrektur** auf **schuldrechtl Ebene** nach sich ziehen können (dazu überzeugend *Bitter* ZHR 173 [2009], 379).

5. Einzelne Vermögensgegenstände

Vgl ergänzend zu den nachfolgenden Ausführungen § 20 Rn 23 ff. 12

a) Grundstücke und grundstückgleiche Rechte. Das Eigentum an Grundstücken und grundstücksgleichen Rechten wie Teil- und Wohnungseigentumsrechte sowie Erbbaurechte gehen nach Maßgabe der Aufteilung im Spaltungsvertrag (zu den besonderen Anforderungen an die Bezeichnung im Spaltungsvertrag vgl § 126 Rn 81) mit Wirksamwerden der Spaltung auf den übernehmenden Rechtsträger über. Entsprechendes gilt für (ideelle) Miteigentumsanteile. Der Eigentumswechsel vollzieht sich ohne Eintragung der Rechtsänderung im Grundbuch (BGH WM 2008, 607; für die Einzelrechtsübertragung vgl § 873 I BGB). Auch der Besitz an Grundstücken geht ohne weitere Handlungen auf den übernehmenden Rechtsträger über (Kallmeyer/*Kallmeyer/Sickinger* Rn 5). Mit Wirksamwerden der Spaltung wird das Grundbuch unrichtig (BGH WM 2008, 607; Lutter/*Teichmann* Rn 25; Semler/Stengel/*Kübler* Rn 8; Semler/Stengel/*Schröer* Rn 22; KölnerKommUmwG/*Simon* Rn 32); für die folgende Berichtigung genügt die Vorlage eines beglaubigten Registerauszugs, aus dem die Eintragung der Spaltung in das Register des Sitzes des übertragenden Rechtsträgers ersichtl wird, und einer beglaubigten Abschrift des Spaltungsvertrags (vgl § 126 Rn 83 f). Bei Abspaltungen und Ausgliederungen kann die Grundbuchberichtigung auch mittels einer Berichtigungsbewilligung nebst Zustimmung des übernehmenden Rechtsträgers (§ 22 II GBO) durchgeführt werden (vgl § 126 Rn 83 f). Ferner ist eine Unbedenklichkeitsbescheinigung nach § 22 GrEStG vorzulegen (dazu Hauschild/Kallrath/Wachter/*Flüth* § 22 Rn 306). 13

Öffentl-rechtl Genehmigungen, die bei der Übertragung von Grundvermögen zu beachten sind, bedarf es bei der Übertragung durch Spaltung nicht (KölnerKommUmwG/*Simon* Rn 32; Maulbetsch/Klumpp/Rose/*Raible* Rn 22; aA Lutter/*Teichmann* Rn 27). Nach Streichung von § 132 gelten dieselben Grdse wie bei der Verschm (RegEBegr BT-Drs 167/919, 19). So geht etwa das Eigentum an Grundstücken in einem Umlegungsgebiet (§§ 45 ff, 51 I Nr 1 BauGB) oder in einem förml festgelegten Sanierungsgebiet (§ 144 II Nr 1 BauGB) auch ohne Genehmigung über. Entsprechendes gilt bei der Übertragung luf genutzter Grundstücke (§ 2 GrdsVG; BGH vom 26.11.2010, BLw 14/09; zur Rechtslage vor Streichung von § 132 vgl LG Ellwangen BWNotZ 1996, 125) und für Grundstücke im Beitrittsgebiet (GVO). Zu öffentl-rechtl Beschränkungen im Grundstücksverkehr vgl allg *Schöner/Stöber* Grundbuchrecht Rn 3800 ff. Zum Schicksal von grundstücksbezogenen Genehmigungen (etwa **Baugenehmigungen**) vgl Rn 85. Zu Pflichten nach dem BBodSchG vgl Rn 87. Vorkaufsrechte werden durch die Übertragung kraft Spaltung nicht ausgelöst (Hauschild/Kallrath/Wachter/*Flüth* § 22 Rn 307). 14

Durch Spaltung können – wie bei der Einzelrechtsnachfolge – auch ledigl **Teile eines Grundstücks** übertragen werden (Kallmeyer/*Kallmeyer/Sickinger* Rn 5; Widmann/Mayer/*Vossius* Rn 106; KölnerKommUmwG/*Simon* Rn 32; Maulbetsch/Klumpp/Rose/*Raible* Rn 24; aA *Schmidt-Ott* ZIP 2008, 1353). Der dingl Eigentumswechsel tritt in diesem Fall aber erst mit Entstehen des Teilgrundstücks 15 im Rechtssinne ein (vgl näher § 126 Rn 81). Schließl kann ein Grundstück auch im Wege der Einräumung von **Miteigentumsanteilen** auf verschiedene Rechtsträger aufgeteilt werden (Semler/Stengel/*Schröer* Rn 22; KölnerKommUmwG/*Simon* Rn 32). Praktisch bedeutsam ist dies, wenn ein Grundstück im stl Sinne ein spaltungshinderndes Wirtschaftsgut ist (vgl § 15 UmwStG Rn 75 ff). Eine Teilung nach dem **WEG** und Aufteilung auf die verschiedenen Rechtsträger mit dingl Wirkung mit Wirksamwerden der Spaltung ist hingegen nicht mögl. §§ 126 I 9, 131 I Nr 1 setzen bereits bestehende Gegenstände (Rechte) voraus (zutr Widmann/Mayer/*Vossius* Rn 112). Denkbar ist allerd die Einräumung von Bruchteilseigentum verbunden mit der Verpflichtung, nachträgl Wohnungs- oder Teileigentum zu bilden (Widmann/Mayer/*Vossius* Rn 112). Bereits existente Wohnungs- und Teileigentumseinheiten werden wie Grundstücke behandelt (Rn 13).

16 Ein Zustimmungsvorbehalt nach § 12 I WEG oder nach § 5 ErbbauRG ebenso wie schuldrechtl Zustimmungsvorbehalte hindern den Rechtsübergang nicht. Zum Schicksal von **Grundpfandrechten** vgl Rn 22. Wesentl Bestandteile eines Grundstücks oder Gebäudes gehen mit dem Grundstück über, da sie nicht Gegenstand bes Rechte sein können (§§ 93, 94 BGB). Eine isolierte Übertragung (oder Zurückbehaltung) scheidet daher aus (Maulbetsch/Klumpp/Rose/*Raible* Rn 25), während nicht wesentl Bestandteile, Scheinbestandteile (§ 95 BGB) und Zubehör (§§ 97, 98 BGB) Gegenstand bes Rechte sein können und damit unabhängig von der Hauptsache übertragen oder zurückbehalten werden können (Semler/Stengel/*Schröer* Rn 22; Lutter/*Teichmann* Rn 28).

17 **b) Nießbrauchsrechte, beschränkt persönliche Dienstbarkeiten, Vorkaufsrechte.** Ein **Nießbrauch** ist grdsl nicht übertragbar (§ 1059 I BGB). Nach § 1059a I Nr 1 BGB kann ein Nießbrauch allerd ausnahmsweise von einer jur Person im Wege der Gesamtrechtsnachfolge übertragen werden, wenn der Übergang nicht ausdrückl ausgeschlossen ist. Diese Ausnahme greift auch im Fall der partiellen Gesamtrechtsnachfolge ein (näher *Bungert* BB 1997, 897; Maulbetsch/Klumpp/Rose/*Raible* Rn 26; diff *Müntefering* NZG 2005, 64; aA Lutter/*Teichmann* Rn 30 ff: nur unter den Voraussetzungen von § 1059a I Nr 2 BGB; ebenso Semler/Stengel/*Schröer* Rn 42 bei Ausgliederungen und Abspaltungen). § 1059a I Nr 1 BGB ist auf OHG, KG und PartGes entspr anzuwenden (§ 1059a II BGB). Die Übertragung eines Nießbrauchrechts ist ferner nach § 1059a I Nr 2 BGB bei der Übertragung eines Teils eines Unternehmens mögl, wenn es diesem Teil des Unternehmens zu dienen geeignet ist (behördl Feststellung). Diese Ausnahmeregelung ist bei der Ausgliederung aus dem Verm eines **Einzelkaufmanns** oder einer Stiftung entspr anwendbar (Lutter/*Teichmann* Rn 32; aA Semler/Stengel/*Schröer* Rn 42; Maulbetsch/Klumpp/Rose/*Raible* Rn 26). Entsprechendes gilt für die Übertragung des Anspruchs auf Einräumung eines Nießbrauchs (§ 1059e BGB). Die Übertragbarkeit kann indes für Fälle der Gesamtrechtsnachfolge ausdrückl ausgeschlossen werden (§ 1059a I Nr 1 BGB). Dann verbleibt bei Abspaltungen und Ausgliederungen das Nießbrauchsrecht unabhängig von der Festlegung im Spaltungsvertrag beim übertragenden Rechtsträger, bei der Aufspaltung erlischt es ebenso wie bei der Verschm (§ 20 Rn 81), sofern der Besteller nicht anlässl der Übertragung ausdrückl zustimmt.

18 Auch beschränkt persönl **Dienstbarkeiten** (und Ansprüche auf deren Einräumung) sind grdsl nicht übertragbar (§ 1092 I 1 BGB). Nach § 1092 II BGB finden jedoch §§ 1059a–1059d BGB entspr Anwendung (Maulbetsch/Klumpp/Rose/*Raible* Rn 27). Die Ausführungen zum Nießbrauch gelten daher entspr. Für

bestimmte Leitungsrechte (Energie, Wasser, Bahnanlagen etc) vgl § 1092 III BGB (hierzu *Bungert* BB 1997, 897, 900).

Subjektiv-dingl Vorkaufsrechte können grdsl nur übertragen werden, wenn dies vereinbart ist (§ 1098 III BGB). Fehlt eine derartige Vereinbarung, so ist die Übertragung nach Maßgabe von §§ 1059a–1059d BGB dennoch mögl. Dies gilt auch für die partielle Gesamtrechtsnachfolge. Die Ausführungen zum Nießbrauch gelten wiederum entspr. 19

Schuldrechtl Vorkaufsrechte sind grdsl nicht übertragbar, sofern nicht ein anderes bestimmt ist (§ 473 BGB). Zeitl beschränkte Vorkaufsrechte sind im Zweifel vererbbar, aber nicht übertragbar (§ 473 S 1 BGB). Die Vorschrift ist ein relatives Veräußerungsverbot iSv § 135 BGB (Palandt/*Weidenkaff* BGB § 473 Rn 2). Wird ein nicht übertragbares Vorkaufsrecht durch Spaltung übertragen, entfaltet dies ggü dem Berechtigten keine Wirkung (§ 135 BGB). Macht er die Unwirksamkeit geltend, verbleibt es beim übertragenden Rechtsträger, bei der Aufspaltung erlischt es. 20

Da schon die Übertragbarkeit der genannten Rechte nur sehr eingeschränkt mögl ist, kommt eine **Aufteilung** auf verschiedene Rechtsträger nicht in Betracht. Mit dem persönl Charakter der Rechte lässt sich dies nicht vereinbaren. 21

c) Grundpfandrechte. Rechte aus Hypotheken, Grundschulden und Rentenschulden gehen im Wege der partiellen Gesamtrechtsnachfolge auf den übernehmenden Rechtsträger über. Sofern ein Brief ausgestellt ist, bedarf es keiner Übergabe. Die Umschreibung im Grundbuch ist ledigl eine Berichtigung. Soweit die Übernehmerin die Hypothek oder Grundschuld weiter übertragen will, ist analog § 40 I GBO eine Voreintragung nicht erforderl. 22

Bei einer **Hypothek** ist allerd zu beachten, dass die Forderung nicht ohne die Hypothek, die Hypothek nicht ohne die Forderung übertragen werden kann (§ 1153 II BGB; vgl auch Rn 84). Wird dieser Zshg im Spaltungsvertrag nicht beachtet, so geht der Anspruch aus der Hypothek auf denjenigen Rechtsträger über, dem die Forderung zugewiesen wird; verbleibt die gesicherte Forderung beim übertragenden Rechtsträger, geht eine im Spaltungsvertrag vereinbarte Übertragung der Hypothekenforderung ins Leere (Semler/Stengel/*Schröer* Rn 34; Lutter/*Teichmann* Rn 29; KölnerKommUmwG/*Simon* Rn 33; Maulbetsch/Klumpp/Rose/*Raible* Rn 29). Denn die Hypothek folgt der Forderung und nicht umgekehrt (§ 1153 I BGB). Wegen der fehlenden Akzessorietät können hingegen **Grundschuld**- und Rentenschuldforderungen einerseits und die dazugehörigen persönl Forderungen andererseits auf verschiedene Rechtsträger übertragen werden (Semler/Stengel/*Schröer* Rn 34; Lutter/*Teichmann* Rn 29; Maulbetsch/Klumpp/Rose/*Raible* Rn 29). Sinn macht dies wegen der Bestimmungen in den Zweckbestimmungserklärungen meist nicht (vgl Lutter/*Teichmann* Rn 29: kann missbräuchl sein). 23

d) Bewegliche Sachen. Bewegl Sachen gehen entspr der Aufteilung im Spaltungsvertrag auf den übernehmenden Rechtsträger über, ohne dass hinsichtl der einzelnen bewegl Sachen Einigung und Übergabe bzw Übergabesurrogat (§§ 929–931 BGB) notw wäre. Der Besitz an den Sachen geht ohne weitere Handlungen auf den übernehmenden Rechtsträger über (Kallmeyer/*Kallmeyer/Sickinger* Rn 5). Der Eigentumsübergang erstreckt sich unabhängig von der Aufnahme im Spaltungsvertrag jedoch nur auf Gegenstände, die im Eigentum des übertragenden Rechtsträgers stehen. Bei der Gesamtrechtsnachfolge ist ein gutgläubiger Erwerb (§§ 932–935 BGB) ausgeschlossen (Rn 8). 24

25 Zur Übertragung von **Anwartschaften,** etwa bei unter Vorbehaltseigentum gelieferten bewegl Sachen, vgl Rn 28. War der übertragende Rechtsträger bloßer Sicherungseigentümer, tritt der übernehmende Rechtsträger kraft Gesamtrechtsnachfolge automatisch in dessen Rechtsposition; einer gesonderten Abtretung des Herausgabeanspruchs im Spaltungsvertrag entspr § 931 BGB bedarf es nicht.

26 Da **Sicherungseigentum** kein Nebenrecht iSv § 401 BGB ist (Palandt/*Grüneberg* BGB § 401 Rn 5; zu Nebenrechten Rn 84), ist darauf zu achten, dass die gesicherte Forderung, das Sicherungseigentum und die Sicherungsabrede auf denselben Rechtsträger übertragen werden. Eine Übertragung auf verschiedene Rechtsträger ist zwar mögl, aber regelm nicht sinnvoll. Auch bei Fehlen einer ausdrückl Regelung (etwa in Form einer allg Zuordnungsklausel) wird man den Spaltungsvertrag oftmals so auslegen können, dass das Sicherungseigentum und die Sicherungsabrede gemeinsam mit der gesicherten Forderung übergegangen sind.

27 Ebenso wie bei Immobilien (Rn 15) kann auch bei bewegl Sachen ledigl ideelles **Miteigentum** übertragen werden (Maulbetsch/Klumpp/Rose/*Raible* Rn 31). Dies gilt für bereits bestehendes Miteigentum ebenso wie für die Einräumung von Miteigentum. Im Wege der Spaltung kann eine bewegl Sache also auf mehrere übernehmende Rechtsträger übertragen werden bzw ein Miteigentumsanteil bei dem übertragenden Rechtsträger verbleiben.

28 **e) Anwartschaften, wirtschaftliches Eigentum.** Anwartschaften können durch Gesamtrechtsnachfolge ohne gesonderten Übertragungsakt auf den übernehmenden Rechtsträger über. Hierfür genügt die Angabe des Gegenstandes, auf den sich das Anwartschaftsrecht bezieht, im Spaltungsvertrag (vgl § 126 Rn 86). Prakt Bedeutung hat dies insbes für Gegenstände, die unter **Vorbehaltseigentum** an den übertragenden Rechtsträger geliefert worden sind. Der Schutz von § 161 BGB steht dann dem übernehmenden Rechtsträger zu. Regelm wird es sinnvoll sein, die Gegenstände unter Vorbehaltseigentum und dazugehörige Verb auf den gleichen Rechtsträger zu übertragen; zwingend ist dies allerd nicht. Fehlt eine eindeutige Festlegung im Spaltungsvertrag, wird man im Regelfall im Wege der Auslegung eine gleichlaufende Übertragung annehmen können. Das Anwartschaftsrecht geht auch dann über, wenn die beteiligten Rechtsträger versehentl davon ausgingen, dass der Gegenstand bereits im Eigentum des übertragenden Rechtsträgers steht, es sei denn, es gibt zwingende Anhaltspunkte gegen diese Auslegung (Abs 3). Werden Rechtspositionen (etwa Leasingverträge, Treuhandverhältnisse), die dem übertragenden Rechtsträger nach bilanziellen und stl Maßstäben (§§ 246 I 2 HGB, 39 II Nr 1 AO) **wirtschaftl Eigentum** verschafft haben, übertragen, geht meist auch das wirtschaftl Eigentum über. Die Übertragung nur des wirtschaftl Eigentums auf einen übernehmenden Rechtsträger setzt hingegen ergänzende Vereinbarungen voraus (etwa den Abschluss eines Leasingvertrags, vgl auch § 126 Rn 111; vgl auch *Sistermann/Beutel* DStR 2011, 1162, 1163).

29 **f) Pfandrechte.** Pfandrechte gehen wie alle anderen Nebenrechte iSv § 401 BGB automatisch auf den Rechtsträger über, der laut Spaltungsvertrag die gesicherte Forderung erhält. Hiervon abw Regelungen im Spaltungsvertrag sind unwirksam (Semler/Stengel/*Schröer* Rn 34; Maulbetsch/Klumpp/Rose/*Raible* Rn 37). Vgl auch Rn 84.

30 **g) Forderungen.** Forderungen gehen auf den Rechtsträger über, dem sie im Spaltungsvertrag zugeteilt worden sind. Zugleich gehen damit unselbstständige

Nebenrechte iSv § 401 BGB auf diesen Rechtsträger über (Rn 84). Gleiches gilt für bloße **Hilfsrechte** (Recht zur Fälligkeitskündigung, Anspruch auf Rechnungslegung etc). Entsprechendes ist bei **Gestaltungsrechten** (Kündigung, Rücktritt etc) anzunehmen (Semler/Stengel/*Schröer* Rn 14; KölnerKomm-UmwG/*Simon* Rn 27). Zum Schutz der Schuldner gelten §§ 404 ff BGB nach der Forderungsübertragung (*Rieble* ZIP 1997, 301, 309 f; Kallmeyer/*Kallmeyer/Sickinger* Rn 7; Lutter/*Teichmann* Rn 36; Widmann/Mayer/*Vossius* Rn 89 ff; Maulbetsch/Klumpp/Rose/*Raible* Rn 38). Insbes kann der Schuldner unter den Voraussetzungen von § 407 BGB schuldbefreiend noch an den übertragenden Rechtsträger leisten. Die Eintragung der Spaltung bzw deren Bekanntmachung ist keine Abtretungsanzeige, sie ersetzt sie auch nicht (Widmann/Mayer/*Vossius* Rn 91; Maulbetsch/Klumpp/Rose/*Raible* Rn 38). Zu **Einzugsermächtigungen** und Daueraufträgen vgl KölnerKommUmwG/*Simon* Rn 40.

Bei Abtretungsverboten ist zu unterscheiden. Die Übertragung durch Spaltung ist kein gesetzl Forderungsübergang iSv § 412 BGB (str; vgl Semler/Stengel/*Kübler* § 20 Rn 14; Palandt/*Grüneberg* BGB § 412 Rn 1). **Vereinbarte Abtretungsverbote** (§ 399 Alt 2 BGB; vgl aber die prakt wichtige Ausnahme nach § 354a HGB) wirken bei der Übertragung durch Spaltung ebenso wie bei Verschm (vgl § 20 Rn 74; Semler/Stengel/*Kübler* § 20 Rn 13; Kallmeyer/*Marsch-Barner* § 20 Rn 8) nicht (ebenso Semler/Stengel/*Schröer* Rn 31; KölnerKommUmwG/*Simon* Rn 27; *Rubel/Sandhaus* Der Konzern 2009, 327, 332; enger Lutter/*Teichmann* Rn 37: gemeinsam mit dem Betrieb, in dem sie begründet sind). Dies gilt nicht nur bei Aufspaltungen, sondern auch bei Abspaltungen und Ausgliederungen, bei denen der Forderungsinhaber nicht erlischt. Die Streichung von § 132 aF und § 131 I Nr 1 S 2 aF sollte gerade bewirken, dass die Gesamtrechtsnachfolge bei Verschm und (allen Arten der) Spaltung nach denselben Grdsen zu beurteilen ist (RegEBegr BT-Drs 16/2919). 31

Eine Forderung kann nach § 399 Alt 1 BGB ferner nicht abgetreten werden, wenn die Leistung an einen anderen nicht ohne **Inhaltsänderung** erfolgen kann. Hier muss vorrangig geprüft werden, ob tats durch die Übertragung auf einen übernehmenden Rechtsträger eine Inhaltsänderung eintreten würde (Semler/Stengel/*Schröer* Rn 31; Lutter/*Teichmann* Rn 38; *Rubel/Sandhaus* Der Konzern 2009, 327, 332). So ist der Anspruch auf Dienstleistung nur im Zweifel nicht übertragbar (§ 613 S 2 BGB). Bei der Aufspaltung von Unternehmen wird vielfach gerade keine Inhaltsänderung eintreten. Für ArbVerh gilt § 613a BGB (vgl Rn 58). Zu Vorkaufsrechten vgl Rn 20. IÜ stellen sich in diesen Fällen ähnl Fragen wie bei der Verschm. Obwohl nach Ansicht des Gesetzgebers dieselben Grdse wie bei Verschm gelten sollen (RegEBegr BT-Drs 16/2919, 19), sind indes spezifische Besonderheiten der Spaltung zu berücksichtigen. 32

Eine Fallgruppe sind **höchstpersönl Ansprüche** (*Rubel/Sandhaus* Der Konzern 2009, 327, 331). Sie gehen auch bei einer Verschm nicht über (RegEBegr BT-Drs 16/2919, 19). Die Rechtsfolge des Erlöschens tritt indes nur bei Aufspaltungen ein, während bei Abspaltungen/Ausgliederungen das Recht beim übertragenden Rechtsträger verbleibt. Forderungen, die bei Übertragung eine **Inhaltsänderung** erfahren, können hingegen – wie bei der Verschm (etwa Semler/Stengel/*Kübler* § 20 Rn 14) – durch Spaltung übertragen werden; im Einzelfall kann dem Verpflichteten nach allg Regeln ein Recht auf außerordentl Kündigung oder Vertragsanpassung zustehen (RegEBegr Drs 16/2919, 19; Semler/Stengel/*Schröer* Rn 31; KölnerKommUmwG/*Simon* Rn 27). Das gilt aber auch für Abspaltungen/Ausgliederungen, weil nur so der gesetzgeberische Wille (RegEBegr 33

Drs 16/2919, 19) der Gleichstellung der Spaltung mit der Verschm für alle Spaltungsarten erfüllt wird. Eine spaltungsspezifische Besonderheit besteht bei unselbstständigen **Nebenrechten;** sie teilen das Schicksal der Hauptforderung (vgl Rn 84).

34 Auch Forderungen, die der übertragende Rechtsträger nur sicherungshalber innehat (etwa aus **Globalzession**), gehen entspr den Festlegungen im Spaltungsvertrag über. Forderungen aufgrund **Sicherungsabtretung** sind keine Nebenrechte iSv § 401 BGB; sie teilen mithin nicht das Schicksal der besicherten Forderung. Wie auch etwa beim Sicherungseigentum (Rn 26) ist aber eine Trennung meist nicht ratsam; bei Fehlen ausdrückl Regelungen wird oft die Auslegung greifen, dass die Sicherungsforderung gemeinsam mit der besicherten Forderung übergeht.

35 Forderungen, die eine **teilbare Leistung** zum Inhalt haben, können aufgeteilt und auf verschiedene Rechtsträger übertragen werden. Dies ist für die Einzelrechtsübertragung im Wesentl anerkannt (Palandt/*Grüneberg* BGB § 398 Rn 10). Es ist kein Grund ersichtl, warum bei der Sonderrechtsnachfolge andere Maßstäbe gelten sollen (Lutter/*Teichmann* Rn 36). Schließl kann eine Forderung, insbes eine nicht teilbare, auch auf mehrere Rechtsträger übertragen werden. In diesem Fall tritt **Mitgläubigerschaft** ein (§ 432 BGB). Eine Gesamthandsgläubigerschaft (so Lutter/*Teichmann* Rn 36) entsteht nur bei ausdrückl Vereinbarung (Gründung der Gesamthand = wohl GbR). Ohne derartige Vereinbarung bewirkt Abs 1 Nr 1 nur den Übergang von bereits bestehenden Rechtspositionen, nicht aber die Begr neuer Rechtsverhältnisse.

36 **h) Wertpapiere, verbriefte Forderungen.** Wertpapiere gehen ohne gesonderten Übertragungsakt auf denjenigen übernehmenden Rechtsträger über, dem sie im Spaltungsvertrag zugeordnet worden sind. Bei Orderpapieren (zB Schecks und Wechsel) bedarf es für die wirksame Übertragung keines Indossaments (Semler/Stengel/*Schröer* Rn 32). Die Rechtsnachfolge kann sowohl außergerichtl als auch im Wechsel- bzw Scheckprozess durch einen beglaubigten Registerauszug, aus dem sich das Wirksamwerden der Spaltung ersehen lässt, und durch eine beglaubigte Abschrift des Spaltungsvertrags nachgewiesen werden (Widmann/Mayer/*Vossius* § 20 Rn 315); entspr gilt für Namenspapiere (Widmann/Mayer/*Vossius* § 20 Rn 314).

37 Die Übertragung der (abstrakten) Wechsel- oder Scheckforderung und der zugrunde liegenden persönl Forderung auf verschiedene Rechtsträger ist mögl, regelm aber nicht sinnvoll. Zumeist wird im Begebungsvertrag die Abrede getroffen, dass der Gläubiger vorrangig Befriedigung aus dem Wertpapier suchen muss. In diesem Fall kann die persönl Forderung nur Zug um Zug gegen Rückgabe des Wechsels oder Schecks geltend gemacht werden.

38 **i) Beteiligungen, Mitgliedschaften.** Beteiligungen an anderen Rechtsträgern gehen grdsl nach Maßgabe der Bestimmungen im Spaltungsvertrag auf die übernehmenden Rechtsträger über. Zunächst bestehen keine Besonderheiten im Vgl zur Übertragung von Beteiligungen (Mitgliedschaften) anlässl einer Verschm (vgl § 20 Rn 63 ff). Anteile an **KapGes** (GmbH, AG, KGaA, SE) sind grdsl übertragbar (zu Vinkulierungen vgl Rn 40). Beteiligungen an **PersGes** (GbR, OHG, KG) können – allg im Gesellschaftsvertrag oder im Einzelfall – übertragbar ausgestaltet werden. In diesem Fall können die Beteiligungen übertragen werden. IÜ ist zu unterscheiden: Die Stellung als **GbR-Gesellschafter** oder **Komplementär** ist nach dem gesetzl Leitbild höchstpersönl (§§ 727 I BGB, 131 II Nr 1 HGB).

Sie kann ohne Gestattung im Gesellschaftsvertrag oder im Einzelfall auch durch Gesamtrechtsnachfolge nicht übertragen werden (Semler/Stengel/*Schröer* Rn 26; Lutter/*Teichmann* Rn 52; Maulbetsch/Klumpp/Rose/*Raible* Rn 48; Henssler/Strohn/*Wardenbach* Rn 7; weiter KölnerKommUmwG/*Simon* Rn 22; *Rubel/Sandhaus* Der Konzern 2009, 327, 333: Auslegung im Einzelfall; aA *Dreyer* JZ 2007, 606, 610 ff; *Ihrig*, Liber Americorum Martin Winter, 2011, 297, 308 ff). Eine davon zu unterscheidende Frage ist, ob im Einzelfall ggf aus Treuepflicht eine Zustimmungspflicht besteht, da bei Beteiligung von spaltungsfähigen Rechtsträgern an PersGes vielfach die personalistische Struktur in den Hintergrund tritt (vgl auch Lutter/*Teichmann* Rn 52). Scheitert die Übertragung, bleibt die Gesellschafterstellung beim übertragenden Rechtsträger; bei einer Aufspaltung geht der Abfindungs- oder Liquidationsanspruch über. Anderes gilt für eine **Kommanditbeteiligung** oder die Rechtsstellung eines **stillen Gesellschafters,** die gesetzl als grdsl übertragbar ausgestaltet sind (§§ 177, 234 II HGB). Diese Rechtsstellungen können auch durch Spaltung übertragen werden, sofern nicht die Übertragbarkeit ausdrückl ausgeschlossen ist (Semler/Stengel/*Schröer* Rn 26; KölnerKommUmwG/*Simon* Rn 22; Maulbetsch/Klumpp/Rose/*Raible* Rn 48; *Rubel/Sandhaus* Der Konzern 2009, 327, 333). Zu Zustimmungsvorbehalten vgl Rn 40. Zu stillen Beteiligungen vgl näher *Jung* ZIP 1996, 1734. Bei **Genossenschaftsanteilen** greift bei Aufspaltungen (Erlöschen des übertragenden Rechtsträgers) § 77a S 2 GenG ein: Die Mitgliedschaft geht über, sie endet jedoch zum Schluss des Gj (ebenso *Müntefering* NZG 2005, 64, 66; *Mayer* GmbHR 1996, 403, 410). Nichts anderes gilt nach Sinn und Zweck dieser Vorschrift bei einer Übertragung anlässl Abspaltungen/Ausgliederungen. Soll die Mitgliedschaft erhalten bleiben, muss sie zurückbehalten werden (Semler/Stengel/*Schröer* Rn 25; Lutter/*Teichmann* Rn 53).

Vereinsmitgliedschaften (zB Berufsverbände) sind grdsl höchstpersönl und daher auch durch Verschm (§ 20 Rn 70) nicht übertragbar (§ 38 BGB), soweit die Satzung nichts Abweichendes regelt (§ 40 BGB; Auslegung!). Sie gehen daher bei Aufspaltungen wie auch bei Übertragung durch Abspaltungen/Ausgliederungen unter, können in letzterem Fall jedoch zurückbehalten werden (Semler/Stengel/*Schröer* Rn 24; Maulbetsch/Klumpp/Rose/*Raible* Rn 47; aA Lutter/*Teichmann* Rn 51: Übergang der Mitgliedschaft, wenn der übernehmende Rechtsträger die Voraussetzungen erfüllt; KölnerKommUmwG/*Simon* Rn 23). Zu den Auswirkungen auf Tarifverträge vgl Rn 65. 39

Die eigentl Problematik bei der Übertragung von Beteiligungen (Mitgliedschaften) liegt darin begründet, ob Übertragungsbeschränkungen (Zustimmungsvorbehalte, **Vinkulierungen** etc) zu beachten sind. Nach überwiegender Ansicht hindern derartige Vinkulierungen den Übergang bei Verschm nicht (§ 20 Rn 20). Eine unterschiedl Behandlung von Spaltungen (auch Abspaltungen/Ausgliederungen) ist nach Streichung von § 132 aF keinesfalls mehr gerechtfertigt (Semler/Stengel/*Schröer* Rn 26; KölnerKommUmwG/*Simon* Rn 21; Maulbetsch/Klumpp/Rose/*Raible* Rn 48; *Rubel/Sandhaus* Der Konzern 2009, 327, 333; Henssler/Strohn/*Wardenbach* Rn 6; aA Lutter/*Teichmann* Rn 53). 40

Die **Aufteilung** von GmbH-Geschäftsanteilen auf verschiedene Rechtsträger ist zwischenzeitl grdsl zulässig. Ein Anteil kann ferner auf verschiedene Rechtsträger unter Begr einer Mitberechtigung (§ 18 GmbHG) übertragen werden. Bei Beteiligungen an AG ist zu unterscheiden: Einzelne Aktien sind unteilbar (§ 8 V AktG), verschiedene Aktien können aber auf verschiedene Rechtsträger übertragen werden. 41

42 **j) Immaterialgüterrechte, Firma, persönliche Daten.** Patentrechte (§ 15 PatentG), Geschmacksmuster (§ 29 GeschmMG), Gebrauchsmuster (§ 22 GebrMG) und Markenzeichen (§ 27 MarkenG) gehen nach Maßgabe der Bestimmungen im Spaltungsvertrag auf den übernehmenden Rechtsträger über (vgl auch die Auslegungsregel in § 27 II MarkenG). Entsprechend verhält es sich mit Lizenzrechten für derartige Rechte. Ein **Urheberrecht** ist nicht übertragbar (§ 29 UrhG); es steht nur dem Schöpfer zu. Das Nutzungsrecht hieran kann ohne Zustimmung des Urhebers (§ 34 I UrhG) durch Spaltungen übertragen werden (Semler/Stengel/*Schröer* Rn 42). Für die **Firma** gilt für Aufspaltungen über § 125 die Sonderregelung nach § 18 (vgl § 125 Rn 16). Bei Abspaltungen/Ausgliederungen kann die Firma nicht isoliert, aber gemeinsam mit dem Handelsgeschäft (§ 23 HGB) übertragen werden; der Ausschluss von § 18 durch § 125 bei Abspaltungen/Ausgliederungen hindert dies nicht (Semler/Stengel/*Schröer* Rn 44; Lutter/*Teichmann* Rn 50). Mit übergehenden Rechtsverhältnissen zusammenhängende **persönl Daten** können regelm ohne Zustimmung der Vertragspartner übertragen werden (dazu ausführl *Bitter* ZHR 173, 379; Lutter/*Teichmann* Rn 97 ff; Semler/Stengel/*Schröer* Rn 39; KölnerKommUmwG/*Simon* Rn 41). Eine entspr Klausel, auch nicht erforderl Daten zu übermitteln, ist nicht nach § 134 BGB nichtig (BGHZ 171, 180, 187). Anderes gilt für Rechtsträger, deren Mitarbeiter der Verschwiegenheit unterliegen (§ 203 StGB), insbes Ärzte, RA, WP und StB. Hier bedarf es der Einwilligung der Betroffenen (Lutter/*Teichmann* Rn 45, 102). Zur Übertragung von **Kreditportfolien** unter Berücksichtigung des **Bankgeheimnisses** vgl *Bitter* ZHR 173 (2009), 379.

43 Soweit die Immaterialgüterrechte in **Registern** eingetragen sind (etwa Patentrolle, Markenregister), vollzieht sich der Übergang unabhängig von der Eintragung des Inhaberwechsels. Das Register wird vielmehr durch das Wirksamwerden der Spaltung unrichtig und ist zu berichtigen (Lutter/*Grunewald* § 20 Rn 16).

44 Eine Aufteilung der genannten Immaterialgüterrechte auf verschiedene Rechtsträger kommt nicht in Betracht. Sie können aber zur gemeinsamen Ausübung auf verschiedene Rechtsträger übertragen werden (vgl auch Rn 35).

45 **k) Verbindlichkeiten und Rückstellungen. Verb** gehen nach Maßgabe der Festlegungen im Spaltungsvertrag auf den übernehmenden Rechtsträger über. Im Ggs zur Einzelrechtsübertragung bedarf es hierzu keiner Mitwirkung der Gläubiger (§§ 414, 415 BGB). Die Gläubiger sind durch die gesamtschuldnerische Haftung (§ 133 I 1) und das Recht, Sicherheitsleistung zu verlangen (§ 22), ausreichend geschützt (Lutter/*Teichmann* Rn 11; KölnerKommUmwG/*Simon* Rn 28). Zum Übergang von Kreditverträgen vgl Rn 49. Eine zur Sicherung von Verb abgegebene Globalzession geht nicht automatisch mit der Verb über; sie erfasst iÜ nicht Forderungen, die der übernehmende Rechtsträger in seinem Geschäftsbetrieb begründet hat (zur Verschm vgl BGH DB 2008, 49). Auch bereits entstandene **Steuerverbindlichkeiten** können durch Spaltung übertragen werden (Lutter/*Teichmann* Rn 39; *Leitzen* DStR 2009, 1853; allerd **aA** BFH BStBl II 2003, 835 zu einer Ausgliederung; wohl aus dem nicht eintretenden Parteiwechsel im FG-Prozess abgeleitet; vgl aber auch BFH GmbHR 2010, 163 zu einer Abspaltung: Vorrang von **§ 45 AO** und damit nur bei Gesamtrechtsnachfolge ieS; offengelassen für Fälle nach Aufhebung von § 132 aF; anders noch Vorinstanz FG Sachsen-Anhalt DStRE 2009, 608; anders für Aufspaltungen AEAO § 45 Rn 2; krit auch *Podewils* GmbHR 2010, 166 – vgl auch Rn 85 ff).

46 Eine Ausnahme gilt für höchstpersönl (Rechte und) Pflichten. Vgl näher Rn 92.

Die **Aufteilung** von Verb auf verschiedene Rechtsträger ist, soweit diese teilbar sind, mögl (Semler/Stengel/*Schröer* Rn 33; KölnerKommUmwG/*Simon* Rn 28; Widmann/Mayer/*Vossius* Rn 162, anders RegEBegr BR-Drs 75/94 zu § 126). Dies verstößt nicht gegen § 266 BGB. Die Vorschrift ist unmittelbar ohnehin nicht anwendbar, da durch die Spaltung nicht Teilleistungen erbracht werden, sondern die Verb selbst geteilt wird (ebenso Semler/Stengel/*Schröer* Rn 33). Es lässt sich hieraus aber auch ein generelles Teilungsverbot nicht ableiten (aA *Rieble* ZIP 1997, 301, 310), da § 266 BGB durch § 242 BGB eingeschränkt wird (Palandt/*Grüneberg* BGB § 266 Rn 8). Der Gläubiger muss die Teilleistung akzeptieren, wenn ihm die Abnahme bei verständiger Würdigung der Lage des Schuldners und seiner eigenen schutzwürdigen Interessen zuzumuten ist. Dies wird bei Spaltungen regelm anzunehmen sein. Zulässig ist auch die ungeteilte Übertragung auf mehrere Rechtsträger; in diesem Fall tritt unabhängig von § 133 I 1 **Gesamtschuldnerschaft** ein. Manche Verpflichtungen (etwa Unterlassungsverpflichtungen) gehen ggf unabhängig von den Festlegungen im Spaltungsvertrag auf verschiedene Rechtsträger über (vgl Rn 80). Ansprüche aus Sicherungsabreden (etwa Anspruch auf Rückübertragung von sicherungsübereigneten Gegenständen, vgl dazu Rn 26) gehen nicht zugleich mit der Verb über. Bei Fehlen von ausdrückl Regelungen im Spaltungsvertrag wird eine Auslegung jedoch oft zu diesem Erg führen. **47**

Die den **RSt** (§ 249 HGB) zugrunde liegenden Verb bzw. Verpflichtungen gehen nach Maßgabe der Bestimmungen im Spaltungsvertrag auf die übernehmenden Rechtsträger über. Zu **Pensionsrückstellungen** vgl auch Rn 81. **48**

l) Rechte und Pflichten aus Schuldverhältnissen. Mit Wirksamwerden der Spaltung gehen Schuldverhältnisse nach Maßgabe der Bestimmungen im Spaltungsvertrag auf die übernehmenden Rechtsträger über. Die Grdse der gewillkürten Vertragsübernahme gelten bei der Sonderrechtsnachfolge nicht. Dies gilt auch für Dauerschuldverhältnisse. Dem übernehmenden Rechtsträger können also Miet-, Pacht- oder Leasingverträge, aber auch Kreditverträge, übertragen werden, ohne dass es einer Mitwirkung des anderen Teils bedarf (BGH NZG 2003, 1172, 1173, aber Zweifel für die Übertragung der Mieterposition; hierzu aber OLG Karlsruhe DB 2008, 2241; OLG Dresden WM 2008, 2335; LG Berlin Urt vom 12.10.2006 – 67 S 235/06; vgl auch BGH DB 2010, 612 zu Formwechsel; Semler/Stengel/*Schröer* Rn 35; Lutter/*Teichmann* Rn 43; Widmann/Mayer/*Vossius* Rn 93; KölnerKommUmwG/*Simon* Rn 30; zur Übertragung von Kreditverträgen vgl ausf *Bitter* ZHR 173 [2009], 379). Zum Übergang des Mietvertrags bei Übertragung des Grundstücks vgl Rn 82. Zur Behandlung von höchstpersönl Rechten und Pflichten und **Auftragsverhältnissen** vgl Rn 92. Im Einzelfall kann der Vertragspartner nach allg Vorschriften ein Recht auf Anpassung oder außerordentl Kündigung haben (RegEBegr BT-Drs 16/2919, 19; Semler/Stengel/*Schröer* Rn 36; vgl dazu *Schreier/Leicht* NZG 2011, 121; zu Kreditverträgen *Bitter* ZHR 173 [2009], 379, 429 ff). Dies gilt aber grdsl nicht für Miet- und Kreditverträge (Semler/Stengel/*Schröer* Rn 36). Zu **Vertragsangeboten** vgl *Mutter/Stehle* GmbHR 2003, 290. Sie sind übertragbar, ebenso wie Rechte aus **Optionen** (Lutter/*Teichmann* Rn 48). Zu **ArbVerh** vgl Rn 58. Zum ggf damit verbundenen Übergang des **wirtschaftl Eigentums** an Gegenständen vgl Rn 28. **49**

Von bes Bedeutung für die Praxis ist die Frage, ob einheitl Schuldverhältnisse, insbes **Dauerschuldverhältnisse,** auf verschiedene Rechtsträger **aufgeteilt** werden können. Spaltet etwa ein Rechtsträger, der Vertragshändler für ein bestimmtes **50**

Produkt ist, einzelne Filialen ab, wird die Spaltung ggf nur Sinn machen, wenn jedem übernehmenden Rechtsträger die Vertragshändlerposition eingeräumt werden kann.

51 Die Zulässigkeit der Aufteilung von Dauerschuldverhältnissen muss diff betrachtet werden. Zu unterscheiden sind die Aufteilung eines Schuldverhältnisses durch Übertragung von Leistung und Gegenleistung (auch einzelner – teilbarer – Leistungen/Gegenleistungen) auf verschiedene Rechtsträger (Rn 52), weiter die Aufteilung eines unverändert einheitl Schuldverhältnisses auf mehrere Rechtsträger (Rn 56) und schließl die reale Teilung eines Schuldverhältnisses mit der Folge, dass zukünftig mehrere, voneinander unabhängige Schuldverhältnisse entstehen (Rn 57).

52 Die **Aufteilung** von **Leistung und Gegenleistung,** also der einzelnen Ansprüche und Verb, ist grdsl zulässig (hM; etwa Semler/Stengel/*Schröer* Rn 38; Lutter/*Teichmann* Rn 47; Widmannn/Mayer/*Vossius* Rn 94 ff mwN; KölnerKommUmwG/*Simon* Rn 31; aA *Engelmeyer* S 50). Eine derartige Teilung des Schuldverhältnisses ist nichts anderes als die Abtretung von Ansprüchen und die Übertragung von Verb. Beides ist grdsl bei Spaltung mögl, Rn 30 und Rn 45. Grenzen bestehen bei der Abtretung eines Vertragsanspruchs, die zu einer **Leistungsänderung** führen würde (Rn 32).

53 IÜ sind die schutzwürdigen Interessen des Vertragspartners zu beachten. Regelm sind sie allerd nicht verletzt. Sämtl Rechtsträger haften zunächst für die Verb aus dem Schuldverhältnis als Gesamtschuldner, § 133. Als Schuldner ist der Vertragspartner durch §§ 404 ff BGB geschützt (vgl Rn 30). Eine Leistungserweiterung tritt grdsl nicht ein.

54 Die **Aufteilung** von **einzelnen,** aus den einheitl Schuldverhältnissen resultierenden **Ansprüchen und Verb** ist im Grds ebenfalls nicht zu beanstanden (KölnerKommUmwG/*Simon* Rn 31; Maulbetsch/Klumpp/Rose/*Raible* Rn 40). Maßgebl ist die jew Selbstständigkeit und die Teilbarkeit der Leistungen (vgl hierzu auch *Rieble* ZIP 1997, 301, 310). An der Selbstständigkeit fehlt es etwa bei unselbstständigen Nebenrechten iSv § 401 BGB (vgl Rn 30, 84). Bei der Beurteilung der Teilbarkeit/Selbstständigkeit sind vorrangig die Interessen des Vertragspartners zu berücksichtigen. Zweifelhaft ist eine Aufteilung von Primär- und aufgrund Leistungsstörung entstehender **Sekundäransprüche,** da dann die andere Partei des Schuldverhältnisses die Ansprüche gegen verschiedene Personen durchsetzen muss (vgl auch Lutter/*Teichmann* Rn 47: keine Aufteilung von Haupt- und Nebenverpflichtungen).

55 Sollte im Einzelfall eine Aufteilung des Vertragsverhältnisses den Interessen des Vertragspartners zuwiderlaufen, ist diesem ein außerordentl **Kündigungsrecht,** ggf eine Anpassung nach den Grdsen über den Wegfall der Geschäftsgrundlage, zuzugestehen (vgl auch RegEBegr BT-Drs 16/2919, 19 zur Streichung von § 132; Semler/Stengel/*Schröer* Rn 38).

56 Ebenfalls grdsl mögl ist eine **Aufteilung** eines unverändert **einheitl** Schuldverhältnisses auf **mehrere Rechtsträger** (Semler/Stengel/*Schröer* Rn 38; Lutter/*Teichmann* Rn 47). Demzufolge kann etwa die Rechtsposition des Mieters auf mehrere Rechtsträger aufgeteilt werden. Die Rechtsträger werden bei einem unverändert einheitl Schuldverhältnis zu Gesamtschuldnern und Gesamtgläubigern. Ähnl Situationen können auch bei gesetzl Vertragsübernahmen, etwa nach § 571 BGB bei Teilung des Grundstückes eintreten (vgl hierzu BayObLG ZMR 1991, 174 mwN). In Einzelfällen kann dem außenstehenden Partner des Schuldverhältnisses ein außerordentl Kündigungsrecht (vgl Rn 55) zustehen.

Eine **reale Aufteilung** des Schuldverhältnisses mit der Folge, dass aus einem einheitl mehrere selbstständige Schuldverhältnisse werden, ist allerd nicht zulässig (so auch *Rieble* ZIP 1997, 301, 310; *Teichmann* ZGR 1993, 396, 412; wohl auch Henssler/Strohn/*Wardenbach* Rn 21; aA Semler/Stengel/*Schröer* Rn 38; Kölner-KommUmwG/*Simon* Rn 31; ausführl *Berner/Klett* NZG 2008, 601). Denn das Schuldverhältnis kann einseitig nur übertragen, nicht geändert werden. Zu Gestaltungsrechten vgl Rn 30. **57**

m) Arbeitsverhältnisse. Eine wesentl **Beschränkung** der Aufteilungsfreiheit folgt aus **§ 613a BGB.** ArbVerh gehen im Ggs zu den meisten anderen Vertragsverhältnissen (Rn 49 ff) nicht zwingend nach Maßgabe der Festlegungen im Spaltungsvertrag über. Abs 1 Nr 1, § 126 I Nr 9 werden insoweit von § 613a BGB überlagert. § 613a BGB ist entgegen der hM zum früheren Recht auch bei Betriebsübergängen im Wege der Gesamtrechtsnachfolge direkt anwendbar (inzwischen nahezu unstr; BAG NJW 1999, 812; Lutter/*Joost* § 324 Rn 3; Kallmeyer/*Willemsen* § 324 Rn 1; Widmann/Mayer/*Vossius* Rn 49 ff; *Kreßel* BB 1995, 925, 928; *Baumann* DStR 1995, 888; *Kania* DB 1995, 625; *Kallmeyer* ZIP 1995, 550; *Wlotzke* DB 1995, 40; *Boecken* ZIP 1994, 1087, 1089 ff). Unabhängig davon, ob dies unmittelbar aus § 324 folgt (vgl dort Rn 1), ist bei einem umwandlungsbedingten Betriebsübergang der Tatbestand von § 613a BGB erfüllt, weil er auf einem „Rechtsgeschäft" beruht, näml dem Spaltungsvertrag bzw Spaltungsplan (Lutter/*Joost* § 324 Rn 3; *Baumann* DStR 1995, 888; *Kania* DB 1995, 625; *Boecken* ZIP 1994, 1087, 1089 ff). IÜ ist nur diese Interpretation richtlinienkonform (Lutter/*Joost* § 324 Rn 3). **58**

Die bedeutendste **Rechtsfolge** von § 613a BGB ist der Übergang der ArbVerh (Vertragsübernahme) bei einem Betriebsübergang. Bei Verschm hat dies keine eigenständige Bedeutung, da der übernehmende Rechtsträger ohnehin kraft Gesamtrechtsnachfolge in die Vertragspositionen des Arbeitgebers eintritt (zur Bedeutung von § 613a BGB bei Verschm vgl § 20 Rn 95 ff). Anders ist es bei Spaltungen, da nicht sämtl Rechtsbeziehungen übertragen werden. Wird bei einer Spaltung ein Betrieb oder Betriebsteil übertragen (zum Betriebsbegriff etwa Palandt/*Weidenkaff* BGB § 613a Rn 9 ff), gehen die diesem Betrieb oder Betriebsteil zugeordneten ArbVerh unabhängig von den Festlegungen im Spaltungsvertrag auf den übernehmenden oder neuen Rechtsträger über. Enthält der Spaltungsvertrag andere Regelungen, entfalten sie keine Wirkung (ganz hM; vgl etwa Kallmeyer/*Willemsen* § 324 Rn 52; Widmann/Mayer/*Vossius* Rn 51; Semler/Stengel/*Simon* Rn 46). Die Bestimmungen im Spaltungsvertrag sind nur dann für den Übergang maßgebl, wenn kein Betrieb oder Betriebsteil übertragen wird (mithin die Voraussetzungen von § 613a BGB nicht erfüllt sind), oder sie ArbVerh betreffen, die sich einer eindeutigen Zuordnung entziehen (Kallmeyer/*Willemsen* § 324 Rn 55; zur Zuordnung durch Interessenausgleich und damit zusammenhängende Kollisionsfragen vgl § 323 Rn 12 ff). Entsprechendes gilt für ArbVerh, die beim übertragenden Rechtsträger einem anderen, nicht übertragenen Betrieb zuzuordnen, aber gleichwohl im Spaltungsvertrag als übergehend bezeichnet sind (vgl *Boecken* ZIP 1994, 1087, 1091; Kallmeyer/*Willemsen* § 324 Rn 57). Diese ArbVerh gehen nach Abs 1 Nr 1 über, denn § 613a BGB ordnet der Übergang von ArbVerh bei Betriebsübergängen an, verhindert aber nicht die Übertragung von ArbVerh, wenn ein Betrieb nicht übertragen wird. In diesen Fällen besteht auch mangels Anwendbarkeit von § 613a BGB kein Widerspruchsrecht (dazu Rn 60). Der Schutz der ArbN wird durch § 613 S 2 BGB (Dienstleistungsanspruch im Zweifel **59** nicht übertragbar) gewährleistet; diese ArbVerh können nur mit Zustimmung der ArbN übertragen werden (Kallmeyer/*Willemsen* § 324 Rn 57; vgl auch Rn 33).

60 Der ArbN kann nach § 613a VI BGB dem Übergang des ArbVerh **widersprechen** (zuvor bereits stRspr des BAG seit AP BGB § 613a Nr 1, gebilligt vom EuGH NZA 1993, 169). Dieses Widerspruchsrecht gilt auch bei einem Betriebsübergang durch Umw. Bei einer Abspaltung oder Ausgliederung hat ein Widerspruch zur Folge, dass das ArbVerh unverändert mit dem übertragenden Rechtsträger fortbesteht. Ob dieser das ArbVerh – etwa wegen Wegfall der Beschäftigungsmöglichkeit – kündigen kann, richtet sich nach dem allg Arbeitsrecht (vgl etwa Lutter/*Joost* § 324 Rn 74; Kallmeyer/*Willemsen* § 324 Rn 48). Für Fälle des Erlöschens des übertragenden Rechtsträgers, also auch bei einer **Aufspaltung,** hat zwischenzeitl das **BAG** (NZA 2008, 815) entschieden, dass ein Widerspruchsrecht nicht bestehe (so auch Kallmeyer/*Willemsen* § 324 Rn 44; *Gaul/Otto* DB 2002, 634, 636; *Kreßel* BB 1995, 925, 930). Stattdessen steht den ArbN das Recht zur außerordentl Kündigung zu. Die Zwei-Wochen-Frist beginnt ab Kenntnis vom Wirksamwerden der Umw (Eintragung). Die Widerspruchserklärung könne nicht in eine Kündigung umgedeutet werden. Nicht geklärt ist, ob trotzdem die Unterrichtungspflicht nach § 613a V BGB besteht (Kallmeyer/*Willemsen* § 324 Rn 44; dazu *Otto/Mückl* BB 2011, 1978). Nach der mE vorzugswürdigen Gegenansicht können die ArbN auch in diesen Fällen widersprechen. Der Widerspruch bewirkt dann ein automatisches Erlöschen des ArbVerh (ArbG Münster DB 2000, 1182; Lutter/*Joost* § 324 Rn 67; Semler/Stengel/*Simon* § 324 Rn 51; *Bauer/Lingemann* NZA 1994, 1057, 1061; *Boecken* ZIP 1994, 1087). Denn das Widerspruchsrecht bezweckt nicht (die hier unmögl) Fortsetzung des bisherigen ArbVerh, sondern allein, dass dem ArbN gegen seinen Willen kein neuer Arbeitgeber aufgedrängt werden kann.

61 Die Beendigung des ArbVerh lässt indes **nachvertragl Pflichten** (etwa Wettbewerbsverbot) unberührt. Zwar geht der Vertragspartner unter, die nachvertragl Pflichten bestehen aber ggü demjenigen übernehmenden Rechtsträger, auf den das ArbVerh übergegangen wäre. Es besteht kein Grund, dass die Beendigung des ArbVerh auch den Übergang von nachvertragl Pflichten verhindert. Ebenso bestehen noch nicht erfüllte Ansprüche des ArbN dann ggü diesem Rechtsträger.

62 Weitere Folge der Anwendung von § 613a BGB ist, dass bei Vorliegen der Voraussetzungen eines Betriebsübergangs nach § 613a I 2–4 BGB Rechte und Pflichten aus **Tarifverträgen** und **Betriebsvereinbarungen** individualrechtl weitergelten, sofern nicht ohnehin die beim übertragenden Rechtsträger zu beachtenden Tarifverträge und Betriebsvereinbarungen beim übernehmenden Rechtsträger weitergelten (dazu Rn 65 ff) oder eine Ablösung durch andere Kollektivvereinbarungen erfolgt (§ 613a I 3 BGB; hierzu näher Semler/Stengel/*Simon* § 324 Rn 20 ff; *Boecken,* Unternehmensumwandlung und Arbeitsrecht, Rn 165 ff; *Heinze* DB 1998, 1861; *Kania* DB 1995, 625). Schließl sind **Kündigungen,** die ausschließl auf den Betriebsübergang anlässl der Spaltung gestützt werden, unwirksam (§ 613a IV BGB). Das Kündigungsverbot gilt sowohl für den übertragenden als auch für den übernehmenden Rechtsträger. Das Recht zur Kündigung des ArbVerh aus anderen, etwa betriebsbedingten Gründen bleibt hiervon unberührt (§ 613a IV BGB). Dies gilt auch, wenn der betriebsbedingte Grund eine Folge der Spaltung ist. Auch **Pensionsverpflichtungen** können durch Spaltung übertragen werden (vgl Rn 81). Versorgungsverpflichtungen ggü aktiven ArbN unterliegen indes den Regeln nach § 613a BGB. Für sie gelten die Grdse in Rn 59 (BAG DB 2005, 954; Semler/Stengel/*Simon* Rn 47; *Sieger/Aleth* DB 2002, 1487). Die ArbN sind vor Wirksamwerden des spaltungsbedingten Betriebsübergangs nach **§ 613a V BGB** umfassend zu **informieren** (dazu etwa *Maschmann* BB 2006, 29). Die Informationspflicht gilt unabhängig von den Angaben nach § 126 I Nr 11 (dazu § 126 Rn 108).

n) Organstellungen. Zur Fortgeltung von Organbestellungen und Anstellungsverträgen mit Organen bei Übertragungen im Wege der Gesamtrechtsnachfolge allg vgl § 20 Rn 45 ff. Bei der Aufspaltung enden aufgrund des Erlöschens des Rechtsträgers sämtl Organbestellungen (Vorstand, Geschäftsführer, Aufsichtsrat, aber auch Prokura und Handlungsvollmacht; Lutter/*Teichmann* Rn 66). Abspaltungen und Ausgliederungen lassen die Organstellung hingegen unberührt (*Buchner/Schlobach* GmbHR 2004, 1, 2; Semler/Stengel/*Schröer* Rn 23; Kölner-KommUmwG/*Simon* Rn 20). In diesen Fällen richtet sich die **Beendigung** von Organbestellungen beim übertragenden Rechtsträger bzw die **Neubegründung** bei den übernehmenden Rechtsträgern nach den allg gesellschaftsrechtl Vorschriften. Zur Mitbestimmung vgl ergänzend § 325. 63

Die den Organbestellungen zugrunde liegenden **Anstellungsverhältnisse** (oder sonstigen schuldrechtl Vereinbarungen) sind zunächst vom Schicksal der Organstellung unabhängig. Diese Rechtsverhältnisse sind grdsl übertragbar (BFH/NV 2008, 376). § 613a BGB gilt nicht (Palandt/*Weidenkaff* BGB § 613a Rn 5). In diesen Fällen gewinnt allerd § 613 S 2 BGB (Anspruch auf Dienstleistung im Zweifel nicht übertragbar) Bedeutung. Der Übergang tritt grdsl ein (Kölner-KommUmwG/*Simon* Rn 20; aA Maulbetsch/Klumpp/Rose/*Raible* Rn 46), bei Inhaltsänderung kann das Organ kündigen oder eine Anpassung verlangen (Semler/Stengel/*Schröer* Rn 23, 56; vgl auch Rn 33). Eingehend hierzu *Buchner/Schlobach* GmbHR 2004,1. Zu **sozialversicherungsrechtl** Fragen vgl *Diller* AG 2009, 817. 64

o) Tarifverträge. Die Auswirkungen der Spaltung sind bei Verbands- und Firmentarifverträgen unterschiedl. Ein **Verbandstarifvertrag** des übertragenden Rechtsträgers gilt für den übernehmenden Rechtsträger nur dann, wenn auch er dem Verband angehört oder der Tarifvertrag allgemeinverbindl ist (Lutter/*Joost* § 324 Rn 32; Kallmeyer/*Willemsen* § 324 Rn 24; Semler/Stengel/*Simon* Rn 50; WHSchS/*Hohenstatt* E Rn 109, 100; *Müller-Bonanni/Mehrens* ZIP 2012, 1217, 1219). Dies ist aber bei der Spaltung nicht notw gewährleistet, bei der Spaltung zur Neugründung sogar unmögl. Der übernehmende Rechtsträger wird nicht etwa durch die Sonderrechtsnachfolge automatisch Mitglied in diesem Verband, da die Verbandsmitgliedschaft eine höchstpersönl Rechtsposition ist (BAG BB 1999, 211; Semler/Stengel/*Simon* Rn 50; Lutter/*Joost* § 324 Rn 32; Kallmeyer/*Willemsen* § 324 Rn 24; vgl allg zu höchstpersönl Rechten und Pflichten Rn 86). 65

Mit dem Erlöschen der übertragenden Ges bei einer Aufspaltung erlischt die kollektivrechtl Bindung (Semler/Stengel/*Simon* Rn 50). § 3 III TVG (Fortgeltung Tarifgebundenheit bis zur Beendigung des Tarifvertrags) gilt bei Umw für die übernehmenden Rechtsträger nicht, da dies ein Verstoß gegen die verfassungsrechtl geschützte negative Koalitionsfreiheit wäre (Lutter/*Joost* § 324 Rn 32). Bei Ausgliederungen und Abspaltungen erlischt die Tarifbindung zwar nicht für ArbVerh, die weiterhin mit dem übertragenden Rechtsträger bestehen, mangels Verbandsmitgliedschaft aber für die auf den übernehmenden Rechtsträger übergehenden ArbVerh. 66

Anders verhält es sich bei einem **Firmentarifvertrag.** Hier fehlt das höchstpersönl Element der Verbandsmitgliedschaft. Aufgrund der partiellen Gesamtrechtsnachfolge kann der übernehmende Rechtsträger in diese Vertragsposition eintre- 67 ten, allerd nur, wenn die Spaltung ledigl dazu führt, dass der Arbeitgeber ausgewechselt wird (zur Verschm BAG NZA 2008, 307; BAG BB 1999, 211). Voraussetzung hierfür ist zunächst, dass die organisatorische Einheit der übertragenen Betriebe oder Betriebsteile nicht aufgehoben wird (WHSchS/*Hohenstatt* E Rn 110). Denn Firmentarifverträge beziehen sich auf die konkreten betriebl Verhältnisse. Demzufolge tritt zum einen eine Erstreckung eines Firmentarifvertrags auf Betriebe des übernehmenden Rechtsträgers bei einem tats Zusammenschluss mit dem übertragenen Betrieb nicht ein (*Boecken,* Unternehmensumwandlung und Arbeitsrecht, Rn 205; WHSchS/*Hohenstatt* E Rn 111, 102; Lutter/*Joost* § 324 Rn 34). Zum anderen muss der Firmentarifvertrag – wie andere Rechtsverhältnisse auch – durch Aufnahme im Spaltungsvertrag (§ 126 I Nr 9) übertragen werden (WHSchS/*Hohenstatt* E Rn 111; Semler/Stengel/*Simon* Rn 51). Geschieht dies nicht, gilt der Firmentarifvertrag zwar für den übertragenden Rechtsträger fort, für den übernehmenden Rechtsträger entfaltet er aber auch bei Übertragung von Betrieben oder Betriebsteilen keine Wirkung. Wird der Firmentarifvertrag durch Aufnahme im Spaltungsvertrag auf einen übernehmenden Rechtsträger übertragen, gilt er – bei Beibehaltung der betriebl Organisation (siehe oben) – für die den übertragenen Betrieb oder Betriebsteilen zuzuordnenden ArbVerh beim übernehmenden Rechtsträger. Beim übertragenden Rechtsträger wirkt er nach § 3 III TVG bis zur Beendigung des Tarifvertrages fort (WHSchS/*Hohenstatt* E Rn 111; *Boecken,* Unternehmensumwandlung und Arbeitsrecht, Rn 208; *Müller-Bonanni/Mehrens* ZIP 2012, 1217, 1220). Eine reale Aufteilung des Firmentarifvertrages mit der Folge, dass fortan sowohl der übertragende als auch die übernehmenden Rechtsträger Vertragspartner sind, ist hingegen nicht mögl. Firmentarifverträge können ebenso wie andere Vertragsverhältnisse (vgl Rn 57) nicht in sich aufgespalten werden (so zutr WHSchS/*Hohenstatt* R 110; *Boecken,* Unternehmensumwandlung und Arbeitsrecht, Rn 207; aA Semler/Stengel/*Simon* Rn 51).

68 Soweit – und nur dann (BAG BB 1999, 211) – eine kollektivrechtl Bindung beim übernehmenden Rechtsträger nicht entsteht, ist weiter zu prüfen, ob eine individualrechtl Fortwirkung nach § 613a I 2–4 BGB eintritt. Dies hängt davon ab, ob bei der Spaltung die Voraussetzungen von § 613a BGB erfüllt werden. Vgl dazu Rn 58 ff.

69 **p) Betriebsvereinbarungen.** Die Übertragung von Betriebsvereinbarungen mit kollektivrechtl Fortgeltung hängt vom Fortbestand des Betriebsrats als Organ und von der Struktur der übertragenen Vermögensgegenstände ab. Voraussetzung ist, dass ein Betrieb übertragen wird und dieser unter Beibehaltung seiner Identität beim übernehmenden Rechtsträger fortbesteht (BAG NZA 2003, 670, 673 mwN; Semler/Stengel/*Simon* Rn 55; WHSchS/*Hohenstatt* E Rn 10 f; Kallmeyer/*Willemsen* § 324 Rn 25; Lutter/*Joost* § 324 Rn 39; *Heinze* DB 1998, 1861, 1863). Anders als bei Tarifverträgen (vgl Rn 65) kommt es nicht darauf an, ob die Betriebsvereinbarung ausdrückl durch Aufnahme im Spaltungsvertrag (§ 126 I Nr 9) übertragen wird. Denn ein bloßer Betriebsinhaberwechsel lässt auch in Fällen der Einzelrechtsübertragung die Wirksamkeit von Betriebsvereinbarungen unberührt (ausführl hierzu *Heinze* DB 1998, 1861, 1863). Nichts anderes kann bei der partiellen Sonderrechtsnachfolge gelten. Wird der Betrieb ohne Veränderung der organisatorischen Einheit auf verschiedene Rechtsträger übertragen, entsteht meist ein gemeinsamer Betrieb iSv § 322. Auch in diesem Fall wirken Betriebsvereinbarungen fort (Lutter/*Joost* § 322 Rn 41).

Anders verhält es sich, wenn die betriebl Struktur durch den Spaltungsvorgang aufgehoben wird (Lutter/*Joost* § 322 Rn 41; Kallmeyer/*Willemsen* § 324 Rn 25). Zwar entsteht in diesem Fall ggf nach § 21a BetrVG ein **Übergangsmandat** des bisherigen Betriebsrats, die kollektivrechtl Fortgeltung von Betriebsvereinbarungen scheitert aber an der fehlenden Identität des Betriebs (vgl Rn 69). 70

Auch **Gesamtbetriebsvereinbarungen** gelten grdsl kollektivrechtl fort (BAG NZA 2003, 670). Dies gilt nicht nur dann, wenn sämtl Betriebe übergehen und der Gesamtbetriebsrat im Amt bleibt, sondern auch, wenn mehrere Betriebe auf einen übernehmenden Rechtsträger übergehen, der bislang keinen Betrieb führte. Die Gesamtbetriebsvereinbarung gilt als solche fort (BAG NZA 2003, 670), ein neuer Gesamtbetriebsrat ist zu bilden. Schließl gelten Gesamtbetriebsvereinbarungen als Einzelbetriebsvereinbarung fort, wenn ein einzelner Betrieb auf einen Rechtsträger ohne Betrieb übergeht (BAG NZA 2003, 670). Vgl hierzu auch § 20 Rn 11 ff. 71

Lässt die Spaltung die betriebl Struktur iSd BetrVG unberührt, so bleibt der Betriebsrat im Amt (WHSchS/*Hohenstatt* D Rn 100). Dies gilt auch beim Entstehen eines gemeinsamen Betriebs iSv § 322 (Lutter/*Joost* § 324 Rn 24). Ein Gesamtbetriebsrat beim übertragenden Rechtsträger verliert hingegen seine Zuständigkeit für den abgespaltenen Betrieb (WHSchS/*Hohenstatt* D Rn 111). Bei einer Aufspaltung hört er auf zu existieren, es sei denn, die bisher vom Gesamtbetriebsrat repräsentierten Betriebe gehen insgesamt auf einen übernehmenden Rechtsträger über und dieser hatte bisher noch keinen Betrieb (WHSchS/*Hohenstatt* D Rn 110). Entsprechendes gilt, wenn beim übertragenden Rechtsträger zukünftig nur noch ein Betrieb verbleibt (*Röder/Haußmann* DB 1999, 1754, 1757). 72

Sofern die Betriebsvereinbarungen kollektivrechtl nicht fortgelten, kann eine **Transformation** in individualrechtl Rechtspositionen nach § 613a I 2–4 BGB eintreten. Vgl dazu Rn 58 ff. 73

q) Sprecherausschüsse. Für Sprecherausschüsse nach dem Sprecherausschussgesetz gelten die vorstehenden Ausführungen (Rn 69) entspr. Betriebssprecherausschüsse bleiben bei Identität des Betriebs im Amt, Unternehmenssprecherausschüsse nur unter den Voraussetzungen, unter denen auch ein Gesamtbetriebsrat existent bleibt. Ausführl hierzu WHSchS/*Hohenstatt* E Rn 202 ff. 74

r) Unternehmensverträge. Bei Unternehmensverträgen (iSv § 291 AktG) ist in mehrfacher Hinsicht zu diff: Ist das **herrschende** Unternehmen als übertragenden Rechtsträger an einer Spaltung beteiligt, so kann es den Unternehmensvertrag – regelm, aber nicht notw zusammen mit der unmittelbaren oder mittelbaren Beteiligung am beherrschten Unternehmen – auf einen übernehmenden Rechtsträger übertragen (wie hier *Fedke* Der Konzern 2008, 533, 535 ff; *Müller* DB 2002, 157, 158; *Meister* DStR 1999, 1741; *Wilken* DStR 1999, 677, 680; *Heidenhain* NJW 1995, 2873, 2877; Kallmeyer/*Kallmeyer/Sickinger* § 126 Rn 26; Semler/Stengel/*Schröer* Rn 28; KölnerKommUmwG/*Simon* Rn 24; Maulbetsch/Klumpp/Rose/*Raible* Rn 41; iÜ hM bei der Verschm, vgl etwa Widmann/Mayer/*Vossius* § 20 Rn 293 mwN; aA Lutter/*Teichmann* Rn 57). §§ 295, 293 AktG (Zustimmung der HV) ist hierauf nicht anwendbar (*Hüffer* AktG § 295 Rn 6; Semler/Stengel/*Schröer* Rn 28; KölnerKommUmwG/*Simon* Rn 24; Maulbetsch/Klumpp/Rose/*Raible* Rn 41; *Fedke* Der Konzern 2008, 737). Ferner bedarf es keiner ausdrückl – über den Zustimmungsbeschluss nach § 13 hinausgehenden – Zustimmung der Anteilsinhaber des übernehmenden Rechtsträgers (*Fedke* Der 75

Konzern 2008, 737; aA Lutter/*Priester* § 126 Rn 65). Im Einzelfall kann der abhängigen Ges ein Kündigungsrecht nach § 297 AktG zustehen (Maulbetsch/Klumpp/Rose/*Raible* Rn 41; *Müller* DB 2002, 157, 158). Zum stl Übergang einer Organschaft vgl § 2 UmwStG Rn 84 ff.

76 Spaltet die **abhängige Ges** Vermögensteile ab oder gliedert sie diese aus, ohne hierbei den Unternehmensvertrag zu übertragen, bleibt dieser bestehen (Semler/Stengel/*Schröer* Rn 28; Lutter/*Teichmann* Rn 59; Maulbetsch/Klumpp/Rose/*Raible* Rn 41; *Müller* BB 2002, 157, 1680 mwN).

77 Ferner kann die abhängige Ges den Unternehmensvertrag bei einer Spaltung **zur Neugründung** übertragen (*Müller* BB 2002, 157, 161; Emmerich/Habersack/*Emmerich* § 297 Rn 47; Semler/Stengel/*Schröer* Rn 28). Denn der Unternehmensvertrag ist auch Vertragsverhältnis mit Dauerschuldcharakter (vgl dazu Rn 49 ff). Wirtschaftl sind dieselben Beteiligten vor und nach der Spaltung betroffen. Eine **automatische** Erstreckung auf den übernehmenden Rechtsträger bei einer Spaltung zur Neugründung (so Lutter/*Teichmann* Rn 59; Kallmeyer/*Kallmeyer/Sickinger* § 126 Rn 26; Semler/Stengel/*Schröer* Rn 28) ist indes zweifelhaft (ebenso *Müller* BB 2002, 161 Fn 53). Rechtsverhältnisse gehen grdsl nur bei entspr Aufnahme im Spaltungsvertrag auf den übernehmenden Rechtsträger über. Denkbar erscheint ledigl, dass – bei entspr Regelung im Spaltungsvertrag – der Unternehmensvertrag auf den neu gegründeten Rechtsträger übertragen wird, er aber weiterhin auch für den übertragenden Rechtsträger gilt. Dies ist zwar eine Abweichung von dem Grds, dass eine reale Vertragsaufspaltung grdsl nicht mögl ist (vgl Rn 57). Aufgrund der bes Natur von Unternehmensverträgen und der ohnehin notw Zustimmung der Anteilsinhaberversammlungen ist dies aber vertretbar.

78 Anderes gilt bei Spaltung **zur Aufnahme.** Ein Beherrschungs- oder Gewinnabführungsvertrag kann nicht auf einen bereits bestehenden Rechtsträger übertragen werden (Lutter/*Teichmann* Rn 58; Kallmeyer/*Kallmeyer/Sickinger* § 126 Rn 26; KölnerKommUmwG/*Simon* Rn 25; *Müller* BB 2002, 157, 161; Emmerich/Habersack/*Emmerich* § 297 Rn 47; aA Maulbetsch/Klumpp/Rose/*Raible* Rn 41; *Fedke* Der Konzern 2008, 533, 534). Hierbei gilt nichts anderes als bei der Verschm. Der übernehmende Rechtsträger wird ohne seine Mitwirkung nicht gebunden (Emmerich/Habersack/*Emmerich* § 297 Rn 47). Demzufolge besteht der Beherrschungs- oder Gewinnabführungsvertrag bei einer Abspaltung und einer Ausgliederung mit dem übertragenden Rechtsträger ohne Erstreckung auf den übernehmenden Rechtsträger fort, bei einer Aufspaltung erlischt er (Lutter/*Teichmann* Rn 57; Kallmeyer/*Kallmeyer/Sickinger* § 126 Rn 26).

79 Unternehmensverträge iSv **§ 292 AktG** können hingegen grdsl übertragen werden (Kallmeyer/*Kallmeyer/Sickinger*§ 126 Rn 26; zur Verschm Lutter/*Grunewald* § 20 Rn 36 mwN). Derartige Verträge sind schuldrechtl Natur (*Hüffer* AktG § 292 Rn 2 mwN) bzw führen zum Entstehen einer GbR (*Hüffer* AktG § 292 Rn 4). Sie können wie andere Dauerschuldverhältnisse bzw GbR-Beteiligungen (Rn 38, 49) übertragen werden. Sofern die Spaltung für den Vertragspartner nachteilig ist, kann eine Kündigungsmöglichkeit nach § 297 AktG entstehen. Die Spaltung kann in diesen Fällen auch Schadensersatzansprüche auslösen.

80 **s) Wettbewerbsverbote, Kartellverpflichtungen, Unterlassungsverpflichtungen.** Unterliegt der übertragende Rechtsträger einem Wettbewerbsverbot, einer Kartellverpflichtung oder vglbaren Handlungs- bzw Unterlassungsverpflichtungen, kann er sich diesen Pflichten nicht durch Spaltung entziehen. Die Verpflichtung geht im Wege der Sonderrechtsnachfolge auf alle übernehmenden Rechtsträger über (wie hier Lutter/*Teichmann* Rn 42; Semler/Stengel/*Schröer* Rn 30; Maulbetsch/Klumpp/Rose/*Raible* Rn 50, § 133 Rn 18; OLG Frankfurt aM BB 2000, 1000; teilweise anders KölnerKommUmwG/*Simon* § 133 Rn 29 f). Der Übergang derartiger Verpflichtungen ist also nicht in die Dispositionsfreiheit der beteiligten Rechtsträger gestellt. Dogmatischer Ansatzpunkt für diese Lösung ist § 133 I. Soweit diese Norm eine gesamtschuldnerische Haftung für Verb anordnet, muss dies in entspr Anwendung auch für andere Verpflichtungen gelten, die kraft ihrer Natur nur sinnvoll sind, wenn alle Rechtsträger sie zu beachten haben. Vgl auch § 133 Rn 9. Im Einzelfall kann der Anspruch bestehen, dass einzelne beteiligte Rechtsträger aus der Verpflichtung entlassen werden (Semler/Stengel/*Schröer* Rn 30). Eine Verpflichtung nur desjenigen Rechtsträgers, der in der Lage ist, dagegen zu verstoßen (so Semler/Stengel/*Maier-Reimer/Seulen* § 133 Rn 44; ähnl Lutter/*Schwab* § 133 Rn 45), ist bei Dauerverpflichtungen nicht ausreichend. Zum **wettbewerbsrechtl Unterlassungsanspruch** vgl etwa BGH NJW 2008, 301; OLG Hamburg NZG 2011, 75, Volltext BeckRS 2010, 26123; OLG Hamburg AG 2007, 868.

t) Versorgungszusagen. Verpflichtungen aus unverfallbaren Versorgungszusa- **81**
gen ggü **nicht mehr beschäftigten ArbN** gehen ebenso wie bereits zu erfüllende Pensionsverpflichtungen nach Maßgabe der Festsetzungen im Spaltungsvertrag auf den übernehmenden Rechtsträger über (BAG NZA 2009, 790, 792; BAG NZA 2005, 639; OLG Hamburg DB 2002, 573; *Sieger/Aleth* DB 2002, 1487). § 4 BetrAVG gilt nicht; es bedarf weder der Zustimmung der ArbN noch des Pensionssicherungsvereins (BAG NZA 2005, 639; Semler/Stengel/*Schröer* Rn 49; Kallmeyer/*Willemsen* § 324 Rn 64; Lutter/*Teichmann* Rn 40; KölnerKommUmwG/*Simon* Rn 29; ausführl hierzu WHSchS/*Schnitker* J Rn 559 ff; *Louren/Weng* BB 2006, 619; aA LG Hamburg ZIP 2005, 2331; AG Hamburg ZIP 2005, 1249, mit Hinweis auf § 132 aF). Die gegenteilige Ansicht hat mit Streichung von § 132 keinerlei Stütze mehr (Semler/Stengel/*Schröer* Rn 49; KölnerKommUmwG/*Simon* Rn 29; *Rubel/Sandhaus* Der Konzern 2009, 327, 334). Missbräuchl Gestaltungen (vgl LG Hamburg ZIP 2005, 2331) werden einerseits durch die Neufassung von § 133 III 2 (Verlängerung der Enthaftungsfrist) erschwert, andererseits kann ihnen auch mit den allg gesellschaftsrechtl Instrumentarien begegnet werden (*Louren/Weng* BB 2006, 619). Den übertragenden Rechtsträger trifft ferner grdsl die arbeitsvertragl Nebenpflicht, den übernehmenden Rechtsträger so auszustatten, dass er nicht nur die laufenden Betriebsrenten zahlen kann, sondern auch zu den gesetzl vorgesehenen Anpassungen in der Lage ist (dazu etwa *Höfer/Küpper* DB 2009, 118). Eine unangemessene Kapitalausstattung des übernehmenden Rechtsträgers kann daher zu Schadenersatzansprüchen gegen den übertragenden Rechtsträger führen, lässt aber die Wirksamkeit der Ausgliederung unberührt (BAG NZA 2009, 790, 793 ff; vgl auch KölnerKommUmwG/*Simon* § 126 Rn 70 ff; *Roth* NZA 2009, 1400; ausführl hierzu *Wessels* ZIP 2010, 1417). § **613a I 1 BGB,** der auch Zusagen ggü ArbN, die **noch** in einem **ArbVerh** stehen, erfasst, ist indes vorrangig (Semler/Stengel/*Schröer* Rn 47; WHSchS/*Schnitker* J Rn 570; KölnerKommUmwG/*Simon* § 126 Rn 70 ff; *Louren/Weng* BB 2006, 619; *Wessels* ZIP 2010, 1418 f; vgl Rn 62). Zur gesamtschuldnerischen Haftung für Versorgungszusagen vgl § 133 und im Zshg mit Betriebsaufspaltungen vgl § 134 Rn 47 ff.

u) Gesetzliche Vertragsübernahmen. Gesetzl geregelte Vertragsübernah- **82**
men (etwa §§ 566 BGB, 69 VVG) gehen abw Regelungen im Spaltungsvertrag vor (Semler/Stengel/*Schröer* Rn 14; insofern unklar LG Berlin Urteil vom

12.10.2006 – 67 S 235/06). Diese Vertragsverhältnisse gehen auf denjenigen Rechtsträger über, dem der maßgebl Gegenstand zugeordnet wird (wie hier Widmann/Mayer/*Vossius* Rn 164). Zu § 613a BGB vgl Rn 58 ff.

83 v) **Bürgschaften.** Verpflichtungen **des übertragenden Rechtsträgers** aus Bürgschaften gehen entspr den Festlegungen im Spaltungsvertrag über; die anderen beteiligten Rechtsträger haften nach § 133 gesamtschuldnerisch. Soweit sich ein **Dritter** für Verb des übertragenden Rechtsträgers verbürgt hat, kann sich die Haftungssituation des Dritten durch die Spaltung entscheidend ändern. Eine analoge Anwendung von **§ 418 BGB** scheidet aus, da die Verb ohne Zustimmung des Gläubigers übergeht. § 156 S 2 regelt insoweit nicht nur einen Sonderfall, sondern einen allg Rechtsgedanken (so zutr *Rieble* ZIP 1997, 301, 309; ebenso Kallmeyer/*Kallmeyer/Sickinger* Rn 7; *Schmidt/Schneider* BB 2003, 1961, 1967; Semler/Stengel/*Maier-Reimer/Seulen* § 133 Rn 17; Semler/Stengel/*Schröer* Rn 34; KölnerKommUmwG/*Simon* Rn 28; aA Lutter/*Teichmann* Rn 39). Eine entspr Anwendung von § 775 BGB ist hingegen denkbar. Ggf kann der Bürge auch kündigen, soweit der Bürgschaftsvertrag dies vorsieht. Dann beschränkt sich die Haftung auf bereits begründete Verb. Prakt bedeutsam ist dies bei Bürgschaften für Kontokorrentverhältnisse und für Mitbürgschaften (umfassend *Eusani* WM 2004, 866). Für den umgekehrten Fall der Übertragung einer durch Bürgschaft abgesicherten Forderung vgl Rn 84.

84 w) **Unselbstständige Nebenrechte.** Die Aufteilung der Hauptrechte bestimmt den Übergang von unselbstständigen Nebenrechten iSv § 401 BGB, vgl Rn 30. Insoweit ist die Dispositionsfreiheit der beteiligten Rechtsträger eingeschränkt. Abw Bestimmungen im Spaltungsvertrag entfalten keine Wirkung. Neben den in Rn 22, 29 behandelten Rechten hat dies prakt Bedeutung insbes für Forderungen aus **Bürgschaften.** Sie gehen auf den Rechtsträger über, dem die Hauptforderung zugewiesen worden ist (OLG Hamm NJW-Spezial 2010, 303: auch zu künftigen Forderungen aus Globalbürgschaft; Semler/Stengel/*Schröer* Rn 34; Lutter/*Teichmann* Rn 20; KölnerKommUmwG/*Simon* Rn 17, 27). Zu den Nebenrechten iSv § 401 BGB allg vgl Palandt/*Grüneberg* BGB § 401 Rn 3 ff.

85 x) **Öffentlich-rechtliche Rechtspositionen, Prozessrechtsverhältnisse.** Öffentl-rechtl **Rechtspositionen,** die sachl mit übergehenden Vermögensgegenständen verbunden sind (etwa **Baugenehmigungen,** die das Schicksal des Grundstücks teilen), gehen gemeinsam mit dem Gegenstand auf den übernehmenden Rechtsträger über. Indes ist zu prüfen, ob nach der Spaltung die Voraussetzungen noch gegeben sind (Semler/Stengel/*Schröer* Rn 14, 43; KölnerKommUmwG/*Simon* Rn 34; Maulbetsch/Klumpp/Rose/*Raible* Rn 52; *Rubel/Sandhaus* Der Konzern 2009, 327, 335). **Personenbezogene** Rechtspositionen verbleiben bei Abspaltungen und Ausgliederungen zwingend, also unabhängig von den Festlegungen im Spaltungsvertrag, beim übertragenden Rechtsträger, bei einer Aufspaltung erlöschen sie (wie hier Lutter/*Teichmann* Rn 65; Semler/Stengel/*Schröer* Rn 14, 43; *Gaiser* DB 2000, 361, 364; *Rubel/Sandhaus* Der Konzern 2009, 327, 335). So können etwa durch Spaltung nicht übertragen werden: Erlaubnis nach § 32 KWG (Bankgeschäfte), § 5 VAG (Versicherungsgeschäfte), § 2 GaststättenG (Gaststättenerlaubnis), § 1 HandwerksO (Betrieb eines selbstständigen zulassungspflichtigen Handwerks), § 30 GewO (Privatkrankenanstalten), § 33c GewO (Spielgeräte mit Gewinnmöglichkeit), § 34a GewO (Bewachungsgewerbe), § 34b GewO (Versteigerer), § 34c GewO (Makler, Bauträger, Baubetreuer). Es empfiehlt

sich daher, vor Durchführung der Spaltung bereits – iRd rechtl Möglichkeiten – für einen Neuerwerb der entspr Erlaubnisse durch den übernehmenden Rechtsträger zu sorgen bzw diesen abzusichern.

Öffentl-rechtl **Verpflichtungen,** die in Geld zu erfüllen sind, können übertragen werden, es tritt allerd die gesamtschuldnerische Haftung nach § 133 I 1 ein. Vgl allerdings zu **Steuerverbindlichkeiten** Rn 45. Öffentl-rechtl Unterlassungsverpflichtungen binden nach Durchführung der Spaltung alle beteiligten Rechtsträger, dies folgt aus der Natur dieser Verpflichtungen (Rn 80). Verhaltenspflichten, insbes die abstrakte Polizeipflicht ist grdsl übertragbar, soweit ihr Inhalt einer Übertragung nicht entgegensteht. Letzteres ist bei der **Zustandshaftung** anzunehmen. Diese kann nicht isoliert vom Gegenstand, der die Pflicht begründet, übertragen werden. Sie geht mit dem Gegenstand über (Lutter/*Teichmann* Rn 65; Semler/Stengel/*Schröer* Rn 43). Die Verhaltensstörerhaftung ist hingegen übertragbar, soweit nicht ausschließl die Heranziehung einer bestimmten Person die Gefahr beseitigt. Dies ist insbes nicht der Fall, soweit das Kostenerstattungssinteresse betroffen ist (ausführl und überzeugend *Schall/Horn* ZIP 2003, 327; vgl aber auch OVG Schleswig DVBl 2000, 1877 und BVerwG DVBl 2001, 1287). 86

Übertragbar ist demzufolge auch die Verhaltenspflicht nach **§ 4 III 1 BBodSchG,** wie diese Norm ausdrückl klarstellt. Gesamtrechtsnachfolger idS ist derjenige Rechtsträger, dem die Sanierungsverantwortlichkeit übertragen worden ist (*Theuer* DB 1999, 621; *Giesbert/Frank* DB 2000, 505, 506; aA Lutter/*Teichmann* Rn 65). Zur Haftung nach § 4 VI BBodSchG vgl *Schall/Horn* ZIP 2003, 327, 334. 87

Prozessrechtsverhältnisse sind eigener Natur und können nicht isoliert übertragen werden, da sie ausschließl prozessualen Grdsen folgen (*Bork/Jacoby* ZHR 167 (2003), 440, 441 f; Semler/Stengel/*Kübler* Rn 10). Zur Umdeutung bei **Bezeichnung** noch des übertragenden Rechtsträgers als Partei vgl OLG Hamm OLGR 2008, 224. 88

Danach hat beim **Aktivprozess** die Übertragung eines streitbefangenen Rechts bei **Abspaltungen und Ausgliederungen** ebenso wie bei der Einzelrechtsnachfolge keinen Einfluss auf das Prozessrechtsverhältnis. Es gelten §§ 265, 325 ZPO (für die Vollstreckung §§ 727, 731 ZPO), der übertragende Rechtsträger führt den Prozess hinsichtl übertragener Rechte als Prozessstandschafter fort (OLG Hamburg NZG 2011, 75, Volltext BeckRS 2010, 26123; Lutter/*Teichmann* Rn 62; *Bork/Jacoby* ZHR 167 (2003), 450; Semler/Stengel/*Kübler* Rn 10; Maulbetsch/Klumpp/Rose/*Raible* Rn 55; vgl auch BFH BStBl II 2006, 432; BFH BStBl II 2003, 835). Zur Nebenintervention BGH NJW 2001, 1217 (dort Passivprozess). Bei einer **Aufspaltung** wird der Prozess kraft gesetzl Parteiwechsels ohne Unterbrechung mit den übernehmenden Rechtsträgern fortgeführt (BGH WM 2001, 127 zur Verschm; Lutter/*Teichmann* Rn 63; Semler/Stengel/*Kübler* Rn 10). 89

Auch ein **Passivprozess** bleibt durch eine **Abspaltung/Ausgliederung** unberührt, selbst wenn die streitbefangene Verpflichtung übergeht. Der übertragende Rechtsträger ist letzterenfalls in entspr Anwendung von § 265 ZPO weiterhin Partei (wohl BGH NJW 2001, 1217, 1218; BFH BStBl II 2006, 432; BFH BStBl II 2003, 835; LAG Sachsen NZA-RR 2000, 496; Lutter/*Teichmann* Rn 64; Lutter/*Schwab* § 133 Rn 162; Maulbetsch/Klumpp/Rose/*Raible* Rn 55). Der übertragende Rechtsträger streitet als passiver Prozessstandhafter für die übernehmenden Rechtsträger weiter. Der übernehmende Rechtsträger kann als Nebenintervenient beitreten (Semler/Stengel/*Kübler* Rn 10). Urteile wirken für und gegen diese (Lutter/*Schwab* § 133 Rn 157; Semler/Stengel/*Maier-Reimer/Seulen* § 133 90

Rn 63; Maulbetsch/Klumpp/Rose/*Raible* Rn 55; aA *Bork/Jacoby* ZHR 167 (2003), 440, 451: bleibt Partei nur in eigener Sache). Bei **Aufspaltungen** tritt ein gesetzl Parteiwechsel ein. § 239 ZPO (Unterbrechung) gilt nicht entspr (Lutter/*Schwab* § 133 Rn 163; aA Semler/Stengel/*Maier-Reimer/Seulen* § 133 Rn 64). Der Prozess wird mit dem Hauptschuldner fortgeführt (Lutter/*Schwab* § 133 Rn 157).

91 **y) Sonderrechte.** Zur Behandlung von Sonderrechten vgl im Einzelnen § 23 Rn 4 ff.

92 **z) Höchstpersönliche Rechte und Pflichten.** Höchstpersönl Rechte und Pflichten können im Wege der Gesamtrechtsnachfolge nicht übertragen werden (RegEBegr zur Streichung von § 132, BT-Drs 16/2919). Vgl dazu im Einzelnen § 20 Rn 84; ferner Rn 80, 85. Bei Spaltungen ist zu diff: Bei **Ausgliederungen** und **Abspaltungen** verbleiben die höchstpersönl Rechte oder Pflichten unabhängig von den Festlegungen des Spaltungsvertrags beim übertragenden Rechtsträger, bei **Aufspaltungen** erlöschen sie. Das Erlöschen von höchstpersönl Verpflichtungen kann allerd Schadensersatzansprüche nach sich ziehen, für die die übernehmenden Rechtsträger in entspr Anwendung von § 133 I 1 gesamtschuldnerisch haften. Gewisse Verpflichtungen (etwa Unterlassungsverpflichtungen) gehen unabhängig von den Festlegungen im Spaltungsvertrag indes auf alle Rechtsträger über (auch bei Aufspaltungen); vgl Rn 80. Die Stellung als Auftragnehmer in einem **Auftragsverhältnis** ist im Zweifel zwar höchstpersönl, indessen wird bei einem einem Rechtsträger iSd UmwG erteilten Auftrag vielfach die Leistungserbringung durch eine bestimmte natürl Person nicht im Vordergrund stehen. Derartige Auftragsverhältnisse sind übertragbar (*Dreyer* JZ 2007, 606, 612 ff; vgl auch § 20 Rn 85). Eine **Vollmacht** bleibt für den übernehmenden Rechtsträger wirksam (*Dreyer* JZ 2007, 606, 612 ff; Lutter/*Teichmann* Rn 49).

6. Veränderungen im Vermögensbestand

93 Im Wege der (partiellen) Gesamtrechtsnachfolge können nur Gegenstände übertragen werden, die zum Zeitpunkt des Wirksamwerdens der Spaltung (Eintragung der Spaltung in das Register des übertragenden Rechtsträgers, Abs 1) zum Verm des übertragenden Rechtsträgers zählen. Da vom Abschluss des Spaltungsvertrags bis zum Wirksamwerden der Spaltung meist einige Wochen bis Monate vergehen, treten regelm Veränderungen in der Vermögenszusammensetzung ein, die im Spaltungsvertrag nicht erfasst sein können. Vgl auch zu vergessenen Gegenständen Rn 116 ff.

94 Dies hat zur Folge, dass Gegenstände, die im Zeitpunkt des Wirksamwerdens der Spaltung aus dem Verm des übertragenden Rechtsträgers **ausgeschieden** sind, auch bei entspr Festlegung im Spaltungsvertrag nicht auf den übernehmenden Rechtsträger übergehen.

95 Bei seit dem Abschluss des Spaltungsvertrags **hinzugekommenen Gegenständen** ist zunächst zu prüfen, ob sie nicht von Gattungs- und Sammelbezeichnungen erfasst sind (All-Formel, vgl hierzu § 126 Rn 78 ff). Ferner ist der Spaltungsvertrag auszulegen (BGH NZG 2003, 1172, 1174). Wichtige Auslegungskriterien können die Zugehörigkeit des Gegenstandes zu einem übertragenen Betrieb oder Betriebsteil (BAG DB 2005, 954; Semler/Stengel/*Schröer* § 126 Rn 79) bzw stl Teilbetrieb (OLG Hamm NJW-Spezial 2010, 303) oder die Eigenschaft als Surrogat sein. Eine dingl Surrogation, die nur durch eine gesetzl

Anordnung mögl wäre, tritt nicht ein (*Engelmeyer* S 357 ff; aA bei der Spaltung zur Neugründung *Bruski* AG 1997, 17, 22). Vertragstechnisch sollte daher auf geeignete **Auffangklauseln** geachtet werden (Maulbetsch/Klumpp/Rose/*Raible* Rn 3). Führt die Auslegung zu keinem eindeutigen Erg, verbleiben die Gegenstände bei einer Abspaltung und bei einer Ausgliederung beim übertragenden Rechtsträger.

Besonderheiten können sich bei einer **Aufspaltung** ergeben, weil hierbei der übertragende Rechtsträger erlischt. Damit können die hinzugekommenen Gegenstände jedenfalls nicht bei ihm verbleiben. Dann ist Abs 3 anzuwenden (Rn 116 ff), denn diese Vorschrift behandelt nicht nur „vergessene", sondern alle nicht erfassten Gegenstände (Semler/Stengel/*Kübler* Rn 70). Zu im Spaltungsvertrag nicht aufgenommenen Passiva vgl Rn 125 ff. **96**

7. Zurückbleiben nicht übertragbarer Gegenstände

Abs 1 Nr 1 S 2 aF bestimmte früher, dass Gegenstände, die durch Rechtsgeschäft nicht übertragen werden können, bei Abspaltungen und Ausgliederungen im Eigentum oder Inhaberschaft des übertragenden Rechtsträgers verbleiben. Die Vorschrift war im Zshg mit § 132 aF zu lesen und ist mit dessen Streichung ebenfalls aufgehoben worden (Gesetz vom 19.4.2007, BGBl I 542). Die Problematik ist indes unverändert. **97**

Hinsichtl der Rechtsfolgen ist zwischen Abspaltung und Ausgliederung einerseits und Aufspaltung andererseits zu unterscheiden. Bei der **Abspaltung** und **Ausgliederung** gehen Vermögensgegenstände unabhängig von den Festlegungen im Spaltungs- und Übernahmevertrag nicht über, wenn und soweit und ggf solange (etwa Fehlen der Mitwirkung eines Dritten; Lutter/*Teichmann* Rn 19; Kallmeyer/*Kallmeyer/Sickinger* Rn 2) sie nicht übertragbar sind (etwa höchstpersönl Rechte und Pflichten, Rn 80, 92, uU Beteiligungen an PersGes, Rn 38; vgl die Erläuterungen Rn 12 ff). Die Rechtspositionen verbleiben beim übertragenden Rechtsträger (Lutter/*Teichmann* Rn 19). **98**

Bei der **Aufspaltung** ist nach der Art des Gegenstandes zu unterscheiden. Höchstpersönl Rechte, aber auch etwa nicht übertragbare Nießbrauchsrechte, gehen unter. Entsprechendes gilt für nicht übertragbare Beteiligungen an PersGes und Mitgliedschaften (vgl Rn 38) und schuldrechtl Vorkaufsrechte (Rn 20). Rechte, die nicht isoliert übertragen werden können, gehen auf denjenigen Rechtsträger über, der das Hauptrecht zugeteilt bekommen hat. **99**

Soweit die Rechtsposition weder übergeht noch untergeht, erlischt der Rechtsträger, er ist aber noch nicht beendet. Die Beendigung tritt erst ein, wenn kein verteilungsfähiges Verm mehr vorhanden ist. Ggf muss eine **Liquidation** durchgeführt werden, aber auch eine Analogie zu § 25 II bietet sich an (zutr Lutter/*Teichmann* Rn 21; vgl auch Kallmeyer/*Kallmeyer/Sickinger* Rn 6; aA Semler/Stengel/*Schröer* Rn 19: genereller Übergang, bei Verträgen außerordentl Kündigungsrecht). **100**

8. Erlöschen des übertragenden Rechtsträgers

Bei der Aufspaltung wird das gesamte Verm des übertragenden Rechtsträgers auf mindestens zwei übernehmende Rechtsträger übertragen. Folgerichtig ordnet das Gesetz in **Abs 1 Nr 2** das Erlöschen des übertragenden Rechtsträgers bei der Aufspaltung an. Dies entspricht dem Erlöschen des übertragenden Rechtsträgers bei der Verschm. Vgl daher zu Einzelheiten § 20 Rn 7 ff. Über § 125 gilt auch **101**

§ 25 II, der unter gewissen Voraussetzungen das Fortbestehen des übertragenden Rechtsträgers fingiert (vgl § 25 Rn 26 ff). Eine ähnl Problematik taucht bei nicht übertragbaren Rechtspositionen auf. Vgl näher hierzu Rn 97. Mit dem Erlöschen des Rechtsträgers erlöschen auch die Mitgliedschaftsrechte an diesem Rechtsträger. Sie werden durch Anteile an den übernehmenden Rechtsträger ersetzt (vgl Rn 103 f). Zum Erlöschen der Organstellungen vgl Rn 63. Zur Behandlung von Rechten Dritter an den untergehenden Anteilen vgl Rn 107 f.

9. Anteilstausch bei Auf- und Abspaltung

102 Mit Wirksamwerden der Spaltung durch Eintragung in das Register des Sitzes des übertragenden Rechtsträgers werden bei **Auf- und Abspaltungen** die Anteilsinhaber des übertragenden Rechtsträgers Anteilsinhaber der beteiligten Rechtsträger (Abs 1 Nr. 3). Durch die Änderung des Wortlauts von „übernehmende" Rechtsträger in „beteiligte" Rechtsträger wurde mit Wirkung zum 1.8.1998 die zuvor bestehende Streitfrage gelöst, dass anlässl einer Spaltung unmittelbar Anteile am übertragenden Rechtsträger übertragen werden können (vgl die korrespondierende Änderung bei § 126 I Nr 10). Bedeutung hat dies für nichtverhältniswahrende Spaltungen. Diese können so gestaltet werden, dass die Anteile einzelner Anteilsinhaber am übertragenden Rechtsträger unmittelbar mit Wirksamwerden der Spaltung übergehen (vgl näher hierzu § 128 Rn 18 ff).

103 Der Wechsel der Anteilsinhaberschaften erfolgt in der Person derjenigen Anteilsinhaber, die zum Zeitpunkt des Wirksamwerdens der Spaltung am übertragenden Rechtsträger beteiligt sind. Auch nach Abschluss des Spaltungsvertrags und/oder Fassung der Spaltungsbeschlüsse tritt eine Verfügungssperre nicht ein (Semler/Stengel/*Kübler* Rn 59; Lutter/*Teichmann* Rn 69). Werden in dieser Zeitspanne Anteile am übertragenden Rechtsträger übertragen, erwirbt der neue Anteilsinhaber mit Wirksamwerden der Spaltung unmittelbar die Anteile an den beteiligten Rechtsträgern (BayObLG NZG 2003, 829). Ggf ist bei wegen Anteilsübertragungen falscher Registereintragungen ein Amtslöschungsverfahren durchzuführen (BayObLG NZG 2003, 829). Zur stl Behandlung von Anteilsinhaberwechseln in der Zeit ab dem stl Übertragungsstichtag vgl § 2 UmwStG Rn 99 ff. Bei der Ausgliederung wird der übertragende Rechtsträger selbst Anteilsinhaber der übernehmenden Rechtsträger (Abs 1 Nr 3 S 3).

104 Die **Aufteilung** der Anteile richtet sich nach den Bestimmungen des Übernahmevertrags (Abs 1 Nr 3 S 1 HS 1). Aufteilung idS ist die Aufteilung unter den Anteilsinhabern des übertragenden Rechtsträgers iSv § 126 I Nr 10. Aber auch die Höhe und Anzahl der insges zu gewährenden Anteile richtet sich nach den Bestimmungen des Spaltungsvertrags (§ 126 I Nr 3; vgl dazu § 126 Rn 19 ff).

105 Die neuen Anteilsinhaberschaften an den beteiligten Rechtsträgern entstehen kraft Gesetzes. Eines gesonderten Übertragungsaktes bedarf es nicht. Eine KapErh, aus der die neuen Anteile hervorgehen, wird jetzt wirksam; entspr gilt für eine Kapitalherabsetzung beim übertragenden Rechtsträger. Ebenso gehen bereits bestehende Anteile an einem übernehmenden Rechtsträger kraft Gesetzes ohne Durchgangserwerb entspr der Aufteilung im Spaltungsvertrag (§ 126 I Nr 10) auf die Anteilsinhaber des übertragenden Rechtsträgers über (Kallmeyer/*Kallmeyer*/*Sickinger* Rn 11). Vgl iÜ auch § 20 Rn 109. Auch Anteile am übertragenden Rechtsträger (vgl Rn 102), einschl eigener Anteile des übertragenden Rechtsträgers, die als Gegenleistung gewährt werden, gehen unmittelbar über.

10. Ausschluss der Anteilsübertragung

106 Eine Anteilsübertragung findet nicht statt, soweit der übernehmende Rechtsträger unmittelbar oder mittelbar Anteilsinhaber des übertragenden Rechtsträgers ist (Abs 1 Nr 3 S 1 HS 2 Alt 1). Entsprechendes gilt, wenn der übertragende Rechtsträger unmittel- oder mittelbar eigene Anteile besitzt (Abs 1 Nr 3 S 1 HS 2 Alt 2). Die eigenen Anteile können jedoch anlässl der Abspaltung als Gegenleistung an andere Anteilsinhaber gewährt werden. Die Vorschriften entsprechen inhaltl derjenigen von § 20 I Nr 3 S 1 HS 2 bei der Verschm. In diesen Fallgruppen werden Anteile nicht gewährt, da eigene Anteile beim übernehmenden Rechtsträger entstehen würden. Die gesetzl Aufzählung ist aber nicht vollständig. Ein Anteilstausch findet in allen Fällen nicht statt, in denen ein Anteilsgewährungsverbot besteht oder von einem Wahlrecht dahin Gebrauch gemacht worden ist, dass keine Anteile gewährt wurden (Maulbetsch/Klumpp/Rose/*Raible* Rn 64; näher § 126 Rn 41 ff).

11. Rechte Dritter an den Anteilen

107 Wie bei der Verschm (§ 20 I Nr 3 S 2) setzen sich auch bei der **Auf- und Abspaltung** Rechte Dritter an den Anteilen oder Mitgliedschaften am übertragenden Rechtsträger an den gewährten Anteilen oder Mitgliedschaften der übernehmenden Rechtsträger fort (Abs 1 Nr 3 S 2). Trotz des unglückl Wortlauts („an ihre Stelle tretenden") tritt die dingl Surrogation nicht nur bei Aufspaltungen ein (wie hier Kallmeyer/*Kallmeyer/Sickinger* Rn 14; Semler/Stengel/*Kübler* Rn 62a; KölnerKommUmwG/*Simon* Rn 54; Maulbetsch/Klumpp/Rose/*Raible* Rn 66). Bei Abspaltungen kommt es zwar regelm (Ausnahme ggf bei nichtverhältniswahrenden Spaltungen; dazu Rn 93) zu keinem Anteilstausch (die Anteile am übernehmenden Rechtsträger werden zusätzl zu den meist unverändert fortbestehenden Anteilen am übertragenden Rechtsträger gewährt; selbst bei einer Kapitalherabsetzung ändert sich nur die nominale Beteiligungshöhe), die Anteile erleiden aber einen inneren Wertverlust. Dies hat auch Auswirkungen auf die Rechte Dritter an den Anteilen. Die Vorschrift bewirkt daher bei einer Abspaltung (ohne Anteilstausch) die Erstreckung der Rechte Dritter auf die neu gewährten Anteile (am übertragenden Rechtsträger oder an den übernehmenden Rechtsträger) unter gleichzeitiger Beibehaltung des bisherigen Rechtsverhältnisses.

108 Die Rechte Dritter weiten sich grdsl nicht auf Anteile aus, die nicht anlässl der Spaltung gewährt werden, etwa schon **bestehende Beteiligungen** eines Anteilsinhabers des übertragenden Rechtsträgers am übernehmenden Rechtsträger, wenn diese rechtl selbstständig bleiben (etwa neue Aktien, ein weiterer GmbH-Anteil). Bei PersGes führt die Gewährung eines „neuen" Anteils hingegen zu einer Aufstockung der einheitl Beteiligung; entspr kann auch bei einer übernehmenden GmbH ein bestehender Geschäftsanteil zur Anteilsgewährung aufgestockt werden. In diesen Fällen setzt sich das Recht des Dritten am gesamten Anteil fort und es bestehen ggf schuldrechtl Ansprüche auf eine teilw Freigabe (Lutter/*Teichmann* Rn 73; Maulbetsch/Klumpp/Rose/*Raible* Rn 67).

109 Bei der Ausgliederung gilt die Vorschrift nicht, da nur der übertragende Rechtsträger selbst, aber nicht dessen Anteilsinhaber Anteile erhalten (KölnerKommUmwG/*Simon* Rn 55).

110 Betroffen sind nur **dingl Rechte** an den Anteilen, insbes Nießbrauch und Pfandrechte (Lutter/*Teichmann* Rn 72 ff; Semler/Stengel/*Kübler* Rn 62; KölnerKommUmwG/*Simon* Rn 57; ausführl zum Nießbrauch *Teichmann* FS Lutter,

2000, 1261). Rein **schuldrechtl** Beziehungen setzen sich nicht automatisch fort (Beispiele: Vorkaufsrechte, Unterbeteiligungen, Treuhandverhältnis). Sie müssen neu begründet werden, sofern das betroffene Rechtsverhältnis nicht bereits Regelungen über eine Fortsetzung enthält, oder dies durch Auslegung ermittelt werden kann (Semler/Stengel/*Kübler* Rn 63; KölnerKommUmwG/*Simon* Rn 57; Maulbetsch/Klumpp/Rose/*Raible* Rn 68; aA für offene Treuhandverhältnisse Lutter/*Teichmann* Rn 76: analoge Anwendung von Abs 1 Nr 3 S 2). Ggf entstehen durch das Erlöschen bzw durch den Wertverlust Schadensersatzansprüche oder Ansprüche auf Bereicherungsausgleich (Semler/Stengel/*Kübler* Rn 63).

12. Beurkundungsmängel

111 Die Eintragung der Spaltung in das Register des Sitzes des übertragenden Rechtsträgers heilt Mängel der notariellen Beurkundung des Spaltungsvertrags und ggf erforderl Zustimmungs- und Verzichtserklärungen einzelner Anteilsinhaber. Die Regelung entspricht der von § 20 I Nr 4. Auf die Komm dort wird verwiesen (vgl § 20 Rn 120).

13. Ausschluss der Rückabwicklung (Abs 2)

112 Die Rückabwicklung einer Spaltung aufgrund von Mängeln, die ggf erst geraume Zeit nach Eintragung der Spaltung erkannt werden, ist prakt nicht oder nur unter großen Schwierigkeiten durchführbar. Die beteiligten Rechtsträger sind regelm operative Unternehmen, mithin treten permanent Veränderungen in der Vermögenszusammensetzung ein. Daher ordnet Abs 2 die Unumkehrbarkeit der Spaltung nach der konstitutiven Eintragung an (ausführl hierzu *Kort* AG 2010, 230). Die Regelung entspricht derjenigen von § 20 II (früher bereits § 352a AktG aF; *Kort* AG 2010, 230 f). Der Bestandsschutz der eingetragenen Umw ist umfassend und gilt für alle Arten der Spaltung, auch derjenigen zur Neugründung (Lutter/*Teichmann* Rn 81; Kallmeyer/*Kallmeyer/Sickinger* Rn 16). Die Art und Schwere des Mangels ist grdsl unbeachtl, ebenso eine Diff zwischen Nichtigkeits- oder Anfechtungsgründen (BGHZ 132, 353; *Kort* AG 2010, 231 f). Der Ausschluss der Rückabwicklung wirkt nur dann nicht, wenn der Mangel der Umw derart gravierend ist, dass die Umw an sich (nicht der Umwandlungsbeschluss!) nichtig oder gar nicht existent ist (BGH ZIP 2001, 2006 mwN), etwa weil ein Umwandlungsbeschluss nicht gefasst worden ist (BGHZ 132, 353 zu LwAnpG), weil die gewählte Umwandlungsform vom Gesetz nicht vorgesehen ist (BGHZ 132, 134; BGH ZIP 1999, 1126) oder die Rechtsform, in die umgewandelt werden soll, nicht dem Gesetz entspricht (BGH ZIP 2001, 2006). Auch diese Maßstäbe sind mit Bedacht anzuwenden. So lässt etwa eine unzulässige Mischform der Spaltung (dazu § 123 Rn 14) den Bestandsschutz unberührt, weil die Spaltung an sich eine zulässige Umw ist und daher der Gesetzeszweck von Abs 2 vorgeht. Weitere Ausnahmefälle könnten das Fehlen eines Umwandlungsvertrags oder des Zustimmungsbeschlusses sowie die Eintragung ohne Anmeldung sein (vgl auch *K. Schmidt* ZIP 1998, 181; Semler/Stengel/*Kübler* Rn 67).

113 Der Bestandsschutz bewirkt auch, dass ein **Amtslöschungsverfahren** nach § 395 FamFG (früher §§ 144, 142 FGG) – von den vorstehenden Ausnahmefällen abgesehen – ausscheidet (BGH NJW 2007, 224; OLG Hamburg NZG 2003, 981; OLG Frankfurt aM NJW-RR 2003, 1122; OLG Hamm ZIP 2001, 569; BayObLG BB 2000, 477; *Kort* DStR 2004, 185; Maulbetsch/Klumpp/Rose/*Raible* Rn 73). Dies gilt unabhängig davon, ob materielle Fehler der Umw oder ein Fehlverhalten des Registergerichts, etwa ein Verstoß gegen die Registersperre nach § 16 II (iVm § 125), vorliegen (OLG Frankfurt aM NJW-RR 2003, 1122; OLG Hamm ZIP 2001, 569; Grundrechtsverstoß offengelassen von BVerfG DB 2005, 1373: Verfassungsbeschwerde unzulässig, wenn nicht alle Rechtsmittel einschl einstweiliger Vfg gegen Vorstand ausgeschöpft worden sind). Ebenso wenig kann eine eingetragene Umw durch **Beschlüsse** der Anteilsinhaberversammlungen wieder **aufgehoben** werden. Eine derartige „Entschmelzung" ist wegen des Bestandsschutzes nach Abs 2 weder aufgrund entspr Anmeldung noch mittels Amtslöschung durchführbar (OLG Frankfurt aM NZG 2003, 236). Dies kann nur durch erneute Strukturmaßnahmen erreicht werden. Schließl unterliegt eine eingetragene Umw auch nicht der Insolvenzanfechtung (*Keller/Klett* DB 2010, 1220,1223). Zu den Folgen einer **dennoch erfolgten Amtslöschung** vgl *Custodis* GmbHR 2006, 904. Vgl iÜ auch § 20 Rn 121 ff.

Abs 2 schließt ledigl die dingl Rückabwicklung der Spaltung aus. **Mängel** des Gesellschaftsvertrages/der Satzung werden hiervon nicht berührt; sie werden nicht geheilt. Hieraus können – neben Schadensersatzansprüchen etc – im Einzelfall auch Ansprüche einzelner Gesellschafter auf Rückgängigmachung einzelner Rechtsfolgen resultieren, wenn die Verletzung subjektiver Rechte andauert. Ein Anspruch auf Rückabwicklung der gesamten Spaltung ex nunc scheidet jedoch aus (hM; vgl etwa Kallmeyer/*Kallmeyer/Sickinger* Rn 16; Lutter/*Teichmann* Rn 81; *Kort* AG 2010, 230, 235 f; aA *K. Schmidt* ZIP 1998, 181, 187). IÜ folgt aus Abs 2, dass im Spaltungsvertrag vereinbarte auflösende **Bedingungen, Rücktritts-** und **Kündigungsrechte** nach der konstitutiven Eintragung keine Wirkung mehr entfalten können (*Körner/Rodewald* DB 1999, 853, 855 ff). Zu mögl **Amtshaftungsansprüchen** vgl BGH NJW 2007, 224; OLG Hamm NZG 2006, 274. **114**

Anfechtungs- oder **Nichtigkeitsklagen** gegen Spaltungsbeschlüsse bleiben durch die Eintragung unberührt. Das Rechtsschutzbedürfnis entfällt durch die Eintragung nicht (OLG München GmbHR 2010, 531 und OLG Hamm AG 2009, 876 zu Formwechselbeschluss; OLG Stuttgart NZG 2004, 463; OLG Hamm DB 2004, 1143). Bei einer Eintragung nach Durchführung eines Unbedenklichkeitsverfahrens folgt dies schon aus § 16 III 6 und § 28. Nichts anderes kann aber gelten, wenn die Spaltung unter Missachtung der Registersperre eingetragen worden ist (OLG Hamm DB 2004, 1143). Die Kläger müssen also nicht auf eine Leistungsklage umstellen. Bei verfahrensfehlerhaften Eintragungen kommen auch Amtshaftungsansprüche in Betracht (vgl dazu auch OLG Hamm DB 2002, 1431). **115**

14. Behandlung vergessener Aktiva bei der Aufspaltung

Bei einer Abspaltung oder einer Ausgliederung verbleiben im Spaltungsvertrag nicht aufgeführte Gegenstände beim übertragenden Rechtsträger (vgl auch Rn 98 zu nicht übertragbaren Gegenständen). Dies gilt grdsl unabhängig davon, ob die Nichtaufnahme bewusst oder versehentl erfolgte (allerd Vorrang der Auslegung; dazu Rn 117). Zu Veränderungen im Vermögensbestand vgl Rn 93 ff. Für die **Aufspaltung,** bei der der übertragende Rechtsträger erlischt, bedurfte es einer anderen, vom Gesetzgeber zu Recht als unentbehrl bezeichneten (RegEBegr BR-Drs 75/94 zu § 131) Regelung. Diese ist in Abs 3 enthalten. Danach erfolgt die Zuteilung vergessener Vermögensgegenstände in einem dreistufigen Verfahren. **116**

Auf der **ersten Stufe** muss versucht werden, den Vermögensgegenstand im Wege der Auslegung des Spaltungsvertrags einem übernehmenden Rechtsträger **117** zuzuordnen. Dies wird oftmals gelingen, da in der Praxis aus stl Gründen (vgl §§ 15, 16, 20, 24 UmwStG) regelm Teilbetriebe übertragen werden. Dann können Gegenstände, die einem Teilbetrieb zuzuordnen sind, zumeist durch **Auslegung** dem Rechtsträger zugeteilt werden, der die übrigen Vermögensgegenstände dieses Teilbetriebs übernommen hat. Dies hat insbes für Gegenstände, die aufgrund zwischenzeitl Veränderungen nicht erfasst worden sind, Bedeutung (vgl Rn 93 ff). Ferner sind in der Vertragspraxis auch Auffangklauseln übl, die meist eine Zuordnung ermögl (Rn 95).

118 Darüber hinaus wird häufig eine wirtschaftl Zusammengehörigkeit ein brauchbares Auslegungskriterium sein. Dies gilt etwa für Nebenrechte, die nicht bereits nach § 401 BGB automatisch übergehen (zu Nebenrechten iSv § 401 BGB vgl Rn 84). Bspw wird man das Sicherungseigentum an einem Gegenstand idR demjenigen Rechtsträger zuordnen können, dem im Spaltungsvertrag die gesicherte Forderung zugeordnet worden ist (vgl Rn 25). Fehlen entgegenstehende Anhaltspunkte, können Aktiva regelm demjenigen Rechtsträger zugeordnet werden, dem die dazugehörige Verb (etwa aus der Finanzierung des Gegenstandes) im Spaltungsvertrag übertragen wurde (für den umgekehrten Fall des Vergessens der Verb vgl Rn 125 ff). Schließl sind neben speziellen Auslegungsregeln (etwa § 27 II MarkenG) die allg Auslegungsgrundsätze von §§ 133, 157 BGB (einschl ergänzender Vertragsauslegung) zu beachten.

119 Führt die Auslegung nicht zur Klärung, so ordnet das Gesetz auf der **zweiten Stufe** den Übergang des Gegenstandes auf alle übernehmenden Rechtsträger an (Abs 3 HS 1). Der Gesetzgeber hat damit, soweit AG betroffen sind, die Vorgaben von Art 3 Abs 3 der europäischen SpaltungsRL vom 17.12.1982 (ABl EG Nr L 378, 47) umgesetzt. Eine **Teilung in Natur** tritt nur bei teilbaren Rechten ein. Bei Sachen entsteht (zunächst) eine **Gesamtberechtigung,** auch wenn sie grdsl teilbar sind (vgl § 752 BGB; Maulbetsch/Klumpp/Rose/*Raible* Rn 80). Denn Abs 3 bewirkt den unmittelbar dingl Übergang, ohne – was die Norm auch nicht leisten könnte – festzulegen, welcher Teil auf welchen Rechtsträger übergeht. Dies gilt auch für Sachen, die mehrfach vorhanden sind, insbes vertretbare Sachen und Gattungssachen. Die Teilung in Natur können die Rechtsträger im Anschluss durchführen. Die Art der Gesamtberechtigung hängt vom Gegenstand ab.

120 Bei **Immobilien,** immobiliengleichen Rechten (Teil- oder Wohnungseigentumsrechte, Erbbaurechte) und **Mobilien** werden die übertragenden Rechtsträger mit Wirksamwerden der Spaltung Miteigentümer nach Bruchteilen (§§ 741 ff BGB). Eine gesamthänderische Berechtigung erscheint indes zweifelhaft (so Lutter/*Teichmann* Rn 87; Kallmeyer/*Kallmeyer/Sickinger* Rn 18: Nach Bruchteilen oder eine gesamthänderische Berechtigung; anders Semler/Stengel/*Kübler* Rn 70: grdsl nur Teilung in Natur, anderenfalls Verwertung, unten Rn 123; Maulbetsch/Klumpp/Rose/*Raible* Rn 80). Dadurch würde ein Vermögensgegenstand nicht aufgeteilt, es entstünde vielmehr ein weiterer Rechtsträger, die Gesamthand (wohl GbR). Vgl auch Rn 15.

121 Bei nicht teilbaren Forderungen und sonstigen **Rechten** tritt mit Wirksamwerden der Spaltung Mitgläubigerschaft iSv § 432 BGB ein (Maulbetsch/Klumpp/Rose/*Raible* Rn 80). Bei „vergessenen" Schuldverhältnissen treten alle übernehmenden Rechtsträger in die Position des übertragenden Rechtsträgers ein. Eine reale Teilung des Schuldverhältnisses scheidet aus (vgl Rn 57).

122 Unverständl ist der gesetzl angeordnete **Aufteilungsmaßstab** für die Mitberechtigung. Maßgebl soll die Aufteilung des Überschusses der Aktivseite der

Schlussbilanz über deren Passivseite sein. Folgl wird der Aufteilungsmaßstab durch die BW bestimmt (vgl § 17 II; so auch Lutter/*Teichmann* Rn 86; aA *Geck* DStR 1995, 419: Verkehrswerte), während sich das Umtauschverhältnis nach den tats Werten richtet. Ein Rechtsträger, der relativ hohe BW, im Vgl zu anderen Rechtsträgern aber relativ wenige stille Reserven übertragen bekommt, wird bei diesem Aufteilungsmaßstab bevorzugt. Europarechtl war dem Gesetzgeber die Wahl dieses Verteilungsmaßstabs nicht vorgegeben. Art 3 III der europäischen SpaltungsRL sieht eine Aufteilung im Verhältnis des nach dem Spaltungsplan auf jeden übernehmenden Rechtsträger entfallenden Nettoaktivvermögens vor.

Scheidet eine Teilung in Natur und Gesamtberechtigung an einem Vermögens- **123** gegenstand aus, ist – **dritte Stufe** – sein Gegenwert in dem in Rn 122 bezeichneten Verhältnis zu verteilen (Abs 3 HS 2). Das Gesetz gibt nicht vor, wie die Verteilung des Gegenwerts vorzunehmen ist. Abs 3 HS 2 bestimmt nur, dass und in welchem Verhältnis die Verteilung zu erfolgen hat. Die Rechtsträger können sich auf die Übernahme des Vermögensgegenstandes durch einen Rechtsträger bei gleichzeitiger Leistung einer Ausgleichszahlung an die anderen Rechtsträger einigen (KölnerKommUmwG/*Simon* Rn 68; Maulbetsch/Klumpp/Rose/*Raible* Rn 81). Notfalls ist eine **Nachtragsliquidation** durchzuführen (Lutter/*Teichmann* Rn 89; KölnerKommUmwG/*Simon* Rn 68).

15. Behandlung vergessener Aktiva bei Ausgliederung und Abspaltung

Ausweisl der Gesetzesbegründung (RegEBegr BR-Drs 75/94 zu § 131) wurde **124** eine Regelung über das rechtl Schicksal von vergessenen Aktiva bei Abspaltungen und Ausgliederungen für überflüssig gehalten, da bei diesen Spaltungsformen der übertragende Rechtsträger nicht erlischt. Die vergessenen Gegenstände verbleiben dann beim übertragenden Rechtsträger. Dies befreit aber nicht von einer Prüfung im Einzelfall. Auch bei Abspaltungen und Ausgliederungen ist **vorrangig** eine **Auslegung** des Spaltungsvertrags durchzuführen (BGH NZG 2003, 1172, 1174; OLG Frankfurt aM BeckRS 2011, 21520). Denn der Spaltungsvertrag ist auch ein schuldrechtl Vertrag, für den §§ 133, 157 BGB gelten (BGH NZG 2003, 1172, 1174; zur Rechtsnatur allg vgl § 126 Rn 6). Infolgedessen sind nicht nur die (einfachen) Auslegungsgrundsätze zu beachten, es können darüber hinaus mittels ergänzender Vertragsauslegung bestehende Vertragslücken geschlossen werden (KölnerKommUmwG/*Simon* Rn 63). Für den **Spaltungsplan** gelten obj Auslegungsgrundsätze (Lutter/*Teichmann* Rn 84). Erst wenn die Auslegung zu keinem Erg führt, verbleibt der Vermögensgegenstand beim übertragenden Rechtsträger. Zur Behandlung von seit dem Abschluss des Spaltungsvertrags **hinzugekommenen Gegenständen** vgl Rn 93 ff.

16. Behandlung vergessener Passiva bei Aufspaltung

Nach Ansicht des Gesetzgebers betrifft die Zuordnung nach Abs 3 ledigl „ver- **125** gessene“ Aktiva. Eine bes Regelung für „vergessene“ (oder seit Abschluss des Spaltungsvertrags hinzugekommene, vgl Rn 93 ff) Verb sei angesichts der ohnehin eintretenden gesamtschuldnerischen Haftung (§ 133 I 1) entbehrl (RegEBegr BR-Drs 75/94 zu § 131; anders noch § 10 III SpTrUG).

Die gesamtschuldnerische Haftung gewährt diesen Schutz nur innerh der Frist **126** von § 133 III. Wird die „vergessene“ Verb erst später als fünf Jahre nach einer Aufspaltung fällig, so könnte sich jeder übernehmende Rechtsträger auf die Nachhaftungsbegrenzung berufen. Den betroffenen Gläubiger in dieser Situation auf sein vormals bestehendes Recht, Sicherheitsleistung zu verlangen (§ 22), zu verweisen, entspricht seinem Interesse nicht.

127 Vor diesem Hintergrund scheint es angebracht, die Regelung von **Abs 3** – durchaus im Einklang mit dem Wortlaut („Gegenstand") – nicht nur auf „vergessene" Gegenstände des Aktivvermögens, sondern auch des Passivvermögens zu erstrecken. Dies hat zur Folge, dass bei Aufspaltungen vergessene Passiva auf alle übernehmenden Rechtsträger übergehen, soweit nicht bereits die Auslegung zu einem eindeutigen Erg führt. Die infolgedessen eintretende gesamtschuldnerische Haftung beruht nicht auf der Regelung von § 133 I, sondern auf der Sonderrechtsnachfolge durch mehrere Rechtsträger (vgl auch Lutter/*Schwab* § 133 Rn 87 ff; im Erg auch Widmann/Mayer/*Vossius* Rn 220; *ders* § 133 Rn 14; Semler/Stengel/*Maier-Reimer/Seulen* § 133 Rn 37; Maulbetsch/Klumpp/Rose/*Raible* Rn 85 und § 133 Rn 19; KölnerKommUmwG/*Simon* Rn 61; *ders* § 133 Rn 26; SBB/*Sagasser/Bultmann* § 18 Rn 132). Diese gesamtschuldnerische Haftung unterliegt daher nicht der Nachhaftungsbegrenzung nach § 133 III. Diese Ansicht entspricht iÜ der Vorgabe durch Art 3 III lit d der europäischen SpaltungsRL (ABl EG Nr L 378, 47).

128 Weitere Folge der unmittelbaren Anwendung von Abs 3 auf „vergessene" Verb ist, dass auch der **Aufteilungsmaßstab** für den Ausgleich im Innenverhältnis feststeht (ebenso Semler/Stengel/*Kübler* Rn 72). Dieser bestimmt sich nach der Aufteilung des Überschusses der Aktivseite der Schlussbilanz über deren Passivseite (Abs 3 HS 1). Zur Kritik an diesem Maßstab vgl Rn 122.

129 Bei Ausgliederungen und Abspaltungen verbleibt die „vergessene" Verb beim übertragenden Rechtsträger, soweit nicht im Wege der Auslegung, ggf im Wege der ergänzenden Vertragsauslegung, ein Übergang auf einen übernehmenden Rechtsträger festgestellt werden kann. Vgl hierzu Rn 116 ff.

§ 132 *(aufgehoben)*

1 § 132 wurde durch Gesetz vom 19.4.2007 (BGBl I 542) ersatzlos gestrichen. Zu den Auswirkungen vgl § 131 Rn 11 ff.

§ 133 Schutz der Gläubiger und der Inhaber von Sonderrechten

(1) [1] Für die Verbindlichkeiten des übertragenden Rechtsträgers, die vor dem Wirksamwerden der Spaltung begründet worden sind, haften die an der Spaltung beteiligten Rechtsträger als Gesamtschuldner. [2] Die §§ 25, 26 und 28 des Handelsgesetzbuchs sowie § 125 in Verbindung mit § 22 bleiben unberührt; zur Sicherheitsleistung ist nur der an der Spaltung beteiligte Rechtsträger verpflichtet, gegen den sich der Anspruch richtet.

(2) [1] Für die Erfüllung der Verpflichtung nach § 125 in Verbindung mit § 23 haften die an der Spaltung beteiligten Rechtsträger als Gesamtschuldner. [2] Bei Abspaltung und Ausgliederung können die gleichwertigen Rechte im Sinne des § 125 in Verbindung mit § 23 auch in dem übertragenden Rechtsträger gewährt werden.

(3) [1] Diejenigen Rechtsträger, denen die Verbindlichkeiten nach Absatz 1 Satz 1 im Spaltungs- und Übernahmevertrag nicht zugewiesen

worden sind, haften für diese Verbindlichkeiten, wenn sie vor Ablauf von fünf Jahren nach der Spaltung fällig und daraus Ansprüche gegen sie in einer in § 197 Abs. 1 Nr. 3 bis 5 des Bürgerlichen Gesetzbuchs bezeichneten Art festgestellt sind oder eine gerichtliche oder behördliche Vollstreckungshandlung vorgenommen oder beantragt wird; bei öffentlich-rechtlichen Verbindlichkeiten genügt der Erlass eines Verwaltungsakts. [2]Für vor dem Wirksamwerden der Spaltung begründete Versorgungsverpflichtungen auf Grund des Betriebsrentengesetzes beträgt die in Satz 1 genannte Frist zehn Jahre.

(4) **[1]Die Frist beginnt mit dem Tage, an dem die Eintragung der Spaltung in das Register des Sitzes des übertragenden Rechtsträgers nach § 125 in Verbindung mit § 19 Abs. 3 bekannt gemacht worden ist. [2]Die für die Verjährung geltenden §§ 204, 206, 210, 211 und 212 Abs. 2 und 3 des Bürgerlichen Gesetzbuchs sind entsprechend anzuwenden.**

(5) **Einer Feststellung in einer in § 197 Abs. 1 Nr. 3 bis 5 des Bürgerlichen Gesetzbuchs bezeichneten Art bedarf es nicht, soweit die in Absatz 3 bezeichneten Rechtsträger den Anspruch schriftlich anerkannt haben.**

(6) **[1]Die Ansprüche nach Absatz 2 verjähren in fünf Jahren. [2]Für den Beginn der Verjährung gilt Absatz 4 Satz 1 entsprechend.**

Schrifttum: Schrifttum bis 2004 siehe 5. Aulage; vgl auch Schrifttum zu Vor §§ 123–173; *Maier-Reimer/Gesell,* Schuldüberhang und Haftung in der Spaltung, FS N. Horn, 2006, 455; *Mayer/Weiler,* Neuregelungen durch das Zweite Gesetz zur Änderung des Umwandlungsgesetzes (Teil II), DB 2007, 1291; *Neye,* BB-Gesetzgebungsreport: Bundestag beschließt neues Umwandlungsrecht, BB 2007, 389; *Mayer/Weiler,* Neuregelungen durch das Zweite Gesetz zur Änderung des Umwandlungsgesetzes (Teil II), DB 2007, 1291; *Perwein,* Vom Einzelunternehmen in die GmbH – Einzelrechtsnachfolge oder Gesamtrechtsnachfolge als besserer Weg?, GmbHR 2007, 1214; *Passarge,* Pensionsverbindlichkeiten bei der GmbH-Liquidation – tatsächlich ein unüberwindbares Hindernis?, GmbHR 2007, 701; *Wälzholz,* Das 2. UmwÄndG in der Gestaltungspraxis, GmbH-StB 2007, 148; *Blobel/Menz,* Die Auswirkungen von Schuldner- und Gläubigerwechsel auf die Spaltungshaftung nach § 133 UmwG, NZG 2009, 608; *Maier-Reimer/Bödefeld,* Haftung für spaltungsbedingte Schulden, Liber Americorum Martin Winter, 2011, 453; *Ihrig/Kranz,* Zur Nachhaftung für Pensionsverbindlichkeiten bei der Spaltung – Zugleich ein Beitrag zu den Grenzen der zeitlichen Rückwirkung von Gesetzen, ZIP 2012, 749.

Übersicht

1. Allgemeines

1 Nach Abs 1 S 1 **haften alle** an der Spaltung **beteiligten Rechtsträger** für die Verb des übertragenden Rechtsträgers. Dies gilt für alle Arten der Spaltung. Damit hat der dt Gesetzgeber beide Schutzmechanismen (Anspruch auf Sicherheitsleistung nebst Ausfallhaftung, Art 12 II, und gesamtschuldnerische Haftung, Art 12 VI), die die europäische SpaltungsRL vom 17.12.1982 (ABl EG Nr L 378, 45) vorgibt, verwirklicht (eingehend hierzu Lutter/*Schwab* Rn 4 ff). Daneben bleibt die Haftung aus Firmenfortführung bestehen (Abs 1 S 2 HS 1). Ferner regelt die Vorschrift Besonderheiten beim Anspruch auf **Sicherheitsleistung** und bei den Ansprüchen der Inhaber von **Sonderrechten** iSv § 23 (Abs 1 S 2 HS 2, Abs 2). Entsprechend der Intention des Nachhaftungsbegrenzungsgesetzes (BGBl I 1994, 560) ist die Haftung der Rechtsträger, denen eine Verb nicht zugeordnet wurde, jedoch zeitl nicht grenzenlos ausgestaltet worden (zur Vereinbarkeit mit der SpaltungsRL vgl Lutter/*Schwab* Rn 8). Abs 3–5 enthalten eine Regelung, die inhaltl im Wesentl den sonstigen Nachhaftungsbegrenzungsregelungen entspricht. Die weiteren Gläubigerschutzrechte ergeben sich aus der entspr Anwendung des Verschmelzungsrechts (§ 125). § 133 – ergänzt durch § 134 – ist damit die wesentl Korrektivnorm für die vom Gesetzgeber eingeräumte Aufteilungs- und Übertragungsfreiheit bei der Spaltung (vgl hierzu etwa § 126 Rn 50, 64, § 133 Rn 4, 45, 53, 81).

2. Haftung der Rechtsträger

2 **a) Qualifikation der gemeinsamen Haftung.** Nach Abs 1 S 1 haften die an der Spaltung beteiligten Rechtsträger für alle vor dem Wirksamwerden der Spaltung begründeten Verb des übertragenden Rechtsträgers **als Gesamtschuldner.** Trotz des scheinbar eindeutigen Wortlauts ist zwischenzeitl str, ob durch die Spaltung tats eine Gesamtschuld aller Rechtsträger iSd §§ 421 ff BGB eintritt (so BGH NJW 2001, 305; Semler/Stengel/*Maier-Reimer/Seulen* Rn 31 ff; KölnerKommUmwG/*Simon* Rn 17 ff; *Ihrig* ZHR 68 [1999], 80, 85) oder die Rechtsträger, denen eine Verb nicht zugeordnet ist („Mithafter"), für die Verb des „Hauptschuldners" akzessorisch haften (grundlegend *Habersack,* FS Bezzenberger, 2000, 93, 96 ff; Kallmeyer/*Kallmeyer/Sickinger* Rn 3; Lutter/*Schwab* Rn 23; Widmann/Mayer/*Vossius* Rn 25). Der Unterschied zeigt sich bei Änderung der Verb in der Person eines Rechtsträgers (KölnerKommUmwG/*Simon* Rn 18). Während bei der Gesamtschuld nach § 425 BGB Veränderungen nur den einzelnen Rechtsträger betreffen (vgl aber §§ 422–424 BGB), wirken sich bei einer akzessorischen Haftung Änderungen der Hauptschuld unmittelbar auf die Mithafter aus (etwa § 129 HGB), umgekehrt lassen Änderungen in der Person eines Mithafters die Rechtsstellung des Hauptschuldners unberührt. Die prakt Auswirkungen dieser unterschiedl dogmatischen Ansätze sind zwar eher gering (vgl näher Rn 7 ff), dennoch ist eine Entscheidung zu treffen und dabei der **Gesamtschuldlösung** der Vorzug zu geben.

3 Die Annahme einer gesamtschuldnerischen Haftung steht zunächst im Einklang mit dem Wortlaut von Abs 1 S 1, der eindeutig ist: die an der Spaltung beteiligten Rechtsträger haften als Gesamtschuldner (Semler/Stengel/*Maier-Reimer/Seulen* Rn 31; KölnerKommUmwG/*Simon* Rn 21). Ob dies auf eine „ungenaue deutsche Übersetzung" in der dt Fassung der SpaltungsRL zurückgeht (so Lutter/*Schwab* Rn 24), mag dahinstehen. Jedenfalls ist anzunehmen, dass sich der Gesetzgeber des UmwG der Bedeutung der im dt Recht gebräuchl Begrifflichkeit „Gesamtschuld"

bewusst war (Maulbetsch/Klumpp/Rose/*Raible* Rn 12). Beachtenswert wäre dies daher nur, wenn – wie nicht – die Anordnung der Gesamtschuld nicht richtlinienkonform wäre (Semler/Stengel/*Maier-Reimer/Seulen* Rn 31; so wohl auch Lutter/*Schwab*). Der Wortlaut von Abs 1 S 1 ist insoweit auch unterschiedl zu § 128 HGB. Während Abs 1 S 1 alle beteiligten Rechtsträger erfasst, regelt § 128 HGB nur die Haftung der Gesellschafter, nicht aber die Hauptschuld der Ges, zu der die Gesellschafterhaftung akzessorisch ist. Der Wortlaut lässt auch nicht – anders als bei § 128 HGB – den Schluss zu, die Anordnung der Gesamtschuld beziehe sich nur auf das Verhältnis der Mithafter untereinander (zutr Semler/Stengel/*Maier-Reimer/Seulen* Rn 31 Fn 95). Es fehlt auch nicht die für eine Gesamtschuld notw Gleichstufigkeit der Verpflichtungen (allg hierzu Palandt/*Grüneberg* BGB § 421 Rn 7 ff).

Durch die Spaltung werden die Verb des übertragenden Rechtsträgers den beteiligten Rechtsträgern zugeordnet, indem sie entweder auf einen übernehmenden Rechtsträger übertragen oder beim übertragenden Rechtsträger zurückbehalten werden. Dies rechtfertigt zwar eine unterschiedl Qualifizierung der Haftung bei den Rechtsträgern idS, dass derjenige Rechtsträger, dem die Verb zugeordnet ist, vorrangig für die Erfüllung zu sorgen hat, während die anderen ledigl mithaften. Dieses Verhältnis wird oftmals mit den Begriffen „Hauptschuldner" und „Mithafter" beschrieben (etwa Lutter/*Schwab* Rn 17 ff; *Ihrig* ZHR 68 [1999], 80, 82). Eine Akzessorietät der Haftungsansprüche lässt sich daraus aber nicht ableiten. Denn diese Zuordnung ist eine Folge der der Spaltung immanenten Vermögensaufteilung und betrifft damit das Innenverhältnis, indem die **Erfüllungszuständigkeit** festgelegt wird. Für das Außenverhältnis zu den Gläubigern vor Ablauf der Nachhaftungsfrist – dem Regelungsgegenstand von § 133 – lässt sich hieraus nichts ableiten (Stemler/Stengel/*Maier-Reimer/Seulen* Rn 29; vgl auch Lutter/*Schwab* Rn 20). Denn allein der Umstand, dass im Innenverhältnis nur einer der Gesamtschuldner zur Erfüllung verpflichtet sein soll, lässt die Gleichstufigkeit unberührt. Dies führt ledigl dazu, dass dieser Rechtsträger den vollständigen Binnenausgleich nach § 426 Abs 1 BGB schuldet. Die Festlegung eines Aufteilungsmaßstabes ist aber wesenstypisch für die Gesamtschuld, da § 426 I BGB nur eingreift, wenn nichts bestimmt ist. Gegen die Annahme einer Gesamtschuld folgt daraus nichts (aA *Habersack* FS Bezzenberger, 2000, 94, 96 f). Denn eine Gesamtschuld setzt nicht voraus, dass auch im Binnenverhältnis alle Gesamtschuldner die Erfüllung schulden. 4

Anderes lässt sich auch nicht aus Abs 1 S 2 HS 2 ableiten, wonach nur der Rechtsträger, dem die Verb zugeordnet ist, zur Sicherheitsleistung verpflichtet ist (aA *Habersack* FS Bezzenberger, 2000, 94, 97 f). Die Vorschrift verhindert ledigl eine Vervielfachung der Verpflichtung zur Sicherheitsleistung und bestimmt zugleich, welcher Rechtsträger sie zu leisten hat. Ersteres wäre eine – etwa im Vgl zur Verschm – unangemessene Bevorzugung der Gläubiger. Letzteres regelt wiederum nur das Innenverhältnis, denn nicht Abs 1 S 2, sondern § 22 (iVm § 125) bestimmt das Außenverhältnis, den Anspruch auf Sicherheitsleistung. Ebenso lässt die Enthaftung der Mithafter (Abs 3) die Gleichstufigkeit unberührt (aA *Rieble* ZIP 1997, 301, 312). Die ist nur Ausdruck der Einzelwirkung, die nach § 425 BGB für die Gesamtschuld wesenstypisch ist. 5

Schließl verwirklicht die Gesamtschuldlösung am besten den Gesetzeszweck. Denn der Gesetzgeber begegnete den Gefahren der umfassenden Spaltungsfreiheit (vgl § 126 Rn 64) wirksam durch die – zeitl befristete – gemeinsame Haftung. Innerh der Frist nach Abs 3 sollen die Gläubiger so gestellt werden, als ob die 6

Spaltung nicht vollzogen wäre, das Verm des übertragenden Rechtsträgers also ungespalten zur Vfg stünde (ebenso Maulbetsch/Klumpp/Rose/*Raible* Rn 12; vgl auch Lutter/*Schwab* Rn 12 ff).

7 **b) Rechtsfolgen der gesamtschuldnerischen Haftung.** Der Rechtsträger, dem die Verb zugeordnet ist (Hauptschuldner), schuldet deren Erfüllung. Entsprechendes gilt für die anderen beteiligten Rechtsträger (Mithafter), die als Gesamtschuldner ebenfalls zu erfüllen haben (Semler/Stengel/*Maier-Reimer/Seulen* Rn 40; KölnerKommUmwG/*Simon* Rn 28). Deshalb können die Gläubiger nach § 421 BGB die Leistung nach ihrem Belieben von jedem beteiligten Rechtsträger ganz oder zT fordern (BGH NJW 2001, 1217). Eine Verpflichtung zur vorrangigen Inanspruchnahme desjenigen Rechtsträgers, der Hauptschuldner ist, besteht nicht (Semler/Stengel/*Maier-Reimer/Seulen* Rn 40; Maulbetsch/Klumpp/Rose/*Raible* Rn 15). Dies wird auch auf der Grundlage des Akzessorietätsmodells (Rn 2) angenommen (Lutter/*Schwab* Rn 28). Der Gläubiger kann mehrere Rechtsträger auf Teilleistungen oder auf die volle Leistung in Anspruch nehmen (Lutter/*Schwab* Rn 29).

8 **Verb** iSv Abs 1 S 1 sind nicht nur Geldschulden, sondern Verpflichtungen jegl Inhalts. Der Rechtsgrund ist unerhebl. Die Haftung besteht für Ansprüche aus Vertrag oder aus unerlaubter Handlung ebenso wie für Ansprüche aus öffentlrechtl Rechtsverhältnissen (vgl Rn 10 ff).

9 Auch die **Mithafter** schulden Erfüllung (Rn 7) und haften nicht nur auf das Erfüllungsinteresse. Demzufolge haben auch die Mithafter etwa auf die Lfg vertretbarer Sachen gerichtete Verpflichtungen zu erfüllen und nicht Schadensersatz zu leisten. Soweit ein in Anspruch Genommener nicht erfüllen kann (**Beispiel:** Herausgabe einer nicht vertretbaren Sache, die sich im Verm eines anderen Rechtsträgers befindet), tritt bei ihm Unvermögen ein. Dieses Unvermögen (für den übertragenden Rechtsträger nachträgl Unvermögen, § 275 BGB, für den übernehmenden Rechtsträger anfängl Unvermögen, § 311a BGB) hat er regelm zu vertreten, sodass er nach §§ 280, 283, 311a BGB auf Schadensersatz haftet (Semler/Stengel/*Maier-Reimer/Seulen* Rn 41; Maulbetsch/Klumpp/Rose/*Raible* Rn 17). Das Unvermögen wirkt nur ggü denjenigen Rechtsträgern, bei denen es besteht; der oder die übrigen Rechtsträger bleiben zur Erfüllung verpflichtet (Semler/Stengel/*Maier-Reimer/Seulen* Rn 41). Entsprechendes gilt für andere Leistungshindernisse iSv § 425 BGB (vgl aber §§ 422–424 BGB). **Unterlassungs- und Duldungspflichten** treffen hingegen im Allg nach einer Spaltung alle beteiligten Rechtsträger, da nur eine inhaltsgleiche Haftung wirksam Umgehungen verhindern kann (vgl § 131 Rn 80). Für **Einreden/Einwendungen** gelten grdsl die §§ 422–425 BGB; vgl hierzu ausführl Semler/Stengel/*Maier-Reimer/Seulen* Rn 48 ff).

10 **c) Betroffene Verbindlichkeiten.** Die Haftung erstreckt sich auf alle Verb, die in der Person des übertragenden Rechtsträgers bis zum Zeitpunkt des Wirksamwerdens der Spaltung **begründet** worden sind. Maßgebl **Zeitpunkt** ist die Eintragung im Register am Sitz des übertragenden Rechtsträgers (§ 131 I), nicht deren Bekanntmachung (Lutter/*Schwab* Rn 81; Kallmeyer/*Kallmeyer/Sickinger* Rn 6; Maulbetsch/Klumpp/Rose/*Raible* Rn 4; KölnerKommUmwG/*Simon* Rn 25; aA Semler/Stengel/*Maier-Reimer/Seulen* Rn 11: im prakt Erg wegen öffentl Glauben des HR Zeitpunkt der Bekanntmachung).

11 **Begründet** ist eine Verb, sobald die Rechtsgrundlage für sie gelegt worden ist (allgM; etwa Kallmeyer/*Kallmeyer/Sickinger* Rn 8, eingehend hierzu MüKoHGB/*K. Schmidt* § 128 Rn 49 ff). Hierfür gelten die Grdse wie bei vglbaren Vorschriften

(etwa §§ 25, 28, 130, 160 HGB). Bei **rechtsgeschäftl Verb** ist dies mit Abschluss des Vertrages der Fall, sofern hieraus ohne Hinzutreten weiterer Abreden die Verpflichtung entstanden ist (MüKoHGB/*K. Schmidt* § 128 Rn 50). Bes Bedeutung hat dies für **Dauerschuldverhältnisse.** Denn mit Abschluss des Vertrages begründet ist dann bereits jede Einzelverbindlichkeit, die aus dem Dauerschuldverhältnis resultiert (MüKoHGB/*K. Schmidt* § 128 Rn 50 mwN; Semler/Stengel/*Maier-Reimer/Seulen* Rn 21). Bei **Versorgungszusagen** sind alle, auch die nach Wirksamwerden der Spaltung der Höhe nach ansteigenden Ansprüche erfasst, wenn die Versorgungszusage vorher erteilt worden ist (teils anders Semler/Stengel/*Maier-Reimer/Seulen* Rn 25: nicht, soweit die Erhöhung auf Entgeltänderungen beruht). Auf die Unverfallbarkeit oder den Ablauf einer Wartefrist zum Zeitpunkt des Wirksamwerdens der Spaltung kommt es nicht an (vgl § 134 Rn 44). Eine Erweiterung der Pflichten aufgrund späterer **Vertragsänderungen** ist von der Haftung nicht umfasst (Maulbetsch/Klumpp/Rose/*Raible* Rn 6). **Vertragsangebote** (zu deren Übertragbarkeit § 126 Rn 49), die der Gläubiger vor Wirksamwerden der Spaltung unterbreitet und ein beteiligter Rechtsträger erst danach angenommen hat, führen nach Sinn und Zweck zu einer der Gesamtschuld unterliegenden Verpflichtung, da der Gläubiger mit einem anderen oder zumindest einem nicht durch die Spaltung geänderten Rechtsträger einen Vertrag schließen wollte (Semler/Stengel/*Maier-Reimer/Seulen* Rn 14; Lutter/*Schwab* Rn 82; Maulbetsch/Klumpp/Rose/*Raible* Rn 7; KölnerKommUmwG/*Simon* Rn 24; anders Voraufl). In der umgekehrten Situation (Angebot durch den Rechtsträger und Annahme nach Wirksamwerden der Spaltung) liegt eine Neuverbindlichkeit vor (KölnerKommUmwG/*Simon* Rn 24). Die Haftung erstreckt sich auch auf Schulden in einer **Kontokorrentabrede,** beschränkt allerd auf den niedrigsten Stand eines Rechnungsabschlusses nach Wirksamwerden der Spaltung (Semler/Stengel/*Maier-Reimer/Seulen* Rn 16). Zu Ansprüchen aus ArbVerh vgl Rn 21.

Es kommt nicht darauf an, ob die Verb zum Zeitpunkt des Wirksamwerdens **12** der Spaltung bereits **fällig** war. Ebenso wenig ist die Haftung davon beeinflusst, ob eine aufschiebende **Bedingung** zu diesem Zeitpunkt bereits eingetreten war oder ob die Höhe des Betrages zum Zeitpunkt des Wirksamwerdens der Spaltung bereits abzusehen war.

Überdies erstreckt sich die gesamtschuldnerische Haftung nicht nur auf vor **13** Wirksamwerden der Spaltung begründete Primärverbindlichkeiten, sondern auch auf an deren Stelle tretende oder kumulativ hinzutretende **Sekundärverpflichtungen.** Bedeutung hat dies etwa für Schadensersatzansprüche wegen Nichterfüllung, Ansprüche wegen Schlechterfüllung, Ansprüche wegen Unmöglichkeit oder aus „pVV" (§ 280 I BGB), aus „cic" (§ 311 II BGB), aber etwa auch für Vertragsstrafeversprechen (Maulbetsch/Klumpp/Rose/*Raible* Rn 5; KölnerKommUmwG/*Simon* Rn 23; aA für pVV Semler/Stengel/*Maier-Reimer/Seulen* Rn 13: Zeitpunkt der Verletzungshandlung). Verändert sich das Schuldverhältnis durch **Rücktritt** oder Wandelung, erfasst die gesamtschuldnerische Haftung auch die sich hieraus ergebenden Ansprüche (ausführl Lutter/*Schwab* Rn 53 ff; Maulbetsch/Klumpp/Rose/*Raible* Rn 6; Semler/Stengel/*Maier-Reimer/Seulen* Rn 13; MüKoHGB/*K. Schmidt* § 128 Rn 51). Zur Einzelwirkung von Leistungshindernissen vgl allerd Rn 9.

Ansprüche aus **gesetzl Schuldverhältnissen** sind begründet, sobald das entschei- **14** dende Tb-Merkmal erfüllt ist. Bei Ansprüchen aus **Delikt** wird dies regelm mit Vollendung der Verletzungshandlung anzunehmen sein (KölnerKommUmwG/*Simon* Rn 23). Bei Verb aus Produkt- und Umwelthaftung reicht es, wenn vor dem Wirksamwerden der Spaltung – so zutr Lutter/*Schwab* Rn 84 – die Wurzel gelegt worden ist. Dies ist etwa der Fall, wenn das Produkt bereits vor der Spaltung in den Verkehr aufgenommen wurde oder die Umweltschädigung bereits vor diesem Zeitpunkt stattgefunden hat (so auch Kallmeyer/*Kallmeyer/Sickinger* § 133 Rn 9; Semler/Stengel/*Maier-Reimer/Seulen* Rn 18). Bei **Steuerverbindlichkeiten** ist die Tatbestandsverwirklichung, nicht der Ablauf des Veranlagungsjahres maßgebl (*Maier-Reimer/Bödefeld* Liber Americorum Martin Winter, 2011, 453, 459). Die gesamtschuldnerische Haftung umfasst auch spaltungsbedingte Ertragsteuern, dh Ertragsteuern, die aufgrund der Spaltung entstehen (ausführl *Maier-Reimer/Bödefeld* Liber Americorum Martin Winter, 2011, 453, 459 ff). Zu Besonderheiten bei dingl Ansprüchen vgl Semler/Stengel/*Maier-Reimer/Seulen* Rn 19.

15 Die gesamtschuldnerische Haftung ist der **Höhe** nach unbegrenzt; der Gesetzgeber hat von den durch die europäische SpaltungsRL vom 17.12.1982 (ABl EG Nr L 328, 45) eingeräumten Spielraum, eine Begrenzung auf das übernommene Nettoaktivvermögen vorzunehmen, keinen Gebrauch gemacht. Vgl hierzu Lutter/*Schwab* Rn 7. Zu **vergessenen Verb** vgl § 131 Rn 125. Zu den Auswirkungen auf dritte **Sicherungsgeber** vgl § 131 Rn 83.

16 **d) Binnenausgleich.** Erfüllt derjenige Rechtsträger, dem die Verb zugeordnet worden ist, entstehen keine Ausgleichsansprüche ggü den anderen beteiligten Rechtsträgern. Die Zuordnung im Spaltungsvertrag ist eine andere Bestimmung iSv § 426 I BGB, die bewirkt, dass allein der Hauptschuldner (zum Begriff Rn 2) im Innenverhältnis die Erfüllung schuldet (Semler/Stengel/*Maier-Reimer/Seulen* Rn 66; Widmann/Mayer/*Vossius* Rn 27). Erfüllt hingegen ein in Anspruch genommener Mithafter (zum Begriff Rn 2), hat er ggü dem Hauptschuldner den vollen Ersatzanspruch. Vor der Erfüllung besteht bereits ein Freistellungsanspruch hinsichtl der gesamten Verb (Maulbetsch/Klumpp/Rose/*Raible* Rn 13; KölnerKommUmwG/*Simon* Rn 63). Daneben hat er einen Ausgleichsanspruch ggü den anderen Mithaftern. Ohne bes Regelung sind sie gem § 426 I 1 BGB im Verhältnis untereinander zu gleichen Teilen verpflichtet (Lutter/*Schwab* Rn 150; Kallmeyer/*Kallmeyer/Sickinger* Rn 12; aA Semler/Stengel/*Maier-Reimer/Seulen* Rn 67: durch (ergänzende) Auslegung nach dem Verhältnis des übertragenen Reinvermögens; ebenso Maulbetsch/Klumpp/Rose/*Raible* Rn 13; wohl auch KölnerKommUmwG/*Simon* Rn 65). Die Verteilung des Verm auf die Rechtsträger ist für sich noch keine andere parteiautonome Bestimmung. Eine gesetzl Aufteilungsregelung fehlt, § 131 III beschreibt auch keinen allg Rechtsgedanken (so aber Widmann/Mayer/*Vossius* Rn 28). Eine Anknüpfung an die Vermögensaufteilung könnte allenfalls aus der Natur der Sache folgen (idS wohl Semler/Stengel/*Maier-Reimer/Seulen* Rn 67), die ebenfalls eine andere Bestimmung iSv § 426 I 1 BGB sein kann (BGHZ 120, 50, 59). Eine ausdrückl Regelung im Spaltungsvertrag ist auf jeden Fall empfehlenswert (vgl auch § 126 Rn 111).

3. Haftung wegen Firmenfortführung

17 Kraft ausdrückl Anordnung bleibt die Haftung wegen Firmenfortführung nach den §§ 25, 26 HGB und nach § 28 HGB durch den Eintritt der gesamtschuldnerischen Haftung unberührt (Abs 1 S 2 HS 1). Es besteht Anspruchskonkurrenz, wenn und soweit die Tatbestände erfüllt sind. Prakt bedeutsam ist die Möglichkeit, die Haftung nach §§ 25 II, 28 II HGB durch Vereinbarung und Eintragung im HR auszuschließen. Derartige Vereinbarungen können auch im Spaltungsvertrag getroffen werden. Vgl dazu auch Rn 19.

Der Hinweis auf § 28 HGB ist überflüssig, da die dort geregelte Situation nicht eintreten kann (Maulbetsch/Klumpp/Rose/*Raible* Rn 34; zweifelnd auch Semler/Stengel/*Maier-Reimer/Seulen* Rn 111). Denn § 28 HGB setzt voraus, dass die PersGes (str, ob nur OHG und KG erfasst sind; dazu etwa Baumbach/*Hopt* HGB § 28 Rn 2) durch das Hinzutreten eines Dritten entsteht. Der Anwendungsbereich von § 28 HGB ist hingegen nicht eröffnet, wenn der Einzelkaufmann sein Unternehmen in eine bereits bestehende PersGes einbringt (Baumbach/*Hopt* HGB § 28 Rn 2; str). Im Wege der Spaltung kann der Einzelkaufmann jedoch sein Verm ledigl auf eine bereits bestehende PhG übertragen; die Spaltung (Ausgliederung) zur Neugründung ist nur auf eine KapGes mögl (§ 152). **18**

Obwohl nach § 125 die Geltung von § 18 nur bei der Aufspaltung anordnet, kann auch bei Abspaltungen und Ausgliederungen ein Übergang der Firma eintreten (§ 131 Rn 42), obwohl der firmenführende Rechtsträger bestehen bleibt (vgl § 125 iVm § 18). Führt einer der übernehmenden Rechtsträger die Firma und im Wesentl das Handelsgeschäft des übertragenden Rechtsträgers fort, so haftet er zunächst originär für die Verb des übertragenden Rechtsträgers, die ihm nach dem Spaltungsvertrag übertragen worden sind. Insoweit treten nur Unterschiede in der Frist für die Enthaftung des übertragenden Rechtsträgers ein (Semler/Stengel/*Maier-Reimer/Seulen* Rn 113). Darüber hinaus haftet er für die übrigen Verb des übertragenden Rechtsträgers neben der in Abs 1 S 1 angeordneten gesamtschuldnerischen Haftung auch aufgrund Firmenübernahme, § 25 HGB. Diese Haftung aus Firmenfortführung hat eigenständige Bedeutung, da eine Regelung zur Nachhaftungsbegrenzung für sie fehlt, während die gesamtschuldnerische Haftung nach Abs 1 S 1 für nicht übernommene Verb auf fünf Jahre begrenzt ist (Abs 3). Zum Ausschluss dieser Haftung – allerd nur dieser – kann zwischen dem firmenfortführenden Rechtsträger und dem übertragenden Rechtsträger und den anderen übernehmenden Rechtsträgern im Spaltungsvertrag (Rn 17), bei einer Aufspaltung zur Neugründung im Spaltungsplan, die Vereinbarung getroffen werden, dass für nicht übernommene Verb nicht gehaftet werde. Sie ist regelm in der Aufteilung der Verb enthalten (Lutter/*Schwab* Rn 97; Maulbetsch/Klumpp/Rose/*Raible* Rn 33). Mit Eintragung dieser Vereinbarung in das HR (§ 25 II HGB) wird die Haftung aus Firmenfortführung vermieden. Die Enthaftung des übertragenden Rechtsträgers nach § 26 HGB (prakt Bedeutung bei der Ausgliederung aus dem Verm eines Einzelkaufmanns) wird indes durch die Regelungen des Spaltungsvertrags überlagert, wenn der übertragende Rechtsträger Hauptschuldner bleiben sollte (Semler/Stengel/*Maier-Reimer/Seulen* Rn 114). **19**

4. Weitere Anspruchskonkurrenzen

Bis zu dessen Streichung bestand auch Anspruchskonkurrenz mit **§ 419 BGB,** soweit durch die Spaltung das gesamte oder nahezu gesamte Verm übertragen worden ist (vgl hierzu 2. Aufl 1996, Rn 14 f). **20**

Denkbar ist auch eine Haftung des Betriebsübernehmers für **Steuerverbindlichkeiten** nach § 75 AO. Die Forthaftung des bisherigen **Arbeitgebers** nach § 613a II BGB ist für die Aufspaltung ausdrückl ausgeschlossen (§ 613a III BGB). IÜ (Abspaltung, Ausgliederung) kann sie *neben* der Haftung nach Abs 1 eintreten (aA etwa Kallmeyer/*Kallmeyer/Sickinger* Rn 10). Die Bedeutung ist gering, da die Haftung nach Abs 1 weitreichender ist. Zum Ganzen eingehend Lutter/*Joost* § 324 Rn 77 ff. Für Ansprüche aus ArbVerh, die nicht übergehen, gilt Abs 1 ohne Ein- **21** schränkungen (Semler/Stengel/*Maier-Reimer/Seulen* Rn 22; Maulbetsch/Klumpp/Rose/*Raible* Rn 9). Zur fortdauernden Haftung von **phG** vgl Rn 42.

5. Anspruch auf Sicherheitsleistung

22 Neben der gesamtschuldnerischen Haftung schützt die Gläubiger des übertragenden Rechtsträgers der Anspruch auf Sicherheitsleistung, den sie unter gewissen Voraussetzungen nach § 125 iVm § 22 haben. Dies stellt **Abs 1 S 2 HS 1** klar; zu Einzelheiten des Anspruchs auf Sicherheitsleistung vgl die Erläuterung zu § 22. Dieser Anspruch auf Sicherheitsleistung steht grdsl auch den Gläubigern des übernehmenden Rechtsträgers zu (vgl auch Rn 24). Während bei der Verschm nur der übernehmende Rechtsträger als zur Sicherheitsleistung Verpflichteter in Betracht kommt, war bei der Spaltung eine Regelung notw. Zudem verhindert die Regelung eine Vervielfachung des Anspruchs auf Sicherheitsleistung, die wegen der gesamtschuldnerischen Haftung eintreten würde (vgl auch Rn 5). Schließl würde durch die Sicherheitenstellung die Enthaftung konterkariert. Nach Abs 1 S 2 HS 2 besteht der Anspruch auf Sicherheitsleistung daher nur ggü demjenigen Rechtsträger, gegen den sich auch der zu sichernde Anspruch richtet. Dies ist, soweit die Verb übertragen wird, einer der übernehmenden Rechtsträger, iÜ der übertragende Rechtsträger (Semler/Stengel/*Maier-Reimer/Seulen* Rn 123; KölnerKommUmwG/*Simon* Rn 74). Ein nach § 251 HGB anzugebendes Haftungsverhältnis entsteht nicht, da keine Sicherheiten für fremde Verb bestellt werden (IDW RS HFA 43 Rn 31).

23 Diese Beschränkung auf einen einzelnen Rechtsträger gilt auch, wenn dieser nicht in der Lage ist, die gebotene Sicherheit zu stellen. Der Anspruch auf Sicherheitsleistung ist keine vor dem Wirksamwerden der Spaltung begründete Verb des übertragenden Rechtsträgers (vgl § 22). Damit können auch an die Stelle des Sicherungsanspruchs tretende Sekundäransprüche nur ggü dem zur Sicherheitsleistung verpflichteten Rechtsträger bestehen. Zur ggf bestehenden persönl Haftung der Organe des zur Sicherheitsleistung verpflichteten Rechtsträgers vgl § 22 Rn 22.

6. Gläubiger der übernehmenden Rechtsträger

24 Die gesamtschuldnerische Haftung nach Abs 1 S 1 tritt nur für Verb des übertragenden Rechtsträgers ein. Für vor dem Wirksamwerden der Spaltung begründete Verb eines übernehmenden Rechtsträgers bleibt weiterhin nur dieser anspruchsverpflichtet (Semler/Stengel/*Maier-Reimer/Seulen* Rn 4; Lutter/*Schwab* Rn 142; KölnerKommUmwG/*Simon* Rn 27). Damit stellt die Spaltung für die Gläubiger der übernehmenden Rechtsträger ein ungleich höheres Risiko dar als für die Gläubiger des übertragenden Rechtsträgers. Zum einen treten sie in Konkurrenz mit allen Gläubigern des übertragenden Rechtsträgers, zum anderen ist aufgrund der Flexibilität bei der Vermögensübertragung nicht gewährleistet, dass dem übernehmenden Rechtsträger eine Haftungsmasse übertragen wird, die auch nur zur Abdeckung der übernommenen Verb ausreicht. Einen gewissen Schutz bietet allerd der Anspruch auf Sicherheitsleistung nach §§ 125, 22, der grdsl auch den Gläubigern der übernehmenden Rechtsträger zusteht (Rn 22).

7. Schutz der Inhaber von Sonderrechten

25 Nach § 23 sind bei einer **Verschm** den Inhabern von **Sonderrechten** (insbes von Anteilen ohne Stimmrecht, Wandelschuldverschreibungen, Gewinnschuld-

verschreibungen und Genussrechten) in dem übernehmenden Rechtsträger gleichwertige Rechte zu gewähren. Dieser Anspruch besteht grdsl auch bei einer Spaltung (§ 125 iVm § 23). Vgl insoweit zunächst die Ausführungen zu § 23. Bei der Spaltung treten jedoch **Besonderheiten** auf: Es existieren nach Wirksamwerden der Spaltung zwei oder mehrere Rechtsträger, ferner bleibt bei Abspaltungen und Ausgliederungen der übertragende Rechtsträger bestehen. Diese Besonderheiten sind der Grund für die Regelung in Abs 2.

Abs 2 S 1 ordnet zunächst auch für die Verpflichtung nach § 23 die **gesamtschuldnerische Haftung** aller beteiligten Rechtsträger an. Diese Regelung war notw, weil die Verpflichtung nach § 23 nicht schon von Abs 1 S 1 erfasst wird. Abs 1 S 1 erfasst nur Rechte, die bereits vor Wirksamwerden der Spaltung ggü dem übertragenden Rechtsträger begründet waren. Das Sonderrecht, mit dem der übertragende Rechtsträger bereits belastet war, ist aber nicht identisch mit der Verpflichtung nach § 23, denn es sind ledigl gleichwertige Rechte zu gewähren. Die gesamtschuldnerische Haftung erstreckt sich aber nicht auf die Ansprüche aus den Rechten (*Maier-Reimer/Bödefeld* Liber Americorum Martin Winter, 2011, 453, 457). 26

Die Festlegung, bei **welchem Rechtsträger** die gleichwertigen Sonderrechte einzuräumen sind, erfolgt zunächst im Spaltungsvertrag, § 126 I Nr 7. Dies können die beteiligten Rechtsträger grdsl frei bestimmen (Lutter/*Schwab* Rn 129; KölnerKommUmwG/*Simon* Rn 76). Wird die Verpflichtung nach § 125 iVm § 23 von dem im Spaltungsvertrag bestimmten Rechtsträger erfüllt, wirkt dies auch für alle anderen (§ 422 BGB). Enthält der Spaltungsvertrag keine Bestimmung, so bewirkt die gesamtschuldnerische Haftung (§ 421 BGB), dass die Sonderrechtsinhaber die Einräumung der gleichwertigen Rechte bei jedem beteiligten Rechtsträger verlangen können (ebenso Semler/Stengel/*Maier-Reimer* Rn 74; Maulbetsch/Klumpp/Rose/*Raible* Rn 40; aA Lutter/*Schwab* Rn 133 ff). 27

Nichts anderes gilt, wenn die eingeräumten Rechte **nicht gleichwertig** sind. Dann besteht unverändert der Erfüllungsanspruch ggü allen Rechtsträgern (§ 421 BGB) mit der Folge, dass die Sonderrechtsinhaber die Einräumung der Rechte bei jedem Rechtsträger verlangen können (ähnl Semler/Stengel/*Maier-Reimer* Rn 75: wenn Hauptschuldner dazu nicht in der Lage ist; ebenso Maulbetsch/Klumpp/Rose/*Raible* Rn 39). Der Anspruch gegen die „mithaftenden" Rechtsträger ist nicht darauf beschränkt, eine Einflussnahme auf den „Hauptschuldner" und iÜ Schadensersatz verlangen zu können (so aber Lutter/*Schwab* Rn 133 ff). Dies ist entgegen *Schwab* (Lutter/*Schwab* Rn 134) weder aus der Sicht des Gläubigers noch derjenigen der Rechtsträger ein aliud, da der Anspruch und die korrespondierende Verpflichtung nach § 23 zunächst nur darauf gerichtet sind, gleichwertige Rechte bei einem (oder mehreren) Rechtsträger zu gewähren. Erfüllen die beteiligten Rechtsträger nicht, ändert dies den Inhalt der Verpflichtung nicht. Ebenso wenig liegt ein Eingriff in die Selbstorganisation vor, da der jew Rechtsträger die Einräumung der Rechte bei sich und gerade nicht bei den anderen Rechtsträgern schuldet. Diese Sichtweise entspricht auch der RegEBegr (so auch Semler/Stengel/*Maier-Reimer* Rn 75 (Fn 239); aA Lutter/*Schwab* Rn 135). Kann im Einzelfall die Verpflichtung von dem in Anspruch genommenen Rechtsträger nicht erfüllt werden, wandelt sich die gesamtschuldnerische Haftung in Geldersatz um (vgl dazu Rn 9). 28

Bei der Abspaltung und der Ausgliederung bleibt der übertragende Rechtsträger bestehen. Dieser Unterschied zur Verschm ermögl es, die gleichwertigen Rechte iSv § 23 auch beim übertragenden Rechtsträger zu gewähren. Abs 2 S 2 ergänzt 29 insoweit die Verweisung in § 125 auf § 23. Unabhängig hiervon bleibt die gesamtschuldnerische Haftung für die Erfüllung der Verpflichtungen nach § 23, die auch den übertragenden Rechtsträger trifft (dazu Rn 26).

30 Die gleichwertigen Rechte iSv § 23 können im Spaltungsvertrag (§ 126 I Nr 7) auch bei **mehreren** Rechtsträgern gewährt werden (Maulbetsch/Klumpp/Rose/*Raible* Rn 39). Entsprechendes gilt für das Verlangen der Sonderrechtsinhaber aufgrund der gesamtschuldnerischen Haftung nach Abs 2 S 1. Denn gesamtschuldnerische Haftung bedeutet nicht nur, dass der Gläubiger seinen Schuldner auswählen kann, er kann vielmehr von jedem der Schuldner die Leistung auch nur zu einem Teil fordern (§ 421 S 1 BGB). Die gesamtschuldnerische Haftung erstreckt sich nicht nur auf die Einräumung des gleichwertigen Rechts, sondern auch auf alle hieraus resultierenden Sekundäransprüche.

31 Voraussetzung für den Anspruch auf Gewährung gleichwertiger Rechte ist allerd, dass das bislang bestehende Sonderrecht durch die Spaltung **beeinträchtigt** worden ist (Maulbetsch/Klumpp/Rose/*Raible* Rn 37). Dies ist regelm bei einer Ausgliederung nicht der Fall, weil bei ihr ledigl ein Aktivtausch stattfindet (zur rechtspolitischen Fragwürdigkeit der Regelung in diesem Fall vgl *Feddersen/Kiem* ZIP 1994, 1078, 1083).

32 Die gesamtschuldnerische Haftung auf Erfüllung der Verpflichtungen nach § 23 unterliegt nicht der Nachhaftungsbegrenzung durch Abs 3 (dazu Rn 33 ff). Sie **verjährt** aber in fünf Jahren ab dem Zeitpunkt, an dem die Eintragung der Spaltung in das Register des Sitzes des übertragenden Rechtsträgers als bekannt gemacht gilt **(Abs 6).** Die Verjährungsfrist beginnt danach mit Ablauf des Tages, an dem die Bekanntmachung nach § 10 HGB erfolgt ist (§ 125 iVm § 19 III; vgl hierzu § 19 Rn 26).

8. Nachhaftungsbegrenzung

33 Mit den durch das NachhaftungsbegrenzungsG (BGBl I 1994, 560) eingefügten Regelungen hat der Gesetzgeber allg zum Ausdruck gebracht, dass die Nachhaftung eines Ausscheidenden grdsl zeitl begrenzt sein müsse (vgl § 319 für Altverbindlichkeiten). Dieser Rechtsgedanke wurde an verschiedenen Stellen auch im UmwG verankert (vgl §§ 45, 157, 167, 173, 224, 237, 249, 257). Bei der Spaltung tritt aufgrund der gesamtschuldnerischen Haftung nach Abs 1 S 1 eine vglbare Situation ein. Daher ordnet der Gesetzgeber in Abs 3 an, dass diejenigen Rechtsträger, denen die Verb des übertragenden Rechtsträgers im Spaltungsvertrag nicht zugewiesen worden sind (Mithafter, Rn 2), als Gesamtschuldner nur in Anspruch genommen werden können, wenn die Verb vor Ablauf von fünf Jahren nach der Spaltung **fällig und festgestellt** sind oder Vollstreckungshandlungen vorgenommen oder beantragt sind.

34 Diese Nachhaftungsbegrenzung ist ausdrückl auf die gesamtschuldnerische Haftung nach Abs 1 S 1 beschränkt. Bei der gesamtschuldnerischen Haftung nach Abs 2 tritt sie nicht ein (Rn 32). Zur Begrenzung der gesamtschuldnerischen Haftung bei vergessenen Verb vgl § 131 Rn 127. Besonderheiten bestehen auch bei einer Betriebsaufspaltung (vgl § 134 Rn 45).

35 Die Voraussetzungen für den Eintritt der Nachhaftungsbegrenzung entsprechen denjenigen nach § 45 Abs 1. Zu Einzelheiten vgl daher § 45 Rn 10 ff.

36 Maßgebl für den **Fristbeginn** ist der Tag, an dem die Eintragung der Spaltung in das Register des Sitzes des übertragenden Rechtsträgers als bekannt gemacht gilt (Abs 4 S 1); die Frist beginnt also mit dem Ablauf des Tages zu laufen, an

dem die Bekanntmachung nach § 10 HGB erfolgt ist (§ 125 iVm § 19 III; vgl dazu im Einzelnen § 19 Rn 33). Der Fristablauf kann ebenso wie bei Verjährungsfristen **gehemmt und unterbrochen** werden (Abs 4 S 2). Vgl zu Einzelheiten § 45 Rn 10 ff.

Der Feststellung/Vollstreckung zur Vermeidung der Nachhaftungsbegrenzung bedarf es in zwei Fällen nicht: Zum einen genügt bei öffentl-rechtl Verpflichtungen der Erlass eines Verwaltungsaktes (Abs 3 HS 2), zum anderen treten die Folgen der Nachhaftungsbegrenzung nicht ein, wenn der in Anspruch genommene Rechtsträger den Anspruch schriftl anerkennt (Abs 5). Zu Einzelheiten vgl § 45 Rn 10 ff. 37

Eine längere Frist von **zehn Jahren** gilt für Ansprüche aufgrund des **Betriebsrentengesetzes** (Abs 3 S 2). Die Vorschrift wurde mit Gesetz vom 19.4.2007 (BGBl I 542) eingefügt. Damit soll Sorgen begegnet werden, dass die nach Streichung von § 132 aF zweifelsohne mögl Ausgliederung von Pensionsverpflichtungen ohne Zustimmung der Berechtigten und des PSV (vgl § 131 Rn 81) missbraucht wird (*Neye* BB 2007, 389). Sie gilt erstmals für Rechtsträger, die an Spaltungen beteiligt sind, die nach dem 24.4.2007 wirksam wurden (KölnerKommUmwG/*Simon* Rn 5; *Ihrig/Kranz* ZIP 2012, 749; Maulbetsch/Klumpp/Rose/*Raible* Rn 29; Kallmeyer/*Kallmeyer/Sickinger* Rn 19; weitergehend Semler/Stengel/*Maier-Reimer* Rn 106a: maßgebl ist Zeitpunkt der rechtl Bindung des Mithafters an den Spaltungsvertrag). Für bereits zuvor wirksam gewordene Spaltungen verbleibt es bei der fünfjährigen Frist, auch wenn diese noch nicht abgelaufen war (ausführl *Ihrig/Kranz* ZIP 2012, 749). Zum Umfang der Haftung vgl Rn 11. 38

Die Enthaftung lässt **akzessorische Sicherheiten** für die Hauptschuld unberührt (Semler/Stengel/*Maier-Reimer* Rn 101). Vgl auch § 131 Rn 83. 39

9. Bilanzielle Behandlung der gesamtschuldnerischen Haftung

Die bilanzielle Behandlung der gesamtschuldnerischen Haftung der an der Spaltung beteiligten Rechtsträger wurde bereits frühzeitig problematisiert (vgl insbes *Kleindiek* ZGR 1992, 513, 526 ff). Nachdem zunächst von einigen (insbes *Kleindiek* ZGR 1992, 513, 526 ff) eine Passivierungspflicht aller der gesamtschuldnerischen Haftung unterliegenden Verb des übertragenden Rechtsträgers bei allen an der Spaltung beteiligten Rechtsträger befürwortet worden ist, zeichnet sich zutr die heute hM durch eine diff Sichtweise aus. Die gesamtschuldnerische Haftung nach Abs 1 S 1 lässt sich ohne größere Schwierigkeiten in das vorhandene System der handelsbilanziellen Behandlung von Verb im weitesten Sinne einfügen. Danach hat zunächst der Rechtsträger, dem die Verb zugeordnet ist, diese in der Bilanz als Verb oder ggf als RSt zu passiveren. Solange keine Inanspruchnahme der anderen, gesamtschuldnerisch haftenden Rechtsträger droht, haben diese hingegen nicht die Verpflichtung, die Verb als RSt in der Bilanz zu passivieren (Lutter/*Priester* Anh § 134 Rn 19; Lutter/*Schwab* Rn 85 f; Kallmeyer/*Müller* Rn 13; SBB/*Bula/Pernegger* § 19 Rn 106; KölnerKommUmwG/*Simon* Rn 66; jew mwN). Für **mittelgroße und große KapGes** (§ 288 HGB; zu den Größenklassen: § 267 HGB) besteht allerd regelm die Verpflichtung, die gesamtschuldnerische Haftung im Anh aufzunehmen (§ 285 Nr 3a HGB; so auch IDW RS HFA 43 Rn 30; Kallmeyer/*Müller* Rn 15; Lutter/*Priester* Anh § 134 Rn 19; KölnerKommUmwG/*Simon* Rn 68; Maulbetsch/Klumpp/Rose/*Raible* Rn 30; Widmann/Mayer/*Vossius* Rn 16; *Heiss* DZWiR 1993, 12, 17; *Rümker* WM 1994, WM-Festgabe 40

Th. Hellner, 73, 76). Eine Angabe unter der Bilanz nach § 251 HGB (für KapGes vgl ergänzend § 268 VII HGB) kommt hingegen nicht in Betracht, da die Anwendungsfälle dieser Norm abschl geregelt sind (IDW RS HFA 43 Rn 30; Baumbach/Hopt/*Merkt* HGB § 251 Rn 2), die gesamtschuldnerische Haftung nach Abs 1 S 1 aber davon nicht umfasst ist (Kallmeyer/*Müller* Rn 14; Semler/Stengel/*Maier-Reimer/Seulen* Rn 69). Insbes liegt kein Haftungsverhältnis aus einem Gewährleistungsvertrag oder aus der Bestellung von Sicherheiten für fremde Verb vor (aA zur Anwendung von § 251 HGB *Ganske* WPg 1994, 157, 162; Entscheidung zwischen § 251 HGB und § 285 Nr 3 HGB offengelassen von Lutter/*Priester* Anh § 134 Rn 17). Für reine **PersGes** (zu KapGes & Co vgl § 264a HGB) hingegen entfällt bei nicht drohender Inanspruchnahme eine Berücksichtigung der Gesamtschuld im JA. Für eG vgl § 336 HGB (entspr Anwendung von § 285 Nr 3 HGB).

41 Eine Passivierung muss allerd erfolgen, soweit eine **Inanspruchnahme** des Rechtsträgers, dem die Verb nicht zugeordnet worden ist, **zu erwarten** ist. Je nach Qualität der Verpflichtung ist sie dann als Verb oder RSt (§ 249 HGB) zu erfassen. Ggf kann der Freistellungsanspruch gegen den Rechtsträger, dem die Verb zugeordnet worden ist, aktiviert werden. Hierbei ist nach dem allg Grds für die Bew von Forderungen zu verfahren (Lutter/*Priester* Anh § 134 Rn 20). Ferner kann der Ausgleichsanspruch nach § 426 BGB aktiviert werden (Lutter/*Priester* Anh § 134 Rn 20).

10. Spaltung von Kommanditgesellschaften

42 Die Spaltung von PhG lässt die Haftung der phG unberührt (§ 125 iVm § 45); sie tritt neben die Haftung nach § 133 (Semler/Stengel/*Maier-Reimer/Seulen* Rn 5). Bei Ausgliederungen und Aufspaltungen gilt dies auch für Kommanditisten. Soweit die Einlage geleistet ist und eine Einlagenrückgewähr nicht stattgefunden hat, ist ihre Haftung beschränkt (§§ 171, 172 HGB). Denn die Ausgliederung ist nur ein Aktivtausch (übertragenes Verm gegen Anteile am übernehmenden Rechtsträger) und die Aufspaltung führt zum Erlöschen der übertragenden KG (die Situation ist mit derjenigen bei der Verschm einer KG vglbar, vgl § 45). Anders ist die Abspaltung zu beurteilen. Sie führt zu einem Vermögensabfluss bei der übertragenden KG, während die Gegenleistung, die Anteile an dem übernehmenden Rechtsträger, dem Kommanditisten gewährt werden. Bei entspr Kapitalsituationen kann die Abspaltung damit eine Einlagenrückzahlung iSv § 172 IV HGB darstellen (so auch *Naraschewski* DB 1995, 1256, 1266; aA die hM, etwa Kallmeyer/*Kallmeyer/Sickinger* Rn 22; Lutter/*Schwab* Rn 102; Semler/Stengel/*Maier-Reimer* Rn 116; Maulbetsch/Klumpp/Rose/*Raible* Rn 36; KölnerKomm-UmwG/*Simon* Rn 86).

43 Dem dadurch eintretenden Wiederaufleben der **persönl Haftung** kann, sofern nicht nach der Auf-/Abspaltung die Pflichteinlage durch die verbleibenden Vermögensgegenstände gedeckt ist, nur eingeschränkt begegnet werden. In diesem Fall muss vor Durchführung der Auf-/Abspaltung eine Kapitalherabsetzung durchgeführt werden. Die Haftung für bis zu diesem Zeitpunkt bereits begründete Verb bleibt hiervon allerd unberührt (§ 174 HGB; aA *Naraschewski* DB 1995, 1265, der auf die Anwendung von § 174 verzichtet, sofern ein ausreichender Schutz der Altgläubiger durch entspr Festsetzung der Haftsumme bei dem übernehmenden Rechtsträger gewährleistet ist; dieses Erg mag wünschenswert sein, es lässt sich jedoch nicht methodisch korrekt begründen). Die wiederauflebende

Haftung für Altverbindlichkeiten unterliegt allerd der Nachhaftungsbegrenzung nach § 160 HGB (Baumbach/*Hopt* HGB § 174 Rn 2).

§ 134 Schutz der Gläubiger in besonderen Fällen

(1) [1]**Spaltet ein Rechtsträger sein Vermögen in der Weise, daß die zur Führung eines Betriebes notwendigen Vermögensteile im wesentlichen auf einen übernehmenden oder mehrere übernehmende oder auf einen neuen oder mehrere neue Rechtsträger übertragen werden und die Tätigkeit dieses Rechtsträgers oder dieser Rechtsträger sich im wesentlichen auf die Verwaltung dieser Vermögensteile beschränkt (Anlagegesellschaft), während dem übertragenden Rechtsträger diese Vermögensteile bei der Führung seines Betriebes zur Nutzung überlassen werden (Betriebsgesellschaft), und sind an den an der Spaltung beteiligten Rechtsträgern im wesentlichen dieselben Personen beteiligt, so haftet die Anlagegesellschaft auch für die Forderungen der Arbeitnehmer der Betriebsgesellschaft als Gesamtschuldner, die binnen fünf Jahren nach dem Wirksamwerden der Spaltung auf Grund der §§ 111 bis 113 des Betriebsverfassungsgesetzes begründet werden.** [2]**Dies gilt auch dann, wenn die Vermögensteile bei dem übertragenden Rechtsträger verbleiben und dem übernehmenden oder neuen Rechtsträger oder den übernehmenden oder neuen Rechtsträgern zur Nutzung überlassen werden.**

(2) **Die gesamtschuldnerische Haftung nach Absatz 1 gilt auch für vor dem Wirksamwerden der Spaltung begründete Versorgungsverpflichtungen auf Grund des Betriebsrentengesetzes.**

(3) **Für die Ansprüche gegen die Anlagegesellschaft nach den Absätzen 1 und 2 gilt § 133 Abs. 3 Satz 1, Abs. 4 und 5 entsprechend mit der Maßgabe, daß die Frist fünf Jahre nach dem in § 133 Abs. 4 Satz 1 bezeichneten Tage beginnt.**

Schrifttum: Schrifttum bis 2004 siehe 5. Auflage; *Hohenstatt/Seibt,* Ausgliederung laufender Pensionsverbindlichkeiten: Eine arbeits- und umwandlungsrechtliche Betrachtung, ZIP 2006, 546; *Maier-Reimer,* Gesellschafteridentität in der umwandlungsrechtlichen Betriebsaufspaltung, Liber Amicorum für Wilhelm Hopp, 2006, 151; *Röger/Tholuck,* Der erzwungene Sozialplan bei Betriebsspaltungen (§ 134 UmwG) und Konzernverbindungen, NZA 2012, 294.

Übersicht

1. Allgemeines

1 Die Vorschrift ergänzt § 133, indem den ArbN hinsichtl einiger Ansprüche ein zusätzl Schutz eingeräumt wird. Sie bezweckt, den bes Gefahren einer Betriebsaufspaltung zu begegnen (vgl RegEBegr BR-Drs 75/94 zu § 134; BAG NZA 2011, 1112). Damit hat der Gesetzgeber zum ersten Mal das hauptsächl steuer- und gesellschaftsrechtl geprägte Gestaltungsmodell der **Betriebsaufspaltung** in einer gesetzl Regelung ausdrückl erfasst, wenngleich dies – wie Widmann/Mayer/*Vossius* Rn 1 zutr feststellt – weder eine gesetzl Anerkennung der (stl) Betriebsaufspaltung ist, noch die stl und die von § 134 vorausgesetzte Betriebsaufspaltung deckungsgleich sind. § 134 regelt einen Spezialfall. Die Bedeutung der Vorschrift dürfte vorerst gering bleiben, da die klassische Betriebsaufspaltung zunehmend an Attraktivität und damit an Beliebtheit verloren hat. Die stl Vorteile (Kombination von Pers- und KapGes) sind gering, die steuerneutrale Begr einer Betriebsaufspaltung ist zunächst von der FinVerw und zuletzt auch vom Gesetzgeber erschwert und auch die Haftungsvorteile sind durch die Rspr des BGH zum Kapitalersatz relativiert worden.

2 **Wesentl Inhalt** von Abs 1 ist, dass bei einer Betriebsaufspaltung die „reiche" AnlageGes zeitl begrenzt auch für bestimmte nach Wirksamwerden der Spaltung begründete Ansprüche haftet. Die von Abs 2 angeordnete gesamtschuldnerische Haftung für bereits vor dem Wirksamwerden der Spaltung begründete **Versorgungsverpflichtungen** stellt hingegen keine Ausweitung ggü § 133 I 1 dar. Einer gesonderten Regelung bedurfte es insoweit nur, weil die Nachhaftungsbegrenzung für diese Ansprüche durch Abs 3 anders geregelt werden sollte. Die Vorschrift hat wegen der zwischenzeitl generellen Verlängerung der Enthaftungsfrist für Ansprüche aufgrund des Betriebsrentengesetzes auf zehn Jahre (§ 133 III 2) nur noch für Altfälle Bedeutung (Semler/Stengel/*Maier-Reimer/Seulen* Rn 42).

3 Anspruchsberechtigte sind nur die ArbN der **BetriebsGes,** da diese bei einer Betriebsaufspaltung nach Auffassung des Gesetzgebers erhebl Nachteile zu befürchten hätten (RegEBegr BR-Drs 75/94 zu § 134), die nur in den Fällen des qualifizierten faktischen Konzerns nicht bestünden, der aber nicht stets anzunehmen sei (RegEBegr BR-Drs 75/94 zu § 134). Näher Rn 4 f.

2. Arbeitnehmer der Betriebsgesellschaft

4 Anspruchsberechtigte sind nicht außenstehende Gläubiger, sondern ausschließl die **ArbN** der BetriebsGes (= Rechtsträger). Das sind zunächst diejenigen ArbN, die zZt der Eintragung der Spaltung in das Register beim übertragenden Rechtsträger beschäftigt waren, nach dem Wortlaut der Vorschrift aber auch alle diejenigen ArbN, die Ansprüche im Fünf-Jahres-Zeitraum ab Eintragung der Spaltung erworben haben. Damit wären auch ArbN begünstigt, die nach Eintragung der Spaltung in das HR erst in ein Arbeits- oder Dienstverhältnis zur BetriebsGes getreten sind. Das kann nicht Sinn der Regelung von § 134 sein, der im Zshg mit § 133, aber auch im Zshg mit § 613a BGB zu sehen ist. Abs 1 ist deshalb einschränkend dahin auszulegen, dass nur solche ArbN der BetriebsGes anspruchsberechtigt sind, die auch bereits zum Zeitpunkt der Eintragung der Spaltung in

das Register ArbN des ursprüngl einheitl Rechtsträgers waren und deren Rechtsverhältnisse zum Arbeitgeber sich durch die Spaltung dadurch nachteilig entwickelt haben, dass die Haftungsmasse vermindert wurde (so auch Kallmeyer/*Willemsen* Rn 17; Widmann/Mayer/*Vossius* Rn 89; Semler/Stengel/*Maier-Reimer/Seulen* Rn 37 ff; KölnerKommUmwG/*Hohenstatt/Schramm* Rn 21; Maulbetsch/Klumpp/Rose/*Raible* Rn 41; *Röger/Tholuck* NZA 2012, 294, 297; aA Lutter/*Schwab* Rn 75). Nur deren Besitzstand ist tangiert, nicht aber derjenige von ArbN, die nach Eintragung der Spaltung in das HR erst beschäftigt worden sind. Ein allg Schutz vor dem Risiko, ArbN einer BetriebsGes iRe Betriebsaufspaltung zu sein, hätte im BGB und nicht im UmwG geregelt werden müssen. Mit diesem Schutzzweck ließe sich auch eine zeitl Begrenzung der Haftung nicht vereinbaren, denn ein allg Erfahrungssatz, dass die BetriebsGes in den ersten Jahren nach der Begr der Betriebsaufspaltung bes gefährdet seien (so aber Lutter/*Schwab* Rn 75), existiert nicht.

ArbN iSd Vorschrift ist, wer in einem ArbVerh zur BetriebsGes steht (oder stand, Abs 2). Die ArbN der AnlageGes (BesitzGes) sind nur nach § 133 I geschützt. ArbN iSd Vorschrift sind ferner nur diejenigen, die Ansprüche nach §§ 111 ff BetrVG (Abs 1) oder aus Versorgungsanwartschaften (Abs 2) gegen die BetriebsGes haben. Damit scheiden echte **freie Mitarbeiter** ebenso wie diejenigen, die aufgrund eines **Werkvertrags** tätig sind, aus dem Kreis der geschützten Personen aus. Dies gilt unabhängig von ihrer sozialen Schutzwürdigkeit. Entsprechendes gilt für Ansprüche iSv Abs 1 für **leitende Angestellte** (Lutter/*Schwab* Rn 73; Semler/Stengel/*Maier-Reimer/Seulen* Rn 43; aA Widmann/Mayer/*Vossius* Rn 85) und für **Organmitglieder** jur Person, da ihnen nach § 5 BetrVG keine Ansprüche nach §§ 111 ff BetrVG zustehen können. Ebenso sind mitarbeitende phG von PhG nicht geschützt. Gesellschafter von KapGes, die keine Organstellung ausüben, können hingegen ArbN sein. 5

Der persönl Anwendungsbereich von **Abs 2** ist umfassender. Geschützt sind alle Personen, die Ansprüche nach dem BetrAVG haben (Kallmeyer/*Willemsen* Rn 20; aA Lutter/*Schwab* Rn 74; Widmann/Mayer/*Vossius* Rn 85; Semler/Stengel/*Maier-Reimer/Seulen* Rn 42a). Maßgebl ist demnach § 17 I BetrAVG, der neben leitenden Angestellten (so auch Semler/Stengel/*Maier-Reimer/Seulen* Rn 43) unter bestimmten Voraussetzungen auch Organvertreter erfasst (KölnerKommUmwG/*Hohenstatt/Schramm* Rn 25). 6

3. Voraussetzungen der erweiterten Haftung (Abs 1)

a) Die zur Führung eines Betriebs notwendigen Vermögensteile. Die zur Führung eines Betriebs notw Vermögensteile müssen im Wesentl auf andere Rechtsträger übertragen werden (Abs 1 S 1). Zu den betreffenden Spaltungsarten vgl Rn 18 ff. Es ist unerhebl, ob die betriebsnotwendigen Vermögensteile auf einen oder auf mehrere übernehmende Rechtsträger verteilt werden. Es brauchen nicht alle zur Führung eines Betriebs notw Vermögensteile übertragen werden, es genügt vielmehr, wenn sie **im Wesentl** übertragen werden. 7

Der **Begriff** des Betriebs iSv Abs 1 S 1 ist funktional zu verstehen. Es geht nicht darum, eine zusammengehörende Sachgemeinschaft zu def, die durch die Spaltung gerade getrennt wird (daher weist Lutter/*Schwab* Rn 22 zutr darauf hin, dass der Begriff der Unternehmensspaltung geeigneter wäre). Der Begriff des Betriebs dient dazu, eine Bezugsgröße zu schaffen, um festzustellen, ob Gegenstände, die einer einheitl Funktion dienen, auf verschiedene Rechtsträger aufge- 8 teilt werden. Anhand des so def Betriebs (Funktion) muss geprüft werden, ob die einzelnen übertragenen Gegenstände zur Funktionserfüllung notw sind.

9 Aber auch bei einer funktionalen Betrachtungsweise existieren verschiedene Betriebsbegriffe. Kraft des Regelungsgegenstandes (Haftung für Arbeitnehmeransprüche) ist Betrieb iSv Abs 1 S 1 **arbeitsrechtl** (organisatorische Einheit, innerh der ein Arbeitgeber allein oder in Gemeinschaft mit seinen ArbN bestimmte arbeitstechnische Zwecke fortgesetzt verfolgt) zu verstehen (so auch Kallmeyer/*Willemsen* Rn 7; Widmann/Mayer/*Vossius* Rn 34 f; Semler/Stengel/*Maier-Reimer/Seulen* Rn 11; Lutter/*Schwab* Rn 27; KölnerKommUmwG/*Hohenstatt/Schramm* Rn 7). Denn die ArbN sollen davor geschützt werden, dass ihnen diejenigen Vermögensgegenstände, mit denen sie gemeinschaftl die Arbeitsleistung erbringen, als Haftungsmasse entzogen werden. § 134 bezweckt, dasjenige – zeitl und gegenständl befristet – als Haftungsmasse zusammenzuhalten, was zur Arbeitserbringung notw ist. Trotz dieses Schutzzweckes sind nicht nur diejenigen ArbN geschützt, deren Betrieb „gespalten" wird. Dies ist auch zutr, denn Haftungsobjekt ist nicht der (arbeitsrechtl) Betrieb, sondern das Unternehmen (Rechtsträger).

10 Abs 1 S 1 meint hingegen **nicht** den **stl Betriebsbegriff,** der eine wirtschaftl Zusammengehörigkeit erfassen will. § 134 setzt nicht eine stl Betriebsaufspaltung voraus, was auch an den anderen Tb-Merkmalen deutl wird (dazu Rn 15 ff), wenngleich eine stl Betriebsaufspaltung oftmals den Tatbestand von § 134 und umgekehrt erfüllen wird. Anhand der so festgelegten Bezugsgröße muss weiter geprüft werden, ob die übertragenen Vermögensteile zur Führung des Betriebs **notw** sind. Hier bestehen unzweifelhaft Parallelen zum stl Begriff der wesentl Betriebsgrundlage (KölnerKommUmwG/*Hohenstatt/Schramm* Rn 8). Der ebenfalls stl Begriff des notw BV taugt hingegen nicht, da hierfür nur Voraussetzung ist, dass die WG ausschließl und unmittelbar für eigenbetriebl Zwecke genutzt werden oder dazu bestimmt sind (R 4.2 Abs 1 EStR).

11 **Notw Vermögensteile** sind damit solche WG, die im Einzelfall (obj-funktional) zur Erreichung des konkreten arbeitstechnischen Betriebszwecks der BetriebsGes erforderl sind und die ein bes Gewicht für die Betriebsführung der BetriebsGes haben. Maßgebl ist der konkrete arbeitstechnische Zweck (Kallmeyer/*Willemsen* Rn 8; Semler/Stengel/*Maier-Reimer/Seulen* Rn 11; Lutter/*Schwab* Rn 30 ff). Notw ist der Vermögensgegenstand, wenn der konkrete betriebl Ablauf ihn voraussetzt (so auch Kallmeyer/*Willemsen* Rn 7). Maßgebl ist nicht irgendein Betrieb, sondern der reale Betrieb des übertragenden Rechtsträgers (zutr Semler/Stengel/*Maier-Reimer/Seulen* Rn 11).

12 Die zur Führung eines Betriebs notw Vermögensteile sind nicht mit dem Begriff des **Anlagevermögens** identisch, wenngleich das idR der Fall sein wird (so wohl auch Lutter/*Schwab* Rn 34). Dem Anlagevermögen sind solche Gegenstände zuzurechnen, die dazu bestimmt sind, dauernd dem Betrieb zu dienen, § 247 II HGB. Wie beim notw BV (Rn 10) kommt es beim Anlagevermögen nicht auf die **Bedeutung** für den Betrieb an. Finanzanlagen, Beteiligungen und ähnl WG können – je nach Art der Tätigkeit, zB Bank- und Versicherungsgeschäfte, bei HoldingGes –, müssen aber nicht (zB produzierendes Gewerbe) für den Betrieb notw Vermögensteile sein (ebenso Lutter/*Schwab* Rn 34; wohl auch Kallmeyer/*Willemsen* Rn 10; Semler/Stengel/*Maier-Reimer/Seulen* Rn 12). Umgekehrt können solche Vermögensteile, die nicht bilanziert sind, wie zB originäre immaterielle WG, häufig zur Führung eines Betriebs notw sein (zB Patente, Erfindungen, Knowhow, Kundenstamm, Firmenwert, etc).

Notw sind nicht nur einzelne Vermögensgegenstände, ohne die die Fortführung des Betriebs (objektiv-funktional) unmögl ist, sondern auch solche Vermögensgegenstände, von denen jew einzeln die Fortführung des Betriebs nicht abhängt, wohl aber in ihrer Zusammenfassung als Sachgesamtheit. Diese Anforderung darf aber nicht überstrapaziert werden. Denn in seiner Gesamtheit wäre etwa auch das Umlaufvermögen notw für die Führung eines Betriebs. Das Umlaufvermögen ist hingegen regelm nicht notw iSv Abs 1 S 1 (Semler/Stengel/*Maier-Reimer/Seulen* Rn 12), da diese Gegenstände zumeist ohne Störung des betriebl Ablaufs kurzfristig ausgetauscht werden können (etwa Vorräte). **13**

Der **Wert** der Vermögensgegenstände ist für die Bestimmung der Notwendigkeit **unbedeutend,** da eine Aussage über die funktionale Bedeutung damit nicht verbunden ist (ebenso Kallmeyer/*Willemsen* Rn 10; Maulbetsch/Klumpp/Rose/*Raible* Rn 13). Die Übertragung wertvoller, aber nicht notw Vermögensgegenstände (etwa Reservegrundstücke, im Betrieb nicht verwendete Patente etc) führt für sich allein nicht zur Haftung nach § 134. Der Wert der Vermögensgegenstände hat erst bei der Frage Bedeutung, ob die notw Vermögensgegenstände im Wesentl übertragen worden sind (dazu Rn 15 ff). Diese Prüfung bezieht sich aber von vornherein nur auf die zur Führung des Betriebs notw Vermögensteile. **14**

b) Übertragung der Vermögensteile im Wesentlichen. Die zur Führung eines Betriebs notw Vermögensteile müssen **im Wesentl** übertragen (im Fall von Abs 1 S 1) oder zurückbehalten (bei Abs 1 S 2) werden. Nach Sinn und Zweck der Vorschrift (Schutz bei Verlagerung von Haftungssubstrat) ist das Begriffsmerkmal „im Wesentlichen" ausschließl wertmäßig zu verstehen, nicht aber qualitativ oder funktional (zust Kallmeyer/*Willemsen* Rn 11; Semler/Stengel/*Maier-Reimer/Seulen* Rn 14; Maulbetsch/Klumpp/Rose/*Raible* Rn 14). Bezugsgröße sind nach dem klaren Wortlaut die zur Führung eines Betriebs notw Vermögensteile, nicht etwa das gesamte Verm des übertragenden Rechtsträgers (Semler/Stengel/*Maier-Reimer/Seulen* Rn 14; aA Lutter/*Schwab* Rn 38: Überlebensprognose anhand es verbleibenden Verm; anders auch KölnerKommUmwG/*Hohenstatt/Schramm* Rn 12: keine eigenständige Bedeutung neben dem Kriterium der Notwendigkeit). § 134 verlangt nun nicht, dass das ganze so definierte Verm übergeht; es kommt nur auf einen wertmäßig wesentl Teil der in funktionaler Betrachtung zur Führung des Betriebs notw Vermögensteile an (vgl Rn 14). **15**

Die demzufolge wertende Betrachtung hat sich am Schutzzweck der Norm zu orientieren. Eine Quote ist von Gesetz nicht genannt und kann daher nicht bestimmt werden. Trotz des unterschiedl Wortlauts (vgl aber Kallmeyer/*Willemsen* Rn 11) bietet sich ein Rückgriff auf die von der Rspr entwickelten Grdse zu §§ 419 I aF, 1365 I BGB an (ebenso Widmann/Mayer/*Vossius* Rn 44; Semler/Stengel/*Maier-Reimer/Seulen* Rn 14), wenngleich die dort zu beachtende subj Komponente nicht gilt (Widmann/Mayer/*Vossius* Rn 46). Damit kann sich die Praxis an einem Grenzwert von 85–90% des zur Führung eines Betriebs notw Verm orientieren (so auch Semler/Stengel/*Maier-Reimer/Seulen* Rn 14; Widmann/Mayer/*Vossius* Rn 44; SBB/*Sagasser/Bultmann* § 18 Rn 111), wenngleich dies indes eine bei unbestimmten Rechtsbegriffen immer notw werdende Einzelfallbetrachtung nicht ersetzt (Lutter/*Schwab* Rn 38). Ein Vgl mit anderen Vermögensmassen (zB denjenigen beim übertragenden Rechtsträger oder denjenigen beim übernehmenden Rechtsträger) kann nicht angestellt werden. Auch können, ohne dass § 134 eingreift, neben einem für die Funktion notw, wertmäßig aber nicht wesentl Vermögensteil auch erhebl Vermögenswerte übertragen werden (vgl schon Rn 14). **16**

17 Ein großzügigerer Maßstab (so Kallmeyer/*Willemsen* Rn 11: zwei Drittel) widerspricht dem Wortlaut „im Wesentlichen" und lässt sich allein aus der ratio legis nicht begründen; auch §§ 419 (früher), 1365 BGB sind Schutznormen bei der Verlagerung von Haftungssubstrat. Eine prognostische Betrachtung, ob das der BetriebsGes übertragene oder verbleibende Verm voraussichtl deren Überleben innerh der nächsten zehn Jahre sichert (so Lutter/*Schwab* Rn 38) ist demggü – von krassen Missbrauchsfällen abgesehen – wenig aussagekräftig. Denn die Überlebensfähigkeit muss unter Ertragsgesichtspunkten prognostiziert werden. Hierfür ist die Vermögenszusammensetzung allenfalls von mittelbarer Bedeutung (etwa künftiger Miet- oder Pachtaufwand im Vgl zu Abschreibung und Finanzierungskosten). Die Betriebsaufspaltung mag bei isolierter Betrachtung allein der BetriebsGes sogar günstigere Aussagen rechtfertigen. Der Unterschied zwischen dem „wohlhabenden" und dem „armen" Unternehmen wirkt sich aber erst in der Krise aus, auf die § 134 gerade abstellt (im Erg ebenso Semler/Stengel/*Maier-Reimer/Seulen* Rn 14).

18 **c) Übertragung durch Abspaltung oder Ausgliederung.** § 134 setzt den Vermögensübergang durch Spaltung voraus. Da beide Varianten von Abs 1 von einem fortbestehenden übertragenden Rechtsträger ausgehen, scheidet eine Umw durch Aufspaltung iSv § 123 I aus; bei dieser Spaltungsart erlischt der übertragende Rechtsträger mit Eintragung der Aufspaltung in das HR, § 131 I Nr 2 (ebenso Widmann/Mayer/*Vossius* Rn 5; *Boecken* Rn 274; KölnerKommUmwG/*Hohenstatt/Schramm* Rn 4). Die Gegenmeinung, die eine analoge Anwendung befürwortet (Lutter/*Schwab* Rn 65 ff; Semler/Stengel/*Maier-Reimer/Seulen* Rn 34; Kallmeyer/*Willemsen* Rn 4; Maulbetsch/Klumpp/Rose/*Raible* Rn 8; SBB/*Sagasser/Bultmann* § 18 Rn 108), muss eine planwidrige Gesetzeslücke unterstellen (vgl auch BAG NZA 2011, 1112, 1114: alle Arten der Spaltung, im Urteilsfall allerdings eine Ausgliederung). Der Gesetzgeber wollte aber gerade die Gefahren der klassischen Betriebsaufspaltung erfassen. Er orientierte sich daher an den praxisrelevanten Formen (RegEBegr BR-Drs 75/94 zu § 134). Die befürchtete Umgehung durch Aufspaltung wird regelm aus stl Gründen eine Alt nicht sein, da bei einer derartigen Aufspaltung die Voraussetzungen von § 15 UmwStG (Übertragung von stl Teilbetrieben) fast nie erfüllt sein werden (vgl im Einzelnen die Komm dort).

19 Die Vorschrift ist ebenso wenig anwendbar bei einer Betriebsaufspaltung, die durch **Einzelrechtsnachfolge** realisiert wird, selbst dann nicht, wenn zunächst die fragl WG außerh des UmwG auf eine PersGes übertragen werden, die dann anschl (durch Formwechsel oder Verschm) in eine KapGes umgewandelt wird (ebenso Widmann/Mayer/*Vossius* Rn 18; Kallmeyer/*Willemsen* Rn 6; Semler/Stengel/*Maier-Reimer/Seulen* Rn 4; KölnerKommUmwG/*Hohenstatt/Schramm* Rn 5; Maulbetsch/Klumpp/Rose/*Raible* Rn 9). Derartige Umwandlungsvorgänge erfasst das UmwG generell nicht (§ 1 I). Zudem ist die Haftung für Verb eines fremden Rechtsträgers (gehaftet wird für nach Wirksamwerden der Spaltung begründete Verb) eine im Zivilrecht sehr selten anzutreffende Regelung, die mit einem erhebl Eingriff in die Eigentumsposition verbunden ist; von einem verallgemeinerungsfähigen Rechtsgedanken kann nicht ausgegangen werden (vgl aber GKT/*Goutier* Rn 5).

20 Nicht nur die Abspaltung, sondern auch die **Ausgliederung** kommt als Spaltungsart iSv Abs 1 in Betracht (BAG NZA 2011, 1112, 1114; ebenso Kallmeyer/*Willemsen* Rn 5; Lutter/*Schwab* Rn 69 ff; Widmann/Mayer/*Vossius* Rn 6; SBB/

Sagasser/Bultmann § 18 Rn 109). Das Tb-Merkmal der Beteiligung der im Wesentl gleichen Personen (Rn 25 ff) kann auch bei Ausgliederungen erfüllt sein. Zwar werden bei der Ausgliederung die Anteile dem übertragenden Rechtsträger selbst, nicht den Anteilseignern, gewährt; bei einer Ausgliederung zur Aufnahme auf einen bestehenden Rechtsträger, bei dem die Anteilsinhaber des übertragenden Rechtsträgers bereits beteiligt sind, kann dennoch die von Abs 1 vorausgesetzte Beteiligungsidentität eintreten. Darüber hinaus wird wegen des Schutzgedankens von § 134 auch davon auszugehen sein, dass schon eine **mittelbare Beteiligung** derselben Person genügt, die die zwingende Folge der Ausgliederung ist. Die von Abs 1 S 1 vorausgesetzte Situation, dass die zukünftige BetriebsGes die zur Führung eines Betriebs betriebsnotwendigen Vermögensteile ausgliedert, hat mangels Haftungsvorteilen allerd keine prakt Bedeutung (zutr Lutter/*Schwab* Rn 72; Kallmeyer/*Willemsen* Rn 5). Denkbar ist aber eine Ausgliederung des nicht zur Führung eines Betriebs notw Verm (Abs 1 S 2).

d) Beschränkung auf Verwaltung. Weitere Voraussetzung für den Eintritt der erweiterten Haftung ist, dass sich die Rechtsträger, die die zur Führung eines Betriebs notw Vermögensteile übernehmen (S 1) oder zurückbehalten (S 2) haben, sich im Wesentl **auf die Verwaltung** dieser Vermögensteile beschränken. Sinn dieser Einschränkung ist, dass nur den bes Gefahren der Betriebsaufspaltung begegnet werden soll (RegEBegr BR-Drs 75/94 zu § 134). Betreibt die AnlageGes hingegen selbst ein operatives Geschäft, ist einerseits die Gefahr einer missbräuchl Gestaltung gering, andererseits ein Bedürfnis der neuen Gläubiger der AnlageGes auf Freihaltung der Haftungsmasse von fremden Verb anzuerkennen. 21

Der erweiterten Haftung kann nicht bereits dadurch entgangen werden, dass die AnlageGes neben der Verwaltung der notw Vermögensteile nach Bedeutung und Umfang **geringfügige** andere Geschäfte – für die BetriebsGes oder für außenstehende Dritte – betreibt („im Wesentlichen"; Kallmeyer/*Willemsen* Rn 15; aA Lutter/*Schwab* Rn 48 f: AnlageGes muss sich nur im konkret betroffenen Betrieb jeglicher unternehmerischer Funktionen enthalten; ebenso Semler/Stengel/*Maier-Reimer/Seulen* Rn 15 f; Widmann/Mayer/*Vossius* Rn 53; KölnerKommUmwG/*Hohenstatt/Schramm* Rn 14; SBB/*Sagasser/Bultmann* § 18 Rn 112). Maßnahmen zur Erhaltung und ggf zum Ersatz der Vermögensgegenstände zählen noch zur Verwaltungstätigkeit. Allg Abgrenzungen fallen iÜ schwer, da der gleichen Tätigkeit je nach Einzelfall unterschiedl Bedeutung zukommen und sie einen unterschiedl Umfang annehmen kann. Wesentl Kriterien sind ua, ob die AnlageGes (der Rechtsträger) für die weiteren Tätigkeiten eigene Mitarbeiter einsetzt und welcher organisatorische Aufwand betrieben wird, aber insbes, ob ein eigenes unternehmerisches Risiko besteht (so zutr Widmann/Mayer/*Vossius* Rn 51). 22

Die erweiterte Haftung setzt voraus, dass sich die Tätigkeit der AnlageGes im Wesentl auf die Verwaltung der im Rahmen der Spaltung übertragenen („dieser") Vermögensteile beschränkt. Verwaltet sie daneben auch **anderes Verm** in nicht unbedeutendem Umfang oder führt sie daneben einen Betrieb, führt dies nach dem klaren Wortlaut von Abs 1 zum Ausschluss der Mithaftung (aA Lutter/*Schwab* Rn 49 ff; Kallmeyer/*Willemsen* Rn 15; Semler/Stengel/*Maier-Reimer/Seulen* Rn 16; Maulbetsch/Klumpp/Rose/*Raible* Rn 20). Diese Beschränkung findet ihre Rechtfertigung in der Überlegung, dass der Schutz der Arbeitnehmeransprüche anlässl der Spaltung zwar aufrechterhalten, nicht jedoch verbessert werden soll. Diese Verbesserung würde aber eintreten, wenn die AnlageGes nicht 23 nur das übernommene, sondern darüber hinaus auch anderes Verm, auf das die ArbN bislang keinen Zugriff hatten, verwaltet. Die abstrakte Umgehungsgefahr ist hinzunehmen, da der Gesetzgeber ausweisl der RegEBegr (Rn 16) ledigl den Gefahren der klassischen Betriebsaufspaltung begegnen wollte (aA Lutter/*Schwab* Rn 49 ff; Kallmeyer/*Willemsen* Rn 15). Die Verwaltung anderen Verm reicht allerd in den – prakt häufigeren – Fällen des Abs 1 S 2 nicht aus, wenn dieses Verm bereits zum Zeitpunkt der Spaltung vorhanden war (Verm, das nicht zur Führung des Betriebs notw ist).

24 **e) Nutzungsüberlassung.** Voraussetzung der Haftungserstreckung ist ferner, dass die zur Führung des Betriebs notw Vermögensteile dem übertragenden Rechtsträger (Abs 1 S 1) bzw dem übernehmenden Rechtsträger (Abs 1 S 2) **zur Nutzung überlassen** werden. Welcher Art die Nutzungsüberlassung ist, ist unerhebl. Es kommt insbes nicht darauf an, ob sie entgeltl oder unentgeltl erfolgt. Alle Arten von Nutzungsverhältnissen, wie etwa Miete, Pacht, Leihe oder Einräumung von Nutzungsrechten und Lizenzen, werden ebenso wie Nießbrauch, Nutzungseinlagen, Nutzungsüberlassung aufgrund stiller Beteiligung etc erfasst. Selbst ein rein faktisches Nutzungsverhältnis genügt (Kallmeyer/*Willemsen* Rn 12 mwN; Lutter/*Schwab* Rn 43; Semler/Stengel/*Maier-Reimer/Seulen* Rn 18). Die Nutzungsüberlassung muss zweckgerichtet zur Führung des Betriebs des übertragenden Rechtsträgers (Abs 1 S 2) bzw des übernehmenden Rechtsträgers (Abs 1 S 2) erfolgen. Dieser Betrieb muss nicht identisch mit dem vorherigen Betrieb der BesitzGes sein (Kallmeyer/*Willemsen* Rn 14; Widmann/Mayer/*Vossius* Rn 56; Semler/Stengel/*Maier-Reimer/Seulen* Rn 17), da Abs 1 auch bei einer Teilung des Betriebs eingreift. Notw ist aber, dass mit den überlassenen Vermögensteilen der arbeitstechnische Zweck des Betriebs, für die die Teile notw sind, fortgesetzt wird (Semler/Stengel/*Maier-Reimer/Seulen* Rn 17). Daran fehlt es etwa, wenn sie in einem anderen Betrieb eingesetzt (Semler/Stengel/*Maier-Reimer/Seulen* Rn 17) oder zur Nutzung an Dritte weitergegeben werden (Lutter/*Schwab* Rn 44).

25 **f) Beteiligung im Wesentlichen derselben Personen.** Die nachwirkende gesamtschuldnerische Haftung nach § 134 setzt weiter voraus, dass an den der Spaltung beteiligten Rechtsträgern **im Wesentl dieselben Personen** beteiligt sind. Damit taucht zum dritten Mal innerh desselben Satzes der unbestimmte Rechtsbegriff „im Wesentl" auf. Problematischer ist allerd, dass unklar bleibt, worauf es bei der Beteiligung ankommt: Ist nur eine jew qualifizierte Beteiligung derselben Personen nach Kopfzahlen notw oder müssen dieselben Personen jew die Kap- und/oder Stimmenmehrheit innehaben? Offen ist nach dem Wortlaut auch, ob – im Wesentl – eine Beteiligungsidentität vorliegen muss oder Beherrschungsidentität ausreicht.

26 Anders als bei der Frage der Beurteilung der betriebsnotwendigen Vermögensteile kann aufgrund der Intention der Vorschrift auf den Begriff der **personellen Verflechtung** im Zshg mit der stl Betriebsaufspaltung zurückgegriffen werden (so auch Widmann/Mayer/*Vossius* Rn 60 f). Danach liegt personelle Verflechtung vor, wenn die hinter dem Betriebs- und dem Besitzunternehmen stehenden Personen einen **einheitl geschäftl Betätigungswillen** haben. Dafür ist aber nicht die identische Beteiligung aller betroffenen Personen an allen beteiligten Unternehmen erforderl **(Beteiligungsidentität),** vielmehr genügt es, dass die Personen, die das Besitzunternehmen tats beherrschen, auch im Betriebsunternehmen ihren Willen durchsetzen können (**Beherrschungsiden-**

tität; stRspr seit BFH BStBl II 1972, 63). Das Abstellen auf die Beherrschungsidentität entspricht auch dem zivilrechtl Sinn von § 134. Die typischen Gefahren, die eine Haftungserweiterung rechtfertigen, treten eben gerade dann ein, wenn dieselben Personen sowohl die Besitz- als auch die BetriebsGes beeinflussen können (hM; vgl etwa Lutter/*Schwab* Rn 57; Kallmeyer/*Willemsen* Rn 16; Widmann/Mayer/*Vossius* Rn 61; KölnerKommUmwG/*Hohenstatt/Schramm* Rn 17; Maulbetsch/Klumpp/Rose/*Raible* Rn 24; anders Semler/Stengel/*Maier-Reimer/Seulen* Rn 28: mindestens 85% der Beteiligungen müssen von denselben Personen kongruent gehalten werden).

Die für § 134 ebenso wie für die stl Betriebsaufspaltung ausreichende Beherrschungsidentität ist dann gegeben, wenn dieselben Personen – wenngleich mit durchaus unterschiedl Beteiligungsverhältnissen – sowohl beim Besitzunternehmen als auch beim Betriebsunternehmen ihren Willen durchsetzen können (zur stl Situation etwa BFH BStBl II 1997, 437). Denn in diesem Fällen ist von gleichgerichteten Interessen der beteiligten Personen auszugehen. Dies gilt trotz der Beteiligung der im Wesentl gleichen Personen jedoch nicht bei **extrem entgegengesetzten Beteiligungsverhältnissen** (so wohl auch Widmann/Mayer/*Vossius* Rn 66; Lutter/*Schwab* Rn 61; zur stl Situation vgl Schmidt/*Wacker* EStG § 15 Rn 822): **27**

	Besitzunternehmen	Betriebsunternehmen
A	95%	5%
B	5%	95%

Abgesehen von Sondersituationen hat bei den dargestellten Beteiligungsverhältnissen kein Gesellschafter beherrschenden Einfluss auf beide Unternehmen. Unzweifelhaft sind jedoch an beiden Ges im Wesentl dieselben Personen beteiligt. Ohne Hinzutreten weiterer Umstände tritt die erweiterte Haftung mangels Beherrschungsidentität nicht ein (Lutter/*Schwab* Rn 61). **28**

Die Haftung des spaltenden Rechtsträgers für Verb, die ggü dem übernehmenden Rechtsträger nach Eintragung der Spaltung begründet sind, lässt sich jedenfalls dann nicht rechtfertigen, wenn die Anteilsinhaber des einen Rechtsträgers zwar der Kopfzahl nach die Mehrheit auch beim anderen Rechtsträger haben, nicht aber die Kapital- oder Stimmrechtsmehrheit. **29**

Die nachwirkende Haftung kann deshalb nur dann eintreten, wenn Abs 1 – im Wesentl dieselben Personen beteiligt – einschränkend ausgelegt wird; notw ist, dass dieselben beteiligten Personen zumindest **beherrschenden Einfluss,** vermittelt durch Kapital- und Stimmrecht, auf alle beteiligten Rechtsträger ausüben können. Im folgenden Beispiel können nicht dieselben beteiligten Personen beherrschenden Einfluss auf alle beteiligten Rechtsträger ausüben, Abs 1 ist deshalb nicht anzuwenden: **30**

	Besitzunternehmen	Betriebsunternehmen
A	50%	10%
B	50%	10%
C	0%	80%

Beherrschungsidentität, nicht Beteiligungsidentität, liegt allerd im folgenden Fallbeispiel vor; A und C sind sowohl bei der AnlageGes als auch bei der BetriebsGes mehrheitl beteiligt und können – wenngleich die Beteiligungsverhältnisse **31**

sehr stark diff – in beiden Unternehmen gemeinsam bestimmenden Einfluss ausüben (aA Semler/Stengel/*Maier-Reimer/Seulen* Rn 28 f).

	Besitzunternehmen	Betriebsunternehmen
A	30%	90%
B	40%	0%
C	40%	10%

32 Da nach Abs 1 nur **im Wesentl** dieselben Personen beteiligt sein müssen, ist **Beteiligungsidentität** – alle Personen sind im gleichen Verhältnis an allen beteiligten Rechtsträgern beteiligt – nicht erforderl. Ebenso wenig müssen alle an der AnlageGes beteiligte Personen – wenn auch in unterschiedl Beteiligungsverhältnissen – an der BetriebsGes beteiligt sein, es genügt also die bereits dargestellte **Beherrschungsidentität** (vgl Rn 24). Diese Beherrschungsidentität ist stl ebenso wie nach § 134 auch im nachfolgenden **Beispiel** gegeben, da A – wenigstens im gesetzl Normalfall – jew seinen Willen durchsetzen kann:

	Besitzunternehmen	Betriebsunternehmen
A	100%	80%
B	0%	20%

33 Nichts anderes ist für B im folgenden Beispiel anzunehmen:

	Besitzunternehmen	Betriebsunternehmen
A	10%	0%
B	90%	90%
C	0%	10%

34 Bei der Beurteilung der Beherrschungsidentität sind im Einzelfall mittelbare Beherrschungen (Konzernstrukturen), Treuhandabreden (so auch Kallmeyer/*Willemsen* Rn 16; Semler/Stengel/*Maier-Reimer/Seulen* Rn 31; Maulbetsch/Klumpp/Rose/*Raible* Rn 30) und über die gesellschaftsrechtl Verbindung hinausgehende Absprachen unter den Gesellschaftern (etwa Stimmrechtsvereinbarungen; aA Semler/Stengel/*Maier-Reimer/Seulen* Rn 31) zu beachten. Bei einem Auseinanderfallen von Kapital- und Stimmrechtsverteilung ist auf die Stimmrechtsverhältnisse abzustellen (zust Kallmeyer/*Willemsen* Rn 16; aA Semler/Stengel/*Maier-Reimer/Seulen* Rn 26).

35 **g) Abspaltung/Ausgliederung der Betriebsgesellschaft (Abs 1 S 2).** Die erweiterte Nachhaftung tritt nach Abs 1 S 2 auch dann ein, wenn der spaltende Rechtsträger die BetriebsGes abspaltet oder ausgliedert und die zum Betrieb der abgespaltenen oder ausgegliederten BetriebsGes notw Vermögensteile selbst als AnlageGes zurückbehält, diese der BetriebsGes ledigl zur Nutzung überlässt. Diese Art der Betriebsaufspaltung ist der Regelfall; bemerkenswert ist, dass Abs 1 S 1 den (jedenfalls bisherigen) Ausnahmefall zum Regelfall bestimmt; iÜ besteht zu Rn 7 ff kein Unterschied („dies gilt auch dann, wenn . . .“, Abs 1 S 2).

4. Maßgeblicher Zeitpunkt

36 Die nachwirkende Mithaftung der AnlageGes tritt nur ein, wenn die Voraussetzungen nach Abs 1 zum Zeitpunkt des Wirksamwerdens der Spaltung (§ 131)

vorliegen (Widmann/Mayer/*Vossius* Rn 23; Semler/Stengel/*Maier-Reimer/Seulen* Rn 33). Fallen Tb-Merkmale, die eine nachwirkende Mithaftung zunächst begründet haben, weg, bevor die geschützten Ansprüche begründet sind, ändert dies nichts an der gesamtschuldnerischen Haftung. Anders im umgekehrten Fall: Betätigt sich die AnlageGes zunächst in nicht unbedeutendem Umfang auch operativ (vgl Rn 21), um sich nach gewisser Zeit ledigl auf die Verwaltung der zur Nutzung überlassenen Vermögensgegenstände zu beschränken, führt dies auch bei Vorliegen der sonstigen Voraussetzungen nicht zur nachwirkenden gesamtschuldnerischen Haftung. Eine Haftungsgemeinschaft ist keinesfalls gerechtfertigt, wenn die Risiken Folge einer spaltungsunabhängigen Unternehmensentwicklung sind. Im zuletzt genannten Beispiel gilt dies nur, wenn die operative Tätigkeit nicht allein zu Umgehungszwecken aufrechterhalten oder begonnen wurde.

5. Bestehen mehrerer Anlagegesellschaften

Wird die Spaltung in der Weise vorgenommen, dass die zur Führung eines Betriebs notw Vermögensteile auf **verschiedene AnlageGes** verteilt werden, so tritt die nachwirkende Mithaftung nur bei den AnlageGes ein, bei denen alle Tb-Merkmale erfüllt sind (Maulbetsch/Klumpp/Rose/*Raible* Rn 35; im Grds ebenso Widmann/Mayer/*Vossius* Rn 20; Semler/Stengel/*Maier-Reimer/Seulen* Rn 19). Der Wortlaut sieht die Aufteilung der zur Führung eines Betriebs notw Vermögensteile auf verschiedene Rechtsträger ausdrückl vor, es lässt sich aus ihm jedoch nicht der Schluss ziehen, dass alle AnlageGes haften, wenn auch nur bei einer die sonstigen Tb-Merkmale erfüllt sind. In Missbrauchsfällen kann eine zusammengefasste Betrachtung gerechtfertigt sein (so Widmann/Mayer/*Vossius* Rn 20; das dort angeführte Beispiel der Verteilung des Verm zu dem Zweck, dass keine AnlageGes für sich einen wesentl Teil erhält, überzeugt jedoch nicht; die Frage, ob das zur Führung eines Betriebs notw Verm im Wesentl übertragen wird (Rn 7 ff), ist auf der Ebene des übertragenden Rechtsträgers und nicht auf derjenigen des übernehmenden Rechtsträgers zu beurteilen). Aber auch die umgekehrte Folgerung, dass keine AnlageGes haftet, soweit auch nur bei einer nicht alle Tb-Merkmale erfüllt sind, lässt sich nicht ziehen (aA wohl Semler/Stengel/*Maier-Reimer/Seulen* Rn 19). Dem Gesetzeszweck entspr ledigl die Sichtweise, dass jede AnlageGes isoliert zu betrachten ist. 37

6. Rechtsfolgen der Betriebsaufspaltung

Liegen die Voraussetzungen von Abs 1 vor, so haftet die AnlageGes gesamtschuldnerisch auch für Ansprüche der ArbN der BetriebsGes nach §§ 111–113 BetrVG, die binnen fünf Jahren **nach** dem Wirksamwerden der Spaltung **begründet** werden. Damit sind im Wesentl **Sozialplan-** und **Nachteilsausgleichsansprüche** geschützt. Bereits zuvor begründete Ansprüche werden nur von § 133 I erfasst. 38

Begründet sind die Ansprüche, sobald ihr Rechtsgrund gelegt ist (vgl im Einzelnen dazu § 133 Rn 11 ff). Maßgebl ist die Durchführung der Betriebsänderung, nicht der Abschluss des Sozialplans. Entsprechendes gilt für einen Anspruch auf Nachteilsausgleich (Kallmeyer/*Willemsen* Rn 17; Semler/Stengel/*Maier-Reimer/Seulen* Rn 36). Die Fünf-Jahres-Frist beginnt mit der Eintragung der Spaltung (ebenso Semler/Stengel/*Maier-Reimer/Seulen* Rn 36), nicht mit deren Bekanntmachung (vgl hingegen § 133 IV). 39

40 Die AnlageGes haftet als **Gesamtschuldner,** die ArbN können also nach ihrer Wahl die Ansprüche vollständig ggü der AnlageGes geltend machen (§ 421 BGB). Zum Streit über Gesamtschuld oder akzessorische Haftung vgl § 133 Rn 2 ff. Die AnlageGes kann allerd vollständigen Gesamtschuldnerausgleich nach § 426 BGB von der BetriebsGes verlangen, da sie primär haftet (Kallmeyer/*Willemsen* Rn 19; zum Gesamtschuldnerausgleich vgl auch § 133 Rn 16). Zur Nachhaftungsbegrenzung vgl Rn 50.

41 Der übertragende Rechtsträger haftet mit seinem **gesamten Verm,** also nicht beschränkt auf den Bestand bzw den Wert zur Zeit der Eintragung der Spaltung in das Register, auch nicht anteilig auf den Wert des übertragenen Verm. Hiervon zu unterscheiden ist der sog **„Bemessungsdurchgriff".** Für die Feststellung nach § 112 V 1 BetrVG (wirtschaftl Vertretbarkeit) und nach § 112 V 2 Nr 3 BetrVG (Fortbestand des Unternehmens) ist ausschließl auf die BetriebsGes abzustellen (so zutr Kallmeyer/*Willemsen* Rn 19; KölnerKommUmwG/*Hohenstatt/Schramm* Rn 23; Maulbetsch/Klumpp/Rose/*Raible* Rn 44; aA BAG NZA 2011, 1112, 1115; Lutter/*Schwab* Rn 85; Semler/Stengel/*Maier-Reimer/Seulen* Rn 41; *Boecken* Rn 250 mwN). Die Gegenmeinung missachtet, dass die AnlageGes zwar – zeitl befristet – haftet, Primärschuldner aber die BetriebsGes ist; demzufolge hat die AnlageGes auch einen Anspruch auf Gesamtschuldnerausgleich (zutr Kallmeyer/*Willemsen* Rn 19). Jedenfalls ist der Bemessungsdurchgriff auf das der BetriebsGes entzogene Vermögen beschränkt, da sich die wirtschaftl Vertretbarkeit nach § 112 V 1 BetrVG nach den Verhältnissen des Unternehmens bestimmt; dies ist die aus der Spaltung hervorgegangene BetriebsGes. Kein Maßstab ist die Herauslösung aus einem wirtschaftl leistungsfähigen Rechtsträger (BAG NZA 2011, 1112, 1115 mit instruktiven Fall; vgl auch *Röger/Tholuck* NZA 2012, 294).

7. Versorgungsverpflichtungen

42 Abs 2 ordnet an, dass die gesamtschuldnerische Haftung nach Abs 1 auch für Versorgungsverpflichtungen aufgrund des Betriebsrentengesetzes gilt. Allerd müssen diese, anders als die Ansprüche nach §§ 111–113 BetrVG, bereits vor dem Wirksamwerden der Spaltung begründet sein. Da für diese Ansprüche die gesamtschuldnerische Haftung bereits nach § 133 I 1 für alle beteiligten Rechtsträger, mithin auch für die AnlageGes, eintritt, lag die Bedeutung der eigenständigen Regelung in der in Abs 3 angeordneten zeitl Erweiterung der Nachhaftungsbegrenzung, die damit auch für Ansprüche aus Versorgungsverpflichtungen gilt. Dies hat nurmehr für **Altfälle** eigenständige Bedeutung, nachdem mit Gesetz vom 19.4.2007 (BGBl I 542) die Enthaftungsfrist für Ansprüche aufgrund des Betriebsrentengesetzes in § 133 III 2 auf zehn Jahre verlängert worden ist (Semler/Stengel/*Maier-Reimer/Seulen* Rn 42; Maulbetsch/Klumpp/Rose/*Raible* Rn 47). Zur Übergangsregelung vgl § 133 Rn 38.

43 Geschützt sind nur Versorgungszusagen iSd Betriebsrentengesetzes. Hierzu zählen die unmittelbaren Versorgungszusage, die Direktversicherung und Ansprüche gegen Pensionskassen und Unterstützungskassen (vgl § 1 BetrAVG). Zum geschützten Personenkreis vgl Rn 6.

44 Die Versorgungsverpflichtungen müssen vor dem Wirksamwerden der Spaltung begründet worden sein. Ebenso wie bei § 133 I setzt dies voraus, dass die Rechtsgrundlage für die Versorgungsverpflichtung gelegt worden ist (vgl § 133 Rn 11). Maßgebl ist damit die Erteilung der Versorgungszusage, nicht der Eintritt der Unverfallbarkeit oder die Erfüllung einer Wartezeit (Lutter/*Schwab* Rn 90; Sem-

ler/Stengel/*Maier-Reimer/Seulen* Rn 46; Kallmeyer/*Willemsen* Rn 21; Kölner-KommUmwG/*Hohenstatt/Schramm* Rn 24; *Müller* DB 2001, 2637, 2638; Widmann/Mayer/*Vossius* Rn 78). Die Haftung erstreckt sich nicht nur auf den Teil der Versorgungsanwartschaft, die bis zum Wirksamwerden der Spaltung erdient wurde (so aber etwa Kallmeyer/*Willemsen* Rn 21). Ebenso wie bei Dauerschuldverhältnissen (vgl § 133 Rn 11) haftet die BesitzGes für alle aus der begründeten Versorgungsverpflichtung innerh des Nachhaftungszeitraums entstehenden, fällig werdenden Ansprüche (Semler/Stengel/*Maier-Reimer/Seulen* Rn 47; Lutter/*Schwab* Rn 93).

8. Nachhaftungsbegrenzung

Auch die nachwirkende Mithaftung nach Abs 1 und die gesamtschuldnerische Haftung nach Abs 2 unterliegen der Nachhaftungsbegrenzung (Abs 3). Die Dauer der Nachhaftung wird allerd in Abs 3 erweitert. Diese zeitl Erstreckung war der einzige Grund, warum die gesamtschuldnerische Haftung für Versorgungsverpflichtungen nach dem Betriebsrentengesetz überhaupt in Abs 2 nochmals ausdrückl geregelt worden war, dies ist zwischenzeitl obsolet (vgl Rn 42). **45**

Die Nachhaftungsbegrenzung ergibt sich aus der entspr Anwendung von § 133 I 1, IV und V (keine Verweisung auf § 133 III 2, also keine Verlängerung um zehn Jahre). Zu Einzelheiten über die Voraussetzung vgl daher § 133 Rn 33 ff. Der einzige Unterschied besteht darin, dass sich die Dauer der Nachhaftung um fünf Jahre verlängert. Die in § 133 III 1 geregelte Fünf-Jahres-Frist beginnt fünf Jahre nach dem Tag, an dem die Eintragung der Spaltung in das Register des Sitzes des übertragenden Rechtsträgers als bekannt gemacht gilt (vgl hierzu § 133 Rn 36). Bei Ansprüchen aus vor dem Wirksamwerden der Spaltung begründeten Versorgungsverpflichtungen ist für Altfälle (vgl Rn 42) also zu unterscheiden: Aus der Spaltung hervorgegangene AnlageGes können sich erst nach Ablauf von ca zehn Jahren auf die Nachhaftungsbegrenzung berufen, während sonstige beteiligte Rechtsträger, die ledigl nach § 133 I haften, bereits nach fünf Jahren von der Haftung freigestellt sind. **46**

Dritter Abschnitt. Spaltung zur Neugründung

§ 135 Anzuwendende Vorschriften

(1) [1] **Auf die Spaltung eines Rechtsträgers zur Neugründung sind die Vorschriften des Zweiten Abschnitts entsprechend anzuwenden, jedoch mit Ausnahme der §§ 129 und 130 Abs. 2 sowie der nach § 125 entsprechend anzuwendenden §§ 4, 7 und 16 Abs. 1 und des § 27.** [2] **An die Stelle der übernehmenden Rechtsträger treten die neuen Rechtsträger, an die Stelle der Eintragung der Spaltung im Register des Sitzes jeder der übernehmenden Rechtsträger tritt die Eintragung jedes der neuen Rechtsträger in das Register.**

(2) [1] **Auf die Gründung der neuen Rechtsträger sind die für die jeweilige Rechtsform des neuen Rechtsträgers geltenden Gründungsvorschriften anzuwenden, soweit sich aus diesem Buch nichts anderes ergibt.** [2] **Den Gründern steht der übertragende Rechtsträger gleich.** [3] **Vorschriften, die für die Gründung eine Mindestzahl der Gründer vorschreiben, sind nicht anzuwenden.**

Schrifttum: Schrifttum bis 2004 siehe 5. Auflage; vgl auch Schrifttum zu Vor §§ 123–173; *Wälzholz,* Aktuelle Probleme der Unterbilanz- und Differenzhaftung bei Umwandlungsvorgängen, AG 2006, 469; *Kallmeyer,* Differenzhaftung bei Verschmelzung mit Kapitalerhöhung und Verschmelzung im Wege der Neugründung, GmbHR 2007, 1121; *Stoppel,* Vinkulierungsklauseln in der Vorgesellschaft und bei Umwandlung, WM 2008, 147.

Übersicht

1. Allgemeines

1 Nach § 135 sind die Vorschriften der Spaltung zur Aufnahme (§§ 126–134) auf die Spaltung zur Neugründung mit wenigen Ausnahmen entspr anwendbar (Abs 1 S 1). Bei dieser entspr Anwendung der Vorschriften ersetzt der Begriff neuer Rechtsträger den Begriff übernehmender Rechtsträger (Abs 1 S 2). Nachdem bei der Spaltung zur Neugründung der übernehmende Rechtsträger erst durch die Spaltung entsteht, kann die Spaltung in dem für ihn zuständigen Register noch nicht eingetragen werden. Soweit daher in den Vorschriften für die Spaltung zur Aufnahme auf die Eintragung im Register des Sitzes des übernehmenden Rechtsträgers abgestellt wird, tritt an deren Stelle die Eintragung des Rechtsträgers selbst (Abs 1 S 2). Entsprechend der Regelung bei der Verschm zur Neugründung in § 36 II ordnet Abs 2 die grdsl Anwendbarkeit des Gründungsrechts der jew Rechtsform an.

2. Regelungstechnik

2 Die Regelungstechnik orientiert sich an dem bereits von der Spaltung zur Aufnahme bekannten System der Verweisung („Baukastensystem", vgl § 125 Rn 5), allerd unter Hinzufügung einer weiteren Ebene (vgl § 125 Rn 5 ff). Nach Abs 1 S 1 gelten für die Spaltung zur Neugründung die Regeln der Spaltung zur Aufnahme fast ausnahmslos entspr. Darüber hinaus finden über § 125, der für alle Arten der Spaltung gilt, die meisten Verschmelzungsvorschriften entspr Anwendung.

3 Damit ergibt sich bei der Spaltung zur Neugründung folgende **Prüfungsreihenfolge:**

– Zunächst müssen die §§ 135–137 auf eine spezielle Regelung untersucht werden;

– sodann sind – über Abs 1 S 1 – die §§ 126–134 zu prüfen;
– auf der nächsten Stufe muss überprüft werden, ob die bes Vorschriften des Spaltungsrechts (§§ 138 ff) eine spezielle – rechtsformabhängige – Regelung aufweisen;
– über die Verweisung in §§ 135, 125 sind daraufhin die bes Vorschriften des Verschmelzungsrechts – je nach Rechtsform der beteiligten Rechtsträger – zu untersuchen (§§ 39 ff);
– schließl finden auf der letzten Ebene auch die allg Vorschriften des Verschmelzungsrechts – wiederum gegliedert nach Verschm durch Neugründung (§§ 36–38) und Verschm durch Aufnahme (§§ 2–35) – entspr Anwendung.

Bei der entspr Anwendung tritt an die Stelle des übernehmenden Rechtsträgers 4 der neue Rechtsträger (Abs 1 S 2). Entsprechendes gilt für die Eintragung der Spaltung im Register des Sitzes jedes der übernehmenden Rechtsträgers. Hieran anknüpfende Rechtsfolgen treten mangels Bestehen des übernehmenden Rechtsträgers vor dem Wirksamwerden der Spaltung mit der **Eintragung** jedes der neuen **Rechtsträgers** in sein für ihn zuständiges Register ein (Abs 1 S 2). Von Bedeutung ist dies für den entspr anwendbaren § 130 I.

Bei einer Kombination von Spaltung zur Aufnahme und zur Neugründung 5 (§ 123 IV) sind für jede Spaltung die einschlägigen Vorschriften zu prüfen. Die §§ 135–137 gelten dann nur, soweit Vermögensteile auf neu gegründete Rechtsträger übertragen werden (KölnerKommUmwG/*Simon*/*Nießen* Rn 9).

3. Nichtanwendbare Vorschriften

a) § 129. Eine ergänzende Zuständigkeit des Vertretungsorgans des übernehmenden Rechtsträgers zur Anmeldung der Spaltung nach § 129 ist bei der Spaltung zur Neugründung sinnlos, da der Rechtsträger selbst noch nicht besteht. 6

b) § 130 II. Auch § 130 II ist von der entspr Anwendung bei der Spaltung zur 7 Neugründung ausgeschlossen. Der Gesetzgeber wollte das interne Registerverfahren bei der Spaltung zur Neugründung anders regeln. Er hat daher in § 137 III eine eigenständige Regelung aufgenommen, die die Besonderheiten berücksichtigt.

c) § 125 iVm §§ 4, 7. Bei der Spaltung zur Neugründung fehlt es an einem 8 Partner, mit dem ein Spaltungsvertrag geschlossen werden könnte. An die Stelle des Spaltungsvertrags tritt deshalb der **Spaltungsplan** (§ 136 S 2). Eine Verweisung auf § 4 I hat infolgedessen keinen Sinn. Der Ausschluss der **Verweisung** auf **§ 4 II** ist hingegen nicht durch das Fehlen eines Vertragspartners begründet; vermutl liegt ein Redaktionsversehen vor (Widmann/Mayer/*Mayer* § 136 Rn 6; Semler/Stengel/*Schröer* § 136 Rn 5). Ebenso wie beim Spaltungsvertrag kann es Sinn machen, den Spaltungsbeschluss auf der Grundlage eines **Planentwurfs** zu fassen. Es bestehen keine Bedenken, dies auch bei einer Spaltung zur Neugründung zuzulassen (Widmann/Mayer/*Mayer* § 136 Rn 6; Semler/Stengel/*Schröer* § 136 Rn 5; Lutter/*Priester* § 136 Rn 6; Maulbetsch/Klumpp/Rose/*Klumpp* Rn 6). Der dem Spaltungsbeschluss zugrunde liegende Entwurf und der später beurkundete Plan müssen dann allerd inhaltsgleich sein (Lutter/*Priester* § 136 Rn 6). Nach der Beschlussfassung kann der Spaltungsplan nicht mehr ohne nochmaligen Zustimmungsbeschluss verändert werden (vgl dazu § 126 Rn 7 ff).

Da ein Spaltungsvertrag nicht abzuschließen ist, erübrigt sich ferner die Rege- 9 lung einer Kündigungsmöglichkeit (vgl § 136 Rn 3 ff). Daher ist die Verweisung auf § 7 ausgeschlossen.

10 **d) § 125 iVm § 16 I.** Da der übernehmende Rechtsträger vor Wirksamwerden der Spaltung nicht besteht, muss zwangsläufig das Anmeldungsverfahren bei einer Spaltung zur Aufnahme anders geregelt werden als bei einer Spaltung zur Neugründung (vgl zur entspr Regelung bei der Verschm § 36 Rn 3). Daher ist § 16 I aus der Verweisungskette von §§ 135, 125 ausgeschlossen. An dessen Stelle treten § 137 I, II. IÜ ist aber auch bei der Spaltung zur Neugründung die Anmeldung in Anlehnung an die Verschm geregelt. Insbes § 16 II (Erklärung der Vertretungsorgane hinsichtl Wirksamkeitsklage gegen Spaltungsbeschluss), § 16 III (Eilverfahren zur Eintragung der Spaltung trotz Rechtshängigkeit einer Wirksamkeitsklage gegen Spaltungsbeschluss) und § 17 (Anlagen der Anmeldung) sind entspr anzuwenden.

11 **e) § 125 iVm § 27.** § 27 betrifft die Haftung von Organen des übernehmenden Rechtsträgers. Diese Vorschrift macht bei der Spaltung zur Neugründung keinen Sinn.

12 **f) Ausschluss in § 125.** Bei der Spaltung zur Neugründung sind ebenfalls die bereits in § 125 ausdrückl von der Verweisung ausgeschlossenen Vorschriften nicht anwendbar. Vgl dazu im Einzelnen § 125 Rn 11 ff.

4. Anwendung der Gründungsvorschriften

13 Nach **Abs 2** sind bei der Gründung der neuen Rechtsträger die für die jew Rechtsform des neuen Rechtsträgers geltenden Gründungsvorschriften anzuwenden, soweit sich nicht aus dem Spaltungsrecht und – über § 125 – aus dem Verschmelzungsrecht etwas anderes ergibt. Zu den Möglichkeiten der Gründung vgl § 124. Bei der Anwendung der jew einschlägigen Gründungsvorschriften nimmt der übertragende Rechtsträger die **Stellung der Gründer** ein. Soweit für eine Gründung außerh des UmwR eine **Mindestzahl** von Gründern vorgeschrieben ist, sind diese Vorschriften bei der Gründung im Wege der Spaltung nicht anzuwenden. Bedeutung hat dies für eG (§ 4 GenG), eV (§ 56 BGB), genossenschaftl Prüfungsverbände (§ 56 BGB iVm § 63b GenG) und VVaG (§§ 54, 705 BGB: hM; mindestens 2 Personen als Gesellschafter). Dies ist aber kein dauerhafter Schutz, vgl § 124 Rn 15, 20, 37, 38. Für GmbH, AG und zwischenzeitl KGaA ist auch außerh des UmwG die Einmann-Gründung vorgesehen (§ 1 GmbHG, § 2 AktG).

14 Von der Zahl der Gründer zu unterscheiden ist die **Mindestanzahl der Anteilsinhaber,** die beim neu gegründeten Rechtsträger vorhanden sein müssen. Die Ausgliederung auf eine neu gegründete PhG scheidet daher immer aus, da das Wesen einer PhG das Vorhandensein von mindestens zwei Gesellschaftern voraussetzt (Widmann/Mayer/*Mayer* Rn 14; aA vor dem Hintergrund des gleichzeitigen Beitritts eines weiteren Gesellschafters Semler/Stengel/*Bärwaldt* Rn 18; vgl aber *ders* Rn 29; Kallmeyer/*Kallmeyer/Sickinger* Rn 17; Maulbetsch/Klumpp/Rose/*Klumpp* Rn 12; vgl auch § 124 Rn 31). Entsprechendes gilt für Auf- und Abspaltungen zur Neugründung, wenn am übertragenden Rechtsträger nur ein Anteilsinhaber beteiligt ist. Der Beitritt eines bislang am übertragenden Rechtsträger nicht beteiligten Anteilsinhabers anlässl der Spaltung zur Neugründung ist im Spaltungsrecht nicht vorgesehen und daher nicht durchführbar (näher § 124 Rn 6 und § 136 Rn 14; aA Semler/Stengel/*Bärwaldt* Rn 18; Kallmeyer/*Kallmeyer/Sickinger* Rn 17). Bei manchen Rechtsformen ist zudem eine Mindestzahl an Anteilsinhabern Voraussetzung für den fortdauernden Bestand des Rechtsträgers.

Wird diese Mindestzahl nachhaltig unterschritten, droht die Amtslöschung (vgl § 80 GenG, § 73 BGB; vgl Rn 13).

Abs 2 entspr iÜ § 36 II, auf den verwiesen werden kann (§ 36 Rn 14 ff). Besondere Bedeutung haben für KapGes die jew Regelungen zur Kapitalaufbringung, insbes das Verbot der Unterpariemission (vgl § 126 Rn 29, § 136 Rn 11). 15

Der neue Rechtsträger entsteht erst mit Eintragung der Spaltung im Register am Sitz des übertragenden Rechtsträgers, obwohl er selbst bereits zuvor im Register eingetragen wird (vgl §§ 130 I, 137 III). Die **Voreintragung** des neuen Rechtsträgers führt nicht zu „vermögens- und subjektlosen Ges" (so aber *Heidenhain* GmbHR 1995, 264; *ders* GmbHR 1995, 566). Die Voreintragung ist nicht konstitutiv, sondern soll nur sicherstellen, dass der neue Rechtsträger im Zeitpunkt des Wirksamwerdens der Spaltung bereits im HR eingetragen ist (*Neye* GmbHR 1995, 565; Lutter/*Teichmann* Rn 3; Semler/Stengel/*Bärwaldt* Rn 15; vgl auch *Wilken* DStR 1999, 677). Die Vorläufigkeit der Eintragung wird durch einen entspr Vermerk im HR dokumentiert, sofern nicht alle Eintragungen taggleich erfolgen (vgl § 130 Rn 6, § 137 Rn 4). 16

5. Besonderheiten beim Spaltungsplan

Zu den Einzelheiten hinsichtl der Abfassung des Spaltungsplans, der bei der Spaltung zur Neugründung an die Stelle des Spaltungsvertrags tritt (Rn 8), vgl § 136 Rn 6 ff. 17

6. Spaltungsbeschluss

Der Spaltungsplan wird in entspr Anwendung von § 13 I (iVm §§ 135, 125) nur wirksam, wenn die Anteilsinhaber des übertragenden Rechtsträgers ihm durch **Beschluss** zustimmen. Wird ausschließl eine Spaltung zur Neugründung durchgeführt (zu Kombinationsmöglichkeiten von Spaltung zur Neugründung und Spaltung zur Aufnahme vgl § 123 Rn 13), ist dies der einzige Beschluss, denn naturgemäß kann beim neu entstehenden Rechtsträger ein Spaltungsbeschluss noch nicht gefasst werden. 18

Im Ggs zur Rechtslage vor dem UmwG 1995 bedarf es keines getrennten Beschlusses über den Gesellschaftsvertrag oder die Satzung des neuen Rechtsträgers (vgl zur früheren Rechtslage § 32 II 1 KapErhG, § 353 III 1 AktG aF), die zwingender Bestandteil des Spaltungsplans sind (§§ 135, 125 iVm § 37). Der Spaltungsbeschluss umfasst daher die Zustimmung zum Gesellschaftsvertrag oder zur Satzung (Kallmeyer/*Kallmeyer/Sickinger* § 135 Rn 12; vgl dazu auch §§ 59, 76). 19

Wesentl ist allerd, dass bei einem **minderjährigen Gesellschafter** – anders als bei der Spaltung zur Aufnahme – die Beschlussfassung der vormundschaftsgerichtl Genehmigung nach § 1822 Nr 3 BGB bedarf. IÜ bestehen keine Besonderheiten ggü der Spaltung zur Aufnahme. Vgl daher im Einzelnen § 13 Rn 52 f. Zur verdeckten Nachgründung unter Umgehung der §§ 52, 53 AktG vgl § 73 Rn 17. 20

7. Spaltungsbericht

Der Spaltungsbericht wird bei der Spaltung zur Neugründung nur von den Vertretungsorganen des übertragenden Rechtsträgers erstattet (zu Kombinationen von Spaltung zur Neugründung und zur Aufnahme vgl § 123 Rn 13). Angaben zum Umtauschverhältnis oder über die Mitgliedschaft bei dem neuen Rechtsträger erübrigen sich bei der Spaltung zur Neugründung, da ein Umtauschverhältnis idS 21 nicht existiert (vgl § 136 Rn 9 und § 126 Rn 28 ff, 35 ff, 37 f). Sämtl Anteile an dem neuen Rechtsträger werden von den Anteilsinhabern des übertragenden Rechtsträgers bzw dem übertragenden Rechtsträger übernommen. Der Spaltungsbericht behandelt daher schwerpunktmäßig die Aufteilung der Anteile an dem neuen Rechtsträger unter den Anteilsinhabern des übertragenden Rechtsträgers (vgl dazu § 127 Rn 5 ff). Auch der Gesellschaftsvertrag, die Satzung oder das Statut des neuen Rechtsträgers müssen im Spaltungsbericht rechtl und wirtschaftl erläutert werden, da diese Regelungen Bestandteil des Spaltungsplans sind (§§ 135, 125, 37). IÜ treten keine Besonderheiten auf. Vgl zu weiteren Einzelheiten § 127.

8. Spaltungsprüfung

22 Bei Aufspaltungen und Abspaltungen zur Neugründung (nicht jedoch bei Ausgliederungen, vgl § 125 S 2) muss grdsl eine Spaltungsprüfung erfolgen. §§ 9–12 und die in den bes Vorschriften enthaltenen Prüfungsbefehle (vgl dazu § 9 Rn 1) sind über §§ 135, 125 entspr anzuwenden; maßgebl ist der übertragende Rechtsträger. Da bei der Spaltung zur Neugründung ein Umtauschverhältnis nicht existiert (Rn 21), liegt das Schwergewicht der Prüfung auf der Bestimmung der Angemessenheit des Aufteilungsmaßstabs unter den Anteilsinhabern. Die Spaltungsprüfung erstreckt sich aber auch auf den Gesellschaftsvertrag, die Satzung oder das Statut des neuen Rechtsträgers, denn Prüfungsgegenstand ist der Spaltungsplan mit allen Bestandteilen (§§ 135, 125, 9 I, 37).

9. Eintragungsverfahren und Wirkungen der Eintragung

23 Zum Eintragungsverfahren und zu den Wirkungen der Eintragung vgl § 137 Rn 2 ff.

§ 136 Spaltungsplan

[1]Das Vertretungsorgan des übertragenden Rechtsträgers hat einen Spaltungsplan aufzustellen. [2]Der Spaltungsplan tritt an die Stelle des Spaltungs- und Übernahmevertrags.

Schrifttum: Schrifttum bis 2004 siehe 5. Auflage; vgl auch Schrifttum zu Vor §§ 123–173 und zu § 126; *Wälzholz,* Aktuelle Probleme der Unterbilanz- und Differenzhaftung bei Umwandlungsvorgängen, AG 2006, 469; *Baßler,* Gesellschafterwechsel bei Umwandlungen, GmbHR 2007, 1252; *Kallmeyer,* Differenzhaftung bei Verschmelzung mit Kapitalerhöhung und Verschmelzung im Wege der Neugründung, GmbHR 2007, 1121.

1. Allgemeines

1 Wird ausschließl eine Spaltung zur Neugründung durchgeführt (zur Zulässigkeit von Kombinationsformen vgl § 123 Rn 13 ff), fehlt anders als bei der Verschm zur Neugründung ein Vertragspartner. Der übertragende Rechtsträger kann daher einen Spaltungsvertrag nicht abschließen. Stattdessen hat das Vertretungsorgan des übertragenden Rechtsträgers einen Spaltungsplan aufzustellen, der im Spaltungsverfahren an die Stelle des Spaltungsvertrags tritt (S 2).

2 Der Zweck des Spaltungsplanes entspricht dem des Spaltungsvertrags (vgl § 126 Rn 4). In ihm sind die wesentl Regelungen, die für die Durchführung der Spaltung notw sind, festzuhalten. Zentrale Bedeutung kommt ihm für die Vermögensübertragung und die Anteilsaufteilung zu, da er die entspr Bestimmungen enthält.

2. Rechtsnatur des Spaltungsplanes

Der Spaltungsplan ist eine einseitige, nicht empfangsbedürftige Willenserklärung (allgM; Lutter/*Priester* Rn 4; Widmann/Mayer/*Mayer* Rn 7; Kallmeyer/*Kallmeyer/Sickinger* Rn 1; Semler/Stengel/*Schröer* Rn 3; KölnerKommUmwG/*Simon/Nießen* Rn 4; *Körner/Rodewald* BB 1999, 853, 854). Rechtsdogmatisch weist er Ähnlichkeiten zur Umwandlungserklärung nach §§ 51, 56b UmwG 1969 auf. Als nicht empfangsbedürftige Willenserklärung ist er frei **widerrufbar.** Dies gilt selbst dann, wenn der Spaltungsbeschluss bereits gefasst ist (Lutter/*Priester* Rn 7; Semler/Stengel/*Schröer* Rn 8; Widmann/Mayer/*Mayer* Rn 58 f). Zwar wird der Spaltungsplan durch den Spaltungsbeschluss wirksam (§§ 135, 125, 13 I 1), dies hindert aber einen Widerruf genauso wenig wie die Aufhebung bei einem Spaltungsvertrag ausgeschlossen ist (vgl dazu § 7 Rn 13 ff). Es bedarf allerd zum Widerruf eines Beschlusses der Anteilsinhaberversammlung, mit der Mehrheit wie für die Zustimmung (Lutter/*Priester* Rn 7; Semler/Stengel/*Schröer* Rn 8; Widmann/Mayer/*Mayer* Rn 58 f; KölnerKommUmwG/*Simon/Nießen* Rn 11, auch zur Form; vgl hierzu auch § 7 Rn 19). 3

Denkbar ist der Widerruf sogar noch, wenn das Eintragungsverfahren bereits läuft. In der Praxis wird in diesem Fall aber eher der Eintragungsantrag zurückgezogen. Der Widerruf ist dagegen wirkungslos, wenn die Spaltung durch **Eintragung** in das Register am Sitz des übertragenden Rechtsträgers wirksam geworden ist (Lutter/*Priester* Rn 7). Von diesem Zeitpunkt an sind die Spaltungswirkungen unumkehrbar (§ 131 II; vgl auch *Körner/Rodewald* BB 1999, 853, 855 ff). 4

Auf den Spaltungsplan können iÜ die allg **Vorschriften** des **Zivilrechts** für einseitig nicht empfangsbedürftige Willenserklärungen angewendet werden. Dies gilt insbes für die Auslegungsgrundsätze (Lutter/*Priester* Rn 4; Semler/Stengel/*Schröer* Rn 3; wohl auch Widmann/Mayer/*Mayer* Rn 11: § 133 BGB). Vorschriften, die zweiseitige Rechtsgeschäfte oder auch nur empfangsbedürftige Willenserklärungen voraussetzen, finden hingegen keine Anwendung. Dies gilt etwa für die Regeln der Irrtumsanfechtung oder §§ 320 ff BGB (Lutter/*Priester* Rn 4; Semler/Stengel/*Schröer* Rn 3; zum Spaltungsvertrag vgl § 126 Rn 4). 5

3. Aufstellungskompetenz

Der Spaltungsplan wird vom Vertretungsorgan des übertragenden Rechtsträgers aufgestellt (S 1). Die Organmitglieder müssen in vertretungsberechtigter Anzahl handeln. Es gelten dieselben Grdse wie beim Abschluss eines Spaltungsvertrags (vgl dazu § 126 Rn 11). **Vollmachten** müssen notariell beurkundet bzw beglaubigt sein, sofern dies bei der Gründung des neuen Rechtsträgers vorausgesetzt wird (§ 23 I 2 AktG, § 2 II GmbHG), denn der Spaltungsplan umfasst nach §§ 135, 125, 37 auch die Satzung der neuen AG, KGaA oder GmbH (Widmann/Mayer/*Mayer* Rn 15; Semler/Stengel/*Schröer* Rn 5). IÜ können Vollmachten formfrei erteilt werden (§ 167 II BGB), zum Nachw ggü dem Registergericht ist Schriftform ratsam (Widmann/Mayer/*Mayer* Rn 15; Semler/Stengel/*Schröer* Rn 5). 6

4. Form des Spaltungsplanes

§§ 135, 125 verweisen auf § 6, der entspr anzuwenden ist. Der Spaltungsplan muss daher **notariell beurkundet** werden (zur Form einer Vollmacht vgl Rn 6). Zu Einzelheiten vgl § 126 Rn 12 und § 6 Rn 3 ff. Zum Beschluss auf der Grundlage eines **Entwurfs** vgl § 135 Rn 8. Bei einer Kombination einer Spaltung zur 7

Aufnahme mit einer Spaltung zur Neugründung (vgl § 123 Rn 13 ff) ist der Spaltungsplan im Spaltungsvertrag aufzunehmen oder wenigstens mit ihm zu verbinden (Kallmeyer/*Kallmeyer/Sickinger* Rn 2 mwN). Vgl zum **einheitl Vertragswerk** auch § 126 Rn 12.

5. Inhaltliche Anforderungen

8 Die inhaltl Anforderungen an den Spaltungsplan orientieren sich an denen des Spaltungsvertrags. Insbes ist § 126 entspr anwendbar. Dies gilt für die inhaltl Anforderungen nach § 126 I, II ebenso wie für die Zuleitung des Spaltungsplans an den Betriebsrat nach § 126 III (KölnerKommUmwG/*Simon/Nießen* Rn 9). Darüber hinaus sind aber auch die für den Spaltungsvertrag geltenden bes Vorschriften zu beachten. Beim Spaltungsplan bestehen folgende **Besonderheiten:**

9 **a) Umtauschverhältnis.** Nach § 126 I Nr 3 muss der Spaltungsvertrag bei Auf- und Abspaltungen Angaben zum Umtauschverhältnis der Anteile enthalten (zum Umtauschverhältnis bei Ausgliederungen vgl § 126 Rn 36). Damit wird festgelegt, in welchem Verhältnis die Anteilsinhaber des übertragenden Rechtsträgers an dem übernehmenden Rechtsträger beteiligt werden. Bei der Spaltung zur Neugründung hingegen gibt es ein Umtauschverhältnis idS nicht, da die Anteilsinhaber des übertragenden Rechtsträgers alle Anteile an dem neuen Rechtsträger erhalten. Entsprechende Angaben im Spaltungsplan erübrigen sich daher. Wesentl für die Auf- und Abspaltung zur Neugründung ist die Aufteilung der Anteile am neuen Rechtsträger, also die Angaben nach § 126 I Nr 10. Vgl § 126 Rn 28, 35, 37.

10 **b) Höhe des Nominalkapitals bzw Kapitalkontos.** Da der Gesellschaftsvertrag, die Satzung oder das Statut Bestandteil des Spaltungsplans sind (§§ 135, 125, 37), wird schon im Spaltungsplan festgelegt, welche Höhe das Nominalkapital bzw die Summe der Kapitalkonten des neuen Rechtsträgers habt. Für den prakt wichtigen Fall der Beteiligung einer GmbH ergibt sich das ferner aus dem auf den Spaltungsplan entspr anwendbaren § 46 I. Danach hat bereits der Spaltungsplan für jeden Anteilsinhaber den Nennbetrag des Geschäftsanteils zu bestimmen.

11 Während sich bei der Spaltung zur Aufnahme die Höhe des zu gewährenden Nominalkapitals bzw die Summe der bei dem übernehmenden Rechtsträger einzurichtenden Kapitalkonten rechnerisch aus dem Verhältnis des übertragenen Verm zum Gesamtvermögen ergibt, besteht insoweit bei der Spaltung zur Neugründung ein gewisser Spielraum (vgl § 126 Rn 28 ff, 35 ff, 37 ff). Prakt bedeutsam ist dies insbes für KapGes. Soweit für die Rechtsform ein Mindestkapital vorgeschrieben ist (§ 7 AktG, § 5 I GmbHG), bildet dieses die Untergrenze. IÜ darf die Neugründung keine **Unterpariemission** darstellen (dazu im Einzelnen § 126 Rn 29 ff). Die Spaltung durch Neugründung stellt eine Sachgründung dar. Die Sacheinlagen müssen daher das Nominalkapital decken (vgl etwa § 9 GmbHG). Das Verbot der Unterpariemission ergibt sich aus der entspr Anwendung der Gründungsvorschriften (vgl dazu § 135 Rn 13 ff). Unabhängig hiervon handelt es sich bei dem Verbot der Unterpariemission um einen elementaren Grds des Rechts der KapGes. Die Höhe des Nominalkapitals darf bei der Neugründung einer KapGes also nicht höher sein als der tats Wert des von dem übertragenden Rechtsträger übernommenen Verm (zur Problematik der Übernahme eines negativen Verm vgl § 126 Rn 50). Anderenfalls tritt ggf für GmbH-Gesellschafter die Differenzhaftung ein (vgl § 126 Rn 29).

c) Gesellschaftsvertrag. Bestandteil (und nicht bloße Anlage) des Spaltungsplanes ist auch der Gesellschaftsvertrag oder die Satzung des neuen Rechtsträgers (§§ 135, 125 iVm § 37). Es besteht damit – unabhängig von der Rechtsform des neuen Rechtsträgers – die Pflicht zur notariellen Beurkundung (vgl dazu § 37 Rn 3). Die inhaltl Anforderungen an den Gesellschaftsvertrag bestimmen sich nach dem für die Rechtsform des neuen Rechtsträgers geltenden Recht. Die Gründungsvorschriften sind grdsl entspr anzuwenden (§ 135 II 1; dort Rn 13 ff). 12

Die Gründung des neuen Rechtsträgers erfolgt durch den übertragenden Rechtsträger, während bei der Aufspaltung und Abspaltung Anteilsinhaber mit Wirksamwerden der Spaltung die Anteilsinhaber des übertragenden Rechtsträgers werden. **Gründer** und **Anteilsinhaber** sind also, anders als bei der Gründung außerh des UmwR, **nicht personenidentisch** (§ 135 Rn 13). 13

Einen **Beitritt** bislang **nicht beteiligter Gesellschafter** anlässl der Spaltung ist nicht mögl. Denn die Systematik des UmwG lässt Spaltung ledigl im Kreis der bisher schon Beteiligten zu (aA Kallmeyer/*Kallmeyer/Sickinger* § 135 Rn 17; Semler/Stengel/*Bärwaldt* § 135 Rn 18, vgl aber auch dort Rn 29; zum Formwechsel vgl BGH NZG 2005, 722 – obiter dictum). Dies zeigt sich etwa am Prinzip des Anteilstauschs. Die Regelung eines Beitritts fremder Dritter hätte daher, weil der Struktur des Spaltungsrechts fremd, einer ausdrückl Regelung bedurft. Vgl auch § 135 Rn 14 und § 124 Rn 6. Zum Formwechsel vgl § 226 Rn 3. 14

Die inhaltl Anforderungen an den Gesellschaftsvertrag bestimmen sich nach der Rechtsform des neuen Rechtsträgers (vgl näher § 36 Rn 14 ff). Bes Anforderungen an den Gesellschaftsvertrag, die Satzung oder das Statut ergeben sich noch aus §§ 57, 74 und 97. Vgl im Einzelnen dort. 15

6. Kosten

Zu den Beurkundungskosten vgl § 126 Rn 113 ff. Der Geschäftswert der Beurkundung eines Spaltungsplans richtet sich nach dem auf den neu gegründeten Rechtsträger übergehenden Aktivvermögen (BayObLG DB 1997, 88). 16

§ 137 Anmeldung und Eintragung der neuen Rechtsträger und der Spaltung

(1) **Das Vertretungsorgan des übertragenden Rechtsträgers hat jeden der neuen Rechtsträger bei dem Gericht, in dessen Bezirk er seinen Sitz haben soll, zur Eintragung in das Register anzumelden.**

(2) **Das Vertretungsorgan des übertragenden Rechtsträgers hat die Spaltung zur Eintragung in das Register des Sitzes des übertragenden Rechtsträgers anzumelden.**

(3) [1] **Das Gericht des Sitzes jedes der neuen Rechtsträger hat von Amts wegen dem Gericht des Sitzes des übertragenden Rechtsträgers den Tag der Eintragung des neuen Rechtsträgers mitzuteilen.** [2] **Nach Eingang der Mitteilungen für alle neuen Rechtsträger hat das Gericht des Sitzes des übertragenden Rechtsträgers die Spaltung einzutragen sowie von Amts wegen den Zeitpunkt der Eintragung den Gerichten des Sitzes jedes der neuen Rechtsträger mitzuteilen sowie ihnen einen Registerauszug und den Gesellschaftsvertrag, den Partnerschaftsvertrag oder die Satzung des übertragenden Rechtsträgers in Abschrift, als Ausdruck oder elektronisch zu übermitteln.** [3] **Der Zeitpunkt der Eintragung der Spaltung ist in den**

Registern des Sitzes jedes der neuen Rechtsträger von Amts wegen einzutragen; gesetzlich vorgesehene Bekanntmachungen über die Eintragung der neuen Rechtsträger sind erst danach zulässig.

Schrifttum: Vgl Schrifttum zu § 129 und zu § 130; *Wilken,* Zur Gründungsphase bei der Spaltung zur Neugründung, DStR 1999, 677.

1. Allgemeines

1 Die Vorschrift regelt die Besonderheiten des Anmeldungs- und Eintragungsverfahrens bei einer Spaltung zur Neugründung. Die Abweichungen im Vgl zur Spaltung zur Aufnahme beruhen auf dem Umstand, dass der neue Rechtsträger erst mit Wirksamwerden der Spaltung entsteht. Daneben bleiben § 130 I (vgl § 135 I 1) sowie – über §§ 135, 125 – die §§ 16 II, III und 17 anwendbar.

2. Anmeldung

2 Da der neue Rechtsträger erst mit Wirksamwerden der Spaltung entsteht, kann nur das Vertretungsorgan des übertragenden Rechtsträgers den neuen Rechtsträger betreffende Anmeldungen tätigen (Abs 1). Die künftigen Organmitglieder des neuen Rechtsträgers müssen je nach Gründungsrecht ggf weitere Erklärungen ggü den Registern abgeben (etwa nach § 37 II AktG, § 8 III GmbH; vgl Lutter/*Priester* Rn 12; Kallmeyer/*Zimmermann* Rn 9, 11). Die Erklärungen zur Bewirkung und Verfügbarkeit der Einlageleistung (§ 8 II GmbHG, § 37 I AktG) sind nur nötig, wenn zusätzl Einlagen geleistet werden (KölnerKommUmwG/*Simon/Nießen* Rn 20; Kallmeyer/*Zimmermann* Rn 9, 11; Semler/Stengel/*Schwanna* Rn 4 f; aA Widmann/Mayer/*Fronhöfer* Rn 34). Eine weitere Besonderheit ist, dass nicht die Spaltung, sondern der **neue Rechtsträger selbst** zur Eintragung in das Register seines künftigen Sitzes angemeldet wird (Abs 1). IÜ unterscheidet sich das Anmeldungsverfahren nicht von demjenigen der Spaltung zur Aufnahme. Denn zum Register des Sitzes des übertragenden Rechtsträgers ist, wie bei der Spaltung zur Aufnahme, die Spaltung zur Eintragung anzumelden (Abs 2). § 135 I schließt nur § 16 I aus. § 16 II (Negativerklärung hinsichtl Unwirksamkeitsklagen), § 16 III (Eilverfahren zur Aufhebung der Registersperre) und § 17 (Anlage der Anmeldung) sind auch bei Spaltung zur Neugründung sowohl für die Anmeldung der Spaltung als auch des neuen Rechtsträgers entspr (§§ 135, 125) anzuwenden (vgl Einzelheiten dort). Zur Vertretungsbefugnis bei der Anmeldung vgl § 16 Rn 5 ff. **Weitere Anforderungen** an die Anmeldung folgen aus bes Vorschriften des Spaltungsrechts (etwa §§ 138, 140, 146, 148, 160) und aus dem nach §§ 135, 125, 36 entspr anwendbarem Gründungsrecht (vgl § 36 Rn 14 ff). Zum Sachgründungsbericht vgl § 138. Bei einer **kombinierten Spaltung** zur Aufnahme und Neugründung (§ 123 IV) sollen auch die den aufnehmenden Rechtsträger betreffenden Anlagen (§ 17) beim Register des neuen Rechtsträgers einzureichen sein (Semler/Stengel/*Schwanna* Rn 13; Kallmeyer/*Zimmermann* Rn 12; Widmann/Mayer/*Fronhöfer* Rn 52).

3. Eintragungsreihenfolge

3 Auch die Spaltung zur Neugründung wird mit der Eintragung der Spaltung in das Register des Sitzes des übertragenden Rechtsträgers (§§ 135 I, 131 I) wirksam. Um sicherzustellen, dass zu diesem Zeitpunkt der oder die neuen Rechtsträger bereits in dem für sie zuständigen Register erfasst sind, ist bei der Spaltung zur Neugründung folgende **Reihenfolge** der Eintragung einzuhalten:

Zunächst ist jeder **neue Rechtsträger** in das für seinen Sitz zuständige Register einzutragen. Die Eintragung wird mit dem Hinweis versehen, dass der neue Rechtsträger erst mit der Eintragung der Spaltung im Register des Sitzes des übertragenden Rechtsträgers entsteht, sofern nicht alle Eintragungen **taggleich** erfolgen (§§ 135, 130 I 2; Lutter/*Priester* Rn 14; Semler/Stengel/*Schwanna* Rn 18; *Neye* GmbHR 1995, 565; *Bayer/Wirth* ZIP 1996, 817, 820 ff; aA *Heidenhain* GmbHR 1995, 264; vgl ergänzend § 135 Rn 16). Die Eintragung der Spaltung in das Register des Sitzes des übertragenden Rechtsträgers darf erst erfolgen, wenn alle neuen Rechtsträger eingetragen sind (§§ 135, 130 I 1; § 135 I 1 schließt nur den Verweis auf § 130 II aus). Anders als bei der Spaltung zur Aufnahme müssen jedoch nicht die beteiligten Rechtsträger den Nachw der Voreintragung aller übernehmenden Rechtsträger erbringen. Abs 3 S 1 bestimmt, dass die für die neuen Rechtsträger zuständigen Registergerichte von Amts wegen dem Registergericht des Sitzes des übertragenden Rechtsträgers den Tag der Eintragung des neuen Rechtsträgers mitzuteilen haben. **4**

Erst nach Eingang aller Mitteilungen über die Voreintragung der neuen Rechtsträger und der Voreintragung einer ggf notw **Kapitalherabsetzung** (vgl §§ 139 S 2, 145 S 2) kann die Spaltung selbst in das Register des Sitzes des übertragenden Rechtsträgers eingetragen werden (Abs 3 S 2). Diese Eintragung löst die **Spaltungswirkungen** aus (§ 135 iVm § 131 I). Die Voreintragung der Kapitalherabsetzung im Register des übertragenden Rechtsträgers ist hingegen nicht Voraussetzung für die Eintragung der *neuen* Rechtsträger (Kallmeyer/*Zimmermann* Rn 22; Semler/Stengel/*Schwanna* Rn 21; Lutter/*Priester* Rn 14; Widmann/Mayer/*Fronhöfer* Rn 72). **5**

Die für die Spaltungswirkungen und damit auch für das Entstehen der neuen Rechtsträger konstitutive Eintragung (vgl § 135 Rn 16) der Spaltung in das Register des Sitzes des übertragenden Rechtsträgers ist wiederum von Amts wegen den für die neuen Rechtsträger zuständigen Registergerichten mitzuteilen (Abs 3 S 2). **6**

Da der übertragende Rechtsträger nur bei der Aufspaltung, nicht hingegen bei der Abspaltung und Ausgliederung erlischt, verbleiben die **Registerunterlagen** des übertragenden Rechtsträgers bei dem für ihn zuständigen Registergericht. Aber auch bei der Aufspaltung verbleiben die Registerunterlagen bei dem für den übertragenden Rechtsträger (ehemals) zuständigen Gericht, weil anderenfalls eine Wahl unter den in Betracht kommenden Registern zwangsläufig willkürl erfolgen müsste (RegEBegr BR-Drs 75/94 zu § 130). Um auch in den Registern der neuen Rechtsträger die Einsichtnahme in wesentl Unterlagen des übertragenden Rechtsträgers zu ermögl, hat das für den übertragenden Rechtsträger zuständige Registergericht von Amts wegen einen Registerauszug und die Satzung des übertragenden Rechtsträgers an alle für die neuen Rechtsträger zuständigen Registergerichte in Abschrift, als Ausdruck oder elektronisch zu übermitteln (Abs 3 S 2; vgl auch § 130 Rn 25). Zu den im Gesetzestext erwähnten Gesellschaftsvertrag/PartVertrag vgl § 130 Rn 25. **7**

Nach Eingang der Mitteilung über die Eintragung der Spaltung in das Register des Sitzes des übertragenden Rechtsträgers ist der Zeitpunkt dieser Eintragung von Amts wegen in den Registern des Sitzes jedes neuen Rechtsträgers einzutragen. Damit ist sichergestellt, dass auch aus diesen Registern der exakte Zeitpunkt des Wirksamwerdens der Spaltung und damit des Entstehens des neuen Rechtsträgers ersichtl ist. Da die neuen Rechtsträger erst mit der Eintragung der Spaltung in das Register des Sitzes des übertragenden Rechtsträgers entstehen (vgl § 135 Rn 16), wird ihre Eintragung erst jetzt bekannt gemacht (Abs 3 S 3 HS 2; vgl § 10 HGB, § 66 BGB, § 33 VAG iVm § 10 HGB, § 12 GenG). **8**

4. Verstöße gegen die Eintragungsreihenfolge

9 Die vom Gesetz vorgegebene Eintragungsreihenfolge ist zwingend. Wird allerd zunächst die Spaltung im Register am Sitz des übertragenden Rechtsträgers eingetragen, treten die Spaltungswirkungen unumkehrbar ein (§ 131 II). Die neuen Rechtsträger entstehen in diesem Fall auch ohne Eintragung in dem für sie zuständigen Register, da anderenfalls der Vermögensübergang ins Leere gehen würde (Lutter/*Priester* Rn 17; Kallmeyer/*Zimmermann* Rn 28; Semler/Stengel/*Schwanna* Rn 22; KölnerKommUmwG/*Simon/Nießen* Rn 42). Der Verstoß gegen die Eintragungsreihenfolge ist zwar kein Mangel der Spaltung, der mit § 131 II vom Gesetzgeber verfolgte Zweck würde aber konterkariert, würde man wegen dieses eher formellen Fehlers die Spaltungswirkungen nicht eintreten lassen. IÜ sind fehlende Registereintragungen regelm weniger gefährl als falsche Eintragungen. Die Eintragung der neuen Rechtsträger ist in diesem Fall nachzuholen. Hierfür notw Anmeldungen können notfalls durch Festsetzung von Zwangsgeld erzwungen werden (§ 14 HGB). Auch eine fehlerhaft nicht voreingetragene **Kapitalherabsetzung** ist nachzuholen, ohne dass die Eintragung der Spaltung wiederholt werden müsste (Kallmeyer/*Zimmermann* Rn 28; Semler/Stengel/*Schwanna* Rn 22). Die Wirksamkeit der Spaltung tritt aber bereits mit deren Eintragung ein (Semler/Stengel/*Schwanna* Rn 22; KölnerKommUmwG/*Simon/Nießen* Rn 42; aA Kallmeyer/*Zimmermann* Rn 28; vgl auch § 139 Rn 38 ff).

5. Wirkungen der Eintragung

10 Die (konstitutive) Eintragung der Spaltung in das Register des übertragenden Rechtsträgers löst die Spaltungswirkungen aus (§§ 135 I, 131 I, 133, 134). Die neuen Rechtsträger entstehen, die im Spaltungsplan bezeichneten Gegenstände gehen auf sie über. Bei Auf- und Abspaltungen werden die Anteilsinhaber des übertragenden Rechtsträgers, bei Ausgliederungen der übertragende Rechtsträger selbst Anteilsinhaber der neuen Rechtsträger. Bei Aufspaltungen erlischt der übertragende Rechtsträger. Die gegenseitige Mithaftung nach Maßgabe der §§ 133, 134 tritt ein. Die Spaltungswirkungen entsprechen also – sieht man von dem Entstehen des neuen Rechtsträgers ab – vollständig denen der Spaltung durch Aufnahme. Inhaltl kann daher auf die Komm zu **§§ 131–134** verwiesen werden.

6. Kosten der Anmeldung

11 **a) Anmeldung der neuen Rechtsträger.** Die Beglaubigung der Anmeldung der neuen Rechtsträger (Abs 1) löst grdsl eine Fünfzehntelgebühr nach §§ 145 I, 38 II Nr 7 KostO aus. Dies setzt allerd voraus, dass der Notar den Anmeldungstext entworfen hat. Ohne Entwurfsfertigung fällt ledigl eine Viertelgebühr, nach oben begrenzt auf EUR 130 gem § 45 I 1 KostO an.

12 Bei der Anmeldung eines neuen Rechtsträgers bestimmt sich der Geschäftswert gem § 29 iVm §§ 41a, 41b KostO nach dem einzutragenden Geldbetrag nach § 41a I 1 HS KostO oder nach dem in § 41a III KostO genannten Festbetrag, nach oben auf EUR 500 000 begrenzt (§ 39 IV KostO).

13 **b) Anmeldung der Spaltung.** Hinsichtl der Kosten der Anmeldung der Spaltung in das Register des übertragenden Rechtsträgers vgl § 129 Rn 6 ff.

7. Kosten der Eintragung

a) Eintragung der neuen Rechtsträger. Allg zu den Kosten der Eintragung gem §§ 79, 79a KostO und der daraufhin erlassenen HRegGebV vgl § 130 Rn 27 ff. 14

Die Eintragung des neuen Rechtsträgers in das HR löst – abhängig vom jew betroffenen Register – als Ersteintragung die in Anlage zu § 1 HRegGebV Teil 1–3, dort jew Abschnitt 1 genannte Gebühr aus. 15

b) Eintragung der Spaltung. Hinsichtl der Eintragung der Spaltung in das Register des übertragenden Rechtsträgers bestehen kostenrechtl keine Besonderheiten ggü der Spaltung zur Aufnahme. Die Ausführungen bei § 130 Rn 27–30 gelten entspr. 16

Zweiter Teil. Besondere Vorschriften

Vorbemerkungen zu §§ 138–173

Schrifttum: *Neye,* Die Änderungen im Umwandlungsrecht nach den handels- und gesellschaftsrechtl Reformgesetzen in der 13. Legislaturperiode, DB 1998, 1649.

1. Regelungstechnik

Die bes Vorschriften des Dritten Buches (Spaltung) sind wie die bes Vorschriften des Zweiten Buches (Verschmelzung) nach den Rechtsformen der beteiligten Rechtsträger unterteilt. Es sind jew nur die für die beteiligten Rechtsformen geltenden Vorschriften anzuwenden. Daneben sind die **rechtsformspezifischen Regelungen** der bes Vorschriften des Zweiten Buches (Verschmelzung) zu beachten, die über §§ 135, 125 bei der Spaltung entspr gelten. Zur Prüfungsreihenfolge im Einzelnen vgl § 125 Rn 5 ff und § 135 Rn 3 ff. 1

Der Zweite Teil des Dritten Buches (§§ 138–173) enthält für die PhG und die PartGes keine Regelungen (Rn 4 ff), iÜ werden §§ 123–137 iVm §§ 4–38, 39–122 ergänzt durch 2
- §§ 138–140 für die GmbH,
- §§ 141–146 für die AG,
- §§ 147, 148 für die eG,
- § 149 für den rechtsfähigen Verein,
- § 150 für den genossenschaftl Prüfungsverband
- § 151 für den VVaG.

Der Siebente Abschnitt (Ausgliederung aus dem Verm eines Einzelkaufmanns, §§ 152–160), der Achte Abschnitt (Ausgliederung aus dem Verm rechtsfähiger Stiftungen, §§ 161–167) und der Neunte Abschnitt (Ausgliederung aus dem Verm von Gebietskörperschaften oder Zusammenschlüssen von Gebietskörperschaften, §§ 168–173) enthalten jew ausführl Regelungen für die Spaltung der genannten Rechtsträger. Dies deshalb, weil § 3 I, anders als § 124, die Einzelkaufleute, Stiftungen und Gebietskörperschaften oder Zusammenschlüsse von Gebietskörperschaften nicht aufzählt und in §§ 39–122 keine bes Vorschriften für diese Rechtsträger enthalten sind. §§ 125, 135 verweisen für diese Rechtsträger also nur auf die allg Vorschriften des Verschmelzungsrechts, §§ 4–38. Um die rechtsformspezifischen Besonderheiten zu berücksichtigen, war eine umfassende Regelung in §§ 152 ff geboten. 3

2. Spaltung von Personenhandelsgesellschaften

4 Für die Spaltung **von PhG** existieren keine bes Vorschriften im Dritten Buch (Spaltung). Die rechtsformspezifischen Regelungen ergeben sich vollständig aus der **Verweisung** in §§ 125, 135 auf §§ 39–45. Danach gelten bei der Spaltung unter Beteiligung von PhG folgende **Besonderheiten** (vgl auch RegEBegr BR-Drs 75/94 zu Vor § 138):

5 **a) Spaltungsfähigkeit.** Zu den Möglichkeiten der Spaltung unter Beteiligung von PhG vgl § 124 Rn 3, 26; zu aufgelösten PhG § 124 Rn 57 f.

6 **b) Spaltungs- und Übernahmevertrag, Spaltungsplan.** Ergänzend zu § 126 ist bei der Spaltung unter Beteiligung einer PhG als übernehmender oder neuer Rechtsträger § 40 I zu beachten (§§ 135, 125). Danach ist bereits im Spaltungsvertrag/Spaltungsplan für jeden Anteilsinhaber des übertragenden Rechtsträgers (bei der Ausgliederung für den übertragenden Rechtsträger) neben dem Betrag der Einlage festzulegen, ob er **phG oder Kommanditist** wird. Bislang persönl nicht unbeschränkt haftenden Anteilsinhabern des übertragenden Rechtsträgers kann bei Auf- und Abspaltungen nur mit deren ausdrückl Zustimmung die Stellung eines phG gewährt werden (Einzelheiten vgl § 40 Rn 7).

7 **c) Spaltungsbericht, Spaltungsprüfung.** Ein Spaltungsbericht (§ 127) ist bei einer an der Spaltung beteiligten PhG entbehrl, wenn alle Gesellschafter **geschäftsführungsbefugt** sind (§§ 135, 125, 41). Bei Auf- und Abspaltungen (nicht hingegen bei Ausgliederungen, vgl § 125 S 2) kann jeder Gesellschafter der PhG eine **Spaltungsprüfung** verlangen, sofern der Gesellschaftsvertrag eine Mehrheitsentscheidung für den Spaltungsbeschluss vorsieht (§§ 44, 43 II). Vgl hierzu näher § 44 Rn 2.

8 **d) Spaltungsbeschluss.** Der Spaltungsbeschluss bei einer PhG muss grdsl **einstimmig** gefasst werden (§§ 135, 125, 43 I). Der Gesellschaftsvertrag kann jedoch bis zur Grenze der **Dreiviertelmehrheit** hiervon abw Bestimmungen vorsehen (§§ 135, 125, 43 II; Einzelheiten bei § 43 Rn 9 ff). Einem **persönl** unbeschränkt **haftenden Anteilsinhaber** des übertragenden Rechtsträgers, der der Spaltung **widerspricht,** ist, wenn er nicht bereits die Spaltung mit seiner Stimmenmacht verhindern kann, bei der übernehmenden oder neuen PhG die Stellung eines Kommanditisten zu gewähren, §§ 135, 125, 43 II 3 HS 1. Entsprechendes gilt für einen persönl haftenden Anteilsinhaber der übernehmenden PhG, der der Spaltung widerspricht (§§ 135, 125, 43 II 3 HS 2). Hierdurch ist gewährleistet, dass sich der Umfang der persönl Haftung nicht ohne Zustimmung des betroffenen Gesellschafters ausweitet.

9 Ein phG des übertragenden Rechtsträgers kann hingegen bei einer Abspaltung oder Ausgliederung nicht verlangen, dass er zukünftig für **Verb** des **übertragenden Rechtsträgers** nur noch beschränkt haftet. Das hat zur Folge, dass das Risiko der persönl Inanspruchnahme des phG des übertragenden Rechtsträgers aufgrund der Vermögensübertragung durchaus anwachsen kann, ohne dass der Gesellschafter – sofern er nicht über die entspr Stimmenmacht verfügt – dies verhindern könnte. Bes deutl wird dies im Fall der Ausgliederung auf eine (bestehende, dazu § 124 Rn 26 ff) PhG, in der der übertragende Rechtsträger seinerseits die Stellung eines phG einnimmt. In diesem Fall tritt – ggf ohne seine Zustimmung – mittelbar die persönl Haftung dieses Gesellschafters für bereits vor Wirksamwerden der Spaltung begründete (vgl § 130 HGB) Verb des übernehmenden Rechtsträgers ein. Ferner ist die gesamtschuldnerische Haftung aller Rechtsträger nach § 133 zu

beachten (zur Enthaftung Rn 11). Der betroffene Gesellschafter kann auch nicht gegen Abfindungszahlung ausscheiden, da §§ 29 ff bei der Ausgliederung nicht anzuwenden sind (§ 125 S 1).

Der Spaltungsbeschluss eines übertragenden Rechtsträgers bedarf der Zustimmung eines bislang nicht unbeschränkt persönl haftenden Anteilsinhabers dieses Rechtsträgers (§§ 135, 125, 40 II 2), sofern er in der übernehmenden PhG nicht Kommanditist wird. **10**

e) Nachhaftungsbegrenzung. Überträgt eine PhG Teile ihres Verm im Wege der Aufspaltung auf Rechtsträger anderer Rechtsformen, deren Anteilsinhaber für die Verb nicht persönl unbeschränkt haften (also bei Spaltung auf Rechtsträger aller nach § 124 zugelassenen Rechtsformen mit Ausnahme der PhG; vgl Einzelheiten bei § 45), so tritt neben die gesamtschuldnerische Haftung aller übernehmender Rechtsträger für die Verb des übertragenden Rechtsträgers (§ 133 I 1) die zunächst **fortdauernde Haftung** der phG der übertragenden (mit Wirksamwerden der Aufspaltung erloschenen) PhG. § 45 ist gem §§ 135, 125 entspr anzuwenden; damit tritt nach Ablauf von fünf Jahren eine Enthaftung ein. Zu Einzelheiten vgl § 45. **11**

Bei Abspaltungen **und Ausgliederungen** bewirkt die **entspr** Anwendung (§ 125 S 1; dazu § 125 Rn 10) von § 45, dass die Nachhaftungsbegrenzung nur hinsichtl der übertragenen Verb eintritt (vgl indes Semler/Stengel/*Ihrig* Anh § 137 Rn 27; Kallmeyer/*Kallmeyer/Sickinger* § 125 Rn 49: keine Anwendung von § 45). Die persönl Haftung für Verb des (fortbestehenden) übertragenden Rechtsträgers bleibt unberührt. Vgl ergänzend, insbes zur Problematik der **Einlagenrückgewähr,** § 133 Rn 42 f. **12**

3. Abspaltung von Partnerschaftsgesellschaften

Die Spaltung **von PartGes** ist im Dritten Buch (Spaltung) ebenfalls nicht rechtsformspezifisch geregelt. §§ 125, 135 verweisen auf §§ 45a–45e; nach § 45e sind wiederum §§ 39, 44 und 45 entspr anzuwenden. Danach gilt: **13**

a) Spaltungsfähigkeit. Vgl zu den Möglichkeiten der Spaltung unter Beteiligung von PartGes § 124 Rn 9, 30. Beschränkungen resultieren aus den persönl Anforderungen an die Anteilsinhaber. **14**

b) Spaltungs- und Übernahmevertrag, Spaltungsplan. Neben den auch bei PhG zu beachtenden Besonderheiten (Rn 6) gilt (über §§ 125, 135) § 45b (zu Einzelheiten dort). **15**

c) Spaltungsbericht, Spaltungsprüfung. Für die Verpflichtung, einen **Spaltungsbericht** zu erstatten, gilt § 45c (Ausschluss eines Partners von der Geschäftsführung). Die Unterrichtung der von der Geschäftsführung ausgeschlossenen Partner richtet sich nach § 42 (vgl § 45c S 2). **16**

Sofern der Partnerschaftsvertrag für den Spaltungsbeschluss eine Mehrheitsentscheidung vorsieht, kann jeder Partner eine **Spaltungsprüfung** verlangen (§§ 45e S 2, 45d II, 44). Zu Einzelheiten vgl § 45e. **17**

d) Spaltungsbeschluss. Im Grds muss der Spaltungsbeschluss einstimmig erfolgen (§ 45d I). Der Partnerschaftsvertrag kann jedoch eine Mehrheitsentscheidung mit mindestens drei Viertel der abgegebenen Stimmen vorsehen (§ 45d II). **18**

e) Nachhaftungsbegrenzung. Nach §§ 125, 135, 45e ist bei der Spaltung von PartGes § 45 entspr anwendbar. Die Ausführungen Rn 11 f gelten entspr. **19**

Erster Abschnitt. Spaltung unter Beteiligung von Gesellschaften mit beschränkter Haftung

Vorbemerkungen zu §§ 138–140

Schrifttum: Schrifttum bis 2000 siehe 4. Auflage; *Tillmann,* Die Mehrfachverschmelzungen auf eine GmbH unter Beteiligung vermögensloser übertragender Rechtsträger, BB 2004, 673; *Wälzholz,* Nebenleistungspflichten beim aufnehmenden Rechtsträger als Verschmelzungshindernis?, DStR 2006, 236.

1. Allgemeines

1 Neben den bei der Beteiligung einer GmbH zu beachtenden bes Vorschriften des Spaltungsrechts (§§ 138–140) finden über die Verweisung in §§ 135, 125 auch die bes Vorschriften des Zweiten Buches über die Verschm unter Beteiligung von GmbH (§§ 46–59) Anwendung. Danach ergibt sich für die Spaltung Folgendes:

2. Spaltungs- und Übernahmevertrag

2 Für den **Inhalt des Spaltungsvertrags** (Spaltungsplan) ist neben § 126 auch § 46 (über §§ 135, 125) maßgebl. Handelt es sich bei dem übernehmenden oder neuen Rechtsträger um eine GmbH, ist daher bereits im Spaltungsvertrag (Spaltungsplan) der **Nennbetrag** des Geschäftsanteils festzulegen, der jedem Anteilsinhaber eines übertragenden Rechtsträgers gewährt wird. Ferner müssen bes **Rechte und Pflichten,** die mit den im Wege der uU notw KapErh geschaffenen und zu gewährenden Anteilen verbunden sind, im Spaltungsvertrag (Spaltungsplan) festgesetzt werden (§§ 135, 125, 46 II). Die Anteilsgewährungspflicht kann auch bei der Spaltung durch Gewährung bereits bestehender Geschäftsanteile erfüllt werden. Die Nennbeträge und die Gesellschafter, die diese Anteile erhalten sollen, müssen bereits im Spaltungsvertrag bezeichnet werden (§§ 135, 125, 46 III). Vgl zu Einzelheiten die Komm zu § 46.

3 **Nichtverhältniswahrende** Spaltungen können auch dergestalt erfolgen, dass Veränderungen in den Beteiligungsverhältnissen am übertragenden Rechtsträger eintreten (vgl § 128 Rn 18 ff). Die Anteile gehen mit Wirksamwerden der Spaltung über (vgl § 131 Rn 93). In diesem Fall sind auch bei einer übertragenden GmbH hinsichtl der Aufteilung der Anteile nach § 126 I Nr 10 (vgl § 126 Rn 24) die Anforderungen nach § 46 zu beachten. § 46 befasst sich zwar unmittelbar nur mit der Anteilsgewährung beim übernehmenden Rechtsträger, § 125 S 1 ordnet jedoch eine entspr Anwendung, also unter Berücksichtigung der spaltungsspezifischen Besonderheiten, an (vgl hierzu auch § 125 Rn 10).

3. Spaltungsbericht, Spaltungsprüfung

4 Ein **Spaltungsbericht** ist für eine an der Spaltung beteiligte GmbH grdsl notw. Abw oder ergänzende Regelungen zu § 127 bestehen weder in den bes Vorschriften des Spaltungsrechts noch in den über §§ 135, 125 entspr anwendbaren §§ 46 ff. Zu den Möglichkeiten eines Verzichts vgl § 127 Rn 21 f. Der Spaltungs- und Übernahmevertrag (Spaltungsplan) ist bei einer Aufspaltung oder Abspaltung (zur Ausgliederung vgl § 125 S 2) auf Verlangen auch nur eines Gesellschafters einer beteiligten GmbH für diese Ges zu **prüfen** (§§ 135, 125, 48 S 1; zur bes

Notwendigkeit der Prüfung bei der Spaltung vgl RegEBegr BR-Drs 75/94 Vor § 138). Zu Einzelheiten vgl die Komm zu § 48.

4. Spaltungsbeschluss

Für die Vorbereitung der Gesellschafterversammlung, auf der der Spaltungsbeschluss für eine GmbH gefasst werden soll, gelten §§ 47, 49 gem §§ 135, 125 entspr. Vgl Einzelheiten dort. Der Spaltungsbeschluss bedarf, sofern der Gesellschaftsvertrag der GmbH keine erschwerenden Erfordernisse vorsieht, einer **Mehrheit** von mindestens drei Vierteln der abgegebenen Stimmen (§§ 135, 125, 50 I). Zu bes **Zustimmungserfordernissen** vgl die entspr anwendbaren §§ 50 II, 51 (hierzu auch *Wälzholz* DStR 2006, 236). 5

5. Kapitalerhöhungen im Zusammenhang mit der Spaltung

Handelt es sich bei der Spaltung zur Aufnahme beim übernehmenden Rechtsträger um eine GmbH, muss zur Schaffung der zu gewährenden Anteile regelm eine **KapErh** durchgeführt werden (zu Spaltungen ohne Anteilsgewährungspflicht vgl § 126 Rn 41 ff). In diesem Zshg sind §§ 54, 55 entspr anwendbar. Zu Einzelheiten vgl dort. Die Spaltung darf in diesem Fall erst nach der **Eintragung der KapErh** im HR eingetragen werden (§§ 135, 125, 53). Zur Eintragungsreihenfolge und zu den Folgen von Verstößen gegen diese vgl § 130 Rn 4 ff und § 137 Rn 3 ff. Zur **Kapitalherabsetzung** beim übertragenden Rechtsträger vgl § 139. 6

6. Anmeldung und Eintragung der Spaltung

Bei Beteiligung einer GmbH sind für die Anmeldung der Spaltung zusätzl §§ 52, 140 zu beachten (vgl Einzelheiten dort). 7

§ 138 Sachgründungsbericht

Ein Sachgründungsbericht (§ 5 Abs. 4 des Gesetzes betreffend die Gesellschaften mit beschränkter Haftung) ist stets erforderlich.

Schrifttum: *Ihrig,* Gläubigerschutz durch Kapitalaufbringung bei Verschmelzung und Spaltung nach neuem Umwandlungsrecht, GmbHR 1995, 622; *Wilken,* Zur Gründungsphase bei der Spaltung zur Neugründung, DStR 1999, 677.

1. Notwendigkeit des Sachgründungsberichts

Die Gründung einer GmbH im Zshg mit einer Spaltung zur Neugründung ist eine bes Form der **Sachgründung.** Auch im UmwR gilt das Verbot der **Unterpariemission.** Das der neu gegründeten GmbH übertragene Reinvermögen muss daher mindestens dem Stammkapital entsprechen (vgl dazu § 136 Rn 10 ff und § 126 Rn 28 ff). Der Gesetzgeber sah –zu Recht – bei der Spaltung bes Risiken eines Verstoßes gegen diesen elementaren Grds des Rechts der KapGes, und zwar auch, wenn bereits der übertragende Rechtsträger eine KapGes oder eine eG ist (RegEBegr BR-Drs 75/94 zu § 138). Denn die Möglichkeit der Übertragung auch einzelner Vermögensgegenstände kann dazu genutzt werden, weniger profitable Bereiche auf eine eigenständige GmbH zu übertragen. Zwar tritt zunächst gesamtschuldnerische Haftung auch des übertragenden Rechtsträgers ein, diese ist jedoch grdsl auf fünf Jahre befristet (vgl dazu § 133 Rn 33 ff). 1

2 Um Missbräuchen wenigstens im Gründungsstadium begegnen zu können, soll der Registerrichter in die Lage versetzt werden, die Werthaltigkeit des übertragenen Verm zu überprüfen. Daher ist bei der Spaltung auf eine neu gegründete GmbH ein **Sachgründungsbericht stets,** also unabhängig von der Rechtsform des übertragenden Rechtsträgers, **erforderl;** § 58 II ist bei der Spaltung demzufolge nicht anzuwenden. Diese Klarstellung (§ 125 verweist auf § 58 II) ist der eigentl Zweck der Vorschrift, da § 5 IV GmbHG bereits nach § 135 II zu beachten ist (Semler/Stengel/*Reichert* Rn 1).

3 § 138 gilt nur für Spaltungen zur **Neugründung** einer GmbH, nicht hingegen für Spaltungen zur Aufnahme, bei denen übernehmender Rechtsträger eine GmbH ist (wie hier Widmann/Mayer/*Mayer* Rn 1; Kallmeyer/*Zimmermann* § 129 Rn 11; Kallmeyer/*Kallmeyer/Sickinger* Rn 3; KölnerKommUmwG/*Simon/Nießen* Rn 6; aA Lutter/*Priester* Rn 8). Dies folgt zunächst aus dem Wortlaut (§ 5 IV GmbHG regelt nur den Sachgründungsbericht; der in der Praxis von den Registergerichten oftmals geforderte Sacherhöhungsbericht ist im GmbHG nicht ausdrückl festgelegt), zudem entspricht dies dem Willen des Gesetzgebers (RegEBegr BR-Drs 75/94 zu § 138). Die Praxis hat zu beachten, dass einige Registergerichte in entspr Anwendung von § 138 auf die Einreichung eines Sacherhöhungsberichts bei der Spaltung zur Aufnahme bestehen, wie dies weit verbreitete Praxis bei Sachkapitalerhöhungen im Wege der Einzelrechtsübertragung ist (ebenso Semler/Stengel/*Reichert* Rn 2; Maulbetsch/Klumpp/Rose/*Klumpp* Rn 4).

4 § 138 verdrängt nur § 58 II. Daneben bleibt § 58 I (iVm §§ 135, 125) entspr anwendbar. In dem Sachgründungsbericht sind daher auch der **Geschäftsverlauf** und die **Lage des übertragenden Rechtsträgers** darzulegen. Zu Einzelheiten vgl § 58 Rn 2. Zur Anwendung des Gründungsrechts vgl ferner § 135 Rn 12 ff. Der Sachgründungsbericht wird von dem sich spaltenden Rechtsträger abgegeben, da er nach § 135 II 2 als Gründer gilt (Lutter/*Priester* Rn 5; Semler/Stengel/*Reichert* Rn 9; KölnerKommUmwG/*Simon/Nießen* Rn 9; Henssler/Strohn/*Wardenbach* Rn 5).

2. Prüfung durch das Registergericht

5 Zum Umfang der KapErh vgl § 126 Rn 29. Der **Sachgründungsbericht** (dazu ausführl § 36 Rn 26 ff, § 58 Rn 1 f) ist der Anmeldung des neuen Rechtsträgers als Anlage beizufügen (§ 135 II iVm § 8 I Nr 4 GmbHG). Ggf werden auch Unterlagen zum Nachw des Werts der übertragenen Gegenstände benötigt. Das Registergericht kann im Rahmen seiner Prüfungspflicht auch die Vorlage der Bilanz des übertragenden Rechtsträgers verlangen (BayObLG DStR 1999, 680). Sieht der Registerrichter eine Unterpariemission als gegeben an, weist er die Eintragung des neuen Rechtsträgers zurück (§ 135 V iVm § 9c GmbHG). Zur Prüfungskompetenz des Registerrichters allg vgl Spezialliteratur zu § 9c GmbHG. Kommt es dennoch zur Eintragung der Spaltung in das Register des übertragenden Rechtsträgers (zu den gegenseitigen Mitteilungspflichten der Registergerichte vgl § 137 Rn 3 ff), entsteht gleichwohl der neue Rechtsträger. In diesem Fall tritt die **Differenzhaftung** nach § 9 GmbHG ein. Verpflichteter ist zunächst der übertragende Rechtsträger, der nach § 135 II 2 den Gründern gleichsteht. Bei **Abspaltungen** haften daneben die Gesellschafter, denen Anteile gewährt werden, als Gesamtschuldner (Semler/Stengel/*Reichert* Rn 7; Lutter/*Priester* Rn 10; *Ihrig* GmbHR 1995, 622, 636 ff). Im Innenverhältnis haftet allein der übertragende Rechtsträger (Semler/Stengel/*Reichert* Rn 7). Bei **Aufspaltungen** (Untergang

des übertragenden Rechtsträgers) haften nur die die Anteile am neuen Rechtsträger übernehmenden Anteilsinhaber, bei Ausgliederungen naturgemäß nur der übertragende Rechtsträger. Eine Mithaftung der anderen Rechtsträger bei einer Aufspaltung entsteht hingegen nicht, da die Differenzhaftung keine bereits zuvor begründete Verb iSv § 133 I ist (*Ihrig* GmbHR 1995, 622, 636 ff; Lutter/*Priester* Rn 10).

§ 139 Herabsetzung des Stammkapitals

[1]Ist zur Durchführung der Abspaltung oder der Ausgliederung eine Herabsetzung des Stammkapitals einer übertragenden Gesellschaft mit beschränkter Haftung erforderlich, so kann diese auch in vereinfachter Form vorgenommen werden. [2]Wird das Stammkapital herabgesetzt, so darf die Abspaltung oder die Ausgliederung erst eingetragen werden, nachdem die Herabsetzung des Stammkapitals im Register eingetragen worden ist.

Schrifttum: Schrifttum bis 2000 siehe 4. Auflage; *Nagel/Thies,* Die nicht verhältniswahrende Abspaltung als Gestaltungsinstrument im Rahmen von Unternehmenszusammenschlüssen, GmbHR 2004, 83; *Maier-Reimer,* Vereinfachte Kapitalherabsetzung durch Verschmelzung?, GmbHR 2004, 1128; *Hölzle,* Unternehmensumwandlung in Krise, Sanierung und Insolvenz, FR 2006, 447.

Übersicht

1. Allgemeines

1 Bei Abspaltungen und **Ausgliederungen** kann aufgrund des Vermögensabgangs bei der übertragenden GmbH eine **Stammkapitalherabsetzung** erforderl sein. Für diesen Fall ordnet § 139 **S 1** an, dass die Kapitalherabsetzung **in vereinfachter Form** erfolgen kann. § 139 verweist damit – ohne ausdrückl Bezugnahme – auf §§ 58a–58f GmbHG. Zur Versicherung der Geschäftsführer hinsichtl der Kapitaldeckung **vgl § 140.**

2 **S 2** kommt die gleiche Funktion wie § 53 (iVm §§ 125, 135) zu: Die Veränderung der geschützten Haftungsmasse soll bereits vor Eintritt der Änderung aus dem HR ersichtl sein (RegEBegr BR-Drs 75/94 zu § 139).

2. Zweck der Regelung

3 Das Erfordernis einer Kapitalherabsetzung kann nur bei einer Abspaltung oder Ausgliederung auftreten, da bei der Aufspaltung der übertragende Rechtsträger erlischt (§ 131 I Nr 2). Zur Ausgliederung vgl aber Rn 31.

4 Überträgt der übertragende Rechtsträger im Rahmen einer Abspaltung mehr Aktivvermögen als Passivvermögen auf den übernehmenden Rechtsträger, so wirkt sich dies auf seine **Eigenkapitalsituation** aus. Die Summe des EK nimmt ab. Kann der Vermögensverlust nicht durch Auflösung offener Eigenkapitalpositionen ausgeglichen werden, muss – zur Vermeidung einer Unterbilanz – das StK herabgesetzt werden. Das in § 58 GmbHG geregelte Verfahren der Kapitalherabsetzung ist hierfür allerd ungeeignet, da es insbes zu zeitintensiv ist (vgl die Jahresfrist in § 58 I Nr 3 GmbHG; RegEBegr BR-Drs 75/94 zu § 139). Andererseits sollen die Gläubiger des übertragenden Rechtsträgers davor geschützt werden, dass im Zshg mit der Spaltung eine Stammkapitalherabsetzung erfolgt, obwohl ausreichend frei verfügbares EK vorhanden ist (bei der GmbH unterliegt, anders als bei der AG, nur das StK einem Ausschüttungsverbot, § 30 GmbHG). Zugleich soll verhindert werden, dass das durch die Kapitalherabsetzung frei gewordene Kapital an die Gesellschafter ausgeschüttet wird. Daher kann die Kapitalherabsetzung in vereinfachter Form, aber unter Beachtung der Schutzvorschriften in §§ 58a ff GmbHG durchgeführt werden (RegEBegr BR-Drs 75/9 zu § 139).

3. Erforderlichkeit der Kapitalherabsetzung

5 S 1 erlaubt die Kapitalherabsetzung bei einer Abspaltung und bei einer Ausgliederung (zur Ausgliederung Rn 31 f) in vereinfachter Form (die reguläre Kapitalherabsetzung nach § 58 GmbHG bleibt daneben mögl, sie ist aber für das Spaltungsverfahren unpraktikabel; Widmann/Mayer/*Mayer* Rn 22; Lutter/*Priester* Rn 1; KölnerKommUmwG/*Simon/Nießen* Rn 4), wenn sie zur Durchführung der Spaltung **erforderl** ist. Erforderl ist eine Kapitalherabsetzung nur, wenn und soweit – bei der Abspaltung (zur Ausgliederung Rn 31 f) – das beim übertragenden Rechtsträger verbleibende Nettovermögen zu BW (Aktivvermögen abzgl Passiva ohne Eigenkapitalpositionen) das bisherige StK nicht mehr deckt. Denn in dieser Situation wäre die Abspaltung ohne Kapitalherabsetzung ein Verstoß gegen § 30 GmbHG, da die Gegenleistung für die Vermögensübertragung nicht der GmbH, sondern deren Gesellschafter zufließt (KölnerKommUmwG/*Simon/Nießen* Rn 10; zur Ausgliederung Rn 31 f). Ohne Belang ist, ob bereits zuvor eine Unterbilanz bestand (aA KölnerKommUmwG/*Simon/Nießen* Rn 18; für § 145 Widmann/Mayer/*Rieger* § 145 Rn 13).

6 Der Zshg mit § 30 I GmbHG bedingt auch, dass für die Feststellung der Erforderlichkeit auf die BW abzustellen ist, stille Reserven mithin nicht berücksichtigt werden dürfen. Denn für die Kapitalbindung nach § 30 I GmbHG ist das buchmäßige EK maßgebl (ebenso Kallmeyer/*Kallmeyer/Sickinger* Rn 2; Widmann/Mayer/*Mayer* Rn 11; Lutter/*Priester* Rn 8; SBB/*Sagasser/Bultmann* § 18 Rn 95; Semler/Stengel/*Reichert* Rn 7; KölnerKommUmwG/*Simon/Nießen* Rn 17).

7 Die Erforderlichkeit ist nicht gegeben, wenn und soweit der Abgang des Nettobuchvermögens durch die **Auflösung offener Eigenkapitalpositionen** (Rücklagen, Gewinnvorträge) ausgeglichen werden kann (Kallmeyer/*Kallmeyer/Sickinger* Rn 2; Widmann/Mayer/*Mayer* Rn 20, 32 ff; Lutter/*Priester* Rn 6 f; Semler/Stengel/*Reichert* Rn 8). Zur **bilanziellen Abbildung** vgl § 17 Rn 55 ff. Maßgebl ist die Situation zum **Zeitpunkt** des Wirksamwerdens der Spaltung; dies gebietet der Schutzzweck (KölnerKommUmwG/*Simon/Nießen* Rn 19; aA wohl IDW RS HFA 43 Rn 16) und lässt sich auch aus Erklärungspflicht nach § 140 ableiten (vgl § 140 Rn 10). In der Praxis wird indes zunächst auf den Stichtag der Schlussbilanz nach § 17 II abgestellt (IDW RS HFA 43 Rn 15). Die Veränderung des Eigenkapi-

tals ist aber fortzuschreiben (IDW ERS HFA 43 Rn 15; vgl auch KölnerKommUmwG/*Simon/Nießen* Rn 20 ff). Hierbei ist zu berücksichtigen, dass weitere Gewinne oder Verluste im Zusammenhang mit dem übertragenen Vermögen bereits dem übernehmenden Rechtsträger zugerechnet werden, § 126 I Nr 6. Ein laufender Gewinn mit dem zurückbleibenden Verm seit dem Stichtag der Schlussbilanz kann nur berücksichtigt werden, wenn dies durch einen Zwischenabschluss nachgewiesen wird (IDW ERS HFA 43 Rn 15). IÜ haben die Geschäftsführer einen gewissen Beurteilungsspielraum, den sie für einen Sicherheitsaufschlag nutzen sollten (KölnerKommUmwG/*Simon/Nießen* Rn 22; zur Versicherung nach § 140 vgl dort). Zur bilanziellen Behandlung einer zu hoch vorgenommenen Kapitalherabsetzung vgl Rn 28.

Die Notwendigkeit der vorrangigen Auflösung offener (also nicht als StK gebundener) Eigenkapitalposten wird allerd durch **§ 58a II GmbHG** eingeschränkt. Danach kann die Kapitalherabsetzung bereits dann beschlossen werden, wenn der Teil der Kapital- und Gewinnrücklagen, der zusammen über 10 vH des nach der Herabsetzung verbleibenden StK hinausgeht, vorweg aufgelöst und ein Gewinnvortrag nicht vorhanden ist. § 58a II GmbHG ist auch bei der in S 1 geregelten Kapitalherabsetzung anlässl einer Abspaltung (Ausgliederung) anwendbar (wie hier Widmann/Mayer/*Mayer* Rn 20, 34; SBB/*Sagasser/Bultmann* § 18 Rn 96; IDW RS HFA 43 Rn 14; aA Kallmeyer/*Kallmeyer/Sickinger* Rn 2; Lutter/*Priester* Rn 6; Maulbetsch/Klumpp/Rose/*Klumpp* Rn 11). In dem so verstandenen Sinne – Anwendung von § 58a II GmbHG – ist S 1 eine **Rechtsgrundverweisung** (str; wie hier Widmann/Mayer/*Mayer* Rn 23 ff; anders noch *ders* DB 1995, 861, 866; SBB/*Sagasser/Bultmann* § 18 Rn 13; aA Semler/Stengel/*Reichert* Rn 6; Kallmeyer/*Kallmeyer/Sickinger* Rn 1; Lutter/*Priester* Rn 5 f; *ders* FS Schippel, 1996, 487, 493; KölnerKommUmwG/*Simon/Nießen* Rn 13; *Naraschewski* GmbHR 1995, 697, 698 ff). 8

Der Unterschied zwischen Rechtsgrundverweisung (im vorstehenden Sinne) und Rechtsfolgenverweisung beschränkt sich damit auf die Anwendung von § 58a II GmbHG, denn § 58a I GmbHG wird von S 1 überlagert (wenngleich – wie Widmann/Mayer/*Mayer* Rn 29 zutr feststellt – auch bei der Kapitalherabsetzung anlässl einer Spaltung Wertverluste ausgeglichen werden). Der Streit über die Qualität der Verweisung ist dann (beinahe) müßig, da auch die Vertreter der Ansicht, es liege eine Rechtsfolgenverweisung vor, aus dem Merkmal „erforderl" in S 1 die Notwendigkeit der vorherigen Auflösung von offenen Eigenkapitalposten ableiten (so zutr Lutter/Hommelhoff/*Lutter* GmbHG § 58a Rn 28; vgl etwa Kallmeyer/*Kallmeyer/Sickinger* Rn 2; Lutter/*Priester* Rn 6; *ders* FS Schippel, 1996, 487, 493; Semler/Stengel/*Reichert* Rn 8). Demggü ist nach der hier vertretenen Auffassung die Kapitalherabsetzung **bereits dann** zulässig und damit iSv S 1 erforderl, wenn die Rücklagen und ein Gewinnvortrag unter Beachtung der Grenzwerte von § 58a II GmbHG aufgelöst worden sind (vgl auch KölnerKommUmwG/*Simon/Nießen* Rn 16). Nicht aufzulösen war die gesetzl **Rücklage** für **eigene Anteile** (Widmann/Mayer/*Mayer* Rn 34; Lutter/*Priester* Rn 6; vgl nunmehr § 272 Ia HGB) und sind Rücklagen für Anteile an herrschenden oder mehrheitl beteiligten Unternehmen nach **§ 272 IV HGB** sowie Rücklagenanteile, die nach **§ 268 VIII HGB** einer Ausschüttungssperre unterliegen, soweit die Gründe für deren Bildung nach der Abspaltung (Ausgliederung) beim übertragenden Rechtsträger unverändert bestehen bleiben (IDW RS HFA 43 Rn 14). Entsprechendes gilt für eine Kapitalrücklage für Nachschusskapital nach § 42 II 3 GmbHG (KölnerKommUmwG/*Simon/Nießen* Rn 15). 9

10 Ob ein **Gewinnvortrag** oder eine **Gewinnrücklage** vorliegt, bestimmt sich nach dem Verwendungsbeschluss des Vorjahres (§ 29 II GmbHG). Gewinnrücklage und Gewinnvortrag unterscheiden sich durch ihre Zweckbestimmung. Während erstere auf Dauer angelegt ist, soll der Gewinnvortrag nur vorläufig von der Verteilung ausgeschlossen sein (Scholz/*Emmerich* GmbHG § 29 Rn 72).

11 **Gesetzl Gewinnrücklagen** sind für die GmbH (für die AG vgl § 150 AktG) nicht vorgesehen. Oftmals sieht die Satzung aber die Bildung einer Gewinnrücklage vor. Unabhängig von Satzungsregelungen können darüber hinaus bei einer GmbH Gewinnrücklagen durch einen Gewinnverwendungsbeschluss gebildet werden.

12 Der Kapitalherabsetzungsbetrag wird hingegen **nicht** durch den Betrag des beim übernehmenden Rechtsträger **neu gebildeten Nennkapitals begrenzt** (so aber AG Charlottenburg GmbHR 2008, 993 mit Anm *Priester;* Lutter/*Priester* Rn 10; Semler/Stengel/*Reichert* Rn 10; wie hier Widmann/Mayer/*Mayer* Rn 21, 51; Kallmeyer/*Kallmeyer/Sickinger* Rn 3; KölnerKommUmwG/*Simon/Nießen* Rn 23; Maulbetsch/Klumpp/Rose/*Klumpp* Rn 13; *Limmer* Rn 1696; Henssler/Strohn/*Wardenbach* Rn 6). Aus der Gesetzesbegründung (so Lutter/*Priester* Rn 10) lässt sich diese Abhängigkeit nicht ableiten (vgl RegEBegr BR-Drs 75/94 zu § 139). Dort heißt es vielmehr, die §§ 58a ff GmbHG würden ausreichen, um Manipulationen zur Umgehung des § 30 GmbHG auszuschließen. Eine Abhängigkeit zwischen Kapitalherabsetzungsbetrag einerseits und Höhe des neu gebildeten Nennkapitals andererseits besteht bereits deshalb nicht, weil die Festlegung der jew Höhe nach unterschiedl Kriterien erfolgt. Der notw Kapitalherabsetzungsbetrag bestimmt sich nach der Höhe des beim übertragenden Rechtsträger verbleibenden Nettobuchvermögens, während das neue Kapital – bei der Abspaltung zur Aufnahme – durch das Verhältnis des Werts des übertragenen Verm zum Wert des übernehmenden Rechtsträgers selbst bestimmt wird (vgl § 126 Rn 26 ff). Zur Verhinderung von Ausschüttungen unmittelbar nach Wirksamwerden der Spaltung (hierauf weist die RegEBegr BR-Drs 75/94 zu § 139 hin) könnte allenfalls gefordert werden, dass bei einer Abspaltung zur Neugründung beim neu gegründeten Rechtsträger mindestens ein Nennkapital in der Höhe des Herabsetzungsbetrages gebildet wird. Hierfür findet sich aber keine gesetzl Stütze (zur Festsetzung des Kapitals bei Spaltung zur Neugründung vgl § 126 Rn 28 ff, 37 f), zudem ist zu beachten, dass die Bindung nur eintreten würde, soweit die Spaltung auf eine KapGes erfolgt. Vgl iÜ auch Rn 18 ff.

13 Es ist daher kein hinreichender Grund ersichtl, warum etwa die im nachfolgenden Beispiel beschriebene Kapitalherabsetzung und damit die Spaltung an sich nicht zulässig sein soll:

14 **Beispiel:**
Die GmbH A hat zwei Teilbetriebe, von denen der Teilbetrieb B auf die neu gegründete GmbH B abgespalten werden soll. Die GmbH A hat vor der Abspaltung folgende Bilanz:

GmbH A (vor Abspaltung)

Teilbetrieb A	500	StK	500
Teilbetrieb B	500	Verb Teilbetrieb A	250
		Verb Teilbetrieb B	250
	1000		1000

15 Mangels freier Eigenkapitalposten muss die GmbH A ihr StK auf 250 herabsetzen, da das verbleibende Nettobuchvermögen ebenfalls nur 250 beträgt:

GmbH A (nach Abspaltung)

Teilbetrieb A	500	StK	250
		Verb Teilbetrieb A	250
	500		500

16 Die Stammkapitalziffer bei der neu gegründeten GmbH B kann innerh der Grenzen zwischen dem Mindeststammkapital und dem Verbot der Unterpariemission (vgl näher § 126 Rn 28 ff) frei festgelegt werden. Demzufolge kann in dem Beispiel das StK ohne Verstoß gegen gesetzl Bestimmungen mit 200 festgelegt werden. Danach sieht die Bilanz der GmbH B wie folgt aus:

GmbH B

Teilbetrieb B	500	StK	200
		Rücklage	50
		Verb Teilbetrieb B	250
	500		500

Das Beispiel zeigt, dass eine den Betrag des Neukapitals übersteigende Kapitalherabsetzung notw („erforderl") sein kann.

17 Zur **Höhe** der Kapitalherabsetzung vgl Rn 25 ff. Eine Begrenzung des Kapitalherabsetzungsbetrags erfolgt iÜ nur durch das Mindestkapital iHv EUR 25 000 (§ 5 I GmbHG), es sei denn, es wird zugleich eine Barkapitalerhöhung zur Erreichung des Mindestnennbetrags beschlossen (§ 58a IV 1 GmbHG).

4. Wirksamer Missbrauchsschutz?

18 Es darf nicht übersehen werden, dass die §§ 58a ff GmbHG missbräuchl Gestaltungen bei Spaltungen nicht verhindern können. Denn ihr originärer Anwendungsbereich sind Fälle, in denen die Gläubiger durch die Kapitalherabsetzung grdsl nicht schlechter gestellt werden, weil die Vermögensminderung bereits eingetreten ist. Bei Spaltungen kann hingegen die Notwendigkeit zur Kapitalherabsetzung bewusst und ohne tats Notwendigkeit herbeigeführt werden.

19 Das Gesellschaftsvermögen einer GmbH darf, soweit es zur Erhaltung des StK erforderl ist, nicht ausgezahlt werden (§ 30 GmbHG). Diese Vorschrift wird zu Recht als eine der wesentl Regelungen des GmbH-Rechts angesehen (Lutter/Hommelhoff/*Hommelhoff* GmbHG § 30 Rn 1). Wollen die Gesellschafter, ohne dass eine Krisensituation vorliegt, der allein die §§ 58a–58f GmbHG begegnen sollen (Sanierung), über die Grenze von § 30 I GmbHG hinaus Ausschüttungen an sich vornehmen, steht ihnen zunächst der Weg nach § 58 GmbHG offen. Die danach zulässige Kapitalherabsetzung ist allerd nicht nur zeitraubend (§ 58 I Nr 3 GmbHG), sie löst auch den Anspruch der Gläubiger auf Befriedigung oder wenigstens auf Sicherheitsleistung aus (§ 58 I Nr 2 GmbHG). Bei einer Aufspaltung auf zwei neu gegründete GmbH sind die Gesellschafter aber in der Bestimmung des StK der neuen Rechtsträger frei, soweit das Mindeststammkapital von EUR 25 000 (§ 5 I GmbHG) erreicht wird und keine Unterpariemission vorliegt (dazu im Einzelnen § 136 Rn 11 und § 126 Rn 28 ff). Nunmehr steht den Gesellschaftern ein erhebl höheres Ausschüttungsvolumen zur Vfg, da Richtwert für das Ausschüttungsverbot von § 30 I GmbHG das StK bei den neuen Rechtsträgern ist. Dies ist aber **keine spaltungsspezifische Gefahr,** da auch bei einer Verschm auf eine Schwester-GmbH deren StK niedriger festgelegt werden kann.

20 Aber auch im Fall einer Abspaltung **oder Ausgliederung** ist der Kapitalerhaltungsschutz nach der Spaltung geringer als vorher. Denn die Gläubigerschutzme-

chanismen von §§ 58a–58f GmbHG betreffen nur den übertragenden Rechtsträger. Beim übernehmenden oder neuen Rechtsträger bestimmt sich das neu gebildete Kapital nach den Wertverhältnissen (Spaltung zur Aufnahme) oder nach der Festlegung innerh der Grenzen zwischen Mindestnennkapital und notwendiger Kapitaldeckung (dazu Rn 12). Dieser Kapitalschutz tritt ohnehin nur ein, wenn der übernehmende Rechtsträger kraft Rechtsform gebundenes Kapital hat (vgl auch Widmann/Mayer/*Mayer* Rn 51).

21 Einen gewissen Ausgleich schafft der Anspruch auf **Sicherheitsleistung** nach § 22, der zeitnah zu erfüllen ist. Die gesamtschuldnerische Haftung nach § 133 I ist ein weniger wirkungsvolles Korrektiv, da nur die beteiligten Rechtsträger und nicht die Gesellschafter, an die dann zulässigerweise Ausschüttungen erfolgen, für die Verb einzustehen haben.

5. Durchführung der Kapitalherabsetzung

22 Zur Erforderlichkeit der Kapitalherabsetzung vgl bereits Rn 5 ff. Der Regelungsgehalt von S 1 erschöpft sich in der Anordnung, dass eine im Zshg mit Abspaltung und Ausgliederung erforderl Kapitalherabsetzung in vereinfachter Form erfolgen kann (die daneben auch mögl Kapitalherabsetzung nach § 58 GmbHG hat im Zshg mit Spaltung keine prakt Bedeutung).

23 Damit sind für die Kapitalherabsetzung die §§ 58a II–58f GmbHG anzuwenden. Es bedarf eines Kapitalherabsetzungsbeschlusses, in dem die Nennbeträge der Geschäftsanteile dem herabgesetzten StK angepasst werden (vgl § 58a III GmbHG). IÜ gelten über § 58a V GmbHG die §§ 53, 54 GmbHG.

24 Vgl hierzu iÜ, insbes zu den Voraussetzungen an den Kapitalherabsetzungsbeschluss und an dessen Anmeldung und Eintragung; Lutter/Hommelhoff/*Lutter* GmbHG § 58a Rn 6 ff.

6. Höhe der Kapitalherabsetzung

25 Die Höhe der Kapitalherabsetzung ist nicht frei bestimmbar (vgl auch Rn 5 ff). Die Kapitalherabsetzung darf nur zum Zwecke des Ausgleich der durch die Abspaltung oder Ausgliederung entstandenen Wertminderung durchgeführt werden (§ 58b I GmbHG). Ledigl iHv 10% des herabgesetzten StK dürfen die aus der Auflösung der Kapital- und Gewinnrücklagen und aus der Kapitalherabsetzung gewonnenen Beträge in die Kapitalrücklage eingestellt werden (§ 58b II GmbHG). Die Höhe der Kapitalherabsetzung bestimmt sich also nach der Minderung des Nettobuchvermögens abzgl aufgelöster Kapital- und Gewinnrücklagen unter Beachtung von § 58a II GmbHG, ggf zzgl Einstellung in die Kapitalrücklage iHv 10% des herabgesetzten StK (vgl bereits Rn 5 ff). Zur Verdeutlichung folgendes **Beispiel:**

26 Die GmbH A spaltet ihren Teilbetrieb B ab und überträgt hierbei ein Nettobuchvermögen in Höhe von 200

GmbH A (vor Abspaltung Teilbetrieb B)

		StK	200
		Gewinnvortrag	50
		Kapitalrücklage	50
Teilbetrieb A	800	Verb Teilbetrieb A	700
Teilbetrieb B	500	Verb Teilbetrieb B	300
	1300		1300

1. Alternative

GmbH A (nach Abspaltung Teilbetrieb B)
Minimale Kapitalherabsetzung

		StK	100
		Gewinnvortrag	0
		Kapitalrücklage	0
Teilbetrieb A	800	Verb Teilbetrieb A	700
Teilbetrieb B	0	Verb Teilbetrieb B	0
	800		800
Abgang Nettobuchvermögen	200		
abzgl Gewinnvortrag	50		
abzgl Kapitalrücklage	50		
Kapitalherabsetzung	100		

2. Alternative

GmbH A (nach Abspaltung Teilbetrieb B)
Maximale Kapitalherabsetzung

		StK	91
		Gewinnvortrag	0
		Kapitalrücklage	9
Teilbetrieb A	800	Verb Teilbetrieb A	700
Teilbetrieb B	0	Verb Teilbetrieb B	0
	800		800
Abgang Nettobuchvermögen	200		
abzgl Gewinnvortrag	50		
abzgl Kapitalrücklage	41		
Kapitalherabsetzung	109		

Die untere Grenze der Kapitalherabsetzung bildet das Mindeststammkapital iHv EUR 25 000 (§ 5 I GmbHG). Dieser Mindestnennbetrag kann ausnahmsweise dann unterschritten werden, wenn er durch eine **zugleich beschlossene Barkapitalerhöhung** wieder erreicht wird (§ 58a IV 1 GmbHG; vgl Rn 17). 27

Bei einem zu **hoch angenommenen Vermögensabgang,** der wiederum eine überhöhte Kapitalherabsetzung bedingt hat, sind die insoweit frei werdenden Beträge nach § 58c GmbHG in die Kapitalrücklage einzustellen, die bes Bindungen nach § 58b III GmbHG unterliegt (Lutter/*Priester* Rn 15; Widmann/Mayer/*Mayer* Rn 73; Semler/Stengel/*Reichert* Rn 15; KölnerKommUmwG/*Simon/Nießen* Rn 30; *Naraschweski* GmbHR 1995, 697, 702). Die Fehleinschätzung kann etwa darauf beruhen, dass zum Zeitpunkt der Beschlussfassung die Schlussbilanz des übertragenden Rechtsträgers noch nicht vorlag (Lutter/*Priester* Rn 15). § 58c GmbHG behandelt nur versehentl Fehleinschätzungen, erlaubt demzufolge nicht eine bewusste Umw von StK in Kapitalrücklagen. 28

7. Rechtsfolgen der Kapitalherabsetzung

S 1 bestimmt lediglich, dass die Kapitalherabsetzung in vereinfachter Form erfolgen kann. Spaltungstypische Regelungen finden sich iÜ nicht. Wie bereits in Rn 18 ff dargestellt, sind §§ 58a–58f GmbHG nur eingeschränkt zur Verhinderung von Gestaltungen, die die Umgehung der Kapitalerhaltung nach § 30 I GmbHG zum Ziel haben, geeignet. Auch passen die durch §§ 58b ff GmbHG angeordneten Rechtsfolgen nicht immer auf die bei der Spaltung bestehende Situation. §§ 58a ff GmbHG haben ihren originären Anwendungsbereich im Zshg mit Sanierungsbe- 29 mühungen. Dies macht es verständl, dass nach Durchführung der Kapitalherabsetzung das **Gewinnausschüttungsrecht beschränkt** ist (§ 58d GmbHG). Die Kapitalherabsetzung anlässl einer Abspaltung (Ausgliederung) erfolgt hingegen nicht – wenigstens nicht zwingend – vor dem Hintergrund einer Krise. Dies allein rechtfertigt jedoch nicht den Ausschluss von § 58d GmbHG aus der Verweisung in S 1 (wie hier Widmann/Mayer/*Mayer* Rn 78 f; aA Lutter/*Priester* Rn 16; Kallmeyer/*Kallmeyer/Sickinger* Rn 6; Semler/Stengel/*Reichert* Rn 16; KölnerKommUmwG/*Simon/Nießen* Rn 32; *Naraschewski* GmbHR 1995, 697, 702). Eine gesetzl Stütze für eine einschränkende Auslegung der Verweisung besteht nicht (etwa Anordnung der „entspr" Anwendung in S 1). Überdies ist es auch in Spaltungsfällen aus Gläubigerschutzgesichtspunkten nicht völlig unangemessen, die vereinfachte Kapitalherabsetzung nur zum Preis einer Beschränkung der künftigen Gewinnausschüttung zu gestatten.

8. Rückwirkung der Kapitalherabsetzung

30 Die Verweisung in S 1 bezieht sich nur auf §§ 58a–58d GmbHG. §§ 58e–58f GmbHG, die die Rückwirkung der Kapitalherabsetzung auf das vorangegangene Gj regeln, finden bei der Spaltung keine Anwendung. Denn bei der Spaltung tritt die Vermögensminderung erst mit dem Vermögensübergang durch Eintragung der Spaltung in das Register des übertragenden Rechtsträgers ein. Würde man auch bei der Spaltung die Rückwirkung nach §§ 58e–58f GmbHG zulassen, würde der vorangegangene JA – anders als bei der Verlustsituation – ein falsches Bild der wirtschaftl Lage darstellen (wie hier Semler/Stengel/*Reichert* Rn 17; Widmann/Mayer/*Mayer* Rn 18; *Naraschewski* GmbHR 1995, 697, 702; KölnerKommUmwG/*Simon/Nießen* Rn 33; aA Lutter/*Priester* Rn 17).

9. Kapitalherabsetzung bei der Ausgliederung

31 S 1 lässt die Kapitalherabsetzung nicht nur bei der Abspaltung, sondern auch bei der Ausgliederung in vereinfachter Form zu. Prakt Bedeutung hat dies nur in seltenen Fällen, etwa bei Ausgliederungen auf einen überschuldeten Rechtsträger (vgl Widmann/Mayer/*Mayer* Rn 17 f; Semler/Stengel/*Reichert* Rn 4; KölnerKommUmwG/*Simon/Nießen* Rn 11 f; IDW RS HFA 43 Rn 22: sei ausgeschlossen). Denn bei der Ausgliederung erhält die übertragende GmbH selbst als Gegenleistung für die Vermögensübertragung die Anteile am übernehmenden Rechtsträger; es findet also ledigl ein Aktivtausch statt (so auch Lutter/*Priester* Rn 4; Kallmeyer/*Kallmeyer/Sickinger* Rn 4). Diese Anteile sind beim übertragenden Rechtsträger zwingend mit ihrem Zeitwert anzusetzen.

32 Denn der übernehmende Rechtsträger hat die übergehenden Vermögensgegenstände entweder mit dem Verkehrswert oder mit dem bisherigen BW anzusetzen (vgl § 24; Einzelheiten dort). Unabhängig hiervon hat der übertragende Rechtsträger die Anteile aufgrund des Tausches mit dem Zeitwert, der mindestens dem BW entsprechen muss, zu erfassen. Vgl näher § 24 Rn 99 ff.

10. Voreintragung der Kapitalherabsetzung (S 2)

33 Ist im Zshg mit der Spaltung eine Kapitalherabsetzung beim übertragenden Rechtsträger notw, darf die Spaltung erst nach Eintragung der Kapitalherabsetzung selbst eingetragen werden. S 2 entspricht damit § 53, der die spiegelbildl Situation bei der Notwendigkeit einer KapErh bei dem übernehmenden Rechtsträger

regelt: Veränderung in der Kapitalsituation sollen für die Gläubiger aus dem HR ersichtl sein, bevor sie eintreten (RegEBegr BR-Drs 75/94 zu § 139; vgl iÜ § 53 Rn 1). Die Notwendigkeit der **Voreintragung** der Kapitalherabsetzung gilt auch, wenn sie nicht in vereinfachter Form, sondern nach § 58 GmbHG erfolgt (ebenso Lutter/*Priester* Rn 21; Lutter/*Schwab* § 145 Rn 31; KölnerKommUmwG/*Simon/Nießen* Rn 38). Die Anmeldung obliegt der **Geschäftsführung,** wobei str ist, ob die vereinfachte Kapitalherabsetzung von allen Geschäftsführern anzumelden ist (vgl Lutter/Hommelhoff/*Lutter* GmbHG § 58a Rn 23; *Limmer* Rn 1782).

Soweit im Zshg mit der Kapitalherabsetzung **zugleich** eine **Barkapitalerhöhung** beschlossen wird (vgl § 58a IV GmbHG; dazu Rn 17, 27), muss auch diese im HR vollzogen sein (§ 58a IV 4 GmbHG). Damit müssen ggf die KapErh bei dem übernehmenden Rechtsträger (§§ 125, 135, 53), die Kapitalherabsetzung (einschl Barkapitalerhöhung) beim übertragenden Rechtsträger (S 2) und die Spaltung im Register des Sitzes jedes der übernehmenden Rechtsträgers eingetragen sein (§§ 130 I, 135), bevor die Spaltung in das Register des übertragenden Rechtsträgers eingetragen werden kann (zur Eintragungsreihenfolge vgl § 130 Rn 4 ff und § 137 Rn 3 ff). 34

Wirksam wird die Kapitalherabsetzung allerd erst mit Wirksamwerden der Spaltung (ausführl hierzu Widmann/Mayer/*Mayer* Rn 43 ff; vgl auch Kallmeyer/*Kallmeyer/Sickinger* Rn 7; Lutter/*Priester* Rn 22; Semler/Stengel/*Reichert* Rn 19; aA SBB/*Sagasser/Bultmann* § 18 Rn 104; KölnerKommUmwG/*Simon/Nießen* Rn 39). Hier gilt nichts anderes als im spiegelbildl Fall der KapErh zur Gewährung von neuen Anteilen (§ 53). Steht nach Eintragung der Kapitalherabsetzung fest, dass die Spaltung nicht durchgeführt wird, ist die Kapitalherabsetzung von Amts wegen zu löschen (Widmann/Mayer/*Mayer* Rn 65; Lutter/*Priester* Rn 22; Semler/Stengel/*Reichert* Rn 19). Die Spaltungswirkungen treten nach § 131 II mit Eintragung der Spaltung im Register des übertragenden Rechtsträgers auch ein, wenn die Voreintragung der Kapitalherabsetzung nicht erfolgt ist (KölnerKommUmwG/*Simon/Nießen* Rn 40; aA Widmann/Mayer/*Mayer* Rn 65: Neuvornahme der Eintragung; Lutter/*Priester* Rn 23: Spaltung wird erst mit Eintragung der Herabsetzung wirksam). Die Eintragung der Kapitalherabsetzung ist nachzuholen; in der Zwischenzeit besteht eine Unterbilanz. 35

§ 140 Anmeldung der Abspaltung oder der Ausgliederung

Bei der Anmeldung der Abspaltung oder der Ausgliederung zur Eintragung in das Register des Sitzes einer übertragenden Gesellschaft mit beschränkter Haftung haben deren Geschäftsführer auch zu erklären, daß die durch Gesetz und Gesellschaftsvertrag vorgesehenen Voraussetzungen für die Gründung dieser Gesellschaft unter Berücksichtigung der Abspaltung oder der Ausgliederung im Zeitpunkt der Anmeldung vorliegen.

Schrifttum: Vgl auch Schrifttum zu § 139; *Priester,* Kapitalschutz bei der übertragenden Gesellschaft in Spaltungsfällen, FS Schippel, 1996, 487; *Wilken,* Zur Gründungsphase bei der Spaltung zur Neugründung, DStR 1999, 677.

1. Allgemeines

Die Norm schafft eine weitere Erklärungspflicht, die die Geschäftsführer einer übertragenden GmbH anlässl der Anmeldung einer Abspaltung oder Ausgliederung haben. Sie ergänzt damit §§ 16, 17 (iVm §§ 125, 135). Die strafbewehrte 1

(§ 313 II) Erklärung dient dem Kapitalschutz. Es soll hierdurch gesichert werden, dass die übertragende GmbH nach Durchführung der Abspaltung oder Ausgliederung hinsichtl der Kapitalausstattung wenigstens noch die Mindestvoraussetzung erfüllt. § 140 steht damit in engem Zshg zu § 139 (Herabsetzung des StK der übertragenden GmbH).

2. Voraussetzungen der Erklärungspflicht

2 Die zusätzl Erklärung ist nur bei der Anmeldung einer Abspaltung oder Ausgliederung (vgl aber § 139 Rn 31; vgl auch KölnerKommUmwG/*Simon/Nießen* Rn 6 und § 146 Rn 2) notw; sie erübrigt sich bei einer Aufspaltung, da hierbei der übertragende Rechtsträger erlischt (§ 131 I Nr 2). § 140 erfasst nur die **übertragende** GmbH. Ist am Spaltungsvorgang eine GmbH als übernehmender Rechtsträger beteiligt, besteht für deren Geschäftsführer keine Pflicht, eine Erklärung zur noch vorhandenen Deckung der Stammeinlagen abzugeben.

3. Verpflichtete Personen

3 Die Erklärung ist von den **Geschäftsführern** der übertragenden GmbH abzugeben. § 78 GmbHG ist nicht, auch nicht entspr anwendbar (wie hier; Semler/Stengel/*Reichert* Rn 4; Henssler/Strohn/*Wardenbach* Rn 3; aA Kallmeyer/*Zimmermann* Rn 5; Lutter/*Priester* Rn 8; Widmann/Mayer/*Mayer* Rn 17; Widmann/Mayer/*Fronhöfer* Rn 61; KölnerKommUmwG/*Simon/Nießen* Rn 20; Keßler/Kühnberger/*Gündel* Rn 3). Es ist bereits str, ob die vereinfachte Kapitalherabsetzung von allen Geschäftsführern anzumelden ist (vgl § 139 Rn 33). Die Erklärung nach § 140 erfolgt aber im Zshg mit der Anmeldung der Spaltung an sich; an sie können keine höheren Anforderungen gestellt werden als an die Anmeldung der Spaltung selbst (vgl ausführl § 16 Rn 5 ff). Ausreichend ist also die Abgabe der Erklärung durch Geschäftsführer in vertretungsberechtigter Zahl. Wegen der Strafandrohung (§ 313 II) ist indes sowohl unechte Gesamtvertretung als auch Bevollmächtigung ausgeschlossen (Lutter/*Priester* Rn 8; Semler/Stengel/*Reichert* Rn 4; Maulbetsch/Klumpp/Rose/*Klumpp* Rn 6; Hauschild/Kallrath/Wachter/*Flüth* § 22 Rn 302).

4 Die Erklärung wird regelm im Anmeldungstext aufgenommen. Erfolgt sie isoliert, ist eine bes **Form** nicht vorgeschrieben (so zutr Kallmeyer/*Zimmermann* Rn 6; Lutter/*Schwab* § 146 Rn 12; Semler/Stengel/*Reichert* Rn 7; Widmann/Mayer/*Fronhöfer* Rn 61; KölnerKommUmwG/*Simon/Nießen* Rn 21; aA Widmann/Mayer/*Mayer* Rn 16, Lutter/*Priester* Rn 11; Keßler/Kühnberger/*Gündel* Rn 5: Notarielle Beglaubigung).

5 Wird die Anmeldung nach § 129 **durch** ein **Vertretungsorgan** eines **übernehmenden** Rechtsträgers durchgeführt, ist unklar, wie mit der Erklärung nach § 140 zu verfahren ist. Denkbar sind die Abgabe der Erklärung durch das jew anmeldende Vertretungsorgan in entspr Anwendung von § 140 oder die Abgabe durch die Geschäftsführer der übertragenden GmbH auch im Fall der Anmeldung durch ein Vertretungsorgan eines übernehmenden Rechtsträgers. Die zweite Alt ist mit dem Zweck von § 129 nicht zu vereinbaren. Sinn der ergänzenden Zuständigkeit ist es, Verzögerungen aufgrund der Weigerung des Vertretungsorgans des übertragenden Rechtsträgers, die Anmeldung der Spaltung durchzuführen, zu verhindern (vgl dazu § 129 Rn 2). Die Regelung wäre allerd wirkungslos, wenn das Vertretungsorgan des übernehmenden Rechtsträgers abermals auf die Mitwirkung der Geschäftsführer der übertragenden GmbH angewiesen wäre.

Es ist daher vorzugswürdig, dem Vertretungsorgan eines übernehmenden Rechtsträgers, das in ergänzender Zuständigkeit nach § 129 die Spaltung zur Eintragung in das Register des übertragenden Rechtsträgers anmeldet, die Befugnis einzuräumen, entspr § 140 die Erklärung abzugeben (Rechtsgedanke von § 16 II: auch dort können „die Vertretungsorgane" gesellschaftsfremd sein, § 16 I 2; Semler/Stengel/*Bonow* § 148 Rn 11 ff: für eG; aA Kallmeyer/*Zimmermann* Rn 5; Widmann/Mayer/*Mayer* Rn 16; Lutter/*Priester* Rn 9; Semler/Stengel/*Reichert* Rn 5; KölnerKommUmwG/*Simon/Nießen* Rn 18; Maulbetsch/Klumpp/Rose/*Klumpp* Rn 7). Diese Erklärung ist dann allerd nicht strafbewehrt, da § 313 II aufgrund des strafrechtl Analogieverbotes nicht anwendbar ist. 6

4. Inhalt der Erklärung

a) Gesetzliche Gründungsvoraussetzungen. Die Geschäftsführer einer übertragenden GmbH haben bei der Anmeldung der Abspaltung zu erklären, dass die gesetzl Gründungsvoraussetzungen auch unter Berücksichtigung der Abspaltung oder der Ausgliederung im Zeitpunkt der Anmeldung noch vorliegen. Trotz des offenen Wortlauts muss diese Erklärung allerd **nicht alle Gründungsvorschriften** umfassen. Aus der RegEBegr (BR-Drs 75/94 zu § 140) und insbes aus der korrespondierenden Strafvorschrift in § 313 II wird deutl, dass der Gesetzgeber an die auf die Kapitalausstattung bezogenen Vorschriften dachte. **Wichtigster Inhalt** der Erklärung ist daher, dass auch unter Berücksichtigung der Vermögensübertragung das herabgesetzte oder unveränderte StK der übertragenden GmbH durch das verbleibende Nettobuchvermögen (ohne stille Reserven) gedeckt ist (vgl § 313 II; Lutter/*Priester* Rn 4; Kallmeyer/*Zimmermann* Rn 3; Semler/Stengel/*Reichert* Rn 2; KölnerKommUmwG/*Simon/Nießen* Rn 10; aA wohl Widmann/Mayer/*Mayer* Rn 19). Im Falle einer **Kapitalherabsetzung** umfasst die Erklärung auch, dass das gesetzl Mindeststammkapital (§ 5 I GmbHG) weiterhin erreicht wird und die Höhe der neuen Stammeinlagen den gesetzl Anforderungen (§ 58a III GmbHG; vgl Lutter/*Priester* Rn 6; Semler/Stengel/*Reichert* Rn 2) entspricht. Insoweit kommt der Erklärung allerd keine bes Bedeutung zu, da das Registergericht diese Voraussetzungen anlässl der Eintragung der Kapitalherabsetzung, die vor der Eintragung der Spaltung erfolgen muss (§ 139 S 2; vgl § 139 Rn 33 ff), selbst prüfen muss. 7

Die Überprüfung der Kapitalausstattung mit Hilfe einer strafbewehrten Erklärungspflicht ist wegen der mit einer Spaltung verbundenen Gefahren (vgl dazu § 139 Rn 18 ff) sinnvoll. Eine darüber hinausgehende Erklärungspflicht zu sonstigen Gründungsvorschriften zu verlangen, wäre bloßer Formalismus. Die **Erklärung muss** also **nicht** die Zulässigkeit des Gesellschaftszwecks (§ 1 GmbHG), die Form des Gesellschaftsvertrags (§ 2 GmbHG), die inhaltl Mindestvoraussetzung an den Gesellschaftsvertrag (§ 3 GmbHG) und die Zulässigkeit der Firma (§ 4 GmbHG) beinhalten (ebenso Lutter/*Priester* Rn 7; Semler/Stengel/*Reichert* Rn 2; Henssler/Strohn/*Wardenbach* Rn 7; aA KölnerKommUmwG/*Simon/Nießen* Rn 14 ff). Insoweit treten durch die Abspaltung oder Ausgliederung keine Veränderungen ein. Werden solche Änderungen im zeitl Zshg mit der Spaltung beschlossen, ist dies ein außerh des UmwG und ausschließl nach §§ 53 ff GmbHG zu beurteilender Vorgang. 8

b) Gesellschaftsvertragliche Gründungsvoraussetzungen. Welche gesellschaftsvertragl Gründungsvoraussetzungen der Gesetzgeber vor Augen hatte, bleibt unklar. Voraussichtl wollte er damit den Inhalt der Erklärung zur Kapital- 9 aufbringung auch auf vom gesetzl Mindeststammkapital (§ 5 I GmbHG) abw gesellschaftsvertragl Festsetzungen des StK erstrecken (KölnerKommUmwG/*Simon/Nießen* Rn 12). Die Erklärungspflicht umfasst jedenfalls nicht die im Hinblick auf § 5 IV GmbHG getroffenen Festsetzungen des Gesellschaftsvertrages hinsichtl historischer Sacheinlagen (ebenso Lutter/*Priester* Rn 7). Insoweit ist durch die Abspaltung keine Veränderung eingetreten, selbst wenn Gegenstände, die ehemals im Wege der Sacheinlage an die übertragende GmbH geleistet worden sind, anlässl der Spaltung übertragen werden. Denn auch die Gegenstände von Sacheinlagen unterliegen keiner Bindung, sie müssen sich nur zum Zeitpunkt der Gründung endgültig in der freien Vfg der Geschäftsführer befunden haben (§ 8 II GmbHG).

10 **c) Maßgeblicher Zeitpunkt.** Die Gründungsvoraussetzungen müssen **zum Zeitpunkt der Anmeldung** der Spaltung vorliegen (ebenso Lutter/*Priester* Rn 10; Widmann/Mayer/*Mayer* Rn 23; Semler/Stengel/*Reichert* Rn 6; KölnerKommUmwG/*Simon/Nießen* Rn 22). Allerd ist – bezogen auf diesen Zeitpunkt – hypothetisch der Vermögensübergang anlässl der Spaltung schon zu berücksichtigen. Die Geschäftsführer müssen sich fragen, ob unter Berücksichtigung des aufgrund des Wirksamwerdens der Spaltung stattfindenden Vermögensübergangs die gesetzl oder gesellschaftsvertragl Kapitalausstattungsvoraussetzungen bei dem übertragenden Rechtsträger noch erfüllt sind. Nach dem Tag der Anmeldung eintretende **Veränderungen** verpflichten nicht zu einer erneuten Abgabe der Erklärung, es sei denn, die Anmeldung muss aus anderen Gründen wiederholt werden (ebenso Lutter/*Priester* Rn 10; Widmann/Mayer/*Mayer* Rn 23; Semler/Stengel/*Reichert* Rn 6; KölnerKommUmwG/*Simon/Nießen* Rn 22; Kallmeyer/*Zimmermann* Rn 9; Maulbetsch/Klumpp/Rose/*Klumpp* Rn 11). War hingegen die Erklärung unrichtig, weil vor dem Tag der Anmeldung eingetretene Umstände nicht berücksichtigt worden sind, so sind die Geschäftsführer zur Berichtigung verpflichtet (Lutter/*Priester* Rn 10; Widmann/Mayer/*Mayer* Rn 23; Semler/Stengel/*Reichert* Rn 6; Kallmeyer/*Zimmermann* Rn 9).

11 **d) Formulierung der Erklärung.** Zur Form vgl Rn 4. Angesichts der Strafbewehrung (vgl § 313 II) muss in der Erklärung möglichst genau zum Ausdruck gebracht werden, was versichert wird. Dazu muss mindestens dargelegt werden, dass das **StK** der übertragenden GmbH auch unter Berücksichtigung der Vermögensübertragung nach Wirksamwerden der Spaltung durch das verbleibende Verm gedeckt ist (aA Widmann/Mayer/*Mayer* Rn 13: Am Wortlaut von § 140 ausgerichtete Erklärung, vgl seinen Vorschlag bei Rn 18). Soweit eine Kapitalherabsetzung durchgeführt wird, ist auch die Einhaltung des gesetzl Mindeststammkapitals und der Stückelungsvorschriften für die Stammeinlagen (vgl § 58a III GmbHG) in die Erklärung mit aufzunehmen.

5. Gerichtliche Prüfung

12 Die Pflicht zur Abgabe der Erklärung schließt ein Prüfungsrecht des Registergerichts nicht aus. Es hat im Grds von der Richtigkeit der Erklärung auszugehen und nur bei begründeten Zweifeln nach § 26 FamFG Amtsermittlungen anzustellen, also insbes weitere Nachw anzufordern (Lutter/*Priester* Rn 13; Kallmeyer/*Zimmermann* Rn 7; Widmann/Mayer/*Mayer* Rn 21).

Zweiter Abschnitt. Spaltung unter Beteiligung von Aktiengesellschaften und Kommanditgesellschaften auf Aktien

Vorbemerkungen zu §§ 141–146

Schrifttum: Schrifttum bis 2000 siehe 4. Auflage; *Drinhausen,* Regierungsentwurf eines Zweiten Gesetzes zur Änderung des Umwandlungsgesetzes – ein Gewinn für die Praxis, BB 2006, 2313; *Mayer/Weiler,* Neuregelungen durch das Zweite Gesetz zu Änderung des Umwandlungsgesetzes (Teil II), DB 2007, 1291.

1. Allgemeines

§§ 141–146 enthalten die bes Vorschriften, die bei der Beteiligung einer **AG** am Spaltungsvorgang zu beachten sind. In diesen Vorschriften sind jedoch nur wenige Besonderheiten geregelt. Darüber hinaus sind über die Verweisung in §§ 125, 135 die für AG geltenden bes Vorschriften des Zweiten Buches (Verschm) anwendbar (§§ 60–72). Zur Gesetzestechnik vgl § 125 Rn 5 ff und § 135 Rn 2 ff. Bei der Spaltung unter Beteiligung von AG musste die **europäische SpaltungsRL** vom 17.12.1982 (ABl EG Nr L 378, 47) in nat Recht umgesetzt werden. Vgl dazu Vor §§ 123–173 Rn 14 ff. 1

2. Spaltungs- und Übernahmevertrag, Spaltungsplan

Bes Vorschriften zum Inhalt des Spaltungsvertrags bei der Beteiligung von AG und KGaA bestehen nicht. Maßgebl ist also in erster Linie § 126. Zur Bekanntmachung des Verschmelzungsvertrages vgl § 61 und § 63 I Nr 1. Zur KapErh im Zshg mit der Spaltung zur Aufnahme vgl §§ 68, 69. 2

3. Spaltungsbericht

Wird anlässl einer Umw das Grundkapital der AG erhöht, ist stets eine Prüfung der Sacheinlagen nach § 183 III AktG notw (§ 142 I). Hierauf ist im Spaltungsbericht hinzuweisen. Für den Spaltungsbericht gilt § 127. Zu den Ausnahmen für die Erstellung eines Berichts vgl § 127 Rn 21 f. 3

4. Spaltungsprüfung

Der Spaltungsvertrag bzw Spaltungsplan ist für eine AG (bei einer Abspaltung und Aufspaltung, vgl § 125 S 2) grdsl zu prüfen (§§ 125, 135 iVm § 60 I). Die Prüfung hat auch stattzufinden, wenn zwischen den Rechtsträgern ein 100%iges Beteiligungsverhältnis besteht; § 9 II ist bei der Spaltung nicht anzuwenden (vgl § 125 S 1; dort Rn 12). Von einer Spaltungsprüfung kann also nur bei einem Verzicht aller Anteilsinhaber abgesehen werden (§§ 125, 135, 9 III, 8 III). Zu weiteren Besonderheiten hinsichtl der Spaltungsprüfung für eine AG vgl § 60 Rn 1. 4

5. Spaltungsbeschluss

Das Aktienrecht zeichnet sich durch bes strenge Formalien bei der Vorbereitung der HV aus. §§ 61–64 sind zu beachten (§§ 135, 125). 5

Der Spaltungsbeschluss der HV einer beteiligten AG bedarf einer Mehrheit von mindestens drei Vierteln des bei der Beschlussfassung vertretenen Grundkapitals. 6

Er darf – bei einer Spaltung zur Neugründung – grdsl erst gefasst werden, wenn die übertragende AG mindestens zwei Jahre im HR eingetragen ist (§§ 141, 125, 135, 76 I). Vgl aber auch § 141. Der Spaltungsbeschluss des übertragenden Rechtsträgers hat auch die Satzung einer im Zshg mit der Spaltung gegründeten AG zu umfassen (§§ 125, 135, 76 II). Vgl § 135 Rn 18.

6. Anmeldung und Eintragung

7 Zu Abweichungen bei der Beteiligung von AG, KGaA vgl zunächst § 145 Rn 8 und § 146. Besonderheiten aus den über §§ 125, 135 entspr anwendbaren bes Vorschriften des Zweiten Buches ergeben sich aus §§ 66, 71 (nicht bei Ausgliederung, § 125 S 1), 77. Vgl im Einzelnen die Komm dort.

§ 141 Ausschluss der Spaltung

Eine Aktiengesellschaft oder eine Kommanditgesellschaft auf Aktien, die noch nicht zwei Jahre im Register eingetragen ist, kann außer durch Ausgliederung zur Neugründung nicht gespalten werden.

Schrifttum: *Drinhausen,* Regierungsentwurf eines Zweiten Gesetzes zur Änderung des Umwandlungsgesetzes – ein Gewinn für die Praxis, BB 2006, 2313; *Mayer/Weiler,* Neuregelungen durch das Zweite Gesetz zur Änderung des Umwandlungsgesetzes (Teil II), DB 2007, 1291; siehe iÜ Schrifttum Vor §§ 141–146.

1 AG, die noch nicht zwei Jahre im HR eingetragen sind, können außer durch Ausgliederung zur Neugründung nicht gespalten werden. Entsprechendes gilt für KGaA. Die Vorschrift gilt **auch,** wenn die AG/KGaA **aus** einem Formwechsel entstanden ist (vgl § 220 III 2; Lutter/*Schwab* Rn 10; Kallmeyer/*Kallmeyer/Sickinger* Rn 1; Maulbetsch/Klumpp/Rose/*Klumpp* Rn 3; KölnerKommUmwG/*Simon* Rn 5). Damit soll eine Umgehung von §§ 52, 53 AktG bei AG, die sich noch in der bes geschützten Nachgründungsperiode befinden, ausgeschlossen werden (RegEBegr BR-Drs 75/94 zu § 141). Die Rechtsform des übernehmenden Rechtsträgers ist ohne Bedeutung (Lutter/*Schwab* Rn 8; Kallmeyer/*Kallmeyer/Sickinger* Rn 1; Semler/Stengel/*Diekmann* Rn 7). Die ursprüngl Gesetzesfassung umfasste alle Arten der Spaltung. Mit Gesetz vom 19.4.2007 (BGBl I 542) wurde eine **Ausnahme** für Ausgliederung zur Neugründung geschaffen (bisher str, ob teleologische Reduktion). Dadurch soll der Aufbau sinnvoller Holdingstrukturen erleichtert werden, da der Zweck der Vorschrift bei Ausgliederungen zur Neugründung nicht gefährdet sei (RegEBegr BT 16/2919, 19). Der **Verweis auf § 76** I nach § 125 ist entspr einzuschränken.

2 Die **Frist beginnt** mit der Eintragung der AG/KGaA im HR. Sofern die AG/KGaA durch Formwechsel entstanden ist (vgl Rn 1), ist die Eintragung der neuen Rechtsform nach § 202 maßgebl (Lutter/*Schwab* Rn 11; Semler/Stengel/*Diekmann* Rn 10; Maulbetsch/Klumpp/Rose/*Klumpp* Rn 6; KölnerKommUmwG/*Simon* Rn 8; diff nach ursprüngl Rechtsform Widmann/Mayer/*Rieger* Rn 6). Bei AG/KGaA, die aus einer Verschm zur Neugründung hervorgegangen sind, ist auf die Eintragung des neuen Rechtsträgers (der AG/KGaA) abzustellen, da mit dieser Eintragung der neue Rechtsträger entstanden ist (§§ 36 I 2, 20 I; ebenso Widmann/Mayer/*Rieger* Rn 7; Semler/Stengel/*Diekmann* Rn 11). Demggü entsteht bei einer Spaltung zur Neugründung einer AG/KGaA die neue Ges erst mit Eintragung der Spaltung in das Register des Sitzes des übertragenden Rechtsträ-

gers (§ 131 I; vgl § 135 Rn 16). Damit beginnt auch erst mit dieser Eintragung die Frist nach § 141 für die durch Spaltung zur Neugründung entstandene AG/KGaA.

Innerh der so bestimmten Zwei-Jahres-Frist ist der **Abschluss** des Spaltungsvertrags bzw die Aufstellung des Spaltungsplans **verboten** (aA Kallmeyer/*Kallmeyer/Sickinger* Rn 2; Semler/Stengel/*Diekmann* Rn 14; Maulbetsch/Klumpp/Rose/*Klumpp* Rn 10: Zeitpunkt des Spaltungsbeschlusses; Lutter/*Schwab* Rn 13 ff: Spaltungsvertrag, Spaltungsbeschluss bei der spaltenden AG und Anmeldung der Spaltung seien nichtig, es sei denn – dort Rn 18 ff –, es werde deutl, dass die Rechtsakte auf ein Wirksamwerden der Spaltung nach Ablauf der Nachgründungsphase gerichtet seien; wiederum anders Widmann/Mayer/*Rieger* Rn 12: Entscheidend sei die Eintragung der Spaltung im HR der übertragenden AG/KGaA; ebenso KölnerKommUmwG/*Simon* Rn 14). Diese Sichtweise entspricht der Regelung von § 52 AktG, dessen Umgehung durch § 141 verhindert werden soll. Auch dort ist maßgebl der Abschluss des Vertrages, der der Vermögensübertragung zugrunde liegt. Zulässig ist es allerd, den Spaltungsvertrag bereits während der Nachgründungsphase aufschiebend befristet auf einen Zeitpunkt nach deren Ablauf zu schließen (vgl auch Lutter/*Schwab* Rn 18 ff). 3

Mit **Vorbereitungshandlungen** kann bereits zuvor begonnen werden. Selbst die **Spaltungsbeschlüsse** können – dann allerd auf der Grundlage eines Entwurfs des Spaltungsvertrags – bereits gefasst werden. Anderes gilt bei der Aufspaltung und Abspaltung **zur** Neugründung. § 76 I, der über §§ 125, 135 anwendbar ist, verbietet ausdrückl einen Spaltungsbeschluss bei einer übertragenden AG/KGaA (§ 78) innerh der Nachgründungsphase (vgl auch Lutter/*Schwab* Rn 21 ff). Unbeachtl ist es ferner, wenn der **Spaltungsstichtag** (§ 126 I Nr 6) innerh des Zwei-Jahres-Zeitraumes liegt. 4

Ein das **Spaltungsverbot missachtender** Spaltungsvertrag bzw Spaltungsplan ist wegen Verstoßes gegen ein gesetzl Verbot (§ 134) **nichtig** (ebenso Lutter/*Schwab* Rn 13; Semler/Stengel/*Diekmann* Rn 15). Einem derartigen Vertrag zustimmende Beschlüsse sind nach § 241 Nr 3 AktG nichtig (Lutter/*Schwab* Rn 15; Semler/Stengel/*Diekmann* Rn 16). Der Verstoß gegen das Verbot von § 141 ist **Eintragungshindernis** (Widmann/Mayer/*Rieger* Rn 14). Mit Eintragung der Spaltung in das Register des übertragenden Rechtsträgers ist allerd die Spaltung nicht mehr rückgängig zu machen (§ 131 II; vgl § 131 Rn 112; ebenso Lutter/*Schwab* Rn 17; Widmann/Mayer/*Rieger* Rn 14; Semler/Stengel/*Diekmann* Rn 16). 5

§ 142 Spaltung mit Kapitalerhöhung; Spaltungsbericht

(1) **§ 69 ist mit der Maßgabe anzuwenden, daß eine Prüfung der Sacheinlage nach § 183 Abs. 3 des Aktiengesetzes stets stattzufinden hat.**

(2) **In dem Spaltungsbericht ist gegebenenfalls auf den Bericht über die Prüfung von Sacheinlagen bei einer übernehmenden Aktiengesellschaft nach § 183 Abs. 3 des Aktiengesetzes sowie auf das Register, bei dem dieser Bericht zu hinterlegen ist, hinzuweisen.**

Schrifttum: Vgl Schrifttum zu Vor §§ 141–146; *Ihrig,* Gläubigerschutz durch Kapitalaufbringung bei Verschmelzung und Spaltung nach neuem Umwandlungsrecht, GmbHR 1995, 622; *Angermayer,* Die Prüfung von Sacheinlagen im neuen Umwandlungsrecht, WPg 1995, 681; *Engelmeyer,* Das Spaltungsverfahren bei der Spaltung von Aktiengesellschaften, AG 1996, 193.

1. Kapitalerhöhung (Abs 1)

1 Führt eine als **übernehmender** Rechtsträger beteiligte AG/KGaA (§ 78) im Zshg mit der Spaltung zur Aufnahme eine KapErh durch, gelten hierfür nach Maßgabe von §§ 125, 135, 69 gewisse Erleichterungen. Hierzu zählt bei einer Verschm (unmittelbarer Anwendung von § 69), dass eine Prüfung der Sacheinlage nach § 183 III AktG nur unter gewissen Voraussetzungen stattzufinden hat (vgl im Einzelnen § 69 Rn 12 ff). Diese Erleichterung gilt gem Abs 1 bei der Spaltung nicht; hier hat eine Prüfung der Sacheinlage stets und unabhängig vom Vorliegen etwaiger (Verdachts-)Gründe zu erfolgen. IÜ bleibt die Anwendung von § 69 unberührt. Die durch das ARUG (BGBl I 2009, 2479) eingeführten Ausnahmen nach §§ 183a, 33a AktG gelten nicht, da § 142 unverändert blieb (Semler/Stengel/*Diekmann* Rn 6a; KölnerKommUmwG/*Simon* Rn 7 f).

2. Besonderheiten beim Spaltungsbericht (Abs 2)

2 Im Spaltungsbericht jedes beteiligten Rechtsträgers (Kallmeyer/*Kallmeyer/Sickinger* Rn 2; Widmann/Mayer/*Rieger* Rn 11; KölnerKommUmwG/*Simon* Rn 9) ist auf die **Prüfung von Sacheinlagen** bei einer übernehmenden AG nach § 183 III AktG hinzuweisen. Dies gilt entgegen dem Wortlaut auch bei Beteiligung einer übernehmenden KGaA; hierfür spricht der Normzweck und der enge Zshg mit Abs 1 (aA Widmann/Mayer/*Rieger* Rn 3 ff; wie hier Lutter/*Schwab* Rn 7 f; KölnerKommUmwG/*Simon* Rn 12). **Gegebenenfalls** bedeutet in diesem Zshg, dass der Hinweis aufzunehmen ist, wenn eine KapErh bei einer übernehmenden AG in Zshg mit der Spaltung erfolgt und demgemäß die Sacheinlageprüfung nach Abs 1 stattzufinden hat. Ferner ist der Hinweis entbehrl, wenn ein Spaltungsbericht nicht zu erstatten ist (zutr Lutter/*Schwab* Rn 6; Kallmeyer/*Kallmeyer/Sickinger* Rn 2; Semler/Stengel/*Diekmann* Rn 7; KölnerKommUmwG/*Simon* Rn 12; vgl hierzu § 127 Rn 21 f). Gefordert ist **ledigl** ein **Hinweis** auf die Sacheinlageprüfung und auf die Hinterlegung. Der Prüfungsbericht (§ 183 IV AktG) selbst muss im Spaltungsbericht nicht enthalten sein oder wiedergegeben werden (ebenso Lutter/*Schwab* Rn 7; Semler/Stengel/*Diekmann* Rn 8). Die beteiligten Anteilsinhaber können sich aber durch Einsichtnahme in den Bericht über dessen Inhalt Klarheit verschaffen. Zu diesem Zweck muss in jedem Spaltungsbericht das Register angegeben werden, bei dem der Sacheinlageprüfungsbericht einzureichen ist. Dies ist das HR des Sitzes der übernehmenden AG/KGaA (§ 184 I 2, II AktG). Mit dieser Regelung hat der Gesetzgeber den Vorgaben von Art 7 II 2 der SpaltungsRL (vom 17.12.1982, ABl EG Nr L 378, 47) entsprochen. Bei Verstoß gegen Abs 2 droht die **Anfechtung** des Beschlusses (Semler/Stengel/*Diekmann* Rn 8; Lutter/*Schwab* Rn 7; KölnerKommUmwG/*Simon* Rn 14; vgl § 8 Rn 39 ff). Eine **Auslage** des Prüfungsberichts zur Einsicht der Aktionäre entsprechend § 63 ist nicht notw (Lutter/*Schwab* Rn 8; Semler/Stengel/*Diekmann* Rn 9, vgl aber Rn 9a: Empfehlung zur Veröffentlichung nach § 63 IV AktG; ebenso KölnerKommUmwG/*Simon* Rn 11).

§ 143 Verhältniswahrende Spaltung zur Neugründung

Erfolgt die Gewährung von Aktien an der neu gegründeten Aktiengesellschaft oder an den neu gegründeten Aktiengesellschaften (§ 123 Absatz 1 Nummer 2, Absatz 2 Nummer 2) im Verhältnis zur Beteiligung

der Aktionäre an der übertragenden Aktiengesellschaft, so sind die §§ 8 bis 12 sowie 63 Absatz 1 Nummer 3 bis 5 nicht anzuwenden.

Schrifttum: *Wagner,* Der Regierungsentwurf für ein Drittes Gesetz zur Änderung des Umwandlungsgesetzes, DStR 2010, 1629; *Leitzen,* Die Änderungen des Umwandlungsgesetzes durch das Dritte Gesetz zur Änderung des Umwandlungsrechts, DNotZ 2011, 526; *Heckschen,* Die Novelle des Umwandlungsgesetzes – Erleichterungen für Verschmelzungen und Squeeze-out, NJW 2011, 2390; *Neye/Kraft,* Neuigkeiten beim Umwandlungsrecht, NZG 2011, 681; *Breschendorf/Wallner,* Neues im Umwandlungsrecht durch das Dritte Gesetz zur Änderung des UmwG, GWR 2011, 511; *Simon/Merkelbach,* Das Dritte Gesetz zur Änderung des UmwG, DB 2011, 1317.

1. Allgemeines

§ 143 wurde durch Gesetz vom 11.7.2011 (BGBl I 1338) neu gefasst. Zuvor regelte die Vorschrift eine Verpflichtung zur Unterrichtung über Vermögensveränderungen (vgl Voraufl). Dies ist nun generell in § 64 I, der über § 125 auch für Spaltungen gilt, geregelt. 1

In der Neufassung regelt die Vorschrift Erleichterungen hinsichtl Verschmelzungsbericht und Verschmelzungsprüfung und deren Auslage bei verhältniswahrenden Auf- und Abspaltungen von Aktiengesellschaften auf neu gegründete Aktiengesellschaften. Ferner ist ein Zwischenabschluss in diesem Fall entbehrl. Damit soll Art 8 Buchst b der Änderungsrichtlinie (betr Art 22 Abs 5 der Richtlinie 82/891/EWG) umgesetzt werden (RegEBegr BT-Drs 17/3122 zu § 143; *Neye/Kraft* NZG 2011, 681, 683 f). Zur erstmaligen Anwendung vgl § 321 III. 2

2. Voraussetzungen

Nach dem Wortlaut gilt die Vorschrift nur für Auf- und Abspaltungen zur Neugründung (Semler/Stengel/*Diekmann* Rn 2). Bei Ausgliederungen findet eine Verschmelzungsprüfung ohnehin nicht statt (§ 125 S 2; vgl § 125 Rn 12). Zur Entbehrlichkeit des Verschmelzungsberichts bei Ausgliederungen vgl § 127 Rn 21. Weitere Voraussetzung ist, dass nur AG als übertragende und neu gegründete Rechtsträger an der Auf- oder Abspaltung beteiligt sind (Semler/Stengel/*Diekmann* Rn 2). Für KGaA gilt die Vorschrift nicht, denn §§ 125, 78 bewirkt keine Rückverweisung auf das Dritte Buch. Schließl muss die Auf- oder Abspaltung verhältniswahrend erfolgen, dh alle Aktionäre müssen im gleichen Verhältnis an der oder den neu gegründeten AG beteiligt werden, in dem sie an der übertragenden AG beteiligt waren oder sind (vgl näher § 128; krit zum Wortlaut Stellungnahme des Deutschen Notarvereins vom 29.4.2010). Maßgebend sei die quotale Beteiligung am satzungsmäßigen Grundkapital (RegEBegr BT-Drs 17/3122 zu § 143), wobei nur auf das tats Grundkapital abzustellen ist (*Wagner* DStR 2010, 1629, 1631; *Simon/Merkelbach* DB 2011, 1317, 1323; *Breschendorf/Wallner* GWR 2011, 511, 514). 3

3. Entbehrlichkeit des Spaltungsberichts und der Spaltungsprüfung

Liegen die Voraussetzungen der Vorschrift vor, ist sowohl ein Spaltungsbericht als auch eine Spaltungsprüfung entbehrl. Der fehlende Ausschluss von § 127 ist als Redaktionsversehen zu werten (*Simon/Merkelbach* DB 2011, 1317, 1323; *Breschendorf/Wallner* GWR 2011, 511, 514). Angesichts der Verhältniswahrung nimmt 4 der Gesetzgeber ein entspr Informationsbedürfnis nicht an. Folgerichtig können die entspr Dokumente auch nicht ausgelegt werden (Ausschluss von § 63 I Nr 4 und 5).

4. Keine Zwischenbilanz

5 Nach dem klaren Wortlaut ist auch § 63 I Nr 3 nicht anzuwenden. Demzufolge bedarf es bei verhältniswahrenden Auf- und Abspaltungen von AG auf neu gegründete AG keines Zwischenabschlusses (*Leitzen* DNotZ 2011, 526, 541; *Heckschen* NJW 2011, 2390, 2395). Dies entspricht der Vorgabe der europäischen SpaltungsRL vom 17.12.1982 (ABl EG Nr L 378, 47) in der Fassung durch die Änderungsrichtlinie RL 2009/109 (ABl EU Nr L 259, 14).

§ 144 Gründungsbericht und Gründungsprüfung

Ein Gründungsbericht (§ 32 des Aktiengesetzes) und eine Gründungsprüfung (§ 33 Abs. 2 des Aktiengesetzes) sind stets erforderlich.

Schrifttum: Siehe Schrifttum Vor §§ 141–146.

1 § 144 betrifft ausschließl Spaltungen zur Neugründung unter Beteiligung einer AG/KGaA als neu gegründetem Rechtsträger. **Abw von § 75 II** kommt es sonach auf die Rechtsform des übertragenden Rechtsträgers nicht an. Der strikte Gesetzesbefehl zur Erstellung eines Gründungsberichts und zur Durchführung der Gründungsprüfung war notw, um der Vorgabe von Art 22 IV der europäischen SpaltungsRL vom 17.12.1982 (ABl EG Nr L 378, 47) zu genügen; anders als in der VerschmelzungsRL ist dort keine Erleichterung des Gründungsvorgangs gestattet (RegEBegr BR-Drs 75/94 zu § 144). Die zwischenzeitl Streichung von Art 22 IV der europäischen SpaltungsRL durch die Änderungsrichtlinie RL 2009/109 (ABl EU Nr L 259, 14) hat der Gesetzgeber nicht nachvollzogen.

2 Inhaltl richten sich die Anforderungen an **Gründungsberichte** und Gründungsprüfung nach §§ 32 ff AktG (Anwendung des Gründungsrechts nach § 135 II 1). Für den Gründungsbericht ist zusätzl (über §§ 135, 125) § 75 I 1 zu beachten. Danach ist über die Angaben nach § 32 II, III AktG hinaus über den Geschäftsverlauf und die Lage des oder der übertragende Rechtsträger zu berichten (*Engelmeyer* S 314; Lutter/*Schwab* Rn 7; Widmann/Mayer/*Rieger* Rn 4; Semler/Stengel/*Diekmann* Rn 6; KölnerKommUmwG/*Simon* Rn 5).

3 Ob die Verpflichtung zu einer externen **Gründungsprüfung** nach § 33 II AktG (§ 33 I AktG bleibt über § 135 II 1 anwendbar) zusätzl von der Erfüllung einer der Voraussetzungen nach § 33 II AktG abhängig ist (so Lutter/*Schwab* Rn 10 ff; Semler/Stengel/*Diekmann* Rn 7; aA Maulbetsch/Klumpp/Rose/*Klumpp* Rn 4), ist prakt nicht sehr bedeutsam (so auch KölnerKommUmwG/*Simon* Rn 11). Die Gründung anlässl einer Spaltung wird stets eine Sachgründung sein (vgl § 33 II 4 AktG). Eine Bargründung, die *Schwab* (Lutter/*Schwab* Rn 10 ff) und *Diekmann* (Semler/Stengel/*Diekmann* Rn 7) als Ausnahmefall vor Augen haben, wird kaum durch Spaltung nach dem UmwG stattfinden; dieser Weg wäre bereits wegen der gesamtschuldnerischen Haftung (§ 133 I) nachteilig. Nach §§ 125, 75 I 2 kann als **Gründungsprüfer** auch der Spaltungsprüfer (§ 9 ff) bestellt werden.

§ 145 Herabsetzung des Grundkapitals

[1]Ist zur Durchführung der Abspaltung oder der Ausgliederung eine Herabsetzung des Grundkapitals einer übertragenden Aktiengesellschaft oder Kommanditgesellschaft auf Aktien erforderlich, so kann diese auch in vereinfachter Form vorgenommen werden. [2]Wird das Grundkapital herabgesetzt, so darf die Abspaltung oder die Ausgliederung erst eingetragen werden, nachdem die Durchführung der Herabsetzung des Grundkapitals im Register eingetragen worden ist.

Schrifttum: Siehe auch Schrifttum Vor §§ 141–146 und § 139; *Groß,* Deckung eines Spaltungsverlustes bei einer Aktiengesellschaft durch Auflösung nach § 150 III und IV AktG gebundener Rücklagen?, NZG 2010, 770; *Ihrig*, Zum Kapitalschutz bei Spaltung von Aktiengesellschaften, FS K. Schmidt, 2009, 779.

1. Allgemeines

§ 145 ist Parallelvorschrift zu § 139. Deckt das verbleibende Nettobuchvermögen einer übertragenden AG/KGaA nach der Vermögensübertragung nicht mehr das ausgewiesene Grundkapital, muss sie zur Durchführung der Abspaltung oder Ausgliederung eine Kapitalherabsetzung durchführen. S 1 bestimmt, dass diese Kapitalherabsetzung auch in vereinfachter Form vorgenommen werden kann. Die Vorschrift eröffnet damit den Anwendungsbereich von §§ 229 ff AktG. Um sicherzustellen, dass die Kapitalherabsetzung zum Zeitpunkt des Wirksamwerdens der Spaltung, also zum Zeitpunkt des Vermögensübergangs, aus dem HR ersichtl ist, ordnet S 2 die **Voreintragung** der Kapitalherabsetzung an. 1

2. Erforderlichkeit der Kapitalherabsetzung

Zur Erforderlichkeit einer Kapitalherabsetzung vgl § 139 Rn 5 ff. S 1 ist ebenso wie § 139 S 1 Rechtsgrundverweisung (vgl im Einzelnen § 139 Rn 8 ff); demzufolge gilt § 229 II AktG (wie hier Widmann/Mayer/*Rieger* Rn 15; aA Lutter/*Schwab* Rn 18). Vgl § 139 Rn 18 ff zur Gefahr des Missbrauchs der gesetzl Privilegierung. 2

Das Grundkapital der übertragenden AG kann daher **in vereinfachter Form** dann herabgesetzt werden, wenn und soweit die Vermögensminderung nicht bereits durch die Auflösung anderer Eigenkapitalposten ausgeglichen werden kann (Lutter/*Schwab* Rn 10; Semler/Stengel/*Diekmann* Rn 5). Zunächst ist die Vermögensminderung mit einem evtl **Gewinnvortrag** (§ 229 II 2 AktG) zu verrechnen (Lutter/*Schwab* Rn 17). Zum Begriff des Gewinnvortrags (§ 266 III A IV HGB) vgl § 139 Rn 10. Eine verbleibende Vermögensminderung ist sodann mit den **Gewinnrücklagen** mit Ausnahme der gesetzl Rücklage nach § 150 AktG zu verrechnen (§ 229 II 1 AktG). Gewinnrücklagen idS sind satzungsmäßige Gewinnrücklagen und andere Gewinnrücklagen (§ 272 III 2 HGB). 3

Soweit die Vermögensminderung danach noch nicht ausgeglichen ist, müssen die **gesetzl Rücklage** (§ 150 AktG; SBB/*Sagasser/Bultmann* § 18 Rn 96; IDW RS HFA 43 Rn 14; Widmann/Mayer/*Rieger* Rn 15; aA Lutter/*Schwab* Rn 18; Kallmeyer/*Kallmeyer/Sickinger* Rn 1; Semler/Stengel/*Diekmann* Rn 5; Kölner-KommUmwG/*Simon* Rn 3; Maulbetsch/Klumpp/Rose/*Klumpp* Rn 4) und die **Kapitalrücklage** (§ 272 II HGB) aufgelöst werden (ausführl *Groß* NZG 2010, 770). Die Auflösung dieser Rücklagen muss allerd nicht in voller Höhe erfolgen; sie können bis zu einem Betrag von 10% des nach der Herabsetzung verbleibenden 4

Grundkapitals bestehen bleiben (§ 229 II 1 AktG; ebenso Widmann/Mayer/*Rieger* Rn 15; SBB/*Sagasser/Bultmann* § 18 Rn 96; *Groß* NZG 2010, 770). Erst der jetzt noch verbleibende Betrag der Vermögensminderung kann durch eine Kapitalherabsetzung in vereinfachter Form ausgeglichen werden. Zur **Höhe** der Kapitalherabsetzung vgl § 139 Rn 25 ff. Zum **Zeitpunkt** der Beurteilung vgl § 139 Rn 7.

3. Durchführung der Kapitalherabsetzung

5 Die Kapitalherabsetzung erfolgt durch einen Beschluss der **HV** mit einer Mehrheit von drei Vierteln des bei der Beschlussfassung vertretenen Grundkapitals (§§ 229 III, 222 I). Das Verfahren der vereinfachten Kapitalherabsetzung ist eng an das Verfahren der ordentl Kapitalherabsetzung angelehnt (vgl § 229 III AktG). Ggf bedarf es eines getrennten Hauptversammlungsbeschlusses für die Auflösung der Rücklagen (KölnerKommUmwG/*Simon* Rn 7). Dies gilt insbes für die satzungsmäßigen Rücklagen und den Gewinnvortrag, da auch die Gewinnverwendung von der HV beschlossen werden muss (*Hüffer* AktG § 229 Rn 12).

4. Rechtsfolgen der Kapitalherabsetzung

6 Die Rechtsfolgen einer Kapitalherabsetzung bei einer AG/KGaA entsprechen denen bei einer GmbH (vgl § 139 Rn 29). Die Kapitalherabsetzung darf nur dazu verwendet werden, die durch die Vermögensübertragung eingetretene Vermögensminderung auszugleichen (Lutter/*Schwab* Rn 22; Semler/Stengel/*Diekmann* Rn 12); eine Auszahlung an die Aktionäre ist nicht zulässig, § 230 AktG. Zukünftige Gewinne der übertragenden AG dürfen nur bedingt ausgeschüttet werden, § 233 AktG (vgl § 139 Rn 29; aA Lutter/*Schwab* Rn 25 f; Semler/Stengel/*Diekmann* Rn 13; KölnerKommUmwG/*Simon* Rn 12). Eine Rückwirkung der Kapitalherabsetzung (§§ 234, 235) kommt nicht in Betracht (ebenso Semler/Stengel/*Diekmann* Rn 11; KölnerKommUmwG/*Simon* Rn 13; aA Lutter/*Schwab* Rn 27), die Ausführungen zu §§ 58e, 58f GmbHG (§ 139 Rn 30) gelten insoweit entspr.

5. Kapitalherabsetzung bei der Ausgliederung

7 Bei einer Ausgliederung kommt eine Kapitalherabsetzung grdsl nicht in Betracht, vgl § 139 Rn 31.

6. Voreintragung der Kapitalherabsetzung (S 2)

8 Wird im Zshg mit der Abspaltung oder der Ausgliederung das Grundkapital herabgesetzt, muss diese Herabsetzung vor der Eintragung der Abspaltung oder Ausgliederung in das HR am Sitz des übertragenden Rechtsträgers eingetragen werden, S 2. Die Regelung entspricht § 139 S 2. Es soll gewährleistet sein, dass eine Herabsetzung des Grundkapitals bereits zum Zeitpunkt des Wirksamwerdens der Vermögensübertragung im HR dokumentiert ist (krit KölnerKommUmwG/*Simon* Rn 14 ff). Die Voreintragung ist auch notw, wenn – wie selten – die Kapitalherabsetzung nicht in vereinfachter Form erfolgt (Lutter/*Schwab* Rn 31).Vgl weiter § 139 Rn 33 ff.

§ 146 Anmeldung der Abspaltung oder der Ausgliederung

(1) **Bei der Anmeldung der Abspaltung oder der Ausgliederung zur Eintragung in das Register des Sitzes einer übertragenden Aktiengesell-**

schaft hat deren Vorstand oder einer Kommanditgesellschaft auf Aktien haben deren zu ihrer Vertretung ermächtigte persönlich haftende Gesellschafter auch zu erklären, daß die durch Gesetz und Satzung vorgesehenen Voraussetzungen für die Gründung dieser Gesellschaft unter Berücksichtigung der Abspaltung oder der Ausgliederung im Zeitpunkt der Anmeldung vorliegen.

(2) **Der Anmeldung der Abspaltung oder der Ausgliederung sind außer den sonst erforderlichen Unterlagen auch beizufügen:**
1. der Spaltungsbericht nach § 127;
2. bei Abspaltung der Prüfungsbericht nach § 125 in Verbindung mit § 12.

Schrifttum: Siehe Schrifttum Vor §§ 141–146 und § 140.

1. Allgemeines

1 Abs 1 entspr inhaltl § 140 (bei Beteiligung einer GmbH). Auch bei der Abspaltung oder Ausgliederung einer AG oder einer KGaA hat der Vorstand bzw haben die zur Vertretung ermächtigten phG bei der Anmeldung zu erklären, dass unter Berücksichtigung des Vermögensübergangs anlässl der Spaltung nach wie vor die Gründungsvoraussetzungen erfüllt werden. Abs 2 ergänzt § 17 (iVm §§ 125, 135) mit der Anordnung, der Anmeldung weitere Unterlagen beizufügen. Hierdurch soll es dem Registergericht ermögl werden, Zweifeln an der Vermögenslage der nach der Spaltung verbleibenden RumpfGes nachzugehen (RegEBegr BR-Drs 75/94 zu § 146). Zur dadurch entstandenen Doppelregelung vgl Rn 9.

2. Voraussetzungen der Erklärungspflicht

2 Vgl zunächst § 140 Rn 2. Die Erklärungspflicht obliegt dem **Vorstand** der **übertragenden AG** als Organ bzw dem zu ihrer Vertretung ermächtigten phG einer KGaA. Ausreichend ist ein Handeln in vertretungsberechtigter Anzahl (ebenso Lutter/*Schwab* Rn 6 f; Semler/Stengel/*Diekmann* Rn 5; aA Kallmeyer/*Zimmermann* Rn 4; Widmann/Mayer/*Rieger* Rn 7; KölnerKommUmwG/*Simon* Rn 11). Unechte Gesamtvertretung und rechtsgeschäftl Bevollmächtigung sind wegen der Strafandrohung (§ 313 II) ausgeschlossen (Lutter/*Schwab* Rn 6: Zweifelnd bei Bevollmächtigung; Kallmeyer/*Zimmermann* Rn 4; Widmann/Mayer/*Rieger* Rn 7; Semler/Stengel/*Diekmann* Rn 6; KölnerKommUmwG/*Simon* Rn 11; Maulbetsch/Klumpp/Rose/*Klumpp* Rn 6). § 36 AktG ist nicht, auch nicht entspr, anwendbar. Die Erklärung ist nur bei der Anmeldung der **Abspaltung** oder **Ausgliederung** (zur Ausgliederung aA Semler/Stengel/*Diekmann* Rn 3; dazu KölnerKommUmwG/*Simon* Rn 6) in das Register der AG/KGaA abzugeben. Bei der Anmeldung einer Aufspaltung erübrigt sie sich, da hierbei der übertragende Rechtsträger erlischt (§ 131 I Nr 2).

3 Bei einer Anmeldung nach § 129 kann das Vertretungsorgan des übernehmenden Rechtsträgers die Erklärung nach Abs 1 abgeben. Abs 1 ist hierauf entspr anzuwenden (aA Lutter/*Schwab* Rn 8; Kallmeyer/*Zimmermann* Rn 4; Widmann/Mayer/*Rieger* Rn 8). Anderenfalls könnte der mit der Erklärungspflicht verfolgte Zweck leicht unterlaufen werden (vgl näher hierzu § 140 Rn 5 f). Angesichts des im Strafrecht geltenden Analogieverbots ist die Strafvorschrift von § 313 II 1 auf das Vertretungsorgan des übernehmenden Rechtsträgers allerd nicht anzuwenden.

3. Inhalt der Erklärung

4 **a) Gesetzliche Voraussetzungen.** Vgl zunächst § 140 Rn 7 ff. Wie bei § 140 umfasst die Erklärungspflicht nur die hinsichtl der **Kapitaldeckung** bestehenden Gründungsvorschriften (Lutter/*Schwab* Rn 9; Kallmeyer/*Zimmermann* Rn 3; Semler/Stengel/*Diekmann* Rn 8). Es muss also zum Ausdruck gebracht werden, dass die übertragende AG/KGaA auch nach einer ggf durchzuführenden Kapitalherabsetzung ein Mindestgrundkapital von EUR 50 000 ausweisen wird (§ 7 AktG), dass die Anforderungen an den Nennbetrag der einzelnen Aktien bzw an das Verhältnis zwischen Zahl von Stückaktien und Grundkapital weiterhin eingehalten sind (§ 8 AktG; Lutter/*Schwab* Rn 1) und insbes, dass das (ggf herabgesetzte) Grundkapital nach wie vor durch das verbleibende Nettobuchvermögen gedeckt ist.

5 **b) Gesellschaftsvertragliche Voraussetzungen.** Die durch Gesetz und Satzung vorgesehenen Gründungsvoraussetzungen unter Berücksichtigung der Abspaltung oder Ausgliederung müssen vorliegen, Abs 1. Wie bei § 140 bleibt unklar, welche gesetzl oder vertragl Gründungsvoraussetzungen gemeint sind; jedenfalls kann sich die Erklärungspflicht nicht auf etwaige historische Sacheinlagen erstrecken (vgl § 27 AktG; wie hier Lutter/*Schwab* Rn 10). Zu den Einzelheiten vgl § 140 Rn 9.

6 **c) Maßgeblicher Zeitpunkt.** Die Erklärung nach Abs 1 ist mit dem Inhalt abzugeben, dass die Gründungsvoraussetzungen (vgl Rn 5) **zum Zeitpunkt der Anmeldung** vorliegen. Veränderungen, die nach dem Tag der Anmeldung eintreten, verpflichten weder zu einer erneuten Anmeldung noch zu einer neuen Erklärung über die Gründungsvoraussetzungen. Vgl iÜ § 140 Rn 10.

7 **d) Formulierung der Erklärung.** Die Erklärung der Mitglieder des Vorstands der AG oder der phG einer KGaA sollte angesichts der Strafbewehrung, § 313 II, möglichst exakt sein. Sie muss mindestens umfassen, dass das Grundkapital der übertragenden AG auch nach Wirksamwerden der Spaltung durch das verbleibende Verm – zu BW – gedeckt ist. Vgl iÜ § 140 Rn 11. Die Erklärung wird regelm im Anmeldetext aufgenommen. Bei isolierter Abgabe bedarf sie keiner bes **Form** (wie hier Kallmeyer/*Zimmermann* Rn 5; Lutter/*Schwab* Rn 12; KölnerKommUmwG/*Simon* Rn 12: vgl auch § 140 Rn 4).

4. Gerichtliche Prüfung

8 Zur gerichtl Prüfungskompetenz vgl § 140 Rn 12.

5. Weitere Anlagen der Anmeldung (Abs 2)

9 Gem Abs 2 muss bei der Anmeldung der Abspaltung oder der Ausgliederung „außer den sonst erforderl" Unterlagen auch der Spaltungsbericht nach § 127, bei der Abspaltung darüber hinaus der Prüfungsbericht nach § 125 iVm § 12 beigefügt werden. Diese ausdrückl Anordnung ist überflüssig und missverständl, weil die Beifügung der genannten Unterlagen bereits aus §§ 135, 125, 17 folgt. Auch der Gesetzgeber scheint grdsl davon auszugehen, dass § 17 uneingeschränkt Anwendung findet (RegEBegr BR-Drs 75/94 zu § 129). Aus der ausdrückl Anordnung in Abs 2 (ebenso § 148 II) kann nicht geschlossen werden, in allen anderen Spaltungsfällen müsse ein Spaltungsbericht und – soweit vorhanden – ein Spaltungsprüfungsbericht nicht beigefügt werden (ebenso Lutter/*Schwab* Rn 14). Ebenso

wenig folgt aus Abs 2 die unbedingte Verpflichtung zur Erstellung eines Spaltungsberichts oder Spaltungsprüfungsbericht. Sind diese Unterlagen nicht notw (vgl § 127 Rn 21), erübrigt sich auch ihre Einreichung (Semler/Stengel/*Diekmann* Rn 10; Kallmeyer/*Zimmermann* Rn 6; Maulbetsch/Klumpp/Rose/*Klumpp* Rn 2; KölnerKommUmwG/*Simon* Rn 16).

Dritter Abschnitt. Spaltung unter Beteiligung eingetragener Genossenschaften

Vorbemerkungen zu §§ 147, 148

1. Allgemeines

Eingetragene Genossenschaften können an Spaltungen als übertragender, übernehmender oder neuer Rechtsträger beteiligt sein. Zur Beteiligung von SCE vgl § 124 Rn 17, 37. Einschränkungen aus den bes Vorschriften bestehen nicht (vgl auch § 124 Rn 15, 35 und die Übersichten bei Vor §§ 123–173 Rn 10 f). 1

Die bes Vorschriften des Dritten Buches (Spaltung) für eG bestehen ledigl aus §§ 147 und 148. Daneben sind §§ 79–98 entspr anzuwenden (§§ 125, 135). Hieraus ergeben sich einige Besonderheiten ggü der Spaltung von anderen Rechtsträgern. Zu Einzelheiten vgl auch die Komm zu §§ 79–98. 2

2. Spaltungs- und Übernahmevertrag

Die Anforderungen an den Spaltungsvertrag bestimmen sich zunächst nach § 126. Bei der Beteiligung einer eG als übernehmender Rechtsträger gilt über § 125 zusätzl § 80. Hierdurch werden die Bestimmungen für die Festlegung des Umtauschverhältnisses (§ 126 I Nr 3) modifiziert. **§ 80 I 1 Nr 1 und Nr 2** tragen dem Umstand Rechnung, dass nach geltendem Genossenschaftsrecht die Beteiligung eines Mitglieds mit mehr als einem Geschäftsanteil einer ausdrückl Regelung im Statut bedarf (§ 7a I GenG). Für Spaltungen eines Rechtsträgers anderer Rechtsform auf eine eG ist zusätzl **§ 80 I 2** zu beachten, der die Angabe des Betrages und der Zahl der Geschäftsanteile für jeden Anteilsinhaber des übertragenden Rechtsträgers verlangt. Zu Einzelheiten, insbes zur Bestimmung des Umtauschverhältnisses bei Umw ausschließl unter Beteiligung von eG einerseits und unter Beteiligung von Rechtsträgern auch anderer Rechtsform andererseits, vgl § 80 Rn 6 ff. 3

Der Verschmelzungsvertrag muss ferner den Stichtag der Schlussbilanz einer übertragenden eG angeben, §§ 125, 80 II. Vgl § 80 Rn 10. 4

3. Spaltungsprüfung, Spaltungsbericht

Besonderheiten für die Spaltungsprüfung folgen aus §§ 125, 135 iVm § 81. An die Stelle der Spaltungsprüfung tritt nach § 81 I (iVm §§ 135, 125, 9–12) das Prüfungsgutachten des zuständigen Prüfungsverbandes, das auch bei Ausgliederungen zu erstatten ist (vgl iÜ § 125 S 2). Zu den Anforderungen an das Prüfungsgutachten vgl § 81 Rn 5 ff. Die Prüfungskompetenz des Prüfungsverbandes wird durch § 81 II dahingehend erweitert, dass er auch Spaltungsprüfungen iSv §§ 125, 135, 9–12 für andere beteiligte Rechtsträger durchführen kann, sofern es sich hierbei um Unternehmen iSv Art 25 I EGHGB handelt (vornehml im Mehrheits- 5 besitz von eG stehende AG und GmbH). Das Prüfungsrecht besteht unabhängig davon, ob die MutterGen selbst als Rechtsträger an der Spaltung beteiligt ist. Zur Beifügung des Prüfungsgutachtens bei der Anmeldung vgl § 148 Rn 5. Zum **Spaltungsbericht** vgl § 148 Rn 5.

4. Spaltungsbeschluss

6 Der Spaltungsbeschluss der Genossen muss in einer **Generalversammlung** gefasst werden (§§ 125, 135, 13 I 2). Die Einberufung und Durchführung der Generalversammlung richtet sich grdsl nach den Regelungen im GenG (§§ 43 ff GenG). Ergänzende Anforderungen hierfür stellen §§ 125, 135, 82, 83 auf. Zu Einzelheiten vgl die Komm dort.

7 Der Spaltungsbeschluss einer eG bedarf einer **Mehrheit** von drei Vierteln der abgegebenen Stimmen, soweit nicht das Statut erschwerende Erfordernisse vorsieht (§§ 125, 135, 84).

5. Anmeldeverfahren

8 Die Anmeldung erfolgt – seit der Änderung von § 157 GenG – durch den gesamten Vorstand in vertretungsberechtigter Anzahl (Lutter/*Bayer* § 148 Rn 1). Zu Besonderheiten des Anmeldeverfahrens vgl § 148.

6. Rechtsfolgen der Spaltung unter Beteiligung von Genossenschaften

9 Für den **Anteilstausch** bei der Aufspaltung oder Abspaltung einer eG enthält § 87 bes Regelungen, die über §§ 125, 135 Anwendung finden. Entsprechendes gilt für § 88, der bei der Spaltung einer KapGes oder eines rechtsfähigen Vereins auf eine eG zu beachten ist.

10 §§ 29–34 sind bei der Aufspaltung oder Abspaltung einer eG nicht anzuwenden; an die Stelle des Abfindungsangebots tritt das **Ausschlagungsrecht** nach §§ 90–94 (iVm §§ 125, 135).

11 Handelt es sich bei dem übernehmenden Rechtsträger um eine eG, so sind die **Eintragungs- und Benachrichtigungspflichten** nach § 89 (iVm §§ 125, 135) zu beachten. Zur Fortdauer einer bei der übertragenden eG bestehenden **Nachschusspflicht** vgl § 95 Rn 2 ff.

§ 147 Möglichkeit der Spaltung

Die Spaltung eines Rechtsträgers anderer Rechtsform zur Aufnahme von Teilen seines Vermögens durch eine eingetragene Genossenschaft kann nur erfolgen, wenn eine erforderliche Änderung der Satzung der übernehmenden Genossenschaft gleichzeitig mit der Spaltung beschlossen wird.

1 Die inhaltl § 79 entspr Vorschrift gilt bei Spaltungen zur Aufnahme, an denen eine eG als übernehmender und ein Rechtsträger anderer Rechtsform als übertragender Rechtsträger beteiligt sind. In anderen Fällen (nur eG sind an der Spaltung beteiligt) ist die gleichzeitige Beschlussfassung nicht Eintragungsvoraussetzung, selbst wenn Änderungen der Satzung erforderl sind (Widmann/Mayer/*Fronhöfer*

Rn 7; Semler/Stengel/*Bonow* Rn 29; Maulbetsch/Klumpp/Rose/*Frenz* Rn 5; KölnerKommUmwG/*Schöpflin* Rn 18).

Erforderl bedeutet nicht, dass die Satzungsänderung notw zur Durchführung der Spaltung ist. Erforderl ist jede Änderung, die im Spaltungsvertrag vereinbart ist (Widmann/Mayer/*Fronhöfer* Rn 13; Lutter/*Bayer* Rn 19 ff; Semler/Stengel/*Bonow* Rn 30; Maulbetsch/Klumpp/Rose/*Frenz* Rn 6; KölnerKommUmwG/*Schöpflin* Rn 19). Prakt bes bedeutsam ist die Aufnahme einer Regelung zur Beteiligung eines Genossen mit mehr als einem Geschäftsanteil (§ 7a GenG). Durch die Gestattung der **Mehrfachbeteiligung** kann der Kapitalabfluss nach § 87 II vermieden werden (Lutter/*Bayer* Rn 21). Es können auch andere Änderungen der Satzung vereinbart werden (Unternehmensgegenstand, Firma, Beitrittsvoraussetzung etc; vgl näher Lutter/*Bayer* Rn 19 ff; Semler/Stengel/*Bonow* Rn 31 ff). 2

Nach dem klaren Wortlaut ist die Änderung der Satzung der übernehmenden eG **gleichzeitig** mit der Spaltung zu beschließen. Der Spaltungsbeschluss und die Beschlüsse über die Satzungsänderung müssen also zu einem **gemeinsamen Beschlussgegenstand** zusammengefasst werden (Lutter/*Bayer* Rn 25; Semler/Stengel/*Bonow* Rn 35; aA Maulbetsch/Klumpp/Rose/*Frenz* Rn 9). Getrennte Beschlüsse in derselben General- oder Vertreterversammlung genügen nicht. Erforderl Änderungen können aber bereits zuvor beschlossen werden (Lutter/*Bayer* Rn 27; Semler/Stengel/*Bonow* Rn 35; Maulbetsch/Klumpp/Rose/*Frenz* Rn 9; Widmann/Mayer/*Fronhöfer* Rn 16; KölnerKommUmwG/*Schöpflin* Rn 22). Sie richten sich ausschließl nach dem allg Genossenschaftsrecht und sind von dem späteren Eintritt der Spaltungswirkungen unabhängig. 3

Das **Verfahren** zur Änderung der Satzung einschl der Anmeldung richtet sich nicht nach den Vorschriften des UmwG, sondern ausschließl nach §§ 16, 43 ff GenG (Lutter/*Bayer* Rn 26; Widmann/Mayer/*Fronhöfer* Rn 17 ff; Semler/Stengel/*Bonow* Rn 36; KölnerKommUmwG/*Schöpflin* Rn 23). 4

§ 148 Anmeldung der Abspaltung oder der Ausgliederung

(1) **Bei der Anmeldung der Abspaltung oder der Ausgliederung zur Eintragung in das Register des Sitzes einer übertragenden Genossenschaft hat deren Vorstand auch zu erklären, daß die durch Gesetz und Satzung vorgesehenen Voraussetzungen für die Gründung dieser Genossenschaft unter Berücksichtigung der Abspaltung oder der Ausgliederung im Zeitpunkt der Anmeldung vorliegen.**

(2) **Der Anmeldung der Abspaltung oder der Ausgliederung sind außer den sonst erforderlichen Unterlagen auch beizufügen:**
1. der Spaltungsbericht nach § 127;
2. das Prüfungsgutachten nach § 125 in Verbindung mit § 81.

1. Erklärung über Vorliegen der Gründungsvoraussetzungen

Die Vorschrift entspricht inhaltl der Regelung in § 146, hinsichtl Abs 1 auch der in § 140 (vgl ergänzend die Komm dort). Der Vorstand einer übertragenden eG hat anlässl der Anmeldung einer Abspaltung oder Ausgliederung ebenso wie der Vorstand einer AG oder die Geschäftsführer einer GmbH zu erklären, dass trotz der Vermögensübertragung die Voraussetzungen für die Gründung der eG nach wie vor gegeben sind. Die Erklärung ist allerd bei der Anmeldung der 1

Spaltung einer eG nicht strafbewehrt (vgl § 313 II; aA Semler/Stengel/*Bonow* Rn 8).

2 Die Erklärung ist – wie die Anmeldung der Spaltung selbst (vgl Vor §§ 147, 148 Rn 8) – durch Mitglieder des Vorstands in **vertretungsberechtigter Anzahl** abzugeben (Lutter/*Bayer* Rn 19; KölnerKommUmwG/*Schöpflin* Rn 4; aA Semler/Stengel/*Bonow* Rn 4). Einer bes **Form** bedarf sie nicht (Lutter/*Bayer* Rn 19; Semler/Stengel/*Bonow* Rn 4; Widmann/Mayer/*Fronhöfer* Rn 11; dazu § 140 Rn 4). In der Praxis wird sie regelm im Anmeldungstext aufgenommen. Bei einer Anmeldung nach § 129 durch das Vertretungsorgan des übernehmenden Rechtsträgers kann die Erklärung von diesem Vertretungsorgan abgegeben werden (str; wie hier Semler/Stengel/*Bonow* Rn 11 ff; vgl iÜ § 140 Rn 5 f). Zum maßgebl Zeitpunkt und zur Verpflichtung, die Erklärung ggf zu ergänzen bzw zu berichtigen vgl § 140 Rn 10.

3 **Inhaltl** bezieht sich die Erklärung bei einer AG oder einer GmbH im Wesentl auf die Einhaltung der bei der Gründung dieser Ges zu beachtenden Vorschriften über die Aufbringung und Erhaltung des Kapitals sowie auf die Vorschriften über die Mindestvoraussetzungen an die Zusammensetzung des Kapitals. Vgl zu Einzelheiten § 140 Rn 7 ff und § 146 Rn 4 ff. Gründungsvorschriften, auf die die Spaltung keinen Einfluss haben kann (etwa zulässige Firma), werden hingegen von der Erklärung bei einer GmbH oder AG nicht erfasst (vgl § 140 Rn 9). Dies gilt im Grds auch für eG. Werden solche Änderungen der Satzung in zeitl Zshg mit der Spaltung beschlossen, ist dies ein außerh des UmwR und damit ausschließl nach dem GenG zu beurteilender Vorgang (Lutter/*Bayer* Rn 17). Zum maßgebl Zeitpunkt für die Beurteilung vgl § 146 Rn 6 und § 140 Rn 10.

4 Zwar besteht – anders als bei der AG/KGaA oder GmbH – **kein** fester Maßstab für den **Mindestkapitalschutz,** das Registergericht hat jedoch anlässl der Gründung der eG nach § 11a II GenG die Eintragung abzulehnen, wenn nach den persönl oder wirtschaftl Verhältnissen, insbes der Vermögenslage der eG, eine Gefährdung der Belange der Mitglieder oder der Gläubiger der eG zu besorgen ist. Hierauf muss sich die Erklärung des Vorstandes beziehen (ebenso Lutter/*Bayer* Rn 16; Maulbetsch/Klumpp/Rose/*Frenz* Rn 5; vgl auch Semler/Stengel/*Bonow* Rn 5 ff: Mindestmaß an Förderfähigkeit; Widmann/Mayer/*Fronhöfer* Rn 8: die eG muss lebensfähig sein). Der Text der Erklärung sollte sich am Wortlaut von § 11a II GenG orientieren (vgl auch § 140 Rn 11). Im Einzelfall muss die Erklärung aufgrund des Förderzwecks (§ 1 GenG) auch eine Änderung des Sitzes und des Gegenstands des Unternehmens umfassen (Lutter/*Bayer* Rn 17).

2. Zusätzliche Unterlagen

5 Abs 2 entspricht § 146 II. Das **Prüfungsgutachten** (Nr 2) ist allerd auch bei der Ausgliederung einzureichen (Hintergrund: Bei anderen Rechtsformen gibt es eine Ausgliederungsprüfung nicht, § 125 S 2; vgl demggü §§ 81, 125). Soweit in Nr 1 die Beifügung des **Spaltungsberichts** bei der Anmeldung der Abspaltung oder der Ausgliederung angeordnet wird, liegt wiederum (vgl § 146) eine Doppelregelung vor. Der Spaltungsbericht ist – auch bei einer Aufspaltung – bereits nach §§ 125, 135 iVm § 17 der Anmeldung als Anlage beizufügen (vgl dazu § 146 Rn 9; wie hier Widmann/Mayer/*Fronhöfer* Rn 41 ff). Aus der Doppelregelung lässt sich allerd nicht schließen, dass bei Beteiligung einer eG stets ein Spaltungsbericht zu erstellen ist (so aber Lutter/*Bayer* Rn 23; Semler/Stengel/*Bonow* Rn 9, 21; wie hier Widmann/Mayer/*Fronhöfer* Rn 41 ff; Maulbetsch/Klumpp/Rose/*Frenz*

Rn 8). Ist ein Spaltungsbericht etwa wegen **Verzichts** aller Genossen (hierzu § 127 Rn 21 f) nicht erstellt worden, kann und muss er nicht der Anmeldung beigefügt werden.

6 Auch Abs 2 Nr 2 ist unnötig (ebenso Widmann/Mayer/*Fronhöfer* Rn 46; Lutter/*Bayer* Rn 25; Semler/Stengel/*Bonow* § 147 Rn 21: klarstellend). Die Verpflichtung, der Anmeldung der Abspaltung oder Ausgliederung (§ 81) das **Prüfungsgutachten** nach §§ 125, 81 beizufügen, folgt bereits aus der über §§ 125, 135 entspr anwendbaren Vorschrift von § 86 I. Zum Prüfungsgutachten vgl Vor §§ 147, 148 Rn 5. § 86 II, der mehrere übertragende Rechtsträger voraussetzt, hat bei der Spaltung keine Bedeutung.

Vierter Abschnitt. Spaltung unter Beteiligung rechtsfähiger Vereine

Vorbemerkungen zu § 149

Schrifttum: Schrifttum bis 2000 siehe 4. Auflage; *Balzer,* Rechtliche Aspekte des Börsengangs von Fußball-Kapitalgesellschaften, FB 2001, 50; *Schröder,* Ausgliederungen aus gemeinnützigen Organisationen auf gemeinnützige und steuerpflichtige Körperschaften, DStR 2001, 1415; *Stock,* Wahl der Rechtsform im gemeinnützigen Non-Profit-Bereich, NZG 2001, 440; *Fuhrmann,* Ausgliederung von Zweckbetrieben, DStR 2002, 2013; *Hundt/Grabau/Wruck,* Steuergestaltende Aspekte bei gemeinnützigen Vereinen, BuW 2002, 232; *Kußmaul/Zabel,* Grundsätzliche Überlegungen zur Umwandlung eines (Fußball-)Vereins in eine Kapitalgesellschaft, StuB 2003, 687; *Niehus,* Konzernrechnungslegungspflicht von Groß-Vereinen – Dargestellt am Beispiel des ADAC e. V., DB 2003, 1125.

1. Allgemeines

1 Für die Spaltung von rechtsfähigen Vereinen (eV oder wirtschaftl Verein) ist § 149 die einzige Regelung in den bes Vorschriften des Dritten Buches (Spaltung). Daneben sind über die Verweisung in §§ 135, 125 die bes Vorschriften des Zweiten Buches (Verschm) in §§ 99–104a anwendbar. Zur Regelungstechnik allg vgl § 125 Rn 5 ff und § 135 Rn 2 ff. Näher zum wirtschaftl Bedürfnis Lutter/*Hennrichs* Rn 2.

2. Spaltungsmöglichkeiten

2 Zu den Spaltungsmöglichkeiten vgl § 149 und § 124 Rn 19 ff, 38 ff sowie die Übersichten bei Vor §§ 123–173 Rn 10 f.

3. Spaltungs- und Übernahmevertrag

3 Für den Spaltungs- und Übernahmevertrag bei Beteiligung eines rechtsfähigen Vereins existieren keine bes Vorschriften (vgl aber Rn 9). Er richtet sich inhaltl nach **§ 126.** IÜ sind über §§ 125, 135 die **§§ 4, 6, 7** zu beachten.

4. Spaltungsbericht und Spaltungsprüfung

4 Für den Spaltungsbericht bei einem rechtsfähigen Verein existieren keine Besonderheiten. Er ist vom Vorstand zu erstatten, es sei denn, die Ausnahmen nach § 127 S 2 liegen vor (vgl dazu § 127 Rn 14).

5 Der Spaltungsvertrag (Spaltungsplan) für einen wirtschaftl Verein ist stets zu prüfen (§§ 125, 135, **100 S 1**). Zu den Ausnahmen vgl § 9 II, III. Beim eV ist die Prüfung hingegen nur erforderl, wenn sie von mindestens 10% der Mitglieder schriftl verlangt wird. Maßgebl ist die Zahl der Mitglieder, nicht die von ihnen repräsentierte Stimmmacht. Zum Prüfungsumfang und zum Prüfungsbericht vgl im Einzelnen §§ 9–12. Bei Ausgliederungen besteht keine Prüfungspflicht, § 125 S 2.

5. Spaltungsbeschluss

6 Für die Vorbereitung und die Durchführung der Mitgliederversammlung sind die Anforderungen in **§§ 101, 102** (iVm §§ 125, 135) zu beachten. Vgl im Einzelnen dort.

7 Der Spaltungsbeschluss der Mitgliederversammlung bedarf einer Mehrheit von drei Vierteln der erschienenen Mitglieder, soweit nicht die Satzung erschwerende Erfordernisse vorsieht (§§ 125, 135, **103**).

6. Eintragungsverfahren

8 Grdsl sind über §§ 125, 135 die **§§ 16 ff** anwendbar. Eingetragene Vereine sind im Vereinsregister eingetragen, sodass Besonderheiten nicht auftreten. Anderes gilt für wirtschaftl Vereine, die nicht im Vereinsregister und ggf (vgl § 33 HGB) auch nicht im HR eingetragen sind. Für diese Fälle modifiziert §§ 125, 135, **104** das Anmelde- (Schlussbilanzeinreichung) und Eintragungsverfahren. Zu Einzelheiten vgl dort.

7. Besonderheiten bei der Barabfindung

9 Bei der Spaltung von Körperschaften, die ausschließl und unmittelbar gemeinnützigen, wohltätigen oder kirchl Zwecken dienen (§ 5 I Nr 9 KStG), entfällt die Notwendigkeit der Aufnahme eines Barabfindungsangebots nach §§ 29–34 (§§ 125, 135, **104a**).

§ 149 Möglichkeit der Spaltung

(1) **Ein rechtsfähiger Verein kann sich an einer Spaltung nur beteiligen, wenn die Satzung des Vereins oder Vorschriften des Landesrechts nicht entgegenstehen.**

(2) **Ein eingetragener Verein kann als übernehmender Rechtsträger im Wege der Spaltung nur andere eingetragene Vereine aufnehmen oder mit ihnen einen eingetragenen Verein gründen.**

Schrifttum: Siehe Schrifttum Vor § 149.

1. Einschränkungen der Spaltung

1 Nach Abs 1 kann sich ein rechtsfähiger Verein (eV oder wirtschaftl Verein) an einer Spaltung nur beteiligen, wenn die Satzung des Vereins oder Vorschriften des Landesrechts nicht entgegenstehen. Zur Verschm vgl § 99 I. Eine ausdrückl Satzungsbestimmung, die die Spaltung (Umw) untersagt, dürfte selten sein. Es genügt, wenn eine Satzungsbestimmung der Spaltung (Umw) „sinngemäß" entgegensteht, allerd nur, wenn sich hierfür konkrete Anhaltspunkte in der Satzung

finden lassen (Lutter/*Hennrichs* Rn 8, § 99 Rn 11; Widmann/Mayer/*Vossius* § 99 Rn 25). Nicht verschmelzungsfähig ist der sog Vor-Verein (Widmann/Mayer/*Vossius* § 99 Rn 25; Lutter/*Hennrichs* Rn 8). Landesrechtl Vorschriften zum Vereinsrecht sind relativ selten. Augenblickl besteht wohl keine landesrechtl Vorschriften, die einer Spaltung (Umw) entgegensteht (Lutter/*Hennrichs* § 99 Rn 13; Semler/Stengel/*Katschinski* Rn 7). Vgl iÜ die Komm von § 99.

2. Einschränkungen der Spaltungsmöglichkeiten

Zu den Einschränkungen der Spaltungsmöglichkeiten eines eV nach Abs 2 vgl § 124 Rn 19, 38. Wirtschaftl Vereine können als übernehmende oder neue Rechtsträger überhaupt nicht an einer Spaltung beteiligt sein (vgl § 124 Rn 25 und Rn 43). Vgl iÜ § 99 II. 2

Fünfter Abschnitt. Spaltung unter Beteiligung genossenschaftlicher Prüfungsverbände

Vorbemerkungen zu § 150

1. Allgemeines

Für die Spaltung genschaftl Prüfungsverbände ist § 150 die einzige Regelung in den bes Vorschriften des Dritten Buches (Spaltung). Ergänzend sind über §§ 125, 135 die §§ 105–108 zu beachten. Aber auch in diesen bes Vorschriften des Zweiten Buches (Verschm) sind nur wenige Abweichungen von den allg Vorschriften geregelt. Zur Regelungstechnik allg vgl § 123 Rn 5 ff und § 135 Rn 2 ff. 1

2. Möglichkeiten der Spaltung

Zu den Möglichkeiten der Spaltung vgl § 150 und § 124 Rn 21 ff, 42 sowie die Übersichten bei Vor §§ 123–173 Rn 10 f. 2

3. Spaltungs- und Übernahmevertrag, Spaltungsplan

Besonderheiten beim Spaltungsvertrag bestehen bei der Beteiligung genossenschaftl Prüfungsverbände nicht. §§ 126, 4, 6, 7 (iVm §§ 125, 135) finden Anwendung. 3

4. Spaltungsbericht, Spaltungsprüfung

Für den Spaltungsbericht gelten bei genossenschaftl Prüfungsverbänden keine Besonderheiten. Die inhaltl Anforderungen richten sich nach § 127. Der Spaltungsbericht ist nur unter den Voraussetzungen von § 127 S 2 (dort Rn 21 f) entbehrl. 4

Eine Spaltungsprüfung findet bei genossenschaftl Prüfungsverbänden nicht statt (Semler/Stengel/*Katschinski* Rn 9; Lutter/*Bayer* § 150 Rn 3); weder die bes Vorschriften des Dritten (Spaltung) noch des Zweiten (Verschm) Buches enthalten einen „Prüfungsbefehl"; vgl Vor §§ 9–12 Rn 3. Der Gesetzgeber hielt die Mitglieder des Prüfungsverbandes, die ausschließl eG oder andere Unternehmen sind, für ausreichend sachkundig (RegEBegr BR-Drs 75/94 zu § 106). 5

5. Spaltungsbeschluss

6 Die Besonderheiten bei Vorbereitung, Durchführung und Beschlussfassung hat der Gesetzgeber in Anlehnung an die Regelung für den rechtsfähigen Verein bzw für die AG geregelt. §§ 125, 135, 106 verweisen insofern auf die entspr anwendbaren §§ 101–103. Vgl dazu Vor § 149 Rn 6, 7.

6. Eintragungsverfahren

7 Die speziellen Anforderungen an das Eintragungsverfahren bei der Beteiligung genossenschaftl Prüfungsverbände ergeben sich aus § 107 (§§ 125, 135). Vgl im Einzelnen dort.

7. Sonderaustrittsrecht

8 Die Mitglieder des übertragenden Verbandes können, nachdem sie Mitglieder des übernehmenden Verbandes durch die Spaltung geworden sind, gem § 39 BGB aus dem übernehmenden Verband austreten (§§ 125, 135 iVm § 108). Enthält die Satzung des übernehmenden Verbandes längere Fristen als zum Schluss des Gj, so sind diese unbeachtl (§§ 125, 135, 108). Zu Einzelheiten vgl §§ 105–108 Rn 8.

§ 150 Möglichkeit der Spaltung

Die Aufspaltung genossenschaftlicher Prüfungsverbände oder die Abspaltung oder Ausgliederung von Teilen eines solchen Verbandes kann nur zur Aufnahme der Teile eines Verbandes (übertragender Verband) durch einen anderen Verband (übernehmender Verband), die Ausgliederung auch zur Aufnahme von Teilen des Verbandes durch eine oder zur Neugründung einer Kapitalgesellschaft erfolgen.

1 Nach § 124 iVm § 3 I können genossenschaftl Prüfungsverbände auf allen Positionen Beteiligter einer Spaltung sein. Diese grdsl Möglichkeit wird durch § 150 allerd erhebl eingeschränkt. Aufspaltungen, Abspaltungen und Ausgliederungen von genossenschaftl Prüfungsverbänden als übertragende Rechtsträger sind nur zur Aufnahme durch einen anderen Verband zulässig (vgl auch § 124 Rn 21 ff und 42). Die Ausgliederung kann zusätzl zur Aufnahme durch eine oder zur Neugründung einer KapGes erfolgen. Mit letzterer Möglichkeit sollte insbes die Verselbstständigung von technischen Hilfsfunktionen mit Hilfe von KapGes ermögl werden (RegEBegr BR-Drs 75/94 zu § 150). Ein Prüfungsrecht wird den KapGes grdsl nicht erteilt. Vgl hierzu auch § 124 Rn 21 ff und 42.

Sechster Abschnitt. Spaltung unter Beteiligung von Versicherungsvereinen auf Gegenseitigkeit

Vorbemerkungen zu § 151

1. Allgemeines

1 Für den VVaG existiert mit § 151 ledigl eine Norm innerh der bes Vorschriften des Dritten Buches (Spaltung). Besonderheiten bei der Beteiligung von VVaG

ergeben sich jedoch aus §§ 125, 135, 109–119; zur Regelungstechnik allg vgl § 125 Rn 5 ff und § 135 Rn 2 ff.

2. Spaltungsmöglichkeiten

Zu den Spaltungsmöglichkeiten bei der Beteiligung von VVaG vgl § 151 und § 124 Rn 24, 39 ff. 2

3. Spaltungsvertrag

Soweit an der Spaltung nur VVaG beteiligt sind, sind Angaben nach § 126 I Nr 3–5 und Nr 7 (§§ 125, 135, **110**) im Spaltungsvertrag entbehrl. Es erübrigt sich also insbes die Angabe eines Umtauschverhältnisses, da ein Umtausch der Anteile bei der Spaltung auf einen VVaG nicht berücksichtigt werden soll (RegEBegr BR-Drs 75/94 zu § 110). Aus diesem Grund findet auch eine gerichtl Nachprüfung des Umtauschverhältnisses der Mitgliedschaften nicht statt (§§ 125, 135, **113**). 3

Sind an der Spaltung hingegen auch Versicherungs-AG beteiligt oder wird eine Ausgliederung auf eine bestehende oder neu gegründete GmbH vorgenommen (vgl im Einzelnen § 151 und § 124 Rn 24, 39 ff), richtet sich der Spaltungsvertrag bzw Spaltungsplan inhaltl wieder in vollem Umfang nach § 126. Bei der Auf- oder Abspaltung auf Versicherungs-AG erhalten alle Mitglieder des übertragenden VVaG Aktien als Gegenleistung, unabhängig davon, ob ihre Versicherungsverhältnisse übertragen werden (Lutter/*Hübner* § 151 Rn 2; Semler/Stengel/*Koerfer* § 151 Rn 17). 4

4. Spaltungsbeschluss

Besonderheiten für die Vorbereitung und die Durchführung der Versammlung der obersten Vertretung, die über die Zustimmung zum Spaltungsvertrag beschließen soll, sowie für die Beschlussfassung bei der Spaltung von VVaG ergeben sich aus §§ 125, 135, **111, 112.** Vgl im Einzelnen dort. Zur Frage, ob bei der Auf- oder Abspaltung unter ausschließl Beteiligung von VVaG wegen § 20 S 2 VAG immer eine nichtverhältniswahrende Spaltung vorliegt, vgl Semler/Stengel/*Koerfer* Rn 27. 5

5. Spaltungsbericht, Spaltungsprüfung

Für den Spaltungsbericht sind bei VVaG keine Besonderheiten zu beachten. Voraussetzungen und Inhalt regeln sich nach § 127. 6

Eine Spaltungsprüfung findet für den VVaG nicht statt, denn es existiert kein „Prüfungsbefehl" (vgl hierzu Vor §§ 9–12 Rn 3) in den bes Vorschriften des Dritten (Spaltung) und Zweiten (Verschm) Buches. 7

6. Spaltung zur Neugründung

Erfolgt die Spaltung zur Neugründung eines VVaG, so sind über §§ 125, 135 auch **§§ 114–117** zu beachten. 8

§ 151 Möglichkeit der Spaltung

[1] Die Spaltung unter Beteiligung von Versicherungsvereinen auf Gegenseitigkeit kann nur durch Aufspaltung oder Abspaltung und nur in der

Weise erfolgen, daß die Teile eines übertragenden Vereins auf andere bestehende oder neue Versicherungsvereine auf Gegenseitigkeit oder auf Versicherungs-Aktiengesellschaften übergehen. [2] Ein Versicherungsverein auf Gegenseitigkeit kann ferner im Wege der Ausgliederung einen Vermögensteil auf eine bestehende oder neue Gesellschaft mit beschränkter Haftung oder eine bestehende oder neue Aktiengesellschaft übertragen, sofern damit keine Übertragung von Versicherungsverträgen verbunden ist.

1 Nach § 124 iVm § 3 I können VVaG als übertragender, übernehmender oder neuer Rechtsträger an Spaltungen beteiligt sein. Die Kombinationsmöglichkeiten werden jedoch durch § 151 erhebl eingeschränkt. Die Spaltung unter Beteiligung von VVaG als übertragender Rechtsträger kann nur durch Aufspaltung oder Abspaltung auf andere bestehende oder neue VVaG oder auf – ebenfalls bestehende oder neu gegründete (vgl Semler/Stengel/*Koerfer* Rn 5; Lutter/*Hübner* Rn 2) – Versicherungs-AG erfolgen. Diese Einschränkung wurde vorgenommen, da AG und VVaG neben Körperschaften und Anstalten des öffentl Rechts die einzigen Rechtsformen sind, in denen Versicherungsgeschäfte betrieben werden dürfen (§ 7 I VAG). Die Ausgliederung ist insoweit wegen des zwingenden Zshg von Mitgliedschaft und Versicherungsverhältnis ausgeschlossen.

2 Soweit mit den übertragenen Vermögensteilen bloße Hilfsgeschäfte getätigt werden sollen, steht die Sperre von § 7 I VAG allerd nicht entgegen. Ein VVaG kann daher auch eine Ausgliederung zur Aufnahme durch eine oder zur Neugründung einer GmbH/AG durchführen (S 2), sofern keine Versicherungsverträge übertragen werden. Vgl zum Ganzen auch § 124 Rn 39 ff.

3 Die Spaltung unter Beteiligung eines VVaG bedarf nach § 14a VAG der Genehmigung der Aufsichtsbehörde.

Siebenter Abschnitt. Ausgliederung aus dem Vermögen eines Einzelkaufmanns

Vorbemerkungen zu §§ 152–160

1. Allgemeines

1 Die Ausgliederung aus dem Verm eines Einzelkaufmanns ist an die Stelle der vor 1995 mögl Umw des einzelkaufmännischen Unternehmens nach §§ 50 ff UmwG 1969 getreten (vgl näher § 124 Rn 44 ff). Der Einzelkaufmann kann – mangels Anteilsinhaber – Spaltungen nur in Form der Ausgliederung vornehmen. Zu den Ausgliederungsmöglichkeiten im Einzelnen vgl § 152 Rn 1, § 124 Rn 44 ff sowie die Übersichten bei Vor §§ 123–173 Rn 10 f.

2 Die §§ 152–160 enthalten Sonderregelungen für die Ausgliederung aus dem Verm des Einzelkaufmanns. Sie sind unterteilt in Vorschriften für die Ausgliederung zur Aufnahme (§§ 153–157) und die Ausgliederung zur Neugründung (§§ 158–160); § 152 gilt für beide Arten.

3 Bes Vorschriften im Zweiten Buch (Verschm), die aufgrund der Verweisung in §§ 125, 135 beachtet werden müssten, existieren nicht (§§ 120–122 sind auf die Ausgliederung nicht übertragbar). Dagegen sind die allg Vorschriften des Zweiten Buches (Verschm) aufgrund der Verweisung in §§ 125, 135 entspr anzuwenden. Zur Regelungstechnik allg vgl § 125 Rn 5 ff und § 135 Rn 2 ff.

2. Möglichkeiten der Spaltung

Zu den Möglichkeiten der Spaltung vgl im Einzelnen §§ 152 Rn 1, 124 Rn 44 ff sowie die Übersichten bei Vor §§ 123–173 Rn 10 f. 4

3. Spaltungs- und Übernahmevertrag, Spaltungsplan

Der Spaltungsvertrag bzw Spaltungsplan richtet sich inhaltl nach § 126. Daneben sind §§ 4, 6, 7 zu beachten. An die Stelle des Vertretungsorgans tritt der Einzelkaufmann selbst. Für die Frist zur **Zuleitung** des Spaltungsvertrags (Spaltungsplans) an den beim Einzelunternehmen bestehenden **Betriebsrat** ist mangels Beschlussfassung beim Einzelkaufmann auf dessen rechtl Bindung abzustellen. Der Spaltungsvertrag ist daher – zwingend als Entwurf – einen Monat vor dem Abschluss des Spaltungsvertrags dem Betriebsrat zuzuleiten; bei einer Spaltung zur Neugründung bietet sich es sich an, auf die Registeranmeldung abzustellen (zutr Semler/Stengel/*Maier-Reimer/Seulen* § 153 Rn 5 und § 158 Rn 9; Lutter/*Karollus* § 153 Rn 6; KölnerKommUmwG/*Simon* § 153 Rn 5). 5

4. Spaltungsbericht und Spaltungsprüfung

Ein Spaltungsbericht (Ausgliederungsbericht) ist für den Einzelkaufmann nicht erforderl (§ 153). Ebenso wenig bedarf es mangels Anteilsinhaber einer Prüfung des Spaltungsvertrags bzw Spaltungsplans. Auch beim übernehmenden Rechtsträger findet eine Prüfung nach § 125 S 2 nicht statt (Ausnahme bei eG: Gutachterl Äußerung des Prüfungsverbandes nach §§ 125, 81). 6

5. Spaltungsbeschluss

Da Anteilsinhaber nicht vorhanden sind, entfällt für den Einzelkaufmann die Notwendigkeit zur Fassung eines Spaltungsbeschlusses (Semler/Stengel/*Maier-Reimer/Seulen* § 154 Rn 11). Der Spaltungsvertrag wird für den Einzelkaufmann mit Abschluss wirksam. Ab diesem Zeitpunkt tritt Bindungswirkung ggü dem Vertragspartner ein (vgl hierzu allg § 4 Rn 4 ff). 7

Bei der **Spaltung zur Neugründung** dokumentiert der Einzelkaufmann durch die Beurkundung des Spaltungsplans (vgl § 136) und durch die Anmeldung der Eintragung seinen Willen, die Ausgliederung vorzunehmen. Einer förml **Ausgliederungserklärung** bedarf es nicht (so auch Widmann/Mayer/*Mayer* § 152 Rn 95: Lutter/*Karollus* § 154 Rn 12; Semler/Stengel/*Maier-Reimer/Seulen* § 154 Rn 11; KölnerKommUmwG/*Simon* § 154 Rn 12; Kallmeyer/*Zimmermann* § 154 Rn 3; vgl aber Kallmeyer/*Zimmermann* § 153 Rn 3). Der Einzelkaufmann kann das Ausgliederungsverfahren bis zur konstitutiven Eintragung jederzeit stoppen (ggf Antragszurücknahme). Zur Zustimmung von **Dritten** vgl § 152 Rn 31 ff. 8

6. Eintragungsverfahren

Hinsichtl des Eintragungsverfahrens enthalten §§ 154, 160 Besonderheiten (siehe dort). 9

Erster Unterabschnitt. Möglichkeit der Ausgliederung

§ 152 Übernehmende oder neue Rechtsträger

[1]Die Ausgliederung des von einem Einzelkaufmann betriebenen Unternehmens, dessen Firma im Handelsregister eingetragen ist, oder von Teilen desselben aus dem Vermögen dieses Kaufmanns kann nur zur Aufnahme dieses Unternehmens oder von Teilen dieses Unternehmens durch Personenhandelsgesellschaften, Kapitalgesellschaften oder eingetragene Genossenschaften oder zur Neugründung von Kapitalgesellschaften erfolgen. [2]Sie kann nicht erfolgen, wenn die Verbindlichkeiten des Einzelkaufmanns sein Vermögen übersteigen.

Schrifttum: *Jung,* Die stille Gesellschaft in der Spaltung, ZIP 1996, 1734; *Patt,* Errichtung einer Betriebsaufspaltung durch Umwandlung eines Einzelunternehmers, DStR 1994, 1383; *Perwein,* Vom Einzelunternehmen in die GmbH – Einzelrechtsnachfolge oder Gesamtrechtsnachfolge als besserer Weg?, GmbHR 2007, 1214.

Übersicht

1. Spaltungsmöglichkeiten

1 Da der Einzelkaufmann an sich selbst keine Anteile halten kann, die Anteile des übernehmenden oder neuen Rechtsträgers mithin dem Einzelkaufmann selbst gewährt werden müssen, können Einzelkaufleute nur als **übertragende Rechtsträger** und nur an einer Ausgliederung beteiligt sein (§ 124). Unzweifelhaft sind daneben Umstrukturierungen einzelkaufmännischer Unternehmen außerh des UmwG durch **Einzelrechtsübertragung** weiterhin zulässig (Widmann/Mayer/*Mayer* Rn 15; Lutter/*Karollus* Rn 9; Semler/Stengel/*Maier-Reimer/Seulen* Rn 3). Die Vor- und Nachteile sind im Einzelfall abzuwägen (etwa Vorteile der Gesamtrechtsnachfolge einerseits, Eintritt der gesamtschuldnerischen Haftung andererseits). Auch stl bestehen im Grds keine Unterschiede, da die bei der Ausgliederung aus dem Verm eines Einzelkaufmanns meist einschlägigen §§ 20 ff UmwStG sowohl bei Ausgliederungen als auch bei Einzelrechtsübertragungen anwendbar sind (§ 1 III UmwStG). S 1 schränkt die zunächst nach §§ 124, 3 I bestehenden **Möglichkeiten** der Ausgliederung wieder erhebl ein. Als übernehmende Rechtsträger kommen bei der Ausgliederung zur Aufnahme von Vermögensteilen des Einzelkaufmanns nur PhG, KapGes oder eG in Betracht. Für einen neu gegründeten Rechtsträger steht nur die Rechtsform der KapGes zur Vfg. Vgl näher zu den Spaltungsmöglichkeiten § 124 Rn 44 ff und die Übersichten bei Vor §§ 123–173 Rn 10 f.

2. Einzelkaufmann

2 S 1 setzt ein von einem **Einzelkaufmann betriebenes Unternehmen** voraus. Davon zu unterscheiden ist die Firma; sie ist ledigl der Name des Einzelkaufmanns im Rechtsverkehr (§ 17 I HGB). Träger aller Rechte und Pflichten und damit Rechtsträger iSd UmwG ist aber der Kaufmann, nicht etwa die Firma.

3 Weder das UmwG noch das HGB enthalten eine Def des **Begriffs** „Einzelkaufmann". In Abgrenzung zu den HandelsGes in § 6 HGB ist damit die natürl Person gemeint, die ein Handelsgewerbe iSv **§§ 1, 2 oder 3 II HGB** ausübt sowie unter ihrer Firma ihre Geschäfte betreibt und ihre Unterschriften abgibt (Widmann/Mayer/*Mayer* Rn 24); zur Eintragung der Firma Rn 8 ff. Seit Wirksamwerden des HRefG (1.7.1998) können auch sog Kleinunternehmer, deren Unternehmen nach Art oder Umfang einen in kaufmännischer Weise eingerichteten Geschäftsbetrieb nicht erfordert, durch Eintragung der Firma des Unternehmens in das HR den Status des Einzelkaufmanns erlangen (vgl § 2 HGB). Damit können durch vorherige Eintragung im HR (dazu Rn 8 ff) auch die früher als Minderkaufleute bezeichneten gewerbl Unternehmer eine Ausgliederung durchführen. Voraussetzung für die Handelsregistereintragung ist jedoch, dass ein **Handelsgewerbe** betrieben wird. Demzufolge scheiden nach wie vor nicht gewerbl Unternehmer (insbes Freiberufler) und Personen, deren Tätigkeit sich auf Vermögensverwaltung beschränkt, als Beteiligte einer Ausgliederung aus (OLG Frankfurt aM NJW-RR 2000, 770; Semler/Stengel/*Maier-Reimer/Seulen* Rn 21; KölnerKommUmwG/*Simon* Rn 12; Henssler/Strohn/*Büteröwe* Rn 8; vgl zur Kritik hieran § 124 Rn 44 ff). Zur Bedeutung von § 5 HGB vgl Rn 10).

4 Gesamthandsgemeinschaften sind nicht Einzelkaufleute iSv S 1. Für die GbR bedarf das keiner näheren Begr. Aber auch die **Erbengemeinschaft,** die das Handelsgeschäft nach dem Tod des Kaufmanns fortführt, fällt nicht unter §§ 152 ff (wie hier Widmann/Mayer/*Mayer* Rn 30; *Schwedhelm* Rn 181; Henssler/Strohn/*Büterowe* Rn 15; aA Lutter/*Karollus* Rn 14; Semler/Stengel/*Maier-Reimer/Seulen* Rn 26; Kallmeyer/*Kallmeyer/Sickinger* Rn 3; KölnerKommUmwG/*Simon* Rn 16; Maulbetsch/Klumpp/Rose/*Klumpp* Rn 4). Die Behandlung einer derartigen Erbengemeinschaft ist zwar handelsrechtl derjenigen des Einzelkaufmanns angenähert, sie wird dadurch (auch nicht durch Eintragung der Erben als fortführende Inhaber im HR) nicht zum Einzelkaufmann. Die handelsrechtl Annäherung ist von dem Umstand geprägt, dass das Unternehmen nach dem Tod des Einzelkaufmanns fortbesteht, die Situation also dringend einer Regelung bedarf. Diese Notwendigkeit der Gleichstellung besteht im UmwG nicht. Hier ist entscheidend, dass Träger des Verm die Erbengemeinschaft ist und diese in § 3 (§§ 125, 135) als Rechtsträger nicht aufgezählt ist. Insofern ist zuvor eine (Teil-)Auseinandersetzung vorzunehmen.

5 Bei **Gütergemeinschaften** ist zu diff. Zählt das Unternehmen (bzw das übertragene Verm) zum **Vorbehaltsgut** eines Ehegatten (§ 1418 BGB), sind die Vermögensgegenstände allein diesem Ehegatten zuzuordnen. Die §§ 152 ff sind dann anwendbar (ebenso Lutter/*Karollus* Rn 15; Widmann/Mayer/*Mayer* Rn 36; KölnerKommUmwG/*Simon* Rn 17). Anderes gilt, wenn das Unternehmen (das zu übertragene Verm) zum **Gesamtgut** der Ehegatten (§ 1416 BGB) zählt. In diesem Fall sind Träger des Verm die Ehegatten in ihrer gesamthänderischen Verbundenheit. Dies ist nicht nur eine im Familienrecht begründete Besonderheit (so aber Lutter/*Karollus* Rn 15; zust Widmann/Mayer/*Mayer* Rn 36; Maulbetsch/Klumpp/Rose/*Klumpp* Rn 5 f), sondern bewirkt, dass die Eheleute als Gesamt-

händer das Verm übertragen müssten. Die Gütergemeinschaft ist als übertragender Rechtsträger (vgl §§ 125, 3) im UmwG nicht vorgesehen (im Erg auch Semler/Stengel/*Maier-Reimer/Seulen* Rn 27; KölnerKommUmwG/*Simon* Rn 17; *Schwedhelm* Rn 181). Damit scheidet die Ausgliederung in diesen Fällen aus, § 1 II.

6 Bei der Fortführung des einzelkaufmännischen Unternehmens durch einen **Testamentsvollstrecker** hängt die Ausgliederungsfähigkeit davon ab, ob die Treuhand- oder Vollmachtslösung gewählt wurde. Bei der **Treuhandlösung** führt der Testamentsvollstrecker das einzelkaufmännische Unternehmen im eigenen Namen als Treuhänder der Erben fort. Er wird im HR eingetragen und ist als Einzelkaufmann anzusehen (vgl Baumbach/*Hopt* HGB § 1 Rn 42). Vgl auch Rn 15. Er kann dann als Einzelkaufmann eine Ausgliederung vornehmen (so auch Lutter/*Karollus* Rn 20; Widmann/Mayer/*Mayer* Rn 44 f; Semler/Stengel/*Maier-Reimer/Seulen* Rn 41; KölnerKommUmwG/*Simon* Rn 22). Bei der **Vollmachtslösung** (Fortführung im Namen der Erben als deren Bevollmächtigte) ist zu unterscheiden: Ein Alleinerbe kann – mit Zustimmung des Testamentsvollstreckers (Semler/Stengel/*Maier-Reimer/Seulen* Rn 41; Lutter/*Karollus* Rn 20) – ausgliedern; besteht dagegen eine Erbengemeinschaft, ist diese nicht ausgliederungsfähig (Rn 4).

7 Auch der **Pächter** und der **Nießbraucher** eines Handelsgeschäfts können Kaufmann sein. Einschränkungen der Umwandlungsmöglichkeiten ergeben sich jedoch aus deren eingeschränktem Nutzungsrecht. Vgl dazu Rn 13.

3. Eingetragene Firma

8 S 1 berechtigt den Einzelkaufmann nur dann zur Ausgliederung, wenn die **Firma** des von ihm betriebenen Unternehmens im (inl) HR eingetragen ist (OLG Frankfurt aM NJW-RR 2000, 770). Der Inhaber (etwa der Alleinerbe) muss nicht eingetragen sein (Semler/Stengel/*Maier-Reimer/Seulen* Rn 31; Lutter/*Karollus* Rn 24). Der **Wohnsitz** oder die Staatsangehörigkeit des Inhabers sind unbedeutend. Die Eintragung ein inl Zweigniederlassung genügt (Lutter/*Karollus* Rn 24, 28 ff; Semler/Stengel/*Maier-Reimer/Seulen* Rn 29; KölnerKommUmwG/*Simon* Rn 25). Die Kaufmannseigenschaft kraft Gesetzes (§ 1 II HGB) ohne Eintragung der Firma genügt nicht. Seit dem 1.7.1998 (HRefG) können auch sog Kleingewerbebetreibende durch Eintragung im HR den Kaufmannsstatus erwerben (§ 3 II HGB). Entsprechendes gilt für Land- und Forstwirte (§ 3 II HGB). Nach Eintragung erfüllen sie die Voraussetzungen von S 1. Zu nicht gewerbl Tätigkeiten vgl Rn 3.

9 Maßgebl Zeitpunkt ist nicht der Abschluss des Ausgliederungsvertrags oder die Erstellung des Ausgliederungsplans, sondern die Eintragung der Ausgliederung in das HR (so auch Lutter/*Karollus* Rn 24; Widmann/Mayer/*Mayer* Rn 25; Semler/Stengel/*Maier-Reimer/Seulen* Rn 45; Henssler/Strohn/*Büterowe* Rn 14); denn erst mit Eintragung der Spaltung in das HR wird die Umw wirksam (§ 131 I), vor diesem Zeitpunkt stattfindende Veränderungen sind daher grdsl zu beachten. Die Anmeldung der Firma des Einzelkaufmanns kann gleichzeitig mit der Anmeldung der Ausgliederung erfolgen (Lutter/*Karollus* Rn 24; Widmann/Mayer/*Mayer* Rn 25; Keßler/Kühnberger/*Dahlke* Rn 5).

10 Ist die Firma zwar in das HR eingetragen, diese Eintragung aber mangels Handelsgewerbe zu Unrecht erfolgt, so kann eine Ausgliederung nicht durchgeführt werden, **§ 5 HGB** entfaltet insoweit keine Wirkung (Semler/Stengel/*Maier-Reimer/Seulen* Rn 21; KölnerKommUmwG/*Simon* Rn 11; aA Lutter/*Karollus*

Rn 27; Widmann/Mayer/*Mayer* Rn 27). Die Vorschrift schützt nur im Geschäftsverkehr (Baumbach/*Hopt* HGB § 5 Rn 6). Das über die Eintragung zu befindende Registergericht ist hieran nicht gebunden. Es muss vielmehr anlässl des Eintragungsantrags der Ausgliederung ggf eine Amtslöschung nach § 395 FamFG durchführen. Zur Bedeutung von § 5 HGB vgl auch § 124 Rn 4. § 5 HGB ist ohnehin nicht anwendbar, wenn die eingetragene Person **kein Gew** betreibt (vgl Rn 3). Auch in diesen Fällen kann eine Ausgliederung trotz Eintragung nicht durchgeführt werden (ebenso Lutter/*Karollus* Rn 26; Widmann/Mayer/*Mayer* Rn 27; Semler/Stengel/*Maier-Reimer/Seulen* Rn 21). Wird die Ausgliederung eingetragen, obwohl die Firma fälschlicherweise im HR eingetragen ist, ist die Ausgliederung nach § 131 II (vgl § 131 Rn 112) dennoch wirksam (Lutter/*Karollus* Rn 26, 49; Widmann/Mayer/*Mayer* Rn 28). Ein Wirksamwerden ohne Voreintragung des Einzelkaufmanns im HR ist nicht denkbar, da erst mit der Eintragung der Ausgliederung in dessen Register die Ausgliederung wirksam wird (so zutr Lutter/*Karollus* Rn 49).

4. Ausgliederung des Unternehmens

Die Ausgliederung muss sich ferner auf das von dem Einzelkaufmann betriebene Unternehmen beziehen. Der handelsrechtl Unternehmensbegriff (dazu *K. Schmidt* ZGR 1980, 277 ff; Baumbach/*Hopt* HGB Einl vor § 1 Rn 31 ff) umfasst nach hM die dem Zweck der wirtschaftl Tätigkeit gewidmeten Sachen und Rechte (etwa Forderungen, Beteiligungen, Vertragsrechte, gewerbl Schutzrechte, die Firma, andere geschützte Kennzeichnungen, öffentl Gewerberechte usw) und sonstige wirtschaftl Werte, wie Erfahrungen, Know-how, Unternehmensgeheimnisse, Geschäftsbeziehungen, Kundenstamm, Personal, den geschäftl Ruf sowie den Goodwill (Baumbach/*Hopt* HGB Einl vor § 1 Rn 34). 11

S 1 gestattet dem Einzelkaufmann, das von ihm betriebene Unternehmen oder Teile desselben auszugliedern. Bes Bedeutung kommt dem Merkmal nicht zu (Lutter/*Karollus* Rn 21), da der Kaufmannsbegriff bereits den Betrieb eines Handelsgewerbes voraussetzt. Eine Beschränkung auf dem Unternehmen gewidmete Gegenstände folgt hieraus nicht. 12

Probleme treten auf, wenn das vom Kaufmann „betriebene" Unternehmen ihm nicht „gehört", namentl beim **Unternehmenspächter** bzw -nießbraucher. Der Unternehmenspächter ist selbst Kaufmann und betreibt selbst das Unternehmen (Baumbach/*Hopt* HGB Einl vor § 1 Rn 49). Er ist regelm Eigentümer nur des Umlaufvermögens. Als Kaufmann kann er zwar eine Ausgliederung durchführen, die ihm nicht gehörenden Gegenstände gehen aber nicht kraft Sonderrechtsnachfolge (§ 131 I Nr 1) über. Ob sie mit Zustimmung des Eigentümers (Verpächters) übergehen, hängt davon ab, ob § 185 BGB (entspr) auf den Übergang nach § 131 I Nr 1 anwendbar ist (so Lutter/*Karollus* Rn 18). Dies ist nicht anzunehmen, da der Spaltungsvertrag nur verpflichtende, nicht aber dingl Wirkung hat (vgl § 4 Rn 8). Der Rechtsübergang erfolgt kraft Gesetzes (§ 131 I Nr 1) und nicht kraft einer rechtsgeschäftl Vfg (im Erg ebenso Semler/Stengel/*Maier-Reimer/Seulen* Rn 37; *Schwedhelm* Rn 185; KölnerKommUmwG/*Simon* Rn 19; Widmann/Mayer/*Mayer* Rn 43). Übertragungsfähig ist aber der Pachtvertrag (vgl § 131 Rn 49, Semler/Stengel/*Maier-Reimer/Seulen* Rn 38), weswegen eine Ausgliederung des Unternehmens durch den Unternehmenspächter zu einer Fortführung der Unternehmenspacht mit dem übernehmenden Rechtsträger führt. Auf die Zustimmung des Verpächters kommt es für die dingl Wirksamkeit nicht an, ggf hat 13 der Verpächter ein außerordentl Kündigungsrecht (Semler/Stengel/*Maier-Reimer/Seulen* Rn 38; Lutter/*Karollus* Rn 18; vgl auch KölnerKommUmwG/*Simon* Rn 19).

14 Auch der **Unternehmensnießbraucher** betreibt selbst als Kaufmann das Unternehmen, wenn es nicht ein reiner Ertragsnießbrauch ist (Baumbach/*Hopt* HGB Einl vor § 1 Rn 50). Er kann ausgliedern (Lutter/*Karollus* Rn 18), ein Großteil der zum Unternehmen gehörenden Gegenstände geht aber mangels Eigentum/Inhaberschaft des Nießbrauchers nicht über. Eine Zustimmung des Bestellers hat keine dingl Wirkung. Die Situation entspr derjenigen der Unternehmenspacht (Rn 13). Anders als der Pachtvertrag kann der Nießbrauch aber nur eingeschränkt übertragen werden (vgl § 131 Rn 17). Mithin geht die Ausgliederung ins Leere. Denkbar wäre, dass die Ausübung des Nießbrauchs (§ 1059 S 2 BGB) auf den übernehmenden Rechtsträger übertragen wird (Semler/Stengel/*Maier-Reimer/Seulen* Rn 39; KölnerKommUmwG/*Simon* Rn 20). Dies setzt aber die Begr eines neuen Rechtsverhältnisses zwischen dem Nießbraucher und dem übernehmenden Rechtsträger voraus, da durch die Sonderrechtsnachfolge nur schon bestehende Rechtspositionen übergehen.

15 Ein kaufmännisches Unternehmen betreibt auch der **Testamentsvollstrecker,** wenn er das Unternehmen auf eigene Rechnung führt (dazu Rn 6). Sofern der Testamentsvollstrecker persönl als Inhaber des Handelsgeschäfts und nicht in seiner Eigenschaft als Testamentsvollstrecker in das HR eingetragen ist, ist er Inhaber des Handelsgeschäfts mit allen sich daraus ergebenden Rechtsfolgen (stRspr seit BGHZ 12, 100). Vorbehaltl einer anderen Anordnung des Erblassers ist der Testamentsvollstrecker berechtigt, das Unternehmen zu veräußern; deshalb ist auch eine Ausgliederung mögl (ebenso Widmann/Mayer/*Mayer* Rn 44 f; Lutter/*Karollus* Rn 20; Semler/Stengel/*Maier-Reimer/Seulen* Rn 41; *Limmer* Rn 2024).

16 Der Einzelkaufmann hat die Möglichkeit, **mehrere Unternehmen** unter jew eigener Firma zu führen, sofern die Unternehmen abgegrenzt und selbstständig sind (Baumbach/*Hopt* HGB § 17 Rn 8). Zum früheren Recht war umstritten, ob mehrere einzelkaufmännische Unternehmen bei einer Umw nach §§ 50, 56a UmwG 1969 in einem Akt auf eine neu gegründete AG bzw GmbH übertragen werden können (vgl hierzu 1. Aufl 1994, § 50 Anm 7, § 56a Anm 7, jew mit umfangreichen Nachw). Eine ausdrückl Klärung hat das UmwG 1995 nicht gebracht. Die prakt Bedeutung ist gering, da letztl alle gewünschten Umw durchgeführt werden können.

17 Werden **mehrere** von einer natürl Person betriebene **Einzelunternehmen,** die jew im HR eingetragen sind, auf **verschiedene Rechtsträger** ausgegliedert, so handelt es sich um isoliert zu beurteilende getrennte Ausgliederungsvorgänge. Dies gilt auch, wenn die verschiedenen Ausgliederungen in einer Urkunde zusammengefasst werden. Die Anforderungen nach § 126 (und den bes Vorschriften) an den Spaltungsvertrag sind für jedes Einzelunternehmen zu erfüllen. Die Rechtswirkungen, insbes der Vermögensübergang, richten sich nach der Zuordnung im Spaltungsvertrag. Die Ausgliederungen werden jew mit Eintragung im Register der jew Einzelunternehmen wirksam (aA Maulbetsch/Klumpp/Rose/*Klumpp* Rn 16 f). Durch entspr Aufnahme im Spaltungsvertrag können auch Zuordnungen der Vermögensgegenstände zu den Einzelunternehmen geändert werden (vgl auch Rn 19 f).

18 Nicht mögl ist die gleichzeitige Übertragung mehrerer Einzelunternehmen auf einen Rechtsträger in einem Akt. Dies sieht die Systematik des UmwG nicht vor.

Es fehlen Regelungen, welche Eintragung konstitutiv ist (Widmann/Mayer/*Mayer* Rn 65).

19 Dennoch können auch **mehrere Unternehmen in einem Akt** auf einen oder mehrere Rechtsträger übertragen werden. Denn der Kaufmann kann im Spaltungsvertrag bzw Spaltungsplan zusätzl auch Gegenstände des PV (dazu Rn 22 ff), aber auch Gegenstände, die einem anderen einzelkaufmännischen Unternehmen zugeordnet sind, aufnehmen und damit im Wege der Ausgliederung übertragen. Die Aufnahme der **Vermögensgegenstände** eines **anderen Unternehmens** in den Spaltungsvertrag bzw Spaltungsplan bewirkt die (teilw) Zusammenlegung der bisher verschiedenen Unternehmen (ebenso wohl Semler/Stengel/*Maier-Reimer/Seulen* Rn 47 aE; Widmann/Mayer/*Mayer* Rn 65; Lutter/*Karollus* Rn 40). Die so zugeordneten Gegenstände sind nicht in der Schlussbilanz (§ 17 II) des zu übertragenden Einzelunternehmens aufzunehmen; auch sonst werden Vermögensveränderungen nach dem Stichtag der Schlussbilanz nicht erfasst. **Stl** wird man die Zuordnung zu einem anderen Einzelunternehmen noch auf der Ebene der natürl Person nach § 6 V 1 EStG zu erfassen haben.

20 Die Ausgliederung wird bei Übertragung mehrerer Einzelunternehmen nur zu dem **HR angemeldet** und eingetragen, in dem die Firma, unter der der Kaufmann bei der Ausgliederung handelt, eingetragen ist. Diese Eintragung löst die Spaltungswirkungen aus. Bei den anderen einzelkaufmännischen Unternehmen, deren Firmen im HR eingetragen sind, ist zu diff. Lässt die Übertragung einzelner Gegenstände die Qualifizierung als einzelkaufmännisches Unternehmen unberührt, bleiben die Handelsregistereintragungen unverändert. Führt die Ausgliederung hingegen dazu, dass in Zukunft in diesen einzelkaufmännischen Unternehmen kein Handelsgewerbe mehr betrieben wird, ist – unabhängig vom Eintragungsverfahren bei der Ausgliederung – die Löschung dieser Firmen durchzuführen (§ 31 II HGB). Vgl iÜ auch § 155. Die Verpflichtung nach § 126 III besteht ggü den **Betriebsräten** aller beteiligten Einzelunternehmen.

21 Schließl können auch **Teile des Unternehmens,** wie S 1 nunmehr ausdrückl bestimmt, übertragen werden (Lutter/*Karollus* Rn 37 ff). Wie allg bei Spaltung (§ 126 Rn 64) besteht keine Beschränkung bei der Übertragung/Zurückbehaltung von zusammengehörenden Sachgesamtheiten, es können auch einzelne Aktiva und Passiva ausgegliedert werden. Die Möglichkeit der **stl Buchwertfortführung** setzt allerd die Übertragung von (fiktiven) **Teilbetrieben** iSv §§ 20, 21, 24 UmwStG voraus (vgl näher dort).

5. Übertragung von nicht unternehmensgebundenem Vermögen

22 Im UmwG 1995 fehlt eine § 52 IV Nr 1 S 2 UmwG 1969 entspr Regelung. Danach war es dem Einzelkaufmann freigestellt, ihm gehörende, aber bislang nicht unternehmensbezogene Vermögensgegenstände in die Vermögensübersicht aufzunehmen. Weder hieraus noch aus dem Merkmal Unternehmen (vgl Rn 11) kann geschlossen werden, dass der Einzelkaufmann im Wege der Ausgliederung nur (bislang schon) unternehmenszugehörige Vermögensgegenstände übertragen kann. Denn zum einen folgt aus den Materialien, dass eine Abkehr von der bisherigen Rechtssituation nicht gewollt war (RegEBegr BR-Drs 75/94 vor § 153). Zum anderen resultiert die Übertragbarkeit von nicht unternehmensgebundenem Verm (PV) bzw von einem anderen Einzelunternehmen zugeordneten Verm (vgl dazu Rn 19 f) aus dem Umstand, dass der Einzelkaufmann bereits durch

die Aufnahme dieser Gegenstände im Spaltungsplan die Unternehmensbezogenheit herstellt (Semler/Stengel/*Maier-Reimer/Seulen* Rn 67 ff; Widmann/Mayer/*Mayer* Rn 62; Kallmeyer/*Kallmeyer/Sickinger* Rn 1; Lutter/*Karollus* Rn 41; KölnerKommUmwG/*Simon* Rn 37; Keßler/Kühnberger/*Dahlke* Rn 8). Die Regelung in § 52 IV Nr 1 S 2 UmwG 1969 war überflüssig. Die frühere Streitfrage, ob – umgekehrt – einzelne Gegenstände des BV zurückgehalten werden können (dazu 1. Aufl 1994, § 56a Anm 8), ist nunmehr geklärt („oder von Teilen desselben"; zur Freiheit der Vermögensaufteilung vgl § 126 Rn 60 ff). Im Wege der Ausgliederung kann daher eine (stl) **Betriebsaufspaltung** begründet werden, dies allerdings regelmäßig nicht steuerneutral.

23 Grenzen der Aufteilungsfreiheit (dazu auch § 126 Rn 64 ff) bestehen bei dem Privatbereich zuzuordnenden **Verb.** Soweit diese höchstpersönl Natur sind oder kraft Natur des Anspruchs nicht übertragen werden können, gehen sie trotz Aufnahme im Spaltungsvertrag nicht über (bspw künftige Unterhaltsverpflichtungen; Widmann/Mayer/*Mayer* Rn 62; Lutter/*Karollus* Rn 41; Semler/Stengel/*Maier-Reimer/Seulen* Rn 68; vgl auch § 131 Rn 92).

6. Ausgliederungsverbot wegen Überschuldung

24 Die Ausgliederung ist ausgeschlossen, wenn die Verb des Einzelkaufmanns sein Verm übersteigen (S 2). Ist dies offensichtl der Fall, hat das Registergericht die Eintragung der Ausgliederung abzulehnen (§ 154). Die Regelung entspr § 50 S 2 Nr 2 UmwG 1969. Zur Nichtübernahme von § 50 S 2 Nr 1 UmwG 1969 vgl Rn 29. Dieses Ausgliederungsverbot besteht nicht, um die Entstehung eines von Anfang an überschuldeten Rechtsträgers durch die Ausgliederung zu vermeiden. Denn eine bestehende Überschuldung beim Einzelkaufmann bedeutet nicht, dass auch auf übernehmende oder neu gegründete Rechtsträger ein negatives Verm übergeht. Der Einzelkaufmann kann im Spaltungsvertrag bzw Spaltungsplan festlegen, welche Vermögensgegenstände er überträgt (dazu allg § 126 Rn 60 ff). Er kann die Vermögensübertragung also durchaus so gestalten, dass ein ausreichender Überschuss des Aktivvermögens ggü dem Passivvermögen besteht. Der **Grund** für die Regelung liegt darin, dass im Falle der Überschuldung des Einzelkaufmanns Vermögensverschiebungen zu Lasten der Gläubiger vermieden werden sollen (Widmann/Mayer/*Mayer* Rn 76; aA Lutter/*Karollus* Rn 43: Auch Schutz des neuen/übernehmenden Rechtsträgers; Semler/Stengel/*Maier-Reimer/Seulen* Rn 74: Schutz des übernehmenden Rechtsträgers; wohl auch KölnerKommUmwG/*Simon* Rn 40; *Perwein* GmbHR 2007, 1214, 1215: Verhinderung von Anfang an wackeliger GmbH). Dies ist allerd – im Vgl zur Rechtslage nach dem UmwG 1969 – aufgrund der eintretenden gesamtschuldnerischen Haftung (§ 133 I 1) ohnehin nur eingeschränkt mögl, zumal auch der dem Einzelkaufmann zu gewährende Anteil an dem übernehmenden oder neuen Rechtsträger dem Zugriff seiner Gläubiger offen steht (worauf Lutter/*Karollus* Rn 43 zutr hinweist).

25 Rechtspolitisch bedenkl ist das absolute Ausgliederungsverbot, weil nicht darauf abgestellt wird, ob die Überschuldung ihre Ursache im Unternehmens- oder im Privatbereich des Einzelkaufmanns hat. Denn die Ausgliederung ist auch ausgeschlossen, wenn das einzelkaufmännische Unternehmen an sich nicht überschuldet und lebensfähig ist, die Überschuldung also aufgrund privater Verb eintritt (Rn 26). In diesem Fall wird eine Ausgliederung zur Sanierung verhindert. Da für Sanierungen auch andere als Gläubigerinteressen von Bedeutung sind (etwa

Erhaltung von Arbeitsplätzen), hätte auch eine flexiblere Regelung gewählt werden können.

Eine **Überschuldung** ist dann gegeben, wenn die Verb des Einzelkaufmanns sein Verm übersteigen. Zur Feststellung der Überschuldung ist ein Vermögensvergleich vorzunehmen, bei dem das gesamte Aktivvermögen des Einzelkaufmanns (Unternehmensvermögen und PV) der Summe der in seinem Unternehmen begründeten und der privaten Verb gegenüberzustellen ist (ebenso Lutter/*Karollus* Rn 44; Widmann/Mayer/*Mayer* Rn 78; Kallmeyer/*Kallmeyer/Sickinger* Rn 4; Semler/Stengel/*Maier-Reimer/Seulen* Rn 75; Maulbetsch/Klumpp/Rose/*Klumpp* Rn 20). Hierbei sind die Vermögensgegenstände nicht mit ihrem BW (dieser Ansatz führt zu der insoweit unbeachtl „formellen" Überschuldung), sondern mit ihren tats Werten anzusetzen (KölnerKommUmwG/*Simon* Rn 42). Ordnungsgemäß gebildete RSt sind als Verb zu berücksichtigen; auch Risiken aus dem Privatbereich sind zu berücksichtigen (Lutter/*Karollus* Rn 44; KölnerKommUmwG/*Simon* Rn 42). 26

Die **Bew** des Verm, auch die des PV, hat nach kaufmännischen Grds zu erfolgen. Eine positive **Fortführungsprognose,** die bei § 19 InsO (idF durch das FMStG) bereits wieder genügt, um den Konkursgrund der Überschuldung auszuschließen, reicht nicht aus (ebenso Lutter/*Karollus* Rn 46; Widmann/Mayer/*Mayer* Rn 78; Kallmeyer/*Kallmeyer/Sickinger* Rn 4). Es ist aber nicht zwingend auf Liquidationswerte abzustellen (so aber Widmann/Mayer/*Mayer* Rn 78; Lutter/*Karollus* Rn 46). Zwar wird trotz fast zeitgleicher Verkündung von UmwG und InsO nicht der Begriff der Überschuldung (vgl § 19 InsO) verwendet, die Interessenlage (Schutz der Gläubiger des Einzelkaufmanns) lässt es aber zu, eine Bew des unternehmerischen wie auch des privaten Verm (etwa vermietete Immobilien) unter Fortführungsgesichtspunkten vorzunehmen, wenn es überwiegend wahrscheinl ist, dass die Gläubiger – etwa wegen hoher lfd Einnahmen – nicht gefährdet werden (für eine Fortbestandsprognose in diesem Sinne auch Semler/Stengel/*Maier-Reimer/Seulen* Rn 77; KölnerKommUmwG/*Simon* Rn 43; Maulbetsch/Klumpp/Rose/*Klumpp* Rn 23). Insoweit besteht eine Parallele zu § 19 InsO (vor Änderung durch das FMStG; aA Lutter/*Karollus* Rn 46; Widmann/Mayer/*Mayer* Rn 78). 27

Ein Ausgliederungsverbot besteht hingegen nicht, wenn ledigl das nach Durchführung der Ausgliederung **verbleibende Aktivvermögen** des Kaufmanns (ohne Berücksichtigung des gewährten Anteils) seine Verb nicht deckt (ebenso Lutter/*Karollus* Rn 44; Semler/Stengel/*Maier-Reimer/Seulen* Rn 81; KölnerKommUmwG/*Simon* Rn 44). In diesem Fall erfolgt nur eine Vermögensumschichtung; die Gläubiger des Kaufmanns können in die für die Vermögensübertragung gewährte Beteiligung vollstrecken. 28

Entgegen der früheren Rechtslage kann der Einzelkaufmann hingegen die Ausgliederung auch dann durchführen, wenn das übertragene Verm sein **gesamtes Verm** iSv § 419 BGB aF darstellt (vgl § 50 S 2 Nr 1 UmwG 1969). Der Aufnahme einer entspr Regelung bedurfte es im UmwG 1995 nicht, da nach Wirksamwerden der Spaltung der oder die übernehmenden bzw neuen Rechtsträger für die Verb des Einzelkaufmanns gesamtschuldnerisch haften (§ 133 I 1). Seit 1.1.1999 gilt § 419 BGB ohnehin nicht mehr, vgl § 133 Rn 20. 29

7. Eintragung trotz Überschuldung

Das Registergericht hat bei der Eintragungsprüfung zu untersuchen, ob eine **Überschuldung** iSv S 2 vorliegt. Ist die Überschuldung offensichtl, hat es die 30

Eintragung der Ausgliederung abzulehnen (§ 154). Oftmals wird der Registerrichter die Überschuldung allerd nicht feststellen können. Aus dem Spaltungsvertrag bzw Spaltungsplan sind nur die Gegenstände ersichtl, die übertragen werden sollen, nicht hingegen die beim Einzelkaufmann verbleibenden Gegenstände. Eine Übersicht über sein vollständiges Verm hat der Einzelkaufmann nur bei einer Ausgliederung zur Neugründung zu erstellen (§ 159 III). Zum Umfang der Prüfungspflicht vgl § 154 Rn 4 f. Wird die Spaltung trotz Überschuldung eingetragen, ist sie wirksam (§ 131 II; ebenso Lutter/*Karollus* Rn 49). Im Ggs zur früheren Rechtslage werden die Gläubigerinteressen aufgrund der gesamtschuldnerischen Haftung (§ 133 I 1) nicht gravierend beeinträchtigt. Hiervon zu unterscheiden ist eine ggf vorliegende Unterpariemission (vgl hierzu § 126 Rn 29 ff) oder sogar eine durch die Ausgliederung entstehende Überschuldung des übernehmenden oder neuen Rechtsträger aufgrund der (unerkannten) Übertragung eines negativen Verm. Im letzten Fall muss geprüft werden, ob ein Insolvenzgrund vorliegt.

8. Besondere Zustimmungserfordernisse

31 Bei einer **stillen Beteiligung** an dem einzelkaufmännischen Unternehmen ist zwischen Außen- und Innenverhältnis zu diff. Für die Wirksamkeit der Ausgliederung (also insbes für den Vermögensübergang) bedarf es nicht der Zustimmung des stillen Gesellschafters. Die Zustimmung des stillen Gesellschafters ist auch bei Rechtsträgern anderer Rechtsformen nicht vorgesehen. Der Stille ist nicht Anteilsinhaber. § 23 (§§ 125, 135) gewährleistet ledigl, dass dem Stillen gleichwertige Rechte in den übernehmenden Rechtsträger gewährt werden (eingehend *Jung* ZIP 1996, 1734, 1736 ff; vgl auch Lutter/*Karollus* Rn 19; Semler/Stengel/*Maier-Reimer/Seulen* Rn 40). Hiervon zu unterscheiden ist die Zustimmung des Stillen im Innenverhältnis. Ist das stille Gesellschaftsverhältnis nicht generell übertragbar ausgestaltet, kann es selbst nur mit Zustimmung des Stillen auf den übernehmenden (neuen) Rechtsträger übergehen (Semler/Stengel/*Maier-Reimer/Seulen* Rn 40); insoweit gilt nichts anderes wie bei der Beteiligung an einer PersGes (vgl § 131 Rn 38). Fehlt die Zustimmung oder wird die stille Beteiligung im Spaltungsvertrag nicht aufgenommen, hängt der Fortbestand der stillen Ges davon ab, ob beim Einzelkaufmann ein Handelsgewerbe iSv § 230 HGB verbleibt. Andernfalls ist das stille Beteiligungsverhältnis nach § 726 BGB aufgelöst (vgl auch *Jung* ZIP 1996, 1738; Widmann/Mayer/*Mayer* Rn 48 ff). Auch bei einem Fortbestand der stillen Ges kann der Stille ggf nach §§ 234 I HGB, 723 BGB aus wichtigem Grund kündigen. Ferner steht dem stillen Gesellschafter nach (§§ 125, 135) § 23 das Recht auf Einräumung gleichwertiger Rechte in dem übernehmenden (neuen) Rechtsträger zu (Semler/Stengel/*Maier-Reimer/Seulen* Rn 40; vgl hierzu die Komm zu § 23). Schließl kann der Stille Schadensersatzansprüche haben (*Jung* ZIP 1996, 1738).

32 Bei **Minderjährigen** ist zunächst die Einwilligung der gesetzl Vertreter nach § 111 BGB erforderl (Widmann/Mayer/*Mayer* Rn 84; Lutter/*Karollus* Rn 17). Regelmäßig bedarf es auch der Genehmigung des Vormundschaftsgerichts (§ 1643 BGB), da die Ausgliederung des einzelkaufmännisch betriebenen Unternehmens idR als Veräußerung eines Erwerbsgeschäftes iSv § 1822 Nr 3 2. Alt BGB einzustufen ist (Semler/Stengel/*Maier-Reimer/Seulen* Rn 30; Lutter/*Karollus* Rn 17; Henssler/Strohn/*Büterowe* Rn 16). Wird ausnahmsweise kein „Erwerbsgeschäft" übertragen, kann die Genehmigungspflicht nach § 1822 Nr 3 3. Alt BGB aus der Beteiligung am übernehmenden Rechtsträger resultieren, wenn dieser ein

„Erwerbsgeschäft" betreibt (Semler/Stengel/*Maier-Reimer/Seulen* Rn 30). Ferner kann auch § 1822 Nr 10 BGB einschlägig sein, etwa wegen drohender Ausfallhaftung nach § 24 GmbHG (MüKoBGB/*Wagneritz* § 1822 Rn 65). Entsprechendes gilt für Betreute (§ 1908i iVm § 1822 Nr 3 BGB; Lutter/*Karollus* Rn 17; KölnerKommUmwG/*Simon* Rn 23).

Unter den Voraussetzungen von **§ 1365 I 1 BGB** ist zur Ausgliederung die **Zustimmung des Ehegatten** notw (ebenso Lutter/*Karollus* Rn 16; Semler/Stengel/*Maier-Reimer/Seulen* Rn 43; *Schwedhelm* Rn 198; KölnerKommUmwG/*Simon* Rn 24; Henssler/Strohn/*Büterowe* Rn 17; Widmann/Mayer/*Mayer* Rn 87). Nach Wegfall des Ausgliederungsverbots bei Vorliegen der Voraussetzungen von § 419 I BGB aF (vgl §§ 50 S 2 Nr 1, 56a S 2 UmwG 1969) hat dies eine ungleich wichtigere Bedeutung erlangt (vgl zur früheren Rechtslage 1. Aufl 1994, § 56b Anm 4). Der gewährte Anteil ist keine den Zustimmungsvorbehalt ausschließende vollwertige Gegenleistung (Widmann/Mayer/*Mayer* Rn 87; Lutter/*Karollus* Rn 16 Fn 2; Semler/Stengel/*Maier-Reimer/Seulen* Rn 43 Fn 109). Die Gegenleistung wird bei § 1365 BGB grdsl nicht berücksichtigt, da die Norm nicht auf eine wirtschaftl Einbuße abstellt (vgl näher Palandt/*Brudermüller* BGB § 1365 Rn 5). Notfalls kann die Zustimmung des Ehegatten durch eine Entscheidung des Vormundschaftsgerichts nach § 1365 II BGB ersetzt werden. Nach Eintragung der Ausgliederung lässt das Fehlen der Zustimmung deren Wirksamkeit unberührt (§ 131 II; Semler/Stengel/*Maier-Reimer/Seulen* Rn 43 Fn 109). **33**

Zweiter Unterabschnitt. Ausgliederung zur Aufnahme

§ 153 Ausgliederungsbericht

Ein Ausgliederungsbericht ist für den Einzelkaufmann nicht erforderlich.

Ein Ausgliederungsbericht (§ 127) erübrigt sich bei der Ausgliederung aus dem Verm eines Einzelkaufmanns, da es keine zu informierenden Anteilsinhaber gibt (RegEBegr BR-Drs 75/94 zu § 153). Daran wird abermals deutl, dass der Spaltungsbericht ausschließl im Interesse der Anteilsinhaber, nicht hingegen auch im Interesse der Gläubiger verfasst wird (ebenso KölnerKommUmwG/*Simon* Rn 3). Der Bericht ist nur für den Einzelkaufmann entbehrl, nicht hingegen für den **übernehmenden Rechtsträger.** Die Berichtspflicht ggü den Anteilsinhabern des übernehmenden Rechtsträgers richtet sich nach den allg Regelungen (vgl hierzu § 127 Rn 5 ff und § 8). Zur Spaltungsprüfung vgl Vor §§ 152–160 Rn 6. Zur Unterrichtung des **Betriebsrats** beim Einzelunternehmen vgl Vor §§ 152–160 Rn 5. **1**

§ 154 Eintragung der Ausgliederung

Das Gericht des Sitzes des Einzelkaufmanns hat die Eintragung der Ausgliederung auch dann abzulehnen, wenn offensichtlich ist, daß die Verbindlichkeiten des Einzelkaufmanns sein Vermögen übersteigen.

1. Anmeldung der Ausgliederung

1 Für die Anmeldung der Ausgliederung zur Aufnahme von Vermögensteilen des Einzelkaufmanns bestehen keine bes Vorschriften. Sie richtet sich daher nach §§ 125, 135, 16, 17 (vgl im Einzelnen dort). Die Anmeldung beim Gericht des Sitzes des Einzelkaufmanns erfolgt durch den Einzelkaufmann, der an die Stelle des Vertretungsorgans des übertragenden Rechtsträgers tritt. Ergänzend besteht die Zuständigkeit des Vertretungsorgans des übernehmenden Rechtsträgers nach § 129. Für die Anmeldung des neuen Rechtsträgers bei einer Ausgliederung zur Neugründung vgl § 160.

2. Eintragungsverfahren

2 Für das Eintragungsverfahren bestehen bei der Ausgliederung aus dem Verm eines Einzelkaufmanns keine Besonderheiten. Zur Prüfungskompetenz und zum Prüfungsumfang des Registergerichts vgl § 130 Rn 10 ff. Mit der Eintragung der Ausgliederung in das HR des Sitzes des Einzelkaufmannes treten die Spaltungswirkungen ein (§ 131 I). Da der Einzelkaufmann immer nur ein von ihm betriebenes einzelkaufmännisches Unternehmen im Wege der Ausgliederung übertragen kann, steht auch fest, welches HR für die Ausgliederung zuständig ist (vgl näher zu dieser Problematik § 152 Rn 17 ff).

3 Zum Eintragungsverbot bei Überschuldung vgl § 152 Rn 24 ff und Rn 4, 5.

3. Eintragungshindernis Überschuldung

4 Das Registergericht am Sitz des Einzelkaufmanns hat die Eintragung der Ausgliederung auch dann abzulehnen, wenn **offensichtl** ist, dass die Verb des Einzelkaufmanns sein Verm übersteigen, also ein Ausgliederungsverbot nach § 152 S 2 vorliegt. Zur Überschuldung vgl § 152 Rn 24 ff und zur Eintragung trotz Überschuldung vgl § 152 Rn 30. Dies zuverlässig zu beurteilen, wird dem Registergericht allerd regelm schwer fallen. Ledigl ausnahmsweise (Ausgliederung zur Neugründung einer AG/KGaA) steht dem Gericht hierfür ein Prüfbericht zur Vfg, der wiederum auf einer Aufstellung des Einzelkaufmanns über sein Verm beruht (§ 159 II, III; dazu § 159 Rn 4 ff). Selbst der bei einer Neugründung einer GmbH/AG notw Sachgründungsbericht (zur Anwendung des Gründungsrechts allg vgl § 135 Rn 13 ff) lässt keine Aussage über das Gesamtvermögen des Einzelkaufmanns zu, da hierin nur über das übertragene Verm (Sacheinlage) berichtet wird. Zu Recht forderte daher die hM zu §§ 56a ff UmwG 1969 **anlässl der Anmeldung** die **Versicherung** durch den Einzelkaufmann, dass keine Überschuldung vorliege (vgl etwa Hachenburg/*Schilling* GmbHG Anh § 77 § 56e Rn 5; Scholz/*Priester* GmbHG 7. Aufl Anh Umw § 56e Rn 7; jew zum UmwG 1969). Hieran ist festzuhalten (so auch Widmann/Mayer/*Mayer* Rn 12; Kallmeyer/*Zimmermann* Rn 5; Semler/Stengel/*Maier-Reimer/Seulen* Rn 3; aA Lutter/*Karollus* Rn 11: Erklärung liegt konkludent in der Anmeldung; Maulbetsch/Klumpp/Rose/*Klumpp* Rn 3; KölnerKommUmwG/*Simon* Rn 6). Diese Erklärung des Einzelkaufmanns kann gesondert abgegeben werden oder in der Handelsregisteranmeldung enthalten sein; sie kann auch nachgereicht werden. Eine bes Form ist nicht notw (Kallmeyer/*Zimmermann* Rn 5; Widmann/Mayer/*Mayer* Rn 12: Privatschriftl Erklärung). Bei Anmeldung durch das Vertretungsorgan des übernehmenden Rechtsträgers nach § 129 bedarf es einer anderen Art der Glaubhaftmachung (Semler/Stengel/*Maier-Reimer/Seulen* Rn 4; Lutter/*Karollus* Rn 11).

Die Einschränkung, dass die Überschuldung **offensichtl** sein muss, bedeutet zunächst nur, dass das Registergericht nicht von sich aus ohne näheren Anlass umfangreiche Ermittlungen einleiten muss. Grdsl kann es von der Richtigkeit der Erklärung des Kaufmanns (Rn 4) ausgehen. Hat es hingegen Anlass zu Zweifeln, folgt bereits aus dem Amtsermittlungsgrundsatz (§ 26 FamFG), dass das Registergericht diesen nachgehen muss. In diesem Zshg kann das Registergericht vom Einzelkaufmann auch eine Aufstellung über das gesamte Verm des Kaufmanns verlangen (Lutter/*Karollus* Rn 4). Ggf hat das Registergericht darüber hinaus geeignet erscheinende Maßnahmen zur Aufklärung der Vermögenssituation einzuleiten (Kallmeyer/*Zimmermann* Rn 6: ggf SV-Gutachten). Offensichtl bedeutet darüber hinaus – ebenso wie bei § 38 AktG – **zweifelsfrei.** Am Ende der Prüfung muss die Überschuldung zur Überzeugung des Gerichts feststehen. Verbleiben Zweifel, ist die Eintragung vorzunehmen (ebenso Widmann/Mayer/*Mayer* Rn 12; Lutter/*Karollus* Rn 3; Kallmeyer/*Zimmermann* Rn 4; Semler/Stengel/*Maier-Reimer/Seulen* Rn 15; KölnerKommUmwG/*Simon* Rn 4). Im Regelfall wird sich das Registergericht jedoch mit der Erklärung des Einzelkaufmanns zufrieden geben können. In diesem Fall liegt die Überschuldung nicht offensichtl vor. 5

§ 155 Wirkungen der Ausgliederung

[1] Erfaßt die Ausgliederung das gesamte Unternehmen des Einzelkaufmanns, so bewirkt die Eintragung der Ausgliederung nach § 131 das Erlöschen der von dem Einzelkaufmann geführten Firma. [2] Das Erlöschen der Firma ist von Amts wegen in das Register einzutragen.

Schrifttum: *Kögel,* Firmenrechtliche Besonderheiten des neuen Umwandlungsrechts, GmbHR 1996, 168.

1. Erlöschen der Firma

Sofern der Einzelkaufmann im Wege der Ausgliederung sein **gesamtes Unternehmen** auf einen oder mehrere Rechtsträger überträgt, erfüllt er mit Wirksamwerden der Ausgliederung nicht mehr die Voraussetzungen für die Eintragung seiner Firma im HR. Diese erlischt mit Wirksamwerden der Ausgliederung (S 1). Das Erlöschen der Firma ist nach S 2 **von Amts wegen** in das Register einzutragen. Es bedarf also keines Antrags (wie hier Lutter/*Karollus* Rn 4; Semler/Stengel/*Maier-Reimer/Seulen* Rn 5). Anhaltspunkte dafür, ob das gesamte Verm übertragen worden ist, kann das Registergericht durch einen Vgl des Spaltungsvertrags bzw Spaltungsplans mit der Schlussbilanz (§§ 125, 135, 17 II) gewinnen. Lässt sich dies nicht ausschließen, hat das Registergericht weitere Nachforschungen anzustellen (§ 26 FamFG; ebenso Lutter/*Karollus* Rn 4). Sinnvollerweise wird man bei der Abfassung des Spaltungsvertrags bzw Spaltungsplans eine entspr Erklärung aufnehmen (Lutter/*Karollus* Rn 5). Denn liegen die Voraussetzungen für die Fortführung der Firma nicht vor, ist der Einzelkaufmann ohnehin verpflichtet, die Löschung zu veranlassen (§ 31 II HGB; vgl dazu auch Rn 3). 1

2. Ausgliederung von Vermögensteilen

S 1 regelt nur den Fall, dass das gesamte Unternehmen des Einzelkaufmanns im Wege der Ausgliederung übertragen wird (Lutter/*Karollus* Rn 2; Kallmeyer/*Kallmeyer/Sickinger* Rn 1; Semler/Stengel/*Maier-Reimer/Seulen* Rn 3; Kölner- 2

KommUmwG/*Simon* Rn 3). Davon ist auch auszugehen, wenn zurückbleibende Vermögensgegenstände vor der Ausgliederung aus dem Unternehmensbereich entnommen werden („entwidmet"; Semler/Stengel/*Maier-Reimer/Seulen* Rn 3; KölnerKommUmwG/*Simon* Rn 3). Aber auch die **Übertragung** nur **von Teilen** des Unternehmensvermögens kann zum Erlöschen der vom Einzelkaufmann geführten Firma führen. Dies ist immer dann der Fall, wenn die Tätigkeit des Kaufmanns mit dem zurückgebliebenen Unternehmensvermögen nach Wirksamwerden der Ausgliederung die Voraussetzungen von §§ 1 ff HGB nicht mehr erfüllt, also kein Handelsgewerbe mehr betrieben wird (insbes reine Vermögensverwaltung, etwa im Zshg mit der Begr einer Betriebsaufspaltung; das bloße Halten der als Gegenleistung gewährten Beteiligung am übernehmenden Rechtsträger ist kein Handelsgewerbe; ebenso Maulbetsch/Klumpp/Rose/*Klumpp* Rn 3). Werden hingegen nur Teile des Verm übertragen, während der Einzelkaufmann mit seinem verbleibenden Unternehmensvermögen weiterhin ein kaufmännisches Gewerbe betreibt, lässt die Ausgliederung die Eintragung der Firma des Einzelkaufmanns unberührt.

3 Tritt durch eine Teilausgliederung im vorstehenden Sinne das **Erlöschen der Firma** ein, so richtet sich die weitere Vorgehensweise nach den allg Vorschriften (wie hier Lutter/*Karollus* Rn 5; Widmann/Mayer/*Mayer* Rn 3; Semler/Stengel/*Maier-Reimer/Seulen* Rn 4, 7; aA Maulbetsch/Klumpp/Rose/*Klumpp* Rn 3: § 155 entspr, also von Amts wegen). Der Einzelkaufmann hat das Erlöschen zur Eintragung in das HR anzumelden (§ 31 II HGB). Notfalls kann er hierzu durch Zwangsgeld angehalten werden (§ 14 HGB) bzw eine Amtslöschung durchgeführt werden (§ 31 II HGB).

3. Firmenfortführung

4 Bei einem Erlöschen der Firma des Einzelkaufmanns kann diese von dem übernehmenden (neuen) Rechtsträger fortgeführt werden. Der Ausschluss der entspr Anwendung von § 18 in § 125 S 1 (vgl dort Rn 14) macht bei dem Erlöschen der Firma des Einzelkaufmanns durch die Ausgliederung keinen Sinn. Unter den Voraussetzungen von § 22 HGB, die in den von § 155 erfassten Fällen regelm vorliegen werden, kann der übernehmende Rechtsträger des Einzelkaufmanns unter Hinzufügung eines Rechtsformzusatzes fortführen; §§ 125, 18 schließen die allg firmenrechtl Regelungen nicht aus (so zutr Widmann/Mayer/*Mayer* Rn 9; vgl auch Kallmeyer/*Kallmeyer/Sickinger* Rn 3; Lutter/*Karollus* Rn 7; Semler/Stengel/*Maier-Reimer/Seulen* Rn 9; Maulbetsch/Klumpp/Rose/*Klumpp* Rn 6; LG Hagen GmbHR 1996, 127).

§ 156 Haftung des Einzelkaufmanns

[1] Durch den Übergang der Verbindlichkeiten auf übernehmende oder neue Gesellschaften wird der Einzelkaufmann von der Haftung für die Verbindlichkeiten nicht befreit. [2] § 418 des Bürgerlichen Gesetzbuchs ist nicht anzuwenden.

Schrifttum: *K. Schmidt,* Haftungserhaltende Gläubigerstrategien beim Ausscheiden von Gesellschaftern bei Unternehmensübertragung, Umwandlung und Auflösung, BB 2003, 1961.

1. Allgemeines

Die Anordnung der fortbestehenden Haftung des Einzelkaufmanns für übertragene Verb in S 1 ist an sich überflüssig. Sie folgt bereits aus § 133 I 1. Danach haftet der Einzelkaufmann als übertragender Rechtsträger gesamtschuldnerisch zusammen mit allen an der Ausgliederung beteiligten Rechtsträgern (zu Einzelheiten vgl § 133 Rn 2 ff). Ob S 1 insoweit lex specialis ist oder nur klarstellende Funktion hat, hat keine prakt Bedeutung. Die anderen aus den allg Vorschriften resultierenden Haftungsbestimmungen bleiben jedenfalls unberührt (vgl Rn 6). 1

Auch S 2 hat nur klarstellende Funktion, da das Erlöschen von Sicherungsrechten nach § 418 BGB bei der Vermögensübertragung im Wege der partiellen Gesamtrechtsnachfolge ohnehin nicht eintritt (vgl dazu § 131 Rn 83). 2

2. Gesamtschuldnerische Haftung

Der Einzelkaufmann kann sich durch die Ausgliederung nicht der Haftung für bislang begründete Verb entziehen (S 1). Die Haftung für die übertragenen Verb ist allerd zeitl begrenzt (§ 157). Für **nicht übertragene** Verb haftet er zeitl unbegrenzt, es sei denn, ein übernehmender (neuer) Rechtsträger haftet nach §§ 133 I 2, 25 HGB auch für nicht übertragene Verb; dann tritt eine Enthaftung für den Einzelkaufmann nach § 26 HGB ein (Lutter/*Karollus* Rn 5; Widmann/Mayer/*Mayer* Rn 12; vgl auch § 133 Rn 17 ff). 3

Der **Einzelkaufmann** haftet für die **übertragenen Verb** neben allen an der Ausgliederung beteiligten Rechtsträgern gesamtschuldnerisch (§ 133 I 1; näher dort). Dies hat zur Folge, dass der betroffene Gläubiger den Rechtsträger, dem die Verb zugewiesen worden ist, andere übernehmende oder neu gegründete Rechtsträger oder den Einzelkaufmann als übertragenden Rechtsträger nach seiner Wahl vollumfängl oder auch nur zum Teil in Anspruch nehmen kann (§ 421 BGB; vgl dazu näher § 133 Rn 2 ff). 4

Im **Innenverhältnis** haftet hingegen ausschließl der Rechtsträger, dem die Verb zugewiesen worden ist. Der Ausgliederungs- und Übernahmevertrag bzw Ausgliederungsplan stellt eine Regelung iSv § 426 BGB dar (vgl dazu näher § 133 Rn 16 ff). Der Einzelkaufmann ist nicht darauf angewiesen, zunächst den Forderungsübergang gem § 426 II 1 BGB abzuwarten, er hat bereits im Vorfeld einen Freistellungs- oder Befreiungsanspruch (§ 133 Rn 16). 5

Neben S 1 bleiben die **übrigen Haftungsbestimmungen** unberührt. § 134 gilt auch für den Einzelkaufmann (regelm Einzelkaufmann als Besitzunternehmen; Lutter/*Karollus* Rn 7; Kallmeyer/*Kallmeyer/Sickinger* Rn 2; Widmann/Mayer/*Mayer* Rn 18; Semler/Stengel/*Maier-Reimer/Seulen* Rn 28; KölnerKomm-UmwG/*Simon* Rn 12). Gleiches gilt für die nach § 133 I 2 unverändert anwendbaren §§ 25, 26, 28 HGB (dazu Rn 3) und für den Anspruch auf Sicherheitsleistungen nach §§ 125, 22 HGB. Ebenso bleibt die Haftung nach § 133 II unberührt (Lutter/*Karollus* Rn 24; Semler/Stengel/*Maier-Reimer/Seulen* Rn 2: dazu § 133 Rn 25 ff). 6

Die **übernehmenden (neuen) Rechtsträger** haften für die ihnen übertragenen Verb primär und nach § 133 für die nicht übertragenen Verb des Einzelkaufmanns zeitl befristet als Gesamtschuldner. Die gesamtschuldnerische Haftung tritt für alle zum Zeitpunkt des Wirksamwerdens der Ausgliederung begründete Verb des Einzelkaufmanns ein (vgl dazu § 133 Rn 10 f). Erfasst sind damit auch aus der **Privatsphäre** des Einzelkaufmanns resultierende Verb und Verb aus anderen 7

Einzelunternehmen des Kaufmanns (allgM; vgl nur Lutter/*Karollus* Rn 11; Stemler/Stengel/*Maier-Reimer/Seulen* Rn 15: KölnerKommUmwG/*Simon* Rn 15; Maulbetsch/Klumpp/Rose/*Klumpp* Rn 11). Für die übernehmenden (neuen) Rechtsträger tritt damit ein bes Haftungsrisiko ein. Sie werden sich regelm einen genauen Überblick über den gesamten Vermögensstatus des Einzelkaufmanns verschaffen müssen.

8 Zum **Binnenausgleich** vgl § 133 Rn 16.

3. Kein Untergang von Sicherungsrechten

9 S 2 schließt die Anwendung von § 418 BGB ausdrückl aus. Anders als bei der Einzelrechtsübertragung einer Verb nach §§ 414, 415 BGB erlischt durch den Übergang im Wege der Ausgliederung also nicht die Haftung eines Bürgen oder sonstigen Sicherungsgebers iSv § 418 BGB. Dies gilt allerd ohnehin bei einem Rechtsübergang im Wege der Gesamtrechtsnachfolge (Widmann/Mayer/*Mayer* Rn 10; Lutter/*Karollus* Rn 21; KölnerKommUmwG/*Simon* Rn 13; vgl dazu bereits § 131 Rn 83). Bürgschaften, Pfandrechte, Hypotheken, aber auch alle sonstigen von § 418 BGB erfassten Sicherungsrechte, insbes Sicherungsgrundschulden (dazu BGH DB 1992, 884), bleiben also durch den Vermögensübergang unberührt (Lutter/*Karollus* Rn 21).

§ 157 Zeitliche Begrenzung der Haftung für übertragene Verbindlichkeiten

(1) [1] **Der Einzelkaufmann haftet für die im Ausgliederungs- und Übernahmevertrag aufgeführten Verbindlichkeiten, wenn sie vor Ablauf von fünf Jahren nach der Ausgliederung fällig und daraus Ansprüche gegen ihn in einer in § 197 Abs. 1 Nr. 3 bis 5 des Bürgerlichen Gesetzbuchs bezeichneten Art festgestellt sind oder eine gerichtliche oder behördliche Vollstreckungshandlung vorgenommen oder beantragt wird; bei öffentlich-rechtlichen Verbindlichkeiten genügt der Erlass eines Verwaltungsakts.** [2] **Eine Haftung des Einzelkaufmanns als Gesellschafter des aufnehmenden Rechtsträgers nach § 128 des Handelsgesetzbuchs bleibt unberührt.**

(2) [1] **Die Frist beginnt mit dem Tage, an dem die Eintragung der Ausgliederung in das Register des Sitzes des Einzelkaufmanns nach § 125 in Verbindung mit § 19 Abs. 3 bekannt gemacht worden ist.** [2] **Die für die Verjährung geltenden §§ 204, 206, 210, 211 und 212 Abs. 2 und 3 des Bürgerlichen Gesetzbuchs sind entsprechend anzuwenden.**

(3) **Einer Feststellung in einer in § 197 Abs. 1 Nr. 3 bis 5 des Bürgerlichen Gesetzbuchs bezeichneten Art bedarf es nicht, soweit der Einzelkaufmann den Anspruch schriftlich anerkannt hat.**

(4) **Die Absätze 1 bis 3 sind auch anzuwenden, wenn der Einzelkaufmann in dem Rechtsträger anderer Rechtsform geschäftsführend tätig wird.**

Schrifttum: *Maier-Reimer,* Nachhaftungsbegrenzung und neues Verjährungsrecht, DB 2002, 1818.

1. Allgemeines

Die Vorschrift führt zu einer zeitl Begrenzung der nach § 156 fortdauernden Haftung des Einzelkaufmanns für übertragene Verb. Sie beinhaltet allerd größtenteils eine Doppelregelung, da die Nachhaftungsbegrenzung bereits aus § 133 folgt (vgl auch § 156 Rn 1). Abs 1 S 2 stellt klar, dass die Nachhaftungsbegrenzung nicht eintritt, soweit der Einzelkaufmann auch nach der Ausgliederung neben dem übernehmenden Rechtsträger persönl für die übernommenen Verb haftet. Demggü endet die Haftung auch dann, wenn der Einzelkaufmann zukünftig auch in dem übernehmenden Rechtsträger verantwortl tätig ist, etwa als Geschäftsführer oder Vorstandsmitglied (Abs 4). 1

2. Ausgestaltung der Nachhaftungsbegrenzung

Die Regelung der Nachhaftungsbegrenzung (Abs 1–3) entsprechen der in § 133 III–V hinsichtl der einzelnen Voraussetzungen für den Eintritt der Haftungsbegrenzung. Vgl daher § 133 Rn 33 ff. 2

3. Forthaftung nach § 128 HGB (Abs 1 S 2)

Werden im Wege der Ausgliederung Verb des Einzelkaufmanns auf eine bestehende (vgl § 152) PhG übertragen und ist der Einzelkaufmann an dieser als phG beteiligt, so haftet er für die übertragenen Verb mit Wirksamwerden der Spaltung (auch) nach § 128 HGB persönl und unbeschränkt. Für diese Haftung gilt die Nachhaftungsbegrenzung nach Abs 1 nicht (Abs 1 S 2), da mit der Übertragung der Verb diese eine Verb der übernehmenden PhG wird. Für Verb der Ges haftet jedoch ein phG während des Bestehens seiner Beteiligung zeitl unbeschränkt. Über diese ausdrückl Erwähnung von § 128 HGB hinaus bleibt die Haftung des Einzelkaufmanns in allen Fällen (etwa §§ 161 II, 171 ff HGB) unberührt, soweit sie aus seiner Beteiligung an dem übernehmenden (neuen) Rechtsträger resultieren (Lutter/*Karollus* Rn 23). Zur Haftung wegen mögl Einlagenrückgewähr vgl § 133 Rn 42 f. 3

4. Übernahme der Geschäftsführung (Abs 4)

Abs 4 stellt klar, dass die Nachhaftungsbegrenzung des Einzelkaufmanns für übertragene Verb auch dann eintritt, wenn er in dem Rechtsträger, der die Verb übernommen hat, **geschäftsführend tätig** ist. Der Gesetzgeber sah sich zu dieser Klarstellung ebenso wie bereits in §§ 56, 56 f UmwG 1969 (in der durch das NachhaftungsbegrenzungsG vom 18.3.1994 [BGBl I 560] geänderten Fassung) wohl deswegen veranlasst, weil in diesem Fall die Rechtfertigung für die Nachhaftungsbegrenzung nicht offenkundig erschien. Soweit ein Einzelkaufmann nur das Rechtskleid für sein Unternehmen ändert, er aber nach wie vor unternehmerisch tätig ist und er insbes weiterhin Einfluss auf die Geschicke des Unternehmens hat, ist er an sich weniger schutzbedürftig als ein ausscheidender phG einer PhG. Dieser Gedanke hatte insbes die Rspr bewogen, vor Inkrafttreten des NachhaftungsbegrenzungsG die von ihr auf der Grundlage von § 159 HGB entwickelte Nachhaftungsbegrenzung ausgeschiedener Gesellschafter nicht anzuwenden, sofern die Gesellschafter weiterhin geschäftsführend in der Ges oder in dem Rechtsnachfolger tätig sind (vgl dazu etwa BGH NJW 1983, 2256; BGH NJW 1981, 175). Abs 4 dient der Vermeidung einer entspr Rspr in Zukunft. 4

Dritter Unterabschnitt. Ausgliederung zur Neugründung

§ 158 Anzuwendende Vorschriften

Auf die Ausgliederung zur Neugründung sind die Vorschriften des Zweiten Unterabschnitts entsprechend anzuwenden, soweit sich aus diesem Unterabschnitt nichts anderes ergibt.

Schrifttum: *Ihrig,* Gläubigerschutz durch Kapitalaufbringung bei Verschmelzung und Spaltung nach neuem Umwandlungsrecht, GmbHR 1995, 622.

1 Nach § 158 gelten für die Ausgliederung eines einzelkaufmännischen Unternehmens oder Teilen desselben zur Neugründung die §§ 153–157 entspr. Der Einschränkung des Vorbehalts einer spezielleren Regel in §§ 159, 160 kommt keine Bedeutung zu, da in diesen Normen inhaltl abw Regelungen nicht enthalten sind (vgl aber § 160 II). Es bedarf also auch bei der Ausgliederung zur Neugründung nicht eines Ausgliederungsberichts für den Einzelkaufmann (§ 153) und die Firma des Einzelkaufmanns erlischt unter den Voraussetzungen von § 155. Entsprechendes gilt für die Nachhaftungsbegrenzung, die sich auch bei der Ausgliederung zur Neugründung nach §§ 156, 157 richtet. Vgl im Einzelnen die Komm zu den genannten Vorschriften.

§ 159 Sachgründungsbericht, Gründungsbericht und Gründungsprüfung

(1) **Auf den Sachgründungsbericht (§ 5 Abs. 4 des Gesetzes betreffend die Gesellschaften mit beschränkter Haftung) ist § 58 Abs. 1, auf den Gründungsbericht (§ 32 des Aktiengesetzes) § 75 Abs. 1 entsprechend anzuwenden.**

(2) **Im Falle der Gründung einer Aktiengesellschaft oder einer Kommanditgesellschaft auf Aktien haben die Prüfung durch die Mitglieder des Vorstands und des Aufsichtsrats (§ 33 Abs. 1 des Aktiengesetzes) sowie die Prüfung durch einen oder mehrere Prüfer (§ 33 Abs. 2 des Aktiengesetzes) sich auch darauf zu erstrecken, ob die Verbindlichkeiten des Einzelkaufmanns sein Vermögen übersteigen.**

(3) [1] **Zur Prüfung, ob die Verbindlichkeiten des Einzelkaufmanns sein Vermögen übersteigen, hat der Einzelkaufmann den Prüfern eine Aufstellung vorzulegen, in der sein Vermögen seinen Verbindlichkeiten gegenübergestellt ist.** [2] **Die Aufstellung ist zu gliedern, soweit das für die Prüfung notwendig ist.** [3] **§ 320 Abs. 1 Satz 2 und Abs. 2 Satz 1 des Handelsgesetzbuchs gilt entsprechend, wenn Anlaß für die Annahme besteht, daß in der Aufstellung aufgeführte Vermögensgegenstände überbewertet oder Verbindlichkeiten nicht oder nicht vollständig aufgeführt worden sind.**

Schrifttum: *Wilken,* Zur Gründungsphase bei der Spaltung zur Neugründung, DStR 1999, 677.

1. Allgemeines

1 Der Einzelkaufmann kann eine Ausgliederung zur Neugründung nur auf eine **KapGes** durchführen (§ 152 S 1). Die Vorschrift enthält Ergänzungen zu den

allg Gründungsvorschriften für diese Rechtsformen, die nach § 135 II 1 grdsl anzuwenden sind. Obwohl dies bereits aus §§ 135, 125 folgt, bestimmt Abs 1 nochmals ausdrückl die entspr Anwendung von §§ 58 I, 75 I (§§ 138, 144 gehen nur §§ 58 II, 75 II vor; vgl auch §§ 138 Rn 4 und 144 Rn 1).

Abs 2 und 3 gelten für die Ausgliederung zur Neugründung einer **AG** oder einer **KGaA.** Abs 2 erweitert den Prüfungsgegenstand der immer durchzuführenden (vgl § 33 I AktG; § 144) internen und externen Gründungsprüfung. Diese hat sich auch darauf zu erstrecken, ob der Einzelkaufmann überschuldet ist. Hierzu hat der Einzelkaufmann nach Abs 3 eine prüfungsgeeignete Aufstellung vorzulegen und ggf weitere Prüfungshandlungen zu dulden. 2

2. Entsprechende Anwendung von §§ 58 I, 75 I

Abs 1 ordnet die entspr Geltung von §§ 58 I, 75 I auf den Sachgründungsbericht an. Der Sachgründungsbericht nach § 5 IV GmbHG (Ausgliederung zur Neugründung einer GmbH) oder der Gründungsbericht nach § 32 AktG (Ausgliederung zur Neugründung einer AG oder KGaA) ist stets erforderl (§§ 138, 144). Er ist – als Gründer, § 135 II 2 – vom Einzelkaufmann zu erstatten. Ergänzend zu den Anforderungen, die bei einer Gründung außerh des UmwR zu beachten sind, müssen die Berichte auch auf den Geschäftsverlauf und die Lage des übertragenden Rechtsträgers eingehen (§§ 58 I, 75 I). Zu Einzelheiten hierzu vgl §§ 58 Rn 2 und 75 Rn 3. 3

3. Erweiterte Gründungsprüfung, Abs 2

Bei der Ausgliederung zur Neugründung einer AG oder einer KGaA hat stets sowohl eine interne als auch eine externe Gründungsprüfung iSv § 33 I, II AktG stattzufinden (§ 144). Der Umfang der Prüfung, die einerseits durch den Vorstand und den AR, andererseits durch einen oder mehrere, vom Gericht bestellte Prüfer (Gründungsprüfer) zu erfolgen hat (§ 33 II Nr 4 AktG), richtet sich zunächst nach § 34 AktG. Hierzu näher § 75 Rn 2 ff. Über den dort geregelten Prüfungsgegenstand hinaus hat sich bei der Ausgliederung aus dem Verm eines Einzelkaufmanns zur Neugründung einer AG oder KGaA die Prüfung durch den Vorstand und den AR nach § 33 I AktG wie auch die Prüfung durch die gerichtl bestellten Prüfer nach § 33 II AktG (ebenso Lutter/*Karollus* Rn 9; Semler/Stengel/*Maier-Reimer/Seulen* Rn 8) zusätzl darauf zu erstrecken, ob der Einzelkaufmann überschuldet ist. Es soll also geprüft werden, ob das Ausgliederungsverbot nach § 152 S 2 (vgl dort Rn 24 ff und § 160 II) eingreift (KölnerKommUmwG/*Simon* Rn 2). Der Prüfungsbericht wird daher wesentl Entscheidungsmittel des Registergerichts sein, ob es die Eintragung vornehmen kann (zur Prüfung des Registergerichts näher § 160 Rn 4 ff). Die Verpflichtung zur **Einreichung** des **Prüfungsberichts** anlässl der Anmeldung des neuen Rechtsträgers folgt aus § 135 II, § 37 IV Nr 4 AktG. Nicht einzureichen, auch nicht als Anlage zum Prüfungsbericht, ist die Vermögensaufstellung nach Abs 3. Vgl auch Rn 9. 4

4. Vermögensaufstellung (Abs 3)

Der Einzelkaufmann hat bei einer Ausgliederung zur Neugründung einer **AG** oder einer **KGaA** in einer Vermögensaufstellung sein (ihm gehörendes) gesamtes Aktivvermögen seinen gesamten Verb gegenüberzustellen und diese Aufstellung den Prüfern vorzulegen. Erst diese Vermögensaufstellung ermögl den Prüfern die 5 erweiterte Gründungsprüfung nach Abs 2, da sie anderenfalls kaum in der Lage sind, die gesamten Vermögensverhältnisse (etwa PV und private Verb) festzustellen. Nur so können sie prüfen, ob das Ausgliederungsverbot nach § 152 S 2 (Überschuldung des Einzelkaufmanns) besteht. Die Vermögensaufstellung ist nicht mit der Schlussbilanz vglbar (vgl §§ 125, 135, 17 II). Von dieser unterscheidet sie sich in verschiedener Hinsicht. Zum einen erfasst die Vermögensaufstellung auch nicht bilanzierte Vermögensgegenstände (etwa abgeschriebene oder selbstgeschaffene immaterielle WG) sowie Vermögensgegenstände (Aktiva und Passiva) des PV, zum anderen sind die Vermögensgegenstände in der Vermögensaufstellung mit ihren tats Werten aufzuführen. Die Vermögensaufstellung muss alle Aktiva und Passiva erfassen, unabhängig davon, ob sie im Wege der Ausgliederung übertragen werden (Lutter/*Karollus* Rn 11 f; Semler/Stengel/*Maier-Reimer/Seulen* Rn 13; Widmann/Mayer/*Mayer* Rn 11; Henssler/Strohn/*Büterowe* Rn 2).

6 Die Gegenstände in der Vermögensaufstellung sind zu **bewerten.** Maßgebl sind ausschließl die tats Werte; vorhandene stille Reserven müssen aufgedeckt werden (Lutter/*Karollus* Rn 12; Widmann/Mayer/*Mayer* Rn 12; KölnerKommUmwG/*Simon* Rn 12; einschränkend Semler/Stengel/*Maier-Reimer/Seulen* Rn 15: stille Lasten müssen, stille Reserven dürfen aufgedeckt werden). Die Wahl der Bewertungsmethode hängt vom Gegenstand und der konkreten Situation ab (vgl dazu § 152 Rn 27). Unter den **Passiven** sind auch nach kaufmännischen Grdsen ordnungsgemäß gebildete RSt sowie sämtl Privatverbindlichkeiten des Einzelkaufmanns aufzunehmen. Auch bei Privatverbindlichkeiten kommt es auf die Fälligkeit nicht an. Selbst noch nicht bestehende Privatverbindlichkeiten, für die bei Anlegung kaufmännischer Grdse eine RSt zu bilden wäre, sind aufzuführen (so wohl auch Widmann/Mayer/*Mayer* Rn 13; Semler/Stengel/*Maier-Reimer/Seulen* Rn 13). Nicht zu erfassen sind hingegen lfd Verpflichtungen (etwa aus Dauerschuldverhältnissen, Unterhaltsverpflichtungen etc), die aus dem Einkommen bestritten werden (wie hier Lutter/*Karollus* Rn 11; Semler/Stengel/*Maier-Reimer/Seulen* Rn 14: nur, wenn Anhaltspunkte für künftige Unterdeckung bestehen; aA Widmann/Mayer/*Mayer* Rn 13; KölnerKommUmwG/*Simon* Rn 11). Diese würden das Bild verfälschen, da das Gesetz einen aktuellen Vermögensstatus verlangt.

7 Die Vermögensaufstellung ist zu **gliedern,** soweit das für die Prüfung notw ist (Abs 3 S 2). Notwendigkeit idS liegt vor, wenn die Prüfer eine Gliederung für erforderl halten (Hachenburg/*Schilling* GmbHG Anh § 77 UmwG 1969 § 53 Rn 4). Stets erforderl wird eine Gliederung nach BV und PV sein (ebenso Lutter/*Karollus* Rn 11). Für das BV bietet sich die Gliederung nach § 266 HGB an (ebenso Semler/Stengel/*Maier-Reimer/Seulen* Rn 16). Die Vermögensaufstellung muss vollständig sein. Dies folgt nicht nur aus dem Zweck der Aufstellung, sondern auch aus der unbeschränkten Auskunftspflicht des Einzelkaufmanns nach § 320 II 1 HGB (Abs 3 S 3). Die Vermögensaufstellung muss möglichst aktuell sein. Auf den Ausgliederungsstichtag ist nicht abzustellen, denn maßgebl ist, dass eine Überschuldung zum Zeitpunkt des Wirksamwerdens der Ausgliederung nicht besteht.

8 Die Vermögensaufstellung ist den Prüfern vorzulegen. **Prüfer** idS sind trotz des unklaren Wortlauts (als „Prüfer" werden in Abs 2 nur die externen Prüfer nach § 33 II AktG bezeichnet) sowohl der **Vorstand und** der **AR** als interne Prüfer als auch die **gerichtl bestellten Prüfer** nach § 33 II AktG. Dies folgt aus Abs 2, wonach auch die internen Prüfer in ihren Prüfungsberichten zur Überschuldung Stellung nehmen müssen. Dies können sie nur anhand der Vermögensaufstellung beurteilen (ebenso Lutter/*Karollus* Rn 10; KölnerKommUmwG/*Simon* Rn 10; Keßler/Kühnberger/*Dahlke* Rn 9; aA Widmann/Mayer/*Mayer* Rn 14; Semler/Stengel/*Maier-Reimer/Seulen* Rn 12: nur externe Prüfer).

5. Beschränkte Publizität

Durch die Aufstellung hat sich der Einzelkaufmann hinsichtl seiner Vermögensverhältnisse zu offenbaren. Dennoch ist seine Privatsphäre geschützt. Die Vermögensaufstellung ist zwar den internen wie auch externen (vgl Rn 8) Prüfern vorzulegen, sie ist aber nicht als urkundl Unterlage nach §§ 135 II 2, 37 IV 4 AktG beim HR einzureichen (Lutter/*Karollus* Rn 10; Widmann/Mayer/*Mayer* Rn 15; KölnerKommUmwG/*Simon* Rn 18). Die Gründungsprüfer sind gem §§ 49 AktG, 323 I HGB zur Geheimhaltung verpflichtet. Ausreichend ist daher die **Feststellung** der Prüfer, dass der Einzelkaufmann nicht überschuldet ist (Widmann/Mayer/*Mayer* Rn 15; Semler/Stengel/*Maier-Reimer/Seulen* Rn 19). Hierdurch ist gewährleistet, dass Angaben über das PV nicht unkontrolliert an die Öffentlichkeit gelangen. 9

6. Auskunftsrecht

Abs 3 S 3 verweist auf § 320 I 2, II 1 HGB. Den – internen und externen (vgl Rn 8; Lutter/*Karollus* Rn 13; KölnerKommUmwG/*Simon* Rn 14; Keßler/Kühnberger/*Dahlke* Rn 11; aA Semler/Stengel/*Maier-Reimer/Seulen* Rn 12) – Prüfern ist zu gestatten, die Bücher und Schriften sowie die Vermögensgegenstände und Schulden, namentl die Kasse und Bestände an Wertpapieren und Waren zu prüfen, § 320 I 2 HGB. Aufgrund des Berichtsumfangs erstreckt sich das Prüfungsrecht auch auf das PV (Lutter/*Karollus* Rn 14; KölnerKommUmwG/*Simon* Rn 15). Nach § 320 II HGB sind die Prüfer ferner berechtigt, alle Aufklärungen und Nachw zu verlangen, die für eine sorgfältige Prüfung notw sind. Prakt bedeutsam sind **Vollständigkeitserklärungen** des Einzelkaufmanns, wonach seine Aufstellung nach Abs 2 alle Aktiva und Passiva – auch des PV – umfasst. Das Auskunftsrecht kann aber nicht willkürl in Anspruch genommen werden, sondern nur dann, wenn zu befürchten ist, dass Überbewertungen erfolgt sind oder die Liste der Verb nicht vollständig ist. Daher ist zunächst eine Plausibilitätskontrolle der Vermögensaufstellung nach Abs 2 vorzunehmen (Lutter/*Karollus* Rn 15). Mangels anderer geeigneter Erkenntnisquellen können die Prüfer immer eine Vollständigkeitserklärung hinsichtl der privaten Vermögensgegenstände und Verb in der Vermögensaufstellung verlangen, wenn eine entspr Bestätigung nicht bereits aus dem Text der Vermögensaufstellung folgt (ebenso Lutter/*Karollus* Rn 15). 10

Bei Meinungsverschiedenheiten über den Umfang der Aufklärungen und Nachw gilt § 35 II AktG (Lutter/*Karollus* Rn 15; Semler/Stengel/*Maier-Reimer/Seulen* Rn 18; KölnerKommUmwG/*Simon* Rn 16). Soweit die Gründungsprüfung sich auf die Gegenstände nach § 34 I AktG erstreckt, gilt ohnehin das Informationsrecht nach § 35 I AktG (Lutter/*Karollus* Rn 15). 11

§ 160 Anmeldung und Eintragung

(1) **Die Anmeldung nach § 137 Abs. 1 ist von dem Einzelkaufmann und den Geschäftsführern oder den Mitgliedern des Vorstands und des Aufsichtsrats einer neuen Gesellschaft vorzunehmen.**

(2) **Die Eintragung der Gesellschaft ist abzulehnen, wenn die Verbindlichkeiten des Einzelkaufmanns sein Vermögen übersteigen.**

Schrifttum: *Wilken,* Zur Gründungsphase bei der Spaltung zur Neugründung, DStR 1999, 677.

1. Allgemeines

1 Abs 1 modifiziert § 137 Abs 1 dergestalt, dass der neue Rechtsträger nicht nur von dem Einzelkaufmann, sondern auch von den (zukünftigen) Geschäftsführern oder Mitgliedern des Vorstandes und des AR bzw den phG der neuen Ges angemeldet werden muss. Abs 2 untersagt bereits die Eintragung der neuen Ges, wenn der Einzelkaufmann überschuldet ist. Diese Prüfungs- und Ablehnungskompetenz des für die neu gegründete Ges zuständigen Registergerichts tritt bei der Spaltung zur Neugründung neben diejenige des für den Einzelkaufmann zuständigen Registergerichts (§§ 158, 154). Ob dies sinnvoll ist, kann angesichts des klaren Wortlauts dahinstehen.

2. Anmeldung der neuen Gesellschaft

2 Bei der Spaltung zur Neugründung ist zwischen der (zunächst deklaratorischen) Eintragung des neuen Rechtsträgers und der (konstitutiven) Eintragung der Spaltung (hier: Ausgliederung) im Register des übertragenden Rechtsträgers (des Einzelkaufmanns) zu unterscheiden. Abs 1 betrifft nur die Anmeldung der Eintragung der neuen Rechtsträger. Diese können nach § 152 S 1 nur die Rechtsform einer GmbH, AG oder KGaA haben. Abw von § 137 I bestimmt Abs 1, dass die Anmeldung der neu gegründeten KapGes von dem Einzelkaufmann **und** von den zukünftigen Geschäftsführern (Ausgliederung zur Neugründung einer GmbH) bzw zukünftigen Mitgliedern des Vorstandes und des AR (Ausgliederung zur Neugründung einer AG) vorzunehmen ist. Bei der Ausgliederung zur Neugründung einer KGaA melden der Einzelkaufmann und die phG und der AR an (§ 283 Nr 1 AktG). Das Gesetz kombiniert also die Regelungen des GmbHG (§ 78) und des AktG (§§ 36, 283 Nr 1) mit der grdsl Regelung des (§ 137).

3 Die Anmeldung hat – **neben** dem **Einzelkaufmann** – durch **alle** Mitglieder der **Organe** bzw durch alle phG (KGaA) zu erfolgen (§ 135 II 1 iVm § 78 GmbHG, §§ 36 I, 283 Nr 1 AktG – Lutter/*Karollus* Rn 3; Semler/Stengel/*Maier-Reimer/Seulen* Rn 2; Kallmeyer/*Zimmermann* Rn 3; Maulbetsch/Klumpp/Rose/*Klumpp* Rn 3; KölnerKommUmwG/*Simon* Rn 5; Widmann/Mayer/*Mayer* Rn 3). Zur Anmeldung und zu den beizufügenden Unterlagen vgl ergänzend § 137 Rn 2 ff. Eine Schlussbilanz des Einzelkaufmanns ist der Anmeldung der neuen Ges nicht beizufügen; sie ist lediglich nachzureichen, wenn das Registergericht sie anlässl der Prüfung anfordert (BayObLG ZIP 1999, 368).

3. Eintragungssperre bei Überschuldung

4 § 152 S 2 bestimmt materiell-rechtl, dass eine Ausgliederung aus dem Verm eines Einzelkaufmanns nicht erfolgen kann, wenn die Verb des Einzelkaufmanns sein Verm übersteigen (vgl im Einzelnen dort; zur Vermögensaufstellung und zu den ergänzenden Anforderungen an die Gründungsprüfung vgl § 159 Rn 5 ff). Für die Ausgliederung zur Aufnahme bestimmt § 154, dass das für den Einzelkaufmann zuständige Registergericht bei offensichtl Überschuldung die konstitutive Eintra-

gung der Ausgliederung abzulehnen hat (vgl im Einzelnen dort). Für die Ausgliederung zur Neugründung legt Abs 2 fest, dass bereits die zeitl vorrangige (vgl § 137 III) Eintragung des Rechtsträgers unzulässig ist, wenn der Einzelkaufmann überschuldet ist. Das Prüfungs- und Ablehnungsrecht des für den Einzelkaufmann zuständigen Registergerichts bleibt – über § 158 – hiervon unberührt (Lutter/*Karollus* § 160 Rn 7; Kallmeyer/*Zimmermann* § 160 Rn 7; Semler/Stengel/*Maier-Reimer/Seulen* Rn 9; Widmann/Mayer/*Mayer* Rn 10).

Diese mehrfache Prüfungs- und Ablehnungskompetenz hätte zur Vereinfachung des Registerverfahrens vermieden werden können, zumal unterschiedl Maßstäbe geregelt wurden (dazu Rn 6) und die Gefahr divergierender Entscheidung bei verschiedenen neu gegründeten Rechtsträgern besteht; eine Konzentration der Prüfung bei dem für die konstitutive Eintragung zuständigen Registergericht hätte sich angeboten. Die eindeutige Regelung ist jedoch zu akzeptieren. Zutr ist, dass das für die neue Ges zuständige Registergericht zunächst die besseren Erkenntnismöglichkeiten hat, da nur bei dieser Anmeldung der Sachgründungsbericht und – bei KG/KGaA – die (erweiterten) Gründungsprüfungsberichte beigefügt werden (vgl hierzu § 159 Rn 4 ff). **5**

Zum **Umfang der Prüfung** vgl zunächst § 154 Rn 4 ff. Anders als nach § 154 ist die Eintragung nicht nur bei offensichtl Bestehen der Überschuldung abzulehnen. Dies führt – bei richtigem Verständnis des Merkmals „offensichtl“ (vgl § 154 Rn 5) – nicht zu einem unterschiedl Prüfungs*umfang*. Allerd hat das Registergericht die Eintragung bereits dann abzulehnen, wenn die Überschuldung nicht zweifelsfrei feststeht, hierfür aber **ernstzunehmende** und durch weitere Ermittlungen nicht weiter aufklärbare **Anhaltspunkte** bestehen (wie hier Lutter/*Karollus* Rn 8; Widmann/Mayer/*Mayer* Rn 9; Kallmeyer/*Zimmermann* Rn 7; Semler/Stengel/*Maier-Reimer/Seulen* Rn 8; Maulbetsch/Klumpp/Rose/*Klumpp* Rn 6; KölnerKommUmwG/*Simon* Rn 10; zur Feststellungslast bei § 154 vgl dort Rn 5). **6**

4. Sonstige Prüfungen durch das Registergericht

Allg zur Prüfungskompetenz vgl § 130 Rn 10 ff. **7**

Achter Abschnitt. Ausgliederung aus dem Vermögen rechtsfähiger Stiftungen

Vorbemerkungen zu §§ 161–167

1. Allgemeines

Stiftungen gehören nicht zu den verschmelzungsfähigen Rechtsträgern (vgl § 3). Daher gibt es im Zweiten Buch (Verschm) keine bes Vorschriften, die auch bei der Ausgliederung aus dem Verm rechtsfähiger Stiftungen durch die Verweisung in §§ 135, 125 zu beachten wären. Zur Regelungstechnik vgl § 125 Rn 5 ff und § 135 Rn 2 ff. Die Besonderheiten bei der Ausgliederung aus dem Verm rechtsfähiger Stiftungen ergeben sich demzufolge vollständig aus §§ 161–167. Sie sind zum Teil durch den Umstand begründet, dass eine Stiftung keine Anteilsinhaber hat (§§ 162–164). Daher bestehen Parallelen zu den Vorschriften über die Ausgliederung aus dem Verm eines Einzelkaufmanns (§§ 152 ff). **1**

2 Soweit in §§ 161–167 bes Vorschriften nicht existieren, sind auf die Ausgliederung aus dem Verm rechtsfähiger Stiftungen §§ 125–137 anzuwenden. Danach gilt Folgendes:

2. Ausgliederungsvertrag, Ausgliederungsplan

3 Die inhaltl Anforderungen an den Ausgliederungsvertrag/-plan richten sich nach § 126. Besonderheiten treten nur insoweit auf, als die Spaltung nur in der Form der Ausgliederung erfolgen kann (vgl § 126 I Nr 3, 4, 10). §§ 4, 6, 7 sind entspr anwendbar (§§ 125, 135). Der Abschluss des Ausgliederungsvertrags bzw die Aufstellung des Ausgliederungsplans erfolgt durch den Vorstand (§§ 86, 26 BGB).

3. Spaltungsbeschluss

4 Vgl hierzu § 163.

4. Ausgliederungsbericht, Ausgliederungsprüfung

5 Ein Ausgliederungsbericht ist nur unter den Voraussetzungen von § 162 I erforderl (vgl Einzelheiten dort). Inhaltl richtet sich der Ausgliederungsbericht nach § 127.

6 Eine Ausgliederungsprüfung findet nicht statt (§ 125 S 2).

5. Eintragungsverfahren

7 Besonderheiten bei der Anmeldung und beim Eintragungsverfahren bestehen nicht. Insbes fehlt eine § 160 I vglb Sondervorschrift. Die ggf nach § 164 notw staatl Genehmigung ist als Anlage der Anmeldung beizufügen (§§ 125, 17 I).

§ 161 Möglichkeit der Ausgliederung

Die Ausgliederung des von einer rechtsfähigen Stiftung (§ 80 des Bürgerlichen Gesetzbuchs) betriebenen Unternehmens oder von Teilen desselben aus dem Vermögen dieser Stiftung kann nur zur Aufnahme dieses Unternehmens oder von Teilen dieses Unternehmens durch Personenhandelsgesellschaften oder Kapitalgesellschaften oder zur Neugründung von Kapitalgesellschaften erfolgen.

Schrifttum: *Orth*, Umstrukturierung unternehmerisch tätiger Stiftungen, FR 2010, 637.

1. Allgemeines

1 Eine **rechtsfähige** Stiftung kann nur als übertragender Rechtsträger an einer Spaltung beteiligt sein und Spaltung nur in Form der Ausgliederung eines **Unternehmens** oder von Teilen desselben durchführen (vgl dazu bereits § 124 Rn 48 ff). Letzteres ist Folge des Umstands, dass die Stiftung kein Verband ist, mithin keine Anteilsinhaber hat. Unternehmen idS ist nur ein kaufmännisches Handelsgewerbe (vgl §§ 1, 2, 3 II HGB). Ausgliederungsfähig sind mithin nur Stiftungen, die unter ihrer Firma ein Unternehmen betreiben und nach § 33 HGB im HR eingetragen sind (Lutter/*Rawert/Hüttemann* Rn 17; Widmann/Mayer/*Rieger* Rn 27 ff; Semler/Stengel/*Stengel* Rn 21; Maulbetsch/Klumpp/Rose/*Schmidt* Rn 6; KölnerKommUmwG/*Leuering* Rn 10; *Orth* FR 2010, 637, 638). Diese Einschränkung

folgt aus dem Umstand, dass das Gesetz offensichtl (vgl § 164 II) davon ausgeht, dass die (unternehmenstragende) Stiftung mit ihrem Unternehmen im HR eingetragen ist. Im HR eintragungsfähig (vgl § 33 HGB) sind allerd nur Stiftungen, die ein kaufmännisches Handelsgewerbe betreiben (hierzu etwa Baumbach/*Hopt* HGB § 33 Rn 1). Aus dem Fehlen einer § 171 entspr Regelung in den bes Vorschriften für die Ausgliederung aus dem Verm einer Stiftung ist zu folgern, dass der Gesetzgeber Stiftungen, die diese Voraussetzungen nicht erfüllen, vollständig aus dem Kreis der spaltungsfähigen Rechtsträger ausgeschlossen hat (ebenso Lutter/*Rawert/Hüttemann* Rn 19; Widmann/Mayer/*Rieger* Rn 31). Zur Bedeutung von § 5 HGB vgl § 152 Rn 10.

Auch bei Stiftungen, insbes bei sog unternehmenstragenden Stiftungen, kann sich das Bedürfnis ergeben, eine Umw vorzunehmen. Zu diesem Zweck lässt das Gesetz die Ausgliederung von Stiftungsvermögen zu. Die Stiftung selbst bleibt bei diesem Spaltungsvorgang erhalten, sie ist fortan Träger des restl Stiftungsvermögens und Inhaber der Anteile an den übernehmenden oder neuen Rechtsträgern. 2

2. Art der Stiftung

Ausgliederungsfähig sind nur rechtsfähige Stiftungen des Privatrechts (§§ 80 ff BGB; Lutter/*Rawert/Hüttemann* Rn 9; Widmann/Mayer/*Rieger* Rn 19; Semler/Stengel/*Stengel* Rn 17; hierzu § 124 Rn 48 ff). Weitere Voraussetzung ist, dass die Stiftung bereits ein Unternehmen betreibt und damit im HR eingetragen ist (vgl dazu bereits Rn 1). 3

Unerhebl ist hingegen, ob die Stiftung **gemeinnützig** ist. Auch gemeinnützige Stiftungen können zur Verfolgung ihres ideellen Anliegens ein Unternehmen betreiben. Str ist in diesem Zshg nur die Genehmigungsfähigkeit, wenn die gemeinnützigen Stiftungen satzungsgemäß an bestimmte Unternehmen gebunden sind. Auch kirchl Stiftungen werden von § 161 erfasst, soweit sie als rechtsfähige Stiftungen des BGB organisiert sind (Lutter/*Rawert* Rn 14; KölnerKommUmwG/*Leuering* Rn 9). 4

3. Übertragung von nicht unternehmensgebundenem Vermögen

Ist die Stiftung grdsl ausgliederungsfähig, weil sie ein Unternehmen betreibt, kann sie im Wege der Ausgliederung allerd auch nicht unternehmengebundenes Stiftungsvermögen ausgliedern. Denn durch die Aufnahme in dem Ausgliederungsvertrag/-plan erfolgt eine Widmung für den Unternehmensbereich (ebenso Widmann/Mayer/*Rieger* Rn 59 ff; Lutter/*Rawert/Hüttemann* Rn 23, Fn 2; Semler/Stengel/*Stengel* Rn 29). Insoweit müssen die gleichen Erwägungen wie beim Einzelkaufmann gelten (vgl dazu § 152 Rn 22 ff). Nur so lässt sich die vom Gesetzgeber grdsl gewollte Flexibilität erreichen. 5

4. Spaltungsmöglichkeiten

Vgl hierzu bereits § 124 Rn 48 ff. Die Ausgliederung zur Aufnahme aus dem Stiftungsvermögen kann nur auf eine bereits bestehende PhG oder auf eine bestehende KapGes erfolgen. Für darüber hinausgehende Möglichkeiten sah der Gesetzgeber kein Bedürfnis. Den Stiftungen soll ledigl die Möglichkeit eingeräumt werden, ihren wirtschaftl Geschäftsbetrieb in allg übl Rechtsformen zu betreiben und dadurch ihre Konkurrenzfähigkeit zu erhalten (der Gesetzgeber weist als Beispiel auf freie Sparkassen hin, RegEBegr BR-Drs 75/94 zu § 160). Eine Ausgliederung zur Neugründung 6 kann eine Stiftung nur auf eine KapGes vornehmen. Eine PhG scheidet bei einer Ausgliederung zur Neugründung immer aus (vgl dazu § 124 Rn 29).

§ 162 Ausgliederungsbericht

(1) **Ein Ausgliederungsbericht ist nur erforderlich, wenn die Ausgliederung nach § 164 Abs. 1 der staatlichen Genehmigung bedarf oder wenn sie bei Lebzeiten des Stifters von dessen Zustimmung abhängig ist.**

(2) **Soweit nach § 164 Abs. 1 die Ausgliederung der staatlichen Genehmigung oder der Zustimmung des Stifters bedarf, ist der Ausgliederungsbericht der zuständigen Behörde und dem Stifter zu übermitteln.**

1 Der **Ausgliederungsbericht** (vgl § 127) kann bei der Ausgliederung von Stiftungsvermögen seine eigentl Funktion, die Anteilsinhaber über die Umstände und Folgen der Ausgliederung zu informieren, wegen fehlender Anteilsinhaber nicht erfüllen. Daher konnte entspr der Regelung beim Einzelkaufmann (§ 153) grdsl auf ihn verzichtet werden. Er ist allerd ein wertvolles Informationsmittel für den Stifter oder die staatl Genehmigungsbehörde, sofern deren Zustimmung Voraussetzung für die Zulässigkeit der Ausgliederung ist (vgl hierzu § 164 Rn 1). Für diese Fälle ordnet Abs 1 an, dass ein Ausgliederungsbericht zu erstellen ist. Stifter und staatl Genehmigungsbehörde können in entspr Anwendung von § 8 III Alt 1 (iVm § 127 S 2) auf die Erstellung des Ausgliederungsberichts allerd verzichten (wie hier Widmann/Mayer/*Rieger* Rn 22; Semler/Stengel/*Stengel* Rn 6; KölnerKommUmwG/*Leuering* Rn 6; einschränkend Lutter/*Rawert*/*Hüttemann* Rn 4: Nur der Stifter kann verzichten). Die weitere Ausnahme von der Berichtspflicht nach § 8 III Alt 2 (iVm § 127 S 2) kann bei der Ausgliederung von Stiftungsvermögen nicht vorliegen.

2 Da der Ausgliederungsbericht seine Funktion nur erfüllen kann, wenn er der staatl Genehmigungsbehörde oder dem Stifter zur Vfg steht, ordnet **Abs 2** an, dass er bei bestehender Genehmigungs- oder Zustimmungspflicht der Behörde und dem Stifter zu übermitteln ist. Zeitl Vorgaben hierfür enthält das Gesetz nicht. Es wird aber im Interesse des Vorstands der Stiftung liegen, möglichst frühzeitig die Einholung der Genehmigung bzw Zustimmung zu veranlassen.

§ 163 Beschluß über den Vertrag

(1) **Auf den Ausgliederungsbeschluß sind die Vorschriften des Stiftungsrechts für die Beschlußfassung über Satzungsänderungen entsprechend anzuwenden.**

(2) **Sofern das nach Absatz 1 anzuwendende Stiftungsrecht nicht etwas anderes bestimmt, muß der Ausgliederungsbeschluß von dem für die Beschlußfassung über Satzungsänderungen nach der Satzung zuständigen Organ oder, wenn ein solches Organ nicht bestimmt ist, vom Vorstand der Stiftung einstimmig gefaßt werden.**

(3) **Der Beschluß und die Zustimmung nach den Absätzen 1 und 2 müssen notariell beurkundet werden.**

1. Allgemeines

1 Der Umstand, dass Anteile an Stiftungen nicht vorhanden sein können, zwingt zu einer bes Regelung über den Ausgliederungsbeschluss. Nach Abs 1 wird der

Ausgliederungsbeschluss einer Beschlussfassung über eine Satzungsänderung bei der Stiftung gleichgestellt. Subsidiär bestimmt Abs 2, dass der Ausgliederungsbeschluss des für Satzungsänderungen zuständigen Organs, hilfsweise des Vorstands, einstimmig gefasst werden muss. Sowohl der Ausgliederungsbeschluss als auch ggf notw Zustimmungen müssen wiederum notariell beurkundet werden (Abs 3).

2. Anwendung der Vorschriften über Satzungsänderungen

S 1 bestimmt, dass auf den Ausgliederungsbeschluss die Vorschriften des (jew) Stiftungsrechts für die Beschlussfassung über Satzungsänderungen entspr anzuwenden sind. Die Regelung des Rechts der Stiftungen des privaten Rechts in §§ 80–88 BGB ist sehr lückenhaft. Daneben sind die jew Stiftungsgesetze der Länder zu beachten (vgl die Übersicht bei Palandt/*Ellenberger* BGB Vor § 80 Rn 13). 2

Eine Regelung über Satzungsänderungen findet sich in den §§ 80 ff BGB nicht. Sie sind entweder in der Satzung selbst oder ggf im einschlägigen Landesrecht enthalten (vgl Palandt/*Ellenberger* BGB § 85 Rn 3). Diese Bestimmungen gelten entspr für die Beschlussfassung über die Ausgliederung. 3

3. Zuständigkeit für die Beschlussfassung

Vorbehaltl einer abw landesrechtl Regelung bestimmt Abs 2, dass das für Satzungsänderungen nach der Satzung zuständige Organ auch zur Fassung des Ausgliederungsbeschlusses berufen ist. Dies folgt allerd bereits aus Abs 1. Spezielle Regelungen im Stiftungsrecht, die für den Ausgliederungsbeschluss abw Zuständigkeit schaffen, existieren wenigstens im Moment nicht. 4

Ledigl für den Fall, dass sich weder in der Satzung noch in den landesrechtl Vorschriften eine Zuständigkeitsregelung für Satzungsänderungen befindet, schafft Abs 2 die **subsidiäre Zuständigkeit** des Vorstands der Stiftung. Der Beschluss muss einstimmig gefasst werden, es sei denn, das anzuwendende Stiftungsrecht oder die Satzung lassen Mehrheitsentscheidungen für Satzungsänderungen zu. Zu Rechtsbehelfen gegen **fehlerhafte Beschlüsse** vgl KölnerKommUmwG/*Leuering* Rn 4; Lutter/*Rawert/Hüttemann* Rn 4. 5

4. Zustimmungen und Genehmigungen

Das Landesrecht bestimmt ferner, ob der Ausgliederungsbeschluss weiterer Zustimmungen oder Genehmigungen bedarf. Dies ist der Fall, sofern auch Satzungsänderungen unter diesem Vorbehalt stehen. So bedarf etwa nach manchen Stiftungsgesetzen eine Satzungsänderung zu Lebzeiten des Stifters dessen Zustimmung. Satzungen von Stiftungen sehen oftmals auch weitere Zustimmungsvorbehalte vor. Für staatl Genehmigungen vgl § 164. 6

5. Formerfordernis

Sowohl der Ausgliederungsbeschluss als auch notw Zustimmungen müssen notariell beurkundet werden (Abs 3). Der Gesetzgeber sah sich wegen der Besonderheit bei der Stiftung zu dieser Klarstellung neben der Verweisung auf § 13 III (§§ 125, 135) veranlasst (RegEBegr BR-Drs 75/94 zu § 163). Das Beurkundungserfordernis bezieht sich nicht auf ggf notw staatl Genehmigungen. 7

§ 164 Genehmigung der Ausgliederung

(1) **Die Ausgliederung bedarf der staatlichen Genehmigung, sofern das Stiftungsrecht dies vorsieht.**

(2) **Soweit die Ausgliederung nach Absatz 1 der staatlichen Genehmigung nicht bedarf, hat das Gericht des Sitzes der Stiftung die Eintragung der Ausgliederung auch dann abzulehnen, wenn offensichtlich ist, daß die Verbindlichkeiten der Stiftung ihr Vermögen übersteigen.**

1. Staatliche Genehmigung

1 Die Ausgliederung bedarf neben dem Ausgliederungsbeschluss auch der staatl Genehmigung, sofern das Stiftungsrecht dies vorsieht. Ein ausdrückl Genehmigungsvorbehalt für Ausgliederungen existiert derzeit nicht. Ein staatl Genehmigungserfordernis besteht jedoch, wenn die Ausgliederung die Änderung der Satzung notw macht (Lutter/*Rawert/Hüttemann* Rn 5; Semler/Stengel/*Stengel* Rn 3; Widmann/Mayer/*Rieger* Rn 15). Hierfür bestimmen alle Stiftungsgesetze einen staatl Genehmigungsvorbehalt. Entsprechendes gilt, soweit mit der Ausgliederung nach den Stiftungsgesetzen genehmigungspflichtige (oder anzeigepflichtige) Rechtsgeschäfte verbunden sind (Widmann/Mayer/*Rieger* Rn 12; Lutter/*Rawert/Hüttemann* Rn 10 ff; Semler/Stengel/*Stengel* Rn 4).

2. Prüfung der Überschuldung

2 In Anlehnung an § 154 soll das Gericht des Sitzes der Stiftung die Eintragung der Ausgliederung ablehnen, wenn offensichtl ist, dass die Verb der Stiftung ihr Verm übersteigen, sie also überschuldet ist. Zu den Voraussetzungen der Überschuldung im Einzelnen vgl § 154 Rn 4, 5. Diese Prüfungs- und Ablehnungskompetenz soll dem Gericht allerd nur zustehen, wenn die Ausgliederung nicht von einer staatl Genehmigung abhängt. In diesem Fall erachtete der Gesetzgeber eine weitere Prüfung durch das Registergericht nicht für notw (RegEBegr BR-Drs 75/94 zu § 164). Dies bedeutet nun aber nicht, dass das Registergericht die Eintragung nicht ablehnen darf, sofern es das Vorliegen einer Überschuldung zweifelsfrei feststellt (ebenso Widmann/Mayer/*Rieger* Rn 43; Lutter/*Rawert/Hüttemann* Rn 16). Die Überschuldung verpflichtet die Organe zur Beantragung des Insolvenzverfahrens (§§ 86, 42 BGB). In diesem Fall scheidet eine Spaltung aus.

3. Zuständiges Register

3 Die Stiftung an sich wird nicht in einem von Gerichten geführten Register eingetragen. Ggf folgt eine Eintragung in einem landesrechtl vorgesehenen Stiftungsverzeichnis (vgl etwa § 4 Stiftungsgesetz Baden-Württemberg). Die §§ 161 ff erfassen aber nur Stiftungen, die ein kaufmännisches Handelsgewerbe betreiben und nach § 33 HGB im HR eingetragen sind (vgl § 161 Rn 1). Zuständig für die Eintragung der Ausgliederung ist mithin dieses Registergericht.

§ 165 Sachgründungsbericht und Gründungsbericht

Auf den Sachgründungsbericht (§ 5 Abs. 4 des Gesetzes betreffend die Gesellschaften mit beschränkter Haftung) ist § 58 Abs. 1, auf den Grün-

dungsbericht (§ 32 des Aktiengesetzes) § 75 Abs. 1 entsprechend anzuwenden.

1 Bei der Ausgliederung von Stiftungsvermögen auf eine neu gegründete KapGes ist stets ein Sachgründungsbericht (§ 5 IV GmbHG) bzw Gründungsbericht iSv § 32 AktG notw (§§ 138, 144). § 165 ordnet hierzu an, dass diese Berichte auch den Geschäftsverlauf und die Lage der Stiftung umfassen müssen (§ 58 I, § 75 I). Die Berichtspflicht umfasst aber nur das von der Stiftung betriebene Unternehmen, das ganz oder teilweise ausgegliedert wird (Lutter/*Rawert/Hüttemann* Rn 4; KölnerKommUmwG/*Leuering* Rn 2; Semler/Stengel/*Stengel* Rn 5). Zu Einzelheiten hinsichtl der inhaltl Anforderung an die Berichte vgl § 58 Rn 2 und § 75 Rn 2 ff. Die Regelung ist allerd ebenso wie die in § 159 I an sich überflüssig, da die entspr Anwendung von § 58 I und § 75 I bereits aus §§ 135, 125 folgt (vgl § 159 Rn 1).

2 Einer Vermögensaufstellung, wie sie § 159 Abs 3 für die Ausgliederung eines einzelkaufmännischen Unternehmens zur Neugründung einer AG vorsieht, bedarf es bei der Ausgliederung von Stiftungsvermögen trotz § 164 II, der ebenso wie §§ 154, 160 II ein Eintragungsverbot für den Fall der Überschuldung der Stiftung vorsieht, allerd nicht (vgl dazu § 164 Rn 2).

§ 166 Haftung der Stiftung

[1] Durch den Übergang der Verbindlichkeiten auf übernehmende oder neue Gesellschaften wird die Stiftung von der Haftung für die Verbindlichkeiten nicht befreit. [2] § 418 des Bürgerlichen Gesetzbuchs ist nicht anzuwenden.

1 Die Regelung entspr inhaltl der in § 156. Auf die dortige Komm wird verwiesen.

§ 167 Zeitliche Begrenzung der Haftung für übertragene Verbindlichkeiten

Auf die zeitliche Begrenzung der Haftung der Stiftung für die im Ausgliederungs- und Übernahmevertrag aufgeführten Verbindlichkeiten ist § 157 entsprechend anzuwenden.

1 Auch die Stiftung soll für übertragene Verb nicht endlos weiter haften. Aufgrund der dem Einzelkaufmann ähnl Interessenlage verweist das Gesetz zur Regelung der Nachhaftungsbegrenzung auf § 157.

Neunter Abschnitt. Ausgliederung aus dem Vermögen von Gebietskörperschaften oder Zusammenschlüssen von Gebietskörperschaften

§ 168 Möglichkeit der Ausgliederung

Die Ausgliederung eines Unternehmens, das von einer Gebietskörperschaft oder von einem Zusammenschluß von Gebietskörperschaften, der

nicht Gebietskörperschaft ist, betrieben wird, aus dem Vermögen dieser Körperschaft oder dieses Zusammenschlusses kann nur zur Aufnahme dieses Unternehmens durch eine Personenhandelsgesellschaft, eine Kapitalgesellschaft oder eine eingetragene Genossenschaft oder zur Neugründung einer Kapitalgesellschaft oder einer eingetragenen Genossenschaft sowie nur dann erfolgen, wenn das für die Körperschaft oder den Zusammenschluß maßgebende Bundes- oder Landesrecht einer Ausgliederung nicht entgegensteht.

Schrifttum: *Steuck,* Die privatisierende Umwandlung, NJW 1995, 2887; *Suppliet,* Ausgliederung aus dem Vermögen von Gebietskörperschaften, NotBZ 1997, 37, 141; 1998, 210; 1999, 49; *Schindhelm/Stein,* Der Gegenstand der Ausgliederung bei einer Privatisierung nach dem Umwandlungsgesetz, DB 1999, 1375; *Stopp,* Wege der Auflösung kommunaler Eigengesellschaften unter besonderer Berücksichtigung des Umwandlungsgesetzes, SächsVBl 1999, 197.

1. Allgemeines

1 Die Vorschrift regelt die zulässigen Spaltungsmöglichkeiten einer Gebietskörperschaft und eines Zusammenschlusses von Gebietskörperschaften, der nicht Gebietskörperschaft ist. Neben der Beschränkung der sich aus § 124 ergebenden Möglichkeiten wird aber auch der Ausgliederungsvorgang an sich beschränkt, indem für Gebietskörperschaften nur die Ausgliederung vollständiger Unternehmen zugelassen wird. Schließl enthält die Vorschrift einen Vorbehalt hinsichtl entgegenstehender bundes- oder landesrechtl Regelungen.

2. Gebietskörperschaften und Zusammenschlüsse von Gebietskörperschaften

2 Zum **Begriff** der Gebietskörperschaft und des Zusammenschlusses von Gebietskörperschaften, der nicht Gebietskörperschaft ist, vgl § 124 Rn 52 ff.

3. Begriff des Unternehmens

3 Ausgegliedert werden können nur von Gebietskörperschaften und Zusammenschlüssen von Gebietskörperschaften, die selbst nicht Gebietskörperschaften sind, betriebene **Unternehmen.** Der Begriff des Unternehmens bedarf in diesem Zshg einer zweckbezogenen Auslegung. Unternehmen idS sind nur **Eigen- und Regiebetriebe,** denn nur deren Ausgliederung wollte der Gesetzgeber ermöglichen (RegEBegr BR-Drs 75/94 zu § 168). Körperschaften oder Anstalten des öffentl Rechts werden demggü nicht erfasst (wie hier Widmann/Mayer/*Heckschen* Rn 123; *Suppliet* NotBZ 1997, 41; aA Semler/Stengel/*Perlitt* Rn 30; Kölner-KommUmwG/*Leuering* Rn 24: Auch nicht rechtsfähige Anstalten; vgl auch Lutter/*H. Schmidt* Rn 19).

4 **Eigenbetriebe** zeichnen sich dadurch aus, dass sie eine rechtl unselbstständige, aber organisatorisch weitgehend verselbstständigte und finanzwirtschaftl als Sondervermögen getrennt zu verwaltende Unternehmenstätigkeit ausüben. Bei **Regiebetrieben** handelt es sich um eine in die Verwaltung der Gebietskörperschaft integrierte, rechtl, organisatorisch, personell und haushalts- bzw rechnungstechnisch unselbstständige Unternehmenstätigkeit.

4. Ausgliederung ganzer Unternehmen

Bei der Ausgliederung von Eigen- und Regiebetrieben ist die Besonderheit zu beachten, dass im Wege der Ausgliederung das **gesamte Unternehmen** auf einen Rechtsträger übertragen werden muss. Die Aufteilung eines bislang einheitl geführten Eigen- oder Regiebetriebs auf verschiedene Rechtsträger scheidet aus. Diese sonst dem Spaltungsrecht fremde Einschränkung ist sinnvoll, da der übertragende Rechtsträger bei der Ausgliederung von Eigen- oder Regiebetrieben nicht in einem Register eingetragen ist, für den Eintritt der Ausgliederungswirkungen deshalb die Registereintragung bei dem übernehmenden oder neuen Rechtsträger maßgebl sein muss. Gäbe es aber mehrere übernehmende oder neue Rechtsträger, bestünde die Notwendigkeit, eine unnötig komplizierte Regelung über die Maßgeblichkeit der einzelnen Eintragungen zu treffen (RegEBegr BR-Drs 75/94 zu § 168). Diese Beschränkung führt aber nicht nur dazu, dass jew gesamte Eigen- oder Regiebetriebe auf einen Rechtsträger übertragen werden müssen, es können auch nicht verschiedene Regie- oder Eigenbetriebe – jew als Gesamtheit – auf verschiedene Rechtsträger in einem Ausgliederungsvorgang übertragen werden. Demggü können aber mehrere Unternehmen gleichzeitig auf einen neuen Rechtsträger übertragen werden (Lutter/*H. Schmidt* Rn 12; Widmann/Mayer/*Heckschen* Rn 132; Semler/Stengel/*Perlitt* Rn 34; KölnerKommUmwG/*Leuering* Rn 28). 5

Die Beschränkung auf die Übertragung eines gesamten Unternehmens auf einen Rechtsträger bedeutet nicht, dass im Wege der Ausgliederung nicht auch Vermögensgegenstände übertragen werden können, die bislang nicht unmittelbar dem Eigen- oder Regiebetrieb dienten, oder einzelne Gegenstände zurückbehalten werden können (*Steuck* NJW 1995, 2889; Lutter/*H. Schmidt* Rn 12; Semler/Stengel/*Perlitt* Rn 32; KölnerKommUmwG/*Leuering* Rn 27). Zunächst ist diese Zuordnung wenigstens bei Regiebetrieben ohnehin nicht zweifelsfrei mögl. Darüber hinaus ist nicht ersichtl, warum die sonst im Spaltungsrecht geltende Flexibilität der Vermögensübertragung bei Gebietskörperschaften oder Zusammenschlüssen von Gebietskörperschaften mehr als nötig eingeschränkt werden sollte. Das vom UmwG 1995 verfolgte Ziel, klare Verhältnisse hinsichtl des Wirksamwerdens der Spaltung zu schaffen, wird durch die Übertragung auch bislang nicht unternehmerisch eingesetzten Verm oder die Zurückbehaltung einzelner Gegenstände nicht gefährdet. 6

5. Rechtsformen der übernehmenden Rechtsträger

Eigen- und Regiebetriebe können im Wege der Ausgliederung zur Aufnahme ledigl auf bestehende PhG, KapGes oder eG übertragen werden. Damit wird zwar der Kreis der zunächst nach § 124 ermögl Umwandlungsvarianten beschränkt, im Vgl zur früheren Rechtslage stehen den Gebietskörperschaften (oder Zusammenschlüssen) aber neue Rechtsformen offen (vgl §§ 57, 58, 69: AG, GmbH). Der Gesetzgeber ging davon aus, dass insbes Ausgliederungen auf bereits bestehende privatrechtl organisierte Unternehmen anderer Körperschaften erfolgen werden (RegEBegr BR-Drs 75/94 zu § 168). 7

6. Rechtsformen der neuen Rechtsträger

Als Rechtsformen für neu gegründete Rechtsträger kommen **KapGes** und **eG** in Betracht. Damit entsteht zunächst eine EinPersGen. Dies ist mögl, da nach 8

§§ 135, 125, 36 II 2 Vorschriften, die für die Gründung eine Mindestzahl von Gründern vorschreiben, bei der Ausgliederung keine Anwendung finden. Sollte die Zahl der Genossenschaften in der Folge nicht ansteigen, droht jedoch die Amtslöschung (vgl dazu § 124 Rn 37). Gerade bei der Beteiligung von Gebietskörperschaften dürfte die eG nur dann eine geeignete Rechtsform sein, wenn im unmittelbaren Anschluss die Aufnahme weiterer Genossenschaften geplant ist. In diesem Fall kann allerd die eG gerade zur Erfüllung öffentl Zwecke durchaus eine geeignete Rechtsform sein.

9 Die Ausgliederung auf eine neu gegründete **KapGes** ist demggü grdsl unproblematisch. Sowohl die GmbH als auch die AG können als EinPersGes geführt werden.

7. Gesetzesvorbehalt

10 Die Ausgliederung kann nur erfolgen, wenn das für die Gebietskörperschaft oder den Zusammenschluss maßgebende Bundes- oder Landesrecht einer Ausgliederung nicht entgegensteht. Der Gesetzgeber hat damit eine Annäherung zur früher schon hM vollzogen. Obwohl in §§ 57, 59 UmwG 1969 ausdrückl von einer Regelung, die die Umw „vorsieht" oder „zulässt", die Rede war, ging die hM davon aus, dass das Fehlen eines ausdrückl Verbots ausreichen würde. In Anlehnung an § 91 KSVG Saarland, § 89 GO Schleswig-Holstein wurde jedoch zusätzl die Genehmigung zumindest der Rechtsaufsichtsbehörde der jew Gebietskörperschaft gefordert (vgl dazu 1. Aufl 1994, § 57 Anm 4).

11 Diese Genehmigung ist nicht mehr allg erforderl. Existieren jedoch bundes- oder landesrechtl Regelungen, die die Erfüllung weiterer Voraussetzungen verlangen, so sind diese zu beachten.

12 Hintergrund des Gesetzesvorbehalts ist insbes, dass der Begriff „Gebietskörperschaften" den Bund, die Länder, die Landkreise, die Gemeinden etc umfasst sind. Die Gesetzeskompetenz für diese Gebietskörperschaften steht teilw dem Bund, teilw den Ländern zu. Der das UmwG erlassende Bundesgesetzgeber musste daher die Regelungskompetenz der Länder beachten. Der Sinn des Vorbehalts einer nicht entgegenstehenden bundesrechtl Regelung dient demggü der flexibleren rechtstechnischen Handhabung (grdsl Zulässigkeit und Verbot im Einzelfall sowie Regelung des Verfahrens im UmwG).

§ 169 Ausgliederungsbericht; Ausgliederungsbeschluß

[1] Ein Ausgliederungsbericht ist für die Körperschaft oder den Zusammenschluß nicht erforderlich. [2] Das Organisationsrecht der Körperschaft oder des Zusammenschlusses bestimmt, ob und unter welchen Voraussetzungen ein Ausgliederungsbeschluß erforderlich ist.

1. Entbehrlichkeit des Ausgliederungsberichts

1 Für die Gebietskörperschaft oder den Zusammenschluss von Gebietskörperschaften ist ein Ausgliederungsbericht nach S 1 entbehrl. Die Berichtspflicht für den übernehmenden Rechtsträger bleibt hierdurch unberührt; sie richtet sich nach den allg Vorschriften (vgl hierzu § 8). Ein Ausgliederungsbericht ist überflüssig, da Anteilsinhaber nicht vorhanden sind. Das Gesetz geht offenbar davon aus, dass die Personen, die bei der Gebietskörperschaft über die Ausgliederung entscheiden,

ausreichenden Sachverstand und den Einfluss besitzen, sich die nötigen Informationen zu besorgen.

2. Ausgliederungsbeschluss

Da der übertragende Rechtsträger, die Gebietskörperschaft oder der Zusammenschluss von Gebietskörperschaften, keine Anteilsinhaber besitzt, bedarf es bei der Ausgliederung grdsl nicht eines Ausgliederungsbeschlusses iSv §§ 125, 135, 13. S 2 stellt klar, dass sich die Entscheidung über die Durchführung der Ausgliederung nach – je nach Gebietskörperschaft – bundes- oder landesrechtl Vorschriften bestimmt. Insoweit muss auf die die jew Art der Gebietskörperschaft betreffende Spezialliteratur verwiesen werden. 2

§ 170 Sachgründungsbericht und Gründungsbericht

Auf den Sachgründungsbericht (§ 5 Abs. 4 des Gesetzes betreffend die Gesellschaften mit beschränkter Haftung) ist § 58 Abs. 1, auf den Gründungsbericht (§ 32 des Aktiengesetzes) § 75 Abs. 1 entsprechend anzuwenden.

Soweit die Ausgliederung zur Neugründung einer GmbH oder einer AG bzw KGaA erfolgt, bedarf es stets eines Sachgründungsberichts bzw Berichts iSv § 5 IV GmbHG, § 32 AktG (§§ 138, 144). Für diese Berichte sind die Anforderungen nach §§ 58 I, 75 I zu beachten. Sie müssen also auch den Geschäftsverlauf und die Lage des übertragenden Rechtsträgers beschreiben. Vgl hierzu zunächst § 58 Rn 2 und § 75 Rn 2 ff. Die Angaben haben sich allerd nur auf den Eigen- oder Regiebetrieb der Gebietskörperschaft, nicht hingegen auf die Gebietskörperschaft selbst zu erstrecken (Lutter/*H. Schmidt* Rn 6; Semler/Stengel/*Perlitt* Rn 1, 8; Kölner-KommUmwG/*Leuering* Rn 2). 1

Die Norm ist ebenso wie §§ 159, 165 an sich überflüssig, weil die entspr Anwendung der §§ 58 I, 75 I bereits aus der Verweisung in §§ 135, 125 folgt. 2

§ 171 Wirksamwerden der Ausgliederung

Die Wirkungen der Ausgliederung nach § 131 treten mit deren Eintragung in das Register des Sitzes des übernehmenden Rechtsträgers oder mit der Eintragung des neuen Rechtsträgers ein.

Die Norm modifiziert § 131 insofern, als die Wirkungen der Ausgliederung mit der Eintragung der Spaltung in das Register des Sitzes des übernehmenden Rechtsträgers oder mit der Eintragung des neuen Rechtsträgers eintreten. Diese Regelung war notw, weil Regie- und Eigenbetriebe von Gebietskörperschaften und Zusammenschlüssen von Gebietskörperschaften, die keine Gebietskörperschaften sind, nicht in einem Register eingetragen sein müssen (§ 36 HGB). Bei einer Ausgliederung zur Aufnahme wird die Anmeldung der Eintragung durch das Vertretungsorgan des übernehmenden Rechtsträgers vorgenommen. Das Anmeldungsverfahren richtet sich nach §§ 125, 16, 17. Die Erklärung nach § 16 II beschränkt sich auf den übernehmenden Rechtsträger. Die Anmeldung eines neuen Rechtsträgers erfolgt durch das Vertretungsorgan der Körperschaft (Lutter/*H. Schmidt* Rn 4 mwN). Die Vertretungsbefugnisse regeln sich nach öffentl Recht. 1

Die Erklärung nach § 16 II erübrigt sich in diesem Fall. § 137 III findet keine Anwendung. Die Eintragung des neuen Rechtsträgers ist unverzügl bekannt zu machen.

§ 172 Haftung der Körperschaft oder des Zusammenschlusses

[1]Durch den Übergang der Verbindlichkeiten auf den übernehmenden oder neuen Rechtsträger wird die Körperschaft oder der Zusammenschluß von der Haftung für die Verbindlichkeiten nicht befreit. [2]§ 418 des Bürgerlichen Gesetzbuchs ist nicht anzuwenden.

1 Die Norm entspricht §§ 156, 166. Durch den Übergang der Verb wird die Körperschaft oder der Zusammenschluss von Körperschaften von der Haftung für die Verb nicht befreit. Dies ergibt sich aber bereits aus § 133 I 1, sodass es einer ausdrückl Regelung nicht bedurft hätte (vgl auch schon § 156 Rn 1). Zur Nachhaftungsbegrenzung vgl § 173.

§ 173 Zeitliche Begrenzung der Haftung für übertragene Verbindlichkeiten

Auf die zeitliche Begrenzung der Haftung für die im Ausgliederungs- und Übernahmevertrag aufgeführten Verbindlichkeiten ist § 157 entsprechend anzuwenden.

1 Die Nachhaftung der Gebietskörperschaft oder des Zusammenschlusses von Gebietskörperschaften ist zeitl begrenzt. Die für den Einzelkaufmann geltende Regelung in § 157 findet entspr Anwendung.

Viertes Buch. Vermögensübertragung

Vorbemerkungen zu §§ 174–189

Schrifttum: Schrifttum bis 1994 siehe 3. Auflage; Schrifttum bis 2000 siehe 4. Auflage; *Diehl,* Übertragung von Versicherungsbeständen im Konzern unter Beteiligung von VVaG, VersR 2000, 268; *Weber-Rey/Guimomet,* Wege zur Demutualisierung, AG 2002, 278; *Hübner,* Bestandsübertragung, Anh 1 nach § 189 UmwG in Lutter, Umwandlungsgesetz, 4. Aufl 2009; *Bälz/Kuntz,* Die grenzüberschreitende Bestandsübertragung in der EU: Probleme der horizontalen Behördenkooperation im internationalen Verwaltungsrecht, VersR 2005, 310; *Hasselbach/Komp,* Die Bestandsübertragung als Maßnahme zur Restrukturierung von Versicherungsunternehmen, VersR 2005, 1651; *H. Schmidt,* Totalausgliederung nach § 123 Abs. 3 UmwG, AG 2005, 26; *Schwintowski,* Die Rechte der Versicherten bei einer Bestandsübertragung, VuR 2005, 321; *Armbrüster,* Eigentumsschutz im Kaptalgesellschaftsrecht – Auswirkungen der Judikatur des BVerfG zur Lebensversicherung, ZGR 2006, 683; *Hövelmann/Brouwers,* Bestandsübertragungen zwischen privaten Krankenversicherungsunternehmen nach dem Urteil des BVerfG vom 26.7.2005, VersR 2006, 1306; *Schenke,* Versicherungsrecht im Fokus des Verfassungsrechts – Die Urteile des BVerfG vom 26. Juli 2005, VersR 2006, 871; *Lüttringhaus,* Neue Wege zur internationalen Restrukturierung europäischer Erst- und Rückversicherungsunternehmen, VersR 2008, 1036; *Wolf,* Das Genehmigungserfordernis nach § 14a VAG für Umwandlungen von Versicherern, VersR 2008, 1441; *Beckmann,* Bestandsübertragung, Anh I zu §§ 178–189 in KölnerKommUmwG 1. Aufl 2009; *Hasselbach,* Der Übergang von Bedeckungswerten im Rahmen der Bestandsübertragung nach § 14 VAG, VersR 2010, 429; *Koerfer,* Bestandsübertragung, aufsichtsrechtliche Genehmigungen und Gleichordnungskonzern, Anh § 119 UmwG in Semler/Stengel, Umwandlungsgesetz, 3. Aufl 2012.

1. Regelungsgegenstand

Das Vierte Buch behandelt die Vermögensübertragung, bei der ein Rechtsträger sein Verm als Ganzes (Vollübertragung) oder Teile seines Verm (Teilübertragung) durch Gesamt- oder Sonderrechtsnachfolge (sonst kann § 179a AktG einschlägig sein, vgl *Hüffer* AktG § 179a Rn 6; Lutter/*H. Schmidt* Vor § 174 Rn 8) auf einen anderen bestehenden Rechtsträger überträgt; die **Gegenleistung** für diese Vermögensübertragung besteht, anders als bei der im Zweiten Buch geregelten Verschm oder bei der im Dritten Buch geregelten Spaltung, nicht in der Gewährung von Anteilen an diesem übernehmenden Rechtsträger, sondern in **anderen Vermögenswerten.** Unmittelbar europarechtl Vorgaben bestehen für die Vermögensübertragung nicht, vgl Lutter/*H. Schmidt* Vor § 174 Rn 3; Widmann/Mayer/*Schwarz* § 174 Rn 14. 1

Die Vollübertragung (§ 174 I) war bereits in §§ 359, 360 AktG aF, 44d, 44c, 53a VAG aF für folgende Konstellationen zugelassen: 2

- Vermögensübertragung einer AG oder KGaA auf den Bund, ein Land, einen Gemeindeverband oder eine Gemeinde (§ 359 I AktG aF);
- Vermögensübertragung einer AG auf einen (großen) VVaG (§ 360 I AktG aF);
- Vermögensübertragung eines (großen oder kleineren) VVaG auf eine AG, §§ 44b I, 53a I 1 Nr 2 VAG aF;
- Vermögensübertragung eines (großen oder kleineren) VVaG auf ein öffentlrechtl Versicherungsunternehmen (§§ 44c I, 53a I 1 Nr 2 VAG aF); zur umgekehrten Gestaltung Rn 3.

§§ 174–189 sehen unter Fortführung der vorgeschriebenen Möglichkeiten auch die Vollübertragung des Verm einer **GmbH** auf den Bund, ein Land, eine Gebietskörperschaft oder einen Zusammenschluss von Gebietskörperschaften vor (Erwei- 3 terung von § 359 I AktG aF in Anlehnung an §§ 285, 286 des RegE zum GmbHG, BT-Drs 7/253, vgl RegEBegr BR-Drs 75/94 zum Vierten Buch des UmwG). Des Weiteren lässt § 175 Nr 2 lit a–c die Vermögensübertragung **von Versicherungs-AG** (diese AG erhält ihre spezielle Ausprägung durch den satzungsmäßigen Unternehmensgegenstand, vgl § 9 VAG und Lutter/*H. Schmidt* § 175 Rn 7) auf VVaG zu (vgl zur Frage, ob kleine VVaG beteiligt sein können Semler/Stengel/*Fonk* § 175 Rn 10 ff mwN), ebenso die Vermögensübertragung von einer Versicherungs-AG auf öffentl-rechtl Versicherungsunternehmen und die Vermögensübertragung von einem öffentl-rechtl Versicherungsunternehmen auf Versicherungs-AG oder auf VVaG.

4 Durch die Umwandlungsreform neu eingeführt wurde die **Teilübertragung** nach § 174 II. Entsprechend dem Vorbild der Spaltung können sämtl Übertragungsvorgänge iSv § 175 auch dergestalt vorgenommen werden, dass der übertragende Rechtsträger nur Teile seines Verm im Wege der Sonderrechtsnachfolge überträgt. Bei Abspaltung und Ausgliederung bleibt der übertragende Rechtsträger hierbei bestehen, nur bei Aufspaltung erlischt er ohne vorherige Liquidation. Diese Variante der Vermögensübertragung kann als Alt zum Unternehmensverkauf (vgl RegEBegr BR-Drs 75/94 zu § 174 II Nr 3) oder bei der Zergliederung von (zB länderübergreifenden) Versorgungsunternehmen von Interesse sein (RegEBegr BR-Drs 75/94 zu Vor § 177).

2. Aufbau von §§ 174–189

5 Anders als im früheren Recht (Rn 2) wird im Vierten Buch nicht konkret auf die jew ergänzend anzuwendenden Vorschriften des Verschm- oder Spaltungsrechts verwiesen, §§ 176 I, 177 I, 178 I, 179 I, 180 I, 184 I, 186, 188 I, 189 I verweisen vielmehr pauschal auf die (rechtsformspezifischen) Regelungen zur Verschm bzw zur Spaltung, vorbehalten bleibt jew eine abw Regelung in §§ 174–189. IÜ umschreibt der Erste Teil des Vierten Buches in § 174 die Arten der Vermögensübertragung, dort sind die Def der Vollübertragung (Abs 1) und der Teilübertragung (Abs 2) enthalten; § 175 konkretisiert die zugelassenen Möglichkeiten der Vermögensübertragung, indem die jew beteiligungsfähigen Rechtsträger und die konkret zugelassenen Vermögensübertragungs-Konstellationen abschl aufgezählt werden. Der Zweite Teil des Vierten Buches befasst sich mit der Übertragung des Verm einer KapGes (GmbH, AG, KGaA, vgl § 3 I Nr 2) auf die öffentl Hand („Verstaatlichung" iSv § 253 AktG 1937); hierbei verweist § 176 für die Vollübertragung auf das Verschmelzungsrecht und § 177 für die Teilübertragung auf das Spaltungsrecht. Diese Art der Vermögensübertragung ist das Spiegelbild zur Ausgliederung aus dem Verm von Gebietskörperschaften oder Zusammenschlüssen von Gebietskörperschaften in §§ 168–173. Der Dritte Teil des Vierten Buches untergliedert sich in vier Abschnitte und regelt hierbei ausführl die Voll- und Teilübertragungen nach § 175 Nr 2 lit a–c.

3. Praktische Bedeutung

6 Die Vermögensübertragung nach dem UmwG hat rechtstatsächl kaum Bedeutung. Die berechtigten Rechtsträger gestalten durch Bestandsübertragung (dazu ausführl Lutter/*Hübner* Anh 1 nach § 189; Semler/Stengel/*Koerfer* Anh § 119; KölnerKommUmwG/*Beckmann* Anh I zu §§ 178–189) oder durch Verschm gem §§ 109 ff, in den seltensten Fällen aber durch eine Vermögensberatung (empirische Angaben bei Semler/Stengel/*Fonk* § 174 Rn 10, § 188 Rn 1).

Erster Teil. Möglichkeit der Vermögensübertragung

§ 174 Arten der Vermögensübertragung

(1) **Ein Rechtsträger (übertragender Rechtsträger) kann unter Auflösung ohne Abwicklung sein Vermögen als Ganzes auf einen anderen bestehenden Rechtsträger (übernehmender Rechtsträger) gegen Gewährung einer Gegenleistung an die Anteilsinhaber des übertragenden Rechtsträgers, die nicht in Anteilen oder Mitgliedschaften besteht, übertragen (Vollübertragung).**

(2) **Ein Rechtsträger (übertragender Rechtsträger) kann**
1. **unter Auflösung ohne Abwicklung sein Vermögen aufspalten durch gleichzeitige Übertragung der Vermögensteile jeweils als Gesamtheit auf andere bestehende Rechtsträger,**
2. **von seinem Vermögen einen Teil oder mehrere Teile abspalten durch Übertragung dieses Teils oder dieser Teile jeweils als Gesamtheit auf einen oder mehrere bestehende Rechtsträger oder**
3. **aus seinem Vermögen einen Teil oder mehrere Teile ausgliedern durch Übertragung dieses Teils oder dieser Teile jeweils als Gesamtheit auf einen oder mehrere bestehende Rechtsträger**

gegen Gewährung der in Absatz 1 bezeichneten Gegenleistung in den Fällen der Nummer 1 oder 2 an die Anteilsinhaber des übertragenden Rechtsträgers, im Falle der Nummer 3 an den übertragenden Rechtsträger (Teilübertragung).

Schrifttum: Siehe Schrifttum Vor §§ 174–189.

1. Allgemeines

1 Entsprechend der modernen Regelungstechnik des UmwG 1995 definiert § 174 – in Anlehnung an §§ 2 Nr 1, 123 I–III – die Arten der Vermögensübertragung. Bei dieser (praktisch kaum genutzten, vgl Vor §§ 174–189 Rn 6) Form der Umw (§ 1 I Nr 3) kann der übernehmende Rechtsträger keine eigenen Anteile für einen Anteilstausch zur Vfg stellen. Bei den in § 175 Nr 1 aufgeführten Körperschaften versteht sich dies ebenso wie bei den öffentl-rechtl Versicherungsunternehmen iSv § 175 Nr 2 lit a, b von selbst. Bei einem VVaG als übernehmender Rechtsträger ist die Mitgliedschaft an ein bestehendes Versicherungsverhältnis gebunden (§ 15 VAG).

2 Abs 1 über die Vollübertragung entspricht weitgehend der Def der Verschm durch Aufnahme (dazu § 2 Rn 3 ff), auch hier findet sich das wesenstypische Element der vollständigen Vermögensübertragung durch Gesamtrechtsnachfolge, die das Erlöschen des übertragenden Rechtsträgers unter Ausschluss der Liquidation bewirkt. Anders als bei der Verschm lässt Abs 1 allerdings nur die Vermögensübertragung durch **einen** Rechtsträger zu, weil sich ein weiter gehendes Bedürfnis in der Praxis nicht gezeigt hat (RegEBegr BR-Drs 75/94 zu § 174 I). Der entscheidende Unterschied zur Verschm durch Aufnahme (eine Neugründung scheidet bei der Vermögensübertragung, die einen bestehenden übernehmenden Rechtsträger voraussetzt, aus) besteht darin, dass als **Gegenleistung für die Vermögensübertragung** nicht Anteile am übernehmenden Rechtsträger, sondern **andere wirtschaftl Vorteile** gewährt werden. Die Gegenleistung muss nicht

notwendigerweise in Geld bestehen. Denkbar ist grdsl jede andere Gewährung eines wirtschaftl Vorteils, vgl Rn 6, 7.

3 Abs 2 sieht für die Teilübertragung entsprechend § 123 I–III drei Möglichkeiten vor: Die Aufspaltung (Abs 2 Nr 1), die Abspaltung (Abs 2 Nr 2) und schließl die Ausgliederung (Abs 2 Nr 3). Bei der Teilübertragung können (bei der Aufspaltung müssen) mehrere übernehmende Rechtsträger beteiligt sein; die Vermögensübertragung erfolgt im Wege der Sonderrechtsnachfolge (partiellen Gesamtrechtsnachfolge), also durch Übertragung eines Teilvermögens als Gesamtheit. Für die Gegenleistung gilt das Rn 2 zur Vollübertragung Gesagte entsprechend.

2. Vollübertragung, Abs 1

4 **a) Übertragender Rechtsträger.** Der übertragende Rechtsträger (KapGes bei § 175 Nr 1, Versicherungs-AG, VVaG oder öffentl-rechtl Versicherungsunternehmen bei § 175 Nr 2) muss sein Verm als Ganzes im Wege der Gesamtrechtsnachfolge auf einen bereits bestehenden Rechtsträger gegen Gewährung einer Gegenleistung, die nicht in Anteilen am übernehmenden Rechtsträger bestehen darf, übertragen. Die Beteiligung von mehreren übertragenden Rechtsträgern bei einem einheitl Umwandlungsvorgang ist, anders als bei der Verschm durch Aufnahme iSv § 2 Nr 1, nicht zulässig (RegEBegr BR-Drs 75/94 zu § 174 I). IÜ gelten für die jew übertragenden Rechtsträger die allg Vorschriften des Zweiten Buches (Verschm, allerdings nur durch Aufnahme, nicht durch Neugründung), also zunächst stets §§ 4–35, ergänzt durch die rechtsformspezifischen Festsetzungen in §§ 46 ff. Nach Wirksamwerden der Vermögensübertragung durch entsprechende Registereintragung erlischt der übertragende Rechtsträger ohne weitere Zwischenschritte; eine Liquidation ist nicht erforderl.

5 **b) Gesamtrechtsnachfolge.** Die Vermögensübertragung geschieht durch Gesamtrechtsnachfolge, die Rechtsänderung tritt damit anders als bei der Einzelrechtsnachfolge kraft Gesetzes und ohne besonderen Übertragungsakt ein. Die Gesamtrechtsnachfolge kann durch den Umwandlungsvertrag nicht ausgeschlossen, einzelne Vermögensgegenstände dürfen nicht zurückbehalten werden. Mit Eintragung der Vermögensübertragung in das Register des Sitzes des übertragenden Rechtsträgers, § 176 II 2, gehen alle Aktiven und Passiven, die zu diesem Zeitpunkt beim jew übertragenden Rechtsträger vorhanden sind, auf den übernehmenden Rechtsträger über. Zu diesen Aktiven und Passiven gehören auch die nicht bilanzierten Vermögensgegenstände. Bei der Übertragung von Versicherungsbeständen kommt ein außerordentl Kündigungsrecht der Versicherten nicht in Betracht (Lutter/*H. Schmidt* § 178 Rn 14; vgl aber ausführl BVerfG WM 2005, 1505 zum Schutz der Belange der Versicherten; Lit dazu vgl Schrifttum Vor §§ 174–189). Die bestehenden Versicherungsverhältnisse werden grdsl fortgesetzt, der übernehmende Rechtsträger ist allerdings an Anträge ggü dem übertragenden Rechtsträger nicht gebunden (Lutter/*H. Schmidt* § 180 Rn 8 mwN). Die Gläubiger werden nach Maßgabe von § 22, auf den in §§ 176 ff verwiesen wird, geschützt. Zur Gesamtrechtsnachfolge vgl iÜ ausführl § 20 Rn 23 ff.

6 **c) Gegenleistung.** Bei der Vermögensübertragung kann der übernehmende Rechtsträger (Gebietskörperschaft oder Zusammenschluss von Gebietskörperschaften bei § 175 Nr 1, öffentl-rechtl Versicherungsunternehmen bei § 175 Nr 2 lit a, b) keine Anteile gewähren, bei VVaG als übernehmender Rechtsträger ist wegen der notw Verknüpfung mit einem bestehenden Versicherungsverhältnis

(§ 15 VAG) die Gewährung von Mitgliedschaften für die Anteilsinhaber des übertragenden Rechtsträgers nicht von Interesse; einzig bei der Vermögensübertragung auf eine Versicherungs-AG (§ 175 Nr 2 lit b, c) wäre die Gewährung von Anteilen an dieser Versicherungs-AG als Gegenleistung für die Vermögensübertragung denkbar, aus Gründen der Einheitlichkeit des Rechtsinstituts Vermögensübertragung ist dies aber ebenfalls nicht zulässig.

Die Gegenleistung hat vielmehr notw andere WG zum Gegenstand. Typisches 7 wirtschaftl Äquivalent wird wie früher eine Geldzahlung sein. Die Beibehaltung der wirtschaftl Integrität der Anteilsinhaber des übertragenden Rechtsträgers kann aber auch durch Gewährung eines werthaltigen anderen Vermögensvorteils erfolgen, bspw können Anteile an anderen Unternehmen (aA Semler/Stengel/*Fonk* Rn 20; wie hier mit überzeugender Begr Lutter/*H. Schmidt* Rn 7; vgl auch KölnerKommUmwG/*Leuering* Rn 9; Widmann/Mayer/*Schwarz* Rn 9) oder sonstige Wertpapiere hingegeben werden (vgl auch RegEBegr BR-Drs 75/94 zu § 178); bei Vermögensübertragungen gem § 175 Nr 2 kommen auch versicherungstechnische Abfindungen in Betracht, etwa zeitweilige Prämienfreiheit oder Erhöhung der Versicherungssumme, vgl Lutter/*H. Schmidt* § 181 Rn 6 mwN.

3. Teilübertragung, Abs 2

Bei der Teilübertragung gelten zunächst die Ausführungen zum übertragenden 8 Rechtsträger (Rn 4) und zur mögl Gegenleistung (Rn 6, 7) entsprechend.

a) Aufspaltung, Nr 1. Entsprechend § 123 I überträgt bei der aufspaltenden 9 Teilübertragung ein Rechtsträger in einem Vorgang sein gesamtes Verm durch zwei oder mehrere Teilübertragungen auf mindestens zwei übernehmende Rechtsträger; die Vermögensübertragung selbst erfolgt im Wege der Sonderrechtsnachfolge, einer partiellen Gesamtrechtsnachfolge. Der übertragende Rechtsträger erlischt nach Eintragung der Teilübertragung ohne Liquidation. Die übernehmenden Rechtsträger müssen zum Zeitpunkt der Vermögensübertragung bereits bestehen, eine Aufspaltung zur Neugründung ist nicht zulässig. Bei der Entscheidung, welche Vermögensteile auf welche übernehmenden Rechtsträger übertragen werden sollen, ist der übertragende Rechtsträger (bzw sind dessen Anteilsinhaber) frei. Stl wird allerdings nur die Übertragung von Teilbetrieben, Mitunternehmeranteilen oder Beteiligungen an KapGes privilegiert, vgl § 15 UmwStG und die Komm dort.

b) Abspaltung, Nr 2. Bei der abspaltenden Teilübertragung bleibt der übertra- 10 gende Rechtsträger bestehen, er behält einen Teil seines Verm zurück. Die übrigen Teile werden in einem Vorgang auf einen oder mehrere bereits bestehende Rechtsträger im Wege der Sonderrechtsnachfolge übertragen; eine Abspaltung zur Neugründung ist nicht zulässig. Wie bei § 123 II def Abs 2 Nr 2 die Abspaltung in Abgrenzung zur Ausgliederung von Abs 2 Nr 3 dadurch, dass die **Gegenleistung an die Anteilsinhaber** des übertragenden Rechtsträgers und nicht an den übertragenden Rechtsträger selbst zu gewähren ist. Stl gilt das Rn 9 zur Aufspaltung Gesagte entsprechend.

c) Ausgliederung, Nr 3. Bei der ausgliedernden Teilübertragung wird in glei- 11 cher Weise vorgegangen wie bei der Abspaltung iSv Abs 2 Nr 2. Einziger Unterschied ist, dass iRv Abs 2 Nr 3 die **Gegenleistung** nicht den Anteilsinhabern des übertragenden Rechtsträgers, sondern **dem übertragenden Rechtsträger unmittelbar selbst zuzuwenden** ist. Damit wird die Ausgliederung zum Unternehmensverkauf (so auch RegEBegr zu § 174 II Nr 3), wenn die Gegenleistung in Geld besteht. Der „normale" Unternehmensverkauf wird durch Abs 2 Nr 3 selbstverständl nicht ausgeschlossen (RegEBegr zu § 174 II Nr 3), die Vorteile der Sonderrechtsnachfolge können dann jedoch nicht in Anspruch genommen werden. Stl gilt das Rn 9 zur Aufspaltung Gesagte entsprechend.

12 **d) Sonderrechtsnachfolge.** Der nur teilw Vermögensübergang bei der Sonderrechtsnachfolge lässt sich am ehesten als partielle Gesamtrechtsnachfolge umschreiben. Die zu übertragenden Vermögensteile gehen als Ganzes, also ohne Einzelrechtsübertragung, auf den oder die übernehmenden Rechtsträger über. Welche Vermögensgegenstände vom Übertragungsvorgang erfasst sein sollen, muss im Umwandlungsvertrag (Spaltungs- und Übernahmevertrag) exakt und den Bestimmtheitsgrundsätzen entspr (vgl § 126 Rn 62, 76 ff) festgelegt werden, die Vermögensübertragung selbst geschieht nach Eintragung in das Register des übertragenden Rechtsträgers kraft Gesetzes in einem Akt. Besondere Probleme bereiten versehentl vergessene Vermögensgegenstände, insbes bei der Aufspaltung iSv Abs 2 Nr 1. Vgl im Einzelnen zur Sonderrechtsnachfolge § 131 Rn 4 ff und zu vergessenen Vermögensgegenständen § 131 Rn 116 ff.

§ 175 Beteiligte Rechtsträger

Eine Vollübertragung ist oder Teilübertragungen sind jeweils nur möglich

1. von einer Kapitalgesellschaft auf den Bund, ein Land, eine Gebietskörperschaft oder einen Zusammenschluß von Gebietskörperschaften;

2. a) von einer Versicherungs-Aktiengesellschaft auf Versicherungsvereine auf Gegenseitigkeit oder auf öffentlich-rechtliche Versicherungsunternehmen;

b) von einem Versicherungsverein auf Gegenseitigkeit auf Versicherungs-Aktiengesellschaften oder auf öffentlich-rechtliche Versicherungsunternehmen;

c) von einem öffentlich-rechtlichen Versicherungsunternehmen auf Versicherungs-Aktiengesellschaften oder auf Versicherungsvereine auf Gegenseitigkeit.

Schrifttum: Siehe Schrifttum Vor §§ 174–189.

1. Allgemeines

1 § 175 zählt die Fälle mögl Vermögensübertragung abschl auf und bezeichnet zugleich diejenigen Rechtsträger, die als übertragender oder übernehmender Rechtsträger an dieser Form der Umw (§ 1 I Nr 3) beteiligt sein können. Die Vorschrift hat §§ 3, 124 als Vorbild (RegEBegr BR-Drs 75/94 zu § 175).

2 Die Vorschrift lässt zwar nur wenige Vermögensübertragungsvorgänge zu, gleichwohl enthält sie ggü dem früheren Recht Erweiterungen (vgl Vor §§ 174–189 Rn 2 ff), die aber praktisch kaum von Bedeutung sind, ebenda Rn 6. Die in Nr 1, 2 vorgesehenen Möglichkeiten der Vermögensübertragung beziehen sich stets auf die Vollübertragung iSv § 174 I und auf die Teilübertragung iSv § 174 II. Die Gliederung entspricht dem Aufbau des Zweiten und des Dritten Teils des Vierten Buches, dort finden sich auch die materiell-rechtl Regelungen zur Durchführung der jew Voll- oder Teilübertragung.

2. Vermögensübertragung von einer Kapitalgesellschaft auf eine Gebietskörperschaft oder auf einen Zusammenschluss von Gebietskörperschaften, Nr 1

Anders als § 359 AktG aF lässt Nr 1 auch die GmbH als eine KapGes iSv § 3 I Nr 3 mögl übertragender Rechtsträger sein. Damit wurden §§ 285, 286 des RegE zum GmbHG aus dem Jahre 1971 (BT-Drs 7/253) doch noch umgesetzt; hierfür besteht auch durchaus ein Bedürfnis, weil die Vermögensübertragung ehemals nach § 58 UmwG 1969 vorgenommene Umw von Unternehmen von Gebietskörperschaften und Gemeindeverbänden in GmbH bzw die mittlerweile nach §§ 168–173 vorgenommene Ausgliederung aus dem Verm von Gebietskörperschaften oder Zusammenschlüssen von Gebietskörperschaften rückgängig machen kann. Für die Vollübertragung gilt § 176, für die Teilübertragung § 177; wegen des dort enthaltenen Verweises auf das Verschm- bzw auf das Spaltungsrecht kann auf die Ausführungen zu § 3 Rn 12, 13, § 124 Rn 10, 11 in vollem Umfang verwiesen werden. Eine gleichzeitige Vermögensübertragung von mehreren KapGes auf eine Gebietskörperschaft oder auf einen Zusammenschluss von Gebietskörperschaften ist jedoch nicht mögl, vgl § 174 Rn 2. 3

Gebietskörperschaften sind der Bund, die Länder, die Landkreise und die Gemeinden. Nr 1 erfasst aber auch Zusammenschlüsse von Gebietskörperschaften, hierzu zählen insbes die Zweckverbände, die in den jew Zweckverbandsgesetzen der Länder (teilw auch Gesetz über die kommunale Zusammenarbeit, Gemeindeordnung) geregelt sind. Gem §§ 176 IV, 177 II ist diesen übernehmenden Rechtsträgern eine Beteiligung an der Vermögensübertragung nur und ausschließl nach Maßgabe der für sie jew geltenden Bundes- oder Landesgesetze oder anderer Vorschriften (etwa Satzungen) gestattet. 4

3. Vermögensübertragung unter Beteiligung von Versicherungsunternehmen, Nr 2

Nr 2 lässt diverse Vermögensübertragungen unter Versicherungsunternehmen zu; jew als übertragender oder als übernehmender Rechtsträger können Versicherungs-AG, VVaG und öffentl-rechtl Versicherungsunternehmen beteiligt sein. Die Vermögensübertragung nach § 175 Nr 2 ist eine **Alt zur Bestandsübertragung iSv § 14 VAG,** der Genehmigungsvorbehalt ergibt sich aus § 14a VAG. Die Bestandsübertragung (dazu ausführl Lutter/*Hübner* Anh 1 zu § 189 mwN; Semler/Stengel/*Koerfer* Anh § 119 Rn 1 ff mwN; *Entzian/Schleifenbaum* ZVersWiss 2 [1996], 3) sieht im Erg ebenfalls eine Sonderrechtsnachfolge vor und ist der Vermögensübertragung in der praktischen Umsetzung wesentl überlegen. Solange der Gesetzgeber das Institut der Bestandsübertragung nicht grundlegend reformiert, wird die Vermögensübertragung unter Versicherungsunternehmen keine Bedeutung erlangen (vgl Lutter/*Hübner* Anh 1 zu § 189 Rn 1 ff, 13 ff mwN. Nach einer Veröffentlichung des Bundesaufsichtsamts für das Versicherungswesen gab es von 1980 bis 1994 mehr als 200 Bestandsübertragungen, aber nur drei Vermögensübertragungen; seit der Umwandlungsreform 1994 ist dies nicht anders geworden, vgl Vor §§ 714–189 Rn 6 und die empirischen Angaben bei Semler/Stengel/*Fonk* § 174 Rn 10). Bzgl der Def von Versicherungs-AG, VVaG und öffentl-rechtl Versicherungsunternehmen wird auf die Spezialliteratur zum VAG verwiesen. Nr 2 lit a–c unterscheiden nicht zwischen dem großen und dem kleineren VVaG (§ 53 VAG), eine Differenzierung ergibt sich aber aus den besonderen Vorschriften des Dritten Teils (§§ 185–187). 5

6 Wie die Voll- oder Teilübertragung zu erfolgen hat, ergibt sich aus dem Dritten Teil des Vierten Buches, für die Vollübertragung wird hierbei im Wesentl auf die Verschmelzungsvorschriften (§§ 4–35, für den VVaG ergänzt durch die rechtsformspezifischen Festlegungen von §§ 109 ff), für die Teilübertragung auf die Spaltungsvorschriften von §§ 123 ff verwiesen.

Zweiter Teil. Übertragung des Vermögens oder von Vermögensteilen einer Kapitalgesellschaft auf die öffentliche Hand

Erster Abschnitt. Vollübertragung

§ 176 Anwendung der Verschmelzungsvorschriften

(1) **Bei einer Vollübertragung nach § 175 Nr. 1 sind auf die übertragende Kapitalgesellschaft die für die Verschmelzung durch Aufnahme einer solchen übertragenden Gesellschaft jeweils geltenden Vorschriften des Zweiten Buches entsprechend anzuwenden, soweit sich aus den folgenden Vorschriften nichts anderes ergibt.**

(2) [1] **Die Angaben im Übertragungsvertrag nach § 5 Abs. 1 Nr. 4, 5 und 7 entfallen.** [2] **An die Stelle des Registers des Sitzes des übernehmenden Rechtsträgers tritt das Register des Sitzes der übertragenden Gesellschaft.** [3] **An die Stelle des Umtauschverhältnisses der Anteile treten Art und Höhe der Gegenleistung.** [4] **An die Stelle des Anspruchs nach § 23 tritt ein Anspruch auf Barabfindung; auf diesen sind § 29 Abs. 1, § 30 und § 34 entsprechend anzuwenden.**

(3) [1] **Mit der Eintragung der Vermögensübertragung in das Handelsregister des Sitzes der übertragenden Gesellschaft geht deren Vermögen einschließlich der Verbindlichkeiten auf den übernehmenden Rechtsträger über.** [2] **Die übertragende Gesellschaft erlischt; einer besonderen Löschung bedarf es nicht.**

(4) **Die Beteiligung des übernehmenden Rechtsträgers an der Vermögensübertragung richtet sich nach den für ihn geltenden Vorschriften.**

Schrifttum: Siehe Schrifttum Vor §§ 174–189.

1. Allgemeines

1 Die Vorschrift entspricht § 359 AktG aF, die Möglichkeit der Vollübertragung auf eine Gebietskörperschaft oder auf einen Zusammenschluss von Gebietskörperschaften iSv § 175 Nr 1 wird auch der GmbH gewährt (vgl § 175 Rn 3). Die Vollübertragung entspricht im Wesentl der Verschm durch Aufnahme (vgl § 175 Rn 3), deshalb schreibt Abs 1 grdsl die Anwendung der allg und der einschlägigen besonderen Bestimmungen des Verschmelzungsrechts vor.

2 Abs 2–4 füllen den in Abs 1 enthaltenen Vorbehalt („soweit sich aus den folgenden Vorschriften nichts anderes ergibt“) aus. Abs 2 berücksichtigt hierbei die Besonderheiten der Vollübertragung in Bezug auf den nicht vorzunehmenden Anteilstausch und in Bezug auf die Tats, dass der übernehmende Rechtsträger regelm (Ausnahme bei Zusammenschlüssen von Gebietskörperschaften uU nach

§ 36 HGB) nicht in einem Register eingetragen ist. Auch der Verwässerungsschutz von § 23 kann, da der übernehmende Rechtsträger zur Anteilsgewährung nicht im Stande ist, nicht greifen; gem Abs 2 S 4 sind die Sonderrechtsinhaber zur Beibehaltung ihrer wirtschaftl Integrität vor und nach Durchführung der Vermögensübertragung auf die Gewährung einer Barabfindung nach §§ 29, 30, 34 angewiesen. Abs 3 beschreibt die Wirkungen der Vollübertragung, § 20 I wird insoweit ergänzt. Abs 4 enthält ledigl eine Klarstellung. Es versteht sich von selbst, dass die Maßnahmen, die nach Staats- und Verwaltungsrecht für einen öffentl-rechtl Rechtsträger erforderl sind, den dafür maßgebenden Vorschriften folgen müssen (RegEBegr BR-Drs 75/94 zu § 176 VI).

2. Anzuwendende Verschmelzungsvorschriften

a) Umfang der Verweisung. Anders als § 359 II AktG aF enthält Abs 1 nun nicht mehr eine Aufzählung der entsprechend anzuwendenden Vorschriften, vielmehr gilt ein **Generalverweis mit Vorbehalt ergänzender Regelungen.** Gemeint ist jedoch das Gleiche, zunächst sind §§ 4–35 in Bezug genommen, iÜ richtet sich das anwendbare Recht nach den rechtsformspezifischen Regelungen von §§ 39–122; je nach übertragender KapGes sind also §§ 46–55 (GmbH), §§ 60–72 (AG) und § 78 iVm §§ 60–72 (KGaA) zu berücksichtigen. 3

Die Verweisung auf die allg Vorschriften des Verschmelzungsrechts bedingt die Geltung insbes von 4

- § 3 III über die Beteiligungsfähigkeit von **aufgelösten KapGes** an der Vermögensübertragung;
- § 4 über die Pflicht zum Abschluss eines **Verschmelzungsvertrags,** der gem § 6 notariell zu **beurkunden** ist;
- § 5 über den **Inhalt des Verschmelzungsvertrags,** wobei hier Abs 2 die Festlegungen nach § 5 I Nr 4, 5 und 7 entbehrl macht; der Umwandlungsvertrag kann nach Maßgabe von Abs 1 iVm § 7 gekündigt oder aufgehoben werden;
- § 8 über die Erstellung eines ausführl **Umwandlungsberichts** (allerdings nur für den übertragenden Rechtsträger, vgl Lutter/*H. Schmidt* Rn 3, 4), der die rechtl und wirtschaftl Hintergründe der Vermögensübertragung, des Umwandlungsvertrages und insbes das Verhältnis von Leistung und Gegenleistung zu erläutern hat;
- §§ 9–12, die die **Prüfung der Vermögensübertragung** für den übertragenden Rechtsträger notw machen können; ein entsprechender Prüfungsbefehl ergibt sich gem Abs 1 iVm §§ 60, 78 bei der Vermögensübertragung durch eine AG oder KGaA stets, bei der GmbH ist die Prüfung nach Maßgabe von Abs 1 iVm § 48 notw, sofern ein Gesellschafter der GmbH diese verlangt; die Prüfung kann gem § 9 II, III und die Erstellung des Prüfungsberichts gem § 12 III entbehrl sein;
- § 13 über die Notwendigkeit eines **Anteilsinhaberbeschlusses** bei der übertragenden KapGes. Die Vorbereitung und die Durchführung dieser Versammlung richtet sich bei GmbH nach §§ 49, 50, bei AG/KGaA sind §§ 63, 64, 65 zu beachten; die Möglichkeit von § 62 – Verzicht auf die Durchführung der HV – bietet sich nicht, weil der übernehmende Rechtsträger nicht AG ist;
- §§ 14, 15 über die **Befristung von Anfechtungs- und Nichtigkeitsklagen** gegen den Umwandlungsbeschluss und über den Ausschluss **von Klagen**

gegen den Umwandlungsbeschluss wegen zu niedriger Bemessung der Gegenleistung sowie über die Verbesserung des Umtauschverhältnisses;

– §§ 16, 17 über die **Anmeldung der Vermögensübertragung.** Hier wird Abs 1 allerdings durch **Abs 2 S 2** modifiziert: An die Stelle des Registers des Sitzes des übernehmenden Rechtsträgers tritt das Register des Sitzes der übertragenden KapGes; Gleiches gilt für die Eintragung und die Bekanntmachung der Verschm, Abs 1 iVm § 19;

– § 20 I Nr 4, Abs 2, nach denen der Mangel der notariellen Beurkundung des Umwandlungsvertrages und ggf erforderl Zustimmungs- oder Verzichtserklärung einzelner Anteilsinhaber durch die Eintragung der Vermögensübertragung **geheilt** wird und weitere Mängel der Umw die Wirkungen der Eintragung unberührt lassen; die **Wirkungen der Eintragung** – in das Register am Sitz der übertragenden KapGes – selbst ergeben sich aus Abs 3. Eine § 20 I Nr 3 vglbare Regelung über den kraft Gesetzes durchzuführenden Anteilstausch fehlt naturgemäß, weil die Gegenleistung bei der Vermögensübertragung durch entsprechenden Übertragungsvorgang zuzuwenden ist; auch eine dingl Surrogation entsprechend § 20 I Nr 3 findet aus diesem Grund nicht statt;

– §§ 21–28 insbes über den **Gläubigerschutz** (der allerdings bzgl der Sicherheitsleistung nach § 22 bedeutungslos ist, weil die übernehmende öffentl Hand stets leistungsfähig ist, vgl *Stopp* SächsVBl 1999, 202) und die Schadensersatzpflicht der Verwaltungsträger des übertragenden Rechtsträgers; der **Verwässerungsschutz** nach § 23 wird durch die Barabfindung ersetzt, Abs 2 S 3, § 24 gilt für übertragende Rechtsträger nicht (Lutter/*H. Schmidt* Rn 3);

– §§ 29–34 über die Gewährung einer **Barabfindung** für die widersprechenden Anteilsinhaber der übertragenden KapGes;

– § 35 über die **Bezeichnung unbekannter Aktionäre.**

5 Auf die Komm zu den genannten Vorschriften des Ersten und Zweiten Teils des Zweiten Buches wird verwiesen.

6 **b) Ablauf der Vermögensübertragung.** Die übertragende KapGes und die übernehmende Gebietskörperschaft (bzw ein Zusammenschluss von Gebietskörperschaften) müssen einen **Übertragungsvertrag** abschließen, der der notariellen Beurkundung bedarf (§§ 4, 6). Der Vertrag muss die Übertragung des gesamten Verm unter Ausschluss der Abwicklung vorsehen, andernfalls ist er unwirksam. Will die KapGes einzelne Vermögensgegenstände nicht übertragen, muss sie diese vorher – unter Inkaufnahme uU erhebl stl Belastungen – durch Einzelübertragung aus ihrem Verm aussondern. Der Vertrag muss grdsl den Anforderungen von § 5 entsprechen. Allerdings sind Angaben zur Anteilsübertragung und zur künftigen Stellung von Sonderrechtsinhabern gem Abs 2 S 1 nicht notw, weil ein Anteilstausch gerade nicht stattfindet. An die Stelle der Angabe des Umtauschverhältnisses (§ 5 I Nr 3) tritt nach Maßgabe von Abs 2 S 2 die **Angabe zu Art und Höhe der Gegenleistung.** Insoweit ist der Übertragungsvertrag ein Vertrag zugunsten Dritter, näml der Gesellschafter der übertragenden KapGes (Widmann/Mayer/*Schwarz* § 174 Rn 21 ff; Lutter/*H. Schmidt* § 174 Rn 10 mwN; Semler/Stengel/*Fonk* § 174 Rn 28). Die Gegenleistung muss ausnahmsweise nicht festgelegt werden, wenn sich alle Anteile der übertragenden KapGes zum Zeitpunkt des Vertragsschlusses bereits in der Hand des übernehmenden Rechtsträgers befinden, § 5 II. Als Gegenleistung kommt grdsl **jeder Vermögensvorteil** in Betracht (§ 174 Rn 6, 7). Er muss jedoch dem Verkehrswert der untergehenden Anteile an der übertragenden KapGes entsprechen. Dem Anteilsinhaber, der die Äquiva-

lenz von Leistung und Gegenleistung bezweifelt, steht gem Abs 1 iVm § 14 II zwar nicht die Anfechtungs- oder die Nichtigkeitsklage, gem Abs 1 iVm § 15 und dem SpruchG wohl aber das **gerichtl Spruchverfahren** offen. Außerdem ist die **Angemessenheit** der Gegenleistung Gegenstand der uU durchzuführende Umwandlungsprüfung nach §§ 9–12.

Der Übertragungsvertrag bedarf zu seiner Wirksamkeit der **Zustimmung der Gesellschafter- oder Hauptversammlung** der übertragenden KapGes (§§ 13, 50, 65); Zustimmungserfordernisse nach § 13 II sind zu beachten; §§ 50, 51 haben iRd Vermögensübertragung keine Bedeutung. Für die Vorbereitung der Anteilsinhaberversammlung gelten die rechtsformspezifischen Festlegungen in §§ 49, 63, 64; das **Auskunftsrecht der Gesellschafter** erstreckt sich auch auf die wirtschaftl oder politischen Hintergründe der Vermögensübertragung (Inhaltskontrolle, vgl Semler/Stengel/*Fonk* Rn 29). In Vorbereitung der Anteilsinhaberversammlung (§ 13 I 2) haben die Vertretungsorgane der übertragenden KapGes grdsl einen Umwandlungsbericht zu erstellen, des Weiteren haben sie – Prüfungsbefehl vorausgesetzt – für die Durchführung der Umwandlungsprüfung zu sorgen. Der Zustimmungsbeschluss selbst muss mit einer **Mehrheit von mindestens drei Vierteln** der abgegebenen Stimmen (GmbH) bzw des bei der Beschlussfassung vertretenen Grundkapitals (bei der AG) und bei der KGaA auch mit Zustimmung der phG gefasst werden. Strengere Satzungsvorschriften sind mögl. 7

Die Vermögensübertragung wird von den Geschäftsführern, vom Vorstand bzw von den phG der Übertragerin **beim HR** dieser KapGes **angemeldet.** Eine Anmeldung beim übernehmenden Rechtsträger ist selbst dann nicht erforderl, wenn dieser ausnahmsweise eine Registereintragung erwirken könnte (Lutter/*H. Schmidt* Rn 25). Es ist eine **Schlussbilanz** beizufügen (§ 17 II), auch wenn im konkreten Fall mangels Bilanzierung beim übernehmenden Rechtsträger (Ausnahme: Sondervermögen oder Eigenbetrieb) § 24 nicht Platz greifen kann. Die Vertretungsorgane müssen auch die **Negativerklärung iSv § 16 II** abgeben, ebenfalls ist die Durchführung des Unbedenklichkeitsverfahrens nach § 16 III mögl. **Aufsichtsbehördl Genehmigungen,** die die übernehmende Körperschaft benötigt, sind ebenfalls beizufügen (hM, Semler/Stengel/*Fonk* Rn 32; zum alten Recht bereits GroßKomm AktG/*Schilling* § 359 Rn 8; KölnerKommAktG/*Kraft* § 359 Rn 12). 8

Mit der Eintragung der Vermögensübertragung in das HR am Sitz der übertragenden KapGes geht das Verm dieser Ges auf die übernehmende Körperschaft durch Gesamtrechtsnachfolge über, Abs 3 S 1. Die übertragende Ges erlischt; einer besonderen Löschung bedarf es nicht, Abs 3 S 2. Die Eintragung lässt ferner den Anspruch der Anteilsinhaber der KapGes auf die Gegenleistung entstehen. Schließl treten mit der Eintragung die Heilungswirkungen nach §§ 20 I Nr 4, 20 II ein. 9

§§ 25, 26 sind ebenfalls entsprechend anwendbar. Sofern die Leitungsorgane der übertragenden KapGes ihre Sorgfaltspflichten verletzen, können sie von den Anteilsinhabern sowie von der (fiktiv fortbestehenden) KapGes in Anspruch genommen werden. Aufgrund der Gesamtrechtnachfolge haftet die übernehmende Körperschaft für alle **Verbindlichkeiten** der übertragenden KapGes. Die Gläubiger können unter den Voraussetzungen von § 22 Sicherheitsleistung verlangen. Das für die Anwendung von § 22 notw Arg, durch die Vermögensübertragung werde die Erfüllung der Forderung gefährdet, kann bei der Vermögensübertragung nach § 175 Nr 1 auf die öffentl Hand im Erg aber gar nicht greifen, vgl *Stopp* SächsVBl 1999, 202. Sonderrechtsinhaber, die nach Maßgabe von § 23 grdsl 10

Verwässerungsschutz genießen, können bei der Vermögensübertragung gem Abs 2 S 4 ledigl einen Anspruch auf Barabfindung, auf den §§ 29 I, 30, 34 entsprechend anzuwenden sind, geltend machen; die Barabfindung muss wirtschaftl einen Ersatz für das durch die Eintragung der Vermögensübertragung untergehende Sonderrecht gewähren.

Zweiter Abschnitt. Teilübertragung

§ 177 Anwendung der Spaltungsvorschriften

(1) **Bei einer Teilübertragung nach § 175 Nr. 1 sind auf die übertragende Kapitalgesellschaft die für die Aufspaltung, Abspaltung oder Ausgliederung zur Aufnahme von Teilen einer solchen übertragenden Gesellschaft geltenden Vorschriften des Dritten Buches sowie die dort für entsprechend anwendbar erklärten Vorschriften des Zweiten Buches auf den vergleichbaren Vorgang entsprechend anzuwenden, soweit sich aus den folgenden Vorschriften nichts anderes ergibt.**

(2) [1] **§ 176 Abs. 2 bis 4 ist entsprechend anzuwenden.** [2] **An die Stelle des § 5 Abs. 1 Nr. 4, 5 und 7 tritt § 126 Abs. 1 Nr. 4, 5, 7 und 10.**

Schrifttum: Siehe Schrifttum Vor §§ 174–189.

1. Allgemeines

1 Die Teilübertragung wurde durch die Umwandlungsreform erstmals eingeführt (vgl Vor §§ 174–189 Rn 4); § 177 lehnt sich in Bezug auf die Regelungstechnik eng an § 176 an. In Abs 2 ist ein umfassender Verweis auf die Ausnahmevorschrift von § 176 II–IV enthalten. Die Teilübertragung entspricht der Spaltung iSv § 123 I–III; folgerichtig verweist Abs 1 auf die entsprechende Anwendung der für die übertragenden KapGes geltenden Vorschriften des Dritten Buches. Wegen der Verweisungstechnik im UmwG 1995 ist § 177 praktisch nur schwer zu handhaben, denn die Spaltungsvorschriften verweisen ihrerseits zu einem erhebl Teil auf die Vorschriften des Zweiten Buches zur Verschm (§ 125).

2. Anwendbare Vorschriften

2 Der Generalverweis in § 125 ist zu beachten, die Spaltung zur Aufnahme entspricht einer (Teil-)Verschm. Der **Inhalt des Spaltungs- und Übernahmevertrages** richtet sich nach § 126 I. Für die Teilübertragung sieht Abs 2 S 2 vor, dass die Festsetzungen von § 126 I Nr 4, 5, 7 und 10 über die Anteilsübertragung und den Übertragungsstichtag nicht aufzunehmen sind. Auch gilt gem Abs 1 iVm §§ 125, 5 II wiederum das Privileg bzgl des Umtauschverhältnisses, wenn alle Anteile an der übertragenden KapGes sich in einer Hand, näml der des übernehmenden Rechtsträgers, befinden; in diesem Fall ist im Spaltungs- und Übernahmevertrag zur Gegenleistung nichts auszuführen. Der ausführl **Spaltungsbericht,** den die Vertretungsorgane der KapGes regelm zu erstellen haben, hat die Teilübertragung an sich, den Vertrag oder dessen Entwurf und das Verhältnis von Leistung und Gegenleistung rechtl und wirtschaftl ausführl zu erläutern. Auf den Spaltungsbericht kann ebenso verzichtet werden wie auf die Durchführung der **Spaltungsprüfung,** die nach Maßgabe von § 125 S 2 bei der Ausgliederung ohnehin nicht

stattfindet (dazu krit § 125 Rn 11 und Lutter/*H. Schmidt* Rn 9). Dem Spaltungs- und Übernahmevertrag muss die Anteilsinhaberversammlung der übertragenden KapGes nach Maßgabe von Abs 1 iVm §§ 125, 13 zustimmen; die rechtsformspezifischen Ausführungen in § 176 Rn 7 gelten entsprechend. Für **Anmeldung und Eintragung** der Teilübertragung ergänzen §§ 129, 130 die Vorschriften von §§ 16, 17, 19; stets maßgebl ist gem Abs 2 iVm § 176 II 2 die registerrechtl Behandlung bei der übertragenden KapGes. Ausführl zu beachten ist der **Schutz der Gläubiger** gem § 133, an die Stelle des Anspruchs der Inhaber von Sonderrechten nach §§ 133, 23 tritt gem Abs 1 iVm § 176 II 4 ein Anspruch auf Barabfindung nach §§ 29, 30 und 34. Zu beachten ist schließl Abs 1 iVm § 141, der für AG und KGaA, die noch nicht zwei Jahre im Register eingetragen sind, die Spaltung und damit auch die Teilübertragung ausschließt. IÜ wird auf die Komm zu §§ 125 ff verwiesen.

Die **Wirkung der Eintragung** der Teilübertragung richtet sich nach Abs 2 iVm § 176 III. Die Sonderrechtsnachfolge (dazu ausführl § 131 Rn 4 ff) tritt kraft Gesetzes mit Eintragung der Teilübertragung in das HR der übertragenden KapGes ein. 3

Dritter Teil. Vermögensübertragung unter Versicherungsunternehmen

Erster Abschnitt. Übertragung des Vermögens einer Aktiengesellschaft auf Versicherungsvereine auf Gegenseitigkeit oder öffentlich-rechtliche Versicherungsunternehmen

Erster Unterabschnitt. Vollübertragung

§ 178 Anwendung der Verschmelzungsvorschriften

(1) **Bei einer Vollübertragung nach § 175 Nr. 2 Buchstabe a sind auf die beteiligten Rechtsträger die für die Verschmelzung durch Aufnahme einer Aktiengesellschaft und die für einen übernehmenden Versicherungsverein im Falle der Verschmelzung jeweils geltenden Vorschriften des Zweiten Buches entsprechend anzuwenden, soweit sich aus den folgenden Vorschriften nichts anderes ergibt.**

(2) **§ 176 Abs. 2 bis 4 ist entsprechend anzuwenden.**

(3) **Das für ein übernehmendes öffentlich-rechtliches Versicherungsunternehmen maßgebende Bundes- oder Landesrecht bestimmt, ob der Vertrag über die Vermögensübertragung zu seiner Wirksamkeit auch der Zustimmung eines anderen als des zur Vertretung befugten Organs des öffentlich-rechtlichen Versicherungsunternehmens oder einer anderen Stelle und welcher Erfordernisse die Zustimmung bedarf.**

Schrifttum: Siehe Schrifttum Vor §§ 174–189.

1. Allgemeines

§ 178 ist die einzige Vorschrift zur Vollübertragung des Verm einer AG auf einen VVaG oder auf ein öffentl-rechtl Versicherungsunternehmen. Die Vermö- 1 gensübertragung von Versicherungs-AG auf VVaG war früher in § 360 AktG aF, diejenige von Versicherungs-AG auf öffentl-rechtl Versicherungsunternehmen überhaupt nicht geregelt. Die umgekehrten Fälle werden von §§ 180, 185 und 188 erfasst. Eine Vermögensübertragung unter rechtsformgleichen Versicherungsunternehmen ist nicht mögl, insoweit muss auf die Verschm oder auf die Bestandsübertragung zurückgegriffen werden, was praktisch ohnehin auch bei den zugelassenen Vermögensübertragungen geschieht, vgl Vor §§ 174–189 Rn 6.

2 Die Regelungstechnik ist einfach. Parallel zu § 176 I bestimmt Abs 1 die entsprechende Anwendung der Verschmelzungsvorschriften; die Verweisung erstreckt sich damit auf §§ 4–35 und zT auf §§ 39 ff. Für die beteiligten Rechtsträger sind die für die Verschm durch Aufnahme einer AG (§§ 60–72) und die für einen übernehmenden (großen) VVaG bei der Verschm geltenden Vorschriften (§§ 110–113) jew entsprechend anzuwenden, soweit sich aus Abs 2 iVm § 176 II–IV nichts anderes ergibt (die „folgenden Vorschriften" iSv Abs 1 können nur die in § 178 unmittelbar erwähnten Vorschriften sein, weil § 178 die einzige Regelung im Ersten Unterabschnitt des Ersten Abschnitts darstellt).

3 Für die Vermögensübertragung einer Versicherungs-AG auf ein öffentl-rechtl Versicherungsunternehmen verweist Abs 1 wiederum auf §§ 60–72; in Bezug auf den übernehmenden Rechtsträger finden sich keine besonderen Vorschriften in §§ 39 ff, weil ein öffentl-rechtl Versicherungsunternehmen nicht an einer Verschm teilnehmen kann. Deswegen enthält Abs 3 eine Öffnungsklausel für bundes- oder landesrechtl Regelungen, außerdem verweist Abs 2 auf § 176 IV.

2. Anwendbare Vorschriften

4 Zunächst gelten die **allg Vorschriften des Verschmelzungsrechts,** die Einschränkungen von § 176 II–IV (vgl § 178 II) sind zu beachten. Wegen der Parallelregelung von § 176 I kann für Abs 1 insoweit vollumfängl auf § 176 Rn 3 ff (anwendbare Vorschriften) und Rn 6 ff (Ablauf des Umwandlungsverfahrens) verwiesen werden.

5 Da in beiden mögl Konstellationen von § 178 eine Versicherungs-AG als übertragender Rechtsträger fungiert, sind des Weiteren stets folgende **besonderen Vorschriften** zu beachten:

- § 60 über die **Prüfung** der Verschm und die Bestellung der Verschmelzungsprüfer; eine Umwandlungsprüfung hat gem § 60 I vorbehaltl §§ 9 II, III, 12 III immer stattzufinden (Prüfungsbefehl);
- § 61 über die **Bekanntmachung** des Verschmelzungsvertrages ist in vollem Umfang zu beachten, Gleiches gilt für die durch das 3. UmwÄndG (Einf Rn 33) geänderten Vorschriften über die **Vorbereitung und die Durchführung der HV** sowie die Beschlussfassung in der HV, §§ 63–65;
- § 62 über die HV in besonderen Fällen findet keine Anwendung, da zwar eine KapGes (näml die Versicherungs-AG, vgl § 3 I Nr 2) als übertragender Rechtsträger beteiligt ist, der übernehmende Rechtsträger ist aber nicht AG, sondern entweder VVaG oder öffentl-rechtl Versicherungsunternehmen;
- §§ 66–69 finden keine Anwendung, weil dort die Übernahme des Verm durch eine AG Voraussetzung ist;
- § 70 findet iRv § 178 I ebenfalls keine Anwendung, weil dort wieder die Rolle der AG als übernehmender Rechtsträger vorausgesetzt wird;
- § 72 findet, auch soweit Abs 1 in Rede steht, ebenfalls keine Anwendung, weil der dort geregelte Anteilstausch bei der Vermögensübertragung (andere Art der Gegenleistung, vgl § 174 I) nicht in Betracht kommt;

– ob ein **Treuhänder** iSv § 71 zu bestellen ist, ist fragl; dafür spricht zum einen die Vorgängerregelung von § 360 IV AktG aF, zum anderen die Überlegung, dass bei der Vermögensübertragung auf einen VVaG Sinn und Zweck der Treuhänderstellung (Sicherung der Aktionäre der übertragenden AG) bei einer Gegenleistung, die nicht in Anteilen besteht, ebenso bedeutend ist wie beim Anteilstausch; bei der Vermögensübertragung auf ein öffentl-rechtl Versicherungsunternehmen gelten die vorgenannten Arg indes nicht, weil es keine Vorgängerregelung geben kann (die Umwandlungsmöglichkeit wurde neu geschaffen) und weil die Aktionäre der übertragenden AG durch die sichere Bonität und durch die besondere Pflichtenbindung des öffentl-rechtl Versicherungsunternehmens ausreichend geschützt sind (insoweit aA Semler/Stengel/*Fonk* Rn 20; KölnerKommUmwG/*Beckmann* Rn 30).

Bei der **Vermögensübertragung auf einen VVaG** sind zusätzl §§ 111 und 112 über die Bekanntmachung des Verschmelzungsvertrages und die Vorbereitung, Durchführung und Beschlussfassung der Versammlung der obersten Vertretung zu beachten. 6

3. Wirksamkeitsvoraussetzung für den Umwandlungsvertrag, Abs 3

Für den Fall der Vermögensübertragung einer Versicherungs-AG auf ein öffentl-rechtl Versicherungsunternehmen ist **Abs 3** zu beachten. Für die Vermögensübertragung eines VVaG auf ein öffentl-rechtl Versicherungsunternehmen enthielt § 44c II 2 VAG aF eine inhaltsgleiche Vorschrift. Das für das übernehmende öffentl-rechtl Versicherungsunternehmen maßgebende Bundes- oder Landesrecht hat nicht nur iRv Abs 2 iVm § 176 IV Bedeutung, es regelt insbes auch die Wirksamkeitsvoraussetzungen für den Übertragungsvertrag. Abs 3 ermöglicht es, die Wirksamkeit des gem Abs 1 iVm §§ 4–6 zu schließenden Umwandlungsvertrags allein von der Zustimmung des Vertretungsorgans abhängig zu machen; darüber hinaus kann bestimmt werden, dass der zunächst schwebend unwirksame Umwandlungsvertrag der Zustimmung eines anderen Organs (zB Aufsichtsorgan) oder einer anderen Stelle bedarf (vgl auch Lutter/*Hübner* Rn 20, 21; Semler/Stengel/*Fonk* Rn 9). Auch eine weitergehende Regelung dahin, an welche konkreten Erfordernisse die Erteilung einer solchen Zustimmung gebunden sein soll, ist mögl. 7

Zweiter Unterabschnitt. Teilübertragung

§ 179 Anwendung der Spaltungsvorschriften

(1) **Bei einer Teilübertragung nach § 175 Nr. 2 Buchstabe a sind auf die beteiligten Rechtsträger die für die Aufspaltung, Abspaltung oder Ausgliederung zur Aufnahme von Teilen einer Aktiengesellschaft und die für übernehmende Versicherungsvereine auf Gegenseitigkeit im Falle der Aufspaltung, Abspaltung oder Ausgliederung von Vermögensteilen geltenden Vorschriften des Dritten Buches und die dort für entsprechend anwendbar erklärten Vorschriften des Zweiten Buches auf den vergleichbaren Vorgang entsprechend anzuwenden, soweit sich aus den folgenden Vorschriften nichts anderes ergibt.**

(2) **§ 176 Abs. 2 bis 4 sowie § 178 Abs. 3 sind entsprechend anzuwenden.**

Schrifttum: Siehe Schrifttum Vor §§ 174–189.

1. Allgemeines

1 § 179 ist die einzige Regelung zur Teilübertragung einer AG auf einen (großen) VVaG oder auf ein öffentl-rechtl Versicherungsunternehmen. Abs 1 verweist parallel zu § 177 I auf die entsprechende Anwendung der Spaltungsvorschriften. Abs 2 nimmt unmittelbar Bezug auf § 176 II–IV (vgl auch § 177 II 1). Ebenfalls ist wegen der Besonderheiten für ein übernehmendes öffentl-rechtl Versicherungsunternehmen § 178 III entsprechend anzuwenden. Als Redaktionsversehen ist der fehlende Verweis in Abs 2 auch auf § 177 II 2 anzusehen; der Verweis in Abs 2 auf § 176 II ist dementsprechend so auszulegen, dass an Stelle von § 5 I Nr 4, 5 und 7 nun § 126 I Nr 4, 5, 7 und 10 treten. Ein weiteres Redaktionsversehen dürfte die Verweisung auch auf § 151 S 2 sein (dazu ausführl Lutter/*Hübner* Rn 2), wobei sich dies bei § 179 weniger auswirken dürfte als bei § 184 (dort Rn 3).

2. Anwendbare Vorschriften

2 Zunächst gelten die **allg Vorschriften des Spaltungsrechts,** die Einschränkungen von § 176 II–IV sind zu beachten. Wegen der Parallelregelung von § 177 I vgl iÜ § 177 Rn 1–3 und die dort angegebenen Fundstellen zum allg Spaltungsrecht.

3 Bei der Teilübertragung nach § 179 muss eine Versicherungs-AG als übertragender Rechtsträger fungieren. Die für die Versicherungs-AG geltenden und gem Abs 1 entsprechend anzuwendenden **besonderen Vorschriften des Spaltungsrechts** (§§ 141–146) nehmen ihrerseits aber zunächst wieder Bezug auf die besonderen rechtsformspezifischen Vorschriften im Verschmelzungsrecht (§§ 60–72). Diese vielfache Überlagerung der durch den Verweis in Abs 1 erfassten Vorschriften ist Ausfluss der im Prinzip sehr sinnvollen Regelungstechnik des UmwG 1995. In einer Art Baukastensystem soll es grdsl mögl sein, verschiedene Module miteinander zu kombinieren. Für die Teilübertragung bringt die vielfache Verweisung allerdings mehr Unsicherheit als Klarheit („die wohl kompliziertesten Vorschriften des Gesetzes", Lutter/*H. Schmidt* § 177 Rn 3).

4 Bei § 179 I sind **folgende Vorschriften anwendbar:**

– Die rechtsformspezifischen besonderen Verschmelzungsvorschriften für die AG in §§ 60–72 (Vor §§ 141–146 Rn 1) in der konkreten Ausgestaltung von § 178 Rn 5 ff;
– die besonderen Spaltungsvorschriften von § 143 über die besondere Unterrichtung über Vermögensveränderungen zwischen dem Abschluss des Umwandlungsvertrages und der Beschlussfassung nach §§ 135, 125, 131, 65 und von § 146 über die Anmeldung der Abspaltung oder der Ausgliederung; §§ 141, 142, 144 und 145 sind für die Teilübertragung nach § 179 I nicht von Interesse;
– für den **VVaG** ergeben sich ggü § 178 Rn 6 keine Besonderheiten, weil § 151 nur die Mitwirkung des VVaG als übertragender Rechtsträger erfasst, nicht aber die Beteiligung eines (großen) VVaG als übernehmender Rechtsträger (vgl § 124 Rn 22, 37 ff; vgl weiter Vor § 151 Rn 1 ff; aA mwN Semler/Stengel/*Fonk* Rn 3, 4).

5 Gem **Abs 2 Alt 2** ist § 178 III entsprechend anzuwenden. Für den Fall, dass an der Teilübertragung auch ein öffentl-rechtl Versicherungsunternehmen als über-

nehmender Rechtsträger beteiligt ist, gelten demnach die Ausführungen von § 178 Rn 7.

Zweiter Abschnitt. Übertragung des Vermögens eines Versicherungsvereins auf Gegenseitigkeit auf Aktiengesellschaften oder öffentlich-rechtliche Versicherungsunternehmen

Erster Unterabschnitt. Vollübertragung

§ 180 Anwendung der Verschmelzungsvorschriften

(1) **Bei einer Vollübertragung nach § 175 Nr. 2 Buchstabe b sind auf die beteiligten Rechtsträger die für die Verschmelzung durch Aufnahme eines Versicherungsvereins und die für eine übernehmende Aktiengesellschaft im Falle der Verschmelzung jeweils geltenden Vorschriften des Zweiten Buches entsprechend anzuwenden, soweit sich aus den folgenden Vorschriften nichts anderes ergibt.**

(2) **§ 176 Abs. 2 bis 4 sowie § 178 Abs. 3 sind entsprechend anzuwenden.**

(3) **Hat ein Mitglied oder ein Dritter nach der Satzung des Vereins ein unentziehbares Recht auf den Abwicklungsüberschuß oder einen Teil davon, so bedarf der Beschluß über die Vermögensübertragung der Zustimmung des Mitglieds oder des Dritten; die Zustimmung muß notariell beurkundet werden.**

Schrifttum: Siehe Schrifttum Vor §§ 174–189.

1. Allgemeines

1 §§ 180–183 regeln die **Vollübertragung im Fall von § 175 Nr 2b,** also der Vermögensübertragung eines (großen, vgl §§ 186, 187) VVaG auf eine Versicherungs-AG oder auf ein öffentl-rechtl Versicherungsunternehmen. In Abweichung zur Regelungstechnik von § 178 steht bei §§ 180–183 nicht der Verweis auf andere Vorschriften im Vordergrund, vielmehr werden die früher in §§ 44b, 44c VAG aF enthaltenen Regelungen übernommen. Die Vermögensübertragung des kleineren VVaG (§§ 185–187) nimmt auf die Vorschriften von §§ 180–183 Bezug (vgl § 186 S 1).

2 Abs 1 enthält wiederum einen **Generalverweis** auf das (allg und besondere) Verschmelzungsrecht. Neben §§ 4–35 sind demnach §§ 110–113 für den übertragenden VVaG und §§ 60–72 für die übernehmende AG anzuwenden (näher Rn 3). Abs 2 verweist zunächst wie § 178 II auf die entsprechende Anwendung von § 176 II–IV, des Weiteren ist für das übernehmende öffentl-rechtl Versicherungsunternehmen § 178 III (dazu § 178 Rn 7) zu beachten. Abs 3 entspricht § 44b IV 4, 5 VAG aF.

2. Anwendbare Vorschriften

3 Der Generalverweis in Abs 1 führt neben der **Anwendung von §§ 2–35** (vgl ausführl § 176 Rn 3 ff) für den übertragenden VVaG auch zur Anwendung von

§§ 110–113. Dort ergeben sich keine Besonderheiten. Anders bei der aufnehmenden Versicherungs-AG: Neben den in § 178 Rn 4 ff genannten Vorschriften sind – da die Versicherungs-AG aufnehmender Rechtsträger ist – auch grdsl die Vorschriften anzuwenden, die für diesen Fall Regelungen enthalten, also **§§ 66–69.** Dies ist aber nur oberflächl betrachtet richtig, bei der Vermögensübertragung findet kein Anteilstausch statt. Da die Erhöhung des Grundkapitals „zur Durchführung der Verschmelzung" (§ 66) nur sinnvoll ist, wenn ein Anteilstausch in Rede steht, verbleibt es bei den in § 178 Rn 4 ff aufgeführten Vorschriften, § 178 Rn 5 ist – insoweit es den Treuhänder betrifft – wegen der Sonderregelung von § 183 allerdings gegenstandslos.

4 Der Verweis auf die entsprechende Anwendung von § 176 II–IV hat keine eigenständige Bedeutung mehr, der Inhalt dieser Vorschrift ist in der Aufzählung von § 176 Rn 3 ff bereits berücksichtigt.

5 Ist übernehmender Rechtsträger nicht eine Versicherungs-AG, sondern ein öffentl-rechtl Versicherungsunternehmen, gelten gem Abs 2 Alt 2, § 178 III (dazu § 178 Rn 7) und gem Abs 2 Alt 1 iVm § 176 IV die speziellen Vorschriften für das öffentl-rechtl Versicherungsunternehmen (vgl § 176 Rn 2 aE).

3. Zustimmung

6 Abs 3 ist nur vor dem Hintergrund von § 181 verständl. Danach ist die Gewährung der Gegenleistung an bestimmte Voraussetzungen geknüpft. Umgekehrt geht es dem Mitglied oder dem Dritten, dem nach der Satzung des Vereins ein **unentziehbares Recht auf den Abwicklungsüberschuss** oder einen Teil davon zusteht, um die Wahrung seines Besitzstandes. Deswegen ist die Vermögensübertragung an die Zustimmung (Einwilligung oder Genehmigung, Letztere aber zeitl vor der Registeranmeldung notw, vgl Lutter/*H. Schmidt* Rn 4) dieses Mitglieds gebunden; die **Zustimmung muss notariell beurkundet werden,** was angesichts des Verweises in Abs 1 auch auf § 13 III 1 an sich nicht nochmals klargestellt werden musste.

§ 181 Gewährung der Gegenleistung

(1) **Der übernehmende Rechtsträger ist zur Gewährung einer angemessenen Gegenleistung verpflichtet, wenn dies unter Berücksichtigung der Vermögens- und Ertragslage des übertragenden Vereins im Zeitpunkt der Beschlußfassung der obersten Vertretung gerechtfertigt ist.**

(2) [1]**In dem Beschluß, durch den dem Übertragungsvertrag zugestimmt wird, ist zu bestimmen, daß bei der Verteilung der Gegenleistung jedes Mitglied zu berücksichtigen ist, das dem Verein seit mindestens drei Monaten vor dem Beschluß angehört hat.** [2]**Ferner sind in dem Beschluß die Maßstäbe festzusetzen, nach denen die Gegenleistung auf die Mitglieder zu verteilen ist.**

(3) [1]**Jedes berechtigte Mitglied erhält eine Gegenleistung in gleicher Höhe.** [2]**Eine andere Verteilung kann nur nach einem oder mehreren der folgenden Maßstäbe festgesetzt werden:**
1. die Höhe der Versicherungssumme,
2. die Höhe der Beiträge,
3. die Höhe der Deckungsrückstellung in der Lebensversicherung,

4. der in der Satzung des Vereins bestimmte Maßstab für die Verteilung des Überschusses,
5. der in der Satzung des Vereins bestimmte Maßstab für die Verteilung des Vermögens,
6. die Dauer der Mitgliedschaft.

(4) **Ist eine Gegenleistung entgegen Absatz 1 nicht vereinbart worden, so ist sie auf Antrag vom Gericht zu bestimmen; § 30 Abs. 1 und § 34 sind entsprechend anzuwenden.**

Schrifttum: Siehe Schrifttum Vor §§ 174–189.

1. Allgemeines

§ 181 übernimmt in vollem Umfang die frühere Regelung im VAG. Abs 1 entspricht § 44b IV 1 VAG aF, Abs 2 entspricht § 44b IV 2, 3 VAG aF. Auch Abs 3 ist unverändert übernommen worden, in § 44b IV 3 HS 2 VAG aF wurde auf § 385e II AktG aF – der die Aufzählung enthielt – verwiesen. 1

2. Angemessene Gegenleistung

Für den Verlust der mitgliedschaftl Rechte am Vereinsvermögen haben die Mitglieder des VVaG **Anspruch auf die Gewährung einer Gegenleistung.** Gem **Abs 2 S 1** besteht dieser Anspruch nur dann, wenn das Mitglied dem Verein seit mindestens drei Monaten vor der Beschlussfassung (vgl § 181 II, zur Fristberechnung zutr Lutter/*H. Schmidt* § 180 Rn 9: bei der Fristberechnung werden weder der Tag des Beginns der Mitgliedschaft noch der Tag der Beschlussfassung mitgezählt) angehört hat. Materiell-rechtl Voraussetzung für den Anspruch auf die Gegenleistung nach § 181 ist die (wirtschaftl) **Rechtfertigung des entgeltl Erwerbs;** dies gilt auch im Fall von Abs 4, denn das Gericht kann nicht etwas zusprechen, was nicht Äquivalent für die ursprüngl Mitgliedschaft beim VVaG ist. Die Gegenleistung wird im Vermögensübertragungsvertrag festgelegt (Semler/Stengel/*Fonk* § 180 Rn 5; Lutter/*Hübner* Rn 2). Ist sie nicht angemessen, steht dem Mitglied das **Spruchverfahren** offen, Abs 2 iVm § 34 und dem SpruchG. 2

Vgl iÜ *Prölss* VAG, 10. Aufl 1989, § 44b Rn 17 ff mwN. 3

3. Beteiligungsmaßstab

Gem Abs 2 S 2 sind im Umwandlungsbeschluss die Maßstäbe festzusetzen, nach denen die Gegenleistung auf die Mitglieder zu verteilen ist. Hierfür bietet **Abs 3** zwei Varianten der Festsetzung: Die Beteiligung nach der Kopfzahl der zu beteiligenden Mitglieder, dh der Anteil an der Gegenleistung ist für alle Mitglieder gleich hoch. Diese Regelung sieht das Gesetz als Grds (Abs 3 S 1, vgl auch § 183 II 2) vor. Wenn die Beteiligung nach der Kopfzahl nicht durchführbar oder (in noch ermessensfehlerfreier Weise) nicht gewünscht ist, so ist die Festsetzung nach Abs 3 S 2 Nr 1–6 vorzunehmen. Die **Aufzählung in Nr 1–6 ist abschl.** Zulässig ist aber die Verbindung der einzelnen Kriterien („nach einem oder mehreren"). So kann zB der Anteil an der Gegenleistung aufgrund einer Kombination der Beitragshöhe (Nr 2) mit der Dauer der Mitgliedschaft (Nr 6) berechnet werden. Bei der Festsetzung nach Nr 1–6 muss der VVaG die Berechnungsmethode wählen, die nach den besonderen Verhältnissen des Unternehmens und des von ihm betriebenen Versicherungszweigs zu einer **gerechten Verteilung** führt (vgl auch 4

Meyer-Ladewig BB 1969, 1005, 1011; zur Unternehmensbewertung OLG Düsseldorf Beschluss vom 17.11.2008 – I – 26 W 6/08; AG 2006, 287 insbes zu Besonderheiten bei Lebensversicherungsunternehmen mit lang laufenden Verträgen; NZG 2004, 429 mwN; *Hübner* in Dieter Farny und die Versicherungswirtschaft 1994, S 39 ff).

4. Gerichtliche Festsetzung

5 Ist eine **Gegenleistung nicht vereinbart** worden, obwohl sie zur Wahrung der wirtschaftl Integrität der Vereinsmitglieder geboten war (Abs 1), kann Antrag auf **gerichtl Bestimmung** der Gegenleistung gestellt werden, Abs 4 HS 1. Der Antrag kann von jedem Mitglied (Ausnahme: wer nicht drei Monate Mitglied war, Abs 2 S 1) gestellt werden. Der Verweis in Abs 4 HS 2 auch auf § 34 macht deutl, dass das gerichtl Verfahren nicht nur für den Fall eingeleitet werden darf, dass überhaupt keine Gegenleistung bestimmt wurde. Ausreichend ist es, wenn die Gegenleistung bzw der auf das Mitglied entfallende Anteil an der Gegenleistung nicht in voller Höhe **angemessenes Äquivalent** für den Wert der ursprüngl Beteiligung am werbenden Unternehmen ist (vgl Abs 4 HS 2 iVm § 30 I 1; vgl zur Teilhabe der Mitglieder an den stillen Reserven BVerwG NJW 1996, 2521). Die Gegenleistung ist zu verzinsen, Abs 4 HS 2 iVm § 30 I 2. Das gerichtl Verfahren ist im SpruchG geregelt.

§ 182 Unterrichtung der Mitglieder

[1] Sobald die Vermögensübertragung wirksam geworden ist, hat das Vertretungsorgan des übernehmenden Rechtsträgers allen Mitgliedern, die dem Verein seit mindestens drei Monaten vor dem Beschluß der obersten Vertretung über die Vermögensübertragung angehört haben, den Wortlaut des Vertrags in Textform mitzuteilen. [2] In der Mitteilung ist auf die Möglichkeit hinzuweisen, die gerichtliche Bestimmung der angemessenen Gegenleistung zu verlangen.

Schrifttum: Siehe Schrifttum Vor §§ 174–189.

1 Die Vorschrift entspricht § 44b III 3, 4 VAG aF. Die berechtigten Mitglieder des VVaG (vgl S 1, Mindestmitgliedschaft drei Monate vor Beschlussfassung der obersten Vertretung) sind vom Vertretungsorgan des **übernehmenden** Rechtsträgers umfassend zu unterrichten. Geschuldet ist die **Mitteilung** (des vollständigen) Wortlauts des Vertrages **in Textform.** Eine Vertretung des Vorstandes verstößt nicht gegen § 126b BGB (aA Semler/Stengel/*Fonk* Rn 1). Des Weiteren ist gem S 2 auf die Möglichkeit von § 181 IV hinzuweisen.

2 Der Grund für die Unterrichtungspflicht besteht darin, dass die Zustimmung zur Vereinbarung der Rechtsträger (= Umwandlungsbeschluss) nicht in jedem Fall unmittelbar durch die Anteilsinhaber getroffen wird. Je nach Satzungsbestimmung des VVaG ist entweder die Mitgliederversammlung oder aber die Mitgliedervertreterversammlung die **oberste Vertretung** iSv § 36 VAG (vgl *Prölss* VAG, 10. Aufl 1989, § 29 Rn 4). Die Beschlussfassung der obersten Vertretung ersetzt die Versammlung der Anteilsinhaber iSv § 180 I iVm § 13 I 2. Vgl iÜ *Prölss* VAG, 10. Aufl 1989, § 44b Rn 9 mwN.

§ 183 Bestellung eines Treuhänders

(1) [1] **Ist für die Vermögensübertragung eine Gegenleistung vereinbart worden, so hat der übertragende Verein einen Treuhänder für deren Empfang zu bestellen.** [2] **Die Vermögensübertragung darf erst eingetragen werden, wenn der Treuhänder dem Gericht angezeigt hat, daß er im Besitz der Gegenleistung ist.**

(2) [1] **Bestimmt das Gericht nach § 181 Abs. 4 die Gegenleistung, so hat es von Amts wegen einen Treuhänder für deren Empfang zu bestellen.** [2] **Die Gegenleistung steht zu gleichen Teilen den Mitgliedern zu, die dem Verein seit mindestens drei Monaten vor dem Beschluß der obersten Vertretung über die Vermögensübertragung angehört haben.** [3] **§ 26 Abs. 4 ist entsprechend anzuwenden.**

§ 183 ersetzt § 71 (vgl zur Rechtslage ohne Sonderregelung § 178 Rn 5). IÜ **1** entspricht § 183 der Bestellung eines Treuhänders nach § 71 I; auf die Komm dort wird verwiesen.

Abs 2 weicht von § 181 III ab. Die § 44b VII VAG aF entsprechende Vorschrift **2** legt in S 2 notw einen identischen Verteilungsmaßstab für alle berechtigten Mitglieder (vgl §§ 182 S 1, 181 II 1) fest. Damit wird eine Auseinandersetzung des Gerichts mit den Möglichkeiten der Verteilung nach einem anderen Maßstab iSv § 181 III 2 Nr 1–6 vermieden. Dies ist richtig, weil zum einen das Gericht mit einer gerechten Verteilung nach § 181 III 2 Nr 1–6 überfordert wäre, auch fehlen die dafür notw detaillierten Informationen; schließl bringt Abs 2 S 2 nochmals zum Ausdruck, dass die gleichmäßige Verteilung der Gegenleistung (§ 181 III 1) gesetzl Leitbild ist.

Der Verweis in Abs 3 S 3 auf § 26 IV ist identisch mit der Regelung von § 71 **3** II; auf die Komm dort wird verwiesen.

Zweiter Unterabschnitt. Teilübertragung

§ 184 Anwendung der Spaltungsvorschriften

(1) **Bei einer Teilübertragung nach § 175 Nr. 2 Buchstabe b sind auf die beteiligten Rechtsträger die für die Aufspaltung, Abspaltung oder Ausgliederung zur Aufnahme von Teilen eines Versicherungsvereins auf Gegenseitigkeit und die für übernehmende Aktiengesellschaften im Falle der Aufspaltung, Abspaltung oder Ausgliederung geltenden Vorschriften des Dritten Buches und die dort für entsprechend anwendbar erklärten Vorschriften des Zweiten Buches auf den vergleichbaren Vorgang entsprechend anzuwenden, soweit sich aus den folgenden Vorschriften nichts anderes ergibt.**

(2) **§ 176 Abs. 2 bis 4 sowie § 178 Abs. 3 sind entsprechend anzuwenden.**

Schrifttum: Siehe Schrifttum Vor §§ 174–189.

1. Allgemeines

§ 184 ist die einzige Vorschrift im Zweiten Unterabschnitt. Sie regelt die **Teil- 1 übertragung nach § 175 Nr 2 lit b,** also die Konstellation, in der ein übertragender (großer) VVaG sein Verm durch Teilübertragung entsprechende Aufspaltung, Abspaltung oder Ausgleich zur Aufnahme durch eine Versicherungs-AG und/oder ein öffentl-rechtl Versicherungsunternehmen gegen Gewährung der in § 174 I bezeichneten Gegenleistung überträgt. § 184 ist Parallelvorschrift zu § 179; wie dort wird auf die entsprechende Regelungen der Spaltung und zusätzl in Abs 2 auf §§ 176 II–IV, 178 III verwiesen (zum fehlenden Verweis auf § 177 II 2 vgl § 179 Rn 1 aE).

2. Anwendbare Vorschriften

2 Zunächst gelten die **allg Vorschriften des Spaltungsrechts,** die Einschränkungen von § 176 II–IV sind zu beachten. Wegen der Parallelregelung auch zu § 177 I vgl iÜ § 177 Rn 1–3 und die dort angegebenen Fundstellen zum allg Spaltungsrecht.

3 Bei der Teilübertragung nach § 184 ist ein großer VVaG übertragender Rechtsträger. Deshalb ist an sich **§ 151** zu beachten. § 151 entfaltet iRv § 184 allerdings keinen eigenen Regelungsgehalt, weil die Frage, welcher Rechtsträger taugl Übernehmer des (Teil-)Vermögens ist, gerade in § 184 abw von § 151 speziell geregelt ist. Deshalb gelten neben den allg Grdsen zur Spaltung (vgl auch Vor § 151 Rn 1 ff) unter Beteiligung eines übertragenden VVaG auch **§§ 110–113.**

4 Für die aufnehmende Versicherungs-AG sind **§§ 143, 144** zu beachten. IÜ gelten die Ausführungen in § 180 Rn 3, § 178 Rn 4 ff entsprechend.

5 Ist der übernehmende Rechtsträger nicht eine Versicherungs-AG, sondern ein öffentl-rechtl Versicherungsunternehmen, gelten gem Abs 2 Alt 1 iVm § 176 IV die **speziellen Vorschriften für das öffentl-rechtl Versicherungsunternehmen** (dazu § 176 Rn 2 aE) und gem Abs 2 HS 2 spezielle Zustimmungsvorbehalte (Verweis in Abs 2 auf § 178 III, dazu § 178 Rn 7).

Dritter Abschnitt. Übertragung des Vermögens eines kleineren Versicherungsvereins auf Gegenseitigkeit auf eine Aktiengesellschaft oder auf ein öffentlich-rechtliches Versicherungsunternehmen

§ 185 Möglichkeit der Vermögensübertragung

Ein kleinerer Versicherungsverein auf Gegenseitigkeit kann sein Vermögen nur im Wege der Vollübertragung auf eine Versicherungs-Aktiengesellschaft oder auf ein öffentlich-rechtliches Versicherungsunternehmen übertragen.

§ 186 Anzuwendende Vorschriften

[1] Auf die Vermögensübertragung sind die Vorschriften des Zweiten Abschnitts entsprechend anzuwenden. [2] Dabei treten bei kleineren Vereinen an die Stelle der Anmeldung zur Eintragung in das Register der Antrag an die Aufsichtsbehörde auf Genehmigung, an die Stelle der Eintragung in das Register und ihrer Bekanntmachung die Bekanntmachung im Bundesanzeiger nach § 187.

§ 187 Bekanntmachung der Vermögensübertragung

Sobald die Vermögensübertragung von allen beteiligten Aufsichtsbehörden genehmigt worden ist, macht bei einer Vermögensübertragung auf ein öffentlich-rechtliches Versicherungsunternehmen die für den übertragenden kleineren Verein zuständige Aufsichtsbehörde die Vermögensübertragung und ihre Genehmigung im Bundesanzeiger bekannt.

Schrifttum: Siehe Schrifttum Vor §§ 174–189.

§§ 185–187 regeln als Dritter Abschnitt im Dritten Teil des Vierten Buches die **Vermögensübertragung durch einen kleineren VVaG** (zu dieser Rechtsform ausführl Prölss/*Weigel* VAG § 53 Rn 1 ff) auf eine Versicherungs-AG oder auf ein öffentl-rechtl Versicherungsunternehmen. Eine **Teilübertragung** ist **nicht zulässig.** Damit wurde § 53a I 1 Nr 2 VAG aF unverändert übernommen. Wie dort (Verweis auf §§ 44b, c VAG aF) verweist jetzt § 186 S 1 auf die entsprechende Anwendung von §§ 180–183 über die Vollübertragung durch einen (großen) VVaG auf eine Versicherungs-AG oder auf ein öffentl-rechtl Versicherungsunternehmen. 1

§ 186 I 2 führt § 53a I 3 VAG aF unverändert fort. Da der kleinere VVaG nicht ins HR eingetragen werden kann, geht der Verweis in § 186 S 1 auf § 180 I und mithin auf §§ 16 ff ins Leere. Um dennoch einen Anknüpfungspunkt für die **Anmeldung der Eintragung** zu haben, erklärt S 2 „den Antrag an die Aufsichtsbehörde auf Genehmigung" für maßgebl (vgl § 14a VAG). Die konstitutiven Wirkungen von § 131 (insbes der Vermögensübergang) treten nicht mit Absendung oder Zugang des Antrags, sondern erst mit der gem § 186 S 2 notw **Bekanntmachung der Genehmigung im BAnz** (Gesetzesänderung durch das EHUG, dazu Einf Rn 28, weitere Änderungen durch Gesetz vom 22.12.2011, vgl Einf Rn 34) ein. 2

§ 187 lehnt sich an § 53a III VAG aF an. Die Vorschrift behandelt ausschließl die Vermögensübertragung eines kleineren VVaG auf ein öffentl-rechtl Versicherungsunternehmen, der andere Fall von § 185 – Vermögensübertragung auf eine Versicherungs-AG – ist bereits durch den Verweis von § 186 S 1 geregelt (vgl RegEBegr BR-Drs 75/94 zu § 187). Sämtl erforderl aufsichtsbehördl Genehmigungen werden von der für den übertragenden kleineren VVaG zuständigen Aufsichtsbehörde registriert; liegen alle notw Genehmigungen vor, hat diese Aufsichtsbehörde ihre Genehmigung im BAnz bekannt zu machen. Mit dieser Bekanntmachung treten die Wirkungen der Eintragung iSv § 131 ein. Die früher notwendige Bekanntmachung in den weiteren Blättern (dazu 4. Aufl 2006, Rn 3) ist nach der Änderung von §§ 187, 188 II 2 durch das EHUG (dazu Einf Rn 28) nicht mehr notw. 3

Vierter Abschnitt. Übertragung des Vermögens eines öffentlich-rechtlichen Versicherungsunternehmens auf Aktiengesellschaften oder Versicherungsvereine auf Gegenseitigkeit

Erster Unterabschnitt. Vollübertragung

§ 188 Anwendung der Verschmelzungsvorschriften

(1) **Bei einer Vollübertragung nach § 175 Nr. 2 Buchstabe c sind auf die übernehmenden Rechtsträger die für die Verschmelzung durch Auf-**

nahme geltenden Vorschriften des Zweiten Buches sowie auf das übertragende Versicherungsunternehmen § 176 Abs. 3 entsprechend anzuwenden, soweit sich aus den folgenden Vorschriften nichts anderes ergibt.

(2) **§ 176 Abs. 2 und 4 sowie § 178 Abs. 3 sind entsprechend anzuwenden.**

(3) [1] **An die Stelle der Anmeldung zur Eintragung in das Register treten bei den öffentlich-rechtlichen Versicherungsunternehmen der Antrag an die Aufsichtsbehörde auf Genehmigung, an die Stelle der Eintragung in das Register und ihrer Bekanntmachung die Bekanntmachung nach Satz 2.** [2] **Die für das öffentlich-rechtliche Versicherungsunternehmen zuständige Aufsichtsbehörde macht, sobald die Vermögensübertragung von allen beteiligten Aufsichtsbehörden genehmigt worden ist, die Übertragung und ihre Genehmigung im Bundesanzeiger bekannt.**

Schrifttum: Siehe Schrifttum Vor §§ 174–189.

1 § 188 ist die einzige Vorschrift, die die (praktisch bedeutungslose, vgl Semler/Stengel/*Fonk* Rn 1) **Vollübertragung eines öffentl-rechtl Versicherungsunternehmens** auf einen (großen) VVaG oder auf eine Versicherungs-AG regelt. Es fällt schwer, die für diese Vermögensübertragung anzuwendenden Vorschriften zu bestimmen. Für den VVaG und für die Versicherungs-AG als übernehmender Rechtsträger ergeben sich zwar keine Besonderheiten (vgl für VVaG § 178 Rn 6 und für Versicherungs-AG § 180 Rn 3, § 178 Rn 4 ff), auch sind wie bei jeder Vollübertragung grdsl die allg Verschmelzungsvorschriften anwendbar (vgl § 176 Rn 3 ff); § 188 gibt aber keinen Aufschluss darüber, unter welchen Voraussetzungen einem öffentl-rechtl Versicherungsunternehmen die Vermögensübertragung offenstehen soll. Die Vorschrift enthält noch nicht einmal eine Öffnungsklausel für einschlägiges Bundes- oder Landesrecht (diese wird von Widmann/Mayer/*Schwarz* Rn 2 nicht für nötig gehalten), denn § 176 IV, auf den in Abs 2 verwiesen wird, behandelt nur den übernehmenden Rechtsträger. Ebenso hat der Verweis in Abs 2 auf die entsprechende Anwendung von § 178 III nur einen Teilbereich der zu regelnden Fragen, näml das Erfordernis der Zustimmung zum Vertrag über die Vermögensübertragung, zum Gegenstand. Die unmittelbar in Abs 1, 3 enthaltenen Regelungen betreffen nur den Ersatz für die bei einem öffentl-rechtl Versicherungsunternehmen nicht stattfindende Registeranmeldung und -eintragung; an der materiell-rechtl Unvollständigkeit von § 188 ändert dies nichts.

Zweiter Unterabschnitt. Teilübertragung

§ 189 Anwendung der Spaltungsvorschriften

(1) **Bei einer Teilübertragung nach § 175 Nr. 2 Buchstabe c sind auf die übernehmenden Rechtsträger die für die Aufspaltung, Abspaltung oder Ausgliederung zur Aufnahme geltenden Vorschriften des Dritten Buches und die dort für entsprechend anwendbar erklärten Vorschriften des Zweiten Buches auf den vergleichbaren Vorgang sowie auf das übertragende Versicherungsunternehmen § 176 Abs. 3 entsprechend anzuwenden, soweit sich aus den folgenden Vorschriften nichts anderes ergibt.**

(2) **§ 176 Abs. 2 und 4, § 178 Abs. 3 sowie § 188 Abs. 3 sind entsprechend anzuwenden.**

§ 189 regelt die **Teilübertragung im Fall von § 175 Nr 2 lit c.** Wie bei §§ 179, 184 wird grdsl auf die allg Spaltungsvorschriften verwiesen, vgl Komm dazu. Allerdings fehlt es – wie bei § 188 auch (vgl Komm dort) – an materiellrechtl Regelungen zur Befugnis des öffentl-rechtl Versicherungsunternehmens, sein Verm durch Aufspaltung, Abspaltung oder Ausgliederung (teilw) zu übertragen. Da die Vorschrift noch nicht einmal eine allg Öffnungsklausel für rechtsformspezifisches Bundes- oder Landesrecht enthält, ist eine praktische Anwendung im Moment wohl nicht mögl. 1

Fünftes Buch. Formwechsel

Erster Teil. Allgemeine Vorschriften

Vorbemerkungen zu §§ 190–213

Schrifttum: Schrifttum bis 1994 siehe 3. Auflage; Schrifttum bis 2000 siehe 4. Auflage; *Bungert,* DAT/Altana: Der BGH gibt der Praxis Rätsel auf, BB 2001, 1163; *Derleder,* Die Aufgabe der monistischen Struktur der Gesellschaft bürgerlichen Rechts durch Verleihung der Rechtsfähigkeit, BB 2001, 2485; *Geißler,* Der aktienrechtliche Auskunftsanspruch im Grenzbereich des Missbrauchs, NZG 2001, 539; *Götz,* Grunderwebsteuerliche und organschaftliche Fragen bei Umwandlungen im Konzern, GmbHR 2001, 277; *Habersack,* Die Anerkennung der Rechts- und Parteifähigkeit der GbR und der akzessorischen Gesellschafterhaftung durch den BGH, BB 2001, 477; *Hadding,* Zur Rechtsfähigkeit und Parteifähigkeit der (Außen-)Gesellschaft bürgerlichen Rechts sowie zur Haftung ihrer Gesellschafter für Gesellschaftsverbindlichkeiten; *Heil,* Parteifähigkeit der GbR der Durchbruch der Grundlehre?, NZG 2001, 300; *Kleindiek,* Abfindungsbezogene Informationsmängel und Anfechtungsausschluss, NZG 2001, 552; *Nagel,* Gibt es eine OHG mbH?, NZG 2001, 2002; *Lenz,* Verschmelzung zur Neugründung, GmbHR 2001, 717; *Peifer,* Der BGH und die GbR mbH – Rückschlag oder Fortschritt auf dem Weg zur Verständnis der Gesamthand?, NZG 2001, 193; *ders,* Rechtsfähigkeit und Rechtssubjektivität der Gesamthand – die GbR als oHG?, NZG 2001, 296; *Rinnert,* Auswirkung eines Formwechsels von einer AG in eine GmbH auf das bedingte Kapital zur Sicherung von Bezugsrechten, NZG 2001, 865; *Schindler/Witzel,* Bedarf es einer neuen gesetzlichen Regelung des Anfechtungsrechts zur Bekämpfung räuberischer Aktionäre? – Stellungnahme zu den Empfehlungen der wirtschaftlichen Abteilung des 63. DJT, NZG 2001, 577; *K. Schmidt,* Die BGB-Außengesellschaft: rechts- und parteifähig, NJW 2001, 993; *Schnorbus,* Analogieverbot und Rechtsfortbildung im Umwandlungsrecht, DB 2001, 1654; *Sinewe,* Keine Anfechtungsklage gegen Umwandlungsbeschlüsse bei wertbezogenen Informationsmängeln, DB 2001, 690; *Steding,* Zulässigkeit und Begrenzung des Einsatzes der GbR und des Vereins für wirtschaftliche Tätigkeit, NZG 2001, 721; *Ulmer,* Die höchstrichterlich „enträtselte" Gesellschaft bürgerlichen Rechts, ZIP 2001, 585; *Wertenbruch,* BGB-Gesellschaft als Kommanditistin – oder: Der lange Weg zur Anerkennung im Rechtsverkehr, BB 2001, 737; *ders,* Die Markenrechtsfähigkeit der BGB-Gesellschaft, DB 2001, 419; *Westermann,* Erste Folgerungen aus der Anerkennung der Rechtsfähigkeit der BGB-Gesellschaft, NZG 2001, 289; *Wilhelm,* Inkompetenz des Aktionärs und Auskunfts- und Klagerecht, DB 2001, 520; *Fleischer,* Das neue Recht des Squeeze out, ZGR 2002, 757; *Fritzsche/Dreier,* Spruchverfahren und Anfechtungsklage im Aktienrecht: Vorrang oder Ausnahme des Anfechtungsausschlusses gemäß § 14 Abs. 2 UmwG, BB 2002, 737; *Henze,* Aspekte und Entwicklungstendenzen der aktienrechtlichen Anfechtungsklage in der Rechtsprechung des BGH, ZIP 2002, 97; *Heppe,* Zu den Mitteilungspflichten nach § 21 WpHG im Rahmen der Umwandlung von Gesellschaften, WM 2002, 60; *Klöhn,* Der Abfindungsanspruch des Aktionärs als Aufopferungsanspruch, AG 2002, 443; *Lange,* Die Haftung des Gesellschafters einer GbR für Altverbindlichkeiten, NZG 2002, 401; *Lindemeier,* Kurzbeitrag: Fragen der „Umschreibung" der Vollstreckungsklausel ohne Rechtsnachfolge, RNotZ 2002, 41; *Scholz,* Akzessorietätstheorie und Formwechsel, NZG 2002, 414; *Scholz,* Die BGB-Gesellschaft nach dem Grundsatzurteil des BGH vom 29.1.2001, NZG 2002, 153; *Bergmann,* Die BGB-Gesellschaft als persönlich haftender Gesellschafter in OHG und KG, ZIP 2003, 2231; *Czub,* Gescheiterte Strukturänderungen ehemaliger Landwirtschaftlicher Produktionsgenossenschaften – Voraussetzungen, Rechtsfolgen und Möglichkeiten der Abhilfe, VIZ 2003, 105; *Elsing,* Alles entschieden bei der Gesellschaft bürgerlichen Rechts? – Die Rechtsprechung zwischen Mosaik- und Meilensteinen, BB 2003, 909; *Gronstedt,* Vorratsgesellschaften: Praktische Konsequenzen nach der neuen BGB-Rechtsprechung, BB 2003, 860; *Hirte,* Informationsmängel und Spruchverfahren, ZHR 2003, 8; *Kallmeyer,* Ist die Wiederbelebung einer Mantel-GmbH wirklich strenger zu behandeln als der Formwechsel einer AG in eine GmbH?, DB 2003, 2583; *Knoll,* Unternehmensverträge und der BGH: Volle Entschädigung der außenstehenden

Aktionäre?, ZIP 2003, 2329; *Meilicke,* Droht Überregulierung für Vorratsgesellschaften?, BB 2003, 857; *Nolting,* Registerrechtliche Gründungsprüfung beim Erwerb von Mantel- und Vorratsgesellschaften, ZIP 2003, 651; *Berninger,* Handelsregistereintragung des Formwechsels einer AG in die Rechtsform der GmbH bzw. umgekehrt, GmbHR 2004, 659; *Büchner/Schlobach,* Die Auswirkungen der Umwandlung von Gesellschaften auf die Rechtsstellung ihrer Organpersonen, GmbHR 2004, 1; *Fuhrmann,* Gesetzliche Formerfordernisse von Vorstandsberichten, AG 2004, 135; *Kort,* Gesellschaftsrechtlicher und registerrechtlicher Bestandsschutz eingetragener fehlerhafter Umwandlungen und anderer Strukturänderungen, DStR 2004, 185; *Maier-Reimer,* Vereinfachte Kapitalherabsetzung durch Verschmelzung?, GmbHR 2004, 1128; *Petersen,* Der Gläubigerschutz im System des Umwandlungsrechts, Der Konzern 2004, 185; *Petersen,* Vereinfachte Kapitalherabsetzung durch Verschmelzung?, GmbHR 2004, 728; *Tillmann,* Die Mehrfachverschmelzungen auf eine GmbH unter Beteiligung vermögensloser übertragender Rechtsträger, BB 2004, 673; *Weidenmann,* Neuere Rechtsprechung des BGH zur Haftung und Vollstreckung bei der Gesellschaft bürgerlichen Rechts, BWNotZ 2004, 130; *Austmann/Frost,* Vorwirkungen von Verschmelzungen, ZHR 169 (2005), 431; *Gelhausen/Heinz,* Handelsrechtliche Zweifelsfragen der Abwicklung von Ergebnisabführungsverträgen in Umwandlungsfällen, NZG 2005, 775; *Heckschen,* Umstrukturierung von Kapitalgesellschaften vor und während der Krise: Umwandlungsmaßnahmen vor dem Insolvenzeröffnungsantrag, DB 2005, 2283; *Pfeiffer,* Eingegliederte Gesellschaften, DZWIR 2005, 452; *Müller,* Gläubigerschutzkonzepte bei Sachgründung und Umwandlungsgründung einer GmbH, 2005; *Pöllath/Philipp,* Unternehmenskauf und Verschmelzung: Pflichten und Haftung von Vorstand und Geschäftsführer, DB 2005, 1503; *Priester,* Personengesellschaften im Umwandlungsrecht, DStR 2005, 788; *Ulrich,* Verwendung von gebrauchten Gesellschaftsmänteln: Die Behandlung von Altfällen, GmbHR 2005, 900; *Wiedenbusch,* Going Private durch Formwechsel einer Aktiengesellschaft in eine Personengesellschaft, 2005; siehe ferner Schrifttum zu § 14 UmwG; *Bayer/Schmidt,* Der Regierungsentwurf zur Änderung des Umwandlungsgesetzes, NZG 2006, 841; *Büchel,* Voreilige Eintragung von Verschmelzung oder Formwechsel und die Folgen, ZIP 2006, 2289; *Drinhausen,* Regierungsentwurf eines Zweiten Gesetzes zur Änderung des Umwandlungsgesetzes – Ein Gewinn für die Praxis, BB 2006, 2313; HRA des DAV, Stellungnahme zum Regierungsentwurf eines Zweiten Gesetzes zur Änderung des Umwandlungsgesetzes, NZG 2006, 737; *Müller,* Die Limited in Deutschland: Ein Überblick über das anzuwendende englische Gesellschaftsrecht, DB 2006, 824; *Parmentier,* Das Statusverfahren beim Formwechsel in eine Aktiengesellschaft, AG 2006, 476; *Stegemann/Middendorf,* Das Schicksal der Unterbeteiligung beim Formwechsel der Hauptgesellschaft, BB 2006, 1084; Stellungnahme der Centrale für GmbH Dr. Otto Schmidt vom 16.3.2006 zum Referentenentwurf eines Zweiten Gesetzes zur Änderung des Umwandlungsgesetzes, GmbHR 2006, 418; *Wälzholz,* Nebenleistungspflichten beim aufnehmenden Rechtsträger als Verschmelzungshindernis?, DStR 2006, 236; *Habersack/Schürmbrand,* Das Schicksal gebundener Ansprüche beim Formwechsel, NZG 2007, 81; *Heckschen,* Die GmbH-Reform – Wege und Irrwege, DStR 2007, 1442; *ders,* Die Reform des Umwandlungsrechts, DNotZ 2007, 444; *Hoger,* Fortdauer und Beendigung der organschaftlichen Rechtsstellung von Geschäftsleitern beim Formwechsel nach dem UmwG, ZGR 2007, 868; *Mayer/Weiler,* Neuregelungen durch das Zweite Gesetz zur Änderung des Umwandlungsgesetzes, DB 2007, 1235 (Teil I); DB 2007, 1291 (Teil II), *dies,* Aktuelle Änderungen des Umwandlungsrechts aus Sicht der notariellen Praxis, MittBayNot 2007, 368; *Neye,* BB-Gesetzgebungsreport: Bundestag beschließt neues Umwandlungsrecht, BB 2007, 389; *Wulff/Buchner,* Sicherung der Amtskontinuität des mitbestimmten Aufsichtsrats bei Verschmelzung und Formwechsel, ZIP 2007, 314; *Heckschen,* Identität der Anteilseigner beim Formwechsel, DB 2008, 2122; *Hoger,* Kapitalschutz als Durchsetzungsschranke umwandlungsrechtlicher Ausgleichsansprüche von Gesellschaftern, AG 2008, 149; *ders,* Kontinuität beim Formwechsel nach dem UmwG und der grenzüberschreitenden Verlegung des Sitzes einer SE, Diss Mainz 2008; *Priester,* Beteiligungsidentität beim Formwechsel, JbFfSt 2007/2008, 305; *Prinz,* Die „formgewechselte GmbH" und ihr Börsengang: Steuerfallen für Anteilseigner, GmbHR 2008, 626; *Sandberger,* Differenzhaftung, Unterbilanzhaftung und Gründerhaftung bei Umwandlungsvorgängen, FS Westermann, 2008, 1401; *Böttcher,* Immobilienrecht: Die Gesellschaft bürgerlichen Rechts nach der Reform, AnwBl 2011, 1.

1. Allgemeines

1 Das Fünfte Buch regelt den **Formwechsel** der in § 191 I aufgeführten Rechtsträger. Der Erste Teil (§§ 190–213) enthält die allg Vorschriften zur Umw (§ 1 I Nr 4) durch Formwechsel. Anders als bei der Spaltung (§§ 123–137) und bei der Vermögensübertragung (§§ 176, 177) enthalten §§ 190–213 ein **geschlossenes System,** Verweisungen auf die allg Vorschriften des Verschmelzungsrechts (§§ 2–38, dazu auch Vor §§ 2–38 Rn 5) finden sich nur im Einzelfall (zB §§ 204, 206 S 3, 208, 213).

2 Die Möglichkeiten des Formwechsels (dazu § 190 Rn 3) waren zum überwiegenden Teil bereits in §§ 362 ff AktG aF als formwechselnde Umw bzw in §§ 3 ff UmwG 1969 als errichtende Umw gegeben. Wegen der mit der Umwandlungsreform 1995 eingeführten neuen Sicht zur wirtschaftl Kontinuität des Rechtsträgers vor und nach dem Formwechsel (dazu ausführl § 190 Rn 5 ff) kommt der Formwechsel aber jetzt in jedem Fall **ohne Vermögensübertragung** aus (dazu krit *Bärwaldt/Schabacker* ZIP 1998, 1293; *Hoger,* Kontinuität beim Formwechsel, 2008, S 85 ff mwN; vgl auch Semler/*Stengel* § 190 Rn 4 Fn 8 und ausführl KölnerKommUmwG/*Petersen* § 202 Rn 2 ff mwN). Das **StR** folgt dem Handelsrecht nur teilw. Der Formwechsel ist bei der „kreuzenden" Umw, also dem Formwechsel einer PersGes in eine KapGes und umgekehrt, stl nicht unbeachtl. **§§ 9, 18, 25 UmwStG** fingieren steuerrechtl einen Vermögensübergang, vgl Komm dort.

2. Regelungsgegenstand

3 **§§ 190–213** enthalten die allg Vorschriften des Formwechsels. Diese werden in §§ 214–304 rechtsformspezifisch ergänzt. Der Aufbau orientiert sich an der zeitl Abfolge eines Formwechsels. **§ 190** konkretisiert § 1 I Nr 4 und stellt nochmals die Identität des Rechtsträgers vor und nach Wirksamwerden des Formwechsels klar (dazu krit KölnerKommUmwG/*Petersen* § 202 Rn 2 ff mwN). **§ 191** zählt abschl die zugelassenen Ausgangs- (Abs 1) und Zielrechtsformen (Abs 2) auf, die mögl Kombinationen ergeben sich aus den Vorschriften des Besonderen Teils, näml aus §§ 214, 226, 258, 272, 291 und 301 (vgl § 190 Rn 3). In Vorbereitung des Formwechsels ist – vorbehaltl der Ausnahmen von **§§ 192** II, 215 – ein Umwandlungsbericht zu erstellen; dieser Bericht hat, vglbar zu § 8, ausführl rechtl und wirtschaftl Erläuterungen zum Formwechsel und zur künftigen Beteiligung der Anteilsinhaber am Rechtsträger neuer Rechtsform zu enthalten, der Entwurf des Umwandlungsbeschlusses ist Bestandteil des Berichts. Da beim Formwechsel stets nur **ein** Rechtsträger beteiligt ist, kommt es nicht zum Abschluss eines „Umwandlungsvertrages", vielmehr haben die Anteilsinhaber gem **§§ 193, 194** einen Umwandlungsbeschluss zu fassen und darin alle Festlegungen für die Durchführung des Formwechsels zu treffen; der Mindestinhalt des Umwandlungsbeschlusses ergibt sich aus § 194 und aus den ergänzenden rechtsformspezifischen Vorschriften von §§ 214 ff (vgl § 193 Rn 11). Eine wesentliche Einschränkung des Prinzips der Identität des Rechtsträgers beim Formwechsel findet sich in **§ 197;** wenn für die Errichtung des formwechselnden Rechtsträgers mildere Gründungsvorschriften maßgebl waren, dürfen die für die neue Rechtsform geltenden strengeren Maßstäbe durch den Formwechsel nicht unterlaufen werden; damit sind vor allem die für KapGes wichtigen Vorschriften über die Gründungsprüfung und über die Verantwortlichkeit der Gründer angesprochen. Die Anmeldung und die Eintragung der neuen Rechtsform oder des Rechtsträgers neuer Rechtsform rich-

ten sich nach **§§ 198–201;** § 200 schreibt detailliert die zulässige Firmierung des Rechtsträgers neuer Rechtsform fest. Die Eintragung der neuen Rechtsform bzw des Rechtsträgers neuer Rechtsform hat gem **§ 202** zunächst den Formwechsel an sich zur Folge, des Weiteren erfolgt eine Umqualifizierung der bisherigen Anteile am formwechselnden Rechtsträger; etwaige Mängel des Formwechsels lassen die Wirkungen der Eintragung unberührt, § 202 III. **§ 203** ermöglicht die Kontinuität des Aufsichtsorgans, sofern es beim Rechtsträger neuer Rechtsform in gleicher Weise wie beim formwechselnden Rechtsträger zu bilden und zusammenzusetzen ist. Die restl Bestimmungen des Ersten Teils des Zweiten Buches lehnen sich stark an den Allg Teil zur Verschm an. **§ 204** verweist für den Schutz der Gläubiger und der Inhaber von Sonderrechten vollumfängl auf §§ 22, 23. **§§ 205, 206** regeln Schadensersatzansprüche gegen die Verwaltungsträger des formwechselnden Rechtsträgers und sehen für die Geltendmachung der Schadensersatzansprüche ein besonderes Verfahren vor. **§§ 207–212** gewähren den widersprechenden Anteilsinhabern schließl die Möglichkeit, die durch Formwechsel umqualifizierten Anteile gegen Barabfindung an den Rechtsträger zu veräußern oder aus dem Rechtsträger auszuscheiden. Auch eine anderweitige Veräußerung ist gem § 211 zulässig; die Vorschriften entsprechen §§ 29–34.

3. Motive für die Durchführung eines Formwechsels

Durch den Formwechsel wird die Liquidation des umzuwandelnden Rechtsträgers, die in vielen Fällen mit erhebl Komplikationen verbunden sein kann, vermieden. Außerdem können **Gründungs- und Löschungskosten** eingespart werden. Beim Formwechsel fallen an Kosten und Gebühren (siehe zunächst § 19 Rn 39 ff) an: 4

- **notarielle Beurkundung des Umwandlungsbeschlusses** = zwanzig Zehntel einer vollen Gebühr, höchstens EUR 5 000 (§§ 141, 47 KostO). Für den Geschäftswert ist § 41c II S 1 KostO maßgebl; danach sind Beschlüsse nach dem UmwG mit dem Wert des Aktivvermögens des übertragenden oder formwechselnden Rechtsträgers anzusetzen. Die Vorschrift erfasst jeden Beschluss nach dem UmwG unabhängig davon, ob er vermögensrechtl oder nicht vermögensrechtl Natur ist (*Hornung* Rpfleger 1997, 517; *Hartmann* § 41c KostO Rn 11). Gem § 41c IV KostO ist der Wert auch im Fall von § 41c II KostO auf EUR 500 000 begrenzt (*Hartmann* § 41c KostO Rn 11);
- **notarielle Beurkundung der Anmeldung** = fünf Zehntel einer vollen Gebühr (§§ 141, 86, 38 II Nr 7 KostO), wenn der Notar den Entwurf fertigt, sonst ermäßigt sich die Gebühr iRv § 45 KostO. Für den Geschäftswert sind § 41a KostO (HR), § 41b KostO (Partnerschaftsregister) sowie §§ 29, 30 II KostO (Genossenschaftsregister, Vereinsregister) maßgebl. Der Wert ist in allen Fällen auf EUR 500 000 begrenzt (Widmann/Mayer/*Vossius* § 198 Rn 47; vgl aber § 19 Rn 41);
- **Eintragung der neuen Rechtsform** = zwischen EUR 110 und EUR 160 (vgl Nr 1400, 2402, 3400 des Gebührenverzeichnisses zur HRegGebV, abgedruckt bei *Hartmann* Anh II § 79a KostO). Eine für den Gebührenschuldner günstige Übergangsregelung enthält § 164 I KostO. Für Eintragungen in das Vereinsregister gilt weiterhin § 80 KostO, der regelm gem § 80 I Nr 2 KostO zur Berechnung einer vollen Gebühr aus dem Regelgeschäftswert von § 30 II KostO (EUR 3 000) führen wird. Vgl iÜ § 19 Rn 43 ff.

5 IÜ hat der Formwechsel den Zweck, die Änderung der Rechtsform von Unternehmen nachträgl zu erleichtern, um sie **gewandelten wirtschaftl Verhältnissen** oder den **Interessen der Beteiligten** anzupassen. Gründe, die für die Umw eines Rechtsträgers durch Formwechsel sprechen, können zB sein: Kapitalbeschaffung und Kapitalausstattung, Haftungsfragen, Verkehrsfähigkeit der Anteile, Fragen der Mitbestimmung, Publizitäts- und Bilanzierungspflichten, Organisationsstruktur, Vorbereitung einer erleichterten Unternehmensnachfolge, going public (dazu *Römer/Müller* DB 2000, 1085; *Kallmeyer* DB 1996, 29; zum Delisting § 195 Rn 3), Vorbereitung einer altersbedingten Kündigung des Handelsvertreters (dazu *Arndt* DB 1999, 1789) usw. Einen wesentl Gesichtspunkt stellt auch die zT unterschiedl Besteuerung der jew Unternehmensform dar, außerdem kann der Formwechsel beim Unternehmenskauf, beim Verkauf von Immobilien unter Vermeidung der Gewerblichkeit und als Umwandlungsart zur Vermeidung von GrESt beim Übergang von Immobilien sinnvoll (gewesen) sein, vgl dazu die Erläuterung zu §§ 9, 18, 25 UmwStG. Zu den Motiven eines Formwechsels allg Semler/*Stengel* § 190 Rn 5 ff; Lutter/*Decher* Vor § 190 Rn 18 ff; Widmann/Mayer/*Vossius* § 190 Rn 36 ff; *Kallmeyer* ZIP 1994, 1746, 1751.

6 **Gesetzesänderungen** im Anwendungsbereich von §§ 190 ff ergaben sich zunächst durch das Gesetz zur Änderung des UmwG, des PartGG und anderer Gesetze vom 22.7.1998, durch das HRefG, das SMG, das SpruchverfahrensneuordnungsG, das EHUG, das Gesetz zur Änderung des Genossenschaftsrechts und durch das 2. UmwÄndG (vgl Einf Rn 25 ff mwN). Mit dem 2. UmwÄndG ist insbes die Vermögensübersicht von § 192 II aF ersatzlos gestrichen worden, § 197 S 3 verweist jetzt unmittelbar auf § 31 AktG, § 228 II aF über den hilfsweisen Formwechsel einer KapGes in eine GbR wurde aufgehoben. § 234 Nr 3 verpflichtet jetzt bei der Umw von KapGes in PersGes zur Beurkundung des Gesellschaftsvertrags der PersGes. Vgl im Einzelnen die Komm zu den zit Vorschriften und die in Einf Rn 28 zit Lit. Vor allem rechtsformspezifische Änderungen brachten das MoMiG für die GmbH (Einf Rn 30 mwN) sowie das ARUG und das 3. UmwÄndG für die AG (Einf Rn 32, 33 mwN). So wurde für den formwechselnden Rechtsträger AG zB in § 230 II 3, 4 die Möglichkeit geschaffen, den Umwandlungsbericht per E-Mail zu übersenden und das Internet als Informationsplattform zu nutzen, vgl auch §§ 232 I 2, 239 I 2. Das UMAG (Einf Rn 31 mwN) und das ARUG führten in zwei Stufen zur umfangreichen Änderung des Beschlussmängelrechts der AG und vor allem zur Änderung von § 16 III, auf dessen Anwendung beim Formwechsel § 198 III verweist. Im Ergebnis dessen ist die Eintragung des Formwechsels (§ 202) auch bei erhobenen Unwirksamkeitsklagen (§ 195 I), falls diese überhaupt mögl sind und nicht das Spruchverfahren vorgeht (dazu §§ 195 II, 210, 212 und § 192 Rn 15), jetzt deutlich besser zu erreichen als bisher. Die übrigen Gesetzesänderungen bis zum Redaktionsschluss der 6. Aufl haben für den Formwechsel nur unbedeutende redaktionelle Klarstellungen bewirkt, vgl Einf Rn 34.

§ 190 Allgemeiner Anwendungsbereich

(1) **Ein Rechtsträger kann durch Formwechsel eine andere Rechtsform erhalten.**

(2) **Soweit nicht in diesem Buch etwas anderes bestimmt ist, gelten die Vorschriften über den Formwechsel nicht für Änderungen der Rechtsform, die in anderen Gesetzen vorgesehen oder zugelassen sind.**

Schrifttum: Siehe Schrifttum Vor §§ 190–213.

1. Allgemeines

§ 190 konkretisiert als erste Vorschrift im Fünften Buch den Begriff „Formwechsel" in § 1 I Nr 4. Neben der Verschm (§§ 2–122), der Spaltung (§§ 123–173) und der Vermögensübertragung (§§ 174–189) wird damit die vierte Umwandlungsmöglichkeit festgeschrieben: Ein Rechtsträger kann durch **Formwechsel** eine andere Rechtsform erhalten, **Abs 1.** An dieser Umstrukturierung ist also stets nur **ein Rechtsträger** beteiligt, der Formwechsel ändert die Identität dieses Rechtsträgers nicht. Nur die Rechtsform („Rechtskleid", „rechtliche Hülle", „Häutung der Gesellschaftsrechtsform") wird ausgetauscht. Der Formwechsel ist nicht neu (nur der Begriff, Lutter/*Decher* Vor § 190 Rn 1), vgl Einf Rn 14, 15 und § 191 Rn 1; Widmann/Mayer/*Vossius* Rn 5 ff; RegEBegr BR-Drs 75/94 zum Fünften Buch. 1

Abs 2 stellt für den Bereich des Formwechsels nochmals (vgl § 1 II) die Unabhängigkeit des UmwG und anderer gesetzl zugelassener Umw (Formwechsel-) Möglichkeiten klar: Vorschriften über den Formwechsel außerhalb des UmwG werden durch §§ 190 ff grdsl nicht beeinflusst (zB DG-BankG vom 13.8.1998, BGBl I 2102; dazu BGH DB 2004, 1360). 2

2. Möglichkeiten des Formwechsels

Durch § 191 iVm §§ 214, 226, 258, 272, 291, 301 werden folgende **Umwandlungsmöglichkeiten** eröffnet (vgl tabellarische Übersicht Einf Rn 20; vgl ferner RegEBegr BR-Drs 75/94 zu § 191 Rn 4 ff): 3

- einer **PhG** in eine KapGes (dh einer OHG oder KG in eine GmbH, AG oder KGaA) und umgekehrt (dh einer GmbH, AG oder KGaA in eine OHG oder KG) sowie einer PhG in eine eG;
- einer **PartGes** in eine KapGes und umgekehrt sowie einer PartGes in eine eG
- einer **KapGes** (GmbH, AG oder KGaA) in eine GbR;
- einer **KapGes** in eine andere Form der KapGes (dh einer GmbH in eine AG oder KGaA oder einer AG in eine GmbH oder KGaA oder einer KGaA in eine GmbH oder AG);
- einer **KapGes** in eine eG und umgekehrt (dh einer GmbH, AG oder KGaA in eine eG oder einer eG in eine GmbH, AG oder KGaA);
- eines **rechtsfähigen Vereins** (Idealverein nach § 21 BGB oder wirtschaftl Verein nach § 22 BGB) in eine KapGes (GmbH, AG oder KGaA) oder in eine eG;
- eines **VVaG** in eine AG;
- einer **Körperschaft oder Anstalt des öffentl Rechts** in eine KapGes (GmbH, AG oder KGaA).

Alle anderen insbes nach § 191 I, II denkbaren Kombinationen sind **unzulässig.** Allerdings können nach §§ 1 II, 190 II **außerhalb des UmwG** Vorschriften bestehen, die einen solchen Formwechsel zulassen, zB bei dem (eigentl ungeregelten, dennoch aus §§ 105 ff HGB herausgelesenen) Fall des Formwechsels einer OHG in eine KG und umgekehrt bzw einer PhG in eine GbR und umgekehrt (vgl § 191 Rn 5, § 214 Rn 1; Widmann/Mayer/*Vossius* § 191 Rn 22, 23; Lutter/*Decher* Rn 12 ff). § 2 II PartGG erwähnt ausdrückl die Umw einer GbR in eine PartGes. Die **analoge Anwendung** von umwandlungsrechtl Schutzvorschriften (zB §§ 204, 205 iVm §§ 22, 25) kommt grdsl nicht in Betracht. Es fehlt die 4

Analogievoraussetzung der planwidrigen Unvollständigkeit (ausführl dazu § 1 Rn 68 ff mwN; wie hier Lutter/*Decher* § 190 Rn 16 mwN; KölnerKomm-UmwG/*Petersen,* Rn 16). Vgl zu **Abs 2** iÜ die Erläuterungen zu § 1 II, § 1 Rn 62 ff.

3. Identität des Rechtsträgers

5 §§ 190 ff übernehmen die frühere Unterteilung zwischen formwechselnder und errichtender Umw (dazu § 191 Rn 1) nicht. Im Fünften Buch wird nicht danach unterschieden, ob der Rechtsformwechsel zu einer Veränderung der Vermögenszuordnung **(Gesamthand bzw jur Person)** führt oder nicht:

6 „Der wesentliche Unterschied des Formwechsels gegenüber den anderen Arten der Umwandlung liegt in der wirtschaftlichen Kontinuität des Rechtsträgers vor und nach dem Formwechsel. Diese Kontinuität beruht zum einen auf einer fast ausnahmslosen Identität des Personenkreises, der vor und nach der Umwandlung an dem Rechtsträger beteiligt ist . . . Die wirtschaftliche Kontinuität . . . zeigt sich auch darin, dass der Vermögensbestand des Rechtsträgers vor und nach dem Formwechsel gleichbleibt. Das Vermögen des Rechtsträgers soll weder, wie bei der Verschmelzung oder der Vermögensübertragung, mit einem anderen Unternehmensvermögen vereinigt noch, wie in den drei Fällen der Spaltung, in irgendeiner Weise aufgeteilt werden. Was sich durch den Formwechsel ändern soll, ist vielmehr allein die rechtliche Organisation des Unternehmensträgers, dem vor und nach der Umwandlung dasselbe Vermögen zugeordnet wird. Deshalb muss der wirtschaftlichen Identität auch die rechtliche Identität entsprechen“ (RegEBegr BR-Drs 75/94 zum Fünften Buch).

7 Indem nun ausdrückl der identitätswahrende Formwechsel auch zwischen GesamthandsGes und jur Person anerkannt wird, kommt der **dogmatischen Einordnung** Bedeutung zu. Früher standen sich Gesamthandsgemeinschaften und jur Person als „unüberbrückbare Kategorien“ ggü (*Flume,* Allgemeiner Teil des BGB, Band I/1, Die Personengesellschaft 1977, S 1 ff, 54 ff, 87 ff; zur traditionellen Lehre der Dualität von jur Person und Gesamthand Überblick mwN bei *Zöllner* FS Gernhuber, 1993, 563; *Raiser* AcP 194 [1994], 495 ff; *K. Schmidt* AcP 191 [1991], 495, 508 Fn 85).

8 Die herkömml Dogmatik wäre mit §§ 190 ff daher durchbrochen, die Gliederung des Verbandsrechts in die beiden Grundmodelle gleichsam preisgegeben (*Lüttge* NJW 1995, 417, 422; *Zöllner* FS Gernhuber, 1993, 563).

9 Ob mit §§ 190 ff wirkl die Entscheidung zugunsten der – auch im Interesse einer Rechtsvereinheitlichung innerh der EU stehenden – **„modernen Auffassung der Gesamthand“** (*Raiser* AcP 194 [1994], 495 ff; vgl bereits *Buchda,* Geschichte und Kritik der deutschen Gesamthandslehre, 1936, S 225 ff; vgl auch *Priester* DStR 2005, 788) getroffen worden ist, kann letztl dahinstehen, obgleich dieser Teil der Umwandlungsreform die wissenschaftl Diskussion beflügelt hat (umfassende Nachw bei *Wiedemann* ZGR 1999, 568 und *Mülbert* AcP 199 [1999], 38 sowie bei *Limmer* FS Widmann, 2000, 51). Mittlerweile dürfte die Einordnung der Gesamthand durch die jüngeren Entscheidungen des BGH geklärt sein. Zunächst hat der BGH die Konstruktion der GbRmbH verworfen (BGH NJW 1999, 3483; Nachw zu Urteilsbesprechungen bei § 200 Rn 12 aE). Anschl wurde die Prozessfähigkeit der GbR festgestellt (BGH ZIP 2001, 330; dazu *K. Schmidt* NJW 2001, 993; *Habersack* BB 2001, 477; *Ulmer* ZIP 2001, 585; vgl auch *Ulmer* ZIP 1999, 554). Nach BGH ZIP 2001, 1713 kann die GbR Kommanditistin

einer KG sein (vgl auch OLG Brandenburg NZG 2007, 458, GbR als Mitglied einer eG). In einem weiteren Urteil hat der 2. Zivilsenat des BGH die GbR bei der Anwachsung wie eine OHG behandelt und §§ 239 ff, § 246 ZPO sinngemäß angewandt (NJW 2002, 1207). Die GbR kann ferner selbst Eigentümerin eines Grundstücks und Inhaberin von Grundstücksrechten sein (BGH NJW 2008, 1378; ausführl mwN *Böttcher* AnwBl 2011, 1; vgl auch BGH NJW 2011, 615 und BGH NJW 2009, 594 zur Bezeichnung der GbR im Grundbuch). Ob damit alles zur Rechtsfähigkeit der GbR Notwendige durch den BGH entschieden ist oder nicht, kann dahingestellt bleiben. Jedenfalls ist die Tendenz der Rspr eindeutig (vgl iÜ ausführl Palandt/*Sprau* BGB § 705 Rn 23 ff; MüKoBGB/*Ulmer* § 705 Rn 298 ff; *Elsing* BB 2003, 909; *Beuthien* JZ 2003, 715; *Hadding* ZGR 2001, 712; Lutter/*Decher* Rn 3 ff je mwN).

Für die Umw enthalten §§ 190 ff eine klare Aussage. Die Möglichkeit des Form- **10** wechsels ist **dem Rechtsträger als Verband** eröffnet, der Rechtsträger selbst (und nicht seine Anteilsinhaber) ist das (einzige) Rechtssubjekt, auf das §§ 190 ff Bezug nehmen. Diese bereits eindeutig aus Abs 1 herzuleitende Auslegung wird durch die RegEBegr nochmals belegt („neue Sicht von der Natur der Gesamthand, die Unterschiede zwischen Gesamthand und juristischer Person sind zwischenzeitlich eingeebnet", vgl RegEBegr BR-Drs 75/94 zur Einl des Fünften Buches UmwG; ebenso *K. Schmidt* in IDW, Personengesellschaften und Bilanzierung, 1989, S 41 ff; die GbR ist deshalb aber nicht jur Person, so ausdrückl BGH NJW 2002, 368 mwN). Eine beachtl Zahl von Autoren vor allem der älteren Lit scheint dies anders zu sehen (Identität des Rechtsträgers in §§ 190 ff nur als **gesetzl Fiktion,** so Semler/Stengel/*Bärwaldt* § 197 Rn 3; *Hennrichs* ZIP 1995, 794; *ders,* Formwechsel und Gesamtrechtsnachfolge bei Umwandlungen 1995, Diss 1994, 33 f; *Streck/Mack/Schwedhelm* GmbHR 1995, 162, 171; *Wiedemann* ZGR 1999, 568; *Bärwaldt/Schabacker* ZIP 1998, 1293). Diese Ansicht ist trotz dogmatisch beachtenswerten Argumenten im Erg unzutr, weil aus §§ 14, 25 UmwStG sehr deutl abzulesen ist, dass gerade **im StR eine Fiktion** – näml die der nicht gegebenen Identität zwischen PersGes und KapGes – verankert wurde (vgl auch RegEBegr BT-Drs 12/6885 zu § 14 UmwStG; Einzelheiten bei § 9 UmwStG Rn 3 ff und § 25 UmwStG Rn 3 ff). Denn für das StR kommt es anders als in §§ 190 ff nicht auf den Rechtsträger an, sondern auf das Steuersubjekt; dieses ist bei PersGes nicht der Verband selbst, sondern der jew Gesellschafter. Der Gesetzgeber war sich bei der Formulierung von §§ 14, 25 UmwStG darüber bewusst, dass gerade deswegen eine Besteuerung der kreuzenden Umw (vgl Vor § 190 Rn 2) nur dann in Betracht kommt, wenn dies durch Sondervorschriften bestimmt ist (RegEBegr BR-Drs 75/94 zur Einl des Fünften Buches).

Wem daran liegt, die durch §§ 190 ff verbindl festgelegten „Gewaltsamkeiten" **11** (*Zöllner* FS Gernhuber, 1993, 566) zu relativieren und die Identität der Rechtsträger PersGes und KapGes nicht als bindende Entscheidung auch für das grdsl Verhältnis von Gesamthand und jur Person iÜ Zivilrecht zu deuten, der muss genau den Unterschied zwischen dem Verband als Rechtssubjekt für die Vermögenszuordnung und dem Verband als Rechtssubjekt für die Wahrnehmung sonstiger Rechte betonen (vgl *Lüttge* NJW 1995, 417, 422; zu Recht weist Lutter/*Decher* § 190 Rn 7 darauf hin, dass die Identität des Rechtsträgers schon beim Formwechsel gem §§ 190 ff teilw von Gläubiger- und Minderheitsrechten überlagert wird; zur Durchbrechung des Identitätsprinzips auch *Bärwaldt/Schabacker* ZIP 1998, 1297 f mwN).

§ 191 Einbezogene Rechtsträger

(1) **Formwechselnde Rechtsträger können sein:**
1. Personenhandelsgesellschaften (§ 3 Abs. 1 Nr. 1) und Partnerschaftsgesellschaften;
2. Kapitalgesellschaften (§ 3 Abs. 1 Nr. 2);
3. eingetragene Genossenschaften;
4. rechtsfähige Vereine;
5. Versicherungsvereine auf Gegenseitigkeit;
6. Körperschaften und Anstalten des öffentlichen Rechts.

(2) **Rechtsträger neuer Rechtsform können sein:**
1. Gesellschaften des bürgerlichen Rechts;
2. Personenhandelsgesellschaften und Partnerschaftsgesellschaften;
3. Kapitalgesellschaften;
4. eingetragene Genossenschaften.

(3) **Der Formwechsel ist auch bei aufgelösten Rechtsträgern möglich, wenn ihre Fortsetzung in der bisherigen Rechtsform beschlossen werden könnte.**

Schrifttum: Siehe Schrifttum Vor §§ 190–213.

Übersicht

1. Allgemeines

1 **Abs 1, 2** listen in abschl Form die **Rechtsträger** auf, die an einem Formwechsel iSv §§ 190 ff beteiligt sein können. Unmittelbares Vorbild für diese Art der Umw (§ 1 I Nr 4) waren §§ 362 ff AktG aF über die „formwechselnde" Umw von AG in KGaA und umgekehrt (§§ 362–365; 366–368 AktG aF), von AG in GmbH und umgekehrt (§§ 369–375, 376–383 AktG aF), von Körperschaften oder Anstalten des öffentl Rechts in AG (§§ 385a–385c AktG aF), von VVaG in AG (§§ 385d–385l AktG aF), von eG in AG (§§ 385m–385q AktG aF) und schließl

von KGaA in GmbH und umgekehrt (§§ 386–388, 389–392 AktG aF). Allein diese Umwandlungsmöglichkeiten alten Rechts hatten den eigentl Rechtsformwechsel unter **Beibehaltung der Identität** des jew Rechtsträgers (dazu § 190 Rn 5 ff) zum Gegenstand. **PhG,** die seit der Umwandlungsreform als formwechselnder Rechtsträger (Abs 1 Nr 1) und als Rechtsträger neuer Rechtsform („Zielrechtsträger", Abs 2 Nr 2) am Formwechsel beteiligt sein können, war diese praktisch wichtige Umstrukturierungsmöglichkeit verschlossen. Zwar konnte (und kann) unproblematisch außerhalb des kodifizierten UmwR ein Wechsel der Rechtsform innerh von PersGes (GbR, OHG, KG) erfolgen (dazu § 190 Rn 4 und Rn 5), der Rechtsformwechsel in die KapGes oder umgekehrt war jedoch aufgrund der damaligen Sicht zur „Natur" der Gesamthand versperrt. Wegen der nicht identischen Vermögenszuordnung bei KapGes einerseits und PhG andererseits (hier die jur Person selbst, dort die Gesellschafter in ihrer gesamthänderischen Verbundenheit) bestimmten §§ 1, 23, 24, 40 ff UmwG 1969 bei der errichtenden Umw die Notwendigkeit einer Vermögensübertragung durch Gesamtrechtsnachfolge.

Abs 1 enthält eine **abschl Aufzählung** der Rechtsträger, die durch Form- 2
wechsel nach dem Fünften Buch in einen Rechtsträger anderer Rechtsform umgewandelt werden können (RegEBegr BR-Drs 75/94 zu § 191 I; zur Teilnahme einer **SE** am Formwechsel vgl Art 2 SE-VO Rn 41 ff mwN; zum **internationalen Formwechsel** ausführl mwN § 1 Rn 52 [„Hinein-Formwechsel"] und § 1 Rn 55 [„Hinaus-Formwechsel"] sowie zum Tb-Merkmal „Sitz im Inland" iSv § 1 I Schrifttum und Erläuterungen bei § 1 Rn 23 ff). Mit dem Gesetz zur Änderung des UmwG, des PartGG und anderer Gesetze vom 22.7.1998 (BGBl I 1878; dazu Einf Rn 25) wurde die **PartGes** gem § 1 Nr 1 als formwechselnder Rechtsträger und gem Abs 2 Nr 2 als Rechtsträger neuer Rechtsform zugelassen. Die weitgehende Gleichbehandlung von PartGes mit den PhG zeigt sich im Zweiten Teil der Vorschriften zum Formwechsel. **§§ 225a ff** übernehmen für die PartGes die für die PhG geltenden Vorschriften weitgehend. Stets zu beachten ist die allg Regelung von § 1 II, wonach die in § 191 dargebotenen und durch die besonderen Vorschriften in §§ 214–304 genau festgelegten Möglichkeiten des Formwechsels als abschl zu verstehen sind, wenn und soweit nicht ausnahmsweise durch Bundesgesetz oder Landesgesetz **ausdrückl** etwas anderes vorgesehen ist. Weiter bedeutet die Erwähnung als formwechselnder Rechtsträger in Abs 1 nicht, dass §§ 190 ff einen Formwechsel in jede der in Abs 2 aufgeführten Rechtsformen zulassen. Die **mögl Zielrechtsformen** für die in Abs 1 Nr 1–6 aufgeführten Rechtsträger folgen vielmehr aus § 214 **(PhG),** § 225a **(PartGes),** § 226 **(KapGes),** § 258 **(eG),** § 272 **(rechtsfähiger Verein),** § 291 **(VVaG)** und § 301 **(Körperschaft oder Anstalt des öffentl Rechts);** diese Vorschriften grenzen rechtsformspezifisch den weiten Wortlaut von § 191 ein.

Abs 3 lässt in Anlehnung an §§ 2, 40 II, 46 S 2 UmwG 1969 auch den Form- 3
wechsel eines **aufgelösten Rechtsträgers** zu, wenn dessen Fortsetzung in der bisherigen Rechtsform beschlossen werden könnte. Abs 3 entspricht damit §§ 3 III, 124 II.

2. Formwechselnde Rechtsträger, Abs 1

Abs 1 führt die Rechtsträger auf, die einen Formwechsel nach §§ 190 ff durch- 4
führen dürfen. Die **Aufzählung ist abschl** (zum internen Formwechsel und

zur SE Rn 2), die konkret zugelassenen Zielrechtsformen bestimmen sich nach Maßgabe der besonderen Vorschriften in §§ 214 ff (Rn 2).

5 **a) Personenhandelsgesellschaft.** Ob der am Formwechsel beteiligte Rechtsträger eine OHG oder eine KG ist, richtet sich auch nach den **Änderungen durch das HRefG** (BGBl I 1998, 1474; dazu *Hörtnagl* INF 1998, 750 mwN; *Schaefer* DB 1998, 1269) nach §§ 105 ff HGB (für die OHG) bzw nach §§ 161 ff HGB (für die KG). Für die rechtl Qualifikation kommt es nicht darauf an, welche Gesellschaftsform sich die Beteiligten vorgestellt haben, sondern allein darauf, ob obj die Voraussetzungen einer OHG oder KG – oder einer anderen PersGes oder Personengemeinschaft – tats vorliegen (Palandt/*Sprau* BGB § 705 Rn 6; *Priester* DStR 2005, 788; wN bei § 3 Rn 7). Der **Rechtsformwechsel innerh der Gesamthand** richtet sich nach §§ 705 ff BGB, §§ 105 ff HGB, § 2 II PartGG (näher Palandt/*Sprau* BGB § 705 Rn 5; Lutter/*Decher* § 190 Rn 12 ff; Kölner-KommUmwG/*Petersen* Rn 10, 11, je mwN), mithin also nach Bundesgesetz iSv § 1 II bzw nach einem anderen Gesetz iSv § 190 II (RegEBegr BR-Drs 75/94 zu § 190 II). Obwohl die PhG in Abs 1 Nr 1 als Ausgangsrechtsträger und in Abs 2 Nr 2 als Zielrechtsträger genannt ist, kann eine Umw bspw von der OHG in die KG nach §§ 190 ff nicht stattfinden, § 214 I führt diese Möglichkeit nicht auf.

6 **Gesellschafter einer OHG oder KG** können neben natürl auch jur Personen (seit RGZ 105, 101 ff stRspr) und – zumindest nach hA – auch andere OHG und KG sein, ebenso ausl KapGes oder PhG mit eigener (eingeschränkter) Rechtspersönlichkeit, mittlerweile auch eine GbR (§ 190 Rn 9), nicht aber Bruchteilsgemeinschaften (§§ 741 ff BGB).

7 Bei **nichtigem** oder **anfechtbarem Gesellschaftsvertrag** gelten die Grdse über die fehlerhafte Gesellschaft. Dazu § 3 Rn 10. Nachdem das BVerfG (NJW 1986, 1859) die unbegrenzte Fortführung eines ererbten Handelsgeschäfts in ungeteilter Erbengemeinschaft mit Minderjährigen beschränkt hatte, wurde durch das MHbeG vom 25.8.1998 (BGBl I 2887) die **Minderjährigenhaftungsbeschränkung** von § 1629a BGB eingeführt (dazu *Behnke* NJW 1998, 3078; *Habersack* FamRZ 1999, 1; wN bei § 3 Rn 9). Die Haftung des Minderjährigen beschränkt sich danach auf den Bestand seines bei Eintritt der Volljährigkeit vorhandenen Verm.

8 Zu den KG gehört auch die **GmbH & Co KG.** Abs 1 Nr 1, Abs 2 Nr 2 beziehen sich auf alle „Unterarten" dieser Rechtsform, insbes auch auf die Publikums-KG und auf die GmbH & Co KG (RegEBegr BR-Drs 75/94 zu § 191 I Nr 1; *Streck/Mack/Schwedhelm* GmbHR 1995, 171; aA *Kallmeyer* GmbHR 2000, 418 für die beteiligungsidentische GmbH & Co KG). § 1 II 1 UmwG 1969, der die Umw in eine PersGes nicht zuließ, wenn an dieser Gesellschaft eine KapGes als Gesellschafter beteiligt war (dazu 1. Aufl 1994, § 1 Anm 9), wurde im UmwG 1995 nicht übernommen.

9 Nach **§ 214 I** ist der PhG die Möglichkeit des Formwechsels in eine KapGes (§ 191 II Nr 3) oder in eine eG (§ 191 II Nr 4) eröffnet. Eine aufgelöste PhG kann die Rechtsform nicht wechseln, wenn die Gesellschafter nach § 145 HGB eine andere Art der Auseinandersetzung als die Abwicklung oder den Formwechsel vereinbart haben, § 214 II.

10 **b) EWIV.** Zur Rechtsform EWIV vgl § 20 UmwStG Rn 166. § 1 EWIV-Ausführungsgesetz (BGBl I 1988, 514) verweist auf das sinngemäß anzuwendende **OHG-Recht** („OHG mit Fremdgeschäftsführung", vgl Baumbach/*Hopt* HGB Anh § 160 Rn 1). Die EWIV ist damit wie die OHG zu behandeln (LG Frank-

furt aM BB 1991, 496) und kann gem Abs 1 Nr 1, Abs 2 Nr 2 an einem Formwechsel beteiligt sein. Das Analogieverbot von § 1 III steht dem nicht entgegen. Die Möglichkeiten des UmwG werden für die EWIV nicht entsprechend angewandt, vielmehr ist die EWIV kraft Gesetzes **gleich einer OHG** zu behandeln (*K. Schmidt* NJW 1995, 1, 7; *Wertenbruch* ZIP 1995, 712 ff; Lutter/*H. Schmidt/Karollus/Decher,* Kölner Umwandlungsrechtstage 1995, S 68, 164, 204; Lutter/*Decher* Rn 2; Semler/*Stengel/Schwanna* Rn 11; Kallmeyer/*Meister/Klöcker* Rn 6; GKT/*Laumann* Rn 5; KölnerKommUmwG/*Petersen* Rn 3; aA Widmann/Mayer/*Vossius* Rn 9; Widmann/Mayer/*Schwarz* § 1 Rn 62: Die Verweisung in § 1 EWIV-Ausführungsgesetz sei bloße Rechtsfolgenverweisung, die EWIV werde nur als HandelsGes, nicht jedoch als PhG fingiert).

c) Partnerschaftsgesellschaft. Das PartGG trat am 1.7.1995 in Kraft (BGBl I 1994, 1744, 1747). Bei der **PartGes** handelt es sich um eine neue, registerfähige PersGes für die gemeinsame Berufsausübung von Freiberuflern (vgl *K. Schmidt* NJW 1995, 1 ff; *Michalski* ZIP 1993, 1210; *Seibert,* Die Partnerschaft, eine neue Rechtsform für die freien Berufe, 1994, jew mwN; zu den Motiven des Gesetzgebers Michalski/*Römermann* PartGG Einf Rn 25 ff). In erster Linie sind für die PartGes OHG-Vorschriften anzuwenden, allerdings wurde ein Generalverweis wie in § 1 EWIV-Ausführungsgesetz nicht vorgesehen (*K. Schmidt* NJW 1995, 2 f). Wegen des in § 1 II normierten numerus clausus des UmwR sowie des damit verbundenen Analogieverbots konnten PartGes nicht als umwandlungsfähige Rechtsträger iSv §§ 3, 124, 191 angesehen werden (dazu *Michalski/Römermann* PartGG § 7 Rn 7 mwN und ausführl *Wertenbruch* ZIP 1995, 712 ff mwN, der darin eine verfassungswidrige Ungleichbehandlung von Partnerschaft und PhG sah). 11

Durch das Gesetz zur Änderung des UmwG, des PartGG und anderer Gesetze vom 22.7.1998 (BGBl I 1878) wurde die **PartGes allg als umwandlungsfähiger Rechtsträger** zugelassen (dazu Einf Rn 25). Rechtstechnisch geschah dies beim Formwechsel durch die Erwähnung der PartGes in Abs 1 Nr 1, Abs 2 Nr 2 und durch die Einfügung von **§§ 225a ff** sowie durch die Ergänzung des Katalogs der ZielGes in **§ 226** unter der Einschränkung von **§ 228 III.** Die PartGes kann ihre Rechtsform zur KapGes und zur eG wechseln, umgekehrt können KapGes nach Maßgabe von § 228 III in die Rechtsform der PartGes wechseln, vgl Einf Rn 20. 12

d) Kapitalgesellschaft. Eine KapGes (Legaldefinition in § 3 I Nr 2: GmbH, AG, KGaA) kann formwechselnder Rechtsträger **(Abs 1 Nr 2)** und Zielrechtsträger (Abs 2 Nr 3) sein. Zur **GmbH & Co KGaA** vgl § 3 Rn 21; zur SE vgl Art 2 SE-VO Rn 41 ff. Die **UG (haftungsbeschränkt)** ist keine eigene Rechtsform, sondern GmbH. Sie kann (ähnl wie bei der Verschm, dazu § 3 Rn 18–20) aber nicht in gleichem Maße an der Umwandlungsart Formwechsel teilnehmen wie die GmbH, vgl Rn 32. 13

Den **Beginn der Umwandlungsfähigkeit** markiert die Eintragung in das HR. Eine KapGes besteht kraft ausdrückl gesetzl Regelung vor der Eintragung in das HR noch nicht, vgl § 41 I 1 AktG für die AG, § 278 III iVm § 41 I 1 AktG für die KGaA und § 11 I GmbHG für die GmbH. Die Eintragung in das HR wirkt in allen Fällen konstitutiv. Da in Abs 1 Nr 2 **eine KapGes** als solche vorausgesetzt wird, beginnt die Fähigkeit zur Beteiligung an einem Formwechsel erst mit der **Eintragung in das HR.** Maßgebl sind damit weder der Zeitpunkt der Errichtung der Ges noch derjenige der Bekanntmachung der Eintragung. Die **VorGes** ist nach hM nicht KapGes iSv Abs 1 Nr 2 (statt aller Lutter/*Decher* Rn 7 14 mwN; aA *Bayer* ZIP 1997, 1613 und *K. Schmidt* FS Zöllner, Bd 1, 1999, 521). Vgl iÜ § 3 Rn 23, 24.

15 Für die Umwandlungsberechtigung von KapGes kommt es nicht darauf an, ob sie ein Unternehmen im betriebswirtschaftl und rechtl Sinne betreiben (*Kallmeyer* ZIP 1994, 1746, 1751; *Mertens* AG 1994, 66, 75). Damit sind auch **gemeinnützige Körperschaften** privilegiert (vgl auch § 104a), Gleiches gilt für die **ruhende HandelsGes,** insbes für den Gesellschaftsmantel (zum Gesellschaftsmantel aber jetzt vollständige Prüfung der Kapitalerhaltung, vgl § 19 Rn 21, 22 und *Heckschen*/Heidinger, Die GmbH in der Gestaltungs- und Beratungspraxis, 2. Aufl 2009, § 3 Rn 112 ff mwN).

16 Auf den Zeitpunkt der **Beendigung der KapGes,** dh der Eintragung der Löschung im HR (dazu *K. Schmidt* GesR § 11 V 3 b; Baumbach/Hueck/*Haas* GmbHG § 60 Rn 2, 3, 6 mwN), kommt es für das UmwG nicht an, weil § 190 III insoweit eine Sonderregelung trifft (dazu Rn 34 ff).

17 Formwechselnde KapGes haben grdsl die Möglichkeit, in jede der in Abs 2 Nr 1–4 aufgeführten Rechtsformen zu wechseln; **§ 226** bestimmt die GbR, die PhG, die PartGes, die eG und jede andere KapGes als mögl Zielrechtsform.

18 **e) Eingetragene Genossenschaft.** Gem **Abs 1 Nr 3,** Abs 2 Nr 4 können **eG** bei einem Formwechsel Ausgangs- und Zielrechtsträger sein. Der Begriff der eG ist abschl in § 1 GenG (Neufassung durch Gesetz zur Einführung der Europäischen Genossenschaft und zur Änderung des Genossenschaftsrechts vom 14.8.2006, BGBl I 1911) bestimmt. Nicht zu den eG iSv Abs 1 Nr 3 gehören die genossenschaftl Zusammenschlüsse nach dem Recht der ehemaligen DDR, zB landwirtschaftl ProduktionsGen **(LPG)** oder ProduktionsGen des Handwerks **(PGH);** für diese Rechtsträger gelten gem § 1 II die **Sonderbestimmungen** im VermG, im LwAnpG oder in der Verordnung über die Gründung, Tätigkeit und Umw von ProduktionsGen des Handwerks (PGHVO).

19 **Vor der Eintragung** in das Genossenschaftsregister ihres Sitzes hat die Gen die Rechte einer eG nicht, § 13 GenG; da Abs 1 Nr 3 nur die eG erwähnt, ist die **Registereintragung** also – ähnl wie bei den KapGes – **konstitutiv** auch für die Fähigkeit zur Teilhabe am Formwechsel. Für den Fall der Auflösung der eG durch Beschluss der Generalversammlung oder durch Zeitablauf (§§ 78, 79 GenG) greift wiederum die Sonderregelung in Abs 3, die das Ende der Fähigkeit zur Teilhabe am Formwechsel auch für eG bestimmt.

20 Eine eG kann nur die Rechtsform einer KapGes erlangen, **§ 258 I.** Damit eröffnen §§ 190 ff sowohl den Weg von der eG in eine KapGes als auch umgekehrt (vgl Rn 17).

21 **f) Rechtsfähiger Verein.** Anders als bei der Verschm (vgl § 3 I Nr 4, II Nr 1) unterscheidet **Abs 1 Nr 4** nicht zwischen den zwei Arten des rechtsfähigen Vereins. Formwechselnder Rechtsträger kann mithin der **eV ebenso wie der wirtschaftl Verein** sein.

22 **aa) Eingetragener Verein.** Abs 1 Nr 4 bestimmt die Beteiligungsfähigkeit eines eV iSv § 21 BGB als Rechtsträger bei einem Formwechsel. Die jur Person eV erlangt durch die Normativbestimmung von § 21 BGB ihre Rechtsfähigkeit durch Eintragung in das Vereinsregister des zuständigen AG. Der eV ist kraft gesetzl Regelung als nicht wirtschaftl Verein oder sog Idealverein ausgestaltet. Maßgebende Bedeutung für die Zuordnung als eV oder wirtschaftl Verein hat demnach das Vorliegen **eines wirtschaftl Geschäftsbetriebs** (dazu § 3 Rn 30).

Die Berechtigung zum Formwechsel ist an die **konstitutiv wirkende Eintragung** gebunden (so auch Lutter/*Hennrichs* § 99 Rn 15); für den Fall der Auflösung nach § 41 BGB gilt Abs 3. War der Verein fälschlicherweise eingetragen worden, wirkt diese Eintragung auch für die Beurteilung der Umwandlungsfähigkeit fort; bis zur Amtslöschung gilt der Verein trotz Vorliegens eines wirtschaftl Geschäftsbetriebs als eV. 23

bb) Wirtschaftlicher Verein. Abs 1 Nr 4 eröffnet wirtschaftl Vereinen iSv § 22 BGB ebenfalls die Möglichkeit, an einem Formwechsel beteiligt zu sein. Mit dieser Regelung wird also der Weg aus dem wirtschaftl Verein eröffnet, er kann hingegen – ebenso wie der eV – nicht ZielGes eines Formwechsels sein. Grund für diese eingeschränkte Rolle des wirtschaftl Vereins ist die Vorstellung des Gesetzgebers, dass der Verein als Träger eines Unternehmens nur ausnahmsweise geeignet sei (vgl RegEBegr BR-Drs 75/94 zu § 3). Die mangelnde Fähigkeit des Vereins, dauerhaft Träger eines Unternehmens zu sein, leitet sich aus vier Argumenten ab, näml der weitgehenden Freiheit des Vereins von der Pflicht zur Rechnungslegung, dem Fehlen von Kapitalaufbringungs- und Kapitalerhaltungsvorschriften, der mangelnden Kontrolle des Vereinsvorstandes durch die Mitglieder des Vereins und schließl der fehlenden Mitbestimmung der ArbN. Vgl auch § 1 Rn 12 mwN. 24

Der wirtschaftl Verein setzt das Vorliegen eines wirtschaftl Geschäftsbetriebs voraus (dazu und zur Abgrenzung zum nichtwirtschaftl eV § 3 Rn 30; Palandt/*Ellenberger* BGB § 21 Rn 2 ff mwN). Abs 1 Nr 4 betrifft den **rechtsfähigen Verein;** die Rechtsfähigkeit wird durch staatl Akt (als Konzession) verliehen. 25

cc) Umwandlungsmöglichkeiten. Ein rechtsfähiger Verein, also sowohl ein eV als auch ein wirtschaftl Verein, kann gem **§ 272 I** nur die Rechtsform einer KapGes oder einer eG erlangen. Für den Formwechsel auch in eine PersGes bestand kein praktisches Bedürfnis (RegEBegr BR-Drs 75/94 zu § 272 I). Der Formwechsel ist nur zulässig, wenn nicht die Satzung des Vereins oder Vorschriften des Landes entgegenstehen, § 272 II. 26

g) Versicherungsverein auf Gegenseitigkeit. Gem **Abs 1 Nr 5** können **VVaG** formwechselnde Rechtsträger sein; als ZielGes iSv Abs 2 kommen sie nicht in Betracht. Anders als bei der Verschm (vgl §§ 3 I Nr 6, 109 ff) wird beim Formwechsel unterschieden: **Kleinere Vereine** iSv § 53 VAG dürfen an einem Formwechsel überhaupt nicht beteiligt sein, § 291 I. Dem „großen" VVaG ist entsprechend der Vorgängerregelung von § 385d I AktG aF nur der Wechsel in die Rechtsform der AG mögl, § 291 I. 27

Die Anmeldung zum HR (§§ 30 ff VAG) genügt für die Existenz eines VVaG nicht, vielmehr ist gem § 15 VAG die **Erlaubnis der Aufsichtsbehörde** Voraussetzung zur Erlangung der Rechtsfähigkeit; zuvor ist eine Umwandlungsfähigkeit iSv Abs 1 Nr 5 nicht gegeben. Weiterhin ist zu beachten, dass durch Art 8 des Gesetzes zur Bereinigung des UmwR vom 28.10.1994 (BGBl I 3210) auch § 14a VAG eingefügt wurde, der jede Umw eines VVaG der Genehmigungspflicht durch die Aufsichtsbehörde unterstellt (zu § 14a VAG ausführl Semler/Stengel/*Koerfer* Anh § 119 Rn 82 ff mwN). 28

h) Körperschaften und Anstalten des öffentlichen Rechts. Abs 1 Nr 6 lässt den Wechsel der Rechtsform einer **Körperschaft oder einer Anstalt des öffentl Rechts** generell zu (anders als § 124, dort sind nur Gebietskörperschaften umwandlungsfähig, vgl § 124 Rn 50 ff); gem § 301 kann ZielGes – vorbehaltl 29 einer gesonderten gesetzl Bestimmung – nur eine KapGes, also eine GmbH, eine AG oder eine KGaA sein. Damit wird, wobei der praktische Nutzen begrenzt sein dürfte, auch der Formwechsel in eine KGaA zugelassen; dies geht über § 59 UmwG 1969 (Formwechsel in eine GmbH) und §§ 385a–385c AktG aF (Formwechsel in eine AG) hinaus.

30 Abs 1 Nr 6 ermöglicht die Umw von Körperschaften oder Anstalten des öffentl Rechts, beide sind – soweit rechtsfähig – jur Personen. Unter **Körperschaften des öffentl Rechts** sind mitgliedschaftl organisierte rechtsfähige Verbände des öffentl Rechts zu verstehen, die staatl Aufgaben mit hoheitl Mitteln unter staatl Aufsicht wahrnehmen; sie besitzen (bezogen auf ihre Mitglieder) regelm Satzungsautonomie, die durch staatl Hoheitsakt oder durch Gesetz verliehen wird. Als Beispiel seien Gebietskörperschaften und Universitäten genannt. Demggü ist eine **Anstalt des öffentl Rechts** ein zur Rechtsperson des öffentl Rechts erhobener Bestand von sachl und persönl Verwaltungsmitteln, der in der Hand eines Trägers der öffentl Verwaltung einen besonderen öffentl Zweck zu fördern hat. Im Ggs zur Körperschaft hat die Anstalt keine Mitglieder, sondern Benutzer; Beispiel: Rundfunkanstalten, Sparkassen, Bibliotheken, Hallenbäder etc.

31 Die Körperschaft oder Anstalt des öffentl Rechts muss **rechtsfähig** sein, § 301 II. Eine Körperschaft oder Anstalt des öffentl Rechts wird rechtsfähig, sofern ihr dieser Status durch Gesetz oder sonstigen staatl Hoheitsakt verliehen wird. Mit Rechtsfähigkeit wird die Körperschaft oder Anstalt des öffentl Rechts zur jur Person des öffentl Rechts.

3. Zielgesellschaft, Abs 2

32 **a) Personenhandelsgesellschaften, Partnerschaftsgesellschaften, Kapitalgesellschaften, eG.** Die in Abs 1 Nr 1–3 aufgeführten Rechtsträger, **PhG, PartGes, KapGes und eG,** können gem Abs 2 Nr 2–4 auch **ZielGes eines Formwechsel** sein. Voraussetzung hierfür ist allerdings, dass die besonderen Vorschriften in §§ 214–304 beim Ausgangsrechtsträger diese Rechtsform auch zulassen. Die Rechtsform der **PhG** steht nur den KapGes offen (§ 226), bei der PartGes müssen außerdem die Voraussetzungen von § 228 II (idF nach dem 2. UmwÄndG, bis dahin § 228 III) erfüllt sein. **KapGes** können aus PhG (§ 214) bzw PartGes (§ 225a), aus anderen KapGes (§ 226), aus eG (§ 258), aus einem rechtsfähigen Verein (§ 272) und aus Körperschaften und Anstalten des öffentl Rechts (§ 301), die AG darüber hinaus aus einem großen VVaG (§ 291) entstehen. Eine Sonderform der KapGes ist die **Unternehmergesellschaft (haftungsbeschränkt)** iSv § 5a GmbHG. Die UG ist GmbH (§ 3 Rn 18 mwN). Gleichwohl kann sie an einem Formwechsel allenfalls eingeschränkt teilnehmen. Wegen des Sacheinlageverbots von § 5a II 2 GmbHG (dazu § 3 Rn 19 mwN) kann sie nach zutr hM **nicht ZielGes** eines Formwechsels sein (Semler/Stengel/*Stengel* Rn 14, 35a; KölnerKommUmwG/*Petersen* Rn 18 mwN; aus der zahlreichen Lit – vgl Schrifttum zu § 3 – zB *Berninger* GmbHR 2010, 63; *Meister* NZG 2008, 767; *Tettinger* Der Konzern 2008, 75 je mwN). Bei vorhandenem Barvermögen wird als Ausweichgestaltung das „Anwachsungsmodell" bei PersGes als Ausgangsrechtsform vorgeschlagen (dazu KölnerKommUmwG/*Petersen* Rn 18 mwN). Auch als **formwechselnder Rechtsträger** ist der UG als solcher der unmittelbare Formwechsel in die Rechtsform AG/KGaA verschlossen. Um nämlich den für einen solchen Formwechsel notwendigen Bestand des Nominalkapitals von mindestens EUR 50 000,00 zu erreichen, ist vor dieser Umw eine entsprechende KapErh und damit ein „Variantenwechsel" von der UG zur vollwertigen GmbH notwendig (ausführl KölnerKommUmwG/*Petersen* Rn 5 mwN). Tats verbleiben für die Variante UG der GmbH unmittelbare Formwechsel-Möglichkeiten nur in die GbR, die PhG, die PartGes und die eG. Die **eG** schließl ist taugl ZielGes für PhG (§ 214) und PartGes (§ 225a), für KapGes (§ 226) und für Vereine (§ 272). Vgl iÜ Rn 5 ff, 17 ff, 22 ff.

b) Gesellschaften des bürgerlichen Rechts. Die **GbR** (dazu auch § 190 Rn 9 mwN) kann nur **ZielGes** sein, gem § 226 sind hierbei auch nur KapGes iSv Abs 1 Nr 2 taugl formwechselnde Rechtsträger. Die früher mögl hilfsweise Umw in eine GbR nach § 228 II aF (dazu 4. Aufl 2006, § 228 Rn 4 ff) ist durch das 2. UmwÄndG (dazu Einf Rn 28) entfallen. Der ebenfalls mögl Wechsel der Rechtsform zwischen GbR und PhG/PartGes bzw umgekehrt ist nicht in §§ 190 ff geregelt; hierfür gelten die **allg Regeln** des BGB, des PartGG und des HGB (Rn 5). Die GbR ist – anders als bei der Verschm, bei der Spaltung oder bei der Vermögensübertragung – in Abs 2 Nr 1 aufgezählt, weil bereits § 21 UmwG 1969 die errichtende Umw (zur Vergleichbarkeit mit dem Formwechsel Rn 1) zuließ. Die Ansicht von *Laumann* (in GKT § 190 Rn 36), die **unternehmenstragende GbR** könne, obwohl sie nicht in Abs 1 aufgezählt sei, auch als formwechselnder Rechtsträger agieren, ist de lege lata abzulehnen. Das UmwG bietet für eine solch extensive Auslegung keine Grundlage. Die von *Laumann* ins Feld geführten freiberufl Sozietäten können nun ohne weiteres mit dem Zwischenschritt der PartGes (§ 1 II PartGG) in die KapGes überführt werden. Für eine Verfassungswidrigkeit der gesetzgeberischen Entscheidung (so *Schöne* GmbHR 1995, 325) findet sich spätestens seit der Handelsregisterreform ebenfalls kein Anhalt (wie hier Lutter/*Decher* Rn 3 mwN). 33

4. Aufgelöste Rechtsträger, Abs 3

Der Formwechsel ist auch bei **aufgelösten Rechtsträgern** mögl, wenn ihre Fortsetzung in der bisherigen Rechtsform beschlossen werden könnte, Abs 3. Diese bereits aus dem früheren Recht bekannte Regelung (vgl §§ 2, 40 II, 46 S 2 UmwG 1969; RegEBegr BR-Drs 75/94 zu § 191 III) bezieht sich nur auf die formwechselnden Rechtsträger iSv Abs 1; die Fortsetzung müsste „in der **bisherigen**" Rechtsform beschlossen werden können. Wegen der Identität des Rechtsträgers vor und nach Durchführung des Formwechsels hat der sonst im UmwR bedeutende Streit darüber, was beim aufgelösten übernehmenden Rechtsträger zu geschehen hat (dazu § 3 Rn 47), keine Bedeutung. 34

Eine **aufgelöste PhG/PartGes** kann die Rechtsform nicht wechseln, wenn die Gesellschafter nach § 145 HGB eine andere Art der Auseinandersetzung als die Abwicklung oder als den Formwechsel vereinbart haben, § 214 II. Abs 3 fordert **keinen Fortsetzungsbeschluss,** sondern nur die Möglichkeit hierzu (nicht mehr gegeben nach abgeschlossenem Insolvenzverfahren, vgl KG GmbHR 1998, 1232 und BayObLG NZG 1999, 359 sowie Lutter/*Decher* Rn 11 mwN). Es bleibt vor und nach Durchführung des Formwechsels allein Sache der Anteilsinhaber, ob und wann der Rechtsträger wieder zum werbenden Unternehmen werden soll (vgl auch OLG Naumburg DB 1998, 251). Sinn der Vorschrift ist es, sicherzustellen, dass die Vollbeendigung des Rechtsträgers nicht automatisch, sondern nur entsprechend dem Willen der Anteilsinhaber eintreten kann. Werden durch den Rechtsformwechsel allerdings zwingende Gläubigerschutzvorschriften des Liquidationsverfahrens umgangen und ist dies aus Sicht der Anteilsinhaber oder der 35

Leitungsorgane des Rechtsträgers der ausschließl Zweck der Umw, steht die **Schadensersatzpflicht nach § 826 BGB** in Rede.

36 Vgl zum aufgelösten Rechtsträger iÜ ausführl § 3 Rn 46 ff und § 124 Rn 55 ff.

§ 192 Umwandlungsbericht

(1) [1]**Das Vertretungsorgan des formwechselnden Rechtsträgers hat einen ausführlichen schriftlichen Bericht zu erstatten, in dem der Formwechsel und insbesondere die künftige Beteiligung der Anteilsinhaber an dem Rechtsträger rechtlich und wirtschaftlich erläutert und begründet werden (Umwandlungsbericht).** [2]**§ 8 Abs. 1 Satz 2 bis 4 und Abs. 2 ist entsprechend anzuwenden.** [3]**Der Umwandlungsbericht muß einen Entwurf des Umwandlungsbeschlusses enthalten.**

(2) [1]**Ein Umwandlungsbericht ist nicht erforderlich, wenn an dem formwechselnden Rechtsträger nur ein Anteilsinhaber beteiligt ist oder wenn alle Anteilsinhaber auf seine Erstattung verzichten.** [2]**Die Verzichtserklärungen sind notariell zu beurkunden.**

Schrifttum: Siehe Schrifttum Vor §§ 190–213; Stellungnahme der Centrale für GmbH Dr. Otto Schmidt vom 16.3.2006 zum Referentenentwurf eines Zweiten Gesetzes zur Änderung des Umwandlungsgesetzes, GmbHR 2006, 418; HRA des DAV, Stellungnahme zum Regierungsentwurf eines Zweiten Gesetzes zur Änderung des Umwandlungsgesetzes, NZG 2006, 737; *Bayer/Schmidt,* Der Regierungsentwurf zur Änderung des Umwandlungsgesetzes, NZG 2006, 841; *Drinhausen,* Regierungsentwurf eines Zweiten Gesetzes zur Änderung des Umwandlungsgesetzes – Ein Gewinn für die Praxis, BB 2006, 2313; *Heckschen,* Die GmbH-Reform – Wege und Irrwege, DStR 2007, 1442; *ders,* Die Reform des Umwandlungsrechts, DNotZ 2007, 444; *Mayer/Weiler,* Neuregelungen durch das Zweite Gesetz zur Änderung des Umwandlungsgesetzes, DB 2007, 1235 (Teil I); DB 2007, 1291 (Teil II); *dies,* Aktuelle Änderungen des Umwandlungsrechts aus Sicht der notariellen Praxis, MittBayNot 2007, 368; *Neye,* BB-Gesetzgebungsreport: Bundestag beschließt neues Umwandlungsrecht, BB 2007, 389. Vgl zum ARUG und zum 3. UmwÄndG Schrifttum bei Einf Rn 33, 34.

Übersicht

1. Allgemeines

1 Der mit dem Verschmelzungsbericht (§ 8) und dem Spaltungsbericht (§ 127) vglbare (beachte aber Rn 12 und § 194 Rn 9, 10) **Umwandlungsbericht** von § 192 ist grdsl für jeden Formwechsel iSv §§ 190 ff zu erstellen. Im früheren Recht (Übersicht bei § 191 Rn 1) war der Umwandlungsbericht nur als Ausnahme in §§ 385d, 385m AktG aF notw. § 192 ist eine der **zentralen Vorschriften** für den

Formwechsel („Herzstück der Regeln zum Schutz der Anteilsinhaber", vgl Lutter/*Decher* Rn 2; *Meyer-Landrut/Kiem* WM 1997, 1416); der Umwandlungsbericht steht im Zentrum der Vorbereitung eines Formwechsels, außerdem ist damit zu rechnen, dass die meisten **Unwirksamkeitsklagen** (vgl §§ 195, 198 II iVm 16 II, III) auf Fehler der Berichterstattung gestützt werden (Lutter/*Decher,* Kölner Umwandlungsrechtstage 1995, S 201, 208 f; *Meyer-Landrut/Kiem* WM 1997, 1415; aus der bisher zu § 192 veröffentlichten Rspr vgl LG Heidelberg AG 1996, 523; LG Berlin DB 1997, 969; KG AG 1999, 126; LG Mainz ZIP 2001, 840; OLG Frankfurt aM DB 2003, 2378; zu den Voraussetzungen einer Unwirksamkeitsklage wegen eines Fehlers bei den Erläuterungen zur Barabfindung aber Rn 15 und § 8 Rn 40). Der Umwandlungsbericht dient unmittelbar zunächst dem **Schutz der Anteilsinhaber** (vgl auch § 194 I Nr 3–6; „denn der Formwechsel führt jedenfalls zu einer qualitativen Veränderung der Anteile oder sonstiger Mitgliedschaftsrechte", Peter/Crezelius/*Limmer* Rn 2516; so auch RegEBegr BR-Drs 75/94 zu § 192). Mittelbar hilft der Umwandlungsbericht den Anteilsinhabern und dem Registergericht (IDW, Reform des Umwandlungsrechts, S 29) auch bei der Beurteilung der wirtschaftl Verhältnisse des formwechselnden Rechtsträgers, wobei das Registergericht nicht in den Schutzzweck von § 192 einbezogen ist (Kallmeyer/*Meister/Klöcker* Rn 2: Bericht dient ausschließl den Anteilsinhabern; ähnl *Schmitz-Riol,* Der Formwechsel der eG in die KapGes, 1998, S 49 ff; Widmann/Mayer/*Mayer* Rn 6).

Abs 1 verpflichtet das Vertretungsorgan des formwechselnden Rechtsträgers zur Erstattung eines **ausführl schriftl Berichts,** in dem der Formwechsel und insbes die künftige Beteiligung der Anteilsinhaber an dem Rechtsträger **rechtl und wirtschaftl** erläutert und begründet werden; Abs 1 S 1 enthält die Legaldefinition des Umwandlungsberichts. IÜ wird § 8 I 2–4, II für entsprechend anwendbar erklärt (Abs 1 S 2). **Schwerpunkt** der rechtl und wirtschaftl Erläuterung und Begr muss die künftige – umqualifizierte – Beteiligung der Anteilsinhaber sein. Dieses formalisierte Informationsrecht hat vor allem für Rechtsträger mit großem Gesellschafter- oder Mitgliederkreis Bedeutung (RegEBegr BR-Drs 75/94 zu § 192 I). Wenn gem § 194 I Nr 6 ein **Barabfindungsangebot** zu unterbreiten ist, muss dieses im Umwandlungsbericht angemessen erläutert und begründet werden (diese Pflicht besteht unabhängig davon, dass eine Sanktion durch Unwirksamkeitsklage nach hM – dazu Rn 15 – ausgeschlossen ist, vgl ausführl KG AG 1999, 126 und Semler/Stengel/*Bärwaldt* Rn 12, 13 mwN). Gem **§ 215** ist ein **Umwandlungsbericht nicht erforderl,** wenn alle Gesellschafter der formwechselnden PhG zur Geschäftsführung berechtigt sind; in diesem Fall besteht für die Anteilsinhaber die Möglichkeit, die für sie notw Informationen auf anderem Wege zu erlangen. § 215 suspendiert die Berichtspflicht aber nur dann, wenn alle Anteilsinhaber geschäftsführungsberechtigt sind; gilt dies auch nur für einen Anteilsinhaber nicht (zB KG mit drei Komplementären und einem Kommanditisten), muss der Bericht erstattet werden, es sei denn, die Anteilsinhaber verzichten nach Abs 3 S 1 (näher bei § 215 Rn 2). Bei §§ 8, 127 ergibt sich der Umfang der Berichtspflicht auch aus den durch diese Vorschriften umgesetzten **EU-RL** (VerschmRL und SpaltungsRL, vgl RegEBegr BR-Drs 75/94 zu §§ 8, 127); für § 192 gab es keine EU-rechtl Vorgaben (Widmann/Mayer/*Mayer* Rn 2). Wegen der terminologischen Einheitlichkeit und wegen des Verweises in Abs 1 S 2 kann der Umfang der Berichtspflicht dennoch aus den genannten Vorschriften abgeleitet werden. 2

3 Bestandteile des Umwandlungsberichts ist gem Abs 1 S 3 der **Entwurf des Umwandlungsbeschlusses** iSv § 194; **verzichten** sämtl Anteilsinhaber auf die Erstattung des Umwandlungsberichts oder liegt ein **Fall von § 215** vor, entfällt damit auch die Kundgabe des Umwandlungsbeschlusses an die Anteilsinhaber (*H. Schwarz,* Umwandlungen mittelständischer Unternehmen, 1995, S 144). Letzteres ist keine wirkl Entlastung für die Leitungsorgane des formwechselnden Rechtsträgers, allein aus organisatorischer Notwendigkeit wird man um den Entwurf des Umwandlungsbeschlusses nach § 194, auch wenn er rechtl nicht notw ist, nicht umhinkommen. Außerdem verlangt **§ 194 II** die Zuleitung des Entwurfs an den zuständigen Betriebsrat. Eine wichtige Änderung betrifft die frühere **Vermögensaufstellung.** Sie ist jetzt nicht mehr Bestandteil des Umwandlungsberichts, vgl Rn 18.

2. Umwandlungsbericht, Abs 1

4 **a) Schuldner der Berichtspflicht.** Abs 1 S 1 weist dem **Vertretungsorgan des formwechselnden Rechtsträgers** die – strafbewehrte, vgl § 313 I Nr 1 – Pflicht zur Abfassung des ausführl Umwandlungsberichts (einschl Vermögensaufstellung und Entwurf des Umwandlungsbeschlusses) zu. Die Organmitglieder sind auch aufgrund ihres Dienstvertrages zur Erstattung des Umwandlungsberichts verpflichtet. **Schriftl** erstattet ist dieser bereits dann, wenn er von Mitgliedern des Vertretungsorgans in **vertretungsberechtigter Anzahl** unterzeichnet ist (vgl § 8 Rn 7 mwN; Semler/Stengel/*Bärwaldt* Rn 21 warnt vor unreflektierter Übernahme der Entscheidung BGH AG 2007, 625 auch auf den Umwandlungsbericht beim Formwechsel). Eine Vertretung ist unzulässig, da der Umwandlungsbericht eine Wissens-, nicht aber eine Willenserklärung darstellt (hM, Nachw bei § 8 Rn 8).

5 **b) Umfang der Berichtspflicht.** Der **ausführl** schriftl Bericht hat **rechtl und wirtschaftl Erläuterungen und Begr** zum Formwechsel an sich, zum Entwurf des Umwandlungsbeschlusses (Abs 1 S 3) und insbes zur künftigen Beteiligung der Anteilsinhaber am Rechtsträger neuer Rechtsform zu enthalten (Abs 1 S 1). Der Normzweck (Rn 1) gebietet es, den Anteilsinhabern einen möglichst umfassenden Einblick zu gewähren. Grenze der Berichtspflicht ist § 8 II über den **Geheimnisschutz (Abs 1 S 2),** der sich an § 131 III 1 AktG anlehnt (dazu ausführl § 8 Rn 30 ff).

6 Der nach Abs 1 S 1, 2 festgelegte **Umfang der Berichtspflicht** ist nicht etwa deswegen eingeschränkt, weil einzelnen Anteilsinhabern im Fall von §§ 195 II, 210 ohnehin die Unwirksamkeitsklage versperrt ist (vgl OLG Karlsruhe WM 1989, 1134, 1136 ff zum Verschmelzungsbericht; KG AG 1999, 128 für die Barabfindung: die fehlende Erläuterung im Bericht ist ggü den Fällen von §§ 195 II, 210 kein „minderer Fall", sondern eine andere Fallgestaltung; vgl aber Rn 15 zu BGH ZIP 2001, 199 und BGH GmbHR 2001, 247); zu Recht weist Semler/Stengel/*Bärwaldt* Rn 3 darauf hin, dass trotz der neueren BGH-Rspr höchste Sorgfalt geboten ist, denn bei einem mangelhaften Umwandlungsbericht ist zumindest dem Registergericht iR seiner Prüfung – dazu OLG Frankfurt aM DB 2003, 2378 und Lutter/*Decher* § 198 Rn 23 ff mwN – eine Verweigerung der Eintragung auch dann mögl, wenn die Anteilsinhaber selbst nur nach dem SpruchG vorgehen könnten. Der Umwandlungsbericht muss also immer **sachl Gehalt** haben, die rechtl und wirtschaftl Erläuterungen und Begr müssen brauchbare Informationen enthalten und vollständig sein. Ein Bericht, in dem ledigl der Umwandlungsbe-

schluss (§ 194) mit einem anderen Wortlaut referiert wird, wird den gesetzl Anforderungen ebenso wenig gerecht, wie allg Erwägungen zur Sinnhaftigkeit eines Umstrukturierungsvorgangs (ein ordentl Ausschnitt eines Umwandlungsberichts findet sich als Beispiel bei Widmann/Mayer/*Vossius* Anh 4 Mustersatz 25 M 168).

Ausführl iSv Abs 1 S 1 ist ein unbestimmter Rechtsbegriff; wegen der Parallele zu §§ 8, 127 und wegen der intensiven Befassung von Rspr und Lehre mit dem Verschmelzungsbericht nach § 340a AktG aF lassen sich die wesentl Grundzüge des Erforderl aber erkennen (vgl Stellungnahme des HRA des DAV WM Sonderbeilage 2/1993 Rn 136). Der Umwandlungsbericht muss **alle relevanten Tats** mitteilen und darf keine beurteilungserhebl Informationen vorenthalten, er muss die Anteilsinhaber in die Lage versetzen, die erwarteten Vorteile und die möglicherweise bestehenden **Risiken der Umw** zu erkennen und diese gegeneinander **abzuwägen** (Zitat nach Peter/Crezelius/*Limmer* Rn 2516 aE; ähnl Lutter/*Decher,* Kölner Umwandlungsrechtstage 1995, S 201, 209; Lutter/*Decher,* 2. Aufl 2000, Rn 8: „wird es sich empfehlen, im Zweifel eher einen zu ausführlichen als einen möglicherweise unzureichenden Umwandlungsbericht zu erstatten"; ähnl Widmann/Mayer/*Mayer* Rn 30: „Dieses wenig aussagekräftige Kriterium [„ausführlich"] stammt aus dem EU-Recht. Sinnvollerweise kann damit nur gemeint sein, dass der Bericht zwar nicht weitschweifig sein soll, aber alle für die Entscheidung der Anteilsinhaber erheblichen Tatsachen zu enthalten hat"; vgl auch Semler/Stengel/*Bärwaldt* Rn 3, 9; Kallmeyer/*Meister/Klöcker* Rn 8 ff; KölnerKomm-UmwG/*Petersen* Rn 7). **7**

Auf der anderen Seite verlangt Abs 1 nicht, die Anteilsinhaber derart umfassend mit Datenmaterial zu versorgen, dass diese – ggf unter Hinzuziehung von Sachverständigen – in der Lage wären, die rechtl und wirtschaftl Hintergründe der Umstrukturierungsmaßnahme selbst abschl zu beurteilen. Wie beim Verschmelzungsbericht auch (Nachw bei § 8 Rn 13, 18), genügt es, wenn den Anteilsinhabern die Möglichkeit einer **Plausibilitätskontrolle** gegeben wird (wie hier die hM, vgl Lutter/*Decher* Rn 10 mwN). **8**

Gegenstand des Umwandlungsberichts sind zunächst wirtschaftl **und** rechtl Erläuterung **und** Begr **zum Formwechsel an sich.** Das Vertretungsorgan hat demnach schlüssig und nachvollziehbar darzulegen, warum gerade eine Umstrukturierung im Allg und ein **Formwechsel** im Besonderen **das geeignete Mittel** zur Verfolgung des Unternehmenszwecks des formwechselnden Rechtsträgers sein soll. Die Vor- und Nachteile des Formwechsels sind so darzulegen, wie das Vertretungsorgan als Gremium (Rn 4) sie sieht (Kallmeyer/*Meister/Klöcker* Rn 10 mwN; Semler/Stengel/*Bärwaldt* Rn 6, 10). In diesem Zusammenhang sollte insbes auf die mit dem Formwechsel angestrebten Vorteile (dazu Vor §§ 190–304 Rn 4) eingegangen werden. Eine Darstellung genereller Motive, die für einen Formwechsel sprechen, ohne konkrete **Bezugnahme auf den Einzelfall** ist nicht ausreichend. Das Registergericht darf ebenso wie etwa mit einer Unwirksamkeitsklage befasste ordentl Gerichte ledigl prüfen, ob der Umwandlungsbericht die Möglichkeit zur Plausibilitätskontrolle durch die Anteilsinhaber eröffnet (Lutter/*Decher* Rn 10 mwN). Die **Unwirksamkeitsklage** kann darüber hinaus dann Erfolg haben, wenn dargelegt und bewiesen wird, dass wesentl Angaben im Umwandlungsbericht falsch sind. **9**

Rechtl **und** wirtschaftl zu erläutern **und** zu begründen ist auch der gem Abs 1 S 3 im Umwandlungsbericht enthaltene **Entwurf des Umwandlungsbeschlusses.** Jede Bestimmung des Beschlusses, die nach § 194 zum Bestandteil der Umstrukturierungsentscheidung der Anteilsinhaber gehört, ist entsprechend ihrer **10**

Bedeutung im Einzelfall zu beleuchten. Der technische Vorgang des Formwechsels ist den Anteilsinhabern zur Vorbereitung der Beschlussfassung (§ 193) rechtl darzulegen, die Wirkungen des vollzogenen Formwechsels (vgl § 202) sind ebenfalls zu erläutern.

11 Die wirtschaftl Erläuterung hat vor allem eine **Komm der rechtl Erläuterung aus betriebswirtschaftl Sicht** zum Gegenstand (vgl *Ossadnik* BB 1995, 105). Den Anteilsinhabern ist verständl zu machen, welche **wirtschaftl Auswirkungen** (zB veränderte Möglichkeiten der Kapitalbeschaffung, künftige Steuerbelastung des Unternehmens etc) der Formwechsel hat. Auf etwaige Schwierigkeiten bei der Bew ist einzugehen (vgl Semler/Stengel/*Bärwaldt* Rn 15 mwN). Zu beachten ist uU auch, dass der Entwurf des Umwandlungsbeschlusses (Abs 1 S 3) seinerseits wieder den Gesellschaftsvertrag oder die Satzung des Rechtsträgers in seinem „neuen Kleid“ enthalten muss (vgl zB §§ 218 I, 234 Nr 3). In diesem Fall sind die wesentl Normen dieses Organisationsvertrages zu erläutern.

12 Auf die Abfassung des Umwandlungsberichts ist – gerade was die Erläuterung des Entwurfs des Umwandlungsbeschlusses betrifft – **große Sorgfalt** zu verwenden (Rn 7). Gleichwohl darf der Bogen nicht überspannt werden („Gebot der Lesbarkeit und der Verständlichkeit“, *Meyer-Landrut/Kiem* WM 1997, 1416); den jew Anteilsinhabern soll ein **geschlossenes Bild** der rechtl und wirtschaftl Bedeutung und der Wirkungen des Formwechsels vermittelt werden, eine wissenschaftl Abhandlung oder ein „Kurzlehrbuch des Gesellschaftsrechts“ (Lutter/Lutter/*Drygala* § 8 Rn 34) ist nicht gefordert. Auch sollte man sich nicht starr an den Vorgaben von §§ 8, 127 orientieren; beim Formwechsel wird regelm die Sphäre der Anteilsinhaber nicht so stark berührt, wie dies bei der Verschm oder bei der Spaltung der Fall ist.

13 **Zentraler Bestandteil** des Umwandlungsberichts ist schließl die rechtl und wirtschaftl Erläuterung der **künftigen Beteiligung der Anteilsinhaber** an dem Rechtsträger neuer Rechtsform, **Abs 1 S 1.** Beim Formwechsel kommt es nicht zum „Anteilstausch“ im eigentl Sinne (§ 190 Rn 5 ff), gleichwohl bewirkt § 202 I Nr 2 eine Umqualifizierung der bisherigen Anteile am formwechselnden Rechtsträger (*Hennrichs,* Formwechsel und Gesamtrechtsnachfolge bei Umwandlungen, S 32 ff). Wenn also – Normalfall beim Formwechsel – eine wertmäßige Veränderung des Anteils vor und nach Durchführung des Formwechsels nicht stattfindet, genügt es, den Anteilsinhabern die neue Qualität ihrer Anteile näher zu bringen. Gefordert sind hierbei auf Tats basierende (OLG Frankfurt aM ZIP 2000, 1928) Ausführungen zu **künftigen Rechten und Pflichten** des Anteilsinhabers (unter Einbeziehung der für die neue Rechtsform geltenden Vorschriften und des künftigen Organisationsstatuts), zur **Übertragbarkeit** des Anteils (etwa Neuaufnahme einer Vinkulierungsklausel, dazu *Reichert* GmbHR 1995, 176, 194; Einschränkung der Fungibilität durch rechtsformspezifische Vorschriften etc), zur **Werthaltigkeit** im Rechtsverkehr (etwa Beleihbarkeit, Möglichkeit der Unterbeteiligung, vgl iÜ Lutter/Lutter/*Drygala* § 8 Rn 33–35) und schließl zur **Besteuerung** (etwa beim Formwechsel von GmbH in PersGes: Stl Wirkungen gem § 14 UmwStG und künftig gesonderte und einheitl Feststellung der Besteuerungsgrundlagen, §§ 179 ff AO; aA Lutter/Lutter/*Drygala* § 8 Rn 37; wie hier *Meyer-Landrut/Kiem* WM 1997, 1416; Widmann/Mayer/*Mayer* Rn 42; Lutter/*Decher* Rn 26; Semler/Stengel/*Bärwaldt* Rn 7; Kallmeyer/*Meister/Klöcker* Rn 8; vgl auch OLG Düsseldorf AG 1999, 418 und OLG Hamm AG 1999, 422).

14 Wird das **Wertverhältnis der Beteiligung** durch den Formwechsel ausnahmsweise **verschoben,** ist im Umwandlungsbericht detailliert zu Art und Ausmaß der Wertveränderung und zum Grund hierfür Stellung zu beziehen. Dem Anteilsinhaber ist – ähnl wie beim Umtauschverhältnis iRe Verschm (dazu § 8 Rn 20 ff) – die Plausibilitätskontrolle zu ermögl. Auf die Möglichkeit, gem §§ 207 ff nach entsprechenden Widerspruch in der Anteilsinhaberversammlung (§ 193 I 2) eine angemessene **Barabfindung** in Anspruch zu nehmen, ist hinzuweisen.

Streitig ist, ob die **Grdse für die Berechnung der Barabfindung** bereits im **Umwandlungsbericht** erläutert und begründet werden müssen (zum Umtauschverhältnis vgl HRA des DAV NZG 2000, 803; vgl auch KG DB 1999, 86). Das LG Heidelberg (AG 1996, 523 mit Anm *Jaeger* in WiB 1997, 311) gab einer Unwirksamkeitsklage statt, weil dem Vorstand die von einem Aktionär geforderte Verlesung des Prüfungsberichts oder zumindest die Wiedergabe oder sachl Zusammenfassung dessen wesentl Inhalts zumutbar gewesen wäre. Zu einem ähnl Sachverhalt entschied das OLG Karlsruhe (EWiR 1998, 469 mit Anm *Bayer*) im Verfahren nach §§ 198, 16 III sowie im (Parallel-)Hauptverfahren (NZG 1999, 604 mit Anm *Bungert*) in der Sache abw. Während im summarischen Verfahren nur Zweifel an der mögl Anfechtung des Umwandlungsbeschlusses geäußert wurden, hat das OLG Karlsruhe in NZG 1999, 604 dahin entschieden, **dass alle Rügen gegen die Angemessenheit der Barabfindung** grdsl nicht zur Anfechtung des Umwandlungsbeschlusses berechtigten, sondern ledigl im Spruchverfahren überprüft werden könnten. Die gleiche Tendenz verfolgte das LG Berlin (DB 1997, 969 mit Anm *Kiem* EWiR 1997, 421; vgl auch *Heckschen* DB 1998, 1397). § 192 I 1 verweise nicht auf § 8 I 1; der Wortlaut der Bestimmung gebe deshalb nichts dafür her, dass eine ins Einzelne gehende Erläuterung und Begr des für die Barabfindung ausschlaggebenden Gesellschaftsvermögens notw wäre. Ebenfalls fehle eine Parallelvorschrift zu § 63 I Nr 5, weswegen die zusätzl Vorlage des Prüfungsberichts iSv § 208 nicht verlangt werden könne. Mit der Berechnung der Barabfindung im Zusammenhang stehende Fragen müssten deshalb in der Anteilsinhaberversammlung nicht beantwortet werden. Diese Entscheidung wurde durch das KG (AG 1998, 126) aufgehoben. Die **fehlende Erläuterung der Barabfindung im Umwandlungsbericht** sei im Vgl zur zu niedrig bemessenen Beteiligung oder Barabfindung (§§ 195 II, 210) kein **„minderer Fall"**, sondern eine andere Fallgestaltung. Ein Verweis der Unwirksamkeitskläger in das Spruchverfahren (damals §§ 305 ff UmwG aF, heute SpruchG) komme nicht in Betracht. Ein **Umwandlungsbericht** sei als **ungenügend** anzusehen, wenn er die Höhe der anzubietenden Barabfindung für widersprechende Minderheitsaktionäre nicht **plausibel** erläutere. Unabhängig vom fehlenden Verweis in § 192 I auf § 8 I 1 gebiete der **Normzweck von § 192 I** die Erläuterung des Barabfindungsangebots. Dies folge insbes aus der schließl abgelehnten Anregung des Bundesrats, die Anfechtungsrechte der Anteilsinhaber iRv § 14 II auch für die Fälle einzuschränken, bei denen das Umtauschverhältnis einer Verschm nicht hinreichend erläutert werde. Das Barabfindungsangebot gehöre gem § 194 I Nr 6 zum Inhalt des Umwandlungsbeschlusses, dessen Entwurf gem § 192 I 3 Bestandteil des Umwandlungsberichts sei. Die **Pflicht zur ausführl Berichterstattung** beziehe sich damit auch auf das Barabfindungsangebot. Die **hM in der Lit** sieht die Pflicht zur ausführl Berichterstattung zu Recht als weiter gegeben (*Meyer-Landrut/Kiem* WM 1997, 1416; *Bayer* ZIP 1997, 1622; Kallmeyer/*Meister/Klöcker* Rn 9, § 207 Rn 21; Lutter/*Decher* Rn 29 ff; Semler/Stengel/*Bärwaldt* Rn 12, 13). Der **BGH** (ZIP 2001, 199; bestätigt von BGH GmbHR 2001, 247) hat unter der Aufgabe seiner früheren Rspr allerdings und für den Formwechsel eindeutig entschieden, dass der in §§ 210, 212 normierte **Ausschluss** von Klagen gegen den Umwand- 15 lungsbeschluss auch gilt, soweit die betroffenen Anteilsinhaber die **Verletzung von Informations-, Auskunfts- oder Berichtspflichten** geltend machen. Solche Mängel können **ausschließl im Spruchverfahren** gerügt werden (nach OLG Frankfurt aM DB 2003, 2378 war die fehlende Vermögensaufstellung einem abfindungswertbezogenen Informationsmangel aber nicht gleichzusetzen, sodass Unwirksamkeitsklage insoweit mögl war; die Entscheidung ist seit dem 2. UmwÄndG überholt, vgl Rn 18). Nach Sinn und Zweck von §§ 210, 212, näml dem Unternehmensinteresse an einer **zügigen Durchführung** der beschlossenen Strukturmaßnahme Rechnung zu tragen, muss sich der Klageausschluss nach weitgehend akzeptierter Ansicht des BGH auch auf die Fälle des Informationsdefizites beziehen. Das ergebe sich aus einer **Zusammenschau der in §§ 210, 212 gesetzl geregelten Fälle.** So würde selbst für den Fall, dass gar kein Angebot gemacht wird, die Klage versagt. Dabei handele es sich um den Fall mit dem weitest gehenden Informationsdefizit. Auch sei es zulässig, dadurch, dass gar kein Angebot abgegeben werde, einer Anfechtungsklage den Boden zu entziehen. **Die für die Anteilsinhaber entstehende Unsicherheit,** über die Umw entscheiden zu müssen, ohne Kenntnis von der Höhe der Abfindung zu haben, **sei hinnehmbar.** Den Anteilsinhabern stünde es frei, gegen die Umw zu stimmen. Der Gang des Gesetzgebungsverfahrens bei § 14 II (Arg des KG AG 1998, 126) sei kein Arg gegen die Erstreckung des Anfechtungsausschlusses. Ein vglbarer Hinweis würde sich in den Gesetzesmaterialien zu §§ 210, 212 nicht finden. **An der früheren Rspr,** dass Aktionäre durch ausreichende Informationen in die Lage versetzt werden müssten, die Angemessenheit der Abfindung zu beurteilen, könne angesichts der Regelungen in §§ 210, 212 **nicht festgehalten** werden. Diese Rspr wird in der Praxis jedoch zu Recht nicht als Freifahrtschein gesehen (Lutter/*Decher* Rn 35 mwN), obwohl die Entscheidungen des BGH überwiegend auf Zustimmung gestoßen sind (vgl *Hirte* ZHR 2003, 8; *Klöhn* AG 2002, 443; *Henze* ZIP 2002, 97; *Fritzsche/Dreier* BB 2002, 737 je mwN) und mit der Änderung von § 243 IV 2 AktG durch das UMAG vom Gesetzgeber als im Grundsatz zutr anerkannt wurden (vgl *Hüffer* AktG § 243 Rn 47b mwN). Eine **Totalverweigerung** wird jetzt allerdings wieder mit der Anfechtungsklage sanktioniert (dazu *Hüffer* AktG § 243 Rn 47c mwN). Außerdem bezieht sich § 243 IV 2 AktG nur auf die HV, nicht auf beschlussvorbereitende Berichte. Im Ergebnis ist damit die Rechtslage trotz der zit BGH-Entscheidungen auch für den Formwechsel nicht endgültig geklärt. Auch ist es nicht ausgeschlossen, dass etwaige Privilegien für die Rechtsform AG Rechtsträgern anderer Rechtsform versagt werden. Auf die **Verschm** sind die Grdse dieser Rspr nicht übertragbar (überzeugend Widmann/Mayer/*Heckschen* § 14 Rn 6.1 mwN; so auch Widmann/Mayer/*Mayer* § 8 Rn 69; *ders* § 49 Rn 36 aE; Semler/Stengel/*Gehling* § 14 Rn 32, 33; ausführl Nachw bei Lutter/Lutter/*Drygala* § 8 Rn 57 und Lutter/*Bork* § 14 Rn 15 Fn 4; OLG Stuttgart AG 2003, 456 gegen OLG Köln ZIP 2004, 760; vgl auch LG Frankfurt aM DB 2003, 2590 zur vglbaren Problematik beim Squeeze-out).

3. Verbundene Unternehmen

16 Gem **Abs 1 S 2** ist § 8 I 3, 4 über **verbundene Unternehmen** entsprechend anzuwenden. Ist demnach der formwechselnde Rechtsträger ein verbundenes Unternehmen iSv § 15 AktG, so sind im Umwandlungsbericht **auch Angaben** über alle für den Formwechsel wesentl Angelegenheiten **der anderen verbundenen Unternehmen** zu machen, § 8 I 3. § 8 I 4 stellt darüber hinaus klar, dass die

erweiterten Berichtspflichten auch mit entsprechenden **Auskunftspflichten** iRd Anteilsinhaberversammlung nach § 193 I 2 korrespondieren. Inwieweit das Vertretungsorgan des formwechselnden Rechtsträgers zur Auskunft in der Anteilsinhaberversammlung verpflichtet ist, folgt aus den besonderen Vorschriften von §§ 214–304. **Unternehmensverträge** iSv §§ 15 ff AktG werden durch den Formwechsel grdsl nicht beeinträchtigt (vgl OLG Düsseldorf ZIP 2004, 753; Lutter/*Decher* § 202 Rn 47; Kallmeyer/*Meister/Klöcker* § 202 Rn 18 je mwN; Widmann/Mayer/*Vossius* § 202 Rn 133, 134; ausführl *Vossius* FS Widmann, 2000, 133); deswegen soll den Anteilsinhabern des formwechselnden Rechtsträgers bereits vor Beschlussfassung die Möglichkeit gegeben werden, sich auch über diejenigen Angelegenheiten verbundener Unternehmen zu unterrichten, die für den Formwechsel wesentl sind.

4. Besondere Schwierigkeiten, Abs 1 S 2 iVm § 8 Abs 1 S 2

Die **Verweisung auf § 8 I 2** – Hinweis auf besondere Schwierigkeiten bei der Bew des formwechselnden Rechtsträgers – dürfte praktisch kaum Bedeutung erlangen (KölnerKommUmwG/*Petersen* Rn 18). Wegen der Identität des Rechtsträgers vor und nach Durchführung des Formwechsels und wegen des idR gleichbleibenden Wertes der Anteile an diesem Rechtsträger ist eine Bew des Rechtsträgers nicht erforderl. Anderes gilt nur bei zulässigem Eingriff in die Anteilsverhältnisse nach §§ 194, 207 ff; vgl auch § 8 Rn 27. 17

5. Vermögensaufstellung

§ 192 hatte ursprüngl einen Abs 2 aF, der als weiteren Bestandteil des Umwandlungsberichts eine Vermögensaufstellung vorsah: „Dem Bericht ist eine **Vermögensaufstellung** beizufügen, in der die Gegenstände und Verbindlichkeiten des formwechselnden Rechtsträgers mit dem wirklichen Wert anzusetzen sind, der ihnen am Tage der Erstellung des Berichts beizulegen ist. Die Aufstellung ist Bestandteil des Berichts." Diese Pflicht zur Beifügung einer Vermögensaufstellung wurde insbes in der Literatur von Anfang an scharf krit (dazu ausführl 4. Aufl 2006, Rn 18–22). 18

Mit dem **2. UmwÄndG** vom 19.4.2007 (BGBl I 542) wurde der frühere Abs 2 ersatzlos aufgehoben und der frühere Abs 3 wurde zum heutigen Abs 2. In der RegEBegr heißt es dazu: „Das in § 192 Abs 2 UmwG bisher vorgesehene Erfordernis, dem Umwandlungsbericht eine Vermögensaufstellung beizufügen, wird als verfehlte Regelung kritisiert. Da gem § 197 S 1 UmwG bei einem Formwechsel grundsätzlich die Gründungsvorschriften anzuwenden seien, ersparte sie nicht den im Rahmen einer Gründungsprüfung nötigen Nachweis der Werthaltigkeit. Auch eine Unternehmensbewertung für die Bemessung der Barabfindung gem § 208 iVm § 30 UmwG werde nicht überflüssig. Die Aufdeckung aller stiller Reserven aus Anlass eines Formwechsels sei aber nicht notwendig. Die Regelung soll daher ersatzlos gestrichen werden. An die Stelle rückt der bisherige Abs 3." (BT-Drs 16/2919, 19). 19

Die Entscheidung des Gesetzgebers ist uneingeschränkt zu begrüßen (so auch *Heckschen* DNotZ 2007, 452; *Mayer/Weiler* MittBayNot 2007, 374 und DB 2007, 1293; Stellungnahme der Centrale für GmbH zum RefE GmbHR 2006, 421; *Bayer/Schmidt* NZG 2006, 846; *Drinhausen* BB 2006, 2316). Unternehmen, die nach altem Recht gezwungen waren, eine Vermögensaufstellung zum HR einzureichen, können versuchen, unter Berufung auf Art 14 GG, auf den Daten- und 20

Geheimnisschutz und auf das offensichtl Versäumnis des Gesetzgebers bei der ursprüngl Gesetzesfassung die Vermögensaufstellung herauszuverlangen (vgl auch 4. Aufl 2006, Rn 21).

6. Nur ein Anteilsinhaber, Abs 2 S 1 Alt 1

21 Ein **Umwandlungsbericht** ist **nicht erforderl,** wenn an dem formwechselnden Rechtsträger nur **ein Anteilsinhaber** beteiligt ist, **Abs 2 S 1 Alt 1.** In diesem Fall liegt eine ähnl Situation wie bei § 215 vor. Der einzige Anteilsinhaber hat kraft seiner dominierenden Stellung ein so umfassendes Recht, Einsicht in die Vermögensverhältnisse des formwechselnden Rechtsträgers zu verlangen, dass die Erstellung des Umwandlungsberichts reiner Formalismus wäre. Ähnl wie im Fall von § 8 III 1 Alt 2 wird damit die Umw im Konzern erleichtert.

7. Verzicht, Abs 2 S 1 Alt 2

22 **Abs 2 S 1 Alt 2** lässt die Pflicht zur Abfassung eines Umwandlungsberichts entfallen, wenn alle Anteilsinhaber des formwechselnden Rechtsträgers auf seine Erstattung in **notarieller Urkunde** (Abs 2 S 2) **verzichten.** Bis zur Anmeldung des Formwechsels (§ 198) ist auch ein **nachträgl Verzicht** mögl (Lutter/*Decher* Rn 46 mwN). Durch die eindeutige Gesetzesformulierung wird klar, dass ein Umwandlungsbericht selbst dann zu fertigen ist, wenn nur ein einziger Anteilsinhaber (unabhängig von dessen Kap- oder Stimmenmacht) auf seiner Abfassung besteht. Die Pflicht zur notariellen Beurkundung (Abs 2 S 2) ist nicht disponibel; die Warnfunktion der notariellen Form wurde bewusst fruchtbar gemacht, außerdem soll dem Registergericht (vgl § 199) die sichere Nachprüfung dahin ermöglicht werden, ob die Verzichtserklärungen umfassend und vollständig sind (vgl RegEBegr BR-Drs 75/94 zu § 8 III). Vgl zur **Heilung** § 202 I Nr 3; vgl zu § 215 oben Rn 2.

8. Mangelhafter Bericht

23 Der Umwandlungsbericht ist einer der zentralen Angriffspunkte für **Unwirksamkeitsklagen,** Rn 1. Soweit eine Klage sich nicht auf die Verbesserung des Beteiligungsverhältnisses stützt – in diesen Fällen wäre die Unwirksamkeitsklage ausgeschlossen, §§ 195 II, 196 bzw § 210 und Rn 15 für die Barabfindung –, kann bereits ein Fehler im Umwandlungsbericht bei rechtzeitigem Vorgehen durch einen Anteilsinhaber (§ 195 I) den gesamten Formwechsel blockieren (vgl § 8 Rn 40 ff). Gem **§ 198 III** ist allerdings § 16 III über das summarische Verfahren entsprechend anzuwenden. Da § 16 III durch das ARUG (Einf Rn 32 mwN) umfassend geändert wurde und sich dadurch iE für die beteiligten Rechtsträger die Chancen des Obsiegens im summarischen Verfahren deutlich erhöht haben, werden bei entsprechend konsequentem Vorgehen nur noch gewichtige Fehler die Eintragung der Umw verhindern können. Der Streit verlagert sich dann auf die Frage der Gewährung von Schadensersatz gem § 16 III 10, denn nach einmal erfolgter Eintragung ist auch der Formwechsel unumkehrbar (§ 202 III, dort Rn 11).

§ 193 Umwandlungsbeschluß

(1) [1] **Für den Formwechsel ist ein Beschluß der Anteilsinhaber des formwechselnden Rechtsträgers (Umwandlungsbeschluß) erforderlich.** [2] **Der**

Beschluß kann nur in einer Versammlung der Anteilsinhaber gefaßt werden.

(2) **Ist die Abtretung der Anteile des formwechselnden Rechtsträgers von der Genehmigung einzelner Anteilsinhaber abhängig, so bedarf der Umwandlungsbeschluß zu seiner Wirksamkeit ihrer Zustimmung.**

(3) [1] **Der Umwandlungsbeschluß und die nach diesem Gesetz erforderlichen Zustimmungserklärungen einzelner Anteilsinhaber einschließlich der erforderlichen Zustimmungserklärungen nicht erschienener Anteilsinhaber müssen notariell beurkundet werden.** [2] **Auf Verlangen ist jedem Anteilsinhaber auf seine Kosten unverzüglich eine Abschrift der Niederschrift des Beschlusses zu erteilen.**

Schrifttum: Siehe Schrifttum Vor §§ 190–213.

Übersicht

1. Allgemeines

1 Sowohl bei der formwechselnden Umw (§§ 362 ff AktG aF, §§ 59, 61, 62 UmwG 1969) als auch bei der errichtenden Umw nach dem UmwG 1969 (vgl näher § 191 Rn 1 und Widmann/Mayer/*Vollrath* Rn 2; KölnerKommUmwG/*Petersen* Rn 1) war ein **Beschluss der Anteilsinhaber** des formwechselnden Rechtsträger erforderl. Die Notwendigkeit der Beschlussfassung ergibt sich jetzt aus § 193, der **Inhalt des Umwandlungsbeschlusses** ist ausführl in § 194 geregelt. § 193 entspricht im Wesentl **§ 13.** § 194 nimmt Bezug auf die insoweit vglbaren §§ 5, 127 über den Inhalt des Verschm- und des Spaltungsvertrags.

2 Anders als in den vorangestellten Büchern (Verschm, Spaltung, Vermögensübertragung) gibt es beim Formwechsel nach §§ 190 ff naturgemäß **keinen Vertrag.** Die Umwandlungswirkungen (§ 202) beziehen sich nur auf einen Rechtsträger, näml den formwechselnden Rechtsträger iSv § 191 I, der durch den Formwechsel eine neue Rechtsform iSv § 191 II erhält (Identität, vgl § 190 Rn 5 ff). Dem Umwandlungsbeschluss nach § 193 fehlt somit der Bezugspunkt „Umwandlungsvertrag“ (vgl § 13 Rn 4, § 4 Rn 4 ff). Der Beschluss ist Entscheidung der Anteilsinhaber über die Durchführung des Formwechsels, zugleich legt er – insoweit am

ehesten vglbar mit dem Spaltungsplan iSv § 136 – die Einzelheiten des Formwechsels fest, § 194.

3 **Abs 1 S 1** bestimmt die Notwendigkeit der Beschlussfassung. Der Beschluss muss stets in einer Versammlung der Anteilsinhaber gefasst werden, **Abs 1 S 2,** das Umlaufverfahren ist demnach nicht opportun. **Abs 2** enthält eine Sonderregelung für den Fall der Vinkulierung; die sonst für die Anteilsübertragung notw Genehmigung durch einzelne Anteilsinhaber wird durch deren Zustimmung zum Umwandlungsbeschluss ersetzt. Der Umwandlungsbeschluss und alle nach §§ 190 ff erforderl Zustimmungserklärungen einzelner Anteilsinhaber bedürfen der notariellen Beurkundung, **Abs 3.** Ist nach den besonderen Vorschriften von §§ 214 ff vorgeschrieben, dass auch der Gesellschaftsvertrag oder die Satzung Bestandteil des Umwandlungsbeschlusses zu sein hat (vgl zB § 218 I), muss auch dieser Organisationsvertrag mit beurkundet werden; damit werden geringere Formerfordernisse des einfachen Rechts (etwa § 5 GenG) verdrängt. Die Anteilsinhaber können eine Abschrift der Niederschrift des Beschlusses verlangen, Abs 3 S 2.

2. Beschluss der Anteilsinhaber, Abs 1

4 **a) Rechtsnatur.** Die Mitwirkung des jew Anteilsinhabers bei Abfassung des Umwandlungsbeschlusses ist seine zentrale Aufgabe beim gesamten Umstrukturierungsvorgang. Er kann danach aber jederzeit über seinen Anteil verfügen, wenn dies nach dem beim formwechselnden Rechtsträger geltenden Recht zulässig ist (BayObLG ZIP 2003, 1145). Vinkulierungen können dabei nur nach Maßgabe von § 211 überwunden werden. Eine **materielle Beschlusskontrolle** (dazu § 13 Rn 42) findet nur in Fällen groben Missbrauchs statt (ausführl OLG Düsseldorf ZIP 2003, 1749 mwN, bestätigt durch BGH ZIP 2005, 1318). Der Entwurf des Umwandlungsbeschlusses (Inhalt: § 194, ggf ergänzt durch §§ 214 ff) ist Bestandteil des Umwandlungsberichts, § 192 I 3. Damit wird der Umwandlungsbeschluss **von den Leitungsorganen** des formwechselnden Rechtsträgers **verfasst** und den Anteilsinhabern vor Beschlussfassung (als Vorschlag) zur Kenntnis gebracht. **Identität** zwischen dem schließl gefassten Umwandlungsbeschluss und dem noch im Umwandlungsbericht enthaltenen Entwurf des Umwandlungsbeschlusses ist nicht erforderl (anders etwa bei der Verschm: Dort muss der Vertragsentwurf iSv § 4 II mit dem endgültig abgeschlossenen notariellen Verschmelzungsvertrag grdsl wortgleich übereinstimmen; damit soll verhindert werden, dass die Anteilsinhaber eine Verschm beschließen, die dann doch anders abgewickelt wird, vgl näher § 4 Rn 23 ff; § 13 Rn 19). Die Anteilsinhaber haben es beim Formwechsel selbst in der Hand, wie diese Umw ausgestaltet werden soll. Sie können noch **während der Beschlussfassung** den Inhalt des Beschlusses iSv §§ 194, 214 ff (Rn 11) korrigieren, weil damit keine Veränderung eines Vertragsverhältnisses mit einem Dritten verbunden ist. Allerdings bleibt zu beachten, dass gem **§ 194 II** der Entwurf des Umwandlungsbeschlusses spätestens einen Monat vor dem Tage der Versammlung der Anteilsinhaber, die den Formwechsel beschließen soll, dem zuständigen Betriebsrat des formwechselnden Rechtsträgers zuzuleiten ist. Ist diese Vorschrift zu beachten, weil ein entsprechender Betriebsrat besteht (ausführl zur Anwendung: § 194 Rn 11 ff), darf ein Unterschied zwischen Entwurf und endgültigem Beschlussinhalt zumindest in Bezug auf die **Rechtsposition der ArbN** nicht bestehen (dazu ausführl § 5 Rn 108 ff mwN). Das **Registergericht** kann die insoweit notw Identität vor Eintragung des Formwechsels prüfen (vgl § 199, nach

dem „ein Nachweis über die Zuleitung nach § 194 II" der Anmeldung als Anlage beizufügen ist).

Für den Fall, dass ein **Umwandlungsbericht nicht notw** ist (dazu § 192 Rn 22, 23), entfällt die gesetzl Notwendigkeit zur Aufstellung eines Beschlussentwurfs. Gleichwohl wird man zur geordneten Durchführung der Anteilsinhaberversammlung iSv Abs 1 S 2 die Beschlussfassung mit einem Entwurf vorbereiten; außerdem kann § 194 II einschlägig sein. 5

Die Festsetzungen des Umwandlungsbeschlusses sind **maßgebl für** die **Wirkungen der Eintragung** nach § 202. In der Zeit zwischen vollzogener Beschlussfassung und Eintragung des Formwechsels (§ 201) sind die Anteilsinhaber an den gefassten Beschluss **gebunden,** ihnen ist aber ohne weiteres die Möglichkeit gegeben, den Beschluss – formlos, vgl Lutter/*Decher* Rn 28 mwN – wieder aufzuheben. Nach Eintragung des Formwechsels besteht diese Möglichkeit nicht mehr, dann kann allenfalls, sofern gesetzl zugelassen (vgl § 190 Rn 3), ein actus contrarius beschlossen und nach §§ 190 ff mit Wirkung ex nunc umgesetzt werden. 6

b) Zuständigkeit, Stellvertretung. Die **Kompetenzzuweisung an die Anteilsinhaber** ist zwingend; von ihr kann auch nicht durch Gesellschaftsvertrag oder Satzung abgewichen werden. Auch eine Delegation der Befugnisse der Anteilsinhaberversammlung auf Leitungs- oder Aufsichtsorgane des formwechselnden Rechtsträgers, etwa durch Beschluss der Anteilsinhaberversammlung selbst, ist nicht zulässig. Es ist auch nicht mögl, durch gesellschaftsvertragl oder sonstige vertragl Regelungen eine Zustimmung des jew Anteilsinhabers zu erzwingen oder ihn bei Verweigerung dieser Zustimmung aus dem Rechtsträger heraus zu drängen (ausführl dazu OLG Karlsruhe ZIP 2003, 78 mit Anm *Kowalski* EWiR 2003, 181; OLG Frankfurt aM DB 2003, 31). **Abs 1 S 2** bestimmt, dass der Verschmelzungsbeschluss nur in einer **Versammlung der Anteilsinhaber** gefasst werden darf. Damit stellt sich die Frage, ob eine Beschlussfassung auch im schriftl Abstimmungsverfahren mögl ist, nicht. Die **Einzelheiten zur Durchführung der Anteilsinhaberversammlung** bestimmt sich nach dem für die jew Rechtsträger einschlägigen Vorschriften (vgl für die GmbH §§ 48 ff GmbHG, für AG und KGaA §§ 118 ff (§ 278) AktG, für eG §§ 43 ff GenG, für VVaG § 36 VAG iVm §§ 118 ff AktG) und nach den besonderen Vorschriften in §§ 214–304 (vgl Tabelle 1 bei Widmann/Mayer/*Vollrath* Rn 5 zur Einberufung und Tabelle 2 Rn 6 zur Durchführung der Anteilsinhaberversammlung). 7

Stellvertretung bei der Beschlussfassung ist grdsl zulässig (vgl *Melchior* GmbHR 1999, 520; bei Boten nur, wenn im Gesellschaftsvertrag zugelassen, Widmann/Mayer/*Vollrath* Rn 23; Lutter/*Decher* Rn 4; aA Semler/Stengel/*Bärwaldt* Rn 14 und rechtl mögl, vgl *Hüffer* AktG § 134 Rn 33), sofern das für die jew Rechtsträger einschlägige Recht nicht etwas anderes vorsieht. Ob die **Vollmacht notariell** zu beglaubigen ist, richtet sich danach, ob der vertretene Anteilsinhaber dem Umwandlungsbeschluss ausdrückl zustimmen muss oder nicht (Widmann/Mayer/*Vollrath* Rn 24 ff; aA noch die 2. Aufl 1996 sowie Lutter/*Decher* Rn 4 mwN). Denn etwaige Zustimmungserklärungen einzelner Anteilsinhaber müssen gem Abs 3 notariell beurkundet werden. Die Warnfunktion der notariellen Beurkundung darf insoweit nicht durch die Anwendung von § 167 II BGB unterlaufen werden. Für die anderen Fälle gilt hingegen § 167 II BGB, wonach die Erklärung nicht der Form bedarf, welche für das eigentl Rechtsgeschäft bestimmt ist. UU ist aber **Schriftform** erforderl (zB § 47 III GmbHG, § 134 III 2 AktG iVm § 126 BGB). 8

9 Da der Umwandlungsbeschluss das Verhältnis der Anteilsinhaber untereinander beeinflusst (vgl § 194 I Nr 3–6 und Komm dort), ist das Selbstkontrahierungsverbot von **§ 181 BGB** zu beachten. Ein Anteilsinhaber kann also bei der Stimmabgabe den anderen nur dann vertreten, wenn ihm eine entsprechende Befreiung erteilt worden ist (dies gilt nach hM auch bei Körperschaften uneingeschränkt, vgl ausführl Lutter/*Happ/Göthel* § 233 Rn 39 ff mwN); diese kann allerdings in der Vollmachtserteilung selbst konkludent enthalten sein. Vgl iÜ § 13 Rn 51.

10 Gesetzl Vertreter von **minderjährigen Anteilsinhabern** haben die Beschränkung nach §§ 1629 II, 1795 BGB zu beachten. Eine vormundschaftsgerichtl Genehmigung gem § 1643 BGB dürfte hingegen nicht erforderl sein. Zwar besteht wegen der Notwendigkeit, das künftige Verhältnis der Anteilsinhaber untereinander auch nach Durchführung des Formwechsels zu regeln, die Pflicht, einen Gesellschaftsvertrag iSv § 1822 Nr 3 BGB abzuschließen (entweder innerh des Umwandlungsbeschlusses, zB § 218, oder in Vollzug des Formwechsels); dabei muss aber die Identität des Rechtsträgers vor und nach Durchführung des Formwechsels gesehen werden, die ursprüngl Beteiligung des Anteilsinhabers am formwechselnden Rechtsträger setzt sich automatisch fort; § 1822 Nr 3 BGB ist teleologisch dahin zu reduzieren, dass der Abschluss des Gesellschaftsvertrags iRe Formwechsels nicht erfasst wird (wie hier Kallmeyer/*Zimmermann* Rn 13; Lutter/*Happ/Göthel* § 240 Rn 22; Soergel/*Damrau* BGB § 1822 Rn 25; aA Semler/Stengel/*Bärwaldt* Rn 13; Widmann/Mayer/*Vollrath* Rn 22). Anderes hat dann zu gelten, wenn dem minderjährigen Anteilsinhaber (bei Formwechsel in eine PhG) die persönl Haftung oder (bei Formwechsel in eine KapGes) eine Differenzhaftung droht (vgl zum Meinungsstand Lutter/*Happ/Göthel* § 233 Rn 49 ff und § 240 Rn 22 ff). Vgl zu § 1629a BGB Nachw bei § 191 Rn 7, § 3 Rn 10. Für **unbekannte Anteilsinhaber** kann uU ein Pfleger bestellt werden, vgl OLG Bremen BB 2003, 1525.

11 **c) Inhalt des Umwandlungsbeschlusses.** Der **Inhalt des Umwandlungsbeschlusses** ergibt sich zunächst aus **§ 194.** Rechtsformspezifische Ergänzungen finden sich in **§§ 214 ff,** und zwar (vgl auch Tabelle 1 bei Widmann/Mayer/*Vollrath* § 194 Rn 4) in **§ 218** (Formwechsel von PersGes), **§ 234** (Formwechsel von KapGes), **§ 243** (Formwechsel von KapGes untereinander), **§ 253** (Formwechsel einer KapGes in eine eG), **§ 263** (Formwechsel einer eG), **§ 276** (Formwechsel eines rechtsfähigen Vereins in eine KapGes), **§ 285** (Formwechsel eines rechtsfähigen Vereins in eine eG) und in **§ 294** (Formwechsel eines VVaG). Im Ggs zum früheren Recht (vgl § 191 Rn 1) ist damit der Mindestinhalt des Umwandlungsbeschlusses genau festgeschrieben, den Anteilsinhabern obliegt es, alle Festsetzungen für die Durchführung des Formwechsels selbst zu treffen.

12 **d) Mehrheitsverhältnisse.** Der Umwandlungsbeschluss in der Anteilsinhaberversammlung muss mit der von §§ 214 ff vorgeschriebenen **Mehrheit** gefasst werden. Im Einzelnen gilt (vgl auch Tabelle 3 bei Widmann/Mayer/*Vollrath* Rn 31): Bei **PhG** und **PartGes** ist grdsl Einstimmigkeit erforderl (§§ 217 I 1, 225c). Davon abw kann der Gesellschaftsvertrag eine Mehrheitsentscheidung der Gesellschafter mit drei Viertel der Stimmen vorsehen (§§ 217 I 2, 3, 225c; zur Frage, ob eine Regelung im Gesellschaftsvertrag der PhG dahin, dass der Gesellschaftsvertrag mit einer Mehrheit von drei Vierteln geändert werden kann, genügt, vgl im Einzelnen § 43 Rn 9). Beim Formwechsel einer **KapGes** in eine PersGes diff § 233 je nach Ausgangs- und Zielrechtsform (vgl im Einzelnen § 233 I–III und Komm dort). Beim Formwechsel in eine KapGes anderer Rechtsform ist der Anteilsinhaberbeschluss mit einer Mehrheit von mindestens drei Vierteln der abgegebenen Stimmen oder des bei der Beschluss-

fassung einer AG oder einer KGaA vertretenen Grundkapitals zu fassen. Der Gesellschaftsvertrag oder die Satzung der formwechselnden KapGes kann eine größere Mehrheit vorsehen, § 240 I. Beim Formwechsel einer KapGes in eine eG unterscheidet § 252 danach, ob das Statut der eG eine Nachschusspflicht (§ 6 Nr 3 GenG) vorsieht (Einstimmigkeit) oder nicht (Dreiviertelmehrheit). Beim Formwechsel der **eG** ist gem § 262 I entweder eine Mehrheit von drei Vierteln oder – bei Widerspruch gegen den Formwechsel – von neun Zehnteln erforderl. Der Umwandlungsbeschluss beim **Verein** bedarf bei Zweckänderung der Zustimmung aller Anteilsinhaber, in anderen Fällen einer Dreiviertelmehrheit, § 275 I, II; Gleiches gilt beim Formwechsel des Vereins in eine eG, § 284. Die oberste Vertretung des **VVaG** muss mit einer Mehrheit von mindestens drei Vierteln der abgegebenen Stimmen beschließen, § 293 S 1. Bei qualifiziertem Widerspruch erhöht sich diese Mehrheit auf neun Zehntel der abgegebenen Stimmen, § 293 S 2. Beim Formwechsel von **Körperschaften und Anstalten des öffentl Rechts,** §§ 301–304, ist ein Umwandlungsbeschluss grdsl nicht erforderl, § 302. Diese formwechselnden Rechtsträger haben als solche keine Anteilsinhaber (näher § 301 Rn 1 ff).

Damit sind die Mehrheitserfordernisse für den Umwandlungsbeschluss vielfältiger ausgestaltet als diejenigen des Verschm-, Spaltungs- oder Vermögensübertragungsbeschlusses; ihre Anwendungsvoraussetzungen müssen im Einzelfall eingehend geprüft werden. **13**

e) Mangelhaftigkeit des Beschlusses. Der Umwandlungsbeschluss ist hinsichtl seiner Wirksamkeit, insbes bzgl Anfechtbarkeit und Nichtigkeit, wie ein normaler Anteilsinhaberbeschluss des Rechtsträgers zu beurteilen. **Mängel des Formwechsels** lassen die Wirkungen der Eintragung der neuen Rechtsform oder des Rechtsträgers neuer Rechtsform in das Register allerdings unberührt, **§ 202 III.** Durch diese § 352a AktG aF nachgebildete und §§ 20 II, 131 II, 179, 180 entsprechende Regelung ist nunmehr für alle Fälle die Irreversibilität des Formwechsels festgeschrieben. Vgl allg zur Unwirksamkeitsklage im Zusammenhang mit dem Umwandlungsbeschluss § 195 Rn 3 ff. **14**

3. Zustimmungserfordernis, Abs 2

a) Allgemeines. Das Zustimmungserfordernis eines einzelnen Anteilsinhabers orientiert sich am Vorbild von § 376 II 2 AktG aF. Die Vorschrift ist inhaltsgleich mit **§ 13 II** (vgl auch RegEBegr BR-Drs 75/94 zu § 13 II). **Abs 2** ist Ausdruck des allg Rechtsgedankens, dass **Sonderrechte eines Anteilsinhabers** nicht ohne dessen Zustimmung beeinträchtigt werden dürfen (vgl § 35 BGB; RegEBegr BR-Drs 75/94 zu § 13 II). Die Zustimmung des jew Anteilsinhabers ist **Wirksamkeitserfordernis** für den Umwandlungsbeschluss (dazu Rn 20). **15**

Auf eine Übernahme auch von § 376 II 3 AktG aF, der beim **Wegfall von Nebenleistungspflichten** ein eigenes Zustimmungserfordernis der hiervon betroffenen Aktionäre vorsah (dazu 1. Aufl 1994, § 376 AktG Anm 7), wurde verzichtet. Dem UmwG ist ein so ausgestaltetes Zustimmungserfordernis mit Ausnahme von § 241 III nicht bekannt, auch nicht iRd für die einzelnen Rechtsformen geltenden besonderen Vorschriften von §§ 214 ff. Im Einzelfall ist allerdings die Anwendung von **§§ 204, 23** mögl. Für den Fall, dass beim Formwechsel von GmbH in AG/KGaA wegen § 55 AktG eine Nebenleistungspflicht entfällt, ist die Zustimmung notwendig, vgl § 241 III und § 241 Rn 9 ff. **16**

17 **b) Vinkulierung.** Das Zustimmungserfordernis in Abs 2 betrifft den Fall, dass die Abtretung der Anteile des formwechselnden Rechtsträgers unter Genehmigungsvorbehalt steht. In Gesellschaftsvertrag oder Satzung (nicht in anderen schuldrechtl Vereinbarungen, Lutter/*Decher* Rn 19; Kallmeyer/*Zimmermann* Rn 16; Semler/Stengel/*Bärwaldt* Rn 25) muss die **Zustimmung einzelner Anteilsinhaber** – geknüpft entweder an deren Person oder an die von diesen gehaltenen Anteile – des Rechtsträgers in seiner Ausgangsrechtsform vorgesehen sein. Die Notwendigkeit der Zustimmung durch die Versammlung der Anteilsinhaber oder den Rechtsträger als solchem oder eines seiner Organe führt nicht zur Anwendung von Abs 2 (hM, vgl Widmann/Mayer/*Vollrath* Rn 40; Kallmeyer/*Zimmermann* Rn 17; bei gleicher Auslegung die Gesetzesfassung kritisierend Lutter/Lutter/*Drygala* § 13 Rn 24; aA wohl GKT/*Laumann* Rn 45, 47 gegen GKT/*Bermel* § 13 Rn 54), wenn nicht ausnahmsweise Einstimmigkeit mit allen vorhandenen Stimmen vorgeschrieben ist (Lutter/*Decher* Rn 15 mwN).

18 Ebenfalls findet Abs 2 keine – auch keine analoge – Anwendung auf Fälle eines **statutarischen Ausschlusses der Abtretbarkeit** oder auf solche Satzungsbestimmungen, die als echte oder unechte Satzungsbestandteile ein **Vorkaufs- oder Vorerwerbsrecht** für einzelne oder alle Anteilsinhaber vorsehen (so auch *Reichert* GmbHR 1995, 176, 180 f, 193; Lutter/*H. Schmidt,* Kölner Umwandlungsrechtstage 1995, S 78; Lutter/*Decher* Rn 21, 25 f weist zu Recht darauf hin, dass sich in diesen Fällen das Zustimmungserfordernis uU aus §§ 204, 23 ergeben kann, was im Erg aber abzulehnen ist, *Reichert* GmbHR 1995, 176, 184). Wird – wie in der Praxis häufig (vgl *Priester* ZGR 1990, 420, 440 mwN) – die **Zustimmung aller Anteilsinhaber** (nicht: der Anteilsinhaberversammlung) zur Abtretung eines Anteils verlangt, müssen alle Anteilsinhaber des formwechselnden Rechtsträgers ausdrückl zustimmen. In diesem Fall werden die Regelungen des UmwG über die für die Beschlussfassung notw Mehrheitsverhältnisse (dazu Rn 12) faktisch gegenstandslos (KölnerKommUmwG/*Petersen* Rn 12). Demgemäß empfiehlt es sich, mit solchen Regelungen bei Abfassung der Satzungen „sparsam" umzugehen. Zum Ganzen ausführl: *Reichert* GmbHR 1995, 176 ff mwN.

19 **c) Zustimmung.** Nach **§§ 182 ff BGB** kann die empfangsbedürftige Willenserklärung Zustimmung als (vorherige) **Einwilligung** und (nachträgl) **Genehmigung** ausgesprochen werden. Demnach kommt es nicht darauf an, ob der Umwandlungsbeschluss iSv Abs 1 S 1 zum Zeitpunkt der Zustimmung bereits vorliegt oder nicht. Die Zustimmungserklärung des berechtigten Anteilsinhabers bedarf der **notariellen Beurkundung** (dazu Rn 22, zur Heilung vgl § 202 I Nr 3 UmwG), der **Widerruf** ist gem § 183 BGB bis zur Beschlussfassung formlos mögl (Widmann/Mayer/*Vollrath* Rn 46; KölnerKommUmwG/*Petersen* Rn 17). Ein Anspruch auf Zustimmung besteht grdsl nicht, in extremen Fällen kann allenfalls die Treuepflicht anderes ergeben (Kallmeyer/*Zimmermann* Rn 24 mwN).

20 **d) Wirksamkeit des Umwandlungsbeschlusses.** Ohne die nach Abs 2 notw Zustimmung – für deren Abgabe eine Frist gesetzt werden kann, Semler/Stengel/*Bärwaldt* Rn 27 mwN – ist der Umwandlungsbeschluss – und damit letztl der Formwechsel – **schwebend unwirksam** (wie hier Kallmeyer/*Zimmermann* Rn 22; Lutter/*Decher* Rn 23). Wird die Zustimmung auch nur von einem der Zustimmungsberechtigten verweigert, führt dies zur **endgültigen Unwirksamkeit** des Beschlusses (vgl Kallmeyer/*Zimmermann* Rn 23; Lutter/*Decher* Rn 23; Semler/Stengel/*Bärwaldt* Rn 27). Durch Eintragung des Formwechsels in das jew maßgebl Register wird dieser Mangel nicht geheilt; gem § 202 III bleibt der

Mangel des Formwechsels bzgl der Wirkungen der Eintragung jedoch ohne Folgen. Nach Sinn und Zweck von § 202 III können deswegen letztl nur die im Beschluss iSv §§ 193, 194, 214 ff aufgenommenen Festsetzungen maßgebend sein. Für die von dieser Rechtsfolge belasteten zustimmungsberechtigten Anteilsinhaber bleibt nur die Berufung auf **Schadensersatzanspruch** nach §§ 205 ff (dazu ausführl § 20 Rn 121 ff). Eine analoge Anwendung von §§ 204, 23 kommt demggü wohl nicht in Betracht (vgl auch *Reichert* GmbHR 1995, 176, 184). Umso wichtiger ist es für die Leitungsorgane des am Formwechsel beteiligten Rechtsträgers und für das Registergericht, die als notw Anlage zur Anmeldung gem § 199 beizufügenden Zustimmungserklärungen einzelner Anteilsinhaber auf formelle Richtigkeit und Vollständigkeit zu prüfen.

Sonstige Zustimmungserfordernisse finden sich zB für den Formwechsel 21 einer KapGes in §§ 50 II, 65 II, deren entsprechende Anwendung § 233 I HS 2 bestimmt (vgl auch *Reichert* GmbHR 1995, 176, 193 und Tabelle 10 bei *Widmann/Mayer* 28. EL Teil B Rn 226).

4. Notarielle Beurkundung, Abs 3 S 1

Der Umwandlungsbeschluss und alle ihn betreffenden Zustimmungserklärun- 22 gen müssen **notariell beurkundet** werden, Abs 3 S 1. **Auslandsbeurkundung** (dazu § 6 Rn 13 ff) ist mögl und zulässig (str). Auch in diesem Fall kann das Ziel der in Abs 3 S 1 vorgesehenen notariellen Beurkundung – Rechtssicherheit durch die Kontrolle des Notars, der die Verantwortung dafür übernimmt, dass die Versammlung der Anteilsinhaber ordnungsgemäß abgewickelt wird (vgl RegEBegr BR-Drs 75/94 zu § 13 III 1) – erreicht werden. **Gegenstand der Beurkundung** muss der vollständige Beschluss mit dem vorgeschriebenen Inhalt (Rn 11) sein. Ein teilw Verzicht auf die Beurkundung – etwa durch nachträgl Abfassung eines ergänzenden Beschlusses ohne Beachtung der Formvorschriften von Abs 3 S 1 – führt zur Unwirksamkeit des gesamten Beschlusses, vgl § 6 Rn 3 ff. Vgl zur Heilung § 202 I Nr 3. IÜ ist der Umwandlungsbeschluss idR nach §§ 36, 37 BeurkG, die Zustimmungserklärungen sind nach §§ 8 ff BeurkG zu beurkunden (ausführl dazu Widmann/Mayer/*Vollrath* Rn 12 ff). Zu den Kosten der Beurkundung Rn 24.

5. Abschriftserteilung, Abs 3 S 2

Auf Kosten des Anteilsinhabers ist diesem unverzügl (ohne schuldhaftes 23 Zögern, § 121 I 1 BGB) eine **Abschrift der Niederschrift des Beschlusses** zu erteilen, **Abs 3 S 2.** Dieser Anspruch (nur gegen den Rechtsträger, nicht auch ggü dem Notar, Widmann/Mayer/*Vollrath* Rn 33; KölnerKommUmwG/*Petersen* Rn 20) dient letztl dem Schutz der Anteilsinhaber, weil auch auf diesem Wege eine vollständige Kontrolle des gesamten Verschmelzungsvorgangs, insbes eine nochmalige gründl Überprüfung des Beschlussinhalts, ermöglicht wird. In diesem Zusammenhang kann der Anteilsinhaber auch die Frage prüfen, ob er gegen die Wirksamkeit des Verschmelzungsbeschlusses Klage erheben möchte. Der Anspruch steht auch demjenigen zu, der erst anlässl des Formwechsels, was nach hM zulässig ist (dazu ausführl § 226 Rn 3 mwN).

6. Kosten

Vgl Vor §§ 190–213 Rn 4. Wird der Gesellschaftsvertrag im Umwandlungsbe- 24 schluss mitbeurkundet (vgl zB § 218 I), entsteht eine Zwanzigzehntelgebühr nach

§ 36 II KostO; außer in Fällen der Gegenstandsgleichheit kann sich eine Geschäftswerterhöhung ergeben (Widmann/Mayer/*Vollrath* Rn 69 ff mwN). Zu den Kosten für Zustimmungserklärungen § 13 Rn 79.

§ 194 Inhalt des Umwandlungsbeschlusses

(1) **In dem Umwandlungsbeschluß müssen mindestens bestimmt werden:**
1. **die Rechtsform, die der Rechtsträger durch den Formwechsel erlangen soll;**
2. **der Name oder die Firma des Rechtsträgers neuer Rechtsform;**
3. **eine Beteiligung der bisherigen Anteilsinhaber an dem Rechtsträger nach den für die neue Rechtsform geltenden Vorschriften, soweit ihre Beteiligung nicht nach diesem Buch entfällt;**
4. **Zahl, Art und Umfang der Anteile oder der Mitgliedschaften, welche die Anteilsinhaber durch den Formwechsel erlangen sollen oder die einem beitretenden persönlich haftenden Gesellschafter eingeräumt werden sollen;**
5. **die Rechte, die einzelnen Anteilsinhabern sowie den Inhabern besonderer Rechte wie Anteile ohne Stimmrecht, Vorzugsaktien, Mehrstimmrechtsaktien, Schuldverschreibungen und Genußrechte in dem Rechtsträger gewährt werden sollen, oder die Maßnahmen, die für diese Personen vorgesehen sind;**
6. **ein Abfindungsangebot nach § 207, sofern nicht der Umwandlungsbeschluß zu seiner Wirksamkeit der Zustimmung aller Anteilsinhaber bedarf oder an dem formwechselnden Rechtsträger nur ein Anteilsinhaber beteiligt ist;**
7. **die Folgen des Formwechsels für die Arbeitnehmer und ihre Vertretungen sowie die insoweit vorgesehenen Maßnahmen.**

(2) **Der Entwurf des Umwandlungsbeschlusses ist spätestens einen Monat vor dem Tage der Versammlung der Anteilsinhaber, die den Formwechsel beschließen soll, dem zuständigen Betriebsrat des formwechselnden Rechtsträgers zuzuleiten.**

Schrifttum: Siehe Schrifttum Vor §§ 190–213.

1. Allgemeines

1 Der Umwandlungsbeschluss an sich war auch im früheren Recht (dazu § 191 Rn 1) erforderlich. Neu ist allerdings die genaue Aufzählung des **notw Beschlussinhalts** in **Abs 1.** Die dort genannten Festlegungen müssen nicht sämtl in einem wirksamen Beschluss enthalten sein (zB fällt Abs 1 Nr 5 weg, wenn die dort aufgezählten Rechte gar nicht gegeben sind); aus Gründen des reibungslosen Ablaufs des Registerverfahrens empfiehlt es sich jedoch, den Beschlussinhalt an der Reihenfolge von Abs 1 Nr 1–7 zu orientieren und das Fehlen eines Tb-Merkmals oder den zulässigen Verweis auf den möglicherweise zum Umwandlungsbeschluss gehörenden Organisationsvertrag (dazu Kallmeyer/*Meister/Klöcker* Rn 16) deutl zu machen. Der Inhalt des Umwandlungsbeschlusses ergibt sich zunächst aus **§ 194,** des Weiteren aus den rechtsformspezifischen Ergänzungen in **§§ 214 ff** (dazu § 193 Rn 11; außer diesem zwingenden Inhalt des Umwandlungs-

beschlusses empfiehlt sich die Aufnahme weiterer Regelungen etwa zu Verzichtserklärungen der Anteilsinhaber, Kosten etc, vgl die einschlägigen Formularbücher sowie Lutter/*Decher* Rn 34 ff). Da beim Formwechsel ein **Vertrag nicht notw** ist, enthält Abs 1 das, was bei der Verschm oder der Spaltung als Inhalt des Verschm- bzw Spaltungsvertrag festgeschrieben ist (vgl **§§ 5 I, 126 I**); die dortigen Erläuterungen können bei der Auslegung von Abs 1 Nr 1–7 entsprechend herangezogen werden.

Abs 2 entspricht §§ 5 III, 126 III. Der Entwurf des Umwandlungsbeschlusses ist spätestens **einen Monat** (zur Fristberechnung § 5 Rn 114 mwN) vor dem Tag der Versammlung der Anteilsinhaber, die den Formwechsel beschließen soll, dem zuständigen **Betriebsrat** des formwechselnden Rechtsträgers **zuzuleiten.** Dies gilt auch dann, wenn der Entwurf des Umwandlungsbeschlusses wegen § 192 II eigentl nicht zu erstellen ist (vgl § 193 Rn 4). Die Zuleitung an den zuständigen Betriebsrat hat (begrenzt, vgl Rn 11 ff) Sinn, weil die Folgen des Formwechsels für die ArbN und ihre Vertretungen sowie die insoweit vorgesehenen Maßnahmen im Umwandlungsbeschluss darzustellen sind, Abs 1 Nr 7; § 199 verlangt den **Nachw** über die Zuleitung nach Abs 2 (vgl auch § 5 Rn 106). 2

2. Inhalt des Umwandlungsbeschlusses, Abs 1

a) Neue Rechtsform, Nr 1. Aus dem Umwandlungsbeschluss muss sich eindeutig ergeben, dass ein Ausgangsrechtsträger bestimmter Rechtsform in einen Rechtsträger anderer Rechtsform nach §§ 190 ff durch Formwechsel umgewandelt werden soll. Zu beachten ist insbes, dass auch eine Verschm oder Spaltung mit einem Wechsel der Rechtsform einhergehen kann, sodass **Verwechslungsgefahren** bestehen (zB Umw von GmbH in GmbH & Co KG durch Verschm oder durch Formwechsel, vgl *Kallmeyer* GmbHR 2000, 418). Bei iÜ zweifelsfreier Auslegung müssen die Worte „Umwandlung" oder „Formwechsel" nicht unbedingt verwendet werden. Bei der Wahl der neuen Rechtsform sind die Beschränkungen von §§ 190 ff zu beachten, nicht jede in § 190 II aufgeführte Rechtsform steht jedem formwechselnden Rechtsträger iSv § 191 I offen, vgl ausführl § 190 Rn 3, § 191 Rn 2, 5 ff. 3

b) Name oder Firma der Zielgesellschaft, Nr 2. Zum Mindestinhalt des Umwandlungsbeschlusses gehört auch die **Bezeichnung des Namens oder der Firma** des Rechtsträgers neuer Rechtsform. Bei der Firmenbildung ist **§ 200** zu beachten. Die jew Anforderungen an die Bezeichnung des Rechtsträgers neuer Rechtsform lassen sich den Spezialgesetzen entnehmen (zB § 4 AktG; § 3 I 4 GmbHG; § 19 HGB; § 3 GenG). Führt der Rechtsträger neuer Rechtsform keine Firma, so ist der im Rechtsverkehr gebräuchl Name anzugeben (zB § 2 PartGG). Ist die ZielGes GbR (§ 191 II Nr 1, Ausgangsrechtsträger wäre dann die KapGes, vgl § 191 Rn 37), begründet **Abs 1 Nr 2** damit die Notwendigkeit, auch der GbR einen „Namen" zu geben. § 227 schließt die Anwendung von § 194 nicht aus (vgl Stellungnahme des HRA des DAV WM 1993 Sonderbeilage Nr 2 Rn 144 ff). 4

c) Beteiligung an der Zielgesellschaft, Nr 3 und 4. Nach **Abs 1 Nr 3** ist im Umwandlungsbeschluss die Beteiligung der bisherigen Anteilsinhaber an dem Rechtsträger nach den für die neue Rechtsform geltenden Vorschriften zu bestimmen, soweit ihre Beteiligung nicht ausnahmsweise entfällt. Es bietet sich an, diese Festsetzung mit derjenigen von Abs 1 Nr 4 zu kombinieren. Abs 1 Nr 3 bezweckt zwar in erster Linie, die Identität des „an dem Umwandlungsvorgang beteiligten 5

Personenkreises" (gemeint ist wohl eher der Rechtsträger) zum Ausdruck zu bringen (RegEBegr BR-Drs 75/94 zu § 194 I Nr 3; vgl auch *Heckschen* DB 2008, 2123 insbes zum Formwechsel der AG in GmbH & Co KG). Ob der Formwechsel tats keine Änderung bewirkt, wird aber erst aus der für den Formwechsel zentralen und deshalb mit großer Sorgfalt vorzunehmenden Festsetzung nach **Abs 1 Nr 4** über Zahl, Art und Umfang der Anteile oder der Mitgliedschaften, welche die einzelnen Anteilsinhaber durch den Formwechsel erlangen sollen, deutl (vgl zu den jew einschlägigen Sondervorschriften in §§ 214 ff [§§ 218, 234, 243, 248, 253, 263, 276, 285, 294] Komm dort und zu § 197 sowie zusammenfassend Widmann/Mayer/*Vollrath* Rn 8 ff; Lutter/*Decher* Rn 6 ff; Semler/Stengel/*Bärwaldt* Rn 7 ff; KölnerKommUmwG/*Petersen* Rn 5 ff).

6 Die Einschränkung in Nr 3 („soweit ihre Beteiligung nicht nach diesem Buch entfällt") nimmt Bezug auf die Möglichkeit des **Ausscheidens von Komplementären** aus einer formwechselnden KGaA sowie auf den Ausschluss bestimmter Mitglieder eines formwechselnden VVaG von der Beteiligung an der künftigen AG (vgl §§ 233 III 3, 236; § 294 I 2; RegEBegr BR-Drs 75/94 zum Fünften Buch, Einl). Vgl aber auch § 226 Rn 3 zur GmbH & Co KG. Zum **nichtverhältniswahrenden Formwechsel** vgl § 202 Rn 7.

7 **d) Sonderrechte, Nr 5.** Soweit einzelnen Anteilsinhabern beim Rechtsträger neuer Rechtsform **Sonderrechte** eingeräumt werden (dazu ausführl Widmann/Mayer/*Vollrath* Rn 39 ff; Kallmeyer/*Meister/Klöcker* Rn 36 ff), müssen diese bereits im **Umwandlungsbeschluss bestimmt werden** (gesetzl Rechtsfolgen sind nicht zu nennen, Kallmeyer/*Meister/Klöcker* Rn 37), **Abs 1 Nr 5** (vgl auch §§ 204, 23 und § 196). Praktisch wird dieser Fall hauptsächl beim Formwechsel von AG werden, der Gesetzestext zählt in nicht abschl Form Anteile ohne Stimmrecht, Vorzugsaktien, Mehrstimmrechtsaktien, Schuldverschreibungen und Genussrechte auf. Eine ggf nach § 196 zu leistende **bare Zuzahlung** braucht iRv Abs 1 Nr 5 nicht bestimmt werden (aA Kallmeyer/*Meister/Klöcker* Rn 48 ff, die sich in Anlehnung an § 5 I Nr 3 über den Gesetzeswortlaut hinwegsetzen, dabei aber übersehen, dass bei der Verschm bare Zuzahlungen wegen des Anteilstauschs vorkommen können, zB § 54 IV, für den Formwechsel aber keine Rolle spielen, vgl Widmann/Mayer/*Vollrath* Rn 26 ff; auf bare Zuzahlungen, die erst durch ein **Spruchverfahren** bestimmt werden – § 196 – hat der Umwandlungsbeschluss ohnehin keine Wirkung). Die Regelung dient – vglbar zu § 340 II Nr 7 AktG aF, §§ 5 I Nr 7, 126 I Nr 7 – dem **Schutz der Anteilsinhaber,** weil die nicht begünstigten Anteilsinhaber erst dadurch in die Lage versetzt werden, die Einhaltung des gesellschaftsrechtl Gleichbehandlungsgrundsatzes (dazu ausführl *K. Schmidt* GesR § 16 II 4b mwN) zu überprüfen. Vorteile, die allen Anteilsinhabern in gleichem Umfang gewährt werden sollen, müssen hingegen nicht aufgeführt werden. Ist der formwechselnde Rechtsträger AG, sind die Maßnahmen, die für die ursprüngl privilegierten Anteilsinhaber vorgesehen sind, aufzuführen.

8 **e) Barabfindungsangebot, Nr 6.** §§ 207–212 geben denjenigen Anteilsinhabern, die gegen den Umwandlungsbeschluss Widerspruch zur Niederschrift erklärt haben, die Möglichkeit, den durch Formwechsel erlangten neuen Anteil gegen **Barabfindung** an den Rechtsträger (oder gegen einen frei vereinbarten Kaufpreis gem § 211 an einen Dritten) zu veräußern bzw aus der Anteilsinhaberschaft auszuscheiden. Das entsprechende **Abfindungsangebot** (§ 207 I 1) muss bereits Inhalt des Umwandlungsbeschlusses sein, sofern die Anteilsinhaber nicht auf das Angebot **verzichtet** haben (näher Kallmeyer/*Meister/Klöcker* Rn 46; Sem-

ler/Stengel/*Bärwaldt* Rn 29; Lutter/*Decher* Rn 23 je mwN). Es genügt die abstrakte Mitteilung darüber, für welche Menge von Anteilen iSv Abs 1 Nr 4 welcher Preis gezahlt werden soll. Die zugrunde liegende **Bewertung** ist im Umwandlungsbericht (§ 192) zu erläutern und zu begründen (vgl § 192 Rn 15); auf etwaige Schwierigkeiten bei der Bew ist gem § 192 I 2 iVm § 8 I 2 einzugehen. Ein Abfindungsangebot ist entbehrl, wenn der Umwandlungsbeschluss zu seiner Wirksamkeit der Zustimmung aller Anteilsinhaber bedarf (zu den Mehrheitsverhältnissen vgl § 193 Rn 12) oder wenn an dem formwechselnden Rechtsträger nur ein Anteilsinhaber beteiligt ist (Konzernverhältnisse iSv § 192 II 1 Alt 1). Damit bringt **Abs 1 Nr 6** auch zum Ausdruck, dass Widerspruch iSv § 207 I nur derjenige Anteilsinhaber erhebt, der auch tats gegen den Formwechsel stimmt (vgl auch § 29 Rn 15, 16; krit hierzu *Hommelhoff* ZGR 1993, 452, 470; aA Lutter/*Decher* § 207 Rn 8; Kallmeyer/*Meister/Klöcker* § 207 Rn 15; wie hier die hM, vgl Nachw bei § 29 Rn 16; Widmann/Mayer/*Vollrath* § 207 Rn 6; Semler/Stengel/*Kalss* § 207 Rn 7). Das Barabfindungsgebot ist in vielen Fällen entbehrl, näml dann, wenn alle Anteilsinhaber die Entscheidung für den Formwechsel tragen (*Priester,* Neuorientierung der Rechnungslegung, Bericht über die Fachtagung 1994 des IDW, S 1995, 419, 427) oder in den Fällen des Formwechsels einer **AG in eine KGaA** und umgekehrt (§ 250), des Formwechsels einer Körperschaft oder Anstalt des öffentl Rechts (vgl § 301) und schließl des Formwechsels einer KapGes in eine GbR oder eine OHG, die notw eine einstimmige Beschlussfassung erfordern (§ 233 I, bzw im umgekehrten Fall § 217 I 1).

f) Folgen des Formwechsels für die Arbeitnehmer und ihre Vertretungen, Nr 7. Bereits iRv §§ 5 I Nr 9, 126 I Nr 11 ist kaum nachvollziehbar, welche Informationen zum Inhalt des Verschm- bzw Spaltungsvertrages gemacht werden sollen (dazu ausführl § 5 Rn 87 ff, 95, dort auch umfassendes Schrifttum vor Rn 87). Vollkommen unverständl wird die Aufnahme der angebl den Arbeitnehmerinteressen dienenden Informationspflicht in **Abs 1 Nr 7.** Nimmt man den Grundansatz von §§ 190 ff – die Identität des formwechselnden Rechtsträgers vor und nach Durchführung der Umw (dazu § 190 Rn 5 ff) – ernst, versteht sich von selbst, dass die **Interessen der ArbN** des Rechtsträgers allein durch den Formwechsel nicht beeinträchtigt werden können. Auf der anderen Seite öffnet Abs 1 Nr 7 Streitigkeiten mit dem Registergericht darüber, wie eine korrekte Aufzählung der „insoweit vorgesehenen Maßnahmen" auszusehen hat, Tür und Tor; der einzig mögl Veränderung – **Wegfall oder Begr von Mitbestimmungsvorschriften** (dazu ausführl WHSchS/*Seibt* F Rn 1 ff; vgl auch *Besgen/Langner* NZA 2003, 1239; *Gottschalk* NZG 2003, 713) – kann nicht mit „Maßnahmen" begegnet werden. Besonders großen Anstrengungen scheint sich der Gesetzgeber bei der Formulierung von Abs 1 Nr 7 nicht ausgesetzt zu haben; allein der Verweis darauf, dass es sich bei dieser Vorschrift um eine Parallele zu §§ 5 I Nr 9, 126 I Nr 11 handelt (so RegEBegr BR-Drs 75/94 zu § 194 I Nr 7), hilft nicht weiter. Es drängt sich vielmehr gerade der **Strukturunterschied** zu den anderen Umwandlungsformen Verschm, Spaltung und Vermögensübertragung auf. In all diesen Fällen kann die Umw mit einer Veränderung des betriebl Ablaufs verbunden sein. Durch die Zusammenführung verschiedener Unternehmen bei der Verschm oder durch die Abspaltung von Betrieben im Ganzen oder von Betriebsteilen sogar auf bestehende andere Betriebe (Spaltung zur Aufnahme) können sich Situationen ergeben, die tats eine Vorabinformation der ArbN rechtfertigen. Bei diesen Konstellationen stellen sich nicht nur Fragen bzgl des Übergangs einzelner 9

ArbVerh (zB § 613a BGB), sondern darüber hinaus Fragen zum Schicksal von Betriebsräten, Gesamtbetriebsräten, zum Weiterbestehen von Betriebsvereinbarungen, von Firmen- und Verbandstarifverträgen etc. All das kann **beim Formwechsel** per definitionem **nicht der Fall** sein (zust Semler/Stengel/*Bärwaldt* Rn 30). Deshalb ist § 194 I Nr 7 im Regelfall ausreichend beachtet, wenn auf eine etwaige Änderung der Mitbestimmungsregelungen eingegangen und iÜ klargestellt wird, dass der Formwechsel auf die ArbN und ihre Vertretungen **keine Auswirkungen** hat (für Sonderfälle, zB entfallende Aktienoptionsprogramme oder Bezugnahme von Tarifverträgen auf eine bestimmte Rechtsform, kann anderes gelten, vgl *Hansch* RNotZ 2007, 343 mwN). Ggf können Aussagen zur Zusammensetzung und Diskontinuität des AR sinnvoll sein sowie Erläuterungen dazu, ob einzelne Anteilsinhaber für die Forderungen der ArbN haften oder nachhaften und wer im formgewechselten Rechtsträger künftig das Direktionsrecht ausübt (vgl Lutter/*Decher* Rn 28 ff mwN).

10 Vor diesem Hintergrund ist es für die von § 194 I Nr 7 betroffenen Rechtsträger und für die beratende Praxis ein besonderes Ärgernis, dass nicht nur der geforderte Inhalt des Umwandlungsbeschlusses unklar ist, sondern darüber hinaus noch eine unsinnige **Mitteilung an den zuständigen Betriebsrat nach Abs 2** zu erfolgen hat. Wo Beeinträchtigungen der Interessen der ArbN nicht zu befürchten sind, hat der Betriebsrat als Interessenvertreter auch kein Informationsbedürfnis. Weil die Monatsfrist von Abs 2 unbeschadet dessen vom Registergericht kontrolliert wird (§§ 198, **199;** zur einvernehml Abkürzung § 5 Rn 113 und *Stohlmeyer* BB 1999, 1394; zur Fristberechnung § 5 Rn 114), kommt es im Endeffekt nur zu einer vermeidbaren Verzögerung. Wenn der Gesetzgeber seine eigenen Ziele (vgl RegEBegr BR-Drs 75/94 Einl I 1) ernst nimmt („insofern dient der Entwurf dazu, die rechtlichen Rahmenbedingungen für die Tätigkeit deutscher Unternehmen zu verbessern"), ist dringend eine Änderung von Abs 1 Nr 7, Abs 2 zu empfehlen. Nach inzwischen drei UmwÄndG (Einf Rn 25, 28, 33) und zahlreichen anderen Änderungen (Einf Rn 26 ff) ist damit aber realistisch nicht mehr zu rechnen.

3. Zuleitung des Beschlussentwurfs an den Betriebsrat, Abs 2

11 Zur **Zuleitung an den Betriebsrat** vgl allg § 5 Rn 106 ff, Schrifttum § 5 Rn 86.

12 In der Praxis hatte sich die Frage ergeben, was zu geschehen hat, wenn der Rechtsträger nicht über einen Betriebsrat verfügt. Im Anschluss an *Felix* (KÖSDI 1995, 10 234) schlug *Korn* (KÖSDI 1995, 10 276 Tz 15) vor, als Ersatz für die Mitteilung an den Betriebsrat eine Mitteilung an alle Mitarbeiter oder einen Aushang am schwarzen Brett vorzunehmen; diese Vorgehensweise werde in der Praxis akzeptiert, eine rechtzeitige Abklärung mit dem zuständigen Registerrichter sei zu empfehlen. Dies geht eindeutig zu weit (so auch im Erg die hM, vgl Nachw bei *Pfaff* BB 2002, 1604 Fn 7, 8; *Stohlmeier* BB 1999, 1396 Fn 26): Der Betriebsrat hat das Gebot der vertrauensvollen Zusammenarbeit zu beachten (§§ 2 I, 74 I BetrVG). Darüber hinaus enthält § 79 BetrVG eine eigene Vorschrift, die sich ausführl mit der Geheimhaltungspflicht des Betriebsrats und seiner Mitglieder befasst. Danach dürfen Betriebs- oder Geschäftsgeheimnisse keinesfalls offenbart oder anderweitig verwertet werden. Ein Verstoß gegen diese Pflichtenbindung kann ein Ausschlussverfahren nach § 23 I BetrVG rechtfertigen (grobe Pflichtverletzung, vgl *Fitting* BetrVG § 23 Rn 15 ff mwN). Es kann damit unterstellt werden, dass der Gesetzgeber in §§ 5 III, 126 III, 194 II sehr bewusst eine Zuleitung an den Betriebsrat und nicht an die ArbN verlangt hat. Wer nicht zur strengen Verschwiegenheit verpflichtet ist, soll auch nicht über sensible Daten informiert werden (zust Lutter/*Decher* Rn 40 mwN).

Damit entfällt eine Kundgabe nach Abs 2 **bei Fehlen eines Betriebsrats** vollständig. Allenfalls wird man iRv § 199 eine Zusicherung des Anmeldenden verlangen dürfen, dass ein Betriebsrat nicht besteht (näher § 5 Rn 107). 13

§ 195 Befristung und Ausschluß von Klagen gegen den Umwandlungsbeschluß

(1) **Eine Klage gegen die Wirksamkeit des Umwandlungsbeschlusses muß binnen eines Monats nach der Beschlußfassung erhoben werden.**

(2) **Eine Klage gegen die Wirksamkeit des Umwandlungsbeschlusses kann nicht darauf gestützt werden, daß die in dem Beschluß bestimmten Anteile an dem Rechtsträger neuer Rechtsform zu niedrig bemessen sind oder daß die Mitgliedschaft kein ausreichender Gegenwert für die Anteile oder die Mitgliedschaft bei dem formwechselnden Rechtsträger ist.**

Schrifttum: Siehe Schrifttum Vor §§ 190–213.

1. Allgemeines

Die Vorschrift ist im Wesentl mit **§ 14** vglbar. Sämtl Klagen gegen die Wirksamkeit des Umwandlungsbeschlusses müssen in der **einmonatigen Ausschlussfrist** von **Abs 1** erhoben werden. Materiell-rechtl Regelungen zur Frage, in welchem Fall die Unwirksamkeitsklage gegen den Umwandlungsbeschluss (§§ 193, 194) erhoben werden kann, enthält Abs 1 nicht; insoweit ist das jew für den betroffenen Rechtsträger geltende materielle Recht ausschlaggebend. 1

Eine Unwirksamkeitsklage kann nach **Abs 2** nicht darauf gestützt werden, dass die in dem Beschluss bestimmten Anteile am Rechtsträger neuer Rechtsform zu niedrig bemessen sind oder dass die Mitgliedschaft kein ausreichender Gegenwert für die Anteile oder die Mitgliedschaft beim formwechselnden Rechtsträger ist (vgl auch § 194 I Nr 3–5; vgl zur Parallele bei der Barabfindung §§ 210, 212 und zu Informationsmängeln § 192 Rn 15). Ist ein Anteilsinhaber der Ansicht, dass er durch den Formwechsel wirtschaftl schlechter gestellt wird, soll ihm damit nicht die Möglichkeit an die Hand gegeben werden, die gesamte Umstrukturierungsmaßnahme zu Fall zu bringen. Die Sicherung der wirtschaftl Integrität (dazu auch § 5 Rn 7 mwN) wird in diesem Fall durch § 196 iVm dem SpruchG, also durch gerichtl Festsetzung einer baren Zuzahlung, bewirkt. 2

2. Klagen gegen die Wirksamkeit des Umwandlungsbeschlusses, Abs 1

Der Umwandlungsbeschluss kann, wie jeder andere Beschluss der Anteilsinhaber des formwechselnden Rechtsträgers auch, mit einer **Klage** angegriffen werden. Die mögl **Gründe,** auf die sich eine solche Klage stützen lässt, sind mannigfaltig (etwa Einberufungsmängel, zB § 216 Rn 8, § 231 Rn 6, Mängel beim Ablauf der Anteilsinhaberversammlung, zB § 233 Rn 3, oder – praktisch wichtig – Mängel bei Abfassung des Umwandlungsberichts, dazu § 8 Rn 41 ff, § 192 Rn 15 zum Barabfindungsangebot; einen Überblick über die mögl Fehlerquellen gibt 3

Widmann/Mayer/*Vollrath* § 193 Rn 48 ff). Nach hM ist eine **materielle Beschlusskontrolle** grdsl nicht mögl (vgl auch § 201 Rn 2; § 13 Rn 23; ausführl mwN Lutter/*Happ/Göthel* § 233 Rn 52 ff; *Meyer-Landrut/Kiem* WM 1997, 1364 ff; vgl auch Kallmeyer/*Zimmermann* § 193 Rn 10 und *Bayer* ZIP 1997, 1624). Etwaigen Willkürentscheidungen der (Konzern-)Mehrheit kann allenfalls mit der **allg Missbrauchskontrolle** (gesellschaftsrechtl Treuepflicht, Gleichbehandlungsgrundsatz etc) begegnet werden (dazu *Meyer-Landrut/Kiem* WM 1997, 1365 f mwN). Eine Beendigung der Börsenzulassung durch Formwechsel einer AG (**Delisting;** Grundsatzentscheidung BGH ZIP 2003, 387 [Vorentscheidungen OLG München ZIP 2001, 700; LG München ZIP 1999, 2017]; Besprechung dazu *Grunewald* ZIP 2004, 542; *Schlitt* ZIP 2004, 533 je mwN; BayObLG NZG 2005, 312; OLG Frankfurt aM AG 2007, 699; OLG Düsseldorf DB 2006, 2223 mit Anm *Zetzsche* in EWiR 2007, 89; OLG Düsseldorf AG 2005, 480; zur verfassungsrechtl Prüfung und Vereinbarkeit der Delisting mit Art 14 GG BVerfG AG 2012, 557, zur Diskussion vor der Macroton-Entscheidung des BGH *Land/Hasselbach* DB 2000, 557; *Steck* AG 1998, 460; *Zetzsche* NZG 2000, 1065; vgl auch HRA des DAV NZG 2006, 738; zum **Kalten Delisting** nach altem Recht OLG Düsseldorf DB 2006, 223 mit Anm *Zetzsche* EWiR 2007, 85; ZIP 2005, 300 mit Anm *Pluskat* EWiR 2005, 275; zur Neufassung von § 29 I 1 durch das 2. UmwÄndG vgl § 29 Rn 9 und *Hüffer* AktG § 120 Rn 26 mwN; zum aktienrechtl **Squeeze Out** vgl Lit zu §§ 327a ff AktG sowie aus der Rspr BVerfG ZIP 2007, 2121; OLG Hamburg ZIP 2003, 2076; OLG Oldenburg ZIP 2003, 1351; LG Hamburg ZIP 2003, 947; LG Osnabrück EWiR 2002, 981 [Leuering]; vgl iÜ *Dißars* BB 2004, 1293; *Grunewald* ZIP 2002, 18; *Halasz/Kloster* DB 2002, 1253; *Krieger* BB 2002, 53; *Sieger/Hasselbach* ZGR 2002, 120; *Vetter* AG 2002, 176; *Vossius* ZIP 2002, 14; *Wilsing/Kruse* DB 2002, 1539; *Wilsing/Kruse* ZIP 2002, 1465; *Wirth/Arnold* AG 2002, 503; *Wolf* ZIP 2002, 153 und ausführl *Fleischer* ZGR 2002, 757) kann nach hM ebenfalls nur bei treuwidriger Mehrheitsentscheidung unterbunden werden. Abs 2 spricht bewusst von einer Klage „gegen die Wirksamkeit des Umwandlungsbeschlusses". Mit diesem offenen Wortlaut soll klargestellt werden, dass allein das rechtsformspezifische materielle Recht aller in § 191 I Nr 1–6 aufgelisteten Rechtsträger maßgebend sein soll (vgl RegEBegr BR-Drs 75/94 zu § 14 I: „denn eine Beschränkung auf Anfechtungsklagen würde beim gegenwärtigen Stand der Meinungen Personenhandelsgesellschaften und Vereine nicht erfassen").

4 Einziger Gegenstand der Regelung von Abs 1 ist damit die Festlegung der **Monatsfrist** zur Klageerhebung. Die Monatsfrist gilt unabhängig vom Grund der angebl Unwirksamkeit und unabhängig vom materiellen Recht des betroffenen Rechtsträgers **für alle Klagen einheitl** (auch für eine etwaige Feststellungsklage, überzeugend Lutter/*Decher* Rn 6 mwN gegen Widmann/Mayer/*Heckschen* § 14 Rn 30 und *K. Schmidt* DB 1995, 1850). Die Formulierung folgt § 246 I AktG, Rspr und Lit zur Fristberechnung können insoweit übernommen werden. Insbes ist die Monatsfrist von Abs 1 wie die aus § 246 I AktG eine **materiellrechtl Ausschlussfrist** mit allen sich hieraus ergebenden Konsequenzen (Semler/Stengel/*Bärwaldt* Rn 13 ff mwN; *Hüffer* AktG § 246 Rn 20 ff mwN).

5 Zu den mögl Unwirksamkeitsklagen vgl
- für die **AG** § 14 Rn 11–17;
- für die **KGaA** § 14 Rn 18 iVm Rn 11–17;
- für die **GmbH** § 14 Rn 19–22;
- für die **PhG** und die **PartGes** § 14 Rn 23, 24;

– für die **eG** § 14 Rn 26;
– für den **rechtsfähigen Verein** § 14 Rn 25;
– für den **VVaG** § 14 Rn 27.

Bei **Körperschaften und Anstalten des öffentl Rechts** ist eine Unwirksamkeitsklage kaum denkbar. Zum einen muss das für diesen Rechtsträger bestehende materielle Recht (vgl §§ 301, 302) die Unwirksamkeitsklage ausdrückl vorsehen, zum anderen ist ein Interessenwiderstreit mehrerer Anteilsinhaber unwahrscheinl. 6

3. Ausschluss von Klagen gegen den Umwandlungsbeschluss, Abs 2

Parallel zu § 14 II bestimmt **Abs 2,** dass die Klage gegen die Wirksamkeit des Umwandlungsbeschlusses nicht auf eine angebl wirtschaftl Schlechterstellung des klageführenden Anteilsinhabers gestützt werden kann. Insoweit verbleibt nur der **Anspruch auf bare Zuzahlung** gem § 196 und auf die Durchführung des **Spruchverfahrens** nach dem SpruchG. 7

Damit ist gewährleistet, dass die benachteiligten Anteilsinhaber die Möglichkeit haben, gegen einen unangemessenen Beschlussinhalt (§ 194) vorzugehen, ohne den Formwechsel an sich unwirksam zu machen. Ohne eine solche Vorschrift könnte sich der Anteilsinhaber ledigl mit der Unwirksamkeitsklage gegen den Umwandlungsbeschluss zur Wehr setzen. Die Durchführung des Spruchverfahrens setzt nicht voraus, dass der Antragsteller in der Anteilsinhaberversammlung (§ 193 I 2) seinen Widerspruch zum Ausdruck bringt (vgl Semler/Stengel/*Bärwaldt* Rn 22; *Bork* ZGR 1993, 343, 354 mwN; anders etwa bei § 207). 8

Der Ausschluss der Unwirksamkeitsklage ist nur auf die Fälle beschränkt, dass im Beschluss bestimmte Anteile am Rechtsträger neuer Rechtsform zu niedrig bemessen sind oder dass die Mitgliedschaft kein ausreichender Gegenwert für die durch den Formwechsel untergehenden (§ 202 I Nr 1, 2) Anteile oder Mitgliedschaften beim formwechselnden Rechtsträger ist. Daraus folgt im Gegenzug, dass Abs 2 **für sonstige Klagen keine Sperre** darstellt, diese sind statthaft. Insbes ist die Unwirksamkeitsklage nicht ausgeschlossen, wenn Fehler bei der Abfassung des Umwandlungsberichts (§ 192, soweit sie nicht die Barabfindung betreffen) oder der eigentl Beschlussfassung (§ 193 iVm §§ 214 ff) moniert werden (dazu ausführl Lutter/*Decher* Rn 15 ff mwN; vgl zu abfindungswertbezogenen Informationsmängeln aber § 192 Rn 15 mwN). 9

Bei den auch in Ansehung von Abs 2 zulässigen Klagen gegen die Wirksamkeit des Verschmelzungsbeschlusses ist stets die **Möglichkeit von § 16 III** zu bedenken, dieser findet gem **§ 198 III** auch beim Formwechsel Anwendung. Durch dieses in der Praxis sehr häufig angewendete und durch das ARUG (dazu Einf Rn 32 mwN) nochmals rechtsträgerfreundl überarbeitete summarische Verfahren kann die Eintragungssperre beseitigt werden (vgl im Einzelnen § 16 Rn 28 ff). 10

§ 196 Verbesserung des Beteiligungsverhältnisses

[1] Sind die in dem Umwandlungsbeschluß bestimmten Anteile an dem Rechtsträger neuer Rechtsform zu niedrig bemessen oder ist die Mitgliedschaft bei diesem kein ausreichender Gegenwert für die Anteile oder die Mitgliedschaft bei dem formwechselnden Rechtsträger, so kann jeder Anteilsinhaber, dessen Recht, gegen die Wirksamkeit des Umwandlungsbeschlusses Klage zu erheben, nach § 195 Abs. 2 ausgeschlossen ist, von

dem Rechtsträger einen Ausgleich durch bare Zuzahlung verlangen. [2]Die angemessene Zuzahlung wird auf Antrag durch das Gericht nach den Vorschriften des Spruchverfahrensgesetzes bestimmt. [3]§ 15 Abs. 2 ist entsprechend anzuwenden.

Schrifttum: Siehe Schrifttum Vor §§ 190–213.

1. Allgemeines

1 **§ 196** ergänzt die Regelung von § 195 II und dient als **Bindeglied zum Spruchverfahren** nach dem SpruchG, auf das der mit Gesetz vom 12.6.2003 (BGBl I 838) neu eingefügte S 2 ausdrückl verweist. Der Anteilsinhaber, dessen Klage gegen die Wirksamkeit des Umwandlungsbeschlusses gem § 195 II ausgeschlossen ist, hat Anspruch auf wirtschaftl Ausgleich einer ihm widerfahrenen wirtschaftl messbaren Wertminderung (dazu ausführl *Meyer-Landrut/Kiem* WM 1997, 1419 f; allein die Veränderung der rechtl Ausgestaltung der Mitgliedschaft durch Formwechsel reicht für die Darlegung einer Wertminderung nicht aus, vgl OLG Stuttgart AG 2008, 510 mwN)) durch **bare Zuzahlung** nach dem Vorbild von § 352c AktG aF, § 31a KapErhG aF, § 12 UmwG aF und jetzt § 15 I. § 196 soll nach OLG Düsseldorf ZIP 2004, 753 keine Anwendung finden, wenn alle Anteilsinhaber eine gleichmäßige Wertminderung erleiden. Eine Vorschrift wie in § 15 I HS 2 – danach ist die Höhe der baren Zuzahlung nicht begrenzt – findet sich in § 196 nicht; dies hat mE aber keine Konsequenz (wie hier Lutter/*Decher* Rn 16 gegen *Hoger* AG 2008, 149; Semler/Stengel/*Bärwaldt* Rn 14, 16, dort auch zur etwaigen Differenzhaftung, wenn Barabfindung und Kapitalerhaltung kollidieren, dazu ausführl Kallmeyer/*Meister/Klöcker* Rn 18).

2 Nach Ablauf des Tages, an dem die Eintragung des Formwechsels gem § 201 als bekannt gemacht gilt, ist die bare Zuzahlung mit jährl 5%-Punkten über dem jew Basiszins nach § 247 BGB zu verzinsen, **S 2** iVm § 15 II 1 (§ 15 Rn 21; Neufassung von § 15 II durch das ARUG, vgl Einf Rn 32 mwN). Die Geltendmachung eines weiteren Schadens ist nicht ausgeschlossen, S 2 iVm § 15 II 2. Kommt der Rechtsträger dem Verlangen auf bare Zuzahlung nicht nach, ist die Frist von § 4 I Nr 4 SpruchG zu beachten. Ein Antrag auf gerichtl Entscheidung kann nur binnen drei Monaten nach dem in § 201 bestimmten Tag gestellt werden.

2. Antragsberechtigung

3 **Jeder Anteilsinhaber** des formwechselnden Rechtsträgers kann, sofern die Voraussetzungen von § 195 II vorliegen und er nicht auf die Ausübung dieses Rechts verzichtet hat (dazu Widmann/Mayer/*Vollrath* Rn 17), Ausgleich seiner wirtschaftl Benachteiligung durch bare Zuzahlung verlangen. Dies gilt auch für den Anteilsinhaber, der sich zusätzl ein vollständiges Ausscheiden gegen Barabfindung offen hält, OLG Schleswig ZIP 2004, 2433. Notw ist stets, dass **alle Voraussetzungen für eine Klage** gegen die Wirksamkeit des Umwandlungsbeschlusses vorliegen, dass der Klage also nur wegen § 195 II kein Erfolg beschieden sein kann. Somit steht denjenigen, die ledigl ein Recht am betroffenen Anteil oder der Mitgliedschaft beim formwechselnden Rechtsträger haben, keine Antragsberechtigung iSv S 1 zu. **Insolvenz-** (Konkurs-, Gesamtvollstreckungs-)**Verwalter** und **Testamentsvollstrecker** hingegen sind als Parteien kraft Amtes antragsberechtigt. Zur Frage, ob auch ein Erwerber eines Anteils das **Spruchverfahren**

durchführen kann, vgl § 15 Rn 9, 10 mwN. Der Erwerber tritt stets nur in die Stellung ein, die der Veräußerer innehatte.

Der Ausgleichsanspruch ist nicht auf diejenigen Anteilsinhaber/Mitglieder des formwechselnden Rechtsträgers beschränkt, die sich dem Umwandlungsbeschluss widersetzt haben (vgl § 3 SpruchG Rn 2, 3 mwN). Damit soll verhindert werden, dass Anteilsinhaber, die die Umw im Wesentl befürworten, nur deshalb **widersprechen,** um sich ihren Nachbesserungsanspruch zu sichern (vgl RegEBegr BR-Drs 75/94 zu § 15; ob diese Grdse allerdings auch für den **nichtverhältniswahrenden Formwechsel** iSv § 202 Rn 7 gelten sollen, wie dies Lutter/*Decher* Rn 9 und ihm folgend Semler/Stengel/*Bärwaldt* Rn 12 sowie Kallmeyer/*Meister/Klöcker* Rn 8 vertreten, erscheint fragl, denn bei diesem Sonderfall disponieren die Anteilsinhaber bewusst über die bisherigen Beteiligungsverhältnisse; Wertverschiebungen sind diesem Sonderfall des Formwechsels immanent, wie hier im Erg Widmann/Mayer/*Fronhöfer* Rn 8). 4

3. Bare Zuzahlungen

Vgl § 15 Rn 13–23, zum Zuzahlungsverlangen § 15 Rn 24–27, zur Höhe der baren Zuzahlung § 15 Rn 28 und schließl zum Zinsanspruch S 3 iVm § 15 II (§ 15 Rn 31 ff). Die bare Zuzahlung führt nur zu einem zeitpunktbezogenen **Wertausgleich durch Geldzahlung** des Rechtsträgers an den benachteiligten Anteilsinhaber. Eine „Verbesserung des Beteiligungsverhältnisses" (so die Überschrift von § 196) im eigentl Sinne ist hingegen nicht erreichbar (zutr Lutter/*Decher* Rn 15 mwN), auch nicht durch Geltendmachung von Schadensersatzanspruch etwa nach § 205 (vgl § 20 Rn 120 ff mwN). 5

§ 197 Anzuwendende Gründungsvorschriften

[1] Auf den Formwechsel sind die für die neue Rechtsform geltenden Gründungsvorschriften anzuwenden, soweit sich aus diesem Buch nichts anderes ergibt. [2] Vorschriften, die für die Gründung eine Mindestzahl der Gründer vorschreiben, sowie die Vorschriften über die Bildung und Zusammensetzung des ersten Aufsichtsrats sind nicht anzuwenden. [3] Beim Formwechsel eines Rechtsträgers in eine Aktiengesellschaft ist § 31 des Aktiengesetzes anwendbar.

Schrifttum: Siehe Schrifttum Vor §§ 190–213; Stellungnahme der Centrale für GmbH Dr. Otto Schmidt vom 16.3.2006 zum Referentenentwurf eines Zweiten Gesetzes zur Änderung des Umwandlungsgesetzes, GmbHR 2006, 418; HRA des DAV, Stellungnahme zum Regierungsentwurf eines Zweiten Gesetzes zur Änderung des Umwandlungsgesetzes, NZG 2006, 737; *Bayer/Schmidt,* Der Regierungsentwurf zur Änderung des Umwandlungsgesetzes, NZG 2006, 841; *Drinhausen,* Regierungsentwurf eines Zweiten Gesetzes zur Änderung des Umwandlungsgesetzes – Ein Gewinn für die Praxis, BB 2006, 2313; *Heckschen,* Die GmbH-Reform – Wege und Irrwege, DStR 2007, 1442; *ders,* Die Reform des Umwandlungsrechts, DNotZ 2007, 444; *Mayer/Weiler,* Neuregelungen durch das Zweite Gesetz zur Änderung des Umwandlungsgesetzes, DB 2007, 1235 (Teil I); DB 2007, 1291 (Teil II); *dies,* Aktuelle Änderungen des Umwandlungsrechts aus Sicht der notariellen Praxis, MittBayNot 2007, 368; *Neye,* BB-Gesetzgebungsreport: Bundestag beschließt neues Umwandlungsrecht, BB 2007, 389.

Übersicht

1. Allgemeines

1 § 197 konzentriert den Regelungsinhalt vielfältiger Vorschriften, die für die formwechselnde Umw (vgl § 191 Rn 1) oder für die übertragende Umw nach altem Recht die Beachtung von rechtsformspezifischen Gründungsvorschriften anordneten (vgl §§ 362 IV, 378, 385a IV, 385b, 385g S 1, 385m V, 389 IV AktG aF; §§ 16 S 1, 19 I, 20 S 1, 21 I, 22 I, 23 S 1, 24 I 1, 41 I 2 Nr 1, II, 42 II 2, 47 I 2 Nr 1, II, 62 S 1 UmwG 1969).

2 **S 1, 2 HS 1** entsprechen § 36 II 1, 3. Gleichwohl sind diese Vorschriften zT unterschiedl auszulegen, in der Rechtsanwendung sind sie nicht deckungsgleich. Während bei der Verschm zur Neugründung (bzw Spaltung zur Neugründung, vgl § 135 II) tats die Gründung eines Rechtsträgers zu regeln ist, behandeln §§ 190 ff nur den **Wechsel der Rechtsform ein und desselben Rechtsträgers.** Die gesetzl Aussage ist eindeutig: der Rechtsträger ist vor (als formwechselnder Rechtsträger) und nach (als ZielGes) der Durchführung des Formwechsels **identisch** (vgl § 190 Rn 5 ff). Diese Sichtweise stimmt überein mit der rechtl Beurteilung zur formwechselnden Umw in §§ 362 ff AktG aF. Während dort der Rechtsformwechsel als bloße Satzungsänderung verstanden wurde (vgl zB § 362 II 4 AktG aF, dazu 1. Aufl 1994, § 362 AktG Anm 3 mwN), ist jetzt von einer stärkeren rechtl Einwirkung auf den Rechtsträger auszugehen („mit dem Formwechsel soll sich auch das für die innere Struktur und für die Außenbeziehungen des Rechtsträgers maßgebende Normensystem ändern“, RegEBegr BR-Drs 75/94 zu § 197).

3 Damit wird der **Sinn von § 197** klar: Es geht nicht darum, die jew rechtsformspezifischen Gründungsvorschriften sklavisch zu beachten, sondern darum, **Missbrauch zu verhindern.** Der Wechsel des rechtsformspezifischen Normensystems darf nicht dazu führen, dass strenge und im Interesse des Rechtsverkehrs stehende (Schutz-)Normen, die bei der Gründung eines Rechtsträgers bestimmter Rechtsform zu beachten wären, dadurch umgangen werden, dass zunächst ein Rechtsträger anderer Rechtsform (iSv § 191 I) nach „milderen“ Vorschriften gegründet und unmittelbar im Anschluss daran durch Formwechsel in eine ZielGes (§ 191 II) umgewandelt wird, die bei isolierter Neugründung „strengeren“ Vorschriften unterworfen gewesen wäre (zur Bedeutung von § 197 S 1 als **Umgehungsschutz** auch Lutter/*Decher* Rn 4 ff; Widmann/Mayer/*Mayer* Rn 3 ff; KölnerKomm-

UmwG/*Petersen* Rn 2; Kallmeyer/*Meister/Klöcker* Rn 5; zur methodischen Bedeutung der Verweisung auf die Gründungsvorschriften *Martens* ZGR 1999, 553).

Der Katalog der in Frage kommenden ZielGes macht deutl, dass die eigentl Bedeutung von § 197 beim **Formwechsel in eine KapGes** (§ 191 II Nr 3) liegt. Denn für KapGes sind die rechtsformspezifischen Vorschriften über die Kapitalaufbringung, über die Gründungsprüfung und über die Verantwortlichkeit der Gründer von herausragender Bedeutung (vgl RegEBegr aaO). IÜ hat die Vorschrift (eingeschränkte) Bedeutung für den **Formwechsel in eine eG** (§ 191 II Nr 4). Für den Formwechsel in PersGes ist sie gegenstandslos (Lutter/*Decher* Rn 7 mwN). **4**

S 1 schreibt als Grds die Anwendung der für die neue Rechtsform geltenden Gründungsvorschriften fest. Konkret sind damit §§ 1–53 AktG für die AG, § 278 III iVm §§ 1–53 AktG, §§ 279 ff AktG für die KGaA, §§ 1–12 GmbHG für die GmbH und §§ 1–16 GenG für die eG angesprochen. **5**

Dieser grdsl Verweis auf die Gründungsvorschriften wird durch **S 1 HS 2** relativiert. Der Vorbehalt von HS 2 („soweit sich aus diesem Buch nichts anderes ergibt") kann **durch ausdrückl und durch stillschweigende** (nur aus dem Zusammenhang herzuleitende) Regelungen ausgelöst werden (so wohl auch Lutter/*Decher* Rn 45). **6**

Einstweilen frei. **7, 8**

S 2 enthält weitere grdsl Beschränkungen des Gründungsrechts: **9**

Vorschriften, die für die Gründung eine **Mindestzahl der Gründer** vorschreiben, sind nicht anzuwenden, **S 2 HS 1.** Diese Ausnahme ist nur noch für einen Rechtsträger iSv § 191 II von Bedeutung (vgl § 4 GenG: Die **eG** ist durch mindestens drei Mitglieder zu gründen). Soweit in der RegEBegr noch § 2 AktG erwähnt wird, ist dies durch die Neufassung von § 2 AktG durch Gesetz vom 2.8.1994 (BGBl I 1961) überholt. § 280 I 1 AktG ist zwischenzeitl ebenfalls geändert worden (UMAG vom 22.9.2005, BGBl I 2802). Für **PhG/PartGes** hat S 2 Alt 1 ebenfalls keine Bedeutung; anders als bei KapGes ist die Mehrheit von Gesellschaftern bei PersGes Wesensmerkmal der Rechtsform und nicht Gründungsvorschrift, es kann keine „Einmann-OHG" geben. **S 2** nimmt Vorschriften über die **Bildung und die Zusammensetzung des ersten AR** aus dem Anwendungsbereich von S 1 heraus. Im Zusammenspiel mit § 203 ist damit dem Streit um die Amtskontinuität des Aufsichtsorgans bei identitätswahrender Umw (dazu 1. Aufl 1994, § 370 AktG Anm 6 mwN) die Grundlage entzogen (vgl RegEBegr BR-Drs 75/94 zu § 197 S 2 Alt 2; ausführl mwN Lutter/*Decher* Rn 47 ff). **10**

S 3 wurde durch das 2. UmwÄndG (dazu Einf Rn 28) neu eingefügt. Beim Formwechsel eines Rechtsträgers in eine AG ist § 31 AktG anwendbar. Dadurch wollte der Gesetzgeber einer Fehlinterpretation von S 2 entgegenwirken (vgl BT-Drs 16/2919, 19). Die zeitweise unvollständige Besetzung des AR bei einer mitbestimmten AG steht damit weder der Eintragung des Formwechsels noch der Wahl des Vorstands der AG entgegen (*Mayer/Weiler* DB 2007, 1293 mwN). **11**

2. Gründungsvorschriften

Auf den Formwechsel sind die für die neue Rechtsform geltenden **Gründungsvorschriften** anzuwenden, **S 1 HS 1.** Die Vorschrift bezieht sich auf die in § 191 II bezeichneten Rechtsträger, die praktische Bedeutung beschränkt sich jedoch auf die KapGes und die eG (Rn 4). Sinn und Zweck von S 1 HS 1 (Rn 3) **12** und die sich aus S 1 HS 2, S 2 ergebenden Einschränkungen für die Anwendung der rechtsformspezifischen Gründungsvorschriften verpflichten zur **Beachtung folgender Grdse** (zum methodischen Umgang mit der Verweisung vgl *Martens* ZGR 1999, 553):

13 **a) Zweck des Rechtsträgers.** Der Zweck des Rechtsträgers ist für **KapGes** ohne Belang (vgl zB § 1 GmbHG; wie hier Widmann/Mayer/*Mayer* Rn 19, 20); für **PhG/PartGes** ist der Unternehmensgegenstand maßgebl (vgl § 228 Rn 2); für **eG** ist das Vorhandensein eines Förderzwecks iSv § 1 GenG notw (vgl „genossenschaftliches Merkmal", vgl Lang/Weidmüller/*Schulte* GenG § 1 Rn 10, 26 ff mwN).

14 **b) Gründerzahl.** Hier gilt die Sonderregelung von S 2 HS 1: Vorschriften, die für die Gründung eine Mindestzahl der Gründer vorschreiben, sind nicht anzuwenden (Rn 10). Relevanz hat S 2 HS 1 nur noch für die eG, die nach § 4 GenG mindestens drei Mitglieder haben muss.

15 **c) Form des Gesellschaftsvertrags.** Das allg Gründungsrecht schreibt für **KapGes** die notarielle Beurkundung des Gesellschaftsvertrags/der Satzung vor (vgl § 2 I 1 GmbHG, § 23 I AktG). Dagegen kann der **PersGesVertrag** (Ausnahme: § 3 I PartGG) formlos geschlossen werden, für **eG** gilt § 5 GenG (Schriftform). Diese Grdse werden durch §§ 190 ff verändert. § 218 I verlangt die Aufnahme der Satzung der neuen eG in den notariell zu beurkundenden (§ 193 III) Umwandlungsbeschluss. Entsprechendes gilt für den Gesellschaftsvertrag der PersGes, § 234 Nr 3. §§ 190 ff enthalten in Bezug auf die **Unterzeichnung durch sämtl Gesellschafter** (zB § 2 I 2 GmbHG, § 11 II Nr 1 GenG) Erleichterungen ggü dem Gründungsrecht. Eine Unterzeichnung des Organisationsstatuts durch die Anteilsinhaber ist grdsl nicht erforderl (vgl § 218 Rn 5 und § 244 Rn 2).

16 **d) Notwendiger Inhalt des Organisationsstatuts.** Soweit die Gründungsvorschriften den **Inhalt von Gesellschaftsvertrag bzw Satzung** festlegen (zB § 281 I AktG, dazu § 218 Rn 6 aE; zB §§ 7, 7a GenG, dazu § 218 Rn 8), sind diese grdsl zu beachten. **Festsetzungen über Sondervorteile,** Gründungsaufwand etc sind beim Formwechsel von KapGes in KapGes zu übernehmen (§ 243 I 2, vgl Lutter/*Decher* Rn 20 ff). Entsprechendes gilt für **Sacheinlagen** gem § 5 IV 1 GmbHG, § 27 I 1 AktG beim Formwechsel einer PhG/PartGes, wenn diese ursprüngl im Wege der Sachgründung (Lutter/*Decher* Rn 16), nicht aber, wenn sie durch Bargründung entstanden ist (Lutter/*Decher* Rn 16; Kallmeyer/*Meister/Klöcker* Rn 18; aA Widmann/Mayer/*Mayer* Rn 42: Festsetzung stets erforderl; ihm folgend Semler/Stengel/*Bärwaldt* Rn 43).

17 **e) Firma des Rechtsträgers neuer Rechtsform.** Die **firmenrechtl Vorschriften** (zB § 4 GmbHG, § 4 AktG, § 3 GenG) sind – nach Maßgabe von **§ 200,** vgl insbes § 200 II – zu beachten.

18 **f) Stammkapital, Grundkapital.** Die Möglichkeiten der **Festsetzung** des Mindestbetrages **von StK** (EUR 25 000, vgl § 5 I GmbHG) **und Grundkapital** (EUR 50 000, vgl § 7 AktG) werden durch §§ 190 ff nicht geändert (vgl zB § 243 II, dazu § 243 Rn 6, 7; vgl zur UG § 191 Rn 32).

19 Sinn und Zweck von S 1 HS 1 (Rn 3) stellen die **Kapitalaufbringung** beim Formwechsel in eine KapGes in den Mittelpunkt der Betrachtung. Die entsprechende Anwendung der Gründungsvorschriften gebietet es, dass der Nennbetrag des StK einer GmbH oder des Grundkapitals einer AG oder einer KGaA das nach

Abzug der Schulden tats verbleibende Verm des formwechselnden Rechtsträgers nicht überschreiten darf (vgl **§ 220 I,** dazu ausführl § 220 Rn 2 ff sowie §§ 264 I, 277, 295, 303 I). Die Beachtung dieses Verbots der materiellen **Unterpariemission** wird im Gründungsrecht der jew KapGes flankiert durch Vorschriften zur Gründerhaftung (Rn 20), zum Gründungsbericht (Rn 21) und zur Gründungsprüfung (Rn 25 ff).

g) Gründerhaftung. §§ 190 ff regeln, wer **Gründer** iSd gem S 1 HS 1 anzuwendenden Gründungsvorschriften ist (vgl §§ 245 I–III, 219). Die Gründerhaftung bei der GmbH (§§ 9, 9a, 9b GmbHG) ist beim Formwechsel ebenso zu beachten wie die Gründerhaftung nach §§ 46, 50, 51 AktG. Vgl iÜ § 219 Rn 2. 20

h) Gründungsbericht. § 5 IV GmbHG, § 32 AktG sind grdsl zu beachten. Einzig § 245 IV entbindet beim Formwechsel einer AG oder KGaA in eine GmbH von der Pflicht zur Abfassung eines **Sachgründungsberichts,** denn in diesem Fall sind die strengen Gründungs- und Kapitalerhaltungsvorschriften des AktG genügende Gewähr für die vollständige Kapitalaufbringung bei der GmbH. § 243 II sichert, dass § 245 IV nicht zu einer höheren Festsetzung des GmbH-StK missbraucht wird. 21

Vgl zum Sachgründungsbericht nach **§ 5 IV GmbHG** § 36 Rn 26 ff. 22

Der notw Mindestinhalt des von allen Gründern höchstpersönl zu erstattenden (*Melchior* GmbHR 1999, 521) schriftl (§ 126 BGB) **Gründungsberichts** beim Formwechsel in eine AG/KGaA lässt sich **§ 32 AktG** entnehmen. Zunächst muss der Bericht alle rechtl relevanten Vorgänge (Namen der Gesellschafter, Datum und Inhalt des Umwandlungsbeschlusses, Feststellung der Satzung der AG/KGaA, Aktienbeteiligung, Wahl des AR, Bestellung des Vorstands etc) angeben (vgl *Werner/Kindermann* ZGR 1981, 17, 47; *Hüffer* AktG § 32 Rn 2, 3 mwN; ausführl MüKoAktG/*Pentz* § 32 Rn 6 ff mwN). Da der Formwechsel in Bezug auf die Sicherung der Kapitalaufbringung wie eine Sachgründung zu behandeln ist, sind zusätzl zu der allg Schilderung über den Hergang der Gründung nach § 32 II AktG die wesentl Umstände darzulegen, aus denen die **hinreichende Werthaltigkeit der Sacheinlage** hervorgeht. Mit diesen Darlegungen ist die Beachtung des Verbots der Unterpariemission nachzuweisen. Das Registergericht darf die Einhaltung der Kapitalaufbringungsvorschriften prüfen. 23

Beim Sachgründungsbericht der GmbH bzw beim Gründungsbericht der AG/KGaA ist auch der **bisherige Geschäftsverlauf des formwechselnden Rechtsträgers** anzugeben (vgl § 220 II, dazu § 220 Rn 9). 24

i) Gründungsprüfung. §§ 33 ff AktG sind auch beim Formwechsel zu beachten, selbst der Formwechsel einer KGaA in eine AG gilt als Gründungsvorgang (vgl § 245 Rn 4, 5). Die **Prüfung** hat gem § 33 I AktG zunächst durch die Mitglieder des Vorstands und des AR, sodann gem § 33 II AktG durch einen oder mehrere Gründungsprüfer und schließl gem § 38 I AktG durch das Gericht zu erfolgen. Wegen der großen Bedeutung des **Formwechsels einer GmbH in eine AG** wird die Reichweite der aktienrechtl Gründungsprüfung an diesem **Beispiel** dargestellt: 25

Vertreten wurde zunächst die Ansicht, der Schutz des Publikums verlange eine **umfassende und sorgfältige Gründungsprüfung** (noch zu §§ 376 ff AktG aF: Baumbach/*Hueck* AktG § 378 Rn 1; KölnerKommAktG/*Zöllner* § 378 Rn 3, je mwN; Rowedder/Schmidt-Leithoff/*Zimmermann* GmbHG, 4. Aufl 2002, Anh nach § 77 Rn 52). Danach hätte das Registergericht – und vor ihm die Prüfer – 26 nicht nur den eigentl Umwandlungsvorgang, sondern stets auch die **ursprüngl Gründung der GmbH** vollständig zu überprüfen. Dies dürfte nach Sinn und Zweck von S 1 HS 1 – Rn 3 – allenfalls richtig sein, wenn dem Formwechsel die Absicht einer **Umgehung** zugrunde liegt (Lutter/*Decher* Rn 30; ebenso wohl *Priester* AG 1986, 29, 31 ff; *Finken/Decher* AG 1989, 391, 394 ff; weiter gehend Widmann/Mayer/*Mayer* Rn 11, der zutr auf Nachweisschwierigkeiten hinweist und klarstellt, dass es nur auf die aktuelle Deckung des Grundkapitals ankommt).

27 Einzelnen Aktionären oder einem Dritten eingeräumte **Sondervorteile** müssen zwingend in der Satzung der AG aufgeführt sein (§ 26 I AktG). Gleiches gilt für den Gründungsaufwand (§ 26 II). Die sinngemäße Anwendung von § 26 für den Formwechsel bedeutet nicht, dass nur der Umwandlungsaufwand bzw solche Sondervorteile, die ausschließl anlässl der Umw gewährt werden, in die Satzung aufzunehmen sind (so aber *Noelle* AG 1990, 475, 479). Der **ursprüngl** anlässl der GmbH-Gründung **entstandene Gründungsaufwand** muss ebenfalls grdsl aufgenommen werden (Lutter/*Decher* Rn 20, 22; Widmann/Mayer/*Mayer* Rn 26; Semler/Stengel/*Bärwaldt* Rn 42; teilw abw noch *Dehmer* in 2. Aufl 1996). Gleiches gilt für Sondervorteile, auch wenn sie bereits erledigt sind. Ohne Aufnahme des noch offenen Gründungsaufwands oder der noch zu gewährenden Sondervorteile besteht **kein Anspruch der jew Gläubiger gegen die AG** (Semler/Stengel/*Bärwaldt* Rn 42); ein Schadensersatzanspruch gegen die Gründer ist denkbar.

28 **Sacheinlagen,** die anlässl der GmbH-Gründung vorgenommen wurden, sind nur dann in der AG-Satzung aufzuführen, wenn sie zum Zeitpunkt der Umw noch in der GmbH-Satzung aufgeführt waren (*Priester* AG 1986, 32; *Finken/Decher* AG 1989, 391, 396; *Noelle* AG 1990, 479). Ob die **30-Jahres-Frist** von §§ 27 V, 26 V AktG auch für Festsetzungen in der Satzung der GmbH gilt, ist umstritten (nach hM gilt eine Frist von zehn Jahren, vgl Baumbach/Hueck/*Hueck/Fastrich* GmbHG § 5 Rn 49 mwN).

29 Die **Mitglieder des Vorstands und des AR** haben den Hergang der Umw zu prüfen, § 33 I; auch die Prüfung durch einen oder mehrere Prüfer nach § 33 II AktG hat in jedem Fall stattzufinden (§ 245 I 2 iVm § 220 III). Die jew **Prüfung hat den Umwandlungsbericht** (§ 192) **zum Gegenstand,** somit im Erg alle tats und rechtl Vorgänge, die mit dem Formwechsel zusammenhängen (Lutter/*Decher* Rn 29 mwN); wiederum kommt es auf die vormalige GmbH-Gründung nicht an, sofern nicht ausnahmsweise eine Umgehung (Rn 26) vorliegt.

30 Gem **§ 220,** auf den § 245 I 2 verweist, gilt auch beim Formwechsel von GmbH in AG das **Verbot der materiellen Unterpariemission** (näher § 245 Rn 6, 7; zur geforderten Reinvermögensdeckung ausführl Lutter/*Happ/Göthel* § 245 Rn 12, 13). Eine ledigl **formelle Unterbilanz** schadet jedoch nicht (§ 220 Rn 6).

31 Im **Mittelpunkt der Prüfung** nach §§ 33 ff AktG stehen zunächst die Frage nach der ordnungsgemäßen Kapitalaufbringung iSv §§ 245 I 2, 220 sowie die Lage und der Geschäftsverlauf der GmbH während der letzten beiden Jahre. IÜ bezieht sich die Prüfung auf den Bericht über den Formwechsel nach § 32 AktG und dessen Richtigkeit (Lutter/*Happ/Göthel* § 245 Rn 46).

32 Die **sinngemäße Anwendung von §§ 46, 53 AktG** führt zu einer Verantwortlichkeit der den Gründern gleichgestellten Gesellschafter, der Umwandlungsprüfer und der Organe der AG. Die Verantwortlichkeit bezieht sich bei sinngemäßer Anwendung von §§ 46 ff AktG allein auf die im Bericht aufzuführenden und zu überprüfenden Angaben. Da im Ggs zum früheren Recht (vgl *Priester* AG 1986, 34 mwN) auch die ordnungsgemäße Kapitalausstattung darzulegen ist, besteht die Möglichkeit der **Differenzhaftung bei Unterpariemission,** §§ 36a II, 46 I 3

AktG (wie hier die hM, vgl Lutter/*Happ/Göthel* § 245 Rn 56 ff; *Priester* DB 1995, 914 je mwN; die Privilegierung bei der Verschm – BGH DB 2007, 1241 – gilt beim Formwechsel nicht, weil dort die Gründungsvorschriften des AktG direkt anwendbar sind, die Suspendierung von § 188 II AktG in § 69 also keine Rolle spielt; hingegen scheidet beim Formwechsel von der AG in die GmbH eine Gründerhaftung nach § 9a GmbH aus, vgl § 245 Rn 5). Anteilsinhaber, die nicht für den Formwechsel gestimmt haben (also auch bei **Enthaltung**), haften nicht, § 245 I 1. IÜ kann sich ein Anteilsinhaber der gesamtschuldnerischen Haftung durch **Exkulpation** gem § 46 III AktG entziehen. § 52 AktG über die **Nachgründung** gilt bei Formwechsel von KapGes nur eingeschränkt, vgl § 245 Rn 1 mwN.

j) Anmeldung. § 8 II GmbHG, § 37 I AktG sind gem § 246 III (dazu § 246 **33**
Rn 4) nicht anzuwenden. Zur Anmeldung der Mitglieder des Vertretungsorgans vgl § 246 Rn 3.

§ 198 Anmeldung des Formwechsels

(1) **Die neue Rechtsform des Rechtsträgers ist zur Eintragung in das Register, in dem der formwechselnde Rechtsträger eingetragen ist, anzumelden.**

(2) **[1] Ist der formwechselnde Rechtsträger nicht in einem Register eingetragen, so ist der Rechtsträger neuer Rechtsform bei dem zuständigen Gericht zur Eintragung in das für die neue Rechtsform maßgebende Register anzumelden. [2] Das gleiche gilt, wenn sich durch den Formwechsel die Art des für den Rechtsträger maßgebenden Registers ändert oder durch eine mit dem Formwechsel verbundene Sitzverlegung die Zuständigkeit eines anderen Registergerichts begründet wird. [3] Im Falle des Satzes 2 ist die Umwandlung auch zur Eintragung in das Register anzumelden, in dem der formwechselnde Rechtsträger eingetragen ist. [4] Diese Eintragung ist mit dem Vermerk zu versehen, daß die Umwandlung erst mit der Eintragung des Rechtsträgers neuer Rechtsform in das für diese maßgebende Register wirksam wird, sofern die Eintragungen in den Registern aller beteiligten Rechtsträger nicht am selben Tag erfolgen. [5] Der Rechtsträger neuer Rechtsform darf erst eingetragen werden, nachdem die Umwandlung nach den Sätzen 3 und 4 eingetragen worden ist.**

(3) **§ 16 Abs. 2 und 3 ist entsprechend anzuwenden.**

Schrifttum: Siehe Schrifttum Vor §§ 190–213; Stellungnahme der Centrale für GmbH Dr. Otto Schmidt vom 16.3.2006 zum Referentenentwurf eines Zweiten Gesetzes zur Änderung des Umwandlungsgesetzes, GmbHR 2006, 418; HRA des DAV, Stellungnahme zum Regierungsentwurf eines Zweiten Gesetzes zur Änderung des Umwandlungsgesetzes, NZG 2006, 737; *Bayer/Schmidt,* Der Regierungsentwurf zur Änderung des Umwandlungsgesetzes, NZG 2006, 841; *Drinhausen,* Regierungsentwurf eines Zweiten Gesetzes zur Änderung des Umwandlungsgesetzes – Ein Gewinn für die Praxis, BB 2006, 2313; *Heckschen,* Die GmbH-Reform – Wege und Irrwege, DStR 2007, 1442; *ders,* Die Reform des Umwandlungsrechts, DNotZ 2007, 444; *Mayer/Weiler,* Neuregelungen durch das Zweite Gesetz zur Änderung des Umwandlungsgesetzes, DB 2007, 1235 (Teil I); DB 2007, 1291 (Teil II); *dies,* Aktuelle Änderungen des Umwandlungsrechts aus Sicht der notariellen Praxis, MittBayNot 2007, 368; *Neye,* BB-Gesetzgebungsreport: Bundestag beschließt neues Umwandlungsrecht, BB 2007, 389.

1. Allgemeines

1 Die **Registereintragung** hat für den Formwechsel konstitutive Wirkung (§ 202 I). § 198 I, II regeln die Art der Eintragung und die ggf zu beachtende Reihenfolge. Die Anmeldung des Formwechsels einer KapGes in die GbR ist nicht in § 198, sondern in § 235 geregelt (vgl Komm dort). Damit ist § 198 Parallelvorschrift zu §§ 16, 17. In Abs 3 wird § 16 II, III für entsprechend anwendbar erklärt.

2 Stets notw ist die **Anmeldung des Formwechsels** (vgl auch § 199) zur Eintragung in mindestens ein Register. Selbst beim Formwechsel in die GbR sieht § 235 die Notwendigkeit der Eintragung der Umw in das HR der formwechselnden KapGes vor. IÜ unterscheidet § 198 danach, ob allein die neue Rechtsform (Abs 1, Abs 2 S 1, 2) oder auch die Umw (Abs 2 S 3, § 235 I 1) anzumelden bzw einzutragen ist. Das wird in der Praxis von den Registergerichten öfter missachtet (zutr *Berninger* GmbHR 2004, 659, der die Systematik von § 198 leicht verständl aufbereitet). **Gegenstand der Anmeldung** ist abw vom früheren Recht (vgl § 191 Rn 1) nicht mehr der Umwandlungsbeschluss (RegEBegr BR-Drs 75/94 zu § 198), sondern die **neue Rechtsform** des Rechtsträgers. Zum Inhalt der Anmeldung ausführl Lutter/*Decher* Rn 11 ff mwN, KölnerKommUmwG/*Petersen* Rn 10 ff; vgl auch Semler/Stengel/*Schwanna* Rn 6 ff und Tabelle 4 bei Widmann/Mayer/*Vossius* Rn 41.

3 **Abs 3** bestimmt die entsprechende Anwendung von § 16 II, III (Klagen gegen die Wirksamkeit des Umwandlungsbeschlusses). Zunächst müssen die Anmelder (im Fall von § 16 II automatisch die Vertretungsorgane, beim Formwechsel ergibt sich die Pflicht zur Anmeldung aus §§ 214 ff je nach formwechselndem Rechtsträger; vgl die Komm zu §§ 222, 235, 246, 254, 265, 278, 286 und 296 sowie Tabelle 3 bei Widmann/Mayer/*Vossius* Rn 26) eine Erklärung darüber abgeben, ob zum Zeitpunkt der Anmeldung eine Unwirksamkeitsklage (zum Begriff: §§ 195, 14 und Komm dort) anhängig ist oder nicht (sog **Negativerklärung**). § 16 II HS 2 sieht weiterhin eine lfd Mitteilungspflicht der Anmelder über das Vorliegen einer Unwirksamkeitsklage vor. § 16 II 3 stellt schließl klar, dass die Negativerklärung Eintragungsvoraussetzung ist.

4 Durch den Verweis von § 198 II auch auf § 16 III wird das **Freigabeverfahren** – ein gerichtl Verfahren sui generis – auch beim Formwechsel für anwendbar erklärt. Die Entscheidung, ob die Registereintragung trotz einer anhängigen Klage erfolgen soll, ist danach nicht mehr dem Registergericht zugewiesen, sondern dem OLG, das auch über die eigentl Unwirksamkeitsklage (wenn es dort zum Berufungsverfahren kommt) zu befinden hat. Das Verfahren nach § 16 III entspricht dem durch das UMAG (BGBl I 2005, 2802) eingefügten § 246a AktG und weist Parallelen zum Verfahren der einstweiligen Vfg nach § 935 ZPO auf. Es wurde durch das ARUG (dazu Einf Rn 32 mwN) nochmals umfassend geändert. **Gegenstand der Entscheidung** ist in der Praxis regelm die Abwägung der Interessen des Klägers mit denjenigen des formwechselnden Rechtsträgers. Vgl im Einzelnen § 16 Rn 28 ff.

2. Anmeldung der neuen Rechtsform, Abs 1

5 **Abs 1** geht von dem Fall aus, dass sowohl der formwechselnde Rechtsträger als auch die neue Rechtsform des Rechtsträgers in ein und **demselben Register** einzutragen sind. Nach Maßgabe von § 191 kann es sich bei dem in Abs 1 ange-

sprochenen Register nur um das **HR** handeln (so auch RegEBegr BR-Drs 75/94 zu § 198). In das HR werden außer den PhG und den KapGes auch VVaG eingetragen; ferner wirtschaftl Vereine iSv § 191 Nr 4, allerdings nur im Fall von § 33 HGB. Demggü ist der **eV** in das Vereinsregister einzutragen, für **eG** (§ 191 Nr 3) wird das Genossenschaftsregister und für PartGes das Partnerschaftsregister geführt. Körperschaften und Anstalten des öffentl Rechts sind – nachdem § 36 HGB durch das HRefG (BGBl I 1998, 1474; dazu Einf Rn 26 mwN) abgeschafft wurde – nach Maßgabe von § 33 HGB im HR einzutragen.

Das HR besteht gem HRV 3 aus **zwei Abt:** In die **Abt A** werden eingetragen 6
die Einzelkaufleute, die in §§ 33, 36 HGB bezeichneten jur Person (wirtschaftl Vereine iSv § 22 BGB und Idealvereine, die nicht in das Vereinsregister eingetragen sind; uU privatrechtl Stiftungen, §§ 80 ff BGB; öffentl-rechtl Körperschaften, Stiftungen, Anstalten; zum Ganzen Baumbach/*Hopt* HGB § 33 Rn 1 mwN) sowie OHG, KG und EWIV. In die **Abt B** werden die KapGes (AG, KGaA, GmbH) und VVaG eingetragen. In den Fällen, in denen der formwechselnde Rechtsträger ebenso wie die neue Rechtsform im HR einzutragen ist, wäre es unnötiger Formalismus, den Rechtsträger selbst (vgl Abs 2 S 1, 2) oder auch nur die Umw (Abs 2 S 3) zur Eintragung zu bringen. Es genügt die Anmeldung und die Eintragung **der neuen Rechtsform.** Durch die strengen Vorschriften der HRV in Bezug auf die Führung des HR (vgl HRV §§ 12 ff) ist gewährleistet, dass ein Dritter bei Einsichtnahme in dieses öffentl (§ 9 I HGB) und seit der Reform des HGB durch das EHUG (BGBl I 2006, 2553) auch elektronisch geführte (§§ 8 ff HGB) Register jederzeit feststellen kann, dass ein Formwechsel iSv §§ 190 ff stattgefunden hat. IÜ gilt **Abs 1** auch dann, **wenn die Abt des HR durch den Formwechsel geändert wird** (zB bei einem Formwechsel einer PhG in eine KapGes, dazu Semler/Stengel/*Schwanna* Rn 2). Wird allerdings durch eine mit dem Formwechsel verbundene **Sitzverlegung** die Zuständigkeit eines anderen Registergerichts begründet, greift **Abs 2 S 2,** also die Pflicht zur Anmeldung des Rechtsträgers neuer Rechtsform.

3. Keine Voreintragung des formwechselnden Rechtsträgers, Abs 2 S 1

Abs 2 S 1 erfasst nur wirtschaftl Vereine, die nicht nach § 33 HGB in das HR 7
eingetragen sind (Rn 5; RegEBegr BR-Drs 75/94 zu § 198 II 1). In diesem Fall ist der **Rechtsträger neuer Rechtsform** bei dem zuständigen Gericht zur Eintragung in das für die neue Rechtsform maßgebende Register anzumelden. Die allg Formulierung von Abs 2 S 1 („in das für die neue Rechtsform maßgebende Register“) ist angebracht, weil für die Anmeldung und die Eintragung sowohl das **HR** (Formwechsel eines rechtsfähigen Vereins in eine KapGes, §§ 273 ff) als auch das **Genossenschaftsregister** (Formwechsel eines rechtsfähigen Vereins in eine eG, §§ 283 ff) in Betracht kommt. Auch für die entsprechende Anmeldung des Formwechsels einer öffentl-rechtl Körperschaft oder Anstalt kann Abs 2 S 1 einschlägig sein, sofern diese nicht im HRA eingetragen ist (zur Eintragung Rn 6, vgl iÜ Lutter/*Decher* Rn 4).

4. Änderung des maßgebenden Registers, Abs 2 S 2 Alt 1

Der Rechtsträger neuer Rechtsform ist auch („das Gleiche gilt“, Abs 2 S 2) 8
dann Gegenstand der Anmeldung und der Eintragung, wenn sich durch den Formwechsel **die Art des** für den Rechtsträger **maßgebenden Registers**

ändert, Abs 2 S 2 Alt 1. Änderungen allein der Abt des HR werden von dieser Vorschrift nicht erfasst (Rn 6 aE). Notw ist vielmehr die Voreintragung (Abgrenzung zu Abs 2 S 1) des formwechselnden Rechtsträgers in einem Register (Handels-, Partnerschafts-, Vereins- oder Genossenschaftsregister), das nicht mit dem Register des Rechtsträgers neuer Rechtsform übereinstimmt. In Betracht kommen danach die Formwechsel von PartGes in KapGes oder in eG, von KapGes in PartGes, von eV in KapGes oder in eG, von eG in KapGes und umgekehrt sowie von PhG in eG. Um den nahtlosen Anschluss der Eintragung des formwechselnden Rechtsträgers und des Rechtsträgers neuer Rechtsform zu gewährleisten, schreibt **Abs 2 S 3** die zusätzl Pflicht zur **Anmeldung der Umw** auch in das Register des formwechselnden Rechtsträgers vor. Zur Eintragungsreihenfolge vgl Rn 10.

5. Sitzverlegung, Abs 2 S 2 Alt 2

9 Der Rechtsträger neuer Rechtsform ist – trotz Voreintragung – ebenfalls dann anzumelden, wenn mit dem Formwechsel (stets zulässig) eine **Sitzverlegung** verbunden ist. **Abs 2 S 2 Alt 2** hat nur dann eigenständige Bedeutung, wenn sich durch den Formwechsel nicht ohnehin die Art des für den Rechtsträger maßgebenden Registers ändert (Abs 2 S 2 Alt 1), wenn also ein Fall von Abs 1 vorliegt. Abs 2 S 2 Alt 2 ist gleichzeitig **lex specialis zu § 13h HGB, § 45 AktG;** diese allg Vorschriften zur Eintragung bzw zur Eintragungsreihenfolge der Sitzverlegung werden verdrängt (RegEBegr BR-Drs 75/94 zu § 198 II 2). Auch in diesem Fall ist die „Brücke" zwischen der (Alt-)Eintragung des formwechselnden Rechtsträgers und der Eintragung des Rechtsträgers neuer Rechtsform durch eine entsprechende Anmeldung und deklaratorische Eintragung der Umw nach **Abs 2 S 3** zu schlagen.

6. Eintragungsreihenfolge, Abs 2 S 4, 5

10 Sofern nach Abs 2 S 2 Anmeldung und Eintragung der Umw gefordert ist (dazu Rn 8, 9), muss die Eintragung mit dem Vermerk versehen werden, dass die Umw erst mit der Eintragung des Rechtsträgers neuer Rechtsform in das für diesen maßgebende Register wirksam wird, **Abs 2 S 4.** Nach der Neufassung von Abs 2 S 4 durch das 2. UmwÄndG (dazu allg Einf Rn 28) entfällt der Wirksamkeitsvermerk im Register des formwechselnden Rechtsträgers, sofern die Eintragung im Register der neuen Rechtsform am selben Tag erfolgt. Die einem praktischen Bedürfnis folgende und kostengünstige (RegEBegr BT-Drs 16/2919, 13, 19) Regelung ist allerdings sprachl verunglückt, weil beim Formwechsel nur ein Rechtsträger beteiligt sein kann (im 2. UmwÄndG wurde die Änderung von § 19 I 2 auch für den Formwechsel wortgleich übernommen; am Identitätskonzept des Formwechsels, § 190 Rn 5 ff, wollte der Gesetzgeber aber ersichtl nichts ändern). Der Rechtsträger neuer Rechtsform darf erst eingetragen werden, nachdem die Umw gem Abs 2 S 3, 4 eingetragen worden ist, **Abs 2 S 5.** Aus diesen Vorschriften wird deutl, dass die **Eintragung der Umw** nach Abs 2 S 3 nur **deklaratorische,** die **Eintragung des Rechtsträgers neuer Rechtsform** aber **konstitutive** Wirkung (vgl § 202) hat. Die Benachrichtigung des Registergerichts, das die neue Rechtsform iSv Abs 2 S 5 einzutragen hat, erfolgt nicht von Amts wegen. Vielmehr haben die Anmelder (wer das ist, folgt rechtsformspezifisch aus §§ 214 ff, Rn 3) die **Voreintragung** der Umw bei der Anmeldung des Rechtsträgers neuer Rechtsform **nachzuweisen.** Die durch Abs 2 S 3–5 festgeschriebene Eintra-

gungsreihenfolge ist zwingend. Verstöße haben allerdings nach Eintragung des Rechtsträgers neuer Rechtsform (§ 202 II) keine Auswirkungen mehr **(§ 202 III).** Wird die Eintragung nach Abs 2 S 5 deshalb vorgenommen, obwohl eine Voreintragung der Umw nach Abs 2 S 3 noch nicht stattgefunden hat, werden die **Wirkungen des Formwechsels** dennoch ausgelöst (Lutter/*Decher* § 202 Rn 5 mwN). Die Eintragung in das ursprüngl Register des formwechselnden Rechtsträgers ist trotz § 202 III allerdings noch nachzuholen (Semler/Stengel/*Schwanna* Rn 24; Kallmeyer/*Zimmermann* Rn 22).

7. Kosten der Anmeldung und der Eintragung

Vgl Vor §§ 190–213 Rn 4 und § 19 Rn 39 ff, dort insbes zum HRegGeb-NeuOG und zur GesSt-RL. 11

8. Freigabeverfahren, Abs 3 iVm § 16 III

Vgl ausführl § 16 Rn 28 ff. Beim Formwechsel ist das **Vollzugsinteresse des Rechtsträgers** idR schwieriger glaubhaft zu machen, vgl ausführl Lutter/*Decher* Rn 48 ff mwN. 12

§ 199 Anlagen der Anmeldung

Der Anmeldung der neuen Rechtsform oder des Rechtsträgers neuer Rechtsform sind in Ausfertigung oder öffentlich beglaubigter Abschrift oder, soweit sie nicht notariell zu beurkunden sind, in Urschrift oder Abschrift außer den sonst erforderlichen Unterlagen auch die Niederschrift des Umwandlungsbeschlusses, die nach diesem Gesetz erforderlichen Zustimmungserklärungen einzelner Anteilsinhaber einschließlich der Zustimmungserklärungen nicht erschienener Anteilsinhaber, der Umwandlungsbericht oder die Erklärungen über den Verzicht auf seine Erstellung, ein Nachweis über die Zuleitung nach § 194 Abs. 2 beizufügen.

Schrifttum: Siehe Schrifttum Vor §§ 190–213.

§ 199 ist Parallelvorschrift zu § 17 I. 1

In **Ausfertigung** (§§ 47, 49 BeurkG) oder **beglaubigter Abschrift** (§ 42 BeurkG) sind von den zur Anmeldung verpflichteten Personen (rechtsformabhängig, vgl § 198 Rn 3) vorzulegen 2

- die Niederschrift des **Umwandlungsbeschlusses** (§§ 193, 194),
- die notw **Zustimmungserklärungen** einzelner Anteilsinhaber einschl der Zustimmungserklärungen nicht erschienener Anteilsinhaber (vgl § 193 Rn 15 ff; vgl zur notariellen Beurkundung dieser Zustimmungserklärungen § 193 III),
- etwa abgegebene **Verzichtserklärungen** in Bezug auf den Umwandlungsbericht (§ 192 I); vgl § 192 II, dort auch S 2 zur notariellen Beurkundung.

Die übrigen in § 199 aufgeführten Anlagen (zu denen seit der Änderung von § 199 durch das ARUG – dazu Einf Rn 32 mwN – nicht mehr etwaige staatl Genehmigungen gehören) sind keine notariellen Urkunden, deshalb genügt eine Einreichung in **Urschrift** oder in **Abschrift.** Auf diese Weise sind beizufügen 3

- der **Umwandlungsbericht,** § 192 I und

– ein **Nachw über die Zuleitung** des Entwurfs des Umwandlungsbeschlusses an den zuständigen **Betriebsrat,** § 194 II (vgl auch § 194 Rn 12 zu dem Fall, dass kein Betriebsrat besteht).

4 Die aufgeführten Anlagen sind **gleichzeitig mit der Anmeldung** beim Registergericht (im Fall von § 198 II 3 bei beiden Registergerichten, Lutter/*Decher* Rn 13) einzureichen. Geschieht dies nicht, kann der Mangel noch behoben werden. Das Registergericht hat unter Fristsetzung zur Nachreichung aufzufordern **(Zwischenverfügung).** Darüber hinaus ist zu beachten, dass im Fall von § 198 II bei der Anmeldung des Rechtsträgers neuer Rechtsform ein **Nachw über die Voreintragung der Umw** (§ 198 II 3, 4) zu erbringen ist (Lutter/*Decher* Rn 6; Semler/Stengel/*Schwanna* Rn 5; Kallmeyer/*Zimmermann* Rn 4). Auch ist **§ 199 nicht abschl** zu verstehen, die aufgeführten Anlagen sind „außer den sonst erforderl Unterlagen" beizufügen (dazu ausführl Widmann/Mayer/*Vossius* Tabellen 1 und 2 zu Rn 5, 7 und Checklisten bei Lutter/*Decher* Rn 7 ff; Semler/Stengel/*Schwanna* Rn 7 ff). Inhalt der Anmeldung ist im Fall von § 198 I die neue Rechtsform und im Fall von § 198 II der Rechtsträger neuer Rechtsform. Wegen **§ 197 S 1** sind die für die jew Zielrechtsform maßgebl allg Inhalte der Anmeldung zu beachten.

§ 200 Firma oder Name des Rechtsträgers

(1) [1]**Der Rechtsträger neuer Rechtsform darf seine bisher geführte Firma beibehalten, soweit sich aus diesem Buch nichts anderes ergibt.** [2]**Zusätzliche Bezeichnungen, die auf die Rechtsform der formwechselnden Gesellschaft hinweisen, dürfen auch dann nicht verwendet werden, wenn der Rechtsträger die bisher geführte Firma beibehält.**

(2) **Auf eine nach dem Formwechsel beibehaltene Firma ist § 19 des Handelsgesetzbuchs, § 4 des Gesetzes betreffend die Gesellschaften mit beschränkter Haftung, §§ 4, 279 des Aktiengesetzes oder § 3 des Genossenschaftsgesetzes entsprechend anzuwenden.**

(3) **War an dem formwechselnden Rechtsträger eine natürliche Person beteiligt, deren Beteiligung an dem Rechtsträger neuer Rechtsform entfällt, so darf der Name dieses Anteilsinhabers nur dann in der beibehaltenen bisherigen oder in der neu gebildeten Firma verwendet werden, wenn der betroffene Anteilsinhaber oder dessen Erben ausdrücklich in die Verwendung des Namens einwilligen.**

(4) [1]**Ist formwechselnder Rechtsträger oder Rechtsträger neuer Rechtsform eine Partnerschaftsgesellschaft, gelten für die Beibehaltung oder Bildung der Firma oder des Namens die Absätze 1 und 3 entsprechend.** [2]**Eine Firma darf als Name einer Partnerschaftsgesellschaft nur unter den Voraussetzungen des § 2 Abs. 1 des Partnerschaftsgesellschaftsgesetzes beibehalten werden.** [3]**§ 1 Abs. 3 und § 11 des Partnerschaftsgesellschaftsgesetzes sind entsprechend anzuwenden.**

(5) **Durch den Formwechsel in eine Gesellschaft des bürgerlichen Rechts erlischt die Firma der formwechselnden Gesellschaft.**

Schrifttum: Siehe Schrifttum Vor §§ 190–213; *Heckschen,* Firmenbildung und Firmenverwertung – Aktuelle Tendenzen, NotBZ 2006, 346.

1. Allgemeines

Die Vorschrift regelt **vglbar zu § 18** die zulässige **Firmierung** nach Durchführung des Formwechsels. Wegen der wirtschaftl und rechtl Kontinuität des Rechtsträgers (vgl § 190 Rn 5 ff) erlaubt **Abs 1 S 1** die Beibehaltung der Firma durch den Rechtsträger neuer Rechtsform. Anders als in den früheren Fällen der übertragenden Umw (§§ 6, 14 UmwG 1969) geht es also nicht um eine Firmenfortführung mit oder ohne Beifügung eines das Nachfolgeverhältnis andeutenden Zusatzes, sondern um Firmenbeibehaltung durch **Kontinuität der Firma** (vgl RegEBegr BR-Drs 75/94 zu § 200). Die Kontinuität erfasst den Stamm der Firma, gem **Abs 1 S 2** muss der **Rechtsformzusatz** geändert werden (dies ist jedoch keine Satzungsänderung, OLG Frankfurt aM DB 1999, 733). 1

Der Rechtsträger neuer Rechtsform muss nicht von § 200 und den darin vorgesehenen Privilegierungen Gebrauch machen, er kann in seiner neuen Rechtsform stets auch nach **allg Grdsen eine neue Firma** bilden (zB §§ 17 ff HGB). Auch im Fall der Firmenbeibehaltung nach Abs 1 S 1 finden die allg Vorschriften Beachtung, **Abs 2.** 2

Durchbrochen wird der Grds der Firmenkontinuität durch **Abs 3** für den Fall, dass eine **natürl Person** am formwechselnden Rechtsträger noch beteiligt war, sie anlässl des Formwechsels aber ausscheidet. 3

Beim Formwechsel einer KapGes in eine **GbR** erlischt die Firma der formwechselnden Gesellschaft ersatzlos, Abs 5. Die GbR ist künftig nur noch mit einem **Namen** zu bezeichnen, vgl §§ 194 I Nr 2, 235 und § 194 Rn 4. 4

Im Jahr 1998 ist § 200 überarbeitet worden. Die umfassende **Firmenliberalisierung des HRefG,** nach der grdsl jeder Rechtsträger die Wahl zwischen **Personen-, Sach- oder Phantasiefirma** hat, führte zur Streichung von Abs 1 S 2 aF (Verweis auf § 18 I 2, 3 aF; noch zu § 200 I 2 aF hat das LG Bielefeld, GmbHR 1996, 543, die Möglichkeit der Firmenfortführung bei Formwechsel einer GmbH in eine GmbH & Co KG anerkannt, § 18 I 2 aF stehe dem nicht entgegen). Abs 2 wurde an die Neufassung von § 19 HGB, §§ 4, 279 AktG, § 4 GmbHG und § 3 GenG angepasst. Ebenfalls gestrichen wurde die Sonderregelung in Abs 3 aF zur Firmierung einer PhG. Der frühere Abs 4 ist nun Abs 3, Abs 5 blieb unverändert. Vgl zu den firmenrechtl Regelungen der Handelsrechtsreform ausführl § 18 Rn 2 ff. 5

Ebenfalls im Jahr 1998 eingefügt wurde Abs 4 zur Firmierung bei Beteiligung einer **PartGes** als formwechselnder Rechtsträger oder als Rechtsträger neuer Rechtsform in Abs 4. Die Aufnahme der PartGes in den Kreis der beim Formwechsel beteiligungsfähigen Rechtsträger (§ 191 I Nr 1, II Nr 2) durch das Gesetz zur Änderung des UmwG, des PartGG und anderer Gesetze vom 22.7.1998 musste durch eine spezielle firmenrechtl Regelung begleitet werden, weil PartGes einen Namen und keine Firma führen und weil für diese Namensfindung Sonderregelungen gelten. 6

2. Grundsatz: Kontinuität der Firma, Abs 1 S 1

Soweit sich aus §§ 190–304 nichts anderes ergibt (was derzeit nicht der Fall ist, Lutter/*Decher* Rn 6), darf der Rechtsträger neuer Rechtsform seine bisher geführte **Firma beibehalten, Abs 1 S 1.** Es kommt – anders als bei § 18 – nicht darauf an, dass der Rechtsträger neuer Rechtsform das von ihm vor Wirksamwerden des Formwechsels betriebene **Handelsgeschäft** weiterführt (vgl RegEBegr 7

BR-Drs 75/94 zu § 200). Dies folgt aus der rechtl Identität beim Formwechsel und aus den Wirkungen der Eintragung nach § 202. Mit dem Formwechsel ist eine **Änderung des tats Geschäftsbetriebs** nicht verbunden, der Rechtsträger „wechselt nur sein rechtl Kleid". Abs 1 S 1 wird durch Abs 1 S 2 nicht weiter eingeschränkt, als dies nach allg Firmenrecht ohnehin der Fall ist (vgl § 18 Rn 14, 15). Fortgeführt wird nur die Firma an sich, nicht aber der ehemals verwendete **Rechtsformzusatz.**

3. Rechtsformzusatz, Abs 1 S 2, Abs 2

8 Besonderheiten können gem **Abs 4 S 3** durch die entsprechende Anwendung von § 11 S 3 PartGG dann gelten, wenn der formwechselnde Rechtsträger **PartGes** war. Der an sich der Rechtsformbezeichnung dienende Zusatz „Partnerschaft" oder „und Partner" darf weitergeführt werden, wenn ein eindeutiger Hinweis auf die neue Rechtsform hinzugefügt wird.

9 Die beibehaltene Firma ist gem **Abs 2** mit einem Zusatz zu versehen, der die neue Rechtsform als Firmenbestandteil ausweist. Seit der Handelsrechtsreform schreibt § 19 I HGB auch für PhG die Aufnahme des **Rechtsformzusatzes** vor, für KapGes und eG war dies bereits früher verbindl. Der Rechtsformzusatz braucht nicht ausgeschrieben zu werden, es genügt eine sinnvolle und allg verständl Abkürzung.

4. Ausgeschiedene natürliche Person, Abs 3

10 **Abs 3** entspricht § 18 II, auf dessen Komm (§ 18 Rn 16 ff) verwiesen wird. Anwendungsfall von Abs 3 kann zunächst das **Ausscheiden des phG** gem § 247 III sein (dazu Lutter/*Decher* Rn 10). Ebenfalls zu beachten ist die Vorschrift, wenn ein Anteilsinhaber des formwechselnden Rechtsträgers gegen **Barabfindung** (§§ 207 ff) ausscheidet. Zwar geschieht dieses Ausscheiden erst nach Durchführung des Formwechsels (§ 207 I 1), gleichwohl hat der Namensträger ein Interesse daran, die künftige Firmierung unter Nutzung seines Namens zu bestimmen. Abs 3 ist nur eine spezielle Regelung für das Persönlichkeitsrecht des Namensinhabers (GKT/*Laumann* Rn 15), deswegen darf nicht formal dahin argumentiert werden, der Anteilsinhaber scheide gegen Barabfindung erst nach Durchführung des Formwechsels aus (wie hier Lutter/*Decher* Rn 11; Semler/Stengel/*Schwanna* Rn 9).

5. Beteiligung einer Partnerschaftsgesellschaft, Abs 4

11 Abs 4 entspricht § 18 III, auf die dortige Komm (§ 18 Rn 23 ff) wird verwiesen.

6. Formwechsel in eine GbR

12 Der Grds der Firmenbeibehaltung von Abs 1 S 1 wird beim Formwechsel einer **KapGes in eine GbR** (§§ 226 ff, 235) durchbrochen: Die GbR darf keine Firma führen, die Firma der formwechselnden Gesellschaft erlischt ersatzlos (vgl § 194 Rn 4). Auch die Argumentation dahin, dass die GbR zwar keine Firma, wohl aber einen Namen tragen dürfe, hilft nicht. Zwar ist § 24 HGB auf die **unternehmerisch tätige GbR** entsprechend anwendbar (LG Nürnberg BB 1999, 652). Die anderen firmenrechtl Regelungen sind dies jedoch nicht. Namensbestandteile, die das Gesellschaftsverhältnis oder den Geschäftsbetrieb bezeichnen, sind nur

dann zulässig, wenn **keine Verwechslungsgefahr** mit einer kaufmännischen Firma oder mit der Partnerschaft besteht (BGHZ 135, 257). Die durch das HRefG umgesetzte Firmenliberalisierung hat an diesen Beschränkungen der GbR nichts geändert, was insbes die Diskussion um die Zulässigkeit einer Bezeichnung als **„GbR mit beschränkter Haftung"** gezeigt hat (dazu BGH NJW 1999, 3483; BayObLG NJW 1999, 297; *Ulmer* ZIP 1999, 509; *Henze* BB 1999, 2260; *Blenske* NJW 1999, 517; *Reiff* ZIP 1999, 517; *Kindl* NZG 1999, 517). Die jüngere Rspr des BGH zur GbR (vgl § 190 Rn 9 mwN) lässt das Firmierungsverbot für GbR ebenfalls unberührt (krit Lutter/*Decher* Rn 13).

§ 201 Bekanntmachung des Formwechsels

Das für die Anmeldung der neuen Rechtsform oder des Rechtsträgers neuer Rechtsform zuständige Gericht hat die Eintragung der neuen Rechtsform oder des Rechtsträgers neuer Rechtsform nach § 10 des Handelsgesetzbuchs ihrem ganzen Inhalt nach bekanntzumachen.

Schrifttum: Siehe Schrifttum Vor §§ 190–213.

Die Vorschrift entspricht § 19 III (dazu § 19 Rn 33 ff). Ein Verweis auf § 10 HGB aF, der bis zum EHUG (BGBl I 2006, 2553) mit §§ 201, 19 III jew auch in der alten Fassung übereinstimmte, hätte den Formwechsel von KapGes oder rechtsfähigen Vereinen in eG nicht erfasst (vgl RegEBegr BR-Drs 75/94 zu § 201). Deshalb ist es nicht nachvollziehbar, dass § 201 jetzt (nur) auf § 10 HGB verweist, der sich auf das HR und nicht auf das Unternehmensregister iSv § 8b HGB bezieht. Die GenossenschaftsregisterVO wird nicht erwähnt. § 10 HGB gilt iRv § 201 für den Formwechsel in eine eG aber ohne weiteres entsprechend, statt dem HR ist das Genossenschaftsregister iSv § 10 GenG anzusprechen. 1

Das **Prüfungsrecht des Registergerichts** im Vorfeld der Eintragung und der Bekanntmachung des Formwechsels erfasst die Einhaltung der Formalien der eingereichten Anmeldung, im Fall von § 198 II 5 das Vorliegen der Eintragung iSv § 198 II 3, 4 und der nach §§ 198 III, 16 II notw Negativerklärung. Darüber hinaus muss der Umwandlungsbeschluss auf die Einhaltung der gesetzl Mindestanforderungen (§ 194, ggf iVm den besonderen Vorschriften von §§ 214 ff; beim Formwechsel in eine KapGes ist die Kapitalaufbringung zu prüfen, vgl Lutter/*Decher* § 198 Rn 25) überprüft werden. Ebenso erstreckt sich die Prüfung auf die Ordnungsmäßigkeit des Umwandlungsbeschlusses und die Beachtung der dafür notw Beschlussmehrheiten (vgl § 193 Rn 12). **Grundlage der Prüfung** sind die Angaben der Anmelder, bei begründeten Zweifeln kann das Registergericht **von Amts wegen** (§ 26 FamFG) ermitteln. Hierbei muss es die Anmelder durch Zwischenverfügung auch dazu anhalten, **behebbare Eintragungshindernisse** zu beseitigen (Widmann/Mayer/*Vossius* Rn 11 ff). Gegenstand der Prüfung ist hingegen **nicht** die rechtl oder wirtschaftl Zweckmäßigkeit des Formwechsels oder die Angemessenheit des Beteiligungsverhältnisses (vgl §§ 195 II, 196; ein Urteil hierüber ist allein dem **Spruchverfahren** vorbehalten). Eine **materielle Beschlusskontrolle** findet nicht statt (§ 195 Rn 3 mwN). Nur die Anteilsinhaber selbst haben es in der Hand, einen etwaigen Missbrauch des Gestaltungsmittels Umw durch eine Unwirksamkeitsklage zu sanktionieren (dazu ausführl Lutter/*Happ/Göthel* § 233 Rn 52 ff auch mit Rechtsprechungsnachweisen; Lutter/*Decher* § 193 Rn 9 und RegEBegr zu § 193: „Der Entwurf übernimmt auch beim Formwechsel nicht die Vorstellungen, die von Rechtsprechung und Schrifttum für eine 2

Sachkontrolle wichtiger Versammlungsbeschlüsse entwickelt worden sind"). Der Beschluss muss also nicht im Interesse der Gesellschaft liegen, zur Verfolgung des Unternehmensgegenstandes erforderl oder das angemessene Mittel sein. Zur Bindungswirkung einer Entscheidung nach §§ 198 III, 16 III für das Registergericht vgl § 16 Rn 49.

3 Die **Bekanntmachung** erfolgt im elektronischen Register der neuen Rechtsform und insoweit unabhängig von der Rechtsform (Rn 1) nach Maßgabe von § 10 HGB. Am Folgetag beginnt die Frist iSv § 187 II BGB ua für die Schadensersatzpflicht der Verwaltungsträger (§ 205 II), für die Annahme des Angebots auf Barabfindung (§ 209 S 1), für die Nachhaftung (§§ 224 III 1, 237), für die Auszahlung des Geschäftsguthabens an einen Genossen (§ 256 II 1) und für die fortdauernde Nachschusspflicht der Genossen (§ 271 S 1). IÜ treten die **Wirkungen der Eintragung** (§ 202 I, II) unabhängig von der Bekanntmachung des Formwechsels ein (Kallmeyer/*Meister/Klöcker* Rn 5; Lutter/*Decher* Rn 6; KölnerKommUmwG/*Petersen* Rn 7).

§ 202 Wirkungen der Eintragung

(1) **Die Eintragung der neuen Rechtsform in das Register hat folgende Wirkungen:**

1. **Der formwechselnde Rechtsträger besteht in der in dem Umwandlungsbeschluß bestimmten Rechtsform weiter.**
2. **[1]Die Anteilsinhaber des formwechselnden Rechtsträgers sind an dem Rechtsträger nach den für die neue Rechtsform geltenden Vorschriften beteiligt, soweit ihre Beteiligung nicht nach diesem Buch entfällt.[2]Rechte Dritter an den Anteilen oder Mitgliedschaften des formwechselnden Rechtsträgers bestehen an den an ihre Stelle tretenden Anteilen oder Mitgliedschaften des Rechtsträgers neuer Rechtsform weiter.**
3. **Der Mangel der notariellen Beurkundung des Umwandlungsbeschlusses und gegebenenfalls erforderlicher Zustimmungs- oder Verzichtserklärungen einzelner Anteilsinhaber wird geheilt.**

(2) **Die in Absatz 1 bestimmten Wirkungen treten in den Fällen des § 198 Abs. 2 mit der Eintragung des Rechtsträgers neuer Rechtsform in das Register ein.**

(3) **Mängel des Formwechsels lassen die Wirkungen der Eintragung der neuen Rechtsform oder des Rechtsträgers neuer Rechtsform in das Register unberührt.**

Schrifttum: Siehe Schrifttum Vor §§ 190–213; *Gaul/Otto,* Rechtsfolgen einer fehlenden oder fehlerhaften Unterrichtung bei Betriebsübergang und Umw, DB 2005, 2465; *Gelhausen/Heinz,* Handelsrechtliche Zweifelsfragen der Abwicklung von Ergebnisabführungsverträgen in Umwandlungsfällen, NZG 2005, 775; *Grage,* Ausgewählte Aspekte der Verwaltungstreuhand an Geschäftsanteilen, RNotZ 2005, 251; *Louis/Nowak,* Unternehmensumwandlung: Schicksal von Versorgungsverbindlichkeiten gegenüber Betriebsrentnern, DB 2005, 2354; *Büchel,* Voreilige Eintragung von Verschmelzung oder Formwechsel und die Folgen, ZIP 2006, 2289; *Stöber,* Die Auswirkungen einer Umwandlung nach dem Umwandlungsgesetz auf einen laufenden Zivilprozess, NZG 2006, 574; *Hausch,* Arbeitsrechtliche Pflichtangaben nach dem Umwandlungsgesetz, RNotZ 2007, 308 (Teil I), 396 (Teil II); *Hoger,* Fortdauer und Beendigung der organschaftlichen Rechtsstellung von Geschäftsleitern bei Formwechsel nach dem UmwG, ZGR 2007, 868.

1. Allgemeines

§ 202 behandelt die **Wirkungen der Eintragung** (vgl §§ 198, 199, auf deren wirksame Bekanntmachung nach § 201 kommt es nicht an, § 201 Rn 3) der neuen Rechtsform in das Register (Abs 1) oder des Rechtsträgers neuer Rechtsform in das Register (Abs 2). Inhaltl knüpft die Vorschrift an §§ 362 ff AktG aF (zB §§ 365 S 1, 368 S 1, 2 AktG aF) an. 1

Anders als bei §§ 20, 131 ist iRv § 202 eine **Vermögensübertragung nicht erforderl.** Beim Formwechsel ändert sich nur die Rechtsform des Unternehmens, nicht aber die Identität des Rechtsträgers, sodass eine **Rechtsnachfolge** nicht in Betracht kommt (zur stl Rechtsnachfolge beim kreuzenden Formwechsel, die auch rückwirkend mögl ist, vgl § 9 UmwStG Rn 20–22 und § 25 UmwStG Rn 40 ff). Damit beschränken sich die Wirkungen der Eintragung auf den Wechsel der Rechtsform **(Abs 1 Nr 1),** auf die Regelung zur Umqualifizierung der Anteile **(Abs 2 Nr 2)** und schließl auf die durch die Eintragung vermittelte Heilung von Beurkundungsmängeln **(Abs 1 Nr 3).** 2

Welche Eintragung die Wirkungen von § 202 auslöst, richtet sich danach, ob der formwechselnde Rechtsträger bereits in das Register eingetragen ist, das auch für den Rechtsträger neuer Rechtsform zuständig ist, oder nicht. Im Fall von § 198 I (dazu § 198 Rn 5, 6) ist nur die **neue Rechtsform** des Rechtsträgers in das (identische) Register einzutragen. Von diesem **Grundfall** geht Abs 1 aus. Abs 1 ist aber gem **Abs 2** entsprechend auch für alle Fälle von § 198 II anwendbar. Fehlt es an einer Voreintragung des formwechselnden Rechtsträgers überhaupt oder ist der Rechtsträger neuer Rechtsform bei einem anderen Register als der formwechselnde Rechtsträger einzutragen, werden die Wirkungen des Formwechsels durch die **Eintragung des Rechtsträgers neuer Rechtsform** in dieses Register ausgelöst. Für den Formwechsel in eine **GbR** enthält § 235 I eine Sonderregelung für die Anmeldung, nicht aber für die Wirkungen der Eintragung. Abs 1 gilt gleichwohl – entweder unmittelbar oder entsprechend (arg § 235 I 2, so wohl auch Widmann/Mayer/*Vossius* Rn 7). 3

Voraussetzung für den Eintritt der Rechtsfolgen von Abs 1 ist damit stets eine Registereintragung. Diese erfolgt gem §§ 198, 199, 201 nur dann, wenn ein wirksamer Umwandlungsbeschluss und – je nach Einzelfall – alle erforderl Zustimmungserklärungen, ein den Anforderungen genügender Umwandlungsbericht, der Nachw über die Zuleitung an den Betriebsrat und etwaige staatl Genehmigungsurkunden vorliegen. **Mängel des Formwechsels** lassen die Wirkungen der Eintragung nach Abs 1 oder Abs 2 jedoch unberührt (Abs 3), sodass der durch die Eintragung herbeigeführte Rechtszustand nicht mehr zu ändern ist (zB OLG München vom 5.5.2010 – 7 U 4134/09 Rn 109). Eine so weitreichende Einschränkung der Nichtigkeit einer Umstrukturierung war früher für die formwechselnde Umw nur die Ausnahme (vgl § 385p II AktG aF), wegen §§ 20 II, 131 II und wegen der allg Tendenz, gesellschaftsrechtl Akte möglichst zu erhalten und besondere Schwierigkeiten bei der Rückumwandlung zu umgehen, wurde die Regelung von § 352a AktG aF auch für den Formwechsel übernommen. Dies ist auch verfassungsgemäß (dazu § 20 Rn 121 mwN). 4

2. Wirkungen der Eintragung, Abs 1

a) Wechsel der Rechtsform, Nr 1. Die Eintragung nach §§ 198, 199 hat zunächst die Wirkung, dass der Rechtsträger ab diesem Zeitpunkt in der im Umwandlungsbeschluss bestimmten **neuen Rechtsform** weiterbesteht, **Abs 1** 5

Nr 1. Die Identität des Rechtsträgers bleibt vom Wechsel der Rechtsform unberührt (vgl § 190 Rn 5 ff). Welche Rechtsform für welchen formwechselnden Rechtsträger zulässig ist, ergibt sich aus §§ 191 I, II, 214 ff (vgl § 190 Rn 3). Die **Folgen,** die mit dem Formwechsel einhergehen, ergeben sich aus den besonderen Vorschriften von §§ 214 ff. Je nach Ausgangs- und Zielrechtsform sind Besonderheiten bzgl der Leitungs- und Aufsichtsorgane, der Vermögenszuordnung (zB Bindung als Grund- oder StK, dazu ausführl *Habersack/Schürnbrand* NZG 2007, 81 mwN) und des Verhältnisses zu Außenstehenden (zB Nachhaftung) zu beachten. Maßgebl für die Wirkungen des Formwechsels ist stets der **Umwandlungsbeschluss** nach §§ 193, 194, 214 ff (dazu § 193 Rn 11); da durch den Formwechsel vor allem die Liquidation des umzuwandelnden Rechtsträgers vermieden wird, sind (ziel-)rechtsformspezifische Gründungsvorschriften zu beachten, § 197. Folgen des Formwechsels im **Verhältnis zu Dritten** (Schuldner, Gläubiger, Vertragspartner etc) ergeben sich regelm nicht (dazu Kallmeyer/*Meister/Klöcker* Rn 13 ff; Widmann/Mayer/*Vossius* Rn 45 ff; ABC bei Lutter/*Decher* Rn 23 ff; zu öffentlrechtl Erlaubnissen *Eckert* ZIP 1998, 1950; *Gaiser* DB 2000, 361; zur Handwerkserlaubnis BFH MittBayNot 2005, 181; zum BBodSchG *Giesberts/Frank* DB 2000, 505; zur Investitionszulage FG Thüringen EFG 2002, 705). **Rechtsstreitigkeiten** werden nicht unterbrochen, vollstreckbare Titel müssen ggf umgeschrieben werden (vgl *Lindemeier* RNotZ 2002, 41). **Registereintragungen** (auch: Grundbücher; zur Gebühr OLG Oldenburg BB 1997, 1916 und BayObLG DB 1998, 1402; zur Grundbuchfähigkeit der GbR § 190 Rn 9; die formwechselnde Umw löst mangels Rechtsträgerwechsels keine **Grunderwerbsteuer** aus, BFH DB 1997, 79; zur deshalb nicht notw stl Unbedenklichkeitsbescheinigung iSv § 22 I GrEStG LG Dresden DB 1998, 1807; GrESt trotz Formwechsel hat der BFH allerdings bei Formwechsel von GmbH in GbR und anschl Einbringung in GmbH & Co KG für den Einbringungsvorgang angenommen und dabei die Zeit der Beteiligung an der GmbH nicht berücksichtigt, vgl BFH DB 2001, 1467; auch beim Formwechsel aus der Gesamthand zur KapGes kann ein vorangegangener Erwerb der Gesamthand nachträgl GrESt auslösen, BFH NZG 2003, 887; vgl auch *Schwerin* RNotZ 2003, 479; *Gärtner* DB 2000, 401) sind nach Vorlage eines beglaubigten Registerauszuges zu berichtigen. **Dienstverträge** mit den Organen bleiben grdsl bestehen (BGH ZIP 1997, 1106; zur Vertretung des formwechselnden Rechtsträgers im Prozess BGH DB 1997, 1455; vgl auch § 20 Rn 34 ff und *Buchner/Schlobach* GmbHR 2004, 1 sowie *Hoger* ZGR 2007, 868 je mwN). Streitig ist die Wirkung des Formwechsels auf **Unternehmensverträge** (dazu OLG Düsseldorf ZIP 2004, 753; Kallmeyer/*Meister/Klöcker* Rn 18; Lutter/*Decher* Rn 47 und ausführl *Vossius* FS Widmann, 2000, 133; zur **stillen Ges** *Mertens* AG 2000, 32). Hat der formwechselnde Rechtsträger **Prokura** erteilt, besteht diese fort (OLG Köln GmbHR 1996, 772). Die Wirkungen von § 202 sind unabdingbar, eine abw Regelung im Umwandlungsbeschluss (etwa dahingehend, dass die Wirkungen des Formwechsels erst zu einem bestimmten Stichtag eintreten sollen) ist nicht mögl (ob Regelungen im **Innenverhältnis der Anteilsinhaber** mögl sind, ist str, mit der hM dafür Lutter/*Decher* Rn 6 mwN; dagegen Kallmeyer/*Meister/Klöcker* Rn 12 und § 194 Rn 9, 10). Damit führt die Eintragung der neuen Rechtsform in das Register notwendigerweise und konstitutiv zum Wechsel der Rechtsform, dieser ist ggü allen Beteiligten verbindl.

6 **b) Umqualifizierung der Anteile, Nr 2.** Die Anteilsinhaber des formwechselnden Rechtsträgers (dazu zählen auch die Rechtsnachfolger von Anteilsinha-

bern, die zwischen Umwandlungsbeschluss und Wirksamwerden des Formwechsels Anteilsinhaber geworden sind, BayObLG ZIP 2003, 1145) sind an dem Rechtsträger nach den für die neue Rechtsform geltenden Vorschriften beteiligt, **Abs 1 Nr 2 S 1.** Anderes gilt nur für den Fall, dass die Beteiligung nach §§ 190 ff entfällt; die RegEBegr gibt an, dass diese Ausnahme nur für Komplementäre einer formwechselnden KGaA und für bestimmte Mitglieder eines formwechselnden VVaG einschlägig sein soll. Zum Formwechsel unter Beteiligung einer GmbH & Co KG vgl § 226 Rn 3.

Mit der Umqualifizierung der Anteile kann auch eine **Veränderung der Beteiligungsverhältnisse** verbunden sein. Der Wortlaut von § 194 I Nr 4 schließt einen **nichtverhältniswahrenden Formwechsel** nicht aus. Unabhängig davon, dass eine § 128 entsprechende ausdrückl Regelung fehlt, überlässt die hM den Anteilsinhabern die Entscheidung, den Umfang und die Qualität ihrer Beteiligung anlässl des Formwechsels zu ändern. Dem Registergericht steht ein Ablehnungsrecht nicht zu, wenn ein nichtverhältniswahrender Formwechsel **einstimmig** beschlossen wird oder zumindest die betroffenen Anteilsinhaber ausdrückl zugestimmt haben (vgl GKT/*Laumann* § 194 Rn 16; Kallmeyer/*Meister/Klöcker* § 194 Rn 34; Lutter/*Decher* Rn 15 mwN; Widmann/Mayer/*Vollrath* § 194 Rn 17; KölnerKommUmwG/*Dauner-Lieb/Tettinger* § 231 Rn 31; *Bärwaldt/Schabacker* ZIP 1998, 1295 mwN; *Veil* DB 1996, 2529). 7

Damit wird klar, dass der Formwechsel an der eigentl Beteiligung der Anteilsinhaber am formwechselnden Rechtsträger grdsl nichts ändert. Es kommt durch den Wechsel der Rechtsform zu einer **Umqualifizierung der Anteile,** zB können aus Aktionären GmbH-Gesellschafter, Mitglieder einer eG, Gesellschafter einer KG oder OHG, Partner oder schließl GbR-Gesellschafter werden. Welchen Umfang die künftige Anteilsinhaberschaft hat, wird gem § 194 I Nr 3, 4 iVm §§ 214 ff genau festgelegt. Diese Festlegungen werden durch die Eintragung mit konstitutiver Wirkung umgesetzt. Rechte und Pflichten, die die umqualifizierten Anteile mit sich bringen, ergeben sich nach den für die neue Rechtsform geltenden Vorschriften, dh nach dem jew einschlägigen Recht und nach dem Organisationsstatut (Gesellschaftsvertrag/PartVertrag/Satzung) des Rechtsträgers in seiner Zielrechtsform. Etwaige wegen nicht erkannter zwischenzeitl Rechtsnachfolge auf Ebene der Anteilsinhaber fehlerhafte Eintragungen von Gesellschaftern einer ZielPersGes können von Amts wegen gelöscht werden, BayObLG ZIP 2003, 1145. Vgl zur **dingl Surrogation, Abs 1 Nr 2,** § 20 Rn 19–22, für den Sonderfall eG § 255 Rn 6. 8

c) Heilung von Beurkundungsmängeln, Nr 3. Abs 1 Nr 3 ordnet die **Heilung** von Mängeln der notariellen Beurkundung des Umwandlungsbeschlusses und etwaiger Zustimmungs- oder Verzichtserklärungen an. Es wird wegen der Prüfung durch das Registergericht selten vorkommen, dass Willenserklärungen, die überhaupt nicht beurkundet wurden, zur Eintragung des Formwechsels führen. Die Bedeutung der Vorschrift liegt vielmehr darin, dass **nicht beurkundete Nebenabreden** mit der Eintragung rechtswirksam werden (vgl § 6 Rn 3 ff). 9

3. Eintragung des Rechtsträgers neuer Rechtsform, Abs 2

Abs 1 verbindet die Wirkungen des Formwechsels mit der (konstitutiven) Eintragung der neuen Rechtsform in das Register. Dieser gesetzl Grundfall kann nach Maßgabe von § 198 II dann nicht vorkommen, wenn der formwechselnde Rechtsträger überhaupt nicht in ein Register eingetragen war oder wenn im 10

Zuge des Formwechsels ein anderes Register örtl oder sachl zuständig wird (dazu ausführl § 198 Rn 7 ff). In diesem Fall wäre die Eintragung der neuen Rechtsform allein nicht ausreichend, zur Eintragung hat vielmehr der Rechtsträger neuer Rechtsform zu gelangen. Deshalb bestimmt **Abs 2** die entsprechende Anwendung von Abs 1, dh die Eintragung des Rechtsträgers neuer Rechtsform löst konstitutiv die Wirkungen von Abs 1 Nr 1–3 aus.

4. Mängel des Formwechsels, Abs 3

11 **Abs 3** setzt die bereits früher in § 352a AktG aF für die Verschm enthaltene Regelung über die Unumkehrbarkeit eines gesellschaftsrechtl Umstrukturierungsvorgangs fort und erweitert den Anwendungsbereich auf alle Fälle des Formwechsels. Mit der Eintragung der neuen Rechtsform oder des Rechtsträgers neuer Rechtsform treten die Wirkungen von Abs 1 Nr 1–3 unabhängig davon ein, ob der Formwechsel lege artis durchgeführt wurde oder nicht. **Auch schwerwiegende Mängel** hindern den Wechsel der Rechtsform nicht (ausführl § 20 Rn 120 ff; Lutter/*Decher* Rn 53 mwN; zur früher abw Situation bei der formwechselnden Umw 1. Aufl 1994, § 365 AktG Anm 5 mwN; aA und von der hM abw GKT/*Laumann* Rn 29; *Veil,* Umwandlung einer AktG in eine GmbH, 1996, S 163 ff und die in § 20 Rn 124 aufgeführten Autoren). Durch diese weitreichende Rechtsfolge der Eintragung ist die Gefahr einer **Schadensersatzpflicht der Verwaltungsträger** des formwechselnden Rechtsträgers nach §§ 205, 206 erhebl, diesen obliegt es ebenso wie dem Registergericht, auf die Einhaltung der in §§ 190 ff festgeschriebenen Anforderungen zu achten. **Mängel außerhalb des Formwechsels** (zB Missachtung der Gründungsvorschriften, fehlerhafte Beschlussfassung über Organisationsstatut etc) werden von Abs 3 nicht erfasst (Kallmeyer/*Meister/Klöcker* Rn 58; Lutter/*Decher* Rn 61, 62 mwN, dort auch zutr zur Ausnahme bei Kapitalmaßnahmen, die unmittelbar mit dem Formwechsel zusammenhängen).

12 Abs 3 ist dann nicht anzuwenden, wenn die Voraussetzungen von § 191 I, II missachtet werden. Wenn also ein durch das UmwG nicht zugelassener Formwechsel (zB KapGes in rechtsfähigen Verein) beschlossen und auch eingetragen wird, hat diese Eintragung keine Wirkungen, denn in diesem Fall handelt es sich nicht um „Mängel des Formwechsels", weil begriffl gar kein Formwechsel iSv §§ 190 ff, 214 ff gegeben ist (so auch Kallmeyer/*Meister/Klöcker* Rn 56; Semler/Stengel/*Kübler* Rn 37; Lutter/*Decher* Rn 57 je mwN). Vgl iÜ § 20 Rn 120 ff.

§ 203 Amtsdauer von Aufsichtsratsmitgliedern

[1] Wird bei einem Formwechsel bei dem Rechtsträger neuer Rechtsform in gleicher Weise wie bei dem formwechselnden Rechtsträger ein Aufsichtsrat gebildet und zusammengesetzt, so bleiben die Mitglieder des Aufsichtsrats für den Rest ihrer Wahlzeit als Mitglieder des Aufsichtsrats des Rechtsträgers neuer Rechtsform im Amt. [2] Die Anteilsinhaber des formwechselnden Rechtsträgers können im Umwandlungsbeschluß für ihre Aufsichtsratsmitglieder die Beendigung des Amtes bestimmen.

Schrifttum: Siehe Schrifttum Vor §§ 190–213; *Krause-Ablaß/Link,* Fortbestand, Zusammensetzung und Kompetenzen des Aufsichtsrats nach Umwandlung einer AG in eine GmbH, GmbHR 2005, 731; *Parmentier,* Das Statusverfahren beim Formwechsel in eine Aktiengesellschaft, AG 2006, 476; *Wulff/Buchner,* Sicherung der Amtskontinuität des mitbestimmten Aufsichtsrats bei Verschmelzung und Formwechsel, ZIP 2007, 314; *Kowalski/Schmidt,* Das aktienrechtliche Statusverfahren nach §§ 96 Abs. 2, 97 ff AktG – (k)ein Fallstrick im Gesellschaftsrecht, DB 2009, 551; *Kuhlmann,* Die Mitbestimmungsfreiheit im ersten Aufsichtsrat einer AG gemäß § 30 II AktG, NZG 2010, 46; *Schulenburg/Brosius,* Die cooling-off Periode bei der Wahl von Aufsichtsratsmitgliedern börsennotierter Gesellschaften in der Umwandlung, BB 2010, 3039; *Vetter,* Corporate Governance in der GmbH – Aufgaben des Aufsichtsrats der GmbH, GmbHR 2011, 449.

Die früher nur in § 65 UmwG 1969 für den exotischen Fall der Umw einer bergrechtl Gewerkschaft mit eigener Rechtspersönlichkeit in eine GmbH bekannte **Amtskontinuität von Aufsichtsratsmitgliedern** wird durch § 203 rechtsformübergreifend angeordnet (vgl zum sonst früher nach hM geltenden Grdse der Diskontinuität Semler/Stengel/*Simon* Rn 2 mit ausführl Nachw). § 203 ist nur in dem (eher seltenen) Fall einschlägig, dass der Rechtsträger bereits **vor Wirksamwerden des Formwechsels** nach gesetzl Vorschriften oder nach dem Inhalt seines Organisationsstatuts einen AR **in gleicher Weise** bilden und zusammensetzen musste, wie das nach dem Wirksamwerden des Formwechsels für die neue Rechtsform bestimmt ist. 1

Die Kontinuität des AR nach S 1 ist danach gegeben bei 2
- Formwechsel einer **AG in eine KGaA** und umgekehrt;
- Formwechsel einer **AG in eine GmbH** und umgekehrt, sofern jew das **MontanMitbestG,** das **MitbestErgG** oder das **MitbestG 1976** (dazu § 325 Rn 3a, b) Anwendung finden;
- Formwechsel einer **AG/KGaA in eine GmbH** und umgekehrt, sofern der Rechtsträger mehr als 500 ArbN beschäftigt, vgl DrittelbG;
- Formwechsel eines **VVaG** mit mehr als 500 ArbN in eine AG (§ 25 II VAG, § 1 I Nr 4 DrittelbG);
- alle sonstigen Fälle, in denen der Rechtsträger vor und nach dem Formwechsel in den Anwendungsbereich von **§ 1 DrittelbG** fällt, also zB Formwechsel von GmbH in eG und umgekehrt, sofern Rechtsträger idR mehr als 500 ArbN beschäftigt;
- alle Fälle, bei denen der formwechselnde Rechtsträger kraft seines **Organisationsstatuts** einen AR hatte und der Rechtsträger neuer Rechtsform allein wegen einer inhaltsgleichen Vorschrift im Organisationsstatut (also nicht wegen zwingender gesetzl Regelungen) den AR nach gleichen Maßgaben zu bilden und zusammenzusetzen hat. Anders liegt der Fall, wenn die ursprüngl Satzungsregelung mit einer nach Wirksamwerden des Formwechsels anzuwendenden Rechtsvorschrift übereinstimmt (vgl Lutter/*Decher* Rn 9, 10 mwN).

Rechtsfolge der Anwendung von S 1 ist die **Amtskontinuität** der Aufsichtsratsmitglieder. Sie bleiben für den Rest ihrer **Wahlzeit** als Mitglieder des AR des Rechtsträgers neuer Rechtsform im Amt; dies gilt auch für **Ersatzmitglieder** unabhängig davon, ob sie noch vor dem Formwechsel in den AR nachgerückt sind oder nicht (Lutter/*Decher* Rn 4; Semler/Stengel/*Simon* Rn 7). Unschädl ist es aber, wenn im Zuge des Formwechsels ein Aufsichtsratsmitglied zurücktritt (Widmann/Mayer/*Vossius* Rn 15). Den Anteilsinhabern als Repräsentanten der **Kapitalseite** (und nicht nur den Gründern, vgl zum Unterschied zB § 219) bleibt es jedoch unbenommen, auch im Fall von § 203 die Beendigung des Amtes ihrer Aufsichtsratsmitglieder im Umwandlungsbeschluss (§§ 193, 194) zu bestimmen (ob gem **S 2** zeitl auch nach dem Umwandlungsbeschluss bis zur Eintragung des Formwechsels vorgegangen werden darf, ist streitig: in praxisfreundl Weise dafür Widmann/Mayer/*Vossius* Rn 35; GKT/*Laumann* Rn 12; KölnerKommUmwG/ 3

Petersen; dagegen Kallmeyer/*Meister/Klöcker* Rn 14; offen Semler/Stengel/*Simon* Rn 8; vermittelnd Lutter/*Decher* Rn 25, der Vorgehen nach S 2 bis zur Anmeldung des Formwechsels zulässt). Wird von diesem Recht Gebrauch gemacht, ist eine **teilw Neubestellung des AR** notw, die sinnvollerweise ebenfalls im Umwandlungsbeschluss erfolgen sollte, damit der AR stets handlungsfähig bleibt. Die von der **Arbeitnehmerseite** in den ursprüngl AR gewählten Mitglieder bleiben unabhängig davon für die restl Laufzeit ihres Mandats im Amt. Richtig angewendet eröffnet S 2 flexible Möglichkeiten für die Besetzung der den Anteilsinhabern zustehenden Sitze im AR (dazu Widmann/Mayer/*Vossius* Rn 26 ff).

4 Bei allen übrigen in § 190 Rn 3 aufgezählten Möglichkeiten des Formwechsels liegen die Voraussetzungen von S 1 nicht vor (zB *Gottschalk* NZG 2003, 713). Dann gelten die **allg Vorschriften** über die Zusammensetzung des AR (zB drittelparitätisch zusammengesetzter AR gem § 4 DrittelbG). Eine Nachlässigkeit des Gesetzgebers führte früher in der Praxis zu großen Schwierigkeiten. Gem § 197 S 2 Alt 2 sind **Gründungsvorschriften** über die Bildung und Zusammensetzung des ersten AR beim Formwechsel nicht anzuwenden. Damit war eigentl auch die Anwendung von § 31 AktG ausgeschlossen, was umfassend kritisiert wurde (dazu 4. Aufl 2006, Rn 4 mwN). Mit dem 2. UmwÄndG ist § 197 S 3 eingeführt worden, der § 31 AktG ausdrückl für anwendbar erklärt. § 31 AktG lässt die **unvollständige Bildung und Zusammensetzung des AR noch ohne Arbeitnehmervertreter** zu. § 30 AktG ist nicht anzuwenden (*Kuhlmann* NZG 2010, 50 mwN). Dieser AR ist in vollem Umfang handlungsfähig, allerdings besteht die Pflicht, die Wahl der Arbeitnehmervertreter und ggf das Statusverfahren nach §§ 97 ff AktG unmittelbar durchzuführen (dazu *M. Schmidt* DB 2009, 551 mwN).

§ 204 Schutz der Gläubiger und der Inhaber von Sonderrechten

Auf den Schutz der Gläubiger ist § 22, auf den Schutz der Inhaber von Sonderrechten § 23 entsprechend anzuwenden.

Schrifttum: Siehe Schrifttum Vor §§ 190–213.

1 **§ 204** verweist in vollem Umfang auf die Gläubigerschutzvorschriften von **§ 22** und auf **§ 23** zum Schutz der Inhaber von Sonderrechten. Die **Gläubiger** sind insoweit schutzbedürftig, als sich ihre Stellung durch den Formwechsel verschlechtern kann. So ist zB beim Formwechsel einer AG in eine GmbH die künftige Beachtung der strengen Kontrollvorschriften des AktG nicht mehr gesichert, die Gläubiger werden deshalb nach Maßgabe von § 22 durch Sicherheitsleistung geschützt. Auch beim Formwechsel einer KapGes in eine PersGes kann – unbeschadet einer etwaigen persönl Haftung der Gesellschafter (zur Haftung der GbR-Gesellschafter hierbei *Scholz* NZG 2002, 414 mwN) – durch den Wegfall der Kapitalerhaltungsvorschriften eine Gefährdung der Gläubiger gegeben sein. Eine wesentl Verschlechterung iSv § 351 BGB aF geht mit dem Formwechsel jedoch grdsl nicht einher (OLG Thüringen DB 2002, 2296). Umgekehrt kann sich beim Formwechsel einer PhG/PartGes in eine KapGes der Wegfall der persönl Haftung – unbeschadet der Nachhaftung – aus Sicht der Gläubiger negativ auswirken. §§ 204, 22 erfordern für jeden Formwechsel eine **Einzelfallprüfung,** ob und in welchem Umfang welchen Gläubigern Sicherheit zu leisten ist. Dabei wird der **Glaubhaftmachung** nach § 22 I 2 praktisch große Bedeutung zukommen. Weil beim Formwechsel im Ggs zu Verschm und Spaltung kein Vermögensübergang

erfolgt, wird es dem Gläubiger grdsl schon schwer fallen, die Gefährdung seiner Forderung substantiiert darzulegen. IÜ wird auf die Komm zu §§ 22, 23 verwiesen.

§ 205 Schadenersatzpflicht der Verwaltungsträger des formwechselnden Rechtsträgers

(1) [1] **Die Mitglieder des Vertretungsorgans und, wenn ein Aufsichtsorgan vorhanden ist, des Aufsichtsorgans des formwechselnden Rechtsträgers sind als Gesamtschuldner zum Ersatz des Schadens verpflichtet, den der Rechtsträger, seine Anteilsinhaber oder seine Gläubiger durch den Formwechsel erleiden.** [2] **§ 25 Abs. 1 Satz 2 ist entsprechend anzuwenden.**

(2) **Die Ansprüche nach Absatz 1 verjähren in fünf Jahren seit dem Tage, an dem die anzumeldende Eintragung der neuen Rechtsform oder des Rechtsträgers neuer Rechtsform in das Register bekannt gemacht worden ist.**

Schrifttum: Siehe Schrifttum Vor §§ 190–213.

1. Allgemeines

1 Bei der formwechselnden und bei der errichtenden Umw nach altem Recht (vgl § 191 Rn 1) gab es einen gesetzl geregelten **Schadensersatzanspruch gegen die Leitungsorgane** des jew Rechtsträgers nicht. Weil auch beim Formwechsel die Gefahr einer Schädigung des Rechtsträgers selbst, der Anteilsinhaber oder der Gläubiger durch Handlungen der Leitungsorgane gegeben ist, wurde § 205 nach dem Vorbild von §§ 349, 351 AktG aF, §§ 28, 30 KapErhG aF als **Parallelvorschrift zu § 25** geschaffen.

2 **Abs 1 S 1** enthält eine eigenständige **Anspruchsgrundlage** ggü den Mitgliedern des Vertretungsorgans und – soweit vorhanden – des Aufsichtsorgans des formwechselnden Rechtsträgers. Die Haftung der Leitungsorgane (darauf, ob diese auch noch im Rechtsträger neuer Rechtsform als Organe bestellt sind, kommt es nicht an, wie hier Lutter/*Decher* Rn 2, 3; Semler/Stengel/*Kübler* Rn 6) besteht nicht nur ggü dem Rechtsträger selbst, sondern auch unmittelbar ggü dessen Anteilsinhabern und den Gläubigern des Rechtsträgers. **Abs 1 S 2** verweist auf § 25 I 2 und sieht damit die Möglichkeit der **Exkulpation** für solche Organmitglieder vor, die bei der Vorbereitung und bei der Durchführung des Formwechsels ihre Sorgfaltspflicht beachtet haben; damit regelt Abs 1 S 2 auch die Beweislast.

3 Die Vorschrift steht in engem **Zusammenhang mit § 206.** Dort ist das spezielle Verfahren geregelt, in dem Ansprüche nach Abs 1 geltend gemacht werden müssen; diese Vorschrift ist weitgehend aus dem früheren Recht (§ 350 AktG aF, § 29 KapErhG aF) übernommen.

2. Schadensersatzanspruch nach Abs 1 S 1

4 **a) Schuldner des Anspruchs. Schuldner** des Anspruchs nach Abs 1 sind **sämtl Mitglieder des Vertretungsorgans** des formwechselnden Rechtsträgers und weiter **sämtl Mitglieder eines evtl bestehenden Aufsichtsorgans** unabhängig davon, ob sie einem **obligatorischen** oder einem **fakultativen** Aufsichtsorgan angehören.

5 **Vertretungsorgane sind** bei
- **PhG:** Jeder Gesellschafter bei der OHG, wenn er nicht durch den Gesellschaftsvertrag von der Vertretung ausgeschlossen ist (§ 125 I HGB); bei der KG der/die Komplementäre (§ 170 HGB), nicht aber die ggf geschäftsführenden Kommanditisten (Lutter/*Grunewald* § 25 Rn 3; Lutter/*Decher* Rn 2);
- **PartGes:** Wie bei der OHG (§ 7 III PartGG iVm § 125 I HGB) die Partner, soweit sie nicht von der Vertretung ausgeschlossen sind;
- **AG** der Vorstand;
- **GmbH** die Geschäftsführer;
- **KGaA** die phG (§ 278 AktG, §§ 161 ff HGB);
- **eG** der Vorstand (§ 24 I GenG);
- **eV** der Vorstand (§ 26 II BGB);
- **genossenschaftl Prüfungsverbänden** der Vorstand (§ 63b I GenG iVm § 26 II BGB, § 63b V 1 GenG);
- **VVaG der Vorstand** (§ 34 VAG iVm § 78 I AktG);
- **mitbestimmten Unternehmen** auch die Arbeitsdirektoren (zB § 13 I MontanMitbestG, § 33 I MitbestG).

6 Mitglieder eines Aufsichtsorgans haften ebenfalls nach Abs 1 S 1. Ob das Aufsichtsorgan obligatorisch oder fakultativ ist, ist nicht entscheidend (zB BGH NZG 2010, 1186); allerdings muss es sich um ein **echtes Aufsichtsorgan** mindestens mit Kontrollaufgaben ggü dem Vertretungsorgan (vgl ausführl *Vetter* GmbHR 2011, 449) und nicht ledigl um einen beratenden Beirat handeln (so auch Lutter/*Decher* Rn 4 mwN; unklar Semler/Stengel/*Kübler* Rn 5 [„irgend welche Entscheidungsbefugnisse" müsse das Gremium haben]; aA Lutter/*Grunewald* § 25 Rn 4, 8 ff; wN § 25 Rn 8). Der Anwendungsbereich von Abs 1 S 1 erstreckt sich sonach insbes auf die in § 25 Rn 8 genannten Aufsichtsorgane. Vgl iÜ § 25 Rn 9–11 zur Haftung auch der ArbN und zu bereits beim formwechselnden Rechtsträger vor dem Wirksamwerden des Formwechsels ausgeschiedenen Organmitgliedern.

7 **b) Gläubiger des Anspruchs. Anspruchsberechtigt** sind nicht nur der Rechtsträger selbst, sondern auch dessen Anteilsinhaber und dessen Gläubiger.

8 Bei Durchführung eines Formwechsels bestehen für Gläubiger und Anteilsinhaber Gefahren, die ihnen zustehenden Rechte zu verlieren oder entwertet zu bekommen. Beim Formwechsel ist die Wahrscheinlichkeit eines Schadenseintritts geringer als bei den anderen Umw, weil der Rechtsträger vor und nach Wirksamwerden der Verschm identisch ist (vgl § 190 Rn 5 ff), also beim Rechtsträger selbst insbes keine Änderung der Vermögenslage eintritt. § 205 I 1 erfasst zudem nicht den Fall, dass ein Formwechsel – etwa wegen durch die Leitungsorgane ausgelöster **unnötiger Verzögerungen** – gar nicht stattfindet und deswegen eine mögl positive Vermögensentwicklung (etwa Steuerersparnis) nicht eintritt (wie hier Widmann/Mayer/*Vossius* Rn 23; Lutter/*Decher* Rn 15 mwN; aA GKT/*Laumann* Rn 27). Allgemein gilt, dass der Schaden des Anteilsinhabers nicht bloßer **„Reflexschaden"** sein darf (Lutter/*Decher* Rn 8 mwN; Semler/Stengel/*Kübler* Rn 15). Wegen **§ 202 III,** nach dem Mängel des Formwechsels die Wirkungen der Eintragung der neuen Rechtsform oder des Rechtsträgers neuer Rechtsform in das Register unberührt lassen, kann es aber gleichwohl zur Entstehung eines Schadens kommen. Das Vertretungsorgan des formwechselnden Rechtsträgers hat gem § 192 I einen ausführl Umwandlungsbericht zu erstatten, dieser ist Grundlage der Entscheidung der Anteilsinhaber. Verschlechtert sich nun ein Anteilsinhaber

wegen des Formwechsels (zB durch Aufnahme einer Vinkulierungsklausel im Gesellschaftsvertrag der GmbH beim Formwechsel von PhG, vgl § 218 I), und stellt sich dies als Schaden dar, kann – wenn die Vinkulierung im Umwandlungsbericht nicht erwähnt wurde – der Anteilsinhaber gegen die Mitglieder des Vertretungsorgans nach § 205 vorgehen.

Dass der Anteilsinhaber auch die Möglichkeit hatte, **durch seine Gegenstimme oder durch Unwirksamkeitsklage** (vgl § 195 I) den Formwechsel zu verhindern, ändert daran idR nichts (anders, wenn ein **Spruchverfahren** mögl ist, § 196 iVm dem SpruchG). Mit Ablauf der Klagefrist bzw spätestens mit der Eintragung des Formwechsels (§ 202 III) lässt sich der Schaden nicht mehr abwenden. **Mitverschulden** (§ 254 BGB) steht bei Nichterhebung der Unwirksamkeitsklage (anders im Fall von §§ 198 III, 16 III) allerdings in Rede. Hatte der Anteilsinhaber Kenntnis von den Pflichtverletzungen und aller sonst für die Schadensentstehung relevanten Umstände bereits beim Umwandlungsbeschluss, kann er mit seinen Anspruch ausgeschlossen sein, wenn er nicht gegen den Formwechsel gestimmt hat, vgl Lutter/*Decher* Rn 22 mwN. Bei **Fehlern im Umwandlungsbeschluss** (§§ 193, 194) ist zwar nach § 192 I 3 der Entwurf des Umwandlungsbeschlusses uU von den Vertretungsorganen zu erstellen; die Letztentscheidung verbleibt dennoch grdsl bei den Anteilsinhabern. Anders als bei der Verschm oder bei der Spaltung wird auch der Inhalt der Abreden zum Formwechsel durch die Anteilsinhaber selbst bestimmt (§ 194, anders §§ 5, 126). War aber die **Zuarbeit der Leitungsorgane** zum Beschlussinhalt fehlerhaft (insbes zu § 194 I Nr 3, 4, zB falsche Angaben über den Wert der jew Beteiligungen), kann § 205 Anwendung finden. 9

Gläubiger des formwechselnden Rechtsträgers können nach §§ 204, 22 Anspruch auf Sicherheitsleistung haben und diesen Anspruch **auch vor dem Wirksamwerden des Formwechsels** geltend machen (Lutter/*Grunewald* § 22 Rn 19). Die Leitungsorgane des formwechselnden Rechtsträgers kann in diesem Sonderfall die Pflicht treffen, den angemeldeten Anspruch auf Sicherheitsleistung **sorgfältig zu prüfen** und ggf eine taugl und den Wert der Forderung abdeckende **Sicherheit zu stellen.** Verletzen sie schuldhaft diese Pflichten, so sind sie zum Ersatz des daraus dem Gläubiger entstehenden Schadens verpflichtet. In diesem Fall besteht zwischen den Ansprüchen aus § 205 und § 823 II BGB (§§ 204, 22 sind nach hier vertretener Ansicht **Schutzgesetze iSv § 823 II BGB,** vgl zur Gegenansicht § 22 Rn 22) Anspruchskonkurrenz. Üblicherweise wird die Pflicht von §§ 204, 22 aber allein die **Vertretungsorgane des Rechtsträgers neuer Rechtsform** treffen, womit die Anwendung von § 205 ausgeschlossen ist. Nach allem sind Ansprüche der Gläubiger gem Abs 1 S 1 kaum denkbar (vgl Lutter/*Decher* Rn 12; Semler/Stengel/*Kübler* Rn 17, 22; GKT/*Laumann* Rn 25), zumindest soweit der Rechtsträger neuer Rechtsform in der Lage ist, Sicherheit zu leisten (Widmann/Mayer/*Vossius* Rn 25). 10

Ein **Schaden des Rechtsträgers** selbst ist bei wirksamem Formwechsel ebenfalls kaum denkbar. Als mögl Ansatzpunkte werden **unvertretbare gesellschaftsrechtl oder steuerrechtl Planungen** genannt, die zum Verlust von Kundenbeziehungen oder zu stl Nachteilen führen (Lutter/*Decher* Rn 7; Semler/Stengel/*Kübler* Rn 14; GKT/*Laumann* Rn 21). 11

c) Schaden. Als ersatzfähiger **Schaden** ist jeder Vermögensnachteil anzusehen, der sich für die Anspruchsberechtigten aus dem **Vermögensvergleich vor und nach Wirksamwerden des Formwechsels** ergibt. Der Formwechsel selbst ist kein Schaden (Widmann/Mayer/*Vossius* Rn 15). 12

13 Die Ersatzpflicht besteht für Schäden, die **„durch" den Formwechsel** entstanden sind. Damit wird nicht nur dem Erfordernis der **Kausalität** Ausdruck verliehen, sondern auch klargestellt, dass Schadensersatz nur bei Vorliegen eines **wirksamen Formwechsels** (vgl auch § 202 III) verlangt werden kann. Der Anspruch scheidet also aus, wenn der Formwechsel nicht zur Eintragung gelangt. In diesem Fall bestehen ggü den Vertretungs- und Aufsichtsorganen nur Ansprüche aus den allg Vorschriften (zB §§ 43, 52 GmbHG; §§ 93, 116 AktG).

14 **d) Verschulden.** Die Haftung nach Abs 1 S 1 setzt ein **Verschulden der Organmitglieder** voraus. Sie müssen also pflichtwidrig und vorwerfbar gehandelt haben. Die Prüfungspflicht der Organmitglieder erstreckt sich nicht nur auf die rechtl, sondern auch auf die wirtschaftl Überwachung des Formwechsels. Auf den Verwaltungsträgern lastet damit zwar nicht das wirtschaftl Risiko des Formwechsels, sie müssen aber dafür Sorge tragen, dass von Anfang an unzweckmäßige Gestaltungen unterbleiben („konzeptionelle Fehler", Widmann/Mayer/*Vossius* Rn 16 ff; KölnerKommUmwG/*Petersen* Rn 17).

3. Exkulpation, Abs 1 S 2 iVm § 25 I 2

15 Vgl § 25 Rn 24 ff. Bei Nachw von Schaden und Kausalität durch die Anspruchsberechtigten obliegt dem jew Organmitglied die **Beweislast** dafür, dass ihn kein Verschulden trifft.

4. Verjährung, Abs 2

16 Ansprüche nach Abs 1 verjähren gem Abs 2 in **fünf Jahren** nach Wirksamwerden des Formwechsels, **Abs 2. Fristbeginn** nach § 187 I BGB ist der Tag der Bekanntmachung iSv § 201 in der durch das EHUG geänderten Fassung. Hingegen kommt es nicht auf das Entstehen des Anspruchs als solchem oder auf die **Kenntnis der Beteiligten** vom schädigenden Ereignis oder vom Schadenseintritt an (Kallmeyer/*Meister*/*Klöcker* Rn 20; Lutter/*Decher* Rn 24; Semler/Stengel/*Kübler* Rn 23). IÜ gelten die allg Vorschriften des BGB **(§§ 187 ff BGB).** Auf **konkurrierende deliktische Ansprüche** ist Abs 2 nicht anzuwenden, hierfür gilt die allg Verjährungsvorschrift von § 195 BGB.

§ 206 Geltendmachung des Schadenersatzanspruchs

[1] Die Ansprüche nach § 205 Abs. 1 können nur durch einen besonderen Vertreter geltend gemacht werden. [2] Das Gericht des Sitzes des Rechtsträgers neuer Rechtsform hat einen solchen Vertreter auf Antrag eines Anteilsinhabers oder eines Gläubigers des formwechselnden Rechtsträgers zu bestellen. [3] § 26 Abs. 1 Satz 3 und 4, Abs. 2, Abs. 3 Satz 2 und 3 und Abs. 4 ist entsprechend anzuwenden; an die Stelle der Blätter für die öffentlichen Bekanntmachungen des übertragenden Rechtsträgers treten die entsprechenden Blätter des Rechtsträgers neuer Rechtsform.

Schrifttum: Siehe Schrifttum Vor §§ 190–213.

1 Um eine Vielzahl schadensersatzrechtl Verfahren im Zusammenhang mit dem Formwechsel zu vermeiden (RegEBegr BR-Drs 75/94 zu § 206), regelt § 206 in inhaltl Übereinstimmung mit § 350 AktG aF, § 29 KapErhG aF die **Geltendmachung des Schadensersatzanspruchs** nach § 205 I. S 3 verweist umfassend auf

die Parallelvorschrift von § 26. Bei der entsprechenden Anwendung ist allerdings stets zu berücksichtigen, dass am Formwechsel nur ein Rechtsträger beteiligt ist (Identität, vgl § 190 Rn 5 ff); auch der Eintritt der Wirkungen des Formwechsels weicht ab, S 3 HS 2.

IÜ wird auf § 26 Rn 4–8, 12 ff verwiesen. 2

§ 207 Angebot der Barabfindung

(1) [1]**Der formwechselnde Rechtsträger hat jedem Anteilsinhaber, der gegen den Umwandlungsbeschluß Widerspruch zur Niederschrift erklärt, den Erwerb seiner umgewandelten Anteile oder Mitgliedschaften gegen eine angemessene Barabfindung anzubieten; § 71 Abs. 4 Satz 2 des Aktiengesetzes ist insoweit nicht anzuwenden.** [2]**Kann der Rechtsträger auf Grund seiner neuen Rechtsform eigene Anteile oder Mitgliedschaften nicht erwerben, so ist die Barabfindung für den Fall anzubieten, daß der Anteilsinhaber sein Ausscheiden aus dem Rechtsträger erklärt.** [3]**Der Rechtsträger hat die Kosten für eine Übertragung zu tragen.**

(2) **§ 29 Abs. 2 ist entsprechend anzuwenden.**

Schrifttum: Siehe Schrifttum Vor §§ 190–213.

1. Allgemeines

1 Bei der formwechselnden Umw nach AktG aF und bei der errichtenden Umw nach UmwG 1969 (dazu § 191 Rn 1) war widersprechenden Gesellschaftern anlässl der Umw die Möglichkeit gegeben, gegen Barabfindung aus der umstrukturierten Ges auszuscheiden (vgl zB §§ 369 IV, 375, 383 AktG aF). §§ 207–212 gewähren nun **rechtsformneutral** und vglbar mit §§ 29–34 (Verschm) die **Barabfindung** grdsl für alle nach §§ 190 ff zulässigen Formwechsel (dazu § 190 Rn 3). Eine Barabfindung setzt allerdings die Abstimmung gegen den Formwechsel und darüber hinaus einen Widerspruch gegen den Umwandlungsbeschluss (dazu Rn 4) voraus; deshalb kommt eine Barabfindung nicht in Betracht, wenn der Umwandlungsbeschluss zu seiner Wirksamkeit der **Zustimmung aller Anteilsinhaber** bedarf oder wenn an dem formwechselnden Rechtsträger **nur ein Anteilsinhaber** beteiligt ist (vgl § 194 I Nr 6 und § 194 Rn 8 aE mwN); ebenfalls scheidet die Barabfindung gem § 250 beim Formwechsel einer **AG in eine KGaA** und umgekehrt aus. Modifiziert wird § 207 durch § 270 **(eG)** und § 282 I **(Verein);** für den Formwechsel eines **gemeinnützigen Vereins** sind §§ 207–212 nicht anzuwenden, § 282 II.

2 **Abs 1** entspricht weitgehend § 29 I (vgl § 29 Rn 7 ff); eine § 29 I 2 vglbare Regelung findet sich in Abs 1 nicht.

3 Einem allg Grds des Anfechtungsrechts folgend (vgl RegEBegr BR-Drs 75/94 zu § 29 II) zählt § 29 II Fälle auf, bei denen der Anteilsinhaber unverschuldet an der Erklärung des Widerspruchs zur Niederschrift in der Anteilsinhaberversammlung gehindert ist, also bei nicht ordnungsgemäßer Einberufung der Anteilsinhaberversammlung oder bei Verletzung der Mitteilungspflicht bzgl des Gegenstands der Beschlussfassung oder schließl bei Nichtzulassung zur Abstimmung; gem **Abs 2** sind diese Grdse auch iRv §§ 207–212 entsprechend anzuwenden.

2. Anspruchsvoraussetzungen, Abs 1

4 **a) Widerspruch.** Aus § 194 I Nr 6 (vgl § 194 Rn 8 aE) und aus dem Sinnzusammenhang kann geschlossen werden, dass ein **wirksamer Widerspruch iSv Abs 1 S 1** nur anzunehmen ist, wenn der Anteilsinhaber ausdrückl **gegen den Formwechsel gestimmt** hat (§ 193) oder an einer solchen Willenskundgabe gehindert war (Abs 2 iVm § 29 II). Mit dem Widerspruch bringt der Anteilsinhaber zum Ausdruck, dass er nicht (dauerhaft) Anteilsinhaber des Rechtsträgers neuer Rechtsform bleiben will und dass er sich die Geltendmachung des ihm kraft Gesetzes zustehenden Abfindungsanspruchs vorbehält (vgl auch BGH NJW 1989, 2693 mwN). Der **Widerspruch zur Niederschrift** setzt damit voraus, dass der Anteilsinhaber selbst oder ein autorisierter Vertreter an der Versammlung der Anteilsinhaber (§ 193 I 2) des formwechselnden Rechtsträgers teilgenommen und gegen die Umw gestimmt hat (vgl Nachw bei § 29 Rn 16). Die Gegenansicht (für den Formwechsel etwa Lutter/*Decher* Rn 8 mwN) will demggü zulassen, dass ein Anteilsinhaber zwar für den Umwandlungsbeschluss stimmt (etwa, weil er im Interesse der anderen Anteilsinhaber die Umstrukturierung nicht verhindern möchte), anschl aber im eigenen Interesse Widerspruch zur Niederschrift erklärt. Dieser Gedanke mag die Interessen der Anteilsinhaber berücksichtigen, zumindest die Interessen des Rechtsträgers und der Gläubiger werden jedoch nachteilig betroffen: Rechtsfolge des Widerspruchs ist der Anspruch auf Barabfindung, also der Anspruch auf das geldwerte Äquivalent des ursprüngl innegehabten Anteils. Sofern keine anderweitige Veräußerung iSv § 211 stattfindet, hat der Rechtsträger selbst die Zahlung vorzunehmen (Barabfindung), dafür werden die spezialgesetzl Kapitalerhaltungsvorschriften suspendiert. Wenn nicht notwendigerweise ein Zusammenhang zwischen Abstimmungsverhalten und Anspruch auf Barabfindung begründet wird, könnte dies zu einem wirtschaftl Ausbluten des Rechtsträgers führen. Bei der hier befürworteten Auslegung kann dies bereits wegen der notw Mehrheiten für den Umwandlungsbeschluss (dazu § 193 Rn 12) nicht der Fall sein. Vgl iÜ § 29 Rn 15, 16.

5 **b) Ausnahme, Abs 2 iVm § 29 II.** Dem **Widerspruch** zur Niederschrift iSv Abs 1 **steht es gleich,** wenn ein nicht erschienener Anteilsinhaber zu der Versammlung der Anteilsinhaber zu Unrecht nicht zugelassen oder die Versammlung nicht ordnungsgemäß einberufen oder der Gegenstand der Beschlussfassung nicht ordnungsgemäß bekannt gemacht worden ist (Abs 1 iVm § 29 II). Diese Ausnahme ist aus Gründen der **Gleichbehandlung** geboten (RegEBegr BR-Drs 75/94 zu § 29 II), weil es dem Anteilsinhaber nicht zum Nachteil gereichen kann, wenn er **unverschuldet an der Erhebung des Widerspruchs gehindert** war (noch offengelassen in BGH NJW 1989, 2693). Die Anforderungen an die ordnungsgemäße Einberufung der Anteilsinhaberversammlung ergeben sich aus den rechtsformspezifischen Vorschriften und aus §§ 214 ff (Übersicht bei Widmann/Mayer/*Vollrath* § 193 Rn 5 Tabelle 1). Vgl iÜ § 29 Rn 17 zur gebotenen **weiten Auslegung** von § 29 II.

6 **c) Rechtzeitige Annahme des Angebots.** Abs 1 verpflichtet den Rechtsträger in Übereinstimmung mit § 194 I Nr 6 zunächst nur zur Abgabe eines **Angebots** auf Barabfindung (zum **Zugang** des Angebots § 209 Rn 4 aE und Widmann/Mayer/*Wälzholz* § 29 Rn 33 ff). Dieses Angebot kann nur bis zum Ende einer zweimonatigen materiellen Ausschlussfrist von § 209 angenommen werden (näher § 29 Rn 18). Damit hat es der Anteilsinhaber in der Hand, die Rechtsfolge,

Zahlung einer angemessenen Barabfindung, durch Annahme des Angebots auszulösen. Ist das Angebot mangelhaft, weil die Barabfindung nicht angemessen, sondern zu niedrig ist, kann gem § 212 die gerichtl Nachprüfung der Abfindung beantragt werden.

3. Eigene Anteile des Rechtsträgers neuer Rechtsform

Sofern der Erwerb eigener Anteile mögl ist, hat der Rechtsträger neuer Rechtsform den **Erwerb der Anteile** auf seine Kosten **(Abs 1 S 3)** anzubieten. Grdsl soll der belastete Anteilsinhaber (Ausnahme: § 211) seine durch den Formwechsel erworbenen Anteile am Rechtsträger neuer Rechtsform an diesen übertragen („Erwerb seiner **umgewandelten** Anteile oder Mitgliedschaften"). Gem **Abs 1 S 1 HS 2** findet **§ 74 IV 2 AktG** keine Anwendung. Demnach können die eigenen Anteile einer AG durch den Anteilserwerb im Zusammenhang mit der Gewährung der Barabfindung auch zur Überschreitung der Grenze eigener Anteile (10% des Grundkapitals, § 71 II AktG) führen. Vgl zum Erwerb eigener Anteile iÜ § 29 Rn 12, 13. 7

4. Ausscheiden des Anteilsinhabers, Abs 1 S 2

Sofern die Übernahme eigener Anteile (Rn 7) wegen der neuen Rechtsform des Rechtsträgers nicht mögl ist (zB bei PersGes), ist der die Barabfindung begehrende Anteilsinhaber nach Annahme des Angebots, § 209, zum **Austritt aus dem Rechtsträger** neuer Rechtsform verpflichtet. Durch den Austritt erlischt der ursprüngl innegehabte Anteil, die quotale Beteiligung der übrigen Anteilsinhaber am Rechtsträger wächst – soweit gesetzl zulässig – entsprechend an (etwa § 738 BGB). 8

5. Schuldner des Anspruchs

Schuldner des Abfindungsanspruchs ist der Rechtsträger neuer Rechtsform. Dieser kann den Anteilsinhaber nicht auf die anderweitige Veräußerung nach § 211 oder auf einen sonstigen Erwerbsinteressenten verweisen; eine freiwillige Vereinbarung nach Wirksamwerden des Formwechsels (§ 202) ist jedoch mögl. Der Rechtsträger neuer Rechtsform schuldet die Mitwirkung an der Formulierung und an der Durchführung des Erwerbsvorgangs. Die hierzu notw Willenserklärungen können vom berechtigten Anteilsinhaber **eingeklagt und gem § 894 ZPO vollstreckt** werden. Die Pflicht zur Gewährung der Abfindung ist bereits durch das nach § 194 I Nr 6 iVm § 207 I formulierte Abfindungsangebot als notw Bestandteil des Umwandlungsbeschlusses des übernehmenden Rechtsträgers begründet worden. Die Annahme des Angebots unterliegt der Ausschlussfrist von § 209. 9

6. Kosten der Anteilsübertragung

Der widersprechende Anteilsinhaber hat gem Abs 1 S 1 einen Anspruch gegen den Rechtsträger neuer Rechtsform, der darauf gerichtet ist, dass dieser seinen Anteil gegen eine angemessene Barabfindung erwirbt. 10

Abs 1 S 1 spricht vom Erwerb der Anteile oder der Mitgliedschaften durch den Rechtsträger. Dies wird regelm durch einen **Anteilsübertragungsvertrag** geschehen. Gem **Abs 1 S 3** hat der Rechtsträger neuer Rechtsform die **Kosten** 11 für diese Übertragung des Anteils/der Mitgliedschaft zu tragen. Hierunter fallen alle Kosten des Erwerbsvertrags selbst (etwa Notarkosten, vgl § 15 III GmbHG) sowie alle sonstigen notw Kosten des eigentl Übertragungsvorgangs. Vgl iÜ § 29 Rn 22, 23.

§ 208 Inhalt des Anspruchs auf Barabfindung und Prüfung der Barabfindung

Auf den Anspruch auf Barabfindung ist § 30 entsprechend anzuwenden.

1 Durch den umfassenden Verweis auf § 30 regelt § 208 nicht nur die **Höhe der Barabfindung** und den **Bewertungszeitpunkt** sowie die **Verzinsung** der Barabfindung. Gem § 30 II ist darüber hinaus die Angemessenheit einer anzubietenden Barabfindung stets zu **prüfen;** §§ 9–12 sind entsprechend anzuwenden. Damit enthält § 208 eine Durchbrechung des Prinzips, dass aus Gründen der Kostenersparnis beim Formwechsel eine Prüfung nicht stattfindet. Die inzwischen durch das 2. UmwÄndG entfallene frühere Pflicht zur Anfertigung einer Vermögensaufstellung iSv § 192 II aF wurde gerade deshalb aufgenommen, „weil anders als bei der Verschm eine Prüfung des Anteilswechsels durch Sachverständige nicht vorgesehen werden soll, um zu hohe Kosten der Umw zu vermeiden" (RegEBegr BR-Drs 75/94 zu § 194 II). Allerdings bleibt es den Berechtigten gem §§ 208, 30 II 3 unbenommen, **auf die Prüfung** insges **oder** zumindest **auf den Prüfungsbericht** zu **verzichten;** die Verzichtserklärungen sind **notariell zu beurkunden.** Vgl ferner § 225. Wird der Prüfungsbefehl missachtet, kann der Umwandlungsbeschluss grdsl mit der Unwirksamkeitsklage angegriffen werden; anderes gilt, wenn der Rechtsverstoß sich nicht ausgewirkt hat, weil kein Anteilsinhaber Widerspruch erhoben hat (Kallmeyer/*Müller* § 30 Rn 20), daran ist auch das **Registergericht** gebunden (Lutter/*Grunewald* § 30 Rn 10).

2 IÜ wird auf die Erläuterung zu § 30 Bezug genommen.

§ 209 Annahme des Angebots

[1]Das Angebot nach § 207 kann nur binnen zwei Monaten nach dem Tage angenommen werden, an dem die Eintragung der neuen Rechtsform oder des Rechtsträgers neuer Rechtsform in das Register bekannt gemacht worden ist. [2]Ist nach § 212 ein Antrag auf Bestimmung der Barabfindung durch das Gericht gestellt worden, so kann das Angebot binnen zwei Monaten nach dem Tage angenommen werden, an dem die Entscheidung im Bundesanzeiger bekanntgemacht worden ist.

Schrifttum: Siehe Schrifttum Vor §§ 190–213.

1. Allgemeines

1 § 209 bestimmt eine zweimonatige **materielle Ausschlussfrist.** Diese Frist läuft uU **zweimal,** stets vom Wirksamwerden des Formwechsels an (§§ 201, 202 I, II), und nochmals, wenn nach § 212 ein Antrag auf gerichtl Bestimmung der Barabfindung gestellt worden ist (S 2). Die Parallelvorschrift zu § 31 entspricht damit inhaltl § 375 I 2, 3 AktG aF. Sie ist nicht zum Nachteil eines

Anteilsinhabers abdingbar (OLG Frankfurt aM DB 2003, 31). Der Anteilsinhaber kann bis zum Ablauf der jew Ausschlussfristen wählen, ob er nach § 196 vorgehen oder aus dem Rechtsträger ausscheiden will (OLG Schleswig ZIP 2004, 2433).

2. Ausschlussfrist von S 1

Das Angebot auf Barabfindung gegen Übertragung der Anteile am Rechtsträger neuer Rechtsform (§ 207 I 1) oder bei Ausscheiden aus diesem Rechtsträger (§ 207 I 2) kann nur binnen einer **Frist von zwei Monaten** angenommen werden. **Fristbeginn** ist gem S 1 iVm dem durch das EHUG (dazu Einf Rn 28) geänderten § 201 S 2 der Tag nach der Bekanntmachung iSv § 10 HGB („mit dem Ablauf des Tages“, § 201 S 2). Die **Fristberechnung** erfolgt dann nach §§ 187 II 1, 188 II letzte Alt BGB (Semler/Stengel/*Kalss* Rn 2; Lutter/*Decher* Rn 2). 2

Bei der Frist handelt es sich um eine **Ausschlussfrist;** wird sie versäumt, steht dem Anteilsinhaber **keine Wiedereinsetzungsmöglichkeit** und kein sonstiger Rechtsbehelf zur Vfg (Lutter/*Grunewald* § 31 Rn 2; GKT/*Bermel* § 31 Rn 6; Kallmeyer/*Marsch-Barner* § 31 Rn 3; Semler/Stengel/*Kalss* Rn 2; KölnerKomm-UmwG/*Petersen* Rn 2). Allenfalls kann versucht werden, das **Vorliegen eines wirksamen Angebots** zu bestreiten, vgl BGHZ 131, 262 und Lutter/*Decher* Rn 3, was aber wegen der Rspr des BGH (ZIP 2001, 199; BGH GmbHR 2001, 247) ebenfalls wenig chancenreich ist (KölnerKommUmwG/*Petersen* Rn 2). Die Frist zur Annahme des Abfindungsangebots verlängert sich auch nicht bei einer dem Formwechsel unmittelbar nachfolgenden Verschm, vgl Lutter/*Decher* Rn 4 aE mit Hinw auf OLG Hamm Der Konzern 2003, 852. 3

Das im Umwandlungsbeschluss enthaltene Barabfindungsangebot (§ 194 I Nr 6) muss vom berechtigten Anteilsinhaber fristgemäß angenommen werden; § 151 S 1 BGB findet keine Anwendung. Die **Annahmeerklärung** bedarf keiner Form, auch dann nicht, wenn im Zuge der Barabfindung eine Anteilsübertragung durchzuführen ist (aA Widmann/Mayer/*Wälzholz* § 31 Rn 3 unter Verweis auf § 15 IV GmbHG, dazu oben § 31 Rn 4 mwN zur hM). Die **Anteilsübertragung** selbst ist nur **Umsetzung der Barabfindungsabrede,** erst sie bedarf uU der notariellen Beurkundung (vgl zB § 15 III GmbHG). Die Annahme durch den berechtigten Anteilsinhaber ist **Willenserklärung** iSv §§ 133, 157 BGB; bei der Auslegung ist der Empfängerhorizont maßgebend. Demgemäß muss sich die Annahmeerklärung nicht notwendigerweise auf das Abfindungsangebot beziehen; es genügt, wenn der übernehmende Rechtsträger als Adressat der Willenserklärung erkennen kann, dass der berechtigte Anteilsinhaber von seinem Recht nach § 207 I 1, 2 Gebrauch machen möchte. Das Barabfindungsverlangen muss dem Rechtsträger neuer Rechtsform vor Ablauf der Zwei-Monats-Frist zugehen, die allg Vorschriften des BGB zum **Zugang** von Willenserklärungen – auch § 149 BGB – finden Anwendung. 4

3. Nochmalige Ausschlussfrist, S 2

S 2 entspricht § 31 S 2, vgl deshalb § 31 Rn 5 ff. 5

§ 210 Ausschluß von Klagen gegen den Umwandlungsbeschluß

Eine Klage gegen die Wirksamkeit des Umwandlungsbeschlusses kann nicht darauf gestützt werden, daß das Angebot nach § 207 zu niedrig

bemessen oder daß die Barabfindung im Umwandlungsbeschluß nicht oder nicht ordnungsgemäß angeboten worden ist.

Schrifttum: Siehe Schrifttum Vor §§ 190–213.

1. Allgemeines

1 Parallel zu §§ 195, 14, 32 soll § 210 eine **Unwirksamkeitsklage gegen den Umwandlungsbeschluss** (§§ 193, 194) verhindern. Ausgeschlossen ist die Berufung darauf, dass das Barabfindungsangebot iSv §§ 207, 194 I Nr 6 **zu niedrig bemessen** oder dass die Barabfindung im Umwandlungsbeschluss überhaupt **nicht oder** zumindest **nicht ordnungsgemäß angeboten** worden sei. Eine Umgehung dieser Vorschriften, etwa durch die Behauptung, dass die Informationen zur Berechnung der Barabfindung im Umwandlungsbericht (§ 192) oder in der Anteilsinhaberversammlung (§ 193 I 2) unzureichend oder falsch gewesen seien, scheidet nach der Rspr des BGH (ZIP 2001, 199; BGH GmbHR 2001, 247; dazu § 192 Rn 15) aus.

2 Die Vorschrift übernimmt § 375 II 1 AktG aF vollständig und § 375 II 3 AktG aF in eingeschränktem Umfang. Die dort für mögl gehaltene Unwirksamkeitsklage mit der Begr, dass die Barabfindung im Umwandlungsbeschluss überhaupt nicht oder nicht ordnungsgemäß angeboten worden sei, ist nun als generell unzulässig anzusehen; gem **§ 212 S 2** ist der betroffene Anteilsinhaber auf die Durchführung des Spruchverfahren nach dem SpruchG festgelegt.

2. Ausschluss von Unwirksamkeitsklagen

3 Ein hiervon betroffener Anteilsinhaber – § 207 I 1, 2 eröffnet nach hM nur dem widersprechenden Anteilsinhaber (dazu § 207 Rn 4) den Anspruch auf Barabfindung – kann gegen die Wirksamkeit des Umwandlungsbeschlusses nicht mit der Unwirksamkeitsklage vorgehen, wenn das Angebot auf Barabfindung nach §§ 194 I Nr 6, 207 zu niedrig bemessen ist oder wenn die Barabfindung im Verschmelzungsvertrag überhaupt nicht oder nicht ordnungsgemäß angeboten wurde. Eine dennoch erhobene **Unwirksamkeitsklage ist unzulässig.** Das Begehren des Anteilsinhabers darf nur im Spruchverfahren geltend gemacht werden, § 212.

4 Damit ist gewährleistet, dass die benachteiligten Anteilsinhaber die Möglichkeit haben, gegen ein unangemessenes Barabfindungsangebot vorzugehen, ohne den Formwechsel an sich unwirksam zu machen oder dessen Eintragung zu blockieren. Der Anwendung von **§§ 198 III, 16 III** bedarf es nicht. Die gerichtl Nachprüfung der Abfindung im Spruchverfahren hat auf die Durchführung der **Eintragung des Formwechsels** keinen Einfluss. Die **verbleibenden Anteilsinhaber** können hingegen eine Unwirksamkeitsklage damit begründen, die angebotene Barabfindung sei zu hoch (dazu § 14 Rn 29, 30; Lutter/*Decher* Rn 5, 6 mwN; aA Kallmeyer/*Meister/Klöcker* Rn 10).

5 Antragsberechtigt ist nur der Anteilsinhaber, dem auch der **materielle Anspruch auf Barabfindung** nach § 207 I 1, 2 zustehen kann (§ 1 Nr 4 SpruchG). Ein weiter gehendes Rechtsschutzbedürfnis ist nicht notw (*Meyer-Landrut* FS Schilling, 1973, 235, 245). Nach Ablauf der Ausschlussfrist von § 209 S 1 steht dem betroffenen Anteilsinhaber keine Barabfindung mehr zu, ein Verfahren nach § 212 iVm dem SpruchG wäre unzulässig. Auch in diesem Fall greift § 210; der Umwandlungsbeschluss kann nicht durch Unwirksamkeitsklage angegriffen werden.

§ 211 Anderweitige Veräußerung

Einer anderweitigen Veräußerung des Anteils durch den Anteilsinhaber stehen nach Fassung des Umwandlungsbeschlusses bis zum Ablauf der in § 209 bestimmten Frist Verfügungsbeschränkungen nicht entgegen.

Die Vorschrift führt die in §§ 375 IV, 388 AktG aF vorgesehenen Möglichkeiten der Vfg über einen vinkulierten Anteil für alle betroffenen Rechtsformen fort (vgl RegEBegr BR-Drs 75/94 zu § 33). Die ursprüngl Fassung von § 211 (dazu 2. Aufl 1996) ist durch das Gesetz zur Änderung des UmwG, des PartGG und anderer Gesetze vom 22.7.1998 (BGBl I 1878; dazu *Neye* DB 1998, 1649) **geändert** worden. Jetzt spielt es keine Rolle mehr, ob die Verfügungsbeschränkungen auf **gesetzl oder vertragl** Regelungen beruht (vgl § 29 Rn 4) bzw ob sie schon in der **Ausgangs-** oder/und erst in der **Zielrechtsform** gilt (vgl auch Lutter/*Decher* Rn 2, 5). Einer anderweitigen Veräußerung des Anteils durch den Anteilsinhaber stehen Verfügungsbeschränkungen nicht entgegen. 1

Ebenfalls darf jetzt bereits vor Wirksamwerden des Formwechsels, näml von der Fassung des Umwandlungsbeschlusses an, verfügt werden (Klarstellung gemäß der bereits zum alten Recht hM, vgl Nachw in 2. Aufl 1996, Rn 3). 2

§ 211 entspricht § 33, vgl Komm dort. 3

§ 212 Gerichtliche Nachprüfung der Abfindung

[1] Macht ein Anteilsinhaber geltend, daß eine im Umwandlungsbeschluß bestimmte Barabfindung, die ihm nach § 207 Abs. 1 anzubieten war, zu niedrig bemessen sei, so hat auf seinen Antrag das Gericht nach den Vorschriften des Spruchverfahrensgesetzes die angemessene Barabfindung zu bestimmen. [2] Das gleiche gilt, wenn die Barabfindung nicht oder nicht ordnungsgemäß angeboten worden ist.

§ 212 ist Verbindungsvorschrift zum SpruchG, das jetzt in Nachfolge von §§ 305–312 UmwG aF das gerichtl Spruchverfahren regelt; S 1 wurde durch das SpruchverfahrensneuordnungsG (dazu Einf Rn 27) entsprechend geändert. Da dem berechtigten Anteilsinhaber iSv § 207 I 1, 2 die Möglichkeit zur Erhebung der Unwirksamkeitsklage gegen den Umwandlungsbeschluss des formwechselnden Rechtsträgers gem § 210 genommen ist, ist er für den Fall, dass die angebotene **Barabfindung nicht angemessen** ist oder dass der Umwandlungsbeschluss entgegen den gesetzl Bestimmungen ein (ordnungsgemäßes) Barabfindungsangebot überhaupt nicht enthält, auf die **gerichtl Festsetzung der angemessenen Barabfindung** angewiesen. § 212 entspricht damit § 375 I 3, II 3 AktG aF und ist Parallelvorschrift zu § 34. Da der Anspruch auf Barabfindung gem § 209 einer zweimonatigen Ausschlussfrist unterliegt, musste der Antrag auf gerichtl Nachprüfung der Abfindung nach § 212 früher vor Ablauf dieser Ausschlussfrist gestellt werden (§ 305 aF; RegEBegr BR-Drs 75/94 zu § 34). Durch das SpruchG wurde dies geändert, es gilt jetzt eine Antragsfrist von drei Monaten, § 4 I Nr 4 SpruchG, innerhalb derer der Antrag allerdings konkret begründet werden muss, § 4 II SpruchG. 1

Vgl iÜ § 34 Rn 2. 2

§ 213 Unbekannte Aktionäre

Auf unbekannte Aktionäre ist § 35 entsprechend anzuwenden.

1 Vgl zu unbekannten Anteilsinhabern zunächst OLG Bremen BB 2003, 1525, das Bestellung eines Pflegers zulässt, wenn Barabfindung in Rede steht. Die Frage, wie unbekannte Aktionäre einer formwechselnden AG oder KGaA zu bezeichnen sind, ist in § 213 durch Verweis auf den durch das 2. UmwÄndG (dazu Einf Rn 28) geänderten § 35 geregelt worden, auf die Komm dort wird verwiesen.

Zweiter Teil. Besondere Vorschriften

Erster Abschnitt. Formwechsel von Personengesellschaften

Erster Unterabschnitt. Formwechsel von Personenhandelsgesellschaften

§ 214 Möglichkeit des Formwechsels

(1) **Eine Personenhandelsgesellschaft kann auf Grund eines Umwandlungsbeschlusses nach diesem Gesetz nur die Rechtsform einer Kapitalgesellschaft oder einer eingetragenen Genossenschaft erlangen.**

(2) **Eine aufgelöste Personenhandelsgesellschaft kann die Rechtsform nicht wechseln, wenn die Gesellschafter nach § 145 des Handelsgesetzbuchs eine andere Art der Auseinandersetzung als die Abwicklung oder als den Formwechsel vereinbart haben.**

Schrifttum: Schrifttum bis 1994 siehe 3. Auflage; Schrifttum bis 2000 siehe 4. Auflage; *Kallmeyer,* Die GmbH & Co. KG im Umwandlungsrecht, GmbHR 2000, 418; *Luttermann,* Das Kapitalgesellschaften- und Co.-Richtlinie-Gesetz, ZIP 2000, 517; *Carlé/Bauschatz,* Der Ausgleichsposten nach § 220 Abs 1 UmwG im Umwandlungs- und Umwandlungssteuerrecht, GmbHR 2001, 1149; *Peifer,* Rechtsfähigkeit und Rechtssubjektivität der Gesamthand – Die GbR als oHG?, NZG 2001, 296; *Schnorbus,* Analogieverbot und Rechtsfortbildung im Umwandlungsrecht, DB 2001, 1654; *Wertenbruch,* BGB-Gesellschaft als Kommanditistin – oder: Der lange Weg zur Anerkennung im Rechtsverkehr, BB 2001, 737; *Halasz/Kloster/Kloster,* Umwandlungen von GmbH und GmbH & Co. KG in eine GmbH & Co. KG aA, GmbHR 2002, 310, 359; *Lange,* Die Haftung des Gesellschafters einer GbR für Altverbindlichkeiten, NZG 2002, 401; *Scholz,* Die BGB-Gesellschaft nach dem Grundsatzurteil des BGH vom 29.1.2001, NZG 2002, 153; *Frank,* Umwandlung einer Personengesellschaft in eine Kapitalgesellschaft durch den Testamentsvollstrecker – Ist eine Umwandlungsanordnung anzuraten?, ZEV 2003, 5; *Temme,* Rechtsfolgen fehlerhafter Kapitalerhöhungen bei der GmbH, RNotZ 2004, 1; *Priester,* Personengesellschaften im Umwandlungsrecht, DStR 2005, 788; *ders,* Personengesellschaften im Umwandlungsrecht, DStR 2005, 788; *Tsambikakis,* Aktuelles zum Strafrecht bei GmbH und GmbH & Co., GmbHR 2005, 331; *Heinrichs,* Mehrheitsbeschlüsse bei Personengesellschaften, Diss 2006; *Kilian,* Die Trennung vom „missliebigen" Personengesellschafter – Neue Ansätze in Sachen Ausschluss, Hinauskündigung und Kollektivaustritt?, WM 2006, 1567; *Parmentier,* Das Strafverfahren beim Formwechsel in eine Aktiengesellschaft, AG 2006, 476; *Stegemann/Middendorf,* Das Schicksal der Unterbeteiligung beim Formwechsel der Hauptgesellschaft, BB 2006, 1084; *Wälzholz,* Nebenleistungspflichten beim aufnehmenden Rechtsträger als Verschmelzungshindernis?, DStR 2006, 236; *Bormann,* Die Kapitalaufbringung nach dem Regierungsentwurf des MoMiG, GmbHR 2007, 897; *Meister,*

Die Auswirkungen des MoMiG auf das Umwandlungsrecht, NZG 2008, 767; *K. Schmidt,* Mehrheitsbeschlüsse in Personengesellschaften, ZGR 2008, 1; *Eusani/Schaudinn,* Die Bindungswirkung formfreier Anteilsveräußerungen nach zwischenzeitlicher Umwandlung in eine GmbH, GmbHR 2009, 1125; *Schäfer,* Mehrheitserfordernisse bei Stimmrechtskonsortien, ZGR 2009, 768; *Nelißen,* Augen auf bei konzerninternen Verschmelzungen!, NZG 2010, 1291; *Böttcher,* Immobilienrecht: Die Gesellschaft bürgerlichen Rechts nach der Reform, AnwBl 2011, 1.

1. Möglichkeiten des Formwechsels, Abs 1

Abs 1 konkretisiert die sich nach § 191 I, II ergebenden Formwechselmöglich- 1
keiten für **PhG** (zur PartGes § 191 Rn 16 und §§ 225a ff). Ein Rechtsträger in der Ausgangsrechtsform einer PhG (OHG, KG und **EWIV;** vgl § 191 Rn 5 ff; zur **GbR** § 191 Rn 33) kann durch den Formwechsel die **Rechtsform einer KapGes** (GmbH, AG, KGaA; § 3 I Nr 2) **oder einer eG** erlangen. Damit werden allerdings die sich nach § 191 I, II ergebenden Möglichkeiten nicht eingeschränkt. Denn bereits aus dieser Vorschrift folgt, dass als Zielrechtsform nur KapGes oder eG in Betracht kommen. Der „Formwechsel" einer **PhG in eine GbR oder in eine PhG anderer Rechtsform** (§ 191 II Nr 1 und Nr 2) vollzieht sich nicht nach §§ 190 ff. Der Wechsel von OHG/KG in eine GbR tritt auch nach den Änderungen durch das HRefG (BGBl I 1998, 1474; dazu *Hörtnagl* INF 1998, 750 mwN; *Schaefer* DB 1998, 1269) unabhängig vom Willen der Gesellschafter durch eine **Veränderung** der Art und des Umfangs der Tätigkeit der Ges (vgl §§ 105 I, 161 I, 4 II HGB, 705 BGB) ein. Der Wechsel von der Rechtsform einer OHG in eine KG oder umgekehrt erfolgt durch eine **Veränderung** der Haftungsverhältnisse (vgl §§ 105 I, 161 I HGB). Diese Arten des Rechtsformwechsels einer PhG bleiben ebenso wie die Anwachsungsmodelle (dazu *Schiefer* DStR 1996, 788; *Schulze zur Wiesche* DB 1996, 1545; *Ott* INF 1996, 176; vgl auch § 20 UmwStG Rn 193 ff) durch §§ 190 ff unberührt. Dies wird in Abs 1 nochmals klar gestellt („aufgrund eines Umwandlungsbeschlusses nach diesem Gesetz").

2. Aufgelöste Personenhandelsgesellschaft, Abs 2

Nach **§ 191 III** können auch **aufgelöste Rechtsträger** einen Formwechsel 2
durchführen, wenn ihre Fortsetzung in der bisherigen Rechtsform beschlossen werden könnte (dazu im Einzelnen § 191 Rn 34 ff; zu den Fortsetzungsmöglichkeiten vgl auch § 124 Rn 59, 60). Bei einer aufgelösten PhG als formwechselnder Rechtsträger gilt dies allerdings nur, wenn die Gesellschafter nicht nach **§ 145 HGB** eine **andere Art der Auseinandersetzung** als die Abwicklung oder als den Formwechsel vereinbart haben **(Abs 2).** Die Vorschrift lehnt sich an §§ 40 II, 46 S 2 UmwG 1969 an, verlangt allerdings im Ggs zu den genannten Vorschriften nicht mehr, dass eine Liquidation stattfindet. Auf die **Liquidation,** insbes auf die Befriedigung aller Gläubiger (vgl § 149 S 1 HS 1 HGB), konnte verzichtet werden, weil einerseits der Rechtsträger neuer Rechtsform für die bestehenden Verbindlichkeiten haftet, andererseits die Haftung eines phG nach § 224 I zunächst unberührt bleibt und ledigl durch die in § 224 II–V angeordnete Nachhaftungsbegrenzung beschränkt wird (RegEBegr BR-Drs 75/94 zu § 214; Lutter/*Joost,* Kölner Umwandlungsrechtstage 1995, S 245, 247; Lutter/*Joost* Rn 10). Eine entsprechende Regelung enthält § 39 für die Verschm und für die Spaltung (§ 125) von aufgelösten PhG.

3 Eine aufgelöste PhG (zu den Auflösungsgründen vgl Lit zu § 131 HGB, § 9 PartGG und Widmann/Mayer/*Vossius* § 39 Rn 9 ff; KölnerKommUmwG/*Dauner-Lieb/Tettinger* Rn 13 und § 39 Rn 11 ff) kann einen Formwechsel nicht mehr durchführen, wenn die Gesellschafter eine **andere Art der Auseinandersetzung** als die Abwicklung oder den Formwechsel vereinbart haben. Nach Ansicht des Gesetzgebers ist bei den zulässigen anderen Arten der Auseinandersetzung nicht sichergestellt, dass das Verm der aufgelösten PhG im Zeitpunkt des Umwandlungsbeschlusses noch vorhanden ist (RegEBegr BR-Drs 75/94 zu § 214; vgl auch Lutter/*Joost* Rn 6, 7, der Abs 2 als rechtspolitisch verfehlt ansieht; ihm folgend Semler/Stengel/*Schlitt* Rn 26; dazu unten Rn 4). Als andere nach § 145 HGB zulässige Art der Auseinandersetzung kommt ua die **Einbringung** in eine KapGes iSv § 20 UmwStG, die **Realteilung** oder die Übernahme des gesamten Handelsgeschäfts durch einen Gesellschafter in Betracht (vgl Baumbach/*Hopt* HGB § 145 Rn 10 mwN; Semler/Stengel/*Schlitt* Rn 27). Die andere Art der Auseinandersetzung muss nicht bereits im Gesellschaftsvertrag vereinbart sein. Es genügt auch die (meist Einstimmigkeit voraussetzende) **ad-hoc-Entscheidung** der Gesellschafter bei der Auflösung der PhG (Baumbach/*Hopt* HGB § 145 Rn 8).

4 Maßgebl ist die **Vereinbarung** der Gesellschafter der aufgelösten PhG, eine andere Art der Auseinandersetzung durchzuführen. Nach dem eindeutigen Wortlaut kommt es nicht darauf an, dass bereits mit der **Umsetzung** der anderen Art der Auseinandersetzung begonnen worden ist (so auch Widmann/Mayer/*Vossius* Rn 24). Die Gesellschafter können jedoch – in Ermangelung abw gesellschaftsvertragl Regelungen – einstimmig beschließen, die andere Art der Auseinandersetzung nicht mehr durchzuführen. Abs 2 ist deswegen nicht überflüssig (so aber Lutter/*Joost* Rn 7; Semler/Stengel/*Schlitt* Rn 26), denn es können durchaus **unterschiedl Mehrheitsverhältnisse** für den Beschluss über die Änderung der Auseinandersetzungsart (meist Einstimmigkeit) und für den Formwechselbeschluss (ggf Dreiviertelmehrheit, § 217 I) notw sein (dazu Lutter/*H. Schmidt* § 39 Rn 5 mwN).

§ 215 Umwandlungsbericht

Ein Umwandlungsbericht ist nicht erforderlich, wenn alle Gesellschafter der formwechselnden Gesellschaft zur Geschäftsführung berechtigt sind.

Schrifttum: Siehe Schrifttum § 214.

1 Ein **Umwandlungsbericht,** der in erster Linie dem Schutz der Anteilsinhaber dient (vgl § 192 Rn 1), **erübrigt sich,** wenn **alle Gesellschafter** der formwechselnden Ges **zur Geschäftsführung berechtigt** sind. In diesem Fall besteht daher nach § 215 auch keine Verpflichtung, den Umwandlungsbericht zu erstellen. Entsprechendes gilt gem § 225b S 1 für die **PartGes,** wenn nicht von § 6 II PartGG Gebrauch gemacht wurde. § 215 stellt klar, dass die geschäftsführungsbefugten Gesellschafter eines besonderen Schutzes nicht bedürfen, da sie sich kraft ihrer Geschäftsführungsbefugnis alle Informationen beschaffen können. Bei einer **OHG** sind grdsl alle Gesellschafter zur Geschäftsführung befugt; der Gesellschaftsvertrag kann jedoch Abweichendes vorsehen (§ 114 HGB; vgl Lutter/*H. Schmidt* § 41 Rn 4 mwN). Demggü sind **Kommanditisten** grdsl von der Geschäftsführung ausgeschlossen (§ 164 HGB). Die Vorschrift ist jedoch im Ggs zu § 170 HGB (BGHZ 51, 198, 200) dispositiv. Durch gesellschaftsvertragl Regelung kann daher

dem Kommanditisten eine § 116 HGB entsprechende Geschäftsführungsbefugnis eingeräumt werden (Baumbach/*Hopt* HGB § 164 Rn 7). In diesem Fall sind die Anforderungen von § 215 erfüllt. Die Gewährung ledigl einzelner **Sonderrechte** (etwa Zustimmungsvorbehalt zu bestimmten Geschäften) ist hingegen nicht ausreichend. Nach der hM zu § 215 (Lutter/*Joost* Rn 10; Kallmeyer/*Dirksen* Rn 3; Semler/Stengel/*Schlitt* Rn 10) soll bei der **GmbH & Co KG** § 215 auch dann anwendbar sein, wenn die Kommanditisten als Gesellschafter und Geschäftsführer der Komplementär-GmbH mittelbar geschäftsführungsbefugt sind. Dies ist mit der **hM** zur Parallelvorschrift von § 41 wegen des eindeutigen Gesetzeswortlauts indes abzulehnen, vgl § 41 Rn 3 mwN.

Ist bei einer OHG ein Gesellschafter von der Geschäftsführung ausgeschlossen 2
oder ist bei der KG nicht allen Kommanditisten gesellschaftsvertragl die Geschäftsführungsbefugnis iSv § 116 HGB eingeräumt worden, ist der Umwandlungsbericht grdsl erforderl. In diesem Fall kann nur unter den Voraussetzungen von **§ 192 II Alt 2** (dies ist der frühere § 192 III, der durch das 2. UmwÄndG zu § 192 II wurde, weil die Vermögensaufstellung ersatzlos entfallen ist; ein Fall von § 192 II Alt 1 ist bei PhG denkunmögl, Widmann/Mayer/*Vossius* § 216 Rn 10) von der Erstellung des Umwandlungsberichtes abgesehen werden. § 192 II ist nach zutr hM **einschränkend** dahingehend auszulegen, dass ledigl die **nicht geschäftsführungsbefugten Gesellschafter** den **Verzicht** erklären müssen (vgl Widmann/Mayer/*Vossius* Rn 7 und *ders* § 41 Rn 13, 14; Lutter/*Joost* Rn 11; Semler/Stengel/*Schlitt* Rn 17; aA Lutter/*H. Schmidt* § 41 Rn 6; Kallmeyer/*Dirksen* Rn 5).

§ 216 Unterrichtung der Gesellschafter

Das Vertretungsorgan der formwechselnden Gesellschaft hat allen von der Geschäftsführung ausgeschlossenen Gesellschaftern spätestens zusammen mit der Einberufung der Gesellschafterversammlung, die den Formwechsel beschließen soll, diesen Formwechsel als Gegenstand der Beschlußfassung in Textform anzukündigen und einen nach diesem Buch erforderlichen Umwandlungsbericht sowie ein Abfindungsangebot nach § 207 zu übersenden.

Schrifttum: Siehe Schrifttum § 214.

1. Allgemeines

§ 216 entspricht § 42, der bei Verschm oder Spaltung (§ 125) einer PhG 1
Anwendung findet. Die nicht zur Geschäftsführung befugten Gesellschafter sollen **vor der** zwingend durchzuführenden (§ 193 I 2) **Anteilsinhaberversammlung** ausreichend Gelegenheit erhalten, sich auf den Beschlussgegenstand „Formwechsel" vorzubereiten. Die Regelung war notw, da die Beschlussfassung in einer **Gesellschafterversammlung** bei PhG **nicht der (gesetzl) Regelfall** ist (zur Beschlussfassung allg vgl etwa MüKoHGB/*Enzinger* § 119 Rn 3 ff) und demgemäß §§ 105 ff HGB keine Regelungen über die Einberufung und die Abhaltung einer Gesellschafterversammlung enthalten (RegEBegr BR-Drs 75/94 zu § 216). Auch bei der **PartGes** (dort gem § 225b S 2 entsprechende Anwendung von § 216) gibt es keine Regelungen zur Gesellschafterversammlung (vgl § 6 III PartGG und *Michalski/Römermann* PartGG § 6 Rn 27 ff). Abgesehen von § 216 hat der Gesetzgeber es aber auch beim Formwechsel einer PersGes unterlassen,

die sonstigen Formalien (Form, Frist, etc) der Einberufung bzw der Abhaltung der Anteilsinhaberversammlung, die über den Formwechsel beschließt (§ 193 I 2), zu regeln (vgl RegEBegr BR-Drs 75/94 zu § 42). Wegen dieser bewussten Entscheidung kommt eine **Analogie zu §§ 232 I, 239 I für die Gesellschafterversammlung von PublikumsGes** (dafür GKT/*Laumann* § 214 Rn 4 ff) nicht in Betracht (überzeugend Lutter/*Joost* Rn 11, 12; ihm folgend Semler/Stengel/*Schlitt* Rn 19, § 217 Rn 31).

2. Gesellschafterversammlung

2 Der Beschluss über den Formwechsel ist zwingend **in einer Gesellschafterversammlung** zu fassen (§ 193 I 2; dazu § 193 Rn 7). Die Gesellschafterversammlung der PhG ist allerdings gesetzl nicht geregelt (Rn 1). Auch § 216 befasst sich nur mit einem engen Ausschnitt. Sofern ausführl gesellschaftsvertragl Regelungen fehlen, ist **Leitbild** für die Einberufung und die Durchführung der Gesellschafterversammlung die **HV der AG.** Vgl iÜ § 42 Rn 2 f.

3. Ankündigung des Formwechsels

3 Der Formwechsel als Beschlussgegenstand ist **spätestens zusammen mit der Einberufung** der Gesellschafterversammlung anzukündigen. Auf eine **Frist zur Ankündigung** wurde bewusst verzichtet, da auch eine gesetzl Regelung über eine Frist für die Einberufung der Gesellschafterversammlung fehlt (RegEBegr BR-Drs 75/94 zu § 42). Es gilt die im **Gesellschaftsvertrag** bestimmte Einberufungsfrist, **hilfsweise § 123 I AktG** (§ 42 Rn 3 mwN). Die Verpflichtung zur Ankündigung trifft das **Vertretungsorgan** der formwechselnden PhG. Die **Ankündigung muss nur ggü den von der Geschäftsführung ausgeschlossenen Gesellschaftern** erfolgen (arg entspricht § 215 Rn 2; praktisch ist dies aber nicht empfehlenswert, vgl Kallmeyer/*Dirksen* Rn 7; Lutter/*Joost* Rn 2; Semler/Stengel/*Schlitt* Rn 10). Dies sind regelm die Kommanditisten, aber auch phG können von der Geschäftsführung ausgeschlossen sein (vgl § 215 Rn 1).

4 Die Ankündigung muss **in Textform** erfolgen. Die Anforderungen daran richten sich nach § 126b BGB. Die Ankündigung muss daher **nicht eigenhändig** durch die Mitglieder des Vertretungsorgans unterschrieben sein (vgl BT-Drs 14/4987, 12, 18 ff; Lutter/*Joost* Rn 3; Semler/Stengel/*Schlitt* Rn 12). Besondere **inhaltl Anforderungen** bestehen nicht. Ausreichend ist, wenn zum Ausdruck kommt, dass auf der Gesellschafterversammlung über den Formwechsel beschlossen werden soll. Einzelheiten kann der Gesellschafter dem Umwandlungsbericht entnehmen (siehe Rn 5).

4. Umwandlungsbericht

5 Ebenfalls **spätestens mit der Einberufung** der Gesellschafterversammlung ist den von der Geschäftsführung ausgeschlossenen Gesellschaftern der **Umwandlungsbericht zu übersenden,** sofern er erforderl ist. Da § 216 das Vorhandensein von nicht geschäftsführungsbefugten Gesellschaftern voraussetzt, der Tatbestand von § 215 also nicht erfüllt sein kann, ist der Umwandlungsbericht nur dann nicht erforderl, wenn die nicht zur Geschäftsführung befugten Gesellschafter auf dessen Erstattung **verzichten** (§ 192 III 1 Alt 2, vgl § 215 Rn 2). **§ 118 HGB** bleibt unberührt (§ 42 Rn 4).

5. Abfindungsangebot

6 Nach § 216 ist ferner den nicht geschäftsführungsbefugten Gesellschaftern **spätestens mit der Einberufung** ein **Abfindungsangebot nach § 207** zu übersenden. Zum Abfindungsangebot im Einzelnen § 194 Rn 8. Die Verpflichtung zur Übersendung des Barabfindungsangebots besteht allerdings nur, sofern der Gesellschaftsvertrag der formwechselnden PersGes eine **Mehrheitsentscheidung** zulässt (§ 217 I 2; Lutter/*Joost* Rn 5; Semler/Stengel/*Schlitt* Rn 22; Widmann/Mayer/*Vossius* Rn 12 f: „Rechtsgrundverweisung"; KölnerKommUmwG/*Dauner-Lieb/Tettinger* Rn 16). Bedarf der Formwechsel eines einstimmig gefassten Beschlusses (§ 217 I 1), erübrigt sich das Barabfindungsangebot, da der für das Ausscheiden gegen Barabfindung notw Widerspruch des Gesellschafters (vgl § 207 Rn 4) das Scheitern des Formwechsels zur Folge hat (vgl RegEBegr BR-Drs 75/94 zu § 216).

7 Aus dem Erfordernis der Übersendung des Abfindungsangebots folgt, dass dieses **nicht mündl** erfolgen kann, sondern körperl niedergelegt sein muss. **Schriftform** iSv § 126 BGB setzt § 216 allerdings nicht voraus (insofern missverständl RegEBegr BR-Drs 75/94 zu § 216), Textform genügt (zutr Lutter/*Joost* Rn 5; wohl auch Semler/Stengel/*Schlitt* Rn 23).

6. Unwirksamkeitsklage

8 Ein Verstoß gegen die **begrenzt dispositive** (Lutter/*Joost* Rn 9; Semler/Stengel/*Schlitt* Rn 24, 25; Widmann/Mayer/*Vossius* Rn 20, 21 und *ders* § 42 Rn 16, 17) Vorschrift von § 216 macht den Beschluss regelm unwirksam, zu Ausnahmen Semler/Stengel/*Schlitt* Rn 29 und Kallmeyer/*Dirksen* Rn 10. Vgl iÜ § 42 Rn 5.

§ 217 Beschluß der Gesellschafterversammlung

(1) [1] **Der Umwandlungsbeschluß der Gesellschafterversammlung bedarf der Zustimmung aller anwesenden Gesellschafter; ihm müssen auch die nicht erschienenen Gesellschafter zustimmen.** [2] **Der Gesellschaftsvertrag der formwechselnden Gesellschaft kann eine Mehrheitsentscheidung der Gesellschafter vorsehen.** [3] **Die Mehrheit muß mindestens drei Viertel der abgegebenen Stimmen betragen.**

(2) **Die Gesellschafter, die im Falle einer Mehrheitsentscheidung für den Formwechsel gestimmt haben, sind in der Niederschrift über den Umwandlungsbeschluß namentlich aufzuführen.**

(3) **Dem Formwechsel in eine Kommanditgesellschaft auf Aktien müssen alle Gesellschafter zustimmen, die in dieser Gesellschaft die Stellung eines persönlich haftenden Gesellschafters haben sollen.**

Schrifttum: Siehe Schrifttum § 214.

1. Allgemeines

1 Die Vorschrift bestimmt in **Abs 1** die notw **Mehrheitsverhältnisse für den Umwandlungsbeschluss** iSv § 193 I. Sie entspricht insoweit § 43, der die Mehrheitsverhältnisse für einen Verschmelzungs- oder Spaltungsbeschluss (§ 125) regelt. Entsprechend der allg Regelung im Recht der PhG (§§ 119 I, 161 II HGB) und der **PartGes** (§ 9 PartGG; § 225c) muss auch der **Formwechselbeschluss grdsl**

einstimmig gefasst werden (Abs 1 S 1). Der Gesellschaftsvertrag kann allerdings eine Entscheidung mit einer **Mehrheit von mindestens drei Vierteln der abgegebenen** (so ausdrückl Abs 1 S 3 nach Änderung durch Art 1 Nr 31 des Gesetzes vom 22.7.1998, BGBl I 1878; Lutter/*Joost* Rn 17; KölnerKomm-UmwG/*Dauner-Lieb/Tettinger* Rn 25, 31; aA Semler/Stengel/*Schlitt* Rn 20; Kallmeyer/*Dirksen* Rn 3, 9, 10, die sich jew auf die von Lutter/*Joost* in der 2. Aufl vertretene, seit der 3. Aufl zu Recht aber nicht mehr aufrechterhaltene Argumentation berufen) **Stimmen** der Gesellschafter vorsehen (Abs 1 S 2 und 3). Erfolgt der Beschluss durch Mehrheitsentscheidung, so sind die für den Formwechsel stimmenden **Gesellschafter in der Niederschrift namentl aufzuführen.** Hierdurch soll klargestellt werden, welche Gesellschafter **Gründer** iSv § 219 S 2 sind (RegEBegr BR-Drs 75/94 zu § 217). Da keinem Gesellschafter die persönl Haftung aufgezwungen werden kann, bedarf es auch im Falle einer Mehrheitsentscheidung der ausdrückl **Zustimmung der Gesellschafter,** die bei einem Formwechsel in eine KGaA die Stellung eines phG einnehmen sollen, Abs 3.

2. Beschlussmehrheiten, Abs 1

2 Die Mehrheitsverhältnisse bei der Beschlussfassung über den Formwechsel nach **Abs 1** entsprechen denen nach § 43. Zu Einzelheiten vgl § 43 Rn 9 ff. Zur Rechtslage in der Zeit zwischen Umwandlungsbeschluss und Eintragung des Formwechsels (zB nachträgl Änderung des Abstimmungsverhaltens, Gesellschafterwechsel) vgl Widmann/Mayer/*Vossius* Rn 90 ff.

3. Namentliche Bezeichnung der zustimmenden Gesellschafter, Abs 2

3 **Abs 2** verlangt, dass bei einer Beschlussfassung durch Mehrheitsentscheidung diejenigen Gesellschafter, die für den Formwechsel gestimmt haben, **in der Niederschrift** (vgl § 193 III 1; zur Beurkundung ausführl Widmann/Mayer/*Vossius* Rn 20 ff, 116 ff) **namentl zu bezeichnen** sind. Hierdurch ist sichergestellt, dass diejenigen Gesellschafter, die nach § 219 bei der Anwendung der für die neue Rechtsform geltenden Gründungsvorschrift **als Gründer gelten,** eindeutig bekannt sind. Beim einstimmigen Formwechselbeschluss erübrigt sich die namentl Bezeichnung, da dann alle Gesellschafter der formwechselnden PersGes den Gründern gleichstehen (§ 219 S 1; wie hier Semler/Stengel/*Schlitt* Rn 39; Kallmeyer/*Dirksen* Rn 11). Die sichere Erfassung der außerhalb der Gesellschafterversammlung zustimmenden Gesellschafter ist durch das Erfordernis der **notariellen Beurkundung der Zustimmungserklärung** nach § 193 III 1 gewährleistet (so bereits Lutter/*Joost,* Kölner Umwandlungsrechtstage 1995, S 245, 251).

4. Zustimmung persönlich haftender Gesellschafter, Abs 3

4 Stets, auch im Fall der Mehrheitsentscheidung über den Formwechsel, bedarf es der **Zustimmung** (§ 193 III 1) derjenigen Gesellschafter, die bei einem **Formwechsel in eine KGaA** die Stellung eines phG (vgl § 278 I AktG) übernehmen sollen, **Abs 3.** Die Regelung war notw, da keinem Gesellschafter die Übernahme einer persönl Haftung ohne ausdrückl Einverständnis zugemutet werden kann (RegEBegr BR-Drs 75/94 zu § 217). Die bloße Einräumung der Möglichkeit des Ausscheidens gegen Barabfindung (vgl § 207) wäre nicht angemessen (so auch Widmann/Mayer/*Vossius* Rn 129). Für das Bestehen des Zustimmungserforder-

nisses ist es ohne Bedeutung, ob die betreffenden Gesellschafter bereits bislang persönl für die Verbindlichkeiten der PhG hafteten. Zwar ändert sich durch den Formwechsel die Identität des Rechtsträgers nicht, es muss aber jedem Gesellschafter die Entscheidung freistehen, ob er die für eine bestimmte Rechtsform getroffene **Entscheidung zur Übernahme der persönl Haftung** bei Fortführung der unternehmerischen Aktivität in anderer Rechtsform aufrechterhalten will (wie hier Lutter/*Joost* Rn 21; Semler/Stengel/*Schlitt* Rn 41). Außerdem bestehen Unterschiede zwischen der Stellung eines phG bei einer KGaA und bei einer PersGes (vgl etwa §§ 283, 285 AktG). Abs 3 betrifft nur den bereits an der formwechselnden PersGes beteiligten Gesellschafter. Der **Beitritt bislang nicht Beteiligter** (vgl § 218 II) als phG beim Formwechsel in eine KGaA bestimmt sich nach § 221.

§ 218 Inhalt des Umwandlungsbeschlusses

(1) [1] **In dem Umwandlungsbeschluß muß auch der Gesellschaftsvertrag der Gesellschaft mit beschränkter Haftung oder die Satzung der Genossenschaft enthalten sein oder die Satzung der Aktiengesellschaft oder der Kommanditgesellschaft auf Aktien festgestellt werden.** [2] **Eine Unterzeichnung der Satzung durch die Mitglieder ist nicht erforderlich.**

(2) **Der Beschluß zur Umwandlung in eine Kommanditgesellschaft auf Aktien muß vorsehen, daß sich an dieser Gesellschaft mindestens ein Gesellschafter der formwechselnden Gesellschaft als persönlich haftender Gesellschafter beteiligt oder daß der Gesellschaft mindestens ein persönlich haftender Gesellschafter beitritt.**

(3) [1] **Der Beschluß zur Umwandlung in eine Genossenschaft muß die Beteiligung jedes Mitglieds mit mindestens einem Geschäftsanteil vorsehen.** [2] **In dem Beschluß kann auch bestimmt werden, daß jedes Mitglied bei der Genossenschaft mit mindestens einem und im übrigen mit so vielen Geschäftsanteilen, wie sie durch Anrechnung seines Geschäftsguthabens bei dieser Genossenschaft als voll eingezahlt anzusehen sind, beteiligt wird.**

Schrifttum: Siehe Schrifttum § 214.

1. Allgemeines

1 **§ 218 ergänzt § 194 I** durch weitere Anforderungen an den **Inhalt des Umwandlungsbeschlusses.** Nach **Abs 1** muss der für den Rechtsträger nach dem Formwechsel maßgebl Gesellschaftsvertrag (Satzung) bereits im Umwandlungsbeschluss enthalten sein oder festgestellt werden. Dies ist wegen der erhebl strukturellen Unterschiede zwischen einer **PhG/PartGes** (§ 225c) einerseits und einer KapGes oder einer eG andererseits erforderl (RegEBegr BR-Drs 75/94 zu § 218). Für den umgekehrten Fall des Formwechsels einer KapGes in eine PersGes fehlt eine entsprechende Anordnung (vgl § 234). Die Aufnahme des Gesellschaftsvertrags oder der Satzung in den Umwandlungsbeschluss sahen bereits § 42 II 1 und § 48 II UmwG 1969 vor.

2 Das Wesen der **KGaA** setzt zwingend voraus, dass mindestens ein Gesellschafter für die Verbindlichkeiten der Ges persönl und unbeschränkt haftet (vgl § 278 I AktG). In Ergänzung zu § 194 I Nr 4 und § 217 III verlangt daher **Abs 2** die

Festsetzung im Umwandlungsbeschluss, dass sich an der Ges mindestens ein Gesellschafter der formwechselnden PersGes oder eine anlässl des Formwechsels beitretende (natürl oder jur, vgl § 3 Rn 21, ausführl zur früheren Rechtslage 5. Aufl 2009, Rn 22) Person als phG beteiligt. **Abs 3** schließl berücksichtigt Besonderheiten der Gestaltung des Mitgliedschaftsverhältnisses bei einer **eG** und ergänzt in seiner sprachl geänderten Fassung (dazu Einf Rn 28) insoweit § 194 I Nr 3.

2. Beifügung von Gesellschaftsvertrag oder Satzung, Abs 1

3 Aus **Abs 1** folgt – rechtsformspezifisch für den Formwechsel einer PhG/PartGes (vgl zu anderen Fällen des Formwechsels §§ 234 Nr 3, 253, 263, 276, 285, 294, 302) –, dass der Umwandlungsbeschluss auch den Gesellschaftsvertrag der GmbH bzw die Satzung der eG enthalten oder die Satzung der AG/KGaA im Umwandlungsbeschluss festgestellt werden muss. **Bestandteil des Umwandlungsbeschlusses** ist der **Gesellschaftsvertrag**/bzw die Satzung in seiner/ihrer **konkreten Ausgestaltung.** Denn mit Wirksamwerden des Formwechsels (§ 202) wird dieses im Umwandlungsbeschluss enthaltene Organisationsstatut verbindl und regelt damit die Rechte der Anteilsinhaber untereinander. **Veränderungen** können dann nur unter den jew spezialgesetzl geregelten Voraussetzungen vorgenommen werden (§§ 53 ff GmbHG, §§ 179 ff, 278 III AktG, § 16 GenG). Es ist daher nicht ausreichend, im Umwandlungsbeschluss ledigl die gesetzl Mindestanforderungen an den Gesellschaftsvertrag oder die Satzung aufzunehmen, und außerhalb des Umwandlungsbeschlusses eine hiervon abw oder auch nur ergänzende Vereinbarung zu treffen (so auch Widmann/Mayer/*Vossius* § 217 Rn 7; Semler/Stengel/*Schlitt* Rn 5). Die inhaltl Anforderungen an den Gesellschaftsvertrag oder die Satzung richten sich nach dem für die Zielrechtsform maßgebl Recht.

4 Der Gesellschaftsvertrag oder die Satzung muss im Umwandlungsbeschluss **enthalten** sein oder **festgestellt** werden. Die unterschiedl Terminologie ist rechtsformbedingt; im Aktienrecht wird der Abschluss des Gesellschaftsvertrags als Satzungsfeststellung bezeichnet (§ 23 AktG; dazu *Hüffer* AktG § 23 Rn 6). Eine unmittelbare Aufnahme in den Text des Umwandlungsbeschlusses ist nicht notw. Nach **§ 9 I 2 BeurkG** gelten Erklärungen in einem Schriftstück, auf das in der notariellen Niederschrift (hier: des Umwandlungsbeschlusses, § 193 III 1) verwiesen und das dieser beigefügt wird, als in der Niederschrift selbst enthalten (vgl § 37 Rn 3 mwN).

5 Der Gesellschaftsvertrag oder die Satzung bedarf **nicht** der **Unterzeichnung durch alle Gesellschafter/Mitglieder.** Für den Formwechsel in eine eG regelt dies ausdrückl **Abs 1 S 2,** der § 11 II Nr 1 GenG von der entsprechenden Anwendung iSv § 197 ausschließen soll (RegEBegr BR-Drs 75/94 zu § 218). Aber auch **§ 2 I GmbHG** und **§§ 23, 280 AktG** (die notarielle Beurkundung iSv §§ 8 ff BeurkG, mithin Unterzeichnung nach § 13 I 1 BeurkG verlangen) sind nicht anwendbar. Denn § 197 bestimmt ledigl, dass die Gründungsvorschriften anzuwenden sind, soweit in §§ 190 ff nichts anderes festgelegt ist. Eine derartige andere Vorschrift ist aber § 218. Denn während die Neugründung einer GmbH, AG, KGaA durch den Abschluss eines Gesellschaftsvertrages eingeleitet wird (vgl § 2 GmbHG, §§ 23, 280 AktG) erfolgt der Formwechsel durch Beschluss. Diese unterschiedl Art des Entstehens der KapGes hat zur Folge, dass Gründungsvorschriften, die mit dem Abschluss (nicht: dem Inhalt) des Gesellschaftsvertrages zusammen-

hängen, keine Anwendung finden (so im Erg auch Widmann/Mayer/*Vossius* Rn 6 und § 217 Rn 24 ff; Kallmeyer/*Dirksen* Rn 2; Semler/Stengel/*Schlitt* Rn 6; KölnerKommUmwG/*Dauner-Lieb/Tettinger* Rn 16, 17; aA Lutter/*Joost* Rn 3). Aus derselben Erwägung folgt, dass der Umwandlungsbeschluss nicht zwingend nach §§ 8 ff BeurkG beurkundet werden muss. Denn die **Beurkundung** eines Gesellschafterbeschlusses als Akt gesellschaftl Willensbildung betrifft einen sonstigen Vorgang iSv § 36 BeurkG (Scholz/*Priester/Veil* GmbHG § 53 Rn 69; OLG Köln BB 1993, 317, 318; Widmann/Mayer/*Vossius* Rn 5, *ders* § 217 Rn 21, 24; KölnerKommUmwG/*Dauner-Lieb/Tettinger* Rn 17). Ausreichend ist daher die Aufnahme des Berichts des Notars über seine Wahrnehmungen in einer Niederschrift (§ 37 I 1 Nr 2 BeurkG). Eine Beurkundung des Formwechselbeschlusses nach §§ 8 ff BeurkG ist allerdings unschädl (OLG Köln BB 1993, 317, 318). Schließl folgt aus der Nichtanwendung der Vorschriften über die Unterzeichnung des Gesellschaftsvertrages oder der Satzung, dass auch die dem Formwechsel außerhalb der Gesellschafterversammlung zustimmenden Gesellschafter (vgl auch § 193 IV 1) den Gesellschaftsvertrag oder die Satzung nicht unterzeichnen müssen. Zu den **Kosten der Beurkundung** vgl Vor §§ 190–213 Rn 4.

3. Persönlich haftender Gesellschafter, Abs 2

Bei einer **KGaA** muss wenigstens ein Gesellschafter für die Verbindlichkeiten der Ges unbeschränkt und persönl haften (vgl § 278 I AktG). **PhG** kann **grdsl auch eine jur Person** sein, vgl § 3 Rn 21 und BGH DB 1997, 1219. Auch die Doppelstellung als phG und Kommanditaktionär ist mögl (Kallmeyer/*Dirksen* Rn 27). **Abs 2** bestimmt, dass der Beschluss zur Umw in eine KGaA die Beteiligung mindestens eines – bislang schon beteiligten oder beitretenden (dazu § 221; beide Möglichkeiten können nebeneinander genutzt werden, Lutter/*Joost* Rn 38; Semler/Stengel/*Schlitt* Rn 49) – phG vorsehen muss. Die eigentl Bedeutung von Abs 2 liegt in der Klarstellung, dass **bislang** an der formwechselnden PersGes **nicht beteiligte Personen** anlässl des Formwechsels als phG beitreten können. Denn die Festlegung der phG folgt bereits aus Abs 1 S 1, da die Satzung einer KGaA, die im Umwandlungsbeschluss festgestellt wird, nach § 281 I AktG (iVm § 197) den Namen, Vornamen, Beruf und Wohnort jedes phG enthalten muss. 6

Der **Beitritt eines bislang nicht Beteiligten** bei einem Formwechsel in eine KGaA ist der einzige im UmwG geregelte Fall (zur grdsl Möglichkeit des Hinzutritts oder Ausscheidens von Anteilsinhabern im Zeitpunkt des Wirksamwerdens des Formwechsels vgl ausführl § 226 Rn 3 mwN), bei dem aufgrund einer gesetzl Regelung im unmittelbaren Zusammenhang mit der Umw eine vor der Umw nicht beteiligte Person aufgenommen werden kann. Für den Formwechsel einer AG in eine KGaA und einer GmbH in eine KGaA war dies bereits in §§ 362, 389 UmwG AktG aF (vgl nun § 243) vorgesehen. Der Beitritt des phG bedarf der **notariellen Beurkundung.** Ferner muss die **Satzung der KGaA** von ihm **genehmigt** werden (§ 221). Der Beitritt muss vor dem Wirksamwerden des Formwechsels feststehen (wenn auch ggf bedingt durch das Wirksamwerden des Formwechsels). Dies ergibt sich bereits aus § 223, wonach die Urkunden über den Beitritt aller beitretenden phG der Anmeldung als Anlage beizufügen sind. Mit Wirksamwerden des Formwechsels (vgl § 202) tritt die unbeschränkte Haftung der phG ein. Die **Haftung** erstreckt sich auch auf bereits vor dem Formwechsel begründete Verbindlichkeiten. Dies folgt aus § 278 II AktG, §§ 161 II, 128, 130 HGB (so auch Widmann/Mayer/*Vossius* § 221 Rn 27; Semler/Stengel/*Schlitt* Rn 51), sodass auf eine ausdrückl Regelung, wie sie 7 noch §§ 365 S 2, 391 S 4 AktG aF vorsahen, verzichtet werden konnte (RegEBegr BR-Drs 75/94 zu § 218).

4. Geschäftsanteile der eG, Abs 3

8 **Abs 3** legt fest, dass der Beschluss zum Formwechsel **in eine eG** die Beteiligung jedes (künftigen) Mitglieds mit **mindestens einem Geschäftsanteil** vorsehen muss. Darüber hinaus kann aber auch bestimmt werden, dass jedes Mitglied weitere Geschäftsanteile bis zur Höhe seines zu gebuchten Geschäftsguthabens erhält. Die Vorschrift konkretisiert damit **§ 194 I Nr 3,** indem die Ober- und Untergrenze festgelegt wird (RegEBegr BR-Drs 75/94 zu 218). Die Beteiligung mit mindestens einem Geschäftsanteil und die Möglichkeit der Beteiligung mit mehreren Geschäftsanteilen folgt allerdings schon aus § 197 iVm §§ 7, 7a GenG. Es bedarf hierzu entsprechender Regelungen in der Satzung (§ 7a I GenG). Die Anforderungen nach **Abs 3 S 1** werden daher bereits durch Abs 1 erfüllt, da die Satzung der eG im Umwandlungsbeschluss enthalten sein muss.

9 Einen **eigenständigen Regelungsgehalt** besitzt **Abs 3 S 2.** Während § 7a GenG nur eine Festlegung in der Satzung zulässt, wonach sich ein Mitglied mit mehr als einem Geschäftsanteil beteiligen kann, folgt aus Abs 3 S 2, **mit wie vielen Geschäftsanteilen** das Mitglied beteiligt werden darf. Der Geschäftsanteil ist ledigl die in der Satzung festgelegte abstrakte Beteiligungsgröße, die für alle Mitglieder gleich sein muss (Lang/Weidmüller/*Schulte* GenG § 7 Rn 2 ff; Beuthien/*Beuthien* GenG § 7 Rn 1). **Das Geschäftsguthaben ist** hingegen der Betrag, der tats auf den oder die Geschäftsanteile eingezahlt ist (Lang/Weidmüller/*Schulte* GenG § 7 Rn 5 ff). Nach einem Formwechsel entspricht das Geschäftsguthaben der Höhe der Beteiligung des einzelnen Gesellschafters am Verm der PersGes vor Wirksamwerden der Umw (§ 202; Semler/Stengel/*Schlitt* Rn 60). Das Geschäftsguthaben ist insofern mit dem **Kapitalkonto** vglbar. Sofern der Umwandlungsbeschluss (und die Satzung, Rn 8) die Möglichkeit der Beteiligung mit mehreren Geschäftsanteilen vorsieht, **berechnet sich die Anzahl der Geschäftsanteile** nach der Höhe des Geschäftsguthabens. In diesem Fall werden jedem Mitglied so viele Geschäftsanteile gewährt, wie es durch sein Geschäftsguthaben vollständig abdecken kann.

10 **Beispiel:**

ein Geschäftsanteil =	EUR 1 000
Geschäftsguthaben =	EUR 10 500 (entspricht dem Wert der Beteiligung am formwechselnden Rechtsträger)

Das Mitglied erhält 10 Geschäftsanteile.

11 Abs 3 S 2 schließt hingegen aus, dass Mitgliedern einer eG mehr Geschäftsanteile gewährt werden als vermögensmäßig durch das Geschäftsguthaben abgedeckt sind. Insofern besteht eine **Abweichung zum allg GenR,** da auf einen Geschäftsanteil – auch wenn ein Mitglied mehrere Geschäftsanteile besitzt – ledigl eine Mindesteinlage iHv 10% geleistet werden muss (vgl § 7 Nr 1 GenG).

§ 219 Rechtsstellung als Gründer

[1] Bei der Anwendung der Gründungsvorschriften stehen den Gründern die Gesellschafter der formwechselnden Gesellschaft gleich. [2] Im Falle einer Mehrheitsentscheidung treten an die Stelle der Gründer die Gesell-

schafter, die für den Formwechsel gestimmt haben, sowie beim Formwechsel in eine Kommanditgesellschaft auf Aktien auch beitretende persönlich haftende Gesellschafter.

1. Allgemeines

§ 197 bestimmt, dass auf den Formwechsel die für die neue Rechtsform geltenden Gründungsvorschriften grdsl anzuwenden sind. § 219 regelt ergänzend hierzu, wer beim Formwechsel einer PhG/**PartGes** (§ 225c) als Gründer idS anzusehen ist. **Gründer sind** die Gesellschafter der formwechselnden PersGes, allerdings – bei einer Mehrheitsentscheidung – nur diejenigen, die dem Formwechsel **zugestimmt** haben. Ferner steht der bei einem Formwechsel in eine **KGaA** beitretende phG einem Gründer gleich. Der Inhalt der Vorschrift orientiert sich damit an den früheren Regelungen von §§ 362 IV 2, 378 I, 389 IV 2 AktG aF, § 41 II 2 UmwG 1969. 1

2. Gründerpflichten

§ 219 enthält keine Aussage zu den **Pflichten der Gründer.** Diese folgen über **§ 197** aus den für die Zielrechtsform jew anwendbaren Spezialvorschriften. Besondere Bedeutung hat hierbei die **Haftung** der Gründer beim Formwechsel in eine AG oder KGaA gem **§ 46 AktG** (ggf iVm § 278 III AktG). Danach haften die Gründer für die Richtigkeit und für die Vollständigkeit der Angaben im Zusammenhang mit der Gründung der Ges und für Schäden durch Einlagen, Sachübernahmen oder Gründungsaufwand der Ges ggü als Gesamtschuldner. Aber auch das **GmbHG** kennt eine Gründungshaftung (unklar RegEBegr BR-Drs 75/94 zu § 219: „. . . nach den aktienrechtlichen Gründungsvorschriften wie ein Gründer verantwortlich"). § 9a GmbHG enthält eine § 46 AktG vglbare Regelung. Die Gründerhaftung des GmbHG geht sogar über die des Aktienrechts hinaus, da nach §§ 9, 24 GmbHG eine gesamtschuldnerische Differenzhaftung aller Gesellschafter (also zumindest der Gründer) bei nicht ausreichend werthaltigen Sacheinlagen eintritt. Vgl aber § 245 Rn 5 zu § 245 IV 1. Bei einem Formwechsel in eine **AG** (KGaA, § 278 III AktG) müssen die Gründer ferner einen **schriftl Bericht** über den Hergang der Gründung erstatten (§ 32 I AktG). Der Formwechsel stellt wirtschaftl betrachtet eine **Gründung durch Sacheinlagen** dar. Daher sind im Gründungsbericht (§ 220 II) die wesentl Umstände darzulegen, aus denen sich ergibt, dass das Reinvermögen der formwechselnden PersGes eine angemessene Leistung für Sacheinlagen ist (§ 32 AktG iVm §§ 197, 220 II). Falsche Angaben führen zur Haftung nach § 46 I AktG. Beim Formwechsel in eine **GmbH** folgt die Pflicht zur Erstellung des Sachgründungsberichtes aus § 5 IV 2 GmbHG iVm § 220 II UmwG. Im **GenG** existieren keine besonderen Pflichten für die Gründer. 2

3. Den Gründern gleichgestellte Personen

Als Gründer iSd jew Gründungsvorschriften gelten bei einem Formwechsel durch **einstimmigen Beschluss** alle Gesellschafter der PersGes. Die danach eintretende Gründerhaftung trifft uneingeschränkt auch die **Kommanditisten** der formwechselnden PhG (hM, vgl Nachw bei Lutter/*Joost* Rn 4, der abw von der hM mit bedenkenswerten Arg für eine teleologische Reduktion von § 219 eintritt; ebenso *Wolf* ZIP 1996, 1200; dagegen mwN zB KölnerKommUmwG/*Dauner-Lieb/Tettinger* Rn 4 ff; 3

wie beim Ausscheiden gegen Barabfindung [dazu sogleich] kann die formale Wortlautargumentation zu ungerechten Erg führen; alternativ bieten sich die Modelle der Anwachsung und der erweiterten Anwachsung an, dazu auch Kallmeyer/*Dirksen* Rn 8). Für einen Kommanditisten, der seine Einlage geleistet und nicht zurückerhalten hat, mithin nicht persönl ggü den Gläubigern der Ges haftet (§ 171 HGB), kann ein Formwechsel in eine KapGes also durchaus mit Risiken verbunden sein. Da die Gründerhaftung keinem Gesellschafter der PersGes aufgezwungen werden soll, sieht **S 2** vor, dass im Falle einer **Mehrheitsentscheidung** nur die dem Formwechsel **zustimmenden Gesellschafter** als Gründer anzusehen sind. Es kommt nur auf das Abstimmungsverhalten an (dadurch kann die Mehrheitsumwandlung instrumentalisiert werden, vgl Lutter/*Joost* Rn 5; Kallmeyer/*Dirksen* Rn 2; Semler/Stengel/*Schlitt* Rn 6). Der widersprechende Gesellschafter ist auch dann nicht einem Gründer gleichgestellt, wenn er von der Möglichkeit des **Ausscheidens gegen Barabfindung** (§ 207) Gebrauch macht (wie hier KölnerKommUmwG/*Dauner-Lieb/Tettinger* Rn 10; aA Widmann/Mayer/*Vossius* Rn 17 [und ihm folgend Semler/Stengel/*Schlitt* Rn 14], dem zwar zuzugeben ist, dass das Ausscheiden gegen Barabfindung formal Anteilsinhaberschaft beim Rechtsträger neuer Rechtsform voraussetzt, vom Sinn und Zweck des Instituts der Barabfindung soll die rechtstechnisch nicht anders lösbare Konstellation aber nicht zum Nachteil des Betroffenen führen, was sogar stl anerkannt ist, dazu § 5 UmwStG Rn 20; alt bliebe sonst nur ein allg Austrittsrecht, wie es von Lutter/*Grunewald* § 29 Rn 10 propagiert wird, um den Haftungsgefahren zu entgehen). Wer im Falle einer Mehrheitsentscheidung als Gründer anzusehen ist, ergibt sich aus der **Niederschrift über den Umwandlungsbeschluss.** In der Niederschrift sind nach § 217 II (vgl § 217 Rn 3) die dem Formwechsel zustimmenden Gesellschafter **namentl aufzuführen.** Schließl stehen die bei einem **Formwechsel in eine KGaA** beitretenden phG den Gründern gleich. Die betreffenden Personen sind durch die notarielle Beurkundung des Beitritts (§ 221 S 1) und durch die Einreichung dieser Unterlagen zum HR (§ 223) eindeutig bestimmt.

§ 220 Kapitalschutz

(1) **Der Nennbetrag des Stammkapitals einer Gesellschaft mit beschränkter Haftung oder des Grundkapitals einer Aktiengesellschaft oder einer Kommanditgesellschaft auf Aktien darf das nach Abzug der Schulden verbleibende Vermögen der formwechselnden Gesellschaft nicht übersteigen.**

(2) **In dem Sachgründungsbericht beim Formwechsel in eine Gesellschaft mit beschränkter Haftung oder in dem Gründungsbericht beim Formwechsel in eine Aktiengesellschaft oder in eine Kommanditgesellschaft auf Aktien sind auch der bisherige Geschäftsverlauf und die Lage der formwechselnden Gesellschaft darzulegen.**

(3) [1] **Beim Formwechsel in eine Aktiengesellschaft oder in eine Kommanditgesellschaft auf Aktien hat die Gründungsprüfung durch einen oder mehrere Prüfer (§ 33 Abs. 2 des Aktiengesetzes) in jedem Fall stattzufinden.** [2] **Die für Nachgründungen in § 52 Abs. 1 des Aktiengesetzes bestimmte Frist von zwei Jahren beginnt mit dem Wirksamwerden des Formwechsels.**

Schrifttum: Schrifttum bis 1994 siehe 3. Auflage; Schrifttum bis 2000 siehe 4. Auflage; *Carlé/Bauschatz,* Der Ausgleichsposten nach § 220 Abs. 1 UmwG im Umwandlungs- und

Umwandlungssteuerrecht, GmbHR 2001, 1149; *Priester,* Personengesellschaften im Umwandlungsrecht, DStR 2005, 788; *Parmentier,* Das Statusverfahren beim Formwechsel in eine Aktiengesellschaft, AG 2006, 476.

1. Allgemeines

Die Vorschrift ist für den Formwechsel von PhG/PartGes (§ 225c) in KapGes nach §§ 214 ff **von zentraler Bedeutung.** Die Umw ist nur dann zulässig, wenn mindestens die **Deckung des** im Gesellschaftsvertrag bzw der Satzung (vgl § 218 I) festgesetzten **Stamm- bzw Grundkapitals** als Reinvermögen des Rechtsträgers gewährleistet ist. Das Prinzip der Identität des Rechtsträgers vor und nach Wirksamwerden des Formwechsels (vgl § 190 Rn 5 ff) wird durch Abs 1 als Konkretisierung der gem § 197 S 1 HS 1 entsprechend anwendbaren Gründungsvorschriften (dazu § 197 Rn 4) relativiert. **Abs 2** modifiziert § 5 IV GmbHG, § 32 II AktG. **Abs 3 S 1** stellt klar, dass die aktienrechtl Gründungsprüfung auf jeden Fall stattzufinden hat, denn der Missbrauch des Formwechsels (Umgehung von strengeren Gründungsvorschriften, vgl § 197 Rn 3) ist gerade bei der PersGes, für die keine vglbar strengen Kapitalerhaltungsvorschriften existieren, zu verhindern. **Abs 3 S 2** bestimmt schließl den Fristbeginn für die Nachgründungsvorschrift von § 52 I AktG. 1

2. Kapitaldeckung, Abs 1

Beim Formwechsel wird der Zielrechtsträger nicht neu gegründet. Wegen § 197 S 1 HS 1 sind die **Gründungsvorschriften** aber **entsprechend anwendbar.** Wegen der Identität der Vermögenszuordnung zum Rechtsträger als Verband können die rechtsformspezifischen **Vorschriften** des GmbHG und des AktG über die Leistung einer Sacheinlage anlässl der Gründung der KapGes nur sinngemäß angewendet werden. **Abs 1** stellt dies nochmals klar, indem angeordnet wird, dass der Nennbetrag des StK einer GmbH oder des Grundkapitals einer AG oder KGaA das nach Abzug der Schulden verbleibende (Rein-)Vermögen der formwechselnden PersGes nicht übersteigen darf. 2

Erreicht der **Wert des Reinvermögens** der PersGes nicht die in der Satzung bestimmte Höhe des Grund- bzw StK (§ 23 III Nr 3 AktG, mindestens EUR 50 000, vgl § 7 AktG, § 3 I Nr 3 GmbHG, mindestens EUR 25 000, vgl § 5 I GmbHG; ein Formwechsel in die UG ist nicht mögl, vgl § 191 Rn 32), so ist auch eine **ergänzende Barzahlung** mögl (hM, *Priester* FS Zöllner, Bd 1, 1999, 466; *K. Schmidt* ZIP 1995, 1389; Semler/Stengel/*Schlitt* Rn 17 mwN; GKT/*Laumann* Rn 25; aA KölnerKommUmwG/*Dauner-Lieb/Tettinger* Rn 27 ff; Widmann/Mayer/*Vossius* Rn 30, 31; Lutter/*Joost* Rn 15, 16). Stellt sich erst nachträgl heraus, dass die „Sacheinlage" überbewertet wurde, muss die Wertdifferenz zum festgesetzten Nennbetrag des StK oder Grundkapitals nach Maßgabe von § 219 in bar geleistet werden (vgl **§ 36a II 3 AktG, § 9 I GmbHG;** Kallmeyer/*Dirksen* Rn 6). Die Rspr des BGH zum Schutz von Minderheitsaktionären (vgl § 69 Rn 29 mwN) ändert hieran nichts (*Wälzholz* AG 2006, 473). 3

Gegenstand der „Sacheinlage" ist das Verm des formwechselnden Rechtsträgers, also **alle** dem Unternehmen der PersGes dienenden **Vermögensgegenstände.** Auf den Bilanzansatz kommt es nicht an. § 27 I 1 AktG, § 5 IV 1 GmbHG sind zu beachten; zum gesetzl notw Satzungsinhalt gehört danach die **Festsetzung** des Gegenstands der Sacheinlage. In einschränkender Auslegung (vgl § 197 S 1 HS 2) dieser Vorschriften dürfte es iÜ genügen, wenn in der Satzung darauf 4 hingewiesen wird, dass die „Sacheinlage“ durch Formwechsel aus der (identischen) PersGes geleistet worden ist. Die Person des Einbringenden und die „zu gewährende Vergütung“ sind nicht darzustellen.

5 Abs 1 stellt auf das **„Vermögen“** ab; demgemäß liegt es zunächst nahe, vom Buchvermögen auszugehen, denn UmwR ist besonderes HandelsR, an Umstrukturierungsvorgängen iSv §§ 190 ff sind primär HandelsGes beteiligt. Das „Vermögen“ einer HandelsGes ergibt sich aus der Bilanz. Bei rein wortlautorientierter Auslegung kommt man – insbes bei Vgl mit den Vorschriften von §§ 238, 242, 246 HGB – deshalb zur Maßgeblichkeit allein der BW. Diese Auslegung wird ferner durch den systematischen Zusammenhang mit § 197 S 1 gestützt; weil dort bereits die Beachtung der allg Gründungsvorschriften (also auch des Verbots der Unterpariemission) festgeschrieben ist, wäre eine inhaltsgleiche Regelung auch in Abs 1 an sich überflüssig, weil nur klarstellend (so auch *Sagasser/Bula* Umwandlungen, 1. Aufl 1995, P 4). Diese Auslegung des Vermögensbegriffs von Abs 1 würde auch den Grds der Identität des Rechtsträgers (dazu § 190 Rn 5 ff) betonen. Für die **Maßgeblichkeit der BW** Lutter/*Joost,* Kölner Umwandlungsrechtstage 1995, S 257 f; ihm folgend *K. Schmidt* ZIP 1995, 1385; IDW WPg 1992, 613, 621; *Wolf* ZIP 1996, 1204; nicht eindeutig Lutter/*Happ,* Kölner Umwandlungsrechtstage 1995, S 242 ff.

6 **Verm iSv Abs 1 ist** gleichwohl **nicht der BW,** sondern der Saldo aus Aktiva und Passiva, jew bewertet nach dem **Zeitwert.** Nur diese **materielle Betrachtungsweise** wird dem **Sinn und Zweck** des UmwG und der Systematik von §§ 190 ff gerecht. Die RegEBegr (BR-Drs 75/94 zu § 246 und zu § 247) geht ohne weiteres davon aus, dass eine **„Unterbilanz“** einem Formwechsel nicht entgegensteht. Aus der systematischen Stellung (Formwechsel von KapGes in KapGes) dieser Äußerung des Entwurfsverfassers kann auch für § 220 I geschlossen werden, dass dort Zeitwerte, nicht BW gemeint sind. Denn mit Unterbilanz ist in der RegEBegr zumindest – eindeutig – die formelle Unterbilanz (und darüber hinaus wohl auch die materielle Unterbilanz) gemeint; im Wege eines Erst-Recht-Schlusses kann die Aussage zum Formwechsel unter KapGes damit für die hier zu entscheidende Frage der Zulässigkeit eines Formwechsels trotz **formeller Unterbilanz** verwendet werden (vgl § 245 I 2, II 2, III 2, die „jew die entsprechende Anwendung von § 220“ vorschreiben). Denn eine Unterbilanz kann es nur geben, wenn das Nennkapital nicht bereits durch BW gedeckt ist. Dieser Auslegung kann auch nicht die Identität des Rechtsträgers beim Formwechsel entgegengehalten werden; gerade iRd Kapitalschutzvorschriften – zu denen insbes § 220 gehört – wird der **Grds der Identität** kraft Entscheidung des Gesetzes relativiert (dazu ausführl § 197 Rn 2 ff). Ebenso lässt sich aus § 197 S 1 nicht zwingend herleiten, dass Abs 1 nur die BW meinen könne, weil das Verbot der (materiellen) Unterpariemission ohnehin bereits aus dem gem § 197 S 1 zu beachtenden Gründungsrecht herauszulesen ist. Dieses Argument hätte nur dann Gewicht, wenn Doppelregelungen im UmwG iÜ nicht vorkommen würden; bereits Abs 2 zeigt, dass dem nicht so ist. Schließl ist eine auf das tats Reinvermögen nach Zeitwerten ausgerichtete Betrachtung dem Sinn und Zweck des UmwG 1995 geschuldet: Umstrukturierungen sollen erleichtert und nicht erschwert werden. Die Kapitalschutzvorschriften iRv §§ 190 ff sollen eine Umgehung des strengen rechtsformspezifischen Gründungsrechts verhindern (vgl § 197 Rn 3); ein Rechtsträger, der über genügend Verm verfügt, um das Nennkapital einer KapGes darzustellen, könnte auch im Fall der Unterbilanz unzweifelhaft eine „normale“ Sachgründung durchführen; dann ist es aber nicht einsehbar, weswegen der einfachere Weg des Formwechsels verschlossen sein soll. Dass es für die Frage der Kapitalaufbringung nach Abs 1 auf die **tats Zeitwerte des – bilanzierten und nicht bilanzierten – Verm** der PersGes und nicht auf die BW ankommt, ist zwischenzeitl **ganz hM** (zB *Timmermans* DB 1999, 949; *Priester* FS Zöllner, Bd 1, 1999, 457; IDW [HFA] 1/96, WPg 1996, 508; Lutter/*Joost* Rn 10; Kallmeyer/*Dirksen* Rn 8; Widmann/Mayer/*Vossius* Rn 16 ff; Semler/Stengel/*Schlitt* Rn 13 mwN; ausführl zur Buchwertaufstockung KölnerKommUmwG/*Dauner-Lieb/Tettinger* Rn 10 ff mwN; vgl aber unten Rn 11).

Vor Anmeldung des Formwechsels ist eine **Bew** der PersGes durchzuführen, 7
die erkennen lässt, ob das festgesetzte Kapital aufgebracht werden kann. Die Bew kann sich grdsl nach der (wegen § 25 S 2 UmwStG notw) StB richten. Regelm reicht eine solche StB zum Nachw des Nominalkapitals aus, wenn ein **entsprechend hohes EK** (Reinvermögen) **schon beim Buchwertansatz** vorhanden ist. Eine Bew ist dann überflüssig. **Deckt das ausgewiesene EK das gewählte Stamm- oder Grundkapital dagegen nicht,** müssen – sofern vorhanden – stille Reserven einschl selbst geschaffener immaterieller (und damit nicht im Jahresabschluss enthaltener) WG aufgedeckt werden; dabei sind alle gängigen Bewertungsmethoden grdsl anwendbar (vgl § 5 Rn 10 ff). Der **Nachw** iSv Abs 1 kann **auch durch** eine eigens dafür erstellte Vermögensbilanz geführt werden (ähnl IDW [HFA] 1/96, WPg 1996, 508; „Kapitalnachweisrechnung“, Lutter/*Joost* Rn 20).

Obergrenze jeder Bew ist allerdings der Zeitwert des einzelnen Vermögens- 8
gegenstandes. Zur Frage, ob die Sacheinlage zum Zeitwert angesetzt werden muss, vgl § 24 Rn 2 ff (wobei § 24 beim Formwechsel keinesfalls anzuwenden ist, missverständl insoweit *Timmermans* DB 1999, 948); zur stl Schlussbilanz vgl die Erläuterung zu §§ 3, 9, 11, 25 UmwStG; zur stl Eröffnungs- oder Übernahmebilanz vgl §§ 4, 12, 20 UmwStG. Eine Überbewertung würde zu einer verbotenen **Unterpariemission** führen; die KapGes wäre nicht eintragungsfähig. Dies schlägt auf die Umw durch. Möglicherweise kann eine an sich gegebene materielle Unterdeckung durch einen qualifizierten Rangrücktritt beseitigt werden, vgl dazu OLG Naumburg ZIP 2004, 566.

IRv § 220 ist im Ggs zu §§ 246, 247 allerdings die **Unterscheidung zwischen** 9
der **formellen und der materiellen Unterbilanz** von wesentl Bedeutung:

Bei **materieller Unterbilanz** (nicht der formwechselnden PersGes, sondern 10
der ZielGes), auf die Abs 1 abstellt, ergibt sich die **Verpflichtung zur Zahlung des Differenzbetrages in bar** (vgl Rn 3 aE mwN). Der Differenzbetrag ist bilanziell als „ausstehende Einlage“ iSv § 272 I HGB auszuweisen.

Würde dagegen eine **ledigl formelle Unterbilanz** bei der Zielrechtsform 11
entstehen, steht dies dem Formwechsel nicht entgegen; die Diff zwischen dem Nennbetrag der Anteile und dem ausgewiesenen EK der formwechselnden PersGes ist nicht als ausstehende Einlage zu behandeln, sondern vielmehr bilanziell als **formwechselbedingter Unterschiedsbetrag** („Fehlbetrag zum gesetzl Mindest-Grund- bzw StK“, IDW HFA 1/96, WPg 1996, 508; dazu krit KölnerKommUmwG/*Dauner-Lieb/Tettinger* Rn 11 mwN) auszuweisen. Darin liegt nicht eine Durchbrechung der Bilanzkontinuität, vielmehr werden die BW unverändert übernommen, der Ausgleich also über § 265 V 2 HGB hergestellt (im Ggs dazu beschränkt *Priester* DB 1995, 915; *ders* FS Zöllner, Bd 1, 1999, 457 den Grds der Identität dadurch, dass er die Bilanzkontinuität – wenn auch nicht vollständig – durchbricht und die Erstellung einer Eröffnungsbilanz, bei der die WG zu den Zeitwerten angesetzt werden können, fordert; das läuft im Erg auf eine entsprechende Anwendung von § 24 auf den Formwechsel hinaus, was gerade nicht

gewollt ist, vgl Widmann/*Mayer* § 24 Rn 483 mwN; Kallmeyer/*Müller* Rn 10; Semler/Stengel/*Schlitt* Rn 23; ausführl *Carlé/Bauschatz* GmbHR 2001, 1149 mwN; missverständl *Timmermans* DB 1999, 948 und Lutter/*Joost* Rn 20). Der formwechselbedingte Unterschiedsbetrag ist weder Vermögensgegenstand, Bilanzierungshilfe noch Abgrenzungsposten, sondern er ist als Aktivposten einzustellen, der nicht abgeschrieben werden kann, sondern wie ein Verlustvortrag (IDW HFA 1/96, WPg 1996, 508) mit zukünftigen Gewinnen verrechnet werden muss, und damit als **Ausschüttungssperre** wirkt (teilw abw *Carlé/Bauschatz* GmbHR 2001, 1149). Wie hier Kallmeyer/*Müller* Rn 10; *Timmermans* DB 1999, 949 mwN; auch mögl ist auch die Behandlung des Differenzbetrages gleich einem **Verlustvortrag,** so Widmann/Mayer/*Mayer* § 24 Rn 486.

3. Inhalt des (Sach-)Gründungsberichts, Abs 2

12 Zum normalen Inhalt des **Sachgründungsberichts** der GmbH nach § 5 IV GmbHG vgl § 36 Rn 22 ff, 26 ff. Zum Inhalt des **Gründungsberichts** nach § 32 AktG vgl § 197 Rn 21 ff.

13 Diese Berichte haben gem **Abs 2** zusätzl Darlegungen zum bisherigen **Geschäftsverlauf und** zur **Lage** der formwechselnden PersGes zu enthalten. Dies hat insbes durch die Angabe der Jahresergebnisse der beiden letzten vollen Gj (vgl § 5 IV 2 GmbHG) zu geschehen. Erfolgt der Formwechsel unterjährig, sind diese Darstellungen für das lfd Gj zu aktualisieren. Auf die Spezialliteratur zu § 5 IV GmbHG, § 32 II AktG wird verwiesen.

4. Gründungsprüfung, Abs 3 S 1

14 Beim **Formwechsel in eine AG/KGaA** hat die **Gründungsprüfung** nach § 33 II AktG in jedem Fall stattzufinden (unbedingter Prüfungsbefehl). Vgl iÜ § 197 Rn 25 ff und die Spezialliteratur zu § 33 II AktG.

5. Nachgründung, Abs 3 S 2

15 § 197 S 1 HS 1 verweist auch auf §§ 52, 53 AktG über die **Nachgründung** (vgl § 197 Rn 32). Da es sich beim Formwechsel gerade nicht um eine Neugründung handelt, wird der **Fristbeginn** für die zweijährige Nachgründungszeit nicht an die Eintragung der Ges in das HR, sondern an das **Wirksamwerden des Formwechsels** (vgl § 202, Eintragung der neuen Rechtsform oder Eintragung des Rechtsträgers neuer Rechtsform) gebunden.

§ 221 Beitritt persönlich haftender Gesellschafter

[1]Der in einem Beschluß zur Umwandlung in eine Kommanditgesellschaft auf Aktien vorgesehene Beitritt eines Gesellschafters, welcher der formwechselnden Gesellschaft nicht angehört hat, muß notariell beurkundet werden. [2]Die Satzung der Kommanditgesellschaft auf Aktien ist von jedem beitretenden persönlich haftenden Gesellschafter zu genehmigen.

Schrifttum: Siehe Schrifttum § 214.

1. Allgemeines

1 Der **Formwechsel** einer PhG/PartGes (§ 225c) **in eine KGaA** setzt voraus, dass mindestens ein Gesellschafter die Stellung des **phG** einnimmt. Dies folgt

bereits aus dem Wesen der KGaA (vgl § 278 I AktG). § 218 II erwähnt das Erfordernis des Vorhandenseins mindestens eines phG nochmals ausdrückl (vgl § 218 Rn 6, 7). Der phG muss nicht aus dem Kreis der bisherigen Gesellschafter der formwechselnden PersGes kommen. § 218 II eröffnet die Möglichkeit, dass anlässl des Formwechsels ein **bislang nicht Beteiligter** als phG beitritt. Regelungsgegenstand von § 221 ist der Beitritt dieses phG. Die Vorschrift entspricht § 362 II 5, 6 aF und § 389 II 2, 3 AktG aF.

2. Beitrittserklärung

Mit der **Beitrittserklärung** bringt der bislang an der PersGes nicht beteiligte phG zum Ausdruck, dass er sich dem Umwandlungsbeschluss der Gesellschafter der PersGes anschließt. **Stellvertretung** ist zulässig (Widmann/Mayer/*Vossius* Rn 10; allg zur Stellvertretung bei Umw *Melchior* GmbHR 1999, 520). Einer **Annahmeerklärung** der Ges bedarf es nicht (Kallmeyer/*Dirksen* Rn 3; Lutter/*Joost* Rn 2 mwN; aA GKT/*Laumann* Rn 2). Der Beitritt des phG kann erst **nach der Fassung des Umwandlungsbeschlusses** (hM, vgl Nachw bei Lutter/*Joost* Rn 3; zeitgleiche Erklärung mit dem Umwandlungsbeschluss genügt unter dem Vorbehalt von Rn 3, insoweit ist Widmann/Mayer/*Vossius* Rn 8 zuzustimmen), muss aber **vor Eintragung in das HR** erklärt werden, denn der beitretende Komplementär muss nach S 2 die Satzung genehmigen. Der Inhalt der Satzung ist aber erst mit der Fassung des Umwandlungsbeschlusses festgelegt (§ 218 I; dazu § 218 Rn 3 ff). Die Beitrittserklärung muss vor dem Wirksamwerden des Formwechsels erfolgen, denn § 223 sieht vor, dass die Beitrittserklärung bei der Anmeldung der neuen Rechtsform als Anlage beigefügt wird (Semler/Stengel/*Schlitt* Rn 8). 2

Die Beitrittserklärung bedarf der **notariellen Beurkundung.** Da es sich um eine Willenserklärung handelt, finden §§ 8 ff BeurkG Anwendung. Die Beurkundung kann, muss aber nicht zugleich in der Niederschrift über den Umwandlungsbeschluss erfolgen (in diesem Fall müsste der Umwandlungsbeschluss nicht notw nach §§ 8 ff BeurkG beurkundet werden, vgl § 218 Rn 4, 5; wie hier Semler/Stengel/*Schlitt* Rn 7; Lutter/*Joost* Rn 2; aA Widmann/Mayer/*Vossius* Rn 12, 23; KölnerKommUmwG/*Dauner-Lieb/Tettinger* Rn 8). 3

Gem **S 2** muss der beitretende Komplementär die **Satzung genehmigen.** Genehmigung bedeutet die nachträgl Zustimmung (§ 184 I BGB) zur Satzung. Hieraus folgt, dass (die Beitrittserklärung und) die Genehmigung erst nach der Fassung des Umwandlungsbeschlusses erfolgen kann (wobei str ist, ob Genehmigung und Beitritt **separat oder nur gemeinsam** erklärt werden können, vgl Kallmeyer/*Dirksen* Rn 6; Semler/Stengel/*Schlitt* Rn 12 und Widmann/Mayer/*Vossius* Rn 14 ff gegen Lutter/*Joost* Rn 6). Durch den Beitritt bringt der phG zum Ausdruck, dass er die Satzung in der im Umwandlungsbeschluss bestimmten Form akzeptiert. Satzungsänderungen nach Genehmigung und vor Wirksamwerden des Formwechsels sind nur noch mit notariell beurkundeter Zustimmung des phG mögl (Lutter/*Joost* Rn 7; Semler/Stengel/*Schlitt* Rn 13). 4

§ 222 Anmeldung des Formwechsels

(1) [1] **Die Anmeldung nach § 198 einschließlich der Anmeldung der Satzung der Genossenschaft ist durch alle Mitglieder des künftigen Vertretungsorgans sowie, wenn der Rechtsträger nach den für die neue Rechts-**

form geltenden Vorschriften einen Aufsichtsrat haben muß, auch durch alle Mitglieder dieses Aufsichtsrats vorzunehmen. [2] Zugleich mit der Genossenschaft sind die Mitglieder ihres Vorstandes zur Eintragung in das Register anzumelden.

(2) **Ist der Rechtsträger neuer Rechtsform eine Aktiengesellschaft oder eine Kommanditgesellschaft auf Aktien, so haben die Anmeldung nach Absatz 1 auch alle Gesellschafter vorzunehmen, die nach § 219 den Gründern dieser Gesellschaft gleichstehen.**

(3) **Die Anmeldung der Umwandlung zur Eintragung in das Register nach § 198 Abs. 2 Satz 3 kann auch von den zur Vertretung der formwechselnden Gesellschaft ermächtigten Gesellschaftern vorgenommen werden.**

1. Allgemeines

1 § 222 ergänzt §§ 198, 197 (iVm dem jew Gründungsrecht), indem in **Abs 1 und 2** die zur Anmeldung verpflichteten Personen festgelegt werden. In **Abs 3** wird eine alt Zuständigkeit für die besondere Anmeldung nach § 198 II 3 festgelegt. Die Regelung orientiert sich an dem ohnehin nach § 197 S 1 anwendbaren Gründungsrecht der jew Rechtsform. Abw von § 49 I 1 UmwG 1969 kann der Formwechsel in eine GmbH nunmehr allein durch die Geschäftsführer angemeldet werden.

2. Notwendige Anmeldungen

2 Welche Anmeldung bei welchem Register **notw** ist, regelt **§ 198.** Regelm ist ledigl die **neue Rechtsform** anzumelden (§ 198 I). Beim Formwechsel in eine eG (Wechsel des Registers) sowie bei einer anlässl des Formwechsels durchgeführten Sitzverlegung ist hingegen der **Rechtsträger neuer Rechtsform** beim zukünftigen Register und zugleich die Umw beim bislang zuständigen Register zur Eintragung anzumelden (§ 198 II 1–3). Zu Einzelheiten vgl § 198 Rn 5 ff.

3. Rechtsform GmbH

3 Die **Zuständigkeit** für die beim Formwechsel in eine GmbH notw Anmeldung bestimmt sich nach **Abs 1 S 1** (zur Anmeldung nach § 198 II 3 vgl Rn 9). In Übereinstimmung mit § 197 iVm §§ 7 I, 78 GmbHG muss die Anmeldung durch **alle** (zukünftigen) **Geschäftsführer** der GmbH erfolgen (zur Vertretung Rn 5). Hieraus folgt, dass bis zu diesem Zeitpunkt bereits zwingend die Geschäftsführer bestellt sein müssen. Eine Zuständigkeit der **Aufsichtsratsmitglieder** besteht bei einem Formwechsel in eine GmbH nach wohl hM selbst dann nicht, wenn nach Durchführung des Formwechsels bei der GmbH ein **obligatorischer AR** zu bilden ist, weil von Abs 1 S 1 nur der nach gesetzl Vorschrift zwingend zu bildende AR erfasst ist. Auch sofern die PhG/PartGes (§ 225c) aufgrund des Formwechsels in eine GmbH zukünftig einen (mitbestimmten) **AR bilden muss** (vgl § 3 MontanMitbestG, § 2 f MitbestErgG, § 1 MitbestG, § 1 I Nr 3 DrittelbG), gilt dies noch nicht für das Gründungsstadium (hM; Baumbach/Hueck/*Zöllner/Noack* GmbHG § 52 Rn 158 und § 6 Rn 22; *Scholz/Veil* GmbHG § 8 Rn 19; Scholz/*K. Schmidt* § 11 Rn 61 mwN). Maßgebl hierfür ist die Erwägung, dass die genannten Vorschriften entscheidend auf die Rechtsform des Unternehmens abstellen, die Rechtsform „GmbH“ jedoch erst mit Wirksamwerden des Form-

wechsels (§ 202) entsteht (so für den ähnl Fall von § 168 ausdrückl BayObLG BB 2000, 1538; aA Semler/Stengel/*Schlitt* Rn 9 und § 218 Rn 27; Lutter/*Joost* § 218 Rn 16; Kallmeyer/*Dirksen* Rn 5 und § 218 Rn 16; *Bärwaldt/Jahntz* NJW 2001, 2312; wie hier Widmann/Mayer/*Vossius* Rn 17, 18). Für eine Aufrechterhaltung der früheren Regelung in § 49 I 1 UmwG 1969, wonach auch die bisherigen Gesellschafter zur Anmeldung verpflichtet waren (vgl Abs 2), wurde kein Bedürfnis gesehen (RegEBegr BR-Drs 75/94 zu § 222).

4. Rechtsform AG/KGaA

Entsprechend der ohnehin über § 197 S 1 anwendbaren Regelung von § 36 I AktG ist bei einem **Formwechsel in eine AG** die Anmeldung durch **alle Mitglieder des künftigen Vorstands,** durch **alle Mitglieder des** (bei der AG obligatorischen) **AR** und durch **alle Gründer** vorzunehmen (zur ggf notw Anmeldung nach § 198 II 3 vgl Rn 9). Probleme bereitet in der Praxis die **Zusammensetzung des AR.** § 197 S 2 schließt die Vorschriften über die Bildung und Zusammensetzung des ersten AR für den Bereich des Formwechsels aus. **§ 31 AktG** konnte nach der alten Gesetzesfassung eigentl nicht angewendet werden (dazu ausführl 4. Aufl 2006, Rn 4 mwN). Das ursprüngl Redaktionsversehen ist mit dem 2. UmwÄndG (dazu Einf Rn 28) durch die Einfügung von § 197 S 3 beseitigt worden (vgl § 197 Rn 11). 4

Da die Aufsichtsratsmitglieder bereits die Anmeldung durchzuführen haben, müssen sie iRv § 31 AktG spätestens zu diesem Zeitpunkt bestellt sein. Entsprechendes gilt für die Vorstandsmitglieder, die durch den ersten AR (§ 84 AktG) zu bestellen sind. Eine **Vertretung bei der Anmeldung** ist unzulässig (für die GmbH Kallmeyer/*Dirksen* Rn 6; für die AG Semler/Stengel/*Schlitt* Rn 18; allg *Melchior* GmbHR 1999, 520). 5

Die Anmeldung hat ferner durch diejenigen Gesellschafter der formwechselnden PersGes zu erfolgen, die den Gründern gleichstehen (Abs 2). Welche Gesellschafter einem **Gründer** gleichstehen, bestimmt sich nach **§ 219.** Dies sind bei einem **einstimmigen Umwandlungsbeschluss** alle Gesellschafter, iÜ alle Gesellschafter, die für den Formwechsel gestimmt haben (näher § 219 Rn 2). Die Anmeldung durch alle den Gründern gleichstehende Gesellschafter hat auch dann zu erfolgen, wenn dies – etwa beim Formwechsel einer PublikumsGes – mühsam ist (zu den damit verbundenen Problemen Widmann/Mayer/*Vossius* Rn 37 ff, der die Unterzeichnung der Anmeldung durch die Gründer bereits in der Anteilsinhaberversammlung empfiehlt). Eine **Vertretung der Gründer** bei der Anmeldung durch Bevollmächtigte ist angesichts der persönl Verantwortlichkeit (vgl §§ 46, 48, 399 AktG; iVm § 197 S 1) nicht mögl (hM; *Melchior* GmbHR 1999, 520 mwN; *Hüffer* AktG § 36 Rn 4 mwN). Die Anmeldung ist auch von denjenigen Gesellschaftern durchzuführen, die außerhalb der Gesellschafterversammlung dem Formwechsel zugestimmt haben (§ 217 I), da auch sie den Gründern gleichstehen. 6

Der **Formwechsel in eine KGaA** ist nach Abs 1 und Abs 2 durch alle **phG,** durch alle **Mitglieder des AR** und durch alle den **Gründern gleichstehende Gesellschafter** vorzunehmen. Die Zuständigkeit der phG ergibt sich einerseits aus Abs 1 S 1 iVm § 283 Nr 1 AktG, andererseits für anlässl des Formwechsels beitretende phG daraus, dass diese nach § 219 S 2 den Gründern gleichstehen (Abs 2). Für die Zusammensetzung des AR gelten die Ausführungen zur Anmeldung des Formwechsels in eine AG entsprechend. 7

5. Rechtsform eG

8 Beim **Formwechsel in eine eG** ist zur Eintragung in das Genossenschaftsregister die Satzung anzumelden (§ 10 I GenG iVm § 197 S 1). Ferner ist nach § 198 die neue Rechtsform oder der Rechtsträger neuer Rechtsform zur Eintragung anzumelden (§ 198 I, II 1–3). Schließl sind nach **Abs 1 S 2** – in Übereinstimmung mit § 10 I GenG iVm § 197 S 1 – zugleich mit der eG die Mitglieder ihres Vorstands zur Eintragung in das Register anzumelden. **Zuständig für alle Anmeldungen** sind die Mitglieder des zukünftigen **Vorstands der eG** und – über das allg Gründungsrecht der eG hinausgehend – alle **Mitglieder des AR** (§ 9 I GenG; aA unter Verweis auf § 197 S 2 Widmann/Mayer/*Vossius* Rn 48; wie hier KölnerKommUmwG/*Dauner-Lieb/Tettinger* Rn 13). Die Zusammensetzung des AR für die Anmeldung bestimmt sich nach § 36 GenG. Sofern durch den Formwechsel zukünftig ein **mitbestimmter AR** zu bilden ist (vgl § 1 MitbestG, § 1 DrittelbG), ist das Verfahren nach § 31 AktG durchzuführen (Rn 4). Eine Anmeldung auch durch die den Gründern gleichstehenden Gesellschafter ist wie im allg Gründungsrecht der eG für den Formwechsel in eine eG nicht vorgesehen (Abs 2).

6. Ergänzende Anmeldung nach § 198 II 3

9 Beim Formwechsel einer **PersGes in eine eG wechselt die Zuständigkeit des Registers** (Genossenschaftsregister statt HR oder PartR). Entsprechendes gilt für den Formwechsel einer **PartGes in eine KapGes.** Ferner kann anlässl des Formwechsels eine **Sitzverlegung** beschlossen werden, die zu einem Wechsel der örtl Zuständigkeit des Registergerichts führt. In diesen Fällen ist einerseits beim für den Rechtsträger neuer Rechtsform zuständigen Gericht der formwechselnde Rechtsträger, andererseits im bislang zuständigen Register **die Umw zur Eintragung anzumelden** (§ 198 II 1–3; dazu § 198 Rn 8 f). Für die letztgenannte Eintragung im bislang zuständigen Register bestimmt **Abs 3,** dass diese Eintragung auch von den zur Vertretung der formwechselnden PersGes ermächtigten Gesellschaftern vorgenommen werden kann. Es handelt sich hierbei um eine **ergänzende Zuständigkeit** („auch"); die Zuständigkeit der nach Abs 1 und Abs 2 bestimmten Person bleibt unberührt. Die Vereinfachung wurde eingefügt, weil diese Eintragung nur das bislang für die formwechselnde PersGes bestimmte Register betrifft und iÜ keine konstitutive Wirkung hat (RegEBegr BR-Drs 75/94 zu § 222). Praktisch wirkt sich die Vereinfachung allerdings kaum aus, da es regelm keinen Unterschied macht, ob die nach Abs 1 und Abs 2 bestimmten Personen eine oder zwei Anmeldungen unterzeichnen.

10 **Zuständig** für die Anmeldung nach Abs 3 sind der oder die phG der formwechselnden PersGes, es sei denn, sie sind durch den Gesellschaftsvertrag von der Vertretung ausgeschlossen (§§ 125, 161 II HGB, § 6 II PartGG). Kommanditisten sind – zwingend (BGHZ 51, 198, 200) – von der Vertretung der Ges ausgeschlossen. Ob alle vertretungsberechtigten Gesellschafter handeln müssen oder ob **Einzel- bzw Gesamtvertretung** mögl ist, lässt das Gesetz nicht erkennen (Lutter/*Joost* Rn 10). Unechte Gesamtvertretung ist jedenfalls nicht mögl (Widmann/Mayer/*Vossius* Rn 12; Semler/Stengel/*Schlitt* Rn 27; KölnerKommUmwG/*Dauner-Lieb/Tettinger* Rn 16).

7. Versicherungen anlässlich der Anmeldung

11 Von der Anmeldung der neuen Rechtsform oder des Rechtsträgers neuer Rechtsform und der Umw (vgl § 198 I, II 1–3) zu unterscheiden ist die **Abgabe**

von Versicherungen anlässl der Anmeldung. § 198 III erklärt § 16 II, III für entsprechend anwendbar. Nach **§ 16 II** haben „bei der Anmeldung die Vertretungsorgane“ zu erklären, dass eine **Klage gegen die Wirksamkeit des Umwandlungsbeschlusses** nicht oder nicht fristgemäß erhoben oder eine solche Klage rechtskräftig abgewiesen oder zurückgenommen worden ist. Bei der unmittelbaren Anwendung von § 16 II trifft diese Pflicht die die Anmeldung durchführenden Vertretungsorgane der an der Verschm beteiligten Rechtsträger (§ 16 I). § 198 bestimmt aber im Ggs zu § 16 I selbst nicht die Anmeldepflichtigen; diese ergeben sich aus den jew einschlägigen besonderen Vorschriften (RegEBegr BR-Drs 75/94 zu § 198). Nachdem die Anmeldung der neuen Rechtsform oder des Rechtsträgers neuer Rechtsform (§ 198 I, II 1, 2) beim Formwechsel einer PersGes (ua) durch die Mitglieder des Vertretungsorgans der neuen Rechtsform zu erfolgen hat (Abs 1 S 1), führt die über § 198 III angeordnete entsprechende Anwendung von § 16 II dazu, dass die Versicherung nur durch die **Mitglieder des Vertretungsorgans der neuen Rechtsform** abzugeben ist. Eine **Erweiterung auf** die übrigen nach Abs 1 und Abs 2 zur Anmeldung verpflichteten Personen **(Aufsichtsratsmitglieder und den Gründern gleichgestellte Gesellschafter)** ist mit dem Wortlaut von § 16 II („Vertretungsorgan“, nicht Anmelder) nicht zu vereinbaren (**aA die hM,** vgl Lutter/*Decher* § 198 Rn 35 mwN; unklar das Beispiel bei Widmann/Mayer/*Vossius* § 198 Rn 35). Außerdem wissen die als Mitglieder des zukünftigen Vertretungsorgans vorgesehenen Personen am ehesten, ob eine Unwirksamkeitsklage erhoben worden ist. Wenigstens ist ihnen – im Ggs zu den den Gründern gleichgestellten Personen – eine entsprechende Aufklärung zumutbar. **Weitere Versicherungen** anlässl der Anmeldung ergeben sich aus dem gem § 197 anwendbaren Gründungsrecht der neuen Rechtsform (§ 8 II, III GmbHG, § 37 II AktG; aA die hM, statt aller Semler/Stengel/*Schlitt* § 220 Rn 18 mwN). Die Versicherungen sind von den (zukünftigen) **Geschäftsführern der GmbH** bzw von den **Mitgliedern des Vorstands** (den phG der KGaA, § 283 Nr 1 AktG) abzugeben.

§ 223 Anlagen der Anmeldung

Der Anmeldung der neuen Rechtsform oder des Rechtsträgers neuer Rechtsform sind beim Formwechsel in eine Kommanditgesellschaft auf Aktien außer den sonst erforderlichen Unterlagen auch die Urkunden über den Beitritt aller beitretenden persönlich haftenden Gesellschafter in Ausfertigung oder öffentlich beglaubigter Abschrift beizufügen.

Schrifttum: Siehe Schrifttum § 214.

Bei der Anmeldung der neuen Rechtsform (§ 198 I) oder des Rechtsträgers neuer Rechtsform (§ 198 II 1–3) anlässl des Formwechsels einer PhG/PartGes (§ 225c) **in eine KGaA** müssen auch die Urkunden über den Beitritt aller (Lutter/*Joost* Rn 2) **beitretenden phG** beigefügt werden. **§ 223 ergänzt** damit **§ 199** („außer den sonst erforderl Unterlagen“, vgl § 199 Rn 1 ff). Bei den beizufügenden Unterlagen handelt es sich um die nach § 221 S 1 notariell zu beurkundenden **Beitrittserklärungen** (und die **Genehmigungserklärungen** zur Satzung, Widmann/Mayer/*Vossius* Rn 43; Lutter/*Joost* Rn 4; Semler/Stengel/*Schlitt* Rn 8) der bislang am formwechselnden Rechtsträger nicht beteiligten phG des Rechtsträgers in der neuen Rechtsform KGaA. Die notarielle Niederschrift ist der Anmeldung in Ausfertigung (§§ 47 ff BeurkG) oder beglaubigter Abschrift (§ 42 BeurkG) als Anlage beizufügen. 1

§ 224 Fortdauer und zeitliche Begrenzung der persönlichen Haftung

(1) **Der Formwechsel berührt nicht die Ansprüche der Gläubiger der Gesellschaft gegen einen ihrer Gesellschafter aus Verbindlichkeiten der formwechselnden Gesellschaft, für die dieser im Zeitpunkt des Formwechsels nach § 128 des Handelsgesetzbuchs persönlich haftet.**

(2) **Der Gesellschafter haftet für diese Verbindlichkeiten, wenn sie vor Ablauf von fünf Jahren nach dem Formwechsel fällig und daraus Ansprüche gegen ihn in einer in § 197 Abs. 1 Nr. 3 bis 5 des Bürgerlichen Gesetzbuchs bezeichneten Art festgestellt sind oder eine gerichtliche oder behördliche Vollstreckungshandlung vorgenommen oder beantragt wird; bei öffentlich-rechtlichen Verbindlichkeiten genügt der Erlass eines Verwaltungsakts.**

(3) [1] **Die Frist beginnt mit dem Tage, an dem die Eintragung der neuen Rechtsform oder des Rechtsträgers neuer Rechtsform in das Register bekannt gemacht worden ist.** [2] **Die für die Verjährung geltenden §§ 204, 206, 210, 211 und 212 Abs. 2 und 3 des Bürgerlichen Gesetzbuchs sind entsprechend anzuwenden.**

(4) **Einer Feststellung in einer in § 197 Abs. 1 Nr. 3 bis 5 des Bürgerlichen Gesetzbuchs bezeichneten Art bedarf es nicht, soweit der Gesellschafter den Anspruch schriftlich anerkannt hat.**

(5) **Die Absätze 1 bis 4 sind auch anzuwenden, wenn der Gesellschafter in dem Rechtsträger anderer Rechtsform geschäftsführend tätig wird.**

Schrifttum: Siehe Schrifttum § 214; *Steinicke,* Zum Beginn der Enthaftungsfrist des § 160 Abs. 1 HGB bei unterlassener Eintragung des Gesellschafteraustritts, EWiR 2008, 179.

1. Fortdauer der Haftung

1 Die Vorschrift ist durch das **SMG** vom 26.11.2001 (BGBl I 3138) mit Wirkung zum 1.1.2002 **umfassend geändert** worden, vgl § 45 Rn 2 zur Parallelvorschrift von § 224. Der phG (und ggf der Kommanditist, vgl Lutter/*Joost* Rn 7, 8 mwN; zur Enthaftung ebenda Rn 16) einer PhG (OHG-Gesellschafter, Komplementär) bzw ein Partner (§ 225c) haftet nach § 128 HGB (iVm § 161 II HGB) bzw gem § 8 I 1 PartGG mit der Einschränkung von § 8 II PartGG für Verbindlichkeiten der Gesellschaft persönl, unbeschränkt, unmittelbar und primär (vgl Baumbach/*Hopt* HGB § 128 Rn 1; zu Einzelheiten des Inhalts der Haftung ebenda Rn 8 ff; für Partner vgl *Michalski/Römermann* PartGG § 8 Rn 14, 15). Diese **persönl Haftung bleibt** durch den Formwechsel für die zum maßgebl Zeitpunkt (Rn 2) noch vorhandenen phG (Lutter/*Joost* Rn 3 mwN) **unberührt (Abs 1).** Die Klarstellung erfolgte, weil im Ggs zur Umw nach §§ 40 ff UmwG 1969 beim Formwechsel nach §§ 190 ff die PersGes nicht erlischt, sondern in der neuen Rechtsform fortbesteht (vgl etwa § 44 I 3 UmwG 1969). Da das Erlöschen der PersGes die Haftung nach § 128 HGB nicht berührt, war eine Abs 1 entsprechende Regelung in §§ 40 ff UmwG 1969 entbehrl. Bei einem Fortbestand des Rechtsträgers in neuer Rechtsform könnte man hingegen auch eine Beendigung der persönl Haftung vertreten. Diesem mögl Missverständnis vorzubeugen, ist Aufgabe der nicht geänderten Regelung von Abs 1 (RegEBegr BR-Drs 75/94 zu § 224).

2 **Maßgebl Zeitpunkt** für den Eintritt der persönl Haftung nach § 128 HGB ist das Wirksamwerden des Formwechsels, also die Eintragung der neuen Rechtsform oder des Rechtsträgers neuer Rechtsform in das Register (§§ 201 S 2, 202 I,

II). Bis zu diesem Zeitpunkt muss die Verbindlichkeit, für die die (zunächst fortdauernde) Haftung der phG eintritt, **begründet** worden sein. Vgl im Einzelnen § 45 Rn 4 ff.

2. Nachhaftungsbegrenzung

Die nach Abs 1 angeordnete **Fortdauer der persönl Haftung** ist allerdings **zeitl begrenzt (Abs 2–5).** Damit wurde der erstmals durch das NachhaftungsbegrenzungsG (BGBl I 1994, 560) umgesetzte Rechtsgedanke, dass eine (wenigstens theoretische) Endloshaftung des phG einer PersGes nach einer Veränderung der Haftungssituation unbillig sei, auch in den Vorschriften über den Formwechsel einer PersGes verankert. Die Regelungen in § 222 II–V entsprechen inhaltl denen von § 45. Zu Einzelheiten vgl daher § 45 Rn 10 ff. Maßgebl für den **Fristbeginn** ist nach **Abs 3 S 1** die Bekanntmachungsfiktion nach § 201 S 2. 3

§ 225 Prüfung des Abfindungsangebots

[1]Im Falle des § 217 Abs. 1 Satz 2 ist die Angemessenheit der angebotenen Barabfindung nach § 208 in Verbindung mit § 30 Abs. 2 nur auf Verlangen eines Gesellschafters zu prüfen. [2]Die Kosten trägt die Gesellschaft.

Schrifttum: Siehe Schrifttum Vor §§ 9–12; Vor §§ 29–34.

§ 208 verweist auch auf § 30 II. Danach ist die Angemessenheit einer (beim Formwechsel nach §§ 194 I Nr 6, 207 I) anzubietenden Barabfindung stets zu prüfen. Dieser **unbedingte Prüfungsbefehl** wird durch **S 1** für den Formwechsel **modifiziert.** Muss der Formwechsel zwingend einstimmig beschlossen werden (§ 217 I 1), erübrigt sich ein Barabfindungsangebot und damit auch dessen Prüfung (§§ 207 I 1, 194 I Nr 6). Ein **Bedürfnis für eine Prüfung des Barabfindungsangebots** kann also nur im Fall von § 217 I 2 (Gesellschaftsvertrag lässt **Mehrheitsentscheidung** über den Formwechsel zu) eintreten. Sofern eine Mehrheitsentscheidung für den Formwechselbeschluss ausreichend ist, kann **jeder Gesellschafter** (anders noch die 2. Aufl 1996; überzeugend Widmann/Mayer/*Vossius* Rn 8; Kallmeyer/*Müller* Rn 3; KölnerKommUmwG/*Dauner-Lieb/Tettinger* Rn 6; Semler/Stengel/*Schlitt* Rn 7) die Durchführung einer Prüfung des Barabfindungsangebots verlangen. 1

„Verlangen" bedeutet, dass der Gesellschafter in eindeutiger Weise sein Bestehen auf die Durchführung der Prüfung ggü der Ges zum Ausdruck bringt. Auf die Wortwahl kommt es nicht an, es muss ledigl deutl werden, dass der Gesellschafter die sachverständige Überprüfung der Angemessenheit des im Umwandlungsbeschluss enthaltenen Barabfindungsangebots (§ 194 I Nr 6) durch einen gesellschaftsfremden Dritten wünscht. Besondere Formerfordernisse für das Verlangen bestehen nicht (wie hier Semler/Stengel/*Schlitt* Rn 8; Lutter/*Joost* Rn 4). Vgl iÜ § 44 Rn 3. 2

Das Recht, die Prüfung zu verlangen, erlischt durch Abgabe einer **notariellen Verzichtserklärung** nach §§ 208, 30 II 3 unabhängig davon, ob alle anderen Gesellschafter ebenfalls auf die Durchführung der Prüfung verzichtet haben. Damit ist zwar insges kein wirksamer Verzicht ausgesprochen worden, dem betroffenen Gesellschafter ggü lässt sich aber zumindest der **Einwand unzulässiger Rechtsausübung** erheben, weil er durch seinen Verzicht dokumentiert hat, dass er an der Durchführung der Prüfung kein Interesse hat. 3

4 Das Verlangen nach Prüfung der Barabfindung ist grdsl **nicht fristgebunden** (auch eine **Fristsetzung** durch den Rechtsträger dürfte zumindest seit dem 2. UmwÄndG nicht mehr zulässig sein, vgl § 44 Rn 4 mwN; für die Möglichkeit einer Fristsetzung im Gesellschaftsvertrag oder in der Einladung zur Gesellschafterversammlung Semler/Stengel/*Schlitt* Rn 9 und Kallmeyer/*Müller* § 44 Rn 11; dagegen KölnerKommUmwG/*Dauner-Lieb/Tettinger* Rn 12). Das Fehlen einer **Frist** in § 225 (oder §§ 208, 30) ist zu bedauern, weil hierdurch Unsicherheiten auftreten, die nach der Ergänzung von §§ 44, 48 durch das 2. UmwÄndG (vgl § 44 Rn 4) noch größer geworden sind. Die Fassung des Umwandlungsbeschlusses stellt keine zeitl Grenze dar, da das Vorliegen des Prüfungsberichts zu diesem Zeitpunkt von keiner Vorschrift vorausgesetzt wird und die Durchführung einer Prüfung des Barabfindungsangebots zu diesem Zeitpunkt durchaus noch Sinn macht. Ein dem Formwechsel **widersprechender Gesellschafter** (die anderen Gesellschafter sind nach Beschlussfassung eigentlich nicht mehr „Berechtigte" iSv §§ 208, 30, vgl § 30 Rn 14; sie können jedoch mit der Behauptung gehört werden, die Barabfindung sei zu hoch, vgl Kallmeyer/*Müller* Rn 3; Semler/Stengel/*Schlitt* Rn 7) hat im Zusammenhang mit seiner Entscheidungsfindung, ob er von dem Barabfindungsangebot Gebrauch machen soll, ein Interesse daran, die Angemessenheit des Barabfindungsangebots überprüfen zu lassen. Dieser Gesellschafter kann nicht auf das gerichtl Spruchverfahren verwiesen werden, da das SpruchG nur einen zusätzl Schutz der Anteilsinhaber gewährleistet (umgekehrt schließt § 225 die Einleitung des Spruchverfahrens nach § 212 iVm dem SpruchG auch nicht aus, Lutter/*Joost* Rn 8). Auch der Ablauf der Klagefrist gegen den Formwechselbeschluss (§ 195 I) stellt keine geeignete zeitl Grenze dar, da eine Unwirksamkeitsklage gegen den Umwandlungsbeschluss gerade nicht darauf gestützt werden kann, dass das Barabfindungsangebot zu niedrig bemessen sei (§ 210). Das **Verlangen** nach Prüfung des Barabfindungsangebots hat allerdings dann **keinen Sinn** mehr, wenn das **Angebot nicht mehr angenommen werden kann,** also nach Ablauf von zwei Monaten nach dem Tag, an dem die Eintragung der neuen Rechtsform oder des Rechtsträgers neuer Rechtsform in das Register als bekannt gemacht gilt (§§ 209 S 1, 201 S 2; dazu § 209 Rn 2 ff; wie hier Lutter/*Joost* Rn 5; Kallmeyer/*Müller* Rn 4; Semler/Stengel/*Schlitt* Rn 9; aA KölnerKommUmwG/*Dauner-Lieb/Tettinger* Rn 10, 11). Das Verlangen nach Prüfung des Barabfindungsangebots muss daher so rechtzeitig erklärt werden, dass zur Durchführung der Prüfung noch eine angemessene Zeit zur Vfg steht. Feste Grenzen können hierfür nicht festgelegt werden. Sie hängen im Einzelfall vom Umfang der Prüfung ab.

5 Ein Gesellschafter soll nicht allein wegen der durch die Prüfung verursachten Kosten vom Verlangen nach einer Prüfung des Barabfindungsangebots Abstand nehmen. Deshalb bestimmt **S 2,** dass die **Ges die Kosten zu tragen hat.**

Zweiter Unterabschnitt. Formwechsel von Partnerschaftsgesellschaften

§ 225a Möglichkeit des Fomwechsels

Eine Partnerschaftsgesellschaft kann auf Grund eines Umwandlungsbeschlusses nach diesem Gesetz nur die Rechtsform einer Kapitalgesellschaft oder einer eingetragenen Genossenschaft erlangen.

§ 225b Umwandlungsbericht und Unterrichtung der Partner

[1] Ein Umwandlungsbericht ist nur erforderlich, wenn ein Partner der formwechselnden Partnerschaft gemäß § 6 Abs. 2 des Partnerschaftsgesellschaftsgesetzes von der Geschäftsführung ausgeschlossen ist. [2] Von der Geschäftsführung ausgeschlossene Partner sind entsprechend § 216 zu unterrichten.

§ 225c Anzuwendende Vorschriften

Auf den Formwechsel einer Partnerschaftsgesellschaft sind § 214 Abs. 2 und die §§ 217 bis 225 entsprechend anzuwenden.

Vgl zunächst Einf Rn 25 zur Einfügung von §§ 225a ff durch Gesetz vom 22.7.1998 (BGBl I 1878). Vgl des Weiteren §§ 45a ff Rn 2 zum Unterschied zwischen PhG und PartGes, ebenda Rn 4–6 zur Ausübung des freien Berufs und ebenda Rn 10, 11 zum Umwandlungsbericht, insoweit entspricht § 225b der Parallelregelung von § 45c. 1

Anders als §§ 45a ff haben §§ 225a ff keinen eigenständigen Regelungsgehalt. 2
Lediglich § 225b enthält eine „marginale Klarstellung" (Lutter/*Joost* Vor § 214), iÜ entspricht § 225a der Regelung von § 214 I und verweist § 225c umfassend auf die Regelungen zur PhG. Etwaige Unterschiede sind bei den in § 225c genannten Verweisungsvorschriften mit kommentiert, vgl dort.

Zweiter Abschnitt. Formwechsel von Kapitalgesellschaften

Erster Unterabschnitt. Allgemeine Vorschriften

§ 226 Möglichkeit des Formwechsels

Eine Kapitalgesellschaft kann auf Grund eines Umwandlungsbeschlusses nach diesem Gesetz nur die Rechtsform einer Gesellschaft des bürgerlichen Rechts, einer Personenhandelsgesellschaft, einer Partnerschaftsgesellschaft, einer anderen Kapitalgesellschaft oder einer eingetragenen Genossenschaft erlangen.

Schrifttum: Schrifttum bis 1994 siehe 3. Auflage; Schrifttum bis 2000 siehe 4. Auflage; *Geißler,* Der aktienrechtliche Auskunftsanspruch im Grenzbereich des Missbrauchs, NZG 2001, 539; *Götz,* Grunderwebsteuerliche und organschaftliche Fragen bei Umwandlungen im Konzern, GmbHR 2001, 277; *Kleindiek,* Abfindungsbezogene Informationsmängel und Anfechtungsausschluss, NZG 2001, 552; *Nagel,* Gibt es eine OHG mbH?, NZG 2001, 2002; *Rinnert,* Auswirkung eines Formwechsels von einer AG in eine GmbH auf das bedingte Kapital zur Sicherung von Bezugsrechten, NZG 2001, 865; *Henze,* Aspekte und Entwicklungstendenzen der aktienrechtlichen Anfechtungsklage in der Rechtsprechung des BGH, ZIP 2002, 97; *Heppe,* Zu den Mitteilungspflichten nach § 21 WpHG iRd Umwandlung von Gesellschaften, WM 2002, 60; *Lindemeier,* Kurzbeitrag: Fragen der „Umschreibung" der Vollstreckungsklausel ohne Rechtsnachfolge, RNotZ 2002, 41; *Gronstedt,* Vorratsgesellschaften: Praktische Konsequenzen nach der neuen BGB-Rechtsprechung, BB 2003, 860; *Kallmeyer,* Ist die Wiederbelebung einer Mantel-GmbH wirklich strenger zu behandeln als der Formwechsel einer AG in eine GmbH?, DB 2003, 2583; *Meilicke,* Droht Überregulierung für Vorratsgesellschaften?, BB 2003, 857; *Nolting,* Registerrechtliche Gründungsprüfung beim

Erwerb von Mantel- und Vorratsgesellschaften, ZIP 2003, 651; *Berninger,* Handelsregistereintragung des Formwechsels einer AG in die Rechtsform der GmbH bzw. umgekehrt, GmbHR 2004, 659; *Büchner/Schlobach,* Die Auswirkungen der Umwandlung von Gesellschaften auf die Rechtsstellung ihrer Organpersonen, GmbHR 2004, 1; *Grage,* Ausgewählte Aspekte der Verwaltungstreuhand an Geschäftsanteilen, RNotZ 2005, 251; *Krause-Ablaß/Link,* Fortbestand, Zusammensetzung und Kompetenzen des Aufsichtsrats nach Umwandlung einer AG in eine GmbH, GmbHR 2005, 731; *Tsambikakis,* Aktuelles zum Strafrecht bei GmbH und GmbH & Co., GmbHR 2005, 331; *Ulrich,* Verwendung von gebrauchten Gesellschaftsmänteln: Die Behandlung von Altfällen, GmbHR 2005, 900; *Weitemeyer,* Die Entlastung im Aktienrecht – Neueste Entwicklungen in Gesetzgebung und Rechtsprechung, ZGR 2005, 280; *Goette,* Aktuelle Rechtsprechung des II. Zivilsenats zum Aktienrecht, DStR 2006, 2132; *Parmentier,* Das Statusverfahren beim Formwechsel in eine Aktiengesellschaft, AG 2006, 476; *Stegemann/Middendorf,* Das Schicksal der Unterbeteiligung beim Formwechsel der Hauptgesellschaft, BB 2006, 1084; *Wälzholz,* Nebenleistungspflichten beim aufnehmenden Rechtsträger als Verschmelzungshindernis?, DStR 2006, 236; *Jäger,* Die Entwicklung der Judikatur zur AG im Jahr 2006, NZG 2007, 286; *Kowalski/Schmidt,* Das aktienrechtliche Statusverfahren nach §§ 96 Abs. 2, 97 ff. AktG – (k)ein Fallstrick im Gesellschaftsrecht, DB 2009, 551; *Kuhlmann,* Die Mitbestimmungsfreiheit im ersten Aufsichtsrat einer AG gemäß § 30 II AktG, NZG 2010, 46; *Schulenburg/Brosius,* Die cooling-off Periode bei der Wahl von Aufsichtsratsmitgliedern börsennotierter Gesellschaften in der Umwandlung, BB 2010, 3039; *Vetter,* Corporate Governance in der GmbH – Aufgaben des Aufsichtsrats der GmbH, GmbHR 2011, 449.

1. Möglichkeiten des Formwechsels

1 § 226 regelt die Möglichkeiten des Formwechsels einer KapGes und stellt dabei klar, dass **einer KapGes alle** sich aus § 191 II ergebenden **Varianten offenstehen.** Die KapGes (GmbH, AG, KGaA) kann wie schon früher (vgl §§ 362 ff UmwG 1969) in die Rechtsform einer **anderen KapGes** wechseln, sie kann aber auch einen Formwechsel in eine **PersGes** vornehmen. Im Ggs zur früheren Regelung (§§ 16 ff UmwG 1969) erfolgt handelsrechtl (zum StR vgl § 9 UmwStG) keine Vermögensübertragung (zur Identität des Rechtsträgers ausführl § 190 Rn 5 ff). Beim Formwechsel in eine PersGes können die Gesellschafter nicht frei bestimmen, ob die Rechtsform einer **OHG oder** einer **KG** angenommen werden soll. Maßgebl hierfür ist der Unternehmensgegenstand (§ 228). Wie bereits im alten Recht (§§ 21, 22 UmwG 1969) soll der KapGes auch der Weg in die **GbR** nicht verschlossen sein. Seit der Handelsrechtsreform (dazu § 3 Rn 7 ff) kommt es bei der Abgrenzung zwischen PhG und GbR nicht mehr auf den Betrieb eines vollkaufmännischen Handelsgewerbes an (näher § 228 Rn 2 ff). Neu ist die Möglichkeit des Formwechsels einer KapGes in eine **PartGes,** die gem Art 1 Nr 33 des Gesetzes zur Änderung des UmwG, des PartGG und anderer Gesetze vom 22.7.1998 (BGBl I 1878; dazu Einf Rn 25; vgl auch Lutter/*Happ,* 3. Aufl 2004, Rn 2) eingeführt wurde. Der Formwechsel ist allerdings nur unter den Voraussetzungen von **§ 228 II** zulässig. Schließl kann eine KapGes noch einen Formwechsel in eine **eG** durchführen. Diese früher nicht bestehende Möglichkeit wurde aufgrund eines von der Praxis geltend gemachten Bedürfnisses durch die Umwandlungsreform eröffnet (RegEBegr BR-Drs 75/94 zu § 226).

2. Formwechsel in die GmbH & Co KG

2 Mit der Umwandlungsreform fiel die frühere Umwandlungssperre von § 1 II UmwG 1969 weg. Danach war die Umw in eine PersGes nicht zulässig, wenn an der Ges, in die umgewandelt wurde, eine **KapGes als Gesellschafter** beteiligt

war. Dies schloss insbes die unmittelbare **Umw einer KapGes in eine KapGes & Co KG** (insbes GmbH & Co KG) aus. Diese Umw konnte nur auf komplizierten und letztl nicht befriedigenden Umwegen erreicht werden (vgl im Einzelnen 1. Aufl 1994, § 1 UmwG Anm 9). Nach §§ 190 ff, 226 ff kann nun hingegen die KapGes einen Formwechsel in eine KG vornehmen, an der ausschließl eine KapGes die Stellung des Komplementärs (§ 161 I HGB) einnimmt.

Streitig war, ob der unmittelbare **Formwechsel in eine GmbH & Co KG** 3
nur dann vorgenommen werden kann, wenn die als Komplementärin vorgesehene KapGes bereits vor dem Formwechsel Gesellschafterin des formwechselnden Rechtsträgers ist oder ob nicht auch der **Hinzutritt der Komplementärin** just **im Moment des Wirksamwerdens des Formwechsels** ausreicht. Die Frage ist mittlerweile durch den BGH entschieden. Zunächst hat der **Landwirtschaftssenat des BGH** in drei Entscheidungen (ZIP 1995, 422; NZG 1999, 785; NZG 1999, 787 mit Anm *Hartung*) für das LwAnpG grdsl keinen Anstoß am Mitgliederwechsel zum Zeitpunkt des Wirksamwerdens der Umw genommen. Auch der **II. Zivilsenat** hat – wiederum zum LwAnpG – zur Kontinuität der Mitgliedschaft bei der umgewandelten Ges Stellung genommen (BGH NZG 1999, 1120 mit Anm *Hartung*). Diese wird für den Fall der Beteiligung nur noch eines Treuhandkommanditisten statt ursprüngl vieler LPG-Mitglieder verneint, zugleich aber ausgeführt, dass es dem Prinzip der Mitgliedschaft „nicht entgegenstehen mag", wenn im Zuge des Formwechsels ein Gesellschafter neu hinzutritt, wie im Streitfall die Komplementär-GmbH (BGH NZG 1999, 1121 unter Hinweis auf *K. Schmidt, Kallmeyer* und *Bayer*). Wenn auch die Rspr zum LwAnpG nicht ohne weiteres auf das UmwG übertragen werden kann (dazu § 20 Rn 127 und *Henze* BB 1999, 2208; *Wenzel* Agrarrecht, 1998, S 139), ist eine **Tendenz des BGH** doch nicht zu verkennen. Konsequent hat der II. Zivilsenat des BGH deshalb mit Urteil vom 9.5.2005 in einem eindeutigen obiter dictum den Zutritt eines neuen Gesellschafters „im Zuge des Formwechsels" als zulässig erklärt (BGH DB 2005, 1843 unter Verweis auf BGH DB 1999, 2104; ausführl Nachw bei *Priester* ZHR 172 [2008], 8 ff und *Heckschen* DB 2008, 2122). Die Möglichkeit des Mitgliederwechsels genau im Umwandlungszeitpunkt wird auch von der **hM** in der Lit bejaht (*K. Schmidt* GmbHR 1995, 695; *ders* ZIP 1998, 186; *Kallmeyer* GmbHR 1996, 82; *Priester* DB 1997, 566; *Bayer* ZIP 1997, 1616 f; *ders* ZGR Sonderheft 14/1998, 41; *Wiedemann* ZGR 1999, 578; *Veil* DB 1996, 2530; Semler/Stengel/*Bärwaldt* § 197 Rn 9, 13; Semler/Stengel/*Kübler* § 202 Rn 22; Semler/Stengel/*Ihrig* § 228 Rn 23; Lutter/*Decher* § 202 Rn 11, 12 unter ausdrückl Aufgabe der von ihm bis zur 2. Aufl § 202 Rn 13 vertretenen und dort auf die Gesetzesmaterialien gestützten gegenteiligen Ansicht; Lutter/*Happ/Göthel* § 228 Rn 24 ff mwN; aA *Bärwaldt/Schabacker* ZIP 1998, 1294; *Lohlein* ZIP 1995, 426; wN insbes zur älteren Lit 4. Aufl 2006, Rn 3). Die hM trifft. Der **gleichzeitige Eintritt und Austritt von Mitgliedern im Zuge des Formwechsels ist mit dem UmwR nicht unvereinbar.** Das UmwR reicht für diesen Mitgliederwechsel zwar nicht die Hand, soweit nicht Einzelvorschriften (§§ 221, 236, 247 III, 255 III) den Weg dafür öffnen (Zitat nach *K. Schmidt* ZIP 1998, 186), schließt diese Rechtsgestaltung aber auch nicht aus. Die in der Praxis durch die zit BGH-Entscheidungen überholte Gegenansicht bezieht sich vornehml auf das Prinzip der Kontinuität der Mitgliedschaft bei der umgewandelt Ges iSe strengen Mitgliederidentität. Konsequent zu Ende gedacht dürfte dann aber auch der allg anerkannte nichtverhältniswahrende Formwechsel (dazu § 202 Rn 7) nicht akzeptiert werden (zur Aufweichung des Grds der Mitgliederkontinuität zutr *Heckschen* DNotZ 2007,

450 f). Mit *Priester* (DB 1997, 566) ist auch darauf hinzuweisen, dass das Identitätskonzept die privatautonome **Kombination von Formwechsel und Gesellschafterbeitritt** nicht ausschließt.

4 Vgl zur jetzt nicht mehr notw Einräumung von Mini-Beteiligungen für die spätere Komplementär-GmbH und zur früher verbreiteten Treuhandlösung 4. Aufl 2006, Rn 4 mwN.

3. Formwechsel außerhalb §§ 190 ff

5 § 226 regelt nur den Formwechsel auf der Grundlage eines Umwandlungsbeschlusses nach §§ 190 ff. Der Wechsel der Rechtsform außerhalb des Anwendungsbereichs des UmwG ist grdsl nicht ausgeschlossen; dies ist für die KapGes allerdings nur eine theoretische Überlegung, da **Formwechselmöglichkeiten für KapGes außerhalb des UmwG** zZt nicht vorgesehen sind. Insbes stellt das Ausscheiden des letzten phG einer KGaA keinen Formwechsel in eine AG dar (so aber *Kallmeyer* ZIP 1994, 1746, 1751). Durch das Ausscheiden des letzten phG wird die KGaA aufgelöst (BGHZ 6, 113, 116; 51, 198, 200; *Hüffer* AktG § 289 Rn 9).

4. Einpersonen-Gesellschaften

6 **Einschränkungen** des Formwechsels für KapGes ergeben sich aus der **Struktur der Zielrechtsform.** Der Formwechsel in eine **PersGes** setzt voraus, dass die formwechselnde KapGes entweder **mindestens zwei Anteilsinhaber** hat oder der zweite Gesellschafter der PersGes just im Moment des Formwechsels beitritt (zutr Semler/Stengel/*Bärwaldt* § 197 Rn 9 mwN; Semler/Stengel/*Ihrig* § 228 Rn 14). Mögl ist der Formwechsel einer GmbH oder AG mit nur einem Anteilsinhaber in eine **KGaA.** Denn bei der KGaA kann der Komplementär zugleich der einzige Kommanditaktionär sein (**Einmann-KGaA;** vgl etwa MüKoAktG/*Semmler/Perlitt* § 280 Rn 30 ff mwN; *Hüffer* AktG § 278 Rn 5 mwN). § 280 I AktG aF war gem § 197 S 2 nicht anzuwenden. Seit der Neufassung von § 280 I AktG durch das UMAG (dazu Einf Rn 31) ist die Einmann-Gründung der KGaA ohnehin zulässig (*Hüffer* AktG § 280 Rn 2 mwN). Schließl ist auch der Formwechsel einer KapGes mit nur einem Anteilsinhaber in eine **eG** zulässig. § 4 GenG ist nach § 197 S 2 nicht anzuwenden. Nach einer Karenzzeit von zwölf Monaten droht allerdings die Amtslöschung, wenn nachhaltig die Zahl von drei Genossen unterschritten wird (§§ 80 GenG; 255 II), denn § 4 GenG gilt nicht nur für die Gründung, sondern unverändert auch danach (wie hier Beuthien/*Beuthien* GenG §§ 2 ff Rn 137; vgl auch Lang/Weidmüller/*Schulte* GenG § 4 Rn 2, 3).

§ 227 Nicht anzuwendende Vorschriften

Die §§ 207 bis 212 sind beim Formwechsel einer Kommanditgesellschaft auf Aktien nicht auf deren persönlich haftende Gesellschafter anzuwenden.

Schrifttum: Siehe Schrifttum § 226.

1 Beim Formwechsel **einer KGaA** in eine PersGes können die phG (§ 278 I AktG) wählen, ob sie anlässl des Formwechsels ausscheiden (§ 233 III 3 iVm § 236) oder nicht. Demggü scheiden beim Formwechsel einer KGaA in eine andere

KapGes/eG die phG zwingend (sofern sie auch Kommanditaktionäre sind, bleiben sie insoweit Anteilsinhaber) aus der Ges aus (§§ 247 III, 255 III). **§ 227** ordnet hierzu an, dass §§ 207–212 auf dieses Ausscheiden der Komplementäre der KGaA nicht anzuwenden sind; sie erhalten also keine Barabfindung nach § 207. Es verbleibt vielmehr bei den **allg Regelungen über das Ausscheiden** eines phG einer KGaA. Vorbehaltl einer abw Satzungsregelung (vgl Lutter/*Happ/Göthel* Rn 3 mwN; ausführl Widmann/Mayer/*Vossius* Rn 11 ff) entsteht daher durch das Ausscheiden im Zusammenhang mit dem Formwechsel nach § 278 II AktG, §§ 161 II, 105 II HGB, §§ 738 ff BGB ein Anspruch auf das anteilige Auseinandersetzungsguthaben. Das Auseinandersetzungsguthaben ist nach den üblichen Grdsen zu berechnen, eine die etwaige Auseinandersetzungsbilanz ersetzende Vermögensaufstellung sieht das UmwG nach der Aufhebung von §§ 192 II, 229 durch das 2. UmwÄndG (dazu Einf Rn 28) nicht mehr vor. Auf Kommanditaktionäre sind §§ 207–212 vorbehaltl von § 250 anzuwenden.

Zweiter Unterabschnitt. Formwechsel in eine Personengesellschaft

§ 228 Möglichkeit des Formwechsels

(1) Durch den Formwechsel kann eine Kapitalgesellschaft die Rechtsform einer Personenhandelsgesellschaft nur erlangen, wenn der Unternehmensgegenstand im Zeitpunkt des Wirksamwerdens des Formwechsels den Vorschriften über die Gründung einer offenen Handelsgesellschaft (§ 105 Abs. 1 und 2 des Handelsgesetzbuchs) genügt.

(2) [1] **Ein Formwechsel in eine Partnerschaftsgesellschaft ist nur möglich, wenn im Zeitpunkt seines Wirksamwerdens alle Anteilsinhaber des formwechselnden Rechtsträgers natürliche Personen sind, die einen Freien Beruf ausüben (§ 1 Abs. 1 und 2 des Partnerschaftsgesellschaftsgesetzes).** [2] **§ 1 Abs. 3 des Partnerschaftsgesellschaftsgesetzes bleibt unberührt.**

Schrifttum: Schrifttum bis 1994 siehe 3. Auflage; Schrifttum bis 2000 siehe 4. Auflage; DAV, Vorschläge des Handelsrechtsausschusses zur Änderung des Umwandlungsgesetzes, NZG 2000, 802; *Weidenmann,* Neuere Rechtsprechung des BGH zur Haftung und Vollstreckung bei der Gesellschaft bürgerlichen Rechts, BWNotZ 2004, 130; Stellungnahme der Centrale für GmbH Dr. Otto Schmidt vom 16.3.2006 zum Referentenentwurf eines Zweiten Gesetzes zur Änderung des Umwandlungsgesetzes, GmbHR 2006, 418; HRA des DAV, Stellungnahme zum Regierungsentwurf eines Zweiten Gesetzes zur Änderung des Umwandlungsgesetzes, NZG 2006, 737; *Bayer/Schmidt,* Der Regierungsentwurf zur Änderung des Umwandlungsgesetzes, NZG 2006, 841; *Drinhausen,* Regierungsentwurf eines Zweiten Gesetzes zur Änderung des Umwandlungsgesetzes – Ein Gewinn für die Praxis, BB 2006, 2313; *Heckschen,* Die GmbH-Reform – Wege und Irrwege, DStR 2007, 1442; *ders,* Die Reform des Umwandlungsrechts, DNotZ 2007, 444; *Neye,* BB-Gesetzgebungsreport: Bundestag beschließt neues Umwandlungsrecht, BB 2007, 389; *Mayer/Weiler,* Aktuelle Änderungen des Umwandlungsrechts aus Sicht der notariellen Praxis, MittBayNot 2007, 368; *dies,* Neuregelungen durch das Zweite Gesetz zur Änderung des Umwandlungsrechts (Teil II), DB 2007, 1291; *Tettinger,* Der hilfsweise Umwandlungsbeschluss als Gestaltungsoption – Konserviert die beabsichtige Streichung des § 228 Abs. 2 Umwandlungsgesetz ein Missverständnis?, Der Konzern 2006, 844.

1. Unternehmensgegenstand, Abs 1

1 Nach § 191 II und nach § 226 kann Zielrechtsform des Formwechsels einer KapGes ua eine **PhG** (§ 191 Rn 5 ff, § 214 Rn 1), eine **PartGes** oder eine **GbR** sein. Die Anteilsinhaber des formwechselnden Rechtsträgers können jedoch nicht frei zwischen PhG einerseits und GbR andererseits entscheiden (zur Fassung eines „hilfsweisen Beschlusses" nach dem Wegfall von Abs 2 aF vgl Rn 5). **Maßgebl für die Abgrenzung der PhG von der GbR** ist seit Änderung des HGB durch das HRefG grdsl der Betrieb eines Handelsgewerbes unter gemeinsamer Firma (§ 105 I HGB) oder im Fall von § 105 II HGB die Eintragung ins HR. **Abs 1** wurde durch Art 7 Nr 4 HRefG vom 22.6.1998 (BGBl I 1474) entsprechend angepasst und hat damit erhebl an Bedeutung verloren (vgl Lutter/*Happ/Göthel* Rn 3 mwN).

2 Die KapGes kann den Wechsel in die Rechtsform einer PhG nur durchführen, wenn ihr **Unternehmensgegenstand** den Vorschriften über die Gründung einer OHG genügt. KapGes sind kraft Rechtsform (§§ 3, 278 III AktG, § 13 III GmbHG, § 6 HGB) und nicht aufgrund ihrer Tätigkeit Kaufmann. Voraussetzung ist daher, dass der Unternehmensgegenstand der KapGes auf den Betrieb eines **Handelsgewerbes** (§ 1 I HGB) gerichtet und hierfür nach Art oder Umfang ein in kaufmännischer Weise eingerichteter Geschäftsbetrieb erforderl ist (§ 1 II HGB). Erfüllt der Gewerbebetrieb des formwechselnden Rechtsträgers die Anforderungen von § 1 II HGB nicht, kommt es auf die **Eintragung im HR,** mithin auf die Ausübung des Wahlrechts von § 2 S 2 HGB, an (§§ 105 II, 161 II HGB; dazu ausführl *K. Schmidt* ZHR 162 [1999], 87; *ders* zu den Kaufmanns-Tatbestand nach der Handelsrechtsreform im Lehrbuch HandelsR § 10). Für luf Unternehmen vgl § 3 II HGB. Maßgebl für die Bew, ob das Gewerbe einen in kaufmännischer Weise eingerichteten Geschäftsbetrieb erfordert, sind insbes die Art und der Umfang der Geschäftstätigkeit (Anzahl der Erzeugnisse, Umsatzvolumen, Höhe des BV), die Anzahl der Mitarbeiter sowie die Größe und Organisation des Unternehmens (durch die Handelsrechtsreform hat sich insoweit nichts geändert, vgl GK-HGB/*Nickel* § 1 Rn 15 ff; vgl iÜ auch Baumbach/*Hopt* HGB § 1 Rn 5 ff, § 2 Rn 3 ff mwN; Heymann/*Emmerich* HGB § 2 Rn 9a). Feste Größenklassen lassen sich nicht angeben. Maßgebl ist stets das **Gesamtbild** (stRspr seit BGH BB 1960, 917; GK-HGB/*Nickel* § 1 Rn 17 mwN). Geschäftstätigkeiten, die kein Gewerbe sind, waren früher – unabhängig davon, ob ein in kaufmännischer Weise eingerichteter Geschäftsbetrieb erforderl war – kein geeigneter Gegenstand für die Gründung einer PhG. Damit schieden insbes die freien Berufe und die reine Vermögensverwaltung aus. Jetzt ermögl § 105 II 1 HGB jedoch auch die **vermögensverwaltende OHG/KG** (§ 161 II; dazu *Schöne* DB 1998, 1169). Für die **freien Berufe** bleibt die PhG indes verschlossen, hier führt der Weg in die GbR oder in die **PartGes** (vgl **Abs 2** und Rn 8 sowie §§ 45a ff Rn 2–7; vgl auch Semler/Stengel/*Ihrig* Rn 11 mit zutr Verweis auf mögl Ausnahme iRv § 1 I 2 PartGG).

3 Der Geschäftsgegenstand des formwechselnden Rechtsträgers muss **zum Zeitpunkt des Wirksamwerdens des Formwechsels** (§ 202 I) die Voraussetzungen für die Gründung einer PhG erfüllen. Bis dahin eintretende Veränderungen sind zu berücksichtigen. Für die Erforderlichkeit des kaufmännischen Geschäftsbetriebs besteht eine **Vermutung** (vgl RegEBegr HRefG BT-Drs 13/8444, 48). Kommt es auf das **Wahlrecht** von § 2 S 2 HGB an (Rn 2), ist dessen Ausübung in der

Art der Anmeldung – Anmeldung der neuen Rechtsform gem § 198 I führt zur PhG, Anmeldung gem § 235 I zur GbR – zu sehen.

2. Formwechsel in GbR

Ursprüngl hatte § 228 einen Abs 2 aF mit folgender Regelung: „Genügt der Gegenstand des Unternehmens diesen Vorschriften [§ 105 Abs 1 und 2 HGB] nicht, kann durch den Umwandlungsbeschluss bestimmt werden, dass die Formwechsel der Gesellschaft die Rechtsform einer Gesellschaft des bürgerlichen Rechts erhalten soll". Vgl zur dadurch zulässigen hilfsweisen Beschlussfassung ausführl 4. Aufl 2006, Rn 4–6 mwN zur alten Rechtslage. 4

Mit dem **2. UmwÄndG** vom 19.4.2007 (BGBl I 542, dazu Einf Rn 28) wurde Abs 2 aF ersatzlos aufgehoben, der frühere Abs 3 wurde zum heutigen Abs 2. Die RegEBegr führt in BT-Drs 16/2919, 19 dazu aus: „Wegen der früher im Einzelfall bestehenden Unsicherheit der Einordnung einer Personengesellschaft als BGB-Gesellschaft oder als Personenhandelsgesellschaft sah § 228 Abs 2 bisher vor, dass im Umwandlungsbeschluss einer Kapitalgesellschaft hilfsweise der Wechsel in die BGB-Gesellschaft vorgesehen werden kann, wenn der Unternehmensgegenstand nicht den Anforderungen an eine offene Handelsgesellschaft genügt. Nach der Änderung von § 105 Abs 2 HGB durch das Handelsrechtsreformgesetz, wonach eine im Handelsregister eingetragene Ges OHG ist, erscheint die Regelung entbehrlich". 5

Es wäre besser gewesen, § 228 durch das 2. UmwÄndG nicht zu ändern. Denn in der Praxis besteht das **Bedürfnis für eine hilfsweise Beschlussfassung** des Formwechsels in eine GbR weiter. Abgrenzungsschwierigkeiten zwischen OHG und GbR können nicht nur dort bestehen, wo § 105 II HGB jetzt für Klarheit sorgt (zu weiterhin bestehenden Abgrenzungsschwierigkeiten statt aller Baumbach/*Hopt* HGB § 1 Rn 20 mwN). Denn § 105 II HGB erfordert immer noch das Vorliegen eines Gewerbebetriebs, gilt also nicht für freiberufl Tätigkeiten. 6

Nach dem jetzt erfolgten Wegfall von Abs 2 muss die Praxis deshalb jetzt in Zweifelsfällen **hilfsweise** einen Formwechsel in eine GbR gestalten (dazu ausführl *Tettinger* Der Konzern 2006, 844 mwN). Technisch kann dies durch einen Bedingungszusammenhang im Formwechselbeschluss dergestalt erreicht werden, dass aufschiebend bedingt für den Fall, dass das Registergericht aufgrund fehlender gewerbl Tätigkeit die Eintragung einer OHG als Zielrechtsträger ablehnt, ein zweiter Beschluss über den Formwechsel in eine GbR gefasst wird (so zutr *Mayer/Weiler* MittBayNot 2007, 374 mwN; *dies* DB 2007, 1293 f; Semler/Stengel/*Ihrig* Rn 33 empfiehlt den hilfsweisen Formwechsel in die PartGes und lässt iÜ in Rn 36 unabhängig von jeder Zielrechtsform nun grdsl einen hilfsweisen Formwechsel zu; dazu krit KölnerKommUmwG/*Dauner-Lieb* Rn 29 ff mwN). In der Praxis kann mit beiden Lösungsansätzen jetzt auch der hilfsweise oder aufschiebend bedingte Formwechsel in erster Linie in die GbR, hilfsweise in die PhG (dazu 4. Aufl 2006, Rn 7 mwN) durchgeführt werden. 7

3. Formwechsel in Partnerschaftsgesellschaft, Abs 2

Gem **Abs 2** ist ein **Formwechsel in eine PartGes** nur mögl, wenn alle Anteilsinhaber des formwechselnden Rechtsträgers **natürl Personen** sind, die einen **freien Beruf** ausüben und wenn der **Berufsrechtsvorbehalt** von § 1 III PartGG nicht entgegensteht. Die **Vorschrift entspricht § 45a** über die Verschm auf eine PartGes. Auf die Komm dort (§§ 45a ff Rn 3–7) wird verwiesen. 8

4. Anforderungen an die Person der Gesellschafter

9 **Einschränkungen der Umwandlungsmöglichkeit** können sich auch daraus ergeben, dass die Gesellschafter der KapGes **keine geeigneten Gesellschafter der PhG** sind. Unproblematisch ist die Beteiligung von natürl und jur Personen. Beide können Gesellschafter sowohl einer PhG als auch einer GbR sein. Entsprechendes gilt für PhG (OHG, KG). Aufgrund ihrer Teilrechtsfähigkeit (§ 124 HGB) können sie selbst wiederum Gesellschafter einer PhG, aber auch einer GbR sein (vgl etwa Baumbach/*Hopt* HGB § 124 Rn 32, § 105 Rn 28). Auch eine GbR kann Gesellschafterin einer anderen GbR sein (BGH NJW 1998, 376; MüKoBGB/*Ulmer* § 705 Rn 67 mwN). Eine **GbR** kann auch Gesellschafterin einer PhG (§ 3 Rn 7 ff; § 190 Rn 5 ff; zur früheren Rechtslage vgl 3. Aufl 2001, § 228 Rn 9 mwN) oder einer eG sein (OLG Brandenburg NZG 2007, 458). Eine **Erbengemeinschaft** und eine **Bruchteilsgemeinschaft** (§§ 741 ff BGB) können hingegen nicht Gesellschafter einer PhG oder GbR sein (BGH NJW 1983, 2376, 2377; ausführl Nachw bei Lutter/*Happ/Göthel* Rn 7; wN bei Semler/Stengel/*Ihrig* Rn 32; vgl aber zur rechtsfähigen WEG BGH ZIP 2005, 1233 mit Anm *Häublein* ZIP 2005, 1720; *Bork* ZIP 2005, 1205 und *Pohlmann* EWiR 2005, 715). In diesem Fall ist vor dem Formwechsel eine Auseinandersetzung der Gemeinschaft über den Gesellschaftsanteil am formwechselnden Rechtsträger durchzuführen.

§ 229 *(aufgehoben)*

§ 230 Vorbereitung der Versammlung der Anteilsinhaber

(1) **Die Geschäftsführer einer formwechselnden Gesellschaft mit beschränkter Haftung haben allen Gesellschaftern spätestens zusammen mit der Einberufung der Gesellschafterversammlung, die den Formwechsel beschließen soll, diesen Formwechsel als Gegenstand der Beschlußfassung in Textform anzukündigen und den Umwandlungsbericht zu übersenden.**

(2) [1] **Der Umwandlungsbericht einer Aktiengesellschaft oder einer Kommanditgesellschaft auf Aktien ist von der Einberufung der Hauptversammlung an, die den Formwechsel beschließen soll, in dem Geschäftsraum der Gesellschaft zur Einsicht der Aktionäre auszulegen.** [2] **Auf Verlangen ist jedem Aktionär und jedem von der Geschäftsführung ausgeschlossenen persönlich haftenden Gesellschafter unverzüglich und kostenlos eine Abschrift des Umwandlungsberichts zu erteilen.** [3] **Der Umwandlungsbericht kann dem Aktionär und dem von der Geschäftsführung ausgeschlossenen persönlich haftenden Gesellschafter mit seiner Einwilligung auf dem Wege elektronischer Kommunikation übermittelt werden.** [4] **Die Verpflichtungen nach den Sätzen 1 und 2 entfallen, wenn der Umwandlungsbericht für denselben Zeitraum über die Internetseite der Gesellschaft zugänglich ist.**

Schrifttum: Siehe Schrifttum § 226.

1. Gesellschafterversammlung der GmbH, Abs 1

Abs 1 modifiziert § 51 IV GmbHG und konkretisiert das allg Auskunfts- und Einsichtsrecht nach § 51a GmbHG. Während nach allg GmbH-Recht die Ankündigung spätestens drei Tage vor der Versammlung ausreicht, verlangt Abs 1 parallel zu § 49 I für die Vorbereitung der GmbH-Gesellschafterversammlung, die den Formwechsel beschließen soll (vgl § 193 I 2), dass der Beschlussgegenstand „Formwechsel" **spätestens mit der Einberufung der Gesellschafterversammlung angekündigt** wird. Eine eigene Frist für die Einberufung enthält Abs 1 im Ggs zur früheren Regelung in § 24 II Nr 1 UmwG 1969 nicht. Maßgebl ist deshalb **§ 51 I 2 GmbHG.** Die Einberufung ist mit einer **Frist von mindestens einer Woche** zu bewirken (zum Begriff des „Bewirkens" vgl etwa BGH BB 1987, 1551, 1552; Scholz/*K. Schmidt* GmbHG § 51 Rn 15; Lutter/Hommelhoff/*Bayer* GmbHG § 51 Rn 13). 1

Die Ankündigung des Beschlussgegenstandes „Formwechsel" hat gem Abs 1 **in Textform** (§ 126b BGB) zu erfolgen (die Form der Einberufung ist im allg GmbH-Recht str, vgl Lutter/Hommelhoff/*Bayer* GmbHG § 51 Rn 11 mN zum Meinungsstand). Die Ankündigung muss also nicht mehr eigenhändig unterschrieben sein. Aus § 51 I 1, IV GmbHG folgt, dass die **Einberufung mittels eingeschriebenem Brief** erfolgen muss, das gilt nicht für die Ankündigung. Sieht die Satzung längere Fristen oder weiter gehende Formalien vor, sind diese maßgebl. Vgl iÜ § 49 Rn 4, 5. 2

Mit der Einberufung ist den Gesellschaftern der **Umwandlungsbericht** (§ 192 I) **zu übersenden.** Diese Anordnung von **Abs 1** entspricht § 47 für die Verschm. Hierdurch ist gewährleistet, dass die Gesellschafter ausreichend Zeit für die Vorbereitung auf die Beschlussfassung haben. Die **Angaben in der Tagesordnung** müssen grdsl so genau sein, dass die Gesellschafter erkennen können, worüber verhandelt und Beschluss gefasst werden soll, sodass sie zu einer ausreichenden Vorbereitung auf die Gesellschafterversammlung im Stande sind (Semler/Stengel/*Ihrig* Rn 10; vgl allg Baumbach/Hueck/*Zöllner* GmbHG § 51 Rn 21 ff). Die Verwendung des Begriffs „Formwechsel" ist empfehlenswert. Auf weitere Einzelheiten kann wegen der gleichzeitig zu bewirkenden Übersendung des Umwandlungsberichts verzichtet werden. Da gemäß dem durch das 2. UmwÄndG (dazu Einf Rn 28) neu gefassten § 234 Nr 3 S 1 jetzt der komplette Gesellschaftsvertrag der PersGes Gegenstand des Umwandlungsbeschlusses ist, muss der Entwurf dieses Gesellschaftsvertrages mit der Einberufung übersendet werden (zutr Semler/Stengel/*Ihrig* Rn 10; Kallmeyer/*Dirksen* Rn 4 mit Verweis auf LG Hanau ZIP 1996, 422; aA KölnerKommUmwG/*Dauner-Lieb/Tettinger* Rn 7). Der Gesellschaftsvertrag der PersGes ist Bestandteil des Umwandlungsbeschlusses (§ 234) und damit zugleich auch des Umwandlungsberichts (§ 192 I 3). 3

Wer die GmbH-Gesellschafterversammlung einberuft, richtet sich nach dem allg GmbHRecht. Regelm handeln die GmbH-Geschäftsführer (§ 49 I GmbHG). Das **Recht zur Einberufung** steht bei mehreren Geschäftsführern jedem einzelnen Geschäftsführer selbst dann zu, wenn ledigl Gesamtvertretungsberechtigung besteht (Lutter/Hommelhoff/*Bayer* GmbHG § 49 Rn 2 mwN). Abs 1 geht vom Grundfall (§ 49 GmbHG) aus und verpflichtet ausdrückl „die Geschäftsführer", den Formwechsel als Gegenstand der Beschlussfassung in Textform anzukündigen und den Umwandlungsbericht zu übersenden. Wenn die Gesellschafterversammlung der GmbH iSv § 193 I 2 aber nicht nach § 49 GmbHG durch die Geschäftsführer, sondern ausnahmsweise nach **§ 50 III GmbHG** durch die Gesellschafter 4 (bei der Umw kaum vorstellbar) einberufen wird, obliegt diesen Gesellschaftern die Pflicht zur Beschlussankündigung und zur Übersendung des Umwandlungsberichts (wie hier Lutter/*Happ/Göthel* Rn 5; aA Kallmeyer/*Dirksen* Rn 5); Abs 1 verpflichtet die Einberufenden (aA KölnerKommUmwG/*Dauner-Lieb/Tettinger* Rn 9). Vgl iÜ § 47 Rn 1, 2.

2. Vorbereitung der Hauptversammlung, Abs 2

5 Entsprechend den im Aktienrecht übl Einberufungsformalien ist der **Umwandlungsbericht** (§ 192 I; er umfasst auch den Gesellschaftsvertrag für die neue Rechtsform PersGes, Rn 3 aE) **vom Zeitpunkt der Einberufung der HV einer AG oder KGaA,** die den Formwechsel beschließen soll, an in dem Geschäftsraum der Ges zur Einsicht der Aktionäre **auszulegen. Abs 2 S 1** entspricht insoweit § 63 I (vgl Komm dort). Maßgebl Zeitpunkt ist die Einberufung (dh deren Bekanntmachung, § 121 III AktG). **Geschäftsraum** der Ges ist der Sitz der Hauptverwaltung, nicht der Sitz der AG iSv § 5 AktG (BGH NZG 2011, 669; *Hüffer* AktG § 175 Rn 5; Semler/Stengel/*Ihrig* Rn 29; aA Lutter/*Happ/Göthel* Rn 27). Auf **Verlangen** ist jedem Aktionär und jedem von der Geschäftsführung ausgeschlossenen phG einer KGaA unverzügl (ohne schuldhaftes Zögern, § 121 I BGB) und kostenlos eine **Abschrift des Umwandlungsberichts** zu erteilen, **Abs 2 S 2.** Eine bestimmte Form für das Verlangen ist nicht vorgeschrieben (*Hüffer* AktG § 175 Rn 6). Wie weit neben § 230 II auch **§ 124 II 2 AktG** zu beachten ist, ist umstr (dazu ausführl KölnerKommUmwG/*Dauner-Lieb/Tettinger* Rn 26 ff mwN; vgl auch LG Hanau ZIP 1996, 422 zu §§ 238 ff; *Hüffer* AktG § 124 Rn 10 und Lutter/*Happ/Göthel* Rn 29 ff). Weicht bei der Umw einer AG in eine GmbH & Co KG die in der Einladung zur HV als Komplementärin angegebene Ges von derjenigen ab, die später in der HV als Komplementärin beschlossen wird, so kann der HV-Beschluss wirksam angefochten werden (LG Wiesbaden NZG 1999, 177). Für die stimmberechtigten Aktionäre müsse bereits mit der Einladung feststehen, wer Komplementärin einer neu zu bildenden GmbH & Co KG werden soll. Dies ergebe sich zum einen aus der wirtschaftl und rechtl einschneidenden Bedeutung einer Umw und zum anderen daraus, dass die Komplementärin naturgemäß einen wesentl Einfluss auf die durch Umw gebildete KG ausüben wird (zum Fall „Chemische Werke Brockhues" vgl auch weiter die Entscheidung im Verfahren nach § 16 III des LG Wiesbaden DB 1997, 671 und des OLG Frankfurt aM ZIP 1997, 1291 mit Anm *Kiem* in EWiR 1997, 1039).

5a Neu eingefügt wurden Abs 2 S 3, 4, die die Vorbereitung der HV der formwechselnden AG/KGaA erleichtern. Durch das ARUG (dazu Einf Rn 32 mwN) wurde **Abs 2 S 4** (zunächst als Abs 2 S 3 aF) eingefügt. Auslage und Abschriftserteilung des Umwandlungsberichts nach Abs 2 S 1, 2 entfallen, wenn er im gesamten relevanten Zeitraum über die **Internetseite der AG** zugänglich ist. Vgl dazu § 62 Rn 14 mwN und Semler/Stengel/*Ihrig* Rn 30a sowie zur Parallelregelung von § 52 II 4 AktG *Hüffer* AktG § 52 Rn 13. **Abs 2 S 3** kann den Verwaltungsaufwand für die AG im Vorfeld der HV ebenfalls verringern. Die durch das 3. UmwÄndG (dazu Einf Rn 33 mwN) eingefügte Regelung ermöglicht bei entsprechender (konkludent möglicher) Einwilligung des Berechtigten die Übermittlung des Umwandlungsberichts auf dem Wege elektronischer Kommunikation, derzeit also in erster Linie per E-Mail, vgl § 62 Rn 13. Da bei der AG/KGaA – anders als bei der GmbH gem Abs 1 – eine Übersendung des Umwandlungsberichts vor der HV nicht per se, sondern nur bei entsprechendem Verlangen iSv Abs 2 S 2 notw ist, ist die **praktische Bedeutung** von Abs 2 S 3 zumindest bei PublikumsGes eher gering, zumal dessen Wirkungen einfacher und leichter beweisbar durch die Internetveröffentlichung nach Abs 2 S 4 erreicht werden können.

3. Folgen von Einberufungsmängeln

Die **Folgen von Einberufungsmängeln** richten sich bei AG/KGaA und 6
bei GmbH nach **§§ 241 ff AktG** (zur entsprechenden Anwendung für GmbH-Gesellschafterbeschlüsse vgl § 14 Rn 19–22 mwN, BGH NZG 2005, 551 und ausführl Baumbach/Hueck/*Zöllner* GmbHG Anh § 47 Rn 3 ff mwN). Die **fehlerhafte Ankündigung der Tagesordnung** einer AG-Anteilsinhaberversammlung berechtigt zur Anfechtung (§ 124 IV AktG; dazu *Hüffer* AktG § 124 Rn 18; für die GmbH Scholz/*K. Schmidt* GmbHG § 51 Rn 34 mwN). Fehlerhaft ist es etwa, beim Formwechsel in eine KG **eine andere als die beschlossene Komplementärin** anzukündigen (LG Wiesbaden NZG 1999, 177). Auch die verspätete oder überhaupt nicht erfolgte **Übersendung oder Auslegung des Umwandlungsberichts** macht den Formwechselbeschluss anfechtbar. Hierbei ist es grdsl unerhebl, ob der Beschluss auf der unterbliebenen oder verspäteten Übersendung oder Auslegung beruht, da die Regelung eine Verfahrensvorschrift im Interesse der Aktionäre ist (jeweils kommt es aber darauf an, ob Kausalität/Relevanz des Gesetzesverstoßes gegeben sind, vgl dazu § 63 Rn 9 mwN). Durch eine **Vollversammlung** werden Einberufungsmängel allerdings geheilt, sofern kein Gesellschafter widerspricht (§ 121 VI AktG, § 51 III GmbHG; zum GmbHR vgl BGHZ 100, 264, 269; wie hier Lutter/*Happ/Göthel* Rn 54 mwN; Semler/Stengel/*Ihrig* Rn 35; KölnerKommUmwG/*Dauner-Lieb/Tettinger* Rn 46).

§ 231 Mitteilung des Abfindungsangebots

[1]Das Vertretungsorgan der formwechselnden Gesellschaft hat den Gesellschaftern oder Aktionären spätestens zusammen mit der Einberufung der Gesellschafterversammlung oder der Hauptversammlung, die den Formwechsel beschließen soll, das Abfindungsangebot nach § 207 zu übersenden. [2]Der Übersendung steht es gleich, wenn das Abfindungsangebot im Bundesanzeiger und den sonst bestimmten Gesellschaftsblättern bekanntgemacht wird.

Schrifttum: Siehe Schrifttum § 226.

Neben § 230 modifiziert auch § 231 die für die jew Rechtsform geltenden 1
Vorschriften über die **Einberufung der Gesellschafter- oder Hauptversammlung** (§§ 49 ff GmbHG, §§ 121 ff AktG). Eine ordnungsgemäß Vorbereitung auf die Versammlung iSv § 193 I 2 setzt voraus, dass die Anteilsinhaber Kenntnis vom Abfindungsangebot nach § 207 haben. Daher ordnet § 231 an, dass das **Abfindungsangebot entweder** den Anteilsinhabern **zu übersenden oder bekannt zu machen** ist. Die Veröffentlichung im Internet (dazu § 230 Rn 5a) schafft zwar ebenfalls genügend Transparenz. Mangels ausdrücklicher Nennung dieser Form der Zugänglichmachung in S 2 ersetzt sie die Mitteilungspflicht nach § 231 allerdings nicht. **Eigenständige Bedeutung** hat § 231 allerdings nur beim Formwechsel einer GmbH, bei dem ein Umwandlungsbericht entbehrl ist (dazu § 192

Rn 22 f; wie hier Semler/Stengel/*Ihrig* Rn 6 aE). Denn das Abfindungsangebot ist zwingender Bestandteil des Umwandlungsbeschlusses (§ 194 I Nr 6), dessen Entwurf wiederum im Umwandlungsbericht enthalten sein muss (§ 192 I 2). Sofern der Umwandlungsbericht nach § 230 I allen Gesellschaftern übersandt wird, erübrigt sich die gesonderte Übersendung oder Bekanntmachung des Abfindungsangebots (so auch Widmann/Mayer/*Vossius* Rn 2, 6; KölnerKommUmwG/*Dauner-Lieb/Tettinger* Rn 2, dort auch zur AG/KGaA und § 124 II 2 AktG).

2 Das Vertretungsorgan der formwechselnden Ges kann wählen, ob es das Abfindungsangebot den Anteilsinhabern übersendet oder bekannt macht. Die **Übersendung** kommt allerdings nur in Betracht, wenn sichergestellt ist, dass alle **Anteilsinhaber bekannt** sind (Kallmeyer/*Dirksen* Rn 4; Semler/Stengel/*Ihrig* Rn 9). Aus dem Erfordernis der Übersendung folgt, dass das Abfindungsangebot **schriftl niedergelegt** sein muss. Schriftform iSv § 126 BGB ist allerdings nicht erforderl; es bedarf daher nicht der eigenhändigen Unterzeichnung durch die Mitglieder des Vertretungsorgans.

3 Die **Übersendung** muss **spätestens mit der Einberufung der Gesellschafterversammlung oder der HV** erfolgen. Eine frühere Übersendung ist unschädl („spätestens"), aber trotz der Vorabinformation des Betriebsrats nach § 194 II keinesfalls gefordert (anders wohl Lutter/*Happ/Göthel* Rn 3; wie hier iE Semler/Stengel/*Ihrig* Rn 10). Zur Einberufungsfrist für die GmbH-Gesellschafterversammlung vgl § 230 Rn 1. Problematisch ist die Fristbestimmung, wenn die Einberufung der HV einer AG (KGaA) bekannt gemacht wird (§§ 121 III, 25 AktG). Aus Gründen der Rechtssicherheit wird man es angesichts der langen Einberufungsfrist im Aktienrecht (§ 123 I AktG: ein Monat) für ausreichend erachten können, wenn die Übersendung spätestens an dem Tag erfolgt, an dem die Bekanntmachung erfolgt (§ 10 HGB). Praktische Bedeutung wird die Frage allerdings kaum gewinnen, da die Übersendung des Abfindungsangebots (statt der Bekanntmachung) regelm nur dann gewählt werden wird, wenn auch die Einberufung durch eingeschriebenen Brief erfolgt (§ 121 IV 2 AktG; dazu etwa *Hüffer* AktG § 121 Rn 11a–11h).

4 **Alt** kann das Abfindungsangebot auch im BAnz (Gesetzesänderung vom 22.12.2011, vgl Einf Rn 34) und in den sonst bestimmten GesBl **bekannt gemacht** werden, **S 2.** Praktische Bedeutung hat dies im Wesentl für die AG/KGaA (dazu § 61 Rn 3). Die Möglichkeit der Bekanntmachung steht allerdings auch der GmbH offen. In diesem Fall hat die Bekanntmachung so rechtzeitig zu erfolgen, dass die Einberufungsfrist gewahrt wird. Das Abfindungsangebot ist **in seiner konkreten Ausgestaltung und beziffert** bekannt zu machen (Kallmeyer/*Dirksen* Rn 8).

§ 232 Durchführung der Versammlung der Anteilsinhaber

(1) [1] **In der Gesellschafterversammlung oder in der Hauptversammlung, die den Formwechsel beschließen soll, ist der Umwandlungsbericht auszulegen.** [2] **In der Hauptversammlung kann der Umwandlungsbericht auch auf andere Weise zugänglich gemacht werden.**

(2) **Der Entwurf des Umwandlungsbeschlusses einer Aktiengesellschaft oder einer Kommanditgesellschaft auf Aktien ist von deren Vertretungsorgan zu Beginn der Verhandlung mündlich zu erläutern.**

Schrifttum: Siehe Schrifttum § 226.

1. Auslegung des Umwandlungsberichts, Abs 1

Der **Umwandlungsbericht** (§ 192 I) ist **in der Gesellschafterversammlung** oder in der HV, die den Formwechsel beschließen soll, **auszulegen** (dazu § 64 Rn 2). Dies gilt nach dem ausdrückl Wortlaut von **Abs 1** auch für die Gesellschafterversammlung der GmbH, obwohl zur Vorbereitung der GmbH-Gesellschafterversammlung der Umwandlungsbericht nach § 230 I jedem Gesellschafter zu übersenden ist. Hierdurch sollen die Anteilsinhaber in die Lage versetzt werden, sich auch während der Gesellschafterversammlung/HV eingehend zu unterrichten. Die Auslegungspflicht erstreckt sich nur auf den Umwandlungsbericht. Für die HV einer AG/KGaA hat das **ARUG** (dazu Einf Rn 32 mwN) mit der Einfügung von **Abs 1 S 2** eine Alternative zur Auslegung zugelassen. Der Umwandlungsbericht kann auch auf andere Weise zugänglich gemacht werden, nämlich elektronisch zB über vor Ort aufgestellte Monitore in ausreichender Zahl (vgl Semler/Stengel/*Ihrig* Rn 6a mwN). Die bloße Veröffentlichung im Internet ist nicht ausreichend (zutr *J. Schmidt* NZG 2008, 734). 1

2. Mündliche Erläuterung, Abs 2

Nach **Abs 2** hat der Vorstand einer AG bzw haben die geschäftsführenden phG einer KGaA zu Beginn der Verhandlung den **Umwandlungsbeschluss mündl zu erläutern.** Der Sinn dieser mündl Erläuterung liegt darin, die im schriftl Umwandlungsbericht (§ 192) enthaltenen Ausführungen zu aktualisieren (vgl § 64 Rn 3). Das **Vertretungsorgan** muss sich insbes dazu äußern, ob zwischenzeitl Veränderungen eingetreten sind und ob der Formwechsel nun wirtschaftl oder rechtl anders zu beurteilen ist. IÜ kann und wird sich der Vorstand (phG) regelm auf eine mündl Zusammenfassung des Umwandlungsberichts beschränken. Dies kann durchaus in abstrakterer Form als im Umwandlungsbericht erfolgen. Überdies muss der mündl Bericht auch die rechtl und wirtschaftl Hintergründe des Formwechsels beleuchten. 2

3. Anfechtung wegen ungenügender Erläuterung

Eine ungenügende mündl Erläuterung führt zur **Anfechtbarkeit des Zustimmungsbeschlusses.** Vgl näher § 64 Rn 9. 3

§ 233 Beschluß der Versammlung der Anteilsinhaber

(1) **Der Umwandlungsbeschluß der Gesellschafterversammlung oder der Hauptversammlung bedarf, wenn die formwechselnde Gesellschaft die Rechtsform einer Gesellschaft des bürgerlichen Rechts, einer offenen Handelsgesellschaft oder einer Partnerschaftsgesellschaft erlangen soll, der Zustimmung aller anwesenden Gesellschafter oder Aktionäre; ihm müssen auch die nicht erschienenen Anteilsinhaber zustimmen.**

(2) [1] **Soll die formwechselnde Gesellschaft in eine Kommanditgesellschaft umgewandelt werden, so bedarf der Umwandlungsbeschluß einer Mehrheit von mindestens drei Vierteln der bei der Gesellschafterversammlung einer Gesellschaft mit beschränkter Haftung abgegebenen Stimmen oder des bei der Beschlußfassung einer Aktiengesellschaft oder einer Kommanditgesellschaft auf Aktien vertretenen Grundkapitals; § 50 Abs. 2 und § 65 Abs. 2 sind entsprechend anzuwenden.** [2] **Der Gesell-**

schaftsvertrag oder die Satzung der formwechselnden Gesellschaft kann eine größere Mehrheit und weitere Erfordernisse bestimmen. [3]Dem Formwechsel müssen alle Gesellschafter oder Aktionäre zustimmen, die in der Kommanditgesellschaft die Stellung eines persönlich haftenden Gesellschafters haben sollen.

(3) [1]**Dem Formwechsel einer Kommanditgesellschaft auf Aktien müssen ferner deren persönlich haftende Gesellschafter zustimmen. [2]Die Satzung der formwechselnden Gesellschaft kann für den Fall des Formwechsels in eine Kommanditgesellschaft eine Mehrheitsentscheidung dieser Gesellschafter vorsehen. [3]Jeder dieser Gesellschafter kann sein Ausscheiden aus dem Rechtsträger für den Zeitpunkt erklären, in dem der Formwechsel wirksam wird.**

Schrifttum: Siehe Schrifttum § 226.

1. Allgemeines

1 § 233 legt die **Mehrheitsverhältnisse für den Beschluss über den Formwechsel** einer KapGes fest. Des Weiteren werden **Zustimmungsvorbehalte** für einzelne Gesellschafter angeordnet. Hintergrund der unterschiedl Regelung in Abs 1–3 ist die je nach Zielrechtsform unterschiedl ausgeprägte persönl Haftung der Gesellschafter. Während bei einer **OHG** (§ 128 HGB) und einer **GbR** alle Gesellschafter persönl und unbeschränkt und bei einer **PartGes** (in Abs 1 eingefügt durch Art 1 Nr 35 des Gesetzes vom 22.7.1998, BGBl I 1878; dazu Einf Rn 25) zumindest in erhebl Umfang (§ 8 I, II PartGG) haften (Abs 1), trifft die persönl Haftung bei der **KG** (§§ 161 II, 128 HGB) nur die Komplementäre (Abs 2). Abs 3 schließl berücksichtigt die Besonderheiten beim **Formwechsel einer KGaA.** Nach Abs 3 S 1, 2 ist der Formwechsel von der Zustimmung der Komplementäre der KGaA abhängig. Da der Formwechsel das Gesellschaftsverhältnis an sich berührt, ist dies allerdings nur eine Ausformung des bereits in § 285 II AktG niedergelegten Grdses. Im Ggs zum früheren Recht (§ 23 UmwG 1969) scheiden die Komplementäre beim Formwechsel einer KGaA in eine PersGes nicht zwingend aus der Ges aus, nach **Abs 3 S 3** haben sie ein Wahlrecht.

2. Umwandlung in OHG, PartGes oder GbR, Abs 1

2 Der **Formwechsel einer KapGes in eine OHG, PartGes oder in eine GbR** (zu den Anforderungen an diese Zielrechtsformen vgl § 228 Rn 1 ff) muss **einstimmig** beschlossen werden, **Abs 1.** Dieser einstimmige Beschluss bezieht sich auch auf den neuen Gesellschaftsvertrag dieser PersGes, weil der Gesellschaftsvertrag gem § 234 Nr 3 S 1 Inhalt des Beschlusses ist. Er bedarf sowohl der Zustimmung aller in der Gesellschafter-/Hauptversammlung anwesenden Anteilsinhaber als auch der Zustimmung der **nicht erschienenen Gesellschafter.** Die Anordnung der Einstimmigkeit war nötig, da keinem Gesellschafter die Übernahme der persönl Haftung (Rn 1) ohne sein Einverständnis zugemutet werden kann (RegEBegr BR-Drs 75/94 zu § 232). Die Einräumung ledigl der Möglichkeit, gegen **Barabfindung** auszuscheiden (vgl §§ 207 ff), ist für den überstimmten Gesellschafter oder Aktionär kein angemessener Ausgleich. Von der Zulassung einer **Mehrheitsumwandlung** mit Ausscheiden der überstimmten Aktionäre, wie sie noch §§ 9 ff UmwG 1969 vorsahen, hat der Reformgesetzgeber aus Gründen der Vereinheitlichung des UmwR und der Stärkung des Minderheitenschutzes

abgesehen (vgl RegEBegr BR-Drs 75/94 zu § 232). Zu weiteren Einzelheiten hinsichtl Zustimmung innerh und außerhalb der Anteilsinhaberversammlung vgl § 43 Rn 5 ff.

3. Formwechsel in KG, Abs 2

Bei einer **KG** haften nur die Komplementäre (§§ 161 II, 128 HGB) persönl, während die Haftung der Kommanditisten ausgeschlossen ist, soweit die Einlage geleistet wurde (§ 171 I HGB). Demgemäß bestimmt **Abs 2 S 1,** dass der Formwechselbeschluss ledigl einer **Mehrheit von mindestens drei Vierteln der** bei der Gesellschafterversammlung einer GmbH **abgegebenen Stimmen** oder des bei der Beschlussfassung einer AG oder KGaA **vertretenen Grundkapitals** bedarf. Dies entspricht der Mehrheit, die bei KapGes für Satzungsänderungen notw ist (vgl § 53 II GmbHG, §§ 179 II, 278 III AktG). Zu Einzelheiten der Bestimmung der Mehrheit vgl § 50 Rn 3 ff (GmbH) und § 65 Rn 3 ff (AG/KGaA). Weil der Gesellschaftsvertrag der KG gem § 234 Nr 3 S 1 Bestandteil des Umwandlungsbeschlusses ist, genügt die Mehrheitsentscheidung auch als Legitimation für eine in diesem Gesellschaftsvertrag enthaltene HR-Vollmacht (so bereits zum alten Recht OLG Schleswig DB 2003, 1502, 1503; vgl jetzt ausführl mwN *Mayer/Weiler* MittBayNot 2007, 375 und DB 2007, 1294 insbesondere mit dem zutr Hinweis auf BGH DB 2005, 1845 und der Empfehlung, im Gesellschaftsvertrag Sanktionen für den Fall der Verweigerung von Stimmabgaben oder Handelsregisteranmeldung vorzusehen). Die **Dreiviertelmehrheit** ist nur ausreichend, wenn der **Gesellschaftsvertrag** oder die Satzung keine größeren Mehrheiten oder weitere Erfordernisse für den Formwechselbeschluss bestimmt **(Satzungsvorbehalt, Abs 2 S 2).** Näher hierzu § 50 Rn 6, 7 (GmbH) und § 65 Rn 10 ff (AG/KGaA). 3

Wegen der Möglichkeit des Mehrheitsbeschlusses sind auch beim Formwechsel einer GmbH die Interessen von Gesellschaftern, denen in der GmbH besondere Rechte eingeräumt sind, gefährdet. **Abs 2 S 1 HS 2** bestimmt daher die **entsprechende Anwendung von § 50 II.** Dies hat zur Folge, dass der Formwechsel der Zustimmung von Gesellschaftern, die **besondere Rechte iSv § 50 II** innehaben, bedarf. Zu Einzelheiten vgl § 50 Rn 8 ff. Abs 2 S 1 HS 2 verweist auch auf § 65 II, deshalb bedarf auch der Formwechselbeschluss bei Vorhandensein **mehrerer Aktiengattungen** getrennter Sonderbeschlüsse. Einzelheiten hierzu bei § 65 Rn 13. In analoger Anwendung von § 179 III 1 AktG wollen Lutter/*Happ/Göthel* § 240 Rn 8 mwN bei Vorhandensein **unterschiedl Gattungen von GmbH-Geschäftsanteilen** Sonderbeschlüsse ermöglichen, wenn das Verhältnis der Gattungen zueinander verändert wird oder wenn bestimmte Gattungen durch den Formwechsel entfallen. 4

Dem Formwechsel müssen alle Gesellschafter oder Aktionäre zustimmen, die in der Rechtsform der KG die Stellung der **phG** einnehmen sollen, **Abs 2 S 3.** Die betreffenden Personen ergeben sich aus dem Umwandlungsbeschluss (§ 194 I Nr 4). Auch dieser **Zustimmungsvorbehalt** war nötig, da anderenfalls der betreffende Gesellschafter den nicht gewollten Eintritt der persönl Haftung nur durch Ausscheiden gegen Barabfindung hätte verhindern können (vgl Rn 2). 5

4. Umwandlungsbeschluss einer KGaA, Abs 3

Die **Mehrheit für den Umwandlungsbeschluss einer KGaA** bestimmt sich zunächst, je nach Zielrechtsform, nach Abs 1 oder nach Abs 2. **Zusätzl** ordnet 6

Abs 3 S 1 an, dass der Formwechsel der Zustimmung der (aller) phG bedarf, denn der Formwechsel berührt das Gesellschaftsverhältnis an sich. Derartige Vorgänge bedürfen schon nach allg Grdsen der Zustimmung der phG (§ 285 II AktG). Die **Zustimmung ist notariell zu beurkunden** (Semler/Stengel/*Ihrig* Rn 35; Kallmeyer/*Dirksen* Rn 12; KölnerKommUmwG/*Dauner-Lieb/Tettinger* Rn 36), was entweder aus der direkten oder – dogmatisch vertretbar Lutter/*Happ/Göthel* Rn 79 – aus der analogen Anwendung von § 193 III bzw aus der analogen Anwendung von § 285 III 2 AktG folgt. Sie kann **vor** (mit der Gefahr der Änderung des Entwurfs in der HV der KGaA, vgl Lutter/*Happ/Göthel* Rn 10, 13), **in und nach der HV** erklärt werden. Sofern die **Satzung** der KGaA dies vorsieht, kann die Zustimmung auch durch **Mehrheitsentscheidung der Komplementäre** erfolgen, **Abs 3 S 2.** Zum Ganzen auch § 78 Rn 5.

5. Ausscheiden der persönlich haftenden Gesellschafter

7 Im Ggs zur früheren Regelung scheiden beim Formwechsel **einer KGaA in eine PersGes** (zum Formwechsel einer KGaA in eine KapGes anderer Rechtsform vgl § 247 III) die **phG** mit Wirksamwerden des Formwechsels nicht zwingend aus. **Abs 3 S 3** eröffnet ihnen eine **Wahlmöglichkeit.** Sie scheiden nach § 236 mit Wirksamwerden des Formwechsels nur aus, sofern sie sich hierfür entscheiden. Bei der **Erklärung nach Abs 3 S 3** handelt es sich nicht um eine Willenserklärung, die ggü der Ges oder einer anderen Person abzugeben ist. Der Komplementär **übt sein Wahlrecht** vielmehr **durch die Zustimmung zum Formwechsel** (als Komplementär; wenn er zugleich Kommanditaktionär ist, kann er insoweit grdsl anders entscheiden, vgl Lutter/*Happ/Göthel* Rn 76) **aus** (diese ist **Willenserklärung,** Widmann/Mayer/*Vossius* Rn 113, 115; allg *Hüffer* AktG § 285 Rn 2, 3; zum Zusammenhang von Zustimmung und Austritt Beispiel bei Widmann/Mayer/*Vossius* Rn 121). Denn zum Inhalt des Umwandlungsbeschlusses, dem die Komplementäre zustimmen müssen (Abs 3 S 1, 2), zählt auch die Entscheidung über das Ausscheiden aus oder das Verbleiben in der Ges, weil je nach getroffener Entscheidung der Umwandlungsbeschluss nach § 194 I Nr 4 Alt 2 die Beteiligung der Komplementäre nach Zahl, Art und Umfang der Anteile in der neuen Rechtsform enthalten muss oder nicht (aA KölnerKommUmwG/*Dauner-Lieb/Tettinger* Rn 84; ähnl Kallmeyer/*Dirksen* Rn 13; Lutter/*Happ/Göthel* Rn 82; wie hier Semler/Stengel/*Ihrig* Rn 39).

8 Entscheidet sich ein phG für den **Verbleib in der Ges,** so erlangt er mit Wirksamwerden des Formwechsels die im Umwandlungsbeschluss für ihn vorgesehene Beteiligung. Seine **persönl Haftung für bereits begründete Verbindlichkeiten** bleibt hiervon unberührt. Dies wird in § 237 klargestellt. Im umgekehrten Fall scheidet er nach § 236 mit Wirksamwerden des Formwechsels aus der Ges aus. **Mit dem Ausscheiden wird sein Abfindungsanspruch begründet,** der sich nach § 278 II AktG, §§ 161 II, 105 II HGB, § 738 BGB bestimmt. §§ 207–212 sind auf das Ausscheiden phG nicht anzuwenden (§ 227; vgl näher dort). Es ist eine **Auseinandersetzungsbilanz** zu erstellen. Der Wert der entfallenen Beteiligung entspricht im Allg dem Preis, der bei der Veräußerung des Unternehmens als Einheit anteilig erzielt würde (BGHZ 116, 370 f). Eine allgemeingültige Methode zur Wertermittlung besteht nicht, jedoch ist das Ertragswertverfahren regelmäßig geeignet (BGHZ 116, 371; vgl zum Ertragswertverfahren § 5 Rn 10 ff, dort auch Rn 45 ff zum Börsenkurs). Die Satzung der KGaA kann davon abweichend unter bestimmten Voraussetzungen auch ein Ausscheiden zu

BW vorsehen, entsprechende Klauseln sind nicht grdsl unwirksam (BGHZ 135, 387; *Hörtnagl/Stratz* INF 1994, 51, 53 f). Sie sind allerdings an §§ 138, 723 III BGB, 133 III HGB zu messen und sinnvoll auszulegen (BGH DStR 2002, 461). Eine zunächst wirksam vereinbarte Abfindungsklausel zu BW kann auch durch ein zwischenzeitl eingetretenes grobes Missverhältnis zwischen Abfindungsbetrag und wirklichem Anteilswert unwirksam werden. In diesem Fall ist der Inhalt der Abfindungsregelung durch **ergänzende Vertragsauslegung** anzupassen (zum Ganzen *Hülsmann* NJW 2002, 1673 mwN; *Mecklenbrauck* BB 2000, 2001; *Notthoff* DStR 1998, 210; *Hörtnagl/Stratz* INF 1994, 51). Die persönl Haftung für **bereits begründete Verbindlichkeiten** bleibt nach § 278 II AktG, §§ 161 II, 128 HGB durch das Ausscheiden unberührt, vgl § 236 Rn 2.

§ 234 Inhalt des Umwandlungsbeschlusses

In dem Umwandlungsbeschluß müssen auch enthalten sein:
1. **die Bestimmung des Sitzes der Personengesellschaft;**
2. **beim Formwechsel in eine Kommanditgesellschaft die Angabe der Kommanditisten sowie des Betrages der Einlage eines jeden von ihnen;**
3. **der Gesellschaftsvertrag der Personengesellschaft. Beim Formwechsel in eine Partnerschaftsgesellschaft ist § 213 auf den Partnerschaftsvertrag nicht anzuwenden.**

Schrifttum: Siehe Schrifttum § 226; Stellungnahme der Centrale für GmbH Dr. Otto Schmidt vom 16.3.2006 zum Referentenentwurf eines Zweiten Gesetzes zur Änderung des Umwandlungsgesetzes, GmbHR 2006, 418; HRA des DAV, Stellungnahme zum Regierungsentwurf eines Zweiten Gesetzes zur Änderung des Umwandlungsgesetzes, NZG 2006, 737; *Bayer/Schmidt,* Der Regierungsentwurf zur Änderung des Umwandlungsgesetzes, NZG 2006, 841; *Drinhausen,* Regierungsentwurf eines Zweiten Gesetzes zur Änderung des Umwandlungsgesetzes – Ein Gewinn für die Praxis, BB 2006, 2313; *Heckschen,* Die GmbH-Reform – Wege und Irrwege, DStR 2007, 1442; *ders,* Die Reform des Umwandlungsrechts, DNotZ 2007, 444; *Mayer/Weiler,* Neuregelungen durch das Zweite Gesetz zur Änderung des Umwandlungsgesetzes, DB 2007, 1235 (Teil I); DB 2007, 1291 (Teil II); *dies,* Aktuelle Änderungen des Umwandlungsrechts aus Sicht der notariellen Praxis, MittBayNot 2007, 368; *Neye,* BB-Gesetzgebungsreport: Bundestag beschließt neues Umwandlungsrecht, BB 2007, 389.

1. Umwandlungsbeschluss

Die durch das 2. UmwÄndG durch Einfügung von Nr 3 S 1 geänderte Vor- 1
schrift ergänzt die allg Regeln über den **Mindestinhalt des Umwandlungsbeschlusses** für den Formwechsel **einer KapGes in eine PersGes.** Der Umwandlungsbeschluss hat neben den in **§ 194 I Nr 1–7** enthaltenen Angaben gem § 234 Nr 1, 2 zunächst zwei wesentl Bestimmungen zu treffen, die ohnehin im Gesellschaftsvertrag einer PersGes enthalten sein müssen und deswegen jetzt keine eigenständige Bedeutung mehr haben, vgl Rn 6: Für alle PersGes gilt **Nr 1,** nach dem die **Bestimmung des Sitzes der PersGes** als Beschlussgegenstand aufzunehmen ist, für den Formwechsel in eine KG verlangt **Nr 2** darüber hinaus die **Angabe der Kommanditisten** sowie des **Betrages der Einlage** eines jeden von ihnen. Mit dieser Mindestregelung bewirkt § 234 Nr 1, 2, dass zum einen Rechtssicherheit über die Durchführung des Anmeldeverfahrens nach § 198 besteht; denn beim Formwechsel in eine PhG/PartGes (für die GbR gilt die Sonderregelung von § 235) zwingt eine Sitzverlegung iRd Formwechsels zur Anmeldung nach

§ 198 II (vgl § 198 Rn 5 ff). Zum anderen ist beim Formwechsel in eine KG die Angabe der Kommanditisten und des Betrages ihrer jew Einlage im Umwandlungsbeschluss notw, weil diese Angaben zum zwingenden Inhalt eines KG-Gesellschaftsvertrages gehören. Deren Fehlen führte daher bereits nach altem Recht zur **Unwirksamkeit des Umwandlungsbeschlusses** (allgM; vgl BayObLG DStR 1996, 1658 mit Anm *Neye* EWiR 1996, 761, dazu § 35 Rn 3; Kallmeyer/*Dirksen* Rn 3; Lutter/*Happ/Göthel* Rn 17; KölnerKommUmwG/*Dauner-Lieb/Tettinger* Rn 1).

2 **Einlage** iSv § 234 Nr 2 ist – wie bei § 162 I HGB – **die vereinbarte Haftsumme** (Lutter/*Happ/Göthel* Rn 32 mwN). Die Haftsumme muss sich weder am **Nominalbetrag der bisherigen Beteiligung** orientieren, noch ist eine andere Quotelung zwischen den Gesellschaftern ausgeschlossen (allgM, vgl Lutter/*Happ/Göthel* Rn 32 mwN; beim „nichtverhältniswahrenden Formwechsel" ist allerdings Einstimmigkeit erforderl, vgl § 202 Rn 7). Von der Haftsumme zu unterscheiden ist die sog **Pflichteinlage,** die aufgrund der gesellschaftsvertragl übernommenen Pflichten geleistet wird. Haftsumme und Pflichteinlage unterscheiden sich allerdings nur bei besonderen Vereinbarungen (BGH DB 1977, 1249; Baumbach/*Hopt* HGB § 171 Rn 1; Semler/Stengel/*Ihrig* Rn 8). Auch die Pflichteinlage muss nicht zwingend der bisherigen Beteiligung an der KapGes entsprechen.

3 Für die **Bezeichnung der Kommanditisten** ist § 106 II Nr 1 HGB (Name, Vorname, Geburtsdatum und Wohnort) maßgebend (so auch *Schöne* EWiR 1996, 619 gegen LG Augsburg ZIP 1996, 1011; Widmann/Mayer/*Vossius* Rn 9; zu den damit einhergehenden praktischen Problemen vgl Lutter/*Happ/Göthel* Rn 18 und Semler/Stengel/*Ihrig* Rn 11 ff je mwN), soweit nicht **§§ 213, 35** über die Bezeichnung unbekannter Aktionäre eingreifen (dazu BayObLG DStR 1996, 1658 mit Anm *Neye* EWiR 1996, 761; die Auswirkungen dieser Entscheidung für die Praxis sind ausführl dargestellt bei Lutter/*Happ/Göthel* Rn 18 ff; Semler/Stengel/*Ihrig* Rn 10 ff; vgl auch § 35 Rn 3).

2. Haftung des Kommanditisten, Nr 2

4 Die **Haftung des Kommanditisten** ist grdsl nach **§§ 171, 172 HGB** beschränkt. Die persönl Inanspruchnahme ist aber nur dann ausgeschlossen, wenn der Kommanditist die **Hafteinlage vollumfängl geleistet** hat (§ 171 I 1 HS 2 HGB). Obwohl beim Formwechsel keine Vermögensübertragung erfolgt (zur Identität § 190 Rn 5 ff), ist der Formwechsel haftungsrechtl **wie eine Sacheinlage** zu behandeln. Die Haftung des Kommanditisten ist daher ausgeschlossen, soweit die Einlage iHd vereinbarten und eingetragenen Haftsumme (Rn 2) durch den Anteil des Kommanditisten am Gesamtvermögen des Rechtsträgers wertmäßig abgedeckt ist (wie hier Lutter/*Happ/Göthel* Rn 32, 35; Semler/Stengel/*Ihrig* Rn 8). Ist die Haftsumme dagegen höher als der anteilige Wert der Ges, haftet der Kommanditist für die Diff zwischen dem wahren Wert der Sacheinlage und der eingetragenen Haftsumme (Kapitalaufbringungsprinzip; vgl etwa BGHZ 95, 197).

5 Unbenommen bleibt es hingegen den Beteiligten, die **Sacheinlage** zur Erbringung der Haftsumme **unterzubewerten,** in dem etwa das anteilige BV zu BW berücksichtigt wird. Dies sollte allerdings gesondert vereinbart werden, damit im Fall einer späteren Aufdeckung der stillen Reserven im Zusammenhang mit einer Haftsummenerhöhung oder mit Entnahmen über den Gewinnanteil hinaus ein **Nachw** ggü den Gläubigern mögl bleibt.

3. Gesellschaftsvertrag

Im Umwandlungsbeschluss muss gem **Nr 3 S 1** der Gesellschaftsvertrag der PersGes enthalten sein. Die Aufnahme des Organisationsstatus der neuen Rechtsform bereits im Umwandlungsbeschluss sah bisher nur § 218 für den Formwechsel von der PersGes in die KapGes oder eG vor. In der RegEBegr (BT-Drs 16/2919, 19 f) heißt es insoweit: „In der Praxis ergab sich daraus die Unsicherheit, ob bei einem Formwechsel in die KG mit der in § 233 II vorgeschriebenen Dreiviertelmehrheit auch der **Gesellschaftsvertrag** beschlossen werden kann. Daher soll künftig wie in § 218 der Gesellschaftsvertrag ausdrücklich zum notwendigen Beschlussinhalt gehören. Zwar wird damit abweichend vom sonstigen Recht der Gesellschaftsvertrag der PersGes einem Formerfordernis unterworfen. Bei einem Wechsel aus der KapGes in die PersGes erscheint dies aber angemessen". Der Gesetzesbefehl ist trotz der durch die notarielle Beurkundung des sonst formlosen Gesellschaftsvertrages bedingten zusätzl Kostenbelastung umfassend zu begrüßen (zB *Drinhausen* BB 2006, 2317; Semler/Stengler/*Ihrig* Rn 14, 17 ff, der zutr darauf hinweist, dass die Gesellschafter des formwechselnden Rechtsträgers den Gesellschaftsvertrag ihren Bedürfnissen entsprechend vollständig ausformulieren und nicht nur den gesetzl geforderten Mindestinhalt festlegen sollen, dazu auch *Mayer/Weiler* MittBayNot 2007, 375). 6

Gem **Nr 3 S 2** ist **§ 213** (beim Formwechsel in eine PartGes) anders als beim Formwechsel in die KG (Rn 3) nicht anzuwenden. Nr 3 S 2 entspricht damit § 45b II. Besondere Erschwernisse ergeben sich für die Praxis nicht, weil bei einer formwechselnden Freiberufler-AG ohnehin alle Aktionäre bekannt sind (vgl Lutter/*H. Schmidt* § 45b Rn 4; zur Rechtsanwalts-AG BGH DB 2005, 1050; allg *Kempter/Kopp* NJW 2000, 3449). 7

§ 235 Anmeldung des Formwechsels

(1) [1] **Beim Formwechsel in eine Gesellschaft des bürgerlichen Rechts ist statt der neuen Rechtsform die Umwandlung der Gesellschaft zur Eintragung in das Register, in dem die formwechselnde Gesellschaft eingetragen ist, anzumelden.** [2] **§ 198 Abs. 2 ist nicht anzuwenden.**

(2) **Die Anmeldung nach Absatz 1 oder nach § 198 ist durch das Vertretungsorgan der formwechselnden Gesellschaft vorzunehmen.**

Schrifttum: Schrifttum bis 2000 siehe 4. Auflage.

1. Anmeldung bei Formwechsel in GbR, Abs 1

Nachdem im Ggs zur früheren Rechtslage nicht mehr der Umwandlungsbeschluss, sondern die neue Rechtsform und ggf der Rechtsträger neuer Rechtsform im Register eingetragen wird (vgl §§ 4, 21 UmwG 1969 einerseits, § 198 I, II 1–3 andererseits), ergibt sich beim **Formwechsel in die GbR** das Problem, dass Ges dieser Rechtsform nicht in das HR eingetragen werden können. Eine Anmeldung des Formwechsels in eine GbR nach § 198 I scheidet daher aus. Stattdessen ordnet **Abs 1 S 1** an, dass die Umw der Ges zur Eintragung **in das bislang für die formwechselnde Ges zuständige Register** anzumelden ist. Die GbR entsteht mit Eintragung der Umw (FG Hamburg DStRE 1999, 321). Zur alt Anmeldung eines Formwechsels in eine PhG oder in eine GbR nach altem und neuem Recht vgl § 228 Rn 5 ff. 1

2 Die von § 198 II vorausgesetzte Situation kann mangels Eintragung der GbR im HR beim Formwechsel in eine GbR nicht eintreten. **Abs 1 S 2** schließt daher folgerichtig die Anwendung von § 198 II aus (Semler/Stengel/*Ihrig* Rn 11).

2. Anmelder, Abs 2

3 **Abs 2** bestimmt, dass die Anmeldung durch das **Vertretungsorgan der formwechselnden Ges** vorzunehmen ist. Hierdurch soll vermieden werden, dass beim Formwechsel in eine PhG die nach allg GesR notw Anmeldung von allen Gesellschaftern vorgenommen werden muss (§ 108 I HGB). Vgl für den umgekehrten Fall des Formwechsels einer PhG § 222 I.

4 Der **Formwechsel einer GmbH** ist durch deren Geschäftsführer **in vertretungsberechtigter Anzahl** (so auch Lutter/*Happ/Göthel* Rn 7 mwN; Widmann/Mayer/*Vossius* Rn 8; KölnerKommUmwG/*Dauner-Lieb/Tettinger* Rn 6) anzumelden. Einer Anmeldung durch alle Geschäftsführer bedarf es nicht, da § 78 GmbHG die Anmeldung nach § 198 nicht aufzählt. Für eine **formwechselnde AG** handelt der Vorstand (§§ 76 ff AktG), ebenfalls in vertretungsberechtigter Anzahl. Beim **Formwechsel einer KGaA** erfolgt die Anmeldung durch die phG (§ 283 Nr 1 AktG), allerdings nur, soweit sie nicht von der Geschäftsführung ausgeschlossen sind. Die Anmeldung durch einzelne Komplementäre ist bei entsprechender Vertretungsberechtigung (zur Vertretung bei Anmelden allg *Melchior* GmbHR 1999, 520) ausreichend. Zur Vertretung durch Dritte nach Erteilung einer öffentl beglaubigten Vollmacht vgl § 16 Rn 7 und Lutter/*Happ/Göthel* Rn 7.

§ 236 Wirkungen des Formwechsels

Mit dem Wirksamwerden des Formwechsels einer Kommanditgesellschaft auf Aktien scheiden persönlich haftende Gesellschafter, die nach § 233 Abs. 3 Satz 3 ihr Ausscheiden aus dem Rechtsträger erklärt haben, aus der Gesellschaft aus.

1 Im Ggs zum früheren Recht (dazu 1. Aufl 1994, § 23 Anm 4) scheiden beim **Formwechsel einer KGaA** in eine PersGes die phG nicht notw aus der Ges aus (zum Formwechsel einer KGaA in eine andere KapGes vgl § 247 Rn 12, 19). **Die phG können wählen,** ob sie ausscheiden oder weiterhin als Gesellschafter beteiligt sein wollen (§ 233 III 3). Entscheiden sie sich **(jeder für sich und unabhängig von den anderen)** für den Verbleib, so sind sie mit Wirksamwerden des Formwechsels nach Maßgabe der Festlegungen des Umwandlungsbeschlusses (§ 194 I Nr 4 Alt 2) nach den für die Zielrechtsform geltenden Vorschriften beteiligt (§ 202 I Nr 2). Beim **Formwechsel in eine KG** können die phG sowohl als Komplementär als auch als Kommanditist beteiligt werden. Erklärt ein phG hingegen nach § 233 III sein Ausscheiden aus dem Rechtsträger, scheidet er mit Wirksamwerden des Formwechsels (§ 202) aus der Ges aus.

2 Hinsichtl der **Haftung des phG** ist zu unterscheiden: Ist der phG zukünftig als OHG-Gesellschafter, Partner, GbR-Gesellschafter oder als Komplementär einer KG beteiligt, so haftet er aufgrund der erneut übernommenen persönl Haftung **unbeschränkt** auch für **vor dem Wirksamwerden des Formwechsels** bereits begründete Verbindlichkeiten weiter (Lutter/*Happ/Göthel* Rn 5; Semler/Stengel/*Ihrig* Rn 11 je mwN zur dogmatischen Herleitung). Erlangt der Komplementär einer KGaA **nach dem Formwechsel** die Rechtsstellung eines

Kommanditisten einer KG, so richtet sich die Forthaftung gem **§ 237** nach § 224. Die persönl Haftung für bereits begründete Verbindlichkeiten bleibt also zunächst unberührt (§ 224 I), sie ist jedoch **zeitl begrenzt** (§ 224 II–V). Auch das Ausscheiden des phG einer KGaA anlässl des Formwechsels lässt seine Haftung für zum Zeitpunkt des Wirksamwerdens des Formwechsels **bereits begründete** (dazu § 45 Rn 5 ff) Verbindlichkeiten unberührt. Dies folgt aus § 278 II AktG iVm §§ 161 II, 128, 130 HGB, sodass eine besondere Regelung entbehrl war (RegEBegr BR-Drs 75/94 zu § 247). Es tritt dann aber nach § 160 HGB eine § 224 II–V entsprechende **Nachhaftungsbegrenzung** ein.

§ 237 Fortdauer und zeitliche Begrenzung der persönlichen Haftung

Erlangt ein persönlich haftender Gesellschafter einer formwechselnden Kommanditgesellschaft auf Aktien beim Formwechsel in eine Kommanditgesellschaft die Rechtsstellung eines Kommanditisten, so ist auf seine Haftung für die im Zeitpunkt des Formwechsels begründeten Verbindlichkeiten der formwechselnden Gesellschaft § 224 entsprechend anzuwenden.

§ 237 regelt die **Forthaftung eines phG einer KGaA** und deren zeitl Begrenzung, sofern der phG mit Wirksamwerden des Formwechsels die Stellung eines Kommanditisten einnimmt. Zu den sonstigen Fällen der Nachhaftung vgl § 236 Rn 2. § 237 erklärt § 224 für die im Zeitpunkt des Formwechsels **bereits begründeten Verbindlichkeiten** der KGaA für entsprechend anwendbar. Durch die Verweisung auf § 224 I wird zunächst klargestellt, dass der Formwechsel die Haftung für Verbindlichkeiten, die spätestens mit Wirksamwerden des Formwechsels begründet waren (hierzu § 45 Rn 5 ff), unberührt lässt. Dies folgt allerdings bereits aus dem allg GesR, da das Ausscheiden eines phG die Haftung nach § 128 HGB (iVm § 278 II AktG, § 161 II HGB) nicht beeinflusst. Die **Nachhaftung** ist aber **auf einen Zeitraum von fünf Jahren beschränkt** (§ 224 II–V; vgl Komm dort). 1

Dritter Unterabschnitt. Formwechsel in eine Kapitalgesellschaft anderer Rechtsform

§ 238 Vorbereitung der Versammlung der Anteilsinhaber

[1] Auf die Vorbereitung der Gesellschafterversammlung oder der Hauptversammlung, die den Formwechsel beschließen soll, sind die §§ 230 und 231 entsprechend anzuwenden. [2] § 192 Abs. 2 bleibt unberührt.

Schrifttum: Siehe Schrifttum § 226; Stellungnahme der Centrale für GmbH Dr. Otto Schmidt vom 16.3.2006 zum Referentenentwurf eines Zweiten Gesetzes zur Änderung des Umwandlungsgesetzes, GmbHR 2006, 418; HRA des DAV, Stellungnahme zum Regierungsentwurf eines Zweiten Gesetzes zur Änderung des Umwandlungsgesetzes, NZG 2006, 737; *Bayer/Schmidt,* Der Regierungsentwurf zur Änderung des Umwandlungsgesetzes, NZG 2006, 841; *Drinhausen,* Regierungsentwurf eines Zweiten Gesetzes zur Änderung des Umwandlungsgesetzes – Ein Gewinn für die Praxis, BB 2006, 2313; *Heckschen,* Die GmbH-Reform – Wege und Irrwege, DStR 2007, 1442; *ders,* Die Reform des Umwandlungsrechts, DNotZ 2007, 444; *Mayer/Weiler,* Neuregelungen durch das Zweite Gesetz zur Änderung des Umwandlungsgesetzes, DB 2007, 1235 (Teil I); DB 2007, 1291 (Teil II); *dies,* Aktuelle Änderungen des Umwandlungsrechts aus Sicht der notariellen Praxis, MittBayNot 2007, 368;

Neye, BB-Gesetzgebungsreport: Bundestag beschließt neues Umwandlungsrecht, BB 2007, 389.

1. Vorbereitung der Anteilsinhaberversammlung, S 1

1 **S 1** befasst sich mit der **Vorbereitung der Anteilsinhaberversammlung,** die den **Formwechsel einer KapGes in eine KapGes** anderer Rechtsform beschließen soll. Regelungstechnisch erfolgt dies durch Verweisung auf §§ 230, 231, die ihrerseits die allg Vorschriften für die Einberufung einer Anteilsinhaberversammlung der jew Rechtsform modifizieren. Nach § 230 I ist der Formwechsel als Tagesordnungspunkt abw von § 51 IV GmbHG **spätestens mit der Einberufung** der Gesellschafterversammlung der formwechselnden GmbH **schriftl** anzukündigen. Ferner ist spätestens zusammen mit der Einberufung der **Umwandlungsbericht zu übersenden.** Vgl näher § 230 Rn 3, 4. In Anlehnung an § 175 II AktG braucht zur Vorbereitung der HV einer **AG oder KGaA** der Umwandlungsbericht hingegen nicht den – oftmals unbekannten – Aktionären übersandt werden. Stattdessen ordnet § 230 II 1 die Verpflichtung an, den **Umwandlungsbericht** von der Einberufung der HV an in dem Geschäftsraum der Ges **zur Einsicht auszulegen.** Jeder Aktionär und jeder nicht geschäftsführungsbefugte phG der KGaA hat Anspruch auf eine **Abschrift** (§ 230 Rn 5). Elektronische Kommunikation und der Einsatz des Internets sind bei AG/KGaA möglich, vgl § 230 Rn 5a. Das Abfindungsangebot nach § 207 ist, wenn es nicht ohnehin bereits im Umwandlungsbericht enthalten ist, als wesentl Informationsmittel für die Anteilsinhaber mit der Einberufung zu übersenden oder bekannt zu machen (§ 231 Rn 1 ff).

2. Entbehrlichkeit des Umwandlungsberichts, S 2

2 S 2 war früher S 3. Durch das 2. UmwÄndG (dazu Einf Rn 28) entfiel der frühere S 2 über die ehemals notw Vermögensaufstellung ersatzlos. Klarstellend, aber eigentl überflüssig, ordnet **S 2** an, dass **§ 192 II** unberührt bleibt. Auch beim Formwechsel innerh der Rechtsform KapGes ist ein **Umwandlungsbericht nicht erforderl,** wenn nur **ein Anteilsinhaber beteiligt** ist oder wenn alle Anteilsinhaber auf die Erstattung **in notarieller Urkunde verzichten** (näher § 192 Rn 22 f).

§ 239 Durchführung der Versammlung der Anteilsinhaber

(1) [1] **In der Gesellschafterversammlung oder in der Hauptversammlung, die den Formwechsel beschließen soll, ist der Umwandlungsbericht auszulegen.** [2] **In der Hauptversammlung kann der Umwandlungsbericht auch auf andere Weise zugänglich gemacht werden.**

(2) **Der Entwurf des Umwandlungsbeschlusses einer Aktiengesellschaft oder einer Kommanditgesellschaft auf Aktien ist von deren Vertretungsorgan zu Beginn der Verhandlung mündlich zu erläutern.**

1 § 239 entspricht auch nach der Änderung durch das ARUG inhaltl § 232; auf die Komm dort wird verwiesen.

§ 240 Beschluß der Versammlung der Anteilsinhaber

(1) [1] **Der Umwandlungsbeschluß bedarf einer Mehrheit von mindestens drei Vierteln der bei der Gesellschafterversammlung einer Gesellschaft mit beschränkter Haftung abgegebenen Stimmen oder des bei der Beschlußfassung einer Aktiengesellschaft oder einer Kommanditgesellschaft auf Aktien vertretenen Grundkapitals; § 65 Abs. 2 ist entsprechend anzuwenden.** [2] **Der Gesellschaftsvertrag oder die Satzung der formwechselnden Gesellschaft kann eine größere Mehrheit und weitere Erfordernisse, beim Formwechsel einer Kommanditgesellschaft auf Aktien in eine Aktiengesellschaft auch eine geringere Mehrheit bestimmen.**

(2) [1] **Dem Formwechsel einer Gesellschaft mit beschränkter Haftung oder einer Aktiengesellschaft in eine Kommanditgesellschaft auf Aktien müssen alle Gesellschafter oder Aktionäre zustimmen, die in der Gesellschaft neuer Rechtsform die Stellung eines persönlich haftenden Gesellschafters haben sollen.** [2] **Auf den Beitritt persönlich haftender Gesellschafter ist § 221 entsprechend anzuwenden.**

(3) [1] **Dem Formwechsel einer Kommanditgesellschaft auf Aktien müssen ferner deren persönlich haftende Gesellschafter zustimmen.** [2] **Die Satzung der formwechselnden Gesellschaft kann eine Mehrheitsentscheidung dieser Gesellschafter vorsehen.**

Schrifttum: Siehe Schrifttum § 226.

1. Allgemeines

§ 240 regelt die **Mehrheitsverhältnisse und weiteren Zustimmungserfordernisse** für den Formwechsel einer KapGes in eine KapGes anderer Rechtsform. 1
Der Umwandlungsbeschluss wird hierbei im Wesentl **wie eine Satzungsänderung** behandelt (vgl § 53 II GmbHG, §§ 179 II, III, 285 II AktG; Semler/Stengel/*Arnold* Rn 6 ff mwN, der Formwechsel ist aber kein Fall der Satzungsänderung). Die nach der früheren Rechtslage strengeren Mehrheitserfordernisse für den Formwechsel einer AG oder KGaA in eine GmbH (vgl §§ 369 II, III, 388 AktG aF) sind weggefallen; die Mehrheitsverhältnisse bestehen nun einheitl für alle Zielrechtsformen.

2. Formwechselbeschluss einer GmbH

Wie die sonstigen Umwandlungsbeschlüsse (vgl §§ 50, 125, 233) bedarf auch 2
der **Formwechselbeschluss einer GmbH** der **Mehrheit von mindestens drei Vierteln der** bei der Gesellschafterversammlung **abgegebenen Stimmen** (Abs 1 S 1). Der Umfang weiterer Zustimmungserfordernisse hängt vom Einzelfall ab, vgl § 241 und Komm dort. Die **Satzung** der GmbH kann auch für den Formwechselbeschluss größere Mehrheiten (bis hin zur Einstimmigkeit) und weitere Erfordernisse festlegen. Der Beschluss muss zwingend in einer Gesellschafterversammlung gefasst werden (§ 193 I 2). Zu Einzelheiten hinsichtl Beschlussfassung und Mehrheitsverhältnis vgl § 50 Rn 2 ff.

3. Formwechselbeschluss einer AG

Der **Formwechselbeschluss der HV einer AG** unterliegt denselben Mehr- 3
heitsanforderungen wie ein Verschm- oder Spaltungsbeschluss (vgl §§ 65, 125,

233). Er bedarf der **einfachen Stimmenmehrheit und** einer Mehrheit von **mindestens drei Vierteln des bei der Beschlussfassung vertretenen Grundkapitals** (Abs 1 S 1 HS 2). Die **Satzung** kann höhere Mehrheits- und sonstige Erfordernisse aufstellen (Abs 1 S 2); die früher je nach Zielrechtsform unterschiedl Mehrheitsverhältnisse sind angeglichen worden (Rn 1). Aufgrund der entsprechenden Anwendung von § 65 II (Abs 1 S 1 HS 2) bedarf auch der Formwechselbeschluss bei Vorliegen **unterschiedl Aktiengattungen** getrennter Beschlüsse (Semler/Stengel/*Arnold* Rn 12 ff mwN; enger *Veil,* Umwandlung einer AG in eine GmbH, 1996, S 95 ff). Vgl zu Einzelheiten hinsichtl Beschlussfassung und Mehrheitsverhältnissen § 65 Rn 2 ff; zum Zustimmungserfordernis nach § 242 vgl die Komm dort.

4. Formwechselbeschluss einer KGaA

4 Für den **Formwechselbeschluss einer KGaA** gelten zunächst in Übereinstimmung mit der **allg aktienrechtl Regelung** (§ 278 III AktG) dieselben Anforderungen wie für den Formwechselbeschluss der HV einer AG (Abs 3 S 1, „ferner"). Die **Satzung** der KGaA kann strengere Mehrheits- oder sonstige Erfordernisse aufstellen, beim Formwechselbeschluss in eine AG aber auch eine **geringere Mehrheit** bestimmen (die hM, Nachw bei Lutter/*Happ/Göthel* Rn 4, diese verlangen zu Recht insoweit grdsl spezielle Satzungsregelung zum Formwechsel, nicht nur allg zur Satzungsänderung). Letzteres entspricht dem früheren Recht, da § 366 AktG aF keine eigenständige Mehrheitsregelung enthielt und daher die in der Satzung für Satzungsänderungen vorgesehene Mehrheit maßgebl war (§§ 278 III, 179 II AktG; vgl dazu 1. Aufl 1994, § 366 AktG Anm 3 mwN). Erforderl ist aber stets zumindest eine **einfache Kapitalmehrheit** sowie nach §§ 278 III, 133 I AktG **einfache Stimmenmehrheit** (allgM; vgl etwa *Hüffer* AktG § 179 Rn 16 ff; Semler/Stengel/*Arnold* Rn 6 mwN; Widmann/Mayer/*Rieger* Rn 30 mwN; zur Mehrheitsberechnung vgl § 65 Rn 3 ff).

5 Darüber hinaus bedarf es beim Formwechsel einer KGaA zusätzl der **Zustimmung der phG.** Die Zustimmung müssen grdsl alle Komplementäre erteilen, die Satzung der KGaA kann allerdings eine **Mehrheitsentscheidung der phG** zulassen. Dies entspricht der zur früheren Rechtslage hM (vgl 1. Aufl 1994, § 366 AktG Anm 5 mwN) und ist nun in **Abs 3 S 2** ausdrückl geregelt. Entgegen der früher hM (vgl etwa GroßKomm AktG/*Meyer-Landrut* § 366 Rn 4; KölnerKomm-AktG/*Zöllner* § 366 Rn 19) wird man aufgrund der ausdrückl Regelung in Abs 3 S 2 einen **vollständigen Verzicht auf die Zustimmung** in der Satzung nicht mehr für zulässig erachten können (wie hier Lutter/*Happ/Göthel* Rn 15; Kallmeyer/*Dirksen* Rn 7 aE; Widmann/Mayer/*Rieger* Rn 63).

6 Die **Zustimmung** der phG, die **vor und nach der HV** erteilt werden kann (vgl § 233 Rn 6; ausführl Widmann/Mayer/*Rieger* Rn 49, 50, 57), muss entweder in der Niederschrift über die HV (§ 130 AktG) oder in einer Anhangsurkunde **notariell beurkundet** werden (§§ 285 III AktG, 193 III 1; vgl § 233 Rn 6). In seltenen, aber durchaus mögl, Fällen kann ein Anspruch auf Erteilung der Zustimmung bestehen. Dies ist etwa der Fall, wenn bei einem phG ein Ausschließungsgrund nach §§ 133, 140 HGB vorliegt. Ein **Anspruch auf Zustimmung** kann auch Ausfluss der Treuepflicht sein (Widmann/Mayer/*Rieger* Rn 61 mwN; Lutter/*Happ/Göthel* Rn 17, 18 mwN; KölnerKommUmwG/*Petersen* Rn 16). Die Zustimmungserklärung kann in diesem Fall durch das Urteil ersetzt werden (§ 894 ZPO).

5. Formwechsel in eine KGaA

Dem Formwechsel einer **GmbH oder** einer **AG in eine KGaA** müssen ferner alle Gesellschafter oder Aktionäre zustimmen, die zukünftig die Stellung eines phG (§ 278 I AktG) haben sollen, **Abs 2 S 1.** Die Regelung entspricht damit § 217 III; sie war auch beim Formwechsel einer GmbH oder AG in eine KGaA notw, da keinem Gesellschafter die **Übernahme einer persönl Haftung** ohne ausdrückl Einverständnis zugemutet werden kann (RegEBegr BR-Drs 75/94 zu § 240). Die Einräumung ledigl der Möglichkeit des Ausscheidens gegen **Barabfindung** (§ 207) wäre insofern nicht angemessen (Semler/Stengel/*Arnold* Rn 20). Die Zustimmung kann vor (vgl aber Rn 8 für den Beitretenden), während und nach Fassung des Umwandlungsbeschlusses erfolgen. Sie ist entweder in der Beschlussniederschrift oder gesondert **notariell zu beurkunden** (§ 193 III 1). Abs 2 S 1 betrifft nur den bereits an der formwechselnden GmbH oder AG beteiligten Gesellschafter bzw Aktionär. Der **Beitritt bislang nicht Beteiligter** als phG beim Formwechsel in eine KGaA bestimmt sich gem Abs 2 S 2 nach § 221 (vgl Rn 8). 7

6. Beitritt persönlich haftender Gesellschafter

Auch beim Formwechsel einer GmbH oder einer AG in eine KGaA kann ein bislang an der formwechselnden KapGes nicht Beteiligter die Stellung als phG (§ 278 I AktG) übernehmen. Gem **Abs 2 S 2** ist auf den **Beitritt bislang nicht Beteiligter** § 221 entsprechend anzuwenden. Die Beitrittserklärung ist danach notariell zu beurkunden; ferner muss der Beitretende die **Satzung** der KGaA, die maßgebl seine Rechtsstellung bestimmt, **genehmigen,** weshalb eine Zustimmung vor Beschlussfassung wohl ausscheidet (Lutter/*Happ/Göthel* Rn 13; Semler/Stengel/*Arnold* Rn 24; insoweit übereinstimmend wohl Widmann/Mayer/*Rieger* Rn 50). Zu Einzelheiten vgl die Komm zu § 221. 8

§ 241 Zustimmungserfordernisse beim Formwechsel einer Gesellschaft mit beschränkter Haftung

(1) **Werden durch den Umwandlungsbeschluß einer formwechselnden Gesellschaft mit beschränkter Haftung die Aktien in der Satzung der Aktiengesellschaft oder der Kommanditgesellschaft auf Aktien auf einen höheren als den Mindestbetrag nach § 8 Abs. 2 oder 3 des Aktiengesetzes und abweichend vom Nennbetrag der Geschäftsanteile der formwechselnden Gesellschaft gestellt, so muß dem jeder Gesellschafter zustimmen, der sich nicht dem Gesamtnennbetrag seiner Geschäftsanteile entsprechend beteiligen kann.**

(2) **Auf das Erfordernis der Zustimmung einzelner Gesellschafter ist ferner § 50 Abs. 2 entsprechend anzuwenden.**

(3) **Sind einzelnen Gesellschaftern außer der Leistung von Kapitaleinlagen noch andere Verpflichtungen gegenüber der Gesellschaft auferlegt und können diese wegen der einschränkenden Bestimmung des § 55 des Aktiengesetzes bei dem Formwechsel nicht aufrechterhalten werden, so bedarf der Formwechsel auch der Zustimmung dieser Gesellschafter.**

Schrifttum: Siehe Schrifttum § 226.

1. Allgemeines

1 § 241 enthält besondere **Zustimmungserfordernisse beim Formwechsel einer GmbH.** Abs 1 und 2 entspricht dem früher schon geltenden Recht (§ 376 II 2, IV AktG aF), wobei **Abs 1** durch Art 2 Nr 7 StückAG vom 25.3.1998 (BGBl I 590) an die Neufassung von § 8 AktG (dazu *Hüffer* AktG § 8 Rn 20 ff) angepasst und der ehemalige Abs 1 S 2 durch das MoMiG (Einf Rn 30) aufgehoben wurde. **Abs 2** führt zur Angleichung der Rechtsstellung von Sonderrechtsinhabern bei Verschm und Spaltung einerseits und beim Formwechsel andererseits. Zum früher in § 376 II 2 AktG aF geregelten Zustimmungsvorbehalt bei vinkulierten GmbH-Anteilen vgl § 193 II. **Abs 3** entspricht § 376 II 3 AktG aF.

2. Zustimmungsvorbehalt bei abweichenden Nennbeträgen, Abs 1

2 Gem **§ 5 I GmbHG aF** musste die **Stammeinlage** mindestens EUR 100 betragen. War die **Umstellung auf Euro** (vgl § 86 GmbHG) noch nicht erfolgt, galt § 5 I GmbHG aF mit der Maßgabe, dass die Stammeinlage mindestens DM 500 betragen musste. Möglich war auch, dass bereits vor Durchführung des Formwechsels im Zusammenhang mit einer anderen Umw Geschäftsanteile bei der GmbH mit einem Mindestnennbetrag von EUR 50 (etwa § 46 I 3 UmwG aF) oder DM 50 (etwa § 46 I 3 UmwG aF, § 22 I 2 KapErhG aF) gebildet wurden. Durch das **MoMiG** (Einf Rn 30) ist § 5 I GmbHG und im Zusammenhang damit auch das UmwG geändert worden. GmbH-Geschäftsanteile können jetzt so gestückelt werden, wie dies § 8 II AktG für Nennbetragsaktien zulässt, nämlich mit einem Mindestbetrag von EUR 1,00 oder mit höheren Beträgen, soweit diese durch volle Euro teilbar sind (vgl auch § 46 Rn 12). Derzeit weisen viele GmbHs aber noch Geschäftsanteile auf, die vom alten Recht geprägt sind und die Mindeststückelung nach § 5 I GmbHG deutlich überschreiten. Wird beim Formwechsel in die AG das StK (dessen Höhe nur nach Maßgabe von § 243 II geändert werden kann) an die künftigen Aktionäre zugeteilt, kann dies das **Zustimmungserfordernis von Abs 1** auslösen. Zunächst lässt sich der Vorschrift die Grundvorstellung des Gesetzgebers entnehmen, dass die Festsetzung des Nennbetrags nach § 8 II AktG oder die Stückelung des Grundkapitals nach § 8 III AktG so durchzuführen ist, dass sich **jeder GmbH-Gesellschafter vollständig** entsprechend dem bisherigen Nennbetrag seiner Stammeinlage beteiligen kann. **Abs 1** gewährt jedoch keinen Anspruch auf die Festsetzung der Stückelung mit den Mindestbeträgen nach § 8 II, III AktG, sondern macht die **Umsetzung** (nicht die Wirksamkeit) **des Umwandlungsbeschlusses abhängig von der Zustimmung** derjenigen Anteilsinhaber, die sich nicht mit dem vollen Nennbetrag ihrer Geschäftsanteile beteiligen können (zum Ganzen auch Lutter/*Happ/Göthel* Rn 2 ff; *dies* § 242 Rn 14 je mwN).

3 **Beispiel:**

a) Die Gesellschafter A–C haben Geschäftsanteile von EUR 24 500, EUR 25 000, und EUR 50 500. Von der Gesellschaftsversammlung werden 500 Aktien mit dem Nennbetrag EUR 100 und 50 Aktien mit dem Nennbetrag EUR 1 000 festgesetzt. Jeder Gesellschafter ist berechtigt, sich die Stückelung seiner Aktien – unter Berücksichtigung des Gleichbehandlungsgrundsatzes (Kallmeyer/*Dirksen* Rn 3) – selbst auszuwählen. Eine **Zustimmung** iSv Abs 1 S 1 ist **nicht notw,** da jeder Gesellschafter sich dem Gesamtnennbetrag seiner Geschäftsanteile entsprechend beteiligen kann.

b) Wie oben, jedoch werden die Nennbeträge der Aktien sämtl auf EUR 1 000 festgesetzt. A und C können sich jew iHv EUR 500 nicht dem Gesamtnennbetrag ihrer Geschäftsanteile entsprechend beteiligen. Da der Nennbetrag der Aktien auf einen höheren Betrag als EUR 1 lautet, ist in diesem Fall die **notariell beurkundete Zustimmung von A und C notw Wirksamkeitserfordernis der Festsetzung.** Erklären A und C wirksam die Zustimmung, steht die aus den Spitzen (2 x EUR 500) gebildete Aktie (Nennbetrag EUR 1 000) beiden Gesellschaftern gemeinsam zu. Eine Verwertung dieser Aktie durch öffentl Versteigerung ist gem § 248 I, § 226 III AktG mögl (Lutter/*Happ/Göthel* Rn 23, § 248 Rn 24 ff mwN; Semler/Stengel/*Scheel* § 248 Rn 21, 22). 4

Der **Mindestnennbetrag einer Aktie** beträgt **einen Euro,** § 8 II 1 AktG; höhere Aktiennennbeträge müssen auf volle Euro lauten (§ 8 II 4 AktG). Die Ausgabe von Aktien mit unterschiedl Nennbeträgen ist mögl, solange der **Gleichbehandlungsgrundsatz** gewahrt bleibt. 5

Nach **Abs 1** bedarf die Festsetzung der abw Stückelung (und nicht der Formwechsel selbst, Widmann/Mayer/*Rieger* Rn 66, 67) der Zustimmung der betroffenen Gesellschafter. Die **Zustimmung** der betroffenen Gesellschafter ist **notariell zu beurkunden** (§ 193 III 1). Sie kann vor, während und nach der Gesellschafterversammlung erteilt werden. Sie ist grdsl neben der Zustimmung zum Formwechselbeschluss als **gesonderte Erklärung** (Lutter/*Happ/Göthel* Rn 19 mwN) zu protokollieren. 6

Fehlt die Zustimmung, darf der Registerrichter die neue Rechtsform oder den Rechtsträger neuer Rechtsform (§ 198 I, II 1–3) nicht eintragen (Lutter/*Happ/Göthel* Rn 21, 22 mwN). Ein etwaiger Mangel lässt die Wirkungen der Eintragung allerdings unberührt **(§ 202 III),** was aber nicht als Heilung anzusehen ist (Lutter/*Happ/Göthel* Rn 22 mwN), sodass Schadenersatzansprüche mögl sind. 7

3. Zustimmung von Sonderrechtsinhabern, Abs 2

Entsprechend der Regelungen für die Verschm und für die Spaltung bedarf der Formwechsel gem **Abs 2** der **Zustimmung** bestimmter **Sonderrechtsinhaber.** Abs 2 verweist vollständig auf § 50 II (zur früheren Rechtslage vgl 1. Aufl 1994, § 376 AktG Anm 8). Einzelheiten sind bei § 50 Rn 8 ff dargestellt. Zu den Folgen fehlender Zustimmung vgl Rn 12. 8

4. Zustimmung bei Nebenleistungspflichten, Abs 3

Nach **Abs 3** ist ferner die **Zustimmung** der betroffenen Gesellschafter (das können auch alle Gesellschafter sein, Widmann/Mayer/*Rieger* Rn 50 mwN) für den Fall erforderl, dass **Nebenleistungspflichten** der GmbH-Gesellschafter durch die Umw **erlöschen.** § 3 II GmbHG überlässt es den Gesellschaftern, der GmbH durch Aufnahme von Nebenleistungspflichten in den GmbH-Gesellschaftsvertrag eine ausgeprägt personalistische Ausgestaltung zu geben (dazu Baumbach/Hueck/*Hueck/Fastrich* GmbHG § 3 Rn 32 ff; Scholz/*Emmerich* GmbHG § 3 Rn 42 ff; Lutter/Hommelhoff/*Bayer* GmbHG § 3 Rn 50 ff; *Ullrich* ZGR 1985, 235). 9

Durch den Formwechsel werden die ursprüngl im GmbH-Gesellschaftsvertrag statuierten Nebenleistungspflichten der Gesellschafter künftig am Maßstab von **§ 55 AktG** gemessen, der – im Ggs zu § 3 II GmbHG – **Nebenleistungspflichten bei der AG** nur für wiederkehrende, nicht in Geld bestehende Leistungen zulässt. Hiergegen verstoßende Nebenleistungspflichten geraten daher mit Wirksamwerden des Formwechsels in Wegfall. Abs 3 ist auf den ersten Blick nicht 10 verständl, weil der vom Wegfall einer Nebenleistungspflicht betroffene Gesellschafter durch die anlässl der Umw erfolgte Befreiung von der Nebenleistungspflicht regelm keinen Nachteil erfahren wird. Seine Zustimmung ist demgemäß für die **ausschließl Freistellung von einer Belastung** nicht notw (Lutter/*Happ/Göthel* Rn 14 mwN). Die Nebenleistungspflicht kann aber – und das ist der Grund für das Zustimmungserfordernis – auch **korrespondierende Rechte** der Gesellschafter, die mit dem Geschäftsanteil verbunden sind, eröffnen. So kann es etwa für den GmbH-Gesellschafter von Vorteil sein, wenn er verpflichtet ist, der GmbH Geschäftsräume zum entgeltl Gebrauch zu überlassen oder wenn er kraft Gesellschaftsvertrag zur aktiven entgeltl Mitarbeit als Geschäftsführer verpflichtet ist. Stehen sich bei einer Nebenleistung **Vor- und Nachteile für den Gesellschafter** ggü, ist seine Zustimmung zum Formwechsel erforderl (wie hier Widmann/Mayer/*Rieger* Rn 51 ff mwN; KölnerKommUmwG/*Petersen* Rn 14; Lutter/*Happ/Göthel* Rn 12), es sei denn, die Nebenleistungspflicht könnte auch außerhalb des Formwechsels durch Satzungsänderung gegen die Stimme des betroffenen Gesellschafters beschlossen werden (zutr Lutter/*Happ/Göthel* Rn 13; Widmann/Mayer/*Rieger* Rn 58).

11 Die Zustimmung kann vor, während und nach der Gesellschafterversammlung erteilt werden. Sie ist **notariell zu beurkunden** (§ 193 III 1).

5. Folgen fehlender Zustimmung

12 Ohne die nach Abs 2 oder Abs 3 (zu Abs 1 Rn 7) notw Zustimmungen ist der **Formwechselbeschluss schwebend unwirksam.** Wird die Zustimmung von einem oder von mehreren Zustimmungsberechtigten verweigert, führt dies zur **endgültigen Unwirksamkeit** des Beschlusses (Widmann/Mayer/*Rieger* Rn 68; Lutter/*Happ/Göthel* Rn 21 mwN). Wird die neue Rechtsform oder der Rechtsträger neuer Rechtsform (§ 198 I, II 1–3) dennoch **eingetragen,** lässt das Fehlen der Zustimmung die Wirkungen des Formwechsels allerdings unberührt (Rn 7).

§ 242 Zustimmungserfordernis beim Formwechsel einer Aktiengesellschaft oder einer Kommanditgesellschaft auf Aktien

Wird durch den Umwandlungsbeschluß einer formwechselnden Aktiengesellschaft oder Kommanditgesellschaft auf Aktien der Nennbetrag der Geschäftsanteile in dem Gesellschaftsvertrag der Gesellschaft mit beschränkter Haftung abweichend vom Betrag der Aktien festgesetzt, so muß der Festsetzung jeder Aktionär zustimmen, der sich nicht mit seinem gesamten Anteil beteiligen kann.

Schrifttum: Siehe Schrifttum § 226.

1 § 242 regelt ein **besonderes Zustimmungserfordernis beim Formwechsel einer AG oder KGaA in eine GmbH** (zum umgekehrten Fall vgl § 241). Die Vorschrift entspricht § 369 VI 3, 5 AktG aF. Sie wurde durch Art 2 Nr 8 StückAG vom 25.3.1998 (BGBl I 590) entsprechend der Neufassung von § 8 II, III AktG geändert. Grdsl soll der **Nennbetrag der Geschäftsanteile** dem Betrag der Aktien entsprechen (Semler/Stengel/*Mutter* Rn 3 mit zutr Verweis auf BGH ZIP 2005, 985 und BGH ZIP 1999, 1444). § 243 III 1 lässt es jedoch zu, dass der Nennbetrag der GmbH-Geschäftsanteile abw vom Betrag der Aktien festgesetzt wird (zur willkürlichen Festsetzung aber KölnerKommUmwG/*Petersen* Rn 5).

Wegen der Änderung von § 5 I GmbHG und § 243 III 2 durch das MoMiG (Einf Rn 30, § 243 Rn 8, 9) können die Geschäftsanteile mit ihrer neuen Mindeststückelung von EUR 1,00 zwar passgenau festgesetzt werden, eine entsprechende Verpflichtung hierzu besteht aber nicht.

Die **abw Festsetzung** bedarf nach § 242 allerdings ggf der **Zustimmung einzelner Aktionäre,** wenn die abw Festsetzung dazu führt, dass sich ein Aktionär **nicht seinem gesamten Anteil** entsprechend (Änderung ebenfalls durch StückAG vom 25.3.1998) beteiligen kann. 2

Zustimmen muss nur der Aktionär, der nicht für seinen gesamten Anteil GmbH-Geschäftsanteile erhält. Die Zustimmung muss sich auf die abw Festsetzung, nicht auf den Formwechsel beziehen (dazu § 241 Rn 7). Damit hängt im Erg die **Wirksamkeit der Umw** von der Zustimmung ab, ein alt **Anspruch auf Festsetzung der Mindeststückelung iSv § 243 III 2** besteht nicht (vgl § 241 Rn 2). Die Zustimmung kann vor, in oder nach der HV erteilt werden. Sie ist **notariell zu beurkunden** (§ 193 III 1). Mit dem Abstimmungsverhalten in der Anteilsinhaberversammlung hat die Zustimmung nichts zu tun, sie ist eine **gesonderte Erklärung** (vgl Lutter/*Happ/Göthel* § 241 Rn 11 mwN). Bei Verweigerung der Zustimmung ist deshalb nicht der Umwandlungsbeschluss als solcher, sondern die Festsetzung der Nennbeträge dem betroffenen Gesellschafter ggü unwirksam (Lutter/*Happ/Göthel* Rn 14; Widmann/Mayer/*Rieger* Rn 25). Sie wirkt gleichwohl als **Eintragungshindernis** (§ 241 Rn 7). 3

Die Zustimmung ist auch dann notw, wenn die **Abweichung nicht erhebl** ist, wenn also ein Aktionär zB für geringe Spitzen von wenigen Euro keine GmbH-Geschäftsanteile zugewiesen bekommt (zweifelnd insoweit Lutter/*Happ,* Kölner Umwandlungsrechtstage 1995, S 235; wie hier Semler/Stengel/*Mutter* Rn 12). 4

Nachdem viele Publikums-AG mittlerweile von der Mindeststückelung nach § 8 II AktG Gebrauch gemacht haben, ist die Zuweisung von GmbH-Geschäftsanteilen an **unbekannte Aktionäre** zum Problem geworden. Dort empfiehlt es sich, die Festsetzung der Geschäftsanteile im Umwandlungsbeschluss möglichst flexibel zu gestalten (dazu ausführl mit Beispiel Widmann/Mayer/*Rieger* Rn 9, 10) oder – als einzige **sichere Variante** – ausschließl Geschäftsanteile im Nennbetrag von EUR 1,00 zu bilden, weil dann § 242, der auch für die unbekannten Aktionäre uneingeschränkt gilt, nicht einschlägig ist (vgl Rn 2; Semler/Stengel/*Mutter* Rn 11; KölnerKommUmwG/*Petersen* Rn 6; so wohl auch Lutter/*Happ/Göthel* Rn 18). 5

§ 243 Inhalt des Umwandlungsbeschlusses

(1) [1] **Auf den Umwandlungsbeschluß ist § 218 entsprechend anzuwenden.** [2] **Festsetzungen über Sondervorteile, Gründungsaufwand, Sacheinlagen und Sachübernahmen, die in dem Gesellschaftsvertrag oder in der Satzung der formwechselnden Gesellschaft enthalten sind, sind in den Gesellschaftsvertrag oder in die Satzung der Gesellschaft neuer Rechtsform zu übernehmen.** [3] **§ 26 Abs. 4 und 5 des Aktiengesetzes bleibt unberührt.**

(2) **Vorschriften anderer Gesetze über die Änderung des Stammkapitals oder des Grundkapitals bleiben unberührt.**

(3) [1] **In dem Gesellschaftsvertrag oder in der Satzung der Gesellschaft neuer Rechtsform kann der auf die Anteile entfallende Betrag des Stamm- oder Grundkapitals abweichend vom Betrag der Anteile der formwechselnden Gesellschaft festgesetzt werden.** [2] **Bei einer Gesellschaft mit beschränkter Haftung muss er auf volle Euro lauten.**

Schrifttum: Siehe Schrifttum § 226.

1. Allgemeines

1 § 243 beschäftigt sich mit dem **Inhalt des Umwandlungsbeschlusses** und modifiziert § 194. Wegen der Verweisung auf § 218 in **Abs 1 S 1** muss der Umwandlungsbeschluss beim Formwechsel einer KapGes in eine KapGes anderer Rechtsform den **GmbH-Gesellschaftsvertrag** oder **die Satzung der AG bzw KGaA** enthalten. Auch können beim Formwechsel von einer KapGes in eine KGaA **bislang nicht Beteiligte** anlässl des Formwechsels als phG beitreten (Abs 1 S 1 iVm § 218 II). Der Verweis in Abs 1 S 1 erstreckt sich nicht auf **§ 218 III,** der Besonderheiten für die Ausgestaltung von Genossenschaftsanteilen festlegt (Semler/Stengel/*Mutter* Rn 6). Der Formwechsel von KapGes in eG ist in §§ 251 ff geregelt; dort entspricht § 253 II der Regelung von § 218 III. Wie bei der Verschm oder der Spaltung zur Neugründung einer GmbH oder AG (vgl §§ 57, 74) muss auch beim Formwechsel der Gesellschaftsvertrag oder die Satzung, die nach Wirksamwerden des Formwechsels für den Rechtsträger maßgebl ist, die vormals vorhandenen **Festsetzungen über Sondervorteile,** Gründungsaufwand, Sacheinlagen und Sachübernahmen übernehmen. **Abs 2** stellt klar, dass im Zusammenhang mit dem Formwechsel das **Nennkapital nicht frei festgesetzt** werden kann (RegEBegr BR-Drs 75/94 zu § 243). KapErh oder Kapitalherabsetzungen im Zusammenhang mit dem Formwechsel sind an den allg Vorschriften zu messen. **Abs 3** schließl erlaubt **Anpassungen des Nennbetrags der Anteile** vor und nach dem Formwechsel, um eine möglichst gleichbleibende Beteiligung zu gewährleisten. Abs 3 S 2 wurde durch das MoMiG (Einf Rn 30) geändert.

2. Gesellschaftsvertrag

2 Während nach früherer Rechtslage im Umwandlungsbeschluss ledigl die notw Satzungsänderungen festzusetzen waren (vgl §§ 362 II 4, 366 II, 369 V, 376 III, 388, 392 AktG aF), ordnet **Abs 1 S 1** durch die Verweisung auf § 218 I nun an, dass der **gesamte Gesellschaftsvertrag** bzw die gesamte Satzung **Bestandteil des Umwandlungsbeschlusses** ist.

3 Dies ist gerechtfertigt, weil auch der Formwechsel innerh der Rechtsformen der KapGes in seiner Bedeutung über eine bloße Satzungsänderung hinausgeht (§ 240 Rn 1). Überdies entspricht es der sonstigen Regelung bei Satzungsänderungen (§ 54 I 2 GmbHG, § 181 I 2 AktG), dass der vollständige Wortlaut des Gesellschaftsvertrags oder der Satzung dem HR zur Vfg stehen soll (RegEBegr BR-Drs 75/94 zu § 243). Vgl zunächst § 218 Rn 3 ff und zu fakultativen Satzungsänderung, bei denen ohne Notwendigkeit bisherige Festsetzungen uU rechtsmissbräuchl nicht in die neue Rechtsform überführt werden sollen, Lutter/*Happ/Göthel* Rn 31 ff. Ergänzend verlangt **Abs 1 S 2** – wie auch §§ 57, 74 bei der Verschm (bzw Spaltung) zur Neugründung – die Übernahme der im bisherigen Gesellschaftsvertrag oder in der bisherigen Satzung enthaltenen **Festsetzungen** über Sondervorteile, Gründungsaufwand, Sacheinlagen und Sachübernahmen.

Werden **Sondervorteile** nicht übernommen, **so gehen** auf solchen Bestimmungen beruhende **Rechte unter** (allgM, vgl Lutter/*Happ/Göthel* Rn 25 mwN). Zum Zustimmungsvorbehalt bei Sondervorteilen iSv § 241 II, III vgl § 241 Rn 8 ff. Ohne die genaue **Bezeichnung des Gründungsaufwands** und der Sacheinlagen bzw Sachübernahmen könnten die Vorschriften über die Offenlegung (vgl §§ 5 IV GmbH, 27 AktG; zum Gründungsaufwand vgl BGH ZIP 1989, 450; § 26 II AktG) umgangen werden. Wegen des eindeutigen Wortlauts kommt es nicht darauf an, ob der Gründungsaufwand beglichen und die Sacheinlagen/Sachübernahmen bereits vollständig erbracht sind (vgl auch § 57 Rn 2; wie hier Semler/Stengel/*Mutter* Rn 14; Widmann/Mayer/*Rieger* Rn 21; KölnerKomm-UmwG/*Petersen* Rn 6).

Gem Abs 1 S 2 bleiben **§ 26 IV und V AktG** unberührt. Damit wird klargestellt, dass auch beim Formwechsel die Änderung **oder die Beseitigung von Festsetzungen** iSv §§ 26 I, 26 II AktG nur eingeschränkt erfolgen darf (dazu etwa *Hüffer* AktG § 26 Rn 9 f). Nach hM soll auch **§ 27 V AktG,** der in Abs 1 S 2 nicht erwähnt ist, Anwendung finden (Lutter/*Happ/Göthel* Rn 24 mwN). 4

3. Beitritt persönlich haftender Gesellschafter

Beim **Formwechsel** einer GmbH oder einer AG **in eine KGaA** muss der Umwandlungsbeschluss ferner vorsehen, dass sich mindestens ein Gesellschafter der formwechselnden Ges als phG beteiligt oder dass ein bislang nicht Beteiligter als phG beitritt. Abs 1 S 1 verweist insoweit auf § 218 II. Zu Einzelheiten vgl § 218 Rn 6, 7. 5

4. Veränderung des Kapitals, Abs 2

Abs 2 bestimmt, dass Vorschriften anderer Gesetze über die Änderung **des Nennkapitals** unberührt bleiben. Damit soll klargestellt werden, dass die nach § 197 S 1 angeordnete Anwendung des jew Gründungsrechts **keine** Ermächtigung zu einer **freien Neufestsetzung des Nennkapitals** ist (RegEBegr BR-Drs 75/94 zu § 243). Vielmehr wird nach **§ 247 I** das StK einer formwechselnden GmbH zum Grundkapital der AG oder KGaA und umgekehrt. **Die Nennkapitale müssen sich ziffernmäßig entsprechen** (eine **Ausnahme** war für die Übergangszeit der Währungsumstellung zulässig, so zutr Lutter/*Happ/Göthel* § 247 Rn 5). Soll hiervon abgewichen werden, bedarf es einer **KapErh** oder **Kapitalherabsetzung,** für die die **allg Vorschriften** (§§ 55 ff GmbHG, §§ 182 ff AktG) gelten. Maßgebl ist grdsl das für den formwechselnden Rechtsträger **vor Wirksamwerden des Formwechsels geltende Recht.** Wenn die Kapitalveränderung zugleich mit dem Formwechsel wirksam werden soll (ausführl Widmann/Mayer/*Rieger* Rn 47 ff mwN und Lutter/*Happ/Göthel* Rn 43 ff, dort Rn 45 auch zu den Sonderproblemen, wenn die formwechselnde AG über genehmigtes oder bedingtes Kap verfügt; vgl auch Semler/Stengel/*Mutter* Rn 21 ff; KölnerKomm-UmwG/*Petersen* Rn 11), kann nach hM auch das Recht der neuen Rechtsform für die KapErh angewendet werden (str). In diesem Fall ist im KapErhB darauf hinzuweisen, dass ein Formwechsel bevorsteht, die gezeichneten Anteile sich also qualitativ ändern (Lutter/*Happ/Göthel* Rn 44 mwN; krit Semler/Stengel/*Mutter* Rn 25 aE). 6

Kapitalveränderungen werden erst mit der **Eintragung im HR** wirksam (§§ 189, 211 I, 224 AktG, § 54 III GmbHG). Die KapErh (Kapitalherabsetzung) muss also – wenn sie nicht ausnahmsweise nach dem Recht der neuen Rechtsform 7 erfolgt, Rn 6 aE – in der **logischen Sekunde vor** der Eintragung der neuen Rechtsform bzw des Rechtsträgers neuer Rechtsform (§ 198 I, II 1–3) erfolgen (vgl dazu auch § 188 IV AktG). Die **neuen Aktien** müssen vor Eintragung der Umw **gezeichnet** worden sein. Entsprechendes gilt für die **Übernahme der neuen GmbH-Anteile** (§ 55 I GmbHG). Zu weiteren Einzelheiten vgl die Spezialliteratur zu den jew Rechtsnormen.

5. Nennbetrag der Anteile, Abs 3

8 Während Abs 2 eine Änderung des Gesamtnennbetrags des Kap (StK, Grundkapital) nur unter Beachtung der allg Vorschriften zulässt, gestattet **Abs 3** auch in der durch Art 2 Nr 9 StückAG vom 25.3.1998 (BGBl I 590) und durch Art 3 § 4 Nr 1 EuroEG vom 9.6.1998 (BGBl I 1242) geänderten Fassung anlässl des Formwechsels eine **Veränderung der einzelnen Anteile.** Ggf bedarf die geänderte Festsetzung der **ausdrückl Zustimmung** dadurch benachteiligter Anteilsinhaber (dazu § 241 Rn 2 ff und § 242 Rn 1 ff). Durch das **MoMiG** (Einf Rn 30) entspricht die Mindeststückelung von GmbH-Geschäftsanteilen mit EUR 1,00 derjenigen von Aktien (vgl § 46 Rn 12). Beim Formwechsel in die GmbH können deshalb die Aktien in nominal gleiche Geschäftsanteile gewandelt werden. Abweichende Festsetzungen können die Zustimmung einzelner Aktionäre iSv § 242 notwendig machen.

9 Die Festsetzung hat **im Gesellschaftsvertrag der neuen Rechtsform GmbH** zu erfolgen. Die Möglichkeit, abw Nennbeträge der Anteile festzulegen, wird zur **Pflicht,** wenn nur so eine möglichst weitgehende Beteiligung aller Anteilsinhaber entsprechend dem Gesamtnennbetrag ihrer bisherigen Beteiligung gewährleistet ist. Dies folgt aus dem gesellschaftsrechtl **Gleichbehandlungsgrundsatz.** Ferner ist der **Verhältnismäßigkeitsgrundsatz** zu beachten, der etwa bei einer sachl nicht gerechtfertigten und von der bisherigen Beteiligung abw Festsetzung von Geschäftsanteilen mit sehr hohen Nennbeträgen, die die **Fungibilität der Anteile** beschränkt, verletzt sein kann (vgl Lutter/*Happ/Göthel* § 242 Rn 16; Widmann/Mayer/*Rieger* Rn 33, 34).

10 Die Gewährung mehrerer Geschäftsanteile an einen Aktionär war bereits nach früherem Recht möglich (vgl 4. Aufl 2006, Rn 10). Durch die Neufassung von § 5 II GmbHG durch das MoMiG ist dies nun auch gesetzl klargestellt.

§ 244 Niederschrift über den Umwandlungsbeschluß; Gesellschaftsvertrag

(1) **In der Niederschrift über den Umwandlungsbeschluß sind die Personen, die nach § 245 Abs. 1 bis 3 den Gründern der Gesellschaft gleichstehen, namentlich aufzuführen.**

(2) **Beim Formwechsel einer Aktiengesellschaft oder einer Kommanditgesellschaft auf Aktien in eine Gesellschaft mit beschränkter Haftung braucht der Gesellschaftsvertrag von den Gesellschaftern nicht unterzeichnet zu werden.**

Schrifttum: Siehe Schrifttum § 226.

1. Angabe der Gründer, Abs 1

1 Gem **Abs 1** sind in der notariellen Niederschrift über den Umwandlungsbeschluss **die den Gründern gleichstehenden Personen** namentl aufzuführen.

Wer das ist, bestimmt § 245 I–III (vgl § 245 Rn 3 ff). Durch die **namentl Aufführung** wird sichergestellt, dass die als Gründer geltenden Personen eindeutig identifiziert werden können (weitergehend Semler/Stengel/*Mutter* Rn 8 ff mwN). Bedarf der Formwechsel der **Zustimmung** nicht erschienener Anteilsinhaber, so können diese aufgrund der notariellen Beurkundung dieser Zustimmungserklärungen ebenfalls eindeutig bestimmt werden (§ 193 III 1; Widmann/Mayer/*Rieger* Rn 8–10). Entsprechendes gilt für die **beitretenden phG** beim Formwechsel in eine KGaA, da die Beitrittserklärung notariell zu beurkunden ist (§ 240 II 2 iVm § 221).

2. Unterzeichnung des Gesellschaftsvertrags, Abs 2

Nach **Abs 2** muss beim Formwechsel einer **AG oder KGaA in eine GmbH** 2
der **Gesellschaftsvertrag** von den Gesellschaftern **nicht unterzeichnet** werden. Die Klarstellung ist geboten, weil der Formwechsel einer AG/KGaA in eine GmbH nicht mehr als Satzungsänderung, sondern nach Gründungsrecht behandelt wird (RegEBegr BR-Drs 75/94 zu § 245). Die ausdrückl Regelung in Abs 2 für den Gesellschaftsvertrag der GmbH bedeutet jedoch nicht, dass beim Formwechsel **in die AG/KGaA** die Satzung unterschrieben werden müsste. §§ 23, 280 AktG (die notarielle Beurkundung iSv §§ 8 ff BeurkG, mithin Unterzeichnung nach § 13 I 1 BeurkG verlangen) sind über § 197 gerade nicht angesprochen (vgl § 218 Rn 5; wie hier Widmann/Mayer/*Rieger* Rn 15 ff; Semler/Stengel/*Mutter* Rn 15; Kallmeyer/*Dirksen* Rn 7; aA Lutter/*Happ*/*Göthel* Rn 15).

§ 245 Rechtsstellung als Gründer; Kapitalschutz

(1) [1] **Bei einem Formwechsel einer Gesellschaft mit beschränkter Haftung in eine Aktiengesellschaft oder in eine Kommanditgesellschaft auf Aktien treten bei der Anwendung der Gründungsvorschriften des Aktiengesetzes an die Stelle der Gründer die Gesellschafter, die für den Formwechsel gestimmt haben, sowie beim Formwechsel einer Gesellschaft mit beschränkter Haftung in eine Kommanditgesellschaft auf Aktien auch beitretende persönlich haftende Gesellschafter.** [2] **§ 220 ist entsprechend anzuwenden.** [3] **§ 52 des Aktiengesetzes ist nicht anzuwenden, wenn die Gesellschaft mit beschränkter Haftung vor dem Wirksamwerden des Formwechsels bereits länger als zwei Jahre in das Register eingetragen war.**

(2) [1] **Beim Formwechsel einer Aktiengesellschaft in eine Kommanditgesellschaft auf Aktien treten bei der Anwendung der Gründungsvorschriften des Aktiengesetzes an die Stelle der Gründer die persönlich haftenden Gesellschafter der Gesellschaft neuer Rechtsform.** [2] **§ 220 ist entsprechend anzuwenden.** [3] **§ 52 des Aktiengesetzes ist nicht anzuwenden.**

(3) [1] **Beim Formwechsel einer Kommanditgesellschaft auf Aktien in eine Aktiengesellschaft treten bei der Anwendung der Gründungsvorschriften des Aktiengesetzes an die Stelle der Gründer die persönlich haftenden Gesellschafter der formwechselnden Gesellschaft.** [2] **§ 220 ist entsprechend anzuwenden.** [3] **§ 52 des Aktiengesetzes ist nicht anzuwenden.**

(4) **Beim Formwechsel einer Aktiengesellschaft oder einer Kommanditgesellschaft auf Aktien in eine Gesellschaft mit beschränkter Haftung ist ein Sachgründungsbericht nicht erforderlich.**

Schrifttum: Schrifttum bis 1994 siehe 3. Auflage; *Busch,* Die Deckung des Grundkapitals bei Formwechsel einer GmbH in eine AG, AG 1995, 555; *Happ,* Formwechsel von Kapitalgesellschaften, in Lutter, Kölner Umwandlungsrechtstage 1995, S 223; *Joost,* Formwechsel von Personenhandelsgesellschaften, in Lutter, Kölner Umwandlungsrechtstage 1995, S 245; *Priester,* Kapitalgrundlage beim Formwechsel, DB 1995, 911; *K. Schmidt,* Volleinzahlungsgebot beim Formwechsel in die AG oder GmbH?, ZIP 1995, 1385; *Veil,* Der nicht-verhältniswahrende Formwechsel von Kapitalgesellschaften – eröffnet das neue Umwandlungsgesetz den partiellen Ausschluss von Anteilsinhabern?, DB 1996, 2529; *Priester,* Gründungsrecht kontra Identitätsprinzip – Kapitalausstattung bei Formwechsel, FS Zöllner, Bd 1, 1999, 449; *Schöne,* Die vermögensverwaltende Personenhandelsgesellschaft – Ein Kind der HGB-Reform, DB 1998, 1169; *Trölitzsch,* Differenzhaftung für Sacheinlagen in Kapitalgesellschaften, 1998; *Timmermans,* Kapitalaufbringung und Kapitalfestsetzung bei dem Formwechsel einer Personenhandelsgesellschaft in eine Kapitalgesellschaft, DB 1999, 948; *Zürbig,* Der Formwechsel einer Personengesellschaft in eine Kapitalgesellschaft, 1999; DAV, Vorschläge des Handelsrechtsausschusses zur Änderung des Umwandlungsgesetzes, NZG 2000, 802; *Carlé/Bauschatz,* Der Ausgleichsposten nach § 220 Abs. 1 UmwG im Umwandlungs- und Umwandlungssteuerrecht, GmbHR 2001, 1149; Stellungnahme der Centrale für GmbH Dr. Otto Schmidt vom 16.3.2006 zum Referentenentwurf eines Zweiten Gesetzes zur Änderung des Umwandlungsgesetzes, GmbHR 2006, 418; HRA des DAV, Stellungnahme zum Regierungsentwurf eines Zweiten Gesetzes zur Änderung des Umwandlungsgesetzes, NZG 2006, 737; *Bayer/Schmidt,* Der Regierungsentwurf zur Änderung des Umwandlungsgesetzes, NZG 2006, 841; *Drinhausen,* Regierungsentwurf eines Zweiten Gesetzes zur Änderung des Umwandlungsgesetzes – Ein Gewinn für die Praxis, BB 2006, 2313; *Heckschen,* Die GmbH-Reform – Wege und Irrwege, DStR 2007, 1442; *ders,* Die Reform des Umwandlungsrechts, DNotZ 2007, 444; *Mayer/Weiler,* Neuregelungen durch das Zweite Gesetz zur Änderung des Umwandlungsgesetzes, DB 2007, 1235 (Teil I); DB 2007, 1291 (Teil II); *dies,* Aktuelle Änderungen des Umwandlungsrechts aus Sicht der notariellen Praxis, MittBayNot 2007, 368; *Neye,* BB-Gesetzgebungsreport: Bundestag beschließt neues Umwandlungsrecht, BB 2007, 389.

1. Allgemeines

1 § 197 S 1 bestimmt, dass auf den Formwechsel das Gründungsrecht der jew Zielrechtsform anzuwenden ist, soweit §§ 190 ff keine Sonderregelung treffen. Nach den Gründungsvorschriften im GmbHG und im AktG obliegen den Gründern diverse Verpflichtungen. **Abs 1–3 legen fest, wer Gründer idS ist** (vgl auch Tabelle bei Widmann/Mayer/*Rieger* Rn 19). Vglbare Regelungen enthält § 219. Beim **Formwechsel in die GmbH** werden Gründer nicht bestimmt (Rn 5). Die durch das 2. UmwÄndG (dazu Einf Rn 28) neu eingefügten Abs 2 S 3 und Abs 3 S 3 stellen klar, dass beim Formwechsel von AG in KGaA und umgekehrt § 52 AktG nicht anzuwenden ist. Ist die Ausgangs-Rechtsform die GmbH, wird § 52 AktG für die neue Rechtsform AG/KGaA nur angewendet, wenn die Eintragung der GmbH im HR noch keine zwei Jahre her ist; Abs 1 S 3 entspricht § 67 S 2 Alt 2, vgl § 67 Rn 2 mwN. Die Änderungen sind zu begrüßen (Semler/Stengel/*Scheel* Rn 65 ff; *Heckschen* DNotZ 2007, 451; *Mayer/Weiler* DB 2007, 1295, die allerdings zutr die unglückliche Formulierung von Abs 1 S 3 krit und darauf hinweisen, dass der Formwechselvorgang selbst nicht zur Anwendung von § 52 AktG führt).

2 Der pauschale Verweis in § 197 S 1 auf das Gründungsrecht hat beim Formwechsel in eine KapGes zur Folge, dass auch ein **Sachgründungsbericht** zu erstellen ist (§ 5 IV 2 GmbHG, § 32 II AktG). Hierauf kann jedoch beim **Formwechsel einer AG/KGaA in eine GmbH** nach **Abs 4** verzichtet werden, weil die Zielrechtsform GmbH geringeren Kapitalschutzanforderungen als die Ausgangsrechtsform AG/KGaA unterliegt (RegEBegr BR-Drs 75/94 zu § 245).

2. Formwechsel einer GmbH, Abs 1

Beim **Formwechsel einer GmbH in eine AG oder KGaA** gelten für die Anwendung der Gründungsvorschriften diejenigen **GmbH-Gesellschafter als Gründer, die für den Formwechsel gestimmt haben.** Zu den notw Mehrheitsverhältnissen vgl § 240 Rn 2. Nach dem eindeutigen Wortlaut kommt es nicht darauf an, ob der gegen den Formwechsel stimmende Gesellschafter von der Möglichkeit des Ausscheidens gegen **Barabfindung** (§ 207) Gebrauch macht. Maßgebl ist nur das Abstimmungsverhalten. Bei **Zustimmung außerhalb der Anteilsinhaberversammlung** gelten die entsprechenden Gesellschafter ebenfalls als Gründer (zutr Widmann/Mayer/*Rieger* Rn 28; Lutter/*Happ/Göthel* Rn 19; krit Semler/Stengel/*Scheel* Rn 8, 9). Beim Formwechsel einer **GmbH in eine KGaA** gelten als Gründer iSd aktienrechtl Gründungsvorschriften **auch beitretende phG.** Zur Möglichkeit des Beitritts vgl § 218 Rn 6, 7. Bereits zuvor an der GmbH beteiligte Gesellschafter, die nach dem Wirksamwerden des Formwechsels in eine KGaA die Stellung eines phG einnehmen, gelten kraft ihrer unbedingt notw Zustimmung zum Formwechsel als Gründer (§ 240 II 1; vgl § 240 Rn 7). Einer ausdrückl Aufnahme dieses Personenkreises in Abs 1 S 1 bedurfte es daher nicht (wie hier Widmann/Mayer/*Rieger* Rn 32). Zu den Pflichten als Gründer vgl § 219 Rn 2. Vgl zu **Abs 1 S 3** (Rn 1) die Komm zu § 67 Rn 2. 3

3. Formwechsel einer AG in eine KGaA und umgekehrt, Abs 2, 3

In Übereinstimmung mit der früheren Regelung (§ 362 IV 2 AktG aF) treten beim **Formwechsel einer AG in eine KGaA** an die Stelle der Gründer die **phG** der (zukünftigen) KGaA **(Abs 2 S 1).** Diese gelten auch im umgekehrten Fall **(Formwechsel einer KGaA in eine AG)** als Gründer iSd aktienrechtl Vorschriften **(Abs 3 S 1).** Dies ist im Vgl zur früheren Rechtslage neu (vgl §§ 366 ff AktG aF). Die Anwendung des aktienrechtl Gründungsrechts auch auf den Fall des Formwechsels einer KGaA in eine AG erfolgte einerseits zur Vereinheitlichung des Umwandlungsverfahrens, andererseits sah sich der Gesetzgeber wegen Art 3 der 2. gesellschaftsrechtl RL vom 13.12.1976 (ABl EG Nr L 26, 1) hierzu veranlasst (RegEBegr BR-Drs 75/94 zu § 245). Daraus wird ersichtl, dass die Umw einer KGaA in eine AG nicht mehr bloße Satzungsänderung ist (zur früheren Rechtslage vgl 1. Aufl 1994, § 366 AktG Anm 3). Dennoch ist die Regelung eigenartig, da diejenigen den Gründern gleichgestellt werden, die mit Wirksamwerden des Formwechsels ausscheiden (§ 247 III). Dies kann besonders dann zu unbilligen Ergebnissen führen, wenn der phG beim Beschluss über die Zustimmung der Komplementäre zum Formwechsel überstimmt wurde (was mögl ist, § 240 Rn 5), vgl Semler/Stengel/*Scheel* Rn 31, 32 mwN. Zu den Pflichten der Gründer vgl § 219 Rn 2. 4

4. Formwechsel in eine GmbH, Abs 4 S 1

Ein **Sachgründungsbericht** ist nach **Abs 4** beim **Formwechsel einer AG oder einer KGaA in eine GmbH** nicht notw. § 245 IV ist damit eine abw Regelung iSv § 197 S 1. Hintergrund der Regelung ist, dass die aktienrechtl Kapitalschutzvorschriften strenger als die Regelungen des GmbHG sind. Abs 4 erklärt jedoch nur den Sachgründungsbericht für nicht erforderl; **andere Gründungsvorschriften bleiben gem § 197 S 1 anwendbar.** Mangels Erstellung 5 eines Sachgründungsberichts kann auch die **Gründerhaftung** nach § 9a GmbHG nicht eintreten, sodass sich eine Regelung, wer den Gründern gleichsteht, für den Formwechsel in die GmbH erübrigt (so im Erg auch Lutter/*Happ/Göthel* Rn 4, 5, 26, 60; wie hier Widmann/Mayer/*Rieger* Rn 39 ff; Semler/Stengel/*Scheel* Rn 33; wohl auch KölnerKommUmwG/*Petersen* Rn 21). Damit werden die Aktionäre von einem Haftungsrisiko entlastet, was auch gerecht ist, weil das Risiko der Differenzhaftung selbst bei der Verschm mit KapErh nicht besteht (dazu BGH DB 2007, 1241 und § 69 Rn 29 mwN).

5. Entsprechende Anwendung von § 220; Abs 1 S 2, Abs 2 S 2, Abs 3 S 2

6 Der jew Verweis auf die **entsprechende Anwendung von § 220** in **S 2 von Abs 1–3** bedingt neben der besonderen Ausgestaltung des Sachgründungsberichts (§ 220 II) und der Gründungsprüfung vor allem das **Verbot der materiellen Unterpariemission.** Beim Formwechsel einer KapGes in eine KapGes neuer Rechtsform muss ebenso wie bei der Gründung einer KapGes dieser Rechtsform gewährleistet sein, dass das nach Abzug der Schulden verbleibende Verm der formwechselnden Ges zumindest den Nennbetrag des StK bzw des Grundkapitals erreicht. Einzige **Ausnahme** ist der **Formwechsel von AG/KGaA in eine GmbH** (Rn 5), weil in diesem Fall die (strengeren) Kapitalaufbringungs- und Erhaltungsvorschriften des AktG genügend Gewähr auch für den entsprechenden Kapitalschutz in der neuen Rechtsform GmbH bieten (so auch *Busch* AG 1995, 558; Widmann/Mayer/*Rieger* Rn 46–48 mwN). Dass § 220 I auch beim **Formwechsel von AG in KGaA und umgekehrt** zu beachten ist, ist nur vor dem Hintergrund der Umsetzung der 2. gesellschaftsrechtl RL der EG zu verstehen (Rn 4). An dieser Betrachtung ändert sich auch nichts dadurch, dass der Entwurfsverfasser des UmwG (vgl RegEBegr BR-Drs 75/94 zu § 247) möglicherweise eine Umw trotz materieller Unterbilanz zulassen wollte. Eine bloß formelle Unterpariemission **(Unterbilanz)** schadet nicht (vgl § 220 Rn 6; missverständl HRA des DAV NZG 2000, 808; dazu Semler/Stengel/*Scheel* Rn 39, 40).

7 Das Verbot der Unterpariemission steht im Mittelpunkt der gem §§ 197 S 1, 220 I zu beachtenden Gründungsvorschriften. **Reicht das (saldierte) Reinvermögen des formwechselnden Rechtsträgers nicht aus,** um das im Gesellschaftsvertrag/der Satzung (§ 243 I 1 iVm § 218) festgesetzte Stamm- bzw Grundkapital zu decken, **hat der Formwechsel zu unterbleiben** (hM, vgl ausführl Widmann/Mayer/*Rieger* Rn 49 ff mwN; Kallmeyer/*Dirksen* Rn 4 ff; aA Lutter/*Happ,* Kölner Umwandlungsrechtstage 1995, S 242 ff). Anderes gilt nur, wenn **vor Durchführung der Umw eine KapErh nach allg Vorschriften** (§ 243 II) durchgeführt und eingetragen wird (vgl § 243 Rn 6, 7). Der Verweis auf die entsprechende Anwendung von § 220 in Abs 2 S 2 und Abs 3 S 2 wird in Bezug auf § 220 III 2 durch die neuen Regelungen von Abs 2 S 3 und Abs 3 S 3 wieder eingeschränkt. Für die Anwendung der Nachgründungsvorschrift von § 52 AktG kommt es nicht auf den Formwechsel, sondern auf den Zeitpunkt der Eintragung des – identischen – Rechtsträgers alter Rechtsform im HR an. Zu Abs 1 S 3 Rn 1 und § 67 Rn 2. IÜ unterscheidet sich die Situation beim Formwechsel einer KapGes in eine KapGes anderer Rechtsform nicht vom Formwechsel einer PersGes in eine KapGes, vgl deshalb § 220 Rn 2 ff.

§ 246 Anmeldung des Formwechsels

(1) **Die Anmeldung nach § 198 ist durch das Vertretungsorgan der formwechselnden Gesellschaft vorzunehmen.**

(2) **Zugleich mit der neuen Rechtsform oder mit dem Rechtsträger neuer Rechtsform sind die Geschäftsführer der Gesellschaft mit beschränkter Haftung, die Vorstandsmitglieder der Aktiengesellschaft oder die persönlich haftenden Gesellschafter der Kommanditgesellschaft auf Aktien zur Eintragung in das Register anzumelden.**

(3) **§ 8 Abs. 2 des Gesetzes betreffend die Gesellschaften mit beschränkter Haftung und § 37 Abs. 1 des Aktiengesetzes sind auf die Anmeldung nach § 198 nicht anzuwenden.**

Schrifttum: Siehe Schrifttum § 226.

1. Allgemeines

§ 246 ergänzt § 198. Abs 1 legt fest, wer die nach § 198 durchzuführende Anmeldung der neuen Rechtsform oder des Rechtsträgers neuer Rechtsform vorzunehmen hat. Damit zum Zeitpunkt des Wirksamwerdens des Formwechsels (§ 202 I) Klarheit über die Vertretungsverhältnisse in der KapGes neuer Rechtsform besteht (vgl RegEBegr BR-Drs 75/94 zu § 246), sind zugleich die Mitglieder des Vertretungsorgans bzw die phG der KGaA zur Eintragung in das Register anzumelden **(Abs 2).** Gem **Abs 3** sind § 8 II 1 GmbHG, § 37 I AktG, die durch die Verweisung in § 197 S 1 eigentl bei der Anmeldung zu beachten wären, nicht anzuwenden. Hierdurch sollte der Möglichkeit, einen Formwechsel auch bei (formeller) Unterbilanz durchzuführen (dazu § 197 Rn 30 und § 220 Rn 4 ff, § 245 I–III), Rechnung getragen werden (RegEBegr BR-Drs 75/94 zu § 246). 1

2. Anmeldende Personen, Abs 1

Die **Anmeldung** der neuen Rechtsform oder des Rechtsträgers neuer Rechtsform **nach § 198** ist durch das **Vertretungsorgan der formwechselnden Ges** vorzunehmen. Dies entspricht der früheren Rechtslage; in §§ 362 ff AktG aF fehlte allerdings eine ausdrückl Regelung, da die Umw dort noch wie eine Satzungsänderung behandelt wurde. Da § 197 S 1 jetzt das jew Gründungsrecht für anwendbar erklärt, war eine Regelung geboten (RegEBegr BR-Drs 75/94 zu § 246). Zu weiteren Einzelheiten vgl § 235 Rn 3, 4. 2

3. Anmeldung der Mitglieder des Vertretungsorgans, Abs 2

Die **Geschäftsführer einer GmbH,** die Mitglieder des **Vorstands einer AG** und die **phG einer KGaA** müssen zur Eintragung in das HR angemeldet werden (§ 39 I GmbHG, §§ 81 I, 282 AktG). Die Eintragung ist zwar nicht konstitutiv, sie dient aber dem **Verkehrsschutz,** da sich durch Einsichtnahme in das elektronische HR (§ 9 I HGB) jedermann Klarheit über die Vertretungsberechtigung verschaffen kann. **Abs 2** ordnet in Ergänzung zu den genannten Vorschriften, die über § 197 S 1 anzuwenden sind, an, dass die **Anmeldung der Mitglieder des Vertretungsorgans** und der phG der KGaA **zugleich mit der Anmeldung nach § 198** zu erfolgen hat, um zeitl Verzögerungen der Eintragung zu verhindern. Die Vorschrift entspricht damit §§ 364 S 1, 367 S 1, 371 I 1, 379 S 1, 388, 390 S 1 AktG aF. Die Anmeldung erfolgt wie diejenige nach § 198 (noch) **durch** 3

das Vertretungsorgan des formwechselnden Rechtsträgers. Die Einzelheiten des Anmelde- und Eintragungsverfahrens richten sich nach dem für die neue Rechtsform geltenden Recht. Vgl für die GmbH Lutter/Hommelhoff/*Kleindiek* GmbHG § 39 Rn 2 ff; für die AG/KGaA *Hüffer* AktG § 81 Rn 5 ff; § 282 Rn 1.

4. Versicherungen anlässlich der Anmeldung, Abs 3

4 Bei der Neuanmeldung einer GmbH ist nach **§ 8 II 1 GmbHG** (die Verweisung auf S 1 von § 8 II GmbHG wurde durch das MoMiG klarstellend eingefügt) von den Anmeldenden die **Versicherung** abzugeben, dass auf die Stammeinlagen Leistungen in ausreichender Höhe bewirkt worden sind und dass der Gegenstand der Leistungen sich endgültig in der freien Vfg der Geschäftsführer befindet. Eine entsprechende Regelung enthält **§ 37 I AktG.** Hierbei ist sogar nachzuweisen, dass der auf die Aktien eingezahlte Betrag endgültig zur freien Vfg des Vorstands steht (§ 37 I 2–5 AktG). **Dieser Versicherung bedarf es bei der Anmeldung eines Formwechsel nach § 198 I, II 1–3 gem Abs 3 nicht.** Abs 3 ist also eine andere Regelung iSv § 197 S 1. Dies ist auch sinnvoll. Zwar trifft die Gesetzesbegründung (RegEBegr BR-Drs 75/94 zu § 246: der Ausschluss sei notw, weil die Möglichkeit des Formwechsels bei Vorhandensein einer Unterbilanz beibehalten worden sei) allenfalls für den Ausschluss von § 8 II 1 GmbHG zu, da der Formwechsel in eine AG bei bestehender materieller Unterbilanz ausgeschlossen ist (dazu näher § 197 Rn 30, § 245 Rn 6, 7). Die Nichtanwendung von § 8 II 1 GmbHG, § 37 I AktG ist aber dennoch gerechtfertigt, weil der Formwechsel mangels Vermögensübertragung **keine Einlageleistung** iS dieser Vorschriften ist (so zutr *Priester* DB 1995, 911 und ausführl Widmann/Mayer/*Rieger* Rn 71 ff mwN; KölnerKommUmwG/*Petersen* Rn 5, 6).

§ 247 Wirkungen des Formwechsels

(1) **Durch den Formwechsel wird das bisherige Stammkapital einer formwechselnden Gesellschaft mit beschränkter Haftung zum Grundkapital der Gesellschaft neuer Rechtsform oder das bisherige Grundkapital einer formwechselnden Aktiengesellschaft oder Kommanditgesellschaft auf Aktien zum Stammkapital der Gesellschaft neuer Rechtsform.**

(2) **Durch den Formwechsel einer Kommanditgesellschaft auf Aktien scheiden deren persönlich haftende Gesellschafter als solche aus der Gesellschaft aus.**

Schrifttum: Schrifttum bis 1994 siehe 3. Auflage; Schrifttum bis 2000 siehe 4. Auflage; DAV, Vorschläge des Handelsrechtsausschusses zur Änderung des Umwandlungsgesetzes, NZG 2000, 802; *Heidinger,* Die Euro-Umstellung beim Formwechsel von Kapitalgesellschaften, NZG 2000, 532; Stellungnahme der Centrale für GmbH Dr. Otto Schmidt vom 16.3.2006 zum Referentenentwurf eines Zweiten Gesetzes zur Änderung des Umwandlungsgesetzes, GmbHR 2006, 418; HRA des DAV, Stellungnahme zum Regierungsentwurf eines Zweiten Gesetzes zur Änderung des Umwandlungsgesetzes, NZG 2006, 737; *Bayer/Schmidt,* Der Regierungsentwurf zur Änderung des Umwandlungsgesetzes, NZG 2006, 841; *Drinhausen,* Regierungsentwurf eines Zweiten Gesetzes zur Änderung des Umwandlungsgesetzes – Ein Gewinn für die Praxis, BB 2006, 2313; *Heckschen,* Die GmbH-Reform – Wege und Irrwege, DStR 2007, 1442; *ders,* Die Reform des Umwandlungsrechts, DNotZ 2007, 444; *Mayer/Weiler,* Neuregelungen durch das Zweite Gesetz zur Änderung des Umwandlungsgesetzes, DB 2007, 1235 (Teil I); DB 2007, 1291 (Teil II); *dies,* Aktuelle Änderungen des Umwandlungsrechts aus Sicht der notariellen Praxis, MittBayNot 2007, 368; *Neye,* BB-Gesetzgebungsreport: Bundestag beschließt neues Umwandlungsrecht, BB 2007, 389.

1. Allgemeines

Abs 1 und 2 ergänzen § 202 über die Wirkungen des Formwechsels. Abs 1 regelt den Wechsel von StK zu Grundkapital und umgekehrt. Die Vorschrift entspricht §§ 372 S 1, 381 S 2, 387 I 2, 391 S 2 AktG aF. Ebenfalls entsprechend der früheren Rechtslage (§§ 368 S 2, 387 II AktG aF) und in Übereinstimmung mit der Regelung beim Formwechsel in eine PersGes (vgl § 236) scheiden mit Wirksamwerden des Formwechsels die phG einer KGaA aus der Ges aus. 1

Abs 2 aF wurde durch das 2. UmwÄndG (dazu Einf Rn 28) gestrichen. Die Regelung war angesichts der auch im GmbHG vorhandenen Möglichkeit der vereinfachten Kapitalherabsetzung überholt (vgl 4. Aufl 2006, Rn 2, 6). 2

2. Veränderung des Nennkapitals, Abs 1

Mit der Eintragung der neuen Rechtsform oder des Rechtsträgers neuer Rechtsform (vgl § 198 I, II 1–3) ändert sich nach § 202 I Nr 1 die Rechtsform: Die frühere GmbH besteht als AG fort, die frühere AG als GmbH etc. Es ändert sich allerdings ledigl die Rechtsform, mangels einer Vermögensübertragung bleibt die **Identität der Ges** gewahrt (dazu allg § 190 Rn 5 ff). **Abs 1** bestimmt hierzu ergänzend, dass mit Wirksamwerden des Formwechsels das bisherige **StK** einer formwechselnden GmbH **zum Grundkapital** der neuen Rechtsform AG oder KGaA und umgekehrt das bisherige Grundkapital einer formwechselnden AG oder KGaA zum StK der neuen Rechtsform GmbH wird. Zur mögl gleichzeitigen Währungsumstellung *Heidinger* NZG 2000, 532. Damit werden zugleich **Geschäftsanteile zu Aktien** und Aktien zu Geschäftsanteilen (§ 202 I Nr 2). Eine **Veränderung der Höhe der Kapitalziffer** tritt durch das Wirksamwerden des Formwechsels nicht ein. Eine praktisch wesentl Ausnahme galt für die Zeit der **Währungsumstellung auf den Euro,** insoweit sind die notw Änderungen (vgl § 4 EGAktG, § 86 GmbHG; § 318 II und *Neye* DB 1998, 1655) auch in Anbetracht von Abs 1 erlaubt (ausführl Lutter/*Happ/Göthel* Rn 5). **Kapitalveränderungen** können iÜ im Zusammenhang mit dem Formwechsel beschlossen werden. Hierfür sind die **allg Vorschriften** zu beachten (§ 243 II; hierzu § 243 Rn 6, 7). Zur Möglichkeit des Formwechsels bei bestehender Unterbilanz vgl § 197 Rn 30 und Komm zu §§ 220, 245. 3

3. Sonstige Wirkungen

Der Wechsel der Rechtsform führt auch dazu, dass das Amt der **Vertretungsorgane** der alten Rechtsform endet. Die Geschäftsführung und die Vertretungsberechtigung gehen auf das Vertretungsorgan über, das für die neue Rechtsform bestellt worden ist. Unberührt hierdurch bleiben allerdings die **Anstellungsverhältnisse der Organmitglieder.** Sie sind, sofern der Dienstvertrag keine Regelungen enthält, anzupassen oder (durch Kündigung, Zeitablauf oder Aufhebungsvereinbarung) zu beenden. Der Formwechsel ist allerdings regelm **kein wichtiger Grund** zur außerordentl Kündigung des Dienstvertrages (Rn 8; die in § 20 Rn 45 ff dargestellten Grdse gelten für den Formwechsel entsprechend, vgl § 202 Rn 5, dort auch zur Prokura). 4

5 Die Organmitgliedschaft der **Aufsichtsratsmitglieder** endet ebenfalls, es sei denn, die Voraussetzungen von § 203 (vgl im Einzelnen dort) liegen vor (Lutter/*Decher* § 202 Rn 26). Dies folgt bereits aus einem Umkehrschluss zu § 203.

4. Rückwirkung der Kapitalherabsetzung

6 Vor Einfügung von §§ 58a–58 f GmbHG wurde die Umw einer GmbH in die Rechtsform der AG oft nur vorgenommen, weil das Aktienrecht im Ggs zum GmbH-Recht die Möglichkeit einer **vereinfachten Kapitalherabsetzung** vorsah (§ 229 AktG). Die Kapitalherabsetzung sollte der Erleichterung von Sanierungen dienen. Diese Vorgehensweise hat angesichts der inzwischen auch im GmbH-Recht eröffneten Möglichkeit der vereinfachten Kapitalherabsetzung seine praktische Bedeutung verloren (vgl *K. Schmidt* ZIP 1995, 1385). Mit der durch das 2. UmwÄndG erfolgten Streichung von **Abs 2 aF** ist der Gesetzgeber den Anregungen aus der Praxis gefolgt (vgl 4. Aufl 2006, Rn 6 und HRA des DAV NZG 2000, 808).

5. Ausscheiden der persönlich haftenden Gesellschafter, Abs 2

7 Beim **Formwechsel einer KGaA** in die Rechtsform einer anderen KapGes scheiden die **phG** mit Wirksamwerden des Formwechsels (§ 202) zwingend aus der Ges aus. Vgl zum Parallelfall des Formwechsels in eine PersGes § 233 Rn 7, 8. Mit dem Wirksamwerden des Formwechsels entsteht der **Abfindungsanspruch** des phG nach § 278 II AktG, §§ 161 II, 105 II HGB, § 738 BGB (Lutter/*Happ/Göthel* Rn 19 mwN). Zur trotz des Ausscheidens angeordneten Gleichstellung der Komplementäre als Gründer vgl § 245 Rn 4, zur (Nach-)Haftung vgl §§ 249, 224 und Komm dort.

6. Einzelfälle

8 **a) Formwechsel von AG in KGaA. aa) Ausscheiden des Vorstands.** Mit Wirksamwerden des Formwechsels scheidet der Vorstand aus der Ges aus. An seine Stelle treten die phG. Die **Anstellungsverträge** der Vorstandsmitglieder bleiben allerdings von der Umw unberührt (vgl auch § 202 Rn 5). Sie behalten ihren Vergütungsanspruch bis zur Beendigung des jew Anstellungsvertrages durch Zeitablauf oder Kündigung, sofern im Anstellungsvertrag nicht ausdrückl etwas anderes bestimmt ist (näher § 20 Rn 45 ff; vgl auch BGH ZIP 1997, 1106). Dabei bildet der Formwechsel als solcher idR keinen wichtigen Grund zur außerordentl (Arbeitgeber-)Kündigung (BGH ZIP 1997, 1106; Kallmeyer/*Meister/Klöcker* § 202 Rn 24; Semler/Stengel/*Scheel* Rn 19). Ggf sind die Vorstandsmitglieder aber gehalten, in einer **vglbaren leitenden Stellung** bei der KGaA tätig zu werden (vgl dazu BGH NJW 1978, 1435, 1436; Kallmeyer/*Meister/Klöcker* § 202 Rn 24 mwN). IdR wird jedoch das Vorstandsmitglied wegen des Formwechsels den Anstellungsvertrag seinerseits fristlos kündigen können (Semler/Stengel/*Scheel* Rn 19; Lutter/*Decher* § 202 Rn 39; aA Kallmeyer/*Meister/Klöcker* § 202 Rn 24; vgl iÜ zu den Anstellungsverträgen der Vorstandsmitglieder § 20 Rn 45 ff; *Röder/Lingemann* DB 1993, 1341; *Büchner/Schlobach* GmbHR 2004, 1; zur Sozialversicherungspflicht *Diller* AG 2009, 817).

9 **bb) Aufsichtsrat.** Die Aufsichtsratsmitglieder bleiben grdsl im Amt, weil sich die Zusammensetzung des AR anlässl des Formwechsels nicht ändert (§ 203).

Wird durch den Formwechsel allerdings ein bisheriges Aufsichtsratsmitglied phG der KGaA, muss er wegen § 287 III AktG sein Amt niederlegen.

cc) Persönlich haftende Gesellschafter. Mit Wirksamwerden des Formwechsels treten die phG an die Stelle des Vorstands. Sie sind zur Geschäftsführung berechtigt und verpflichtet; sie vertreten die KGaA. Die phG haften unbeschränkt und persönl neben der KGaA den Gesellschaftsgläubigern und zwar auch für die **Altschulden** der AG. Mehrere phG untereinander haften gem § 278 II AktG iVm §§ 161 II, 128 HGB als Gesamtschuldner, wobei allerdings § 426 BGB ggü § 110 HGB subsidiär ist (dazu KölnerKommAktG/*Mertens* § 278 Rn 16). Im Verhältnis der phG zur KGaA besteht dagegen keine echte Gesamtschuld iSv §§ 421 ff BGB. Befriedigt ein phG einen Gesellschaftsgläubiger, so kann er von der Ges nur Erstattung nach § 110 HGB verlangen, es sei denn, er ist aus der Ges ausgeschieden (KölnerKommAktG/*Mertens* § 278 Rn 16). **10**

dd) Aktionäre. Aktionäre werden mit Wirksamwerden des Formwechsels **Kommanditaktionäre.** Für eine Berichtigung der Aktienurkunden kann nach § 73 AktG verfahren werden. Die Beschlüsse der Aktionäre in der HV bedürfen nun der **Zustimmung der phG,** soweit sie Angelegenheiten betrifft, für die bei einer KG das Einverständnis der phG und der Kommanditisten erforderl ist (§ 285 II 1 AktG; vgl zu weiteren Befugnissen der Kommanditaktionäre §§ 286 I, 285 II 2, 278 II 1 AktG, §§ 164, 161 II, 116, 119 HGB). Die Dividende der Kommanditaktionäre wird durch die vierprozentige Verzinsung der Kapitalanteile der phG (§ 278 II AktG, §§ 161 II, 121 HGB) gemindert. **11**

b) Formwechsel von KGaA in AG. Besonderheiten ergeben sich hier nur im Zusammenhang mit dem Ausscheiden der phG, vgl Rn 7. **12**

c) Formwechsel von GmbH in AG. aa) Gesellschaftsvermögen. Das StK wird zum Grundkapital, die Geschäftsanteile werden zu Aktien. Sind noch Einzahlungen auf die Stammeinlagen iSv § 19 I GmbHG zu erbringen, bleibt der Ges – nunmehr in der Rechtsform der AG – der **Anspruch auf Volleinzahlung der Einlagen** erhalten (Lutter/*Happ/Göthel* § 245 Rn 15–17 mwN; vgl ausführl *K. Schmidt* ZIP 1995, 1385). **13**

bb) Stellung der Geschäftsführer. Mit dem Formwechsel erlischt die Bestellung der Geschäftsführer, sie werden nicht automatisch Vorstandsmitglieder (vgl § 198 Rn 5, § 20 Rn 45 ff). **14**

cc) Aufsichtsrat. Unter den Voraussetzungen von § 203 bleiben die Mitglieder eines bereits bei der GmbH bestehenden AR im Amt (vgl § 203 Rn 2, 4). **15**

dd) Verpflichtungen der Gesellschafter gegenüber der GmbH. Das AktG kennt keine Nachschusspflicht für die Aktionäre; deshalb fällt eine in der GmbH-Satzung ursprüngl vorgesehene **Nachschusspflicht** durch den Formwechsel weg. Zu beachten ist jedoch, dass ein vor Fassung des Umwandlungsbeschlusses geforderter Nachschuss noch zu erbringen ist (Lutter/*Decher* § 202 Rn 37). Entsprechendes gilt für eine etwaige Verpflichtung der Gesellschafter, § 24 GmbHG. **16**

d) Formwechsel von AG in GmbH. Mit Wirksamwerden des Formwechsels wird das **Grundkapital zum StK,** die Aktien werden zu Geschäftsanteilen. Es ist unschädl, wenn ein Aktionär **mehrere Geschäftsanteile der GmbH** übernimmt (vgl § 197 Rn 8). Das Verbot von § 5 II aF GmbHG, wonach kein Gesellschafter mehrere Stammeinlagen übernehmen durfte, ist durch das MoMiG entfal- **17**

len (Lutter/*Happy/Göthel* § 242 Rn 7). Der **Vorstand scheidet aus der Ges** aus, an seine Stelle treten die Geschäftsführer der GmbH. Die Anstellungsverträge der Vorstandsmitglieder bleiben von der Umw grdsl unberührt (vgl § 198 Rn 5 und § 20 Rn 45 ff). Das Amt der **Aufsichtsratsmitglieder** endet nur dann nicht, wenn nach § 203 Amtskontinuität gegeben ist (vgl § 203 Rn 2, 4).

18 **e) Formwechsel von GmbH in KGaA.** Mit Wirksamwerden der Umw treten an die Stelle der ausscheidenden Geschäftsführer die phG; weiterhin werden sämtl GmbH-Gesellschafter mit der Eintragung zu Kommanditaktionären. Das StK wird Grundkapital, die Geschäftsanteile werden Aktien. Die Anzahl der Aktien ergibt sich aus der Aufteilung des festgesetzten Grundkapitals nach Maßgabe von § 8 II, III AktG. Vgl iÜ Rn 8–11.

19 **f) Formwechsel von KGaA in GmbH.** Es gelten die Ausführungen Rn 17 entsprechend. Statt des Vorstands scheidet der phG aus, vgl Rn 7.

§ 248 Umtausch der Anteile

(1) **Auf den Umtausch der Geschäftsanteile einer formwechselnden Gesellschaft mit beschränkter Haftung gegen Aktien ist § 73 des Aktiengesetzes, bei Zusammenlegung von Geschäftsanteilen § 226 des Aktiengesetzes über die Kraftloserklärung von Aktien entsprechend anzuwenden.**

(2) **Auf den Umtausch der Aktien einer formwechselnden Aktiengesellschaft oder Kommanditgesellschaft auf Aktien gegen Geschäftsanteile einer Gesellschaft mit beschränkter Haftung ist § 73 Abs. 1 und 2 des Aktiengesetzes, bei Zusammenlegung von Aktien § 226 Abs. 1 und 2 des Aktiengesetzes über die Kraftloserklärung von Aktien entsprechend anzuwenden.**

(3) **Einer Genehmigung des Gerichts bedarf es nicht.**

Schrifttum: Siehe Schrifttum § 226.

1. Allgemeines

1 § 248 regelt die **Vorgehensweise beim Umtausch** von GmbH-Geschäftsanteilen und Aktien. Dabei wird in unterschiedl Umfang (vgl Abs 1 und Abs 2) auf die **entsprechende Anwendung von §§ 73, 226 AktG** verwiesen. Abs 1 entspricht § 382 AktG aF und Abs 2 entspricht § 373 AktG aF.

2. Umtausch von GmbH-Anteilen, Abs 1

2 Ein Umtausch im eigentl Sinn, wie ihn § 73 AktG voraussetzt, findet beim **Formwechsel einer GmbH in eine AG/KGaA** nicht statt. Denn für **GmbH-Anteile** werden **Anteilsscheine** regelm nicht ausgegeben. Selbst wenn dies ausnahmsweise geschehen ist, bedürfte es keiner Kraftloserklärung der Anteilsscheine, da sie **keinen Wertpapiercharakter** haben (Lutter/*Happ/Göthel* Rn 9 mwN). Die **sinngemäß Anwendung** von § 73 AktG bedeutet daher regelm nur, dass die Ges die Aktionäre auffordern kann, die Aktienurkunden entgegenzunehmen. Sie kann hierbei die Kraftloserklärung etwa ausgegebener Anteilsscheine für die GmbH-Geschäftsanteile androhen (§ 73 II AktG). Einer Genehmigung des Gerichts für die Kraftloserklärung bedarf es nicht (Abs 3). Mit den Aufforderungen kann auch **vor Beschlussfassung über die Umw** begonnen werden (**aA die**

hM, vgl Lutter/*Happ/Göthel* Rn 5; Widmann/Mayer/*Rieger* Rn 7; Semler/Stengel/*Scheel* Rn 5; insoweit kann aber nichts anderes gelten als bei der Verschm, wo insbes *Rieger* die Möglichkeit frühzeitiger Aufforderung nachlässt, vgl § 72 Rn 4); umgekehrt hindert die Eintragung der Umw eine spätere Aufforderung nicht. Vgl zum Verfahren iÜ § 72 Rn 4.

Meldet sich ein GmbH-Gesellschafter, so sind ihm die **Aktienurkunden auszuhändigen.** Anderenfalls können sie **hinterlegt** werden (§ 73 III AktG; Widmann/Mayer/*Rieger* Rn 18 ff). Da nach Abs 3 eine Genehmigung des Gerichts überflüssig ist, ist auch eine Anzeige der Hinterlegung bei Gericht nach § 73 III 2 AktG nicht erforderl (Widmann/Mayer/*Rieger* Rn 22; Kallmeyer/*Dirksen* Rn 3). 3

Abw von der Regelung im umgekehrten Fall (Abs 2; dazu Rn 6 ff) richtet sich die **Übertragung der** zu Aktien gewordenen **Geschäftsanteile** von der Eintragung der neuen Rechtsform oder des Rechtsträgers neuer Rechtsform (vgl §§ 198 I, II 1–3, 202) in das HR an **nach Aktienrecht** (LG Berlin AG 1994, 378; Kallmeyer/*Dirksen* Rn 10; Lutter/*Happ/Göthel* Rn 38; GKT/*Laumann* § 240 Rn 36; aA zum alten Recht GroßKomm AktG/*Meyer-Landrut* § 381 Rn 3). **§ 15 III GmbHG** findet ab diesem Zeitpunkt keine Anwendung mehr. Verpflichtungs- und Verfügungsgeschäft richten sich nach den für Aktien geltenden Regeln (keine notarielle Beurkundung, Widmann/Mayer/*Rieger* Rn 66; Lutter/*Happ/Göthel* Rn 38 je mwN). 4

Die **entsprechende Anwendung von § 226 AktG** hängt nicht davon ab, ob für die GmbH-Geschäftsanteile Anteilsscheine ausgegeben worden sind (Rn 2). Bedeutung hat eigentl nur die entsprechende Anwendung von § 226 III AktG. Die Vorschrift ist anzuwenden, wenn GmbH-Geschäftsanteile existieren, für die entsprechend ihrem Nennbetrag keine Aktien gewährt werden können (**Beispiel**: Es werden Aktien im Nennbetrag von EUR 1 000 ausgegeben, zwei Anteilsinhaber halten GmbH-Geschäftsanteile im Nennbetrag von je EUR 500). Die sinngemäße Anwendung von § 226 erlaubt in diesem Fall (vorbehaltl des Verhältnismäßigkeitsgrundsatzes, § 241 Rn 9), die **Geschäftsanteile zusammenzulegen und** die auf den zusammengelegten Geschäftsanteil entfallenden Aktien für Rechnung der Beteiligten **zu veräußern** (ausführl Lutter/*Happ/Göthel* Rn 12 ff mwN; vgl auch Semler/Stengel/*Scheel* Rn 15 ff). Die an die Stelle der zusammengelegten Geschäftsanteile getretenen Aktien sind zum amtl Börsenpreis oder durch öffentl Versteigerung zu verkaufen. Zuvor ist allerdings das Verfahren nach § 226 II AktG durchzuführen, damit die betroffenen Aktionäre hierüber in Kenntnis gesetzt werden. Der Erlös ist den Beteiligten auszuzahlen oder zu hinterlegen (§ 226 III 4 AktG). Angesichts der Flexibilität bei der Ausgabe von Aktien (vgl § 243 Rn 8) und dem in diesen Fällen meist bestehenden Zustimmungsvorbehalt (§ 241 I; dazu § 241 Rn 2 ff) hat die Zusammenlegung und anschl Verwertung allerdings **kaum praktische Bedeutung.** 5

3. Umtausch von Aktien, Abs 2

Für den umgekehrten Fall des **Formwechsels einer AG/KGaA in eine GmbH** verweist **Abs 2** ledigl auf die Abs 1 und 2 von §§ 73, 226 AktG. Damit ist klar gestellt, dass weder die Ausgabe von Anteilsscheinen für den GmbH-Geschäftsanteil oder dessen Hinterlegung bei Gericht nach § 73 III AktG noch die öffentl Versteigerung zusammengelegter GmbH-Geschäftsanteile nach § 226 III AktG in Betracht kommt (Lutter/*Happ/Göthel* Rn 33). 6

7 Demggü hat **§ 73 I AktG** beim Formwechsel einer AG/KGaA in eine GmbH unmittelbar Bedeutung. Es erfolgt zwar regelm kein Umtausch, da GmbH-Geschäftsanteile zumeist nicht verbrieft werden. Selbst wenn Anteilsscheine ausgegeben werden, haben sie ledigl den Charakter von Beweisurkunden (Lutter/*Happ*/*Göthel* Rn 9 mwN). **Umtausch** bedeutet in diesem Zusammenhang also die Rückgabe der Aktienurkunden an die Ges und zugleich die Feststellung durch die Ges, welcher Geschäftsanteil auf die Aktien entfällt und wer Inhaber des entstandenen Geschäftsanteils ist (Lutter/*Happ*/*Göthel* Rn 20 mwN). Aktien, die nicht eingereicht werden, können aufgrund der Verweisung auf § 73 I für **kraftlos erklärt** werden. Einer **gerichtl Genehmigung** hierzu bedarf es nicht (Abs 3). Zum Zeitpunkt und zum Ablauf des Verfahrens vgl Rn 2, 3. Die Ges ist zur Durchführung der Kraftloserklärung im öffentl Interesse verpflichtet, sie hat demgemäß **kein Ermessen** (Widmann/Mayer/*Rieger* Rn 47 mwN; wie hier wohl auch Semler/Stengel/*Scheel* Rn 24). Bis zur Kraftloserklärung ist die Mitgliedschaft nach Aktienrecht übertragbar (Rn 10).

8 Eine **Zusammenlegung iSv § 226 I, II AktG** kann erforderl sein, wenn ein einzelner Aktionär für mehrere Aktien einen Geschäftsanteil zugeteilt erhält (**Beispiel:** Ein Aktionär besitzt zehn Aktien im Nennbetrag von EUR 5; ihm soll ein GmbH-Geschäftsanteil im Nennbetrag von EUR 50 gewährt werden) oder wenn ledigl die Zusammenfassung der Aktien mehrerer Aktionäre die Gewährung eines Geschäftsanteils ermöglicht (**Beispiel:** Zehn Aktionäre besitzen je eine Aktie im Nennbetrag von EUR 5; der Geschäftsanteil lautet auf EUR 50). Anders als im früheren Recht werden diese Konstellationen künftig kaum mehr vorkommen, denn seit dem **MoMiG** gilt auch für die GmbH-Geschäftsanteile die Mindeststückelung von EUR 1,00 (vgl § 243 Rn 8).

9 Die Verweisung auf § 226 I AktG bedeutet bei der Zusammenlegung mehrerer Aktien eines Aktionärs (Rn 8, 1. Fallgruppe) im Grunde nur die Befugnis hierzu. An sich hätte die Verweisung auf § 73 AktG genügt. Die **Zusammenlegung der Aktienurkunden verschiedener Aktionäre** (Rn 8, 2. Fallgruppe) führt, sofern die Betroffenen einer Verwertung durch die Ges nicht zustimmen, zu einem **gemeinsamen Geschäftsanteil.** Die Aktionäre bilden entweder eine GbR oder eine Bruchteilsgemeinschaft nach §§ 741 ff BGB (Widmann/Mayer/*Rieger* Rn 58 ff mwN). Nicht eingereichte Aktien können nach Aufforderung gem § 226 II AktG nach § 226 I AktG für kraftlos erklärt werden, bei eingereichten Aktien bedarf es einer Kraftloserklärung nicht (Widmann/Mayer/*Rieger* Rn 61). Den GmbH-Geschäftsanteil lässt dies unberührt, da eine Verwertung nach § 226 III AktG ausscheidet (Lutter/*Happ*/*Göthel* Rn 33).

10 Eine **Übertragung der Beteiligung durch Vfg über die Aktienurkunde** ist bis zur Kraftloserklärung der Aktien unabhängig davon mögl, ob die neue Rechtsform oder der Rechtsträger neuer Rechtsform (vgl § 198 I, II 1–3) bereits eingetragen wurde oder nicht (§ 202). Die Übertragung kann nach Aktienrecht erfolgen. Vgl dazu § 72 Rn 5 mwN.

§ 249 Gläubigerschutz

Auf den Formwechsel einer Kommanditgesellschaft auf Aktien in eine Gesellschaft mit beschränkter Haftung oder in eine Aktiengesellschaft ist auch § 224 entsprechend anzuwenden.

§ 249 bestimmt, dass beim Formwechsel einer KGaA in eine GmbH oder eine AG § 224 entsprechend anzuwenden ist. Damit wird klargestellt, dass der Formwechsel die **Haftung der phG** der KGaA zunächst unberührt lässt. Allerdings ist die **Nachhaftung auf fünf Jahre begrenzt.** Die Verweisung auf § 224 ist an sich überflüssig. Da die phG anlässl des Formwechsels aus der Ges ausscheiden (§ 247 II; dazu § 247 Rn 7), folgt die Weiterhaftung, aber auch die Nachhaftungsbegrenzung, bereits aus § 278 II AktG, §§ 161 II, 128, 160 HGB (so auch Lutter/*Happ/Göthel* Rn 2; Semler/Stengel/*Scheel* Rn 3 und Kallmeyer/*Dirksen* Rn 1 weisen allerdings zu Recht auf den im Vgl zu den allg Vorschriften abw Fristbeginn hin). Zu Einzelheiten vgl die Komm zu § 224. 1

§ 250 Nicht anzuwendende Vorschriften

Die §§ 207 bis 212 sind auf den Formwechsel einer Aktiengesellschaft in eine Kommanditgesellschaft auf Aktien oder einer Kommanditgesellschaft auf Aktien in eine Aktiengesellschaft nicht anzuwenden.

Schrifttum: Siehe Schrifttum Vor §§ 29–34; *Beuthien,* Ist die Genossenschaftsreform geglückt?, NZG 2008, 200.

§ 250 bestimmt, dass beim **Formwechsel einer AG in eine KGaA oder umgekehrt** die Vorschriften über die **Barabfindung widersprechender Anteilsinhaber** (§§ 207 ff) nicht anzuwenden sind. Die Regelung entspricht § 78 S 3 für die Verschm bzw die Spaltung. Hintergrund ist die Überlegung, dass sich die Rechtsstellung des Aktionärs einer AG und einer KGaA kaum unterscheidet, sodass dem Aktionär das **Verbleiben trotz Mehrheitsbeschluss zugemutet** werden kann (RegEBegr BR-Drs 75/94 zu § 250). Beim Formwechsel einer AG in eine KGaA oder umgekehrt bedarf es auch keines Abfindungsangebots im Umwandlungsbeschluss (§ 194 I Nr 6; vgl auch Lutter/*Happ/Göthel* Rn 5; Semler/Stengel/*Scheel* Rn 3). 1

Vierter Unterabschnitt. Formwechsel in eine eingetragene Genossenschaft

§ 251 Vorbereitung und Durchführung der Versammlung der Anteilsinhaber

(1) [1] **Auf die Vorbereitung der Gesellschafterversammlung oder der Hauptversammlung, die den Formwechsel beschließen soll, sind die §§ 229 bis 231 entsprechend anzuwenden.** [2] **§ 192 Abs. 2 bleibt unberührt.**

(2) **Auf die Gesellschafterversammlung oder die Hauptversammlung, die den Formwechsel beschließen soll, ist § 239 Abs. 1 Satz 1, auf die Hauptversammlung auch § 239 Abs. 1 Satz 2 und Abs. 2 entsprechend anzuwenden.**

Schrifttum: Schrifttum bis 1994 siehe 3. Auflage; *Geck,* Die Stellung des genossenschaftlichen Prüfungsverbands bei der Umwandlung der eingetragenen Genossenschaft in eine Aktiengesellschaft, 1996; *Glenk,* Bedeutung und ausgewählte Probleme der eingetragenen Genossenschaft, WiB 1996, 233; *Neye,* Die Änderung im Umwandlungsrecht nach den handels- und gesellschaftsrechtlichen Reformgesetzen in 13. Legislaturperiode, DB 1998, 1649; *Schmitz-Riol,* Der Formwechsel der eingetragenen Genossenschaft in die Kapitalgesellschaft,

1998; *Wirth,* Spaltungen einer eingetragenen Genossenschaft, 1998; *Beuthien,* Kommentar zum Genossenschaftsgesetz, 14. Aufl 2004, Anh. Umwandlung §§ 2 ff, §§ 190 ff UmwG; *ders,* Zeit für eine Genossenschaftsreform, DB 2000, 1161; *Geschwandtner/Helios,* Neues Recht für die eingetragene Genossenschaft, NZG 2006, 691; *Hirte,* Das neue Genossenschaftsrecht, EStR 2007, 2166 (Teil I), DStR 2007, 2215 (Teil II); *Keßler,* Das neue Genossenschaftsrecht im Wettbewerb der Unternehmensformen – erleichterter Zugang auch für KMU?, BB 2006, 1693; *ders,* Die Genossenschaftsreform im Lichte des Regierungsentwurfs, BB 2006, 561 ff; *Pistorius,* Der Regierungsentwurf zur Änderung des Genossenschaftsrechts – Stärkung der Rechtsform der eG?, DStR 2006, 278; *Schaffland/Korte,* Das Genossenschaftsgesetz im Zeichen der Europäisierung und Internationalisierung – Zum Gesetzesentwurf der Bundesregierung, NZG 2006, 253; *Hirte,* Das neue Genossenschaftsrecht, DStR 2007, 2166 (Teil I), 2215 (Teil II); *Beuthien,* Ist die Genossenschaftsreform geglückt?, NZG 2008, 210.

1. Allgemeines

1 §§ 251–257 regeln speziell den **Formwechsel einer KapGes in eine eG.** Dabei verweist § 251 in Bezug auf die Vorbereitung (Abs 1) und die Durchführung (Abs 2) der Gesellschafter- oder der Hauptversammlung auf den Formwechsel einer KapGes in einer PersGes bzw einer KapGes in eine KapGes anderer Rechtsform (Abs 2 iVm § 239).

2. Vorbereitung der Anteilsinhaberversammlung, Abs 1

2 Gem **Abs 1 S 1** sind auf die Vorbereitung der Gesellschafter- oder der Hauptversammlung der formwechselnden KapGes **§§ 229–231 entsprechend** anzuwenden. Der Verweis auf den durch das 2. UmwÄndG (dazu Einf Rn 28) aufgehobenen § 229 ist ein Redaktionsversehen, eine Vermögensaufstellung gibt es jetzt nicht mehr (vgl § 192 Rn 18, 19 mwN).

3 Sofern die formwechselnde KapGes **GmbH** ist, gilt **§ 230 I entsprechend.** Spätestens zusammen mit der Einberufung der Gesellschafterversammlung (§ 51 GmbHG) muss der **Formwechsel** als Gegenstand der Beschlussfassung **schriftl angekündigt** werden, gleichzeitig ist der ggf erstellte Umwandlungsbericht zu übersenden. Damit wird gewährleistet, dass die Gesellschafter in der Anteilsinhaberversammlung von § 193 I 2 nicht überrascht werden. Der Umwandlungsbericht dient dazu, den rechtl und wirtschaftl Hintergrund der Umw zu beurteilen und eine Vorentscheidung über das Abstimmungsverhalten zu treffen. Vgl iÜ § 230 Rn 3 ff.

4 Ist der formwechselnde Rechtsträger **AG oder KGaA,** ist die Übersendung des Umwandlungsberichts an die Aktionäre nicht gefordert. § 230 II 1 lässt die **Auslage des Umwandlungsberichts im Geschäftsraum der Ges** genügen, die Einsichtnahme durch die Aktionäre muss während der übl Geschäftszeiten uneingeschränkt gewährleistet sein. Ebenfalls haben interessierte Aktionäre gem § 230 II 2 Anspruch auf kostenlose Abschriftserteilung. Vgl iÜ § 230 Rn 5. Seit dem ARUG und dem 3. UmwÄndG (dazu Einf Rn 32, 33 mwN) gelten die Erleichterungen von § 230 II 3, 4 über die elektronische Kommunikation vor und während der HV, vgl dazu § 230 Rn 5a.

5 Schließl hat die KapGes (unabhängig von der Rechtsform) gem **Abs 1 S 1 iVm § 231** die Verpflichtung, das später in den Umwandlungsbeschluss (§ 194 I Nr 6) aufzunehmende **Abfindungsangebot nach § 207** bereits im Vorfeld der Anteilsinhaberversammlung an die Gesellschafter/Aktionäre zu übersenden oder das Abfindungsangebot gemäß dem durch das EHUG (dazu Einf Rn 28) und durch Gesetz vom 22.12.2011 (dazu Einf Rn 34) geänderten § 231 S 2 bekannt

zu machen. Konkreter Adressat dieser Verpflichtung ist das Vertretungsorgan des formwechselnden Rechtsträgers. Bei Nichtbeachtung kann der **Umwandlungsbeschluss angefochten** werden. Kommt es zur Eintragung und damit zum Ausschluss der Unwirksamkeitsklage nach § 202 III, kann – entsprechende Kausalität vorausgesetzt – Schadensersatz nach Maßgabe von §§ 205, 206 zu leisten sein. Vgl iÜ die Komm zu § 231.

Die vorgenannten Verpflichtungen hängen stets mit einem tats erstellten Umwandlungsbericht zusammen. Da der Umwandlungsbericht aber nur dem Schutz der Anteilsinhaber dient, stellt **Abs 1 S 2** klar, dass **§ 192 II (der frühere § 192 III) unberührt** bleibt. Demnach können die Anteilsinhaber auf die Abfassung des Umwandlungsberichts und seiner Bestandteile (Vermögensaufstellung, Entwurf des Umwandlungsbeschlusses) **in notarieller Form verzichten.** Ausnahmsweise ist auch der Fall von § 192 II 1 Alt 1 denkbar, allerdings wird bei Beteiligung von nur einem Anteilsinhaber an der formwechselnden KapGes regelm die eG als ZielGes nicht in Betracht kommen. Gem § 197 S 2 sind Vorschriften, die für die Gründung eine Mindestzahl der Gründer vorschreiben, mithin auch § 4 GenG (in der Neufassung des GenG: drei Mitglieder), zwar nicht anzuwenden, gem § 80 GenG (§ 255 II) ist der dauerhafte Bestand der ZielGes eG aber gefährdet. Unabhängig davon gilt für beide Fälle von § 192 II: Ist der Umwandlungsbericht nach dieser Vorschriften entbehrl, entfallen auch die gem Abs 1 S 1 zu beachtenden Pflichten bei der Vorbereitung der Anteilsinhaberversammlung nach §§ 230 und 231. 6

3. Durchführung der Anteilsinhaberversammlung, Abs 2

Gem **Abs 2** findet **§ 239** Anwendung, der Verweis ist für GmbH eingeschränkt, für AG und KGaA hingegen umfassend. Ist demnach die formwechselnde KapGes GmbH, ist zur Vermeidung einer mögl Beschlussanfechtung der **Umwandlungsbericht** in der Anteilsinhaberversammlung nach § 193 I 2 **auszulegen;** Gleiches gilt für die HV einer AG/KGaA. Durch das **ARUG** wurde § 239 I 2 neu eingefügt. In der HV der AG/KGaA kann deshalb der Umwandlungsbericht auch elektronisch bekannt gemacht werden (vgl Komm zu § 232 Rn 1). Durch entsprechende Ergänzung des Verweises auf § 239 in Abs 2 wird klargestellt, dass dieses Privileg nur für AG/KGaA, nicht aber für GmbH, gilt. Sofern der Umwandlungsbericht nach § 192 II entbehrl war (Rn 6), hat Abs 2 insoweit keinen Anwendungsbereich. In der HV einer AG oder einer KGaA muss der **Entwurf des Umwandlungsbeschlusses** zu Beginn der Verhandlung **mündl erläutert** werden. Adressat dieser Verpflichtung ist das Vertretungsorgan der formwechselnden AG/KGaA, also entweder der Vorstand oder die phG. Der Entwurf des Umwandlungsbeschlusses ist zwar Bestandteil des Umwandlungsberichts (§ 192 I 3), gleichwohl entfällt die Verpflichtung aus Abs 2 iVm § 239 II auch dann nicht, wenn der Umwandlungsbericht nach § 192 II entbehrl ist (Semler/Stengel/*Bonow* Rn 17). Die Erläuterung nach § 239 II findet unmittelbar im Vorfeld der Beschlussfassung statt, zu diesem Zeitpunkt liegt der Entwurf des demnächst zu fassenden Umwandlungsbeschlusses unabhängig davon vor, ob ein Umwandlungsbericht erstellt wurde oder nicht. Vgl iÜ § 232 Rn 1 ff. 7

§ 252 Beschluß der Versammlung der Anteilsinhaber

(1) **Der Umwandlungsbeschluß der Gesellschafterversammlung oder der Hauptversammlung bedarf, wenn die Satzung der Genossenschaft**

eine Verpflichtung der Mitglieder zur Leistung von Nachschüssen vorsieht, der Zustimmung aller anwesenden Gesellschafter oder Aktionäre; ihm müssen auch die nicht erschienenen Anteilsinhaber zustimmen.

(2) [1] **Sollen die Mitglieder nicht zur Leistung von Nachschüssen verpflichtet werden, so bedarf der Umwandlungsbeschluß einer Mehrheit von mindestens drei Vierteln der bei der Gesellschafterversammlung einer Gesellschaft mit beschränkter Haftung abgegebenen Stimmen oder des bei der Beschlußfassung einer Aktiengesellschaft oder einer Kommanditgesellschaft auf Aktien vertretenen Grundkapitals; § 50 Abs. 2 und § 65 Abs. 2 sind entsprechend anzuwenden.** [2] **Der Gesellschaftsvertrag oder die Satzung der formwechselnden Gesellschaft kann eine größere Mehrheit und weitere Erfordernisse bestimmen.**

(3) **Auf den Formwechsel einer Kommanditgesellschaft auf Aktien ist § 240 Abs. 3 entsprechend anzuwenden.**

Schrifttum: Siehe Schrifttum § 251.

1. Allgemeines

1 Die Vorschrift befasst sich mit der **notw Mehrheit in der Anteilsinhaberversammlung** von § 193 I 2. Beim Formwechsel einer KapGes in eine eG ist danach zu unterscheiden, welche Bestimmungen die **Satzung der ZielGes** nach § 6 Nr 3 GenG betroffen hat. Mögl sind Bestimmungen darüber, dass die Mitglieder für den Fall, dass die Gläubiger im Konkurs der eG nicht befriedigt werden, entweder **unbeschränkt Nachschüsse** zur Konkursmasse zu leisten haben oder dass diese Nachschüsse auf eine gewisse Haftsumme beschränkt sind oder dass sie überhaupt nicht zu leisten sind. In den erstgenannten beiden Fällen sieht **Abs 1** die **Einstimmigkeit des Umwandlungsbeschlusses** vor, weil sich die Rechtsstellung der Gesellschafter/Aktionäre durch die Umqualifizierung ihrer Anteile iRd Formwechsels verschlechtert (vgl RegEBegr BR-Drs 75/94 zu § 252 I). Wenn die Satzung der eG hingegen eine Verpflichtung zur Leistung von Nachschüssen nicht anordnet, bleibt es bei der **„normalen" Beschlussmehrheit,** die grdsl für eine Abänderung des Gesellschaftsvertrags (§ 53 II GmbHG) oder einer Satzung (§ 179 II, III AktG) ausreicht (vgl RegEBegr BR-Drs 75/94 zu § 252 II). **Strengere Regelungen** im Organisationsstatut der KapGes sind mögl.

2 **Abs 3** stellt klar, dass dem Formwechsel einer KGaA auch die phG zustimmen müssen. Die Satzung kann insoweit eine Mehrheitsentscheidung dieser Gesellschafter vorsehen. Auf § 240 Rn 4 ff wird verwiesen.

2. Einstimmigkeit, Abs 1

3 Der **Umwandlungsbeschluss** der KapGes iSv § 193 hat **im Fall von Abs 1 einstimmig** zu erfolgen. Außerdem ist – wenn der formwechselnde Rechtsträger KGaA ist – gem Abs 3 die Zustimmung der phG erforderl. Auch die **nicht erschienenen Anteilsinhaber** müssen dem Umwandlungsbeschluss zustimmen, Abs 1 HS 2; fehlt auch nur eine – gem § 193 III S 1 notariell zu beurkundende – Zustimmungserklärung, darf die Eintragung des Formwechsels nach §§ 198, 199, 201 nicht erfolgen; nach Eintragung des Formwechsels ist dieser Mangel gem **§ 202 III** allerdings nicht mehr beachtl.

4 Obj Voraussetzung für das strenge Mehrheitserfordernis von Abs 1 ist die **Festlegung einer Nachschusspflicht** gem § 6 Nr 3 GenG in der Satzung der künfti-

gen eG. Es kommt hierbei nach dem klaren Wortlaut von Abs 1 nicht darauf an, ob die Pflicht zur Leistung von Nachschüssen betragsmäßig begrenzt ist oder nicht. Denn anders als beim Kommanditisten (vgl § 172 HGB) kann nicht damit argumentiert werden, dass der Nachschuss durch das Geschäftsguthaben des späteren Mitglieder bereits erbracht sei; die Haftsumme ist vielmehr gem § 119 GenG mindestens nochmals so hoch wie der Geschäftsanteil. Damit droht den Anteilsinhabern der formwechselnden KapGes eine persönl Inanspruchnahme, dieser sollen sie nur dann ausgesetzt werden, wenn sie dem Formwechsel ausdrückl zugestimmt haben.

Abs 1 verkörpert damit einen Minderheitenschutz, die Vorschrift ist – wie § 233 – **nicht abdingbar,** auch nicht durch einstimmige Änderung von Gesellschaftsvertrag oder Satzung. Die **Zustimmung der phG nach Abs 3** iVm § 240 III kann demggü aber durchaus als **Mehrheitsentscheidung** ergehen. Die phG nehmen grdsl am Formwechsel nicht teil, sie scheiden aus dem Rechtsträger aus; deshalb kann eine etwa vorhandene Nachschusspflicht bei der eG ihre Interessen nicht tangieren. 5

3. Mehrheitsentscheidung, Abs 2

Sieht die Satzung der künftigen eG gem § 6 Nr 3 GenG die Freiheit der Mitglieder von einer Nachschusspflicht vor, bedarf der Umwandlungsbeschluss gemäß der **Dreiviertelmehrheit, Abs 2.** Bei der GmbH ist insoweit die Mehrheit der abgegebenen Stimmen maßgebl, bei der AG/KGaA kommt es auf das bei der Beschlussfassung vertretene Grundkapital an. Auf § 50 Rn 3 ff (GmbH) und § 65 Rn 3 ff (AG/KGaA) wird verwiesen. 6

Gem **Abs 2 S 1 HS 2** sind §§ 50 II, 65 II entsprechend anzuwenden. Diese Vorschriften enthalten **besondere Zustimmungserfordernisse,** die unabhängig von der iÜ notw Beschlussmehrheit gelten: Nach § 50 II ist die Zustimmung (notarielle Form, § 193 III 1) nur des Gesellschafters notw, der durch den Formwechsel ein **Sonderrecht** iSv § 35 BGB verliert (vgl § 50 Rn 8 ff); § 65 II verlangt die Zustimmung durch mit normaler Mehrheit zu fassende Sonderbeschlüsse, wenn **mehrere Gattungen von Aktien** vorhanden sind (vgl § 65 Rn 13). 7

Das gesetzl Mehrheitserfordernis von Abs 2 S 1 HS 1 stellt nur eine **Mindestanforderung** dar. Gesellschaftsvertrag/Satzung können eine **größere Kapitalmehrheit und weitere Erfordernisse** bestimmen. Auf die Komm zu § 50 Rn 6, 7 (für GmbH) und zu § 65 Rn 10–12 (für AG/KGaA) wird verwiesen. 8

§ 253 Inhalt des Umwandlungsbeschlusses

(1) [1]In dem Umwandlungsbeschluß muß auch die Satzung der Genossenschaft enthalten sein. [2]Eine Unterzeichnung der Satzung durch die Mitglieder ist nicht erforderlich.

(2) [1]Der Umwandlungsbeschluß muß die Beteiligung jedes Mitglieds mit mindestens einem Geschäftsanteil vorsehen. [2]In dem Beschluß kann auch bestimmt werden, daß jedes Mitglied bei der Genossenschaft mit mindestens einem und im übrigen mit so vielen Geschäftsanteilen, wie sie durch Anrechnung seines Geschäftsguthabens bei dieser Genossenschaft als voll eingezahlt anzusehen sind, beteiligt wird.

Schrifttum: Siehe Schrifttum § 251.

1 § 253 ist Parallelvorschrift zu § 218 beim Formwechsel einer PersGes in eine eG. Der **Umwandlungsbeschluss** iSv § 193 hat neben den in § 194 festgelegten Bestandteilen notw auch die **Satzung der eG** (zu deren Inhalt zB Lutter/*Happ/Göthel* Rn 4 ff; KölnerKommUmwG/*Schöpflin* Rn 2) zu enthalten. Ohne diese Festsetzung wäre die Anwendung von § 252 nicht mögl, weil erst die Satzung der eG gem § 6 Nr 3 GenG festlegt, ob eine Nachschusspflicht der Mitglieder besteht oder nicht (Semler/Stengel/*Bonow* Rn 3). Abs 1 S 2 entspricht § 218 I 2.

2 Wie bei § 218 III und § 80 I Nr 2 bestimmt **Abs 2,** dass der Umwandlungsbeschluss die Beteiligung jedes Mitglieds mit mindestens einem Geschäftsanteil vorzusehen hat. Weitergehende Bestimmungen sind mögl. Auf die Komm zu § 218 Rn 8, 9 wird vollumfängl verwiesen.

§ 254 Anmeldung des Formwechsels

(1) **Die Anmeldung nach § 198 einschließlich der Anmeldung der Satzung der Genossenschaft ist durch das Vertretungsorgan der formwechselnden Gesellschaft vorzunehmen.**

(2) **Zugleich mit der Genossenschaft sind die Mitglieder ihres Vorstandes zur Eintragung in das Register anzumelden.**

Schrifttum: Siehe Schrifttum § 251.

1 § 198 regelt nicht, von wem die neue Rechtsform des Rechtsträgers oder der Rechtsträger neuer Rechtsform anzumelden ist. Vglbar zu §§ 235 II, 246 I bestimmt **Abs 1** demgemäß, dass (noch) das Vertretungsorgan der formwechselnden KapGes die **Anmeldung** vorzunehmen hat. Verpflichtet sind die Geschäftsführer der GmbH, Mitglieder des Vorstands der AG oder phG der KGaA (jew in der zur Vertretung berechtigenden Anzahl, Widmann/Mayer/*Fronhöfer* Rn 4; Semler/Stengel/*Bonow* Rn 6; Lutter/*Happ/Göthel* Rn 5; zur Vertretung bei der Anmeldung *Melchior* GmbHR 1999, 520). Die **Satzung der eG** ist der Anmeldung des Formwechsels nicht nur nach § 199 beizufügen, wegen der allg Geltung von Gründungsvorschriften (§ 197) ist die Anmeldung der Satzung auch nach § 11 II GenG gefordert. Abw von § 11 I GenG obliegt die Anmeldung der Satzung der eG allerdings ebenfalls dem Vertretungsorgan der formwechselnden KapGes (vgl RegEBegr BR-Drs 75/94 zu § 254 I). Außerdem muss die Satzung der eG nicht nach § 11 II Nr 1 **von den Mitgliedern unterzeichnet** sein, denn § 253 I 2 enthält eine nach § 197 zulässige Ausnahme von dieser Gründungsvorschrift.

2 **Abs 2** stellt sicher, dass die eG und die **Mitglieder ihres Vertretungsorgans** gleichzeitig zur Eintragung in das Genossenschaftsregister **angemeldet** werden, damit sofort Klarheit über die Vertretungsverhältnisse herrscht (vgl RegEBegr BR-Drs 75/94 § 254 II). Die Mitglieder des Vorstands müssen ihrerseits Mitglieder auch der eG sein (§ 9 II GenG), eine **Fremdorganschaft** ist nicht zulässig.

§ 255 Wirkungen des Formwechsels

(1) [1]**Jeder Anteilsinhaber, der die Rechtsstellung eines Mitglieds erlangt, ist bei der Genossenschaft nach Maßgabe des Umwandlungsbeschlusses beteiligt.** [2]**Eine Verpflichtung zur Übernahme weiterer Geschäftsanteile bleibt unberührt.** [3]**§ 202 Abs. 1 Nr. 2 Satz 2 ist mit der Maßgabe anzuwenden, daß die an den bisherigen Anteilen bestehenden Rechte Dritter an**

den durch den Formwechsel erlangten Geschäftsguthaben weiterbestehen.

(2) **Das Gericht darf eine Auflösung der Genossenschaft von Amts wegen nach § 80 des Genossenschaftsgesetzes nicht vor Ablauf eines Jahres seit dem Wirksamwerden des Formwechsels aussprechen.**

(3) **Durch den Formwechsel einer Kommanditgesellschaft auf Aktien scheiden deren persönlich haftende Gesellschafter als solche aus dem Rechtsträger aus.**

Schrifttum: Siehe Schrifttum § 251.

1. Allgemeines

Die Vorschrift ergänzt § 202 über die **Wirkungen der Eintragung** des Rechts- 1
trägers neuer Rechtsform (§§ 198 II, 202 II). **Abs 1** setzt § 253 II um, der die Beteiligung der Gesellschafter/Aktionäre an der künftigen eG als notw Inhalt des Umwandlungsbeschlusses bestimmt. Die **Satzung der eG** kann darüber hinaus eine Verpflichtung zur **Übernahme weiterer Geschäftsanteile** vorsehen, die Wirkungen der Eintragung des Formwechsels ändern hieran nichts. Umgekehrt sieht § 256 für den Fall, dass das durch den Formwechsel erlangte Geschäftsguthaben eines Mitglieds den Gesamtbetrag der ihm zugestandenen Geschäftsanteile übersteigt, einen entsprechenden **Auszahlungsanspruch** vor. **Abs 1 S 3** trägt in Bezug auf die dingl Surrogation von § 202 I Nr 2 S 2 dem Umstand Rechnung, dass die – unveräußerl – Geschäftsanteile der Mitglieder nicht mit Rechten Dritter belastet werden dürfen; an die Stelle der in Geschäftsanteile umqualifizierten GmbH-Anteile oder Aktien tritt das erlangte Geschäftsguthaben.

Gem § 197 S 2 darf der Formwechsel nicht an Vorschriften scheitern, die für die 2
Gründung des Rechtsträgers neuer Rechtsform eine **Mindestzahl der Gründer** vorschreiben (vgl auch RegEBegr BR-Drs 75/94 zu § 255 II). § 4 GenG in seiner neuen Fassung verlangt mindestens drei Mitglieder (eine „Einmanngründung" der eG ist nach zutr Ansicht von Semler/Stengel/*Bonow* Rn 14 nicht mögl, die noch in der 3. Aufl 2001 vertretene Ansicht gebe ich auf; aA KölnerKomm-UmwG/*Schöpflin* Rn 6). Ähnl wie § 73 BGB für den Verein sieht jedoch § 80 GenG die Auflösung der eG auf Antrag des Vorstands oder von Amts wegen vor, wenn die Zahl der Mitglieder nachhaltig weniger als drei (was kaum vorstellbar ist, vgl Semler/Stengel/*Bonow* Rn 14) beträgt. Um den Formwechsel nicht von vornherein zum Scheitern zu verurteilen und den zeitnahen Beitritt weiterer Mitglieder nach Wirksamwerden des Formwechsels zu ermögl, modifiziert Abs 2 § 80 I GenG dahingehend, dass die Auflösung der eG wegen Unterschreitung der Mitgliederzahl von Amts wegen nicht vor Ablauf eines Jahres nach dem Wirksamwerden des Formwechsels ausgesprochen werden darf. Die Vorschrift hat praktisch keine Bedeutung.

Wie bereits §§ 368 S 2, 387 III S 2 AktG aF bestimmt auch **Abs 3** das **Aus-** 3
scheiden der phG einer KGaA mit Wirksamwerden des Formwechsels. Die phG können künftig aber als Mitglieder beteiligt sein, sie scheiden nur „als solche" (also als persönl Haftende) aus dem Rechtsträger aus. Wie beim Formwechsel einer KGaA in eine KapGes anderer Rechtsform schlägt sich auch hier der Umstand nieder, dass wesenstypisches Element der Rechtsform eG die fehlende persönl Haftung ihrer Mitglieder ist (RegEBegr BR-Drs 75/94 zu § 255 III). Die Festsetzung einer Nachschusspflicht in der Satzung der eG (§ 6 Nr 3 GenG) hat

mit einer unbeschränkt persönl Haftung ggü den normalen Gläubigern der eG nichts zu tun. Die Nachschusspflicht wird ausschließl für den Fall der Insolvenz der eG ausgelöst.

2. Beteiligung der Mitglieder, Abs 1 S 1

4 Nach Maßgabe des Umwandlungsbeschlusses (§§ 193, 194, **253**) ist jeder ehemalige Gesellschafter/Aktionär künftig bei der eG beteiligt. Damit konkretisiert **Abs 1 S 1** die allg Vorschriften zur Umqualifizierung des Anteils in § 202 I Nr 2. Der **Umfang der Beteiligung des Mitglieds** kann im Umwandlungsbeschluss nicht frei bestimmt werden; er hängt auch davon ab, welche Festsetzung die Satzung (§ 253 I 1) trifft. Gem § 7a I GenG kann das Statut bestimmen, dass ein Mitglied sich mit mehr als einem Geschäftsanteil beteiligen darf, eine Pflicht hierzu besteht allerdings nicht. Die Aufrechterhaltung der **wirtschaftl Integrität der Anteilsinhaber** im Zusammenhang mit dem Formwechsel (vgl auch § 5 Rn 7) verlangt ledigl, dass das **Geschäftsguthaben** bei der eG dem wirtschaftl Wert des ursprüngl Anteils an der KapGes entspricht; übersteigt dieses durch den Formwechsel erlangte Geschäftsguthaben eines Mitglieds den Gesamtbetrag dessen Geschäftsanteile, ist nach § 256 II vorzugehen. Unzulässig ist es hingegen, einem Anteilsinhaber der übertragenden KapGes an der eG keinen Anteil zuzugestehen, ihn also nur nach § 256 II abzufinden.

3. Verpflichtung zur Übernahme weiterer Geschäftsanteile, Abs 1 S 2

5 Für den Umfang der Beteiligung eines Mitglieds an der eG ist nicht nur der Inhalt des Umwandlungsbeschlusses (§ 253 II) maßgebl, sondern uU auch eine darüber hinausgehende **Festsetzung in der Satzung, Abs 1 S 2.** Ziel aller Beteiligten wird es zwar stets sein, jedem ursprüngl Anteilsinhaber der formwechselnden KapGes so viele Geschäftsanteile bei der eG zuzuwenden, wie es seinem Geschäftsguthaben entspricht. Gem § 7a II GenG kann die Satzung aber auch eine **Pflichtbeteiligung** bestimmen, dh eine Verpflichtung der Mitglieder dahingehend, sich mit mehreren Geschäftsanteilen zu beteiligen. Diese Übernahmeverpflichtung ist nicht notw mit einer sofortigen Einzahlung auf den Geschäftsanteil verbunden, § 7 Nr 1 GenG gewährt Flexibilität. Eine solche Einlageverpflichtung ist allerdings kein Fall von § 252, die Beschlussmehrheit ergibt sich vielmehr aus § 252 II. Will ein Anteilsinhaber der übertragenden KapGes den Inhalt der Satzung so nicht akzeptieren, muss er gegen den Umwandlungsbeschluss – dessen Bestandteil die Satzung ist, § 253 I – Widerspruch zur Niederschrift erklären und gem §§ 207–212 **Barabfindung** verlangen.

4. Dingliche Surrogation, Abs 1 S 3

6 Die Grundregel von § 202 I Nr 2 S 2, die eine „normale" **dingl Surrogation** vorsieht, hilft bei einem Formwechsel in eine eG nicht weiter. Der im Wege der Umqualifizierung erlangte Geschäftsanteil des Mitglieds ist gerade nicht übertragbar, deshalb scheidet auch die Begründung von **Rechten Dritter am Geschäftsanteil** aus. Im Ggs dazu darf das **Geschäftsguthaben** mit Rechten Dritter verbunden, uU auch belastet werden (arg § 22 IV GenG; zumindest kann eine „Verpfändung des Geschäftsguthabens" in eine stets zulässige Verpfändung des Auseinandersetzungsguthabens umgedeutet werden, Beuthien/*Beuthien* GenG

§ 22 Rn 14, 15; Lang/Weidmüller/*Schulte* GenG § 22 Rn 11, 12). **Abs 1 S 3** bestimmt demgemäß den „Austausch" des Gegenstands „GmbH-Anteil, Aktie" gegen den künftigen Bezug für Rechte Dritter „Geschäftsguthaben". Inwieweit diese Rechte während des Bestehens der eG und während der Mitgliedschaft realisierbar sind, richtet sich nach dem für die eG geltenden Recht und nach den für die fortbestehenden Rechte maßgebl Vorschriften. Man wird mit guten Gründen einer Verwertung eines etwa bestehenden Pfandrechts eines Dritten nur iRd entsprechenden Anwendung von § 66 GenG zustimmen können. Am Grds, dass das eigentl Geschäftsguthaben nicht als Sicherung hingegeben werden darf, wollte der Gesetzgeber durch Abs 1 S 3 wohl ebenso wenig ändern wie bei der Vorgängerregelung von § 385p I 3 AktG aF. Unter **Rechten Dritter** iSv Abs 1 S 3 müssen nicht notw Pfandrechte verstanden werden, darunter fallen auch alle Formen des Nießbrauchs und der zulässigen Unterbeteiligung (vgl § 20 Rn 19–22).

5. Ausscheiden der persönlich haftenden Gesellschafter, Abs 3

Mit Eintragung des Rechtsträgers neuer Rechtsform (§ 202 II) **scheiden die phG aus der KGaA aus, Abs 3.** An ihre Stelle tritt der gem § 254 II anzumeldende Vorstand. Die phG haben einen **Abfindungsanspruch** gem § 278 II AktG, §§ 161 II, 105 II HGB, §§ 738 ff BGB (Semler/Stengel/*Bonow* Rn 17), soweit nicht durch die Satzung oder durch eine besondere Vereinbarung etwas anderes bestimmt oder eine Abfindung ausnahmsweise entbehrl ist. Auch mangels einer Sondereinlage kann eine Abfindung entbehrl sein (vgl Widmann/Mayer/*Rieger* § 247 Rn 45). Der Anspruch richtet sich gegen den nun in der Rechtsform der eG bestehenden Rechtsträger (BGH DB 1974, 572; Widmann/Mayer/*Rieger* § 247 Rn 43; Lutter/*Happ/Göthel* § 255 Rn 8, § 247 Rn 20). Die Abfindung erfolgt in Geld, wenn in der Satzung nicht andere Bestimmungen getroffen sind. War ein phG **zugleich Kommanditaktionär,** nimmt er insoweit an den Wirkungen des Formwechsels nach Abs 1 S 1 teil (Semler/Stengel/*Bonow* Rn 16; Lutter/*Happ/Göthel* Rn 9). 7

Die **Nachhaftung** der phG bestimmt sich nach Maßgabe von §§ 257, 224. 8

§ 256 Geschäftsguthaben; Benachrichtigung der Mitglieder

(1) **Jedem Mitglied ist als Geschäftsguthaben der Wert der Geschäftsanteile oder der Aktien gutzuschreiben, mit denen es an der formwechselnden Gesellschaft beteiligt war.**

(2) [1] **Übersteigt das durch den Formwechsel erlangte Geschäftsguthaben eines Mitglieds den Gesamtbetrag der Geschäftsanteile, mit denen es bei der Genossenschaft beteiligt ist, so ist der übersteigende Betrag nach Ablauf von sechs Monaten seit dem Tage, an dem die Eintragung der Genossenschaft in das Register bekannt gemacht worden ist, an das Mitglied auszuzahlen.** [2] **Die Auszahlung darf jedoch nicht erfolgen, bevor die Gläubiger, die sich nach § 204 in Verbindung mit § 22 gemeldet haben, befriedigt oder sichergestellt sind.**

(3) **Die Genossenschaft hat jedem Mitglied unverzüglich nach der Bekanntmachung der Eintragung der Genossenschaft in das Register in Textform mitzuteilen:**
1. den Betrag seines Geschäftsguthabens;

2. den Betrag und die Zahl der Geschäftsanteile, mit denen es bei der Genossenschaft beteiligt ist;
3. den Betrag der von dem Mitglied nach Anrechnung seines Geschäftsguthabens noch zu leistenden Einzahlung oder den Betrag, der nach Absatz 2 an das Mitglied auszuzahlen ist;
4. den Betrag der Haftsumme der Genossenschaft, sofern die Mitglieder Nachschüsse bis zu einer Haftsumme zu leisten haben.

Schrifttum: Siehe Schrifttum § 251.

1. Allgemeines

1 **Abs 1** stellt sicher, dass die Anteilsinhaber durch den Wechsel der Kapitalbeteiligung zur Mitgliedschaft bei der eG **keine Vermögenseinbuße** erleiden (vgl zum verfassungsrechtl Gebot § 5 Rn 6; vgl iÜ RegEBegr BR-Drs 75/94 zu § 256 I). Der wirtschaftl Wert der durch die Beteiligung an der eG (Geschäftsanteile) vermittelten Mitgliedschaft ergibt sich aus dem **Geschäftsguthaben,** das auch bei der Verteilung des Verm unter die Mitglieder nach § 91 GenG als Auseinandersetzungsguthaben maßgebl ist. Auf den Nennbetrag der Geschäftsanteile kommt es nicht an.

2 Parallel zu § 87 II sieht **Abs 2** die Möglichkeit der **baren Zuzahlung** für den Fall vor, dass das durch den Formwechsel erlangte Geschäftsguthaben eines Mitglieds den Gesamtbetrag der Geschäftsanteile (= Summe der Nominalbeträge) übersteigt. Die Auszahlung der baren Zuzahlung kann nach Maßgabe von Abs 2 S 2 gehemmt sein.

3 **Abs 3** ist § 93i II GenG aF nachgebildet und entspricht nun § 89 II Nr 1, 2, 4, 5.

2. Geschäftsguthaben, Abs 1

4 Das **Geschäftsguthaben** ist der Betrag, der tats auf den oder die Geschäftsanteile eingezahlt ist. Es kann sich dabei grdsl um unmittelbare Einzahlungen der Mitglieder handeln oder um Gutschriften aus Gewinnanteilen oder Rückvergütungen (Beuthien/*Beuthien* GenG § 7 Rn 4, 5; Lang/Weidmüller/*Schulte* GenG § 7 Rn 5 ff mwN). Für die durch Umqualifizierung iRv § 202 I Nr 2 erlangten Geschäftsanteile bedeutet dies: Jedem früheren Gesellschafter einer GmbH oder Aktionär einer AG/KGaA **wird als Geschäftsguthaben der (Verkehrs-)Wert** seiner Geschäftsanteile oder seiner Aktien gutgeschrieben („innerer Wert", vgl Semler/Stengel/*Bonow* Rn 5, 6). **Wirtschaftl** darf der Wechsel der Rechtsform und die mit ihm verbundene Umqualifizierung der Anteile **keine Nachteile** für die Anteilsinhaber mit sich bringen (vgl BVerfG bei § 5 Rn 7). Inwieweit das Geschäftsguthaben auch durch Geschäftsanteile (zum Begriff Beuthien/*Beuthien* GenG § 7 Rn 1) repräsentiert wird (dazu Lutter/*Happ/Göthel* Rn 4, 5), richtet sich allein nach dem **Inhalt der Satzung der eG.** Diese Satzung muss gem § 7 Nr 1 den Betrag bestimmen, bis zu welchem sich die einzelnen Mitglieder mit Einlagen beteiligen können, es kann darüber hinaus gem § 7a GenG die Beteiligung mit weiteren Geschäftsanteilen zulassen oder sogar eine Pflichtbeteiligung mit mehreren Geschäftsanteilen bestimmen. Für den Anteilsinhaber bedeutet dies: Reicht das Geschäftsguthaben gerade aus, um den Einzahlungspflichten auf die ihm gewährten Geschäftsanteile nachzukommen (dies ist das gesetzl Leitbild, vgl § 253 II 2), ist eine Geldzahlung an den Rechtsträger oder umgekehrt nicht notw.

Sieht die Satzung gem § 7a II GenG hingegen eine Pflichtbeteiligung vor, die im Nominalbetrag der Geschäftsanteile über das zugestandene Geschäftsguthaben hinausgeht, steht eine Einzahlungspflicht nach Maßgabe von § 7 Nr 1 GenG in Rede (aA Semler/Stengel/*Bonow* Rn 13 ff, dessen Ausführungen zutr sind, der aber zwischen unmittelbarer Wirkung des Formwechsels und erst zukünftiger Wirkung der Pflichtbeteiligung unterscheidet, was für den Anteilsinhaber iE aber nicht entscheidend ist). Im umgekehrten Fall, bei dem nominell zu wenig Geschäftsanteile zur Abdeckung des Geschäftsguthabens zur Vfg gestellt werden, greift Abs 2 ein.

3. Bare Zuzahlung, Abs 2

Führt die Umsetzung des im Umwandlungsbeschluss Geregelten (§ 253) dazu, dass das Geschäftsguthaben des Mitglieds nicht vollständig im Wege der Umqualifizierung seiner Anteile durch zugewendete Geschäftsanteile am Rechtsträger nun in der Rechtsform der eG ausgeglichen wird, steht ihm bzgl der Diff grdsl ein **Anspruch auf Gewährung barer Zuzahlung** zu. Die bare Zuzahlung wird sechs Monate nach Wirksamwerden des Formwechsels (§ 202) zur Auszahlung fällig. Die Auszahlung darf jedoch **nicht vor Befriedigung oder Sicherstellung der Gläubiger** iRv §§ 204, 22 erfolgen, **Abs 2 S 2.** Die bare Zuzahlung ist **der Höhe nach nicht begrenzt,** eine § 87 II 2 vglbare Regelung fehlt in Abs 2. Abs 2 kann nicht abbedungen oder modifiziert werden (Lutter/*Happ/Göthel* Rn 8 mwN). 5

4. Mitteilungspflicht, Abs 3

Die Besonderheit der Beteiligung bei einer eG sowie die Möglichkeit, dass der Formwechsel zu Zahlungsansprüchen der eG gegen die Mitglieder oder der Mitglieder gegen die eG (Rn 5) führen kann, machen die **zusätzl Information** der eG an ihre Mitglieder gem **Abs 3** erforderl (RegEBegr BR-Drs 75/94 zu § 256 III). Adressat der Verpflichtung ist „die Genossenschaft", damit steht der Vorstand der eG (vgl § 254 II) in der Pflicht, §§ 26, 30 GenG. Eine Anmeldung in die Liste der Mitglieder der eG entsprechend § 93i I GenG aF ist hingegen nicht mehr nötig. Durch die Neufassung von § 30 GenG durch das RegisterbereinigungsG vom 20.12.1993 (BGBl I 2182) gilt nun, dass die Liste der Mitglieder nicht mehr beim Registergericht, sondern ausschließl bei der eG geführt wird. 6

Die **individuellen Mitteilungen** an die Anteilsinhaber müssen **unverzügl** (ohne schuldhaftes Zögern, § 121 I BGB) in Textform (§ 126b BGB; Lutter/*Happ/Göthel* Rn 17) ergehen (die Mitteilung ist keine WE, ihr Zugang aber gleichwohl erforderl, Widmann/Mayer/*Fronhöfer* Rn 12). Dadurch soll den Mitgliedern nicht nur ihre Rechtsstellung verdeutlicht und ein Hinweis auf etwaige Zahlungspflichten gegeben werden; die Mitglieder erhalten vielmehr auch die Information darüber, ob sie nach §§ 196, 207–212 vorgehen sollen. Wegen der kurzen Ausschlussfrist von § 209 ist der Vorstand zu zügigem Vorgehen verpflichtet; insoweit ist **Abs 3 Schutzgesetz iSv § 823 II BGB** (Semler/Stengel/*Bonow* Rn 20). Bei der ersten Änderung von Abs 3 Nr 3 (dazu Vor §§ 79–98 Rn 6) war dem Gesetzgeber ein sprachlicher Fehler unterlaufen: statt „ihn" (der Genosse nach früherem Recht) ist das Mitglied gemeint, dies wurde anlässl der Änderung des UmwG durch das ARUG (dazu Einf Rn 32) korrigiert. 7

§ 257 Gläubigerschutz

Auf den Formwechsel einer Kommanditgesellschaft auf Aktien ist auch § 224 entsprechend anzuwenden.

1 Beim **Formwechsel einer KGaA in eine eG** scheiden die phG nach Maßgabe von § 255 III mit Wirksamwerden des Formwechsels aus. Die ursprüngl gegebene persönl Haftung aus § 278 II AktG, §§ 161 II, 128 HGB besteht bis zum Ablauf von fünf Jahren nach ihrem Ausscheiden fort, soweit die Ansprüche nicht früher verjähren. Die **Nachhaftung** kann im Außenverhältnis nicht ausgeschlossen werden. Die phG haben aber einen **Freistellungsanspruch im Innenverhältnis** gegen die eG (§ 105 II HGB, § 738 I S 2 BGB), soweit nichts anderes vereinbart ist (Semler/Stengel/*Bonow* Rn 7; KölnerKommUmwG/*Schöpflin* Rn 3). Für nach ihrem Ausscheiden entstehende Verbindlichkeiten der Ges kommt eine Haftung aus § 278 II AktG, §§ 161 III, 128 HGB nicht in Betracht (Semler/Stengel/*Bonow* Rn 6). IÜ wird auf die Komm zu § 224 verwiesen.

Dritter Abschnitt. Formwechsel eingetragener Genossenschaften

§ 258 Möglichkeit des Formwechsels

(1) **Eine eingetragene Genossenschaft kann auf Grund eines Umwandlungsbeschlusses nach diesem Gesetz nur die Rechtsform einer Kapitalgesellschaft erlangen.**

(2) **Der Formwechsel ist nur möglich, wenn auf jedes Mitglied, das an der Gesellschaft neuer Rechtsform beteiligt wird, als beschränkt haftender Gesellschafter ein Geschäftsanteil, dessen Nennbetrag auf volle Euro lautet, oder als Aktionär mindestens eine volle Aktie entfällt.**

Schrifttum: Schrifttum bis 1994 siehe 3. Auflage; Schrifttum bis 2000 siehe 4. Auflage; *Beuthien,* Kommentar zum Genossenschaftsgesetz, 15. Aufl 2011 unter Mitarbeit von *Wolff* und *Schöpflin,* Anh Umwandlung §§ 190 ff UmwG; *ders,* Zeit für eine Genossenschaftsreform, DB 2000, 1161; *Beuthien,* Der genossenschaftliche Geschäftsanteil, AG 2002, 266; *Steding,* Die Genossenschaft und ihr ambivalentes Verhältnis zum Aktienrecht, NZG 2002, 449; *Mahi,* Die Europäische Genossenschaft, DB 2004, 967; *Geschwandtner/Helios,* Neues Recht für die eingetragene Genossenschaft, NZG 2006, 691; *Keßler,* Das neue Genossenschaftsrecht im Wettbewerb der Unternehmensformen – erleichterter Zugang auch für KMU?, BB 2006, 1693; *ders,* Die Genossenschaftsreform im Lichte des Regierungsentwurfs, BB 2006, 561; *Pistorius,* Der Regierungsentwurf zur Änderung des Genossenschaftsrechts – Stärkung der Rechtsform der eG?, DStR 2006, 278; *Schaffland/Korte,* Das Genossenschaftsgesetz im Zeichen der Europäisierung und Internationalisierung – zum Gesetzesentwurf der Bundesregierung, NZG 2006, 253; *Hirte,* Das neue Genossenschaftsrecht, EStR 2007, 2166 (Teil I), DStR 2007, 2215 (Teil II); *Beuthien,* Ist die Genossenschaftsrechtsreform geglückt?, NZG 2008, 210.

1. Allgemeines

1 §§ 258–271 regeln den **Formwechsel einer eG** (zusammenfassende Darstellung bei Beuthien/*Wolff* GenG §§ 190 ff UmwG). Zulässige Zielrechtsform ist die **KapGes,** damit erweitert **Abs 1** die Umwandlungsmöglichkeit der Vorgängerregelung von § 385m I AktG aF (formwechselnde Umw der eG nur in eine AG).

Abs 2, der zunächst durch Art 3 § 4 Nr 2 EuroEG vom 9. 6.1998 (BGBl I 1242) und Art 2 Nr 10 StückAG vom 25.3.1998 (BGBl I 590), anschl durch das Gesetz zur Einführung der Europäischen Gen vom 14.8.2006 (BGBl I 1911, dazu Einf Rn 28) und schließlich durch das MoMiG (Einf Rn 30) geändert wurde, enthält eine obj Voraussetzung für die Zulässigkeit des Formwechsels. In Ergänzung von § 194 I Nr 3, 4 bestimmt Abs 2, dass der Formwechsel nur dann mögl ist, wenn auf jedes Mitglied eine Beteiligung am Rechtsträger neuer Rechtsform entfällt, die eine gewisse Mindestgröße erreicht. 2

Der BR (Gesetzentwurf der BReg BT-Drs 12/7256 Anlage 2: Stellungnahme des BR zu § 258) hatte im Gesetzgebungsverfahren zur Umwandlungsreform 1995 angeregt, zu prüfen, ob eG aufgrund des Umwandlungsbeschlusses auch die Möglichkeit zur Erlangung der Rechtsform einer **PersGes** eingeräumt werden kann. Dies sei besonders für die landwirtschaftl Betriebe in den neuen Ländern, die sich von LPG in eG umgewandelt haben und nun feststellen, dass diese Rechtsform ihren Erwartungen nicht entspricht, notw. Eine generelle Ausweitung von § 258 I wurde letztl nicht vollzogen, vielmehr kam es gem Art 19 UmwBerG zur Einführung von § 38a LwAnpG, der den durch formwechselnde Umw einer LPG entstandenen eG die Möglichkeit des **Formwechsels in eine PersGes** (also PhG und GbR) eröffnet. Den übrigen eG bleibt diese Umwandlungsmöglichkeit versagt. 3

2. Formwechsel in eine Kapitalgesellschaft, Abs 1

§§ 190 ff bieten für den formwechselnden Rechtsträger eG nur die Möglichkeit, **in eine KapGes** umzuwandeln, Abs 1. Die Legaldefinition der KapGes **(GmbH, AG, KGaA)** findet sich in § 3 I Nr 2 (näher § 191 Rn 17 ff). Der Weg in die UG (haftungsbeschränkt) ist versperrt, vgl § 191 Rn 32. Beim Formwechsel in eine KGaA muss mindestens ein phG gefunden werden, § 262 II verweist insoweit unmittelbar auf § 240 II und in Bezug auf den Beitritt phG mittelbar auf § 221 (§ 240 II 2). 4

Der **Umwandlungsbeschluss** (§§ 193, 194) erfolgt in der **Mitgliederversammlung** der Mitglieder (Generalversammlung) bzw in der **Vertreterversammlung,** vgl §§ 43, 43a GenG und § 262. Gem § 43a I 2 GenG, kann die Satzung zB für Umwandlungsbeschlüsse die Zuständigkeit der Generalversammlung vorbehalten, vgl BT-Drs 16/1025, 104. Die Vorbereitung und die Durchführung der Generalversammlung muss den Anforderungen von **§§ 260, 261** genügen. Neben der obj Voraussetzung von Abs 2 ist die Zulässigkeit des Formwechsels der eG in eine KapGes stets anhand von **§ 264** (Kapitalschutz) zu beurteilen. Der Nennbetrag des StK einer GmbH oder des Grundkapitals einer AG/KGaA muss durch das Verm des formwechselnden Rechtsträgers gedeckt sein **(Verbot der materiellen Unterpariemission).** 5

3. Beteiligung am Rechtsträger neuer Rechtsform, Abs 2

Der Formwechsel einer eG in eine GmbH war früher nur mögl, wenn auf jedes Mitglied künftig ein durch zehn teilbarer Geschäftsanteil von mindestens EUR 50 entfiel. **Abs 2 Alt 1** wurde durch das MoMiG (Einf Rn 30) geändert. Jetzt beträgt auch bei der GmbH die Mindeststückelung EUR 1,00. Höhere Nennbeträge müssen durch volle Euro teilbar sein, vgl § 46 Rn 12. Der Nennbetrag ist so festzulegen, dass sich möglichst **alle** Mitglieder dem Wert ihrer Mitgliedschaft an der formwechselnden eG entsprechend **in vollem Umfang am** 6

Rechtsträger in der neuen Rechtsform GmbH **beteiligen können.** Abs 2 dient damit vor allem dem Schutz von Mitgliedern mit kleinen Anteilen (Semler/Stengel/*Bonow* Rn 5; Lutter/*Bayer* Rn 14; Beuthien/*Wolff* GenG §§ 190 ff UmwG Rn 4; aA KölnerKommUmwG/*Schöpflin* Rn 7).

7 Die **Höhe der Nennbeträge** der gem § 194 I Nr 3, 4 festzulegenden Geschäftsanteile ergibt sich aus dem **Wert der Beteiligung** jedes Mitglieds an der formwechselnden eG. Der Wert des umqualifizierten GmbH-Anteils muss damit also dem **Geschäftsguthaben** (nicht dem Nominalbetrag der gehaltenen Geschäftsanteile, Semler/Stengel/*Bonow* Rn 9) entsprechen. Denn nur der Betrag des Geschäftsguthabens kann zu einer Aussage darüber führen, wie viel die Mitgliedschaft in der eG für den einzelnen Anteilsinhaber wert ist (wobei das Geschäftsguthaben selbst nur den bilanzmäßig erfassten Kern der Mitgliedschaft abbildet, der aber gleichzeitig für § 73 II 2 GenG von Bedeutung ist, vgl Beuthien/*Beuthien* GenG § 7 Rn 5); gem § 7 Nr 1 GenG muss der Geschäftsanteil nicht vollständig eingezahlt sein, umgekehrt ist (zB durch Gutschriften aus Gewinnanteilen oder Rückvergütungen) eine Überschreitung des Nominalbetrags der gehaltenen Geschäftsanteile nicht mögl (Auszahlungsforderung, vgl Lang/Weidmüller/*Schulte* GenG § 7 Rn 5, vgl auch § 19 I 3 GenG).

8 Der **Formwechsel** einer eG **in eine AG/KGaA** war gem Abs 2 Alt 2 aF nur dann zulässig, wenn auf jeden Genossen mindestens ein Teilrecht im Nennbetrag von DM 10 entfiel (dazu 2. Aufl 1996, Rn 8). Mit Einführung der **Stückaktie** (zum Begriff: *Hüffer* AktG § 8 Rn 20) und Herabsetzung des Mindestbetrages bei Nennbetragsaktien auf einen Euro (§ 8 II, III AktG) ist jetzt eine des Mitglied berücksichtigende Stückelung der Anteile beim Rechtsträger neuer Rechtsform mögl (Semler/Stengel/*Bonow* Rn 17), **Teilrechte** dürfen nicht mehr gebildet werden (Lutter/*Bayer* Rn 17 mwN, vgl aber § 266 III und zu § 263 Rn 12 aE).

§ 259 Gutachten des Prüfungsverbandes

Vor der Einberufung der Generalversammlung, die den Formwechsel beschließen soll, ist eine gutachtliche Äußerung des Prüfungsverbandes einzuholen, ob der Formwechsel mit den Belangen der Mitglieder und der Gläubiger der Genossenschaft vereinbar ist, insbesondere ob bei der Festsetzung des Stammkapitals oder des Grundkapitals § 263 Abs. 2 Satz 2 und § 264 Abs. 1 beachtet sind (Prüfungsgutachten).

Schrifttum: Siehe Schrifttum § 258.

1. Allgemeines

1 Um „zu hohe Kosten der Umw zu vermeiden" (RegEBegr BR-Drs 75/94 zu § 192 II) ist beim Formwechsel nach §§ 190 ff – anders als bei der Verschm, der Spaltung oder der Vermögensübertragung – grdsl **keine Umwandlungsprüfung** vorgesehen; anderes gilt bei der Barabfindung, § 208. Wegen der **Sonderstellung des genossenschaftl Prüfungsverbands** sieht § 259 parallel zu § 81 hingegen die Notwendigkeit einer Begutachtung durch den Prüfungsverband (vgl §§ 53 ff GenG) vor.

2 Anders als bei der „normalen Umwandlungsprüfung" ist ein **Verzicht der Anteilsinhaber** (vgl §§ 9 III, 12 III) auf die Prüfung durch den genossenschaftl Prüfungsverband oder auf die Erstattung des Prüfungsgutachtens **nicht mögl.** Zum einen wäre ein solcher Verzicht bei der regelm großen Mitgliederzahl einer

eG schwerl zu erreichen, zum anderen – und das ist entscheidend – würde sich ein solches Recht der Mitglieder nicht mit §§ 53 ff GenG und der dort statuierten **besonderen Pflichtenbindung von eG und Prüfungsverband** vertragen. Das Gutachten des Prüfungsverbands dient außerdem nicht nur den Interessen der Mitglieder der eG, die Prüfung hat sich auch auf die Beachtung von §§ 263 II 2, 264 I zu erstrecken und damit einer materiellen Unterpariemission vorzubeugen (wie hier Lutter/*Bayer* Rn 16).

§ 259 steht in engem Zusammenhang mit §§ 260, 261 über die Vorbereitung 3
und die Durchführung der Generalversammlung. Das **Prüfungsgutachten** ist in Vorbereitung der Generalversammlung der eG in den Geschäftsräumen **auszulegen** (§ 260 III 1), auf Verlangen ist jedem Mitglied unverzügl und kostenlos eine **Abschrift** dieses Prüfungsgutachtens zu erteilen; des Weiteren schreibt § 261 II neben der Pflicht, das Prüfungsgutachten in der Generalversammlung wörtl zu **verlesen,** das Recht zur **beratenden Teilnahme des Prüfungsverbands** in der Generalversammlung vor.

2. Gutachterliche Äußerung des Prüfungsverbandes

Das Gutachten ist zwingend **schriftl** zu verfassen (so auch Widmann/Mayer/ 4
Fronhöfer Rn 12; Semler/Stengel/*Bonow* Rn 8; ausführl Lutter/*Bayer* Rn 15; KölnerKommUmwG/*Schöpflin* Rn 3), andernfalls könnte es nicht gem § 261 II 1 in der Generalversammlung **verlesen** werden. Der Prüfungsverband darf nicht darüber entscheiden, ob auf entsprechende Anforderung ein Gutachten iSv § 259 überhaupt erstellt wird oder nicht; denn die formwechselnde eG ist Pflichtmitglied bei einem Prüfungsverband (vgl § 54 GenG) und zur Vorbereitung und Durchführung des Formwechsels notwendigerweise auf das Vorhandensein eines Gutachtens angewiesen. Eine Ermessensentscheidung des Prüfungsverbandes bzgl der Durchführung der Prüfung oder der Erstellung des Prüfungsgutachtens verträgt sich damit nicht (§ 81 Rn 4 mwN; Lutter/*Bayer* Rn 5 mwN). Der **materiell-rechtl Anspruch der formwechselnden eG** kann eingeklagt und ggf nach § 888 I ZPO vollstreckt werden (Lutter/*Bayer* Rn 5 mwN).

Mit einer normalen Umwandlungsprüfung ist die von § 259 geforderte Tätig- 5
keit des Prüfungsverbandes nicht zu vergleichen. Der Prüfungsverband hat sich mit dem Inhalt des Umwandlungsbeschlusses (§§ 193, 194, 263) ausführl auseinanderzusetzen. Neben der Beachtung von § 258 II muss eine **materielle Aussage zum Sinn und Zweck des Formwechsels** für die Mitglieder und die Gläubiger der eG getroffen werden. Der Prüfungsverband hat unter Zugrundelegung seiner spezifischen Kenntnisse aus der bisherigen Zusammenarbeit mit der eG das Für und Wider des Formwechsels zu erörtern, seine Aufgabe lässt sich am ehesten als **Hilfestellung für die Entscheidungsfindung** der Generalversammlung (Vertreterversammlung) iRv § 262 kennzeichnen (**Zweckmäßigkeitsprüfung;** zum Ganzen Lutter/*Bayer* Rn 7 ff mwN). Deswegen legt das Gesetz auch großen Wert auf die Wiedergabe des Prüfungsgutachtens in der Generalversammlung, § 261 II.

Ziel des Prüfungsgutachtens ist es wie bei der Vorgängerregelung von 6
§ 385m III AktG aF, eine klare Aussage darüber zu treffen, ob der Formwechsel insbes im Hinblick auf die zu erwartende künftige Entwicklung des Rechtsträgers mit den Belangen der Gläubiger und der Mitglieder vereinbar ist. Auch die **Unterschiede in der Besteuerung** sind darzulegen, da diese von erhebl Interesse für die Mitglieder sind (Lutter/*Bayer* Rn 9; KölnerKommUmwG/*Schöpflin* Rn 5; Semler/Stengel/*Bonow* Rn 17). Wichtiger Gegenstand der Prüfung und des Prü-

fungsgutachtens ist die Begutachtung darüber, ob die **Anforderungen von §§ 263 II 2, 264 I** im Umwandlungsbeschluss genügend beachtet werden. Damit sichert § 259 im Interesse der Mitglieder die möglichst **gerechte Beteiligung** am Rechtsträger neuer Rechtsform, die Entstehung von Teilrechten (vgl § 266 II, III) wird erschwert; außerdem wird vor allem im Interesse der Gläubiger der eG und der künftigen Gläubiger des Rechtsträgers neuer Rechtsform bereits im Vorfeld des Formwechsels eine **verbotene materielle Unterpariemission** (vgl § 264 I) unterbunden. Da gem § 265 S 2 das nach § 259 erstattete Prüfungsgutachten als Anlage der Anmeldung nach §§ 198, 199 **dem Registergericht vorzulegen** ist, wird die **Sicherung der Mitglieder- und der Gläubigerinteressen** institutionalisiert (Semler/Stengel/*Bonow* Rn 13).

7 In der **Abfassung des Prüfungsgutachtens** ist der genossenschaftl Prüfungsverband relativ frei. Eine ausführl Darlegung der Wirkungen des Formwechsels ist nicht gefordert, zumindest dann nicht, wenn sie für den Formwechsel wesenstypisch sind. Das spezifisch beim Prüfungsverband vorhandene Wissen soll vielmehr dazu fruchtbar gemacht werden, eine fundierte Meinung über die Zweckmäßigkeit des Formwechsels zu äußern (Semler/Stengel/*Bonow* Rn 12; vgl auch Lutter/*Bayer* Rn 11 zur Kontrolle der Ausführungen des Vorstands); die Mitglieder sollen diesen **Ratschlag** als Grundlage für ihre Entscheidungsfindung iRv § 262 ansehen dürfen, eine **Bindung der Mitglieder** besteht aber selbstverständl nicht (§ 81 Rn 6 aE).

8 Da § 259 auch den Gläubigerinteressen dient, ist ein **Hinweis auf §§ 204, 22** in das Prüfungsgutachten aufzunehmen (Lutter/*Bayer* Rn 12; Semler/Stengel/*Bonow* Rn 18, 19).

9 § 259 ist **Schutzgesetz iSv § 823 II BGB** (Semler/Stengel/*Bonow* Rn 14), bei schuldhafter Pflichtverletzung droht die Haftung aus Delikt (wie hier Lutter/*Bayer* Rn 6). IÜ wird für die Haftung des Prüfungsverbands auf die Spezialliteratur zu §§ 53 ff GenG verwiesen.

10 Für die **rechtzeitige Einholung** des Prüfungsgutachtens ist der **Vorstand der eG** zuständig (KölnerKommUmwG/*Schöpflin* Rn 3). Er hat dabei darauf zu achten, dass dem Prüfungsverband genügend Zeit bis zur notw Auslage nach § 260 III verbleibt.

§ 260 Vorbereitung der Generalversammlung

(1) [1] **Der Vorstand der formwechselnden Genossenschaft hat allen Mitgliedern spätestens zusammen mit der Einberufung der Generalversammlung, die den Formwechsel beschließen soll, diesen Formwechsel als Gegenstand der Beschlußfassung in Textform anzukündigen.** [2] **In der Ankündigung ist auf die für die Beschlußfassung nach § 262 Abs. 1 erforderlichen Mehrheiten sowie auf die Möglichkeit der Erhebung eines Widerspruchs und die sich daraus ergebenden Rechte hinzuweisen.**

(2) [1] **Auf die Vorbereitung der Generalversammlung sind die §§ 229, 230 Abs. 2 Satz 1 und 2 und § 231 Satz 1 entsprechend anzuwenden.** [2] **§ 192 Abs. 2 bleibt unberührt.**

(3) [1] **In dem Geschäftsraum der formwechselnden Genossenschaft ist außer den sonst erforderlichen Unterlagen auch das nach § 259 erstattete Prüfungsgutachten zur Einsicht der Mitglieder auszulegen.** [2] **Auf Verlan-**

gen ist jedem Mitglied unverzüglich und kostenlos eine Abschrift dieses Prüfungsgutachtens zu erteilen.

Schrifttum: Siehe Schrifttum § 258.

1. Allgemeines

Der **Vorbereitung der Generalversammlung** (Vertreterversammlung, vgl § 262 Rn 2 und § 258 Rn 5; auch in diesem Fall ist die Ankündigung an sämtl Mitgliedern zu richten, Beuthien/*Wolff* GenG §§ 190 ff UmwG Rn 10; Lutter/*Bayer* Rn 3 mwN) kommt beim Formwechsel einer eG große Bedeutung zu. Wegen der Vielzahl der Mitglieder formalisiert § 260 die Pflichten der eG (Adressat ist der Vorstand) im Vorfeld der gem §§ 261, 262 durchzuführenden Generalversammlung. **§ 260 ist nicht dispositiv,** er dient dem Schutz der Mitglieder der formwechselnden eG. 1

Zunächst ist der **Tagesordnungspunkt „Formwechsel"** als Gegenstand der Beschlussfassung **spätestens zusammen mit der Einberufung** der Generalversammlung **schriftl anzukündigen;** dabei ist auf die Beschlussmehrheiten von § 262 und auf die Möglichkeit der Barabfindung (§§ 207–212) hinzuweisen. **Abs 2** entspricht weitgehend § 251, der Verweis auf die Vorschriften zum Formwechsel einer KapGes in eine PersGes erfasst aber nicht die Regelungen von §§ 230 I, 231 S 2. § 230 II, auf dessen Anwendung Abs 2 ua verweist, wurde durch das ARUG und durch das 3. UmwÄndG (dazu Einf Rn 32, 33) ergänzt, beim Formwechsel von KapGes kann der Umwandlungsbericht elektronisch übermittelt oder auf die Internetseite gestellt werden. Diese Erleichterung gilt für den Formwechsel von eG nicht, Abs 2 verweist jetzt nur noch auf die entsprechende Anwendung von § 230 II 1, 2. Inhaltl hat sich damit ggü dem früheren Recht nichts geändert (dazu krit Semler/Stengel/*Bonow* Rn 22 mit Verweis auf die Nutzung des Internets gem § 46 I 3 GenG). Schließl ist das nach § 259 erstattete **Prüfungsgutachten** zur Einsichtnahme **auszulegen** und auf Verlangen als **Abschrift** jedem Mitglied unverzügl und kostenlos zur Vfg zu stellen, **Abs 3.** 2

2. Ankündigung der Beschlussfassung, Abs 1

Die Berufung der Generalversammlung hat nach § 46 GenG in der durch die Satzung bestimmten Weise mit einer Frist von mindestens zwei Wochen (Neufassung von § 46 I 1 GenG, vgl Einf Rn 28) zu erfolgen. Wie bereits iRv § 385m II 1, 2 AktG aF soll **spätestens gemeinsam mit der Berufung der Generalversammlung** der Zweck dieser Versammlung in Textform (§ 126b BGB) angekündigt werden. Nach der Neufassung von § 46 II beträgt die Mindestfrist nunmehr eine Woche. Der Beschluss der Generalversammlung über den Formwechsel (§§ 262, 193) ist als ordentl Tagesordnungspunkt anzukündigen. Da **§ 262** eine Sonderregelung zur notw Beschlussmehrheit trifft, ist in der Ankündigung ein **entsprechender Hinweis** aufzunehmen (wie hier *Schmitz-Riol,* Der Formwechsel der eG in die Kapitalgesellschaft, 1998, S 69, 70; Lutter/*Bayer* Rn 7 mwN); nur dadurch kann die rechtzeitige Geltendmachung der Minderheitsrechte nach § 262 I 2 erfolgen, denn die qualifizierte Neunzehntelmehrheit hängt davon ab, dass rechtzeitig vor der Generalversammlung Widerspruch gegen den Formwechsel erhoben wurde. Auf die Möglichkeit dieses Widerspruchs ist gesondert hinzuweisen, wegen des Wortlauts von **Abs 1 S 2** und wegen der weiteren Wirkung des Widerspruchs iRv §§ 207–212 (vgl § 270) ist bereits in der Einladung zur 3

Generalversammlung auch **auf die Möglichkeit der Barabfindung hinzuweisen** (Widmann/Mayer/*Fronhöfer* Rn 9, 10). Wird die Pflicht von Abs 1 durch den Vorstand missachtet, kann dies zur Beschlussanfechtung (vgl § 51 GenG; Semler/Stengel/*Bonow* Rn 27) führen, kommt es dennoch zur Eintragung und zur endgültigen Aufrechterhaltung des Formwechsels nach § 202 III, steht eine **Schadensersatzpflicht der Mitglieder des Vorstands** nach §§ 205, 206 in Rede.

3. Vorbereitung der Generalversammlung, Abs 2

4 Gem **Abs 2** sind auf die Vorbereitung der Generalversammlung der formwechselnden eG §§ 229, 230 II 1, 2 und 231 S 1 entsprechend anzuwenden. Der Gesetzesbefehl zur entsprechenden Anwendung von **§ 229** war bereits früher Redaktionsversehen (wie hier Widmann/Mayer/*Fronhöfer* Rn 11; Semler/Stengel/*Bonow* 1. Aufl 2003, Rn 28; Lutter/*Bayer* Rn 18 und Beuthien/*Wolff* GenG §§ 190 ff UmwG Rn 6; ähnl *Schmitz-Riol,* Der Formwechsel einer eG in die Kapitalgesellschaft, 1998, S 51 ff). Vgl dazu ausführl 4. Aufl 2006, Rn 4. Mittlerweile ist § 229 durch das 2. UmwÄndG (dazu Einf Rn 28) aufgehoben, sodass der Verweis jetzt erst Recht ins Leere geht.

5 Der Verweis auf die **entsprechende Anwendung von § 230 II 1, 2** in Abs 2 verpflichtet die eG dazu, von der Einberufung der Generalversammlung an (Rn 3) den **Umwandlungsbericht** iSv § 192 in dem Geschäftsraum der eG zur Einsicht der Mitglieder **auszulegen.** Die elektronische Übermittlung oder die Nutzung der Internetseite ersetzen die Auslage nicht (Rn 2). Damit wird gewährleistet, dass die Mitglieder bereits vor Durchführung der Generalversammlung nach §§ 261, 262, 193 I den rechtl und wirtschaftl Hintergrund des Formwechsels beurteilen und eine Vorentscheidung über das Abstimmungsverhalten treffen können; ergänzt wird die so gebotene Informationsmöglichkeit der Mitglieder durch das ebenfalls auszulegende **Prüfungsgutachten** iSv § 259, vgl **Abs 3.** § 230 II 2 enthält ebenso wie Abs 3 S 2 einen **Anspruch** für jedes einzelne Mitglied der eG, unverzügl und kostenlos eine **Abschrift** des Umwandlungsberichts zu erhalten. Vgl iÜ § 230 Rn 5 und § 63 I.

6 Schließl hat die eG gem **Abs 2 iVm § 231 S 1** die Verpflichtung, das später in den Umwandlungsbeschluss (§ 194 I Nr 6) aufzunehmende **Abfindungsangebot nach § 207** bereits im Vorfeld der Generalversammlung an die Mitglieder zu **übersenden.** Die **schriftl Mitteilung** ist unverzichtbar, auf § 231 S 2 über die Bekanntmachung des Abfindungsangebots im BAnz wird nicht verwiesen (RegEBegr BR-Drs 75/94 zu § 260 II begründet dies damit, dass eine Veröffentlichung oder auch nur eine Auslage des Abfindungsangebots „bei diesem Typ von Anteilsinhabern" [Mitgliedern] nicht angemessen wäre).

7 Konkreter **Adressat der Verpflichtungen** aus Abs 2 S 1 ist das Vertretungsorgan des formwechselnden Rechtsträgers, also der **Vorstand der eG.** Bei Nichtbeachtung kann der **Umwandlungsbeschluss angefochten** werden; kommt es zur Eintragung und damit zum Ausschluss der Unwirksamkeitsklage nach **§ 202 III,** kann – entsprechende Kausalität vorausgesetzt – **Schadenersatz** nach Maßgabe von §§ 205, 206 zu leisten sein.

8 Die vorgenannten Verpflichtungen hängen stets mit einem tats erstellten Umwandlungsbericht zusammen. Da der Umwandlungsbericht aber nur dem Schutz der Genossen dient, stellt Abs 2 S 2 klar, dass **§ 192 II** (der § 192 III aF entspricht, vgl Komm dort) **unberührt** bleibt. Danach können die Mitglieder **auf die Abfassung des Umwandlungsberichts** und ggf den Entwurf des

Umwandlungsbeschlusses (der allerdings dann in der Ankündigung der Beschlussfassung gem Abs 1 enthalten sein muss, vgl Rn 3) **in notarieller Form verzichten;** ein Fall von § 192 II 1 Alt 1 ist dabei allerdings nicht denkbar, weil die eG faktisch mindestens fünf Mitglieder haben muss (Semler/Stengel/*Bonow* § 255 Rn 19).

4. Auslage des Prüfungsberichts, Abs 3

In Erweiterung von § 385m III 1 AktG aF erstreckt **Abs 3 S 1** das **umfassende Einsichtsrecht der Mitglieder** auch auf das nach § 259 erstattete **Prüfungsgutachten.** Normalerweise haben Mitglieder kein die Unterlagen der eG betreffendes Einsichts-, sondern nur ein § 131 AktG entsprechendes Auskunftsrecht (vgl Beuthien/*Beuthien* GenG § 43 Rn 17, 18 mwN); wegen der besonderen Bedeutung des Formwechsels und wegen der Zielrichtung des Prüfungsgutachtens, näml der Information im Interesse der Mitglieder (vgl § 259 Rn 4 ff), gibt **Abs 3 S 1 iVm Abs 2 S 1, § 230 II 1, 2** den Mitgliedern aber die Möglichkeit, sich schon vor der Generalversammlung über alle Sachverhalte zu informieren, die auf ihre Willensbildung Einfluss haben können (vgl auch § 82 Rn 1). 9

Das Mitglied der eG ist nicht darauf angewiesen, den Inhalt des Prüfungsgutachtens im Geschäftsraum der eG zu studieren; **jedes Mitglied hat Anspruch auf unverzügl** (ohne schuldhaftes Zögern, § 121 I BGB) **und kostenlose Abschrift** der auszulegenden Unterlagen, **Abs 3 S 2.** Das **Verlangen** ist an die eG, vertreten durch den Vorstand, zu richten. Eine besondere Form ist hierfür nicht vorgeschrieben. Das Recht auf Abschriftserteilung bleibt während der gesamten Generalversammlung erhalten, in der Generalversammlung besteht der Anspruch aber nur bei Vorhandensein zumutbarer technischer Möglichkeiten (insoweit **aA** – keine Abschrift in der Generalversammlung – **die hM,** vgl Widmann/Mayer/*Fronhöfer* § 261 Rn 4; Lutter/*Bayer* § 261 Rn 3; Semler/Stengel/*Bonow* § 261 Rn 8, 9). 10

§ 261 Durchführung der Generalversammlung

(1) [1] **In der Generalversammlung, die den Formwechsel beschließen soll, ist der Umwandlungsbericht, sofern er nach diesem Buch erforderlich ist, und das nach § 259 erstattete Prüfungsgutachten auszulegen.** [2] **Der Vorstand hat den Umwandlungsbeschluß zu Beginn der Verhandlung mündlich zu erläutern.**

(2) [1] **Das Prüfungsgutachten ist in der Generalversammlung zu verlesen.** [2] **Der Prüfungsverband ist berechtigt, an der Generalversammlung beratend teilzunehmen.**

Schrifttum: Siehe Schrifttum § 258.

1. Allgemeines

§ 261 II entspricht § 385m III 2, 3 AktG aF. Darüber hinausgehend sieht **Abs 1** in teilw Übereinstimmung mit § 83 I die Verpflichtung der eG vor, den ggf erforderl **Umwandlungsbericht** und das nach § 259 erstattete **Prüfungsgutachten** in der Generalversammlung zur Einsichtnahme für alle Mitglieder **auszulegen.** Nach **Abs 1 S 2** muss der Vorstand vor Beschlussfassung den Umwandlungsbeschluss und seinen Inhalt **mündl erläutern.** Damit werden die Mitglieder der eG den Aktionären gleichgestellt (§ 232 II; RegEBegr BR-Drs 75/94 zu § 261 I). 1

2. Auslage von Unterlagen, Abs 1 S 1

2 In Ergänzung zu § 260 II, III schreibt **Abs 1 S 1** die Pflicht der eG fest, den ggf erstellten (vgl § 192 III) **Umwandlungsbericht und** das **Prüfungsgutachten** (§ 259) auch in der Generalversammlung **zur Einsichtnahme auszulegen.** Adressat der Auslagepflicht ist der Vorstand der eG; eine § 260 III 2 (§ 260 II iVm § 230 II 2) entsprechende Regelung fehlt in Abs 1 S 1, sodass den Mitgliedern kein ausdrückl Recht zur unverzügl und kostenlosen Aushändigung einer Abschrift der Unterlagen während der Generalversammlung und vor Beschlussfassung zusteht. IRd technischen Möglichkeiten sind auf Verlangen aber auch zu diesem Zeitpunkt **Abschriften** bereitzuhalten oder noch anzufertigen (**aA die hM,** vgl § 260 Rn 10 aE und Beuthien/*Wolff* GenG §§ 2 ff UmwG Rn 31).

3. Mündliche Erläuterung durch den Vorstand, Abs 1 S 2

3 Um einen effektiven Schutz der Mitglieder zu erreichen, hat der Gesetzgeber auch bei Durchführung der Generalversammlung die bisher nur im AktR bekannte Verpflichtung des Vorstands statuiert, **den Umwandlungsbeschluss** (gemeint ist sein Entwurf) **mündl zu erläutern.** Auf § 64 Rn 3, 4 wird in vollem Umfang verwiesen. Dabei ist der Erkenntnisstand, der dem Umwandlungsbericht zugrunde lag, zu aktualisieren (zum Ganzen Lutter/*Bayer* Rn 4 ff mwN; Semler/Stengel/*Bonow* Rn 13 ff, 17). Dies folgt zwar nicht unmittelbar aus Abs 1 S 2, wohl aber aus der Funktion des Umwandlungsberichts und aus dem Sinnzusammenhang: **Abs 1 dient der optimalen Einstimmung der Mitglieder auf den zu fassenden Umwandlungsbeschluss,** der vom Vorstand in Bezug zu nehmende Umwandlungsbericht (§ 63 Rn 4) enthält hierfür wesentl Informationen, die den Inhalt des nach Abs 2 S 1 zu verlesenden Prüfungsgutachtens ergänzen.

4. Auskunftsrecht der Mitglieder

4 Bei der Parallelvorschrift von § 83 ist durch Verweis auf § 64 II auch ein **besonderes Auskunftsrecht der Mitglieder** geregelt (vgl § 83 Rn 5). Da die Sach- und Interessenlage bei §§ 261 I, 83 I in vollem Umfang vglbar und kein Anhalt dafür gegeben ist, dass der Gesetzgeber bewusst auf das der Erläuterungspflicht des Vorstands korrespondierende Auskunftsrecht der Mitglieder verzichten wollte, ist entweder auf das allg Auskunftsrecht der Mitglieder (dazu Beuthien/*Beuthien* GenG § 43 Rn 17, 18 mwN; Lutter/*Bayer* Rn 8 mwN; KölnerKommUmwG/*Schöpflin* Rn 5) oder auf eine analoge Anwendung von §§ 83 I 3, 64 II zu verweisen (Semler/Stengel/*Bonow* Rn 27; Widmann/Mayer/*Fronhöfer* Rn 6; aA Beuthien/*Wolff* GenG §§ 190 ff UmwG Rn 12 aE; KölnerKommUmwG/*Schöpflin* Rn 5).

5. Verlesung des Prüfungsgutachtens, Abs 2 S 1

5 Diese, § 385m III 2 AktG aF entsprechende, Vorschrift dient dazu, allen Mitgliedern unmittelbar vor der Beschlussfassung nach §§ 262, 193 Kenntnis vom Inhalt des Prüfungsgutachtens auch dann zu vermitteln, wenn sie von ihrem Einsichtsrecht nach §§ 260 III, 261 I 1 keinen Gebrauch gemacht haben. **Abs 2 S 1** bestimmt nicht, wer dazu verpflichtet ist, das Prüfungsgutachten zu verlesen. Zweckmäßigerweise wird es sich anbieten, bei Anwesenheit eines Repräsentanten des Prüfungsverbandes diesen als Vortragenden zu bestimmen, **subsidiär ist der**

Vorstand der eG zur Verlesung verpflichtet (wie hier Semler/Stengel/*Bonow* Rn 22; ähnl Lutter/*Bayer* Rn 12). Ein Unterlassen oder Verweigern der Verlesung ist ein Grund, den **Beschluss anzufechten** (§ 51 GenG) und die Unwirksamkeitsklage (Monatsfrist, § 195 I) zu erheben (Lutter/*Bayer* Rn 11). **Gegenstand der Verlesung** ist das komplette Prüfungsgutachten iSv § 259. Verlesen iSv Abs 2 S 1 bedeutet nach hM **Pflicht zum wörtl Vortrag,** nur auszugsweise Zitate sind nicht zulässig (Lutter/*Bayer* Rn 12 mwN; einzig bei **wiederholter Verhandlung zur Sache** kann Zusammenfassung genügen, Beuthien/*Wolff* GenG §§ 2 ff UmwG Rn 33).

§ 262 Beschluß der Generalversammlung

(1) [1]Der Umwandlungsbeschluß der Generalversammlung bedarf einer Mehrheit von mindestens drei Vierteln der abgegebenen Stimmen. [2]Er bedarf einer Mehrheit von neun Zehnteln der abgegebenen Stimmen, wenn spätestens bis zum Ablauf des dritten Tages vor der Generalversammlung mindestens 100 Mitglieder, bei Genossenschaften mit weniger als 1 000 Mitgliedern ein Zehntel der Mitglieder, durch eingeschriebenen Brief Widerspruch gegen den Formwechsel erhoben haben. [3]Die Satzung kann größere Mehrheiten und weitere Erfordernisse bestimmen.

(2) **Auf den Formwechsel in eine Kommanditgesellschaft auf Aktien ist § 240 Abs. 2 entsprechend anzuwenden.**

Schrifttum: Siehe Schrifttum § 258.

1. Beschluss der Generalversammlung

1 **a) Allgemeines. Abs 1** führt § 385m II 4, 5, 7 AktG aF fort, die Vorschrift ist stets in Zusammenhang mit § 193 I zu lesen. Vorbehaltl einer strengeren Bestimmung in der Satzung (S 3), bedarf der Umwandlungsbeschluss der Generalversammlung der eG einer **Mehrheit von drei Vierteln** oder von neun Zehnteln der abgegebenen Stimmen. Damit enthält Abs 1 eine von § 43 II GenG abw Bestimmung. Die **notarielle Beurkundung** (vgl § 385m II 6 AktG aF) ist durch § 193 III 1 vorgeschrieben.

2 Die **Beschlussfassung** in **offener Abstimmung** (str, Lutter/*Bayer* Rn 5 mwN; KölnerKommUmwG/*Schöpflin* Rn 3; diff Semler/Stengel/*Bonow* Rn 18 ff mwN) richtet sich nach den **allg Regeln** des GenG, auf § 43 GenG und die Spezialliteratur wird verwiesen. Das Erfordernis eines Beschlusses der Generalversammlung ist zwingend, weil es sich beim Beschluss des Formwechsels um eine Grundlagenentscheidung handelt; dieser Beschluss kann nur in einer **Versammlung der Anteilsinhaber** gefasst werden, **§ 193 I 2.** Die Satzung der eG kann weder die Beschlussfassung für verzichtbar erklären, noch ist die Übertragung der Entscheidungskompetenz etwa auf den AR oder auf den Vorstand mögl, vgl auch § 43 IV, V GenG (Semler/Stengel/*Bonow* Rn 2; Lutter/*Bayer* Rn 4); gem **§ 43a GenG** darf vorbehaltlich § 43a I 2 aber die **Vertreterversammlung** beschließen. Bei der Vorbereitung der Generalversammlung ist § 260, bei ihrer Durchführung § 261 zu beachten. Ein etwaiger Verstoß hiergegen kann zur Beschlussanfechtung (§ 51 GenG) führen.

3 Die **gesetzl Mehrheitserfordernisse von Abs 1 S 1, 2** stellen die **Mindestanforderung** dar. Die **Satzung** kann gem **Abs 1 S 3** die Notwendigkeit einer

größeren Mehrheit (bis zur Einstimmigkeit) und weitere Erfordernisse bestimmen. Derartige **weitere Erfordernisse** können besondere Bestimmungen zur Beschlussfähigkeit der Generalversammlung (etwa: Quorum, vgl Widmann/Mayer/*Fronhöfer* Rn 5) sein; ein gänzl Ausschluss des Formwechsels kann in der Satzung hingegen zulässigerweise nicht vereinbart werden. Sofern die Satzung für eine Satzungsänderung erhöhte Anforderungen an die Mehrheitsverhältnisse aufstellt, ist durch Auslegung zu ermitteln, ob diese Erschwernis auch für den Umwandlungsbeschluss iSv §§ 193, 262 gelten soll.

4 Vor der eigentl Beschlussfassung kann eine **Probeabstimmung** durchgeführt werden (Lang/Weidmüller/*Cario* GenG § 43 Rn 63), ebenso ist eine **erneute Beratung und Abstimmung** zulässig, wenn bei der ersten Beschlussfassung die erforderl Mehrheit nicht zustande gekommen ist (PFB/*Fandrich* GenG § 84 Rn 2).

5 **b) Dreiviertelmehrheit, Abs 1 S 1. S 1** enthält die **Grundregel** für den Umwandlungsbeschluss der Generalversammlung: Es ist eine **Mehrheit von mindestens drei Vierteln der abgegebenen Stimmen** erforderl. Strengere Mehrheitserfordernisse können sich daraus ergeben, dass ein Fall von Abs 1 S 2 vorliegt oder daraus, dass die Satzung eine größere Mehrheit bestimmt, Abs 1 S 3. Voraussetzung eines gültigen Beschlusses iSv Abs 1 S 1 ist die relative Dreiviertelmehrheit. Bei der Berechnung kommt es allein auf die abgegebenen Stimmen an, Stimmenthaltungen und unberechtigt abgegebene oder ungültige Stimmen zählen hierbei nicht (§ 65 Rn 7, 8; Lutter/*Bayer* Rn 5 mwN; KölnerKommUmwG/*Schöpflin* Rn 5). Auch Mehrstimmrechte sind nach Maßgabe von § 43 III Nr 1 GenG unbeachtl, eine Ausnahme gilt nur für eG, deren Mitglieder selbst Unternehmer iSv § 14 BGB oder ausschließl oder überwiegend eG sind, § 43 III Nr 2, 3 GenG (vgl Beuthien/*Beuthien* GenG § 43 Rn 24 ff mwN; Semler/Stengel/*Bonow* Rn 7).

6 **c) Neunzehntelmehrheit, Abs 1 S 2. Abs 1 S 2** verlangt eine **Mehrheit von mindestens** neun Zehnteln der in der Generalversammlung abgegebenen Stimmen. Voraussetzung ist, dass bei eG mit 1000 oder mehr Mitgliedern wenigstens 100 Mitglieder, bei eG mit weniger als 1000 Mitgliedern mindestens ein Zehntel der Mitglieder **durch eingeschriebenen Brief fristgemäß Widerspruch gegen den Formwechsel** erhoben haben. Dieser Widerspruch eröffnet gem § 270 auch die Möglichkeit, **Barabfindung** gem §§ 207 ff zu verlangen.

7 Jedes Mitglied ist berechtigt, **Widerspruch** zu erheben. Dies gilt auch dann, wenn das Mitglied nicht zur Abstimmung berechtigt ist, weil die eG von § 43a I GenG Gebrauch gemacht hat und demgemäß die Beschlussfassung der **Vertreterversammlung** zugewiesen ist (wie hier zutr die hM, vgl Lutter/*Bayer* Rn 7 mwN; Widmann/Mayer/*Fronhöfer* Rn 4; aA Semler/Stengel/*Bonow* Rn 29). Für den Widerspruch gilt das zu § 207 (dort Rn 4) Gesagte entsprechend; auf den Gebrauch des Wortes „Widerspruch“ kommt es nicht an; es muss nur klar werden, dass das Mitglied mit dem Umwandlungsbeschluss nicht einverstanden ist und dass es sich die Geltendmachung des ihm kraft Gesetzes zustehenden Abfindungsanspruch vorbehält (aA Lutter/*Bayer* Rn 7; Semler/Stengel/*Bonow* Rn 30). Eine Begründung hierfür ist nicht erforderl.

8 Der Widerspruch muss in einem **eingeschriebenen Brief** erklärt werden, hierbei genügt es aber, wenn mehrere Widerspruchserklärungen gesammelt und einheitl abgesandt werden (Semler/Stengel/*Bonow* Rn 32). Die Erklärung des

Widerspruchs ist **fristgebunden,** der eingeschriebene Brief muss spätestens bis zum Ablauf des dritten Tages vor der Generalversammlung zugehen. Maßgebl für die Fristberechnung sind §§ 187 I, 188 II BGB. Danach ist der **Tag der Generalversammlung nicht mitzurechnen.** Vom Tag der Generalversammlung an wird rückwärts gezählt. Beispiel: Wenn die Generalversammlung am 5.7. stattfinden soll, beginnt die Frist am 4. 7., der Widerspruch muss demnach spätestens mit Ablauf des 2.7. zugehen (wie hier Semler/Stengel/*Bonow* Rn 27; so wohl auch Lutter/*Bayer* Rn 8; vgl auch *Hüffer* AktG § 123 Rn 13 zu § 133 IV AktG, auf den sich auch Widmann/Mayer/*Fronhöfer* Rn 4 bezieht).

2. Formwechsel in eine KGaA, Abs 2

Beim **Formwechsel in eine KGaA** ist die **Zustimmung** des/der künftigen phG erforderl, Abs 2 iVm § 240 II. Vgl im Einzelnen § 240 Rn 7, 8 und § 221 Rn 2 ff. 9

§ 263 Inhalt des Umwandlungsbeschlusses

(1) **Auf den Umwandlungsbeschluß sind auch die §§ 218, 243 Abs. 3 und § 244 Abs. 2 entsprechend anzuwenden.**

(2) [1] **In dem Beschluß ist bei der Festlegung von Zahl, Art und Umfang der Anteile (§ 194 Abs. 1 Nr. 4) zu bestimmen, daß an dem Stammkapital oder an dem Grundkapital der Gesellschaft neuer Rechtsform jedes Mitglied, das die Rechtsstellung eines beschränkt haftenden Gesellschafters oder eines Aktionärs erlangt, in dem Verhältnis beteiligt wird, in dem am Ende des letzten vor der Beschlußfassung über den Formwechsel abgelaufenen Geschäftsjahres sein Geschäftsguthaben zur Summe der Geschäftsguthaben aller Mitglieder gestanden hat, die durch den Formwechsel Gesellschafter oder Aktionäre geworden sind.** [2] **Der Nennbetrag des Grundkapitals ist so zu bemessen, daß auf jedes Mitglied möglichst volle Aktien entfallen.**

(3) [1] **Die Geschäftsanteile einer Gesellschaft mit beschränkter Haftung sollen auf einen höheren Nennbetrag als hundert Euro nur gestellt werden, soweit auf die Mitglieder der formwechselnden Genossenschaft volle Geschäftsanteile mit dem höheren Nennbetrag entfallen.** [2] **Aktien können auf einen höheren Betrag als den Mindestbetrag nach § 8 Abs. 2 und 3 des Aktiengesetzes nur gestellt werden, soweit volle Aktien mit dem höheren Betrag auf die Mitglieder entfallen.** [3] **Wird das Vertretungsorgan der Aktiengesellschaft oder der Kommanditgesellschaft auf Aktien in der Satzung ermächtigt, das Grundkapital bis zu einem bestimmten Nennbetrag durch Ausgabe neuer Aktien gegen Einlagen zu erhöhen, so darf die Ermächtigung nicht vorsehen, daß das Vertretungsorgan über den Ausschluß des Bezugsrechts entscheidet.**

Schrifttum: Siehe Schrifttum § 258.

1. Allgemeines

§ 263 ergänzt § 194 und schreibt **weitere Anforderungen für den Inhalt des Umwandlungsbeschlusses** iSv §§ 193, 262 fest. In **Abs 1** wird auf § 218 verwiesen; danach hat der Umwandlungsbeschluss als Anlage den vollständigen 1

Text des Gesellschaftsvertrages oder der Satzung der Ges neuer Rechtsform und nicht nur die für den Formwechsel unerlässl Änderungen ggü der Satzung der formwechselnden eG zu enthalten (vgl RegEBegr BR-Drs 75/94 zu § 263 I). Beim Formwechsel in eine KGaA muss sich ein Mitglied als phG zur Vfg stellen, alt dazu eröffnet Abs 1 iVm § 218 II die Möglichkeit des Beitritts eines fremden phG. Die **Bemessung des Nennbetrags der Anteile** beim Rechtsträger neuer Rechtsform muss sich nicht an der Festsetzung der bisherigen Geschäftsanteile orientieren, Abs 1 iVm § 243 III; insbes ist es – anders als bei der Bemessung der Geschäftsanteile der eG – mögl, den Mitgliedern künftig **verschieden hohe Beteiligungen** zuzuweisen.

2 **Abs 2, 3,** die durch Art 2 Nr 11a, 11b StückAG vom 25.3.1998 (BGBl I 590) und Art 3 § 4 Nr 3 EuroEG vom 9.6.1998 (BGBl I 1242) und zuletzt durch das Gesetz zur Einführung der Europäischen Gen vom 14.8.2006 (BGBl I 1911) geändert wurden, regeln detailliert zu den zulässigen Gestaltungsmöglichkeiten anlässl der Festsetzung und der Verteilung des Grund- oder StK in der neuen Rechtsform. Maßgebend für die künftige Quote der Beteiligung eines Mitglieds ist die Höhe des ihm zugewiesenen Geschäftsguthabens; Abs 2, 3 zielen auf eine möglichst gerechte Verteilung.

2. Aufnahme des Gesellschaftsvertrags, Abs 1 iVm §§ 218, 244 II

3 **Notw Inhalt des Umwandlungsbeschlusses** beim Formwechsel einer eG in eine KapGes ist zunächst der **Gesellschaftsvertrag** bzw die **Satzung** des Rechtsträgers neuer Rechtsform, Abs 1 iVm § 218 I 1 (dazu § 218 Rn 3–5). Entgegen § 2 I 2 GmbHG muss der Gesellschaftsvertrag der GmbH beim Formwechsel einer eG **nicht unterzeichnet werden,** Abs 1 iVm § 244 II (Semler/Stengel/*Bonow* Rn 5); für die Satzung der AG/KGaA gilt dies entsprechend, vgl §§ 244 Rn 2, 218 Rn 5.

3. Persönlich haftende Gesellschafter, Abs 1 iVm § 218 II

4 Beim **Formwechsel** einer eG **in eine KGaA** ist es grdsl jedem Mitglied, das gem § 262 II iVm § 240 II seine Zustimmung zum Umwandlungsbeschluss erklärt, mögl, phG zu werden. Darüber hinaus kann ein bisher **Außenstehender** anlässl des Formwechsels seinen **Beitritt** als phG des Rechtsträgers neuer Rechtsform erklären. Vgl im Einzelnen § 218 Rn 6, 7.

4. Festlegung der Beteiligung, Abs 2, 3

5 **a) Maßgeblichkeit des Geschäftsguthabens.** Gem § 194 I Nr 4 ist im Umwandlungsbeschluss Zahl, Art und Umfang der Anteile zu bestimmt, welche die Anteilsinhaber durch den Formwechsel erlangen sollen. **Abs 2, 3** konkretisieren diese Anforderungen an den Inhalt des Umwandlungsbeschlusses beim Formwechsel einer eG in eine KapGes. Zunächst ist jedes Mitglied zwingend auch am Rechtsträger neuer Rechtsform zu beteiligen, **ein Mitglied kann nicht gegen seinen Willen zum Ausscheiden gezwungen werden** (zum Recht des widersprechenden Mitglieds, Barabfindung zu verlangen, vgl §§ 207 ff, 270). Da ein **nichtverhältniswahrender Formwechsel** nur bei einem einstimmig gefassten Umwandlungsbeschluss zulässig ist (vgl § 202 Rn 7), schreibt Abs 2 vor, dass sich die künftige Beteiligung des Mitglieds am Rechtsträger neuer Rechtsform nach der Höhe seines Geschäftsguthabens richten muss. Denn das **Geschäftsguthaben**

stellt den Betrag dar, der tats auf den oder die Geschäftsanteile eingezahlt bzw durch Gutschriften aus Gewinnanteilen oder Rückvergütungen entstanden ist (vgl ausführl Lang/Weidmüller/*Schulte* GenG § 7 Rn 5 ff); es ist damit Maßstab für den Umfang der bisherigen Beteiligung des Mitglieds am formwechselnden Rechtsträger (vgl § 259 Rn 7).

Die **konkrete Höhe des Geschäftsguthabens** wird der Bilanz der form- 6
wechselnden eG zum Ende des letzten vor der Beschlussfassung über den Formwechsel abgelaufenen Gj entnommen. Die „richtige" Beteiligung am Rechtsträger neuer Rechtsform wird sodann durch die Relation des dem Mitglied zuzurechnenden Geschäftsguthabens mit der Summe aller Geschäftsguthaben gebildet, **Abs 2 S 1.**

Anteilsinhaber, die gegen **Barabfindung** (§§ 270, 207) ausscheiden, werden bei 7
der Berechnung berücksichtigt (Widmann/Mayer/*Fronhöfer* Rn 8; Lutter/*Bayer* Rn 23; Beuthien/*Wolff* GenG §§ 190 ff UmwG Rn 20; Semler/Stengel/*Bonow* Rn 21). Anderes gilt für die Mitglieder, die beim **Formwechsel in eine KGaA** ausschließl die Stellung eines phG übernehmen (Beuthien/*Wolff* GenG §§ 190 ff UmwG Rn 20; Semler/Stengel/*Bonow* Rn 22). Verringert sich dadurch der Kreis der am Rechtsträger beteiligten Anteilsinhaber (insoweit sind nur die Kommanditaktionäre zu berücksichtigen, die Vermögensbeteiligung des phG richtet sich nach den konkreten Absprachen in der Satzung), wird die verhältniswahrende Wirkung des Formwechsels gem Abs 2 S 1 dadurch erhalten, dass die anteilmäßige Beteiligung aller verbleibenden Anteilsinhaber steigt (Beuthien/*Wolff* GenG §§ 190 ff UmwG Rn 20; Semler/Stengel/*Bonow* Rn 22). Bei nach Ablauf des Gj beigetretenen Mitglieds versagt die gesetzl Regelung (dazu Lutter/*Bayer* Rn 23 mwN und ausführl KölnerKommUmwG/*Schöpflin* Rn 8 ff).

b) Nennbetrag des Stamm- bzw Grundkapitals. Abs 2 S 2, Abs 3 in der 8
durch das StückAG und das EuroEG geänderten Fassung bestimmt, dass der **Betrag des StK oder des Grundkapitals** so zu bemessen ist, dass auf **jedes Mitglied** möglichst ein voller Geschäftsanteil oder eine volle Aktie entfallen. Vgl zur früheren Rechtslage 2. Aufl 1996, Rn 8 und Lutter/*Bayer* Rn 24. Beim **Formwechsel in eine AG/KGaA** führt § 8 II, III AktG zu hoher Flexibilität; bei Ausgabe von Nennbetragsaktien mit dem Mindestbetrag von einem Euro oder von Stückaktien (vgl zur Pflicht, den Mindestbetrag festzusetzen, Abs 3 S 2) ist es ohne weiteres mögl, die Anforderungen von Abs 2 S 2 einzuhalten (Semler/Stengel/*Bonow* Rn 26). Durch die Mindeststückelung von EUR 1,00, die seit dem MoMiG auch für die **GmbH** gilt (dazu § 243 Rn 8), können beim Formwechsel in eine GmbH ebenfalls jedem Mitglied volle Geschäftsanteile zugeordnet werden. Deshalb ist Abs 3 S 1 gegen den Wortlaut so auszulegen, wie es § 243 III 2, auf den Abs 1 verweist, vorsieht.

Beispiel: 9
Das Geschäftsguthaben des A betrage EUR 250 die Summe der Geschäftsguthaben aller Mitglieder (Abs 2 S 1) betrage – dem Reinvermögen der eG (§ 264 I) entsprechend – EUR 250 000. Wird das StK der GmbH ebenfalls auf EUR 250 000 festgesetzt, muss es so aufgeteilt werden, dass möglichst jeder Gesellschafter einen vollen Geschäftsanteil erhält. A muss deshalb ein Geschäftsanteil von EUR 250 zugewiesen werden. Hatte A mehrere Geschäftsanteile (§ 7 Nr 1 GenG) inne, ist **die Zuweisung mehrerer Stammeinlagen mögl (§ 197 UmwG Rn 8).** Seit der Änderung von § 5 II GmbHG durch das MoMiG ist die Übernahme mehrerer Geschäftsanteile auch dann mögl, wenn das Mitglied der eG dort nur einen Geschäftsanteil innehatte. Unzulässig wäre es im Beispielsfall aber, alle Geschäftsanteile einheitl auf EUR 100 festzustellen. Zwar wäre eine solche Satzungsbestimmung

vom Wortlaut von Abs 3 S 1 gedeckt, indes ermöglicht Abs 1 iVm § 243 III 2 die Festsetzung der Stammeinlage mit EUR 50 (Untergrenze EUR 1,00), sodass A einen Anspruch auf Zuteilung von zwei Geschäftsanteilen zu EUR 100 und einem Geschäftsanteil zu EUR 50 hat.

10 Nur wenn es gar nicht anders geht, verbleibt die Möglichkeit, einem Mitglied **einen Teil eines Geschäftsanteils oder ein Teilrecht** zuzugestehen. Dies ist seit der Änderung von § 5 II 1 GmbHG durch das MoMiG kaum mehr denkbar.

5. Bezugsrechtsausschluss, Abs 3 S 3

11 Gem § 203 II AktG kann dem Vorstand einer AG bzw den phG einer KGaA die Möglichkeit gegeben werden, das **Bezugsrecht der Aktionäre** durch eigene Entscheidung auszuschließen (dazu *Hüffer* AktG § 203 Rn 21 ff). Diese Möglichkeit bietet sich beim Formwechsel einer eG in eine AG/KGaA nicht. Hier bleibt es allein beim Ausschluss des gesetzl Bezugsrechts durch die Gründer bzw die HV (vgl *Hüffer* AktG § 203 Rn 8 ff).

§ 264 Kapitalschutz

(1) **Der Nennbetrag des Stammkapitals einer Gesellschaft mit beschränkter Haftung oder des Grundkapitals einer Aktiengesellschaft oder einer Kommanditgesellschaft auf Aktien darf das nach Abzug der Schulden verbleibende Vermögen der formwechselnden Genossenschaft nicht übersteigen.**

(2) **Beim Formwechsel in eine Gesellschaft mit beschränkter Haftung sind die Mitglieder der formwechselnden Genossenschaft nicht verpflichtet, einen Sachgründungsbericht zu erstatten.**

(3) [1] **Beim Formwechsel in eine Aktiengesellschaft oder in eine Kommanditgesellschaft auf Aktien hat die Gründungsprüfung durch einen oder mehrere Prüfer (§ 33 Abs. 2 des Aktiengesetzes) in jedem Fall stattzufinden.** [2] **Jedoch sind die Mitglieder der formwechselnden Genossenschaft nicht verpflichtet, einen Gründungsbericht zu erstatten; die §§ 32, 35 Abs. 1 und 2 und § 46 des Aktiengesetzes sind nicht anzuwenden.** [3] **Die für Nachgründungen in § 52 Abs. 1 des Aktiengesetzes bestimmte Frist von zwei Jahren beginnt mit dem Wirksamwerden des Formwechsels.**

Schrifttum: Siehe Schrifttum § 258.

1. Kapitaldeckung, Abs 1

1 Bereits in § 385m IV 2 AktG aF war für die formwechselnde Umw einer eG in eine AG der **Kapitalschutz** geregelt. Der Nennbetrag des StK einer GmbH oder des Grundkapitals einer AG/KGaA darf das nach Abzug der Schulden verbleibende Verm (Reinvermögen) der formwechselnden Gen nicht übersteigen, **Abs 1.** Damit wird das Prinzip der Identität des Rechtsträgers vor und nach Wirksamwerden des Formwechsels (vgl § 190 Rn 5 ff) relativiert. Der maßgebende Betrag des Stamm- bzw Grundkapitals ergibt sich aus dem Gesellschaftsvertrag bzw der Satzung, dieses Organisationsstatut ist gem §§ 263 I, 218 notw Inhalt des Umwandlungsbeschlusses.

2 Beim Formwechsel wird der Zielrechtsträger nicht neu gegründet. Wegen § 197 S 1 HS 1 sind die **Gründungsvorschriften** aber **entsprechend anwendbar** (vgl

§ 197 Rn 4). Wegen der Identität der Vermögenszuordnung zum Rechtsträger als Verband können die rechtsformspezifischen Vorschriften des GmbHG und des AktG über die Leistung einer Sacheinlage anlässl der Gründung der KapGes nur sinngemäß angewandt werden. Erreicht der Wert des Reinvermögen der eG nicht die in der Satzung bestimmte Höhe des Grund- bzw StK (§ 23 III Nr 3 AktG, mindestens EUR 50 000, vgl § 7 AktG; § 3 I Nr 3 GmbHG, mindestens EUR 25 000, vgl § 5 I GmbHG), so ist auch eine **ergänzende Barzahlung** mögl (hM, vgl Nachw bei § 220 Rn 3). Stellt sich erst nachträgl heraus, dass die „Sacheinlage" überbewertet wurde, muss die **Wertdifferenz** zum festgesetzten Nennbetrag des StK oder Grundkapitals ebenfalls in bar geleistet werden (vgl § 36a II 3 AktG, § 9 I GmbHG).

Gegenstand der „Sacheinlage" ist das Verm der formwechselnden eG, also alle ihr zuzuordnenden Vermögensgegenstände des Aktiv- und Passivvermögens. § 27 I 1 AktG, § 5 IV 1 GmbHG sind zu beachten; zum gesetzl notw Satzungsinhalt gehört danach die **Festsetzung des Gegenstandes der Sacheinlage;** in einschränkender Auslegung (vgl § 197 S 1 HS 2) dieser Vorschrift dürfte es iÜ genügen, wenn in der Satzung darauf hingewiesen wird, dass die KapGes durch Formwechsel aus der (identischen) eG hervor gegangen ist. Die Person des Einbringenden und die „zu gewährende Vergütung" sind nicht darzustellen (wie hier Semler/Stengel/*Bonow* Rn 3). 3

Vor Anmeldung des Formwechsels ist eine **Bew** der eG durchzuführen, die erkennen lässt, ob das festgesetzte Kap aufgebracht werden kann. Die Beurteilung kann sich grdsl nach der Bilanz richten. Regelm gilt der Nachw der Einhaltung von Abs 1 als erbracht, wenn ein **entsprechend hohes EK (Reinvermögen) schon bei Buchwertansatz** vorhanden ist. Eine Bew ist dann überflüssig. Deckt das ausgewiesene EK das gewählte Stamm- oder Grundkapital dagegen nicht (dh es käme beim Rechtsträger neuer Rechtsform zur **formellen Unterbilanz**), müssen – sofern vorhanden – stille Reserven einschl selbstgeschaffener immaterieller (und damit nicht im normalen Jahresabschluss enthaltener) WG bewertet werden; dabei sind alle gängigen Bewertungsmethoden grdsl anwendbar (vgl § 5 Rn 10 ff). Hilfsweise kann für die Anmeldung nach §§ 198, 199, 265 eine Vermögensbilanz oder Vermögensaufstellung gesondert erstellt werden. Vgl zum Ganzen § 220 Rn 2 ff und Lutter/*Bayer* Rn 1 ff; Semler/Stengel/*Bonow* Rn 4 ff je mwN. 4

Obergrenze jeder Bew ist der **Zeitwert** des einzelnen Vermögensgegenstandes. Eine Überbewertung würde zu einer **verbotenen materiellen Unterpariemission** führen, die KapGes wäre nicht eintragungsfähig. Dies schlägt auf die Umw durch. Vgl iÜ § 220 Rn 5, 6 mwN. 5

2. Sachgründungsbericht, Abs 2

Beim **Formwechsel in eine GmbH** sind die Mitglieder nach Maßgabe von **Abs 2** nicht verpflichtet, einen **Sachgründungsbericht** (§ 5 IV 2 GmbHG, dazu § 36 Rn 22 ff, 26 ff) zu verfassen. Entsprechendes gilt für den **Gründungsbericht nach § 32 AktG** (dazu § 197 Rn 21 ff): Die Mitglieder der formwechselnden eG sind nicht verpflichtet, einen Gründungsbericht zu erstatten, Abs 3 S 2 HS 1. Dies deshalb, weil den Mitgliedern eine Verantwortung als Gründer nicht zuzumuten ist (vgl RegEBegr BR-Drs 75/94 zu § 264 II, III, dort auch zur Vereinbarkeit mit Art 13 der 2. gesellschaftsrechtl RL). Folgerichtig kommt eine Gründerhaftung (§ 46 AktG) nicht in Betracht, Abs 3 S 2 HS 2 (Lutter/*Bayer* Rn 13 mwN; Kölner-KommUmwG/*Schöpflin* Rn 6). 6

3. Gründungsprüfung, Abs 3 S 1

7 Art 13 der 2. gesellschaftsrechtl RL fordert bei der **Umw in eine AG/KGaA** zwingend einen Sachverständigenbericht. Deswegen hat gem **Abs 3 S 1** die **Gründungsprüfung** durch einen oder mehrere Prüfer iSv § 33 II AktG in jedem Fall stattzufinden. Vgl im Einzelnen § 197 Rn 25 ff. In Konkretisierung von § 197 S 1 HS 2 bestimmt **Abs 3 S 2,** dass § 35 I, II AktG nicht anzuwenden ist. Die Gründungsprüfer können demnach Aufklärungen und Nachw nicht verlangen, eine gerichtl Entscheidung über die Reichweite der Auskunftspflicht kommt nicht in Betracht. Auch hier wird der **besondere Schutz der Mitglieder** deutl, ihnen ist eine Verantwortung für den Gründungsprüfungsbericht nicht zuzumuten (RegEBegr BR-Drs 75/94 zu § 264 II, III).

4. Nachgründung, Abs 3 S 3

8 § 197 S 1 HS 1 verweist auch auf §§ 52, 53 AktG über die **Nachgründung** (vgl § 197 Rn 32). Da es sich beim Formwechsel nicht um eine Neugründung handelt, wird der **Fristbeginn für die zweijährige Nachgründungszeit** an das Wirksamwerden des Formwechsels (vgl § 202 II, Eintragung des Rechtsträgers neuer Rechtsform in das Register) gebunden. Sachl ergibt sich daraus kein Unterschied (vgl § 52 I AktG: zwei Jahre seit der Eintragung der Ges in das HR).

§ 265 Anmeldung des Formwechsels

[1] Auf die Anmeldung nach § 198 ist § 222 Abs. 1 Satz 1 und Abs. 3 entsprechend anzuwenden. [2] Der Anmeldung ist das nach § 259 erstattete Prüfungsgutachten in Urschrift oder in öffentlich beglaubigter Abschrift beizufügen.

Schrifttum: Siehe Schrifttum § 258.

1 § 265 entspricht im Wesentl § 385o AktG aF. § 222 I 1, III sind entsprechend anzuwenden, **S 1.** Wegen des **Wechsels des Registers** (bisher Genossenschaftsregister, künftig HR) ist nach Maßgabe von § 198 II 2 der Rechtsträger neuer Rechtsform anzumelden. Die **Anmeldungsverpflichtung** ergibt sich aus S 1 iVm § 222 I 1, vgl für die Zielrechtsform GmbH § 222 Rn 3, für die Zielrechtsform AG/KGaA § 222 Rn 4 ff und ausführl Lutter/*Bayer* Rn 3 ff mwN. Im Genossenschaftsregister selbst ist nur die Umw (deklaratorisch, Semler/Stengel/*Bonow* Rn 3) zur Eintragung in das Register anzumelden, § 198 II 3. Für diese Anmeldung bestimmt S 1 iVm § 222 III, dass **auch das Vertretungsorgan der formwechselnden eG** (der Vorstand) handeln darf. Vgl iÜ § 222 Rn 9, 10.

2 Der Anmeldung ist das nach § 259 erstattete **Prüfungsgutachten** in Urschrift oder in öffentl beglaubigter Abschrift beizufügen, **S 2.** Gemeint ist hierbei die **(konstitutive) Anmeldung** zur Eintragung des Rechtsträgers neuer Rechtsform in das HR.

§ 266 Wirkungen des Formwechsels

(1) **[1] Durch den Formwechsel werden die bisherigen Geschäftsanteile zu Anteilen an der Gesellschaft neuer Rechtsform und zu Teilrechten. [2] § 202 Abs. 1 Nr. 2 Satz 2 ist mit der Maßgabe anzuwenden, daß die an den**

bisherigen Geschäftsguthaben bestehenden Rechte Dritter an den durch den Formwechsel erlangten Anteilen und Teilrechten weiterbestehen.

(2) **Teilrechte, die durch den Formwechsel entstehen, sind selbständig veräußerlich und vererblich.**

(3) [1] **Die Rechte aus einer Aktie einschließlich des Anspruchs auf Ausstellung einer Aktienurkunde können nur ausgeübt werden, wenn Teilrechte, die zusammen eine volle Aktie ergeben, in einer Hand vereinigt sind oder wenn mehrere Berechtigte, deren Teilrechte zusammen eine volle Aktie ergeben, sich zur Ausübung der Rechte zusammenschließen.** [2] **Der Rechtsträger soll die Zusammenführung von Teilrechten zu vollen Aktien vermitteln.**

Schrifttum: Siehe Schrifttum § 258.

1. Umqualifizierung der Anteile, Abs 1 S 1

Von der **Eintragung der KapGes als Rechtsträger neuer Rechtsform** an (vgl § 202 II) besteht die eG als GmbH, AG oder KGaA weiter (vgl zur Identität des Rechtsträgers § 190 Rn 5 ff). **Abs 1** konkretisiert § 202 I über die Wirkungen der Eintragung; umqualifiziert (vgl § 202 I Nr 2, dort Rn 6–8) werden die bisherigen Geschäftsanteile an der eG dadurch, dass sie zu Anteilen an der Ges neuer Rechtsform bzw zu Teilrechten (praktisch relevant nur noch für GmbH, vgl § 263 Rn 12 aE) werden. **Gegenstand der Umqualifizierung** ist also der Geschäftsanteil (zum Begriff: Lang/Weidmüller/*Schulte* GenG § 7 Rn 2 ff) als Maß der abstrakten Beteiligungsgröße an der eG; die eigentl entscheidende Rolle bei der Umqualifizierung erlangt dennoch das **Geschäftsguthaben** (vgl § 263 Rn 5 ff), weil es den Wert der Beteiligung an der eG repräsentiert und seinerseits Maßstab für die Festlegungen im Umwandlungsbeschluss über die künftige Beteiligung am Rechtsträger neuer Rechtsform ist. 1

Führt die Festsetzung im Umwandlungsbeschluss dazu, dass einzelnen Mitgliedern an der GmbH nur ein Teil eines Geschäftsanteils oder an der AG/KGaA nur ein Teil einer Aktie zugestanden wird, ist diese Festsetzung bindend. **Es kommt nicht darauf an, ob die Voraussetzungen für das Entstehen eines Teilrechts** iSv § 263 tats **beachtet worden sind;** denn ein solcher Mangel des Formwechsels lässt die Wirkungen der Eintragung des Rechtsträgers neuer Rechtsform in das Register unberührt **(§ 202 III).** Den betroffenen Mitgliedern ist auch die Anfechtung des Beschlusses der Generalversammlung oder der Vertreterversammlung verwehrt (§ 195 II); eine **Verbesserung des Beteiligungsverhältnisses** kann nur nach Maßgabe von §§ 196, 305–312 angestrebt werden, wobei entgegen der Überschrift von § 196 damit nur die Gewährung einer **baren Zuzahlung** erreicht werden kann. Ganz ausnahmsweise ist Schadensersatz durch Naturalrestitution (dazu § 20 Rn 120 ff) denkbar. 2

2. Dingliche Surrogation, Abs 1 S 2

Gem § 202 I Nr 2 S 2 bestehen **Rechte Dritter an den Anteilen oder Mitgliedschaften** des formwechselnden Rechtsträgers künftig an den sie ersetzenden (umqualifizierten) Anteilen oder Mitgliedschaften des Rechtsträgers neuer Rechtsform weiter. Diese „normale" **dingl Surrogation** hilft beim Formwechsel einer eG in eine KapGes nicht weiter. Der Geschäftsanteil des Mitglieds einer formwechselnden eG ist gerade nicht übertragbar, deshalb scheidet auch die 3

Begründung von **Rechten Dritter am Geschäftsanteil** aus. Im Ggs dazu darf das **Geschäftsguthaben** (zum Begriff Lang/Weidmüller/*Schulte* GenG § 7 Rn 5 ff) mit Rechten Dritter verbunden und uU auch belastet werden (Arg § 22 IV GenG; zumindest kann eine „Verpfändung des Geschäftsguthabens" in eine stets zulässige Verpfändung des **Auseinandersetzungsguthabens** umgedeutet werden, wie hier Lutter/*Bayer* Rn 12; Semler/Stengel/*Bonow* Rn 18). **Gegenstand der Umqualifizierung** ist der Geschäftsanteil; das Geschäftsguthaben ist nur Maßstab für die Höhe der Beteiligung am Rechtsträger neuer Rechtsform, vgl § 263 II 1; an den Wirkungen des Formwechsels nimmt es nicht Teil, es geht ersatzlos unter.

4 **Abs 1 S 2** bestimmt demgemäß den „Austausch" des Gegenstandes „Geschäftsguthaben" gegen den **künftigen Bezug für Rechte Dritter „Anteil und Teilrecht"** an der KapGes.

3. Teilrechte

5 **a) Verkehrsfähigkeit, Abs 2.** Für die formwechselnde Umw einer eG in eine AG war bereits gem § 385n S 2 iVm § 385k I AktG aF die **Verkehrsfähigkeit des Teilrechts** an einer Aktie gesetzl vorgeschrieben. Unter Teilrecht iSv **Abs 2** ist nun auch ein Teil eines Geschäftsanteils einer GmbH zu verstehen (vgl § 263 Rn 10). Im Rechtsverkehr erfahren diese Teilrechte durch Abs 2 eine **rechtl Verselbstständigung,** sie sind **veräußerl und vererbl** (Lutter/*Bayer* Rn 7 mwN; KölnerKommUmwG/*Schöpflin* Rn 5). Nur im „Innenverhältnis" zur KapGes selbst ergeben sich für das Teilrecht an einer AG/KGaA Einschränkungen, vgl Abs 3 und Rn 6, 7; für das Teilrecht an einem Geschäftsanteil einer GmbH fehlt es an einer gesetzl Vorschrift (KölnerKommUmwG/*Schöpflin* Rn 8, § 57k GmbHG wird analog angewendet).

6 **b) Rechte aus einer Aktie, Abs 3. Abs 3** entspricht §§ 385n S 2 iVm 385k II, III AktG aF. Durch die Änderung des StückAG insbes bei § 263 II 2, III 2, § 8 II, III AktG hat die Vorschrift – außer bei fehlerhafter Stückelung (Rn 2) – erhebl an Bedeutung verloren (vgl § 263 Rn 12 aE). Die Mitgliedschaftsrechte eines früheren Mitglieds aus einem Teilrecht ruhen solange, bis mehrere Teilrechte zu einem Vollrecht, einer Aktie, zusammengeführt sind (Ausübungssperre, dazu Lutter/*Bayer* Rn 9 mwN). Für diese **Vereinigung von Teilrechten** gibt Abs 3 S 1 zwei Möglichkeiten vor: Entweder vereinigen sich mehrere Teilrechte dergestalt in einer Hand, dass sie zusammen eine volle Aktie ergeben, dann steht das Recht aus der Aktie dem jew Anteilsinhaber allein zu; oder es schließen sich **mehrere Teilrechtsinhaber** zur Ausübung der Aktionärsrechte zusammen. Im letztgenannten Fall entsteht eine Rechtsgemeinschaft an der Aktie (GbR, Gemeinschaft, Pool, Treuhand etc, vgl Semler/Stengel/*Bonow* Rn 14; Lutter/*Bayer* Rn 9 mwN und Spezialliteratur zu § 213 AktG), die Rechtsfolgen von § 69 AktG treten ein (str, vgl *Hüffer* AktG § 213 Rn 4 mwN).

7 **Abs 3 S 2** verpflichtet die Ges (die Pflicht adressiert an das Vertretungsorgan, Semler/Stengel/*Bonow* Rn 10, vgl auch § 267 I 2), die **Zusammenführung von Teilrechten** zu vollen Aktien **zu vermitteln.** Das zuständige Vertretungsorgan kann die Zusammenführung von Teilrechten durch eigene Handlungen (etwa Eröffnung eines Marktes für Teilrechte) oder durch die Beauftragung eines leistungsfähigen Dritten (zB eines Kreditinstituts) fördern (vgl Lutter/*Bayer* Rn 11 mwN).

§ 267 Benachrichtigung der Anteilsinhaber

(1) [1]Das Vertretungsorgan der Gesellschaft neuer Rechtsform hat jedem Anteilsinhaber unverzüglich nach der Bekanntmachung der Eintragung der Gesellschaft in das Register deren Inhalt sowie die Zahl und, mit Ausnahme von Stückaktien, den Nennbetrag der Anteile und des Teilrechts, die auf ihn entfallen sind, in Textform mitzuteilen. [2]Dabei soll auf die Vorschriften über Teilrechte in § 266 hingewiesen werden.

(2) [1]Zugleich mit der Mitteilung ist deren wesentlicher Inhalt in den Gesellschaftsblättern bekanntzumachen. [2]Der Hinweis nach Absatz 1 Satz 2 braucht in die Bekanntmachung nicht aufgenommen zu werden.

Schrifttum: Siehe Schrifttum § 258.

1. Mitteilung, Abs 1

1 In Fortführung von § 385l I 1, 3 AktG aF regelt **Abs 1,** der durch Art 2 Nr 12 StückAG vom 25.3.1998 (BGBl I 590) geändert wurde, die Pflicht des Vertretungsorgans (GmbH-Geschäftsführer, AG-Vorstand oder phG einer KGaA), den Anteilsinhabern des Rechtsträgers neuer Rechtsform eine Mitteilung in Textform (§ 126b BGB) zukommen zu lassen. Die **Mitteilung** hat zunächst den **Inhalt der Registereintragung** (vgl §§ 198 II 2, 202 II iVm I) darzustellen; dies kann durch die Aufnahme des Textes der Bekanntmachung über die Registereintragung erfolgen (Semler/Stengel/*Bonow* Rn 3). Wesentl Inhalt ist die **konkrete Mitteilung an den jew Anteilsinhaber** über die Zahl der ihm zugewiesenen Anteile bzw Teilrechte und – außer bei Stückaktien (zum Begriff: *Hüffer* AktG § 8 Rn 20) – deren Nennbetrag.

2 Die Mitteilung hat demnach einzeln **an alle ehemaligen Genossen** zu gehen, die umqualifizierte Anteile (§§ 202 II iVm I, 266 I) innehaben; auch die Anteilsinhaber, die bei der Durchführung der Generalversammlung **Widerspruch** erhoben haben oder die gem §§ 262 I 2, 270 als widersprechende Anteilsinhaber iSv §§ 207 ff anzusehen sind, sind zu benachrichtigen; anderes gilt nur, wenn ein widersprechender Anteilsinhaber bereits das Angebot auf Gewährung einer **Barabfindung** angenommen hat (Lutter/*Bayer* Rn 2 mwN; aA Beuthien/*Wolff* GenG §§ 190 ff UmwG Rn 35; KölnerKommUmwG/*Schöpflin* Rn 3).

3 Schließl muss die Mitteilung einen **Hinweis auf § 266 II, III** enthalten. In diesem Hinweis sind die wesentl Besonderheiten der Gewährung eines Teilrechts unter Berücksichtigung der neuen Rechtsform des Rechtsträgers darzustellen. Aus **Abs 1 S 2** kann nicht geschlossen werden, dass dem Vertretungsorgan des Rechtsträgers neuer Rechtsform Ermessen dahin zusteht, ob die Mitteilung **Ausführungen zum Teilrecht** enthalten soll oder nicht; die Formulierung „soll hingewiesen werden" ermöglicht nur dann einen Verzicht auf die Darstellungen des Teilrechts, wenn der jew zu informierende Anteilsinhaber aufgrund der Eintragung nach § 202 II ledigl Vollrechte erhält (wie hier Beuthien/*Wolff* GenG §§ 190 ff UmwG Rn 35). Beim **Formwechsel einer eG in eine AG/KGaA** ergibt sich der weitere Inhalt der Mitteilung aus **§ 268 I.**

2. Bekanntmachung

4 Die Vorschrift entspricht § 385l II 1 AktG aF. **Zum gleichen Zeitpunkt** (Semler/Stengel/*Bonow* Rn 7; Lutter/*Bayer* Rn 5; KölnerKommUmwG/*Schöpflin*

Rn 5) wie die Absendung der jew persönl Mitteilungen ist in die GesBl eine Bekanntmachung aufzunehmen. Die **Bekanntmachung** bezieht sich nur auf Abs 1 S 1 (vgl **Abs 2 S 2,** auf die Vorschriften über die Teilrechte muss also nicht hingewiesen werden). Bekannt zu machen ist der **wesentl Inhalt** der Mitteilung in Textform. Dies bedeutet, dass die Mitteilung über den Inhalt der Eintragung in vollem Umfang bekannt zu machen ist; die sich gem § 202 I Nr 2 ergebenden Beteiligungsgrößen müssen demggü **nicht konkret** aufgeführt werden. Gefordert ist nicht eine Bekanntmachung darüber, welchen früheren Mitgliedern durch die Wirkung des Formwechsels welche konkreten Anteile am Rechtsträger neuer Rechtsform zukommen; es genügt die **Mitteilung der Regeln zur Bemessung der Beteiligung** (vgl KölnerKommUmwG/*Schöpflin* Rn 5 mwN; Lutter/*Bayer* Rn 5 mwN) derart, dass die Adressaten der Bekanntmachung aus dieser abstrakten Angabe ihre konkrete Beteiligung **errechnen** können. Beim **Formwechsel in eine AG/KGaA** ist in die Bekanntmachung gem **§ 268 I** auch die Aufforderung an die Aktionäre aufzunehmen, die ihnen zustehenden Aktien abzuholen.

§ 268 Aufforderung an die Aktionäre; Veräußerung von Aktien

(1) [1] **In der Mitteilung nach § 267 sind Aktionäre aufzufordern, die ihnen zustehenden Aktien abzuholen.** [2] **Dabei ist darauf hinzuweisen, daß die Gesellschaft berechtigt ist, Aktien, die nicht binnen sechs Monaten seit der Bekanntmachung der Aufforderung in den Gesellschaftsblättern abgeholt werden, nach dreimaliger Androhung für Rechnung der Beteiligten zu veräußern.** [3] **Dieser Hinweis braucht nicht in die Bekanntmachung der Aufforderung in den Gesellschaftsblättern aufgenommen zu werden.**

(2) [1] **Nach Ablauf von sechs Monaten seit der Bekanntmachung der Aufforderung in den Gesellschaftsblättern hat die Gesellschaft neuer Rechtsform die Veräußerung der nicht abgeholten Aktien anzudrohen.** [2] **Die Androhung ist dreimal in Abständen von mindestens einem Monat in den Gesellschaftsblättern bekanntzumachen.** [3] **Die letzte Bekanntmachung muß vor dem Ablauf von einem Jahr seit der Bekanntmachung der Aufforderung ergehen.**

(3) [1] **Nach Ablauf von sechs Monaten seit der letzten Bekanntmachung der Androhung hat die Gesellschaft die nicht abgeholten Aktien für Rechnung der Beteiligten zum amtlichen Börsenpreis durch Vermittlung eines Kursmaklers und beim Fehlen eines Börsenpreises durch öffentliche Versteigerung zu veräußern.** [2] **§ 226 Abs. 3 Satz 2 bis 6 des Aktiengesetzes ist entsprechend anzuwenden.**

Schrifttum: Siehe Schrifttum § 258.

1. Allgemeines

1 In Ergänzung zu § 267 bestimmt **Abs 1** den weiteren Inhalt der persönl Mitteilung (S 1, 2) und der Bekanntmachung (S 3). **Abs 2** entspricht § 385n S 2 iVm § 385l II AktG aF, **Abs 3** ist inhaltsgleich mit § 385l III AktG aF. § 268 ist insges § 214 AktG nachgebildet.

2. Mitteilung, Bekanntmachung, Abs 1

Beim **Formwechsel einer eG in eine AG/KGaA** ist in die persönl Mitteilung iSv § 267 I 1 auch eine **Aufforderung an die Aktionäre** dahin aufzunehmen, dass sie die ihnen zustehenden **Aktien abzuholen** haben. Wegen §§ 267 I 2, 266 III 2 ist damit auch der Anteilsinhaber, dem nur ein **Teilrecht** zusteht, über die Reichweite dieser Aufforderung informiert. Die sich für den Rechtsträger neuer Rechtsform aus Abs 2, 3 ergebenden Rechte können nur dann ausgeübt werden, wenn in den persönl Mitteilungen auch ein Hinweis auf die mögl Verwertung durch die AG/KGaA enthalten ist. Den **Anforderungen von Abs 1 S 2 ist bereits dann Genüge getan, wenn der Gesetzestext von Abs 2, 3 wiedergegeben wird** (so auch KölnerKommUmwG/*Schöpflin* Rn 3 aE). 2

Die Bekanntmachung iSv § 267 II 1 muss die Aufforderung zur Abholung der Aktien iSv Abs 1 S 1 enthalten **(Abs 1 S 3).** 3

3. Androhung der Veräußerung, Abs 2

Für den Formwechsel einer eG in eine AG/KGaA wurde die Regelung von § 385l II AktG aF übernommen. Sechs Monate nach der Bekanntmachung iSv Abs 1 S 3 ist die Veräußerung der nicht abgeholten Aktien anzudrohen. Diese **Androhung** ist nach Maßgabe von **Abs 2 S 2** bekannt zu machen, die dritte Bekanntmachung muss vor dem Ablauf von einem Jahr seit der Bekanntmachung iSv Abs 1 S 3 ergehen. Enthält die **Bekanntmachung Fehler** oder wird der vorgeschriebene Zeitablauf nicht beachtet, darf die **Veräußerung nach Abs 3** nicht stattfinden (Semler/Stengel/*Bonow* Rn 7; Lutter/*Bayer* Rn 7 mwN; KölnerKommUmwG/*Schöpflin* Rn 4). Geschieht dies dennoch, haftet der Vorstand der AG bzw haften die phG der KGaA für einen etwa daraus entstehenden Schaden (dazu und zum gutgläubigen Erwerb *Hüffer* AktG § 214 Rn 10). 4

4. Veräußerung, Abs 3

Inhaltsgleich mit § 385l III AktG aF (§ 385n S 2 AktG aF) ermöglicht **Abs 3** die **Verwertung der nicht abgeholten Aktien** durch den Rechtsträger neuer Rechtsform; die Veräußerung ist **durch das Vertretungsorgan** der AG/KGaA einzuleiten. Die Veräußerung darf frühestens nach Ablauf von **sechs Monaten** seit dem Erscheinensdatum des letzten, die **dritte Bekanntmachung** iSv Abs 2 S 2 enthaltenden GesBl durchgeführt werden. Die Frist berechnet sich nach §§ 187 I, 188 II BGB; ist die letzte Bekanntmachung demnach zB am 19.6. erschienen, läuft die Frist von Abs 3 S 1 am 19.7. ab. Bei der Veräußerung ist § 226 III 2–6 AktG entsprechend anzuwenden; auf die Spezialliteratur wird verwiesen. 5

§ 269 Hauptversammlungsbeschlüsse; genehmigtes Kapital

[1] Solange beim Formwechsel in eine Aktiengesellschaft oder in eine Kommanditgesellschaft auf Aktien die abgeholten oder nach § 268 Abs. 3 veräußerten Aktien nicht insgesamt mindestens sechs Zehntel des Grundkapitals erreichen, kann die Hauptversammlung der Gesellschaft neuer Rechtsform keine Beschlüsse fassen, die nach Gesetz oder Satzung einer Kapitalmehrheit bedürfen. [2] Das Vertretungsorgan der Gesellschaft darf während dieses Zeitraums von einer Ermächtigung zu einer Erhöhung des Grundkapitals keinen Gebrauch machen.

Schrifttum: Siehe Schrifttum § 258.

1 Die in **S 1** durch Art 2 Nr 13 StückAG vom 25.3.1998 (BGBl I 590) geänderte Vorschrift übernimmt § 385n S 2 iVm § 385l IV 1, 2 AktG aF. Der AG/KGaA ist gem S 1 die **Fassung von Grundlagenbeschlüssen** durch die HV **untersagt,** wenn und solange nicht Aktien abgeholt oder gem § 268 III veräußert wurden, die zusammen nicht **mindestens sechs Zehntel des Grundkapitals** repräsentieren. **Grundlagenbeschlüsse** idS sind Beschlüsse der HV, die nach Gesetz oder Satzung einer Kapitalmehrheit bedürfen, insbes also Beschlüsse iSv §§ 52 V, 179 II, 179a, 182 I, 193 I, 202 II, 221 I 2, 222 I, 229 III, 262 II Nr 2, 274 I, 293 I, 295 I, 319 II und 320 I AktG (KölnerKommUmwG/*Schöpflin* Rn 2). Wegen dieser weitreichenden Sanktion liegt es im eigenen Interesse der Ges, das **Verfahren iSv § 268 II, III zügig** durchzuführen. Eine Ausnahmeregelung, wie sie noch § 385l IV 3 AktG aF vorsah, ist nicht mehr vorhanden (Lutter/*Bayer* Rn 2 mwN). Dies ist nur folgerichtig, weil die Möglichkeit der Ausnahmebewilligung nur dort sinnvoll ist, wo tats eine Aufsichtsbehörde existiert. Deshalb gilt für den **Formwechsel eines VVaG in eine Versicherungs-AG** (die für die eG wegen § 1 GenG als ZielGes ausscheidet) **§ 299 II 2.**

2 Von einer Ermächtigung zur Erhöhung des Grundkapitals **(genehmigtes Kapital)** kann bis zur Erreichung der Sechszehntelgrenze von S 1 kein Gebrauch gemacht werden, **S 2.** Damit wird eine Überfremdung des Rechtsträgers neuer Rechtsform verhindert (Lutter/*Bayer* Rn 3 mwN; Semler/Stengel/*Bonow* Rn 7; Widmann/Mayer/*Fronhöfer* Rn 3).

§ 270 Abfindungsangebot

(1) **Das Abfindungsangebot nach § 207 Abs. 1 Satz 1 gilt auch für jedes Mitglied, das dem Formwechsel bis zum Ablauf des dritten Tages vor dem Tage, an dem der Umwandlungsbeschluß gefaßt worden ist, durch eingeschriebenen Brief widersprochen hat.**

(2) [1] **Zu dem Abfindungsangebot ist eine gutachtliche Äußerung des Prüfungsverbandes einzuholen.** [2] **§ 30 Abs. 2 Satz 2 und 3 ist nicht anzuwenden.**

Schrifttum: Siehe Schrifttum § 258.

1 Die Möglichkeit zur Annahme des Angebots der **Barabfindung** ist gem § 207 nur den **widersprechenden Anteilsinhabern** eröffnet (vgl § 207 Rn 4). Da der Widerspruch beim Formwechsel einer eG in eine KapGes gem § 262 I 2 auch bereits vor Durchführung der Generalversammlung erhoben werden kann, stellt **Abs 1** die **Gleichbehandlung** derjenigen Mitglieder, die mittels eingeschriebenem Brief widersprochen haben, zu den Mitgliedern her, die erst in der Generalversammlung (§ 43 GenG) Widerspruch erhoben haben. Vgl iÜ § 262 Rn 6.

2 In analoger Anwendung von § 90 III 2 (dazu § 90 Rn 5) ist das Recht zur Annahme des **Barabfindungsangebots** auch denjenigen Mitgliedern zuzugestehen, die an der Abstimmung nicht teilnahmeberechtigt waren, weil die Zuständigkeit der **Vertreterversammlung** (vgl § 43a GenG) begründet war. Denn es ist nicht einzusehen, weswegen dem Mitglied, der an der Erhebung des Widerspruchs wegen der Zuständigkeit der Vertreterversammlung gehindert war, die Barabfindung versagt bleiben soll. Auch die Möglichkeit zum **Widerspruch durch eingeschriebenen Brief** hindert diese Analogie nicht; § 262 I 2 soll die Position der

Anteilsinhaber verbessern, nicht aber ggü vglbaren Sachverhalten (Umw durch Verschm) verschlechtern (aA Lutter/*Bayer* Rn 5; Widmann/Mayer/*Fronhöfer* Rn 5; wie hier Stemler/Stengel/*Bonow* Rn 5; ähnl Beuthien/*Wolff* GenG §§ 190 ff UmwG Rn 10).

Abs 2 wurde durch das Gesetz zur Änderung des UmwG, des PartGG und anderer Gesetze vom 22.7.1998 (BGBl I 1878) neu eingefügt. Für die **Prüfung der Barabfindung** ist allein der **genossenschaftl Prüfungsverband** zuständig, dieser tritt an die Stelle der Verschmelzungsprüfer iSv § 30 II 1. Die gutachtl Äußerung muss sich nicht an den Formalien von §§ 10–12 ausrichten (Abs 2, der § 30 II 2 für nicht anwendbar erklärt). Insbes muss **kein förml Prüfungsbericht** iSv § 12 erstattet werden, die Äußerung wird jedoch **schriftl** (wenn auch nicht in Schriftform iSv § 126 BGB) vorzunehmen sein (Semler/Stengel/*Bonow* Rn 9; Lutter/*Bayer* Rn 14; KölnerKommUmwG/*Schöpflin* Rn 6). IÜ gelten die zu § 259 anerkannten Grdse entsprechend, die Äußerung des Prüfungsverbandes hat **Beratungsfunktion für beide Seiten.** Gem **Abs 2 S 2** ist ebenfalls § 30 II 3 nicht anzuwenden. Wie bei § 259 ist die Zwischenschaltung des Prüfungsverbandes Ausdruck der **besonderen Pflichtenbindung** dieser Einrichtung. Die Tätigkeit des Prüfungsverbandes dient nicht ausschließl dem abfindungsberechtigten Anteilsinhaber, sodass dieser die Prüfung des Abfindungsangebots auch nicht durch **notarielle Verzichtserklärung** unterlaufen kann (dazu Gesetzesbegründung BT-Drs 13/8808, 16 und Lutter/*Bayer* Rn 1, 13 ff). 3

§ 271 Fortdauer der Nachschußpflicht

[1] Wird über das Vermögen der Gesellschaft neuer Rechtsform binnen zwei Jahren nach dem Tage, an dem ihre Eintragung in das Register bekannt gemacht worden ist, das Insolvenzverfahren eröffnet, so ist jedes Mitglied, das durch den Formwechsel die Rechtsstellung eines beschränkt haftenden Gesellschafters oder eines Aktionärs erlangt hat, im Rahmen der Satzung der formwechselnden Genossenschaft (§ 6 Nr. 3 des Genossenschaftsgesetzes) zu Nachschüssen verpflichtet, auch wenn es seinen Geschäftsanteil oder seine Aktie veräußert hat. [2] Die §§ 105 bis 115a des Genossenschaftsgesetzes sind mit der Maßgabe entsprechend anzuwenden, daß nur solche Verbindlichkeiten der Gesellschaft zu berücksichtigen sind, die bereits im Zeitpunkt des Formwechsels begründet waren.

Die KapGes zeichnet sich dadurch aus, dass die Haftung des Anteilsinhabers beschränkt ist (Ausnahme: phG bei der KGaA). Wird nicht ausnahmsweise beim Formwechsel einer eG in eine GmbH eine **Nachschusspflicht der GmbH-Gesellschafter** vorgesehen, ist die erforderl Einlage endgültig bereits durch den Wert des umqualifizierten Anteils geleistet (Ausnahme: Differenzhaftung bei irrtüml eingetragenem Formwechsel trotz materieller Unterpariemission, vgl § 264 Rn 5). 1

Mit dieser Haftungsbeschränkung kann eine Privilegierung für die Mitglieder einer eG dann verbunden sein, wenn in der Satzung der formwechselnden eG gem § 6 Nr 3 GenG eine **Nachschusspflicht** vorgesehen war. Unter Übernahme von § 385q AktG aF und parallel zu § 95 sieht deshalb § 271 die **Weitergeltung der Nachschusspflicht** vor. Obj Voraussetzung des Auflebens der Nachschusspflicht ist die **Eröffnung des Insolvenzverfahrens binnen zwei Jahren** nach der Bekanntmachung der Ges neuer Rechtsform iSv § 201 S 2. **Anspruchsver-** 2

pflichtet sind alle Anteilsinhaber des Rechtsträgers neuer Rechtsform, die Mitglieder der formwechselnden eG waren. Dazu gehören auch die **gegen Barabfindung Ausgeschiedenen** (Widmann/Mayer/*Fronhöfer* Rn 6; Lutter/*Bayer* Rn 3; Semler/Stengel/*Bonow* Rn 10). Gem **S 1** bleibt die Nachschusspflicht eines Mitglieds, der nach Wirksamwerden des Formwechsels seinen Geschäftsanteil oder seine Aktie (bzw ein entsprechendes Teilrecht, vgl § 263 II 2) veräußert hat, unberührt. Die Pflicht zur Leistung von Nachschüssen kann nur ausgelöst werden, wenn und soweit die **Verbindlichkeiten** vor Wirksamwerden des Formwechsels (§§ 201 S 2, 202 II) **begründet** waren (zum Begriff des Begründens einer Verbindlichkeit vgl § 45 Rn 4 ff).

Vierter Abschnitt. Formwechsel rechtsfähiger Vereine

Erster Unterabschnitt. Allgemeine Vorschriften

§ 272 Möglichkeit des Formwechsels

(1) **Ein rechtsfähiger Verein kann auf Grund eines Umwandlungsbeschlusses nur die Rechtsform einer Kapitalgesellschaft oder einer eingetragenen Genossenschaft erlangen.**

(2) **Ein Verein kann die Rechtsform nur wechseln, wenn seine Satzung oder Vorschriften des Landesrechts nicht entgegenstehen.**

Schrifttum: Schrifttum bis 1994 siehe 3. Auflage; Schrifttum bis 2000 siehe 4. Auflage; *Lettl,* Wirtschaftliche Betätigung und Umstrukturierung von Ideal-Vereinen, DB 2000, 1449; *Balzer,* Die Umwandlung von Vereinen der Fußball-Bundesligen in Kapitalgesellschaften zwischen Gesellschafts-, Vereins- und Verbandsrecht, ZIP 2001, 175; *Lettl,* Der vermögensrechtliche Zuweisungsgehalt der Mitgliedschaft beim Idealverein, AcP 203 (2003), 151; *Strahl,* Gemeinnützige Körperschaften: Gepräge, Unmittelbarkeit, Ausgliederung, AG 2004, 67.

1. Möglichkeiten des Formwechsels, Abs 1

1 **Abs 1** konkretisiert die sich nach § 191 I, II ergebenden **Formwechselmöglichkeiten für rechtsfähige Vereine. Rechtsfähige Vereine sind** eV und wirtschaftl Vereine (vgl hierzu § 191 Rn 25 ff). Rechtsfähige Vereine können durch einen Formwechsel nur die Rechtsform einer **KapGes** (GmbH, AG, KGaA; § 3 I Nr 2; nicht jedoch UG, vgl § 191 Rn 32) oder einer **eG** erlangen. Von der Ermöglichung des Formwechsels eines rechtsfähigen Vereins in eine **PersGes** wurde abgesehen, weil der Gesetzgeber hierfür kein praktisches Bedürfnis sah (RegEBegr BR-Drs 75/94 zu § 272). Dennoch bedeuten die nunmehr eröffneten Formwechselmöglichkeiten einen erhebl Fortschritt, da rechtsfähige Vereine vor Inkrafttreten des UmwG 1995 abgesehen von dem in § 62 UmwG 1969 geregelten Sonderfall (wirtschaftl Vereine aus der Zeit vor dem 1.1.1900) überhaupt keine Umw vornehmen konnten.

2. Einschränkungen, Abs 2

2 Entsprechend der Regelung in § 99 I stellt **Abs 2** die **Formwechselfähigkeit unter** den **Vorbehalt,** dass die Satzung oder Vorschriften des Landesrechts nicht entgegenstehen (vgl auch § 99 Rn 1, 2). Hierdurch ist gewährleistet, dass beson-

dere Erfordernisse, die die Satzung für die **Veränderung** des Umwandlungsverbots oder der Umwandlungseinschränkung enthält, Beachtung finden; denn der Formwechsel kann erst nach (oder zeitgleich mit) einer entsprechenden **Satzungsänderung** durchgeführt werden (Semler/Stengel/*Katschinski* Rn 16). Der Vorbehalt entgegenstehender **landesgesetzl Regelungen** betrifft in erster Linie **wirtschaftl Vereine.** Die Voraussetzungen für die Verleihung der Rechtsfähigkeit bestimmen sich regelm nach landesrechtl Vorschriften (dazu Soergel/*Hadding* BGB § 22 Rn 48). Entsprechendes gilt für die Genehmigung von Satzungsänderungen dieser Vereine. Daher sollen landesrechtl Vorschriften auch beim Formwechsel Beachtung finden (RegEBegr BR-Drs 75/94 zu § 272).

Zweiter Unterabschnitt. Formwechsel in eine Kapitalgesellschaft

§ 273 Möglichkeit des Formwechsels

Der Formwechsel ist nur möglich, wenn auf jedes Mitglied, das an der Gesellschaft neuer Rechtsform beteiligt wird, als beschränkt haftender Gesellschafter ein Geschäftsanteil, dessen Nennbetrag auf volle Euro lautet, oder als Aktionär mindestens eine volle Aktie entfällt.

§ 273 enthält eine Einschränkung der Zulässigkeit des Formwechsels eines 1
rechtsfähigen Vereins in eine KapGes. Der **Formwechsel ist nur mögl,** wenn auf jedes an der Ges neuer Rechtsform beteiligte Mitglied ein GmbH-Geschäftsanteil mit der seit dem **MoMiG** zulässigen neuen Stückelung (vgl § 46 Rn 12 und Einf Rn 30) oder mindestens **eine volle Aktie** (Formwechsel in eine AG oder KGaA; Änderung durch Art 2 Nr 14 StückAG vom 25.3.1998, BGBl I 590 zur Angleichung an § 8 II, III AktG nF) entfällt. Hierdurch soll sichergestellt werden, dass sich jedes Vereinsmitglied an der Ges neuer Rechtsform beteiligen kann; Teilrechte sollen vermieden werden. Die Vorschrift entspricht nach Inhalt und ratio § 258 II (Lutter/*Krieger* Rn 1; KölnerKommUmwG/*Leuering* Rn 1). Vgl im Einzelnen § 258 Rn 6 ff.

§ 274 Vorbereitung und Durchführung der Mitgliederversammlung

(1) [1] **Auf die Vorbereitung der Mitgliederversammlung, die den Formwechsel beschließen soll, sind die §§ 229, 230 Abs. 2 Satz 1 und 2, § 231 Satz 1 und § 260 Abs. 1 entsprechend anzuwenden.** [2] **§ 192 Abs. 2 bleibt unberührt.**

(2) **Auf die Mitgliederversammlung, die den Formwechsel beschließen soll, ist § 239 Abs. 1 Satz 1 und Abs. 2 entsprechend anzuwenden.**

1. Allgemeines

§ 274 regelt die **Vorbereitung und Durchführung der Mitgliederver-** 1
sammlung, die über den Formwechsel eines rechtsfähigen Vereins in eine KapGes beschließen soll. Hierfür wird auf Vorschriften über den Formwechsel einer KapGes in eine PersGes (§§ 229, 230 II, 231 S 1), einer KapGes in eine KapGes anderer Rechtsform (§ 239) und über den Formwechsel von eG (§ 260 I) verwie-

sen. Die Regelung über die Vorbereitung und Durchführung der Mitgliederversammlung folgt damit den Grdsen, die auch beim Formwechsel einer eG zu beachten sind (vgl § 260 I, II). Ggü dem früheren Gesetzestext hat das ARUG (Einf Rn 32) die Verweise auf § 230 und § 239 konkretisiert, ohne an § 274 dadurch inhaltl etwas zu ändern. Anders als bei der AG ist es beim Verein weiterhin nicht mögl, bei der Einberufung oder Durchführung der Mitgliederversammlung mit dem Internet zu arbeiten.

2. Vermögensaufstellung

2 **Abs 1 S 1** erklärt noch immer **§ 229** für entsprechend anwendbar. Diese Vorschrift wurde durch das 2. UmwÄndG aufgehoben (vgl Einf Rn 28). Vgl zur früheren Kritik am Verweis auf § 229 4. Aufl 2006, Rn 2.

3. Verzicht auf Umwandlungsbericht

3 **Abs 1 S 2** stellt ausdrückl klar, dass **§ 192 II** (der frühere § 192 III) unberührt bleibt. Ein **Umwandlungsbericht** ist daher nicht erforderl, wenn **alle Mitglieder** in notarieller Urkunde auf seine Erstattung **verzichten.** Die weitere Alt von § 192 II (Ein-Mann-Verein) ist zwar theoretisch denkbar (vgl § 73 BGB), dürfte aber keine praktische Bedeutung haben (Semler/Stengel/*Katschinski* Rn 4).

4. Ankündigung des Beschlussgegenstandes

4 Im Vgl zur Regelung beim Formwechsel einer KapGes (vgl § 230) werden an die **Mitteilung der Tagesordnung** der Mitgliederversammlung, die den Formwechsel beschließen soll, strengere Anforderungen gestellt. **Abs 1 S 1** verweist insoweit auf **§ 260 I.** Danach ist der Formwechsel nicht nur spätestens zusammen mit der Einberufung der Mitgliederversammlung **als Beschlussgegenstand schriftl anzukündigen,** in der Ankündigung muss darüber hinaus auf die **erforderl Mehrheiten** (§ 275) sowie auf die **Möglichkeit der Erhebung eines Widerspruchs** und die sich hieraus ergebenden Rechte **hingewiesen** werden. Vgl näher hierzu § 260 Rn 3. Die Erleichterungen von § 230 II 3, 4 gelten für den Verein nicht. Der Umwandlungsbericht darf deshalb nicht allein im Wege elektronischer Kommunikation übermittelt werden. Auch seine Veröffentlichung auf der Internetseite des Vereins ändert an der Pflicht von § 239 II 1, 2 nichts (Rn 1).

5 Der Vorstand des formwechselnden Vereins hat den Mitgliedern ferner spätestens zusammen mit der Einberufung der Mitgliederversammlung das **Abfindungsangebot** nach § 207 **zu übersenden** (§ 231 S 1). Die Übersendung kann nicht durch eine **Bekanntmachung** des Abfindungsangebots im BAnz ersetzt werden, da auf § 231 S 2 ausdrückl nicht verwiesen wird. Vgl hierzu Lutter/*Krieger* Rn 9 und § 260 Rn 6.

5. Auslegung des Umwandlungsberichts

6 **Abs 1 S 1** verweist auch auf **§ 230 II,** jedoch nur auf dessen S 1, 2 (Rn 1, 4). Entsprechend der Regelung beim Formwechsel einer AG oder KGaA, aber ohne die Privilegien der Nutzung des Internets, ist daher von der Einberufung der Mitgliederversammlung an im Geschäftsraum des Vereins der **Umwandlungsbericht zur Einsicht auszulegen.** Jedes Mitglied hat Anspruch auf kostenlose Erteilung einer **Abschrift.** Vgl hierzu näher § 260 Rn 5, 9, 10 und § 230 Rn 5.

6. Durchführung der Mitgliederversammlung

Abs 2 erklärt § 239 I 1, II für entsprechend anwendbar. Wie beim Formwechsel einer KapGes in eine KapGes anderer Rechtsform ist daher der Umwandlungsbericht auf der Mitgliederversammlung auszulegen (§ 239 I) und der **Entwurf des Umwandlungsbeschlusses** vom Vorstand zu Beginn der Mitgliederversammlung **mündl zu erläutern** (§ 239 II). Vgl hierzu näher § 261 Rn 2, 3 und § 232 Rn 1 ff. Wiederum werden Erleichterungen durch die Nutzung moderner Kommunikation für den Verein ausgeschlossen (Rn 1, 4), Abs 2 verweist nicht auf § 239 I 2. 7

§ 275 Beschluß der Mitgliederversammlung

(1) **Der Umwandlungsbeschluß der Mitgliederversammlung bedarf, wenn der Zweck des Rechtsträgers geändert werden soll (§ 33 Abs. 1 Satz 2 des Bürgerlichen Gesetzbuchs), der Zustimmung aller anwesenden Mitglieder; ihm müssen auch die nicht erschienenen Mitglieder zustimmen.**

(2) [1] **In anderen Fällen bedarf der Umwandlungsbeschluß einer Mehrheit von mindestens drei Vierteln der abgegebenen Stimmen.** [2] **Er bedarf einer Mehrheit von mindestens neun Zehnteln der abgegebenen Stimmen, wenn spätestens bis zum Ablauf des dritten Tages vor der Mitgliederversammlung wenigstens hundert Mitglieder, bei Vereinen mit weniger als tausend Mitgliedern ein Zehntel der Mitglieder, durch eingeschriebenen Brief Widerspruch gegen den Formwechsel erhoben haben.** [3] **Die Satzung kann größere Mehrheiten und weitere Erfordernisse bestimmen.**

(3) **Auf den Formwechsel in eine Kommanditgesellschaft auf Aktien ist § 240 Abs. 2 entsprechend anzuwenden.**

1. Allgemeines

§ 275 regelt die **Mehrheitsverhältnisse für den Umwandlungsbeschluss** beim Formwechsel eines rechtsfähigen Vereins in eine KapGes. Der Umwandlungsbeschluss bedarf mindestens einer Mehrheit von drei Vierteln der abgegebenen Stimmen, unter gewissen Voraussetzungen sind größere Mehrheiten bis hin zur Einstimmigkeit notw **(Abs 1, 2).** Der Beschluss über den Formwechsel des rechtsfähigen Vereins in eine KGaA bedarf ferner der Zustimmung der vorgesehenen phG **(Abs 3).** 1

2. Mehrheitsverhältnisse

a) Änderung des Gegenstandes. Während Satzungsänderungen bei einem rechtsfähigen Verein grdsl mit einer Mehrheit von drei Vierteln der abgegebenen Stimmen (§ 33 I 1 BGB) beschlossen werden können, bedarf ein Beschluss über die Änderung des Zwecks des Vereins der **Zustimmung aller Mitglieder** (§ 33 I 2 BGB). Damit diese für das Vereinsrecht grundlegende Vorschrift durch einen Formwechsel nicht umgangen werden kann, ordnet **Abs 1** an, dass **alle erschienenen und alle nicht erschienenen Mitglieder** dem Formwechsel zustimmen müssen, sofern der Rechtsträger neuer Rechtsform einen anderen als den bisherigen Zweck hat (RegEBegr BR-Drs 75/94 zu § 275). **Zweck** des Ver- 2 eins ist der oberste Leitsatz für die Vereinstätigkeit, mit dessen Abänderung schlechterdings kein Mitglied bei seinem Beitritt zum Verein rechnen muss (BGHZ 96, 245, 251). Das Einstimmigkeitserfordernis besteht also nur, wenn dieser **oberste Leitsatz** im Zusammenhang mit dem Formwechsel geändert wird. Eine **redaktionelle Neufassung,** die die Leitidee unberührt lässt, stellt keine Zweckänderung dar. Entsprechendes gilt für eine bloße **Erweiterung oder Verringerung des Tätigkeitsfeldes,** wenn hierdurch das übergeordnete Ziel unberührt bleibt (vgl hierzu näher BGHZ 96, 245; Bamberger/Roth/*Schöpflin* BGB § 33 Rn 7 ff; Lutter/*Krieger* Rn 3 mwN; zu Ausweichstrategien Widmann/Mayer/*Vossius* Rn 14 ff). Bei einer Zweckänderung müssen alle auf der Mitgliederversammlung erschienenen Mitglieder dem Formwechsel zustimmen. Ferner müssen ihm die nicht erschienenen Mitglieder **in notariell beurkundeter Form** (§ 193 III) zustimmen.

3 **b) Umwandlungsbeschluss ohne Zweckänderung.** Führt der Formwechsel zu keiner Zweckänderung, so genügt für den Umwandlungsbeschluss eine **Mehrheit von drei Vierteln der abgegebenen Stimmen (Abs 2 S 1).** Die **Satzung** kann allerdings erschwerende Erfordernisse aufstellen **(Abs 2 S 3).** Die Mehrheit der erschienenen Mitglieder (so die frühere Gesetzesfassung von Abs 2 S 1, 2) ist gleichzusetzen mit der **Mehrheit der abgegebenen Stimmen;** Mitglieder, die sich der **Stimme enthalten,** werden wie Nichterschienene behandelt (BGHZ 83, 35; Palandt/*Ellenberger* BGB § 32 Rn 7; Lutter/*Krieger* Rn 6 mwN; Semler/Stengel/*Katschinski* Rn 8). Deshalb hat die Änderung von Abs 2 S 1, 2 durch Gesetz vom 24.9.2009 (dazu Einf Rn 34) materiellrechtl nichts geändert. Allg zur Beschlussfassung in der Mitgliederversammlung eines Vereins vgl etwa Bamberger/Roth/*Schöpflin* BGB § 32 Rn 20 ff; Palandt/*Ellenberger* BGB § 32 Rn 5 ff.

4 In Anlehnung an die frühere Regelung in §§ 385d II 5, 385m II 5 AktG aF bedarf es einer **Mehrheit von neun Zehnteln der abgegebenen Stimmen,** wenn sich im Vorfeld der Mitgliederversammlung eine qualifizierte Minderheit der Mitglieder bereits gegen den Formwechsel ausgesprochen hat **(Abs 2 S 2).** Voraussetzung ist, das sich bei großen Vereinen (1000 oder mehr Mitglieder) wenigstens 100 Mitglieder, bei kleineren Vereinen ein Zehntel der Mitglieder spätestens bis zum Ablauf des dritten Tages vor der Mitgliederversammlung **durch eingeschriebenen Brief** gegen den Formwechsel gewandt haben. Auch insoweit kann die Satzung erschwerende Erfordernisse vorsehen. Maßgebl für die Fristeinhaltung ist der **Zugang** des eingeschriebenen Briefs (**Beispiel:** Mitgliederversammlung am 15.6., Zugang des Briefs spätestens bis zum Ablauf des 12.6.; zum Zugang allg vgl etwa Palandt/*Ellenberger* BGB § 130 Rn 5).

3. Formwechsel in KGaA

5 Nach **Abs 3** findet beim **Formwechsel eines rechtsfähigen Vereins in eine KGaA** § 240 II entsprechende Anwendung. Danach bedarf der Formwechsel auch der Zustimmung aller Mitglieder, die zukünftig die Stellung eines **phG** haben sollen. Hintergrund der Regelung ist, dass keinem Mitglied die Übernahme einer persönl Haftung ohne ausdrückl Einverständnis zugemutet werden kann (RegEBegr BR-Drs 75/94 zu § 240). Dem betroffenen Mitglied ledigl die Möglichkeit des **Ausscheidens gegen Barabfindung** (§ 207) einzuräumen, wäre nicht angemessen. Vgl hierzu näher § 240 Rn 7.

Sofern die Stellung eines phG von einer bislang nicht am formwechselnden Verein als Mitglied beteiligten Person übernommen werden soll, findet über §§ 275 III, 240 II die Vorschrift von § 221 entsprechend Anwendung. Danach ist die **Beitrittserklärung notariell zu beurkunden und vom Beitretenden die Satzung der KGaA zu genehmigen.** Vgl näher Komm zu § 221. 6

§ 276 Inhalt des Umwandlungsbeschlusses

(1) **Auf den Umwandlungsbeschluß sind auch die §§ 218, 243 Abs. 3, § 244 Abs. 2 und § 263 Abs. 2 Satz 2, Abs. 3 entsprechend anzuwenden.**

(2) **Die Beteiligung der Mitglieder am Stammkapital oder am Grundkapital der Gesellschaft neuer Rechtsform darf, wenn nicht alle Mitglieder einen gleich hohen Anteil erhalten sollen, nur nach einem oder mehreren der folgenden Maßstäbe festgesetzt werden:**

1. bei Vereinen, deren Vermögen in übertragbare Anteile zerlegt ist, der Nennbetrag oder der Wert dieser Anteile;

2. die Höhe der Beiträge;

3. bei Vereinen, die zu ihren Mitgliedern oder einem Teil der Mitglieder in vertraglichen Geschäftsbeziehungen stehen, der Umfang der Inanspruchnahme von Leistungen des Vereins durch die Mitglieder oder der Umfang der Inanspruchnahme von Leistungen der Mitglieder durch den Verein;

4. ein in der Satzung bestimmter Maßstab für die Verteilung des Überschusses;

5. ein in der Satzung bestimmter Maßstab für die Verteilung des Vermögens;

6. die Dauer der Mitgliedschaft.

1. Allgemeines

§ 276 regelt in **Abs 1** durch Verweisung auf verschiedene Vorschriften den **Inhalt des Umwandlungsbeschlusses.** Es werden damit teilw Regelungen über den Formwechsel einer KapGes (§§ 218, 243 III, 244 II) und teilw Vorschriften über den Formwechsel einer eG (§ 263 II 2, III) übernommen. Da eine Vereinsmitgliedschaft regelm keine Beteiligung am Vereinsvermögen vermittelt, wird in **Abs 2** festgelegt, nach welchen Maßstäben die **zukünftige Beteiligung** der Mitglieder bemessen werden kann. Abs 2 lehnt sich hierbei an die Regelung in § 385e II AktG aF an. 1

2. Gesellschaftsvertrag, persönlich haftender Gesellschafter

Nach **Abs 1** ist **§ 218** entsprechend anwendbar. Die Verweisung erstreckt sich nur auf § 218 I 1 und II; der Formwechsel in eine eG, den § 218 I 2, III behandeln, ist von § 276 nicht erfasst (Semler/Stengel/*Katschinski* Rn 4). Nach § 218 I muss der Umwandlungsbeschluss auch den **Gesellschaftsvertrag der GmbH oder die Satzung der AG oder KGaA** enthalten. Eine **Unterzeichnung des Gesellschaftsvertrags** oder der Satzung durch die Mitglieder bedarf es nicht. Für den Formwechsel in eine GmbH folgt dies ausdrückl aus der Verweisung in Abs 1 auf § 244 II. Aber auch beim Formwechsel in eine AG oder KGaA bedarf es einer Unterzeichnung der Satzung nicht, da beim Formwechsel die Gründung der AG 2 oder KGaA nicht durch den Abschluss eines Gesellschaftsvertrages eingeleitet wird, sondern durch Beschluss erfolgt (vgl dazu näher § 218 Rn 5; wie hier Lutter/*Krieger* Rn 3 mwN; KölnerKommUmwG/*Leuering* Rn 4). Zu weiteren Einzelheiten vgl § 218 Rn 3 ff.

3 Definitionsgemäß muss an einer **KGaA** mindestens ein **phG** beteiligt sein (vgl § 278 I AktG). Daher wird über die Verweisung in Abs 1 auf § 218 II festgelegt, dass bereits der Umwandlungsbeschluss die Beteiligung oder den Beitritt eines phG vorsehen muss. Vgl näher hierzu § 218 Rn 6, 7.

3. Abweichende Nennbeträge

4 Die Verweisung in **Abs 1** auf **§ 243 III** hat nur in seltenen Fällen Bedeutung. Voraussetzung ist, dass bei dem Verein **übertragbare Anteile** bestehen, die auf einen **bestimmten Nennbetrag** lauten. In diesem Fall kann nach § 243 III 1 der Nennbetrag der Anteile, die gewährt werden, abw vom bisherigen Nennbetrag festgesetzt werden. Der Nennbetrag muss beim Formwechsel in eine **GmbH** seit dem MoMiG nur noch auf die Mindeststückelung von EUR 1,00 lauten (vgl § 243 Rn 8). Beim Formwechsel in eine **AG** oder KGaA greift der Verweis auf die durch das StückAG in Anpassung an § 8 II, III AktG nF geänderten Vorschrift von § 263 II 2, III 2 (dazu Lutter/*Krieger* Rn 6 und oben § 263 Rn 12).

4. Maßstab für die Beteiligung

5 Die Vereinsmitgliedschaft vermittelt im Allg **keine Beteiligung am Vereinsvermögen.** Es muss daher ein anderer **Maßstab für die Beteiligung** der Mitglieder am StK oder am Grundkapital der Ges neuer Rechtsform gefunden werden. **Abs 2 S 1** zählt **abschl** („nur") die mögl Maßstäbe auf (Semler/Stengel/*Katschinski* Rn 13). Der gesetzl Regelfall ist die Beteiligung aller Mitglieder mit einem gleich hohen Anteil. In vielen Fällen entspricht dies allerdings nicht der Angemessenheit. Soweit bereits bisher übertragbare Anteile bestehen, kann daher auch auf die bisherige Verteilung dieser Anteile nach Nennbetrag oder Wert zurückgegriffen werden **(Nr 1).** Oftmals wird auch die Höhe der Beiträge oder der Umfang der vertragl Geschäftsbeziehungen zwischen dem Verein und den Mitgliedern ein sinnvoller Maßstab sein (**Nr 2** und **Nr 3**). Sofern die Satzung für die Verteilung des Jahresüberschusses einen Maßstab enthält, kann dieser Grundlage der Aufteilung werden **(Nr 4);** entsprechend gilt für den Maßstab, den die Satzung im Falle der Liquidation für die Verteilung des Verm anordnet **(Nr 5).** Schließl kann die Dauer der Mitgliedschaft als Aufteilungsmaßstab herangezogen werden **(Nr 6).**

6 Die **gesetzl geregelten Fälle sind abschl,** sie können aber **miteinander kombiniert** werden (Lutter/*Krieger* Rn 14; Semler/Stengel/*Katschinski* Rn 13). Abs 2 S 2 aF (dazu 2. Aufl 1996, Rn 6) wurde durch Art 2 Nr 15 StückAG vom 25.3.1998 (BGBl I 590) ersatzlos gestrichen.

§ 277 Kapitalschutz

Bei der Anwendung der für die neue Rechtsform maßgebenden Gründungsvorschriften ist auch § 264 entsprechend anzuwenden.

1 § 277 regelt den **Kapitalschutz** beim Formwechsel eines rechtsfähigen Vereins in eine KapGes, indem § 264 (Formwechsel einer eG in eine KapGes) für entspre-

chend anwendbar erklärt wird. Die **Obergrenze** des Gesamtnennbetrags des StK oder des Grundkapitals der AG bzw KGaA wird daher durch das **Reinvermögen des Vereins** bestimmt (Verbot der **materiellen Unterpariemission;** vgl dazu näher § 264 Rn 5 und § 220 Rn 5, 6).

Ebenso wie die Mitglieder einer Genossenschaft sollen die Vereinsmitglieder von der Verpflichtung zur Erstattung eines **Sachgründungsberichts** (§ 5 IV 2 GmbHG) bzw der Erstattung eines **Gründungsberichts** nach § 32 AktG befreit sein (RegEBegr BR-Drs 75/94 zu § 277). Daher verweist § 277 auch auf § 264 II und III. Zu Einzelheiten, auch zur **Nachgründungsfrist** iSv § 52 AktG, vgl § 264 Rn 6. 2

§ 278 Anmeldung des Formwechsels

(1) **Auf die Anmeldung nach § 198 ist § 222 Abs. 1 und 3 entsprechend anzuwenden.**

(2) [1] **Ist der formwechselnde Verein nicht in ein Handelsregister eingetragen, so hat sein Vorstand den bevorstehenden Formwechsel durch das in der Vereinssatzung für Veröffentlichungen bestimmte Blatt, in Ermangelung eines solchen durch dasjenige Blatt bekanntzumachen, das für Bekanntmachungen des Amtsgerichts bestimmt ist, in dessen Bezirk der formwechselnde Verein seinen Sitz hat.** [2] **Die Bekanntmachung tritt an die Stelle der Eintragung der Umwandlung in das Register nach § 198 Abs. 2 Satz 3.** [3] **§ 50 Abs. 1 Satz 4 des Bürgerlichen Gesetzbuchs ist entsprechend anzuwenden.**

1. Person der Anmeldung

1 **Abs 1** bestimmt die **zur Anmeldung verpflichteten und berechtigten Personen** durch einen Verweis auf § 222 I und III. Die Anmeldung der neuen Rechtsform oder des Rechtsträgers neuer Rechtsform hat durch **alle Mitglieder des künftigen Vertretungsorgans** (GmbH-Geschäftsführer, Vorstand, phG) und ggf durch **Mitglieder des AR** zu erfolgen. Vgl näher hierzu § 222 Rn 3 ff. Die bei einem Wechsel des zuständigen Registers ebenfalls notw Anmeldung der Eintragung der Umw in das bislang für den Verein zuständige Register nach § 198 II 3 kann **auch vom Vorstand des Vereins** vorgenommen werden (Abs 1 iVm § 222 III). Vgl näher hierzu § 222 Rn 9.

2. Bekanntmachung statt Eintragung

2 Rechtsfähige Vereine können unabhängig davon, ob sie wirtschaftl oder Idealvereine sind (§§ 21, 22 BGB), unter den Voraussetzungen von § 33 HGB (Betrieb eines Handelsgewerbes und ggf Ausübung des Wahlrechts nach § 2 HGB) im HR eingetragen sein. Ist der formwechselnde Verein **nicht im HR eingetragen,** so bestimmt **Abs 2** eine **besondere Bekanntmachungspflicht.** Der bevorstehende Formwechsel ist durch den Vorstand **in den GesBl** oder hilfsweise in dem BekanntmachungsBl des für den Verein zuständigen AG bekannt zu machen. Die Verpflichtung zur Bekanntmachung besteht allerdings nur bei **wirtschaftl Vereinen,** die nicht im HR eingetragen sind. Dies erfolgt zwar nicht aus dem Wortlaut, aber aus dem Sinn und Zweck der Vorschriften. Idealvereine sind im Vereinsregister eingetragen, sodass das Verfahren nach § 198 II 2, 3 durchgeführt

werden kann (allgM). Auch die Gesetzesbegründung spricht nur von wirtschaftl Vereinen (RegEBegr BR-Drs 75/94 zu § 278). **Sinn der Bekanntmachung** ist, die ansonsten erforderl Eintragung der Umw in das bislang zuständige Register nach § 198 II 3 zu ersetzen (Widmann/Mayer/*Vossius* Rn 10; Lutter/*Krieger* Rn 7; Semler/Stengel/*Katschinski* Rn 6; KölnerKommUmwG/*Leuering* Rn 8). Die Bekanntmachung tritt an die Stelle dieser Eintragung. Die konstitutive Eintragung kann daher erst erfolgen, nachdem der bevorstehende Formwechsel bekannt gemacht ist (§ 198 II 5). Die Bekanntmachung gilt **mit dem Ablauf des zweiten Tages nach der Veröffentlichung** oder – bei mehreren – der ersten Veröffentlichung als bewirkt (**Abs 2 S 2** iVm § 50 I 4 BGB).

§ 279 *(aufgehoben)*

§ 280 Wirkungen des Formwechsels

[1] Durch den Formwechsel werden die bisherigen Mitgliedschaften zu Anteilen an der Gesellschaft neuer Rechtsform und zu Teilrechten. [2] § 266 Abs. 1 Satz 2, Abs. 2 und 3 ist entsprechend anzuwenden.

1 **S 1 konkretisiert** für den Formwechsel eines rechtsfähigen Vereins in eine KapGes **§ 202 I Nr 2 S 1:** Mit Wirksamwerden des Formwechsels werden aus den Mitgliedschaften Anteile an der GmbH, AG oder KGaA; ggf entstehen **Teilrechte** (dazu § 273 Rn 1). Vgl iÜ zur Umqualifizierung der Anteile auch § 202 Rn 6 ff.

2 Nach **S 2** sind § 266 I 2, II und III entsprechend anwendbar. Die nach § 266 I 2 angeordnete **Surrogation von Rechten** an den Mitgliedschaften hat für den Verein nur wenig Bedeutung, da die Vereinsmitgliedschaft im Allg **keine Vermögensbeteiligung** vermittelt (Semler/Stengel/*Katschinski* Rn 2 mwN). Bedeutsam ist allerdings die Verweisung auf § 266 II und III. Die anlässl des Formwechsels entstehenden **Teilrechte** sind selbstständig veräußerl und vererbl. Die aus einer Aktie resultierenden Rechte können jedoch nur gemeinschaftl ausgeübt werden (§ 266 II, III). Vgl im Einzelnen § 266 Rn 6.

§ 281 Benachrichtigung der Anteilsinhaber; Veräußerung von Aktien; Hauptversammlungsbeschlüsse

(1) **Auf die Benachrichtigung der Anteilsinhaber durch die Gesellschaft, auf die Aufforderung von Aktionären zur Abholung der ihnen zustehenden Aktien und auf die Veräußerung nicht abgeholter Aktien sind die §§ 267 und 268 entsprechend anzuwenden.**

(2) **Auf Beschlüsse der Hauptversammlung der Gesellschaft neuer Rechtsform sowie auf eine Ermächtigung des Vertretungsorgans zur Erhöhung des Grundkapitals ist § 269 entsprechend anzuwenden.**

1. Benachrichtigung

1 Nach **Abs 1** ist auf die **Benachrichtigung der Anteilsinhaber § 267** entsprechend anzuwenden. Ebenso wie beim Formwechsel einer eG hat damit das Vertretungsorgan der Ges neuer Rechtsform (GmbH, AG oder KGaA) jedem Anteilsin-

haber unverzügl („ohne schuldhaftes Zögern"; § 123 BGB) nach der Bekanntmachung der Eintragung der Ges in das Register (§ 198) den Inhalt der Bekanntmachung und die individuelle Beteiligung **schriftl mitzuteilen** (§ 267 I 1). Der wesentl Inhalt der schriftl Mitteilung ist zugleich in den GesBl bekannt zu machen (§ 267 II 1). In der schriftl Mitteilung, nicht jedoch zwingend in der Bekanntmachung, ist auf die **Vorschriften über Teilrechte** in § 266 hinzuweisen (§ 267 I 2, II 2). Vgl zur Bekanntmachung die Komm zu § 267.

2. Verfahren zur Aktienausgabe

Nach **Abs 1** ist ferner **§ 268** entsprechend anzuwenden. § 268 regelt das **Verfahren zur Abholung der Aktien** nach Wirksamwerden eines Formwechsels in eine AG oder KGaA. Die Aktionäre sind zunächst in der Mitteilung nach § 267 I und in der Bekanntmachung nach § 267 II (arg § 268 I 3) zur Abholung der ihnen zustehenden Aktien aufzufordern. Kommen die Aktionäre der Aufforderung nicht nach, so können die Aktien nach einem Hinweis auf das Verfahren (§ 268 I 2) und dreimaliger Androhung (§ 268 II) zum amtl Börsenpreis oder durch öffentl Versteigerung veräußert werden (§ 268 III). Wegen Einzelheiten des Verfahrens vgl die Komm zu § 268. 2

3. Hauptversammlungsbeschlüsse in der Übergangszeit

Abs 2 bestimmt, dass beim Formwechsel eines rechtsfähigen Vereins in eine AG oder KGaA **§ 269 entsprechend** anzuwenden ist. Danach kann die HV Beschlüsse erst fassen, wenn die Nennbeträge der abgeholten oder nach § 268 III veräußerten Aktien **mindestens 60% des Grundkapitals** erreichen. Sinn der Regelung ist, eine **Mindestbesetzung der HV** zu gewährleisten. Damit soll einem mögl Missbrauch durch Beschlüsse auf im unmittelbaren Anschluss an das Wirksamwerden des Formwechsels stattfindenden HV begegnet werden. Bis zur Abholung oder Veräußerung von Aktien im Nennbetrag von mindestens 60% des gesamten Grundkapitals darf der Vorstand oder die phG auch von einer **Ermächtigung zur Erhöhung des Grundkapitals** keinen Gebrauch machen (§ 269 S 2). Vgl zum Ganzen die Komm zu § 269. 3

§ 282 Abfindungsangebot

(1) **Auf das Abfindungsangebot nach § 207 Abs. 1 Satz 1 ist § 270 Abs. 1 entsprechend anzuwenden.**

(2) **Absatz 1 und die §§ 207 bis 212 sind auf den Formwechsel eines eingetragenen Vereins, der nach § 5 Abs. 1 Nr. 9 des Körperschaftsteuergesetzes von der Körperschaftsteuer befreit ist, nicht anzuwenden.**

1. Schriftlicher Widerspruch

Voraussetzung für das **Ausscheiden gegen Barabfindung** ist nach § 207 I 1, dass der Anteilsinhaber gegen den Formwechselbeschluss Widerspruch zur Niederschrift erklärt (dazu im Einzelnen § 207 Rn 4). Dem **Widerspruch zur Niederschrift** steht es gleich, wenn ein nicht erschienenes Mitglied zur Mitgliederversammlung zu Unrecht nicht zugelassen oder die Mitgliederversammlung nicht ordnungsgemäß einberufen oder der Gegenstand der Beschlussfassung nicht ordnungsgemäß bekannt gemacht worden ist (§§ 207 II, 29 II; vgl hierzu im Einzelnen 1

§ 207 Rn 5 und § 29 Rn 17). Entsprechend der Regelung beim Formwechsel einer eG besteht darüber hinaus für diejenigen Mitglieder die Möglichkeit, gegen Barabfindung auszuscheiden, die dem Formwechsel bis zum Ablauf des dritten Tages vor dem Tage, an dem der Umwandlungsbeschluss gefasst worden ist, **durch eingeschriebenen Brief widersprochen** haben. § 282 I verweist insofern auf § 270 I, der entsprechend anzuwenden ist. Zum schriftl Widerspruch vgl § 275 Rn 4 und § 262 Rn 6.

2. Gemeinnützige Vereine

2 Beim **Formwechsel eines gemeinnützigen,** mildtätigen oder kirchl Zwecken dienenden **Vereins** (§ 5 I Nr 9 KStG; dazu Semler/Stengel/*Katschinski* Rn 4, 5, dort auch zum angehängten wirtschaftl Geschäftsbetrieb) besteht für die Mitglieder keine Möglichkeit, gegen Barabfindung auszuscheiden. **Abs 2** schließt die Anwendung von Abs 1 und §§ 207 ff aus. Damit soll eine **Bereicherung der Mitglieder durch Auskehrung von Vereinsvermögen,** das bei derartigen Vereinen oftmals durch Zuwendungen der öffentl Hand oder von privater Seite finanziert worden ist, verhindert werden (Bericht des Rechtsausschusses des BT BT-Drs 12/7850 zu § 104a; Semler/Stengel/*Katschinski* Rn 3; KölnerKomm-UmwG/*Leuering* Rn 2). Die Vorschrift entspricht damit nach Inhalt, Sinn und Zweck § 104a.

Dritter Unterabschnitt. Formwechsel in eine eingetragene Genossenschaft

§ 283 Vorbereitung und Durchführung der Mitgliederversammlung

(1) [1] **Auf die Vorbereitung der Mitgliederversammlung, die den Formwechsel beschließen soll, sind die §§ 229 und 230 Abs. 2 Satz 1 und 2, § 231 Satz 1 und § 260 Abs. 1 entsprechend anzuwenden.** [2] **§ 192 Abs. 2 bleibt unberührt.**

(2) **Auf die Mitgliederversammlung, die den Formwechsel beschließen soll, ist § 239 Abs. 1 Satz 1 und Abs. 2 entsprechend anzuwenden.**

1 Die Vorschrift entspricht auch nach der Änderung durch das ARUG (dazu Einf Rn 32 und § 274 Rn 1, 4, 7) inhaltl **§ 274.** Auf die Komm dort wird verwiesen.

§ 284 Beschluß der Mitgliederversammlung

[1] **Der Umwandlungsbeschluß der Mitgliederversammlung bedarf, wenn der Zweck des Rechtsträgers geändert werden soll (§ 33 Abs. 1 Satz 2 des Bürgerlichen Gesetzbuchs) oder wenn die Satzung der Genossenschaft eine Verpflichtung der Mitglieder der Genossenschaft zur Leistung von Nachschüssen vorsieht, der Zustimmung aller anwesenden Mitglieder; ihm müssen auch die nicht erschienenen Mitglieder zustimmen.** [2] **Im übrigen ist § 275 Abs. 2 entsprechend anzuwenden.**

1 § 284 regelt **Mehrheitsverhältnisse und Zustimmungsvorbehalte** für den Formwechsel eines rechtsfähigen Vereins in eine eG. Inhaltl lehnt sich die Vor-

schrift weitgehend an § 275 an. Gem **S 2** ist § 275 II entsprechend anzuwenden. Der Umwandlungsbeschluss bedarf daher einer **Mehrheit von mindestens drei Vierteln der abgegebenen Stimmen** (klarstellende Gesetzesänderung, vgl § 275 Rn 3), es sei denn, eine qualifizierte Minderheit hat dem Formwechsel vor der Mitgliederversammlung schriftl widersprochen oder die Satzung sieht erschwerende Anforderungen vor. Vgl im Einzelnen hierzu § 275 Rn 4 f.

Der Formwechselbeschluss bedarf der **Zustimmung aller Mitglieder** (der erschienenen und der nicht erschienenen), sofern anlässl des Formwechsels der **Zweck des Rechtsträgers geändert** werden soll **(S 1 Alt 1).** Die Regelung entspricht der von § 275 I. Zu Einzelheiten vgl § 275 Rn 2 f. Darüber hinaus ist beim Formwechsel eines rechtsfähigen Vereins in eine eG Einstimmigkeit erforderl, wenn die **Satzung der eG** eine Verpflichtung der Mitglieder zur Leistung von **Nachschüssen** (vgl § 6 Nr 3 GenG) vorsieht **(S 1 Alt 2).** Die Regelung bezweckt ebenso wie § 252 I, dass der Eintritt eines **persönl Haftungsrisikos für die Mitglieder** nur mit deren Einverständnis erfolgen kann. Vgl näher § 252 Rn 3 ff. 2

§ 285 Inhalt des Umwandlungsbeschlusses

(1) **Auf den Umwandlungsbeschluß ist auch § 253 Abs. 1 und Abs. 2 Satz 1 entsprechend anzuwenden.**

(2) **Sollen bei der Genossenschaft nicht alle Mitglieder mit der gleichen Zahl von Geschäftsanteilen beteiligt werden, so darf die unterschiedlich hohe Beteiligung nur nach einem oder mehreren der in § 276 Abs. 2 Satz 1 bezeichneten Maßstäbe festgesetzt werden.**

§ 285 ergänzt § 194 und stellt weitere Anforderungen an den **Inhalt des Umwandlungsbeschlusses** auf. Die Regelung orientiert sich zunächst am Formwechsel einer KapGes in eine eG, indem nach **Abs 1** § 253 I, II 1 entsprechend anzuwenden ist. Der **Umwandlungsbeschluss muss** damit auch die **Satzung der eG enthalten,** deren **Unterzeichnung** durch die Mitglieder allerdings entbehrl ist (§ 253 I; vgl auch § 253 Rn 1). 1

Der Formwechselbeschluss eines Vereins in eine eG muss die Beteiligung jedes Vereinsmitglieds mit **mindestens einem Geschäftsanteil** vorsehen **(Abs 1 iVm § 253 II 1).** Darüber hinaus kann aber auch bestimmt werden, dass einzelne oder alle (künftigen) Mitglieder der eG weitere Geschäftsanteile erhalten. Denn nach **Abs 2** können die Mitglieder an der eG auch mit **unterschiedl vielen Geschäftsanteilen** beteiligt werden. Da eine Vereinsmitgliedschaft im Allg keine Beteiligung am Vereinsvermögen vermittelt, taucht in diesem Fall allerdings die Problematik auf, welcher **Maßstab für die Verteilung der Geschäftsanteile** heranzuziehen ist. Abs 2 bestimmt hierzu, dass eine unterschiedl hohe Beteiligung nur nach einem oder mehreren der in § 276 II 1 abschl bezeichneten Maßstäbe festgesetzt werden darf. Zu den Maßstäben vgl § 276 Rn 5. 2

§ 286 Anmeldung des Formwechsels

Auf die Anmeldung nach § 198 sind die §§ 254 und 278 Abs. 2 entsprechend anzuwenden.

1 § 286 regelt die **Anmeldung des Formwechsels eines rechtsfähigen Vereins in eine eG** durch Verweisung auf **§ 254** (Formwechsel KapGes in eG). Anders als beim Formwechsel in eine KapGes (vgl § 278 I) erfolgt die **Anmeldung durch das Vertretungsorgan des formwechselnden Vereins,** also durch den Vorstand (§ 254 I). Die Mitglieder des Vorstands der eG sind zugleich mit der eG zur Eintragung in das Register anzumelden (§ 254 II). Vgl näher die Komm zu § 254.

2 **§ 278 II** findet bei der Anmeldung des Formwechsels eines rechtsfähigen Vereins in eine eG entsprechend Anwendung. Bedeutung hat dies für einen **wirtschaftl Verein, der nicht nach § 33 HGB im HR eingetragen ist** (zur einschränkenden Auslegung von § 278 II vgl § 278 Rn 2). Mangels einer bisher bestehenden Registereintragung ist in diesem Fall der bevorstehende Formwechsel vom Vorstand des formwechselnden Vereins **bekannt zu machen.** Die Bekanntmachung ist Voraussetzung für die Eintragung des Rechtsträgers in der Rechtsform der eG. Vgl näher hierzu § 278 Rn 2.

§ 287 *(aufgehoben)*

§ 288 Wirkungen des Formwechsels

(1) [1]**Jedes Mitglied, das die Rechtsstellung eines Mitglieds der Genossenschaft erlangt, ist bei der Genossenschaft nach Maßgabe des Umwandlungsbeschlusses beteiligt.** [2]**Eine Verpflichtung zur Übernahme weiterer Geschäftsanteile bleibt unberührt.** [3]**§ 255 Abs. 1 Satz 3 ist entsprechend anzuwenden.**

(2) **Das Gericht darf eine Auflösung der Genossenschaft von Amts wegen nach § 80 des Genossenschaftsgesetzes nicht vor Ablauf eines Jahres seit dem Wirksamwerden des Formwechsels aussprechen.**

1. Beteiligung der Genossen

1 Mit Wirksamwerden des Formwechsels (vgl § 202) erlangt jedes Mitglied **nach Maßgabe der Bestimmungen des Umwandlungsbeschlusses** die Rechtsstellung eines Mitglieds der eG. Ob das Mitglied mit einem oder mit mehreren Geschäftsanteilen beteiligt ist, hängt von den Festsetzungen im Umwandlungsbeschluss ab (vgl § 285 Rn 2). Darüber hinaus kann die **Satzung der eG** eine Verpflichtung zur Übernahme weiterer Geschäftsanteile vorsehen. Eine entsprechende Satzungsbestimmung bleibt durch die Wirkungen nach **Abs 1 S 2** unberührt. Die **Surrogation** von an den bisherigen Mitgliedschaften bestehenden Rechten Dritter richtet sich nach **§ 255 I 3.** Voraussetzung für das Bestehen von Rechten Dritter ist, dass bei dem Verein übertragbare Anteile bestanden. Die Rechte setzen sich am Geschäftsguthaben des Mitglieds fort. Abs 1 entspricht damit § 255 I. Vgl zu Einzelheiten § 255 Rn 1–6.

2. Auflösung der Genossenschaft

2 Vorschriften, die eine **Mindestzahl von Gründern** vorschreiben, stehen einem Formwechsel nicht entgegen (§ 197 S 2). **§ 4 GenG** ist also nicht anwendbar (mindestens drei Mitglieder; die Mindestzahl von fünf Genossen ist aber wegen der Organbesetzung bei der eG faktisch nicht unterschreitbar, vgl Semler/Stengel/*Bonow* § 255 Rn 14). Sofern jedoch die Anzahl von drei Mitgliedern **nachhaltig** unter-

schritten wird, sieht § 80 GenG die **Auflösung der eG** auf Antrag des Vorstands oder von Amts wegen vor. **Abs 2** räumt insoweit eine **Karenzzeit von einem Jahr** ein. In diesem Zeitraum muss die eG sich bemühen, weitere Genossen zu gewinnen. Seit der Änderung von § 4 GenG durch das Gesetz zur Einführung der Europäischen Gen vom 14.8.2006 (BGBl I 1911) ist Abs 2 praktisch bedeutungslos.

§ 289 Geschäftsguthaben; Benachrichtigung der Mitglieder

(1) **Jedem Mitglied der Genossenschaft kann als Geschäftsguthaben auf Grund des Formwechsels höchstens der Nennbetrag der Geschäftsanteile gutgeschrieben werden, mit denen es bei der Genossenschaft beteiligt ist.**

(2) **§ 256 Abs. 3 ist entsprechend anzuwenden.**

1. Höhe des Geschäftsguthabens

Abs 1 legt den **Höchstbetrag des Geschäftsguthabens** fest, das jedem Mitglied aufgrund des Formwechsels gutgeschrieben werden kann. Unter **Geschäftsguthaben** versteht man den Betrag, der tats auf den oder die Geschäftsanteile eingezahlt ist (vgl Lang/Weidmüller/*Schulte* GenG § 7 Rn 5 ff). Es repräsentiert die Beteiligung des einzelnen Mitglieds am Verm der eG. Sollen die Mitglieder am Verm der aus dem Formwechsel hervorgehenden eG vollständig beteiligt sein, muss die Summe aller Geschäftsguthaben dem Reinvermögen zum BW entsprechen. Wegen **Abs 1** muss in diesem Fall die Summe der Nennbeträge aller Geschäftsanteile ebenfalls dem Reinvermögen entsprechen. Da eine Vereinsmitgliedschaft im Allg keine Beteiligung am Vereinsvermögen vermittelt, kann die Summe der Geschäftsguthaben auch niedriger als das Reinvermögen der eG festgesetzt werden (RegEBegr BR-Drs 75/94 zu § 289). 1

2. Benachrichtigung der Genossen

Nach **Abs 2** ist § 256 III entsprechend anzuwenden. Die eG hat danach jedem Mitglied unverzügl nach der Bekanntmachung der Eintragung der eG in das Register den **Betrag seines Geschäftsguthabens,** den Betrag und die Zahl der **Geschäftsanteile,** mit denen er bei der eG beteiligt ist, den Betrag der von dem Mitglied nach Anrechnung seines Geschäftsguthabens **noch zu leistenden Einzahlung** (die 2. Alt von § 256 III Nr 3 kann nach Abs 1 nicht verwirklicht sein, wie hier Lutter/*Krieger* Rn 5; Semler/Stengel/*Katschinski* Rn 7; Kölner-KommUmwG/*Leuering* Rn 3) und den **Betrag der Haftsumme** der eG, sofern die Gen Nachschüsse bis zu einer Haftsumme zu leisten haben, **mitzuteilen.** Vgl hierzu § 256 Rn 6 f. 2

§ 290 Abfindungsangebot

Auf das Abfindungsangebot nach § 207 Abs. 1 Satz 2 sind § 270 Abs. 1 sowie § 282 Abs. 2 entsprechend anzuwenden.

Beim Formwechsel eines rechtsfähigen Vereins in eine eG bestimmt sich das Abfindungsangebot nach § 207 I 2, da die eG keine eigenen Anteile erwerben kann. IÜ entspricht die Vorschrift **§ 282.** Vgl dort. 1

Fünfter Abschnitt. Formwechsel von Versicherungsvereinen auf Gegenseitigkeit

§ 291 Möglichkeit des Formwechsels

(1) **Ein Versicherungsverein auf Gegenseitigkeit, der kein kleinerer Verein im Sinne des § 53 des Versicherungsaufsichtsgesetzes ist, kann auf Grund eines Umwandlungsbeschlusses nur die Rechtsform einer Aktiengesellschaft erlangen.**

(2) **Der Formwechsel ist nur möglich, wenn auf jedes Mitglied des Vereins, das an der Aktiengesellschaft beteiligt wird, mindestens eine volle Aktie entfällt.**

Schrifttum: Vgl Schrifttum zu § 109.

1. Zielrechtsform AG, Abs 1

1 **Abs 1** eröffnet für den VVaG **nur die Möglichkeit des Formwechsels in eine AG (Versicherungs-AG).** Damit wird § 191 I, II für den VVaG wesentl eingeschränkt. Grund dafür, als Rechtsträger neuer Rechtsform nicht auch die übrigen KapGes (vgl zB § 258 I) GmbH und KGaA zuzulassen, ist **§ 7 I VAG;** danach darf die zum Geschäftsbetrieb notw Erlaubnis der Aufsichtsbehörde (§ 5 VAG) nur an AG, VVaG und Körperschaften und Anstalten des öffentl Rechts erteilt werden. Vgl zur wirtschaftl Bedeutung von VVaG und Versicherungs-AG ausführl KölnerKommUmwG/*Beckmann* Vor §§ 291 ff Rn 1 ff.

2 Abs 1 entspricht auch iÜ der Vorgängerregelung in § 385d I AktG aF. Formwechselnder Rechtsträger darf nur ein **großer VVaG** sein; denn der bestimmungsgemäß sachl, örtl oder dem Personenkreis nach eng begrenzte Wirkungskreis des kleineren VVaG lässt sich nach der Vorstellung des Gesetzgebers nicht mit der Umwandlungsmöglichkeit „Formwechsel in eine AG“ vereinbaren.

3 Das ursprüngl in § 385d VII AktG aF enthaltene **Genehmigungserfordernis** findet sich nun in § 14a VAG.

2. Beteiligung am Rechtsträger neuer Rechtsform, Abs 2

4 Der Formwechsel eines großen VVaG in eine Versicherungs-AG ist nur mögl, wenn auf jedes Mitglied des Vereins, das an der AG beteiligt wird, **mindestens eine volle Aktie** entfällt, **Abs 2** (geändert durch Art 2 Nr 16 StückAG vom 25.3.1998, BGBl I 590). Dies bereitet in der Praxis wegen des niedrigen Mindestbetrags von § 8 II, III AktG keine Probleme.

§ 292 Vorbereitung und Durchführung der Versammlung der obersten Vertretung

(1) **Auf die Vorbereitung der Versammlung der obersten Vertretung, die den Formwechsel beschließen soll, sind die §§ 229 und 230 Abs. 2 Satz 1 und 2, § 231 Satz 1 und § 260 Abs. 1 entsprechend anzuwenden.**

(2) **Auf die Durchführung der Versammlung der obersten Vertretung, die den Formwechsel beschließen soll, ist § 239 Abs. 1 Satz 1 und Abs. 2 entsprechend anzuwenden.**

1. Vorbereitung der Versammlung der obersten Vertretung, Abs 1

Abs 1 verweist auf die entsprechende Anwendung von §§ 229, 230 II 1, 2, 231 S 1 und § 260 I. Damit wird klar, dass für die **Vorbereitung der Versammlung der obersten Vertretung** grdsl dasselbe Verfahren wie für die Vorbereitung der HV einer formwechselnden AG oder KGaA gilt (vgl auch RegEBegr BR-Drs 75/94 zu § 292). Abs 1 ist auch nach der Änderung durch das ARUG (Einf Rn 32, dazu § 274 Rn 1, 4) inhaltsgleich mit § 274 I 1 (vgl dort Rn 2). Wie beim formwechselnden rechtsfähigen Verein und bei der formwechselnden eG darf die **schriftl Mitteilung des Abfindungsangebots** iRv Abs 1 nicht durch eine Bekanntmachung im BAnz oder in anderen Blättern ersetzt werden (vgl RegE-Begr BR-Drs 75/94 zu § 292). 1

2. Durchführung der Versammlung der obersten Vertretung, Abs 2

Auf die **Durchführung der Versammlung der obersten Vertretung,** die den Formwechsel beschließen soll, ist § 239 I 1, II (dazu § 274 Rn 7 zum ARUG) entsprechend anzuwenden, **Abs 2.** Die dort enthaltenen **besonderen Informationspflichten** wurden für die Durchführung der Versammlung der obersten Vertretung beim Formwechsel eines VVaG durch die Umwandlungsreform neu eingeführt; aus Gründen der Harmonisierung und wegen der gewünschten Gleichbehandlung von Anteilsinhabern mit geringen Einflussmöglichkeiten (vgl § 274 II für Vereinsmitglieder) wurde auch für die oberste Vertretung die notw Transparenz geschaffen. Vgl iÜ die Komm zu § 239. 2

§ 293 Beschluß der obersten Vertretung

[1] Der Umwandlungsbeschluß der obersten Vertretung bedarf einer Mehrheit von mindestens drei Vierteln der abgegebenen Stimmen. [2] Er bedarf einer Mehrheit von neun Zehnteln der abgegebenen Stimmen, wenn spätestens bis zum Ablauf des dritten Tages vor der Versammlung der obersten Vertretung wenigstens hundert Mitglieder des Vereins durch eingeschriebenen Brief Widerspruch gegen den Formwechsel erhoben haben. [3] Die Satzung kann größere Mehrheiten und weitere Erfordernisse bestimmen.

§ 293 entspricht § 385d II 4–6 AktG aF. Die **Mehrheit für die Versammlung der obersten Vertretung** (vgl § 36 VAG iVm den Vorschriften über die HV der AG) bemisst sich danach, ob bis zum Ablauf des dritten Tages vor der Versammlung der obersten Vertretung wenigstens 100 Mitglieder des Vereins durch eingeschriebenen Brief Widerspruch erhoben haben (dann **Neunzehntelmehrheit**) oder nicht (dann **Dreiviertelmehrheit, S 1**). Die Vorschrift entspricht bis auf die Privilegierung für kleine eG mit weniger als 1000 Mitgliedern der Vorschrift von § 262 I, auf die Erläuterung dort wird verwiesen. Gem § 300 ist § 270 I entsprechend anzuwenden. Dies führt dazu, dass der im eingeschriebenen Brief enthaltene **Widerspruch** auch die Möglichkeit zur Annahme des **Barabfindungsangebotes** eröffnet. 1

§ 294 Inhalt des Umwandlungsbeschlusses

(1) [1] **Auf den Umwandlungsbeschluß sind auch § 218 Abs. 1 und § 263 Abs. 3 Satz 2 und 3 entsprechend anzuwenden.** [2] **In dem Umwandlungsbeschluß kann bestimmt werden, daß Mitglieder, die dem formwechselnden Verein weniger als drei Jahre vor der Beschlußfassung über den Formwechsel angehören, von der Beteiligung an der Aktiengesellschaft ausgeschlossen sind.**

(2) [1] **Das Grundkapital der Aktiengesellschaft ist in der Höhe des Grundkapitals vergleichbarer Versicherungsunternehmen in der Rechtsform der Aktiengesellschaft festzusetzen.** [2] **Würde die Aufsichtsbehörde einer neu zu gründenden Versicherungs-Aktiengesellschaft die Erlaubnis zum Geschäftsbetrieb nur bei Festsetzung eines höheren Grundkapitals erteilen, so ist das Grundkapital auf diesen Betrag festzusetzen, soweit dies nach den Vermögensverhältnissen des formwechselnden Vereins möglich ist.** [3] **Ist eine solche Festsetzung nach den Vermögensverhältnissen des Vereins nicht möglich, so ist der Nennbetrag des Grundkapitals so zu bemessen, daß auf jedes Mitglied, das die Rechtsstellung eines Aktionärs erlangt, möglichst volle Aktien entfallen.**

(3) **Die Beteiligung der Mitglieder am Grundkapital der Aktiengesellschaft darf, wenn nicht alle Mitglieder einen gleich hohen Anteil erhalten sollen, nur nach einem oder mehreren der folgenden Maßstäbe festgesetzt werden:**
1. **die Höhe der Versicherungssumme;**
2. **die Höhe der Beiträge;**
3. **die Höhe der Deckungsrückstellung in der Lebensversicherung;**
4. **der in der Satzung bestimmte Maßstab für die Verteilung des Überschusses;**
5. **ein in der Satzung bestimmter Maßstab für die Verteilung des Vermögens;**
6. **die Dauer der Mitgliedschaft.**

1. Satzungsinhalt, Beteiligung als Aktionär, Abs 1

1 **Abs 1 S 1** ist eine reine Verweisungsvorschrift. Im Umwandlungsbeschluss (§ 193) muss auch die **Satzung der Versicherungs-AG** festgestellt werden (Abs 1 S 1 iVm § 218 I, vgl iÜ § 218 Rn 3 ff). Die Beteiligung der Vereinsmitglieder als künftige Aktionäre (**Umqualifizierung,** § 202 I Nr 2) ist durch Abs 1 S 1 iVm § 263 III 2, 3 reglementiert; bei der Festsetzung des Nennbetrags der Aktie darf ein höherer Betrag als der Mindestbetrag nur festgelegt werden, wenn dadurch **keine Teilrechte** entstehen. Vgl zum Bezugsrechtsausschluss (Abs 1 S 1 iVm § 263 III 3) § 263 Rn 13.

2 Wie früher (vgl §§ 385d III, IV 3–5, 385e AktG aF) sieht **Abs 1 S 2** die Möglichkeit vor, **Mitglieder von der Beteiligung an der AG auszuschließen,** sie also nicht an den Wirkungen des Formwechsels (§ 202 I Nr 2) teilnehmen zu lassen. Diese Ausnahme zu § 194 I Nr 3, 4 (vgl § 194 Rn 5 f) ist durch die **Besonderheit der Mitgliedschaft beim VVaG** gerechtfertigt. Im Ggs zur Anteilsinhaberschaft bei einem anderen Rechtsträger iSv § 191 I obliegt es dem Gesetzgeber, die Anforderungen zu bestimmen, die dem Mitglied des VVaG erst einen Besitz-

stand verleihen; **vor Ablauf von drei Jahren** ist die dauerhafte Interessenverbindung zwischen Mitglied und Verein als noch nicht gegeben anzusehen.

2. Festsetzung des Grundkapitals, Abs 2

Anders als im Normalfall (dazu § 197 Rn 18) beschränkt **Abs 2** die Entscheidung der Mitglieder des VVaG iRd Umwandlungsbeschlusses nach §§ 193, 194 dahin, dass die **Höhe des Grundkapitals der Versicherungs-AG** nicht frei festgelegt werden kann. In der Satzung (Abs 1 S 1 iVm § 218 I) ist die Höhe des Grundkapitals der Versicherungs-AG nach den für Versicherungsunternehmen übl Grdsen festzulegen, **Abs 2 S 1.** Maßstab für die Wahl des korrekten Betrages ist – wie sich aus **Abs 2 S 2** mittelbar ergibt – die ständige Übung der Aufsichtsbehörde bei der Beurteilung der ausreichenden Eigenmittel nach Maßgabe der KapitalausstattungsVO (vgl Lutter/*Hübner* Rn 5 ff; Semler/Stengel/*Koerfer* Rn 7 ff je mwN). Ist eine solche Festsetzung nach den Vermögensverhältnissen des Vereins nicht mögl, gilt **Abs 2 S 3,** eine **Unterpariemission** kommt nicht in Betracht. 3

3. Beteiligungsmaßstab, Abs 3

Abs 3 regelt die **Verteilung der Anteile an der Versicherungs-AG.** Grundregel ist die wertmäßig gleiche Gewährung von Aktien an die Mitglieder; ein **anderer Beteiligungsmaßstab** darf sich nur nach Maßgabe der (auch kombinierbaren) Kriterien von Abs 3 Nr 1–6 richten, vgl iÜ § 181 Rn 4 und § 276 Rn 1 ff. 4

§ 295 Kapitalschutz

Bei der Anwendung der Gründungsvorschriften des Aktiengesetzes ist auch § 264 Abs. 1 und 3 entsprechend anzuwenden.

Die § 277 entsprechende Vorschrift verhindert eine **materielle Unterpariemission.** Das Reinvermögen des formwechselnden Rechtsträgers VVaG muss mindestens dem festgesetzten Grundkapital der Versicherungs-AG entsprechen (vgl § 264 Rn 4). Die Einhaltung dieses Gebots wird durch sachverständige Prüfer iRd **Gründungsprüfung** von § 33 II AktG kontrolliert. Die Mitglieder des Versicherungsvereins sind aber von der **Verantwortlichkeit als Gründer** freigestellt (vgl RegEBegr BR-Drs 75/94 zu § 295). 1

§ 296 Anmeldung des Formwechsels

Auf die Anmeldung nach § 198 ist § 246 Abs. 1 und 2 entsprechend anzuwenden.

Wie bei § 385g S 1 AktG aF schreibt auch § 296 iVm § 246 I, II die Verpflichtung des Vorstands der VVaG fest, die **Anmeldung nach § 198** vorzunehmen. Hierbei sind **auch die Vorstandsmitglieder der Versicherungs-AG** zur Eintragung in das Register anzumelden. Vgl iÜ § 246 Rn 1 ff. 1

§ 297 *(aufgehoben)*

§ 298 Wirkungen des Formwechsels

[1] Durch den Formwechsel werden die bisherigen Mitgliedschaften zu Aktien und Teilrechten. [2] § 266 Abs. 1 Satz 2, Abs. 2 und 3 ist entsprechend anzuwenden.

1 Die **Wirkungen der Eintragung der formwechselnden Umw** waren früher in §§ 385h, 385k AktG aF enthalten. Bereits § 291 II macht deutl, dass die Umqualifizierung der Mitgliedschaft beim formwechselnden VVaG (vgl § 202 I Nr 2 S 1) auch zur Erlangung eines Teilrechts führen kann. Vgl iÜ ausführl § 266 Rn 5 ff.

§ 299 Benachrichtung der Aktionäre; Veräußerung von Aktien; Hauptversammlungsbeschlüsse

(1) **Auf die Benachrichtigung der Aktionäre durch die Gesellschaft ist § 267, auf die Aufforderung zur Abholung der ihnen zustehenden Aktien und auf die Veräußerung nicht abgeholter Aktien ist § 268 entsprechend anzuwenden.**

(2) **[1] Auf Beschlüsse der Hauptversammlung der Aktiengesellschaft sowie auf eine Ermächtigung des Vorstandes zur Erhöhung des Grundkapitals ist § 269 entsprechend anzuwenden. [2] Die Aufsichtsbehörde kann Ausnahmen von der entsprechenden Anwendung des § 269 Satz 1 zulassen, wenn dies erforderlich ist, um zu verhindern, daß der Aktiengesellschaft erhebliche Nachteile entstehen.**

1 **Abs 1** ist reine Verweisungsvorschrift. Auf die Komm zu §§ 267, 268 wird vollinhaltl verwiesen.

2 Gleiches gilt für die Verweisung auf § 269 in **Abs 2 S 1.** Anders als bei dieser Norm (vgl § 269 Rn 1) ermöglicht **Abs 2 S 2** die Erteilung einer **Ausnahmebewilligung durch die Aufsichtsbehörde.** Der Dispens von § 269 S 1 ist nur für die Ausnahmefälle vorgesehen, bei denen das Verbot zur Fassung von Grundlagenbeschlüssen durch die HV der AG zu **schwerwiegenden Nachteilen** für die Ges führen kann. Vgl zur Organisation und zur Zuständigkeit der Aufsichtsbehörde §§ 90 ff VAG.

§ 300 Abfindungsangebot

Auf das Abfindungsangebot nach § 207 Abs. 1 Satz 1 ist § 270 Abs. 1 entsprechend anzuwenden.

1 § 300 entspricht § 385i AktG aF und ist inhaltsgleich mit § 282 I. Vgl iÜ § 270 Rn 1 ff.

Sechster Abschnitt. Formwechsel von Körperschaften und Anstalten des öffentlichen Rechts

§ 301 Möglichkeit des Formwechsels

(1) **Soweit gesetzlich nichts anderes bestimmt ist, kann eine Körperschaft oder Anstalt des öffentlichen Rechts durch Formwechsel nur die Rechtsform einer Kapitalgesellschaft erlangen.**

(2) **Der Formwechsel ist nur möglich, wenn die Körperschaft oder Anstalt rechtsfähig ist und das für sie maßgebende Bundes- oder Landesrecht einen Formwechsel vorsieht oder zuläßt.**

Schrifttum: *Gaß,* Die Umwandlung gemeindlicher Unternehmen, 2003; *Besken/Langner,* Zum Übergangsmandat des Personalrats bei der privatisierenden Umwandlung, NZA 2003, 1239; *Scheike,* Rechtliche Voraussetzungen für die materielle Privatisierung kommunaler Sparkassen, 2004; *Pauli,* Die Umwandlung von Kommunalunternehmen, BayVBl 2008, 325; *Pawlak/Leydecker,* Die Privatisierung öffentlicher Unternehmen: Übergangsmandat des Personalrats und Fortbestand kollektiver Regelungen, ZTR 2008, 74; *Schütte/Horstkotte/Veihelmann,* Öffnung der Tarifabschlüsse in der kommunalen Wirtschaft – vom Eigenbetrieb zur Eigengesellschaft, LKV 2008, 117; *Sellmann,* Privatisierung mit oder ohne gesetzliche Ermächtigung, NVwZ 2008, 817; *Katz,* Verantwortlichkeiten und Grenzen bei „Privatisierung" kommunaler Aufgaben, NVwZ 2010, 405.

1. Formwechselmöglichkeiten

1 **Körperschaften und Anstalten des öffentl Rechts** können nach § 191 I Nr 6 formwechselnde Rechtsträger sein. Zum Begriff der Körperschaft und Anstalt des öffentl Rechts vgl § 191 Rn 30; Rau/Dürrwächter/*Stadie* UStG § 2 Rn 821 ff; Lutter/*H. Schmidt* Rn 4 mwN; KölnerKommUmwG/*Leuering* Rn 5. **Abs 2** schränkt die Zulässigkeit des Formwechsels von Körperschaften oder Anstalten des öffentl Rechts allerdings in zweifacher Hinsicht wieder ein: Zum einen muss die Körperschaft oder Anstalt rechtsfähig sein, zum anderen muss das maßgebende Bundes- oder Landesrecht einen Formwechsel vorsehen oder zulassen (vgl *Sellmann* NVwZ 2008, 817).

2 **Rechtsfähig** ist eine Körperschaft oder Anstalt des öffentl Rechts, wenn ihr dieser Status durch Gesetz oder sonstigen staatl Hoheitsakt verliehen wird (Lutter/*H. Schmidt* Rn 6; Semler/Stengel/*Perlitt* Rn 21 je mwN; KölnerKommUmwG/*Leuering* Rn 8). Durch die Rechtsfähigkeit wird die Körperschaft oder Anstalt des öffentl Rechts zur jur Person des öffentl Rechts.

3 Weitere Voraussetzung ist, dass das **Bundes- oder Landesrecht** den Formwechsel vorsieht oder wenigstens zulässt (dazu ausführl *Pauli* BayVBl 2008, 325 mwN; Beispiel für eine landesrechtl Umwandlungsregelung BayVGH BayVBl 2009, 760). Dieser Vorbehalt ist zunächst darin begründet, dass Körperschaften und Anstalten des öffentl Rechts oftmals ihre Grundlage in landesrechtl Vorschriften haben. Darüber hinaus sind die Arten von Körperschaften und Anstalten des öffentl Rechts so vielgestaltig, dass eine generelle Formwechselfähigkeit ausscheidet (zB Rundfunkanstalten, Studentenwerk, Sparkassen [zu diesbzgl Sondergesetzen vgl Semler/Stengel/*Perlitt* Rn 31 Fn 85]). Es soll daher dem Landes- oder Bundesgesetzgeber vorbehalten bleiben, über die Formwechselfähigkeit der konkreten Körperschaft oder Anstalt zu entscheiden. Dieser **Sinn und Zweck** rechtfertigt auch die im Vgl zu § 168 unterschiedl Ausgestaltung des Gesetzesvorbehalts.

Während bei der Ausgliederung von Unternehmen einer Gebietskörperschaft ledigl das maßgebende Bundes- oder Landesrecht nicht entgegenstehen darf (hierzu § 168 Rn 10 ff), verlangt § 301 II, dass das maßgebende **Bundes- oder Landesrecht den Formwechsel vorsieht oder zulässt.** In abstrakt-genereller Form ist dies regelm nicht der Fall. Wie bei § 385 AktG aF sind auch jetzt regelm **Sondergesetze** für die Umw im konkreten Einzelfall notw (zB DG-Bank-UmwG vom 13.8.1998, BGBl I 2102; detaillierte Nachw bei Lutter/*H. Schmidt* Vor § 301 Rn 2, 3).

2. Zulässige Zielrechtsform

4 Die sich nach § 191 II zunächst ergebenden Formwechselmöglichkeiten werden durch **Abs 1** erhebl eingeschränkt. **Zielrechtsform** beim Formwechsel einer Körperschaft oder Anstalt des öffentl Rechts kann nur die **KapGes** (GmbH, AG, KGaA; § 3 I Nr 2; nicht die UG, vgl § 191 Rn 32) sein. In der Tat dürfte für den Formwechsel in eine andere der von § 191 II vorgesehenen Rechtsformen zumeist kein praktisches Bedürfnis bestehen. Im Einzelfall könnte allenfalls die eG noch eine sinnvolle Zielrechtsform sein. Daher wurde auf Anregung des BR der Vorbehalt aufgenommen („soweit gesetzlich nichts anderes bestimmt ist"), dass durch **Bundes- oder Landesgesetz weitere zulässige Zielrechtsformen** bestimmt werden können. Die Gesetzgebungsorgane hatten hierbei insbes den Formwechsel von bereits genossenschaftl strukturierten Kreditinstituten vor Augen (BR-Drs 12/7265 zu § 301; dazu Lutter/*H. Schmidt* Rn 10 mwN).

§ 302 Anzuwendende Vorschriften

[1] Die Vorschriften des Ersten Teils sind auf den Formwechsel nur anzuwenden, soweit sich aus dem für die formwechselnde Körperschaft oder Anstalt maßgebenden Bundes- oder Landesrecht nichts anderes ergibt. [2] Nach diesem Recht richtet es sich insbesondere, auf welche Weise der Gesellschaftsvertrag oder die Satzung der Gesellschaft neuer Rechtsform abgeschlossen oder festgestellt wird, wer an dieser Gesellschaft als Anteilsinhaber beteiligt wird und welche Person oder welche Personen den Gründern der Gesellschaft gleichstehen; die §§ 28 und 29 des Aktiengesetzes sind nicht anzuwenden.

1 Nicht nur die Zulässigkeit des Formwechsels im Einzelfall (vgl § 301), sondern auch die **Ausgestaltung des Verfahrens** steht unter dem Vorbehalt anderslautender bundes- oder landesrechtl Vorschriften **(S 1).** Hintergrund dieser Regelung ist nicht nur die eingeschränkte Zuständigkeit des Bundesgesetzgebers, sondern auch die aufgrund der Vielfalt von Körperschaften und Anstalten des öffentl Rechts bestehende Notwendigkeit, **flexible Lösungen im Einzelfall** zuzulassen.

2 Diese spezialgesetzl Vorschriften müssen den Formwechsel in erhebl Umfang regeln. Das Gesetz zählt beispielhaft zwar nur wenige Gegenstände für die bundes- oder landesgesetzl Regelung auf (Art und Weise des Abschlusses des Gesellschaftsvertrages bzw der Feststellung der Satzung; Bestimmung der Anteilsinhaber; Bestimmung der Personen, die den Gründern gleichstehen), darüber hinaus bedarf es aber zwingend weiterer Regelungen. Denn nach S 1 finden iÜ die Vorschriften des Ersten Teils (§§ 190–213) neben §§ 301–304 Anwendung. In der spezialgesetzl Regelung muss daher bspw auch bestimmt werden, ob und nach welchen Grdsen

ein **Umwandlungsbericht** aufzustellen ist, ob ein **Umwandlungsbeschluss** vonnöten ist oder dieser durch einen anderen Hoheitsakt ersetzt wird (Lutter/*H. Schmidt* Vor § 301 Rn 6; Semler/Stengel/*Perlitt* Rn 12; Widmann/Mayer/*Vossius* Rn 19; KölnerKommUmwG/*Leuering* Rn 4), wer ggf den Umwandlungsbeschluss fasst und ob ein **Ausscheiden gegen Barabfindung** erfolgen kann. Entsprechende Regelungen fehlen in den §§ 301–304. Insbes richtet sich auch die Art und Weise, wie der **Gesellschaftsvertrag** abgeschlossen wird, nach öffentl Recht. Daher können Gesellschaftsvertrag und Satzung durchaus durch Gesetz festgestellt werden (vgl DG-Bank-UmwG BGBl I 1998, 2114). Der Hinweis von Widmann/Mayer/*Vossius* Rn 62 greift nicht, da § 303 I (vgl § 303 Rn 1) nur für den Kapitalschutz gilt (so auch Lutter/*H. Schmidt* Rn 6 f; ausführl Semler/Stengel/*Perlitt* Rn 20 ff). Der ausdrückl Ausschluss von §§ 28, 29 AktG in **S 2 HS 2** folgt daraus, dass sowohl die Person der Gründer als auch die Übernahme der Aktien einer gesetzl Regelung bedarf (Abs 2 HS 1).

§ 303 Kapitalschutz; Zustimmungserfordernisse

(1) **Außer den für die neue Rechtsform maßgebenden Gründungsvorschriften ist auch § 220 entsprechend anzuwenden.**

(2) [1] **Ein Formwechsel in eine Kommanditgesellschaft auf Aktien bedarf der Zustimmung aller Anteilsinhaber, die in dieser Gesellschaft die Stellung eines persönlich haftenden Gesellschafters haben sollen.** [2] **Auf den Beitritt persönlich haftender Gesellschafter ist § 221 entsprechend anzuwenden.**

1. Kapitalschutz

Auch beim Formwechsel einer Körperschaft oder Anstalt des öffentl Rechts ist 1
über § 197 grdsl das für die jew KapGes einschlägige **Gründungsrecht zu beachten.** Dies wird in **Abs 1** nochmals klargestellt. Sinn und Zweck ist ausweisl der Überschrift und der Gesetzesbegründung (BR-Drs 75/94 zu § 303) der **Kapitalschutz** (Semler/Stengel/*Perlitt* § 302 Rn 22; Lutter/*H. Schmidt* Rn 1; KölnerKommUmwG/*Leuering* Rn 1). Deshalb findet auch § 220 entsprechend Anwendung. Hierdurch ist zunächst sichergestellt, dass der Nennbetrag des Nominalkapitals durch das übergehende Verm gedeckt ist (**Verbot der Unterpariemission,** § 220 I; vgl hierzu § 220 Rn 2 ff). Ferner ist in dem Sachgründungsbericht oder Gründungsbericht auch der **bisherige Geschäftsverlauf** und die Lage der formwechselnden Anstalt oder Körperschaft darzulegen (§ 220 II; vgl § 220 Rn 12 f). Schließl folgt aus der Verweisung auf § 220, dass stets eine **Gründungsprüfung** beim Formwechsel in eine AG oder KGaA stattzufinden hat und die Frist, innerhalb der eine Nachgründung ggf anzunehmen ist (§ 52 AktG), mit dem Wirksamwerden des Formwechsels beginnt. Vgl hierzu näher § 220 Rn 15.

2. Persönlich haftende Gesellschafter

Eine Körperschaft oder Anstalt des öffentl Rechts kann nach § 301 I auch die 2
Rechtsform einer **KGaA** annehmen. Diese setzt definitionsgemäß das Vorhandensein eines **phG** voraus (§ 278 I AktG). Entsprechend den vglbaren Regelungen in §§ 217 III, 240 II, 262 II, 275 III bedarf der Formwechsel der Zustimmung derjenigen Anteilsinhaber, die die Stellung eines phG haben sollen. Hierdurch ist

gewährleistet, dass kein Anteilsinhaber ohne sein ausdrückl Einverständnis die persönl Haftung übernehmen muss. Vgl hierzu auch § 217 Rn 4. Gerade beim Formwechsel einer Körperschaft oder Anstalt des öffentl Rechts wird allerdings oftmals unter den bislang Beteiligten keine geeignete Person für die Stellung des phG vorhanden sein (zumeist andere Körperschaften oder Anstalten; ggf Gebietskörperschaften; vgl allg zur Möglichkeit einer jur Person phG einer KGaA zu werden, § 3 Rn 21 mwN). Daher sieht **Abs 2 S 2** durch die Verweisung auf § 221 die Möglichkeit vor, dass ein **bislang nicht Beteiligter** im Zusammenhang mit dem Formwechsel als phG beitritt. Zu Einzelheiten vgl die Komm zu § 221.

§ 304 Wirksamwerden des Formwechsels

[1] Der Formwechsel wird mit der Eintragung der Kapitalgesellschaft in das Handelsregister wirksam. [2] Mängel des Formwechsels lassen die Wirkungen der Eintragung unberührt.

1 § 304 ergänzt § 202. Zum Übergangsmandat des Personalrats und zum Fortbestand kollektiver arbeits- und dienstrechtlicher Regelungen vgl *Pawlak/Leydecker* ZTR 2008, 74 mwN. Zu individual- und kollektivrechtlichen Fragen des Arbeits- und Tarifrechts auch *Schütte/Horsthotte/Veihelmann* LKV 2008, 117 mwN.

2 Mit **Eintragung der KapGes** wird der Formwechsel wirksam. Ob ledigl die neue Rechtsform oder der Rechtsträger neuer Rechtsform (vgl § 198 I und II) eingetragen wird, hängt davon ab, ob die **Körperschaft oder Anstalt bereits bisher im HR eingetragen** ist (vgl § 33 HGB). Die Wirkungen der Eintragung der KapGes richten sich nach § 202 I. Die Anstalt oder Körperschaft besteht (identitätswahrend und ohne Vermögensübergang) als KapGes weiter. Die **Beteiligungsverhältnisse** an der KapGes bestimmen sich nach Maßgabe der spezialgesetzl Bestimmungen, die für den Formwechsel bestehen (vgl dazu § 302 Rn 2). Mangels Vermögensübergang bedarf es einer Gesamtrechtsnachfolge nicht. Besonderheiten können allerdings bestehen, wenn die Anstalt oder Körperschaft des öffentl Rechts **mittelbare Staatsbeamte** in ihren Diensten hatte. Da die Körperschaft oder Anstalt nach dem Formwechsel kein geeigneter Dienstherr mehr ist, bedarf es insoweit einer spezialgesetzl Regelung iSv § 302, hilfsweise einer Vereinbarung mit den Betroffenen (Widmann/Mayer/*Vossius* § 302 Rn 49 ff). Vgl zur Nachhaftung der Anstaltsträger Semler/Stengel/*Perlitt* Rn 7, 8 mwN.

3 **S 2** wiederholt § 202 III. Mit der Eintragung der KapGes lassen Mängel des Formwechsels die Wirkungen der Eintragung unberührt. Hierdurch wird auch klargestellt, dass ab dem Zeitpunkt der Eintragung der KapGes in das HR nur noch privatrechtl Grdse anzuwenden sind (RegEBegr BR-Drs 75/94 zu § 304; Lutter/*H. Schmidt* Rn 4; KölnerKommUmwG/*Leuering* Rn 4).

§§ 305–312 *(aufgehoben)*

Sechstes Buch. Strafvorschriften und Zwangsgelder

§ 313 Unrichtige Darstellung

(1) **Mit Freiheitsstrafe bis zu drei Jahren oder mit Geldstrafe wird bestraft, wer als Mitglied eines Vertretungsorgans, als vertretungsberechtigter Gesellschafter oder Partner, als Mitglied eines Aufsichtsrats oder als Abwickler eines an einer Umwandlung beteiligten Rechtsträgers bei dieser Umwandlung**

1. **die Verhältnisse des Rechtsträgers einschließlich seiner Beziehungen zu verbundenen Unternehmen in einem in diesem Gesetz vorgesehenen Bericht (Verschmelzungsbericht, Spaltungsbericht, Übertragungsbericht, Umwandlungsbericht), in Darstellungen oder Übersichten über den Vermögensstand, in Vorträgen oder Auskünften in der Versammlung der Anteilsinhaber unrichtig wiedergibt oder verschleiert, wenn die Tat nicht in § 331 Nr. 1 oder Nr. 1a des Handelsgesetzbuchs mit Strafe bedroht ist, oder**
2. **in Aufklärungen und Nachweisen, die nach den Vorschriften dieses Gesetzes einem Verschmelzungs-, Spaltungs- oder Übertragungsprüfer zu geben sind, unrichtige Angaben macht oder die Verhältnisse des Rechtsträgers einschließlich seiner Beziehungen zu verbundenen Unternehmen unrichtig wiedergibt oder verschleiert.**

(2) **Ebenso wird bestraft, wer als Geschäftsführer einer Gesellschaft mit beschränkter Haftung, als Mitglied des Vorstands einer Aktiengesellschaft, als zur Vertretung ermächtigter persönlich haftender Gesellschafter einer Kommanditgesellschaft auf Aktien oder als Abwickler einer solchen Gesellschaft in einer Erklärung nach § 52 über die Zustimmung der Anteilsinhaber dieses Rechtsträgers oder in einer Erklärung nach § 140 oder § 146 Abs. 1 über die Deckung des Stammkapitals oder Grundkapitals der übertragenden Gesellschaft unrichtige Angaben macht oder seiner Erklärung zugrunde legt.**

§ 314 Verletzung der Berichtspflicht

(1) **Mit Freiheitsstrafe bis zu drei Jahren oder mit Geldstrafe wird bestraft, wer als Verschmelzungs-, Spaltungs- oder Übertragungsprüfer oder als Gehilfe eines solchen Prüfers über das Ergebnis einer aus Anlaß einer Umwandlung erforderlichen Prüfung falsch berichtet oder erhebliche Umstände in dem Prüfungsbericht verschweigt.**

(2) **Handelt der Täter gegen Entgelt oder in der Absicht, sich oder einen anderen zu bereichern oder einen anderen zu schädigen, so ist die Strafe Freiheitsstrafe bis zu fünf Jahren oder Geldstrafe.**

§ 314a Falsche Angaben

Mit Freiheitsstrafe bis zu drei Jahren oder mit Geldstrafe wird bestraft, wer entgegen § 122k Abs. 1 Satz 3 eine Versicherung nicht richtig abgibt.

§ 315 Verletzung der Geheimhaltungspflicht

(1) **Mit Freiheitsstrafe bis zu einem Jahr oder mit Geldstrafe wird bestraft, wer ein Geheimnis eines an einer Umwandlung beteiligten Rechtsträgers, namentlich ein Betriebs- oder Geschäftsgeheimnis, das ihm in seiner Eigenschaft als**
1. **Mitglied des Vertretungsorgans, vertretungsberechtigter Gesellschafter oder Partner, Mitglied eines Aufsichtsrats oder Abwickler dieses oder eines anderen an der Umwandlung beteiligten Rechtsträgers,**
2. **Verschmelzungs-, Spaltungs- oder Übertragungsprüfer oder Gehilfe eines solchen Prüfers**

bekannt geworden ist, unbefugt offenbart, wenn die Tat im Falle der Nummer 1 nicht in § 85 des Gesetzes betreffend die Gesellschaften mit beschränkter Haftung, § 404 des Aktiengesetzes, § 151 des Genossenschaftsgesetzes oder § 138 des Versicherungsaufsichtsgesetzes, im Falle der Nummer 2 nicht in § 333 des Handelsgesetzbuchs mit Strafe bedroht ist.

(2) [1] **Handelt der Täter gegen Entgelt oder in der Absicht, sich oder einen anderen zu bereichern oder einen anderen zu schädigen, so ist die Strafe Freiheitsstrafe bis zu zwei Jahren oder Geldstrafe.** [2] **Ebenso wird bestraft, wer ein Geheimnis der in Absatz 1 bezeichneten Art, namentlich ein Betriebs- oder Geschäftsgeheimnis, das ihm unter den Voraussetzungen des Absatzes 1 bekannt geworden ist, unbefugt verwertet.**

(3) [1] **Die Tat wird nur auf Antrag eines der an der Umwandlung beteiligten Rechtsträgers verfolgt.** [2] **Hat ein Mitglied eines Vertretungsorgans, ein vertretungsberechtigter Gesellschafter oder Partner oder ein Abwickler die Tat begangen, so sind auch ein Aufsichtsrat oder ein nicht vertretungsberechtigter Gesellschafter oder Partner antragsberechtigt.** [3] **Hat ein Mitglied eines Aufsichtsrats die Tat begangen, sind auch die Mitglieder des Vorstands, die vertretungsberechtigten Gesellschafter oder Partner oder die Abwickler antragsberechtigt.**

§ 316 Zwangsgelder

(1) [1] **Mitglieder eines Vertretungsorgans, vertretungsberechtigte Gesellschafter, vertretungsberechtigte Partner oder Abwickler, die § 13 Abs. 3 Satz 3 sowie § 125 Satz 1, § 176 Abs. 1, § 177 Abs. 1, § 178 Abs. 1, § 179 Abs. 1, § 180 Abs. 1, § 184 Abs. 1, § 186 Satz 1, § 188 Abs. 1 und § 189 Abs. 1, jeweils in Verbindung mit § 13 Abs. 3 Satz 3, sowie § 193 Abs. 3 Satz 2 nicht befolgen, sind hierzu von dem zuständigen Registergericht durch Festsetzung von Zwangsgeld anzuhalten; § 14 des Handelsgesetzbuchs bleibt unberührt.** [2] **Das einzelne Zwangsgeld darf den Betrag von fünftausend Euro nicht übersteigen.**

(2) **Die Anmeldungen einer Umwandlung zu dem zuständigen Register nach § 16 Abs. 1, den §§ 38, 122k Abs. 1, § 122l Abs. 1, §§ 129 und 137 Abs. 1 und 2, § 176 Abs. 1, § 177 Abs. 1, § 178 Abs. 1, § 179 Abs. 1, § 180 Abs. 1, § 184 Abs. 1, §§ 186, 188 Abs. 1, § 189 Abs. 1, §§ 198, 222, 235, 246, 254, 265, 278 Abs. 1, §§ 286 und 296 werden durch Festsetzung von Zwangsgeld nicht erzwungen.**

Siebentes Buch. Übergangs- und Schlußvorschriften

§ 317 Umwandlung alter juristischer Personen

[1]Eine juristische Person im Sinne des Artikels 163 des Einführungsgesetzes zum Bürgerlichen Gesetzbuche kann nach den für wirtschaftliche Vereine geltenden Vorschriften dieses Gesetzes umgewandelt werden. [2]Hat eine solche juristische Person keine Mitglieder, so kann sie nach den für Stiftungen geltenden Vorschriften dieses Gesetzes umgewandelt werden.

§ 318 Eingeleitete Umwandlungen; Umstellung auf den Euro

(1) **[1]Die Vorschriften dieses Gesetzes sind nicht auf solche Umwandlungen anzuwenden, zu deren Vorbereitung bereits vor dem 1. Januar 1995 ein Vertrag oder eine Erklärung beurkundet oder notariell beglaubigt oder eine Versammlung der Anteilsinhaber einberufen worden ist. [2]Für diese Umwandlungen bleibt es bei der Anwendung der bis zu diesem Tage geltenden Vorschriften.**

(2) **[1]Wird eine Umwandlung nach dem 31. Dezember 1998 in das Handelsregister eingetragen, so erfolgt eine Neufestsetzung der Nennbeträge von Anteilen einer Kapitalgesellschaft als übernehmendem Rechtsträger, deren Anteile noch der bis dahin gültigen Nennbetragseinteilungen entsprechen, nach den bis zu diesem Zeitpunkt geltenden Vorschriften. [2]Wo dieses Gesetz für einen neuen Rechtsträger oder einen Rechtsträger neuer Rechtsform auf die jeweils geltenden Gründungsvorschriften verweist oder bei dem Formwechsel in eine Kapitalgesellschaft anderer Rechtsform die Vorschriften anderer Gesetze über die Änderung des Stammkapitals oder des Grundkapitals unberührt läßt, gilt dies jeweils auch für die entsprechenden Überleitungsvorschriften zur Einführung des Euro im Einführungsgesetz zum Aktiengesetz und im Gesetz betreffend die Gesellschaften mit beschränkter Haftung; ist ein neuer Rechtsträger oder ein Rechtsträger neuer Rechtsform bis zum 31. Dezember 1998 zur Eintragung in das Handelsregister angemeldet worden, bleibt es bei der Anwendung der bis zu diesem Tage geltenden Gründungsvorschriften.**

Schrifttum: *Mayer,* Erste Zweifelsfragen bei der Unternehmensspaltung, DB 1995, 861; *Hakenberg,* Das Euro-Einführungsgesetz, BB 1998, 1491; *Heckschen,* Die Entwicklung des Umwandlungsrechts aus Sicht der Rechtsprechung und Praxis, DB 1998, 1385; *Neye,* Die Änderungen im Umwandlungsrecht nach den handels- und gesellschaftsrechtlichen Reformgesetzen in der 13. Legislaturperiode, DB 1998, 1649; *Seibert,* Die Umstellung des Gesellschaftsrechts auf den Euro, ZGR 1998, 1; *Sprockhoff,* Besonderheiten im Kapitalgesellschaftsrecht bei der Umstellung auf den Euro, NZG 1998, 889; *Steffan/Schmidt,* Die Auswirkungen der Euro-Einführung bei der GmbH, Genossenschaft und Personengesellschaft sowie im Umwandlungsrecht, DB 1998, 709; *Heidinger,* Die Euroumstellung beim Formwechsel von Kapitalgesellschaften, NZG 2000, 532; *Vetter,* Verpflichtung zur Schaffung von 1 Euro Aktien?, AG 2000, 193.

1. Allgemeines

Die Vorschrift setzt sich mit Übergangssituationen auseinander. **Abs 1** regelt 1
die Anwendbarkeit des UmwG auf Umw, die vor dem 1.1.1995 eingeleitet wur-

den. Die prakt Bedeutung ist aufgrund Zeitablaufs heute gering. **Abs 2** regelt die Übergangsphase während der Einführung des Euro, die zwischenzeitl ebenfalls abgeschlossen ist.

2. Eingeleitete Umwandlungen, Abs 1

2 **a) Allgemeines.** Abs 1 wurde für erforderl gehalten, um bereits eingeleitete Umw von dem neuen Recht unterliegenden Umw abzugrenzen und die jew maßgebenden Vorschriften des alten bzw des neuen Rechts zu bestimmen (RegEBegr BT-Drs 12/6885 zu § 318). Die Vorschrift ist im Zusammenhang mit § 27 UmwStG 1995 zu sehen; zwar bezieht sich Abs 1 verbal nicht auf § 27 UmwStG aF, schränkte aber gleichwohl im Zusammenspiel beider Vorschriften die Anwendbarkeit des UmwStG 1995 erhebl ein (vgl im Einzelnen § 27 UmwStG 1995), als dass Vorbereitungshandlungen iSv § 318 I UmwG die Anwendbarkeit des UmwStG 1995 ausschließen (BFH BStBl II 1998, 642; BMF-Schrb vom 19.12.1994, BStBl I 1995, 42).

3 **b) Vorbereitungshandlungen.** Nach Abs 1 S 1 sind die Vorschriften des UmwG nicht auf solche Umw anwendbar, zu deren Vorbereitung bereits vor dem 1.1.1995 ein Vertrag oder eine Erklärung beurkundet oder notariell beglaubigt oder eine Versammlung der Anteilsinhaber einberufen worden ist. Liegt eine dieser Voraussetzung vor, bleibt es bei der Anwendung der bis zu diesem Tag geltenden Vorschriften des UmwG 1969, Abs 1 S 2. Die Möglichkeit der Gesetzeswahl – UmwG 1969 oder UmwG 1995 – im Überlassungszeitraum besteht damit nicht; das Gesetz weist Umw, die iSv S 1 noch 1994 vorbereitet worden sind, auch dann den Regelungen des früheren Rechts zu, wenn sie erst nach dem 31.12.1994 vollendet bzw vollzogen wurden (ebenso Widmann/Mayer/*Fronhöfer* Rn 6; Lutter/*Lutter* Rn 5; Semler/Stengel/*Perlitt* Rn 8). Die Anteilsinhaber können deshalb nicht beschließen, eine Umw nach dem vor dem 1.1.1995 geltenden bzw nach dem ab dem 31.12.1994 geltenden Recht durchzuführen.

4 Das frühere Recht ist danach zunächst anzuwenden, wenn vor dem 1.1.1995 zur Vorbereitung einer Umw **ein Vertrag beurkundet** oder **notariell beglaubigt** worden ist. Die unbestimmte und allzu weite Wortfassung – ein Vertrag – zwingt zur einschränkenden Auslegung dahin, dass nur solche Verträge gemeint sein können, die die Umw **konkret** vorbereiten oder durchführen und die in einer **ununterbrochenen Kausalkette** bis zum Abschluss der Umw notw sind (zB Verschmelzungsvertrag). Die Vorschrift kann sich dagegen nicht auf Verträge beziehen, die anlässl einer Umw oder in Erwartung der Umw abgeschlossen wurden und die nicht unmittelbar im Umwandlungsvorgang selbst erforderl waren (Lutter/*Lutter* Rn 3; Semler/Stengel/*Perlitt* Rn 5; KölnerKommUmwG/*Simon* Rn 8). Selbst wenn Maßnahmen, die die Umw unmittelbar vorbereiteten, iSd Abschlusses von Verträgen getroffen wurden, genügt das alleine nicht; nach dem eindeutigen Wortlaut des Gesetzes mussten sie **notariell beurkundet** oder **notariell beglaubigt** sein. Damit kommen im Wesentl der Abschluss eines Verschmelzungsvertrages, § 4, und ein Spaltungsvertrag, § 126, in Betracht. Vorbereitungshandlung iSv S 1 kann allerd nicht zB die Gründung einer PhG sein, die iRe Umw Vermögensteile des übertragenden Rechtsträgers übernehmen soll (Entsprechendes gilt für die Gründung einer GmbH, auf die zB abgespalten oder verschmolzen werden soll).

5 Die notw Kausalkette zwischen dem Abschluss eines die Umw vorbereitenden Vertrages in notariell beurkundeter oder beglaubigter Form und der Umw selbst

kann mit der Folge unterbrochen werden, dass nicht das frühere, sondern das ab 1.1.1995 geltende Recht anzuwenden ist, wenn der abgeschlossene Vertrag aufgehoben und durch einen neuen ersetzt wird (Lutter/*Lutter* Rn 5; KölnerKommUmwG/*Simon* Rn 12). Die gravierenden Unterschiede zwischen früherem und neuem Recht lassen idR den Nachw der Unterbrechung der Kausalität ohne besondere Schwierigkeiten zu.

Entsprechendes gilt für die notarielle Beurkundung oder notarielle Beglaubigung einer zur Vorbereitung der Umw abgegebenen **Erklärung.** Gemeint sind nur solche Erklärungen, die konkret auf eine bestimmte Umw hin abgegeben worden sind und diese bewirken sollen; die Vorschrift kann auch nur solche Erklärungen erfassen, die einen iRd Umw notw Rechtsakt vorbereiten (zB Verschmelzungsbericht, § 8; Spaltungsbericht, § 127; Zustimmungserklärungen oder der einer Vollmacht zugrunde liegende Auftrag, eine konkrete Umw durchzuführen). Auch die vorbereitende Erklärung muss notariell beurkundet oder notariell beglaubigt sein, Abs 1 S 1. Vorbereitende Maßnahmen sind damit nicht die Erstellung oder die Feststellung einer Bilanz, auch nicht die Feststellung einer Umwandlungsbilanz, da diese nicht notariell beurkundet oder beglaubigt werden. Für die Anwendung von Abs 1 S 1 genügt es außerdem nicht, wenn sich die Gesellschafter vor der Fassung der Verträge oder der Gesellschafterbeschlüsse ggü den Vertretungsorganen oder anderen zustimmend äußern oder sonstige Vorverträge, Vorvereinbarungen etc ohne notarielle Beurkundung oder Beglaubigung abschließen. Ebenso wenig genügen Erklärungen, die sich auf **Annex-Verträge** der Umw richten oder ohne deren Abschluss bspw einzelne Gesellschafter der Umw nicht zustimmen würden. In allen Fällen handelt es sich nicht um Erklärungen, die auf einen Rechtsakt gerichtet sind, der für den Umwandlungsvorgang als solchen unmittelbar erforderl ist. 6

Schließl ist das frühere Recht anzuwenden, wenn vor dem 1.1.1995 eine Versammlung der Anteilsinhaber zur Vorbereitung einer Umw **einberufen** worden ist. S 1 verlangt ledigl die Einberufung; die Abhaltung der Gesellschafterversammlung ist damit ebenso wenig erforderl wie die Fassung konkreter Umwandlungsbeschlüsse. Die Vorschrift muss, soll sie überhaupt anwendbar sein, restriktiv dahin ausgelegt werden, dass nur solche Einberufungen von Versammlungen der Anteilsinhaber betroffen sein können, mit denen eine bestimmte Umw eingeleitet, ggf mit dem Ziel einer Beschlussfassung auch durchgeführt wird; auch hier ist eine Kausalkette zum Abschluss der Umw notw (Lutter/*Lutter* § 318 Rn 4). Wie beim Abschluss von Verträgen oder bei der Abgabe von Erklärungen kann die notw Kausalkette unterbrochen werden; allerd muss die einberufene Gesellschafterversammlung abberufen oder – falls sie bereits durchgeführt ist – mit entsprechenden Beschlüssen korrigiert werden. An die Aufhebung bzw an die Beseitigung der durch Einberufung oder Abhaltung einer Gesellschafterversammlung gesetzten Wirkungen sind allerd strenge Voraussetzungen zu stellen. 7

Liegen die Voraussetzungen von Abs 1 S 1 nicht vor, können nach dem 31.12.1994 eingeleitete Umw nicht mehr – auch nicht bei einstimmigem Beschluss der Anteilsinhaber – nach früherem Recht abgewickelt werden (Lutter/*Lutter* Rn 5; KölnerKommUmwG/*Simon* Rn 12). 8

3. Einführung des Euro, Abs 2

Abs 2 ist durch das EuroEG vom 9.6.1998 (BGBl I 1242) eingefügt worden, um den durch dieses Gesetz erfolgten Änderungen im GmbHG bzw im EGAktG 9

Rechnung zu tragen. Es wird zwischen im Zuge der Umw neu gegründeten Ges (S 2) und bestehen bleibenden AltGes unterschieden (S 1). In zeitl Hinsicht sind drei Zeiträume auseinander zu halten: Eintragung der Umw vor dem 31.12.1998; Eintragung zwischen dem 31.12.1998 und dem 31.12.2001 sowie Eintragung ab dem 1.1.2002.

10 Nehmen KapGes, deren Anteile noch auf DM lauten, iRe Verschm oder Spaltung ein anderes Unternehmen auf, so werden die Anteile bei der aufnehmenden Ges – auch bei Eintragung nach dem 31.12.1998 – noch nach altem Recht festgesetzt (Abs 2 S 1). Das gilt nicht, wenn die Anteile bei der aufnehmenden Ges nicht den Vorschriften des alten Rechts entsprechen. Erfolgt die Eintragung jedoch erst nach dem 31.12.2001, so hat die AltGes ihr Stamm- bzw Grundkapital und die Anteile an das neue Recht anzupassen. Dies folgt aus § 86 I 3 GmbHG bzw § 3 V EGAktG, denn Abs 2 ist nur für den Übergangszeitraum bis zum 31.12.2001 einschlägig (so auch Lutter/*Lutter* Rn 10).

11 Abs 2 S 2 betrifft durch die Umw neu gegründete KapGes. Erfolgt die Eintragung noch vor dem 31.12.1998, so ist das alte Recht anwendbar. Für den Zeitraum ab dem 1.1.1999 verweist Abs 2 S 2 auf das jew Übergangsrecht. Danach können die Gesellschafter wählen, ob eine Eintragung in Euro oder DM erfolgen soll (siehe auch § 46 Rn 12). Die DM-Beträge müssen jedoch bereits dem neuen Recht entsprechen (§ 86 II 2 GmbHG, § 5 III EGAktG), also den jew Aufteilungen in Euro. Bei der Wahl von DM ergeben sich deshalb krumme Beträge. Es empfiehlt sich gleich eine Festlegung in Euro (vgl Lutter/*Lutter* Rn 13; KölnerKommUmwG/*Simon* Rn 20). Für Eintragungen nach dem 31.12.2001 ist nur das neue Recht anwendbar.

§ 319 Enthaftung bei Altverbindlichkeiten

[1]Die §§ 45, 133 Abs. 1, 3 bis 5, §§ 157, 167, 173, 224, 237, 249 und 257 sind auch auf vor dem 1. Januar 1995 entstandene Verbindlichkeiten anzuwenden, wenn

1. die Umwandlung danach in das Register eingetragen wird und

2. die Verbindlichkeiten nicht später als vier Jahre nach dem Zeitpunkt, an dem die Eintragung der Umwandlung in das Register bekannt gemacht worden ist, fällig werden oder nach Inkrafttreten des Gesetzes zur zeitlichen Begrenzung der Nachhaftung von Gesellschaftern vom 18. März 1994 (BGBl. I S. 560) begründet worden sind.

[2]Auf später fällig werdende und vor Inkrafttreten des Gesetzes zur zeitlichen Begrenzung der Nachhaftung von Gesellschaftern vom 18. März 1994 (BGBl. I S. 560) entstandene Verbindlichkeiten sind die §§ 45, 49 Abs. 4, §§ 56, 56f Abs. 2, § 57 Abs. 2 und § 58 Abs. 2 des Umwandlungsgesetzes in der durch Artikel 10 Abs. 8 des Gesetzes vom 19. Dezember 1985 (BGBl. I S. 2355) geänderten Fassung der Bekanntmachung vom 6. November 1969 (BGBl. I S. 2081) mit der Maßgabe anwendbar, daß die Verjährungsfrist ein Jahr beträgt. [3]In den Fällen, in denen das bisher geltende Recht eine Umwandlungsmöglichkeit nicht vorsah, verjähren die in Satz 2 genannten Verbindlichkeiten entsprechend den dort genannten Vorschriften.

Schrifttum: Siehe Schrifttum § 318.

Übersicht

1. Allgemeines

§ 319 ergänzt § 318, in dem in Fällen, in denen nach § 318 grdsl das UmwG 1995 anwendbar ist, die Geltung der im UmwG 1995 enthaltenen Nachhaftungsbegrenzungsvorschriften für gewisse, vor dem 1.1.1995 entstandene Verb ausgeschlossen wird. Der Zweck der Vorschriften entspricht dem von Art 35, 37 EGHGB und von § 65a II UmwG 1969, die jew durch das NachhaftungsbegrenzungsG vom 18.3.1994 (BGBl I 560) eingefügt worden sind. Sie soll einen Ausgleich zu den eigentumsrechtl geschützten Interessen derjenigen Altgläubiger, die sich auf die durch das NachhaftungsbegrenzungsG geschaffene Rechtslage nicht einstellen konnten, einerseits, und dem öffentl Interesse an größtmögl Rechtseinheit (*Reichold* NJW 1994, 1617, 1621) und wohl auch dem Interesse der „Altschuldner", die zwischenzeitl wohl allg als angemessen empfundene Nachhaftungsbegrenzung auch für sich in Anspruch zu nehmen, andererseits schaffen. 1

Die Gesetzesfassung ist allerd sprachl missglückt. Der Regelungsinhalt hätte einfacher und klarer zum Ausdruck gebracht werden können. Die **S 1 und 2** legen fest – bei grdsl Anwendung des UmwG 1995 nach § 318 (dazu Rn 3) –, ob die Nachhaftungsbegrenzungsvorschriften des UmwG 1995 oder des UmwG 1969 (idF vom 19.12.1985, also vor den Änderungen durch das NachhaftungsbegrenzungsG) eingreifen. **S 3** befasst sich mit Verb, die nach der Wertung des Gesetzgebers nach der alten Rechtslage zu beurteilen wären, in Umwandlungsfällen, die vor dem 1.1.1995 nicht geregelt waren (Verschm unter Beteiligung von PhG, Spaltung, etc). Nicht vom Regelungsgehalt des § 319 UmwG erfasst sind die Überleitungsvorschriften zum Verjährungsrecht nach dem Gesetz zur Modernisierung des Schuldrechts (BGBl I 2002, 42) in Art 229 § 6 EGBGB, die nach dortigem Abs 6 auch für die Fristen nach HGB und UmwG entsprechend gelten (vgl *Maier-Reimer* DB 2002, 1818 mit Beispiel, 1821). 2

2. Vorrang von § 318

§ 319 ist nur anwendbar, wenn aus § 318 die grdsl Anwendbarkeit des UmwG 1995 für die Umw folgt (vgl dazu im Einzelnen § 318); anderenfalls ist die Umw vollständig und damit auch hinsichtl der Nachhaftungsbegrenzung nach der vor dem 1.1.1995 geltenden Rechtslage zu beurteilen. Dieser Vorrang von § 318 ergibt sich nicht eindeutig aus dem Wortlaut von § 319. Denn S 1 Nr 1 setzt für die Anwendung der aufgezählten Nachhaftungsbegrenzungsvorschriften ledigl voraus, dass die Umw „danach", also nach dem 31.12.1994, in das Register 3 eingetragen wird. Dies kann auch auf eine Umw zutreffen, die nach § 318 nach dem UmwG 1969 zu beurteilen ist, etwa weil bereits vor dem 1.1.1995 ein Vertrag beurkundet worden ist (vgl hierzu § 318 Rn 1). Die vorrangige Beachtung von § 318 folgt aber zunächst aus dem Sinn und Zweck der Übergangsvorschriften. Sie soll eine angemessene Berücksichtigung der Interessen der sog Altgläubiger ermögl (dazu bereits Rn 1). Hierfür besteht jedoch für Umw, die nach dem UmwG 1969 zu beurteilen sind, kein Bedürfnis, da die entsprechenden Übergangsregelungen dort seit Inkrafttreten des NachhaftungsbegrenzungsG vom 18.3.1994 (BGBl I 560) bereits existieren (wie hier Lutter/*Karollus* Rn 11; Semler/Stengel/*Perlitt* § Rn 7; KölnerKommUmwG/*Simon* Rn 7; aA Widmann/Mayer/*Vossius* Rn 10 ff). Ferner zeigt sich der Vorrang von § 318 an S 3. Denn danach sind Vorschriften des UmwG 1969 im Hinblick auf gewisse Verb auch bei Umw anzuwenden, in denen das früher geltende Recht eine Umwandlungsmöglichkeit nicht vorsah. S 3 setzt also eine Umw nach dem UmwG 1995 voraus. Schließl ist auch der Gesetzesbegründung zu entnehmen, dass § 318 vorrangig zu prüfen ist. Denn danach ist die Regelung für solche Fälle angezeigt, in denen die Übergangsvorschriften des § 318 nicht greifen kann, also die Umw ausschließl nach neuem Recht erfolgt (RegEBegr BR-Drs 75/94 zu § 119).

3. Nach dem 31.12.1994 entstandene Verbindlichkeiten

4 Die Begrenzung der Nachhaftung für Verb, die nach dem 31.12.1994 entstanden sind, unterliegt bei Umw (zum Begriff vgl § 1) nach dem UmwG 1995 (dazu Rn 3) keinen Besonderheiten. Die Vorschriften zur Nachhaftungsbegrenzung sind ohne Einschränkung anwendbar.

5 Der Begriff des Entstehens der Verb ist mit dem Begriff der Begr der Verb identisch. Die Begriffe werden in S 1 und S 2 als Synonym verwendet („nach Inkrafttreten begründet", „vor Inkrafttreten entstanden"). Begründet oder entstanden ist eine Verb, sobald die Rechtsgrundlage für sie gelegt worden ist (MüKoHGB/*K. Schmidt* § 128 Rn 49 mwN). Beruht die Verb auf einem Rechtsgeschäft, muss dieses wirksam zustande gekommen sein; beruht sie auf Gesetz, müssen die entsprechenden Tatbestandsvoraussetzungen erfüllt sein (zB §§ 823 ff iVm § 31 BGB). Vgl näher hierzu § 45 Rn 4 ff, § 133 Rn 10 ff.

6 Von der Begr/dem Entstehen der Verb ist die Fälligkeit zu unterscheiden. Fälligkeit tritt in dem Zeitpunkt ein, von dem an die Leistung verlangt werden kann. Bei einem Dauerschuldverhältnis entstehen während der Laufzeit ständig neue Leistungs-, Neben- und Schutzpflichten aus dem Dauerschuldverhältnis. Dennoch sind alle Einzelverbindlichkeiten vom Zeitpunkt des Vertragsschlusses an begründet (näher § 133 Rn 10 ff).

4. UmwG 1995 trotz Entstehens vor dem 1.1.1995

7 **a) Vor dem 1.1.1995 entstandene Verbindlichkeit.** Ist die Verb erst nach dem 31.12.1994 entstanden, finden immer die Nachhaftungsbegrenzungsvorschriften des UmwG 1995 Anwendung. Vgl dazu Rn 4.

8 **b) Eintragung der Umwandlung nach dem 31.12.1994.** Die begrenzte Nachhaftung für vor dem 1.1.1995 entstandene Verb tritt nach S 1 nur ein, wenn die Umw danach in das Register eingetragen wird. Diesem Erfordernis kommt jedoch keine bes Bedeutung zu. § 319 ist nur anwendbar, wenn ohnehin die Umw (zum Begriff § 1) nach dem UmwG 1995 zu beurteilen ist (dazu Rn 3). Dies setzt

zwingend voraus, dass die Eintragung der Umw erst nach dem 31.12.1994 erfolgte (vgl dazu im Einzelnen § 318 Rn 2).

Beispiel: 9

Der Umwandlungsbeschluss wurde am 15.12.1994 beurkundet, die Umw wird am 15.2.1995 in das Register eingetragen. Die Umw ist nach § 318 ausschließl nach der bis zum 31.12.1994 geltenden Rechtslage zu beurteilen.

c) Fälligkeit innerhalb von vier Jahren. Weitere Voraussetzung für die 10 Anwendung der Nachhaftungsbegrenzungsvorschriften des UmwG 1995 ist, dass die Verb innerh von vier Jahren nach dem Zeitpunkt, an dem die Eintragung der Umw bekannt gemacht worden ist, fällig wird (S 1 Nr 2). Hintergrund der Regelung ist, dass dann dem betroffenen Gläubiger noch mindestens ein Jahr Zeit verbleibt, den Eintritt der Nachhaftungsbegrenzung etwa durch gerichtl Geltendmachung zu verhindern (vgl § 45 Rn 11 ff).

Unter **Fälligkeit** versteht man den Zeitpunkt, von dem ab der Gläubiger die 11 Leistung verlangen kann (Palandt/*Grüneberg* BGB § 271 Rn 1). Es ist ohne Bedeutung, ob die Verb bereits vor dem Wirksamwerden der Umw fällig war oder erst später fällig wird. Die Fälligkeit einer Verb kann sich unmittelbar aus dem Gesetz (zB §§ 551, 608, 609, 614, 641 BGB) oder aus einer rechtsgeschäftl Festlegung ergeben (zu Einzelheiten etwa MüKoBGB/*Krüger* § 271 Rn 7 ff). Eine gestundete Verb ist nicht fällig (Palandt/*Grüneberg* BGB § 271 Rn 12).

Die **Frist beginnt** mit dem Tage, an dem die Eintragung der Umw in das 12 Register bekannt gemacht worden ist (für Fälle vor den Änderungen durch das **EHUG:** „als bekannt gemacht gilt"; vgl § 19 III 2 aF; dazu 4. Aufl 2006, Rn 13). Maßgebend ist diejenige Bekanntmachung, die auch den Lauf der Nachhaftungsbegrenzungsfrist in Gang setzt. Dies ist bei § 45 die Bekanntmachung der Eintragung der Verschm in das Register des übernehmenden Rechtsträgers (§ 20 I), bei §§ 133, 157, 167, 173 hingegen die Bekanntmachung der Eintragung in das Register des Sitzes des übertragenden Rechtsträgers (§ 131). Bei der aufgrund eines Formwechsels eintretenden Nachhaftungsbegrenzung ist für den Fristbeginn maßgebl die Eintragung der neuen Rechtsform oder des Rechtsträgers neuer Rechtsform (§ 202).

Der Tag der Bekanntmachung wird nicht mitgerechnet (§ 187 II BGB), denn 13 die Frist beginnt mit dem Beginn des auf das Erscheinen folgenden Tages. Das Fristende bestimmt sich nach § 188 II Alt 2 BGB. Erschien bspw das letzte die Eintragung bekannt machende GesBl am 15.6.1995, so endet die Frist am 15.6.1999 (§§ 187 II, 188 II BGB).

Beispiel: 14

Ein am 1.1.1994 ausbezahltes Darlehen soll mit 5% p. a. und einschl aller angelaufenen Zinsen am 31.12.1998 zurückbezahlt werden. Die Eintragung der Umw ist am 30.6.1995 bekannt gemacht worden.

In diesem Beispielfall sind sämtl aus dem Darlehensverhältnis resultierenden 15 Verb, also die Rückzahlungsverpflichtung hinsichtl der Darlehensvaluta, die bis zum 31.12.1994 angefallenen Zinsverbindlichkeiten und die aus dem Zeitraum nach dem 1.1.1995 resultierenden Zinsverbindlichkeiten der Nachhaftungsbegrenzung nach den Vorschriften des UmwG 1995 unterworfen. Etwas anderes gilt, wenn als Zahlungstermin der 31.12.1999 vereinbart ist.

d) Nach dem 25.3.1994 begründete Verbindlichkeiten. Schließl unterlie- 16 gen – unabhängig vom Zeitpunkt der Fälligkeit – Verb, die erst nach Inkrafttreten des NachhaftungsbegrenzungsG vom 18.3.1994 (BGBl I 560) begründet worden sind, der Nachhaftungsbegrenzung nach den Vorschriften des UmwG 1995. Die Interessenabwägung (dazu Rn 1) spricht in diesem Fall zugunsten der Nachhaftungsbegrenzung, weil die betroffenen Gläubiger zu einem Zeitpunkt handelten, an dem das Prinzip der Nachhaftungsbegrenzung bereits gesetzl verankert war (Lutter/*Karollus* Rn 4; Widmann/Mayer/*Vossius* Rn 13; KölnerKommUmwG/*Simon* Rn 6; Semler/Stengel/*Perlitt* Rn 8).

17 Das NachhaftungsbegrenzungsG ist am Tage nach seiner Verkündung (25.3.1994) in Kraft getreten (Art 5 des NachhaftungsbegrenzungsG vom 18.3.1994). Maßgebl ist also, ob die Verb nach dem 25.3.1994 begründet worden ist (aA KölnerKommUmwG/*Simon* Rn 6: nach dem 26.3.1994). Dazu Rn 5 f und § 45 Rn 4 ff.

18 **Beispiel:**
Ist das Darlehensverhältnis aus dem Beispiel Rn 14 erst am 1.6.1994 begründet worden, gilt die Nachhaftungsbegrenzung nach den Vorschriften des UmwG 1995 auch dann, wenn eine Rückzahlung der Valuta und der angesammelten Zinsen zum 31.12.1999 vereinbart ist.

5. Anwendung des UmwG 1969

19 Für die übrigen Verb, also solche, die vor dem 25.3.1994 (dazu Rn 16 ff) begründet worden sind (dazu Rn 5 f) **und** solche, die später als vier Jahre nach dem Zeitpunkt, an dem die Eintragung der Umw in das Register als bekannt gemacht gilt (dazu Rn 10 ff), fällig werden, gelten die in S 2 bezeichneten Vorschriften des UmwG 1969. Maßgebl ist das UmwG 1969 in der durch das BiRiLiG vom 19.12.1985 (BGBl I 2355) geänderten Fassung, also ohne die durch das NachhaftungsbegrenzungsG vom 18.3.1994 (BGBl I 560) eingefügten Vorschriften zu Nachhaftungsbegrenzungen bei Umw nach dem UmwG 1969. Die in den in S 2 bezeichneten Vorschriften geregelte Verjährungsfrist von fünf Jahren reduziert sich allerd auf ein Jahr. Die Vorschriften sind ferner entsprechend in den Fällen anzuwenden, in denen das früher geltende Recht eine Umwandlungsmöglichkeit nicht vorsah (S 3).

20 Es erscheint zweifelhaft, ob S 2 überhaupt einen unmittelbaren Anwendungsbereich hat. Denn genau genommen existieren die von S 2 vorausgesetzten Umwandlungsarten im UmwG 1995 überhaupt nicht mehr. Man kann jedoch folgende Zuteilung vornehmen:

21 – §§ 40 ff (§ 45) UmwG 1969: Die Umw einer PhG durch Übertragung des Vermögens auf eine AG oder KGaA ist im UmwG 1995 als Formwechsel einer PhG in eine AG oder KGaA ausgestaltet;

22 – §§ 46 ff (§ 49 IV) UmwG 1969: Die Umw einer PhG durch Übertragung des Vermögens auf eine GmbH wird im UmwG 1995 durch den Formwechsel einer PhG in eine GmbH ersetzt;

23 – §§ 50 ff (§ 56) UmwG 1969: Die Umw eines einzelkaufmännischen Unternehmens durch Übertragung des Geschäftsvermögens auf eine AG oder KGaA wird im UmwG 1995 durch eine Ausgliederung aus dem einzelkaufmännischen Unternehmen auf eine (neu gegründete) AG oder KGaA durchgeführt;

24 – §§ 56a ff (§ 56 f II) UmwG 1969: Die Umw eines einzelkaufmännischen Unternehmens durch Übertragung des Geschäftsvermögens auf eine GmbH ist im UmwG 1995 als Ausgliederung auf eine (neu gegründete) GmbH ausgestaltet;

25 – § 57 (§ 57 II) UmwG 1969: Die Umw von Unternehmen von Gebietskörperschaften oder Gemeindeverbänden in AG ist im UmwG 1995 als Ausgliederung auf eine (neu gegründete) AG geregelt worden (§§ 168 ff);

– § 58 (§ 58 II) UmwG 1969: Die Umw von Unternehmen von Gebietskörperschaften oder Gemeindeverbänden in eine GmbH wird nach dem UmwG 1969 ebenfalls als Ausgliederung aus dem Vermögen von Gebietskörperschaften durchgeführt (§§ 168 ff). 26

In den übrigen Fällen, in denen das UmwG 1995 eine Nachhaftungsbegrenzung vorsieht (vgl S 2), sind §§ 45, 56 UmwG 1969 entsprechend anzuwenden (S 3). Dies ist etwa in den Fällen der Verschm von PhG (§ 45), bei der Spaltung von PhG (§ 133), bei den sonstigen Fällen der Ausgliederung aus dem Vermögen eines Einzelkaufmanns (§ 157), bei der Ausgliederung aus dem Vermögen rechtsfähiger Stiftungen (§ 167), bei den sonstigen Fällen der Ausgliederung aus dem Vermögen von Gebietskörperschaften oder Zusammenschlüssen von Gebietskörperschaften (§ 173), in den sonstigen Fällen des Formwechsels einer PhG (§ 224), in den Fällen eines Formwechsels einer KGaA in eine KG (§ 237), in den Fällen eines Formwechsels einer KGaA in eine GmbH (§ 249) und in den Fällen eines Formwechsels einer KGaA in eine eG (§ 257) der Fall. Zu den Auswirkungen der Anwendung vgl Rn 29. 27

6. Anwendung der §§ 45, 56 UmwG 1969

Soweit eine Verb nicht von S 1 erfasst wird, tritt keine Nachhaftungsbegrenzung ein. Die Haftung wird jedoch praktisch dadurch begrenzt, dass nach §§ 45, 56 UmwG 1969 (unmittelbar oder entsprechend) der Anspruch der Verjährung unterliegt. Eine Entscheidung zwischen § 45 UmwG 1969 und § 56 UmwG 1969 erübrigt sich angesichts der identischen Voraussetzung für den Eintritt der Verjährung. 28

Danach verjähren die Ansprüche, für die die Nachhaftung eintritt, mit Ablauf von einem Jahr (Maßgabe durch S 2). Die Verjährung tritt mit der Eintragung des Erlöschens der Firma in das HR ein. An die Stelle dieser Eintragung tritt bei Umw nach dem UmwG 1995 die für die jew Umwandlungsart konstitutive Eintragung. Dies ist bei der Verschm die Eintragung der Verschm in das Register des übernehmenden Rechtsträgers (§ 20 I), bei der Spaltung die Eintragung der Spaltung in das Register des übertragenden Rechtsträgers (§ 131 I) und beim Formwechsel die Eintragung der neuen Rechtsform oder des Rechtsträgers neuer Rechtsform in das Register (§ 202 I) der Fall. Hierauf muss abgestellt werden, weil das UmwG 1995 eine bes Löschung (vgl etwa §§ 44 I 3, 4, 55 I 3, 4 UmwG 1969) nicht vorsieht (§§ 20 I Nr 2, 131 I Nr 2, 202). 29

Die Verjährung beginnt jedoch, sofern der Anspruch erst nach der Eintragung fällig wird, frühestens mit dem Zeitpunkt der Fälligkeit. Problematisch ist dies im Hinblick auf Dauerschuldverhältnisse. Diese sind mit Abschluss des obligatorischen Rechtsgeschäfts begründet (vgl dazu Rn 6), die einzelnen hieraus resultierenden Verb werden jedoch erst nach Abschluss eines bestimmten Zeitabschnitts fällig. Auf diese Ansprüche ist weiterhin die zu § 159 HGB aF entwickelte Rspr zur Enthaftung anzuwenden. Danach gilt Folgendes: Für lfd Verb aus einem Dauerschuldverhältnis wird nur für die bis zum ersten zulässigen Kündigungstermin fällig gewordenen Ansprüche gehaftet (BGHZ 70, 132). Sobald die letzte vor dem Kündigungstermin fällig gewordene Teilverbindlichkeit verjährt ist, tritt damit faktisch eine Enthaftung ein. Problematisch sind allerd Dauerschuldverhältnisse, die nicht (ordentl) kündbar sind oder deren Kündigung unzumutbar ist. Auf derartige Dauerschuldverhältnisse ist nach Ansicht der Rspr (BGHZ 87, 286) 30

§ 159 III HGB (aF) entsprechend mit der Folge anzuwenden, dass nur für die innerh von fünf Jahren fällig werdenden Teilverbindlichkeiten gehaftet werde.

31 Ob diese zu § 159 HGB aF ergangene Rspr auch auf §§ 45, 56 UmwG 1969 anwendbar ist, ist indes nicht zweifelsfrei. Hintergrund der Bedenken ist, dass sowohl der BGH als auch das BAG die Enthaftungsgrundsätze nicht auf einen im umgewandelten Rechtsträger weiterhin geschäftsleitend tätigen Gesellschafter angewendet hat (vgl etwa BGHZ 78, 114, 118; BAG DB 1990, 938). Ob insoweit nochmals eine Grundsatzentscheidung ergeht, mag bezweifelt werden (vgl näher 1. Aufl 1994, § 45 UmwG Anm 6).

§ 320 Aufhebung des Umwandlungsgesetzes 1969

Das Umwandlungsgesetz in der Fassung der Bekanntmachung vom 6. November 1969 (BGBl. I S. 2081), zuletzt geändert durch Artikel 2 des Gesetzes vom 18. März 1994 (BGBl. I S. 560), wird aufgehoben.

§ 321 Übergangsvorschrift zum Gesetz zur Umsetzung der Aktionärsrechterichtlinie und zum Dritten Gesetz zur Änderung des Umwandlungsgesetzes

(1) **Im Fall des § 15 Abs. 2 Satz 1 bleibt es für die Zeit vor dem 1. September 2009 bei dem bis dahin geltenden Zinssatz.**

(2) **§ 16 Abs. 3 Satz 3 Nr. 2 in der Fassung des Gesetzes zur Umsetzung der Aktionärsrechterichtlinie vom 30. Juli 2009 (BGBl. I S. 2479) ist nicht auf Freigabeverfahren und Beschwerdeverfahren anzuwenden, die vor dem 1. September 2009 anhängig waren.**

(3) **§ 62 Absatz 4 und 5, § 63 Absatz 2 Satz 5 bis 7, § 64 Absatz 1 sowie § 143 in der Fassung des Dritten Gesetzes zur Änderung des Umwandlungsgesetzes vom 11. Juli 2011 (BGBl. I S. 1338) sind erstmals auf Umwandlungen anzuwenden, bei denen der Verschmelzungs- oder Spaltungsvertrag nach dem 14. Juli 2011 geschlossen worden ist.**

1 Die Vorschrift wurde durch das ARUG (Gesetz zur Umsetzung der Aktionärsrichtlinie vom 30.7.2009, BGBl I 2479) in das Gesetz eingefügt (§ 321 wurde reaktiviert; zur ursprünglichen Fassung vgl Rn 1) und durch das 3. UmwÄndG um Abs 3 ergänzt. Geregelt werden die Zeitpunkte der Anwendbarkeit verschiedener Änderungen des UmwG abweichend vom Inkrafttreten der Gesetzesänderungen.

§ 321 aF

Übersicht

1. Vorbemerkung

§ 321 aF wurde durch Art 3 des Gesetzes zur Reform des BetrVG (BGBl I 2001, 1852) ab 28.7.2001 aufgehoben und zwecks Umsetzung des Art 6 der RL 2001/23/EG des Rates (ABl EG Nr L 82, 16) zwar weitestgehend wortgleich, hingegen nunmehr auch Umstrukturierungen außerhalb des UmwG erfassend in **§ 21a BetrVG** übernommen (Übergangsmandat); nach dessen Abs 3 gelten die im Wesentl § 321 aF entsprechenden Abs 1 und 2 von § 21a BetrVG nF auch, wenn die Spaltung oder Zusammenlegung von Betrieben oder Betriebsteilen im Zusammenhang mit einer Betriebsveräußerung oder einer Umw nach dem UmwG erfolgt. Außerdem wurde ein **§ 21b BetrVG** erstmals eingefügt, der die stRspr des BAG (BB 2000, 1088) aufgegriffen hat, nach der dem Betriebsrat im Falle der Betriebsstilllegung ein Restmandat zukommt. 1

Das BetrV-ReformG enthält keine Übergangsvorschriften für § 21a BetrVG, sodass bei einer vor dem 28.7.2001 begonnenen Spaltung oder Zusammenlegung von Betrieben § 321 aF eingreift (*Löwisch/Schmidt-Kessel* BB 2001, 2162). 2

§ 21a BetrVG Übergangsmandat

(1) [1]Wird ein Betrieb gespalten, so bleibt dessen Betriebsrat im Amt und führt die Geschäfte für die ihm bislang zugeordneten Betriebsteile weiter, soweit sie die Voraussetzungen des § 1 Abs. 1 Satz 1 erfüllen und nicht in einen Betrieb eingegliedert werden, in dem ein Betriebsrat besteht (Übergangsmandat). [2]Der Betriebsrat hat insbesondere unverzüglich Wahlvorstände zu bestellen. [3]Das Übergangsmandat endet, sobald in den Betriebsteilen ein neuer Betriebsrat gewählt und das Wahlergebnis bekanntgegeben ist, spätestens jedoch sechs Monate nach Wirksamwerden der Spaltung. [4]Durch Tarifvertrag oder Betriebsvereinbarung kann das Übergangsmandat um weitere sechs Monate verlängert werden.

(2) [1]Werden Betriebe oder Betriebsteile zu einem Betrieb zusammengefasst, so nimmt der Betriebsrat des nach der Zahl der wahlberechtigten Arbeitnehmer größten Betriebs oder Betriebsteils das Übergangsmandat wahr. [2]Absatz 1 gilt entsprechend.

(3) Die Absätze 1 und 2 gelten auch, wenn die Spaltung oder Zusammenlegung von Betrieben und Betriebsteilen im Zusammenhang mit einer Betriebsveräußerung oder einer Umwandlung nach dem Umwandlungsgesetz erfolgt.

§ 21b **BetrVG Restmandat**

Geht ein Betrieb durch Stilllegung, Spaltung oder Zusammenlegung unter, so bleibt dessen Betriebsrat so lange im Amt, wie dies zur Wahrnehmung der damit im Zusammenhang stehenden Mitwirkungs- und Mitbestimmungsrechte erforderlich ist.

Schrifttum: *Löwisch/Schmidt-Kessel,* Die gesetzliche Regelung von Übergangsmandat und Restmandat nach dem Betriebsverfassungsreformgesetz, BB 2001, 2162; *Löwisch,* Änderung der Betriebsverfassung durch das Betriebsverfassungs-Reformgesetz, BB 2001, 1734; *Hanau,* Die Reform der Betriebsverfassung, NJW 2001, 2513; *Rieble,* Das Übergangsmandat nach § 21a BetrVG, NZA 2002, 233; *Feudner,* Übergangs- und Restmandate des Betriebsrats gem. §§ 21a, 21b BetrVG, DB 2003, 882; *Rieble/Gutzeit,* Übergangsmandat bei Betriebsverschmelzung, ZIP 2004, 693; *Thüsing,* Folgen einer Umstrukturierung für Betriebsrat und Betriebsvereinbarung, DB 2004, 2774, 2475); *Altenburg/Leister,* Der Widerspruch des Arbeitnehmers beim umwandlungsbedingten Betriebsübergang und seine Folgen, NZA 2005, 15; *Bachner/Köstler/Matthießen/Trittin,* Arbeitsrecht bei Unternehmensumwandlung und Betriebsübergang, 4. Aufl 2012.

2. Allgemeines

3 Während § 321 aF einen (Teil)Betriebsübergang im Wege der Universalsukzession nach dem UmwG voraussetzte und eine Analogie zu § 321 aF im Falle der Einzelrechtsnachfolge zurecht abgelehnt wurde (ArbG Frankfurt aM NZA-RR 1998, 129; ArbG Freiburg NZA-RR 1997, 179; aA BAG Beschluss vom 31.5.2000, NZA 2000, 1350: Übergangsmandat im Wege richterl Rechtsfortbildung; siehe 4. Aufl 2006 § 323 Rn 5), greift **§ 21a BetrVG** als allg gültiger Rechtsgrundsatz (BT-Drs 14/5741, 39) bereits dann ein, wenn – unabhängig, ob durch Umw nach UmwG, Einzelrechtsnachfolge oder durch bloße Organisationsänderungen – **neue betriebsratsfähige Einheiten** iSv §§ 1, 4 BetrVG **geschaffen** werden (ErfK/*Koch* § 21a BetrVG Rn 1). Hingegen ist § 21a BetrVG nur bei Eingliederungen **in einen betriebsratslosen Betrieb** anwendbar, nicht, wenn ein ausgegliederter Betriebsteil in einen Betrieb eingegliedert wird, der bereits über einen Betriebsrat verfügt, weil dieser von Anfang an auch für die eingegliederte Belegschaft zuständig ist (ErfK/*Koch* § 21a BetrVG Rn 3; *Fitting* BetrVG § 21a Rn 6).

4 Durch das Übergangsmandat soll verhindert werden, dass die von der Spaltung (Abs 1) oder Zusammenfassung (Abs 2) betroffenen ArbN in der bes krit Übergangsphase nach einer betriebl Umstrukturierung ohne den durch das Bestehen eines Betriebsrats vermittelten Schutz sind (RegEBegr BR-Drs 75/94 zu § 321; RegEBegr BT-Drs 14/5741, 39 zu § 21a BetrVG; siehe auch *Fitting* BetrVG § 21a Rn 6). Die hingegen schon in § 321 aF sprachl unpräzise Wortwahl von „Zusammenfassung" von Betrieben wurde in § 21a BetrVG fortgeführt und in Abs 3 um „Zusammenlegung" von Betrieben erweitert; als actus contrarius zu der in Abs 1 geregelten Spaltung einer Organisationseinheit kann in Abs 2 bzw 3 nur die Zusammenfassung derselben gemeint sein (*Rieble* NZA 2002, 233, 237: Betriebsverschmelzung).

5 **§ 21a BetrVG** regelt das Entstehen, die Aufgaben während und die Beendigung eines Übergangsmandats des Betriebsrats, **sofern** die Spaltung oder Teilübertragung eines Rechtsträgers nicht nur die Spaltung des Unternehmens, sondern auch eines Betriebes (im arbeitsrechtl Sinne) zur Folge hat. Das **Übergangsmandat entsteht in drei Fällen:** Bei der Spaltung **eines Betriebes** in einzelne Betriebs-

teile **(Abs 1 S 1),** bei der **Zusammenfassung einzelner Betriebe** zu einem Betrieb **(Abs 2 S 1 Alt 1)** und bei der **Zusammenfassung einzelner Betriebsteile** zu einem neuen Betrieb **(Abs 2 S 1 Alt 2).**

3. Übergangsmandat bei Betriebsspaltung, Abs 1 S 1

a) Spaltung eines Betriebs. Das unter den Voraussetzungen von § 21a I **S 1** BetrVG legal definierte **Übergangsmandat setzt zunächst** voraus, dass ein **Betrieb** gespalten wird. Der **Begriff des Betriebs** wird innerh der Rechtsordnung nicht einheitl def. Aus der Zielsetzung des Gesetzgebers, die betriebsverfassungsrechtl Mitbestimmung in der Übergangsphase nach dem Wirksamwerden der Spaltung oder der Teilübertragung zu gewährleisten (BT-Drs 14/5741, 39), folgt die Maßgeblichkeit der **betriebsverfassungsrechtl Def** (wohl unstr; vgl etwa *Löwisch/Schmidt-Kessel* BB 2002, 2162). Betrieb im arbeitsrechtl Sinne ist nach ganz hM und stRspr des BAG die organisatorische Einheit, innerh der der Unternehmer allein oder in Gemeinschaft mit seinen Mitarbeitern mit Hilfe von sachl und immateriellen Mitteln bestimmt arbeitstechnische Zwecke fortgesetzt verfolgt (vgl etwa BAG NJW 2008, 2665; *Boecken* Rn 288). Es ist also im Wesentl auf die **einheitl Organisation** und die **einheitl Leitung,** die die Verfolgung des arbeitstechnischen Zwecks zum Ziel hat, abzustellen. In einem **Betrieb** wird ein arbeitstechnischer, in einem **Unternehmen** wird ein wirtschaftl Zweck verfolgt (*Bachner/Köstler/Matthießen/Trittin* § 2 Rn 5, 7; *Rieble* NZA 2002, 233). Deshalb ist es für das Vorliegen eines Betriebes unbedeutend, ob außer dem arbeitstechnischen Zweck auch wirtschaftl oder gewerbl Zwecke verfolgt werden. Betrieb ist daher auch das luf Gut, die Verwaltung oder etwa die freiberufl Praxis (zum Ganzen Schaub/*Linck* ArbR-HdB § 17 Rn 3). Im Einzelfall können Unternehmen und Betrieb identisch sein, näml dann, wenn das Unternehmen nur einen Betrieb unterhält. 6

Die Spaltung **eines Betriebes** muss Auswirkungen auf die **betriebl Organisationseinheit** haben (ErfK/*Koch* § 21a BetrVG Rn 2; *Fitting* BetrVG § 21a Rn 12), sodass die **Identität** des bisherigen Betriebs **verloren geht** (Aufspaltung in zwei eigenständige Betriebe oder Abspaltung, *Löwisch/Schmidt-Kessel* BB 2001, 2162). Eine Betriebsspaltung idS liegt etwa nicht vor bei einem vollständigen Betriebsübergang nach § 613a BGB (*Fitting* BetrVG § 21a Rn 9; ErfK/*Koch* § 21a BetrVG Rn 3), einem Gesellschafterwechsel oder einer Änderung der Rechtsform (Formwechsel); hingegen kann eine tiefgreifende Neuorganisation des Einsatzes der ArbN und Betriebsmittel zum Wegfall der Betriebsidentität führen (*Rieble* NZA 2002, 233, 234) In den erstgenannten Fällen wird nur die Struktur des Unternehmens, nicht hingegen die des einzelnen Betriebs verändert. Die betriebl Einheit bleibt ferner unberührt, wenn einzelne Vermögensteile auf einen anderen Rechtsträger übertragen, diese aber unverändert vom übernehmenden Rechtsträger genutzt werden (zB Betriebsaufspaltung iSd StR; ErfK/*Koch* § 21a BetrVG Rn 2). 7

b) Mindestanzahl an Arbeitnehmern. Das Übergangsmandat wegen Betriebsspaltung erstreckt sich grdsl nur auf die **durch die Spaltung entstandenen Betriebsteile.** Solange die Identität des „Restbetriebs" gewahrt bleibt, kommen Neuwahlen des Betriebsrats für diesen Betrieb nur unter den Voraussetzungen von **§ 13 II BetrVG** in Betracht (Kallmeyer/*Willemsen* Vor § 322 Rn 26 mwN; *Fitting* BetrVG § 21a Rn 9a). Bleibt die Identität nicht erhalten, **erstreckt sich das Übergangsmandat auch auf den „Restbetrieb".** Den entstandenen Betriebsteilen müssen idR mindestens fünf ständig wahlberechtigte ArbN (ArbN, 8 die mindestens 18 Jahre alt sind – § 7 BetrVG), von denen drei wählbar sind, zugeordnet sein **(§ 1 BetrVG).** Hintergrund dieser Regelung ist, dass es eines Übergangsmandats nur dann bedarf, wenn kurzfristig mit der Errichtung eines eigenen Betriebsrats gerechnet werden kann (*Bachner/Köstler/Matthießen/Trittin* § 4 Rn 44).

9 Liegen die **Voraussetzungen für die Wahl eines Betriebsrats** wegen Unterschreitung der Mindestarbeitnehmerzahl nicht vor, kann das Übergangsmandat seinen Sinn (Überbrückung der Zeit bis zur Bildung eines eigenen Betriebsrats, vgl Rn 3) nicht erfüllen. Entstehen durch die Betriebsspaltung **mehrere Betriebsteile,** von denen nur einige die Anforderungen von § 1 BetrVG erfüllen, so erstreckt sich das Übergangsmandat nur auf die dort beschäftigten ArbN. Unter **Betriebsteilen** idS versteht man räuml und organisatorisch unterscheidbare Teile von Betrieben, die wegen ihrer Eingliederung in den Betrieb allein nicht bestehen können (ErfK/*Koch* § 4 BetrVG Rn 2). Die **Anwendung von** § 21a BetrVG ist **für jeden** entstandenen **Betriebsteil einzeln zu prüfen.** Das Übergangsmandat setzt nicht voraus, dass die durch die Betriebsspaltung entstehenden Teile künftig eigenständige Betriebe sind. Sie müssen ledigl betriebsratsfähig sein (*Thüsing* DB 2004, 2774, 2475). Das Übergangsmandat gilt folgl grdsl nicht für **Kleinstbetriebe** iSv § 4 Abs 1 BetrVG, hingegen sind diese gem Abs 2 dem Hauptbetrieb zuzuordnen, von dem sie abgespalten werden (dann bleibt der bisherige Betriebsrat auch für den ihm bislang zugeordneten Betriebsteil zuständig), es sei denn im Kleinstbetrieb wird ein eigenständiger arbeitstechnischer Zweck verfolgt (*Löwisch* BB 2001, 1734, 1735).

10 **c) Keine Eingliederung.** Das Übergangsmandat entsteht nicht, wenn der durch die Betriebsspaltung **entstandene Betriebsteil in einen anderen Betrieb, für den ein Betriebsrat existiert, eingegliedert** wird **(= neg Tb-Merkmal).** In diesem Fall ist das Übergangsmandat entbehrl, da sich die Zuständigkeit des Betriebsrats des Betriebs, in den die Eingliederung erfolgt, ohne weiteres auch auf die von der Abspaltung betroffenen ArbN erstreckt. Daran ändert sich nichts, wenn aufgrund der Eingliederung gem § 13 II BetrVG der Betriebsrat neu zu wählen ist (Kallmeyer/*Willemsen* Vor § 322 Rn 34; WHSchS/*Hohenstatt* D Rn 64). Die Eingliederung setzt nicht den vollständigen Verlust der **Eigenständigkeit des abgespaltenen Betriebsteils** voraus. Ausreichend ist, wenn ein Betriebsteil entsteht, der einem Hauptbetrieb zugeordnet werden kann, aber nicht die Voraussetzung von § 4 BetrVG erfüllt.

11 Wird der durch die Betriebsspaltung geschaffene Betriebsteil einem anderen Betrieb (vollständig oder als unselbstständiger Teilbetrieb iSv § 4 BetrVG) eingegliedert, für den **kein Betriebsrat** existiert, so **entsteht das Übergangsmandat.** Dieses Übergangsmandat erfasst auch die anderen bei dem bisher betriebsratslosen Betrieb bestehenden ArbVerh (LAG Hessen BeckRS 2010, 75262; ErfK/*Koch* § 21a BetrVG Rn 7; *Fitting* BetrVG § 21a Rn 23; *Bachner/Köstler/Matthießen/Trittin* § 4 Rn 69). Die Eingliederung ist von der **Schaffung neuer betriebl Einheiten** zu unterscheiden, die vorliegt, wenn der aufnehmende Betrieb seine Identität verliert. In so einem Fall ist jedoch zunächst zu prüfen, ob nicht § 21a II BetrVG eingreift (dazu Rn 13 f).

12 **d) Zuständiger Betriebsrat.** Das **Übergangsmandat wird** im Fall von Abs 1 S 1 bei der Betriebsspaltung **durch den Betriebsrat des gespaltenen Betriebs wahrgenommen.** Dies setzt nicht voraus, dass nach der Abspaltung ein Betrieb im arbeitsrechtl Sinne (dazu Rn 3) übrig bleibt. Auch müssen die

ArbVerh mit den Betriebsratsmitgliedern nach der Spaltung nicht mit demselben Unternehmen bestehen, das die gespaltenen Betriebsteile übernommen hat. Es kann also der Fall eintreten, dass sich die Zuständigkeit des das Übergangsmandat ausübenden Betriebsrats auf ArbVerh mit verschiedenen rechtl selbstständigen Unternehmen erstreckt (*Rieble* NZA 2002, 233, 235 Ziff 4; *Boecken* Rn 373; Widmann/Mayer/*Wälzholz* Rn 31; aA Kallmeyer/*Willemsen* Vor § 322 Rn 38). Verbleibt nach der Betriebsspaltung kein betriebsratsfähiger Betrieb, so endet mit dem Übergangsmandat (dazu Rn 15, 16) die Tätigkeit des Betriebsrats wegen Verlusts der Betriebsratsfähigkeit.

4. Übergangsmandat nach Abs 2

a) Umfang der Regelung. § 21a II S 1 BetrVG enthält weitere Fälle, in denen ein Übergangsmandat entsteht und verweist iÜ in Bezug auf Betriebsratsfähigkeit, Kompetenzen des zuständigen Betriebsrats und Beginn und Beendigung des Übergangsmandats auf Abs 1. 13

b) Zusammenfassung verschiedener Betriebsteile, Abs 2 S 1. Ein Übergangsmandat entsteht **gem Abs 2,** wenn – unabhängig, ob im Rahmen der Gesamt- oder Einzelrechtsnachfolge (dazu Rn 3 ff) – Betrieb oder Betriebsteile von bislang verschiedenen Betrieben (zum Betriebsbegriff Rn 6) **zu einem Betrieb zusammengefasst** werden, also zwei bisher selbstständige organisatorische Einheiten von Arbeitsmitteln so zusammengefasst werden, dass eine Organisationseinheit entsteht. Das Übergangsmandat steht dann dem Betriebsrat des nach der Zahl der wahlberechtigten ArbN größten Betriebs oder Betriebsteils zu (Änderungen ggü § 312 II aF). Ob dabei auf den Zeitpunkt der vorangegangenen Wahl oder den der Verschm abzustellen ist, bleibt weiterhin str (*Rieble* NZA 2004, 693, der auf den Zeitpunkt der tats Zusammenfassung abstellt; aA *Fitting* BetrVG § 21a Rn 18 mwN). 14

Ein Übergangsmandat besteht auch in den Fällen, in denen ein **Betriebsrat nicht für alle Betriebsteile** bestand, es entfällt nur, wenn für keinen Betriebsteil ein Betriebsrat zuständig war (ErfK/*Koch* § 21a BetrVG Rn 4, 8; aA Kallmeyer/*Willemsen* Vor § 322 Rn 29: nur wenn für größten Betriebsteil ein Betriebsrat bestand). Stellt sich die Zusammenlegung als Eingliederung eines Betriebs in einen anderen Betrieb dar, der seinerseits seine Identität behält, ist ein Übergangsmandat nicht erforderl; ggf behält ein beim eingegliederten Betrieb bestehender Betriebsrat ein Restmandat nach § 21b BetrVG (LAG Bremen DB 2005, 1527; *Feudner* DB 2003, 882; *Löwisch/Schmidt-Kessel* BB 2001, 2162 I Ziff 5, II; aA *Fitting* BetrVG § 21a Rn 11a mwN). Der **Wahlvorstand** wird aber für den gesamten neuen Betrieb bestellt (ErfK/*Koch* § 21a BetrVG Rn 5). 15

5. Spaltung und Zusammenlegung nach Abs 3

Gem § 21a Abs 3 BetrVG gelten dessen Abs 1 und 2 auch für den Fall, dass die Spaltung oder Zusammenlegung mit einer Umw nach UmwG erfolgt, dh **infolge** einer **Spaltung** (§§ 123–173), **einer Vermögensübertragung** (§§ 174–189) oder einer **Verschm** (§§ 2–122), unter der Voraussetzung einer **Organisationsänderung** (siehe Rn 3–5, daher Rechtsgrundverweisung). Ein Formwechsel (§§ 190–213) lässt hingegen sowohl nach Zivilrecht als auch BetrVG die **Rechtsidentität unberührt,** sodass es keines Übergangsmandats des Betriebsrats bedarf. 16

6. Beginn des Übergangsmandats

17 Das **Übergangsmandat beginnt mit der tats Durchführung der Betriebsspaltung.** Für die betriebl Struktur sind nicht rechtl, sondern tats Veränderungen maßgebend (ErfK/*Koch* § 21a BetrVG Rn 6; *Fitting* BetrVG § 21a Rn 24). Dann muss auch beim Übergangsmandat hierauf abgestellt werden. Das Übergangsmandat kann daher bereits vor Wirksamwerden der Spaltung beginnen, denn betriebl Veränderungen werden im Hinblick auf den Spaltungsstichtag (vgl §§ 126 I Nr 6, 177 I) von den beteiligten Rechtsträgern oftmals bereits vor der nur bedingt beeinflussbaren Eintragung der Spaltung vorgenommen (vgl auch BAG ZIP 2000, 1630 mit Anm *Bauer/Mengel* zur vorgelagerten Wirkung von § 613a BGB bei Umw).

7. Beendigung des Übergangsmandats, Abs 1 S 3

18 Das **Übergangsmandat** ist nach **Abs 1 S 3** befristet. Es **endet** für die jew betroffene Einheit mit der Bekanntgabe des Ergebnisses der **Wahl** des neuen Betriebsrats in den Betriebsteilen. **Bekannt gemacht** ist das Wahlergebnis, sobald es vom Wahlvorstand gem § 21 BetrVG iVm §§ 19, 3 IV WO im Betrieb ausgehängt wird. Beim Aushang an mehreren Stellen innerh des Betriebs ist der Tag des letzten Aushangs maßgebend. Da bereits mit der Bekanntmachung und nicht erst am Tage nach der Bekanntmachung des Wahlergebnisses das Amt des neuen Betriebsrats beginnt (hM; *Fitting* BetrVG § 21a Rn 25), endet das Übergangsmandat ebenfalls am Tag der Bekanntmachung.

19 Das Übergangsmandat endet **unabhängig von einer Betriebsratswahl** spätestens nach Ablauf von **sechs Monaten** nach Wirksamwerden der Spaltung des Rechtsträgers (Abs 1 S 3). Maßgebend ist die Eintragung der Spaltung in das Register des übertragenden Rechtsträgers (§§ 131 I, 176 III), nicht deren Bekanntmachung (für die Teilübertragung des Vermögens eines öffentl-rechtl Versicherungsunternehmens vgl §§ 189 II, 188 III). Das Fristende berechnet sich nach §§ 187 I, 188 II BGB. **Beispiel:** Eintragung am 15. 1., Beendigung des Übergangsmandats mit Ablauf des 15. 7.

20 Das Übergangsmandat kann nach dem neu eingefügten S 4 vor Ablauf der ersten Sechs-Monats-Frist durch (Verbands- oder Haus-)Tarifvertrag um weitere 6 Monate verlängert werden (*Löwisch/Schmidt-Kessel* DB 2001, 2162 mwN; ErfK/*Koch* § 21a BetrVG Rn 6; *Fitting* BetrVG § 21a Rn 26).

8. Aufgaben des Betriebsrats, Abs 1 S 3

21 Die **Aufgaben und die Kompetenzen des Betriebsrats** während des Übergangsmandats sind nicht beschränkt (*Fitting* BetrVG § 21a Rn 20; Kallmeyer/*Willemsen* Vor § 322 Rn 36 f; *Kreßel* BB 1995, 927; Widmann/Mayer/*Wälzholz* Rn 38). Der zuständige Betriebsrat hat für die von der Betriebsspaltung betroffenen ArbN **alle betriebsverfassungsrechtl Mitbestimmungsrechte** wahrzunehmen. So ist er bspw vor einer Kündigung zu hören (§ 102 I BetrVG). Darüber hinaus hat er unverzügl (ohne schuldhaftes Zögern, § 121 BGB) die Wahl eines neuen Betriebsrats für die gesamte betriebl Einheit durch Bestellung der Wahlvorstände vorzubereiten, ohne die in §§ 16 I 1, 17a Nr 1 BetrVG geregelten Fristen abwarten zu dürfen (*Löwisch/Schmidt-Kessel* DB 2001, 2162; *Fitting* BetrVG § 21a Rn 20 ff). Abs 1 S 3 weicht damit vom allg Betriebsverfassungsrecht ab, da nach

§ 17 BetrVG der Wahlvorstand eigentl in einer Betriebsversammlung von der Mehrheit der anwesenden ArbN gewählt wird.

9. Sonstige Vertretungen

Eine § 21a BetrVG vglbare Regelung für **Sprecherausschuss, Gesamtbetriebsrat, Konzernbetriebsrat,** Jugend- und Auszubildendenvertretung und **Wirtschaftsausschuss** fehlt auch weiterhin. Eine entsprechende Anwendung scheidet hier nach hM aus (vgl ErfK/*Koch* § 21a BetrVG Rn 1; Kallmeyer/*Willemsen* Vor § 322 Rn 56). Zum Übergangsmandat und anderen Betriebsverfassungsgremien vgl *Rieble* NZA 2002, 233, 240; zum Gesamtbetriebsrat und zu Gesamtbetriebsvereinbarungen ausführl *Röder/Haußmann* DB 1999, 1754; Kallmeyer/*Willemsen* Vor § 322 Rn 40 ff. 22

§ 322 Gemeinsamer Betrieb

Führen an einer Spaltung oder an einer Teilübertragung nach dem Dritten oder Vierten Buch beteiligte Rechtsträger nach dem Wirksamwerden der Spaltung oder der Teilübertragung einen Betrieb gemeinsam, gilt dieser als Betrieb im Sinne des Kündigungsschutzrechts.

Schrifttum: Schrifttum bis 1994 siehe 3. Auflage, dort in § 321; *Bachner,* Individualarbeits- und kollektivrechtliche Auswirkungen des neuen Umwandlungsgesetzes, NJW 1995, 2881; *Baumann,* Arbeitsrechtliche Aspekte des neuen Umwandlungsrechts, DStR 1995, 888; *Däubler,* Das Arbeitsrecht im neuen Umwandlungsgesetz, RdA 1995, 136; *Gaul,* Beteiligungsrechte von Wirtschaftsausschuss und Betriebsrat bei Umwandlung und Betriebsübergang, DB 1995, 2265; *ders,* Das Schicksal von Tarifverträgen und Betriebsvereinbarungen bei der Umwandlung von Unternehmen, NZA 1995, 717; *Joost,* Arbeitsrechtliche Angaben im Umwandlungsvertrag, ZIP 1995, 976; *ders,* Umwandlungsrecht und Arbeitsrecht, in Lutter, Kölner Umwandlungsrechtstage 1995, S 297; *Kania,* Tarifbindung bei Ausgliederung und Aufspaltung eines Betriebs, DB 1995, 625; *Kreßel,* Arbeitsrechtliche Aspekte des neuen Umwandlungsbereinigungsgesetzes, BB 1995, 925; *Wlotzke,* Arbeitsrechtliche Aspekte des neuen Umwandlungsrechts, DB 1995, 40; *Boecken,* Unternehmensumwandlungen und Arbeitsrecht, 1996; *Boßmann,* Arbeitsrechtliche Fragen bei der Umwandlung von Unternehmen, INF 1996, 431; *Drygala,* Die Reichweite der arbeitsrechtlichen Angaben im Verschmelzungsvertrag, ZIP 1996, 1365; *Engelke,* Arbeitnehmerbeteiligung bei Verschmelzungsverträgen, GmbHR 1996, R 29; *Engelmeyer,* Die Informationsrechte des Betriebsrats und der Arbeitnehmer bei Strukturänderungen, DB 1996, 2542; *Melchior,* Die Beteiligung von Betriebsräten an Umwandlungsvorgängen aus Sicht des Handelsregisters, GmbHR 1996, 833; *Willemsen,* Arbeitsrecht im Umwandlungsgesetz – Zehn Fragen aus der Sicht der Praxis, NZA 1996, 791; *Bachner ua,* Arbeitsrecht bei Unternehmensumwandlung, 1997; *Buchner,* Die Ausgliederung von betrieblichen Funktionen (Betriebsteilen) unter arbeitsrechtlichen Aspekten, GmbHR 1997, 377 und 434; *Bungert,* Darstellungsweise und Überprüfbarkeit der Angaben über Arbeitnehmerfolgen im Umwandlungsvertrag, DB 1997, 2209; *Mengel,* Umwandlungen im Arbeitsrecht, 1997; *K. J. Müller,* Die Zuleitung des Verschmelzungsvertrages an den Betriebsrat nach § 5 Abs. 3 UmwG, DB 1997, 713; *Röder/Göpfert,* Unterrichtung des Wirtschaftsausschusses bei Unternehmenskauf und Umwandlung, BB 1997, 2105; *Willemsen/Hohenstatt,* Erstreckung des Übergangsmandats (§ 321 UmwG) auf bislang betriebsratslose Einheiten?, DB 1997, 2609; *Heinze,* Arbeitsrechtliche Probleme bei der Umstrukturierung von Unternehmen, DB 1998, 1861; *Krause,* Das Übergangsmandat des Betriebsrates im Lichte der novellierten Betriebsübergangsrichtlinie, NZA 1998, 1201; *Oetker,* Die Vorgaben der Betriebsübergangsrichtlinie für die Beteiligungsrechte des Betriebsrats, NZA 1998, 1193; *Weber,* Arbeitnehmerschutz kontra Sanierung?, EuZW 1998, 583; *Röder/Haußmann,* Die Geltung von Gesamtbetriebsvereinbarungen nach einer Umwandlung, DB 1999, 1754; *Trölitzsch,*

Aktuelle Tendenzen im Umwandlungsrecht, DStR 1999, 764; *Willemsen/Annuß,* Die Betriebsübergangsrichtlinie, NJW 1999, 2073; *Engels/Trebinger/Löhr-Steinhaus,* Regierungsentwurf eines Gesetzes zur Reform des Betriebsverfassungsgesetzes, DB 2001, 532; *Richardi/Annuß,* Neues Betriebsverfassungsgesetz: Revolution oder strukturwahrende Reform?, DB 2001, 41; *Schiefer/Korte,* Der Referentenentwurf eines Gesetzes zur Reform des Betriebsverfassungsgesetzes, NZA 2001, 71; *Grobys,* Die Neuregelung des Betriebsübergangs in § 613a BGB, BB 2002, 726; *Gaul/Otto,* Unterrichtungsanspruch und Widerspruch bei Betriebsübergang und Umwandlung, DB 2002, 634; *Bachner,* Fortgeltung von Gesamt- und Einzelbetriebsvereinbarungen nach Betriebsübergang, NJW 2003, 2861.

1. Allgemeines

1 **§ 322** enthält die erste gesetzl Regelung über den sog **gemeinsamen Betrieb** mehrerer Unternehmen. Hintergrund der Regelung sind die unterschiedl Kriterien, die für den Betriebs- und Unternehmensbegriff maßgebl sind. Während der ganz überwiegende Teil der Lehre und das BAG in stRspr den **Betrieb im Arbeitsrecht** als die organisatorische Einheit verstehen, innerh der der Unternehmer allein oder in Gemeinschaft mit seinen Mitarbeitern mit Hilfe von sachl und immateriellen Mitteln bestimmte arbeitstechnische Zwecke verfolgt (Palandt/*Weidenkaff* BGB Einf § 611 Rn 14), ist das Unternehmen die organisatorische Einheit, innerh der der Unternehmer seine **wirtschaftl** oder ideellen Zwecke umsetzt (etwa BAG AP BetrVG 1972 § 1 Nr 5; *Fitting* BetrVG § 1 Rn 145 mwN). Bei PersGes und jur Person ist das **Unternehmen** im arbeitsrechtl Sinne daher **identisch mit dem Rechtsträger,** denn eine jur Person oder eine Ges kann nur ein Unternehmen haben (BAG AP KSchG 1969 § 1 Nr 10; *Fitting* BetrVG § 1 Rn 146). Ledigl eine **natürl Person** könnte mehrere Unternehmen haben (str, vgl aA *Fitting* BetrVG § 1 Rn 146, § 47 Rn 12 f mwN). Da der Betriebsbegriff auf die rechtl Zugehörigkeit der Vermögensgegenstände keine Rücksicht nimmt, kann also durchaus ein einheitl Betrieb Gegenstände verschiedener Unternehmen (Rechtsträger) für seine arbeitstechnischen Zwecke benutzen.

2 Die ursprüngl in **Abs 1 aF** im Hinblick auf diesen gemeinsam geführten Betrieb enthaltene **Vermutungsregel,** die eine Vereinfachung der Darlegung der Voraussetzungen für einen gemeinsam geführten Betrieb bedeutete, wurde im Zuge der Änderung durch das BetrV-Reformgesetz (vgl Vor § 322 Rn 1) **aufgehoben** und in § 1 II Nr 2 BetrVG sachl entsprechend übernommen. Nach der Gesetzesbegründung betrifft § 1 II 2 BetrVG den Fall, dass im Zuge der Spaltung eines Unternehmens von einem Betrieb eines Unternehmens ein oder mehrere Betriebsteile einem an der Spaltung beteiligten anderen Unternehmen zugeordnet werden, während die Organisation des davon betroffenen Betriebs im Wesentl unverändert bleibt. In diesem Fall wird widerlegbar vermutet, dass die an der Spaltung beteiligten Unternehmen den Betrieb als gemeinsamen Betrieb weiterführen, um auch weiterhin die arbeitstechnischen Vorteile eines langjährigen eingespielten Betriebs zu nutzen. Der Begriff der Spaltung iSd Vorschriften umfasst die Fälle der Aufspaltung, Abspaltung und Ausgliederung sowohl in der Form der Gesamtrechtsnachfolge als auch in Form der Einzelrechtsnachfolge (RegEBegr BT-Drs 14/5741, 33).

3 Das Bestehen eines gemeinsamen Betriebs hat nicht nur für das Betriebsverfassungsrecht (dazu Rn 13), sondern auch für das Kündigungsschutzrecht Bedeutung. Mit **§ 322** (vormals § 322 II) wurde allerd nur die bislang schon von der Rspr vertretene Auffassung kodifiziert (vgl BAG AP KSchG 1969 § 1 Nr 10).

2. Voraussetzungen des gemeinsamen Betriebs

4 Ein gemeinsamer Betrieb setzt dreierlei voraus. Zunächst muss der Betrieb (zum Begriff Rn 1) **unterschiedl Arbeitgeber** haben. In Zusammenhang mit § 322 bedeutet dies, dass ein bislang einheitl Betrieb durch die Spaltung/Teilübertragung auf mehrere Rechtsträger aufgeteilt wird und auch die ArbVerh nach der Spaltung mit verschiedenen Rechtsträgern bestehen (vgl § 126 Rn 98 und § 131 Rn 58 ff). Nicht jede Spaltung eines Rechtsträgers ist auch eine Betriebsspaltung. Maßgebl ist, ob die den Betrieb prägende organisatorische Einheit (Rn 1) nach den Festlegungen im Spaltungsvertrag aufgeteilt wird (vgl § 126 Rn 60 ff). Ferner bedarf es einer einheitl Führung, insbes durch einen **einheitl Leitungsapparat** (etwa BAG ZIP 1998, 1320, 1322; NZA 2001, 321, 323 f; NZA 2005, 553, 557; KölnerKommUmwG/*Hohenstatt/Schramm* Rn 3). Dies ist mehr als eine bloße Unternehmensverbindung, vielmehr kommt es darauf an, ob insbes die sozialen und personellen Angelegenheiten nach dem BetrVG für die beteiligten Unternehmen institutionell einheitl wahrgenommen werden (BAG ZIP 1998, 1320, 1322). Weiterhin wird von der Rspr und von Teilen der Lit gefordert, dass die beteiligten Unternehmen eine **rechtl Vereinbarung** über die Führung des gemeinsamen Betriebs schließen (BAG DB 1999, 965 mwN; NZA 2005, 553, 557; *Rieble* FS Wiese, 1998, 455; Kallmeyer/*Willemsen* Rn 3; KölnerKommUmwG/*Hohenstatt/Schramm* Rn 3; aA Lutter/*Joost* Rn 10 f mwN; Widmann/Mayer/*Wälzholz* Rn 9). Hierfür sind ausdrückl vertragl Abmachungen nicht notw, eine **konkludente Vereinbarung,** die sich aus den näheren Umständen des Einzelfalls ergibt, genügt (BAG ZIP 1998, 1322; BAG AP KSchG 1969 § 23 Nr 9; KölnerKommUmwG/*Hohenstatt/Schramm* Rn 4). Als ausreichend wird es betrachtet, wenn die **Arbeitgeberfunktionen** im sozialen und personellen Bereich **einheitl ausgeübt** werden (BAG AP BetrVG 1972 § 1 Nr 9; BAG NZA 1996, 1110 zum gemeinsamen Betrieb von jur Personen des Privatrechts mit Körperschaft des öffentl Rechts; Semler/Stengel/*Simon* Rn 4 ff).

3. Vermutung des gemeinsamen Betriebs

5 Nach allg zivilprozessualen Grdsen hat derjenige, der sich auf einen ihm günstigen Umstand stützt, hierfür die Beweislast. Schon auf der Grundlage von § 322 I aF war streitig, ob die dort angeordnete Vermutung auf die Feststellung eines gemeinsamen Betriebs iSd KSchG übertragen werden konnte (vgl 3. Aufl 2001, Rn 16). Nachdem diese gesetzliche Vermutung zwischenzeitl (nur) im BetrVG (§ 1 II Nr 1 BetrVG) verankert wurde, kann von einer unbewussten Regelungslücke nicht gesprochen werden. Eine analoge Anwendung scheidet aus (Semler/Stengel/*Simon* Rn 7 ff; KölnerKommUmwG/*Hohenstatt/Schramm* Rn 5; aA Lutter/*Joost* Rn 13). Für die Beweislast bleibt es daher bei der allg Regel.

4. Wirkungen

6 Führen die an einer Spaltung oder an einer Teilübertragung beteiligten Rechtsträger nach deren Wirksamwerden einen Betrieb gemeinsam, **gilt** dieser **als Betrieb iSd Kündigungsschutzrechts.** Durch **§ 322 nF** ist weder die frühere Rechtslage geändert, noch eine rechtl Besonderheit für nach einer Spaltung oder einer Teilübertragung gemeinsam geführten Betrieb geschaffen worden. Der Gesetzestext gibt nur die aktuelle Rspr (vgl BAG AP KSchG 1969 § 1 Nr 10; AP KSchG § 23) wieder (vgl Kallmeyer/*Willemsen* Rn 9; *Bauer/Lingemann* NZA 1994, 1060; *Kreßel* BB 1995,

928); denn nach Ansicht des BAG (AP KSchG 1969 § 1 Nr 10) ist ein gemeinsam geführter Betrieb iSd BetrVG auch ein gemeinsamer Betrieb iSd Kündigungsschutzrechts (aA mit beachtl Arg *Rieble* FS Wiese, 1998, 457 f). Dies sollte auch für das UmwR klargestellt werden (RegEBegr BR-Drs 75/94 zu § 322).

7 **Bedeutung** hat der gemeinsam geführte Betrieb im Kündigungsschutzrecht vornehml **in folgenden Fällen:** Zunächst werden alle ArbN des Betriebs unabhängig von der Zuordnung der ArbVerh uU zu unterschiedl Rechtsträgern bei der Bestimmung der für die Anwendung des KSchG maßgebl **Arbeitnehmerzahl** (§ 23 I KSchG) berücksichtigt (Kallmeyer/*Willemsen* Rn 13; Lutter/*Joost* Rn 14; KölnerKommUmwG/*Hohenstatt/Schramm* Rn 8; Widmann/Mayer/*Wälzholz* Rn 14; Semler/Stengel/*Simon* Rn 13; *Bauer/Lingemann* NZA 1994, 1060; *Wlotzke* DB 1995, 44). Des Weiteren ist eine betriebsbedingte (§ 1 II 1 KSchG) Kündigung nur dann gerechtfertigt, wenn eine **Weiterbeschäftigung** in dem gemeinsam geführten Betrieb nicht mögl ist. Eine betriebsbedingte Kündigung scheidet daher auch dann aus, wenn innerh des gemeinsam geführten Betriebs bei einem anderen Rechtsträger ein freier Arbeitsplatz existiert, der mit dem ArbN, dessen Arbeitsplatz weggefallen ist, besetzt werden kann (Semler/Stengel/*Simon* Rn 14; Lutter/*Joost* Rn 14; KölnerKommUmwG/*Hohenstatt/Schramm* Rn 9; *Wlotzke* DB 1995, 40; *Bauer/Lingemann* NZA 1994, 1060). Das gilt auch, wenn ein freier Arbeitsplatz bei einem anderen Betrieb eines an der Führung des gemeinsamen Betriebs beteiligten Unternehmens (Rechtsträger) vorhanden ist, da für die Weiterbeschäftigungsmöglichkeit grdsl eine unternehmensbezogene Prüfung stattzufinden hat (§ 1 II Nr 1b KSchG; vgl auch BAG NZA 1995, 413; Lutter/*Joost* Rn 14; *Mengel* S 275 f mwN; aA Semler/Stengel/*Simon* Rn 13; Widmann/Mayer/*Wälzholz* Rn 15; KölnerKommUmwG/*Hohenstatt/Schramm* Rn 10). Auch sind bei einer notw werdenden **Sozialauswahl** (§ 1 III KSchG) alle vglbaren ArbN des gemeinsam geführten Betriebs einzubeziehen (BAG AP KSchG 1969 § 1 Nr 10; Widmann/Mayer/*Wälzholz* Rn 16; Semler/Stengel/*Simon* Rn 15; Lutter/*Joost* Rn 14; KölnerKommUmwG/*Hohenstatt/Schramm* Rn 11; *Wlotzke* DB 1995, 44; *Bauer/Lingemann* NZA 1994, 1060). Ferner ist für die Anwendung von § 15 KSchG und § 17 KSchG auf den gemeinsamen Betrieb abzustellen (Semler/Stengel/*Simon* Rn 16, 17; Widmann/Mayer/*Wälzholz* Rn 17, 18).

§ 323 Kündigungsrechtliche Stellung

(1) **Die kündigungsrechtliche Stellung eines Arbeitnehmers, der vor dem Wirksamwerden einer Spaltung oder Teilübertragung nach dem Dritten oder Vierten Buch zu dem übertragenden Rechtsträger in einem Arbeitsverhältnis steht, verschlechtert sich auf Grund der Spaltung oder Teilübertragung für die Dauer von zwei Jahren ab dem Zeitpunkt ihres Wirksamwerdens nicht.**

(2) **Kommt bei einer Verschmelzung, Spaltung oder Vermögensübertragung ein Interessenausgleich zustande, in dem diejenigen Arbeitnehmer namentlich bezeichnet werden, die nach der Umwandlung einem bestimmten Betrieb oder Betriebsteil zugeordnet werden, so kann die Zuordnung der Arbeitnehmer durch das Arbeitsgericht nur auf grobe Fehlerhaftigkeit überprüft werden.**

Schrifttum: Siehe Schrifttum § 322.

Übersicht

1. Allgemeines

Abs 1 bestimmt, dass sich die **kündigungsrechtl Stellung eines ArbN** innerh einer **Übergangsfrist von zwei Jahren** nicht verschlechtert. Die Reichweite der Vorschrift und ihr Verhältnis zu anderen arbeitsrechtl Normen im UmwG (§§ 321, 322, 324 iVm § 613a BGB) ist unklar. Die knappe RegEBegr, die ledigl erkennen lässt, dass „insbes" ein Unterschreiten der für die Anwendung des KSchG notw Beschäftigtenzahl nach § 23 I KSchG innerh der Übergangsfrist unbedeutend ist (RegEBegr BR-Drs 75/94 zu § 323), lässt viele Fragen offen, wie auch die lebhafte Diskussion in der Lit beweist. **1**

Einen völlig anderen Regelungsinhalt hat **Abs 2.** Die Einfügung der Vorschriften als Abs 2 unter der Überschrift „Kündigungsrechtliche Stellung" kann nur damit erklärt werden, dass sie erst aufgrund der Beratungen des BT-Rechtsausschusses eingefügt worden ist. Laut Bericht des Rechtsausschusses (BT-Drs 12/7850 zu § 323) lehnt sich die Vorschrift an ähnl Regelungen in der Insolvenzordnung (BGBl I 1994, 2866) an. Der Hinweis zielt auf **§ 125 InsO** (so auch *Wlotzke* DB 1995, 45; Lutter/*Joost* Rn 3; Kallmeyer/*Willemsen* Rn 20). Abs 2 bestimmt, dass bei der **Zuordnung von ArbN** zu bestimmten Betrieben oder Betriebsteilen bei einer Verschm, Spaltung oder Vermögensübertragung in einem **Interessenausgleich** die gerichtl Kontrolle eingeschränkt ist. Der Gesetzgeber schien wie selbstverständl davon auszugehen, dass eine Zuordnung von ArbN in einem Interessenausgleich mögl ist. Dies ist jedoch nicht unproblematisch, weil das Verhältnis zwischen Interessenausgleich, Übergang von ArbVerh nach § 613a BGB und der Zuordnung von ArbVerh in einem Spaltungs- oder Teilübertragungsvertrag nicht eindeutig geklärt ist. **2**

2. Voraussetzungen der Beibehaltung der kündigungsrechtlichen Stellung

a) Begriff des Arbeitnehmers. Abs 1 schützt die kündigungsrechtl Stellung eines ArbN. Zum Begriff des ArbN vgl § 134 Rn 5. **3**

4 **b) Spaltung oder Teilübertragung.** Der Schutz nach Abs 1 wird nur eingeräumt, wenn die Veränderung der kündigungsrechtl Stellung die **Folge einer Spaltung oder einer Teilübertragung** nach dem UmwG ist. Damit scheiden Veränderungen, die infolge anderer Umstrukturierungsmaßnahmen eintreten, aus. Des Weiteren muss die Verschlechterung die **kausale Folge** der Spaltung oder der Teilübertragung sein („aufgrund"; Semler/Stengel/*Simon* Rn 8; Lutter/*Joost* Rn 20; KölnerKommUmwG/*Hohenstatt/Schramm* Rn 24; *Boecken* Rn 281 ff; *Bauer/Lingemann* NZA 1994, 1061). Veränderungen, die andere Ursachen haben, sind nicht erfasst. Dazu zählen zB der Abschluss eines nachträgl Änderungsvertrages (vgl Lutter/*Joost* Rn 22), Umstrukturierungsvorgänge, die aufgrund eines rechtsgeschäftlichen Betriebsübergangs erfolgen (KölnerKommUmwG/*Hohenstatt/Schramm* Rn 4) oder eine rechtmäßige Änderungskündigung hinsichtl der kündigungsrechtl Stellung (Widmann/Mayer/*Wälzholz* Rn 13).

5 **c) Arbeitsverhältnis mit dem übertragenden Rechtsträger.** Abs 1 schützt nur die **ArbN des übertragenden Rechtsträgers.** Eine Verschlechterung der kündigungsrechtl Stellung der ArbN eines übernehmenden Rechtsträgers ist allerd auch kaum denkbar. Für die Fortdauer der kündigungsrechtl Stellung ist es unerhebl, ob das ArbVerh mit Wirksamwerden der Spaltung oder der Teilübertragung auf einen anderen Rechtsträger übergeht oder ob es mit dem übertragenden Rechtsträger fortbesteht. Voraussetzung ist ledigl, dass es in der logischen Sekunde vor dem Wirksamwerden einer Spaltung oder einer Teilübertragung (vgl §§ 131 I, 176 II, 188 III) mit dem übertragenden Rechtsträger bestanden hat. Maßgebl hierfür ist der **Abschluss des Arbeitsvertrages.** Auf die tats Arbeitsaufnahme kommt es nicht an.

3. Beibehaltung der kündigungsrechtlichen Stellung

6 Die Bedeutung der gesetzl Anordnung, dass sich die kündigungsrechtl Stellung nicht verschlechtert, ist zweifelhaft. Teilw wird als einzige **Rechtsfolge von Abs 1** der **Ausschluss von § 23 I KSchG** angesehen (so wohl *Baumann* DStR 1995, 891; wohl auch *Bauer/Lingemann* NZA 1994, 1060 f; *Kreßel* BB 1995, 928). Dies ist allerd unzutreffend. Der Wortlaut der Vorschriften lässt diese Einschränkung nicht zu: die kündigungsrechtl und nicht (nur) die kündigungs**schutz**rechtl Stellung (im letztgenannten Sinne wollen *Bauer/Lingemann* NZA 1994, 1060 f den Begriff „Kündigungsrechtliche Stellung" verstanden wissen) darf sich nicht verschlechtern. Das Kündigungsrecht geht aber über die Bestimmungen des KSchG hinaus (so zutr *Wlotzke* DB 1995, 44; Lutter/*Joost* Rn 9 mwN; KölnerKommUmwG/*Hohenstatt/Schramm* Rn 7 ff; *Boecken* Rn 274; Semler/Stengel/*Simon* Rn 7). Das lässt sich auch aus der Formulierung von § 322 II entnehmen, die vom KSchG spricht. Der Gesetzgeber war sich somit bewusst, dass der Anwendungsbereich von Abs 1 weiter ist. Die RegEBegr taugt nicht als Gegenargument. Sie stellt durch die Verwendung des Begriffs „insbes" klar, dass § 23 KSchG nur ein beispielhafter Anwendungsfall ist (RegEBegr BR-Drs 75/94 zu § 323).

7 Bei jeder Kündigung eines vom Schutzbereich erfassten ArbVerh ist somit zu prüfen, ob die **Kündigung vor Wirksamwerden der Spaltung oder Teilübertragung rechtmäßig** gewesen wäre. Ist das Erg negativ, ist zu klären, inwieweit die verletzte Vorschrift von Abs 1 erfasst wird. Zwar besteht Einigkeit, dass nicht alle Vorschriften, die sich mit der Kündigung beschäftigen, unter Abs 1 fallen (vgl Kallmeyer/*Willemsen* Rn 2; Widmann/Mayer/*Wälzholz* Rn 8 ff). Von Fall zu Fall differieren die Ansichten jedoch. Das Unterschreiten der Mindestarbeitnehmer-

zahl nach § 23 I KSchG gehört noch zu den unstreitigen Tatbeständen. Insoweit kann sich der betroffene ArbN auf Bestandschutz berufen (Semler/Stengel/*Simon* Rn 10; Lutter/*Joost* Rn 10 mwN; KölnerKommUmwG/*Hohenstatt/Schramm* Rn 13). Streitig ist hingegen der **Sonderkündigungsschutz für Betriebsratsmitglieder,** die aufgrund der Abspaltung ihr Amt verlieren. Teilw wird auf § 15 I 2 KSchG (Kallmeyer/*Willemsen* Rn 13 – mit der Konsequenz eines nur einjährigen Bestandschutzes), nach aA zutr auf § 323 I abgestellt (Lutter/*Joost* Rn 12; ErfK/*Ascheid* § 15 KSchG Rn 32; Widmann/Mayer/*Wälzholz* Rn 11; KölnerKommUmwG/*Hohenstatt/Schramm* Rn 17).

Die **tarifvertragl** oder auf einer Betriebsvereinbarung beruhenden **Verbesserungen der kündigungsrechtl Stellung** (etwa Ausschluss der ordentl Kündbarkeit, Verlängerung der Kündigungsfristen) wirken zunächst fort. Folgt die kündigungsrechtl Stellung vor Wirksamwerden der Spaltung oder der Teilübertragung aus einem Tarifvertrag oder aus einer Betriebsvereinbarung, so verschlechtert sich diese auch dann nicht, wenn ein Betriebsübergang iSv § 613a BGB vorliegt (dazu § 131 Rn 56) und bei dem übernehmenden Betrieb ebenfalls eine, allerd schlechtere, kollektivrechtl Regelung besteht (§ 613a I 3 BGB gilt nicht, str; wie hier Lutter/*Joost* Rn 24; KölnerKommUmwG/*Hohenstatt/Schramm* Rn 12; *Boecken* Rn 303 je mwN; *Wlotzke* DB 1995, 44; aA *Kreßel* BB 1995, 928; Kallmeyer/*Willemsen* Rn 16 mwN; WHSchS/*Willemsen* H Rn 156; zu Gesamtbetriebsratsvereinbarungen vgl *Röder/Haußmann* DB 1999, 1754). 8

Von Abs 1 erfasst werden allerd nur Vorschriften, die die Kündigung erschweren, nicht hingegen **bloße Ordnungsvorschriften** oder Vorschriften, die die wirksame Kündigung voraussetzen. So ist Abs 1 nicht auf die Mitwirkung des Betriebsrats gem § 102 I BetrVG anwendbar, wenn der neue Betrieb nicht betriebsratsfähig ist (Kallmeyer/*Willemsen* Rn 14 mwN; *Boecken* Rn 277 f; Widmann/Mayer/*Wälzholz* Rn 4; KölnerKommUmwG/*Hohenstatt/Schramm* Rn 19; Lutter/*Joost* Rn 14 mwN auch zur aA). Das Gleiche gilt für andere betriebsverfassungsrechtl Regelungen, die die Kündigung betreffen und nur für den Betrieb des übertragenden Rechtsträgers Bedeutung entfalten (zB § 95 BetrVG, AuswahlRL; §§ 111, 112, 112a BetrVG, Interessenausgleich und Sozialauswahl). Auch für die Anzeige nach § 17 KSchG kommt es nicht auf die Zahl der Mitarbeiter beim übertragenden Rechtsträger vor Wirksamwerden der Spaltung an (Kallmeyer/*Willemsen* Rn 12; Lutter/*Joost* Rn 19; KölnerKommUmwG/*Hohenstatt/Schramm* Rn 16 mwN auch zur aA; *Bauer/Lingemann* NZA 1994, 1061; Widmann/Mayer/*Wälzholz* Rn 10; aA *Boecken* Rn 275). 9

Keine Bedeutung hat Abs 1 für die Bestimmung der **Betriebsbedingtheit einer Kündigung** (Lutter/*Joost* Rn 17; *Rieble* FS Wiese, 1998, 474; Widmann/Mayer/*Wälzholz* Rn 9; KölnerKommUmwG/*Hohenstatt/Schramm* Rn 15 mwN auch zur aA; aA *Boecken* Rn 275; *Däubler* RdA 1995, 143) oder die **Sozialauswahl** (Kallmeyer/*Willemsen* Rn 3; Lutter/*Joost* Rn 18; Widmann/Mayer/*Wälzholz* Rn 9; aA *Boecken* Rn 275; *Däubler* RdA 1995, 143) anlässl einer betriebsbedingten Kündigung (vgl § 1 KSchG). Es ist nicht auf die Verhältnisse beim übertragenden Rechtsträger vor Wirksamwerden der Spaltung abzustellen. 10

4. Zwei-Jahres-Frist

Die (fiktive) Beibehaltung der kündigungsrechtl Stellung ist auf die Dauer von **zwei Jahren** befristet. Die **Frist beginnt** mit dem Wirksamwerden der Spaltung oder der Teilübertragung (vgl §§ 131 I, 126 II, 188 III). Die **Fristberechnung** 11 erfolgt nach §§ 187 I, 188 II BGB. **Beispiel:** Eintragung der Spaltung in das Register des übertragenden Rechtsträgers am 15.6.2001, Ablauf der Frist von Abs 1 am 15.6.2003. Maßgebl Zeitpunkt ist der **Zugang der Kündigungserklärung** (Semler/Stengel/*Simon* Rn 17; KölnerKommUmwG/*Hohenstatt/Schramm* Rn 26), da zu diesem Zeitpunkt die Voraussetzungen für eine wirksame Kündigung vorliegen müssen und sich diese wieder nach der kündigungsrechtl Stellung bestimmen.

5. Voraussetzungen eines Interessenausgleichs

12 **a) Notwendigkeit einer Betriebsänderung. Abs 2** schränkt die gerichtl Nachprüfbarkeit der Zuordnung von ArbN iRe Interessenausgleich ein, ohne selbst die Voraussetzungen für den Abschluss eines Interessenausgleichs zu benennen. Maßgebl ist daher **§ 112 BetrVG.** Der Abschluss eines Interessenausgleichs setzt eine **Betriebsänderung iSv § 111 BetrVG** voraus (Lutter/*Joost* Rn 33). Als Betriebsänderung gelten ua der Zusammenschluss mit anderen Betrieb oder die Spaltung von Betrieben (§ 111 S 2 Nr 3 BetrVG). Aber nicht jede Verschm, Spaltung oder Vermögensübertragung ist zugleich eine Betriebsänderung iSv § 111 BetrVG.

13 **b) Voraussetzungen der Betriebsänderung.** Eine Betriebsänderung iSv § 111 BetrVG ist ua der Zusammenschluss von Betrieben. Zum Betriebsbegriff vgl § 322 Rn 1. Der **Zusammenschluss** muss Folge einer Verschm, Spaltung oder Vermögensübertragung sein. Es ist zu beachten, dass allein die Tats des (rechtl) Wirksamwerdens der Umw (vgl §§ 20 I, 131 I, 176 III, 177 II) nicht zu Veränderungen der betriebl Struktur führt. Die Kausalität zwischen Umw und Zusammenschluss von Betrieben muss daher idS verstanden werden, dass der Zusammenschluss die **unmittelbare tats Folge** der durch die Umw veränderten rechtl Situation ist (Semler/Stengel/*Simon* Rn 21).

14 Betriebsänderung iSv § 111 ist auch die Spaltung **von Betrieben** (§ 111 S 2 Nr 3 BetrVG). Zur Spaltung von Betrieben vgl § 322 (§ 21a BetrVG) Rn 6 ff. Auch dies kann nicht unmittelbar rechtl Folge der Umw sein. Entscheidung ist die durch die Rechtsfolgen der Umw bewirkte **tats Trennung** eines bislang einheitl Betriebs in mindestens zwei Teile.

6. Zuordnung von Arbeitsverhältnissen

15 **a) Zuordnung zu Betrieben.** Ein von Abs 2 erfasster Interessenausgleich muss die **namentl Zuordnung von ArbN zu bestimmten Betrieben oder Betriebsteilen** enthalten. Eine derartige Zuordnung von ArbVerh kann **auch bei einer Verschm** oder einer Vollübertragung erfolgen (KölnerKommUmwG/*Hohenstatt/Schramm* Rn 29; Semler/Stengel/*Simon* Rn 19; zweifelnd insoweit *Kreßel* BB 1995, 928). Zwar findet hier im Zusammenhang mit der Umw keine Zuordnung der ArbVerh zu einem Rechtsträger statt, weil alle ArbVerh auf den übernehmenden oder neuen Rechtsträger übergehen; es kann sich aber infolge der anschl Betriebsänderung (Zusammenschluss oder Spaltung von Betrieben; dazu Rn 13 f) die Notwendigkeit von Versetzungen ergeben (Lutter/*Joost* Rn 26; vgl auch *Wlotzke* DB 1995, 45, der hierin eine mögl Deutung von Abs 2 erblickt, ohne sich festzulegen). Diese Zuordnung von ArbN zu Betrieben oder Betriebsteilen ist entscheidend. Abs 2 meint nicht den Rechtsträger (also idR das Unternehmen), sondern die arbeitstechnische Einheit „Betrieb" (vgl § 322 Rn 1).

b) Rechtsträgerzuordnung. Im Interessenausgleich können aber nicht nur **Zuordnungen** zu gewissen Betrieben, sondern – bei Spaltungen und bei Teilübertragungen – auch **zu verschiedenen Rechtsträgern** vorgenommen werden (vgl etwa Lutter/*Joost* Rn 26; *Wlotzke* DB 1995, 45; *Kreßel* BB 1995, 928; *Bauer/Lingemann* NZA 1994, 1061). Damit bedarf das Verhältnis zwischen einem Interessenausgleich iSv Abs 2, den Wirkungen von § 613a BGB und den Bestimmungen im Spaltungsvertrag hinsichtl des Übergangs von ArbVerh einer Klärung (so auch Lutter/*Joost* Rn 37 f; vgl auch Kallmeyer/*Willemsen* § 324 Rn 59; KölnerKommUmwG/*Hohenstatt/Schramm* Rn 32; aA *Boecken* Rn 125 f, nach dem Abs 2 nur solche Fälle betrifft, die nicht von § 324 erfasst sind). 16

Maßgebl ist zunächst der **Inhalt des Spaltungsvertrags** oder Teilübertragungsvertrags bzw des Spaltungsplans (§§ 126, 136, 177, 176 II). Anhand der dort geregelten **Vermögensaufteilung** bestimmt sich, ob Betriebe oder Betriebsteile iSv § 613a BGB übertragen werden. Ist dies der Fall, so gehen die diesen Betrieben oder Betriebsteilen eindeutig zuordenbaren ArbVerh gem § 613a I 1 BGB auf diejenigen Rechtsträger über, denen die Betriebe oder Betriebsteile im Spaltungsvertrag zugeordnet worden sind (vgl hierzu § 131 Rn 58 ff). Sind Betriebe oder Betriebsteile nicht Gegenstand der Vermögensübertragung, bestimmt sich der Übergang von ArbVerh nach den **Festlegungen im Spaltungsvertrag** oder im Teilübertragungsvertrag (§ 126 Rn 98 und § 131 Rn 52). Entsprechendes gilt trotz der Übertragung von Betrieben oder Betriebsteilen hinsichtl ArbVerh, die **keinem Betrieb oder Betriebsteil eindeutig zugeordnet** werden können. Auf diese Fälle ist die Anwendbarkeit von Abs 2 beschränkt (vgl Lutter/*Joost* Rn 38; KölnerKommUmwG/*Hohenstatt/Schramm* Rn 36; *Wlotzke* DB 1995, 45; *Kreßel* BB 1995, 928; Kallmeyer/*Willemsen* § 324 Rn 59). Kommt zugleich ein **Interessenausgleich** iSv Abs 2 zustande und enthält dieser vom Spaltungsvertrag **abw Festlegungen,** so sind die Bestimmungen im Spaltungsvertrag vorrangig. Den betroffenen ArbN steht allerd nach **§ 113 II BetrVG** ein **Nachteilsausgleichsanspruch** zu. Ein Vorrang des Interessenausgleichs ggü dem Spaltungsvertrag oder Teilübertragungsvertrag kann nicht angenommen werden, weil dabei den Betriebspartnern die Möglichkeit eingeräumt würde, in die **ausschließl Kompetenz der Anteilsinhaberversammlung** einzugreifen. Denn über das Wirksamwerden des Spaltungsvertrags oder der Teilübertragung und damit auch über dessen Inhalt entscheiden ausschließl die Anteilsinhaberversammlung (§ 13 I). Dann können die Betriebspartner, also die Vertretungsorgane des Rechtsträgers und die zuständigen Betriebsräte, keine hiervon abw Vereinbarungen mit unmittelbarer Außenwirkung treffen (**aA** die wohl **hM,** vgl Kallmeyer/*Willemsen* § 324 Rn 61; *Bauer/Lingemann* NZA 1994, 1061). Zulässig ist es allerd, statt der Aufzählung der übergehenden ArbVerh im Spaltungsvertrag oder im Teilübertragungsvertrag auf den bereits abgeschlossenen Interessenausgleich zu verweisen. Aber auch dann ist konstitutiv der Spaltungsvertrag oder Teilübertragungsvertrag; der Interessenausgleich wird ledigl zu dessen Bestandteil. 17

Stimmen hingegen die Festlegungen im Spaltungsvertrag oder im Teilübertragungsvertrag mit den sich aus § 613a I 1 BGB ergebenden Rechtsfolgen nicht überein, so entfaltet die Zuordnung im Spaltungsvertrag keine Wirkung (**Priorität von § 613a BGB,** vgl § 131 Rn 58 ff). Dies ist kein Widerspruch zum Rn 17 dargestellten Vorrang des Spaltungsvertrag bzw Teilübertragungsvertrags ggü den Festlegungen in einem Interessenausgleich. Im Unterschied zum Interessenausgleich stellt § 613a BGB eine **zwingende gesetzl Regelung** dar, der sich auch 18 die Anteilsinhaberversammlung unterwerfen muss. Der **Interessenausgleich** wiederum hat keinen Vorrang ggü § 613a BGB (so Lutter/*Joost* Rn 38; *Wlotzke* DB 1995, 45 und wohl auch *Kreßel* BB 1995, 928; offengelassen von *Bauer/Lingemann* NZA 1994, 1061; aA *Kallmeyer* ZIP 1994, 1757). Denn auch dort ist der zwingende Charakter von § 613a BGB zu beachten.

19 Im **Interessenausgleich** können allerd ArbVerh Betrieben oder Betriebsteilen zugeordnet werden, deren **Zuordnung** aufgrund ihrer Tätigkeit zu einem bestimmten Betrieb oder Betriebsteil **nicht zweifelsfrei** ist (so auch Lutter/*Joost* Rn 38; *Wlotzke* DB 1995, 45; *Kreßel* BB 1995, 928). Der Übergang des ArbVerh erfolgt auch in diesem Fall nach § 613a BGB. Die Rechtsfolgen werden nur durch den Interessenausgleich konkretisiert. Dies ist der einzige Anwendungsfall, in dem dem Interessenausgleich bei der Übertragung eines ArbVerh auf einen anderen Rechtsträger (zur Betriebszuordnung ohne Rechtsträgerwechsel vgl Rn 15) wenigstens mittelbare Außenwirkung zukommt. Zur ggf eintretenden Nachteilsausgleichspflicht vgl § 113 II BetrVG.

7. Eingeschränkte Überprüfung

20 Ein Interessenausgleich, der namentl bezeichnete ArbN bestimmten Betrieben oder Betriebsteilen zuordnet, ist nach **Abs 2** durch das ArbG nur auf grobe Fehlerhaftigkeit zu überprüfen. **Grob fehlerhaft** ist die Zuordnung, wenn sie sich unter keinem Gesichtspunkt sachl rechtfertigen lässt (Lutter/*Joost* Rn 40 mwN; KölnerKommUmwG/*Hohenstatt/Schramm* Rn 43; *Bauer/Lingemann* NZA 1994, 1061; ähnl wohl *Wlotzke* DB 1995, 45: „offensichtl fehlerhaft"). Maßstab hierfür ist zunächst § 613a BGB. Dies folgt bereits aus den europarechtl Vorgaben durch die BetriebsübergangsRL der EG (§ 321 Rn 5), worauf *Bauer/Lingemann* (NZA 1994, 1061) zutr hinweisen. Da im Interessenausgleich jedoch nicht wirksam von den nach § 613a BGB eintretenden Rechtsfolgen abgewichen werden kann (dazu Rn 17), beschränkt sich die Bedeutung darauf, dass eine Zuordnung von ArbVerh, die einem Betrieb oder Betriebsteil nicht eindeutig zugeordnet sind, dann grob fehlerhaft ist, wenn die aus § 613a BGB folgenden **gesetzl Wertungen vollständig missachtet** worden sind. Dies wäre bspw der Fall, wenn ein ArbVerh eines ArbN, der für zwei Betriebe tätig war, einem dritten Betrieb, der mit der bisherigen Tätigkeit in keinem Zusammenhang steht, zugeordnet werden würde. Entsprechendes müsste man wohl annehmen, wenn ein ArbVerh einem Betrieb zugeordnet wird, in dem der ArbN bislang nur völlig untergeordnet tätig war. Außerh des Anwendungsbereichs von § 613a BGB, also bei betriebl Veränderungen ohne Betriebs- oder Betriebsteilübergang, ist die Zuordnung eines ArbN grob fehlerhaft, wenn sie **willkürl,** also ohne Zugrundelegung sachl gerechtfertigter Gesichtspunkte und ohne angemessene Berücksichtigung der Interessen des ArbN, erfolgt.

21 Ob die **Beweislast** für die grobe Fehlerhaftigkeit dem ArbN obliegt, ist zweifelhaft (so *Bauer/Lingemann* NZA 1994, 1061; Lutter/*Joost* Rn 41; KölnerKommUmwG/*Hohenstatt/Schramm* Rn 45). Sachgerecht erscheint eine **abgestufte Darlegungs- und Beweislast.** Danach muss zunächst der ArbN die grobe Fehlerhaftigkeit behaupten. In diesem Fall muss der Arbeitgeber die Gesichtspunkte für die Zuordnung offenbaren. Kommt der Arbeitgeber dieser Verpflichtung nach, muss der ArbN ggf den Vortrag substantiiert bestreiten oder die Berücksichtigung anderer Erwägungen darlegen und nötigenfalls beweisen.

8. Individualrechtliche Auswirkungen

Der Interessenausgleich selbst bewirkt keine unmittelbare individualrechtl Änderung (vgl im Unterschied dazu §§ 112 I 3, 77 IV BetrVG für den Sozialplan), insbes keinen Übergang des ArbVerh auf einen anderen Rechtsträger. Aber auch bei einer bloß betriebl Zuordnung ohne Veränderung des Rechtsträgers bedarf es der **individualrechtl Umsetzung der im Interessenausgleich vereinbarten Maßnahmen.** Soweit die Zuordnung zu einem Betriebsteil individualrechtl eine Versetzung darstellt, muss eine Änderungsvereinbarung mit dem ArbN getroffen, ggf muss eine Änderungskündigung ausgesprochen werden. Wehrt sich der ArbN gegen die individualrechtl Maßnahmen, so ist die inzidente gerichtl Prüfung auf grobe Fehlerhaftigkeit beschränkt (dazu Rn 20 f). 22

§ 324 Rechte und Pflichten bei Betriebsübergang

§ 613a Abs. 1, 4 bis 6 des Bürgerlichen Gesetzbuchs bleibt durch die Wirkungen der Eintragung einer Verschmelzung, Spaltung oder Vermögensübertragung unberührt.

Schrifttum: Siehe Schrifttum § 322.

Die gesetzl Anordnung in § 324, dass **§ 613a I und IV bis VI BGB** durch die Wirkungen der Eintragung einer Verschm, Spaltung oder Vermögensübertragung **unberührt** bleibt, ist erst bei den Beratungen des Rechtsausschusses des BT (Bericht des Rechtsausschusses BT-Drs 12/7850 zu § 324) eingefügt worden; der RegE erwähnte § 613a I 1 BGB ursprüngl in § 132 (RegEBegr BR-Drs 75/94 zu § 132). Nach früher hM fand § 613a BGB auf Betriebsübergänge im Wege der Gesamtrechtsnachfolge keine Anwendung. Daher erstaunt es eigentl, dass der Gesetzgeber nicht positiv die Geltung von § 613a BGB bei Umw im Wege der Gesamtrechtsnachfolge angeordnet hat („bleibt unberührt"). Die Vorschrift war allerd Anlass, die früher hM neu zu überdenken; die **Anwendbarkeit von § 613a BGB bei Umw** ist nunmehr von der Rspr (BAG ZIP 2000, 1630) und der Lit (Lutter/*Joost* Rn 3; Kallmeyer/*Willemsen* Rn 1; KölnerKommUmwG/*Hohenstatt/Schramm* Rn 4 je mwN; *Heinze* DB 1998, 1861) **anerkannt.** § 324 ist **keine Rechtsfolgenverweisung** (BAG ZIP 2000, 1636; Kallmeyer/*Willemsen* Rn 2; KölnerKommUmwG/*Hohenstatt/Schramm* Rn 4; Semler/Stengel/*Simon* Rn 3; aA *Kreßel* BB 1995, 928: § 324 begründe konstitutiv die Anwendung der Rechtsfolgen von § 613a I und IV BGB; dies bedeute, dass diese Fälle ebenfalls wie Betriebsübergänge iSv § 613a BGB zu behandeln seien). § 613a BGB findet daher nur Anwendung, wenn die Voraussetzungen der Norm erfüllt sind. Es muss also insbes ein Betriebs- oder Betriebsteilübergang vorliegen (hierzu näher § 131 Rn 58 ff). 1

Die Bedeutung von § 613a BGB im UmwR ist groß. Bei Verschm gehen zwar die ArbVerh bereits kraft Gesamtrechtsnachfolge über, diese erfasst aber nicht zwingend bislang bestehende **kollektivrechtl Vereinbarungen.** Hier wird § 613a I 2–4 BGB bedeutsam (vgl im Einzelnen § 20 Rn 105 ff). Entsprechendes gilt bei Spaltungen oder Teilübertragungen (vgl im Einzelnen § 131 Rn 58 ff). Bei diesen Umwandlungsformen kommt ergänzend hinzu, dass ein Übergang von ArbVerh auf verschiedene Rechtsträger erfolgen kann. Auch insoweit ist § 613a BGB zu beachten. Zweifelhaft ist das Verhältnis zu dem von § 323 II vorausgesetzten Interessenausgleich (vgl hierzu § 323 Rn 16 ff). 2

§ 325 Mitbestimmungsbeibehaltung

(1) [1] **Entfallen durch Abspaltung oder Ausgliederung im Sinne des § 123 Abs. 2 und 3 bei einem übertragenden Rechtsträger die gesetzlichen Voraussetzungen für die Beteiligung der Arbeitnehmer im Aufsichtsrat, so finden die vor der Spaltung geltenden Vorschriften noch für einen Zeitraum von fünf Jahren nach dem Wirksamwerden der Abspaltung oder Ausgliederung Anwendung.** [2] **Dies gilt nicht, wenn die betreffenden Vorschriften eine Mindestzahl von Arbeitnehmern voraussetzen und die danach berechnete Zahl der Arbeitnehmer des übertragenden Rechtsträgers auf weniger als in der Regel ein Viertel dieser Mindestzahl sinkt.**

(2) [1] **Hat die Spaltung oder Teilübertragung eines Rechtsträgers die Spaltung eines Betriebes zur Folge und entfallen für die aus der Spaltung hervorgegangenen Betriebe Rechte oder Beteiligungsrechte des Betriebsrats, so kann durch Betriebsvereinbarung oder Tarifvertrag die Fortgeltung dieser Rechte und Beteiligungsrechte vereinbart werden.** [2] **Die §§ 9 und 27 des Betriebsverfassungsgesetzes bleiben unberührt.**

Schrifttum: Siehe Schrifttum § 322.

1. Allgemeines

1 Die Vorschrift ist das Erg des Vermittlungsverfahrens (Beschlussempfehlung des Vermittlungsausschusses BT-Drs 12/8415 zu § 325). Der RegE enthielt noch überhaupt keine Regelung über die **Beibehaltung von Mitbestimmungsrechten und Rechten des Betriebsrats.** Insbes der im Vermittlungsausschuss erzielte Kompromiss über die Mitbestimmungsbeibehaltung ermögl die Verabschiedung des UmwBerG noch in der Legislaturperiode des 12. Deutschen Bundestages.

2 **Abs 1** sieht im Wesentl vor, dass bei Abspaltungen oder Ausgliederungen beim übertragenden Rechtsträger die Mitbestimmung für einen Zeitraum von fünf Jahren grdsl auch dann noch besteht, wenn nach Wirksamwerden der Spaltung die gesetzl Voraussetzungen der Mitbestimmung an sich nicht mehr erfüllt werden. Da Spaltungen oder Teilübertragungen oft auch Spaltungen eines Betriebs zur Folge haben, können sich auch auf betriebsverfassungsrechtl Ebene Einschränkungen der Rechte oder Beteiligungsrechte des Betriebsrats ergeben. **Abs 2** enthält eine Öffnungsklausel zugunsten von Betriebsvereinbarungen oder Tarifverträgen, die die Fortgeltung dieser Rechte zum Inhalt haben.

2. Voraussetzungen der Mitbestimmungsbeibehaltung

3 **a) Wegfall der Voraussetzungen der Mitbestimmung im Aufsichtsrat beim übertragenden Rechtsträger.** Abs 1 geht davon aus, dass beim übertragenden Rechtsträger bislang die Voraussetzungen für die Beteiligung der ArbN im AR bestanden. Eine derartige **Beteiligung im AR** kann sich aus folgenden Vorschriften ergeben:

4 – §§ 1, 4 **MitbestG:** In Unternehmen in der Rechtsform einer AG, KGaA, GmbH, GmbH & Co KG oder eG mit idR mehr als 2000 ArbN ist der AR paritätisch zu besetzen (§§ 1, 7 MitbestG). Eine Stimmenmehrheit der Anteilseignerseite im AR ergibt sich ledigl aus dem Umstand, dass die Aufsichtsratsmitglieder der Anteilseigner die Wahl des Aufsichtsratsvorsitzenden notfalls allein bestimmt können (§ 27 I, II MitbestG) und dieser bei Stimmen-

gleichheit zwei Stimmen besitzt (§ 29 II MitbestG). Ferner ist ein Arbeitsdirektor als gleichberechtigtes Mitglied des Vertretungsorgans – außer bei einer KGaA – zu bestellen (§ 33 MitbestG).

– §§ 1, 4 **MontanMitbestG:** In Unternehmen der Montan-Industrie in der Rechtsform einer AG oder GmbH mit idR mehr als 1000 ArbN ist der AR ebenfalls mit Vertretern der ArbN zu besetzen (§ 4 MontanMitbestG); Entsprechendes gilt gem § 5 **MitbestErgG** für AG, GmbH, wenn das abhängige Unternehmen dem MontanMitbestG unterliegt (§§ 1, 2 MitbestErgG). 5

– §§ 1, 4 **DrittelbG.** Das DrittelbG vom 18.5.2004 (BGBl I 974) ersetzt mit geringfügigen inhaltl Änderungen die bisher in §§ 76, 77 BetrVG 1952 geregelte Drittelmitbestimmung in AG, KGaA, GmbH, VVaG und eG mit idR mehr als 500 ArbN (zu Besonderheiten bei vor dem 10.8.1994 eingetragenen AG vgl § 1 I Nr 1 DrittelbG). Die Mitbestimmung nach dem MitbestG, MontanMitbestG und MitbestErgG ist vorrangig (§ 1 II DrittelbG). In den erfassten Unternehmen muss der AR zu einem Drittel aus Arbeitnehmervertretern bestehen (§ 4 DrittelbG). 6

Die Anwendung von Abs 1 setzt voraus, dass die **Tatbestandsvoraussetzungen** dieser Mitbestimmungsregelungen **nach Wirksamwerden der Umw entfallen.** Dies ist nach Sinn und Zweck der Vorschriften auch dann anzunehmen, wenn die Tb-Merkmale der bislang einschlägigen („strengeren") Mitbestimmungsvorschriften nicht mehr erfüllt sind, stattdessen aber eine andere („mildere") Mitbestimmungsregelung eingreifen würde (Lutter/*Joost* Rn 20; KölnerKomm-UmwG/*Hohenstatt/Schramm* Rn 9; Widmann/Mayer/*Wißmann* Rn 11). 7

Beispiel: 8

Eine bislang dem Anwendungsbereich des MitbestG unterliegende AG hat nach der Abspaltung ledigl noch 1500 Beschäftigte, sodass die Mitbestimmung nach dem DrittelbG eintreten würde. In diesem Fall gilt für die Übergangszeit weiterhin das MitbestG.

b) Abspaltung oder Ausgliederung. Der Wegfall der Mitbestimmung muss **als Folge einer Abspaltung oder Ausgliederung** eingetreten sein. **Aufspaltungen** scheiden naturgemäß aus, da hierbei der übertragende Rechtsträger erlischt (§ 131 I Nr 2; vgl Rn 14). Aber auch alle anderen Umwandlungsformen des UmwG (vgl § 1 I) sind vom Anwendungsbereich ausgeschlossen. So tritt etwa keine Mitbestimmungsbeibehaltung iSv Abs 1 ein, wenn ein mitbestimmungspflichtiger Rechtsträger durch Formwechsel (§§ 190 ff, 203) eine Rechtsform erhält, bei der keine Mitbestimmung im AR besteht (etwa PhG). Nachdem § 325 erst buchstäbl in letzter Minute als Kompromiss im Vermittlungsausschuss eingefügt worden ist (Rn 1), ist eine Erweiterung des Anwendungsbereichs durch **Analogie** unvertretbar (§ 1 Rn 68 ff; vgl auch Lutter/*Joost* Rn 13; KölnerKommUmwG/*Hohenstatt/Schramm* Rn 6; *Boecken* Rn 427). Allg zur Mitbestimmung iRd UmwG vgl *Bartodziej* ZIP 1994, 580. 9

c) Ein Viertel der Mindestzahl. Gem **Abs 1 S 2** findet Abs 1 S 1 dann keine Anwendung, wenn die Mindestanzahl der ArbN in den Rn 3 ff aufgeführten Mitbestimmungsvorschriften so deutl unterschritten wird, dass der übertragende Rechtsträger nach Wirksamwerden der Spaltung nur noch über eine Belegschaft verfügt, die nachhaltig **ein Viertel der Mindestmitgliederzahl** nicht erreicht. Diese Ausnahme war nicht zuletzt **verfassungsrechtl geboten** (vgl BVerfGE 36, 1 – Mitbestimmungsurteil), weil bei dieser geringen Zahl von Beschäftigten eine (drittel)paritätische Mitbestimmung für den Arbeitgeber nicht mehr zumutbar ist. 10

Bei der Berechnung der nach Abs 1 S 2 maßgebl Anzahl an Arbeitnehmern kommt es auf den **nachhaltigen Stand der Belegschaft** („idR ein Viertel") an. Deswegen ist es für den Wegfall der Mitbestimmungsbeibehaltung unerhebl, ob die Beschäftigtenzahl unmittelbar nach der Abspaltung oder der Ausgliederung oder **erst zu einem späteren Zeitpunkt** innerh der Fünf-Jahres-Frist auf weniger als idR ein Viertel dieser Mindestzahl sinkt (so auch *Wlotzke* DB 1995, 47; *Boecken* Rn 434; Widmann/Mayer/*Wißmann* Rn 36; Lutter/*Joost* Rn 31 ff; Semler/Stengel/*Simon* Rn 24; KölnerKommUmwG/*Hohenstatt/Schramm* Rn 16; aA Kallmeyer/*Willemsen* Rn 8). Mit Unterschreiten der Mindestgrenze endet die Beteiligung des ArbN im AR für die Zukunft (ex nunc). Geringe Schwankungen sind unbeachtl.

3. Beibehaltung der Mitbestimmung

11 **a) Beim übertragenden Rechtsträger.** Die **Mitbestimmungsbeibehaltung** erfolgt **nur beim übertragenden Rechtsträger.** Ob beim übernehmenden oder beim neuen Rechtsträger die ArbN im AR zu beteiligen sind, richtet sich ausschließl nach den in Rn 3 ff bezeichneten mitbestimmungsrechtl Regelungen (*Wlotzke* DB 1995, 47; *Kreßel* BB 1995, 926; *Kallmeyer* ZIP 1994, 1747; Lutter/*Joost* Rn 27; Kallmeyer/*Willemsen* Rn 8; Semler/Stengel/*Simon* Rn 2).

12 **b) Anwendbare Mitbestimmungsregelung.** Beibehalten wird für die Übergangszeit diejenige Mitbestimmungsregelung, die vor Wirksamwerden der Aufspaltung oder der Ausgliederung auf den übertragenden Rechtsträger zutraf. Dies gilt auch, wenn der übertragende Rechtsträger nach Wirksamwerden der Umw die Voraussetzungen einer anderen Mitbestimmungsregelung erfüllt.

13 **c) Übergangsfrist.** Die Mitbestimmung wird für einen **Zeitraum von fünf Jahren** nach dem Wirksamwerden der Abspaltung oder der Ausgliederung (§ 131 I) beibehalten (Abs 1 S 1). Für die Fristberechnung gelten §§ 187 I, 188 II BGB. **Beispiel:** Eintragung am 15.6.2001, Frist-Ende am 15.6.2006.

14 Abs 1 ist nicht (entsprechend) anwendbar, wenn zur Vermeidung der Mitbestimmungsbeibehaltung statt einer **Abspaltung** bewusst eine Aufspaltung durchgeführt worden ist (Widmann/Mayer/*Wißmann* Rn 9). Aufspaltung und Abspaltung sind vom Gesetz vorgegebene gleichberechtigte Spaltungsformen, die teilw unterschiedl Rechtsfolgen nach sich ziehen. Es kann kein Nachteil daraus erwachsen, dass die Entscheidung für eine zulässige Umwandlungsform gewählt wird, mit der eine gewünschte Rechtsfolge erreicht werden kann.

15 Die **Amtszeit der Arbeitnehmervertreter** endet nicht automatisch mit Fristablauf (§ 96 II AktG, § 1 I Nr 3, 5 DrittelbG, § 6 II MitbestG, § 3 II MontanMitbestG). Es ist vielmehr das **Verfahren nach §§ 97–99 AktG** durchzuführen.

4. Voraussetzungen der Beibehaltung betriebsverfassungsrechtlicher Rechte

16 **a) Spaltung eines Betriebes durch Spaltung oder Teilübertragung.** Die durch **Abs 2** eröffnete Möglichkeit der **Beibehaltung betriebsverfassungsrechtl Rechte** setzt voraus, dass infolge einer Spaltung oder Teilübertragung eines Rechtsträgers (vgl §§ 123, 177) ein Betrieb gespalten wird. Zum Betriebsbegriff und zur Spaltung eines Betriebs vgl § 322 Rn 1. Das Wirksamwerden der Spaltung oder der Teilübertragung (§§ 131 I, 177 II, 176 III) an sich bewirkt noch keine Betriebsspaltung. Ein ausreichender **Ursachenzusammenhang** zwischen

Rechtsträger und Betriebsspaltung liegt jedoch bereits dann vor, wenn die Betriebsspaltung unmittelbare tats Folge der durch die Spaltung bewirkten rechtl Veränderung ist (vgl dazu § 323 Rn 13 f).

b) Entfallen von Rechten des Betriebsrats. Die Betriebsspaltung muss dazu führen, dass zukünftig **Rechte oder Beteiligungsrechte des Betriebsrats** in dem aus der Spaltung hervorgegangen Betrieb **entfallen.** Dies ist nicht der Fall, solange das **Übergangsmandat** nach § 21a BetrVG besteht (vgl dazu im Einzelnen § 321) oder die Rechtsträger den Betrieb gem § 322 I als gemeinsamen Betrieb führen. IÜ bestehen im Betriebsverfassungsrecht diverse Vorschriften, die die Rechte oder Beteiligungsrechte des Betriebsrats in Abhängigkeit von der Beschäftigtenanzahl festlegen. Hierzu zählen etwa **§ 38 BetrVG** (Anzahl der freigestellten Mitglieder), **§ 60 BetrVG** (Jugend- und Auszubildendenvertretung), **§ 95 BetrVG** (AuswahlRL), **§ 99 BetrVG** (Mitbestimmung in personellen Einzelmaßnahmen), **§ 106 BetrVG** (Bildung eines Wirtschaftsausschusses), **§ 110 BetrVG** (Unterrichtung der Arbeitnehmer), **§ 112a BetrVG** (Erzwingbarer Sozialplan). Diese Größenklassen müssen durch die Betriebsspaltung unterschritten worden sein (Lutter/*Joost* Rn 39 f; KölnerKommUmwG/*Hohenstatt*/*Schramm* Rn 34 ff). 17

§§ 9, 27 BetrVG sind ausdrückl vom Anwendungsbereich der Öffnungsklausel ausgeschlossen **(Abs 2 S 2).** Die Anzahl der Betriebsratsmitglieder und die Bildung sowie die Besetzung des Betriebsausschusses richten sich also ausschließl nach der Zahl der Beschäftigten nach der Betriebsspaltung. 18

5. Fortgeltung der Rechte

Die durch das Absinken der Beschäftigtenzahl aufgrund der Betriebsspaltung entfallenen Rechte und Beteiligungsrechte des Betriebsrats werden nicht automatisch beibehalten. Abs 2 S 1 enthält ledigl eine **Öffnungsklausel für Betriebsvereinbarungen oder Tarifverträge**, die die Fortgeltung dieser Rechte und Beteiligungsrechte zum Inhalt haben. Grundlage dieser Rechte sind dann die Betriebsvereinbarung oder der Tarifvertrag. Für deren zeitl Begrenzung, Aufhebung oder Änderung gelten die allg Vorschriften für Betriebsvereinbarungen und Tarifverträge. 19

B. Gesetz über das gesellschaftsrechtliche Spruchverfahren (Spruchverfahrensgesetz – SpruchG)

Vom 12. Juni 2003 (BGBl I 838)

Zuletzt geändert durch Gesetz vom 22. Dezember 2011 (BGBl I 3044)

Einleitung

Schrifttum: *Bilda,* Zur Dauer der Spruchstellenverfahren, NZG 2000, 296; *Lutter/Bezzenberger,* Für eine Reform des Spruchverfahrens im Aktien- und Umwandlungsrecht, AG 2000, 433; DAV-HRA, Stellungnahme zum Referentenentwurf eines Spruchverfahrensneuordnungsgesetzes, NZG 2002, 119; *Bungert/Mennicke,* BB-Gesetzgebungsreport: Das Spruchverfahrensneuordnungsgesetz, BB 2003, 2021; *Neye,* Die Reform des Spruchverfahrens, DStR 2002, 178; *ders,* Auf dem Weg zu einem neuen Spruchverfahren – Ein Zwischenbericht, FS Wiedemann, 2002, 127; DAV-HRA, Stellungnahme zum Regierungsentwurf eines Spruchverfahrensneuordnungsgesetzes, NZG 2003, 316; *Büchel,* Neuordnung des Spruchverfahren, NZG 2003, 793; *van Kann/Hirschmann,* Das neue Spruchverfahrensgesetz – Konzentration und Beschleunigung einer bewährten Institution, DStR 2003, 588; *Lamb/Schluck-Amend,* Die Neuregelung des Spruchverfahrens durch das Spruchverfahrensneuordnungsgesetz, DB 2003, 1259; *Meilicke/Heidel,* Das neue Spruchverfahren in der gerichtlichen Praxis, DB 2003, 2267; *Neye,* Das neue Spruchverfahrensrecht, 2003; *ders,* Spruchverfahrensneuordnungsgesetz, ZIP 2003, 518; *Tomson/Hammerschmitt,* Aus alt mach neu? Betrachtungen zum Spruchverfahrensneuordnungsgesetz, NJW 2003, 2572; *Preuß,* Auswirkungen der FGG-Reform auf das Spruchverfahren, NZG 2009, 961; *Lorenz,* Das Spruchverfahren – dickes Ende oder viel Lärm um nichts?, AG 2012, 284; *Engel/Puszkajler,* Bewährung des Spruchgesetzes in der Praxis, BB 2012, 1687.

Das Spruchverfahren hat **drei Funktionen:** Es kommt zunächst dem Interesse 1
der Übernehmerin an einer einheitl Feststellung der angemessenen Abfindung entgegen. Ferner dient es der Prozessökonomie durch die Konzentration der Verfahren, und schließl ist gewährleistet, dass die Rechte der (ausgeschiedenen) Anteilsinhaber ohne nennenswertes finanzielles Risiko und ohne ihre unmittelbare Beteiligung gewahrt werden (vgl auch Simon/*Simon* Einf Rn 1 ff).

Das **UmwG** kennt **zwei Fälle** – bare Zuzahlung an Anteilsinhaber und Barab- 2
findung von Anteilsinhabern –, deren Angemessenheit durch ein Spruchverfahren überprüft werden können. Die materiellen Regelungen enthalten §§ 15, 34, 122h, 122i, 176–181, 184, 186, 196 und § 212 UmwG (vgl näher § 1 Rn 2 ff; zu Umw nach der SE-VO vgl § 1 Rn 6 f). Die **Verfahrensvorschriften** enthielten ursprüngl die §§ 305–312 UmwG aF. Daneben existierte das aktienrechtl Spruchverfahren, geregelt in § 306 AktG aF. Die jew Spruchverfahren (vgl § 1) sind nunmehr verfahrensrechtl gemeinsam im **SpruchG** vom 12.6.2003 (BGBl I 838) geregelt. Das SpruchG findet auf alle Verfahren Anwendung, in denen kein Antrag auf gerichtl Entscheidung vor dem 1.9.2003 gestellt worden ist (§ 17; im Einzelnen dort Rn 13 f). Das SpruchG wurde seither sechsmal **geändert.** Mit den SEEG (BGBl I 2004, 3675) und dem Gesetz zur Einführung der SCE (BGBl I 2006, 1911) wurden diese Rechts- und Gründungsformen integriert. Veränderungen gab es ferner durch das EHUG (BGBl I 2006, 2553) und zur Integration der grenzüberschreitenden Verschm nach §§ 122a ff UmwG durch das 2. UmwÄndG (BGBl I 2007, 542). Mit dem FGG-RG (BGBl I 2008, 2586) waren Folgeanpas-

sungen notwendig. Mit Gesetz vom 22.12.2011 erfolgte mit Wirkung ab dem 1.4.2012 eine Anpassung von § 6.

3 Wesentl **Ziel der Reform** war neben der Konzentration der Verfahrensvorschriften die Beschleunigung von Spruchverfahren, die vielfach mehr als fünf Jahre dauern. Wenngleich dies regelm noch verfassungsgemäß ist (BVerfG ZIP 1999, 999; vgl aber auch BVerfG ZIP 2012, 88: Verletzung des Anspruchs auf effektiven Rechtsschutz bei Verfahrensdauer von achtzehn Jahren vor dem LG), sollten hier Verbesserungen geschaffen werden. Erste Reformvorschläge kamen aus der Lit (*Bilda* NZG 2000, 296, 298 ff; *Lutter/Bezzenberger* AG 2000, 433). In der Folge beschäftigten sich der 63. Deutsche Juristentag (September 2000) und die Regierungskommission „Corporate Governance" mit dem Thema (*Neye* NZG 2002, 23). Ein erster RefE folgte im November 2001 (abgedruckt in NZG 2002, 25). Ein RegE wurde im November 2002 vorgelegt (BT-Drs 15/371). Stellungnahmen der beteiligten Kreise kamen insbes vom DAV-HRA (NZG 2002, 119; ZIP 2003, 552). Im Gesetzgebungsverfahren gab der BR eine Stellungnahme ab, auf die eine Gegenäußerung der BReg folgte (BT-Drs 15/371 Anlage 2 und 3). Ferner bezog der Rechtsausschuss des Bundestags Stellung (BT-Drs 15/398).

4 Das Verfahren nach dem SpruchG ist **nicht grundlegend neu** geregelt worden, es setzt vielmehr auf den bisherigen Vorschriften (§§ 305 ff UmwG aF, 306 AktG aF) auf. Teilweise wurde eine Objektivierung auch bereits vor einem Spruchverfahren versucht, indem generell eine gerichtl Auswahl und Bestellung der sachverständigen Prüfer (vgl 10 I 1 UmwG) eingeführt worden ist. IÜ sollten ausweisl der RegEBegr (BT-Drs 15/371) die Rolle des Sachverständigen verändert werden (vgl etwa § 8 II), Verfahrensförderungspflichten der Beteiligten eingeführt und die Kostenvorschriften angepasst werden.

5 Die Praxis wird zeigen, ob das Ziel der Verfahrensbeschleunigung erreicht worden ist. Die Mehrheit der Gerichte und die tatsächlichen Verfahrensdauern bestätigen dies bislang nicht (*Engel/Puszkajler* BB 2012, 1687, 1691; *Lorenz* AG 2012, 284, 286). Bereits jetzt liegt eine nicht unbeachtl Zahl von veröffentlichten Entscheidungen der Instanzrechtsprechung und des BGH vor, die einen Beitrag zur Klärung offener Anwendungsfragen leisten. Vgl iÜ zu den Auswirkungen auf die Praxis der Gerichte *Engel/Puszkajler* BB 2012, 1687. Zu empirischen Daten vgl auch *Lorenz* AG 2012, 284.

6 Die nachfolgende Kommentierung beschränkt sich auf das **umwandlungsrechtl Spruchverfahren** (§ 1 Nr 4 und Nr 5).

§ 1 Anwendungsbereich

Dieses Gesetz ist anzuwenden auf das gerichtliche Verfahren für die Bestimmung

1. **des Ausgleichs für außenstehende Aktionäre und der Abfindung solcher Aktionäre bei Beherrschungs- und Gewinnabführungsverträgen (§§ 304 und 305 des Aktiengesetzes);**
2. **der Abfindung von ausgeschiedenen Aktionären bei der Eingliederung von Aktiengesellschaften (§ 320b des Aktiengesetzes);**
3. **der Barabfindung von Minderheitsaktionären, deren Aktien durch Beschluss der Hauptversammlung auf den Hauptaktionär übertragen worden sind (§§ 327a bis 327f des Aktiengesetzes);**

4. der Zuzahlung an Anteilsinhaber oder der Barabfindung von Anteilsinhabern anlässlich der Umwandlung von Rechtsträgern (§§ 15, 34, 122h, 122i, 176 bis 181, 184, 186, 196 oder § 212 des Umwandlungsgesetzes);
5. der Zuzahlung an Anteilsinhaber oder der Barabfindung von Anteilsinhabern bei der Gründung oder Sitzverlegung einer SE (§§ 6, 7, 9, 11 und 12 des SE-Ausführungsgesetzes);
6. der Zuzahlung an Mitglieder bei der Gründung einer Europäischen Genossenschaft (§ 7 SCE-Ausführungsgesetzes).

Schrifttum: Siehe auch Schrifttum Einl; *van Kann/Hirschmann,* Das neue Spruchverfahrensgesetz – Konzentration und Beschleunigung einer bewährten Institution, DStR 2003, 588; *Bungert/Mennicke,* BB-Gesetzgebungsreport: Das Spruchverfahrensneuordnungsgesetz, BB 2003, 2021; *Büchel,* Neuordnung des Spruchverfahrens, NZG 2003, 793.

1. Allgemeines

1 Die Norm listet die gesetzl vorgesehenen Fälle auf, in denen ein Spruchverfahren durchgeführt werden kann. Sie ist nicht abschl und soll einen Überblick geben. Sie hat eine nur klarstellende Funktion (RegEBegr BT-Drs 15/371, 12), da die materielle Verweisung auf das Spruchverfahren schon in den in § 1 aufgezählten Normen erfolgt.

2. Bare Zuzahlung, Nr 4

2 Nach § 1 Nr 4 ist das Spruchverfahren auf das gerichtl Verfahren für die Bestimmung der Zuzahlung an Anteilsinhaber anlässl der Umw von Rechtsträgern anzuwenden. Einen derartigen Anspruch auf bare Zuzahlung gewähren § 15 UmwG (Verschm), § 122i (Grenzüberschreitende Verschm), §§ 125 iVm 15 UmwG (Auf- und Abspaltung), §§ 176–181, 184, 186 UmwG (Vermögensübertragung) und § 196 UmwG (Formwechsel). Bei grenzüberschreitenden Verschm steht die Durchführung eines Spruchverfahrens unter dem Vorbehalt, dass die Anteilsinhaber von beteiligten Ges, deren Rechtsordnungen ein Spruchverfahren nicht vorsehen, im Verschmelzungsbeschluss der Durchführung des Spruchverfahrens zustimmen (vgl § 122i UmwG Rn 3). Der Anspruch auf die bare Zuzahlung besteht, wenn das **Umtauschverhältnis zu niedrig** bemessen ist oder die Mitgliedschaft bei dem übernehmenden Rechtsträger kein ausreichender Gegenwert für den Anteil oder die Mitgliedschaft bei dem übertragenden Rechtsträger ist (§ 15 I UmwG). Bei der Vermögensübertragung tritt an die Stelle des Umtauschverhältnisses die Art und Höhe der Gegenleistung (etwa § 176 II 3 UmwG). Beim Formwechsel besteht ein Anspruch auf bare Zuzahlung, wenn die Anteile an dem Rechtsträger neuer Rechtsform zu niedrig bemessen sind oder die Mitgliedschaft bei diesem kein ausreichender Gegenwert für die Anteile oder die Mitgliedschaft bei dem formwechselnden Rechtsträger ist (§ 196 S 1 UmwG).

3 Das Recht auf die bare Zuzahlung und dessen Durchsetzung im Spruchverfahren ist der Ausgleich für den **Ausschluss** einer **Unwirksamkeitsklage,** die auf ein unangemessenes Umtauschverhältnis gestützt wird (§§ 14 II, 195 II UmwG; vgl aber § 122i I UmwG). Der **materielle Verweis** auf das SpruchG ist in den anspruchsbegründenden Normen enthalten (§§ 15 I 2, 196 S 2 UmwG). Zum Antrag vgl §§ 3, 4.

3. Barabfindung, Nr 4

4 Das Spruchverfahren dient auch der gerichtl Durchsetzung und Bestimmung von Barabfindungen von **Anteilsinhabern,** die anlässl der Umw von Rechtsträgern **ausscheiden.** Die anspruchsbegründenden Normen sind § 34 (Verschm), § 122h (Grenzüberschreitende Verschm), §§ 176–181, 184, 186 (Vermögensübertragung), 212 (Formwechsel) UmwG. Hintergrund ist, dass widersprechende Anteilsinhaber unter gewissen Umständen anlässl der Umw ausscheiden können, vgl bspw §§ 29 ff UmwG für die Verschm, auf die für Auf- und Abspaltungen § 125 UmwG verweist. Entsprechendes gilt nach §§ 207 ff UmwG für den Formwechsel. Bei der Vermögensübertragung haben die Inhaber von Sonderrechten iSv § 23 UmwG einen Anspruch auf Barabfindung (§ 176 II 4 UmwG).

5 Die Möglichkeit, eine unangemessene Barabfindung im Spruchverfahren zu überprüfen, ist der Ausgleich dafür, dass eine **Unwirksamkeitsklage** nicht auf ein zu niedrig bemessenes oder fehlendes/nicht ordnungsgemäßes Angebot gestützt werden kann (§§ 32, 210 UmwG; vgl aber § 122i II UmwG). Der **materielle Verweis** auf das **SpruchG** ist im UmwG enthalten (§§ 34, 212 UmwG). Zum Antrag vgl §§ 3, 4. Bei grenzüberschreitenden Verschm kann das Spruchverfahren nur durchgeführt werden, wenn entweder die Anteilsinhaber der beteiligten ausl Ges nach der für diese Ges geltenden Rechtsordnung ebenfalls ein Spruchverfahren durchführen können oder sie im Verschmelzungsbeschluss ausdrückl zustimmen (vgl § 122i Rn 15).

4. Zuzahlung/Barabfindung nach SEAG, Nr 5

6 § 1 wurde durch Art 5 des SEEG vom 22.12.2004 (BGBl I 3675) um Nr 5 ergänzt. Hintergrund ist, dass das SEAG bei der Gründung/Sitzverlegung einer SE ebenfalls Ansprüche auf bare Zuzahlung/Barabfindung begründet. Nach § 6 II SEAG kann bei der Gründung einer SE durch Verschm jeder Anteilsinhaber bei einem unangemessenen Umtauschverhältnis einen Ausgleich durch **bare Zuzahlung** verlangen. Der Anspruch ist nach § 6 IV 1 SEAG im Spruchverfahren zu verfolgen (materielle Verweisung auf das SpruchG). Eine Unwirksamkeitsklage gegen den Verschmelzungsbeschluss ist hingegen ausgeschlossen (§ 6 I SEAG). Entsprechendes gilt nach § 11 I SEAG für die Gründung einer Holding-SE.

7 Bei der Gründung einer SE durch Verschm, die ihren Sitz im Ausland haben soll, ist nach § 7 I SEAG jedem widersprechenden Aktionär der Erwerb seiner Aktien gegen eine angemessene **Barabfindung** anzubieten. Eine zu niedrige oder eine nicht oder nicht ordnungsgemäß angebotene Barabfindung kann nicht durch Unwirksamkeitsklage gegen den Verschmelzungsbeschluss geltend gemacht werden (§ 7 V SEAG). Auf Antrag (vgl §§ 3, 4) wird die angemessene Barabfindung aber im Spruchverfahren durch das Gericht bestimmt (§ 7 VII SEAG). Entsprechendes gilt bei Gründung einer Holding-SE, die ihren Sitz im Ausland haben soll (§ 9 SEAG). Schließl ist bei einer Sitzverlegung den widersprechenden Aktionären der Erwerb der Aktien gegen Barabfindung anzubieten, die ggf im Spruchverfahren bemessen wird (§ 12 SEAG).

5. Ausschluss anderer Verfahren

8 Ein unangemessenes Umtauschverhältnis oder ein unangemessenes, fehlendes oder nicht ordnungsgemäßes Barabfindungsangebot können nicht durch Unwirksamkeitsklage gegen den Umwandlungsbeschluss angegriffen werden (Rn 3, 5, 6,

7). Sie können auch iÜ gerichtl ausschließl durch ein Spruchverfahren überprüft werden. Eine individuelle Feststellungs- oder gar Zahlungsklage ist ausgeschlossen (Lutter/*Krieger/Mennicke* Anh SpruchG Rn 18; MüKoAktG/*Kubis* § 1 SpruchG Rn 2; *Klöcker/Frowein* Rn 1; Simon/*Simon* Rn 8). Ist hingegen die Höhe der Zuzahlung/baren Abfindung unstreitig, verweigert der verpflichtete Rechtsträger also ledigl die Auszahlung, kann dieser Anspruch im normalen Zivilprozess durchgesetzt werden (vgl § 16 Rn 6).

§ 2 Zuständigkeit

(1) [1] **Zuständig ist das Landgericht, in dessen Bezirk der Rechtsträger, dessen Anteilsinhaber antragsberechtigt sind, seinen Sitz hat. [2] Sind nach Satz 1 mehrere Landgerichte zuständig oder sind bei verschiedenen Landgerichten Spruchverfahren nach Satz 1 anhängig, die in einem sachlichen Zusammenhang stehen, so ist § 2 Abs. 1 des Gesetzes über das Verfahren in Familiensachen und in den Angelegenheiten der freiwilligen Gerichtsbarkeit entsprechend anzuwenden. [3] Besteht Streit oder Ungewissheit über das zuständige Gericht nach Satz 2, so ist § 5 des Gesetzes über das Verfahren in Familiensachen und in den Angelegenheiten der freiwilligen Gerichtsbarkeit entsprechend anzuwenden.**

(2) [1] **Der Vorsitzende einer Kammer für Handelssachen entscheidet**
1. **über die Abgabe von Verfahren;**
2. **im Zusammenhang mit öffentlichen Bekanntmachungen;**
3. **über Fragen, welche die Zulässigkeit des Antrags betreffen;**
4. **über alle vorbereitenden Maßnahmen für die Beweisaufnahme und in den Fällen des § 7;**
5. **in den Fällen des § 6;**
6. **über Geschäftswert, Kosten, Gebühren und Auslagen;**
7. **über die einstweilige Einstellung der Zwangsvollstreckung;**
8. **über die Verbindung von Verfahren.**

[2] **Im Einverständnis der Beteiligten kann der Vorsitzende auch im Übrigen an Stelle der Kammer entscheiden.**

Schrifttum: Siehe auch Schrifttum Einl; *Bork,* Zuständigkeitsprobleme im Spruchverfahren, ZIP 1998, 550; *Bungert,* Behebung der doppelgerichtlichen Zuständigkeit bei Spruchverfahren wegen Doppelverschmelzungen, DB 2000, 2051; *Bork,* Gerichtszuständigkeit für Spruchverfahren bei Verschmelzung, NZG 2002, 163; *Bungert/Mennicke,* BB-Gesetzgebungsreport: Das Spruchverfahrensneuordnungsgesetz, BB 2003, 2021; *Tomson/Hammerschmitt,* Aus alt mach neu? Betrachtungen zum Spruchverfahrensneuordnungsgesetz, NJW 2003, 2572; *Nießen,* Internationale Zuständigkeit im Spruchverfahren, NZG 2006, 441; *Kiefner/Kersjes,* Spruchverfahren und die Fortgeltung der ausschließlichen funktionellen Zuständigkeit der KfH unter dem FGG-Reformgesetz, NZG 2012, 244.

1. Allgemeines

Die Vorschrift behandelt die örtl Zuständigkeit 1. Instanz. Sie entspricht im Wesentl den früheren Bestimmungen in § 306 UmwG aF. Ergänzend enthält Abs 1 S 2 eine Regelung zur Konzentration der Verfahren bei Mehrfachzuständigkeiten. Die Frage war zuvor streitig (vgl 4. Aufl 2006, § 306 UmwG Rn 3; BayObLG AG 2002, 395; LG Dortmund NZG 1999, 1175; OLG Frankfurt aM ZIP 2002, 1950). **1**

2 Wie nach den Vorgängerregelungen ist das LG in der 1. Instanz sachlich zuständig (§ 71 II Nr 4 lit e GVG). Der Vorschlag des HRA des DAV (NZG 2002, 119, 120; ZIP 2003, 552 f), eine Eingangszuständigkeit des OLG zu schaffen und als Rechtsmittel lediglich die Divergenzbeschwerde zum BGH zuzulassen, wurde nicht aufgegriffen. Dies wird im Hinblick auf die angestrebte Beschleunigung und die Verbesserung der Entscheidungsqualität vielfach zu Recht bedauert (Lutter/*Krieger/Mennicke* Anh SpruchG Rn 3; *Hüffer* AktG Anh § 305 Rn 2).

3 Innerh des LG ist ggf die Kammer für Handelssachen zuständig (§§ 95 II iVm 71 II Nr 4 lit e GVG). Für verschiedene verfahrensleitende Maßnahmen und im Einverständnis der Beteiligten auch iÜ besteht eine Zuständigkeit des Vorsitzenden (Abs 2).

2. Zuständigkeit des Landgerichts, Abs 1

4 Gem Abs 1 und § 71 II Nr 4 lit e GVG ist das LG in der 1. Instanz sachl zuständig (zur Krit Rn 2). Die **örtl** Zuständigkeit (Abs 1) richtet sich nach dem Rechtsträger, dessen Anteilsinhaber antragsberechtigt sind, also nach dem Sitz des oder der übertragenden (des formwechselnden) Rechtsträger(s). **Sitz** idS ist der in der **Satzung,** im Gesellschaftsvertrag oder im Statut festgelegte Sitz (§§ 106, 161 HGB, §§ 5 I, 23 III 1 AktG, § 3 I 1, 4a GmbHG, § 6 Nr 1 GenG, § 18 VAG, § 57 I BGB; Simon/*Simon* Rn 2; Semler/Stengel/*Volhard* Rn 2; Lutter/*Krieger/Mennicke* Anh SpruchG Rn 3; *Hüffer* AktG Anh § 305 Rn 3; MüKoAktG/*Kubis* SpruchG Rn 2; *Klöcker/Frowein* Rn 1; *Fritzsche/Dreier/Verfürth* Rn 5; Widmann/Mayer/*Wälzholz* Anh SpruchG Rn 7). Ein abw Verwaltungssitz ist unerhebl (Simon/*Simon* Rn 2; Semler/Stengel/*Volhard* Rn 2). Wichtig ist dies bei inl Rechtsträgern mit tatsächlichem Verwaltungssitz im Ausland (dazu § 1 UmwG Rn 40 ff). Auf den Sitz des Antragsgegners kommt es nicht an; dies ist konsequent, da dessen Anteilsinhaber nicht antragsberechtigt sind (Semler/Stengel/*Volhard* Rn 1). Zur **internationalen Zuständigkeit** vgl § 6 SEAG und § 122h UmwG Rn 12 sowie § 122i UmwG Rn 17. Vgl iÜ Simon/*Simon* Rn 12; *Nießen* NZG 2006, 441 und Widmann/Mayer/*Wälzholz* Anh SpruchG Rn 30 ff.

5 Hat der nach Abs 1 maßgebl Rechtsträger einen **Doppelsitz** (zur Zulässigkeit etwa *Hüffer* AktG § 5 Rn 10; Baumbach/Hueck/*Hueck/Fastrich* GmbHG § 4a Rn 7), kann nach Abs 1 S 1 eine Zuständigkeit mehrerer LG eintreten. Diese Kollision ist von Abs 1 S 2, 3 geregelt; sie ist unmittelbar (Lutter/*Krieger/Mennicke* Anh SpruchG Rn 4; MüKoAktG/*Kubis* SpruchG Rn 4; Simon/*Simon* Rn 6) nach §§ 2 I, 5 FamFG) zu lösen. Zuständig ist das LG, das zuerst mit der Angelegenheit befasst ist; maßgeblich ist der Eingang des Antrags (BT-Drs 16/6308, 175; Widmann/Mayer/*Wälzholz* Anh SpruchG Rn 13). Bei Streit hierüber ist das Verfahren nach § 5 FamFG durchzuführen.

6 Eine nicht rechtl, sondern sachl mehrfache Zuständigkeit kann auch eintreten, wenn **mehrere** Rechtsträger als übertragende Rechtsträger an einer einheitl Umw teilnehmen. Schon zum alten Recht wurde hierfür überwiegend eine analoge Anwendung von § 4 FGG aF befürwortet (LG Dortmund ZIP 1999, 1711). Mit Einführung des SpruchG ist dies Gesetzesrecht geworden. Abs 1 S 2 bestimmt, dass § 2 I FamFG entspr anzuwenden ist, wenn bei verschiedenen LG Spruchverfahren anhängig sind, die in einem **sachl Zshg** stehen. Dieser sachl Zshg wird bei einheitl Umw regelm bestehen. Ggf kann er bei rechtl nicht verknüpften Umw auch dann anzunehmen sein, wenn die Verfahren die Bew desselben Rechtsträgers betreffen (DAV-HRA NZG 2003, 316, 317). Eine weitere Fallgruppe können Kettenver-

schmelzungen sein (Widmann/Mayer/*Wälzholz* Anh SpruchG Rn 14 f). Zuständig ist dann das LG, das zuerst mit der Angelegenheit befasst ist. In Antragsverfahren bestimmt sich dies nach dem Eingang des Antrags (BT-Drs 16/6308, 175; Widmann/Mayer/*Wälzholz* Anh SpruchG Rn 13; aA wohl Semler/Stengel/*Volhard* Rn 3: unverändert tätig werden). Ferner ordnet Abs 1 S 3 in einem Streit über das zuständige Gericht ein vorrangiges Verfahren nach § 5 FamFG (Zuständigkeitsbestimmung durch übergeordnetes Gericht) an.

7 Die Zuständigkeit des LG ist **ausschließl** (MüKoAktG/*Kubis* SpruchG Rn 1; Semler/Stengel/*Volhard* Rn 4; *Hüffer* AktG Anh § 305 Rn 2; Simon/*Simon* Rn 4). Gerichtsstandsvereinbarungen sind damit unwirksam. Dies gilt sowohl für die örtl als auch für die sachl Zuständigkeit. Es kann auch **keine andere Verfahrensart** gewählt werden (vgl auch § 1 Rn 8). Im Regelfall wird es allerd mögl sein, einen Klagantrag in einen solchen nach dem SpruchG umzudeuten. Vgl auch § 4 Rn 8 ff.

3. Kammer für Handelssachen

8 Besteht am nach Abs 1 zuständigen LG eine Kammer für Handelssachen, ist sie ausschließl zur Entscheidung berufen (§§ 95 II iVm 71 II Nr 4 lit e GVG; rechtspolitisch wegen der Besetzung mit nur einem Berufsrichter (§ 105 GVG) krit DAV-HRA NZG 2003, 316, 317; *Bungert/Mennicke* BB 2003, 2021, 2024; *Hüffer* AktG Anh § 305 Rn 5). Wird der Antrag fälschlicherweise bei der Zivilkammer eingereicht, hat ihn diese von Amts wegen an die Kammer für Handelssachen abzugeben (aA LG München I NZG 2010, 520; Hölters/*Simons* AktG Rn 2); hieran hat sich durch die Streichung von § 2 II aF nichts geändert (dazu ausführl *Kiefner/Kersjes* NZG 2012, 244). **§ 98 III GVG,** der die Verweisung von Amts wegen an die Kammer für Handelssachen ausschließt, findet keine Anwendung (Lutter/*Krieger/Mennicke* Anh SpruchG Rn 9; *Klöcker/Frowein* Rn 13; *Fritzsche/Dreier/Verfürth* Rn 18; MüKoAktG/*Kubis* SpruchG Rn 6; Widmann/Mayer/*Wälzholz* Anh SpruchG Rn 22; Emmerich/Habersack/*Emmerich* Anh § 328 Rn 9; im Erg auch Simon/*Simon* Rn 14), da das Spruchverfahren zu den echten Parteisachen der freiwilligen Gerichtsbarkeit zählt (*App* BB 1995, 268; MüKoAktG/*Kubis* SpruchG Rn 6; Semler/Stengel/*Volhard* Rn 4; krit Simon/*Simon* Rn 14).

4. Zuständigkeit des Vorsitzenden, Abs 2

9 Nach **Abs 2 S 1** ist der **Vorsitzende** einer Kammer für Handelssachen für die abschl aufgezählten Entscheidung **allein zuständig;** eine Übertragung auf die Kammer ist ausgeschlossen (Widmann/Mayer/*Wälzholz* Anh SpruchG Rn 23; *Klöcker/Frowein* Rn 14; KölnerKommSpruchG/*Wasmann* Rn 17; Simon/*Simon* Rn 17; aA MüKoAktG/*Kubis* SpruchG Rn 7). Eine gleichwohl ergehende Kammerentscheidung ist wirksam (MüKoAktG/*Kubis* SpruchG Rn 7; Widmann/Mayer/*Wälzholz* Anh SpruchG Rn 23; Simon/*Simon* Rn 17). Sie dient der Verfahrensvereinfachung und -beschleunigung. Die Vorschrift gilt nicht, auch nicht entspr, wenn das Verfahren mangels Bestehen einer Kammer für Handelssachen vor einer Zivilkammer durchgeführt wird (*Fritzsche/Dreier/Verfürth* Rn 20; *Klöcker/Frowein* Rn 15; MüKoAktG/*Kubis* SpruchG Rn 9; Semler/Stengel/*Volhard* Rn 7; Lutter/*Krieger/Mennicke* Anh SpruchG Rn 10; *Hüffer* AktG Anh § 305 Rn 6). Zur Übertragung auf den Einzelrichter nach den allgem Regelungen des

FamFG (analog § 68 IV FamFG) vgl MüKoAktG/*Kubis* SpruchG Rn 9 und Semler/Stengel/*Volhard* Rn 7.

10 Die Vorschrift entspr im Wesentl § 306 II UmwG aF. Neu ist die Vorbereitung der nunmehr vorgeschriebenen mündl Verhandlung (Abs 2 S 1 Nr 4 iVm § 7) und die Entscheidung über die Verbindung von Verfahren (Abs 3 S 1 Nr 8). Inhaltl handelt es sich im Wesentl um verfahrensleitende Maßnahmen. Im gesetzl Regelfall (vgl aber Rn 11) verbleibt der Kammer die **Entscheidung in der Sache selbst.**

11 Ebenso wurde § 306 II 2 UmwG aF übernommen. Im Einverständnis aller Beteiligten kann der Vorsitzende auch iÜ, **insbes in der Sache selbst,** anstelle der Kammer entscheiden **(Abs 2 S 2).** Es müssen also die Antragsteller, Antragsgegner und die gem Vertr zustimmen (KölnerKommSpruchG/*Wasmann* Rn 19; MüKoAktG/*Kubis* SpruchG Rn 8). Ein Zwang besteht für den Vorsitzenden nicht. Er entscheidet nach freiem Ermessen (MüKoAktG/*Kubis* SpruchG Rn 8; Semler/Stengel/*Volhard* Rn 6; Simon/*Simon* Rn 20).

5. Übertragung der Zuständigkeit durch Rechtsverordnung

12 Abs 4 aF, der wiederum § 306 III UmwG aF entsprach, enthielt die Ermächtigung für die Landesregierung bzw die jew Landesjustizverwaltung, durch Rechtsverordnung die Zuständigkeit für mehrere LG-Bezirke einem LG zu übertragen, soweit (wohl stets) dies der Sicherung einer einheitl Rspr dient. Nunmehr folgt die Konzentrationsermächtigung aus § 71 II Nr 4 lit e, IV GVG.

13 Von dieser **Konzentrationsermächtigung** haben Baden-Württemberg (LG Stuttgart für OLG-Bezirk Stuttgart und LG Mannheim für OLG-Bezirk Karlsruhe), Bayern (LG München I für den OLG-Bezirk München, iÜ LG Nürnberg), Hessen (LG Frankfurt aM), Mecklenburg-Vorpommern (LG Rostock), Niedersachsen (LG Hannover), Nordrhein-Westfalen (LG Dortmund für den OLG-Bezirk Hamm, LG Düsseldorf für den OLG-Bezirk Düsseldorf und LG Köln für den OLG-Bezirk Köln), Rheinland-Pfalz (LG Koblenz für den OLG-Bezirk Koblenz und LG Frankenthal für den OLG-Bezirk Zweibrücken) und Sachsen (LG Leipzig) Gebrauch gemacht. Verordnungen, die noch zum alten Recht ergangen sind, gelten fort (Lutter/*Krieger/Mennicke* Anh SpruchG Rn 15; Semler/Stengel/*Volhard* Rn 9; *Bungert/Mennicke* BB 2003, 2021, 2024; zweifelnd *Hüffer* AktG Anh § 305 Rn 7; teilweise auch KölnerKommSpruchG/*Wasmann* Rn 20).

14 Die durch Rechtsverordnung herbeigeführte Zuständigkeitskonzentration ist nicht nur in örtl, sondern auch in sachl Hinsicht maßgebend. Dies hat zur Folge, dass die mittels Rechtsverordnung festgelegte Kammer für Handelssachen bei Verneinung eines Streitgegenstandes iSv § 1 an das im Normalprozess örtl und sachl zuständige Gericht verweisen muss. Handelt es sich dabei um eine Zivilkammer des eigenen LG, gibt es die Streitsache ab. Geht hingegen die Kammer für Handelssachen von der Zuständigkeit der **Zivilkammer** eines **anderen LG** aus, das ohne die Festlegung durch Rechtsverordnung nach Abs 3 örtl zuständig wäre, spricht sie die Verneinung der Zuständigkeit des LG, an dem die Kammer für Handelssachen eingerichtet ist, aus und verfügt die **Abgabe an das zuständige Gericht.** Das Gesetz sieht zwar eine derartige Abgabeverfügung nicht vor, die bestehende Regelungslücke ist aber in entspr Anwendung von § 17a GVG zu schließen (vgl auch BGH NJW 1980, 2466 zum WEG). Die Verweisung ist dann bindend (BGH NJW 1980, 2466).

§ 3 Antragsberechtigung

[1] Antragsberechtigt für Verfahren nach § 1 ist in den Fällen
1. der Nummer 1 jeder außenstehende Aktionär;
2. der Nummern 2 und 3 jeder ausgeschiedene Aktionär;
3. der Nummer 4 jeder in den dort angeführten Vorschriften des Umwandlungsgesetzes bezeichnete Anteilsinhaber;
4. der Nummer 5 jeder in den dort angeführten Vorschriften des SE-Ausführungsgesetzes bezeichnete Anteilsinhaber;
5. der Nummer 6 jedes in der dort angeführten Vorschrift des SCE-Ausführungsgesetzes bezeichnete Mitglied.

[2] In den Fällen der Nummern 1, 3, 4 und 5 ist die Antragsberechtigung nur gegeben, wenn der Antragsteller zum Zeitpunkt der Antragstellung Anteilsinhaber ist. [3] Die Stellung als Aktionär ist dem Gericht ausschließlich durch Urkunden nachzuweisen.

Schrifttum: *Schulenberg,* Die Antragsberechtigung gemäß §§ 15, 305 ff. Umwandlungsgesetz und die „Informationslast des Antragstellers im Spruchverfahren", AG 1998, 74; *van Aerssen,* Die Antragsbefugnis im Spruchstellenverfahren des Aktiengesetzes und dem Spruchverfahren des Umwandlungsgesetzes, AG 1999, 249; *Büchel,* Neuordnung des Spruchverfahrens, NZG 2003, 793; *van Kann/Hirschmann,* Das neue Spruchverfahrensgesetz – Konzentration und Beschleunigung einer bewährten Institution, DStR 2003, 588; *Bungert/Mennicke,* BB-Gesetzgebungsreport: Das Spruchverfahrenneuordnungsgesetz, BB 2003, 2021; *Büchel,* Neuordnung des Spruchverfahrens, NZG 2003, 793; *Tomson/Hammerschmitt,* Aus alt mach neu? Betrachtungen zum Spruchverfahrensneuordnungsgesetz, NJW 2003, 2572; *Wasmann,* Anforderungen an die Zulässigkeit eines Antrags nach dem Spruchverfahrensgesetz und Auswirkungen der (Un-)Zulässigkeit, WM 2004, 819; *Dißars,* Antragsbefugnis von Namensaktionären im Spruchverfahren über ein Squeeze-Out, DB 2004, 1293; *Lieder,* Der Namensaktionär im gesellschaftsrechtlichen Spruchverfahren, NZG 2005, 159; *Nießen,* Die internationale Zuständigkeit im Spruchverfahren, NZG 2006, 441.

1. Allgemeines

Das Spruchverfahren findet nur auf Antrag statt. § 3 regelt die Antragsberechtigung. Die §§ 305 ff UmwG aF enthielten eine vglbare Vorschrift nicht. Die Antragsberechtigung (S 1) konnte nur aus den materiell-rechtlichen, anspruchsbegründeten Vorschriften abgeleitet werden (vgl § 1 Rn 2 ff). Insofern hat auch jetzt S 1 Nr 3 und 4 nur eine klarstellende Funktion. S 2 regelt nunmehr die bei Spruchverfahren nach Umw bislang umstrittene Frage, zu welchem Zeitpunkt der Antragsteller Anteilsinhaber gewesen sein muss. S 3 enthält Besonderheiten für den Nachweis der Aktionärsstellung, Bedeutung hat dies für die Antragsbegründung nach § 4 II Nr 2. 1

2. Antragsberechtigung zur Verbesserung des Umtauschverhältnisses

Nach Umwandlungen können diejenigen ein Spruchverfahren einleiten, die Inhaber der materiellen Ansprüche auf bare Zuzahlung sind (zu Ansprüchen auf Barabfindung Rn 4). S 1 verweist insofern auf § 1 Nr 4 und Nr 5 und damit weiter auf § 15 UmwG (Verschm), § 122i UmwG (Grenzüberschreitende Verschm), §§ 125 iVm 15 UmwG (Auf- und Abspaltung), §§ 176–181, 184, 186 UmwG (Vermögensübertragung) und § 196 UmwG (Formwechsel) sowie auf §§ 6, 11 SEAG (vgl auch § 1 Rn 2 ff). Anspruchs- wie damit auch antragsberechtigt sind 2 damit alle **Anteilsinhaber** eines übertragenden Rechtsträgers bzw formwechselnden Rechtsträgers, dessen Recht, gegen die Wirksamkeit des Umwandlungsbeschlusses Klage zu erheben, ausgeschlossen ist (vgl näher § 15 UmwG Rn 6; § 122h UmwG Rn 3; § 196 UmwG Rn 3; Art 24 SE-VO Rn 13). Die **Anteilsinhaber** des übernehmenden Rechtsträgers sind nicht antragsberechtigt (Semler/Stengel/*Volhard* Rn 2, 8; aA *Fritzsche/Dreier/Verfürth* Rn 35). Unter gewissen Voraussetzungen haben bei grenzüberschreitenden Verschmelzungen auch die Gesellschafter einer ausländischen übertragenden Ges die Antragsberechtigung (vgl § 122h Rn 12).

3 Bei Spruchverfahren zur Verbesserung des Umtauschverhältnisses setzt der Anspruch und damit auch die Anspruchsberechtigung nicht voraus, dass der Antragsteller **Widerspruch zu Protokoll** erklärt hat. Selbst eine Beschlusszustimmung ist unschädl (unstr; vgl MüKoAktG/*Kubis* SpruchG Rn 6; Semler/Stengel/*Volhard* Rn 4; Lutter/*Borg* § 15 UmwG Rn 4; Kallmeyer/*Marsch-Barner* § 15 UmwG Rn 5; Widmann/Mayer/*Wälzholz* Anh SpruchG Rn 25; Simon/*Simon* Rn 3; vgl auch § 15 UmwG Rn 12).

3. Antragsberechtigung zur Nachprüfung der Barabfindung

4 S 1 Nr 3, 4 verweisen auf § 1 Nr 4 und 5 und damit auf §§ 34, 122i 176–181, 154, 186 und 212 UmwG sowie auf §§ 7, 9, 12 SEAG (vgl § 1 Rn 4 ff). Antragsberechtigt sind die materiell Anspruchsberechtigten. Daraus folgt, dass nur diejenigen anspruchsberechtigt sind, die **Widerspruch** zur Niederschrift erklärt und auch gegen den Umwandlungsbeschluss gestimmt haben (näher § 29 UmwG Rn 15; § 207 UmwG Rn 4; Art 24 SE-VO Rn 17). Auch die Anspruchsberechtigung knüpft hieran an (OLG München NZG 2010, 397; OLG Stuttgart NZG 2004, 1162, 1163; LG Dortmund Der Konzern 2004, 618; MüKoAktG/*Kubis* SpruchG Rn 6; *Hüffer* AktG Anh § 305 Rn 5; Widmann/Mayer/*Wälzholz* Anh SpruchG Rn 34; Lutter/*Krieger/Mennicke* Anh SpruchG Rn 6; Simon/*Simon* Rn 32; aA KölnerKommSpruchG/*Wasmann* Rn 14). Dem Widerspruch stehen die in §§ 29 II, 207 II UmwG, §§ 7 I 5, 9 I 5, 12 I 5 SEAG geregelten Fallgruppen gleich (vgl § 29 UmwG Rn 17). Nicht antragsberechtigt ist derjenige, der das Angebot bereits angenommen hat (OLG Düsseldorf ZIP 2001, 158; LG Dortmund DB 2000, 1164; Lutter/*Grunewald* § 34 UmwG Rn 2; Kallmeyer/*Marsch-Barner* § 34 UmwG Rn 3; Emmerich/Habersack/*Emmerich* Anh § 328 Rn 8).

4. Zeitpunkt der Beteiligung, S 2

5 Nach S 2 ist die Antragsberechtigung nur gegeben, wenn der Antragsteller zum Zeitpunkt der Antragstellung Anteilsinhaber ist. Obwohl die Anspruchsberechtigung an die ursprüngl Anteilsinhaberschaft beim übertragenden Rechtsträger anknüpft, bezieht sich die Antragsberechtigung auf die Beteiligung am übernehmenden Rechtsträger (MüKoAktG/*Kubis* SpruchG Rn 15; *Bungert/Mennicke* BB 2003, 2021, 2025; Widmann/Mayer/*Wälzholz* Anh SpruchG Rn 35; Simon/*Simon* Rn 34). Die Frage war bislang streitig (vgl *van Aerssen* AG 1999, 249, 252 ff). Maßgebl ist damit allein die Anteilsinhaberschaft zum Zeitpunkt der Antragstellung (vgl auch OLG München ZIP 2012, 1180). Dies ist kein Widerspruch zur materiellen Anspruchsvoraussetzung der vorherigen Beteiligung am übertragenden Rechtsträger/Rechtsträger früherer Rechtsform; vielmehr sichert S 2, dass nur diejenigen antragsberechtigt sind, die **noch** am übernehmenden Rechtsträger/Rechtsträger neuer Rechtsform aufgrund ihrer bisherigen Beteili-

gung am übertragenden Rechtsträger/Rechtsträger alter Rechtsform beteiligt sind (OLG Stuttgart NZG 2004, 1162, 1163; Simon/*Simon* Rn 34; *Wasmann* WM 2004, 819, 822; *Bungert/Mennicke* BB 2003, 2021, 2025). Denn die Ansprüche auf bare Zuzahlung bzw Abfindung sind untrennbar mit dem Anteil verbunden (MüKoAktG/*Kubis* SpruchG Rn 15; Semler/Stengel/*Volhard* Rn 7). Umgekehrt ist auch derjenige antragsberechtigt, der die aus der Umw hervorgegangenen Anteile erst nach deren Wirksamwerden bis zum Ablauf der Antragsfrist erworben hat (Semler/Stengel/*Volhard* Rn 6 f; *Fritzsche/Dreier/Verfürth* Rn 42; Widmann/Mayer/*Wälzholz* Anh SpruchG Rn 36; wohl auch Lutter/*Krieger/Mennicke* Anh SpruchG Rn 6; aA LG Dortmund DB 2004, 1355; Simon/*Simon* Rn 34; MüKo-AktG/*Kubis* SpruchG Rn 16). Unerhebl ist, ob die Anteilsübertragung durch Gesamt- oder Einzelrechtsnachfolge stattfand (Semler/Stengel/*Volhard* Rn 7; insoweit aA LG Dortmund DB 2004, 1355: Bei Einzelrechtsübertragung kein eigenes Antragsrecht des Erwerbers). Werden die Anteile nach Stellung des Antrags übertragen, gilt § 265 ZPO entspr (OLG Stuttgart ZIP 2008, 2020; Widmann/Mayer/*Wälzholz* Anh SpruchG § 3 Rn 28; MüKoAktG/*Kubis* SpruchG Rn 17; Simon/*Simon* Rn 22; *Büchel* NZG 2003, 793, 795; Emmerich/Habersack/*Emmerich* Anh § 328 Rn 8). Vorstehende Ausführungen gelten für Umwandlungen nach der **SE-VO** (§ 1 Nr 5) entsprechend.

5. Antragsberechtigung von Sonderrechtsinhabern

Bei Vermögensübertragungen steht auch Sonderrechtsinhabern iSv § 23 UmwG ein Anspruch auf Barabfindung zu (§§ 176 II 4, 177–181, 184 UmwG). Auch sie können eine Überprüfung des Abfindungsanspruchs im Spruchverfahren einleiten (§§ 176 II 4, 34 UmwG; § 1 Rn 4). Die von § 176 II 4 UmwG angeordnete entspr Anwendung von § 34 UmwG gilt auch für § 3 S 2. Da der Sonderrechtsinhaber nie Anteilsinhaber des übernehmenden Rechtsträgers bei der Vermögensübertragung wird, kann es nur auf seine materielle Anspruchsberechtigung ankommen (so zutr Widmann/Mayer/*Wälzholz* Rn 40). 6

6. Nachweis der Aktionärsstellung, S 3

Für **Aktionäre** als Antragsteller – ein Großteil der Spruchverfahren betrifft AG – bestimmt S 3, dass die Stellung als Aktionär dem Gericht ausschließl durch **Urkunden** nachzuweisen ist. Innerh der **Antragfrist** muss der Antragsteller indes nur seine Stellung als Aktionär darlegen (vgl § 4 II 2 Nr 2; dort 10), nicht auch nachweisen; dies war umstritten (vgl Vorauflage), ist aber nun für die Praxis vom BGH geklärt (BGH NZG 2008, 568; vgl auch OLG Frankfurt aM NZG 2008, 435; OLG Düsseldorf NZG 2005, 895; OLG Frankfurt aM NZG 2006, 667; OLG Frankfurt aM NZG 2006, 151; OLG Frankfurt aM NZG 2006, 153; OLG Stuttgart NZG 2004, 1162; MüKoAktG/*Kubis* SpruchG § 4 Rn 15). Der Nachweis kann damit bis zum Schluss der mündlichen Verhandlung erfolgen (Semler/Stengel/*Volhard* Rn 12), ggf – wenn das LG zuvor nur allgemein auf das Fehlen des Nachweises hingewiesen hatte – aber auch im Beschwerdeverfahren erbracht werden (OLG Frankfurt aM NZG 2008, 435). Das Fehlen des Nachweises ist aber von Amts wegen zu berücksichtigen (Widmann/Mayer/*Wälzholz* Anh SpruchG Rn 51; MüKoAktG/*Kubis* SpruchG Rn 22). Derartige Urkunden sind in erster Linie ein Depotauszug (Widmann/Mayer/*Wälzholz* Anh SpruchG Rn 51) oder die Vorlage der Aktienurkunden (*Fritzsche/Dreier/Verfürth* Rn 46). Ausreichend ist aber auch eine schriftl Bestätigung der verwahrenden Bank (LG Dortmund 7

DB 2004, 2685). Bei Namensaktien ist auch die Eintragung im Aktienregister nachzuweisen (OLG Hamburg NZG 2004, 45; LG Frankfurt aM AG 2005, 666 mwN; Simon/*Simon* Rn 63; *Hüffer* AktG Anh § 305 Rn 7; *Lieder* NZG 2005, 159, 162 ff). Im Grundsatz sind Kopien ausreichend (MüKoAktG/*Kubis* SpruchG Rn 23). Vgl iÜ § 4 Rn 10.

7. Rechtsfolgen

8 Eine fehlende Antragsberechtigung führt zu **Unzulässigkeit** (BayObLG AG 2002, 559, 560; Semler/Stengel/*Volhard* Rn 11; MüKoAktG/*Kubis* SpruchG Rn 22; Widmann/Mayer/*Wälzholz* Anh SpruchG Rn 62; *Bungert/Mennicke* BB 2003, 2021, 2025; *Wasmann* WM 2004, 819, 821).

§ 4 Antragsfrist und Antragsbegründung

(1) [1]**Der Antrag auf gerichtliche Entscheidung in einem Verfahren nach § 1 kann nur binnen drei Monaten seit dem Tag gestellt werden, an dem in den Fällen**

1. **der Nummer 1 die Eintragung des Bestehens oder einer unter § 295 Abs. 2 des Aktiengesetzes fallenden Änderung des Unternehmensvertrags im Handelsregister nach § 10 des Handelsgesetzbuchs;**
2. **der Nummer 2 die Eintragung der Eingliederung im Handelsregister nach § 10 des Handelsgesetzbuchs;**
3. **der Nummer 3 die Eintragung des Übertragungsbeschlusses im Handelsregister nach § 10 des Handelsgesetzbuchs;**
4. **der in Nummer 4 genannten §§ 15, 34, 176 bis 181, 184, 186, 196 und 212 des Umwandlungsgesetzes die Eintragung der Umwandlung im Handelsregister nach den Vorschriften des Umwandlungsgesetzes;**
5. **der in Nummer 4 genannten §§ 122h und 122i des Umwandlungsgesetzes die Eintragung der grenzüberschreitenden Verschmelzung nach den Vorschriften des Staates, dessen Recht die übertragende oder neue Gesellschaft unterliegt;**
6. **der Nummer 5 die Eintragung der SE nach den Vorschriften des Sitzstaates;**
7. **der Nummer 6 die Eintragung der Europäischen Genossenschaft nach den Vorschriften des Sitzstaates**

bekannt gemacht worden ist. [2]**Die Frist wird in den Fällen des § 2 Abs. 1 Satz 2 und 3 durch Einreichung bei jedem zunächst zuständigen Gericht gewahrt.**

(2) [1]**Der Antragsteller muss den Antrag innerhalb der Frist nach Absatz 1 begründen.** [2]**Die Antragsbegründung hat zu enthalten:**

1. **die Bezeichnung des Antragsgegners;**
2. **die Darlegung der Antragsberechtigung nach § 3;**
3. **Angaben zur Art der Strukturmaßnahme und der vom Gericht zu bestimmenden Kompensation nach § 1;**
4. **konkrete Einwendungen gegen die Angemessenheit der Kompensation nach § 1 oder gegebenenfalls gegen den als Grundlage für die Kompensation ermittelten Unternehmenswert, soweit hierzu Angaben in den in § 7 Abs. 3 genannten Unterlagen enthalten sind. Macht der Antragsteller glaubhaft, dass er im Zeitpunkt der Antragstellung aus Gründen,**

die er nicht zu vertreten hat, über diese Unterlagen nicht verfügt, so kann auf Antrag die Frist zur Begründung angemessen verlängert werden, wenn er gleichzeitig Abschrifterteilung gemäß § 7 Abs. 3 verlangt. [3] Aus der Antragsbegründung soll sich außerdem die Zahl der von dem Antragsteller gehaltenen Anteile ergeben.

Schrifttum: *Meilicke/Heidel,* Das neue Spruchverfahren in der gerichtlichen Praxis, DB 2003, 2267; *van Kann/Hirschmann,* Das neue Spruchverfahrensgesetz – Konzentration und Beschleunigung einer bewährten Institution, DStR 2003, 588; *Lamp/Schluck-Amend,* Die Neuregelung des Spruchverfahrens durch das Spruchverfahrensneuordnungsgesetz, DB 2003, 1259; *Büchel,* Neuordnung des Spruchverfahrens, NZG 2003, 793; *Bungert/Mennicke,* BB-Gesetzgebungsreport: Das Spruchverfahrensneuordnungsgesetz, BB 2003, 2021; *van Kann/Hirschmann,* Das neue Spruchverfahrensgesetz – Konzentration und Beschleunigung einer bewährten Institution, DStR 2003, 1488; *Wasmann,* Gesellschaftsrechtliches Spruchverfahren: Wann gilt altes, wann neues Recht?, DB 2003, 1559; *Büchel,* Neuordnung des Spruchverfahrens, NZG 2003, 793; *Tomson/Hammerschmitt,* Aus alt mach neu? Betrachtungen zum Spruchverfahrensneuordnungsgesetz, NJW 2003, 2572; *Wasmann,* Anforderungen an die Zulässigkeit eines Antrags nach dem Spruchverfahrensgesetz und Auswirkungen der (Un-)Zulässigkeit, WM 2004, 819; *Lieder,* Der Namensaktionär im gesellschaftsrechtlichen Spruchverfahren, NZG 2005, 159; *Land/Hennings,* Probleme von Spruchverfahren nach Strukturmaßnahmen, AG 2005, 380; *Wittgens,* Begründung des Antrags auf Einleitung eines Spruchverfahrens, NZG 2007, 853; *Winter/Nießen,* Amtsermittlung und Beibringung im Spruchverfahren, NZG 2007, 13; *Preuß,* Auswirkungen der FGG-Reform auf das Spruchverfahren, NZG 2009, 961; *Kubis,* Verfahrensgegenstand und Amtsermittlung im Spruchverfahren, FS U. Hüffer 2010, 567.

1. Allgemeines

Die Vorschrift regelt die Antragsfrist und die Anforderungen an die Antragsbegründung innerh dieser Frist. Sie dient unmittelbar der vom Gesetzgeber angestrebten Verfahrensbeschleunigung. Abs 1 S 1 entspricht gegenständl § 305 UmwG aF; die Frist wurde aber von zwei auf drei Monate verlängert. Im Gegenzug wurde die Möglichkeit von Anschlussanträgen (§ 307 III 2 UmwG aF) nicht übernommen. Der Bekanntmachung des Antrags (§ 307 III 1 UmwG aF) bedarf es daher nicht mehr. Die Gesetzesfassung geht auf den Vorschlag des DAV-HRA zurück (NZG 2002, 119, 121). 1

Nach Abs 2 S 1 hat der Antragsteller den Antrag innerh der Frist nach Abs 1 zu begründen. Dies soll verhindern, dass Spruchverfahren ins Blaue hinein eingeleitet werden können (RegEBegr BT-Drs 15/371, 13). Eine derartige Begründungspflicht bestand früher weder nach §§ 305 ff UmwG aF noch nach § 306 AktG aF. 2

2. Antragsfrist, Abs 1

Das Spruchverfahren findet nur auf Antrag statt. Anträge auf Einleitung eines Spruchverfahrens nach Umw (§ 1 Nr 4) können nur **binnen drei Monaten** seit dem Tag gestellt werden, an dem die Eintragung der Umw im HR **bekannt gemacht worden ist** (Abs 1 S 1 Nr 4). Dies bestimmt sich für Umw nach dem UmwG nach §§ 19 III, 201 UmwG. Die Bekanntmachung erfolgt nach § 10 HGB. Bei Umw nach der SE-VO/SEAG sind die Vorschriften des Sitzstaates maßgebl. Das Gesetz bestimmt – ebenso wenig wie früher § 305 UmwG aF – nicht, auf **welche Eintragung** abzustellen ist. Nach Sinn und Zweck kann nur die Eintragung gemeint sein, die konstitutiv für das Wirksamwerden der Umw ist (ebenso MüKoAktG/*Kubis* SpruchG Rn 7; Semler/Stengel/*Volhard* Rn 3; Widmann/ 3

Mayer/*Wälzholz* Anh SpruchG Rn 57; *Fritzsche/Dreier/Verfürth* Rn 7; Simon/*Leuering* Rn 24). Maßgebl ist daher bei Verschm die Eintragung beim übernehmenden Rechtsträger, bei Spaltungen diejenige beim übertragenden Rechtsträger (§§ 20, 131 UmwG). Für SE vgl Art 27, 12 SE-VO. Bei **grenzüberschreitenden Verschm** nach § 122a ist nach Abs 1 S 1 Nr 5 auf die Bekanntmachung der Eintragung der grenzüberschreitenden Verschmelzung nach den Vorschriften des Staates, dessen Recht die übertragende oder neue Ges unterliegt, abzustellen (ebenso RegEBegr zu § 4 SpruchG BT-Drs 16/2919). Dies ist unklar, da dann ggf unterschiedliche Zeitpunkte maßgebl wären (vgl auch Widmann/Mayer/*Wälzholz* Anh SpruchG Rn 60: Redaktionsversehen, richtig wäre übernehmende oder neue Ges gewesen). Zutr ist auch hier, auf die Bekanntmachung der das Wirksamwerden auslösenden Eintragung abzustellen. Nach Art 12 IntV-RL bestimmt sich der Zeitpunkt des Wirksamwerdens nach dem Recht des Mitgliedstaats, dem die aus der grenzüberschreitenden Verschm hervorgehende Ges unterliegt. Dies kann die Eintragung im Register der übernehmenden oder neuen Ges (etwa in Deutschland), aber nach ausl Recht etwa auch die Eintragung bei der übertragenden Ges sein. Die Bekanntmachung richtet sich nach dem für die konstitutive Eintragung maßgeblichen Recht (RegEBegr BT-Drs 16/2919 zu § 4 SpruchG; vgl auch Simon/*Leuering* Rn 25). Der Antrag ist **schriftl oder mündl zu Protokoll** der Geschäftsstelle des zuständigen LG oder eines AG (§ 25 FamFG) zu stellen (OLG Düsseldorf AG 1995, 85, 86; Simon/*Leuering* Rn 12; Lutter/*Krieger/Mennicke* Anh SpruchG Rn 3; *Klöcker/Frowein* Rn 16; MüKoAktG/*Kubis* SpruchG Rn 2). Anwaltszwang besteht nicht (§ 10 I FamFG; MüKoAktG/*Kubis* SpruchG Rn 7). Zur Vertretung durch Bevollmächtigte vgl § 10 II FamFG.

4 Die **Fristberechnung** richtet sich nach §§ 186 ff BGB (§ 16 II FamFG iVm § 222 ZPO). Der Tag der maßgebl Bekanntmachung wird also nicht mitberechnet (§ 187 I BGB; MüKoAktG/*Kubis* SpruchG Rn 10; Lutter/*Krieger/Mennicke* Anh SpruchG Rn 4). Die Frist endet damit mit Ablauf des Tages, welcher durch seine Zahl dem Tag entspricht, an dem die Bekanntmachung erfolgt (Beispiel: letzte Bekanntmachung am 20. 7., Fristablauf mit Ablauf des 20. 10.). Fällt das Fristende auf einen Sonntag, allgemeinen Feiertag oder einen Sonnabend, endet die Frist mit Ablauf des nächsten Werktags (§ 16 II FamFG iVm § 222 II ZPO). Eine rechtshängige **Anfechtungs- oder Nichtigkeitsklage** (vgl § 16 III UmwG) beeinflusst den Fristlauf nicht (Lutter/*Krieger/Mennicke* Anh SpruchG Rn 5; *Fritzsche/Dreier/Verfürth* Rn 8).

5 Auf die **Kenntnis** der Antragsberechtigung **oder** der **Bekanntmachung** kommt es nicht an (Lutter/*Krieger/Mennicke* Anh SpruchG Rn 6; *Klöcker/Frowein* Rn 12; *Fritzsche/Dreier/Verfürth* Rn 8; Simon/*Leuering* Rn 23). Die Frist ist eine **materielle Ausschlussfrist** (OLG Frankfurt aM NZG 2007, 873; BayObLG NZG 2005, 312, 315; OLG Düsseldorf NZG 2005, 719; BayObLG DB 2002, 1650; Lutter/*Krieger/Mennicke* Anh SpruchG Rn 9; MüKoAktG/*Kubis* SpruchG Rn 6; *Fritzsche/Dreier/Verfürth* Rn 3; aA KölnerKommSpruchG/*Wasmann* Vor § 1 Rn 4; *Preuß* NZG 2009, 961, 963; zweifelnd Widmann/Mayer/*Wälzholz* Anh SpruchG Rn 6 ff). Wird nicht wenigstens ein rechtzeitiger Antrag gestellt, verlieren alle Anspruchsberechtigten ihre Ansprüche (BayObLG DB 2002, 1650). Demzufolge kommt selbst bei einer unverschuldeten Fristversäumnis eine **Wiedereinsetzung** in den vorigen Stand (in entspr Anwendung von § 17 FamFG) nicht in Betracht (OLG Frankfurt aM NZG 2009, 1225; OLG Frankfurt aM NZG 2007, 873; OLG Düsseldorf NZG 2005, 719; BayObLG AG 2002, 559, 560; KG AG 2000, 364, 365; *Fritzsche/Dreier/Verfürth* Rn 3; Lutter/*Krieger/Mennicke* Anh

SpruchG Rn 9; *Klöcker/Frowein* Rn 15; MüKoAktG/*Kubis* SpruchG Rn 6; *Hüffer* AktG Anh § 305 Rn 2; Simon/*Leuering* Rn 20; aA LG Dortmund NZG 2004, 139: Wiedereinsetzung, wenn weitere zul Anträge vorliegen). Die Frist hat aber **auch** einen **prozessualen Charakter.** Verspätete Anträge sind daher trotz des materiellen Anspruchsausschlusses als **unzulässig** zu verwerfen (MüKoAktG/*Kubis* SpruchG Rn 6; Semler/Stengel/*Volhard* Rn 1; *Fritzsche/Dreier/Verfürth* Rn 4; Simon/*Leuering* Rn 17; *Wasmann* WM 2004, 819, 822; *Schluck-Amend* DB 2003, 1259, 1261; *Bungert/Mennicke* BB 2003, 2021, 2025). Auch eine Nebenintervention scheidet aus (OLG Frankfurt aM AG 2006, 295; vgl auch § 6 Rn 16).

Notwendig für die Fristwahrung (zur Form vgl Rn 3) ist der **Zugang** des Antrags **beim zuständigen Gericht.** Eine Zustellung an den Antragsgegner innerh der Frist bedarf es nicht (Widmann/Mayer/*Wälzholz* Anh SpruchG Rn 9; Simon/*Leuering* Rn 31; Semler/Stengel/*Volhard* Rn 7). Der Eingang bei einem (von Anfang an) **unzuständigen Gericht** wahrt die Frist nicht (OLG München NZG 2010, 306; OLG Frankfurt aM NZG 2009, 1225; OLG Düsseldorf NZG 2005, 719; BayObLG NZG 2005, 312, 315; KG AG 2000, 364, 365; Lutter/*Krieger/Mennicke* Anh SpruchG Rn 8; MüKoAktG/*Kubis* SpruchG Rn 11; Semler/Stengel/*Volhard* Rn 7; *Klöcker/Frowein* Rn 13; *Fritzsche/Dreier/Verfürth* Rn 11; *Hüffer* AktG Anh § 305 Rn 5; *Wasmann* WM 2004, 819, 822). Die Entscheidung des BGH (Der Konzern 2006, 539; vgl auch OLG Karlsruhe NZG 2005, 84) zu §§ 306, 327 f AktG aF, § 305 UmwG aF ist wegen Abs 1 S 2 und der beabsichtigten Beschleunigung nicht übertragbar (*Hüffer* AktG Anh § 305 Rn 5; MüKoAktG/*Kubis* SpruchG Rn 11; aA wohl Emmerich/Habersack/*Emmerich* Anh § 328 Rn 5a). Ausreichend ist es aber, wenn das unzuständige Gericht innerh der Antragsfrist an das zuständige Gericht (rechtzeitiger Eingang) abgibt (Semler/Stengel/*Volhard* Rn 7; Lutter/*Krieger/Mennicke* Anh SpruchG Rn 8; MüKoAktG/*Kubis* SpruchG Rn 11). Dies lässt sich auch aus Abs 1 S 2 ableiten, wonach bei mehreren zuständigen Gerichten (dazu § 2 Rn 5 f) die Frist durch Einreichung bei jedem zunächst zuständigen Gericht gewahrt ist. Zur Begr innerh der Frist vgl Rn 8. 6

Bei **Anträgen vor Fristbeginn** ist zu unterscheiden. Vor dem Wirksamwerden der Umw durch konstitutive Eintragung im HR ist ein Antrag unzulässig (LG Frankfurt aM ZIP 2004, 808, 809; LG Berlin NZG 2003, 930 = BB 2003, 1299; Lutter/*Krieger/Mennicke* Anh SpruchG Rn 7; *Wasmann* DB 2003, 1559; *Fritzsche/Dreier/Verfürth* Rn 5; Simon/*Leuering* Rn 33; Widmann/Mayer/*Wälzholz* Anh SpruchG Rn 23). In diesen Fällen fehlt das Rechtsschutzbedürfnis, da der materielle Anspruch noch nicht entstanden ist. Indessen müssen die Antragsteller **nicht** die **Bekanntmachung** (Rn 3) abwarten. Bereits zuvor gestellte Anträge sind zul (OLG Frankfurt aM NZG 2006, 153; BayObLG NZG 2005, 312, 315; BayObLG ZIP 2003, 935, 939; LG Frankfurt aM ZIP 2004, 808, 809; MüKoAktG/*Volhard* SpruchG Rn 4; *Fritzsche/Dreier/Verfürth* Rn 5; Simon/*Leuering* Rn 33; Lutter/*Krieger/Mennicke* Anh SpruchG Rn 7: Wird mit Fristbeginn wirksam, wenn er bis dahin nicht zurückgewiesen wird; ebenso Semler/Stengel/*Volhard* Rn 6; aA *Wasmann* DB 2003, 1559, 1560). 7

3. Antragsbegründung, Abs 2

a) Allgemeines. Innerh der Antragsfrist (Rn 3) ist der Antrag zu begründen. Die Anforderungen ergeben sich aus Abs 2 S 2. Insbesondere durch das Erfordernis einer konkreten Bewertungsrüge (Rn 12 ff) soll vermieden werden, dass mit 8 pauschalen unspezifischen Rügen ein aufwendiges Spruchverfahren in Gang gesetzt werden kann (OLG München NZG 2009, 190). Erfolgt keine oder eine nur ungenügende Begr, ist er als **unzul** abzuweisen (RegEBegr BT-Drs 15/371, 13; OLG München NZG 2009, 190; KG ZIP 2009, 1714; OLG Frankfurt aM NZG 2007, 873, 874; OLG Frankfurt aM AG 2006, 293; OLG Stuttgart NZG 2004, 1162, 1163; Simon/*Leuering* Rn 35; *Hüffer* AktG Anh § 305 Rn 9; Semler/Stengel/*Volhard* Rn 14; MüKoAktG/*Kubis* SpruchG Rn 12; Lutter/*Krieger/Mennicke* Anh SpruchG Rn 10; *Wasmann* WM 2004, 819, 822; *Büchel* NZG 2003, 793, 795; *Bungert/Mennicke* BB 2003, 2021, 2026; *van Kann/Hirschmann* DStR 2003, 1488, 1490; *Lamp/Schluck-Amend* DB 2003, 1259, 1261; diff Widmann/Mayer/*Wälzholz* Anh SpruchG Rn 27). Ausreichend ist die Begr innerh der Antragsfrist; sie kann auch bis zum Fristende **nachgereicht** werden (*Hüffer* AktG Anh § 305 Rn 9). Der Mindestinhalt ergibt sich aus S 2 Nr 1–4 (Rn 9 ff). Eine Ergänzung (Untermauerung) des Vorbringens ist auch nach Fristablauf mögl (*Hüffer* AktG Anh § 305 Rn 9). Zu den Anforderungen an eine **Fristverlängerung** vgl Rn 13.

9 **b) Bezeichnung Antragsgegner, Abs 2 S 2 Nr 1.** Nach Abs 2 S 2 Nr 1 muss die Antragsbegründung den Antragsgegner bezeichnen. Der richtige Antragsgegner bestimmt sich nach § 5. Dieser muss so hinreichend angegeben sein, dass der Antragsgegner individualisiert werden kann. Eine erkennbare Falschbezeichnung ist unschädl (Simon/*Leuering* Rn 36; MüKoAktG/*Kubis* SpruchG Rn 13). Ein falscher Antragsgegner führt nicht zur Unzulässigkeit, sondern zur Unbegründetheit (Lutter/*Krieger/Mennicke* Anh SpruchG Rn 11; Simon/*Leuering* Rn 37; MüKoAktG/*Kubis* SpruchG Rn 13; aA *Klöcker/Frowein* § 5 SpruchG Rn 1; KölnerKommSpruchG/*Wasmann* § 5 SpruchG Rn 2; *Bungert/Mennicke* BB 2003, 2021, 2026). Im Regelfall reicht die Angabe der Firma, des Sitzes und der Anschrift; nicht zwingend ist die Bezeichnung der ges Vertreter (OLG Hamburg AG 2005, 927; Semler/Stengel/*Volhard* Rn 8 Fn 32; aA MüKoAktG/*Kubis* SpruchG Rn 13).

10 **c) Antragsberechtigung, Abs 2 S 2 Nr 2.** Die Anspruchsbegründung muss eine Darlegung der Antragsberechtigung nach § 3 enthalten (Abs 2 S 2 Nr 3; dazu OLG Stuttgart BB 2008, 580). Zur Antragsberechtigung vgl § 3 Rn 2 ff. Bloßes Behaupten genügt nicht, es bedarf einer substantiierten Darlegung (MüKoAktG/*Kubis* SpruchG Rn 14). In den Fällen von § 3 S 3 ist der urkundl Nachweis nicht zwingend innerh der Antragsfrist zu erbringen (vgl dazu § 3 Rn 7). Auf ein Bestreiten kommt es nicht an. Bei Antragstellern, die **nicht Aktionäre** sind, genügt zunächst die Darlegung. Aufgrund einer Zulässigkeitsrüge, die innerh der Frist nach Abs 2 erfolgen muss (§ 9 III), kann das Gericht die Antragsteller unter Fristsetzung zum Nachweis auffordern. Das Bestehen der Beteiligung **zum Zeitpunkt der Antragstellung** ist ebenfalls darzulegen. Bei nachträgl erworbenen Anteilen (vgl § 3 Rn 5) haben sich die Angaben auf den Rechtsvorgänger zu erstrecken.

11 **d) Art der Strukturmaßnahme und der Kompensation, Abs 2 S 2 Nr 3.** Ferner muss die Antragsbegründung erkennen lassen, aufgrund **welcher Umw** das Spruchverfahren beantragt wird. Eine allg Angabe genügt hierfür nicht. Die Umwandlungsart (Verschm, Spaltung, Vermögensübertragung, Formwechsel) und eine individualisierende Angabe, wie etwa das Datum der Beschlussfassung, sind zu erwarten (vgl Lutter/*Krieger/Mennicke* Anh SpruchG Rn 14). Letztlich ist es

aber ausreichend, wenn durch Auslegung zweifelsfrei festgestellt werden kann, welche konkrete Strukturmaßnahme Gegenstand des Verfahrens sein soll (OLG Frankfurt aM NZG 2006, 667; MüKoAktG/*Kubis* SpruchG Rn 16). Bei der Angabe der geforderten **Kompensation** genügt es, wenn deutl wird, ob bare Zuzahlung oder Barabfindung verlangt wird (Simon/*Leuering* Rn 43). Eine falsche Bezeichnung ist unschädl, wenn sich aus der Begr ergibt, welche Kompensation begehrt wird (OLG Stuttgart NZG 2004, 1162, 1164). Eine **Bezifferung** ist nicht notwendig (*Fritzsche/Dreier/Verfürth* Rn 15; MüKoAktG/*Volhard* SpruchG Rn 8; Semler/Stengel/*Volhard* Rn 10).

e) Konkrete Einwendungen gegen den Unternehmenswert, Abs 2 S 2 Nr 4. 12 Die Vorschrift verlangt als Zulässigkeitsvoraussetzung (OLG München NZG 2009, 190; OLG Frankfurt aM NZG 2007, 873) konkrete Einwendungen gegen die Angemessenheit der Kompensation oder ggf den als Grundlage für die Kompensation ermittelten Unternehmenswert. Diese müssen sich aber aus den Unterlagen nach § 7 III, also aus dem Umwandlungsbericht bzw Prüfungsbericht ergeben. Die aktuelle Fassung von Abs 2 S 2 Nr 4 S 1 wurde durch Art 5 des SEEG vom 22.12.2004 (BGBl I 3675) eingefügt. Während zuvor Einwendungen gegen den für die Kompensation ermittelten Unternehmenswert des Antragsgegners verlangt wurden, sind nun Einwendungen gegen die Angemessenheit der Kompensation oder ggf gegen den Unternehmenswert erforderl. Diese „redaktionelle Änderung" sollte den gewollten Regelungsinhalt verdeutlichen (RegEBegr BT-Drs 15/3405 zu Art 5 SEEG). Die Begründungspflicht ist die Grundlage dafür, die gerichtliche Überprüfung auf die vorgebrachten Rügen beschränken zu können (OLG Frankfurt aM NZG 2007, 873, 874; OLG Frankfurt aM NZG 2006, 674, 675). Außerdem sollen aufwändige Spruchverfahren auf der Grundlage unsubstantiierter Rügen vermieden werden (RegEBegr BT-Drs 15/371, 13; BGH NZG 2012, 191, 194; OLG München NZG 2009, 190; KG AG 2009, 790). Die Anforderungen hieran dürfen allerd nicht überspannt werden (BGH NZG 2012, 191, 194; OLG Frankfurt aM NZG 2007, 873, 874; vgl auch *Meilicke/Heidel* DB 2003, 2267, 2269 f). Ungenügend sind **formelhafte Beanstandungen** (BGH NZG 2012, 191, 194; KG ZIP 2009, 1714; LG München I ZIP 2010, 1995; OLG Frankfurt aM NZG 2007, 873, 874; *Fritzsche/Dreier/Verfürth* Rn 19; Lutter/*Krieger/Mennicke* Anh SpruchG Rn 19; *Hüffer* AktG Anh § 305 Rn 8; MüKoAktG/*Kubis* SpruchG Rn 18). Hierzu zählen auch die „üblichen" Bewertungsrügen, soweit kein Bezug zum Einzelfall hergestellt wird (OLG Frankfurt aM NZG 2006, 674, 675; *Wittgens* NZG 2007, 853, 855). So genügt es etwa nicht, Basiszinssatz und Bewertungsabschlag ohne nähere Begründung als unangemessen zu bezeichnen (KG NZG 2008, 469). Es muss erkennbar sein, dass sich der Antragsteller mit den Unterlagen nach § 7 III auseinandergesetzt hat (Lutter/*Krieger/Mennicke* Anh SpruchG Rn 19; *Kubis,* FS Hüffer, 2010, 567, 569). Die vorgebrachten Einwendungen müssen sich auf solche Bewertungsparameter beziehen und diese konkret bezeichnen, die für die Kompensation von Relevanz sein können (OLG Frankfurt aM NZG 2007, 873, 874; MüKoAktG/*Kubis* SpruchG Rn 18; *Kubis,* FS Hüffer, 2010, 567, 569). Die Angemessenheit der Kompensation wird bei Umw regelm von den ermittelten Unternehmenswerten abhängen, sodass die in der Neufassung formulierte Alt („oder") bei Umw wenig prakt Bedeutung hat. Bei Umw mit einem Umtauschverhältnis (Verschm, Spaltung, Vermögensübertragungen) sind ggf indes nicht nur Einwendungen gegen den Unternehmenswert des Antragsgegners, sondern Einwendungen gegen die

Unternehmenswerte der beteiligten Rechtsträger, die Grundlage für die Ermittlung des Umtauschverhältnisses waren, zu verlangen. Dies ist durch den aktuellen Gesetzestext klargestellt. Die Anforderungen an die Bewertungsrüge entfallen nicht, wenn der Antragsgegner im Vergleichswege die Barabfindung erhöht (KG AG 2009, 790).

13 Für die Formulierung der konkreten Einwendungen müssen dem Antragsteller die **Unterlagen iSv § 7 III** vorliegen. Abs 2 S 2 Nr 4 S 2 räumt dem Gericht daher die Möglichkeit ein, die **Frist** zur Begr auf Antrag angemessen zu **verlängern.** Dies betrifft nur die Einwendungen gegen die Angemessenheit der Kompensation bzw die Unternehmenswerte, nicht die sonstigen Angaben nach Abs 2 S 2 Nr 1–3. Voraussetzung für eine Verlängerung ist, dass der Antragsteller – spätestens bis zum Ablauf der Antragsfrist (OLG München NZG 2009, 190) – glaubhaft macht, dass er im Zeitpunkt des Antrags auf Verlängerung aus Gründen, die er nicht zu vertreten hat, über diese Unterlagen nicht verfügt (OLG München NZG 2009, 190). Diese **Glaubhaftmachung** wird dem Antragsteller nur selten gelingen. Die Unterlagen (Umwandlungsbericht, Prüfungsbericht) sind entweder den Anteilsinhabern vor der Umw zu übersenden (vgl §§ 42, 47 UmwG) oder von der Einberufung der HV an in den Geschäftsräumen der Ges und auch während der HV zur Einsicht der Aktionäre auszulegen (§§ 63 I Nr 4, Nr 5, 64 I UmwG). Auf Verlangen ist jedem Aktionär unverzügl und kostenlos eine Abschrift der Unterlagen zu erteilen (§ 63 III UmwG). Wer sich als Aktionär bis zu diesem Zeitpunkt keine Abschrift besorgt, hat dies idR zu vertreten (OLG München NZG 2009, 190; LG Dortmund AG 2005, 310; Simon/*Leuering* Rn 54; *Land/Hennings* AG 2005, 380, 382). Die Gesetzesbegründung nennt als **Beispiel** eine schwere Erkrankung (RegEBegr BT-Drs 15/371). Selbst bei einer entschuldbaren Verhinderung bis zur Beschlussfassung wird man aber verlangen können, dass der Antragsteller glaubhaft macht, sich danach um eine Übermittlung der Unterlagen bemüht zu haben (zutr Lutter/*Krieger/Mennicke* Anh SpruchG Rn 21). Weitere Voraussetzung ist, dass der Antragsteller **gleichzeitig Abschrifterteilung** gem § 7 III **verlangt.**

14 Einwendungen gegen die Unternehmensbewertung genügen allerd. Eine Bezifferung des Anspruchs ist unnötig (Rn 11).

4. Rücknahme des Antrags

15 Ein Antragsteller kann seinen Antrag jederzeit bis zur Rechtskraft wieder zurücknehmen (22 I FamFG). Der Einwilligung des Antragsgegners bedarf es nicht (MüKoAktG/*Kubis* SpruchG Rn 4). Die Rücknahme berührt das Verfahren nicht, soweit noch andere Anträge gestellt wurden oder der gem Vertr das Verfahren fortführt (§ 6 III; dort Rn 21). Derjenige, der den Antrag zurückgenommen hat, wird fortan wie ein nicht-antragstellender Antragsberechtigter behandelt. Seine Rechte werden vom gem Vertr wahrgenommen (Simon/*Leuering* Rn 14).

5. Rechtsschutzbedürfnis

16 Weitere Zulässigkeitsvoraussetzung ist das Bestehen eines Rechtsschutzbedürfnisses. Dies ist regelm zu bejahen, da eine einfachere Möglichkeit für die Durchsetzung der Ansprüche nicht besteht. Insbes können die Antragsteller nicht auf eine Unwirksamkeitsklage verwiesen werden (vgl § 1 Rn 8). Auch eine **äußerst geringe Beteiligung** lässt das Rechtsschutzbedürfnis unberührt. Eine Mindestbeteiligung sieht das Gesetz nicht vor; iÜ wirkt die Entscheidung für und gegen alle (§ 13). Das Rechtsschutzbedürfnis kann fehlen, wenn die Antragstellung offensichtl und ohne jeden Zweifel **rechtsmissbräuchl** ist. Dies kann – muss aber nicht – der Fall sein, wenn der Antragsteller zuvor verzichtet hat oder bereits eine außergerichtl Einigung erfolgt war.

§ 5 Antragsgegner

Der Antrag auf gerichtliche Entscheidung in einem Verfahren nach § 1 ist in den Fällen

1. **der Nummer 1 gegen den anderen Vertragsteil des Unternehmensvertrags;**
2. **der Nummer 2 gegen die Hauptgesellschaft;**
3. **der Nummer 3 gegen den Hauptaktionär;**
4. **der Nummer 4 gegen die übernehmenden oder neuen Rechtsträger oder gegen den Rechtsträger neuer Rechtsform;**
5. **der Nummer 5 gegen die SE, aber im Fall des § 9 des SE-Ausführungsgesetzes gegen die die Gründung anstrebende Gesellschaft;**
6. **der Nummer 6 gegen die Europäische Genossenschaft**

zu richten.

Schrifttum: Siehe auch Schrifttum Einl; *Bungert/Mennicke,* BB-Gesetzgebungsreport: Das Spruchverfahrenneuordnungsgesetz, BB 2003, 2021; *Büchel,* Neuordnung des Spruchverfahrens, NZG 2003, 793.

Die Vorschrift bestimmt den Antragsgegner. Sie übernimmt damit für das Spruchverfahren nach Umw (Nr 4) im Wesentl die bisherige Regelung in § 307 II UmwG aF. Nachdem zwischenzeitl die Rechtsfähigkeit der **GbR** anerkannt ist (BGHZ 146, 341), bedurfte es einer besonderen Regelung wie in § 307 II UmwG aF (Antragsgegner = Gesellschafter der GbR) nicht mehr. Diese ist nunmehr selbst Antragsgegner (Semler/Stengel/*Volhard* Rn 2). 1

Entsprechend der materiellen Anspruchssituation ist **Antragsgegner** nach Nr 4 bei Spruchverfahren nach Umw der übernehmende **oder neue** Rechtsträger (Verschm, Spaltung, Vermögensübertragungen) oder der Rechtsträger **neuer Rechtsform** (Formwechsel). Gegen ihn richten sich sowohl der Anspruch auf bare Zuzahlung (§§ 15 I 1, 196 UmwG) als auch der Anspruch auf Barabfindung bei Ausscheiden (§§ 29, 122i, 207 UmwG). Zum Ausscheiden gegen Barabfindung nach § 122i UmwG vgl auch dort Rn 8 ff. Bei **mehreren** übernehmenden Rechtsträgern (Spaltung) ist der Antrag gegen alle übernehmende oder neue Rechtsträger zu richten (MüKoAktG/*Kubis* SpruchG Rn 3; *Hüffer* AktG Anh § 305 Rn 3; *Fritzsche/Dreier/Verfürth* Rn 5; Simon/*Leuering* Rn 8; Semler/Stengel/*Volhard* Rn 2; aA Kallmeyer/*Meister/Klöcker,* 2. Aufl 2002, § 307 Rn 7). Dies folgt schon aus dem Wortlaut. Ein Antrag nur gegen einzelne übernehmende/neue Rechtsträger lässt jedoch die Zulässigkeit unberührt. 2

Auch bei Umw/Sitzverlegung nach SE-VO/SEAG ist grdsl die **SE** Verpflichteter und damit Antragsgegner. Eine Besonderheit besteht bei der Gründung einer **Holding-SE.** Im Gleichklang mit dem materiellen Anspruch ist der Antrag nicht gegen die Holding-SE, sondern gegen die die Gründung anstrebende Ges zu richten (Nr 5). 3

§ 6 Gemeinsamer Vertreter

(1) [1]**Das Gericht hat den Antragsberechtigten, die nicht selbst Antragsteller sind, zur Wahrung ihrer Rechte frühzeitig einen gemeinsamen**

Vertreter zu bestellen; dieser hat die Stellung eines gesetzlichen Vertreters. [2] Werden die Festsetzung des angemessenen Ausgleichs und die Festsetzung der angemessenen Abfindung beantragt, so hat es für jeden Antrag einen gemeinsamen Vertreter zu bestellen, wenn aufgrund der konkreten Umstände davon auszugehen ist, dass die Wahrung der Rechte aller betroffenen Antragsberechtigten durch einen einzigen gemeinsamen Vertreter nicht sichergestellt ist. [3] Die Bestellung eines gemeinsamen Vertreters kann vollständig unterbleiben, wenn die Wahrung der Rechte der Antragsberechtigten auf andere Weise sichergestellt ist. [4] Das Gericht hat die Bestellung des gemeinsamen Vertreters im Bundesanzeiger bekannt zu machen. [5] Wenn in den Fällen des § 1 Nr. 1 bis 3 die Satzung der Gesellschaft, deren außenstehende oder ausgeschiedene Aktionäre antragsberechtigt sind, oder in den Fällen des § 1 Nr. 4 der Gesellschaftsvertrag, der Partnerschaftsvertrag, die Satzung oder das Statut des übertragenden oder formwechselnden Rechtsträgers noch andere Blätter oder elektronische Informationsmedien für die öffentlichen Bekanntmachungen bestimmt hatte, so hat es die Bestellung auch dort bekannt zu machen.

(2) **[1] Der gemeinsame Vertreter kann von dem Antragsgegner in entsprechender Anwendung des Rechtsanwaltsvergütungsgesetzes den Ersatz seiner Auslagen und eine Vergütung für seine Tätigkeit verlangen; mehrere Antragsgegner haften als Gesamtschuldner. [2] Die Auslagen und die Vergütung setzt das Gericht fest. [3] Gegenstandswert ist der für die Gerichtsgebühren maßgebliche Geschäftswert. [4] Das Gericht kann den Zahlungsverpflichteten auf Verlangen des Vertreters die Leistung von Vorschüssen aufgeben. [5] Aus der Festsetzung findet die Zwangsvollstreckung nach der Zivilprozessordnung statt.**

(3) **[1] Der gemeinsame Vertreter kann das Verfahren auch nach Rücknahme eines Antrags fortführen. [2] Er steht in diesem Falle einem Antragsteller gleich.**

Schrifttum: Siehe auch Schrifttum Einl; *Meilicke/Heidel,* Das neue Spruchverfahren in der gerichtlichen Praxis, DB 2003, 2267; *Bungert/Mennicke,* BB-Gesetzgebungsreport: Das Spruchverfahrensneuordnungsgesetz, BB 2003, 2021; *Büchel,* Neuordnung des Spruchverfahrens, NZG 2003, 793; *Wasmann,* Anforderungen an die Zulässigkeit eines Antrags nach dem Spruchverfahrensgesetz und Auswirkungen der (Un-)Zulässigkeit, WM 2004, 819; *Wasmann/Mielke,* Der gemeinsame Vertreter nach § 6 SpruchG – eine einzigartige Rechtsfigur gibt immer noch Rätsel auf, WM 2005, 823; *Weingärtner,* Eingeschränkte Rechte des gemeinsamen Vertreters der außenstehenden Aktionäre im Spruchverfahren, Der Konzern 2005, 695; *Puszkajler,* Verfahrensgegenstand und Rechte des gemeinsamen Vertreters im neuen Spruchverfahren, Der Konzern 2006, 256; *Preuß,* Auswirkungen der FGG-Reform auf das Spruchverfahren, NZG 2009, 961; *Engel/Puszkajler,* Bewährung des Spruchgesetzes in der Praxis, BB 2012, 1687.

Übersicht

1. Allgemeines

Die Vorschrift befasst sich mit der Bestellung, der Vergütung und der Rechtstellung des sog gem Vertr. Sie entspricht für Spruchverfahren nach Umw im Wesentl § 308 UmwG aF. Der gem Vertr soll die Rechte der Antragsberechtigten, die selbst nicht Antragsteller sind, wahren, da die Entscheidung nach § 13 S 2 für und gegen alle wirkt, mithin auch für und gegen die Antragsberechtigten, die keinen eigenen Antrag gestellt haben. Die Bestellung erfolgt von Amts wegen, kann aber unter gewissen Voraussetzungen unterbleiben. Die Vergütung richtet sich in Anlehnung an das RVG (Abs 2). Nach seiner Bestellung hat der gem Vertr eine eigenständige, von den Antragstellern unabhängige Parteirolle (Abs 3). 1

2. Voraussetzungen für die Bestellung

Die Bestellung erfolgt ohne Parteiantrag **von Amts wegen** (OLG Stuttgart ZIP 2003, 2199, 2200; *Fritzsche/Dreier/Verfürth* Rn 5; *Klöcker/Frowein* Rn 7; MüKoAktG/*Kubis* SpruchG Rn 5; Semler/Stengel/*Volhard* Rn 7; Simon/*Leuering* Rn 4; Widmann/Mayer/*Wälzholz* Anh SpruchG Rn 13). Die Bestellung soll **frühzeitig** erfolgen. Dies ist ggü der früheren Regelung neu. Der Gesetzgeber wollte damit klarstellen, dass auch die Bestellung des gem Vertr im Interesse der Verfahrensbeschleunigung nicht verzögert werden soll (RegEBegr BT-Drs 15/371). Die Bestellung sollte jedoch nicht erfolgen, bevor das Gericht beurteilen kann, ob ein Spruchverfahren mit einer Sachentscheidung durchgeführt wird. Dazu bedarf es mindestens **eines** fristgemäßen und den Anforderungen von § 4 II genügenden **Antrags** eines Antragsberechtigten (OLG Stuttgart BeckRS 2011, 15935; OLG Stuttgart ZIP 2003, 2199, 2200; *Fritzsche/Dreier/Verfürth* Rn 7; Lutter/*Krieger/Mennicke* Anh SpruchG Rn 3; *Hüffer* AktG Anh § 305 Rn 2; Simon/*Leuering* Rn 11; *Wasmann* WM 2004, 819, 824; *Bungert/Mennicke* BB 2003, 2021, 2025). Ggf ist auch das Ende der Antragsfrist abzuwarten, wenn nicht auszuschließen ist, dass alle Antragsberechtigten einen eigenen Antrag stellen. In diesem Fall wäre von der Bestellung eines gem Vertr abzusehen (Semler/Stengel/*Volhard* Rn 7; Emmerich/Habersack/*Emmerich* Anh § 328 Rn 3; Simon/*Leuering* Rn 11; MüKoAktG/*Kubis* SpruchG Rn 3). In der Praxis der Gerichte wird überwiegend der Ablauf der Antragbegründungsfrist abgewartet (*Engel/Puszkajler* BB 2012, 1687, 1689). 2

Ein gem Vertr ist auch dann zu bestellen, wenn alle zulässigen Anträge vor dessen Bestellung **bereits zurückgenommen worden** sind, sofern weitere Antragsberechtigte existieren. Dies folgt aus dem Schutzzweck von Abs 3, der den Auskauf der Antragsteller verhindern will (RegEBegr BT-Drs 15/371, 14). Das Risiko besteht auch in einem frühen Stadium des Spruchverfahrens, sodass der ggf zufällige Umstand, ob ein gem Vertr schon bestellt ist, kein taugliches Kriterium ist (ebenso *Fritzsche/Dreier/Verfürth* Rn 8; *Klöcker/Frowein* Rn 8; Kallmeyer/*Meister/Klöcker,* 2. Aufl 2002, § 308 UmwG Rn 9: Ab der – jetzt nicht mehr erfolgenden 3

Bekanntmachung – des Antrags; offengelassen von OLG Stuttgart NZG 2004, 97; OLG Stuttgart ZIP 2003, 2199, 2200; aA Lutter/*Krieger/Mennicke* Anh SpruchG Rn 3; Widmann/Mayer/*Wälzholz* Anh SpruchG Rn 5; Simon/*Leuering* Rn 6; Semler/Stengel/*Volhard* Rn 7; Emmerich/Habersack/*Emmerich* Anh § 328 Rn 4).

3. Einheitlicher gemeinsamer Vertreter, Abs 1 S 2

4 Grdsl ist nur ein gem Vertr auch dann zu bestellen, wenn Gegenstand des Spruchverfahrens sowohl die Festsetzung eines Ausgleichs durch bare Zuzahlung (§ 15 UmwG) als auch die Festsetzung einer angemessenen Barabfindung (§§ 29 ff UmwG) ist. Genau umgekehrt ordnete § 308 I 3 UmwG aF die Bestellung unterschiedlicher gem Vertr in diesen Fällen an. Auch wenn Abs 1 S 2 nur den angemessenen Ausgleich und die angemessene Abfindung erwähnt und damit erkennbar die Terminologie von §§ 304, 305 AktG übernimmt, gilt dies nach Sinn und Zweck (Vereinfachung, Kostenreduzierung) auch für Verfahren nach Umw. Der **gesetzl Ausnahmefall,** dass die Wahrung der Rechte aller betroffenen Antragsberechtigten durch einen einzigen gem Vertr nicht sichergestellt ist (Abs 1 S 2), dürfte selten sein, da im Regelfall ein Interessenwiderstreit zwischen den ausscheidenden und den verbleibenden Gesellschaftern nicht besteht (ebenso Lutter/*Krieger/Mennicke* Anh SpruchG Rn 5: Prakt kaum vorstellbar; *Hüffer* AktG Anh § 305 Rn 3; vgl auch RegEBegr BT-Drs 15/371, 14). Unterschiedlicher gem Vertr bedarf es auch dann nicht, wenn Anteile (insbes Aktien) verschiedener Gattung betroffen sind (*Fritzsche/Dreier/Verfürth* Rn 14; Semler/Stengel/*Volhard* Rn 10). Auch eine nachträgliche Verbindung beider Gegenstände zu einem Verfahren rechtfertigt nicht die Bestellung unterschiedlicher gem Vertr (Semler/Stengel/*Volhard* Rn 10). Die Bestellung **unterschiedlicher gem Vertr** kann allerd angezeigt sein, wenn Anteilsinhaber unterschiedlicher übertragender Rechtsträger betroffen sind und die Wertrelation dieser Rechtsträger untereinander für den Ausgang des Verfahrens von Bedeutung sein kann (zutr Lutter/*Krieger/Mennicke* Anh SpruchG Rn 5; Simon/*Leuering* Rn 9).

4. Absehen von der Bestellung, Abs 1 S 3

5 Ausnahmsweise kann von der Bestellung eines gem Vertr abgesehen werden (Abs 1 S 3). Die prakt Bedeutung ist gering, wenn nicht alle Antragsberechtigten einen eigenen Antrag gestellt haben (Rn 2) oder alle Anträge offensichtl unzulässig sind (OLG Stuttgart BeckRS 2011, 15935). Die Bestellungspflicht hängt nicht davon ab, dass die antragstellenden und die nicht-antragstellenden Antragsberechtigten verschiedene Interessen verfolgen (OLG Düsseldorf NJW 1971, 1569). Auch ein offensichtlich fehlendes Interesse der Nichtantragstellenden genügt nicht (KG WM 1972, 738; *Fritzsche/Dreier/Verfürth* Rn 10; Lutter/*Krieger/Mennicke* Anh SpruchG Rn 6). Ebenso wenig reicht die Beteiligung einer Aktionärsschutzvereinigung als Antragsteller (Semler/Stengel/*Volhard* Rn 12; MüKoAktG/*Kubis* SpruchG Rn 9; Simon/*Leuering* Rn 20; Widmann/Mayer/*Wälzholz* Anh SpruchG Rn 8; aA BayObLG DB 1991, 2584). Eine derartige Situation ist allenfalls bei einem überschaubaren, namentl bekannten Kreis von Antragsberechtigten denkbar. Dann kann eine Sicherstellung der Wahrung der Rechte der Antragsberechtigten auf andere Weise gegeben sein, wenn etwa sämtl nicht-antragstellenden Antragsberechtigten auf die Bestellung verzichten (*Klöcker/Frowein* Rn 15; *Fritzsche/Dreier/Verfürth* Rn 11; Lutter/*Krieger/Mennicke* Anh SpruchG Rn 6; Semler/

Stengel/*Volhard* Rn 12), wenn sich sämtl nicht-antragstellenden Antragsberechtigten außergerichtl bereits mit dem Antragsgegner geeinigt haben (Semler/Stengel/*Volhard* Rn 12; Lutter/*Krieger/Mennicke* Anh SpruchG Rn 6; *Fritzsche/Dreier/Verfürth* Rn 11) oder alle übrigen Anteilsberechtigten einen Antragsberechtigten mit der Wahrung ihrer Rechte betraut haben (Semler/Stengel/*Volhard* Rn 12; Lutter/*Krieger/Mennicke* Anh SpruchG Rn 6; wohl aA Widmann/Mayer/*Wälzholz* Anh SpruchG Rn 9). Eines gemeinsamen Vertreters bedarf es auch nicht, wenn alle Antragsberechtigten einen eigenen Antrag gestellt haben (Rn 2). Zur Situation bei Rücknahme aller Anträge vgl Rn 3. Selbstverständl nicht ausreichend ist die Zusage des Antragsgegners, alle gleich zu behandeln; dies ist bereits nach § 13 S 2 gesetzl Folge des Spruchverfahrens (zutr *Fritzsche/Dreier/Verfürth* Rn 10; Kallmeyer/*Meister/Klöcker*, 2. Aufl 2002, § 308 UmwG Rn 5).

5. Bestellungsverfahren

Der gem Vertr wird **von Amts wegen** durch das LG bestimmt (Rn 2). Bei 6
Zuständigkeit einer Kammer für Handelssachen (§ 2 Rn 8) entscheidet der Vorsitzende (§ 2 II Nr 5). Die Entscheidung des LG ergeht ohne Anhörung der übrigen Beteiligten (Widmann/Mayer/*Wälzholz* Anh SpruchG Rn 13; *Klöcker/Frowein* Rn 2; MüKoAktG/*Kubis* SpruchG Rn 5; Simon/*Leuering* Rn 12; aA Emmerich/Habersack/*Emmerich* Anh § 328 Rn 7). Bei der Auswahl des gem Vertr hat das Gericht darauf zu achten, dass keine **Interessenkollisionen** entstehen (zur Bestellung mehrerer gem Vertr vgl Rn 4). Gem Vertr kann **nur** eine **natürl** Person sein (Semler/Stengel/*Volhard* Rn 8; Kallmeyer/*Meister/Klöcker*, 2. Aufl 2002, § 308 UmwG Rn 10; *Klöcker/Frowein* Rn 4; aA KölnerKommSpruchG/*Wasmann* Rn 28). Dies sichert die Kontinuität der Person während des Verfahrens. Daher wird bspw auch nicht eine Sozietät, sondern der einzelne Anwalt bestellt. IÜ muss der gem Vertr die **erforderl Sachkunde** besitzen (Semler/Stengel/*Volhard* Rn 8; MüKoAktG/*Kubis* SpruchG Rn 5). In der Praxis werden vielfach Rechtsanwälte bestellt. Dies ist aber keine gesetzl Voraussetzung. Auch Angehörige anderer wirtschaftsberatender Berufe und sonstige im Wirtschaftsleben erfahrene Personen kommen in Betracht. Zur Möglichkeit, dass der gem Vertr wiederum einen Anwalt beauftragt, vgl Rn 23.

Auch wenn die Bestellung ohne Antrag erfolgt, können dem Gericht **Vorschläge** unterbreitet werden. Diese sind ledigl Anregungen. Das Gericht entscheidet nach pflichtgemäßem Ermessen. Eine Pflicht der ausgewählten Personen, das Amt zu übernehmen, besteht nicht. Im Regelfall wird das Gericht die Bereitschaft vorab klären und in diesem Zshg auch prüfen, ob mögl Interessenkollisionen bestehen. 7

Das Gericht macht die Bestellung im **BAnz** (www.ebundesanzeiger.de) 8
bekannt (Abs 1 S 4). Hat der Antragsgegner die Printversion des BAnz als weiteres GesBl iSv § 25 S 2 AktG bestimmt, wird die Bekanntmachung nach Abs 1 S 5 auch dort abgedruckt (BR-Drs 15/371, 14; *Klöcker/Frowein* Rn 16; *Büchel* NZG 2003, 793, 797). Anzugeben ist das Spruchverfahren und der Name und die Kontaktadresse des gem Vertr (MüKoAktG/*Kubis* SpruchG Rn 12).

Die Bestellung erstreckt sich grdsl auf die **Dauer des gesamten Verfahrens,** 9
also auch auf das sich evtl anschl Rechtsmittelverfahren (BayObLG AG 1992, 59, 60; OLG Hamburg AG 1975, 191; Semler/Stengel/*Volhard* Rn 9; *Fritzsche/Dreier/Verfürth* Rn 9; *Klöcker/Frowein* Rn 3; Emmerich/Habersack/*Emmerich* Anh § 328 Rn 5). Das Beschwerdegericht hat allerd zu prüfen, ob die Mitwirkung des gem

Vertr in der Beschwerdeinstanz überhaupt geboten und der bisherige gem Vertr hierfür umfassend geeignet ist (BayObLG AG 1992, 59, 60; Emmerich/Habersack/*Emmerich* Anh § 328 Rn 5; Semler/Stengel/*Volhard* Rn 9). Obwohl vom Gesetz nicht vorgesehen, kann das Gericht oder das Beschwerdegericht den gem Vertr auch wieder **abberufen** (BayObLG AG 1992, 59, 60; OLG Düsseldorf DB 1988, 1108; jew zu § 306 AktG; Simon/*Leuering* Rn 20; Emmerich/Habersack/*Emmerich* Anh § 328 Rn 7; MüKoAktG/*Kubis* SpruchG Rn 10). Bei der Abberufungsentscheidung darf sich das Gericht aber nur an den Interessen der nicht-antragstellenden Antragsberechtigten orientieren, da der gem Vertr zur Wahrung der Rechte dieser Gruppe bestellt wurde (OLG Düsseldorf DB 1988, 1108). Maßgebl ist, ob durch eine Änderung der Verfahrenssituation die Mitwirkung des gem Vertr nicht mehr vonnöten ist oder der bestellte gem Vertr die Voraussetzungen nicht (mehr) erfüllt (mangelnde Sachkunde, Krankheit, Interessenkollision; vgl MüKoAktG/*Kubis* SpruchG Rn 10). Dies hat sowohl das LG als auch das Beschwerdegericht fortlaufend zu prüfen (BayObLG AG 1992, 59, 60). Über die Abberufung entscheidet in der 1. Instanz als Annexkompetenz ggf der Vorsitzende der Kammer für Handelssachen (§ 2 III Nr 5; Lutter/*Krieger/Mennicke* Anh SpruchG Rn 9; MüKoAktG/*Kubis* SpruchG Rn 10).

6. Rechtsmittel

10 Die **Bestellung** des gem Vertr ist eine gerichtl Zwischenentscheidung (OLG Frankfurt aM AG 2012, 42, 43: vorbereitender Charakter). Mit Inkrafttreten des FamFG (1.9.2009) sind Neben- oder Zwischenentscheidungen und damit die Bestellung des gem Vertr nur anfechtbar, wenn dies – wie hier nicht – ausdrücklich bestimmt ist (§ 58 I FamFG; BT-Drs 16/6308, 166; OLG Frankfurt aM AG 2012, 42; MüKoAktG/*Kubis* SpruchG Rn 8; Emmerich/Habersack/*Emmerich* Rn 9). Vgl auch § 12 Rn 2.

11 Die Überprüfung erfolgt dann im Rahmen einer Beschwerde über die Endentscheidung (§ 58 II FamFG), soweit sie – wie meist nicht – noch Auswirkungen auf die Endentscheidung hat (OLG Frankfurt aM AG 2012, 42, 43 f).

12 Über den Gesetzeswortlaut (§ 58 I FamFG) hinaus sollte indes eine Beschwerde **gegen** die **Abberufung** des gem Vertr statthaft sein (wie hier Widmann/Mayer/*Wälzholz* Anh SpruchG Rn 25.2). Nur so ist ein effektiver Rechtsschutz gewährleistet und die Verfahrensökonomie gewahrt (vgl dazu *Preuß* NZG 2009, 961, 965).

13 **Beschwerdebefugt** sind der gem Vertr und die nicht-antragstellenden Antragsberechtigten; Letztere auch gegen die Ablehnung einer von ihnen beantragten Abberufung (Lutter/*Krieger/Mennicke* Anh SpruchG Rn 9; *Fritzsche/Dreier/Verfürth* Rn 18; *Klöcker/Frowein* Rn 21; Widmann/Mayer/*Wälzholz* Anh SpruchG Rn 23). Die Antragsgegner wie auch die antragstellenden Antragsberechtigten sind mangels Eingriff in ihre Rechtsposition nicht beschwerdebefugt (Lutter/*Krieger/Mennicke* Anh SpruchG Rn 9; *Fritzsche/Dreier/Verfürth* Rn 18; Widmann/Mayer/*Wälzholz* Anh SpruchG Rn 23).

14 Zur Rechtslage für Spruchverfahren, die vor dem 1.9.2009 eingeleitet worden sind, vgl Vorauflage Rn 10 ff.

7. Stellung des gemeinsamen Vertreters im Verfahren

15 **a) Vertretener Personenkreis.** Der gem Vertr vertritt im Spruchverfahren die Rechte der Antragsberechtigten, die nicht selbst Antragsteller sind. Diese

bestimmen sich für Umwandlungsfälle nach § 3 S 1 Nr 3, 4. Er vertritt damit alle Antragsberechtigten/Sonderrechtsinhaber der übertragenden Rechtsträger, die materiellrechtl einen Anspruch auf bare Zuzahlung oder Barabfindung, selbst aber keinen eigenen Antrag gestellt haben (vgl auch § 3 Rn 2 ff). Dies erklärt sich aus der Inter-Omnes-Wirkung der Entscheidung nach § 13 S 2.

b) Gesetzlicher Vertreter. Antragsberechtigte, die keinen eigenen Antrag gestellt haben, nehmen am Verfahren nicht teil (vgl allerd zur Beschwerdebefugnis Rn 13). Ihre Rechte werden ausschließl durch den gem Vertr wahrgenommen, der hierfür die Stellung eines **gesetzl Vertreters** (nicht Partei kraft Amtes) hat (Abs 1 S 1 HS 2). Er kann damit im Namen der von ihm Vertretenen grdsl alles, was auch ein Antragsteller kann, insbes Anträge stellen und Rechtsmittel einlegen (*Hüffer* AktG Anh § 305 Rn 6; Semler/Stengel/*Volhard* Rn 14; MüKoAktG/*Kubis* SpruchG Rn 13; *Klöcker/Frowein* Rn 23). Nur er kann die nicht-antragstellenden Antragsberechtigten vertreten (Widmann/Mayer/*Wälzholz* Anh SpruchG Rn 38; *Klöcker/Frowein* Rn 24). An die Einwendungen der Antragsteller gegen die Unternehmensbewertung ist er nicht gebunden, er kann diese ergänzen und auch andere Einwendungen vorbringen (Semler/Stengel/*Volhard* Rn 14; *Hüffer* AktG Anh § 305 Rn 6; krit *Weingärtner* Der Konzern 2005, 695; dagegen *Puszkajler* Der Konzern 2006, 256; MüKoAktG/*Kubis* SpruchG Rn 14). Auch eine Nebenintervention der nicht-antragstellenden Antragsberechtigten scheidet wegen der Wahrnehmung der Rechte durch den gem Vertr aus (Simon/*Leuering* Rn 35, § 3 SpruchG Rn 7; offengelassen von BayObLG ZIP 2003, 127, 128; *Klöcker/Frowein* Rn 24; vgl § 4 Rn 5). Ebenso wenig können im Regelfall Nichtanspruchsberechtigte als Nebenintervenienten auftreten (OLG Schleswig ZIP 1999, 1760; aA Simon/*Leuering* § 3 SpruchG Rn 7). Der gem Vertr ist aber nicht für die nicht beteiligten Aktionäre verfassungsbeschwerdebefugt (BVerfG ZIP 2007, 1600). 16

Seine **Verfahrensrechte** werden jedoch **durch** die **Rechtsstellung** als gesetzl Vertr auch **beschränkt.** Er kann nur insoweit handeln, als die Rechte der nicht-antragstellenden Antragsberechtigten betroffen sind. Nur in diesen Fällen ist er etwa beschwerdeberechtigt. Die Rechte der Antragsberechtigten, die einen eigenen Antrag gestellt haben, vertritt er nicht. Soweit Entscheidungen nur deren Rechtsposition berühren, ist er nicht beschwerdebefugt. Zur Weiterführungsbefugnis (Abs 3) vgl Rn 21. 17

Seine Entscheidung trifft der gem Vertr nach pflichtgemäßem **Ermessen.** Er ist an Weisungen weder der Antragsteller noch der von ihm vertretenen nicht-antragstellenden Antragsberechtigten gebunden; ggü Letzteren bestehen auch keine **Auskunfts- oder Rechenschaftspflichten** (OLG München NZG 2010, 1233; Lutter/*Krieger/Mennicke* Anh SpruchG Rn 11; MüKoAktG/*Kubis* SpruchG Rn 15; *Klöcker/Frowein* Rn 22; *Hüffer* AktG Anh § 305 Rn 6; Semler/Stengel/*Volhard* Rn 15; teilweise anders *Fritzsche/Dreier/Verfürth* Rn 20: Rechenschaftsverpflichtung ggü den von ihm vertretenen Antragsberechtigten; ähnl Widmann/Mayer/*Wälzholz* Anh SpruchG Rn 29 ff). 18

Der gem Vertr ist auch berechtigt, nach pflichtgemäßem Ermessen einen außergerichtlichen oder gerichtlichen **Vgl abzuschließen** (Semler/Stengel/*Volhard* Rn 14). Besondere Sorgfalt des gem Vertr ist notwendig, wenn das Verfahren dadurch nicht beendet wird (vgl § 11 Rn 17), weil einzelne Antragsteller es fortführen. Hier wird er im Regelfall eine Vereinbarung treffen müssen, dass eine im weiteren Verfahren erstrittene Verbesserung auch zugunsten der nicht-antragstellenden Antragsberechtigten wirkt (Semler/Stengel/*Volhard* Rn 14: „darf nur“; 19

Lutter/*Krieger/Mennicke* Anh SpruchG Rn 11: Vgl sonst nur ausnahmsweise zulässig; *Klöcker/Frowein* Rn 25: Sollte).

20 Bei einem schuldhaften Verstoß gegen die Pflichten **haftet** der gem Vertr auf Schadenersatz (MüKoAktG/*Kubis* SpruchG Rn 15; Widmann/Mayer/*Wälzholz* Anh SpruchG Rn 33; Lutter/*Krieger/Mennicke* Anh SpruchG Rn 11; *Klöcker/Frowein* Rn 22; *Fritzsche/Dreier/Verfürth* Rn 20; *Hüffer* AktG Anh § 305 Rn 6). Das Rechtsverhältnis zu den von ihm Vertretenen ist nicht abschließend geklärt. Zutreffend scheint die Annahme eines gesetzl Geschäftsbesorgungsverhältnisses (Widmann/Mayer/*Wälzholz* Anh SpruchG Rn 33). Die Stellung als gesetzl Vertr betrifft nur das Verfahren. Eine Vertretungsmacht zur **rechtsgeschäftlichen Verpflichtung** besteht nicht (allgM; *Hüffer* AktG Anh § 305 Rn 6; *Fritzsche/Dreier/Verfürth* Rn 19; *Klöcker/Frowein* Rn 26; MüKoAktG/*Kubis* SpruchG Rn 14; Lutter/*Krieger/Mennicke* Anh SpruchG Rn 10; Semler/Stengel/*Volhard* Rn 14).

21 **c) Weiterführungsbefugnis, Abs 3.** Der gem Vertr kann auch nach Rücknahme aller verfahrenseinleitenden Anträge das Verfahren fortführen (Abs 3). Eine entspr Regelung enthielt schon § 308 III UmwG aF und war damals rechtspolitisch umstritten. Ziel ist die Vermeidung des „Auskaufs" weniger Antragsteller (vgl auch schon Rn 3). Die Regelung hat sich nach Ansicht des Gesetzgebers bewährt und wurde daher übernommen (RegEBegr BT-Drs 15/371, 14; zuvor schon RegEBegr BR-Drs 75/94 zu § 308 UmwG). Nach Abs 3 S 2 **steht** er in diesem Fall einem **Antragsteller gleich.** Dies soll gewährleisten, dass der gem Vertr das Verfahren nicht zwingend zu Ende führen muss, sondern seinerseits den Antrag zur Verfahrensbeendigung zurücknehmen kann (RegEBegr BR-Drs 75/95 zu § 308 UmwG). Die Entscheidung über die weitere Fortführung steht im pflichtgemäßen Ermessen des gem Vertr (Simon/*Leuering* Rn 41; Lutter/*Krieger/Mennicke* Anh SpruchG Rn 12; *Klöcker/Frowein* Rn 29; *Fritzsche/Dreier/Verfürth* Rn 32; Semler/Stengel/*Volhard* Rn 16). Eine Beendigung des Verfahrens wird nur in Betracht kommen, wenn dies die von ihm Vertretenen nicht benachteiligt. Beruhen die Antragsrücknahmen auf einem **Vgl,** muss sichergestellt sein, dass die nicht-antragstellenden Antragsberechtigten ebenfalls begünstigt sind (Semler/Stengel/*Volhard* Rn 16). Unabhängig davon muss der gem Vertr den Inhalt des Vgl prüfen und bewerten (Lutter/*Krieger/Mennicke* Anh SpruchG Rn 12). Eine Fortführung kommt nicht in Betracht, wenn **alle Anträge als unzulässig** verworfen werden. Denn dann Fehlen die Voraussetzungen für die Durchführung des Spruchverfahrens (MüKoAktG/*Kubis* SpruchG Rn 21; vgl § 12 Rn 7).

8. Auslagenersatz- und Vergütungsanspruch

22 Der gem Vertr hat nach Abs 2 S 1 Anspruch auf Ersatz seiner Auslagen und auf eine Vergütung. Der Anspruch richtet sich **gegen** die **Antragsgegner,** mehrere Antragsgegner haften als Gesamtschuldner (Abs 2 S 1 HS 2). Ein Anspruch gegen die Staatskasse oder gegen die von ihm vertretenen Antragsberechtigten besteht nicht (*Klöcker/Frowein* Rn 31; Lutter/*Krieger/Mennicke* Anh SpruchG Rn 13; *Fritzsche/Dreier/Verfürth* Rn 28). Der Auslagenersatz und Vergütungsanspruch richtet sich nach dem RVG, auch wenn der gem Vertr nicht RA ist (Lutter/*Krieger/Mennicke* Anh SpruchG Rn 13; Emmerich/Habersack/*Emmerich* Anh § 328 Rn 20; MüKoAktG/*Kubis* SpruchG Rn 16).

23 Der **Auslagenersatzanspruch** umfasst in erster Linie Post- und Telekommunikationskosten, Reisekosten und Schreibauslagen. Der gem Vertr kann aber auch **externe Sachverständige** und ggf (idR wohl nur, wenn er nicht selbst RA ist)

für einzelne Maßnahmen (etwa Beschwerdeverfahren) einen **RA** beauftragen (aA MüKoAktG/*Kubis* SpruchG Rn 17: inakzeptabel). Derartige Auslagen sind aber nur ersatzfähig, wenn sie zur zweckentsprechenden Erledigung der Angelegenheit notwendig sind (OLG Düsseldorf AG 1996, 426: dort unnötige Übersetzung; *Klöcker/Frowein* Rn 32; *Hüffer* AktG Anh § 305 Rn 7; aA Lutter/*Krieger/Mennicke* Anh SpruchG Rn 14; krit im Einzelfall Simon/*Leuering* Rn 46). Grdsl nicht erstattungsfähig sind vom gem Vertr in Auftrag gegebene **Privatgutachten** zur Unternehmensbewertung, da er die Aufgabe der Würdigung der Unterlagen und der Sachverständigengutachten aufgrund eigener Sachkunde leisten können muss (OLG Düsseldorf AG 2011, 754).

Die (entspr) Anwendung des RVG führt hinsichtl der Vergütung dazu, dass der gem Vertr im Regelfall die Verfahrens- und die Termingebühr (Nr 3100 ff, 3200 ff Anl 1 zum RVG) verlangen kann. Bei einem Vergleichsabschluss erhält er auch eine Einigungsgebühr (Nr 1000 Anl 1 zum RVG). Der **Gegenstandswert** richtet sich nach dem für die Gerichtsgebühren maßgebl Geschäftswert (Abs 2 S 3). Er beträgt mindestens EUR 200 000 und höchstens EUR 7,5 Mio (§ 15 3 HS 2). Vgl näher hierzu § 15 Rn 6 ff. 24

Die Auslagen und die Vergütung werden durch das Gericht **festgesetzt** (Abs 2 S 2). Zuvor können auf Verlangen des gem Vertr **Vorschusszahlungen** dem Antragsgegner auferlegt werden (Abs 2 S 4). Deren Höhe richtet sich nach § 9 RVG (Lutter/*Krieger/Mennicke* Anh SpruchG Rn 15). Aus der Festsetzung findet die Zwangsvollstreckung nach der ZPO statt (Abs 2 S 5). Dies gilt auch für vom Gericht festgesetzte Vorschusszahlungen (*Klöcker/Frowein* Rn 34). In 1. Instanz entscheidet das LG und bei Zuständigkeit einer Kammer für Handelssachen der Vorsitzende (§ 2 III 1 Nr 5). Dagegen ist die sofortige Beschwerde statthaft (§ 85 FamFG iVm § 104 III ZPO). Im **Beschwerdeverfahren** erfolgt die Festsetzung durch das Beschwerdegericht (BayObLG NZG 2004, 824). 25

§ 6a Gemeinsamer Vertreter bei Gründung einer SE

[1] Wird bei der Gründung einer SE durch Verschmelzung oder bei der Gründung einer Holding-SE nach dem Verfahren der Verordnung (EG) Nr. 2157/2001 des Rates vom 8. Oktober 2001 über das Statut der Europäischen Gesellschaft (SE) (ABl. EG Nr. L 294 S. 1) gemäß den Vorschriften des SE-Ausführungsgesetzes ein Antrag auf Bestimmung einer Zuzahlung oder Barabfindung gestellt, bestellt das Gericht auf Antrag eines oder mehrerer Anteilsinhaber einer sich verschmelzenden oder die Gründung einer SE anstrebenden Gesellschaft, die selbst nicht antragsberechtigt sind, zur Wahrung ihrer Interessen einen gemeinsamen Vertreter, der am Spruchverfahren beteiligt ist. [2] § 6 Abs. 1 Satz 4 und Abs. 2 gilt entsprechend.

Schrifttum: Siehe auch Schrifttum Einl; *Preuß*, Auswirkungen der FGG-Reform auf das Spruchverfahren, NZG 2009, 961, 965.

1. Allgemeines

Die Vorschrift wurde durch Art 5 des SEEG vom 20.12.2004 (BGBl I 3675) eingefügt. Sie regelt die Bestellung eines besonderen gem Vertr bei der Gründung einer SE durch Verschm oder bei der Gründung einer Holding-SE. Hintergrund der Regelung ist Art 25 III SE-VO. Danach ist ein Spruchverfahren nur durchzu- 1 führen, wenn die anderen sich verschmelzenden Ges aus Mitgliedstaaten, in denen ein vglbares Verfahren nicht besteht, bei der Zustimmung zu dem Verschmelzungsplan ausdrückl akzeptieren, dass die Aktionäre der anderen sich verschmelzenden Ges auf ein solches Verfahren zurückgreifen können. Die Interessen derartiger Anteilsinhaber, die kein Spruchverfahren durchführen können, sind indes betroffen, da die Zahlungen durch die SE erfolgen. Sie werden daher der Durchführung des Spruchverfahrens nur zustimmen, wenn auch ihre Interessen angemessen vertreten sind (RegEBegr BT-Drs 15/3405 zu Art 5 SEEG; zu § 6a).

2 Die **Aufgabe** dieses gem Vertr ist regelm die **Verteidigung** des festgelegten Umtauschverhältnisses und der angebotenen Barabfindung (RegEBegr BT-Drs 15/3405 zu Art 5 SEEG; zu § 6a; Semler/Stengel/*Volhard* Rn 2).

2. Bestellung und Stellung des gemeinsamen Vertreters

3 Der gem Vertr nach § 6a wird **neben** dem gem Vertr nach § 6 bestellt, denn er hat genau die spiegelbildl Interessen (Verteidigung des festgelegten Umtauschverhältnisses/der angebotenen Barabfindung; vgl Rn 2) zu vertreten. Die Bestellung kommt nur in den Fällen **der Gründung einer SE durch Verschm** (§§ 6, 7 SEAG) und **Gründung einer Holding-SE** (§§ 9, 11 SEAG) in Betracht, da nur in diesen Fällen Anteilsinhaber von Ges mit dem Sitz in Mitgliedstaaten, in denen kein Spruchverfahren durchgeführt wird, existieren können (vgl Rn 1).

4 Die Bestellung setzt einen **Antrag** eines oder mehrerer **Anteilsinhaber** einer sich verschmelzenden oder die Gründung einer SE anstrebenden Ges, der/die **selbst nicht** zur Durchführung des Spruchverfahrens **antragsberechtigt sind,** voraus (Simon/*Leuering* Rn 6; *Hüffer* AktG Anh § 305 Rn 2; Semler/Stengel/*Volhard* Rn 3; Widmann/Mayer/*Wälzholz* Anh SpruchG Rn 13). Dies sind die Anteilsinhaber der bei der Verschm oder der Gründung der Holding-SE beteiligten Ges mit Sitz in einem Mitgliedstaat, der kein Spruchverfahren kennt. Zuvor muss durch einen zulässigen Antrag nach § 4 überhaupt ein Spruchverfahren eingeleitet sein (MüKoAktG/*Kubis* SpruchG Rn 2). Der Antrag ist **schriftl oder mündl zu Protokoll** der Geschäftsstelle des zuständigen LG oder eines AG § 25 FamFG) zu stellen (aA Simon/*Leuering* Rn 11: formlos). Eine Vertretung durch einen RA bedarf es nicht (Simon/*Leuering* Rn 11). Der Antrag ist nicht fristgebunden (Widmann/Mayer/*Wälzholz* Anh SpruchG Rn 12). Die **Bestellung** durch das Gericht ist nach einem derartigen Antrag **zwingend,** es sei denn, das Gericht verwirft die Anträge nach § 4 ohne Sachentscheidung als unzulässig (Simon/*Leuering* Rn 12). Die Bestellung ist nur im **BAnz** bekannt zu machen (§§ 6a S 2, 6 I 4; Semler/Stengel/*Volhard* Rn 3). Bei Zuständigkeit einer Kammer für Handelssachen (§ 2 Rn 8) entscheidet in entspr Anwendung von § 2 III Nr 5 der Vorsitzende. IÜ gelten die Ausführungen in § 6 Rn 5 f entspr.

5 Zur **Beschwerde** gegen die Bestellung und Abberufung vgl § 6 Rn 10 ff. Im Sinne der Verfahrensökonomie sollten trotz § 58 I FamFG gegen eine Ablehnung der Bestellung eines gem Vertr nach § 6a alle Anteilsinhaber, die einen Antrag nach § 6a stellen können, nicht nur diejenigen, die tatsächlich einen Antrag gestellt haben, Beschwerde einlegen können (vgl auch § 6 Rn 12; allgemein hierzu *Preuß* NZG 2009, 960, 965).

6 § 6a verweist nicht auf § 6 I 1 HS 2. Dennoch kann der gem Vertr nach § 6a alle **Verfahrenshandlungen** vornehmen, die auch den Antragsteller, dem gem Vertr nach § 6 und den Antragsgegnern zustehen. Denn er ist am Verfahren beteiligt (S 1). Er kann insbes Anträge stellen, an der mündl Verhandlung teilnehmen

und Rechtsmittel gegen Vfg und Entscheidung des Gerichts einlegen (Semler/Stengel/*Volhard* Rn 4; aA MüKoAktG/*Kubis* SpruchG Rn 3; Simon/*Leuering* Rn 15). Ebenso wie der gem Vertr nach § 6 (vgl § 6 Rn 16) kann er aber nur die Rechte der von ihm vertretenen nicht antragsberechtigten Anteilsinhaber wahrnehmen. Dies begrenzt etwa seine Beschwerdebefugnis; außerdem hat er deshalb keine Weiterführungsbefugnis nach § 6 III (Simon/*Leuering* Rn 16; Semler/Stengel/*Volhard* Rn 4). IÜ gelten die Ausführungen zu § 6 Rn 16 ff entspr.

3. Auslagenersatz- und Vergütungsanspruch

Hinsichtl des Auslagenersatz- und Vergütungsanspruchs des gem Vertr iSv § 6a 7
verweist S 2 vollumfängl auf § 6 II. Vgl § 6 Rn 22 ff.

§ 6b Gemeinsamer Vertreter bei Gründung einer Europäischen Genossenschaft

[1] Wird bei der Gründung einer Europäischen Genossenschaft durch Verschmelzung nach dem Verfahren der Verordnung (EG) Nr. 1435/2003 des Rates vom 22. Juli 2003 über das Statut der Europäischen Genossenschaft (SCE) (ABl. EU Nr. L 207 S. 1) nach den Vorschriften des SCE-Ausführungsgesetzes ein Antrag auf Bestimmung einer baren Zuzahlung gestellt, bestellt das Gericht auf Antrag eines oder mehrerer Mitglieder einer sich verschmelzenden Genossenschaft, die selbst nicht antragsberechtigt sind, zur Wahrung ihrer Interessen einen gemeinsamen Vertreter, der am Spruchverfahren beteiligt ist. [2] § 6 Abs. 1 Satz 4 und Abs. 2 gilt entsprechend.

§ 6c Gemeinsamer Vertreter bei grenzüberschreitender Verschmelzung

[1] Wird bei einer grenzüberschreitenden Verschmelzung (§ 122a des Umwandlungsgesetzes) gemäß § 122h oder § 122i des Umwandlungsgesetzes ein Antrag auf Bestimmung einer Zuzahlung oder Barabfindung gestellt, bestellt das Gericht auf Antrag eines oder mehrerer Anteilsinhaber einer beteiligten Gesellschaft, die selbst nicht antragsberechtigt sind, zur Wahrung ihrer Interessen einen gemeinsamen Vertreter, der am Spruchverfahren beteiligt ist. [2] § 6 Abs. 1 Satz 4 und Abs. 2 gilt entsprechend.

Die Vorschriften wurden mit dem Gesetz zur Einführung der SCE (BGBl I 1
2006, 1911) (§ 6b) und dem 2. UmwÄndG (BGBl I 2007, 542) (§ 6c) eingefügt. Der Gesetzeszweck entspricht demjenigen von § 6a. Bei grenzüberschreitenden Verschm nach §§ 122a ff UmwG kann ein Spruchverfahren nur durchgeführt werden, wenn die Anteilsinhaber der ausl Ges, deren Rechtsordnung ein Spruchverfahren nicht vorsieht, dem ausdrückl zustimmen (vgl §§ 122h I und 122i II UmwG). Wird ein Spruchverfahren durchgeführt, hat der gem Vertr die Interessen der nicht beteiligten Anteilsinhaber der ausl Ges wahrzunehmen. Die Bestellung und Stellung des gem Vertr entspricht derjenigen nach § 6a; vgl im Einzelnen dort.

§ 7 Vorbereitung der mündlichen Verhandlung

(1) **Das Gericht stellt dem Antragsgegner und dem gemeinsamen Vertreter die Anträge der Antragsteller unverzüglich zu.**

(2) [1]Das Gericht fordert den Antragsgegner zugleich zu einer schriftlichen Erwiderung auf. [2]Darin hat der Antragsgegner insbesondere zur Höhe des Ausgleichs, der Zuzahlung oder der Barabfindung oder sonstigen Abfindung Stellung zu nehmen. [3]Für die Stellungnahme setzt das Gericht eine Frist, die mindestens einen Monat beträgt und drei Monate nicht überschreiten soll.

(3) [1]Außerdem hat der Antragsgegner den Bericht über den Unternehmensvertrag, den Eingliederungsbericht, den Bericht über die Übertragung der Aktien auf den Hauptaktionär oder den Umwandlungsbericht nach Zustellung der Anträge bei Gericht einzureichen. [2]In den Fällen, in denen der Beherrschungs- oder Gewinnabführungsvertrag, die Eingliederung, die Übertragung der Aktien auf den Hauptaktionär oder die Umwandlung durch sachverständige Prüfer geprüft worden ist, ist auch der jeweilige Prüfungsbericht einzureichen. [3]Auf Verlangen des Antragstellers oder des gemeinsamen Vertreters gibt das Gericht dem Antragsgegner auf, dem Antragsteller oder dem gemeinsamen Vertreter unverzüglich und kostenlos eine Abschrift der genannten Unterlagen zu erteilen.

(4) [1]Die Stellungnahme nach Absatz 2 wird dem Antragsteller und dem gemeinsamen Vertreter zugeleitet. [2]Sie haben Einwendungen gegen die Erwiderung und die in Absatz 3 genannten Unterlagen binnen einer vom Gericht gesetzten Frist, die mindestens einen Monat beträgt und drei Monate nicht überschreiten soll, schriftlich vorzubringen.

(5) [1]Das Gericht kann weitere vorbereitende Maßnahmen erlassen. [2]Es kann den Beteiligten die Ergänzung oder Erläuterung ihres schriftlichen Vorbringens sowie die Vorlage von Aufzeichnungen aufgeben, insbesondere eine Frist zur Erklärung über bestimmte klärungsbedürftige Punkte setzen. [3]In jeder Lage des Verfahrens ist darauf hinzuwirken, dass sich die Beteiligten rechtzeitig und vollständig erklären. [4]Die Beteiligten sind von jeder Anordnung zu benachrichtigen.

(6) Das Gericht kann bereits vor dem ersten Termin eine Beweisaufnahme durch Sachverständige zur Klärung von Vorfragen, insbesondere zu Art und Umfang einer folgenden Beweisaufnahme, für die Vorbereitung der mündlichen Verhandlung anordnen oder dazu eine schriftliche Stellungnahme des sachverständigen Prüfers einholen.

(7) [1]Sonstige Unterlagen, die für die Entscheidung des Gerichts erheblich sind, hat der Antragsgegner auf Verlangen des Antragstellers oder des Vorsitzenden dem Gericht und gegebenenfalls einem vom Gericht bestellten Sachverständigen unverzüglich vorzulegen. [2]Der Vorsitzende kann auf Antrag des Antragsgegners anordnen, dass solche Unterlagen den Antragstellern nicht zugänglich gemacht werden dürfen, wenn die Geheimhaltung aus wichtigen Gründen, insbesondere zur Wahrung von Fabrikations-, Betriebs- oder Geschäftsgeheimnissen, nach Abwägung mit den Interessen der Antragsteller, sich zu den Unterlagen äußern zu können, geboten ist. [3]Gegen die Entscheidung des Vorsitzenden kann das Gericht angerufen werden; dessen Entscheidung ist nicht anfechtbar.

(8) Für die Durchsetzung der Verpflichtung des Antragsgegners nach Absatz 3 und 7 ist § 35 des Gesetzes über das Verfahren in Familiensachen

und in den Angelegenheiten der freiwilligen Gerichtsbarkeit entsprechend anzuwenden.

Schrifttum: Siehe auch Schrifttum Einl; DAV-HRA, Stellungnahme zum Regierungsentwurf eines Spruchverfahrensneuordnungsgesetzes, NZG 2003, 316; *van Kann/Hirschmann,* Das neue Spruchverfahrensgesetz – Konzentration und Beschleunigung einer bewährten Institution, DStR 2003, 588; *Meilicke/Heidel,* Das neue Spruchverfahren in der gerichtlichen Praxis, DB 2003, 2267; *Wasmann/Roßkopf,* Die Herausgabe von Unterlagen und der Geheimnisschutz im Spruchverfahren, ZIP 2003, 1776; *Lamb/Schluck-Amend,* Die Neuregelung des Spruchverfahrens durch das Spruchverfahrensneuordnungsgesetz, DB 2003, 1259; *Bungert/Mennicke,* BB-Gesetzgebungsreport: Das Spruchverfahrensneuordnungsgesetz, BB 2003, 2021; *Büchel,* Neuordnung des Spruchverfahrens, NZG 2003, 793; *Weingärtner,* Eingeschränkte Rechte des gemeinsamen Vertreters der außenstehenden Aktionäre im Spruchverfahren, Der Konzern 2005, 695; *Puszkajler,* Verfahrensgegenstand und Rechte des gemeinsamen Vertreters im neuen Spruchverfahren, Der Konzern 2006, 256; *Winter/Nießen,* Amtsermittlung und Beibringung im Spruchverfahren, NZG 2007, 13; *Kubis,* Verfahrensgegenstand und Amtsermittlung im Spruchverfahren, FS U. Hüffer 2010, 567; *Engel/Puszkajler,* Bewährung des Spruchgesetzes in der Praxis, BB 2012, 1687.

Übersicht

1. Allgemeines

Die Vorschrift hat keine Vorgängerregelung. Die RegEBegr (BT-Drs 15/371, 14) bezeichnet sie als **Kernpunkt der Neuregelung.** Die Bestimmungen sollen den Ablauf des Spruchverfahrens künftig deutlicher strukturieren und im Erg nachhaltig beschleunigen. Sie ist im Zshg mit § 8 zu sehen, der nunmehr als Regel die mündl Verhandlung vorsieht. Inhaltl behandelt die Vorschrift Verfahrensschritte zur Vorbereitung der mündl Verhandlung. Die Strukturierung und Straffung des Verfahrens soll durch eine fristgebundene schriftl Erwiderung des Antragsgegners eingeleitet werden (Abs 2). Ferner hat der Antragsgegner den Umwandlungs- und Prüfungsbericht bei Gericht einzureichen (Abs 3). Aufgrund der nunmehr zwingend gerichtl zu bestellenden Prüfer (etwa § 10 I UmwG) erhoffte sich der Gesetzgeber, dass zusätzl Begutachtungen im Verfahren auf die Klärung verbliebener Streitpunkte beschränkt werden können (RegEBegr BT-Drs 15/371, 14). **1**

Die Antragsteller und der gem Vertr sollen sodann Einwendungen gegen die Erwiderung und gegen die Unterlagen nach Abs 3 fristgebunden schriftl vorbringen (Abs 4). Weitere vorbereitende Maßnahmen ermöglichen Abs 5 und 6. Abs 7 schafft eine Verpflichtung für die Antragsgegner, ggf weitere Unterlagen vorzulegen, die den Antragstellern nicht zugängl gemacht werden dürfen, wenn wichtige Geheimhaltungsgründe vorliegen. Die Herausgabe der Unterlagen nach Abs 3 und 7 kann das Gericht durch Zwangsgeld erzwingen (Abs 8). **2**

3 § 7 ist damit eine einfachgesetzl Ausgestaltung und auch – Abs 7 S 2 – Einschränkung des grundrechtl **Anspruchs auf rechtl Gehör** (Art 103 I GG). IÜ wird der auch im streitigen FGG-Verfahren geltende **Amtsermittlungsgrundsatz** (§ 26 FamFG) zurückgedrängt. Die Verfahrensbeteiligten sollen zu einer prozessökonomischen Vorbereitung der mündl Verhandlung herangezogen werden. Dies führt zu einer **Darlegungs- und Feststellungslast** (vgl § 8 Rn 15) der Verfahrensbeteiligten (Semler/Stengel/*Volhard* Rn 12; *Klöcker/Frowein* Rn 1; *van Kann/Hirschmann* DStR 2003, 1488, 1492; vgl hierzu auch *Winter/Nießen* NZG 2007, 13). Ergänzt wird dies durch die **Verfahrensförderungsverpflichtung** nach § 9 und die damit zusammenhängenden Sanktionsmöglichkeiten nach § 10.

2. Zustellung des Antrags, Abs 1

4 Die Anträge der Antragsteller (nebst Begründung) sind **von Amts wegen** dem Antragsgegner und dem gem Vertr unverzügl zuzustellen. Entsprechendes gilt für den gem Vertr nach § 6a–§ 6c, da dieser kraft seiner Verfahrensrolle (§ 6a Rn 2) mit dem Antragsgegner vglbar ist. Nachgereichte Begründungen sind ebenfalls zuzustellen (*Hüffer* AktG Anh § 305 Rn 3; Simon/*Winter* Rn 4). Auch (offenkundig) unzulässige Anträge sind zuzustellen (Simon/*Winter* Rn 5; Widmann/Mayer/*Wälzholz* Rn 7). Es gilt das **förml Zustellungsverfahren** nach §§ 166 ff ZPO (§ 15 FamFG). **Unverzügl** ist eine Zustellung in Anlehnung an § 271 I ZPO (aA Lutter/*Krieger/Mennicke* Anh SpruchG Rn 4: § 121 BGB; wohl aber ohne Unterschied im Erg), wenn sie ohne verfahrenswidrige Verzögerung erfolgt (*Fritzsche/Dreier/Verfürth* Rn 13). Zu strenge Anforderungen sind hieran nicht zu stellen, zumal die Zustellung des Antrags anders als im Zivilprozess keine materiellen Wirkungen hat (fristwahrend ist der Zugang beim Gericht, vgl § 4 Rn 6). Das **Sammeln** von Anträgen, um sie gemeinsam zuzustellen, ist arbeitsökonomisch und daher zulässig (Lutter/*Krieger/Mennicke* Anh SpruchG Rn 4; *Hüffer* AktG Anh § 305 Rn 3; Widmann/Mayer/*Wälzholz* Rn 6; MüKoAktG/*Kubis* SpruchG Rn 7). Die Praxis der Gerichte ist unterschiedlich (*Engel/Puszkajler* BB 2012, 1687, 1688). Das Abwarten der dreimonatigen Antragsfrist (§ 4 I 1) ist indes nicht mehr unverzügl (Lutter/*Krieger/Mennicke* Anh SpruchG Rn 4; *Hüffer* AktG Anh § 305 Rn 3; MüKoAktG/*Kubis* SpruchG Rn 7). Wenigstens die ersten verfahrenseinleitenden Anträge sind auch dann schon zuzustellen, wenn eine Begr (§ 4 II) noch nicht vorliegt, damit der Antragsgegner von der Einleitung des Verfahrens Kenntnis erlangt (zur Nachreichung der Begr vgl § 4 Rn 8). Die Begr ist in diesen Fällen nachträgl erneut zuzustellen (Lutter/*Krieger/Mennicke* Anh SpruchG Rn 2; *Fritzsche/Dreier/Verfürth* Rn 3; *Hüffer* AktG Anh § 305 Rn 3).

5 Die Zustellung hat an den Antragsgegner, bei mehreren an alle Antragsgegner zu erfolgen. Die Zustellung an den **gem Vertr** (ggf an mehrere gem Vertr, § 6 Rn 4) kann naturgemäß erst erfolgen, wenn dieser bestellt ist (dazu § 6 Rn 2). Entsprechendes gilt für den gem Vertr nach § 6a–§ 6c (Rn 4). Die noch ausstehende Bestellung ist kein Grund, von der Zustellung an die Antragsgegner abzusehen. Die Anträge und Antragsbegründungen sind dem jeweiligen gem Vertr dann nach dessen Bestellung zuzustellen. Eine Zustellung der weiteren Anträge an die **übrigen Antragsteller** erfolgt nicht (Lutter/*Krieger/Mennicke* Anh SpruchG Rn 3; *Klöcker/Frowein* Rn 2; *Fritzsche/Dreier/Verfürth* Rn 4). Diesen verbleibt die Möglichkeit der Einsicht in die Gerichtsakten (§ 13 FamFG). Zur Praxis der Gerichte vgl *Engel/Puszkajler* BB 2012, 1687, 1688 f.

3. Aufforderung zur Erwiderung, Abs 2

Nach Abs 2 S 1 hat das Gericht den Antragsgegner zugleich zu einer schriftl Erwiderung aufzufordern. **Zugleich** bezieht sich auf die Zustellung der Anträge nach Abs 1. Der Wortlaut ist insofern problematisch, als in der Praxis vielfach mehrere Zustellungen von Anträgen erfolgen müssen, weil verschiedene Anträge innerh der Antragsfrist eingehen und/oder die Antragsbegründung (während der Antragsfrist, vgl § 4 Rn 8) nachgereicht werden (Rn 4). Wortgetreu müsste das Gericht mit jeder Zustellung erneut zu einer schriftl Erwiderung auffordern und insbes jew eine Frist (dazu Rn 9) nach Abs 2 Satz 3 setzen. Dies dient weder der Verfahrensbeschleunigung, noch ist es – für das Gericht und den Antragsgegner – arbeitsökonomisch. Es ist daher ausreichend, wenn die Aufforderung zur Erwiderung und die Fristsetzung zu einem Zeitpunkt erfolgen, ab dem mit keinen weiteren Anträgen zu rechnen ist (Lutter/*Krieger/Mennicke* Anh SpruchG Rn 4; *Klöcker/Frowein* Rn 6; *Lamp/Schluck-Amend* DB 2003, 1259, 1260; Simon/*Winter* Rn 15; Semler/Stengel/*Volhard* Rn 5; MüKoAktG/*Kubis* SpruchG Rn 9; vgl bereits DAV-HRA NZG 2003, 316, 318; *Büchel* NZG 2003, 793, 797; zweifelnd *Bungert/Mennicke* BB 2003, 2021, 2027; aA *Fritzsche/Dreier/Verfürth* Rn 17). **6**

Inhaltlich hat die Antragserwiderung in erster Linie auf die Einwendungen der Antragsteller einzugehen (Lutter/*Krieger/Mennicke* Anh SpruchG Rn 7; *Fritzsche/Dreier/Verfürth* Rn 20; MüKoAktG/*Kubis* SpruchG Rn 8). Eine umfassende allg Stellungnahme zur Höhe des Ausgleichs, der Zuzahlung oder der Barabfindung oder sonstigen Abfindungen ist trotz des Wortlauts von Abs 2 S 2 nicht notwendig, soweit sich die Tatsachen aus den Unterlagen nach Abs 3 erschließen lassen. Das Gesetz verlangt nicht eine Wiederholung des dort Ausgeführten (Lutter/*Krieger/Mennicke* Anh SpruchG Rn 7; Simon/*Winter* Rn 21; Widmann/Mayer/*Wälzholz* Anh SpruchG Rn 9). Der Vortrag muss indes substantiiert sein (MüKoAktG/*Kubis* SpruchG Rn 8; Widmann/Mayer/*Wälzholz* Anh SpruchG Rn 9). Dem Gericht bleibt es aber unbenommen, bereits in diesem Stadium ergänzende vorbereitende Maßnahmen iSv Abs 5 zu erlassen und sonstige Unterlagen iSv Abs 7 anzufordern. **7**

Mit der Antragserwiderung, spätestens innerh der Erwiderungsfrist, sind sämtl **Rügen,** welche die **Zulässigkeit** der Anträge betreffen, geltend zu machen (§ 9 III). **8**

Zusammen mit der Aufforderung hat das Gericht dem Antragsgegner eine **Frist** zu setzen, die mindestens einen Monat beträgt und drei Monate nicht überschreiten soll (Abs 2 S 3). Die Mindestfrist wird nur in Ausnahmefällen genügen (Lutter/*Krieger/Mennicke* Anh SpruchG Rn 6; Simon/*Winter* Rn 16; *Fritzsche/Dreier/Verfürth* Rn 22: idR nicht weniger als sechs Wochen; ähnl *Klöcker/Frowein* Rn 4). Die Frist muss eine sachgemäße Erwiderung unter zumutbaren Bedingungen ermöglichen (*Klöcker/Frowein* Rn 4). Dies setzt eine vorläufige Prüfung des Gerichts voraus, um die Komplexität des Verfahrens einschätzen zu können. Die maximale Soll-Frist von drei Monaten wird hingegen auch in umfangreichen und schwierigen Verfahren für den Antragsgegner ausreichend sein. Denn die wesentl Informationen müssen beim Antragsgegner aufgrund der kurz zuvor durchgeführten Umw bereits aufbereitet vorliegen. Eine **Verlängerung** der bereits gesetzten Frist kann in entspr Anwendung von §§ 224 II, 225 ZPO bei Vorliegen erhebl Gründe gewährt werden (Simon/*Winter* Rn 17; *Büchel* NZG 2003, 793, 797; *Klöcker/Frowein* Rn 5; Lutter/*Krieger/Mennicke* Anh SpruchG Rn 6; Widmann/Mayer/*Wälzholz* Anh SpruchG Rn 10.3). Sofern eine **9**

Kammer für Handelssachen zuständig ist (vgl § 2 II), **entscheidet** über die Fristsetzung wie auch die Fristverlängerung der Vorsitzende (§ 2 III 1 Nr 4).

10 Die Rechtsfolgen von verspäteten Antragserwiderungen richten sich nach § 10 I. Vgl im Einzelnen § 10 Rn 2 ff.

4. Einreichung von Unterlagen, Abs 3

11 Die Regelung verpflichtet den oder die Antragsgegner, den jeweiligen Umwandlungsbericht und – soweit existent – den jeweiligen Prüfungsbericht bei Gericht einzureichen (Abs 3 S 1, 2). Dies ist nur ein Teil der Unterlagen, die bei einer AG während der HV in den Geschäftsräumen der Ges zur Einsicht der Aktionäre auslagen (§ 63 I UmwG). „Außerdem" (Abs 3 S 1) bedeutet, dass die Unterlagen mit der Antragserwiderung nach Abs 2, spätestens bis zum Ablauf der vom Gericht nach Abs 2 S 3 gesetzten Frist, eingereicht werden müssen (ebenso *Fritzsche/Dreier/Verfürth* Rn 31; aA Simon/*Winter* Rn 26). Einer **Aufforderung durch** das **Gericht** bedarf es nicht (Widmann/Mayer/*Wälzholz* Anh SpruchG Rn 13). Regelm wird das Gericht aber bei der Aufforderung zur Erwiderung (Abs 2 S 1) auf die gesetzl Verpflichtung hinweisen.

12 Diese Unterlagen müssen nicht an die Antragsteller **weitergeleitet** werden. Die Antragsteller haben diese Unterlagen meist schon, da sie in der Antragsbegründung hierauf Bezug nehmen müssen (§ 4 II 2 Nr 4 1; dazu § 4 Rn 12 ff). Auf **Verlangen** des Antragstellers oder des gem Vertr gibt das Gericht dem Antragsgegner auf, dem Antragsteller oder dem gem Vertr unverzügl und kostenlos eine Abschrift des Umwandlungsberichtes und ggf Prüfungsberichtes zu erteilen. Die Übermittlung hat regelm direkt vom Antragsgegner an die Antragsteller zu erfolgen (MüKoAktG/*Kubis* SpruchG Rn 10). Diese Regelung ergänzt den bereits aus dem UmwG folgenden Anspruch auf Übersendung/Abschrifterteilung (etwa § 63 III UmwG; vgl auch § 4 Rn 13). Der Anspruch besteht bereits ab Antragstellung, wie § 4 II 2 Nr 4 2 zeigt. Als unverzügl kann nur ein kurzer Zeitraum gelten, da die Unterlagen bei den Antragsgegnern bereits versandfertig vorliegen müssen. Die Erwiderungsfrist (Rn 9) ist kein Maßstab. Geschuldet ist die **kostenlose** Abschrifterteilung, womit die Antragsgegner auch die Übersendungskosten zu tragen haben (*Fritzsche/Dreier/Verfürth* Rn 38). Der **gem Vertr** wird regelm die Übersendung der Unterlagen bereits kurz nach seiner Bestellung verlangen, um sich auf das weitere Verfahren vorzubereiten. **Sanktionsmöglichkeiten** des Gerichts ergeben sich aus Abs 8 (Rn 24).

5. Replik, Abs 4

13 Die Stellungnahme des Antragsgegners nach Abs 2 wird den Antragstellern und dem gem Vertr (einschl der gem Vertr nach § 6a ff) zugeleitet. Da zugleich nach Abs 4 S 2 eine richterl Frist gesetzt wird, gilt § 15 FamFG, wonach das Gericht für die Bekanntgabe die Wahl zwischen förmlicher Zustellung nach §§ 166 ff ZPO oder Aufgabe des Schriftstücks zur Post hat. Einwendungen gegen die Antragserwiderung und die in Abs 3 genannten Unterlagen (soweit hierzu nicht bereits in der Antragsbegründung Stellung genommen worden ist, § 4 II 2 Nr 4, dazu § 4 Rn 12) sind binnen einer vom Gericht festgesetzten Frist von mindestens einem Monat schriftl vorzubringen; die Frist soll drei Monate nicht überschreiten. IRd Verfahrensförderungspflicht (§ 9) müssen in der Replik auch Einwendungen vorgetragen werden, die in keinem Zusammenhang mit der Antragserwiderung oder den Unterlagen nach Abs 3 stehen (*Büchel* NZG 2003, 793, 798; *Klöcker/Frowein*

Rn 10; aA MüKoAktG/*Kubis* SpruchG Rn 11: inhaltliche Beschränkung auf die konkreten Einwendungen nach § 4 II Nr 4; ebenso *Kubis* FS Hüffer, 2010, 567, 571). Der **gem Vertr** hat in diesem Stadium erstmals umfassend vorzutragen (*Büchel* NZG 2003, 793, 798; Widmann/Mayer/*Wälzholz* Anh SpruchG Rn 16.1; krit *Weingärtner* Der Konzern 2005, 694) Der Maßstab für die Frist entspricht demjenigen der Fristsetzung nach Abs 2 S 3 (Rn 9). Das Gericht – ggf der Vorsitzende der Handelskammer (§ 2 III 1 Nr 4) – hat die Antragserwiderung zu prüfen und eine angemessene Frist nach eigener Einschätzung der Komplexität festzusetzen. Zur Möglichkeit der Fristverlängerung vgl Rn 9. Die Rechtsfolgen nicht rechtzeitigen Vorbringens richten sich nach § 10 I (vgl dort Rn 2 ff).

6. Weitere vorbereitende Maßnahmen, Abs 5

Das Gericht kann – und soll bei Bedarf – weitere vorbereitende Maßnahmen erlassen (Abs 5 S 1). Beispielhaft zählt Abs 5 S 2 auf, dass das Gericht den Beteiligten die Ergänzung oder Erläuterung ihres schriftl Vorbringens sowie die Vorlage von Aufzeichnungen aufgeben kann. Das Verhältnis zu Abs 7 ist unklar (krit schon DAV-HRA NZG 2003, 316, 318). Für derartige Aufzeichnungen gilt jedenfalls Abs 7 S 2 (vgl Rn 20; MüKoAktG/*Kubis* SpruchG Rn 13; *Bungert/Mennicke* BB 2003, 2021, 2027; *Wasmann/Roßkopf* ZIP 2003, 1776, 1780; vgl bereits DAV-HRA NZG 2003, 316, 318). Das Gericht kann auch hierfür Fristen setzen (Abs 5 S 2). Dann bedarf es einer Bekanntgabe nach § 15 I, II FamFG. Den anderen Beteiligten (Antragsteller, gem Vertr, Antragsgegner), die nicht zur Ergänzung oder Vorlage von Aufzeichnungen aufgefordert werden, ist jede Anordnung formlos mitzuteilen (Abs 5 S 4; § 15 III FamFG). Mittels dieser weiteren vorbereitenden Maßnahmen hat das Gericht in jeder Lage des Verfahrens darauf hinzuwirken, dass sich die Beteiligten rechtzeitig und vollständig erklären (Abs 5 S 3). Abs 5 lehnt sich damit an die zivilprozessualen Regelungen in §§ 273 II Nr 1, 139 I 2 ZPO an. Andererseits ist auch eine Aussetzung in entsprechender Anwendung von § 148 ZPO wegen eines vorgreiflichen Prozesses möglich (OLG München NZG 2007, 433). **14**

7. Beweisaufnahme zu Vorfragen, Abs 6

Die Vorschrift lehnt sich an § 358a ZPO an (RegEBegr BR-Drs 15/371, 15). Das Gericht kann bereits vor der mündl Verhandlung eine Beweisaufnahme durch Sachverständige anordnen. Anders als § 358a ZPO besteht aber eine Beschränkung auf **Vorfragen.** Dies sind nicht nur die gesetzl Regelbeispiele „Art und Umfang einer folgenden Beweisaufnahme", sondern etwa auch Einzelfragen des Prüfungsberichts (Emmerich/Habersack/*Emmerich* Rn 7a; *Büchel* NZG 2003, 793, 798; *Tomson/Hammerschmitt* NJW 2003, 2572, 2574; *Klöcker/Frowein* Rn 12; aA Widmann/Mayer/*Wälzholz* Anh SpruchG Rn 22: nur Vorfragen). Denn Sinn und Zweck der Vorschrift ist, das eigentliche Beweisthema einzugrenzen (vgl auch Semler/Stengel/*Volhard* Rn 9). Die Art der Beweisaufnahme ist nicht festgelegt. Es gilt § 29 FamFG. Abs 6 stellt insofern lediglich klar, dass das Gericht auch eine **schriftl Stellungnahme** des **sachverständigen Prüfers** einholen kann. Dies ist der Prüfer, der den Prüfbericht iSv § 7 III 2 erstellt hat (Widmann/Mayer/*Wälzholz* Anh SpruchG Rn 22; vgl auch § 8 Rn 3 ff). Dies wird der Regelfall sein. In der Praxis wird die Möglichkeit der vorgezogenen Beweisaufnahme aber nur wenig genutzt (*Engel/Puszkajler* BB 2012, 1687, 1691). **15**

8. Vorlage weiterer Unterlagen, Abs 7

16 Nach Abs 7 S 1 ist der Antragsgegner unter gewissen Voraussetzungen verpflichtet, weitere Unterlagen vorzulegen. Die Abgrenzung zu Abs 5 ist unscharf (vgl auch Rn 14). **Unterlagen** idS sind Schriftstücke aller Art, die einen Zshg zur Ermittlung der Umtauschverhältnisse/der Höhe der Barabfindung und damit zur Bew der beteiligten Rechtsträger aufweisen. Dies können etwa Bewertungsgutachten (RegEBegr BR-Drs 15/371, 15), Jahresabschlüsse (vgl § 63 I Nr 2, 3 UmwG) oder Planungsrechnungen (Lutter/*Krieger/Mennicke* Anh SpruchG Rn 14) sein. Die RegEBegr zählt auch vorbereitende **Arbeitspapiere** der beauftragten **Wirtschaftsprüfer** auf (BT-Drs 15/371, 15). Zu deren Vorlage kann der Antragsgegner indes nicht verpflichtet werden (Lutter/*Krieger/Mennicke* Anh SpruchG Rn 14; Simon/*Winter* Rn 58; *Fritzsche/Dreier/Verfürth* Rn 84; *Klöcker/Frowein* Rn 13; *Wasmann/Roßkopf* ZIP 2003, 1776, 1780 f; *Bungert/Mennicke* BB 2003, 2021, 2029). Denn der Antragsgegner kann nur zur Vorlage von Unterlagen verpflichtet werden, die ihm vorliegen oder die er sich verschaffen kann (Lutter/*Krieger/Mennicke* Anh SpruchG Rn 14). Die Herausgabe der Arbeitspapiere kann der Antragsgegner jedoch vom Wirtschaftsprüfer nicht verlangen (§ 51b WPO).

17 Die Herausgabepflicht entsteht, wenn der **Vorsitzende** dies **verlangt.** Bei der Zuständigkeit einer Kammer für Handelssachen (§ 2 II) ist dieser ohnehin zuständig (§ 2 II 1 Nr 4). In anderen Fällen entscheidet die Zivilkammer (vgl § 2 Rn 9). Daneben nennt das Gesetz ausdrückl nur das **Verlangen eines Antragstellers.** Aufgrund seiner Stellung im Verfahren wird man aber auch den **gem Vertr** das Recht einzuräumen haben, die Vorlage sonstiger Unterlagen zu verlangen (Lutter/*Krieger/Mennicke* Anh SpruchG Rn 15; *Fritzsche/Dreier/Verfürth* Rn 86; Simon/*Winter* Rn 61; MüKoAktG/*Kubis* SpruchG Rn 19).

18 Die Unterlagen müssen für die Entscheidung des Gerichtes **erhebl sein können.** Ob sie tatsächlich erheblich sind, wie das Gesetz formuliert, kann erst nach ihrer Sichtung festgestellt werden (Lutter/*Krieger/Mennicke* Anh SpruchG Rn 15). Die Erheblichkeit haben die Antragsteller/der gem Vertr darzulegen. Das Gericht muss die mögl Erheblichkeit prüfen und bloße Ausforschungsanträge zurückweisen (*Fritzsche/Dreier/Verfürth* Rn 87). Andererseits dürfen die Anforderungen auch nicht überspannt werden, zumal oftmals weder das Gericht noch die Antragsteller/der gem Vertr wissen, welche Unterlagen existieren (*Meilicke/Heidel* DB 2003, 2267, 2271).

19 Die Unterlagen sind dem Gericht und auf Anforderung durch das Gericht einem vom Gericht bestellten Sachverständigen unverzügl **vorzulegen.** Eine Weiterleitung oder unmittelbare Übermittlung an die Antragsteller und/oder den gem Vertr ist nicht vorgesehen. Diese sind auf die Einsicht in die Gerichtsakte angewiesen (§ 13 FamFG). Die Vorlage zu den Gerichtsakten hat daher bei geheimhaltungsbedürftigen Unterlagen Auswirkungen auf die Aktenführung (Rn 23). Unverzügl bedeutet, dass der Antragsgegner die Vorlage nicht verzögern darf. Regelm werden die Unterlagen existieren; der Zeitraum ist daher kurz zu bemessen.

20 Nach Abs 7 S 2 kann der Vorsitzende auf Antrag des Antragsgegners anordnen, dass **geheimhaltungsbedürftige Unterlagen** den Antragstellern nicht zugängl gemacht werden dürfen. Ebenso wie bei S 1 ist der gem Vertr nicht genannt. Aufgrund seiner Stellung im Verfahren ist die Geheimhaltung aber auch ihm ggü zu bewahren (Semler/Stengel/*Volhard* Rn 10; Widmann/Mayer/*Wälzholz* Anh

SpruchG Rn 25; MüKoAktG/*Kubis* SpruchG Rn 20; zum Vorlageverlangen des gem Vertr Rn 17).

21 Die Vorschrift ist eine Beschränkung des rechtl Gehörs (Art 103 I GG), was bei ihrer Anwendung zu beachten ist. Als **Beispiele** für wichtige Gründe zur Geheimhaltung nennt das Gesetz die Wahrung von Fabrikations-, Betriebs-, oder Geschäftsgeheimnissen. Dies ist eine Anlehnung an § 72 II 2 GWB. Generell darf die in den Unterlagen enthaltene Information noch nicht allg bekannt sein und muss dem Antragsgegner beim Bekanntwerden der Unterlagen ein nicht unerhebl Nachteil drohen (Lutter/*Krieger/Mennicke* Anh SpruchG Rn 18). Das Gesetz verlangt eine **Abwägung** zwischen dem Geheimhaltungsinteresse der Antragsgegner und dem Interesse der Antragsteller, sich zu den Unterlagen äußern zu können. Dies ist bereits verfassungsrechtl geboten, da sowohl das Geheimhaltungsinteresse (Art 14 GG) als auch der Anspruch auf Akteneinsicht als Bestandteil des Anspruchs auf rechtl Gehör (Art 103 I GG) verfassungsrechtl geschützt sind (*Wasmann/Roßkopf* ZIP 2003, 1776, 1777; *Lamb/Schluck-Amend* DB 2003, 1259, 1263). Bei der Grundrechtskollision ist der Grds der **praktischen Konkordanz** zu beachten (zutr *Wasmann/Roßkopf* ZIP 2003, 1776, 1780; *Lamp/Schluck-Amend* DB 2003, 1259, 1263; *Klöcker/Frowein* Rn 14; *Bungert/Mennicke* BB 2003, 2021, 2029; *van Kann/Hirschmann* DStR 2003, 588; Simon/*Winter* Rn 82). Je sensibler die Daten, um so eher kann angeordnet werden, dass sie nicht zugängl gemacht werden dürfen (*Wasmann/Roßkopf* ZIP 2003, 1776, 1780; *Klöcker/Frowein* Rn 14). Eine strafbewehrte Verschwiegenheitsverpflichtung der Antragsteller/des gem Vertr lässt den Geheimnisschutz nicht entfallen (Widmann/Mayer/*Wälzholz* Anh SpruchG Rn 25; aA etwa MüKoAktG/*Kubis* SpruchG Rn 22). **Im Zweifel** geht das Geheimhaltungsinteresse des Unternehmens vor (Lutter/*Krieger/Mennicke* Anh SpruchG Rn 18). In der Praxis wird den Anträgen regelmäßig entsprochen (*Engel/Puszkajler* BB 2012, 1687, 1690). Auch in der **Entscheidung** des Gerichts (so noch ausdrückl § 7 III 3 idF des RegE, BT-Drs 15/371, 7) und in einem Sachverständigengutachten dürfen die geheimhaltungsbedürftigen Tatsachen nicht erwähnt werden (*Wasmann/Roßkopf* ZIP 2003, 1776, 1780; *Lamb/Schluck-Amend* DB 2003, 1259, 1263).

22 Die **Entscheidung** erfolgt wie auch die Aufforderung zur Vorlage durch den Vorsitzenden (Rn 17). Obwohl das Gesetz davon spricht, dass die Unterlagen dem Gericht und ggf dem Sachverständigen vorzulegen sind, kann der Vorsitzende entspr der bisherigen Praxis unverändert anordnen, dass gewisse Unterlagen, insbes die nach S 2 geheimhaltungsbedürftigen nur dem Sachverständigen vorgelegt werden.

23 Wird die Geheimhaltungsbedürftigkeit gewisser Unterlagen angeordnet, so sind diese von der **Gerichtsakte separiert** zu verwahren (*Lamp/Schluck-Amend* DB 2003, 1259, 1263; *Bungert/Mennicke* BB 2003, 2021, 2029; *Klöcker/Frowein* Rn 15; *Fritzsche/Dreier/Verfürth* Rn 89; Lutter/*Krieger/Mennicke* Anh SpruchG Rn 20). Das Einsichtsrecht der Verfahrensbeteiligten § 13 I FamFG) erstreckt sich hierauf *nicht*. Gegen die Entscheidung des Vorsitzenden nach S 1 und nach S 2 **kann** das **Gericht angerufen** werden; dessen Entscheidung ist unanfechtbar (S 3).

24 Für die Durchsetzung der Herausgabeverpflichtung nach Abs 7 und nach Abs 3 verweist **Abs 8** auf § 35 FamFG. Danach kann **Zwangsgeld** (Einzelbetrag bis zu EUR 25 000) festgesetzt werden. Auffallend ist, dass Abs 8 nicht die Aufforderung nach Abs 5 umfasst. Die Abgrenzung ist aber ohnehin unscharf, sodass der Vorsitzende sich regelm auf Abs 7 berufen wird (wohl auch *Wasmann/Roßkopf* ZIP 2003, 1776, 1779).

§ 8 Mündliche Verhandlung

(1) [1]**Das Gericht soll aufgrund mündlicher Verhandlung entscheiden.** [2]**Sie soll so früh wie möglich stattfinden.**

(2) [1]**In den Fällen des § 7 Abs. 3 Satz 2 soll das Gericht das persönliche Erscheinen der sachverständigen Prüfer anordnen, wenn nicht nach seiner freien Überzeugung deren Anhörung als sachverständige Zeugen zur Aufklärung des Sachverhalts entbehrlich erscheint.** [2]**Den sachverständigen Prüfern sind mit der Ladung die Anträge der Antragsteller, die Erwiderung des Antragsgegners sowie das weitere schriftliche Vorbringen der Beteiligten mitzuteilen.** [3]**In geeigneten Fällen kann das Gericht die mündliche oder schriftliche Beantwortung von einzelnen Fragen durch den sachverständigen Prüfer anordnen.**

(3) **Die §§ 138 und 139 sowie für die Durchführung der mündlichen Verhandlung § 279 Abs. 2 und 3 und § 283 der Zivilprozessordnung gelten entsprechend.**

Schrifttum: Siehe auch Schrifttum Einl; *Meilicke/Heidel,* Das neue Spruchverfahren in der gerichtlichen Praxis, DB 2003, 2267; *Lamb/Schluck-Amend,* Die Neuregelung des Spruchverfahrens durch das Spruchverfahrensneuordnungsgesetz, DB 2003, 1259; *Büchel,* Neuordnung des Spruchverfahrens, NZG 2003, 793; *Tomson/Hammerschmitt,* Aus alt mach neu? Betrachtungen zum Spruchverfahrensneuordnungsgesetz, NJW 2003, 2572; *Winter/Nießen,* Amtsermittlung und Beibringung im Spruchverfahren, NZG 2007, 13; *Wittgens,* Der gerichtliche Sachverständige im Spruchverfahren, AG 2007, 106; *Wittgens/Redeke,* Zu aktuellen Fragen der Unternehmensbewertung im Spruchverfahren, ZIP 2007, 2015; *Preuß,* Auswirkungen der FGG-Reform auf das Spruchverfahren, NZG 2009, 961; *Lochner,* Die Bestimmung der Marktrisikoprämie auf Grundlage empirischer Studien im Spruchverfahren, AG 2011, 692; *Engel/Puszkajler,* Bewährung des Spruchgesetzes in der Praxis, BB 2012, 1687.

1. Allgemeines

1 Die Vorschrift hat keine Vorgängerin. Die mündl Verhandlung wird zum gesetzl Regelfall erklärt, während sie zuvor als FGG-Verfahren im Ermessen des Gerichts stand. Sie soll ebenfalls der Verfahrensbeschleunigung dienen (RegEBegr BT-Drs 15/371, 15). Ebenso wird das persönl Erscheinen der sachverständigen Prüfer als gesetzl Regelfall („soll") angeordnet (Abs 2). Durch die entspr Anwendung verschiedener Vorschriften der ZPO in Abs 3 wird der Amtsermittlungsgrundsatz zugunsten des Beibringungsgrundsatzes aus dem Zivilprozess zurückgedrängt.

2. Mündliche Verhandlung, Abs 1

2 Im FGG-Verfahren ist die mündl Verhandlung dem Gericht freigestellt (§ 32 I FamFG). Der Gesetzgeber wollte neben dem Ziel der Verfahrensbeschleunigung (Rn 1) auch verfassungsrechtl Bedenken begegnen (RegEBegr BT-Drs 15/371, 15). Das Gericht soll daher aufgrund mündl Verhandlung entscheiden. Anders als im Zivilprozess (§ 128 ZPO) ist die mündl Verhandlung dennoch nicht zwingend (oder erzwingbar), sondern gesetzl Regelfall. Das **Absehen** von der mündl Verhandlung kommt indes nur ausnahmsweise und nur dann in Betracht, wenn ein Erörterungsbedarf in keiner Hinsicht erkennbar ist (etwa offensichtl unzulässige Anträge, so Lutter/*Krieger/Mennicke* Anh SpruchG Rn 2; *Fritzsche/Dreier/Verfürth* Rn 6; Simon/*Winter* Rn 4; Widmann/Mayer/*Wälzholz* Anh SpruchG Rn 2.1; vgl auch OLG Stuttgart BeckRS 2011, 15935). Kein geeigneter Grund ist eine

hohe Anzahl an Beteiligten (Widmann/Mayer/*Wälzholz* Anh SpruchG Rn 2.1). Eine ermessenfehlerhaftes Absehen von einer mündl Verhandlung rechtfertigt eine Beschwerde (MüKoAktG/*Kubis* SpruchG Rn 1; vgl auch Widmann/Mayer/*Wälzholz* Anh SpruchG Rn 2.1). Für das **Beschwerdeverfahren** ist wesentlich, ob neue, in der 1. Instanz nicht erörterte Aspekte berücksichtigt werden (OLG Stuttgart AG 2012, 135). Soweit im Beschwerdeverfahren nur noch über rechtliche Fragen befunden wird, kann von einer mündl Verhandlung abgesehen werden (KG NZG 2011, 1302, 1303). Die mündl Verhandlung soll **so früh wie mögl** stattfinden (Abs 1 S 2). Die Entscheidung liegt im Ermessen des Gerichts. Im Regelfall wird eine mündl Verhandlung erst nach Vorliegen der Erwiderung (§ 7 II), der Replik (§ 7 IV) und ggf dem Abschluss einer vorbereitenden Beweisaufnahme (§ 7 VI) sinnvoll sein. Dies kann mehrere Monate in Anspruch nehmen, ohne dass gegen „so früh wie mögl" verstoßen wird (zutr *Fritzsche/Dreier/Verfürth* Rn 8). Bis ein umfangreiches Sachverständigengutachten vorliegt, kann nicht gewartet werden; in diesem Fall ist ein zweiter Termin zur Erörterung des Gutachtens vorzusehen (Simon/*Winter* Rn 5). Anträge werden in der mündl Verhandlung nicht gestellt (OLG Stuttgart AG 2012, 135; OLG Stuttgart AG 2010, 510.

3. Ladung des sachverständigen Prüfers, Abs 2

Der oder die Umwandlungsprüfer (§ 7 III 2) sollen während der mündl Verhandlung persönl anwesend sein (Abs 2 S 1). Da zwischenzeitl der Umwandlungsprüfer zwingend vom Gericht ausgewählt und bestellt wird (vgl etwa § 10 I 1 UmwG; dazu § 10 UmwG Rn 6 ff), verspricht sich der Gesetzgeber von der persönl Anwesenheit, dass die Erkenntnisbasis schon zu Beginn des Verfahrens verbreitert und die evtl zusätzl Beauftragung eines weiteren Sachverständigen zur Begutachtung bestimmter Fragen erleichtert und damit beschleunigt wird (RegEBegr BT-Drs 15/371, 15). Die Anhörung wird im Regelfall durchzuführen sein; eine vorherige Wertung der „unkritischen" Auseinandersetzung im Prüfbericht (vgl LG Frankfurt aM BB 2007, 1069 mit Anm *Wittgens*) sollte ein Einzelfall bleiben. 3

Der Prüfer soll als **sachverständiger Zeuge** angehört werden. Der Begriff ist nicht iSv § 414 ZPO zu verstehen, wenn das Gesetzesziel erreicht werden soll (wohl aA Widmann/Mayer/*Wälzholz* Anh SpruchG Rn 5). Denn ein sachverständiger Zeuge wird zum Beweise vergangener Tatsachen oder Zustände, zu deren Wahrnehmung eine besondere Sachkunde erforderl war, gehört (vgl § 414 ZPO). Dann könnte der Umwandlungsprüfer nur zu seiner Prüfungstätigkeit vernommen werden. Tatsächlich will das Gesetz die Anwesenheit einer sachverständigen Person sicherstellen, die aufgrund der Vorbefassung ohne größere Vorbereitung Auskünfte erteilen kann. Er soll auch – wie der Sachverständige – Fachwissen vermitteln (Lutter/*Krieger/Mennicke* Anh SpruchG Rn 6; *Hüffer* AktG Anh § 305 Rn 4: sachkundige Auskunftsperson; ähnl *Klöcker/Frowein* Rn 6; *Fritzsche/Dreier/Verfürth* Rn 13; MüKoAktG/*Kubis* SpruchG Rn 2: Auskunftsperson sui generis; zweifelnd *Büchel* NZG 2003, 793, 802). Für ihn gelten allerd iÜ die Zeugen betreffenden Vorschriften entspr (§§ 377 ff ZPO). 4

Die spätere **Bestellung** eines Umwandlungsprüfers **als gerichtlicher Sachverständiger** ist grdsl mögl (RegEBegr BT-Drs 15/371, 15). Dies entspricht schon der bisherigen Praxis (OLG Düsseldorf AG 2001, 363, 373; 2002, 398, 399; DB 2001, 190, 191; BayObLG BB 2003, 275, 277; LG Frankfurt aM AG 2002, 357, 358). Ebenso ist nicht generell der **Abschlussprüfer** ausgeschlossen 5

(OLG Düsseldorf NZG 2006, 758, 759). Ob dies wirkl sinnvoll ist, mag bezweifelt werden (vgl RegEBegr BT-Drs 15/371, 15: in den meisten Fällen dürfte eine gewisse „Hemmschwelle" bestehen, sich selbst zu korrigieren; zweifelnd auch Widmann/Mayer/*Wälzholz* Anh SpruchG Rn 7.1; *Lamb/Schluck-Amend* DB 2003, 1259, 1262; *Meilicke/Heidel* DB 2003, 2267, 2272; vgl auch *Hüffer* Anh § 305 Rn 5a; eingehend hierzu *Wittgens* AG 2007, 106, 107 ff). Dennoch wird oftmals das Ziel erreicht werden können, unstreitige Positionen zu erkennen und die wesentl Beweisthemen klarer herauszuarbeiten. Daher wird die **Ausnahme,** dass nach der freien Überzeugung des Gerichtes die **Anhörung** der Umwandlungsprüfer **entbehrl** erscheint (Abs 2 S 1), nur in Ausnahmefällen vorliegen. Im Regelfall wird dann bereits eine mündl Verhandlung entbehrl sein (Rn 2). Kein Arg ist die Vorbefassung, da das Gesetz gerade darauf abstellt (Lutter/*Krieger/Mennicke* Anh SpruchG Rn 7). Ebenso wenig rechtfertigt die voraussichtl Bestellung eines gerichtl Sachverständigen den Verzicht auf die Anhörung des Umwandlungsprüfers, da dies gerade vorbereitet werden soll (Lutter/*Krieger/Mennicke* Anh SpruchG Rn 7). Gründe können sein, dass das Gericht im Einzelfall die Glaubwürdigkeit oder den Sachverstand eines bestimmten sachverständigen Prüfers anzweifelt (*Fritzsche/Dreier/Verfürth* Rn 24; aA Widmann/Mayer/*Wälzholz* Anh SpruchG Rn 7.2). In einfach gelagerten Fällen und bei Vorliegen umfassender Akten kann das Gericht ggf auch wegen eigener Sachkunde von der Anhörung absehen (*Fritzsche/Dreier/Verfürth* Rn 23; Lutter/*Krieger/Mennicke* Anh SpruchG Rn 7; aA Widmann/Mayer/*Wälzholz* Anh SpruchG Rn 7.2).

6 Zur **Vorbereitung** sind den Umwandlungsprüfern die Anträge der Antragsteller, die Erwiderung des Antragsgegners sowie das weitere schriftl Vorbringen der Beteiligten mitzuteilen (Abs 2 S 2). Der sachverständige Zeuge hat seinerseits aussageerleichternde Unterlagen mitzubringen (§ 378 I 1 ZPO).

7 Die Bedeutung von Abs 2 S 3 ist unklar. Der mündl Verhandlung **vorhergehende schriftl Stellungnahmen** erlaubt bereits § 7 VI. Dennoch heißt es in der RegEBegr (BT-Drs 15/371, 15), dass es in geeigneten Fällen sinnvoll sein kann, den sachverständigen Prüfer zunächst schriftl und ggf erst anschl mündl zu befragen. Dies steht im Ermessen des Gerichts (OLG Düsseldorf BeckRS 2012, 09271, GWR 2012, 246). Ebenso unklar ist die Anordnung, dass das Gericht die mündl Beantwortung von einzelnen Fragen durch den sachverständigen Prüfer anordnen kann. Diese Ergänzung geht auf die Stellungnahme des Bundesrates zurück (BT-Drs 15/23, 23 f). Den Umfang der Fragen bestimmt das Gericht aber ohnehin, sodass kein eigenständiger Anwendungsbereich verbleibt. Die Versendung der Unterlagen an den Prüfer (Rn 6) kann auch bei einer Stellungnahme nach § 7 VI unterbleiben (vgl aber Stellungnahme BRat BT-Drs 15/23, 23 f).

8 Die Anhörung des Umwandlungsprüfers als sachverständigen Zeugen ersetzt indessen nicht bereits im Regelfall die **Einholung eines Gutachtens** durch das Gericht. Die gerichtliche Überprüfung beschränkt sich nicht darauf, den vom Sachverständigen ermittelten (oder Umwandlungsprüfer geprüften) Unternehmenswert auf Plausibilität zu überprüfen (so aber LG Frankfurt aM AG 2007, 41; AG 2007, 42). Das Gericht selbst muss die maßgeblichen rechtlichen Faktoren der gesetzlichen Abfindungsregelung feststellen und anhand dieser Kriterien den zutreffenden Unternehmenswert für ein bestimmtes Abfindungsverlangen ermitteln (OLG Stuttgart BeckRS 2011, 24586; OLG Frankfurt aM ZIP 2012, 124; OLG Frankfurt aM AG 2007, 449, 450; OLG Stuttgart AG 2006, 421, 422; Emmerich/Habersack/*Emmerich* Anh § 328 Rn 7). Dies setzt nicht zwingend eine Neubewertung des Unternehmens im Spruchverfahren voraus. Es genügt, das

Gericht – erforderlichenfalls mit sachverständiger Unterstützung – zu der Überzeugung gelangt, dass eine bestimmte konkret vorgenommene Berechnung auf der Grundlage zutreffender Ausgangszahlen zu einem plausibel hergeleiteten Ergebnis führt (KG NZG 2011, 1302). Insbesondere ist die einer Unternehmensbewertung zugrunde liegende Planung und Prognose gerichtlich nur eingeschränkt überprüfbar (OLG Frankfurt aM AG 2011, 832, 833; vgl auch LG Frankfurt aM WM 2009, 1607). Das Gericht darf eine von der Geschäftsleitung vernünftigerweise als realistisch eingeschätzte Prognose nicht durch eine andere, auch nur vertretbare Einschätzung ersetzen (OLG Frankfurt aM AG 2012, 417, 418 f; OLG Frankfurt aM ZIP 2010, 729; OLG Stuttgart NZG 2010, 744). Das Gericht muss aber im pflichtgemäßen Ermessen über die Notwendigkeit, die Art und den Umfang der Beweisaufnahme entscheiden (OLG Frankfurt aM ZIP 2012, 124; OLG Stuttgart AG 2006, 421, 423; krit *Lochner* AG 2011, 692). Liegen etwa Planungsrechnungen nicht vor, muss der Sachverständige eine Zukunftsprognose erstellen (OLG Düsseldorf AG 2008, 498). Ein gerichtlicher Sachverständiger ist jedenfalls dann zu bestellen, wenn der sachverständige Prüfer wenig überzeugende Antworten auf die von den Antragstellern aufgeworfenen Fragen geben kann (OLG Frankfurt aM AG 2011, 828, 829: nur dann). Von der Bestellung eines gerichtlichen Sachverständigen kann insbesondere **abgesehen** werden, wenn keine Anhaltspunkte für unrichtige Wertfestsetzungen bestehen (OLG Düsseldorf AG 2004, 614, 615), wenn nach der Anhörung des sachverständigen Prüfers die tatsächlichen Grundlagen der Bewertung aufgeklärt sind (OLG Stuttgart BeckRS 2011, 23676; *Hüffer* AktG Anh § 305 Rn 5), wenn das Gericht von seiner Schätzungsbefugnis nach § 287 ZPO Gebrauch machen kann (OLG München AG 2007, 287, 288 f; *Hüffer* AktG Anh § 305 Rn 5; Emmerich/Habersack/*Emmerich* Anh § 328 Rn 7) oder wenn sich der Streit nur (noch) um Rechtsfragen dreht (Emmerich/Habersack/*Emmerich* Anh § 328 Rn 7). Der Sachverständige muss indes nicht eine vollständig neue Bewertung vornehmen, sondern die aufgrund der Bewertungsrügen in Streit stehenden Positionen aufklären (vgl dazu auch *Land/Hennings* AG 2005, 380, 382). Zur Praxis der Gerichte, den Sachverständigen Hinweise zu erteilen, vgl *Engel/Puszkajler* BB 2012, 1687, 1690.

4. Anwendung von §§ 138, 139 ZPO; Abs 3

Nach Abs 3 gelten §§ 138, 139 ZPO entspr. Das grdsl vom Amtsermittlungsgrundsatz geprägte FGG-Verfahren (§ 26 FamFG) wird bei einem Spruchverfahren damit von **Grdsen des ZPO-Parteiprozesses** überlagert. Danach besteht zunächst für die Parteien die Verpflichtung zur **vollständigen** und **wahrheitsgemäßen Erklärung** (§ 138 I ZPO). Bedeutsam ist die Geltung von § 138 III ZPO. Es wurde aber auch bisher schon überwiegend angenommen, dass bei **unbestrittenem Vortrag** das Gericht grdsl von weiteren Amtsermittlungen absehen kann (LG Düsseldorf AG 2001, 373 f; vgl auch BGH NJW 1994, 580, 581). 9

Eine **Erklärung mit Nichtwissen** ist nur über Tatsachen zulässig, die weder eigene Handlungen der Partei noch Gegenstand ihrer eigenen Wahrnehmung gewesen sind (§ 138 IV ZPO). Die Amtsermittlung beschränkt sich damit auf ausdrückl und ausreichend (§ 138 IV ZPO) bestrittene Tatsachenbehauptungen. 10

Erst auf die Empfehlung des Rechtsausschusses wurde der Verweis auch auf § 139 ZPO erstreckt (BT-Drs 15/838, 8, 17). Dadurch soll klargestellt werden, dass entspr der bisherigen gerichtl Praxis im FGG-Streitverfahren die **richterl Aufklärungspflicht** auch im Spruchverfahren besteht (Stellungnahme Rechts- 11 ausschuss BT-Drs 15/838, 8, 17). Vor dem Hintergrund der Verweisung auf § 138 ZPO ist dies tatsächlich sinnvoll, damit die richterl Aufklärungs- und Prozessleitungspflicht als Korrektiv zum Beibringungsgrundsatz nach § 138 ZPO ebenfalls gilt (*Büchel* NZG 2003, 793, 799; *Fritzsche/Dreier/Verfürth* Rn 32; *Klöcker/Frowein* Rn 8; Simon/*Winter* Rn 28). Abs 3 iVm § 139 ZPO ergänzt damit § 7 V 3 (vgl § 7 Rn 14). Zu Recht wird allerd die Frage aufgestellt, ob es nicht sinnvoller gewesen wäre, das Spruchverfahren insges der ZPO zu unterstellen (*Puszkajler* ZIP 2003, 518; zust Semler/Stengel/*Volhard* Rn 8, Fn 16).

5. Verweisung auf § 279 II, III ZPO; Abs 3

12 § 279 II und III ZPO gelten entspr. Dies dient wiederum der Verfahrensbeschleunigung (RegEBegr BT-Drs 15/371, 16). Nach § 279 II ZPO soll der streitigen Verhandlung der Beteiligten zur Sache die **Beweisaufnahme** unmittelbar folgen. Eine abschl Beweisaufnahme wird im Regelfall aber nur mögl sein, wenn ein neues Sachverständigengutachten nicht notwendig ist, die Beweiserhebung sich also im Wesentl auf die Vernehmung des Umwandlungsprüfers (Abs 2 S 1) und auf sonstige Zeugen beschränkt. Nach § 279 III ZPO soll das Gericht erneut den **Sach- und Streitstand** und – soweit bereits mögl – das **Erg der Beweisaufnahme** mit den Parteien **erörtern.**

6. Verweisung auf § 283 ZPO; Abs 3

13 Die entspr Anwendung von § 283 ZPO dient ebenfalls der Verfahrensbeschleunigung. Die Vorschrift hat sich im Zivilprozess bewährt. Sofern sich ein Beteiligter zu kurzfristig vorgebrachtem Vorbringen eines Gegners in der mündl Verhandlung nicht erklären kann, wird ihm eine **Nachfrist** gesetzt. Notwendig hierfür ist ein Antrag.

7. Beweisaufnahme

14 Die Beweisaufnahme richtet sich nach §§ 29 f FamFG. Zum Umfang der Aufklärung vgl auch Rn 8. Trotz Amtsermittlungsgrundsatz sind zugestandene oder nicht ausreichend bestrittene Tatsachen und Umstände als wahr anzunehmen, Abs 3 iVm § 138 ZPO (Rn 8). Für die Beweisaufnahme gelten §§ 29, 30 FamFG. Vielfach wird eine Verpflichtung zur förmlichen Beweisaufnahme bestehen (§ 30 III FamFG; vgl auch *Preuß* NZG 2009, 961, 963). Neben der Vernehmung der Umwandlungsprüfer als sachverständige Zeugen (dazu Rn 4) und der Inaugenscheinnahme von Urkunden haben im Spruchverfahren **Sachverständigengutachten** die maßgebl Bedeutung. Ein von einem gerichtl Sachverständigen erstelltes schriftl Gutachten ist allen Beteiligten ungekürzt zugängig zu machen, auch wenn es geheimhaltungsbedürftige Passagen enthält (LG Düsseldorf DB 1997, 2069; *Klöcker/Frowein* Rn 11).

15 Die **Feststellungslast** bestimmt sich wie die obj Beweislast im Zivilprozess. Kann ein Sachverhalt nicht aufgeklärt werden, gereicht dies demjenigen zum Nachteil, der sich auf die für ihn vorteilhafte Tatsachen berufen hat (*Klöcker/Frowein* Rn 12). Demzufolge tragen die Antragsteller und der gem Vertr die Feststellungslast, dass die Kompensation ungenügend ist. Verbleibende Zweifel reichen nicht, wenn Fehler nicht mit ausreichender Sicherheit festgestellt werden können (LG Frankfurt aM NZG 2004, 432).

§ 9 Verfahrensförderungspflicht

(1) **Jeder Beteiligte hat in der mündlichen Verhandlung und bei deren schriftlicher Vorbereitung seine Anträge sowie sein weiteres Vorbringen so zeitig vorzubringen, wie es nach der Verfahrenslage einer sorgfältigen und auf Förderung des Verfahrens bedachten Verfahrensführung entspricht.**

(2) **Vorbringen, auf das andere Beteiligte oder in den Fällen des § 8 Abs. 2 die in der mündlichen Verhandlung anwesenden sachverständigen Prüfer voraussichtlich ohne vorhergehende Erkundigung keine Erklärungen abgeben können, ist vor der mündlichen Verhandlung durch vorbereitenden Schriftsatz so zeitig mitzuteilen, dass die Genannten die erforderliche Erkundigung noch einziehen können.**

(3) **Rügen, welche die Zulässigkeit der Anträge betreffen, hat der Antragsgegner innerhalb der ihm nach § 7 Abs. 2 gesetzten Frist geltend zu machen.**

Schrifttum: Siehe auch Schrifttum Einl; *Meilicke/Heidel,* Das neue Spruchverfahren in der gerichtlichen Praxis, DB 2003, 2267; *Bungert/Mennicke,* BB-Gesetzgebungsreport: Das Spruchverfahrensneuordnungsgesetz, BB 2003, 2021; *Büchel,* Neuordnung des Spruchverfahrens, NZG 2003, 793; *Tomson/Hammerschmitt,* Aus alt mach neu? Betrachtungen zum Spruchverfahrensneuordnungsgesetz, NJW 2003, 2572; *Puszkajler,* Diagnose und Therapie von aktienrechtlichen Spruchverfahren, ZIP 2003, 518; *Winter/Nießen,* Amtsermittlung und Beibringung im Spruchverfahren, NZG 2007, 13.

1. Allgemeines

Die Regelung ist mit dem SpruchG neu eingeführt worden. Sie ordnet eine Verfahrensförderungspflicht an, der jeder Beteiligte unterliegt (Abs 1). Auch die Beteiligten sollen die mündl Verhandlung und die Vernehmung des sachverständigen Prüfers vorbereiten, indem sie ihr Vorbringen, auf das voraussichtl ohne vorhergehende Erkundigung keine Erklärung abgegeben werden kann, vorab rechtzeitig ankündigen (Abs 2). Zulässigkeitsrügen muss der Antragsgegner innerh der Erwiderungsfristen nach § 7 II geltend machen (Abs 3). Die Vorschrift ist damit § 282 ZPO nachgebildet (RegEBegr BT-Drs 15/371, 16). Bedeutung hat die Vorschrift durch die **Sanktionsmöglichkeiten nach § 10.** 1

2. Allgemeine Verfahrensförderungspflicht, Abs 1

Die allg Verfahrensförderungspflicht trifft jeden Beteiligten. Sie beschränkt sich anders als § 282 I ZPO nicht nur auf die mündl Verhandlung, sondern betrifft ausdrückl auch deren schriftl Vorbereitung. Sie bezieht sich damit auf die Antragsbegründung (§ 4 II), auf die Antragserwiderung (§ 7 II) und die Replik (§ 7 IV) einschl der Stellungnahme des gem Vertr. Entsprechendes gilt für alle weiteren Schriftsätze (Lutter/*Krieger/Mennicke* Anh SpruchG Rn 2). Der Begriff „Antrag" meint nicht den verfahrensleitenden Antrag, da mit diesem erst das Spruchverfahren beginnt. Für diesen gilt abschl die Fristenregelung in § 4 I (wohl ebenso MüKoAktG/*Kubis* SpruchG Rn 3; Semler/Stengel/*Volhard* Rn 3; Emmerich/Habersack/*Emmerich* Anh § 328 Rn 3a; Simon/*Winter* Rn 5; zweifelnd Lutter/*Krieger/Mennicke* Anh SpruchG Rn 3; im Erg auch *Hüffer* AktG Anh § 305 Rn 2). Antrag ist daher jede Erklärung eines Beteiligten, mit der eine bestimmte Tätigkeit des Gerichts in dem Verfahren erstrebt wird. Dies sind sowohl **Sachanträge** als 2 auch **Verfahrensanträge** (*Hüffer* AktG Anh § 305 Rn 3; Semler/Stengel/ *Volhard* Rn 3; MüKoAktG/*Kubis* SpruchG Rn 3). Der Begriff „weiteres Vorbringen" umfasst jede Art von Sachvortrag (Lutter/*Krieger*/*Mennicke* Anh SpruchG Rn 3), bezieht sich hingegen nicht auf rechtl Ausführungen (ebenso *Fritzsche*/*Dreier*/ *Verfürth* Rn 6; wohl auch Lutter/*Krieger*/*Mennicke* Anh SpruchG Rn 3: Sachvortrag; aA auch Rechtsausführungen MüKoAktG/*Kubis* SpruchG Rn 3; Semler/ Stengel/ *Volhard* Rn 3; Simon/*Winter* Rn 7 ff; Widmann/Mayer/*Wälzholz* Anh SpruchG Rn 2.1). Bloße **Rechtsausführungen** sind wie im Zivilprozess jederzeit mögl, da das Gericht die Rechtslage zu jedem Zeitpunkt selbst prüfen muss (KölnerKommSpruchG/*Puszkajler* Rn 13). Dies gilt auch, wenn die Abgrenzung von Rechts- und Sachfragen im Einzelfall schwierig sein kann (vgl aber Simon/ *Winter* Rn 7 ff; MüKoAktG/*Kubis* SpruchG Rn 3).

3 Für die Beurteilung der **Rechtzeitigkeit** kann auf die für § 282 I ZPO entwickelten Grdse zurückgegriffen werden. Ein Vorbringen ist danach rechtzeitig, wenn ein früheres Vorbringen nach der Verfahrenslage bei einer sorgfältigen und förderungsbedachten Prozessführung nicht zuzumuten war (etwa Zöller/*Greger* ZPO § 282 Rn 3). Dies bedeutet ebenso wie im Zivilprozess keine Rückkehr zur Eventualmaxime. Es muss nicht von Anfang an auch schon auf alle denkbaren Einwendungen der Gegenseite eingegangen werden (Simon/*Winter* Rn 12). Sobald aber weitere Tatsachen und Umstände in der weiteren Verfahrensentwicklung entscheidungserhebl werden können, ist hierzu umfassend vorzutragen. Das Fehlen eines Hinweises nach § 8 Abs 3 iVm § 139 ZPO lässt die Verfahrensförderungspflicht unberührt (anders wohl *Hüffer* AktG Anh § 305 Rn 3; Simon/*Winter* Rn 12).

3. Vorbereitende Schriftsätze, Abs 2

4 Abs 2 dient der Vorbereitung der mündl Verhandlung und der Vernehmung des sachverständigen Zeugen (Umwandlungsprüfer), vgl § 8 II. Sowohl die Verfahrensbeteiligten als auch der sachverständige Zeuge sollen sich möglichst ad hoc erklären können. Daher verpflichtet Abs 2, Vorbringen, auf das voraussichtl eine sofortige Erklärung nicht mögl ist, vor der mündl Verhandlung durch vorbereiteten Schriftsatz so zeitig mitzuteilen, dass die Genannten die erforderl Erkundigung noch einholen können. Zur Sanktion vgl § 10 II. Die Rechtzeitigkeit kann nur im Einzelfall beurteilt werden (Semler/Stengel/ *Volhard* Rn 6). Einen Anhaltspunkt bietet § 132 ZPO. Wegen der Komplexität können aber auch deutl längere Zeiträume geboten sein (vgl *Hüffer* AktG Anh § 305 Rn 4: drei Wochen vor Termin durchweg genügend, bei vielen Antragsgegnern eher vier als drei Wochen; vgl auch Lutter/*Krieger*/ *Mennicke* Anh SpruchG Rn 5: § 132 ZPO als Anhaltspunkt, im Einzelfall erhebl längere Zeiträume; Simon/*Winter* Rn 14: regelm deutl längere Fristen).

4. Zulässigkeitsrügen, Abs 3

5 Eine bes Ausgestaltung der Verfahrensförderungspflicht hinsichtl der Zulässigkeit der Anträge enthält Abs 3. **Zulässigkeitsrügen** müssen vom Antragsgegner innerh der ihm nach § 7 II gesetzten Frist vorgebracht werden. Erfasst sind sämtl Verfahrensvoraussetzungen und Verfahrenshindernisse (*Fritzsche*/*Dreier*/*Verfürth* Rn 28). Anders als bei § 282 III ZPO müssen nicht sämtliche Bedenken gegen die Zulässigkeit zusammengefasst und gleichzeitig geltend gemacht werden (*Hüffer* AktG Anh § 305 Rn 6; Lutter/*Krieger*/*Mennicke* Anh SpruchG Rn 6; Semler/ Stengel/ *Volhard* Rn 7; MüKoAktG/*Kubis* SpruchG Rn 6). **Wesentl Verfahrensrügen** betreffen die Statthaftigkeit des Spruchverfahrens, die Zuständigkeit des

Gerichts (OLG Karlsruhe AG 2005, 300), die Antragsberechtigung, die Einhaltung der Antrags- und Antragsbegründungsfrist und die Ordnungsmäßigkeit der Antragsbegründung (vgl etwa Lutter/*Krieger/Mennicke* Anh SpruchG Rn 6; *Fritzsche/Dreier/Verfürth* Rn 29 ff; Simon/*Winter* Rn 16 ff). Zur praktischen Bedeutung wegen der **Sanktion** nach § 10 IV vgl § 10 Rn 7.

§ 10 Verletzung der Verfahrensförderungspflicht

(1) **Stellungnahmen oder Einwendungen, die erst nach Ablauf einer hierfür gesetzten Frist (§ 7 Abs. 2 Satz 3, Abs. 4) vorgebracht werden, sind nur zuzulassen, wenn nach der freien Überzeugung des Gerichts ihre Zulassung die Erledigung des Rechtsstreits nicht verzögern würde oder wenn der Beteiligte die Verspätung entschuldigt.**

(2) **Vorbringen, das entgegen § 9 Abs. 1 oder 2 nicht rechtzeitig erfolgt, kann zurückgewiesen werden, wenn die Zulassung nach der freien Überzeugung des Gerichts die Erledigung des Verfahrens verzögern würde und die Verspätung nicht entschuldigt wird.**

(3) **§ 26 des Gesetzes über das Verfahren in Familiensachen und in den Angelegenheiten der freiwilligen Gerichtsbarkeit ist insoweit nicht anzuwenden.**

(4) **Verspätete Rügen, die die Zulässigkeit der Anträge betreffen und nicht von Amts wegen zu berücksichtigen sind, sind nur zuzulassen, wenn der Beteiligte die Verspätung genügend entschuldigt.**

Schrifttum: Siehe auch Schrifttum Einl; *Meilicke/Heidel,* Das neue Spruchverfahren in der gerichtlichen Praxis, DB 2003, 2267; *Bungert/Mennicke,* BB-Gesetzgebungsreport: Das Spruchverfahrensneuordnungsgesetz, BB 2003, 2021; *Büchel,* Neuordnung des Spruchverfahrens, NZG 2003, 793; *Tomson/Hammerschmitt,* Aus alt mach neu? Betrachtungen zum Spruchverfahrensneuordnungsgesetz, NJW 2003, 2572; *Winter/Nießen,* Amtsermittlung und Beibringung im Spruchverfahren, NZG 2007, 13; *Kubis,* Verfahrensgegenstand und Amtsermittlung im Spruchverfahren, FS U. Hüffer 2010, 567.

1. Allgemeines

Die Vorschrift ist mit dem SpruchG neu eingefügt worden. Sie ergänzt §§ 7, 9, 1
indem Sanktionen bei Verstößen gegen Verfahrensförderungspflichten geschaffen werden. Sie schränkt damit den im FGG-Verfahren geltenden Amtsermittlungsgrundsatz für Spruchverfahren erhebl ein; ausdrückl bestimmt Abs 3, dass § 26 FamFG insoweit nicht anzuwenden ist. Inhaltl lehnt sich die Vorschrift an § 269 ZPO an. Dies ist eine erhebl Abkehr von der bisherigen Rechtslage und dient der Verfahrensbeschleunigung.

2. Zurückweisung wegen Fristversäumnis, Abs 1

Der Antragsgegner hat innerh einer vom Gericht festgesetzten Frist auf die 2
Antragsbegründungen schriftl zu erwidern (§ 7 II 3; vgl dort Rn 9). Daraufhin wird die Stellungnahme des Antragsgegners den Antragstellern und dem gem Vertr zugeleitet, die wiederum innerh einer vom Gericht gesetzten Frist schriftl replizieren können (§ 7 IV; dort Rn 13). Stellungnahmen und Einwendungen, die nach Ablauf dieser Frist vorgebracht werden, sind nur zuzulassen, wenn sie nach der freien Überzeugung des Gerichts den Rechtstreit nicht verzögern oder wenn

der Beteiligte die Verspätung entschuldigt (Abs 1). Ein Verstoß gegen **andere** vom Gericht gesetzte **Fristen** fällt nicht unter Abs 1, sondern beurteilt sich nach Abs 2. Dies gilt nach dem ausdrückl Wortlaut (keine Aufzählung in Abs 1) auch für Fristen nach § 7 V 2 (so auch Lutter/*Krieger/Mennicke* Anh SpruchG Rn 2; KölnerKommSpruchG/*Puszkajler* Rn 7; aA *Fritzsche/Dreier/Verfürth* Rn 6; Semler/Stengel/*Volhard* Rn 5). Die Frist muss wirksam gesetzt sein (MüKoAktG/*Kubis* SpruchG Rn 3; *Fritzsche/Dreier/Verfürth* Rn 8; Lutter/*Krieger/Mennicke* Anh SpruchG Rn 3; Widmann/Mayer/*Wälzholz* Anh SpruchG Rn 2.3). Insoweit kann auf die zu **§ 296 ZPO entwickelten Grdse** zurückgegriffen werden (etwa Zöller/*Greger* ZPO § 296 Rn 9 ff).

3 Die Zurückweisung in den Fällen von **Abs 1** ist **zwingend.** Sie kommt allerd nicht in Betracht, soweit das verspätete Vorbringen die Erledigung des Verfahrens nicht verzögert oder der Beteiligte die Verspätung entschuldigt. Für die Beurteilung der Verzögerung gilt wie bei § 296 ZPO der **absolute Verzögerungsbegriff** (*Hüffer* AktG Anh § 305 Rn 4; Lutter/*Krieger/Mennicke* Anh SpruchG Rn 4; MüKoAktG/*Kubis* SpruchG Rn 4; *Klöcker/Frowein* Rn 3; KölnerKommSpruchG/*Puszkajler* Rn 15). Maßgebl ist, ob das Verfahren bei Zulassung des verspäteten Vorbringens länger dauern würde als bei seiner Zurückweisung (vgl etwa BGHZ 75, 183, 141). Praktisch wesentl **Fallgruppen** sind, wenn über das verfristete Vorbringen sofort verhandelt (etwa unstreitige Tatsachen) oder ein präsenter Beweis erhoben werden kann (Zöller/*Greger* ZPO § 296 Rn 13). Vielfach wird die Verzögerung im Spruchverfahren aber nicht eintreten, weil ohnehin ein Sachverständigengutachten einzuholen ist (zutr *Büchel* NZG 2003, 793, 799; *Klöcker/Frowein* Rn 3). Auch eine ganz unerhebl Verzögerung rechtfertigt keine Zurückweisung des Vorbringens (MüKoAktG/*Kubis* SpruchG Rn 4; Semler/Stengel/*Volhard* Rn 6).

4 Eine Zurückweisung scheidet ebenso aus, wenn der Beteiligte die **Verspätung entschuldigt.** Das Verschulden wird also zunächst vermutet. Hieran sind strenge Voraussetzungen zu stellen (KölnerKommSpruchG/*Puszkajler* Rn 12). Am Verschulden fehlt es, wenn das befristete Vorbringen zum Zeitpunkt des Fristablaufs nicht bekannt war und vorherige Erkundigungen oder Ermittlungen nicht zumutbar waren (vgl etwa Zöller/*Greger* ZPO § 296 Rn 23).

3. Zurückweisung wegen Verstoß gegen allgemeine Verfahrensförderungspflicht, Abs 2

5 Verstöße gegen die allg Verfahrensförderungspflicht (§ 9 I, II) können nach **Abs 2** durch Zurückweisung des Vorbringens sanktioniert werden. Anders als Abs 1 liegt die Entscheidung darüber im **pflichtgemäßen Ermessen des Gerichts.** Zur Verzögerung vgl Rn 3; die Ausführungen gelten entspr. Die Verzögerungswirkung hat das Gericht nach seiner freien Überzeugung festzustellen. Anders als bei § 296 II ZPO wird keine grobe Nachlässigkeit verlangt. Dies ist verfassungsrechtl bedenkl (zutr Lutter/*Krieger/Mennicke* Anh SpruchG Rn 7; ähnl *Klöcker/Frowein* Rn 5; KölnerKommSpruchG/*Puszkajler* Rn 19; *Tomson/Hammerschmitt* NJW 2003, 2572, 2575). Die Entschuldigung setzt wie für Abs 1 voraus, dass ein Verschulden nicht vorliegt. Fahrlässigkeit ist bereits ausreichend.

4. Einschränkung Amtsermittlungsgrundsatz, Abs 3

6 Abs 3 stellt klar, was aus Abs 1 und 2 folgt. Verspäteter Vortrag, der zurückgewiesen werden muss (Abs 1) oder kann (Abs 2), braucht nicht deswegen vom

Gericht ermittelt zu werden, weil im FGG-Verfahren normalerweise der Amtsermittlungsgrundsatz gilt (§ 26 FamFG). Die Vorschrift wird insoweit für nicht anwendbar erklärt. Daneben verbleibt es aber bei der Amtsermittlung. Sie ist subsidiär (Emmerich/Habersack/*Emmerich* Anh § 328 Rn 13; *Winter/Nießen* NZG 2007, 13, 15; aA *Kubis* FS Hüffer, 2010, 567). Dies betrifft insbes die Umstände, die ein Beteiligter aus obj Gründen nicht vortragen kann (RegEBegr BT-Drs 15/371, 16).

5. Zulässigkeitsrügen, Abs 4

Abs 4 betrifft die Zulässigkeitsrügen, die nach § 9 III innerh der nach § 7 II gesetzten Frist geltend zu machen sind (zu den Rügen vgl § 9 Rn 5). Diese sind – soweit sie ohnehin nicht von Amts wegen zu berücksichtigen sind – nur zuzulassen, wenn der Beteiligte die Verspätung genügend entschuldigt. Die Vorschrift hat kaum prakt Bedeutung, da die Zulässigkeitsvoraussetzungen im Spruchverfahren durchweg von Amts wegen zu beachten sind (*Bunger/Mennicke* BB 2003, 2021, 2028; *Klöcker/Frowein* Rn 8; Lutter/*Krieger/Mennicke* Anh SpruchG Rn 9; Semler/Stengel/*Volhard* Rn 12; MüKoAktG/*Kubis* SpruchG Rn 9; KölnerKommSpruchG/*Puszkajler* Rn 22). Die Anregung zur Prüfung einer von Amts wegen zu prüfenden Zulässigkeitsvoraussetzung ist jederzeit zulässig (Semler/Stengel/*Volhard* Rn 12). 7

6. Entscheidung über Zurückweisung

Die Entscheidung über eine Zurückweisung erfolgt in den Gründen des Beschlusses zur Hauptsache. Hierauf ist vorab regelm nach § 139 ZPO (§ 8 III) hinzuweisen (KölnerKommSpruchG/*Puszkajler* Rn 10). Die Zurückweisung muss begründet werden, damit das Beschwerdegericht eine Überprüfung vornehmen kann (*Hüffer* AktG Anh § 305 Rn 3). Ein eigenes **Rechtsmittel** gegen die Zurückweisung existiert nicht. Die Nichtzulassung ist zusammen mit der Entscheidung des Gerichts anfechtbar. Außer in den Fällen von Abs 4 kann jedoch die *Zulassung* verspäteten Vorbringens vom Gegner nicht angegriffen werden (Zöller/*Greger* ZPO § 296 Rn 35). 8

§ 11 Gerichtliche Entscheidung; Gütliche Einigung

(1) **Das Gericht entscheidet durch einen mit Gründen versehenen Beschluss.**

(2) [1]**Das Gericht soll in jeder Lage des Verfahrens auf eine gütliche Einigung bedacht sein.** [2]**Kommt eine solche Einigung aller Beteiligten zustande, so ist hierüber eine Niederschrift aufzunehmen; die Vorschriften, die für die Niederschrift über einen Vergleich in bürgerlichen Rechtsstreitigkeiten gelten, sind entsprechend anzuwenden.** [3]**Die Vollstreckung richtet sich nach den Vorschriften der Zivilprozessordnung.**

(3) **Das Gericht hat seine Entscheidung oder die Niederschrift über einen Vergleich den Beteiligten zuzustellen.**

(4) [1]**Ein gerichtlicher Vergleich kann auch dadurch geschlossen werden, dass die Beteiligten einen schriftlichen Vergleichsvorschlag des Gerichts durch Schriftsatz gegenüber dem Gericht annehmen.** [2]**Das Gericht stellt das Zustandekommen und den Inhalt eines nach Satz 1 geschlossenen**

Vergleichs durch Beschluss fest. [3] § 164 der Zivilprozessordnung gilt entsprechend. [4] Der Beschluss ist den Beteiligten zuzustellen.

Schrifttum: Siehe auch Schrifttum Einl; *Puszkajler,* Diagnose und Therapie von aktienrechtlichen Spruchverfahren, ZIP 2003, 518; *Bungert/Mennicke,* BB-Gesetzgebungsreport: Das Spruchverfahrensneuordnungsgesetz, BB 2003, 2021; *Büchel,* Neuordnung des Spruchverfahrens, NZG 2003, 793; *Zimmer/Meese,* Vergleiche im Spruchverfahren und bei Anfechtungsklagen, NZG 2004, 201, 202.

1. Allgemeines

1 Abs 1 und Abs 3 entsprechen § 307 V UmwG aF. Neu sind die Regelungen zur Beendigung durch Vgl (Abs 2, 4). Der Gesetzgeber wollte eine „echte" Beendigung des Verfahrens durch Vgl ermöglichen. Die Regelung ist an § 36 FamFG angelehnt (RegEBegr BT-Drs 15/371, 16).

2. Verfahrensbeendigung durch Beschluss

2 Die Endentscheidung des Gerichts ergeht in Form des Beschlusses. Dies entspricht der Form der sonstigen FGG-Entscheidung (§ 38 FamFG). Der Beschluss ist mit Gründen zu versehen. Diese müssen schriftl abgefasst und dem Beschluss beigefügt sein (*Fritzsche/Dreier/Verfürth* Rn 7; *Hüffer* AktG Anh § 305 Rn 2). Die **Begr** hat eine Zusammenfassung des festgestellten Sachverhalts und der maßgebl Entscheidungsgründe zu enthalten. Zu Rechtsmitteln gegen den Beschluss vgl § 12 (zur Rechtsmittelbelehrung vgl § 39 FamFG). Zur Bekanntmachung der Entscheidung vgl § 14.

3. Verwerfung der Anträge als unzulässig

3 Soweit Verfahrensvoraussetzungen fehlen oder Verfahrenshindernisse eingreifen (insbes verfristete Anträge und fehlende Antragsberechtigung, §§ 3, 4), werden die Anträge als unzulässig verworfen. Die Entscheidung kann bei Zuständigkeit der Kammer für Handelssachen der Vorsitzende alleine treffen (§ 2 III 1 Nr 3; OLG Stuttgart BeckRS 2011, 15935; KölnerKommSpruchG/*Puszkajler* Rn 10). Ist die Zuständigkeit einer normalen Zivilkammer begründet, bedarf es eines Beschlusses der Kammer, soweit nicht eine Übertragung auf den Einzelrichter erfolgt ist (§ 2 Rn 9). Sind alle Anträge unzulässig, werden diese auch dann als unzulässig verworfen, wenn zwischenzeitl ein gem Vertr bestellt ist. Sein Recht zur Fortführung des Verfahrens setzt wenigstens eine zulässige Antragstellung voraus (vgl näher § 6 Rn 21).

4 Soweit neben unzulässigen Anträgen auch nur ein einziger zulässiger Antrag gestellt worden ist, erfolgt eine Sachentscheidung (Simon/*Simon* Rn 4). Die unzulässigen Anträge sind dennoch im Beschluss zurückzuweisen. Die Entscheidung erstreckt sich nach § 13 S 2 auch auf diejenigen Antragsteller, deren Anträge zurückgewiesen wurden.

4. Abweisung der Anträge als unbegründet

5 Kommt das Gericht zu der Überzeugung, dass die angebotene bare Zuzahlung oder Barabfindung (zum Gegenstand vgl § 1 Rn 2 ff) angemessen ist, weist es die Anträge als unbegründet zurück. Diese Entscheidung ergeht auch, wenn das Gericht zu seiner Überzeugung feststellt, dass das Umtauschverhältnis zu günstig

oder Barabfindung zu hoch ist. Eine **Verschlechterung** kann durch das Spruchverfahren nicht eintreten (MüKoAktG/*Kubis* SpruchG Rn 6; Widmann/Mayer/*Wälzholz* Anh SpruchG Rn 3.2; Lutter/*Krieger/Mennicke* Anh SpruchG Rn 2; *Klöcker/Frowein* Rn 3; *Fritzsche/Dreier/Verfürth* Rn 4; Simon/*Simon* Rn 5; KölnerKommSpruchG/*Puszkajler* Rn 14).

5. Sachentscheidung

Kommt das Gericht zu der Entscheidung, dass das Umtauschverhältnis zu niedrig bemessen war oder die Mitgliedschaft beim übernehmenden Rechtsträger kein ausreichender Gegenwert für den Anteil oder die Mitgliedschaft war, setzt es die Höhe der **baren Zuzahlung** fest (zu den Ansprüchen vgl § 1 SpruchG Rn 2). Entsprechendes gilt, wenn nach Überzeugung des Gerichts die **Barabfindung** für ausscheidende Anteilsinhaber zu niedrig bemessen oder nicht bzw nicht ordnungsgemäß angeboten war (vgl § 1 Rn 4). 6

Eine Festsetzung der **gesetzl** angeordneten **Verzinsung** (§§ 15 II, 30 I 2, 122h, 122i, 196, 208 UmwG) erfolgt nicht. Der Verzinsungsanspruch ergibt sich unmittelbar aus dem Gesetz. Da der Beschluss ohnehin kein Vollstreckungstitel ist (Rn 9), erübrigt sich die Festsetzung auch aus diesem Grund (vgl auch OLG Hamburg DB 2001, 2641: zu § 306 AktG; ebenso *Fritzsche/Dreier/Verfürth* Rn 6; Widmann/Mayer/*Wälzholz* Anh SpruchG Rn 4.1; MüKoAktG/*Kubis* SpruchG Rn 4; Simon/*Simon* Rn 6; KölnerKommSpruchG/*Puszkajler* Rn 15; aM OLG Karlsruhe AG 2005, 45, 48; Lutter/*Krieger/Mennicke* Anh SpruchG Rn 2; Semler/Stengel/*Volhard* Rn 3; *Klöcker/Frowein* Rn 4). Ein **weiter gehender Schaden** (Verzugszinsen) kann im Spruchverfahren nicht geltend gemacht werden. Hierzu bedarf es einer Leistungsklage im normalen Zivilprozess (*Klöcker/Frowein* Rn 4; vgl auch § 16 Rn 4). 7

Die Entscheidung umfasst nicht mögl **Gegenansprüche** des Antragsgegners. Diese sind notfalls in einer anschließenden Zahlungsklage (§ 16 Rn 4 f) einzuwenden. Zur Anrechnung zwischenzeitl Dividendenzahlungen vgl § 16 Rn 7. 8

Der Beschluss hat nur **feststellenden Charakter.** Er ist kein taugl Titel für die Zwangsvollstreckung. Dieser muss nötigenfalls im ordentl Zivilprozess erstritten werden (§ 16 Rn 2). Entsprechendes gilt für die gesetzl Zinsverpflichtung (§ 16 Rn 4). Zur **Kostenentscheidung** vgl § 15. 9

Der gerichtl Beschluss ist allen Beteiligten (Antragsteller, gem Vertr, Antragsgegner) **zuzustellen** (Abs 3). Dies entspricht der bisherigen Regelung (§ 307 II UmwG aF). Die Zustellung richtet sich nach §§ 166 ff ZPO (§ 15 II FamFG: nach dem klaren Wortlaut kommt nur Zustellung in Betracht). Hintergrund ist, dass durch die Zustellung der Lauf der Beschwerdefrist nach § 12 I 1 iVm § 63 FamFG beginnt. 10

6. Gütliche Einigung, Abs 2, 4

Die Regelung in Abs 2 ist mit dem SpruchG eingeführt worden. Der Gesetzgeber sah eine gütl Einigung als grdsl immer wünschenswert an; sie könne am schnellsten und effektivsten den Rechtsfrieden wieder herstellen. Daher sollte eine „echte“ Beendigung des Verfahrens durch Vgl ermöglichst werden (RegEBegr BT-Drs 15/371, 16). Bereits nach früherem Recht bestand aber die Möglichkeit zu einem Vgl. Die Beendigung des Verfahrens bewirkte er indes nur mittelbar, wenn alle Verfahrensbeteiligten einschl des gem Vertr zustimmten und verfahrensrechtl alle Antragsteller ihre Anträge zurücknahmen, der gem Vertr auf die Fortset- 11 zung des Verfahrens verzichtete oder übereinstimmende Erledigungserklärungen abgegeben wurden (vgl 3. Aufl 2001, § 307 UmwG Rn 57 f). Die jetzige Regelung in Abs 2 ist an § 36 FamFG angelehnt (RegEBegr BT-Drs 15/371, 16). Der Wortlaut unterscheidet sich allerd insofern, als nach Abs 2 das Gericht auf eine gütl Einigung bedacht sein soll, während nach § 53a I 1 FGG aF das Gericht darauf hinwirken soll (vgl nun auch § 36 I 2 FamFG). Ersteres entspricht der Formulierung in § 278 I ZPO. Der Unterschied dürfte prakt kaum wahrnehmbar sein (vgl MüKoAktG/*Kubis* SpruchG Rn 11 und Semler/Stengel/*Volhard* Rn 6: nur ein gradueller Unterschied; ebenso Simon/*Simon* Rn 10 Fn 27). Gemeint ist ein **Bemühen des Gerichts,** Vergleichsmöglichkeiten festzustellen und den Einigungsprozess zu unterstützen, nicht aber, mit vermeintl oder realistischen Drohszenarien zu hohen Druck zu erzeugen (*Fritzsche/Dreier/Verfürth* Rn 12 MüKoAktG/*Kubis* SpruchG Rn 11; Widmann/Mayer/*Wälzholz* Anh SpruchG Rn 17.1). Einer Güteverhandlung nach dem Vorbild von § 278 II–V ZPO bedarf es nicht (*Hüffer* AktG Anh § 305 Rn 5; *Büchel* NZG 2003, 793, 799; *Klöcker/Frowein* Rn 10).

12 Ein gerichtl Vgl setzt die **Zustimmung aller Beteiligten** voraus. Dies sind alle Antragsteller, Antragsgegner und der gem Vertr. Letzteres folgt schon aus seiner Befugnis nach § 6 III (Widmann/Mayer/*Wälzholz* Anh SpruchG Rn 25; Semler/Stengel/*Volhard* Rn 8; aA Simon/*Simon* Rn 17 f: keine Zustimmung, aber Erklärung hinsichtl § 6 III). Auch der gem Vertr nach § 6a–§ 6c muss zustimmen, da er die nicht-antragsberechtigten Anteilsinhaber vertritt (vgl § 6a Rn 1 f). Den Vorschlag, einen qualifizierten Mehrheitsvergleich zu ermögl (vgl *Puszkajler* ZIP 2003, 518, 521), hat der Gesetzgeber nicht aufgegriffen; in der Gerichtspraxis würde dies begrüßt werden (*Engel/Puszkajler* BB 2012, 1687, 1691). Zu den Pflichten eines **Insolvenzverwalters** der Antragsgegnerin beim Vergleichsschluss vgl OLG München NZG 2010, 1233.

13 Über den gerichtl Vgl ist eine **Niederschrift** aufzunehmen. Zu den sinnvollen Inhalten vgl KölnerKommSpruchG/*Puszkajler* Rn 31. Hierfür gelten die Vorschriften für die Niederschrift über einen Vgl in bürgerl Rechtsstreitigkeiten entspr (Abs 2 S 2). Maßgebend sind damit §§ 159–165 ZPO. Die Niederschrift über einen Vgl ist ebenso wie eine Beschlussentscheidung den Beteiligten zuzustellen (Abs 3; Rn 10).

14 Abs 2 S 3 bestimmt, dass sich die **Vollstreckung** nach den Vorschriften der ZPO richtet. Dies bewirkt aber nicht, dass der Vgl Vollstreckungstitel für den individuellen Anspruch auf Zuzahlung oder Barabfindung ist. Ebenso wie der Beschluss nach Abs 1 hat der Inhalt des Vgl **ledigl feststellende Wirkung.** Die individuellen Ansprüche müssen ggf mit der Leistungsklage (§ 16 Rn 2) verfolgt werden (zutr MüKoAktG/*Kubis* SpruchG Rn 13; Semler/Stengel/*Volhard* Rn 9; *Hüffer* AktG Anh § 305 Rn 6). Nur in seltenen Fällen wird der Vgl einen unmittelbar vollstreckbaren Inhalt haben können (*Hüffer* AktG Anh § 305 Rn 6; *Fritzsche/Dreier/Verfürth* Rn 19; MüKoAktG/*Kubis* SpruchG Rn 13). Er ist indes ein Titel, aus dem **Kostenfestsetzung** beantragt werden kann (Semler/Stengel/*Volhard* Rn 9).

15 Der Vgl **beendet** das Spruchverfahren. Rechtsmittel sind nicht mögl (vgl allerd § 164 ZPO). Regelm wird der Vgl auch eine Kostenregelung enthalten, anderenfalls gilt § 15 II und IV entspr (Semler/Stengel/*Volhard* Rn 9). Der Vgl hat allerd **keine Inter-omnes-Wirkung** nach § 13 S 2. Er entfaltet Rechtswirkungen nur zwischen den Parteien (Lutter/*Krieger/Mennicke* Anh SpruchG Rn 6; *Klöcker/Frowein* Rn 12; MüKoAktG/*Kubis* SpruchG Rn 13; *Zimmer/Meese* NZG 2004, 201,

203; aA Simon/*Simon* Rn 20). Der gem Vertr wird dem Vgl daher regelm nur zustimmen können, wenn sich der Antragsgegner – wie in der Praxis üblich – im Vgl verpflichtet, die nicht-antragstellenden Antragsberechtigten wie die Antragsteller zu behandeln (vgl auch § 6 Rn 21). Der Vgl wird auch nicht nach § 14 bekannt gemacht (§ 14 Rn 1). In der Praxis wird die Bekanntmachung durch den Antragsgegner und die entspr Geltung der Annahmefrist (etwa § 31 S 2 UmwG) jedoch regelm ebenfalls Inhalt des Vgl.

Ein **Vgl** kann auch ohne mündl Verhandlung **im schriftl Verfahren** geschlossen werden. Abs 4 übernimmt auf Anregung des Bundesrats (BT-Drs 15/371, 24) wortwörtl § 278 VI ZPO. Die Beteiligten können einen schriftl Vergleichsvorschlag des Gerichts durch Schriftsatz ggü dem Gericht annehmen. Gemeint sind sämtl Antragsteller, der ggf schon bestellte gem Vertr wie auch der gem Vertr nach § 6a und die Antragsgegner, die alle zustimmen müssen. Da eine Niederschrift für den Vgl ausscheidet, wird das Zustandekommen und der Vergleichsinhalt durch Beschluss festgestellt (Abs 4 S 2). Für Unrichtigkeiten im Beschluss gilt § 164 ZPO entspr. Trotz der Beschlussform unterscheiden sich die Wirkungen zu einem Vgl nach Abs 2 grdsl nicht. Der Beschluss **beendet** das **Verfahren** und stellt den Inhalt (angemessene bare Zuzahlung, angemessene Barabfindung) bindend fest. Er wirkt nicht für und gegen alle (§ 13 S 2). Vgl insoweit Rn 15. Der Beschluss ist ebenso wie der zur Niederschrift aufgenommene Vgl nach Abs 2 Vollstreckungstitel, aus dem die Kostenfestsetzung beantragt werden kann, regelm jedoch nicht Vollstreckungstitel für den Leistungsinhalt (Rn 14). Der Beschluss ist den Beteiligten zuzustellen (Abs 4 S 4; Rn 10). 16

Ein **außergerichtl Vgl einzelner Antragsteller** mit dem Antragsgegner bleibt weiterhin mögl (*Zimmer/Meese* NZG 2004, 201, 202; Simon/*Simon* Rn 34). Er entfaltet jedoch keine verfahrensrechtl Wirkungen. Inhaltl legt er den individuellen Anspruch der einen Vgl schließenden Antragsteller fest (§ 13 Rn 5). Aus dem Verfahren scheidet der Antragsteller erst nach Antragsrücknahme aus. Zu den Möglichkeiten des gem Vertr in diesen Fällen vgl § 6 Rn 21. 17

7. Weitere Beendigungsgründe

Unverändert kann ein Spruchverfahren auch **durch Rücknahme aller Anträge** beendet werden (zur Antragsrücknahme vgl § 4 Rn 15). Der gem Vertr erhält dann allerd eine Verfahrensstellung, die einem Antragsteller gleichsteht (§ 6 III; vgl dort Rn 21). Er kann das Verfahren fortführen. Nur wenn er sich gegen die Fortführung entscheidet, endet das Verfahren endgültig. 18

Ein **Anerkenntnis** durch den Antragsgegner führt nicht zur Verfahrensbeendigung, da das FGG-Verfahren keine Anerkenntnisentscheidung kennt. Sie hat allerd die Wirkung eines Geständnisses, sodass eine weitere Amtsermittlung (vgl dazu § 8 Rn 8) überflüssig wird. Das Gericht hat die zugestandenen Tatsachen seiner Entscheidung (Beschluss, Rn 2) zugrunde zu legen (Semler/Stengel/*Volhard* Rn 15). 19

Auch **übereinstimmende Erledigungserklärungen** aller Beteiligten (auch der gem Vertr) beenden das Verfahren. In diesem Fall ist nur noch über die Kosten zu entscheiden (Semler/Stengel/*Volhard* Rn 16; MüKoAktG/*Kubis* SpruchG Rn 17; KölnerKommSpruchG/*Puszkajler* Rn 42). Zu Fällen der Erledigungserklärung **von Amts wegen** Semler/Stengel/*Volhard* Rn 17 und KölnerKomm-SpruchG/*Puszkajler* Rn 43. 20

§ 12 Beschwerde

(1) [1] **Gegen die Entscheidung nach § 11 findet die Beschwerde statt.** [2] **Die Beschwerde kann nur durch Einreichung einer von einem Rechtsanwalt unterzeichneten Beschwerdeschrift eingelegt werden.**

(2) [1] **Die Landesregierung kann die Entscheidung über die Beschwerde durch Rechtsverordnung für die Bezirke mehrerer Oberlandesgerichte einem der Oberlandesgerichte oder dem Obersten Landesgericht übertragen, wenn dies zur Sicherung einer einheitlichen Rechtsprechung dient.** [2] **Die Landesregierung kann die Ermächtigung auf die Landesjustizverwaltung übertragen.**

Schrifttum: Siehe auch Schrifttum Einl; *Büchel,* Neuordnung des Spruchverfahrens, NZG 2003, 793; *Gude,* Zweifelsfragen bei der Beschwerde nach dem Spruchverfahrensgesetz, AG 2005, 233; *Wasmann/Mielke,* Der gemeinsame Vertreter nach § 6 SpruchG – eine einzigartige Rechtsfigur gibt immer noch Rätsel auf, WM 2005, 823; *Preuß,* Auswirkungen der FGG-Reform auf das Spruchverfahren, NZG 2009, 961; *Merkner/Schmidt-Bendun,* Drum prüfe, wer sich ewig bindet – zur Bindungswirkung einer Wahl zwischen Aktientausch und (erschlichener) Barabfindung, NZG 2011, 10.

1. Allgemeines

1 Die Vorschrift entspricht § 309 UmwG aF. Sie regelt das Rechtsmittel gegen die Entscheidung 1. Instanz, die **Beschwerde.** Die Anregung der Regierungskommission „Corporate Governance", eine reine Rechtsbeschwerde einzuführen, wurde nicht aufgegriffen (RegEBegr BT-Drs 15/371, 16). Die Beschwerde dient der Überprüfung in tatsächlicher und rechtlicher Hinsicht (§ 65 III FamFG). Die Vorschrift wurde zuletzt durch das FGG-ReformG (BGBl I 2008, 3044) mit Wirkung ab dem 1.9.2009 an den neu geregelten Rechtsmittelzug des FamFG angepasst (vgl dazu auch *Preuß* NZG 2009, 961). Zur Rechtslage bei **Spruchverfahren,** die **vor** dem **1.9.2009** eingeleitet wurden (vgl hierzu OLG München NZG 2010, 477), vgl die Kommentierung in der Vorauflage.

2. Beschwerde

2 **a) Statthaftigkeit.** Die Beschwerde ist gegen sämtl das Verfahren 1. Instanz **abschl Entscheidung des LG** statthaft (§ 58 FamFG). Die Entscheidung muss also die Verwerfung des Antrags als unzulässig, die Zurückweisung des Antrags als unbegründet oder die Bestimmung einer angemessenen baren Zuzahlung oder angemessenen Barabfindung zum Inhalt haben. Auch die Feststellung der Erledigung der Hauptsache kann mit der Beschwerde angefochten werden (OLG Hamburg Der Konzern 2005, 520, 521). Die Beschwerde ist auch das statthafte Rechtsmittel, wenn nach § 2 II 2 der Vorsitzende der Kammer für Handelssachen entschieden hat. **Zwischen- und Nebenentscheidungen** sind nach der Reform des FFG-Verfahrens grdsl nicht isoliert anfechtbar (§ 58 FamFG). Andere Bestimmungen iSv § 58 I FamFG enthält das SpruchG nicht. Vgl aber § 6 Rn 12 und § 6a Rn 5. Vgl ferner §§ 33 III 5, 35, 42 III FamFG und § 85 FamFG iVm § 104 III 1 ZPO. Die Zwischen- und Nebenentscheidungen unterliegen der Beurteilung im Beschwerdeverfahren über die Endentscheidung (*Preuß* NZG 2009, 961, 965). Der Beschwerdewert von EUR 600 (§ 61 FamFG) wird regelm in Spruchverfahren überschritten sein, selbst wenn § 12 insoweit nicht vorrangig sein sollte (dazu Widmann/Mayer/*Wälzholz* Anh SpruchG Rn 3.4).

b) Form und Frist. Die Beschwerde ist innerh einer Frist von **einem Monat** einzulegen (§ 63 I FamFG). Die Frist beginnt mit der Zustellung der angegriffenen gerichtl Entscheidung (§ 63 III 1 FamFG iVm § 11 Abs 3). Bei unverschuldeter Fristversäumnis ist Wiedereinsetzung in den vorigen Stand nach § 17 I FamFG mögl (Widmann/Mayer/*Wälzholz* Anh SpruchG Rn 6.4; *Klöcker/Frowein* Rn 7). Unabhängig vom Fristablauf bleibt die **unselbstständige Anschlussbeschwerde** mögl (§ 66 FamFG; BGH NZG 2012, 191, 192; *Preuß* NZG 2009, 961, 965; Widmann/Mayer/*Wälzholz* Anh SpruchG Rn 14). Diese ist aber nur im Verhältnis zur Hauptbeschwerde des Verfahrensgegners (also etwa nicht im Verhältnis zu den Beschwerden anderer Antragsteller) mögl (OLG Stuttgart NZG 2007, 237). Sie kann sich auch nur gegen die Kosten- und Auslagenentscheidung richten (BGH NZG 2012, 191, 192). Sie wird wirkungslos, wenn die selbstständige Beschwerde zurückgenommen wird. Die Rücknahme der Beschwerde ist grdsl nicht rechtsmissbräuchl (BayObLG DB 2001, 191). 3

Die Beschwerde kann nur beim LG, dessen Entscheidung angefochten wird, eingelegt werden (§ 64 I FamFG). Abw von § 64 II 1 FamFG verlangt Abs 1 S 2 eine **von** einem **RA unterzeichnete Beschwerdeschrift.** Es genügt die Zulassung bei irgendeinem dt Gericht (Lutter/*Krieger/Mennicke* Anh SpruchG Rn 7; Widmann/Mayer/*Wälzholz* Anh SpruchG Rn 12). Sind der gem Vertr oder ein Antragsteller selbst RA, können sie die Beschwerdeschrift selbst unterzeichnen (Widmann/Mayer/*Wälzholz* Anh SpruchG Rn 12). Ausreichend ist die eigenhändige Unterzeichnung, der RA muss die Beschwerdeschrift nicht selbst abgefasst haben (OLG Köln NJW-RR 1999, 156, 157; Semler/Stengel/*Volhard* Rn 7). Die Beschwerde muss die Bezeichnung des angefochtenen Beschlusses sowie die Erklärung enthalten, dass Beschwerde gegen diesen Beschluss eingelegt wird (§ 64 II 3 FamFG). Dies muss aus der Beschwerdeschrift erkennbar sein (Semler/Stengel/*Volhard* Rn 10d). Weitere zwingende Formerfordernisse bestehen nicht. Es bedarf insbes **keines** bestimmten **Antrags** (OLG München AG 2007, 287, 288; OLG Frankfurt aM NZG 2007, 875; Semler/Stengel/*Volhard* Rn 10d; *Hüffer* AktG Anh § 305 Rn 5; MüKoAktG/*Kubis* SpruchG Rn 13). Die Beschwerde soll indes begründet werden (§ 65 I FamFG), ohne dass eine fehlende Begründung die Zurückweisung als unzulässig begründet (MüKoAktG/*Kubis* SpruchG Rn 13; OLG Frankfurt aM BeckRS 2010, 04683; offengelassen von KG NZG 2011, 1302, 1303). Zweckmäßigerweise sollte die Beschwerde indes nach dem Leitbild von § 4 II begründet werden (*Hüffer* AktG Anh § 305 Rn 5; Semler/Stengel/*Volhard* Rn 10d). Zum Ausschluss der Zuständigkeit als Beschwerdegrund vgl § 65 IV FamFG. Für das weitere Beschwerdeverfahren besteht **kein Anwaltszwang** (*Klöcker/Frowein* Rn 9; MüKoAktG/*Kubis* SpruchG Rn 12; Semler/Stengel/*Volhard* Rn 10c; Lutter/*Krieger/Mennicke* Anh SpruchG Rn 7). 4

c) Beschwerdeberechtigung. Die Beschwerdeberechtigung richtet sich nach § 59 FamFG (§ 17 I). Beschwerdeberechtigt ist jeder, dessen Recht durch die Entscheidung des LG beeinträchtigt ist. Dies sind immer die **Antragsteller,** selbst dann, wenn das Gericht einem von ihnen bezifferten Antrag vollumfängl entsprochen hat. Derartige Anträge sind im Spruchverfahren nicht zwingend vorgesehen und stellen ledigl eine Anregung dar, die das Gericht nicht bindet. Eine derartige formelle **Beschwer** (§ 59 II FamFG) ist daher nicht Voraussetzung (*Preuß* NZG 2009, 961, 964; Widmann/Mayer/*Wälzholz* Anh SpruchG Rn 11; Semler/Stengel/*Volhard* Rn 5; *Klöcker/Frowein* Rn 6; *Fritzsche/Dreier/Verfürth* Rn 6). Die Antragsberechtigung nach § 3 (dort Rn 2 ff) muss zum Zeitpunkt der Einreichung 5 nicht mehr bestehen (*Fritzsche/Dreier/Verfürth* Rn 8; *Gude* AG 2005, 233, 234; aA Semler/Stengel/*Volhard* Rn 5). Der **Antragsgegner** ist beschwerdeberechtigt, soweit nicht eine Verwerfung aller Anträge als unzulässig oder eine Zurückweisung als unbegründet vom LG entschieden wird (§ 59 I FamFG; Widmann/Mayer/*Wälzholz* Anh SpruchG Rn 11; MüKoAktG/*Kubis* SpruchG Rn 11; Semler/Stengel/*Volhard* Rn 10c, 5). Entsprechendes gilt für den gem Vertr nach § 6a–§ 6c, da er die nicht antragsberechtigten Anteilsinhaber vertritt (§ 6a Rn 1 f).

6 Die Beschwerdebefugnis des **gem Vertr** nach § 6 leitet sich aus dessen Verfahrensstellung ab. Er vertritt alle nicht-antragstellenden Antragsberechtigten (§ 6 I 1). Demzufolge ist er bei einer Zurückweisung der Anträge wegen Unbegründetheit ebenso wie bei einer stattgebenden Entscheidung mit dem Ziel einer Verbesserung (zur Beschwer vgl Rn 5) beschwerdeberechtigt. Seine Beschwerdeberechtigung hängt nicht davon ab, ob er das Verfahren nach § 6 III fortgeführt und dadurch die Stellung eines Antragstellers erlangt hat (vgl § 6 III 2). § 59 II FamFG gilt insofern nicht (OLG Düsseldorf AG 2009, 907; BayObLG DB 2003, 436 = NZG 2003, 483; Semler/Stengel/*Volhard* Rn 6; Widmann/Mayer/*Wälzholz* Anh SpruchG Rn 9; *Fritzsche/Dreier/Verfürth* Rn 7; *Klöcker/Frowein* Rn 6; aA *Hüffer* AktG Anh § 305 Rn 3; MüKoAktG/*Kubis* SpruchG Rn 6, 11). Nur der gem Vertr und ggf der Antragsgegner sind beschwerdeberechtigt, wenn die gem Vertr das Verfahren nach § 6 III nach Rücknahme aller Anträge fortgeführt hat.

7 Keine selbstständige Beschwerdeberechtigung hat der gem Vertr indessen, wenn **sämtl Anträge als unzulässig** zurückgewiesen werden (ebenso *Klöcker/Frowein* Rn 6; Lutter/*Krieger/Mennicke* Anh SpruchG Rn 5; *Fritzsche/Dreier/Verfürth* Rn 7; aA Semler/Stengel/*Volhard* Rn 6; *Gude* AG 2005, 233, 234). Die Verwerfung sämtl Anträge als unzulässig ist nicht der von § 6 III vorausgesetzten Situation vglbar. Auch die Überprüfung, ob die Anträge zutreffend als unzulässig zurückgewiesen wurden, obliegt allein den Antragstellern (in diesem Sinne anders aber Semler/Stengel/*Volhard* Rn 6). Eine Weiterverfolgung der Rechte der nicht-antragstellenden Antragsberechtigten durch den gem Vertr setzt ebenso wie dessen Bestellung die Einleitung des Spruchverfahrens durch wenigstens einen zulässigen Antrag voraus. Die Gefahr des „Auskaufens" (§ 6 Rn 21) besteht insoweit nicht. Eine Schutzbedürftigkeit der nicht-antragstellenden Antragsberechtigten ist in diesem Fall ebenfalls nicht zu erkennen, da sie es selbst unterlassen haben, eigene zulässige Anträge zu stellen.

3. Entscheidung

8 Über die Beschwerde entscheidet das OLG (§ 119 I Nr 2 GVG). Das Beschwerdeverfahren ist **keine reine Rechtsbeschwerde** (vgl bereits Rn 1 und § 65 III FamFG). Das Beschwerdegericht entscheidet als **zweite Tatsacheninstanz** in der Sache selbst (Semler/Stengel/*Volhard* Rn 11; Widmann/Mayer/*Wälzholz* Anh SpruchG Rn 17). Zur eingeschränkten Zurückverweisung vgl § 69 I 2 ff FamFG. Es kann daher die Höhe der baren Zuzahlung/Barabfindung neu festsetzen. Eine Verschlechterung zum Nachteil des Beschwerdeführers **(reformatio in peius)** ist hingegen ausgeschlossen (BGH NZG 2010, 1344, 1345; Semler/Stengel/*Volhard* Rn 12; *Hüffer* AktG Anh § 305 Rn 6; Simon/*Simon* Rn 36). Zur Frage der Zulässigkeit der Herabsetzung des Spitzenausgleichs vgl *Merkner/Schmidt-Bendun* NZG 2011, 10, 13; Anderes gilt, wenn Anschlussbeschwerde eingelegt ist. Eine **unselbstständige Anschlussbeschwerde** wirkt indes nur, wenn die selbstständigen Beschwerden nicht zurückgenommen werden. Die Rücknahme einer

Beschwerde wegen der drohenden Verschlechterung durch unselbstständige Anschlussbeschwerde ist dennoch regelm nicht rechtsmissbräuchl (vgl Rn 3). Neue Tatsachen und Beweise sind zuzulassen (§ 65 III FamFG iVm § 17 I).

Weitere **verfahrensrechtl** Vorschriften enthält § 12 nicht. Eine entspr Anwendung der §§ 7 V–VIII, 9–11 bietet sich an (Lutter/*Krieger/Mennicke* Anh SpruchG Rn 9; *Fritzsche/Dreier/Verfürth* Rn 15). Entsprechendes gilt für § 8 II, III, falls eine **mündl Verhandlung** durchgeführt wird. Deren Durchführung sollte wegen der vom Gesetzgeber beabsichtigten Beschleunigung für das Beschwerdegericht aber keine Regelverpflichtung sein (keine entspr Anwendung von § 8 I; vgl dazu § 8 Rn 2). **9**

Die **Rücknahme** der Beschwerde ist bis zur Entscheidung jederzeit zul (*Klöcker/Frowein* Rn 13; *Fritzsche/Dreier/Verfürth* Rn 14; Lutter/*Krieger/Mennicke* Anh SpruchG Rn 9). Andernfalls entscheidet das OLG durch **Beschluss,** der mit Gründen zu versehen ist (§ 69 FamFG iVm § 17 I). **10**

Neben einer eigenen Sachentscheidung kann das OLG die Beschwerde als unzulässig verwerfen oder als unbegründet zurückweisen. Gegen die Entscheidung ist die **Rechtsbeschwerde** zum BGH statthaft (näher hierzu *Preuß* NZG 2009, 960, 965). Sie bedarf der Zulassung durch das OLG, an die der BGH gebunden ist (§ 70 FamFG; vgl aber § 74a FamFG). Die Nichtzulassung ist nicht anfechtbar (*Preuß* NZG 2009, 960, 965; Semler/Stengel/*Volhard* Rn 14c; Emmerich/Habersack/*Emmerich* Anh § 328 Rn 12, § 13 Rn 1; ggf anders MüKoAktG/*Kubis* SpruchG § 13 Rn 1). Zum Anwaltszwang (Zulassung beim BGH) vgl § 10 IV FamFG. **11**

4. Konzentrationsermächtigung

Abs 3 ermächtigt die Landesregierung bzw die Landesjustizverwaltung, die Entscheidung über die Beschwerde durch Rechtsverordnung einem OLG zu übertragen. Davon haben die Länder Bayern (OLG München; Verordnung vom 16.11.2004, GVBl 471), NRW (OLG Düsseldorf; Verordnung vom 26.11.1996, GVBl 518) und Rheinland-Pfalz (OLG Zweibrücken; Verordnung vom 19.4.1995, GVBl 125) Gebrauch gemacht. **12**

§ 13 Wirkung der Entscheidung

[1] Die Entscheidung wird erst mit der Rechtskraft wirksam. [2] Sie wirkt für und gegen alle, einschließlich derjenigen Anteilsinhaber, die bereits gegen die ursprünglich angebotene Barabfindung oder sonstige Abfindung aus dem betroffenen Rechtsträger ausgeschieden sind.

Schrifttum: Siehe auch Schrifttum Einl; *Zimmer/Meese,* Vergleiche im Spruchverfahren und bei Anfechtungsklagen, NZG 2004, 201, 202.

1. Allgemeines

Die Vorschrift entspricht § 311 UmwG aF, enthält aber in S 2 die klarstellende Ergänzung, dass auch frühere Anteilsinhaber, die bereits gegen die ursprüngl vorgesehene geringere Abfindung aus der Ges ausgeschieden sind, eine Anpassung bis zur Höhe der gerichtl heraufgesetzten Abfindung verlangen können (RegEBegr BT-Drs 15/371 Rn 17). Zur früheren Rechtslage vgl 3. Aufl 2001, § 311 UmwG Rn 7 f. Die in S 2 angeordnete Ausdehnung der Entscheidungswirkung **1**

„für und gegen alle" ist der wesentl Inhalt der Vorschrift und zugleich ein besonderes Kennzeichen des Spruchverfahrens.

2. Zeitpunkt des Wirksamwerdens, S 1

2 S 1 ist eine Abweichung von § 40 I FamFG. Die gerichtl Entscheidung wird nicht bereits mit der Bekanntmachung, sondern erst mit der Rechtskraft wirksam. Die Entscheidung 1. Instanz durch das LG wird rkr, wenn die Beschwerdefrist (§ 12 Rn 3) für alle Beschwerdeberechtigten ohne Einlegung einer Beschwerde abgelaufen ist, alle Beschwerdeberechtigten einen Rechtsmittelverzicht erklärt haben oder alle eingelegten Beschwerden zurückgenommen (§ 12 Rn 10) worden sind (Lutter/*Krieger/Mennicke* Anh Rn 2; *Fritzsche/Dreier/Verfürth* Rn 3; MüKo-AktG/*Kubis* SpruchG Rn 1; *Klöcker/Frowein* Rn 2; Widmann/Mayer/*Wälzholz* Anh SpruchG Rn 4). Ein **Verzicht** auf **Rechtsmittel** vor der Entscheidung ist unwirksam (KG WM 1967, 81). Entscheidungen des **OLG** als Beschwerdegericht werden bereits mit ihrem Erlass rkr, sofern nicht die Rechtsbeschwerde zum BGH zugelassen wird (§ 12 Rn 1; Emmerich/Habersack/*Emmerich* Anh § 328 Rn 1). Werden sämtl Beschwerden als unzulässig verworfen oder ergeht vom Beschwerdegericht keine abw Sachentscheidung (Zurückweisung als unbegründet), wird mit der Rechtskraft der Beschwerdeentscheidung zugleich die Entscheidung 1. Instanz wirksam. Entsprechendes gilt, wenn der BGH die Rechtsbeschwerde als unzulässig oder unbegründet zurückweist.

3. Wirksamkeit für und gegen alle

3 **Gerichtl Endentscheidungen im Spruchverfahren** werden sowohl formell (Unangreifbarkeit) als auch materiell (Bindungswirkung) rkr. Anders als bei Urteilen in Zivilprozessen tritt die materielle Rechtskraft aber nicht nur zwischen den Verfahrensbeteiligten ein, sie wirkt nach S 2 **für und gegen alle.** Dies sind insbes die nicht-antragstellenden Antragsberechtigten (vgl § 3 Rn 2 ff), deren Rechte durch den gem Vertr (§ 6) wahrgenommen worden sind. Die Bindungswirkung erstreckt sich aber auch etwa auf andere, an der Umw beteiligte Rechtsträger, die nicht Antragsgegner sind, für die Barabfindung aber ggf gesamtschuldnerisch haften (vgl etwa § 133 UmwG), die Organe der beteiligten Rechtsträger und auch alle Gerichte (zur ggf nachfolgenden Zahlungsklage vgl § 16 Rn 2) und Behörden einschl Steuerbehörden (Semler/Stengel/*Volhard* Rn 3; MüKoAktG/*Kubis* SpruchG Rn 2; Lutter/*Krieger/Mennicke* Anh SpruchG Rn 3; *Klöcker/Frowein* Rn 3; KölnerKommSpruchG/*Wilske* Rn 11). Ebenso bindet die Entscheidung die nicht antragsberechtigten Anteilsinhaber bei Umw nach §§ 122a ff UmwG und nach der SE-VO/SEAG (vgl § 6a Rn 1). Bei einer Verwerfung aller Anträge als unzulässig oder einer Zurückweisung als unbegründet, können sich die Antragsgegner daher ggü jedem darauf berufen, dass das Umtauschverhältnis nicht unangemessen niedrig oder die von ihnen angebotene Barabfindung angemessen ist und ordnungsgemäß angeboten wurde.

4 Ein vom Gericht festgestelltes höheres Barabfindungsangebot (§§ 29 ff UmwG) können **auch** die **ausgeschiedenen Anteilsinhaber** geltend machen, die zuvor das Angebot zur Barabfindung vorbehaltlos angenommen haben. Dies war bisher schon anerkannt (vgl hierzu 3. Aufl 2001, § 312 UmwG Rn 8) und wurde nunmehr durch den Gesetzgeber ausdrückl klargestellt (sog **Abfindungsergänzungsanspruch;** vgl Rn 1).

Dies gilt nicht, wenn ein Antragsberechtigter vor oder nach Wirksamwerden der Entscheidung im Spruchverfahren eine **individuelle Vereinbarung** mit dem Antragsgegner trifft. Dies kann etwa durch Abschluss eines Verzichtvertrags oder durch einen individuellen Vgl (zur Verfahrensbeendigung durch Vgl vgl § 11 Rn 11 ff) erfolgen (MüKoAktG/*Kubis* SpruchG Rn 3; *Klöcker/Frowein* Rn 4; *Fritzsche/Dreier/Verfürth* Rn 11; Semler/Stengel/*Volhard* Rn 5). Anderes gilt, wenn der außergerichtl individuelle Vgl eine Nachbesserungsklausel enthält (zur außergerichtl Vgl des gem Vertr vgl § 6 Rn 19). Auch iÜ ist stets durch Auslegung zu ermitteln, ob ein Nachbesserungsanspruch ausgeschlossen sein soll. Auf die vorbehaltslose Annahme eines Barabfindungsangebots (Rn 4) kann eine derartige Auslegung nicht gestützt werden (Semler/Stengel/*Volhard* Rn 5; MüKoAktG/*Kubis* SpruchG Rn 3; Simon/*Simon* Rn 12; vgl auch Rn 4). Andererseits sind Antragsberechtigte, die individuell eine **höhere** als die vom Gericht festgesetzte bare **Zuzahlung** oder **Barabfindung ausgehandelt** und vereinbart haben, regelm (anders etwa, wenn die Vereinbarung eine Anpassungsklausel enthält) nicht zur Rückzahlung verpflichtet (Widmann/Mayer/*Wälzholz* Anh SpruchG Rn 15; Semler/Stengel/*Volhard* Rn 5; MüKoAktG/*Kubis* SpruchG Rn 3). 5

Die gerichtl Endentscheidung im Spruchverfahren ist **kein Vollstreckungstitel.** Notfalls muss noch eine Leistungsklage erfolgen (vgl hierzu § 16 Rn 2). Die **Höhe** der im Spruchverfahren festgesetzten baren Zuzahlung/Barabfindung ist allerd auch für dieses Verfahren durch die Endentscheidung im Spruchverfahren **rkr festgestellt.** Das für die Leistungsklage zuständige Gericht ist hieran gebunden (LG Hamburg DB 2001, 638). 6

Der Anspruch auf bare Zuzahlung (§ 15 UmwG) und auf Barabfindung (§§ 29 ff UmwG) verjährt innerh der regelm **Verjährungsfrist** des § 195 BGB. Die Verjährungsfrist beginnt zum Schluss des Jahres, in dem die konstitutive Eintragung für die Wirksamkeit der Umw erfolgt (§ 199 I Nr 1 BGB). Durch das Spruchverfahren wird die Verjährung in entspr Anwendung von § 204 I Nr 1 BGB **gehemmt** (zutr MüKoAktG/*Kubis* SpruchG Rn 6). Nach rkr Feststellung gilt § 197 I Nr 3 BGB (30 Jahre). 7

§ 14 Bekanntmachung der Entscheidung

Die rechtskräftige Entscheidung in einem Verfahren nach § 1 ist ohne Gründe nach Maßgabe des § 6 Abs. 1 Satz 4 und 5 in den Fällen

1. der Nummer 1 durch den Vorstand der Gesellschaft, deren außenstehende Aktionäre antragsberechtigt waren;
2. der Nummer 2 durch den Vorstand der Hauptgesellschaft;
3. der Nummer 3 durch den Hauptaktionär der Gesellschaft;
4. der Nummer 4 durch die gesetzlichen Vertreter jedes übernehmenden oder neuen Rechtsträgers oder des Rechtsträgers neuer Rechtsform;
5. der Nummer 5 durch die gesetzlichen Vertreter der SE, aber im Fall des § 9 des SE-Ausführungsgesetzes durch die gesetzlichen Vertreter der die Gründung anstrebenden Gesellschaft, und
6. der Nummer 6 durch die gesetzlichen Vertreter der Europäischen Genossenschaft

bekannt zu machen.

Schrifttum: Siehe auch Schrifttum Einl; DAV-HRA, Stellungnahme zum Regierungsentwurf eines Spruchverfahrensneuordnungsgesetzes, NZG 2003, 316.

1 Die Vorschrift entspricht § 310 UmwG aF. Sie verpflichtet die gesetzl Vertreter jedes übernehmenden oder neuen Rechtsträgers oder des Rechtsträgers neuer Rechtsform zur Bekanntmachung der rkr Entscheidung. Dies ist die rkr Entscheidung 1. Instanz (unzulässig, unbegründet oder begründet) oder eine bare Zuzahlung oder ein Barabfindungsangebot festsetzende Entscheidung des OLG als Beschwerdegericht (vgl § 12 Rn 11; MüKoAktG/*Volhard* SpruchG Rn 2; *Klöcker/Frowein* Rn 1). Bekannt zu machen ist nur eine **rkr Entscheidung des Gerichts.** Für gerichtl **Vgl** iSv § 11 II, auch solche, die durch Beschluss nach § 11 IV bestätigt werden, besteht die gesetzl Bekanntmachungsverpflichtung (trotz Anregung im Gesetzgebungsverfahren; DAV-HRA NZG 2003, 316, 319) nicht (*Klöcker/Frowein* Rn 1; MüKoAktG/*Volhard* SpruchG Rn 2; Lutter/*Krieger/Mennicke* Anh SpruchG Rn 3). In der Praxis wird dies indes regelm vereinbart (§ 11 Rn 15). Nicht bekannt zu machen ist ferner die Verwerfung eines unzulässigen Antrags (OLG München ZIP 2012, 1180).

2 Zwangsgeld zur **Erzwingung** der **Bekanntmachung** kann vom Gericht nicht festgesetzt werden (Lutter/*Krieger/Mennicke* Anh SpruchG Rn 4; *Klöcker/Frowein* Rn 4; *Fritzsche/Dreier/Verfürth* Rn 8; *Hüffer* AktG Anh § 305 Rn 4); notfalls muss die Verpflichtung zur Bekanntmachung im Zivilprozess durchgesetzt werden (MüKoAktG/*Kubis* SpruchG Rn 5; aA *Hüffer* AktG Anh § 305 Rn 4).

3 Die Entscheidung ist **ohne Gründe** bekannt zu machen. Ausreichend sind also das Rubrum und die Entscheidungsformel. Die **Form** richtet sich nach den in Bezug genommenen § 6 I 4 und 5. Danach hat die Bekanntmachung mindestens im BAnz und ggf in weiteren, durch die Satzung, Gesellschaftsvertrag usw festgelegten Blättern oder elektronischen Medien zu erfolgen.

4 Eine Bekanntmachung **erübrigt** sich, wenn alle anspruchsberechtigten Antragsberechtigten am Spruchverfahren beteiligt waren. Diesen wird die Endentscheidung formell zugestellt (§ 11 III). Dann fehlt das Bedürfnis an einer Bekanntmachung (MüKoAktG/*Kubis* SpruchG Rn 8; *Klöcker/Frowein* Rn 6; Widmann/Mayer/*Wälzholz* Rn 5; Simon/*Leuering* Rn 6).

§ 15 Kosten

(1) [1]**Für die Gerichtskosten sind die Vorschriften der Kostenordnung anzuwenden, soweit nachfolgend nichts anderes bestimmt ist.** [2]**Als Geschäftswert ist der Betrag anzunehmen, der von allen in § 3 genannten Antragsberechtigten nach der Entscheidung des Gerichts zusätzlich zu dem ursprünglich angebotenen Betrag insgesamt gefordert werden kann; er beträgt mindestens 200 000 und höchstens 7,5 Millionen Euro.** [3]**Maßgeblicher Zeitpunkt für die Bestimmung des Werts ist der Tag nach Ablauf der Antragsfrist (§ 4 Abs. 1).** [4]**Der Geschäftswert ist von Amts wegen festzusetzen.** [5]**Für das Verfahren des ersten Rechtszugs wird die volle Gebühr erhoben.** [6]**Kommt es in der Hauptsache zu einer gerichtlichen Entscheidung, erhöht sich die Gebühr auf das Vierfache der vollen Gebühr; dies gilt nicht, wenn lediglich ein Beschluss nach § 11 Abs. 4 Satz 2 ergeht.** [7]**Für das Verfahren über ein Rechtsmittel wird die gleiche Gebühr erhoben; dies gilt auch dann, wenn das Rechtsmittel Erfolg hat.**

(2) [1]**Schuldner der Gerichtskosten ist nur der Antragsgegner.** [2]**Diese Kosten können ganz oder zum Teil den Antragstellern auferlegt werden, wenn dies der Billigkeit entspricht; die Haftung des Antragsgegners für die Gerichtskosten bleibt hiervon unberührt.**

(3) [1]**Der Antragsgegner hat einen zur Deckung der Auslagen hinreichenden Vorschuss zu zahlen.** [2]**§ 8 der Kostenordnung ist nicht anzuwenden.**

(4) **Das Gericht ordnet an, dass die Kosten der Antragsteller, die zur zweckentsprechenden Erledigung der Angelegenheit notwendig waren, ganz oder zum Teil vom Antragsgegner zu erstatten sind, wenn dies unter Berücksichtigung des Ausgangs des Verfahrens der Billigkeit entspricht.**

Schrifttum: Siehe auch Schrifttum Einl; *Happ/Pfeiffer,* Der Streitwert gesellschaftsrechtlicher Klagen im Gerichtsverfahren, ZGR 1991, 103; *Berb,* Der Gegenstandswert der Anwaltsgebühren im aktienrechtlichen Spruchstellenverfahren nach §§ 306 VII AktG, 30 I KostO, NZG 2001, 161; DAV-HRA, Stellungnahme zum Referentenentwurf eines Spruchverfahrensneuordnungsgesetzes, NZG 2002, 119; *Büchel,* Neuordnung des Spruchverfahrens, NZG 2003, 793; *Bungert/Mennicke,* Das Spruchverfahrensneuordnungsgesetz, DB 2003, 2021; DAV-HRA, Stellungnahme zum Regierungsentwurf eines Spruchverfahrensneuordnungsgesetzes, ZIP 2003, 552; *Meilicke/Heidel,* Das neue Spruchverfahren in der gerichtlichen Praxis, DB 2003, 2267; *Wittgens,* Der gerichtliche Sachverständige im Spruchverfahren, AG 2007, 106.

1. Allgemeines

Mit der Vorschrift wurde die bisherige Regelung in § 312 UmwG aF in verschiedener Hinsicht modifiziert. Grdsl verbleibt es bei der Anwendung der Vorschriften der KostO. Die von den Gerichten überwiegend bereits bisher praktizierte Geschäftswertermittlung anhand der gesamten Differenz der im Spruchverfahren festgestellten Mehrbeträge wurde in Abs 1 S 2 1. HS übernommen. Der Geschäftswert wurde allerd nach oben und unten begrenzt. Abw von der KostO wird ein eigenständiger Gebührensatz bestimmt. 1

Schuldner der Gerichtskosten sind wie im früheren Recht die Antragsgegner, es sei denn, aus Billigkeit werden sie anderen Beteiligten auferlegt (Abs 2). Für die Auslagen hat er einen Vorschuss zu leisten (Abs 3). Neu eingefügt im SpruchG wurde die Regelung in Abs 4 zur Erstattung von Kosten der Antragsteller durch den Antragsgegner. 2

2. Gerichtskosten

a) Geltung der KostO. Für die Gerichtskosten gelten nach Abs 1 S 1 die Vorschriften der KostO, soweit § 15 nicht etwas anderes bestimmt. Damit bleiben in erster Linie die allg Vorschriften (§§ 1–35 KostO), die ergänzenden Gebührenvorschriften nach §§ 129–135 KostO und die Regelungen über Auslagen nach §§ 136–139 KostO anwendbar. Vgl hierzu detailliert Widmann/Mayer/*Wälzholz* Anh SpruchG Rn 3; Simon/*Winter* Rn 7 ff. 3

Hohe **Auslagen** entstehen insbes durch die Tätigkeiten von Sachverständigen. Nach § 9 I 1 und 2 JVEG erhält auf dem Gebiet der Unternehmensbewertung ein gerichtl Sachverständiger ein Stundenhonorar von EUR 95. Unter den weiteren Voraussetzungen von § 13 II JVEG kann nach zustimmender Erklärung des regelm kostentragungspflichtigen Antragsgegners (OLG Düsseldorf AG 2004, 390; *Klöcker/Frowein* Rn 8) eine 50%ige Erhöhung mit der Zustimmung des Gerichtes gewährt werden. Darüber hinaus müssen alle Beteiligten zustimmen und ein ausreichender Betrag durch den Antragsgegner an die Staatskasse gezahlt werden (§ 13 I JVEG). Die fehlende Zustimmung des regelm kostentragungspflichtigen Antragsgegners nach § 13 I oder II JVEG kann nicht durch das Gericht ersetzt werden. Den teilweise zu § 7 II ZSEG ergangenen Entscheidungen, die eine 4 gerichtl Ersetzungsbefugnis annahmen (OLG Stuttgart DB 2001, 1926, 1927; aA BayObLG DB 1998, 2315; OLG Düsseldorf DB 1997, 2371), ist nach der ausdrückl Aufzählung der Sachverständigentätigkeit für Unternehmensbewertung im JVEG die Grundlage entzogen (zutr Lutter/*Krieger/Mennicke* Anh SpruchG Rn 10; OLG Frankfurt aM NZG 2009, 428; aA MüKoAktG/*Kubis* SpruchG Rn 18: bis zum Eineinhalbfachen; Simon/*Winter* Rn 51; vgl auch *Wittgens* AG 2007, 106, 110; vgl aber RegEBegr BT-Drs 15/371, 17, wonach auch die Verfasser des RegE unter Bezugnahme auf OLG Stuttgart DB 2001, 1926 von der Ersetzung der Zustimmung des Antragsgegners durch das Gericht ausgehen). Ob ein Sachverständiger nach **§ 407 ZPO** zur **Gutachtenstellung verpflichtet** werden kann (vgl dazu OLG Düsseldorf DB 1997, 2371), kann – neben den dort geregelten Voraussetzungen – nur im Einzelfall entschieden werden. Bei äußerst umfangreicher Gutachtertätigkeit kann es verfassungsrechtl geboten sein, davon Abstand zu nehmen (BayObLG DB 1998, 2315; OLG Stuttgart DB 2001, 1926, 1927). Die Verpflichtung des Antragsgegners, einen zur Deckung der Auslagen hinreichenden **Vorschuss** zu zahlen, ist nunmehr **gesetzl** geregelt (Abs 3 S 1). Die Durchführung des Verfahrens bleibt von der Vorschusszahlung unberührt (Ausschluss von § 8 KostO). Damit kann der Antragsgegner das Verfahren durch Untätigbleiben nicht blockieren (RegEBegr BT-Drs 15/371, 17).

5 **b) Gebührensatz, Abs 1 S 5 ff.** Für das Verfahren **1. Instanz** wird eine 40/10-Gebühr erhoben, wenn das Gericht in der Hauptsache entscheidet. Anderenfalls (Vergleichsschluss, auch bei einem Beschluss nach § 11 IV 2; Rücknahme aller Anträge (OLG Düsseldorf BeckRS 2007, 14410) vor einer Entscheidung in der Hauptsache und keine Fortsetzung durch den gem Vertr, § 6 III) ermäßigt sich die Gebühr auf eine 10/10-Gebühr (Abs 1 S 5, 6). Maßgebl ist, ob die Rücknahmen der Anträge bei Gericht eingingen, bevor die Entscheidung zugestellt ist (MüKoAktG/*Kubis* SpruchG Rn 12; Widmann/Mayer/*Wälzholz* Anh SpruchG Rn 22). Vorbereitende und verfahrensleitende Entscheidungen führen nicht zu einer erhöhten Gebühr (*Klöcker/Frowein* Rn 6). Entsprechendes gilt für das **Beschwerdeverfahren** einschließlich Rechtsbeschwerde (vgl § 12 Rn 11). Wird das Beschwerdeverfahren durch Beschluss beendet, entsteht hierfür eine 40/10-Gebühr, in den anderen Fällen der Beendigung des Beschwerdeverfahrens (Vgl, Rücknahme aller Beschwerdeanträge) wird nur eine 10/10-Gebühr erhoben (Abs 1 S 7 1. HS). Entgegen § 16 I 1 KostO werden die Gebühren für das Beschwerdeverfahren auch erhoben, wenn die Beschwerde Erfolg hat (Abs 1 S 7 2. HS). Im Erg ist damit für den Fall einer Hauptsacheentscheidung im Vgl zur früheren Rechtslage eine Verdopplung der Gebühren (40/10 statt 20/10) eingeführt worden. Zur Geschäftswertsbegrenzung vgl Rn 6.

6 **c) Geschäftswert, Abs 1 S 2.** Der Gesetzgeber hat die überwiegende gerichtl Praxis übernommen (vgl 3. Aufl 2001, § 312 UmwG Rn 4). Maßgebl ist der Gesamtbetrag der aus der gerichtl Entscheidung resultierenden zusätzl Zahlungsverpflichtung (Abs 1 S 1), mindestens jedoch **EUR 200 000 und höchstens EUR 7,5 Mio.** Es ist auf **alle Antragsberechtigten** und nicht nur die Antragsteller abzustellen. Daher sind in Fällen des Ausscheidens gegen Barabfindung die Anteile von Anteilsinhabern, die das Angebot bereits angenommen haben, mangels Antragsberechtigung (vgl § 3 Rn 4) nicht zu berücksichtigen (MüKoAktG/*Kubis* SpruchG Rn 5; Semler/Stengel/*Volhard* Rn 5). Zinsen werden nicht hinzugezählt (OLG Düsseldorf AG 2000, 323, 326; *Klöcker/Frowein* Rn 3; aA BayObLG AG 1999, 273). Maßgebender Zeitpunkt für die Anzahl der zu berücksichtigenden Antragsberechtig-

ten ist nach Abs 1 S 3 der Tag nach Ablauf der Antragsfrist. Danach sich ergebende Veränderungen des betroffenen Anteilsbestandes bleiben unberücksichtigt (RegEBegr BT-Drs 15/371, 17).

Problematisch bleibt die Bestimmung des Geschäftswertes in den Fällen, in denen das **Verfahren ohne** die **Festsetzung** einer baren Zuzahlung/einer Erhöhung der Barabfindung endet. Nach der bisherigen Gerichtspraxis hatte sich die Ermessensausübung des Gerichts bei der Festlegung des Geschäftswerts an anderen Hilfsgrößen zu orientieren. Wurden Anträge als unbegründet zurückgewiesen, so durfte berücksichtigt werden, in welchem Umfang die Antragsteller eine Erhöhung erstrebt haben (OLG Düsseldorf AG 2001, 601; OLG Karlsruhe DB 1997, 2479; BayObLG DB 1996, 672, 673; BayObLG DB 1996, 1126, 1127). Dabei komme es wegen der Wirkung für und gegen alle nicht auf das Individualinteresse einzelner Antragsteller an (OLG Düsseldorf DB 1998, 1454, 1456). Demggü ging der Gesetzgeber davon aus, dass in diesem Fall die **Mindestgeschäftsgebühr** von EUR 200 000 angesetzt wird (RegEBegr BT-Drs 15/371, 17). Ob damit das gerichtl Ermessen (§ 30 I KostO), in Einzelfällen von dem Mindestgeschäftswert abzuweichen, nicht mehr gegeben ist, ist zweifelhaft, wird aber überwiegend so gesehen (etwa OLG München ZIP 2012, 1180; OLG Schleswig AG 2009, 380; OLG Frankfurt aM AG 2008, 550; OLG Düsseldorf NZG 2004, 1171, 1172; OLG Stuttgart NZG 2004, 625; *Klöcker/Frowein* Rn 4; *Fritzsche/Dreier/Verfürth* Rn 11; Widmann/Mayer/*Wälzholz* Anh SpruchG Rn 15; Lutter/*Krieger/Mennicke* Anh SpruchG Rn 5; Simon/*Winter* Rn 34; KölnerKommSpruchG/*Rosskopf* Rn 16). Die gesetzl Festlegung eines Mindestgeschäftswerts ist eine Abweichung von § 30 II 1 KostO, nicht von § 30 I KostO. Die Ermessensentscheidung wird nur insofern begrenzt, als der Geschäftswert von EUR 200 000 nicht unterschritten werden kann. Tatsache sollte auch – neben weiteren Kriterien wie Schwierigkeit und Umfang des Verfahrens, Erfolgsaussichten nach kursorischer Prüfung, aber auch Bedeutung und Leistungsfähigkeit des Antragsgegners – bei einer Sachentscheidung, die zu keiner Nachbesserung führt, das angestrebte Interesse aller Antragsberechtigten zu berücksichtigen. Dieses lässt sich regelm anhand der nach § 4 II 2 Nr 4 notwendigen konkreten Einwendungen gegen die Angemessenheit der Kompensation bestimmen. 7

Der Umstand, dass die Einwendungen sich im Einzelfall als nicht begründet erweisen, ist auch in sonstigen Fällen für die Geschäftswertermittlung unbedeutend. Die Kostentragungspflicht des Antragsgegners rechtfertigt bei Erfolglosigkeit keine Absenkung auf den Mindestgeschäftswert. Dies ist eine Besonderheit des Spruchverfahrens, die sich durch das – wenigstens typisierte – Kräfteverhältnis beim Spruchverfahren erklärt. Diese gesetzgeberische Entscheidung beschränkt sich aber auf die Kostengrundentscheidung und hat keinen Einfluss auf die Geschäftswertermittlung. § 30 I KostO ermöglicht es schließl, bei der Ermessensentscheidung offensichtl unbegründete/unzulässige Anträge zu würdigen. Nur wenn überhaupt kein sonstiger Anhaltspunkt vorhanden ist, ist der Geschäftswert iHd Mindestgebühr festzusetzen. 8

Bei **Rücknahme** aller **Anträge** wird hingegen regelm der Mindestgeschäftswert anzusetzen sein (OLG Stuttgart NZG 2004, 97 = AG 2004, 109). Entsprechendes gilt bei **unzulässigen** Anträgen (OLG Schleswig AG 2009, 380; OLG Frankfurt aM AG 2005, 890). 9

Der Geschäftswert wird von Amts wegen (Abs 1 S 2) durch **Beschluss** festgesetzt (§ 31 I 1 KostO). Der Beschluss ist zu begründen (*Fritzsche/Dreier/Verfürth* Rn 13; Lutter/*Krieger/Mennicke* Anh SpruchG Rn 5; MüKoAktG/*Kubis* SpruchG 10

Rn 10). Der Beschluss wird regelm zusammen mit der Endentscheidung ergehen. Er kann aber bereits während des Verfahrens erfolgen (*Fritzsche/Dreier/Verfürth* Rn 13). Gegen den Beschluss ist die **Beschwerde** statthaft (§ 31 III KostO; OLG Stuttgart AG 2004, 109 = NZG 2004, 97; OLG Düsseldorf NZG 2004, 1171). § 12 gilt nicht (OLG Stuttgart AG 2004, 109 = NZG 2004, 97). Neben dem kostenbelasteten Antragsgegner (Abs 2 S 1) sind der gem Vertr und die Verfahrensbevollmächtigten der Antragsteller **beschwerdebefugt,** da ihre Gebühren vom Geschäftswert der gerichtl Tätigkeit abhängen (§§ 6 II, 33 RVG).

3. Kostenschuldner, Abs 2 S 1

11 Entsprechend der früheren Regelung in § 312 IV UmwG aF bestimmt Abs 2 S 1 den oder die Antragsgegner zum Schuldner der Gerichtskosten. Von einer Kostenteilung entspr dem Verfahrenserfolg wurde abgesehen, um den Antragsberechtigten das Spruchverfahren wegen des Kostenrisikos nicht faktisch zu verbauen (RegEBegr BT-Drs 15/371, 17). Unverändert können die Gerichtskosten aber ganz oder zT den **Antragstellern auferlegt** werden, wenn dies der **Billigkeit** entspricht (Abs 2 S 2 1. HS). Andere Beteiligte sind nur die Antragsteller, keinesfalls der gem Vertr oder die von ihm vertretenen Antragsberechtigten (OLG Düsseldorf AG 1972, 248, 250; MüKoAktG/*Kubis* SpruchG Rn 16; Lutter/*Krieger/Mennicke* Anh SpruchG Rn 8; *Klöcker/Frowein* Rn 10; *Fritzsche/Dreier/Verfürth* Rn 26; Widmann/Mayer/*Wälzholz* Anh SpruchG Rn 6; *Hüffer* AktG Anh § 305 Rn 4). Eine derartige anderweitige Verteilung kommt **nur ausnahmsweise** in Betracht.

12 Die Erfolglosigkeit genügt für eine abw Kostenverteilung nicht. Sie kommt in Betracht, wenn die das Spruchverfahren einleitenden Anträge **offensichtl unzulässig oder offensichtl unbegründet** sind (etwa BGH NZG 2012, 191, 194: ex ante offensichtlich ohne Erfolgsaussichten; OLG München ZIP 2012, 1180: gänzlich unreflektiert; OLG Zweibrücken AG 2007, 913, 915; OLG Hamburg NZG 2004, 45; BayObLG AG 2004, 99: nicht offensichtl unzulässiger Antrag; OLG Düsseldorf AG 1996, 88; OLG Karlsruhe AG 1998, 288: offensichtl unbegründete Beschwerde; OLG Düsseldorf AG 1998, 236, 238 offensichtl erfolgloser und mutwilliger Rechtsbehelf; LG Dortmund AG 1995, 468 offensichtl unzulässiger Antrag; *Klöcker/Frowein* Rn 10; Widmann/Mayer/*Wälzholz* Anh SpruchG Rn 8; MüKoAktG/*Kubis* SpruchG Rn 16; Lutter/*Krieger/Mennicke* Anh SpruchG Rn 8; *Fritzsche/Dreier/Verfürth* Rn 24; *Hüffer* AktG Anh § 305 Rn 4). Entsprechendes gilt für die Kosten des Rechtsmittelverfahrens (BGH NZG 2012, 191, 194: nicht aber bereits, wenn das Rechtsmittel erfolglos ist; OLG Stuttgart AG 2011, 601; OLG Stuttgart BeckRS 2011, 15935; BGH AG 2011, 591: nicht bereits wegen der Rücknahme der Beschwerde). In diesen Fällen hat das Gericht von Amts wegen zu entscheiden und – anders als im gesetzl Normalfall – eine **ausdrückl Kostenentscheidung** zu treffen (*Klöcker/Frowein* Rn 9 f; *Fritzsche/Dreier/Verfürth* Rn 23; Lutter/*Krieger/Mennicke* Anh SpruchG Rn 8). Die Haftung des Antragsgegners für die Gerichtskosten bleibt hiervon unberührt (Abs 2 S 2 2. HS). Im Außenverhältnis besteht – wie auch bei mehreren Antragsgegnern – Gesamtschuld (§ 1 I 1 KostO). Gerichtskostenvorschüsse werden auch bei einer Kostenteilung nach Abs 2 S 3 1. HS nicht zurückbezahlt, der Antragsgegner muss in diesem Fall seinen Erstattungsantrag im Wege der Kostenfestsetzung beim Antragsteller geltend machen (RegEBegr BT-Drs 15/371, 157; *Klöcker/Frowein* Rn 11; Lutter/*Krieger/Mennicke* Anh SpruchG Rn 8).

4. Vorschuss, Abs 3

13 Nach der mit dem SpruchG eingeführten Bestimmung in Abs 3 S 1 hat der Antragsgegner einen zur Deckung der Auslagen hinreichenden Vorschuss zu zahlen. Aufgrund des ausdrückl Ausschlusses von § 8 KostO (Abs 3 S 2) kann der Antragsgegner indes durch Nichtzahlung des Vorschusses das Verfahren nicht blockieren oder verzögern. Der Vorschuss dient der Deckung der Auslagen, also insbes der Kosten für ein Sachverständigengutachten (vgl Rn 4). Zum Vorschussanspruch des gem Vertr vgl § 6 Rn 25. Der Vorschuss wird durch den Kostenbeamten selbstständig erhoben (§ 22 II 1 KostVfg). Die Anordnung ist nicht eigenständig anfechtbar (Ausschluss von § 8 III nach Abs 3 S 2; OLG Frankfurt aM NZG 2009, 428; OLG Düsseldorf AG 2004, 390). Die Beitreibung erfolgt durch die Gerichtskasse (§ 4 II KostVfg). Eine Vorschusspflicht der Antragsteller bezüglich der Sachverständigenkosten scheidet aus (OLG Düsseldorf AG 2011, 459).

5. Außergerichtliche Kosten, Abs 4

14 Die Erstattung der Kosten der Antragsteller behandelt Abs 4 (zu Auslagen und Vergütung des gem Vertr vgl § 6 Rn 22 ff). Vor Inkrafttreten des SpruchG galt § 13a I 1 FGG aF, wonach die zur zweckentsprechenden Erledigung der Angelegenheit notwendigen Kosten von einem Beteiligten ganz oder teilweise zu erstatten sind, wenn dies der Billigkeit entspricht. Auf dieser Grundlage wurden oftmals die Antragsgegner verpflichtet, den Antragstellern die notwendigen Kosten zu erstatten (etwa BayObLG AG 2001, 592, 593; 1996, 127, 132; OLG Stuttgart DB 1992, 1470). Trotz des insofern im Vgl zu § 13a I FGG aF kaum unterschiedl Wortlauts soll Abs 4 zum Ausdruck bringen, dass die Antragsteller ihre Kosten grdsl selbst tragen sollen. Dies soll von einer übereilten oder mutwilligen Antragstellung abhalten (RegEBegr BT-Drs 15/371, 17). Die Vorschrift ist abschließend. Demzufolge kommt eine Erstattung der außergerichtlichen Kosten des **Antraggegners** nicht in Betracht (BGH NZG 2012, 191, 192; aA OLG Frankfurt aM BeckRS 2012, 02278).

15 Im Regelfall wird es der Billigkeit entsprechen, wenn eine **Verknüpfung mit** dem **Ausgang des Verfahrens** erfolgt. Der Gesetzgeber sah es als Leitlinie an, dass bei einem erfolglosen Ausgang eine Kostenerstattung nicht erfolgt, bei einer deutl Erhöhung der Leistungen des Antragsgegners die Kosten vollständig von diesen übernommen werden und iÜ eine Quotelung erfolgt (RegEBegr BT-Drs 15/371, 18). Dies kommt auch im Wortlaut zum Ausdruck, der – anders als Abs 2 S 2 1. HS – als Maßstab die Billigkeit unter Berücksichtigung des Ausgangs des Verfahrens bestimmt. Demzufolge scheidet eine Kostenerstattung auch bei nicht offensichtl unzulässigen/unbegründeten oder missbräuchl, im Erg aber erfolglosen Anträgen aus.

16 Zu den **notwendigen Kosten** zählen grdsl die Kosten einer **anwaltl Vertretung** (Lutter/*Krieger*/*Mennicke* Anh SpruchG Rn 17; MüKoAktG/*Kubis* SpruchG Rn 22; Widmann/Mayer/*Wälzholz* Anh SpruchG Rn 57; *Klöcker*/*Frowein* Rn 20; *Fritzsche*/*Dreier*/*Verfürth* Rn 40). Hierzu zählen auch die **gesetzl** erstattungsfähigen Auslagen des Anwalts. Zur Berechnung des **Gegenstandswerts** für die anwaltl Tätigkeit vgl § 31 RVG. Diese Regelung beruht auf einer oftmals zu keinem angemessenen Ergebnissen führenden Berechnungsmethode des BGH AG 1999, 181). Die Kritik der Obergerichte (vgl OLG Düsseldorf AG 2000, 77; BayObLG ZIP 2002, 1687, 1689) hat der Gesetzgeber nicht aufgegriffen. Die gesetzl Regelung unterstellt, dass die Antragsteller und deren Bevollmächtigte das

wirtschaftl Interesse aller Antragsberechtigten vertreten. Dies ist aber nur in dem Sonderfall zutreffend, dass alle Antragsberechtigte auch Antragsteller sind (eingehend zur Kritik MüKoAktG/*Volhard,* 2. Aufl 2004, SpruchG Rn 17 f; krit auch Lutter/*Krieger/Mennicke* Anh SpruchG Rn 17; *Hüffer* AktG Anh § 305 Rn 7). Kosten für **Gutachten,** die die Antragsteller eingeholt haben, werden nur ausnahmsweise zu den notwendigen Kosten zählen (*Klöcker/Frowein* Rn 4; Lutter/*Krieger/Mennicke* Anh SpruchG Rn 18; vgl auch OLG Düsseldorf AG 2011, 754 zu Kosten eines vom gem Vertr in Auftrag gegebenen Privatgutachtens). Denn dem Antragsteller steht die Möglichkeit des Spruchverfahrens offen. Und allein aus dem Umstand, dass er zuvor keine sachverständige Hilfe in Anspruch genommen hat, kann keinesfalls Rechtsmissbräuchlichkeit angenommen werden.

17 Einer **Kostenentscheidung** bedarf es nur, wenn von der Regel nach Abs 4 S 1 (keine Kostenerstattung) abgewichen werden soll (*Klöcker/Frowein* Rn 28; zur Anfechtbarkeit der Kostenentscheidung vgl Rn 10). Das Gericht trifft nur die Kostenentscheidung, ggf eine Quotelung. Der zu erstattende Betrag wird im Kostenfestsetzungsverfahren festgestellt (§ 85 FamFG, §§ 103–107 ZPO; § 21 RPflG).

§ 16 Zuständigkeit bei Leistungsklage

Für Klagen auf Leistung des Ausgleichs, der Zuzahlung oder der Abfindung, die im Spruchverfahren bestimmt worden sind, ist das Gericht des ersten Rechtszuges und der gleiche Spruchkörper ausschließlich zuständig, der gemäß § 2 mit dem Verfahren zuletzt inhaltlich befasst war.

Schrifttum: Siehe auch Schrifttum Einl; *Meilicke,* Erste Probleme mit § 16 SpruchG, NZG 2004, 547.

1. Zuständigkeit

1 Die Vorschrift regelt nur eine ausschließl sachl, örtl und funktionelle Zuständigkeit für **Leistungsklagen** im Anschluss an das Spruchverfahren. Die Entscheidung im Spruchverfahren (§ 11 I) hat lediglich rechtsgestaltende Wirkung. Ein Vollstreckungstitel ist sie schon wegen der fehlenden Individualisierung der einzelnen Ansprüche (vgl § 13 S 2: Wirkung für und gegen alle) nicht. Von der Einführung einer Leistungsklage unmittelbar im Spruchverfahren wurde vom Gesetzgeber bewusst Abstand genommen (RegEBegr BT-Drs 15/371, 18).

2 Leisten die Antragsgegner aufgrund einer rkr Entscheidung im Spruchverfahren nicht, müssen die individuellen Ansprüche daher im normalen Zivilprozess **(bezifferte Zahlungsklage)** durchgesetzt und ggf nach den Vorschriften der ZPO vollstreckt werden. Entsprechendes gilt bei Verfahrensbeendigung durch Vgl. Die **Höhe** der im Spruchverfahren festgesetzten baren Zuzahlung/Barabfindung ist im Zivilprozess **nicht mehr zu prüfen.** Insoweit bindet die Entscheidung des Spruchverfahrens (vgl § 13 Rn 3).

3 **Ausschließl zuständig** (Simon/*Winter* Rn 14; *Meilicke* NZG 2004, 547, 548) ist das Gericht des ersten Rechtszugs und der gleiche Spruchkörper, der gem § 2 mit dem Verfahren inhaltl befasst war (OLG Frankfurt aM NZG 2011, 1307; KölnerKommSpruchG/*Rosskopf* Rn 14). Mithin entscheidet dieselbe Zivilkammer oder Kammer für Handelssachen. Eine Regelung der Zuständigkeit für eine anschl **Berufung** fehlt. Diese richtet sich nach den allg Vorschriften, intern nach der Geschäftsverteilung des OLG. Bestimmungen hinsichtl der Zuständigkeitskon-

zentration nach § 12 III (vgl dort Rn 12) gelten für die Leistungsklage nicht (Lutter/*Krieger/Mennicke* Anh SpruchG Rn 3; *Klöcker/Frowein* Rn 10; *Meilicke* NZG 2004, 547, 552).

2. Erfasste Streitgegenstände

4 Die Zuständigkeitsregelung erfasst nur Klagen auf Leistung der baren Zuzahlung bzw der Barabfindung, die Gegenstand des Spruchverfahrens waren (§ 1 Rn 2 ff). Sie gilt auch, wenn das Spruchverfahren noch nach Vorschriften vor Inkrafttreten des SpruchG durchgeführt worden ist (OLG Frankfurt aM NZG 2011, 1307). Hierzu zählt aber nicht nur der im Spruchverfahren festgestellte Mehrbetrag einer Barabfindung, sondern der gesamte Anspruch hierauf (*Meilicke* NZG 2004, 547, 549). Gleiches gilt für den **gesetzl Zinsanspruch** (vgl § 11 Rn 7) als unmittelbar aus dem Gesetz ableitbare Nebenforderung (*Meilicke* NZG 2004, 547, 548; *Hüffer* AktG Anh § 305 Rn 2; Simon/*Winter* Rn 12) und für sonstige Sekundäransprüche im Zusammenhang mit der im Spruchverfahren festgestellten baren Zuzahlung/Barabfindung (*Meilicke* NZG 2004, 547, 548), etwa höhere als die gesetzl angeordneten Zinsen (vgl etwa § 15 II UmwG). Der Antragsgegner ist mit seinen Einwendungen gegen den Zahlungsanspruch (etwa Aufrechnung mit Gegenansprüchen; zur Behandlung von zwischenzeitl Dividendenzahlungen vgl Rn 7) nicht beschränkt (vgl allerd Rn 5).

5 Keine Bestimmungen enthält die Vorschrift für Verfahren mit einem anderen Streitgegenstand als demjenigen des Spruchverfahrens (vgl § 1). Dies gilt insbes für **Unwirksamkeitsklagen** gegen Umwandlungsbeschlüsse, die sich nach den allg Vorschriften richten. Ebenso wenig sind sonstige Klagen, die zwar einen Zusammenhang mit der Umw, nicht aber mit den Ansprüchen auf bare Zuzahlung/Barabfindung haben (etwa auf Schadenersatz nach § 25 UmwG), erfasst. Gleiches gilt für eventuelle **Rückzahlungsansprüche** des Antraggegners gegen Antragsberechtigte (§ 13 Rn 5). Sie sind im ordentl Zivilprozess nach allg Grdsen geltend zu machen.

6 Ebenso wenig gilt die Zuständigkeitsregelung, wenn eine Sachentscheidung im Spruchverfahren nicht (etwa, weil alle Anträge als unzulässig verworfen wurden oder ein Spruchverfahren überhaupt nicht eingeleitet worden ist) oder noch nicht ergangen ist (LG München AG 2006, 551; Lutter/*Krieger/Mennicke* Anh SpruchG Rn 2; aA *Meilicke* NZG 2004, 547, 549 f). In diesem Fall sind die Ansprüche im Spruchverfahren nicht „bestimmt worden"; auch besteht die besondere Sachkenntnis des Spruchkörpers (RegEBegr BT-Drs 15/371, 18) nicht. § 16 enthält demnach nicht eine allg Zuständigkeitsbestimmung für Ansprüche, die Gegenstand eines Spruchverfahrens sein können. Die Ansprüche sind nach den allg zivilprozessualen Grdsen zu verfolgen.

3. Anrechnung zwischenzeitlicher Dividenden

7 Hinsichtl der **Anrechnung** von zwischenzeitl **Dividendenzahlungen** auf die Zinsverpflichtung ist zwischen baren Zuzahlungen wegen eines unangemessenen Umtauschverhältnisses (§§ 15, 196 UmwG) und Barabfindungsangeboten für ausscheidende Anteilsinhaber (§§ 29, 207 UmwG) zu unterscheiden. In den Fällen der **baren Zuzahlung** bleibt die Verzinsungspflicht unberührt, da die bare Zuzahlung gerade ein Ausgleich für die unangemessen niedrige Beteiligung am übernehmenden Rechtsträger darstellt. IHd Unterschieds zwischen dem angemessenen Wert und dem Wert der tatsächlich gewährten Beteiligung/Mitgliedschaft erfolgt ein

Ausgleich durch die Dividendenzahlungen nicht, da diese sich nach der zu niedrigen Beteiligungshöhe bemessen haben (vgl ergänzend § 15 UmwG Rn 21; Semler/Stengel/*Gehling* § 15 UmwG Rn 29; vgl auch § 15 UmwG Rn 21). Anderes gilt für die **Barabfindungen** ausscheidender Anteilsinhaber. Diese müssen das Angebot erst zwei Monate nach Bekanntmachung der Entscheidung im BAnz annehmen (§ 31 S 2 UmwG). Hier soll die gesetzl Verzinsung (§§ 30 I 2, 15 II UmwG) Verzögerungen des Spruchverfahrens entgegenwirken. Der ausscheidende Anteilsinhaber ist aber grdsl nicht besser zu stellen, als hätte er das Barabfindungsangebot unmittelbar angenommen und wäre damit aus der Ges ausgeschieden. Zwischenzeitl empfangene Dividendenzahlungen sind daher mit den Abfindungszinsen, nicht jedoch mit der Barabfindung selbst zu verrechnen (BGHZ 152, 29 zu § 305 AktG; OLG Düsseldorf DB 1998, 1454, 1456; OLG Stuttgart NZG 2000, 744, 748; krit Semler/Stengel/*Zeidler* § 30 UmwG Rn 24). Eine darüber hinausgehende teleologische Reduktion von § 30 I 2 UmwG, etwa eine Verzinsung erst nach Ausübung des Wahlrechts zum Ausscheiden (vgl OLG Celle AG 1999, 128, 131; *Liebscher* AG 1996, 455, 456), scheidet dann aber aus.

§ 17 Allgemeine Bestimmungen; Übergangsvorschrift

(1) **Sofern in diesem Gesetz nichts anderes bestimmt ist, finden auf das Verfahren die Vorschriften des Gesetzes über das Verfahren in Familiensachen und in den Angelegenheiten der freiwilligen Gerichtsbarkeit Anwendung.**

(2) [1] **Für Verfahren, in denen ein Antrag auf gerichtliche Entscheidung vor dem 1. September 2003 gestellt worden ist, sind weiter die entsprechenden bis zu diesem Tag geltenden Vorschriften des Aktiengesetzes und des Umwandlungsgesetzes anzuwenden.** [2] **Auf Beschwerdeverfahren, in denen die Beschwerde nach dem 1. September 2003 eingelegt wird, sind die Vorschriften dieses Gesetzes anzuwenden.**

Schrifttum: Siehe auch Schrifttum Einl; *Wasmann,* Gesellschaftsrechtliches Spruchverfahren: Wann gilt altes, wann neues Recht?, DB 2003, 1559; *Bungert/Mennicke,* BB-Gesetzgebungsreport: Das Spruchverfahrensneuordnungsgesetz, BB 2003, 2021; *Preuß,* Auswirkungen der FGG-Reform auf das Spruchverfahren, NZG 2009, 961.

1. Allgemeines

1 Abs 1 erklärt die Regelungen des FamFG für anwendbar, soweit das SpruchG selbst keine vorrangigen Bestimmungen enthält. Abs 2 ist die Übergangsvorschrift für die Anwendung des SpruchG.

2. Anwendbarkeit des FamFG, Abs 1

2 Abs 1 entspricht grdsl § 307 I UmwG aF. Danach gelten für das Spruchverfahren grdsl die Vorschriften des FamFG, soweit im SpruchG nichts anderes bestimmt ist. Im Vgl zu früher enthält das Gesetz aber im größeren Umfang Abweichungen. Dies gilt im besonderen Maße für den Amtsermittlungsgrundsatz nach § 26 FamFG, der nunmehr durch §§ 4 II 2 Nr 4, 8 III, 9 und 10 in weitem Umfang zurückgedrängt ist (vgl im Einzelnen dort). Zur früheren Rechtslage vgl 3. Aufl 2001, § 307 UmwG Rn 3 ff.

3. Anwendbare Vorschriften des FamFG

a) Anwendungsbereich, Rechtshilfe. § 1 FamFG (Anwendungsbereich) wird durch § 1 und die nachfolgenden besonderen Regelungen vielfach überlagert. § 156 GVG (Rechtshilfe) bleibt anwendbar. 3

b) Örtliche Zuständigkeit. Die Regelungen zur örtl Zuständigkeit werden von § 2 I überlagert. §§ 2 I, 5 FamFG sind nach § 2 I 2 und 3 entspr anwendbar (§ 2 Rn 5 f). § 2 III FamFG bleibt unberührt, wonach allein die örtl Unzuständigkeit des Gerichts keinen Einfluss auf die Wirksamkeit von gerichtl Handlungen hat. 4

c) Ausschließung und Ablehnung von Richtern. § 6 FamFG ist anwendbar. Auch im Spruchverfahren besteht die Möglichkeit, einen Richter wegen Befangenheit in entspr Anwendung der §§ 42 ff ZPO abzulehnen. 5

d) Anwendung des GVG. Das GVG (Gerichtssprache, Sitzungspolizei, Beratung und Abstimmung, Zuziehung von Dolmetschern) ist anwendbar (§ 2 EGGVG). 6

e) Protokollierung von Anträgen und Erklärungen. Anträge und Erklärungen im Spruchverfahren können nach § 25 FamFG zu Protokoll der Geschäftsstelle des zuständigen Gerichts oder der Geschäftsstelle eines Amtsgerichts erfolgen (vgl § 4 Rn 3). Die Antragstellung zu Protokoll der Geschäftsstelle eines unzuständigen Gerichts genügt allerd nicht zur Wahrung der Frist nach § 4 I. Erforderl ist hierfür vielmehr der Eingang des Protokolls beim zuständigen LG vor Fristablauf (vgl § 4 Rn 6). 7

f) Amtsermittlung und Beweisgrundsätze. Im Ggs zur früheren Regelung des Spruchverfahrens ist der durch § 26 FamFG angeordnete Amtsermittlungsgrundsatz nunmehr weitgehend zurückgedrängt. Maßgebl folgt dies aus §§ 4 II 2 Nr 4, 8 III, 9 und 10. Danach unterliegt das Spruchverfahren als echte Streitsache der freiwilligen Gerichtsbarkeit der Dispositionsmaxime. Vgl iÜ die Komm zu §§ 4, 8, 9, 10. 8

g) Vertretung im Verfahren. § 12 FamFG gilt grdsl. Einen besonderen gesetzl Vertr, den gem Vertr, regelt das SpruchG in § 6 für die nicht-antragstellenden Antragsberechtigten und in § 6a für die nicht-antragsberechtigten Anteilsinhaber. 9

h) Wirksamwerden der Entscheidung. Abw von § 40 I FamFG wird die Sachentscheidung des Gerichtes nach § 13 S 1 erst mit der Rechtskraft wirksam. Für die Bekanntmachung der Entscheidung vgl § 14. IÜ – sonstige Entscheidung des Gerichts – bleibt es bei der Anwendbarkeit von § 40 I FamFG. 10

i) Fristenberechnung, Änderung von Entscheidungen. Zur Berechnung der Antragsfrist vgl § 4 Rn 4. § 16 FamFG ist hierauf anwendbar. § 42 FamFG ist grdsl anwendbar. 11

j) Rechtsmittel. Vgl die Komm zu § 12. 12

4. Übergangsvorschrift, Abs 2

Abs 2 enthält eine Übergangsvorschrift. Danach sind für Verfahren, in denen ein Antrag auf gerichtl Entscheidung vor dem 1.9.2003 gestellt worden ist, weiter die Vorschriften des UmwG anzuwenden. Auf die Zulässigkeit des Antrags kommt 13 es nicht an (OLG Frankfurt aM AG 2006, 160). Entscheidend ist der Eingang des ersten Antrags bei Gericht (Lutter/*Krieger/Mennicke* Anh SpruchG Rn 3; *Klöcker/Frowein* Rn 23; MüKoAktG/*Kubis* SpruchG Rn 4; *Bungert/Mennicke* BB 2003, 2021, 2022). Voraussetzung ist aber, dass zu diesem Zeitpunkt die Umw bereits als **bekannt gemacht** (§ 4 I 1; dort Rn 3) gilt. Ein zuvor bereits eingereichter Antrag (zur Zulässigkeit vgl § 4 Rn 7) führt nicht zur Anwendung des alten Verfahrensrechts (LG Dortmund DB 2005, 380 mit Anm *Wasmann;* MüKoAktG/*Kubis* SpruchG Rn 4; LG Berlin NZG 2003, 930; *Wasmann* DB 2003, 1559 f; *Hüffer* AktG Anh § 306 Rn 4; *Bungert/Mennicke* BB 2003, 2021, 2022; aA LG München I NZG 2005, 91; BayObLG AG 2005, 922).

14 Für das **Beschwerdeverfahren** gilt das SpruchG, wenn die sofortige Beschwerde nach dem 1.9.2003 eingelegt wird. Zu diesem Zeitpunkt muss allerd bereits eine beschwerdefähige Entscheidung vorgelegen haben (MüKoAktG/*Volhard* SpruchG Rn 5). Nicht betroffen sind einfache Beschwerden, während eines erstinstanzl Verfahrens, für das noch die alten Vorschriften gelten (*Bungert/Mennicke* BB 2003, 2021, 2022).

C. Umwandlungen nach der SE-Verordnung

Verordnung (EG) Nr. 2157/2001 des Rates über das Statut der Europäischen Gesellschaft (SE)

Vom 8. Oktober 2001 (ABl EG Nr L 294, 1)
Zuletzt geändert durch VO vom 20. November 2006 (ABl EG Nr L 363, 1)

Auszug

Vorbemerkungen

Schrifttum: *Sagasser/Swienty,* Die Gründung einer Großeuropäischen Aktiengesellschaft im Wege der Verschmelzung – zur Praktikabilität des SE-Statuts in der Entwurfsfassung vom 6./16.5.1991, DStR 1991, 1188; *Merkt,* Europäische Aktiengesellschaft: Gesetzgebung als Selbstzweck, BB 1992, 652; *Hommelhoff,* Einige Bemerkungen zur Organisationsverfassung der Europäischen Aktiengesellschaft, AG 2001, 279; *Schulz/Geismar,* Die Europäische Aktiengesellschaft, DStR 2001, 1078; *Schwarz,* Zum Statut der Europäischen Aktiengesellschaft, ZIP 2001, 1847; *Hirte,* Die Europäische Aktiengesellschaft, NZG 2002, 1; *Lutter,* Europäische Aktiengesellschaft – Rechtsfigur mit Zukunft, BB 2002, 1; *Wagner,* Die Bestimmung des auf die SE anwendbaren Rechts, NZG 2002, 985; *Heinze,* Die Europäischen Aktiengesellschaft, ZGR 2002, 66; *C. Teichmann,* Die Einführung der Europäischen Aktiengesellschaft, ZGR 2002, 383; *Thoma/Leuering,* Die Europäische Aktiengesellschaft – Societas Europaea, NJW 2002, 1449; *Brandt/Scheifele,* Die Europäische Aktiengesellschaft und das anwendbare Recht, DStR 2003, 547; *Hommelhoff,* Zum Konzernrecht der Europäischen Aktiengesellschaft, AG 2003, 179; *Teichmann,* Minderheitenschutz bei Gründung und Sitzverlegung der SE, ZGR 2003, 367; *Neye/Teichmann,* Der Entwurf für das Ausführungsgesetz zur Europäischen Aktiengesellschaft, AG 2003, 169; *Oplustil/Schneider,* Zur Stellung der Europäischen Aktiengesellschaft im Umwandlungsrecht, NZG 2003, 13; *Ihrig/Wagner,* Diskussionsentwurf für ein SE-Ausführungsgesetz, BB 2003, 969; *Brandi,* Die Europäischen Aktiengesellschaft im deutschen und internationalen Konzernrecht, NZG 2003, 889; *Habersack,* Das Konzernrecht der „deutschen" SE, ZGR 2003, 724; *Kalss,* Der Minderheitenschutz bei Gründung und Sitzverlegung der SE nach dem Diskussionsentwurf, ZGR 2003, 593; *Ihrig/Wagner,* Das Gesetz zur Einführung der Europäischen Gesellschaft (SEEG) auf der Zielgeraden, BB 2004, 1749; *Nagel,* Ist die Europäische Aktiengesellschaft (SE) attraktiv?, DB 2004, 1299; DAV: Stellungnahme zum Diskussionsentwurf eines Gesetzes zur Ausführung der Verordnung (EG) Nr. 2157/2001 des Rates vom 8.10.2001 über das Statut der Europäischen Gesellschaft (SE) (SE-Ausführungsgesetz-SEAG), NZG 2004, 75; *ders,* Die Europäische Aktiengesellschaft (SE) in Deutschland – der Regierungsentwurf zum SE-Einführungsgesetz, NZG 2004, 833; *C. Teichmann,* Austrittsrecht und Pflichtangebot bei Gründung einer Europäischen Aktiengesellschaft, AG 2004, 67; *Hirte,* Die Europäische Aktiengesellschaft – ein Überblick nach Inkrafttreten der deutschen Ausführungsgesetze (Teil I), DStR 2005, 653; (Teil II) DStR 2005, 700; *Blumers/Kinzl,* Die Societas Europaea zwischen UmwG, UmwStG und den Grundfreiheiten, AG 2005, 196; *Horn,* Die Europa-AG im Kontext des deutschen und europäischen Gesellschaftsrechts, DB 2005, 147; *Brandes,* Cross Border Merger mittels der SE, AG 2005, 177; *Köstler,* Die Beteiligung der Arbeitnehmer in der Europäischen Aktiengesellschaft nach den deutschen Umsetzungsgesetzen, DStR 2005, 745; *Seibt/Reinhard,* Umwandlung der Aktiengesellschaft in die Europäischen Gesellschaft (Societas Europaea), Der Konzern 2005, 407; *Oechsler,* Der praktische Weg zur Societas Europea (SE) – Gestaltungsspielraum und Typenzwang, NZG 2005, 697; *Lutter/Kollmorgen/Feldhaus,* Die Europäische Aktiengesellschaft – Satzungsgestaltung bei der „mittelständischen SE", BB 2005, 2473; *Walden/Meyer-Landrut,* Die grenzüberschreitende

Verschmelzung einer Europäischen Gesellschaft: Planung und Vorbereitung, DB 2005, 2119; *Walden/Meyer-Landrut,* Die grenzüberschreitende Verschmelzung einer Europäischen Gesellschaft: Beschlussfassung und Eintragung, DB 2005, 2619; *Vossius,* Gründung und Umwandlung der deutschen europäischen Gesellschaft (SE), ZIP 2005, 741; *Seibt/Saame,* Die Societas Europaea (SE) deutschen Rechts: Anwendungsfelder und Beratungshinweise, AnwBl 2005, 225; *Casper,* Numerus Clausus und Mehrstaatlichkeit bei der SE-Gründung, AG 2007, 97; *Kowalski*, Praxisfragen bei der Umwandlung einer Aktiengesellschaft in eine Europäische Gesellschaft (SE), DB 2007, 2243; *Casper,* Die Vor-SE – nationale oder europäische Vorgesellschaft, Der Konzern 2007, 244; *Hellwege,* Die SE als Rechtsform für den Mittelstand – Irr- oder Königsweg?, Gedächtnisschrift für Malte Schindhelm 2009; *Ziegler/Gey,* Arbeitnehmermitbestimmung im Aufsichtsrat der Europäischen Gesellschaft (SE) im Vergleich zum Mitbestimmungsgesetz, BB 2009, 1750; *Forst,* Die Beteiligung der ArbN in der Vorrats-SE, NZG 2009, 687; *Grambow,* Arbeits- und gesellschaftsrechtliche Fragen bei grenzüberschreitenden Verschmelzungen unter Beteiligung einer Europäischen Gesellschaft (Societas Europaea – SE), Der Konzern 2009, 97; *Führ/Nikoleyczik,* Mitbestimmungsgestaltung im grenzüberschreitenden Konzern – Unter besonderer Berücksichtigung der SE und grenzüberschreitender Verschmelzungen, DStR 2010, 1743; *Forst,* Unternehmerische Mitbestimmung im Konzern unter Beteiligung supranationaler Rechtsformen, Der Konzern 2010, 151; *Bayer/Schmidt,* BB-Gesetzgebungs- und Rechtsprechungsreport zum Europäischen Unternehmensrecht 2010/2011, BB 2012, 3; *Grambow,* Auslegung der Auffangregelungen zur Mitbestimmung bei Gründung einer Societas Europaea, BB 2012, 902.

1. Historische Entwicklung

1 Nach jahrzehntelangen Verhandlungen (vgl Nr 8, 9 Erwägungsgründe SE-VO) wurde am 8.10.2001 die Verordnung (EG) Nr 2157/2001 des Rates über das Statut der Europäischen Gesellschaft (SE) (**SE-VO;** ABl EG Nr L 294, 1) und die RL 2001/86/SG **(SE-RL)** zur Ergänzung des Statuts der Europäischen Ges hinsichtl der Beteiligung der ArbN (ABl EG Nr L 294, 22) verabschiedet (ausführl zur Entstehungsgeschichte Lutter/Hommelhoff/*Lutter* SE-Komm Einl SE-VO Rn 7a ff). Die SE-VO trat am 8.10.2004 als unmittelbar innerh der EU geltendes Recht (Rn 2) in Kraft. Mit kurzer Verspätung wurden in Deutschland mit dem SEEG vom 29.12.2004 (BGBl I 3678) einerseits ergänzende Ausführungsbestimmungen für die SE-VO erlassen und wurde andererseits die SE-RL in nat Recht umgesetzt. Wesentl Bestandteile des SEEG sind das SE-Ausführungsgesetz **(SEAG)** und das die Regelungen zur Arbeitnehmerbeteiligung enthaltende SE-Beteiligungsgesetz **(SEBG).** Zum Gesetzgebungsverfahren näher *Neye,* Die Europäische Aktiengesellschaft, S 1 ff. Die SE-VO wurde durch Verordnung (EG) Nr 1791/2006 des Rates vom 20.11.2006 (ABl Nr L 363, 1) zuletzt geändert (dazu Art 2 Rn 5). Zu weiteren Reformbestrebungen auf europäischer Ebene vgl *Bayer/Schmidt* BB 2012, 3.

2. Rechtsgrundlagen

2 Wesentl Rechtsgrundlage der SE ist die SE-VO selbst, die als Verordnung des Rates **unmittelbare Geltung innerh der EU** hat (Art 288 AEUV) und damit europäisches Sekundärrecht ist. Hintergrund dafür ist, dass mit der SE eine – neben der EWIV die zweite – **supranationale Rechtsform** geschaffen wurde (Rn 4). Zwischenzeitl ist die **SCE** (Verordnung (EG) Nr 1435/2003 des Rates vom 22.7.2003, ABl EG Nr L 207, 1) hinzugekommen. Die SE-VO regelt selbst wesentl Gegenstände des Rechts der SE, insbes die grundlegende Struktur und die Modalitäten der Gründung der SE. Sie enthält jedoch keine vollständige Rechtsordnung für die SE. Man kann in diesem Zusammenhang treffend von

einer bewussten Lückenhaftigkeit sprechen (Widmann/Mayer/*Heckschen* Anh SE Rn 39). Zur Auffüllung der Lücken ist auf nat Recht und auf die Satzung der SE zurückzugreifen. Daher ordnet Art 9 für die bestehende SE eine **Normenhierarchie** an (eingehend *Brandt/Scheifele* DStR 2002, 547; Lutter/Hommelhoff/*Teichmann* SE-Komm Art 9 SE-VO Rn 34 ff; Widmann/Mayer/*Heckschen* Anh SE Rn 42). Danach unterliegt die SE – nach dem europäischen Primärrecht (*Teichmann* ZGR 2002, 383, 404) – zunächst den Bestimmungen der SE-VO. Auf der nächsten Stufe folgen von der SE-VO zugelassene Bestimmungen der Satzung (etwa Festlegung auf das dualistische oder monistische System, Art 38 lit b). Sodann sind nat Vorschriften anwendbar, soweit die SE-VO keine oder eine einen Aspekt nicht abschl Regelung enthält, und zwar zunächst die speziell für die SE erlassenen Regelungen (in Deutschland etwa SEAG), sodann die jew nat Vorschriften des allg Aktienrechts und schließl die Bestimmungen der Satzung, die nach dem Aktienrecht des Sitzstaats zulässig sind (Lutter/Hommelhoff/*Teichmann* SE-Komm Art 9 Rn 43). Dies umfasst auch das Richterrecht (Lutter/Hommelhoff/*Teichmann* SE-Komm Art 9 Rn 55; *Schwarz* Art 9 Rn 38; MüKoAktG/*Schäfer* Art 9 Rn 18; *Hirte* NZG 2002, 1, 2; *Teichmann* ZGR 2002, 383, 398; zweifelnd *Schulz/Geismar* DStR 2001, 1078, 1079). Anwendbar sind die nat Vorschriften derjenigen Rechtsordnung, der die (künftige) SE unterliegt (*Wagner* NZG 2002, 985, 986). Das ist der Staat, in dem der Satzungssitz ist (*Schwarz* Art 9 Rn 33; Manz/Mayer/*Schröder* Rn 30), der aber regelmäßig auch der Verwaltungssitz ist (Art 7; vgl Rn 8). Die Spielräume in Deutschland sind insoweit aber wegen der vglweise umfassenden Satzungsstrenge (§ 23 V AktG) gering (*Hirte* DStR 2005, 653, 657; krit *Hommelhoff* AG 2001, 279, 287; zum doppelstufigen Satzungsrecht *Schwarz* Art 9 Rn 40 ff) und im Wesentl nur für nicht börsennotierte AG vorhanden. Zur Anwendbarkeit des dt **Konzernsrechts** auf eine abhängige SE vgl etwa MüKoAktG/*Altmeppen* Anh Art 9)

Demzufolge sind auf SE mit Sitz in Deutschland und – im wesentl aufgrund 3 **weiterer Ermächtigungen und Verweisungen** (etwa Art 15, 18) – bei **SE-Gründungen,** an denen dt Rechtsträger beteiligt sind oder die eine SE mit Satzungssitz (vgl zur Behandlung von Rechtsträgern mit bloßem Verwaltungssitz im Inland Art 2 Rn 8) in Deutschland zum Ziel haben (vgl § 1 SEAG), neben den im Zusammenhang mit der SE-VO erlassenen Vorschriften (SEAG, SEBG) etwa auch das AktG und das UmwG anwendbar.

3. Struktur der SE

Die SE ist zwar eine supranationale Rechtsform, weil ihre grundlegende Struk- 4 tur durch SE-VO einheitl für das Gemeinschaftsgebiet geregelt ist. Sie ist aber keine völlig neue Rechtsform. **Die SE ist eine AG** (Van Hulle/*Maul*/Drinhausen 2. Abschnitt Rn 1; zu den Besonderheiten ggü einer dt AG MüKoAktG/*Oechsler* Art 1 Rn 2). Der Begriff „europäische AG" taucht zwar nur in Art 1 I auf, die Qualifikation der SE als AG folgt aber auch aus Art 1 II, wonach die SE eine Ges ist, deren Kap in Aktien zerlegt ist (vgl auch § 1 II AktG). Sie ist damit börsenfähig (Erwägungsgrund Nr 12). Konsequenterweise ordnet Art 10 an, dass die SE vorbehaltl der Bestimmungen der SE-VO in jedem Mitgliedstaat wie eine AG behandelt wird, die nach dem Recht des Sitzstaats der SE gegründet wurde. Als AG und damit jur Person besitzt die SE Rechtspersönlichkeit (Art 1 III). Ferner haften die Aktionäre entspr dem Charakter als KapGes nur bis zur Höhe des von ihnen gezeichneten Kap (Art 1 II 2). Das Kap der SE muss mindestens EUR 120 000 betragen (Art 4 II). Die SE ist als Formkaufmann HandelsGes (Van Hulle/*Maul*/ Drinhausen 2. Abschnitt Rn 1; *Schwarz* Art 1 Rn 13). Der Begriff Handelsgesellschaften in Art 1 I bedeutet keine Beschränkung auf kaufmännische Tätigkeiten; die SE kann etwa auch eigenes Vermögen verwalten (MüKoAktG/*Oechsler* Art 1 Rn 4). Zur Frage der Zulässigkeit der **Vorrats-SE** und damit zusammenhängenden Fragen vgl etwa OLG Düsseldorf, ZIP 2009, 918; MüKoAktG/*Schäfer* Art 12 Rn 7; Manz/Mayer/*Schröder* Rn 75 ff; *Forst* NZG 2009, 68; *Grambow* Der Konzern 2009, 97).

5 Da auf eine SE – bei der Gründung wie auch während ihres Bestehens – neben der SE-VO unterschiedl nat Rechtsordnungen anzuwenden sind (vgl Rn 2), unterliegt sie **nicht** einem **einheitl europäischen Personalstatut,** sondern der Rechtsordnung des Mitgliedstaats, in dem sie ihren Satzungssitz und zugleich ihre Hauptverwaltung hat (vgl Art 7; zur Auflösung bei Auseinanderfallen von Sitz und Hauptverwaltung vgl § 52 SEAG). Daher kann nicht von einer einheitl SE gesprochen werden (*Hirte* NZG 2002, 1, 2). Der **Wahl des Sitzes** kommt in der Beratungspraxis eine wesentl Bedeutung zu.

6 Besonderheiten bestehen hinsichtl der **Gründung der SE.** Die SE-VO enthält einen numerus clausus der Gründungsmöglichkeiten, näml die primären Gründungen nach Art 2 I–IV und die abgeleitete Gründung nach Art 3 II (im Einzelnen dort). Ein gemeinsames Element der Gründungsvarianten ist der **Mehrstaatenbezug.** Dies bedeutet, dass entweder die Gründer dem Recht verschiedener Mitgliedstaaten unterliegen oder bereits bestehende TochterGes oder Zweigniederlassungen in verschiedenen Mitgliedstaaten vorhanden sein müssen.

7 Die SE-VO stellt auch strenge Anforderungen an die **Gründer.** Natürl Person können in keinem Fall Gründer einer SE sein, sie können jedoch später die Aktien erwerben. IÜ hängen die Anforderungen an die Gründer von der Art der Gründung ab. Eine Gründung durch Verschm können nur AG der Mitgliedstaaten vollziehen (Art 2 I). AG und GmbH der Mitgliedstaaten können die Gründung einer Holding-SE betreiben (Art 2 II), während die Gründung einer gemeinsamen Tochter-SE etwa auch PersGes offen steht (Art 2 III). Eine 100%ige TochterGes kann nur eine bereits bestehende SE gründen (Art 3 II). Daraus folgt zugleich, dass in den Fällen der primären Gründung nach Art 2 I–III mindestens **zwei Gründer** vorhanden sein müssen.

8 Der **Sitz** der SE muss nach Art 7 in der Gemeinschaft liegen, und zwar in dem Mitgliedstaat, in dem sich die Hauptverwaltung der SE befindet (zur Auflösung bei Auseinanderfallen von Sitz und Hauptverwaltung vgl § 52 SEAG). Im Hinblick auf die Niederlassungsfreiheit (Art 54, 49 AEUV) scheint dies nicht bedenkl, da eine SE identitätswahrend den Sitz verlegen kann (Art 8; vgl aber *Schwarz* Art 8 Rn 13 ff). Zur **Firma** vgl Art 11. Der notw Zusatz „SE" ist exklusiv für die SE reserviert (zum Bestandsschutz vgl Art 11 III).

9 Eine wesentl Schwierigkeit auf dem Weg zur SE-VO war die Regelung der **Beteiligung der ArbN** (Mitbestimmung), die in den einzelnen Mitgliedstaaten höchst unterschiedl ausgestaltet ist. Dies ist Gegenstand der **SE-RL,** die in Deutschland durch das **SEBG** umgesetzt worden ist. Die Bestimmungen umfassen Regelungsbereiche, die nach dt Verständnis teilw dem Betriebsverfassungsrecht und teilw dem Mitbestimmungsrecht zuzuordnen sind. Nach der Konzeption der SE-RL und des SEEG haben **Vereinbarungen** zwischen ArbN- und ArbG-Seite Vorrang. Nur soweit eine Einigung nicht erzielt wird, greifen die gesetzl Bestimmungen als Auffangregelung. Genau dies macht die Rechtsform der SE auch für den **Mittelstand** interessant. Denn eine SE, die im Zeitpunkt ihrer

Gründung nicht den Regelungen der Mitbestimmung unterliegt, **bleibt** auch dann **mitbestimmungsfrei,** wenn sie später mehr als 500 Mitarbeiter oder sogar mehr als 2000 Mitarbeiter hat (dazu etwa *Forst* Der Konzern 2010, 151, 153; *Hellwege* GS Schwindhelm, 2009, 317; *Grambow* BB 2012, 902).

Die **Rechnungslegung** richtet sich nach den Vorschriften, die für das Recht **10** des Sitzstaates der SE unterliegende AG gelten (Art 61). Für die **stl Behandlung** enthält die SE-VO keinerlei Bestimmungen. Diese richtet sich nach Art 10 nach den für AG geltenden Vorschriften, bei einer unbeschränkten oder beschränkten Steuerpflicht in Deutschland hinsichtl der laufenden ertragstl Besteuerung also insbes nach dem KStG und dem GewStG. Die der SE eingeräumte Möglichkeit der Sitzverlegung (Art 8) war Anlass, die stl FusionsRL vom 23.7.1990 (ABl EG Nr L 225, 1) mit RL vom 17.2.2005 (ABl EG Nr L 225, 19) zu ändern. Nicht zuletzt waren die von der SE-VO eingeräumten Möglichkeiten der grenzüberschreitenden Umw Anlass, das UmwStG iRd SEStEG neu zu fassen und den Anwendungsbereich auf grenzüberschreitende und vergleichbare ausl Vorgänge auszudehnen (vgl § 1 UmwStG Rn 3).

Titel I. Allgemeine Vorschriften

Art. 2 [Primäre Gründungsmöglichkeiten]

(1) **Aktiengesellschaften im Sinne des Anhangs I, die nach dem Recht eines Mitgliedstaats gegründet worden sind und ihren Sitz sowie ihre Hauptverwaltung in der Gemeinschaft haben, können eine SE durch Verschmelzung gründen, sofern mindestens zwei von ihnen dem Recht verschiedener Mitgliedstaaten unterliegen.**

(2) **Aktiengesellschaften und Gesellschaften mit beschränkter Haftung im Sinne des Anhangs II, die nach dem Recht eines Mitgliedstaats gegründet worden sind und ihren Sitz sowie ihre Hauptverwaltung in der Gemeinschaft haben, können die Gründung einer Holding-SE anstreben, sofern mindestens zwei von ihnen**
a) dem Recht verschiedener Mitgliedstaaten unterliegen oder
b) seit mindestens zwei Jahren eine dem Recht eines anderen Mitgliedstaats unterliegende Tochtergesellschaft oder eine Zweigniederlassung in einem anderen Mitgliedstaat haben.

(3) **Gesellschaften im Sinne des Artikels 48 Absatz 2 des Vertrags sowie juristische Personen des öffentlichen oder privaten Rechts, die nach dem Recht eines Mitgliedstaats gegründet worden sind und ihren Sitz sowie ihre Hauptverwaltung in der Gemeinschaft haben, können eine Tochter-SE durch Zeichnung ihrer Aktien gründen, sofern mindestens zwei von ihnen**
a) dem Recht verschiedener Mitgliedstaaten unterliegen oder
b) seit mindestens zwei Jahren eine dem Recht eines anderen Mitgliedstaats unterliegende Tochtergesellschaft oder eine Zweigniederlassung in einem anderen Mitgliedstaat haben.

(4) **Eine Aktiengesellschaft, die nach dem Recht eines Mitgliedstaats gegründet worden ist und ihren Sitz sowie ihre Hauptverwaltung in der Gemeinschaft hat, kann in eine SE umgewandelt werden, wenn sie seit**

mindestens zwei Jahren eine dem Recht eines anderen Mitgliedstaats unterliegende Tochtergesellschaft hat.

(5) **Ein Mitgliedstaat kann vorsehen, dass sich eine Gesellschaft, die ihre Hauptverwaltung nicht in der Gemeinschaft hat, an der Gründung einer SE beteiligen kann, sofern sie nach dem Recht eines Mitgliedstaats gegründet wurde, ihren Sitz in diesem Mitgliedstaat hat und mit der Wirtschaft eines Mitgliedstaats in tatsächlicher und dauerhafter Verbindung steht.**

Schrifttum: *Merkt,* Europäische Aktiengesellschaft: Gesetzgebung als Selbstzweck, BB 1992, 652; *Hommelhoff,* Einige Bemerkungen zur Organisationsverfassung der Europäischen Aktiengesellschaft, AG 2001, 279; *Schulz/Geismar,* Die Europäische Aktiengesellschaft, DStR 2001, 1078; *Schwarz,* Zum Statut der Europäischen Aktiengesellschaft, ZIP 2001, 1847; *Hirte,* Die Europäische Aktiengesellschaft, NZG 2002, 1; *Wagner,* Die Bestimmung des auf die SE anwendbaren Rechts, NZG 2002, 985; *C. Teichmann,* Die Einführung der Europäischen Aktiengesellschaft, ZGR 2002, 383; *Thoma/Leuering,* Die Europäische Aktiengesellschaft – Societas Europaea, NJW 2002, 1449; *Neye/Teichmann,* Der Entwurf für das Ausführungsgesetz zur Europäischen Aktiengesellschaft, AG 2003, 169; *Oplustil/Schneider,* Zur Stellung der Europäischen Aktiengesellschaft im Umwandlungsrecht, NZG 2003, 13; *Ihrig/Wagner,* Das Gesetz zur Einführung der Europäischen Gesellschaft (SEEG) auf der Zielgeraden, BB 2004, 1749; *Hirte,* Die Europäische Aktiengesellschaft – ein Überblick nach Inkrafttreten der deutschen Ausführungsgesetze (Teil I), DStR 2005, 653; (Teil II) DStR 2005, 700; *Horn,* Die Europa-AG im Kontext des deutschen und europäischen Gesellschaftsrechts, DB 2005, 147; *Brandes,* Cross Border Merger mittels der SE, AG 2005, 177; *Seibt/Reinhard,* Umwandlung der Aktiengesellschaft in die Europäischen Gesellschaft (Societas Europaea), Der Konzern 2005, 407; *Oechsler,* Der praktische Weg zur Societas Europea (SE) – Gestaltungsspielraum und Typenzwang, NZG 2005, 697; *Lutter/Kollmorgen/Feldhaus,* Die Europäische Aktiengesellschaft – Satzungsgestaltung bei der „mittelständischen SE", BB 2005, 2473; *Casper,* Numerus Clausus und Mehrstaatlichkeit bei der SE-Gründung, AG 2007, 97; *Forst,* Die Beteiligung der Arbeitnehmer in der Vorrats-SE, NZG 2009, 687.

Übersicht

1. Allgemeines

1 Die Vorschrift bestimmt in den Abs 1–4 abschl die **Möglichkeiten** der **primären SE-Gründung.** Neben diesen vier Varianten kann eine SE nach Art 3 II nur als TochterGes von einer SE gegründet werden (sekundäre oder abgeleitete Gründung). Eine SE kann danach von AG durch Verschm (Abs 1), von AG und GmbH durch Gründung einer Holding-SE (Abs 2), durch Ges iSv Art 54 II AEUV (früher: Art 48 II EGV) und jur Personen des öffentl oder privaten Rechts durch Gründung einer gemeinsamen Tochter-SE (Abs 3) und schließl durch Umw einer AG in eine SE (Abs 4) entstehen. **Natürl Personen** können sich in keinem Fall unmittelbar an der Gründung einer SE beteiligen (*Schwarz* Rn 28; *Hommelhoff* AG 2001, 279, 280; MüKoAktG/*Oechsler* Art 2 Rn 1). Diese müssen also immer einen zur Gründung fähigen Rechtsträger zwischenschalten. Ferner können sie sich später durch den Erwerb von Aktien an der SE beteiligen. Entsprechendes gilt für Rechtsträger, die Rechtsordnungen außerhalb der EU unterliegen.

2 Neben den Gründungsvarianten legt die Vorschrift die – je nach Art der Gründung unterschiedl – Qualifikationen an die **Gründer** und die Anforderungen an den **Mehrstaatenbezug** fest.

3 **Abs 5** ermächtigt die nat Gesetzgeber zu einer nat Regelung, dass sich eine Ges, die ihre Verwaltung nicht in der Gemeinschaft hat, an der Gründung einer SE beteiligen kann.

2. Gründung durch Verschmelzung

4 **a) Anwendbare Rechtsvorschriften.** Abs 1 bestimmt, dass AG eine SE durch Verschm gründen können. Die weiteren Regelungen für die Gründung durch Verschm enthalten Art 15–16 (allg Vorschriften für alle Gründungsvarianten) und

Art 17–31 (bes Vorschriften für die Gründung durch Verschm). Ergänzend sind bei Beteiligungen von dt GründungsGes über Art 18 einzelne für AG geltende Vorschriften des UmwG (§§ 2–38 UmwG, §§ 60–77 UmwG) und über Art 15 einzelne für AG geltende Gründungsvorschriften (insbes §§ 23 ff AktG) anwendbar. Ferner sind §§ 1–4 und §§ 5–8 SEAG zu beachten.

5 **b) Gründer. aa) Aktiengesellschaften.** Nur AG können eine SE durch Verschm gründen. Welche Gesellschaftsformen in den Mitgliedstaaten AG sind, wird abschl im Anh 1 zur SE-VO aufgezählt. Die Anh I (und II) wurden durch Verordnung (EG) Nr 885/2004 des Rates vom 26.4.2004 (ABl Nr L 168, 1) und Verordnung (EG) Nr 1791/2006 des Rates vom 20.11.2006 (ABl Nr L 363, 1) um die jew Rechtsformbezeichnungen in den Beitrittsländern ergänzt. Für Deutschland ist es die „Aktiengesellschaft", nicht aber die KGaA (Lutter/Hommelhoff/*Bayer* SE-Komm Rn 8; *Seibt/Reinhard* Der Konzern 2005, 407, 409; aA MüKoAktG/*Oechsler* Rn 24). Ferner können immer bereits bestehende SE an einer Gründung durch Verschm beteiligt sein, da eine SE zu diesem Zweck als AG gilt (Art 3 I; Lutter/Hommelhoff/*Bayer* SE-Komm Rn 25). Die Vor-AG kann nicht Gründer sein (Lutter/Hommelhoff/*Bayer* SE-Komm Rn 9; *Schwarz* Rn 24; MüKoAktG/*Oechsler* Rn 24). Demgegenüber kann eine aufgelöste AG unter den Voraussetzungen von § 3 III UmwG (Art 18) als übertragende Ges an einer Verschm zur Gründung einer SE beteiligt sein (*Schwarz* Rn 52; MüKoAktG/*Oechsler* Rn 24). Zur Beteiligung weiterer Gründer neben AG vgl MüKoAktG/*Oechsler* Rn 24.

6 **bb) Gründung nach dem Recht eines Mitgliedstaats.** Weitere zwingende Voraussetzung ist, dass die an der Gründung durch Verschm beteiligten AG nach dem Recht eines Mitgliedstaates gegründet worden sind. Dies setzt die Registereintragung voraus (*Schwarz* Rn 35; zur Vor-AG Rn 5). Ges, die dem Typus nach einer AG vglbar sind, aber nach dem Recht eines Drittstaats gegründet worden sind, können daher selbst dann nicht beteiligt sein, wenn sie ihren (Verwaltungs-)Sitz in einem Mitgliedstaat haben. Ihnen bleibt nur der Weg, die Voraussetzungen der Beteiligtenfähigkeit über nach dem Recht von EU-Mitgliedstaaten gegründeten Tochter-AG zu schaffen. Anderes gilt, wenn eine bereits gegründete Ges nachträgl in eine AG eines Mitgliedstaats umgewandelt wurde (MüKoAktG/*Oechsler* Rn 25).

7 **cc) Sitz und Hauptverwaltung in der Gemeinschaft.** Die an der Gründung einer SE durch Verschm beteiligten AG müssen ferner ihren Sitz und ihre Hauptverwaltung in der Gemeinschaft haben. Neben den Mitgliedstaaten ist auch ein Sitz/eine Hauptverwaltung in den EWR-Staaten (Island, Liechtenstein und Norwegen) ausreichend, da die SE-VO auch in diesen Staaten gilt (Lutter/Hommelhoff SE/*Bayer* S 30; *Schwarz* Rn 41). Zur Ausnahme nach Abs 5 vgl Rn 46. Sitz idS ist der **statutarische Sitz,** denn der Verwaltungssitz ist durch den Begriff „Hauptverwaltung" ebenfalls erwähnt (Lutter/Hommelhoff/*Bayer* SE-Komm Rn 10; *Schwarz* Rn 38; Manz/Mayer/*Schröder* Rn 29; Lutter/Hommelhoff SE/*Bayer* S 30; *Thümmel* Rn 50; *Schwarz* ZIP 2001, 1847, 1850; MüKoAktG/*Oechsler* Rn 25). Der Begriff der **Hauptverwaltung** ist zwar grdsl europarechtl auszulegen, praktische Unterschiede zum im dt IPR gebräuchl Begriff des effektiven Verwaltungssitzes bestehen indes nicht (Manz/Mayer/*Schröder* Rn 29). Danach ist als Ort der Hauptverwaltung der Ort zu verstehen, wo die grundlegenden Entscheidungen der Unternehmensleistung effektiv in lfd Geschäftsführungsakte

umgesetzt werden (BGHZ 97, 269, 272; *Schwarz* Rn 39). Satzungssitz **und** Ort der Hauptverwaltung müssen **innerh der Gemeinschaft** liegen. Bedeutung hat dies für AG aus Staaten, die der Gründungstheorie folgen, da danach die Verlegung des Verwaltungssitzes auch in einen Drittstaat außerhalb der EU nicht zum Verlust der Rechtspersönlichkeit und zur Änderung des Personalstatuts führt (vgl hierzu näher § 1 UmwG Rn 35).

Keine Voraussetzung ist, dass der Satzungssitz und der Ort der Hauptverwaltung **im gleichen Mitgliedstaat** sind (Van Hulle/Maul/Drinhausen/*Teichmann* 4. Abschnitt § 2 Rn 28; Lutter/Hommelhoff/*Bayer* SE-Komm Rn 10; *Schwarz* Rn 40). Dies gilt zweifelsfrei für AG, die nach dem Recht eines Staates gegründet worden sind, der der Gründungstheorie folgt. Verlegt eine derartige AG ihren Verwaltungssitz in einen anderen EU-Mitgliedstaat, lässt dies aus der Sicht des Gründungsstaats das Personalstatut unberührt. Zugleich hat der andere Staat nicht nur die Rechtspersönlichkeit der EU-ausländischen AG, sondern auch deren durch die Gründung erworbenes Personalstatut anzuerkennen (EuGH NJW 2002, 3614 – Überseering). Nichts anderes gilt für eine dt AG, die ihren effektiven Verwaltungssitz in einen anderen EU-Mitgliedstaat verlegt. Dies hat der Gesetzgeber anlässl der Änderung von § 5 AktG durch das MoMiG (BGBl I 2008, 2026) klargestellt (BT-Drs 16/6140, 29). Zur Verlegung des Satzungssitzes vgl § 1 UmwG Rn 38 f. Demzufolge kann bspw eine nach dt Recht gegründete AG mit Verwaltungssitz in Deutschland gemeinsam mit einer britischen plc mit Verwaltungssitz in Deutschland eine SE gründen (vgl auch MüKoAktG/*Oechsler* SE-VO Rn 25; zum Mehrstaatenbezug vgl Rn 11 ff). 8

dd) Gemeinschaftsgebiet. Zu den Mitgliedsstaaten vgl Art 52 EU-Vertrag. Da die SE-VO auch innerh der EWR (Island, Liechtenstein, Norwegen) gilt (ABl Nr L 266, 69), sind diese Staaten sowohl in Bezug auf das Gründungsrecht als auch auf Satzungssitz/Hauptverwaltung gleichgestellt (Lutter/Hommelhoff/*Bayer* SE-Komm Rn 10; *Schwarz* Rn 40). 9

ee) Konzernverschmelzungen. Die die Verschm betreibenden AG müssen nicht voneinander unabhängig sein. Soweit die sonstigen Voraussetzungen erfüllt sind, insbes die AG/SE dem Recht verschiedener Mitgliedstaaten unterliegen (dazu Rn 11), können auch miteinander verbundene Unternehmen verschmolzen werden (Lutter/Hommelhoff/*Bayer* SE-Komm Rn 12; MüKoAktG/*Oechsler* Rn 13, 26; *Teichmann* ZGR 2002, 383, 412; aA *Hirte* NZG 2002, 1, 3). Die ausl TochterGes kann auch nur zu diesem Zweck gegründet werden (MüKoAktG/*Oechsler* Rn 13, 26). Hierdurch kann zwar im Erg die zweijährige Bestehensfrist nach Abs 4 (vgl Rn 45) umgangen werden (so *Hirte* NZG 2002, 1, 3), dennoch sind die vier Varianten nach Art 2 als gleichrangig anzusehen. Zum Preis der Auflösung der TochterGes muss der Mehrstaatenbezug eben nur kurz bestanden haben, zumal dieses Merkmal ohnehin bei den verschiedenen Gründungsvarianten unterschiedl stark ausgeprägt ist. IÜ zeigt Art 31, dass Konzernverschmelzungen nicht ausgeschlossen sind. 10

c) Mehrstaatenbezug. Jede der von Abs 1–4 vorgegebenen Gründungsvarianten enthält einen – allerd teilw unterschiedl ausgestalteten – Mehrstaatenbezug. Ein Grund hierfür könnte sein, dass die SE zur Flucht vor dem ggf strengeren nat Aktienrecht genutzt werden könnte, obwohl grenzüberschreitende Aktivitäten gar nicht vorhanden sind (*Merkt* BB 1992, 652, 655 f; Manz/Mayer/*Schröder* Rn 42; vgl auch *Hommelhoff* AG 2001, 279, 281). Ferner wird damit dem Subsidiaritätsge- 11 bot des Art 5 EU-Vertrags Rechnung getragen (*Hirte* NZG 2002, 1, 4; *ders* DStR 2005, 653, 655; Manz/Mayer/*Schröder* Rn 42; vgl auch *Hommelhoff* AG 2001, 279, 281). Bei der Gründung durch Verschm verlangt Abs 1, dass mindestens zwei der sich verschmelzenden AG dem **Recht verschiedener Mitgliedstaaten** unterliegen. Nach dem klaren Wortlaut ist es ausreichend, wenn bei mindestens zwei beteiligten AG unterschiedl Personalstatute bestehen. Demnach ist es unschädl, wenn bei einer Gründung durch mehr als zwei AG einzelne Gründer dem Recht desselben Mitgliedstaats unterliegen. Zur Verschm von voneinander abhängigen Ges vgl Rn 10.

12 **Welchem Recht** die beteiligten AG unterliegen, richtet sich nach dem **Ort ihrer Gründung,** nicht nach dem Ort des aktuellen Verwaltungssitzes. Soweit ein Gründungsstaat der Gründungstheorie folgt, tritt auch durch einen Wechsel des Verwaltungssitzes eine Änderung des Personalstatuts nicht ein. Dies ist bei der Verlegung des Verwaltungssitzes in einen anderen Mitgliedstaat auch von dem anderen Staat anzuerkennen (EuGH NJW 2002, 3614 – Überseering). Die (europäische) AG unterliegt damit unverändert dem Recht ihres Gründungsstaates (*Hirte* DStR 2005, 653, 654; *Ihrig/Wagner* BB 2004, 1749, 1750; vgl auch *Wagner* NZG 2002, 985, 986). Anderes kann bei der Verlegung des Verwaltungssitzes eines Rechtsträgers, der nach dem Rechts eines Mitgliedstaats, der die Sitztheorie anwendet, gegründet wurde, gelten (vgl näher § 1 UmwG Rn 40 ff). Für eine dt AG hat die Verlegung des Verwaltungssitzes indes keine Auswirkungen auf das Personalstatut (vgl Rn 8).

13 Infolgedessen ist in dem Beispiel Rn 8 (Verschm einer dt AG mit Satzungs- und Verwaltungssitz in Deutschland mit einer britischen plc mit Verwaltungssitz in Deutschland) auch der Mehrstaatenbezug gegeben, da die Ges den Rechtsordnungen verschiedener Mitgliedstaaten unterliegen.

14 Der Mehrstaatenbezug muss nur **während der Gründung,** also bis zur konstitutiven Eintragung der SE (Art 27 I) bestehen (Lutter/Hommelhoff SE/*Bayer* S 30; *Schwarz* Rn 48 f; *Thoma/Leuering* NJW 2002, 1449, 1451 Fn 34; *Hirte* NZG 2001, 1, 4; Manz/Mayer/*Schröder* Rn 39; MüKoAktG/*Oechsler* Rn 5). Eine Perpetuierung der Mehrstaatlichkeit kann weder aus Art 2 noch aus anderen Vorschriften der SE-VO abgeleitet werden. Dies wäre iÜ eine unangemessene Beschränkung der wirtschaftl Betätigungsfreiheit.

3. Gründung einer Holding-SE

15 **a) Anwendbare Rechtsvorschriften.** Eine weitere Gründungsvariante enthält Abs 2. Danach können AG und GmbH die Gründung einer gemeinsamen Holding-SE anstreben. Neben den allg Vorschriften für die Gründung (Art 15, 16) sind hierfür Art 32–34 zu beachten. Daneben gelten §§ 1–4 und §§ 9–11 SEAG für dt GründungsGes. Über Art 15 sind ergänzend die nat Gründungsvorschriften für AG (insbes §§ 23 ff AktG) anwendbar, wenn die Holding-SE ihren Sitz in Deutschland haben soll. Zum Verhältnis zu § 71a II AktG vgl MüKoAktG/*Oechsler* Rn 28.

16 **b) Gründer. aa) AG und GmbH.** Anders als bei der Gründung durch Verschm (Rn 5) können bei der Gründung einer Holding-SE neben AG auch GmbH beteiligt sein. Die erfassten Rechtsformen (AG und GmbH) der EU-Mitgliedstaaten ergeben sich abschl aus Anh 2 zur SE-VO (zur zwischenzeitl Erweiterung um die Ges der Beitrittsstaaten vgl Rn 5). Ebenso kann eine bereits **bestehende SE** beteiligt sein, da diese für Gründungszwecke als AG des Rechts

des Sitzmitgliedstaats gilt (Art 3 I; Lutter/Hommelhoff/*Bayer* SE-Komm Rn 25; Manz/Mayer/*Schröder* Rn 15).

bb) Gründung nach dem Recht eines Mitgliedstaats. Ebenso wie bei der Verschm müssen die die Gründung der Holding-SE anstrebenden Ges nach dem Recht eines Mitgliedstaats gegründet worden sein. Vgl hierzu Rn 6. **17**

cc) Sitz und Hauptverwaltung in der Gemeinschaft. Wie bei der Gründung durch Verschm müssen die Gründer zum Zeitpunkt der Gründung ihren Satzungssitz und ihre Hauptverwaltung in der Gemeinschaft, nicht aber im gleichen Mitgliedstaat, haben. Vgl hierzu Rn 7. **18**

dd) Gemeinschaftsgebiet. Vgl Rn 9. **19**

c) Mehrstaatenbezug. aa) Allgemeines. Sämtl Gründungsvarianten nach Abs 1–4 zeichnen sich dadurch aus, dass die Gründer einen – teilw unterschiedl ausgestalteten – Bezug zu mindestens zwei Mitgliedstaaten haben (vgl auch Rn 11). Für die Gründung einer Holding-SE bedeutet dies, dass entweder mindestens zwei Gründer dem **Recht verschiedener Mitgliedstaaten** unterliegen **oder** mindestens zwei Gründer seit mindestens zwei Jahren eine dem Recht eines anderen Mitgliedstaates unterliegende **TochterGes oder Zweigniederlassung** in einem anderen Mitgliedstaat haben müssen. Wenigstens eine dieser alternativen Anforderungen muss von mindestens **zwei Gründern** erfüllt werden (*Schwarz* Rn 46; *Hirte* NZG 2002, 1, 3; *Teichmann* ZGR 2002, 383, 411; Manz/Mayer/*Schröder* Rn 60; aA wohl *Hommelhoff* AG 2001, 279, 281 Fn 15). **20**

bb) Unterschiedliche Personalstatute. Ein ausreichender Mehrstaatenbezug für die Gründung einer Holding-SE ist gegeben, wenn mindestens zwei der Gründer dem Recht verschiedener Mitgliedstaaten unterliegen. Die Voraussetzungen entsprechen denen von Abs 1 (vgl Rn 11 ff). **21**

cc) Tochtergesellschaft. Der Mehrstaatenbezug besteht auch, wenn mindestens zwei Gründer seit mindestens zwei Jahren eine dem Recht eines anderen Mitgliedstaats unterliegende TochterGes oder eine Zweigniederlassung in einem anderen Mitgliedstaat haben. Der Begriff „TochterGes" ist in der SE-VO nicht def. Auch das SEAG enthält hierfür keine Festlegung. Er ist daher europarechtl autonom auszulegen. Zur Bestimmung der mögl **Rechtsformen** einer TochterGes bietet sich der Rückgriff auf Art 54 AEUV an (Widmann/Mayer/*Heckschen* Anh SE Rn 89). TochterGes in Deutschland einer GründungsGes können daher neben den HandelsGes (OHG, KG, auch KapGes & Co), KapGes (GmbH, AG, KGaA und SE), Gen und jur Personen, die einen Erwerbszweck verfolgen, sein. Auch eine GbR kann eine TochterGes sein, da sie nach dem heutigem Verständnis teilrechtsfähig ist (BGH NJW 2001, 1056; Lutter/Hommelhoff/*Bayer* SE-Komm Rn 19; MüKoAktG/*Oechsler* Rn 36). **22**

Hingegen begründet **nicht jede Beteiligung** eine TochterGes. Denn der Mehrstaatenbezug soll gewährleisten, dass die Gründer tats bereits in an deren Staaten unternehmerisch tätig sind (vgl Rn 11). Denkbar wäre die Heranziehung der Begriffsbestimmung nach Art 2 lit c der SE-RL, wonach TochterGes ein Unternehmen ist, auf das die betreffende Ges einen beherrschenden Einfluss iSd Art 3 II–VII der RL 94/45/EG (Europäische BetriebsratsRL) ausübt (so etwa Manz/Mayer/*Schröder* Rn 61; MüKoAktG/*Oechsler* Rn 31). Die Formulierung in Art 2 SE-RL, wonach die Begriffsbestimmungen „für Zwecke dieser Richtlinie" gelten, lässt zwar eine Einschränkung *nur* für Zwecke dieser RL nicht erkennen (so aber Lutter/Hom- **23** melhoff SE/*Bayer* S 31; Lutter/Hommelhoff/*Bayer* SE-Komm Rn 16). Indes ist die Begriffsbestimmung in Art 2 lit c SE-RL von dem sachl Zusammenhang mit dem Regelungsgegenstand der SE-RL geprägt. Der Mehrstaatenbezug stellt hingegen auf eine unternehmerische Betätigung in verschiedenen Mitgliedstaaten ab (vgl auch Erwägungsgrund Nr 1). Eine der MutterGes zurechenbare unternehmerische Betätigung der TochterGes liegt auf jeden Fall bei einem Konzernverhältnis vor. Sachnäher ist daher eine Heranziehung der Begriffsbestimmung nach Art 1 (und Art 2) der Bilanz-RL (7. RL 83/349/EWG vom 13.6.1983, ABl EG Nr L 193, 1; so auch Lutter/Hommelhoff/*Bayer* SE-Komm Rn 16).

24 **TochterGes sind** danach Unternehmen, bei denen ein Mutterunternehmen

- die Mehrheit der Stimmrechte hat, oder
- das Recht hat, die Mehrheit der Mitglieder des Verwaltungs-, Leitungs- oder Aufsichtsorgans zu bestellen oder abzuberufen und gleichzeitig Gesellschafter dieses Unternehmens ist, oder
- das Recht hat, einen beherrschenden Einfluss aufgrund eines mit diesem Unternehmen geschlossenen Vertrags oder aufgrund einer Satzungsbestimmung dieses Unternehmens auszuüben oder allein durch die Ausübung seiner Stimmrechte die Mehrheit der Mitglieder des Verwaltungs-, Leitungs- oder Aufsichtsorgans des Tochterunternehmens bestellt worden sind, oder
- aufgrund einer Vereinbarung mit anderen Aktionären oder Gesellschaftern dieses Unternehmens allein über die Mehrheit der Stimmrechte der Aktionäre oder Gesellschafter dieses Unternehmens (Tochterunternehmens) verfügt.

Hierbei sind auch **indirekte Kontrollrechtsstellungen** zu berücksichtigen. Maßgebl ist also grdsl, ob durch die Stimmrechte oder auf andere Weise **beherrschender Einfluss** – ggf vermittelt durch Dritte – ausgeübt werden kann.

25 **dd) Zweigniederlassung.** Der Mehrstaatenbezug kann auch durch eine Zweigniederlassung hergestellt sein. Dieser Begriff ist europarechtl nicht def, sondern wird etwa auch von der 11. RL 89/666 EWG vom 21.12.1989 (ABl Nr L 395, 36) vorausgesetzt. Nach nat Verständnis, auf das zurückgegriffen werden kann (Manz/Mayer/*Schröder* Rn 62), ist Zweigniederlassung eine räuml von der Hauptniederlassung getrennte Einrichtung, die dauerhaft und mit einer gewissen Selbstständigkeit mittels der dafür erforderl Organisation eigene Geschäfte schließt (vgl Baumbach/*Hopt* HGB § 13 Rn 3). Allerd ist nach der Rspr des EuGH (NJW 2003, 3331 – Inspire Art) bereits eine Zweigniederlassung ausreichend, in der praktisch sämtl Geschäfte der Ges ausgeübt werden, während die „Hauptniederlassung" nur der Aufrechterhaltung des Satzungssitzes dient (Widmann/Mayer/*Heckschen* Anh SE Rn 82). Denn grdsl sind die Gründe, aus denen die Ges in dem anderen Mitgliedstaat errichtet wurde, sowie der Umstand, dass sie ihre Tätigkeit ausschließl oder nahezu ausschließl im Mitgliedstaat der Niederlassung ausübt, unbeachtl (EuGH NJW 2003, 3331 – Inspire Art).

26 **ee) Zwei-Jahres-Zeitraum.** Jede TochterGes oder Zweigniederlassung muss seit mindestens **zwei Jahren** bestehen. Damit soll verhindert werden, dass nur zum Zweck der Gründung einer Holding-SE TochterGes oder Zweigniederlassungen gegründet/errichtet werden (*Hommelhoff* AG 2001, 279, 281; *Schwarz* Rn 75). Nicht unproblematisch ist die Fristberechnung. Für den **Fristbeginn** einer Zweigniederlassung in Deutschland kommt es nicht auf die Eintragung im zuständigen Register an (so aber Manz/Mayer/*Schröder* Rn 64), da diese immer nur deklaratorische Bedeutung hat (Baumbach/*Hopt* HGB § 13 Rn 10). Maßgebl ist der Zeitpunkt des tats Entstehens der Zweigniederlassung durch Aufnahme des Geschäftsbetriebs (ebenso Wid-

mann/Mayer/*Heckschen* Rn 84). Der Zeitpunkt des Entstehens einer **TochterGes** richtet sich nach den jew nat Vorschriften. Soweit eine Registereintragung nicht nur deklaratorisch ist, ist diese maßgebl. Die Zwei-Jahres-Frist muss spätestens zum Zeitpunkt der Anmeldung der Eintragung der SE erfüllt sein (Lutter/Hommelhoff SE/*Bayer* S 32; Lutter/Hommelhoff/*Bayer* SE-Komm Rn 18; *Schwarz* Rn 76; Manz/Mayer/*Schröder* Rn 64; MüKoAktG/*Oechsler* Rn 34).

Nach dem klaren Wortlaut müssen die Gründer **selbst** die TochterGes oder Zweigniederlassung **seit** mindestens **zwei Jahren** haben. Beim **Erwerb** einer schon zuvor bestehenden TochterGes/Zweigniederlassung beginnt die Frist erst mit diesem (Widmann/Mayer/*Heckschen* Anh SE Rn 87). Die Zwei-Jahres-Frist bezieht sich jedoch nur auf das Bestehen der TochterGes/Zweigniederlassung, nicht auf die Gesellschaftsform sowohl der TochterGes als auch der Gründer. TochterGes oder Zweigniederlassung müssen während der zwei Jahre dem Gründer zugeordnet werden können („haben"; MüKoAktG/*Oechsler* Rn 34; *Schwarz* Rn 74). Die Gründer können auch innerh des Zwei-Jahres-Zeitraums in eine AG/GmbH umgewandelt worden sein. 27

ff) Tochtergesellschaft/Zweigniederlassung in einem anderen Mitgliedstaat. Der Mehrstaatenbezug setzt voraus, dass mindestens zwei Gründer seit mindestens zwei Jahren eine dem Recht eines anderen Mitgliedstaats unterliegende TochterGes oder eine Zweigniederlassung in einem anderen Mitgliedstaat haben. Nach dem klaren Wortlaut genügt es nicht, wenn nur ein Gründer diesen Mehrstaatenbezug erfüllt, vielmehr müssen mindestens zwei Gründer eine TochterGes oder Zweigniederlassung in einem anderen Mitgliedstaat haben (*Schwarz* Rn 44; Manz/Mayer/*Schröder* Rn 60; aA wohl *Hommelhoff* AG 2001, 279, 281 Fn 15; zur Frage derselben TochterGes MüKoAktG/*Oechsler* Rn 33). Ausreichend ist es, wenn ein Gründer eine TochterGes und der andere Gründer eine Zweigniederlassung hat. Das Erfordernis des anderen Mitgliedstaats bezieht sich immer nur auf die jew MutterGes/TochterGes bzw Hauptniederlassung/Zweigniederlassung. Unschädl ist es, wenn die TochterGes/Zweigniederlassung in einem Mitgliedstaat besteht, in dem ein anderer Gründer seinen Satzungssitz/seine Hauptniederlassung hat oder die TochterGes/Zweigniederlassung der Gründer aus verschiedenen Mitgliedstaaten im selben Mitgliedstaat angesiedelt sind. Ausreichend ist es ferner, wenn mindestens zwei Gründer ihren Sitz im selben Mitgliedstaat haben und sie jew TochterGes oder Zweigniederlassung in einem anderen (aber beide durchaus in demselben anderen) Mitgliedstaat haben (grdsl ebenso *Horn* DB 2005, 147, 148). Sofern mindestens zwei Gründer die Voraussetzungen erfüllen, können weitere AG/GmbH an der Gründung der Holding-SE beteiligt sein, auch wenn sie selbst keinen Mehrstaatenbezug haben. 28

4. Gründung einer Tochter-SE

a) Anwendbare Rechtsvorschriften. Abs 3 behandelt den Fall der Gründung einer Tochter-SE. Weitere Vorschriften hierfür enthalten Art 15, 16 als allg Vorschriften für die Gründung einer SE und Art 35, 36 SE-VO. Das SEAG enthält neben den allg Vorschriften in §§ 1–4 SEAG für die Gründung einer Tochter-SE keine besonderen Regelungen. Soweit die Tochter-SE dem dt Personalstatut unterliegt, gelten über Art 15 ergänzend die für dt AG zu beachtenden Gründungsvorschriften (insbes §§ 23 ff AktG). 29

30 **b) Gründer. aa) Rechtsformen der Gründer.** Anders als bei der Gründung durch Verschm oder der Gründung einer Holding-SE kann an der Gründung einer Tochter-SE ein größerer Kreis von Rechtsträgern beteiligt sein. Dies sind zunächst **Ges iSv Art 54 AEUV (früher: Art 48 II EGV),** also die Ges des bürgerlichen Rechts und die HandelsGes einschl der eG. Aus dt Sicht kommen als Gründer damit GbR (vgl Rn 22), PhG (OHG, KG), PartGes und neben eG und eV sämtl KapGes (GmbH, AG, KGaA, SE) in Betracht (Lutter/Hommelhoff/*Bayer* SE-Komm Art 2 Rn 19; MüKoAktG/*Oechsler* Rn 36). Die Ges müssen einen Erwerbszweck verfolgen (Manz/Mayer/*Schröder* Rn 20; Lutter/Hommelhoff/*Bayer* SE-Komm Art 2 Rn 19; *Schwarz* Rn 85; MüKoAktG/*Oechsler* Rn 36). Gewinnerzielungsabsicht muss aber nicht der Hauptzweck sein (*Schwarz* Rn 85).

31 **bb) Mindestens zwei Gründer.** Abs 3 gestattet nur die Gründung einer gemeinsamen Tochter-SE durch mindestens zwei Gründer. Die Gründung einer 100%igen Tochter-SE steht nur einer bereits bestehenden SE offen (Art 3 II; vgl dort).

32 **cc) Gründung nach dem Recht eines Mitgliedstaats.** Wie bei allen von Art 2 umfassten Gründungsformen müssen die Gründer nach dem Recht eines Mitgliedstaats gegründet worden sein (vgl hierzu Rn 6).

33 **dd) Sitz und Hauptverwaltung in der Gemeinschaft.** Wie bei allen Gründungsformen nach Abs 1–4 müssen die Gründer ihren Satzungssitz und ihre Hauptverwaltung in der Gemeinschaft haben. Zu den Anforderungen vgl Rn 7 f.

34 **c) Mehrstaatenbezug.** Alle Gründungsvarianten nach Abs 1–4 setzen einen, teilw unterschiedl ausgestalteten Mehrstaatenbezug voraus (vgl Rn 11). Die Gründung einer Tochter-SE kann nur erfolgen, wenn mindestens zwei der Gründer dem Recht verschiedener Mitgliedstaaten unterliegen oder mindestens zwei der Gründer seit mindestens zwei Jahren eine dem Recht eines anderen Mitgliedstaats unterliegende TochterGes oder Zweigniederlassung haben. Die Anforderungen entsprechen denjenigen nach Abs 2 (vgl Rn 20 ff).

35 **d) Gründung durch Zeichnung ihrer Aktien.** Nach Abs 3 kann die Gründung der Tochter-SE durch Zeichnung ihrer Aktien erfolgen. Soweit die Tochter-SE unter dem dt Personalstatut gegründet wird, kann dies sowohl eine Bar- als auch eine Sachgründung sein (*Teichmann* ZGR 2003, 367, 395 f; *Kalss* ZGR 2003, 593, 615). Die Gründung einer Tochter-SE mittels **Ausgliederung** nach § 123 III Nr 2 UmwG ist nicht mögl (*Hirte* NZG 2002, 1, 4). Unabhängig davon, ob die Ausgliederung dem Erfordernis der „Zeichnung" der Aktien genügen würde, können Ausgliederungen mit Beteiligung von mehr als einem übertragenden Rechtsträger nicht durchgeführt werden (vgl § 123 UmwG Rn 18 ff). Zur Gründung durch eine SE mittels Ausgliederung vgl Art 3 Rn 7.

5. Umwandlung einer Aktiengesellschaft

36 **a) Anwendbare Rechtsvorschriften.** Abs 4 bestimmt die vierte Variante für die Gründung einer SE. Eine AG kann unmittelbar in eine SE umgewandelt werden. Es handelt sich um einen identitätswahrenden Formwechsel. Eine Sitzverlegung kann mit der Umw nicht verbunden werden (Art 37 Rn 3). Neben Art 15, 16 (allg Vorschriften für die Gründung einer SE) enthält nur Art 37 weitere Bestimmungen. Bes Vorschriften im SEAG bestehen nicht. Vgl die Komm zu Art 37.

b) Gründer. aa) Aktiengesellschaften. Nur AG können unmittelbar in eine SE umgewandelt werden. Anders als Abs 1 und 2 erfolgt keine Bezugnahme auf Anh I bzw Anh II der SE-VO. Dies ist grdsl auch überflüssig, da die AG nach dem Recht eines Mitgliedstaates gegründet sein muss (Rn 43). Aus der fehlenden Bezugnahme auf Anh I oder II kann trotz der teilw Anwendung des AktG (§ 278 III AktG) nicht abgeleitet werden, dass eine **KGaA** in eine SE umgewandelt werden kann (Lutter/Hommelhoff/*Bayer* SE-Komm Rn 21; aA MüKoAktG/*Oechsler* Rn 43). 37

bb) Gründung nach dem Recht eines Mitgliedstaats. Die Anforderungen entsprechen denjenigen von Abs 1–3. Vgl hierzu Rn 6. 38

cc) Sitz und Hauptverwaltung in der Gemeinschaft. Die AG, die in eine SE umgewandelt werden soll, muss sowohl ihren Satzungssitz als auch die Hauptverwaltung in der Gemeinschaft haben. Dies entspricht den Anforderungen in Abs 1–3. Vgl Rn 7. 39

c) Mehrstaatenbezug. Voraussetzung für die Umw einer AG in eine SE ist, dass sie seit mindestens **zwei Jahren** eine dem Recht eines anderen Mitgliedstaats unterliegende **TochterGes** hat. Vgl hierzu Rn 22 ff. Eine **Zweigniederlassung** (vgl indes Abs 2 lit b) genügt **nicht** (*Hirte* NZG 2002, 1, 3; *Schwarz* ZIP 2001, 1847, 1850). 40

6. Beteiligung von Gesellschaften ohne Hauptverwaltung in der Gemeinschaft

Abs 5 ermächtigt die Mitgliedstaaten vorzusehen, dass sich Ges, die nach dem Recht eines Mitgliedstaats gegründet wurden, aber ihre Hauptverwaltung nicht in der Gemeinschaft haben, an der Gründung einer SE beteiligen. Voraussetzungen sind der unveränderte Satzungssitz in dem Gründungsstaat und eine tats und dauerhafte Verbindung mit der Wirtschaft eines Mitgliedstaats. Besteht eine derartige nat Regelung, haben dies die Rechtsordnungen aller Mitgliedstaaten, deren Rechtsträger an einer Gründung beteiligt sind, anzuerkennen. Hintergrund ist, dass einige Mitgliedstaaten der Gründungstheorie folgen, demzufolge führt die Verlegung des Hauptsitzes außerhalb des Gebiets der Gemeinschaft weder zum Verlust der Rechtspersönlichkeit noch zu einer Änderung des Personalstatuts. **Deutschland** hat – wohl auf der Grundlage der Sitztheorie (vgl *Neye/Teichmann* AG 2003, 169, 171) – von der Ermächtigung keinen Gebrauch gemacht. Im Ergebnis kann dies zu einem Standortnachteil für Deutschland führen, da außereuropäische Konzerne ggf Staaten bevorzugen werden, die der Gründungstheorie folgen und die Ermächtigung nutzen (etwa GB; vgl demggü aber *Neye/Teichmann* AG 2003, 169, 171: dt Unternehmen könnten eine Regelung als Benachteiligung empfinden, da ihnen die Ansiedlung von Sitz und Verwaltung in verschiedenen Staaten nicht eröffnet sei). Nach der zwischenzeitl Zulässigkeit einer ausl Hauptverwaltung für dt AG/GmbH (vgl Rn 8) sollte dies geändert werden (vgl auch MüKoAktG/*Oechsler* Rn 55). 41

Art. 3 [Gründung Tochtergesellschaft]

(1) **Die SE gilt als Aktiengesellschaft, die zum Zwecke der Anwendung des Artikels 2 Absätze 1, 2 und 3 dem Recht des Sitzmitgliedstaats unterliegt.**

(2) [1]**Eine SE kann selbst eine oder mehrere Tochtergesellschaften in Form einer SE gründen.** [2]**Bestimmungen des Sitzmitgliedstaats der Tochter-SE, gemäß denen eine Aktiengesellschaft mehr als einen Aktionär haben muss, gelten nicht für die Tochter-SE.** [3]**Die einzelstaatlichen Bestimmungen, die aufgrund der Zwölften Richtlinie 89/667/EWG des Rates vom 21. Dezember 1989 auf dem Gebiet des Gesellschaftsrechts betreffend Gesellschaften mit beschränkter Haftung mit einem einzigen Gesellschafter angenommen wurden, gelten sinngemäß für die SE.**

Schrifttum: Siehe zunächst Schrifttum zu Vorb SE-VO und zu Art 2; *Wagner,* Die Bestimmung des auf die SE anwendbaren Rechts, NZG 2002, 985; *Casper,* Numerus Clausus und Mehrstaatlichkeit bei der SE-Gründung, AG 2007, 97.

1. Allgemeines

1 Abs 1 stellt klar, dass eine bestehende SE an primären Gründungen nach Art 2 I–III beteiligt sein kann und hierbei als AG des Sitzstaates gilt. Abs 2 schafft neben den primären Gründungsmöglichkeiten einer SE nach Art 2 I–IV eine weitere, sekundäre oder abgeleitete Form der SE-Gründung. Danach kann eine bereits bestehende SE selbst eine oder mehrere 100%ige TochterGes in der Form einer SE gründen. Nur eine SE kann **alleine** eine TochterGes in der Rechtsform der SE gründen, während Ges anderer Rechtsform ledigl gemeinsam (mindestens zwei Gründer) eine SE gründen können (Art 2 III; dort Rn 36).

2. SE als Aktiengesellschaft, Abs 1

2 Nach Abs 1 gilt die SE als AG, die zum Zwecke der Anwendung des Art 2 I–III dem Recht des Sitzmitgliedstaats unterliegt. Eine SE kann daher zusammen mit einer AG oder einer anderen SE als aufnehmender oder übertragender Rechtsträger an einer Verschm zur Aufnahme beteiligt sein oder zu einer neuen SE verschmolzen werden (Art 2 I), mit einer AG, einer anderen SE oder einer GmbH eine gemeinsame Holding-SE gründen (Art 2 II) oder mit einer anderen Ges iSv Art 2 III eine gemeinsame Tochter-SE gründen. Weitere Besonderheiten bei der Beteiligung einer SE bestehen nicht. Insbes müssen sämtl sonstigen Voraussetzungen der Art 2 I–III erfüllt sein. Auch die SE ist nicht von den Erfordernissen des Mehrstaatenbezugs befreit (Widmann/Mayer/*Heckschen* Anh SE Rn 522; Manz/Mayer/*Schröder* Rn 3 ff; MüKoAktG/*Oechsler* Rn 1; aA *Schwarz* Rn 10; Lutter/Hommelhoff/*Bayer* SE-Komm Rn 4; vgl aber Rn 4). Abs 1 stellt dies klar, indem die SE als AG, die dem Recht des Sitzmitgliedstaats unterliegt, gilt. Auch bei der Anwendung der sonstigen Regelungen der SE-VO und der jew nat Vorschriften ist die an den Gründungsmaßnahmen nach Art 2 I–III beteiligte SE als AG zu behandeln (*Wagner* NZG 2002, 985, 990; vgl auch Manz/Mayer/*Schröder* Rn 7).

3 Daneben kann eine der dt Rechtsordnung unterliegende SE wie eine AG (Art 10) als übernehmender und übertragender Rechtsträger bzw als formwechselnder Rechtsträger an Umw nach dem **UmwG** beteiligt sein, soweit diese Umw nicht die Gründung einer SE zum Gegenstand haben, da die Gründungsformen abschl in der SE-VO geregelt sind. Vgl hierzu § 124 UmwG Rn 10 ff, 31 ff und § 191 UmwG Rn 13.

3. Abgeleitete Gründung einer Tochter-SE

a) Allgemeines. Die Besonderheit der Gründung einer Tochter-SE durch eine SE besteht darin, dass nur **ein Gründer,** die SE, beteiligt ist. Ferner **fehlt** bei dieser Gründungsvariante der **Mehrstaatenbezug** (*Schwarz* Rn 21; Manz/Mayer/*Schröder* Rn 17). Weder muss die SE den zu ihrer eigenen Gründung vorausgesetzten Mehrstaatenbezug beibehalten haben (vgl dazu auch Art 2 Rn 14), noch muss die TochterGes im Verhältnis zur die Gründung der SE durchführenden Mutter-SE einen Mehrstaatenbezug aufweisen. Die TochterGes kann daher ihren Sitz auch in dem Mitgliedstaat haben, in dem die gründende SE ihren Sitz hat. 4

b) Gründer. Ausschließl SE können alleine eine TochterGes in der Form einer SE gründen. Anderen Rechtsformen steht nur die Möglichkeit der Gründung einer gemeinsamen TochterGes nach Art 2 III zur Vfg. Dies setzt mindestens zwei Gründer und einen Mehrstaatenbezug voraus (vgl näher Art 2 Rn 34 ff). Damit ist auch festgelegt, dass die gründende SE immer zunächst 100%ige Anteilsinhaberin der Tochter-SE werden muss. Die Möglichkeit späterer Anteilsveränderungen bleibt hiervon unberührt. 5

4. Sitz/Personalstatut der Tochtergesellschaft

Abs 2 verlangt im Ggs zu Art 2 I–IV keinen Mehrstaatenbezug (Rn 4). Voraussetzung für die Gründung einer SE-TochterGes durch eine SE ist auch nicht, dass die TochterGes ihren Sitz und ihre Hauptverwaltung in einem anderen Mitgliedstaat haben muss. Sitz und Hauptverwaltung (vgl Art 7) können aber in einem anderen Mitgliedstaat sein. 6

5. Gründungsverfahren

Abs 1 S 1 spricht nur von der Gründung, ohne nähere Anforderungen hierfür aufzustellen. Maßgebl ist damit neben Art 15, 16 das jew nat Gründungsrecht für AG desjenigen Mitgliedstaats, in dem die Tochter-SE ihren statutarischen Sitz haben soll (Art 15 I; *Schwarz* Rn 26; MüKoAktG/*Oechsler* Rn 5; aA Lutter/Hommelhoff/*Bayer* SE-Komm Rn 11: Trennung der Sphäre Mutter-SE und Tochter-SE). Für eine Gründung in Deutschland gelten daher die §§ 23 ff AktG (MüKoAktG/*Oechsler* Rn 5). Es kann eine Bar- wie auch eine Sachgründung erfolgen. Mögl ist auch eine Gründung durch Ausgliederung durch Neugründung einer SE nach §§ 123 ff UmwG (Lutter/Hommelhoff/*Bayer* SE-Komm Rn 16; *Schwarz* Rn 29; *Casper* AG 2007, 97, 104; MüKoAktG/*Oechsler* Rn 6; vgl auch § 124 UmwG Rn 35), da bei dieser Spaltungsform die Anteile an neu gegründeten Rechtsträgern dem übertragenden Rechtsträger selbst gewährt werden (§ 123 III 2 UmwG), wenn sowohl die Mutter-SE wie auch die Tochter-SE ihren Sitz im Inland haben (sollen). Auf- und Abspaltung zur Gründung einer SE – auch durch eine SE – sind hingegen wegen des numerus clausus der Gründungsarten nicht mögl (*Casper* AG 2007, 97, 104; aA MüKoAktG/*Oechsler* Rn 6; vgl auch § 124 UmwG Rn 13). 7

Soweit in einem Mitgliedstaat eine AG bei der Gründung **mehr als einen Aktionär** haben muss, gilt das nicht für eine Tochter-SE (Abs 2 S 2). In Deutschland ist ohnehin die Einmanngründung einer AG zulässig (§ 2 AktG). Hierfür gelten die einzelstaatl Bestimmungen, die aufgrund der 12. RL 99/667/EWG vom 21.12.1989 getroffen worden sind, sinngemäß für die SE (Abs 2 S 3). Danach 8 ist der Umstand, dass die Ges einen Gesellschafter hat, und dessen Identität in der Akte zu hinterlegen oder im Register zu vermerken. Die Befugnisse der Gesellschafterversammlung übt der Alleingesellschafter aus; die Beschlüsse sind schriftl oder in Niederschrift zu erfassen und Verträge zwischen der Ges und dem Alleingesellschafter mit Ausnahme lfd Gesellschafter müssen ebenfalls schriftl oder in Niederschrift erfasst werden (Art 3–5 der 12. RL). Nach Art 7 der 12. RL musste in Deutschland auch eine Umsetzung für AG erfolgen, da Deutschland mit dem Gesetz für kleine AG und zur Deregulierung des Aktienrechts vom 2.8.1994 (BGBl I 1961) die Gründung einer AG durch eine Person zugelassen hat. Außer der Regelung in § 42 AktG bedurfte es keiner Umsetzungshandlungen, da bereits § 118 und § 130 I AktG die Anforderungen der RL erfüllten. Verträge des Aktionärs mit der von ihm vertretenen Ges können nach § 112 AktG nicht vorkommen.

Titel II. Gründung

Abschnitt 1. Allgemeines

Art. 15 [Anwendung nationaler Gründungsvorschriften]

(1) **Vorbehaltlich der Bestimmungen dieser Verordnung findet auf die Gründung einer SE das für Aktiengesellschaften geltende Recht des Staates Anwendung, in dem die SE ihren Sitz begründet.**

(2) **Die Eintragung einer SE wird gemäß Artikel 13 offen gelegt.**

Schrifttum: *C. Teichmann,* Die Einführung der Europäischen Aktiengesellschaft, ZGR 2002, 383; *Hirte,* Die Europäische Aktiengesellschaft, NZG 2002, 1; *Wagner,* Die Bestimmung des auf die SE anwendbaren Rechts, NZG 2002, 985; *Neye/Teichmann,* Der Entwurf für das Ausführungsgesetz zur Europäischen Aktiengesellschaft, AG 2003, 169.

1. Anwendung der Gründungsvorschriften, Abs 1

1 Nach Abs 1 gilt neben den Bestimmungen der SE-VO für die Gründung einer SE das für AG geltende Recht des Staates, in dem die SE ihren Sitz begründet. Dies ist von den Verweisungen nach Art 9, 18 abzugrenzen. **Art 15** gilt zunächst für **alle Gründungen.** Aber auch bei Verschm sind beide Verweisungen (Art 15 und 18) nebeneinander anzuwenden (*Teichmann* ZGR 2002, 383, 416 f). **Art 18** erfasst das Verschmelzungsverfahren, also die Vorschriften, die die beteiligten Ges zur Durchführung der Verschm beachten müssen. Art 15 bewirkt, dass zusätzl die nat Gründungsvorschriften anwendbar sind, weil die Verschm im Erg zur Gründung der SE führt. Bei einem Sitz in Deutschland sind bei einer Verschm durch Neugründung daher auch die aktienrechtl Gründungsvorschriften anwendbar. Dies entspricht der Rechtslage nach dem nat Verschmelzungsrecht (§ 36 II UmwG; vgl daher § 36 UmwG Rn 17 ff). **Art 9** enthält schließl für bestehende SE eine allg Verweisung auf nat Vorschriften.

2. Offenlegung der SE-Eintragung, Abs 2

2 Die von Abs 2 geforderte Offenlegung der Eintragung der SE nach Art 13 hat nur deklaratorische Bedeutung. Denn nach Art 16 I erwirbt die SE die Rechtsper-

sönlichkeit am Tag ihrer Eintragung in das in Art 12 genannte Register; zu diesem Zeitpunkt entsteht die SE. Die von Abs 2 geforderte Offenlegung der Eintragung der SE verpflichtet die Registergerichte (*Schwarz* Rn 26). Neben der Offenlegung der Eintragung nach Art 13 erfolgt nach **Art 14 I** eine Bekanntmachung der Eintragung einer SE zu Informationszwecken im Amtsblatt der Europ Gemeinschaft.

Abschnitt 2. Gründung einer SE durch Verschmelzung

Vorbemerkungen zu Art 17–31

1. Regelungsgegenstand und anwendbare Rechtsvorschriften

Art 17–31 enthalten spezielle Vorschriften für die Gründung einer SE durch Verschm, die erste von Art 2 ermögl Form einer SE-Gründung. Diese gelten unmittelbar für alle an der Gründung beteiligten AG/SE, unabhängig von ihrem Sitz. Neben diesen Vorschriften, Art 15, 16 (Vorschriften für alle Gründungsformen) und Art 2 (Anforderungen an die Gründer) sind über Art 18 auch die jew nat Verschmelzungsvorschriften auf die einzelnen Gründer anwendbar, wenn ein Bereich von der SE-VO nicht oder nicht abschl geregelt ist. 1

IÜ sind aufgrund einzelner Ermächtigungen geschaffene nat Rechtsvorschriften, die speziell die Verschm nach der SE-VO betreffen, zu beachten. In Deutschland sind dies neben §§ 1–4 SEAG die §§ 5–8 SEAG. Schließl gilt in Deutschland das SEBG als nat AusführungsG zur SE-RL. Für die Anwendung der nat Vorschriften ist das Personalstatut des jew Gründers maßgebend (vgl auch Art 2 Rn 8). Schließl gelten über Art 15 I die jew aktienrechtl Gründungsvorschriften des Sitzstaates der SE. 2

2. Ablauf einer Verschmelzung

Für die Gründung einer SE durch Verschm müssen unter Berücksichtigung dt Vorschriften ua folgende Schritte durchgeführt werden: 3

- Die Leitungs- oder Verwaltungsorgane der beteiligten AG/SE müssen einen gleichlautenden **Verschmelzungsplan** aufstellen (Art 20).
- Die Leitungs- oder Verwaltungsorgane der beteiligten AG/SE haben regelm einen – ggf gemeinsamen – **Verschmelzungsbericht** zu erstellen (Art 18 Rn 4 ff).
- Die gleichlautenden Verschmelzungspläne sind von einem oder mehreren **Verschmelzungsprüfer(n)** zu prüfen (Art 22).
- Die Verschmelzungspläne sind beim HR zu hinterlegen; dies und andere Angaben zur Verschm sind **bekannt zu machen** (Art 21).
- Die **ArbN-Vertretungen** sind zu informieren und zur Bildung des besonderen Verhandlungsgremiums aufzufordern (§ 4 SEBG).
- Die Hauptversammlung, die über den Verschmelzungsplan zu beschließen hat, ist einzuberufen und vorzubereiten (Art 23 Rn 2 ff).
- Die **Hauptversammlung** muss dem Verschmelzungsplan zustimmen (Art 23 Rn 6 f).
- Gläubigern ist ggf Sicherheit zu leisten (Art 24 Rn 2 ff).
- Mit dem besonderen Verhandlungsgremium ist ggf eine Vereinbarung über die Beteiligung der ArbN zu schließen.

– Die Leitungs- oder Verwaltungsorgane der beteiligten AG/SE haben die Verschm bei den jew Registern **anzumelden** (Art 25 Rn 3 ff). Ggf ist auch die durch die Verschm neu entstehende SE anzumelden (Art 25 Rn 8 f).
– Die beteiligten **Register prüfen** die Rechtmäßigkeit der Verschm und der Gründung der SE in einem zweistufigen Verfahren (vgl Art 25, 26).
– Mit Eintragung der SE treten die **Wirkungen der Verschm** ein (Art 27; zu den Wirkungen vgl Art 29).
– Ggf ist ein **Spruchverfahren** durchzuführen (vgl Art 24 Rn 12 ff).

Art. 17 [Arten der Verschmelzung]

(1) **Eine SE kann gemäß Artikel 2 Absatz 1 durch Verschmelzung gegründet werden.**

(2) [1] **Die Verschmelzung erfolgt**

a) entweder nach dem Verfahren der Verschmelzung durch Aufnahme gemäß Artikel 3 Absatz 1 der Richtlinie 78/855/EWG

b) oder nach dem Verfahren der Verschmelzung durch Gründung einer neuen Gesellschaft gemäß Artikel 4 Absatz 1 der genannten Richtlinie.

[2] **Im Falle einer Verschmelzung durch Aufnahme nimmt die aufnehmende Gesellschaft bei der Verschmelzung die Form einer SE an.** [3] **Im Falle einer Verschmelzung durch Gründung einer neuen Gesellschaft ist die neue Gesellschaft eine SE.**

Schrifttum: *Oechsler,* Der praktische Weg zur Societas Europea (SE) – Gestaltungsspielraum und Typenzwang, NZG 2005, 697; *Lutter/Kollmorgen/Feldhaus,* Die Europäische Aktiengesellschaft – Satzungsgestaltung bei der „mittelständischen SE", BB 2005, 2473; siehe iÜ Schrifttum zu Art 2.

1. Allgemeines

1 Abs 1 hat keinen eigenen materiellen Regelungsgehalt. Bereits Art 2 I bestimmt, dass eine SE durch Verschm gegründet werden kann. Zudem stellt Art 2 I weitere Anforderungen an die Gründer und an den sog Mehrstaatenbezug (vgl näher Art 2 Rn 4 ff). Abs 2 gibt vor, dass die Gründung durch Verschm sowohl in einem Verfahren der Verschm durch Aufnahme als auch in einem Verfahren der Verschm durch Gründung einer neuen Ges stattfinden kann. Hierzu wird auf Art 3 I und Art 4 I der VerschmRL vom 9.10.1978 (ABl EG Nr L 295, 36) Bezug genommen. Soweit nicht eine SE aufnehmende Ges ist (zur Beteiligung von SE als Gründer vgl Art 3 Rn 2), nimmt diese bei der Verschm die Form einer SE an. Im Falle der Verschm durch Gründung einer neuen Ges ist die neue Ges unmittelbar eine SE. Zur Beteiligung von Beteiligung von SE an Umw nach dem UmwG vgl Art 3 Rn 3.

2. Verschmelzung durch Aufnahme

2 **a) Allgemeines.** Nach Abs 2 lit a kann die Gründung einer SE durch Verschm nach dem Verfahren der Verschm durch Aufnahme gem Art 3 I der VerschmRL (Rn 1) durchgeführt werden. Danach ist eine Verschm durch Aufnahme nach der SE-VO ein Vorgang, durch den eine oder mehrere AG/SE ihr gesamtes Aktiv- und Passivvermögen im Wege der Auflösung ohne Abwicklung auf eine andere AG übertragen, und zwar gegen Gewährung von Aktien der übernehmenden AG

an die Aktionäre der übertragenden AG und ggf einer baren Zuzahlung, die den zehnten Teil des Nennbetrags oder, wenn ein Nennbetrag nicht vorhanden ist, des rechnerischen Werts der Aktien nicht übersteigt. Der Umstand, dass Art 29 I lit c das Erlöschen der übertragenden Gesellschaft anordnet (und nicht Gesellschaften), dürfte ein Redaktionsversehen sein. Art 3 I VerschmRL (Rn 1) lässt ausdrückl die Beteiligung mehrerer übertragender Ges an einer Verschm durch Aufnahme zu. Die übernehmende AG nimmt mit Wirksamwerden der Verschm die Rechtsform der SE an (Abs 2 S 2).

b) Übertragender Rechtsträger. Als übertragende Rechtsträger kommen nach Art 2 I nur AG und nach Art 3 I der AG gleichgestellte SE in Betracht. Zu den Anforderungen an die Gründer im Einzelnen vgl Art 2 Rn 4 ff. Eine Verschm durch Aufnahme kann von einem **oder mehreren übertragenden Rechtsträgern** durchgeführt werden (Rn 2). 3

c) Übernehmender Rechtsträger. Bei der Verschm durch Aufnahme ist übernehmender Rechtsträger eine bereits bestehende Ges. Auch für den übernehmenden Rechtsträger gilt nach Art 2 I, dass dieser eine AG oder eine nach Art 3 I gleichgestellte SE sein muss. Zu den Anforderungen an die Gründer vgl näher Art 2 Rn 4 ff. Im Ggs zur nat Regelung der Verschm in §§ 2 ff UmwG tritt bei einer AG als übernehmender Rechtsträger zugleich mit den Verschmelzungswirkungen (vgl Art 29) der Wechsel in die Rechtsform der SE ein (Abs 2 S 2). 4

d) Gesamtrechtsnachfolge. Definitions- und Wesensmerkmal der Verschm nach Abs 2 S 1 lit a wie auch einer nat Verschm nach § 2 UmwG ist der Vermögensübergang mittels Gesamtrechtsnachfolge. Vgl zum Wesen und den Wirkungen der Gesamtrechtsnachfolge näher § 20 UmwG Rn 23 ff. Vgl iÜ Art 29 Rn 2. 5

e) Erlöschen der übertragenden Rechtsträger. Bestandteil der Def ist, dass sich die übertragenden AG/SE ohne Abwicklung auflösen. Folgl ordnen Art 29 I lit c, II lit c an, dass die vollzogene Verschm ipso jure das Erlöschen der übertragenden AG/SE bewirkt (vgl näher Art 29 Rn 4). Weiterer Handlungen oder gar einer Liquidation bedarf es nicht. 6

f) Anteilsgewährung. Ein weiteres Definitions- und Wesensmerkmal der Verschm ist, dass den Aktionären der übertragenden Ges als Gegenleistung Aktien der übernehmenden SE (zum Rechtsformwechsel der übernehmenden AG Rn 9) und ggf eine bare Zuzahlung gewährt werden. Zu den Ausnahmen der Anteilsgewährungspflicht vgl § 2 UmwG Rn 17 ff. Bei der Verschm von SchwesterGes kann auf die Gewährung von Anteilen verzichtet werden (vgl § 2 UmwG Rn 21 ff). 7

Durch die Bezugnahme auf Art 3 I der VerschmRL (Rn 1) ist klargestellt, dass neben der Gewährung von Aktien **auch bare Zuzahlungen,** die den zehnten Teil des Nennbetrags oder, wenn ein Nennbetrag nicht vorhanden ist, des rechnerischen Werts der gewährten Aktien nicht übersteigen dürfen, gewährt werden können. Für nat Verschm hat der Gesetzgeber dies in § 68 III UmwG umgesetzt. Vgl näher § 68 UmwG Rn 16. 8

g) Rechtsformwechsel. An der Gründung einer SE durch Verschm durch Aufnahme können als übertragende und als aufnehmende Rechtsträger nur AG und SE beteiligt sein (vgl Art 2 Rn 4 ff und Art 3 Rn 2). Ist aufnehmender Rechtsträger eine AG, nimmt diese mit Wirksamwerden der Verschm die Rechtsform der SE an (Abs 2 S 2; vgl auch Art 29 I lit d). Die Gründung einer SE durch 9

Verschm ist also mit einem Formwechsel kombiniert (Lutter/Hommelhoff/*Bayer* SE-Komm Rn 2; *Schwarz* Rn 6). Eine Verbindung mit einer Sitzverlegung scheidet jedoch aus (str; vgl MüKoAktG/*Schäfer* Rn 10; KölnerKommAktG/*Maul* Rn 27).

3. Verschmelzung durch Neugründung

10 **a) Allgemeines.** Nach Abs 2 S 1 lit b kann die Gründung einer SE auch durch eine Verschm durch Neugründung nach Art 4 I der VerschmRL (Rn 1) durchgeführt werden. Eine Verschm durch Neugründung ist danach ein Vorgang, durch den mehrere AG/SE ihr gesamtes Aktiv- und Passivvermögen im Wege der Auflösung ohne Abwicklung auf eine SE, die sie dadurch gründen, übertragen, und zwar gegen Gewährung von Aktien der neuen SE und ggf einer baren Zuzahlung. Anders als bei der Verschm durch Aufnahme entsteht also der übernehmende Rechtsträger erst durch die Verschm und zwar unmittelbar in der Rechtsform einer SE (Abs 2 S 3).

11 **b) Übertragender Rechtsträger.** Eine Verschm durch Neugründung setzt mindestens zwei übertragende AG/SE voraus. Die Anforderungen an diese Gründer richten sich nach Art 2 I (vgl im Einzelnen Art 2 Rn 4 ff). An Stelle einer AG kann auch eine bereits bestehende SE als Gründer beteiligt sein (Art 3 I; dort Rn 2).

12 **c) Sitz der neuen SE.** Der Sitz und die Hauptverwaltung der neuen SE müssen nur in der Gemeinschaft liegen (vgl Art 7), eine Bindung an einen Mitgliedstaat, in denen eine der GründungsGes ihren Sitz hat, besteht nicht (allgM; Lutter/Hommelhoff/*Bayer* SE-Komm Rn 3; *Schwarz* Art 20 Rn 21; jew mwN).

13 **d) Sonstiges.** Auch bei der Verschm durch Neugründung erfolgt die Vermögensübertragung durch Gesamtrechtsnachfolge. Die übertragenden Rechtsträger erlöschen; die Anteilsinhaberschaften an den übertragenden Rechtsträgern werden aufgrund der als Gegenleistung gewährten Anteile an den neuen Rechtsträger fortgesetzt. Neben Anteilen können bare Zuzahlungen gewährt werden (vgl hierzu Rn 5, 7 ff).

Art. 18 [Nationale Verschmelzungsvorschriften]

In den von diesem Abschnitt nicht erfassten Bereichen sowie in den nicht erfassten Teilbereichen eines von diesem Abschnitt nur teilweise abgedeckten Bereichs sind bei der Gründung einer SE durch Verschmelzung auf jede Gründungsgesellschaft die mit der Richtlinie 78/855/EWG in Einklang stehenden, für die Verschmelzung von Aktiengesellschaften geltenden Rechtsvorschriften des Mitgliedstaats anzuwenden, dessen Recht sie unterliegt.

Schrifttum: *C. Teichmann,* Die Einführung der Europäischen Aktiengesellschaft, ZGR 2002, 383; *Wagner,* Die Bestimmung des auf die SE anwendbaren Rechts, NZG 2002, 985; *Brandes,* Cross Border Merger mittels der SE, AG 2005, 177; *Walden/Meyer-Landrut,* Die grenzüberschreitende Verschmelzung einer Europäischen Gesellschaft: Planung und Vorbereitung, DB 2005, 2119; *Vossius,* Gründung und Umwandlung der deutschen europäischen Gesellschaft (SE), ZIP 2005, 741.

1. Allgemeines

Die Gründung einer SE durch Verschm richtet sich zunächst nach den Bestimmungen der SE-VO (vgl auch Vorb Rn 2 ff). Die SE-VO regelt die Gründung durch Verschm aber nicht umfassend. Daher enthält Art 18 eine allg Verweisungsvorschrift auf die jew nat Verschmelzungsvorschriften. Voraussetzung ist, dass ein Bereich in den Art 17–31 nicht oder nur teilw abgedeckt ist. Dann sind auf jede GründungsGes die für Verschm von AG geltenden Rechtsvorschriften des Mitgliedstaats anzuwenden, dessen Recht die GründungsGes unterliegt, soweit diese Rechtsvorschriften mit der VerschmRL vom 9.10.1978 (ABl Nr L 295, 36) in Einklang stehen. Für GründungsGes, die dem dt Recht unterliegen, sind damit die §§ 2–38 und §§ 60–77 UmwG ergänzend anwendbar. 1

2. Persönlicher Anwendungsbereich

Auf jede GründungsGes ist das jew nat Verschmelzungsrecht für AG anwendbar, dessen Recht die GründungsGes unterliegt. Da Art 2 I voraussetzt, dass die Gründer mindestens zwei verschiedenen Personalstatuten unterliegen (vgl Art 2 Rn 6 ff), kommen über Art 18 bei einer Verschm mindestens **zwei nat Rechtsordnungen** ergänzend zur Anwendung. Für jede GründungsGes sind die Rechtsvorschriften des Mitgliedstaates ergänzend anzuwenden, dessen Recht sie unterliegt. Dies ist für jede GründungsGes zunächst zu bestimmen. Die SE-VO trifft hierzu keine Aussage (*Schwarz* Rn 21). Ist eine GründungsGes nach dem Recht eines Mitgliedstaats gegründet worden, der der Gründungstheorie folgt, so ist unabhängig von dem Ort des tats Verwaltungssitzes (zur Notwendigkeit des Ortes der Hauptverwaltung in der Gemeinschaft vgl Art 2 Rn 7) das Recht des Gründungsstaates anzuwenden. Anderes kann für GründungsGes gelten, die nach dem Recht eines Staates gegründet worden sind, der der Sitztheorie folgt. (vgl dazu § 1 UmwG Rn 40 ff). Für eine dt AG hat die Verlegung des Verwaltungssitzes indes keine Auswirkungen auf das Personalstatut (vgl Rn 8). Für **inl AG** sind damit ergänzend die Vorschriften des **UmwG** und des **AktG** heranzuziehen (Lutter/Hommelhoff/*Bayer* SE-Komm Rn 6; MüKoAktG/*Schäfer* Rn 2). 2

3. Sachlicher Anwendungsbereich

Ein Rückgriff auf die nat Verschmelzungsvorschriften kommt nur in Betracht, soweit Art 17–31 einen Regelungsbereich entweder nicht oder nur teilweise erfassen. Zunächst ist also immer zu prüfen, ob Art 17–31 eine eigene, vorrangige Regelung enthalten und diese abschl ist. **Wesentl Bereiche,** in denen der **Rückgriff** auf nat Vorschriften notw ist, sind der Verschmelzungsbericht, die Verschmelzungsprüfung sowie die näheren Modalitäten des Verschmelzungsbeschlusses. **Weitgehend abschl Regelungen** für (Teil-)Bereiche enthalten Art 20 (Inhalt der Verschmelzungspläne), Art 21 (Bekanntmachung), Art 25, 26 (Rechtmäßigkeitskontrolle), Art 27 (Wirksamwerden der Verschm und Gründung der SE), Art 28 (Offenlegung), Art 29 (Wirkungen der Verschm), Art 30 (Unumkehrbarkeit) und Art 31 (Besonderheiten bei Mehrheitsbeteiligungen). 3

4. Einzelne Anwendungsbereiche

a) Verschmelzungsbericht. Die SE-VO enthält keine Regelung hinsichtl des Ob und des Wie eines Verschmelzungsberichts. Dies war entbehrl, da bereits 4

Art 9, 23 der VerschmRL (Rn 1) und mithin die nat Vorschriften eine Berichtspflicht bei der Verschm von AG vorsehen. Die Regelungen zum Verschmelzungsbericht folgen somit **vollumfängl aus** der **Verweisung** durch Art 18 **auf das nat UmwR** (Widmann/Mayer/*Heckschen* Anh SE Rn 210; *Teichmann* ZGR 2002, 383, 423; *Kalss* ZGR 2003, 593, 618; Lutter/Hommelhoff SE/*Bayer* S 39; Lutter/Hommelhoff/*Bayer* SE-Komm Art 20 Rn 29; Manz/Mayer/*Schröder* Art 20 Rn 40; MüKoAktG/*Schäfer* Art 22 Rn 13; *Walden/Meyer-Landrut* DB 2005, 2119, 2125). Für Rechtsträger, die der dt Rechtsordnung unterliegen, ist damit **§ 8 UmwG** einschlägig. Die Verweisung auf § 8 UmwG gilt indes nur für die der dt Rechtsordnung unterliegenden AG, nicht für beteiligte AG, die dem Recht anderer Mitgliedstaaten unterliegen.

5 Zu den Einzelheiten hinsichtlich der Anforderungen an den Verschmelzungsbericht vgl die Komm von § 8 UmwG. Nach § 8 I 1 HS 2 UmwG kann auch ein **gemeinsamer Verschmelzungsbericht** erstattet werden. Art 9 der VerschmRL (Rn 1) enthält hierzu keine Vorgaben, verbietet ihn aber auch nicht. Soweit mehrere an der Gründung durch Verschm beteiligte Rechtsträger der dt Rechtsordnung unterliegen (vgl dazu Art 2 Rn 11), können wenigstens die Vorstände dieser AG einen gemeinsamen Verschmelzungsbericht erstellen. Darüber hinaus ist ein gemeinsamer Verschmelzungsbericht auch dann ausreichend, wenn die Rechtsordnungen aller beteiligten AG/SE nach den eigenen Verschmelzungsvorschriften einen gemeinsamen Verschmelzungsbericht zulassen (Widmann/Mayer/*Heckschen* Rn 213; Lutter/Hommelhoff/*Bayer* SE-Komm Rn 30; Kallmeyer/*Marsch-Barner* Anh SE Rn 48; *Schwarz* Art 20 Rn 59; MüKoAktG/*Schäfer* Art 22 Rn 14). Fehlen hingegen in der Rechtsordnung einzelner GründungsGes Vorschriften für eine gemeinsame Berichterstattung, muss das Leitungs- oder Verwaltungsorgan dieser Ges einen eigenen Bericht erstellen.

6 Auch § 8 III UmwG ist auf GründungsGes, die der dt Rechtsordnung unterliegen, anwendbar. Danach können alle Aktionäre auf die Erstattung in notarieller Erklärung **verzichten** (*Schwarz* Art 20 Rn 60; Lutter/Hommelhoff/*Bayer* SE-Komm Art 20 Rn 33; MüKoAktG/*Schäfer* Art 22 Rn 15; vgl hierzu § 8 UmwG Rn 35 ff). Ein Verzicht der Aktionäre der ausl AG ist nicht notwendig (MüKoAktG/*Schäfer* Art 22 Rn 15; Kallmeyer/*Marsch-Barner* Anh SE Rn 48). Auch die zweite Ausnahme von § 8 III UmwG ist anwendbar (Lutter/Hommelhoff/*Bayer* SE-Komm Art 20 Rn 32; Widmann/Mayer/*Heckschen* Rn 215). Danach erübrigt sich ein Verschmelzungsbericht, wenn eine 100%ige Tochter-AG auf eine Mutter-AG verschm wird. Zur Zulässigkeit von Konzernverschmelzungen iRd Gründung einer SE nach Art 2 I vgl dort Rn 10. Die Erleichterung in § 8 III UmwG geht auf Art 24 der VerschmRL (Rn 1) zurück. Wenn zusätzl andere GründungsGes, zu denen kein 100%iges Beteiligungsverhältnis besteht, an der Verschm beteiligt sind, ist für diese ein Verschmelzungsbericht von den Leitungs- oder Verwaltungsorganen zu erstatten. Vgl iÜ Art 31.

7 **b) Verschmelzungsprüfung.** Die Verschmelzungsprüfung ist in Art 22 nur hinsichtl der Bestellung und des Auskunftsrechts der Prüfer geregelt. Ergänzend ist § 7 III SEAG zu beachten. IÜ bestimmen sich die Verschmelzungsprüfung und der Prüfbericht nach §§ 9–12 UmwG (*Walden/Meyer-Landrut* DB 2005, 2119, 2125). Vgl näher hierzu die Komm von Art 22.

8 **c) Verschmelzungsplan.** Der Verschmelzungsplan ist weitgehend eigenständig in Art 20 geregelt. Weitere inhaltl Anforderungen folgen aus § 7 SEAG. Ergän-

zend gilt über Art 18 hinsichtl der Formerfordernisse § 6 UmwG (vgl näher die Komm von Art 20).

d) Verschmelzungsbeschluss. Für den Verschmelzungsbeschluss enthält Art 23 I nur die Bestimmung, dass die HV jeder der sich verschmelzenden Ges dem Verschmelzungsplan zustimmt. Die weiteren Voraussetzungen zur Einberufung und zum Ablauf der HV wie auch zu den notw Mehrheiten folgen für GründungsGes, die der dt Rechtsordnung unterliegen, aus der Verweisung in Art 18 auf das UmwG (§§ 13, 62–65 UmwG). Vgl näher hierzu Komm zu Art 23. 9

e) Handelsregisteranmeldungen, Rechtmäßigkeitskontrolle. Die SE-VO enthält selbst keine Regelungen zu den notw **Registeranmeldungen.** Insoweit gelten über Art 18 die Vorschriften des UmwG (insbes §§ 16, 17 UmwG) entspr. Vgl näher Art 25 Rn 3 ff. Die **Rechtmäßigkeitskontrolle** ist hingegen umfassend in Art 25, 26 geregelt. 10

f) Gläubigerschutz, Minderheitenschutz. Der Schutz der **Gläubiger** und der Inhaber von Sonderrechten richtet sich gem Art 24 nach den jew nat Verschmelzungsvorschriften derjenigen GründungsGes, zu der die Sonderbeziehung besteht (näher Art 24 Rn 2 ff). Für den Schutz von **Minderheitsaktionären** enthält Art 24 II nur die Ermächtigung, dass die nat Rechtsordnungen hierfür Regelungen festlegen können (näher Art 24 Rn 12 ff). 11

g) Wirkungen der Verschmelzung. Art 29 regelt selbstständig die Wirkungen der Verschm; vgl dort. Auch Art 30 enthält abschl Regelungen hinsichtl der Unumkehrbarkeit der Verschm und der Möglichkeit einer Amtslöschung (vgl dort). 12

Art. 19 [Einspruch durch Behörde]

Die Rechtsvorschriften eines Mitgliedstaates können vorsehen, dass die Beteiligung einer Gesellschaft, die dem Recht dieses Mitgliedstaates unterliegt, an der Gründung einer SE durch Verschmelzung nur möglich ist, wenn keine zuständige Behörde dieses Mitgliedstaats vor der Erteilung der Bescheinigung gemäß Artikel 25 Absatz 2 dagegen Einspruch erhebt.

[1] Dieser Einspruch ist nur aus Gründen des öffentlichen Interesses zulässig. [2] Gegen ihn muss ein Rechtsmittel eingelegt werden können.

Die Vorschrift ermächtigt die Mitgliedstaaten zu Rechtsvorschriften, wonach zuständige Behörden des Mitgliedstaats vor der Erteilung der Bescheinigung gem Art 25 II Einspruch erheben können. Der dt Gesetzgeber hat von dieser Ermächtigung keinen Gebrauch gemacht. 1

Art. 20 [Verschmelzungsplan]

(1) **[1] Die Leitungs- oder die Verwaltungsorgane der sich verschmelzenden Gesellschaften stellen einen Verschmelzungsplan auf. [2] Dieser Verschmelzungsplan enthält**

a) die Firma und den Sitz der sich verschmelzenden Gesellschaften sowie die für die SE vorgesehene Firma und ihren geplanten Sitz,

b) das Umtauschverhältnis der Aktien und gegebenenfalls die Höhe der Ausgleichsleistung,

c) die Einzelheiten hinsichtlich der Übertragung der Aktien der SE,
d) den Zeitpunkt, von dem an diese Aktien das Recht auf Beteiligung am Gewinn gewähren, sowie alle Besonderheiten in Bezug auf dieses Recht,
e) den Zeitpunkt, von dem an die Handlungen der sich verschmelzenden Gesellschaften unter dem Gesichtspunkt der Rechnungslegung als für Rechnung der SE vorgenommen gelten,
f) die Rechte, welche die SE den mit Sonderrechten ausgestatteten Aktionären der Gründungsgesellschaften und den Inhabern anderer Wertpapiere als Aktien gewährt, oder die für diese Personen vorgeschlagenen Maßnahmen,
g) jeder besondere Vorteil, der den Sachverständigen, die den Verschmelzungsplan prüfen, oder den Mitgliedern der Verwaltungs-, Leitungs-, Aufsichts- oder Kontrollorgane der sich verschmelzenden Gesellschaften gewährt wird,
h) die Satzung der SE,
i) Angaben zu dem Verfahren, nach dem die Vereinbarung über die Beteiligung der Arbeitnehmer gemäß der Richtlinie 2001/86/EG geschlossen wird.

(2) **Die sich verschmelzenden Gesellschaften können dem Verschmelzungsplan weitere Punkte hinzufügen.**

Schrifttum: *Sagasser/Swienty,* Die Gründung einer großeuropäischen Aktiengesellschaft im Wege der Verschmelzung – zur Praktikabilität des SE-Statuts in der Entwurfsfassung vom 6./16.5.1991, DStR 1991, 1188; *Schwarz,* Zum Statut der Europäischen Aktiengesellschaft, ZIP 2001, 1847; *Schulz/Geismar,* Die Europäische Aktiengesellschaft, DStR 2001, 1078; *Aha,* Vorbereitung des Zusammenschlusses im Wege der Kapitalerhöhung gegen Sacheinlage durch ein „Business Combination Agreement", BB 2001, 2225; *Hirte,* Die Europäische Aktiengesellschaft, NZG 2002, 1; *C. Teichmann,* Die Einführung der Europäischen Aktiengesellschaft, ZGR 2002, 383; *ders,* Minderheitenschutz bei Gründung und Sitzverlegung der SE, ZGR 2003, 367; *Neye/Teichmann,* Der Entwurf für das Ausführungsgesetz zur Europäischen Aktiengesellschaft, AG 2003, 169; *Hirte,* Die Europäische Aktiengesellschaft – ein Überblick nach Inkrafttreten der deutschen Ausführungsgesetze (Teil I), DStR 2005, 653; (Teil II) DStR 2005, 700; *Brandes,* Cross Border Merger mittels der SE, AG 2005, 177; *Walden/Meyer-Landrut,* Die grenzüberschreitende Verschmelzung einer Europäischen Gesellschaft: Planung und Vorbereitung, DB 2005, 2119; *Vossius,* Gründung und Umwandlung der deutschen europäischen Gesellschaft (SE), ZIP 2005, 741; *Reuter,* Gesellschaftsrechtliche Fragen der Unternehmensbewertung mit internationalen Bezügen, AG 2007, 881; *Kiem,* Die Ermittlung der Verschmelzungswertrelation bei der grenzüberschreitenden Verschmelzung, ZGR 2007, 542.

Übersicht

1. Allgemeines

Die Vorschrift regelt den Verschmelzungsplan. Unverkennbar ist die Ähnlichkeit zu Art 5 der VerschmRL vom 9.10.1978 (ABl EG Nr L 295, 36). Ebenso wie in der VerschmRL wird der Begriff „Verschmelzungsplan" verwendet, während das nat Recht (auch in Umsetzung der VerschmRL) einen Verschmelzungsvertrag (§ 4 UmwG) vorsieht (vgl aber jetzt § 122c UmwG). Der Verschmelzungsplan regelt die **wesentl Modalitäten der Verschm.** Hierfür enthält Abs 1 S 2 die Anforderungen an den Mindestinhalt, während nach Abs 2 die sich verschmelzenden Ges weitere Punkte hinzufügen können. Weitere Vorschriften enthält die SE-VO für den Verschmelzungsplan nicht. § 7 SEAG ergänzt jedoch die inhaltl Anforderungen. Ferner ist § 6 UmwG (not Beurkundung) anwendbar. 1

2. Rechtsnatur

Abs 1 S 1 verlangt die Aufstellung eines Verschmelzungsplans. Auch Art 5 der VerschmRL (Rn 1) verwendet diesen Begriff. Nach nat Verschmelzungsrecht haben die an der Verschm beteiligten Rechtsträger – auch soweit dadurch die VerschmRL umgesetzt wurde – einen Verschmelzungsvertrag abzuschließen (§ 4 I UmwG). Einen Umwandlungsplan, näml den Spaltungsplan, kennt das nat UmwR nur bei der Spaltung durch Neugründung (§ 136 UmwG) und neuerdings in § 122c UmwG. Die Begriffe Verschmelzungsvertrag und Verschmelzungsplan entsprechen sich nicht (*Teichmann* ZGR 2002, 383, 418; *Heckschen* DNotZ 2003, 251, 256 ff). Der Verschmelzungsplan ist zwar ebenso wie ein Verschmelzungsvertrag ein gesellschaftsrechtl **Organisationsakt,** der selbst noch keine dingl Wirkung entfaltet. Dem Verschmelzungsplan **fehlen** allerd die **schuldrechtl Wirkungen** des Verschmelzungsvertrags (Lutter/Hommelhoff/*Bayer* SE-Komm Rn 3 ff; *Schwarz* Art 20 Rn 13; MüKoAktG/*Schäfer* Rn 3; KölnerKommAktG/*Maul* Rn 10). Eine Bindung der Parteien vor dem Wirksamwerden der Verschm tritt nicht ein (vgl ergänzend § 4 UmwG Rn 4 ff; zum Verschmelzungsplan nach § 122c UmwG vgl dort Rn 4). Mangels Bindung ist daher etwa § 7 UmwG nicht anwendbar. Zur Anwendung von § 4 II UmwG (Entwurf) vgl Rn 5. Da anders als die VerschmRL die SE-VO unmittelbar gilt und Art 20 als abschl Regelung anzusehen ist (MüKoAktG/*Schäfer* Rn 8; *Teichmann* ZGR 2002, 383, 418 ff; *Casper* FS Ulmer, 2003, 51, 65 f), kann bei Verschm nach der SE-VO ein Verschmelzungsvertrag nicht gefordert werden. Dies gilt selbst dann, wenn alle beteiligten Rechtsordnungen nach nat Verschmelzungsvorschriften einen Verschmelzungsvertrag vorsehen. Die Parteien können allerd den Verschmelzungsplan auch in 2

Form eines Verschmelzungsvertrags schließen und/oder ggf ergänzende schuldrechtl Vereinbarungen (business combination agreement) aufnehmen (Lutter/Hommelhoff SE/*Bayer* S 34; *Schwarz* Art 20 Rn 14; MüKoAktG/*Schäfer* Rn 8; Manz/Mayer/*Schröder* Rn 29; Kallmeyer/*Marsch-Barner* Anh SE Rn 17; vgl auch § 122c UmwG Rn 4; zu derartigen Vereinbarungen vgl *Aha* BB 2001, 2225).

3 Es bedarf auch – anders als nach § 122c UmwG – keines **gemeinsamen** Verschmelzungsplans. Notw und zugleich ausreichend ist ein inhaltl übereinstimmender Verschmelzungsplan (vgl Art 26 III: gleichlautender Verschmelzungsplan; *Teichmann* ZGR 2002, 383, 417; Lutter/Hommelhoff/*Bayer* SE-Komm Rn 2; Kallmeyer/*Marsch-Barner* Anh SE Rn 16; aA *Schwarz* Rn 10 f; KölnerKomm-AktG/*Maul* Rn 13). **Gleichlautend** bedeutet allerd nur inhaltl übereinstimmend, nicht wörtl identisch (Kallmeyer/*Marsch-Barner* Anh SE Rn 16; Lutter/Hommelhoff/*Bayer* SE-Komm Rn 2; Widmann/Mayer/*Heckschen* Rn 152). Aufgrund der Beteiligung von AG verschiedener Mitgliedstaaten werden die Verschmelzungspläne in unterschiedl **Sprachen** abgefasst. Dies ist unschädl, soweit inhaltl Übereinstimmung besteht. Die Praxis erstellt Verschmelzungspläne vornehml mehrsprachig mit der Festlegung einer maßgebl Sprache, ggf ergänzt um beglaubigte Übersetzungen für die Registerverfahren (vgl auch Kallmeyer/*Marsch-Barner* Anh SE Rn 16). Dies hat den Vorteil, dass Auslegungsschwierigkeiten durch die Übersetzungen vermieden werden. Eine materielle Vorgabe für eine bestimmte Sprache enthält weder die SE-VO noch das nat AktienR (LG Düsseldorf GmbHR 1999, 609; *Hirte* NZG 2002, 1, 5). Es sind nur – etwa bei der Beurkundung (§ 5 II BeurkG) – Besonderheiten zu beachten, und für das Registerverfahren werden ggf beglaubigte Abschriften benötigt (§ 142 III ZPO analog). Vgl hierzu § 122c UmwG Rn 42.

3. Form

4 Art 20 enthält keine Angaben zur Form des Verschmelzungsplans. Anders als Art 5 I der VerschmRL (Rn 1) wird nicht einmal ein schriftl Verschmelzungsplan gefordert. Das Mindesterfordernis Schriftform folgt aber aus der Funktion des Verschmelzungsplans und aus der Notwendigkeit des Registerverfahrens. Zu Recht wird indes überwiegend angenommen, dass über Art 18 für der dt Rechtsordnung unterliegenden GründungsGes § 6 UmwG Anwendung findet. Der Verschmelzungsplan ist daher **notariell zu beurkunden** (Lutter/Hommelhoff/*Bayer* SE-Komm Rn 6; *Schwarz* Rn 51; MüKoAktG/*Schäfer* Rn 6; *Walden/Meyer-Landrut* DB 2005, 2119, 2125; *Heckschen* DNotZ 2003, 251, 257 ff; *Teichmann* ZGR 2002, 383, 420 f; *Hirte* NZG 2002, 1, 3; Lutter/*Lutter/Drygala* § 6 UmwG Rn 11; Lutter/Hommelhoff SE/*Bayer* S 34 f; aA *Schulz/Geismar* DStR 2001, 1078, 1080). Eine Pflicht zur notariellen Beurkundung auch der Verschmelzungspläne der anderen GründungsGes folgt aus § 6 UmwG indes nicht (so aber Manz/Mayer/*Schröder* Rn 9; *Schwarz* Rn 50; wie hier Lutter/Hommelhoff/*Bayer* SE-Komm Rn 6). Dies richtet sich ausschl nach den jew nat Bestimmungen. Aus der bei grenzüberschreitenden Verschm grdsl geltenden Vereinigungstheorie (dazu § 1 UmwG Rn 58) kann nichts anderes abgeleitet werden, da kein gemeinsamer Verschmelzungsplan erstellt wird (Rn 3; unklar insoweit *Teichmann* ZGR 2002, 383, 420). Da Art 20 keine Regelung trifft, ist für jede an der Gründung beteiligte AG das jew nat Recht maßgebend. Ebenso wie bei nat Verschmelzungsverträgen ist eine **Auslandsbeurkundung** grdsl zulässig (§ 6 UmwG Rn 13 ff und § 122c Rn 39 ff). Unabhängig von den allg Anforderungen an die Wirksamkeit einer

Auslandsbeurkundung muss angesichts des supranationalen Charakters der SE wenigstens eine Beurkundung nach den Vorschriften des künftigen Sitzstaats der SE oder nach den Vorschriften eines Mitgliedstaats der Verschmelzungspartner ausreichend sein (ebenso Lutter/Hommelhoff SE/*Bayer* S 35; Kallmeyer/*Marsch-Barner* Anh SE Rn 20; weiter gehend *Brandt/Scheifele* DStR 2002, 574, 554: in jedem Mitgliedstaat; aM Widmann/Mayer/*Heckschen* Anh SE Rn 203 ff; MüKo-AktG/*Schäfer* Rn 7).

Grundlage der HV kann auch der **Entwurf** eines Verschmelzungsplans sein (Widmann/Mayer/*Heckschen* Anh SE Rn 233; Lutter/Hommelhoff/*Bayer* SE-Komm Rn 9; MüKoAktG/*Schäfer* Rn 6; Kallmeyer/*Marsch-Barner* Anh SE Rn 21). § 4 II UmwG ist über Art 18 anwendbar. Hiervon ging auch der dt Gesetzgeber aus (vgl § 7 I 1 SEAG). Der Entwurf, der die Zustimmung der HV erhalten hat, muss im Anschluss unverändert notariell beurkundet werden. Zur vglbaren Situation beim Spaltungsplan vgl § 135 UmwG Rn 8. 5

4. Aufstellungskompetenz

Der Verschmelzungsplan ist durch die Leitungs- oder die Verwaltungsorgane der sich verschmelzenden Ges aufzustellen. Dies gilt für jede Ges, da ein gemeinsamer Verschmelzungsplan nicht erstellt wird (Rn 3). Die Anforderungen hieran richten sich nach dem nat GesR. Nach dt Recht handeln die Vorstände der AG in vertretungsberechtigter Anzahl (vgl § 4 UmwG Rn 13 f; dort auch zur unechten Gesamtvertretung). Bei einer beteiligten SE ist das Verwaltungs- (monistisches Modell) oder das Leitungsorgan (dualistisches Modell) zuständig. Bei einer nach dem monistischen System organisierten SE ist fragl, ob richtlinienkonform auch nicht geschäftsführende Direktoren handeln können (dagegen MüKoAktG/*Schäfer* Rn 4; vgl dazu § 122c UmwG Rn 8). 6

5. Inhalt

Abs 1 S 2 legt die inhaltl Mindestanforderungen an den Verschmelzungsplan fest. Die Anforderungen werden teilw durch nat Vorschriften (§§ 2, 7 SEAG) ergänzt. Weitere Punkte können von den sich verschmelzenden Ges aufgenommen werden (Abs 2). 7

a) Firma und Sitz. Der Verschmelzungsplan muss sowohl die Firma und den Sitz der sich verschmelzenden Ges als auch die für die SE vorgesehene Firma und ihren geplanten Sitz angeben (Abs 1 S 2 lit a). Die Angaben für die sich verschmelzende Ges folgen aus den nat GesR (vgl § 5 UmwG Rn 3). Für die Firma der SE beachte Art 11. Zum **Sitz der SE** enthielt zunächst § 2 SEAG aF eine ergänzende Bestimmung zu Art 7, wonach die Satzung der SE als Sitz den (inl) Ort zu bestimmen hat, wo die Hauptverwaltung geführt wird. Diese Regelung ging auf die Ermächtigung in Art 7 S 2 zurück. Hierdurch sollte „soweit wie mögl" der Gleichlauf mit § 5 II AktG aF hergestellt werden (RegEBegr BT-Drs 15/3405 zu § 2 SEAG; *Neye/Teichmann* AG 2003, 169). Die Regelung wurde im Rahmen des MoMiG (BGBl I 2008, 2026) wie auch § 5 II AktG aF gestrichen (vgl auch Art 2 Rn 8). Für SE ist aber Art 7 zu beachten (vgl auch § 52 SEAG). Eine Bindung des Sitzes an den bisherigen Sitz der sich gründenden Ges besteht nicht. Der Sitz muss nur innerh der Gemeinschaft liegen. 8

b) Umtauschverhältnis. Abs 1 S 2 lit b verlangt die Angabe des Umtauschverhältnisses der Aktien und ggf die Höhe der Ausgleichsleistung. Ebenso wie bei nat 9

Verschm wird die Bestimmung des Umtauschverhältnisses oftmals einen wesentl Stellenwert haben. Auch bei Verschm nach der SE-VO gilt der Grds, dass die Verschm auf der Ebene der Aktionäre zu **keinem Wertverlust** führen darf. Das Umtauschverhältnis ist daher so zu bemessen, dass der Wert der untergehenden Aktien an den sich verschmelzenden Ges dem Wert der als Gegenleistung gewährten Aktien an der SE entspricht. Bei einem unangemessen niedrigen Umtauschverhältnis kann ggf eine bare Zuzahlung verlangt werden (vgl Art 24 Rn 13 f). Im Regelfall setzt die Ermittlung des Umtauschverhältnisses eine **Unternehmensbewertung** voraus (zu rechtl Fragen der Bewertung mit internationalen Bezügen *Reuter* AG 2007, 881; *Kiem* ZGR 2007, 542). Die Angabe eines Umtauschverhältnisses erübrigt sich nur, wenn die aufnehmende AG Inhaberin sämtl Aktien ist (Art 31 I). Vgl iÜ zum Umtauschverhältnis § 5 UmwG Rn 5 ff. Bei AG genügt die Angabe eines echten Umtauschverhältnisses, also der **Anzahl der Aktien** an der SE, die für jede untergehende Aktie an der jew übertragenden AG/SE gewährt wird. Zum Ausgleich von **Spitzenbeträgen** können andere Ausgleichsleistungen gewährt werden, deren Angabe im Verschmelzungsplan Abs 1 S 2 lit b vorschreibt. Hierfür ist über Art 18 (MüKoAktG/*Schäfer* Rn 14; KölnerKommAktG/*Maul* Rn 36; Kallmeyer/*Marsch-Barner* Anh SE Rn 24; oder Art 15; Lutter/Hommelhoff/*Bayer* SE-Komm Rn 19) für eine der dt Rechtsordnung unterliegende aufnehmende AG/SE § 68 III UmwG zu beachten. Die Ausgleichsleistung ist als bare Zuzahlung auszugestalten und darf den zehnten Teil des auf die gewährten Aktien der übernehmenden Ges entfallenden anteiligen Betrag ihres Grundkapitals nicht übersteigen (vgl hierzu näher § 68 UmwG Rn 16 f; vgl auch Art 17 Rn 2: Definition der Verschm).

10 **c) Einzelheiten zur Übertragung der Aktien der SE.** Die SE-VO stellt keine besonderen Anforderungen an die Übertragung der Aktien. Notw sind aber nach Abs 1 S 2 lit b Angaben zur Abwicklung des Aktientausches über einen **Treuhänder.** §§ 71 f UmwG sind auf der dt Rechtsordnung unterliegende GründungsGes über Art 18 anwendbar (Lutter/Hommelhoff/*Bayer* SE-Komm Rn 20; Kallmeyer/*Marsch-Barner* Anh SE Rn 25; Lutter/Hommelhoff SE/*Bayer* S 38; Widmann/Mayer/*Heckschen* Anh SE Rn 160; *Schwarz* Rn 30; KölnerKommAktG/*Maul* Rn 37; Theisen/Wenz/*Neun* S 88). Die Angaben erübrigen sich bei der Verschm einer 100%igen TochterGes auf die MutterGes (Art 31 I).

11 **d) Beteiligung am Gewinn.** Abs 1 S 1 lit d verpflichtet zur Angabe des Zeitpunkts, von dem an die Aktien an der SE das Recht auf Beteiligung am Gewinn gewähren, sowie alle Besonderheiten in Bezug auf dieses Recht. Dies entspricht der nat Regelung in § 5 I Nr 5 UmwG. Vgl hierzu im Einzelnen § 5 UmwG Rn 69 f. Die Angaben erübrigen sich bei der Verschm einer 100%igen TochterGes auf die MutterGes (Art 31 I).

12 **e) Verschmelzungsstichtag.** Nach Abs 1 S 2 lit f muss der Verschmelzungsplan den Zeitpunkt angeben, von dem an die Handlungen der sich verschmelzenden Ges unter dem Gesichtspunkt der Rechnungsauslegung als für Rechnung der SE vorgenommen gelten. Die Vorschrift entspricht Art 5 I lit e VerschmRL (Rn 1) und § 122c II Nr 6 UmwG und weist inhaltl Parallelen zu § 5 I Nr 6 UmwG auf. Üblicherweise wird dieser Zeitpunkt als Verschmelzungsstichtag bezeichnet. Zur Abhängigkeit zwischen dem Stichtag der Schlussbilanz und dem Verschmelzungsstichtag vgl § 17 UmwG Rn 37 ff und § 5 UmwG Rn 65. Bedeutung hat der Verschmelzungsstichtag für die **Überleitung des Rechnungswe-**

sens. Mit Wirksamwerden der Verschm sind die Geschäftsvorfälle der übertragenden GründungsGes im Rechnungswesen der SE so abzubilden, als wären sie schon von der SE vollzogen worden. Die Pflicht zur Rechnungslegung endet hingegen nicht schon am (meist in der Vergangenheit liegenden) Verschmelzungsstichtag, sondern frühestens mit Übergang des wirtschaftl Eigentums und spätestens mit Wirksamwerden der Verschm (vgl hierzu im Einzelnen § 17 UmwG Rn 67 ff). Vgl ergänzend zum Verschmelzungsstichtag § 5 UmwG Rn 73 ff.

f) Sonderrechte. Nach Abs 1 S 2 lit f muss der Verschmelzungsplan die Rechte angeben, welche die SE den mit Sonderrechten ausgestatteten Aktionären der GründungsGes und den Inhabern anderer Wertpapiere als Aktien gewährt, oder die für diese Personen vorgeschlagenen Maßnahmen. Die Vorschrift entspricht Art 5 I lit f VerschmRL (Rn 1). Eine nat Vorschrift enthält § 5 I Nr 7 UmwG. Sonderrechte betreffen in erster Linie Besonderheiten bei der Stimmrechtsausübung und iRd Gewinnverwendung. Anders als nach § 5 I Nr 7 UmwG, aber vergleichbar mit § 122c II Nr 7 UmwG (dort Rn 24), bedarf es nur der Angabe von Rechten, die als Ersatz für **bereits bestehende** Sonderrechte gewährt werden (*Schwarz* Rn 35; Lutter/Hommelhoff/*Bayer* SE-Komm Rn 23; aA MüKoAktG/*Schäfer* Rn 18). Ferner sind Sonderrechte auch anzugeben, wenn sie allen Aktionären in gleicher Weise gewährt werden (*Schwarz* Rn 35; Lutter/Hommelhoff/*Bayer* SE-Komm Rn 23; aA MüKoAktG/*Schäfer* Rn 18). Andere Wertpapiere sind bei Gründungs-AG, die der dt Rechtsordnung unterliegen, in erster Linie Schuldverschreibungen und Genussrechte (vgl näher § 5 UmwG Rn 71 f). 13

g) Vorteile für sonstige Beteiligte. Abs 1 S 2 lit g bestimmt die Angabe jedes besonderen Vorteils, der den Sachverständigen, die den Verschmelzungsplan prüfen (Verschmelzungsprüfer), oder den Mitgliedern der Verwaltungs-, Leitungs-, Aufsichts- oder Kontrollorgane der sich verschmelzenden Ges gewährt wird. Die Vorschrift stimmt mit Art 5 I lit f der VerschmRL (Rn 1) überein und weist inhaltl Ähnlichkeiten zu § 5 I Nr 8 UmwG auf; vgl auch § 122c II Nr 8 UmwG. Die Aktionäre sollen sich einen Eindruck verschaffen können, ob die Objektivität der genannten Personen wegen besonderer Vorteile beeinträchtigt sein könnte. Zu den Organen zählen bei inl beteiligten AG und SE die **Vertretungsorgane** (Vorstand) und die gesetzl oder gesellschaftsvertragl (Lutter/Hommelhoff/*Bayer* SE-Komm Rn 24; *Schwarz* Rn 38) **Aufsichtsorgane** (AR, Ausschüsse etc; vgl auch Manz/Mayer/*Schröder* Rn 27). Bei einer monistisch strukturierten SE zählen sowohl die geschäftsführenden Direktoren als auch die sonstigen Mitglieder des Verwaltungsrats dazu. Anders als in § 5 I Nr 8 UmwG, indes wie in § 122c II Nr 8 UmwG, sind besondere Vorteile für die **Abschlussprüfer** nicht genannt. Abs 1 S 2 lit g ist insoweit allerd abschl, sodass ein Rückgriff auf § 5 I Nr 8 UmwG ausscheidet. Die **üblichen Kosten** für die **Verschmelzungsprüfung** stellen keinen bes Vorteil dar und sind daher nicht angabepflichtig. Bes Vorteile für Organmitglieder wären indes Entschädigungen für die vorzeitige Beendigung der Organstellung oder Prämien für das Zustandekommen der Verschm. Vgl iÜ § 5 UmwG Rn 73 ff. 14

h) Satzung der SE. Nach Abs 1 S 2 lit h muss der Verschmelzungsplan auch die Satzung der SE (vgl das Muster einer Satzung für eine mittelständische SE bei *Lutter/Kollmorgen/Feldhaus* BB 2005, 2473) beinhalten. Entsprechendes gilt nach nat Recht für Verschm durch Neugründung (§ 37 UmwG) und für grenzüberschreitende Verschm (§ 122c II Nr 9 UmwG). Der Unterschied folgt daraus, dass 15 auch bei der Verschm durch Aufnahme die übernehmende AG die Rechtsform einer SE annimmt (Art 29 I lit d). Die Angabe der Satzung erübrigt sich, wenn eine bereits bestehende SE übernehmender Rechtsträger ist (dazu Art 3 Rn 3) und Änderungen der Satzung nicht vorgenommen werden.

16 Soweit die aus der Verschm entstehende SE der dt Rechtsordnung unterliegt, verweist Art 15 auf §§ 23 ff AktG. Obwohl die Gründung durch Verschm eine Sacheinlage ist, bedarf es entgegen § 27 I AktG nicht der Angabe der Personen, die die Sacheinlage erbringen (zutr *Brandes* AG 2005, 177, 182: teleologische Reduktion; zust auch Widmann/Mayer/*Heckschen* Anh SE Rn 170). Unabhängig von der Verpflichtung zur Beurkundung des Verschmelzungsplans (Rn 4) bedarf die Satzung einer SE, die der dt Rechtsordnung unterliegt, nach Art 15 iVm § 23 I AktG der notariellen Beurkundung (*Brandes* AG 2005, 177, 182; Widmann/Mayer/*Heckschen* Anh SE Rn 170.1; *Schwarz* Rn 43). Über Art 15 ist ferner § 37 UmwG anwendbar (*Brandes* AG 2005, 177, 182).

17 **i) Angaben zum Verfahren über die Vereinbarung zur Arbeitnehmerbeteiligung.** Nach Abs 1 S 2 lit i muss der Verschmelzungsplan Angaben zu dem Verfahren, nach dem die Vereinbarung über die Beteiligung der ArbN gemäß der RL 2001/86/EG geschlossen wird, enthalten. Weiterer arbeitsrechtl Angaben bedarf es nicht. Aufgrund des abschl Charakters der Regelung in Art 20 ist über Art 18 nicht ergänzend **§ 5 I Nr 9 UmwG** anwendbar (*Brandes* AG 2005, 177, 181 f; MüKoAktG/*Schäfer* Rn 12). Hintergrund ist, dass die umfassende Information nach den Bestimmungen des SEBG durchgeführt wird. Da bereits § 4 II SEBG eine umfassende Information der Arbeitnehmervertretungen verlangt, ist auch **§ 5 III UmwG** über Art 18 nicht anwendbar (*Brandes* AG 2005, 182; Kallmeyer/*Marsch-Barner* Anh SE Rn 50: aber vorsorgl; aA MüKoAktG/*Schäfer* Rn 10; *Teichmann* ZGR 2002, 383, 421; Lutter/Hommelhoff/*Bayer* SE-Komm Art 21 Rn 11; Widmann/Mayer/*Heckschen* Anh SE Rn 226; *Thümmel* Rn 60; Theisen/Wenz/*Neun* S 120; KölnerKommAktG/*Maul* Rn 21). Die SE-RL/das SEBG sehen vorrangig eine Einigung mit den Arbeitnehmervertretungen vor. Das Verfahren, nach dem die Vereinbarung geschlossen werden soll, ist kurz darzustellen.

6. Weitere Punkte des Verschmelzungsplans

18 **a) Barabfindungsangebot.** Eine ergänzende inhaltl Anforderung an den Verschmelzungsplan stellt **§ 7 SEAG** auf. Danach hat bei der Gründung einer SE, die ihren Sitz im Ausland haben soll, eine dt übertragende Ges im Verschmelzungsplan oder in seinem Entwurf jedem Aktionär, der gegen den Verschmelzungsbeschluss der Ges Widerspruch zur Niederschrift erklärt, den Erwerb seiner Aktien gegen eine angemessene Barabfindung anzubieten (krit zur Verankerung im Verschmelzungsplan *Brandes* AG 2005, 177, 181). Die Regelung geht auf die Ermächtigung in Art 24 II zurück (vgl auch § 122i UmwG). Das Barabfindungsangebot ist nur den Aktionären der jew übertragenden Ges zu unterbreiten. Dennoch ist es in jedem (gleichlautenden; Rn 3) Verschmelzungsplan aufzuführen. Auch die Aktionäre der anderen beteiligten GründungsGes haben ein schutzwürdiges Informationsinteresse, da die Barabfindung durch die SE zu leisten ist. Zum Ausschluss einer Anfechtungsklage wegen eines nicht ordnungsgemäßen Barabfindungsangebotes vgl Art 24 Rn 19. Ist das Barabfindungsangebot zu niedrig, oder ist eine Barabfindung nicht oder nicht ordnungsgemäß angeboten, können die Aktionäre ein Spruchverfahren einleiten (§ 7 VII SEAG; vgl dazu § 1 SpruchG Rn 6 f).

b) Nachgründung und Sperrfrist. Über Art 18 ist § 67 UmwG (entspr Anwendung der Nachgründungsvorschriften, Sperrfrist für übertragende AG; vgl im Einzelnen dort) für dt AG anwendbar (Lutter/Hommelhoff SE/*Bayer* S 39; Widmann/Mayer/*Heckschen* Rn 238.3; Kallmeyer/*Marsch-Barner* Anh SE Rn 59). Zur Anwendung von § 76 UmwG vgl Art 23 Rn 8. 19

c) Hinweis auf Gläubigerschutz. Liegt der künftige Sitz der aufnehmenden SE im Ausland, haben die Gläubiger einer dt GründungsGes nach §§ 8 iVm 13 I, II SEAG einen besonderen Anspruch auf Sicherheitsleistung. Hierauf ist im Verschmelzungsplan hinzuweisen. Vgl näher Art 24 Rn 8. 20

d) Fakultativer Inhalt. Abs 2 erlaubt den sich verschmelzenden Ges, dem Verschmelzungsplan weitere Punkte hinzuzufügen. Zu mögl Inhalten vgl etwa § 126 UmwG Rn 111. Hierbei ist allerd zu beachten, dass der Verschmelzungsplan im Ggs zum Verschmelzungsvertrag keine schuldrechtl Wirkungen entfaltet (Rn 2). Einerseits bedarf es daher keiner Regelungen hinsichtl Bedingungen, Rücktrittsvorbehalte, Kündigungsmöglichkeit und dgl, andererseits können in einem Verschmelzungsplan wirksam auch keine Vereinbarungen zwischen den beteiligten GründungsGes, etwa über die Kostentragung bei einem Scheitern, getroffen werden. Dies bedarf ergänzender schuldrechtl Regelungen (zu derartigen Vereinbarungen vgl *Aha* BB 2001, 2225) zwischen den Rechtsträgern (vgl aber Rn 2). 21

Art. 21 [Bekanntmachung des Verschmelzungsvorhabens]

Für jede der sich verschmelzenden Gesellschaften und vorbehaltlich weiterer Auflagen seitens des Mitgliedstaates, dessen Recht die betreffende Gesellschaft unterliegt, sind im Amtsblatt dieses Mitgliedstaats nachstehende Angaben bekannt zu machen:

a) Rechtsform, Firma und Sitz der sich verschmelzenden Gesellschaften,
b) das Register, bei dem die in Artikel 3 Absatz 2 der Richtlinie 68/151/EWG genannten Urkunden für jede der sich verschmelzenden Gesellschaften hinterlegt worden sind, sowie die Nummer der Eintragung in das Register,
c) einen Hinweis auf die Modalitäten für die Ausübung der Rechte der Gläubiger der betreffenden Gesellschaft gemäß Artikel 24 sowie die Anschrift, unter der erschöpfende Auskünfte über diese Modalitäten kostenlos eingeholt werden können,
d) einen Hinweis auf die Modalitäten für die Ausübung der Rechte der Minderheitsaktionäre der betreffenden Gesellschaft gemäß Artikel 24 sowie die Anschrift, unter der erschöpfende Auskünfte über diese Modalitäten kostenlos eingeholt werden können,
e) die für die SE vorgesehene Firma und ihr künftiger Sitz.

Schrifttum: *C. Teichmann,* Die Einführung der Europäischen Aktiengesellschaft, ZGR 2002, 383; *Neye/Teichmann,* Der Entwurf für das Ausführungsgesetz zur Europäischen Aktiengesellschaft, AG 2003, 169; *Brandes,* Cross Border Merger mittels der SE, AG 2005, 177.

1. Allgemeines

Die Vorschrift regelt die Bekanntmachung verschiedener Angaben **während der Vorbereitungsphase.** Ergänzende nat Bestimmungen enthält § 5 SEAG. 1

Weitere Bekanntmachungspflichten folgen aus Art 28 (Offenlegung der Durchführung der Verschm für jede sich verschmelzende AG) und aus Art 15 II iVm Art 13 (Offenlegung der Eintragung der SE). Vgl auch Art 14.

2. Bekanntmachung nach Art 21

2 **a) Verfahren.** Die Bekanntmachung erfolgt durch das Gericht. Die nach Art 21 notw Angaben (Rn 3 ff) hat eine dt GründungsGes nach § 5 S 1 SEAG dem für sie zuständigen HR mitzuteilen. Das Gericht hat die Angaben zusammen mit dem nach § 61 II UmwG vorgeschriebenen Hinweis bekannt zu machen. Für die Bekanntmachung gilt § 10 HGB; sie hat damit in elektronischer Form zu erfolgen. Aus § 5 S 1 SEAG folgt zugleich der **Zeitpunkt** der Mitteilung. Der Verschmelzungsplan ist nach Art 18 iVm § 61 I UmwG vor der Einberufung der HV zum Register einzureichen (vgl Rn 4). Die nach Art 21 notw Angaben sind „bei Einreichung" mitzuteilen (MüKoAktG/*Schäfer* Rn 10; *Neye/Teichmann* AG 2003, 169, 173). Vgl iÜ auch § 122d UmwG.

3 **b) Inhalt der Bekanntmachung.** Nach Art 21 sind bekannt zu machen:
- Rechtsform, Firma und Sitz der sich verschmelzenden Ges;
- das Register, bei dem die nach Art 3 II der PublizitätsRL (ABl EG Nr L 065, 8) genannten Urkunden für jede der sich verschmelzenden Ges hinterlegt worden sind, sowie die Nummer der Eintragung in das Register. Nach nat Recht handelt es sich hierbei um das HR, in dem die jew GründungsGes eingetragen ist. Anzugeben ist auch die HRB-Nr;
- ein Hinweis auf die Modalitäten für die Ausübung der Rechte der Gläubiger der betreffenden Ges nach Art 24 sowie die Anschrift, unter der erschöpfende Auskünfte über diese Modalitäten kostenlos eingeholt werden können. Erforderl ist mithin eine Erläuterung der Rechte, die nach Art 24 je nach nat Recht den Gläubigern zustehen (vgl auch Art 24 Rn 2 ff);
- einen entspr Hinweis für die Rechte der Minderheitsaktionäre (vgl auch Art 24 Rn 12 ff);
- die für die SE vorgesehene Firma und ihr künftiger Sitz.

3. Ergänzungen nach nationalem Recht

4 Die Regelung in Art 21 ist nicht abschl. Über Art 18 ist ferner **§ 61 UmwG** für dt GründungsGes anwendbar (MüKoAktG/*Schäfer* Rn 1; Manz/Mayer/*Schröder* Rn 14; *Teichmann* ZGR 2002, 383, 422). Danach ist der Verschmelzungsplan oder sein Entwurf vor der HV, die nach Art 23 I dem Verschmelzungsplan zustimmt, zum Register einzureichen. Zusammen mit der Einreichung sind dem Gericht die Angaben nach Art 21 mitzuteilen (§ 5 I SEAG; dazu Rn 2). Diese Angaben sind zusammen mit dem Hinweis nach § 61 UmwG bekannt zu machen. Zu weiteren Einzelheiten vgl die Komm zu § 61 UmwG.

Art. 22 [Gemeinsame Prüfung]

Als Alternative zur Heranziehung von Sachverständigen, die für Rechnung jeder der sich verschmelzenden Gesellschaften tätig sind, können ein oder mehrere unabhängige Sachverständige im Sinne des Artikels 10 der Richtlinie 78/855/EWG, die auf gemeinsamen Antrag dieser Gesellschaften von einem Gericht oder einer Verwaltungsbehörde des Mitglied-

staats, dessen Recht eine der sich verschmelzenden Gesellschaften oder die künftige SE unterliegt, dazu bestellt wurden, den Verschmelzungsplan prüfen und einen für alle Aktionäre bestimmten einheitlichen Bericht erstellen.

Die Sachverständigen haben das Recht, von jeder der sich verschmelzenden Gesellschaften alle Auskünfte zu verlangen, die sie zur Erfüllung ihrer Aufgabe für erforderlich halten.

Schrifttum: *C. Teichmann,* Die Einführung der Europäischen Aktiengesellschaft, ZGR 2002, 383; *Schwarz,* Zum Statut der Europäischen Aktiengesellschaft, ZIP 2001, 1847; *Brandes,* Cross Border Merger mittels der SE, AG 2005, 177.

1. Allgemeines

Die SE-VO regelt in Art 22 die Verschmelzungsprüfung nur rudimentär, indem die Prüfung durch einen gemeinsamen Verschmelzungsprüfer ermöglicht (S 1) und ein eigenes Auskunftsrecht der Prüfer geschaffen wird (S 2). Diese Beschränkung ist mögl, weil die nat Verschmelzungsvorschriften für AG aufgrund der Vorgaben durch Art 10 der VerschmRL vom 9.10.1978 (ABl EG Nr 295, 36) bereits eine Verschmelzungsprüfung vorsehen. Hierauf verweist Art 18. Ergänzend ist § 7 III SEAG (Prüfung der Angemessenheit einer anzubietenden Barabfindung) zu beachten. 1

2. Verschmelzungsprüfung

a) Pflicht zur Prüfung. aa) Prüfungsbefehl. Die SE-VO enthält keine Aussage, dass eine Verschmelzungsprüfung stattzufinden hat (aA *Schwarz* Rn 7: Pflicht zur Prüfung aus Art 22 SE-VO; vgl auch MüKoAktG/*Schäfer* Rn 1). Dies folgt aber für der dt Rechtsordnung unterliegende GründungsGes aus Art 18 iVm **§ 60 UmwG.** Danach ist der Verschmelzungsplan oder sein Entwurf für jede AG nach §§ 9–12 zu prüfen. 2

bb) Ausnahmen. Die Verweisung durch Art 18 umfasst auch §§ 9 III, 8 III UmwG. Danach können die Aktionäre einer der dt Rechtsordnung unterliegenden GründungsGes auf die Verschmelzungsprüfung verzichten (*Schwarz* Rn 9; Lutter/Hommelhoff/*Bayer* SE-Komm Rn 19; MüKoAktG/*Schäfer* Rn 15). Voraussetzung sind notariell beurkundete Verzichtserklärungen aller Anteilsinhaber (§§ 9 III, 8 III UmwG). Einer Verschmelzungsprüfung bedarf es ferner nicht, wenn sämtl Anteile an der übertragenden GründungsGes von der übernehmenden GründungsGes gehalten werden (Lutter/Hommelhoff/*Bayer* SE-Komm Rn 18). Die Entbehrlichkeit der Verschmelzungsprüfung folgt unmittelbar aus Art 31 I (Lutter/Hommelhoff/*Bayer* SE-Komm Art 31 Rn 10). 3

b) Gemeinsame Prüfung. Nach S 1 kann unabhängig von den nat Vorschriften ein gemeinsamer Verschmelzungsprüfer bestellt werden. Dies entspricht der nat Rechtslage (§ 10 I 2 UmwG). S 1 hat aber insofern Bedeutung, als die Verschmelzungspläne der Ges verschiedener Mitgliedstaaten gemeinsam geprüft werden können. Voraussetzung für die gemeinsame Verschmelzungsprüfung ist die **Bestellung des Prüfers durch** ein **Gericht** oder eine Verwaltungsbehörde des Mitgliedstaats, dessen Recht eine der sich verschmelzenden AG oder die zukünftige SE unterliegt. Die Auswahl unter den Mitgliedstaaten ist frei. Das zuständige Gericht oder die Verwaltungsbehörde bestimmt sich nach dem nat Recht (vgl 4 hierzu ergänzend § 10 UmwG Rn 11 ff). Das SEAG enthält hierfür keine Regelung. Daher ist über Art 18 in Deutschland § 10 II UmwG (LG, in dessen Bezirk die dt GründungsGes oder die neue SE ihren Sitz hat/haben wird; Lutter/Hommelhoff/*Bayer* SE-Komm Rn 8; MüKoAktG/*Schäfer* Rn 7) anwendbar. Die Ges können aber auch in einem anderen betroffenen Mitgliedstaat den gemeinsamen Prüfer bestellen lassen. Erforderl ist weiter ein **gemeinsamer Antrag** der Leitungs- bzw Verwaltungsorgane der sich verschmelzenden Ges. Die gemeinsame Verschmelzungsprüfung muss nicht für alle an der Verschm beteiligten Ges erfolgen. Soweit sie einzelne GründungsGes nicht umfasst, müssen diese eine getrennte Verschmelzungsprüfung durchführen.

5 Wird der **Antrag** auf eine gemeinsame Verschmelzungsprüfung **nicht gestellt,** ist der Verschmelzungsprüfer für jede beteiligte GründungsGes nach den jew nat Vorschriften zu bestellen. Für Rechtsträger, die der dt Rechtsordnung unterliegen, gilt über Art 18 § 10 I 1 UmwG. Zwischenzeitl werden danach Verschmelzungsprüfer auf Antrag des Vertretungsorgans immer vom Gericht ausgewählt und bestellt. Soweit mehrere der dt Rechtsordnung unterliegende GründungsGes beteiligt sind (dazu Art 2 Rn 11), können diese für sich nach Art 18 iVm § 10 I 2 UmwG auf gemeinsamen Antrag der Vertretungsorgane einen gemeinsamen Verschmelzungsprüfer vom Gericht bestellen lassen.

6 **c) Qualifikation der Prüfer.** Bei dem **gemeinsamen Prüfer** nach S 1 muss es sich um einen unabhängigen Sachverständigen iSv Art 10 der VerschmRL (Rn 1) handeln. Die nähere Ausgestaltung ist dem nat Recht vorbehalten. Für die dt Rechtsordnung gilt insoweit § 11 I 1 UmwG, der auf § 319 HGB verweist. Der gemeinsame Verschmelzungsprüfer iSv S 1 muss jedoch nicht Qualifikationen erfüllen, die in dem Mitgliedstaat gelten, dessen Gericht aufgrund des Antrags entscheidet. Mögl ist die Bestellung eines Sachverständigen, der die Qualifikation nach der Rechtsordnung des Mitgliedstaats einer der beteiligten Ges erfüllt (*Schwarz* Rn 25; MüKoAktG/*Schäfer* Rn 5; aA Lutter/Hommelhoff/*Bayer* SE-Komm Rn 10; Kallmeyer/*Marsch-Barner* Anh SE Rn 45).

7 Bei einer **getrennten Verschmelzungsprüfung** richtet sich die notw Qualifikation des Prüfers für eine dt GründungsGes unmittelbar nach Art 18 iVm § 11 I 1 UmwG.

8 **d) Prüfungsgegenstand. aa) Prüfung des Verschmelzungsplans.** Art 22 enthält selbst keine Aussage zum Prüfungsgegenstand. Innerh der Gemeinschaft bestehen aber durch Art 10 I 1 der VerschmRL (Rn 1) harmonisierte Regelungen, wonach der Verschmelzungsplan zu prüfen ist (vgl § 9 I UmwG). Vgl hierzu näher § 9 UmwG Rn 4 f.

9 **bb) Barabfindung.** Unter den Voraussetzungen von § 7 I SEAG (vgl Art 24 Rn 15 ff) muss der Verschmelzungsplan ein angemessenes Barabfindungsangebot enthalten. Dessen Angemessenheit ist nach § 7 III SEAG stets zu prüfen. Hierauf sind §§ 10–12 UmwG entspr anzuwenden. Die Berechtigten können auf die Prüfung oder den Prüfungsbericht in notariell zu beurkundenden Verzichtserklärungen verzichten. Die Regelung entspricht § 30 II UmwG (vgl näher § 30 UmwG Rn 13 f). Auch ein gemeinsamer Verschmelzungsprüfer (Rn 4 f) muss das Barabfindungsangebot prüfen, selbst wenn nicht den Aktionären aller beteiligten GründungsGes ein Barabfindungsangebot unterbreitet werden muss. Entsprechendes gilt bei einer getrennten Prüfung für den Prüfer einer Ges, die kein Angebot unterbreiten muss.

e) Auskunftsrecht. S 2 schafft ein eigenständiges Auskunftsrecht der Prüfer. Einen vglbaren Regelungsauftrag enthält bereits Art 10 III der VerschmRL (Rn 1), weswegen auch die nat Vorschriften Regelungen zum Auskunftsrecht enthalten (vgl § 11 I 1, 4 UmwG iVm § 320 I 2, II 1, 2 HGB). Hintergrund der eigenständigen Regelung in S 2 ist, dass der Auskunftsanspruch ggü allen beteiligten Rechtsträgern besteht und diese verschiedenen Rechtsordnungen unterliegen (*Schwarz* Rn 31; *Teichmann* ZGR 2002, 383, 424). § 11 I 1, 4 UmwG ist daher auch bei einer getrennten Verschmelzungsprüfung nicht anwendbar. Die Änderung des Wortlauts von „zweckdienliche Auskünfte" in SE-VOE 1991 in „erforderliche Auskünfte" (vgl auch Art 10 III VerschmRL [Rn 1]: alle zweckdienlichen Auskünfte) führte zu keiner Einschränkung des Auskunftsrechts (*Teichmann* ZGR 2002, 383, 424; Widmann/Mayer/*Heckschen* Anh SE Rn 218; MüKoAktG/*Schäfer* Rn 11; KölnerKommAktG/*Maul* Rn 20; zweifelnd *Schwarz* ZIP 2001, 1847, 1851). 10

3. Prüfungsbericht

a) Inhalt. Die SE-VO enthält keine Aussagen zum Prüfungsbericht. Die Notwendigkeit und der Inhalt folgen aus den nat, aufgrund Art 10 der VerschmRL (Rn 1) harmonisierten Vorschriften. Danach haben die Verschmelzungsprüfer – auch ein gemeinsamer Verschmelzungsprüfer – einen schriftl Bericht für die Aktionäre zu erstellen (Art 10 I VerschmRL [Rn 1]; § 12 I 1 UmwG). Die gemeinsamen Prüfer haben einen einheitl Bericht zu erstellen (S 1). Ein gemeinsamer Verschmelzungsbericht kann auch bei getrennten Verschmelzungsprüfungen erstellt werden, wenn dies die Rechtsordnungen aller beteiligten GründungsGes vorsehen (vgl § 12 I 2 UmwG). Der Inhalt des Prüfungsberichts ergibt sich über Art 18 aus den auf Grund der Vorgabe von Art 10 II VerschmRL harmonisierten nat Rechtsvorschriften (vgl § 12 II UmwG). Vgl hierzu näher die Komm von § 12 UmwG. Unter den Voraussetzungen von § 7 I SEAG hat der Prüfbericht auch auf die Angemessenheit eines Barabfindungsangebots einzugehen (§ 7 III SEAG). Dies gilt auch für einen gemeinsamen Prüfungsbericht, auch wenn nicht alle übertragenden GründungsGes eine derartige Barabfindung anbieten müssen. 11

b) Ausnahmen vom Prüfungsbericht. Nach Art 18 iVm §§ 12 III, 8 II, III UmwG können die Aktionäre einer der dt Rechtsordnung unterliegenden GründungsGes auf den Prüfungsbericht **verzichten.** Ein Prüfungsbericht erübrigt sich auch, wenn eine 100%ige Tochter- auf die MutterGes verschmolzen wird. Vgl iÜ Art 31. 12

Art. 23 [Zustimmung Hauptversammlung]

(1) **Die Hauptversammlung jeder der sich verschmelzenden Gesellschaften stimmt dem Verschmelzungsplan zu.**

(2) [1] **Die Beteiligung der Arbeitnehmer in der SE wird gemäß der Richtlinie 2001/86/EG festgelegt.** [2] **Die Hauptversammlung jeder der sich verschmelzenden Gesellschaften kann sich das Recht vorbehalten, die Eintragung der SE davon abhängig zu machen, dass die geschlossene Vereinbarung von ihr ausdrücklich genehmigt wird.**

Schrifttum: *C. Teichmann,* Die Einführung der Europäischen Aktiengesellschaft, ZGR 2002, 383; *Schwarz,* Zum Statut der Europäischen Aktiengesellschaft, ZIP 2001, 1847; *Brandes,*

Cross Border Merger mittels der SE, AG 2005, 177; *Walden/Meyer-Landrut,* Die grenzüberschreitende Verschmelzung einer Europäischen Gesellschaft: Beschlussfassung und Eintragung, DB 2005, 2619.

1. Allgemeines

1 Die Gründung einer SE durch Verschm ist ein gesellschaftsrechtl Organisationsakt, der ua zum Erlöschen der übertragenden GründungsGes führt. **Abs 1** ordnet daher die Zustimmung der HV jeder der sich verschmelzenden Ges zum Verschmelzungsplan an. Weitere Bestimmungen zur Vorbereitung und Durchführung der HV und nähere Modalitäten der Beschlussfassung regelt die SE-VO nicht; sie ergeben sich aus den über Art 18 anwendbaren nat Verschmelzungsvorschriften und teilw aus dem nat GesR. **Abs 2** betrifft die Arbeitnehmerbeteiligung in der SE. Nach S 1 wird sie gemäß der SE-RL festgelegt. Danach ist vorrangig eine Vereinbarung zu treffen, die zum Zeitpunkt der HV vielfach noch nicht vorliegen wird. Daher kann sich die HV jeder der sich verschmelzenden Ges das Recht vorbehalten, die Eintragung der SE davon abhängig zu machen, dass die geschlossene Vereinbarung von ihr ausdrückl genehmigt wird. Insoweit bestehen Parallelen zu § 122g I UmwG. Zur Frage der Anwendung von § 62 V UmwG (verschmelzungsrechtl Squeeze-out) vgl Rn 14.

2. Vorbereitung und Durchführung der Hauptversammlung

2 **a) Allgemeines.** Zur Bekanntmachung des Verschmelzungsplans und sonstigen bekannt zu machenden Mitteilungen vgl Art 21. IÜ enthält die SE-VO keine Bestimmungen zur Einberufung der HV und zu deren Vorbereitung. Nach Art 18 sind daher die **nat Rechtsvorschriften für Verschm** anzuwenden (ebenso Lutter/Hommelhoff/*Bayer* SE-Komm Rn 2; *Teichmann* ZGR 2002, 383, 425; *Brandes* AG 2005, 177, 183).

3 **b) Einberufung der Hauptversammlung.** Das UmwG enthält für die Einberufung der HV keine besonderen Regelungen. Diese richtet sich nach §§ 121 ff AktG (Lutter/Hommelhoff/*Bayer* SE-Komm Rn 2; *Walden/Meyer-Landrut* DB 2005, 2619, 2620). Die HV ist nach § 123 I AktG mindestens einen Monat vor dem Tage der Versammlung einzuberufen. Mit der Einberufung ist die Tagesordnung bekannt zu machen (§ 124 I 1 AktG). Vgl im Einzelnen die aktienrechtl Spezialliteratur.

4 **c) Vorbereitung der Hauptversammlung.** Über Art 18 ist für der dt Rechtsordnung unterliegende GründungsGes **§ 63 UmwG** anwendbar (Lutter/Hommelhoff/*Bayer* SE-Komm Rn 7; Kallmeyer/*Marsch-Barner* Anh SE Rn 51; MüKoAktG/*Schäfer* Rn 5; *Walden/Meyer-Landrut* DB 2005, 2619, 2620). Danach sind von der Einberufung der HV an in dem Geschäftsraum der Ges zur Einsicht der Aktionäre der Verschmelzungsplan oder sein Entwurf, die Jahresabschlüsse und Lageberichte der an der Verschm beteiligten Rechtsträgern für die letzten drei Gj, ggf eine Zwischenbilanz (für die Fristberechnung zählt die Aufstellung des Verschmelzungsplans, MüKoAktG/*Schäfer* Rn 5), die Verschmelzungsberichte und die Prüfungsberichte auszulegen (§ 63 I UmwG). Auf Verlangen ist jedem Aktionär unverzügl und kostenlos eine Abschrift dieser Unterlagen zu erteilen (§ 63 III UmwG). Vgl näher hierzu die Komm zu § 63 UmwG. Alternativ zur Auslage und Abschrifterteilung kann eine Zugänglichmachung über die Internetseite erfolgen (§ 63 IV UmwG; Kallmeyer/*Marsch-Barner* Anh SE Rn 51). Ange-

sichts des Informationszwecks wird man die Auslage/Abschrifterteilung der Unterlagen – auch der Jahresabschlüsse der anderen beteiligten Rechtsträger, vgl § 63 I 2 UmwG – in **dt Sprache** verlangen müssen (so auch Widmann/Mayer/*Heckschen* Rn 234). Ungenügende Informationen bewirken jedenfalls immer das Risiko einer erfolgreichen Anfechtungsklage.

d) Durchführung der Hauptversammlung. Die Bestimmungen für die Durchführung der HV einer dt GründungsGes ergeben sich neben den aktienrechtl Vorschriften aus Art 18 iVm **§ 64 UmwG** (*Schwarz* Rn 15; MüKoAktG/*Schäfer* Rn 6; Lutter/Hommelhoff/*Bayer* SE-Komm Rn 9). Danach sind die in § 63 I UmwG bezeichneten Unterlagen auch während der HV auszulegen. Der Vorstand hat den Verschmelzungsplan oder seinen Entwurf zu Beginn der Verhandlung mündl zu erläutern. Jedem Aktionär ist auf Verlangen in der HV Auskunft auch über alle für die Verschm wesentl Angelegenheiten der anderen Rechtsträger zu geben. Vgl im Einzelnen die Komm zu § 64 UmwG. 5

3. Zustimmungsbeschluss

a) Beschlussmehrheiten. Die SE-VO enthält keine Bestimmung zu den notw Mehrheiten für den Verschmelzungsbeschluss. Für dt GründungsGes gilt über Art 18 § 65 UmwG. Der Verschmelzungsbeschluss der HV bedarf daher grdsl einer Mehrheit von mindestens drei Vierteln des bei der Beschlussfassung vertretenen Grundkapitals. Zu Einzelheiten vgl § 65 UmwG Rn 3 ff. § 62 I UmwG, wonach bei einer mindestens 90%igen Beteiligung an einer übertragenden KapGes ein Verschmelzungsbeschluss bei der übernehmenden AG nicht erforderl ist, findet keine Anwendung (MüKoAktG/*Schäfer* Rn 4; Kallmeyer/*Marsch-Barner* Anh SE Rn 66). Hinsichtl der Notwendigkeit eines Beschlusses ist Abs 1, der für alle Fälle einen Beschluss der HV verlangt, abschl (vgl demggü Art 8 VerschmRL vom 9.10.1978, ABl EG Nr L 295, 36). Dies zeigt auch Art 31 I. Auch die nunmehrige Möglichkeit, auf einen Verschmelzungsbeschluss bei einem Upstream-Merger der 100%igen TochterGes zu verzichten (§ 62 IV UmwG), besteht bei Verschm nach der SE-VO nicht (Widmann/Mayer/*Heckschen* Rn 238.6). 6

b) Form des Verschmelzungsbeschlusses. Eine Bestimmung zur Form des Verschmelzungsbeschlusses in der SE-VO fehlt. Für der dt Rechtsordnung unterliegende GründungsGes gilt über Art 18 § 13 III UmwG (*Schwarz* Rn 21). Danach sind der Verschmelzungsbeschluss und ggf erforderl Zustimmungserklärungen einzelner Anteilsinhaber notariell zu beurkunden. Bei der HV einer AG erfolgt dies regelm durch notariell aufgenommene Niederschrift über die Verhandlung (§§ 36 ff BeurkG). Der Verschmelzungsplan oder sein Entwurf sind dem Beschluss als Anlage beizufügen (§ 13 III 2 UmwG). Auf Verlangen ist jedem Anteilsinhaber auf dessen Kosten unverzügl eine Abschrift des Verschmelzungsplans oder seines Entwurfs und der Niederschrift des Beschlusses zu erteilen (§ 13 III 3 UmwG; *Schwarz* Rn 21). 7

c) Nachgründung. Nach § 76 I UmwG darf eine übertragende AG die Verschm erst beschließen, wenn sie und jede andere übertragende AG bereits zwei Jahre im Register eingetragen sind. Damit soll eine verdeckte Nachgründung vermieden werden (vgl § 73 UmwG Rn 17). Die Vorschrift ist über Art 18 entspr anwendbar (Lutter/Hommelhoff/*Bayer* SE-Komm Rn 12; Lutter/Hommelhoff SE/*Bayer* S 39; *Schwarz* Rn 19; Kallmeyer/*Marsch-Barner* Anh SE Rn 59; aA Manz/Mayer/*Schröder* Rn 33: Verstoß gegen Art 2 I). Das Beschlussverbot besteht 8 für die dt Ges auch, wenn die ausl Ges noch nicht zwei Jahre eingetragen ist, selbst wenn diese nach ihrem Recht keinem Verbot unterliegt (*Schwarz* Rn 20).

4. Beschlussmängel

9 Mängel der Beschlussfassung können nach den jew nat Vorschriften durch Unwirksamkeitsklage geltend gemacht werden. In Deutschland kommt eine aktienrechtl Anfechtungs- oder Nichtigkeitsklage in Betracht (*Schwarz* Rn 34). Zu den notw Erklärungen der Vertretungsorgane und zur Überwindung einer Registersperre bei Anfechtungsklagen vgl Art 25 Rn 4. Die Anfechtungsklage kann nach § 6 I SEAG nicht darauf gestützt werden, dass das Umtauschverhältnis der Anteile nicht angemessen ist, wenn die Aktionäre der anderen beteiligten GründungsGes aus Mitgliedstaaten, die ein Spruchverfahren nicht kennen, der Durchführung des Spruchverfahrens nach Art 25 III 1 zugestimmt haben. Stattdessen besteht nach § 6 II ein Anspruch auf einen Ausgleich durch bare Zuzahlung, der im Spruchverfahren geltend zu machen ist (vgl Art 24 Rn 13 ff). Entsprechendes gilt nach § 7 V SEAG für ein nicht ordnungsgemäßes Barabfindungsangebot. Vgl iÜ zu Beschlussmängeln § 65 UmwG Rn 14 f.

5. Weitere Beschlüsse

10 **a) Kapitalerhöhung.** Bei einer Verschm durch Aufnahme muss die übernehmende Ges regelm ihr Kap erhöhen, um die als Gegenleistung zur gewährenden Aktien zu gewähren (vgl Art 17 Rn 7). Die Durchführung der Erhöhung des Grundkapitals muss nach Art 15 iVm § 66 UmwG vor Eintragung der SE durchgeführt werden. Die HV, die den Verschmelzungsbeschluss fasst, muss daher regelm auch über die KapErh beschließen.

11 **b) Zustimmung zum Spruchverfahren.** Nach Art 25 III 1 kann ein Spruchverfahren wegen eines unangemessenen Umtauschverhältnisses oder einer unangemessenen oder nicht ordnungsgemäß angebotenen Barabfindung (vgl §§ 6 IV, 7 VII SEAG) nur durchgeführt werden, wenn die anderen sich verschmelzenden Ges in Mitgliedstaaten, in denen ein derartiges Spruchverfahren nicht besteht, bei der Zustimmung zu dem Verschmelzungsplan ausdrückl akzeptieren, dass die Aktionäre der betreffenden sich verschmelzenden Ges auf ein solches Verfahren zurückgreifen können. Die Voraussetzungen für einen derartigen gesonderten Zustimmungsbeschluss können für deutsche GründungsGes nicht eintreten, da § 6 IV, § 7 VII SEAG ein Spruchverfahren ermögl (dazu Art 24 Rn 12 ff). Zum Spruchverfahren vgl § 1 SpruchG Rn 6 f.

12 **c) Zustimmung zur Satzung.** Da die Satzung der SE sowohl bei einer Verschm durch Aufnahme als auch durch Neugründung Bestandteil des Verschmelzungsplans ist (Art 20 I 2 lit a; dort Rn 15), umfasst der Verschmelzungsbeschluss auch die Satzung der SE. Eines Rückgriffs auf § 76 II 1 UmwG bedarf es nicht (zur Überflüssigkeit dieser Vorschrift vgl § 76 UmwG Rn 1).

6. Beteiligung der Arbeitnehmer

13 Abs 2 S 1 hat nur klarstellenden Charakter. Die SE-RL (ABl EG Nr L 294, 22) wie auch das nat Ausführungsgesetz (SEBG) gehen davon aus, dass grdsl eine Vereinbarung zur Frage der Beteiligung der ArbN durch Verhandlungen erzielt wird. Diese werden oftmals zum Zeitpunkt der HV nicht abgeschlossen sein.

Abs 2 S 2 sieht daher vor, dass sich die **HV** jeder der sich verschmelzenden Ges das **Recht vorbehält,** die Eintragung der SE davon abhängig zu machen, dass die geschlossene **Vereinbarung von ihr ausdrückl genehmigt** wird. Der Vorbehalt kann, muss aber nicht erfolgen. Die fehlende Zustimmung hindert die Eintragung, lässt aber die Zustimmung zum Verschmelzungsbeschluss unberührt. Der Vorbehalt erfolgt durch einen Beschluss der HV mit Dreiviertelmehrheit (Art 18 iVm § 65 I UmwG analog; KölnerKommAktG/*Maul* Rn 20; aA die hM; *Schwarz* Rn 27; MüKoAktG/*Schäfer* Rn 11; Lutter/Hommelhoff/*Bayer* SE-Komm Rn 17; vgl auch die Komm zu § 122g UmwG). Eine vorbehaltene Zustimmung muss in einer erneuten HV beschlossen werden. Für die Einberufung und Durchführung der HV gelten die nat Vorschriften. Der Zustimmungsbeschluss bedarf nach Art 18 iVm § 65 I UmwG analog einer Mehrheit von drei Vierteln des bei der Beschlussfassung vertretenen Grundkapitals (aA die hM; *Schwarz* Rn 32; MüKoAktG/*Schäfer* Rn 12; Lutter/Hommelhoff/*Bayer* SE-Komm Rn 20; Kallmeyer/*Marsch-Barner* Anh SE Rn 56). Eine Delegation der Zustimmung auf andere Organe kann nicht erfolgen (Widmann/Mayer/*Heckschen* Rn 242; KölnerKommAktG/*Maul* Rn 21; Kallmeyer/*Marsch-Barner* Anh SE Rn 57).

7. Verschmelzungsrechtlicher Squeeze-out

Mit dem Dritten Gesetz zur Änderung des UmwG (BGBl I 2011, 1338) wurde **14**
mit § 62 V UmwG die Möglichkeit eines verschmelzungsrechtl Squeeze-out geschaffen (vgl im Einzelnen § 62 UmwG Rn 18 ff). Dies gilt über Art 18 auch bei Verschmelzungen nach der SE-VO, wenn die übertragende GründungsGes der dt Rechtsordnung unterliegt (so auch Widmann/Mayer/*Heckschen* Rn 211.1, 216.1, 238.7). Die SE-VO trifft hierzu keine Aussage; § 62 V UmwG ist eine Umsetzung des Art 28 II der VerschmRL (Rn 6). Aus Art 31 ist insoweit nichts abzuleiten. Eine Anwendung auf Aktionäre ausl GründungsGes ist indes trotz der europarechtl Grundlage mangels Kompetenz des inl Gesetzgebers ausgeschlossen (aA Widmann/Mayer/*Heckschen* Rn 238.7).

Art. 24 [Gläubigerschutz; Minderheitsaktionäre]

(1) **Das Recht des Mitgliedstaats, das jeweils für die sich verschmelzenden Gesellschaften gilt, findet wie bei einer Verschmelzung von Aktiengesellschaften unter Berücksichtigung des grenzüberschreitenden Charakters der Verschmelzung Anwendung zum Schutz der Interessen**
a) der Gläubiger der sich verschmelzenden Gesellschaften,
b) der Anleihegläubiger der sich verschmelzenden Gesellschaften,
c) der Inhaber von mit Sonderrechten gegenüber den sich verschmelzenden Gesellschaften ausgestatteten Wertpapieren mit Ausnahme von Aktien.

(2) **Jeder Mitgliedstaat kann in Bezug auf die sich verschmelzenden Gesellschaften, die seinem Recht unterliegen, Vorschriften erlassen, um einen angemessenen Schutz der Minderheitsaktionäre, die sich gegen die Verschmelzung ausgesprochen haben, zu gewährleisten.**

Schrifttum: *C. Teichmann,* Die Einführung der Europäischen Aktiengesellschaft, ZGR 2002, 383; *Neye/Teichmann,* Der Entwurf für das Ausführungsgesetz zur Europäischen Aktiengesellschaft, AG 2003, 169; *Teichmann,* Minderheitenschutz bei Gründung und Sitzverlegung der SE, ZGR 2003, 367; *Kalss,* Der Minderheitenschutz bei Gründung und Sitzverlegung der SE nach dem Diskussionsentwurf, ZGR 2003, 593; *Ihrig/Wagner,* Das Gesetz zur Einführung der Europäischen Gesellschaft (SEEG) auf der Zielgeraden, BB 2004, 1749; *Nagel,* Die Europäische Aktiengesellschaft (SE) in Deutschland – der Regierungsentwurf zum SE-Einführungsgesetz, NZG 2004, 833; *C. Teichmann,* Austrittsrecht und Pflichtangebot bei Gründung einer Europäischen Aktiengesellschaft, AG 2004, 67; *Hirte,* Die Europäische Aktiengesellschaft – ein Überblick nach Inkrafttreten der deutschen Ausführungsgesetze (Teil I), DStR 2005, 653; (Teil II) DStR 2005, 700; *Brandes,* Cross Border Merger mittels der SE, AG 2005, 177.

1. Allgemeines

1 Die Vorschrift beschäftigt sich mit dem Schutz der Gläubiger, Anleihegläubiger und Inhaber von mit Sonderrechten ausgestatteten Wertpapieren (Abs 1) sowie mit dem Schutz der Minderheitsaktionäre (Abs 2). Für den Gläubigerschutz bestimmt Abs 1 die grdsl („unter Berücksichtigung des grenzüberschreitenden Charakters") Anwendung des Rechts des Mitgliedstaats der jew verschmelzenden Ges, zu der die Sonderverbindung besteht. Diese Schutzvorschriften sind indes durch Art 13–15 der VerschmRL vom 9.10.1978 (ABl EG Nr L 295, 36) harmonisiert. Neben den über Art 18 anwendbaren §§ 22, 23 UmwG sind daher §§ 8, 13 I, II SEAG zu beachten. Abs 2 ist eine Ermächtigung für die nat Gesetzgeber. Der dt Gesetzgeber hat diese durch §§ 6, 7 SEAG wahrgenommen.

2. Gläubigerschutz

2 **a) Erfasster Personenkreis. aa) Gläubiger.** Erfasst sind zunächst Gläubiger. Der **Begriff** ist nicht näher def. Er entspricht demjenigen von Art 13 der VerschmRL (Rn 1). Wie bei § 22 UmwG sind nur die Inhaber eines obligatorischen Anspruchs, nicht hingegen diejenigen, die einen dingl Anspruch geltend machen können, geschützt. IÜ ist der Rechtsgrund (Rechtsgeschäft, gesetzl Schuldverhältnis) und der Inhalt der Forderung unerhebl (näher § 22 UmwG Rn 5). Anspruchsberechtigt sind sowohl die Gläubiger des übertragenden als auch diejenigen des übernehmenden Rechtsträgers (§ 22 UmwG Rn 4).

3 **bb) Anleihegläubiger.** Erfasst sind die Inhaber von Wandel-, Options- und Gewinnanleihen, die ein Recht zum Bezug von Aktien oder einer Beteiligung am Gewinn vermitteln.

4 **cc) Inhaber von mit Sonderrechten ausgestatteten Wertpapieren.** Nicht erfasst sind Aktionäre mit Sonderrechten, jedoch Inhaber von Genussrechten, soweit diese nicht Wandel- und Optionsanleihen sind (Rn 3).

5 **b) Anwendbares Recht.** Die SE-VO trifft selbst keine Schutzbestimmungen für die Gläubiger. Abs 1 verweist insoweit auf das nat Recht der Mitgliedstaaten. Maßgebl ist das Recht des Mitgliedstaats, dem die jew sich verschmelzende Ges unterliegt, zu der die Sonderbeziehung (Rn 2–4) besteht. Die „Berücksichtigung des grenzüberschreitenden Charakters" erfolgte im nat Recht durch § 8 SEAG (RegEBegr BT-Drs 15/3004 zu § 8 SEAG).

6 **c) Gläubigerschutz bei deutschen Gründungsgesellschaften. aa) Übernehmende SE mit Sitz im Inland.** Hat die aus der Verschm entstehende SE (durch Neugründung oder Wechsel der Rechtsform der übernehmenden AG) ihren Sitz in Deutschland, richtet sich der Schutz der **Gläubiger** iSv Art 24 I lit a und lit b ausschließl nach § 22 UmwG (Lutter/Hommelhoff/*Bayer* SE-Komm Rn 8; MüKoAktG/*Schäfer* Rn 9). Danach können die Gläubiger von **dt** übertra-

genden oder übernehmenden **Ges** (nicht Gläubiger der ausl Ges – Lutter/Hommelhoff/*Bayer* SE-Komm Rn 8) grdsl Sicherheitsleistung verlangen (vgl im Einzelnen die Komm zu § 22 UmwG). Die Frist für die Geltendmachung (§ 22 I 1 UmwG) beginnt mit Ablauf des Tages (§ 19 III 2 UmwG) der Bekanntmachung nach Art 15 II, 13.

Die Gläubiger sind auf dieses Recht hinzuweisen (§ 22 I 3 UmwG). Zum **Hinweis** auf die anwendbaren **Gläubigerschutzbestimmungen** nach Art 21 lit c vgl dort Rn 3. 7

Für die **Inhaber von Rechten** iSv Abs 1 lit. c gilt § 23 UmwG (MüKoAktG/*Schäfer* Rn 9; KölnerKommAktG/*Maul* Rn 13). Danach sind gleichwertige Rechte an dem übernehmenden Rechtsträger zu gewähren. Vgl hierzu im Einzelnen die Komm von § 23. 8

bb) Übernehmende SE mit Sitz im Ausland. Hat die übernehmende SE ihren Sitz im Ausland, richtet sich der Schutz der **Gläubiger** iSv Art 24 I lit a und b der inl GründungsGes nicht nach § 22 UmwG, sondern nach **§ 8 SEAG.** Der Gesetzgeber sah in diesem Fall die bloße Anwendung des nachgeordneten Gläubigerschutzes nach dem UmwG als problematisch an. Die nun in § 8 SEAG getroffene Regelung setze die „Berücksichtigung des grenzüberschreitenden Charakters" um (RegEBegr BT-Drs 15/3004 zu § 8 SEAG). § 8 S 1 SEAG erklärt in diesem Fall § 13 I und II SEAG für entspr anwendbar. Danach entsteht anders als nach § 22 UmwG der Anspruch auf Sicherheitsleistung nicht erst nach Wirksamwerden der Verschm. Den Gläubigern ist Sicherheit zu leisten, wenn sie binnen zwei Monaten nach dem Tag, an dem der Verschmelzungsplan offengelegt worden ist (Art 18 iVm § 61 UmwG; vgl hierzu Art 21 Rn 9; vgl auch § 122j UmwG), ihren Anspruch nach Grund und Höhe schriftl anmelden, soweit sie nicht Befriedigung verlangen können. Auf dieses Recht sind die Gläubiger bei der Bekanntmachung nach Art 21 lit c hinzuweisen (vgl dort Rn 3). Da der Anspruch auf Sicherheitsleistung bereits vor dem Wirksamwerden der Verschm entsteht, bestimmt § 13 II SEAG, dass nur für solche Forderungen Sicherheit zu leisten ist, die vor oder bis zu 15 Tage nach Offenlegung des Verschmelzungsplans entstanden sind. Gläubiger, deren Ansprüche nach dieser Frist entstehen, könnten sich selbst schützen, indem sie mit der SE keine Verträge mehr abschließen (so RegEBegr BT-Drs 15/3004 zu § 13 SEAG). Vgl iÜ zu den inhaltsgleichen Anforderungen die Komm zu § 22 UmwG, ferner diejenige zu § 122j UmwG. 9

Zur **Überprüfung der Sicherheitsleistung** bestimmt § 8 S 2 SEAG, dass die Bescheinigung nach Art 25 II nur ausgestellt wird, wenn die Vorstandsmitglieder die Versicherung abgeben, dass allen Gläubigern, die nach S 1 einen Anspruch auf Sicherheitsleistung haben, eine angemessene Sicherheitsleistung geleistet wurde. Die Angabe einer unrichtigen Versicherung ist nach § 53 III 1 SEAG strafbewehrt. 10

Für die **Rechteinhaber iSv Abs 1 lit c** verbleibt es bei der Anwendung von § 23 UmwG (vgl Art 15 der VerschmRL, Rn 1). 11

3. Schutz von Minderheitsaktionären

a) Rechtsgrundlage. Abs 2 wie auch die sonstigen Bestimmungen der SE-VO enthalten keinen eigenen Schutz von Minderheitsaktionären, die sich gegen die Verschm ausgesprochen haben. Abs 2 ermächtigt jedoch die nat Gesetzgeber, entspr Vorschriften zu erlassen. Der dt Gesetzgeber hat diese Ermächtigung mit §§ 6, 7 SEAG umgesetzt. Zwar ist zweifelhaft, ob § 6 SEAG auf die Ermächtigung 12 nach Abs 2 gestützt werden kann (so aber RegEBegr BT-Drs 15/3004 zu § 6 SEAG), da der Anspruch auf bare Zuzahlung bei einem unangemessenen Umtauschverhältnis nicht voraussetzt, dass die Aktionäre der Verschm widersprechen. Indes folgt aus Art 25 III 1, dass die nat Rechtsvorschriften einen derartigen Anspruch und eine Geltendmachung dieses Anspruchs im Spruchverfahren regeln können (vgl auch MüKoAktG/*Schäfer* Rn 12).

13 **b) Bare Zuzahlung nach § 6 SEAG.** Die Vorschrift beruht auf Abs 2 (vgl aber Rn 12) und lehnt sich an § 14 II und § 15 UmwG an. Eine Anfechtungs- oder Nichtigkeitsklage kann grdsl nicht darauf gestützt werden, dass das Umtauschverhältnis (dazu Art 20 Rn 9) unangemessen ist. Anders als nach § 14 II UmwG gilt der Ausschluss der Klagemöglichkeit allerd nach § 6 I SEAG nur, wenn die anderen sich verschmelzenden Ges in Mitgliedstaaten, in denen ein derartiges Verfahren nicht besteht, durch Verschmelzungsbeschluss ausdrückl akzeptieren, dass die Aktionäre der betreffenden sich verschmelzenden Ges auf ein Verfahren zur Änderung des Umtauschverhältnisses zurückgreifen können (**Art 25 III 1;** nach Manz/Mayer/*Schröder* Rn 45 ff folge dies nicht unmittelbar aus § 6 I SEAG, die Vorschrift müsse einschränkend so ausgelegt werden; vgl nun auch § 122h I UmwG). Unterbleibt die Zustimmung, kann ein unangemessenes Umtauschverhältnis (nur) durch Unwirksamkeitsklage geltend gemacht werden (*Schwarz* Rn 25; Lutter/Hommelhoff/*Bayer* SE-Komm Rn 34; *Ihrig/Wagner* BB 2004, 1749, 1751; Lutter/Hommelhoff SE/*Vetter* S 121 f). Greift indes der Ausschluss der Klagemöglichkeit nach § 6 I SEAG, gewährt § 6 II SEAG einen Anspruch, von der SE einen **Ausgleich durch bare Zuzahlung** zu verlangen. **Anspruchsberechtigt** sind wie nach § 15 UmwG nur Anteilsinhaber des übertragenden Rechtsträgers. Demzufolge gilt auch der Ausschluss der Klagemöglichkeit nicht für die Aktionäre der übernehmenden AG. Der Anspruch der Aktionäre der übertragenden Ges ist im **Spruchverfahren** geltend zu machen (§ 6 IV SEAG). Vgl hierzu näher § 1 SpruchG Rn 6 f. **Problematisch** ist indes die Anknüpfung des Ausschlusses der auf ein unangemessenes Umtauschverhältnis gestützten Anfechtungsklage auf die Zustimmung der anderen beteiligten Ges zur Durchführung des Spruchverfahrens durch Verschmelzungsbeschluss (vgl Art 25 III). Eine Fristenregelung für die Unwirksamkeitsklage enthält § 6 SEAG nicht. Nach § 14 I UmwG kann die **Unwirksamkeitsklage** gegen einen Verschmelzungsbeschluss nur **binnen Monatsfrist** nach der Beschlussfassung erhoben werden. Ggf steht zu diesem Zeitpunkt indes noch nicht fest, ob die Aktionäre der anderen Ges dem Spruchverfahren zustimmen und die Unwirksamkeitsklage daher ausgeschlossen ist. Um den Aktionären nicht beide Möglichkeiten – Unwirksamkeitsklage und Spruchverfahren – zu nehmen, wird man annehmen müssen, dass die **Klagefrist** frühestens mit der letzten Beschlussfassung über die Zustimmung nach Art 25 III zu laufen beginnt. Im Hinblick auf die Versicherungen nach § 16 II UmwG (vgl Art 25 Rn 4) sollte daher die Reihenfolge der HV koordiniert werden.

14 Vgl iÜ zum Anspruch auf bare Zuzahlung die **Komm zu § 15 UmwG.**

15 **c) Barabfindungsangebot nach § 7 SEAG.** Die Voraussetzungen für das Recht zum Ausscheiden gegen Barabfindung nach §§ 29 ff UmwG sind bei Verschm nach der SE-VO streng genommen grdsl nicht gegeben, da übertragender Rechtsträger zwingend eine AG oder SE ist (vgl Art 2 Rn 5) und auch der übernehmende Rechtsträger zwingend die Rechtsform der SE hat, die nach Art 10 wie eine AG zu behandeln ist (vgl § 29 I 1 UmwG). Aufgrund der Ermäch-

tigung nach Art 24 II hat der nat Gesetzgeber aber in § 7 I 1 SEAG die Verpflichtung einer dt übertragenden Ges aufgenommen, bei der Gründung einer SE, die ihren **Sitz im Ausland** (also in einem anderen Mitgliedstaat) haben soll, jedem Aktionär, der gegen den Verschmelzungsbeschluss der Ges **Widerspruch** zur Niederschrift erklärt, den Erwerb seiner Aktien gegen eine angemessene Barabfindung anzubieten (vgl dazu *Teichmann* AG 2004, 67, 68 f; vgl nun auch § 122j UmwG). Das Angebot muss – anders als nach § 29 UmwG – durch die übertragende GründungsGes erfolgen, auch wenn die Barabfindung von der SE geleistet wird. Die Verpflichtung aus dem Angebot geht durch Gesamtrechtsnachfolge nach Art 29 auf die übernehmende SE über (RegEBegr BT-Drs 15/3004 zu § 7 SEAG; Lutter/Hommelhoff/*Bayer* SE-Komm Rn 53).

Für den Erwerb gelten die Vorschriften über den Erwerb eigener Aktien entspr, 16
jedoch ist **§ 71 IV 2 AktG** nicht anzuwenden. Dies erstaunt, da das Ausscheiden gegen Barabfindung voraussetzt, dass die übernehmende SE ihren Sitz im Ausland hat und mithin nicht der dt Rechtsordnung unterliegt (vgl auch *Brandes* AG 2005, 177, 180). Nach Ansicht des Gesetzgebers sei dies aber auch für die nicht dem dt Recht unterliegende Ges verbindl, da die Regelung sich auf die Ermächtigung des Art 24 II stützen könne und Art 25 III deutl mache, dass auch die Möglichkeit einer Barabfindung vorgesehen werden könne (RegEBegr BT-Drs 15/3004 zu § 7 SEAG; krit *Schwarz* Rn 34; vgl auch *Teichmann* ZGR 2003, 367, 378; Lutter/Hommelhoff/*Bayer* SE-Komm Rn 56). Die Kosten der Aktienübertragung hat die SE als Gesamtrechtsnachfolgerin (Art 29) der Ges zu tragen (vgl § 29 UmwG Rn 20).

Voraussetzung für den Anspruch auf Barabfindung ist, dass der Aktionär gegen 17
den Verschmelzungsbeschluss der Ges **Widerspruch zur Niederschrift** erklärt hat. Dem steht es gleich, wenn ein nicht erschienener Anteilsinhaber zu der Versammlung der Anteilsinhaber zu Unrecht nicht zugelassen worden ist oder die Versammlung nicht ordnungsgemäß einberufen oder der Gegenstand der Beschlussfassung nicht ordnungsgemäß bekannt gemacht worden ist (§ 7 I 4 iVm § 29 II UmwG; vgl insges hierzu § 29 UmwG Rn 15 ff). Zur Aufnahme des Barabfindungsangebots im Verschmelzungsplan vgl Art 20 Rn 18. § 7 II SEAG entspricht § 30 I UmwG und § 15 II UmwG, auf den in § 30 I 2 UmwG verwiesen wird. Vgl hierzu näher § 30 UmwG Rn 4–12.

§ 7 III SEAG, wonach die Angemessenheit einer anzubietenden Barabfindung 18
stets durch **Verschmelzungsprüfer** zu prüfen ist, entspricht § 30 II UmwG (vgl hierzu Art 22 Rn 9 und § 30 UmwG Rn 13 f). Das Angebot kann nur **binnen zwei Monaten** nach dem Tag angenommen werden, an dem die Verschm im Sitzstaat der SE nach den dort geltenden Vorschriften eingetragen und bekannt gemacht worden ist. Maßgebl ist die Eintragung der SE nach Art 12 (Art 27 I) und die Bekanntmachung nach Art 15 II, 13. Ebenso wie nach § 31 UmwG bestimmt § 7 IV 2 SEAG eine Verlängerung der Annahmefrist, wenn ein Spruchverfahren durchgeführt ist (vgl hierzu § 31 UmwG Rn 5 ff).

Vglbar mit § 6 I, II SEAG und § 32 UmwG kann eine Klage gegen die Wirk- 19
samkeit des Verschmelzungsbeschlusses nicht darauf gestützt werden, dass das Barabfindungsangebot zu niedrig bemessen ist oder die Barabfindung im Verschmelzungsplan nicht oder nicht ordnungsgemäß angeboten worden ist. Dieser **Ausschluss der Klage** gilt allerd nur, wenn nach Art 25 III 1 die anderen sich verschmelzenden Ges in Mitgliedstaaten, in denen ein derartiges Verfahren nicht besteht, bei der Zustimmung zu dem Verschmelzungsplan ausdrückl akzeptieren, dass die Aktionäre der sich verschmelzenden Ges ein **Spruchverfahren** durchfüh-

ren können (vgl nunmehr auch § 122i II UmwG). Liegt diese Zustimmung vor, kann eine zu niedrig bemessene oder nicht ordnungsgemäß angebotene Barabfindung im Spruchverfahren überprüft oder geltend gemacht werden (§ 7 VII SEAG). Vgl hierzu § 1 SpruchG Rn 6 f. Zur Verlängerung der **Klagefrist** vgl Rn 13.

20 § 7 VI SEAG, wonach Verfügungsbeschränkungen einer anderweitigen Veräußerung des Anteils durch den Aktionär nach der Fassung des Verschmelzungsbeschlusses bis zum Ablauf der in § 7 IV SEAG bestimmten Frist nicht entgegenstehen, entspricht § 33 UmwG (vgl die dortige Komm).

Art. 25 [Kontrollverfahren 1. Stufe]

(1) **Die Rechtmäßigkeit der Verschmelzung wird, was die die einzelnen sich verschmelzenden Gesellschaften betreffenden Verfahrensabschnitte anbelangt, nach den für die Verschmelzung von Aktiengesellschaften geltenden Rechtsvorschriften des Mitgliedstaats kontrolliert, dessen Recht die jeweilige verschmelzende Gesellschaft unterliegt.**

(2) **In jedem der betreffenden Mitgliedstaaten stellt das zuständige Gericht, der Notar oder eine andere zuständige Behörde eine Bescheinigung aus, aus der zweifelsfrei hervorgeht, dass die der Verschmelzung vorangehenden Rechtshandlungen und Formalitäten durchgeführt wurden.**

(3) [1] **Ist nach dem Recht eines Mitgliedstaats, dem eine sich verschmelzende Gesellschaft unterliegt, ein Verfahren zur Kontrolle und Änderung des Umtauschverhältnisses der Aktien oder zur Abfindung von Minderheitsaktionären vorgesehen, das jedoch der Eintragung der Verschmelzung nicht entgegensteht, so findet ein solches Verfahren nur dann Anwendung, wenn die anderen sich verschmelzenden Gesellschaften in Mitgliedstaaten, in denen ein derartiges Verfahren nicht besteht, bei der Zustimmung zu dem Verschmelzungsplan gemäß Artikel 23 Absatz 1 ausdrücklich akzeptieren, dass die Aktionäre der betreffenden sich verschmelzenden Gesellschaft auf ein solches Verfahren zurückgreifen können.** [2] **In diesem Fall kann das zuständige Gericht, der Notar oder eine andere zuständige Behörde die Bescheinigung gemäß Absatz 2 ausstellen, auch wenn ein derartiges Verfahren eingeleitet wurde.** [3] **Die Bescheinigung muss allerdings einen Hinweis auf das anhängige Verfahren enthalten.** [4] **Die Entscheidung in dem Verfahren ist für die übernehmende Gesellschaft und ihre Aktionäre bindend.**

Schrifttum: *C. Teichmann,* Die Einführung der Europäischen Aktiengesellschaft, ZGR 2002, 383; *Neye/Teichmann,* Der Entwurf für das Ausführungsgesetz zur Europäischen Aktiengesellschaft, AG 2003, 169; *Hirte,* Die Europäische Aktiengesellschaft – ein Überblick nach Inkrafttreten der deutschen Ausführungsgesetze (Teil I), DStR 2005, 653; (Teil II) DStR 2005, 700; *Brandes,* Cross Border Merger mittels der SE, AG 2005, 177; *Vossius,* Gründung und Umwandlung der deutschen europäischen Gesellschaft (SE), ZIP 2005, 741; *Walden/Meyer-Landrut,* Die grenzüberschreitende Verschmelzung einer Europäischen Gesellschaft: Beschlussfassung und Eintragung, DB 2005, 2619; *Seibt/Saame,* Die Societas Europaea (SE) deutschen Rechts: Anwendungsfelder und Beratungshinweise, AnwBl 2005, 225; *Empt,* Zur Anwendbarkeit von § 17 II UmwG bei einer SE-Gründung durch Verschmelzung auf eine deutsche AG, NZG 2010, 1013; siehe auch Schrifttum Vorb.

1. Allgemeines

Art 25, 26 begründen ein **zweistufiges System** der **Rechtmäßigkeitskontrolle** (vgl nun auch §§ 122k und 122l UmwG). Nach **Abs 1** wird **zunächst** die Rechtmäßigkeit der Verschm, was die die einzelnen sich verschmelzenden Ges betreffenden Verfahrensabschnitte anbelangt, nach den für die Verschm von AG geltenden Rechtsvorschriften des Mitgliedstaats kontrolliert, dessen Recht die jew verschmelzende Ges unterliegt. Dieses Verfahren muss **jede** der sich verschmelzenden **GründungsGes** durchführen. Bei der Verschm durch Aufnahme gilt dies auch für die übernehmende Ges (*Schwarz* Rn 5). Hierüber wird eine Bescheinigung ausgestellt **(Abs 2).** Sodann wird auf der **zweiten Stufe** die Rechtmäßigkeit der Verschm, was den Verfahrensabschnitt der Durchführung der Verschm und der Gründung der SE anbelangt, von der für den künftigen Sitzstaat der SE zuständigen Stelle kontrolliert (Art 26 I). Hierzu sind dieser Stelle die Bescheinigungen nach Abs 2 vorzulegen (Art 26 II). Die für den künftigen Sitzstaat der SE zuständige Behörde bewirkt sodann die nach Art 27 I konstitutive Eintragung der SE. 1

Abs 3 enthält besondere Regelungen bei der Verschm von GründungsGes verschiedener Mitgliedstaaten, wenn nicht in allen Mitgliedstaaten ein Verfahren zur Kontrolle des Umtauschverhältnisses oder zur Kontrolle eines Barabfindungsangebots vorgesehen ist. 2

2. Registeranmeldungen

a) Allgemeines. Die SE wird nach Art 12 I in ein von den Mitgliedstaaten bestimmtes Register eingetragen. Für eine dt SE ist dies das HR (§ 3 SEAG). Die Eintragung der SE bewirkt die Rechtsfolgen der Verschm und die Gründung der SE (Art 27 I). Zum Verfahren der Anmeldung der Verschm zur Erlangung der Registerbescheinigung (Art 25) und Durchführung und Gründung der SE (Art 26) enthält die SE-VO keine Bestimmungen. Dieses richtet sich nach dem jew nat Recht der beteiligten Ges und des künftigen Sitzstaats der SE. Die Verweisungsnormen Art 18 und Art 15 I sind nebeneinander anwendbar. 3

b) Anmeldung der Verschmelzung bei den übertragenden Gründungsgesellschaften. Die SE-VO enthält keine Vorschriften für die **Anmeldung der Verschm** zum Register der übertragenden Ges. Über Art 18 sind hierfür die nat Verschmelzungsvorschriften für AG maßgebl. Danach gelten für dt GründungsGes §§ 16, 17 UmwG. Die **Anmeldung** (§ 16 I UmwG) hat durch die Vertretungsorgane in das HR am Sitz des Rechtsträgers zu erfolgen (§ 4 SEAG). Vgl hierzu näher § 16 UmwG Rn 6 ff. Daneben besteht nach § 16 I 2 UmwG die Zuständigkeit des Vertretungsorgans des übernehmenden Rechtsträgers (KölnerKomm-AktG/*Maul* Rn 10). Ferner haben die Vertretungsorgane zu erklären, dass eine **Klage gegen die Wirksamkeit** des Verschmelzungsbeschlusses nicht oder nicht fristgemäß erhoben oder eine solche Klage rkr abgewiesen oder zurückgenommen worden ist (§ 16 II UmwG; *Schwarz* Rn 9; Lutter/Hommelhoff/*Bayer* SE-Komm Rn 11; Kallmeyer/*Marsch-Barner* Anh SE Rn 81). Hierbei ist zu beachten, dass der Ausschluss der Unwirksamkeitsklage wegen eines unangemessenen Umtauschverhältnisses ggf davon abhängig ist, dass die Aktionäre der anderen Ges einem Spruchverfahren zustimmen. Dies beeinflusst die Klagefrist (vgl Art 24 Rn 13). Die durch eine derartige Klage zunächst verursachte Registersperre kann durch das **summarische Verfahren** nach § 16 III UmwG überwunden werden (vgl 4 hierzu im Einzelnen § 16 UmwG Rn 28 ff). Vor Abgabe der Negativerklärung oder Abschluss des Freigabeverfahrens kann die Registerbescheinigung nicht erteilt werden. Liegt der Sitz der SE im Ausland, müssen die Vorstandsmitglieder einer übertragenen Ges ferner nach § 8 S 2 SEAG die Versicherung abgeben, dass allen Gläubigern, die einen Anspruch auf Sicherheitsleistung haben (vgl Art 24 Rn 9), eine angemessene Sicherheit geleistet wurde.

5 Die notw **Anlagen** der Anmeldung ergeben sich aus § 17 UmwG (vgl dort Rn 4 ff). In zeitl Hinsicht problematisch ist die Verpflichtung nach § 17 II UmwG, der Anmeldung zum Register einer übertragenden Ges eine **Schlussbilanz** beizufügen, deren Stichtag höchstens acht Monate vor dem Tag der Anmeldung liegt (vgl hierzu näher § 17 UmwG Rn 35 ff). Oftmals wird zu diesem Zeitpunkt die für die Eintragung der SE-Gründung notw Vereinbarung über die Beteiligung der ArbN noch nicht vorliegen (wohl auch *Brandes* AG 2005, 177, 181; KölnerKommAktG/*Maul* Art 17 Rn 17). Ggf ist daher die Anmeldung bereits vor Abschluss der Vereinbarung vorzunehmen und diese nachzureichen (vgl auch § 17 UmwG Rn 44 ff).

6 **c) Anmeldung bei der übernehmenden Gründungsgesellschaft.** Auch eine übernehmende Ges muss die Verschm zur Erlangung der Registerbescheinigung nach Art 25 anmelden (*Schwarz* Rn 5). Vgl demggü §§ 122k, 122l UmwG. Über Art 18 sind bei dt Ges wiederum §§ 16, 17 I UmwG einschlägig. Die **Anmeldung** (§ 16 I UmwG) hat durch die Vertretungsorgane beim HR am Sitz des Rechtsträgers zu erfolgen (§ 4 SEAG). Vgl hierzu näher § 16 UmwG Rn 6 ff. Eine Schlussbilanz nach § 17 II bedarf es beim übernehmenden Rechtsträger nicht (*Empt* NZG 2010, 1013; vgl auch § 17 UmwG Rn 8), ebenso wenig der Versicherung nach § 8 S 2 SEAG, weil die SE nicht den Sitz im Ausland hat (§ 8 S 1 SEAG; vgl iÜ Rn 4 f). Ferner ist die Negativerklärung nach § 16 II UmwG abzugeben oder die Entscheidung im Freigabeverfahren vorzulegen.

7 Bei einer Verschm durch Aufnahme ist neben der Anmeldung der Verschm beim für den übernehmenden Rechtsträger zuständigen Register **auch** die **Anmeldung der SE** vorzunehmen (vgl Art 26 Rn 2), da die übernehmende Ges mit Wirksamwerden der Verschm die Rechtsform der SE annimmt (Art 29 I lit d). Diese kann, muss aber nicht mit der Anmeldung der Verschm verbunden werden.

8 Bei einer Verschm durch Aufnahme ist das Registergericht **sowohl** für die Prüfung nach **Art 25 als auch** für die Prüfung nach **Art 26** zuständig. Für die der eigenen Zuständigkeit unterliegende Ges bedarf es daher keiner Bescheinigung nach Abs 2.

9 **d) Anmeldung der neu gegründeten SE.** Von der Anmeldung der Verschm zur Erreichung der Registerbescheinigung ist die Anmeldung der SE zu unterscheiden. Dies ist Gegenstand der zweiten Stufe nach Art 26 (vgl dort Rn 2).

3. Rechtmäßigkeitsprüfung erster Stufe, Abs 1

10 **a) Prüfungsmaßstab.** Nach Abs 1 sind die Verfahrensabschnitte nach den für die Verschm von AG geltenden **Rechtsvorschriften** des **Mitgliedstaats,** dessen Rechte die jew verschmelzende Ges unterliegt, zu kontrollieren. Diese Verweisung betrifft das Verfahren, das sich über Art 18 nach §§ 16, 17 und 19 UmwG richtet (Rn 3 ff). Die materielle Prüfung erstreckt sich indes nicht nur auf die neben der SE-VO in nicht abschl geregelten Bereichen geltenden nat Verschmelzungsvorschriften für AG (Art 18), sondern insbes auf die Einhaltung der Bestimmungen der SE-VO (*Schwarz* Rn 12).

b) Prüfungsumfang. Zunächst wird die Rechtmäßigkeit der Verschm hinsichtl der die einzelnen sich verschmelzenden Ges betreffenden Verfahrensabschnitte geprüft. Die jew nat Behörde (in Deutschland das für die GründungsGes zust RegG, § 4 S 1 SEAG) prüft hierbei **nur die Rechtshandlungen** der in ihren Zuständigkeitsbereich fallenden **GründungsGes.** Überprüft werden insbes (vgl auch MHdB AG/*Austmann* § 83 Rn 29; *Schwarz* Rn 13): 11
- die **Gründungsberechtigung** der GründungsGes;
- der **Verschmelzungsplan,** zu dessen Bestandteil auch die Satzung der SE gehört (zur inhaltl Kontrolle vgl § 19 UmwG Rn 18);
- die **Bekanntmachung** der angestrebten Verschm nach Art 21;
- das Vorliegen eines **Verschmelzungsberichts** (zur inhaltl Kontrolle vgl § 19 UmwG Rn 24);
- die Durchführung der **Verschmelzungsprüfung;**
- das Vorliegen eines wirksamen **Verschmelzungsbeschlusses** und ggf des Bestätigungsbeschlusses nach Art 23 II 2 (vgl Art 23 Rn 13) der HV;
- das Vorliegen der **Erklärung** der Vorstände nach Art 18 iVm **§ 16 II UmwG** oder das Vorliegen einer Entscheidung nach § 16 III UmwG;
- das Vorliegen der **Erklärung** der Vorstände nach § 8 S 2 SEAG;
- die Einhaltung der **Schutzvorschriften** zugunsten der **Gläubiger,** Anleihegläubiger und Inhaber von Sonderrechten (vgl insbes Art 24 Rn 10);
- die Übergabe der neuen Aktien an den Treuhänder nach § 71 UmwG (Kallmeyer/*Marsch-Barner* Anh SE Rn 83);
- die Einhaltung der Schutzvorschriften zugunsten der Minderheitsaktionäre.

Eine Kontrolle der (wirtschaftl) Zweckmäßigkeit der Verschm und der Angemessenheit des Umtauschverhältnisses erfolgt nicht (*Schwarz* Rn 9; MHdB AG/*Austmann* § 83 Rn 29; KölnerKommAktG/*Maul* Rn 15). 12

4. Bescheinigung der zuständigen Behörde, Abs 2

Die **Zuständigkeit** für die Erteilung der Bescheinigung richtet sich nach dem jew nat Recht. Für Deutschland bestimmt § 4 S 1 SEAG die Zuständigkeit des nach § 376 FamFG berufenen Amtsgerichts als **HR.** Für die örtl Zuständigkeit wird man auf § 14 AktG zurückgreifen können. Für das Verfahren gelten die nat Verfahrensvorschriften, in Deutschland mithin die für das Handelsregisterverfahren geltenden Vorschriften, insbes FamFG und HRV. 13

Da eine **Bescheinigung** auszustellen ist, ist **Schriftform** notw, die auch den Aussteller erkennen lässt (*Schwarz* Rn 17; Lutter/Hommelhoff/*Bayer* SE-Komm Rn 15). Inhaltl Anforderungen stellt Abs 2 nicht auf. Aus der Bescheinigung muss jedoch „zweifelsfrei“ hervorgehen, dass die der Verschm vorangehenden Rechtshandlungen und Formalitäten durchgeführt worden sind. Sinnvoll ist eine Orientierung an dem Wortlaut des in Abs 1 abstrakt dargestellten Prüfungsumfangs und des in Abs 2 umschriebenen Bescheinigungsinhalts. Die Bescheinigung muss aber nur das Ergebnis der Prüfung wiedergeben (*Schwarz* Rn 18; MüKo-AktG/*Schäfer* Rn 5), muss dieses jedoch nicht begründen (so aber Lutter/Hommelhoff/*Bayer* SE-Komm Rn 15; diff KölnerKomm AktG/*Maul* Rn 5: Begründung bei Ablehnung). Eine isolierte Verschmelzungsbescheinigung ist für eine inl übernehmende GründungsGes überflüssig, wenn dasselbe Registergericht die 14

Überprüfung nach Art 26 durchführt (*Walden/Meyer-Landrut* DB 2005, 2619, 2622).

15 Eine **vorläufige Eintragung** der Verschm (vgl § 19 UmwG) erfolgt nicht, da das Eintragungsverfahren abschl in Art 27, 28 geregelt ist (Lutter/Hommelhoff/*Bayer* SE-Komm Rn 18; MüKoAktG/*Schäfer* Rn 10; *Schwarz* Rn 25; aA *Walden/Meyer-Landrut* DB 2005, 2619, 2622; *Seibt/Saame* AnwBl 2005, 225, 231). Die Eintragungsnachricht kann daher nicht als Bescheinigung angesehen werden (vgl aber § 122k II 2 UmwG).

16 Die Bescheinigung darf erst ausgestellt werden, wenn die Vorstandsmitglieder einer übertragenden Ges nach § 8 S 2 SEAG die Versicherung abgeben haben, dass allen Gläubigern, die einen Anspruch auf Sicherheitsleistung haben (vgl Art 24 Rn 9), eine angemessene Sicherheit geleistet wurde. Ein anhängiges Spruchverfahren ist nur anzugeben, hindert die Ausstellung der Bescheinigung indes nicht (Rn 19).

5. Zustimmung zum Spruchverfahren, Abs 3 S 1–3

17 Eine Anfechtungs- oder Nichtigkeitsklage kann grdsl nicht auf ein unangemessenes Umtauschverhältnis oder ein unangemessenes oder fehlendes bzw nicht ordnungsgemäßes Barabfindungsangebot gestützt werden, sofern den Aktionären die Überprüfung bzw Geltendmachung dieser Ansprüche im Spruchverfahren mögl ist. Sind an einer Verschm auch GründungsGes beteiligt, deren Rechtsordnung ein derartiges Spruchverfahren nicht kennt, kann das Spruchverfahren nur durchgeführt werden, wenn die Aktionäre dieser Ges bei der Zustimmung zum Verschmelzungsplan ausdrückl akzeptieren, dass die anderen Aktionäre auf ein solches Verfahren zurückgreifen können (vgl Art 24 Rn 12 ff). Für die Zustimmung sollte regelm geworben werden, da nur bei der Statthaftigkeit eines Spruchverfahrens die Aktionäre der dt GründungsGes ein unangemessenes Umtauschverhältnis oder Barabfindungsangebot nicht mittels Unwirksamkeitsklage angreifen können (vgl auch *Teichmann* ZGR 2002, 383, 427 f).

18 **Inl GründungsGes** steht der Zustimmungsvorbehalt nie zu, da das dt Recht die Möglichkeit der Überprüfung im Spruchverfahren eröffnet (*Schwarz* Rn 28). Dies ist innerhalb der EU aber die Ausnahme. Der Zustimmungsbeschluss einer ausl **GründungsGes** kann mit dem Beschluss über die Verschm gekoppelt werden oder isoliert erfolgen (Lutter/Hommelhoff/*Bayer* SE-Komm Rn 22; aA *Schwarz* Rn 29: zwingend getrennte Beschlussfassung). Unabhängig davon bedarf der Zustimmungsbeschluss derselben Mehrheit wie der Verschmelzungsbeschluss (MüKoAktG/*Schäfer* Rn 12; Lutter/Hommelhoff/*Bayer* SE-Komm Rn 22; aA *Schwarz* Rn 29: einfache Mehrheit).

19 Da die Durchführung des Spruchverfahrens die Eintragung der Verschm nicht hindert, hat die nach Abs 2 zuständige Behörde (in Deutschland das HR, Rn 20) die **Bescheinigung** nach Abs 2 auch auszustellen, wenn ein derartiges Verfahren eingeleitet wurde (Abs 3 S 2). Auf das anhängige Verfahren ist allerd **hinzuweisen** (Abs 3 S 3).

6. Bindung des Spruchverfahrens, Abs 3 S 4

20 Entscheidungen im Spruchverfahren wirken für und gegen alle (§ 13 S 2 SpruchG; vgl dort Rn 3 ff). Das SpruchG als nat Rechtsvorschrift kann eine entspr Bindung jedoch für die anderen Rechtsträger und für die durch die Verschm entstehende SE nicht anordnen. Daher bestimmt Abs 3 S 4, dass die Entscheidung

im Spruchverfahren auch für die übernehmende Ges und ihre Aktionäre bindend ist. Damit ist auch die internationale Zuständigkeit eröffnet (MüKoAktG/*Schäfer* Rn 12).

Art. 26 [Kontrollverfahren 2. Stufe]

(1) **Die Rechtmäßigkeit der Verschmelzung wird, was den Verfahrensabschnitt der Durchführung der Verschmelzung und der Gründung der SE anbelangt, von dem/der im künftigen Sitzstaat der SE für die Kontrolle dieses Aspekts der Rechtmäßigkeit der Verschmelzung von Aktiengesellschaften zuständigen Gericht, Notar oder sonstigen Behörde kontrolliert.**

(2) **Hierzu legt jede der sich verschmelzenden Gesellschaften dieser zuständigen Behörde die in Artikel 25 Absatz 2 genannte Bescheinigung binnen sechs Monaten nach ihrer Ausstellung sowie eine Ausfertigung des Verschmelzungsplans, dem sie zugestimmt hat, vor.**

(3) **Die gemäß Absatz 1 zuständige Behörde kontrolliert insbesondere, ob die sich verschmelzenden Gesellschaften einem gleich lautenden Verschmelzungsplan zugestimmt haben und ob eine Vereinbarung über die Beteiligung der Arbeitnehmer gemäß der Richtlinie 2001/86/EG geschlossen wurde.**

(4) **Diese Behörde kontrolliert ferner, ob gemäß Artikel 15 die Gründung der SE den gesetzlichen Anforderungen des Sitzstaates genügt.**

Schrifttum: *C. Teichmann,* Die Einführung der Europäischen Aktiengesellschaft, ZGR 2002, 383; *Neye/Teichmann,* Der Entwurf für das Ausführungsgesetz zur Europäischen Aktiengesellschaft, AG 2003, 169; *Hirte,* Die Europäische Aktiengesellschaft – ein Überblick nach Inkrafttreten der deutschen Ausführungsgesetze (Teil I), DStR 2005, 653; (Teil II) DStR 2005, 700; *Brandes,* Cross Border Merger mittels der SE, AG 2005, 177; *Vossius,* Gründung und Umwandlung der deutschen europäischen Gesellschaft (SE), ZIP 2005, 741; *Walden/Meyer-Landrut,* Die grenzüberschreitende Verschmelzung einer Europäischen Gesellschaft: Beschlussfassung und Eintragung, DB 2005, 2619; siehe auch Schrifttum Vorb.

1. Allgemeines

Zum zweistufigen Verfahren der Rechtmäßigkeitsüberprüfung vgl zunächst Art 25 Rn 1. Art 26 regelt die **zweite Stufe** der Rechtmäßigkeitskontrolle. Hierbei wird der Verfahrensabschnitt der Durchführung der Verschm und der Gründung der SE kontrolliert (Abs 1). Zur **Anmeldung** vgl Art 25 Rn 3 ff. Die sich verschmelzenden Ges legen der für die künftige SE zuständigen Behörde die Bescheinigungen nach Art 25 II und eine Ausfertigung des Verschmelzungsplans, dem sie zugestimmt haben, vor (Abs 2). Die zuständige Behörde im Sitzstaat kontrolliert selbstständig insbes, ob die Ges einem **gleichlautenden** Verschmelzungsplan zugestimmt haben, eine Vereinbarung über die Beteiligung der ArbN geschlossen wurde und die nach Art 15 maßgebl Gründungsvorschriften der SE eingehalten sind (Abs 3, 4). 1

2. Anmeldung der neu gegründeten SE

Von der Anmeldung der Verschm zur Erreichung der Verschmelzungsbescheinigung (Art 25) ist die Anmeldung der SE zu unterscheiden. Hierfür bestimmt Abs 2 nur, dass die sich verschmelzenden Ges binnen sechs Monaten nach ihrer 2

Ausstellung die Bescheinigungen nach Abs 2 und eine Ausfertigung des Verschmelzungsplans, dem sie zugestimmt haben, vorzulegen haben. IÜ sind über Art 15 I die nat Vorschriften des Staats, in dem die SE ihren Sitz haben wird, anzuwenden. Damit wird die SE gemäß den für Aktiengesellschaften geltenden Vorschriften im HR eingetragen (§ 3 SEAG). Maßgebl sind die §§ 36 ff AktG (*Schwarz* Rn 5; aA MüKoAktG/*Schäfer* Rn 6 f; Lutter/Hommelhoff/*Bayer* SE-Komm Rn 7: Art 26 II iVm § 38 II UmwG). In Deutschland ist das Amtsgericht **(HR)** am künftigen Sitz der SE (§ 4 SEAG iVm § 376 FamFG und § 14 AktG) zuständig (Rn 4).

3 Die Anmeldung ist von allen **Gründern,** also **allen** an der Verschm beteiligten **GründungsGes,** diese vertreten durch ihre Leitungs- oder Verwaltungsorgane, *und* den Mitgliedern des künftigen Vorstands und Aufsichtsrats vorzunehmen (*Schwarz* Rn 5; Lutter/Hommelhoff SE/*Kleindiek* S 97; MHdB AG/*Austmann* § 83 Rn 31; aA MüKoAktG/*Schäfer* Rn 7; Lutter/Hommelhoff/*Bayer* SE-Komm Rn 8: nur die Vertretungsorgane der GründungsGes). Für eine SE mit monistischer Struktur bestimmt § 21 I SEAG die Anmeldung durch die Gründer, die Mitglieder des Verwaltungsrates und die geschäftsführenden Direktoren. Für den Inhalt der Anmeldung gelten § 37 AktG und § 24 HRV.

3. Vorlage der Bescheinigungen und Verschmelzungspläne

4 Die Bescheinigungen nach Art 25 II (vgl dazu Art 25 Rn 13) werden nicht von Amts wegen an die für den Sitz der SE zuständige Behörde übermittelt. Die **Vorlageverpflichtung** betrifft nach Abs 2 die sich verschmelzenden GründungsGes. Ferner ist eine Ausfertigung des Verschmelzungsplans von den GründungsGes vorzulegen. Für eine inl übernehmende GründungsGes erübrigt sich die Vorlage, wenn dasselbe Registergericht die Überprüfung nach Art 25 durchführt hat (*Walden/Meyer-Landrut* DB 2005, 2619, 2622). Die Bescheinigung, nicht aber zwingend die Ausfertigung des Verschmelzungsplans ist binnen sechs Monaten nach ihrer Ausstellung vorzulegen. Für die Fristberechnung gelten bei einem inl Verfahren die §§ 186 ff BGB; Fristbeginn (Ereignis nach § 187 I BGB) ist die Ausstellung der Bescheinigung (*Schwarz* Rn 7). Die Rechtsfolgen einer **Fristversäumnis** sind unklar. Eine materielle Auschlussfrist ist nicht anzunehmen. Regelm wird eine neue Bescheinigung zu beantragen und vorzulegen sein. Eine nochmalige Überprüfung durch die nach Art 25 II zuständige Behörde wird aber meist keinen neuen Befund ergeben.

5 Des Weiteren verpflichtet Abs 2 jede beteiligte GründungsGes zur Vorlage des **Verschmelzungsplans,** dem sie zugestimmt hat. Dies ermöglicht die Prüfung, ob gleichlautenden Plänen zugestimmt worden ist. Um die Kontrolle nach Abs 3 zu ermöglichen, muss ferner die Vereinbarung über die **Arbeitnehmerbeteiligung** vorgelegt werden (*Schwarz* Rn 9; Lutter/Hommelhoff/*Bayer* SE-Komm Rn 9; KölnerKomm AktG/*Maul* Rn 13). Die übrigen von **§ 17 UmwG** geforderten Unterlagen sind nicht (nochmals) vorzulegen, da sie bereits Gegenstand der Prüfung nach Art 25 (vgl Art 25 Rn 4 ff) waren (Lutter/Hommelhoff/*Bayer* SE-Komm Rn 9).

4. Rechtsmäßigkeitskontrolle zweite Stufe

6 **a) Zuständigkeit.** Die Zuständigkeit für die Rechtmäßigkeitskontrolle nach Art 26 richtet sich nach den nat Vorschriften im künftigen Sitzstaat der SE. Der dt Gesetzgeber hat in **§ 4 S 1 SEAG** die Zuständigkeit des Amtsgerichts (HR)

am Sitz der künftigen SE festgelegt (§ 4 S 1 SEAG iVm § 376 FamFG und § 14 AktG). Zur **Anmeldung** Rn 2.

b) Prüfungsumfang. Der Prüfungsumfang erstreckt sich zunächst nach Abs 3 auf die Zustimmung aller sich verschmelzenden Ges zu einem **gleichlautenden Verschmelzungsplan** und auf den Abschluss (vgl Art 12 II) einer Vereinbarung über die Beteiligung der ArbN (Abs 3). Hinsichtl des Verschmelzungsplans ist grdsl (vgl aber Rn 11) nur die inhaltl Identität zu überprüfen; die inhaltl Rechtmäßigkeitskontrolle ist bereits im Verfahren nach Art 25 geprüft und in der Bescheinigung bestätigt worden (Lutter/Hommelhoff/*Bayer* SE-Komm Rn 11; MüKoAktG/*Schäfer* Rn 10; KölnerKommAktG/*Maul* Rn 12). 7

Der Wortlaut der Prüfungspflicht hinsichtl einer Vereinbarung über die Beteiligung der ArbN (Abs 3) ist einschränkend auszulegen. Zu prüfen ist, ob das Verfahren in einer ordnungsgemäßen Weise abgeschlossen wurde, da nur dies Eintragungsvoraussetzung nach Art 12 II ist (Lutter/Hommelhoff/*Bayer* SE-Komm Rn 12; *Schwarz* Rn 12). Der Verfahrensabschluss kann aber auch in anderer Weise als durch eine Vereinbarung erfolgen (KölnerKommAktG/*Maul* Rn 13). 8

Ferner hat die für den künftigen Sitz der SE zuständige Behörde (in Deutschland das Amtsgericht als HR, Rn 2) die nach Art 15 zu beachtenden gesellschaftlsrechtl **Anforderungen** an die **Gründung** der **SE** im künftigen Sitzstaat zu überprüfen (*Schwarz* Rn 13). Hierzu gehört auch die Prüfung der Rechtmäßigkeit und Vollständigkeit der Satzung der SE (MüKoAktG/*Schäfer* Rn 12; *Schwarz* Rn 13) 9

Ferner muss der **Mehrstaatenbezug** (Art 2 Rn 11) geprüft werden (Lutter/Hommelhoff/*Bayer* SE-Komm Rn 14; MüKoAktG/*Schäfer* Rn 12). 10

c) Bindung an Verschmelzungsbescheinigung. Unzweifelhaft erstreckt sich auch die Prüfung darauf, ob die **Bescheinigungen** nach Abs 2 vorliegen. Eine **eigenständige Prüfung** der von den Bescheinigungen nach Art 25 erfassten Verfahrensabschnitte bedarf es hingegen nicht (so auch Widmann/Mayer/*Heckschen* Rn 266; *Schwarz* Rn 11; Kallmeyer/*Marsch-Barner* Anh SE Rn 86). Dies bedeutet aber nur, dass bei vorliegender Bescheinigung keine eigenständigen Prüfungshandlungen vorzunehmen sind. Die für den Sitzstaat der SE zuständige Behörde hat aber das Recht, auch die die einzelnen GründungsGes betreffenden Verfahrensabschnitte selbst zu überprüfen, wenn **Auffälligkeiten** bestehen. Denn auch die Einhaltung der Verfahrenshandlungen bei den jew sich verschmelzenden GründungsGes sind Voraussetzung für die Durchführung der Verschm und der Gründung der SE, also dem nach Abs 1 vorgegebenen Prüfungsumfang (so auch Lutter/Hommelhoff SE/*Kleindiek,* 108; Widmann/Mayer/*Heckschen* Rn 266). 11

Weitere Prüfungshandlungen können sich etwa aus einer bei der übernehmenden GründungsGes durchzuführenden KapErh ergeben. Hier ist nach Maßgabe der nat Vorschriften insbes die Kapitalaufbringung zu prüfen. 12

5. Eintragung der SE

Kommt die für die zukünftige SE zuständige Stelle zu dem Ergebnis, dass Eintragungshindernisse nicht vorliegen, veranlasst sie die Eintragung der SE, die nach Art 27 Abs 1 zum Wirksamwerden der Verschm und der gleichzeitigen Gründung der SE führt. Zur Bekanntmachung vgl Art 28. 13

Art. 27 [Wirksamwerden]

(1) **Die Verschmelzung und die gleichzeitige Gründung der SE werden mit der Eintragung der SE gemäß Artikel 12 wirksam.**

(2) **Die SE kann erst nach Erfüllung sämtlicher in den Artikeln 25 und 26 vorgesehener Formalitäten eingetragen werden.**

Schrifttum: Siehe Schrifttum Vorb.

1. Wirksamwerden der Verschmelzung

1 Nach Abs 1 ist die Eintragung der SE gem Art 12 der konstitutive Akt und zugleich der Zeitpunkt für das Wirksamwerden der Verschm und die gleichzeitige Gründung der SE. Der Zeitpunkt der Bekanntmachung hat für das Wirksamwerden keine Bedeutung. Die Wirkungen der Verschm bestimmt Art 29 (vgl im Einzelnen dort). Eine SE mit Sitz in Deutschland wird bei dem für den (künftigen) Sitz zuständigen HR eingetragen (§ 4 S 1 SEAG iVm § 376 FamFG und § 14 AktG).

2. Eintragungsvoraussetzungen

2 Zu dem zweistufigen Prüfungsverfahren vgl zunächst Art 25 Rn 1. Abs 2 stellt klar, dass die Eintragung der SE erst nach Erfüllung sämtl in Art 25 und 26 vorgeschriebener Formalitäten erfolgen kann.

Art. 28 [Bekanntmachung der Verschmelzung]

Für jede sich verschmelzende Gesellschaft wird die Durchführung der Verschmelzung nach den in den Rechtsvorschriften des jeweiligen Mitgliedstaats vorgesehenen Verfahren in Übereinstimmung mit Artikel 3 der Richtlinie 68/151/EWG offen gelegt.

Schrifttum: Siehe Schrifttum Vorb.

1 Die Vorschrift verpflichtet zur Offenlegung der Durchführung der Verschm für jede der sich verschmelzenden Ges nach den Rechtsvorschriften des jew Mitgliedstaats in Übereinstimmung mit Art 3 der PublizitätsRL. Damit ist das Wirksamwerden der Verschmelzung gemeint (KölnerKommAktG/*Maul* Rn 2). Schuldner der Offenlegungspflicht ist die SE als Rechtsnachfolger der übertragenden Ges und als Rechtsträger neuer Rechtsform (KölnerKommAktG/*Maul* Rn 4; MüKo-AktG/*Schäfer* Rn 3). Die Offenlegung ist deklaratorisch, die Wirkungen der Verschm treten bereits mit der Eintragung der SE ein; vgl aber zum Fristbeginn Rn 3. Für dt GründungsGes gelten §§ 8 ff HGB. Die Bekanntmachung hat damit in elektronischer Form zu erfolgen. Daneben erfolgt zu Informationszwecken eine Bekanntmachung im Amtsblatt der Europäischen Gemeinschaft (Art 14 I).

2 Hat die aus der Verschm hervorgehende SE ihren Sitz in Deutschland, hat das für die Eintragung der SE zuständige Gericht von Amts wegen dem Gericht (der zuständigen Behörde) des Sitzes jedes übertragenden Rechtsträgers den Tag der Eintragung der Verschm den anderen Behörden mitzuteilen (Art 18 iVm § 19 II 2 UmwG; Lutter/Hommelhoff/*Bayer* SE-Komm Rn 3). In anderen Fällen (Sitz der SE im Ausland) besteht eine Nachforschungspflicht des HR des Sitzes der übertragenden GründungsGes (zutr Manz/Mayer/*Schröder* Rn 8). Aber auch die beteiligte GründungsGes und die SE als Rechtsnachfolger sind Adressaten der Offenlegungspflicht und müssen daher die Offenlegung der Durchführung anmelden (*Schwarz* Rn 7).

Mit der Bekanntmachung beginnen die **Fristen** für den Gläubigerschutz (Art 24 iVm § 22 UmwG; vgl Art 24 Rn 2 ff), für die Annahme der Barabfindung (Art 24 iVm § 31 UmwG; vgl Art 24 Rn 12 ff) sowie für die Verjährung von Schadensersatzansprüchen gegen Verwaltungsträger (Art 18 iVm § 25 III UmwG). 3

Art. 29 [Wirkungen der Verschmelzung]

(1) **Die nach Artikel 17 Absatz 2 Buchstabe a vollzogene Verschmelzung bewirkt ipso jure gleichzeitig Folgendes:**
a) Das gesamte Aktiv- und Passivvermögen jeder übertragenden Gesellschaft geht auf die übernehmende Gesellschaft über;
b) die Aktionäre der übertragenden Gesellschaft werden Aktionäre der übernehmenden Gesellschaft;
c) die übertragende Gesellschaft erlischt;
d) die übernehmende Gesellschaft nimmt die Rechtsform einer SE an.

(2) **Die nach Artikel 17 Absatz 2 Buchstabe b vollzogene Verschmelzung bewirkt ipso jure gleichzeitig Folgendes:**
a) Das gesamte Aktiv- und Passivvermögen der sich verschmelzenden Gesellschaften geht auf die SE über;
b) die Aktionäre der sich verschmelzenden Gesellschaften werden Aktionäre der SE;
c) die sich verschmelzenden Gesellschaften erlöschen.

(3) **Schreibt ein Mitgliedstaat im Falle einer Verschmelzung von Aktiengesellschaften besondere Formalitäten für die Rechtswirksamkeit der Übertragung bestimmter von den sich verschmelzenden Gesellschaften eingebrachter Vermögensgegenstände, Rechte und Verbindlichkeiten gegenüber Dritten vor, so gelten diese fort und sind entweder von den sich verschmelzenden Gesellschaften oder von der SE nach deren Eintragung zu erfüllen.**

(4) **Die zum Zeitpunkt der Eintragung aufgrund der einzelstaatlichen Rechtsvorschriften und Gepflogenheiten sowie aufgrund individueller Arbeitsverträge oder Arbeitsverhältnisse bestehenden Rechte und Pflichten der beteiligten Gesellschaften hinsichtlich der Beschäftigungsbedingungen gehen mit der Eintragung der SE auf diese über.**

Schrifttum: Siehe Schrifttum Vorb.

1. Allgemeines

Abs 1 und 2 regeln die Wirkungen der Verschm durch Aufnahme und der Verschm durch Neugründung (vgl hierzu auch Art 19 VerschmRL vom 9.10.1978, ABl Nr L 295, 36 und § 20 UmwG). **Abs 3** bestimmt die Fortgeltung von in einzelnen Mitgliedstaaten im Falle einer Verschm geforderter besonderer Formalitäten für die Rechtswirksamkeit der Übertragung bestimmter Vermögensgegenstände, Rechte und Verbindlichkeiten ggü Dritten. **Abs 4** ordnet den Übergang von Beschäftigungsbedingungen auf die SE an. 1

2. Gesamtrechtsnachfolge

Sowohl bei der Verschm durch Aufnahme als auch bei der Verschm durch Neugründung geht mit Wirksamwerden der Verschm (Art 27 I) „ipso jure" das 2 gesamte Aktiv- und Passivvermögen jeder übertragenden Ges auf die übernehmende oder neu gegründete SE über (Abs 1 lit a, Abs 2 lit a). Der Vermögensübergang erfolgt durch Gesamtrechtsnachfolge. Besonderer Übertragungsakte bedarf es nicht. Vgl hierzu im Einzelnen § 20 UmwG Rn 23 ff. Zu besonderen Formalitäten für die Rechtswirksamkeit der Übertragung vgl Rn 6.

3. Anteilstausch

3 Die vollzogene Verschm bewirkt ferner, dass die Aktionäre der übertragenden Ges Aktionäre der übernehmenden Ges (Verschm durch Aufnahme) bzw Aktionäre der neu gegründeten SE (Verschm durch Neugründung) werden (Abs 1 lit b, Abs 2 lit b). Der Anteilswechsel erfolgt ohne weitere Übertragungsakte. Vgl näher hierzu § 20 UmwG Rn 109 ff. Zum Aktientausch über einen **Treuhänder** vgl Art 20 Rn 10. Soweit die übernehmende Ges Anteile an einer übertragenden Ges hat, findet ein Anteilstausch nicht statt. Dies ordnet Art 31 I 1 für den Fall der Verschm der 100%igen Tochter auf die Mutter ausdrücklich an. Darüber hinaus greift für eine inl übernehmende Ges bei eigenen Anteilen einer übertragenden Ges § 20 I Nr 3 S 1 HS 2 UmwG ein (Lutter/Hommelhoff/*Bayer* SE-Komm Rn 8; MüKoAktG/*Schäfer* Rn 4).

4. Erlöschen der übertragenden Gesellschaften

4 Die vollzogene Verschm (Art 27 I) bewirkt nach Abs 1 lit c, Abs 2 lit c das Erlöschen der übertragenden Ges. Das Erlöschen erfolgt ohne Abwicklung (vgl bereits Art 17 Rn 6). Eine Liquidation ist damit nicht durchzuführen. Vgl näher hierzu § 20 UmwG Rn 7 ff. Trotz des Wortlauts von Abs 1 lit c („die übertragende Ges") können auch mehr als eine übertragende Ges an einer Verschm durch Aufnahme beteiligt sein (Art 17 Rn 2).

5. Annahme der Rechtsform der SE

5 Bei der Verschm durch Aufnahme nimmt die übernehmende AG mit Wirksamwerden der Verschm (Art 27 I) die Rechtsform der SE an (Abs 1 lit d), soweit die übernehmende Ges nicht bereits die Rechtsform einer SE hat (vgl Art 2 Rn 5 und Art 3 Rn 2 f). Der Wechsel der Rechtsform tritt ohne weitere Rechtshandlungen ein. Mit Wirksamwerden der Verschm gilt für den übernehmenden Rechtsträger die im Verschmelzungsplan enthaltene und durch die Verschmelzungsbeschlüsse festgestellte **Satzung** der SE.

6. Besondere Formalitäten

6 Die in Abs 3 angesprochenen Formalitäten für die Rechtswirksamkeit der Übertragung bestimmter Vermögensgegenstände, Rechte und Verbindlichkeiten ggü Dritten im Falle einer Verschm existieren im nat Verschmelzungsrecht nicht. Zu Einschränkungen des Vermögensübergangs durch Gesamtrechtsnachfolge vgl etwa § 20 UmwG Rn 84 ff. Formalitäten iSv Abs 3 sind ggf notw Berichtigungen in Registern (etwa Grundbuch, HR, Markenregister etc). Diese haben allerd nur deklaratorische Bedeutung (vgl etwa § 20 UmwG Rn 77).

7. Überleitung von Beschäftigungsbedingungen

7 Abs 4 ordnet einen eigenständigen, von entspr nat Vorschriften (etwa § 613a BGB) unabhängigen Übergang der bestehenden Rechte und Pflichten der betei-

ligten Ges hinsichtl der Beschäftigungsbedingungen auf die SE an. Hinsichtl der individualrechtl Rechte und Pflichten aus Arbeitsverhältnissen folgt dies bereits aus dem Prinzip der Gesamtrechtsnachfolge (vgl § 20 UmwG Rn 95 ff).

Art. 30 [Unumkehrbarkeit; Auflösung]

Eine Verschmelzung im Sinne des Artikels 2 Absatz 1 kann nach der Eintragung der SE nicht mehr für nichtig erklärt werden.

Das Fehlen einer Kontrolle der Rechtmäßigkeit der Verschmelzung gemäß Artikel 25 und 26 kann einen Grund für die Auflösung der SE darstellen.

Schrifttum: Siehe Schrifttum Vorb.

1. Unumkehrbarkeit der Verschmelzung

1 Nach S 1 kann die Verschm nach Eintragung der SE (wie auch die Eintragung der SE selbst) nicht mehr für nichtig erklärt werden. Dies entspricht grdsl der bereits im nat Recht bestehenden Regelung in § 20 II UmwG. Hintergrund dieser Unumkehrbarkeit sind die rechtl wie auch praktischen Probleme einer andernfalls bei Unwirksamkeit notw „Entschmelzung“.

2 Die Regelung ist angesichts des klaren Wortlauts und des mit ihr verfolgten Zwecks abschl. Auch eine **Amtslöschung** kommt grdsl nicht in Betracht (vgl näher § 131 UmwG Rn 112 ff). Die **Gründe** für die Unwirksamkeit sind unbeachtl. Nicht nur Unwirksamkeitsgründe, die noch eines Rechtsakts bedürfen („für nichtig erklärt werden“), sondern auch per se wirkende Nichtigkeitsgründe sind erfasst. Auch eine Nichtigkeit ex nunc (Manz/Mayer/*Schröder* Rn 5) kann nicht eintreten. Selbst das (vollständige) Fehlen der **Rechtmäßigkeitskontrolle** nach Art 25, 26 steht der Unumkehrbarkeit grdsl nicht entgegen, wie aus dem Vorbehalt nach S 2 (Rn 6) zu folgern ist.

3 Voraussetzung ist allerd, dass überhaupt eine Verschm, die von der SE-VO erfasst ist, vorliegt. Mithin müssen die Definitionsmerkmale von Art 17 II erfüllt sein. Die Beteiligung eines nach Art 2 nicht beteiligtenfähigen Rechtsträgers lässt aufgrund des Zwecks von S 1 die Unumkehrbarkeit hingegen eintreten. Vgl näher zu den Wirkungen § 20 UmwG Rn 121 ff. Zur Eintragung trotz rechtshängiger Anfechtungsklage vgl Art 25 Rn 4.

4 Die Unumkehrbarkeit bewirkt indes **keine Heilung** der Unwirksamkeitsgründe (Lutter/Hommelhoff/*Bayer* SE-Komm Rn 5; *Schwarz* Rn 4; MüKoAktG/*Schäfer* Rn 4). Einzig die Rückabwicklung der Verschm scheidet aus. Sonstige an die Unwirksamkeit anknüpfende Rechtsfolgen, etwa Schadenersatzansprüche, bleiben hiervon unberührt (vgl näher § 131 UmwG Rn 112 ff).

5 Der abschl Charakter schließt die Anwendung von § 20 I Nr 4 UmwG **(Heilung von Formmängel)** über Art 18 nicht aus (so auch Manz/Mayer/*Schröder* Rn 10; MüKoAktG/*Schäfer* Rn 5; *Schwarz* Rn 6; zweifelnd Lutter/Hommelhoff/*Bayer* SE-Komm Rn 5). Denn die SE-VO regelt nicht abschl die Form von Rechtsakten der Verschm. Insoweit ist über Art 18 auf nat Formvorschriften (etwa §§ 6, 13 III 1 UmwG) zurückzugreifen (vgl Art 20 Rn 4 und Art 23 Rn 7). Hieran knüpft § 20 I Nr 4 UmwG an, in dem ein Mangel der notariellen Beurkundung und ggf erforderl Zustimmungs- oder Verzichtserklärungen einzelner Anteilsinhaber mit Wirksamwerden der Verschm geheilt wird. Die Wirkung von § 20 I Nr 4

UmwG geht über S 1 hinaus (Rn 4), da eine Heilung des Formmangels eintritt. Damit werden auch nicht beurkundete Nebenabreden wirksam (vgl § 20 UmwG Rn 120 und § 6 UmwG Rn 4 f).

2. Fehlende Gründungskontrolle

6 Ein Fehlen einer Kontrolle für die Rechtmäßigkeit der Verschm gem Art 25 und 26 kann nach S 2 einen Grund für die Auflösung der SE darstellen. Die Vorschrift **ermächtigt die nat Gesetzgeber.** Der dt Gesetzgeber hat hiervon keinen Gebrauch gemacht. Eine eingetragene inl SE kann nicht wegen fehlender Rechtmäßigkeitskontrolle gelöscht werden (Lutter/Hommelhoff/*Bayer* SE-Komm Rn 8; *Schwarz* Rn 11; KölnerKommAktG/*Maul* Rn 10 f; einschränkend MüKoAktG/*Schäfer* Rn 7). Keinesfalls kann hieraus die Zulässigkeit einer Amtslöschung (vgl Rn 2) abgeleitet werden.

Art. 31 [Erleichterungen bei Mehrheitsbeteiligungen]

(1) [1]**Wird eine Verschmelzung nach Artikel 17 Absatz 2 Buchstabe a durch eine Gesellschaft vollzogen, die Inhaberin sämtlicher Aktien und sonstiger Wertpapiere ist, die Stimmrechte in der Hauptversammlung einer anderen Gesellschaft gewähren, so finden Artikel 20 Absatz 1 Buchstaben b, c und d, Artikel 22 und Artikel 29 Absatz 1 Buchstabe b keine Anwendung.** [2]**Die jeweiligen einzelstaatlichen Vorschriften, denen die einzelnen sich verschmelzenden Gesellschaften unterliegen und die für die Verschmelzungen von Aktiengesellschaften nach Artikel 24 der Richtlinie 78/855/EWG maßgeblich sind, sind jedoch anzuwenden.**

(2) [1]**Vollzieht eine Gesellschaft, die Inhaberin von mindestens 90 %, nicht aber aller der in der Hauptversammlung einer anderen Gesellschaft Stimmrecht verleihenden Aktien und sonstigen Wertpapiere ist, eine Verschmelzung durch Aufnahme, so sind die Berichte des Leitungs- oder des Verwaltungsorgans, die Berichte eines oder mehrerer unabhängiger Sachverständiger sowie die zur Kontrolle notwendigen Unterlagen nur insoweit erforderlich, als dies entweder in den einzelstaatlichen Rechtsvorschriften, denen die übernehmende Gesellschaft unterliegt, oder in den für die übertragende Gesellschaft maßgeblichen einzelstaatlichen Rechtsvorschriften vorgesehen ist.**

[2]**Die Mitgliedstaaten können jedoch vorsehen, dass dieser Absatz Anwendung auf eine Gesellschaft findet, die Inhaberin von Aktien ist, welche mindestens 90 % der Stimmrechte, nicht aber alle verleihen.**

Schrifttum: *C. Teichmann,* Die Einführung der Europäischen Aktiengesellschaft, ZGR 2002, 383; *Schwarz,* Zum Statut der Europäischen Aktiengesellschaft, ZIP 2001, 1847; siehe auch Schrifttum Vorb.

1. Besonderheiten bei 100%igem Anteilsbesitz

1 **Abs 1 S 1** schafft Verfahrenserleichterungen, wenn eine 100%ige TochterGes auf die MutterGes verschmolzen wird. Vgl hierzu im Einzelnen Art 20 Rn 9–11, Art 22 Rn 12. Voraussetzung ist, dass 100% der Aktien der übertragenden AG von der übernehmenden AG unmittelbar gehalten werden (Manz/Mayer/*Schröder* Rn 4). Dann kommt es zu keinem Anteilstausch (Art 29 I lit b; vgl auch Art 29

Rn 3), außerdem sind die mit dem Anteilstausch zusammenhängenden Angaben im Verschmelzungsplan (Art 20 I lit b–d) und eine Verschmelzungsprüfung (Art 22) entbehrl. Sind noch weitere AG an der Verschm beteiligt, deren Aktien nicht vollständig von der aufnehmenden Ges gehalten werden, gelten die Erleichterungen für die Verschm dieser Ges nicht.

Abs 1 S 2 enthält jedoch einen Vorbehalt zugunsten des nat Rechts. Soweit dort in Übereinstimmung mit Art 24 der VerschmRL vom 9.10.1978 (ABl EG Nr L 295, 36) Vorschriften bestehen, sind diese anzuwenden. Für dt Gründungs-Ges bedeutet dies, dass § 8 III UmwG **(kein Verschmelzungsbericht)** anwendbar ist (*Schwarz* Rn 14, 16; Lutter/Hommelhoff/*Bayer* SE-Komm Rn 13; KölnerKommAktG/*Maul* Rn 13; vgl Art 18 Rn 6). Da nur Art 24 der VerschmRL angesprochen ist, ist ein Zustimmungsbeschluss der HV nicht entbehrl. **§ 62 UmwG** (kein Beschluss bei der übernehmenden AG bei mindestens 90%igen Anteilsbesitz an der übertragenden AG) ist über Art 18 nicht anwendbar (Lutter/Hommelhoff/*Bayer* SE-Komm Rn 14; *Schwarz* Rn 19; *Walden/Meyer-Landrut* DB 2005, 2619, 2623; aA *Teichmann* ZGR 2002, 383, 431). § 62 UmwG beruht auf Art 25 und nicht Art 24 der VerschmRL, sodass Abs 1 S 2 unmittelbar nicht greift. außerdem ist die Interessenlage nicht vglbar, da die übernehmende Ges zugleich die Rechtsform der SE annimmt (*Schwarz* Rn 19) und der Zustimmungsbeschluss in der Konzeption der SE-VO zentrale Bedeutung hat (Lutter/Hommelhoff/*Bayer* SE-Komm Rn 14). 2

2. Besonderheiten bei 90%igem Anteilsbesitz

Abs 2 enthält **zwei Vorbehalte** zugunsten der nat Gesetzgeber, wenn eine übernehmende Ges mindestens 90%, nicht aber alle der in der HV einer übertragenden AG ein Stimmrecht verleihenden Aktien oder sonstigen Wertpapiere innehat. In diesen Fällen sind ein Verschmelzungsbericht und ein Prüfungsbericht sowie die zur Kontrolle notw Unterlagen nur insoweit erforderl, wenn die einzelstaatl Vorschriften entweder der übernehmenden Ges oder der übertragenden Ges dies vorsehen. Derartige nat Vorschriften sind in Deutschland vorhanden, da sowohl der Verschmelzungsbericht als auch die Verschmelzungsprüfung (und damit auch der Prüfungsbericht) nur bei einer 100%igen Beteiligung der aufnehmenden Ges an der übertragenden Ges entbehrl sind (§§ 8 III, 9 II UmwG). Zur HV der übernehmenden AG bei mindestens 90%igen Aktienbesitz vgl Rn 2. Zur Anwendung von § 62 V UmwG vgl Art 23 Rn 14. 3

Abs 2 S 2 ermächtigt die nat Gesetzgeber, für eine ihrer Rechtsordnung unterliegende übernehmende Ges, welche mindestens 90% der Stimmrechte verleihenden Aktien an einer übertragenden Ges hat, die Erleichterungen nach Abs 2 S 1 anzuordnen, obwohl Abs 2 S 1 wegen der für die anderen Ges anwendbaren Rechtsvorschriften nicht erfüllt ist. Von der Ermächtigung in Abs 2 S 2 hat Deutschland keinen Gebrauch gemacht. 4

Abschnitt 3. Gründung einer Holding-SE

Vorbemerkungen zu Art 32–34

Art 32–34 enthalten Vorschriften für die Gründung einer Holding-SE, der zweiten nach Art 2 II vorgesehenen Möglichkeit der Gründung einer SE (vgl im 1

Einzelnen Art 2 Rn 15 ff). Die Ausgestaltung der Gründung einer Holding als Strukturmaßnahme mit einem Gründungsverfahren ist dem nat Recht fremd. Danach werden Holdinggründungen regelm als Sachkapitalgründungen oder Sachkapitalerhöhungen durchgeführt, die einerseits eine Mitwirkung der Gesellschafter der künftigen Holding (Gründungsverfahren oder KapErh), andererseits die Einbringung der Anteile an der künftigen TochterGes durch deren Gesellschafter notw machen.

Art. 32 [Vorbereitung und Beschluss]

(1) [1]**Eine SE kann gemäß Artikel 2 Absatz 2 gegründet werden.** [2]**Die die Gründung einer SE im Sinne des Artikels 2 Absatz 2 anstrebenden Gesellschaften bestehen fort.**

(2) [1]**Die Leitungs- oder die Verwaltungsorgane der die Gründung anstrebenden Gesellschaften erstellen einen gleich lautenden Gründungsplan für die SE.** [2]**Dieser Plan enthält einen Bericht, der die Gründung aus rechtlicher und wirtschaftlicher Sicht erläutert und begründet sowie darlegt, welche Auswirkungen der Übergang zur Rechtsform einer SE für die Aktionäre und für die Arbeitnehmer hat.** [3]**Er enthält ferner die in Artikel 20 Absatz 1 Buchstaben a, b, c, f, g, h und i vorgesehenen Angaben und setzt von jeder die Gründung anstrebenden Gesellschaft den Mindestprozentsatz der Aktien oder sonstigen Anteile fest, der von den Aktionären eingebracht werden muss, damit die SE gegründet werden kann.** [4]**Dieser Prozentsatz muss mehr als 50 % der durch Aktien verliehenen ständigen Stimmrechte betragen.**

(3) **Der Gründungplan ist mindestens einen Monat vor der Hauptversammlung, die über die Gründung zu beschließen hat, für jede der die Gründung anstrebenden Gesellschaften nach den in den Rechtsvorschriften der einzelnen Mitgliedstaaten gemäß Artikel 3 der Richtlinie 68/151/EWG vorgesehenen Verfahren offen zu legen.**

(4) [1]**Ein oder mehrere von den die Gründung anstrebenden Gesellschaften unabhängige Sachverständige, die von einem Gericht oder einer Verwaltungsbehörde des Mitgliedstaats, dessen Recht die einzelnen Gesellschaften gemäß den nach Maßgabe der Richtlinie 78/855/EWG erlassenen einzelstaatlichen Vorschriften unterliegen, bestellt oder zugelassen sind, prüfen den gemäß Absatz 2 erstellten Gründungsplan und erstellen einen schriftlichen Bericht für die Aktionäre der einzelnen Gesellschaften.** [2]**Im Einvernehmen zwischen den die Gründung anstrebenden Gesellschaften kann durch einen oder mehrere unabhängige Sachverständige, der/die von einem Gericht oder einer Verwaltungsbehörde des Mitgliedstaats, dessen Recht eine der die Gründung anstrebenden Gesellschaften oder die künftige SE gemäß den nach Maßgabe der Richtlinie 78/855/EWG erlassenen einzelstaatlichen Rechtsvorschriften unterliegt, bestellt oder zugelassen ist/sind, ein schriftlicher Bericht für die Aktionäre aller Gesellschaften erstellt werden.**

(5) **Der Bericht muss auf besondere Bewertungsschwierigkeiten hinweisen und erklären, ob das Umtauschverhältnis der Aktien oder Anteile angemessen ist, sowie angeben, nach welchen Methoden es bestimmt worden ist und ob diese Methoden im vorliegenden Fall angemessen sind.**

(6) [1]**Die Hauptversammlung jeder der die Gründung anstrebenden Gesellschaften stimmt dem Gründungsplan für die SE zu.** [2]**Die Beteiligung der Arbeitnehmer in der SE wird gemäß der Richtlinie 2001/86/EG festgelegt.** [3]**Die Hauptversammlung jeder der die Gründung anstrebenden Gesellschaften kann sich das Recht vorbehalten, die Eintragung der SE davon abhängig zu machen, dass die geschlossene Vereinbarung von ihr ausdrücklich genehmigt wird.**

(7) **Dieser Artikel gilt sinngemäß auch für Gesellschaften mit beschränkter Haftung.**

Schrifttum: *Schulz/Geismar,* Die Europäische Aktiengesellschaft, DStR 2001, 1078; *Schwarz,* Zum Statut der Europäischen Aktiengesellschaft, ZIP 2001, 1847; *C. Teichmann,* Die Einführung der Europäischen Aktiengesellschaft, ZGR 2002, 383; *Neye/Teichmann,* Der Entwurf für das Ausführungsgesetz zur Europäischen Aktiengesellschaft, AG 2003, 169; *Ihrig/Wagner,* Das Gesetz zur Einführung der Europäischen Gesellschaft (SEEG) auf der Zielgeraden, BB 2004, 1749; *Horn,* Die Europa-AG im Kontext des deutschen und europäischen Gesellschaftsrechts, DB 2005, 147; *Brandes,* Cross Border Merger mittels der SE, AG 2005, 177; siehe auch Schrifttum Vorb.

1. Allgemeines

Die Vorschrift regelt die einzelnen Schritte für die Vorbereitung und den Beschluss über die Gründung einer Holding-SE. Mit der Vollzugsphase befasst sich Art 33. 1

2. Gründung einer Holding-SE, Abs 1

Abs 1 S 1 hat keine eigenständige Bedeutung. Er wiederholt, dass AG/SE und GmbH unter den weiteren Voraussetzungen von Art 2 II (insbes dem Mehrstaatenbezug) eine Holding-SE gründen können. Vgl hierzu im Einzelnen Art 2 Rn 15 ff. Abs 1 S 2 stellt klar, dass die die Holdinggründung anstrebenden Ges fortbestehen. 2

3. Gründungsplan, Abs 2

a) Aufstellung des Gründungsplans. Ähnl dem Verschmelzungsplan (vgl Art 20) haben die die Gründung anstrebenden Ges einen **gleichlautenden Gründungsplan** für die SE zu erstellen. Der Gründungsplan ist wie der Verschmelzungsplan ein gesellschaftsrechtl Organisationsakt ohne schuldrechtl Wirkung; er ist nicht ein Gründungsvertrag (vgl Art 20 Rn 2; Lutter/Hommelhoff/*Bayer* SE-Komm Rn 21; MüKoAktG/*Schäfer* Rn 10; KölnerKommAktG/*Paefgen* Rn 33 f). Abs 2 sieht nicht einen gemeinsamen, sondern nur einen gleichlautenden Gründungsplan vor. Das Vertretungsorgan jeder die Gründung anstrebenden Ges kann einen **eigenen Gründungsplan** erstellen (Lutter/Hommelhoff/*Bayer* SE-Komm Rn 21; KölnerKommAktG/*Paefgen* Rn 31; aA *Schwarz* Rn 9). Die Vertretungsorgane handeln in vertretungsberechtigter Anzahl (vgl Art 20 Rn 6; Manz/Mayer/*Schröder* Rn 14). Da der Gründungsplan die Satzung enthält (Rn 6), ist er unabhängig von einer analogen Anwendung von § 6 UmwG (so etwa Lutter/Hommelhoff/*Bayer* SE-Komm Rn 22; MüKoAktG/*Schäfer* Rn 23) nach § 23 I AktG zu **beurkunden** (Widmann/Mayer/*Heckschen* Rn 296; Lutter/Hommelhoff/*Bayer* SE-Komm Rn 22; MüKoAktG/*Schäfer* Rn 23). 3

4 **b) Gründungsbericht.** Bestandteil des Gründungsplans muss nach Abs 2 S 1 ein Bericht sein, der die Gründung rechtl und wirtschaftl erläutert und begründet sowie darlegt, welche Auswirkungen der Übergang zur Rechtsform einer SE für die Aktionäre und für die ArbN hat. Entsprechendes gilt nach Abs 7 für GmbH. Die Anforderungen entsprechen zunächst sinngemäß denjenigen an einen Verschmelzungsbericht. Vgl daher § 8 UmwG Rn 11 ff. Zusätzl ist auf die Auswirkungen aufgrund des Übergangs zur Rechtsform der SE für die Aktionäre und die ArbN einzugehen. Hieran sind gesteigerte Anforderungen zu stellen, wenn die Holding-SE einen anderen Sitzstaat als die GründungsGes haben wird und damit die Rechtsverhältnisse mit den Aktionären neben der SE-VO künftig einem anderen Personalstatut (dem Aktienrecht des künftigen Sitzstaates, Art 10) unterliegen werden. Bei den Auswirkungen für die ArbN ist insbes auf die vorgesehenen Maßnahmen im Zusammenhang mit der Vereinbarung über die künftige Beteiligung der ArbN einzugehen. Mangels Erlöschen der Rechtsträger und Vermögensübertragung bleiben die individualarbeitsrechtl Rechtsverhältnisse der ArbN aber grdsl unberührt. Entsprechendes gilt für die kollektivarbeitsrechtl Situation (Tarifrecht und Betriebsverfassungsrecht).

5 **c) Mindestprozentsatz.** Der Gründungsplan muss ferner einen Mindestprozentsatz der Aktien oder sonstigen Anteile festlegen, der von den Aktionären eingebracht werden muss, damit die SE gegründet werden kann. Zur Übertragung der Aktien vgl Art 33 Rn 2. Dieser Prozentsatz muss nach Abs 2 S 4 **mehr als 50% der Stimmrechte** betragen (für eingebrachte Beteiligungen an GmbH vgl Abs 7). Maßgebl sind die Stimmrechte, nicht die Beteiligung am Kapital. Stimmrechtslose Aktien zählen nicht, Mehrstimmrechtsaktien (zur GmbH vgl Abs 7) hingegen mit ihrem Stimmgewicht (Lutter/Hommelhoff/*Bayer* SE-Komm Rn 38; MüKoAktG/*Schäfer* Rn 16; KölnerKommAktG/*Paefgen* Rn 64). Die Mindestprozentsätze können für jede Ges unterschiedl festgelegt werden.

6 **d) Weiterer Inhalt des Gründungsplans.** Für den Inhalt des Gründungsplans verweist Abs 2 S 3 auf Art 20 I lit a, b, c, f, g, h und i. Damit gehören zum **zwingenden Inhalt:**

- die **Firma** und der **Sitz** der die Gründung anstrebenden Ges sowie die für die Holding-SE vorgesehene Firma und ihren geplanten Sitz (vgl hierzu Art 20 Rn 8);
- das Umtauschverhältnis der Aktien/Geschäftsanteile an den an der Gründung beteiligten GmbH (Abs 7) und ggf die Höhe der Ausgleichsleistung (vgl dazu Art 20 Rn 9);
- die Einzelheiten hinsichtl der Übertragung der Aktien der SE, insbes die Bestellung eines Treuhänders und die Modalitäten der treuhänderischen Abwicklung (vgl Art 20 Rn 10);
- die Rechte, welche die Holding-SE den mit **Sonderrechten** ausgestatteten Aktionären/GmbH-Gesellschaftern (Abs 7) der GründungsGes und den Inhabern anderer Wertpapiere als Aktien gewährt, oder die für diese Personen vorgeschlagenen Maßnahmen (vgl Art 20 Rn 13);
- jeder besondere **Vorteil,** der den Gründungsprüfern und den Mitgliedern der Verwaltungs-, Leitungs-, Aufsichts- oder Kontrollorgane der GründungsGes, deren Anteile eingebracht werden sollen, gewährt wird (vgl Art 20 Rn 14);
- die **Satzung** der künftigen Holding-SE (dazu Art 20 Rn 15);
- Angaben zu dem Verfahren, nach dem die Vereinbarung über die Beteiligung der ArbN geschlossen wird (dazu Art 20 Rn 17).

Weitere Anforderungen an den Gründungsplan einer dt GründungsGes folgen aus **§ 9 I SEAG.** Bei der Gründung einer Holding-SE, die ihren Sitz im Ausland haben soll oder die ihrerseits abhängig iSv § 17 AktG ist, hat eine die Gründung anstrebende AG (nicht eine GmbH) im Gründungsplan jedem Anteilsinhaber, der gegen den Zustimmungsbeschluss dieser Ges zum Gründungsplan Widerspruch zur Niederschrift erklärt, den Erwerb seiner Anteile gegen eine angemessene Barabfindung anzubieten. Die Anforderungen hieran entsprechen im Wesentl dem Abfindungsangebot im Verschmelzungsplan. Vgl hierzu näher Art 20 Rn 18. GründungsGes in der Rechtsform der **GmbH** müssen kein Barabfindungsangebot unterbreiten, da – so der Gesetzgeber – sich deren Gesellschafter durch Satzungsgestaltung vor unerwünschter Konzernierung schützen könnten. Gemeint sind wohl Vinkulierungsklauseln (*Ihrig/Wagener* BB 2004, 1749, 1752). 7

4. Offenlegung des Gründungsplans, Abs 3

Nach Abs 3 ist der Gründungsplan mindestens einen Monat vor der HV, die über die Gründung zu beschließen hat, nach Art 3 der PublizitätsRL (ABl EG Nr L 65, 8) offenzulegen. Danach erfolgt die Offenlegung, indem die Urkunden oder Angaben im Register hinterlegt oder eingetragen und außerdem in einem Amtsblatt bekannt gemacht werden. Nach nat Recht ist das HR bei dem AG zuständig, in dem die GründungsGes ihren Sitz hat (§ 14 AktG, § 8 HGB). Für die Bekanntmachung gilt § 10 HGB; sie hat damit in elektronischer Form zu erfolgen. Der Gründungsplan muss indes nicht eingetragen werden (vgl 10 HGB) und nicht selbst bekannt gemacht werden. Es genügt die Hinterlegung beim Register und die Bekanntmachung eines Hinweises hierauf (Lutter/Hommelhoff/*Bayer* SE-Komm Rn 47; *Schwarz* Rn 39; MüKoAktG/*Schäfer* Rn 24; KölnerKomm AktG/*Paefgen* Rn 84). Ebenso wenig muss der Gründungsbericht offengelegt werden (Lutter/Hommelhoff/*Bayer* SE-Komm Rn 47). 8

5. Gründungsprüfung, Abs 4, 5

Abs 4 bestimmt, dass der Gründungsplan von unabhängigen Sachverständigen geprüft wird und diese einen schriftl Bericht für die Aktionäre der Ges erstellen. Mögl ist auch – obwohl der Wortlaut nur einen gemeinsamen Bericht vorsieht – eine Prüfung und Berichterstellung durch einen **gemeinsamen** unabhängigen **Sachverständigen** (*Schwarz* Rn 45; MüKoAktG/*Schäfer* Rn 27). Die Bestellung erfolgt durch die jew Ges, vertreten durch die Vertretungsorgane, die Bestellung eines gemeinsamen Gründungsprüfers indes durch das zuständige Gericht (vgl MüKoAktG/*Schäfer* Rn 27; Lutter/Hommelhoff/*Bayer* SE-Komm Rn 53). Der Sachverständige muss von einem Gericht oder einer Verwaltungsbehörde des Mitgliedstaats der GründungsGes bestellt oder zugelassen sein. Ein gemeinsamer Verschmelzungsprüfer muss diesen Anforderungen eines Mitgliedstaats der die Gründung anstrebenden Ges oder des Mitgliedstaats der SE genügen. Für Deutschland sind damit Wirtschaftsprüfer und WirtschaftsprüfungsGes berufen. 9

Für dt GründungsGes sind zusätzl **§§ 9 II, 7 III SEAG** zu beachten. Danach ist die Angemessenheit einer anzubietenden **Barabfindung** stets durch einen Gründungsprüfer zu prüfen. Vgl näher, auch zu Verzichtsmöglichkeiten, Art 22 Rn 9. 10

Gegenstand der Gründungsprüfung ist der Gründungsplan. Der Bericht muss auf besondere Bewertungsschwierigkeiten hinweisen und erklären, ob das Umtauschverhältnis der Aktien oder Anteile angemessen ist, sowie angeben, nach 11 welchen Methoden das Umtauschverhältnis bestimmt worden ist und ob diese Methoden im vorliegenden Fall angemessen sind (Abs 5). Dies entspricht sinngemäß den Anforderungen an einen Prüfbericht nach § 12 UmwG; vgl dort Rn 7 ff.

6. Zustimmung der Hauptversammlung, Abs 6 S 1

12 Dem Gründungsplan müssen die HV jeder der die Gründung anstrebenden Ges zustimmen. Weitere Regelungen hierfür enthält die SE-VO nicht. Für dt GründungsGes ist für die **Mehrheitsverhältnisse** ergänzend § 10 I SEAG zu beachten. Danach bedarf der Zustimmungsbeschluss bei einer AG mindestens drei Viertel des bei der Beschlussfassung vertretenen Grundkapitals und bei einer GmbH mindestens drei Viertel der abgegebenen Stimmen. Für die **Vorbereitung** und **Durchführung** der HV/Gesellschafterversammlung gelten für dt Ges die entspr Bestimmungen des AktG bzw des GmbHG (*Schwarz* Rn 60).

7. Beteiligung der Arbeitnehmer, Abs 6 S 2, 3

13 Nach Abs 6 S 2 richtet sich die Beteiligung der ArbN in der SE nach der auf der Basis des SE-RL getroffenen Vereinbarungen. Diese wird regelm zum Zeitpunkt der über die Gründung der Holding-SE beschließenden HV noch nicht vorliegen. Die HV kann sich daher nach Abs 6 S 3 das Recht vorbehalten, die Eintragung der SE davon abhängig zu machen, dass die geschlossene Vereinbarung von ihr ausdrückl genehmigt wird. Dies entspricht der Regelung in Art 23 II (vgl näher Art 23 Rn 14).

Art. 33 [Vollzug der Gründung]

(1) [1] **Die Gesellschafter der die Gründung anstrebenden Gesellschaften verfügen über eine Frist von drei Monaten, um diesen Gesellschaften mitzuteilen, ob sie beabsichtigen, ihre Gesellschaftsanteile bei der Gründung der SE einzubringen.** [2] **Diese Frist beginnt mit dem Zeitpunkt, zu dem der Gründungsplan für die SE gemäß Artikel 32 endgültig festgelegt worden ist.**

(2) **Die SE ist nur dann gegründet, wenn die Gesellschafter der die Gründung anstrebenden Gesellschaften innerhalb der in Absatz 1 genannten Frist den nach dem Gründungsplan für jede Gesellschaft festgelegten Mindestprozentsatz der Gesellschaftsanteile eingebracht haben und alle übrigen Bedingungen erfüllt sind.**

(3) [1] **Sind alle Bedingungen für die Gründung der SE gemäß Absatz 2 erfüllt, so hat jede der die Gründung anstrebenden Gesellschaften diese Tatsache gemäß den nach Artikel 3 der Richtlinie 68/151/EWG erlassenen Vorschriften des einzelstaatlichen Rechts, dem sie unterliegt, offen zu legen.**

[2] **Die Gesellschafter der die Gründung anstrebenden Gesellschaften, die nicht innerhalb der Frist nach Absatz 1 mitgeteilt haben, ob sie die Absicht haben, ihre Gesellschaftsanteile diesen Gesellschaften im Hinblick auf die Gründung der künftigen SE zur Verfügung zu stellen, verfügen über eine weitere Frist von einem Monat, um dies zu tun.**

(4) **Die Gesellschafter, die ihre Wertpapiere im Hinblick auf die Gründung der SE einbringen, erhalten Aktien der SE.**

(5) **Die SE kann erst dann eingetragen werden, wenn die Formalitäten gemäß Artikel 32 und die in Absatz 2 genannten Voraussetzungen nachweislich erfüllt sind.**

Schrifttum: *Schulz/Geismar,* Die Europäische Aktiengesellschaft, DStR 2001, 1078; *C. Teichmann,* Die Einführung der Europäischen Aktiengesellschaft, ZGR 2002, 383; *Ihrig/Wagner,* Das Gesetz zur Einführung der Europäischen Gesellschaft (SEEG) auf der Zielgeraden, BB 2004, 1749; *Hirte,* Die Europäische Aktiengesellschaft – ein Überblick nach Inkrafttreten der deutschen Ausführungsgesetze (Teil I), DStR 2005, 653; (Teil II) DStR 2005, 700; *Horn,* Die Europa-AG im Kontext des deutschen und europäischen Gesellschaftsrechts, DB 2005, 147; *Brandes,* Cross Border Merger mittels der SE, AG 2005, 177; siehe auch Schrifttum Vorb.

1. Allgemeines

Die Vorschrift regelt die Vollzugsphase der Gründung der Holding-SE. Hierzu können die Gesellschafter der beteiligten GründungsGes mitteilen, ob sie ihre Aktien oder GmbH-Geschäftsanteile einbringen. Nur wenn der im Gründungsplan festgelegte Mindestprozentsatz erreicht wird, wird die Gründung der Holding-SE durchgeführt. 1

2. Mitteilung der Einbringungsabsicht

Nach Abs 1 S 1 können die Gesellschafter der die Gründung anstrebenden Ges innerh einer Frist von drei Monaten diesen Ges mitteilen, ob sie beabsichtigen, ihre Aktien/GmbH-Anteile bei der Gründung der SE einzubringen. Die Frist beginnt mit dem Zeitpunkt, zu dem der Gründungsplan für die SE gem Art 32 endgültig festgelegt worden ist. Die Vorschrift ist unklar. Nach Sinn und Zweck muss die Mitteilung nicht nur eine Absichtserklärung, sondern eine **bindende Verpflichtung** darstellen (so auch Lutter/Hommelhoff/*Bayer* SE-Komm Rn 9; MüKoAktG/*Schäfer* Rn 6; *Schwarz* Rn 18; Widmann/Mayer/*Heckschen* Rn 323; *ders* DNotZ 2003, 251, 262; *Teichmann* ZGR 2002, 383, 436). Innerh der Frist muss nur die Verpflichtung begründet werden, der **tats Vollzug** durch Einbringung der Aktien/GmbH-Anteile als Sacheinlage (dingl Übertragung) ist eine Frage der Kapitalaufbringung (zutr MüKoAktG/*Schäfer* Rn 9; Lutter/Hommelhoff/*Bayer* SE-Komm Rn 15 ff; Lutter/Hommelhoff SE/*Bayer* S 52; Lutter/*Marsch-Barner* Holding-HdB § 15 Rn 67). Die dingl Abtretung muss aber vor der Einbringung erfolgen (MüKoAktG/*Schäfer* Rn 9; Lutter/Hommelhoff SE/*Bayer* S 52). Die Einbringung erfolgt mithin in die SE-VorGes. Demzufolge sind bei einzubringenden GmbH-Anteilen die Verpflichtungserklärungen notariell zu beurkunden (zutr Widmann/Mayer/*Heckschen* Rn 323; Lutter/Hommelhoff/*Bayer* SE-Komm Rn 12). Entsprechendes gilt für die dingl Übertragung. Die Drei-Monats-Frist kann nicht unterschritten werden. Sie ist aber auch keine Mindestfrist (str), sondern eine **feste,** von der SE-VO vorgegebene **Frist** (Widmann/Mayer/*Heckschen* Rn 319; Lutter/Hommelhoff/*Bayer* SE-Komm Rn 14; Lutter/Hommelhoff SE/*Bayer* S 52, Fn 155). Die Frist beginnt mit der Zustimmung der HV zum Gründungsplan. Wurde eine Zustimmung zur Vereinbarung mit den ArbN vorbehalten (dazu Art 23 Rn 21), beginnt die Frist mit Fassung des Zustimmungsbeschlusses (so auch Widmann/Mayer/*Heckschen* Rn 326; *Schwarz* Rn 20; *Teichmann* ZGR 2002, 383, 436). 2

3. Erreichung des Mindestprozentsatzes

3 Die Voraussetzungen für die Gründung sind nur dann erfüllt, wenn innerh der Drei-Monats-Frist die nach dem Gründungsplan für jede Ges festgelegten Mindestprozentsätze (vgl dazu Art 32 Rn 5) erreicht sind. Übertragen die Gesellschafter auch nur einer an der Gründung beteiligten Ges nicht in ausreichender Anzahl Anteile, scheitert insges die Gründung der Holding-SE. Die weitere Frist nach Art 33 III 2 beginnt nur zu laufen, wenn der Mindestprozentsatz erreicht ist (*Schwarz* Rn 22). Die schon übertragenen Aktien/GmbH-Anteile sind rückzuübertragen.

4 Die Erfüllung der Mindestprozentsätze und der übrigen Bedingungen hat jede der die Gründung anstrebenden Ges nach Art 3 der PublizitätsRL offenzulegen. Für eine dt GründungsGes bedeutet dies Mitteilung ggü dem HR und **Bekanntmachung** im BAnz und in mindestens einem weiteren Blatt (MüKoAktG/*Schäfer* Rn 18). Ab Bekanntmachung beginnt eine weitere Monatsfrist, innerh der die Gesellschafter, die nicht innerh der Frist nach Abs 1 ihre Bereitschaft zur Einbringung der Beteiligungen mitgeteilt haben, dies nachholen können („Zaunkönigsphase").

4. Gründungsverfahren

5 Das eigentl Gründungsverfahren richtet sich nach dem für den Sitzstaat der Holding-SE geltenden nat Vorschriften, da die SE-VO insoweit keine Bestimmungen enthält. Demzufolge gelten für eine Holding-SE mit Sitz in Deutschland §§ 23 ff AktG (Art 15). Die Anmeldung der Holding-SE erfolgt also durch die Gründer sowie den Mitgliedern des Vorstands und des AR der Holding-SE (§ 36 I AktG). Gründer sind nach der Konzeption der SE-VO nicht die Aktionäre/Gesellschafter der GründungsGes, sondern diese selbst (Lutter/Hommelhoff SE/*Kleindiek* S 98). Zum Zeitpunkt der Anmeldung müssen die Sacheinlagen in Form der zu übertragenden Beteiligungen vollständig geleistet sein (§ 36a II 1 AktG). Im Gegenzug erhalten die einbringenden Gesellschafter Aktien an der Holding-SE. Zur Anmeldung vgl auch § 10 II SEAG.

Art. 34 [Nationale Schutzvorschriften]

Ein Mitgliedstaat kann für die eine Gründung anstrebenden Gesellschaften Vorschriften zum Schutz der die Gründung ablehnenden Minderheitsgesellschafter, der Gläubiger und der Arbeitnehmer erlassen.

Schrifttum: *Teichmann,* Die Einführung der Europäischen Aktiengesellschaft, ZGR 2002, 383; *Ihrig/Wagner,* Das Gesetz zur Einführung der Europäischen Gesellschaft (SEEG) auf der Zielgeraden, BB 2004, 1749; *Hirte,* Die Europäische Aktiengesellschaft – ein Überblick nach Inkrafttreten der deutschen Ausführungsgesetze (Teil I), DStR 2005, 653; (Teil II) DStR 2005, 700; siehe auch Schrifttum Vorb.

1 Art 34 schafft eine Ermächtigung für nat Gesetzgeber, Vorschriften zum Schutz der die Gründung ablehnenden Minderheitsgesellschafter, der Gläubiger und der ArbN zu erlassen. Der deutsche Gesetzgeber hat durch **§§ 9, 11 SEAG** teilw von dieser Ermächtigung Gebrauch gemacht. Erstaunlicherweise enthält Art 34 keine Art 25 Abs 3 S 1 entspr Regelung, wonach die Möglichkeit der Durchführung eines Spruchverfahrens von der Zustimmung der anderen Ges durch Beschluss abhängig ist (vgl Art 24 Rn 13). Dies ist eine unbeabsichtigte Regelungslücke,

die durch Analogie zu schließen ist (KölnerKommAktG/*Paefgen* Rn 9; *Schwarz* Rn 6; Lutter/Hommelhoff/*Bayer* SE-Komm Rn 12; *Kalss* ZGR 2003, 593, 633; *Teichmann* ZGR 2002, 383, 437; Lutter/*Marsch-Barner* Holding-HdB § 15 Rn 91; vgl auch RegEBegr BT-Drs 15/3405 zu § 11 SEAG). Demzufolge verweist § 11 II SEAG auf § 6 I SEAG. Gegenständl beschränkt sich der durch § 11 I SEAG geschaffene Anspruch auf einen **Ausgleich durch bare Zuzahlung** bei einem unangemessenen Umtauschverhältnis. Vgl näher hierzu Art 24 Rn 13.

Abschnitt 4. Gründung einer Tochter-SE

Vorbemerkungen zu Art 35, 36

Schrifttum: *Schulz/Geismar,* Die Europäische Aktiengesellschaft, DStR 2001, 1078; *C. Teichmann,* Die Einführung der Europäischen Aktiengesellschaft, ZGR 2002, 383; *Kalss,* Der Minderheitenschutz bei Gründung und Sitzverlegung der SE nach dem Diskussionsentwurf, ZGR 2003, 593; *Ihrig/Wagner,* Das Gesetz zur Einführung der Europäischen Gesellschaft (SEEG) auf der Zielgeraden, BB 2004, 1749; *Hirte,* Die Europäische Aktiengesellschaft – ein Überblick nach Inkrafttreten der deutschen Ausführungsgesetze (Teil I), DStR 2005, 653; (Teil II) DStR 2005, 700; siehe auch Schrifttum Vorb.

Die Art 35, 36 enthalten Regelungen für die von Art 2 III vorgegebene Mög- **1** lichkeit der Gründung einer SE, indem mindestens zwei Ges eine **gemeinsame Tochter-SE gründen.** Die materielle Regelung des Gründungsverfahrens in der SE-VO beschränkt sich neben Art 15, 16 auf die Bestimmung in Art 36, wonach die Vorschriften über deren Beteiligung an der Gründung einer TochterGes in Form einer AG nat Rechts Anwendung finden.

Art. 35 [Gründung einer Tochter-SE]

Eine SE kann gemäß Artikel 2 Absatz 3 gegründet werden.

Schrifttum: Siehe Vorb zu Art 35, 36.

Die Bestimmung hat keinen eigenen materiellen Gehalt, sondern wiederholt, **1** dass eine SE auch durch Gründung einer gemeinsamen Tochter-SE nach Art 2 III gegründet werden kann. Vgl im Einzelnen hierzu Art 2 Rn 34 ff.

Art. 36 [Anwendbare Vorschriften]

Auf die an der Gründung beteiligten Gesellschaften oder sonstigen juristischen Personen finden die Vorschriften über deren Beteiligung an der Gründung einer Tochtergesellschaft in Form einer Aktiengesellschaft nationalen Rechts Anwendung.

Schrifttum: Siehe Vorb zu Art 35, 36.

Art 36 bestimmt **nicht** die **Rechtsvorschriften für die Gründung** der Toch- **1** ter-SE. Diese richten sich nach Art 15 I, wonach auf die Gründung einer SE das für AG geltende Recht des Staates Anwendung findet, in dem die SE ihren Sitz begründet. Für eine Tochter-SE mit Sitz im Inland gelten daher §§ 23 ff AktG.

Art 36 bestimmt indes, dass für die an der Gründung beteiligten Ges oder **2** sonstigen jur Personen die jew nat Vorschriften über **deren Beteiligung** an der

Gründung einer TochterGes in Form einer AG nat Rechts Anwendung finden. Für dt GründungsGes gilt grdsl, dass die Gründung einer TochterGes in die Kompetenz der Verwaltungsorgane fällt. Ggf sind interne Satzungsbeschränkungen zu beachten, die im Außenverhältnis allerd keine Wirkung entfalten. Im Einzelfall kann die „Holzmüller"-Rspr zu beachten sein (vgl hierzu BGHZ 82, 122; BGH NZG 2004, 575; 2004, 571).

Abschnitt 5. Umwandlung einer bestehenden Aktiengesellschaft in eine SE

Art. 37 [Formwechsel]

(1) **Eine SE kann gemäß Artikel 2 Absatz 4 gegründet werden.**

(2) **Unbeschadet des Artikels 12 hat die Umwandlung einer Aktiengesellschaft in eine SE weder die Auflösung der Gesellschaft noch die Gründung einer neuen juristischen Person zur Folge.**

(3) **Der Sitz der Gesellschaft darf anlässlich der Umwandlung nicht gemäß Artikel 8 in einen anderen Mitgliedstaat verlegt werden.**

(4) **Das Leitungs- oder das Verwaltungsorgan der betreffenden Gesellschaft erstellt einen Umwandlungsplan und einen Bericht, in dem die rechtlichen und wirtschaftlichen Aspekte der Umwandlung erläutert und begründet sowie die Auswirkungen, die der Übergang zur Rechtsform einer SE für die Aktionäre und für die Arbeitnehmer hat, dargelegt werden.**

(5) **Der Umwandlungsplan ist mindestens einen Monat vor dem Tag der Hauptversammlung, die über die Umwandlung zu beschließen hat, nach den in den Rechtsvorschriften der einzelnen Mitgliedstaaten gemäß Artikel 3 der Richtlinie 68/151/EWG vorgesehenen Verfahren offen zu legen.**

(6) **Vor der Hauptversammlung nach Absatz 7 ist von einem oder mehreren unabhängigen Sachverständigen, die nach den einzelstaatlichen Durchführungsbestimmungen zu Artikel 10 der Richtlinie 78/855/EWG durch ein Gericht oder eine Verwaltungsbehörde des Mitgliedstaates, dessen Recht die sich in eine SE umwandelnde Aktiengesellschaft unterliegt, bestellt oder zugelassen sind, gemäß der Richtlinie 77/91/EWG sinngemäß zu bescheinigen, dass die Gesellschaft über Nettovermögenswerte mindestens in Höhe ihres Kapitals zuzüglich der kraft Gesetzes oder Statut nicht ausschüttungsfähigen Rücklagen verfügt.**

(7) [1] **Die Hauptversammlung der betreffenden Gesellschaft stimmt dem Umwandlungsplan zu und genehmigt die Satzung der SE.** [2] **Die Beschlussfassung der Hauptversammlung erfolgt nach Maßgabe der einzelstaatlichen Durchführungsbestimmungen zu Artikel 7 der Richtlinie 78/855/EWG.**

(8) **Ein Mitgliedstaat kann die Umwandlung davon abhängig machen, dass das Organ der umzuwandelnden Gesellschaft, in dem die Mitbestimmung der Arbeitnehmer vorgesehen ist, der Umwandlung mit qualifizierter Mehrheit oder einstimmig zustimmt.**

(9) **Die zum Zeitpunkt der Eintragung aufgrund der einzelstaatlichen Rechtsvorschriften und Gepflogenheiten sowie aufgrund individueller Arbeitsverträge oder Arbeitsverhältnisse bestehenden Rechte und Pflichten der umzuwandelnden Gesellschaft hinsichtlich der Beschäftigungsbedingungen gehen mit der Eintragung der SE auf diese über.**

Schrifttum: *Schulz/Geismar,* Die Europäische Aktiengesellschaft, DStR 2001, 1078; *C. Teichmann,* Die Einführung der Europäischen Aktiengesellschaft, ZGR 2002, 383; *Ihrig/Wagner,* Das Gesetz zur Einführung der Europäischen Gesellschaft (SEEG) auf der Zielgeraden, BB 2004, 1749; *Hirte,* Die Europäische Aktiengesellschaft – ein Überblick nach Inkrafttreten der deutschen Ausführungsgesetze (Teil I), DStR 2005, 653; (Teil II) DStR 2005, 700; *Seibt/Reinhard,* Umwandlung der Aktiengesellschaft in die Europäische Gesellschaft (Societas Europaea), Der Konzern 2005, 407; *Vossius,* Gründung und Umwandlung der deutschen europäischen Gesellschaft (SE), ZIP 2005, 741; *Kowalski,* Praxisfragen bei der Umwandlung einer Aktiengesellschaft in eine Europäische Gesellschaft (SE), DB 2007, 2243; siehe auch Schrifttum Vorb.

1. Umwandlung einer bestehenden AG

Art 37 regelt die vierte von Art 2 IV vorgegebene Möglichkeit für die Gründung einer SE, indem eine bestehende AG in eine SE umgewandelt wird. Insofern ist Abs 1 ohne eigenständigen materiellen Gehalt. Die Voraussetzungen für die Umw einer AG in eine SE ergeben sich bereits aus Art 2 IV. Vgl hierzu Art 2 Rn 41 ff. 1

2. Identitätswahrender Formwechsel

Abs 2 stellt klar, dass die Umw einer AG in eine SE weder die Auflösung der Ges noch die Gründung einer neuen jur Person zur Folge hat. Die Umw nach Art 2 Abs 4 ist mithin wie auch ein Formwechsel nach den § 190 UmwG identitätswahrend. Vgl näher hierzu § 190 UmwG Rn 5 ff. 2

3. Sitzverlegung

Die Umw einer AG in eine SE darf nicht zugleich mit einer Sitzverlegung nach Art 8 in einen anderen Mitgliedstaat verknüpft werden. Das Verfahren zur Sitzverlegung kann erst nach Eintragung der SE eingeleitet werden (*Schwarz* Rn 9). 3

4. Umwandlungsplan

Kernstück der Umw einer bestehenden AG in eine SE ist der Umwandlungsplan. Im Gegensatz zu Art 20 I, Art 32 II enthält Abs 4 keine **inhaltl Vorgaben** für den Umwandlungsplan. Eine ausdrückl Verweisung auf das nat UmwR, insbes auf §§ 190 ff UmwG, fehlt ebenso. Ein Rückgriff auf diese Normen scheidet bereits aus, das sie keine europarechtl Grundlagen haben (zutr *Seibt/Reinhard* Der Konzern 2005, 407, 413; vgl auch *Kowalski* DB 2007, 2243, 2245). Leitbild ist vielmehr Art 20 (*Seibt/Reinhard* Der Konzern 2005, 407, 413; Lutter/Hommelhoff/*Bayer* SE-Komm Rn 33; *Schwarz* Rn 16 ff; MüKoAktG/*Schäfer* Rn 10; KölnerKommAktG/*Paefgen* Rn 28; aA Widmann/Mayer/*Heckschen* Rn 378; § 194 UmwG). 4

Der Inhalt ergibt sich indes bereits aus der Funktion des Umwandlungsplans, Gegenstand des Umwandlungsbeschlusses nach Abs 7 zu sein. Danach hat der Umwandlungsbeschluss zu **enthalten:** 5

- die Firma und Sitz der SE (vgl Art 11);
- das Umtauschverhältnis, also die Angabe, welche Aktien an der SE anstelle der bisherigen Aktien an der AG gewährt werden; eine abweichende Stückelung ist zulässig (*Seibt/Reinhard* Der Konzern 2005, 407, 414);
- Einzelheiten hinsichtl der Umw der Mitgliedschaftsrechte in der formwechselnden AG (KölnerKommAktG/*Paefgen* Rn 29);
- Sonderechte und Sondervorteile iSv Art 20 I lit f und g (*Schwarz* Rn 23 f; *Seibt/Reinhard* Der Konzern 2005, 407, 414; Lutter/Hommelhoff/*Bayer* SE-Komm Rn 33);
- die Satzung der SE, der die Hauptversammlung ausdrückl zustimmt.

6 Eine besondere **Formvorschrift** enthält Art 37 nicht. Teilw wird § 6 UmwG analog angewandt und damit eine notarielle Beurkundung für notw erachtet (etwa *Heckschen* DNotZ 2003, 251, 264; *Schwarz* Rn 29). Nach aA reicht Schriftform (*Seibt/Reinhard* Der Konzern 2005, 407, 414; Lutter/Hommelhoff/*Bayer* SE-Komm Rn 33; *Kowalski* DB 2007, 2243, 2245). Die Beurkundungspflicht ergibt sich nicht bereits über Art 15 Abs 1 nach § 23 I 1 AktG, da eine Gründung durch Formwechsel vorliegt und hierbei die anzuwendenden Gründungsvorschriften vom UmwR vorgegeben werden (zutr *Seibt/Reinhard* Der Konzern 2005, 407, 422; Lutter/Hommelhoff/*Bayer* SE-Komm Rn 75). Zur Form des Beschlusses vgl Rn 10.

5. Umwandlungsbericht

7 Nach Abs 4 erstellt das Leitungs- oder Verwaltungsorgan einen Bericht, in dem die rechtl und wirtschaftl Aspekte der Umw erläutert und begründet sowie die Auswirkungen, die der Übergang zur Rechtsform einer SE für die Aktionäre und für die ArbN hat, dargelegt werden. Die unmittelbare Umw wird, da sie nicht mit einer Sitzverlegung verbunden werden kann (Rn 3), regelm wenig Auswirkungen für die Aktionäre wie auch für die ArbN haben. Anderes gilt bei einer beabsichtigten Einführung eines monistischen Systems nach Art 43 ff. Die daraus resultierenden Veränderungen sind sodann umfassend zu erläutern und zu begründen.

6. Offenlegung des Umwandlungsplans

8 Der Umwandlungsplan ist mindestens einen Monat vor dem Tag der HV offenzulegen. Die Vorschrift entspricht Art 32 III (vgl dort Rn 16). Eine Zuleitung an den Betriebsrat erfolgt nicht (Lutter/Hommelhoff/*Bayer* SE-Komm Rn 47).

7. Prüfung des Kapitals

9 Bei der Umw einer AG in eine SE ist eine Umwandlungsprüfung nicht vorzunehmen, da der Rechtsträger identisch bleibt und grdsl auch keine Veränderungen der Beteiligungsverhältnisse eintreten kann. Abs 6 schreibt jedoch vor, dass vor der HV ein Sachverständiger iSv Art 10 der VerschmRL vom 9.10.1978 (ABl Nr L 295, 36; in Deutschland: § 11 I 1 UmwG iVm § 319 I HGB) gemäß der RL 77/91/EWG (ABl Nr L 26, 1) sinngemäß zu bescheinigen hat, dass die Ges über Nettovermögenswerte (nach Verkehrswerten; Kallmeyer/*Marsch-Barner* Anh SE Rn 97) mindestens in Höhe ihres (nicht der künftigen SE) Kap zzgl der kraft Gesetzes oder Statut nicht ausschüttungsfähigen Rücklagen verfügt. Mithin soll

trotz der schon bestehenden Rechtsform der AG eine Prüfung der Reinvermögensdeckung erfolgen.

8. Hauptversammlung

Die HV der betreffenden Ges muss dem Umwandlungsplan zustimmen und die Satzung der SE genehmigen. Für die Einberufung und Vorbereitung der HV gilt das nat Recht für AG, in Deutschland mithin §§ 121 ff AktG. Hinsichtl der Beschlussfassung verweist Abs 7 S 2 auf die nat Durchführungsbestimmungen zu Art 7 der VerschmRL (Rn 9). Danach gilt § 65 I 1 UmwG, wonach der Zustimmungsbeschluss der HV einer Mehrheit, die mindestens drei Viertel des bei der Beschlussfassung vertretenen Grundkapitals umfasst, bedarf. Sofern die Satzung der AG für Umw größere Kapitalmehrheiten oder weitere Erfordernisse bestimmt, gelten diese (§ 65 I 2 UmwG). Nach § 130 I 1 AktG bedarf der Zustimmungsbeschluss der Beurkundung durch eine über die Verhandlung notariell aufgenommene Niederschrift (*Heckschen* DNotZ 2003, 251, 264; *Seibt/Reinhard* Der Konzern 2005, 407, 420; Kallmeyer/*Marsch-Barner* Anh SE Rn 116; im Erg auch *Schwarz* Rn 56; KölnerKommAktG/*Paefgen* Rn 91). 10

9. Zustimmung des Mitbestimmungsorgans

Abs 8 enthält eine Ermächtigung für den nat Gesetzgeber, die Umw davon abhängig zu machen, dass das Organ der umzuwandelnden Ges, in dem die Mitbestimmung der ArbN vorgesehen ist, der Umw mit qualifizierter Mehrheit oder einstimmig zustimmt. Deutschland hat von dieser Ermächtigung keinen Gebrauch gemacht. 11

10. Fortgeltung der Beschäftigungsbedingungen

Abs 9 entspricht Art 29 IV (vgl dort Rn 7). Eines Übergangs der Rechte und Pflichten der umzuwandelnden Ges hinsichtl der Beschäftigungsbedingungen bedarf es bei der Umw einer AG in eine SE aber grdsl nicht. Kraft der Identität des Rechtsträgers gelten diese unverändert fort. Allenfalls bei einer Änderung vom dualistischen System zum monistischen System (vgl Art 39 ff, Art 43 ff) können Änderungen hinsichtl der Ausgestaltung der Mitbestimmung eintreten. 12

11. Eintragung der SE

Nach einem vorliegenden Zustimmungsbeschluss wird die durch die Umw bewirkte Gründung der SE nach Art 15 iVm dem nat Aktienrecht zum HR angemeldet. Mit Eintragung wechselt die AG die Rechtsform. 13

D. Umwandlungssteuergesetz

Vom 7. Dezember 2006 (BGBl I 2782)

Geändert durch Unternehmenssteuerreformgesetz 2008 vom 14. August 2007 (BGBl I 1912), Jahressteuergesetz 2008 (JStG 2008) vom 20. Dezember 2007 (BGBl I 3150), Jahressteuergesetz 2009 (JStG 2009) vom 19. Dezember 2008 (BGBl I 2794), Gesetz zur Beschleunigung des Wirtschaftswachstums (Wachstumsbeschleunigungsgesetz) vom 22. Dezember 2009 (BGBl I 3950), Gesetz zur Umsetzung des EuGH-Urteils vom 20. Oktober 2011 in der Rechtssache C-284/09 vom 21. März 2013 (BGBl I 561)

Einführung

Übersicht

1. Reform des UmwStG seit 1995

a) Gesetzgebungsverfahren 1995.

Schrifttum: Schrifttum bis 1994 siehe 3. Auflage; *Dötsch,* Das neue Umwandlungssteuerrecht ab 1995, 1995; *Lüttge,* Das neue Umwandlungs- und Umwandlungssteuerrecht, NJW 1995, 417; *Schaumburg/Rödder,* Umwandlungsgesetz, Umwandlungssteuergesetz, 1995; *dies,* Das neue Umwandlungssteuergesetz, WiB 1995, 10; vgl iÜ das Schrifttum vor Einführung zum Umwandlungsgesetz.

Das zeitgleich mit dem UmwG verabschiedete UmwStG vom 28.10.1994 (BGBl I 3267) löste das Gesetz über stl Maßnahmen bei Änderung der Unternehmensform (UmwStG 1977) vom 6.9.1976 (BGBl I 2641) ab, dessen Vorgänger, das UmwStG 1969 vom 19.8.1969 (BGBl I 1163), erstmalig steuerrechtl Regelungen für die Umw von KapGes in einem Gesetz kodifiziert hatte. 1

Im Ggs zur von langer Hand vorbereiteten und umfangreich diskutierten Reform des UmwG (dazu im Einzelnen Einf UmwG Rn 7 ff) durchlief das UmwStG 1977 das Gesetzgebungsverfahren in wenigen Monaten. Einem ersten nicht veröffentl RefE vom 14.6.1993 folgte ein gemeinsamer Entwurf der BReg und der Regierungskoalition als „Regierungsentwurf eines Gesetzes zur Änderung des Umwandlungssteuerrechts" vom 10.2.1994 (BR-Drs 132/94). Nach der Annahme des Gesetzentwurfs der BReg durch den BT am 16.6.1994 (BR-Drs 599/94) verweigerte der BR zunächst am 8.7.1994 die Zustimmung (BT-Drs 12/8277); nach kontroversen Diskussionen im Vermittlungsausschuss verabschiedete der BT das Gesetz am 6.9.1994 mit nachfolgender Zustimmung des 2

BR am 23.9.1994 (BR-Drs 843/94). Es wurde am 28.10.1994 als Gesetz zur Bereinigung des UmwR und Gesetz zur Änderung des UmwStR im BGBl I 3267 verkündet und trat zum 1.1.1995 in Kraft. Das UmwStG 1995 ist erstmals auf den Übergang von Verm anzuwenden, der auf Rechtsakten beruht, die nach dem 31.12.1994 wirksam werden (§ 27 I).

3 Zu den nachfolgenden Änderungen vgl Rn 9 ff. Das Gesetz wurde mit dem SEStEG vom 7.12.2006 (BGBl I 2782) neu gefasst und seither viermal geändert (dazu Rn 14 ff).

b) Europarechtliche Vorgaben.

Schrifttum: *Herzig/Förster,* Die Umsetzung der Fusionsrichtlinie, DB 1992, 911, 959; *Knobbe-Keuk,* Die beiden Unternehmenssteuerrichtlinien, EuZW 1992, 336; *Dehmer,* Auf dem Wege zur Reform des Umwandlungsrechts: Die Entwürfe zur Bereinigung des Umwandlungsrechts und zur Änderung des Umwandlungssteuerrechts, WiB 1994, 307; *Saß,* Probleme der Umsetzung der steuerlichen EG-Fusionsrichtlinie in Deutschland, Frankreich, Belgien, Niederlande, Großbritannien, DB 1993, 1892; *van Lishaut,* Europarechtliche Perspektiven des Umwandlungssteuerrechts sowie der Wegzugsbesteuerung, FR 2004, 1301; *Rödder,* Gründung und Sitzverlegung der Europäischen Aktiengesellschaft, DStR 2005, 893; *Dötsch/Pung,* SEStEG: Die Änderungen des Umwandlungssteuergesetzes, DB 2006, 2704, 2763; *Rödder/Schumacher,* Das kommende SEStEG – Das geplante neue Umwandlungssteuergesetz, DStR 2006, 1525; *Benecke/Schnitger,* Neuregelung des UmwStG und der Entstrickungsnormen durch das SEStEG, IStR 2006, 765; *Hörtnagl,* Europäisierung des Umwandlungssteuerrechts – SEStEG, Stbg 2006, 471; *Schäfer/Blumenberg u. a.,* SEStEG, BB Special 8/2006; *Rödder/Schumacher,* Das SEStEG – Überblick über die endgültige Fassung und die Änderungen gegenüber dem Regierungsentwurf, DStR 2007, 369; *Benecke/Schnitger,* Letzte Änderungen des UmwStG und der Entstrickungsnormen durch das SEStEG, IStR 2007, 22; *Hagemann/Jakob/Ropohl/Viebrock,* SEStEG: Das neue Konzept der Verstrickung und Entstrickung sowie die Neufassung des UmwStG, NWG-Sonderheft 1/2007; *Bilitewski,* Gesetz über steuerliche Begleitmaßnahmen zur Einführung der europäischen Gesellschaft und zur Änderung weiterer steuerlicher Vorschriften (SEStEG), FR 2007, 57.

4 Das UmwStR wurde zunächst nur geringfügig durch europarechtl Vorgaben beeinflusst. Der Vorschlag des Rates für eine 10. gesellschaftsrechtl RL zur internationalen Fusion vom 8.1.1985 (ABl EG Nr C 23, 11 ff) wurde wegen ungelöster arbeits- und mitbestimmungsrechtl Fragen lange Zeit nicht vorangetrieben. Mangels handelsrechtl Vorgaben unterließ der nat Gesetzgeber daher überwiegend die Umsetzung der EG-RL vom 23.7.1990 über das gemeinsame Steuersystem für Fusionen, Spaltungen und die Einbringung von Unternehmensteilen und den Austausch von Anteilen, die Ges verschiedener Mitgliedstaaten betrifft (90/434/EWG, ABl EG vom 23.7.1990 Nr L 225, 1 ff – **FusionsRL**) in nat Recht. Nur für einen **Teilbereich** – Einbringung von Gesellschaftsanteilen, Betrieben oder Teilbetrieben – wurde die FusionsRL durch das StÄndG 1992 vom 25.2.1992 (BGBl I 297) in § 20 VI, VIII UmwStG 1977 und in **§ 23 UmwStG 1995** in nat Recht übernommen (vgl im Einzelnen 4. Aufl 2006, § 23 Rn 1 ff).

5 Dies musste sich ändern. Zunächst ist am 8.10.2004 die **SE-VO** als unmittelbar anwendbares Recht in Kraft getreten (vgl im Einzelnen SE-VO Vorb Rn 1 ff). Die SE-VO sieht als zulässige Form der Gründung einer SE die grenzüberschreitende Verschm von europäischen Aktiengesellschaften vor (vgl im Einzelnen Art 2 SE-VO Rn 4 ff). Des Weiteren wurden die EU-Mitgliedstaaten durch die RL Nr 2005/56/EG vom 26.10.2005 über die **Verschm von KapGes** aus verschiedenen Mitgliedstaaten verpflichtet, in ihren nat Rechtsordnungen Vorschriften vorzusehen, die die grenzüberschreitende Verschm von KapGes ermöglichen. In Deutschland wurde diese Vorgabe der RL mit Gesetz vom 19.4.2007 (BGBl I

542) durch Einfügung der §§ 122a ff UmwG umgesetzt. Infolgedessen bestehen nunmehr EU-/EWR-weit die zivilrechtl Möglichkeiten für grenzüberschreitende Verschm (vgl weiter Vor §§ 122a ff UmwG Rn 1 ff). Weitere Impulse resultierten aus der Rspr des **EuGH.** Nachdem der EuGH zunächst mit den Urteilen „Centros", „Überseering" und „Inspire Art" klargestellt hat, dass ein nach dem Recht eines EU-Mitgliedstaats gegründeter Rechtsträger nach einer Verlegung des tats Verwaltungssitzes in einen andern EU-Mitgliedstaat vom Zuzugsstaat als Rechtsträger der ausländischen Rechtsform anzuerkennen sei (vgl hierzu näher § 1 UmwG Rn 35), hat er mit dem Urteil „Sevic" zusätzl unmissverständl geklärt, dass die Nichtzulassung EU-grenzüberschreitender Verschm gegen die Niederlassungsfreiheit verstoße, wenn inländische Rechtsträger eine Verschm vornehmen können. Dies wirkt über die zwischenzeitl positivrechtl geregelte grenzüberschreitende Verschm von KapGes hinaus, in dem sich auch Rechtsträger anderer Rechtsformen und alle Rechtsträger hinsichtl anderer Umwandlungsarten darauf berufen können (vgl § 1 UmwG Rn 45). Weitere Impulse für grenzüberschreitende Umw, insbesondere hinsichtl einer grenzüberschreitenden Sitzverlegung und eines grenzüberschreitenden Formwechsels, resultieren aus den EuGH-Urteilen „Cartesio" (EuGH NJW 2009, 569) und „VALE Epitesi kft" (EuGH NZG 2012, 871); vgl hierzu § 1 UmwG Rn 52, 55). Schließl hat der EuGH mit dem Urteil „Hughes de Lasteyrie du Saillant" (IStR 2004, 236) festgestellt, die Niederlassungsfreiheit verbiete es, mit dem Wegzug eines EU-Bürgers in einen anderen EU-Mitgliedstaat steuerbelastende Folgen zu verknüpfen. Die Anforderungen an eine gemeinschaftskonforme Wegzugsbesteuerung für Gesellschaften aufgrund einer Verlegung des Verwaltungssitzes hat der EuGH zwischenzeitl ebenfalls präzisiert (EuGH DStR 2011, 2334 – National Grid Indus BV).

Zeitnah zum Inkrafttreten der SE-VO (Rn 5) wurde die FusionsRL mit der 6 RL des Rates vom 17.2.2005 (ABl EU Nr L 58, 19) geändert. Die Änderungen betrafen im Wesentl die Aufnahme der Abspaltung (neben der bereits zuvor geregelten Aufspaltung) als von der RL umfasste Umwandlungsform und die Ergänzung um Regelungen hinsichtl der in der SE-VO vorgesehenen Möglichkeit einer identitätswahrenden Sitzverlegung einer SE. Die **stl FusionsRL** wurde zwischenzeitl **neu gefasst** (RL 2009/133/EG vom 19.10.2009, ABl EU Nr L 310, 34).

Da nun in umfassender Weise die zivilrechtl Möglichkeiten grenzüberschreiten- 7 der Umw und Sitzverlegungen bestehen, musste der dt Gesetzgeber in weit umfangreicherem Maße als bisher die Vorgaben der FusionsRL umsetzen. Denn die FusionsRL ist auf Fusionen, Spaltungen, Abspaltungen, die Einbringung von Unternehmensteilen und den Austausch von Anteilen anwendbar, wenn daran Ges aus zwei oder mehr Mitgliedstaaten beteiligt sind (Art 1 lit a FusionsRL). Sie ist ferner anwendbar auf Sitzverlegungen einer SE oder einer SCE (Art 1 lit b FusionsRL). Die **Grundaussage in der FusionsRL** sind, dass eine Fusion, Spaltung oder Abspaltung und eine Einbringung von Unternehmensteilen keine Besteuerung stiller Reserven auslösen darf, soweit das übertragene Vermögen weiterhin einer inländischen Betriebsstätte zuzuordnen ist (Art 4, 9 FusionsRL). Ferner darf die Zuteilung von Anteilen an der übernehmenden oder erwerbenden Ges an die Gesellschafter der einbringenden oder übertragenden Ges aufgrund einer Fusion, einer Spaltung, eines Austausches von Anteilen oder Abspaltung für sich allein keine Besteuerung des Veräußerungsgewinns auf der Ebene des Gesellschafters auslösen (Art 8 FusionsRL).

8 Eine Anpassung des UmwStG (und darüber hinaus des Ertragssteuerrechts) an die europarechtl Vorgaben ist durch das **SEStEG** erfolgt. Ob damit alle Anforderungen der FusionsRL und darüber hinaus der europäischen Grundfreiheiten erfüllt sind, ist in vielen Einzelheiten zweifelhaft und streitig (vgl hierzu etwa Vor § 11 Rn 6 ff). Zu den **Änderungen** durch das SEStEG näher vgl Rn 14.

c) Gesetzesänderungen.

Schrifttum: *Lüdicke/Durchlaub,* Von gesetzgeberischen Missverständnissen und ihrer „Klarstellung", FR 1995, 577; *Schröer,* Nochmals: Von gesetzgeberischen Missverständnissen und ihrer „Klarstellung", FR 1995, 735; *Blumers/Beinert,* Umwandlungssteuerrecht überraschend rückwirkend geändert, BB 1997, 1880; *Dötsch,* Gesetz zur Fortsetzung der Unternehmenssteuerreform: Änderungen des UmwStG, DB 1997, 2090, 2144; *Eggemann/Müller,* Änderungen des EStG, KStG und UmwStG durch das Gesetz zur Fortsetzung der Unternehmenssteuerreform, INF 1997, 641; *Haritz,* Überraschende Änderungen des Umwandlungssteuergesetzes, GmbHR 1997, 783; *Haritz/Slabon,* Neue Hindernisse für Unternehmensumstrukturierungen nach dem Gesetzentwurf zur „Steuerreform", GmbHR 1998, 1159; *Dötsch/Pung,* Steuerentlastungsgesetz 1999/2000/2002: Änderungen des UmwStG und des GewStG und körperschaftsteuerlich relevante Änderungen des EStG, DB 1999, 932; *Hörger/Mentel/Schulz,* Ausgewählte Fragen zum Steuerentlastungsgesetz 1999/2000/2002: Unternehmensumstrukturierungen, DStR 1999, 565; *Olbing,* Von der Steuerreform in die Steuerfalle: Rettungsversuche verunglückter Umwandlungsfälle, GmbH-StB 1999, 290; *Dötsch/Pung,* Steuerbereinigungsgesetz 1999: Die Änderungen des KStG, des UmwStG und des GewStG, DB 2000, 61; *dies,* Steuersenkungsgesetz: Die Änderung bei der Körperschaftsteuer und bei der Anteilseignerbesteuerung, DB Beilage 10/2000; *Förster/van Lishaut,* Steuerliche Folgen der Umwandlung einer Kapitalgesellschaft in ein Personenunternehmen nach neuem Umwandlungssteuerrecht, FR 2000, 1189; *Haritz/Wisniewski,* Änderungen des Umwandlungssteuergesetzes durch das Steuerbereinigungsgesetz 1999, DStR 2000, 221; *dies,* Das Ende des Umwandlungsmodells, FR 2000, 161; *dies,* Das Umwandlungsmodell nach Verabschiedung der Unternehmenssteuerreform, GmbHR 2000, 789; *Kessler/W. Schmidt,* Steuersenkungsgesetz: Umwandlung von Kapital- in Personengesellschaften – Vergleich der derzeitigen und zukünftigen Steuerwirkungen im Gründungsfall, DB 2000, 2032; *dies,* Steuersenkungsgesetz: Umwandlung von Kapital- in Personengesellschaften – Vergleich der derzeitigen und zukünftigen Steuerwirkungen im Erwerberfall, DB 2000, 2088; *Pung,* Steuersenkungsgesetz: Änderungen des Umwandlungssteuergesetzes; DB 2000, 1835; *Thiel,* Unternehmenssteuerreform: Auswirkungen auf das Umwandlungssteuerrecht – Geplante Änderungen und Ausblick, FR 2000, 493; *Hörtnagl,* Änderungen des Umwandlungssteuergesetzes durch das Steuersenkungsgesetz, INF 2001, 33; *Borschel/Kotyrba,* Die Verschärfung der Missbrauchsregelung des § 26 II S 1 UmwStG bei grenzüberschreitenden Einbringungen durch Kapitalgesellschaft, IStR 2003, 37; *van Lishaut,* Europarechtliche Perspektiven des Umwandlungssteuerrechts sowie der Wegzugsbesteuerung, FR 2004, 1301; *Schumacher,* Aktuelles Beratungs-Know-How Umwandlungssteuerrecht, DStR 2004, 589; *Rödder,* Gründung und Sitzverlegung der Europäischen Aktiengesellschaft, DStR 2005, 893; *Benecke/Schnitger,* Neuregelung des UmwStG und der Entstrickungsnormen durch das SEStEG, IStR 2006, 765; *Dötsch/Pung,* SEStEG: Die Änderungen des Umwandlungssteuergesetzes, DB 2006, 2704, 2763; *Hörtnagl,* Europäisierung des Umwandlungssteuerrechts – SEStEG, Stbg 2006, 471; *Rödder/Schumacher,* Das kommende SEStEG – Das geplante neue Umwandlungssteuergesetz, DStR 2006, 1525; *Schäfer/Blumenberg u. a.,* SEStEG, BB Special 8/2006; *Benecke/Schnitger,* Letzte Änderungen des UmwStG und der Entstrickungsnormen durch das SEStEG, IStR 2007, 22; *Bilitewski,* Gesetz über steuerliche Begleitmaßnahmen zur Einführung der europäischen Gesellschaft und zur Änderung weiterer steuerlicher Vorschriften (SEStEG), FR 2007, 57; *Hagemann/Jakob/Ropohl/Viebrock,* SEStEG: Das neue Konzept der Verstrickung und Entstrickung sowie die Neufassung des UmwStG, NWB-Sonderheft 1/2007; *Rödder/Schumacher,* Das SEStEG – Überblick über die endgültige Fassung und die Änderungen gegenüber dem Regierungsentwurf, DStR 2007, 369; *Beinert/Benecke,* Änderungen der Unternehmensbesteuerung im Jahressteuergesetz 2009, Ubg 2009, 169; *Dörfler/Rautenstrauch/Adrian,* Das Jahressteuergesetz 2009 – Ausgewählte

Aspekte der Unternehmensbesteuerung, BB 2009, 580; *Korn/Strahl,* Beratungsrelevante Aspekte zum JStG 2009 und zu weiteren steuerlichen Änderungsgesetzen, KÖSDI 2009, 16358; *Melchior,* Das Jahressteuergesetz 2009 im Überblick, DStR 2009, 4; *Förster,* Der finale Umwandlungssteuererlass 2011 – wichtige Abweichungen gegenüber der Entwurfsfassung, GmbHR 2012, 237.

aa) Änderungen bis zur Neufassung durch das SEStEG. Das UmwStG 9
wurde seit Inkrafttreten **bis** zur **Neufassung** durch das **SEStEG** dreizehn Mal – zuletzt durch das StVergAbG vom 16.5.2003 (BGBl I 660) – geändert. Mit den Gesetzesänderungen war oftmals eine in den Begr sog „Klarstellung" beabsichtigt. Tats dienten diese „klarstellenden" Gesetzesänderungen der Beseitigung von Missgeschicken und der Unterbindung von Interpretationen, die der FinVerw nicht genehm waren (vgl beispielhaft *Lüdicke/Durchlaub* FR 1995, 577). Rechtsstaatl bedenkl ist diese Vorgehensweise, wenn die „klarstellenden" Gesetzesänderungen auf den Rechtszustand vor der Änderung Einfluss nehmen sollen, indem ein angebl ohnehin immer schon bestehender Wille des Gesetzgebers nachträgl dokumentiert wird. Zwischenzeitl wurde dies auch gesetzl institutionalisiert. **§ 28** – erstmals eingefügt durch Gesetz vom 23.7.2002 (BGBl I 2715) – ermächtigt das BMF nicht nur zu Neubekanntmachungen, sondern auch dazu, „Unstimmigkeiten im Wortlaut zu beseitigen". Von dieser – auf redaktionelle Anpassungen beschränkten – Ermächtigung wurde aber bislang kein Gebrauch gemacht.

Oftmals dienten die Gesetzesänderungen aber auch der (zukünftigen) Verhinde- 10
rung unerwünschter – tats oder vermeintl – Vorteile durch Umw. Dies betrifft insbes die Möglichkeiten der Verlustnutzung und der Möglichkeiten der Schaffung von Abschreibungspotenzial. So wurde insbes das sog Umwandlungsmodell durch Änderung von §§ 4, 5 und durch Einfügung von § 50c XI EStG aF erschwert und sodann – durch das StSenkG vom 23.10.2000 (BGBl I 1433) – unmögl gemacht (Abschaffung der Berücksichtigung von Umwandlungsverlusten durch Aufstockung der übergehenden WG; vgl hierzu *Hörtnagl* INF 2001, 33). Auch die Verschärfung von § 12 III (übergehende Verlustvorträge bei der Verschm von Körperschaften auf Körperschaften) gehören in diesen Kontext. Teilw sollten die Änderungen auch mit zeitl Rückwirkung (im Jahr der Gesetzesänderung) durchgesetzt werden. So galten die Änderungen durch das Gesetz zur Fortsetzung der Unternehmenssteuerreform vom 31.10.1997 (BGBl I 2590) zunächst für das gesamte Jahr 1997. Erst nach massiven Protesten und Bedenkenäußerungen wurde der Stichtag durch Gesetz vom 19.12.1997 (BGBl I 3121) auf den 5.8.1997 (Zeitpunkt des endgültigen Gesetzesbeschlusses) verlegt (vgl hierzu etwa *Olbing* GmbH-StB 1999, 290).

Ein lehrreiches Beispiel für die Tendenz zur Nachbesserung ist auch § 18 IV 11
aF (jetzt § 18 III). Die FinVerw vertrat bereits zur ursprüngl Fassung die Auffassung, dass eine Aufstockung der BW nach § 4 VI für die GewSt nicht stattfinde (BMF-Schrb vom 25.3.1998, BStBl I 268 Rn 18.02). Eine Stütze im Gesetz fand sich hierfür nicht, weswegen der BFH (DStR 2000, 1510) dieser Verwaltungsauffassung nicht folgte. Der Gesetzgeber hatte aber bereits zuvor – damit wenigstens für die Zukunft – durch das StEntlG 1999/2000/2002 vom 24.3.1999 (BGBl I 402) § 18 IV aF entsprechend geändert.

Schließl waren Änderungen des UmwStG durch die Änderungen anderer Steu- 12
ergesetze bedingt. Im besonderen Maße gilt dies für das **StSenkG** vom 23.10.2000 (BGBl I 1433). In diesem Zusammenhang musste insbes die Abkehr vom kstl Anrechnungssystem zum Halbeinkünfteverfahren in den §§ 4, 7, 10 umgesetzt werden (vgl *Hörtnagl* INF 2001, 33).

13 Insges kann festgestellt werden, dass die Gesetzesänderungen oftmals eine steuerverschärfende Tendenz hatten. Der Einfluss der FinVerw auf das Gesetzgebungsverfahren kommt dabei deutl zum Ausdruck. Das mit dem UmwStG 1995 verfolgte Ziel, betriebswirtschaftl erwünschte und handelsrechtl mögl Umstrukturierungen stl nicht zu behindern, wurde manchmal aus dem Auge verloren.

14 **bb) Änderungen durch das SEStEG.** IRd SEStEG (Gesetz vom 7.12.2006, BGBl I 2782) wurde das UmwStG neu gefasst. Ziel des SEStEG war die Anpassung der Vorschriften des UmwStG an die europäischen Vorgaben (vgl Rn 5). Darüber hinaus wurden aber auch methodische Veränderungen vorgenommen, die keinen Bezug zum Europarecht haben. Das UmwStG 1995 ist indes nicht aufgehoben, sondern gilt fort, insbes hinsichtlich der Regelungen zu § 21 aF und dem Wegfall von Steuererleichterungen (§ 26 aF); vgl auch § 27.

15 Wesentl **Änderungen** durch das SEStEG sind:

- Das UmwStG ist europäisiert, in mancher Hinsicht auch globalisiert worden. Es erfasst nun neben inländischen Vorgängen grdsl auch grenzüberschreitende Umw und vglbare ausländische Vorgänge, soweit Rechtsträger aus dem EU-/EWR-Raum betroffen sind. Vgl hierzu im Einzelnen § 1.
- Der Grds der Maßgeblichkeit gilt generell nicht (vgl § 17 UmwG Rn 66).
- Die übergehenden WG sind im Grds mit dem gemeinen Wert (bisher Wahlrecht zum TW) zu bewerten. Regelm besteht ein antragsgebundenes Wahlrecht zur Bew mit den fortgeführten BW oder einem ZW, soweit das inländische Besteuerungsrecht nicht beschränkt oder ausgeschlossen wird.
- Bei der Verschm einer Körperschaft auf eine PersGes/natürl Person sind nach § 7 die übergehenden offenen Reserven für jeden Anteilsinhaber als Einkünfte aus KapVerm zu erfassen.
- Die Systematik der Einbringung von Betrieben, Teilbetrieben, Mitunternehmeranteilen und Anteilen an einer KapGes in eine KapGes/eG (§§ 20 ff) wurde grundlegend geändert. An die Stelle des Entstehens einbringungsgeborener Anteile ist eine nachgelagerte, zeitl befristete und abgestufte Nachversteuerung des Einbringungsvorgangs bei schädl Veräußerungen und der Veräußerung gleichgestellten Ersatztatbeständen getreten (§ 22).

16 **cc) Weitere Gesetzesänderungen.** Das UmwStG ist seit der Neufassung durch das SEStEG bereits viermal geändert worden. Mit dem Unternehmenssteuerreformgesetz 2008 vom 14.8.2007 (BGBl I 1912) wurde zunächst § 4 II 2 dahingehend angepasst, dass neben verrechenbaren Verlusten, verbleibenden Verlustvorträgen, nicht ausgeglichenen negativen Einkünften auch ein Zinsvortrag nach § 4h I 2 EStG nicht übergeht (dazu § 4 Rn 77). Entsprechende Änderungen im Hinblick auf den Zinsvortrag wurden in § 15 III, in § 20 IX und in § 24 VI aufgenommen. Mit dem JStG 2008 (BGBl I 3150) wurde § 10 aufgehoben. Die Vorschrift ist durch die Umstellung der Behandlung der EK02-Bestände nach § 38 IV–VIII KStG gegenstandslos geworden. Die an sich folgerichtige Anpassung von § 16 ist nicht erfolgt (vgl dazu § 16 Rn 33). Ferner wurde § 18 III dahingehend geändert, dass bei einer schädl Veräußerung ein Aufgabe- oder Veräußerungsgewinn auch dann der GewSt unterliegt, soweit er auf das BV entfällt, das bereits vor der Umw im Betrieb der übernehmenden PersGes oder natürl Person vorhanden war. Der Gesetzgeber hat damit auf die zur vorherigen Gesetzesfassung abweichende Rechtsauffassung des BFH (BFH/NV 2007, 637) reagiert.

17 Mit dem JStG 2009 (BGBl I 2794) wurde § 2 IV eingefügt. Die Vorschrift soll verhindern, dass nicht trotz eines schädlichen Anteilsinhaberwechsels gem § 8c

KStG durch eine rückwirkende Umw Verlustvorträge und andere Verlustpositionen zur Aufstockung der Buchwerte genutzt werden. IÜ erfolgte eine Anpassung an den Wechsel vom Halb- zum Teileinkünfteverfahren und neben redaktionellen Anpassungen eine Klarstellung bei § 22 II 1, dass die tatsächliche Freistellung nach § 8b KStG maßgeblich ist. Mit dem WachstumsbeschleunigungsG vom 22.12.2009 (BGBl I 3950) wurden §§ 2 IV, 4 II, 15 III, 20 IX (Erg um EBITDA-Vortrag) und § 9 (Erweiterung des Verweises auf § 2 IV) angepasst. Zuletzt wurde durch das Gesetz zur Umsetzung des EuGH-Urteils vom 20.10.2011 § 24 V 1 UmwStG neu gefasst und in § 27 XI eine eigenständige Anwendungsvorschrift für Bezüge iSv § 8b I iVm IV KStG (Streubesitzdividenden) eingeführt.

d) Die Umwandlungssteuer-Erlasse 1998 und 2011.

Schrifttum: Schrifttum zum UmwSt-Erlass 1998 vgl Vorauflage; DAV- Steuerrechtsausschuss, Stellungnahme zum Entwurf des BMF bezüglich des Umwandlungssteuererlasses 2011, NZG 2011, 819; *Geberth,* Der Entwurf zum Umwandlungssteuererlass – Zu einem „Enhanced Relationship" ist der Weg noch weit, DB 22/2011, M1; *Förster,* Der finale Umwandlungssteuererlass 2011 – wichtige Abweichungen gegenüber der Entwurfsfassung, GmbHR 2012, 237; *Olbing,* Der neue Umwandlungssteuererlass 2011, GmbH-StB 2012, 89; *Stangl,* Ausgewählte Zweifels- und Praxisfragen zur Einbringung nach dem UmwSt-Erlass 2011, GmbHR 2012, 253; *Roser,* Der zeitliche Anwendungsbereich des UmwStG – Übergangsregelungen im UmwSt-Erlass 2011, GmbHR 2012, 245; vgl iÜ Schrifttum bei den Einzelkommentierungen.

Die FinVerw hat nach Inkrafttreten des UmwStG 1995 mit diversen Vfg (vgl die Einzelkomm), insbes aber mit BMF-Schrb vom 25.3.1998 (BStBl I 268) – angepasst durch BMF-Schrb vom 21.8.2001 (BStBl I 543) – Stellung bezogen. Der sog **UmwSt-Erlass** behandelte in Form eines verwaltungsinternen Kommentars beinahe sämtl Vorschriften des UmwStG und Vorschriften anderer Steuergesetze, die für Umw relevant sind. Durch die weitreichenden Änderungen des UmwStG durch das StSenkG (Rn 9) wurden einige Passagen des UmwSt-Erlasses 1998 Makulatur. Dennoch reagierte die FinVerw erst mit **BMF-Schrb vom 16.12.2003** (BStBl I 786) umfassend. Vgl zu diesen beiden Verwaltungsanweisungen Vorauflage Rn 18 ff, zur Anwendung des UmwSt-Erlasses 1998 auf Altfälle und auf §§ 21, 26 UmwStG aF vgl BMF-Schrb vom 11.11.2011, BStBl I 1314 Rn 00.01. **18**

Aufgrund der Neufassung des UmwStG durch das **SEStEG** und der damit verbundenen systematischen Änderungen (vgl Rn 15) waren wiederum **Teile** des UmwSt-Erlasses **1998** nicht mehr aktuell. Dennoch benötigte die FinVerw fünf Jahre seit Inkrafttreten des SEStEG, bis mit BMF-Schrb vom 11.11.2011 (BStBl I 1314) der neue UmwSt-Erlass 2011 veröffentlicht wurde. Dem neuen UmwSt-Erlass 2011 vorangegangen waren mehrere inoffizielle und ein offizieller Entwurf vom 2.5.2011 zum Zwecke der Anhörung der betroffenen Verbände. Trotz umfassender Äußerungen der Verbände (bspw DAV- Steuerrechtsausschuss NZG 2011, 819) in knapper Zeit (dazu *Geberth* DB 22/2011, M1) und vielfältigen kritischen Auseinandersetzungen in der Literatur wurden kaum Anregungen aufgegriffen (zu den Änderungen *Förster* GmbHR 2012, 237). **19**

Der größte Kritikpunkt am UmwSt-Erlass 2011 ist sein spätes Erscheinen. Hierdurch bestand in der Praxis gerade zu auch eher formalen Fragen wie der Antragstellung zur Buchwertfortführung (etwa §§ 3 II, 11 II) große Unsicherheit. Die FinVerw hat hierauf teilw reagiert und in Rn S. 01 – S. 08 **Übergangsregelungen** aufgenommen (dazu etwa *Olbing* GmbH-StB 2012, 89; *Roser* GmbHR 2012, 245). IÜ ist der UmwSt-Erlass 2011 – wie auch schon der UmwSt-Erlass **20**

1998 – eine umfassende „Kommentierung“ der Sichtweise der FinVerw zum UmwStG in der Fassung durch das SEStEG. Zusätzlich wurden weitere Entwicklungen aufgrund zwischenzeitl BFH-Rechtsprechung (etwa zur Berücksichtigung angeschaffter Drohverlustrückstellungen, vgl Rn 03.06, 04.16) aufgegriffen. Die wahrscheinlich erstaunlichste Neuerung ist, dass die FinVerw umfassend, also auch bei rein nationalen Umw, den **europäischen Teilbetriebsbegriff** anwenden möchte (Rn 15.02, 20.06, 24.03). Für die Praxis wenig befriedigend ist die weiterhin sehr restriktive und teilw im Vergleich zum UmwSt-Erlass 1998 noch strengere Sichtweise der FinVerw bei der **Spaltung** von Kapitalgesellschaften (§§ 15, 16). Großzügige Regelungen hätte man sich auch im Zusammenhang mit der Behandlung von Umwandlungen als schädliche Veräußerungen iSv § 22 (Rn 22.21 ff) gewünscht. Wie auch schon die Vorgänger-Erlasse enthält der UmwSt-Erlass 2011 über die Regelungen des UmwStG hinaus Aussagen zu den Auswirkungen einer Umwandlung auf eine **Organschaft** (Rn Org 01 ff) und auf das stl Einlagenkonto und den Sonderausweis (Rn K.01 ff). Der UmwSt-Erlass 2011 wurde vor und nach seinem Erscheinen begleitet von einer Flut von vielfach kritischen Veröffentlichungen. Manche Aussagen der FinVerw werden sicherlich in den kommenden Jahren von der Rechtsprechung nicht bestätigt werden. Vgl iÜ zum UmwSt-Erlass 2011 die einzelnen Kommentierungen.

2. Ziele und Grundprinzipien des UmwStG

Schrifttum: *Dehmer,* Das Umwandlungssteuergesetz 1994, DStR 1994, 1713, 1753; *Lüttge,* Das neue Umwandlungs- und Umwandlungssteuerrecht, NJW 1995, 417; *Schaumburg/Rödder,* Umwandlungsgesetz, Umwandlungssteuergesetz 1995; *dies,* Das neue Umwandlungssteuergesetz, WiB 1995, 10; *Schmitt,* Grundlagen des UmwStG, im Erscheinen.

21 Durch das UmwStG 1995 sollten die steuerrechtl Vorschriften an die umfassende Reform des HandelsR angepasst und stl Hemmnisse bei der Umstrukturierung von Unternehmen beseitigt werden (RegEBegr zum UmwStG BT-Drs 12/7263 Allg Teil). **Hauptaufgabe** des UmwStR war und ist es, betriebswirtschaftl erwünschte und handelsrechtl durch das UmwG 1995 in erweitertem Umfang mögl Umstrukturierungen von Unternehmen nicht durch die Aufdeckung und Versteuerung von stillen Reserven zu behindern (RegEBegr BR-Drs 132/94 Allg Teil; vgl *Dehmer* DStR 1994, 1713, 1714). Nach früherem Recht war die steuerneutrale Umstrukturierung von Unternehmen nur in Fällen der Umw in KapGes, bei Verschm von KapGes und bei Einbringungen in KapGes iSv § 20 UmwStG 1977 bzw in PersGes iRd § 24 UmwStG 1977 mögl. Das UmwStG 1995 **erweiterte** den Kreis der steuerneutral **mögl Umstrukturierungen** auf die Fälle des Vermögensübergangs von Körperschaften auf PersGes bzw natürl Personen. Dadurch wurde erstmals die steuerneutrale Rückumwandlung von KapGes in/auf PersGes eröffnet; angesichts unverändert fehlender Rechtsformneutralität entwickelte sich diese Neuregelung für die Praxis zur bedeutsamsten Änderung des UmwStG. Beginnend mit den Änderungen durch das StSenkG vom 23.10.2000 (BGBl I 1434) wurde die **Umw** einer **Körperschaft in** eine **PersGes** allerdings wieder unnötig erschwert. Zwar müssen bei Beibehaltung des inländischen Besteuerungsrechts weiterhin stille Reserven nicht versteuert werden, die nur teilw Berücksichtigung eines Umwandlungsverlustes (§ 4 VI) führt aber dazu, dass in vielen Fällen die Umw einer Körperschaft in eine PersGes nachteilig ist (Verlust von AK). Weitere wichtige Neuregelungen waren der Übergang des verbleibenden **Verlustabzugs** iSv § 10d III 2 EStG aF beim Vermögensübergang von Kör-

perschaften auf Körperschaften, der allerdings durch Änderung von § 12 III aF durch das Gesetz zur Fortsetzung der Unternehmenssteuerreform vom 31.10.1997 (BGBl I 2590) wieder erhebl beschränkt und endgültig mit der Neufassung des UmwStG durch das SEStEG abgeschafft wurde. Positiv war die Einführung von Regelungen mit dem UmwStG 1995 zu werten, die die erstmals im Wege der Gesamtrechtsnachfolge mögl Auf-/Abspaltung von Körperschaften auf Körperschaften bzw PhG steuerunschädl ermögl. Die §§ 15, 16 traten an die Stelle des Spaltungserlasses vom 9.1.1992 (BMF-Schrb vom 9.1.1992, BStBl I 47), der eine **Spaltung** von KapGes auf KapGes/eG und eG ermöglichte. Entgegen einiger Stimmen in der Lit hatte der Spaltungserlass schon seinem Wortlaut nach („bis zu der in Aussicht genommenen Bereinigung des Umwandlungsrechts und des Umwandlungssteuerrechts . . .") mit Inkrafttreten des UmwStG 1995 am 1.1.1995 seine Wirksamkeit verloren.

Mit der Neufassung des UmwStG durch das **SEStEG** wurde schließl das Ziel verfolgt, das UmwStR aufgrund der zwischenzeitl zivilrechtlichen Möglichkeiten grenzüberschreitender Umw an die Vorgaben des Europarechts anzupassen (vgl Rn 4 ff), zugleich aber den Zugriff auf im Inland steuerverhaftetes Substrat zu sichern. **22**

Durch das UmwStG wird eine eigenständige Steuer für Unternehmensumstrukturierungen nicht begründet; es enthält vielmehr Regelungen, die ergänzende Sondervorschriften zum **EStG, KStG** und **GewStG** sind (BMF-Schrb vom 11.11.2011, BStBl I 1314 Rn 01.01; die Bedeutung für das **ErbStG** ist str; näher hierzu § 2 Rn 36). Andere Steuerarten behandelt das UmwStG nicht (vgl dazu § 1 Rn 10). Sowohl für Übertragungen im Wege der (partiellen) Gesamtrechtsnachfolge nach dem UmwG als auch für Umstrukturierungen durch Einzelrechtsübertragungen sind insoweit die Regelungen der einschlägigen Steuergesetze maßgebend (etwa **GrEStG, UStG**). Die Besteuerung der beim übertragenden Rechtsträger entstehenden Umsätze unterliegt bspw den allg ustl Vorschriften. Soweit zum Verm des umwandelnden Rechtsträgers inländische Grundstücke oder grundstücksgleiche Rechte gehören und diese bei der Umw übertragen werden, wird unabhängig von der ertragstl Steuerneutralität des Umwandlungsvorgangs der Tatbestand von § 1 I 3 GrEStG erfüllt, sodass GrESt anfällt. Vgl allerd § 6a GrEStG. **23**

Die **steuerneutrale Umstrukturierung** (Vermeidung der Besteuerung stiller Reserven) wird nach dem UmwStG dadurch ermöglicht, dass der übertragende Rechtsträger die übergehenden WG in seiner stl Schlussbilanz unter gewissen Voraussetzungen zu BW bewerten und der übernehmende Rechtsträger diese Werte in seiner StB fortführen kann (Fälle der §§ 3–19) bzw der übernehmende Rechtsträger (Fälle der §§ 20 ff) das Wahlrecht hat, das übergehende Verm mit den bisherigen BW zu erfassen, und dieser Ansatz als Veräußerungspreis für den Einbringenden gilt **(Buchwertfortführung).** **24**

Das UmwStG ist in weiten Teilen (§§ 3–19) ein AnnexG zum UmwG bzw zu vglbaren ausländischen Vorgängen (vgl dazu § 1 Rn 12 ff). Der Anwendungsbereich des UmwStG ist aber umfassender. Die §§ 20 ff erfassen nicht nur Umw nach dem UmwG oder vglbare ausländische Vorgänge, sie sind auch auf Umw durch Einzelrechtsnachfolge anwendbar (vgl § 1 Rn 78 ff). **25**

Gemeinsam ist allen Fallgruppen des UmwStG, dass das übergehende Verm ein Betrieb, Teilbetrieb, Mitunternehmeranteil oder eine (qualifizierte) Beteiligung an einer KapGes sein muss. Die Übertragung einzelner WG ist vom UmwStG **26** nicht erfasst. Insoweit finden sich vereinzelte Regelungen in den allgemeinen Steuergesetzen (etwa §§ 6 V, 16 II 2 ff EStG).

3. Aufbau und Systematik des UmwStG

27 Das UmwStG ist in Teilbereichen (Zweiter bis Fünfter Teil) ein AnnexG zum UmwG und den vglbaren ausländischen Vorgängen (vgl dazu § 1 Rn 12 ff). Der Sechste bis Achte Teil (§§ 20–25) erfasst neben Umw nach dem UmwG und vglbaren ausländischen Vorgängen auch Übertragungen durch Einzelrechtsnachfolge (vgl im Einzelnen § 1 Rn 78 ff). Die nachfolgende Darstellung des Aufbaus des UmwStG bezieht sich daher immer auf die Umwandlungsarten nach dem UmwG und auf die vglbaren ausländischen Vorgänge sowie auf die inländischen Rechtsformen und die mit diesen vglbaren (zum Typenvergleich § 1 Rn 57 ff) Rechtsformen ausländischer Rechtsträger.

28 Im Einzelnen erfasst das UmwStG folgende Fallgruppen:

- **§§ 3–10** regeln die **Verschm** von **Körperschaften** auf **PersGes** und auf den Alleingesellschafter iSv § 1 I Nr 1 UmwG. Bei der Verschm geht das gesamte Verm von einem oder mehreren Rechtsträgern im Wege der Gesamtrechtsnachfolge auf einen anderen, bereits bestehenden (Verschm durch Aufnahme) oder neu gegründeten (Verschm durch Neugründung) Rechtsträger unter Auflösung ohne Abwicklung über. Die Anteilsinhaber (Gesellschafter, Aktionäre, Genossen, Mitglieder, vgl § 2 UmwG) der übertragenden Rechtsträger werden durch Anteilstausch an dem übernehmenden bzw neu gegründeten Rechtsträger beteiligt (vgl § 2 UmwG Rn 3 ff).
- **§ 9** regelt den **Formwechsel** von **KapGes** in PersGes und erklärt die §§ 3–8 für entsprechend anwendbar. Beim Formwechsel iSv § 1 I Nr 4 UmwG ändert sich die Rechtsform eines Rechtsträgers unter Wahrung seiner rechtl Identität und unter grdsl Beibehaltung des bisherigen Kreises der Anteilsinhaber. Obwohl damit zivilrechtl ein Vermögensübergang nicht stattfindet, wird dieser stl wegen des Systemwechsels beim Formwechsel von einer KapGes in eine PersGes (und umgekehrt) fingiert.
- **§§ 11–13** regeln die **Verschm** von **Körperschaften** auf **Körperschaften** und die Vermögensübertragung (Vollübertragung). Bei der Vermögensübertragung (Vollübertragung) iSv §§ 1 I Nr 1, 174 I UmwG gehen WG von einer KapGes oder von Versicherungsunternehmen auf die öffentl Hand bzw auf Versicherungsunternehmen ähnl der Verschm über mit dem Unterschied, dass die Anteilsinhaber des übertragenden Rechtsträgers nicht an dem übernehmenden bzw neu gegründeten Rechtsträger beteiligt werden, sondern vielmehr eine Gegenleistung anderer Art, meist eine Barleistung, erhalten.
- In **§§ 15 und 16** finden sich Regelungen für die **Auf-/Abspaltung** sowie **Teilübertragung** von **Körperschaften** auf Körperschaften bzw PhG. Bei der Spaltung iSv § 1 I Nr 2 UmwG handelt es sich um eine Vermögensübertragung von einem übertragenden Rechtsträger auf einen oder mehrere bestehende oder neu gegründete übernehmende Rechtsträger im Wege der Sonderrechtsnachfolge (partielle Gesamtrechtsnachfolge). Sie kann in drei Arten vorkommen: Bei der **Aufspaltung** teilt ein übertragender Rechtsträger unter Auflösung ohne Abwicklung sein gesamtes Verm auf und überträgt die Vermögensteile auf mindestens zwei andere Rechtsträger gegen Gewährung von Anteilen an den übernehmenden Rechtsträgern an die Anteilsinhaber des übertragenden Rechtsträgers. Der übertragende Rechtsträger erlischt zum

Zeitpunkt der Eintragung der Spaltung. Bei der **Abspaltung** bleibt der übertragende Rechtsträger bestehen und überträgt nur einen Teil seines Verm auf einen oder mehrere andere Rechtsträger gegen Gewährung von Anteilen an den übernehmenden Rechtsträgern an die Anteilsinhaber des übertragenden Rechtsträgers. Bei der **Ausgliederung** bleibt der übertragende Rechtsträger ebenfalls bestehen. Sie unterscheidet sich aber von der Abspaltung dadurch, dass die Anteile an den übernehmenden Rechtsträgern nicht den Anteilsinhabern des übertragenden Rechtsträgers, sondern dem übertragenden Rechtsträger selbst gewährt werden. Die Ausgliederung wird nicht von §§ 15, 16 erfasst (§ 1 I 2). Sie ist stl eine Einbringung iSv §§ 20–24.
- **§ 15** erfasst überdies die Vermögensübertragung **(Teilübertragung)** von einer Körperschaft auf eine andere Körperschaft. Die Vermögensübertragung (Teilübertragung) iSv §§ 1 I Nr 3, 174 II UmwG ist eine nach den Regeln der Spaltung zu behandelnde Übertragung eines Teils des Verm von einer KapGes bzw von Versicherungsunternehmen auf die öffentl Hand oder auf Versicherungsunternehmen. Die Anteilsinhaber des übertragenden Rechtsträgers erhalten anstelle einer Beteiligung am übernehmenden Rechtsträger eine Gegenleistung anderer Art, insbes eine Barleistung.
- **§§ 18, 19** enthalten Spezialvorschriften für die Ermittlung des Gewerbeertrags für Zwecke der GewSt. Ferner enthält § 18 III einen eigenständigen Realisationstatbestand, um Missbräuchen zu begegnen.

Demggü sind die **§§ 20 ff** (Teile 6–8) nicht auf die Umw von Körperschaften beschränkt. Sie erfassen neben Einzelrechtsübertragungen folgende Umw nach dem **UmwG:** 29
- **§§ 20, 22, 23** regeln die **Einbringung** eines Betriebs, Teilbetriebs, Mitunternehmeranteils **in eine KapGes.** Diese Vorschriften erfassen neben Fällen der Einzelrechtsnachfolge die Fälle der Verschm und der Auf-/Abspaltung von PersGes in KapGes und die Fälle der Ausgliederung von Körperschaften bzw PersGes auf eine KapGes.
- **§§ 21, 22, 23** regeln den **Anteilstausch,** also die Einbringung eines Anteils an einer KapGes **in eine KapGes.**
- **§ 24** behandelt die Fälle der **Einbringung** eines Betriebs, Teilbetriebs, Mitunternehmeranteils und einer 100%igen Beteiligung an einer KapGes (aus dem BV) **in eine PersGes.** Neben Fällen der Einzelrechtsnachfolge fallen darunter folgende Fälle der Gesamtrechtsnachfolge nach dem UmwG: Verschm und Auf-/Abspaltung von PersGes auf PersGes und die Ausgliederung von Körperschaften und PersGes auf PersGes.
- **§ 25** erklärt für Fälle des Formwechsels einer PhG in eine KapGes §§ 20–23 für entsprechend anwendbar.

Der Anwendungsbereich des UmwStG lässt sich anhand der folgenden **Übersicht** verdeutl (siehe Tabelle nächste Seite). 30

31

Umwandlungsart	von	in/auf	2.–7. Teil UmwStG §§	8. Teil UmwStG §§	9. Teil UmwStG §§
Verschmelzung	Körperschaft	PersGes,	3 ff, 18		
	Körperschaft	Alleingesellschafter	3 ff, 18		
	Körperschaft	Körperschaft	11 ff, 19	20 ff	
	PersGes	Körperschaft	–	–	24
	PersGes	PersGes	–		
Spaltung					
– Aufspaltung	Körperschaft	PersGes	16, 18		
	Körperschaft	Körperschaft	15, 19		
	PersGes	KapGes	–	20 ff	
	PersGes	PersGes	–	–	24
– Ausgliederung	Körperschaft	PersGes	–	–	24
	Körperschaft	KapGes	–	20 ff	–
	PersGes	KapGes	–	20 ff	–
	PersGes	PersGes	–	–	24
Vermögensübertragung					
– Vollübertragung	KapGes/VersU	ÖffHand/VersU	11–13, 17, 19	–	–
– Teilübertragung			15, 17, 19		
Formwechsel	KapGes	PersGes	9, 18	–	–
	PersGes	KapGes	–	25	–
	KapGes	KapGes	–	–	–
	PersGes	PersGes	–	–	–
Einbringung					
– Einzelrechtsübertragung, erw Anwachsung	Nat Pers/ PersGes/ Körperschaft/	KapGes	–	20 ff	–
	Nat Pers/ PersGes/ Körperschaft	PersGes	–	–	24 ff

Erster Teil. Allgemeine Vorschriften

§ 1 Anwendungsbereich und Begriffsbestimmungen

(1) [1]**Der Zweite bis Fünfte Teil gilt nur für**

1. die Verschmelzung, Aufspaltung und Abspaltung im Sinne der §§ 2, 123 Abs. 1 und 2 des Umwandlungsgesetzes von Körperschaften oder vergleichbare ausländische Vorgänge sowie des Artikels 17 der Verordnung (EG) Nr. 2157/2001 und des Artikels 19 der Verordnung (EG) Nr. 1435/2003;

2. den Formwechsel einer Kapitalgesellschaft in eine Personengesellschaft im Sinne des § 190 Abs. 1 des Umwandlungsgesetzes oder vergleichbare ausländische Vorgänge;

3. die Umwandlung im Sinne des § 1 Abs. 2 des Umwandlungsgesetzes, soweit sie einer Umwandlung im Sinne des § 1 Abs. 1 des Umwandlungsgesetzes entspricht sowie

4. die Vermögensübertragung im Sinne des § 174 des Umwandlungsgesetzes vom 28. Oktober 1994 (BGBl. I S. 3210, 1995 I S. 428), das zuletzt durch Artikel 10 des Gesetzes vom 9. Dezember 2004 (BGBl. I S. 3214) geändert worden ist, in der jeweils geltenden Fassung.

[2]**Diese Teile gelten nicht für die Ausgliederung im Sinne des § 123 Abs. 3 des Umwandlungsgesetzes.**

(2) [1]**Absatz 1 findet nur Anwendung, wenn**

1. beim Formwechsel der umwandelnde Rechtsträger oder bei den anderen Umwandlungen die übertragenden und die übernehmenden Rechtsträger nach den Rechtsvorschriften eines Mitgliedstaats der Europäischen Union oder eines Staates, auf den das Abkommen über den Europäischen Wirtschaftsraum Anwendung findet, gegründete Gesellschaften im Sinne des Artikels 48 des Vertrags zur Gründung der Europäischen Gemeinschaft oder des Artikels 34 des Abkommens über den Europäischen Wirtschaftsraum sind, deren Sitz und Ort der Geschäftsleitung sich innerhalb des Hoheitsgebiets eines dieser Staaten befinden oder

2. übertragender Rechtsträger eine Gesellschaft im Sinne der Nummer 1 und übernehmender Rechtsträger eine natürliche Person ist, deren Wohnsitz oder gewöhnlicher Aufenthalt sich innerhalb des Hoheitsgebiets eines der Staaten im Sinne der Nummer 1 befindet und die nicht auf Grund eines Abkommens zur Vermeidung der Doppelbesteuerung mit einem dritten Staat als außerhalb des Hoheitsgebiets dieser Staaten ansässig angesehen wird.

[2]**Eine Europäische Gesellschaft im Sinne der Verordnung (EG) Nr. 2157/2001 und eine Europäische Genossenschaft im Sinne der Verordnung (EG) Nr. 1435/2003 gelten für die Anwendung des Satzes 1 als eine nach den Rechtsvorschriften des Staates gegründete Gesellschaft, in dessen Hoheitsgebiet sich der Sitz der Gesellschaft befindet.**

(3) **Der Sechste bis Achte Teil gilt nur für**

1. die Verschmelzung, Aufspaltung und Abspaltung im Sinne der §§ 2 und 123 Abs. 1 und 2 des Umwandlungsgesetzes von Personenhandels-

gesellschaften und Partnerschaftsgesellschaften oder vergleichbare ausländische Vorgänge;
2. die Ausgliederung von Vermögensteilen im Sinne des § 123 Abs. 3 des Umwandlungsgesetzes oder vergleichbare ausländische Vorgänge;
3. den Formwechsel einer Personengesellschaft in eine Kapitalgesellschaft oder Genossenschaft im Sinne des § 190 Abs. 1 des Umwandlungsgesetzes oder vergleichbare ausländische Vorgänge;
4. die Einbringung von Betriebsvermögen durch Einzelrechtsnachfolge in eine Kapitalgesellschaft, eine Genossenschaft oder Personengesellschaft sowie
5. den Austausch von Anteilen.

(4) [1] Absatz 3 gilt nur, wenn
1. der übernehmende Rechtsträger eine Gesellschaft im Sinne von Absatz 2 Satz 1 Nr. 1 ist und
2. in den Fällen des Absatzes 3 Nr. 1 bis 4
   a) beim Formwechsel der umwandelnde Rechtsträger, bei der Einbringung durch Einzelrechtsnachfolge der einbringende Rechtsträger oder bei den anderen Umwandlungen der übertragende Rechtsträger
      aa) eine Gesellschaft im Sinne von Absatz 2 Satz 1 Nr. 1 ist und, wenn es sich um eine Personengesellschaft handelt, soweit an dieser Körperschaften, Personenvereinigungen, Vermögensmassen oder natürliche Personen unmittelbar oder mittelbar über eine oder mehrere Personengesellschaften beteiligt sind, die die Voraussetzungen im Sinne von Absatz 2 Satz 1 Nr. 1 und 2 erfüllen, oder
      bb) eine natürliche Person im Sinne von Absatz 2 Satz 1 Nr. 2 ist

   oder
   b) das Recht der Bundesrepublik Deutschland hinsichtlich der Besteuerung des Gewinns aus der Veräußerung der erhaltenen Anteile nicht ausgeschlossen oder beschränkt ist.

[2] Satz 1 ist in den Fällen der Einbringung eines Betriebs, Teilbetriebs oder Mitunternehmeranteils in eine Personengesellschaft nach § 24 nicht anzuwenden.

(5) Soweit dieses Gesetz nichts anderes bestimmt, ist
1. Richtlinie 90/434/EWG
   die Richtlinie 90/434/EWG des Rates vom 23. Juli 1990 über das gemeinsame Steuersystem für Fusionen, Spaltungen, die Einbringung von Unternehmensanteilen und den Austausch von Anteilen, die Gesellschaften verschiedener Mitgliedstaaten betreffen (ABl. EG Nr. L 225 S. 1), zuletzt geändert durch die Richtlinie 2005/19/EG des Rates vom 17. Februar 2005 (ABl. EU Nr. L 58 S. 19), in der zum Zeitpunkt des steuerlichen Übertragungsstichtags jeweils geltenden Fassung;
2. Verordnung (EG) Nr. 2157/2001
   die Verordnung (EG) Nr. 2157/2001 des Rates vom 8. Oktober 2001 über das Statut der Europäischen Gesellschaft (SE) (ABl. EG Nr. L 294 S. 1), zuletzt geändert durch die Verordnung (EG) Nr. 885/2004 des Rates vom 26. April 2004 (ABl. EU Nr. L 168 S. 1), in der zum Zeitpunkt des steuerlichen Übertragungsstichtags jeweils geltenden Fassung;

3. Verordnung (EG) Nr. 1435/2003
die Verordnung (EG) Nr. 1435/2003 des Rates vom 22. Juli 2003 über das Statut der Europäischen Genossenschaften (SCE) (ABl. EU Nr. L 207 S. 1) in der zum Zeitpunkt des steuerlichen Übertragungsstichtags jeweils geltenden Fassung;

4. Buchwert
der Wert, der sich nach den steuerrechtlichen Vorschriften über die Gewinnermittlung in einer für den steuerlichen Übertragungsstichtag aufzustellenden Steuerbilanz ergibt oder ergäbe.

Schrifttum: *Felix,* Formwechsel nach §§ 190 ff. UmwG und Grunderwerbsteuer – „Rechtsform-Häutung" als steuerlicher Erwerbsvorgang?, NJW 1995, 1137; *Courage,* Fiktiver Vermögensübergang und Grunderwerbsteuer beim Formwechsel?, DB 1995, 1102; *Schaumburg,* Inländische Umwandlungen mit Auslandsbezug, GmbHR 1996, 414; *Haritz,* Verschmelzung einer GmbH auf eine KGaA – eine steuerrechtliche Mischumwandlung, DStR 1996, 1192; *Widmann,* Auslandsbeziehungen bei Umstrukturierungen – Dargestellt am Beispiel einer formwechselnden Umwandlung einer Kapitalgesellschaft in eine Personengesellschaft mit beschränkt steuerpflichtigen Gesellschaftern, DStZ 1996, 440; *Schaumburg,* Ausländische Umwandlungen mit Inlandsbezug, GmbHR 1996, 668; *Müller-Gattermann,* Umwandlungssteuerrecht, WPg 1996, 868; *Schaumburg,* Grenzüberschreitende Umwandlungen, GmbHR 1996, 501, 585; *Götz,* Auswirkungen von Umwandlungen auf das Steuerschuldverhältnis, INF 1996, 449; *ders,* Die Verkehrsteuern bei Umwandlungen nach dem Umwandlungssteuergesetz, NWB 1996 Fach 8, 1251; *Hettler,* Grunderwerbsteuer und Grundbuchberichtigung beim Formwechsel, DStR 1997, 1596; *Otto/Bausch,* Formwechselnde Umwandlungen und Grunderwerbsteuerpflicht nach dem Jahressteuergesetz 1997, BB 1997, 1024; *Prinz,* Verschmelzung ausländischer Kapitalgesellschaften bei inländischem Anteilseigner: Rechtsfolgen und Gestaltungsalternativen, FR 1998, 555; *Kusterer,* Überlegungen zur steuerrechtlichen Behandlung der Verschmelzung einer GmbH auf atypisch ausgestaltete Kommanditgesellschaft auf Aktien, DStR 1998, 1412; *Götz,* Verkehrsteuern bei Umwandlungsvorgängen, GmbHR 1998, 349; *Widmann,* Deutsches und österreichisches Umwandlungssteuerrecht – ein Rechtsvergleich, DStZ 1999, 715; *Klingberg,* Ausländische Umwandlungen im deutschen Steuerrecht, FR 1999, 1209; *Kusterer,* Die ertragsteuerneutrale Übertragung des Betriebs einer GmbH & Co. KG auf eine GmbH & Co. KGaA, DB 2000, 250; *Kusterer,* Die ertragsteuerneutrale Übertragung des Betriebs einer GmbH & Co. KG auf eine GmbH & Co. KGaA, DB 2000, 250; *Schütz/Dümichen,* Einheitliche Anwendung von § 20 UmwStG auf Sacheinlagen bei der Kommanditgesellschaft auf Aktien, DB 2000, 2446; *Götz,* Grunderwerbsteuerliche und organschaftliche Fragen bei Umwandlungen im Konzern, GmbHR 2001, 277; *Heinz,* Umstrukturierungen als Gestaltungsinstrument zur Steuerminimierung im Erb- oder Schenkungsfall, GmbHR 2001, 485; *Hey,* Umwandlungssteuergesetz nach der Unternehmenssteuerreform Anpassung an das Halbeinkünfteverfahren; Notwendigkeit einer Öffnung für grenzüberschreitende Sachverhalte, GmbHR 2001, 993; *Kessler/Achilles/Huck,* Die Europäische Aktiengesellschaft im Spannungsfeld zwischen nationalem Steuergesetzgeber und EuGH, IStR 2003, 715; *van Lishaut,* Europarechtliche Perspektiven des Umwandlungssteuerrechts sowie der Wegzugsbesteuerung, FR 2004, 1301; *Wassermeyer,* Steuerliche Konsequenzen aus dem EuGH-Urteil „Hughes de Lasteyrie du Saillant", GmbHR 2004, 613; *Breiteneicher,* Die Anwachsung als steuerliches Umwandlungsinstrument, DStR 2004, 1405; *Hahn,* Formwechsel und Sitzverlegung nach dem künftigen Gesetz über steuerliche Begleitmaßnahmen zur Einführung der Europäischen Gesellschaft und zur Änderung weiterer steuerrechtlicher Vorschriften, IStR 2005, 677; *Benz/Rosenberg,* Einbringungsvorgänge nach dem Regierungsentwurf des SEStEG, BB Special 8/2006, 51; *Dötsch/Pung,* SEStEG: Die Änderungen des UmwStG, DB 2006, 2704, 2763; *Hörtnagl,* Europäisierung des Umwandlungssteuerrechts – SEStEG, Stbg 2006, 471; *Schaflitzl/Widmayer,* Die Besteuerung von Umwandlungen nach dem Regierungsentwurf des SEStEG, BB Special 8/2006, 36; *Benecke/Schnitger,* Neuregelung des UmwStG und der Entstrickungsnormen durch das SEStEG, IStR 2006, 765; *Bauernschmitt/Blöchle,* SEStEG: Umwandlung unerwünscht, BB 2007, 743; *Benecke/Schnitger,* Letzte Änderungen der Neuregelungen des Umwandlungssteuergesetzes und der Entstrickungsnormen durch das SEStEG, IStR 2007, 22; *Bilitewski,* Überblick über das SEStEG, FR 2007, 57; *Damas,* Einführung in das neue Umwandlungssteuerrecht, DStZ 2007, 129; *Förster/Wendland,* Einbringung von Unternehmensteilen in Kapitalgesellschaften, BB 2007, 631; *Hagemann/Jakob/Roboll/Viebrock,* SEStEG – Das neue Konzept der Verstrickung und Entstrickung sowie die Neufassung des Umwandlungssteuergesetzes, NWB Sonderheft 1/2007; *Herlinghaus,* Sacheinbringungen nach dem SEStEG: Verschaffung des wirtschaftlichen Eigentums fällt unter § 1 Abs. 3, § 20 Abs. 1 UmwStG!, FR 2007, 286; *Hörtnagl,* Die Einbringung von Betrieben, Teilbetrieben und Mitunternehmeranteilen in eine Kapitalgesellschaft (§ 20 UmwStG) nach dem SEStEG, Stbg 2007, 257; *Nagel,* Die Europäisierung im Umwandlungssteuerrecht – Ein Überblick, EStB 2007, 53, 105; *Ott,* Überblick über Körperschaft- und Umwandlungssteuerrecht durch das SEStEG, INF 2007, 97; *Rödder/Schumacher,* Das SEStEG – Überblick über die endgültige Fassung und die Änderungen gegenüber dem Regierungsentwurf, DStR 2007, 369; *Schönherr/Lemaitre,* Grundzüge und ausgewählte Aspekte bei Einbringungen in Kapitalgesellschaften nach dem SEStEG, GmbHR 2007, 459; *Mutscher,* Die tatbestandlichen Voraussetzungen eines Ausschlusses bzw. einer Beschränkung des deutschen Besteuerungsrechts am Beispiel des § 1 Abs. 4 Satz 1 Nr. 2 Buchst. b UmwStG, IStR 2007, 799; *Kowallik/Merklein/Scheipers,* Ertragsteuerliche Beurteilung der Anwachsung nach der Änderung des Umwandlungssteuergesetzes auf Grund des SEStEG, DStR 2008, 173; *Oenings,* Gewerbesteuerliche Verlustverrechnung – Unternehmeridentität i. S. des § 10a GewStG bei atypisch stiller Gesellschaft, DStR 2008, 279; *Kamphaus/Weihmann,* Hinzurechnungsbesteuerung bei Auslandsumwandlungen – ein Leitfaden für die steuerliche Praxis, Ubg 2009, 502; *Körner,* Ent- und Verstrickung, IStR 2009, 741; *Orth,* Umstrukturierung unternehmerisch tätiger Stiftungen, FR 2010, 637; *Ege/Klett,* Aktuelle gesellschaftsrechtliche und steuerliche Aspekte von Anwachsungsmodellen – Zugleich Anmerkung zum Beschluss des OLG Hamm vom 24.6.2010, I-15 Wx 360/09, DStR 2010, 2463; *Kußmaul/Richter/Heyd,* Ausgewählte Problemfelder der Hinausverschmelzung von Kapitalgesellschaften aus Deutschland, IStR 2010, 73; *Becker/Loose,* Besteuerung ausländischer Abspaltungen beim inländischen Anteilseigner, IStR 2010, 383; *Schönfeld,* Ausgewählte Internationale Aspekte des neuen Umwandlungssteuererlasses, IStR 2011, 497; *Bogenschütz,* Umwandlung von Kapital- in Personengesellschaften, Ubg 2011, 393; *Hruschka,* Umwandlungen mit Auslandsberührung, StuB 2011, 540; *Hageböke/Leuering,* Zur Anwendung des UmwStG auf die Ausgliederung von Vermögen nach §§ 48a–48s KWG, Ubg 2011, 359; *Schaden/Zipfel,* Anwendungsbereich des UmwStG und Rückwirkung, BB-Special 1.2011, 1; *Kaeser,* Der neue Umwandlungssteuer-Erlass – Ausgewählte Aspekte – Allgemeiner Teil (§§ 1–2 UmwStG), DStR 2012 Beihefter zu Heft 2/2012, 3; *Kroener/Momen,* Neuerungen des UmwSt-Erlasses 2011 – Ein Überblick, DB 2012, 71; *Ehret/Lausterer,* Einleitende Erläuterungen des Umwandlungssteuererlasses und Anwendungsbereich, DB Beilage 1/2012, 5; *Prinz,* Grundlagen zum internationalen Umwandlungssteuerrecht, DB 2012, 820; *Benecke,* Anwendungsbereich des UmwStG und Rückwirkung nach dem UmwSt-Erlass 2011, GmbHR 2012, 113; *Hahn,* Was sind den Umwandlungen i. S. d. § 1 Abs. 1 Satz 1 Nr. 1 und 2 UmwStG vergleichbare ausländische Vorgänge?, Ubg 2012, 738; *Oppen/Polatzky,* Ausgewählte Zweifels- und Praxisfragen zur Verschmelzung nach dem UmwSt-Erlass 2011, GmbHR 2012, 263; *Suchanek,* Die atypisch stille Gesellschaft im Umwandlungsfall, Ubg 2012, 431.

Übersicht

1. Allgemeines

1 § 1 ist die grundlegende Norm des UmwStG (Widmann/Mayer/*Widmann* Rn 1: zentrale Vorschrift). Sie legt die Voraussetzungen fest, unter denen Umstrukturierungsvorgänge überhaupt von den Normen des UmwStG erfasst sein können und eröffnet damit den Anwendungsbereich des UmwStG (RHL/*Trossen* Rn 4: „Einstieg in das UmwStG"). Anders als die Vorgängerregelung vor der Neufassung durch das SEStEG erfasst § 1 sämtliche vom UmwStG erfassten Umstrukturierungsvorgänge, also den Zweiten bis Achten Teil. Dies bringt auch die Überschrift zum Ausdruck.

2 Die grundlegenden Anforderungen an die Anwendbarkeit des UmwStG nach § 1 sind sowohl **sachl** (Art der Umstrukturierung) als auch **persönl** (Anforderung an die beteiligten Rechtsträger und teilw an deren Anteilsinhaber) **Natur.** Liegt nur eine der Voraussetzungen nach Abs 1, 2 oder Abs 3, 4 nicht vor, greift das UmwStG insges nicht ein (BMF-Schrb vom 11.11.2011, BStBl I 1314 Rn 01.02). Ein derartiger Umwandlungsvorgang ist dann nach den allg Steuergesetzen zu beurteilen, und zwar regelm als Veräußerungs- und Anschaffungsvorgang bzw als Liquidation (vgl auch BMF-Schrb vom 11.11.2011, BStBl I 1314 Rn 00.02 f). Darüber hinaus setzen stl Folgen nach dem UmwStG iVm den Einzelgesetzen voraus, dass die betroffene Person im Inland unbeschränkt oder beschränkt stpfl ist (BMF-Schrb vom 11.11.2011, BStBl I 1314 Rn 01.02; Haase/Hruschka/*Benecke* Rn 91). Ein wesentl Unterschied des UmwStG idF durch das SEStEG im Vgl zu früheren Regelungen ist, dass der Anwendungsbereich – im Grds umfassend – auf EU-ausländische und grenzüberschreitende Umwandlungsvorgänge unter Beteiligung von EU-**ausländischen** Rechtsträgern ausgedehnt worden ist; dem gleichgestellt wurden EWR-Rechtsträger und Umstrukturierungen nach EWR-ausländischen Rechtsordnungen. Rechtstechnisch erfolgt dies, indem den vom UmwStG erfassten Umstrukturierungsvorgängen „vergleichbare ausländische Vorgänge" gleichgestellt sind (vgl Abs 1 Nr 1, Nr 2, Abs 3 Nr 1–3). In persönl

Hinsicht werden nicht nur inländische Rechtsträger einbezogen (vgl § 1 V aF: nur Körperschaften, die unbeschränkt stpfl sind). Den inländischen Rechtsträgern grdsl gleichgestellt werden Ges iSd Art 54 AEUV (früher: Art 48 EGV) bzw Art 34 EWR-Abkommen, die nach dem Recht eines EU/EWR-Mitgliedstaats gegründet worden sind und deren Sitz und Ort der Geschäftsleitung sich innerh des Hoheitsgebiets eines dieser Staaten befindet (Abs 2 S 1 Nr 1, Nr 2, Abs 4 S 1 Nr 1, Nr 2a aa). Bei natürl Personen als übernehmende Rechtsträger gilt das UmwStG nur, wenn sie ihren Wohnsitz oder gewöhnl Aufenthalt innerh des Hoheitsgebiets der EU/EWR haben und nicht kraft eines DBA als in einem Drittstaat ansässig gelten. Besonderheiten gelten in den von Abs 3 Nr 1–4 erfassten Einbringungsfällen, wonach der einbringende Rechtsträger unter gewissen Voraussetzungen auch drittstaatenansässig sein kann (vgl dazu Rn 130). Bei den Einbringungen nach § 24 gelten die Anforderungen an die Ansässigkeit der beteiligten Rechtsträger nicht (Abs 4 S 2; dazu Rn 133). IdS ist das UmwStG durch das SEStEG europäisiert worden (*Hörtnagl* Stbg 2006, 471; RHL/*Trossen* Rn 10; vgl auch DPPM/*Möhlenbrock* Einf UmwStG Rn 153).

Anlass für die Neufassung und die Erweiterung des Anwendungsbereichs waren verschiedene europarechtl Entwicklungen der jüngsten Zeit. Zwar existiert bereits seit 1990 eine **stl Fusionsrichtlinie** (FusionsRL) (ABl EG 1990 Nr L 225, 1; neu gefasst durch RL 2009/133/EG vom 19.10.2009 (ABl EU Nr L 310, 34), die ein gemeinsames Steuersystem für Fusionen, Spaltungen, Abspaltungen, die Einbringung von Unternehmensteilen und den Austausch von Anteilen zum Inhalt hat. Nach Art 1 FusionsRL wendet jeder Mitgliedstaat die RL auf Fusionen, Spaltungen, Abspaltungen, die Einbringung von Unternehmensteilen und den Austausch von Anteilen an, wenn daran Ges aus zwei oder mehr Mitgliedstaaten beteiligt sind. Indessen hatte der Gesetzgeber vor der Neufassung des UmwStG durch das SEStEG die FusionsRL nur in Form von § 23 aF umgesetzt, während er iÜ mangels zivilrechtl Möglichkeiten die Notwendigkeit einer Öffnung des Anwendungsbereichs des UmwStG für grenzüberschreitende und/oder ausländische Vorgänge nicht sah. Dies änderte sich positivrechtl spätestens mit Wirksamwerden der **SE-VO** am 8.10.2004. Denn die SE-VO regelt explizit als eine der zulässigen Formen der Gründung einer SE die grenzüberschreitende Verschm (Art 2 I SE-VO; vgl dazu Art 2 SE-VO Rn 4 ff). Des Weiteren ist Ende 2005 die **RL** über **grenzüberschreitende Verschm** von KapGes mit einer Umsetzungsfrist für die Mitgliedstaaten bis zum 31.12.2007 in Kraft getreten. Infolgedessen hat der nat Gesetzgeber mit dem Gesetz vom 19.4.2007 (BGBl I 542) das UmwG um die §§ 122a ff erweitert und damit positivrechtl die Voraussetzungen für EU/EWR-grenzüberschreitende Verschm von KapGes geschaffen. Parallel zu diesen Rechtsetzungsakten der EU hat auch der **EuGH** Entwicklungen angestoßen, die stl Regelungsbedarf nach sich zogen. Hier sind die Urteile Überseering, Centros und Inspire Art zur Anerkennung EU-ausländischer Rechtsträger bei einem Wechsel des Verwaltungssitzes innerh des EU-Hoheitsgebiets zu erwähnen (vgl hierzu im Einzelnen § 1 UmwG Rn 35). Darüber hinaus hat der EuGH mit dem Urteil Sevic festgestellt, die europarechtl Niederlassungsfreiheit gebiete es grdsl, dass die Mitgliedstaaten auch grenzüberschreitende Umw zulassen, wenn der jew Mitgliedstaat nat Umw geregelt habe (vgl hierzu näher § 1 UmwG Rn 45). Vor diesem Hintergrund sind über die grenzüberschreitenden Umwandlungsvorgänge nach der SE-VO, der SCE-VO und (aus dt Sicht) nach den §§ 122a ff UmwG hinaus EU-grenzüberschreitende Umstrukturierungen mögl. Bedeutung hat dies sowohl für andere Umwandlungsarten als die Verschm (insbes Spaltung und Form- 3 wechsel) als auch für PersGes, die nicht von der Verschm nach der SE-VO, SCE-VO und den §§ 122a ff UmwG erfasst sind (vgl hierzu näher § 1 UmwG Rn 45 ff). Schließl waren die steuerrechtl Urteile des EuGH in den Rechtssachen „Hughes de Lasteyrie du Saillant“ (EuGHE 2004, I 2409) und „N“ (DStR 2006, 1691) zu beachten, wonach es mit der Niederlassungsfreiheit nicht vereinbart sei, wenn mit einem Wegzug einer natürl Person in einen anderen Mitgliedstaat stl Nachteile verbunden seien. Zur Entstrickungsbesteuerung bei Gesellschaften vgl indes zwischenzeitl EuGH DStR 2011, 2334 – National Grid Indus.

4 Grdsl nicht vom UmwStG erfasst werden **Drittstaatenumwandlungen,** also Umw, bei denen mindestens ein beteiligter Rechtsträger (zu Ausnahmen bei den Einbringungsfällen vgl Rn 130, 133) nicht der EU/dem EWR angehört oder die Umw nach einer Rechtsordnung außerhalb der EU/EWR erfolgt. Einen Teilbereich erfasst indes § 12 II KStG.

5 § 1 gliedert sich **systematisch** in drei Bereiche. **Abs 1 und 2** erfassen die Verschm, Aufspaltung und Abspaltung von **Körperschaften,** den Formwechsel einer KapGes in eine PersGes, Umw iSv § 1 II UmwG (den Umw nach dem UmwG vglbare Vorschriften nach anderen Bundes- oder Landesgesetzen; vgl dazu Rn 51) sowie die Vermögensübertragung nach § 174 UmwG. Ebenso erfasst sind einer Verschm, Aufspaltung, Abspaltung und einem Formwechsel nach dem UmwG vglbare ausländische Vorgänge (zur Einordnung von grenzüberschreitenden Verschm und sonstigen Umw vgl Rn 31, 49) sowie Verschm nach der SE-VO und der SCE-VO (Abs 1 S 1 Nr 1, Nr 2). Die an diesen Umw beteiligungsfähigen Rechtsträger, näml beim Formwechsel der umwandelnde Rechtsträger und bei den anderen Umw die übertragenden und die übernehmenden Rechtsträger, regelt Abs 2. Neben den nach dem UmwG beteiligungsfähigen Körperschaften/KapGes sind auch vglbare Körperschaften, die nach der Rechtsordnung eines EU/EWR-Mitgliedstaats gegründet worden sind und innerh des Hoheitsgebiets der EU/EWR den Sitz und den Ort der Geschäftsleitung haben, einbezogen. Für natürl Personen als übernehmende Rechtsträger ist für die Anwendbarkeit des UmwStG der Sitz oder der gewöhnl Aufenthalt und die Steueransässigkeit innerh der EU/des EWR maßgebl (Abs 2 S 1). Hinsichtl des Gründungsrechts enthält Abs 2 S 2 eine Sonderregelung für SE und SCE. Anforderungen an die Rechtsform oder die Ansässigkeit der **Anteilsinhaber** der beteiligten Rechtsträger stellen Abs 1 und 2 nicht auf.

6 Liegen die Voraussetzungen von Abs 1 und 2 vor, ist für diese Umw grdsl der Anwendungsbereich des Zweiten bis Fünften Teils des UmwStG eröffnet. Die weiteren Anforderungen richten sich nach der Art der Umw und den beteiligten Rechtsträgern (§§ 3–8: Verschm von Körperschaften auf PersGes/natürl Personen; § 9: Formwechsel einer KapGes in eine PersGes; §§ 11–13: Verschm von Körperschaften untereinander; § 15: Auf- und Abspaltung von Körperschaften auf Körperschaften; § 16: Auf- und Abspaltung von Körperschaften auf PersGes). Diese Vorschriften des Zweiten bis Fünften Teils stellen weitere Voraussetzungen auf und bestimmen insbes die Kriterien für eine steuerneutrale Umstrukturierung idS der Vermeidung der Besteuerung stiller Reserven.

7 Damit ist für inländische Umw der Zweite bis Fünfte Teil des UmwStG unverändert ein **AnnexG** zum UmwG. Auch die Erweiterung auf EU/EWR-ausländische Vorgänge und Rechtsträger ist nur gegeben, soweit es sich um vglbare ausländische Vorgänge handelt und auch die Qualifikation der Rechtsträger als Körperschaft/KapGes unter Zugrundelegung inländischer Grdse vglbar ist.

8 **Abs 3 und 4** behandeln inländische, grenzüberschreitende und ausländische **Einbringungsvorgänge.** Anders als nach Abs 1 und 2 für die Anwendung des Zweiten bis Fünften Teils unterliegen nicht nur Umw nach dem UmwG oder vglbare ausländische Vorgänge dem Sechsten bis Achten Teil des UmwStG. Erfasst sind nach Abs 3 Nr 4 und 5 auch die Einbringung von BV durch Einzelrechtsnachfolge in eine KapGes, eine eG oder PersGes sowie der Austausch von Anteilen (vgl § 21). Weitere Voraussetzung für die Anwendung des Sechsten bis Achten Teils ist, dass der übernehmende Rechtsträger eine nach den Rechtsvorschriften eines EU/EWR-Mitgliedstaats gegründete Ges iSd Art 54 AEUV (früher: Art 48 EGV) bzw Art 34 EWR-Abkommen mit Sitz und Ort der Geschäftsleitung innerh der EU/EWR ist. Im Grds entsprechende Anforderungen stellt Abs 4 S 1 Nr 2a aa für den umwandelnden, einbringenden oder übertragenden Rechtsträger auf. Bei Beteiligung von anderen umwandelnden, einbringenden oder übertragenden Rechtsträger gilt das UmwStG hingegen nur, wenn das inländische Recht auf Besteuerung des Gewinns aus der Veräußerung der erhaltenen Anteile nicht ausgeschlossen oder beschränkt ist. Die Anforderung an die Qualität der beteiligten Rechtsträger gelten wiederum nicht für Einbringungen nach § 24 (§ 1 IV 2).

9 Schließl enthält **§ 1 V** Definitionen (dazu Rn 134).

2. Betroffene Steuerarten

10 Das UmwStG sollte mit der Neufassung ab 1995 – als Folge umfassender Regelung handelsrechtl Umwandlungsvorgänge im UmwG – die Möglichkeit eröffnen, Umstrukturierungen umfassender als zuvor steuerneutral zu vollziehen und die Übertragung von Verlustvorträgen zuzulassen, soweit dem nicht spezifische Belange des StR entgegenstehen. Ziel war es, betriebswirtschaftl wünschenswerte und handelsrechtl mögl Umstrukturierungen nicht durch stl Folgen zu behindern, die ohne die besondere Regelung des UmwStR eintreten würden (so ausdrückl RegEBegr BT-Drs 12/6885, Allg Teil). Gäbe es die besondere Regelungen des UmwStG nicht, würde eine mit einem Vermögensübergang verbundene Umstrukturierung stl bewirken, dass der Vorgang als Veräußerungs- bzw Anschaffungsgeschäft oder als Liquidation durch die Vorschriften des KSt- bzw EStG erfasst würde, der Vermögensübergang also entweder zum Erwerb einer Gegenleistung (Veräußerung iSv § 16 EStG) oder zur Auflösung und Abwicklung (§ 11 KStG) der übertragenden Körperschaft führen würde (so auch RegEBegr BT-Drs 12/6885 zu § 1). In beiden Fällen käme es zu einer Besteuerung der stillen Reserven. Dies verhindert das UmwStG, indem es – als Ausnahme zu den allg Steuergesetzen – die **interpersonale Übertragung stiller Reserven** zulässt. Rechtstechnisch geschieht dies durch die Einräumung des Wahlrechts, unter gewissen Voraussetzungen die BW fortzuführen, wenn die spätere Besteuerung der stillen Reserven sichergestellt ist. An dieser grdsl Zweckrichtung des UmwStG hat sich durch die Neufassung mit dem SEStEG nichts geändert (vgl aber zu den gesetzgeberischen Entwicklungen seit 1995 Einf Rn 9 ff).

11 Das UmwStG begründet damit keine Steuer für Umstrukturierungen (enthält allerdings in §§ 18 III und 22 Realisierungstatbestände). Es ist vielmehr ein Sonderrecht für Umw, regelt allerdings nur die Auswirkungen der Umw auf die **KSt, ESt, GewSt** (BMF-Schrb vom 11.11.2011, BStBl I 1314 Rn 01.01; Haritz/Menner/*Haritz* Rn 99; Widmann/Mayer/*Widmann* Rn 6; DPPM/*Möhlenbrock* Einf UmwStG Rn 151; DPPM/*Möhlenbrock* Rn 5) und – zwischenzeitl für Altfälle – die **VSt** (DPPM/*Möhlenbrock* Rn 5). Besonderheiten können sich wiederum aus

Spezialregelungen außerhalb des UmwStG ergeben (vgl etwa § 14a FMStFG, § 20 IVa EStG, § 12 II 2 KStG). Str ist, ob das UmwStG auch auf das **ErbStG** wirkt (dazu § 2 Rn 36). Auf andere Steuerarten bezieht sich das UmwStG nicht. Sowohl für Umw durch Gesamt- und Sonderrechtsnachfolge als auch für die nicht im UmwG geregelten Einzelrechtsübertragungen sind diesbzgl die Vorschriften der einschlägigen Steuergesetze maßgebend. So richtet sich zB die Besteuerung der bei einem übertragenden Rechtsträger entstehenden Umsätze nach den allg **ustl** Vorschriften. Folge ist, dass der übertragende Rechtsträger bis zum Wirksamwerden der Umw ustl als Unternehmer zu behandeln ist (keine Rückwirkung nach § 2). **Grunderwerbstl** wird – bei Verschm, Spaltungen und bei Vermögensübertragungen – der Tatbestand von § 1 I Nr 3 GrEStG erfüllt, soweit zum Verm des umwandelnden Rechtsträgers inländische Grundstücke oder grundstücksgleiche Rechte gehören. Zwar geht der Gesamtrechtsnachfolge nicht ein Rechtsgeschäft iSv § 1 I Nr 1 GrEStG voraus, doch vollzieht sich der Übergang des Eigentums unmittelbar kraft Gesetzes als Folge der Umwandlungsverträge/Umwandlungsbeschlüsse, welche als ersetzende Rechtsakte anzusehen sind (BFH BStBl II 1989, 466; Boruttau/*Sack* GrEStG § 9 Rn 539). Das Grunderwerbsteuerrecht folgt allerdings, anders als das Ertragssteuerrecht, auch beim sog kreuzenden Formwechsel der Zivilrechtslage, indem der Formwechsel mangels Vermögensübertragung keinen Grunderwerbsteuertatbestand erfüllt (dazu *Hettler* DStR 1997, 1596). Vgl zudem § 6 a GrEStG. Zur Bedeutung der **Gesamtrechtsnachfolge** für das Steuerschuldverhältnis und steuerrechtl Positionen vgl Rn 142 ff.

3. Sachlicher Anwendungsbereich Zweiter bis Fünfter Teil, Abs 1

12 **a) Allgemeines.** Abs 1 regelt den **sachlichen Anwendungsbereich** des Zweiten bis Fünften Teils. Diese Vorschriften gelten nur für die Umw **von Körperschaften** und nehmen im Grds Bezug auf die vom **UmwG** geregelten Umwandlungsarten der Verschm, Auf- und Abspaltung, Vermögensübertragung und des Formwechsels. Infolge der Europäisierung des UmwStG durch das SEStEG (dazu Rn 2) sind zudem vglbare ausländische Vorgänge einbezogen. Ferner erfasst der Anwendungsbereich des Zweiten bis Fünften Teils auch die Gründung einer SE/SCE durch Verschm sowie die den Umwandlungsarten des UmwG vglbare Umw nach anderen Bundes-/Landesgesetzen. Ausdrückl vom Anwendungsbereich des Zweiten bis Fünften Teils ausgenommen ist die Ausgliederung (Abs 1 S 2), da sie systematisch ein Einbringungsvorgang ist.

13 **b) Verschmelzung, Aufspaltung und Abspaltung, Abs 1 S 1 Nr 1. aa) Allgemeines.** Nach Abs 1 S 1 Nr 1 gilt der Zweite bis Fünfte Teil für die Verschm, Aufspaltung und Abspaltung von Körperschaften nach dem UmwG und für vglbare ausländische Vorgänge sowie für Verschm nach der SE-VO und der SCE-VO. Diese Teile des UmwStG sind damit nach wie vor für die Umw von Körperschaften ein AnnexG zum UmwG. Weiteres wesentl Kriterium ist, dass als übertragender Rechtsträger eine (in- oder ausl) Körperschaft beteiligt sein muss.

14 Welche Vorschriften des Zweiten bis Fünften Teils im Einzelfall gelten, bestimmt § 1 im Ggs zur Fassung vor dem SEStEG nicht. Dies erschließt sich aus den jeweiligen Überschriften des Zweiten bis Fünften Teils und den Anforderungen der Einzelregelungen. Danach gelten die §§ 3–8 (und 10 aF) für die Verschm

einer Körperschaft auf eine PersGes, § 9 für den Formwechsel einer KapGes in eine PersGes, §§ 11–13 für die Verschm oder Vermögensübertragung (Vollübertragung) einer Körperschaft auf eine andere Körperschaft, § 15 für die Auf-, Abspaltung und Teilübertragung einer Körperschaft auf eine andere Körperschaft und § 16 für die Auf- oder Abspaltung einer Körperschaft auf eine PersGes.

bb) Körperschaft. Der Zweite bis Fünfte Teil des UmwStG gilt nur für die Umw von Körperschaften als übertragende Rechtsträger bzw umwandelnder Rechtsträger. Die mögl Rechtsformen der **inländischen** Rechtsträger, die beteiligt sein können, folgen zunächst aus der Bezugnahme auf die Umwandlungsarten des UmwG. Dies sind in den Fällen des Abs 1 S 1 Nr 1 KapGes (AG, SE, KGaA, GmbH), eG, eingetragene Vereine, wirtschaftliche Vereine, genossenschaftl Prüfungsverbände und VVaG (zur Beteiligtenfähigkeit bei Verschm und Auf- und Abspaltungen vgl im Einzelnen die Kommentierung zu § 3 UmwG und § 124 UmwG). Zur Umwandlungsfähigkeit der UG (haftungsbeschränkt) vgl § 3 UmwG Rn 18 ff, § 122b Rn 5 und § 124 UmwG Rn 14, 36. Andere Körperschaften (zu ausländischen Körperschaften vgl Rn 17) können nur in den Anwendungsbereich des UmwStG fallen, wenn sie nach vglbaren ausländischen Vorschriften verschmelzungsfähig oder von Abs 1 S 1 Nr 2–4 (vgl Rn 31 ff) erfasst sind. Zu Mischformen (insbes Körperschaft & Still und KGaA) vgl Rn 136. 15

Voraussetzung ist, dass die Körperschaft **entstanden** ist und noch besteht. Vorgesellschaften können ggf stl schon als Körperschaften behandelt werden (vgl etwa H 2 KStH), sie sind jedoch nach dem UmwG nicht beteiligtenfähig (DPPM/*Möhlenbrock* Rn 15; § 3 UmwG Rn 23 und § 124 UmwG Rn 10). Auch **steuerbefreite Körperschaften** unterfallen dem Zweiten bis Fünften Teil (RHL/*Trossen* Rn 33; DPPM/*Möhlenbrock* Rn 15). Vgl aber auch Rn 59. Besonderheiten bestehen insoweit nur bei Beteiligung einer steuerbefreiten übernehmenden Körperschaft, da dann mangels Sicherstellung der Besteuerung mit KSt das Wahlrecht nach § 11 II nicht ausgeübt werden kann. 16

Auch **ausländische** Körperschaften sind bei grenzüberschreitenden Verschm, Auf- und Abspaltungen und bei vglbaren ausländischen Vorgängen erfasst (zu den weiteren Voraussetzungen nach Abs 2 vgl Rn 56). Auf eine unbeschränkte StPfl kommt es entgegen der Rechtslage vor dem SEStEG nicht mehr an (BMF-Schrb vom 11.11.2011, BStBl I 1314 Rn 01.54). Voraussetzung ist zunächst, dass die ausländische Körperschaft nach ihrem auf sie anwendbaren Recht (Gesellschaftsstatut; vgl dazu § 1 UmwG Rn 35 ff) befähigt ist, an der grenzüberschreitenden oder ausländischen Umw teilzunehmen (BMF-Schrb vom 11.11.2011, BStBl I 1314 Rn 01.26; vgl dazu auch Haase/Hruschka/*Benecke* Rn 59). Ob ein ausländischer Rechtsträger als Körperschaft einzustufen ist, bestimmt sich allein nach inländischen Qualifikationsmerkmalen. Die stl Qualifikation des ausländischen Rechtsträgers in seinem Ansässigkeitsstaat ist unbedeutend (DPPM/*Möhlenbrock* Rn 101; RHL/*Trossen* Rn 35; Widmann/Mayer/*Widmann* Rn 85; Haritz/Menner/*Haritz* Rn 99). Weitergehend verlangt die FinVerw, dass die ausländische Körperschaft einem vglbaren umwandlungsfähigen Rechtsträger inländischen Rechts entspricht (BMF-Schrb vom 11.11.2011, BStBl I 1314 Rn 01.24, 01.27; ebenso Haase/Hruschka/*Benecke* Rn 60). Ob sich dies aus der Erfordernis eines vglbaren ausländischen Vorgangs ableiten lässt, ist fraglich (vgl *Schmitt/Schloßmacher* UmwStE 2011 Rn 01.27), dürfte aber auch der Ansicht des Gesetzgebers entsprechen (RegEBegr BT-Drs 16/2710 zu Abs 1); die praktische Bedeutung scheint im EU-/EWR-Raum gering. Jedenfalls ist hierfür ein **Typenvergleich** vorzunehmen (BMF-Schrb vom 11.11.2011, BStBl I 1314 Rn 01.27). 17

18 Gegenstand des Typenvergleichs ist die Prüfung, ob das ausländische Rechtsgebilde seiner Struktur nach einer dt KapGes (Körperschaft) vglbar ist (grundlegend RFHE 27, 73). Wesentl **Kriterien** sind (RHL/*Trossen* Rn 35; DPPM/*Möhlenbrock* Rn 99; Haase/Hruschka/*Benecke* Rn 64):
– beschränkte Haftung der Gesellschafter (grdsl haftet nur das Verm der Ges),
– keine Nachschusspflicht der Gesellschafter,
– freie Übertragbarkeit der Anteile,
– unbegrenzte Lebensdauer,
– Unabhängigkeit vom Gesellschafterbestand,
– Fremdorganschaft und
– konstitutive Wirkung der Eintragung in das (vglbare) HR.

19 Im Grundsatz erfolgt der Vergleich anhand des gesetzlichen **Leitbilds** der ausländischen Körperschaft (BMF-Schrb vom 11.11.2011, BStBl I 1314 Rn 01.27). Aufgrund der im Ausland verschiedentl anzutreffenden flexiblen Gestaltungsmöglichkeiten (vgl etwa BMF-Schrb vom 19.3.2004, BStBl I 2004, 411 zur US-amerikanischen LLC) muss im Einzelfall die konkrete Gestaltung nach den Gesetzesbestimmungen und den Vereinbarungen im Gesellschaftsvertrag zugrunde gelegt werden (BMF-Schrb vom 11.11.2011, BStBl I 1314 Rn 01.27; DPPM/*Möhlenbrock* Rn 100; RHL/*Trossen* Rn 36; Lademann/*Hahn* Rn 122). Dennoch ist in den meisten und insbes in den hier interessierenden Fällen von EU-/EWR-ausländischen Rechtsträgern die Einordnung umstritten. Die Praxis kann sich an den Anlagetabellen 1 und 2 zum BMF-Schrb vom 24.12.1999 (BStBl I 1999, 1076) orientieren (BMF-Schrb vom 11.11.2011, BStBl I 1314 Rn 01.27). Damit sind viele praktisch bedeutsame ausländische Rechtsformen geklärt. Vgl auch die Übersichten bei Widmann/Mayer/*Widmann* Rn 85 ff und *Winkeljohann/Fuhrmann* S 718 ff. Auch **aufgelöste** ausländische Rechtsträger können unter den Voraussetzungen, die für inländische Rechtsträger gelten (§§ 3 III, 124 II UmwG), beteiligt sein (BMF-Schrb vom 11.11.2011, BStBl I 1314 Rn 01.28).

20 **cc) Übernehmende Rechtsträger.** Als übernehmende Rechtsträger kommen bei den vom Zweiten bis Fünften Teil erfassten Umw nicht nur Körperschaften, sondern auch PersGes in Betracht. Die beteiligtenfähigen Rechtsträger bestimmen sich nach dem UmwG und nach den vglbaren ausländischen Vorgängen. Neben der Art der Umw ist die Rechtsform des beteiligten übernehmenden Rechtsträgers maßgebl für die Anwendung der einzelnen Vorschriften des Zweiten bis Fünften Teils. Denn die §§ 3–8 (und § 10 aF) und § 16 erfassen die Verschm sowie Auf- und Abspaltung einer Körperschaft auf eine PersGes (§§ 3–8 auch auf eine natürl Person), während die §§ 11–13 und § 15 sich mit der Verschm und Auf- bzw Abspaltung sowie der Vermögensübertragung einer Körperschaft auf eine Körperschaft befassen.

21 Die beteiligtenfähigen **inländischen PersGes** ergeben sich aus der Beteiligtenfähigkeit nach dem UmwG. Bei Verschm sind dies die OHG, die KG und die PartGes (§ 3 I Nr 1 UmwG; vgl dazu § 3 UmwG Rn 7 ff). An Auf- und Abspaltungen können als übernehmende Rechtsträger ebenfalls OHG, KG und PartGes beteiligt sein (§ 124 I UmwG; vgl § 124 UmwG Rn 3 ff). Die EWIV ist der OHG gleichgestellt (§ 3 UmwG Rn 13; BMF-Schrb vom 11.11.2011, BStBl I 1314 Rn 01.05).

22 Verschm zur Gründung einer **SE/SCE** können nur unter Beteiligung von AG bzw eG und den vglbaren EU-/EWR-ausländischen AG/eG erfolgen (vgl Art 2 SE-VO Rn 5).

Bei vglbaren ausländischen Vorgängen (Rn 31) und bei grenzüberschreitenden Umw können auch **ausländische PersGes** beteiligt sein. Für die Anwendung des Zweiten bis Fünften Teils ist wiederum ein **Typenvergleich** (vgl ergänzend Rn 17) durchzuführen. Wesentliche Strukturmerkmale einer PersGes sind (RHL/*Trossen* Rn 36): 23

- unbeschränkte Haftung mindestens eines Gesellschafters,
- grdsl Abhängigkeit vom Bestand der Gesellschafter,
- Selbstorganschaft und
- eingeschränkte Übertragbarkeit (mit Zustimmung oder gesellschaftsvertragl Regelung).

Die Einordnung des Rechtsträgers in seinem Ansässigkeitsstaat wie auch im Ansässigkeitsstaat bestehende Optionsrechte zur KSt sind unbeachtl (vgl Rn 17; RHL/*Trossen* Rn 36). Zur Beteiligtenfähigkeit eines ausländischen Rechtsträgers mit Verwaltungssitz im Inland iSd UmwG vgl § 1 UmwG Rn 35. 24

dd) Verschmelzung nach UmwG. Vom Zweiten bis Fünften Teil erfasst sind Verschm nach § 2 UmwG (§ 1 I Nr 1). Konkret gelten hierfür die §§ 3–8 (Verschm auf eine PersGes oder natürl Person) und §§ 11–13 (Verschm auf Körperschaften) sowie §§ 18, 19 (gewstl Auswirkungen). 25

Zivilrechtl ist die Verschm in den §§ 2 ff UmwG geregelt. Das UmwG kennt zwei Arten der Verschm: Die Verschm durch Aufnahme auf einen bereits bestehenden Rechtsträger und die Verschm durch Neugründung auf einen durch die Verschm neu gegründeten Rechtsträger (vgl näher § 2 UmwG). Ein stl Unterschied zwischen diesen Verschmelzungsarten besteht nicht. Bei einer Verschm nach §§ 2 ff UmwG geht das Verm der übertragenden Rechtsträger im Wege der Gesamtrechtsnachfolge auf den übernehmenden Rechtsträger über. Die übertragenden Rechtsträger erlöschen. Demzufolge gehen auch die Anteile am übertragenden Rechtsträger unter. Im Regelfall erhalten die Anteilsinhaber des übertragenden Rechtsträgers als Gegenleistung (neue) Anteile an dem übernehmenden Rechtsträger. Auf die Anteilsgewährung kann aber verzichtet werden (vgl etwa § 54 I 3 UmwG). Ebenso werden keine Anteile gewährt, soweit der übernehmende Rechtsträger am übertragenden Rechtsträger beteiligt ist (sog Upstream-Merger). Im umgekehrten Fall des sog Downstream-Merger besteht regelm ein Wahlrecht, dem Anteilsinhaber des übertragenden Rechtsträgers die bisherigen Anteile des übertragenden Rechtsträgers am übernehmenden Rechtsträger oder andere Anteile (regelm durch KapErh geschaffene) am übernehmenden Rechtsträger zu übertragen. Stl ist in diesem Zusammenhang bedeutsam, dass die Bewertungswahlrechte nach §§ 3 II und 11 II voraussetzen, den Anteilsinhabern keine Gegenleistung oder nur eine Gegenleistung in Gesellschaftsrechten zu gewähren (vgl hierzu § 3 Rn 102 und § 11 Rn 127). 26

Verschm iSd § 2 UmwG sind auch **grenzüberschreitende Verschm** nach §§ 122a ff UmwG (RHL/*Trossen* Rn 46; Frotscher/Maas/*Frotscher* Rn 81; aA BMF-Schrb vom 11.11.2011, BStBl I 1314 Rn 01.21: aber grdsl ein vglbarer ausländischer Vorgang; ebenso DPPM/*Möhlenbrock* Rn 22; Haase/Hruschka/*Benecke* Rn 10, 40). Die Vorschriften wurden mit Gesetz vom 19.4.2007 (BGBl I 542) eingeführt und setzen die RL Nr 2005/56/EG über die Verschm von KapGes aus verschiedenen Mitgliedstaaten um. Sie gelten nur für die Verschm von EU-/EWR-europäischen KapGes und setzen voraus, dass mindestens eine der beteiligten Ges dem Recht eines anderen Mitgliedstaats der EU/EWR angehört (vgl im Einzelnen § 122a UmwG Rn 3 ff). Eine grenzüberschreitende Umw idS ist ferner 27 auch gegeben, wenn ein ausländischer Rechtsträger mit Verwaltungssitz im Inland (zur Beteiligtenfähigkeit nach dem UmwG vgl § 1 UmwG Rn 35) nach den §§ 122a ff UmwG oder nach der Vereinigungstheorie verschmolzen wird (vgl auch *Hahn* in PWC, Reform des UmwStR, Rn 776). Umw nach § 2 UmwG sind ferner grenzüberschreitende Umw auf der Grundlage der sog **Vereinigungstheorie** des internationalen GesR, die aufgrund der europäischen Grundfreiheiten, insbes der Niederlassungsfreiheit, zulässig sein müssen (vgl hierzu im Einzelnen § 1 UmwG Rn 45 ff). Bedeutung hat dies für die Beteiligung von PersGes und grenzüberschreitende Spaltungen. Diese müssten regelmäßig wenigstens als vglbare ausländische Vorgänge eingestuft werden können (vgl dazu auch *Körner* IStR 2009, 741, 749). Zu Fallgruppen auch mit Drittstaaten vgl *Kußmaul/Richter/Heyd* IStR 2010, 73

28 **ee) Auf-/Abspaltung.** Vom Zweiten bis Fünften Teil erfasst sind Auf- und Abspaltungen iSv § 123 I und II UmwG. Für diese Umwandlungsarten gelten § 15 (Auf-/Abspaltung einer Körperschaft auf eine Körperschaft), § 16 (Auf-/Abspaltung einer Körperschaft auf eine PersGes) und §§ 18, 19 (gewstl Folgen). §§ 15, 16 verweisen wiederum auf §§ 11–13 bzw §§ 3–8.

29 **Zivilrechtl** sind Auf- und Abspaltungen in den §§ 123 ff UmwG geregelt. Die dritte vom UmwG vorgegebene Spaltungsform, die Ausgliederung (§ 123 III UmwG), fällt nicht in den Anwendungsbereich des Zweiten bis Fünften Teils (Abs 1 S 2), da sie steuersystematisch ein Einbringungsvorgang ist (vgl Rn 55, 90). Kennzeichnend für die **Aufspaltung** ist, dass der übertragende Rechtsträger sich auflöst und hierbei – im Ggs zur Verschm – das Verm auf mindestens zwei Rechtsträger aufteilt. Demggü bleibt bei der **Abspaltung** der übertragende Rechtsträger bestehen, er überträgt jedoch einen Teil seines Verm auf einen anderen Rechtsträger. In beiden Fällen werden als Gegenleistung für die Vermögensübertragung den Anteilsinhabern des übertragenden Rechtsträgers Anteile an den übernehmenden Rechtsträgern gewährt (vgl hierzu näher § 123 UmwG). Ebenso wie bei der Verschm kann eine Auf- und Abspaltung zur Aufnahme auf einen bereits bestehenden Rechtsträger und zur Neugründung auf einen durch die Spaltung neu gegründeten Rechtsträger erfolgen. Vgl hierzu im Einzelnen § 123 UmwG. Der Vermögensübergang erfolgt ebenso wie bei der Verschm durch Gesamtrechtsnachfolge (Sonderrechtsnachfolge), wenngleich anders als bei der Verschm eine Aufteilung des Verm erfolgen muss (vgl hierzu § 126 UmwG und § 131 UmwG).

30 Anders als für Verschm (§§ 122a ff UmwG) regelt das UmwG nicht ausdrücklich die Möglichkeit **grenzüberschreitender** Auf- und Abspaltungen. Hieraus folgt jedoch nicht deren Unzulässigkeit. Denn innerh der EU/EWR müssen aufgrund der europäischen Grundfreiheiten, insbes der Niederlassungsfreiheit, grenzüberschreitende Spaltungen grdsl erfolgen können (vgl hierzu näher § 1 UmwG Rn 45 ff und § 15 Rn 28). Diese sind bei Beteiligung eines inländischen Rechtsträgers als Auf- und Abspaltungen iSv § 123 I und II UmwG (zur Anwendbarkeit des UmwG auf den inländischen Rechtsträger vgl § 1 UmwG Rn 57 ff) und bei rein ausländischen Vorgängen ggf als vglbare ausländische Vorgänge (vgl Rn 31) zu werten (wohl auch RHL/*Trossen* Rn 63).

31 **ff) Vergleichbare ausländische Vorgänge.** Unter den Anwendungsbereich des Zweiten bis Fünften Teils fallen nach Abs 1 S 1 Nr 1 auch (mit Verschm, Auf- und Abspaltungen) vglbare ausländische Vorgänge. Die endgültige Gesetzesfassung geht auf die Beschlussempfehlung des Finanzausschusses (BT-Drs 16/3315, 26) zurück, während im RefE und auch noch im RegE (BR-Drs 542/06, 15) auf

vglbare ausländische Vorschriften abgestellt worden war. Mit dieser Wortwahl sollte sichergestellt werden, dass auch Vorgänge, die einer inländischen Umw vglbar sind, aber in der jeweiligen ausländischen Rechtsordnung nicht speziell gesetzl geregelt sind, erfasst werden (vgl dazu etwa *Hahn* IStR 2005, 677, 679; RHL/*Trossen* Rn 82; DPPM/*Möhlenbrock* Rn 110; Widmann/Mayer/*Widmann* Rn 17). Ein vglbarer ausländischer Vorgang kann auch vorliegen, wenn nur ausländische Rechtsträger mit Verwaltungssitz im Inland, die unbeschränkt stpfl sind, verschmelzen (BMF-Schrb vom 11.11.2011, BStBl I 1314 Rn 01.22). Naturgemäß müssen die beteiligten Rechtsträger nach der für sie geltenden Rechtsordnung fähig sein, an der Umw teilzunehmen (BMF-Schrb vom 11.11.2011, BStBl I 1314 Rn 01.26).

Nach der Gesetzesbegründung muss der Vorgang seinem Wesen nach einer 32
der Umwandlungsarten des dt UmwG entsprechen. Es müssen also nicht die Vorschriften iSd angewandten Regelungstechnik, sondern es muss nur der Vorgang an sich vglbar sein (ebenso BMF-Schrb vom 11.11.2011, BStBl I 1314 Rn 01.24 f; DPPM/*Möhlenbrock* Rn 97; Haase/Hruschka/*Benecke* Rn 53; Frotscher/Maas/*Frotscher* Rn 97; aA wohl Widmann/Mayer/*Widmann* Rn 25, 81). Auf den Umwandlungsakt an sich und nicht auf die Vorschriften abzustellen ist bereits deswegen notwendig, weil in manchen EU-/EWR-Staaten außerhalb der Umsetzung der Richtlinie über die Verschmelzung von Kapitalgesellschaften aus verschiedenen Mitgliedstaaten (RL 2005/56/EG vom 26.10.2005, ABl EG Nr L 310, 1) positivrechtliche Regelungen fehlen. Vgl hierzu auch die Übersicht bei *Ehret/Lausterer* DB Beilage 1/2012, 5, 12. Die Vergleichbarkeitsprüfung umfasse sowohl die Rechtsfolgen des Umwandlungsvorgangs (zB Auflösung ohne Abwicklung, Gesamtrechtsnachfolge) als auch die beteiligten Rechtsträger (Typenvergleich). Zu berücksichtigen seien auch Regelungen zu baren Zuzahlungen (RegEBegr BT-Drs 16/2710 zu Abs 1). Demzufolge kommt es auf die Strukturmerkmale und nicht auf die jew Regelungstechnik (etwa, ob ein Umwandlungsvertrag zu schließen ist, ob Umwandlungsbeschlüsse zu fassen sind etc; aA aber BMF-Schrb vom 11.11.2011, BStBl I 1314 Rn 01.30 f; vgl dazu Rn 35). Die **Vergleichsbarkeitsprüfung** erfolgt durch die im Einzelfall **zuständige Finanzbehörde** (BMF-Schrb vom 11.11.2011, BStBl I 1314 Rn 01.24). Dies ist wohl jede Finanzbehörde, die für von der Verschmelzung betroffene inländische Steuerpflichtige (Ges und Gesellschafter) örtlich und sachlich zuständig ist. Damit sind auch divergierende Entscheidungen denkbar; eine Konzentration wäre wünschenswert gewesen. Das BMF-Schrb vom 11.11.2011 trifft keine Aussage zu den **Mitwirkungspflichten** von inländischen Steuerpflichtigen. Vermutlich wird die FinVerw auf § 90 II AO abstellen. Es bleibt zu hoffen, dass die FinVerw hier die Anforderungen einzelfallbezogen bemisst. Denn nicht immer ist gewährleistet, dass inländische Beteiligte (etwa als Minderheitsgesellschafter) ausreichend Einfluss haben.

Für die Auslegung des Begriffs vglbarer ausländischer Vorgang muss auch beach- 33
tet werden, dass die Änderungen des UmwStG durch das SEStEG der Umsetzung der FusionsRL (RL 2009/133/EG vom 19.10.2009, ABl EU Nr L 310, 34) dienen (vgl Rn 3). Nach der FusionsRL ist eine **„Fusion“** der Vorgang, durch den
– eine oder mehrere Ges zum Zeitpunkt ihrer Auflösung ohne Abwicklung ihr gesamtes Aktiv- und Passivvermögen auf eine bereits bestehende Ges gegen Gewährung von Anteilen am Gesellschaftskapital der anderen Ges an ihre eigenen Gesellschafter und ggf einer baren Zuzahlung (begrenzt auf 10% des Nennwerts) übertragen, oder

- zwei oder mehrere Ges zum Zeitpunkt ihrer Auflösung ohne Abwicklung ihr gesamtes Aktiv- und Passivvermögen auf eine von ihnen gegründete Ges gegen Gewährung von Anteilen am Gesellschaftskapital der neuen Ges an ihre eigenen Gesellschafter und ggf einer baren Zuzahlung (begrenzt auf 10% des Nennwerts) übertragen, oder
- eine Ges zum Zeitpunkt ihrer Auflösung ohne Abwicklung ihr gesamtes Aktiv- und Passivvermögen auf die Ges überträgt, die sämtl Anteile an ihrem Gesellschaftskapital besitzt (Art 2a FusionsRL).

34 Demzufolge bedeutet ein der **Verschm vglbarer ausländischer** Vorgang, dass folgende Strukturelemente gegeben sein müssen:

- die Übertagung des gesamten Aktiv- und Passivvermögens eines oder mehrerer Rechtsträger auf den übernehmenden Rechtsträger;
- das Erlöschen des übertragenden Rechtsträgers ohne Abwicklung;
- die Gewährung von Anteilen am übernehmenden oder neuen Rechtsträger an die Anteilsinhaber des übertragenden Rechtsträgers, soweit nicht hierauf verzichtet wird, dies zur Herstellung der Vermögensneutralität der Umw für die Anteilsinhaber nicht notw ist oder elementare Grdse des jew betroffenen Gesellschaftsrechts dem entgegenstehen (vgl auch BMF-Schrb vom 11.11.2011, BStBl I 1314 Rn 01.32, 01.40: Anwendung von bspw § 54 UmwG entsprechenden Vorschriften; ebenso DPPM/*Möhlenbrock* Rn 108). Fraglich ist, ob ein vglbarer ausländischer Vorgang auch dann vorliegt, wenn das ausländische Umwandlungsrecht weitergehende Kapitalerhöhungsverbote und damit Ausnahmen von der Anteilsgewährungspflicht kennt. Indem die Beteiligten dem insoweit strengeren ausländischen Recht folgen, genügen sie indes auch den deutschen gesellschaftsrechtlichen Vorgaben, zumal stl die Anteilsgewährung kein Strukturmerkmal ist (vgl etwa § 11 II 1 Nr 3).

35 Aber auch der Vermögensübergang durch **Gesamtrechtsnachfolge** ist ein iRd Vergleichbarkeitsprüfung zu berücksichtigendes Strukturelement (ebenso BMF-Schrb vom 11.11.2011, BStBl I 1314 Rn 01.31; DPPM/*Möhlenbrock* Rn 103; *Benecke/Schnitger* IStR 2006, 769; *Dötsch/Pung* DB 2006, 2704; im Grds ebenso RHL/*Trossen* Rn 90; aA Widmann/Mayer/*Widmann* Rn 17; Haritz/Menner/*Haritz* Rn 18, 24; Frotscher/Maas/*Frotscher* Rn 100b; *Rödder/Schumacher* DStR 2006, 1526). Dies zeigt sich an der Def der Verschm in § 2 UmwG. Auch die (zivilrechtl) VerschmelzungsRL vom 9.10.1978 (78/885/EWG ABl EG Nr L 295, 36; dort Art 19 Ia) und die RL über die Verschm von KapGes aus verschiedenen Mitgliedstaaten (2005/56/EG, ABl EU Nr L 310, 1; dort Art 14 Ia) gehen als Wesensmerkmal einer Verschm vom Übergang im Wege der Gesamtrechtsnachfolge aus. Insoweit besteht innerh der EU/des EWR ein einheitl Verständnis von dem Begriff der Verschm. Hat demzufolge ein Mitgliedstaat eine einer Verschm nach dem UmwG vglbare Umw mittels Gesamtrechtsnachfolge geregelt, ist nur diese Umw ein vglbarer ausländischer Vorgang, selbst wenn die ausländische Rechtsverordnung eine im wirtschaftl Erg vglbare Umw auch durch Einzelrechtsnachfolge kennt. Sofern ein Mitgliedstaat einen iÜ vglbaren Vorgang nur im Wege der Einzelrechtsnachfolge zulässt, ist indes aufgrund der Niederlassungsfreiheit eine Vergleichbarkeit anzunehmen (zutr RHL/*Trossen* Rn 90; Widmann/Mayer/*Widmann* Rn 17 ff; *Sieker/Schänzle/Kaeser* in FGS/BDI, Der Umwandlungssteuer-Erlass 2011, Rn 01.31; aA DPPM/*Möhlenbrock* Rn 104; Haase/Hruschka/*Benecke* Rn 73 und *Benecke* GmbHR 2012, 113, 119: aber Prüfung, ob § 1 III Nr 4 einschlägig sei). Die Gewährung von baren Zuzahlungen neben der Gewährung von Anteilen ist unschädl, sofern die Grenze von Art 2 FusionsRL (RL 2009/

133/EG vom 19.10.2009, ABl EU Nr L 310, 34) – 10% des Nennwerts oder – bei Fehlen eines solchen – des rechnerischen Werts der Anteile – nicht überschritten wird, selbst wenn das nationale Recht eine höhere Zuzahlung ermöglichen würde (im Erg ebenso BMF-Schrb vom 11.11.2011, BStBl I 1314 Rn 01.25, 01.40: Grenze von bspw § 54 IV UmwG; weiter RHL/*Trossen* Rn 91: Gegenleistungen dürfen nicht das Gepräge geben). Die FinVerw verlangt als weiteres Vergleichbarkeitskriterium die Übertragung aufgrund eines **Rechtsgeschäftes** und meint damit den Abschluss eines Verschmelzungsvertrags bzw die Erstellung eines Verschmelzungsplans mit dem Mindestinhalt nach den Vorgaben der (zivilrechtl) VerschmelzungsRL (BMF-Schrb vom 11.11.2011, BStBl I 1314 Rn 01.30 f). Dies ist indes eine Frage der Regelungstechnik und nicht ein Strukturmerkmal, zumal die Einstufung eines gesellschaftsrechtl Organisationsaktes höchst unterschiedlich sein kann (vgl dazu § 122c UmwG Rn 5). Auch aus der nat Def in § 2 UmwG lässt sich – anders als die Gesamtrechtsnachfolge – der Abschluss eines Verschmelzungsvertrags als Strukturmerkmal nicht ableiten (ebenso Lademann/*Hahn* Rn 125; Frotscher/Maas/*Frotscher* Rn 100b; *Schmitt/Schloßmacher* UmwStE 2011 Rn 01.31, 01.34). Die Dauer einer gesellschaftsrechtlichen **Rückbeziehungsmöglichkeit** ist nach zutr Ansicht der FinVerw kein Vergleichskriterium (BMF-Schrb vom 11.11.2011, BStBl I 1314 Rn 01.41; gemeint ist wohl die Vereinbarung eines in der Vergangenheit liegenden Verschmelzungsstichtags; vgl aber § 2 Rn 108 ff). Auch das völlige Fehlen einer Rückbeziehungsmöglichkeit dürfte damit für die Vergleichbarkeit unbeachtlich sein.

Durchgeführt werden muss die Vergleichbarkeitsprüfung einerseits bei grenz- **36** überschreitenden Verschm (zwischen ausländischen Rechtsträgern), andererseits aber auch bei ausschließl nach einer ausländischen Rechtsordnung zu beurteilenden nationalen Umwandlungsvorgängen (DPPM/*Möhlenbrock* Rn 86; wohl auch BMF-Schrb vom 11.11.2011, BStBl I 1314 Rn 01.20). Die Beschränkung auf grenzüberschreitende Vorgänge in der RegEBegr (BT-Drs 16/2710 zu § 1 I) ist zu eng (ebenso Widmann/Mayer/*Widmann* Rn 17). Grenzüberschreitende Vorgänge idS sind nicht grenzüberschreitende Verschm unter Beteiligung eines inländischen Rechtsträgers nach §§ 122a ff UmwG, da diese schon als Verschm nach § 2 UmwG oder nach der Vereinigungstheorie einzustufen sind (aA BMF-Schrb vom 11.11.2011, BStBl I 1314 Rn 01.21: aber grdsl ein vglbarer ausländischer Vorgang; vgl Rn 27).

In der Praxis wird die Vergleichbarkeitsprüfung von Verschm nach EU-auslän- **37** dischen Rechtsordnungen vielfach keine Probleme bereiten, da aufgrund der VerschmelzungsRL 78/855/EWG betreffend die Verschm von AG (ABl EG Nr 295, 36) die Grundstrukturen oftmals vglbar sind. Nach Ansicht der FinVerw sind grenzüberschreitende Verschm unter Beteiligung eines inländischen Rechtsträgers nach **§§ 122a ff UmwG** grdsl ein vglbarer Vorgang (BMF-Schrb vom 11.11.2011, BStBl I 1314 Rn 01.21; vgl indes Rn 27). Entsprechendes sollte bei ausländischen grenzüberschreitenden Verschm nach gesetzlichen Vorschriften, die der Umsetzung der Richtlinie über die Verschmelzung von Kapitalgesellschaften aus verschiedenen Mitgliedstaaten (RL 2005/56/EG vom 26.10.2005, ABl EG Nr L 310, 1) dienen, gelten.

Für die Vergleichbarkeitsprüfung wesentl Strukturelemente einer **Auf- und 38** **Abspaltung** lassen sich wiederum (vgl auch Rn 33) aus der FusionsRL(RL 2009/133/EG vom 19.10.2009, ABl EU Nr L 310, 34) ableiten. Danach (Art 2 lit b FusionsRL) ist eine Aufspaltung („Spaltung") ein Vorgang, durch den eine Ges zum Zeitpunkt ihrer Auflösung ohne Abwicklung ihr gesamtes Aktiv- und Passivvermögen auf zwei oder mehr bereits bestehende oder neu gegründete Ges gegen Gewährung von Anteilen am Gesellschaftskapital der übernehmenden Ges an ihre eigenen Gesellschafter anteilig überträgt. Eine Abspaltung (Art 2 lit ba FusionsRL) ist ein Vorgang, durch den eine Ges, ohne sich aufzulösen, einen Teilbetrieb oder mehrere Teilbetriebe auf eine oder mehrere bereits bestehende oder neu gegründete Ges gegen Gewährung von Anteilen am Gesellschaftskapital der übernehmenden Ges an ihre eigenen Gesellschafter anteilig überträgt. Ebenso def die (zivilrechtl) SpaltungsRL vom 17.12.1982 (82/891/EWG, ABl EG Nr L 378, 47; dazu Vor §§ 123 ff UmwG Rn 14 ff) die Aufspaltung von AG (die Abspaltung und andere Rechtsformen sind nicht Gegenstand dieser RL) als Vorgang, durch den die Ges ihr gesamtes Aktiv- und Passivvermögen im Wege der Auflösung ohne Abwicklung auf mehrere Ges überträgt, und zwar gegen Gewährung von Aktien der Ges, denen die sich aus der Spaltung ergebenden Einlagen zugute kommen, an die Aktionäre der gespaltenen Ges.

39 Demzufolge sind Kriterien für die **Vergleichbarkeitsprüfung** einer Auf- oder Abspaltung (vgl auch BMF-Schrb vom 11.11.2011, BStBl I 1314 Rn 01.33 ff):

- Übertragung des gesamten Aktiv- und Passivvermögens auf mindestens zwei übernehmende Rechtsträger bei Erlöschen des übertragenden Rechtsträgers ohne Abwicklung (Aufspaltung);
- Übertragung von Teilen des Verm ohne Auflösung des übertragenden Rechtsträgers auf mindestens einen übernehmenden Rechtsträger (Abspaltung);
- im Wege der Gesamtrechtsnachfolge (Sonderrechtsnachfolge; dazu Rn 35);
- gegen Gewährung von Anteilen des übernehmenden oder neuen Rechtsträgers an die Anteilsinhaber des übertragenden Rechtsträgers, soweit hierauf nicht verzichtet wird, dies zur Beibehaltung der Vermögensneutralität der Spaltung auf der Ebene der Anteilsinhaber nicht notw ist oder elementare Grdse des jew betroffenen Gesellschaftsrechts dem nicht entgegenstehen (vgl auch BMF-Schrb vom 11.11.2011, BStBl I 1314 Rn 01.35: Anwendung von mit den Kapitalerhöhungsverboten und -wahlrechten des UmwG entsprechenden Vorschriften); darüber hinausgehende Anteilsgewährungen nach ausländischen Rechtsordnungen erkennt die FinVerw nicht an (vgl BMF-Schrb vom 11.11.2011, BStBl I 1314 Rn 01.38).

40 Ebenso wenig wie bei der Verschm ist der Abschluss eines **Spaltungsvertrags** oder -plans ein bei der Vergleichbarkeit zu berücksichtigendes Merkmal (vgl Rn 35; aA BMF-Schrb vom 11.11.2011, BStBl I 1314 Rn 01.34; 01.37). Zur **Gesamtrechtsnachfolge** (Sonderrechtsnachfolge) als Kriterium (BMF-Schrb vom 11.11.2011, BStBl I 1314 Rn 01.34) vgl Rn 35. Die Übertragung/Zurückbehaltung von stl Teilbetrieben (vgl allerdings Art 2 lit ba FusionsRL – RL 2009/133/EG vom 19.10.2009, ABl EU Nr L 310, 34) ist hingegen kein Strukturelement der Auf- und Abspaltung. Dies zeigt sich bereits daran, dass §§ 15, 16 an die Übertragung/Zurückbehaltung von Teilbetrieben ledigl besondere Rechtsfolgen anknüpfen (vgl § 15 Rn 108). Vgl zu ausländischen Abspaltungen auch *Becker/Loose* IStR 2010, 383.

41 Zur Prüfung der **Wirksamkeit** der Umw vgl Rn 150.

42 **gg) Verschmelzung nach der SE-VO.** Kraft ausdrückl Anordnung gelten der Zweite bis Fünfte Teil für Vorgänge des Art 17 der Verordnung EG Nr 2157/2001 (SE-VO). Art 17 SE-VO regelt eine der vier primären Möglichkeiten der Gründung einer SE (vgl dazu Art 2 SE-VO Rn 1 ff), näml die Gründung mittels Verschm durch Aufnahme oder mittels Verschm durch Neugründung. Die Grün-

dung einer SE durch Verschm steht nur AG/SE offen, die nach dem Recht eines Mitgliedstaats gegründet worden sind und ihren Sitz und ihre Hauptverwaltung in der Gemeinschaft haben (vgl dazu Art 2 SE-VO Rn 5 ff). Weitere Voraussetzung ist, dass mindestens zwei von ihnen dem Recht verschiedener Mitgliedstaaten unterliegen (sog Mehrstaatenbezug, dazu Art 2 SE-VO Rn 11 ff).

Verschm iSv Art 17 SE-VO erfüllen immer die Voraussetzungen von Abs 1 S 1 Nr 1 (wohl auch BMF-Schrb vom 11.11.2011, BStBl I 1314 Rn 01.42). Einer besonderen Vergleichbarkeitsprüfung bedarf es nicht, auch wenn ergänzend zur SE-VO Vorschriften des jew nat UmwR heranzuziehen sind (vgl Art 2 SE-VO Rn 4). Zur Geltung der SE-VO für die EWR-Staaten vgl Art 2 SE-VO Rn 9. Da an einer Verschm zur Gründung einer SE nach Art 17 SE-VO nur EU-/EWR-Aktiengesellschaften bzw bereits existente SE beteiligt sein können und bei einer Verschm zur Neugründung der neu gegründete Rechtsträger eine SE ist, gelten hierfür stl die §§ 11–13 und 19. Kein Fall des Zweiten bis Fünften Teils des UmwStG ist die nach Art 1 IV SE-VO vorgesehene Möglichkeit des Formwechsels einer AG in eine SE. § 9 regelt nur den Formwechsel aus der Rechtsform der KapGes in diejenige der PersGes (RHL/*Trossen* Rn 97; DPPM/*Möhlenbrock* Rn 38). Der Formwechsel innerh der KapGes-Rechtsformen ist mangels Wechsel der Besteuerungssysteme überhaupt nicht vom UmwStG erfasst (Rn 46). Die weiteren Möglichkeiten der Gründung einer SE nach Art 2 II, III und Art 3 SE-VO sind hingegen Einbringungsvorgänge. 43

hh) Verschmelzung nach der SCE-VO. Nach Abs 1 S 1 Nr 1 gelten der Zweite bis Fünfte Teil auch für Verschm nach Art 19 der Verordnung (EG) Nr 1435/2003/SCE-VO. Art 19 SCE-VO regelt die Gründung einer SCE durch Verschm, durch Aufnahme oder durch Neugründung. An einer Verschm idS können nur eG beteiligt sein, die nach dem Recht eines Mitgliedstaats gegründet worden sind und ihren Sitz sowie ihre Hauptverwaltung in der Gemeinschaft haben. Ferner müssen mindestens zwei von ihnen dem Recht verschiedener Mitgliedstaaten unterliegen. Die Voraussetzungen entsprechen insoweit denen der SE-VO (vgl Rn 42). 44

Auf die Verschm von eG zur Gründung einer SCE-VO finden damit die §§ 11–13 und 19 Anwendung. 45

c) Formwechsel einer Kapitalgesellschaft in eine Personengesellschaft, Abs 1 S 1 Nr 2. aa) Allgemeines. Der Zweite bis Fünfte Teil des UmwStG, namentl § 9 (iVm §§ 3–8) und § 18, gelten nach Abs 1 S 1 Nr 2 für den Formwechsel einer KapGes in eine PersGes iSv § 190 UmwG oder vglbare ausländische Vorgänge. Der spiegelbildl Fall des Formwechsels aus der Rechtsform der PersGes in diejenige der KapGes oder eG ist hingegen stl als (fiktive) Einbringung zu werten und Gegenstand des Achten Teils (§ 25). Zivilrechtl zeichnet sich der Formwechsel nach § 190 UmwG durch die Identität des Rechtsträgers aus. Eine Vermögensübertragung findet nicht statt, der identische Rechtsträger besteht unverändert in neuer Rechtsform fort (vgl hierzu näher § 190 UmwG Rn 5 ff). Wenn durch einen Formwechsel eine Änderung der Besteuerungssysteme (Körperschaften einerseits und PersGes andererseits) nicht eintritt, ist eine Regelung über die stl Folgen des Formwechsels im UmwStG entbehrl. Ein derartiger Formwechsel (etwa von der AG in die GmbH oder umgekehrt) hat grdsl keine stl Auswirkungen (DPPM/*Möhlenbrock* Rn 38; Haritz/Menner/*Haritz* Rn 26). Anders ist dies bei einem „kreuzenden“ Formwechsel, also beim Rechtsformwechsel von KapGes zur PersGes und vice versa (zB §§ 214 ff, 228 ff UmwG). 46

Obwohl auch in diesen Fällen zivilrechtl kein Verm übertragen wird, muss stl der Wechsel der Besteuerungssysteme beachtet werden. Die KapGes und ihre Anteilseigner werden stl als selbstständige Steuersubjekte behandelt; die KapGes unterliegt mit ihrem Einkommen der KSt/GewSt, ihre Anteilseigner je nach Rechtsform der KSt oder der ESt und der GewSt. Hingegen sind PersGes nicht Einkommensteuersubjekte. Der Gewinn wird vielmehr unmittelbar den Gesellschaftern zugerechnet und bei ihnen der ESt oder KSt unterworfen. Daher fingiert § 9 für den Fall des Formwechsels von einer KapGes in eine PersGes ertragsteuerl die Übertragung des Verm einer Körperschaft auf eine PersGes. Dieser Formwechsel kann stl wie eine Verschm einer Körperschaft auf eine PersGes behandelt werden, weshalb § 9 auch auf die §§ 3–8 verweist. Ebenso ist § 18 anwendbar. Zum umgekehrten Fall des Formwechsels einer PersGes in eine KapGes vgl Rn 96.

47 **bb) Kapitalgesellschaft.** Nach Abs 1 S 1 Nr 2 ist nur der Formwechsel einer KapGes erfasst. Inländische KapGes sind nach der Legaldefinition in § 1 I Nr 1 KStG SE, AG, KGaA und GmbH. Auch die UG (haftungsbeschränkt) ist eine GmbH. Rechtsträger dieser Rechtsformen können an einem Formwechsel nach § 190 UmwG beteiligt sein (§ 191 I Nr 2 UmwG; vgl § 191 UmwG Rn 13 ff). Beim Formwechsel von ausländischen KapGes muss der ausländische Rechtsträger in den wesentl Strukturelementen einer inländischen KapGes entsprechen. Es ist ein **Typenvergleich** durchzuführen (vgl näher Rn 17). Für die Einordnung von KapGes aus dem EU-/EWR-bestehen praktisch keine Unsicherheiten.

48 Abs 1 Nr 2 iVm § 9 erfassen nur den Formwechsel in eine PersGes. Bei einem Formwechsel nach § 190 UmwG kommen als **Zielrechtsform** eine OHG, eine KG, eine PartGes und eine GbR in Betracht (§ 191 II Nr 1 und 2 UmwG; vgl hierzu § 191 UmwG Rn 32 f). Bei ausländischen Rechtsträgern ist wiederum ein **Typenvergleich** durchzuführen (vgl Rn 23).

49 **cc) Vergleichbare ausländische Vorgänge.** Vgl auch Rn 31 ff. Einbezogen sind auch einem Formwechsel nach § 190 UmwG vglbare ausländische Vorgänge. Nach der neueren Rspr des EuGH müssen EU-/EWR-Rechtsträger im Grds auch einen grenzüberschreitenden Formwechsel in dem Sinne durchführen, dass dieser Rechtsträger seinen Satzungssitz in einen anderen Mitgliedstaat verlegt und hierbei eine Rechtsform nach der Rechtsordnung des Zuzugsstaats annimmt (vgl hierzu § 1 UmwG Rn 52, 55). Die zivilrechtliche Umsetzung ist hierbei noch weitgehend ungeklärt (vgl § 1 UmwG Rn 57 ff). Ein derartiger grenzüberschreitender Formwechsel ist allerdings nicht mit einem Rechtsformwechsel nach § 190 UmwG vglbar (DPPM/*Möhlenbrock* Rn 100).

50 Die vglbaren ausländischen Vorgänge beziehen sich damit auf Formwechsel nach einer ausländischen Rechtsordnung. Maßgebl Kriterium für die Vergleichbarkeit ist die **Identität des Rechtsträgers** vor und nach dem Formwechsel. Eine Vermögensübertragung findet nicht statt (idS auch BMF-Schrb vom 11.11.2011, BStBl I 1314 Rn 01.39; RHL/*Trossen* Rn 122; DPPM/*Möhlenbrock* Rn 111). Soweit daher eine ausländische Rechtsordnung den Formwechsel nur in Form einer übertragenden Umw zulässt (etwa Österreich für den Formwechsel zwischen PersGes und KapGes), ist dies daher kein vglbarer ausländischer Vorgang (BMF-Schrb vom 11.11.2011, BStBl I 1314 Rn 01.39; DPPM/*Möhlenbrock* Rn 111; RHL/*Trossen* Rn 123; Haase/Hruschka/*Benecke* Rn 84; *Schmitt/Schloßmacher* UmwStE 2011 Rn 01.39; aA Widmann/Mayer/*Widmann* Rn 19; Frotscher/Maas/*Frotscher* Rn 109; vgl auch *Hahn* IStR 2005, 679; anders noch Vorauflage). Angesichts der Vermögensübertragung, der Auflösung des übernehmenden

Rechtsträgers und des Anteilsinhaberwechsels werden allerdings vielfach die Voraussetzungen der Vergleichbarkeit mit einer Verschmelzung (Rn 33 ff) gegeben sein (BMF-Schrb vom 11.11.2011, BStBl I 1314 Rn 01.39; DPPM/*Möhlenbrock* Rn 111; RHL/*Trossen* Rn 123). Auch Änderungen des Gesellschaftsvertrags, die nach inländischen Grdsen (Typenvergleich, Rn 17, 23) zu einer Umqualifizierung (PersGes statt KapGes oder vice versa) führen, sind als vglbarer Vorgang einzustufen (so *Benecke/Schnitger* IStR 2006, 765, 770), denn auch nach inländischen Grdsen bedarf es lediglich eines Beschlusses der Gesellschafter (§ 193 UmwG). Nicht erfasst ist die grenzüberschreitende **Sitzverlegung einer SE bzw SCE,** die allerdings hinsichtl der Auswirkungen auf Gesellschafterebene in § 4 I 5 EStG, § 15 Ia EStG und in § 17 V 2 EStG geregelt ist.

d) Umwandlung nach § 1 II UmwG (Abs 1 S 1 Nr 3). Der Zweite bis 51
Fünfte Teil gilt auch für Umw iSv § 1 II UmwG, soweit sie einer Umw iSv § 1 I UmwG entsprechen. § 1 II UmwG bestimmt den **numerus clausus** der in § 1 I definierten Umwandlungsarten. Außer nach dem UmwG können Verschm, Spaltungen, Vermögensübertragungen und ein Formwechsel nur dann durchgeführt werden, wenn dies ausdrückl in einer bundes- oder landesgesetzl Regelung vorgesehen ist (vgl näher hierzu § 1 UmwG Rn 62 ff). Praktisch bedeutsam sind landesrechtl Vorschriften zur Umstrukturierung (Verschm) von Sparkassen sowie §§ 38a LwAnpG, 6b VermG (BMF-Schrb vom 11.11.2011, BStBl I 1314 Rn 01.07). Sparkassenverschmelzungen unterfielen vor SEStEG nicht unmittelbar dem UmwStG (vgl dazu BMF-Schrb vom 25.3.1998, BStBl I 1998, 268; OFD Frankfurt aM DB 2003, 637). Die auf bundes- oder landesgesetzl Grundlage durchgeführte Umw muss ferner mit einer Verschm, Auf- oder Abspaltung oder einem Formwechsel nach dem UmwG vglbar sein. Die Vergleichbarkeit bezieht sich auf die wesentl Strukturelemente und entsprechen derjenigen eines vglbaren ausländischen Vorgangs (Rn 31; BMF-Schrb vom 11.11.2011, BStBl I 1314 Rn 01.07; Haase/Hruschka/*Benecke* Rn 30). Auch wenn dies in Abs 1 S 1 Nr 3 nicht ausdrückl erwähnt ist, setzen die Regelungen des Zweiten bis Fünften Teils immer eine Körperschaft als übertragenden/umzuwandelnden Rechtsträger voraus (vgl Rn 15).

e) Vermögensübertragung nach § 174 UmwG (Abs 1 S 1 Nr 4). Nach 52
Abs 1 S 1 Nr 4 gilt der Zweite bis Fünfte Teil auch für die Vermögensübertragung nach § 174 UmwG. Die Vermögensübertragung ist zivilrechtl als Vollübertragung (§ 174 I UmwG) und als Teilübertragung (§ 174 II UmwG) mögl. Die Voll- bzw Teilübertragung entsprechen grdsl den Umwandlungsformen der Verschm nach § 2 UmwG oder der Spaltung nach § 123 UmwG. Im Unterschied hierzu wird jedoch den Anteilsinhabern des übertragenden Rechtsträgers eine Gegenleistung gewährt, die nicht in Anteilen oder Mitgliedschaften besteht (§ 174 I UmwG).

Der Kreis der **beteiligtenfähigen Rechtsträger** ist begrenzt. Nach § 175 53
UmwG kann eine Voll- oder Teilübertragung nur von einer KapGes auf den Bund, ein Land, eine Gebietskörperschaft oder einen Zusammenschluss von Gebietskörperschaften sowie von einer Versicherungs-AG auf VVaG oder auf öffentl-rechtl Versicherungsunternehmen, von einem VVaG auf Versicherungs-AG oder auf öffentl-rechtl Versicherungsunternehmen und von einem öffentl-rechtl Versicherungsunternehmen auf Versicherungs-AG oder auf VVaG erfolgen (vgl näher Komm zu § 175 UmwG). Eine Erweiterung auf vglbare ausländische Vorgänge ist nicht vorgesehen und auch von der FusionsRL (RL 2009/133/EG vom 19.10.2009, ABl EU Nr L 310, 34) nicht vorgegeben. Zivilrechtl mögl wären

grenzüberschreitende Vermögensübertragungen nur auf der Grundlage der Vereinigungstheorie (dazu § 1 UmwG Rn 45 ff).

54 Stl ist die Vollübertragung im Grds von §§ 11–13 und § 19 erfasst. Die beteiligtenfähigen Rechtsträger (Rn 53) sind sämtlichst Körperschaften. Eine Vermögensübertragung kann regelm nicht steuerneutral durchgeführt werden, da das Bewertungswahlrecht nach § 11 II voraussetzt, dass keine Gegenleistung oder nur eine Gegenleistung in Gesellschaftsrechten gewährt wird (vgl hierzu § 11 Rn 4 und BMF-Schrb vom 11.11.2011, BStBl I 1314 Rn 11.14 f). Die Teilübertragung ist grdsl von § 15 erfasst. Auch hier scheitert regelmäßig die Anwendung des Bewertungswahlrechts nach § 11 II an der Gewährung einer Gegenleistung, die nicht in Gesellschaftsrechten besteht (vgl dazu § 15 Rn 25 f).

55 **f) Ausschluss der Ausgliederung, Abs 1 S 2.** Der Zweite bis Fünfte Teil gilt nicht für die Ausgliederung iSv § 123 III UmwG. Abs 1 S 2 stellt dies klar, obwohl dies bereits aus der Nichtaufzählung in Abs 1 S 1 Nr 1 und der Erwähnung in Abs 3 Nr 2 folgt. Hintergrund ist, dass die Ausgliederung, bei der die Gegenleistung für die Vermögensübertragung nicht den Anteilsinhabern des übertragenden Rechtsträgers, sondern dem Rechtsträger selbst gewährt wird (vgl § 123 III UmwG), steuersystematisch ein Einbringungsvorgang ist. Konsequenterweise bestimmt Abs 3 Nr 2 für die Ausgliederung die Anwendung des Sechsten bis Achten Teils (dazu Rn 90). Die Nichtanwendung des Zweiten bis Fünften Teils gilt auch für vglbare ausländische Vorgänge, die aber von den §§ 20 ff erfasst sein können (vgl auch das Beispiel in BMF-Schrb vom 11.11.2011, BStBl I 1314 Rn 01.38).

4. Persönlicher Anwendungsbereich Zweiter bis Fünfter Teil, Abs 2

56 **a) Allgemeines.** Abs 2 ergänzt Abs 1, indem weitere Anforderungen an die an Umw iSv Abs 1 beteiligten Rechtsträger aufgestellt werden. Abs 2 statuiert damit den persönlichen Anwendungsbereich. Die an der Umw beteiligten Rechtsträger müssen kumulativ einen zweifachen Bezug zur EU/zum EWR haben: Sie müssen nach dem Recht eines Mitgliedstaats gegründet sein und den Sitz und Ort der Geschäftsleitung innerh des Hoheitsgebiets eines Mitgliedstaats haben. Bei natürl Personen wird auf den Wohnsitz, gewöhnl Aufenthalt und – bei Doppelwohnsitz – auf die DBA-Ansässigkeit innerh der EU/des EWR abgestellt. Im Ergebnis wird damit die Erweiterung des Anwendungsbereichs des UmwStG auf vglbare ausländische Vorgänge (vgl Rn 31) auf Umw von EU-/EWR-Rechtsträgern nach Rechtsordnungen der EU/des EWR eingeschränkt. Umw iSv Abs 1 unter Beteiligung von Rechtsträgern aus Drittstaaten fallen sowohl bei grenzüberschreitenden Vorgängen (auch unter Beteiligung von EU-/EWR-Rechtsträgern) als auch bei rein ausländischen Umwandlungsvorgängen aus dem Anwendungsbereich des UmwStG heraus (vgl aber § 12 II KStG). Besondere Anforderungen an die **Anteilsinhaber** gelten nach Abs 2 und damit für den Zweiten bis Fünften Teil nicht (DPPM/*Möhlenbrock* Rn 152; Haritz/Menner/*Haritz* Rn 45; Haase/Hruschka/*Benecke* Rn 90; Frotscher/Maas/*Frotscher* Rn 122). Diese können im Inland, im EU-/EWR-Ausland oder in einem Drittstaat ansässig sein. Zur stl Behandlung der Anteilsinhaber in den Fällen der §§ 3–19 vgl § 4, § 7 und § 13. Auch die **Belegenheit** des **Vermögens** ist ohne Bedeutung (Haase/Hruschka/*Benecke* Rn 9). Für die Anwendung des **AStG** vgl auch § 8 I Nr 10 AStG (dazu *Kamphaus/Weihmann* Ubg 2009, 502).

b) Gesellschaft iSv Art 54 AEUV, Art 34 EWR-Abkommen. Nach Abs 2 S 1 Nr 1 muss beim Formwechsel der umwandelnde Rechtsträger und bei den anderen Umw der übertragende Rechtsträger eine Ges iSv Art 54 AEUV oder Art 34 EWR-Abkommen sein. Bei übertragenden Umw (Verschm, Auf- oder Abspaltungen, Umw iSv Abs 1 S 1 Nr 3 und 4) gilt dies auch für den übernehmenden Rechtsträger mit Ausnahme der Verschm auf eine natürl Person, die von Abs 2 S 1 Nr 2 geregelt ist (vgl dazu Rn 71). Die übertragenden Rechtsträger müssen bei Vorgängen nach Abs 1 S 1 ferner Körperschaften bzw – beim Formwechsel – KapGes sein (vgl Rn 15 ff und Rn 47). 57

Der Begriff der Ges nach **Art 54 AEUV** ist umfassend. Hierzu zählen die Ges des bürgerlichen Rechts und des Handelsrechts einschl der eG und die sonstigen juristischen Personen des öffentl und privaten Rechts. Auch Stiftungen sind erfasst (*Orth* FR 2010, 637, 640). Ausgenommen sind nur diejenigen Ges, die keinen Erwerbzweck verfolgen (Art 54 AEUV). Weitere Einschränkungen folgen für den übertragenden Rechtsträger aus Abs 1, da der Zweite bis Fünfte Teil nur für Körperschaften bzw KapGes (Formwechsel, Abs 1 S 1 Nr 2) gilt (Rn 15 ff, 47). Hinsichtl der mögl inländischen Rechtsträger vgl Rn 15, 20 ff, 47 f. Ausländische Ges iSv Art 54 AEUV müssen nach einem Typenvergleich einer inländischen Körperschaft/KapGes oder – als Übernehmerin – PersGes entsprechen (vgl dazu Rn 17 und Rn 23). Ferner müssen die übertragenden und die übernehmenden Rechtsträger fähig sein, an einer nach Abs 1 vorausgesetzten Umw nach dem UmwG oder an einem vglbaren ausländischen Vorgang beteiligt zu sein. 58

Keine Ges iSv Art 54 AEUV sind Verbände, die **keinen Erwerbszweck** verfolgen. Dies sind etwa die Erbengemeinschaft, die ehel Gütergemeinschaft, die Miteigentumsgemeinschaft, eine nicht rechtsfähige Anstalt, eine nicht rechtsfähige Stiftung und sonstige Zweckvermögen des privaten Rechts, die keine Anstalt oder Stiftung sind (Widmann/Mayer/*Widmann* Rn 33; *Schmitt/Schloßmacher* UmwStE 2011 Rn 01.50). Für Inlandsfälle hat dies für die §§ 3–19 keine Bedeutung, da diese Gemeinschaften auch nach dem UmwG nicht beteiligtenfähig sind (vgl zur Ausgliederung aber § 152 UmwG Rn 4 ff). Eine Gewinnerzielungsabsicht ist nicht erforderl (RHL/*Trossen* Rn 152; DPPM/*Möhlenbrock* Rn 146). Die Verfolgung eines Erwerbszwecks ist weit auszulegen (BFH BStBl II 2005, 721). Ausgeschlossen sind nur Ges, die überhaupt nicht auf die Teilnahme am wirtschaftl Wettbewerb angelegt sind, also etwa rein religiöse, karitative, kulturelle oder soziale Zielsetzungen verfolgen. Auch rein vermögensverwaltende Aktivitäten können Erwerbszwecken dienen (BFH BStBl II 2005, 721). Der Umstand, dass eine Ges **gemeinnützig** und damit steuerbefreit ist, lässt allein den Erwerbszweck noch nicht entfallen (*Schmitt/Schloßmacher* UmwStE 2011 Rn 01.50; vgl auch zu weiteren Fragen bei der Umw (gemeinnütziger) Stiftungen *Orth* FR 2010, 637). Denn sie nehmen regelm mittels Zweckbetrieben (§§ 65 ff AO) oder iRd Vermögensverwaltung (dazu BFH BStBl II 2005, 721) am Wirtschaftsverkehr teil (DPPM/*Möhlenbrock* Rn 146; Haase/Hruschka/*Benecke* Rn 95: teleologische Reduktion). **Betriebe gewerbl Art** von juristischen Personen des öffentl Rechts sind insofern erfasst, als die Trägerkörperschaft Art 54 AEUV unterfällt (Widmann/Mayer/*Widmann* Rn 34; RHL/*Trossen* Rn 152; im Erg auch BMF-Schrb vom 11.11.2011, BStBl I 1314 Rn 01.50: der Betrieb gewerbl Art sei Ges iSv Art 54 AEUV). Ferner reicht es aus, wenn der Rechtsträger nach der Umw einen Erwerbszweck verfolgt (Widmann/Mayer/*Widmann* Rn 35; DPPM/*Möhlenbrock* Rn 146: ausreichend für den übernehmenden Rechtsträger). Soweit Rechtsträger 59 betroffen sind, die nach dem UmwG umwandlungsfähig sind, ist die Vorschrift ohnehin einschränkend auszulegen (Lademann/*Hahn* Rn 84: korrigierend).

60 Art 34 EWR-Abkommen entspricht in seinen Voraussetzungen Art 54 AEUV (vgl auch *Hahn* in PWC, Reform des UmwStR, Rn 767; DPPM/*Möhlenbrock* Rn 148).

61 **c) Gründungsstatut.** Die beteiligten Rechtsträger müssen nach den Rechtsvorschriften eines Mitgliedstaats der EU/des EWR gegründet sein bzw – bei Umw zur Neugründung – gegründet werden (DPPM/*Möhlenbrock* Rn 149). Maßgebl ist also das bei der Gründung und nicht das aktuell auf den Rechtsträger anwendbare Gesellschaftsstatut (vgl dazu auch § 1 UmwG Rn 27). Dies gilt unabhängig davon, ob der Sitzstaat nach seinem IPR die Gründungs- oder Sitztheorie anwendet (dazu § 1 UmwG Rn 26 f) und wie der aktuelle Sitzstaat den Rechtsträger qualifiziert. Rechtsträger, die nach der Rechtsordnung eines Mitgliedstaats (EU und EWR) vor dessen Beitritt gegründet worden sind, sind erfasst (Widmann/Mayer/*Widmann* Rn 30; Haase/Hruschka/*Benecke* Rn 94).

62 **d) Sitz und Ort der Geschäftsleitung.** Die beteiligten Rechtsträger müssen nach Abs 2 S 1 Nr 1 ihren Sitz und ihre Geschäftsleitung innerh der EU/EWR haben (zu natürl Personen als übernehmende Rechtsträger vgl Rn 71). Bedeutsam ist dies sowohl für Umw nach dem UmwG (Rn 25, 28, 46) als auch für grenzüberschreitende Umw unter Beteiligung von inländischen Rechtsträgern und vglbare ausländische Vorgänge (Rn 31). Denn auch ein nach der dt Rechtsordnung gegründeter Rechtsträger (etwa GmbH, AG) kann identitätswahrend seinen Verwaltungssitz in einem Drittstaat außerhalb der EU/EWR verlegen (vgl § 1 UmwG Rn 40). Demzufolge kann die Situation eintreten, dass die Umw zivilrechtl zwar nach dem UmwG zu beurteilen ist, das UmwStG aber mangels Ort der Geschäftsleitung außerhalb der EU/EWR nicht anwendbar ist. Bei **PersGes** muss diese selbst die Anforderungen erfüllen. Eine Abs 4 S 1 Nr 2 lit a aa entsprechende Erstreckung auch auf die **Gesellschafter** enthält Abs 2 S 1 Nr 1 nicht (RHL/*Trossen* Rn 146; DPPM/*Möhlenbrock* Rn 152; Haritz/Menner/*Haritz* Rn 45; *Dötsch/Pung* DB 2006, 2704 Fn 15). Diese können auch in Drittstaaten ansässig sein.

63 Abs 2 S 1 Nr 1 unterscheidet den Sitz und den Ort der Geschäftsleitung. Unter **Sitz** ist daher der statutarische Sitz iSv § 11 AO zu verstehen (RHL/*Trossen* Rn 168; Widmann/Mayer/*Widmann* Rn 39; DPPM/*Möhlenbrock* Rn 149). Eine **Körperschaft,** Personenvereinigung oder Vermögensmasse hat damit ihren Sitz an dem Ort, der durch Gesetz, Gesellschaftsvertrag, Satzung, Stiftungsgeschäft oder dgl bestimmt ist. Außer dieser formellen Festlegung bedarf es keines weiteren Bezugs zum Sitzstaat. Insbes sind der Ort der tats Geschäftsführung (Verwaltungssitz; vgl aber Rn 65), die Belegenheit des Verm, die Ansässigkeit der Gesellschafter oder sonstige Bezugspunkte unbeachtl (RHL/*Trossen* Rn 168). Str ist die Einordnung von „Briefkastenfirmen" (vgl RHL/*Trossen* Rn 168).

64 Bei **Personengesellschaften** ist ein vom Ort der tat Verwaltung abweichender gesellschaftsvertragl Sitz nach bisher überwiegender Ansicht nicht denkbar (BGH BB 1957, 799; Baumbach/*Hopt* HGB § 106 Rn 8). Dies ist angesichts der jüngeren Entwicklung fraglich (vgl § 1 UmwG Rn 42).

65 Den **Ort der Geschäftsleitung** def § 10 AO als den Mittelpunkt der geschäftl Oberleitung. Dieser ist dort, wo der für die Geschäftsführung maßgebl Wille gebildet wird (BFH BStBl II 1991, 454; BFH BStBl II 1995, 175). Maßgebl ist, wo die für die Geschäftsführung nötigen Maßnahmen von einiger Wichtigkeit

angeordnet werden. Dazu zählen die tats rechtsgeschäftl Handlungen, die der gewöhnl Betrieb der Ges mit sich bringt, und solche organisatorischen Maßnahmen, die zur gewöhnl Verwaltung der Ges gehören („Tagesgeschäfte"). Nicht zu ihnen gehören die Festlegung der Grdse der Unternehmenspolitik und die Mitwirkung der Gesellschafter an ungewöhnl Maßnahmen bzw an Entscheidungen von besonderer wirtschaftl Bedeutung (BFH BStBl II 1995, 175). Maßgebl sind die tats Umstände. Bei einer Ges befindet sich der Mittelpunkt der geschäftlichen Oberleitung regelm an dem Ort, an dem die zur Vertretung der Ges befugte Person die ihr obliegende geschäftsführende Tätigkeit entfaltet (BFH BStBl II 1991, 554). Bestehen mehrere Orte der Geschäftsleitung, sind die an den verschiedenen Orten ausgeübten Tätigkeiten nach ihrer Bedeutung zu gewichten (BFH BStBl II 1995, 175). Der zivilrechtl Begriff des Verwaltungssitzes (BGHZ 97, 269), der sich danach richtet, wo die grundlegenden Entscheidungen der Unternehmensleitung effektiv in laufende Geschäfte umgesetzt werden, ist damit definitorisch nicht mit dem Ort der Geschäftsleitung deckungsgleich, wenngleich praktisch meist Übereinstimmung besteht (so wohl auch Widmann/Mayer/*Widmann* Rn 40; DPPM/*Möhlenbrock* Rn 149). Bei inländischen **PersGes** ist der Ort der Geschäftsleitung zugleich deren Sitz (Rn 64).

Der Sitz und der Ort der Geschäftsleitung von **ausländischen Rechtsträgern** 66
bestimmen sich für die Anwendung des UmwStG ebenfalls nach den vorstehenden Grdsen (RHL/*Trossen* Rn 170; DPPM/*Möhlenbrock* Rn 149; aA Frotscher/Maas/*Frotscher* Rn 118: vorrangig nach DBA).

Sitz und Ort der Geschäftsleitung müssen sich innerh des **Hoheitsgebiets** der 67
EU/des EWR befinden. Dies sind nach Art 52 EUV derzeit folgende **EU-Staaten:** Belgien, Bulgarien, Dänemark, Deutschland, Estland, Finnland, Frankreich, Griechenland, Irland, Italien, Lettland, Litauen, Luxemburg, Malta, Niederlande, Österreich, Polen, Portugal, Rumänien, Schweden, Slowakei, Slowenien, Spanien, Tschechien, Ungarn, Vereinigtes Königreich und Zypern. Das Hoheitsgebiet des **EWR** umfasst die Staatsgebiete von Island, des Fürstentums Liechtensteins und Norwegen. Zu Abgrenzungsfragen in Bezug auf Dänemark, Frankreich, die Niederlande, Spanien und das Vereinigte Königreich (insbes auch die Kanalinseln und die Isle of Man) vgl im Einzelnen Widmann/Mayer/*Widmann* Rn 42 f, Anh 1 Rn 20).

Sitz und Ort der Geschäftsleitung müssen sich innerh des Hoheitsgebiets dieser 68
Staaten, nicht jedoch zwingend in demselben Mitgliedstaat befinden (BMF-Schrb vom 11.11.2011, BStBl I 1314 Rn 01.49; DPPM/*Möhlenbrock* Rn 150; RHL/*Trossen* Rn 171; Widmann/Mayer/*Widmann* Rn 45; *Benecke/Schnittker* IStR 2006, 765, 770), wenngleich der Wortlaut nicht ganz eindeutig ist. Ebenso wenig müssen der Gründungsstaat und der Sitzstaat identisch sein (RegEBegr BT-Drs 16/2710 zu § 1 II; DPPM/*Möhlenbrock* Rn 150; *Förster/Wendland* BB 2007, 631).

Eine **Doppelansässigkeit** innerh der EU/des EWR erfüllt unzweifelhaft eben- 69
falls die Anforderungen (DPPM/*Möhlenbrock* Rn 151; Lademann/*Hahn* Rn 86). Darüber hinaus ist es für die Anwendung des UmwStG ausreichend, wenn bei Doppelansässigkeit (Sitz und Ort der Geschäftsleitung) auch eine Ansässigkeit in einem EU-/EWR-Mitgliedstaat besteht; weitere Ansässigkeiten in Drittstaaten sind unschädl (RHL/*Trossen* Rn 174; Widmann/Mayer/*Widmann* Rn 40; DPPM/*Möhlenbrock* Rn 151). Dies gilt selbst dann, wenn nach den Regelungen eines DBA der Rechtsträger als außerhalb des Gebiets der EU/des EWR ansässig gilt (Widmann/Mayer/*Widmann* Rn 40; RHL/*Trossen* Rn 174). Eine Abs 2 S 1 Nr 2 entsprechende Vorschrift (vgl Rn 75) fehlt bei Abs 2 S 1 Nr 1. Damit geht

der Anwendungsbereich des UmwStG über die FusionsRL (RL 2009/133/EG vom 19.10.2009, ABl EU Nr L 310, 34) hinaus (vgl Art 3 lit b FusionsRL).

70 Maßgebl **Zeitpunkt** für das Bestehen des Sitzes und des Orts der Geschäftsleitung innerh der EU/des EWR ist das zivilrechtl Wirksamwerden der Umw (RHL/*Trossen* Rn 167; *Schmitt/Schloßmacher* UmwStE 2011 Rn 01.52). Die Verwaltungsauffassung (BMF-Schrb vom 11.11.2011, BStBl I 1314 Rn 01.52, 01.55: nur bei Umw zur Neugründung Wirksamwerden der Umw, iÜ stl Übertragungsstichtag und bei im Rückwirkungszeitraum gegründeten Rechtsträgern das Wirksamwerden der Gründung; ebenso DPPM/*Möhlenbrock* Rn 145, 178; Haase/Hruschka/*Benecke* Rn 92; Frotscher/Maas/*Frotscher* Rn 123) hat keine gesetzliche Grundlage. Auf § 2 UmwStG lässt sie sich nicht stützen. Diese Vorschrift regelt eine fiktive Rückbeziehung der Rechtsfolgen, nicht jedoch der Tatbestandsvoraussetzungen. Nach § 38 AO entstehen Ansprüche aus dem Steuerschuldverhältnis, sobald der Tatbestand verwirklicht ist, an den das Gesetz die Leistungspflicht knüpft. Dann muss aber die Prüfung der Tatbestandsmerkmale auch bezogen auf den Zeitpunkt der Tatbestandserfüllung erfolgen. Dies ist hier regelmäßig der Zeitpunkt des zivilrechtlichen Wirksamwerdens der Umw.

71 **e) Natürliche Person als übernehmender Rechtsträger.** Auch natürl Personen können übernehmende Rechtsträger sein. Nach § 120 UmwG kann eine KapGes im Wege der Aufnahme mit dem Verm eines Gesellschafters oder Aktionärs (als aufnehmender Rechtsträger) verschmolzen werden, sofern sich alle Geschäftsanteile oder alle Aktien der Ges in der Hand des Gesellschafters befinden. Ebenso sind grdsl grenzüberschreitende Verschm auf eine natürl Person als Alleingesellschafter denkbar (zu grenzüberschreitenden Verschm außerhalb der §§ 122a ff UmwG vgl Rn 25 ff). Schließl können vglbare ausländische Vorgänge eine natürl Person als übernehmenden Rechtsträger vorsehen (vgl zu den betroffenen Umwandlungsarten Rn 31 ff).

72 Für die Anwendung des UmwStG, insbes §§ 3–8, setzt Abs 2 S 1 Nr 2 voraus, dass die natürl Person ihren Wohnsitz oder gewöhnl Aufenthalt innerh des Hoheitsgebiets der EU/des EWR hat und nicht aufgrund eines DBA in einem Drittstaat ansässig ist. Zum Hoheitsgebiet der EU/des EWR vgl Rn 67. Eine unbeschränkte StPfl wird nicht vorausgesetzt (DPPM/*Möhlenbrock* Rn 155; RHL/*Trossen* Rn 178).

73 Den **Wohnsitz** bestimmt § 8 AO als den Ort, an dem eine Person eine Wohnung unter Umständen inne hat, die darauf schließen lassen, dass er die Wohnung beibehalten und benutzen wird. Zum umfangreichen Kasuistik vgl etwa AEAO zu § 8; Tipke/*Kruse* AO/FGO § 8 AO Rn 1 ff.

74 Den **gewöhnlichen Aufenthalt** hat eine Person dort, wo sie sich unter Umständen aufhält, die erkennen lassen, dass sie an diesem Ort oder in diesem Gebiet nicht nur vorübergehend verweilt (§ 9 S 1 AO). Praktisch bedeutsam ist, dass ein zeitl zusammenhängender Aufenthalt von mehr als sechs Monaten Dauer stets und von Beginn an den gewöhnl Aufenthalt begründet (§ 9 S 2 AO). Kurzfristige Unterbrechungen bleiben hierbei unberücksichtigt. Dies gilt nicht, wenn der Aufenthalt ausschließl zu Besuchs-, Erholungs-, Kur- oder ähnl privaten Zwecken genommen wird und nicht länger als ein Jahr dauert (§ 9 S 3 AO). **Grenzpendler** haben keinen gewöhnl Aufenthalt am Arbeitsort, wenn sie tägl zum Wohnort zurückkehren (BFH BStBl II 1990, 687). Maßgebl ist der gewöhnl Aufenthalt innerh des Hoheitsgebiets der EU/des EWR, nicht unbedingt in einem einzelnen Mitgliedstaat (Widmann/Mayer/*Widmann* Rn 53; DPPM/*Möhlenbrock*

Rn 155). Denkbar ist also der Fall, dass eine Person in keinem einzigen Mitgliedstaat, aber innerh der EU/des EWR den gewöhnl Aufenthalt hat.

Grdsl ausreichend ist es, wenn die natürl Person als übernehmender Rechtsträger auch einen Wohnsitz/den gewöhnl Aufenthalt innerh der EU/des EWR hat. Bei **Doppelansässigkeiten** in verschiedenen EU-/EWR-Staaten sind die Voraussetzungen von Abs 2 S 1 Nr 2 immer erfüllt. Besteht auch eine Ansässigkeit in einem Drittstaat, setzt die Anwendung des UmwStG voraus, dass die natürl Person nicht nach einem DBA als in dem Drittstaat ansässig gilt. Derartige DBA-Regelungen dienen der Vermeidung von Kollisionen. Regelm ist zunächst auf den Mittelpunkt der Lebensinteressen, sodann auf den gewöhnl Aufenthalt und schließl auf die Staatsangehörigkeit abzustellen. Andernfalls regeln die zuständigen Behörden der Vertragsstaaten die Frage im gegenseitigen Einvernehmen (vgl Art 4 II OECD-MA). Maßgebl ist das DBA zwischen dem EU-/EWR-Staat, in dem der Wohnsitz oder gewöhnl Aufenthalt besteht, und dem jew Drittstaat (DPPM/*Möhlenbrock* Rn 156). **75**

f) SE/SCE als beteiligte Rechtsträger. Die SE ist eine supranationale Rechtsform (Vor SE-VO Rn 4). Für sie gilt einerseits unmittelbar die SE-VO, andererseits das jew Aktienrecht des Sitzstaates (Art 10 SE-VO; vgl Vor SE-VO Rn 4 ff). Entsprechendes gilt für eine SCE (Art 2 SCE-VO). Klarstellend bestimmt daher **Abs 2 S 2,** dass eine SE/SCE für die Anwendung von Abs 2 S 1 Nr 1 als eine nach den Rechtsvorschriften des Staates gegründete Ges, in dessen Hoheitsgebiet sich der Sitz der Ges befindet, gilt. Dabei ist es unerhebl, ob dies der Sitz bei der Gründung oder der aktuelle Sitz ist, da der Sitz einer SE immer in einem Mitgliedstaat liegen muss (Art 7 SE-VO). Daneben muss – wie bei anderen Rechtsträgern auch – der Sitz und der Ort der Geschäftsleitung innerh des Hoheitsgebiets der EU/des EWR sein (Rn 62). Eine SE/SCE muss zivilrechtl den Sitz und die Hauptverwaltung in einem (nicht unbedingt demselben) Mitgliedstaat haben; regelm wird der Ort der Hauptverwaltung auch zugleich der Ort der Geschäftsleitung sein. Abweichungen sind jedoch denkbar, da für den Ort der Geschäftsleitung ausschließl die tats Gegebenheiten maßgebl sind (vgl Rn 65). **76**

g) Umwandelnder, übertragender und übernehmender Rechtsträger. **77**
Die Anforderungen an das Gründungsstatut, an die europäische Gesellschaftsform und an den Sitz und Ort der Geschäftsleitung (Rn 57 ff) muss bei einem **Formwechsel** der umwandelnde Rechtsträger erfüllen. Der Formwechsel zeichnet sich dadurch aus, dass eine Vermögensübertragung nicht stattfindet. Die Identität des Rechtsträgers bleibt unberührt, er wechselt ledigl seine Rechtskleid (§ 190 UmwG Rn 5 ff). Entsprechendes gilt für vglbare ausländische Vorgänge (Rn 49). Nach dem klaren Wortlaut verlangt Abs 2 S 1 Nr 1 die Erfüllung der dort genannten Voraussetzungen nicht für die durch den Formwechsel entstehende Zielrechtsform. Regelm werden indes insoweit (Ges iSv Art 54 AEUV/Art 34 EWR-Abkommen, Sitz und Ort der Geschäftsleitung) durch den Formwechsel Veränderungen nicht eintreten. Denkbar wäre dies bei einem grenzüberschreitenden Formwechsel (vgl auch Widmann/Mayer/*Widmann* Rn 49; dazu Rn 49). Bei **übertragenden Umw** iSv Abs 1 (inländischen Umw nach dem UmwG, grenzüberschreitenden Umw und ausländischen Umw) müssen die Voraussetzungen nach Abs 2 S 1 Nr 1 sowohl für den übertragenden Rechtsträger als auch für den übernehmenden Rechtsträger erfüllt sein. Zu den Besonderheiten einer natürl Person als übernehmendem Rechtsträger vgl Rn 71.

5. Sachlicher Anwendungsbereich Sechster bis Achter Teil, Abs 3

78 **a) Allgemeines.** Abs 3 regelt den **sachlichen Anwendungsbereich** des Sechsten bis Achten Teils, also der §§ 20–25. Anders als der Zweite bis Fünfte Teil knüpfen die §§ 20–25 nicht nur an Umw nach dem UmwG und vglbare ausländische Vorgänge an. Erfasst sind auch Einbringungen durch Einzelrechtsnachfolge. Stl betrachtet umfassen damit der Sechste bis Achte Teil grdsl unabhängig von der zivilrechtl Ausgestaltung die Übertragung von Betrieben, Teilbetrieben, Mitunternehmeranteilen auf Körperschaften und PersGes gegen Gewährung von Gesellschaftsrechten, die Übertragung von Anteilen an KapGes auf KapGes (Anteilstausch) und den – stl als fiktive Vermögensübertragung ausgestalteten – Formwechsel einer PersGes in eine KapGes. Es handelt sich damit grdsl um die nach Art 1 lit a FusionsRL (RL 2009/133/EG vom 19.10.2009, ABl EU Nr L 310, 34) def Vorgänge der Fusionen, Spaltungen, Abspaltungen, Einbringung von Unternehmensteilen und des Austauschs von Anteilen, soweit die Vorgänge nicht schon von Abs 1 erfasst sind.

79 Neben den Anforderungen hinsichtl des sachl Anwendungsbereichs setzt die Geltung des Sechsten bis Achten Teils noch die Erfüllung **persönl Anforderungen** an die beteiligten Rechtsträger und ggf an die Anteilsinhaber nach Abs 4 voraus („Abs 3 gilt nur"). Vgl hierzu Rn 113 ff. Anforderungen an die beteiligten Rechtsträger folgen iÜ aus der Beteiligtenfähigkeit an den in Abs 3 genannten Umwandlungsarten und den besonderen Anforderungen der §§ 20 ff sowie aus der Abgrenzung zum Zweiten bis Fünften Teil.

80 **b) Verschmelzung, Abs 3 Nr 1. aa) Verschmelzungsarten.** Abs 3 Nr 1 erfasst Verschm nach §§ 2 ff UmwG oder vglbare ausländische Vorgänge. Dies sind zunächst die Verschm zur Aufnahme und die Verschm zur Neugründung (§ 2 UmwG). Vgl hierzu auch Rn 25. Verschm iSv § 2 UmwG entsprechen grdsl der Def von Fusionen nach Art 2 lit a FusionsRL (RL 2009/133/EG vom 19.10.2009, ABl EU Nr L 310, 34). Zivilrechtl können unter gewissen Voraussetzungen Anteile nicht gewährt werden oder auf die Anteilsgewährung kann verzichtet werden (vgl Rn 26 und § 2 UmwG Rn 15 ff; zum Verzicht auf die Anteilsgewährung vgl §§ 54, 68 UmwG). Stl setzen die §§ 20, 21 und 24 (vgl Rn 85) indes die Gewährung von Gesellschaftsrechten voraus.

81 Verschm nach der **SE-VO** und der **SCE-VO** sind nur unter Beteiligung von (europäischen) AG oder SE bzw eG/SCE möglich (Art 2 I SE-VO; Art 2 SCE-VO). Sie sind daher mangels Beteiligung einer PersGes (Rn 83) nicht vom Sechsten bis Achten Teil, sondern vom dritten Teil des UmwStG erfasst (Rn 42, 44).

82 Umfasst sind auch **vglbare ausländische Vorgänge** (BMF-Schrb vom 11.11.2011, BStBl I 1314 Rn 01.45, 01.48; vgl hierzu im Einzelnen Rn 31 ff). Ebenso erfasst sind – als Verschm nach dem UmwG (str; vgl Rn 27) – **grenzüberschreitende** Verschm (Rn 27). Die §§ 122a ff UmwG gelten zwar nur für KapGes (§ 122b UmwG) und werden damit von den §§ 11–13 erfasst, grenzüberschreitende Verschm unter Beteiligung von EU-/EWR-Rechtsträgern und damit auch von PersGes sind aber auch darüber hinaus mögl (vgl im Einzelnen § 1 UmwG Rn 45 ff). Soweit mangels Gesamtrechtsnachfolge kein vglbarer Vorgang gegeben ist (Rn 35), kann die Umw in den von Abs 3 erfassten Fällen ggf als Einbringung durch Einzelrechtsnachfolge (Rn 100) erfasst sein (*Schönherr/Lemaitre* GmbHR 2007, 459, 460; *Förster/Wendland* BB 2007, 631, 632).

83 **bb) Beteiligte Rechtsträger.** Nach Abs 3 Nr 1 sind Verschm von PhG und PartGes vom Sechsten bis Achten Teil erfasst. Zu weiteren Anforderungen an die beteiligten Rechtsträger vgl Rn 113 f. Gemeint sind PhG/PartGes als **übertragende** Rechtsträger. Verschm von Körperschaften als übertragende Rechtsträger können nicht vom Sechsten bis Achten Teil, sondern nur vom Zweiten bis Fünften Teil erfasst sein (Rn 15). Die Aufzählung entspricht für inländische Rechtsträger der Beteiligtenfähigkeit nach dem UmwG. Nach § 3 I 1 UmwG können als übertragender Rechtsträger OHG und KG sowie PartGes an einer Verschm nach § 2 UmwG beteiligt sein. Die EWIV ist der OHG gleichgestellt (§ 3 UmwG Rn 11; BMF-Schrb vom 11.11.2011, BStBl I 1314 Rn 01.05). Auch aufgelöste PhG/PartGes sind grdsl verschmelzungsfähig (§ 3 III UmwG); vgl indes §§ 39, 45e UmwG. Die **GbR** ist nach dem UmwG nicht verschmelzungsfähig. Erfasst sind unter den weiteren Voraussetzungen von Abs 4 (Rn 113) auch vglbare ausländische Rechtsträger. Hierzu ist ein **Typenvergleich** vorzunehmen (vgl im Einzelnen Rn 23). Keine Voraussetzung ist, dass die ausländische übertragende PersGes eine PhG ist. Der Wortlaut von Abs 3 Nr 1 verlangt dies zwar. Dieser Wortlaut dürfte aber von der Vorstellung geprägt sein, dass nach dem UmwG neben PartGes nur OHG und KG als übertragende Rechtsträger an einer Verschm beteiligt sein können (vgl § 3 UmwG). Eine derartige Beschränkung bei iSd Typenvergleichs vglbaren ausländischen Rechtsträgern bei grenzüberschreitenden oder vglbaren ausländischen Vorgängen ist jedoch nicht angezeigt, da Art 54 AEUV und Art 34 EWR-Abkommen auch PersGes wie GbR erfassen (Rn 57; aA DPPM/*Möhlenbrock* Rn 53).

84 Als **übernehmender** Rechtsträger kommen bei Umw nach §§ 2 ff UmwG AG, SE, KGaA, GmbH, PhG, PartGes und eG in Betracht (Einf UmwG Rn 17). Zur UG (haftungsbeschränkt) als übernehmender Rechtsträger vgl § 3 UmwG Rn 19 ff. Für beteiligte ausländische Rechtsträger ist ein Typenvergleich maßgebl (Rn 17, 23). Die zivilrechtl entsprechen den stl Anforderungen, wonach §§ 20, 21 die Verschm auf eine KapGes oder eG und § 24 die Verschm auf eine PersGes regeln.

85 **cc) Steuerliche Einordnung.** Die stl Einordnung der Verschm einer PersGes/PartGes oder eines vglbaren ausländischen Rechtsträgers innerhalb des Sechsten bis Achten Teils richtet sich nach der Qualifikation des übernehmenden oder neuen Rechtsträgers. Die Verschm auf eine KapGes/eG wird von §§ 20, 21 erfasst, während die Verschm auf eine PersGes (vgl auch Rn 133) ein Fall von § 24 sein kann (vgl auch die **Fallgruppenbildung** in BMF-Schrb vom 11.11.2011, BStBl I 1314 Rn 01.43 ff).

86 **c) Auf- und Abspaltung, Abs 3 Nr 1. aa) Spaltungsarten.** Nach Abs 3 Nr 1 ist der Sechste bis Achte Teil auch auf Auf- und Abspaltungen nach § 123 I, II UmwG und auf vglbare ausländische Vorgänge anwendbar. Zur Ausgliederung vgl Rn 90. Zu den Auf- und Abspaltungen nach § 123 I, II UmwG zählen auch grenzüberschreitende Vorgänge unter Beteiligung eines inländischen Rechtsträgers (vgl dazu § 1 UmwG Rn 45 ff). Außerdem sind vglbare ausländische Vorgänge erfasst (BMF-Schrb vom 11.11.2011, BStBl I 1314 Rn 01.45, 01.48; dazu im Einzelnen Rn 31 ff). Zur **subsidiären Anwendung** von Abs 3 Nr 4 vgl Rn 82.

87 **bb) Beteiligte Rechtsträger.** Vom Sechsten bis Achten Teil des UmwStG erfasst ist nur die Auf- und Abspaltung von PhG und PartGes als **übertragende**

Rechtsträger. Körperschaften als übertragende Rechtsträger können vom Vierten Teil (§§ 15, 16) erfasst sein (dazu Rn 28). Für Auf- und Abspaltungen nach § 123 I und II UmwG entspricht dies der Beteiligtenfähigkeit (vgl § 124 UmwG Rn 3 ff). Eine natürl Person als übertragender Rechtsträger kann nur eine Ausgliederung nach § 152 UmwG vornehmen (dazu Rn 90). Bei ausländischen Rechtsträgern ist ein **Typenvergleich** vorzunehmen (Rn 23). Zu weiteren Anforderungen an die beteiligten Rechtsträger vgl Rn 113 f.

88 Als **übernehmende** Rechtsträger kommen bei Auf- und Abspaltungen nach § 123 UmwG AG, SE, KGaA, GmbH, PhG, PartGes und eG in Betracht (Einf UmwG Rn 18). Zur UG (haftungsbeschränkt) als übernehmende Rechtsträger vgl § 124 UmwG Rn 14. Die Beteiligtenfähigkeit von ausländischen Rechtsträgern richtet sich nach der auf den vglbaren ausländischen Vorgang anwendbaren Rechtsordnung. Stl setzen die §§ 20, 21 eine KapGes oder eG und § 24 eine PersGes als übernehmenden Rechtsträger voraus. Dies richtet sich bei ausländischen Rechtsträgern nach dem Typenvergleich (Rn 17, 23).

89 **cc) Steuerliche Einordnung.** Die stl Einordnung der Auf- oder Abspaltung oder des vglbaren ausländischen Vorgangs innerh des Sechsten bis Achten Teils richtet sich nach der Qualifikation des übernehmenden Rechtsträgers. Die Auf- oder Abspaltung auf eine KapGes oder eG richtet sich nach §§ 20, 21. Ist übernehmender Rechtsträger eine PersGes, ist grdsl § 24 anwendbar (vgl auch die **Fallgruppenbildung** in BMF-Schrb vom 11.11.2011, BStBl I 1314 Rn 01.43 ff). Zu den weiteren Anforderungen an die beteiligten Rechtsträger nach **Abs 4** vgl Rn 113.

90 **d) Ausgliederung, Abs 3 Nr 2. aa) Umwandlungsart.** Der Sechste bis Achte Teil gilt nach Abs 3 Nr 2 für die Ausgliederung von Vermögensteilen nach § 123 III UmwG oder vglbare ausländische Vorgänge. Die Ausgliederung nach § 123 III UmwG zeichnet sich dadurch aus, dass ein Rechtsträger aus seinem Verm einen Teil oder mehrere Teile jew als Gesamtheit (Sonderrechtsnachfolge) auf einen oder mehrere bestehende oder neue Rechtsträger (Ausgliederung zur Aufnahme oder zur Neugründung) überträgt. Im Ggs zur Auf- oder Abspaltung werden als Gegenleistung die Anteile am übernehmenden Rechtsträger dem übertragenden Rechtsträger selbst gewährt (vgl näher § 123 UmwG Rn 11 f). Aufgrund dieser Gewährung der Anteile am übernehmenden Rechtsträger an den übertragenden Rechtsträger selbst und nicht an dessen Anteilsinhaber ist die Ausgliederung stl ein Einbringungsvorgang. Demggü sind die Auf- und Abspaltung von Körperschaften vom Vierten Teil erfasst (Rn 28), während die Auf- und Abspaltung von PersGes/PartGes zu den Fallgruppen von Abs 3 Nr 1 gehört (Rn 86).

91 Erfasst sind auch grenzüberschreitende Ausgliederungen (zu deren Zulässigkeit vgl § 1 UmwG Rn 45 ff) und **vglbare ausländische Vorgänge.** Vgl hierzu zunächst im Einzelnen Rn 31 ff (BMF-Schrb vom 11.11.2011, BStBl I 1314 Rn 01.45, 01.48). Das Strukturelement der Sonderrechtsnachfolge (dazu Rn 36, 39) hat für die Anwendung des Sechsten bis Achten Teils indes nicht die gleiche Bedeutung wie bei Abs 1 Nr 1, da nach Abs 3 Nr 4 auch Einbringungen durch Einzelrechtsnachfolge umfasst sind (RHL/*Trossen* Rn 215). Ausgliederungen durch Einzelrechtsübertragungen nach einer ausländischen Rechtsordnung werden hierdurch vom UmwStG erfasst.

92 Erfasst ist auch die Gründung einer Tochter-SE durch eine SE mittels Ausgliederung nach § 123 III UmwG (ebenso RHL/*Trossen* Rn 213). Denn diese nach

Art 3 II SE-VO zulässige Form der Gründung einer SE kann von einer inländischen SE auch durch eine Ausgliederung nach § 123 III UmwG erfolgen (vgl näher Art 3 SE-VO Rn 7, § 124 UmwG Rn 35). Sie ist damit eine Ausgliederung iSv § 123 III UmwG. Entsprechendes gilt, wenn die Gründung einer SE nach Maßgabe von Art 3 II durch einen vglbaren ausländischen Vorgang stattfindet. Zur Ausgliederung nach **§§ 48a ff KWG** ausführl *Hageböke/Leuering* Ubg 2011, 359.

bb) Beteiligte Rechtsträger. Als **übertragende** Rechtsträger kommen bei einer Ausgliederung nach § 123 III UmwG alle nach dem UmwG beteiligtenfähigen Rechtsträger in Betracht. Dies sind bei einer Ausgliederung PhG (OHG, KG), PartGes, KapGes (AG, SE, KGaA, GmbH), eG, eingetragene Vereine, wirtschaftl Vereine, Stiftungen, Gebietskörperschaften und natürl Personen (Einzelkaufmann). Vgl hierzu Vor §§ 123 ff UmwG Rn 10 und § 124 UmwG Rn 25 ff. Die EWIV ist der OHG gleichgestellt (§ 3 UmwG Rn 11; BMF-Schrb vom 11.11.2011, BStBl I 1314 Rn 01.05). Des Weiteren sind die Anforderungen nach **Abs 4** zu beachten (Rn 113 ff). Darüber hinaus stellen die §§ 20 ff keine besonderen Anforderungen an die Qualifikation des übertragenden Rechtsträgers auf. Für vglbare ausländische Vorgänge ist auf die Beteiligtenfähigkeit nach der ausländischen Rechtsordnung abzustellen. 93

Als **übernehmende** Rechtsträger bei einer Ausgliederung nach § 123 III UmwG kommen PhG (OHG, KG), PartGes, KapGes (AG, SE, KGaA, GmbH) und eG in Betracht (vgl dazu Vor §§ 123 ff UmwG Rn 10 und § 124 UmwG Rn 25 ff). Zur UG (haftungsbeschränkt) als übernehmenden Rechtsträger vgl § 124 UmwG Rn 14. Die EWIV ist der OHG gleichgestellt (§ 3 UmwG Rn 11; BMF-Schrb vom 11.11.2011, BStBl I 1314 Rn 01.05). Bei vglbaren ausländischen Vorgängen richtet sich die Beteiligtenfähigkeit nach der ausländischen Rechtsordnung. Für inländische Rechtsträger stimmt die Beteiligtenfähigkeit nach dem UmwG mit den stl Anforderungen nach §§ 20 ff überein. §§ 20, 21 setzen KapGes oder eine eG als übernehmenden Rechtsträger voraus, während § 24 für die Einbringung in eine PersGes gilt. Bei ausländischen Rechtsträgern ist ein Typenvergleich vorzunehmen (Rn 17, 23). 94

cc) Steuerliche Einordnung. Die stl Einordnung der Ausgliederung innerhalb des Sechsten bis Achten Teils hängt vom übernehmenden Rechtsträger ab. §§ 20, 21 erfassen die Ausgliederung auf eine KapGes/eG, § 24 erfasst die Einbringung in eine PersGes. Vgl auch die **Fallgruppenbildung** in BMF-Schrb vom 11.11.2011, BStBl I 1314 Rn 01.43 ff. 95

e) Formwechsel einer Personengesellschaft in eine Kapitalgesellschaft/ Genossenschaft, Abs 3 Nr 3. aa) Umwandlungsart. Abs 3 Nr 3 erklärt den Sechsten bis Achten Teil für den Formwechsel einer PersGes in eine KapGes oder eG nach § 190 I UmwG oder einem vglbaren ausländischen Vorgang für anwendbar. Zum umgekehrten Fall des Formwechsels einer KapGes in eine PersGes vgl Rn 46. Trotz der zivilrechtl Identität des Rechtsträgers bei einem Formwechsel und des damit fehlenden Vermögensübergangs bedarf der Formwechsel aus der Rechtsform der KapGes in die Rechtsform der PersGes einer stl Regelung, weil die Besteuerungssysteme wechseln (vgl näher Rn 46). § 25 regelt dies, indem die §§ 20–23 für entsprechend anwendbar erklärt werden. Der Formwechsel einer KapGes in eine PersGes ist stl damit wie die Einbringung in eine KapGes/eG zu erfassen. 96

97 Der Anwendungsbereich des Sechsten bis Achten Teils ist auch für **vglbare ausländische Vorgänge** eröffnet. Vgl hierzu Rn 49 f.

98 **bb) Beteiligte Rechtsträger.** Abs 3 Nr 3 erfasst nur den Formwechsel einer PersGes in eine KapGes oder eG. Zum umgekehrten Fall vgl Rn 46. Einen Formwechsel nach § 190 UmwG können PhG (OHG, KG) und PartGes durchführen (§ 191 I 1 UmwG). Die GbR kann nur Zielrechtsform sein. Als Zielrechtsformen sind KapGes oder eG mögl (§§ 214, 225a UmwG). Obwohl Abs 3 Nr 3 anders als Abs 3 Nr 1 nicht die PartGes aufzählt, ist auch der Formwechsel einer PartGes in eine KapGes oder eG (§ 225a UmwG) erfasst, da Abs 3 Nr 3 und auch § 25 nur auf PersGes und nicht auf PhG abstellen (vgl aber BMF-Schrb vom 11.11.2011, BStBl I 1314 Rn 01.43 einerseits und Rn 01.44 anderseits). Die Beteiligtenfähigkeit für **vglbare ausländische Vorgänge** richtet sich nach der jew ausländischen Rechtsordnung. Die Ausgangsrechtsform und die Zielrechtsform muss iRe Typenvergleichs mit einer inländischen PersGes bzw KapGes/eG vglbar sein (zum Typenvergleich vgl Rn 17, 23).

99 **cc) Steuerliche Einordnung.** Der Formwechsel einer PersGes in eine KapGes ist in § 25 geregelt. Die Vorschrift verweist im Wesentlichen auf §§ 20–23 sowie auf § 9 S 2, 3. Vgl auch die **Fallgruppenbildung** in BMF-Schrb vom 11.11.2011, BStBl I 1314 Rn 01.43 ff.

100 **f) Einbringung durch Einzelrechtsnachfolge, Abs 3 Nr 4. aa) Allgemeines.** Der Sechste bis Achte Teil gilt nach Abs 3 Nr 4 auch für die Einbringung von Betriebsvermögen durch Einzelrechtsnachfolge in eine KapGes, eine eG oder PersGes. Der Sechste bis Achte Teil des UmwStG ist damit anders als der Zweite bis Fünfte Teil nicht auf Umw nach dem UmwG oder vglbare ausländische Vorgänge beschränkt. Die Anwendbarkeit des Sechsten bis Achten Teils für Vermögensübertragungen durch Einzelrechtsnachfolge ist bei Beteiligung von Rechtsträgern aus zwei oder mehr EU-/EWR-Mitgliedstaaten auch durch die FusionsRL (RL 2009/133/EG vom 19.10.2009, ABl EU Nr L 310, 34) vorgegeben. Denn die FusionsRL findet nach Art 1 lit a FusionsRL Anwendung auf die Einbringung von Unternehmensteilen, die nach Art 2 lit d FusionsRL als Vorgang def ist, durch den eine Ges ohne aufgelöst zu werden, ihren Betrieb insgesamt oder einen oder mehrere Teilbetriebe in eine andere Ges gegen Gewährung von Anteilen am Gesellschaftskapital der übernehmenden Ges einbringt. Obwohl Abs 3 Nr 4 ledigl die Einbringung von BV erfordert, folgen aus den §§ 20 und 24 weitere Anforderungen an die Qualität des BV (Rn 105). Ebenso wenig enthält Abs 3 Nr 4 Anforderungen an eine Gegenleistung für die Einbringung, die indes aus § 20 und § 24 resultieren (Gesellschaftsrechte als Gegenleistung). Übernehmender Rechtsträger muss eine KapGes, eine eG oder eine PersGes sein. Weitere Anforderungen folgen aus **Abs 4** (Rn 113).

101 **bb) Begriff der Einbringung durch Einzelrechtsnachfolge.** Der Begriff der Einbringung ist weder im UmwStG noch in anderen Steuergesetzen def (Widmann/Mayer/*Widmann* Rn 68). Aus §§ 20 und 24 und dem Zweck des UmwStG lässt sich ableiten, dass der Begriff der Einbringung die Überführung des Verm aus einem PV oder aus einem BV in ein anderes BV voraussetzt. Denn das UmwStG bezweckt bei Einhaltung gewisser Voraussetzungen die Vermeidung der Besteuerung stiller Reserven bei Vorgängen, die nach den allg Steuergesetzen zu einer Realisation führen würden. Werden WG nicht (in ein anderes BV) übertragen, tritt – von Entnahme- und Entstrickungssachverhalten abgesehen –

eine Realisation auch nach den allgemeinen Steuergesetzen nicht ein. Der Begriff der Einbringung setzt indes nicht zwingend eine Änderung der Zuordnung des zivilrechtl oder wirtschaftl Eigentums an den WG voraus. Daher ist es – Überführung in ein anderes BV – für eine Einbringung iSv § 24 ausreichend, wenn die WG teilw in das **SBV** bei der übernehmenden PersGes **übertragen** werden (BMF-Schrb vom 11.11.2011, BStBl I 1314 Rn 24.05; aA DPPM/*Patt* § 24 Rn 15; dazu § 24 Rn 104).

Der Begriff der Einbringung ist ferner von einer Veräußerung insofern abzugrenzen, als eine Einbringung eine nach dem UmwStG privilegierte, weil unter gewissen Voraussetzungen unter Fortführung der BW mögl Veräußerung ist (zu Einbringungen als Veräußerungs- und Anschaffungsgeschäft § 20 vgl Rn 12). Insofern ist aus §§ 20, 21 und 24 ableitbar, dass eine Einbringung voraussetzt, dass **Anteile** am übernehmenden Rechtsträger als Gegenleistung gewährt werden (vgl auch Widmann/Mayer/*Widmann* Rn 68: mindestens zT in einer Beteiligung am übernehmenden Rechtsträger; RHL/*Trossen* Rn 230). Insofern unterscheidet sich die Einbringung auch von der **(verdeckten) Einlage.** Ausreichend ist es indes, wenn bei einer Bargründung oder Barkapitalerhöhung die Verpflichtung übernommen wird, den Betrieb, Teilbetrieb, Mitunternehmeranteil oder die mehrheitsvermittelnde Beteiligung an einer KapGes als Aufgeld zu übertragen (BFH BStBl II 2010, 1094; BMF-Schrb vom 11.11.2011, BStBl I 1314 Rn 01.44, 01.46). **102**

Aus dem Begriff der Einbringung lässt sich nicht ableiten, dass das zivilrechtl Eigentum auf den übernehmenden Rechtsträger übergehen muss. Bei Einbringungen nach §§ 20, 21 und 24 (zur Überführung in das SBV bei § 24 vgl Rn 101 und § 24 Rn 113 f, 34) ist es – wie auch in Veräußerungsfällen – ausreichend, dass dem übernehmenden Rechtsträger das **wirtschaftl Eigentum** (§ 39 II Nr 1 AO) verschafft wird (BMF-Schrb vom 11.11.2011, BStBl I 1314 Rn 01.43: wird der Einzelrechtsnachfolge gleichgestellt; hierzu im Einzelnen *Herlinghaus* FR 2007, 286; ebenso RHL/*Trossen* Rn 231; aA *Patt* Der Konzern 2006, 730, 735; DPPM/*Patt* § 24 Rn 13; DPPM/*Möhlenbrock* Rn 66: Billigkeit der FinVerw; vgl auch Bayerisches Landesamt für Steuern FR 2006, 391; vgl weiter § 20 Rn 19 und § 24 Rn 34). Denn das UmwStG privilegiert unter gewissen Voraussetzungen die Übertragung von Wirtschaftsgütern auf einen anderen Rechtsträger. Demzufolge kommt es darauf an, dass die Wirtschaftsgüter umwandlungsbedingt (nach dem UmwG oder auf andere Weise) einem anderen Rechtsträger iSv § 39 AO zuzurechnen sind (vgl auch BFH BStBl II 2011, 467). **103**

Abs 3 Nr 4 erfasst die Einbringung durch **Einzelrechtsnachfolge.** Damit bringt das Gesetz indes nur zum Ausdruck, dass nicht nur die von Abs 3 Nr 1–2 geregelten Umw mittels Gesamtrechtsnachfolge (Sonderrechtsnachfolge) vom Sechsten bis Achten Teil des UmwStG erfasst sind. Auch aus dem Wortbestandteil „Rechtsnachfolge" lässt sich nicht ableiten, dass die Übertragung des wirtschaftl Eigentums oder – in den Fallgruppen des § 24 – die Überführung in das SBV nicht ausreichend sei (dazu bereits Rn 101, 103). Abs 3 Nr 4 bezweckt idS ledigl die Klarstellung, dass der Sechste bis Achte Teil des UmwStG auch für alle Einbringungen gilt, die nicht mittels Gesamtrechtsnachfolge erfolgen (RHL/*Trossen* Rn 231; Widmann/Mayer/*Widmann* Rn 69; *Herlinghaus* FR 2007, 286, 289; aA DPPM/*Patt* § 20 Rn 7). Hierfür spricht auch die Gesetzesbegründung, wonach zu den Fallgruppen des Sechsten bis Achten Teils „neben den Umwandlungsfällen auf der Grundlage von § 1 UmwG auch die Fälle der Einbringung im Wege der Einzelrechtsnachfolge und des Anteilstauschs" gehören sollen (RegEBegr BT- **104**

Drs 16/2710 zu § 1 III). In welcher Form die Übertragung durch Einzelrechtsnachfolge zu erfolgen hat, richtet sich nach der jew anwendbaren Rechtsordnung. Maßgebl für eine zivilrechtl Übertragung (zur Verschaffung des wirtschaftl Eigentums vgl Rn 103) ist der sachenrechtl Vollzugsakt. Auch Übertragungen auf der Grundlage ausländischer Rechtsordnungen sind Einbringungen durch Einzelrechtsnachfolge (Haase/Hruschka/*Benecke* Rn 117). Dies ist vielfach schon durch das IPR vorgegeben (Art 43 EGBGB). Danach entscheidet die lex rei sitae über die Übertragung dingl Rechte (BGH NJW 1996, 2233). Einbringung durch Einzelrechtsnachfolge ist auch die **erweiterte Anwachsung** (str; BMF-Schrb vom 11.11.2011, BStBl I 1314 Rn 01.44, E 20.10 und 01.47; *Ege/Klett* DStR 2010, 2463; Haase/Hruschka/*Benecke* Rn 118; aA DPPM/*Möhlenbrock* Rn 67: Billigkeit der FinVerw; vgl § 20 Rn 195 und § 24 Rn 55). Zu den Einbringungen durch Einzelrechtsnachfolge nach **§ 24** zählen auch die **Aufnahme** eines (weiteren) Gesellschafters in ein Einzelunternehmen oder eine PerGes und die Aufstockung einer bestehenden Beteiligung gegen Geld- oder Sacheinlage, ferner auch die Übertragung aller Anteile an einer PersGes auf eine andere PersGes mit anschließender Anwachsung (BMF-Schrb vom 11.11.2011, BStBl I 1314 Rn 01.47). Kein Fall von § 24 ist die Rechtsformänderung ohne Veränderung der Vermögensbeteiligung zwischen den PersGes-Rechtsformen (OHG, KG, GbR) sowie die Aufnahme eines nicht am Vermögen beteiligten Gesellschafters (etwa Aufnahme einer Komplementär-GmbH); diese Fälle haben mangels Übertragung keine stl Folgen (BMF-Schrb vom 11.11.2011, BStBl I 1314 Rn 01.47; DPPM/*Möhlenbrock* Rn 62; Haritz/Menner/*Haritz* Rn 26). Für unentgeltliche Übertragungen ist § 6 III EStG vorrangig (BMF-Schrb vom 11.11.2011, BStBl I 1314 Rn 01.47).

105 **cc) Einbringung von Betriebsvermögen.** Abs 3 Nr 4 verlangt nur die Einbringung von BV. Weitere Einschränkungen folgen indes aus §§ 20 und 24. Vom Sechsten bis Achten Teil, namentl von § 20 und § 24, erfasst ist nur die Einbringung eines Betriebs, Teilbetriebs oder Mitunternehmeranteils. Vgl hierzu im Einzelnen § 20 Rn 12 ff und § 24 Rn 58 ff. Nicht erfasst ist die Einbringung von WG des PV. Zur Einbringung einer 100%igen Beteiligung an einer KapGes aus einem BV in eine PersGes vgl BMF-Schrb vom 11.11.2011, BStBl I 1314 Rn 24.02 und iE § 24 Rn 75 ff.

106 **dd) Beteiligte Rechtsträger.** Abs 3 Nr 4 setzt die Einbringung in eine KapGes, eine eG oder PersGes als übernehmenden Rechtsträger voraus. Diese Anforderungen werden in § 20 (KapGes oder eG) und in § 24 (PersGes) wiederholt. Vgl hierzu auch § 20 Rn 169 und § 24 Rn 112. In den Fällen der Einbringung in eine KapGes oder eine eG folgen weitere Anforderungen an den übernehmenden Rechtsträger aus **Abs 4** (Rn 113). Bei Beteiligung ausländischer übernehmender Rechtsträger ist ein **Typenvergleich** durchzuführen (Rn 17, 23).

107 Besondere Anforderungen an die Person des **Einbringenden** bestehen nach Abs 3 Nr 4 nicht. Einbringender können juristische und natürl Personen sein. Zu Einbringungen aus dem Verm einer PersGes vgl § 20 Rn 179. Soweit der übertragende Rechtsträger indes keine Ges iSv Abs 2 S 1 Nr 1 oder keine natürl Person iSv Abs 2 S 1 Nr 2 ist, setzt die Anwendung des Sechsten bis Achten Teils weiter voraus, dass das Recht der BRD hinsichtl der Besteuerung des Gewinns aus der Veräußerung der erhaltenen Anteile nicht ausgeschlossen oder beschränkt ist (**Abs 4** S 1 Nr 2 lit b; dazu Rn 130).

g) Anteilstausch, Abs 3 Nr 5. aa) Begriff des Anteilstausches. Der Sechste bis Achte Teil gilt nach Abs 3 Nr 5 auch für den Austausch von Anteilen, ohne dass der Begriff def wird. Eine Def des Begriffes „Austausch von Anteilen“ enthält Art 2 lit e FusionsRL (RL 2009/133/EG vom 19.10.2009, ABl EU Nr L 310, 34), wonach dies ein Vorgang ist, durch den eine Ges am Gesellschaftskapital einer anderen Ges eine Beteiligung, die ihr die Mehrheit der Stimmrechte verleiht, oder – sofern sie die Mehrheit der Stimmrechte bereits hält – eine weitere Beteiligung dadurch erwirbt, dass die Gesellschafter der anderen Ges im Austausch für ihre Anteile Anteile am Gesellschaftskapital der erwerbenden Ges und ggf eine bare Zuzahlung (begrenzt auf 10% des Nennwerts) erhalten. Der Begriff des Anteilstausches iSv Abs 3 Nr 5 erschließt sich indes aus § 21. Danach liegt ein Anteilstausch vor, wenn Anteile an einer KapGes oder einer eG (erworbene Ges) in eine KapGes oder eG (übernehmende Ges) gegen Gewährung neuer Anteile an der übernehmenden Ges eingebracht werden (§ 21 I 1). Damit geht der Anwendungsbereich von § 21 über die Def des Anteilstausches in Art 2 lit d FusionsRL hinaus. § 21 ist bei jeder Einbringung (zum Begriff der Einbringung vgl Rn 101) von Anteilen an einer KapGes/eG gegen Gewährung eines neuen Anteils an der übernehmenden KapGes/eG anwendbar, auch wenn Gegenstand der Einbringung nicht eine mehrheitsvermittelnde Beteiligung ist. Die Einbringung einer mehrheitsvermittelnden Beteiligung (qualifizierter Anteilstausch) ist nach § 21 I 2 ledigl Voraussetzung dafür, dass die übernehmende Ges die eingebrachten Anteile auf Antrag mit dem BW oder einem höheren Wert ansetzen kann. Vgl hierzu im Einzelnen die Komm zu § 21. § 21 setzt nur die Gewährung auch neuer Anteile an der übernehmenden KapGes/eG voraus. Daneben können andere Gegenleistungen gewährt werden (vgl im Einzelnen § 21 Rn 34). 108

Abgrenzungsschwierigkeiten können insoweit auftreten, als iRe Umw nach Abs 3 Nr 1–3 oder einer Einbringung von BV durch Einzelrechtsnachfolge nach Abs 3 Nr 4 auch Anteile an KapGes übertragen werden. In diesen Fällen ist zwar nicht die Anwendung des Sechsten bis Achten Teils des UmwStG, aber das Verhältnis zwischen § 20 und § 21 zweifelhaft. Vgl hierzu § 20 Rn 26 ff. IÜ kann der Anteilstausch sowohl durch **Gesamtrechtsnachfolge** als auch durch **Einzelrechtsnachfolge** stattfinden (BMF-Schrb vom 11.11.2011, BStBl I 1314 Rn 01.46). Soweit die FinVerw anders als in den Fällen nach § 20 (vgl BMF-Schrb vom 11.11.2011, BStBl I 1314 Rn 01.44) nur die Ausgliederung und nicht auch die Auf- oder Abspaltung erwähnt (vgl BMF-Schrb vom 11.11.2011, BStBl I 1314 Rn 01.46), überzeugt dies nicht. Eine derartige Unterscheidung wäre unzutreffend, da nach § 1 III Nr 1 der Sechste bis Achte Teil und damit auch § 21 im Grds generell für Auf- und Abspaltungen von PhG und PartGes gilt. Die (bewusste?) Differenzierung erstaunt auch insoweit, weil die Übertragung von 100%igen Beteiligungen an KapGes (vgl Rn 110) von einer PhG oder PartGes mittels Auf- und Abspaltung auf eine andere PersGes wiederum von § 24 erfasst sein soll (BMF-Schrb vom 11.11.2011, BStBl I 1314 Rn 01.47). Zur Frage, wer bei einer Auf- oder Abspaltung Einbringender ist, vgl BMF-Schrb vom 11.11.2011, BStBl I 1314 Rn 20.03. 109

Kein Anteilstausch ist die Einbringung einer Beteiligung an einer KapGes in eine PersGes (Widmann/Mayer/*Widmann* Rn 72; DPPM/*Möhlenbrock* Rn 73). In diesem Fall werden als Gegenleistung keine Anteile an einer KapGes/eG gewährt. Zur Einbringung einer 100%igen Beteiligung an einer KapGes aus einem BV in eine PersGes vgl BMF-Schrb vom 11.11.2011, BStBl I 1314 Rn 24.02 und iE § 24 Rn 75 ff. 110

111 **bb) Beteiligte Rechtsträger.** Abs 3 Nr 5 enthält keine Anforderungen an die beteiligten Rechtsträger. Die Anforderungen an den **übernehmenden Rechtsträger** ergeben sich jedoch aus § 21. Danach liegt ein Anteilstausch definitionsgemäß (vgl Rn 108) nur bei der Einbringung in eine KapGes oder eG vor (vgl auch § 21 Rn 15). Weitere Anforderungen an den übernehmenden Rechtsträger folgen aus Abs 4 S 1 Nr 1 (dazu Rn 113).

112 **Einbringender** bei einem Anteilstausch kann grdsl jede natürl Person, PersGes oder juristische Person sein. § 21 ist insoweit umfassender als Art 2 lit e FusionsRL (vgl Rn 108). Der einbringende Rechtsträger muss auch nicht eine Ges iSv Abs 2 S 1 Nr 1 oder eine natürl Person iSv Abs 2 S 1 Nr 2 sein. Als Einbringender kommt damit auch eine Person in Betracht, die in einem Drittstaat ansässig ist. **Abs 4 S 1 Nr 2** erfasst ausdrückl nicht den Anteilstausch nach Abs 3 Nr 5. Auch auf eine beschränkte StPfl des Einbringenden oder die Beibehaltung des Besteuerungsrechts an den erhaltenen Anteilen wird nicht vorausgesetzt. Vgl auch § 21 Rn 11.

6. Persönlicher Anwendungsbereich Sechster bis Achter Teil, Abs 4

113 **a) Allgemeines.** Abs 4 ergänzt Abs 3 („Abs 3 gilt nur"), indem weitere Anforderungen an die beteiligten Rechtsträger aufgestellt werden. Dies gilt nicht für die Einbringung eines Betriebs, Teilbetriebs oder Mitunternehmeranteils in eine PersGes nach § 24 (Rn 133). Die Vorschrift schafft damit für die §§ 20–23 und 25 Anforderungen an den **persönl Anwendungsbereich.** Für die Anwendung des **AStG** vgl auch § 8 I Nr 10 AStG (dazu *Kamphaus/Weihmann* Ubg 2009, 502). Zum maßgeblichen **Zeitpunkt** des Bestehens der persönlichen Anforderungen vgl Rn 70. Zu den Auswirkungen eines späteren Wegfalls vgl § 22 Rn 148. Gesetzessystematisch und inhaltl unterscheidet die Vorschrift zwischen den Anforderungen an den übernehmenden Rechtsträger (Abs 4 S 1 Nr 1) und an den umwandelnden bzw einbringenden Rechtsträger (Abs 4 S 1 Nr 2 lit a). Die Anforderungen an den umwandelnden/einbringenden Rechtsträger müssen nicht beachtet werden, wenn das inländische Besteuerungsrecht an einem Gewinn aus Veräußerung der erhaltenen Anteile nicht ausgeschlossen oder beschränkt ist (Abs 4 S 1 Nr 2 lit b; dazu Rn 130). Hintergrund der Regelung ist die Öffnung des UmwStG für grenzüberschreitende und vglbare ausländische Vorgänge (Rn 2 ff). Diese Erweiterung ist jedoch im Wesentl auf die Einbeziehung von EU-/EWR-Rechtsträgern und Umw nach der Rechtsordnung eines EU-/EWR-Staats beschränkt.

114 Die durch Abs 4 S 1 angeordneten Anforderungen an die beteiligten Rechtsträger sind in Abhängigkeit von den Einbringungsarten unterschiedl. Für Einbringungen nach § 24 gelten die Einschränkungen überhaupt nicht (Abs 4 S 2; Rn 133). Für alle sonstigen von Abs 3 Nr 1–5 erfassten Einbringungen bestimmt Abs 4 S 1 Nr 1, dass der **übernehmende** Rechtsträger eine nach den Rechtsvorschriften eines Mitgliedstaats der EU/des EWR gegründete Ges iSv Art 54 AEUV bzw Art 34 EWR-Abkommen mit Sitz und Ort der Geschäftsleitung innerhalb der EU/des EWR sein muss. Für den Austausch von Anteilen (Abs 3 Nr 5; dazu Rn 108) enthält Abs 4 S 1 Nr 2 keine ergänzenden Bestimmungen für den **einbringenden** Rechtsträger. Bei den anderen Einbringungen nach Abs 3 Nr 1–4 ist das UmwStG (Sechster bis Achter Teil) nur anwendbar, wenn – alternativ – der umwandelnde bzw einbringende/übertragende Rechtsträger entweder die persönl Anforderungen von Abs 2 S 1 erfüllt (Gründung nach EU-/EWR-Recht,

Ansässigkeit in der EU/dem EWR) oder das inländische Recht hinsichtl der Besteuerung des Gewinns aus der Veräußerung der erhaltenen Anteile nicht ausgeschlossen oder beschränkt wird. Das zweite Kriterium entspricht der früheren Regelung in § 20 III aF, gilt indes als Voraussetzung für die Anwendung des Sechsten bis Achten Teils nur, wenn die Einbringung durch einen Drittstaatansässigen erfolgt.

Damit sind folgende **Fallgruppen** zu unterscheiden: 115

- Für Einbringungen eines Betriebs, Teilbetriebs oder Mitunternehmeranteils in eine PersGes nach **§ 24** stellt Abs 4 S 1 keine Anforderungen an die Qualifikation sowohl des Einbringenden als auch der übernehmenden PersGes auf (Abs 4 S 2; vgl Rn 133).
- Für den **Austausch von Anteilen** (Abs 3 Nr 5, § 21) ist nur Abs 4 S 1 Nr 1 anwendbar, wonach der übernehmende Rechtsträger (KapGes/eG; vgl Rn 111, 129) eine nach EU-/EWR-Recht gegründete Ges mit Sitz und Ort der Geschäftsleitung in der EU/EWR sein muss (Rn 116). Anforderungen an die Person des Einbringenden enthält Abs 4 S 1 Nr 2 für den Anteilstausch nicht.
- In allen übrigen Einbringungsfällen nach Abs 3 Nr 1–4 gilt für den übernehmenden Rechtsträger (KapGes/eG) ebenfalls das Erfordernis der Gründung nach EU-/EWR-Recht und der Ansässigkeit innerh der EU/des EWR (Rn 116) sowie zusätzl Anforderungen an den umwandelnden, einbringenden oder übertragenden Rechtsträger. Sofern dieser nicht die Gründungs- und Ansässigkeitsvoraussetzungen nach Abs 2 S 1 erfüllt, kann jedoch – alternativ – der Sechste bis Achte Teil des UmwStG dennoch angewandt werden, wenn das Recht der BRD hinsichtl der Besteuerung des Gewinns aus der Veräußerung der erhaltenen Anteile nicht ausgeschlossen oder beschränkt ist (dazu Rn 130).

b) Übernehmender Rechtsträger, Abs 4 S 1 Nr 1. Nach Abs 4 S 1 Nr 1 gilt Abs 3 und damit der Sechste bis Achte Teil nur, wenn der übernehmende Rechtsträger eine Ges mit der Qualifikation nach Abs 2 S 1 Nr 1 ist. Nach Abs 4 S 2 gilt dies nicht für Einbringungen nach § 24. Betroffen sind also Einbringungen iSv Abs 3 Nr 1, Nr 2 und Nr 4 von Betrieben, Teilbetrieben und Mitunternehmeranteilen in eine KapGes oder eG (§ 20) und der Austausch von Anteilen (Abs 3 Nr 5, § 21) in eine KapGes oder eG. Auf eine unbeschränkte Stpfl kommt es nicht an (BMF-Schrb vom 11.11.2011, BStBl I 1314 Rn 01.54). Beim Formwechsel (§ 25) existiert ein übernehmender Rechtsträger nicht (DPPM/*Möhlenbrock* Rn 160; vgl zum Formwechsel allerdings Rn 119). 116

Die übernehmende KapGes/eG muss eine nach EU-/EWR-Recht gegründete Ges iSv Art 54 AEUV/Art 34 EWR-Abkommen sein; ferner muss sich ihr Sitz und der Ort der Geschäftsleitung innerh des Hoheitsgebiets der EU/des EWR befinden (Abs 2 S 1 Nr 1). Vgl hierzu im Einzelnen Rn 57 ff. Da nur KapGes/eG übernehmender Rechtsträger bei den von Abs 4 erfassten Einbringungen sein können (vgl §§ 20, 21; für § 24 gilt Abs 4 nicht, Rn 133), muss ein EU-/EWR-ausländischer übernehmender Rechtsträger nach Maßgabe des sog Typenvergleichs einer inländischen KapGes entsprechen (zum Typenvergleich Rn 17). Eine inländische unbeschränkte oder beschränkte StPfl wird nicht vorausgesetzt (RHL/*Trossen* Rn 245). Das UmwStG ist damit generell nicht auf Einbringungen in KapGes/eG aus Drittstaaten (Gründungs- und Ansässigkeitserfordernisse nach Abs 2 S 1 Nr 1) anwendbar. Dies gilt auch, wenn Deutschland das Recht zur 117

Besteuerung eines Gewinnes aus der Veräußerung der erhaltenen Anteile behält, da Abs 4 S 1 Nr 2 lit b nur die Anforderungen an den einbringenden Rechtsträger ersetzt.

118 **c) Übertragender Rechtsträger, Abs 4 S 1 Nr 2. aa) Systematik.** Nur in den Einbringungsfällen nach Abs 3 Nr 1–4 (zum Ausschluss von § 24 vgl Rn 133) stellt Abs 4 S 1 Nr 2 zwei alternativ erfüllbare Voraussetzungen für die Anwendung des UmwStG auf. Entweder muss der umwandelnde, einbringende oder übertragende Rechtsträger die Gründungs- und Ansässigkeitsvoraussetzungen nach Abs 2 S 1 erfüllen (Abs 4 S 1 Nr 2a) oder das Recht der BRD hinsichtl der Besteuerung des Gewinns aus der Veräußerung der erhaltenen Anteile darf nicht ausgeschlossen oder beschränkt sein. Unter diesen letztgenannten Voraussetzungen ist das UmwStG auch für Rechtsträger aus Drittstaaten eröffnet (Rn 130).

119 **bb) Formwechsel.** Beim Formwechsel muss der umwandelnde Rechtsträger grdsl eine Ges iSv Abs 2 S 1 Nr 1 sein. Gemeint ist die Ausgangsrechtsform des Rechtsträgers vor dem Formwechsel. Dieser muss eine PersGes sein, da innerhalb des Sechsten bis Achten Teils nur der Formwechsel einer PersGes in eine KapGes/eG geregelt ist (§ 25). Der Formwechsel einer natürl Person (Abs 4 S 1 Nr 2a bb) ist wenigstens nach § 190 UmwG zivilrechtl nicht mögl. Zu den beteiligungsfähigen Rechtsträgern vgl Rn 98. Der spiegelbildl Formwechsel einer KapGes in eine PersGes kann ein Fall von § 9 sein und ist damit im Zweiten bis Fünften Teil geregelt (Rn 46).

120 Zu den Anforderungen an eine Ges iSv Abs 2 S 1 Nr 1 (Abs 4 S 1 Nr 2a aa) vgl zunächst Rn 57 ff. Bei EU-/EWR-ausländischen PersGes ist ein Typenvergleich durchzuführen (zum Typenvergleich Rn 23). Beim Formwechsel einer PersGes müssen ferner aufgrund der transparenten Struktur auch **deren Gesellschafter** bestimmte Anforderungen erfüllen (wohl anders RHL/*Trossen* Rn 267: nur die Gesellschafter; vgl näher Rn 126). **Natürl Personen** als Gesellschafter müssen nach Abs 4 S 1 Nr 2a aa ihren Wohnsitz oder gewöhnl Aufenthalt innerh der EU/des EWR haben und dürfen nicht aufgrund eines DBA in einem Drittstaat als ansässig gelten. Vgl hierzu im Einzelnen Rn 71. **Körperschaften,** Personenvereinigungen und Vermögensmassen als Gesellschafter der umwandelnden PersGes müssen selbst wiederum Ges iSv Abs 2 S 1 Nr 1 sein (vgl hierzu Rn 57 ff). Dies ist folgerichtig, da Einbringender bei einem Formwechsel nach § 25 die Gesellschafter sind (vgl § 25 Rn 18). Bei **mehrstöckigen PersGes** müssen die Anforderungen auf der obersten Ebene, auf der erstmals nicht-transparente Ges oder natürl Personen beteiligt sind, erfüllt sein (RHL/*Trossen* Rn 250; Frotscher/Maas/*Frotscher* Rn 138; *Benz/Rosenberg* BB Special 8/2006, 51, 76; Haase/Hruschka/*Benecke* Rn 127; *Schmitt/Schloßmacher* UmwStE 2011 Rn 01.53; wohl auch BMF-Schrb vom 11.11.2011, BStBl I 1314 Rn 01.53). Zwischengeschaltete PersGes (iRd Typenvergleichs unabhängig von ihrer nat Einordnung als PersGes einzuordnende Rechtsträger, vgl Rn 23) müssen selbst nicht die Anforderungen nach Abs 2 S 1 Nr 1 erfüllen. Derartige zwischengeschaltete PersGes können also auch Drittstaaten-Ges sein (ebenso DPPM/*Möhlenbrock* Rn 174; Widmann/Mayer/*Widmann* Rn 127; Frotscher/Maas/*Frotscher* Rn 138; Haase/Hruschka/*Benecke* Rn 127; *Schmitt/Schloßmacher* UmwStE 2011 Rn 01.53).

121 Sind die Anforderungen an den umwandelnden Rechtsträger und an dessen Gesellschafter nicht erfüllt, hängt die Anwendung des UmwStG davon ab, ob das Recht der BRD hinsichtl der Besteuerung des Gewinns aus der Veräußerung der erhaltenen Anteile nicht ausgeschlossen oder beschränkt ist (Abs 4 S 1 Nr 2b; dazu Rn 130).

Die Nichterfüllung der Gründungs- und Ansässigkeitsvoraussetzungen nach Abs 2 durch einzelne Gesellschafter bewirkt nicht die vollständige Unanwendbarkeit des UmwStG auf den Formwechsel. § 25 ist in diesem Fall anzuwenden, „soweit" Gesellschafter beteiligt sind, die die Gründungs- und Ansässigkeitsvoraussetzungen erfüllen (DPPM/*Möhlenbrock* Rn 175; RHL/*Trossen* Rn 267; Haase/Hruschka/*Benecke* Rn 127). Damit wird dem Umstand Rechnung getragen, dass beim Formwechsel einer PersGes in eine KapGes „Einbringender" der Gesellschafter und nicht die Ges ist (vgl § 25 Rn 18). Maßgebl ist die Beteiligungsquote am Verm der PersGes (DPPM/*Möhlenbrock* Rn 175). 122

cc) Einbringungen durch Gesamtrechtsnachfolge. Für Einbringungen durch Verschm, Aufspaltung, Abspaltung (Abs 3 Nr 1) und durch Ausgliederung (Abs 3 Nr 2) setzt die Anwendung des Sechsten bis Achten Teils grdsl voraus, dass der **übertragende** Rechtsträger die Gründungs- und Ansässigkeitsvoraussetzungen nach Abs 2 S 1 Nr 1 erfüllt (Abs 4 S 1 Nr 2a aa). Vgl hierzu Rn 57 ff. Für ausländische Rechtsträger ist ein Typenvergleich durchzuführen (Rn 17, 23). Bei PersGes als übertragende Rechtsträger muss nach Abs 4 S 1 Nr 2a aa nicht nur der übertragende Rechtsträger selbst, sondern müssen auch dessen Gesellschafter auf der obersten Ebene (dazu Rn 120) die Gründungs- und Ansässigkeitsvoraussetzungen nach Abs 2 S 1 Nr 1 oder Nr 2 erfüllen (dazu Rn 120). IRe Typenvergleichs als transparente PersGes einzustufende Zwischengesellschaften müssen diese Anforderungen hingegen nicht erfüllen (Rn 120). Soweit nur einzelne Gesellschafter die Anforderungen nicht erfüllen, finden der Sechste bis Achte Teil quotal Anwendung (Rn 122). Zur Frage, ob eine PersGes Einbringender sein kann, vgl § 20 Rn 179 ff. 123

Eine **Ausgliederung** kann nach §§ 123, 152 auch eine **natürl Person** durchführen (vgl im Einzelnen § 152 UmwG). Ggf kann auch nach vglbaren ausländischen Vorschriften eine natürl Person an einer Umw iSv Abs 3 Nr 1 und Nr 2 beteiligt sein. In diesem Fall muss die natürl Person als übertragender Rechtsträger die Anforderungen nach Abs 2 S 1 Nr 2 erfüllen (dazu Rn 71 ff). Eine unbeschränkte StPfl in einem EU-/EWR-Staat ist danach nicht vorausgesetzt (so aber BMF-Schrb vom 11.11.2011, BStBl I 1314 Rn 01.53), sie wird aber meistens vorliegen. 124

Soweit die persönl Anforderungen an den übertragenden Rechtsträger und an dessen Gesellschafter nicht erfüllt sind, setzt die Anwendung des Sechsten bis Achten Teils (§ 20) voraus, dass das Recht der BRD hinsichtl der Besteuerung des Gewinns aus der Veräußerung der erhaltenen Anteile nicht ausgeschlossen oder beschränkt ist (dazu Rn 130). 125

dd) Einbringung durch Einzelrechtsnachfolge. Bei der Einbringung von BV durch Einzelrechtsnachfolge in eine KapGes oder eine eG (zu Einbringungen in eine PersGes nach § 24 vgl Rn 133) muss der einbringende Rechtsträger grdsl eine Ges iSv Abs 2 S 1 Nr 1 sein (Abs 4 S 1 Nr 2a aa). Vgl hierzu Rn 57 ff. Eine natürl Person als Einbringender muss die Ansässigkeitsvoraussetzungen nach Abs 2 S 1 Nr 2 erfüllen (dazu Rn 71 ff). Eine unbeschränkte StPfl in einem EU-/EWR-Staat ist danach nicht vorausgesetzt (so aber BMF-Schrb vom 11.11.2011, BStBl I 1314 Rn 01.53), sie wird aber meistens vorliegen. Bei einer PersGes als einbringenden Rechtsträger (zu der Frage, wer in diesem Fall Einbringender ist, vgl § 20 Rn 179 ff) muss nicht nur die Ges die Gründungs- und Ansässigkeitsvoraussetzun- 126 gen nach Abs 2 S 1 Nr 1 erfüllen, **zusätzl** müssen die Gesellschafter auf oberster Ebene (dazu Rn 120) entweder selbst wiederum Ges iSv Abs 2 S 1 Nr 1 oder natürl Personen iSv Abs 2 S 1 Nr 2 sein (DPPM/*Möhlenbrock* Rn 174; Widmann/Mayer/*Widmann* Rn 127; Frotscher/Maas/*Frotscher* Rn 138; *Benz/Rosenberg* BB Special 8/2006, 51, 53; *Schönherr/Lemaitre* GmbHR 2007, 459, 461; *Benecke/Schnitger* IStR 2006, 765, 770 f; aA RHL/*Trossen* Rn 260, 267; *Rödder/Schumacher* DStR 2007, 369, 370). Das Gründungs- und Ansässigkeitserfordernis bei Einbringungen durch PersGes nur auf die Gesellschafter anzuwenden, widerspricht dem klaren Wortlaut von Abs 4 S 1 Nr 2a aa („und"). Auch aus der Gesetzesbegründung (RegEBegr BT-Drs 16/2710 zu § 1 IV) wird deutl, dass die Voraussetzungen nach Abs 2 sowohl auf der Ebene der PersGes als auch bei den (obersten) beteiligten Mitunternehmern erfüllt sein müssen. Vgl auch § 20 Rn 2, dort auch zur Frage, wer Einbringender ist.

127 Sofern der einbringende Rechtsträger und – bei PersGes – die Gesellschafter auf der obersten Ebene nicht die Gründungs- und Ansässigkeitsvoraussetzungen nach Abs 2 S 1 Nr 1 und Nr 2 erfüllen, setzt die Anwendung von § 20 voraus, dass das Recht der BRD hinsichtl der Besteuerung des Gewinns aus der Veräußerung der erhaltenen Anteile nicht ausgeschlossen oder beschränkt ist (dazu Rn 130).

128 Zur **quotalen Anwendung,** wenn nur einzelne Gesellschafter einer einbringenden PersGes die Anforderungen nach Abs 2 S 1 Nr 1 und Nr 2 nicht erfüllen, vgl Rn 122.

129 **d) Anteilstausch.** Für den Anteilstausch (Abs 3 Nr 5, § 21) stellt Abs 4 nur Anforderungen für den übernehmenden Rechtsträger auf (vgl Rn 114, 116 ff). Weitere Anforderungen an den Einbringenden bestehen nicht. Als Einbringende kommen damit auch Ges oder natürl Personen aus Drittstaaten in Betracht (*Benecke/Schnitger* IStR 2007, 22, 25; *Rödder/Schumacher* DStR 2007, 369, 370; RHL/*Trossen* Rn 276; Frotscher/Maas/*Frotscher* Rn 152; *Benz/Rosenberg* BB Special 8/2006, 51, 59). Ebenso wenig ist beim Anteilstausch die Beibehaltung (kein Ausschluss und keine Beschränkung) des dt Besteuerungsrechts Voraussetzung für die Anwendung von § 21. Die Anteile, die eingebracht werden, können auch an Drittstaaten-Ges bestehen.

130 **e) Alternative: keine Beschränkung des inländischen Besteuerungsrechts, Abs 4 S 1 Nr 2 lit b.** Sofern in den Einbringungsfällen nach Abs 3 Nr 1–4 (zum Anteilstausch vgl Rn 129) der umwandelnde, einbringende oder übertragende Rechtsträger oder – bei PersGes – deren Gesellschafter auf oberster Ebene (vgl Rn 120, 123, 126) oder die einbringende natürl Person die Anforderungen nach Abs 4 S 1 Nr 2 (Gründungs- und/oder Ansässigkeitsvoraussetzungen nach Abs 2 S 1) nicht erfüllen, sind der Sechste bis Achte Teil dennoch anwendbar, wenn das Recht der BRD hinsichtl der Besteuerung des Gewinns aus der Veräußerung der erhaltenen Anteile nicht ausgeschlossen oder beschränkt ist (Abs 4 S 1 Nr 2 lit b). Zu den Anforderungen an den **übernehmenden** Rechtsträger vgl Rn 116. Die Regelung kam erst auf Empfehlung des Finanzausschusses in das Gesetz (Bericht des Finanzausschusses BT-Drs 16/3369 zu § 1 III und IV). Hierdurch sollte die vor den Änderungen durch das SEStEG geltende Rechtslage (§ 20 III aF) beibehalten werden (Bericht Finanzausschuss BT-Drs 16/3369 zu § 1 III und IV; *Rödder/Schumacher* DStR 2007, 369, 370; *Benecke/Schnitger* IStR 2007, 22, 25).

Maßgebl ist das Besteuerungsrecht hinsichtl eines **Gewinns aus der Veräußerung** der erhaltenen Anteile. Ein Ausschluss des Besteuerungsrechts liegt vor, wenn die BRD überhaupt kein Besteuerungsrecht hat. Dies ist etwa der Fall bei Anteilen eines im Inland nicht ansässigen und auch nicht beschränkt stpfl Anteilsinhabers an einer ausländischen KapGes/eG. Ebenso ist das dt Besteuerungsrecht ausgeschlossen, wenn Deutschland aufgrund eines DBA einen Veräußerungsgewinn nicht besteuern darf. Eine Beschränkung des Besteuerungsrechts liegt vor, wenn Deutschland zwar ein Besteuerungsrecht hat, aber Deutschland aufgrund nat oder bilateraler Vorschriften (DBA) ausländische Steuern anzurechnen hat. 131

In DBA-Fällen steht das Besteuerungsrecht regelm dem Staat zu, in dem der Gesellschafter ansässig ist (Art 13 V OECD-MA). Im Einzelfall bestehen jedoch Abweichungen, insbesondere bei Grundstücksgesellschaften. Auch bei einem im Inland ansässigen Gesellschafter ist das Besteuerungsrecht ausgeschlossen, wenn die erhaltenen Anteile einer ausländischen Freistellungs-Betriebsstätte zuzuordnen sind. Sind sie einer Anrechnungs-Betriebsstätte (nach DBA oder §§ 34c, 34d EStG) zuzuordnen, liegt eine Beschränkung des dt Besteuerungsrechts vor. Eine Beibehaltung des inländischen Besteuerungsrechts ist indes etwa gegeben, wenn die erhaltenen Anteile zu einer inländischen Betriebsstätte gehören (vgl BMF-Schrb vom 11.11.2011, BStBl I 1314 Rn 01.53) oder – bei einem inländischen übernehmenden Rechtsträger – das dt Besteuerungsrecht aufgrund eines DBA nicht ausgeschlossen ist (DPPM/*Möhlenbrock* Rn 67; Haritz/Menner/*Haritz* Rn 56; *Dötsch/Pung* DB 2006, 2763; *Förster/Wendland* BB 2007, 631, 632). Zu weiteren Fallgruppen ausführlich *Mutscher* IStR 2007, 799 und Frotscher/Maas/*Frotscher* Rn 142 ff. Zu Fragen im Zusammenhang mit einer Geschäftsleitungs-Betriebsstätte auch *Schönfeld* IStR 2011, 497 und Patt/Rupp/Aßmann/*Rupp,* Der neue Umwandlungssteuererlass, 2.1.2. Eine Steuerbefreiung nach § 8b KStG ist kein Ausschluss oder Beschränkung idS (DPPM/*Möhlenbrock* Rn 167; RHL/*Trossen* Rn 283; DPPM/*Möhlenbrock* Rn 167; Haritz/Menner/*Haritz* Rn 78). Entsprechendes gilt für die teilw Freistellung nach § 3 Nr 40 EStG (DPPM/*Möhlenbrock* Rn 152; Haritz/Menner/*Haritz* Rn 78). Wegen § 17 VI EStG tritt allein wegen des Erhalts einer Beteiligung von 1% oder weniger kein Ausschluss des Besteuerungsrechts ein (DPPM/*Möhlenbrock* Rn 167, 152; Haritz/Menner/*Haritz* Rn 78; *Mutscher* IStR 2007, 799, 801). Zu besonderen Problemen bei Einbringungen in EU-/EWR-ausländischen KapGes vgl DPPM/*Möhlenbrock* Rn 169a; *Mutscher* IStR 2007, 799, 801). 132

f) Einbringungen nach § 24. Nach Abs 4 S 2 gelten für Einbringungen nach § 24 ausdrückl nicht die Gründungs- und Ansässigkeitsvoraussetzungen sowohl für den übernehmenden Rechtsträger als auch für den übertragenden/einbringenden Rechtsträger. § 24 gilt damit global (RHL/*Trossen* Rn 287). Sowohl der einbringende als auch der übernehmende Rechtsträger als auch die jeweiligen Gesellschafter können drittstaatenansässig sein. Ledigl das Bewertungswahlrecht nach § 24 II ist davon abhängig, dass das inländische Besteuerungsrecht hinsichtl des eingebrachten Betriebsvermögens nicht ausgeschlossen oder beschränkt wird (vgl hierzu § 24 Rn 210 ff). 133

7. Definitionen

Abs 5 enthält Def von im Gesetz verwendeten Begriffen. Dies sind zunächst die FusionsRL (Abs 5 Nr 1), also die RL über das gemeinsame Steuersystem für 134

Fusionen, Spaltungen, Abspaltungen, die Einbringung von Unternehmensteilen und den Austausch von Anteilen, die SE-VO (§ 5 Nr 2), also die Verordnung über das Statut der europäischen Ges (vgl dazu Vorb SE-VO Rn 1), und die SCE-VO (§ 5 Nr 3), die Verordnung über das Statut der europäischen eG. Diese sind in der am stl Übertragungsstichtag jew geltenden Fassung anzuwenden, was im Einzelfall bei Umw mit Rückwirkung zu einer Abweichung zwischen der Fassung, die zivilrechtlich anzuwenden war, und der für die stl Beurteilung maßgeblichen Fassung führen würde.

135 Abs 5 Nr 4 def ferner den Begriff des **BW,** der in verschiedenen Normen des Gesetzes verwendet wird (§ 3 II 1, § 4 I 2, § 4 III 1, § 5 III, § 11 II, § 12 II 1, § 13 II, § 20 II 1, § 21 I 2, § 22 I 6 Nr 2 und § 24 II 2). BW ist danach der Wert, der sich nach den steuerrechtl Vorschriften über die Gewinnermittlung in einer für den stl Übertragungsstichtag aufzustellenden StB ergibt oder ergäbe. Damit werden die bisher in § 4 IV 2 aF und § 20 II 3 aF enthaltenen Definitionen „vor die Klammer gezogen" (Widmann/Mayer/*Widmann* Rn 271). Aus dem Wort „ergäbe" folgt, dass es sich nicht um einen tats Bilanzansatz handeln muss (etwa, soweit in den Fällen des § 20 eine „Schlussbilanz" nicht aufzustellen ist; vgl Widmann/Mayer/*Widmann* Rn 271; DPPM/*Möhlenbrock* Rn 205; wohl auch BMF-Schrb vom 11.11.2011, BStBl I 1314 Rn 01.57). Außerdem ist damit auch bislang nicht betrieblich verstricktes Vermögen erfasst (Haritz/Menner/*Haritz* Rn 14). Maßgebl sind die am stl Übertragungsstichtag geltenden stl Vorschriften (RHL/*Trossen* Rn 299). Ebenso sind nur die inländischen stl Vorschriften angesprochen.

8. Beteiligung von Mischformen

136 Probleme bereitet die Beteiligung von Mischformen (hybride Rechtsträger). Praktisch bedeutsam sind **atypisch stille Ges** (ausführl hierzu *Suchanek* Ubg 2012, 431) und die **KGaA.** Zur Beteiligung von ausländischen Rechtsträgern vgl Rn 57 ff. Diese sind unabhängig von ihrer stl Einordnung im Sitzstaat im Wege des sog Typenvergleichs als PersGes oder Körperschaft einzuordnen (Rn 17, 23).

137 **a) Atypisch stille Gesellschaften.** Eine atypisch stille Ges (zivilrechtl also eine Ges iSd §§ 230 ff HGB) ist eine InnenGes; im Außenverhältnis tritt nur der Inhaber des Handelsgeschäfts auf (§ 230 II HGB). Der Begriff atypisch stille Ges ist ausschließl stl Natur. Er bezeichnet eine derartige Abweichung vom Regelstatut der §§ 230 ff HGB, dass nach dem Gesamtbild von einem MU iSv § 15 I S 1 Nr 2 EStG auszugehen ist (vgl näher hier L. Schmidt/*Wacker* EStG § 15 Rn 341 ff). Die atypisch stille Beteiligung begründet eine Mitunternehmerschaft (BFH BStBl II 1995, 171). Dennoch richtet sich die Umw einer **übertragenden Körperschaft,** an der ein Dritter atypisch still beteiligt ist, nach den §§ 3–19 (BMF-Schrb vom 23.3.1998, BStBl I 268 Rn 01.04; das BMF-Schrb vom 11.11.2011, BStBl I 1314 trifft keine Aussage mehr; Haritz/Menner/*Haritz* Rn 81; Widmann/Mayer/*Widmann* Rn 200; Lutter/*Schaumburg/Schumacher* Anh 1 nach § 122l Rn 11a; Semler/Stengel/*Moszka* Anh § 325 Rn 40; DPPM/*Möhlenbrock* Rn 136; RHL/*Rödder* Einführung Rn 48, § 11 Rn 48; *Suchanek* Ubg 2012, 431, 435; vgl auch § 11 Rn 11; Frotscher/Maas/*Frotscher* Rn 154).

138 Dies folgt daraus, dass nicht die Mitunternehmerschaft, sondern der Inhaber des Handelsgeschäfts Gegenstand der Umw ist (Frotscher/Maas/*Frotscher* Rn 154; DPPM/*Möhlenbrock* Rn 136; *Oenings* DStR 2008, 279, 283). Die stille Ges bleibt trotz der Umw erhalten und setzt sich regelm am übernehmenden Rechtsträger fort (vgl § 20 UmwG Rn 68). Dem Stillen sind beim übernehmenden Rechtsträ-

ger nach § 23 UmwG vglbare Rechte einzuräumen (§ 23 UmwG Rn 8). Auch der **Stille** realisiert regelm nicht durch die Umw des Geschäftsinhabers die stillen Reserven in der stillen Beteiligung. Zwar setzt sich die durch die atypisch stille Ges begründete Mitunternehmerschaft trotz des zivilrechtl Übergangs (§ 20 UmwG Rn 68) meist nicht unverändert fort (so wohl aber DPPM/*Möhlenbrock* Rn 136), da sich fast immer der „Betrieb" des Geschäftsinhabers durch die Verschm oder Spaltung ändern wird. IdR wird der Wechsel der Rechtsstellung des Stillen aber – isoliert von der Umw des Geschäftsinhabers – nach **§ 24** zu beurteilen sein (so auch Haritz/Menner/*Haritz* Rn 82).

Das Bestehen einer atypisch stillen Beteiligung ist umwandlungssteuerl aber **139** auch auf Seiten des **übernehmenden Rechtsträgers** unbeachtl. Wird eine Körperschaft auf eine andere Körperschaft verschmolzen, an der ein Dritter atypisch still beteiligt ist, liegt zwar eine Mitunternehmerschaft vor, die umwandlungssteuerl Folgen richten sich aber nach §§ 11–13 (ebenso Haritz/Menner/*Haritz* Rn 82; wohl auch BMF-Schrb vom 23.3.1998, BStBl I 268 Rn 01.04; Widmann/Mayer/*Widmann* Rn 200, Vor § 3 Rn 19; RHL/*Rödder* § 11 Rn 48; DPPM/*Möhlenbrock* Rn 137a; *Suchanek* Ubg 2012, 431, 435). Auch insoweit ist maßgebl, dass nicht die (atypisch) stille Ges, sondern der Inhaber des Handelsgeschäfts (die Körperschaft) Beteiligter der Umw ist. Die stille Ges ist nach § 3 UmwG kein verschmelzungsfähiger Rechtsträger. Es liegen auch die Voraussetzungen von § 11 II 1 Nr 1 (Sicherstellung der Besteuerung mit KSt) vor (dazu § 11 Rn 103). Eine atypisch stille Ges kann indes PersGes (Mitunternehmerschaft) iSv § 24 sein (DPPM/*Möhlenbrock* Rn 54).

b) KGaA. Das UmwStG enthält keine besonderen Vorschriften für die Umw **140** von KGaA. Auch die FinVerw nimmt hierzu nicht Stellung. Dabei hat die Rechtsform der KGaA praktisch an Bedeutung gewonnen, seit die Streitfrage gelöst ist, ob auch eine GmbH oder GmbH & Co KG die Stellung als Komplementär übernehmen kann (BGH DStR 1997, 1012). Die **Besonderheit** beruht darauf, dass die KGaA einerseits nach § 3 I Nr 2 UmwG KapGes und nach § 1 Nr 1 KStG kstpfl ist, andererseits die Rechtsstellung des phG sich zivilrechtl (§ 278 II AktG) nach dem Recht der KG richtet und er stl wie ein MU zu behandeln ist (BFH BStBl II 1989, 881). **Probleme** bereitet diese Mischbehandlung bei Umw, wenn die Komplementäre auch vermögensmäßig beteiligt sind. Das Fehlen einer ausdrückl Regelung im UmwStG wird zu Recht als gesetzl Lücke angesehen, die durch Analogie zu schließen sei (*Haritz* DStR 1996, 1192; *Schaumburg* DStZ 1998, 525, 542). Denn unzweifelhaft ist die KGaA ein Rechtsträger, der Umw nach dem UmwG vornehmen kann. Nach dem grundlegenden Gesetzeszweck des UmwStG (Einf Rn 13 ff) sollte die Umw daher auch steuerneutral mögl sein.

Nach zutr hM ist die Umw unter Beteiligung einer KGaA mit einem vermö- **141** gensbeteiligten Komplementär **kombiniert** von verschiedenen **Fallgruppen** des **UmwStG** erfasst (Haritz/Menner/*Haritz* Rn 91; *ders* DStR 1996, 1192; *ders* GmbHR 1997, 590; Lutter/*Schaumburg/Schumacher* Anh 1 nach § 122l Rn 12a; *Schaumburg* DStZ 1998, 525, 542; DPPM/*Möhlenbrock* Rn 138; RHL/*Rödder* § 11 Rn 49; aA *Thiel/Eversberg/van Lishaut/Neumann* GmbHR 1998, 397, 399; *Kustermann* DStR 1998, 1412). Anders als bei der atypisch stillen Ges (Rn 137 ff) ist die KGaA selbst beteiligter Rechtsträger und zugleich ein umwandlungsfähiger Rechtsträger (§ 3 I Nr 2 UmwG). Ledigl die stl Beurteilung ist zweigeteilt. Demnach beurteilt sich die **Umw einer KGaA** mit einem vermögensbeteiligten Komplementär auf eine andere KapGes nach §§ 11–13 (soweit die Körperschaft betroffen ist) und nach § 20 (soweit der Komplementär betroffen ist). § 20 ist ebenso entsprechend auf die „Einbringung“ des Mitunternehmeranteils eines Komplementärs beim **Formwechsel** einer KGaA anzuwenden (Widmann/Mayer/*Widmann* Rn 250). Bei der Umw einer KapGes **in** eine derartige **KGaA** sind die §§ 3–10 (für den Komplementär) und die §§ 11–13 (für die Körperschaft) anzuwenden. Vgl ergänzend § 11 Rn 11 und § 20 Rn 157.

9. Gesamtrechtsnachfolge und Sonderrechtsnachfolge im Steuerrecht

142 **a) Gesamtrechtsnachfolge im Zivilrecht.** Das UmwG def die Gesamtrechtsnachfolge als Übertragung des Verm eines Rechtsträgers (oder mehrerer Rechtsträger) als Ganzes auf einen anderen bestehenden Rechtsträger (§ 2 UmwG). Bei der Gesamtrechtsnachfolge geht ein Gesamtvermögen (praktisch alle Aktiva und Passiva) als Ganzes durch einen Rechtsakt (uno actu) auf den neuen Rechtsträger über, während bei der Einzelrechtsübertragung jeder einzelne Vermögensgegenstand (Aktiva wie Passiva) gesondert in der jew vorgeschriebenen Form und ggf mit den entsprechenden Zustimmungen übertragen werden muss (näher § 20 UmwG Rn 23 ff und § 131 UmwG Rn 4 ff).

143 **b) Gesamtrechtsnachfolge im Steuerrecht.** Das UmwStG folgt dem Prinzip der zivilrechtl Gesamtrechtsnachfolge (Rn 142) nicht generell. Es trifft hierzu ledigl einzelne Anordnungen, ergänzend sind die allg Vorschriften zu beachten.

144 So geht etwa ein **Steuerschuldverhältnis** auf den Gesamtrechtsnachfolger über (§ 45 I 1 AO), und zwar in dem Stand, in dem es sich im Zeitpunkt des Übergangs befindet (Haritz/Menner/*Haritz* Rn 13; *Götz* INF 1996, 449). Forderungen und Verbindlichkeiten aus dem Steuerschuldverhältnis gehen über (§ 37 AO), wenn die Steuer durch Tatbestandsverwirklichung (§ 38 AO) beim Rechtsvorgänger entstanden ist (RFHE 48, 266; vgl aber § 131 UmwG Rn 45). Dagegen ist der durch Einzelsteuergesetze bestimmte Entstehungszeitpunkt, der davon abweichen kann, nicht entscheidend (*Tipke/Kruse* AO/FGO § 45 AO Rn 8), zB der Ablauf des VZ (§ 30 KStG) oder des Voranmeldungszeitraums (§ 13 I UStG). Schon gar nicht bedarf es einer Festsetzung oder der Fälligkeit. Eine dem Rechtsvorgänger gewährte Stundung, Aussetzung der Vollziehung oder Vollstreckungsaufschub bleibt ggü dem Gesamtrechtsnachfolger wirksam. Die Verjährungsfrist läuft ununterbrochen weiter (*Tipke/Kruse* AO/FGO § 45 AO Rn 9). Steuerhinterziehung oder leichtfertige Steuerverkürzung durch den Rechtsvorgänger bleiben Eigenschaften des Steueranspruchs (*Tipke/Kruse* AO/FGO § 169 AO Rn 18) und verlängern darum die Festsetzungsfrist auch ggü dem Gesamtrechtsnachfolger auf 5 oder 10 Jahre.

145 § 45 AO bewirkt hingegen **nicht** einen **generellen Eintritt** des übernehmenden Rechtsträgers (Rechtsträger neuer Rechtsform) in die stl Situation des übertragenden Rechtsträgers. Denn die Frage, ob und in welchem Umfang steuerrechtl Positionen der Gesamtrechtsnachfolge zugängl sind oder wegen der Verknüpfung der Person des bisherigen Inhabers nicht auf den Gesamtrechtsnachfolger übergehen können, ist auch von den einschlägigen materiell-rechtl Normen und Prinzipien des jew Einzelsteuergesetzes abhängig (BFH GrS DStR 2008, 545, 547 zur Vererblichkeit des Verlustabzugs). Hier ist zu berücksichtigen, dass Umw stl (und meist auch handelsrechtl) Veräußerungs- und Anschaffungsgeschäfte sind (vgl auch BMF-Schrb vom 11.11.2011, BStBl I 1314 Rn 00.02 f; näher § 24 UmwG Rn 10 ff). Die Gesamtrechtsnachfolge betrifft hierbei nur die Art der

Vermögensübertragung, näml das sachenrechtl Übertragungsgeschäft. Das dem sachenrechtl Übertragungsakt und damit der Gesamtrechtsnachfolge zugrunde liegende schuldrechtl Geschäft ist hiervon unberührt. Welche stl Auswirkungen der Vermögensübergang, also die Umw, für den übernehmenden Rechtsträger hat, richtet sich aber nach den schuldrechtl Gegebenheiten. Die stl Behandlung des Vermögensübergangs und die hieraus resultierende stl Situation beim übernehmenden Rechtsträger ist aufgrund des **entgeltl Anschaffungsvorgangs** bei ihm neu zu bestimmen, **es sei denn,** eine spezielle Vorschrift ordnet im Einzelfall die Rechtsnachfolge an.

Daher gilt das Prinzip der **Gesamtrechtsnachfolge im StR nicht generell.** 146
Die Gesamtrechtsnachfolge ist ein zivilrechtl Institut, das nicht ohne weiteres auf das StR übertragen werden kann, da das Zivilrecht und das StR unterschiedl Ziele verfolgen (ausführl hierzu *Schmitt,* Zur interpersonalen Übertragung stiller Reserven beim Erbfall im Einkommensteuerrecht, 1992, S 57 ff; zum Nicht-Übergang eines Verlustabzugs durch Erbgang vgl BFH GrS DStR 2008, 545). Es bedarf daher jew der **ausdrückl Anordnung** der stl Rechtsnachfolge des übernehmenden Rechtsträgers (ausführl *Schmitt,* Grundlagen des UmwStG, Teil 6 VI 39; Haritz/Menner/*Haritz* Rn 108). Diese Bestimmungen modifizieren die Konsequenzen, die ansonsten aus dem Umstand eines entgeltl Anschaffungsgeschäfts zu ziehen wären.

Das UmwStG enthält daher **bestimmte Regelungen,** die die Rechtsstellung 147
des Rechtsnachfolgers als Folge der Gesamtrechtsnachfolge festlegen, insbes die **§§ 4 II, 12 III und 23 I;** danach tritt der übernehmende Rechtsträger etwa bzgl
- der Absetzungen für Abnutzung,
- der erhöhten Absetzungen,
- der Sonderabschreibungen,
- der Inanspruchnahme einer Bewertungsfreiheit,
- der Inanspruchnahme eines Bewertungsabschlags,
- der den stl Gewinn mindernden Rücklagen,
- der Dauer der Zugehörigkeit eines WG zum BV

in die Rechtsstellung des übertragenden Rechtsträgers ein. Ein Eintritt erfolgt hingegen **nicht** in **Verlustpositionen** und in einen **Zinsvortrag** oder EBITDA-Vortrag nach § 4h EStG (§ 4 II 2, § 12 III 2. HS). Vgl näher hierzu § 4 Rn 53 ff und § 12 Rn 67 ff.

c) Sonderrechtsnachfolge im Steuerrecht (Spaltung). Während § 131 148
UmwG die vermögensmäßigen Rechtsfolgen der Sonderrechtsnachfolge bestimmt und Lücken durch § 131 III UmwG aufzufüllen versucht, enthalten §§ 15, 16 keine entsprechende Regelung.

Bei der **Abspaltung** und der **Ausgliederung** bleibt der übertragende Rechts- 149
träger bestehen. Der übertragende Rechtsträger ist daher auch im Anschluss an die Abspaltung und die Ausgliederung Steuerschuldner sowie Adressat von Steuerbescheiden. Im Ggs zur Gesamtrechtsnachfolge tritt der übernehmende Rechtsträger damit nicht vollständig in die Rechtsstellung des übertragenden ein. Zur gesamtschuldnerischen Haftung näher § 133 UmwG Rn 2 ff. Bei der **Aufspaltung** erlischt demggü der übertragende Rechtsträger ohne Liquidation. Diese Situation entspricht derjenigen bei der Gesamtrechtsnachfolge durch Verschm (Rn 143 ff). §§ 15, 16 verweisen insoweit auf die Verschmelzungsvorschriften, insbes auf §§ 4 II und 12 III (näher § 15 Rn 272 ff und § 16 Rn 27). Es existieren allerdings **mindestens zwei Rechtsnachfolger.** Zur Zuweisung von Forderun-

gen und Verbindlichkeiten aus dem Steuerschuldverhältnis vgl § 131 Rn 45. Steuerbescheide müssen den übernehmenden Rechtsträgern als Sonderrechtsnachfolger bekannt gegeben werden (Haritz/Menner/*Haritz* Rn 106). Es liegt ein Fall der notw Hinzuziehung vor, da der Inhalt der Steuerbescheide gleichzeitig mehrere Sonderrechtsnachfolger eines Steuersubjekts betrifft und deshalb ihm ggü stets einheitl sein muss.

10. Bindung der Finanzverwaltung an die Eintragung

150 § 1 und damit die Regelungen im Zweiten bis Achten Teil setzen eine nach den Bestimmungen des UmwG **wirksame** Umw voraus (BMF-Schrb vom 11.11.2011, BStBl I 1314 Rn 01.02). Entsprechendes gilt für vglbare ausländische Vorgänge (BMF-Schrb vom 11.11.2011, BStBl I 1314 Rn 01.23; dazu Rn 31 ff). Die Wirksamkeit bestimmt sich ausschließl nach dem Zivilrecht und im Besonderen nach dem UmwG oder nach den entsprechenden ausländischen Vorschriften. Hierbei ist zu beachten, dass nach den Bestimmungen des UmwG (§§ 20 II, 131 II, 202 III UmwG) die Umw selbst bei schwerwiegenden Fehlern mit der **konstitutiven** Eintragung im Register zwar nicht geheilt, aber **unumkehrbar** wird (näher § 20 UmwG Rn 121 ff, § 131 UmwG Rn 112 ff, § 202 UmwG Rn 11 f). An diese zivilrechtl Wertung, eine Rückabwicklung um jeden Preis zu vermeiden, ist das StR gebunden. Den Finanzbehörden steht bei erfolgter konstitutiver Eintragung der Umw ein eigener Beurteilungsspielraum nicht zu (Widmann/Mayer/*Widmann* Rn 203, 207; DPPM/*Möhlenbrock* Rn 120; Haase/Hruschka/*Benecke* Rn 38; *Thiel/Eversberg/van Lishaut/Neumann* GmbHR 1998, 397, 399; *Bien ua* DStR Beilage zu Heft 17/1998, 5). Die Maßgeblichkeit der registerrechtl Entscheidung erkennt die FinVerw grdsl auch an (BMF-Schrb vom 11.11.2011, BStBl I 1314 Rn 01.06, 01.23). Dies soll jedoch nicht gelten, wenn die registerrechtliche Entscheidung trotz rechtlich gravierender Mängel erfolgte. Tatsächlich kann die FinVerw ledigl in den seltenen Fallgruppen, in denen auch die Unumkehrbarkeit trotz Eintragung nicht eingreift (vgl § 20 UmwG Rn 121 ff und § 131 UmwG Rn 112), die Wirksamkeit der Umw selbst beurteilen (so wohl auch Widmann/Mayer/*Widmann* Rn 206; DPPM/*Möhlenbrock* Rn 120; Haase/Hruschka/*Benecke* Rn 39; Lademann/*Hahn* Rn 21 f; *Benecke* GmbHR 2012, 113, 116; *Schmitt/Schloßmacher* UmwStE 2011 Rn 01.06). Allerdings dürfte es sich um ein der Praxis kaum auftauchendes Problem handeln, da durch das Erfordernis der notariellen Beurkundung der Umwandlungsverträge und -beschlüsse und das strenge Registerverfahren die Eintragung einer Umw mit derart gravierenden Mängel kaum denkbar ist. Bei vglbaren ausländischen Vorgängen dürfte die FinVerw selten in der Lage sein, bessere Erkenntnismöglichkeiten als die zuständigen ausländischen Behörden zu haben (vgl auch DPPM/*Möhlenbrock* Rn 106).

151 Eine von der Maßgeblichkeit der Eintragung zu unterscheidende Frage ist, ob die Finanzbehörden im Veranlagungsverfahren vor der Registereintragung einen eigenständigen Beurteilungsspielraum hinsichtl der Anfechtbarkeit oder Nichtigkeit von einzelnen Umwandlungsakten (etwa Umwandlungsbeschlüssen) hat. Sie wird vor konstitutiver Eintragung der Umw regelm Steuerbescheide für vorläufig erklären (§ 165 I S 1 AO). Zur Änderung von Steuerbescheiden vgl Rn 154.

152 Die Finanzbehörden können auch von sich aus das zuständige Registergericht über Umstände informieren, die einer Eintragung entgegenstehen (Widmann/Mayer/*Widmann* Rn 213; vgl auch BFH BStBl II 1974, 32, 33). Das Steuergeheimnis verhindert dies nicht (§ 30 IV Nr 2 AO iVm § 379 II FamFG).

Bei vglbaren **ausländischen Vorgängen** (dazu Rn 31) gilt Vorstehendes grdsl entsprechend. Die Finanzbehörden sind an die Wertungen des ausländischen Rechts ebenso gebunden (Widmann/Mayer/*Widmann* Rn 214). **153**

11. Änderung von Steuerbescheiden

Der Eintritt der zivilrechtlichen Wirksamkeit der Umw ist ein rückwirkendes Ereignis iSv § 175 I 1 Nr 2 AO, wenn die Umw mit stl Rückwirkung (§§ 2, 20 V, VI, 24 IV) erfolgt (BMF-Schrb vom 11.11.2011, BStBl I 1314 Rn 02.16; DPPM/*Dötsch* § 2 Rn 27; Frotscher/Maas/*Frotscher* § 2 Rn 23). Geht die FinVerw von der **Nichtigkeit/Anfechtbarkeit** eines Umwandlungsbeschlusses aus und erlässt sie entsprechende Steuerbescheide, die nicht für vorläufig erklärt sind (§ 165 I 1 AO), so müssen diese gem § 175 I 1 Nr 2 AO berichtigt werden, wenn der Umwandlungsbeschluss in das HR eingetragen wird (so zutr Widmann/Mayer/*Widmann* Rn 210). Erfolgte eine vorläufige Festsetzung nach § 165 I S 1 AO, ist sie mit konstitutiver Eintragung im Register aufzuheben bzw zu ändern (§ 165 II S 2 AO). Wird eingetragen, geht aber die FinVerw weiterhin von der Nichtigkeit aus, wird die zivilrechtl Vorfrage im FG-Verfahren zu klären sein. **154**

Ebenso ist im umgekehrten Fall zu verfahren. Hatte die FinVerw die Umw zunächst als wirksam behandelt, scheitert die konstitutive Eintragung aber endgültig, sind die Bescheide nach § 165 II S 2 AO oder nach § 175 I S 1 Nr 2 AO zu berichtigen (Widmann/Mayer/*Widmann* Rn 211; DPPM/*Möhlenbrock* Rn 120; DPPM/*Dötsch* § 2 Rn 24). **155**

Ein angefochtener Umwandlungsbeschluss ist als rechtswirksam zu behandeln, sobald die Umw eingetragen ist (vgl Rn 150). Dies kann auch vor der Entscheidung über die Unwirksamkeit erfolgen (§ 16 III UmwG; dort Rn 28 ff). Ist die Umw noch nicht eingetragen, ist sie schwebend unwirksam; gleichwohl ist das UmwStG vorläufig anwendbar. In einem solchen Fall kommt ebenfalls eine vorläufige Veranlagung iSv § 165 AO in Frage, wobei das FA die die Nichteintragung bedingenden Gründe selbst prüfen muss (Widmann/Mayer/*Widmann* Rn 211). **156**

§ 2 Steuerliche Rückwirkung

(1) [1]**Das Einkommen und das Vermögen der übertragenden Körperschaft sowie des übernehmenden Rechtsträgers sind so zu ermitteln, als ob das Vermögen der Körperschaft mit Ablauf des Stichtags der Bilanz, die dem Vermögensübergang zu Grunde liegt (steuerlicher Übertragungsstichtag), ganz oder teilweise auf den übernehmenden Rechtsträger übergegangen wäre.** [2]**Das Gleiche gilt für die Ermittlung der Bemessungsgrundlagen bei der Gewerbesteuer.**

(2) **Ist die Übernehmerin eine Personengesellschaft, gilt Absatz 1 Satz 1 für das Einkommen und das Vermögen der Gesellschafter.**

(3) **Die Absätze 1 und 2 sind nicht anzuwenden, soweit Einkünfte auf Grund abweichender Regelungen zur Rückbeziehung eines in § 1 Abs. 1 bezeichneten Vorgangs in einem anderen Staat der Besteuerung entzogen werden.**

(4) [1]**Der Ausgleich oder die Verrechnung eines Übertragungsgewinns mit verrechenbaren Verlusten, verbleibenden Verlustvorträgen, nicht ausgeglichenen negativen Einkünften, einem Zinsvortrag nach § 4h Absatz 1**

Satz 5 des Einkommensteuergesetzes und einem EBITDA-Vortrag nach § 4h Absatz 1 Satz 3 des Einkommensteuergesetzes (Verlustnutzung) des übertragenden Rechtsträgers ist nur zulässig, wenn dem übertragenden Rechtsträger die Verlustnutzung auch ohne Anwendung der Absätze 1 und 2 möglich gewesen wäre. [2] Satz 1 gilt für negative Einkünfte des übertragenden Rechtsträgers im Rückwirkungszeitraum entsprechend.

Schrifttum: *Barandt,* Rückwirkung im Steuerrecht, 1985; *Lüdicke,* Nachfolgeplanung und neues Umwandlungsrecht/Umwandlungssteuerrecht, ZEV 1995, 135; *Jorde/Wetzel,* Rückwirkung und Interimszeit bei Umwandlungen, BB 1996, 1246; *Götz,* Die Verkehrsteuern bei Umwandlungen nach dem Umwandlungssteuergesetz, NWB 1996 Fach 8, 1251; *Haritz,* Führt die steuerliche Rückwirkung von Umwandlungsfällen auch zum gesellschaftsrechtlichen Rückzug?, GmbHR 1997, 590; *von Rechenberg,* Rückwirkungen von Umwandlungsvorgängen im Erbschaftsteuerrecht?, GmbHR 1998, 976; *Götz,* Verkehrsteuern bei Umwandlungsvorgängen, GmbHR 1998, 349; *Berg,* Kapitalertragsteuer bei Ausschüttungen nach rückwirkender Umwandlung, DStR 1999, 1219; *Mahlow/Franzen,* Ertragsteuerliche Berücksichtigung von Gewinnausschüttungen bei der steuerneutralen Umwandlung von Körperschaften auf Körperschaften sowie zur Rückwirkungsfiktion, GmbHR 2000, 12; *Förster/van Lishaut,* Steuerliche Folgen der Umwandlung einer Kapitalgesellschaft in ein Personenunternehmen nach neuem Umwandlungssteuerrecht, FR 2000, 1189; *Götz,* Grunderwerbsteuerliche und organschaftliche Fragen bei Umwandlungen im Konzern, GmbHR 2001, 277; *Heinz,* Umstrukturierungen als Gestaltungsinstrument zur Steuerminimierung im Erb- oder Schenkungsfall, GmbHR 2001, 485; *Hörtnagl,* Änderungen des Umwandlungssteuergesetzes im System des Steuersenkungsgesetzes, INF 2001, 33; *Walter/Götz,* Perpetuierung der Organschaft bei unterjähriger rückwirkender Umwandlung einer Organgesellschaft durch den Anteilserwerber?, GmbHR 2001, 619; *Haun/Reiser,* Die rückwirkende Begründung einer Organschaft – ein Modell mit Zukunft?, BB 2002, 2257; *Neumann,* Behandlung von Pensionszusagen an Gesellschafter-Geschäftsführer bei Umwandlung einer GmbH auf eine Personengesellschaft, GmbHR 2002, 996; *Niehaves/Thiemer,* Beginn der Organschaft bei formwechselnder Umwandlung, DStR 2002, 1703; *Schütz/Fett,* Variable oder starre Stichtagsregelungen in Verschmelzungsverträgen?, DB 2002, 2696; *Sinewe,* Organschaft und Rückwirkungsfunktion nach dem UntStFG, GmbHR 2002, 481; *Dötsch/Pung,* Organschaftsbesteuerung: Das Einführungsschreiben des BMF vom 26.8.2003 und weitere aktuelle Entwicklungen, DB 2003, 1970; *Suchan/Peykan,* Steuerliche Erfassung von Nachzahlungen an außenstehende Gesellschafter infolge Spruchverfahren, DStR 2003, 136; *Dötsch/Pung,* UmwStG §§ 29, 40 Absatz 1 und 2 KStG: Das Einführungsschreiben des BMF vom 16.12.2003, DB 2004, 208; *Dötsch,* Organschaft: Neuere Entwicklungen, Der Konzern 2005, 695; *Benecke/Schnitger,* Neuregelung des UmwStG und der Entstrickungsnormen durch das SEStEG, IStR 2006, 765; *Dötsch/Pung,* SEStEG: Die Änderungen des UmwStG (Teil I), DB 2006, 2704; *Schaflitzl/Widmayer,* Die Besteuerung von Umwandlungen nach dem Regierungsentwurf des SEStEG, BB Special 8/2006, 36; *Schumacher,* Umwandlungssteuerrecht und Organschaft zum übernehmenden Rechtsträger, DStR 2006, 124; *Thill/Antoszkiewicz,* Einzelfragen beim down-stream merger eines Organträgers auf eine Organgesellschaft, FR 2006, 7; *Stengel,* Steuerliche Rückwirkung nach § 2 UmwStG bei der Ausgliederung von Körperschaften, DB 2008, 2329; *Sistermann/Brinkmann,* Rückwirkende Verlustnutzung nach dem JStG 2009, DStR 2008, 2455; *Goebel/Ungemach/Glaser,* Steuerrechtliche Rückwirkung bei grenzüberschreitenden Umwandlungsvorgängen, DStZ 2009, 854; *Jacobsen,* Soll-Zustände und Gestaltungen bei steuerlichen Rückbezugswahlrechten, DB 2009, 1674; *Ettinger/Königer,* Steuerliche Rückwirkung bei grenzüberschreitenden Umstrukturierungsvorgängen, GmbHR 2009, 590; *Rödder/Schönfeld,* Zweifelsfragen im Zusammenhang mit der Auslegung von § 2 Abs. 4 UmwStG i. d. F des JStG 2009, DStR 2009, 560; *Suchanek,* Ertragsteuerliche Änderungen im Jahressteuergesetz 2009 zur Verhinderung von Gestaltungen im Zusammenhang mit § 8c KStG – Die „Verlustvernichtung" geht weiter, Ubg 2009, 178–185; *Hubertus/Krenzin,* Verlustnutzung im Rückwirkungszeitraum nach dem JStG 2009, GmbHR 2009, 647; *Dörfler/Rautenstrauch/Adrian,* Das Jahressteuergesetz 2009 – Ausgewählte Aspekte der Unternehmensbesteuerung, BB 2009, 580; *Rogall,* Interne Liefer- und Leistungsbeziehungen im Rückwirkungszeitraum,

DB 2010, 1035; *Panzer/Gebert,* Leistungen zwischen zu spaltenden Rechtsträgern im Rückwirkungszeitraum – Wie weit reicht die Rückwirkungsfunktion?, DStR 2010, 520; *Pyszka,* Umsatzsteuer bei Umwandlungen, DStR 2011, 545; *Rödder,* Umwandlungen und Organschaft – Kritische Anmerkungen zu den Org.-Textziffern des UmwSt-Erlass-Entwurfs vom 2.5.2011, DStR 2011, 1053; *Rödder/Rogall,* Fortschreibung des Entwurfs des neuen Umwandlungssteuererlasses – Anmerkungen zur Version vom 9.9.2011, Ubg 2011, 753; *von Brocke/Goebel/Ungemach/von Cossel,* Zur steuerlichen Rückwirkung bei grenzüberschreitenden Umwandlungsvorgängen, DStZ 2011, 684; *Schnitger,* Hat § 2 Abs. 4 UmwStG einen Anwendungsbereich?, DB 2011, 1718; *Ropohl/Buschmann,* Steuerliche Verlustnutzung zwischen Missbrauchsvorschrift und Verschonungsregelung, DStR 2011, 1407; *Dötsch,* Umwandlung und Organschaft, Ubg 2011, 20; *Blumenberg/Lechner,* Umwandlung und Organschaft, DB Beilage 1/2012, 57; *Schneider,* Die steuerliche Rückwirkung nach § 2 UmwStG, NWB 2012, 484; *Benecke,* Anwendungsbereich des UmwStG und Rückwirkung nach dem UmwSt-Erlass 2011, GmbHR 2012, 113.

Übersicht

Allgemeines

1. Wesentlicher Inhalt

§ 2 regelt die **stl Rückwirkung** der Umw von Körperschaften nach §§ 3–19 (zum Anwendungsbereich vgl § 1 Rn 12 ff). Danach gilt für die Einkommens- und Vermögensermittlung (einschl der Bemessungsgrundlagen für die GewSt) der umwandlungsbedingte Vermögensübergang als mit dem Ablauf des stl Übertragungsstichtages erfolgt (Abs 1). Zugleich wird dieser Übertragungsstichtag festgelegt. Mangels Vermögensübertragung und damit mangels handelsrechtl Umwandlungsbilanzen enthält § 9 S 3 für den Formwechsel einer KapGes in eine PersGes eine ergänzende Rückwirkungsregelung (Rn 3). Abs 1 bestimmt selbst – anders als der weitgehend inhaltsgleiche § 2 UmwStG 1977 in dessen Abs 3 und § 9 S 3 – keine Frist für die Rückwirkung, sondern ordnet ledigl die **Verknüpfung** des stl Übertragungsstichtags **mit** dem **Stichtag** der **Bilanz** an, die dem Vermögensübergang zugrunde liegt, an (Abs 1 S 1). Dies ist die handelsrechtl Schlussbilanz nach § 17 II UmwG (Rn 18). Der Verzicht auf eine eigene (womögl noch abw) stl Rückbeziehungsfrist für den Zweiten bis Fünften Teil (vgl aber §§ 20 V, VI, 24 IV) ist konsequent und sinnvoll (anders noch § 2 III UmwStG 1977), da diese Teile des UmwStG nach § 1 I nur für Umw nach dem UmwG oder für vglbare ausländische Vorgänge gelten (§ 1 Rn 12 ff). Damit gilt grdsl auch für die stl Rückbeziehung die im UmwG durchgängig geregelte Acht-Monats-Frist (zu den Einzelheiten vgl Rn 17 ff). 1

Die grundlegende Anordnung der Rückbeziehung enthält Abs 1. **Abs 2** erweitert die Rückbeziehung auf das Einkommen und das Verm der Gesellschafter, wenn eine PersGes Übernehmerin ist. Hintergrund ist, dass diese aufgrund der transparenten Struktur der PersGes für Einkommensteuerzwecke die Stpfl sind. Bei Verschm und Auf-/Abspaltungen auf Körperschaften (§§ 11 ff, 15) tritt auf der Ebene der **Anteilsinhaber** (§ 13) hingegen eine Rückwirkung nicht ein (BFH BStBl II 2011, 467; BMF-Schrb vom 11.11.2011, BStBl I 1314 Rn 02.03, 02.17; DPPM/*Dötsch* Rn 22). Auch Rechtsbeziehungen mit Dritten sind von der Rückwirkungsfiktion nicht erfasst (BMF-Schrb vom 11.11.2011, BStBl I 1314 Rn 02.03). **Abs 3** schränkt die Rückbeziehung ein, soweit Einkünfte aufgrund abweichender Regelungen zur Rückbeziehung in einem anderen Staat in keinem Staat der Besteuerung unterliegen (vgl hierzu im Einzelnen Rn 108 ff). Die Regelung wurde anlässl der Neufassung des UmwStG durch das SEStEG eingeführt und beruht auf dem Umstand, dass mit dem SEStEG der Anwendungsbereich des UmwStG auf grenzüberschreitende und vglbare ausländische Vorgänge erweitert worden ist (dazu § 1 Rn 2). Abs 1 und 2 sind demggü – abgesehen von einer sprachl Anpassung – anlässl der Neufassung inhaltl unverändert geblieben (zum unveränderten Anwendungsbereich vgl Rn 3). Mit dem JStG 2009 (BGBl I 2008, 2794) wurde **Abs 4** angefügt (geändert durch Gesetz vom 22.12.2009, BGBl I 3950). Die Vorschrift soll verhindern, dass durch rückwirkende Umw trotz eines iSv § 8c KStG schädlichen Anteilsinhaberwechsels Verlustpositionen durch Buchwertaufstockung noch genutzt werden (vgl Rn 122 ff). 2

2. Anwendungsbereich

Der Geltungsbereich von § 2 ergibt sich aus dem Regelungsinhalt, der Systematik des Gesetzes und der historischen Entwicklung. Während vor der Neufassung 3 des UmwStG durch das SEStEG der Erste Teil mit „Allgemeine Vorschriften zu dem Zweiten bis Siebten Teil" überschrieben war, enthält nunmehr der Erste Teil mit § 1 eine Vorschrift, die den Anwendungsbereich des UmwStG regelt und damit für das gesamte UmwStG gilt. Folgerichtig für § 1 lautet die Überschrift des Ersten Teils, zu dem indes auch § 2 gehört, nun „Allgemeine Vorschriften" (vgl auch Frotscher/Maas/*Frotscher* Rn 1). Seinem Wortlaut nach regelt § 2 inhaltl jedoch nur die Umw von übertragenden Körperschaften auf übernehmende Rechtsträger, die – wie Abs 2 zeigt – auch PersG sein können. Ferner wird eine Bilanz, die dem Vermögensübergang zugrunde liegt, vorausgesetzt. Dies entspricht im Grds dem Anwendungsbereich des Zweiten bis Fünften Teils, der Umw nach dem UmwG (und damit eine Schlussbilanz, § 17 UmwG) von Körperschaften voraussetzt (vgl im Einzelnen § 1 Rn 12 ff). Schließl lässt sich der Anwendungsbereich negativ auch aufgrund der vorhandenen Sonderregelungen abgrenzen. Da beim Formwechsel zivilrechtl eine Vermögensübertragung nicht stattfindet und daher eine handelsrechtl Schlussbilanz nicht erstellt wird, enthält § 9 S 3 eine eigene Bestimmung zur Rückbeziehung. Weitere spezielle Rückwirkungsregelungen enthalten § 20 V, VI und § 24 IV. Hintergrund ist, dass §§ 20, 24 sowohl Umw nach dem UmwG als auch solche außerhalb des UmwG (Einzelrechtsübertragung, Anwachsung) erfassen und § 25 (Formwechsel von PersG in KapGes) ohnehin auf § 20 verweist. Inhaltl lehnt sich die Regelung in **§ 20 V, VI** allerdings für die Vermögensübertragungen durch Verschm, Aufspaltung, Abspaltung oder Ausgliederung an diejenige in § 2 an (hierzu § 20 Rn 237). Entsprechendes gilt für den Formwechsel einer PersGes in eine KapGes/eG, für den **§ 25** wiederum auf § 20 V, VI verweist, da dieser Formwechsel stl wie eine Einbringung in eine KapGes/eG behandelt wird. Schließl gelten § 20 V und VI entsprechend für Umw im Wege der Gesamtrechtsnachfolge (also nach dem UmwG oder vglbaren ausländischen Vorschriften), die von § 24 erfasst werden (**§ 24 IV;** hierzu § 24 Rn 147 ff). Mithin **gilt § 2** unverändert **nur für** vom **Zweiten bis Fünften Teil** erfasste Umw (RHL/*van Lishaut* Rn 11; DPPM/*Dötsch* Rn 1; Frotscher/Maas/*Frotscher* Rn 2; Lademann/*Hahn* Rn 5; *Dötsch/Pung* DB 2006, 2704, 2706). Vgl auch § 20 Rn 237 ff und § 24 Rn 147. Dies setzt allerdings nicht voraus, dass alle Tatbestandsvoraussetzungen der §§ 3 ff erfüllt sein müssen. § 2 ist etwa auch dann anwendbar, wenn die Teilbetriebsvoraussetzungen von § 15 I nicht erfüllt sind (BFH BStBl II 2011, 467; BMF-Schrb vom 11.11.2011, BStBl I 1314 Rn 15.13; DPPM/*Dötsch* Rn 1; Lademann/*Hahn* Rn 76; vgl dazu § 15 Rn 85).

4 § 2 ist auch nicht in den Fällen des **Anteilstausches** (§ 21) anwendbar, obwohl diese Vorschrift entgegen der früheren Rechtslage (§ 20 I 2 aF) und anders als §§ 20, 24 und 25 keine Bestimmung zur Rückbeziehung enthält (ebenso RHL/*van Lishaut* Rn 11; *Dötsch/Pung* DB 2006, 2704, 2706 Fn 24; zweifelnd auch DPPM/*Dötsch* Rn 22; Blümich/*Klingberg* Rn 9; vgl auch BFH BStBl II 2011, 528 Rn 13: obiter dictum; aA für Anteilstausch durch Ausgliederung *Stengel* DB 2008, 2329). Aus den Gesetzesmaterialien lässt sich ein Wille zu einer systematischen Änderung im Vgl zur Vorgängerregelung (Rn 3) nicht ableiten. Dafür spricht auch, dass § 2 von einer Körperschaft als übertragendem Rechtsträger ausgeht (vgl Rn 3) und für diese Unterscheidung in den Fällen des § 21 nachvollziehbare Gründe nicht ersichtl wären. Vielmehr wäre auch bei § 21 eine § 20 VI entsprechende Regelung zu erwarten gewesen (vgl hierzu auch § 21 Rn 35).

5 Eine ergänzende Rückwirkungsregelung enthält **§ 9 S 3** für den **Formwechsel.** Beim Formwechsel findet zivilrechtl ein Vermögensübergang nicht statt; demzufolge wird eine handelsrechtl Schlussbilanz nicht erstellt (vgl hierzu näher § 17

UmwG Rn 84 f). Eine Verknüpfung des stl Übertragungsstichtags mit dem Stichtag der handelsrechtl Schlussbilanz funktioniert damit nicht. § 9 S 3 bestimmt daher, dass die **stl** Bilanzen auch auf einen Stichtag bis zu acht Monate vor der Handelsregisteranmeldung aufgestellt werden können (näher § 9 Rn 16). An dem so ermittelten Stichtag gilt der – für stl Zwecke fiktive – Vermögensübergang als für die Einkommens- und Vermögensermittlung vollzogen. Insoweit bleibt **§ 2 neben § 9 S 3 anwendbar** (wie hier Widmann/Mayer/*Widmann* Rn 11; *Streck/Posdziech* GmbHR 1995, 357, 365; jew zu § 14 aF; im Erg auch BMF-Schrb vom 11.11.2011, BStBl I 1314 Rn 02.06). Seit Wegfall von Abs 3 aF durch das Gesetz vom 29.10.1997 (vgl näher 4. Aufl 2006, Rn 125) dürfte indes die Frage, ob § 9 S 3 eine vollständig eigenständige Regelung ist, keine materielle Bedeutung mehr haben.

Die stl Rückwirkung auf den stl Übertragungsstichtag gilt sowohl für die 6
Ermittlung des Einkommens und des Verm der **übertragenden Körperschaft** als auch **der Übernehmerin** und – bei Umw auf PersGes – deren Gesellschafter. Dies bedeutet jedoch nicht zwingend, dass ein Übertragungsgewinn und ein Übernahmeergebnis in demselben VZ entstehen (BMF-Schrb vom 11.11.2011, BStBl I 1314 Rn 02.04; DPPM/*Dötsch* Rn 48). Unterschiede können bei abweichendem Wj eintreten (Rn 90 ff).

Die Vorschrift enthält wie schon § 2 III UmwStG 1977 **zwingendes Recht.** 7
Andere Stichtage als der Bilanzstichtag können auch dann nicht gewählt werden, wenn sie im Acht-Monats-Bereich liegen (so auch BFH BStBl II 2000, 2 zu § 2 III UmwStG 1977; BFH/NV 2008, 1550 = GmbHR 2008, 1051; BMF-Schrb vom 11.11.2011, BStBl I 1314 Rn 02.03; Widmann/Mayer/*Widmann* Rn 20; GKT/*Knopf/Hill* Rn 5; Blümich/*Klingberg* Rn 13; RHL/*van Lishaut* Rn 21; DPPM/*Dötsch* Rn 27). Darin unterscheidet sich die Regelung von § 20 VI und § 9 S 3. Der stl Übertragungsstichtag lässt sich also **nur** durch die **Wahl** des **Stichtags** für die handelsrechtl **Schlussbilanz** (§ 17 II UmwG) beeinflussen (BFH/NV 2008, 1550 = GmbHR 2008, 1051; näher Rn 15 ff).

3. Fiktiver Übertragungsstichtag

Kern der Vorschrift ist die **Fiktion** eines **stl Übertragungsstichtags,** der von 8
der handelsrechtl Regelung abweicht (BFH/NV 2008, 1550 = GmbHR 2008, 1051). Denn zivilrechtl treten die wesentl Wirkungen (Vermögensübergang, Anteilstausch und – ggf – Erlöschen des übertragenden Rechtsträgers) einer Umw nach dem UmwG (zum Anwendungsbereich vgl Rn 3; zu vglbaren ausländischen Vorgängen vgl Rn 108 ff) mit der konstitutiven Eintragung in das Register ein (vgl zB § 20 UmwG für Verschm, § 131 UmwG für Spaltungen, §§ 176, 177 UmwG für Vermögensübertragungen, § 202 UmwG für Formwechsel). Da der Zeitpunkt der Eintragung ungewiss und insbes von den beteiligten Rechtsträgern nicht mit Sicherheit beeinflussbar ist (Dauer des Registerverfahrens, Anfechtungsklagen etc), müsste bei einem Abstellen auf den Zeitpunkt des tats Wirksamwerdens meist eine eigenständige Bilanz erstellt werden. Außerdem würde die Planungssicherheit der beteiligten Rechtsträger erhebl leiden. Daher gestattet das UmwStG aus Vereinfachungsgründen und aus rein praktischen Überlegungen (DPPM/*Dötsch* Rn 3; Widmann/Mayer/*Widmann* Rn 2; FG Hessen EFG 1996, 908, 909) die stl Rückbeziehung auf den Stichtag der handelsrechtl Schlussbilanz (vgl Rn 18), die ohnehin zu erstellen ist (§ 17 II UmwG), zumal die handelsrechtl Schlussbilanz meistens die reguläre Jahresbilanz (als Bestandteil des Jahresabschlus-

ses) ist. Ferner wird hierdurch hinsichtl der Ergebniszurechnung wiederum der Gleichlauf mit der handelsrechtl Rechtslage hergestellt, da ab dem Umwandlungsstichtag (§ 5 I Nr 6, § 126 I Nr 6) die Handlungen der übertragenden Rechtsträger als für Rechnung des übernehmenden Rechtsträgers vorgenommen gelten (zur Abhängigkeit des Stichtags der handelsrechtl Schlussbilanz vom Umwandlungsstichtag vgl Rn 18).

9 Für die Gestaltungspraxis hat die Rückwirkungsfiktion den weiteren Vorteil, dass durch die Wahl des Bilanzstichtages im gewissen Umfang der **maßgebl VZ** und damit etwa die für diesen Zeitraum geltende Rechtslage (etwa bei Änderungen des Steuersatzes) gewählt werden kann (BFH/NV 2008, 1550 = GmbHR 2008, 1051). Bei Änderungen des UmwStG bestand allerdings in der Vergangenheit die Tendenz, derartige „Nachwirkungszeiträume“ zu verhindern (vgl etwa § 27 I a aF für die Änderung durch das StSenkG vom 23.10.2000; auch für die erstmalige Anwendung des UmwStG idF des SEStEG ist auf die Handelsregisteranmeldung und nicht auf den stl Übertragungsstichtag abzustellen, § 27 I; dazu § 27 Rn 1 ff). Insbesondere kann aber hierdurch der Zeitpunkt des Entstehens eines Übertragungsgewinns gesteuert werden (vgl aber § 2 IV). Vgl zu **Gestaltungsansätzen** *Jacobsen* DB 2009, 1674. **Bilanziell** wird der stl Übertragungsstichtag dadurch berücksichtigt, dass die stl Schlussbilanz des übertragenden Rechtsträgers (vgl §§ 3 I, 11 I, 15 I, 16 S 1) auf den stl Übertragungsstichtag aufzustellen ist (BMF-Schrb vom 11.11.2011, BStBl I 1314 Rn 03.01, 11.02, 15.14; Haritz/Menner/*Slabon* Rn 16; Lutter/*Schaumburg*/*Schumacher* Anh 1 nach § 122l Rn 25; Widmann/Mayer/*Widmann* Rn 25; DPPM/*Dötsch* Rn 35). Durch die Bindung des übernehmenden Rechtsträgers an diese Werte (vgl §§ 4 I 1, 12 I 1, 15 I 1, 16 I 1) wird die **Bilanzkontinuität** zum stl Übertragungsstichtag hergestellt. Dies korrespondiert mit der handelsbilanziellen Situation (vgl § 24 UmwG Rn 5 und § 17 UmwG Rn 83).

4. Rückwirkung als Ausnahmetatbestand

10 Regelm kann ein Sachverhalt, der einmal verwirklicht ist, steuerrechtl nicht rückwirkend beseitigt werden. Dies ergibt sich aus § 38 AO, der die Entstehung der Ansprüche aus dem Steuerschuldverhältnis an die Verwirklichung des gesetzl Tatbestands knüpft (Klein/*Ratschow* AO § 38 Rn 5). Ebenso kann ein Sachverhalt mit steuerrechtl Wirkung regelm rückwirkend nicht gestaltet werden (hierzu etwa L. Schmidt/*Weber-Grellet* EStG § 2 Rn 43 ff). Ausdrückl verneint hat die Rspr die Möglichkeit der rückwirkenden Gestaltung einer Gesellschaftsgründung (RFH RStBl 34, 835) und des Eintritts oder Austritts eines Gesellschafters in eine oder aus einer PersGes (BFH BStBl II 1973, 287 und 389). Konsequenterweise hatte die Rspr vor der Einführung gesetzl Bestimmungen für das UmwStR dem Grds der Nichtanerkennung rückwirkender Gestaltungen folgend die rückwirkende Gestaltung einer Verschm (RFH RStBl 1940, 527) stl nicht anerkannt. § 2 enthält eine Durchbrechung dieses allg Grdses (vgl BFH BStBl II 1973, 389, wo auf S 391 – rechte Sp – von einem „gesetzl fixierten Sondertatbestand“ die Rede ist; vgl weiter BFH BStBl II 1983, 387). § 2 ist daher (wie auch §§ 9 S 3, 20 V, VI, 24 IV) eine **spezialgesetzl Ausnahmevorschrift** (vgl auch BMF-Schrb vom 11.11.2011, BStBl I 1314 Rn 02.09), die in ihrer Wirkung weiter als das Zivilrecht geht. Während zivilrechtl ab dem Umwandlungsstichtag (zum Begriff § 5 UmwG Rn 73 ff) ledigl die Handlungen der übertragenden Rechtsträger als für Rechnung des übernehmenden Rechtsträgers vorgenommen gelten (vgl § 5 I Nr 6, § 126 I

Nr 6 UmwG), aber auch nach konstitutiver Registereintragung keine sachenrechtl Rückwirkung eintritt (vgl auch Rn 16), **„gilt"** nach Abs 1 S 1 die **Vermögensübertragung als erfolgt.**

5. Wesentliche Probleme der Rückwirkung

Abs 1 und 2 ordnen ledigl an, dass das Verm und das Einkommen der übertragenden Körperschaft, der Übernehmerin und deren Gesellschafter so zu ermitteln sind, als ob das Verm zum stl Übertragungsstichtag bereits übergegangen wäre. Zu einzelnen Konsequenzen dieser stl Rückwirkung trifft die Vorschrift keine Aussagen. Diese müssen sich aus den allg Steuergesetzen – soweit die Rückwirkung für die jew Steuerart gilt; dazu Rn 35 ff – ergeben. 11

Die stl Rückwirkung führt im Besonderen bei einem Vermögensübergang oder Formwechsel von einer **Körperschaft in eine PersGes** (§§ 3–19 behandeln nur Körperschaften als Ausgangsrechtsträger, § 1 I S 1; vgl § 1 Rn 12) wegen des damit verbundenen Wechsels der Besteuerungssysteme zu Problemen. Denn Sachverhalte, die die Körperschaft und deren Anteilsinhaber bereits verwirklicht haben, müssen fiktiv so gewertet werden, als wären sie bereits bei der Übernehmerin und deren Anteilsinhabern eingetreten. **Wesentl Problembereiche** sind: 12

- Soweit eine Vermögensübertragung erfolgt, müssen **Geschäfte** und Rechtsbeziehungen **zwischen den Rechtsträgern** – bei der Spaltung ggf teilw – ab dem stl Übertragungsstichtag neutralisiert werden.
- **Geschäfte** der übertragenden Körperschaft **mit Dritten** gelten bereits ab dem stl Übertragungsstichtag als Geschäfte mit der Übernehmerin.
- **Leistungsbeziehungen** zwischen der übertragenden Körperschaft und ihren **Gesellschaftern** gelten ab dem stl Übertragungsstichtag als solche der Übernehmerin und ihrer Anteilsinhaber. Ist die Übernehmerin eine PersGes, muss bereits im Rückwirkungszeitraum die unterschiedl einkommensteuerl Behandlung von Gesellschaftern einer KapGes und von Gesellschaftern einer PersGes berücksichtigt werden.
- Ein entsprechender Anpassungs- bzw Korrekturbedarf besteht ab dem stl Übertragungsstichtag bei offenen wie auch bei verdeckten **Gewinnausschüttungen.**
- Einer besonderen Behandlung bedürfen im Rückwirkungszeitraum (oder ggf später) **ausscheidende Gesellschafter.** Dies gilt sowohl für die Bew ihrer Beziehungen (Entgelte, Gewinnausschüttungen etc) zur übertragenden Körperschaft als auch für die stl Behandlung ihres Ausscheidens. Erschwerend kommt für die stl Behandlung hinzu, dass das UmwG ein Ausscheiden von Gesellschaftern anlässl der Umw, aber nach deren Wirksamwerden zulässt (Ausscheiden gegen Barabfindung, §§ 29 ff, 207 UmwG).
- Besonderheiten können auch durch das rückwirkende Entstehen bestimmter Besteuerungsmerkmale, etwa der Voraussetzung für eine **Organschaft,** entstehen.

Zu den einzelnen Problembereichen vgl **umfassend Rn 41 ff.** 13

Weitere Besonderheiten bestehen bei **grenzüberschreitenden Vorgängen** 14
und vglbaren ausländischen Vorgängen. Hierbei ist zu beachten, dass sich der Zeitpunkt des Wirksamwerdens (ggf) nach ausländischem Recht richtet, die Anforderungen an die handelsrechtl Rechnungslegung abweichen können und ggf keine oder andere stl Rückbeziehungsregelungen existieren. Vgl hierzu Rn 108.

Die Umwandlungszeitpunkte

6. Handelsrechtliche Stichtage

15 Abs 1 S 1 def keinen eigenen Zeitpunkt der Rückwirkung, sondern verknüpft den stl Übertragungsstichtag mit dem Stichtag der handelsrechtl Schlussbilanz (Rn 1). Zivilrechtl sind bei Umw nach dem UmwG verschiedene Zeitpunkte zu unterscheiden. Im **Außenverhältnis** (dingl Wirkung) werden Umw mit der konstitutiven Eintragung im HR wirksam (§§ 20, 131, 176, 177, 202 UmwG). Erst in diesem Moment findet der sachenrechtl Vermögensübergang statt, kommt es zu den Änderungen bei den Anteilsinhabern hinsichtl ihrer Beteiligungen an den Rechtsträgern, erlischt ggf der übertragende Rechtsträger oder erlangt der Rechtsträger die neue Rechtsform.

16 Von diesem Zeitpunkt des zivilrechtl Wirksamwerdens der Umw ist für Verschm, Spaltungen und Vermögensübertragungen der **Umwandlungsstichtag** zu unterscheiden. Dieser bestimmt – vgl §§ 5 I Nr 6, 126 I Nr 6 UmwG – den Zeitpunkt, von dem an die Handlungen der übertragenden Rechtsträger als für Rechnung der übernehmenden Rechtsträger vorgenommen gelten. Damit erfolgt zwar zivilrechtl keine dingl Rückwirkung der Umw, aber **eine fiktive Zuordnung von Geschäftsvorfällen** in der Interimszeit. Bedeutung hat die Festlegung des Umwandlungsstichtages in erster Linie für die **Erfolgsabgrenzung** (vgl § 5 UmwG Rn 63 ff und § 17 UmwG Rn 77 ff). Da die Geschäfte ab dem Umwandlungsstichtag bereits dem übernehmenden Rechtsträger zugerechnet werden, können sie bei ihm mit Wirksamwerden der Umw trotz seiner zivilrechtl Existenz keine Erfolgsauswirkungen mehr haben. Die Umw erfolgt also hinsichtl der Ergebniszurechnung mit wirtschaftl Wirkung ab dem Umwandlungsstichtag. Dies wiederum beeinflusst etwa den Anspruch der Anteilsinhaber des übertragenden Rechtsträgers auf Teilhabe am Erfolg (Gewinnbeteiligung). Diese Bedeutung des Umwandlungsstichtages bedingt schließl eine Abhängigkeit mit dem **Stichtag** der handelsrechtl **Schlussbilanz** (näher § 17 UmwG Rn 37 ff). Der Stichtag der Schlussbilanz nach § 17 II UmwG ist zwingend unmittelbar vor dem Umwandlungsstichtag (str; vgl § 17 UmwG Rn 37 ff; vgl auch BMF-Schrb vom 11.11.2011, BStBl I 1314 Rn 02.02).

7. Steuerlicher Übertragungsstichtag

17 **a) Allgemeines.** Der **stl Übertragungsstichtag** wird in Abs 1 S 1 als der Zeitpunkt des Ablaufs des Stichtags der Bilanz, die dem Vermögensübergang zugrunde liegt, def. Obwohl zu diesem Zeitpunkt das Verm dingl nicht übergegangen und die übertragende Körperschaft nicht aufgelöst ist (Rn 15 f), unterstellt § 2 für die ESt, KSt und GewSt (zu den betroffenen Steuerarten Rn 35) den **Vermögensübergang und** ggf die **Auflösung** der KapGes als mit Ablauf des stl Übertragungsstichtags bereits abgeschlossen (BMF-Schrb vom 11.11.2011, BStBl I 1314 Rn 02.10). Die Vorschrift ordnet damit eine stl Fiktion an, die nicht nur den Vermögensübergang erfasst. Bei Verschm und Aufspaltungen sowie den entsprechenden Formen der Vermögensübertragung erlischt die Körperschaft stl fiktiv bereits zum stl Übertragungsstichtag. Der **übernehmende Rechtsträger entsteht** stl fiktiv zu einem Zeitpunkt, in dem er zivilrechtl ggf noch nicht existent ist (BMF-Schrb vom 11.11.2011, BStBl I 1314 Rn 02.11; BFH BStBl 2004, 538 zu § 20 VII UmwStG aF). Dies gilt nicht nur für Umw zur Neugründungen,

sondern auch für Umw zur Aufnahme (BMF-Schrb vom 11.11.2011, BStBl I 1314 Rn 02.11; vgl auch Rn 26). Auch die stl Qualifikation der **Beziehungen zwischen** den **Rechtsträgern und** ihren **Anteilsinhabern** wird fiktiv ab dem Übertragungsstichtag nach den durch die Umw geänderten Umständen beurteilt. Bei Umw nach §§ 3 – 9, 16 auf PersGes gilt die Rückwirkungsfiktion auch für die Gesellschafter, und zwar bei mehrstöckigen PersGes auf allen Ebenen (BMF-Schrb vom 11.11.2011, BStBl I 1314 Rn 02.12). Für Zwecke der Anwendung von § **15a EStG** ist bereits am stl Übertragungsstichtag und während der Interimsphase von einer PersGes und von der Haftungsverfassung (etwa) einer KG auszugehen (BFH BStBl II 2010, 942).

b) Verknüpfung mit handelsrechtlicher Schlussbilanz. § 2 enthält keine eigene Rückwirkungsfrist. Der Beginn des **Rückwirkungszeitraumes** ergibt sich aus der Verknüpfung des stl Übertragungsstichtags mit dem Stichtag („mit Ablauf des Stichtags") der Bilanz, die dem Vermögensübergang zugrunde liegt. Dies ist die **handelsrechtl Schlussbilanz** nach § 17 II UmwG (BFH BStBl II 2011, 467; im Grds auch BFH/NV 2008, 1550 = GmbHR 2008, 1051; vgl auch BFH/NV 2008, 1538: Schlussbilanz auf den 31.12., obwohl Umwandlungsstichtag der 31.12. war; BMF-Schrb vom 11.11.2011, BStBl I 1314 Rn 02.02; Haritz/Menner/*Slabon* Rn 6, 40; GKT/*Knopf/Hill* Rn 6; Widmann/Mayer/*Widmann* Rn 7; SBB/*Schlösser* § 10 Rn 28; zu grenzüberschreitenden und vglbaren **ausländischen** Vorgängen vgl Rn 108). Diese Schlussbilanz kann nach § 17 II S 4 UmwG auf einen **höchstens acht Monate vor der Anmeldung liegenden Stichtag** aufgestellt werden. Demzufolge kann auch der stl Übertragungsstichtag max acht Monate vor dem Zeitpunkt der Anmeldung der Umw beim für den übertragenden Rechtsträger zuständigen Register (vgl § 17 UmwG Rn 35 ff) liegen. Der Zeitpunkt der Anmeldung der Umw beim Register des übernehmenden Rechtsträgers ist unbedeutend. Zur Wahrung der Acht-Monats-Frist im Einzelnen vgl § 17 UmwG Rn 44 ff. Zum **Verhältnis** zwischen Stichtag der **Schlussbilanz** und **Umwandlungsstichtag** vgl § 17 UmwG Rn 37 ff. 18

Innerh des durch § 17 II S 4 UmwG vorgegebenen Zeitrahmens kann **jeder Zeitpunkt** für den Umwandlungsstichtag und damit für den Stichtag der Schlussbilanz und zugleich für den stl Übertragungsstichtag gewählt werden (§ 17 UmwG Rn 36). Insoweit können die beteiligten Rechtsträger den stl Übertragungsstichtag frei bestimmen (vgl auch Rn 9). 19

Die Acht-Monats-Frist nach § 17 II 4 UmwG ist **zwingend** (§ 17 UmwG Rn 43). Zu den maßgebl Handlungen für die Fristeinhaltung vgl § 17 UmwG Rn 44 ff. Wird die Umw trotz Fristüberschreitung eingetragen, ist sie unumkehrbar (§§ 20 II, 131 II UmwG). Damit tritt auch die stl Rückwirkung auf den Stichtag der Schlussbilanz ein (wie hier Haritz/Menner/*Slabon* Rn 53; Widmann/Mayer/*Widmann* Rn 13; RHL/*van Lishaut* Rn 24; DPPM/*Dötsch* Rn 20, 23; GKT/*Knopf/Hill* Rn 16; *Schwedhelm/Streck/Mack* GmbHR 1995, 100; Haase/Hruschka/*Steimel/Heerdt* Rn 43). Die FinVerw ist an die registergerichtl Eintragung gebunden und hat insoweit keinen eigenen Beurteilungsspielraum (§ 1 Rn 150). 20

Eine nachträgl Änderung des stl Übertragungsstichtages durch eine **Bilanzänderung** wäre allenfalls bei einem Formwechsel nach § 9 denkbar, da in den anderen Fällen der stl Übertragungsstichtag durch den Stichtag der handelsrechtl Schlussbilanz bestimmt wird (Rn 18). Das Wahlrecht ist indes durch die Einreichung einer der Bilanzen iSv § 9 S 2 ausgeübt (zutr DPPM/*Dötsch* Rn 41, 20). Anders als bei § 20 V setzt bei § 9 die Festlegung des stl Übertragungsstichtages 21 keinen Antrag voraus. Maßgebend ist die tats Bilanzierung. Die Änderung des Stichtags wäre aber eine rückwirkende und daher unzulässige Sachverhaltsgestaltung (BFH BStBl II 1981, 620).

22 Zweifelhaft ist die Bestimmung des stl Übertragungsstichtags, wenn – praktisch äußerst selten – eine Umw eingetragen wird, obwohl eine handelsrechtl Schlussbilanz fehlt. Auch in diesen Fällen ist die Umw unumkehrbar wirksam (§§ 20 II, 131 II UmwG). ME ist stl Übertragungsstichtag in diesem Fall der Stichtag, auf den die handelsrechtl Schlussbilanz hätte aufgestellt werden müssen, also (vgl § 17 UmwG Rn 37 ff) unmittelbar vor dem Umwandlungsstichtag (aA RHL/*van Lishaut* Rn 24: Tag der Eintragung oder der ggf vorangehenden Zeitpunkt des Übergangs des wirtschaftl Eigentums; idS auch Widmann/Mayer/*Widmann* Rn 28). Denn die zivilrechtl Wirkungen der Umw bleiben durch die fehlende handelsrechtl Schlussbilanz unberührt, insbes gelten auch in diesem Fall die Handlungen des übertragenden Rechtsträgers als für Rechnung des übernehmenden Rechtsträgers vorgenommen (§§ 5 I Nr 6, 126 I Nr 6 UmwG). Dann ist es sinnvoll, auch stl trotz der fehlenden Registerunterlage „Schlussbilanz" für die Ergebniszurechnung hieran anzuknüpfen (zum System der Stichtage Rn 15 ff).

23 Soweit bei einer Verschm **mehrere** übertragende **Rechtsträger** beteiligt sind, müssen die Umwandlungsstichtage und damit die Stichtage der handelsrechtl Schlussbilanzen nicht übereinstimmen (RHL/*van Lishaut* Rn 22; DPPM/*Dötsch* Rn 18). Trotz des zeitgleichen zivilrechtl Wirksamwerdens durch die Eintragung der Verschm im HR des übernehmenden Rechtsträgers (§ 20 I UmwG) treten die stl Rechtsfolgen in diesem Fall zu unterschiedl Zeitpunkten ein. Der stl Übertragungsstichtag bestimmt sich nach der jew Schlussbilanz des einzelnen übertragenden Rechtsträgers (§ 17 II UmwG) für das von ihm übertragene Verm. Zur Behandlung von Kettenumwandlungen vgl Rn 27.

24 **c) Exakter Zeitpunkt des fiktiven Vermögensübergangs.** Nach Abs 1 S 1 ist das Einkommen und das Verm der übertragenden Körperschaft und der Übernehmerin (und ggf deren Gesellschafter, Abs II) so zu ermitteln, als ob das Verm der Körperschaft **mit Ablauf** des Stichtages der Schlussbilanz nach § 17 II UmwG (Rn 18) auf die Übernehmerin übergegangen wäre. Damit erfolgt der fiktive Vermögensübergang und die fiktive Einkommensermittlung am Ende des maßgebl Stichtages, also in der denkbar letzten Zeiteinheit (BFH DStR 1999, 1983 zu § 2 I UmwStG 1977; anders Vorinstanz FG Hessen EFG 1996, 908). Der Stichtag der Schlussbilanz nach § 17 II UmwG und damit der stl Übertragungsstichtag muss aber nicht das Ende eines Tages sein; es kann auch ein Zeitpunkt während des Tages sein (FG Köln DStRE 2005, 890; im Revisionsverfahren offengelassen von BFH/NV 2008, 1550 = GmbHR 2008, 1051; Blümich/*Klingberg* Rn 14). Denn der Stichtag der Schlussbilanz nach § 17 II UmwG ist der Zeitpunkt unmittelbar vor dem Umwandlungsstichtag (§ 17 UmwG Rn 37). Eine Rechtsgrundlage dafür, dass der Umwandlungsstichtag nicht auf einen Zeitpunkt innerh eines Tages gelegt werden kann, ist nicht ersichtl. Wird der Umwandlungsstichtag etwa auf den 1.1.2008, 00.01 Uhr, vereinbart, ist der Stichtag der Schlussbilanz nach § 17 II UmwG unmittelbar zuvor, mithin also im Jahr 2008 und nicht im Jahr 2007 (offengelassen von BFH/NV 2008, 1550 = GmbHR 2008, 1051 und von BFH BStBl II 2011, 467; vgl aber BFH/NV 2008, 1538, dort: Auch wenn … als Verschmelzungsstichtag … der 31. Dezember 1998 festgelegt war, wurde doch auf den Schluss des **vorangehenden Tages,** keine gesonderte Schlussbilanz…aufgestellt; aA BMF-Schrb vom 11.11.2011, BStBl I 1314 Rn 02.02: Aufstellung der

Schlussbilanz auf den Schluss des Tages, der dem Umwandlungsstichtag vorangeht; RHL/*van Lishaut* Rn 20; krit *Bien ua* DStR Beilage zu Heft 17/1998, 5; vgl auch *Thiel/Eversberg/van Lishaut/Neumann* GmbHR 1998, 397, 400; Widmann/Mayer/*Widmann* Rn 8; Haritz/Menner/*Slabon* Rn 47; DPPM/*Dötsch* Rn 33). Aufgrund der Stellungnahme der FinVerw (BMF-Schrb vom 11.11.2011, BStBl I 1314 Rn 02.02) ist in der **Praxis** aber eine Berechnung nach Tagesschritten zu empfehlen (ebenso DPPM/*Dötsch* Rn 33; *Wüllenkemper* EFG 2008, 266, 267). Bei einer beabsichtigten Verlagerung des stl Übertragungsstichtages in das lfd Kj (etwa 2012) müsste als Umwandlungsstichtag der Beginn des 2.1.2012 gewählt werden. Stichtag der Schlussbilanz wäre in diesem Fall der Ablauf des 1.1.2012. Der stl Übertragungsstichtag wäre dann der Ablauf des 1.1.2012, also die denkbar letzte Zeiteinheit des 1.1.2012 (BFH DStR 1999, 1983; idS auch DPPM/*Dötsch* Rn 33).

Aus § 2 ergibt sich ebenso wenig wie aus § 17 II UmwG, dass zum Zeitpunkt 25 der Anmeldung der Umw die Schlussbilanz bereits aufgestellt sein muss. Vgl im Einzelnen hierzu § 17 UmwG Rn 46. Zur fortbestehenden **Rechnungslegungsverpflichtung** des übertragenden Rechtsträgers vgl § 17 UmwG Rn 67 ff.

Die stl Rückwirkung setzt nicht voraus, dass der übernehmende Rechtsträger 26 zum stl Übertragungsstichtag bereits **zivilrechtl existierte** (BMF-Schrb vom 11.11.2011, BStBl I 1314 Rn 02.11; Widmann/Mayer/*Widmann* Rn 227 f; *Dötsch/van Lishaut/Wochinger* DB Beilage 7/1998, 2; Haritz/Menner/*Slabon* Rn 35; DPPM/*Dötsch* Rn 37, 43; Lutter/*Schaumburg/Schumacher* Anh 1 nach § 122l Rn 25; Lademann/*Hahn* Rn 51; vgl auch BFH BStBl I 2011, 528). Bei der Umw zur Neugründung entsteht der übernehmende Rechtsträger zivilrechtl ohnehin erst mit Wirksamwerden der Umw. Aber auch bei einer Umw zur Aufnahme ist zivilrechtl allein maßgebl, dass der beteiligte Rechtsträger zum Zeitpunkt der Umwandlungshandlungen existent und damit ein beteiligtenfähiger (vgl §§ 3, 124 UmwG) Rechtsträger ist. Der Umwandlungsstichtag, der wiederum den Stichtag der Schlussbilanz nach § 17 II UmwG und damit den stl Übertragungsstichtag bestimmt (Rn 18), kann auch in diesen Fällen zivilrechtl auf einen Zeitpunkt vor der Existenz des übernehmenden Rechtsträgers gelegt werden. Hieran ist das StR gebunden. Für stl Zwecke entsteht damit der übernehmende Rechtsträger bereits am stl Übertragungsstichtag. Die Erfassung des Verm und ggf die Ergebnisauswirkungen (Übernahmegewinn, Einkünfte nach § 7) sind dann der einzige Geschäftsvorfall (DPPM/*Dötsch* Rn 48).

d) Kettenumwandlungen. Problematisch kann die Rückwirkung bei sog 27 **Kettenumwandlungen** sein, wenn also mehrere ineinandergreifende Umw stattfinden und sich die Rückwirkungszeiträume überschneiden. Soweit sämtl Umw nach §§ 3–19 zu beurteilen sind und § 2 damit anwendbar ist, ist die Reihenfolge der Umwandlungsstichtage maßgebl (DPPM/*Dötsch* Rn 38; Widmann/Mayer/*Widmann* Rn 240; Blümich/*Klingberg* Rn 25; aA Lademann/*Hahn* Rn 73: Reihenfolge des Wirksamwerdens). Die Umw werden stl fiktiv zum jeweil Zeitpunkt vollzogen. Die von Abs 1 S 1 angeordnete Fiktion umfasst auch die Person des Umwandelnden (Widmann/Mayer/*Widmann* Rn 240; aA wohl FG Hamburg EFG 1967, 371 zu § 2 II UmwStG 1957).

Beispiel (nach Widmann/Mayer/*Widmann* Rn 240): 28

Der C-KG gehören alle Anteile an der B-GmbH, die wiederum einziger Anteilsinhaber der A-GmbH ist.

1. Alt: Die A-GmbH wird mit stl Übertragungsstichtag 31.3. auf die B-GmbH 29 verschmolzen, die B-GmbH wird zugleich mit stl Übertragungsstichtag 30.4. auf die C-KG verschmolzen. Beide Verschm werden am 1.8. eingetragen.

30 **2. Alt:** Wie die 1. Alt, nur mit umgekehrten Stichtagen.

31 Bei der 1. Alt vollzieht sich die Verschm der A-GmbH auf die B-GmbH stl bereits am 31.3. Die §§ 11–13 sind anwendbar. Die weitere Verschm der B-GmbH auf die C-KG erfasst stl auch das von der A-GmbH auf die B-GmbH fiktiv bereits übergegangene Verm. Hierauf sind insges die §§ 3–10 anzuwenden. Das Einkommen der A-GmbH wird mit Ablauf des 31.3. der B-GmbH und mit Ablauf des 30.4. der C-KG zugerechnet (Widmann/Mayer/*Widmann* Rn 240; RHL/*van Lishaut* Rn 27).

32 In der 2. Alt erfolgt stl fiktiv zuerst die Verschm der B-GmbH auf die C-KG (Fall nach §§ 3–10). Verm und Einkommen der B-GmbH gehen für stl Zwecke mit Ablauf des 31.3. auf die C-KG über. Zum stl Übertragungsstichtag der Verschm der A-GmbH auf die B-GmbH (30.4.) existiert jene stl nicht mehr. Nach Abs 1 S 1 ist stl daher von einem unmittelbaren Übergang des Verm der A-GmbH auf die C-KG auszugehen, der nach §§ 3–10 zu beurteilen ist (Widmann/Mayer/*Widmann* Rn 240; RHL/*van Lishaut* Rn 27).

33 Problematisch sind Kettenumwandlungen mit **identischen Stichtagen.** Ein Wahlrecht (so Widmann/Mayer/*Widmann* Rn 240; Frotscher/Maas/*Frotscher* Rn 47; Lademann/*Hahn* Rn 74) besteht angesichts des zwingenden Charakters (Rn 7) nicht (ebenso DPPM/*Dötsch* Rn 39; vgl auch BFH BStBl II 2000, 2). Deswegen muss aber nicht auf andere zeitl Abfolgen abgestellt werden (so aber Widmann/Mayer/*Widmann* Rn 241: Eintragungsreihenfolge; idS auch RHL/*van Lishaut* Rn 27: vorrangig Auslegung, im Zweifel Reihenfolge des zivilrechtl Wirksamwerdens; ebenso DPPM/*Dötsch* Rn 1; Blümich/*Klingberg* Rn 25; Haase/Hruschka/*Steimel/Heerdt* Rn 54 ff; Frotscher/Maas/*Frotscher* Rn 48: Auslegung oder auch Reihenfolge der Beschlüsse). In diesen Fällen ist tats ein (stl fiktiver) zeitgleicher Vollzug anzunehmen. Für die Beispielsfälle (Rn 28 ff) würde das bedeuten, dass das Verm sowohl der A-GmbH als auch der B-GmbH für stl Zwecke zum identischen Zeitpunkt auf die C-KG übergeht, mithin beide Verschm von §§ 3–10 erfasst wären. Die Praxis sollte diese Unklarheiten indes durch zeitl versetzte Stichtage vermeiden.

34 Die vorstehenden Grdse gelten entsprechend, wenn bei Kettenumwandlungen Umw nach §§ 3–19 mit solchen nach **§§ 20 ff kombiniert** werden.

Steuerliche Folgen der Rückwirkung

8. Betroffene Steuern

35 Nach Abs 1 S 1 ist das Einkommen und das Verm so zu ermitteln, als ob das Verm der übertragenden Körperschaft am stl Übertragungsstichtag bereits übergegangen wäre. Die Rückbeziehung wirkt damit für alle **einkommens- und vermögensbezogenen Steuern** (BFH BStBl II 2004, 534 zu § 20 VII aF; Haritz/Menner/*Slabon* Rn 26; GKT/*Knopf/Hill* Rn 10; Blümich/*Klingberg* Rn 23; Lutter/*Schaumburg/Schumacher* Anh 1 nach § 122l Rn 25; RHL/*van Lishaut* Rn 6; DPPM/*Dötsch* Rn 8 ff). Dies entspricht den Steuerarten, für die das UmwStG überhaupt Regelungen enthält (vgl § 1 Rn 10). Die Rückwirkung beeinflusst auch die einkommensbezogenen Steuern, die sich nach den vorstehenden Steuern bemessen, insbes den Solidaritätszuschlag und die KiSt (Widmann/Mayer/*Widmann* Rn 248; RHL/*van Lishaut* Rn 6). Die Rückwirkung gilt – wie das gesamte UmwStG – **nicht** für **Verkehrsteuern** (vgl auch Rn 38 ff), also insbes nicht für die USt und die GrESt (Lutter/*Schaumburg/Schumacher* Anh 1

nach § 122l Rn 25; Blümich/*Klingberg* Rn 24; DPPM/*Dötsch* Rn 10; Lademann/*Hahn* Rn 8; vgl hierzu *Götz* GmbHR 1998, 349). Betroffen sind danach
– die Steuern vom Einkommen (ESt, KSt, GewErtrSt) und
– die Steuern vom Verm (GrSt, ErbSt (str); früher auch VSt, GewKapSt).

Ob allerdings § 2 für die **ErbSt** als vermögensbezogene Steuer gilt, wenn ein Anteil an einer KapGes durch Erbanfall oder Schenkung zwischen dem (später beschlossenen) stl Übertragungsstichtag und der Anmeldung der Umw zum Register des übernehmenden Rechtsträgers an den Erben/Beschenkten übergeht und die Umw nach dem Erwerb beschlossen wird, ist **str.** Die FinVerw geht davon aus, dass das UmwStG stl Folgen für die ErbSt nicht regelt BMF-Schrb vom 11.11.2011, BStBl I 1314 Rn 01.01; ebenso R E 11 ErbStR 2011). Demzufolge sei eine nach dem Tod des Erblassers bzw nach Ausführung einer Schenkung unter Lebenden beschlossene Umw einer KapGes in eine PersGes oder umgekehrt mit stl Rückwirkung auf einen stl Übertragungsstichtag vor dem Zeitpunkt der Steuerentstehung für die Frage, welches Verm Gegenstand der Übertragung war, unbeachtl (R E 11 ErbStR 2011). IdS hatte bereits der BFH (BStBl II 1984, 772 zu § 3 UmwStG 1969) mit der Begr entschieden, die Rückwirkung berühre nicht die Frage nach dem Gegenstand einer unentgeltl Zuwendung (ebenso Lutter/*Schaumburg/Schumacher* Anh 1 nach § 122l Rn 25; *Felix/Stahl* DStR 1986 Heft 3 Beiheft Abschn B I 3). Dieser Rspr und Verwaltungsauffassung ist indes nicht zuzustimmen (wie hier *Heinz* GmbHR 2001, 485, 488; *Lüdicke* ZEV 1995, 132, 135; GKT/*Knopf/Hill* Rn 10; Widmann/Mayer/*Widmann* Rn 85; Herrmann/Heuer/Raupach/*Hübl* UmwStG 1977 Rn 34; aA Lutter/*Schaumburg/Schumacher* Anh 1 nach § 122l Rn 25; *Wolf* FS Widmann, 2000, 657 ff; diff *von Rechenberg* GmbHR 1998, 976: vom Erblasser bereits eingeleitete Umw; idS auch RHL/*van Lishaut* Rn 10; Haritz/Menner/*Slabon* Rn 27). Denn auch die ErbSt stellt als Bemessungsgrundlage auf das (übergehende) Verm ab. Dieses ist im Erbfall zu bewerten; es findet also eine Ermittlung iSv Abs 1 S 1 statt (so auch Widmann/Mayer/*Widmann* Rn 85). Auf die Frage, was Gegenstand der Zuwendung ist (so BFH BStBl II 1984, 772), kommt es nicht an. Maßgebl ist dessen Bew, die aufgrund der Fiktion in § 2 modifiziert wird. Eine Unterscheidung danach, ob ein Erbfall oder eine Schenkung unter Lebenden vorliegt oder danach, ob noch der Erblasser/Schenker die Umw eingeleitet hat (vgl hierzu *von Rechenberg* GmbHR 1998, 976; *Wolf* FS Widmann, 2000, 657 ff; RHL/*van Lishaut* Rn 10; Haritz/Menner/*Slabon* Rn 27), hat keine gesetzl Stütze. Im Einzelfall ist § 42 AO zu prüfen (*von Rechenberg* GmbHR 1998, 976, *Lüdicke* ZEV 1995, 132). Hierbei ist aber zu berücksichtigen, dass die (frühere) unterschiedl Behandlung von Beteiligungen an KapGes und an PersGes im Erbschaft- und Schenkungssteuerrecht an sich bedenkl ist (BVerfG BStBl II 2007, 192). Es verstößt grdsl nicht gegen § 42 AO, wenn der Stpfl eine für ihn günstige Situation wählt, die gesetzl vorgegeben ist. Seit der grdsl Angleichung der Bewertung von KapGes und PersGes durch die ErbSt-Reform 2009 hat die Frage indes erheblich an praktischer Bedeutung verloren. 36

Für das Ende der Fristen nach **§ 13a V ErbStG** aF hat der stl Übertragungsstichtag keine Bedeutung. Die Frist beginnt mit dem Erwerb von Todes wegen oder durch Schenkung unter Lebenden. Soweit nachfolgende Umw schädl Veräußerungen gleichgestellt waren (vgl § 13a V Nr 4 S 2 ErbStG aF; vgl aber auch § 13a V Nr 1 S 2 ErbStG aF), knüpft dies an einen Vorgang und nicht an die Bew an. § 2 bewirkt aber nur eine Rückbeziehung der Einkommens- und Vermögensermittlung, nicht eine Rückbeziehung des Vorgangs an sich. Maßgebl ist daher das zivilrechtl Wirksamwerden der schädl Umw (ebenso Haritz/Menner/*Slabon,* 37

2. Aufl 2000, Rn 29 f; RHL/*van Lishaut* Rn 10). Die Problematik wurde durch die Neufassung von § 13a V ErbStG erheblich entschärft (vgl auch R E 13a.6 III ErbStR 2011).

9. Nicht betroffene Steuern

38 Die stl Rückwirkung gilt nicht für die Steuerarten, die nicht an das Einkommen oder Verm anknüpfen, also vor allem nicht für die **Verbrauch- und Verkehrsteuern** (USt, GrESt; vgl näher *Götz* GmbHR 1998, 349; vgl auch BMF-Schrb vom 11.11.2011, BStBl I 1314 Rn 01.01).

39 Bei der **USt** sind zB in der Zeit zwischen dem stl Übertragungsstichtag und dem tats Vermögensübergang **zwischen** der **Übertragerin** und der **Übernehmerin ausgetauschte Leistungen** entspr der handelsrechtl Lage vor der Eintragung der Umw in das zuständige Register steuerbar; daran ändert auch die abweichende ertragstl Behandlung eben dieser Umsätze nichts (ebenso Widmann/Mayer/*Widmann* Rn 290; RHL/*van Lishaut* Rn 11). Für Umsätze mit fremden Dritten ist die übertragende Körperschaft bis zu ihrem Erlöschen Schuldner der USt und Gläubiger des Vorsteueranspruchs. Bis zu diesem Zeitpunkt besteht auch ihre Erklärungspflicht nach § 18 UStG (OFD Erfurt DStR 1997, 1810, 1812). Zur Abgabe von monatlichen Umsatzsteuer-Voranmeldungen in Neugründungsfällen vgl UStAE 18.7. GrEStpfl Rechtsgeschäfte zwischen den an der Umw beteiligten Rechtsträgern im Rückwirkungszeitraum sind steuerbar (Widmann/Mayer/*Widmann* Rn 225; RHL/*van Lishaut* Rn 9).

40 Von der VerkehrStPfl während des Rückwirkungszeitraums zu unterscheiden ist die Frage, ob die **Umw selbst Verkehrsteuern auslöst.** Umw sind ustl regelm Geschäftsveräußerungen nach § 1 Ia UStG und unterliegen damit nicht der USt (hierzu *Götz* GmbHR 1998, 349; vgl aber *Pyszka* DStR 2011, 545). Umw mit Vermögensübertragungen sind zwar grdsl grunderwerbsteuerpfl (dazu *Götz* GmbHR 1998, 349; *Fleischer* DStR 1996, 1390; *Ott* INF 1996, 581), für Umstrukturierungen im Konzern greift aber oftmals die Vergünstigung nach **§ 6a GrEStG.** Der Formwechsel ist mangels zivilrechtl Vermögensübertragung grunderwerbsteuerfrei (BFH BStBl II 1997, 661; vgl näher *Hettler* DStR 1997, 1596).

41 Schließl hat die Rückwirkung keine Bedeutung für Steuern, für die die beteiligten Rechtsträger nicht Steuerschuldner sind. Dies gilt insbes für die von der übertragenden Körperschaft abzuführende **LSt** (Haritz/Menner/*Slabon* Rn 32; RHL/*van Lishaut* Rn 8; DPPM/*Dötsch* Rn 10). § 2 I 1 gilt auch nicht für die **Investitionszulage** (BFH BStBl II 1989, 805; Widmann/Mayer/*Widmann* Rn 233; Haritz/Menner/*Slabon* Rn 32; RHL/*van Lishaut* Rn 8). In der **Praxis** wird vielfach hinsichtl LSt und Sozialversicherung (idR gehen die Arbeitsverhältnisse auf den übernehmenden Rechtsträger über) nicht taggenau auf den Zeitpunkt der Registereintragung abgegrenzt, sondern die Umstellung wird am dem Eintragungstag folgenden Monatsende vorgenommen.

Ermittlung und Besteuerung von Einkommen und Vermögen

10. Ermittlung und Besteuerung des Einkommens

42 **a) Grundsatz.** Ausgangspunkt für die steuerrechtl Behandlung ist der durch Abs 1 S 1 angeordnete Grds, dass das Verm der übertragenden Körperschaft als

bereits mit dem stl Übertragungsstichtag auf die Übernehmerin übergegangen gilt und alle **nach** dem Übertragungsstichtag anfallenden Vorgänge mit Auswirkung auf Einkommen und Verm, die sich bei der handelsrechtl bis zur Eintragung bestehenden Übertragerin ereignen, der **Übernehmerin zugeordnet** werden, selbst wenn diese noch nicht existiert (BMF-Schrb vom 11.11.2011, BStBl I 1314 Rn 02.03, 02.10 f; Widmann/Mayer/*Widmann* Rn 30; Blümich/*Klingberg* Rn 27; DPPM/*Dötsch* Rn 24). Bei der **Abspaltung** gilt dies nur hinsichtl des abgespaltenen Verm (vgl Abs 1 S 1: „... ganz oder teilw ..."). Bei der **Aufspaltung** geht zwar das gesamte Verm der übertragenden Körperschaft über, bei den übernehmenden Rechtsträgern und deren Gesellschaftern sind die Verm- und Einkommensauswirkungen am bzw ab dem stl Übertragungsstichtag aber nur hinsichtl der jew Teilvermögen zu erfassen (so auch Widmann/Mayer/*Widmann* Rn 32).

Dagegen **endet** (nicht hingegen rückwirkender Wegfall der Existenz – BFH/NV 2008, 1538; DPPM/*Dötsch* Rn 24) die **KSt- und GewSt-Pflicht** der Übertragerin bei Verschm und Aufspaltungen mit Ablauf des stl Übertragungsstichtags (BFH/NV 2008, 1538; BFH BStBl II 2006, 469; BFH/NV 2004, 305; BMF-Schrb vom 25.3.1998, BStBl I 268 Rn 02.06; weniger deutlich BMF-Schrb vom 11.11.2011, BStBl I 1314 Rn 02.03, 02.10: keine Zurechnung des Einkommens und Vermögens; Widmann/Mayer/*Widmann* Rn 34; DPPM/*Dötsch* Rn 24, 26, 43; RHL/*van Lishaut* Rn 31; Lutter/*Schaumburg/Schumacher* Anh 1 nach § 122l Rn 25; Lademann/*Hahn* Rn 35; Haase/Hruschka/*Steimel/Heerdt* Rn 78; Blümich/*Klingberg* Rn 14). Das bis zum stl Übertragungsstichtag entstehende laufende Erg ist in der stl Schlussbilanz zu erfassen und von der übertragenden Körperschaft zu versteuern. Ein von der übertragenden Körperschaft bis zum stl Übertragungsstichtag erwirtschafteter Gewinn kann nicht mit Verlusten der Übernehmerin verrechnet werden (BFH/NV 2008, 1538). Auch die Folgen der Umw für die übertragende Körperschaft gehen in die stl Schlussbilanz ein. Ein **Übertragungsgewinn** ist daher für die **übertragende Körperschaft** am stl Übertragungsstichtag (= Stichtag der stl Schlussbilanz nach §§ 3, 11, 15, 16) zu ermitteln (BMF-Schrb vom 11.11.2011, BStBl I 1314 Rn 02.04; Lademann/*Hahn* Rn 32). Für die Prüfung des Ausschlusses oder der Beschränkung des inländischen **Besteuerungsrechts** (§§ 3 II, 11 II) sind die Verhältnisse am stl Übertragungsstichtag maßgebend (BMF-Schrb vom 11.11.2011, BStBl I 1314 Rn 02.15; DPPM/*Dötsch* Rn 28). Zum maßgeblichen Zeitpunkt für das Vorliegen der Teilbetriebsvoraussetzungen vgl § 15 Rn 85 und § 20 Rn 90. Stimmt der stl Übertragungsstichtag nicht mit dem Geschäftsjahresende überein, entsteht ein RumpfWj (BFH BStBl II 2006, 469; BMF-Schrb vom 11.11.2011, BStBl I 1314 Rn 02.04, 03.01; DPPM/*Dötsch* Rn 26; vgl auch FG Niedersachsen EFG 2008, 263, 265). Eines Einvernehmens mit den FA gem § 7 IV 3 KStG bedarf es nicht (BFH BStBl II 2006, 469; DPPM/*Dötsch* Rn 26, 34). Zur stl Erfassung der Abspaltung vgl § 15 Rn 111. Für das am stl Übertragungsstichtag endende Wj sind noch Veranlagungen der KSt und GewSt für die übertragende Körperschaft durchzuführen (BFH/NV 2008, 1538; BFH/NV 2004, 305; FG Baden-Württemberg EFG 2007, 1365; DPPM/*Dötsch* Rn 26). Die **Bescheide** sind an die übernehmende Ges als Rechtsnachfolgerin der übertragenden Ges zu richten (BFH/NV 2008, 1538; BFH/NV 2004, 305; BFH GrS BStBl II 1986, 230). Umgekehrt **beginnt** am stl Übertragungsstichtag die **StPfl** eines durch Umw zur Neugründung entstehenden Rechtsträgers, also bereits vor seiner zivilrechtl Existenz (BMF-Schrb vom 11.11.2011, BStBl I 1314 Rn 02.11; BFH BStBl II 2006, 469; Widmann/Mayer/*Widmann* Rn 35; DPPM/*Dötsch* Rn 37, 43; vgl auch Rn 26).

44 Die Zuordnung aller auf einen späteren Zeitpunkt fallenden Vorgänge zur **Übernehmerin** bewirkt, dass damit unmittelbar **eigene Gewinne/Verluste** der Übernehmerin entstehen, für deren Besteuerung alleine die für die Übernehmerin geltenden Vorschriften maßgebend sind (zu Verlusten vgl BFH BStBl II 2006, 380 und BMF-Schrb vom 7.4.2006, BStBl I 344). Dies gilt nicht nur für die lfd Geschäftsvorfälle ab dem stl Übertragungsstichtag. Auch die Verm- und Ergebnisauswirkungen der Umw selbst werden bei der Übernehmerin und bei ihren Gesellschaftern mit Ablauf des stl Übertragungsstichtages erfasst. Ein **Übernahmeergebnis** (§ 4 IV ff), ein **Konfusionsgewinn** nach § 6 und ein Gewinn nach § 4 I 2, § 11 II 2, § 12 I 2 (DPPM/*Dötsch* Rn 48) fallen am stl Übertragungsstichtag an (BMF-Schrb vom 11.11.2011, BStBl I 1314 Rn 02.04; Widmann/Mayer/*Widmann* Rn 39; RHL/*van Lishaut* Rn 30). Entsprechendes gilt für die Einkünfte nach **§ 7** (BMF-Schrb vom 11.11.2011, BStBl I 1314 Rn 02.04; Rn 51). Auch mit dem Vermögensübergang verbundene mittelbare Folgen sind am stl Übertragungsstichtag zu erfassen. Tritt etwa infolge der Umw eine **Anwachsung** bei einer PersG, an der die Rechtsträger beteiligt sind, ein (Vereinigung aller Anteile an der PersGes beim übernehmenden Rechtsträger), erfolgt auch das Erlöschen der PersGes und der Übergang deren Vermögens am stl Übertragungsstichtag (BFH/NV 2010, 1492; Haase/Hruschka/*Steimel/Heerdt* Rn 110). Ein Verlustabzug nach **§ 10a GewStG** bei einer Unterpersonengesellschaft geht am stl Übertragungsstichtag unter (BFH/NV 2010, 1492).

Liegt der stl Übertragungsstichtag im vorherigen **VZ,** ist er dort zu erfassen. Zur Behandlung von im Rückwirkungszeitraum und gegen Barabfindung (§§ 29, 207 UmwG) **ausscheidenden** Gesellschaftern vgl Rn 99 ff.

45 **b) Körperschaft als Übernehmerin.** Ist die Übernehmerin eine Körperschaft (§§ 11–13, 15), sind die nach dem stl Übertragungsstichtag liegenden Geschäftsvorfälle bei der Übernehmerin nach den Vorschriften des KStG/GewStG zu behandeln, obwohl die übertragende Körperschaft diese Geschäfte nach außen in ihrem Namen und auf ihre Rechnung abgeschlossen und durchgeführt hat. Zu Umqualifizierungen wegen des Wechsels vom KSt- zum ESt-Recht (dazu Rn 46 ff) kommt es dabei nicht; die stl Behandlung bei Übertragerin und Übernehmerin ist idR identisch. Dies gilt insbes für die Beziehungen zu den Gesellschaftern (DPPM/*Dötsch* Rn 45; Frotscher/Maas/*Frotscher* Rn 26; vgl auch Rn 53). Allerdings treten auch bei der Vermögensübertragung auf eine andere Körperschaft **Abgrenzungsschwierigkeiten** auf und müssen aufgrund der Rückwirkung Anpassungen vorgenommen werden. So müssen **tatsächliche Lieferungen und Leistungen** zwischen den beiden beteiligten Rechtsträgern ab dem stl Übertragungsstichtag bis zur Eintragung der Umw in das HR als reine Innengeschäfte der Übernehmerin behandelt und damit stl neutralisiert werden (dazu näher Rn 65). Insoweit besteht ein Unterschied zu einer übernehmenden PersGes oder einer übernehmenden natürl Person nicht (vgl Rn 47). Mit der Umw auf eine PersGes/natürl Person vglbare Probleme treten bei Gewinnausschüttungen (dazu Rn 71 ff) und bei im Rückwirkungszeitraum ausscheidenden Gesellschaftern auf (Rn 99 ff).

46 **c) Personengesellschaft als Übernehmerin.** Bei einer PersGes als übernehmendem Rechtsträger treten zunächst durch Geschäftsvorfälle und andere Ereignisse im Rückwirkungszeitraum vglbare Probleme wie bei einer Körperschaft als übernehmendem Rechtsträger auf (Rn 45). Auch in diesem Fall sind Rechtsgeschäfte zwischen den beteiligten Rechtsträgern im Rückwirkungszeitraum als stl

Innengeschäfte grdsl zu neutralisieren (vgl Rn 45). Ebenso ist die Zuordnung von Gewinnausschüttungen (Rn 71 ff) und die Behandlung von im Rückwirkungszeitraum oder gegen Barabfindung ausscheidenden Gesellschaftern (dazu Rn 99 ff) zu klären. Darüber hinaus müssen bei einer PersGes als Übernehmerin die rechtl Beziehungen zwischen der übertragenden Körperschaft und der PersGes bzw deren Gesellschaftern im Rückwirkungszeitraum **einkommensteuerrechtl** und – wegen der Höhe des Gewerbeertrags – auch **gewerbesteuerrechtl umqualifiziert** werden (Lademann/*Hahn* Rn 38). Denn anders als bei Übertragungen auf Körperschaften gilt hier die Rückwirkungsfiktion auch für die **Gesellschafter** (Abs 2). Auch der Umfang des BV (SBV) ändert sich bereits im Rückwirkungszeitraum (Lademann/*Hahn* Rn 136). Für die GewSt gilt wiederum Abs 1, weil die PersGes selbst Steuerschuldner ist (§ 2 I GewStG; Haritz/Menner/*Slabon* Rn 34; vgl Rn 93 ff). Grdsl ist daher zu unterscheiden:

aa) Geschäfte zwischen den Rechtsträgern. Alle **lfd Geschäfte** der übertragenden **Körperschaft mit** der **PersGes** aus Tätigkeiten, Kreditgeschäften, Nutzungsüberlassungen und Warengeschäften sind (wie bei einer übernehmenden Körperschaft, vgl Rn 45) ertragstl **Innengeschäfte** der Übernehmerin ohne Auswirkung auf das stl Erg (BMF-Schrb vom 11.11.2011, BStBl I 1314 Rn 02.13, dazu näher Rn 65). 47

bb) Geschäfte mit den Gesellschaftern. Dagegen sind die **lfd Geschäfte** der **Körperschaft mit** den **Gesellschaftern** der übernehmenden PersGes keine zu eliminierenden innerbetriebl Vorgänge. Sie sind aber ab dem stl Übertragungsstichtag ggf anders zu qualifizieren und wirken sich daher auf das einkommensteuerl und gewstl Erg aus, soweit sie **Sondervergütungen** iSv §§ 15 I 1 Nr 2, 18 IV 2 EStG sind. Sie werden dann zu gewerbl/freiberufl Einkünften und einem Gewinnvoraus an die Gesellschafter der PersGes (MU) umqualifiziert (BMF-Schrb vom 11.11.2011, BStBl I 1314 Rn 02.36; Widmann/Mayer/*Widmann* Rn 40; Blümich/*Klingberg* Rn 33; Lutter/*Schaumburg/Schumacher* Anh 1 nach § 122l Rn 27; Frotscher/Maas/*Frotscher* Rn 27; GKT/*Knopf/Hill* Rn 33). 48

So werden bspw **Vergütungen an den Gesellschafter** für Tätigkeiten, Kreditgeschäfte, Nutzungsüberlassungen und Warengeschäfte jedenfalls dann von § 15 I Nr 2 EStG erfasst, wenn ein gewisser Zusammenhang zwischen der Tätigkeit der PersGes und derjenigen ihres Gesellschafters besteht, das Zusammentreffen jedenfalls nicht eher zufällig ist (ausführl L. Schmidt/*Wacker* EStG § 15 Rn 560; vgl auch DPPM/*Dötsch* Rn 46). Zu weiteren Einzelheiten Rn 53 ff. 49

Auch die ggf durch die Umw in eine PersGes eintretende Umqualifizierung von WG des stl **PV** in solche des **(S)BV** erfolgt bereits rückwirkend zum stl Übertragungsstichtag (wie hier GKT/*Knopf/Hill* Rn 35; Lademann/*Hahn* Rn 136; *Knopf/Söffing* NWB Fach 18, 3625, 3629). Hierbei handelt es sich um eine Einlage, die grdsl nach § 6 I Nr 5 EStG mit dem TW zu bemessen ist. Eine Veräußerung (vgl BFH DStR 1999, 366) liegt insoweit nicht vor, da die Überführung des weiterhin im zivilrechtl Eigentum des Gesellschafters stehenden WG in das SBV nicht eine Gegenleistung für die Gewährung der Anteile am übernehmenden Rechtsträger darstellt. Demzufolge tritt eine Gewinnrealisierung nicht ein. §§ 7 I 5, 23 I 5 EStG sind zu beachten. Befand sich das WG bereits zuvor in einem BV, greift ggf § 6 V EStG ein (RHL/*van Lishaut* Rn 97). 50

cc) Übernahmeergebnis. Auch das den einzelnen **Gesellschaftern** zuzurechnende Übernahmeergebnis nach **§ 4 IV ff,** § 5 entsteht am stl Übertragungs- 51 stichtag (BMF-Schrb vom 11.11.2011, BStBl I 1314 Rn 02.04; DPPM/*Dötsch* Rn 48; RHL/*van Lishaut* Rn 79; vgl Rn 90). Entsprechendes gilt für die Einkünfte nach **§ 7** (BMF-Schrb vom 11.11.2011, BStBl I 1314 Rn 02.04, 07.07; RHL/*van Lishaut* Rn 79). Für Zwecke der Anwendung von § **15a EStG** ist bereits am stl Übertragungsstichtag und während der Interimsphase von einer PersGes und von der Haftungsverfassung (etwa) einer KG auszugehen (BFH BStBl II 2010, 942).

52 **d) Natürliche Person als Übernehmerin.** Ist die Übernehmerin eine natürl Person, so führt die Rückbeziehung stl ebenfalls häufig zu einer Umqualifizierung der zwischen dem stl Übertragungsstichtag und Eintragung ausgetauschten Leistungen. **Entgelte** der Körperschaft an die natürl Person werden ab dem stl Übertragungsstichtag nicht mehr berücksichtigt. Sie sind keine BA, sondern stl unbeachtl Entnahmen. Bislang von der Körperschaft genutzte **WG** werden regelm ab dem stl Übertragungsstichtag ebenfalls BV des EU. Insoweit besteht kein materieller Unterschied zu den Folgen bei einer übernehmenden PersGes (Rn 46 ff).

11. Einzelheiten

53 **a) Gehälter nach dem steuerlichen Übertragungsstichtag.** Bei einer Umw **auf** eine andere **Körperschaft** (§§ 11 ff, 15) tritt eine Umqualifizierung der nach dem stl Übertragungsstichtag geleisteten Gehaltszahlungen an Gesellschafter der übertragenden Körperschaft nicht ein. Sie sind allerdings aufgrund der stl Rückwirkungsfiktion bereits BA der übernehmenden Körperschaft (DPPM/*Dötsch* Rn 45; RHL/*van Lishaut* Rn 74; Haritz/Menner/*Slabon* Rn 71); beim empfangenden Gesellschafter stellen sie unveränderte Einkünfte aus nichtselbstständiger Tätigkeit (§ 19 EStG) dar. Die tats noch vom übertragenden Rechtsträger einbehaltene und abgeführte LSt für ArbN gilt als vom übernehmenden Rechtsträger geleistet.

54 Anderes gilt bei einer Vermögensübertragung **auf** eine **PersGes** oder auf eine **natürl Person** (§§ 3 ff, 16). Gehaltszahlungen an Gesellschafter der KapGes für Zeiträume nach dem stl Übertragungsstichtag, die für Zeiträume nach dem stl Übertragungsstichtag geleistet werden, sind einschl der ArbGAnteile zur SozVers (BFH BStBl II 1971, 177; Widmann/Mayer/*Widmann* Rn 99) nicht BA und beim Gesellschafter nicht Einkünfte aus nichtselbstständiger Arbeit, sondern zählen als Sondervergütungen nach §§ 15 I 1 Nr 2, 18 IV 2 EStG zu den gewerbl/freiberufl Einkünften (BMF-Schrb vom 11.11.2011, BStBl I 1314 Rn 02.36; Widmann/Mayer/*Widmann* Rn 102; Haritz/Menner/*Slabon* Rn 71; Blümich/*Klingberg* Rn 27; Lutter/*Schaumburg/Schumacher* Anh 1 nach § 122l Rn 27; Lademann/*Hahn* Rn 129; RHL/*van Lishaut* Rn 95; DPPM/*Dötsch* Rn 46). Die Zahlungen sind Entnahmen und zugleich – bei einer übernehmenden PersGes – Vorabgewinn des empfangenden Gesellschafters (Widmann/Mayer/*Widmann* Rn 99, 101). Dies gilt im vollen Umfang auch für Anteilsinhaber, die in der Rückwirkungszeit nur teilw ausscheiden (BMF-Schrb vom 11.11.2011, BStBl I 1314 Rn 02.36, 02.29; vgl auch Rn 105).

55 Sind in der stl Schlussbilanz **offene Gehaltsforderungen** eines Gesellschafters für Zeiträume **vor** dem stl **Übertragungsstichtag** ausgewiesen, erstreckt sich die Umqualifikation auf sie nicht (Haritz/Menner/*Slabon* Rn 71; DPPM/*Dötsch* Rn 46). Sie sind als Verbindlichkeiten in der stl Schlussbilanz der Körperschaft auszuweisen (DPPM/*Dötsch* Rn 46; Widmann/Mayer/*Widmann* Rn 100). Ermittelt der übernehmende Gesellschafter bzw die übernehmende PersGes die Ein-

künfte nach **§ 4 III EStG,** sind die tats Zahlungen für Zeiträume vor dem stl Übertragungsstichtag beim Empfänger unverändert als Einkünfte aus nichtselbstständiger Tätigkeit zu qualifizieren (Widmann/Mayer/*Widmann* Rn 101).

Ermittelt der übernehmende Gesellschafter oder die übernehmende PersGes die Einkünfte nach **§ 4 I oder § 5 EStG,** ist zu beachten, dass die Umw stl zum Erlöschen von Forderungen einerseits und Verbindlichkeiten andererseits führt, auch wenn handelsrechtl (etwa im Fall der rechtsgeschäftl Beziehung der PersGes zum Gesellschafter) eine Vereinigung von Forderung und Verbindlichkeiten nicht eintritt. Die Schlussbilanz der KapGes muss eine entsprechende Verbindlichkeit ausweisen, während stl – entgegen der zivilrechtl Lage – bei der übernehmenden PersGes eine Konfusion eintritt (str; vgl § 6 Rn 14 ff, 20 ff). Das stl Erlöschen der Verbindlichkeiten der übertragenden Körperschaft bewirkt das Zufließen des Gehalts am stl Übertragungsstichtag und eine Einlage der Forderung, die zu einer Erhöhung des stl Kapitalkontos des Gesellschafters führt (Widmann/Mayer/*Widmann* Rn 100 und § 6 UmwStG Rn 200; Haritz/Menner/*Slabon* Rn 72; *Jorde/Wetzel* BB 1996, 1246, 1248; GKT/*Knopf/Hill* Rn 33; vgl iÜ die Erläuterungen zu § 6). 56

Durch die Berücksichtigung der Gehaltsforderung in einer stl Sonderbilanz wird erreicht, dass die in der HB der Übernehmerin ausgewiesene Verbindlichkeit ggü dem Gesellschafter in der Gesamtbilanz (HB und Sonderbilanz) in ein stl Kapitalkonto des Gesellschafters umqualifiziert wird. Dabei stehen sich in der Gesamtbilanz die „Gehaltsforderungen" und „Gehaltsverbindlichkeiten" zunächst inhalts- und betragsgleich ggü, sodass eine „stl" Aufrechnung mögl ist. Hierzu folgendes 57

Beispiel: 58

HB der Übernehmerin

Sonstige Aktiva	1000	200	Kapital
		300	„Gehaltsverbindlichkeit" (Gesellschafterter)
		500	sonstige Passiva
	1000	1000	

Sonderbilanz des Gesellschafters 59

„Gehaltsforderung"	300	300	Mehrkapital

Umstr ist, ob eine Rücklage iSv § 6 gebildet werden kann (so zutr Herrmann/Heuer/Raupach § 8 UmwStG 1977 Rn 18; *Meyer-Arndt* Rn 131; *Loos* Rn 271) oder ob eine Verteilung der Einkünfte entsprechend § 6 nicht mögl ist (so Widmann/Mayer/*Widmann* § 6 Rn 200 ohne Begr). 60

Entsprechendes gilt für **Diensterfindungen** des Gesellschafters (wohl auch Widmann/Mayer/*Widmann* Rn 98 und BFH BStBl II 1976, 746). Maßgebl ist der Zeitpunkt der Inanspruchnahme der Diensterfindung. 61

Die Umqualifizierung tritt **nicht** für Leistungen an im Rückwirkungszeitraum oder gegen Barabfindung **ausscheidende Gesellschafter** ein (dazu Rn 99 ff). Ein nur teilw Ausscheiden genügt hierfür nicht. In diesem Fall gelten die vorstehenden Ausführungen vollumfängl; eine Aufteilung der Einkünfte findet nicht statt (BMF-Schrb vom 11.11.2011, BStBl I 1314 Rn 02.36; Widmann/Mayer/*Widmann* Rn 103). 62

63 Kommt es zu einer Umqualifizierung der Gehaltszahlungen, ist die bereits einbehaltene und abgeführte **LSt** zu erstatten oder bei der EStVeranlagung zu verrechnen (Widmann/Mayer/*Widmann* Rn 104; *Jorde/Wetzel* BB 1996, 1246, 1248 Fn 27). Die Pflicht der übertragenden Körperschaft zur Einbehaltung und Abführung der LSt endet grdsl erst mit Wirksamwerden der Umw, da eine wirksame Umw selbst wiederum Voraussetzung für das Eintreten der stl Rückbeziehung ist. In der Praxis wird vielfach bereits zuvor – etwa ab Anmeldung der Umw – auf den LSt-Abzug verzichtet (RHL/*van Lishaut* Rn 96; Widmann/Mayer/*Widmann* Rn 104).

64 **b) Nutzungsvergütungen der Übertragerin an ihre Gesellschafter.** Für Vergütungen aus der Nutzungsüberlassung von WG oder Darlehen gilt das zu Tätigkeitsvergütungen Ausgeführte (Rn 53 ff) entsprechend (BMF-Schrb vom 11.11.2011, BStBl I 1314 Rn 02.36).

65 **c) Lieferungen und Leistungen. Tatsächliche Lieferungen und Leistungen** zwischen den beteiligten Rechtsträgern ab dem stl Übertragungsstichtag bis zur Eintragung der Umw in das HR müssen als (fiktive) Innengeschäfte der Übernehmerin behandelt und damit stl neutralisiert werden (BMF-Schrb vom 11.11.2011, BStBl I 1314 Rn 02.13; RHL/*van Lishaut* Rn 51; Haritz/Menner/*Slabon* Rn 70; Widmann/Mayer/*Widmann* Rn 260; Lutter/*Schaumburg/Schumacher* Anh 1 nach § 122l Rn 27; Lademann/*Hahn* Rn 36; Haase/Hruschka/*Steimel/Heerdt* Rn 101; Blümich/*Klingberg* Rn 32; GKT/*Knopf/Hill* Rn 25; *Jorde/Wetzel* BB 1996, 1246, 1248). Bei der Veräußerung eines WG an die Übernehmerin im Rückwirkungszeitraum ist ein dadurch entstehender Gewinn zu eliminieren und das WG beim Erwerber mit dem bisherigen BW des Veräußerers, ggf erhöht um tatsächliche Anschaffungsnebenkosten wie GrESt, anzusetzen (RHL/*van Lishaut* Rn 52; vgl auch § 4 Rn 35). Eine bereits verwirklichte vGA im Zusammenhang mit Lieferungen und Leistungen zwischen den Rechtsträgern entfällt damit (DPPM/*Dötsch* Rn 43). Nur diese Sichtweise wird der von Abs 1 S 1 angeordneten Rückwirkungsfiktion gerecht (vgl zu mögl Wertungswidersprüchen *Rogall* DB 2010, 1035; *Panzer/Gebert* DStR 2010, 520). Zur **handelsbilanziellen** Behandlung vgl § 17 UmwG Rn 83. Dies gilt bei Verschm und Aufspaltungen uneingeschränkt. Bei **Abspaltungen** und **Ausgliederungen,** bei denen der übertragende Rechtsträger bestehen bleibt und nur Teile seines Vermögens übertragen werden, ist zu differenzieren. Leistungsbeziehungen zwischen dem übertragenden Rechtsträger und dem übernehmenden Rechtsträger, die auf Seiten des übertragenden Rechtsträgers dem übergehenden Vermögen (etwa Teilbetrieb) zuzuordnen sind, sind wie bei der Verschm zu eliminieren. Lieferungen und Leistungen, die in keinem Zusammenhang mit den übertragenen Vermögensteilen bestehen, sind indes unverändert stl zu berücksichtigen (Haritz/Menner/*Slabon* Rn 70; DPPM/*Dötsch* Rn 44; unklar Frotscher/Maas/*Frotscher* Rn 23). Die Rückwirkungsfiktion führt indes **nicht** dazu, dass – bei Spaltungen – **Lieferungs- und Leistungsbeziehungen fingiert** werden können, die zivilrechtlich in der Interimsphase innerbetriebliche Vorgänge waren (DPPM/*Dötsch* Rn 44). Denn die Rückwirkungsfiktion erstreckt sich nur auf den Vermögensübergang und auf die Ergebniszurechnung ab dem stl Übertragungsstichtag (Abs 1 S 1). Demzufolge sind die Aufwendungen und Erträge den zurückbleibenden und übergehenden Vermögensteilen zuzuordnen und damit zwischen dem übertragenden Rechtsträger und den übernehmenden Rechtsträgern aufzuteilen (BMF-Schrb vom 11.11.2011, BStBl I 1314 Rn 02.13; Lademann/*Hahn* Rn 37). Dies hat anhand

der Zuordnung im Spaltungs- und Übertragungsvertrag (Spaltungsplan) zu erfolgen (Lademann/*Hahn* Rn 37; unklar insoweit BMF-Schrb vom 11.11.2011, BStBl I 1314 Rn 02.13: wirtschaftliche Zusammenhänge). Dies gilt unabhängig davon, ob eine Körperschaft, eine PersGes oder eine natürl Person übernehmender Rechtsträger ist. Forderungen und Verbindlichkeiten zwischen den beteiligten Rechtsträgern erlöschen mit stl Wirkung zum stl Übertragungsstichtag, soweit es zur Konfusion kommt (DPPM/*Dötsch* Rn 42).

Lfg und Leistungen **zwischen** der **Übertragerin** und einem **Gesellschafter** der übernehmenden PersGes, die **keine** Leistungen iSv §§ 15 I 1 Nr 2, 18 IV 2 EStG **(Sondervergütungen)** sind (etwa Warenlieferungen), werden auch nach dem stl Übertragungsstichtag nicht umqualifiziert (Widmann/Mayer/*Widmann* Rn 264; RHL/*van Lishaut* Rn 93; DPPM/*Dötsch* Rn 46). Derartige Rechtsbeziehungen zwischen dem Gesellschafter und einer PersGes werden grdsl auch stl wie Rechtsgeschäfte unter fremden Dritten behandelt. Bei **Warenlieferungen** liegen Anschaffungs- und Veräußerungsgeschäfte vor. Der Gesellschafter erzielt unverändert ab dem stl Übertragungsstichtag diejenige Art von Einkünften, die er auch bei Lfg und Leistungen ggü der übertragenden Körperschaft erzielt hätte. Die Rechtsgeschäfte werden indes ab dem stl Übertragungsstichtag bereits der Übernehmerin zugerechnet. Zur Abgrenzung zu Sondervergütungen vgl L. Schmidt/*Wacker* EStG § 15 Rn 562. Zu Leistungsbeziehungen mit im Rückwirkungszeitraum oder gegen Barabfindung **ausscheidenden Gesellschaftern** vgl Rn 105. 66

d) Steuervorauszahlungen. Die Verpflichtungen aus den gegen die Übertragerin ergangenen Vorauszahlungsbescheiden gehen **erst beim Erlöschen** des übertragenden Rechtsträgers gem § 45 I AO auf die übernehmenden Rechtsträger ganz oder (zB nach dem Spaltungsplan) teilw über (Widmann/Mayer/*Widmann* Rn 327; zum Übergang auch § 1 Rn 144 ff). Die Zahlungsverpflichtung des übertragenden Rechtsträgers bleibt auch nach dem stl Übertragungsstichtag unberührt. 67

Soweit sich Vorauszahlungen zur KSt auf das Einkommen beziehen, das nach dem stl Übertragungsstichtag anfällt und bei der Übernehmerin zu erfassen ist, kann die Übertragerin die **Anpassung des Vorauszahlungsbescheides** beantragen (wie hier Widmann/Mayer/*Widmann* Rn 328); nach Eintragung geht das Antragsrecht auf die Übernehmerin über (vgl auch § 1 Rn 143). Der Antrag auf Anpassung der Vorauszahlungen kann auch dann noch gestellt werden, wenn die Vorauszahlungstermine bereits abgelaufen und die Vorauszahlungen entrichtet sind. Das FA kann dann allerdings zugleich die Vorauszahlungen der Übernehmerin nach vorheriger Gewährung von rechtl Gehör anpassen (vgl *App* INF 1988, 220). 68

e) Kapitalerhöhungen/Kapitalherabsetzungen. Nach dem Übertragungsstichtag durchgeführte **KapErh** bei der übertragenden Körperschaft sind stl auf den stl Übertragungsstichtag zurückzubeziehen (IDW (Steuerfachausschuss) WPg 1997, 439, 434; wohl auch RHL/*van Lishaut* Rn 72; Lademann/*Hahn* Rn 130; aA Widmann/Mayer/*Widmann* Rn 234; DPPM/*Dötsch* Rn 47). Die neuen Anteile nehmen an der Umw teil (§ 5 entsprechend). Andernfalls würden sachl nicht begründete Unterschiede zur Behandlung von Anteilsinhabern, die durch den Erwerb bestehender Anteile hinzutreten (Rn 99 ff), entstehen, wenn die neuen Anteile durch bislang nicht beteiligte Personen gezeichnet werden. Das erhöhte Kapital ist bereits in der stl Schlussbilanz zu erfassen. Zugleich sind bei der Ermittlung des Übernahmeergebnisses (§ 4 IV) die erhöhten AK/BW zu berücksichtigen (vgl auch RHL/*van Lishaut* Rn 72). Auch bei der Zeichnung durch einen aus- 69 scheidenden Gesellschafter tritt die Erhöhung seines Anteils stl fiktiv schon am stl Übertragungsstichtag ein (ebenso Widmann/Mayer/*Widmann* Rn 234). Seine AK erhöhen sich entsprechend. Eine nach dem Übertragungsstichtag vorgenommene **Kapitalherabsetzung** gem §§ 222 ff AktG und §§ 58, 58a GmbHG ist hingegen eine unbeachtl Vermögensumschichtung, da das Verm der Körperschaft stl bereits der **übernehmenden PersGes** zugerechnet wird (Widmann/Mayer/*Widmann* Rn 236; IDW FN 1996, 194a, 194g).

70 Anders ist die Kapitalherabsetzung zu beurteilen, wenn tats Kap an einen im Rückwirkungszeitraum oder gegen Barabfindung **ausscheidenden Anteilsinhaber** zurückbezahlt wird. Dieser nimmt an der Umw nicht mehr teil (näher Rn 99 ff). Der Vermögensabfluss kann nicht in eine Entnahme aus der PersGes umqualifiziert werden. Der Abfluss ist bereits in der stl Schlussbilanz zu berücksichtigen. Für den Ausscheidenden gelten die allg Grdse bei Kapitalrückzahlungen (Widmann/Mayer/*Widmann* Rn 236; DPPM/*Dötsch* Rn 47).

71 **f) Gewinnausschüttungen.** Bei Gewinnausschüttungen für vergangene Wj und bei anderen Ausschüttungen (insbes vGA und Vorabausschüttungen) im Rückwirkungszeitraum ist danach zu diff, wann der Anspruch begründet wurde bzw wann der tats Abfluss stattfand. Weiter unterscheidet sich die stl Behandlung danach, ob Übernehmerin eine Körperschaft oder eine PersGes/natürl Person ist (Umqualifizierung), und ob die Ausschüttung an einen im Rückwirkungszeitraum oder gegen Barabfindung (§§ 29, 207 UmwG) ausscheidenden oder an einen verbleibenden Gesellschafter fließt. Zu Besonderheiten im **VZ 2000 und 2001** im Zusammenhang mit dem Wechsel vom Anrechnungsverfahren zum Halbeinkünfteverfahren durch das StSenkG vgl 4. Aufl 2006, Rn 70 ff. Im Einzelnen:

72 **aa) Vor dem stl Übertragungsstichtag vollständig bewirkte Gewinnausschüttungen.** Bei vor dem stl Übertragungsstichtag bereits abgeflossenen Gewinnausschüttungen treten durch die Rückwirkungsfiktion grdsl Besonderheiten nicht auf. Dies gilt auch für vGA und Vorabausschüttungen im Wj, in dem der stl Übertragungsstichtag liegt. Sie haben das Verm der übertragenden Körperschaft bereits vor dem stl Übertragungsstichtag vermindert; Korrekturen der stl Schlussbilanz bedarf es daher nicht (BMF-Schrb vom 11.11.2011, BStBl I 1314 Rn 02.25; Widmann/Mayer/*Widmann* Rn 135; Haritz/Menner/*Slabon* Rn 62; RHL/*van Lishaut* Rn 60; DPPM/*Dötsch* Rn 57). Die Rückwirkungsfiktion greift nicht.

73 Die ausschüttungsbedingten Folgen für das stl Einlagenkonto sind noch bei der übertragenden Körperschaft in deren stl Schlussbilanz zu erfassen (BMF-Schrb vom 16.12.2003, BStBl I 786 Rn 24; RHL/*van Lishaut* Rn 60). Für die Anwendung von § 29 II, III KStG ist der Bestand am stl Übertragungsstichtag maßgebl. Die übertragende Körperschaft hat die KapESt einzubehalten und abzuführen (DPPM/*Dötsch* Rn 57). Für den Zufluss und die Besteuerung bei den Anteilsinhabern gelten die allgemeinen Grundsätze (BMF-Schrb vom 11.11.2011, BStBl I 1314 Rn 02.26).

74 **bb) Vor dem stl Übertragungsstichtag begründete Gewinnausschüttungen.** Vor dem stl Übertragungsstichtag beschlossene, aber erst danach abgeflossene **Gewinnausschüttungen** für vergangene Wj fallen nicht unter die Rückwirkungsfiktion. Sie sind stl noch bei der übertragenden Körperschaft zu erfassen; bei der Umw auf eine PersGes/natürl Person kommt es nicht zu einer Umqualifizierung. Die beschlossenen Gewinnausschüttungen sind als Schuldposten (Ausschüttungsverbindlichkeiten) in der stl Schlussbilanz der übertragenden Körperschaft zu passivieren (BMF-Schrb vom 11.11.2011, BStBl I 1314 Rn 02.27; Widmann/Mayer/*Widmann* Rn 140; Haritz/Menner/*Slabon* Rn 63; RHL/*van Lishaut* Rn 61; DPPM/*Dötsch* Rn 58; Lademann/*Hahn* Rn 122; *Jorde/Wetzel* BB 1996, 1246, 1248; *Mahlow/Franzen* GmbHR 2000, 12, 18). Entsprechendes gilt für vor dem stl Übertragungsstichtag beschlossene, aber erst danach abgeflossene **Vorabausschüttungen** (BMF-Schrb vom 11.11.2011, BStBl I 1314 Rn 02.27; Widmann/Mayer/*Widmann* Rn 140; Haritz/Menner/*Slabon* Rn 64; RHL/*van Lishaut* Rn 61; DPPM/*Dötsch* Rn 57). Für vor dem stl Übertragungsstichtag begründete **vGA,** die erst im Rückwirkungszeitraum oder später zahlungswirksam werden (etwa überhöhte Tantieme), ist in der stl Schlussbilanz ein gesonderter Schuldposten hingegen nicht zu bilden, weil dies schon aus den allg Grdsen folgt (so zutr Widmann/Mayer/*Widmann* Rn 151, 159; RHL/*van Lishaut* Rn 61; aA BMF-Schrb vom 11.11.2011, BStBl I 1314 Rn 02.27; *Dötsch/van Lishaut/Wochinger* DB Beilage 7/1998, 3).

Die Ausschüttungen gelten unabhängig von ihrer tats Auszahlung und der **75**
Behandlung beim Anteilsinhaber (vgl Rn 77) als am stl Übertragungsstichtag erfolgt (BMF-Schrb vom 11.11.2011, BStBl I 1314 Rn 02.27). Die stl Auswirkungen der Leistungen auf das stl Einlagenkonto (§ 27 KStG) erfolgen noch bei der Übertragerin (BMF-Schrb vom 11.11.2011, BStBl I 1314 Rn 02.27; RHL/*van Lishaut* Rn 61; Lademann/*Hahn* Rn 122). Die Steuerbescheinigung nach § 27 III KStG ist von der übertragenden Körperschaft oder der übernehmenden PersGes/natürl Person als Rechtsnachfolger auszustellen (BMF-Schrb vom 11.11.2011, BStBl I 1314 Rn 02.27). Für die Anwendung von § 29 II, III KStG sind die Bestände am stl Übertragungsstichtag maßgebl. Für den übernehmenden Rechtsträger stellt der Abfluss der Gewinnausschüttung ledigl eine erfolgsneutrale Erfüllung der Ausschüttungsverbindlichkeit dar (BMF-Schrb vom 11.11.2011, BStBl I 1314 Rn 02.30; RHL/*van Lishaut* Rn 61). Je nach Zeitpunkt der Auszahlung ist ggf die übernehmende PersGes oder natürl Person als Rechtsnachfolger der übertragenden Körperschaft zur Einbehaltung und Abführung der KapESt verpflichtet (BMF-Schrb vom 11.11.2011, BStBl I 1314 Rn 02.30).

Die vorstehenden Grdse gelten unabhängig davon, ob eine Körperschaft oder **76**
eine PersGes/natürl Person Übernehmerin ist (Haritz/Menner/*Slabon* Rn 65; RHL/*van Lishaut* Rn 87; DPPM/*Dötsch* Rn 58). Auch bei der Verschm/Spaltung auf eine Körperschaft sind die vor dem stl Übertragungsstichtag beschlossenen Gewinnausschüttungen oder zuvor begründeten vGA noch bei der übertragenden Körperschaft zu erfassen. Für die stl Behandlung der vorstehend beschriebenen Gewinnausschüttungen bei der übertragenden Körperschaft ist es ohne Bedeutung, ob die Gewinnausschüttung an Personen erfolgt, die im Rückwirkungszeitraum **ausscheiden.**

Diff ist hingegen der **Zufluss** beim Anteilsinhaber zu behandeln. Bei Umw **77**
auf eine **KapGes/eG** gilt für die Anteilsinhaber die Rückwirkungsfiktion nach Abs 2 nicht, es sei denn (Abs 1), der übernehmende Rechtsträger ist selbst der Anteilsinhaber (vgl Rn 2; BMF-Schrb vom 11.11.2011, BStBl I 1314 Rn 02.34). Demzufolge gelten die allg Grdse für den Zufluss (BMF-Schrb vom 11.11.2011, BStBl I 1314 Rn 02.34, 02.28; DPPM/*Dötsch* Rn 58; anderes Verständnis von Rn 02.34 des BMF-Schrb vom 11.11.2011 bei Schneider/Ruoff/Sistermann/*Schwahn* Rn 2.65). Der Zufluss ist als Ausschüttung der übertragenden Körperschaft und als Einnahme nach § 20 I Nr 1 EStG zu behandeln (BMF-Schrb vom 11.11.2011, BStBl I 1314 Rn 02.34). Die Ausschüttungen gelten aber für Zwecke des § 27 KStG als am stl Übertragungsstichtag abgeflossen (BMF-Schrb vom

11.11.2011, BStBl I 1314 Rn 02.34; vgl auch Rn 75). Ebenso gelten die allg Zufluss- und Besteuerungsgrundsätze für Anteilsinhaber, die bei einer Umw auf eine **PersGes** im Rückwirkungszeitraum oder gegen Barabfindung (§§ 29, 207 UmwG) **ausscheiden** (BMF-Schrb vom 11.11.2011, BStBl I 1314 Rn 02.28, 02.17 ff; DPPM/*Dötsch* Rn 58). Diese Gesellschafter nehmen an der Rückwirkung nicht teil (dazu Rn 99 ff). IÜ – Anteile, die unter die **Rückwirkungsfiktion** fallen – gelten die Ausschüttungen als mit dem Vermögensübergang am stl Übertragungsstichtag zugeflossen (BMF-Schrb vom 11.11.2011, BStBl I 1314 Rn 02.28). Die stl Behandlung richtet sich danach, ob ein Übernahmeergebnis (§§ 4 IV, 5) für den Anteilsinhaber zu ermitteln ist oder nicht. Ist dies der Fall, erfolgt wegen der Einlagefiktion eine Umqualifizierung in gewerbliche oder freiberufliche Einkünfte (§ 20 I Nr 1, VIII EStG), anderenfalls sind sie als Einkünfte aus KapVerm (§ 20 I Nr 1 EStG) zu behandeln (BMF-Schrb vom 11.11.2011, BStBl I 1314 Rn 02.28; DPPM/*Dötsch* Rn 58). Beim **Upstream-Merger** unter Körperschaften und bei der Verschm auf den Alleingesellschafter gelten die vorstehenden Grdse entsprechend (wohl auch BMF-Schrb vom 11.11.2011, BStBl I 1314 Rn 02.34; Rn 02.35 bezieht sich wohl auf nach dem stl Übertragungsstichtag beschlossene Ausschüttungen). Die übernehmende Körperschaft nimmt an der Rückwirkungsfiktion teil (BMF-Schrb vom 11.11.2011, BStBl I 1314 Rn 02.03). Die **KapESt** auf die Ausschüttungen entsteht in dem Zeitpunkt, in dem die Kapitalerträge dem Gläubiger zufließen. Dies ist gesetzl in § 44 II EStG def. Danach fließen die Kapitalerträge dem Gläubiger an dem Tag zu, der im Beschluss als Tag der Auszahlung bestimmt ist, bei fehlender Festlegung am Tag der Beschlussfassung.

78 **cc) Nach dem stl Übertragungsstichtag begründete Gewinnausschüttungen an nicht ausscheidende Gesellschafter.** Soweit Gesellschafter weder im Rückwirkungszeitraum noch gegen Barabfindung (§§ 29, 207 UmwG) ausscheiden, nehmen deren Anteile an der Rückwirkungsfiktion teil (BMF-Schrb vom 11.11.2011, BStBl I 1314 Rn 02.17 ff). Entsprechendes gilt für die Verschm auf den Alleingesellschafter (BMF-Schrb vom 11.11.2011, BStBl I 1314 Rn 02.32). Bezogen auf diese Anteile sind nach dem stl Übertragungsstichtag beschlossene Gewinnausschüttungen sowie vGA und Vorabausschüttungen im Rückwirkungszeitraum aufgrund der Rückwirkungsfiktion so zu behandeln, als hätte der übernehmende Rechtsträger sie vorgenommen (im Grds anders BMF-Schrb vom 11.11.2011, BStBl I 1314 Rn 02.31: weiterhin Ausschüttungen der übertragenden Körperschaft; aber für Anteilsinhaber, die der Rückwirkungsfiktion unterliegen, Rn 02.32; DPPM/*Dötsch* Rn 59; aA RHL/*van Lishaut* Rn 67: Ausschüttungen im Rückwirkungszeitraum an ausscheidende wie auch umwandlungsbeteiligte Gesellschafter sind grdsl noch der übertragenden Körperschaft zuzuordnen; vgl auch BFH BStBl II 2011, 467). Eine Berücksichtigung (Passivposten) in der stl Schlussbilanz findet nicht statt (BMF-Schrb vom 11.11.2011, BStBl I 1314 Rn 02.32). Damit erhöhen sie indes die Einkünfte nach § 7 (vgl BMF-Schrb vom 11.11.2011, BStBl I 1314 Rn 02.33).

79 Erfolgt die Umw **auf** eine **PersGes** oder eine **natürl** Person, liegt stl eine (gewinnneutrale) Entnahme vor (BMF-Schrb vom 11.11.2011, BStBl I 1314 Rn 02.32; DPPM/*Dötsch* Rn 59; Widmann/Mayer/*Widmann* Rn 171; Haritz/Menner/*Slabon* Rn 67). **KapESt** ist für die Gewinnausschüttung nicht abzuführen. Dies gilt allerdings erst, wenn die Umw und damit die Rückwirkungsfiktion wirksam werden. Dann sind die ursprüngl angemeldeten und abgeführten Steuer-

beträge zu erstatten (DPPM/*Dötsch* Rn 59; vgl auch OFD Berlin GmbHR 2000, 635). Ob die Abführungspflicht bereits endet, wenn das Wirksamwerden der Umw hinreichend sicher ist (so *Berg* DStR 1999, 1219), ist zweifelhaft und sollte im Einzelfall mit der zuständigen Finanzbehörde abgestimmt werden.

Bei der Umw **auf** eine andere **Körperschaft** stellen die Ausschüttungen 80
Gewinnausschüttungen der übernehmenden Körperschaft dar (FG Hessen EFG 2008, 1826; FG Berlin DStRE 2004, 891; vgl aber BFH BStBl II 2011, 467 zur Herstellung der Ausschüttungsbelastung). Zur Abführung der **KapESt** ist die Übernehmerin verpflichtet (zu besonderen Praxisproblemen vgl RHL/*van Lishaut* Rn 66). Die FinVerw geht nunmehr (vgl früher BMF-Schrb vom 16.12.2003, BStBl I 786 Rn 26) im Grds davon aus, dass nach dem stl Übertragungsstichtag beschlossene Gewinnausschüttungen noch der übertragenden Körperschaft zuzurechnen sind (BMF-Schrb vom 11.11.2011, BStBl I 1314 Rn 02.34, 02.31), lässt aber aus Vereinfachungsgründen zu, die Gewinnausschüttungen so zu behandeln, als hätte die übernehmende Körperschaft sie vorgenommen, wenn die Verpflichtung zum Einbehalt und zur Abführung der KapESt hierdurch nicht beeinträchtigt wird (BMF-Schrb vom 11.11.2011, BStBl I 1314 Rn 02.34). Hintergrund dieser neuen Sichtweise könnte die Feststellung des BFH sein, dass die Ausschüttungsbelastung bei einer verunglückten Abspaltung (Verstoß gegen die Teilbetriebsvoraussetzung) erst zum Zeitpunkt des zivilrechtlichen Wirksamwerdens herzustellen sei, weil die Rückwirkung nicht für die Anteilsinhaber greife (BFH BStBl II 2011, 467; DPPM/*Dötsch* Rn 64; dazu auch *Benecke/Staats* FR 2010, 893, 896). Daraus lässt sich aber nicht die Schlussfolgerung ziehen, dass die Folgen der Ausschüttung auf der Ebene der Körperschaft noch von der übertragenden Körperschaft abzuwickeln sind (BFH BStBl II 2011, 467 betraf einen Abspaltungsfall).

Bei der Verschm einer MutterGes auf die TochterGes **(Downstream-Merger)** 81
entfallen mit Wirksamwerden der Umw die Wirkungen einer nach dem stl Übertragungsstichtag beschlossenen Gewinnausschüttung. Dies gilt unabhängig von einer sog phasengleichen Aktivierung der Ausschüttung bei der MutterKapGes (wie hier Widmann/Mayer/*Widmann* Rn 174). Entsprechendes gilt für einen **Upstream-Merger;** die Ausschüttung ist eine stl unbeachtliche Vorwegübertragung (BMF-Schrb vom 11.11.2011, BStBl I 1314 Rn 02.35; zuvor schon OFD Berlin GmbHR 2000, 635, dort auch zur Behandlung der KapEStrK; vgl auch DPPM/*Dötsch* Rn 35).

dd) Nach dem stl Übertragungsstichtag begründete Gewinnausschüt- 82
tungen an ausscheidende Gesellschafter. Im Rückwirkungszeitraum oder gegen Barabfindung (§§ 29, 207 UmwG) ausscheidende Gesellschafter nehmen stl an der Umw und damit an der Rückwirkung nicht mehr teil (BMF-Schrb vom 11.11.2011, BStBl I 1314 Rn 02.17 ff). Bezogen auf diese Anteile werden im Rückwirkungszeitraum beschlossene Gewinnausschüttungen für frühere Wj und Vorabausschüttungen sowie vGA im Rückwirkungszeitraum stl noch der übertragenden Körperschaft zugerechnet (BMF-Schrb vom 11.11.2011, BStBl I 1314 Rn 02.31 f; Widmann/Mayer/*Widmann* Rn 176; Haritz/Menner/*Slabon* Rn 68; *Bien ua* DStR Beilage zu Heft 17/1998, 6; *Mahlow/Franzen* GmbHR 2000, 12, 20; DPPM/*Dötsch* Rn 60). Demzufolge ist die Ausschüttungsverpflichtung (Vermögensminderung) auch in der stl Schlussbilanz der übertragenden Körperschaft durch einen passiven Korrekturposten (Ausschüttungsverbindlichkeit) zu berücksichtigen (BMF-Schrb vom 11.11.2011, BStBl I 1314 Rn 02.31). Der stl Korrekturposten lässt das stl Erg der übertragenden Körperschaft unberührt. Die durch

die Einbuchung des Korrekturpostens (Vermögensminderung) eintretende Ergebnisauswirkung ist außerhalb der StB zu korrigieren (BMF-Schrb vom 11.11.2011, BStBl I 1314 Rn 02.31; Widmann/Mayer/*Widmann* Rn 177; *Mahlow/Franzen* GmbHR 2000, 12, 20). Der passive Korrekturposten mindert das Eigenkapital für die Ermittlung der Einkünfte nach § 7 (BMF-Schrb vom 11.11.2011, BStBl I 1314 Rn 02.31, 02.33). Er ist auch in der StB des übernehmenden Rechtsträgers auszuweisen; die spätere Gewinnausschüttung ist gewinnneutral mit dem passiven Korrekturposten zu verrechnen (Widmann/Mayer/*Widmann* Rn 177; *Mahlow/ Franzen* GmbHR 2000, 12, 20).

83 Der ausscheidende **Anteilsinhaber** hat die Ausschüttung so zu versteuern, als hätte die Umw nicht stattgefunden; sie ist demnach auch bei der Umw in eine PersGes als Ausschüttung der übertragenden Körperschaft zu behandeln (BMF-Schrb vom 11.11.2011, BStBl I 1314 Rn 02.31). Der Zeitpunkt der Erfassung richtet sich nach den allg Grdsen (BMF-Schrb vom 11.11.2011, BStBl I 1314 Rn 02.33; Widmann/Mayer/*Widmann* Rn 180). Die Ausschüttung im Rückwirkungszeitraum zählt nicht zum Veräußerungspreis, den der Anteilsinhaber anlässl seines Ausscheidens erzielt (Widmann/Mayer/*Widmann* Rn 180). **KapESt** ist nach allg Grdsen von der übertragenden Körperschaft einzubehalten und abzuführen. Die Steuerbescheinigung nach § 44 KStG ist von der übertragenden Körperschaft oder deren Rechtsnachfolgerin auszustellen (BMF-Schrb vom 11.11.2011, BStBl I 1314 Rn 02.33, 02.30).

84 **g) Organschaftsverhältnisse. aa) Gewinnabführungsvertrag zwischen Übertragerin und Übernehmerin.** Obwohl ein **GAV** handelsrechtl über den stl Übertragungsstichtag hinaus bis zur Eintragung der Umw in das HR Bestand hat, kann es nach dem stl Übertragungsstichtag nicht mehr zur stl Ergebniszurechnung kommen, wenn die OrganGes im Organträger aufgegangen ist. Der GAV verliert aus stl Sicht vom stl Übertragungsstichtag an seine Wirkung (BMF-Schrb vom 11.11.2011, BStBl I 1314 Rn Org 04 für Abwärtsverschmelzung; Widmann/ Mayer/*Widmann* Rn 124; IDW (Arbeitskreis KStR) FN 1996, 194a, 194g; Haritz/ Menner/*Slabon* Rn 81; DPPM/*Dötsch* Anh UmwStG Rn 14; RHL/*van Lishaut* Rn 54; *Rödder* DStR 2011, 1053, 1054; *Dötsch* Ubg 2011, 20, 22). Bei Umw ist der Zeitraum vom vorangegangenen Wj bis zum stl Übertragungsstichtag ein Wj (Haritz/Menner/*Slabon* Rn 81; Schneider/Ruoff/*Sistermann* Rn Org 9). Hierauf ist der GAV letztmals noch anzuwenden (Schneider/Ruoff/*Sistermann* Rn Org 9). Das Erg bis zum stl Übertragungsstichtag wird noch dem Organträger zugerechnet (Widmann/Mayer/*Widmann* Rn 125). Die Umw ist regelm ein wichtiger Grund iSv § 14 I 1 Nr 3 S 2 KStG, weswegen auch die vorzeitige Beendigung vor Ablauf der Fünf-Jahres-Frist unschädl ist (BMF-Schrb vom 11.11.2011, BStBl I 1314 Rn Org 04 für Abwärtsverschmelzung; R 60 Abs 6 KStR; RHL/*van Lishaut* Rn 54; Widmann/Mayer/*Widmann* Rn 126; Haritz/Menner/*Slabon* Rn 81; *Thill/Antoszkiewicz* FR 2006, 7, 11; *Dötsch* Ubg 2011, 20, 22).

85 **bb) Umw mit Dritten.** Wird der **Organträger** auf ein anderes gewerbl Unternehmen verschmolzen, tritt der übernehmende Rechtsträger in den GAV ein (BMF-Schrb vom 11.11.2011, BStBl I 1314 Rn Org 01). Die Verschmelzung eines anderen Rechtsträgers auf den Organträger lässt die Organschaft unberührt (BMF-Schrb vom 11.11.2011, BStBl I 1314 Rn Org 20). Entsprechendes gilt, wenn bei einer Abspaltung oder Ausgliederung die Beteiligung an der OrganGes und der GAV nicht übertragen werden bzw eine die Mehrheit der Stimmrechte vermittelnde Beteiligung zurückbleibt (BMF-Schrb vom 11.11.2011, BStBl I

1314 Rn Org 09; DPPM/*Dötsch* Anh UmwStG Rn 1). Aufgrund des Eintritts in die Rechtsstellung der übertragenden Körperschaft (§§ 4 II 1, 12 III 1) liegen die Voraussetzungen der finanziellen Eingliederung zum übernehmenden Rechtsträger ab dem stl Übertragungsstichtag und damit ohne Unterbrechung vor (BFH BStBl II 2011, 529). Hierdurch ist gewährleistet, dass die Organschaft ununterbrochen wirkt. Fällt der stl Übertragungsstichtag auf den letzten Tag des lfd Wj der OrganGes, entfaltet die Organschaft zur Übernehmerin erstmals für das anschl Wj der OrganGes Wirkung; demzufolge besteht sie für das am stl Übertragungsstichtag (noch) lfd Wj mit der Übertragerin fort. Liegt der stl Übertragungsstichtag an einem früheren Tag des lfd Wj der OrganGes, ist das Organschaftsverhältnis zur Übernehmerin schon für das lfd Wj anzuerkennen (DPPM/*Dötsch* Anh UmwStG Rn 4). Das Einkommen der OrganGes ist demjenigen Rechtsträger zuzurechnen, der zum Schluss des Wj der OrganGes als Organträger anzusehen ist (BMF-Schrb vom 11.11.2011, BStBl I 1314 Rn Org 19). Auf die rückwirkende Zurechnung der Beteiligung an der OrganGes nach § 2 I oder § 20 V, VI oder § 24 IV zum Beginn des Wj der OrganGes kommt es entgegen der Ansicht der FinVerw (BMF-Schrb vom 11.11.2011, BStBl I 1314 Rn Org 02 S 2) nicht an (DPPM/*Dötsch* Anh UmwStG Rn 22; *Schmitt/Schloßmacher* UmwStE 2011 Rn Org 02; Schneider/Ruoff/*Sistermann* Rn Org 5; *Rödder* DStR 2011, 1053, 1054; *Blumenberg/Lechner* DB Beilage 1/2012, 57, 58). Bedeutung hat dies bei einem im Verhältnis zum Wj der OrganGes unterjährigem stl Übertragungsstichtag (DPPM/*Dötsch* Anh UmwStG Rn 22). Dies ist iÜ eine Verschlechterung im Vergleich zur bisherigen Sichtweise der FinVerw, wonach bei einem stl Übertragungsstichtag an einem früheren Tag des lfd Wj der OrganGes das Organschaftsverhältnis zur Übernehmerin schon für das lfd Wj anzuerkennen war (BMF-Schrb vom 25.3.1998, BStBl I 268 Rn Org 02). Vgl ferner für die Ausgliederung der Beteiligung im Falle eines Anteilstausches, bei dem keine stl Rückwirkung eintritt, BMF-Schrb vom 11.11.2011, BStBl I 1314 Rn Org 08. (BMF-Schrb vom 25.3.1998, BStBl I 268 Rn Org 02; Ernst & Young/*Walter* KStG Rn 358 f). Entsprechendes gilt, wenn der GAV bei einer Spaltung (vgl § 131 UmwG Rn 69) übertragen wird (Haritz/Menner/*Slabon* Rn 86; DPPM/*Dötsch* Anh UmwStG Rn 8; vgl im Grds auch BMF-Schrb vom 11.11.2011, BStBl I 1314 Rn Org 06, Org 07).

Die **erstmalige Begr eines Organschaftsverhältnisses** mit der Übernehme- **86**
rin als Organträger ist mit Wirkung zum Beginn des Wj der OrganGes mögl, das nach dem stl Übertragungsstichtag beginnt, wenn die Voraussetzungen der finanziellen Eingliederung (§ 14 I 1 Nr 1 KStG) schon beim übertragenden Rechtsträger erfüllt waren. Dies beruht auf dem Eintritt des übernehmenden Rechtsträgers in die stl Rechtsstellung der übertragenden Körperschaft (BFH BStBl II 2011, 467). Auf die stl rückwirkende Zurechnung der Beteiligung an der OrganGes zum Beginn des Wj der OrganGes kommt es entgegen der Ansicht der FinVerw (vgl BMF-Schrb vom 11.11.2011, BStBl I 1314 Rn Org 03) nicht an (*Schmitt/Schloßmacher* UmwStE 2011 Rn Org 03). Auf die stl rückwirkende Zurechnung der Beteiligung an der OrganGes kommt es nur an, wenn erst durch die Umwandlung die Voraussetzungen der finanziellen Eingliederung geschaffen werden (**Beispiel:** erst durch die umwandlungsbedingte Übertragung einer weiteren Beteiligung wird der übernehmende Rechtsträger mehrheitlich an der OrganGes beteiligt). Denn in diesem Fall besteht die finanzielle Eingliederung zur Übernehmerin aufgrund der Rückwirkung ab dem stl Übertragungsstichtag (aA BMF-Schrb vom 11.11.2011, BStBl I 1314 Rn Org 03; vgl auch *Blumenberg/Lechner* DB Beilage 1/2012, 57, 59). Entsprechendes gilt für Spaltungen (im Grds auch

BMF-Schrb vom 11.11.2011, BStBl I 1314 Rn Org 06 ff). Der GAV muss dann bis zum Ende dieses Wj wirksam werden (§ 14 I 2 KStG). Bei einer Umw der **OrganGes** endet die Organschaft (BMF-Schrb vom 11.11.2011, BStBl I 1314 Rn Org 21). Die Beendigung tritt zum stl Übertragungsstichtag ein, da ab diesem Zeitpunkt das Vermögen der OrganGes dem übernehmenden Rechtsträger zugerechnet wird (DPPM/*Dötsch* Anh UmwStG Rn 44). In diesen Fällen kann aber ggf ab dem nach dem stl Übertragungsstichtag liegenden Wj der Übernehmerin ein neues Organschaftsverhältnis begründet werden. Soweit erst durch die Gewährung von Anteilen an der Übernehmerin die Voraussetzungen der finanziellen Eingliederung geschaffen werden, greift § 2 I nicht (BMF-Schrb vom 11.11.2011, BStBl I 1314 Rn Org 21).

87 **h) Aufsichtsratsvergütungen.** Aufsichtsratsvergütungen sind nach § 10 Nr 4 KStG zur Hälfte nichtabziehbare Aufwendungen einer Körperschaft. Auf andere Rechtsformen ist diese Einschränkung nicht zu übertragen, insbes nicht auf PersGes. Das ESt-Recht enthält eine den § 10 Nr 4 KStG entsprechende Vorschrift nicht, die Vergütungen fallen aber unter § 15 I 1 Nr 2 S 2 EStG, soweit Gesellschafter sie erhalten. Werden Aufsichtsratsvergütungen nach dem stl Übertragungsstichtag an Dritte bezahlt, unterliegen sie nur dann dem teilw Abzugsverbots des § 10 Nr 4 KStG, wenn die Übernehmerin ihrerseits eine kstpfl Körperschaft ist (BMF-Schrb vom 11.11.2011, BStBl I 1314 Rn 02.37). Andernfalls mindern diese Aufwendungen den Gewinn in vollem Umfang, es sei denn, dass Empfänger der Übernehmer selbst oder ein Gesellschafter der Übernehmerin ist. In diesem Fall handelt es sich um Entnahmen (Haritz/Menner/*Slabon* Rn 74; DPPM/*Dötsch* Rn 75; Lademann/*Hahn* Rn 128). Zahlungen an im Rückwirkungszeitraum oder gegen Barabfindung (§§ 29, 207 UmwG) ausscheidende Gesellschafter sind hingegen als BA abzusetzen; der ausgeschiedene Anteilseigner hat die Aufsichtsratsvergütungen als Einkünfte iSv § 18 I Nr 3 EStG zu versteuern. Die Steuerabzugsverpflichtung geht auf den übernehmenden Rechtsträger über (BMF-Schrb vom 11.11.2011, BStBl I 1314 Rn 02.37

88 **i) Pensionsrückstellungen.** Bei der Umw einer Körperschaft auf eine PersGes ist eine zugunsten eines Gesellschafters bei der Körperschaft zulässigerweise gebildete PensionsRSt nicht aufzulösen (BMF-Schrb vom 11.11.2011, BStBl I 1314 Rn 06.04), sondern mit dem Anschaffungsbarwert fortzuführen und um die jährl Zinsen zu erhöhen (näher § 6 Rn 18 und *Neumann* GmbHR 2002, 996). Zuführungen nach dem stl Übertragungsstichtag sind Vergütungen iSd § 15 I 1 Nr 2 EStG (BMF-Schrb vom 11.11.2011, BStBl I 1314 Rn 06.06; zur stl Behandlung vgl BFH DStR 2006, 741; BFH DStRE 2006, 1307; BMF-Schrb vom 29.1.2008, DStR 2008, 299). Bei der Vermögensübertragung auf eine natürl Person ist die bei der Körperschaft gebildete Pensionsrückstellung aufzulösen (vgl näher § 6 Rn 24). Diese Rechtsfolgen treten kraft der Rückwirkungsfiktion ab dem stl Übertragungsstichtag ein. Zuführungen an im Rückwirkungszeitraum oder gegen Barabfindung (§§ 29, 207 UmwG) ausscheidende Gesellschafter sind auch nach dem stl Übertragungsstichtag aufwandswirksam. Derartige Gesellschafter nehmen an der Umw stl nicht teil (Rn 99 ff).

89 **j) Steuerliches Einlagenkonto.** Die verschmelzungs- oder spaltungsbedingten Auswirkungen auf das stl Einlagenkonto (vgl § 15 Rn 299 ff) sind am stl Übertragungsstichtag zu erfassen. Bei vom stl Übertragungsstichtag abweichen-

dem Wj erfolgt die Erfassung in dem VZ, in dem der stl Übertragungsstichtag liegt (DPPM/*Dötsch* Rn 48).

k) Einkommensermittlung bei der Übernehmerin. Nach § 2 I ist das Einkommen und Verm auch der Übernehmerin (und – bei PersGes – deren Gesellschafter, Abs 2) so zu ermitteln, als wäre die Vermögensübertragung bereits zum stl Übertragungsstichtag erfolgt. Demzufolge entsteht am stl Übertragungsstichtag nicht nur ein Übertragungsgewinn der übertragenden Körperschaft (§§ 3, 11, 15), sondern auch ein **Übernahmeergebnis,** ein Beteiligungskorrekturgewinn nach § 4 I 2 f, ein **Übernahmefolgegewinn** nach § 6 und ein Gewinn infolge der Regelung in § 8 (vgl BMF-Schrb vom 11.11.2011, BStBl I 1314 Rn 02.04; Widmann/Mayer/*Widmann* Rn 286 ff; DPPM/*Dötsch* Rn 48). Ebenso sind die Kapitaleinkünfte nach § 7 am stl Übertragungsstichtag zu erfassen (RHL/*van Lishaut* Rn 79). Ein Übertragungsgewinn und ein Übernahmeergebnis entstehen nicht stets im selben VZ. Abw können sich bei unterschiedl Wj ergeben (BMF-Schrb vom 11.11.2011, BStBl I 1314 Rn 02.04; DPPM/*Dötsch* Rn 48; Lademann/*Hahn* Rn 32; Haase/Hruschka/*Steimel*/*Heerdt* Rn 84). 90

Auch mit dem Vermögensübergang verbundene mittelbare Folgen sind am stl Übertragungsstichtag zu erfassen. Tritt etwa infolge der Umw eine **Anwachsung** bei einer PersG, an der die Rechtsträger beteiligt sind, ein (Vereinigung aller Anteile an der PersGes beim übernehmenden Rechtsträger), erfolgt auch das Erlöschen der PersGes und der Übergang deren Vermögens am stl Übertragungsstichtag (BFH/NV 2010, 1492; Haase/Hruschka/*Steimel*/*Heerdt* Rn 110). Ein Verlustabzug nach **§ 10a GewStG** bei einer Unterpersonengesellschaft geht am stl Übertragungsstichtag unter (BFH/NV 2010, 1492). Zum Entstehen von SBV vgl Rn 50. 91

l) Zinsbeginn nach § 233a AO. Die Rückbeziehung wirkt sich auch auf den Beginn der Vollverzinsung (§ 233a AO) aus (Haase/Hruschka/*Steimel*/*Heerdt* Rn 74). Die Verschm ist ein rückwirkendes Ereignis iSv § 233a II a AO. Rückwirkendes Ereignis ist das Wirksamwerden der Verschm. Demzufolge beginnt die Verzinsung erst 15 Monate nach Ablauf des Kalenderjahrs, in dem die Verschm erfolgt ist (RHL/*van Lishaut* Rn 6; vgl auch Centrale-Gutachtendienst GmbHR 2002, 1232). 92

12. Gewerbesteuer

Nach Abs 1 S 2 gilt „das Gleiche" für die Ermittlung der Bemessungsgrundlage bei der GewSt. Demzufolge ist auch zu GewSt-Zwecken das Einkommen und das Verm der übertragenden Körperschaft und des übernehmenden Rechtsträgers so zu ermitteln, als ob das Verm dem stl Übertragungsstichtag ganz oder teilw auf den übernehmenden Rechtsträger übergegangen wäre (BFH/NV 2010, 1492). 93

Die GewStPfl der **Körperschaft** endet bei einer Verschm oder Aufspaltung mit dem Ablauf des stl Übertragungsstichtages (BFH BStBl II 2006, 469). Nach § 2 V 1 GewStG gilt der Gewerbebetrieb der Übertragerin als am stl Übertragungsstichtag eingestellt (Widmann/Mayer/*Widmann* § 2 Rn 110; vgl auch FG Baden-Württemberg EFG 2007, 1365). Bis zu diesem Zeitpunkt ist die GewSt bei der übertragenden Körperschaft zu veranlagen (FG Baden-Württemberg EFG 2007, 1365). 94

Für die GewStPfl der **Übernehmerin** muss unterschieden werden: 95

96 Besteht bereits ein Gewerbebetrieb bei der Übernehmerin (Umw zur Aufnahme), vereinigt sich der Betrieb der Übertragerin mit dem bestehenden Gewerbebetrieb (§ 2 V 2 GewStG; vgl Widmann/Mayer/*Widmann* Rn 111), ein neuer Gewerbebetrieb wird nicht gegründet.

97 Besteht dagegen ein Betrieb beim Übernehmer noch nicht (zB in den Fällen der Umw zur Neugründung oder ggf der Verschm auf den Alleingesellschafter gilt der Gewerbebetrieb als am stl Übertragungsstichtag durch den Übernehmer neu gegründet (§ 2 V 2 GewStG). Besteuerungsmerkmale, die sich bereits bei der Übertragerin verwirkl haben, sind der Übernehmerin nicht zuzurechnen. Ein neuer Stpfl ist entstanden.

98 Auch für die Anwendung der §§ 8, 9 GewStG ist von einem Vermögensübergang am stl Übertragungsstichtag auszugehen. Schachtelbeteiligungen (§ 9 Nr 2a und Nr 7 GewStG) sind der Übernehmerin bereits ab dem stl Übertragungsstichtag zuzurechnen (RHL/*van Lishaut* Rn 44).

13. Ausscheidende und neu eintretende Gesellschafter

99 **a) Steuerliche Behandlung der ausscheidenden Anteilsinhaber.** Im Rückwirkungszeitraum, also nach dem stl Übertragungsstichtag, aber vor dem Wirksamwerden der Umw **ausscheidende** Anteilsinhaber der übertragenden Körperschaft nehmen stl an der Umw nicht teil. Die **Rückwirkungsfiktion gilt für sie nicht** (BFH NZG 2009, 197; BMF-Schrb vom 11.11.2011, BStBl I 1314 Rn 02.17 ff). Für die stl Behandlung der sie im Rückwirkungszeitraum betreffenden Vorgänge sind sie unverändert als Anteilsinhaber der übertragenden Körperschaft zu behandeln (BMF-Schrb vom 11.11.2011, BStBl I 1314 Rn 02.18; FG Münster EFG 2008, 343; Widmann/Mayer/*Widmann* Rn 49; Haritz/Menner/*Slabon* Rn 37; DPPM/*Dötsch* Rn 71; Lademann/*Hahn* Rn 55; Blümich/*Klingberg* Rn 34).

100 Entsprechend sind Anteilsinhaber zu behandeln, die nach §§ 29, 207 UmwG gegen **Barabfindung** ausscheiden (BMF-Schrb vom 11.11.2011, BStBl I 1314 Rn 02.19; Haritz/Menner/*Slabon* Rn 38). Zivilrechtl scheiden diese Anteilsinhaber zwar erst nach Wirksamwerden der Umw und damit aus dem übernehmenden Rechtsträger aus (vgl zB § 31 UmwG). Die abw stl Betrachtung folgt aber aus § 5 I Alt 2. Danach gelten die Anteile von gegen Barabfindung ausscheidenden Anteilsinhabern als vom übernehmenden Rechtsträger zum stl Übertragungsstichtag angeschafft. Die Anschaffung durch den übernehmenden Rechtsträger setzt eine zeitgleiche Veräußerung von Anteilen an einer Körperschaft durch den ausscheidenden Anteilsinhaber voraus. **Darüber hinaus** soll dies auch für Anteilsinhaber gelten, die die Anteile erst nach dem Umwandlungsbeschluss erworben haben und gegen eine erweiterte (über §§ 29, 207 UmwG hinausgehende) Barabfindung aus dem umgewandelten Rechtsträger ausscheiden (FG Münster EFG 2008, 343).

101 Die Nichtteilnahme der im Rückwirkungszeitraum ausscheidenden Gesellschafter an der Umw und damit an der Rückwirkungsfiktion hat verschiedene **Konsequenzen:**

Die ausscheidenden Gesellschafter **veräußern** unabhängig von der zivilrechtl Situation (auch bei Ausscheiden gegen Barabfindung nach §§ 29, 207 UmwG) stl ihre **Beteiligung** an der übertragenden **Körperschaft** (BMF-Schrb vom 11.11.2011, BStBl I 1314 Rn 02.18 f, 02.20, 02.23; FG Münster EFG 2008, 343; RHL/*van Lishaut* Rn 69; Widmann/Mayer/*Widmann* Rn 53, 294 ff; Haritz/

Menner/*Slabon* Rn 37; DPPM/*Dötsch* Rn 71; Lademann/*Hahn* Rn 55). Die Besteuerung dieser Veräußerung richtet sich nach den allg Grdsen (etwa §§ 17 oder 20 II 1 Nr 1 EStG). Bezüge iSv § 7 werden dem ausscheidenden Gesellschafter nicht zugerechnet (BMF-Schrb vom 11.11.2011, BStBl I 1314 Rn 02.20).

Ein **Veräußerungsgewinn** fällt in dem **VZ** an, in dem tats die Veräußerung (Übergang des wirtschaftlichen Eigentums, § 39 AO) erfolgt (vgl auch BMF-Schrb vom 11.11.2011, BStBl I 1314 Rn 02.23 f; DPPM/*Dötsch* Rn 52; Haase/Hruschka/*Steimel/Heerdt* Rn 107). Die Anteile gelten zwar nach § 5 I als bereits zum stl Übertragungsstichtag angeschafft (Rn 100 und Rn 106), die ausscheidenden Anteilsinhaber nehmen aber gerade an der Rückwirkungsfiktion nicht teil (Rn 99; vgl auch Widmann/Mayer/*Widmann* Rn 53; RHL/*van Lishaut* Rn 69). **102**

Gewinnausschüttungen an ausscheidende Gesellschafter gelten unabhängig vom Zeitpunkt des Gewinnausschüttungsbeschlusses (vor oder nach dem stl Übertragungsstichtag) als Gewinnausschüttungen der übertragenden Körperschaft. Entsprechendes gilt für die Besteuerung der Gewinnausschüttung in der Person des ausscheidenden Anteilsinhabers. Bei der Umw in eine PersGes tritt eine Umqualifizierung nicht ein. Die übertragende Körperschaft hat die Gewinnausschüttung in der stl Schlussbilanz bezogen auf die ausscheidenden Anteilsinhabers auch dann zu berücksichtigen, wenn der Gewinnverwendungsbeschluss nach dem stl Übertragungsstichtag gefasst wurde (vgl für nicht ausscheidende Gesellschafter Rn 78 ff). Vgl iÜ Rn 82 ff. **103**

Tätigkeitsvergütungen oder Vergütungen für die Hingabe von Darlehen oder die Überlassung von WG, die im Rückwirkungszeitraum von der übertragenden Körperschaft an ausscheidende Anteilsinhaber geleistet werden, gelten stl als Leistungen an fremde Dritte. Bei der Umw auf eine PersGes tritt eine Umqualifizierung in gewerbl Einkünfte nach § 15 I 1 Nr 2 EStG nicht ein (BMF-Schrb vom 11.11.2011, BStBl I 1314 Rn 02.36; Lademann/*Hahn* Rn 55). Sie stellen damit weiterhin BA der übernehmenden PersGes dar (für nicht ausscheidende Anteilsinhaber vgl Rn 54 ff). Entsprechendes gilt für Aufsichtsratsvergütungen/Beiratsvergütungen, die ein ausscheidender Anteilsinhaber bei der PersGes bezieht (BMF-Schrb vom 11.11.2011, BStBl I 1314 Rn 02.37). **104**

Die vorstehenden Folgen treten nur ein, soweit der ausscheidende Gesellschafter seine Beteiligung veräußert. Veräußert er nur einen **Teil seiner Anteile,** nimmt er mit den übrigen Anteilen an der Umw und damit auch an der Rückwirkungsfiktion teil. Gewinnausschüttungen (vgl Rn 78 ff, 82 ff) sind dann aufzuteilen und ggf unterschiedlich zu behandeln (BMF-Schrb vom 11.11.2011, BStBl I 1314 Rn 02.29). Eine Aufteilung erfolgt nicht hinsichtl der Umqualifizierung von Sondervergütungen (Rn 53 ff, 64; BMF-Schrb vom 11.11.2011, BStBl I 1314 Rn 02.36). **105**

b) Steuerliche Behandlung der neu eintretenden Anteilsinhaber. Im Rückwirkungszeitraum neu eintretende Anteilsinhaber der übertragenden Körperschaft (etwa durch Erwerb einer Beteiligung) werden stl als bereits am stl Übertragungsstichtag beteiligt behandelt. In entsprechender Anwendung von § 5 gelten die Anteile als zum stl Übertragungsstichtag angeschafft (BMF-Schrb vom 11.11.2011, BStBl I 1314 Rn 02.21; Haritz/Menner/*Slabon* Rn 36; *Jorde/Wetzel* BB 1996, 1246, 1248; vgl § 5 Rn 9 ff). Sie nehmen damit auch stl an der Umw im vollem Umfang teil (DPPM/*Dötsch* Rn 70; Lademann/*Hahn* Rn 53). Für sie ist ein Übernahmeergebnis (§§ 4 IV ff) zu ermitteln und sie erzielen Einkünfte nach § 7 (BMF-Schrb vom 11.11.2011, BStBl I 1314 Rn 02.21). Soweit allerdings **106**

Zahlungen, Gewinnausschüttungen etc im Rückwirkungszeitraum betroffen sind, ist maßgebl, ob der hinzutretende Gesellschafter die Leistungen tats erhalten hat.

14. Bare Zuzahlungen

107 Das UmwG sieht vor, dass neben der Anteilsgewährung zur Erreichung eines Spitzenausgleichs bare Zuzahlungen geleistet werden können (vgl §§ 5 I Nr 3, 126 I Nr 3 UmwG; zur Höhe vgl §§ 54 IV, 56 UmwG (GmbH), §§ 68 III, 73 UmwG (AG), §§ 68 III, 73, 78 UmwG (KGaA) und § 87 II 2 UmwG (eG)). Ferner können die Anteilsinhaber iRd Spruchverfahrens nach dem SpruchG einen Anspruch auf Verbesserung des Umtauschverhältnisses durch bare Zuzahlung durchsetzen. Derartige bare Zuzahlungen sind stl als anteilige Veräußerungen zu werten (str; vgl § 13 Rn 16). Zur Behandlung barer Zuzahlungen bei der Verschm von Körperschaften in der stl Schlussbilanz der übertragenden Körperschaft vgl § 11 Rn 137. Der Charakter der baren Zuzahlungen als anteilige Veräußerungsentgelte führt dazu, dass die stl Folgen – ebenso wie bei einem vollständigen Ausscheiden des Gesellschafters; dazu Rn 99 ff – bei der übertragenden Körperschaft am stl Übertragungsstichtag zu erfassen sind (RHL/*van Lishaut* Rn 70; DPPM/*Dötsch* Rn 54; aA Widmann/Mayer/*Widmann* Rn 341: Zeitpunkt der maßgebenden Eintragung). Der Anteilsinhaber erzielt einen entsprechenden Veräußerungsgewinn erst mit Wirksamwerden der Verschm (RHL/*van Lishaut* Rn 70; Widmann/Mayer/*Widmann* Rn 341; DPPM/*Dötsch* Rn 54; vgl auch Rn 102).

15. Besonderheiten bei grenzüberschreitenden/ausländischen Umwandlungen

108 **a) Allgemeines.** Das UmwStG und damit ebenso § 2 erfasst neben inländischen auch grenzüberschreitende und vglbare ausländische Vorgänge (dazu § 1 Rn 12 ff.). Insoweit können hinsichtl der Rückwirkung Besonderheiten eintreten. Denn Abs 1 und 2 gelten grdsl auch für vglbare ausländische Vorgänge (BMF-Schrb vom 11.11.2011, BStBl I 1314 Rn 02.07). Dann muss für die Feststellung des stl Übertragungsstichtags auf die ausländische Rechtsordnung zurückgegriffen werden (dazu Rn 109). Des Weiteren kann die Situation eintreten, dass die inländische Rückbeziehungsregelung nach Abs 1 und 2 mit der entsprechenden Regelung der ausländischen Rechtsordnung nicht übereinstimmt (in zeitlicher und inhaltlicher Hinsicht) oder die ausländische Rechtsordnung keine Rückbeziehung kennt (BMF-Schrb vom 11.11.2011, BStBl I 1314 Rn 02.38). Vgl zu Rückwirkungsregelungen in 21 EU-Staaten die Übersicht bei *von Brocke/Goebel/Ungemach/von Cossel* DStZ 2011, 684, 688). Für den Fall, dass Einkünfte aufgrund abweichender Regelungen zur Rückbeziehung in einem anderen Staat der Besteuerung entzogen werden, bestimmt Abs 3 die Nichtanwendung der Abs 1 und 2. Stimmen die ausländischen und die inländischen Regelungen überein, ist der Anwendungsbereich von Abs 3 nicht eröffnet (DPPM/*Dötsch* Rn 78; *Goebel/Ungemach/Glaser* DStZ 2009, 853, 856).

109 **b) Bestimmung des steuerlichen Übertragungsstichtags.** Der stl Übertragungsstichtag ist der Stichtag der Bilanz, die dem Vermögensübergang zugrunde liegt. Bei Umw nach dem UmwG ist dies die handelsrechtl Schlussbilanz nach § 17 II (dazu Rn 18). Auch bei **grenzüberschreitenden Vorgängen** mit einer inländischen übertragenden Körperschaft (etwa nach §§ 122a ff UmwG, aber auch nach der Vereinigungstheorie; vgl § 1 UmwG Rn 45 ff) hat die übertragende

werden). Daher setzt die Vorschrift voraus, dass ein nach den allg Steuergesetzen (ohne Berücksichtigung der Rückbeziehung) bestehendes inländisches Besteuerungsrecht nicht ausgeübt werden kann, weil aufgrund der Rückbeziehungsregelung in Abs 1 und Abs 2 der Übergang des Verm und des Einkommens fiktiv vorverlagert ist und zugleich der ausländische Staat sein Besteuerungsrecht nicht wahrnimmt. Das Privileg der Vereinfachung durch die Rückwirkung und der Herstellung des Gleichlaufes mit dem Wechsel der Ergebniszurechnung soll also nur gewährt werden, wenn – Inlandsfall – sich das inländische Besteuerungsrecht beim übernehmenden Rechtsträger fortsetzt oder – Entstrickungsfall – wenigstens der ausländische Staat zeitgleich sein Besteuerungsrecht wahrnimmt. IdS ist Abs 3 funktionell eine Rückfallklausel (*Hahn* in PWC, Reform des UmwStR, Rn 862).

Maßstab für die Bestimmung der **Abweichung** von Regelungen zur Rückbeziehung ist die inländische Regelung in Abs 1 und 2. Diese muss in zeitl und/oder inhaltl Weise abweichen. Ferner muss die Abweichung dazu führen, dass Einkünfte der Besteuerung entzogen werden (zur Doppelbesteuerung vgl Rn 120). In **zeitl Hinsicht** bedeutet dies, dass die ausländische Rechtsordnung keine oder eine kürzere Rückbeziehungsfrist vorsehen muss. So würden bei einer Hinausumwandlung etwa weiße Einkünfte entstehen, wenn nach Abs 1 für die Ermittlung des Einkommens und des Verm von einem Vermögensübergang am stl Übertragungsstichtag (= Stichtag der Schlussbilanz nach § 17, vgl Rn 18) auszugehen wäre, der ausländische Staat hingegen die anlässl der Umw bei ihm verstrickten WG erst mit dem Wirksamwerden der Umw erfassen würde. In diesem Fall wären die Einkünfte aus dem übergehenden Verm zwischen dem stl Übertragungsstichtag nach Abs 1 und dem stl Übertragungsstichtag nach der ausländischen Rechtsordnung weder in Deutschland noch in dem ausländischen Staat der Besteuerung unterworfen. Entsprechendes gilt bei einer zeitl kürzeren Rückbeziehungsfrist (DPPM/*Dötsch* Rn 80; RHL/*van Lishaut* Rn 103; *Dötsch/Pung* DB 2006, 2704, 2706; Frotscher/Maas/*Frotscher* Rn 130; Haase/Hruschka/*Steimel/Heerdt* Rn 135; *Ettinger/Königer* GmbHR 2009, 590, 592). 117

Denkbar sind aber auch bei zeitl kongruenten Rückbeziehungsfristen Abweichungen hinsichtl der **Qualifikation von Geschäftsvorfällen** in der Interimszeit zwischen dem stl Übertragungsstichtag und dem endgültigen Wirksamwerden der Umw (DPPM/*Dötsch* Rn 81; RHL/*van Lishaut* Rn 107; Haritz/Menner/*Slabon* Rn 106; *Hahn* in PWC, Reform des UmwStR, Rn 861; *von Brocke/Goebel/Ungemach/von Cossel* DStZ 2011, 684, 685 f; *Goebel/Ungemach/Glaser* DStZ 2009, 854, 855; *Benecke/Schnitger* IStR 2006, 765, 771). So können etwa die Behandlung von Gewinnausschüttungen, die zeitl Rückbeziehung von Veräußerungen von Anteilen an beteiligten Rechtsträgern in der Interimsphase, die Behandlung von Leistungen an in der Interimsphase ausgeschiedene Anteilsinhaber und bei Beteiligung von PersGes insbes die stl Behandlung von Sondervergütungen divergieren. Soweit in diesem Zusammenhang permanente, also über den Zeitpunkt des Wirksamwerdens der Umw zeitl hinausgehende Qualifikationskonflikte eintreten (etwa unterschiedl Behandlung von Sondervergütungen aus ausländischen Betriebsstätten), regelt Abs 3 nur eine Verkürzung oder einen Ausschluss der Rückbeziehung, nicht jedoch den Qualifikationskonflikt an sich (RHL/*van Lishaut* Rn 106 mit Beispiel; vgl auch Widmann/Mayer/*Widmann* (SEStEG) R 118 mit Beispiel). 118

dd) Rechtsfolgen. Abs 3 ordnet die Nichtanwendung von Abs 1 und Abs 2 an, „soweit" Einkünfte der Besteuerung entzogen werden. Einkünfte in diesem Sinne sind sowohl positive als auch negative Einkünfte (Frotscher/Maas/*Frotscher* 119

Rn 123; *Ettinger/Königer* GmbHR 2009, 590, 591; *von Brocke/Goebel/Ungemach/von Cossel* DStZ 2011, 684, 686). Die von Abs 3 angeordnete Rechtsfolge ist damit in **zeitl Hinsicht,** aber auch auf diejenigen Geschäftsvorfälle, die der Besteuerung entzogen werden, beschränkt (ebenso RHL/*van Lishaut* Rn 105; Lademann/*Hahn* Rn 154; *Ettinger/Königer* GmbHR 2009, 590, 591; *von Brocke/Goebel/Ungemach/von Cossel* DStZ 2011, 684, 686). Gelten in dem ausländischen Staat kürzere Rückbeziehungsfristen, werden die Geschäftsvorfälle iÜ aber in gleicher Weise qualifiziert, bedeutet „soweit", dass der stl Übertragungsstichtag an dem zeitl späteren, von der ausländischen Rechtsordnung vorgegebenen Übertragungsstichtag eintritt (Haritz/Menner/*Slabon* Rn 108; *Ettinger/Königer* GmbHR 2009, 590, 593). Eine generelle Maßgeblichkeit des Zeitpunktes des Wirksamwerdens der Umw ist in diesem Fall mit dem Zweck nicht vereinbar; dies ist nur anzunehmen, wenn die ausländische Rechtsordnung überhaupt keine Rückbeziehung kennt.

120 IÜ gilt der Ausschluss oder die Beschränkung der Rückbeziehung auch nur für diejenigen WG und damit in Zusammenhang stehenden Geschäftsvorfälle, für die das inländische Besteuerungsrecht aufgrund der Umw ausgeschlossen oder beschränkt wird (vgl auch Rn 113). Für andere anlässl der Umw übertragene WG, für die das inländische Besteuerungsrecht weder ausgeschlossen noch beschränkt wird (etwa bisher schon kein Besteuerungsrecht oder keine Änderung im stl Status durch die Umw), verbleibt es hingegen bei den durch Abs 1 angeordneten, stl fiktiven Vermögensübergang am nach inländischen Vorschriften ermittelten stl Übertragungsstichtag.

121 **ee) Doppelbesteuerung.** Keine Regelung enthält Abs 3 für den Fall, dass durch unterschiedl Rückbeziehungsfristen oder unterschiedl Qualifikation von Geschäftsvorfällen in der Interimsphase eine doppelte Besteuerung eintritt. Der Fall kann bei einer **Hinausumwandlung** etwa eintreten, wenn das ausländische Recht einen zeitl früheren stl Übertragungsstichtag annimmt (DPPM/*Dötsch* Rn 86; Frotscher/Maas/*Frotscher* Rn 131; Haritz/Menner/*Slabon* Rn 107). Entsprechendes gilt bei einer **Hereinumwandlung,** wenn Deutschland den Vermögensübergang und die damit verbundene Verstrickung bereits ab dem Stichtag der Schlussbilanz des ausländischen Rechtsträgers annimmt, währenddessen der Sitzstaat von einer Entstrickung der übergehenden WG erst zum Zeitpunkt des Wirksamwerdens ausgeht (Frotscher/Maas/*Frotscher* Rn 131; Haase/Hruschka/*Steimel/Heerdt* Rn 154 f). Das Fehlen einer derartigen Regelung ist systematisch inkonsequent (*Rödder/Schumacher* DStR 2006, 1525, 1529; Haase/Hruschka/*Steimel/Heerdt* Rn 156). Im Einzelfall kann Abhilfe nur über ein Verständigungsverfahren erfolgen (DPPM/*Dötsch* Rn 86; Haase/Hruschka/*Steimel/Heerdt* Rn 156; *Ettinger/Königer* GmbHR 2009, 590, 591).

16. Ausschluss der Verlustverrechnung bei rückwirkender Umwandlung, Abs 4

122 **a) Allgemeines.** Der Anwendungsbereich des mit dem JStG 2009 (BGBl I 2794) eingefügten und mit dem WachstumsbeschleunigungsG (BGBl I 2009, 3950) ergänzten Abs 4 ist in verschiedener Hinsicht unklar. Der Sinn und Zweck der Vorschrift erschließt sich nur aus der Gesetzesbegründung und ist im Grundsatz nachvollziehbar. Danach soll sie verhindern, dass durch Umw mit stl Rückwirkung ein Übertragungsgewinn mit Verlustpositionen verrechnet wird, obwohl dies dem übertragenden Rechtsträger nach dem stl Übertragungsstichtag wegen eines Untergangs der Verlustpositionen aufgrund eines Anteilsinhaberwechsels iSv

§ 8c KStG nicht mehr möglich wäre (Abs 4 **S 1**). Diese Beschränkung soll auch für negative Einkünfte im Rückwirkungszeitraum gelten (Abs 4 **S 2**). Dieses Ziel kommt aber im Wortlaut nicht zum Ausdruck, der daher einschränkend auszulegen ist, damit die Vorschrift überhaupt noch verfassungsmäßigen Maßstäben genügt und keine überschießende Tendenz aufweist. Leider hat sich auch die FinVerw nur sehr kursorisch geäußert (vgl BMF-Schrb vom 11.11.2011, BStBl I 1314 Rn 02.39 f). Rechtssystematisch handelt es sich um eine spezialgesetzliche Missbrauchsverhinderungsvorschrift (ebenso *Sistermann/Brinkmann* DStR 2008, 2455, 2457). Durch die zwischenzeitliche Einfügung von § 8c I S 7–9 KStG hat die Vorschrift an praktischer Bedeutung verloren (vgl Rn 152). Zur erstmaligen Anwendung vgl § 27 IX, X UmwStG.

b) Betroffene Umwandlungen. Abs 4 ist unmittelbar nur auf die von § 2 erfassten Umw nach §§ 3–19 anwendbar (vgl Rn 3 ff). Nach § 20 VI 4 ist das Abs 4 bei rückwirkenden Einbringungen nach § 20 indes entsprechend anwendbar. Über die Verweisung in § 24 IV auf § 20 VI sind auch Einbringungen nach § 24 erfasst. 123

c) Betroffene Rechtsträger. Abs 4 **S 1** schränkt die Verrechnung oder den Ausgleich eines Übertragungsgewinns mit Verlustpositionen ein. Ein Übertragungsgewinn (§§ 3, 11, 20 III, 24 III) entsteht beim übertragenden Rechtsträger; er ist Adressat der Vorschrift (*Rödder/Schönfeld* DStR 2009, 560; DPPM/*Dötsch* Rn 92; Frotscher/Maas/*Frotscher* Rn 136). Im unmittelbaren Anwendungsbereich von Abs 4 (§§ 3–19; vgl Rn 3 ff) sind dies immer Körperschaften (vgl § 1 Rn 15). Aufgrund des Zusammenhangs mit § 8c KStG (dazu Rn 131) ist die Vorschrift aber auch in Einbringungsfällen nach §§ 20, 24 nur auf Körperschaften als übertragende Rechtsträger anwendbar. 124

Abs 4 **S 2** bezieht sich hingegen auf den übernehmenden Rechtsträger, dem aufgrund der stl Rückwirkung die Verluste des übertragenden Rechtsträgers im Rückwirkungszeitraum als eigene Verluste zugerechnet werden (DPPM/*Dötsch* Rn 92; Frotscher/Maas/*Frotscher* Rn 137). 125

d) Ausschluss der Verrechnung mit einem Übertragungsgewinn, Abs 4 S 1. aa) Übertragungsgewinn. Abs 4 S 1 setzt einen **Übertragungsgewinn** voraus. Ein derartiger Übertragungsgewinn entsteht, wenn der übertragende Rechtsträger in seiner stl Schlussbilanz die übergehenden WG mit einem über dem BW liegenden Wert – maximal mit dem gemeinen Wert – ansetzt (vgl § 3, 11). Bei der entsprechenden Anwendung nach §§ 20, 24 entsteht beim übertragenden Rechtsträger ein Gewinn (Einbringungsgewinn), wenn der übernehmende Rechtsträger das eingebrachte BV mit einem über dem bisherigen BW liegenden Wert, maximal mit dem gemeinen Wert, ansetzt. Denn der Wert, mit dem der übernehmende Rechtsträger die eingebrachten WG ansetzt, gilt für den Einbringenden als Veräußerungspreis (vgl § 20 III, 24 III). Ein **Übertragungsverlust** ist hingegen nicht erfasst (*Rödder/Schönfeld* DStR 2009, 560). 126

bb) Hypothetischer Vergleich – Statusverbesserung. Abs 4 S 1 verlangt einen **hypothetischen Vergleich.** Der übertragende Rechtsträger kann einen Übertragungsgewinn mit Verlusten nur dann ausgleichen oder verrechnen, wenn ihm die Verlustnutzung (in Abs 4 S 1 definiert als Ausgleich oder Verrechnung eines Übertragungsgewinns mit verrechenbaren Verlusten, verbleibenden Verlustvorträgen, nicht ausgeglichenen negativen Einkünften, einem Zinsvortrag und einem EBITDA-Vortrag) auch ohne stl Rückwirkung möglich gewesen wäre. Die Bezugnahme auf Abs 1 und 2 und die Formulierung im Konjunktiv („gewesen 127 wäre") zeigt, dass ein hypothetischer Vergleich zwischen der Möglichkeit der Verlustnutzung am stl Übertragungsstichtag einerseits und zu einem späteren Zeitpunkt andererseits durchzuführen ist (*Rödder/Schönfeld* DStR 2009, 560, 561; DPPM/*Dötsch* Rn 96). Dieser spätere Zeitpunkt **(Vergleichszeitpunkt)** kann nur der Zeitpunkt des zivilrechtlichen Wirksamwerdens der Umw sein (so wohl auch DPPM/*Dötsch* Rn 97). Dies folgt aus dem vom Gesetz vorgegebenen Vergleichsmaßstab, dass die Verlustnutzung „auch ohne Anwendung der Absätze 1 und 2" möglich gewesen wäre. Denn ohne die Anwendung der Abs 1 und 2, die die fiktive stl Rückwirkung von Umw festlegen, würden die stl Wirkungen der Umw nach den allgemeinen Grdsen (§ 38 AO) im Zeitpunkt des zivilrechtlichen Wirksamwerdens eintreten.

128 Weitere Folge des lediglich hypothetischen Vergleichs ist, dass der übertragende Rechtsträger zu diesem Zeitpunkt zwar zivilrechtlich noch existent sein muss (letzte logische Sekunde), seine Steuerpflicht indes wegen der stl Rückwirkung bereits beendet sein kann (vgl Rn 43).

129 Es ist also (hypothetisch) der **Vergleich vorzunehmen,** ob der übertragende Rechtsträger einen Übertragungsgewinn (i) am stl Übertragungsstichtag mit verrechenbaren Verlusten, verbleibenden Verlustvorträgen oder nicht ausgeglichenen negativen Einkünften ausgleichen oder verrechnen kann und (ii) er dies – ohne stl Rückwirkung – auch im Zeitpunkt des zivilrechtlichen Wirksamwerdens der Umw **(Vergleichszeitpunkt)** könnte (*Rödder/Schönfeld* DStR 2009, 560, 561; DPPM/*Dötsch* Rn 96 f; Frotscher/Maas/*Frotscher* Rn 141; BMF-Schrb vom 11.11.2011, BStBl I 1314 Rn 02.39).

130 Hieran schließt sich die Frage an, **welche Beschränkungen** eines Ausgleichs oder einer Verrechnung der Verlustnutzung erfasst sind. Der Wortlaut von Abs 4 S 1 lässt dies nicht klar erkennen. Außer dem Erfordernis des hypothetischen Vergleichs („Verlustnutzung auch ohne Anwendung der Abs 1 und 2 möglich gewesen wäre") lässt sich aber schließen, dass Maßstab ist, ob die als Verlustnutzung definierten Verlustpositionen noch abziehbar sind (zur für den Vergleich maßgeblichen Höhe der Verlustpositionen am Vergleichszeitpunkt vgl Rn 152). Kein Maßstab ist hingegen, ob die Verlustnutzung am stl Übertragungsstichtag und im Vergleichszeitpunkt (Rn 127) die gleiche stl Wirkung gehabt hätten (vgl dazu näher Rn 132 ff).

131 Für die weitere **Auslegung** kann auf die Gesetzesmaterialien zurückgegriffen werden. Denn maßgebend für die Auslegung ist der in der Vorschrift zum Ausdruck kommende objektivierte Wille des Gesetzgebers, so wie er sich aus dem Wortlaut der Norm und dem Sinnzusammenhang ergibt. Im Rahmen des möglichen Wortsinns hat die Auslegung den Bedeutungszusammenhang des Gesetzes, die systematische Stellung der Norm sowie den Gesetzeszweck zu beachten. Ergänzend kommt der Entstehungsgeschichte der Vorschrift für deren Auslegung Bedeutung zu (vgl etwa BFH DStR 2012, 1318). Danach sollte die Vorschrift verhindern, „dass aufgrund der steuerlichen Rückwirkungsfiktion in § 2 Abs 1 und 2 UmwStG 2006 gestalterisch eine Verlustnutzung oder ein Erhalt des Zinsvortrag erreicht werden kann, obwohl der Verlust oder Zinsvortrag wegen § 8c KStG bereits untergegangen ist" (BT-Drs 16/11108, 40). Folglich ging es dem Gesetzgeber darum, eine Statusverbesserung hinsichtlich der Verlustnutzung durch eine rückwirkende Umw auszuschließen, wenn die Verlustpositionen wegen eines schädlichen Anteilsinhaberwechsels nach § 8c KStG im Vergleichszeitpunkt nicht mehr (oder nicht mehr im vollen Umfang; dazu Rn 152) vorhanden sind. Dieser gesetzgeberische Wille kommt auch in der Anwendungsvorschrift in § 27 IX 1 zum Ausdruck, wonach Abs 4 erstmals auf Umw und Einbringungen anzuwenden ist, „bei denen der schädliche Beteiligungserwerb oder ein anderes die Verlustnutzung ausschließendes Ereignis nach dem 28. November 2008 eintritt". Damit kann angesichts des offenen Wortlauts angenommen werden, dass ein Ausgleich oder eine Verrechnung eines Übertragungsgewinns nur dann ausgeschlossen ist, wenn Vergleichszeitpunkt (vgl Rn 127) die Verlustnutzung aufgrund eines schädlichen Anteilsinhaberwechsels iSv § 8c KStG ausgeschlossen wäre. Dieser gesetzgeberische Wille ist vom Wortsinn gedeckt und daher einschränkend zu Gunsten des Steuerpflichtigen zu berücksichtigen. Das Vorliegen eines **schädlichen Beteiligungserwerbs** ist damit ein **ungeschriebenes Tatbestandsmerkmal** (so auch *Rödder/Schönfeld* DStR 2009, 560, 561 f; *Sistermann/Brinkmann* DStR 2008, 2457: teleologische Reduktion; *Hubertus/Krenzin* GmbHR 2009, 647, 649; *Dörfler/Rautenstrauch/Adrian,* BB 2009, 580; DPPM/*Dötsch* Rn 99; Haase/Hruschka/*Steimel/Heerdt* Rn 171; aA Frotscher/Maas/*Frotscher* Rn 152; nicht eindeutig BMF-Schrb vom 11.11.2011, BStBl I 1314 Rn 02.39: zB § 8c KStG). Dies gilt allerdings nicht nur für die aktuelle Mantelkaufregelung in § 8c KStG, sondern auch für schädliche Vorgänge iSv § 8 IV KStG aF (so auch *Sistermann/Brinkmann* DStR 2008, 2455, 2457; *Hubertus/Krenzin* GmbHR 2009, 647, 649; *Suchanek* Ubg 2009, 178, 185; DPPM/*Dötsch* Rn 99; Haase/Hruschka/*Steimel/Heerdt* Rn 180). Vorgänge, die zur Anwendung von § 8 IV KStG aF führen, sind iSv § 27 IX 1 ein „anderes die Verlustnutzung ausschließendes Ereignis". Zur maßgeblichen Höhe der fiktiven Verlustnutzung vgl Rn 152.

Damit führt **nicht jede Statusverbesserung** zu einem Ausschluss der Verlust- **132**
nutzung nach Abs 4 S 1. Die Verlustnutzung am stl Übertragungsstichtag und die hypothetischer Verlustnutzung am Vergleichszeitpunkt (Rn 127) muss nicht die gleiche stl Wirkung haben. Dies gilt insbesondere für unterschiedliche Auswirkungen der Mindestbesteuerung (§ 10d II EStG) am stl Übertragungsstichtag und am hypothetischen Vergleichszeitpunkt. Derartige Effekte können eintreten, sie sind aber unbeachtlich für die Anwendung von Abs 4 S 1 (*Rödder/Schönfeld* DStR 2009, 560, 562).

Beispiel: **133**
Die V-GmbH erzielt bis zum 31.12.00 einen laufenden Verlust in Höhe von EUR 10 Mio. Ein Verlustvortrag ist nicht vorhanden. Am 1.6.01 (Wirksamwerden) gliedert die V-GmbH mit stl Rückwirkung auf den 31.12.00 einen Teilbetrieb auf ihre TochterGes T-GmbH aus. Hierbei entsteht durch entsprechende Wahlrechtsausübung (§ 20 II, III) ein Einbringungsgewinn in Höhe von EUR 10 Mio.

Die Verrechnung des steuerlich am 31.12.00 entstehenden Einbringungsge- **134**
winns unterliegt nicht den Beschränkungen der Mindestbesteuerung, da eine Verrechnung mit dem laufenden Verlust des Geschäftsjahres 00 erfolgt. Demgegenüber könnte der hypothetisch am 1.6.01 entstehende Einbringungsgewinn im VZ 01 mit dem Verlustvortrag aus dem Vorjahr nur nach Maßgabe der Mindestbesteuerung verrechnet werden. Die Regelungen zur **Mindestbesteuerung** sind indes kein die Verlustnutzung ausschließendes Ereignis (vgl Rn 131), sondern eine Rechtsfolge, die auf einen feststehenden Sachverhalt angewendet wird (ebenso *Rödder/Schönfeld* DStR 2009, 560, 562; *Sistermann/Brinkmann* DStR 2008, 2455, 2457; *Hubertus/Krenzin* GmbHR 2009, 647, 648; DPPM/*Dötsch* Rn 101). IÜ beschränken sie nur die Verlustnutzung in zeitlicher Hinsicht (*Rödder/Schönfeld* DStR 2009, 560, 562; *Hubertus/Krenzin* GmbHR 2009, 647, 648). Demzufolge

können rückwirkende Umw unverändert genutzt werden, die Auswirkungen der Mindestbesteuerung abzumildern.

135 **Beispiel:**
Die V-GmbH hat zum 31.12.00 einen Verlustvortrag in Höhe von EUR 2 Mio. Sie beabsichtigt, in 01 einen Teilbetrieb zu veräußern. Sie gliedert daher den Teilbetrieb am 1.6.01 (Wirksamwerden) stl rückwirkend auf den 31.12.00 auf eine Tochter-GmbH & Co KG aus. Hierbei entsteht durch entsprechende Wahlrechtsausübung (§ 24 II, III) ein Einbringungsgewinn in Höhe von EUR 1 Mio. Am 1.8.01 veräußert die V-GmbH ihre Beteiligung an der Tochter-GmbH & Co KG und erzielt hierbei einen Veräußerungsgewinn in Höhe von EUR 1 Mio. Im Übrigen erwirtschaftet sie im Geschäftsjahr 01 ein ausgeglichenes Ergebnis.

136 Mangels eines schädlichen Anteilsinhaberwechsels kann die V-GmbH den rückwirkend am am 31.12.00 entstehenden Übertragungsgewinn ohne Begrenzung durch die Mindestbesteuerung mit dem Verlustvortrag verrechnen. In gleicher Weise kann sie im VZ 01 den Veräußerungsgewinn mit dem verbleibenden Verlustvortrag in Höhe von EUR 1 Mio verrechnen.

137 Ebenso wenig ist das Entstehen eines **Zinsvorteils** oder eine sonstige günstigere stl Situation (etwa **Steuersatz**) im VZ, in dem der stl Übertragungsstichtag liegt, ein die Verlustnutzung ausschließendes Ereignis (*Rödder/Schönfeld* DStR 2009, 560, 561; DPPM/*Dötsch* Rn 100).

138 Zu weiteren **Gestaltungsmöglichkeiten** ohne schädlichen Anteilsinhaberwechsel vgl *Sistermann/Brinkmann* DStR 2008, 2455, 2456 f.

139 **cc) Zeitpunkt des schädlichen Ereignisses.** Voraussetzung für den Ausschluss oder die Verrechnung eines Übertragungsgewinns mit Verlustpositionen ist der Eintritt eines schädlichen Anteilsinhaberwechsels iSv § 8c KStG oder eines anderen Ereignisses iSv § 8 IV KStG aF (dazu Rn 131). Weitere Voraussetzung ist ein bestimmter zeitlicher Zusammenhang zwischen dem Wirksamwerden der Umw und dem für die Verlustnutzung schädlichen Ereignis. Vermutlich wollte der Gesetzgeber jedenfalls den folgenden – in mannigfaltigen Umwandlungsvariationen darstellbaren – **Grundfall** erfassen:

140 **Beispiel:**
Die V-GmbH hat zum 31.12.00 einen Verlustvortrag von EUR 1 Mio. Am 1.6.01 werden sämtliche Anteile an der V-GmbH an die E-GmbH veräußert (schädlicher Anteilsinhaberwechsel iSv § 8c KStG). Anschießend wird mit stl Rückwirkung auf den 31.12.00 die V-GmbH auf die E-GmbH verschmolzen (Wirksamwerden am 1.10.01). Hierbei entsteht durch entsprechende Wahlrechtsausübung (§ 11 II) ein Übertragungsgewinn in Höhe von EUR 1 Mio.

141 In dem Beispielsfall ist durch den schädlichen Anteilsinhaberwechsel am 1.6.01 der Verlustvortrag weggefallen. Wäre der Übertragungsgewinn nicht wegen der stl Rückwirkung am stl Übertragungsstichtag, sondern zum Vergleichszeitpunkt (dem Wirksamwerden der Verschmelzung, vgl Rn 127) entstanden, hätte mangels Vorhandenseins eines Verlustvortrags zum Ende des VZ 01 eine Verrechnung des Übertragungsgewinns nicht stattfinden können. Entsprechendes gilt, wenn die V-GmbH am 31.12.00 nicht einen Verlustvortrag, sondern einen laufenden Verlust im Geschäftsjahr 00 erzielt hätte (*Rödder/Schönfeld* DStR 2009, 560, 562; *Hubertus/Krenzin* GmbHR 2009, 649).

142 Vom Wortlaut gedeckt ist aber auch die folgende **Fallvariante:**

Beispiel:
Die V-GmbH hat zum 31.12.00 einen Verlustvortrag von EUR 1 Mio. Am 1.6.01 (Wirksamwerden) gliedert die V-GmbH mit stl Rückwirkung auf den 31.12.00 einen Teilbetrieb

auf ihre Tochtergesellschaft T-GmbH aus. Hierbei entsteht durch entsprechende Wahlrechtsausübung (§ 20 II, III) ein Einbringungsgewinn in Höhe von EUR 1 Mio. Am 1.9.01 werden sämtliche Anteile an der V-GmbH veräußert (schädlicher Anteilsinhaberwechsel iSv § 8c KStG). Im Geschäftsjahr 01 erwirtschaftet die V-GmbH iÜ ein ausgeglichenes Ergebnis.

Auch in diesem Beispielsfall könnte ein hypothetisch im Zeitpunkt des Wirksamwerdens der Ausgliederung (1.6.01) stl zu erfassender Übertragungsgewinn aufgrund des Wegfalls des Verlustvortrags im VZ 01 nicht verrechnet werden. Da hier – wenigstens im Grds – keine gestalterische Maßnahme im Sinne der Gesetzesbegründung vorliegt (vgl Rn 131), wird für diesen Fall eine teleologische Reduzierung gefordert (*Rödder/Schönfeld* DStR 2009, 560, 562 f; vgl auch *Hubertus/Krenzin* GmbHR 2009, 647, 650: nur bei Gesamtplan; vgl auch DPPM/*Dötsch* Rn 105). Die FinVerw scheint dieser Ansicht zu folgen (BMF-Schrb vom 11.11.2011, BStBl I 1314 Rn 02.39: bis zur Eintragung der Umw). Ob der Sinn und Zweck der Regelung tatsächlich gebietet, zwischen einem schädlichen Anteilsinhaberwechsel vor oder nach der rückwirkenden Umw zu unterscheiden, erscheint indes fraglich. Unschädlich ist auf jeden Fall ein Anteilsinhaberwechsel oder ein sonstiges die Verlustnutzung beeinträchtigendes Ereignis im VZ nach dem VZ, in dem der Vergleichszeitpunkt (Rn 127) liegt. Auch eine Abkürzung des Wj vor dem schädlichen Ereignis stellt die Verlustnutzung nicht sicher, da hierdurch der VZ nicht verschoben wird (vgl hierzu *Rödder/Schönfeld* DStR 2009, 560, 563). 143

dd) Rückwirkung. Angesichts des klaren Wortlauts ist eine Verrechnung eines Übertragungsgewinns mit Verlusten oder Verlustvorträgen nur dann ausgeschlossen, wenn eine Umw mit Rückwirkung erfolgt (*Rödder/Schönfeld* DStR 2009, 560, 563; DPPM/*Dötsch* Rn 103). Denn der hypothetische Vergleich (Rn 127 ff) hat zum Gegenstand, ob die Verlustnutzung auch ohne Anwendung der Abs 1 und 2, also ohne stl Rückwirkung, möglich gewesen wäre. 144

Beispiel: 145

Die V-GmbH erwirtschaftet bis zum 30.6.01 einen laufenden Verlust in Höhe von EUR 1 Mio. Sie gliedert am 1.6.01 (Wirksamwerden) einen Teilbetrieb auf ihre Tochter T-GmbH aus. Hierbei entsteht ein Einbringungsgewinn in Höhe von EUR 1 Mio. Ein Antrag auf Rückwirkung (§ 20 V) wird nicht gestellt. Am 1.9.01 werden sämtliche Anteile an der V-GmbH veräußert (schädlicher Anteilsinhaberwechsel iSv § 8c KStG).

Mangels rückwirkender Umw greift die Beschränkung der Verlustnutzung nach Abs 4 S 1 nicht ein. Zwar würde in dem Beispielsfall aufgrund des schädlichen Anteilsinhaberwechsels auch ein am 1.9.01 bestehender laufender Verlust untergehen (vgl BMF-Schrb vom 4.7.2008, BStBl I 736 Rn 31), dieser ist jedoch vor dem Anteilsinhaberwechsel durch den Einbringungsgewinn ausgeglichen (zur Aufteilung des laufenden Verlustes vgl BMF-Schrb vom 4.7.2008, BStBl I 736 Rn 32). Keine Voraussetzung für die Anwendung von Abs 4 S 1 ist jedoch, dass der stl Übertragungsstichtag in einem vorangegangenen VZ liegt (aA *Rödder/Schönfeld* DStR 2009, 560, 564; wohl auch aA *Sistermann/Brinkmann* DStR 2008, 2457; vgl auch *Hubertus/Krenzin* GmbHR 2009, 647, 649 f). 146

Beispiel: 147

Die V-GmbH erwirtschaftet bis zum 30.6.01 einen laufenden Verlust in Höhe von EUR 1 Mio. Am 1.7.01 werden sämtliche Anteile an der V-GmbH veräußert (schädlicher Anteilsinhaberwechsel iSv § 8c KStG). Sie gliedert am 1.8.01 (Wirksamwerden) einen Teilbetrieb mit stl Rückwirkung auf den 1.1.01 auf ihre Tochter T-GmbH aus. Hierbei entsteht ein Einbringungsgewinn in Höhe von EUR 1 Mio. In der Zeit vom 1.7.01 bis 1.12.01 entsteht ein weiterer laufender Verlust in Höhe von EUR 0,5 Mio.

148 Der bis zum 30.6.01 entstandene laufende Verlust ist aufgrund des schädlichen Anteilsinhaberwechsels ab dem 1.7.01 nicht mehr abziehbar. Ein hypothetisch am 1.8.01 (Vergleichszeitpunkt, Rn 127) entstehender Einbringungsgewinn könnte daher mit dem laufenden Verlust nicht mehr verrechnet werden. Das Ergebnis irritiert zwar, wenn insgesamt im Jahr des schädlichen Anteilsinhaberwechsels kein Verlust entsteht (BMF-Schrb vom 4.7.2008, BStBl I 736 Rn 32; vgl dazu *Rödder/Schönfeld* DStR 2009, 560, 564), der Gesetzgeber wollte aber genau die Nutzung der Rückwirkung ausschließen. In der Praxis sollte daher im vorstehenden Beispiel von einer Rückwirkung abgesehen werden.

149 **e) Ausschluss der Verrechnung mit negativen Einkünften im Rückwirkungszeitraum, Abs 4 S 2.** Nach Abs 4 S 2 gilt S 1 für negative Einkünfte des übertragenden Rechtsträgers im Rückwirkungszeitraum entsprechend. Hintergrund der Regelung dürfte sein, dass aufgrund der stl Rückwirkung negative Einkünfte des übertragenden Rechtsträgers im Rückwirkungszeitraum bereits dem übernehmenden Rechtsträger zugerechnet werden. Im strengen Wortsinne erzielt damit der übertragende Rechtsträger im Rückwirkungszeitraum keine negativen Einkünfte mehr. Damit hätte die Vorschrift tatsächlich keinen Anwendungsbereich (vgl *Sistermann/Brinkmann* DStR 2008, 2455, 2457) Dies erscheint indes fraglich, wenngleich der Wortlaut missglückt ist (vgl auch DPPM/*Dötsch* Rn 110; Frotscher/Maas/*Frotscher* Rn 161). Auch die entsprechende Geltung von Abs 4 S 1 macht hinsichtlich dessen Tatbestandsvoraussetzungen keinen Sinn, da der Übertragungsgewinn gerade wegen der stl Rückwirkung am stl Übertragungsstichtag entsteht und eine Verrechnung mit negativen Einkünften im Rückwirkungszeitraum von vornherein ausscheidet. Bei einer (gerade noch) vom Wortsinn gedeckten Auslegung nach dem gesetzgeberischen Willen (vgl Rn 131) muss die Vorschrift so verstanden werden, dass durch eine rückwirkende Umw auch Verluste nicht genutzt werden können, die zivilrechtlich noch die übertragende Körperschaft erwirtschaftet hat, die wegen der stl Rückwirkung aber bereits dem übernehmenden Rechtsträger zugerechnet werden. In diesem Sinne ist die entsprechende Anwendung von Abs 4 S 1 indes nicht nur als Rechtsfolgenverweisung zu interpretieren (so aber *Hubertus/Krenzin* GmbHR 2009, 647, 650), denn auch Abs 4 S 2 setzt voraus, dass ein schädlicher Anteilsinhaberwechsel iSv § 8c KStG oder ein anderes die Verlustnutzung ausschließendes Ereignis stattgefunden hat (dazu Rn 131; ebenso DPPM/*Dötsch* Rn 110). Ferner muss die Umw mit Rückwirkung erfolgt sein (dazu Rn 144). Die Wirkung von Abs 4 S 2 lässt sich an folgendem Beispiel verdeutlichen:

150 **Beispiel:**
Die K-GmbH erwirbt am am 1.7.01 sämtliche Anteile an der V-GmbH (schädlicher Anteilsinhaberwechsel iSv § 8c KStG). Die V-GmbH erwirtschaftet in der Zeit vom 1.1.01 bis zum 30.6.01 einen Verlust in Höhe von EUR 1 Mio. Die V-GmbH wird am 1.8.01 (Wirksamwerden) mit stl Rückwirkung auf den 1.1.01 auf die K-GmbH verschmolzen. In der Zeit vom 1.7.01 bis zum 1.8.01 hat die V-GmbH einen weiteren Verlust in Höhe von EUR 0,5 Mio erwirtschaftet.

151 Aufgrund der stl Rückwirkung wäre der von der V-GmbH in der Zeit vom 1.1.01 bis zum 30.6.01 erwirtschaftete Verlust in Höhe von EUR 1 Mio stl bei der K-GmbH bereits als eigener Verlust zu erfassen. Damit könnte die K-GmbH den zivilrechtlich von der V-GmbH erwirtschafteten Verlust trotz des Untergangs

aufgrund des schädlichen Anteilsinhaberwechsels am 1.7.01 noch nutzen. Dies will Abs 4 S 2 verhindern (so auch DPPM/*Dötsch* Rn 110). Demgegenüber kann die K-GmbH nach dem Sinn und Zweck der Vorschrift und aufgrund des Zusammenhangs mit § 8c KStG (dazu Rn 131) den ab dem 1.7.01 bis zum 1.8.01 erzielten Verlust aufgrund der Rückwirkung als eigenen Verlust nutzen (so auch DPPM/*Dötsch* Rn 110). Denn Verluste, die nach dem Anteilsinhaberwechsel entstehen, gehen nicht unter (vgl auch BMF-Schrb vom 4.7.2008, BStBl I 736 Rn 31).

f) Anteiliger Ausschluss. Aus dem Erfordernis des hypothetischen Vergleichs der Verlustnutzung am stl Übertragungsstichtag und am Vergleichszeitpunkt (vgl Rn 127) folgt, dass bei einem nur anteiligen Untergang der Verlustpositionen (vgl § 8c I 1 KStG) der Ausschluss oder die Verrechnung des Übertragungsgewinns (Abs 4 S 1) oder des Gewinns der übertragenden Körperschaft in der Rückwirkungszeit (Abs 4 S 2) nicht ausgeschlossen ist, soweit die Verlustpositionen zum Vergleichszeitpunkt noch vorhanden sind. Entsprechendes gilt, soweit die Verluste bei einem schädlichen Anteilsinhaberwechsel aufgrund der Stille-Reserven-Klausel (§ 8c I 6 ff KStG) weiterhin genutzt werden können. Die verbleibenden Verlustpositionen sind damit der Maßstab für den hypothetischen Vergleich (vgl Rn 127 ff). Das „wenn" in Abs 4 S 1 ist also als „soweit" zu lesen (DPPM/*Dötsch* Rn 98; Haase/Hruschka/*Steimel/Heerdt* Rn 175; Frotscher/Maas/*Frotscher* Rn 150). Da das Entstehen eines Übertragungsgewinns (Einbringungsgewinn) das Bestehen von stillen Reserven voraussetzt, ist seit Einführung der Stille-Reserven-Klausel der Anwendungsbereich von Abs 4 beschränkt (vgl dazu im Einzelnen *Ropohl/Buschmann* DStR 2011, 1407; *Schnitker* DB 2011, 1718, 1721 f; ebenso DPPM/*Dötsch* Rn 90). Vgl aber auch § 8c I 9 KStG. **152**

g) Zinsvortrag/EBITDA-Vortrag. Nach § 8a I 3 KStG gilt § 8c KStG entsprechend für einen Zinsvortrag nach § 4h I 5 EStG. Vor diesem Hintergrund ist es zunächst konsequent, dass auch der Zinsvortrag nach einem Anteilsinhaberwechsel nicht noch durch eine rückwirkende Umw genutzt werden kann. Der Wortlaut ist jedoch auch in dieser Hinsicht unklar, da ein Zinsvortrag nicht mit einem Übertragungsgewinn verrechnet werden kann. Noch verwirrender ist die mit dem WachstumsbeschleunigungsG (BGBl I 2009, 3950) erfolgte Ergänzung um einen EBITDA-Vortrag, da dieser durch § 8c KStG nicht beeinflusst wird. Eine (kaum mehr vom Wortsinn umfasste) Auslegung kann daher nur bedeuten, dass der Übertragungsgewinn unter den Voraussetzungen von Abs 4 S 1 nicht das EBITDA erhöhen und damit die Nutzung des Zinsvortrags ermöglichen darf (zutr *Schnitker* DB 2011, 1718, 1722). **153**

h) Rechtsfolge. Rechtsfolge des Eingreifens von Abs 4 **S 1** ist, dass ein Übertragungsgewinn nicht mit den laufenden Verlusten des VZ, in dem der stl Übertragungsstichtag liegt, oder einem Verlustvortrag verrechnet werden kann (DPPM/*Dötsch* Rn 98). Die Erfüllung der Voraussetzungen von Abs 4 **S 2** bewirkt, dass der von dem übertragenden Rechtsträger im Rückwirkungszeitraum erzielte, wegen der stl Rückwirkung aber dem übernehmenden Rechtsträger bereits zugerechnete Verlust aufgrund des Anteilsinhaberwechsel ebenfalls (anteilig) nicht mehr abziehbar ist. Der jew Ausschluss der Verlustverrechnung gilt auch für die **GewSt** (DPPM/*Dötsch* Rn 95). IÜ bleiben die Wirkungen der stl Rückwirkung unberührt, da sich Abs 4 **S 1** ausdrücklich nur auf die Verlustnutzung bezieht (*Sistermann/Brinkmann* DStR 2008, 2455, 2456; DPPM/*Dötsch* Rn 94). Zur Rechtsfolge hinsichtl des Zinsvortrags und EBITDA-Vortrags vgl Rn 153. **154**

Zweiter Teil. Vermögensübergang bei Verschmelzung auf eine Personengesellschaft oder auf eine natürliche Person und Formwechsel einer Kapitalgesellschaft in eine Personengesellschaft

Vorbemerkungen zu §§ 3–9

1. Anwendungsbereich des Zweiten Teils

1 Der Zweite Teil des UmwStG (§§ 3–9 UmwStG) betrifft die Verschm iSv §§ 2 ff UmwG oder vglbare ausl Vorgänge von Körperschaften (KapGes, eG, eingetragene Vereine sowie wirtschaftl Vereine) auf eine durch die Verschm neu gegründete oder eine bereits bestehende PersGes bzw natürl Person als übernehmender Rechtsträger. Durch das SEStEG ist der Anwendungsbereich der §§ 3–9 auf EU/EWR-Sachverhalte erweitert worden.

2 Als **übertragender Rechtsträger** kommen die in § 1 II genannten Körperschaften in Betracht. Es muss sich hierbei um EU/EWR-Ges mit Sitz und Ort der Geschäftsleitung in der EU/EWR handeln. Die europäischen AG bzw europäischen Gen erfüllen stets diese Voraussetzungen. §§ 3 ff sind auf Umw innerh der EU/EWR beschränkt. Eine in einem Drittstaat ansässige Ges kann nicht übertragender Rechtsträger sein. Für die Anwendung der §§ 3 ff spielt es jedoch keine Rolle, wenn die Gesellschafter der übertragenden Ges in Drittstaaten ansässig sind (vgl § 1 Rn 56; DPPM/*Möhlenbrock* Rn 5; RHL/*Birkemeier* Rn 45), es sei denn, dieser ist auch der übernehmende Rechtsträger (BMF-Schrb vom 11.11.2011, BStBl I 1314 Rn 01.49). Die persönl Anwendungsvoraussetzungen müssen nach Auffassung der FinVerw im Grds spätestens am stl Übertragungsstichtag vorliegen (BMF-Schrb vom 11.11.2011, BStBl I 1314 Rn 01.52; vgl auch § 3 Rn 11).

3 Als übernehmende Rechtsträger kommen die in § 1 II genannten Ges und natürl Personen in Betracht (vgl dazu § 1 Rn 56 ff). Es muss sich hierbei um eine EU-EWR-Ges mit Sitz und Ort der Geschäftsleitung in der EU/EWR handeln bzw sofern der übernehmende Rechtsträger eine natürl Person ist, muss sie ihren Wohnsitz oder gewöhnl Aufenthaltsort innerh der EU/EWR haben. Ges, die in Drittstaaten ansässig sind, können nicht übernehmende Rechtsträger sein. Anwendbar sind jedoch die §§ 3 ff, wenn die Gesellschafter des übernehmenden Rechtsträgers in Drittstaaten ansässig sind (DPPM/*Pung/Möhlenbrock* Rn 6). Die persönl Anwendungsvoraussetzungen müssen nach Auffassung der FinVerw im Grds am stl Übertragungsstichtag vorliegen. Bei der Verschm zur Neugründung ist auf den Zeitpunkt der zivilrechtl Wirksamkeit der Umw abzustellen (BMF-Schrb vom 11.11.2011, BStBl I 1314 Rn 01.52; vgl § 3 Rn 11, 20 f).

4 Die §§ 3–9 erfassen thematisch nicht nur Inlands-Umwandlungen, sondern auch grenzüberschreitende oder sogar Auslands-Umwandlungen im EU/EWR Raum. So wird bspw die Verschm einer EU/EWR-Auslandskörperschaft auf eine inl PersGes bzw natürl Person durch den Zweiten Teil des UmwStG erfasst. Gleiches gilt für das Verschmelzen einer inl Körperschaft auf eine EU/EWR ausl PersGes bzw natürl Person. Insoweit kann es sich insbes um sog transparente Ges als übernehmende Rechtsträger handeln, die nach ausl Recht als Körperschaft, nach dt rechtl Beurteilung jedoch als PersGes zu behandeln sind. Auch reine Auslandsumwandlungen mit Inlandsbezug können zur Anwendung der §§ 3–9

führen; eine solche liegt bspw vor, wenn die übertragende Körperschaft inl Betriebsstättenvermögen besitzt oder einen im Inland ansässigen Gesellschafter hat.

Für die Frage, ob eine Verschm iSd §§ 3 ff vorliegt, ist regelm von der registergerichtl Entscheidung auszugehen (BMF-Schrb vom 11.11.2011, BStBl I 1314 Rn 01.06); dies gilt auch für Verschm, auf die ausl Rechtsvorschriften Anwendung finden (BMF-Schrb vom 11.11.2011, BStBl I 1314 Rn 01.23), wobei die Frage, ob der ausl Vorgang einer Verschm iSd UmwG vglbar ist, von der FinVerw eigenständig geprüft wird (BMF-Schrb vom 11.11.2011, BStBl I 1314 Rn 01.24). Mängel der Umw, die durch die Registereintragung geheilt werden, sind aus stl Sicht unbeachtl (wohl enger BMF-Schrb vom 11.11.2011, BStBl I 1314 Rn 01.06; wie hier *Benecke* GmbHR 2012, 113). **5**

2. Steuersystematische Einordnung

Während das UmwR zum Ziel hat, die Übertragung von Sachen, Rechten und Rechtsverhältnissen zu erleichtern, ist es Aufgabe des UmwStR, die ertragsteuerl Hindernisse insoweit zu beseitigen. Durch das UmwStR werden Realisationstatbestände des allg Ertragsteuerrechts auf entsprechenden Antrag hin aufgehoben und die Besteuerung der stillen Reserven auf einen späteren Zeitpunkt verschoben (vgl BT-Drs 12/6885, 14). Bei der Verschm einer Körperschaft auf eine PersGes handelt es sich im Grds aus der Sicht des übertragenden Rechtsträgers um einen Veräußerungs- und aus der Sicht des übernehmenden Rechtsträgers um einen Anschaffungsvorgang (vgl BMF-Schrb vom 11.11.2011, BStBl I 1314 Rn 00.02; BFH/NV 2004, 137; BFH BStBl II 2003, 10; BFH BStBl 2002, 875; FG Baden-Württemberg EFG 1998, 1529; Frotscher/Maas/*Schnitter* Rn 26; *Hageböke* Ubg 2011, 689; aA *Bogenschütz* Ubg 2011, 393). Davon ging bereits der Gesetzgeber in der Gesetzesbegründung zum UmwStG 1957 aus (BT-Drs 2/3497, 13). **6**

Die §§ 3 ff verhindern, dass es auf entsprechenden Antrag hin bei der Verschm einer Körperschaft auf eine PersGes zu einer Aufdeckung von stillen Reserven im übertragenen Verm kommt, die an sich wegen des Charakters der Verschm als tauschähnl Vorgang eintreten müsste. Die Verschm einer Körperschaft auf eine PersGes kann jedoch insoweit zu einem ertragsteuerpflichtigen Gewinn führen, als die Gewinnrücklagen des übertragenden Rechtsträgers gem § 7 als Kapitalertrag besteuert wird; die fiktive Auskehrung der Gewinnrücklagen unterliegt der KapESt gem § 43 I 1 Nr 1 EStG. **7**

3. Übertragender Rechtsträger, § 3

§ 3 regelt die Auswirkung auf den Gewinn der übertragenden Körperschaft im Falle der Verschm auf eine PersGes oder eine natürl Person. Die Vorschrift sieht vor, dass die übergehenden WG, einschl nicht entgeltl erworbener und selbst geschaffener immaterieller WG, in der stl Schlussbilanz der übertragenden Körperschaft im Grds mit dem gemeinen Wert anzusetzen sind. Für die Bew von Pensionsrückstellungen gilt § 6a EStG. Auf Antrag können die übergehenden WG in der stl Schlussbilanz einheitl mit dem BW oder einem höheren Wert, höchstens jedoch mit dem Wert nach § 3 I angesetzt werden, soweit sie BV der übernehmenden PersGes oder natürl Person werden und sichergestellt ist, dass sie später der Besteuerung mit ESt oder KSt unterliegen, das Recht der BRD hinsichtl der Besteuerung des Gewinns aus der Veräußerung der übertragenen WG bei den Gesellschaftern der übernehmenden PersGes oder bei der natürl Person nicht **8** ausgeschlossen oder beschränkt wird und keine Gegenleistung gewährt wird oder diese in Gesellschaftsrechten besteht. Für diese stl Schlussbilanz gilt der **Grds der Maßgeblichkeit** der HB für die StB nicht (allgM BT-Drs 16/2710, 37; BMF-Schrb vom 11.11.2011, BStBl I 1314 Rn 03.04, 03.10; DPPM/*Pung/Möhlenbrock* Rn 26; RHL/*Birkemeier* Rn 64; Haritz/Menner/*Brinkhaus* Rn 72; Widmann/Mayer/*Widmann* Rn 47; *Fuhrmann/Demuth,* Umstrukturierung in der Gestaltungspraxis, S 11; *Lemaitre/Schönherr* GmbHR 2007, 173.

4. Übernehmende Personengesellschaft/natürliche Person

9 § 4 befasst sich mit der Ermittlung des Übernahmegewinns im Falle der Verschm einer Körperschaft auf eine PersGes bzw natürl Person. Die übernehmende PersGes/natürl Person hat gem § 4 I die auf sie iRd Verschm übergehenden WG mit den Wertansätzen der stl Schlussbilanz der übertragenden Körperschaft zu übernehmen **(Buchwertverknüpfung).** Trotz der zwingend vorgeschriebenen Buchwertfortführung durch die übernehmende PersGes/natürl Person vollzieht sich die Verschm auf der Ebene der übernehmenden PersGes/natürl Person idR **nicht völlig steuerneutral.** Durch die Verschm der Körperschaft auf die PersGes/natürl Person geht das eigenständige Besteuerungsrecht der Körperschaft ersatzlos unter.

10 § 7 bestimmt, dass den Anteilseignern der übertragenden Körperschaft die offenen Rücklagen als Einnahmen aus Kapitalvermögen iSd § 20 I Nr 1 EStG zuzurechnen sind. Diese fiktiven Ausschüttungen sind gem § 43 I 1 Nr 1 EStG kapitalertragssteuerpflichtig. Bei ausl Gesellschaftern kann die KapESt eine definitive Wirkung entfalten.

11 Die übernehmende PersGes bzw natürl Person hat zudem **stpfl Zuschreibung** auf die Anteile an der übertragenden Körperschaft iHd auf diese Anteile in der Vergangenheit vorgenommenen steuerwirksamen Teilwertabschreibung und Abzüge nach § 6b EStG oä vorzunehmen (§ 4 I 2). Die Zuschreibung ist auf den gemeinen Wert der Anteile begrenzt. Die übernehmende PersGes muss zudem gem § 4 IV einen Übernahmegewinn/Übernahmeverlust **(Übernahmeergebnis)** ermitteln. Das Übernahmeergebnis wird für jeden Gesellschafter personenbezogen und ausnahmsweise auch anteilsbezogen errechnet und gesondert festgestellt. Es ist der Unterschiedsbetrag zwischen dem BW des übernommenen Verm und den AK/BW der Anteile an der übertragenden Körperschaft abzgl der Umwandlungskosten zzgl eines Alt-Sperrbetrages iSd § 50c EStG. Für die Ermittlung des Übernahmeergebnisses sind die übergehende WG in jedem Fall insoweit mit dem gemeinen Wert anzusetzen, als an ihnen kein Recht der BRD zur Besteuerung des Gewinns aus einer Veräußerung bestand. Bei der Ermittlung des Übernahmeergebnisses bleibt der Wert der übergegangenen WG außer Ansatz, soweit er auf Anteile entfällt, die am stl Übertragungsstichtag nicht zum BV des übernehmenden Rechtsträgers gehören **(sog Übernahmeergebnis erster Stufe).**

12 Nach § 4 V 1 erhöht sich ein Übernahmegewinn erster Stufe oder vermindert sich ein Übernahmeverlust erster Stufe um einen Sperrbetrag iSd § 50c EStG aF, soweit die Anteile an der übertragenden Körperschaft am stl Übertragungsstichtag zum BV des übernehmenden Rechtsträgers gehören. Nach § 4 V 2 vermindert sich ein Übernahmegewinn erster Stufe oder erhöht sich ein Übernahmeverlust erster Stufe um die offenen Rücklagen, die nach § 7 zu den Einkünften iSd § 20 I Nr 1 EStG gehören **(sog Übernahmeergebnis zweiter Stufe).**

Soweit ein Übernahmegewinn auf eine Körperschaft, Personenvereinigung oder Vermögensmasse als MU der PersGes entfällt, ist auf diesen § 8b KStG anzuwenden; fünf Prozent des Übernahmegewinns gelten damit als nicht abzugsfähige BA. In den übrigen Fällen ist § 3 Nr 40 S 1, 2 sowie § 3c EStG anzuwenden. Ein Übernahmeverlust bleibt nach § 4 VI 1 außer Ansatz, soweit er auf eine Körperschaft, Personenvereinigung oder Vermögensmasse als MU in der übernehmenden PersGes entfällt; dies gilt jedoch nicht für Anteile an der übertragenden Körperschaft, die die Voraussetzungen des § 8b VII, VIII 1 KStG erfüllen. In den übrigen Fällen ist ein Übernahmeverlust in Höhe von 60 vH, höchstens iHd v 60 vH der Bezüge nach § 7 zu berücksichtigen; ein danach verbleibender Übernahmeverlust bleibt außer Ansatz. Ein Übernahmeverlust wird nach § 4 VI 6 nicht mit den Einkünften nach § 7 verrechnet, wenn es sich um Anteile handelt, bei deren Veräußerung ein Veräußerungsverlust nach § 17 II 6 EStG nicht zu berücksichtigen wäre oder soweit die Anteile an der übertragenden Körperschaft innerh der letzten fünf Jahre vor dem stl Übertragungsstichtag entgeltl erworben wurden. 13

Die übernehmende **PersGes** bzw natürl Person **tritt** nach § 4 II 1 **in die stl Rechtsstellung** der übertragenden Körperschaft **ein.** Verrechenbare Verluste, verbleibende Verlustvorträge, vom übertragenden Rechtsträger nicht ausgeglichene negative Einkünfte, ein Zinsvortrag nach § 4h I 5 EStG und ein EBITDA-Vortrag nach § 4h I 3 EStG gehen nicht über. 14

Bestehen bei der Verschm zwischen der übertragenden Körperschaft und der übernehmenden PersGes/Einzelunternehmer Forderungen und Verb, so erlöschen diese zivilrechtl eine logische Sekunde nach der Eintragung der Umw in das HR. Es kommt beim übernehmenden Rechtsträger zu einer Konfusion. Ein **Übernahmefolgegewinn** entsteht, wenn eine Forderung und die korrespondierende Schuld bei dem übertragenden und übernehmenden Rechtsträger mit unterschiedl Werten angesetzt sind. Ein Übernahmefolgegewinn entsteht auch dann, wenn zwischen den an der Umw beteiligten Rechtsträger eine ungewisse Verb bestand, einer der Rechtsträger eine RSt gebildet hat und in der Bilanz des anderen Rechtsträgers insoweit keine Forderung ausgewiesen wurde, was der Regelfall ist, da ungewisse Forderungen nicht bilanziert werden dürfen (§ 252 I 4 HGB). Der Übernahmefolgegewinn ist nicht Teil des Übernahmeergebnisses iSd § 4, er stellt vielmehr einen lfd Gewinn dar, der, soweit er auf eine natürl Person entfällt, der ESt, soweit er auf eine Körperschaft entfällt, der KSt unterliegt. Ermittelt der übernehmende Rechtsträger seinen Gewinn durch Bestandesvergleich, ist er berechtigt, den Übernahmefolgegewinn zunächst durch Bildung einer Rücklage zu neutralisieren. Die Rücklage muss pro Wj mit mindestens einem Drittel aufgelöst werden (§ 6 I 2). 15

§ 3 Wertansätze in der steuerlichen Schlussbilanz der übertragenden Körperschaft

(1) [1] **Bei einer Verschmelzung auf eine Personengesellschaft oder natürliche Person sind die übergehenden Wirtschaftsgüter, einschließlich nicht entgeltlich erworbener und selbst geschaffener immaterieller Wirtschaftsgüter, in der steuerlichen Schlussbilanz der übertragenden Körperschaft mit dem gemeinen Wert anzusetzen.** [2] **Für die Bewertung von Pensionsrückstellungen gilt § 6a des Einkommensteuergesetzes.**

(2) [1] **Auf Antrag können die übergehenden Wirtschaftsgüter abweichend von Absatz 1 einheitlich mit dem Buchwert oder einem höheren**

Wert, höchstens jedoch mit dem Wert nach Absatz 1, angesetzt werden, soweit

1. sie Betriebsvermögen der übernehmenden Personengesellschaft oder natürlichen Person werden und sichergestellt ist, dass sie später der Besteuerung mit Einkommensteuer oder Körperschaftsteuer unterliegen, und

2. das Recht der Bundesrepublik Deutschland hinsichtlich der Besteuerung des Gewinns aus der Veräußerung der übertragenen Wirtschaftsgüter bei den Gesellschaftern der übernehmenden Personengesellschaft oder bei der natürlichen Person nicht ausgeschlossen oder beschränkt wird und

3. eine Gegenleistung nicht gewährt wird oder in Gesellschaftsrechten besteht.

[2] Der Antrag ist spätestens bis zur erstmaligen Abgabe der steuerlichen Schlussbilanz bei dem für die Besteuerung der übertragenden Körperschaft zuständigen Finanzamt zu stellen.

(3) **[1] Haben die Mitgliedstaaten der Europäischen Union bei Verschmelzung einer unbeschränkt steuerpflichtigen Körperschaft Artikel 10 der Richtlinie 90/434/EWG anzuwenden, ist die Körperschaftsteuer auf den Übertragungsgewinn gemäß § 26 des Körperschaftsteuergesetzes um den Betrag ausländischer Steuer zu ermäßigen, der nach den Rechtsvorschriften eines anderen Mitgliedstaats der Europäischen Union erhoben worden wäre, wenn die übertragenen Wirtschaftsgüter zum gemeinen Wert veräußert worden wären. [2] Satz 1 gilt nur, soweit die übertragenen Wirtschaftsgüter einer Betriebsstätte der übertragenden Körperschaft in einem anderen Mitgliedstaat der Europäischen Union zuzurechnen sind und die Bundesrepublik Deutschland die Doppelbesteuerung bei der übertragenden Körperschaft nicht durch Freistellung vermeidet.**

Schrifttum: Schrifttum bis 2006 siehe 5. Auflage; *Bilitewski,* Gesetz über steuerliche Begleitmaßnahmen zur Einführung der europäischen Gesellschaften und zur Änderung weiterer steuerrechtlicher Vorschriften (SEStEG), FR 2007, 57; *Bodden,* Verschmelzung und Formwechsel von Kapitalgesellschaften auf gewerbliche Personengesellschaften nach dem SEStEG (§§ 3–10 UmwStG nF), FR 2007, 66; *Brähler/Heerdt,* Steuerneutralität bei grenzüberschreitenden Verschmelzungen unter Beteiligung hybrider Gesellschaften, StuW 2007, 260; *Damas,* Einführung in das neue Umwandlungsteuer-Recht, DStZ 2007, 129; *Desens,* Gemeiner Wert bei Umwandlungen, GmbHR 2007, 1202; *Hagemann/Jakob/Ropohl/Viebrock,* SEStEG – Das neue Konzept der Verstrickung und Entstrickung sowie die Neufassung des UmwStG, NWB-Sonderheft 1/2007; *Lemaitre/Schönherr,* Die Umwandlung von Kapitalgesellschaften in Personengesellschaften durch Verschmelzung und Formwechsel nach der Neufassung des UmwStG durch das SEStEG, GmbHR 2007, 173; *Rödder/Schumacher,* Das SEStEG – Überblick über die endgültige Fassung und die Änderung gegenüber dem Regierungsentwurf, DStR 2007, 369; *Dötsch,* Minderung und Mehrabführung mit Verursachung in organschaftlichen Zeiten – Bildung und Auflösung steuerlicher Ausgleichsposten zur Organbeteiligung nach Inkrafttreten des § 14 Abs 4 KStG idF des JStG 2008 –, Ubg 2008, 117; *Kessler/Weber/Aberle,* Übertragungsgewinn bei Verschmelzungen und vororganschaftliche Verluste einer Organgesellschaft, Ubg 2008, 209; *Krohn/Greulich,* Ausgewählte Einzelprobleme des Umwandlungssteuerrechts aus der Praxis, DStR 2008, 646; *Stimpel,* Umwandlung einer Kapitalgesellschaft in eine Personengesellschaft, GmbH-StB 2008, 74; *Bogenschütz,* Aktuelle Entwicklungen bei der Umwandlung von Kapital- in Personengesellschaften, Ubg 2009, 604; *Breuninger,* Die Zentralfunktion des Stammhauses bei grenzüberschreitender Verschmelzung, FS Schaumburg, 2009, 587; *Benecke/Beinert,* Internationale Aspekte der Umstrukturierung von Unternehmen, FR 2010, 1120; *Jäschke,* Probleme bei der Behandlung eines Geschäfts- oder Firmenwerts im neuen Umwandlungssteuerrecht, FR 2010, 10; *Koch,* Rechtsprechungs-, Verwaltungs-, und Gesetzgebungsreport zu bilanziellen Aspekten des Umwandlungssteuerrechts 2009/2010, BB 2010, 2619; *Mische,* Entgeltliche Übertragung von Mitunternehmeranteilen – eine steuerbilanzielle Herausforderung, BB 2010, 2946; *Kußmaul/Richter/Heyd,* Ausgewählte Probleme der Hinausverschmelzung von Kapitalgesellschaften aus Deutschland, IStR 2010, 73; *Schaumburg,* Steuerliche Restriktionen bei internationalen Umwandlungen, GmbHR 2010, 1341; *Schmitt/Schloßmacher,* Das Antragswahlrecht im Umwandlungssteuergesetz, DB 2010, 522; *Bogenschütz,* Umwandlung von Kapital- in Personengesellschaften, Ubg 2011, 393; *Hageböke,* Sind alle Umwandlungen „Veräußerungen"? – Kritische Anmerkung zur neuen Ausgangsthese der Finanzverwaltung im Umwandlungssteuererlass-Entwurf, Ubg 2011, 689; IDW-Stellungnahme zum Entwurf des Umwandlungssteuererlasses, Ubg 2011, 549; *Koch,* Steuerbilanzielle Antragswahlrechte nach Umwandlungssteuergesetz – Fallstricke und Praxistipps, BB 2011, 1067; *Schumacher/Neitz-Hackstein,* Verschmelzung und Spaltung zwischen inländischen Kapitalgesellschaften, Ubg 2011, 409; *Rödder/Rogall,* Fortschreibung des Entwurfs des neuen Umwandlungssteuererlasses – Anmerkung zur Version vom 9.9.2011, Ubg 2011, 753; *Benecke,* Anwendungsbereich des Umwandlungssteuergesetzes und Rückwirkung nach dem Umwandlungssteuererlass 2011, GmbHR 2012, 113; *Hruschka,* Umwandlung Kapital- auf Personengesellschaften (§§ 3 ff. UmwStG), DStR 2012 Beihefter zu Heft 2, 14; *Stadler/Elser/Bindl,* Vermögensübertragung bei Verschmelzungen auf eine Personengesellschaft oder auf eine natürliche Person und Formwechsel einer Kapitalgesellschaft in eine Personengesellschaft – kritische Anmerkung zum Umwandlungssteuererlass, DB 2012, Beilage zu Heft 1, 14; *Stimpel,* Umwandlung von Kapital- in Personengesellschaften nach dem Umwandlungssteuererlass 2011, GmbHR 2012, 123; *ders,* Behandlung von Umwandlungskosten bei Verschmelzung und Spaltung von Kapitalgesellschaften, GmbHR 2012, 199.

Übersicht

1. Regelungsinhalt

1 § 3 regelt die Auswirkung auf den Gewinn der übertragenden Körperschaft im Falle der Verschm auf eine PersGes bzw natürl Person. Die übergehenden WG sind in der stl Schlussbilanz der übertragenden Körperschaft abw vom Buchwertansatz in der HB (§ 17 UmwG) im Grds mit dem gemeinen Wert anzusetzen; eine Ausnahme bilden die Pensionsrückstellungen, die nach § 6a EStG zu bewerten sind. Der Grds der Maßgeblichkeit der HB für die StB findet keine Anwendung. Nach Auffassung der FinVerw handelt es sich bei der stl Schlussbilanz des übertragenden Rechtsträgers um eine eigenständige Bilanz, die von der Gewinnermittlung iSv §§ 4 I, 5 EStG zu unterscheiden ist (BMF-Schrb vom 11.11.2011, BStBl I 1314 Rn 03.01). Auf Antrag kann das übergehende Verm mit dem BW oder einem höheren Wert, höchstens jedoch mit dem gemeinen Wert angesetzt werden, soweit es BV der übernehmenden PersGes oder natürl Person wird und sichergestellt ist, dass die übergehenden WG später der Besteuerung mit ESt oder KSt unterliegen, das Recht der BRD hinsichtl der Besteuerung des Gewinns aus der Veräußerung der übertragenen WG bei den Gesellschaftern der übernehmenden PersGes oder bei der natürl Person nicht ausgeschlossen oder beschränkt wird und eine Gegenleistung nicht gewährt wird oder in Gesellschaftsrechten besteht.

2 Ein **Übertragungsgewinn** entsteht, soweit die übertragende Körperschaft in ihrer stl Schlussbilanz ganz oder teilw die übergehenden WG mit dem gemeinen Wert ansetzt oder aber einen Zwischenwertansatz wählt. Der Übertragungsgewinn unterliegt, soweit er nicht nach DBA oder wegen einer Zuordnung zu einer ausl Betriebsstätte vom Gewerbeertrag auszunehmen ist, bei der übertragenden Körperschaft nach den allg Vorschriften der KSt und gem § 18 I 1 der GewSt. Ausnahmsweise kann auch ein Übertragungsverlust entstehen (vgl BMF-Schrb vom 11.11.2011, BStBl I 1314 Rn 03.12).

3 Durch das SEStEG ist der Anwendungsbereich der §§ 3–9 auf nat und europäische Verschm ausgedehnt worden; es werden nicht nur Inlandsverschmelzungen, sondern auch grenzüberschreitendes Hinaus- und Hereinverschmelzen bzw Auslandsverschmelzungen innerh des EU-/EWR-Raumes, nicht jedoch in bzw aus Drittstaaten erfasst.

4 Teilw sind die vorgenannten grenzüberschreitenden Umw derzeit zivilrechtl noch nicht ausdrückl geregelt, deren Zulässigkeit kann sich aber aus den EU-Grundfreiheiten ergeben (DPPM/*Pung/Möhlenbrock* Rn 5; vgl auch AG Amsterdam DB 2007, 677).

2. Sachlicher Anwendungsbereich

5 Der Zweite Teil des UmwStG und damit auch § 3 knüpft an gesellschaftsrechtl Umwandlungsvorgänge an. Gem § 1 I 1 Nr 1 gilt § 3 für eine Verschm iSv §§ 2 ff UmwG (vgl § 1 Rn 25 ff). Auch eine Verschm iSd UmwG vglbarer ausl Vorgang wird durch § 3 thematisch erfasst (§ 1 I 1 Nr 1). Es muss sich nach Auffassung des Gesetzgebers (BT-Drs 16/710, 35) bei dem Umwandlungsvorgang nach ausl Recht um einen gesellschaftsrechtl Umwandlungsvorgang handeln, der seinem Wesen nach einer Verschm des dt UmwG entspricht. Eine Vergleichbarkeitsprüfung der relevanten Strukturmerkmale des ausl Umwandlungsvorgangs ist daher

notw (vgl dazu § 1 Rn 31 ff; BMF-Schrb vom 11.11.2011, BStBl I 1314 Rn 01.30 ff).

6 §§ 3–9 gelten sowohl für die Verschm zur Neugründung als auch für die Verschm durch Aufnahme.

7 Die Verschm werden mit der Eintragung im jew Register wirksam. Auch die Verschm auf eine natürl Person bedarf zu ihrer Wirksamkeit der Eintragung in das HR. Der übernehmende Alleingesellschafter hat sich, soweit dies noch nicht der Fall ist, als Einzelkaufmann gem § 18 HGB in das HR eintragen zu lassen. Nach § 122 II UmwG treten die in § 20 UmwG genannten Wirkungen durch die Eintragung der Verschm in das Register des Sitzes der übertragenden KapGes ein, sofern der übernehmende Alleingesellschafter nicht in das Register eingetragen werden kann. Aufgrund der Eintragung steht für die Steuerbehörde der Vermögensübergang bindend fest. Dies gilt auch für ausl Verschmelzungsvorgänge (Frotscher/Maas/*Schnitter* Rn 68). Mängel der Umw, die durch die Registereintragung geheilt werden (vgl § 20 UmwG Rn 121 ff), sind aus stl Sicht grdsl unbeachtl (Frotscher/Maas/*Schnitter* Rn 68; *Benecke* GmbHR 2012, 113; wohl enger BMF-Schrb vom 11.11.2011, BStBl I 1314 Rn 01.06, 01.23; DPPM/*Pung/Möhlenbrock* § 1 Rn 123). Bei ausl Verschm hat jedoch die FinVerw das Prüfungsrecht, ob eine Vergleichbarkeit des ausl Umwandlungsvorgangs mit einer inl Verschm gegeben ist (BMF-Schrb vom 11.11.2011, BStBl I 1314 Rn 01.24). Die FinVerw entscheidet zudem selbstständig darüber, ob die Voraussetzungen des Abs 2 vorliegen.

3. Übertragender Rechtsträger

8 § 3 ist nur anwendbar, wenn eine Körperschaft auf eine PersGes oder natürl Person verschmolzen wird. Körperschaften sind insbes KapGes (AG, KGaA, GmbH), eG, eingetragene Vereine, wirtschaftl Vereine sowie vglbare ausl Rechtsträger. Vglbare ausl Rechtsträger liegen vor, wenn es sich hierbei nach dem Gesamtbild um eine mit dt Körperschaften vglbare Ges handelt (**Typenvergleich;** vgl § 1 Rn 58; BMF-Schrb vom 11.11.2011, BStBl I 1314 Rn 01.27). Auf die stl Einordnung des ausl Rechtsträgers im Ansässigkeitsstaat kommt es bei dem Typenvergleich nicht an (BMF-Schrb vom 11.11.2011, BStBl I 1314 Rn 01.27).

9 Beim übertragenden Rechtsträger muss es sich um eine nach dem Recht eines EU- oder EWR-Staates gegründete Ges iSd Art 54 AEUV oder des Art 34 EWR-Abkommens (vgl § 1 Rn 57 ff) handeln. Die Ges muss ihren Sitz und ihre Geschäftsleitung (vgl § 1 Rn 62 ff) im Hoheitsgebiet eines Mitgliedstaats der EU oder eines Staates, auf den das EWR-Abkommen Anwendung findet, haben. In einem Drittstaat ansässige Körperschaften können nicht übertragender Rechtsträger sein. Der Anwendung der §§ 3 ff steht jedoch nicht entgegen, wenn die Gesellschafter des übertragenden Rechtsträgers in einem Drittstaat ansässig sind (DPPM/*Pung/Möhlenbrock* Rn 5; *Winkeljohann/Fuhrmann* S 739; *Lemaitre/Schönherr* GmbHR 2007, 173), es sei denn, dieser ist auch der übernehmende Rechtsträger (BMF-Schrb vom 11.11.2011, BStBl I 1314 Rn 01.49). § 3 ist damit anzuwenden auf Inlandsverschmelzungen, Hinein- und Herausverschmelzungen in den EU-EWR-Raum sowie Auslandsverschmelzungen innerh der EU/des EWR.

10 Die Steuerfreiheit der übertragenden Körperschaft steht der Anwendung des § 3 nicht entgegen. Auch die **europäische AG** und die europäische Gen können als übertragende Rechtsträger in Frage kommen (RHL/*Birkemeier* Rn 8). Kommt es zu einer Verschm einer **KGaA** auf eine PersGes, wird § 3 angewendet, soweit das „Kommanditkapital" betroffen ist; die Folgen der Verschm für den „Komple-

mentär-Teil" fallen unter die Regelungen des § 24 RHL/*Birkemeier* Rn 7; Haritz/Menner/*Brinkhaus* Rn 25). Besteht eine **atypisch stille Beteiligung** an der übertragenden Körperschaft, so steht dies der Anwendung des § 3 nicht entgegen (Frotscher/Maas/*Schnitter* Rn 35).

Die durch das Gesetz gestellten persönl Anforderungen (Ansässigkeit und Grün- **11** dungsvoraussetzungen) an den übertragenden Rechtsträger müssen nach hM in der Literatur (Haritz/Menner/*Brinkhaus* Rn 22; RHL/*Birkemeier* Rn 18; Frotscher/Maas/*Schnitter* Rn 56; *Neu/Schiffers/Watermeyer* GmbHR 2011, 729) spätestens zum **Zeitpunkt** der Eintragung der Umw in das maßgebl Register gegeben sein; auf den stl Übertragungsstichtag iSd § 2 I kommt es insoweit nicht an. Nach Meinung der FinVerw müssen die persönl Anwendungsvoraussetzungen spätestens am stl Übertragungsstichtag vorliegen. Bei der Verschm zur Neugründung sei aber auf den Zeitpunkt der zivilrechtl Wirksamkeit der Gründung abzustellen (BMF-Schrb vom 11.11.2011, BStBl I 1314 Rn 01.52; *Kaeser* DStR 2012 Beihefter zu Heft 2, 3). Richtig ist aber, dass der stl Übertragungsstichtag ohne Bedeutung ist, da § 1 II für die Frage der Festlegung des Anwendungsbereichs auf die zivilrechtl Vorgaben abstellt. Ab dem Zeitpunkt der Eintragung der Verschm müssen damit die Anwendungsvoraussetzungen erfüllt sein.

Weder eine **VorgründungsGes** noch eine **VorGes** können übertragende Kap- **12** Ges (vgl § 3 UmwG Rn 23 f; DPPM/*Pung/Möhlenbrock* Rn 5; Haritz/Menner/*Brinkhaus* Rn 24; Frotscher/Maas/*Schnitter* Rn 37) sein; denn die Eintragung in das HR stellt den Beginn der Umwandlungsfähigkeit dar.

Hingegen kann auch eine **aufgelöste Körperschaft** noch verschmolzen wer- **13** den, wenn die Fortsetzung beschlossen werden könnte, § 3 III UmwG (BMF-Schrb vom 11.11.2011, BStBl I 1314 Rn 01.28). Zur Fortsetzung einer **KapGes** vgl § 3 UmwG Rn 46 ff; mit der Vermögensverteilung darf noch nicht begonnen werden, das Haftkapital muss noch unversehrt erhalten sein (Frotscher/Maas/*Schnitter* Rn 37).

4. Übernehmender Rechtsträger: Personengesellschaft

Als übernehmende Rechtsträger kommen die in § 1 I genannten Ges in **14** Betracht. Es muss sich hierbei um EU/EWR-Ges mit Sitz und Ort der Geschäftsleitung in der EU/EWR handeln. In Drittstaaten ansässige Ges scheiden als übernehmende Rechtsträger aus. Anwendbar ist § 3 jedoch auch, soweit die Gesellschafter der übernehmenden PersGes in Drittstaaten ansässig sind (DPPM/*Pung/Möhlenbrock* Rn 6; RHL/*Birkemeier* Rn 45; Haritz/Menner/*Brinkhaus* Rn 45). Als übernehmende PersGes kommen nach dt Recht die PhG (OHG, KG) und die PartGes in Betracht sowie beschränkt auf den Formwechsel die GbR. Die Anwendung des § 3 setzt nicht voraus, dass das übergehende Verm BV des übernehmenden Rechtsträgers wird. Zu den PhG gehört auch die **GmbH & Co KG.** Gleiches gilt für die AG & Co KG bzw die Stiftung & Co KG. Nach hM (DPPM/*Pung/Möhlenbrock* Rn 9; Haritz/Menner/*Brinkhaus* Rn 41; Frotscher/Maas/*Schnitter* Rn 43) kann die EWIV übernehmender Rechtsträger sein, sie ist stl wie eine OHG zu behandeln (aA Widmann/Mayer/*Widmann* Vor § 3 Rn 34). Eine **GbR** kommt nur als neuer Rechtsträger bei der formwechselnden Umw einer KapGes in Betracht, sie kann nicht übernehmender Rechtsträger iRe Verschm sein (§ 3 UmwG Rn 17; Widmann/Mayer/*Widmann* Vor § 3 Rn 38; Haritz/Menner/*Brinkhaus* Rn 34; Blümich/*Wolff* § 1 Rn 16; DPPM/*Pung/Möhlenbrock* Rn 7). Ist eine GbR versehentl als PartGes in das Register eingetragen und wird die Verschm auf diese Partnerschaft vorgenommen und in das HR eingetragen, ist dies für das StR verbindl, der Vorgang fällt unter die Vorschriften der §§ 3 ff (vgl Widmann/Mayer/*Widmann* Vor § 3 Rn 34 zur EWIV). Ist übernehmender Rechtsträger eine KGaA, so sind die §§ 3 ff insoweit anzuwenden, als das übergehende Verm auf phG der KGaA entfällt (DPPM/*Pung/Möhlenbrock* Rn 10; Haritz/Menner/*Brinkhaus* Rn 38; Frotscher/Maas/*Schnitter* Rn 45) und zwar auch insoweit, als es sich bei dem phG um eine KapGes handelt.

15 Ob der übernehmende Rechtsträger PhG (OHG, KG) oder PartGes ist, richtet sich nach §§ 105 ff HGB (für die OHG) bzw nach §§ 161 ff HGB (für die KG) bzw den Vorschriften des PartGG. Es ist nicht entscheidend, welche Gesellschaftsform sich die Beteiligten, ggf aus stl Gründen, vorgestellt haben, vielmehr kommt es alleine darauf an, ob obj die Voraussetzungen einer OHG oder KG oder einer anderen PersGes tats vorliegen (BGHZ 32, 307, 10, 91; Baumbach/*Hopt* HGB Einl Vor § 105 Rn 23 ff).

16 Auch eine **aufgelöste PersGes** kann übernehmender Rechtsträger sein (Frotscher/Maas/*Schnitter* Rn 47); § 3 III UmwG spricht zwar ledigl den aufgelösten übertragenden Rechtsträger bei der Verschm an, allerdings lässt sich aus dem Schweigen des Gesetzes zum übernehmenden Rechtsträger kein Rückschluss dahingehend ziehen, dass eine Verschm in diesem Fall ausgeschlossen wäre; der Rechtsgedanke in Abs 3 UmwG ist nach hM entsprechend auf den übernehmenden Rechtsträger anzuwenden (§ 3 UmwG Rn 47). Allerdings darf die Vermögensverteilung noch nicht abgeschlossen, vollständige Beendigung noch nicht eingetreten sein, was solange nicht der Fall ist, als noch Aktivvermögen vorhanden ist. Fortsetzungsfähig ist eine PersGes nach hM auch dann noch, wenn mit der Verteilung des Verm begonnen wurde (Schlegelberger/*K. Schmidt* HGB § 131 Rn 62; Baumbach/*Hopt* HGB § 131 Rn 21 f; DPPM/*Pung/Möhlenbrock* Rn 7; Haritz/Menner/*Brinkhaus* Rn 46; RHL/*Birkemeier* Rn 43; Frotscher/Maas/*Schnitter* Rn 47).

17 Nicht als übernahmefähiger bzw als neuer Rechtsträger iRd Verschm nach § 3 kommt die sog **atypisch stille Ges** in Betracht (Widmann/Mayer/*Widmann* Vor § 3 Rn 29; Haritz/Menner/*Brinkhaus* Rn 36; DPPM/*Pung/Möhlenbrock* Rn 10; Frotscher/Maas/*Schnitter* Rn 50; so zum alten Recht BMF-Schrb vom 25.3.1998, BStBl I 268 Rn 01.04). Die GmbH & atypische Stille ist nicht in der abschl Regelung des § 3 UmwG zu umwandlungsfähiger Rechtsträger genannt, sodass handelsrechtl keine Umw auf eine GmbH & atypisch Stille erfolgen kann, § 3 findet damit keine Anwendung, sondern vielmehr § 11, übernehmender Rechtsträger ist die GmbH.

18 **Partenreederei** (§ 489 HGB) und **Erbengemeinschaft** stellen keine umwandlungsfähigen Rechtsträger dar, auch wenn sie steuerrechtl wie eine Mitunternehmerschaft (ggf zT) behandelt werden (Frotscher/Maas/*Schnitter* Rn 50; Widmann/Mayer/*Widmann* Vor § 3 Rn 33, 36). In diesen Fällen besteht jedoch die Möglichkeit, die Partenreederei bzw die Erbengemeinschaft in eine OHG umzuformen und sodann die KapGes auf diese HandelsGes zu verschmelzen.

19 Übernehmende Rechtsträger können auch die einer PersGes vglbaren ausl Rechtsträger sein. Vglbare ausl Rechtsträger liegen vor, wenn es sich hierbei nach dem Gesamtbild um eine mit einer dt PersGes vglbare Ges handelt (**Typenvergleich;** vgl § 1 Rn 58). Auf die stl Einordnung des ausl Rechtsträgers im Ansässigkeitsstaat kommt es beim Typenvergleich nicht an (BMF-Schrb vom 11.11.2011, BStBl I 1314 Rn 01.27). Damit finden die §§ 3 ff auch Anwendung, wenn eine Ges in ihrem Ansässigkeitsstaat der KSt unterliegt, von Deutschland, als Ansässigkeitsstaat eines Gesellschafters, als stl transparent klassifiziert wird (ausführl zu diesen sog **hybriden Ges** *Brähler/Heerdt* StuW 2007, 260). Beispiele für hybride Ges sind die französische societé civiles, die ungarische közkereseti társaság und die niederländische commanditaire vennotschap (vgl insoweit ausführl *Hey/Bauersfeld* IStR 2005, 649).

Die durch das Gesetz gestellten persönl Anforderungen an den übernehmenden Rechtsträger (PersGes) müssen nach hM in der Literatur (vgl Rn 11) spätestens zum **Zeitpunkt** der Eintragung der Umw indes maßgebl Register gegeben sein; auf den stl Übertragungsstichtag iSd § 2 I kommt es insoweit nicht an. Nach Meinung der FinVerw müssen die persönl Anwendungsvoraussetzungen spätestens am stl Übertragungsstichtag vorliegen. Bei der Verschm zur Neugründung sei aber auf den Zeitpunkt der zivilrechtl Wirksamkeit der Gründung abzustellen (BMF-Schrb vom 11.11.2011, BStBl I 1314 Rn 01.52; *Kaeser* DStR 2012 Beiheft zu Heft 2, 3). 20

5. Übernehmender Rechtsträger: Natürliche Person

Übernehmender Rechtsträger kann auch eine natürl Person sein. Sie muss nach § 1 II ihren Wohnsitz oder gewöhnl Aufenthalt zum Zeitpunkt der Eintragung der Umw in das maßgebl Register innerh der EU/EWR haben; auf den stl Übertragungsstichtag iSd § 2 I kommt es insoweit nicht an (aA BMF-Schrb vom 11.11.2011, BStBl I 1314 Rn 01.51 f; vgl auch Rn 20). Bei inl Umw kann übertragender Rechtsträger nur eine KapGes (AG, KGaA, GmbH) sein (vgl §§ 120 ff UmwG). 21

6. Steuerliche Schlussbilanz

Nach Abs 1 ist bei der Verschm einer Körperschaft auf eine PersGes bzw auf eine natürl Person der übertragende Rechtsträger verpflichtet, eine stl Schlussbilanz aufzustellen. Diese Verpflichtung gilt unabhängig davon, ob die übertragende Körperschaft im Inland stpfl oder im Inland zur Führung von Büchern verpflichtet ist (BT-Drs 16/2710, 40; BMF-Schrb vom 11.11.2011, BStBl I 1314 Rn 03.01). Eine stl Schlussbilanz muss damit auch eine im Ausland ansässige EU/EWR-Körperschaft als übertragender Rechtsträger aufstellen, wenn dieser Verschmelzungsvorgang mit einem inl Verschmelzungsvorgang vglbar und damit von § 3 thematisch erfasst ist. Die stl Schlussbilanz hat in jedem Fall den Vorgaben des § 3 (Ansatz- und Bewertung) zu entsprechen, eine Bindung an eine ggf notw **ausl stl Schlussbilanz** besteht nicht (Frotscher/Maas/*Schnitter* Rn 75; Widmann/Mayer/*Widmann* Rn 70; DPPM/*Pung/Möhlenbrock* Rn 13; RHL/*Birkemeier* Rn 63; *Hruschka* DStR 2012 Beihefter zu Heft 2, 3; *Stimpel* GmbHR 2012, 123). Die stl Schlussbilanz iSv § 3 I ist nach Meinung der FinVerw eine **eigenständige,** von der Gewinnermittlungsbilanz iSv §§ 4 I, 5 I EStG zu unterscheidende **Bilanz.** Als Abgabe der stl Schlussbilanz soll auch die ausdrückl Erklärung gelten, dass die Gewinnermittlungsbilanz iSv §§ 4 I, 5 I EStG gleichzeitig die stl Schlussbilanz sein soll, wenn diese Bilanz der stl Schlussbilanz entspricht (BMF-Schrb vom 11.11.2011, BStBl I 1314 Rn 03.01). Der Antrag ist von den gesetzl Vertretern des übertragenden Rechtsträgers bzw nach Verschm durch die gesetzl Vertreter der übernehmenden PersG zu stellen (*Stadler/Elser/Bindl* DB Beilage 1/2012, 14). Er kann so lange gestellt werden, bis die Veranlagung des übertragenden Rechtsträgers noch nicht bestandskräftig abgeschlossen ist (*Stadler/Elser/Bindl* DB Beilage 1/2012, 14). Ein einmal auch mündl gestellter Antrag ist unwiderrufl 22

(BMF-Schrb vom 11.11.2011, BStBl I 1314 Rn Rn 03.29). Für die Auffassung der FinVerw, dass es sich bei der stl Schlussbilanz iSv § 3 I um eine **eigenständige Bilanz** handelt, spricht, dass in einer Gewinnermittlungsbilanz iSv §§ 4 I, 5 I EStG ein Veräußerungsvorgang anders abgebildet wird als in der Bilanz nach § 3 I (krit *Stimpel* GmbHR 2012, 123). Entgegen der Auffassung der FinVerw (BMF-Schrb vom 11.11.2011, BStBl I 1314 Rn 03.04) ist die stl Schlussbilanz mangels gesetzl Grundlage nicht in **elektronischer Form** beim FA einzureichen (Frotscher/Maas/*Schnitter* Rn 78); § 5b EStG ist nur anzuwenden, wenn die Steuerbilanz gleichzeitig auch die stl Schlussbilanz ist.

23 Die **Vorlage** einer stl Schlussbilanz ist **nicht erforderl,** wenn sie nicht für inl Besteuerungszwecke benötigt wird (BT-Drs 16/2010, 40; BMF-Schrb vom 11.11.2011, BStBl I 1314 Rn 03.02; Frotscher/Maas/*Schnitter* Rn 74). Ob eine stl Schlussbilanz des übertragenden Rechtsträgers für inl Besteuerungszwecke benötigt wird, ist sowohl aus der Sicht des übertragenden als auch des übernehmenden Rechtsträgers bzw deren Gesellschafter zu beurteilen (RHL/*Birkemeier* Rn 62; *Hagemann/Jakob/Ropohl/Viebrock* NWB-Sonderheft 1/2007, 23; vgl auch § 7 Rn 9). So muss bspw eine ausl Körperschaft eine stl Schlussbilanz iRd von ihr im Ausland vorgenommenen Verschm auf eine ebenfalls in diesem ausl Staat ansässige PersGes grdsl erstellen, wenn an der übertragenden Körperschaft oder aber übernehmenden PersG ein in Deutschland unbeschränkt stpfl Gesellschafter beteiligt ist, da die ausl Verschm sich grdsl auch auf die Ebene des in Deutschland unbeschränkt stpfl Gesellschafters auswirkt (BMF-Schrb vom 11.11.2011, BStBl I 1314 Rn 03.02; Frotscher/Maas/*Schnitter* Rn 74; vgl auch Rn 98 ff).

24 Abs 1 regelt nicht, auf welchen **Zeitpunkt** die stl Schlussbilanz aufgestellt werden muss. Nach § 2 I ist das Einkommen und das Verm der übertragenden Körperschaft und des übernehmenden Rechtsträgers so zu ermitteln, als ob das Verm der übertragenden Körperschaft mit Ablauf des Stichtages der Bilanz, die dem Vermögensübergang zugrunde liegt (stl Übertragungsstichtag) auf den übernehmenden Rechtsträger übergegangen wäre. Die Bilanz, die diesem Vermögensübergang zugrunde liegt, ist die handelsrechtl Schlussbilanz iSd § 17 II UmwG (vgl § 2 Rn 24). Einer solchen Schlussbilanz bedarf es auch bei grenzüberschreitenden Verschm. Damit ist die stl Schlussbilanz zwingend auf den stl Übertragungsstichtag zu erstellen. Dies gilt auch bei Umw ausl Körperschaften (RHL/*Birkemeier* Rn 61; *Benecke* in PWC, Reform des UmwStR, S 148). Fällt der stl Übertragungsstichtag nicht auf das Ende eines Wirtschaftsjahrs entsteht ein Rumpfwirtschaftsjahr (BMF-Schrb vom 11.11.2011, BStBl I 1314 Rn 03.01).

25 Nicht geklärt ist, welche steuerrechtl Folgen eintreten, wenn eine **stl Schlussbilanz** des übertragenden Rechtsträgers **nicht vorgelegt wird.** Dieses Problem kann bspw dann auftreten, wenn ein inl Minderheitsgesellschafter einer ausl KapGes bei der Verschm nach ausl UmwR auf eine dort ansässige PersGes nicht in der Lage ist, eine nach inl Grdsen aufgestellte stl Schlussbilanz iSv § 3 vorzulegen. Die Nichtvorlage der stl Schlussbilanz führt nicht dazu, dass zwingend das übertragene Verm in der stl Schlussbilanz als mit dem gemeinen Wert angesetzt gilt (wie hier Widmann/Mayer/*Widmann* Rn R 63.2; aA RHL/*van Lishaut* § 4 Rn 28; DPPM/*Pung/Möhlenbrock* Rn 21a; Frotscher/Maas/*Schnitter* Rn 77; *Hruschka* DStR 2012 Beihefter zu Heft 2, 4). Nach § 3 II ist der Ansatz und die Bew des übergehenden Verm ausschließl von einem gestellten Antrag und nicht von der Vorlage einer stl Schlussbilanz abhängig. Im Falle der Nichtvorlage einer stl Schlussbilanz muss ggf das FA unter Berücksichtigung des ausgeübten Antragswahlrechts den Wertansatz des Verm nach § 162 AO schätzen, nur wenn kein

Antragswahlrecht ausgeübt wird, sind die übergehenden WG mit dem gemeinen Wert zu bewerten. Es wird vorgeschlagen, dass zur Vermeidung von Härten das Antragswahlrecht nach Abs 2 ausnahmsweise von dt Minderheitsgesellschaftern ausgeübt werden kann (RHL/*van Lishaut* § 4 Rn 29).

Der Ansatz und die Bew in der stl Schlussbilanz der übertragenden Körperschaft erfolgt ausschließl nach Maßgabe des § 3. Der **Grds der Maßgeblichkeit der HB für die StB** existiert insoweit nicht (BT-Drs 16/2010, 37; allgM vgl BMF-Schrb vom 11.11.2011, BStBl I 1314 Rn 03.04, 03.10; Widmann/Mayer/*Widmann* Rn R 47; Haritz/Menner/*Brinkhaus* Rn 72; RHL/*Birkemeier* Rn 64; DPPM/*Pung/Möhlenbrock* Rn 26; Frotscher/Maas/*Schnitter* Rn 79; Blümich/*Klingberg* Rn 15). 26

7. Ansatz und Bewertung der übergehenden Wirtschaftsgüter in der steuerlichen Schlussbilanz

a) Begriff des Wirtschaftsguts. Bei der Verschm einer Körperschaft auf eine PersGes bzw natürl Person sind die übergehenden WG, einschl nicht entgeltl erworbener und selbstgeschaffener immaterieller WG, in der stl Schlussbilanz der übertragenden Körperschaft mit dem gemeinen Wert „anzusetzen". Für die Bew von Pensionsrückstellungen gilt § 6a EStG. Unter den Begriff WG fallen sowohl **aktive als auch passive WG** (BMF-Schrb vom 11.11.2011, BStBl I 1314 Rn 03.04; DPPM/*Pung/Möhlenbrock* Rn 1; RHL/*Birkemeier* Rn 56; Blümich/*Klingberg* Rn 19; *Bogenschütz* Ubg 2011, 393; *Hruschka* DStR 2012 Beihefter zu Heft 2, 4; *Desens* GmbHR 2007, 1202; *Ley/Bodden* FR 2007, 265). 27

Anzusetzen sind auch **steuerfreie Rücklagen** nach § 6b EStG, Rücklagen für Ersatzbeschaffungen nach 6.6. EStR so wie Rücklagen nach § 7g EStG, § 6 UmwStG (BMF-Schrb vom 11.11.2011, BStBl I 1314 Rn 03.04; RHL/*Birkemeier* Rn 57; Widmann/Mayer/*Widmann* Rn 308; Frotscher/Maas/*Schnitter* Rn 86; Blümich/*Klingberg* Rn 19; *Stadler/Elser/Bindl* DB Beilage 1/2012, 14) und ein Sammelposten nach § 6 II a EStG. 28

Das Ansatzverbot originärer **immaterieller WG** des Anlagevermögens einschl eines Geschäfts- oder Firmenwerts gilt ausweisl des § 3 I nicht. Auch gelten die stl Ansatzverbote des § 5 EStG nach Meinung der FinVerw nicht (BMF-Schrb vom 11.11.2011, BStBl I 1314 Rn 03.06). 29

Dies kann damit begründet werden, dass die Verschm einer Körperschaft auf eine PersGes im Grds auf der Ebene des übertragenden und übernehmenden Rechtsträgers einen tauschähnl Vorgang darstellt und diese Umw im Grds zu einer gewinnrealisierenden Aufdeckung aller stiller Reserven und Lasten führt (vgl BT-Drs 2/3497, 13; BFH/NV 2004, 137; BFH BStBl II 2003, 10; BFH BStBl II 2002, 875; FG Baden-Württemberg EFG 1998, 1529). 29a

Bei Abs 2 handelt es sich bezogen auf die stl Schlussbilanz nach dem Bericht des Finanzausschusses um eine stl Ansatz- und Bewertungsvorschrift (BT-Drs 16/3369, 10). Trotz des insoweit ungenauen Wortlauts bezieht sich der Ansatz und die Bew der übergehenden WG nicht nur auf das jew einzelne WG, sondern auch auf die insges übergehende **Sachgesamtheit** in Form des übergehenden BVs (vgl BT-Drs 16/2710, 28). Auch wenn die Aussage der Bew einer Sachgesamtheit in der Gesetzesbegründung nur im Zusammenhang mit den allg Entstrickungssachverhalten gemacht wurde, gilt diese Sichtweise auch für das UmwStG, denn § 3 ist Teil des neuen Entstrickungsprinzips (BMF-Schrb vom 11.11.2011, BStBl I 1314 Rn 03.07; DPPM/*Pung/Möhlenbrock* Rn 13; Haritz/Menner/*Brink-* 30 *haus* Rn 93; RHL/*Birkemeier* Rn 69 f; *Kaeser* DStR 2012 Beihefter zu Heft 2, 4; kritisch Blümich/*Klingberg* Rn 21). Die Bew des gesamten Verm in seiner Zusammensetzung als Sachgesamtheit ist im Regelungsbereich des § 3 auch erforderl, da ansonsten der Ansatz eines Firmenwertes in der stl Schlussbilanz – so wie sie das Gesetz fordert – überhaupt nicht mögl wäre. Der Firmenwert ist der Mehrwert, der in einem Unternehmen über dem Substanzwert der einzelnen materiellen und immateriellen WG abzgl der Schulden hinaus innewohnt („Residualgröße"). Der gemeine Wert der Sachgesamtheit ist nach Meinung der FinVerw im Verhältnis der TW der übergehenden WG auf die einzelnen WG zu verteilen (BMF-Schrb vom 11.11.2011, BStBl I 1314 Rn 03.09; DPPM/*Pung/Möhlenbrock* Rn 13; vgl auch IDW Ubg 2011, 549). Richtig dürfte aber eine Verteilung des Werts der Sachgesamtheit im Verhältnis der gemeinen Werte der übergehenden WG sein, da der gemeine Wert der nach § 3 I entscheidende Wert ist.

31 **b) Steuerliche Vorschriften über die Gewinnermittlung.** Bestimmte WG dürfen nach den ertragsteuerl Vorschriften über die Gewinnermittlung nicht angesetzt werden. Dazu gehören insbes originäre immaterielle WG des Anlagevermögens. Abs 1 ordnet jedoch für die stl Schlussbilanz an, das originäre immaterielle WG des Anlagevermögens anzusetzen sind. IÜ verweist die Vorschrift nicht auf die stl Vorschrift über die Gewinnermittlung, sondern bestimmt den gemeinen Wert zum Wertmaßstab. Fragl ist daher, ob und inwieweit § 3 die stl Vorschrift über die Gewinnermittlung verdrängt.

32 § 1 V Nr 4 def den **BW.** BW ist danach der Wert, der sich nach den stl Vorschriften über die Gewinnermittlung in einer auf den stl Übertragungsstichtag aufzustellenden Bilanz ergibt bzw ergäbe. Kommt es damit zu einer Buchwertfortführung in der stl Schlussbilanz, gelten die bilanzsteuerrechtl Aktivierungs- und Passivierungsverbote (Frotscher/Maas/*Schnitter* Rn 85); aktive und passive Vermögensposten sind damit in der stl Schlussbilanz nach den bilanzsteuerrechtl Regelungen anzusetzen. Gleiches gilt bei der Buchwertfortführung für stl Rücklagen nach § 6b EStG uä und stl AP zu den übergehenden WG.

33 Im Grds stellt Abs 1 aber auf die Bew mit dem **gemeinen Wert** ab, auf die steuerrechtl Vorschriften über die Gewinnermittlung wird gerade nicht Bezug genommen. Damit müssen in der stl Schlussbilanz des übertragenden Rechtsträgers auch solche übergehenden WG mit dem gemeinen Wert angesetzt werden, die nach den stl Vorschriften über die Gewinnermittlung nicht angesetzt werden dürfen (ebenso BMF-Schrb vom 11.11.2011, BStBl I 1314 Rn 03.06; vgl auch *Benecke* in PWC, Reform des UmwStR, Rn 1015; Frotscher/Maas/*Schnitter* Rn 87 f; DPPM/*Pung/Möhlenbrock* Rn 15; RHL/*Birkemeier* Rn 59; *Rödder/Rogall* Ubg 2011, 753; speziell zu Drohverlustrückstellungen *Siegel* FR 2011, 781). Dies entspricht dem Willen des Gesetzgebers. Er beabsichtigt durch die Einführung allg Entstrickungsregelungen, zu denen auch § 3 gehört, unabhängig von den ansonsten bestehenden ertragsteuerl Gewinnermittlungsgrundsätzen, bei Verlust des dt Besteuerungsrechts, sämtl stillen Reserven (selbstverständl unter Berücksichtigung möglicherweise bestehender stiller Lasten) einer Besteuerung zuzuführen (ultima-ratio-Besteuerung). Hinzu kommt Folgendes:

34 Die Verschm einer Körperschaft auf eine PersGes stellt rechtstechnisch einen tauschähnl Vorgang dar (vgl Vor §§ 3–9 Rn 6). Die Verschm ist aus der Sicht des übertragenden Rechtsträgers eine Veräußerung und aus der Sicht des übernehmenden Rechtsträgers eine Anschaffung der übergehenden WG. Die vom über-

tragenden Rechtsträger fortzuführenden Werte aus der stl Schlussbilanz des übertragenden Rechtsträgers sind seine AK für das auf ihn übergehende Verm. Die Abbildung dieses Anschaffungsvorgangs erfolgt dabei im Regelungsbereich der §§ 3, 4 nicht erst in der lfd Buchhaltung des übernehmenden Rechtsträgers, sondern wegen der Regelung in § 3, der in § 4 I angeordneten Buchwertverknüpfung und der damit verbundenen Sicherstellung der Besteuerung der stillen Reserven bereits in der stl Schlussbilanz des übertragenden Rechtsträgers. In der stl Schlussbilanz des übertragenden Rechtsträgers sind damit im Erg die mit dem gemeinen Wert bewerteten, übergehenden WG so anzusetzen, wie bei einem „normalen" Anschaffungsvorgangs in der Bilanz eines Erwerbers.

Auch der gemeine Wert von **negativen WG** kann höher sein, als deren BW, **35** was insbesondere für die Passivierungsverbote des § 5 EStG gilt. Handelt es sich bspw um Verlustrückstellungen iSv § 5 IV a EStG, so entspricht der isolierte gemeine Wert dieser RSt den Betrag, der sich ergeben würde, wenn das Passivierungsverbot insoweit nicht gelten würde. Nach Meinung der **FinVerw** gelten die Ansatzverbote des § 5 EStG nicht für die stl Schlussbilanz, es sei denn, dass die BW fortgeführt werden (BMF-Schrb vom 11.11.2011, BStBl I 1314 Rn 03.06), wobei der Ansatz mit dem BW ausgeschlossen ist, wenn der gemeine Wert der übertragenen Sachgesamtheit geringer ist als dessen BW (BMF-Schrb vom 11.11.2011, BStBl I 1314 Rn 03.12). Beim übernehmenden Rechtsträger sollen dann aber zu dem der Verschm folgenden Bilanzstichtag diese Ansatzverbote wieder gelten (vgl dazu § 4 Rn 12). Nach der **hM in der Literatur** (DPPM/*Pung/Möhlenbrock* Rn 15; RHL/*Birkemeier* Rn 57; Frotscher/Maas/*Schnitter* Rn 88; *Rödder/Schmidt-Fehrenbacher* in FGS/BDI UmwStE S 234 f; *Stadler/Elser/Bindl* DB 2012 Beilage 1 zu Heft 2, 14; aA Widmann/Mayer/*Widmann* § 20 Rn R 667, der stille Lasten als solche passivieren will) werden diese Minderwerte bei der Bew einer Sachgesamtheit durch einen Käufer im Firmenwert berücksichtigt. Nichts anderes könne aufgrund der Einordnung der Verschm als Anschaffungsvorgang gelten, wobei zu beachten ist, dass dieses Anschaffungsgeschäft bereits in der stl Schlussbilanz des übertragenden Rechtsträgers im Erg abgebildet wird. Dabei ist auch zu berücksichtigen, dass ein gemeiner Wert iSv § 9 II BewG bzgl eines Firmenwerts mangels Einzelveräußerbarkeit nicht existiert (BFH BStBl II 1994, 309; BFH DStR 1998, 887; DPPM/*Pung/Möhlenbrock* Rn 14; *Bodden* FR 2007, 66; vgl auch *Jäschke* FR 2010, 10; *Desens* GmbHR 2007, 1202), sodass die Ermittlung des Firmenwertes iRd Abs 1 nach den allg Grdsen der Ertragsbewertung vorzunehmen ist. Stille Lasten sind damit in der stl Schlussbilanz nicht anzusetzen, sondern vielmehr entsprechend den allg Bewertungsgrundsätzen bei der **Ermittlung des Geschäfts- oder Firmenwerts** ertragsmindernd zu berücksichtigen (ebenso DPPM/*Pung/Möhlenbrock* Rn 15; RHL/*van Lishaut* § 11 Rn 67; Frotscher/Maas/*Schnitter* Rn 88; *Stadler/Elser/Bindl* DB 2012 Beilage 1 zu Heft 2, 14; *Schaflitzl/Widmayer* BB Special 8/2006, 36; *Ley/Bodden* FR 2007, 265; *Lemaitre/Schönherr* GmbHR 2007, 173). Zu der Bew von Pensionsrückstellungen vgl Rn 38, 47.

Sowohl die Meinung der FinVerw als auch die der hM stehen im Widerspruch **36** zur Auffassung des **BFH** (vgl BFH DStR 2012, 452). Geht man zu Recht (vgl Rn 34) davon aus, dass es sich bei der Verschm um ein Veräußerungsgeschäft auf der Ebene des übertragenden und um ein Anschaffungsgeschäft auf der Ebene des übernehmenden Rechtsträgers handelt, ist in der stl Schlussbilanz des übertragenden Rechtsträgers, in dem der Anschaffungsvorgang durch den übernehmenden Rechtsträger bereits abgebildet wird (vgl Rn 34), nach Meinung des BFH für stille Lasten, die auf Grund von Ansatz- und Bewertungsverboten bestehen, eine **ungewisse Verb** zu passivieren. Mit Urteil vom 16.12.2009 (BFH BStBl II 2011, 566; ebenso BFH DStR 2012, 452) hat der BFH darauf hingewiesen, dass bei einer Betriebsveräußerung betriebl Verb, die beim Veräußerer auf Grund von Rückstellungsverboten nicht passiviert werden dürfen, beim Erwerber keinem Passivierungsverbot unterworfen sind, wenn er diese Verb gegen Schuldbefreiung übernommen hat; solche betriebl Verb sind unabhängig von der rechtl Einordnung beim übertragenden Rechtsträger in der Person des übernehmenden Rechtsträgers als ungewisse Verb auszuweisen und vom übernehmenden Rechtsträger auch an den nachfolgenden Bilanzstichtagen mit den AK oder ihrem höheren TW zu bewerten (ebenso Widmann/Mayer/*Schießl* § 11 Rn 14.23.5). Diese Auffassung wird mit dem Grds der erfolgsneutralen Behandlung von Anschaffungsvorgängen begründet. Der BFH macht in den angesprochenen Urteilen deutl, dass für Verb, für die in der Person des übertragenden Rechtsträgers ein Ansatzverbot gilt, aus der Sicht des übernehmenden Rechtsträgers die für ungewisse Verb geltenden Grdse anzuwenden sind und damit eine Passivierungspflicht besteht. Der BFH (BFH DStR 2012, 452) hat sich auch gegen die unmittelbare Verrechnung der stillen Lasten durch Abstockung des erworbenen Firmenwertes wegen einer fehlenden Rechtsgrundlage ausgesprochen. Damit sind in der stl Schlussbilanz des übertragenden Rechtsträgers stille Lasten als ungewisse Verb zu passivieren. Zu stillen Lasten in Pensionsrückstellungen vgl Rn 47.

37 Die **Bew** der Sachgesamtheit mit dem gemeinen Wert bzw dem TW iSd § 6a EStG in der stl Schlussbilanz erfolgt **zum Verschmelzungsstichtag** (BMF-Schrb vom 11.11.2011, BStBl I 1314 Rn 03.09; Widmann/Mayer/*Widmann* Rn 298.20; Frotscher/Maas/*Schnitter* Rn 98). Wertaufhellungen sind zu berücksichtigen.

8. Ansatz der übergehenden Wirtschaftsgüter mit dem gemeinen Wert

38 **a) Grundsätzliches.** Nach der Gesetzessystematik sind die übergehenden WG als Sachgesamtheit (vgl Rn 30) grdsl in der stl Schlussbilanz einheitl mit dem gemeinen Wert anzusetzen. Die Bew mit dem gemeinen Wert hat zum Verschmelzungsstichtag zu erfolgen (BMF-Schrb vom 11.11.2011, BStBl I 1314 Rn 03.09) Der **gemeine Wert** ist die **Obergrenze;** ausgenommen sind nur Bew von Pensionsrückstellungen, für die auch beim Ansatz der gemeinen Werte weiterhin § 6a EStG gilt. Ist der gemeine **Wert der Sachgesamtheit** geringer als die Summe der BW der übergehenden WG, ist der Ansatz zum BW nach Auffassung der FinVerw ausgeschlossen (BMF-Schrb vom 11.11.2011, BStBl I 1314 Rn 03.12; ebenso DPPM/*Pung/Möhlenbrock* Rn 13; *Bogenschütz* Ubg 2011, 393; aA *Schumacher/Neitz-Hackstein* Ubg 2011, 409: BW ist die Untergrenze für den Wertansatz), es erfolgt eine entsprechende Abstockung. Wird festgestellt, dass einzelne WG über dem gemeinen Wert angesetzt wurden, so ist der entsprechende Wert nach Meinung der FinVerw nur zu korrigieren, wenn der BW der Sachgesamtheit über deren gemeinen Wert liegt (ebenso DPPM/*Pung/Möhlenbrock* Rn 13, 52c; *Bogenschütz* Ubg 2011, 393; aA Widmann/Mayer/*Widmann* Rn 310.1 ff). Dagegen spricht der Wortlaut des § 3 I. Richtig ist zwar, dass das übergehende Verm als Sachgesamtheit zu bewerten ist, da andernfalls ein Firmenwert in der stl Schlussbilanz nicht anzusetzen wäre (vgl Rn 30). § 3 I bezieht sich aber auch auf „die übergehenden Wirtschaftsgüter", die mit dem gemeinen Wert anzusetzen sind, was dafür sprechen könnte, dass der gemeine Wert als Höchstgrenze sich auch auf jedes einzelne WEG bezieht (Widmann/Mayer/*Widmann* Rn 310.1; aA Frotscher/Maas/*Schnitter* Rn 99; *Rödder* DStR 2011, 1059).

Beispiel: **38a**
Die M-GmbH kauft die 100%-Beteiligung an der T-GmbH. Der gemeine Wert der Anteile an der T-GmbH beträgt EUR 1 Mio. Die M-GmbH bezahlt für diese Anteile einen Kaufpreis iHv EUR 1,5 Mio, da sie für sich auf ihrer Ebene erhebl Synergien und damit zusätzl Erträge erwartet. Nachdem diese Erwartungen tats eingetreten sind, wird die M-GmbH auf die AB-OHG verschmolzen. In diesem Zeitpunkt soll der gemeine Wert der Beteiligung an der T-GmbH weiterhin EUR 1 Mio betragen. Geht man davon aus, dass der gemeine Wert sich auch auf jedes einzelne WG bezieht, wäre in der stl Schlussbilanz eine Abstockung des Beteiligungsansatzes auf EUR 1 Mio vorzunehmen, da Synergie und Konzerneffekte bei der Ermittlung des gemeinen Wertes der Beteiligung ohne Bedeutung sind (DPPM/*Dötsch* § 11 Rn 25).

b) Ermittlung des gemeinen Werts für einzelne Wirtschaftsgüter und **39**
für die Sachgesamtheit. Weder das EStG, das KStG noch das UmwStG def den Begriff des gemeinen Wertes. Damit kommt der erste Teil des BewG für die Bestimmung des gemeinen Werts zur Anwendung (§ 1 BewG). Der gemeine Wert wird nach **§ 9 II BewG** in erster Linie durch den **Preis** bestimmt, der im **gewöhnl Geschäftsverkehr** (vgl Rn 40) nach der Beschaffenheit des WG bei einer Veräußerung zu erzielen wäre, wobei **ungewöhnl** (vgl Rn 42) oder **persönl Verhältnis** (vgl Rn 42) nicht zu berücksichtigen sind. Maßgebend ist gem § 9 II 1 BewG der erzielbare Verkaufspreis, wobei Veräußerungskosten unbeachtl sind (Widmann/Mayer/*Widmann* § 20 Rn R 645). Als Bewertungsmethode kommen zur Bew **eines einzelnen WG** primär die Vergleichsmethode, dann die Ertragswertmethode und hilfsweise die Sachwertmethode in Betracht (Widmann/Mayer/*Widmann* § 20 Rn R 646).

Grdsl maßgebend sind die für das zu bewertende WG erzielbaren Verkaufs- **40**
preise, soweit der Verkaufspreis im gewöhnl Geschäftsverkehr (vgl Rn 43) nach der Beschaffenheit des WG bei Veräußerungen zu erzielen ist **(Vergleichswertmethode).** Der gemeine Wert kann auch aus Verkäufen nahezu vollständig vglbarer WG abgeleitet werden. Ein einzelner Verkauf bietet idR keinen ausreichenden Vergleichsmaßstab (BFH BStBl II 1987, 769). Liegen mehrere voneinander abweichende Vergleichspreise vor, ist ein Durchschnittswert zu bilden (Gürsching/Stenger/*Knittel* BewG § 9 Rn 42).

Ergibt sich der gemeine Wert nicht aus Vergleichspreisen, ist er unter Heranzie- **41**
hung der **Ertragswertmethode** (Widmann/Mayer/*Widmann* § 20 Rn R 649) zu ermitteln. Schwierigkeiten bei einer ggf notw Schätzung sind durch eine verstärkte Anwendung des Vorsichtsprinzips zu Gunsten des Stpfl zu begegnen (Widmann/Mayer/*Widmann* § 20 Rn R 649). Die Ertragswertmethode kommt als Bewertungsmethode bei WG in Betracht, die zukünftige Erträge erwirtschaftet (Gürsching/Stenger/*Knittel* BewG § 9 Rn 51). Dies sind zB Erfindungen, Patente, Warenzeichen usw (vgl BFH BStBl II 1970, 484). Der gemeine Wert wird durch Kapitalisierung der Zukunftserträge ermittelt (Gürsching/Stenger/*Knittel* BewG § 9 Rn 51). Zum Firmenwert vgl Rn 47. Existieren keine Marktpreise für gleiche oder vglbare WG und scheidet die Ertragswertmethode aus, kommt die **Sachwertmethode** zur Anwendung (FG Sachsen EFG 2003, 25). Der gemeine Wert wird hierbei auf Grundlage der durchschnittl HK für vglbare WG ermittelt (Gürsching/Stenger/*Knittel* BewG § 9 Rn 58). Die zu berücksichtigenden Kosten umfassen dabei idR die durchschnittl Material-, Fertigungs- und Verwaltungskos-

ten (Widmann/Mayer/*Widmann* § 20 Rn R 651). Zwischenzeitl Preisänderungen der bei der Herstellung verwendeten Güter sind ebenso zu berücksichtigen, wie der technische Fortschritt (Gürsching/Stenger/*Knittel* BewG § 9 Rn 60). Unter **gewöhnl Geschäftsverkehr** iSd § 9 II 1 BewG ist der Handel nach marktwirtschaftl Grdsen mit identischen oder vglbaren WG zu verstehen (BFH BStBl II 1981, 353). Maßgebend ist das Marktgeschehen an dem Ort, an dem eine Veräußerung des zu bewertenden WG wahrscheinl ist. Befindet sich ein WG im Ausland, so ist das Marktgeschehen dort von Relevanz (Gürsching/Stenger/*Knittel* BewG § 9 Rn 67). Bei Bar- oder Kreditgeschäften handelt es sich um Geschäfte im gewöhnl Geschäftsverkehr (BFH BStBl III 1960, 492). Der Kauf bzw Verkauf aus der Insolvenzmasse stellt keinen gewöhnl Geschäftsverkehr dar (FG Münster EFG 1999, 247). Es sind bei der Bew **alle Umstände zu berücksichtigen,** die den Preis des WG beeinflussen (§ 9 II 2 BewG). Solche können wirtschaftl, rechtl oder tats Art sein (Gürsching/Stenger/*Knittel* BewG § 9 Rn 82). Als rechtl Umstände kommen dingl (Widmann/Mayer/*Widmann* § 20 Rn R 654) idR aber nicht schuldrechtl (vgl Gürsching/Stenger/*Knittel* BewG § 9 Rn 84) Beschränkungen in Betracht. Lärm- und Geruchsbelästigungen stellen tats Umstände dar.

42 Nach § 9 II 3 BewG sind **ungewöhnl oder persönl Verhältnisse** nicht zu berücksichtigen. Ein überhöhter Kaufpreis, der seinen Grund in spekulativen Erwägungen hat oder aber in unübl Zahlungsbedingungen, kann nicht als Vergleichsmaßstab herangezogen werden (Gürsching/Stenger/*Knittel* BewG § 9 Rn 90). Ein Preis ist durch persönl Umstände beeinflusst, wenn für seine Bemessung persönl Umstände auf Seiten des Käufers oder Verkäufers zumindest mitentscheidend waren (Gürsching/Stenger/*Knittel* BewG § 9 Rn 96). Nach § 9 III 1 BewG gelten als persönl Verhältnis auch Verfügungsbeschränkungen, die in der Person des Stpfl oder seines Rechtsnachfolgers begründet sind.

43 Der gemeine Wert erfasst nicht die **USt** (Gürsching/Stenger/*Knittel* BewG § 9 Rn 2; Widmann/Mayer/*Widmann* § 20 Rn R 658). Im Ggs zum Begriff des TW, geht der gemeine Wert nicht von der Fortführung des Betriebs durch den Erwerber aus (BFH BStBl II 1990, 117; DPPM/*Dötsch* § 11 Rn 25). Der gemeine Wert umfasset auch einen Gewinnaufschlag auf die HK (DPPM/*Dötsch* § 11 Rn 25; vgl BT-Drs 16/2710, 45). Synergie- und Konzerneffekte sind bei der Ermittlung des gemeinen Wertes eines WG nicht zu berücksichtigen (DPPM/*Dötsch* § 11 Rn 25; *Rödder/Schumacher* DStR 2006, 1481).

44 Die FinVerw geht zutreffend davon aus, dass die **Ermittlung des gemeinen Wertes** des übergehenden aktiven und passiven Verm (im Grds) als **Sachgesamtheit** erfolgen muss (BMF-Schrb vom 11.11.2011, BStBl I 1314 Rn 03.07 ebenso DPPM/*Pung/Möhlenbrock* Rn 13; Haritz/Menner/*Brinkhaus* Rn 93; Frotscher/Maas/*Schnitter* Rn 95; RHL/*Rödder* § 11 Rn 76; *Bogenschütz* Ubg 2011, 393; *Stadler/Elser/Bindl* DB 2012 Beilage 1 zu Heft 2, 14; kritisch Blümich/*Klingberg* Rn 21). Gem § 3 I ist näml in der stl Schlussbilanz auch ein **selbst geschaffener Firmenwert** mit dem gemeinen Wert anzusetzen. Diesem fehlt es jedoch grdsl an der Einzelveräußerbarkeit. Der Firmenwert ist der Mehrwert, der einem gewerbl Unternehmen über den Substanzwert der einzelnen materiellen und immateriellen WG abzügl Schulden inne wohnt (vgl BFH BStBl II 1996, 576; BFH BStBl II 2001, 477). Er ist dem Grunde und der Höhe nach durch die Gewinnaussichten bestimmt, die, losgelöst von der Person des Unternehmers, auf Grund besonderer, dem Unternehmen zukommenden Vorteile (zB Ruf, Kundenkreis usw) höher oder gesicherter erscheint als bei einem anderen Unternehmen mit sonst vglbaren WG. Der Firmenwert ist damit an den Betrieb gebunden und kann nicht ohne diesen veräußert werden (BFH BStBl II 1994, 903; BFH DStR 1998, 887). Ein Einzelveräußerungspreis bezogen auf den Geschäfts-/Firmenwert existiert damit nicht. Der Ansatz eines Firmenwerts in der stl Schlussbilanz des übertragenden Rechtsträgers setzt damit voraus, dass es zu einer Bew der Sachgesamtheit in Form des übertragenen Betriebes kommen muss (ebenso RHL/*Birkemeier* Rn 71; *Desens* GmbHR 2007, 1202).

Der *gemeine Wert der Sachgesamtheit* ist zunächst aus Verkäufen abzuleiten (vgl Rn 46). Dies dürfte in der Praxis nur mögl sein, wenn kurz vor der Verschm das Unternehmen, sei es auch mittelbar über den Kauf der Anteile an dem übertragenen Rechtsträger, entgeltl von einem Dritten erworben wurde. Liegen solche Verkäufe nicht vor, kann anhand eines am allg anerkannten Ertrags- oder Zahlungsstrom orientierten Verfahrens die entsprechende Ermittlung des Wertes erfolgen, welches ein gedachter Erwerber des Betriebs der übertragenden Körperschaft bei der Bemessung des Kaufpreises zu Grunde legen würde (BMF-Schrb vom 11.11.2011, BStBl I 1314 Rn 03.07; DPPM/*Pung/Möhlenbrock* Rn 13; Frotscher/Maas/*Schnitter* Rn 95 f; *Bogenschütz* Ubg 2011, 393; *Stadler/Elser/Bindl* DB 2012 Beilage 1 zu Heft 2, 14). Diese Sichtweise entspricht § 109 I 2 BewG iVm § 11 II BewG. Gem § 11 II 4 BewG kommt auch das vereinfachte Ertragswertverfahren iSd §§ 199–203 BewG zur Anwendung (BMF-Schrb vom 11.11.2011, BStBl I 1314 Rn 03.07; vom 22.7.2011, BStBl I 859; DPPM/*Pung/Möhlenbrock* Rn 13; *Bogenschütz* Ubg 2011, 393; *Neu/Schiffers/Watermeyer* GmbHR 2011, 729; krit *Rödder/Rogall* Ubg 2011, 753). Die FinVerw akzeptiert das vereinfachte Ertragswertverfahren jedoch nicht bei komplexen Konzernstrukturen (gemeinsamer Ländererlass vom 17.5.2011, BStBl I 606). 45

§ 109 II 2 BewG verweist umfassend auf § 11 II 2 BewG, woraus sich die **Rangfolge der Bew** ergibt. Zunächst ist zu ermitteln, ob sich der gemeine Wert aus Verkäufen unter fremden Dritten ableiten lässt, die weniger als ein Jahr zurückliegen. Im Regelfall ergibt sich aber die **Bew der Sachgesamtheit** unter Berücksichtigung der **Ertragsaussichten** des übertragenden Rechtsträgers oder einer anderen anerkannten, auch im gewöhnl Geschäftsverkehr für außersteuerl Zwecke übl Methode, wobei der Substanzwert des übertragenen Verm gem § 11 II 3 BewG nicht unterschritten werden darf (*Bogenschütz* Ubg 2011, 393; *Rödder* DStR 2011, 1089; *Schumacher/Neitz-Hackstein* Ubg 2011, 409, *Drosdzol* DStR 2011, 1258; vgl auch *Neu/Schiffers/Watermeyer* GmbHR 2011, 731; krit zur Anwendung des IDW-Stellungnahme Ubg 2011, 549; zur Geltung der Liquidationswerte vgl *Bogenschütz* Ubg 2011, 393; *Piltz* DStR 2009, 1830). Die Bew erfolgt nach den Verhältnissen zum stl Übertragungsstichtag (vgl Rn 37). Die Bew der übergehenden Sachgesamtheit mit dem gemeinen Wert erfolgt unabhängig davon, wie das übergehende Verm vor der Verschm steuerbilanziell bei übertragenden Rechtsträgern abgebildet war, insbesondere bleiben für die Bew der Sachgesamtheit die Ansatzverbote des § 5 EStG unberücksichtigt (DPPM/*Dötsch* § 11 Rn 30). 46

Die FinVerw geht davon aus, dass der gemeine Wert der Sachgesamtheit in analoger Anwendung zu § 6 I Nr 7 EStG im Verhältnis der TW der übergehenden WG auf die einzelnen WG zu verteilen ist (BMF-Schrb vom 11.11.2011, BStBl I 1314 Rn 03.09; ebenso DPPM/*Pung/Möhlenbrock* Rn 13). Richtig dürfte es aber sein, eine **Verteilung des Wertes der Sachgesamtheit** im Verhältnis der gemeinen Werte der übergehenden WG vorzunehmen, da der gemeine Wert der nach § 3 I entscheidende Wert ist (ebenso *Schumacher/Neitz-Hackstein* Ubg 2011, 409). Soweit stille Reserven in dem übertragenen aktiven Verm vorhanden sind, kommt 47 es damit zu einer Aufdeckung der stillen Reserven. Dies gilt auch für originäre immaterielle WG, insbesondere eines Firmenwerts. Nach Auffassung der FinVerw sind im Grds stille Lasten zu passivieren, insbesondere auch soweit nach § 5 EStG ein Ansatzverbot besteht (vgl Rn 35). Der Bewertungsvorbehalt für Pensionsrückstellungen, näml diese höchstens mit dem TW nach **§ 6a EStG** anzusetzen, ist nach Auffassung der FinVerw in jedem Fall zu berücksichtigen (BMF-Schrb vom 11.11.2011, BStBl I 1314 Rn 03.07), was bedeuten soll, dass ein tats höherer gemeiner Wert der Pensionsverpflichtungen stl nicht den gemeinen Wert des Unternehmens iSv § 3 I mindern soll (BMF-Schrb vom 11.11.2011, BStBl I 1314 Rn 03.08; aA *Schaflitzl/Widmayer* BB Special 8/2006, 36; *Ley/Bodden* FR 2007, 265). Diese Auffassung der FinVerw führt zu einer Übermaßbesteuerung (*Rödder* DStR 2011, 1059; Frotscher/Maas/*Schnitter* Rn 103) und ist mit den ansonsten von der FinVerw anzuwendenden anerkannten ertragswert- oder zahlungsorientierten Verfahren, welcher ein gedachter Erwerber des Betriebs der übertragenden Körperschaft bei der Bemessung des Kaufpreises zu Grunde legen würde, nicht in Übereinstimmung zu bringen, da bei diesen Bewertungsmethoden der im Vergleich zum TW einer Pensionsrückstellung iSd § 6a EStG höhere tats gemeine Wert der Pensionsverpflichtung berücksichtigt würde. Geht man mit der hM in der Literatur davon aus, dass die sich aus dem Bilanzierungsverboten des § 5 EStG ergebenden stillen Lasten beim Firmenwert zu berücksichtigen sind (vgl Rn 35), käme es insoweit nicht zu einer Passivierung der stillen Lasten, vielmehr finden diese ihren Niederschlag in einem geringeren Firmenwert. Offen ist, wie die Rechtsprechung des BFH im Regelungsbereich des § 3 die stillen Lasten in Bezug auf die Pensionsverpflichtungen beurteilt, da das Gesetz ausdrückl bestimmt, dass Pensionsverpflichtungen höchstens mit dem TW nach § 6a EStG anzusetzen sind (vgl Widmann/Mayer/*Schießl* § 11 Rn 14.24). Zu dem Problem, wie zu verfahren ist, wenn der gemeine Wert der Sachgesamtheit über dem BW liegt, einzelne WG aber einen gemeinen Wert unterhalb des BW haben, vgl Rn 38.

48 Ist der gemeine Wert der Sachgesamtheit niedriger als die Summe der BW des übertragenen Verm, scheidet nach Auffassung der FinVerw ein Ansatz zum BW aus (BMF-Schrb vom 11.11.2011, BStBl I 1314 Rn 03.12; ebenso DPPM/*Pung* Rn 13; aA *Schumacher/Neitz-Hackstein* Ubg 2011, 409: BW ist die Untergrenze für den Wertansatz; zum Grundsatz der Einzelbeurteilung vgl Rn 38). Eine Abstockung der übergehenden WG scheidet insoweit aus, als deren BW dem gemeinen Wert entspricht. Wegen der Nichtgeltung der stl Ansatzverbote des § 5 EStG muss nach Auffassung der FinVerw die insoweit bestehenden stillen Lasten passiviert werden (BMF-Schrb vom 11.11.2011, BStBl I 1314 Rn 03.06). Dadurch kann ein **„negativer Firmenwert"** entstehen, und zwar in Form eines negativen Ausgleichspostens; gleiches kann vorkommen, wenn man mit der hM in der Literatur davon ausgeht, dass stille Lasten unmittelbar beim Firmenwert zu berücksichtigen sind bzw insoweit der Rspr folgend (vgl Rn 36) eine ungewisse Verb zu passivieren ist (vgl zum negativen Ausgleichsposten BFH DStR 2006, 1113; FG Schleswig-Holstein EFG 2004, 1324, 1315; *Lemaitre/Schönherr* GmbHR 2007, 173; *Desens* GmbHR 2007, 1202; DPPM/*Dötsch* § 11 Rn 31). Der passive Ausgleichsposten ist gem § 4 I vom übernehmenden Rechtsträger fortzuführen. Nicht abschließend geklärt ist, ob dieser Ausgleichsposten entsprechend §§ 7 I 3 EStG (L. Schmidt/*Weber-Grellet* EStG § 5 Rn 226; vgl auch *Möhrle* DStR 1999, 1414) oder aber erst bei Veräußerung oder Aufgabe des Betriebes gewinnerhöhend aufzulösen ist (DPPM/*Dötsch* § 11 Rn 31; vgl auch *Preißer* DStR 2011, 133; *Roser/Haupt* GmbHR 2007, 78; FG Düsseldorf DStR 2011, 112).

Beim Ansatz mit dem gemeinen Wert sind **steuerfreie Rücklagen** aufzulösen (BMF-Schrb vom 11.11.2011, BStBl I 1314 Rn 03.04; DPPM/*Pung/Möhlenbrock* Rn 66a). 49

Gehört zum übergehenden Verm ein **Mitunternehmeranteil** und wird durch die übertragende Körperschaft der gemeine Wert in der stl Schlussbilanz angesetzt, so kommt es auch zu einem entsprechenden Wertansatz bei der Mitunternehmerschaft durch Bildung einer entsprechenden Ergänzungsbilanz. Der Mitunternehmerschaft steht dann kein eigenständiges Wahlrecht mehr zu (Widmann/Mayer/*Widmann* Rn R 345; DPPM/*Pung/Möhlenbrock* Rn 58; so wohl auch die FinVerw vgl BMF-Schrb vom 11.11.2011, BStBl I 1314 Rn 03.27; vgl aber auch BFH BStBl II 2004, 804 aA RHL/*Herlinghaus* § 20 Rn 151). Gehört zum übergehenden Verm ein Mitunternehmeranteil an einer Mitunternehmerschaft, die ihrerseits an einer Mitunternehmerschaft beteiligt ist **(doppelstöckige PersGes),** so sind, soweit stille Reserven in der UnterGes vorhanden sind, entsprechende Aufstockungen auch bezogen auf das Verm bei der UnterGes vorzunehmen (vgl zur steuerbilanziellen Abbildung *Mische* BB 2010, 2945). Der gemeine Wert entspricht bei **börsennotierten Wertpapieren** nach § 11 I BewG dem Kurswert, Paketzuschläge sind gem § 11 III BewG zu berücksichtigen (BMF-Schrb vom 17.5.2011, BStBl I 606). Anteile an KapGes sind im Übrigen für ertragsteuerl Zwecke mit dem gemeinen Wert anzusetzen, der sich auch aus Verkäufen ableiten lässt, die weniger als ein Jahr zurückliegen (Vergleichswertmethode, vgl Rn 40). Liegen solche Verkäufe nicht vor, kommt das Ertragswertverfahren oder eine andere anerkannte Methode zur Anwendung (§ 11 II 2 BewG; BMF-Schrb vom 17.5.2011, BStBl I 606). 50

WG, die nicht auf die übernehmende PersGes übergehen (zB eigene Anteile des übertragenden Rechtsträgers vgl Rn 121) werden in der stl Schlussbilanz nicht angesetzt, sondern eine logische Sekunde vor der Verschm beim übertragenden Rechtsträger erfolgsneutral ausgebucht. 51

9. Ansatz der übergehenden Wirtschaftsgüter mit dem Buchwert

Ein **Buchwertansatz** der übergehenden WG ist gem Abs 2 S 1 auf Antrag (vgl Rn 65 ff) zulässig, soweit (Nr 1) sie BV der übernehmenden PersGes oder natürl Person werden und sichergestellt ist, dass sie später der Besteuerung mit ESt oder KSt unterliegen, (Nr 2) das Recht der BRD hinsichtl der Besteuerung des Gewinns aus der Veräußerung der übertragenen WG bei den Gesellschaftern der übernehmenden PersGes oder bei der natürl Person nicht ausgeschlossen oder beschränkt wird und (Nr 3) eine Gegenleistung nicht gewährt wird oder in Gesellschaftsrechten besteht. BW ist nach § 1 V Nr 4 der Wert, der sich nach den stl Vorschriften über die Gewinnermittlung in einer für den stl Übertragungsstichtag aufzustellende StB ergibt oder ergäbe. Unterscheiden sich die BW im Hinblick auf die KSt und die GewSt, sind diese unterschiedlichen BW fortzuführen. Zu den angesprochenen stl Gewinnermittlungsvorschriften gehören insbesondere die §§ 5 II–VI, 7 EStG. Maßgebl ist insoweit nicht die vom übertragenden Rechtsträger vorgenommene tats Bilanzierung, sondern die in seiner Person nach den genannten stl Gewinnermittlungsvorschriften zulässige Bilanzierung. Die dt Gewinnermittlungsvorschriften gelten auch für **ausl Rechtsträger,** selbst wenn sie keine Betriebsstätte in Deutschland haben, sie aber verpflichtet sind eine stl Schlussbilanz zu erstellen (vgl Rn 22). Dies führt in der Praxis zu erhebl Proble- 52 men, insbesondere wenn der übertragende Rechtsträger bereits längere Zeit besteht (Widmann/Mayer/*Widmann* Rn 70). Im BMF-Schrb vom 11.11.2011 (BStBl I 1314) wurden insoweit eigentl notwendige Vereinfachungsregelungen nicht vorgesehen. Der Grds der Maßgeblichkeit der HB für die Steuerbilanz gilt nicht (BMF-Schrb vom 11.11.2011 Rn 03.10; vgl Rn 26).

53 Liegen zum stl Übertragungsstichtag die Voraussetzungen einer **Teilwertabschreibung** bei einzelnen übergehenden WG vor, so können diese WG mit dem TW angesetzt werden.

54 Ist der gemeine Wert der Sachgesamtheit geringer als die Summe der BW der übergehenden WG, ist der Ansatz zum BW ausgeschlossen (BMF-Schrb vom 11.11.2011, BStBl I 1314 Rn 03.12; ebenso DPPM/*Pung/Möhlenbrock* Rn 13; *Bogenschütz* Ubg 2011, 393; aA *Schumacher/Neitz-Hackstein* Ubg 2011, 409; zum Grundsatz der Einzelbeurteilung vgl Rn 38). Nach Auffassung der FinVerw gelten die stl Ansatzverbote des § 5 EStG für die stl Schlussbilanz des übertragenden Rechtsträgers nicht (BMF-Schrb vom 11.11.2011, BStBl I 1314 Rn 03.06). In der stl Schlussbilanz würden damit stille Lasten (vgl dazu Rn 47) passiviert. Zu den Auswirkungen bei dem übernehmenden Rechtsträger vgl § 4 Rn 12). Geht man mit der hM in der Literatur (vgl Rn 35) davon aus, dass die Ansatzverbote des § 5 EStG auch für die stl Schlussbilanz gelten, sind die entsprechenden stillen Lasten einschließl solcher in Pensionsrückstellungen über den Firmenwert zu korrigieren. Die Rechtsprechung des BFH geht davon aus, dass bzgl der stillen Lasten eine ungewisse Verb zu passivieren ist. Ob dies auch für stille Lasten in Pensionsrückstellungen gilt, ist jedoch offen (vgl Rn 36, 47).

54a Dadurch kann ggf auch ein negativer Firmenwert in Form eines stl Ausgleichspostens (vgl Rn 48) entstehen. Liegt der BW eines Wg über dem gemeinen Wert, so geht die FinVerw davon aus, dass es nur dann zu einer Abstockung des BW kommt, wenn der gemeine Wert der übertragenen Sachgesamtheit geringer ist als die Summe der BW der übergehenden WG. Dagegen spricht der Wortlaut des § 3 II iVm § 3 I der von den „übergehenden Wirtschaftsgütern" spricht, die höchstens mit dem gemeinen Wert anzusetzen sind (vgl Rn 38; Widmann/Mayer/*Widmann* Rn 310.1 ff; aA *Schumacher/Neitz-Hackstein* Ubg 2011, 409).

55 Ändern sich die Ansätze in der stl Schlussbilanz des übertragenden Rechtsträgers, so löst dies eine Folgeänderung beim übernehmenden Rechtsträger aus.

56 Gehört zum übergehenden Verm ein **Mitunternehmeranteil** und wird durch die übertragende Körperschaft der BW in der stl Schlussbilanz angesetzt, so kommt es auch zu einem entsprechenden Wertansatz bei der Mitunternehmerschaft. Der Mitunternehmerschaft steht dann kein eigenständiges Wahlrecht mehr zu (Widmann/Mayer/*Widmann* R 345; so wohl auch BMF-Schrb vom 11.11.2011, BStBl I 1314 Rn 03.27; vgl aber auch BFH BStBl II 2004, 804; aA RHL/*Herlinghaus* § 20 Rn 151). Entsprechendes gilt, wenn zum übergehenden Verm ein Mitunternehmeranteil an einer Mitunternehmerschaft gehört, die ihrerseits an einer Mitunternehmerschaft beteiligt ist **(doppelstöckige PersGes).** Zum stl BW eines Mitunternehmeranteils gehören auch eine etwaig bestehende Ergänzungsbilanz sowie eine Sonderbilanz (BMF-Schrb vom 11.11.2011, BStBl I 1314 Rn 03.10).

57 Soweit die Voraussetzungen des Abs 2 S 1 vorliegen und der Antrag auf Buchwertfortführung gestellt wird, muss der Ansatz mit dem BW **einheitl** erfolgen (BMF-Schrb vom 11.11.2011, BStBl I 1314 Rn 03.13). Es ist nicht zulässig, dass ein WG „überbewertet" ein anderes dagegen „unterbewertet" wird und im Saldo damit der bisherige BW wieder erreicht wird (Saldierungsverbot; Widmann/

Mayer/*Widmann* Rn 71; DPPM/*Pung/Möhlenbrock* Rn 51; *Klingebiel* Der Konzern 2006, 600). Da die Voraussetzungen des Abs 2 grdsl (vgl aber Rn 75 ff, § 8 Rn 10) zur BV-Eigenschaft iSv § 3 II 1 Nr 1) aber gesellschafterbezogen zu prüfen sind (vgl Rn 80, 84, BMF-Schrb vom 11.11.2011, BStBl I 1314 Rn 03.11; DPPM/*Pung/Möhlenbrock* Rn 21; Widmann/Mayer/*Widmann* Rn 63.23; RHL/*van Lishaut* Rn 80; Haritz/Menner/*Brinkhaus* Rn 109; *Schaflitzl/Widmayer* BB Special 8/2006, 40; *Damas* DStZ 2007, 129) kann es zu einem gesellschafterbezogenen Ansatz mit dem gemeinen Wert kommen, soweit die Besteuerung der stillen Reserven bei einem Gesellschafter nicht sichergestellt ist, bei anderen Gesellschaftern aber zum Ansatz mit dem anteiligen BW kommen; Letzterer ist dann einheitl und gesellschafterbezogen bei allen WG vorzunehmen, soweit die Voraussetzungen des Abs 2 vorliegen. Dies gilt auch für in Deutschland nicht steuerverstricktes Verm, wenn insoweit die Voraussetzungen des Abs 2 S 1 vorliegen.

10. Ansatz mit Zwischenwerten

Alt und unter denselben Voraussetzungen wie der Buchwertansatz (vgl Rn 52) **58** können auf Antrag auch ZW in der stl Schlussbilanz angesetzt werden. Soweit die Voraussetzungen des Abs 2 S 1 vorliegen, muss bzgl der einzelnen WG des übergehenden Verm das Antragswahlrecht einheitl ausgeübt werden. Es ist nicht zulässig, einzelne WG mit dem BW, andere mit dem gemeinen Wert, wieder andere mit ZW anzusetzen. Die Voraussetzungen des Abs 2 S 1 sind jedoch gesellschafterbezogen zu prüfen (vgl Rn 57; BMF-Schrb vom 11.11.2011, BStBl I 1314 Rn 03.26 iVm 03.13; zur BV-Eigenschaft iSv § 3 I 1 Nr 1 vgl Rn 75 ff, § 8 Rn 10), sodass bspw, weil die Besteuerung der stillen Reserven bei einigen Gesellschaftern nicht sichergestellt ist, es insoweit zu einem anteiligen Ansatz mit dem gemeinen Wert kommt, iÜ aber das Antragswahlrecht dahingehend ausgeübt wird, dass ZW angesetzt werden sollen. Dies gilt auch für in Deutschland nicht steuerverstricktes Verm, wenn insoweit die Voraussetzungen des Abs 2 S 1 vorliegen. Auch beim Zwischenwertansatz ist ein Geschäfts- oder Firmenwert gleichmäßig und verhältnismäßig aufzustocken. Die stillen Reserven sind nicht vorrangig bei den materiellen WG aufzustocken, sondern gleichmäßig auf alle WG, einschl eines Geschäfts- oder Firmenwertes aufzuteilen (vgl § 11 Rn 59 und BMF-Schrb vom 11.11.2011, BStBl I 1314 Rn 03.25, 5.03; DPPM/*Pung/Möhlenbrock* Rn 51; RHL/*Birkemeier* Rn 127; Frotscher/Maas/*Schnitter* Rn 127; Blümich/*Klingberg* Rn 36; *Dörfler/Wittkowski* GmbHR 2007, 352; aA *Bodden* FR 2007, 6; IDW Ubg 2011, 549).

Stille Lasten sind verhältnismäßig zu berücksichtigen, vgl dazu Rn 35 f. **59**

Gehört zum BV der übertragenden Körperschaft auch ein **Mitunternehmeranteil,** so sind beim Zwischenwertansatz auch die stillen Reserven in diesem **60** Mitunternehmeranteil, dh in den WG der PersGes, an der die übertragende Körperschaft beteiligt ist, in demselben Verhältnis aufzudecken, wie die stillen Reserven iÜ Verm der Übertragerin (Widmann/Mayer/*Widmann* Rn 464). Die PersGes ist an die Wahlrechtsausübung der übertragenden Körperschaft gebunden.

Soweit ein Antrag auf Zwischenwertansatz vorgenommen wird und die Voraus- **61** setzungen des Abs 2 S 1 vorliegen, sind die BW **gleichmäßig und verhältnismäßig aufzustocken;** eine gezielte unterschiedl Aufstockung dahin, dass bspw schnell abschreibbare WG mit einem höheren Aufstockungsbetrag versehen werden als nur auf lange Sicht oder gar nicht abschreibbare WG, ist nicht zulässig

(BMF-Schrb vom 11.11.2011, BStBl I 1314 Rn 03.25, 5.03; Widmann/Mayer/*Widmann* Rn 442; DPPM/*Pung/Möhlenbrock* Rn 51; Frotscher/Maas/*Schnitter* Rn 125a; Blümich/*Klingberg* Rn 35; GKT/*Söffing* Rn 12; aA *Haritz/Slabon* FR 1997, 108). Entsprechendes gilt soweit sich die BW im Hinblick auf die KSt und GewSt unterscheiden.

62 Um gleichmäßig aufstocken zu können, müssen die mit stillen Reserven der Sachgesamtheit und danach die Höhe der stillen Reserven in jedem einzelnen WG festgestellt werden. Originäre immaterielle WG sind dabei zu berücksichtigen, ebenso stille Lasten (vgl Rn 58).

63 Um zu einer gleichmäßigen Aufstockung zu kommen, müssen die stillen Reserven in den einzelnen WG gleichmäßig um den Prozentsatz aufgelöst werden, der dem Verhältnis des Aufstockungsbetrages zum Gesamtbetrag der vorhandenen stillen Reserven des übergehenden Verm einschließl der stillen Reserven in den originären immateriellen WG und den steuerfreien Rücklagen entspricht.

64 **Beispiel:**

Die stl BW des BV der übertragenden Körperschaft betragen insges EUR 250 000, der GW EUR 500 000. Die stillen Reserven iHv insges EUR 250 000 sind mit EUR 50 000 bei Grund und Boden, EUR 100 000 bei Gebäuden, EUR 50 000 bei Maschinen und EUR 50 000 bei den Vorräten enthalten. Der Aufstockungsbetrag soll EUR 100 000 betragen, er steht damit zum Gesamtbetrag der vorhanden stillen Reserven im Verhältnis von 40 : 100, die stillen Reserven sind damit um 40% aufzustocken. Die Aufteilung lautet im Beispielsfall also: Aufstockungen bei Grund und Boden um EUR 20 000, bei Gebäuden um EUR 40 000, bei Maschinen und Warenbeständen um je EUR 20 000. Die stl BW sind bei der übernehmenden PersGes danach mit EUR 350 000 anzusetzen.

11. Ausübung des Antragswahlrechts; Bilanzberichtigung

65 **a) Grundsätzliches.** Auf Antrag können bei Vorliegen der Voraussetzungen des Abs 2 S 1 die übergehenden WG mit dem BW oder einem ZW angesetzt werden. Der Antrag hat keine Wirkung, soweit WG aufgrund zwingender Vorschriften mit dem gemeinen Wert anzusetzen sind (Widmann/Mayer/*Widmann* Rn 63.18; RHL/*Birkemeier* Rn 147). Der Antrag ist grdsl von der übertragenden Körperschaft zu stellen bzw von der übernehmenden Körperschaft als deren Gesamtrechtsnachfolgerin (BMF-Schrb vom 11.11.2011, BStBl I 1314 Rn 03.28; DPPM/*Pung* Rn 29; RHL/*Birkemeier* Rn 140; *Koch* BB 2011, 1067). Maßgebend ist allein der rechtzeitig gestellte oder aber der nicht gestellte Antrag, auf eine etwaige Bilanzierung kommt es nicht an (Frotscher/Maas/*Schnitter* Rn 111), ebenso nicht auf die Vorlage einer stl Schlussbilanz (str vgl Rn 25). Setzt der übertragende Rechtsträger die WG unter dem gemeinen Wert an, obwohl ein Antrag nicht gestellt wurde, ist der Ansatz unrichtig. Ob der gestellte Antrag vertragl Vereinbarungen widerspricht, ist für seine Wirksamkeit ohne Bedeutung (DPPM/*Pung/Möhlenbrock* Rn 29; *Schmitt/Schloßmacher* DB 2010, 522; vgl auch *Koch* BB 2011, 1067); ein vereinbarungswidrig gestellter Antrag kann jedoch zu Schadenersatzansprüchen führen. Wird kein Antrag gestellt, so ist das Verm in der stl Schlussbilanz zwingend mit dem gemeinen Wert anzusetzen.

66 Soweit die Voraussetzungen des Abs 2 vorliegen, kann das Antragsrecht nur einheitl für die übergehenden WG ausgeübt werden (vgl Rn 57; BMF-Schrb vom 11.11.2011, BStBl I 1314; RHL/*Birkemeier* Rn 103; DPPM/*Pung/Möhlenbrock* Rn 29; *Benecke* in PWC, Reform des UmwStR, S 155). Soweit das Antragswahlrecht eröffnet ist, ist weder eine selektive Aufstockung einzelner WG noch eine unterschiedl Wahlrechtsausübung bzgl unterschiedl Anteilseigner mögl. Bezogen

auf das übergehende Verm muss der Ansatz des Buch-, Zwischen- oder gemeinen Werts für das im In- und Ausland gelegene Verm gleichermaßen erfolgen, unabhängig davon, ob die WG vor der Verschm im Inland steuerverstrickt waren (Widmann/Mayer/*Widmann* Rn R 63.14; RHL/*Birkemeier* Rn 132).

Liegen zum Umwandlungsstichtag die Voraussetzungen einer **Teilwertabschreibung** bei einzelnen übergehenden WG vor, so können diese WG in der stl Schlussbilanz mit dem TW angesetzt werden. In der stl Schlussbilanz sind zudem evtl Wertaufholungen iSv § 6 I 1 Nr 1 S 4, Nr 2 S 2 f EStG vorzunehmen. WG, deren gemeiner Wert unterhalb des BW liegt, sind in der stl Schlussbilanz abzustocken (str vgl Rn 38). Die Teilwertabschreibung, Wertaufholung und Abstockung sind eine logische Sekunde vor der anteiligen Aufstockung der stillen Reserven vorzunehmen. 67

b) Frist für den Antrag. Der Antrag ist spätestens bis zur erstmaligen Abgabe der stl Schlussbilanz zu stellen (Abs 2 S 2). Eine spätere Antragstellung ist nicht wirksam mögl, jedoch eine solche bereits vor Abgabe der stl Schlussbilanz. Eine Antragstellung zusammen mit der Abgabe der stl Schlussbilanz ist aber nach der Gesetzesbegründung ausreichend (BT-Drs 16/2710, 37; allgM vgl nur BMF-Schrb vom 11.11.2011, BStBl I 1314 Rn 03.28; RHL/*Birkemeier* Rn 136; Frotscher/Maas/*Schnitter* Rn 116; Widmann/Mayer/*Widmann* Rn R 63.3). Der Antrag muss damit spätestens erfolgen, wenn die stl Schlussbilanz des übertragenden Rechtsträgers so in den Bereich des zuständigen FA gelangt, dass es unter normalen Umständen die Möglichkeit hat, davon Kenntnis zu erlangen. Die Ausübung des Wahlrechts löst keine besondere Dokumentations- und Aufzeichnungspflichten aus; § 5 I 2, 3 EStG sind nicht anzuwenden (BMF-Schrb vom 13.2.2011, BStBl I 339 Rn 19; DPPM/*Pung/Möhlenbrock* Rn 29a). 68

Die Frist für die Stellung des Antrags ist auch dann abgelaufen, wenn die stl Schlussbilanz unrichtige Ansätze enthält (Widmann/Mayer/*Widmann* Rn R 63.4). 69

c) Form und Inhalt. Einer bes **Form** bedarf der Antrag nicht, er kann auch mündl oder konkludent zB durch Abgabe der Steuererklärung gestellt werden (allgM vgl nur BMF-Schrb vom 11.11.2011, BStBl I 1314 Rn 03.29; DPPM/*Pung/Möhlenbrock* Rn 29; Frotscher/Maas/*Schnitter* Rn 119): Für die Auslegung des Antrags gelten die allg zivilrechtl Grdse. Nur beim ZW-Ansatz muss nach Meinung der FinVerw ausdrückl angegeben werden, in welcher Höhe oder zu welchem Prozentsatz die stillen Reserven aufzudecken sind (BMF-Schrb vom 11.11.2011, BStBl I 1314 Rn 03.29). Ein unklarer Antrag gilt als nicht gestellt (Widmann/Mayer/*Widmann* § 20 Rn R 446). Mögl ist es, die Antragstellung auf einen absoluten Betrag der stillen Reserven in der stl Schlussbilanz zu beziehen oder bei Zwischenwertansatz einen Prozentsatz anzugeben. Die Antragstellung ist **bedingungsfeindl** (allgM vgl nur BMF-Schrb vom 11.11.2011, BStBl I 1314 Rn 03.29; Widmann/Mayer/*Widmann* Rn R 63.16; Frotscher/Maas/*Schnitter* Rn 118). Nicht mögl ist es, den Antrag an außerhalb des Verschmelzungsvorgangs liegende Umstände zu knüpfen; geschieht dies, so gilt der Antrag als nicht gestellt (Widmann/Mayer/*Widmann* Rn R 63.16; DPPM/*Pung/Möhlenbrock* Rn 29). Ein Antrag, der den Ansatz der übergehenden WG von einem vorhandenen Verlustvortrag abhängig macht (bedingter Antrag), wäre damit nicht mögl (DPPM/*Pung/Möhlenbrock* Rn 29; RHL/*Birkemeier* Rn 137), es käme damit zu einem Ansatz der WG mit dem gemeinen Wert. 70

71 **d) Zuständiges Finanzamt.** Der Antrag ist bei dem für die Ertragsbesteuerung der übertragenden Körperschaft nach § 20 AO zuständigen FA zu stellen. Ist für die Besteuerung des übertragenden Rechtsträgers ein anderes FA zuständig, als für den übernehmenden Rechtsträger, kommt es in Folge der Verschm zu einem Zuständigkeitswechsel nach § 26 I AO (Beermann/Gosch/*Schmieszek* AO § 26 Rn 7; ebenso Frotscher/Maas/*Schnitter* Rn 114; DPPM/*Pung/Möhlenbrock* Rn 29b; BMF-Schrb vom 11.11.2011, BStBl I 1314 Rn 03.27), was bei der Antragstellung zu berücksichtigen ist; davon unberührt bleibt jedoch die Möglichkeit, dass das bisher für den übertragenden Rechtsträger zuständige FA nach §§ 26 S 2 AO bzw 27 AO die Zuständigkeit behält. Ist die übertragende Körperschaft im Inland nicht stpfl, wird die Verschm aber dennoch von § 3 thematisch erfasst, ist das für die gesonderte und einheitl Feststellung der Einkünfte der übernehmenden PersGes zuständige FA maßgebend (BMF-Schrb vom 11.11.2011, BStBl I 1314 Rn 03.27; DPPM/*Pung* Rn 29b; vgl auch Widmann/Mayer/*Widmann* Rn R 61). Unterbleibt eine Feststellung der Einkünfte der übernehmenden PersGes, ist das FA zuständig, das nach §§ 19, 20 AO für die Besteuerung dieses Gesellschafters oder dieser natürl Person zuständig ist (BMF-Schrb vom 11.11.2011, BStBl I 1314 Rn 03.27; DPPM/*Pung/Möhlenbrock* Rn 29b; Haritz/Menner/*Brinkhaus* Rn 101; vgl auch Widmann/Mayer/*Widmann* Rn R 61). Dies ändert jedoch nichts daran, dass das Antragswahlrecht von der übertragenden Körperschaft bzw übernehmenden PersGes und nicht von dem Anteilseigner ausgeübt werden muss (vgl auch Rn 25). Gehört zum übertragenen Verm auch ein MU-Anteil, hat dies keine Auswirkungen auf die Zuständigkeit des FA (BMF-Schrb vom 11.11.2011, BStBl I 1314 Rn 03.27; DPPM/*Pung/Möhlenbrock* Rn 29b; Frotscher/Maas/*Schnitter* Rn 113).

72 **e) Keine Rücknahme.** Der einmal wirksam gestellte Antrag nach Abs 2 kann weder **zurückgenommen** (BMF-Schrb vom 11.11.2011, BStBl I 1314 Rn 03.29) noch geändert, noch wegen Irrtums **angefochten** werden (Widmann/Mayer/*Widmann* § 20 Rn 63.17). Dies gilt auch, wenn die stl Schlussbilanz des übertragenden Rechtsträgers noch nicht beim zuständigen FA eingereicht wurde (wie hier DPPM/*Pung/Möhlenbrock* Rn 29; aA Haritz/Menner/*Brinkhaus* Rn 102; Frotscher/Maas/*Schnitter* Rn 117). Geht man entgegen der hier vertretenen Meinung davon aus, dass eine Anfechtung möglichst (vgl FG Berlin-Brandenburg EFG 2009, 1695; *Gosch* BFH-Pr 2008, 485; *Koch* BB 2010, 2619), ist zu beachten, dass dann die ursprüngl Erklärung anfechtbar ist, sodass kein Antrag gestellt wurde. Wurde bereits vor der Anfechtungserklärung die stl Schlussbilanz abgegeben, so hat dies zur Folge, dass es zu einem Ansatz der übergehenden WG mit dem gemeinen Wert kommt. Der Antrag kann auch nicht mit **Zustimmung des FA** geändert werden. Es handelt sich bei dem Antragserfordernis um ein steuerbegründendes Tb-Merkmal. Bereits mit der Antragstellung ist der Anspruch aus dem Steuerschuldverhältnis entstanden, der durch die Antragstellung verwirklichte Sachverhalt kann rückwirkend nicht mehr geändert werden (vgl BFH DStRE 2005, 984; BFH/NV 2006, 1099; aA *Benecke* in PWC, Reform des UmwStR, S 155, wonach der Antrag auch nach Abgabe der stl Schlussbilanz geändert werden).

73 Das Wahlrecht wird durch die dafür nach Maßgabe des jew anzuwenden Rechts **zuständigen, dh vertretungsberechtigten Organe** des übertragenden Rechtsträgers ausgeübt (Widmann/Mayer/*Widmann* Rn 63.7). Das sind bspw der Vorstand bei der AG, der phG bei der KGaA, der Geschäftsführer bei der GmbH usw. Nach Eintragung der Verschm in das Register geht das Wahlrecht auf das bei der übernehmenden PersGes zuständige Organ bzw die übernehmende natürl Person über (Frotscher/Maas/*Schnitter* Rn 112). Stellvertretung ist mögl; zumindest eine zeitnahe Genehmigung der Stellvertretung dürfte mit Rückwirkung mögl sein.

Fehlerhafte Bilanzansätze sind nach § 4 II 1 EStG zu berichtigen, und zwar 74
bis zur Einreichung der Bilanz ohne Einschränkungen; nach Einreichung muss der Fehler, der zu einer Steuerverkürzung führen kann, gem § 153 AO bis zum Ablauf der Festsetzungsfrist richtig gestellt werden. Nach Ablauf der Festsetzungsfrist ist die Berichtigung ausgeschlossen (zu Einzelheiten vgl L. Schmidt/*Heinicke* EStG § 4 Rn 680 ff). Auch iRv § 3 ist davon auszugehen, dass eine Bilanzberichtigung mögl ist, wenn die übertragende Körperschaft das Verm mit dem gemeinen Wert ansetzt und sich zB iRe Außenprüfung ergibt, dass der gemeine Wert tats höher oder niedriger anzusetzen ist, als im Einzelfall geschehen (BMF-Schrb vom 11.11.2011, BStBl I 1314 Rn 03.30; DPPM/*Pung/Möhlenbrock* Rn 29; Widmann/Mayer/*Widmann* Rn 311 ff). Ändert sich der Ansatz der stl Übertragungsbilanz nachträgl bzw iRe BP, ist die Übernahmebilanz der übernehmenden PersGes entspr zu ändern (Widmann/Mayer/*Widmann* Rn 316, 320). Weichen die Ansätze in der stl Schlussbilanz von den durch wirksamen Antrag bestimmten Werten ab, sind sie entsprechend dem Antrag zu berichtigen (BMF-Schrb vom 11.11.2011, BStBl I 1314 Rn 03.30; DPPM/*Pung* Rn 29; Haritz/Menner/*Brinkhaus* Rn 102; vgl auch *Koch* BB 2011, 1067). Eine Änderung der Wahlrechtsausübung im Wege der Bilanzberichtigung ist damit nicht mögl.

Nach Auffassung der FinVerw (BMF-Schrb vom 11.11.2011, BStBl I 1314 74a
Rn 03.30) soll bei einem **Zwischenwertansatz** der entsprechende Wertansatz nicht mehr über eine Bilanzberichtigung korrigiert werden können, sofern dieser Wert oberhalb des BW und unterhalb des gemeinen Wertes liegt. Dies ist nur richtig, soweit der Antrag auf Zwischenwertansatz sich auf einen bestimmten Betrag bezogen hat. Auch bei einem Antrag auf Zwischenwertansatz kann eine Bilanzberichtigung notwendig sein, wenn in dem Antrag ein Prozentsatz angegeben wurde, um den die stillen Reserven im übergehenden Verm aufgedeckt werden sollten, in Abweichung von der Bilanzierung in der stl Schlussbilanz der Umfang der stillen Reserven sich aber später als unrichtig erweist.

Beispiel: 74b
Die X-GmbH soll auf die AB-OHG verschmolzen werden. Die X-GmbH verfügt über einen Verlustvortrag iHv EUR 500 000. Vor diesem Hintergrund wird der Antrag auf Zwischenwertansatz gewählt, und zwar in der Form, dass 50% der stillen Reserven aufgedeckt werden sollen. Im Rahmen einer späteren Betriebsprüfung stellt sich heraus, dass die stillen Reserven im übertragenen Verm nicht EUR 1 Mio betragen, wie ursprüngl angenommen, sondern EUR 1,5 Mio. In diesem Fall muss nachträgl ein Zwischenwertansatz iHv EUR 750 000 angenommen werden, eine Bilanzberichtigung ist vorzunehmen, es entsteht rückwirkend ein steuerpflichtiger Übertragungsgewinn iHv EUR 250 000.

12. Das übertragene Vermögen wird Betriebsvermögen und Sicherstellung der späteren Besteuerung der stillen Reserven mit Einkommensteuer oder Körperschaftsteuer, Abs 2 S 1 Nr 1

a) Betriebsvermögen bei der übernehmenden Personengesellschaft 75
bzw natürliche Person. Der Antrag auf Buchwert- oder Zwischenwertansatz in der stl Schlussbilanz der übertragenden Körperschaft ist bei zusätzl Vorliegen

der übrigen Voraussetzungen des Abs 2 S 1 Nr 1 nur dann wirksam mögl, soweit die übergehenden WG BV der übernehmenden PersGes (BMF-Schrb vom 11.11.2011, BStBl I 1314 Rn 03.11, 03.16) werden. Ob bei der übernehmenden PersGes BV vorliegt, entscheidet sich nach den Verhältnissen im Zeitpunkt des stl Übertragungsstichtages; da auch ab diesem Zeitpunkt die Einkünfte bei dem übernehmenden Rechtsträger ermittelt und besteuert werden. Zu diesem Zeitpunkt müssen die übergehenden WG bei der übernehmenden PersGes BV werden. Irrelevant für die Bew der übergehenden WG in der stl Schlussbilanz ist dagegen, wenn sich diese Situation nach dem Verschmelzungsstichtag ändert (BMF-Schrb vom 11.11.2011, BStBl I 1314 Rn 03.11; Frotscher/Maas/*Schnitter* Rn 143; DPPM/*Pung/Möhlenbrock* Rn 32; RHL/*Birkemeier* Rn 84; *Benecke* in PWC, Reform des UmwStR, S 156; Widmann/Mayer/*Widmann* § 11 Rn 44), es liegt dann eine Entnahme aus dem BV der PersGes/natürl Person vor. Unbeachtl ist, ob das BV im Inland oder im Ausland belegen ist (BMF-Schrb vom 11.11.2011, BStBl I 1314 Rn 03.15). Zu Treuhandvermögen vgl *Pyszka/Jüngling* BB Special 1/2011, 4; zum sogenannten Treuhandmodell Frotscher/Maas/*Schnitter* Rn 142.

76 BV ist nicht nur gewerbl BV iSv **§ 15 EStG,** sondern auch dasjenige Verm, dass der Erzielung von Einkünften aus selbstständiger Arbeit iSv **§ 18 EStG** und dasjenige, dass zur Erzielung von Einkünften aus LuF iSv **§ 13 EStG** dient (Widmann/Mayer/*Widmann* Rn 24 f; DPPM/*Pung/Möhlenbrock* Rn 31). Der BV-Begriff ist bei den Einkunftsarten LuF, Gewerbebetrieb und selbstständiger Arbeit (§ 2 I 1 Nr 1–3 EStG) identisch. Zum BV gehören auch Immobilien iSv § 49 I Nr 2 f EStG (DPPM/*Pung/Möhlenbrock* Rn 31; Frotscher/Maas/*Schnitter* Rn 140; Haritz/Menner/*Brinkhaus* Rn 111)

77 Ist der übernehmende Rechtsträger eine gewerbl geprägte PersGes iSd § 15 III Nr 2 EStG oder bezieht sie gewerbl Einkünfte iSd § 15 I 1 Nr 2 EStG, ohne selbst gewerbl tätig zu sein, so wird das übergehende Verm BV (BMF-Schrb vom 11.11.2011, BStBl I 1314 Rn 03.15; DPPM/*Pung/Möhlenbrock* Rn 31; Frotscher/Maas/*Schnitter* Rn 137). Zur Verschm auf eine **ZebraGes** vgl § 8 Rn 10.

78 Soweit das übergehende Verm nicht BV des übernehmenden Rechtsträgers wird, ist es in der stl Schlussbilanz mit dem gemeinen Wert anzusetzen. Dies ist bspw der Fall, wenn die übertragende Körperschaft nur vermögensverwaltend tätig ist und dieser Rechtsträger auf eine natürl Person oder PersGes verschmolzen wird, die Einkünfte aus VuV oder aus privater Vermögensverwaltung erwirtschaftet. Die sich daraus ergebenden Rechtsfolgen für den übernehmenden Rechtsträger ergeben sich aus § 8 (ebenso DPPM/*Pung/Möhlenbrock* Rn 34).

79 **b) Die Sicherstellung der Besteuerung der stillen Reserven mit Einkommensteuer oder Körperschaftsteuer. aa) Grundsätzliches.** Der Antrag auf Buchwert- oder Zwischenwertansatz in der stl Schlussbilanz des übertragenden Rechtsträgers ist bei Vorliegen der übrigen Voraussetzungen des Abs 2 S 1 nur dann wirksam mögl, soweit sichergestellt ist, dass die in dem übergegangenen Verm enthaltenen stillen Reserven „später", dh im Zeitpunkt des Verschmelzungsstichtages (DPPM/*Pung/Möhlenbrock* Rn 36a; Frotscher/Maas/*Schnitter* Rn 149), der Besteuerung mit **ESt** oder **KSt** unterliegen. Irrelevant ist dagegen, wenn sich diese Situation nach dem Verschmelzungsstichtag ändert. KSt bzw ESt iSd Abs 2 S 1 Nr 1 ist nicht nur die inl, sondern auch die ausl KSt bzw ESt (RHL/*Birkmeier* Rn 96; *Benecke* in PWC, Reform des UmwStR, S 156; DPPM/*Pung* Rn 35; Frotscher/Maas/*Schnitter* Rn 144). Eine Sicherstellung der späteren Besteuerung mit KSt bzw ESt ist damit auch dann gegeben, wenn das übergehende Verm bzw die darin ruhenden stillen Reserven eine logische Sekunde nach dem stl Übertragungsstichtag einer ausl mit der dt KSt bzw EStG unterliegt (DPPM/*Pung/Möhlenbrock* Rn 35; Haritz/Menner/*Brinkhaus* Rn 116; aA Widmann/Mayer/*Widmann* Rn R 63.25). Nicht abschließend geklärt ist, ob die Sicherstellung der Besteuerung der stillen Reserven mit ESt oder KSt bei Immobilienvermögen iSv § 49 I 2 f EStG vorliegt (vgl DPPM/*Pung/Möhlenbrock* Rn 35; Haritz/Menner/*Brinkhaus* Rn 111). Eine Sicherstellung der stillen Reserven für die **GewSt** ist nicht erforderl (allgM vgl nur BMF-Schrb vom 11.11.2011, BStBl I 1314 Rn 03.17).

Das Vorliegen der Voraussetzungen einer Sicherstellung der Besteuerung mit ESt oder KSt ist bei einer PersGes als übernehmender Rechtsträger **gesellschafterbezogen** zu prüfen (DPPM/*Pung/Möhlenbrock* Rn 35 f; *Förster/Felchner* DB 2006, 1072). Entscheidend sind die Beteiligungsverhältnisse im Zeitpunkt des Wirksamwerdens der Umw (vgl § 5 Rn 7 ff). Sicherstellung idS bedeutet dabei aber nicht, dass die durch Auflösung der stillen Reserven entstehende Gewinnerhöhung bei den Gesellschaftern der übernehmenden PersGes bzw bei der übernehmenden natürl Person tats zu einer Steuerzahllast führt. Von einer Sicherstellung der Besteuerung mit KSt bzw ESt ist auch dann auszugehen, wenn die spätere Aufdeckung der stillen Reserven zu keiner Steuerzahllast führt, weil der durch die Aufdeckung der stillen Reserven entstehende Gewinn mit einem Verlust verrechnet wird (DPPM/*Pung/Möhlenbrock* Rn 35; Haritz/Menner/*Brinkhaus* Rn 116; Frotscher/Maas/*Schnitter* Rn 146). 80

Eine Sicherstellung der Besteuerung der im übergehenden Verm enthaltenen stillen Reserven mit KSt ist gegeben, wenn an der übernehmenden PersGes eine Körperschaft beteiligt ist, die persönl von der KSt befreit ist (vgl § 5 KStG), das Verm aber in den stpfl Bereich übergeht (vgl § 5 I Nr 9 KStG). 81

bb) Eigene Anteile. Besitzt die übertragende Körperschaft am stl Übertragungsstichtag eigene Anteile, so gehen diese mit der Umw unter und damit nicht auf den übernehmenden Rechtsträger über (BMF-Schrb vom 11.11.2011, BStBl I 1314 Rn 03.05). Die eigenen Anteile sind bereits in der stl Schlussbilanz der übertragenden Körperschaft nicht mehr zu erfassen. Abs 2 S 1 findet insoweit keine Anwendung, da er sich nur auf das übergehende Verm bezieht, die eigenen Anteile an der übertragenden Körperschaft aber nicht auf den übernehmenden Rechtsträger übergehen. 82

cc) Beteiligung der übertragenden Körperschaft an der übernehmenden Personengesellschaft. Ist die übertragende Körperschaft an der übernehmenden PersGes als MU beteiligt, so gehören zum übergehenden Verm auch die der übertragenden Körperschaft anteilig zuzurechnenden WG der PersGes (vgl BMF-Schrb vom 11.11.2011, BStBl I 1314 Rn 04.01). Eine Besteuerung des insoweit übergehenden Verm muss damit grdsl sichergestellt sein. 83

13. Sicherstellung des deutschen Besteuerungsrechts

a) Gesellschafterbezogene und objektbezogene Betrachtungsweise. Eine antragsabhängige Bew der bei der Verschm übergehenden WG mit dem BW oder einem höheren ZW ist – neben den sonstigen Voraussetzungen des Abs 2 S 1 – nur insoweit zulässig, als das Recht der BRD hinsichtl der Besteuerung des Gewinns aus der Veräußerung der übergehenden WG bei den Gesellschaftern 84 der übernehmenden PersGes oder bei der natürl Person nicht ausgeschlossen oder beschränkt wird. Zur Vereinbarkeit der Entstrickungsregelung mit EU-Recht vgl Vor §§ 11–13 Rn 9 ff. Ob das Recht zur Besteuerung von Veräußerungsgewinnen bei den übergehenden WG ausgeschlossen oder beschränkt wird, entscheidet sich zum stl Verschmelzungsstichtag (BMF-Schrb vom 11.11.2011, BStBl I 1314 Rn 02.15, 03.11; DPPM/*Pung/Möhlenbrock* Rn 37a; Frotscher/Maas/*Schnitter* Rn 153; *Beinert/Benecke* FR 2010, 1009) nach den Verhältnissen der Gesellschafter der übernehmenden PersGes bzw den Verhältnissen der übernehmenden natürl Person. Der Verlust bzw die Beschränkung des dt Besteuerungsrechts ist damit **gesellschafterbezogen** zu prüfen, auch wenn diese nicht an der übertragenden Körperschaft, sondern nur an der übernehmenden PersGes beteiligt sind (BMF-Schrb vom 11.11.2011, BStBl I 1314 Rn 04.24; Haritz/Menner/*Brinkhaus* Rn 118; Frotscher/Maas/*Schnitter* Rn 151). Diese gesellschafterbezogene Betrachtungsweise kann dazu führen, dass bezogen auf einen Gesellschafter die anteilig übergehenden WG mit dem gemeinen Wert anzusetzen sind und bezogen auf einen anderen Gesellschafter die BW fortgeführt werden können (BMF-Schrb vom 11.11.2011, BStBl I 1314 Rn 03.18 ff; Haritz/Menner/*Brinkhaus* Rn 117; DPPM/*Pung/Möhlenbrock* Rn 37; RHL/*Birkemeier* Rn 115; *Benecke* in PWC, Reform des UmwStR, S 158; *Trossen* FR 2006, 617; *Hagemann/Jakob/Ropohl/Viebrock* NWB-Sonderheft 1/2007, 14). Entscheidend sind die Beteiligungsverhältnisse im Zeitpunkt des Wirksamwerdens der Umw (BMF-Schrb vom 11.11.2011, BStBl I 1314 Rn 02.18 ff; DPPM/*Pung/Möhlenbrock* Rn 37; vgl § 5 Rn 7 ff). Im Einzelfall kann neben der gesellschafterbezogenen auch eine **objektbezogene** Betrachtungsweise notwendig sein (BMF-Schrb vom 11.11.2011, BStBl I 1314 Rn 03.18 und 04.24; DPPM/*Pung/Möhlenbrock* Rn 37a; Frotscher/Maas/*Schnitter* Rn 152). Bei der objektbezogenen Betrachtung ist zu prüfen, inwieweit bei einem einzelnen WG das dt Besteuerungsrecht ausgeschlossen oder beschränkt wird (*Stimpel* GmbHR 2012, 123).

85 **b) Verlust oder Beschränkung des Besteuerungsrechts.** Es kommt ausschließl auf das Besteuerungsrecht der BRD hinsichtl eines Veräußerungsgewinns der übergehenden WG an, es spielt keine Rolle, wem nach der Verschm das Recht zur Besteuerung von Erträgen aus der Nutzung der WG zusteht. Ausschluss bzw Beschränkung des dt Besteuerungsrechts bezieht sich ausschließl auf die **KSt oder ESt,** auf die **GewSt** kommt es insoweit nicht an (BMF-Schrb vom 11.11.2011, BStBl I 1314 Rn 03.18; *Rödder/Schumacher* DStR 2006, 1525). Eine Beschränkung oder ein Ausschluss des dt Besteuerungsrechts iSv Abs 2 S 1 Nr 2 kann nur dann vorliegen, wenn **vor der Verschm** in der Person des übertragenden Rechtsträgers auch ein dt **Besteuerungsrecht** hinsichtl der Veräußerung der übergehenden WG bestanden hat (BT-Drs 16/2710, 38; BMF-Schrb vom 11.11.2011, BStBl I 1314 Rn 03.19; RHL/*Birkemeier* Rn 100; DPPM/*Pung/Möhlenbrock* Rn 38; Frotscher/Maas/*Schnitter* Rn 160; *Benecke* in PWC, Reform des UmwStR, S 158; *Lemaitre/Schönherr* GmbHR 2007, 173; *Schaflitzl/Widmayer* BB Special 8/2006, 41; *Trossen* FR 2006, 617). Ein solches dt Besteuerungsrecht existiert, soweit die übergehenden WG inl BV oder ausl BV in einem nicht DBA-Staat bzw in einem DBA-Staat mit Anrechnungsmethode oder einem DBA-Staat mit Freistellungsmethode bei Eingreifen des § 20 II AStG sind. Zudem hat Deutschland das Besteuerungsrecht hinsichtl inl unbewegl Verm.

86 Streitig ist, wann das dt Besteuerungsrecht beeinträchtigt wird, insbesondere vor dem Hintergrund, dass der BFH die **Theorie der finalen Entnahme** im

Jahr 2008 aufgegeben hat (BFH BStBl II 2009, 464; BFH/NV 2010, 432; BFH/NV 2010, 346). Die Rspr geht in diesem Zusammenhang davon aus, dass es nicht zu einem Ausschluss oder einer Beschränkung des dt Besteuerungsrechts bezogen auf in Deutschland gelegten stillen Reserven kommt, wenn WG ins Ausland verbracht werden und in Deutschland eine Betriebsstätte verbleibt. Die FinVerw wendet diese Rspr nicht an (BMF-Schrb vom 20.5.2009, BStBl I 671). Durch das JStG 2010 sind § 4 I EStG und § 12 I KStG geändert worden, wonach die Zuordnung eines WG zu einer ausl Betriebsstätte als Regelbeispiel zu einem Verlust oder einer Beschränkung des dt Besteuerungsrechts führt (vgl dazu auch *Körner* IStR 2009, 741; *Schönfeld* IStR 2010, 133; *Mitschke* Ubg 2010, 355; *Mitschke/Körner* IStR 2010, 95, 208). Nach Auffassung der FinVerw (BMF Schrb vom 11.11.2011, BStBl I 1314 Rn 03.18) sind bei der Prüfung des § 3 II 1 Nr 2 diese durch das JStG 2010 vorgenommenen Änderungen der allg Entstrickungsvorschriften des **§ 4 I 3 EStG, § 12 I KStG** zu beachten, obwohl die umwandlungssteuerrechtl Entstrickungsvorschriften nicht vglbar angepasst wurden. Nach § 4 I 4 EStG und § 12 I KStG liegt ein Ausschluss oder eine Beschränkung des Besteuerungsrechts hinsichtl dieses Gewinns aus der Veräußerung eines WG insbesondere vor, wenn ein bisher einer inl Betriebsstätte des Steuerpflichtigen zuzurechnendes WG einer ausl Betriebsstätte zuzuordnen ist. Da § 3 II 1 Nr 2 im Verhältnis zu den allg Entstrickungsvorschriften eine speziellere Vorschrift ist, kann diese Auffassung nicht überzeugen (ebenso *Stadler/Elser/Bindl* DB 2012 Beilage 1 zu Heft 2, 14; *Ungemach* Ubg 2011, 251; Frotscher/Maas/*Schnitter* Rn 154; vgl auch DPPM/*Pung/Möhlenbrock* Rn 38a). Daher ist bei der Verschm einer Körperschaft auf eine PersGes immer konkret zu prüfen und nicht nur zu unterstellen, ob bzw inwieweit das dt Besteuerungsrecht entfällt oder eingeschränkt wird. Das dt Besteuerungsrecht wird in folgenden Fällen ausgeschlossen oder eingeschränkt:

– Das dt Besteuerungsrecht **entfällt** durch die Verschm vollumfängl, wenn nach inl StR das Besteuerungsrecht entfällt bzw das dt Besteuerungsrecht zwar grdsl erhalten bleibt, aber aufgrund DBA anders als vor der Verschm beim übernehmenden Rechtsträger durch Freistellung vermieden wird (BMF-Schrb vom 11.11.2011, BStBl I 1314 Rn 03.19).
– Das dt Besteuerungsrecht wird **beschränkt,** wenn vor der Umw ein dt Besteuerungsrecht bestand und im Vergleich dazu nach der Umw ein der Höhe oder dem Umfang nach eingeschränktes dt Besteuerungsrecht fortbesteht (BMF-Schrb vom 11.11.2011, BStBl I 1314 Rn 03.19). Ob bereits die abstrakte Gefahr eines Ausschlusses oder einer Beschränkung den Ansatz der übergehenden WG mit dem gemeinen Wert zur Folge hat oder eine tats Berücksichtigung der ausl Steuer notwendig ist, ist nicht abschließend geklärt (vgl Herrmann/Heuer/Raupach/*Kolbe* § 12 KStG Rn J 06–16; *Wassermeyer* DB 2006, 1176; *Rödder/Schumacher* DStR 2006, 1481). Abs 2 Nr 2 betrifft nach richtiger Meinung nur einen konkreten Verlust bzw eine **konkrete Beschränkung,** die bloße abstrakte Möglichkeit eines Verlusts oder einer Beschränkung ist nicht tatbestandsmäßig (vgl dazu aber auch Widmann/Mayer/*Schießl* § 11 Rn 50.10: Die Überführung und Zuordnung eines WG zu einer ausl Betriebsstätte stellt ein Verlust des dt Besteuerungsrechts dar). Maßgebl ist, ob im Falle einer gedachten Veräußerung eine logische Sekunde nach dem Verschmelzungsstichtag das dt Besteuerungsrecht nach Maßgabe des zu diesem Zeitpunkt geltenden nat und zwischenstaatl Rechts ausgeschlossen oder beschränkt ist. Die Regelung stellt darauf ab, ob das Besteuerungsrecht der BRD „ausgeschlossen oder

beschränkt wird", daraus lässt sich schließen, dass es nicht darauf ankommt, ob das Besteuerungsrecht theoretisch ausgeschlossen oder beschränkt sein könnte. Zudem will der Gesetzgeber mit der Einführung von Entstrickungsklausel, zu denen Abs 2 Nr 2 zählt, das dt Besteuerungsrecht sichern (BT-Drs 16/2710, 2). Im Falle der Anrechnung bzw des Abzugs ausl Steuer ist das dt Steueraufkommen dann nicht in Gefahr, wenn eine ausl anzurechnende oder abzuziehende Steuer nicht festgesetzt wird (*Becker-Pennrich* IStR 2007, 684). Zudem verstößt es gegen den Grds der Verhältnismäßigkeit, wenn nur die theoretische Möglichkeit eines Verlusts oder einer Beschränkung des dt Besteuerungsrechts zur Auflösung der stillen Reserven im übertragenen Verm führt, da dem Fiskus nichts verloren geht, der Stpfl ohne Liquiditätszufluss dennoch eine Besteuerung hinnehmen muss. Nicht geklärt ist weiter, ob eine Beschränkung des dt Besteuerungsrecht auch dann vorliegt, wenn die ausl Steuer zB nach § 34c II, III EStG die stl **Bemessungsgrundlage reduziert** (so BMF-Schrb vom 11.11.2011, BStBl I 1314 Rn 03.19; Herrmann/Heuer/Raupach/*Kolbe* § 12 KStG Rn J 06–16; *Becker-Pennrich* IStR 2007, 684; *Blumenberg/Lechner* BB Special 8/2006, 26 f; aA für den Fall des § 34c EStG *Wassermeyer* DB 2006, 1176; *Bilitewski* FR 2007, 57). Der Abzug ausl Steuer ist mE tatbestandsmäßig eine Beschränkung iSd Abs 2 Nr 2, denn das Steueraufkommen des Staates wird durch den Abzug geringer. Keine Beschränkung des dt Besteuerungsrechts liegt vor, wenn im Fall der Freistellung Art 23A OECD-MA die Möglichkeit der Anwendung des **Progressionsvorbehaltes** entfällt, denn unabhängig von der Anwendung des Progressionsvorbehalts besteht bei der Freistellungsmethode iSv Art 23A OECD-MA kein Besteuerungsrecht, was damit auch nicht beschränkt werden kann (Herrmann/Heuer/Raupach/*Kolbe* § 12 KStG Rn J 06–16; *Stadler/Elser* BB Special 8/2006, 20).

87 Fragl ist, ob die Nichtanwendbarkeit der **§§ 7 ff AStG** nach der Umw eine Beschränkung des dt Besteuerungsrechts darstellt (dagegen DPPM/*Pung/Möhlenbrock* Rn 38; Haritz/Menner/*Brinkhaus* Rn 119; Widmann/Mayer/*Schießl* § 11 Rn 50.7; *Lemaitre/Schönherr* GmbHR 2007, 173; zweifelnd *Schaflitzl/Widmayer* BB Special 8/2006, 41). Verbleibt das ursprüngl Besteuerungsrecht aufgrund einer sog Rückfallklausel (vgl BFH/NV 2008, 677) in Deutschland, liegt weder eine Ausschluss noch eine Beschränkung des Besteuerungsrechts vor.

88 **Maßgebl Zeitpunkt** dafür, ob die spätere Besteuerung eines Veräußerungsgewinns der übergehenden WG sichergestellt ist, ist grdsl (vgl aber Rn 84 aE) der **stl Übertragungsstichtag.** Bereits ab diesem Zeitpunkt würden Veräußerungsgewinne beim übernehmenden Rechtsträger ermittelt werden (BMF-Schrb vom 11.11.2011, BStBl I 13.14 Rn 03.11; Haritz/Menner/*Brinkhaus* Rn 117; DPPM/*Pung/Möhlenbrock* Rn 37a; RHL/*Rödder* § 11 Rn 121; Frotscher/Maas/*Schnitter* Rn 153; *Benecke* in PWC, Reform des UmwStR, S 158; *Breuninger* FS Schaumburg, 2009, 587; *Stadler/Elser/Bindl* DB 2012 Beilage 1 zu Heft 2, 14). Bestand zum stl Übertragungsstichtag noch das dt Besteuerungsrecht hinsichtl der übergehenden WG und wird dies erst danach beschränkt, erfolgt die Entstrickung nach § 4 I 3 ff EStG; die Bildung eines Ausgleichspostens nach § 4g EStG ist dann mögl (BMF-Schrb vom 11.11.2011, BStBl I 13.14 Rn 03.11; DPPM/*Pung/Möhlenbrock* Rn 37a; vgl auch *Becker-Pennrich* IStR 2007, 684; vgl dazu Beispiel Rn 96).

89 **c) Inlandsverschmelzung ohne Auslandsbezug.** Wird eine in Deutschland unbeschränkt stpfl Körperschaft auf eine natürl Person verschmolzen, die in Deutschland unbeschränkt stpfl ist, oder aber auf eine PersGes, deren sämtl MU in Deutschland unbeschränkt stpfl sind und besitzt die übertragende Körperschaft ausschließl inl BV, ergibt sich iRd Verschm keine Beschränkung des dt Besteuerungsrechts. Abs 2 S 1 Nr 2 steht damit einem antragsmäßigen Ansatz der übergehenden WG in der stl Schlussbilanz der übertragenden Körperschaft mit dem BW oder einem ZW nicht entgegen.

d) Inlandsverschmelzung mit Auslandsbezug. Wird eine in Deutschland unbeschränkt stpfl Körperschaft auf eine PersGes verschmolzen und ist an der übertragenden Körperschaft ein **beschränkt stpfl Gesellschafter** beteiligt, so wird das inl Besteuerungsrecht in aller Regel nicht ausgeschlossen oder beschränkt, sofern ausschließl inl Betriebsstättenvermögen übertragen wird. Der beschränkt stpfl Gesellschafter der übernehmenden PersGes erzielt regelm inl Einkünfte iSd § 49 I Nr 2 EStG. Im Regelfall erfolgt die Besteuerung der Einkünfte iSd § 49 I Nr 2 EStG im Staat der Betriebsstätte und damit in Deutschland (DPPM/*Pung/Möhlenbrock* Rn 39; RHL/*Birkemeier* Rn 104). Nicht abschließend geklärt ist, ob bei einer Verschm auf eine gewerbl geprägte PersGes unter Beteiligung von beschränkt Stpfl das dt Besteuerungsrecht gesichert ist (vgl BMF-Schrb vom 16.4.2010, BStBl I 354 Rn 2.2.3; DPPM/*Pung/Möhlenbrock* Rn 39; *Nitzschke* IStR 2011, 838). 90

Wird eine inl Körperschaft auf eine inl PersGes verschmolzen und besitzt der übertragende Rechtsträger **ausl Betriebsstättenvermögen,** können in der stl Schlussbilanz die BW des ausl Betriebsstättenvermögens fortgeführt werden, wenn dieses sich in einem DBA-Staat mit Freistellungsmethode befindet, und zwar unabhängig davon, ob neben unbeschränkt stpfl auch beschränkt stpfl MU beteiligt sind (RHL/*Birkemeier* Rn 104; DPPM/*Pung/Möhlenbrock* Rn 39; *Schaflitzl/Widmayer* BB Special 8/2006, 42). In diesem Fall ist aber für die Ermittlung des Übernahmegewinns § 4 IV 2 zu beachten. Etwas anderes ist denkbar, wenn vor der Verschm ein Besteuerungsrecht mit Anrechnungsverpflichtung bestand, der übernehmende Rechtsträger in einem DBA-Staat bereits über eine Betriebsstätte verfügt, aus der aktive Einkünfte erzielt werden und durch die Verschm die Voraussetzung für das Vorliegen passiver Einkünfte auch hinsichtl des übertragenen Verm wegfällt (Widmann/Mayer/*Widmann* § 20 Rn R 475). 91

Ist an der übertragenden Körperschaft bzw an der übernehmenden PersGes ein **beschränkt stpfl Gesellschafter** beteiligt, ist insoweit gesellschafterbezogen der gemeine Wert in der stl Schlussbilanz für das übergehende Verm anteilig anzusetzen, dass einer ausl Betriebsstätte in einem Nicht-DBA-Staat oder in einem DBA-Staat mit Anrechnungsmethode zuzuordnen ist; Gleiches gilt, wenn § 20 II AStG eingreift. Durch die Verschm hat Deutschland bzgl der ausl Betriebsstätte nur noch bezogen auf die inl MU ein Besteuerungsrecht (Haritz/Menner/*Brinkhaus* Rn 122; DPPM/*Pung/Möhlenbrock* Rn 39; RHL/*Birkemeier* Rn 104; *Bogenschütz* Ubg 2011, 393). Abs 3 ist zu beachten. 92

Erkennt das Recht des **ausl Staates** den Vermögensübergang im Wege der **Gesamtrechtsnachfolge bezogen auf das ausl Betriebsstättenvermögen nicht an,** so kann das ausl Verm im Wege der Einzelrechtsnachfolge auf den übernehmenden Rechtsträger übertragen werden. Geschieht dies im zeitl und sachl Zusammenhang mit der Umw, so sind die Einzelrechtsübertragungen in die Regelung des UmwStG miteinzubeziehen, eine Buchwertfortführung ist damit grdsl unter den Voraussetzungen des Abs 2 S 1 mögl (DPPM/*Pung/Möhlenbrock* Rn 42; Widmann/Mayer/*Widmann* Rn 89; Haritz/Menner/*Brinkhaus* Rn 161 f; Frotscher/Maas/*Schnitter* Rn 167). Wird das ausl Verm nicht auf die PersGes bzw 93 den alleinigen Gesellschafter übertragen oder fehlt es an einer gewissen sachl und zeitl Nähe, wird das im Ausland gelegene Verm steuerrechtl nicht in den Umwandlungsvorgang einbezogen (Widmann/Mayer/*Widmann* Rn 119). Unter den Voraussetzungen des § 12 I KStG kommt es zu einer Aufdeckung der stillen Reserven (Widmann/Mayer/*Widmann* Rn 119, 337; DPPM/*Pung/Möhlenbrock* Rn 42; Frotscher/Maas/*Schnitter* Rn 168).

94 **e) Hinausverschmelzen.** Die Verschm auf einen in einem Drittstaat ansässigen übernehmenden Rechtsträger ist § 3 nicht anwendbar. Zu einem Ausschluss bzw einer Beschränkung des dt Besteuerungsrechts kann es bei grenzüberschreitender Hinausverschmelzung einer inl Körperschaft auf einen EU- bzw eine EWR-ausl übernehmenden Rechtsträger (zB transparente Ges) kommen. Inl **Immobilienvermögen** bleibt bei der Verschm aber stets gem § 49 I Nr 2 f EStG, Art 6 OECD-MA steuerverstrickt; unerhebl ist insoweit, dass das bloße Halten von Immobilienvermögen einer ausl Ges per se keine inl Betriebsstätte begründet (vgl BMF-Schrb vom 16.5.2011, BStBl I 530; DPPM/*Pung/Möhlenbrock* Rn 40; BFH BStBl II 1988, 653; BFH BStBl II 2004, 344; zu Immobilienvermögen und § 49 I Nr 2 f EStG vgl Rn 76). Ob und ggf inwieweit es zu einer Aufdeckung der stillen Reserven im übertragenen Verm ansonsten kommt, hängt bei dem Verbleib einer dt **Betriebsstätte** entscheidend davon ab, welche WG dieser der in Deutschland steuerverhafteten verbleibenden Betriebsstätte und welcher der ins Ausland abgewanderten Geschäftsleitungs-Betriebsstätte tats zuzuordnen sind. Dies hängt davon ab, welche Betriebsstätte das einzelne WG dient, der Geschäftsleitungs-Betriebsstätte oder der dt Betriebsstätte (vgl *Debatin/Wassermeyer* DBA-MA Art 7 Rn 240, Stand 2012). Dieses tats Dazugehören zu einer Betriebsstätte wird iS einer funktionalen Zuordnung interpretiert (vgl BFH DStR 2007, 473; DPPM/*Pung/Möhlenbrock* Rn 40; krit *Blumers* DB 2007, 312).

95 Probleme entstehen dann, wenn mangels funktionaler Bedeutung eines WG dieses nicht zwangsläufig einer bestimmten Betriebsstätte zugeordnet werden kann. Dies gilt bspw für den Geschäftswert, Beteiligungen, Patente etc, die nach hM grdsl dem ausl Stammhaus zugeordnet werden (**sog Zentralfunktion des Stammhauses;** vgl BMF-Schrb vom 11.11.2011, BStBl I Rn 03.20 iVm BMF-Schrb vom 24.12.1999, BStBl I 1076 Rn 2.4 zuletzt geändert durch BMF-Schrb vom 25.8.2009, BStBl I 888; vgl auch *Schaumburg* GmbHR 2010, 1341; *Breuninger* FS Schaumburg, 2009, 587; *Schaden/Ropohl* BB Special 1.2011, 11; *Schönfeld* IStR 2011, 497). Bei solchen WG, die mangels funktionaler Zuordnung zu einer Betriebsstätte, dem Stammhaus zugerechnet werden, stellt sich die Frage, wann es zu einer Entstrickung kommt.

96 **Beispiel:**

Die in Deutschland unbeschränkt stpfl D-GmbH wird rückwirkend auf den 31.12.2010 auf eine EU-PersGes verschmolzen. Diese Rückwirkung wird auch vom EU-Auslandsstaat anerkannt. Die Verschmelzungsbeschlüsse uä werden am 1.7.2011 gefasst, die Eintragung in die entsprechenden Register erfolgt am 1.8.2011. Am 2.8.2011 nehmen die Geschäftsführer der D-GmbH ihre geschäftsführende Tätigkeit bei der EU-PersGes im EU-Ausland auf. Zum übertragenen Verm der D-GmbH gehören Patente und ein Geschäftswert; diese können keiner Betriebsstätte der ehemaligen D-GmbH funktional zugeordnet werden. Nach § 2 I wird das Einkommen und Verm der übertragenden D-GmbH sowie für die Gesellschafter der übernehmenden PersGes so ermittelt, als ob das übergehende Verm bereits am Verschmelzungsstichtag auf den übernehmenden Rechtsträger übergegangen wäre. Die „Zentralfunktion des Stammhauses" bzgl des übertragenen Betriebs wechselt jedoch erst am 2.8.2011 ins EU-Ausland. Da es sich insoweit um einen tats Vorgang handelt, kommt es erst zu diesem

Zeitpunkt zu der Entstrickung der dem Stammhaus insoweit zuzuordnenden WG, und zwar durch die übernehmende PersGes, auf die diese WG bereits zum Verschmelzungsstichtag als übergegangen gelten. Dann kommt es aber zu einer Entstrickung dieser WG nach dem Verschmelzungsstichtag (ebenso BMF-Schrb vom 11.11.2011, BStBl I 1314 Rn 02.15; DPPM/*Pung/Möhlenbrock* Rn 37c; Widmann/Mayer/*Widmann* § 11 Rn R 44; Frotscher/Maas/*Schnitter* Rn 157; *Stadler/Elser/Bindl* DB Beilage 1/2012), in der stl Schlussbilanz könnten diese WG – unter den sonstigen Voraussetzungen des Abs 2 – mit dem BW oder einem ZW angesetzt werden. Rechtsgrundlage für die Entstrickung ist dann § 4 I 3 EStG (DPPM/*Pung/Möhlenbrock* Rn 37c; Frotscher/Maas/*Schnitter* Rn 157; *Stadler/Elser/Bindl* DB Beilage 1/2012; *Breuninger* FS Schaumburg, 2009, 587). § 4g EStG findet Anwendung (vgl L. Schmidt/*Heinicke* EStG § 4g Rn 2). Befanden sich die WG des übertragenden Rechtsträgers vor der Verschm in einer Betriebsstätte in einem ausl Staat ohne DBA-Freistellung, tritt die Entstrickung zum stl Übertragungsstichtag ein, weil zu dem Zeitpunkt Deutschland sein Besteuerungsrecht bezogen auf beschränkt stpfl Gesellschafter der übernehmenden PersGes verliert (DPPM/*Pung/Möhlenbrock* Rn 40).

Hatte Deutschland vor der Verschm kein Besteuerungsrecht an den übergehenden WG, ist für die Ermittlung des Übernahmegewinns **§ 4 IV 2** zu beachten. **97**

f) Hereinverschmelzen. Wird eine ausl Körperschaft auf eine dt PersGes verschmolzen, so wird das inl Besteuerungsrecht idR weder ausgeschlossen noch beschränkt, soweit der übertragende ausl Rechtsträger inl Betriebsstättenvermögen bzw inl Immobilienvermögen besitzt. Beim Hereinverschmelzen stellt sich idR die **sog Verstrickungsfrage,** soweit für WG des übertragenden Rechtsträgers erstmalig das Besteuerungsrecht Deutschlands begründet wird. Eine stl Schlussbilanz ist wegen der Ermittlung des Übernahmeergebnisses nach § 4 und der Einnahmen iSd § 7 in der Regel notw (DPPM/*Pung/Möhlenbrock* Rn 45; *Förster/Felchner* DB 2006, 1072). Ob inl und ausl Verm einheitl mit dem BW, ZW oder gemeinen Wert angesetzt werden müssen, ist nicht abschließend geklärt, soweit durch die Verschm WG in Deutschland erstmalig verstrickt werden (vgl DPPM/*Pung/Möhlenbrock* Rn 45a einerseits und Widmann/Mayer/*Widmann* Rn R 65.1; Frotscher/Maas/*Schnitter* Rn 172; *Schaflitzl/Widmayer* BB Special 8/2006, 42 andererseits; vgl auch § 4 Rn 27). **98**

Wird durch die Verschm das Besteuerungsrecht Deutschlands für WG begründet, die mangels funktionaler Bedeutung eines WG nicht zwangsläufig einer ausl Betriebsstätte zugeordnet werden können, was bspw für den Geschäftswert, Beteiligungen, Patente etc gilt, die nach hM grdsl dem Stammhaus zugeordnet werden (sog Zentralfunktion des Stammhauses: BMF-Schrb vom 11.11.2011, BStBl I 1314 Rn 03.20 iVm BMF-Schrb vom 24.12.1999, BStBl I 1076 Rn 2.4 sowie BFH/NV 2004, 711), kommt es nach der hier vertretenen Auffassung (vgl Rn 96) erst dann zu einer Verstrickung, wenn der Unternehmensteil des übertragenden Rechtsträgers tats nach Deutschland verlagert wird. **99**

Beispiel: **100**

Die im EU-Ausland unbeschränkt stpfl EU-KapGes wird rückwirkend auf den 31.12.2010 auf die dt D-PersGes verschmolzen. Diese Rückwirkung wird auch vom EU-Auslandsstaat anerkannt. Die Verschmelzungsbeschlüsse uä werden am 1.7.2011 gefasst, die Eintragung in die entsprechenden Register erfolgt am 1.8.2011. Am 2.8.2011 nehmen die Geschäftsführer der EU-KapGes ihre geschäftsführende Tätigkeit bei der D-PersGes in Deutschland auf. Zum übertragenen Verm der EU-KapGes gehören Patente und ein Geschäftswert; diese können keiner Betriebsstätte der ehemaligen EU-KapGes funktional zugeordnet werde. Nach § 2 I wird das Einkommen und Verm der übertragenden EU-KapGes sowie für die Gesellschafter der übernehmenden PersGes so ermittelt, als ob das übergehende Verm bereits am Verschmelzungsstichtag auf den übernehmenden Rechtsträger übergegangen wäre. Die „Zentralfunktion des Stammhauses" bzgl des übertragenen Betriebs wechselt jedoch erst am 2.8.2011 nach Deutschland. Da es sich insoweit um einen tats Vorgang handelt, kommt es erst zu diesem Zeitpunkt zu der Verstrickung der dem Stammhaus insoweit zuzuordnenden WG, und zwar bei der übernehmenden PersGes, auf die diese WG bereits zum Verschmelzungsstichtag als übergegangen gelten. Dann kommt es aber zu einer Verstrickung dieser WG nach dem Verschmelzungsstichtag. In der stl Schlussbilanz könnten diese WG – unter den sonstigen Voraussetzungen des Abs 2 – mit dem BW oder einem ZW angesetzt werden. Rechtsgrundlage für die Verstrickung ist dann § 4 I 7 EStG.

101 **g) Reine ausländische Verschmelzung.** Soweit eine ausl Körperschaft auf eine ausl PersGes verschmolzen wird, findet Abs 2 S 1 Nr 2 idR Anwendung, soweit es sich um inl Immobilienvermögen bzw inl Betriebsstättenvermögen handelt. Solche rein ausl Umw zwischen EU-/EWR-Ges führen idR nicht zu einer Beschränkung oder zu einem Ausschluss des dt Besteuerungsrechts bzgl des übergehenden Verm, sodass BW oder ZW in der stl Schlussbilanz angesetzt werden können (*Förster/Felchner* DB 2006, 1072; *Lemaitre/Schönherr* GmbHR 2007, 173).

14. Keine Gegenleistung, Gegenleistung in Gesellschaftsrechten, Abs 2 S 1 Nr 3

102 **a) Grundsätzliches.** Das Antragswahlrecht des Abs 2 ist nach Nr 3 nur gegeben, soweit für den Vermögensübergang keine Gegenleistung bzw nur eine solche Gegenleistung gewährt wird, die in Gesellschaftsrechten besteht.

103 **b) Keine Gegenleistung für den Vermögensübergang.** Das Antragswahlrecht des Abs 2 besteht, soweit für den Vermögensübergang eine Gegenleistung nicht gewährt ist. Eine Gegenleistung iSv Abs 2 S 1 Nr 3 setzt voraus, dass den verbleibenden Anteilseignern des übertragenden Rechtsträgers oder diesen nahe stehenden Personen ein Vermögensvorteil im Zusammenhang mit der Verschm gewährt wird (BMF-Schrb vom 11.11.2011, BStBl I 1314 Rn 03.21). Eine Gegenleistung wird damit nicht gewährt, soweit die übernehmende PersGes am übertragenden Rechtsträger beteiligt ist, und zwar iHd bisherigen Beteiligung (Upstream-Merger), obwohl zivilrechtl in diesen Fällen eine Gegenleistung in Form der Aufgabe von Anteilen am übertragenden Rechtsträger vorliegt (BMF-Schrb vom 11.11.2011, BStBl I 1314 Rn 03.21; FG Baden-Württemberg EFG 1998, 1529; RHL/*Rödder* § 11 Rn 139; Frotscher/Maas/*Schnitter* Rn 188).

104 Die Übernahme von Verb des übertragenden Rechtsträgers, die zu einer betriebl Einheit gehören, stellen keine Gegenleistung iSd Abs 2 Nr 3 dar. Die durch die Verschm entstehende Kapitalertragsteuer für die Einnahmen iSv § 7, die der übernehmende Rechtsträger als stl Rechtsnachfolger des übertragenden Rechtsträgers zu entrichten hat, ist keine Gegenleistung iSd Abs 2 Nr 3 (BMF-Schrb vom 11.11.2011, BStBl I 1314 Rn 21; DPPM/*Pung/Möhlenbrock* Rn 48; Frotscher/Maas/*Schnitter* Rn 187; IDW Ubg 2011, 549).

105 **c) Gegenleistung in Gesellschaftsrechten.** Das Antragswahlrecht des Abs 2 gilt – neben den sonstigen Voraussetzungen – auch dann, wenn als Gegenleistung für die Vermögensübertragung Gesellschaftsrechte gewährt werden. Bei diesen Gesellschaftsrechten muss es sich um solche am übernehmenden Rechtsträger handeln (DPPM/*Pung/Möhlenbrock* Rn 47; Haritz/Menner/*Brinkhaus* Rn 126 f).

106 Werden neben Gesellschaftsrechten auch andere Gegenleistungen durch den übernehmenden Rechtsträger, wie zB bare Zuzahlung oder Darlehensforderungen (vgl Rn 108 ff), an die Gesellschafter des übertragenden Rechtsträgers

erbracht, so schließt dies die Anwendbarkeit des Abs 2 nicht vollständig aus. In diesem Fall ist eine anteilige Anwendung des Abs 2 weiterhin mögl. Das Gesetz schließt solche Mischfälle nicht aus, das Wahlrecht kann ausgeübt werden, soweit die Voraussetzungen des Abs 2 gegeben sind (allgM vgl BMF-Schrb vom 11.11.2011, BStBl I 1314 Rn 03.23).

Empfänger der Gesellschaftsrechte am übernehmenden Rechtsträger müssen die bisherigen Gesellschafter des übertragenden Rechtsträgers sein. Gesellschaftsrechte, die an Dritte gewährt werden, stellen keine Gewährung von Gesellschaftsrechten iSd Abs 2 Nr 3 dar, es sei denn, die Gewährung an den Dritten erfolgt wirtschaftl für Rechnung des bisherigen Rechtsinhabers am übertragenden Rechtsträger. 107

d) Gegenleistung, die nicht in Gesellschaftsrechten besteht. Soweit eine Gegenleistung gewährt wird, die nicht in Gesellschaftsrechten besteht, gilt das Antragswahlrecht des Abs 2 nicht. Das Gesetz äußert sich nicht dazu, an wen, für was und durch wen Zahlungen geleistet werden müssen, damit eine Gegenleistung iS dieser Vorschrift vorliegt. Ebenso wie im Regelungsbereich des § 11 sind Gegenleistungen iSd Abs 2 Nr 3 nur solche, die von dem übernehmenden Rechtsträger (Frotscher/Maas/*Schnitter* Rn 183) oder diesem nahe stehenden Personen iRd Verschm erbracht werden (BMF-Schrb vom 11.11.2011, BStBl I 1314 Rn 03.21). Diese Gegenleistung muss an die verbleibenden Gesellschafter des übertragenden Rechtsträgers oder diesen nahe stehenden Personen erfolgen (BMF-Schrb vom 11.11.2011, BStBl I 1314 Rn 03.21; Frotscher/Maas/*Schnitter* Rn 184). Verbleibende Gesellschafter idS sind solche, die an der Verschm teilnehmen und damit Gesellschafter der übernehmenden PersGes werden. Es ist nicht erforderl, dass die Gegenleistung auf Grund umwandlungsrechtl Regelungen erfolgt (BMF-Schrb vom 11.11.2011, BStBl I 1314 Rn 03.21). Wird eine Körperschaft auf eine natürl Person verschmolzen, scheidet eine Gegenleistung iSd § 3 aus (ebenso DPPM/*Pung/Möhlenbrock* Rn 47). Von einer Gegenleistung iSd Abs 2 Nr 3 ist auszugehen, wenn die übernehmende PersGes eine Zuzahlung an verbleibende Gesellschafter des übertragenden Rechtsträgers erbringt (BMF-Schrb vom 11.11.2011, BStBl I 1314 Rn 03.21; DPPM/*Pung/Möhlenbrock* Rn 47 mwN). Keine Gegenleistung iSd Abs 2 S 1 Nr 3 stellt jedoch die **Barabfindung iSd §§ 29 ff UmwG** an einen der Umw widersprechenden Anteilseigner dar (BMF-Schrb vom 11.11.2011, BStBl I 1314 Rn 3.22; DPPM/*Pung/Möhlenbrock* Rn 49a; RHL/*Birkemeier* Rn 113; Frotscher/Maas/*Schnitter* Rn 188; vgl FG Münster EFG 2008, 343). Dies ergibt sich aus § 5 I. Bei einem Anteilseigner, der gegen Barabfindung ausscheidet, wird unterstellt, dass der der Verschm widersprechende Anteilseigner Anteile an der übertragenden Körperschaft veräußert und nicht solche am übernehmenden Rechtsträger. Die Fiktion hat zur Konsequenz, dass die übernehmende PersGes die Abfindung nicht deshalb leistet, um WG der übertragenden Körperschaft zu erlangen, sondern vielmehr die Abfindung deshalb bezahlt, um den Anteilen des ausscheidenden Gesellschafters zu erwerben. Unter diesen Voraussetzungen liegt damit eine Gegenleistung iSd Abs 2 S 1 Nr 3 nicht vor (vgl Rn 111). Zahlungen zwischen den Gesellschaftern, um Wertunterschiede auszugleichen, stellen nach richtiger Meinung keine sonstige Gegenleistung dar (DPPM/*Dötsch* § 11 Rn 77; aA möglicherweise BMF-Schrb vom 11.11.2011, BStBl I 1314 Rn 03.21: nahe stehende Personen). Rechte Dritter an Anteilen des übertragenden Rechtsträgers, die sich von Gesetzes wegen an den neuen Anteilen am übernehmenden Rechtsträger fortsetzen, stellen keine sonstige Gegenleistung 108 dar. Gleiches gilt, wenn solche Rechte auf Grund einer schuldrechtl Vereinbarung, auch wenn diese erst im Zusammenhang mit der Verschm geschlossen wird, sich an den Anteilen am übernehmenden Rechtsträger fortsetzen soll (zB Vorkaufsrechte).

109 Räumt die übernehmende PersGes verbleibenden Gesellschaftern des übertragenden Rechtsträgers ein **Darlehen** iRd Verschm ein, stellt dies eine schädl Gegenleistung dar (allgM vgl nur BMF-Schrb vom 11.11.2011, BStBl I 1314 Rn 03.21; Widmann/Mayer/*Widmann* Rn R 63.29; DPPM/*Pung/Möhlenbrock* Rn 03.21). Ausschlaggebend für die Frage, ob die Verschm gegen Gewährung von Gesellschaftsrechten erfolgt oder aber gegen Einräumung einer Darlehensforderung ist die Qualifizierung des Gesellschafterkontos, auf dem die entsprechenden Beträge des übergehenden Verm verbucht werden. Erfolgt die Verbuchung auf einem **Kapitalkonto,** so liegt keine sonstige Gegenleistung vor, erfolgt sie auf einem Forderungskonto des Gesellschafters, ist Abs 2 Nr 3 insoweit nicht anwendbar. Die Abgrenzung richtet sich nicht nach den Kontenbezeichnungen, sondern danach, ob Zu- und Abgänge gesellschaftsrechtl oder schuldrechtl Natur sind (DPPM/*Pung/Möhlenbrock* Rn 48; Frotscher/Maas/*Schnitter* Rn 186; Haritz/Menner/*Brinkhaus* Rn 127). Von einem Kapitalkonto ist auszugehen, wenn auf diesem auch Verlustanteile gebucht werden. Es gelten die gleichen Grdse wie bei § 24. Kommt es zunächst zu einer Verbuchung der entsprechenden Beträge auf dem Kapitalkonto, werden diese Beträge aber in einem sachl und zeitl Zusammenhang mit der Verschm entnommen, liegt eine schädl Gegenleistung vor (ebenso DPPM/*Pung/Möhlenbrock* Rn 48; *Benecke* in PWC, Reform des UmwStR, S 159, BMF-Schrb vom 11.11.2011, BStBl I 1314 Rn 03.21 iVm Rn 24.11; Widmann/Mayer/*Widmann* Rn R 63.29). Die durch die Verschm entstehende **KapESt** ist keine sonstige Gegenleistung (vgl § 7 Rn 15).

110 Soweit eine Gegenleistung iSd Abs 2 Nr 3 erfolgt, die nicht in Gesellschaftsrechten besteht, hat dies folgende Konsequenzen: Die **übergehenden WG** sind in der stl Schlussbilanz des übertragenden Rechtsträgers insoweit mit dem gemeinen Wert der Gegenleistung anzusetzen (BMF-Schrb vom 11.11.2011, BStBl I 1314 Rn 03.21; DPPM/*Pung/Möhlenbrock* Rn 48 f.). Daraus ergibt sich ein Übertragungsgewinn in Höhe der Differenz zwischen dem Wert der sonstigen Gegenleistung abzügl der auf die Gegenleistung entfallenden BW der übertragenen WG. Der anteilige BW ergibt sich aus dem Verhältnis des Gesamtwertes der Gegenleistung zum Wert der Sachgesamtheit, die übertragen wird. In Höhe des Übertragungsgewinns sind die WG in der stl Schlussbilanz des übertragenden Rechtsträgers aufzustocken. Nach Auffassung der FinVerw ermittelt sich der Aufstockungsbetrag aus dem Verhältnis des Übertragungsgewinns zu den gesamten stillen Reserven und stillen Lasten, jedoch mit Ausnahme der stillen Lasten in den Pensionsrückstellungen. Die sog modifizierte Stufentheorie, nach der die Aufstockung in einer ersten Stufe bei bereits bilanzierten WG und den immateriellen WG erfolgte und erst in einer zweiten Stufe bei einem nicht angesetzten Geschäfts- oder Firmenwert erfolgt, die FinVerw zu Recht aufgegeben (DPPM/*Pung/Möhlenbrock* Rn 51; Widmann/Mayer/*Widmann* Rn R 63.29; aA *Bodden* FR 2007, 6; IDW Ubg 2011, 549; zur Übergangsregelung vgl BMF-Schrb vom 11.11.2011, BStBl I 1314 Rn S 03). Des Weiteren geht die FinVerw davon aus, dass bei den Anteilseignern des übertragenden Rechtsträgers ein **Veräußerungserlös bezogen auf die Anteile** des übertragenden Rechtsträgers entsteht, soweit eine Gegenleistung gewährt wird, die nicht in Gesellschaftsrechten besteht (BMF-Schrb vom 11.11.2011, BStBl I

1314 Rn 03.21; zu Recht krit DPPM/*Pung/Möhlenbrock* Rn 49; Frotscher/Maas/*Schnitter* Rn 191).

15. Einzelne Posten der steuerlichen Schlussbilanz

a) Abfindungsverpflichtung gegenüber ausscheidenden Gesellschaftern. Beim Ausscheiden durch Mehrheitsbeschluss steht dem ausscheidenden Gesellschafter ein Anspruch auf **angemessene Barabfindung** zu (zu Einzelheiten vgl die Komm in §§ 29, 30 UmwG). Der Abfindungsanspruch richtet sich nicht gegen die übertragende Körperschaft, sondern allein gegen den übernehmenden Rechtsträger, § 29 I 1 UmwG; der Anspruch entsteht mit Eintragung der Verschm im HR und ist sofort fällig. Da die übertragende Körperschaft nicht Schuldnerin des Abfindungsanspruchs ist und auch nicht werden kann, ist die Abfindungsverpflichtung ggü dem Ausscheidenden in der stl Schlussbilanz der übertragenden Körperschaft nicht zu berücksichtigen. Es handelt sich dabei um Aufwand im Zusammenhang mit der Anschaffung der vom Ausscheidenden erworbenen Anteile durch die übernehmende PersGes (BMF-Schrb vom 11.11.2011, BStBl I 1314 Rn 03.22; FG Münster DStRE 2009, 5; Widmann/Mayer/*Widmann* Rn 63.29; Haritz/Menner/*Brinkhaus* Rn 126; DPPM/*Pung/Möhlenbrock* Rn 126). Eine Barabfindung idS soll auch dann gegeben sein, wenn die übernehmende PersGes den Gesellschaftern des übertragenden Rechtsträgers, die Gesellschafter der übernehmenden PersGes wurden, nach der Umw ein Abfindungsangebot macht, welches diese annehmen (FG Münster DStRE 2009, 5). Die Abfindungsverpflichtung stellt keine Gegenleistung iSv Abs 2 Nr 3 dar (vgl Rn 108). 111

b) Änderung der steuerlichen Schlussbilanz. Ändern sich die Ansätze der stl Schlussbilanz nachträgl, zB aufgrund einer BP, ist die Übernahmebilanz des übernehmenden Rechtsträgers entsprechend zu ändern (BMF-Schrb vom 25.3.1998, BStBl I 268 Rn 03.14; DPPM/*Pung* § 4 Rn 8; Haritz/Menner/*Bohnhardt* § 4 Rn 41; Widmann/Mayer/*Widmann* § 4 Rn 815). Die Änderung erfolgt nach § 175 I 2 AO (DPPM/*Pung/Möhlenbrock* Rn 126). 112

c) Ausländisches Vermögen; ausländische Betriebsstätte. In der stl Schlussbilanz des übertragenden Rechtsträgers ist auch ausl BV auszuweisen. Dies gilt unabhängig davon, ob Deutschland insoweit ein Besteuerungsrecht hat oder nicht (DPPM/*Pung/Möhlenbrock* Rn 42 ff; Haritz/Menner/*Brinkhaus* Rn 160; *Rödder/Schumacher* DStR 2006, 1525; *Lemaitre/Schönherr* GmbHR 2007, 173; *Hagemann/Jakob/Ropohl/Viebrock* NWB-Sonderheft 1/2007, 23). Sind die Voraussetzungen des Abs 2 S 1 erfüllt, bezieht sich das Antragswahlrecht auch auf das ausl BV des übertragenden Rechtsträgers. Es gilt das Einheitlichkeitserfordernis, dh die übergehenden WG sind in der stl Schlussbilanz der übertragenden Körperschaft einheitl entweder mit dem BW, dem gemeinen Wert oder einem ZW anzusetzen (vgl aber auch Widmann/Mayer/*Widmann* Rn R 65.1). Dies gilt auch für WG, die erst mit der Verschm im Inland steuerverstrickt werden (vgl dazu aber Rn 98; § 4 Rn 27), oder solchen, die einer DBA-Freistellungsbetriebsstätte zuzuordnen sind (DPPM/*Pung/Möhlenbrock* Rn 43; *Hagemann/Jakob/Ropohl/Viebrock* NWB-Sonderheft 1/2007, 21; krit insoweit *Rödder/Schumacher* DStR 2006, 1525; *Schaflitzl/Widmayer* BB Beilage 8/2006, 40). 113

Hat die übertragende Körperschaft ausl Betriebsstättenvermögen und besteht insoweit eine **DBA-Freistellung,** so hat Deutschland ohnehin kein Besteuerungsrecht des sich bei Ansatz von ZW bzw gemeinen Werten ergebenden Über- 114 tragungsgewinns. Zu beachten ist, dass die erhöhten Wertansätze in der stl Schlussbilanz des übertragenden Rechtsträgers insoweit eine Erhöhung des stl Übernahmegewinns/-verlustes beim übernehmenden Rechtsträger zur Folge hat (vgl dazu § 4 Rn 27). Liegt das ausl Verm des übertragenden Rechtsträgers in einem Staat ohne DBA-Freistellung, ändert die Verschm nichts daran, dass das ausl BV in Deutschland steuerverhaftet bleibt; etwas anderes gilt nur, soweit ausl Anteilseigner beteiligt sind. Dieses ausl BV ist damit sowohl in Deutschland als auch im Ausland steuerverhaftet. Kommt es zu einer Doppelbesteuerung, wird diese durch Anrechnung der ausl Steuer nach § 26 KStG gemindert bzw beseitigt. Kommt es aus dt Sicht bezogen auf das ausl Verm wegen der Buchwertfortführung in der stl Schlussbilanz nicht zu einer Gewinnrealisierung, geht jedoch der ausl Staat, in dem das Verm liegt, von einer Aufdeckung der stillen Reserven in diesem Verm aus, so kann die ausl Steuer nicht angerechnet werden (DPPM/*Pung/Möhlenbrock* Rn 43; *Schaumburg* GmbHR 1996, 414). Bei einer später der dt Steuer unterliegenden Realisierung der stillen Reserven kommt es dann zu einer zweiten Besteuerung.

115 Zur Anrechnung fiktiver ausl Steuern vgl Rn 153; zur Hereinverschmelzung vgl Rn 98 ff; zur Hinausverschmelzung vgl Rn 94 ff.

116 **d) Ausstehende Einlagen.** Nach Auffassung der FinVerw (BMF-Schrb vom 11.11.2011, BStBl I 1314 Rn 03.05; vgl auch DPPM/*Pung/Möhlenbrock* Rn 56 bzgl nicht eingeforderter ausstehender Einlagen) sind ausstehende Einlagen mangels Verkehrsfähigkeit keine WG, sondern Wertberichtigungsposten zum Grund- oder Stammkapital. Sie sollen daher in der stl Schlussbilanz der übertragenden Körperschaft nicht zu berücksichtigen sein. Diese Auffassung kann jedoch nicht überzeugen, da ausstehende Einlagen echte Forderungen der übertragenden Körperschaft gegen ihre Gesellschafter sind, auf welche die Ges nicht verzichten kann, die abgetreten, verpfändet und gepfändet werden können und die daher im Wege der Gesamtrechtsnachfolge auf die übernehmende Ges übergehen (Haritz/Menner/*Brinkhaus* Rn 187; Widmann/Mayer/*Widmann* Rn 145; Frotscher/Maas/*Schnitter* Rn 193). Diese Einzahlungsforderungen sind daher in der Schlussbilanz zu aktivieren, und zwar selbst dann, wenn sie sich gegen die Übernehmerin richten, da eine Konfusion iSd § 6 erst unmittelbar nach Eintragung der Umw ins HR wirksam werden kann. Zu den Auswirkungen bei der Ermittlung des Übernahmegewinns vgl § 4 Rn 30.

117 **e) Beteiligungen.** Ist die übertragende Körperschaft an einer **Mitunternehmerschaft** beteiligt, so wirkt sich das Antragswahlrecht auch auf diesen Mitunternehmeranteil aus. Kommt es zu einem Zwischenwert- bzw gemeinen Wertansatz, so sind die stillen Reserven, die auf die Übertragerin entfallen, aufzustocken. Dies gilt auch für originäre immaterielle WG, insbes einem selbstgeschaffenen Firmenwert. Die Aufstockung der stillen Reserven, die der Übertragerin zustehen, erfolgt in der Ergänzungsbilanz der Mitunternehmerschaft. Die Ausübung des Antragswahlrechts durch die übertragende Körperschaft ist für die Mitunternehmerschaft bindend (Widmann/Mayer/*Widmann* Rn R 345; DPPM/*Pung/Möhlenbrock* Rn 58; wohl auch BMF-Schrb vom 11.11.2011, BStBl I 1314 Rn 03.27). Zur doppelstöckigen PersGes vgl Rn 50.

118 Setzt die übertragende Körperschaft in ihrer stl Schlussbilanz eine **Beteiligung an einer anderen Körperschaft** mit einem über dem BW liegenden Wert an, so findet § 8b II KStG Anwendung, da die Verschm einer Körperschaft auf eine PersGes bzw den Alleingesellschafter ein Übertragungsvorgang in Form eines

Anschaffungs- und Veräußerungsgeschäftes darstellt (Haritz/Menner/*Brinkhaus* Rn 183; DPPM/*Pung/Möhlenbrock* Rn 57). § 8b III 1 KStG ist zu beachten. Zu § 8c KStG vgl § 4 Rn 77.

f) Beteiligung der übertragenden Körperschaft an der Übernehmerin. Ist die übertragende Körperschaft an der übernehmenden PersGes beteiligt, so gehören zum übergehenden Verm auch die der übertragenden Körperschaft anteilig zuzurechnenden WG der PerGes, sodass auch diesbzgl die Aufstockung der stillen Reserven in einer Ergänzungsbilanz bei der übernehmenden PersGes notwendig sein kann (BMF-Schrb vom 11.11.2011, BStBl I 1314 Rn 03.10; RHL/*Birkemeier* Rn 65; RHL/*van Lishaut* § 4 Rn 16; DPPM/*Pung* § 4 Rn 58). 119

g) Downstream-Merger. Eine Umw iSd § 1 I Nr 1 UmwG ist auch die Verschm einer MutterKapGes auf ihre TochterPersGes (DPPM/*Pung* § 4 Rn 116). Zum übergehenden Verm gehört auch die der übertragenden Körperschaft anteilig zuzurechnenden WG der PerGes, sodass auch diesbzgl die Aufstockung der stillen Reserven notwendig sein kann (vgl Rn 119). Übergehendes Verm der MutterKapGes ist damit das Verm des übertragenden Rechtsträgers einschl der Beteiligung an der TochterPersGes, was gegen einen Direkterwerb der Beteiligung an der TochterPersGes durch die Gesellschafter der MutterKapGes spricht (vgl dazu ausführl *Hannemann* DB 2000, 2497; *Dieterlen/Schaden* BB 2000, 2552; DPPM/*Pung* § 4 Rn 116). 120

h) Eigene Anteile. Besitzt die übertragende Körperschaft am stl Übertragungsstichtag eigene Anteile, so gehen diese mit der Umw unter, sie werden damit nicht auf die übernehmende PersGes übertragen. In der stl Schlussbilanz der übertragenden Körperschaft sind die eigenen Anteile nicht mehr zu erfassen (BMF-Schrb vom 11.11.2011, BStBl I 1314 Rn 03.05; Widmann/Mayer/*Widmann* Rn 364; RHL/*Birkemeier* Rn 65; Haritz/Menner/*Brinkhaus* Rn 188; DPPM/*Pung/Möhlenbrock* Rn 59; Frotscher/Maas/*Schnitter* Rn 197). Der durch den Wegfall der eigenen Anteile entstehende buchmäßige Verlust ist dem Gewinn der KapGes außerhalb der Bilanz wieder zuzurechnen oder gewinnneutral über Rücklagen für eigene Anteile auszubuchen (DPPM/*Pung/Möhlenbrock* Rn 59; BMF-Schrb vom 11.11.2011, BStBl I 1314 Rn 03.05). Nach Inkrafttreten des BilMoG ist der Ausweis eigener Anteile nicht mehr zulässig, das Problem stellt sich dann nicht mehr (Frotscher/Maas/*Schnitter* Rn 198). 121

i) Firmen-/Geschäftswert. Das Ansatzverbot originärer immaterieller WG des Anlagevermögens einschl eines Geschäfts- oder Firmenwertes gilt ausweisl von Abs 1 nicht. Dies ist konsequent, da der Verschmelzungsvorgang sich aus der Sicht des übernehmenden Rechtsträgers als Anschaffung darstellt. Kommt es zu einem Zwischenwertansatz, so ist der originäre Firmenwert anteilig aufzustocken. Stille Lasten sind in der stl Schlussbilanz des übertragenden Rechtsträgers nach Meinung der FinVerw zu passivieren, nach hM in der Literatur bei der Ermittlung des Firmenwerts zu berücksichtigen; ggf kann auch ein negativer Firmenwert in Form eines passiven AP entstehen (vgl dazu ausführl Rn 47 f). Werden die WG in der stl Schlussbilanz mit einem ZW angesetzt, so kommt es auch bezogen auf originäre immaterielle WG insbesondere eines Firmenwertes zu einer anteiligen Aufstockung, die sog modifizierte Stufentheorie (vgl BMF-Schrb vom 25.3.1998, BStBl I 268 Rn 22.08), nach der ein selbst geschaffener Firmenwert nur in den Fällen zu berücksichtigen war, in denen die übrigen bilanzierten und nicht bilanzierten WG (einschließl der immateriellen WG) bereits auf den TW (jetzt: gemei- 122 ner Wert) aufgestockt wurden, hat die FinVerw aufgegeben (BMF-Schrb vom 11.11.2011, BStBl I 1314 Rn 03.26 iVm Rn 03.04; ebenso DPPM/*Pung/Möhlenbrock* Rn 51; RHL/*Birkemeier* Rn 127; *Stadler/Elser/Bindl* DB 2012 Beilage 1 zu Heft 2, 14; aA *Bodden* FR 2007, 6; zur Übergangsregelung vgl BMF-Schrb vom 11.11.2011, BStBl I 1314 Rn S 03). Zum Ansatz des Geschäfts- und Firmenwertes, wenn der Betrieb durch den übernehmenden Rechtsträger nicht fortgeführt wird vgl BMF-Schrb vom 11.11.2011, BStBl I 1314 Rn 11.03. Zur Behandlung eines durch den übertragenden Rechtsträger angeschafften Firmenwertes vgl § 11 Rn 78.

123 **j) Forderungen und Verbindlichkeiten.** Forderungen und Verb zwischen der übertragenden Körperschaft und dem übernehmenden Rechtsträger erlöschen erst mit der Eintragung in das HR (in der logischen Sekunde danach); sie sind damit in der stl Schlussbilanz der übertragenden Körperschaft weiterhin zu aktivieren; ihr Wegfall durch Konfusion ist erst in der stl Übernahmebilanz des übernehmenden Rechtsträgers zu verbuchen (BMF-Schrb vom 11.11.2011, BStBl I 1314 Rn 03.05, 06.11; RHL/*Birkemeier* Rn 65; Widmann/Mayer/*Widmann* Rn 151). Wurde die Forderung in der Vergangenheit wertberichtigt, so ist zu prüfen, ob zum Verschmelzungsstichtag die Voraussetzungen für eine **Zuschreibung gem** § 6 **Abs 1 Nr 2 S 3 iVm Nr 1 S 4 EStG** vorliegen. Hat der übertragende Rechtsträger eine abgeschriebene Forderung bilanziert, so muss er noch in der stl Schlussbilanz die Teilwertabschreibung rückgängig machen, falls die Voraussetzungen der Zuschreibung zum Umwandlungsstichtag vorliegen. In diesem Fall entsteht beim übernehmenden Rechtsträger insoweit kein Übernahmefolgegewinn. Das Gleiche gilt auch, wenn die übernehmende PersGes eine Forderung ggü dem übertragenden Rechtsträger teilwertberichtigt hat. Ist die übernehmende PersGes verpflichtet, gem § 6 I Nr 2 S 3 iVm Nr 1 S 4 EStG die Wertminderung rückgängig zu machen, so ist ein daraus entstehender Gewinn kein Übernahmefolgegewinn, eine Rücklagenbildung ist insoweit ausgeschlossen. Allein die Tatsache, dass es durch die Verschm zu einer Konfusion kommt, führt nicht dazu, dass eine wertberichtigte Forderung wieder werthaltig wird. Wurde die Abschreibung einer Forderung nach § 8b III 4 ff KStG stl nicht anerkannt, so stellt der im Rahmen einer Verschm insoweit entstehende Übernahmefolgegewinn keinen Gewinn aus einer Wertaufholung nach § 6 I Nr 2 S 3 EStG dar, der nach § 8b III 8 KStG außer Ansatz bleiben würde, die Regelung ist aber analog auf diesen Fall anzuwenden (ebenso Widmann/Mayer/*Widmann* § 5 Rn 205.1; *Behrendt/Klages* GmbHR 2010, 190; *Töben* FR 2010, 249; aA BMF-Schrb vom 11.11.2011, BStBl I 1314 Rn 06.02; DPPM/*Pung/Möhlenbrock* Rn 39; *Krohn/Gräulich* DStR 2008, 646).

124 **k) Forderungsverzicht mit Besserungsschein.** Verzichtet ein **Nicht-Gesellschafter** auf eine Forderung ggü der übertragenden Körperschaft mit Besserungsschein iSv § 6 II a EStG (vgl L. Schmidt/*Weber-Grellet* EStG § 6 Rn 315), so ist in der stl Schlussbilanz der übertragenden Körperschaft eine Schuld nicht mehr auszuweisen; die Verpflichtung der übertragenden Körperschaft ist durch den Forderungsverzicht mit Besserungsschein bedingt und entsteht erst wieder, sobald die übertragende Körperschaft Gewinne erwirtschaftet. Erst zu diesem Zeitpunkt ist die Schuld wieder passivierungsfähig. Die bedingte Verpflichtung aus dem Forderungsverzicht mit Besserungsschein geht im Wege der Gesamtrechtsnachfolge auf die Übernehmerin über (RHL/*Birkemeier* Rn 65; Frotscher/Maas/*Schnitter* Rn 200). Sobald sie Gewinne erwirtschaftet, muss die Verb eingebucht werden. Es

entsteht ein steuerwirksamer Aufwand (vgl BMF-Schrb vom 2.12.2003, BStBl I 648; DPPM/*Pung/Möhlenbrock* Rn 67a; Widmann/Mayer/*Widmann* Rn 152 f).

Verzichtet ein Gesellschafter oder eine diesem nahe stehende Person, muss danach diff werden, ob die Forderung werthaltig ist. Soweit die Forderung nicht werthaltig ist, gelten die gleichen Grdse wie beim fremden Dritten. Hinsichtl des werthaltigen Teils liegt eine Einlage vor (RHL/*Birkemeier* Rn 65). Im Besserungsfall wird auf der Ebene der PersGes eine Verb passiviert und korrespondierend dazu ein entsprechender Ertrag in der Sonderbilanz aktiviert (DPPM/*Pung/Möhlenbrock* Rn 67a). **125**

l) Grunderwerbsteuer. Der Übergang von Grundstücken auf Grund einer Verschm stellt einen Erwerbsvorgang dar, der gem § 1 I Nr 3 GErwStG grdsl der Grunderwerbsteuer unterliegt. Da die Grunderwerbsteuer bei der Verschm zur Aufnahme mit der Eintragung der Verschm in das Register des Sitzes des übernehmenden Rechtsträgers, bei der Verschm zur Neugründung zum Zeitpunkt der Eintragung der neuen Ges im HR entsteht, kann der übertragende Rechtsträger insoweit keine Rückstellung bilden (vgl BMF-Schrb vom 18.1.2010, BStBl I 70; Frotscher/Maas/*Schnitter* Rn 209). **125a**

m) Immaterielle Wirtschaftsgüter. Setzt die übertragende Körperschaft in ihrer stl Schlussbilanz die WG mit einem ZW oder gemeinen Wert an, so sind die originären immateriellen WG des Anlagevermögens (anteilig) in der Schlussbilanz anzusetzen (vgl auch Rn 122). **126**

n) Kapitalersetzende Darlehen. Bei kapitalersetzenden Darlehen handelt es sich um „normale" Verb, die in der stl Schlussbilanz zu passivieren sind (BFH BStBl II 1992, 532). Zu weiteren Einzelheiten vgl auch § 6. **127**

o) Kapitalertragsteuer. Eine Verpflichtung zur KapESt-Abführung kann durch die Verschm ausgelöst werden, soweit die Gesellschafter gem § 7 ihren Anteil am ausschüttbaren Gewinn als Einnahmen iSv § 20 I Nr 1 EStG zu versteuern haben. Die KapESt wird nicht in der Schlussbilanz der übertragenden Körperschaft abgebildet, sondern mindert erst auf der Ebene der PersGes das Kapitalkonto des jeweiligen Gesellschafters (BMF-Schrb vom 11.11.2011, BStBl I 1314 Rn 03.21, 07.08; *Stimpel* GmbH-StB 2008, 74). **128**

p) Körperschaftsteuerguthaben/Körperschaftsteuererhöhung. Nach § 37 IV KStG ist bei der Umw einer Körperschaft auf eine PersGes oder natürl Person das **KSt-Guthaben** bei einem vor dem 31.12.2006 liegenden stl Übertragungsstichtags letztmalig festzustellen. Der Anspruch auf ratierl Auszahlung des KSt-Guthabens ist in abgezinster Höhe in der stl Schlussbilanz des übertragenden Rechtsträgers zu aktivieren. Der Ansatz des KSt-Guthabens sowie die Aufzinsungsbeträge führen nach § 37 VII KStG zu keinen Einkünften auf Ebene der übertragenden Körperschaft. Der aktivierte Anspruch auf ratierl Auszahlung des KSt-Guthabens geht auf die PersGes über und führt zu einem entspr höheren Übernahmeergebnis bzw zu höheren Einnahmen iSd § 7 UmwStG (DPPM/*Pung/Möhlenbrock* Rn 64; Haritz/Menner/*Brinkhaus* Rn 227). Nach Meinung der FinVerw ist § 37 VII KStG nur bei Körperschaften anwendbar, sodass die Aufzinsungserträge bei der übernehmenden PersGes in voller Höhe stpfl sein sollen (BMF-Schrb vom 14.1.2008, BStBl I 280; *Stimpel* GmbH-StB 2008, 74; aA *Förster/Felchner* DStR 2007, 280). Liegt der stl Übertragungsstichtag vor dem 1.1.2007 kommt es im VZ der Verschm zu einer **KSt-Erhöhung** nach § 10, sofern der übertragende Rechtsträger über einen positi- **129**

ven Teilbetrag EK 02 (iSd § 38 KStG) verfügt (vgl BMF-Schrb vom 16.12.2003, BStBl I 768 Rn 13). Bei einem stl Übertragungsstichtag nach dem 31.12.2006 gilt die Neuregelung des § 38 IV–X KStG. Sie sieht vor, dass die KapGes 3% des EK 02 ausschüttungsunabhängig in zehn gleichen Jahresraten in den Jahren 2008–2017 entrichten muss. Dieser pauschale Erhöhungsbetrag entsteht am 1.1.2007 und ist in der StB abgezinst zu passivieren. Der Aufwand ist bei der Einkommensermittlung hinzuzurechnen (§ 38 X KStG; zu weiteren Einzelheiten vgl *Neumann/Simpel* GmbHR 2008, 57). Die Umw als solche löst grdsl (vgl aber § 34 XVI KStG) keine KSt-Erhöhung mehr aus. Die Verpflichtung zur Zahlung des pauschalierten Erhöhungsbetrags geht auf die übernehmende PersGes über.

130 **q) Organschaft.** Wird ein Organträger auf einen anderen Rechtsträger verschmolzen, tritt der übernehmende Rechtsträger in den bestehenden Gewinnabführungsvertrag grdsl ein (BMF-Schrb vom 11.11.2011, BStBl I 1314 Rn Org 01; DPPM/*Pung/Möhlenbrock* Anh Rn 4 mwN). Für den übernehmenden Rechtsträger stellt die Verschm jedoch einen wichtigen Grund dar, den Ergebnisabführungsvertrag zu kündigen oder im gegenseitigen Einvernehmen zu beenden (BMF-Schrb vom 11.11.2011, BStBl I 1314 Rn Org 12). Nach Auffassung der FinVerw (BMF-Schrb vom 26.8.2003, BStBl I 437 Rn 43) stellen die aktiven und passiven Ausgleichsposten Korrekturposten auf den Beteiligungsbuchwert dar. Zweck der Bildung von Ausgleichsposten ist es sicherzustellen, dass die innerhalb der Organschaft erzielten Gewinne oder Verluste nur einmal der Besteuerung unterworfen werden. Ausgleichsposten werden nur dann gebildet, wenn es zu sog Minder- oder Mehrabführungen kommt, die ihre Ursachen in der organschaftl Zeit haben. Die FinVerw geht zu Recht davon aus, dass die Verschm auf der Ebene des übertragenden Rechtsträgers eine Veräußerung darstellt (BMF-Schrb vom 11.11.2011, BStBl I 1314 Rn 00.02) mit der Folge, dass grdsl die Ausgleichsposten erfolgswirksam aufzulösen sind. Erfolgt die Verschm zum BW und wird das Organschaftsverhältnis vom übernehmenden Rechtsträger fortgeführt, ordnet die FinVerw die Beibehaltung des Ausgleichspostens an. Wird in der stl Schlussbilanz der gemeine Wert angesetzt, so ist der Ausgleichsposten in jedem Fall in voller Höhe aufzulösen. Bei Zwischenwertansatz sind bei fortbestehender Organschaft die Ausgleichsposten anteilig, bei Nichtfortführung in voller Höhe aufzulösen (vgl dazu insges BMF-Schrb vom 11.11.2011, BStBl I 1314 Rn Org 05; ebenso DPPM/*Pung/Möhlenbrock* Rn 67b). Bei der Verschm einer OrganGes auf eine PersGes endet der Gewinnabführungsvertrag, und zwar mit der Handelsregistereintragung der Verschm (BMF-Schrb vom 11.11.2011, BStBl I 1314 Rn Org 21).

131 **r) Passivierungsverbote in der steuerlichen Schlussbilanz.** Nach Meinung der FinVerw gelten die Ansatzverbote des § 5 nicht für die stl Schlussbilanz, es sei denn, dass die BW fortgeführt werden (BMF-Schrb vom 11.11.2011, BStBl I 1314 Rn 03.06), wobei der Ansatz mit dem BW ausgeschlossen ist, wenn der gemeine Wert der übertragenen Sachgesamtheit geringer ist als dessen BW (BMF-Schrb vom 11.11.2011, BStBl I 1314 Rn 03.12). Nach hM in der Literatur (DPPM/*Pung/Möhlenbrock* Rn 15; RHL/*Birkemeier* Rn 57; *Stadler/Elser/Bindl* DB 2012 Beilage 1 zu Heft 2, 14; aA Widmann/Mayer/*Widmann* § 20 Rn R 667, der stille Lasten als solche passivieren will), werden diese Minderwerte bei der Bew einer Sachgesamtheit durch einen Käufer im Firmenwert berücksichtigt. Sowohl die Meinung der FinVerw als auch die der hM steht im Widerspruch zur Auffassung des BFH (BFH DStR 2012, 452). Geht man zu Recht (vgl Rn 34) davon aus, dass es sich bei der Verschm um einen Veräußerungsgeschäft auf Ebene des übertragenden und um ein Anschaffungsgeschäft auf der Ebene des übernehmenden Rechtsträgers handelt, ist in der stl Schlussbilanz des übertragenden Rechtsträgers, in der der Anschaffungsvorgang durch den übernehmenden Rechtsträger bereits abgebildet wird (vgl Rn 34) nach Meinung des BFH für stille Lasten, die auf Grund von Ansatz und Bewertungsverboten bestehen, eine ungewisse Verb zu passivieren (zu stillen Lasten bezogen auf Pensionsrückstellungen vgl Rn 47).

s) Pensionsrückstellungen. Nach Abs 1 S 2 sind Pensionsrückstellungen nicht mit dem gemeinen Wert, sondern mit dem Wert nach § 6a EStG in der stl Schlussbilanz anzusetzen. Pensionsrückstellungen iSd Abs 1 S 2 sind solche iSd § 6a EStG (vgl dazu L. Schmidt/*Weber-Grellet* § 6a Rn 7; zur Kritik vgl *Rödder/Schumacher* DStR 2006, 1481). Durch die gesetzl Anordnung in Abs 1 S 2 werden stille Lasten bei der Bew der Pensionsrückstellungen nicht berücksichtigt. Da sich jedoch auch diese stillen Lasten im Ertragswert des Unternehmens niederschlagen, müssen diese stille Lasten im Firmenwert berücksichtigt werden (ebenso DPPM/*Pung/Möhlenbrock* Rn 16; Haritz/Menner/*Brinkhaus* Rn 95; *Ley/Bodden* FR 2007, 265; aA BMF-Schrb vom 11.11.2011, BStBl I 1314 Rn 03.07 f). 132

t) Privatvermögen. Wird das Verm der übertragenden Körperschaft nicht BV der Übernehmerin, sind die WG in der stl Schlussbilanz der übertragenden Körperschaft mit dem gemeinen Wert anzusetzen. Ob bei der übernehmenden PersGes BV vorliegt, entscheidet sich nach dem Verhältnis im Zeitpunkt des stl Übertragungsstichtags (BMF-Schrb vom 11.11.2011, BStBl I 1314 Rn 03.11; DPPM/*Pung/Möhlenbrock* Rn 32). Werden nur einzelne WG der übertragenden Körperschaft, nicht jedoch sämtl WG bei der Übernehmerin zu PV, so steht dies der Ausübung des Antragswahlrechts bezogen auf die WG, die BV werden, nicht entgegen (Widmann/Mayer/*Widmann* Rn 30). 133

u) Steuerfreie Rücklagen. Steuerfreie Rücklagen sind bei Buch- und Zwischenwertansatz in der stl Schlussbilanz auszuweisen (BMF-Schrb vom 11.11.2011, BStBl I 1314 Rn 03.04; Frotscher/Maas/*Schnitter* Rn 203; vgl auch BFH FR 2013, 218). 134

v) Steuernachforderungen. Alle auf die Zeit vor dem stl Übertragungsstichtag entfallenden Steuerschulden des übertragenden Rechtsträgers sind in der stl Schlussbilanz zurückzustellen. Dies gilt für KSt- und GewSt-Schulden, und zwar auch für solche, die durch einen etwaigen Übertragungsgewinn entstehen (Widmann/Mayer/*Widmann* Rn 281; DPPM/*Pung/Möhlenbrock* Rn 61; Frotscher/Maas/*Schnitter* Rn 204). Ergeben sich für die übertragende Körperschaft Steuernachforderungen, so sind diese zu Lasten der Wj zu passivieren, zu denen sie wirtschaftl gehören. Die zu bildenden Steuerrückstellungen mindern das übergehende Verm. 135

w) Umwandlungskosten. Ausschlaggebend für die Zuordnung der Verschmelzungskosten ist, in wessen Sphäre bei den an der Umw beteiligten Rechtsträger diese entstanden sind. Dabei hat jeder Beteiligte die auf ihn entfallenden Kosten selbst zu tragen (BFH DStR 1998, 1420; Widmann/Mayer/*Widmann* Rn 174; DPPM/*Pung/Möhlenbrock* Rn 67; im Grds ebenso BMF-Schrb vom 11.11.2011, BStBl I 1314 Rn 03.34). Die Kostenzuordnung richtet sich nach dem **obj wirtschaftl Veranlassungsprinzip** und steht nach Auffassung des BFH (DStR 1998, 1420) nicht zur Disposition der Verschmelzungsbeteiligten (DPPM/*Pung/Möhlenbrock* Rn 67; Widmann/Mayer/*Widmann* Rn 173 ff; Frotscher/Maas/*Schnitter* Rn 208; aA Haritz/Menner/*Brinkhaus* Rn 215). 136

137 Eine gesetzl Regelung der stl Behandlung von Umwandlungskosten findet sich nur für den übernehmenden Rechtsträger (§ 4 IV 1), wobei bzgl der Zuordnung von Kosten insoweit keine Aussage gemacht wird. Beim übertragenden Rechtsträger sind solche Kosten zu berücksichtigen, die durch die Verschm in seiner Person verursacht werden. Dazu gehören auch Kosten der Vorbereitungsphase wie Beratungskosten oder Kosten der verbindl Auskunft, wobei § 10 Nr 2 KStG iVm § 3 IV AO zu beachten sind (vgl *Stimpel* GmbHR 2012, 199; Widmann/Mayer/*Widmann* Rn 174 ff). Auch Kosten des Verschmelzungsbeschlusses, der Anmeldung und Eintragung des Beschlusses, Löschungskosten, Kosten für die Beratung, Kosten der Gesellschafterversammlung, auf der dem Verschmelzungsvertrag zugestimmt wurde, die Kosten für die Erstellung der stl Schlussbilanz iSv § 3 I, die Hälfte der Kosten für die Erstellung des Verschmelzungsvertrages bzw dessen Entwurf ua (vgl Widmann/Mayer/*Widmann* Rn 175; DPPM/*Pung/Möhlenbrock* Rn 67; Haritz/Menner/*Brinkhaus* Rn 216 f; BFH DStR 1998, 1420) sind Umwandlungskosten. Solche Kostenpositionen mindern den lfd Gewinn der Übertragerin. Soweit sie am stl Übertragungsstichtag noch nicht beglichen sind, sind sie in der stl Schlussbilanz als Schuld zu berücksichtigen. Nach Meinung der FinVerw (BMF-Schrb vom 11.11.2011, BStBl I 1314 Rn 04.34) sollen nicht objektbezogene Kosten, die dem übertragenden Rechtsträger nach dem objektiven wirtschaftl Veranlassungsprinzip zuzuordnen sind, dem übernehmenden Rechtsträger zuzuordnen sein, wenn sie nach dem stl Übertragungsstichtag entstanden sind. Dies kann nicht überzeugen (*Bogenschütz* Ubg 2011, 393) und steht im Widerspruch der Rechtsprechung des BFH (BFH DStR 1938, 1420). Durch die Gesetzesänderung in § 4 IV 1 hat sich daran nichts geändert, da die Vorschrift keine Regelung über die Zuordnung von Kosten beinhaltet (*Bogenschütz* Ubg 2011, 393; *Stadler/Elser/Bindl* DB 2012 Beilage 1 zu Heft 2, 14). Diese durch den übertragenden Rechtsträger verursachten Kosten sind, wenn sie im Rückwirkungszeitraum entstehen, in der stl Schlussbilanz als Rückstellungen zu passivieren (Widmann/Mayer/*Widmann* Rn 174; *Orth* GmbHR 1998, 513). Inwieweit Kosten nach dem zivilrechtl Vollzug der Verschm noch Umwandlungskosten darstellen, ist im Einzelnen str (vgl *Stimpel* GmbHR 2012, 199; § 4 Rn 43 ff). Übernimmt die Übernehmerin Kosten, die eigentl von der Übertragerin zu begleichen sind, liegt eine verdeckte Einlage vor, wenn die Übernehmerin an der Übertragerin beteiligt ist (Widmann/Mayer/*Widmann* Rn 184).

138 Kosten, die bei dem **übernehmenden Rechtsträger** entstanden sind, sind insbes die Hälfte der Kosten für die Erstellung des Verschmelzungsvertrages, die Beurkundungskosten für den Verschmelzungsvertrag zur Hälfte, Kosten des Verschmelzungsbeschlusses, der Anmeldung und Eintragung des Beschlusses, Kosten für die Beratung, die sich auf den Verschmelzungsbeschluss beziehen, Kosten der Gesellschafterversammlung, auf der dem Verschmelzungsvertrag zugestimmt wurde (Widmann/Mayer/*Widmann* Rn 176). Die Kosten, die vom übernehmenden Rechtsträger zu tragen sind, sollen nach bisheriger Auffassung der FinVerw (BMF-Schrb vom 25.3.1998, BStBl I 268 Rn 04.43) grdsl als **lfd BA** abziehbar sein, was auch gelten soll, wenn „objektbezogene" Kosten vorliegen, die Anschaffungs- und Anschaffungsnebenkosten iSd allg Regelung des StR sind. Diese lfd BA sind nunmehr gem § 4 IV 1 bei der Ermittlung des Übernahmeergebnisses zu berücksichtigen. Objektbezogene Kosten, insbes die GrESt, stellen jedoch keine sofort lfd BA dar, sie sind vielmehr als zusätzl AK zu aktivieren, da es sich bei dem Verschmelzungsvorgang um ein Anschaffungsgeschäft handelt (DPPM/*Pung* § 4 Rn 47; BMF-Schrb vom 11.11.2011, BStBl I 1314 Rn 04.34; BMF-Schrb vom 18.1.2010, BStBl I 70; BFH DStR 1998, 1420 zum UmwStG 1977; vgl auch BFH BStBl II 2004, 686; *Bogenschütz* Ubg 2011, 393).

x) Zebragesellschaft. Ein Buch- oder Zwischenwert ist gem Abs 2 Nr 1 nur insoweit zulässig, soweit die übergehenden WG „Betriebsvermögen der übernehmenden Personengesellschaft oder einer natürlichen Person werden …". Liegt eine PersGes vor, die reine Vermögensverwaltung betreibt, und werden die Anteile an der vermögensverwaltenden PersGes (teilweise) im BV der Gesellschafter gehalten, so handelt es sich um eine sog ZebraGes. Bei einer ZebraGes erfolgt die Ermittlung der Einkünfte auf der Ebene der Ges, die Qualifizierung der Einkünfte als gewerbl, freiberufl, vermögensverwaltend uä aber auf der Ebene der Gesellschafter. Wird eine vermögensverwaltende GmbH auf eine solche ZebraGes verschmolzen, so geht das Verm auf der Ebene der ZebraGes nicht in das BV über, auf der Ebene der Anteilseigner liegt (teilweise) BV vor. Die FinVerw geht bei der Verschm auf eine ZebraGes davon aus, dass das Wahlrecht des Abs 2 keine Anwendung findet, denn das übergehende Verm würde nicht BV bei der übernehmenden PersGes (BMF-Schrb vom 11.11.2011, BStBl I 1314 Rn 03.16, 08.03). Formal ist diese Betrachtungsweise richtig, sie wird jedoch nicht dem Sinn und Zweck des Abs 2 Nr 1 gerecht. Diese Vorschrift will unter Bezugnahme auf die Betriebsvermögensvoraussetzungen die Besteuerung der stillen Reserven im übergehenden Verm sicherstellen (*Stadler/Elser/Bindl* DB 2012 Beilage 1 zu Heft 2, 14). Hinzu kommt, dass die durch Abs 2 normierten Voraussetzungen für eine steuerneutrale Umw gesellschafterbezogen zu prüfen sind. Damit kann die Auffassung der FinVerw im Erg nicht überzeugen (ebenso Widmann/Mayer/*Widmann* Rn 34; Frotscher/Maas/*Schnitter* Rn 141; *Bogenschütz* Ubg 2011, 393; *Stadler/Elser/Bindl* DB 2012 Beilage 1 zu Heft 2, 14; aA DPPM/*Möhlenbrock* § 8 Rn 11). 139

16. Rückwirkung

Für die Abgrenzung des Einkommens und des Verm der übertragenden Körperschaft von dem der Übernehmerin stellt das Gesetz auf den stl Übertragungsstichtag ab, auf den die stl Schlussbilanz zu erstellen ist. Auf diese stl Schlussbilanz nimmt § 3 Bezug, sodass der Verschmelzungsvorgang auf diese stl Schlussbilanz rückbezogen werden kann. Durch das Abstellen auf die dem Vermögensübergang zugrunde liegende Bilanz gelten über § 1 I insoweit die handelsrechtl Vorschriften und damit auch § 17 II UmwG. Der stl Übertragungsstichtag darf damit höchstens acht Monate vor der Anmeldung der Verschm zum HR liegen. Zu weiteren Einzelheiten der Rückwirkung vgl § 2 Rn 42 ff. 140

17. Vermögensübergang in das Privatvermögen

Geht das Verm der übertragenden Körperschaft iRd Verschm nicht in das BV der übernehmenden PersGes oder natürl Person über, so hat die übertragende Körperschaft die WG in ihrer stl Schlussbilanz mit dem **gemeinen Wert** anzusetzen. Zu einem Übergang in das PV kann es auch kommen, wenn die übernehmende PersGes eine OHG oder KG ist. Das HRefG vom 22.6.1998 (BGBl I 1474) lässt es zu, dass eine PhG sich auf die Verwaltung eigenen Verm beschränkt. Es besteht daher keine Vermutung, dass eine PhG tats betriebl Verm besitzt. Zu einer Überführung in das PV kommt es insbes dann, wenn eine rein vermögensverwaltende GmbH auf eine PersGes verschmolzen wird und diese PersGes keine gewerbl oder selbstständige Arbeit ausübt oder einen LuF-Betrieb nicht betreibt. 141

Auch die Erklärung der Absicht, die übernehmende PersGes wolle sich zukünftig gewerbl betätigen, kann nicht bewirken, dass vom Zeitpunkt der Erklärung an die Tätigkeit dieser übernehmenden PersGes als gewerbl zu beurteilen ist. Mit der gewerbl Tätigkeit wird erst dann begonnen, sobald der Entschluss der gewerbl Betätigung gefasst ist und mit Maßnahmen begonnen wird, die der Vorbereitung der Tätigkeit dienen und mit ihr in unmittelbarem wirtschaftl Zusammenhang stehen (vgl BFH/NV 1997, 762; Widmann/Mayer/*Widmann* Vor § 3 Rn 90). Etwas anderes gilt, wenn die übertragende Körperschaft früher einen Gewerbebetrieb hatte und dieser im Zeitpunkt der Verschm ruht (BFH/NV 1997, 762).

142 Eine Überführung in das PV findet nicht allein deshalb statt, weil die übernehmende PersGes ihren Gewinn nach § 4 III EStG ermittelt (Widmann/Mayer/*Widmann* Vor § 3 Rn 60).

143 Ob bei der übernehmenden PersGes BV vorliegt, entscheidet sich nach dem Verhältnis zum stl Übertragungsstichtag (BMF-Schrb vom 11.11.2011, BStBl I 1314 Rn 03.11; Haritz/Menner/*Brinkhaus* Rn 113; RHL/*Birkemeier* Rn 24; DPPM/*Pung/Möhlenbrock* Rn 32). Nimmt die Übernehmerin erst nach dem stl Übertragungsstichtag eine gewerbl Tätigkeit auf, so wird das Verm der Übertragerin bei ihr PV, es sei denn die übertragende Körperschaft ist im Grunde gewerbl freiberufl tätig oder betreibt LuF.

144 Geht das Verm der übertragenden Körperschaft mit der Umw in vollem Umfang in das PV der Übernehmerin über, so fällt dieser Vorgang thematisch in den Bereich der §§ 3 ff, wie sich aus § 3 und § 8 ergibt; die Rechtsfolgen beim übernehmenden Rechtsträger ergeben sich nicht aus § 4.

145 Das Verm der übertragenden Körperschaft ins PV ist mit dem **gemeinen Wert** anzusetzen. Zur sog ZebraGes vgl Rn 139. Wird das Verm der übertragenden Körperschaft nicht BV der Übernehmerin, so ist auch ein **originärer Geschäfts- oder Firmenwert,** der jedoch nur ausnahmsweise vorliegen wird, mit dem gemeinen Wert anzusetzen (Widmann/Mayer/*Widmann* Vor § 3 Rn 60).

146 Zu den Rechtsfolgen für die Anteilsinhaber vgl die Komm zu § 8.

18. Übertragungsgewinn

147 Setzt die übertragende Körperschaft in ihrer stl Schlussbilanz die WG zu ZW oder den gemeinen Wert an, so kommt es zu einer Aufdeckung von stillen Reserven und zur Entstehung eines Übertragungsgewinnes. Dieser unterliegt, sofern er nicht aufgrund DBA freigestellt ist, der **GewSt** und **KSt.** Spezielle Vergünstigungen sieht das Gesetz nicht vor. Auf den Teil des Übertragungsgewinns, der auf eine ausl Betriebsstätte entfällt, ist für gewstl Zwecke § 9 Nr 3 GewStG anzuwenden (DPPM/*Pung/Möhlenbrock* Rn 52a; RHL/*Birkemeier* Rn 156; Frotscher/Maas/*Schnitter* Rn 220). Zu den Umwandlungskosten vgl Rn 136 ff. Der Übertragungsgewinn ist ggü dem lfd Erg der Übertragerin nicht gesondert zu ermitteln. Der Übertragungsgewinn erhöht das in der StB ausgewiesene EK der Übertragerin, da er in der stl Schlussbilanz der Übertragerin zu berücksichtigen ist. Zur Möglichkeit des Entstehens eines Übertragungsverlustes vgl Rn 38.

148 Die Verschm einer Körperschaft auf eine PersGes stellt eine Vermögensübertragung und damit einen Veräußerungs- und Anschaffungsvorgang dar (vgl dazu Vor §§ 3–9 Rn 6 f). Die Bildung einer Rücklage nach § 4g EStG kommt auch in den Fällen des Abs 2 S 1 Nr 2 nicht in Betracht (DPPM/*Pung/Möhlenbrock* Rn 52; krit *Kußmaul/Richter/Heyd* IStR 2010, 73).

Der Übertragungsgewinn wird, da es sich aus stl Sicht um eine Art Veräußerungsgewinn handelt, von einem **EAV** erfasst (wie hier RHL/*Rödder* § 11 Rn 88; aA BMF-Schrb vom 11.11.2011, BStBl I 1314 Rn Org 27; DPPM/*Pung/Möhlenbrock* Rn 52a; Widmann/Mayer/*Widmann* Rn 534, der aber von einer Art Liquidationsgewinn ausgeht). **149**

Der Übertragungsgewinn kann um einen **Verlustabzug** gekürzt werden, er mindert den lfd Verlust der Übertragerin. Entsprechendes gilt für einen Fehlbetrag gem **§ 10a GewStG.** Entsteht der Übertragungsgewinn durch Aufdeckung stiller Reserven in einem Mitunternehmeranteil, an dem die übertragende Körperschaft beteiligt ist, so kann er durch einen verrechenbaren Verlust iSd **§ 15a EStG** neutralisiert werden. Die Grdse der sog Mindestbesteuerung finden keine Anwendung (aA DPPM/*Pung/Möhlenbrock* Rn 52a; vgl auch BFH DStR 2010, 2179; BMF-Schrb vom 19.10.2011, BStBl I 974). **150**

Entsteht der Übertragungsgewinn durch die Aufdeckung stiller Reserven in Anteilen an einer KapGes, auf die die Voraussetzungen des **§ 8b II KStG** zutreffen, so findet § 8b II KStG Anwendung (DPPM/*Pung/Möhlenbrock* Rn 57; Haritz/Menner/*Brinkhaus* Rn 230; RHL/*Birkemeier* Rn 65). § 8b III 1 KStG ist zu beachten; § 8b IV KStG nF gilt nicht (vgl *Benz/Jetter* DStR 2013, 489). Die Aufdeckung der stillen Reserven in den Anteilen an der Ges führt dazu, dass ein höherer Übernahmegewinn entsteht bzw ein Übernahmeverlust sich verringert. Zur GewSt vgl § 18 Rn 9 ff. **151**

Führt die Umw für im Ausland gelegenes Verm im Ausland zu einer Gewinnrealisierung, ist die dadurch im Ausland entstandene Steuer nach den allg Grdsen des § 26 KStG auf die KSt des Übertragungsgewinns anrechenbar (DPPM/*Pung/Möhlenbrock* Rn 52b; Widmann/Mayer/*Widmann* Rn 563; *Trossen* FR 2006, 617; *Lemaitre/Schönherr* GmbHR 2007, 173). Wegen des Leerlaufes der Anrechnung in Fällen, in denen der BW in der stl Schlussbilanz des übertragenden Rechtsträgers angesetzt wird vgl Rn 114. Wegen der Anrechnung fiktiver ausl Steuer vgl Rn 153. **152**

19. Verschmelzung innerhalb der EU

Abs 3 betrifft den Fall der grenzüberschreitenden Hinausverschmelzung einer unbeschränkt stpfl Körperschaft ins EU-Ausland bei Vorhandensein einer in einem anderen EU-Mitgliedstaat gelegenen Betriebsstätte, für die Deutschland nicht auf sein Besteuerungsrecht verzichtet hat, und das jew DBA bzw § 20 II AStG die Freistellungsmethode ausschließt. Durch die Hinausverschmelzung verliert Deutschland bzgl der Betriebsstätte sein Besteuerungsrecht, das übertragene Verm in der Betriebsstätte ist damit in der stl Schlussbilanz mit dem gemeinen Wert anzusetzen. Die KSt auf den Übertragungsgewinn ist entsprechend Art 10 II FusionsRL, der im Abs 3 umgesetzt worden ist, um eine fiktive ausl Steuer zu ermäßigen, die erhoben würde, wenn das Betriebsstättenvermögen dort zum gemeinen Wert veräußert worden wäre. Die Ermäßigung ist begrenzt auf die auf den Übertragungsgewinn anfallende dt KSt. Die Anrechnung dieser fiktiven ausl Steuer erfolgt nach den Grdsen des § 26 KStG mit dem Betrag ausl Steuer, der nach den Vorschriften des anderen Mitgliedstaats erhoben worden wäre, wenn das übergehende Verm zum Zeitpunkt der Übertragung zum gemeinen Wert veräußert worden wäre. Zur Ermittlung des Betrages der anrechenbaren ausl Steuer ist idR ein Auskunftsersuchen an den ausl Betriebsstättenstaat erforderl (BMF-Schrb vom 11.11.2011, BStBl I 1314 Rn 03.32). Erhebt der andere EU-Mitgliedstaat anlässl der Verschm tats Steuern, so erfolgt eine Anrechnung dieser Steuern nach **153** den Grdsen des § 26 KStG (RHL/*Rödder* § 11 Rn 182; Frotscher/Maas/*Schnitter* Rn 228 ff; DPPM/*Pung/Möhlenbrock* Rn 18a mwN).

§ 4 Auswirkungen auf den Gewinn des übernehmenden Rechtsträgers

(1) [1] **Der übernehmende Rechtsträger hat die auf ihn übergegangenen Wirtschaftsgüter mit dem in der steuerlichen Schlussbilanz der übertragenden Körperschaft enthaltenen Wert im Sinne des § 3 zu übernehmen.** [2] **Die Anteile an der übertragenden Körperschaft sind bei dem übernehmenden Rechtsträger zum steuerlichen Übertragungsstichtag mit dem Buchwert, erhöht um Abschreibungen, die in früheren Jahren steuerwirksam vorgenommen worden sind, sowie um Abzüge nach § 6b des Einkommensteuergesetzes und ähnliche Abzüge, höchstens mit dem gemeinen Wert, anzusetzen.** [3] **Auf einen sich daraus ergebenden Gewinn finden § 8b Abs. 2 Satz 4 und 5 des Körperschaftsteuergesetzes sowie § 3 Nr. 40 Satz 1 Buchstabe a Satz 2 und 3 des Einkommensteuergesetzes Anwendung.**

(2) [1] **Der übernehmende Rechtsträger tritt in die steuerliche Rechtsstellung der übertragenden Körperschaft ein, insbesondere bezüglich der Bewertung der übernommenen Wirtschaftsgüter, der Absetzungen für Abnutzung und der den steuerlichen Gewinn mindernden Rücklagen.** [2] **Verrechenbare Verluste, verbleibende Verlustvorträge, vom übertragenden Rechtsträger nicht ausgeglichene negative Einkünfte, ein Zinsvortrag nach § 4h Absatz 1 Satz 5 des Einkommensteuergesetzes und ein EBITDA-Vortrag nach § 4h Absatz 1 Satz 3 des Einkommensteuergesetzes gehen nicht über.** [3] **Ist die Dauer der Zugehörigkeit eines Wirtschaftsguts zum Betriebsvermögen für die Besteuerung bedeutsam, so ist der Zeitraum seiner Zugehörigkeit zum Betriebsvermögen der übertragenden Körperschaft dem übernehmenden Rechtsträger anzurechnen.** [4] **Ist die übertragende Körperschaft eine Unterstützungskasse, erhöht sich der laufende Gewinn des übernehmenden Rechtsträgers in dem Wirtschaftsjahr, in das der Umwandlungsstichtag fällt, um die von ihm, seinen Gesellschaftern oder seinen Rechtsvorgängern an die Unterstützungskasse geleisteten Zuwendungen nach § 4d des Einkommensteuergesetzes; § 15 Abs. 1 Satz 1 Nr. 2 Satz 2 des Einkommensteuergesetzes gilt sinngemäß.** [5] **In Höhe der nach Satz 4 hinzugerechneten Zuwendungen erhöht sich der Buchwert der Anteile an der Unterstützungskasse.**

(3) **Sind die übergegangenen Wirtschaftsgüter in der steuerlichen Schlussbilanz der übertragenden Körperschaft mit einem über dem Buchwert liegenden Wert angesetzt, sind die Absetzungen für Abnutzung bei dem übernehmenden Rechtsträger in den Fällen des § 7 Abs. 4 Satz 1 und Abs. 5 des Einkommensteuergesetzes nach der bisherigen Bemessungsgrundlage, in allen anderen Fällen nach dem Buchwert, jeweils vermehrt um den Unterschiedsbetrag zwischen dem Buchwert der einzelnen Wirtschaftsgüter und dem Wert, mit dem die Körperschaft die Wirtschaftsgüter in der steuerlichen Schlussbilanz angesetzt hat, zu bemessen.**

(4) [1] **Infolge des Vermögensübergangs ergibt sich ein Übernahmegewinn oder Übernahmeverlust in Höhe des Unterschiedsbetrags zwischen**

dem Wert, mit dem die übergegangenen Wirtschaftsgüter zu übernehmen sind, abzüglich der Kosten für den Vermögensübergang und dem Wert der Anteile an der übertragenden Körperschaft (Absätze 1 und 2, § 5 Abs. 2 und 3). [2] Für die Ermittlung des Übernahmegewinns oder Übernahmeverlusts sind abweichend von Satz 1 die übergegangenen Wirtschaftsgüter der übertragenden Körperschaft mit dem Wert nach § 3 Abs. 1 anzusetzen, soweit an ihnen kein Recht der Bundesrepublik Deutschland zur Besteuerung des Gewinns aus einer Veräußerung bestand. [3] Bei der Ermittlung des Übernahmegewinns oder des Übernahmeverlusts bleibt der Wert der übergegangenen Wirtschaftsgüter außer Ansatz, soweit er auf Anteile an der übertragenden Körperschaft entfällt, die am steuerlichen Übertragungsstichtag nicht zum Betriebsvermögen des übernehmenden Rechtsträgers gehören.

(5) [1] **Ein Übernahmegewinn erhöht sich und ein Übernahmeverlust verringert sich um einen Sperrbetrag im Sinne des § 50c des Einkommensteuergesetzes, soweit die Anteile an der übertragenden Körperschaft am steuerlichen Übertragungsstichtag zum Betriebsvermögen des übernehmenden Rechtsträgers gehören. [2] Ein Übernahmegewinn vermindert sich oder ein Übernahmeverlust erhöht sich um die Bezüge, die nach § 7 zu den Einkünften aus Kapitalvermögen im Sinne des § 20 Abs. 1 Nr. 1 des Einkommensteuergesetzes gehören.**

(6) [1] **Ein Übernahmeverlust bleibt außer Ansatz, soweit er auf eine Körperschaft, Personenvereinigung oder Vermögensmasse als Mitunternehmerin der Personengesellschaft entfällt. [2] Satz 1 gilt nicht für Anteile an der übertragenden Gesellschaft, die die Voraussetzungen des § 8b Abs. 7 oder des Abs. 8 Satz 1 des Körperschaftsteuergesetzes erfüllen. [3] In den Fällen des Satzes 2 ist der Übernahmeverlust bis zur Höhe der Bezüge im Sinne des § 7 zu berücksichtigen. [4] In den übrigen Fällen ist er in Höhe von 60 Prozent, höchstens jedoch in Höhe von 60 Prozent der Bezüge im Sinne des § 7 zu berücksichtigen; ein danach verbleibender Übernahmeverlust bleibt außer Ansatz. [5] Satz 4 gilt nicht für Anteile an der übertragenden Gesellschaft, die die Voraussetzungen des § 3 Nr. 40 Satz 3 und 4 des Einkommensteuergesetzes erfüllen; in diesen Fällen gilt Satz 3 entsprechend. [6] Ein Übernahmeverlust bleibt abweichend von den Sätzen 2 bis 5 außer Ansatz, soweit bei Veräußerung der Anteile an der übertragenden Körperschaft ein Veräußerungsverlust nach § 17 Abs. 2 Satz 6 des Einkommensteuergesetzes nicht zu berücksichtigen wäre oder soweit die Anteile an der übertragenden Körperschaft innerhalb der letzten fünf Jahre vor dem steuerlichen Übertragungsstichtag entgeltlich erworben wurden.**

(7) [1] **Soweit der Übernahmegewinn auf eine Körperschaft, Personenvereinigung oder Vermögensmasse als Mitunternehmerin der Personengesellschaft entfällt, ist § 8b des Körperschaftsteuergesetzes anzuwenden. [2] In den übrigen Fällen ist § 3 Nr. 40 sowie § 3c des Einkommensteuergesetzes anzuwenden.**

Schrifttum: Schrifttum bis 2006 siehe 5. Auflage; *Behrendt/Arjes,* Das Verhältnis der Ausschüttungsfiktion (§ 7 UmwStG) zur Einlagefiktion (§ 5 Abs. 2 UmwStG), DB 2007, 824; *Biliteswki,* Gesetz über steuerliche Begleitmaßnahmen zur Einführung der europäischen Gesellschaft und zur Änderung weiterer steuerrechtlicher Vorschriften (SEStEG), FR 2007, 57;

Bodden, Verschmelzung und Formwechsel von Kapitalgesellschaften auf gewerbliche Personengesellschaften nach dem SEStEG (§§ 3–10 UmwStG nF), FR 2007, 66; *Brähler/Heerdt,* Steuerneutralität bei grenzüberschreitenden Verschmelzungen unter Beteiligung hybrider Gesellschaften, StuW 2007, 260; *Damas,* Einführung in das neue UmwStR, DStZ 2007, 129; *Hagemann/Jakob/Ropohl/Viebrock,* SEStEG – Das neue Konzept der Verstrickung und Entstrickung sowie die Neufassung des UmwStG, NWB-Sonderheft 1/2007; *Lemaitre/Schönherr,* Die Umwandlung von Kapitalgesellschaften in Personengesellschaften durch Verschmelzung und Formwechsel nach der Neufassung des UmwStG durch das SEStEG, GmbHR 2007, 173; *Olbing,* Neuerungen für nat Umwandlungen nach dem SEStEG, GmbH-StB 2007, 51; *Rödder/Schumacher,* Das SEStEG – Überblick über die endgültige Fassung und die Änderungen gegenüber dem Regierungsentwurf, DStR 2007, 369; *Schwetlik,* Umwandlung Kapitalgesellschaften in Personengesellschaften nach dem SEStEG in der Gestaltungspraxis, GmbHR 2007, 574; *Drüen,* „Präzisierung" und „Effektuierung" des § 42 AO durch das Jahressteuergesetz 2008?, Ubg 2008, 31; *Fischer,* Überlegungen zu § 42 AO idF des JStG 2008, FR 2008, 306; *Hey,* Spezialgesetzliche Missbrauchsgesetzgebung, StuW 2008, 167; *Kessler/Aberle,* Übertragungsgewinn bei Verschmelzungen und vororganschaftliche Verlustverträge einer Organschaft, Ubg 2008, 209; *Krohn/Greulich,* Ausgewählte Einzelprobleme des Umwandlungssteuerrechts aus der Praxis, DStR 2008, 646; *Teiche,* Maßgeblichkeit bei Umwandlungen – trotz SEStEG?, DStR 2008, 1757; *Stimpel,* Umwandlung einer Kapitalgesellschaft in eine Personengesellschaft, GmbH-StB 2008, 74; *Bogenschütz,* Aktuelle Entwicklung bei der Umwandlung von Kapital- in Personengesellschaften, Ubg 2009, 604; *Förster,* Ausländische Anteilseigner bei Umwandlung von Kapitalgesellschaften in Personenunternehmen, FS Schaumburg, 2009, 629; *Benecke/Beinert,* Internationale Aspekte der Umstrukturierung von Unternehmen, FR 2010, 1120; *Jacobsen,* Die Gestaltung des steuerlichen Übernahmeergebnisses, DStZ 2010, 205; *Bogenschütz,* Umwandlung von Kapital- in Personengesellschaften, Ubg 2011, 393; *Hageböke,* Sind alle Umwandlungen „Veräußerungen"? – Kritische Anmerkungen zur neuen Ausgangsthese der Finanzverwaltung im Umwandlungssteuererlass – Entwurf, Ubg 2011, 689; *Schlotter/Pinkernell,* Bilanzsteuerrechtliche Ansatz- und Bewertungsvorbehalte bei der Übernahme von schuldrechtlichen Verpflichtungen, FR 2011, 689; *Schönfeld,* Ausgewählte internationale Aspekte des neuen Umwandlungssteuererlasses, IStR 2011, 497; *Siegel,* „Angeschaffte" Drohverlustrückstellungen und Steuerpause, FR 2011, 781; *Ernst,* Das gewerbesteuerliche Schachtelprivileg bei Umwandlungsvorgängen, Ubg 2012, 678; *Hruschka,* Umwandlung Kapital- auf Personengesellschaften (§§ 3 ff. UmwStG), DStR 2012 Beihefter zu Heft 2, 14; *Stadler/Elser/Bindl,* Vermögensübertragung bei Verschmelzung auf eine Personengesellschaft oder auf eine natürliche Person und Formwechsel einer Kapitalgesellschaft in eine Personengesellschaft – Kritische Anmerkungen zum Umwandlungssteuererlass, DB 2012 Beilage 1 zu Heft 2, 14; *Stimpel,* Behandlung von Umwandlungskosten bei Verschmelzung und Spaltung von Kapitalgesellschaften, GmbHR 2012, 199; *Benz/Jetter,* Die Neuregelung zur Steuerpflicht von Streubesitzdividenden, DStR 2013, 489.

Übersicht

1. Allgemeines

1 Die Auswirkungen des Vermögensübergangs auf den Gewinn der übernehmenden PersGes bzw den alleinigen Gesellschafter – sofern es sich hierbei um eine natürl Person handelt – im Fall der Verschm einer Körperschaft auf diese Rechtsträger regelt § 4, der zudem beim Formwechsel einer KapGes in eine PersGes (§ 9 S 1) und die Auf- oder Abspaltung einer Körperschaft auf eine PersGes (§ 16 S 1) anzuwenden ist. § 4 wird ergänzt durch §§ 5, 6.

2 Die übernehmende PersGes bzw natürl Person hat gem **Abs 1** die auf sie zum stl Übertragungsstichtag übergehenden WG mit den Wertansätzen in der stl Schlussbilanz der übertragenden Körperschaft zu übernehmen. Gleiches gilt für die Bilanzansätze in der stl Schlussbilanz, bei denen es an der WG-Eigenschaft fehlt (BMF-Schrb vom 11.11.2011, BStBl I 1314 Rn 04.01; vgl auch § 4 Rn 11). Kommt es zu einer Verschm einer Körperschaft auf eine neu gegründete PersGes, ist deren Eröffnungsbilanz gleichzeitig die **Übernahmebilanz.** Besteht die PersGes bereits vor der Verschm, muss eine besondere Übernahmebilanz nicht erstellt werden, die Übernahme des BV stellt einen laufenden Geschäftsvorfall dar (BMF-Schrb vom 11.11.2011, BStBl I 1314 Rn 04.03). Trotz der zwingend vorgeschriebenen Buchwertfortführung durch den übernehmenden Rechtsträger vollzieht sich die Verschm auf dessen Ebene bzw auf der Ebene der Gesellschafter der PersGes idR **nicht völlig steuerneutral.** Nach Abs 1 S 2 sind Anteile an der übertragenden Körperschaft zum stl Übertragungsstichtag mit dem BW (§ 1 V Nr 4) erhöht um steuerwirksame Teilwertabschreibungen sowie um Abzüge nach § 6b EStG und ähnl Abzüge, höchstens mit dem gemeinen Wert, in der StB der übernehmenden PersGes bzw natürl Person anzusetzen. Es entsteht ein lfd Gewinn, der einer vollen Besteuerung unterliegt, sofern die ursprüngl Abzugsbeträge steuerwirksam waren.

3 Aufgrund des Erlöschens von gegenseitigen Forderungen und Verbindlichkeiten kann ein Übernahmefolgegewinn entstehen (vgl § 6 Rn 27 f.).

4 Einem Gesellschafter der umgewandelten Körperschaft werden als Folge der Umw gem § 7 iHd auf ihn entfallenden ausschüttbaren Gewinns der Körperschaft

(EK – Einlagekonto nach Anwendung des § 29 I KStG) Einkünfte aus Kapitalvermögen zugewiesen. Sie werden auf der Ebene der Gesellschafter/des Alleingesellschafters wie eine Gewinnausschüttung besteuert und unterliegen dem Kapitalertragsteuerabzug.

Soweit die Anteile der untergehenden Körperschaft zum BV der übernehmenden PersGes gehören, wobei sich die Zuordnung der Anteile auch aus § 5 ergibt, entsteht auf Grund des Vermögensübergangs in der Bilanz der übernehmenden PersGes ein Übernahmegewinn bzw Übernahmeverlust iHd Unterschiedsbetrages zwischen dem Wert, mit dem die WG durch die übernehmende PersGes zu übernehmen sind abzgl der Kosten für den Vermögensübergang und dem BW der Anteile der untergehenden Körperschaft. Der Wert des übergehenden Verm ergibt sich aus dem Ansatz der übergehenden WG in der stl Schlussbilanz des übertragenden Rechtsträgers. Für Zwecke der Ermittlung des Übernahmeergebnisses erhöht sich nach Abs 4 S 2 der Wert des übergehenden Verm um die Diff zwischen dem gemeinen Wert und dem Wert in der stl Schlussbilanz der WG, soweit an den übergehenden WG kein Recht der BRD zur Besteuerung des Gewinns aus der Veräußerung dieser WG vor der Verschm bestanden hat **(sog neutrales Verm).** Beim neutralen Verm handelt es sich um WG der übertragenden Körperschaft, die zB aufgrund der Freistellungsmethode in einem DBA nicht der dt Besteuerung unterlegen haben oder welches bei ausl übertragenden Körperschaften mangels StPfl nicht der dt Besteuerung unterliegen. Dieses so ermittelte **Übernahmeergebnis erster Stufe** wird nach Abs 5 S 1 um einen ggf vorhandenen Sperrbetrag iSd § 50c EStG erhöht. Nach Abs 5 S 2 vermindert sich ein Übernahmegewinn oder erhöht sich ein Übernahmeverlust um die offenen Rücklagen, die nach § 7 zu den Einkünften iSd § 20 I Nr 1 EStG gehören **(Übernahmeergebnis zweiter Stufe).** 5

Auf einen **Übernahmegewinn** ist § 8b KStG anzuwenden (Abs 7 S 1), soweit dieser auf eine Körperschaft oder Personenvereinigung oder Vermögensmasse als Mitunternehmerin der PersGes entfällt. Nach § 8b III KStG gelten 5% des Übernahmegewinns als nicht abzugsfähige BA. Der Übernahmegewinn wird ebenso besteuert wie die Veräußerung einer von einer KapGes gehaltenen Beteiligung an der Körperschaft; § 8b IV KStG nF kommt nicht zur Anwendung (*Benz/Jetter* DStR 2013, 489). In allen übrigen Fällen erfolgt eine Besteuerung gem § 3 Nr 40 S 1 und 2 EStG und § 3c EStG (Abs 7 S 2). 6

Ein **Übernahmeverlust** bleibt nach Abs 6 S 1 grdsl außer Ansatz, soweit er auf eine Körperschaft, Personenvereinigung oder Vermögensmasse als MU der übernehmenden PersGes entfällt. Für Anteile an der übertragenden Körperschaft, die die Voraussetzungen des § 8b VII und VIII 1 KStG erfüllen, gilt dies nicht. In diesen Fällen ist nach Abs 6 S 3 der Übernahmeverlust bis zur Höhe der Bezüge nach § 7 zu berücksichtigen. In den übrigen Fällen ist – vorbehaltlich Abs 6 S 5 – ein Übernahmeverlust iHv 60 vH, höchstens iHv 60 vH der Bezüge nach § 7 zu berücksichtigen; ein danach verbleibender Übernahmeverlust bleibt außer Ansatz. Ein Übernahmeverlust kann aber nicht mit den Einkünften nach § 7 verrechnet werden, soweit er auf Anteile am übertragenden Rechtsträger entfällt, (1) bei deren Veräußerung ein Veräußerungsverlust nach § 17 II 6 EStG nicht zu berücksichtigen wäre oder (2) soweit die Anteile an der übertragenden Körperschaft innerh der letzten fünf Jahre vor dem stl Übertragungsstichtag entgeltl erworben wurden. 7

Am stl Übertragungsstichtag müssen jedoch nicht alle Anteile an der übertragenden Körperschaft auch unter Berücksichtigung des § 5 zum BV der überneh- 8 menden PersGes gehört haben. Nach **Abs 4 S 3** bleibt aus diesem Grund bei der Ermittlung des Übernahmegewinns/-verlustes der Wert des übergegangenen WG außer Ansatz, der auf die Anteile an der übertragenden Körperschaft entfällt, die am stl Übertragungsstichtag nicht zum BV der übernehmenden PersGes gehört haben. Für diese Anteilseigner richten sich die stl Konsequenzen der Umw ausschließl nach § 7; diese Anteilseigner treten mit dem anteiligen stl EK (anteiliger Nettobuchwert des übernommenen BVs) der PersGes in die stl Mitunternehmerstellung ein.

9 Gem **Abs 2, 3** tritt die übernehmende PersGes/natürl Person grdsl aus stl Sicht in die Rechtsstellung der übertragenden Körperschaft ein.

10 Hinsichtl der Ermittlung des Übernahmeergebnisses knüpft § 4 an die Ermittlung eines Auflösungsgewinns/-verlustes iSv § 17 IV EStG an. Nach § 17 IV 3 EStG sind die Bezüge iSd § 20 I Nr 1 oder Nr 2 EStG aus dem Veräußerungsgewinn iSd § 17 EStG auszusondern. Eine entsprechende Trennung von Veräußerungsgewinnen und Kapitaleinkünften erfolgt auch durch die §§ 4, 7. Dies ändert aber nichts daran, dass sich die Verschm aus der Sicht des **übertragenden Rechtsträgers** als Veräußerungs- und aus der Sicht der übernehmenden **PersGes** als **Anschaffungsvorgang** darstellt (BFH BStBl II 1998, 168; BFH BStBl II 2003, 10; BFH BStBl 2004, 686; BMF-Schrb vom 11.11.2011, BStBl I 1314 Rn 00.02).

2. Wertansätze der Übernehmerin

11 **a) Wertverknüpfung im Steuerrecht.** Die übernehmende PersGes bzw die übernehmende natürl Person hat die auf sie **übergegangenen WG** mit den in der Schlussbilanz der übertragenden Körperschaft enthaltenen Werten gem Abs 1 zu übernehmen. Gleiches gilt für die Bilanzansätze in der stl Schlussbilanz, bei denen es an der Wirtschaftsguteigenschaft fehlt (BMF-Schrb vom 11.11.2011, BStBl I 1314 Rn 04.01; DPPM/*Pung* Rn 11; Haritz/Menner/*Bohnhardt* Rn 66; RHL/*van Lishaut* Rn 14; Frotscher/Maas/*Schnitter* Rn 25; zur späteren Änderung der Wertansätze in der stl Schlussbilanz des übertragenden Rechtsträgers vgl Rn 12, 26).

12 Nach Meinung der FinVerw gelten für die stl Schlussbilanz des übertragenden Rechtsträgers die **Ansatzverbote des § 5 EStG** nicht, es sei denn, dass die Buchwerte fortgeführt werden (BMF-Schrb vom 11.11.2011, BStBl I 1314 Rn 03.06), wobei der Ansatz mit dem Buchwert ausgeschlossen ist, wenn der gemeine Wert der übertragenen Sachgesamtheit geringer ist als dessen Buchwert (BMF-Schrb vom 11.11.2011, BStBl I 1314 Rn 03.12; zur Kritik an dieser Sichtweise vgl § 3 Rn 35 f). Der übernehmende Rechtsträger hat nach Meinung der FinVerw diese, entgegen dem Ansatzverbot ausgewiesene Passiva zu übernehmen, muss diese aber zum nächsten Bilanzstichtag erfolgswirksam auflösen, es sei denn, es handelt sich um in der stl Schlussbilanz des übertragenden Rechtsträgers aktivierte immaterielle Wirtschaftsgüter insbesondere einen Firmenwert; diese sind durch den übernehmenden Rechtsträger über die Nutzungsdauer abzuschreiben. Dass die entgegen dem Ansatzverbot in der stl Schlussbilanz des übertragenden Rechtsträgers angesetzten Passiva durch den übernehmenden Rechtsträger zum nächsten Bilanzstichtag erfolgswirksam aufzulösen sind, wird in der Literatur zu Recht kritisiert (*Rödder* DStR 2011, 1062; *Bogenschütz* Ubg 2011, 399; *Schumacher/Neitz-Hackstein* Ubg 2011, 409; *Kpyszka/Jüngling* BB Special I/2011, 4; *Stadler/Elser/Bindl* DB 2012 Beilage 1 zu Heft 2, 14). Zunächst ist darauf hinzuweisen, dass auch die FinVerw davon ausgeht, dass es sich bei der Verschm aus der Sicht des übernehmenden Rechtsträgers um einen Anschaffungsvorgang handelt (BMF-

Schrb vom 11.11.2011, BStBl I 1314 Rn 00.02). Dann widerspricht aber dieses Auflösungsgebot der Rechtsprechung der Finanzgerichte (BFH DStR 2012, 452; BFH BStBl II 2011, 566; FG Düsseldorf EFG 2011, 34; FG Münster vom 15.6.2011 – 9 K 1292/07). Mit Urteil vom 16.12.2009 (BFH BStBl II 2011, 566; ebenso BFH DStR 2012, 452) hat der BFH darauf hingewiesen, dass bei einer Betriebsveräußerung betriebl Verbindlichkeiten, die beim Veräußerer auf Grund von Rückstellungsverboten (zB Drohverlustrückstellung) nicht passiviert werden durften, beim Erwerber keinem Passivierungsverbot unterworfen sind, wenn er diese Verbindlichkeiten gegen Schuldbefreiung übernommen hat; solche betrieblichen Verbindlichkeiten sind als ungewisse Verbindlichkeiten in der Bilanz des Käufers auszuweisen und von ihm auch an den nachfolgenden Bilanzstichtagen mit ihren Anschaffungskosten oder ihrem höheren Teilwert zu bewerten. Diese Auffassung wird mit dem Grds der erfolgsneutralen Behandlung von Anschaffungsvorgängen begründet. Auch wenn nach Meinung der FinVerw die in der stl Schlussbilanz des übertragenden Rechtsträgers entgegen dem Ansatzverbot ausgewiesenen Passiva in der stl Übernahmebilanz gem § 4 I zunächst übernommen werden, dann aber zum darauf folgenden Bilanzstichtag wegen der dann – nach Meinung der FinVerw – wieder geltenden stl Ansatz – und Bewertungsvorbehalte aufzulösen sind (vgl dazu auch BMF-Schrb vom 24.6.2011, BStBl I 627) steht dies im Widerspruch zur Rechtsprechung des BFH und der hM in der Literatur (vgl Frotscher/Maas/*Schnitter* Rn 26; Haase/Hruschka/*Schönherr/Krüger* Rn 55; *Schlotter/Pinkernell* GmbHR 2011, 689; *Künkel/Zwirner* DStR 2011, 1840; *Höhn/Gebert* DB 2011, 1775; *Siegel* FR 2011, 781; *Bogenschütz* Ubg 2011, 393; *Stadler/Elser/Bindl* DB 2012 Beilage 1 zu Heft 2, 14). Der BFH macht in den angesprochenen Urteilen deutlich, dass für „angeschaffte" Drohverlustrückstellungen die für ungewisse Verbindlichkeiten geltenden Grdse anzuwenden sind und damit eine Passivierungspflicht besteht, und zwar nicht nur im Erwerbszeitpunkt, sondern gleichermaßen auch an den nachfolgenden Bilanzstichtagen. Die hM in der Literatur (vgl § 3 Rn 35) geht davon aus, dass solche **stillen Lasten im Firmenwert** zu berücksichtigen sind, das dargestellte Problem der Folgebewertung stellt sich damit nicht. Auch diese Auffassung, nach der die stillen Reserven unmittelbar beim Firmenwert zu berücksichtigen seien, steht im Widerspruch zur Rechtsprechung des BFH (BFH DStR 2012, 452; ebenso Frotscher/Maas/*Schnitter* Rn 26). Für eine unmittelbare Verrechnung der stillen Lasten durch Abstockung des erworbenen Firmenwerts fehlt es nämlich an einer Rechtsgrundlage. Die **stillen Lasten** sind vielmehr als **ungewisse Verbindlichkeiten** auszuweisen, eine Abstockung des Firmenwerts erfolgt damit nicht. Der Gesetzgeber plant eine Neuregelung bzgl angeschaffter stiller Lasten (vgl BR-Drs 663/12, 12; *Prinz* Ubg 2013, 57).

Die Buchwertverknüpfung gilt unabhängig davon, ob die übertragende Kör- **13**
perschaft in ihrer stl Schlussbilanz das übergehende Verm mit einem BW, mit einem ZW oder dem gemeinen Wert angesetzt hat. Dies gilt bei reinen Inlandsumwandlungen, bei Inlandsumwandlungen mit ausl BV sowie bei grenzüberschreitenden Umwandlungen oder reinen Auslandsumwandlungen mit Inlandsbezug, sofern bei Letzterem eine Schlussbilanz iSd § 3 aufgestellt werden musste (vgl § 3 Rn 22 f). Dies soll nach überwiegender Meinung (vgl DPPM/*Pung* Rn 12; RHL/*van Lishaut* Rn 31; Haritz/Menner/*Bohnhardt* Rn 89; *Lemaitre/Schönherr* GmbHR 2007, 173; aA Widmann/Mayer/*Widmann* Rn 60.01; *Schaflitzl/Widmayer* BB Special 8/2006, 40) auch dann gelten, wenn ausl BV zum Verschmelzungsstichtag **erstmalig in Deutschland** durch den Verschmelzungsvorgang **verstrickt wird,** die §§ 4 I 7 iVm 6 I Nr 5a EStG sollen insoweit im Grds keine

Anwendung finden. Es ist aber nicht zweifelsfrei, ob nach dem Willen des Gesetzgebers Abs 1 tats in diesen Fällen die Anwendung des § 4 I 7 EStG ausschließt (vgl Rn 27).

13a § 6 I Nr 5a EStG kommt in jedem Fall zur Anwendung, wenn es zu einer Verstrickung der übertragenen WG erst nach dem stl Übertragungsstichtag kommt (RHL/*van Lishaut* Rn 31; DPPM/*Pung* Rn 12; vgl dazu § 3 Rn 98 ff). Musste der übertragende Rechtsträger keine inl stl Schlussbilanz iSd § 3 aufstellen, weil sie für inl Besteuerungszwecke nicht benötigt wurde (zB Verschm einer ausl EU-KapGes mit ausl Anteilseignern und ohne inl Betriebsstättenvermögen auf eine inl PersGes) scheidet eine Buchwertverknüpfung aus. Mögl Wertansätze in ausl Schlussbilanzen sind für dt Besteuerungszwecke ohne Bedeutung, es gelten vielmehr die allg Regeln, sodass in diesem Fall das ausl Verm nach § 4 I 7 iVm § 6 I Nr 5a EStG mit dem gemeinen Wert angesetzt werden muss (ebenso DPPM/*Pung* Rn 12).

14 Der Wertansatz nach Abs 1 S 1 hat Bedeutung für die weitere Abschreibung, etc (Abs 2, 3), für die Ermittlung des Übernahmegewinns nach Abs 4 ff sowie für die Höhe des Kapitalkontos der MU des übernehmenden Rechtsträgers (BFM DStR 2012, 1805). Werden die zwingenden Wertansätze von der PersGes nicht befolgt, so müssen die Bilanzansätze entsprechend korrigiert werden (Blümich/*Klingberg* Rn 15). Ändern sich später die Wertansätze in der Übertragungsbilanz, zB aufgrund einer stl Außenprüfung, sind entsprechende Bilanzansätze bei der Übernehmerin nach § 175 I 1 Nr 2 AO zu berichtigen (DPPM/*Pung* Rn 8; RHL/*van Lishaut* Rn 37 ff).

15 **b) Keine Wertverknüpfung im Handelsrecht.** Gem § 17 II 2 UmwG gelten für die handelsrechtliche Schlussbilanz des übertragenden Rechtsträgers die allgemeinen Vorschriften über die Jahresbilanz entsprechend. Damit ist der Wertansatz der übertragenen Wirtschaftsgüter nach § 253 I 1 HGB durch die historischen Anschaffungskosten vermindert um Abschreibungen begrenzt. Eine Aufstockung der Wirtschaftsgüter auf einen höheren Wert ist grdsl ausgeschlossen. Diese Werte hat der übernehmende Rechtsträger in seiner Handelsbilanz nicht zwangsläufig fortzuführen. Die Verschm einer Körperschaft auf eine PersGes bzw eine natürl Person stellt aus der Sicht des übernehmenden Rechtsträgers ein **Anschaffungsvorgang** dar (vgl Rn 10). Dem Anschaffungskostenprinzip des § 253 I HGB entsprechend sind die übernommenen Vermögensgegenstände und Schulden in der HB mit ihren AK anzusetzen. § 24 UmwG gibt der übernehmenden PersGes die Möglichkeit, die in der Schlussbilanz der übertragenden Körperschaft ausgewiesenen BW fortzuführen, er kann aber auch die übertragenen Wirtschaftsgüter mit den AK, dh mit dem Verkehrswert ansetzen. In der RegBegr zu § 24 UmwG (BT-Drs 12/6699 zu § 24 UmwG) wird insoweit vom Übergang auf **eine durch das Anschaffungskostenwertprinzip modifizierte Buchwertfortführung** gesprochen, womit vom Grds her eine allg Gültigkeit des Anschaffungskostenprinzips (§ 253 I HGB) gesetzl verankert werden soll.

16 **c) Keine Maßgeblichkeit der HB für die StB.** Der übernehmende Rechtsträger hat die auf ihn übertragenen Wirtschaftsgüter mit Wirkung zum stl Übertragungsstichtag zwingend mit den Wertansätzen zu übernehmen, die die übertragende Körperschaft in der stl Schlussbilanz angesetzt hat (hM vgl nur BMF-Schrb vom 11.11.2011, BStBl I 1314 Rn 04.01). Dies gilt unabhängig davon, wie der übernehmende Rechtsträger sein handelsbilanzielles Wahlrecht gem § 24 UmwG ausgeübt hat, der Grds der Maßgeblichkeit der Handelsbilanz für die Steuerbilanz gilt nicht.

Zum UmwStG 1995 vertrat die FinVerw noch die sog phasenverschobene Wertaufholung (vgl BMF-Schrb vom 25.3.1998, BStBl I 268 Rn 03.02). Setzte die übernehmende PersGes in ihrer Jahresbilanz nach § 24 UmwG höhere Werte an als in der handelsrechtl Schlussbilanz der übertragenden Körperschaft, so waren nach Meinung der FinVerw die Wirtschaftsgüter in dem der Umwandlung folgenden Bilanzstichtag auch in der Steuerbilanz der übernehmenden PersGes insoweit bis zur Höhe der stl Anschaffungs- oder Herstellungskosten der übertragenden Körperschaft, gemindert um AfA, erfolgswirksam aufzustocken. Daran hält die FinVerw offensichtlich in Übereinstimmung mit der ganz überwiegenden Auffassung in der Literatur nicht mehr fest (vgl BMF-Schrb vom 11.11.2011, BStBl I 1314 Rn 04.04; DPPM/*Pung* Rn 10; Haritz/Menner/*Bohnhardt* Rn 55; Frotscher/Maas/*Schnitter* Rn 33; *Bogenschütz* Ubg 2011, 393; *Koch* BB 2011, 1067; *Behrens* BB 2009, 318). **17**

3. Steuerliche Übernahmebilanz/Ergänzungsbilanzen

§ 4 bezieht sich thematisch sowohl auf die Verschm einer Körperschaft auf eine bereits bestehende PersGes **(Verschm durch Aufnahme)** als auch auf den Fall, dass zwei oder mehrere übertragende Körperschaften auf eine iRd Verschm erst neu entstehende PersGes verschmolzen werden **(Verschm durch Neugründung).** **18**

§ 4 enthält eine ausdrückl Regelung zur Aufstellung einer stl Übernahmebilanz nicht. Die Übernahme der in der stl Schlussbilanz der übertragenden Körperschaft enthaltenen WG erfolgt bei der Verschm durch **Neugründung** in der **stl Eröffnungsbilanz,** die zugleich stl Übernahmebilanz ist (BMF-Schrb vom 11.11.2011, BStBl I 1314 Rn 04.03; DPPM/*Pung* Rn 7; RHL/*van Lishaut* Rn 8). Bei der Verschm zur Neugründung ist eine stl Übernahmebilanz/Eröffnungsbilanz auch dann erforderlich, wenn die durch die Verschm entstehende PersGes ihren Gewinn nach Einnahme-Überschussrechnung ermitteln will. Der Übergang vom Betriebsvermögensvergleich zu einer Einnahmeüberschussrechnung erfolgt im Anschluss an die Verschm auf der Ebene der PersGes (Widmann/Mayer/*Widmann* Rn 60, 50). **19**

Bei der Verschm durch **Aufnahme** wird eine besondere Übernahmebilanz grdsl (vgl Rn 24) nicht erstellt; die Umw stellt einen **lfd Geschäftsvorfall** bei der Übernehmerin dar (BMF-Schrb vom 11.11.2011, BStBl I 1314 Rn 04.03; DPPM/*Pung* Rn 7; Widmann/Mayer/*Widmann* Rn 24; *Böttcher/Zartmann/Kantler* S 149). Soweit die übernehmende **PersGes an der übertragenden Körperschaft beteiligt** ist, tritt iRd Verschm bei der PersGes an die Stelle der untergehenden Beteiligung an der übertragenden Körperschaft die übergehenden WG. Die übergehenden WG werden auf ein Übernahmeverrechnungskonto eingebucht, über das zugleich die untergehenden Anteile an der übertragenden Körperschaft ausgebucht werden (Widmann/Mayer/*Widmann* Rn 24). Bei der Verschm zur Aufnahme ist ausnahmsweise dann eine stl Übernahmebilanz erforderlich, wenn die übernehmende PersGes bis zum Umwandlungsstichtag den Gewinn nicht nach Bilanzierungsgrundsätzen ermittelt (RHL/*van Lishaut* Rn 7). Durch den Übergang auf die Bilanzierungsgrundsätze kann es zu sog Mehr- oder Wenigergewinnen kommen. Diese Korrekturrechnung bezieht sich jedoch ausschließlich auf die Vermögensposition der übernehmenden PersGes, da die übertragende Körperschaft ihr übergehendes Vermögen nach Bilanzierungsgrundsätzen ermittelt hat (Widmann/Mayer/*Widmann* Rn 34). Zur Verteilung eines ggf entstehen- **20** den Übernahmegewinns bzw Übernahmeverlustes auf die Gesellschafter der übernehmenden PersGes vgl Rn 96.

21 Sofern die übernehmende PersGes nicht zu 100% an der übernehmenden Körperschaft beteiligt ist, kann es notw sein, iRd Verschm die **Kapitalkonten** bei der übernehmenden PersGes **neu festzulegen.**

22 **Beispiel:**
An der AB GmbH, deren StK EUR 1 Mio beträgt, sind A und B jew zu 50% beteiligt. Rücklagen, Verbindlichkeiten und Rückstellungen existieren bei der GmbH nicht. Der Verkehrswert des übergehenden Vermögens der GmbH soll EUR 5 Mio betragen. An der übernehmenden PersGes sind C und D jew mit einem Kapitalanteil iHv EUR 1,5 Mio beteiligt; auch hier existieren keine sonstigen gesamthänderisch gebundenen Rücklagen, Verbindlichkeiten oder Rückstellungen. Das Verm der KG hat einen Wert iHv EUR 5 Mio. Nach der Verschm der AB GmbH auf die CD KG sollen A, B, C und D jew zu gleichen Teilen an der PersGes beteiligt sein. Geht man davon aus, dass die übertragende Körperschaft ihre BW iHv EUR 1 Mio fortführt, so steht bei der übernehmenden PersGes stl ein Kap iHv EUR 4 Mio zur Vfg, das auf die Gesellschafter A, B, C und D verteilt werden kann. In solchen Fällen kann es sich anbieten, die Kapitalanteile von A und B iHv EUR 500 000 festzulegen und die Verteilung der Gewinne, der Stimmrechte und der Vermögensbeteiligung unabhängig von der Kapitalbeteiligung gesellschaftsvertraglich festzulegen.

23 Da der Grds der Maßgeblichkeit der HB für die StB iRd Verschm einer Körperschaft auf eine PersGes nicht gilt (vgl dazu Rn 11 ff), ist es mögl, dass die Gesellschafter C und D ihr Kapitalkonto iHv EUR 1,5 Mio fortführen, den Gesellschaftern A und B ebenso jew ein Kapitalkonto iHv EUR 1,5 Mio gewährt wird. In der stl Bilanz könnte die Aufstockung durch **negative Ergänzungsbilanzen** rückgängig gemacht werden. Die Ergänzungsbilanzen dienen in diesem Zusammenhang ausschließl dazu, die Handelsbilanzwerte an die Steuerbilanzwerte anzupassen (DPPM/*Pung* Rn 13; vgl auch Haritz/Menner/*Bohnhardt* Rn 395 ff). Zu berücksichtigen ist dabei jedoch, dass sich die späteren Gewinne oder Verluste einschl von Veräußerungsgewinnen und -verlusten aus der Beteiligung an der PersGes durch die Ergänzungsbilanzen beeinflusst werden (vgl dazu § 24 Rn 217 ff). Es ist zudem möglich, dass die Gesellschafter ihren Kapitalanteil auf jeweils EUR 1 Mio festlegen. In der Lit (RHL/*van Lishaut* Rn 11; DPPM/*Pung* Rn 13; *Mayer* FR 2004, 698; vgl auch Frotscher/Maas/*Schnitter* Rn 29) wird demggü die Meinung vertreten, eine neue Festlegung der Kapitalkonten in der Gesamthandsbilanz, ohne dass Ergänzungsbilanzen erstellt werden, können nicht überzeugen, da dadurch stille Reserven auf andere Gesellschafter überspringen. Insofern wird aber verkannt, dass das UmwStG gerade eine interpersonale Übertragung stiller Reserven steuerneutral ermögl soll, der Grds der Personengebundenheit von stillen Reserven wird damit durch das UmwStG relativiert. Dies zeigt sich auch bei der Verschm einer Körperschaft auf eine PersGes, da stille Reserven im übertragenen Vermögen sich vom übertragenden Rechtsträger auf die Mitunternehmer der PersGes verlagern (vgl BFH DStR 2012, 1805). Es kommt damit in jedem Fall zu einer interpersonalen Übertragung stiller Reserven. Darin eine vGA zu sehen (so DPPM/*Pung* Rn 13) kann nicht überzeugen.

24 Ist an der übertragenden Körperschaft oder der übernehmenden PersGes auch ein **ausländischer Anteilseigner** bzw Mitunternehmer beteiligt und verfügt die übertragende Körperschaft über Betriebsvermögen in einem ausländischen Staat, mit dem kein DBA besteht, geht das Besteuerungsrecht der Bundesrepublik Deutschland an diesem Betriebsvermögen in dem Verhältnis verloren, wie der ausländische Anteilseigner bzw Mitunternehmer am übernehmenden Rechtsträ-

ger beteiligt wird oder ist. Nach Auffassung der FinVerw (BMF-Schrb vom 11.11.2011, BStBl I 1314 Rn 04.24) sollen dann in dem Umfang, in dem stille Reserven im Betriebsvermögen der Betriebsstätte in dem ausländischen Staat aufzudecken sind, für die inländisch Beteiligten der Aufstockungsbetrag anteilig – entsprechend ihrer Beteiligung am übernehmenden Rechtsträger – in einer negativen Ergänzungsbilanz auszuweisen sein. Für die ausländischen Beteiligten ergäbe sich korrespondierend ein anteiliger Ausweis des Aufstockungsbetrages in einer positiven Ergänzungsbilanz. Die personenbezogene Aufstockung in der Ergänzungsbilanz kann nicht überzeugen (ebenso DPPM/*Pung* Rn 13a; vgl auch *Schell* IStR 2011, 704; *Kpyszka/Jüngling* BB Special 1/2011, 4). Die Auffassung der FinVerw steht nicht im Einklang mit dem Wortlaut des § 4 I. Danach hat die übernehmende PersGes in der Steuerbilanz die Werte des übertragenen Vermögens zu übernehmen. Ein gesetzl Zwang, Ergänzungsbilanzen zu erstellen, besteht nicht. Hinzu kommt, dass die durch die Aufstockung möglicherweise entstehende Steuer in der Person des übertragenden Rechtsträgers im Wege der Gesamtrechtsnachfolge auf die PersGes übergeht und von dieser beglichen werden muss, sodass durch diese Steuer alle Mitunternehmer der übernehmenden PersGes wirtschaftl belastet werden. Zu weiteren Kritikpunkten vgl auch DPPM/*Pung* Rn 13a.

4. Einzelfälle der Bilanzierung

a) Abfindung an ausscheidenden Gesellschafter. Widerspricht ein Anteils- 25
inhaber des übertragenden Rechtsträgers dem Verschmelzungsbeschluss, so muss der übernehmende Rechtsträger ihm gem § 29 I 1 UmwG eine angemessene Barabfindung anbieten. Der Abfindungsanspruch richtet sich ausschließl gegen den übernehmenden Rechtsträger. Die Abfindungszahlung stellt Aufwand dar, und zwar in Form von AK der vom Ausscheidenden erworbenen Anteile am übertragenden Rechtsträger durch den übernehmenden Rechtsträger und hat Einfluss auf die Ermittlung des Übernahmeergebnisses nach Abs 4, da sich der BW der Anteile am übertragenden Rechtsträger um die Abfindungszahlung erhöht (vgl Widmann/Mayer/*Widmann* § 3 Rn 63.29; RHL/*van Lishaut* Rn 15; DPPM/*Pung* Rn 65; BMF-Schrb vom 11.11.2011, BStBl I 1314 Rn 03.22; FG Münster DStR 2009, 5; vgl § 3 Rn 111).

b) Änderung der steuerlichen Schlussbilanz. Ändern sich bspw aufgrund 26
einer BP die Ansätze in der stl Schlussbilanz, sind entsprechend die Bilanzansätze bei der Übernehmerin nach § 175 I 1 Nr 2 AO zu berichtigen (BMF-Schrb vom 11.11.2011, BStBl I 1314 Rn 03.14; DPPM/*Pung* Rn 8; RHL/*van Lishaut* Rn 37). Kann die Veranlagung des übertragenden Rechtsträgers nicht mehr geändert werden, gelten für den übernehmenden Rechtsträger insoweit die allg Regelungen der AO und die Grdse der Bilanzberichtigung (DPPM/*Pung* Rn 8; Frotscher/Maas/*Schnitter* Rn 32).

c) Ausländisches Vermögen. In der stl Schlussbilanz der übertragenden Kör- 27
perschaft ist auch das ausl Verm anzusetzen. Der übernehmende Rechtsträger hat diese Werte zum Verschmelzungsstichtag zu übernehmen. Dies gilt unabhängig davon, ob das Auslandsvermögen der dt Besteuerung unterliegt oder nicht (BT-Drs 16/2710, 39). Diese Wertansätze erfolgen unabhängig von einem ggf abweichendem Wertansatz nach ausl Recht (BT-Drs 16/2710, 37). Bei der Ermittlung des Übernahmegewinns ist das ausl BV als Bestandteil des übergehenden BV miteinzubeziehen. Nach Abs 4 S 2 (vgl dazu Rn 111 ff) sind übergehende WG,

soweit ein Gewinn aus der Veräußerung der WG beim übertragenden Rechtsträger nicht in Deutschland besteuert werden konnten, für die Ermittlung des Übernahmegewinns zwingend mit dem gemeinen Wert anzusetzen. Wird Verm des übertragenden Rechtsträgers in Folge der Verschm erstmals in Deutschland steuerverstrickt, so stellt sich die Frage, ob eine logische Sekunde nach dem Verschmelzungsvorgang auf dieses Verm § 4 I 7 EStG (vgl dazu einerseits DPPM/*Pung* Rn 12; RHL/*van Lishaut* Rn 30; andererseits Widmann/Mayer/*Widmann* Rn 60.01; Frotscher/Maas/*Schnitter* § 3 Rn 172; sowie § 3 Rn 99 f) Anwendung findet, oder aber, ob Abs 1 die Regelung des § 4 I 7 EStG ausschließt. Im Zusammenhang mit § 20 hat der Gesetzgeber dieses Problem in der Gesetzesbegründung (BT-Drs 16/2710, 43) erörtert. Danach soll in den Fällen, in den durch den Einbringungsvorgang das dt Besteuerungsrechts erstmals begründet wird, § 6 I Nr 5a EStG iVm § 4 I 7 EStG entsprechend anzuwenden sein, dh dieses eingebrachte BV soll mit dem gemeinen Wert angesetzt werden. Das Antragswahlrecht für das bereits vor der Einbringung im Inland steuerverstrickte Verm soll nach Auffassung des Gesetzgebers davon jedoch unberührt bleiben. Dem würde es für die Fälle der Verschm entsprechen, dass eine logische Sekunde nach der Verschm solches Verm, bei dem das dt Besteuerungsrecht erstmalig begründet wird, beim übernehmenden Rechtsträger mit dem gemeinen Wert anzusetzen ist. Ein Ansatz mit dem gemeinen Wert scheidet jedoch aus, wenn das inl Besteuerungsrecht nicht begründet, sondern nur „gestärkt" wird (Überführung eines bisher der DBA Anrechnungsmethode unterliegenden WG in dem Bereich der unbeschränkten StPfl; vgl L. Schmidt/*Heinicke* EStG § 4 Rn 331). Da sich der Ansatz dieser WG mit dem gemeinen Wert eine logische Sekunde nach dem Verschmelzungsvorgang vollzieht, wäre die Aufstockung dieser WG ohne stpfl Auswirkung. Zum Eintritt in die stl Rechtsstellung vgl Rn 61.

28 § 6 I Nr 5a EStG kommt in jedem Fall zur Anwendung, wenn es zu einer **Verstrickung** der übertragenen WG erst **nach dem stl Übertragungsstichtag** kommt (RHL/*van Lishaut* Rn 31; DPPM/*Pung* Rn 12). Vgl § 3 Rn 98 ff.

29 Zu den stl Folgen der **Nichtvorlage einer stl Schlussbilanz** des übertragenden Rechtsträgers vgl § 3 Rn 25.

30 **d) Ausstehende Einlagen.** Ausstehende Einlagen sollen nach Auffassung der FinVerw (BMF-Schrb vom 11.11.2011, BStBl I 1314 Rn 03.05; vgl auch DPPM/*Pung/Möhlenbrock* § 3 Rn 56) nicht in der stl Schlussbilanz des übertragenden Rechtsträgers zu berücksichtigen sein. Da jedoch ausstehende Einlagen echte Forderungen der übertragenden Körperschaft gegen ihre Gesellschafter sind, auf welche die Ges nicht verzichten kann, die abgetreten, verpfändet und gepfändet werden können, gehen diese zivilrechtl im Wege der Gesamtrechtsnachfolge auf die übernehmende Ges über (Haritz/Menner/*Brinkhaus* § 3 Rn 187; Widmann/Mayer/*Widmann* § 3 Rn 145) und sind in der stl Schlussbilanz des übertragenden Rechtsträgers anzusetzen (vgl § 3 Rn 116; aA RHL/*van Lishaut* Rn 24). Die auf den übernehmenden Rechtsträger übergehenden außenstehenden Einlagen beeinflussen jedoch nicht das Übernahmeergebnis. Das gezeichnete Kapital ist um die eingeforderte sowie die nicht eingeforderte ausstehende Einlage zu kürzen, soweit diese nicht vom gezeichneten Kapital nach § 272 I 3 HGB abgesetzt wurde (BMF-Schrb vom 11.11.2011, BStBl I 1314 Rn 03.05). Die Anschaffungskosten der Anteile beim übertragenden Rechtsträger sind zudem um die ausstehenden Einlagen zu korrigieren (BMF-Schrb vom 11.11.2011, BStBl I 1314 Rn 04.31; Frotscher/Maas/*Schnitter* Rn 55).

e) Beteiligung der übertragenden Körperschaft an der Übernehmerin. Ist die übertragende Körperschaft an der übernehmenden PersGes als MU beteiligt, so ist die Beteiligung in der Schlussbilanz der übertragenden Körperschaft weiterhin anzusetzen. Die in der StB des übertragenden Rechtsträgers betragsmäßig angesetzten anteiligen WG gehen zivilrechtl nicht auf die übernehmende PersGes über. Steuerrechtl gehören zum übergehenden Verm auch die der übertragenden Körperschaft anteilig anzurechnenden WG der PersGes, sodass auch diesbzgl die in der Schlussbilanz des übertragenden Rechtsträgers aufgedeckten stillen Reserven anteilig den Kapitalkonten der Gesellschafter der übertragenden Körperschaft und künftigen Gesellschaftern der übernehmenden PersGes gutgeschrieben werden (BMF-Schrb vom 11.11.2011, BStBl I 1314 Rn 03.10; DPPM/*Pung* Rn 64; Frotscher/Maas/*Schnitter* Rn 59; RHL/*van Lishaut* Rn 16). Wegen der Beteiligung des übertragenden Rechtsträgers an anderen PersGes vgl § 3 Rn 117. 31

f) Eigene Anteile. Besitzt die übertragende Körperschaft am stl Übertragungsstichtag eigene Anteile, so gehen diese mit der Umw unter. Bei der übernehmenden PersGes werden die Anteile nicht erfasst (vgl dazu § 3 Rn 121; BMF-Schrb vom 11.11.2011, BStBl I 1314 Rn 03.05). Der Übernahmegewinn ermittelt sich aus der Diff zw dem Wert, mit dem die übergegangenen WG (mit Ausnahme der eigenen Anteile) nach Abs 1 zu übernehmen sind und dem BW der der PersGes gehörenden oder ihr nach § 5 zuzurechnenden Beteiligung an der übertragenden Körperschaft. Da die eigenen Anteile in der übertragenden Körperschaft nicht berücksichtigt werden, verringert sich der BW des übergehenden Verm um den entsprechenden Betrag. Wurden die eigenen Anteile im Rückwirkungszeitraum durch die übertragende Körperschaft veräußert, so ist dieses Veräußerungsgeschäft noch der übertragenden Körperschaft zuzurechnen (ebenso DPPM/*Pung* Rn 63; Frotscher/Maas/*Schnitter* Rn 61), was sich aus dem Rechtsgedanken des § 5 I ergibt. Nach Inkrafttreten des BilMoG ist ein Ausweis eigener Anteile nicht mehr zulässig (§ 272 Ia HGB). 32

g) Firmen-/Geschäftswert. Das Ansatzverbot originärer immaterieller Wirtschaftsgüter des Anlagevermögens einschließlich eines Geschäfts- oder Firmenwerts gilt ausweislich von § 3 I nicht für die stl Schlussbilanz des übertragenden Rechtsträgers. Stille Lasten sind in der stl Schlussbilanz des übertragenden Rechtsträgers zu passivieren, nach hM in der Literatur bei der Ermittlung des Firmenwerts zu berücksichtigen (vgl dazu § 3 Rn 35 f). Die Rspr des BFH lehnt eine Abstockung des Firmenwertes wegen stiller Lasten zu Recht ab. Die in der stl Schlussbilanz des übertragenden Rechtsträgers entgegen § 5 EStG angesetzten Wirtschaftsgüter sind nach Auffassung der FinVerw in der Steuerbilanz des übernehmenden Rechtsträgers auszuweisen und in der Folgezeit unter Anwendung des § 5 EStG ertragswirksam aufzulösen (vgl Rn 12; BMF-Schrb vom 11.11.2011, BStBl I 1314 Rn 03.06, 04.16). Dies gilt jedoch nicht für einen in der stl Schlussbilanz nach § 3 I anzusetzenden originären Geschäfts- oder Firmenwert der übertragenden Körperschaft; dieser wird durch den übernehmenden Rechtsträger fortgeführt. Dieser hat den Geschäfts- oder Firmenwert entsprechend den allgemeinen Grundsätzen nach § 7 I 3 EStG über 15 Jahre abzuschreiben. Die gesetzliche Fiktion der Nutzungsdauer von 15 Jahren gilt für den Geschäfts- und Firmenwert eines Gewerbebetriebs, eines land- und forstwirtschaftlichen Betriebes und auf Grund der Rechtsnachfolge auch für den aus der Sicht des übernehmenden Rechtsträgers bestehenden Praxiswerts einer freiberuflichen Kanzlei. Hat die übertragende Kör- 33 perschaft einen Geschäfts- oder Firmenwert entgeltlich erworben und ist dieser in der stl Schlussbilanz ausgewiesen, so muss dieser von der übernehmenden PersGes mit dem bei der übertragenden Körperschaft bilanzierten Buchwert übernommen werden. Fraglich ist aber, ob eine Aufstockung des Buchwerts des **derivativen Firmenwerts** möglich ist. Letzteres dürfte zweifelhaft sein, da sich der entgeltlich erworbene Geschäftswert allmählich verflüchtigt und durch einen selbst geschaffenen Geschäftswert ersetzt wird (Einheitstheorie). Dies hat nach Meinung der FinVerw zur Konsequenz, dass Wertab- und -zunahmen sich nicht trennen lassen, sodass eine Aufstockung des Buchwertes des derivativen Firmenwertes vorgenommen werden muss, dann aber insgesamt ein originärer Geschäfts- oder Firmenwert vorliegen soll, der insgesamt über 15 Jahre abgeschrieben wird. Dies überzeugt nicht. Auf Grund der gesetzlich vorgeschriebenen Rechtsnachfolge hat der übernehmende Rechtsträger den derivativen Firmenwert fortzuschreiben und daneben einen originären Firmenwert zu aktivieren.

34 **h) Forderungen und Verbindlichkeiten.** Bestehen zwischen der übertragenden Körperschaft und der übernehmenden PersGes Forderungen und Verbindlichkeiten, so erlöschen diese eine logische Sekunde nach der Eintragung der Umw in das HR. Es kommt zu einer Konfusion auf der Ebene der übernehmenden PersGes, die in der stl Übernahmebilanz abgebildet wird (Widmann/Mayer/*Widmann* § 3 Rn 151; DPPM/*Pung* Rn 62). Seit dem 1.1.2008 (zur Rechtslage davor vgl FG Niedersachsen BB 2008, 1661) fallen auch Gewinnminderungen im Zusammenhang mit kapitalersetzenden Darlehen unter das Abzugsverbot des **§ 8b III 3 KStG,** Gewinne aus dem Ansatz der Darlehensforderung aus Zuschreibungen bleiben bei der Ermittlung des Einkommens außer Ansatz, soweit auf die vorangegangene TW-AfA § 8 III 3 KStG anzuwenden war. Dies dürfte auch für Mitunternehmer der übernehmenden PersGes gelten, soweit es sich um Körperschaften handelt (§ 8b VI KStG). Ein Übernahmefolgegewinn stellt keinen Gewinn aus einer Wertaufholung nach § 6 I Nr 2 EStG dar, der nach § 8b III 8 KStG außer Ansatz bleiben würde, die Regelung ist aber analog auf diesen Fall anzuwenden (Widmann/Mayer/*Widmann* § 6 Rn 205.1; *Behrendt/Klages* GmbHR 2010, 190; aA BMF-Schrb vom 11.11.2011, BStBl I 1314 Rn 06.02; DPPM/*Pung* § 6 Rn 16; *Krohn/Greulich* DStR 2008, 646). Der Gesetzgeber wollte mit dieser Regelung Buchgewinne dann keiner Besteuerung zuführen, wenn die vorherigen Buchverluste sich stl nicht ausgewirkt haben. Dieser Gedanke entspricht dem objektiven Nettoprinzip und muss daher aus verfassungsrechtl Gründen auch bei Übernahmefolgegewinne gelten.

35 **i) Forderungsverzicht mit Besserungsschein.** Verzichtet ein **Nicht-Gesellschafter** auf eine Forderung ggü der übertragenden Körperschaft mit Besserungsschein, so ist in der stl Schlussbilanz der übertragenden Körperschaft eine Schuld nicht mehr auszuweisen; die Verpflichtung der übertragenden Körperschaft ist durch den Forderungsverzicht mit Besserungsschein bedingt und entsteht erst wieder, sobald die übertragende Körperschaft Gewinne erwirtschaftet. Erst zu diesem Zeitpunkt ist die Schuld wieder passivierungsfähig. Die bedingte Verpflichtung aus dem Forderungsverzicht mit Besserungsschein geht im Wege der Gesamtrechtsnachfolge auf die Übernehmerin über. Sobald sie Gewinne erwirtschaftet, muss die Verbindlichkeit eingebucht werden. Es entsteht ein steuerwirksamer Aufwand (vgl BMF-Schrb vom 2.12.2003, BStBl I 648; DPPM/*Pung/Möhlenbrock* § 3 Rn 67a; Widmann/Mayer/*Widmann* § 3 Rn 152 f).Verzichtet **ein Gesellschafter** oder eine diesem nahe stehende Person, muss danach diff werden,

ob die Forderung werthaltig ist. Soweit die Forderung nicht werthaltig ist, gelten die gleichen Grdse wie beim fremden Dritten. Hinsichtl des werthaltigen Teils liegt eine Einlage vor, es erhöhen sich insoweit die AK der Beteiligung nach den allg Grdsen (DPPM/*Pung* Rn 70). Im Besserungsfall wird auf Ebene der PersGes eine Verbindlichkeit passiviert und korrespondierend dazu ein entsprechender Ertrag in der Sonderbilanz ausgewiesen (DPPM/*Pung* Rn 70).

j) Geschäftsvorfälle in dem Rückwirkungszeitraum. Hat die übertragende Körperschaft im Rückwirkungszeitraum Lieferungen an die übernehmende PersGes erbracht, so muss die dadurch ggf verursachte Gewinnrealisation stl rückgängig gemacht werden. Die übernehmende PersGes hat auch in diesem Fall den in der stl Schlussbilanz der übertragenden Körperschaft angesetzten Wert fortzuführen (ebenso BMF-Schrb vom 11.11.2011, BStBl I 1314 Rn 02.31; DPPM/*Pung* Rn 114; Haritz/Menner/*Slabon* § 2 Rn 70). 36

k) Korrekturposten für Ausschüttungen im Rückwirkungszeitraum. 37
Zur eingeschränkten Rückwirkung bei Gewinnausschüttungen im Rückwirkungszeitraum vgl § 2 Rn 71 ff; BMF-Schrb vom 11.11.2011, BStBl I 1314 Rn 02.25 ff)

l) Pensionsrückstellungen. Kommt es zu einer Verschm einer Körperschaft **auf eine PersGes,** ist eine zu Gunsten des Gesellschafter-Geschäftsführers bei der KapGes zulässigerweise gebildete Pensionsrückstellung nicht aufzulösen, sondern nach hM in der Literatur mit dem Anschaffungsbarwert fortzuführen (§ 6a III 2 EStG) und um die jährl Zinsen zu erhöhen (DPPM/*Pung* Rn 72; RHL/*van Lishaut* Rn 23; *Koch* BB 2011, 2667; *Ott* StuB 2007, 331; FG Münster BB 2011, 1904). Der Anschaffungsbarwert nach § 6a III Nr 2 EStG ist idR geringer als der von der PersGes übernommene Wert gem § 6a III Nr 1 EStG. Der bisherige Wert der Pensionsrückstellung wird in der Gesamthandsbilanz unverändert fortgeführt, der Differenzbetrag zwischen dem Anschaffungsbarwert und der Pensionsrückstellung ist in der Sonderbilanz ertragswirksam zu aktivieren (DPPM/*Pung* Rn 72; Frotscher/Maas/*Schnitter* Rn 72; FG Nürnberg DStRE 2002, 1292; RHL/*van Lishaut* Rn 23). Der Auflösungsertrag stellt einen Übernahmefolgegewinn iSv § 6 I 1 dar. Die FinVerw geht von einem Fortbestehen des Dienstverhältnisses aus mit der Folge, dass die Pensionsrückstellung mit dem TW nach § 6a III Nr 1 anzusetzen ist (BMF-Schrb vom 11.11.2011, BStBl I 1314 Rn 06.05; ebenso Haritz/Menner/*Bohnhardt* Rn 82; Frotscher/Maas/*Schnitter* Rn 73); ein Übernahmefolgegewinn entsteht damit nicht. Die während der Tätigkeit bei der KapGes erdiente Anwartschaft ist unter Berücksichtigung des § 6a III 3 EStG mit 6% fortzuentwickeln; dieser jährl Erhöhungsbetrag ist BA bei der PersGes, die nicht gem § 15 I Nr 2 EStG durch entsprechende Sonderbetriebseinnahmen neutralisiert werden (FG Köln EFG 2008, 871; *Gosch* KStG § 8 Rn 470; *Ott* StuB 2007, 331). 38

Spätere Zuführungen nach dem stl Übertragungsstichtag, die durch die Gesellschafterstellung veranlasst sind, stellen Vergütungen iSd § 15 I 1 Nr 2 EStG dar (BMF-Schrb vom 11.11.2011, BStBl I 1314 Rn 06.06; FG Köln EFG 2008, 871). Die Zuführungen mindern zwar den stl Gewinn der PersGes in der Gesamthandsbilanz, dem begünstigten Gesellschafter sind aber korrespondierend die Sondervergütungen in der Sonderbilanz zu aktivieren (vgl BMF-Schrb vom 29.1.2008, DStR 2008, 299 Rn 5; BFH/NV 2006, 1293; DPPM/*Pung* Rn 72; Frotscher/Maas/*Schnitter* Rn 74; *Fuhrmann/Demuth* DStZ 2007, 823; *dies* WPg 2007, 77; 39

Ott StuB 2007, 331) und führen dort zu einer vorgelagerten Besteuerung von Altersversorgungsbezügen. Ist die Pensionszusage rückgedeckt, führt die PersGes in ihrer StB den Rückdeckungsanspruch mit dem versicherungsgemäßem Deckungskapital zunächst fort. Nach dem Umwandlungsstichtag vorzunehmende Aufstockungen dieses Versicherungsanspruchs während der Zeit als MU werden korrigiert, soweit die Versicherungsjahre nach dem Umwandlungsstichtag betroffen sind (vgl BMF-Schrb vom 29.1.2008, DStR 2008, 299 Rn 5; *Ott* StuB 2007, 331; *Fuhrmann/Demuth* KÖSDI 2006, 1582; *Neumann* GmbHR 2002, 996). Soweit die Zeit vor dem Umwandlungsstichtag betroffen ist, stellt die Erhöhung des Aktivwerts eine Betriebseinnahme dar. Die Prämienzahlung führt dagegen zu einer abzugsfähigen Betriebsausgabe. Bei Eintritt des Versorgungsfalls sind die Zahlungen aufzuteilen (FG Köln EFG 2008, 871). Soweit sie auf die ursprüngl Zeit als Gesellschafter der KapGes entfallen, liegen Einnahmen iSd § 19 EStG vor (DPPM/*Pung* Rn 72; RHL/*van Lishaut* Rn 23), soweit sie auf die Zeit bei der PersGes entfallen, liegen Einkünfte iSd § 15 I 1 Nr 2 iVm § 24 EStG vor, wobei der Rückgang des aktivierten Postens in der Sonderbilanz gewinnmindernd gegenzurechnen ist (BMF-Schrb vom 11.11.2011, BStBl I 1314 Rn 06.06; DPPM/*Pung* Rn 72; RHL/*van Lishaut* Rn 23; Frotscher/Maas/*Schnitter* Rn 74). Die Aufteilung der Versorgungsbezüge kann nach den Verhältnissen der Erdienungszeiträume vor und nach der Umw erfolgen (*Neumann* GmbHR 2002, 996), § 12 EStG steht dem nicht entgegen (FG Köln EFG 2008, 871).

40 Besteht bei der übertragenden Körperschaft eine Pensionsrückstellung zu Gunsten des übernehmenden **Alleingesellschafters,** so entsteht iRd Verschm ein Übernahmefolgegewinn iHd durch Konfusion erlöschenden Pensionsrückstellung. Die Pensionsrückstellung ist von dem übernehmenden Einzelunternehmen ertragswirksam aufzulösen (BMF-Schrb vom 11.11.2011, BStBl I 1314 Rn 06.07; DPPM/*Pung* Rn 74; Widmann/Mayer/*Widmann* § 6 Rn 74; Frotscher/Maas/*Schnitter* Rn 75). Es entsteht ein stpfl Gewinn, der jedoch nach Maßgabe des § 6 durch Bildung einer steuerfreien Rücklage zunächst neutralisiert werden kann. Die Zwangsauflösung der Pensionsrückstellung lässt sich dadurch vermeiden, dass die Verschm der KapGes nicht auf eine natürl Person erfolgt, sondern noch vor der Verschm in das Einzelunternehmen ein weiterer Gesellschafter (zB Ehefrau oder Kinder) mit einer Beteiligung aufgenommen werden (vgl hierzu *Ott* StuB 2007, 331). Wird im Falle einer Rückdeckungsversicherung die Versicherung von der übernehmenden natürlichen Person fortgeführt, geht der Rückdeckungsanspruch nach Auffassung der FinVerw (BMF-Schrb vom 11.11.2011, BStBl I 1314 Rn 06.08; DPPM/*Pung* Rn 74; Frotscher/Maas/*Schnitter* Rn 75) auf diese über und wird dadurch Privatvermögen. Die Entnahme ist mit dem Teilwert zu bewerten. Wird die Rückdeckungsversicherung noch von der übertragenden Körperschaft gekündigt, ist der Rückkaufswert mit dem Rückdeckungsanspruch zu verrechnen, ein eventueller Restbetrag ist ergebniswirksam aufzulösen (BMF-Schrb vom 11.11.2011, BStBl I 1314 Rn 06.08; DPPM/*Pung* Rn 74; vgl auch *Neufrank* StBp 2008, 228)

41 **m) Vermögen wird Privatvermögen.** Verm der übertragenden Körperschaft, welches bei der Übernehmerin nicht BV wird, ist in der stl Schlussbilanz der übertragenden Körperschaft mit dem gemeinen Wert anzusetzen (vgl dazu § 3 Rn 141 ff). Ob bei der übernehmenden PerGes BV vorliegt, entscheidet sich nach dem Verhältnis zum Zeitpunkt des stl Übertragungsstichtags (BMF-Schrb vom 11.11.2011, BStBl I 1314 Rn 03.11). Solche WG scheiden eine logische Sekunde nach dem Umwandlungszeitpunkt aus dem BV der übernehmenden PersGes aus.

n) Sonderbetriebsvermögen. Durch die Verschm einer Körperschaft auf eine PersGes kann zum Umwandlungsstichtag SBV entstehen. Dies ist dann der Fall, wenn ein Gesellschafter der übertragenden Körperschaft dieser WG zur Nutzung überlassen hat. Waren die WG bisher PV, so gelten sie zum stl Übertragungsstichtag in das SBV der übernehmenden PersGes als eingelegt (GKT/*Knopf/Hill* § 2 Rn 35; Widmann/Mayer/*Widmann* Rn 1028). Für die Anwendung der Drei-Jahres-Frist des § 6 I Nr 5a EStG kommt es auf den Verschmelzungsstichtag an (RHL/*van Lishaut* Rn 36). Darlehensforderung eines Gesellschafters ggü der übertragenden KapGes werden SBV; hieraus resultiert eine iSd § 4a EStG zu berücksichtigende Einlage (OFD Rheinland DStR 2011, 1666; DPPM/*Pung* Rn 75). Waren die Anteile an der übertragenden KapGes fremdfinanziert, so wird diese Verbindlichkeit in Folge der Umw ebenfalls zu SBV bei der übernehmenden PersGes, die nach dem stl Übertragungsstichtag entstehenden Zinsen sind Sonderbetriebsausgaben (BMF-Schrb vom 11.11.2011, BStBl I 1314 Rn 04.36; DPPM/*Pung* Rn 75). Das durch die Umw entstehende SBV hat keinen Einfluss auf die Ermittlung des Übernahmegewinns (DPPM/*Pung* Rn 75; Widmann/Mayer/*Widmann* Rn 1024; RHL/*van Lishaut* Rn 36). 42

o) Umwandlungskosten. Die Zuordnung der Verschmelzungskosten richtet sich danach, in wessen Sphäre bei den an der Umw beteiligten Rechtsträgern diese entstanden sind. Jeder Beteiligte hat die auf ihn entfallenden Kosten selbst zu tragen (BFH DStR 1998, 1420; Widmann/Mayer/*Widmann* § 3 Rn 174; im Grds ebenso BMF-Schrb vom 11.11.2011, BStBl I 1314 Rn 03.34). Die **Kostenzuordnung** richtet sich grdsl nach dem **obj wirtschaftl Veranlassungsprinzip** (ausführlich dazu *Stimpel* GmbHR 2012, 199) und steht nach Auffassung des BFH (DStR 1998, 1420) nicht zur Disposition der an der Verschm beteiligten Rechtsträger. 43

Eine gesetzliche Regelung der stl Behandlung von Umwandlungskosten für den übernehmenden Rechtsträger findet sich in § 4 IV 1. Die Vorschrift besagt, dass Umwandlungskosten des übernehmenden Rechtsträgers, die laufende Betriebsausgaben sind, bei der Ermittlung des Übernahmeergebnisses berücksichtigt werden müssen. Bezüglich der Zuordnung von Kosten trifft die Norm keine Regelung. Zu den laufenden Umwandlungskosten gehören externe Rechts- und Beratungskosten, Kosten für die Einholung einer verbindlichen Auskunft, wobei § 12 1 Nr 3 EStG iVm § 3 IV AO zu beachten ist (vgl *Stimpel* GmbHR 2012, 199). Zu den weiteren Kosten, die bei dem übernehmenden Rechtsträger entstehen, zählen insbesondere die Hälfte der Kosten für die Erstellung des Verschmelzungsvertrages, die Beurkundungskosten für den Verschmelzungsvertrag zur Hälfte, die Kosten des Verschmelzungsbeschlusses, der Anmeldung und der Eintragung des Beschlusses, die Kosten für die Ermittlung des Übernahmeergebnisses uÄ. Inwieweit Kosten nach dem zivilrechtlichen Vollzug der Verschmelzung noch Umwandlungskosten darstellen, ist im Einzelnen strittig (vgl *Stimpel* GmbHR 2012, 199). Solche nach der Eintragung der Verschmelzung in das Handelsregister entstehenden Kosten stellen nur dann Umwandlungskosten dar, wenn ein unmittelbarer Zusammenhang dieser Kosten mit der Umwandlung gegeben ist (zu weit gehend *Stimpel* GmbHR 2012, 199). Für objektbezogene Kosten findet Abs 4 S 1 keine Anwendung (BMF-Schrb vom 11.11.2011, BStBl I 1314 Rn 04.34), sie sind vielmehr als Anschaffungskosten zu aktivieren, da es sich bei dem Verschmelzungsvorgang um ein Anschaffungsgeschäft handelt. Zu solchen objektbezogenen Kosten gehört insbesondere die Grunderwerbsteuer, die ausschließlich Aufwand 44 des übernehmenden Rechtsträgers darstellt (BMF-Schrb vom 18.1.2010, BStBl I 70; BFH BStBl II 1998, 168). Die im Rahmen der Verschmelzung anfallende Grunderwerbsteuer iSd § 1 III GrEStG stellen nach Auffassung des BFH (BFH BStBl II 2011, 761) keine Anschaffungskosten auf die erworbene Beteiligung dar. Nach Meinung der FinVerw (BMF-Schrb vom 11.11.2011, BStBl I 1314 Rn 04.34; ebenso DPPM/*Pung* Rn 47) handelt es sich um Umwandlungskosten, für die Abs 4 S 1 gilt. Soweit für einen Anteilseigner des übertragenden Rechtsträgers wegen Abs 4 S 3 ein Übernahmeergebnis nicht ermittelt wird, sollen dessen Umwandlungskosten insgesamt nicht abzugsfähig sein, obwohl er Einkünfte aus § 7 erzielt (BMF-Schrb vom 11.11.2011, BStBl I 1314 Rn 04.35; ebenso DPPM/*Pung* Rn 47a; aA zu Recht Frotscher/Maas/*Schnitter* Rn 172; vgl auch § 7 Rn 21).

45 Die FinVerw (BMF-Schrb vom 11.11.2011, BStBl I 1314 Rn 04.34) geht davon aus, dass nicht objektbezogene Kosten, die dem übertragenden Rechtsträger nach dem Veranlassungsprinzip zuzuordnen sind, dem übernehmenden Rechtsträger zuzuordnen sein, wenn sie nach dem stl Übertragungsstichtag entstanden sind. Dies kann nicht überzeugen (*Bogenschütz* Ubg 2011, 393) und steht im Widerspruch zur Rechtsprechung des BFH (BFH DStR 1998, 1420). Durch die Gesetzesänderung in Abs 4 S 1 hat sich daran nichts geändert, da die Vorschrift keine Regelung über die Zuordnung der Kosten beinhaltet (*Bogenschütz* Ubg 2011, 393; *Stadler/Elser/Bindl* DB 2012 Beilage 1 zu Heft 2, 14). Diese durch den übertragenden Rechtsträger verursachten Kosten sind, wenn sie im Rückwirkungszeitraum entstehen, in der stl Schlussbilanz als Rückstellungen zu passivieren (Widmann/Mayer/*Widmann* § 3 Rn 174; *Orth* GmbHR 1998, 513).

46 **p) Zebragesellschaft.** Liegt eine PersGes vor, die Vermögensverwaltung betreibt und werden die Anteile an der vermögensverwaltenden PersGes teils im PV teils im BV gehalten, so liegt eine ZebraGes vor (vgl L. Schmidt/*Wacker* EStG § 15 Rn 203 f). Bei der ZebraGes erfolgt die Ermittlung der Einkünfte auf der Ebene der Ges, die Qualifizierung der Einkünfte als gewerbl, freiberufl, vermögensverwaltend uä aber erst auf der Ebene der Gesellschafter (L. Schmidt/*Wacker* EStG § 15 Rn 203 f). Die FinVerw geht bei der Verschmelzung auf eine Zebra-Personengesellschaft davon aus, dass das Wahlrecht des § 3 II keine Anwendung findet, denn das übergehende Vermögen würde nicht Betriebsvermögen bei der übernehmenden PersGes (BMF-Schrb vom 11.11.2011, BStBl I 1314 Rn 03.16). Diese Auffassung kann nicht überzeugen (vgl § 3 Rn 139 mwN).

5. Beteiligungskorrekturgewinn/-verlust, Abs 1 S 2, 3

47 Nach Abs 1 S 2 sind Anteile an der übertragenden Körperschaft beim übernehmenden Rechtsträger zum stl Übertragungsstichtag mit dem BW erhöht um Abschreibung, die in früheren Jahren steuerwirksam vorgenommen worden sind – und zwischenzeitl nicht rückgängig gemacht wurden–, so wie um Abzüge nach § 6b EStG und ähnl Abzüge (§ 30 BergbauRatG; R 6.6 EStR), höchstens jedoch mit dem gemeinen Wert, anzusetzen. Mit diesem korrigierten Wert gehen die Anteile in die Ermittlung des Übernahmeergebnisses ein (Abs 5 S 1).

48 Die Wertkorrektur nach Abs 1 S 2 gilt unmittelbar nur für Anteile, die zum Verschmelzungsstichtag zum BV des übernehmenden Rechtsträgers gehören (Frotscher/Maas/*Schnitter* Rn 35). Für Anteile, die nach § 5 III in das BV des übernehmenden Rechtsträgers als eingelegt gelten, enthält diese Vorschrift eine entsprechende Regelung. Wurden die Anteile nach § 24 in die übernehmende PersGes zum BW oder ZW eingebracht, so gilt im Hinblick auf den Eintritt in die

Rechtsstellung des Einbringenden der Wertaufholungszusammenhang; zu einer Nachfolge in die Rechtsstellung bei einer Einlage nach § 6 V 3 EStG kommt es jedenfalls dann nicht, wenn sie gegen Gewährung von Gesellschaftsrechten erfolgt (Frotscher/Maas/*Schnitter* Rn 35; RHL/*van Lishaut* Rn 40; DPPM/*Pung* Rn 16). Die Wertkorrektur nach Abs 1 S 2 gilt nicht für im PV gehaltene Anteile und erst recht nicht für steuerverstrickte Anteile, auf die nur § 7 anzuwenden ist (RHL/*van Lishaut* Rn 40).

Nach § 1 V Nr 4 ist der BW iSd Abs 1 S 2, der Wert, der sich nach den stl Vorschriften über die Gewinnermittlung in einer für den stl Übertragungsstichtag aufzustellender StB ergibt oder ergäbe. Daraus muss geschlossen werden, dass zum stl Übertragungsstichtag zunächst das **Wertaufholungsgebot des § 6 I 1 Nr 1 S 4, Nr 2 S 3 EStG** durchgeführt werden muss, bevor es zur Zuschreibung nach Abs 1 S 2 kommt (BMF-Schrb vom 11.11.2011, BStBl I 1314 Rn 04.07; RHL/*van Lishaut* Rn 42; DPPM/*Pung* Rn 17; Frotscher/Maas/*Schnitter* Rn 37). Sollte die Wertaufholung zwischen dem letzten Bilanzstichtag des übernehmenden Rechtsträgers und dem Verschmelzungsstichtag eingetreten sein, so ist die Wertaufholung iSv § 6 I 1 Nr 1 S 4, Nr 2 S 3 EStG vorzunehmen; BW iSd Abs 1 S 2 ist näml gem § 1 V Nr 4 „der Wert, der sich nach den steuerrechtl Vorschriften über die Gewinnermittlung in einer für den stl Übertragungsstichtag aufzustellenden StB ergibt oder **ergäbe**" (BMF-Schrb vom 11.11.2011, BStBl I 1314 Rn 04.07; RHL/*van Lishaut* Rn 42; DPPM/*Pung* Rn 17; Widmann/Mayer/*Widmann* Rn 173.1; Frotscher/Maas/*Schnitter* Rn 38). Wird bereits durch die Wertaufholung iSd § 6 I 1 Nr 1 S 4, Nr 2 S 2 f EStG der gemeine Wert erreicht, so bleibt für die Anwendung des Abs 1 S 2 grdsl kein Raum mehr (BMF-Schrb vom 11.11.2011, BStBl I 1314 Rn 04.07; DPPM/*Pung* Rn 17; RHL/*van Lishaut* Rn 44; *Benecke* in PWC, Reform des UmwStR, S 164). 49

Wurden auf die Anteile am übertragenden Rechtsträger sowohl eine steuerwirksame als auch eine **nicht steuerwirksame Teilwertabschreibung** vorgenommen, stellt sich das Problem, welche dieser Teilwertabschreibung zuerst rückgängig gemacht werden muss, wenn der gemeine Wert der Anteile höher ist als die Summe der vorgenommenen Teilwertabschreibung. Ein vglbares Problem stellt sich im Anwendungsbereich des § 6 I 1 Nr 1 S 4, Nr 2 S 3 EStG. Insoweit wird vertreten, dass zunächst die zeitl jüngste, dh steuerunwirksame Teilwertabschreibung aufzuholen ist, bevor die ältere steuerwirksame Teilwertabschreibung rückgängig gemacht wird (BFH BStBl II 2010, 760; *Förster/Felchner* DB 2006, 1072; *Zieren/Adrian* DB 2006, 301). Für diese Meinung spricht, dass es für das stl Erg keinen Unterschied machen kann, ob der Anteilswert nach der steuerwirksamen Wertminderung konstant bleibt oder ob er eine weitere steuerneutrale Wertminderung erfährt, die anschl wieder durch eine entsprechende Wertsteigerung ausgeglichen wird. Nach Abs 1 S 2 sind Minderungen „die in früheren Jahren steuerwirksam vorgenommen worden sind" rückgängig zu machen. Auf Grund dieser Formulierung des Gesetzes sind daher nach hM die in früheren Jahren vorgenommenen steuerwirksamen Abschreibungen und Abzüge rückgängig zu machen, erst dann die nicht steuerwirksamen vorgenommenen Minderungen (BMF-Schrb vom 11.11.2011, BStBl I 1314 Rn 04.07; RHL/*van Lishaut* Rn 43; DPPM/*Pung* Rn 15; Widmann/Mayer/*Widmann* Rn 173.1; vgl auch *Bogenschütz* Ubg 2011, 393; IDW WPg 2011, 852). Wegen der Vorrangigkeit der Wertaufholung nach § 6 Nr 1 S 4, Nr 2 S 2 EStG stellt sich die Frage der vorstehend dargestellten Reihenfolge in der Regel nicht. 50

51 Der gemeine Wert bildet die **Obergrenze der Zuschreibung** nach Abs 1 S 2. Der gemeine Wert entspricht nach § 11 I BewG dem Kurswert, Paketzuschläge sind gem § 11 III BewG zu berücksichtigen. Wegen der Ermittlung des gemeinen Wertes vgl § 3 Rn 50; BMF-Schrb vom 17.5.2011, BStBl I 606. Kommt es zu einem höheren Wertansatz gem Abs 1 S 2, so ergibt sich ein Beteiligungskorrekturgewinn durch Gegenüberstellung des aufgrund von Abs 1 S 2 ermittelten Wertes mit dem entsprechenden BW. Dieser Beteiligungskorrekturgewinn ist gem § 4 I 3 iVm § 8b II 4 KStG bei Körperschaften bzw iVm § 3 Nr 40 S 1 lit a S 2, 3 EStG bei natürl Personen „voll" stpfl; er ist nicht Teil des Übernahmeergebnisses (BMF-Schrb vom 11.11.2011, BStBl I 1314 Rn 04.08; DPPM/*Pung* Rn 14; RHL/*van Lishaut* Rn 39; Frotscher/Maas/*Schnitter* Rn 34 *Bodden* FR 2007, 66). Die Erhöhung des BW der Anteile am übertragenden Rechtsträger bewirkt, dass sich ein niedrigerer Übernahmegewinn bzw ein höherer Übernahmeverlust ergibt.

52 Nach seinem Wortlaut, der insoweit § 3 II 1 entspricht, regelt Abs 1 S 2 nicht nur die Obergrenze einer Zuschreibung, sondern bestimmt auch, dass die Anteile an der übertragenden Körperschaft höchstens mit dem gemeinen Wert anzusetzen sind. Liegt der gemeine Wert der Anteile an der übertragenden Körperschaft unter dem Buchwert, so muss eine logische Sekunde vor der Verschm eine **Abstockung** der Anteile vorgenommen werden (*Krohn/Greulich* DStR 2008, 646; Frotscher/Maas/*Schnitter* Rn 40; Haase/Hruschka/*Schönherr/Krüger* Rn 51; aA BMF-Schrb vom 11.11.2011, BStBl I 114 Rn 04.06; DPPM/*Pung* Rn 14a; RHL/*van Lishaut* Rn 44). Dies gilt auch, wenn die Wertminderung voraussichtl nicht dauerhaft war und damit eine Teilwertabschreibung insoweit ausscheidet. Der Grds der Maßgeblichkeit der HB für die StB gilt nicht. Bestätigt wird dieses Ergebnis durch die Systematik des UmwStG, sowie den Wertungen des Gesetzgebers. Im UmwStG idF des SEStEG wird näml für alle Bewertungssituationen der Ansatz des gemeinen Wertes als Bewertungsobergrenze angeordnet, so zB in § 3 I 1, II 1, § 11 I 1, § 20 II 1–2, § 21 I 1–2, § 23 I, III 1 und § 24 II 1–2 (Frotscher/Maas/*Schnitter* Rn 40; aA DPPM/*Pung* Rn 14a). Auf den **Beteiligungskorrekturverlust** ist § 8b KStG bzw § 3 Nr 40 EStG anzuwenden. Die Abstockung bewirkt, dass sich ein höherer Übernahmegewinn und ein niedrigerer Übernahmeverlust ergibt.

6. Eintritt in die steuerliche Rechtsstellung der übertragenden Körperschaft, Abs 2

53 **a) Anschaffungsvorgang und Umfang der Rechtsnachfolge.** Die Verschm stellt sich aus der Sicht der übernehmenden PersGes als **Anschaffungsvorgang** dar. Darauf wies bereits der Gesetzgeber zum UmwStG 1957 ausdrückl hin. In der Gesetzesbegründung heißt es: „Die Übertragung der WG der KapGes auf die übernehmende PersGes bedeutet für diese eine Anschaffung" (BT-Drs 2/3497, 13). Diese Auffassung wird geteilt vom BFH im Urteil vom 23.1.2002 (BStBl II 2002, 875; ebenso BFH BStBl II 2003, 10; FG Baden-Württemberg EFG 1998, 1529; BFH/NV 2004, 137 zur Verschm zweier Körperschaften; BMF-Schrb vom 11.11.2011, BStBl I 1314 Rn 00.02; DPPM/*Pung* Rn 21; RHL/*van Lishaut* Rn 49; *Hageböke* Ubg 2011, 689; aA Widmann/Mayer/*Widmann* Rn 838; Haritz/Menner/*Bohnhardt* Rn 140; *Bogenschütz* Ubg 2011, 393; *Neu/Schiffers/Watermeyer* GmbHR 2011, 729), in dem er ausführt: „Gegenstand dieser Anschaffung bzw. Veräußerung ist das Vermögen eines Rechtsträgers (der GmbH), das als Ganzes auf einen anderen Rechtsträger (den Alleingesellschafter) übergeht, wobei die übertragende GmbH sowie die an ihr bestehenden Anteile gleichzeitig untergehen. Der Vorgang unterscheidet sich damit

von der bloßen Gewinnausschüttung, die den Fortbestand der ausgeschütteten Kapitalgesellschaft und den Anteil an denselben unberührt lässt ... Die Übertragung erfolgt zum anderen auch ausdrücklich ‚unter Ausschluss der Liquidation'; das Vermögen geht ohne Zerschlagung als Ganzes auf den neuen Rechtsträger über." Das sich der Vermögensübergang im Wege der Gesamtrechtsnachfolge vollzieht, steht dem nicht entgegen (so aber Haritz/Menner/*Bohnhardt* Rn 140). Durch die Gesamtrechtsnachfolge als Vfg im rechtstechnischen Sinne gehen zwar unmittelbar Rechte und Pflichten über, eine solche Vfg ist aber abstrakt, dh losgelöst von schuldrechtl Vereinbarungen. Ob eine Vfg entgeltl erfolgt oder nicht, hängt von dem zugrunde liegenden Kausalgeschäft ab (*Hahn* DStZ 1998, 561; ebenso BFH/NV 2004, 137). Der Verschmelzungsvertrag und die entsprechenden Gesellschafterbeschlüsse sind als rechtl Grundlage der Umw auf einen Leistungsaustausch gerichtet. Vor diesem Hintergrund verwundert es nicht, dass auch das HandelsR in § 24 UmwG davon ausgeht, dass die übergegangenen WG durch den übernehmenden Rechtsträger angeschafft werden.

Die sich normalerweise aus dem entgeltl Vorgang ergebenden **steuerrechtl Konsequenzen** sind aufgrund der Abs 2, 3 im Umfang erhebl **eingeschränkt** (DPPM/*Pung* Rn 21). Der übernehmende Rechtsträger tritt grdsl gem Abs 2 S 1 in die Rechtsstellung der übertragenden Körperschaft ein. Dies gilt gem Abs 3 auch dann, wenn die übergegangenen WG in der stl Schlussbilanz der übertragenden Körperschaft mit einem über dem BW liegenden Wert angesetzt sind (vgl dazu ausführl Rn 79 ff). 54

Abs 2 S 1 **aF** sah vor, dass die übernehmende PersGes bzgl der AfA, der erhöhten Absetzung, der Sonder-AfA, der Inanspruchnahme von Bewertungsfreiheiten oder eines Bewertungsabschlags, der stl gewinnmindernden Rücklage sowie der Anwendung des § 6 I 2 Nr 2 und 3 EStG in die Rechtsstellung der übertragenden Körperschaft eintrat. Soweit Besteuerungsmerkmale in Abs 2 S 1 aF nicht aufgenommen waren, kam es zu keinem Eintritt in die Rechtsstellung der Übertragerin (so Widmann/Mayer/*Widmann* Rn 863; aA Haritz/Menner/*Bohnhardt* Rn 140; vgl auch BMF-Schrb vom 25.3.1998, BStBl I 268 Rn 04.38). Ein generelles Einrücken in die Rechtsstellung der übertragenden Körperschaft kann nicht mit dem Grds der Gesamtrechtsnachfolge begründet werden. Dabei handelt es sich um ein zivilrechtl Institut, das nicht ohne weiteres auf das EStRecht übertragen werden kann, da das Zivilrecht und das StR unterschiedl Ziele verfolgen (vgl ausführl dazu *Schmitt,* Zur interpersonalen Übertragung stiller Reserven beim Erbfall im Einkommensteuerrecht, Diss Passau 1992, 57 ff). **Ein Eintreten in stl Rechtspositionen ist** wegen des das dt Einkommensteuerrecht beherrschende Leistungsfähigkeitsprinzips (vgl dazu amtl Begr zum EStRG 1974 BT-Drs 7/1470, 211; Kirchhof/Söhn/Mellinghoff/*Kirchhof* EStG § 2 Rn A 258 ff; *Birk,* Leistungsfähigkeitsprinzip als Maßstab der Steuernormen, 1982, 3 ff mwN) **nur aufgrund einer ausdrückl gesetzl Regelung mögl.** Eine solche liegt vor, **Abs 2 S 1** ist **als Generalklausel** gefasst (DPPM/*Pung* Rn 18; Frotscher/Maas/*Schnitter* Rn 81). Die übernehmende PersGes/natürl Person tritt damit grdsl in die stl Rechtsstellung der übertragenden Körperschaft ein. 55

Von dem Grds, dass es zu einem Eintritt in die Rechtstellung des übertragenden Rechtsträgers kommt, enthält Abs 2 S 2 jedoch **Ausnahmen.** Danach gehen verrechenbare **Verluste,** verbleibende Verlustvorträge und vom übertragenden Rechtsträger nicht ausgeglichene negative Einkünfte sowie ein Zinsvortrag nach § 4h I 5 EStG und ein EBITDA-Vortrag nach § 4h I 3 EStG nicht auf den übernehmenden Rechtsträger über. Mit dem Erlöschen des übertragenden Rechtsträgers gehen diese 56

„Positionen" ersatzlos unter; ein Verstoß gegen das obj Nettoprinzip liegt nur dann nicht vor, wenn der Gesetzgeber es dem übertragenden Rechtsträger ermöglicht, die verbleibenden Verlustvorträge usw noch in eigener Person zu nutzen. Dies kann bspw dadurch geschehen, dass der übertragenden Rechtsträger in der stl Schlussbilanz ZW oder aber gemeine Werte ansetzt. ME sollte für diese Fälle die sog Mindestbesteuerung nicht gelten, widrigenfalls liegt ein Verstoß gegen das obj Nettoprinzip vor (Rn 77; BFH BStBl II 2011, 826; BFH/NV 2010, 2356; Frotscher/Maas/*Schnitter* Rn 100; *Lindner* BB 2010, 3133; vgl auch BMF-Schrb vom 19.10.2011, BStBl I 974). Nach dem **stl Übertragungsstichtag** erlittene Verluste sind gem § 2 I 1 bereits dem übernehmenden Rechtsträger zuzurechnen, sie gehen nicht gem Abs 2 S 2 unter (RHL/*van Lishaut/Birkemeier* Rn 62; DPPM/*Pung* Rn 25; Haritz/Menner/*Bohnhardt* Rn 206; Frotscher/Maas/*Schnitter* Rn 104).

57 Der **Eintritt in die stl Rechtsstellung** ist jedoch **nicht umfassend.** Enthält das übergehende Verm zB Anteile an KapGes, so kommt die PersGes bei Veräußerung dieser Anteile an der KapGes nicht in den Genuss des § 8b KStG, soweit an der übernehmenden PersGes natürl Personen beteiligt sind. Die übernehmende PersGes tritt gem Abs 2 nur insoweit in die stl Rechtsstellung der übertragenden Körperschaft ein, als die Rechtsstellung der übertragenden Körperschaft auch den Gesellschaftern der übernehmenden PersGes zustehen kann (Frotscher/Maas/*Schnitter* Rn 83). Zu einer Rechtsnachfolge kommt es iÜ auch nicht bzgl der Betriebsvermögenseigenschaft der übergehenden WG. Nach § 37 IV KStG ist bei der Umw einer Körperschaft auf eine PersGes oder natürl Person das **KSt-Guthaben** bei einem vor dem 31.12.2006 liegenden stl Übertragungsstichtag letztmalig festzustellen. Der Anspruch auf ratierl Auszahlung des KSt-Guthabens ist in abgezinster Höhe in der stl Schlussbilanz des übertragenden Rechtsträgers zu aktivieren. Der Ansatz des KSt-Guthabens sowie die Aufzinsungsbeträge führen nach § 37 VII KStG zu keinen Einkünften auf Ebene der übertragenden Körperschaft. Nach Meinung der FinVerw ist § 37 VII KStG nur bei Körperschaften anwendbar, sodass die Aufzinsungserträge bei der übernehmenden PersGes in voller Höhe steuerpflichtig sein sollen (Schrb vom 14.1.2008, BStBl I 280; DPPM/*Pung* Rn 18; *Stimpel* GmbH-StB 2008, 74; aA *Förster/Felchner* DStR 2007, 280). Die bis zum stl Übertragungsstichtag durch den übertragenden Rechtsträger verwirklichten Besteuerungsgrundlagen sind diesem zuzurechnen, er ist bis zum Ablauf des stl Übertragungsstichtags zu veranlagen. Ein bis zum stl Übertragungsstichtag durch den übertragenden Rechtsträger erzielte Gewinn kann damit nicht mit dem vom übernehmenden Rechtsträger erwirtschafteten Verlust verrechnet werden (BFH/NV 2008, 1538). Zum Eintritt in die stl Rechtsstellung ausl Rechtsträger vgl Rn 61.

58 **b) AfA.** Führt die übernehmende PersGes die **BW** der übertragenden Körperschaft gem Abs 1 fort, sind objektbezogene Kosten, wie zB die GrESt zusätzl AK der übertragenen WG und sind entsprechend zu aktivieren (vgl Rn 44; BMF-Schrb vom 11.11.2011, BStBl I 1314 Rn 04.34; Widmann/Mayer/*Widmann* Rn 870; BFH FR 2004, 774). Diese Aktivierung steht einer Buchwertfortführung iSd § 4 nicht entgegen, da die GrESt nicht zum BW des übertragenen Verm gehört, sondern eine originäre Aufwendung der übernehmenden PersGes darstellt. Wurden durch die übertragende Körperschaft ein Gebäude angeschafft, so gehören Aufwendungen des übernehmenden Rechtsträgers für Instandsetzung – oder Modernisierungsmaßnahmen, die innerh von drei Jahren nach der Gebäudeanschaffung durchgeführt wurden, zu den HK des Gebäudes, wenn die Aufwendungen 15 vH der AK des Gebäudes übersteigen (sog **anschaffungsnahe Auf-**

wendungen, § 6 I Nr 1a EStG). Diese übernommenen BW stellen **nicht die Anschaffungspreise** der übernehmenden PersGes dar, sondern vielmehr tritt die übernehmende PersGes bzgl der Bew der übernommenen WG und der AfA in die Rechtsstellung der übertragenden Körperschaft ein. Dies gilt auch dann, wenn die übergegangenen WG in der stl Schlussbilanz der übertragenden Körperschaft mit einem über dem BW liegenden Wert angesetzt werden. Gleiches gilt für eine ggf steuerrechtl relevante **Hersteller-** oder **Gründereigenschaft** der übertragenden Körperschaft (ebenso Widmann/Mayer/*Widmann* Rn 865; Frotscher/Maas/*Schnitter* Rn 89). Die von der übertragenden Körperschaft gewählte **Abschreibungsmethode** ist durch die übernehmende PersGes fortzuführen, da insoweit der übertragende Rechtsträger ein Wahlrecht ausgeübt und sich hinsichtl seiner Rechtsposition festgelegt hat. Die Übernehmerin kann deshalb hinsichtl der auf sie übergegangenen WG nicht von einer linearen AfA, die von der übertragenden Körperschaft gewählt worden ist, auf eine Abschreibung in fallenden Jahresbeträgen übergehen (FG Hamburg EFG 2003, 57; Widmann/Mayer/*Widmann* Rn 866; RHL/*van Lishaut* Rn 52; DPPM/*Pung* Rn 18; Frotscher/Maas/*Schnitter* Rn 85). Hat die übertragende Körperschaft ein WG **degressiv** abgeschrieben, so muss die übernehmende PersGes die entsprechende Abschreibungsmethode mit dem zugrunde gelegten Hundertsatz fortführen.

Entsteht durch die Verschm der Körperschaft auf die PersGes **SBV** bei der PersGes, bspw dadurch, dass ein Gesellschafter wesentl Betriebsgrundlagen bisher der KapGes zur Nutzung überlassen hat, so kommt es insoweit nicht zum Eintritt in die Rechtspositionen des Rechtsvorgängers, da insoweit kein Vermögensübergang aufgrund der Verschm vorliegt. Waren die überlassenen WG bisher PV, so gelten sie als zum stl Umwandlungsstichtag in das SBV eingelegt; sie sind dann gem § 6 I 1 Nr 5 EStG grdsl mit dem TW anzusetzen (Widmann/Mayer/*Widmann* Rn 1028; DPPM/*Pung* Rn 75; Frotscher/Maas/*Schnitter* Rn 87; GKT/*Knopf/Hill* § 2 Rn 35; *Knopf/Söffing* NWB Fach 18, 3625). 59

Nicht abschl geklärt ist, ob die übernehmende PersGes an die von der übertragenden Körperschaft zugrunde gelegte **betriebsgewöhnl Nutzungsdauer** der übertragenen WG gebunden ist. Die FinVerw (BMF-Schrb vom 11.11.2011, BStBl I 1314 Rn 04.10; ebenso BFH DStR 2008, 611; FG Hamburg EFG 2003, 57; DPPM/*Pung* Rn 35; Haritz/Menner/*Bohnhardt* Rn 170; Frotscher/Maas/*Schnitter* Rn 86) geht davon aus, dass in den Fällen, in denen der übertragende Rechtsträger die **BW aufstockt,** die Restnutzungsdauer der WG zum Umwandlungsstichtag neu zu bestimmen ist. Diese Auffassung wird von Teilen der Literatur mit der Begr abgelehnt, dass der Wortlaut des § 4 eine Neuschätzung der Restnutzungsdauer nicht hergebe (Widmann/Mayer/*Widmann* Rn 878), sodass aufgrund stl Rechtsnachfolge die übernehmende PersGes an den von der übertragenden Körperschaft zugrunde gelegten Abschreibungszeitraum gebunden ist. Die Neuschätzung der Restnutzungsdauer durch die übernehmende PersGes für den Fall, dass der übertragende Rechtsträger nicht die BW fortführt, überzeugt, da aus der Sicht des übernehmenden Rechtsträgers ein Anschaffungsgeschäft vorliegt und tats AK des übernehmenden Rechtsträgers bzw deren Gesellschafter auf die übertragenen WG verteilt werden (so FG Hamburg EFG 2003, 57). 60

Zu einer Rechtsnachfolge in ausl Abschreibungsmethoden kommt es jedoch nicht, soweit die übergehenden WG durch die Verschm bzw in Anschluss daran (vgl § 3 Rn 98 ff) dem dt Recht unterliegen. 61

Zur Abschreibung der WG bei der übernehmenden PersGes, falls die übertragende KapGes in ihrer stl Schlussbilanz nicht die BW fortgeführt hat, vgl Rn 79 ff. 62

63 **c) Absetzung für außergewöhnliche technische oder wirtschaftliche Abnutzung.** Hat die übertragende Körperschaft Abschreibungen für außergewöhnl technische oder wirtschaftl Abnutzungen (§ 7 I 7 EStG) vorgenommen, so tritt die übernehmende PersGes in diese Stellung der übertragenden Körperschaft ein. § 7 I 7 sieht vor, dass in den Fällen der Gewinnermittlung nach §§ 4 I, 5 EStG eine **gewinnerhöhende Zuschreibung** und damit eine Erhöhung der AfA-Bemessungsgrundlage vorzunehmen ist, wenn der Grund für die außergewöhnl Abschreibung entfallen ist. Eine solche Zuschreibung muss auch die übernehmende PersGes durchführen, wenn die Voraussetzungen für die außergewöhnl Abschreibung nach dem Umwandlungsstichtag entfallen (Widmann/Mayer/*Widmann* Rn 870.01). Der Betrag der Zuschreibung ergibt sich aus der Diff des BW zum Zeitpunkt der Rückgängigmachung der Abschreibung für außergewöhnl Abnutzung und den unter Berücksichtigung der Normal-AfA fortgeführten AK oder HK des entsprechenden WG.

64 Zur Rückgängigmachung der Absetzung für außergewöhnl technische und wirtschaftl Abnutzung siehe Rn 73 f.

65 **d) Sonderabschreibung.** Die übernehmende PersGes tritt hinsichtl der Möglichkeit einer Sonderabschreibung in die Rechtsstellung der übertragenden Körperschaft ein. Sie kann damit Sonder-AfA noch in der Höhe und in dem Zeitraum vornehmen, wie es auch die übertragende Körperschaft hätte tun können (BMF-Schrb vom 14.7.1995, DB 1995, 1439; Widmann/Mayer/*Widmann* Rn 864, 1027.1; Blümich/*Wolff* Rn 16; für den Fall des Formwechsels vgl BMF-Schrb vom 17.9.1998, DStR 1998, 1516).

66 Kommt es iRd Verschm der Körperschaft auf die PersGes zur Aufdeckung stiller Reserven in der Schlussbilanz des übertragenden Rechtsträgers, so hat dies keinen Einfluss auf die Sonderabschreibung, sondern ledigl auf die normale AfA (Widmann/Mayer/*Widmann* Rn 885).

67 **e) Inanspruchnahme einer Bewertungsfreiheit, eines Bewertungsabschlags, Fortführung eines Sammelpostens, Bewertungseinheit.** Bzgl der Inanspruchnahme einer Bewertungsfreiheit (vgl § 7 f EStG, § 82 f EStDV) oder eines Bewertungsabschlages (vgl § 80 EStDV) tritt die übernehmende PersGes in die Rechtsstellung der übertragenden Körperschaft ein (Haritz/Menner/*Bohnhardt* Rn 154 f; Rn 60; DPPM/*Pung* Rn 18; Frotscher/Maas/*Schnitter* Rn 92). Hat der übertragende Rechtsträger die Bewertungsfreiheit gem § 6 II EStG nicht in Anspruch genommen, so ist der übernehmende Rechtsträger daran gebunden. Gleiches gilt, wenn der übertragende Rechtsträger einen Sammelposten gem § 6 IIa EStG nicht gebildet hat. Bestand in der Person des übertragenden Rechtsträgers ein Sammelposten gem § 6 II a EStG, geht dieser auf den übernehmenden Rechtsträger über. Hat der übertragende Rechtsträger eine Bewertungseinheit gem § 5 Ia 2 EStG gebildet, muss der übernehmende Rechtsträger diesen handelsrechtlichen und steuerlichen Buchwertansatz fortführen (DPPM/*Pung* Rn 18; *Helios/Meinert* Ubg 2011, 592). Wie zu verfahren ist, wenn steuerrechtlich die Buchwerte aber handelsrechtlich Zeitwerte angesetzt wurden, ist nicht abschließend geklärt (vgl einerseits DPPM/*Pung* Rn 18 und andererseits *Helios/Meinert* Ubg 2011, 592).

68 **f) Gewinnmindernde Rücklage.** Die übernehmende PersGes kann die bei der übertragenden Körperschaft gebildete gewinnmindernde Rücklage (zB §§ 6b III, § 7g III, 8, § 6, R 6.6 IV EStR 2008) fortführen, auch wenn die für die Schaffung der Rücklage erforderl Voraussetzungen nur bei der übertragenden

Körperschaft vorlagen (RHL/*van Lishaut* Rn 54; DPPM/*Pung* Rn 18; Frotscher/Maas/*Schnitter* Rn 93). Hat die übertragende Körperschaft in ihrer Schlussbilanz trotz Vorliegen der entsprechenden Voraussetzungen die steuerfreie Rücklage nicht gebildet, so soll die Übernehmerin in ihrer StB ein entsprechendes Wahlrecht nicht ausüben können. Nach Auffassung von *Widmann* (Widmann/Mayer/*Widmann* Rn 903) kann jedoch die übernehmende PersGes als Gesamtrechtsnachfolgerin der übertragenden Körperschaft das Bilanzierungswahlrecht noch in der Bilanz der Übertragerin ausüben.

Entsteht durch die Umw ein RumpfWj, so zählt dieses iSv § 6b III EStG als volles Wj (Widmann/Mayer/*Widmann* Rn 906; FG Bremen EFG 1995, 471). 69

Die übernehmende PersGes kann die Rücklage iSd § 6b III EStG auf solche WG übertragen, die sie in dem Wj angeschafft hat, in dem die Rücklage auf sie übergeht (Widmann/Mayer/*Widmann* Rn 906). Wird die Ersatzbeschaffung nicht innerh der in § 6b EStG vorgeschriebenen Frist vorgenommen, so soll dies nach Auffassung von Widmann (Widmann/Mayer/*Widmann* Rn 903) zu einer Änderung der Bilanz der umgewandelten Körperschaft führen, in der die Ersatzbeschaffungsrücklage gebildet wurde. 70

g) Teilwertabschreibung und Wertaufholung. Die übernehmende PersGes hat gem Abs 1 die auf sie übergegangenen WG mit dem in der stl Schlussbilanz der übertragenden Körperschaft enthaltenen Werte zu übernehmen. Diese Werte stellen jedoch nicht die stl AK der übernehmenden PersGes dar (Widmann/Mayer/*Widmann* Rn 910; DPPM/*Pung* Rn 18; RHL/*Birkemeier* Rn 51); aufgrund des Eintritts in die Rechtsstellung der übernehmenden PersGes in die der übertragenden Körperschaft gelten die ursprüngl bzw fortgeführten AK und HK der übernommenen WG bei der übertragenden Körperschaft als fortgeführte AK bzw HK bei der übernehmenden PersGes (BMF-Schrb vom 11.11.2011, BStBl I 1314 Rn 04.09; Widmann/Mayer/*Widmann* Rn 918; RHL/*Birkemeier* Rn 50; offengelassen von *Benecke* in PWC, Reform des UmwStR, S 165). 71

Gem § 6 I Nr 1 S 4, Nr 2 S 3 EStG sind WG, die bereits zum Schluss des vorangegangenen Wj zum BV des Stpfl gehört haben, in den folgenden Wj mit den AK/HK abzgl planmäßiger Abschreibung, erhöhter Absetzung und Sonder-AfA anzusetzen und damit zuzuschreiben, es sei denn, der Stpfl weist nach, dass ein niedriger TW weiterhin angesetzt werden kann. Es besteht damit ein **strenges stl Wertaufholungsgebot,** ungeachtet der Bew in der HB (RegBegr BT-Drs 14/443 zu § 6 I, 50). Liegen die Voraussetzungen der Rückgängigmachung einer Teilwertabschreibung bereits zum Umwandlungsstichtag vor, so muss die Rückgängigmachung noch in der Schlussbilanz des übertragenden Rechtsträgers erfolgen, danach ist die übernehmende PersGes zu einer Wertaufholung verpflichtet, wenn nach vorausgegangener TW-AfA durch die übertragende Körperschaft der Grund für die TW-AfA inzwischen ganz oder teilw weggefallen oder wegen vorübergehender Wertminderung eine solche nicht mehr zulässig ist und auch nicht beibehalten werden darf (BMF-Schrb vom 11.11.2011, BStBl I 1314 Rn 04.11; Frotscher/Maas/*Schnitter* Rn 96; DPPM/*Pung* Rn 18; RHL/*Birkemeier* Rn 50). Dies soll selbst dann gelten, wenn bzw soweit die übergehenden WG in der stl Schlussbilanz des übertragenden Rechtsträgers mit dem gemeinen Wert angesetzt wurden, nachfolgend aber noch weitere Wertaufholungen stattfinden (BMF-Schrb vom 11.11.2011, BStBl I 1314 Rn 04.10; DPPM/*Pung* Rn 20; RHL/*Birkemeier* Rn 50; aA *Benecke* in PWC, Reform des UmwStR, S 165), denn auch in diesem Fall tritt der übernehmende Rechtsträger in die Rechtsstellung 72 des übertragenden Rechtsträgers ein. Der übernehmende Rechtsträger muss daher gem § 6 I Nr 1 S 4, Nr 2 S 3 EStG jährl nachweisen, dass der von der übertragenden Körperschaft bzw von ihr fortgeführte Wert in dieser Höhe beibehalten werden darf. Bei der Ermittlung der Wertobergrenze sind Abschreibungen, erhöhte Absetzungen, Absetzungen, Sonderabschreibungen sowie Abzüge gewinnmindernder Rücklagen sowohl des übertragenden Rechtsträgers (bis zum stl Übertragungsstichtag) als auch des übernehmenden Rechtsträgers (ab dem stl Übertragungsstichtag bis zum Wertaufholungsstichtag) zu berücksichtigen.

73 **Beispiel 1:**
Die X GmbH ist eine 100%ige Tochter der AB OHG. Die X GmbH hat am 1.1.01 eine Maschine zum Preis von EUR 50 000 erworben, die Nutzungsdauer der Maschine beträgt 10 Jahre. Im Jahre 04 kommt es zu einer Teilwertabschreibung iHv EUR 6 000. Mit Wirkung zum 31.12.05 wird die X GmbH auf die AB OHG verschmolzen. Im Jahr 07 stellt sich heraus, dass die Teilwertabschreibung rückgängig gemacht werden muss.

AK	50 000 EUR
AfA in den Jahren 01 bis 04 um je EUR 5 000	./. 20 000 EUR
Teilwertabschreibung in 04	./. 6 000 EUR
BW zum 31.12.04	24 000 EUR
AfA im Jahr 05	4 000 EUR
BW zum 31.12.05 (= stl Übertragungsstichtag)	20 000 EUR
AfA im Jahr 06	4 000 EUR
BW zum 31.12.06	16 000 EUR
AfA im Jahr 07	4 000 EUR
Zuschreibung	3 000 EUR
BW zum 31.12.07	15 000 EUR

74 Die Zuschreibung errechnet sich, indem der BW zum 31.12.07 ohne Berücksichtigung der vorgenommenen Teilwertabschreibung ermittelt wird. In diesem Falle wäre für sieben Jahre ein Betrag von je EUR 5 000 von der Bemessungsgrundlage EUR 50 000 abgesetzt worden, sodass sich ein BW zum 31.12.07 in Höhe von EUR 15 000 ergibt. Der BW zum 31.12.07 unter Berücksichtigung der TW-AfA beträgt EUR 12 000, sodass es zu einer Zuschreibung von EUR 3 000 kommen muss.

75 **h) Besitzzeitanrechnung.** Nach **Abs 2 S 3** ist der Zeitraum der Zugehörigkeit eines WG zum BV der übertragenden Körperschaft der übernehmenden PersGes zuzurechnen, wenn die Zugehörigkeit zum BV für die Besteuerung bedeutsam ist. Zu einer Anrechnung der Vorbesitzzeit bzw der Mindestbehaltefrist kommt es insbes in den Fällen des § 6b EStG, § 9 Nr 2a, Nr 7 GewStG, § 2 S 1 Nr 2 InvZulG, § 7g II Nr 2a EStG uä (BMF-Schrb vom 11.11.2011, BStBl I 1314 Rn 04.15; vgl auch *Ernst* Ubg 2012, 678; § 18 Rn 14). Wird die Körperschaft auf eine PersGes verschmolzen, so gilt Abs 2 S 1 hingegen nicht für das **Schachtelprivileg nach DBA,** da dieses Privileg nur KapGes, nicht aber PersGes zusteht (DPPM/*Pung* Rn 30; RHL/*Birkemeier* Rn 64; Widmann/Mayer/*Widmann* § 4 Rn 1023).

76 Zu den Auswirkungen des Eintritts in die Rechtsstellung des übertragenden Rechtsträgers bei **Organschaftsverhältnissen** vgl § 11 Rn 82 ff.

77 **i) Kein Übergang von Verlusten bzw eines Zinsvortrages, Abs 2 S 2.** Verrechenbare Verluste, verbleibende Verlustvorträge, vom übertragenden Rechtsträger nicht ausgeglichene negative Einkünfte, ein Zinsvortrag nach § 4h I 5 EStG

und ein EBITDA-Vortrag nach § 4h I 3 EStG gehen nicht auf den übernehmenden Rechtsträger über. Bei den **„verrechenbaren Verluste“** handelt es sich um solche iSd § 15a IV oder iSd § 15b IV EStG. **„Verbleibende Verlustvorträge“** sind alle förml festgestellten Abzugsbeträge, insbes nach §§ 2a, 10d, 15 IV, 15a EStG, § 10 III 5 AStG iVm § 10d EStG. Vom übertragenden Rechtsträger „nicht ausgeglichene negative Einkünfte“ sind lfd Verluste des übertragenden Rechtsträgers, die noch nicht in einem verbleibenden Verlustvortrag förml festgestellt wurden. Dabei handelt es sich um einen lfd, im Wj der Verschm, aber vor dem stl Übertragungsstichtag erlittene Verluste des übertragenden Rechtsträgers (DPPM/*Pung* Rn 25; vgl auch BFH BStBl II 2006, 380 sowie BMF-Schrb vom 7.4.2006, BStBl I 344). Umstritten ist, ob Abs 2 S 2 auch laufende Verluste von der Übertragerin nachgeordneten PersGes erfasst (vgl DPPM/*Pung* Rn 25; *Heinz/Wilke* GmbHR 2010, 360). Da durch die Verschmelzung der übertragende Rechtsträger erlischt, sollte im Hinblick auf das objektive Nettoprinzip die sog Mindestbesteuerung nicht zur Anwendung kommen (vgl dazu Rn 56). Lfd Verluste des übertragenden Rechtsträgers nach dem stl Übertragungsstichtag sind gem § 2 I 1 bereits dem übernehmenden Rechtsträger zuzurechnen (DPPM/*Pung* Rn 25; Haritz/Menner/*Bohnhardt* Rn 206; RHL/*Birkemeier* Rn 62; Frotscher/Maas/*Schnitter* Rn 104; unverständlich BMF-Schrb vom 11.11.2011, BStBl I 1314 Rn 02.40; vgl dazu *Dietrich/Kaeser* in FGS/BDI UmwStE, 121 f). Das Übertragungsverbot gilt nach § 18 I 2 auch für die GewSt, und zwar hinsichtl eines Gewerbeverlustes iSd § 10a GewStG und der Fehlbeträge des lfd Erhebungszeitraums der übertragenden Körperschaft vor dem Übertragungsstichtag. Gehören zum übertragenen Verm Anteile an einer Körperschaft, ist § 8c KStG zu beachten (Widmann/Mayer/*Widmann* Rn 1073.8). Kein schädlicher Beteiligungserwerb iSv § 8c KStG stellt die formwechselnde Umw dar (Widmann/Mayer/*Widmann* Rn 1073.8).

j) Umwandlung einer Unterstützungskasse, Abs 2 S 4, 5. Im Falle der 78
Verschm einer Unterstützungskasse auf ihr Trägerunternehmen, sind gem Abs 2 S 4 die von dem übernehmenden Rechtsträger, seinen Gesellschaftern oder seinen Rechtsvorgängern einer Unterstützungskasse geleisteten Zuwendungen nach § 4d EStG dem lfd Gewinn des übernehmenden Rechtsträgers hinzuzurechnen (BMF-Schrb vom 11.11.2011, BStBl I 1314 Rn 04.13). Dies gilt nach Abs 2 S 4 HS 2 iVm § 15 I 1 Nr 2 S 2 EStG nicht nur, wenn das Trägerunternehmen unmittelbar Gesellschafterin der Unterstützungskasse ist, sondern auch dann, wenn das Trägerunternehmen an dem übernehmenden Rechtsträger über eine oder mehrere zwischengeschaltete PersGes beteiligt ist. Der durch die Hinzurechnung der Zuwendung nach § 4d EStG entstehende Gewinn ist nicht Teil des Übernahmeergebnisses iSd Abs 4, sondern Bestandteil des lfd Gewinns des übernehmenden Rechtsträgers in das der stl Verschmelzungsstichtag fällt. Nach Abs 2 S 5 erhöhen die nach Abs 2 S 1 hinzuzurechnenden Zuwendungen den BW der Anteile an der Unterstützungskasse.

7. AfA-Bemessungsgrundlage bei Aufstockung, Abs 3

Der Wertansatz und die weitere Abschreibung bei dem übernehmenden Rechts- 79
träger werden gem Abs 1 bestimmt durch den Schlussbilanzansatz der übertragenden Körperschaft. Zu einem **Eintritt** des übernehmenden Rechtsträgers **in die Rechtsstellung** der übertragenden Körperschaft kommt es unabhängig davon, wie die übergegangenen WG in der stl Schlussbilanz der übertragenden Körperschaft angesetzt worden sind (BMF-Schrb vom 11.11.2011, BStBl I 1314 Rn 04.10; RHL/*Birkemeier* Rn 53; DPPM/*Pung* Rn 20). Abs 3 HS 1 regelt die Bemessungsgrundlage für

Abschreibungen bei dem übernehmenden Rechtsträger in den Fällen des § 7 IV 1, V EStG, falls die WG in der stl Schlussbilanz der übertragenden Körperschaft mit einem ZW oder dem gemeinen Wert angesetzt worden sind. Abs 3 HS 2 regelt die Bemessungsgrundlage für die zukünftige Abschreibung in allen anderen Fällen, in denen ein höherer Wert als der BW in der stl Schlussbilanz angesetzt wurde.

80 Die weitere Abschreibung bei **Gebäuden,** deren ursprüngl BW aufgestockt wurde und die bisher gem § 7 IV 1 EStG abgeschrieben wurden, bemisst sich gem Abs 3 nach der bisherigen Bemessungsgrundlage; Aufstockungen sollen damit keine Auswirkungen auf die Höhe der AfA haben (so Widmann/Mayer/*Widmann* Rn 874), sie führen entsprechend dem Wortlaut des Gesetzes dazu, dass sich der Abschreibungszeitraum verlängert.

81 **Beispiel 2:**

In der Bilanz der A GmbH zum 31.12.07 wird ein Betriebsgebäude mit dem BW iHv EUR 260 000 ausgewiesen. Die HK des Gebäudes betrugen EUR 300 000. Das Gebäude ist 4 Jahre alt und wurde jährl mit 3% (300 000 EUR = 10 000 EUR) abgeschrieben. IRd Umw auf die B GmbH & Co KG ergab sich für das Gebäude ein Aufstockungsbetrag von EUR 126 000.

82 Entsprechend dem Gesetzeswortlaut ergibt sich bezogen auf die Höhe der AfA danach Folgendes:

bisherige HK	300 000 EUR
AfA bis zum 31.12.07	./. 40 000 EUR
	260 000 EUR
Aufstockungsbetrag	+ 126 000 EUR
Ansatz bei der Übernehmerin zum 31.12.07	386 000 EUR
AfA bei der Übernehmerin 08	./. 10 000 EUR
Ansatz zum 31.12.08	376 000 EUR

83 Es zeigt sich, dass sich entsprechend dem Wortlaut des Gesetzes der Abschreibungszeitraum erhebl verlängert.

84 Nach Meinung der **FinVerw** (BMF-Schrb vom 11.11.2011, BStBl I 1314 Rn 04.10; ebenso DPPM/*Pung* Rn 34; RHL/*van Lishaut* Rn 71; Haritz/Menner/*Bohnhardt* Rn 170; Frotscher/Maas/*Schnitter* Rn 113) ermittelt sich die neue Bemessungsgrundlage bei der übernehmenden PersGes aus der bisherigen Bemessungsgrundlage bei der übertragenden Körperschaft, vermehrt um den Unterschiedsbetrag zwischen dem BW der Gebäude und dem Wert, mit dem die Körperschaft das Gebäude in der stl Schlussbilanz angesetzt hat. Auf diese so ermittelte Bemessungsgrundlage ist der bisherige Vomhundertsatz weiter anzuwenden. Wird in den Fällen des § 7 IV 1 EStG die volle Absetzung innerh der tats Nutzungsdauer nicht erreicht, kann die AfA nach der Restnutzungsdauer des Gebäudes bemessen werden. Unter Berücksichtigung dieser Auffassung ergibt sich Folgendes:

bisherige HK		300 000 EUR
AfA bis zum 31.12.07		./. 40 000 EUR
		260 000 EUR
Aufstockungsbetrag		+ 126 000 EUR
Ansatz bei der Übernehmerin zum 31.12.07		386 000 EUR
bisherige Bemessungsgrundlage	300 000 EUR	
Aufstockung	126 000 EUR	
neue Bemessungsgrundlage	426 000 EUR	
davon 3 vH	12 780 EUR	./. 12 780 EUR
Ansatz zum 31.12.08		373 220 EUR

Werden die **Gebäude** nicht linear gem § 7 IV 1 EStG, sondern degressiv gem **§ 7 V EStG** abgeschrieben, so gelten die Ausführungen unter Rn 80 ff entsprechend. 85

Bei den **übrigen WG** und bei **Gebäuden,** die gem **§ 7 IV 2 EStG** entsprechend der tats Nutzungsdauer abgeschrieben werden, findet der von der umgewandelten Körperschaft angewendete AfA-Satz auf den aufgestockten BW Anwendung (Abs 3 Alt 2). Nicht abschl geklärt ist, ob die Nutzungsdauer des übertragenen WG zum Umwandlungsstichtag neu bestimmt werden muss (vgl Rn 60). 86

Beispiel 3: 87

Die AK einer Maschine betragen EUR 10 000, Nutzungsdauer 10 Jahre. Im Zeitpunkt des stl Übertragungsstichtages beträgt der BW EUR 5 000 und wird in der stl Schlussbilanz um EUR 1 000 aufgestockt.

BW 31.12.02	5 000 EUR
Aufstockungsbetrag	1 000 EUR
neue Bemessungsgrundlage	6 000 EUR

Ist in der stl Schlussbilanz das WG der übertragenden Körperschaft bereits auf einen **Erinnerungswert** abgeschrieben, so ist nach Auffassung der FinVerw (vgl Rn 60; BMF-Schrb vom 11.11.2011, BStBl I 1314 Rn 04.10; ebenso Frotscher/Maas/*Schnitter* Rn 119; aA Haase/Hruschka/*Schönherr/Krüger* Rn 64) die Abschreibung des Aufstockungsbetrages als neuem BW auf die zum Umwandlungsstichtag neu zu bestimmende Restnutzungsdauer vorzunehmen. Geht man demggü davon aus, dass die Restnutzungsdauer nicht neu zu bestimmen ist, so muss der übernehmende Rechtsträger den aufgestockten Betrag in dem Wj, in das der Umwandlungsstichtag fällt, eine sofortige Abschreibung vornehmen. 88

Werden **geringwertige WG** iSd § 6 II EStG in der stl Schlussbilanz aufgestockt, so scheidet eine Sofortabschreibung der geringwertigen WG aus (Frotscher/Maas/*Schnitter* Rn 120). Zwar liegt eine Anschaffung vor (vgl Rn 10), diese ist aber durch die Regelungen in Abs 2 und 3 modifiziert (vgl Rn 53 f). 89

Hat die übertragende Körperschaft in ihrer stl Schlussbilanz einen **originären Geschäfts- oder Firmenwert angesetzt,** so ist dieser entsprechend den allg Grdsen nach § 7 I 3 EStG über 15 Jahre abzuschreiben (BMF-Schrb vom 11.11.2011, BStBl I 1314 Rn 04.10; Widmann/Mayer/*Widmann* Rn 882). Die gesetzl Fiktion der Nutzungsdauer von 15 Jahren gilt nur für Geschäfts- oder Firmenwerte von Gewerbebetrieben und luf Betrieben (L. Schmidt/*Wacker* EStG § 18 Rn 202). Die FinVerw geht offensichtlich davon aus, dass auf Grund der gesetzlich angeordneten Rechtsnachfolge die Fiktion der Nutzungsdauer von 15 Jahren auch für den aus der Sicht des übernehmenden Rechtsträgers übertragenen Praxiswert einer freiberuflichen Kanzlei gilt (BMF-Schrb vom 11.11.2011, BStBl I 1314 Rn 04.10; aA Haritz/Mennert/*Bohnhardt* Rn 164; Frotscher/Maas/*Schnitter* Rn 122a; offengelassen durch DPPM/*Pung* Rn 38). 90

Hat die übertragende Körperschaft einen Geschäfts- oder Firmenwert entgeltlich erworben und ist dieser in der stl Schlussbilanz ausgewiesen, so ist dieser nach Auffassung der FinVerw auch dann über 15 Jahre abzuschreiben, wenn der übertragende Rechtsträger die Buchwerte fortgeführt hat (BMF-Schrb vom 11.11.2011, BStBl I 1314 Rn 04.10). Gleiches soll gelten, wenn der übertragende Rechtsträger Zwischenwerte oder aber den gemeinen Wert angesetzt hat (BMF-Schrb vom 11.11.2011, BStBl I 1314 Rn 04.10; ebenso DPPM/*Pung* Rn 38). Dies kann nicht überzeugen, der derivative Firmenwert ist – unabhängig davon, ob in der stl Schluss- 91 bilanz Buchwerte, Zwischenwerte oder der gemeine Wert angesetzt wird – auf Grund der eingetretenen Rechtsnachfolge so abzuschreiben, wie dies in der Person des übertragenden Rechtsträgers geschehen ist. Kam es zu einem Zwischenwertansatz oder wurde der gemeine Wert angesetzt, so ist neben dem originären Firmenwert ein zweiter Firmenwert auszuweisen, der über 15 Jahre abgeschrieben wird (ebenso Haritz/Menner/*Bohnhardt* Rn 164; RHL/*van Lishaut* Rn 73; Frotscher/Maas/*Schnitter* Rn 122a; ebenso noch BMF-Schrb vom 25.3.1998, BStBl I 268 Rn 115).

92 Kommt es in der Schlussbilanz des übertragenden Rechtsträgers zu Aufdeckung von stillen Reserven, so hat dies keinen Einfluss auf die **erhöhten Absetzungen, Sonderabschreibungen und die Bewertungsfreiheit,** sondern ausschließl auf die normale AfA (Widmann/Mayer/*Widmann* Rn 893).

8. Ermittlung des Übernahmeergebnisses im Überblick

93 **a) Fingierte Ausschüttung der offenen Rücklagen des übertragenden Rechtsträgers.** Jedem Anteilseigner des übertragenden Rechtsträgers werden nach § 7 entsprechend seiner Beteiligung das in der StB ausgewiesene EK abzgl des stl Einlagekontos, welches sich nach der Anwendung des § 29 I ergibt, als Einkünfte aus Kapitalvermögen iSd § 20 I 1 EStG zugerechnet. Zu diesen offenen Rücklagen zählt auch der Gewinn der übertragenden Körperschaft, die aufgrund Ansatz der übergehenden WG in der stl Schlussbilanz mit höheren Werten als dem bisherigen BW angesetzt wurde. Die Einkünfte aus Kapitalvermögen unterliegen dem Kapitalertragsteuerabzug nach § 43 I 1 Nr 1 EStG, die KapESt entsteht mit dem zivilrechtl Wirksamwerden der Umw (vgl § 7 Rn 15).

94 **b) Ermittlung des Übernahmegewinns/-verlusts.** In Folge des Vermögensübergangs ergibt sich nach Abs 4 S 1 ein Übernahmegewinn bzw Übernahmeverlust iHd Unterschiedsbetrages zwischen dem Wert, mit dem die WG durch den übernehmenden Rechtsträger zu übernehmen sind zzgl des Zuschlags für neutrales Vermögen (§ 4 IV 2) abzgl der Kosten für den Vermögensübergang und dem BW der Anteile an der übertragenden Körperschaft. Der Wert des übergehenden Verm ergibt sich aus der Schlussbilanz des übertragenden Rechtsträgers, an diese Werte ist der übernehmende Rechtsträger gebunden. Dieses sog **Übernahmeergebnis erster Stufe** wird nach Abs 5 S 1 um einen ggf vorhandenen Sperrbetrag iSd § 50c EStG erhöht. Nach Abs 5 S 2 vermindert sich ein Übernahmegewinn oder erhöht sich ein Übernahmeverlust um die offenen Rücklagen, die nach § 7 zu den Einkünften iSd § 20 I 1 EStG gehören **(Übernahmeergebnis zweiter Stufe).**

95 Der Gesamtbetrag des Übernahmegewinns bzw Übernahmeverlustes wird durch das für die übernehmende PersGes zuständige FA iRd gesonderten Feststellung der Einkünfte nach **§ 180 AO** einheitl und gesondert festgestellt (BMF-Schrb vom 11.11.2011, BStBl I 1314 Rn 04.27; Haritz/Menner/*Bohnhardt* Rn 228; Widmann/Mayer/*Widmann* Rn 63; DPPM/*Pung* Rn 82; Frotscher/Maas/*Schnitter* Rn 132). In der gesonderten Feststellung werden das Übernahmeergebnis erster Stufe und zweiter Stufe getrennt ausgewiesen.

96 Der Übernahmegewinn entsteht mit Ablauf des **stl Übertragungsstichtags** (BMF-Schrb vom 11.11.2011, BStBl I 1314 Rn 04.26; Haritz/Menner/*Bohnhardt* Rn 227; Widmann/Mayer/*Widmann* Rn 62; Frotscher/Maas/*Schnitter* Rn 132). Der Übernahmegewinn wird nach Auffassung von *Widmann* (Widmann/Mayer/*Widmann* Rn 35; ebenso grdsl Haritz/Menner/*Bohnhardt* Rn 327 ff) nach dem für die PersGes geltenden allg **Gewinnverteilungsschlüssel** auf die einzelnen Gesellschafter aufgeteilt. Soll eine andere Aufteilung vorgenommen werden, so bedarf dies

einer Änderung der Gewinnverteilungsabrede bezogen auf den Übernahmegewinn (Widmann/Mayer/*Widmann* Rn 36; vgl auch Haritz/Menner/*Bohnhardt* Rn 327). Diese Auffassung beachtet aber nicht ausreichend, dass der Übernahmegewinn/-verlust durch zwei Komponenten bestimmt wird, näml dem auf die PersGes übergehenden BV sowie als zweite Rechengröße dem BW der Anteile (vgl Rn 104 ff) an der übertragenden Körperschaft. Dieser BW kann bezogen auf die Gesellschafter unterschiedl sein, sodass der **Übernahmegewinn/-verlust personenbezogen** und aufgrund dieser Komponenten **zu ermitteln ist** (BMF-Schrb vom 11.11.2011, BStBl I 1314 Rn 04.19; DPPM/*Pung* Rn 78 ff; RHL/*van Lishaut* Rn 81; Frotscher/Maas/*Schnitter* Rn 135). In den Fällen, in denen die Anteile am übertragenden Rechtsträger neben der Gesamthandsbilanz auch in der Ergänzungsbilanz erfasst sind, wird nach hM eine getrennte Berechnung des Übernahmeergebnisses für jeden Gesellschafter gefordert (so auch Widmann/Mayer/*Widmann* Rn 42; Haritz/Menner/*Bohnhardt* Rn 335 ff).

Der durch die Verschm der Körperschaft auf die PersGes entstehende Übernahmegewinn kann nicht durch **Ergänzungsbilanzen** korrigiert werden (Widmann/Mayer/*Widmann* Rn 66; Frotscher/Maas/*Schnitter* Rn 135). Zur Bildung von Ergänzungsbilanzen bei der Verschm vgl Rn 23. **97**

c) Berechnungsschema. Der Übernahmegewinn bzw Übernahmeverlust ist entsprechend den nachfolgenden Rechenschemata zu ermitteln (BMF-Schrb vom 11.11.2011, BStBl I 1314 Rn 04.27). **98**

Wert der übergehenden WG (Abs 1 S 1)

+ Zuschläge für neutrales Vermögen (Abs 1 S 2)
– BW der Anteile an der übertragenden Körperschaft, ggf nach Korrektur gem Abs 1 S 2 f
– Kosten für den Vermögensübergang

= Übernahmeergebnis erster Stufe (Abs 4)
+ Sperrbetrag iSd § 50c EStG
– anteilige offene Rücklagen, die als Einnahmen aus Kapitalvermögen gem § 7 iVm § 20 I Nr 1 EStG zu versteuern sind

= Übernahmegewinn/-verlust

Gehören am stl Übertragungsstichtag unter Berücksichtigung des § 5 **nicht alle Anteile** an der übertragenden Körperschaft **zum BV** der übernehmenden PersGes, bleibt der auf diese Anteile entfallende Wert der übergegangenen WG bei der Ermittlung des Übernahmeergebnis insoweit außer Ansatz (Abs 4 S 3; vgl BMF-Schrb vom 11.11.2011, BStBl I 1314 Rn 04.30). **99**

9. Ermittlung des Übernahmeergebnisses 1. Stufe, Abs 4

a) Wertansatz der übergegangenen Wirtschaftsgüter. Die übernehmende PersGes hat gem Abs 1 die auf sie iRd Verschm übergehenden WG mit den Wertansätzen der stl Schlussbilanz der übertragenden Körperschaft zu übernehmen. Der zu übernehmende Wertansatz der übergehenden WG schließt also insbes auch das Auslandsvermögen des übertragenden Rechtsträgers mit ein und zwar auch dann, wenn es selbst der Besteuerung in Deutschland nicht unterliegt (vgl aber auch § 3 Rn 98 ff). Überlässt ein Gesellschafter der übertragenden Körperschaft WG, und werden diese WG bei der übernehmenden PersGes SBV, so **100**

stellen diese WG keine übergegangenen WG iSd Abs 4 S 1 dar (DPPM/*Pung* Rn 45; Frotscher/Maas/*Schnitter* Rn 143).

101 Besitzt die übertragende Körperschaft am stl Übertragungsstichtag **eigene Anteile,** so gehen diese mit der Umw unter, sie werden nicht auf die übernehmende PersGes mit übertragen (BMF-Schrb vom 11.11.2011, BStBl I 1314 Rn 04.32; DPPM/*Pung* Rn 63; Frotscher/Maas/*Schnitter* Rn 144). Das Übernahmeergebnis ergibt sich in diesem Fall unter Außerachtlassung der untergehenden eigenen Anteile nach dem Unterschiedsbetrag zwischen dem Wert, mit dem die übergegangenen WG nach Abs 1 zu übernehmen sind (ohne Berücksichtigung der eigenen Anteile) und dem BW der restl, der PersGes gehörenden oder ihr nach § 5 zuzurechnenden Beteiligung an der übertragenden Körperschaft (DPPM/*Pung* Rn 63; BMF-Schrb vom 11.11.2011, BStBl I 1314 Rn 04.33).

102 Ist die **übertragende Körperschaft an der übernehmenden PersGes beteiligt,** wird das der übertragenden Körperschaft zustehende Kapitalkonto anteilig den Kapitalkonten der Gesellschafter der übertragenden Körperschaft und künftigen Gesellschaftern der übernehmenden PersGes gutgeschrieben (vgl Rn 31).

103 Hat die übertragende Körperschaft im **Rückwirkungszeitraum Lieferungen** an die übernehmende PersGes erbracht, so muss die übernehmende PersGes die in der Interimszeit auf sie übertragene WG mit dem in der stl Schlussbilanz der übertragenden Körperschaft angesetzten Wert fortführen. Eine ggf eingetretene Gewinnrealisation ist stl rückgängig zu machen.

104 **b) Buchwert der Anteile.** Das Übernahmeergebnis ergibt sich aus dem positiven bzw negativen Unterschiedsbetrag zwischen dem Wert, mit dem die übergegangenen WG von der PersGes zu übernehmen sind, und dem BW der Anteile an der übertragenden Körperschaft. Das Gesetz def in § 1 V Nr 4 den BW als den Wert, der nach den stl Vorschriften über die Gewinnermittlung in einer für den stl Übertragungsstichtag aufzustellenden StB **anzusetzen ist oder anzusetzen wäre.** BW der Anteile an der übertragenden Körperschaft ist der Wert, mit dem die Anteile in der Gesamthandsbilanz der PersGes unter Berücksichtigung von Ergänzungsbilanzen anzusetzen ist, oder der sich nach § 5 II, III bzw § 27 III Nr 1 iVm § 5 IV aF ergibt. Das Wertaufholungsgebot nach § 6 I Nr 2 S 3 iVm Nr 1 S 4 EStG bzw die Regelungen der §§ 4 I 2, 3, 5 III 2 sind zu beachten. Ändern sich die AK nach der Umw bspw dadurch, dass sich der Kaufpreis für die Anteile nachträgl erhöht, so liegt ein rückwirkendes Ereignis vor, der Übernahmegewinn/-verlust ist gem § 175 I 1 Nr 2 AO zu ändern (Widmann/Mayer/*Widmann* Rn 93; aA *Berg* DStR 1997, 1390). Ändern sich die AK durch offene oder verdeckte Einlage nach dem stl Übertragungsstichtag, so hat dies für die Ermittlung des Übernahmeergebnisses grdsl keine Auswirkungen (Frotscher/Maas/*Schnitter* Rn 164). Gleiches gilt, falls ein Gesellschafter nach dem stl Übertragungsstichtag auf eine Forderung ggü der zu diesem Zeitpunkt noch zivilrechtl bestehenden KapGes verzichtet; es liegt insoweit aus stl Sicht ein Forderungsverzicht ggü der übernehmenden PersGes vor (DPPM/*Pung* Rn 54). Verzichtet die übernehmende PersGes nach dem Übertragungsstichtag auf eine Forderung ggü der übernehmenden KapGes, so geht diese stl nicht durch Verzicht, sondern vielmehr durch Konfusion unter (DPPM/*Pung* Rn 54).

105 Besitzt **ein Gesellschafter mehrere Beteiligungen** an der übertragenden Körperschaft und hat er diese zu unterschiedl Zeiten und zu unterschiedl AK erworben, ist für die Ermittlung des Übernahmegewinns/-verlustes von einem einheitl BW auszugehen (BMF-Schrb vom 11.11.2011, BStBl I 1314 Rn 04.21; Widmann/Mayer/*Widmann* Rn 96; DPPM/*Pung* Rn 51; RHL/*van Lishaut* Rn 81; Haritz/Menner/*Bohnhardt* Rn 251; Frotscher/Maas/*Schnitter* Rn 160). Von einer einheitl Beteiligung und damit einem Gesamtbuchwert bezogen auf einen Gesellschafter ist auch dann auszugehen, wenn einzelne Anteile eines Gesellschafters nach § 5 II–IV als in das BV der PersGes eingelegt gelten (Frotscher/Maas/*Schnitter* Rn 160). Ist ein Gesellschafter sowohl unmittelbar an der übertragenden Körperschaft als auch **mittelbar** über die übernehmende PersGes **beteiligt,** sollen aber für die Ermittlung des Übernahmeergebnisses diese Anteile getrennt voneinander zu betrachten sein (Widmann/Mayer/*Widmann* Rn 102). Bei der Ermittlung des Übernahmeergebnisses wirkt sich das Abstellen auf die Beteiligung eines Gesellschafters und nicht auf den einzelnen Anteil insoweit aus, als für einen Gesellschafter entweder ein Übernahmegewinn oder ein Übernahmeverlust entsteht. Bei einer anteilsbezogenen Ermittlung könnte sich für einen Gesellschafter sowohl ein Übernahmegewinn als auch ein Übernahmeverlust ergeben (ebenso DPPM/*Pung* Rn 51). Unterliegen Anteile eines Gesellschafters unterschiedlichen stl Bedingungen (zB wegen Abs 6 S 5), kann nicht nur eine gesellschafter-, sondern auch noch anteilsbezogene Betrachtung notwendig sein (BMF-Schrb vom 11.11.2011, BStBl I 1314 Rn 04.21; RHL/*van Lishaut* Rn 81; Frotscher/Maas/*Schnitter* Rn 160).

Die AK der Anteile müssen nicht unbedingt dem BW entsprechen. Bspw kann **106** bei Einlagerückzahlung der BW unter die AK absinken. Gleiches gilt, wenn auf die Beteiligung eine **Teilwertabschreibung** vorgenommen wurde (DPPM/*Pung* Rn 50; RHL/*van Lishaut* Rn 83).

Kommt es zu einer **KapErh gegen Einlage** durch einen Gesellschafter, so **107** erhöht sich der BW der Anteile. Ohne Einfluss auf den BW bleiben jedoch solche KapErh, die erst nach dem Umwandlungsstichtag durchgeführt wurden (Widmann/Mayer/*Widmann* Rn 141; Frotscher/Maas/*Schnitter* § 5 Rn 47; DPPM/*Pung* Rn 53; RHL/*van Lishaut* Rn 83). Der BW bzw die AK der Anteile sind um ausstehende Einlagen zu kürzen (Frotscher/Maas/*Schnitter* Rn 163; vgl auch Rn 30). Kommt es zu einer **KapErh aus Gesellschaftsmitteln,** so verteilen sich gem § 3 KapErhStG die ursprüngl AK auf die Alt- und Neuanteile. Die Bestimmung des § 3 KapErhStG geht von dem Gedanken der wertmäßigen Abspaltung der neuen Anteilsrechte von den alten Anteilsrechten aus und macht im Wege der Fiktion die AK der alten Anteile zu gemeinschaftl AK für die alten und für die neuen Anteile.

Anteile an der übertragenden Körperschaft, die am Übertragungsstichtag zum **108** BV eines Gesellschafters gehören, sowie Beteiligungen iSd § 17 EStG und einbringungsgeborene Anteile iSd § 21 aF gelten nach näherer Maßgabe des **§ 5 II–III, § 27 III Nr 1 iVm § 5 IV aF** mit den dort aufgeführten Werten in das BV der übernehmenden PersGes als eingelegt. Hat die übernehmende PersGes Anteile an der übertragenden Körperschaft nach dem stl Übertragungsstichtag angeschafft, so ist der Übernahmegewinn gem **§ 5 I** so zu ermitteln, als hätte sie die Anteile zum Umwandlungsstichtag angeschafft. Bei der Regelung des § 5 handelt es sich um eine gesetzl Fiktion bezogen auf die Anschaffung in das BV der übernehmenden PersGes. Kommt es zu einer **tats Einlage** in das BV der übernehmenden PersGes, ermittelt sich der BW dieser Anteile nach den allg Vorschriften (Widmann/Mayer/*Widmann* Rn 161). Dabei ist zu beachten, dass nach Auffassung des BFH (DStR 1999, 366; ebenso BMF-Schrb vom 29.3.2000, DStR 2000, 820; L. Schmidt/*Wacker* EStG § 15 Rn 664; *van Lishaut* DB 2000, 1784) die Einbringung einer Beteiligung aus dem PV in das betriebl Gesamthandsvermögen einer PersGes gegen Gewährung von Gesellschaftsrechten als tauschähnl Vorgang angesehen wird. Bei dem einbringenden Gesellschafter kommt es zu einer entgeltl Veräußerung iSd § 17 EStG und bei der aufnehmenden PersGes zu einem Anschaffungsgeschäft. Erfolgte die **Veräußerung bzw Anschaffung im Rückwirkungszeitraum,** so gilt die Beteiligung der übertragenden Körperschaft gem § 5 I durch die aufnehmende PersGes als zum Umwandlungsstichtag angeschafft. Der BW dieses Anteils entspricht den AK und damit dem gemeinen Wert des Gesellschaftsanteils. Kommt es zu einer Einlage eines Anteils einer Beteiligung an einer KapGes aus dem PV in das SBV der übernehmenden PersGes, ist gem § 6 I Nr 5 EStG der Anteile an der Übertragerin bei der Einlage mit den AK anzusetzen, wenn die Anteile innerh von drei Jahren vor der Einlage erworben wurden oder es sich um eine Beteiligung iSd § 17 EStG handelt. Abs 6 S 5 ist zu beachten. War ein Anteilseigner zum stl Übertragungsstichtag an der übertragenen Körperschaft beteiligt, hat er diese Beteiligung aber im Rückwirkungszeitraum vollumfänglich veräußert, nimmt er an der Umwandlung nicht mehr teil, für ihn wird ein Übernahmeergebnis nicht ermittelt. Für die Ermittlung und Besteuerung des Veräußerungsgewinns gelten die allgemeinen Grundsätze (BMF-Schrb vom 11.11.2011, BStBl I 1314 Rn 02.17). Ein Anteilseigner, der zum stl Übertragungsstichtag noch nicht an der übertragenden Körperschaft beteiligt war, eine Beteiligung an dieser Gesellschaft aber im Rückwirkungszeitraum entgeltlich oder unentgeltlich erwirbt, nimmt auf Grund der stl Rückwirkungsfiktion des § 2 II an der Umwandlung teil. Für ihn ist ein Übernahmeergebnis unter den Voraussetzungen des § 5 II, III zu ermitteln (BMF-Schrb vom 11.11.2011, BStBl I 1314 Rn 05.04; vgl ausführlich dazu § 3 Rn 14).

109 Befinden sich die Anteile an der übertragenden Körperschaft im Gesamthandsvermögen der übernehmenden PersGes und existiert **bezogen auf die Beteiligung eine Ergänzungsbilanz** eines oder mehrerer Gesellschafter, so ermittelt sich der BW des Anteils an der Übertragerin aus der Gesamthandsbilanz und der positiven bzw negativen Ergänzungsbilanz (Widmann/Mayer/*Widmann* Rn 170; DPPM/*Pung* Rn 79; Haritz/Menner/*Bohnhardt* Rn 335 ff).

110 **c) Kosten des Vermögensübergangs.** Nach Abs 4 S 1 sind bei der Verschm einer Körperschaft auf eine PersGes oder auf eine natürl Person Umwandlungskosten bei der Ermittlung des Übernahmeergebnisses abzuziehen. Dies hat zur Folge, dass wegen Abs 6, 7 idR die volle bzw hälftige Nichtabziehbarkeit der Kosten eintritt. Zu dem Umfang der Kosten des Vermögensübergangs vgl Rn 44.

111 **d) Sog neutrales Vermögen (Abs 4 S 2).** Der Wert des übergehenden Verm ergibt sich aus dem Ansatz in der stl Schlussbilanz des übertragenden Rechtsträgers. **Für Zwecke der Ermittlung des Übernahmeergebnisses** erhöht sich dieser Wert nach Abs 4 S 2 um die Diff zwischen dem gemeinen Wert und dem Wert in der stl Schlussbilanz bezogen auf die WG, an denen Deutschland ein Recht zur Besteuerung eines Veräußerungsgewinns vor der Verschm nicht hatte (sog neutrales Verm, BT-Drs 16/2710, 39). Bei dem neutralen Verm handelt es sich idR um ausl Betriebsstättenvermögen, das aufgrund einer mit Art 13 II iVm Art 23A OECD-MA vglbaren Regelungen im jew DBA von der dt Besteuerung freizustellen ist oder um im Ausland gelegenen Grundbesitz, der nach einer mit Art 13 I iVm Art 23A OECD-MA vglbaren Regelungen im jew DBA in Deutschland nicht besteuert wird. Bei einer im Inland nicht unbeschränkt stpfl EU/EWR-Körperschaft mit Sitz in einem DBA-Staat gehören zum neutralen Verm alle

WG, die nicht einer dt Betriebsstätte zuzurechnen sind bzw nicht in Deutschland gelegenes unbewegl Verm darstellen. Abs 4 S 2 erfasst auch eine nicht in Deutschland unbeschränkt stpfl EU/EWR-Körperschaft mit Betriebsstätte in einem im Verhältnis zu Deutschland nicht DBA-Staat oder einem Staat mit DBA im Verhältnis zu Deutschland nach Anrechnungsmethode. Insoweit hat die Regelung des Abs 4 S 2 überschießende Wirkung (DPPM/*Pung* Rn 60; vgl *Bogenschütz* Ubg 2011, 393; *Stadler/Elser/Bindl* DB 2012 Beilage 1 zu Heft 2, 14); hier besteht vor der Umw kein dt Besteuerungsrecht für die WG der Betriebsstätte und nach der Umw ein durch Steueranrechnung beschränktes dt Besteuerungsrecht bezogen auf die in Deutschland unbeschränkt stpl MU. Krit insoweit DPPM/*Pung* Rn 60; *Förster/Felchner* DB 2006, 1072.

Da das dt Besteuerungsrecht für neutrales Verm nicht beschränkt wird, weil es **112** vor der Verschm nicht bestanden hat, kann die übertragende Körperschaft diese WG gem § 3 II mit dem BW oder einem ZW ansetzen. Der übernehmende Rechtsträger führt diese Werte zum Umwandlungsstichtag fort, ledigl für Zwecke des Übernahmegewinns ordnet Abs 4 S 2 den Ansatz mit dem gemeinen Wert an (RHL/*van Lishaut* Rn 93; DPPM/*Pung* Rn 58).

Abs 4 S 2 schließt eine – im UmwStG aF noch bestehende – **Regelungslücke** **113** (DPPM/*Pung* Rn 59; vgl Widmann/Mayer/*Widmann* § 3 Rn 101). Anteile an einer KapGes repräsentieren näml auch stille Reserven in Auslandsbetriebsstätten, obwohl die WG in der Auslandsbetriebsstätte selber unmittelbar nicht der dt Besteuerung unterliegen. Werden die Anteile an der Körperschaft veräußert, werden bei der Ermittlung des Veräußerungspreises auch der Wert der Auslandsbetriebsstätte und damit auch die stillen Reserven in dieser Betriebsstätte berücksichtigt; sie haben unmittelbar Auswirkung auf einen stpfl Anteilsveräußerungsgewinn. Wird aber die Körperschaft in eine PersGes umgewandelt, wobei die Gesellschafter nach der Umw ihre Anteile an der PersGes veräußern, ist der Veräußerungsgewinn in Deutschland steuerfrei, soweit er auf die DBA-Freistellungsbetriebsstätte etc entfällt. Diese Sichtweise hat mE Auswirkungen auf die Ermittlung des gemeinen Wertes iRd Abs 4 S 2. Der gemeine Wert ist grdsl ein Wert vor Berücksichtigung der Steuern auf den Veräußerungsgewinn. Werden die Anteile an der übertragenden Körperschaft aber vor der Umw veräußert, so wirkt sich die **latente ausl Steuer** auf den Kaufpreis aus. Nach dem Sinn und Zweck des Abs 4 S 2 kann bei der Ermittlung des Wertes der neutralen WG nichts anderes gelten (ebenso RHL/*van Lishaut* Rn 95; Frotscher/Maas/*Schnitter* Rn 152; Haase/Hruschka/*Schönherr/Krüger* Rn 89).

Abs 4 S 2 ordnet nicht an, dass die betrifft WG für dt Besteuerungszwecke mit **114** einem entsprechend höheren Wert in der Bilanz des übernehmenden Rechtsträgers angesetzt werden, die Höherbewertung erfolgt auf der Ebene des übernehmenden Rechtsträgers nach Abs 4 S 2 ausschließl für Zwecke der Ermittlung des Übernahmeergebnisses (DPPM/*Pung* Rn 58; RHL/*van Lishaut* Rn 94; anders vom Ansatz her *Schaflitzl/Widmayer* BB Special 8/2006, 36). Damit hat Abs 4 S 2 keine Bedeutung im Zusammenhang mit der Ermittlung der Einkünfte nach § 7 (DPPM/*Pung* Rn 61; RHL/*van Lishaut* Rn 93). Wird Verm des übertragenden Rechtsträgers in Folge der Verschm erstmals in Deutschland steuerverstrickt, so stellt sich aber zusätzl die Frage, ob eine logische Sekunde nach dem Verschmelzungsvorgang auf dieses Verm § 4 I 7 EStG Anwendung findet, oder aber, ob Abs 1 die Regelung des § 4 I 7 EStG ausschließt (vgl dazu Rn 27). Zur Verstrickung von übergehendem Vermögen bei Hereinverschmelzungen vgl § 3 Rn 98 f.

115 Zur mögl EU-Rechtswidrigkeit der Regelung des Abs 4 S 2 vgl *Benecke/Beinert* FR 2009, 1120; *Förster* FS Schaumburg, 2009, 629, *Förster/Felchner* DB 2006, 1072; *Werra/Teiche* DB 2006, 1455; *Lemaitre/Schönherr* GmbHR 2007, 173; *Klingebiel* Der Konzern 2006, 600. Zur Anwendung des Abs 4 S 2 auf **hybride Ges,** dh solche Ges, die im Ausland der KSt unterliegen, in Deutschland hingegen als stl transparent klassifiziert werden vgl *Brähler/Heerdt* StuW 2007, 260.

116 **e) Abs 4 S 3.** Zum stl Übertragungsstichtag müssen nicht alle Anteile an der übertragenden Körperschaft auch unter Berücksichtigung des § 5 zum BV der übernehmenden PersGes gehört haben. Natürl Personen, die ihre Anteile am übertragenden Rechtsträger im PV halten und deren Anteile die Voraussetzungen des § 17 EStG nicht erfüllen oder Anteile an der übertragenden Körperschaft, die von inl steuerbefreiten Anteilseignern und jur Personen des öffentl Rechts gehalten werden, die nicht iSd § 17 EStG beteiligt sind, werden von § 5 nicht erfasst. Solche Anteile werden für die Ermittlung des Übernahmegewinns/-verlusts der übernehmenden PersGes nicht zugerechnet. Für diese Person wird ein Übernahmegewinn nicht ermittelt (BMF-Schrb vom 11.11.2011, BStBl I 1314 Rn 04.25). Abs 4 S 3 schreibt deshalb vor, dass dann, wenn nicht alle Anteile an der Körperschaft als in das BV der PersGes eingelegt bzw überführt gelten, auch das von der Körperschaft auf die PersGes übergehende BV, als Vergleichsgröße zur Ermittlung des Übernahmeergebnisses, nur mit dem entsprechenden prozentualen Anteil angesetzt werden darf (DPPM/*Pung* Rn 85; Widmann/Mayer/*Widmann* Rn 79; Frotscher/Maas/*Schnitter* Rn 165). Die prozentuale Kürzung erfolgt aber nur für die Ermittlung des Übernahmeergebnisses, das auf diese Gesellschafter entfallende anteilige BV geht tats auf die übernehmende PersGes über. Nach Meinung von *Pung* (DPPM/*Pung* Rn 85) soll diese prozentuale Kürzung auch für Umwandlungskosten gelten (vgl dazu aber Rn 44).

117 Abs 4 S 3 bezieht sich von seiner systematischen Stellung nur auf das Übernahmeergebnis erster Stufe, nach richtiger Auffassung hat die Vorschrift jedoch auch Bedeutung für das Übernahmeergebnis zweiter Stufe nach Abs 5 (ebenso DPPM/*Pung* Rn 88; Haritz/Menner/*Bohnhardt* Rn 359 f).

10. Erhöhung des Übernahmeergebnisses, Abs 5

118 **a) Erhöhung um einen Sperrbetrag nach § 50c EStG 1999.** Nach Abs 5 S 1 ist der Übernahmegewinn/-verlust erster Stufe um einen Sperrbetrag iSd § 50c EStG zu erhöhen. § 50c EStG ist auslaufendes Recht. Nach § 52 Abs 59 EStG ist die Neubildung eines Sperrbetrags nach § 50c EStG 1999 bis zum Ablauf des VZ 2001 (bei abweichendem Wj 2000/2001 der Körperschaft bis zum Ablauf des Wj 2001/2002) mögl gewesen; ein entstandener Sperrbetrag wird max bis zum Ablauf der 10-jährigen Sperrfrist des § 50c EStG fort, also längstens bis zum Jahre 2011. Sperrbeträge iSd § 50c EStG konnten entstehen, wenn nicht zur Anrechnung von KSt berechtigte Anteilseigner anrechnungsberechtigt werden oder ihre Beteiligung an einen Anrechnungsberechtigten übertragen haben (§ 50c I–X EStG). Dem Erwerb vom nicht Anrechnungsberechtigten gleichgestellt ist nach § 50c XI der Erwerb von einem Rechtsvorgänger, bei dem die Veräußerung nicht stpfl ist, idR also der Erwerb von Kapitalgesellschaftsanteilen von Steuerinländern, die diese als nicht wesentl Beteiligung iSd § 17 EStG im PV gehalten haben. Der Sperrbetrag iSd § 50c ist grdsl der Unterschied zwischen den AK und dem Nennbetrag des Anteils. Wegen weiterer Einzelheiten bei der Hinzurechnung eines

Sperrbetrags nach 50c EStG 1999 iRd Abs 5 vgl 4 Aufl § 4 Rn 113–138 und BFH DStR 2008, 501.

b) Kürzung um Bezüge nach § 7, § 4 V 2. Die offenen Rücklagen der übertragenden Körperschaft (stl EK abzgl bestandsteuerl Einlagekontos) werden nach § 7 allen Anteilseignern des übertragenden Rechtsträgers prozentual entsprechend ihrer Beteiligung am Nennkapital als Einnahmen aus Kapitalvermögen nach § 20 I 1 EStG bzw als Einnahmen aus Gewerbebetrieb zugerechnet. Dies gilt unabhängig davon, ob für den jew Anteilseigner ein Übernahmeergebnis nach Abs 4, 5 S 1 iVm § 5 ermittelt wird. Zu weiteren Einzelheiten vgl § 7 Rn 1 ff. Weil aber der Betrag der offenen Rücklagen auch im Übernahmeergebnis iSd Abs 4, 5 S 1 enthalten ist, ordnet Abs 5 S 2 zur Vermeidung einer Doppelbesteuerung eine Kürzung des Übernahmeergebnisses um die Bezüge iSd § 7 an. Soweit damit für einen Gesellschafter an der übertragenden Körperschaft ein Übernahmeergebnis zu ermitteln ist, erzielt dieser Einkünfte iSd § 7, die als Kapitalertrag besteuert werden und einen Übernahmegewinn/-verlust iSd Abs 4, 5 S 1 iVm § 5, der aber um die Bezüge nach § 7 gekürzt wird (DPPM/*Pung* Rn 90; Haritz/Menner/*Bohnhardt* Rn 279; *Bogenschütz* Ubg 2009, 604; *Förster/Felchner* DB 2006, 1072; *Bodden* FR 2007, 66; *Schaflitzl/Hell/Widmayer* BB Special 8/2006, 36). 119

11. Übernahmeverlust, Abs 6

a) Ursachen des Entstehens eines Übernahmeverlusts. Ein Übernahmeverlust entsteht, wenn der BW bzw die AK der Anteile an der übertragenden Körperschaft abzgl der Umwandlungskosten des übernehmenden Rechtsträgers höher ist als der für die Ermittlung des Übernahmeergebnisses relevante Wert des übernommenen Verm (Übernahmeverlust erster Stufe, Abs 4). Er entsteht auf der Ebene der Anteilseigner idR dadurch, dass diese bei der Bemessung des Kaufpreises für die Anteile am übertragenden Rechtsträger stille Reserven im Verm des übertragenden Rechtsträgers berücksichtigt haben, die iRd Umw nicht aufgedeckt worden sind. Der Übernahmeverlust erster Stufe kann zudem darauf zurückzuführen sein, dass die übertragende Körperschaft ein negatives BV hat bzw nach Erwerb der Anteile Verlust erwirtschaftete, die bislang nicht durch eine Teilwertabschreibung auf der Ebene des Gesellschafters geltend zu machen waren. Nach Abs 5 ist das Übernahmeergebnis erster Stufe zum einen um einen Sperrbetrag iSd § 50c EStG zu erhöhen, der Übernahmeverlust erster Stufe mindert sich dadurch entsprechend, und zum anderen um Bezüge iSd § 7 zu mindern, dh der Übernahmeverlust erster Stufe erhöht sich entsprechend. Die Ermittlung des Übernahmeverlust erfolgt personenbezogen, dh für jeden Gesellschafter gesondert (BMF-Schrb vom 11.11.2011, BStBl I 1314 Rn 04.19; DPPM/*Pung* Rn 127; RHL/*van Lishaut* Rn 108; Widmann/Mayer/*Widmann* Rn 632; Frotscher/Maas/*Schnitter* Rn 205), wenn die Anteile unterschiedl Steuerstatus unterliegen, ggf zusätzl auch anteilsbezogen (vgl Rn 105). Der Übernahmeverlust stellt einen **lfd Verlust** dar, der zum stl Übertragungsstichtag entsteht (vgl BMF-Schrb vom 11.11.2011, BStBl I 1314 Rn 04.26; DPPM/*Pung* Rn 127; Frotscher/Maas/*Schnitter* Rn 206). Unabhängig davon, ob ein Übernahmeverlust stl berücksichtigt werden kann oder nicht, wird der Kapitalanteil des Mitunternehmeranteils in Folge der Verschm iHd anteiligen Kapitals der übertragenden Körperschaft gem Abs 1 S 1 festgelegt (vgl FG Münster EFG 2011, 1339). Es ist nicht mögl, die durch die „außer Ansatz“ bleibenden AK repräsentierten stillen Reserven nach der Umw in einer positiven Ergänzungsbilanz festzuhalten, die im Falle der späteren 120

Veräußerung des Mitunternehmeranteils zu berücksichtigen wären (BFH BStBl II 2012, 728; aA *Strahl* KÖSDI 2007, 15 519).

121 Ein Übernahmeverlust hat keine Auswirkung auf die stl Schlussbilanz des übertragenden Rechtsträgers. Er führt nicht zwangsläufig zu einem handelsbilanziellen Übernahmeverlust, selbst wenn die übertragende Körperschaft eine TochterGes der übernehmenden PersGes ist. Der übernehmende Rechtsträger hat näml handelsrechtl das nach § 24 UmwG bestehende Wahlrecht, die BW fortzuführen bzw die Verkehrswerte anzusetzen.

122 **b) Körperschaft, Personenvereinigung oder Vermögensmasse als Mitunternehmer der übernehmenden Personengesellschaft, Abs 6 S 1–3.** Gem Abs 6 S 1 ist der Abzug des Übernahmeverlustes ausgeschlossen, soweit er auf eine Körperschaft, Personenvereinigung oder Vermögensmasse als MU der übernehmenden PersGes entfällt. Ist MU der übernehmenden PersGes wiederum eine PersGes, an der eine Körperschaft, Personenvereinigung oder Vermögensmasse als MU beteiligt (mittelbare Beteiligung), gilt Abs 6 S 1 insoweit entsprechend (RHL/*van Lishaut* Rn 111; Frotscher/Maas/*Schnitter* Rn 209). Erzielt die beteiligte Körperschaft, Personenvereinigung oder Vermögensmasse Bezüge iSd § 7 iVm § 8b I, V KStG, so sind diese Bezüge idR in Höhe von 5% zu versteuern (zur Verfassungsmäßigkeit der Pauschalierung nach § 8b V KStG vgl BVerfG DB 2010, 2590); ein Übernahmeverlust ändert daran nichts (DPPM/*Pung* Rn 130; Widmann/Mayer/*Widmann* Rn 629.8; Frotscher/Maas/*Schnitter* Rn 207). Ein Übernahmeverlust ist nach der Gesetzeslage auch dann nicht zu berücksichtigen, wenn Anteile iSv § 8b IV KStG nF betroffen sind (*Benz/Jetter* DStR 2013, 489; vgl auch BR-Drs 302/12, 72). Handelt es sich bei der Mitunternehmerkörperschaft um eine OrganGes, ist § 15 I Nr 2 KStG zu beachten, sodass Abs 6 nicht bei der OrganGes, sondern bei dem Organträger nach Maßgabe der für ihn geltenden Regeln anzuwenden ist (RHL/*van Lishaut* Rn 112).

123 Abs 6 S 2, 3 lassen – vorbehaltl Abs 6 S 6 – einen Abzug des Übernahmeverlustes in gewissen Umfang zu, wenn Gesellschafter der übernehmenden PersGes eine Körperschaft ist, die auf die Anteile am übertragenden Rechtsträger § 8b VII oder VIII KStG anwendet. Dabei handelt es sich um Anteile, die bei Kredit- und Finanzdienstleistungsinstituten dem Handelsbuch zuzurechnen sind (§ 8b VII 1 KStG), die von Finanzunternehmen gehalten und mit dem Ziel der kurzfristigen Erzielung eines Eigenhandelserfolgs erworben wurden (§ 8b VII 2 KStG) bzw die von Lebens- und Krankenversicherungsunternehmen gehalten werden und die den Kapitalanlagen zuzurechnen sind (§ 8b VIII 1 KStG). Soweit Anteile am übertragenden Rechtsträger iSd § 8b VII, VIII 1 KStG gehalten werden, können Übernahmeverluste nach Abs 6 S 3 bis zur Höhe der Bezüge nach § 7 berücksichtigt werden. Diese Regelung ist systematisch nicht überzeugend und verfassungsrechtl bedenkl (ausführl dazu § 12 Rn 52 f; vgl auch FG Köln StE 2011, 730; FG Düsseldorf EFG 2010, 1356). Ist der Übernahmeverlust niedriger als die Bezüge iSd § 7, ist er in voller Höhe zu berücksichtigen, sind die Bezüge iSd § 7 jedoch niedriger als der Übernahmeverlust, so ist der dann verbleibende Übernahmeverlust nicht abzugsfähig. Bei doppelstöckigen Strukturen wird auch insoweit auf den letzten MU in der Kette abgestellt (Frotscher/Maas/*Schnitter* Rn 270). Ist Gesellschafterin der übertragenden Körperschaft eine OrganGes, so kommt es für die Anwendung des Abs 6 nicht auf die OrganGes, sondern auf die Person des Organträgers an (§ 15 I Nr 2 KStG). Zu der Frage, ob bei beschränkt stpfl Anteilseignern eine Verrechnung des Übernahmeverlustes mit den Bezügen iSd § 7 mögl ist, vgl Rn 127.

c) Natürliche Person als übernehmender Rechtsträger bzw Mitunternehmer der übernehmenden Personengesellschaft. Der Übernahmeverlust ist nach Abs 6 S 3 im Grds zu 60 vH abzugsfähig, soweit er auf eine natürl Person als übernehmender Rechtsträger bzw als MU der übernehmenden PersGes entfällt, höchstens jedoch iHv 60 vH der Bezüge iSd § 7. Diese Begrenzung des Übernahmeverlustes auf 60 vH der Bezüge iSd § 7 ist nicht gerechtfertigt, soweit das Teileinkünfteverfahren im Grds im Veräußerungsfall keine Anwendung findet. Daher wurde durch das JStG 2009 § 4 VI durch einen neuen Satz 5 ergänzt. Danach ist in den Fällen des § 3 Nr 40 S 3, 4 EStG der Übernahmeverlust maximal in Höhe der Bezüge iSd § 7 stl abzugsfähig (DPPM/*Pung* Rn 140; Haritz/Menner/*Bohnhardt* Rn 298; krit zur früheren Rechtslage *Rödder/Schumacher* DStR 2006, 1525). Soweit der Übernahmeverlust höher ist als die Bezüge iSd § 7 ist er nicht abzugsfähig. IÜ kann sich die Nichtabzugsfähigkeit des Übernahmeverlustes aus Abs 6 S 6 ergeben. Abs 6 S 4 findet auch Anwendung, wenn die natürl Person an der übertragenden Körperschaft nicht unmittelbar, sondern mittelbar über eine PersGes beteiligt ist. Ist Gesellschafterin der übertragenden Körperschaft einer OrganGes, so kommt es für die Anwendung des Abs 6 nicht auf die OrganGes, sondern auf die Person des Organträgers an (§ 15 I Nr 2 KStG). 124

d) Verrechnung eines Übernahmeverlustes mit Bezügen iSd § 7 bei beschränkt steuerpflichtigem Anteilseigner. Auch bei beschränkt stpfl Anteilseignern der übertragenden Körperschaft kommt es zu einer Aufspaltung des Übernahmeergebnisses in die dem Gesellschafter zuzurechnenden Gewinnrücklagen (EK abzgl Nennkapital und stl Einlagekonto) der übertragenden Körperschaft gem § 7 und der Ermittlung des verbleibenden Übernahmeergebnisses gem Abs 4, 5. Die stl Auswirkungen der Spaltung des Übernahmeergebnisses für beschränkt stpfl Anteilseigner hängen entscheidend von der Zuordnung ihrer Kapitalgesellschaftsbeteiligung ab: 125

aa) Gehört die Beteiligung an der übertragenden Körperschaft funktional zu einer **inl Betriebsstätte** (vgl dazu *Beinert/Benecke* FR 2010, 1009; *Haase/Brändel* Ubg 2010, 859; BMF-Schrb vom 16.4.2010, BStBl I 354 Abschnitt 2.2.4.1; *Schönfeld* IStR 2011, 497), sind die Bezüge iSd § 7 nach § 49 I Nr 2a EStG stpfl. Da inl Betriebsstätteneinkünfte zu veranlagen sind, hat in diesen Fällen der Quellensteuereinbehalt keine abgeltende Wirkung, sodass die Verrechnung eines nach Abs 6 abzugsfähigen Übernahmeverlustes mit den Bezügen iSd § 7 mögl ist (RHL/*van Lishaut* Rn 115; DPPM/*Pung* Rn 5; *Förster* FS Schaumburg, 2009, 629; *Damas* DStZ 2007, 129). 126

bb) Ist ein **beschränkt stpfl Gesellschafter** iSd § 17 EStG an der übertragenden Ges beteiligt, gelten diese Anteile auch bezogen auf einen beschränkt stpfl Gesellschafter nach § 5 II für die Ermittlung des Gewinns als zum Umwandlungsstichtag in das BV des übernehmenden Rechtsträgers eingelegt (BMF-Schrb vom 11.11.2011, BStBl I 1314 Rn 05.07; vgl § 5 Rn 29). Eine Einlagefiktion gilt auch für Zwecke des § 7 (vgl § 7 Rn 17; RHL/*van Lishaut* Rn 115; DPPM/*Pung* § 7 Rn 20; aA *Förster/Felchner* DB 2006, 1072; *Behrendt/Arjes* DB 2007, 824). Die Einlagefiktion des § 5 II reicht aber nicht aus, um diese Beteiligung an dem übertragenden Rechtsträger funktional dem BV des übernehmenden Rechtsträgers und damit einer inl Betriebsstätte zuzurechnen (ebenso DPPM/*Pung* Rn 5; *Lemaitre/Schönherr* GmbHR 2007, 173; *Hagemann/Jakob/Ropohl/Viebrock* NWB-Sonderheft 1/2007, 20; *Benecke/Schnitger* IStR 2006, 765). Damit liegen LuF, 127 gewerbl oder freiberufl Einkünfte vor, wenn Deutschland das Besteuerungsrecht zusteht, dh ein DBA nicht besteht oder das DBA dem Ansässigkeitsstaat der Körperschaft das Besteuerungsrecht zuweist, sodass sich die beschränkte StPfl aus § 49 I Nr 2 lit a, Nr 3, Nr 1 EStG ergibt (ebenso DPPM/*Pung* Rn 5; *Lemaitre/Schönherr* GmbHR 2007, 173; vgl RHL/*van Lishaut* Rn 115; aA *Förster/Felchner* DB 2006, 1072; *Rödder/Schumacher* DStR 2006, 1525), und die Einkünfte iSd § 7 mit einem Übernahmeverlust verrechnet werden können. Der Quellensteuerabzug nach § 50 II 1 EStG hat dann keine abgeltende Wirkung (DPPM/*Pung* Rn 5; *Hagemann/Jakob/Ropohl/Viebrock* NWB-Sonderheft 1/2007, 50; vgl RHL/*van Lishaut* Rn 115). Demggü wird in der Lit (vgl *Förster/Felchner* DB 2006, 1072) die Auffassung vertreten, dass Bezüge iSd § 7 stets solche nach § 49 I Nr 5 lit a EStG seien, da die Einlagefiktion des § 5 II nicht die Kapitaleinkünfte iSd § 7 betreffe. Eine Veranlagung findet dann nicht statt, vielmehr gilt die ESt bzw KSt des Gesellschafters mit der KapESt insoweit als abgegolten (§ 50 II 1 EStG, § 32 I KStG). Die KapESt auf die Bezüge wird damit grdsl definitiv. Da aber die KapESt nach Abs 6 S 4 den Verlustausgleich nur der Höhe nach begrenzt, seine Verrechnung nach dem Gesetzeswortlaut aber nicht auf die Einkünfte iSd § 7 beschränkt ist, könne der Übernahmeverlust daher bis zur Höhe der Bezüge iSd § 7 mit anderen Einkünften des Stpfl, die einer Veranlagung in Deutschland unterliegen, verrechnet werden (*Förster/Felchner* DB 2006, 1072; *Förster* FS Schaumburg, 2009, 629).

128 **cc)** Sind die **Gewinne** aus der Veräußerung der Anteile am übertragenden Rechtsträger **durch ein DBA** ausschließl dem **ausl Ansässigkeitsstaat zugewiesen,** kann ein steuerwirksamer Übernahmeverlust nicht entstehen (RHL/*van Lishaut* Rn 116; DPPM/*Pung* Rn 5; *Förster/Felchner* DB 2006, 1072).

129 **e) Berücksichtigung eines Übernahmeverlustes unter den Voraussetzungen des Abs 6 S 6. aa) Überblick.** Ein Übernahmeverlust bleibt in jedem Falle außer Ansatz, soweit bei der Veräußerung der Anteile an der übertragenden Körperschaft ein Veräußerungsverlust nach § 17 II 6 EStG nicht zu berücksichtigen wäre oder soweit die Anteile an der übertragenden Körperschaft innerh der letzten fünf Jahre vor dem stl Übertragungsstichtag entgeltl erworben worden sind.

130 IRd Abs 6 S 6 ist jeder Anteil gesondert zu beurteilen (BMF-Schrb vom 11.11.2011, BStBl I 1314 Rn 04.21; DPPM/*Pung* Rn 144; RHL/*van Lishaut* Rn 81; Frotscher/Maas/*Schnitter* Rn 226), nur soweit die Voraussetzungen des Abs 6 S 6 vorliegen, bleibt der Übernahmeverlust außer Ansatz. Die **anteilsbezogene Betrachtungsweise** führt dazu, dass ein Anteilseigner bei einem Anteil anteilig einen Übernahmeverlust nicht nutzen kann. Wird bspw die X-GmbH auf die Y-KG verschmolzen und hat der Gesellschafter Z 30% der Anteile vor 10 Jahren und weitere 10% vor 4 Jahren erworben, bleibt für den zuletzt erworbenen Anteil von 10% nach Abs 6 S 6 Variante 2 der auf diesen Anteil entfallende Übernahmeverlust unberücksichtigt. Sind die Anteile nicht mehr rechtl selbstständig, sondern zusammengelegt worden, ist nicht abschl geklärt, in welchem Verhältnis die Aufteilung in einen teilw abziehbaren und in einen teilw nicht abziehbaren Übernahmeverlust zu erfolgen hat (vgl dazu DPPM/*Pung* Rn 144; Frotscher/Maas/*Schnitter* Rn 226; *Patt* EStB 1999, 18).

131 **bb) Beteiligungen iSd § 17 II 6.** Nach Abs 6 S 6 HS 1 ist ein Übernahmeverlust nicht zu berücksichtigen, soweit bei einer unterstellten Veräußerung der Anteile ein dabei entstehender Verlust nach § 17 II 6 EStG nicht zu berücksichti-

gen wäre. Gem § 17 II 6 EStG ist der Verlust aus der Veräußerung einer wesentl Beteiligung „nicht zu berücksichtigen, soweit er auf Anteile entfällt, (a) die der Stpfl innerh der letzten fünf Jahre unentgeltl erworben hatte. Dies gilt nicht, soweit der Rechtsvorgänger anstelle des Stpfl den Veräußerungsverlust hätte geltend machen können; (b) die entgeltl erworben worden sind und nicht innerh der gesamten letzten fünf Jahre zu einer Beteiligung des Stpfl iSv Abs 1 S 1 gehört haben. Dies gilt nicht für innerh der letzten fünf Jahre erworbene Anteile, deren Erwerb zur Begr einer Beteiligung des Stpfl iSv Abs 1 S 1 geführt hat oder die nach Begr der Beteiligung iSv Abs 1 S 1 erworben worden sind."

Abs 6 S 6 HS 1 gilt nur für Anteile, die der Anteilseigner des übertragenden 132 Rechtsträgers im **PV** hält und die nach § 5 II in das BV des übernehmenden Rechtsträgers eingelegt gelten (Frotscher/Maas/*Schnitter* Rn 216). Sie gilt weder für Anteile im BV (§ 5 III) noch für einbringungsgeborene Anteile iSd § 21 aF (vgl § 27 III Nr 1 iVm § 5 IV aF). Werden Anteile iSd § 17 EStG nach dem stl Übertragungsstichtag in das BV eingelegt, so hat dies für die Anwendung des Abs 6 S 6 HS 1 keine Auswirkung, es sei denn, es handelt sich um Anteile an einer KapGes, die aus dem PV des Gesellschafters in das Gesamthandsvermögen der PersGes gegen Gewährung von Gesellschaftsrechten eingelegt werden. In diesem Fall handelt es sich näml um einen tauschähnl Vorgang und damit aus der Sicht der übernehmenden PersGes um eine Anschaffung iSd § 5 I. Aber auch in diesem Fall bleibt ein Übernahmeverlust nach Abs 6 S 5 HS 2 ohne stl Auswirkungen (DPPM/*Pung* Rn 145; Frotscher/Maas/*Schnitter* Rn 217).

Abs 6 S 6 HS 1 iVm § 17 II 6 EStG gilt auch für solche Anteile am übertragen- 133 den Rechtsträger, bei denen zum Zeitpunkt der Verschm im Fall ihrer tats Veräußerung ein Veräußerungsgewinn nicht gem § 17 EStG, sondern gem § 23 EStG aF (Spekulationsgeschäft) zu besteuern wäre (DPPM/*Pung* Rn 148); § 23 II 2 EStG aF verdrängt nicht die Vorschriften des Abs 6 S 6 HS 1. Für nach dem 31.12.2008 erworbene Anteile stellt sich diese Frage nicht mehr, da § 17 EStG gegenüber § 20 II 1 Nr 1 EStG vorrangig anzuwenden ist.

§ 17 II 6 EStG unterscheidet zwischen einem voll entgeltl und einem voll unent- 134 geltl Erwerb. Sind die Anteile an der übertragenden Körperschaft innerh der letzten fünf Jahre durch den Anteilseigner **unentgeltl** erworben worden, so findet Abs 6 S 6 HS 1 keine Anwendung, wenn der Rechtsvorgänger einen Verlust iRd Veräußerung hätte geltend machen können (§ 17 II 6 lit a EStG). Fragl ist, ob es ausreicht, dass der Rechtsvorgänger im Zeitpunkt der unentgeltl Übertragung den Veräußerungsverlust hätte geltend machen können oder aber ob es erforderl ist, dass er im Zeitpunkt der Veräußerung durch den Rechtsnachfolger, dh im Zeitpunkt des Wirksamwerden der Umw, der Veräußerungsverlust hätte geltend gemacht werden können (vgl dazu Widmann/Mayer/*Widmann* Rn 193; Frotscher/Maas/*Schnitter* Rn 218; L. Schmidt/*Weber-Grellet* EStG § 17 Rn 198; *Herzig/Förster* DB 1999, 711). Bei **teilentgeltl Erwerb** sind die Anteile wertmäßig in voll entgeltl und voll unentgeltl erworbene Anteile aufzuteilen (Trennungstheorie; Frotscher/Maas/*Schnitter* Rn 219; vgl L. Schmidt/*Weber-Grellet* EStG § 17 Rn 197).

Wurden die Anteile am übertragenden Rechtsträger innerh der letzten fünf 135 Jahre vor der Eintragung **entgeltl** erworben, findet Abs 6 S 6 HS 1 keine Anwendung, soweit der Erwerb zur Begr einer wesentl Beteiligung geführt hat oder die nach Begr der Beteiligung iSd § 17 EStG stattfand. Die in § 17 II 6 EStG genannte „5-Jahres-Frist" ist vom Zeitpunkt der zivilrechtl Wirksamkeit der Umw (Eintragung im HR) zurückzurechnen (DPPM/*Pung* Rn 152; Frotscher/Maas/*Schnitter* Rn 220; aA Widmann/Mayer/*Widmann* Rn 629.26.

136 Für die Anwendung des Abs 6 S 5 HS 1 kommt es nicht darauf an, ob im Fall einer gedachten Veräußerung des Anteils iSd § 17 II 6 EStG ein Veräußerungsverlust tats entsteht, sondern darauf, ob die Tatbestandsvoraussetzungen des § 17 II 6 EStG erfüllt sind (ebenso DPPM/*Pung* Rn 149; vgl auch BMF-Schrb vom 25.3.1998, BStBl I 268 Rn 05.05 zu der Vorgängerregelung in § 5 II 2 aF).

137 Abs 6 S 5 HS 1 gilt nur wenn ein Übernahmeverlust entsteht (DPPM/*Pung* Rn 151). Kommt es bei dem Anteilseigner zu einem Übernahmegewinn, ist dieser nach Abs 7 S 2 stpfl (vgl dazu Rn 149).

138 **cc) Entgeltlicher Erwerb der Anteile am übertragenden Rechtsträger innerhalb der letzten fünf Jahre vor dem steuerlichen Übertragungsstichtag, Abs 6 S 6 HS 2.** Abw vom Abs 6 S 2–4 ist ein Übernahmeverlust nach Abs 6 S 6 HS 2 nicht zu berücksichtigen, soweit die Anteile an der übertragenden Körperschaft innerh der letzten fünf Jahre vor dem stl Übertragungsstichtag entgeltl erworben wurden. Abs 6 S 6 HS 2 betrifft alle Anteile, die bei der Übernahmeergebnisermittlung nach Abs 4 zu berücksichtigen sind, also auch für Anteile iSd § 17 EStG, Anteile im BV sowie (theoretisch, vgl Rn 139) einbringungsgeborene Anteile iSd § 21 aF.

139 Abs 6 S 6 HS 2 gilt nicht, wenn die Anteile innerh der letzten fünf Jahre vor dem stl Übertragungsstichtag unentgeltl erworben wurden, er betrifft nur entgeltl erworbene Anteile. Erwerb von Anteilen idS ist in erster Linie ein solcher, der auf einen entgeltl Übertragungsakt durch einen Dritten (abgeleiteter Erwerb) zurückzuführen ist. Entgeltl erworben ist die relevante Beteiligung bei gleichwertiger Barzahlung. An einem abgeleiteten Erwerb fehlt es bei einem Anteil an einer KapGes, der durch Sacheinlage oder iRd Gründung der Ges bzw einer KapErh erworben wurde, da diese Anteile in der Person des Gründers bzw des die Stammeinlage zeichnenden Anteilseigners originär entstehen (Frotscher/Maas/*Schnitter* Rn 223; BFH BStBl II 2007, 60 zu § 8b VII 2 KStG; aA DPPM/*Pung* Rn 155). Wurden die relevanten Beteiligungen teilentgeltl erworben, sind die Anteile wertmäßig in vollentgeltl und vollunentgeltl erworbene Anteile aufzuteilen (sog Trennungstheorie).

140 Der entgeltl Erwerb muss innerh der letzten fünf Jahre vor dem stl Übertragungsstichtag erfolgen. Auf den Zeitpunkt der zivilrechtl Wirksamkeit der Umw kommt es insoweit nicht an.

141 Nach Meinung der FinVerw (BMF-Schrb vom 11.11.2011, BStBl I 1314 Rn 04.43; Frotscher/Maas/*Schnitter* Rn 224) findet Abs 6 S 6 HS 2 auch Anwendung, wenn Anteile am übertragenden Rechtsträger nach dem stl Übertragungsstichtag entgeltlich erworben wurden. Hat die übernehmende PersGes diese Anteile erworben, ergibt sich dies unmittelbar aus § 5 I ansonsten aus der entsprechenden Anwendung dieser Norm (vgl § 5 Rn 14).

142 Abs 6 S 6 HS 2 ist auf einen Übernahmegewinn nicht anzuwenden.

12. Besteuerung des Übernahmegewinns

143 **a) Allgemeines.** Nach Anwendung der Abs 4, 5 dürfte sich nur noch in Ausnahmefällen ein Übernahmegewinn zweiter Stufe ergeben (vgl dazu *Jacobsen* DStZ 2010, 205), weil das Übernahmeergebnis erster Stufe um den Dividendenanteil gemindert wird, der nach § 7 als an die Gesellschafter ausgeschüttet gilt. Ein Übernahmegewinn ist aber insbes dann denkbar, wenn der Kaufpreis für die Anteile unter der Summe aus dem Nennkapital und dem Einlagekonto liegt, bzw der gemeine Wert in der stl Schlussbilanz nach Abs 4 S 2 angesetzt werden musste.

Bei dem Übernahmegewinn zweiter Stufe handelt es sich um einen **lfd Gewinn,** der mit Ablauf des stl Übertragungsstichtag entsteht und den Gesellschaftern personenbezogen zuzurechnen ist (DPPM/*Pung* Rn 161, 171; RHL/*van Lishaut* Rn 139; Frotscher/Maas/*Schnitter* Rn 230). Nicht abschl ist geklärt, ob die Anteilseigner der übertragenden Körperschaft ihre iRd Verschm untergehenden Anteile rechtstechnisch veräußern (so BMF-Schrb vom 11.11.2011, BStBl I 1314 Rn 00.02) und der Übernahmegewinn damit ein **Veräußerungsgewinn** ist. Gegen eine Veräußerung spricht, dass die Anteile am übertragenden Rechtsträger nicht entgeltl auf einen Dritten übertragen werden, sondern untergehen (ausführlich dazu *Hageböke* Ubg 2011, 689). Es besteht aber wohl Einigkeit darüber, dass der Übernahmegewinn jedenfalls im Erg wie ein Veräußerungsgewinn besteuert werden soll (Frotscher/Maas/*Schnitter* Rn 229). Der Übernahmegewinn wird für alle Gesellschafter mit steuerverstrickten Anteilen durch das für die übernehmende PersGes zuständige FA nach § 180 AO einheitl und gesondert festgestellt (BMF-Schrb vom 11.11.2011, BStBl I 1314 Rn 04.20); die Steuerbefreiung nach § 3 Nr 40 EStG bzw § 3c II EStG wird jedoch bei der einheitl und gesonderten Gewinnfeststellung noch nicht berücksichtigt, die entspr Steuerfreistellung erfolgt erst auf der Ebene der einzelnen MU. Als lfd Gewinn ist der Übernahmegewinn mit verrechenbaren Verlusten iSd § 15a EStG ganz oder teilw neutralisierbar (DPPM/*Pung* Rn 161; Widmann/Mayer/*Widmann* Rn 582; Frotscher/Maas/*Schnitter* Rn 230). 144

Entsteht bei einem **ausl Anteilseigner** bzw für in einem ausl BV gehaltene Anteile nach Anwendung der Abs 4, 5 ein Übernahmegewinn zweiter Stufe, muss auf Grundlage des § 49 EStG bzw der einschlägigen DBA-Regelung geprüft werden, ob ein dt Besteuerungsrecht besteht. Das Übernahmeergebnis fällt grdsl unter Art 13 V OECD-Musterabkommen (*Debatin/Wassermeyer* Art 13 MA Rn 136, Stand Sept 2012; *Förster/Felchner* DB 2006, 1072; *Widmann* FS Wassermeyer, 2000, 581). Ein dt Besteuerungsrecht besteht damit idR nur, wenn ein DBA nicht besteht oder die Beteiligung an dem übertragenden Rechtsträger funktional einer inl Betriebsstätte zuzurechnen ist (Art 13 II OECD-MA) oder in den Fällen des § 17 EStG, wenn das einschlägige DBA nicht dem Wohnsitzstaat des Anteilseigners, sondern dem Sitzstaat der KapGes das Besteuerungsrecht zuweist (vgl Art 13 V OECD-MA). Die in § 5 angeordnete Einlagefiktion der Anteile in das BV in Form des SBV der PersGes ist abkommensteuerrechtl ohne Bedeutung. Es ist vielmehr auf die tats Zuordnung der Beteiligung abzustellen (DPPM/*Pung* Rn 5; *Benecke/Schnitger* IStR 2006, 765; *Lemaitre/Schönherr* GmbHR 2007, 181; vgl dazu *Beinert/Benecke* FR 2010, 1009; *Haase/Brändel* Ubg 2010, 859; BMF-Schrb vom 16.4.2010, BStBl I 354 Abschn 2.2.4.1.; *Schönfeld* IStR 2011, 497). Hat Deutschland das Besteuerungsrecht, handelt es sich nach der insoweit maßgebl dt Qualifikation stets um gewerbl, freiberufl oder luf Einkünfte. Die beschränkte StPfl ergibt sich aus § 49 I Nr 1 (Einkünfte aus LuF), Nr 2a (Gewerbebetrieb), Nr 3 (selbstständige Arbeit). Dies gilt nach der hier vertretenen Auffassung (vgl § 5 Rn 28) im Grds auch für Anteile, die nach § 5 Abs 2, 3 für die Ermittlung des Übernahmeergebnisses in das BV der übernehmenden PersGes eingelegt gelten (ebenso DPPM/*Pung* Rn 5; *Lemaitre/Schönherr* GmbHR 2007, 173; aA *Widmann* FS Wassermeyer, 2000, 581; *Förster/Felchner* DB 2006, 1072, die von einer StPfl nach § 49 I Nr 2 lit e EStG bei Anteilen iSd § 17 EStG ausgehen). 145

b) Körperschaft, Personenvereinigung oder Vermögensmasse als Mitunternehmer des übernehmenden Rechtsträgers, Abs 7 S 1. Soweit der 146

Übernahmegewinn auf eine Körperschaft, Personenvereinigung oder Vermögensmasse als Mitunternehmerin der übernehmenden PersGes entfällt, ist gem Abs 7 S 1 die Vorschrift des § 8b KStG anzuwenden. Der Übernahmegewinn ist nach **§ 8b II KStG** steuerfrei, wobei nach § 8b III 1 die Pauschalierung der nichtabzugsfähigen BA mit 5% erfolgt. Der Übernahmegewinn ist damit im Erg zu 95% steuerfrei (DPPM/*Pung* Rn 164; Haritz/Menner/*Bohnhardt* Rn 318; RHL/*van Lishaut* Rn 137; krit insoweit *Lemaitre/Schönherr* GmbHR 2007, 173, die darauf hinweisen, dass es zu einer Besteuerung kommt, ohne dass ein Liquiditätszufluss erfolgt). Handelt es sich bei den Anteilen am übertragenden Rechtsträger um solche iSd **§ 8b VII oder VIII 1 KStG,** ist der Übernahmegewinn in voller Höhe stpfl (BMF-Schrb vom 11.11.2011, BStBl I 1314 Rn 04.44: DPPM/*Pung* Rn 165; Haritz/Menner/*Bohnhardt* Rn 319; RHL/*van Lishaut* Rn 137).

147 Fragl ist, ob ein Übernahmegewinn auch dann in voller Höhe stpfl ist, wenn die Anteile am übertragenden Rechtsträger einbringungsgeboren iSd **§ 21 aF** sind und die Verschm innerh der Sperrfrist von 7 Jahren durchgeführt wird. Abs 7 S 1 erklärt § 8b KStG für anwendbar und damit ggf auch dessen gem § 37 IV a KStG fortgeltenden Abs 4, was für eine volle StPfl des Übernahmegewinns spricht (Frotscher/Maas/*Schnitter* Rn 232; DPPM/*Pung* Rn 165; *Hagemann/Jakob/Ropohl/Viebrock* NWB-Sonderheft 1/2007, 17; *Schetlik* GmbHR 2007, 574; *Förster/Felchner* DB 2006, 1072; zu Recht kritisch RHL/*van Lishaut* Rn 137).

148 Ist MU der übernehmenden PersGes wiederum eine PersGes, an der eine Körperschaft, Personenvereinigung oder Vermögensmasse als MU beteiligt ist, ist für die Frage, ob Abs 7 S 1 Anwendung findet, auf den letzten MU in der Kette abzustellen (ebenso RHL/*van Lishaut* Rn 137; DPPM/*Pung* Rn 166; Frotscher/Maas/*Schnitter* Rn 233; *Schumacher* DStR 2004, 590; *Prinz/Ley* GmbHR 2002, 842; ebenso BMF-Schrb vom 16.12.2006, BStBl I 786 Rn 3). Ist die Körperschaft an der Übernehmerin über eine OrganGes beteiligt, gilt § 8b KStG auf der Ebene der Körperschaft (§ 15 S 1 Nr 2 KStG).

149 **c) Natürliche Person als übernehmender Rechtsträger bzw als Mitunternehmer des übernehmenden Rechtsträgers, Abs 7 S 2.** Gem Abs 7 S 2 ist § 3 Nr 40 EStG sowie § 3c EStG anzuwenden, soweit eine natürl Person übernehmender Rechtsträger ist bzw MU einer übernehmenden PersGes. Ist MU der übernehmenden PersGes wiederum eine PersGes, an der eine natürl Person beteiligt ist, gilt Entsprechendes. Ein umfassender Verweis auf § 3 Nr 40 EStG erfolgte auf Grund Änderung des Abs 7 S 2 durch das JStG 2009. § 3 Nr 40 EStG findet für Umwandlungen, deren stl Übertragungsstichtag nach dem 31.12.2008 liegt, auch dann Anwendung, wenn es sich bei den Anteilen am übertragenden Rechtsträger um einbringungsgeborene Anteile iSd § 21 aF handelt (DPPM/*Pung* Rn 170; Haritz/Menner/*Bohnhardt* Rn 322). Davor verwies Abs 7 S 2 nur auf § 3 Nr 40 S 1 und 2, sodass bei einem Umwandlungsstichtag vor dem 1.1.2009 für einbringungsgeborene Anteile iSd § 21 aF das Halbeinkünfteverfahren gilt (DPPM/*Pung* Rn 170; Frotscher/Maas/*Schnitter* Rn 235; BMF-Schrb vom 11.11.2011, BStBl I 1314 Rn 04.45).

150 Der Übernahmegewinn stellt betriebl Einkünfte entsprechend der Einkunftsart dar, der die lfd Gewinne der PersGes unterliegen, das gilt auch für Anteile, die nach § 5 II, III als in die PersGes eingelegt gelten. Auf den stpfl Teil des Übernahmegewinns ist § 35 EStG (GewSt-Anrechnung) nicht anwendbar, da der Übernahmegewinn nach § 18 II 1 nicht der GewSt unterliegt. Wegen ausl Anteilseigner vgl Rn 127, § 5 Rn 31.

13. Missbrauchsproblematik; Anwendung des § 42 AO

Im BMF-Schrb vom 25.3.1998 (BStBl I 268 Rn 05.16) hatte die FinVerw angeordnet, dass bestimmte Gestaltungen regelm unter dem Gesichtspunkt eines **Gestaltungsmissbrauchs iSd § 42 AO** zu überprüfen seien. Das Ziel dieser Gestaltungen ist zum großen Teil durch gesetzliche Änderungen nicht mehr erreichbar. 151

Es stellt sich aber weiterhin die Frage, ob bzw inwieweit einzelsteuerl Missbrauchsregelungen die Regelung des § 42 AO verdrängen. § 42 I 2, 3 AO greifen das Konkurrenzproblem der Generalklausel des § 42 AO zu speziellen Missbrauchsvorschriften auf (vgl dazu *Drüen* Ubg 2008, 31; *Fischer* FR 2008, 306; *Hey* StuW 2008, 167). Der Gesetzgeber hat bei der Verschm der Körperschaft auf eine PersGes mit den Vorschriften des Abs 5 S 1 iVm § 50c XI EStG sowie mit Abs 6 S 6 spezielle Missbrauchsvorschriften erlassen. Wenn sich der Gesetzgeber aber zur Bekämpfung von unerwünschten Gestaltungen Sondervorschriften bedient, dann wird insoweit die gesetzgeberische Wertung grdsl abschl konkretisiert und die Grenzen der zulässigen Steuergestaltung präzise markiert. Unter diesen Voraussetzungen kann **neben der Sondervorschrift** die Vorschrift **des § 42 AO nicht mehr angewendet werden,** da Gestaltungen, die außerhalb der Sondervorschrift liegen, nicht mehr unangemessen iSd § 42 II AO sein können (vgl dazu *Drüen* Ubg 2008, 31; BFH BStBl II 2003, 50; BFH FR 2000, 446; BFH BStBl II 1990, 474; FG Münster EFG 2007, 722; *Pezzer* FR 2000, 450; vgl BMF-Schrb vom 6.10.2000, DStR 2000, 2043). Grdsl trägt näml der Staat nach dem Prinzip der Tatbestandsmäßigkeit der Besteuerung das Risiko, dass nicht alle Sachverhalte tatbestandskonkretisierend umschrieben sind (vgl dazu *Fischer* FR 2000, 451). Bleiben insoweit Regelungslücken, so ist es Sache des Gesetzgebers, diese in der auch insoweit vorrangigen Spezialregelung zu schließen (vgl BFH FR 2000, 446). Dies gilt insbes vor dem Hintergrund, dass durch eine extensive Auslegung des § 42 AO und unter Berücksichtigung der Spezialvorschrift die durch das UmwStG geschaffenen erweiterten Umwandlungsmöglichkeiten in das Gegenteil verkehrt würden (vgl dazu BFH/NV 1998 R 151). 152

Für die Anwendung des **§ 42 AO** iRd Verschm einer Körperschaft auf eine PersGes bleibt wegen der Regelungen in § 4 VI S 6 **kaum Raum** (*Drüen* Ubg 2008, 31; aA RHL/*van Lishaut* § 5 Rn 42). Den spezielleren Vorschriften kommen im Hinblick auf die allg Regelungen eine Abschirmwirkung zu (BFH BStBl II 2003, 50 mwN; *Drüen* Ubg 2008, 31; *Hey* StuW 2008, 167; aA FG Thüringen EFG 2013, 274). § 42 I 3, II AO steht der hier vertretenen Auffassung nicht entgegen, da § 42 I keinen eigenen normativen Maßstab für die Angemessenheit einer Gestaltung enthält. Der Rechtsanwender ist daher gezwungen, den normativen Maßstab des umgangenen Gesetzes und den der flankierenden speziellen Missbrauchsvorschriften zur Auslegung des § 42 I AO heranzuziehen (Tipke/*Kruse/Drüen* AO/FGO § 42 AO Rn 20b; ebenso im Erg BFH BStBl II 2003, 50; FG Thüringen EFG 2013, 274). Hat der Gesetzgeber durch eine Spezialvorschrift einen missbrauchsverdächtigen Bereich als solchen erkannt und gesetzl abgesteckt, legt er für diesen Bereich die Maßstäbe fest und sichert damit eine einheitl Rechtsanwendung. Würde man über solche bereichsspezifischen Konkretisierungen über § 42 II AO strenge Maßstäbe und andere Rechtsfolgen knüpfen, so wird gegen das Gebot der Widerspruchsfreiheit verstoßen und Spezialvorschriften inhaltl sinnentleert (Tipke/*Kruse/Drüen* AO/FGO § 42 AO Rn 20). Nur wenn die Auslegung einer Spezialvorschrift ergibt, dass sie den missbrauchsanfälligen Bereich 153 nicht abschl konkretisieren will bzw wenn die Spezialvorschrift ihrerseits missbraucht wird, kann § 42 I AO Anwendung finden (vgl *Drüen* Ubg 2008, 31; *Fischer* FR 2000, 452; BFH BStBl II 2003, 50).

§ 5 Besteuerung der Anteilseigner der übertragenden Körperschaft

(1) **Hat der übernehmende Rechtsträger Anteile an der übertragenden Körperschaft nach dem steuerlichen Übertragungsstichtag angeschafft oder findet er einen Anteilseigner ab, so ist sein Gewinn so zu ermitteln, als hätte er die Anteile an diesem Stichtag angeschafft.**

(2) **Anteile an der übertragenden Körperschaft im Sinne des § 17 des Einkommensteuergesetzes, die an dem steuerlichen Übertragungsstichtag nicht zu einem Betriebsvermögen eines Gesellschafters der übernehmenden Personengesellschaft oder einer natürlichen Person gehören, gelten für die Ermittlung des Gewinns als an diesem Stichtag in das Betriebsvermögen des übernehmenden Rechtsträgers mit den Anschaffungskosten eingelegt.**

(3) [1] **Gehören an dem steuerlichen Übertragungsstichtag Anteile an der übertragenden Körperschaft zum Betriebsvermögen eines Anteilseigners, ist der Gewinn so zu ermitteln, als seien die Anteile an diesem Stichtag zum Buchwert, erhöht um Abschreibungen sowie um Abzüge nach § 6b des Einkommensteuergesetzes und ähnliche Abzüge, die in früheren Jahren steuerwirksam vorgenommen worden sind, höchstens mit dem gemeinen Wert, in das Betriebsvermögen des übernehmenden Rechtsträgers überführt worden.** [2] **§ 4 Abs. 1 Satz 3 gilt entsprechend.**

Schrifttum: Siehe auch Schrifttum zu § 3 und § 4 UmwStG sowie Schrifttum bis 2005 siehe 5. Auflage; *Semmler,* Die Umwandlung von Kapitalgesellschaften in Personengesellschaften, NWB Fach 18, 4107; *Förster/Felchner,* Die Umwandlung von Kapitalgesellschaften in Personenunternehmen nach dem Referentenentwurf vom SEStEG, DB 2006, 1072; *Rödder/Schumacher,* Das kommende SEStEG – Teil II: Das geplante neue UmwStG, DStR 2006, 1525; *Schaflitzl/Widmayer,* Die Besteuerung von Umwandlungen nach dem Regierungsentwurf des SEStEG, BB Special 8/2006, 36; *Behrendt/Arjes,* Das Verhältnis der Ausschüttungsfiktion (§ 7 UmwStG) zur Einlagefiktion (§ 5 UmwStG), DB 2007, 824; *Benecke/Schnittger,* Letzte Änderung der Neuregelung des UmwStG und der Entstrickungsnormen durch das SEStEG, IStR 2007, 22; *Bodden,* Verschmelzung und Formwechsel von Kapitalgesellschaften auf gewerbliche Personengesellschaften nach dem SEStEG (§§ 3–10 UmwStG nF), FR 2007, 66; *Hagemann/Jakob/Ropohl/Viebrock,* SEStEG – Das neue Konzept der Verstrickung und Entstrickung sowie die Neufassung des UmwStG, NWB-Sonderheft 1/2007; *Lemaitre/Schönherr,* Die Umwandlung von Kapitalgesellschaften in Personengesellschaften durch Verschmelzung und Formwechsel nach der Neufassung des UmwStG durch das SEStEG, GmbHR 2007, 173; *Schwetlik,* Umwandlung Kapitalgesellschaften in Personengesellschaften nach dem SEStEG in der Gestaltungspraxis, GmbHR 2007, 574; *Strahl,* Umwandlung der Kapitalgesellschaft in die Personenunternehmung nach dem neuen UmwStR, KÖSDI 2007, 15 513; *Krohn/Greulich,* Ausgewählte Einzelprobleme des Umwandlungssteuerrechts aus der Praxis, DStR 2008, 646; *Stimpel,* Umwandlung einer Kapitalgesellschaft in eine Personengesellschaft, GmbH-StB 2008, 74; *Bogenschütz,* Aktuelle Entwicklung bei der Umwandlung von Kapital- in Personengesellschaften, Ubg 2009, 604; *Bogenschütz,* Umwandlungen von Kapital- in Personengesellschaften, Ubg 2011, 393; *Hruschka,* Umwandlung Kapital- auf Personengesellschaften (§ 3 ff UmwStG), DStR 2012 Beihefter zu Heft 2, 14; *Stadler/Elser/Bindl,* Vermögensübertragung bei Verschmelzung auf eine Personengesellschaft oder auf eine natürliche Person und Formwechsel einer Kapitalgesellschaft in eine Personengesellschaft – Kritische Anmerkungen zum Umwandlungssteuererlass, DB 2012 Beilage 1 zu Heft 2, 14; *Köhler/*

Käshammer, Umwandlung von Kapitalgesellschaften mit ausländischen Anteilseignern in Personengesellschaften nach dem Umwandlungssteuererlass 2011, GmbHR 2012, 301; *Stimpel,* Umwandlung von Kapital- in Personengesellschaften nach dem Umwandlungssteuer-Erlass 2011, GmbHR 2012, 123.

Übersicht

1. Allgemeines

1 **a) Regelungsinhalt, Bedeutung der Vorschrift. Gehören die Anteile** an der übertragenden Körperschaft am stl Übertragungsstichtag **zum BV der übernehmenden PersGes,** so findet § 4 IV unmittelbar Anwendung. Zum BV der übernehmenden PersGes gehören sowohl die Anteile an der Übertragerin, die sich im Gesamthandsvermögen befinden als auch solche, die **SBV** bei der übernehmenden PersGes darstellen (BMF-Schrb vom 11.11.2011, BStBl I 1314 Rn 05.02; Widmann/Mayer/*Widmann* § 4 Rn 173; DPPM/*Pung* Rn 3; Frotscher/Maas/*Schnitter* Rn 16).

2 Die Vorschrift des § 4 IV geht bezügl der **Ermittlung des Übernahmeergebnisses** grdsl davon aus, dass sich am stl Übertragungsstichtag die Anteile an der übertragenden Körperschaft im BV der übernehmenden PersGes befinden. Nach § 4 IV 1 iVm § 4 I ist der **BW der Anteile** zum stl Übertragungsstichtag zu ermitteln. § 5 ergänzt die Regelung des § 4 IV bzgl der Ermittlung des Übernah-

meergebnisses. § 5 bestimmt, welche Anteile an der übertragenden Körperschaft, die am Umwandlungsstichtag nicht zum BV der PersGes gehört haben, zu diesem Zeitpunkt zur Ermittlung des Übernahmeergebnisses in das BV der übernehmenden PersGes als eingelegt gelten.

3 Die **Fiktion der Einlage** in das BV der übernehmenden PersGes nach § 5 erfolgt zur Ermittlung des Übernahmeergebnisses. Daraus ergibt sich, dass Abs 2 und Abs 3 voraussetzt, dass die dort genannten Anteilseigner der übertragenden Körperschaft durch die Umw zu Mitunternehmern der übernehmenden PersGes werden bzw deren Mitunternehmerstellung sich erhöht und damit an der Verschmelzung teilnehmen (DPPM/*Pung* Rn 7; Haritz/Menner/*Haritz* Rn 12; Frotscher/Maas/*Schnitter* Rn 11). Ist ein Anteilseigner zum stl Übertragungsstichtag an der übertragenden Körperschaft beteiligt, veräußert er aber seine Beteiligung im Rückwirkungszeitraum, nimmt dieser Gesellschafter nicht mehr an der Umw teil, für ihn wird ein Übernahmeergebnis nicht ermittelt (vgl BMF-Schrb vom 11.11.2011, BStBl I 1314 Rn 02.17; DPPM/*Pung* Rn 7; *Stadler/Elser/Bindl* DB 2012 Beilage 1 zu Heft 2, 14). Hat ein Anteilseigner, der zum stl Übertragungsstichtag noch nicht an der übertragenden Körperschaft beteiligt ist, seine Beteiligung im Rückwirkungszeitraum entgeltlich oder unentgeltlich erworben, gilt für ihn die Rückwirkungsfiktion des § 2 II. Die Anteile gelten unter den Voraussetzungen des Abs 2 oder Abs 3 als zum stl Übertragungsstichtag in das Betriebsvermögen der übernehmenden PersGes als eingelegt bzw überführt (BMF-Schrb vom 11.11.2011, BStBl I 1314 Rn 05.04; DPPM/*Pung* Rn 22; Widmann/Mayer/*Widmann* Rn 14 f).

4 § 5 erfasst nach seinem Wortlaut **folgende Sachverhalte:**

- Anteile an der übertragenden Körperschaft, die die übernehmende PersGes nach dem stl Übertragungsstichtag, jedoch vor Eintragung der Verschm in das HR angeschafft hat, gelten zur Ermittlung des Übernahmeergebnisses zum stl Übertragungsstichtag als angeschafft **(Abs 1 1. Alt).**
- Findet die übernehmende PersGes einen Anteilseigner der übertragenden Körperschaft nach dem stl Übertragungsstichtag ab, so gelten diese Anteile des ausscheidenden Gesellschafters durch die übernehmende PersGes zum stl Übertragungsstichtag als angeschafft **(Abs 1 2. Alt).**
- Wird eine Beteiligung iSd § 17 EStG durch den Anteilseigner zum Umwandlungsstichtag im PV gehalten und stellt der Anteil keinen einbringungsgeborenen Anteil iSd § 21 aF dar, so gilt dieser Anteil für die Ermittlung des Übernahmeergebnisses als zum Umwandlungsstichtag in das BV der PersGes bzw der übernehmenden natürl Person mit den AK eingelegt **(Abs 2).**
- Gehören Anteile an der übertragenden Körperschaft am stl Übertragungsstichtag zwar nicht zum BV einschl des SBV der übernehmenden PersGes, aber zu einem BV eines Gesellschafters der übernehmenden PersGes, gelten diese Anteile aus dem bisherigen BV in das BV der übernehmenden PersGes als mit dem BW, erhöht um Abschreibungen sowie Abzüge nach § 6b EStG und ähnl Abzüge, die in früheren Jahren steuerwirksam vorgenommen worden sind, höchstens mit dem gemeinen Wert, als überführt.
- Für einbringungsgeborene Anteile iSd § 21 aF aus Einbringungen bis 2006 gilt gem § 27 III Nr 1 im Grds § 5 IV fort. Die Einlage in das BV erfolgt jedoch zu dem sich aus § 5 II, III ergebenden Werten, sodass einbringungsgeborene Anteile, die zum BV gehören, mit dem BW, aufgestockt um frühere steuerwirksame Teilwertabschreibungen bzw Rücklagenübertragung maximal bis zum gemeinen Wert bei der übernehmenden PersGes anzusetzen sind **(Abs 4).**

Soweit die Voraussetzungen des § 4 IV 1 bzw des § 5 bezogen auf die Anteile an der übertragenden Körperschaft nicht vorliegen, wird das Verm der übertragenden Körperschaft, soweit es auf diese Anteile entfällt, nicht in die Berechnung des Übernahmeergebnisses mit einbezogen. Dabei handelt es sich um Anteile, die sich im PV befinden und keine Beteiligung iSd § 17 EStG oder des § 21 aF darstellen. Nicht als eingelegt gelten damit auch Anteile iSd § 23 EStG aF, sofern sie nicht ausnahmsweise zugleich die Voraussetzungen des § 17 EStG erfüllen (DPPM/*Pung* Rn 26; Widmann/Mayer/*Widmann* Rn 158). 5

b) Verhältnisse der Absätze zueinander. Die Vorschriften des Abs 1 ist im Verhältnis zu Abs 2, 3 bzw § 27 III Nr 1 iVm § 5 IV aF lex specialis (Widmann/Mayer/*Widmann* Rn 10; Haritz/Menner/*Haritz* Rn 53; Frotscher/Maas/*Schnitter* Rn 21). Abs 3 ist lex specialis ggü Abs 2, da erstgenannte Vorschrift an ein BV anknüpft, unabhängig von der Höhe der Beteiligung (DPPM/*Pung* Rn 25). Werden die Anteile an dem übertragenden Rechtsträger nach dem stl Übertragungsstichtag aus dem PV in ein inl BV eingelegt, so findet Abs 3 keine Anwendung, da nach dieser Vorschrift die Anteile am stl Übertragungsstichtag zum BV des Gesellschafters gehört haben müssen (DPPM/*Pung* Rn 25; RHL/*van Lishaut* Rn 17; Frotscher/Maas/*Schnitter* Rn 43). 6

2. Anschaffung nach dem steuerlichen Übertragungsstichtag, Abs 1 1. Alt

a) Anschaffung, Einlage. Werden Anteile an der übertragenden Körperschaft durch die übernehmende PersGes erst nach dem stl Übertragungsstichtag erworben, so könnten sie ohne die Regelung des Abs 1 nicht in die Berechnung des Übernahmegewinns nach § 4 IV einbezogen werden, da diese Anteile am stl Übertragungsstichtag nicht zum BV der übernehmenden PersGes gehört haben (§ 4 IV 3). Für die Berechnung des Übernahmegewinns gelten gem Abs 1 die nach dem stl Übertragungsstichtag von der übernehmenden PersGes erworbenen Anteile unmittelbar vor dem Umwandlungszeitpunkt als erworben. Dies gilt unabhängig davon, ob die Übernehmerin die gesamte Beteiligung oder nur Teile der Anteile anschafft (DPPM/*Pung* Rn 10; Widmann/Mayer/*Widmann* Rn 4). § 4 VI 5 ist zu beachten, obwohl diese Regelung von dem Erwerb von Anteilen vor dem Umwandlungsstichtag und Abs 1 1. Alt von dem Erwerb „an diesem Stichtag" spricht (BMF-Schrb vom 11.11.2011, BStBl I 1314 Rn 04.43). Bei dem übernehmenden Rechtsträger kann es sich sowohl um einen in- als auch um einen ausl Rechtsträger iSv § 1 II handeln (Frotscher/Maas/*Schnitter* Rn 20). Gleiches gilt für die Anteile an der übertragenden Körperschaft, auch sie können Anteile an einer in- oder ausl Körperschaft iSv § 1 II sein (Frotscher/Maas/*Schnitter* Rn 20). 7

Eine **Anschaffung** durch die übernehmende PersGes nach dem stl Übertragungsstichtag liegt nur dann vor, wenn die Anteile **entgeltl** durch diese **erworben** wurden (Haritz/Menner/*Haritz* Rn 24; DPPM/*Pung* Rn 10; Widmann/Mayer/*Widmann* Rn 5; Frotscher/Maas/*Schnitter* Rn 22). Nach hA in der Literatur soll Abs 1 nur bei der Verschmelzung durch Aufnahme anwendbar sein, die Vorschrift setzt eine bereits bestehende übernehmende PersGes voraus (DPPM/*Pung* Rn 10; Haritz/Menner/*Haritz* Rn 23; Frotscher/Maas/*Schnitter* Rn 28). 8

Die FinVerw hat ihre bisher bestehende Auffassung (vgl BMF-Schrb vom 25.3.1998, BStBl I 268 Rn 05.01: **verdeckte Einlage**) nunmehr insoweit geändert, dass auch der **unentgeltliche Erwerb** für Zwecke des Abs 1 einer Anschaf- 9 fung gleichsteht (ebenso Haritz/Menner/*Haritz* Rn 25 für die verdeckte Einlage). Diese Meinung erscheint zweifelhaft, richtig dürfte es sein, in diesem Fall Abs 3 anzuwenden (ebenso DPPM/*Pung* Rn 11). Dabei ist darauf hinzuweisen, dass anders als in Abs 1 bei der Anwendung des Abs 3 ein steuerpflichtiger Beteiligungskorrekturgewinn entstehen kann. Eine unentgeltliche Übertragung der Anteile auf den übernehmenden Rechtsträger setzt nach hM voraus, dass die Gutschrift ausschließlich auf einem gesamthänderisch gebundenen Rücklagekonto erfolgt (vgl BMF-Schrb vom 11.7.2011, BStBl I 713).

10 Werden die Anteile an der übertragenden Körperschaft gegen Gewährung von Gesellschaftsrechten in die übernehmende PersGes eingelegt, so liegt eine Anschaffung iSd Abs 1 vor (BFH BStBl II 2000, 230; BFH BStBl II 2011, 617; DPPM/*Pung* Rn 11; Widmann/Mayer/*Widmann* Rn 74; Frotscher/Maas/*Schnitter* Rn 23; vgl auch BMF-Schrb vom 11.7.2011, BStBl I 713). Wird der Anteil an der übertragenden Körperschaft in das Gesamthandsvermögen der übernehmenden PersGes eingebracht und erfolgt die Verbuchung dieses Mehrwertes auf einem Darlehenskonto bei der übernehmenden PersGes, liegt eine Anschaffung vor (vgl BMF-Schrb vom 11.11.2011, BStBl I 1314 Rn 24.07; BMF-Schrb vom 11.7.2011, BStBl I 713). Erfolgt die Einbringung gegen Gewährung von Gesellschaftsrechten und wird teilweise der Wert der übertragenden Anteile auf eine gesamthänderisch gebundene Rücklage verbucht, liegt insgesamt eine Anschaffung vor.

11 Ist die hundertprozentige Beteiligung der übertragenden KapGes gegen Gewährung von Gesellschaftsrechten nach dem Umwandlungsstichtag aber vor Eintragung der Umw in das HR in das Gesamthandsvermögen der übernehmenden PersGes steuerneutral nach § 24 eingebracht worden, so liegt eine Anschaffung (vgl dazu § 24 Rn 1; ebenso L. Schmidt/*Kulosa* EStG § 6 Rn 698) vor, sodass die Voraussetzungen des Abs 1 1. Alt vorliegen. Gleiches gilt, wenn eine Beteiligung an der KapGes aus einem eigenen BV oder SBV bei (dieser oder einer anderen) Mitunternehmerschaft gegen Gewährung von Gesellschaftsrechten (vgl dazu BMF-Schrb vom 26.11.2004, DB 2004, 2667; *Meyer* DStR 2003, 1553; *Crezelius* DB 2004, 397) in das Gesamthandsvermögen der übernehmenden PersGes übertragen wird. Zwar sind insoweit nach **§ 6 V 3 Nr 1 iVm S 1 EStG** die BW zwingend fortzuführen. Dies ändert jedoch nichts daran, dass es sich bei diesem Vorgang um eine entgeltl Veräußerung und Anschaffung handelt (BFH BStBl II 2002, 420; aA Kirchhof/*Reis* EStG § 15 Rn 455; *Rosa* FR 2002, 309; vgl auch *Schmidt/Hageböke* DStR 2003, 1813). Auch in diesem Fall liegen die Voraussetzungen des Abs 1 1. Alt vor (RHL/*van Lishaut* Rn 7; aA DPPM/*Pung* Rn 12; Widmann/Mayer/*Widmann* Rn 74; Frotscher/Maas/*Schnitter* Rn 24).

12 Hat die übernehmende PersGes nach dem stl Übertragungsstichtag weitere Anteile an der übertragenden Körperschaft entgeltl erworben, so erhöht sich der BW der Beteiligung an der übertragenden Körperschaft für die Berechnung des Übernahmeergebnisses um diese AK; war die übernehmende PersGes zum stl Übertragungsstichtag an der übertragenden Körperschaft nicht beteiligt, so stellen die AK den BW der Anteile dar. Zu den **AK** gehören der Anschaffungspreis, die Anschaffungsnebenkosten und die nachträgl Aufwendungen (vgl dazu L. Schmidt/*Weber-Grellet* EStG § 17 Rn 156 ff). Hat die übernehmende PersGes auf eine nach dem stl Übertragungsstichtag beschlossene KapErh bei der übertragenden Körperschaft eine Einzahlung vorgenommen oder kam es zu sonstigen Einzahlungen nach dem stl Übertragungsstichtag, so erhöht sich der BW der Anteile nicht um den eingezahlten Betrag (Widmann/Mayer/*Widmann* Rn 4; DPPM/*Pung* Rn 18; RHL/*van Lishaut* Rn 11).

b) Anschaffung durch die Personengesellschaft. Eine Anschaffung durch die übernehmende PersGes liegt dann vor, wenn die Anteile **für das Gesamthandsvermögen** erworben werden (BMF-Schrb vom 11.11.2011, BStBl I 1314 Rn 05.01 f; DPPM/*Pung* Rn 10). Abs 1 ist auch dann anwendbar, wenn die übernehmende PersGes von einem ihrer Gesellschafter nach dem stl Übertragungsstichtag einen Anteil an der übertragenden Körperschaft erwirbt, selbst wenn dieser Anteil bereits vor dem Erwerb zum BV in Form des SBV der übernehmenden PersGes gehört hat (Widmann/Mayer/*Widmann* Rn 9 ff; DPPM/*Pung* Rn 10; RHL/*van Lishaut* Rn 9). 13

c) Anschaffung durch Gesellschafter der übernehmenden Personengesellschaft. Wird der Anteil der übertragenden Körperschaft nach dem stl Übertragungsstichtag durch einen Gesellschafter der übernehmenden PersGes erworben und erfolgt dieser Erwerb in das SBV der übernehmenden PersGes, so findet **Abs 1 unmittelbar Anwendung** (BMF-Schrb vom 11.11.2011, BStBl I 1314 Rn 05.02; Widmann/Mayer/*Widmann* Rn 18; Haritz/Menner/*Haritz* Rn 266; DPPM/*Pung* Rn 15; Frotscher/Maas/*Schnitter* Rn 27; aA RHL/*van Lishaut* Rn 10; vgl auch BMF-Schrb vom 25.3.1998, BStBl I 268 Rn 05.03). Demggü ist die Vorschrift des **Abs 1 nur entsprechend anwendbar,** wenn der (spätere) Gesellschafter der übernehmenden PersGes nach dem stl Übertragungsstichtag Anteile an der übernehmenden Körperschaft erwirbt, die gem Abs 2, 3 in das BV der übernehmenden PersGes als überführt gelten (str ebenso Widmann/Mayer/*Widmann* Rn 13 ff; DPPM/*Pung* Rn 15, 22; vgl auch Haritz/Menner/*Haritz* Rn 29 ff). Kommt es nach dem stl Umwandlungsstichtag zu einem **entgeltl Gesellschafterwechsel bei der übernehmenden PersGes,** so findet Abs 1 Anwendung, soweit dadurch Anteile an der übertragenden Körperschaft betroffen sind bspw dadurch, dass die Anteile sich im Gesamthandsvermögen der übernehmenden Ges befinden (Widmann/Mayer/*Widmann* Rn 60 ff; Haritz/Menner/*Haritz* Rn 35; DPPM/*Pung* Rn 14). Die AK, die teilweise in der Ergänzungsbilanz ausgewiesen worden sind, sind iRd Übernahmegewinnermittlung zu berücksichtigen. 14

d) Wertsteigerungen im Vermögen der übertragenden Körperschaft zwischen dem Umwandlungsstichtag und der Anschaffung der Anteile. Gemäß der **Rückbeziehungsvorschrift des § 2 I** wird vom stl Übertragungsstichtag an das Einkommen und das Verm der übertragenden Körperschaft der übernehmenden PersGes bzw deren Gesellschafter auch insoweit hinzugerechnet, als das Verm bzw Einkommen auf Anteile an der übertragenden Körperschaft entfällt, die erst nach dem stl Übertragungsstichtag angeschafft wurden. Für Gesellschafter, die die Anteile nach dem stl Übertragungsstichtag angeschafft haben, gilt Abs 1 entsprechend (vgl Rn 14). Diese Einkommensbestandteile bzw Vermögenspositionen, die bei der übertragenden Körperschaft zwischen dem Umwandlungsstichtag und der Anschaffung der Anteile entstanden sind, können bei der Kaufpreisfindung einen erhebl Niederschlag in Form der Erhöhung des Kaufpreises für die Anteile gefunden haben. Die in den AK mitbezahlten und in der Interimszeit entstandenen offenen Reserven wirken sich mindernd auf das Übernahmeergebnis aus (Widmann/Mayer/*Widmann* Rn 25; DPPM/*Pung* Rn 9; RHL/*van Lishaut* Rn 6). 15

16 **e) Ausscheiden eines Anteilseigners im Rückwirkungszeitraum durch Veräußerung seiner Anteile.** Anteilseigner der übertragenden Körperschaft, die in der Zeit zwischen dem stl Übertragungsstichtag und der Eintragung der Umw im HR aus der übertragenden Körperschaft durch Veräußerung ihrer Beteiligung ausscheiden, **nehmen an der Rückwirkung des § 2 I nicht teil** (DPPM/*Pung* Rn 22; BMF-Schrb vom 11.11.2011, BStBl I 1314 Rn 05.03; Widmann/Mayer/*Widmann* Rn 29; Frotscher/Maas/*Schnitter* Rn 14). Bei dem Veräußerer der Anteile richtet sich die Besteuerung nach den allg Vorschriften (Widmann/Mayer/*Widmann* Rn 29; DPPM/*Pung* Rn 21; *Stadler/Elser/Bindl* DB 2012 Beilage zu Heft 2, 14), dh er hat zB einen Veräußerungsgewinn nach §§ 17, 23 EStG, § 21 aF zu versteuern; ein Veräußerungsgewinn entsteht nicht rückwirkend auf den Verschmelzungsstichtag (Frotscher/Maas/*Schnitter* Rn 19). Werden an den Veräußerer neben dem Veräußerungspreis noch sonstige Leistungen wie bspw Geschäftsführergehälter, Mieten, Zinsen geleistet, so haben diese sonstigen Zahlungen keine Auswirkung auf die AK der Anteile des Erwerbers. Beim Veräußerer sind diese sonstigen Zahlungen der Einkunftsart zuzurechnen, bei der sie nach den allg Vorschriften anfallen, durch die Umw ändert sich insoweit nichts (Widmann/Mayer/*Widmann* Rn 31).

3. Abfindung von ausscheidenden Gesellschaftern, Abs 1 2. Alt

17 **a) Handelsrecht.** Die Anteilseigner und die an der Verschm beteiligten Ges müssen über die Umw gem § 13 UmwG beschließen. Ist der übertragende Rechtsträger eine GmbH, bedarf der Beschluss nach § 50 I UmwG einer Dreiviertelmehrheit der abgegebenen Stimmen, bei einer AG nach § 65 I UmwG drei Viertel des vertretenen Grundkapitals, sofern die Satzung nicht eine größere Mehrheit vorsieht. Einem Gesellschafter, der gegen den Verschmelzungsbeschluss des übertragenden Rechtsträgers Widerspruch erhoben hat, muss eine **angemessene Abfindung** in bar im Verschmelzungsvertrag angeboten werden (§ 29 UmwG). **Bare Zuzahlungen** zur Verbesserung des Umtauschverhältnisses können an Gesellschafter der übertragenden Körperschaft nach § 15 UmwG ebenfalls bei Verschm durch Aufnahme und bei Verschm durch Neugründung erfolgen. Das Angebot nach § 29 UmwG kann zwei Monate nach dem Tag angenommen werden, an dem die Eintragung der Verschm in das Register des Sitzes des übernehmenden Rechtsträgers als bekanntgegeben gilt (§ 31 UmwG). Das Ausscheiden des Gesellschafters wird erst mit der Annahme des Barabfindungsangebotes wirksam, die Abfindung erst zu diesem Zeitpunkt bezahlt. Bis zur Annahme des Barabfindungsangebotes liegt ein schwebendes, beiderseitig nicht erfülltes Geschäft vor, das bilanziell nicht erfasst wird (Widmann/Mayer/*Widmann* Rn 39).

18 **b) Steuerrecht.** Zum stl Übertragungsstichtag ist der Abfindungsanspruch des ausscheidenden Gesellschafters bilanziell noch nicht erfasst. Abs 1 2. Alt zieht die nach dem stl Übertragungsstichtag gezahlte **Abfindung** in die Berechnung des Übernahmegewinns dadurch ein, dass unterstellt wird, die Abfindungszahlung erfolge kurz vor dem stl Übertragungsstichtag und die übernehmende PersGes habe den Anteil des ausscheidenden Gesellschafters am Umwandlungsstichtag angeschafft. In Höhe der gezahlten Abfindung erhöht sich der BW der Anteile iSd § 4 IV. Das FG Münster (DStRE 2009, 5) vertritt die Meinung, dass das Vorstehende auch für sog erweiterte Barabfindungsangebote gelte.

Die Abfindungszahlung **mindert nicht den lfd Gewinn** der übernehmenden PersGes; der Aufwand ist außerhalb der Bilanz wieder hinzuzurechnen (Widmann/Mayer/*Widmann* § 4 Rn 41; DPPM/*Pung* Rn 16; *Suchan/Peykan* DStR 2003, 136). 19

Obwohl der abgefundene Anteilseigner damit erst nach der Eintragung der Verschm in das HR aus der auch zivilrechtl bereits bestehenden übernehmenden PersGes ausscheidet, wird diese zivilrechtl Konstruktion steuerrechtl nicht nachvollzogen. Für stl Zwecke ist davon auszugehen, dass der **abgefundene Gesellschafter noch aus der übertragenden Körperschaft ausscheidet** (BMF-Schrb vom 11.11.2011, BStBl I 1314 Rn 02.19; DPPM/*Pung* Rn 15a; Frotscher/Maas/*Schnitter* Rn 31; Haritz/Menner/*Haritz* Rn 37 ff; Widmann/Mayer/*Widmann* Rn 38 ff; *Renner,* Die Rückwirkung im Umwandlungssteuergesetz, S 69; vgl FG Münster EFG 2008, 343). Für den abgefundenen Gesellschafter stellt die Abfindung aus stl Sicht einen Veräußerungserlös für seinen Anteil an der übertragenden Körperschaft dar. Erhält der ausscheidende Gesellschafter neben der Abfindung sonstige Zahlungen (Geschäftsführergehalt, Miete, Zinsen), so sind diese sonstigen Zahlungen der Einkunftsart zuzurechnen, bei der sie nach den allg Vorschriften anfallen würden. 20

Erhält der Gesellschafter der übertragenden Körperschaft zur Verbesserung des Umtauschverhältnisses **bare Zuzahlungen** (§ 5 I Nr 3 UmwG), so findet Abs 1 2. Alt entsprechend Anwendung (RHL/*van Lishaut* Rn 15; Widmann/Mayer/*Widmann* Rn 59; Haritz/Menner/*Haritz* Rn 38; *Suchan/Peykan* DStR 2003, 136; aA DPPM/*Pung* Rn 15b; vgl auch BMF-Schrb vom 11.11.2011, BStBl I 1314 Rn 03.21). 21

4. Einlagefiktion einer Beteiligung iSd § 17 EStG, § 5 II

a) Tatbestandsvoraussetzungen. Abs 2 setzt voraus, dass der Gesellschafter der übertragenden Körperschaft **Anteile iSd § 17 EStG** besitzt, die zum stl Übertragungsstichtag kein BV darstellen (DPPM/*Pung* Rn 24), und der Gesellschafter der übertragenden Körperschaft iRd Verschm Gesellschafter der übernehmenden PersGes wird. Abs 2 gilt auch für Anteile ausl Gesellschafter an der übertragenden Körperschaft, wenn es sich um solche iSd § 17 EStG handelt (vgl dazu Rn 24). Ebenfalls von der Einlagefiktion erfasst werden Anteile von steuerbefreiten Anteilseignern und jur Personen des öffentl Rechts aus EU/EWR-KapGes (DPPM/*Pung* Rn 26). Hat der Gesellschafter Anteile iSd § 17 EStG an dem übertragenden Rechtsträger erst nach dem stl Übertragungsstichtag erworben, ist dennoch gem Abs 1 analog davon auszugehen, dass er die Anteile bereits zum stl Übertragungsstichtag innehat; diese Beteiligung gilt dann nach Abs 2 S 1 als zum stl Übertragungsstichtag in das BV der PersGes eingelegt (BMF-Schrb vom 11.11.2011, BStBl I 1314 Rn 05.05; DPPM/*Pung* Rn 25; Widmann/Mayer/*Widmann* Rn 154; FG Hamburg EFG 2008, 1422; vgl auch RHL/*van Lishaut* Rn 17). Einbringungsgeborene Anteile iSd § 21 aF fallen nicht in den Regelungsbereich des Abs 2, da § 27 III Nr 1 iVm § 5 IV aF insoweit die speziellere Vorschrift ist (BMF-Schrb vom 16.12.2003, BStBl I 786 Rn 5; Haritz/Menner/*Haritz* Rn 45; DPPM/*Pung* Rn 25). Die Anteile dürfen zum **stl Übertragungsstichtag nicht zu einem BV** eines Gesellschafters **gehört haben** (RHL/*van Lishaut* Rn 17; Frotscher/Maas/*Schnitter* Rn 43); werden Anteile iSd § 17 EStG nach diesem Stichtag in ein BV eingelegt, so hat dies für die Anwendung des Abs 2 keine Auswirkung, es sei denn, es handelt sich um Anteile an einer KapGes, die aus 22 dem PV des Gesellschafters in das Gesamthandsvermögen der PersGes gegen Gewährung von Gesellschaftsrechten eingelegt werden (DPPM/*Pung* Rn 25; RHL/*van Lishaut* Rn 17; Frotscher/Maas/*Schnitter* Rn 53; vgl auch BMF-Schrb vom 11.11.2011, BStBl I 1314 Rn 05.01: Bei unentgeltlicher Einlage der Anteile in das BV des übernehmenden Rechtsträgers im Rückwirkungszeitraum soll Abs 1 gelten). In diesem Fall handelt es sich nämlich um einen tauschähnlichen Vorgang und aus der Sicht der übernehmenden PersGes um eine Anschaffung iSd Abs 1 (vgl Rn 10 f).

23 **b) Anteile im Sinne des § 17 EStG.** Abs 2 betrifft Anteile an der übertragenden Körperschaft iSd § 17 EStG, die weder die Qualifikation des § 21 aF erfüllen, noch am stl Übertragungsstichtag zu einem BV gehört haben. Die Zuordnung der Anteile zum PV richtet sich nach dt Steuerrecht (BMF-Schrb vom 11.11.2011, BStBl I 1314 Rn 05.07). Die in einem ausl Betriebsvermögen gehaltenen Anteile eines ausl Anteilseigners fallen damit unter Abs 2 (DPPM/*Pung* Rn 32, 46; Widmann/Mayer/*Widmann* Rn 548; *Köhler/Käshammer* GmbHR 2012, 301). Anteile an der übertragenden Körperschaft iSd § 17 EStG gelten zur Ermittlung des Übernahmegewinns als am stl Übertragungsstichtag mit den AK in das BV der übernehmenden PersGes eingelegt.

24 Eine Beteiligung iSd § 17 EStG liegt vor, wenn der Anteilseigner oder im Falle des unentgeltl Erwerbs sein Rechtsvorgänger (BFH BStBl II 2004, 651; RHL/*van Lishaut* Rn 18) an der übertragenden KapGes innerh der letzten 5 Jahre am Kap der Ges zu mindestens 1 vH unmittelbar oder mittelbar beteiligt gewesen ist. Maßgebend ist der Übergang des wirtschaftl Eigentums (BFH BStBl II 2004, 651; RHL/*van Lishaut* Rn 18). Abs 2 erfasst auch Anteile iSd § 17 VI EStG (DPPM/*Pung* Rn 28; RHL/*van Lishaut* Rn 19; Frotscher/Maas/*Schnitter* Rn 41; *Benecke/Schnitger* IStR 2006, 765). Bei diesen Anteilen an einer KapGes handelt es sich um solche, an der der Anteilseigner bzw im Fall des unentgeltl Erwerbs der Rechtsvorgänger innerh der letzten fünf Jahre nicht zu mindestens 1% beteiligt war, wenn (1) die Anteile aufgrund einer Sach- (§ 20) oder Anteilseinbringung (§ 21) unterhalb des gemeinen Wertes erworben worden sind (§ 17 VI Nr 1 EStG) und (2) die eingebrachten Anteile solche iSd § 17 I EStG waren oder die Anteile auf einer Sacheinbringung nach § 20 I beruhen (§ 17 VI Nr 2 EStG). Zu den Anteilen iSd Abs 2 gehören auch Anteile iSd § 17 VII EStG (Genossenschaftsanteile), soweit die Höhe der Beteiligung die Voraussetzungen des § 17 I erfüllt bzw die Voraussetzungen des § 17 VI vorliegen und Anteile iSd § 13 II 2 (verschmelzungsgeborene Anteile; vgl dazu § 13 Rn 48). Abs 2 erfasst weiter Anteile an der übertragenden Körperschaft bei denen bei einer Veräußerung der Anteile im Zeitpunkt des zivilrechtl Wirksamwerdens der Umw § 17 EStG aF wegen § 23 II 2 EStG nicht anzuwenden wäre (DPPM/*Pung* Rn 26; Widmann/Mayer/*Widmann* Rn 158; Frotscher/Maas/*Schnitter* Rn 42). Zur Berücksichtigung von Anteilen aus einer beschlossenen Kapitalerhöhung bei der Berechnung der Beteiligungsquote iSv § 17 EStG vgl FG Düsseldorf EFG 2011, 961.

25 **Maßgebender Zeitpunkt** dafür, ob die Beteiligungsgrenze **iSd Abs 2 iVm § 17 EStG** erreicht ist, ist nicht der Zeitpunkt des stl Übertragungsstichtags, sondern die Eintragung der Umw in das HR (DPPM/*Pung* Rn 27; Frotscher/Maas/*Schnitter* Rn 41; BMF-Schrb vom 16.12.2003, BStBl I 786 Rn 5; Widmann/Mayer/*Widmann* Rn 132; RHL/*van Lishaut* Rn 18; *Haritz/Wisniewski* GmbHR 2004, 150). Demnach kommt Abs 2 auch dann zur Anwendung, wenn Anteile iSd § 17 EStG erst nach dem stl Übertragungsstichtag, aber vor Eintragung

der Umw in das HR entstanden sind. Die Anteile eines Gesellschafters, der nur deshalb einen Anteil iSd § 17 EStG darstellt, weil er **innerh der letzten fünf Jahre** vor der Eintragung der **Umw in entsprechender Höhe beteiligt** war, sind Beteiligungen iSd § 17 EStG (Widmann/Mayer/*Widmann* § 7 Rn 2).

Eigene Anteile der KapGes werden mit deren Nennwert vom Grund- oder StK abgezogen. Die Beteiligungshöhe eines Gesellschafters bestimmt sich dann nicht nach der Nominalbeteiligung dieses Gesellschafters, sondern es ist auf die Summe aller Beteiligungen ohne die eigenen Anteile abzustellen (BMF-Schrb vom 11.11.2011, BStBl I 1314 Rn 05.06; DPPM/*Pung* Rn 29; Frotscher/Maas/*Schnitter* Rn 45). 26

c) Beschränkt steuerpflichtige und steuerbefreite iSv § 17 EStG beteiligte Gesellschafter. Nach bisheriger Auffassung der **FinVerw** (BMF-Schrb vom 25.3.1998, BStBl I 268 Rn 05.12) war von einer Beteiligung nach § 17 EStG iRd Abs 2 nur auszugehen, wenn die Veräußerung der Anteile zu einer Besteuerung nach § 17 EStG oder nach § 49 I Nr 2 lit e EStG führen würde. Für **beschränkt stpfl Gesellschafter,** welche iRd Umw Gesellschafter der übernehmenden PersGes werden, galt demnach die Einlagefiktion des Abs 2 insbesondere dann nicht, wenn es sich bei den Anteilen um Beteiligung iSd § 17 EStG handelt, deren Veräußerung durch ein DBA steuerfrei gestellt ist (ebenso FG Köln EFG 2008, 1187). Dann sollten weder die Anteile noch der Wert der auf diese entfallenden WG an der Ermittlung des Übernahmeergebnisses teilnehmen. 27

Diese ursprüngliche Auffassung der FinVerw kann im Ergebnis nicht überzeugen, da Abs 2 nur auf Anteile an der übertragenden Körperschaft iSd § 17 EStG Bezug nimmt und damit nur auf die tatbestandlichen Voraussetzungen und nicht auf die Rechtsfolgen dieser Vorschrift abstellt (Widmann/Mayer/*Widmann* Rn 450; *Füger/Rieger* IStR 1995, 275; *Herfort/Strunk* IStR 1995, 415; aA RHL/*van Lishaut* Rn 21). Daher hat die FinVerw ihre Auffassung zu Recht geändert, die Einlagefiktion gilt damit auch nach Auffassung der FinVerw unabhängig davon, ob eine Veräußerung der Anteile bei dem Anteilseigner im Rahmen der beschränkten Steuerpflicht zu erfassen bzw ob ein dt Besteuerungsrecht auf Grund eines DBA ausgeschlossen ist (BMF-Schrb vom 11.11.2011, BStBl I 1314 Rn 05.07; DPPM/*Pung* Rn 32; Widmann/Mayer/*Widmann* Rn 548; *Stadler/Elser/Bindl* DB 2012 Beilage 1 zu Heft 2, 14; *Köhler/Kaeshammer* GmbHR 2012, 301; *Stimpel* GmbHR 2012, 123). 28

Nicht abschließend geklärt ist, ob die nach Abs 2 als für die Ermittlung des Übernahmeergebnisses eingelegt geltenden Anteile mit den Anschaffungskosten oder aber nach § 4 I 7 iVm § 6 I Nr 5a EStG mit dem gemeinen Wert anzusetzen sind. Die überwiegende Meinung geht dahin, dass auch in diesen Fällen die Einlage mit den Anschaffungskosten erfolgt (DPPM/*Pung* Rn 31; Widmann/Mayer/*Widmann* Rn 549; Haritz/Menner/*Haritz* Rn 78; Frotscher/Maas/*Schnitter* Rn 38; *Stadler/Elser/Bindl* DB 2012 Beilage 1 zu Heft 2, 14; vgl auch *Lemaitre/Schönherr* GmbHR 2007, 173; *Widmann* DStZ 1996, 459; *Bredow* WiB 1996, 129). 29

Die Einlage- und Überführungsfiktion bzgl beschränkt steuerpflichtiger Gesellschafter des übertragenden Rechtsträgers führt dazu, dass nach innerstaatlichem Steuerrecht bei dem Übernahmeergebnis im Grundsatz inl Einkünfte iSv § 49 I Nr 2 Buchst a EStG entstehen. Besteht kein DBA, unterliegt das Übernahmeergebnis damit der dt Besteuerung. Bei Vorliegen eines DBA zwischen Deutschland und dem Ansässigkeitsstaat ist das Übernahmeergebnis von der dt Besteuerung 30 regelmäßig freigestellt (vgl Art 13 V OECD-MA); die innerstaatliche Einlagefiktion ändert nichts an der abkommensteuerrechtlichen Qualifizierung des Übernahmeergebnisses als Anteilsveräußerungsgewinn. Abkommensrechtlich wird der Übernahmegewinn nicht in einen inl Betriebsstättengewinn umqualifiziert (vgl § 4 Rn 145). Der Kapitalertragsteuerabzug auf Einkünfte iSd § 7 hat keine abgeltende Wirkung (§ 50 II 2 Nr 1 iVm § 49 I Nr 2 Buchst a EStG), und zwar unabhängig davon, ob ein DBA besteht oder nicht.

31 **d) Rechtsfolgen gem Abs 2.** Gehören die Anteile am übertragenden Rechtsträger nicht zum BV eines Gesellschafters der übernehmenden PersGes, so sind für den bei der Berechnung des Übernahmeergebnisses anzusetzenden fiktiven BW die AK maßgebend, wenn es sich um Anteile iSd § 17 EStG handelt. Zu den AK gehören die Aufwendungen, die geleistet werden, um den Anteil zu erwerben, einschl der Anschaffungsnebenkosten sowie der nachträgl AK. Der Begriff der AK ist ebenso wie in § 17 II 1 EStG auszulegen (vgl insoweit L. Schmidt/*Weber-Grellet* EStG § 17 Rn 156; Widmann/Mayer/*Widmann* Rn 300 ff). Die AK sind selbst dann maßgebend, wenn zum stl Übertragungsstichtag der **gemeine Wert oder TW der Anteile** unter diesem Wert liegt. Dies ergibt sich aus der Fiktion der Einlage der Beteiligung mit den AK (BFH BStBl II 1999, 298; BFH BStBl II 2010, 162; RHL/*van Lishaut* Rn 26; Widmann/Mayer/*Widmann* Rn 385). Nicht abschließend geklärt ist, welche Auswirkungen die Entscheidung des BVerfG zur Absenkung der Beteiligungsquote (BVerfG BStBl II 2011, 86) im Zusammenhang mit Abs 2 hat. Nach Auffassung des BVerfG verstößt § 17 I 4 iVm § 52 I 4 EStG idF des StEntlG 1999 ff gegen die verfassungsrechtlichen Grdse des Vertrauensschutzes und ist nichtig, soweit Wertsteigerungen stl erfasst werden, die bis zur Verkündigung des StEntlG 1999 ff entstanden sind und die entweder bei einer Veräußerung bis zu diesem Zeitpunkt nach der zuvor geltenden Rechtslage steuerfrei realisiert worden sind oder bei einer Veräußerung nach Verkündigung des Gesetzes sowohl zum Zeitpunkt der Verkündigung als auch zum Zeitpunkt der Veräußerung nach der zuvor geltenden Rechtslage steuerfrei hätten realisiert werden können. Die FinVerw (vgl BMF-Schrb vom 21.12.2011, BStBl I 2012, 42; ebenso *Stimpel* GmbHR 2012, 123; aA DPPM/*Pung* Rn 31; *Neu/Schiffers/Watermeyer* GmbHR 2011, 729) geht wohl davon aus, dass der Beschluss des BVerfG keine Auswirkungen auf die Besteuerung der Umw hat. Dafür spricht, dass die Fiktion der Einlage von Anteilen iSd § 17 EStG mit den Anschaffungskosten im Ergebnis dazu führt, dass der Anteilseigner die auf ihn entfallenden offenen Rücklagen im Rahmen des Halb- bzw Teileinkünfteverfahrens nach § 7 UmwStG versteuern muss. Diese Rechtsfolgen treffen aber auch nicht wesentlich iSv § 17 EStG beteiligte Anteilseigner.

32 Die Anteile an der übertragenden Körperschaft iSd Abs 2 S 1 iVm § 17 EStG gelten für die Ermittlung des Übernahmegewinns als zum Umwandlungsstichtag in das BV der PersGes mit den AK eingelegt. Nicht abschl geklärt ist, inwieweit nach dem stl Übertragungsstichtag entstehende nachträgliche AK bei der Ermittlung des Übernahmegewinns zu berücksichtigen sind. Teilweise wird die Auffassung vertreten, dass die AK des Gesellschafters zum Zeitpunkt der Eintragung der Umw in das HR entscheidend seien (GKT/*Söffing* Rn 20). Ändern sich die AK der Anteile nach der Umw dadurch, dass sich der Kaufpreis für die Anteile nachträgl erhöht bzw liegt ansonsten ein rückwirkendes Ereignis iSd § 175 AO vor, so hat diese Änderung der AK Auswirkungen auf die Ermittlung des Übernahmegewinns/-verlustes (RHL/*van Lishaut* Rn 27). Hat die übernehmende PersGes

Anteile an einer übertragenden Körperschaft nach dem stl Übertragungsstichtag angeschafft, so ist Abs 1 zu berücksichtigen und der Übernahmegewinn so zu ermitteln, als hätte sie die Anteile zum Umwandlungsstichtag angeschafft. Werden die AK der Anteile iSd § 17 EStG an der übertragenden Körperschaft dadurch erhöht, dass in diese Ges offen oder verdeckt Vermögenswerte nach dem stl Übertragungsstichtag eingelegt werden, so hat dies für die Ermittlung des Übernahmegewinns/-verlustes grdsl keine Bedeutung (vgl § 4 Rn 107 mwN). Gleiches gilt, falls der Gesellschafter der übertragenden KapGes nach dem stl Übertragungsstichtag auf eine Forderung verzichtet (ebenso RHL/*van Lishaut* Rn 26; Frotscher/Maas/*Schnitter* Rn 47).

5. Anteile im Betriebsvermögen eines Gesellschafters, Abs 3

a) Inländisches und ausländisches Betriebsvermögen eines Gesellschafters. Gehören am stl Übertragungsstichtag Anteile an der übertragenden Körperschaft zum BV eines Anteilseigners, so ist der Übernahmegewinn so zu ermitteln, als seien die Anteile am stl Übertragungsstichtags mit dem um Zuschreibungen erhöhten BW in das BV des übernehmenden Rechtsträgers überführt worden (Abs 3 S 1). Zum BV des Gesellschafters einer PersGes iSd Abs 3 S 1 gehört nicht das SBV des Gesellschafters bei der übernehmenden PersGes, da dieses SBV BV der PersGes darstellt und damit bereits unter den gesetzl Grundtatbestand des § 4 IV 1 fällt (vgl Rn 14; aA RHL/*van Lishaut* Rn 31). Abs 3 diff nicht mehr zwischen **in- oder ausl BV.** Dies hat zur Folge, dass künftig auch in einem ausl BV gehaltene Anteile als an der übertragenden Körperschaft in das BV der übernehmenden PersGes eingelegt gelten (BMF-Schrb vom 11.11.2011, BStBl I 1314 Rn 05.07; DPPM/*Pung* Rn 45; RHL/*van Lishaut* Rn 34; Frotscher/Maas/*Schnitter* Rn 55; *Stadler/Elser/Bindl* DB 2012 Beilage 1 zu Heft 2, 14; *Köhler/Käshammer* GmbHR 2012, 301). Für diese Anteile wird nach der hier vertretenen Auffassung (aA RHL/*van Lishaut* Rn 34) ein Übernahmeergebnis ermittelt und unter bestimmten Voraussetzungen besteuert (vgl § 4 Rn 127 f). Die Zuordnung der Beteiligung zum Betriebs- oder Privatvermögen richtet sich nach dt Steuerrecht (BMF-Schrb vom 11.11.2011, BStBl I 1314 Rn 05.07), es gilt die isolierende Betrachtungsweise (DPPM/*Pung* Rn 40; Widmann/Mayer/*Widmann* Rn 548; *Köhler/Käshammer* GmbHR 2012, 301; aA *Stadler/Elser/Bindl* DB 2012 Beilage 1 zu Heft 2, 149). Von der Einlagefiktion sind ebenfalls erfasst Anteile von jur Personen des öffentl Rechts soweit diese in einem stpfl Betrieb gewerbl Art gehalten werden oder von im Grds steuerbefreiten Körperschaften, wenn die Anteile einem stpfl wirtschaftl Geschäftsbetrieb zugeordnet sind (RHL/*van Lishaut* Rn 33; DPPM/*Pung* Rn 45). BV kann gewerbl, luf oder selbstständiger Art sein (Frotscher/Maas/*Schnitter* Rn 51). Ob es sich bei den Anteilen um notw oder gewillkürtes BV handelt, ist unerhebl (DPPM/*Pung* Rn 39; Frotscher/Maas/*Schnitter* Rn 51; RHL/*van Lishaut* Rn 30). 33

Maßgebender Zeitpunkt zur Beurteilung der **Betriebsvermögenseigenschaft der Anteile** ist iRd Abs 3 der **stl Übertragungsstichtag,** dh zum stl Übertragungsstichtag müssen die Anteile zum inl BV des Gesellschafters der übernehmenden PersGes gehört haben (BMF-Schrb vom 11.11.2011, BStBl I 1314 Rn 05.08; DPPM/*Pung* Rn 25; Widmann/Mayer/*Widmann* Rn 74; Haritz/Menner/*Haritz* Rn 55; FG Baden-Württemberg EFG 2000, 882). Hat eine Person zwischen dem stl Übertragungsstichtag und der Eintragung der Umw in das HR Anteile an der übertragenden Körperschaft von einem ausscheidenden Gesell- 34 schafter erworben, so gilt diese Beteiligung nach Abs 1 analog als zum stl Übertragungsstichtag angeschafft und nach Abs 3 S 1 ggf als zum stl Übertragungsstichtag in das BV der PersGes überführt. Werden von den Gesellschaftern der übernehmenden PersGes nach dem stl Übertragungsstichtag die Anteile an der übertragenden Körperschaft aus dem PV in ein inl BV eingelegt, so findet Abs 3 keine Anwendung, denn entscheidend ist nach dem Gesetzeswortlaut, dass die Anteile zum stl Übertragungsstichtag inl BV eines Gesellschafters der übernehmenden PersGes waren (Widmann/Mayer/*Widmann* Rn 74). Überträgt ein Gesellschafter der übernehmenden PersGes **nach dem stl Übertragungsstichtag Anteile** an der übertragenden Körperschaft tats **aus dem PV in ein BV** und liegen die Voraussetzungen des Abs 1 vor, weil bspw der Gesellschafter die Beteiligung gegen Gewährung von Gesellschaftsrechten auf die PersGes überträgt, so findet nach der hier vertretenen Auffassung Abs 1 Anwendung (vgl dazu Rn 10). Werden nach dem stl Übertragungsstichtag die Anteile **aus dem BV entnommen,** so hat dies keine ertragstl Konsequenzen für den an der Umw teilnehmenden Gesellschafter, da durch die Verschm ab dem stl Übertragungsstichtag die Anteile an dem übertragenden Rechtsträger nicht mehr bestehen (RHL/*van Lishaut* Rn 35; Widmann/Mayer/*Widmann* Rn 561).

35 **b) Einlagewert nach Abs 3.** Für Zwecke der Ermittlung des Übernahmeergebnisses fingiert Abs 3 S 1 eine Überführung der in einem inl BV gehaltenen Anteile zum stl Übertragungsstichtag in das BV der übernehmenden PersGes. Zu einer tats Einlage kommt es nicht (aA wohl *Mayer* FR 2004, 698). Zur nachträgl Änderung des BW in der Zeit zwischen dem stl Übertragungsstichtag und der Eintragung der Verschm ins HR vgl § 4 Rn 107.

36 Die Anteile gelten als zum stl Übertragungsstichtag mit dem BW – erhöht um steuerwirksam vorgenommene Teilwertabschreibung sowie Abzüge nach § 6b EStG und ähnl Abzüge – in das BV des übernehmenden Rechtsträgers überführt, höchstens ist jedoch der gemeine Wert anzusetzen. Werden Anteile aus dem ausl BV überführt, so ist der BW nach den dt Grdsen über die Ermittlung des BW abzustellen (DPPM/*Pung* Rn 43). Zum BW der Beteiligung vgl § 4 Rn 104.

37 Bzgl der **Zuschreibung um steuerwirksame Teilwertabschreibung** bzw § 6b EStG Übertragung, verweist Abs 3 S 2 auf § 4 I 3. Der Verweis ist insoweit ungenau, als § 4 I Anteile am übertragenden Rechtsträger betrifft, die zum Gesamthandsvermögen oder zum SBV der übernehmenden PersGes gehören. Abs 3 S 2 betrifft jedoch nicht den übernehmenden Rechtsträger, sondern trifft auch eine Regelung für den Anteilseigner. Daraus ergibt sich, dass die Rückgängigmachung der Teilwertabschreibung bzw § 6b EStG Übertragung noch in der Person des Anteilseigners erfolgen soll, und zwar in dem BV, von dem aus die Anteile am übertragenden Rechtsträger zum steuerlichen Übertragungsstichtag in das BV des übernehmenden Rechtsträgers als überführt gelten (ebenso BMF-Schrb vom 11.11.2011, BStBl I 1314 Rn 06.11; RHL/*van Lishaut* Rn 37; DPPM/*Pung* Rn 44; *Benecke* in PWC, Reform des UmwStR, S 169). Da sich Abs 3 S 1 auch auf den Anteilseigner bezieht, kommt es bei ihm auch zum stl Übertragungsstichtag zur Überführung der Anteile in das BV der übernehmenden PersGes. Mit Ausnahme der Rückgängigmachung früherer steuerwirksamer Teilwertabschreibungen bzw Übertragung von Rücklagen nach § 6b EStG ist dieser Vorgang für ihn im Grds steuerneutral (ebenso DPPM/*Pung* Rn 47; Frotscher/Maas/*Schnitter* Rn 59). Zum Beteiligungskorrekturverlust vgl § 4 Rn 52.

38 Werden die Anteile am übertragenden Rechtsträger in Betrieben gewerbl Art einer jur Person des öffentl Rechts oder dem stpfl wirtschaftl Geschäftsbetrieb einer steuerbefreiten Körperschaft zugeordnet, so entstehen bezogen auf den Übernahmegewinn lfd gewerbl Einkünfte.

6. Einbringungsgeborene Anteile iSd § 21 aF, § 27 III Nr 1 iVm § 5 IV aF

Durch das SEStEG wurde das Konzept der „einbringungsgeborenen Anteile" für Einbringungen nach §§ 20 ff im Grds aufgegeben, sodass in § 5 keine Einlagefiktion mehr für Anteile iSd § 21 aF vorgesehen ist (zum Begriff der einbringungsgeborenen Anteile vgl § 20 Rn 220 ff). Abs 4 aF gilt nach § 27 III Nr 1 mit der Maßgabe fort, dass (alte) einbringungsgeborene Anteile als mit den Werten iSd der Abs 2, 3 in das BV überführt gelten. Zu beachten ist, dass auch nach dem vollzogenen Konzeptwechsel der §§ 20 ff wegen § 20 III 4 bzw § 21 II 6 künftig weiterhin sog „alte" einbringungsgeborene Anteile entstehen können, die einbringungsgeborene Anteile iSd § 27 III Nr 1 sind (DPPM/*Pung* Rn 52; Frotscher/Maas/*Schnitter* Rn 62). **39**

Hält der MU bzw die übernehmende natürl Person die einbringungsgeborenen Anteile im PV, gelten sie als zum stl Übertragungsstichtag mit den AK (einschl nachträgl AK) in das BV der übernehmenden PersGes, eingelegt. Werden die einbringungsgeborenen Anteile in einem BV gehalten, gelten diese als mit dem BW, aufgestockt um frühere steuerwirksame Teilwertabschreibungen bzw Rücklagenübertragung des BV der übernehmenden PersGes eingelegt (vgl dazu Rn 36 f). **40**

§ 27 III Nr 1 iVm § 5 IV aF erfasst auch einbringungsgeborene Anteile, die von steuerbefreiten Anteilseignern oder von jur Personen des öffentl Rechts gehalten werden. Trotz der Regelung in § 21 III aF erfolgt die Einlage entsprechend Abs 2 (ebenso RHL/*van Lishaut* Rn 38). **41**

Einbringungsgeborene Anteile müssen in dem Zeitpunkt des zivilrechtl Wirksamwerdens der Umw, dh im Zeitpunkt der Eintragung in das HR vorliegen (Widmann/Mayer/*Widmann* Rn 396; Haritz/Menner/*Haritz* Rn 68; Frotscher/Maas/*Schnitter* Rn 63; DPPM/*Pung* Rn 54). Wurden die einbringungsgeborenen Anteile **nach dem stl Übertragungsstichtag veräußert,** gelten für den Erwerber die Vorschriften des Abs 1–3; Abs 4 aF findet keine Anwendung, da in der Person des Käufers keine einbringungsgeborenen Anteile mehr vorliegen (DPPM/*Pung* Rn 55; Haritz/Menner/*Haritz* Rn 71; Frotscher/Maas/*Schnitter* Rn 63). Wurden die Anteile im Rückwirkungszeitraum unentgeltl übertragen, so erwirbt der unentgeltl Rechtsnachfolger Anteile iSd § 21 aF, Abs 4 aF ist für ihn anwendbar. Wird nach dem stl Übertragungsstichtag der Antrag nach § 21 II aF gestellt, so ist Abs 4 aF nicht anwendbar, es liegen keine einbringungsgeborenen Anteile zum Zeitpunkt des zivilrechtl Wirksamwerdens der Umw mehr vor (DPPM/*Pung* Rn 55; Frotscher/Maas/*Schnitter* Rn 66); Entsprechendes gilt, wenn das dt Besteuerungsrecht noch dem stl Übertragungsstichtag ausgeschlossen wird (§ 21 II 1 Nr 2 aF). **42**

§ 6 Gewinnerhöhung durch Vereinigung von Forderungen und Verbindlichkeiten

(1) [1] **Erhöht sich der Gewinn des übernehmenden Rechtsträgers dadurch, dass der Vermögensübergang zum Erlöschen von Forderungen und Verbindlichkeiten zwischen der übertragenden Körperschaft und dem übernehmenden Rechtsträger oder zur Auflösung von Rückstellun-**

gen führt, so darf der übernehmende Rechtsträger insoweit eine den steuerlichen Gewinn mindernde Rücklage bilden. [2] Die Rücklage ist in den auf ihre Bildung folgenden drei Wirtschaftsjahren mit mindestens je einem Drittel gewinnerhöhend aufzulösen.

(2) [1] **Absatz 1 gilt entsprechend, wenn sich der Gewinn eines Gesellschafters des übernehmenden Rechtsträgers dadurch erhöht, dass eine Forderung oder Verbindlichkeit der übertragenden Körperschaft auf den übernehmenden Rechtsträger übergeht oder dass infolge des Vermögensübergangs eine Rückstellung aufzulösen ist. [2] Satz 1 gilt nur für Gesellschafter, die im Zeitpunkt der Eintragung des Umwandlungsbeschlusses in das öffentliche Register an dem übernehmenden Rechtsträger beteiligt sind.**

(3) [1] **Die Anwendung der Absätze 1 und 2 entfällt rückwirkend, wenn der übernehmende Rechtsträger den auf ihn übergegangenen Betrieb innerhalb von fünf Jahren nach dem steuerlichen Übertragungsstichtag in eine Kapitalgesellschaft einbringt oder ohne triftigen Grund veräußert oder aufgibt. [2] Bereits erteilte Steuerbescheide, Steuermessbescheide, Freistellungsbescheide oder Feststellungsbescheide sind zu ändern, soweit sie auf der Anwendung der Absätze 1 und 2 beruhen.**

Schrifttum: Siehe auch Schrifttum Vorauflage bis 2005; *Fuhrmann/Demuth,* Pensionszusage bei Unternehmensumwandlung, -verkauf und -einstellung, KÖSDI 2006, 15 082; *Krohn/Greulich,* Ausgewählte Einzelprobleme des Umwandlungssteuerrechts aus der Praxis, DStR 2008, 646; *Stimpel,* Umwandlung einer Kapitalgesellschaft in eine Personengesellschaft, GmbH-StB 2008, 74; *Behrendt/Klages,* Verschmelzung in der Krise als Steuer-Risiko? Zur Besteuerung von Konfusionsgewinnen vor dem Hintergrund des § 8b Abs. 3 KStG, GmbHR 2010, 190; *Schell/Krohn,* Ausgewählte praxisrelevante „Fallstricke" des UmwStE 2011 (Teil 3), DB 2012, 1172.

Übersicht

1. Regelungsgegenstand

1 Am stl Übertragungsstichtag können zwischen der übertragenden Körperschaft und der übernehmenden PersGes/natürl Person Forderungen und Verbindlichkeiten existieren. Mit der Eintragung der Verschm in das HR des übernehmenden Rechtsträgers geht das Verm des übertragenden Rechtsträgers auf die übernehmende PersGes bzw den Alleingesellschafter über. Gegenseitige Forderungen und Verbindlichkeiten erlöschen zivilrechtl infolge von **Konfusion.** Konfusion bedeutet, dass sich Forderungen und gegenüberstehende Verbindlichkeiten in einem Rechtsträger vereinigen. Eine Konfusion kann auch vorkommen, wenn Forderungen und Verbindlichkeiten zwischen mehreren Körperschaften bestehen, die gemeinsam auf eine übernehmende PerGes bzw den Alleingesellschafter verschmolzen werden (DPPM/*Pung* Rn 11; Widmann/Mayer/*Widmann* Rn 13, 122). § 6 findet keine Anwendung in den Fällen des Vermögensübergangs auf einen Rechtsträger ohne Betriebsvermögen (BMF-Schrb vom 11.11.2011, BStBl I 1314 Rn 06.01; DPPM/*Pung* Rn 1; Frotscher/Maas/*Schnitter* Rn 11; vgl aber auch Rn 20), da es bei einem Rechtsträger ohne Betriebsvermögen nicht zu einer erfolgswirksamen Abwertung von Forderungen gegen den übernehmenden Rechtsträger kommen kann (*Cordes/Dremel/Carstens* in FGS/BDI UmwStE S 209).

2 Zu einem **Übernahmefolgegewinn** oder Übernahmefolgeverlust kommt es, wenn die Forderung und die korrespondierenden Schulden bei der Überträgerin und der Übernehmerin mit unterschiedl Werten angesetzt sind. Ein Übernahmefolgegewinn entsteht, wenn die Forderung mit einem niedrigeren Wert als die Verbindlichkeit bilanziert ist oder zwischen den an der Umw beteiligten Rechtsträger eine ungewisse Verbindlichkeit bestand, einer der Rechtsträger dafür eine RSt gebildet hat und in der Bilanz des anderen Rechtsträger insoweit keine Forderung ausgewiesen wurde, was der Regelfall ist, da ungewisse Forderungen nicht bilanziert werden dürfen (§ 252 I 4 HGB). Ist die Forderung hingegen mit einem höheren Wert als die Verbindlichkeit bilanziert, entsteht durch die Konfusion ein Übernahmefolgeverlust, der als lfd Verlust sofort abzugsfähig ist.

3 Zu der Konfusion kommt es aus stl Sicht eine logische Sekunde nach dem stl Übertragungsstichtag. In der stl Schlussbilanz des übertragenden Rechtsträgers sind die Forderungen gegen den übernehmenden Rechtsträger bzw Schulden ggü dem übernehmenden Rechtsträger noch auszuweisen. Ein ggf entstehender Übernahmefolgegewinn entsteht damit bei der **übernehmenden PesGes** bzw deren Gesellschaftern eine logische Sekunde **nach Ablauf des stl Übertragungsstichtags** (Widmann/Mayer/*Widmann* Rn 4; DPPM/*Pung* Rn 22; Frotscher/Maas/*Schnitter* Rn 4; ungenau BMF-Schrb vom 11.11.2011, BStBl I 1314 Rn 06.01: „mit Ablauf des steuerlichen Übertragungsstichtags"). Liegt der stl Umwandlungsstichtag auf den 31.12., so fällt der Übernahmefolgegewinn oder

-verlust aus dem Vermögensübergang noch in das dann endende Wj (Widmann/Mayer/*Widmann* Rn 133; Frotscher/Maas/*Schnitter* Rn 4).

4 Entscheidend für die **Höhe des Übernahmefolgegewinns** sind die zum Zeitpunkt des Übertragungsstichtags bestehenden Wertdifferenzen zwischen den Forderungen und den Verbindlichkeiten bei der übertragenden Körperschaft und dem übernehmenden Rechtsträger bzw die zu diesem Zeitpunkt bilanzierten RSt. Nach dem stl Übertragungsstichtag entstehende Inkongruenzen idS haben keinen Einfluss auf den Übernahmefolgegewinn. Wurden nach dem stl Übertragungsstichtag Forderungen und Verbindlichkeiten zwischen den an der Umw beteiligten Rechtsträger begründet oder ändert sich deren BW, so hat dies keine stl Auswirkungen, da das Verm der übertragenden Körperschaft am stl Übertragungsstichtag gem § 2 als übergegangen gilt (BMF-Schrb vom 11.11.2011, BStBl I 1314 Rn 06.01; DPPM/*Pung* Rn 7; Widmann/Mayer/*Widmann* Rn 9; Frotscher/Maas/*Schnitter* Rn 20). Mangels zivilrechtlicher Konfusion entsteht kein Übernahmefolgegewinn, wenn die Forderung im Rückwirkungszeitraum an einen Dritten veräußert wird (Frotscher/Maas/*Schnitter* Rn 20).

5 Die Beteiligungsverhältnisse bei der übertragenden Körperschaft haben keine Auswirkungen auf die Höhe des Übernahmefolgegewinns. Für die Höhe des Übernahmefolgegewinns ist es auch ohne Bedeutung, ob oder in welchem Umfang am stl Übertragungsstichtag Anteile der übertragenden Körperschaft zum BV der übernehmenden PersGes gehören bzw in das BV als eingelegt gelten; § 4 IV 3 gilt für den Übernahmefolgegewinn nicht (BMF-Schrb vom 11.11.2011, BStBl I 1314 Rn 06.02; DPPM/*Pung* Rn 23).

6 Der **Übernahmefolgegewinn ist nicht Teil des Übernahmeergebnisses iSd § 4 IV–VII,** ein Konfusionsgewinn kann damit nicht mit dem Übernahmeverlust saldiert werden (BMF-Schrb vom 11.11.2011, BStBl I 1314 Rn 06.02; Widmann/Mayer/*Widmann* Rn 73 f; Frotscher/Maas/*Schnitter* Rn 3; DPPM/*Pung* Rn 6; RHL/*Birkemeier* Rn 41).

7 Der Übernahmefolgegewinn ist dadurch begünstigt, dass der Gewinn in dem Wj, in das der stl Übertragungsstichtag fällt, durch eine **Rücklage** gem Abs 1 neutralisiert werden kann. Diese Rücklage ist in den darauffolgenden drei Jahren zu je einem Drittel gewinnerhöhend aufzulösen.

2. Anwendungsbereich

8 § 6 betrifft die Verschm einer Körperschaft auf eine übernehmende PersGes/natürl Person. § 6 erfasst auch grenzüberschreitende Verschm, soweit der übernehmende Rechtsträger im Inland unbeschränkt oder beschränkt stpfl ist. § 6 findet auch bei der Verschm auf den alleinigen Gesellschafter der Körperschaft Anwendung. Durch Verweis findet die Vorschrift auch Anwendung bei der Verschm oder Vermögensübertragung auf eine andere Körperschaft (§ 12 IV), in den Fällen der Auf- oder Abspaltung auf eine Körperschaft (§ 15 I 1 iVm § 12 IV) und eine PersGes (§ 16) sowie für die GewSt (§ 18). Für die Einbringungsfälle wird in § 23 VI, § 24 IV iVm § 23 VI auf die Vorschrift des § 6 Bezug genommen. Beim Formwechsel nach §§ 9, 25 kommt nach hM nur Abs 2, 3 zur Anwendung (DPPM/*Pung* Rn 1; Frotscher/Maas/*Schnitter* Rn 12; aA Haritz/Menner/*Haritz* Rn 5; vgl § 9 Rn 36 f). § 6 findet keine Anwendung bei Vermögensübertragungen auf einen Rechtsträger ohne Betriebsvermögen (vgl Rn 1). Die Anwendbarkeit des § 6 kann unter den Voraussetzungen des Abs 3 rückwirkend in den dort genannten Fällen entfallen.

3. Forderungen, Verbindlichkeiten, Rückstellungen zwischen übertragender Körperschaft und der übernehmenden Personengesellschaft

Ist die übernehmende **PersGes Inhaber einer Forderung** ggü der übertragenden Körperschaft und geht das Verm der übertragenden Körperschaft auf das BV der PersGes über, vereinigen sich die Forderung der übernehmenden PersGes mit der Verbindlichkeit der übertragenden Körperschaft; es tritt eine Konfusion ein. Ist die Verbindlichkeit in der stl Schlussbilanz der übertragenden Körperschaft mit einem höheren Wert angesetzt, als die korrespondierende Forderung bei der übernehmenden PersGes, so entsteht ein Übernahmefolgegewinn eine logische Sekunde nach Ablauf des stl Übertragungsstichtages auf der Ebene der übernehmenden PersGes. Das gleiche Erg tritt dann ein, wenn die **übertragende Körperschaft eine Forderung** ggü der PersGes zum stl Übertragungsstichtag besitzt und die Forderung mit einen niedrigen Wert angesetzt ist, wie die Verbindlichkeit. 9

Wurde die Forderung in der Vergangenheit wertberichtigt, so ist zu prüfen, ob zum Verschmelzungsstichtag die Voraussetzungen für eine **Zuschreibung gem § 6 I Nr 2 S 3 iVm Nr 1 S 4 EStG** vorliegen. Hat der übertragende Rechtsträger eine abgeschriebene Forderung bilanziert, so muss er noch in der stl Schlussbilanz die Teilwertabschreibung rückgängig machen, falls die Voraussetzungen der Zuschreibung zum Umwandlungsstichtag vorliegen. In diesem Fall entsteht beim übertragenden Rechtsträger insoweit kein Übernahmefolgegewinn. Das Gleiche gilt auch, wenn die übernehmende PersGes eine Forderung ggü dem übertragenden Rechtsträger teilwertberichtigt hat. Ist die übernehmende PersGes verpflichtet, gem § 6 I Nr 2 S 3 iVm Nr 1 S 4 EStG die Wertminderung rückgängig zu machen, so ist ein daraus entstehender Gewinn kein Übernahmefolgegewinn, eine Rücklagenbildung ist insoweit ausgeschlossen. Allein die Tatsache, dass es durch die Verschm zu einer Konfusion kommt, führt nicht dazu, dass eine wertberichtigte Forderung wieder werthaltig wird. Seit dem 1.1.2008 (zur Rechtslage davor vgl FG Niedersachsen BB 2008, 1661) fallen bei Körperschaften, die MU der übernehmenden PersGes sind (vgl § 8b VI KStG), Gewinnminderungen im Zusammenhang mit kapitalersetzenden Darlehen unter das Abzugsverbot des **§ 8b III 3 KStG,** Gewinne aus dem Ansatz der Darlehensforderung aus Zuschreibungen bleiben bei der Ermittlung des Einkommens außer Ansatz, soweit auf die vorangegangene TW-AfA § 8 III 3 KStG anzuwenden war. Der Übernahmefolgegewinn stellt zwar keinen Gewinn aus einer Wertaufholung nach § 6 I Nr 2 S 3 EStG dar, der nach 8b III 8 KStG außer Ansatz bleiben würde, die Regelung ist aber analog auf diesen Fall anzuwenden (Widmann/Mayer/*Widmann* Rn 205.1; Frotscher/Maas/*Schnitter* Rn 18 b; *Neu/Schiffers/Watermeyer* GmbHR 2011, 729; IDW Ubg 2011, 549; *Pyszka/Jüngling* BB Special 1.2011, 4; aA BMF-Schrb vom 11.11.2011, BStBl I 1314 Rn 06.02; DPPM/*Pung* Rn 16; *Krohn/Greulich* DStR 2008, 646; *Schell/Krohn* DB 2012, 1172 mit Gestaltungshinweisen). Der Gesetzgeber wollte mit dieser Regelung Buchgewinne dann keiner Besteuerung zuführen, wenn die vorherigen Buchverluste sich stl nicht ausgewirkt haben. Dieser Gedanke entspricht dem objektiven Nettoprinzip und muss daher aus verfassungsrechtlichen Gründen auch bei Übernahmefolgegewinne gelten. 10

Nach richtiger Auffassung (BMF-Schrb vom 11.11.2011, BStBl I 1314 Rn 06.01) scheidet ein Übernahmegewinn bei vorherigen verdeckten Gewinnausschüttungen aus. Für die steuerbilanzielle Passivierung von Verbindlichkeiten oder Rückstellungen ist es ohne Bedeutung, ob die zu Grunde liegende Verpflich- 11 tung ganz oder teilweise als **verdeckte Gewinnausschüttung** zu beurteilen ist (BMF-Schrb vom 28.5.2002, BStBl II 603 Rn 7). Folgerichtig ist daher in diesen Fällen, keinen Übernahmefolgegewinn anzunehmen, widrigenfalls käme es insoweit zu einer Doppelerfassung (*Cordes/Dremel/Carstens* in FGS/BDI UmwStE S 208; *Hruschka* DStR 2012 Beihefter zu Heft 2, 4; *Schell/Krohn* DB 2012, 1172).

12 Hat ein an der Verschm beteiligter Rechtsträger zugunsten des anderen an der Verschm beteiligten Rechtsträger eine RSt ausgewiesen, so fällt diese **RSt** im Zeitpunkt des Umwandlungsstichtages grdsl fort. Sie ist beim übernehmenden Rechtsträger aufzulösen. Sofern der andere Rechtsträger keine Forderung iHd RSt ausgewiesen hat, was aufgrund des § 252 I 4 HGB der Regelfall ist, entsteht ein entsprechender Übernahmefolgegewinn. Die Auflösung der RSt bzw die Ausbuchung der Verbindlichkeit erfolgt beim übernehmenden Rechtsträger über ein Erfolgskonto, die Ausbuchung der Forderung erfolgt über ein Aufwandskonto (Widmann/Mayer/*Widmann* Rn 20). In Höhe der Diff zwischen den Schulden bzw RSt und den Forderungen entsteht ein Übernahmefolgegewinn.

13 Hat die **übernehmende PersGes bis zum Umwandlungsstichtag den Gewinn nicht nach Bilanzierungsgrundsätzen ermittelt,** muss sie ausnahmsweise eine stl Übernahmebilanz erstellen (Widmann/Mayer/*Widmann* § 4 Rn 32; Frotscher/Maas/*Schnitter* § 4 Rn 50; aA DPPM/*Pung* Rn 21). Soweit eine Forderung des übertragenden Rechtsträgers in der stl Schlussbilanz unter dem Nominalwert ausgewiesen wurde, entsteht daher bei der Übernehmerin ein Konfusionsgewinn iHd Diff zwischen der beim übertragenden Rechtsträger ausgewiesenen Forderung und der bei der übernehmenden PersGes eingebuchten Verbindlichkeit. Hat die übernehmende PersGes, die ihren Gewinn bisher nach § 4 III EStG ermittelt hat, eine Forderung ggü dem übertragenden Rechtsträger, so ist bei Aufstellung der stl Übernahmebilanz die Forderung mit ihrem TW einzubuchen (RHL/*Birkemeier* Rn 36). Ein durch den Übergang zur Bilanzierung entstehender Gewinn/Verlust ist als laufender Gewinn bzw Verlust weder Teil des Übernahmeergebnisses nach § 4 IV noch des Übernahmefolgegewinns iSd § 6 (DPPM/*Pung* Rn 21; RHL/*Birkemeier* Rn 36; Widmann/Mayer/*Widmann* Rn 46). Hat die in der Übernahmebilanz aktivierte Forderung einen anderen Wert als die insoweit beim übertragenden Rechtsträger bilanzierte Schuld, entsteht ein Differenzbetrag, der unter Abs 1 fällt, eine Rücklagenbildung soll nach wohl vorwiegender Meinung ausscheiden (Widmann/Mayer/*Widmann* Rn 46; DPPM/*Pung* Rn 21), was jedoch nur dann gelten sollte, wenn die übernehmende PersGes im unmittelbaren Anschluss an die Verschmelzung wieder zur Gewinnermittlung nach § 4 III EStG zurückkehrt.

4. Forderungen, Verbindlichkeiten, Rückstellungen zwischen übertragender Körperschaft und einem Gesellschafter der übernehmenden Personengesellschaft

14 **a) Zivilrechtliche Konsequenzen.** Hat ein **Gesellschafter der übernehmenden PersGes** eine Forderung ggü der übertragenden Körperschaft, liegen zivilrechtl die Voraussetzungen einer Konfusion nicht vor. Die Rechtsbeziehungen zwischen einer PersGes und ihren Gesellschaftern wird bürgerl-rechtl uneingeschränkt anerkannt. Forderung und korrespondierende Verbindlichkeiten gehen damit iRd Verschm der Körperschaft auf die PersGes nicht unter. Handelsrechtl kann damit ein „Übernahmefolgegewinn“ in diesen Fällen nicht entstehen.

b) Einkommensteuerrechtliche Konsequenzen. Ob es zu einer steuerrechtl Konfusion kommt, wenn bei der Umw einer Körperschaft auf eine PersGes Forderungen oder Verbindlichkeiten der übertragenden Körperschaft auf eine PersGes übergehen und der Schuldner bzw Gläubiger der Forderung oder Verbindlichkeit im Zeitpunkt der Eintragung des Umwandlungsbeschlusses in das HR an der übernehmenden PersGes als Gesellschafter beteiligt ist (Abs 2 S 2), ist im Einzelnen umstritten. Teilweise wird in der Lit die Auffassung vertreten, dass nach Aufgabe der Bilanzbündeltheorie (vgl BFH GrS vom 25.6.1984, BStBl II 761) Forderungen und Verbindlichkeiten zwischen den Gesellschaftern einer PersGes und der PersGes auch **steuerrechtl uneingeschränkt anerkannt werden** (Haritz/Menner/*Haritz* Rn 27; vgl auch *Cordes/Dremel/Carstens* in FGS/BDI UmwStE S 207 f). Eine Forderung, die ein Gesellschafter der übernehmenden Ges ggü der übertragenden Körperschaft inne hat, sei nicht durch das Gesellschaftsverhältnis zur übernehmenden PersGes veranlasst, sodass nach der Verschm dieses ursprüngl zu der übertragenden Körperschaft bestehende Rechtsverhältnis auch ggü der PersGes anerkannt werden müsste (Haritz/Menner/*Haritz* Rn 27). 15

Demggü geht *Pung* (DPPM/*Pung* Rn 30 ff davon aus, dass Rechtsbeziehungen zwischen den Gesellschaftern und der PersGes **stl** weitgehend **nicht anerkannt werden** (vgl dazu auch L. Schmidt/*Wacker* EStG § 15 Rn 404). Unmittelbar nach dem stl Übertragungsstichtag bringt der Gesellschafter der übernehmenden PersGes seine Darlehensforderung ggü der übertragenden Körperschaft ergebnisneutral in das SBV der übernehmenden PersGes ein. Die Einlage erfolgt zum Teilwert, sofern die Forderung gegenüber dem übertragenden Rechtsträger zum PV des Gesellschafters zum Verschmelzungsstichtag gehört haben; falls sie BV zu diesem Zeitpunkt war, gilt sie nach § 6 V 1 EStG eine logische Sekunde nach dem Verschmelzungsstichtag in das SBV der übernehmenden PersGes eingelegt. Sofern die Forderung, die im PV gehalten wird zu den Einkünften iSd §§ 19, 20, 21 oder 22 EStG gehören, führen diese zu stpfl Einnahmen. Im Anschluss daran kommt es aus steuerrechtl Sicht auf der Ebene der PersGes zu einer Konfusion, wobei ggf ein Übernahmefolgegewinn entsteht, der dem anspruchsberechtigten Gesellschafter zugeordnet wird und der in seiner Person dann eine Rücklage nach Abs 1 bilden kann. 16

Der **BFH** geht in seinem Urteil vom 8.12.1982 (BStBl II 1983, 570) davon aus, dass es zu einer **Konfusion aus steuerrechtl Sicht** kommt, wenn eine Forderung oder Verbindlichkeit der übertragenden Körperschaft auf die übernehmende PersGes übergeht und der Schuldner bzw der Gläubiger der Forderung oder Verbindlichkeit im Zeitpunkt der Eintragung des Umwandlungsbeschlusses in das HR Gesellschafter der übernehmenden PersGes ist. Aus der Verweisung des § 8 VI UmwStG 1977, welcher dem heutigen Abs 2 entspricht, auf § 8 I–V UmwStG 1977 ergebe sich, dass das Gesetz auch in den Fällen, in denen Forderungen und Verbindlichkeiten zwischen der übertragenden Körperschaft und den Gesellschaftern der übernehmenden PersGes existieren, es steuerrechtl zu einem Erlöschen von Forderungen und Verbindlichkeiten kommt. Da ein solcher Vorgang zivilrechtl nicht zur Beendigung des Schuldverhältnisses führt, müsse aus der Sonderregelung in § 8 VI UmwStG 1977 (entsprechend § 6 II) geschlossen werden, dass das UmwStG von einer Konfusion ausgehe. Für diese Meinung spricht iÜ der Grds der **additiven Gewinnermittlung mit korrespondierender Bilanzierung** bezogen auf die Rechtsbeziehungen in der stl Gesamthandsbilanz der Ges und den Sonderbilanzen der Gesellschafter (vgl L. Schmidt/*Wacker* EStG 17

§ 15 Rn 404). Danach sind Darlehensforderungen eines Gesellschafters ggü der PersGes idR in der Gesamthandsbilanz als EK auszuweisen, gewinnmindernde Wertberichtigungen können demnach in der Sonderbilanz nicht vorgenommen werden (vgl L. Schmidt/*Wacker* EStG § 15 Rn 404).

18 **c) Behandlung von Pensionsrückstellungen.** Kommt es zu einer Verschm einer Körperschaft auf eine PersGes, ist eine zugunsten des Gesellschafter-Geschäftsführers bei der KapGes zulässigerweise gebildete **Pensionsrückstellung** auch dann **nicht aufzulösen,** wenn dieser Gesellschafter-Geschäftsführer MU der übernehmenden PersGes ist bzw iRd Verschm wird. Nach bisher hA (BMF-Schrb vom 25.3.1998, BStBl I 268 Rn 06.03; DPPM/*Pung* Rn 34; Haritz/Menner/*Haritz* Rn 32) ist die bei der KapGes gebildete Pensionsrückstellung auf der Ebene der übernehmenden PersGes mit dem Anschaffungsbarwert gem § 6a III Nr 2 EStG fortzuführen. Da dieser regelmäßig niedriger ist als der Teilwert iSd § 6a III Nr 1 EStG, entsteht in Höhe der Differenz ein Übernahmefolgegewinn. Strittig war und ist, ob dieser Übernahmefolgegewinn allen Gesellschaftern (DPPM/*Pung* Rn 34; Haritz/Menner/*Haritz* Rn 32; RHL/*Birkemeier* Rn 21) oder jeweils nur dem begünstigten Gesellschafter (Widmann/Mayer/*Widmann* Rn 92) zugerechnet werden muss. Nunmehr geht die FinVerw (BMF-Schrb vom 11.11.2011, BStBl I 1314 Rn 06.05) davon aus, dass die Pensionsrückstellung weiterhin mit dem Teilwert nach § 6a III 2 Nr 1 EStG zu bewerten ist. Die Auffassung wird damit begründet, dass ein zwischen dem Anteilseigner und dem zukünftigen Mitunternehmer und der übertragenden Körperschaft bestehendes Dienstverhältnis auf die übernehmende PersGes übergeht und nicht im stl Sinne mit der Verschmelzung endet (koordinierter Ländererlass vom 23.12.2009, DStR 2009, 2318).

19 Soweit es zu Zuführungen nach dem stl Übertragungsstichtag kommt und diese ihren Grund in einem fortbestehenden Dienstverhältnis haben, liegen Sondervergütungen iSd § 15 I 1 Nr 2 EStG vor. Zu weiteren Einzelheiten vgl § 4 Rn 38 f.

5. Forderungen, Verbindlichkeiten, Rückstellungen zwischen übertragender Körperschaft und übernehmendem Alleingesellschafter

20 **a) Zivilrechtliche Konsequenzen.** Wird eine Körperschaft auf einen Alleingesellschafter verschmolzen, so erlischt bürgerl-rechtl eine Forderung des Alleingesellschafters ggü der übertragenden Körperschaft durch Konfusion. Dies gilt unabhängig davon, ob die Forderung des Alleingesellschafters zum stl BV oder PV gehört.

21 Die Verschm auf den Alleingesellschafter ist in §§ 120–122 UmwG geregelt, ergänzend sind gem § 121 UmwG auf die KapGes die für ihre Rechtsform geltenden Vorschriften des Ersten und Zweiten Teils des UmwG anzuwenden. Die Verschm auf den Alleingesellschafter erfolgt im Wege der Aufnahme. Spätestens mit Abschluss des Verschmelzungsvertrages muss der übernehmende Alleingesellschafter die 100%ige Beteiligung an der übertragenden KapGes besitzen. Eigene Anteile der übertragenden KapGes sind nach § 120 II UmwG dem Alleingesellschafter zuzurechnen.

22 **b) Einkommensteuerrechtliche Konsequenzen.** Hält der **EU die Forderung** ggü der übertragenden KapGes in seinem **PV,** kommt es aus steuerrechtl Sicht eine logische Sekunde nach dem Umwandlungszeitpunkt (Widmann/Mayer/*Widmann* Rn 65; DPPM/*Pung* Rn 9; Frotscher/Maas/*Schnitter* Rn 23) zu

einer Einlage der Forderung mit dem TW in das BV, sofern auf ein BV verschmolzen wird und zu einer anschl Konfusion zwischen der Darlehensverbindlichkeit der übertragenden KapGes und der Forderung des übernehmenden Alleingesellschafters. Entsprechend der TW der Forderung der bei der übertragenden Körperschaft bilanzierten Verbindlichkeit ist der Vorgang erfolgsneutral. Soweit der TW der Forderung unter dem Nennbetrag der Verbindlichkeit liegt, entsteht ein Übernahmefolgegewinn (Widmann/Mayer/*Widmann* Rn 66; DPPM/*Pung* Rn 9). Die Forderung gilt eine logische Sekunde nach dem stl Übertragungsstichtag dem EU iHd TW als zugeflossen, da Forderungen und Verbindlichkeiten durch Konfusion erlöschen. Sofern die Forderung zu den Einkünften iSd §§ 19, 20, 21 oder 22 EStG gehört, führen diese zu stpfl Einnahmen (DPPM/*Pung* Rn 9; Widmann/Mayer/*Widmann* § 2 Rn 96; Haritz/Menner/*Haritz* Rn 37; Frotscher/Maas/*Schnitter* Rn 24). Handelt es sich bei der Forderung ggü der übertragenden KapGes um ein kapitalersetzendes Darlehen oder wurde ein Rangrücktritt erklärt, ändert dies an der stl Situation nichts (Centrale-Gutachtendienst GmbHR 1997, 497; GmbHR 1998, 827; *Häftke* INF 2003, 221). Ist der übernehmende Rechtsträger eine Körperschaft (vgl § 12 IV), so ist § 8b III 8 KStG analog anzuwenden (vgl Rn 10). Wurde das Gesellschafterdarlehen nach dem stl Übertragungsstichtag gewährt, hat dies keine stl Auswirkungen, da das Verm der übertragenden Körperschaft am stl Übertragungsstichtag gem § 2 als übergegangen gilt.

Ein Übernahmefolgegewinn entsteht stets, wenn die übertragende Körperschaft eine **RSt** gebildet hat, die iRd Verschm auf die Einzelperson durch Konfusion erlischt, wenn die übernehmende Einzelperson insoweit keine Forderung bilanziert hat, was regelm der Fall ist. 23

Besteht bei der übertragenden Körperschaft eine Pensionsrückstellung zugunsten des übernehmenden Alleingesellschafters, so entsteht iRd Verschm auf ein BV ein Übernahmefolgegewinn iHd durch Konfusion erlöschenden **Pensionsrückstellung.** Die Pensionsrückstellung ist von der übernehmenden Einzelperson ertragswirksam aufzulösen (BMF-Schrb vom 11.11.2011, BStBl I 1314 Rn 06.07; Widmann/Mayer/*Widmann* Rn 74). Besteht insoweit eine Rückdeckungsversicherung, so ist dieser Versicherungsanspruch aufzulösen und mit dem Übernahmefolgegewinn zu verrechnen (BMF-Schrb vom 11.11.2011, BStBl I 1314 Rn 06.08; DPPM/*Pung* Rn 18; RHL/*Birkemeier* Rn 31). 24

Wird eine Körperschaft auf ein BV ihres Alleingesellschafters verschmolzen und hat die **übertragende Körperschaft eine Forderung** ggü dem Alleingesellschafter, so kommt es zivilrechtl zu einer Konfusion. Aus steuerrechtl Sicht wird die Forderung eine logische Sekunde nach dem Umwandlungszeitpunkt aus dem BV zum TW entnommen, sofern der Alleingesellschafter die Verbindlichkeit im PV hält. Da die Entnahme zum TW erfolgt, entsteht grdsl kein Entnahmegewinn (DPPM/*Pung* Rn 8; vgl auch Widmann/Mayer/*Widmann* Rn 30). Wurde die Verbindlichkeit bei der übernehmenden Einzelperson in einem BV bilanziert, auf das verschmolzen wird, so kann ein Übernahmefolgegewinn iHd Diff zwischen der ausgewiesenen Verbindlichkeit beim übernehmenden Einzelunternehmer und dem in der stl Schlussbilanz der übertragenden Körperschaft ausgewiesenen BW der Forderung entstehen. Zur Wertaufholung iSv § 6 I Nr 2 S 3 vgl Rn 10. Zum Nichtentstehen eines Übernahmefolgegewinns, wenn der Erhöhungsbetrag bereits auf Grund einer vGA der Besteuerung unterlag vgl Rn 11. 25

Eine natürl Person kann mehrere selbstständige Gewerbebetriebe haben (vgl L. Schmidt/*Wacker* EStG § 15 Rn 125; Widmann/Mayer/*Widmann* Rn 32). Wird in einem solchen Fall der übertragende Rechtsträger auf den Gewerbebetrieb A 26 verschmolzen, besteht aber die schuldrechtl Beziehung in Form einer Forderung bzw Verbindlichkeit zwischen dem übertragenden Rechtsträger und dem Gewerbebetrieb B, so wird die Forderung aus dem einen Gewerbebetrieb zum BW entnommen (§ 6 V 1 EStG) und in den anderen Gewerbebetrieb überführt, in dem sich nach der Verschm die Schuld befindet (DPPM/*Pung* Rn 10).

6. Entstehen und Besteuerung des Übernahmefolgegewinns

27 Bestehen zwischen der übertragenden Körperschaft und der übernehmenden PersGes/Einzelunternehmer Forderungen und Verbindlichkeiten, so erlöschen diese zivilrechtl eine logische Sekunde nach der Eintragung der Umw in das HR. Es kommt beim übernehmenden Rechtsträger zu einer Konfusion. Der Übernahmefolgegewinn entsteht steuerrechtl eine **logische Sekunde nach dem stl Übertragungsstichtag** (Widmann/Mayer/*Widmann* Rn 4, 132; DPPM/*Pung* Rn 22; Frotscher/Maas/*Schnitter* Rn 4; ungenau BMF-Schrb vom 11.11.2011, BStBl I 1314 Rn 06.01: „mit Ablauf des steuerlichen Übertragungsstichtags“). Fällt der stl Übertragungsstichtag mit dem Bilanzstichtag des übernehmenden Rechtsträgers zusammen, entsteht der Übernahmefolgegewinn noch in dem Wj, das mit dem Bilanzstichtag abschließt (DPPM/*Pung* Rn 22; Widmann/Mayer/*Widmann* Rn 133 f; Frotscher/Maas/*Schnitter* Rn 4).

28 Der Übernahmegewinn gehört zum **lfd Gewinn** der übernehmenden PersGes (BMF-Schrb vom 11.11.2011, BStBl I 1314 Rn 06.02; DPPM/*Pung* Rn 16; Widmann/Mayer/*Widmann* Rn 151). Entsteht der Gewinn in der Gesamthandsbilanz der übernehmenden PersGes, verteilt er sich nach dem allgemeinen Verteilungsschlüssel, entsteht er in der Sonderbilanz der übernehmenden PersGes, ist er dem jeweiligen Gesellschafter zuzurechnen (DPPM/*Pung* Rn 22; Frotscher/Maas/*Schnitter* Rn 34). Der Übernahmefolgegewinn/-verlust ist als laufender Gewinn der PersGes auch dann in voller Höhe anzusetzen, wenn am stl Übertragungsstichtag nicht alle Anteile an der übertragenden Körperschaft zum Betriebsvermögen der übernehmenden PersGes zuzurechnen waren, Abs 4 S 3 gilt für den Folgegewinn nicht (DPPM/*Pung* Rn 23; Widmann/Mayer/*Widmann* Rn 13.1; Frotscher/Maas/*Schnitter* Rn 29). Der Übernahmefolgegewinn ist nicht Teil des Übernahmeergebnisses nach § 4 IV–VII (BMF-Schrb vom 11.11.2011, BStBl I 1314 Rn 06.02). Soweit der Übernahmefolgegewinn auf eine natürl Person entfällt, unterliegt er der **ESt,** soweit er auf eine kstpfl Ges entfällt, der **KSt.** § 3 Nr 40 EStG bzw § 8b KStG finden auf den Übernahmefolgegewinn im Grds keine Anwendung. Entsteht der Übernahmefolgegewinn innerh eines Gewerbebetriebs, so fällt **GewSt** an; § 18 II stellt den Übernahmefolgegewinn nicht von der GewSt frei. Auf den Übernahmefolgegewinn als lfd Gewinn ist auch die Steuerermäßigung nach § 35 EStG nF anzuwenden (BMF-Schrb vom 11.11.2011, BStBl I 1314 Rn 06.02; RHL/*Birkemeier* Rn 46; DPPM/*Pung* Rn 16). Entsteht der Übernahmefolgegewinn durch eine Vereinigung von Forderungen und Verbindlichkeiten, ist er nach der hier vertretenen Auffassung (vgl Rn 10) dann nicht steuerpflichtig, wenn sich die Forderungsabschreibung ganz oder zum Teil (zB wegen § 3c II EStG oder § 8b III 4 ff KStG) stl nicht ausgewirkt hat (aA BMF-Schrb vom 11.11.2011, BStBl I 1314 Rn 06.02).

7. Rücklagenbildung

29 Ermittelt der übernehmende Rechtsträger seinen Gewinn durch Bestandsvergleich, ist er berechtigt, den Übernahmefolgegewinn zunächst durch Bildung

einer Rücklage zu neutralisieren (DPPM/*Pung* Rn 24; Widmann/Mayer/*Widmann* Rn 137). Eine Rücklage ist auch dann in vollem Umfang zu bilden, wenn die Anteile am übertragenden Rechtsträger nicht oder nicht zu 100% zum Betriebsvermögen des übernehmenden Rechtsträgers gehört haben (vgl dazu aber auch DPPM/*Pung* Rn 24). Der Übernahmefolgegewinn entsteht eine logische Sekunde nach Ablauf des stl Übertragungsstichtags, sodass die Rücklage auch in dem Wj zu bilden ist, in das der stl Übertragungsstichtag fällt. Bei der Bildung der Rücklage ist vor Inkrafttreten des BilMoG der Grundsatz der Maßgeblichkeit der Handelsbilanz für die Steuerbilanz nach hM zu berücksichtigen (BMF-Schrb vom 11.11.2011, BStBl I 1314 Rn 06.03; DPPM/*Pung* Rn 24; RHL/*Birkemeier* Rn 44; Frotscher/Maas/*Schnitter* Rn 37). Letzteres gilt jedoch insoweit nicht, als die Rücklage in der Sonderbilanz für einen Gesellschafter auszuweisen ist (Widmann/Mayer/*Widmann* Rn 140; RHL/*Birkemeier* Rn 44; DPPM/*Pung* Rn 24). Nach Inkrafttreten des BilMoG ist eine Rücklagenbildung in der Handelsbilanz nicht mehr Voraussetzung für die Bildung einer entsprechenden Rücklage in der Steuerbilanz. Auch ist eine Aufnahme in das nach § 5 I 2, 3 EStG zu führende Verzeichnis nicht erforderlich (DPPM/*Pung* Rn 24).

Ist der übernehmende Rechtsträger eine PersGes, so wird die Rücklage grdsl einheitl gebildet, es sei denn, der Übernahmefolgegewinn entsteht ausschließl in der Person eines Gesellschafters (vgl dazu Rn 15 ff; Widmann/Mayer/*Widmann* Rn 139). Letzterenfalls ist die Rücklage in der Sonderbilanz des Gesellschafters auszuweisen. 30

Da der übernehmende Rechtsträger bei Entstehung eines Übernahmefolgegewinns ein **Wahlrecht** zur normalen Versteuerung oder aber zur Rücklagenbildung hat, ist die Bildung einer Rücklage auch nur für einen Teil des Übernahmefolgegewinns mögl (DPPM/*Pung* Rn 24; Widmann/Mayer/*Widmann* Rn 137). 31

Die Rücklage muss **pro Wj mit** mindestens **einem Drittel aufgelöst werden.** 32 Mit der Auflösung der Rücklage muss an dem Bilanzstichtag begonnen werden, der dem Bilanzstichtag folgt, zu dem die Rücklage gebildet wurde. Ein RumpfWj gilt als Wj iSd Abs 1 2. Da die Rücklage mindestens mit einem Drittel jährl aufzulösen ist, kann in einem Wj auch ein höherer Betrag aufgelöst werden. Wird in einem Wj ein höherer als der gesetzl Mindestbetrag aufgelöst, so ist im Folgejahr weiter mindestens ein Drittel bezogen auf die Höhe der ursprüngl RSt aufzulösen (Widmann/Mayer/*Widmann* Rn 145). Diese Auflösung der Rücklage führt zu einem lfd Gewinn.

8. Missbrauchsregelung, Abs 3

Abs 3 bestimmt, dass bei einer Umw die Vergünstigung des Abs 1, 2 hinsichtl 33 des Übernahmefolgegewinns rückwirkend entfällt, wenn der übernehmende Rechtsträger innerh von fünf Jahren nach dem stl Übertragungsstichtag den auf ihn übergegangenen Betrieb in eine KapGes einbringt oder ohne triftigen Grund veräußert oder aufgibt. Der Fortfall der Steuererleichterung gem Abs 3 betrifft alle Umw, in denen Abs 1, 2 angewendet worden sind. Dies ist der Fall der Verschm einer Körperschaft auf eine PersGes bzw natürl Person, der Verschm einer Körperschaft auf eine andere Körperschaft, in den Fällen der Aufspaltung, Abspaltung oder Vermögensübertragung in Form der Teilübertragung einer Körperschaft auf eine andere Körperschaft bzw auf eine PersGes, bei den Vorschriften hinsichtl der GewSt sowie in den Fällen der Einbringung.

34 Abs 3 geht als besondere Missbrauchsvorschrift der allg Missbrauchsvorschrift des § 42 AO vor (Haritz/Menner/*Haritz* Rn 39; Widmann/Mayer/*Widmann* Rn 319; vgl auch BFH BStBl II 1992, 474 zu § 24 UmwStG 1969; FG Münster Der Konzern 2007, 151; aA DPPM/*Pung* Rn 39; Frotscher/Maas/*Schnitter* Rn 56). Nur wenn man davon ausgeht, dass Abs 3 wegen seiner typisierenden Missbrauchsvermutung (vgl dazu *Gille* IStR 2007, 194; *Graw* FR 2009, 837) gegen die Vorgaben der FusionsRL verstößt (Frotscher/Maas/*Schnitter* Rn 57; Widmann/Mayer/*Widmann* Rn 319) und damit keine Anwendung findet, kann bei grenzüberschreitenden Sachverhalten auf § 42 AO zurückgegriffen werden (DPPM/*Pung* Rn 39; vgl auch Widmann/Mayer/*Widmann* Rn 319).

9. Einbringung, Veräußerung oder Aufgabe des übergegangenen Betriebes

35 **a) Übergegangener Betrieb.** Wird der auf die Übernehmerin übergegangene Betrieb innerhalb von fünf Jahren nach dem stl Übertragungsstichtag in eine KapGes eingebracht oder ohne triftigen Grund veräußert oder aufgegeben, so entfällt die stl Vergünstigung des § 6 rückwirkend.

36 Der in Abs 3 verwendete **Begriff des Betriebes** umfasst die wesentl Grundlagen des übergehenden Verm; es gilt nach hM funktionale und quantitative Betrachtungsweise (BMF-Schrb vom 11.11.2011, BStBl I 1314 Rn 06.09; Widmann/Mayer/*Widmann* Rn 232; aA RHL/*Birkemeier* Rn 58; funktionale Betrachtungsweise), soweit es um die Veräußerung oder Aufgabe des Betriebes geht. Wird der Betrieb eingebracht, ist allein auf die funktionale Betrachtungsweise abzustellen (DPPM/*Pung* Rn 40; aA BMF-Schrb vom 11.11.2011, BStBl I 1314 Rn 06.09). Abs 3 liegt somit vor, wenn die wesentl Betriebsgrundlagen des übergehenden Verm in eine KapGes eingebracht oder ohne triftigen Grund veräußert oder aufgegeben werden.

37 Wird aus dem übertragenen Verm ledigl ein Teil, sei es auch ein Teilbetrieb, eingebracht, veräußert oder aufgegeben, so findet Abs 3 keine Anwendung (BMF-Schrb vom 11.11.2011, BStBl I 1314 Rn 06.03; DPPM/*Pung* Rn 40; Frotscher/Maas/*Schnitter* Rn 60). Wurde der übergegangene Betrieb bei dem übernehmenden Rechtsträger inzwischen vergrößert oder verkleinert, findet Abs 3 nur dann Anwendung, wenn das Verm wirtschaftl gesehen mit dem bei der Umw an die Übernehmerin übergegangenen Verm identisch ist (ebenso Widmann/Mayer/*Widmann* § 26 Rn 9). Wird der übergehende Betrieb bei der Übernehmerin in einen Gesamtbetrieb eingegliedert, kommt Abs 3 nur dann zur Anwendung, wenn der gesamte Betrieb der Übernehmerin veräußert, aufgegeben oder eingebracht wird (aA DPPM/*Pung* Rn 40; Widmann/Mayer/*Widmann* Rn 234).

38 Steuerschädl ist nur die Veräußerung oder Aufgabe bzw Einbringung des übergegangenen Betriebes in eine KapGes. Ist der übernehmende Rechtsträger eine PersGes, kommt Abs 3 selbst dann nicht zur Anwendung, wenn innerh des Fünf-Jahres-Zeitraumes sämtl Mitunternehmeranteile veräußert werden (Haritz/Menner/*Haritz* Rn 40; Frotscher/Maas/*Schnitter* Rn 61; aA BMF-Schrb vom 11.11.2011, BStBl I 1314 Rn 06.09; Widmann/Mayer/*Widmann* Rn 235; DPPM/*Pung* Rn 40). Das Gesetz unterscheidet zwischen Betrieb, Teilbetrieb und Mitunternehmeranteil (vgl zB § 18 III), sodass bei Abs 3 der Mitunternehmeranteil einem Betrieb nicht gleichgestellt werden kann.

39 **b) Zeitraum von fünf Jahren.** Nach Abs 3 ist die Begünstigung der Abs 1, 2 rückwirkend rückgängig zu machen, wenn der übergegangene Betrieb innerh

von fünf Jahren in eine KapGes eingebracht, veräußert oder aufgegeben wird. Die **Fünf-Jahres-Frist beginnt** mit Ablauf des stl Übertragungsstichtages (BMF-Schrb vom 11.11.2011, BStBl I 1314 Rn 06.10; Frotscher/Maas/*Schnitter* Rn 69; Widmann/Mayer/*Widmann* Rn 253; DPPM/*Pung* Rn 41). Bis zum Ablauf der Fünf-Jahres-Frist muss das wirtschaftl Eigentum an den Betrieb übertragen worden sein (DPPM/*Pung* Rn 41; BMF-Schrb vom 11.11.2011, BStBl I 1314 Rn 06.10; RHL/*Birkemeier* Rn 60). Liegt eine Betriebsaufgabe vor, so ist der Zeitpunkt entscheidend, in dem der Betrieb als selbstständiger Organismus zu bestehen aufhört (Widmann/Mayer/*Widmann* Rn 254; DPPM/*Pung* Rn 41; Frotscher/Maas/*Schnitter* Rn 69; aA BMF-Schrb vom 11.11.2011, BStBl I 1314 Rn 06.10).

c) Einbringung in eine Kapitalgesellschaft. Eine **Einbringung liegt vor,** wenn der Betrieb gegen Gewährung von Gesellschaftsrechten auf eine KapGes übertragen wird. Die formwechselnde Umw einer PersGes in eine KapGes stellt ebenso wie die Verschm einer PersGes auf eine KapGes bzw die Ausgliederung in eine KapGes eine Einbringung dar, weil diese Vorgänge in den Regelungsbereich des § 20 fallen (ebenso Widmann/Mayer/*Widmann* Rn 256; Frotscher/Maas/*Schnitter* Rn 63; DPPM/*Pung* Rn 42). **40**

KapGes iSd Abs 3 sind alle inl sowie EU-EWR-Auslandskapitalgesellschaften, nicht jedoch ausl KapGes in Drittstaaten (DPPM/*Pung* Rn 43; aA Widmann/Mayer/*Widmann* Rn 258). Abs 3 S 1 gilt nur für Einbringungen in KapGes, nicht hingegen in andere Körperschaften (Frotscher/Maas/*Schnitter* Rn 64). § 20 lässt seit Inkrafttreten des SEStEG nunmehr aber auch Einbringungen in Gen zu; dementsprechend hätte Abs 3 S 1 auch auf diese Fälle ausgeweitet werden müssen. Da insoweit offensichtl eine Regelungslücke besteht, kann – entgegen dem allg Grds, dass eine spezielle Missbrauchsvorschrift die Anwendung des § 42 AO verdrängt (vgl dazu § 4 Rn 152 f) – hier angewendet werden. **41**

Die Anwendung des Abs 3 setzt nicht voraus, dass die ursprüngl Umw oder die nachfolgende Einbringung zum BW erfolgt (BMF-Schrb vom 11.11.2011, BStBl I 1314 Rn 06.11; Haritz/Menner/*Haritz* Rn 44; Widmann/Mayer/*Widmann* Rn 266; DPPM/*Pung* Rn 44). Ebenso wenig ist die Anwendung des Abs 3 davon abhängig, dass die aufnehmende KapGes im Wesentl gesellschafteridentisch mit dem übertragenden Rechtsträger ist (Widmann/Mayer/*Widmann* Rn 264; DPPM/*Pung* Rn 44; Frotscher/Maas/*Schnitter* Rn 64). Eine Einbringung ist im Ggs zur Veräußerung bzw Betriebsaufgabe auch dann schädl, wenn sie aus triftigem Grund erfolgt (DPPM/*Pung* Rn 44). **42**

d) Veräußerung. Bei der **entgeltl Übertragung** des rechtl oder wirtschaftl Eigentums an den WG auf einen anderen Rechtsträger liegt eine Veräußerung im steuerrechtl Sinne vor (DPPM/*Pung* Rn 46; zum Begriff der Veräußerung vgl § 22 Rn 24 ff, zur Einordnung von Umwandlungen als Veräußerung vgl § 22 Rn 35a ff). Wird der übergegangene Betrieb von der Übernehmerin in eine KapGes gegen Gewährung von Gesellschaftsrechten eingebracht, liegt keine Veräußerung, sondern vielmehr eine Einbringung iSd Abs 3 vor. Keine Veräußerung ist die Schenkung, die vorweggenommene Erbfolge (vgl aber Widmann/Mayer/*Widmann* Rn 271) sowie grdsl auch die Erbauseinandersetzung (DPPM/*Pung* Rn 46; RHL/*Birkemeier* Rn 62). Liegt ein **teilentgeltl Geschäft** vor, so findet Abs 3 nur Anwendung, wenn der entgeltl Teil dem unentgeltl überwiegt (Widmann/Mayer/*Widmann* Rn 280; vgl auch DPPM/*Pung* Rn 46). **43**

e) Aufgabe. Betriebsaufgabe liegt vor, wenn aufgrund eines Entschlusses des Stpfl die wesentl Betriebsgrundlagen des Betriebes in einem einheitl Vorgang in **44**

das PV überführt oder aber für andere betriebsfremde Zwecke verwendet werden und damit die Existenz des Betriebes als selbstständiger Organismus des Wirtschaftslebens zu bestehen aufhört (Widmann/Mayer/*Widmann* § 26 Rn 60; vgl auch § 18 Rn 56). Entnehmen die Gesellschafter das im Wege der Umw auf die PersGes übergegangene Verm innerh von fünf Jahren nach dem Umwandlungsstichtag schrittweise, so liegt eine Betriebsaufgabe vor, sobald die letzte wesentl Betriebsgrundlage in das PV überführt wird (vgl OFD Frankfurt vom 30.5.1996, DStR 1996, 1203; DPPM/*Pung* Rn 47). Bei der verdeckten Einlage in eine KapGes liegt eine Betriebsaufgabe iSd Abs 3 vor. Fragl ist, ob die Realteilung einer PersGes eine Betriebsaufgabe oder die Aufgabe von Mitunternehmeranteilen darstellt (vgl L. Schmidt/*Wacker* EStG § 16 Rn 535 ff).

45 **f) Fehlen eines triftigen Grundes bei der Veräußerung bzw Aufgabe.** Nach Abs 3 entfällt die Anwendbarkeit von Abs 1, 2 rückwirkend, wenn die spätere Veräußerung oder Aufgabe ohne triftigen Grund erfolgt. Bei der Einbringung spielt es keine Rolle, ob ein triftiger Grund vorliegt, sodass jede Einbringung auch mit triftigen Grund zum Wegfall der Anwendung von Abs 1, 2 führt.

46 Nach Auffassung der Rspr (BFH BStBl II 1985, 342 zu § 24 UmwStG 1969) ist bei der Auslegung des Begriffs **„triftiger Grund"** insbes darauf abzustellen, ob die Veräußerung bzw Aufgabe wirtschaftl wegen veränderter Verhältnisse vorgenommen wurde. Die wirtschaftl Verhältnisse müssen sich nach Abschluss des Umwandlungsvorgangs so verändert haben, dass die Veräußerung bzw Aufgabe des Betriebes sich als wirtschaftl vernünftige Reaktion auf die veränderten Verhältnisse darstellt (BFH BStBl II 1985, 342; BMF-Schrb vom 11.11.2011, BStBl II 1314 Rn 06.11; DPPM/*Pung* Rn 48). Ist der Grund für die spätere Aufgabe bzw Veräußerung bereits zum Zeitpunkt der Beschlussfassung über die Unternehmensumwandlung vorhersehbar, so soll dieser Grund nicht triftig iSd Abs 3 sein (BFH BStBl II 1985, 342; aA Haritz/Menner/*Haritz* Rn 48). Als triftige Gründe kommen insbes in Betracht Krankheit, falls die persönl Mitarbeit des Unternehmers erforderl ist, Absinken von Rentabilität, notw Rationalisierung ohne die entsprechenden finanziellen Mittel, Tod des Unternehmers und Veräußerung durch die Erben, Liquiditätsprobleme uÄ (vgl weiter Widmann/Mayer/*Widmann* Rn 289 ff). Ein günstiger Veräußerungspreis wird nicht als triftiger Grund anerkannt (aA Haritz/Menner/*Haritz* Rn 47).

47 **g) Rechtsfolgen.** Liegen die Voraussetzungen des Abs 3 vor, so kommt es zu einem **nachträgl Wegfall der Vergünstigung des Abs 1, 2,** die Rücklagenzuführung nach Abs 1 ist rückgängig zu machen. Dadurch tritt eine nachträgl Erhöhung des Gewinns in dem Wj ein, in dem der stl Übertragungsstichtag liegt, die Gewinne in den folgenden Wj ermäßigen sich entsprechend. Nach Abs 3 S 2 sind die Finanzbehörden ermächtigt, alle Steuerbescheide, Steuermessbescheide, Freistellungsbescheide oder Feststellungsbescheide zu ändern, um die Veranlagung diesem Rechtszustand anzupassen. Abs 3 S 2 ist eine eigenständige Änderungsvorschrift (BMF-Schrb vom 11.11.2011, BStBl I 1314 Rn 06.12).

§ 7 Besteuerung offener Rücklagen

[1]Dem Anteilseigner ist der Teil des in der Steuerbilanz ausgewiesenen Eigenkapitals abzüglich des Bestands des steuerlichen Einlagekontos im Sinne des § 27 des Körperschaftsteuergesetzes, der sich nach Anwendung des § 29 Abs. 1 des Körperschaftsteuergesetzes ergibt, in dem Verhältnis

der Anteile zum Nennkapital der übertragenden Körperschaft als Einnahmen aus Kapitalvermögen im Sinne des § 20 Abs. 1 Nr. 1 des Einkommensteuergesetzes zuzurechnen. [2] Dies gilt unabhängig davon, ob für den Anteilseigner ein Übernahmegewinn oder Übernahmeverlust nach § 4 oder § 5 ermittelt wird.

Schrifttum: Schrifttum bis 2005 siehe 5. Auflage; *Stegner/Heinz,* Übernahmeverlust bei der Umwandlung einer Kapitalgesellschaft in ein Personenunternehmen, GmbHR 2001, 54; *Fabian,* Steueränderungen zum 1.1.2002 im Unternehmensbereich, DB Beilage 1/2002, 35; *Dötsch/Pung,* UmwStG, §§ 29, 40 Abs. 1 und 2 KStG: Das Einführungsschreiben des BMF vom 16.12.2003, DB 2004, 208; *Haritz/Wisniewski,* Das BMF-Schreiben zum UmwStG, GmbHR 2004, 150; *Semmler,* Die Umwandlung von Kapitalgesellschaften in Personengesellschaften, NWB Fach 18, 4107; *Förster/Felchner,* Die Umwandlung von Kapitalgesellschaften in Personenunternehmen nach dem Referentenentwurf vom SEStEG, DB 2006, 1072; *Rödder/Schumacher,* Das kommende SEStEG – Teil II: Das geplante neue UmwStG, DStR 2006, 1525; *Schaflitzl/Widmayer,* Die Besteuerung von Umwandlungen nach dem Regierungsentwurf des SEStEG, BB Special 8/2006, 36; *Behrendt/Arjes,* Das Verhältnis der Ausschüttungsfiktion (§ 7 UmwStG) zur Einlagefiktion (§ 5 UmwStG), DB 2007, 824; *Benecke/Schnittger,* Letzte Änderung der Neuregelung des UmwStG und der Entstrickungsnormen durch das SEStEG, IStR 2007, 22; *Bodden,* Verschmelzung und Formwechsel von Kapitalgesellschaften auf gewerbliche Personengesellschaften nach dem SEStEG (§§ 3–10 UmwStG nF), FR 2007, 66; *Hagemann/Jakob/Ropohl/Viebrock,* SEStEG – Das neue Konzept der Verstrickung und Entstrickung sowie die Neufassung des UmwStG, NWB-Sonderheft 1/2007; *Lemaitre/Schönherr,* Die Umwandlung von Kapitalgesellschaften in Personengesellschaften durch Verschmelzung und Formwechsel nach der Neufassung des UmwStG durch das SEStEG, GmbHR 2007, 173; *Schwetlik,* Umwandlung Kapitalgesellschaften in Personengesellschaften nach dem SEStEG in der Gestaltungspraxis, GmbHR 2007, 574; *Strahl,* Umwandlung der Kapitalgesellschaft in die Personenunternehmung nach dem neuen UmwStR, KÖSDI 2007, 15513; *Krohn/Greulich,* Ausgewählte Einzelprobleme des Umwandlungssteuerrechts aus der Praxis, DStR 2008, 646; *Stimpel,* Umwandlung einer Kapitalgesellschaft in eine Personengesellschaft, GmbH-StB 2008, 74; *Viebrock/Hagemann,* Verschmelzung mit grenzüberschreitendem Bezug, FR 2009, 737; *Benecke/Schnittger,* Die steuerliche Behandlung nicht wesentlich beteiligter Anteilseigner bei Umwandlung: Ein Diskussionsbeitrag, Ubg 2011, 1; *Bogenschütz,* Die Umwandlung von Kapital- in Personengesellschaften, Ubg 2011, 393; *Schell,* Internationale Bezüge bei Verschmelzung von Körperschaften auf Personengesellschaften, IStR 2011, 704; *Hruschka,* Umwandlung Kapital- auf Personengesellschaften (§§ 3 ff. UmwStG), DStR 2012 Beihefter zu Heft 2, 4; *Köhler/Käshammer,* Umwandlung von Kapitalgesellschaften mit ausländischen Anteilseignern in Personengesellschaften nach dem Umwandlungssteuererlass 2011, GmbHR 2012, 301; *Stadler/Elser/Bindl,* Vermögensübergang bei Verschmelzung auf eine Personengesellschaft oder auf eine natürliche Person und Formwechsel einer Kapitalgesellschaft in eine Personengesellschaft, DB 2012 Beilage 1 zu Heft 2, 14; *Stimpel,* Umwandlung von Kapital- in Personengesellschaften nach dem Umwandlungssteuererlass 2011, GmbHR 2012, 123.

Übersicht

1. Allgemeines

1 **a) Regelungsinhalt.** Jedem Gesellschafter des übertragenden Rechtsträgers, der an der Umw teilnimmt, dh der MU der übernehmenden PersGes wird, wird gem § 7 der seinem Anteil am Nennkapital entspr Teil des in der StB der übertragenden Körperschaft ausgewiesene EK abzgl des Bestandes des stl Einlagekontos, welcher sich nach Anwendung des § 29 I KStG ergibt, als Einnahmen aus Kapitalvermögen iSd § 20 I Nr 1 EStG zugerechnet. Durch diese Regelung werden sämtl Anteilseignern des übertragenden Rechtsträgers, dessen offene Rücklagen, soweit sie keine Einlagen darstellen, anteilig zugerechnet, sodass im Erg eine Vollausschüttung der Gewinnrücklagen fingiert wird. Anders als im UmwStG 1995 findet § 7 unabhängig davon Anwendung, ob für den Anteilseigner ein Übernahmeergebnis nach §§ 4, 5 zu ermitteln ist oder nicht (S 2). Soweit für den Anteilseigner ein Übernahmeergebnis nach § 4 IV ermittelt werden muss, schreibt § 4 V 2 zur Vermeidung einer Doppelbesteuerung der Gewinnrücklagen vor, dass bei der Berechnung des Übernahmeergebnisses ein entsprechender Abzug iHd nach § 7 erfassten Beträge vorzunehmen ist. Auf diese Weise wird sich regelm kein Übernahmegewinn, sondern ein Übernahmeverlust bei den Anteilseignern des übertragenden Rechtsträgers ergeben.

2 **b) Zielsetzung des § 7.** Mit der neuen Konzeption des § 7 beabsichtigte der Gesetzgeber, das dt Besteuerungsrecht hinsichtl der offenen Rücklagen sicherzustellen (BT-Drs 16/2710, 40). Nach § 7 aF konnte die Umw einer KapGes in eine PersGes zu Besteuerungslücken führen, wenn ausl Anteilseigner am übertragenden Rechtsträger beteiligt waren, für die kein Übernahmeergebnis nach § 4 IV ff ermittelt werden musste (vgl dazu *Frotscher,* Internationalisierung des ErtragStR, Rn 261; RHL/*Birkemeier* Rn 2).

2. Persönlicher und sachlicher Anwendungsbereich

3 **a) Anteilseigner der übertragenden Körperschaft.** § 7 regelt die Besteuerung der offenen Rücklagen der übertragenden Körperschaft bezogen auf deren Anteilseigner, die an der Umw teilnehmen, dh die Anteilseigner müssen MU der übernehmenden PersGes werden (vgl nur BMF-Schrb vom 11.11.2011, BStBl I 1314 Rn 07.02). Maßgebl ist die Anteilseignereigenschaft im Zeitpunkt der Eintragung der Umw in das öffentl Register (BMF-Schrb vom 11.11.2011, BStBl I 1314 Rn 07.05; DPPM/*Pung* Rn 5; RHL/*Birkemeier* Rn 7; *Stadler/Elser/Bindl* DB Beilage 1 zu Heft 2, 14). Scheidet ein Gesellschafter des übertragenden Rechtsträgers gem §§ 29, 207 nach der Eintragung der Umw aus, gilt er bereits als zum stl Übertragungsstichtag ausgeschieden, ihm können daher keine Einkünfte gem § 7 zugerechnet werden (DPPM/*Pung* Rn 30; Widmann/Mayer/*Widmann* Rn 7; Frotscher/Maas/*Schnitter* Rn 9).

4 Bei den Anteilseignern kann es sich um natürl Personen und Körperschaften handeln. Erfasst werden auch steuerfreie Körperschaften und jur Personen des öffentl Rechts. Ob der Anteilseigner unbeschränkt oder beschränkt in Deutschland stpfl ist, ist für die Anwendung des § 7 ohne Bedeutung (BMF-Schrb vom

11.11.2011, BStBl I 1314 Rn 07.02; Haritz/Menner/*Börst* Rn 22; DPPM/*Pung* Rn 6; RHL/*Birkemeier* Rn 9; Frotscher/Maas/*Schnitter* Rn 10 f; *Lemaitre/Schönherr* GmbHR 2007, 173).

b) Übertragende Körperschaft. Bei der übertragenden Körperschaft kann es sich um eine inl Körperschaft iSd § 3 UmwG handeln oder aber auch um eine Körperschaft, die nach dem Recht eines EU- oder EWR-Staates gegründete Ges iSv Art 54 AEUV (früher Art 48 EGV) oder Art 34 EWR-Abkommen, deren Sitz und Geschäftsleitung sich in einem EU-/EWR-Staat befindet. Weiter kommen die europäischen AG und die europäischen Gen als übertragende Rechtsträger in Betracht. § 7 erfasst damit nicht nur reine Inlandsumwandlungen, sondern auch grenzüberschreitende Hinaus- und Hineinverschmelzungen sowie reine Auslandsumwandlungen (BMF-Schrb vom 11.11.2011, BStBl I 1314 Rn 07.01 f; DPPM/*Pung* Rn 6). 5

§ 7 gilt unabhängig davon, ob das Verm der übertragenden Körperschaft bei der übernehmenden PersGes bzw beim Alleingesellschafter BV oder aber PV wird (vgl aber auch DPPM/*Pung* Rn 1). Die Anwendbarkeit für den Fall, dass das Verm PV wird, ergibt sich aus § 8 I 2, der auf § 7 verweist (BMF-Schrb vom 11.11.2011, BStBl I 1314 Rn 08.03; ebenso Widmann/Mayer/*Widmann* Rn 14; aA DPPM/*Pung* Rn 1). 6

3. Ermittlung der Einkünfte iSd § 7

Allen Anteilseignern des übertragenden Rechtsträgers ist nach S 1 das anteilig auf sie entfallende EK lt StB abzgl des Bestands des stl Einlagekontos iSd § 27 KStG, das sich nach der Anwendung des § 29 I KStG ergibt, als Einnahmen aus Kapitalvermögen iSd § 20 I Nr 1 EStG zuzurechnen. Soweit die Einkünfte iSd § 7 iVm § 20 I Nr 1 EStG zu den Einkünften aus LuF, aus Gewerbebetrieb, aus selbstständiger Arbeit gehören, sind sie nach **§ 20 III bzw (ab VZ 2009) VIII EStG** dieser Einkunftsart zuzurechnen. Dies bedeutet, dass bei Anteilseignern, für die ein Übernahmeergebnis zu ermitteln ist, eine Umqualifizierung der Einkünfte in gewerbl, freiberufl oder luf Einkünfte vorzunehmen ist (vgl Rn 17; DPPM/*Pung* Rn 7; RHL/*Trossen* § 18 Rn 21; Frotscher/Maas/*Schnitter* Rn 29; vgl auch *Behrendt/Arjes* DB 2007, 824; aA *Stimpel* GmbH-StB 2008, 74). 7

Ausgangspunkt für die den Anteilseignern des übertragenden Rechtsträgers zuzurechnenden offenen Rücklagen ist die auf den **stl Übertragungsstichtag** aufzustellende Schlussbilanz des übertragenden Rechtsträgers. Hat der übertragende Rechtsträger in der stl Schlussbilanz nicht die BW fortgeführt und entsteht dadurch in seiner Person ein Übertragungsgewinn, so erhöht dies zum stl Übertragungsstichtag das stl EK des übertragenden Rechtsträgers (DPPM/*Pung* Rn 8; Widmann/Mayer/*Widmann* Rn 18; Frotscher/Maas/*Schnitter* Rn 14; *Benecke/Schnittger* Ubg 2011, 1; vgl auch *Neu/Schiffers/Watermeyer* GmbHR 2011, 729; *Schaflitzl/Widmayer* BB Special 8/2006, 43). 8

Das in der stl Schlussbilanz ausgewiesene EK ist um den Bestand des stl Einlagekontos iSd § 27 KStG, das sich nach Anwendung des § 29 I KStG ergibt, zu kürzen. Maßgebl ist das stl Einlagekonto zum stl Übertragungsstichtag (DPPM/*Pung* Rn 8). Handelt es sich bei der übertragenden Körperschaft um eine ausl EU-/EWR-KapGes, ist nach hM in entsprechender Anwendung der §§ 29 VI, 27 VIII KStG auf Antrag der Bestand der Einlagen bei der übertragenden Körperschaft, dh ein stl Einlagekonto zu ermitteln (BMF-Schrb vom 11.11.2011, BStBl I 1314 Rn 07.04; RHL/*Birkemeier* Rn 11; *Hruschka* DStR 2012 Beihefter zu Heft 2, 9

4; *Förster/Felchner* DB 2006, 1072; krit aber im Erg ebenso DPPM/*Pung* Rn 8). Unterbleibt die gesonderte Feststellung, gilt die gesamte Zuführung gem § 27 VIII 9 KStG als Gewinnausschüttung, die beim Anteilseigner zu Einnahme iSv § 20 I Nr 1 EStG führt (*Hruschka* DStR 2012 Beihefter zu Heft 2, 4). Entsprechendes gilt bei ausl Umwandlungen.

10 Als ausgeschüttet gilt das anteilig auf den entsprechenden Anteil in der StB der übertragenden Körperschaft **auf den Übertragungsstichtag (**Frotscher/Maas/*Schnitter* Rn 17; DPPM/*Pung* Rn 8) ausgewiesene EK abzgl des Bestandes des stl Einlagekontos, der sich nach fiktiver Nennkapitalherabsetzung (§ 29 I iVm § 28 II KStG) ergibt. Es wird darauf hingewiesen, dass § 29 I KStG auf Umwandlungsfälle iSd § 1 UmwG Bezug nimmt, und nur insoweit das Nennkapital des übertragenden Rechtsträgers als in vollem Umfang nach § 28 II 1 KStG als herabgesetzt gilt. Fragl ist daher, wie bei Umw zu verfahren ist, die zwar von § 7 erfasst werden, nicht jedoch von § 1 UmwG (DPPM/*Pung* Rn 9). Dabei ist str, ob eine Verschm einer dt KapGes auf eine ausl EU- bzw EWR-PersGes nach dem UmwG mögl ist (Widmann/Mayer/*Widmann* § 1 Rn 62).

11 Im Regelfall erhöht sich das **stl Einlagekonto** der übertragenden Körperschaft zum stl Übertragungsstichtag um das **eingezahlte Nennkapital.** Existiert zum stl Übertragungsstichtag ein **Sonderausweis iSd § 28 I 3 KStG,** so führt die Nennkapitalherabsetzung nur insoweit zu einem Zugang zum stl Einlagekonto als das Nennkapital der übertragenden Körperschaft den Sonderausweis übersteigt und eingezahlt ist. Da es auf die tats Leistung der Einlage auf das Nennkapital ankommt, führen **ausstehende Einlagen** im Zusammenhang mit der fiktiven Nennkapitalherabsetzung nicht zu einer Erhöhung des stl Einlagekontos (vgl BMF-Schrb vom 11.11.2011, BStBl I 1314 Rn 07.04; DPPM/*Pung* Rn 11; RHL/*Birkemeier* Rn 14). Die nach dem stl Übertragungsstichtag aber vor der Eintragung der Umw beschlossene Gewinnausschüttung an Anteilseigner, die im Rückwirkungszeitraum aus dem übertragenden Rechtsträger ausscheiden und für die die Rückwirkungsfiktion damit nicht gilt, verringern den für die Ermittlung der Bezüge nach § 7 S 1 maßgeblichen Bestand des stl Einlagekontos (BMF-Schrb vom 11.11.2011, BStBl I 1314 Rn 07.04, 02.33; DPPM/*Pung* Rn 13; Widmann/Mayer/*Widmann* Rn 20; Haritz/Menner/*Börst* Rn 41). Insoweit erfolgt eine Verrechnung dieser Ausschüttung mit dem Anfangsbestand des stl Einlagekontos im Wj der Umw (vgl dazu BMF-Schrb vom 11.11.2011, BStBl I 1314 Rn 02.27; DPPM/*Pung* Rn 13; Frotscher/Maas/*Schnitter* Rn 14a). Maßgebend für die Ermittlung der Einkünfte iSd § 7 ist damit das stl Einlagekonto iSd § 27, das sich nach der Verrechnung dieser Gewinnausschüttung ergibt.

12 Nur der Teil des in der StB ausgewiesenen EK abzgl der dargestellten Korrekturen sind iRd § 7 relevant, der dem Anteil des jew Anteilseigners am Nennkapital der übertragenden Körperschaft entspricht. Maßgebend für die Ermittlung der **Beteiligungsquote** ist der Zeitpunkt der Eintragung der Verschm in das öffentl Register (BMF-Schrb vom 11.11.2011, BStBl I 1314 Rn 07.05; Widmann/Mayer/*Widmann* Rn 25; RHL/*Birkemeier* Rn 17; DPPM/*Pung* Rn 15). Der Anteil des jew Anteilseigners am Nennkapital ist dann nicht maßgebend, wenn die übertragende Körperschaft **eigene Anteile** besitzt. Maßgebl für die Ermittlung der Beteiligungsquote ist dann das Verhältnis des Nennbetrags eines Anteils zur Summe der um die eigenen Anteile des übertragenden Rechtsträgers gekürzten Nennbetrag aller Anteile (BMF-Schrb vom 11.11.2011, BStBl I 1314 Rn 07.05; DPPM/*Pung* Rn 16). Erfolgt im Rückwirkungszeitraum eine Ausschüttung an Anteilseigner, die an der Umw teilnehmen, dh Gesellschafter des übernehmenden Rechtsträgers werden, so gilt für diese Anteilseigner die Ausschüttung als zum stl Übertragungsstichtag als zugeflossen (vgl BMF-Schrb vom 11.11.2011, BStBl I 1314 Rn 02.28). Das dann verbleibende Eigenkapital laut Steuerbilanz soll entsprechend der prozentualen Beteiligung aller Anteilseigner verteilt werden (vgl BMF-Schrb vom 11.11.2011, BStBl I 1314 Rn 07.06, 02.31, 02.33). Dies hat insbesondere Auswirkungen auf Anteilseigner, die im Rückwirkungszeitraum neue Anteilseigner des übertragenden Rechtsträgers wurden (vgl dazu BMF-Schrb vom 11.11.2011, BStBl I 1314 Rn 02.33; Frotscher/Maas/*Schnitter* Rn 14a; zu Recht krit DPPM/*Pung* Rn 15). Wird eine inl Körperschaft auf eine inl PersGes verschmolzen und besitzt die übertragende Körperschaft ausl Betriebsvermögen, so soll nach Auffassung der FinVerw (BMF-Schrb vom 11.11.2011, BStBl I 1314 Rn 04.24) gesellschafterbezogen der gemeine Wert in der stl Schlussbilanz für das übergehende Vermögen anteilig anzusetzen sein, wenn Deutschland das Besteuerungsrecht bezogen auf einen Gesellschafter am übertragenden oder übernehmenden Rechtsträger verliert, weil dieser Gesellschafter beschränkt steuerpflichtig ist und zB die Betriebsstätte des übertragenden Rechtsträgers sich in einem ausl Staat befindet, mit dem kein DBA besteht. Die personenbezogene Aufstockung soll in der Ergänzungsbilanz dieses Gesellschafters erfolgen (vgl dazu krit § 4 Rn 24). Zum Teil wird vertreten, dass es in diesen Fällen auch zu einer disquotalen Aufteilung der Bezüge iSd § 7 kommen soll (vgl DPPM/*Pung* § 4 Rn 13a; *Benecke/Beinert* FR 2009, 1120; *Schell* IStR 2011, 704; *Klingenberg/Nitzschke* Ubg 2011, 451).

Ändert sich das EK lt StB oder der Bestand des stl Einlagekontos nachträgl 13
(zB durch eine Außenprüfung), wirkt sich dies nur dann auf die Besteuerung des Anteilseigners iSd § 7 aus, wenn hinsichtl des gegen diesen erlassenen Steuerbescheid eine Änderungsmöglichkeit nach den Vorschriften der AO besteht (RHL/*Birkemeier* Rn 31; DPPM/*Pung* Rn 14; vgl auch Widmann/Mayer/*Widmann* Rn 23).

4. Besteuerung der Bezüge iSv S 1

a) Allgemeines. Die fiktiven Einnahmen iSd § 7 iVm § 20 I Nr 1 EStG gelten 14
bei den Anteilseignern des übertragenden Rechtsträgers mit dem Ablauf des stl Übertragungsstichtags als zugeflossen (BMF-Schrb vom 11.11.2011, BStBl I 1314 Rn 07.07; DPPM/*Pung* Rn 17; RHL/*Birkemeier* Rn 19; Widmann/Mayer/*Widmann* Rn 37; Frotscher/Maas/*Schnitter* Rn 21; *Bogenschütz* Ubg 2011, 393). § 7 bestimmt, dass es sich bei den Einnahmen um solche aus Kapitalvermögen iSd **§ 20 I Nr 1 EStG** handelt. Auch abkommensteuerrechtlich sind diese Einnahmen nach hM als Dividendeneinkünfte (Art 10 OECD-MA) und nicht als Veräußerungsgewinne (Art 13 V OECD-MA) zu qualifizieren, da die DBA für den abkommensteuerrechtlichen Dividendenbegriff auch auf die innerstaatliche Regelungen des Quellenstaats verweist (Art 10 III OECD-MA; *Stadler/Elser/Bindl* DB 2012 Beilage 1 zu Heft 2, 14; *Förster/Felchner* DB 2008, 245; *Köhler/Käshammer* GmbHR 2012, 301).

Zu beachten ist, dass nach **§ 20 VIII EStG** Einkünfte aus Kapitalvermögen 14a
ggü anderen Einkunftsarten subsidiär sind. Dies bedeutet, dass bei Anteilseignern, für die ein Übernahmeergebnis zu ermitteln ist, nach hM eine Umqualifizierung der Einkünfte in gewerbl, freiberufl oder luf Einkünfte vorzunehmen ist (DPPM/*Pung* Rn 7; RHL/*Trossen* § 18 Rn 21; Frotscher/Maas/*Schnitter* Rn 27; Haritz/Menner/*Börst* Rn 81; *Benecke/Beinert* FR 2010, 1120; *Bogenschütz* Ubg 2011, 393;

Schell IStR 2011, 704). Die FinVerw folgt dieser Auffassung (BMF-Schrb vom 11.11.2011, BStBl I 1314 Rn 07.07). Für diese Auffassung spricht die Regelung des § 18 II. Demgegenüber wird insbesondere von *Förster* (FS Schaumburg, 2009, 929; *Förster/Felchner* DB 2008, 245; ebenso *Blöchle/Weggemann* IStR 2008, 87; Haase/Hruschka/*Hölzemann* Rn 63 ff) die Meinung vertreten, die Einlagefiktion des § 5 gelte nur für Zwecke der Ermittlung des Übernahmeergebnisses nach § 4, nicht hingegen für die Einnahmen iSd § 7.

14b Entscheidend für die Einordnung der Einkünfte als solche iSd **§§ 13, 15, 18 EStG** ist, welche Einkunftsart die übernehmende PersGes bzw der übernehmende Einzelunternehmer erfüllt, nicht entscheidend ist, welche Einkunftsart die Anteile an dem übertragenden Rechtsträger zuvor zuzurechnen waren (vgl Rn 17). Die Einnahmen iSd § 7 unterliegen der Kapitalertragsteuerpflicht nach § 43 I 1 Nr 1 EStG (BT-Drs 16/2710, 40; BMF-Schrb vom 11.11.2011, BStBl I 1314 Rn 07.08; DPPM/*Pung* Rn 24; RHL/*Birkemeier* Rn 25; *Bogenschütz* Ubg 2011, 393; *Stadler/Elser/Bindl* DB 2012 Beilage 1 zu Heft 2, 14; *Hruschka* DStR 2012 Beihefter zu Heft 2, 4).

15 Ist der übertragende Rechtsträger in Deutschland unbeschränkt stpfl, sind von den Bezügen iSd § 7 **Kapitalertragsteuern** einzubehalten und vom übernehmenden Rechtsträger als steuerlicher Rechtsnachfolger abzuführen (BMF-Schrb vom 11.11.2011, BStBl I 1314 Rn 07.08; DPPM/*Pung* Rn 18; Frotscher/Maas/*Schnitter* Rn 23). Die KapErSt wird technisch aber nicht in der Schlussbilanz der übertragenden Körperschaft abgebildet, sondern mindert erst auf der Ebene der PersGes das Kapitalkonto des jeweiligen Gesellschafters (DPPM/*Pung* Rn 18; RHL/*Birkemeier* Rn 27; Frotscher/Maas/*Schnitter* Rn 24; vgl auch BMF-Schrb vom 11.11.2011, BStBl I 1314 Rn 07.08; *Stimpel* GmbH-StB 2008, 74;). Die KapESt **entsteht** mit dem Zeitpunkt des Wirksamwerdens der Umw, dh **mit der Eintragung der Umw** in das öffentl Register (BMF-Schrb vom 11.11.2011, BStBl I 1314 Rn 07.08; DPPM/*Pung* Rn 18; RHL/*Birkemeier* Rn 26; Widmann/Mayer/*Widmann* Rn 51; Haritz/Menner/*Börst* Rn 69; Frotscher/Maas/*Schnitter* Rn 24). Die Abführung der KapESt durch die PersGes stellt keine Gegenleistung der übernehmenden PersGes an deren Gesellschafter iSd **§ 3 II 1 Nr 3** dar (BMF-Schrb vom 11.11.2011, BStBl I 1314 Rn 03.21; DPPM/*Pung* Rn 18). § 44a VII 2, VIII EStG sind bei steuerbefreiten Anteilseignern und jur Personen des öffentl Rechts zu beachten (DPPM/*Pung* Rn 18). Bei ausl Anteilseignern kann die Höhe der KapESt durch ein DBA beschränkt sein. Nach § 43 I 4 EStG finden die Vorteile der **„Mutter-Tochter-RL“** keine Anwendung (BMF-Schrb vom 11.11.2011, BStBl I 1314 Rn 07.09; DPPM/*Pung* Rn 19; *Lemaitre/Schönherr* GmbHR 2007 173; *Benecke/Schnittger* IStR 2007, 22; krit Haritz/Menner/*Börst* Rn 77; *Krohn/Greulich* DStR 2008, 646; Frotscher/Maas/*Schnitter* Rn 26a). Die Bezüge iSd § 7 können nach § 49 I Nr 5 lit a bzw Nr 2 lit a EStG der beschränkten StPfl unterliegen (vgl Rn 17).

16 § 7 enthält keine Regelung, ob und in welcher Höhe **Werbungskosten** bzw **BA** zum Abzug zugelassen werden. Soweit für einen Gesellschafter ein Übernahmeergebnis iSd § 4 IV ermittelt wird, ist zu beachten, dass dessen Umwandlungskosten bereits bei der Ermittlung des Übernahmeergebnisses zu berücksichtigen sind. Danach bleiben die Übernahmekosten nach Maßgabe des § 4 VI, VIII außer Ansatz bzw wirken sich zur Hälfte oder voll umfängl aus. Soweit § 4 IV 1 zur Anwendung kommt, werden die allg Grdse über den Betriebsausgabenabzug verdrängt, eine Aufteilung der Übernahmekosten auf den Dividendenanteil nach § 7 und den Veräußerungsteilen nach § 4 IV ff scheidet damit aus (BMF-Schrb vom

11.11.2011, BStBl I 1314 Rn 04.35; DPPM/*Pung* Rn 21; Widmann/Mayer/*Widmann* Rn 36; RHL/*van Lishaut* § 4 Rn 90). Wird für einen Gesellschafter ein Übernahmeergebnis nicht ermittelt (§ 4 IV 3), gelten die allg Grdse über die Berücksichtigung von BA und Werbungskosten (vgl Rn 21; BMF-Schrb vom 11.11.2011, BStBl I 1314 Rn 04.35).

b) Besteuerung der Anteilseigner, für die ein Übernahmeergebnis ermittelt wird. Bei den Einnahmen iSd § 7 handelt es sich um Einnahmen aus Kapitalvermögen iSd § 20 I Nr 1 EStG. Soweit die Anteile an der übertragenden Körperschaft zu BV der übernehmenden PersGes gehören oder aber nach § 5 II; III zum Umwandlungsstichtag in das BV der übernehmenden PersGes als eingelegt gelten, sind aufgrund von § 20 VIII EStG die Einkünfte iSd § 7 der Einkunftsart zuzurechnen, die die übernehmende PersGes erzielt. Die Einlagefiktion des § 5 II, III gilt auch für Einkünfte iSd § 7 (str vgl Rn 14). Dass die Einkunftsart der übernehmenden PersGes maßgebl ist, ergibt sich im Umkehrschluss aus § 18 II 2 iVm mit den Einlage- und Überführungsfiktionen in § 5 II, III. Das Vorstehende gilt sowohl für unbeschränkt als auch für beschränkt stpfl Anteilseigner des übertragenden Rechtsträgers, sofern bei Letzteren Deutschland das Besteuerungsrecht zusteht, dh ein DBA nicht besteht oder das DBA dem Ansässigkeitsstaat der Körperschaft das Besteuerungsrecht zuweist, sodass sich die beschränkte StPfl aus § 49 I Nr 2 lit a Nr 3, Nr 1 EStG ergibt (vgl dazu § 4 Rn 127). Der Quellensteuerabzug hat dann keine abgeltende Wirkung; § 50 II 2 Nr 1 EStG bzw § 32 I Nr 2 KStG (DPPM/*Pung* Rn 24; *Viebrock/Hagemann* FR 2009, 737; *Schell* IStR 2011, 724; vgl RHL/*van Lishaut* § 4 Rn 115; *Köhler/Käshammer* GmbHR 2012, 301; aA *Förster/Felchner* DB 2006, 1072). 17

Soweit für die Anteilseigner des übernehmenden Rechtsträgers ein Übernahmeergebnis zu ermitteln ist, sind auch die Einnahmen iSd § 7 bei der übernehmenden PersGes iRd **einheitl und gesonderten Gewinnfeststellung** der PersGes zu erfassen (BMF-Schrb vom 11.11.2011, BStBl I 1314 Rn 07.07; Frotscher/Maas/*Schnitter* Rn 28; RHL/*Birkemeier* Rn 32; DPPM/*Pung* Rn 23; *Krohn/Greulich* DStR 2008, 646; *Frotscher,* Internationalisierung des ErtragStR, Rn 265; *Damas* DStZ 2007, 129; aA *Behrendt/Arjes* DB 2007, 824). Soweit die Bezüge iSd § 7 auf eine **natürl Person als Anteilseigner** des übertragenden Rechtsträgers entfallen, unterliegen die Einnahmen der Besteuerung nach § 3 Nr 40 EStG (BMF-Schrb vom 11.11.2011, BStBl I 1314 Rn 07.07; DPPM/*Pung* Rn 24). Soweit Einnahmen iSd § 7 auf eine **Körperschaft** entfallen, sind sie grdsl nach § 8b I 1 KStG bei der Einkommensermittlung insges außer Ansatz zu lassen, wobei nach § 8b V 1 ein pauschales Betriebsausgabenabzugsverbot in Höhe von 5% der Einnahmen iSd § 8b besteht. In den Fällen des § 8b VII, VIII KStG sind die Bezüge in voller Höhe stpfl (BMF-Schrb vom 11.11.2011, BStBl I 1314 Rn 07.07; DPPM/*Pung* Rn 24; Frotscher/Maas/*Schnitter* Rn 28a; gleiches gilt für Anteile iSv § 8b IV KStG nF (vgl *Benz/Jetter* DStR 2013, 489)). Die Umwandlungskosten der Anteilseigner des übertragenden Rechtsträgers sind nicht im Zusammenhang mit den Einnahmen iSd § 7 abziehbar, da § 4 IV 1 zur Anwendung kommt (vgl Rn 16). Ist Gesellschafter der übernehmenden PersGes wiederum eine PersGes, ist im Hinblick auf die Besteuerung der Einnahmen nach § 7 auf die Anteilseigner der obersten PersGes abzustellen (BMF-Schrb vom 11.11.2011, BStBl I 1314 Rn 07.07; DPPM/*Pung* Rn 24). Ist eine Körperschaft MU der übernehmenden PersGes, die ihrerseits OrganGes ist, ist auf der Ebene der OrganGes die Steuerbefreiung nach § 8b KStG für Bezüge iSd § 7 nicht zu gewähren (§ 15 1 Nr 2 KStG). Die Anwendung des § 8b KStG bzw § 3 Nr 40 EStG erfolgt erst auf der Ebene des Organträgers. 18

19 Gem § 4 VI 1 ist der Abzug des **Übernahmeverlustes** ausgeschlossen, soweit er auf eine **Körperschaft,** Personenvereinigung oder Vermögensmasse als MU der übernehmenden PersGes entfällt. § 4 VI 2, 3 lassen – vorbehaltl § 4 VI 5 – einen Abzug des Übernahmeverlustes in gewissem Umfang zu, wenn Gesellschafter der übernehmenden PersGes eine Körperschaft ist, die auf die Anteile am übertragenden Rechtsträger § 8b VII oder VIII KStG anwendet. Soweit Anteile am übertragenden Rechtsträger iSd § 8b VII, VIII 1 KStG gehalten werden, können Übernahmeverluste nach § 4 VI 3 bis zur Höhe der Bezüge nach § 7 berücksichtigt werden. Der Übernahmeverlust ist nach § 4 VI 4 im Grds zu 60 vH abzugsfähig, soweit er auf eine **natürl Person** als übernehmender Rechtsträger bzw als MU der übernehmenden PersGes entfällt, – vorbehaltlich § 4 VI 5 – höchstens jedoch iHv 60 vH der Bezüge iSd § 7. Soweit der Übernahmeverlust höher ist als die Bezüge iSd § 7 ist er nicht abzugsfähig. IÜ kann sich die Nichtabzugsfähigkeit des Übernahmeverlustes auch hier aus § 4 VI 6 ergeben. Soweit sich ein nach § 4 VI stl zu berücksichtigender Übernahmeverlust für einen Anteilseigner des übertragenden Rechtsträgers ergibt, kann er diesen Verlust mit den Einkünften iSd § 7 unmittelbar verrechnen. Zur Berücksichtigung und Verrechnung eines Übernahmeverlustes bei beschränkt stpfl Anteilseignern vgl § 4 Rn 127.

20 Ist ein in Deutschland **unbeschränkt stpfl Gesellschafter an einer ausl Körperschaft** beteiligt, findet § 7 auf diesen Anteilseigner ggf Anwendung (vgl Rn 14). Für die ausl Körperschaft ist zwar ein stl Einlagekonto nicht festzustellen, da die ausl Körperschaft nicht unbeschränkt stpfl ist, jedoch ist nach der hier vertretenen Auffassung (vgl Rn 9) gem § 29 VI, § 27 VIII KStG der Bestand der Einlagen bei der übertragenden Körperschaft – in entsprechender Anwendung der Regelung zum stl Einlagekonto – zu ermitteln. Qualifiziert der Ansässigkeitsstaat der übertragenden Körperschaft die offene Rücklage ebenfalls als Dividende und sind diese in Deutschland stpf, so unterliegen die Bezüge unter Anrechnung der ausl Quellensteuer der dt Besteuerung (DPPM/*Pung* Rn 27; *Förster/Felchner* DB 2006, 1072).

21 **c) Besteuerung der Anteilseigner, für die ein Übernahmeergebnis nicht zu ermitteln ist.** Für Anteilseigner des übertragenden Rechtsträgers, bei denen ein Übernahmeergebnis nicht zu ermitteln ist, und die nach der Umw MU der übernehmenden PersGes werden, ist § 7 anzuwenden. Die Einnahmen iSd § 7 sind nicht iRd einheitl und gesonderten Gewinnfeststellung der übernehmenden PersGes zu erfassen (BMF-Schrb vom 11.11.2011, BStBl I 1314 Rn 07.07; DPPM/*Pung* Rn 29; Frotscher/Maas/*Schnitter* Rn 31; aA *Krohn/Greulich* DStR 2008, 646)). Die Bezüge iSd § 7 unterliegen bei natürl Personen als Anteilseigner der übertragenden Körperschaft bis zum 31.12.2008 der Besteuerung nach § 3 Nr 40 EStG, danach der Abgeltungsteuer. Sofern eine Körperschaft am übertragenden Rechtsträger beteiligt ist, sind die auf sie entfallenden Bezüge zu 95% steuerfrei (§ 8b I, V KStG). § 7 enthält keine Regelung, ob und in welcher Höhe **Werbungskosten** bzw **BA** zum Abzug zugelassen werden. Es gelten daher die allg Grdse (RHL/*Birkemeier* Rn 21; Frotscher/Maas/*Schnitter* Rn 172; aA BMF-Schrb vom 11.11.2011, BStBl I 1314 Rn 04.35; DPPM/*Pung* § 4 Rn 47a). Ein beschränkt stpfl Gesellschafter, bei dem die KapESt abgeltende Wirkung hat, kann seine Umwandlungskosten stl nicht geltend machen. Der EuGH hat mit Urteil vom 20.10.2011 (EuGH IStR 2011, 840; vgl dazu *Linn* GmbHR 2011, 1211; *Behrens* RdF 2012, 52) entschieden, dass die abgeltende Wirkung der dt Kapitalertragsteuer gegenüber EU- bzw EWR-Kapitalgesellschaften gegen die Kapitalver-

kehrsfreiheit verstößt. Da bei natürlichen Personen, für die ein Übernahmeergebnis nicht zu ermitteln ist, die Kapitalertragsteuer ab 2009 gem § 43 V 1 EStG auch für unbeschränkt stpfl Gesellschafter eine abgeltende Wirkung hat, dürfte das Urteil nicht einschlägig sein, da insoweit keine Ungleichbehandlung gegeben ist (*Köhler/Käshammer* GmbHR 2012, 301).

Soweit ein Anteilseigner nicht an der Übernahmegewinnermittlung teilnimmt, ergibt sich der Ansatz seines Mitunternehmeranteils aus dem Kapitalkonto laut Gesamthands-, Ergänzung- und Sonderbilanz (FG Münster EFG 2011, 532; DPPM/*Pung* Rn 33; Widmann/Mayer/*Widmann* Rn 111; RHL/*Birkemeier* Rn 22). Auch bei einer späteren Veräußerung des Mitunternehmeranteils sind diese Werte relevant, ein Ansatz der anteilig auf diesen Anteil entfallenden Wirtschaftsgüter mit dem gemeinen Wert scheidet aus (BFH BStBl II 2012, 728; Frotscher/Maas/*Schnitter* Rn 33; DPPM/*Pung* Rn 33; aA Haritz/Menner/*Börst* Rn 53). 22

§ 8 Vermögensübergang auf einen Rechtsträger ohne Betriebsvermögen

(1) [1]Wird das übertragene Vermögen nicht Betriebsvermögen des übernehmenden Rechtsträgers, sind die infolge des Vermögensübergangs entstehenden Einkünfte bei diesem oder den Gesellschaftern des übernehmenden Rechtsträgers zu ermitteln. [2]Die §§ 4, 5 und 7 gelten entsprechend.

(2) **In den Fällen des Absatzes 1 sind § 17 Abs. 3 und § 22 Nr. 2 des Einkommensteuergesetzes nicht anzuwenden.**

Schrifttum: Siehe Schrifttum zu §§ 3–5, 7.

Übersicht

1. Allgemeines

Wird das **Verm** der übertragenden Körperschaft **nicht BV** der PersGes bzw der übernehmenden natürl Person, sind nach § 3 die WG in der stl Schlussbilanz 1 der übertragenden Körperschaft mit dem gemeinen Wert anzusetzen (vgl § 3 Rn 142). Es kommt nur auf das durch die Körperschaft übertragene Vermögen an; ob die Anteile am übertragenden Rechtsträger BV oder PV sind, ist ohne Bedeutung (Widmann/Mayer/*Widmann* Rn 8). Die bei der übertragenden Körperschaft aufgedeckten stillen Reserven unterliegen der KSt und GewSt.

2 Die infolge des Vermögensübergangs entstehenden Einkünfte sind gem § 8 **bei den Gesellschaftern** der PersGes zu ermitteln. Wie die Einkünfte konkret zu ermitteln sind und welcher **Einkunftsart** sie zugerechnet werden, ist davon abhängig, welche stl Qualität die Anteile an der übertragenden Körperschaft bei den einzelnen Gesellschaftern zum Umwandlungsstichtag gehabt haben. Wurden die Anteile an der übertragenden Körperschaft in einem betriebl Verm des Gesellschafters gehalten, so entstehen Einkünfte aus LuF, Gewerbebetrieb oder selbstständiger Tätigkeit. Hielt der Gesellschafter seine Anteile im PV, so liegen Einkünfte iSd § 17 EStG vor bzw Einkünfte aus Kapitalvermögen, soweit Einkünfte iSd § 7 gegeben sind. Sind die Anteile einbringungsgeboren und wurden sie im PV gehalten, entsteht ein Veräußerungsgewinn iSd § 21 aF.

3 § 8 kommt nicht zur Anwendung, wenn das übergehende **Verm** bei der übernehmenden PersGes gewerbl, freiberufl oder luf **BV wird.** Gehen nur **einzelne WG** iRd Verschm der Körperschaft auf die PersGes ins PV, das übrige Verm aber in ein BV über, findet § 8 keine Anwendung (vgl Rn 12; RHL/*Trossen* Rn 21; Widmann/Mayer/*Widmann* Rn 1; Haritz/Menner/*Greve* Rn 10). Zur **ZebraGes** vgl Rn 10. BV des übernehmenden Rechtsträgers liegt auch dann vor, wenn die übernehmende PersGes **gewerbl geprägt** ist (RHL/*Trossen* Rn 19; Haritz/Menner/*Greve* Rn 3) oder gewerbl Einkünfte iSv § 15 I 1 Nr 2 EStG bezieht, auch wenn sie selbst nicht gewerbl tätig ist (§ 15 III 1 Nr 1 EStG).

4 Kommt es zur Verschm einer Körperschaft auf eine PersGes/natürl Person ohne BV, so gelten vom Zweiten Teil des UmwStG die §§ 4, 5 und 7 entsprechend. Als allg Vorschrift zum Zweiten bis Siebten Teil findet die Vorschrift über die stl Rückwirkung nach § 2 I Anwendung (Blümich/*Klingberg* Rn 5).

2. Vermögensübergang auf eine Personengesellschaft ohne Betriebsvermögen

5 Geht das Verm der übertragenden Körperschaft auf eine PersGes über und wird es dort gewerbl, luf oder freiberufl BV, so findet § 8 keine Anwendung. Kein Fall des § 8 liegt vor, wenn die Betriebs-GmbH auf eine Besitz-PersGes verschmolzen wird (DPPM/*Möhlenbrock* Rn 12; RHL/*Trossen* Rn 19; Widmann/Mayer/*Widmann* Rn 10; Haritz/Menner/*Greve* Rn 11).

6 § 8 findet auch dann keine Anwendung, wenn der übernehmende Rechtsträger vor der Umw nur vermögensverwaltend tätig war, aber durch die Verschm von der übertragenden Körperschaft einen lebenden Betrieb erwirbt. Der übernehmende Rechtsträger besitzt dann näml rückwirkend ab dem stl Übertragungsstichtag gewerbl, luf oder freiberufl BV (Frotscher/Maas/*Schnitter* Rn 9). Gleiches gilt für den Fall, dass die übertragende Körperschaft ihren Betrieb verpachtet hat. Das Verpächterwahlrecht setzt sich in der Person des übernehmenden Rechtsträgers fort, der übernehmende Rechtsträger besitzt damit eine logische Sekunde nach dem Verschmelzungsstichtag BV (RHL/*Trossen* Rn 20). Zum Formwechsel einer Körperschaft, die ausschließlich Beteiligungen an Mitunternehmerschaften hat, vgl Widmann/Mayer/*Widmann* Rn 3.

Durch das **HRefG** vom 22.6.1998 (BGBl I 1474) wurde die Möglichkeit geschaffen, dass auch eine Ges, deren Gewerbebetrieb nicht schon nach § 1 II HGB ein Handelsgewerbe ist oder die nur eigenes Verm verwaltet, als OHG oder KG in das HR eingetragen werden kann. Es besteht daher spätestens seit Inkrafttreten des HRefG keine Vermutung dahingehend, dass eine PhG einen Gewerbebetrieb im steuerrechtl Sinne besitzt (DPPM/*Möhlenbrock* Rn 2; Haritz/Menner/*Greve* Rn 3; Frotscher/Maas/*Schnitter* Rn 12). 7

Das Verm der übertragenden Körperschaft, welches iRd Verschm auf die PersGes übergeht, darf bei dieser nicht BV werden. Allein auf Grund der in § 4 II 1 angeordneten stl Rechtsnachfolge besteht bei dem übernehmenden Rechtsträger kein BV. Zu einer Überführung in das **Nicht-BV** kommt es insbes dann, wenn eine rein vermögensverwaltende GmbH auf eine PersGes verschmilzt und diese PersGes keine gewerbl oder selbstständige Arbeit ausübt oder keinen luf Betrieb betreibt. Auch die Erklärung der **Absicht,** die übernehmende PersGes wolle sich **zukünftig gewerbl betätigen,** kann nicht bewirken, dass vom Zeitpunkt der Erklärung an die Tätigkeit dieser übernehmenden PersGes als gewerbl zu beurteilen ist (BMF-Schrb vom 11.11.2011, BStBl I 1314 Rn 08.02; Haritz/Menner/*Greve* Rn 21; RHL/*Trossen* Rn 22). Mit der gewerbl Tätigkeit wird erst begonnen, sobald der Entschluss der gewerbl Betätigung gefasst ist und mit Maßnahmen begonnen wird, die der Vorbereitung der Tätigkeit dienen und mit ihr in unmittelbarem wirtschaftl Zusammenhang stehen (vgl BFH/NV 1997, 762; Widmann/Mayer/*Widmann* Vor § 3 Rn 90). Etwas anderes gilt, wenn die übertragende Körperschaft früher einen Gewerbebetrieb hatte und dieser im Zeitpunkt der Verschm ruht (BFH/NV 1997, 762; Haritz/Menner/*Greve* Rn 20). 8

Ob bei dem übernehmenden Rechtsträger BV vorliegt, entscheidet sich nach dem Verhältnis im **Zeitpunkt** des stl Übertragungsstichtags (BMF-Schrb vom 11.11.2011, BStBl I 1314 Rn 08.02; RHL/*Trossen* Rn 22; DPPM/*Möhlenbrock* Rn 13; aA Widmann/Mayer/*Widmann* § 3 Rn 8; Haritz/Menner/*Greve* Rn 20). 9

Liegt eine PersGes vor, die reine Vermögensverwaltung betreibt, und werden die Anteile an der vermögensverwaltenden PersGes teils im PV und teils im BV gehalten, so handelt es sich um eine sog **ZebraGes** (vgl L. Schmidt/*Wacker* EStG § 15 Rn 201). Bei einer ZebraGes erfolgt die Ermittlung der Einkünfte auf der Ebene der Ges, die Qualifizierung der Einkünfte als gewerbl, freiberufl, vermögensverwaltend uä aber erst auf der Ebene der Gesellschafter (BFH GrS FR 2006, 1026). Wird eine vermögensverwaltende GmbH auf eine solche ZebraGes verschmolzen, so geht das Verm zT in ein BV, zT in ein PV über. Ob bei einer Verschmelzung auf eine ZebraGes das Wahlrecht des § 3 II anwendbar ist oder § 8 Anwendung findet, ist str (vgl § 3 Rn 139; BMF-Schrb vom 11.11.2011, BStBl I 1314 Rn 08.03, 03.16). 10

3. Besteuerung des übertragenden Rechtsträgers

Werden die übergehenden WG des übertragenden Rechtsträgers beim übernehmenden Rechtsträger PV, ist das übergehende Verm in der stl Schlussbilanz des übertragenden Rechtsträgers mit dem gemeinen Wert anzusetzen. Dies ergibt sich aus § 3 I, II 1 Nr 1 (RHL/*Trossen* Rn 24; DPPM/*Möhlenbrock* Rn 14). Auch originäre immaterielle WG, insbes eines selbst geschaffenen Geschäfts- oder Firmenwertes, sind mit dem gemeinen Wert zu bewerten (BMF-Schrb vom 11.11.2011, BStBl I 1314 Rn 08.01; RHL/*Trossen* Rn 25; DPPM/*Möhlenbrock* Rn 14; Widmann/Mayer/*Widmann* Rn 34; Haritz/Menner/*Greve* Rn 23). Das 11

Vorliegen eines Firmenwerts dürfte aber bei einem vermögensverwaltenden Rechtsträger ausgeschlossen sein (vgl Widmann/Mayer/*Widmann* Rn 34).

12 Werden nur einzelne WG PV des übernehmenden Rechtsträgers, findet § 8 keine Anwendung. Die Überführung ins PV erfolgt im Anschluss an die Umw durch den übernehmenden Rechtsträger; es liegt eine Entnahme iSd § 6 I Nr 4 EStG vor (Haritz/Menner/*Greve* Rn 10).

13 Der durch die Aufdeckung der stillen Reserven des in der stl Schlussbilanz entstehenden Übertragungsgewinns unterliegt beim übertragenden Rechtsträger ungemildert der KSt und der GewSt (zu weiteren Einzelheiten vgl § 3 Rn 148 ff).

4. Besteuerung des Umwandlungsvorgangs beim übernehmenden Rechtsträger

14 **a) Allgemeines.** Wird das Verm der übertragenden Körperschaft nicht BV der übernehmenden PersGes bzw der übernehmenden natürl Person, gelten nach Abs 1 S 2 die §§ 4, 5 und 7 entsprechend. Den bisherigen Gesellschaftern des übertragenden Rechtsträgers sind dessen offene Rücklagen gem § 7 zuzurechnen (vgl Komm zu § 7), die KapESt ist einzubehalten und abzuführen.

15 Der übernehmende Rechtsträger muss die Werte aus der stl Schlussbilanz der übertragenden Körperschaft übernehmen (§ 4 I 1, **Wertverknüpfung**). Der Übernahmegewinn oder -verlust ist damit auf Basis der gemeinen Werte des übernommenen Verm zu ermitteln. Die übernehmende vermögensverwaltende PersGes bzw der übernehmende Alleingesellschafter muss aber keine Übernahmebilanz aufstellen, da der übernehmende Rechtsträger in eigener Person Einkünfte erzielt, die als Überschuss der Einnahmen über die Werbungskosten ermittelt werden. Die WG sind damit entsprechend den Wertansätzen in der stl Schlussbilanz der übertragenden Körperschaft beim übernehmenden Rechtsträger im Anlageverzeichnis mit dem gemeinen Wert anzusetzen (RHL/*Trossen* Rn 42; Haritz/Menner/*Greve* Rn 33).

16 Da Abs 1 S 2 – im Ggs zum Abs 1 S 2 aF – uneingeschränkt auf die §§ 4, 5 Bezug nimmt und dabei insbes auch auf die Überführungsfiktionen nach § 5 II, III verwiesen wird, ist das Übernahmeergebnis und die Bezüge iSd § 7 gesellschafterbezogen iRe **gesonderten und einheitl Feststellung** zu ermitteln, sofern der übernehmende Rechtsträger eine PersGes ist (BMF-Schrb vom 11.11.2011, BStBl I 1314 Rn 08.03; DPPM/*Möhlenbrock* Rn 21; Frotscher/Maas/*Schnitter* Rn 21; aA RHL/*Trossen* Rn 37). Diese gesonderte und einheitliche Feststellung hat aber keine Bindungswirkung für die Gesellschafter der übernehmenden PersGes (BMF-Schrb vom 11.11.2011, BStBl I 1314 Rn 08.03).

17 Hat der übernehmende Rechtsträger bzw die Gesellschafter der übernehmenden PersGes nach dem stl Übertragungsstichtag, aber vor Eintragung der Verschm in das HR der übernehmenden PersGes, die Anteile an der übertragenden Körperschaft angeschafft, ist das Übernahmeergebnis so zu ermitteln, als ob die Anteile am stl Übertragungsstichtag bereits durch den übernehmenden Rechtsträger bzw die Gesellschafter der übernehmenden PersGes angeschafft worden sind **(Abs 1 S 2 iVm § 5 I).**

18 Das **Übernahmeergebnis** nach Abs 1 S 2 iVm §§ 4 IV-VII, 5 I, II, III ergibt sich aus der Diff zwischen dem sich aus der stl Schlussbilanz des übertragenden Rechtsträgers ergebenden gemeinen Wert des übergehenden Verm und den AK der untergehenden Anteile am übertragenden Rechtsträger. Soweit die Beteiligung am übertragenden Rechtsträger im PV gehalten wurde, kommt die erwei-

terte Wertaufholung nach § 4 I 2 f nicht zur Anwendung (RHL/*Trossen* Rn 32; Haritz/Menner/*Greve* Rn 32). Das Übernahmeergebnis erhöht sich um die Hinzurechnung von § 50c EStG – Sperrbeträge und reduziert sich um die gem § 7 zu versteuernden Kapitaleinkünfte (Abs 1 S 2 iVm § 4 V). Durch die entsprechende Anwendung des § 4 V 2 dürfte in aller Regel ein **Übernahmeverlust** auf der Ebene der übernehmenden PersGes bzw deren Gesellschafter mit Ablauf des **stl Übertragungsstichtags** (RHL/*Trossen* Rn 38) entstehen, der den Gesellschaftern personenbezogen zuzurechnen ist. Ein Übernahmeverlust bleibt im Grds gem § 4 VI 1 außer Ansatz, soweit Gesellschafter des übertragenden Rechtsträgers eine Körperschaft ist. In den übrigen Fällen ist er gem § 4 VI 4 zur Hälfte, höchstens jedoch iHd Hälfte der Bezüge iSd § 7 zu berücksichtigen, allerdings gelten die in § 4 VI 6 genannten Ausschlusstatbestände. Nicht abschl geklärt ist, ob die Anteilseigner der übertragenen Körperschaft ihre iRd Verschm untergehenden Anteile rechtstechnisch veräußern (so RHL/*Trossen* Rn 32; aA Haritz/Menner/*Greve* Rn 41; offengelassen durch DPPM/*Möhlenbrock* Rn 25; vgl auch BMF-Schrb vom 11.11.2011, BStBl I 1314 Rn 00.02) und der Übernahmegewinn/-verlust damit ein Veräußerungsgewinn ist. Der Gesetzgeber geht von einem Veräußerungsgewinn aus. Gegen das Vorliegen einer Veräußerung spricht aber, dass die Anteile am übertragenden Rechtsträger nicht entgeltl auf einen Dritten übertragen werden, sondern untergehen. Der BFH verneint jedenfalls für den Formwechsel einen Veräußerungsvorgang (BFH BStBl II 2000, 430). Im Regelungsbereich des § 8 besteht Einigkeit darüber, dass der Übernahmegewinn wie ein Veräußerungsgewinn besteuert wird.

Die **offenen Rücklagen** des übertragenden Rechtsträgers gelten nach Abs 1 S 2 iVm § 7 als Kapitalertrag iSd § 20 I Nr 1 und werden den Anteilsinhabern zum Umwandlungsstichtag zugerechnet (DPPM/*Möhlenbrock* Rn 19; Haritz/Menner/*Greve* Rn 35). Kapitalertragsteuer ist einzubehalten und abzuführen (vgl Komm zu § 7). 19

Bei welcher **Einkunftsart** die Bezüge iSd § 7 bzw ein Übernahmegewinn/-verlust bei den Gesellschaftern der übernehmenden PersGes stl zu erfassen sind, richtet sich nach der Art der Steuerverhaftung der von ihnen gehaltenen Anteile (DPPM/*Möhlenbrock* Rn 22). 20

b) Gesellschafter ist iSv § 17 EStG beteiligt. Ist ein Gesellschafter am übertragenden Rechtsträger iSd § 17 EStG beteiligt, erzielt dieser zum stl Übertragungsstichtag (Widmann/Mayer/*Widmann* Rn 37) Einkünfte iSd § 17 EStG iHd Diff zwischen dem anteilig auf ihn entfallenden Wert aus der stl Schlussbilanz des übertragenden Rechtsträgers, der Umwandlungskosten und der AK der Anteile am übertragenden Rechtsträger, reduziert um die gem § 7 zu versteuernden Kapitaleinkünfte (Abs 1 S 2 iVm § 4 V). Erfolgte die Umw innerh der Spekulationsfrist iSd § 23 I 2 Nr 2 EStG aF, so bleibt es bei der Besteuerung nach § 17 aF. Abs 2 aF schließt die Anwendung des § 22 Nr 2 iVm § 23 I 2 Nr 2 EStG aF aus. Der Freibetrag nach § 17 III EStG ist nicht zu gewähren. Für nach dem 31.12.2008 erworbene Anteile unterliegen die betreffenden Vorgänge dem Teileinkünfteverfahren (§ 20 VIII EStG iVm § 3 Nr 40 lit c EStG). IÜ findet über § 4 VII 2, § 3 Nr 40 S 1, 2 sowie § 3c EStG Anwendung. Ein Übernahmeverlust kann gem § 4 VI 3, 4 beschränkt genutzt werden, allerdings gelten die in § 4 VI 5 genannten Ausschlusstatbestände. 21

c) Gesellschafter ist iSv § 21 aF beteiligt. Ist ein Gesellschafter am übertragenden Rechtsträger iSd § 21 aF beteiligt, erzielt dieser Einkünfte iSd § 21 aF 22 iVm § 16 EStG iHd Diff zwischen dem anteilig auf ihn entfallenden Wert aus der stl Schlussbilanz des übertragenden Rechtsträgers, der Umwandlungskosten und der AK der Anteile am übertragenden Rechtsträger, reduziert um die gem § 7 zu versteuernden Kapitaleinkünfte (Abs 1 S 2 iVm § 4 V). Die einbringungsgeborenen Anteile iSd § 21 aF gelten gem Abs 1 S 2 iVm § 5 IV aF gem § 27 III Nr 1 am stl Übertragungsstichtag in das Verm der übernehmenden PersGes für die Ermittlung des Übernahmeergebnisses mit den AK als eingelegt. Ein Übernahmeverlust kann gem § 4 VI 3, 4 beschränkt genutzt werden. Der Freibetrag nach § 16 IV EStG ist zu gewähren, da Abs 2 nur den Freibetrag nach § 17 III EStG ausschließt. IÜ findet § 3 Nr 40 EStG Anwendung.

23 **d) Gesellschafter hält Beteiligung im Betriebsvermögen.** In aller Regel dürfte auf diese Anteile § 8 nach der hier vertretenen Meinung (vgl Rn 10) keine Anwendung finden, da die als Gegenleistung für die Anteile am übertragenden Rechtsträger gewährten Anteile an der übernehmenden PersGes auf der Ebene des Gesellschafters BV darstellen. §§ 4 ff finden damit unmittelbar Anwendung. § 18 III 2 Alt 2 kommt zur Anwendung, wenn der Gesellschafter seine im BV gehaltene Beteiligung an der übernehmenden PersGes innerh von fünf Jahren nach der Verschm aufgibt oder veräußert (aA RHL/*Trossen* Rn 53). Geht man mit der FinVerw davon aus, dass bei der Verschm auf eine ZebraGes § 8 Anwendung findet, gelten die Anteile am übertragenden Rechtsträger zum stl Übertragungsstichtag als entnommen (DPPM/*Möhlenbrock* Rn 32). Es entsteht ein laufender Gewinn im BV, das Übernahmeergebnis soll in PV entstehen (DPPM/*Möhlenbrock* Rn 32).

24 **e) Gesellschafter hält steuerlich „nicht verstrickte Anteile".** Soweit der Anteilseigner am übertragenden Rechtsträger nicht steuerverstrickte Anteile besitzt, werden diesen Anteilseignern nur Einkünfte iSd § 7 zugerechnet.

5. Steuerliche Behandlung der übernehmenden Personengesellschaft

25 **a) Laufende Gewinnermittlung.** Die Art der durch die PersGes im Anschluss an die Verschm erzielten Einkünfte richtet sich nach der Tätigkeit der Ges; es handelt sich dabei insbes um Einkünfte aus Kapitalvermögen und VuV. Diese Einkünfte werden als lfd Einkünfte bei der PersGes einheitl und gesondert festgestellt und dann auf die Gesellschafter verteilt. Ist an der vermögensverwaltenden PersGes ein Gesellschafter betriebl beteiligt, wandelt sich bei ihm die ihm zuzurechnenden Beteiligungseinkünfte in betriebl Einkünfte um (BFH GrS BStBl II 2005, 679, BFH/NV 2006, 1247; L. Schmidt/*Wacker* EStG § 15 Rn 201 ff).

26 **b) Eintritt in die steuerliche Rechtsstellung, Abs 1 S 2 iVm § 4 II.** Im Wege der Gesamtrechtsnachfolge geht das Verm der übertragenden Körperschaft auf den übernehmenden Rechtsträger über. Nach Abs 1 S 2 iVm § 4 II tritt der übernehmende Rechtsträger in die stl Rechtsstellung der übertragenden Körperschaft ein. An die in der stl Schlussbilanz der übertragenden Körperschaft angesetzten Werte ist der übernehmende Rechtsträger gebunden, Abs 1 S 2 verweist auch auf § 4 I. Die WG sind damit entsprechend den Wertansätzen in der stl Schlussbilanz der übertragenden Körperschaft beim übernehmenden Rechtsträger im Anlageverzeichnis mit dem gemeinen Wert anzusetzen (RHL/*Trossen* Rn 42). Diese Werte stellen die AK der übergegangenen WG dar (RHL/*Trossen* Rn 48).

Das übergehende Verm wird bei dem übernehmenden Rechtsträger **PV,** zu einem Eintritt in die Qualifikation BV kommt es nicht. Soweit die Anwendung einer stl Norm BV voraussetzt, findet diese Vorschrift nach der Verschm bei dem vermögensverwaltenden übernehmenden Rechtsträger keine Anwendung mehr (DPPM/*Möhlenbrock* Rn 16). Hat bspw die übertragende KapGes AfA gem § 7 IV 1 Nr 1 EStG bzw § 7 V 1 Nr 1 EStG geltend gemacht, so kann der übernehmende, vermögensverwaltende Rechtsträger eine Abschreibung nach dieser Vorschrift nicht mehr vornehmen (RHL/*Trossen* Rn 45). Zu einer Besitzzeitanrechnung gem § 4 II 2 kann es nur kommen, soweit ein Gesellschafter der übernehmenden, vermögensverwaltenden PersGes seine Beteiligung an dieser in seinem BV hält; dann aber gilt nach der hier vertretenen Meinung (vgl Rn 10) diese Regelung unmittelbar. **27**

Aus der Sicht des übernehmenden Rechtsträgers handelt es sich bezogen auf den Vermögensübergang um eine Anschaffung; der übernehmende Rechtsträger wendet seine Anteile am übertragenden Rechtsträger auf, um dessen Verm zu erhalten (vgl BFH BStBl II 2004, 686; BFH BStBl II 1998, 168; offengelassen durch BFH BStBl II 2003, 10). Damit begann zum stl Übertragungsstichtag eine neue **Spekulationsfrist** nach § 22 Nr 2 iVm § 23 EStG aF (RHL/*Trossen* Rn 49). Zu weiteren Einzelheiten der Rechtsnachfolge vgl § 4 Rn 53 ff. **28**

§ 9 Formwechsel in eine Personengesellschaft

[1] Im Falle des Formwechsels einer Kapitalgesellschaft in eine Personengesellschaft sind die §§ 3 bis 8 und 10 entsprechend anzuwenden. [2] Die Kapitalgesellschaft hat für steuerliche Zwecke auf den Zeitpunkt, in dem der Formwechsel wirksam wird, eine Übertragungsbilanz, die Personengesellschaft eine Eröffnungsbilanz aufzustellen. [3] Die Bilanzen nach Satz 2 können auch für einen Stichtag aufgestellt werden, der höchstens acht Monate vor der Anmeldung des Formwechsels zur Eintragung in ein öffentliches Register liegt (Übertragungsstichtag); § 2 Absatz 3 und 4 gilt entsprechend.

Schrifttum: Siehe Schrifttum zu §§ 3–8.

Übersicht

1. Allgemeines

1 **a) Überblick.** § 9 regelt die stl Behandlung des Formwechsels einer KapGes in eine PersGes. Es gelten die §§ 3–8 entsprechend. Das HandelsR kennt keine Rückbeziehung des Formwechsels, die in § 2 enthaltene Rückbeziehungsregelung hilft für den Formwechsel nicht weiter, daher normiert § 9 eine eigenständige steuerrechtl Rückwirkungsregelung und erklärt § 2 III, IV für entsprechend anwendbar.

2 **b) Wesen der formwechselnden Umwandlung.** Für eine formwechselnde Umw ist charakteristisch, dass an ihm nur ein Rechtsträger beteiligt ist, es weder zu einer Gesamtrechtsnachfolge eines Rechtsträgers in das Verm eines anderen kommt, noch der Übertragung der einzelnen Vermögensgegenstände bedarf. Die formwechselnde Umw wird handelsrechtl durch das Prinzip der Identität des Rechtsträgers, der Kontinuität seines Verm (wirtschaftl Identität) und der Diskontinuität seiner Verfassung bestimmt (BFH BStBl II 1997, 661; *Thiel* GmbHR 1997, 145).

3 Das StR folgt der handelsrechtl Identität des Rechtsträgers für den Formwechsel einer KapGes in eine KapGes anderer Rechtsform, da die Identität des Steuersubjekts durch die Umw unberührt bleibt. Es kommt grdsl zu keiner Gewinnrealisierung (BFH BStBl II 1984, 326; BFH BStBl III 1958, 468, 448; BT-Drs 12/6885, 12), weder auf Gesellschafts- noch auf Gesellschafterebene. Das StR kann dem HandelsR jedoch nicht folgen, soweit es um den Formwechsel einer KapGes in eine PersGes und umgekehrt geht. Das Konzept der Besteuerung einer KapGes und einer PersGes unterscheidet sich näml grundlegend. Das StR beurteilt die

KapGes und deren Anteilseigner als selbstständige Steuersubjekte. Bei der PersGes sind demggü ausschließl die Gesellschafter mit ihrem Einkommen selbst stpfl. Der Gewinn der PersGes wird unmittelbar den Gesellschaftern zugerechnet und bei diesen der ESt oder KSt unterworfen. Das UmwStG regelt daher die formwechselnde Umw einer KapGes in eine PersGes und umgekehrt eigenständig und wie eine übertragende Umw (so RegEBegr BT-Drs 12/6885, 22). Beim Formwechsel einer PersGes in eine KapGes findet über § 25 S 1 der Sechste Teil des UmwStG (Einbringung eines Betriebs, Teilbetriebs oder Mitunternehmeranteils in eine KapGes gegen Gewährung von Gesellschaftsrechten, §§ 20–23) entsprechende Anwendung (vgl dazu die Komm zu § 25). Der Formwechsel einer KapGes in eine PersGes ist in den Vorschriften der §§ 9, 18 geregelt. § 9 verweist auf den Zweiten Teil betrifft den Vermögensübergang auf eine PersGes, also auf die Vorschriften der §§ 3–8.

2. Zivilrechtliche Grundlagen

§ 9 setzt eine zivilrechtl zulässige Möglichkeit des Formwechsels einer KapGes 4
in eine PersGes voraus. Die dt handelsrechtl Vorschriften zum Formwechsel finden sich in den §§ 190–304 UmwG. § 191 I UmwG bestimmt, welcher Rechtsträger seine Rechtsform wechseln kann, Abs 2 der Vorschrift regelt, wer Rechtsträger der neuen Rechtsform sein kann, dh welche neuen Rechtsträger überhaupt iRe formwechselnden Umw in Betracht kommen. Nach § 226 I, II UmwG besteht nach dt Recht die Möglichkeit des Formwechsels einer **SE, AG, KGaA, GmbH** (vgl § 1 Rn 47) in eine **KG, OHG, GbR, EWIV** sowie in eine **PartGes.** Nach § 191 III UmwG ist der Formwechsel eines aufgelösten Rechtsträgers mögl, wenn seine Fortsetzung in der bisherigen Form beschlossen werden könnte. Demggü können weder eine VorgründungsGes noch eine VorGes formwechselnder Rechtsträger sein, weil die Umwandlungsfähigkeit erst mit der Registereintragung beginnt (Frotscher/Maas/*Schnitter* Rn 10; RHL/*Birkemeier* Rn 9). Der Formwechsel einer KapGes in eine PersGes ist auch dann zulässig, wenn an der PersGes eine oder mehrere KapGes beteiligt sind. Damit ist eine formwechselnde Umw einer KapGes in eine GmbH & Co KG mögl. Ob ein solcher Formwechsel in eine GmbH & Co KG voraussetzt, dass vor der formwechselnden Umw die zukünftige Komplementär-GmbH am gezeichneten Kap der formwechselnden GmbH zivilrechtl beteiligt ist, wird unterschiedl beantwortet (vgl § 226 Rn 3; BFH HFR 2005, 1223). Handelsrechtlich nicht möglich ist der Formwechsel einer KapGes in ein Einzelunternehmen.

Eine KapGes kann auch dann in eine PersGes formwechselnd umgewandelt 5
werden, wenn die „übernehmende" PersGes kein stl **BV** besitzt (DPPM/*Möhlenbrock* Rn 21; Frotscher/Maas/*Schnitter* Rn 20). Der Formwechsel in eine PersGes ohne BV führt aber zur Aufdeckung und Versteuerung der stillen Reserven im BV des formwechselnden Rechtsträgers (§ 9 iVm § 3 II 1 Nr 1).

Für die Anwendung des § 9 ist es unerhebl, ob an der KapGes **in- oder ausl** 6
Gesellschafter, auch solche die in **Drittstaaten** beteiligt sind.

Von § 9 sind auch Formwechsel einer KapGes in eine PersGes nach **ausl** 7
UmwG erfasst (vgl § 1 Rn 49 f), wenn der umwandelnde Rechtsträger eine nach den Rechtsvorschriften eines Mitgliedsstaates der EU bzw der EWR gegründete Ges mit Sitz und Geschäftsleitung im EU-/EWR-Bereich ist (§ 1 II 1 Nr 1). Dabei muss der formwechselnde Rechtsträger nach dt rechtl Beurteilung mit einer dt KapGes vglbar sein; Gleiches gilt für den Rechtsträger neuer Rechtsformen, der

nach dt rechtl Beurteilung mit einer dt PersGes vglbar sein muss (**Typenvergleich;** vgl dazu § 1 Rn 47, 23). Damit findet § 9 iVm §§ 3 ff keine Anwendung, wenn eine Ges in ihrem Ansässigkeitsstaat der KSt unterliegt, von Deutschland, als Ansässigkeitsstaat eines Gesellschafters, als stl transparent klassifiziert wird (vgl dazu *Brähler/Heerdt* StuW 2007, 260). Die durch das Gesetz gestellten Forderungen an den formwechselnden Rechtsträger bzw Rechtsträger neuer Rechtsform müssen im Zeitpunkt der Eintragung der Umw in das maßgebl Register gegeben sein, auf den stl Übertragungsstichtag kommt es insoweit nicht an (str vgl § 3 Rn 11). Voraussetzung für die Anwendung des § 9 ist weiter, dass der andere EU-/EWR-Staat die **Umw zivilrechtl identitätswahrend,** dh ohne Vermögensübergang regelt (DPPM/*Möhlenbrock* Rn 12; RHL/*Birkemeier* Rn 15; vgl auch *Hagemann/Jakob/Ropohl/Viebrock* NWB-Sonderheft 1/2007, 32). Zum grenzüberschreitenden Formwechsel vgl § 1 Rn 49.

3. Steuerrechtliche Grundlagen

8 Die formwechselnde Umw führt handelsrechtl zu keiner Vermögensübertragung. Aufgrund des unterschiedl Besteuerungskonzeptes zwischen einer KapGes und ihren Gesellschaftern im Vgl zur PersGes **fingiert** jedoch das **UmwStG** einen **Vermögensübergang** (BT-Drs 12/6885, 26; BFH BStBl II 2008, 73; Frotscher/Maas/*Schnitter* Rn 3; RHL/*Birkemeier* Rn 16). Der Formwechsel einer KapGes in eine PersGes wird daher aus steuerrechtl Sicht wie die Verschm einer KapGes auf eine PersGes behandelt. Die Vorschrift des § 9 verweist in S 1 auf die §§ 3–8, 10. S 2 bestimmt, dass die KapGes für stl Zwecke auf den Zeitpunkt, in dem der Formwechsel wirksam wird, eine **Übertragungsbilanz** und die Ges neuer Rechtsform eine **Eröffnungsbilanz** aufzustellen hat. Nach S 3 der Vorschrift müssen diese Bilanzen für einen Stichtag aufgestellt werden, der höchstens acht Monate vor der Anmeldung des Formwechsels zur Eintragung in das öffentl Register liegt. Diese Rückwirkung in S 3 gilt ausschließl für das StR, und zwar unabhängig davon, ob am stl Übertragungsstichtag die gesellschaftsrechtl Voraussetzungen für den Formwechsel vorlagen (RHL/*Birkemeier* Rn 36).

4. Formwechsel einer Kapitalgesellschaft in eine Personengesellschaft mit Betriebsvermögen

9 **a) Übertragende Kapitalgesellschaft. aa) Steuerliche Schlussbilanz.** Die formwechselnde KapGes hat gem S 2 eine stl Schlussbilanz aufzustellen. Diese Verpflichtung gilt unabhängig davon, ob die formwechselnde KapGes im Inland stpfl oder im Inland zur Führung von Büchern verpflichtet ist. Diese stl Schlussbilanz hat den **Vorgaben des § 3** (Ansatz und Bew) zu entsprechen, eine Bindung an ggf notw ausl stl Schlussbilanzen besteht nicht (vgl § 3 Rn 22). Die Vorlage einer stl Schlussbilanz ist nur dann nicht erforderl, wenn sie für inl Besteuerungszwecke nicht benötigt wird. Ob eine stl Schlussbilanz der formwechselnden KapGes für inl Besteuerungszwecke benötigt wird, ist sowohl aus der Sicht des formwechselnden Rechtsträgers als auch des Rechtsträgers neuer Rechtsform bzw deren Gesellschafter zu beurteilen. Wir somit eine im EU-/EWR-Ausland ansässige KapGes mit einem in Deutschland unbeschränkt stpfl Gesellschafter formwechselnd umgewandelt, muss eine stl Schlussbilanz vorgelegt werden, da die stl Schlussbilanz für die Besteuerung des in Deutschland unbeschränkt stpfl Gesellschafters formwechselnde Bedeutung hat (vgl § 7 Rn 9). Die stl Schlussbilanz ist auf den **Übertragungsstichtag** iSd S 3 aufzustellen. Der Grds der Maßgeblichkeit

der HB für die StB existiert bereits deshalb nicht, weil handelsrechtl für die formwechselnde Ges keine Schlussbilanz aufgestellt werden kann, eine nicht aufgestellte HB für die StB aber nicht maßgebl sein kann. IÜ wurde der Grds der Maßgeblichkeit der HB für die StB im Regelungsbereich des UmwStG nunmehr nach dem ausdrückl Willen des Gesetzgebers endgültig aufgegeben (BT-Drs 16/2010, 37). Zu den Folgen der Nichtvorlage einer stl Schlussbilanz vgl § 3 Rn 25.

bb) Ansatz und Bewertung der übergehenden Wirtschaftsgüter in der steuerlichen Schlussbilanz. Bei der formwechselnden Umw einer KapGes in eine PersGes sind die übergehenden WG, einschl nicht entgeltl erworbener und selbst geschaffener immaterieller WG, in der stl Schlussbilanz der formwechselnden Körperschaft mit dem **gemeinen Wert** anzusetzen. Dies gilt für alle aktiven und passiven WG (vgl § 3 Rn 27). Zum Begriff des „gemeine Werts" vgl § 3 Rn 39 ff. 10

Ein **Buchwertansatz,** der übergehenden WG ist gem S 1 iVm § 3 II 1 auf Antrag zulässig, soweit (§ 3 II 1 Nr 1) sie BV der übernehmenden PersGes werden und sichergestellt ist, dass die sie später der Besteuerung mit ESt oder KSt unterliegen (vgl dazu § 3 Rn 75 ff), (§ 3 II 1 Nr 2) das Recht der BRD hinsichtl der Besteuerung des Gewinns aus der Veräußerung der übertragenen WG bei den Gesellschaftern der übernehmenden PersGes nicht ausgeschlossen oder beschränkt wird (vgl dazu § 3 Rn 84 ff) und (§ 3 II 1 Nr 3) eine Gegenleistung nicht gewährt wird oder in Gesellschaftsrechten besteht (vgl dazu § 3 Rn 102 ff). Ob die Voraussetzungen des § 3 II S 1 vorliegen, ist im Grundsatz (vgl aber § 8 Rn 10) für jeden Gesellschafter des formwechselnden Rechtsträgers gesondert zu prüfen (vgl § 3 Rn 80, 84). 11

Alt und unter denselben Voraussetzungen wie der Buchwertansatz können auf Antrag auch **ZW** in der stl Schlussbilanz des formwechselnden Rechtsträgers angesetzt werden. Soweit ein Antrag auf Zwischenwertansatz gestellt wird und die Voraussetzungen des § 3 II 2 vorliegen, sind die BW gleichmäßig und verhältnismäßig aufzustocken; eine gezielte unterschiedl Aufstockung dahin, dass bspw schnell abschreibbare WG mit einem höheren Aufstockungsbetrag versehen werden als nur auf lange Sicht oder gar nicht abschreibbare WG, ist nicht zulässig. 12

Das Antragswahlrecht wird durch die dafür zuständigen Organe der KapGes ausgeübt. Das sind bspw nach dt Recht der Vorstand der AG oder der Geschäftsführer bei der GmbH. Nach Eintragung der Umw in das Register geht das Wahlrecht auf das bei der übernehmenden PersGes zuständige Organ über (zur Bilanzberichtigung vgl § 3 Rn 74). Zu weiteren Einzelheiten der Ausübung des Antragswahlrechts vgl § 3 Rn 65 ff. 13

cc) Besteuerung des Übertragungsgewinns. Der sich aufgrund der Aufstockung in der StB ergebende Gewinn der KapGes ist für den letzten Besteuerungszeitraum zu erfassen und unterliegt sowohl der KSt als auch der GewSt. Eine Stundung oder eine (pro rata aufzulösende) RSt für Steuerverbindlichkeiten aus Anlass des Formwechsels sieht das Gesetz nicht vor. Entsteht der Übertragungsgewinn durch die Aufdeckung stiller Reserven in Anteilen an einer KapGes, bei denen die Voraussetzungen des § 8b II KStG gegeben sind, so ist dieser dadurch entstehende Übertragungsgewinn steuerfrei (vgl dazu § 3 Rn 152), falls der Veräußerungsgewinn nach Maßgabe des § 8b KStG steuerfrei ist; § 8b III 1 KStG ist zu beachten. Die Aufdeckung der stillen Reserven führt dazu, dass ein höherer Übernahmegewinn entsteht bzw ein Übernahmeverlust sicher verringert. 14

15 **dd) Weitere Einzelheiten.** Vgl die Komm zu § 3.

16 **b) Rückwirkung, S 3.** Nach S 3 kann die KapGes die Übertragungsbilanz und die PersGes die Eröffnungsbilanz für einen Stichtag aufstellen, der höchstens acht Monate vor der Anmeldung des Formwechsels zur Eintragung in das öffentl Register liegt. Für den Formwechsel wird durch diese Vorschrift eine **eigene stl Rückwirkungsregelung** geschaffen. Erforderl ist dies, weil es beim Formwechsel an einem zivilrechtl Vermögensübergang fehlt, mit der Folge, dass die auf den Vermögensübergang abstellende steuerrechtl Rückwirkung des § 2 auf den Formwechsel keine Anwendung finden kann (vgl BMF-Schrb vom 11.11.2011, BStBl I 1314 Rn 09.01; DPPM/*Möhlenbrock* Rn 21). Materiell-rechtl stimmt S 3 mit der des § 2 überein. Das Einkommen und das Verm der formwechselnden KapGes bzw der PersGes sind damit so zu ermitteln, als ob das Verm der KapGes mit Ablauf des Stichtages der Bilanz, die dem Formwechsel zugrunde liegt, auf die PersGes übergegangen wäre (DPPM/*Möhlenbrock* Rn 24). Wird die Acht-Monats-Frist nicht eingehalten, liegt der Stichtag der Umwandlungsbilanz mehr als acht Monate vor der Anmeldung des Formwechsels, ist der Tag der Eintragung der Umw in das Register der stl Übertragungsstichtag (DPPM/*Möhlenbrock* Rn 23; Frotscher/Maas/*Schnitter* Rn 27; Widmann/Mayer/*Widmann* Rn 62). Fällt der Umwandlungsstichtag nicht auf das Ende eines Wj, so entsteht stl, nicht aber handelsrechtlich ein RumpfWj (DPPM/*Möhlenbrock* Rn 16). Zu einer stl Rückwirkung kommt es unabhängig davon, ob am stl Übertragungsstichtag die gesellschaftsrechtl Voraussetzungen für den Formwechsel auch tats vorliegen (DPPM/*Möhlenbrock* Rn 24; RHL/*Birkemeier* Rn 37; Frotscher/Maas/*Schnitter* Rn 30). Es ist somit ein rückwirkender Formwechsel einer GmbH in eine GmbH & Co KG stl mögl, selbst wenn zum stl Umwandlungsstichtag die Komplementär-GmbH zivilrechtl zu diesem Zeitpunkt noch gar nicht existiert hat (DPPM/*Möhlenbrock* Rn 24; Frotscher/Maas/*Schnitter* Rn 30). Die Haftungsverfassung des durch den Formwechsel entstehenden Rechtsträgers wird auf den stl Übertragungsstichtag zurückbezogen (BFH BStBl I 2010, 942).

17 Nach S 3 HS 2 gilt auch für den Formwechsel einer KapGes in eine PersGes § 2 III, IV entsprechend. Es sollen bei dem stl rückwirkenden Formwechsel einer KapGes in eine PersGes mit Auslandsbezug sog „weiße Einkünfte" vermieden werden. Da beim Formwechsel eine grenzüberschreitende Vermögensübertragung ausscheidet, dürfte die Regelung insbes bei unterschiedl Beurteilungen von Gewinnausschüttungen und Anteilsveräußerung im Rückwirkungszeitraum Anwendung finden (RHL/*Birkemeier* Rn 38; DPPM/*Möhlenbrock* Rn 24).

18 **c) Übernehmende Personengesellschaft. aa) Eröffnungsbilanz.** Die übernehmende PersGes hat auf den Zeitpunkt, in dem der Formwechsel wirksam wird, für stl Zwecke eine Eröffnungsbilanz aufzustellen. Die in der Schlussbilanz der übertragende KapGes enthaltenen Werte sind gem S 1 iVm § 4 I zu übernehmen. Stockt die KapGes die BW in ihrer stl Schlussbilanz auf, so hat die übernehmende PersGes diese aufgestockten BW zu übernehmen. Der Grds der Maßgeblichkeit der HB für die StB gilt nicht.

19 Zu Einzelfällen der Bilanzierung vgl § 4 Rn 25 ff.

20 **bb) Eintritt in die steuerliche Rechtsstellung.** Die PersGes tritt grdsl gem S 1 iVm § 4 II 1 in die Rechtsstellung der formwechselnden KapGes ein. Dies gilt gem § 4 III auch dann, wenn die WG in der stl Schlussbilanz der KapGes mit einem über dem BW liegenden Wert angesetzt.

Die PersGes führt die Werte der übergehenden WG aus der stl Schlussbilanz der formwechselnden KapGes gem § 4 I fort und tritt bzgl der übernommenen WG und der AfA in die Rechtsstellung der KapGes ein, was auch für eine ggf stl relevante Herstellereigenschaft der formwechselnden KapGes gilt. Die PersGes kann daher hinsichtl der auf sie übergegangenen WG nicht von der linearen AfA, die die KapGes gewählt hat, auf eine Abschreibung in fallenden Jahresbeträgen übergehen; hat die KapGes ein WG degressiv abgeschrieben, so muss die PersGes die Abschreibungsmethode mit dem zugrunde gelegten Vomhundertsatz fortführen. Nicht abschl geklärt ist, ob die PersGes als Ges neuer Rechtsform, an die von der Körperschaft zugrunde gelegte betriebsgewöhnl Nutzungsdauer der übertragenen WG gebunden ist. Nach Meinung der FinVerw (vgl § 4 Rn 60 mwN) wird die betriebsgewöhnl Nutzungsdauer der übertragenen WG durch die übernehmende PersGes bzw ihre Gesellschafter neu geschätzt (vgl auch BFH DStR 2008, 611; FG Hamburg EFG 2003, 57; BMF-Schrb vom 25.3.1998, BStBl I 268 Rn 04.05). Hat die KapGes eine Abschreibung für außergewöhnl technische oder wirtschaftl Abnutzungen (§ 7 I 6 EStG) vorgenommen, so tritt die durch den Formwechsel entstehende PersGes in die Stellung der KapGes ein und muss ggf zu einem späteren VZ eine gewinnerhöhende Zuschreibung vornehmen; Gleiches gilt für vorgenommene Teilwertabschreibungen (vgl § 4 Rn 71 ff). Die PersGes kann Sonder-AfA noch in der Höhe und in dem Zeitraum vornehmen, wie es auch die KapGes hätte tun können (BMF-Schrb vom 17.9.1998, DStR 1998, 1516; *Eisolt* DStR 1999, 267). Kommt es iRd Umw zur Aufdeckung stiller Reserven in der stl Schlussbilanz, so hat dies keinen Einfluss auf die Sonderabschreibung, sondern ledigl auf die normale Abschreibung (vgl § 4 Rn 92). Die PersGes kann die bei der KapGes gebildeten gewinnmindernden Rücklagen fortführen, auch wenn die für die Schaffung der Rücklage erforderl Voraussetzungen nur bei der KapGes vorlagen (vgl § 4 Rn 68 ff). Der Zeitraum der Zugehörigkeit eines WG zum BV der KapGes ist der übernehmenden PersGes zuzurechnen, wenn die Zugehörigkeit zum BV für die Besteuerung bedeutsam ist. 21

Verrechenbare Verluste, verbleibende Verlustvorträge, von der formwechselnden KapGes nicht ausgeglichene negative Einkünfte, ein Zinsvortrag nach § 4h I 5 EStG und ein EBITDA-Vortrag nach § 4h I 3 EStG gehen nicht auf die PersGes über (S 1 iVm § 4 II 2). Gehören zum Verm des formwechselnden Rechtsträger Anteile an einer Körperschaft, liegt insoweit kein schädlicher Beteiligungserwerb iSd § 8c KStG vor (BMF-Schrb vom 4.7.2008, BStBl I 736 Rn 11; Gosch/*Roser* KStG § 8c Rn 56). 22

cc) AfA-Bemessungsgrundlage bei Aufstockung, S 1; § 4 III. Werden in der stl Schlussbilanz des formwechselnden Rechtsträgers die übergehenden WG mit dem gemeinen Wert oder mit ZW angesetzt, ist die AfA für Gebäude in den Fällen des § 7 IV 1, V EStG nach der bisherigen Bemessungsgrundlage vorzunehmen (vgl § 4 Rn 79 ff). In allen anderen Fällen erhöht sich die AfA-Bemessungsgrundlage durch die Neubewertung in der Schlussbilanz des formwechselnden Rechtsträgers. Die jew Abschreibungsmethoden sind fortzuführen (vgl § 4 Rn 58). 23

d) Besteuerung der offenen Rücklagen. Nach § 7 gelten die stl Gewinnrücklagen, dh das anteilige EK in der StB der formwechselnden KapGes abzgl des Bestands des stl Einlagekontos iSd § 27 KStG, der sich nach Anwendung des § 29 KStG ergibt, an den Anteilseigner im Verhältnis seines Anteils am Nennwert als ausgeschüttet. Dies gilt unabhängig davon, ob für den Anteilseigner ein Übernahmeergebnis ermittelt wird oder nicht. § 7 qualifiziert den Dividendenanteil als 24

Bezüge iSd § 20 I Nr 1 EStG. Die Einlagefiktion nach § 5 II, III bewirkt bei Anteilen, die an der Übernahmeergebnisermittlung teilnehmen, dass die auf diese Anteile entfallenden Einkünfte iSd § 7 gem § 20 VIII EStG betriebl Einkünfte sind (str vgl § 7 Rn 14a). Soweit die Einnahmen iSd § 20 I Nr 1 EStG iVm § 7 S 1 auf eine Körperschaft entfallen, sind sie grdsl nach § 8b I 1 KStG bei der Einkunftsermittlung insgesamt außer Ansatz zu lassen. Nach § 8b V 1 KStG gilt jedoch ein pauschales Betriebsausgabenabzugsverbot in Höhe von 5% der Einnahmen iSd § 8b I KStG. § 8b VII ff KStG ist zu beachten. Soweit natürl Personen an der übernehmenden PersGes beteiligt sind, sind die Einkünfte iSd § 7 nach § 3 Nr 40b EStG zu besteuern. § 3 Nr 40 S 3, 4 EStG ist zu beachten. Die Bezüge unterliegen dem Kapitalertragsteuerabzug nach § 43 I Nr 1 EStG. Zu weiteren Einzelheiten vgl die Komm zu § 7.

25 **e) Übernahmeergebnisses erster Stufe. aa) Ermittlung des Übernahmeergebnisses erster Stufe.** In Folge des fingierten Vermögensübergangs ergibt sich ein Übernahmegewinn bzw Übernahmeverlust iHd Unterschiedsbetrags zwischen dem Wert, mit dem die übergegangenen WG durch die PersGes zu übernehmen sind, abzgl der Kosten für den Vermögensübergang und dem Wert der Anteile an der übertragenden Körperschaft (S 1 iVm § 4 IV 1). Der **Wert des übergehenden Verm** ergibt sich aus der stl Schlussbilanz des formwechselnden Rechtsträgers. Für Zwecke der Ermittlung des Übernahmeergebnisses erhöht sich nach § 4 IV 2 dieser Wert um die Diff zwischen dem gemeinen Wert und dem Wert in der stl Schlussbilanz der WG, soweit an ihnen kein Recht der BRD zur Veräußerung dieser WG bestand **(sog neutrales Verm).** Hierbei handelt es sich um Verm der formwechselnden Körperschaft, dass zB aufgrund der Freistellungsmethode in einem DBA nicht der dt Besteuerung unterliegt oder welches bei ausl formwechselnden KapGes mangels StPfl nicht der dt Besteuerung unterliegt (zu weiteren Einzelheiten vgl § 4 Rn 111 ff). Das Übernahmeergebnis ist nur für die Anteile an der formwechselnden KapGes zu ermitteln, die am stl Übertragungsstichtag dem BV der übernehmenden PersGes zuzuordnen sind. Die übernehmende PersGes iSd S 1 iVm § 4 IV entsteht zivilrechtl aber erst im Zeitpunkt des Untergangs der KapGes. Die Anteile an der formwechselnden KapGes werden am stl Übertragungsstichtag ausschließl von den Gesellschaftern der KapGes in deren PV oder BV gehalten, es liegt zivilrechtl zu keinem Zeitpunkt eine Beteiligung durch die erst iRd Formwechsels entstehende PersGes vor (DPPM/*Möhlenbrock* Rn 19; Widmann/Mayer/*Widmann* Rn 10; Haritz/Menner/*Greve* Rn 57). Zur Ermittlung des Übernahmeergebnisses erster Stufe finden beim Formwechsel einer KapGes in eine PersGes stets die Einlagefiktion des § 5 Anwendung.

26 **bb) Die Anschaffung nach dem steuerlichen Übertragungsstichtag, § 5 I 1. Alt.** Werden Anteile an der KapGes durch die übernehmende PersGes nach dem stl Übertragungsstichtag erworben, so gelten diese Anteile für die Berechnung des Übernahmegewinns gem § 5 I 1. Alt durch diese unmittelbar vor dem Umwandlungszeitpunkt als erworben. **§ 5 I 1. Alt** findet **entsprechend Anwendung** für den Fall, in dem ein späterer **Gesellschafter** der übernehmenden PersGes **nach dem stl Übertragungsstichtag Anteile** an der KapGes **erwirbt,** die gem § 5 als in das BV der übernehmenden PersGes überführt gelten (vgl § 5 Rn 14). § 5 I 1. Alt findet damit beim Formwechsel in den Fällen Anwendung, in denen ein Gesellschafter der formwechselnden KapGes Anteile an dieser zwischen dem stl Übertragungsstichtag und der Eintragung der Umw in das HR anschafft. Zu weiteren Einzelheiten vgl § 5 Rn 14 f.

cc) Abfindung von ausscheidenden Gesellschaftern, § 5 I 2. Alt. Auch iRd Formwechsels einer KapGes in eine PersGes kann ein Angebot auf Barabfindung unterbreitet werden (§§ 231, 207–209 UmwG). Zum stl Übertragungsstichtag ist der Abfindungsanspruch des ausscheidenden Gesellschafters noch nicht zu erfassen. § 5 I 2. Alt zieht die, nach dem stl Übertragungsstichtag gezahlte Abfindung in die Berechnung des Übernahmegewinns erster Stufe dadurch ein, dass unterstellt wird, die Abfindungszahlung erfolge kurz vor dem stl Übertragungsstichtag. IHd gezahlten Abfindung erhöht sich der Wert der Anteile, ein Übernahmegewinn mindert sich bzw ein Übernahmeverlust erhöht sich entsprechend. 27

dd) Einlagefiktion einer Beteiligung iSd § 17 EStG, § 5 II. Besitzt ein Gesellschafter der formwechselnden KapGes Anteile iSd § 17 EStG (vgl § 5 Rn 22 ff), die kein BV darstellen, und wird der Gesellschafter der KapGes iRd Formwechsels auch Gesellschafter der PersGes, so gelten diese Anteile gem § 5 II zur Ermittlung des Übernahmeergebnisses in das BV der PersGes als eingelegt. Hat der Gesellschafter die Anteile an der KapGes erst nach dem stl Übertragungsstichtag erworben, ist dennoch gem § 5 I 1. Alt analog davon auszugehen, dass er die Anteile zum stl Übertragungsstichtag innehatte. Einbringungsgeborene Anteile iSd § 21 aF fallen nicht unmittelbar in den Regelungsbereich des § 5 II vgl Rn 40 f. Die Anteile dürfen zum stl Übertragungsstichtag nicht zu einem BV des Gesellschafters gehört haben. Maßgebender Zeitpunkt dafür, ob die Beteiligungsgrenze iSd § 5 II iVm § 17 EStG erreicht ist, ist nicht der Zeitpunkt des stl Übertragungsstichtags, sondern die Eintragung der Umw in das HR (§ 5 Rn 25). Für die Berechnung der Fünf-Jahres-Frist iSd § 17 EStG ist auf den Zeitpunkt des zivilrechtl Wirksamwerdens der Umw abzustellen (vgl § 5 Rn 25) Auch Anteile eines beschränkt Stpfl gelten als eingelegt (vgl § 5 Rn 27). 28

ee) Anteile im Betriebsvermögen eines Gesellschafters, § 5 III. Gehören die Anteile an der formwechselnden KapGes zum stl Übertragungsstichtag (vgl dazu § 5 Rn 34) zu einem BV eines Gesellschafters, ist das Übernahmeergebnis bei der PersGes so zu ermitteln, als wären die Anteile an der KapGes zum stl Übertragungsstichtag in das BV der „übernehmenden" PersGes überführt worden. Legt der Gesellschafter nach dem stl Übertragungsstichtag die Anteile an der KapGes tats aus dem PV in ein BV ein, so ist § 5 III 1 nicht anzuwenden, die Anteile gelten unter den Voraussetzungen des § 5 II als in das BV der PersGes eingelegt. Es spielt keine Rolle, ob sich die Anteile in einem **in- oder ausl BV** befinden (vgl § 5 Rn 33). Die Beurteilung der Frage, ob es sich um Anteile im BV handeln, hat nach den Kriterien des dt Steuerrechts zu erfolgen. 29

Die Überführung der Anteile in das BV der PersGes erfolgt zum BW der Anteile, erhöht um steuerwirksam vorgenommene Teilwertabschreibungen sowie Abzüge nach § 6b EStG und ähnl Abzüge, höchstens jedoch mit dem gemeinen Wert. Diese Zuschreibung um steuerwirksame Teilwertabschreibungen und Abzüge iSd § 6b erfolgen im jeweiligen BV des Anteilseigners und nicht auf der Ebene der übernehmenden PersGes (vgl § 5 Rn 37). 30

ff) Alte einbringungsgeborene Anteile. Aufgrund der Abschaffung des Konzepts der „einbringungsgeborenen Anteile" iSd § 21 aF ist in § 5 keine Einlagefiktion mehr für solche Anteile vorgesehen. § 5 IV aF gilt nach § 27 III Nr 1 mit der Maßgabe fort, dass die alten einbringungsgeborenen Anteile mit dem Wert iSd § 5 II oder III in das BV überführt gelten (vgl § 5 Rn 39 ff). 31

32 **f) Übernahmeergebnis zweiter Stufe.** Das Übernahmeergebnis erster Stufe wird nach § 4 V 1 um einen ggf vorhandenen Sperrbetrag iSd § 50c EStG erhöht. Nach § 4 V 2 mindert sich ein Übernahmegewinn oder erhöht sich ein Übernahmeverlust um die offenen Rücklagen, die nach § 7 zu den Einkünften iSd § 20 I Nr 1 EStG gehören.

33 **g) Gesellschafterbezogene Ermittlung des Übernahmeergebnisses.** Das Übernahmeergebnis ist für jeden Gesellschafter getrennt zu ermitteln. Die getrennte Ermittlung des Übernahmeergebnisses ist notw, weil sich für jeden Gesellschafter ein unterschiedl Wert der Beteiligung iSd § 4 IV 1, des Sperrbetrags nach § 50c EStG und der Bezüge nach § 7 ergeben kann. Das Übernahmeergebnis entsteht mit Ablauf des stl Übertragungsstichtags.

34 **h) Besteuerung des Übernahmegewinns.** Auf einen Übernahmegewinn ist § 8b KStG anzuwenden (§ 4 VII 1), soweit dieser auf eine Körperschaft, Personenvereinigung oder Vermögensmasse als MU der übernehmenden PersGes entfällt. In allen übrigen Fällen erfolgt eine Besteuerung nach § 3 Nr 40 S 1, 2 EStG, § 3c EStG (§ 4 VII 2). Zur Besteuerung der offenen Rücklagen vgl Rn 24.

35 **i) Berücksichtigung eines Übernahmeverlustes.** Ein Übernahmeverlust bleibt außer Ansatz, soweit er auf eine Körperschaft, Personenvereinigung oder Vermögensmasse als MU der übernehmenden PersGes entfällt. Etwas anderes gilt für Anteile an der übertragenden Körperschaft, die die Voraussetzungen des § 8b VII, VIII 1 KStG erfüllen; in diesen Fällen ist nach § 4 VI 3 der Übernahmeverlust bis zur Höhe der Bezüge iSd § 7 zu berücksichtigen. In den übrigen Fällen ist ein Übernahmeverlust zu 60 vH, – vorbehaltlich § 4 VI 5 –, höchstens ich 60 vH Hälfte der Bezüge nach § 7 zu berücksichtigen, ein danach verbleibender Übernahmeverlust bleibt außer Ansatz. Nach § 4 VI 6 ist ein Übernahmeverlust nicht mit den Einkünften nach § 7 verrechenbar, wenn es sich um Anteile handelt, bei deren Veräußerung ein Veräußerungsverlust nach § 17 II 6 EStG nicht zu berücksichtigen wäre oder soweit die Anteile an der übertragenden Körperschaft innerh der letzten fünf Jahre vor dem stl Übertragungsstichtag entgeltl erworben wurden (zu weiteren Einzelheiten vgl § 4 Rn 120 ff).

36 **j) Übernahmefolgegewinn, S 1; § 6.** S 1 verweist uneingeschränkt auf § 6. Nach § 6 I kann die PersGes eine den stl Gewinn mindernde Rücklage bilden, wenn sich ihr Gewinn dadurch erhöht, dass der Vermögensübergang zum Erlöschen von Forderungen und Verbindlichkeiten zwischen der übertragenden Körperschaft und der übernehmenden PersGes führt. Im Falle des § 9 wechselt die KapGes ohne Zwischenschritt in die Rechtsform der PersGes, sodass Forderungen und Verbindlichkeiten zwischen diesen beiden Rechtsträgern nicht existieren können (ebenso Haritz/Menner/*Greve* Rn 67; RHL/*Birkemeier* Rn 3).

37 Nach § 6 II kann es jedoch zu einer Konfusion aus steuerrechtl Sicht kommen, wenn eine Forderung oder Verbindlichkeit der formwechselnden KapGes besteht und der Schuldner bzw Gläubiger der Forderung oder Verbindlichkeit im Zeitpunkt der Eintragung des Umwandlungsbeschlusses in das HR Gesellschafter der übernehmenden PersGes wird (Haritz/Menner/*Greve* Rn 67). Der **BFH** geht in seinem Urteil vom 8.12.1982 (BStBl II 1983, 570) in diesen Fällen von einer **Konfusion aus steuerrechtl Sicht** aus. Aus der Verweisung des § 8 VI UmwStG 1977, welcher dem heutigen § 6 II entspricht, auf § 8 I–V UmwStG 1977 ergebe sich, dass das Gesetz auch in den Fällen, in denen Forderung und Verbindlichkeit zwischen der übertragenden Körperschaft und den Gesellschaftern der überneh-

menden PersGes existieren, es steuerrechtl zu einem Erlöschen von Forderungen und Verbindlichkeiten komme. Da ein solcher Vorgang zivilrechtl nicht zur Beendigung des Schuldverhältnisses führt, muss aus der Sonderregelung in § 8 VI UmwStG 1977 (entsprechend § 6 II) geschlossen werden, dass das UmwStG von einer Konfusion ausgeht (vgl dazu § 6 Rn 14 ff).

Zur Auflösung von **Pensionsrückstellungen** vgl § 6 Rn 18 ff. **38**

Der Übernahmefolgegewinn entsteht steuerrechtl eine logische Sekunde nach **39** dem stl Übertragungsstichtag. Er gehört zum lfd Gewinn der übernehmenden PersGes. Er ist **nicht Teil des Übernahmeergebnisses** nach § 4 IV–VII. Soweit der Übernahmefolgegewinn auf eine natürl Person entfällt, unterliegt er der ESt, soweit er auf eine kstl Ges entfällt, der KSt. § 3 Nr 40 EStG bzw § 8b II KStG finden auf den Übernahmefolgegewinn keine Anwendung. Entsteht der Übernahmefolgegewinn innerh eines Gewerbebetriebs, so fällt GewSt an; § 18 II stellt den Übernahmefolgegewinn nicht von der GewSt frei. Ermittelt die übernehmende PersGes ihren Gewinn durch Bestandsvergleich, so kann der Gesellschafter, bei dem der Übernahmefolgegewinn entsteht, eine **Rücklage** in der Sonderbilanz ausweisen. Die Rücklage muss pro Jahr mit mindestens einem Drittel aufgelöst werden. Mit der Auflösung der Rücklage muss an dem Bilanzstichtag begonnen werden, der dem Bilanzstichtag folgt, zu dem die Rücklage gebildet wurde.

5. Formwechsel einer Kapitalgesellschaft in eine Personengesellschaft ohne Betriebsvermögen

Wird das Verm der formwechselnden KapGes bei der übernehmenden PersGes **40** nicht gewerbl, luf oder freiberufl BV, so findet gem S 1 die Vorschrift des § 8 Anwendung. Es kommt zu einer Realisierung der stillen Reserven beim formwechselnden Rechtsträger. Die KapGes hat in der **stl Schlussbilanz** nach § 3 die WG mit dem **gemeinen Wert anzusetzen.** Dies gilt auch für selbst geschaffene immateriellen WG einschl eines etwaigen Geschäfts- bzw Firmenwertes (vgl § 3 Rn 146). Ob bei der PersGes BV vorliegt, entscheidet sich nach den Verhältnissen im Zeitpunkt des stl Übertragungsstichtags (vgl § 8 Rn 9). Die bloße Absicht der übernehmenden PersGes, sich zukünftig gewerbl zu betätigen, bewirkt nicht, dass vom Zeitpunkt der Erklärung an die Tätigkeit dieser PersGes als gewerbl zu beurteilen ist. Mit der gewerbl Tätigkeit wird erst begonnen, sobald der Entschluss der gewerbl Tätigkeit gefasst und mit Maßnahmen begonnen wird, die der Vorbereitung der Tätigkeit dienen und mit ihr in unmittelbarem wirtschaftl Zusammenhang stehen (BFH/NV 1997, 762; Widmann/Mayer/*Widmann* Vor § 3 Rn 90). IRd Formwechsels der KapGes in die PersGes muss daher bereits mit den entsprechenden Maßnahmen bei der KapGes begonnen worden sein.

Betreibt die KapGes und damit auch die iRd Formwechsels entstehende Pers- **41** Ges eine reine Vermögensverwaltung, und werden die Anteile an dieser vermögensverwaltenden PersGes bei den Gesellschaftern teilweise im PV, teilweise im BV gehalten, so liegt bezogen auf die entstehende PersGes eine sog **ZebraGes** vor (vgl L. Schmidt/*Wacker* EStG § 15 Rn 201). Soweit die Anteile an der KapGes bzw im Anschluss an den Formwechsel die Anteile an der PersGes durch einen Gesellschafter im BV gehalten werden, richten sich die Rechtsfolgen der formwechselnden Umw nach der hier vertretenen Auffassung insoweit nach den Vorschriften der §§ 3–6. § 8 gilt nicht, soweit das Verm bei der übernehmenden PersGes bzw auf der Ebene der Gesellschafter im BV verbleibt (vgl § 8 Rn 10; aA BMF-Schrb vom 11.11.2011, BStBl I 1314 Rn 08.03). Aus der Diff zwischen den BW der Anteile an der KapGes und dem auf diese entfallenden Teil des Verm der KapGes, so wie es in der stl Schlussbilanz ausgewiesen ist, ist ein Übernahmeergebnis zu ermitteln.

42 Zu den weiteren Einzelheiten vgl die Komm zu § 8.

6. Besonderheiten beim Formwechsel einer KGaA in eine Personengesellschaft

43 Die KGaA ist eine rechtsfähige Ges, bei der mindestens ein Gesellschafter den Gesellschaftsgläubigern unbeschränkt haftet (Komplementär) und die übrigen Gesellschafter an dem in Aktien zerlegten Grundkapital beteiligt sind, ohne für die Verbindlichkeiten der Ges persönl zu haften (Kommanditaktionäre). Persönl haftende Gesellschafter der KGaA können natürl oder jur Personen sein (BGH DStR 1997, 1012). Die KGaA stellt damit ein Zwittergebilde zwischen einer KapGes und einer Mitunternehmerschaft dar (Haritz/Menner/*Greve* Rn 69). Ist der phG der KGaA eine natürl Person, stellen die Gewinnanteile Einkünfte aus Gewerbebetrieb dar; Gleiches gilt, sofern phG eine PersGes ist, für die an der PersGes beteiligten natürl Personen. Soweit phG eine KapGes ist, stellen die Gewinnanteile des phG kstpfl Einkünfte dar (vgl dazu ausführl L. Schmidt/*Wacker* EStG § 15 Rn 890 f).

44 Bei der formwechselnden Umw ebenso wie bei der Verschm einer KGaA in/auf eine PersGes ergeben sich im Hinblick auf diese Zwitterstellung Besonderheiten: In Bezug auf die nicht auf das Grundkapital gemachte Vermögenseinlage des phG (§ 281 II AktG) wird bei der formwechselnden Umw der KGaA in eine PersGes der Übergang des BV der KGaA als Einbringung in eine PersGes nach § 24 behandelt. Die Vorschriften des § 9 iVm §§ 3–8 finden Anwendung, soweit das in Aktien zerlegte Grundkapital der KGaA auf die PersGes übergeht (vgl Haritz/Menner/*Greve* Rn 69; § 4 Rn 183).

7. Gewerbesteuer

45 Zur GewSt gelten beim Formwechsel keine Besonderheiten; der Übertragungsgewinn ist gewstpfl, ein Übernahmegewinn dagegen nicht (vgl § 18 II), die Missbrauchsvorschrift des § 18 III ist zu beachten (vgl im Einzelnen Komm zu § 18).

8. Grunderwerbsteuer

46 Ertragsteuerrechtl stellt sich der Formwechsel einer KapGes in eine PersGes nach § 9 als Vermögensübertragung dar. Gehört zum BV des formwechselnden Rechtsträgers ein Grundstück, wird durch den Formwechsel der KapGes in eine PersGes dennoch keine GrESt ausgelöst. Ein steuerbarer Vorgang liegt insoweit nicht vor (BFH BStBl II 1997, 661; FinMin Baden-Württemberg vom 18.9.1997. DStR 1997, 1576; Boruttau/*Fischer* GrEStG § 1 Rn 545 ff; *Hofmann* GrEStG § 1 Rn 9 ff).

9. Umsatzsteuer

47 Die formwechselnde Umw einer Körperschaft in eine PersGes stellt einen nicht steuerbaren Vorgang iSd UStG dar, da es nicht zu einem Wechsel des Unternehmers kommt.

§ 10 Körperschaftsteuererhöhung

Die Körperschaftsteuerschuld der übertragenden Körperschaft erhöht sich für den Veranlagungszeitraum der Umwandlung um den Betrag, der sich nach § 38 des Körperschaftsteuergesetzes ergeben würde, wenn das in der Steuerbilanz ausgewiesene Eigenkapital abzüglich des Betrags, der nach § 28 Abs. 2 Satz 1 des Körperschaftsteuergesetzes in Verbindung mit § 29 Abs. 1 des Körperschaftsteuergesetzes dem steuerlichen Einlagekonto gutzuschreiben ist, als am Übertragungsstichtag für eine Ausschüttung verwendet gelten würde.

§ 10 aufgehoben mWv 29.12.2007 durch Gesetz vom 20.12.2007 (BGBl I 3150).

Bei einem stl Übertragungsstichtag vor dem 1.1.2007 kommt es im VZ der Verschmelzung zu einer Körperschaftsteuererhöhung (§ 10), sofern der übertragende Rechtsträger über einen positiven Teilbetrag EK 02 (iSv § 38 KStG) verfügt. Die Körperschaftsteuerschuld ist in der stl Schlussbilanz der übertragenden Körperschaft zu berücksichtigen. Sie mindert die offenen Rücklagen iSd § 7 und damit das Übernahmeergebnis nach § 4 IV–VII. Zu weiteren Einzelheiten vgl Komm Vorauflage § 10. 1

Bei einem stl Übertragungsstichtag nach dem 31.12.2006 gelten die Regelungen des § 38 IV–X KStG. Sie sehen vor, dass der übertragende Rechtsträger 3% des EK 02 ausschüttungsunabhängig in zehn gleichen Jahresraten in den Jahren 2008 bis 2017 entrichten muss. Hierbei ist eine Bagatellgrenze vorgesehen. Sofern das EK 02 den Betrag von EUR 33 334 nicht überschreitet, wird auf die Festsetzung einer Körperschaftsteuererhöhung gem § 38 V 3 KStG verzichtet (zu weiteren Einzelheiten vgl *Neumann/Stimpel* GmbHR 2008, 57). Dieser pauschale Erhöhungsbetrag entsteht am 1.1.2007 und ist in der StB abgezinst zu passivieren. Der Aufwand ist bei der Einkommensermittlung hinzuzurechnen (§ 38 X KStG). Die Verschmelzung als solche löst grdsl keine Körperschaftsteuererhöhung aus. Die Verpflichtung zur Zahlung des pauschalen Erhöhungsbetrags geht auf die übernehmende PersGes über. 2

§ 34 XVI KStG regelt eine Ausnahme bzgl des pauschalen Erhöhungsbetrages. Nach dieser Regelung können bei Wohnungsunternehmen von juristischen Personen des öffentl Rechts und bei steuerbefreiten Körperschaften auf Antrag weiterhin die bisherigen Regelungen zur ausschüttungsabhängigen Körperschaftsteuererhöhung (§§ 38, 40 KStG, § 10) angewendet werden. 3

Dritter Teil. Verschmelzung oder Vermögensübertragung (Vollübertragung) auf eine andere Körperschaft

Vorbemerkungen zu §§ 11–13

Übersicht

1. Allgemeines

1 Der Dritte Teil des UmwStG befasst sich mit den stl Folgen einer **Verschm oder Vermögensübertragung (Vollübertragung) von einer Körperschaft auf eine andere Körperschaft.** Durch das SEStEG ist der Anwendungsbereich der §§ 11–13 an die Vorgaben der FusionsRL angepasst worden. §§ 11–13 gelten aufgrund des durch das SEStEG erweiterten Anwendungsbereichs des UmwStG für Verschm inl Körperschaften, grenzüberscheitender Verschm von Körperschaften und Verschm ausl Körperschaften, soweit an der Verschm Körperschaften mit Sitz und Ort der Geschäftsleitung innerh der EU/EWR beteiligt sind. § 13 gilt darüber hinaus auch bei Verschm in Drittstaaten weltweit (vgl § 12 I 2 KStG). Für die Frage, ob eine Verschm iSd § 1 vorliegt, ist regelm von der registergerichtl Entscheidung auszugehen (BMF-Schrb vom 11.11.2011, BStBl I 1314 Rn 01.06); dies gilt im Grds auch für Verschm, auf die ausl Rechtsvorschriften Anwendung finden (BMF-Schrb vom 11.11.2011, BStBl I 1314 Rn 01.23), wobei die Frage, ob der ausl Vorgang einer Verschm iSd UmwG vglbar ist, von der FinVerw eigenständig geprüft wird (BMF-Schrb vom 11.11.2011, BStBl I 1314 Rn 01.24). Mängel der Umw, die durch die Registereintragung geheilt werden, sind aus stl Sicht unbeachtl (wohl enger BMF-Schrb vom 11.11.2011, BStBl I 1314 Rn 01.06; wie hier *Benecke* GmbHR 2012, 113).

2. Steuersystematische Einordnung

2 Während das UmwR es zum Ziel hat, die Übertragung von Sachen, Rechten und Rechtsverhältnissen, insbes zum Zweck der Fusion von Unternehmen zu erleichtern, ist es Aufgabe des UmwStR, ertragsteuerl Hindernisse insoweit zu beseitigen. Durch das UmwStR werden Realisationstatbestände des allg ErtrStR unter gewissen Voraussetzungen und auf entsprechenden Antrag hin aufgehoben

und die Besteuerung der stillen Reserven auf einen späteren Zeitpunkt verschoben (vgl BT-Drs 12/6885, 14). Weder auf der Ebene der an der Verschm beteiligten Ges noch auf der Ebene der Gesellschafter soll ein ertragstpfl Gewinn entstehen müssen, soweit das Besteuerungsrecht der BRD hinsichtl des übergehenden BV bzw der als Gegenleistung erhaltenen Anteile nicht ausgeschlossen oder beschränkt wird. Das Ziel der Steuerneutralität wird idR dadurch erreicht, dass die an sich im Zeitpunkt der Verschm nach allg Grdsen eintretende Gewinnrealisierung auf Antrag unterbleibt und die vorhandenen stillen Reserven auf einen anderen Rechtsträger (§ 12 I 1) bzw auf ein anderes WG (§ 13 II) übergehen. Die Verschm enthält „wesentliche Elemente eines entgeltlichen Tauschgeschäftes" (BFH DStR 2008, 545), der bei der übertragenden Körperschaft eigentl entstehende Veräußerungsgewinn (BMF-Schrb vom 11.11.2011, BStBl I 1314 Rn 00.02, vgl dazu ausführl *Schmitt,* Grundlagen des UmwStG, Teil 6, im Erscheinen; *Hageböke* Ubg 2011, 689; BFH BStBl II 2003, 11; aA *Bogenschütz* Ubg 2011, 393; RHL/*Rödder* Rn 6 „Sachausschüttung") wird vermieden, die BW in der stl Schlussbilanz des übertragenden Rechtsträgers werden nach Maßgabe des § 11 fortgeführt, der übernehmende Rechtsträger ist an diese Werte gebunden.

3. Übertragender Rechtsträger

§ 11 regelt die Auswirkungen auf den Gewinn der übertragenden Körperschaft 3
im Falle der Verschm oder Vermögensübertragung (Vollübertragung) auf eine andere Körperschaft. Die Vorschrift sieht vor, dass die übergehenden WG, einschl selbst geschaffener immaterieller WG, in der stl Schlussbilanz der übertragenden Körperschaft im Grds mit dem gemeinen Wert anzusetzen sind. Für die Bew von Pensionsrückstellungen gilt § 6a EStG. Auf Antrag können die übergehenden WG in der stl Schlussbilanz einheitl mit dem BW oder einem höheren Wert, höchstens jedoch mit dem Wert nach § 11 Abs 1 angesetzt werden, soweit bei der übernehmenden Körperschaft deren spätere Besteuerung mit KSt sichergestellt ist, das Recht der BRD hinsichtl der Besteuerung des Gewinns aus der Veräußerung der übertragenen WG bei der übernehmenden Körperschaft nicht ausgeschlossen oder beschränkt wird und keine Gegenleistung gewährt wird oder diese in Gesellschaftsrechten besteht. Für diese stl Schlussbilanz gilt der **Grds der Maßgeblichkeit** der HB für die StB nicht (BT-Drs 16/2710, 34; BMF-Schrb vom 11.11.2011, BStBl I 1314 Rn 11.04; DPPM/*Dötsch* Rn 12; Haritz/Menner/*Bärwaldt* Rn 34; Widmann/Mayer/*Schießl* Rn 14.33; *Benecke/Schnitger* IStR 2006, 765; *Rödder/Schumacher* DStR 2006, 1525; *dies* DStR 2007, 369; vgl zum UmwStG vor seiner Änderung durch das SEStEG BMF-Schrb vom 25.3.1998, BStBl I 268 Rn 11.01; BFH/NV 2007, 2220). Beim sog Downstream-Merger ist § 11 II S 2 zu beachten.

4. Übernehmender Rechtsträger

Während § 11 die Auswirkungen auf den Gewinn der übertragenden Körper- 4
schaft im Fall der Verschm oder Vermögensübertragung (Vollübertragung) auf eine andere Körperschaft regelt, bezieht sich **§ 12** auf die Auswirkung der Verschm und der Vermögensübertragung in Form der Vollübertragung bei der übernehmenden Körperschaft. § 12 I bestimmt, dass die übernehmende Körperschaft an die Wertansätze der übergegangenen WG aus der stl Schlussbilanz der übertragenden Körperschaft gebunden ist **(Buchwertverknüpfung).** Ein sich aus der Verschm ergebender **Übernahmegewinn** oder **-verlust,** abzügl der Kosten für den Vermögensübergang, bleibt grdsl nach § 12 II außer Ansatz; § 8b KStG findet

auf den korrigierten Übernahmegewinn Anwendung. In den Abs 3 und 4 dieser Vorschrift werden weiter die Auswirkungen des Vermögensübergangs auf die zukünftige Besteuerung geregelt. Dabei geht das Gesetz davon aus, dass die übernehmende Körperschaft grdsl in die stl **Rechtsstellung** der übertragenden Körperschaft **eintritt,** was aber nicht für verrechenbare Verluste verbleibender Verlustvorträge, vom übertragenden Rechtsträger nicht ausgeglichene negative Einkünfte und ein Zinsvortrag nach § 4h I 5 EStG und einen EBITDA-Vortrag nach § 4h I 3 EStG gilt (§ 12 I 2 iVm § 4 I 2). § 12 wird ergänzt durch **§ 29 KStG.**

5. Gesellschafter der übertragenden Körperschaft

5 **§ 13** betrifft die stl Auswirkungen der Verschm auf die Situation der Anteilseigner der übertragenden Körperschaft und zielt darauf ab, den Vermögensübergang auf der Ebene der Anteilseigner auf Antrag gewinnneutral zu gestalten. Im Grds gelten die Anteile an der übertragenden Körperschaft als zum gemeinen Wert veräußert und die an ihre Stelle tretenden Anteile an der übernehmenden Körperschaft als zu diesem Wert angeschafft (§ 13 I). Abw davon sind auf Antrag die Anteile an der übernehmenden Körperschaft mit dem BW der Anteile an der übertragenden Körperschaft anzusetzen, wenn das Recht der BRD hinsichtl der Besteuerung des Gewinns aus der Veräußerung der Anteile an der übernehmenden Körperschaft nicht ausgeschlossen oder beschränkt wird, oder die Mitgliedstaaten der EU bei einer Verschm Art 8 FusionsRL anzuwenden haben. Ein Zwischenwertansatz ist nicht zulässig (BMF-Schrb vom 11.11.2011, BStBl I 1314 Rn 13.10). Werden die Anteile an der übertragenden Körperschaft zum BW angesetzt, treten die Anteile an der übernehmenden Körperschaft – vorbehaltlich § 8b IV KStG nF – stl an die Stelle der Anteile an der übertragenden Körperschaft **(Fußstapfentheorie).** Gehören die Anteile an der übertragenden Körperschaft nicht zu einem BV und liegen die Voraussetzungen des § 13 II vor, treten im Fall der Antragsstellung die AK an die Stelle des BW.

6. Grenzüberschreitende Verschmelzungen, europarechtliche Vorgaben des Verschmelzungsrechtes

6 **a) Grenzüberschreitende Umwandlung nach dem UmwG und nach der Verordnung über das Statut der Europäischen Gesellschaft.** Eine grenzüberschreitende Verschm ist spätestens nach Inkrafttreten der §§ 122a ff UmwG unter bestimmten Voraussetzungen mögl. Bereits davor wurden jedoch entsprechende Verschm durchgeführt (vgl *Gesell/Krömker* DB 2006, 2558; *Wenglorz* BB 2004, 1061).

7 Bereits seit dem 8.10.2004 besteht die zivilrechtl Möglichkeit einer grenzüberschreitenden Verschm. Die Gründung einer Europa AG durch grenzüberschreitende Verschm (Übertragung des Gesellschaftsvermögens als Ganzes unter Auflösung ohne Abwicklung auf eine andere Ges gegen Gewährung von Gesellschaftsrechten an der übernehmenden Ges an die Ges der übertragenden Ges) kann gem Art 2 I, 17 SE-VO durch Aktiengesellschaften mit Sitz und Hauptverwaltung in der EU aus mindestens zwei verschiedenen Mitgliedstaaten erfolgen, und zwar durch Aufnahme oder Neugründung (ausführl dazu Art 2 SE-VO Rn 1 ff; Art 17 SE-VO Rn 1 ff).

8 **b) Steuerrechtliche Beurteilung grenzüberschreitender Verschmelzungen.** Da eine Verschm nach §§ 122a ff UmwG eine Verschm iSd § 2 UmwG

darstellt, liegen die Voraussetzungen des § 1 I vor, die entsprechende Umw fällt damit grdsl (vgl § 1 Rn 27; Widmann/Mayer/*Widmann* § 1 Rn 60; RHL/*Rödder* § 11 Rn 18; aA BMF-Schrb vom 11.11.2011, BStBl I 1314 Rn 01.21: Die grenzüberschreitende Verschm iSd § 122a UmwG ist ein mit einer Verschm iSd § 2 UmwG vglbarer ausl Vorgang) in den Regelungsbereich der §§ 11 ff. Nach § 1 I 1 Nr 1 erfassen die §§ 11 ff auch die einer Verschm iSd UmwG vglbaren ausl Vorgänge (vgl § 1 Rn 31 ff). Der Anwendungsbereich des UmwStG erstreckt sich damit nicht mehr nur auf rein inl Umw, sondern auch Verschm im Gebiet der EU und des EWR. Das UmwStG erfasst damit Umwandlungsvorgänge zwischen Rechtsträgern, die in einem oder verschiedenen Mitgliedstaaten der EU oder des EWR ansässig sind (BT-Drs 16/2710, 34). Wegen des EU/EWR-weiten Anwendungsbereichs des UmwStG ist in Fällen der Verschm einer Körperschaft auf eine andere Körperschaft bei der übertragenden Körperschaft der Ansatz des gemeinen Werts der WG in der stl Schlussbilanz vorgesehen (§ 11 I). Der Ansatz des BW oder eines Zwischenwerts kommt in Betracht, soweit das Besteuerungsrecht der BRD hinsichtl der Besteuerung der stillen Reserven in den übertragenen WG sichergestellt ist (§ 11 II). Wird bspw eine dt KapGes auf eine in Österreich ansässige KapGes verschmolzen und entfällt infolge der Verschm das Besteuerungsrecht der BRD hinsichtl der stillen Reserven aus dem übergehenden Verm (vgl dazu § 11 Rn 106 ff), so kommt es zu einer Aufdeckung der stillen Reserven und deren sofortigen Besteuerung. Diese Besteuerung der stillen Reserven verstößt nicht gegen die Grdse einer Besteuerung nach der wirtschaftl Leistungsfähigkeit. Stille Reserven erhöhen näml bereits vor ihrer Realisierung die wirtschaftl Leistungsfähigkeit eines Steuersubjektes und sind damit grdsl immer dann zu realisieren, wenn ansonsten die dt Besteuerung dieses Einkommens nicht mehr gesichert ist (aA *Werra/Teiche* DB 2006, 1455).

c) Mögliche Auswirkungen der Europäischen Grundfreiheiten auf das 9
derzeitige Verschmelzungsrecht. Das Recht der EU, insbes das Diskriminierungsverbot und die Grundfreiheiten des EG-Vertrages, spielen bei den direkten Steuern zunehmend eine besondere Rolle. Den Mitgliedstaaten ist es zwar freigestellt, welche Steuern sie erheben und wie sie ihre Bemessungsgrundlagen ausgestalten, europäische Grundfreiheiten genießen aber nahezu uneingeschränkten Vorrang und setzen insbes keine Harmonisierung der nat Steuergesetze voraus (vgl dazu *Rödder* DStR 2004, 1659 mwN). Die Grundfreiheiten sind nach der Rspr des EuGH unmittelbar anwendbares Recht. Ob eine Maßnahme gegen Grundfreiheiten verstößt, ergibt sich aus ihrem sachl und **persönl Schutzbereich** (vgl insoweit zuletzt EuGH DStR 2011, 2334 – National Grid Indus; *Hahn* DStZ 2005, 433). Der persönl Schutzbereich aller Grundfreiheiten ist den Staatsangehörigen der EG-Mitgliedstaaten eröffnet, als „Unionsbürgern" (Art 17 EG) gelten auch Ges sowie jur Personen des öffentl Rechts und Privatrechts, die nach den Rechtsvorschriften eines Mitgliedstaates gegründet wurden und ihren satzungsmäßigen Sitz, ihre Hauptverwaltung oder ihre Hauptniederlassung innerh der Gemeinschaft haben. Der **sachl Schutzbereich** umfasst nahezu jede wirtschaftl Betätigung im Binnenmarkt. Eine dominierende Rolle im Bereich der direkten Besteuerung von KapGes nimmt die **Niederlassungsfreiheit** ein. Sie ist berührt, sobald ein Unternehmen eine dauerhafte Betätigung in einem anderen Mitgliedstaat ausübt. Ausgangspunkt ist das in den Grundfreiheiten konkretisierte europarechtl Diskriminierungsverbot von Aus- ggü Inländern. Kriterien sind dabei nicht nur die Staatsangehörigkeit, sondern zB auch die Ansässigkeit. In dieser Wirkungs-

weise richtet sich die Grundfreiheit gegen den Zielstaat einer wirtschaftl Betätigung des Stpfl. Daneben verpflichtet sie aber auch den Herkunftsstaat, der grenzüberschreitende Betätigung nicht schlechter behandeln darf als den Inlandsfall (EuGH DStR 2011, 2334 – National Grid Indus; *Gosch* IWB 21/2012, 779). Verboten sind bereits geringfügige Behinderungen. In diesem Zusammenhang spricht der EuGH von einem Beschränkungsverbot. Ist der Schutzbereich einer Grundfreiheit beschränkt, so ist eine solche gerechtfertigt, wenn zwingende Gründe des allg Interesses insoweit vorliegen, die Beschränkung zur Erreichung dieser Gründe geeignet ist und nicht über das hinausgeht, was zur Erreichung des Ziels erforderl ist (vgl nur EuGH DStR 2011, 2334 – National Grid Indus; EuGH DStRE 2009, 1439 – Aberdeen Property Fininvest; EuGH DStR 2005, 2168 – Marks & Spencer; EuGH DStR 2004, 552 – Hughes de Lasteyrie du Saillant, EuGH FR 2003, 84 – X + Y Riksskateverk). Im stl Bereich kommen als zwingende Gründe idS der Kampf gegen die Steuerumgehung, die Wirksamkeit der Steuerkontrolle und die Kohärenz der Steuersysteme in Betracht (vgl zuletzt EuGH DStR 2011, 2334 – National Grid Indus, mwN; *Gosch* IWB 21/2012, 779). Die Kohärenz des Steuersystems als Rechtfertigungsgrund erfordert aber, dass ein in der Gegenwart gewährter Vorteil in unauflösbarem Zusammenhang damit steht, dass dasselbe Steuersubjekt die vorläufig aufgeschobene Steuer zu einem späteren Zeitpunkt dem Steuergläubiger zahlt (EuGHE 1995 I 2493 Rn 24 f). Bei der konkreten Ausgestaltung des Prinzips der Kohärenz des Steuersystems muss aber ein Mitgliedstaat den Grds der Verhältnismäßigkeit ieS beachten (ausführl dazu *Körner* IStR 2004, 426; *Sedemund* IStR 2004, 595). Stellt der EuGH einen nicht zu rechtfertigenden Eingriff des nat Rechts in eine Grundfreiheit fest, so hat dies zur Folge, dass auch andere als am Verfahren beteiligte Unionsbürger das Erg des Vorlageentscheidungsersuchens für sich in Anspruch nehmen können (vgl *Hahn* DStZ 2003, 459). Anders als das BVerfG gewährt der EuGH dem betreffenden Mitgliedstaat idR keine Übergangsfrist, innerh deren der rechtswidrige Zustand vorerst fortbestehen und eine neue Regelung geschaffen werden kann.

10 §§ 3, 11, 20 könnte zu einer **Beschränkung der freien Niederlassungsfreiheit** nach Art 49 AEUV führen (vgl zuletzt EuGH DStR 2011, 2334 – National Grid Indus, mwN; ausführlich *Rautenstrauch/Seitz* Ubg 2012, 14; *Gosch* IWB 21/2012, 779). Nach der vom dt Gesetzgeber getroffenen Grundsatzentscheidung setzt eine erfolgsneutrale Verschm einer in Deutschland unbeschränkt stpfl KapGes auf eine im europäischen Ausland ansässigen KapGes voraus, dass stille Reserven in Deutschland steuerverhaftet bleiben; ist dies nicht der Fall, kommt es zu einer sofortigen stpfl Aufdeckung von stillen Reserven. Verschmilzt eine unbeschränkt körperschaftsteuerpflichtige KapGes von Deutschland auf eine im EU-Ausland ansässige KapGes, ist der persönl und sachl Schutzbereich des Art 49 AEUV eröffnet. Nach Auffassung des EuGH verbietet es näml Art 49 AEUV, dass der Herkunftsstaat die Niederlassung seiner Staatsangehörigen oder einer nach seinem Recht gegründeten Ges in einem anderen Mitgliedstaat behindert. § 11 dürfte jedoch zu einer solchen Behinderung führen. Eine in Deutschland unbeschränkt stpfl KapGes, die auf eine andere in Deutschland unbeschränkt stpfl KapGes verschmolzen wird, muss keine Schlussbesteuerung nach § 11 I durchführen (Vergleichspaar). Die auf eine im europäischen Ausland ansässige KapGes wird folgl bei der Aufdeckung ihrer stillen Reserven in der Ausübung ihrer Niederlassungsfreiheit „behindert“ bzw die Ausübung der Niederlassungsfreiheit ist dadurch weniger „attraktiv“. Von einer Beeinträchtigung der Niederlassungsfreiheit durch

§ 11 ist daher im Grds auszugehen (vgl zuletzt *Rautenstrauch/Seitz* Ubg 2012, 14; *Gosch* IWB 21/2012, 779; *Brinkmann/Reiter* DB 2012, 16; *Körner* IStR 2012, 1; aA *Mitsche* IStR 2012, 6).

Es stellt sich daher die Frage einer **Rechtfertigung** der Beschränkung der Niederlassungsfreiheit, und zwar, ob die Verschm ins europäische Ausland dem Grunde nach zu einer Realisierung der stillen Reserven führen darf und eine sofortige Besteuerung der stillen Reserven durch die BRD zulässig ist. Dabei ist daran zu erinnern, dass nach der Rspr des EuGH (vgl EuGH IStR 2004, 680; IStR 2006, 19) der Rückgang von Steuereinnahmen nicht als zwingender Grund des allg Interesses anerkannt wird, der zur Rechtfertigung gegen eine Grundfreiheit verstoßende Maßnahmen angeführt werden kann. 11

Der **Zweck der Regelung** des § 11 I besteht darin, das Besteuerungsrecht der BRD hinsichtl stiller Reserven sicherzustellen. Bislang nicht realisierte stille Reserven sollen beim Ausscheiden aus der dt Besteuerung aufgedeckt und einer Besteuerung zugeführt werden, soweit ein späterer Zugriff des Staates nicht mehr mögl ist (ultima-ratio-Besteuerung). Es stellt sich daher die Frage, ob die Regelung des § 11 I und das dahinter stehende System gerechtfertigt werden kann. 12

Stille Reserven erhöhen die wirtschaftl Leistungsfähigkeit eines Steuersubjektes bereits vor ihrer Realisierung, es liegt im Grunde nach Einkommen vor. Dass dieses Einkommen noch nicht besteuert wird, rechtfertigt sich mit dem verfassungsrechtl fundierten **Verhältnismäßigkeitsgrundsatz,** der insoweit das Leistungsfähigkeitsprinzip einschränkt (vgl *Tipke* DStJG 4 (1981), 1 ff; Wissenschaftl Beirat beim BMF, Schriftenreihe des BMF-Heft 9, 23). Auch bei rein innerdeutschen Vorgängen ist die Besteuerung der bei den zur Einkunftserzielung verwendeten WG gelegten stillen Reserven weitestgehend übl, und zwar spätestens zu dem Zeitpunkt, zu dem ansonsten die stillen Reserven nicht mehr in Deutschland besteuert werden können (zB Entnahme aus dem BV, Betriebsaufgabe). Für internationale Sachverhalte kommt hinzu, dass es für einen fairen Steuerwettbewerb im Grds unverzichtbar ist, dass die Mitgliedstaaten das Recht besitzen, die während ihrer Steuerhoheit aufgebauten stillen Reserven selbst zu besteuern (*Engert* DStR 2004, 664; *Lehner* DStJG 23 [2000], 263; *Knobbe-Keuk* DB 1991, 298). Dies gilt insbes, wenn die stillen Reserven unmittelbar zu Lasten des Steueraufkommens gebildet wurden (zB Herstellung immaterieller WG des Anlagevermögens). Weiter beabsichtigten Abschreibung und RSt, die zur Bildung stiller Reserven geführt haben, oftmals einen zeitweiligen Steuerungsaufschub, nicht aber einen endgültigen Verzicht (*Hey* StuW 2004, 193). Vor diesem Hintergrund überrascht es nicht, dass auch die FusionsRL auf einer historischen Zuordnung stiller Reserven basiert (*Hey* StuW 2004, 193; Herrmann/Heuer/Raupach/*Kolbe* § 12 KStG Rn 17; vgl auch *Rödder* DStR 2004, 1629; *ders* DStR 2005, 893; *Schön* IStR 2004, 298; *Schindler* IStR 2005, 551, die die Frage aufwerfen, ob ggf sekundäres Gemeinschaftsrecht den Grundfreiheiten widersprechen). 13

Hinzu kommt: Das in der FusionsRL aufgestellte Konzept einer Besteuerung von stillen Reserven ist geprägt durch die Annahme, dass das Recht der Mitgliedsstaaten, die unter ihrer Steuerhoheit gebildeten stillen Reserven zu besteuern, vom Grds her bestehen bleiben soll. Die Mitgliedstaaten werden zwar zu einem Besteuerungsaufschub verpflichtet, ein Verzicht der Besteuerung zu Gunsten eines anderen Mitgliedstaats wird in der **FusionsRL** aber nicht normiert (*Hey* StuW 2004, 193; *Schön* IStR 2004, 298). Nach der FusionsRL muss der Mitgliedstaat einen „Besteuerungsverzicht“ nur für diejenigen WG leisten, die auch nach vollzogenem Wegzug iRe inl Betriebsstätte stl verhaftet bleiben. Scheidet das Besteue- 14 rungsrecht eines Staates bzgl der stillen Reserven aus, so kann der nat Gesetzgeber nach Vorgaben der FusionsRL die Steuerneutralität versagen (*Hey* StuW 2004, 193; *Knobbe-Keuk* DB 1991, 298; *Tumpel* DStJG 23 [2000], 321). Im Erg gehen somit sowohl der nat Gesetzgeber als auch der Richtliniengeber davon aus, dass der durch die Nichtbesteuerung von stillen Reserven gewährte „Steuervorteil" in unauflösbarem Zusammenhang damit steht, dass dasselbe Steuersubjekt die vorläufig aufgeschobene Steuer zu einem späteren Zeitpunkt an denselben Steuergläubiger zahlt. Dass die stillen Reserven am letztmögl Zeitpunkt gem § 11 I versteuert werden, kann damit auch unter Berücksichtigung der nunmehr geltenden allg Entstrickungs-/Verstrickungsvorschriften und im Hinblick auf eine Besteuerung nach der Leistungsfähigkeit als **kohärente Regelung** des dt Steuerrechts angesehen werden.

15 Es bleibt daher zu prüfen, ob die Kohärenz auf der Ebene des nat Rechts nicht durch einen Verzicht des Besteuerungsrechts auf Abkommensebene aufgehoben wird (vgl dazu EuGH FR 2003, 84). Art 7 OECD-MA weist das Recht der Besteuerung stiller Reserven in WG einer KapGes dem Vertragsstaat zu, in dem die KapGes ansässig ist. Wird diese KapGes auf eine ausl KapGes verschmolzen, endet ihre Ansässigkeit und es kann zu einem Verlust bzw zur Einschränkung des Besteuerungsrechts bzgl der stillen Reserven kommen. Man könnte daher die Auffassung vertreten, dass mit der Verschm einer KapGes in das europäische Ausland der ausl Staat, in dem die übernehmende KapGes ansässig ist, das Besteuerungsrecht erhalte und eine Regelung, die auf nat Ebene die Aufdeckung stiller Reserven vorsieht, nicht kohärent sei (idS noch EuGH FR 2003, 84). Diese Ansicht kann jedoch nicht überzeugen. Aus Art 7 OECD-MA lässt sich nicht ableiten, dass der Ansässigkeitsstaat der übertragenden KapGes auf die Besteuerung der stillen Reserven verzichten will (vgl *Gosch* IWB 21/2012, 779; *Schön* StbJb 2003/2004, 50). § 11 I ist daher auch vor dem Hintergrund des Abkommensrechts als eine kohärente Regelung zu qualifizieren.

16 Bei der konkreten Ausgestaltung des Prinzips der Kohärenz des Steuersystems muss ein Mitgliedstaat dem **Grds der Verhältnismäßigkeit** ieS beachten. Bei der Beurteilung der **Geeignetheit** des Mittels steht dem Mitgliedstaat ein weiter Beurteilungsspielraum zu. Ledigl gänzl untaugl Mittel legitimieren keine Beschränkung. Die Aufdeckung stiller Reserven im Regelungsbereich des § 11 I ist jedenfalls ein geeignetes Mittel zur Sicherstellung der Besteuerung der stillen Reserven im übertragenen Verm (vgl EuGH IStR 2006, 702).

17 § 11 I ordnet an, dass es bei Verlust oder Beschränkung des dt Besteuerungsrechts zu einer sofortigen Besteuerung kommt. Es stellt sich daher die Frage, ob der **Zeitpunkt der Besteuerung** dem Grds der Verhältnismäßigkeit entspricht. Insoweit könnten verschiedene Urteile des EuGH von Interesse sein:

18 Der EuGH hat im Urteil vom 21.11.2002 (FR 2003, 84 – **X und Y**), bei dem es um die Aufdeckung von stillen Reserven bei der Übertragung von Anteilen an einer KapGes ging, in einem obiter dictum ausgeführt, es sei im Hinblick auf die Verhältnismäßigkeit des Besteuerungszugriffs notw, die Besteuerung der durch Wegzug entstandenen stillen Reserven bis zu einer späteren tats Realisierung mit entsprechendem Liquiditätszufluss aufzuschieben. Am 11.3.2004 äußerte sich der EuGH (DStR 2004, 511 – **De Lasteyrie du Saillant**) zu der Frage der Auslegung der Niederlassungsfreiheit iRd französischen Rechts, nach dem nichtrealisierten Wertsteigerungen von Wertpapieren besteuert werden, wenn ein Stpfl seinen Wohnsitz ins Ausland verlegt. Der EuGH stellte fest, dass die Bindung eines mögl Zahlungsaufschubs an eine Voraussetzung, wie zB die Hinterlegung von Sicherheiten, nicht verhältnismäßig sei. Auch könne der Zahlungsaufschub nicht an Bedingungen geknüpft werden, wie die Benennung eines im Ursprungsland bestellten Vertreters. Im Urteil vom 7.9.2006 (IStR 2006, 702 – **N**) führt der EuGH aus, dass bei Verlegung des Wohnsitzes durch einen Stpfl verlangt werden kann, die für die Berechnung der Einkommensteuer erforderl Angaben in einer Steuererklärung zu machen. Im Hinblick auf das legitime Ziel der Aufteilung der Besteuerung, insbes zur Beseitigung der Doppelbesteuerung, sei diese Vorgehensweise verhältnismäßig. Unverhältnismäßig sei jedoch die Stundung der Steuer von dem Stellen einer Sicherheit abhängig zu machen. Zudem sei es unverhältnismäßig, Wertminderungen, die möglicherweise nach der Verlegung des Wohnsitzes bei den Anteilen an KapGes eintreten und die nicht im Zuzugsstaat berücksichtigt worden sind, im Wegzugsstaat nicht zu berücksichtigen.

Die Urteil vom EuGH vom 21.11.2002, vom 11.3.2004 bzw vom 7.9.2006 **19** sind jedenfalls nicht uneingeschränkt auf den Fall übertragbar, dass Deutschland durch eine Verschm einer dt KapGes ins Ausland das Besteuerungsrecht an einzelnen, insbes abschreibbaren WG verliert. Anteile an KapGes, und um solche WG ging es bei den angeführten Urteilen, repräsentieren näml den Wert eines lebenden Unternehmens, welches gekennzeichnet ist durch den Verbrauch und die Ersetzung der dem Unternehmen gewidmeten WG. Der Wert der Anteile wird insbes bestimmt durch die Ertragskraft des Unternehmens. Demggü kann sich der Wert eines einzelnen WG durch technischen oder wirtschaftl Verbrauch mindern, ohne dass diese Wertminderung beim selben WG kompensiert wird.

Mit Urteil vom 29.11.2011 (DStR 2011, 2334 – **National Grid Indus**; vgl **20** dazu *Gosch* IWB 21/2012, 779) hat der EuGH sich mit der Vereinbarkeit der niederländischen Entstrickungsregeln und der europäischen Niederlassungsfreiheit anlässlich eines Wegzugs einer niederländischen Gesellschaft nach Großbritannien beschäftigt. Unter Anwendung der Gründungstheorie behält die Ges dabei ihren Sitz und ihre Identität. Im Zeitpunkt des Wegzugs erfolgte nach niederländischem Recht eine Besteuerung der ins Ausland verbrachten stillen Reserven, eine Stundungsmöglichkeit sah das niederländische Gesetz nicht vor. In dieser sofortigen Besteuerung der stillen Reserven bei einem grenzüberschreitenden Wegzug im Vergleich zu einem rein nationalen Umzug sieht das Gericht eine Beschränkung der Niederlassungsfreiheit. Das Gericht führt sodann aus, dass der abkommensteuerrechtliche Verteilungsmechanismus es rechtfertigt, wenn der Wegzugstaat die auf seinem Hoheitsgebiet entstandenen stillen Reserven besteuert (vgl dazu aber auch BFH DStR 2010, 40; BMF-Schrb vom 20.5.2009, BStBl I 2009, 671). Das Gericht stellt fest, dass die Besteuerung der stillen Reserven anlässlich des grenzüberschreitenden Wegzugs geeignet ist, die Wahrung der Aufteilung der Besteuerungsbefugnis zu erreichen. Verhältnismäßig und daher akzeptabel sei im Zeitpunkt des Wegzugs die Steuerfestsetzung, wobei Wertminderungen nach dem Wegzug nicht zu berücksichtigen seien. Soweit aber das nationale Gesetz von einer sofortigen Fälligkeit der Steuer ausgehe, sei dies unverhältnismäßig. Dem Steuerpflichtigen sei vielmehr ein Wahlrecht dahingehend einzuräumen, zwischen der sofortigen Begleichung der Steuerschuld bei Wegzug und einer bis zum Zeitpunkt der Wertrealisation aufgeschobenen Begleichung des Steuerbetrages zu wählen. Würde der Steuerpflichtige sich für eine Aufschiebung der Zahlung des Steuerbetrages entscheiden, müsse er eine präzise grenzüberschreitende Nachverfolgung des Schicksals sämtlicher zum Anlage- und Umlaufvermögen gehörenden

Gegenstände bis zur Realisierung der stillen Reserven sicherstellen. Insoweit wird vorgeschlagen (vgl EU-KOM, Mitteilung zur Wegzugsbesteuerung und die Notwendigkeit einer Koordinierung der Steuerpolitik der Mitgliedstaaten vom 19.12.2006, KOM (2006) 825, 7), dass der Steuerpflichtige eine jährliche Erklärung abgeben muss mit dem Inhalt, dass er noch im Besitz der übertragenen Vermögenswerte sei. Durch Letzteres soll sichergestellt werden, dass der Wegzugstaat von der Realisierung der stillen Reserven in den überführten Wirtschaftsgütern erfährt. Im Fall der aufgeschobenen Einziehung des Steuerbetrages erlaubt es der EuGH zur Absicherung der späteren Steuereinnahmen, Bankgarantien zu verlangen und die Verzinslichkeit der Steuerforderung anzuordnen.

21 Obwohl im Vergleich zum Wegzug eines Rechtsträgers bei der grenzüberschreitenden Umw der übertragende Rechtsträger beispielsweise bei der Verschmelzung nicht mehr existiert, sind diese Grdse auch bei der auf Grund der Umw nach dem UmwStG eintretenden Entstrickung (vgl dazu aber auch § 11 Rn 107 ff) zu berücksichtigen (ebenso *Rautenstrauch/Seitz* Ubg 2012, 14; *Brinckmann/Reiter* DB 2012, 16; *Körner* IStR 2012, 1; aA *Mitsche* IStR 2012, 6). Damit bestehen erhebliche Zweifel, ob die umwandlungsbedingten Entstrickungsregelungen den europäischen Vorgaben entsprechen (vgl zuletzt FG Köln EFG 2012, 302; FG Hamburg DStR 2012, 791).

§ 11 Wertansätze in der steuerlichen Schlussbilanz der übertragenden Körperschaft

(1) [1]**Bei einer Verschmelzung oder Vermögensübertragung (Vollübertragung) auf eine andere Körperschaft sind die übergehenden Wirtschaftsgüter, einschließlich nicht entgeltlich erworbener oder selbst geschaffener immaterieller Wirtschaftsgüter, in der steuerlichen Schlussbilanz der übertragenden Körperschaft mit dem gemeinen Wert anzusetzen.** [2]**Für die Bewertung von Pensionsrückstellungen gilt § 6a des Einkommensteuergesetzes.**

(2) [1]**Auf Antrag können die übergehenden Wirtschaftsgüter abweichend von Absatz 1 einheitlich mit dem Buchwert oder einem höheren Wert, höchstens jedoch mit dem Wert nach Absatz 1, angesetzt werden, soweit**

1. **sichergestellt ist, dass sie später bei der übernehmenden Körperschaft der Besteuerung mit Körperschaftsteuer unterliegen und**
2. **das Recht der Bundesrepublik Deutschland hinsichtlich der Besteuerung des Gewinns aus der Veräußerung der übertragenen Wirtschaftsgüter bei der übernehmenden Körperschaft nicht ausgeschlossen oder beschränkt wird und**
3. **eine Gegenleistung nicht gewährt wird oder in Gesellschaftsrechten besteht.**

[2]**Anteile an der übernehmenden Körperschaft sind mindestens mit dem Buchwert, erhöht um Abschreibungen sowie um Abzüge nach § 6b des Einkommensteuergesetzes und ähnliche Abzüge, die in früheren Jahren steuerwirksam vorgenommen worden sind, höchstens mit dem gemeinen Wert, anzusetzen.** [3]**Auf einen sich daraus ergebenden Gewinn findet § 8b Abs. 2 Satz 4 und 5 des Körperschaftsteuergesetzes Anwendung.**

(3) **§ 3 Abs. 2 Satz 2 und Abs. 3 gilt entsprechend.**

Schrifttum: Schrifttum bis 2005 siehe 5. Auflage; *Benecke/Schnitger,* Neuregelung des UmwStG und der Entstrickungsnormen durch das SEStEG, IStR 2006, 765; *Dötsch/Pung,* SEStEG: Änderung des UmwStG, DB 2006, 2714, 2763; *Haritz,* Bewertung im Umwandlungssteuer-Recht, DStR 2006, 977; *Rödder/Schumacher,* Das kommende SEStEG: Das geplante neue UmwStG, DStR 2006, 1525; *Schaflitzl/Widmayer,* Die Besteuerung von Umwandlungen nach dem Regierungsentwurf des SEStEG, BB Special 44/2006, 36; *Trossen,* Aufgabe der Maßgeblichkeit bei Umwandlungsvorgängen, FR 2006, 617; *Hagemann/Jakob/Ropohl/Viebrock,* SEStEG: Das neue Konzept der Verstrickung und Entstrickung sowie die Neufassung des UmwStG, NWB-Sonderheft 1/2007; *Benecke/Schnitger,* Letzte Änderung der Neuregelung des UmwStG und der Entstrickungsnorm durch das SEStEG, IStR 2007, 22; *Binnewies,* Grenzüberschreitende Wirkung des SEStEG, GmbHR-StB 2007, 117; *Bilitewski,* Gesetz über steuerliche Begleitmaßnahmen zur Einführung der europäischen Gesellschaft und zur Änderung weiterer steuerlicher Vorschriften (SEStEG), FR 2007, 57; *Bodden,* Verschmelzung und Formwechsel von Kapitalgesellschaften auf gewerbliche Personengesellschaften nach dem SEStEG (§§ 3–10 UmwStG nF), FR 2007, 66; *Brähler/Heerdt,* Steuerneutralität bei grenzüberschreitenden Verschmelzungen unter Beteiligung hybrider Gesellschaften, StuW 2007, 260; *Ley/Bodden,* Verschmelzung und Spaltung von inländischen Kapitalgesellschaften nach dem SEStEG (§§ 11–15 UmwStG nF), FR 2007, 265; *Dötsch,* Minderung und Mehrabführung mit Verursachung in organschaftlichen Zeiten – Bildung und Auflösung steuerlicher Ausgleichsposten zur Organbeteiligung nach Inkrafttreten des § 14 Abs 4 KStG idF des JStG 2008, Ubg 2008, 117; *Kessler/Weber/Aberle,* Übertragungsgewinn bei Verschmelzungen und vororganschaftliche Verluste einer Organgesellschaft, Ubg 2008, 209; *Krohn/Greulich,* Ausgewählte Einzelprobleme des Umwandlungssteuerrechts aus der Praxis, DStR 2008, 646; *Schmid/Dietel,* Praxisfragen bei Anwachsung von Personengesellschaften mit faktischer Rückwirkung, DStR 2008, 529; *Teiche,* Maßgeblichkeit bei Umwandlung trotz SEStG?, DStR 2008, 1757; *Breuninger,* Die Zentralfunktion des Stammhauses bei grenzüberschreitender Verschmelzung, FS Schaumburg, 2009, 587; *Jeschke,* Probleme bei der Behandlung eines Geschäfts- oder Firmenwerts im neuen Umwandlungssteuerrecht, FR 2010, 10; *Kußmaul/Richter/Heyd,* Ausgewählte Probleme der Hinausverschmelzung von Kapitalgesellschaften aus Deutschland, IStR 2010, 73; *Schaumburg,* Steuerliche Restriktionen bei internationalen Umwandlungen, GmbHR 2010, 1341; *Schmitt/Schloßmacher,* Das Antragswahlrecht im Umwandlungssteuergesetz, DB 2010, 522; *Bogenschütz,* Umwandlungen von Kapital- in Personengesellschaften, Ubg 2011, 393; *Hageböke,* Sind alle Umwandlungen „Veräußerungen"? – Kritische Anmerkungen zur neuen Ausgangsthese der Finanzverwaltung im Umwandlungssteuererlass-Entwurf, Ubg 2011, 689; *Koch,* Steuerbilanzielle Antragswahlrechte nach Umwandlungssteuergesetz – Fallstricke und Praxistipps, BB 2011, 1067; *Schumacher/Neitz-Hackstein,* Verschmelzung und Spaltung zwischen inländischen Kapitalgesellschaften, Ubg 2011, 409; *Rödder,* Verschmelzung von Kapital- auf Kapitalgesellschaften – Kritische Anmerkungen zu den einschlägigen Textziffern des Umwandlungssteuer-Erlass-Entwurfs vom 2.5.2011, DStR 2011, 1059; *Gosch,* Stand des unnötigen komplexen „Entstrickungssteuerrechts" und absehbare Entwicklungen, IWB 21/2012, 779; *Hruschka,* Umwandlung Kapital- auf Personengesellschaften (§§ 3 ff UmwStG), DStR 2012 Beihefter zu Heft 2, 14; *Schaflitzl/Götz,* Verschmelzung zwischen Kapitalgesellschaften, Spaltung von Kapitalgesellschaften und damit verbundene gewerbesteuerliche Regelungen, DB 2012 Beilage 1 zu Heft 2, 25; *Stadler/Elser/Bindl,* Vermögensübertragung bei Verschmelzungen auf eine Personengesellschaft oder eine natürliche Person und Formwechsel einer Kapitalgesellschaft in eine Personengesellschaft – Kritische Anmerkungen zum Umwandlungssteuererlass, DB 2012 Beilage zu Heft 1, 14; *Sistermann,* Umwandlung Kapital- auf Kapitalgesellschaften (§§ 11 ff. UmwStG), DStR 2012 Beihefter zu Heft 2, 9.

Übersicht

1. Allgemeines

1 § 11 regelt die Auswirkungen auf den Gewinn der übertragenden Körperschaft im Falle der Verschm oder Vermögensübertragung (Vollübertragung) auf eine andere Körperschaft. In der **stl Schlussbilanz** sind die übergehenden WG abw vom Buchwertansatz in der HB (§ 17 UmwG) grdsl mit dem gemeinen Wert anzusetzen; eine Ausnahme bilden die Pensionsrückstellungen, die gem § 6a EStG zu bewerten sind. Der **Grds der Maßgeblichkeit** der HB für die StB findet keine Anwendung (vgl Rn 19). Nach Auffassung der FinVerw handelt es sich bei der stl Schlussbilanz des übertragenden Rechtsträgers um eine eigenständige Bilanz, die von der Gewinnermittlungsbilanz iSv §§ 4 I, 5 EStG zu unterscheiden ist (BMF-Schrb vom 11.11.2011, BStBl I 1314 Rn 11.02 iVm Rn 03.01). Auf Antrag kann das übergehende Verm statt mit dem gemeinen Wert, zu BW oder ZW angesetzt werden, (1) soweit sichergestellt ist, dass die übergehenden WG später bei der übernehmenden Körperschaft der Besteuerung mit KSt unterliegen und (2) das dt Besteuerungsrecht hinsichtl dieser WG bei deren Veräußerung nicht ausgeschlossen oder eingeschränkt wird und (3) entweder eine Gegenleistung nicht gewährt wird oder ledigl in Gesellschaftsrechten besteht. Beim sog Downstream-Merger sind die Anteile an der übernehmenden Körperschaft in der stl Schlussbilanz der übertragenden Körperschaft zwingend mit dem stl BW erhöht, um steuerwirksame Abschreibungen und Abzüge nach § 6b EStG und ähnl Abzügen, maximal aber mit dem gemeinen Wert anzusetzen.

2 Ein **Übertragungsgewinn** entsteht, soweit die übertragende Körperschaft in ihrer stl Schlussbilanz ganz oder teilw die übergehende WG mit dem gemeinen Wert ansetzt oder aber einen Zwischenwertansatz wählt. Der Übertragungsgewinn unterliegt, soweit er nicht nach DBA oder wegen einer Zuordnung zu einer ausl Betriebsstätte vom Gewerbeertrag auszunehmen ist, bei der übertragenden Körperschaft nach den allg Vorschriften der KSt und gem § 19 I der GewSt (vgl

Rn 154 f). Es kann auch ein Übertragungsverlust entstehen (vgl BMF-Schrb vom 11.11.2011, BStBl I 1314 Rn 11.06 iVm 03.12).

3 **§ 11** behandelt die stl Folgen der Verschm und der Vermögensübertragung im Wege einer Vollübertragung (§§ 174 I, 176 ff UmwG) einer Körperschaft auf eine andere bezogen auf den Gewinn der übertragenden Ges, **§ 12** die stl Folgen bei der aufnehmenden Körperschaft. Die stl Wirkungen der Verschm beim Anteilseigner der übertragenden Körperschaft ergeben sich aus **§ 13,** soweit die übernehmende Körperschaft nicht an der übertragenden Körperschaft beteiligt ist. Durch das SEStEG ist der Anwendungsbereich des § 11 auf nat und europäische Verschm ausgedehnt worden; er erfasst damit nicht nur Inlandsverschmelzungen, sondern auch grenzüberschreitende Hinaus- und Hereinverschmelzungen bzw Auslandsverschmelzungen innerh der EU bzw des EWR, nicht jedoch in bzw aus Drittstaaten. Verschm innerh eines Drittstaats nach ausl UmwR können aber unter § 12 II KStG fallen. Die §§ 11–13 werden ergänzt durch § 29 KStG. Ein Anspruch auf Auszahlung des KSt-Guthabens iSv § 37 V KStG und die Verpflichtung zur Zahlung des Körperschaftsteuererhöhungsbetrags (§ 37 V KStG) geht durch Gesamtrechtsnachfolge auf die übernehmende Körperschaft über (zu weiteren Einzelheiten vgl § 12 Rn 67 ff).

4 Abs 2 setzt gem Nr 3 voraus, dass dem bisherigen Anteilseigner entweder keine Gegenleistung gewährt wird oder eine solche ausschließl in Gesellschaftsrechten besteht. Bei der **Vermögensübertragung nach §§ 174 ff UmwG** wird definitionsgemäß (§ 174 I UmwG) eine Gegenleistung gewährt, die nicht in Anteilen oder Mitgliedschaften besteht. Demzufolge scheidet die Möglichkeit der Buchwertfortführung in der stl Schlussbilanz nach Abs 2 grdsl aus (BMF-Schrb vom 11.11.2011, BStBl I 1314 Rn 11.14). Der einzige Fall, in dem eine Vermögensübertragung unter den sonstigen Voraussetzungen steuerneutral zu BW mögl ist, liegt vor, wenn das Verm auf den alleinigen Gesellschafter übertragen wird (die 100%ige Tochter-GmbH wird auf eine Gemeinde als deren alleinigem Anteilsinhaber übertragen). In diesen Fällen liegt eine Gegenleistung nicht vor, da der Wegfall der Beteiligung an der übertragenden KapGes keine Gegenleistung iSd Abs 2 Nr 3 darstellt (BMF-Schrb vom 11.11.2011, BStBl I 1314 Rn 11.15).

2. Sachlicher Anwendungsbereich

5 Der Dritte Teil des UmwStG und damit die Regelung des § 11 knüpft an gesellschaftsrechtl Umwandlungsvorgänge an. § 11 findet nach Abs 1 S 1 Anwendung auf die Fälle der Verschm einer Körperschaft auf eine andere Körperschaft. Gem § 1 I 1 Nr 1 gilt § 11 damit für ein Vermögensübergang durch Verschm iSv §§ 2 ff UmwG. Eine Verschm nach **§§ 122a ff UmwG** erfüllt die Voraussetzungen des § 1 I Nr 1, denn es handelt sich um eine Verschm iSd § 2 UmwG (vgl § 1 Rn 27; Widmann/Mayer/*Widmann* § 1 Rn 60; DPPM/*Dötsch* Rn 18; Frotscher/Maas/*Frotscher* Rn 14; aA BMF-Schrb vom 11.11.2011, BStBl I 1314 Rn 01.21: Die grenzüberschreitende Verschm iSd § 122a UmwG ist ein mit einer Verschm iSd § 2 UmwG vglbarer ausl Vorgang; Haase/Hruschka/*Benecke* § 1 Rn 10; 40). Auch einer Verschm iSd UmwG vglbarer ausl Vorgang wird durch § 11 thematisch erfasst (§ 1 I 1 Nr 1). Es muss sich nach Auffassung des Gesetzgebers (BT-Drs 16/710, 35) bei der Verschm nach ausl Recht um einen gesellschaftsrechtl Umwandlungsvorgang handeln, der seinem Wesen nach einer der Verschm des dt UmwG entspricht. Eine Vergleichbarkeitsprüfung der relevanten Strukturmerkmale des ausl Umwandlungsvorgangs ist daher notw (dazu ausführl § 1 Rn 31 ff; BMF-

Schrb vom 11.11.2011, BStBl I 1314 Rn 01.24). § 11 erfasst zudem die Gründungen von SE und SCE durch Verschm gem SE-VO und der SCE-VO (vgl § 1 Rn 13). Ebenso ist die Vermögensübertragung iSd § 174 UmwG (Vollübertragung) gem § 1 I 1 Nr 4 von einer Körperschaft auf eine andere Körperschaft von § 11 erfasst; dies gilt jedoch nicht für vglbare ausl Vorgänge der Vollübertragung.

§§ 11–13 gelten sowohl für die Verschm zur **Neugründung** als auch für die Verschm durch **Aufnahme** (BMF-Schrb vom 11.11.2011, BStBl I 1314 Rn 01.08). Die Vermögensübertragung (Vollübertragung) ist demggü nur auf einen anderen bestehenden Rechtsträgers (§ 174 I) mögl. 6

§ 11 gilt auch für nat Umw außerhalb des UmwG, wenn sie durch ein anderes Bundesgesetz oder Landesgesetz ausdrückl vorgesehen und wenn diese Art der Umw mit einer Verschm iSd § 2 UmwG vglbar ist. Es existieren landesrechtl Vorschriften, die die **Vereinigung öffentl-rechtl Kreditinstitute** oder **öffentl-rechtl Versicherungsunternehmen** im Wege der Gesamtrechtsnachfolge zulassen. Solche Verschm können damit erfolgsneutral gestaltet werden. § 11 findet auf die Vereinigung öffentl-rechtl Kreditinstitute oder öffentl-rechtl Versicherungsunternehmen Anwendung (BMF-Schrb vom 11.11.2011, BStBl I 1314 Rn 01.07, 11.16; Widmann/Mayer/*Widmann* § 1 Rn 263; DPPM/*Dötsch* Vor §§ 11–13 Rn 27 f). Zur Umwandlung eines Eigenbetriebs in eine Anstalt öffentl Rechts vgl BFH HFR 2011, 1044; OFD-Hannover DB 2010, 477; zur Umw eines Betriebs gewerblicher Art in eine Anstalt öffentlichen Rechts BFH/NV 2011, 1194; *Herden/Engel* NWG 2011, 2706. 7

Die Verschm werden mit der Eintragung im jeweiligen Register wirksam. Im Fall der Verschm durch Aufnahme kommt es auf die Eintragung im Register des Sitzes des übernehmenden Rechtsträgers an (§ 20 I UmwG), im Falle der Verschm durch Neugründung auf die Eintragung im Register des neuen Rechtsträgers (§ 36 I 2 iVm § 20 I UmwG). Aufgrund der Eintragung steht für die Steuerbehörde der Vermögensübergang bindend fest. Dies gilt auch für ausl Verschmelzungsvorgänge (RHL/*Rödder* Rn 23). Mängel der Umw, die durch die Registereintragung geheilt werden, sind aus stl Sicht grdsl unbeachtl (wohl enger BMF-Schrb vom 11.11.2011, BStBl I 1314 Rn 01.06; 01.23; Widmann/Mayer/*Widmann* § 1 Rn 203; DPPM/*Pung/Möhlenbrock* § 1 Rn 123). Bei ausl Verschm hat jedoch die FinVerw das Prüfungsrecht dahingehend, ob eine Vergleichbarkeit des ausl Umwandlungsvorgangs mit einer inl Verschm gegeben ist (BMF-Schrb vom 11.11.2011, BStBl I 1314 Rn 01.24). Zudem entscheidet die FinVerw darüber, ob die Voraussetzungen des Abs 2 vorliegen. 8

3. Übertragender Rechtsträger und übernehmender Rechtsträger

Bei dem übertragenden und dem übernehmenden Rechtsträger muss es sich um eine nach dem Recht eines EU-oder EWR-Staates gegründete Ges iSd Art 54 AEUV (früher Art 48 EGV) oder des Art 34 EWR-Abkommen (vgl § 1 Rn 56 ff) handeln. Die Ges muss ihren Sitz und ihre Geschäftsleitung (vgl § 1 Rn 62 ff) im Hoheitsgebiet eines Mitgliedsstaates der EU oder eines Staates, auf den das EWR-Abkommen Anwendung findet, haben. 9

Die von § 11 erfassten Umwandlungsvorgänge betreffen Körperschaften. Körperschaften sind KapGes (SE, AG, KGaA, GmbH), eingetragene Gen, eingetragene Vereine, wirtschaftl Vereine (nur als übertragende Rechtsträger), genossenschaftl Prüfungsverbände, VVaG sowie vglbare ausl Rechtsträger. Vglbare ausl 10

Rechtsträger liegen vor, wenn es sich hierbei nach dem Gesamtbild um eine mit dt Körperschaften vglbare Ges handelt (**Typenvergleich;** vgl § 1 Rn 17 ff; BMF-Schrb vom 11.11.2011, BStBl I 1314 Rn 01.27). Auf die stl Einordnung des ausl Rechtsträgers im Ansässigkeitsstaat kommt es beim Typenvergleich nicht an (BMF-Schrb vom 11.11.2011, BStBl I 1314 Rn 01.27). Beteiligte einer grenzüberschreitenden Verschm (§ 122a UmwG) können gem § 122b UmwG nur KapGes iSd Art 2 Nr 1 der RL 2005/56/EG vom 26.10.2005 (ABl EU Nr L 310, 1) sein, die nach dem Recht eines EU-Mitgliedsstaates oder eines anderen Vertragsstaates des EWR gegründet worden sind und ihren satzungsmäßigen Sitz, ihrer Hauptverwaltung oder ihrer Hauptniederlassung in einem EU-Mitgliedsstaat oder einem anderen Vertragsstaat des EWR haben. Eine Vermögensübertragung iSv §§ 174, 175 UmwG ist mögl von einer KapGes auf die BRD, ein Bundesland oder eine sonstige Gebietskörperschaft oder auf einen Zusammenschluss von Gebietskörperschaften, wie zB einen Zweckverband. Ferner ist die Vollübertragung mögl zwischen VVaG, öffentl-rechtl Versicherungsunternehmen und Versicherungs-AG, wobei Überträgerin und Übernehmerin jew unterschiedl Rechtsform sein müssen (zu weiteren Einzelheiten vgl Komm zu § 174 UmwG).

11 Die Steuerfreiheit der übertragenden bzw der übernehmenden Körperschaft steht der Anwendung der §§ 11 ff nicht entgegen. Es kann jedoch in diesen Fällen gem Abs 2 S 1 Nr 1 zu einer Gewinnrealisierung bei der übertragenden Körperschaft kommen. Auch die **europäische AG** und die europäische Gen kommen als übertragende bzw übernehmende Rechtsträger in Frage. Kommt es zu einer Verschm einer **KGaA** auf eine andere KapGes, wird §§ 11 ff angewendet, soweit das „Kommanditaktienkapital" betroffen ist; die Folgen der Verschm für den „Komplementär-Teil" fallen unter die Regelung der §§ 20 ff (Frotscher/Maas/*Frotscher* Rn 11; vgl dazu § 20 Rn 173). Besteht eine **atypisch stille Beteiligung** an der übertragenden oder der übernehmenden Körperschaft, so finden die §§ 11–13 Anwendung (vgl dazu auch Rn 95; wie hier Widmann/Mayer/*Widmann* § 1 Rn 200; RHL/*Rödder* Rn 48 f; Frotscher/Maas/*Frotscher* Rn 9).

12 Die durch das Gesetz gestellten persönlichen Anforderungen (Ansässigkeit und Gründungsvoraussetzungen) an den übertragenden und übernehmenden Rechtsträgern müssen nach hM in der Literatur spätestens im **Zeitpunkt der Eintragung der Umw** in das maßgebl Register gegeben sein; auf den stl Übertragungsstichtag iSd § 2 I kommt es insoweit nicht an (so auch RHL/*Rödder* Rn 47). Die gegenteilige Auffassung würde dazu führen, dass eine Verschm zur Neugründung nicht mögl wäre (so auch RHL/*Rödder* Rn 47). Nach Meinung der FinVerw müssen die persönlichen Anwendungsvoraussetzungen spätestens am stl Übertragungsstichtag vorliegen. Bei der Verschmelzung zur Neugründung sei aber auf den Zeitpunkt der zivilrechtlichen Wirksamkeit der Gründung abzustellen (BMF-Schrb vom 11.11.2011, BStBl I 1314 Rn 01.52; *Kaeser* DStR 2012 Beihefter zu Heft 2, 3). Richtig ist aber, dass der stl Übertragungsstichtag ohne Bedeutung ist, da § 1 II für die Frage der Festlegung des Anwendungsbereiches auf die zivilrechtlichen Vorgaben abstellt. Ab dem Zeitpunkt der Eintragung der Verschmelzung müssen damit die Anwendungsvoraussetzungen erfüllt sein.

13 Weder eine **VorgründungsGes** noch eine **VorGes** können übertragende KapGes iSv § 11 sein (§ 3 UmwG Rn 24 mwN; RHL/*Rödder* Rn 42; Widmann/Mayer/*Schießl* Vor § 11 Rn 38 ff), denn die Eintragung in das HR stellt den Beginn der Umwandlungsfähigkeit dar. Vor der Eintragung in das HR existiert die KapGes als solche noch nicht. Eine **aufgelöste Körperschaft** kann demggü verschmolzen werden, wenn die Fortsetzung beschlossen werden kann (§ 3 III UmwG).

Eine aufgelöste KapGes kann übernehmender Rechtsträger sein; § 3 III UmwG spricht zwar ledigl den aufgelösten übertragenden Rechtsträger bei der Verschm an, allerdings lassen sich aus dem Schweigen des Gesetzes zum übernehmenden Rechtsträger keine Rückschlüsse dahingehend ziehen, dass eine Verschm in diesem Fall ausgeschlossen wäre; der Rechtsgedanke in § 3 III UmwG ist zumindest entsprechend auf den übernehmenden Rechtsträger anzuwenden, dh übernehmender Rechtsträger kann auch eine aufgelöste Körperschaft sein, wenn die Fortsetzung dieses Rechtsträgers beschlossen werden kann (dazu § 3 UmwG Rn 47). Eine **VorgründungsGes** kann nicht übernehmende KapGes iSv § 12 sein (§ 1 Rn 16), wohl aber die VorGes (zB Verschm zur Neugründung; so auch RHL/*Rödder* Rn 42; vgl aber Widmann/Mayer/*Schießl* Vor § 11 Rn 41 ff). 14

4. Steuerliche Schlussbilanz

Nach Abs 1 ist bei der Verschm einer Körperschaft auf eine andere Körperschaft der übertragende Rechtsträger **verpflichtet, eine stl Schlussbilanz aufzustellen.** Diese Verpflichtung gilt unabhängig davon, ob die übertragende Körperschaft im Inland stpfl oder im Inland zur Führung von Büchern verpflichtet ist (BT-Drs 16/2710, 40; BMF-Schrb vom 11.11.2011, BStBl I 1314 Rn 11.02 iVm 03.01; RHL/*Rödder* Rn 59; Frotscher/Maas/*Frotscher* Rn 43; Widmann/Mayer/*Schießl* Rn 16.1). Eine stl Schlussbilanz muss damit auch eine im Ausland ansässige EU/EWR-Körperschaft als übertragender Rechtsträger aufstellen, wenn dieser Verschmelzungsvorgang mit einem inl Verschmelzungsvorgang vglbar und damit von § 11 thematisch erfasst ist. Die stl Schlussbilanz muss in jedem Fall den Vorgaben des § 11 (Ansatz und Bew) entsprechen; eine Bindung an ggf notw **ausl stl Schlussbilanz** besteht nicht (BMF-Schrb vom 11.11.2011, BStBl I 1314 Rn 11.02; DPPM/*Dötsch* Rn 13; *Rödder/Schumacher* DStR 2006, 1525; *Winkeljohann/Fuhrmann* S 747). Dies führt in der Praxis zu erheblichen Problemen, insbesondere wenn der übertragende Rechtsträger bereits längere Zeit besteht (vgl *Käbisch/Bunzek* IWB 2011, 392; *Klingenberg/Nitzschke* Ubg 2011, 451). Im BMF-Schrb vom 11.11.2011 (BStBl I 1314) wurden insoweit Vereinfachungsregeln nicht vorgesehen. Die stl Schlussbilanz iSv § 11 I ist nach Meinung der FinVerw eine eigenständige, von der Gewinnermittlungsbilanz iSv §§ 4 I, 5 I EStG zu unterscheidende Bilanz. Als Abgabe der stl Schlussbilanz soll auch die ausdrückliche Erklärung gelten, dass die Gewinnermittlungsbilanz iSv §§ 4 I, 5 I EStG gleichzeitig die stl Schlussbilanz sein soll, wenn diese Bilanz der stl Schlussbilanz entspricht (BMF-Schrb vom 11.11.2011, BStBl I 1314 Rn 11.02 iVm Rn 03.01). Der Antrag der Gleichstellung der Bilanzen ist von den gesetzlichen Vertretern des übertragenden Rechtsträgers bzw nach Verschmelzung durch die gesetzlichen Vertreter des übernehmenden Rechtsträgers zu stellen (vgl dazu *Stadler/Elser/Bindl* DB Beilage 1/2012, 14). Er kann so lange gestellt werden, bis die Veranlagung des übertragenden Rechtsträgers noch nicht bestandskräftig abgeschlossen ist. Ein einmal auch mündlich gestellter Antrag ist unwiderruflich (BMF-Schrb vom 11.11.2011, BStBl I 1314 Rn 11.11 iVm Rn 03.25). Für die Auffassung der FinVerw, dass es sich bei der stl Schlussbilanz iSv § 11 I um eine eigenständige Bilanz handelt spricht, dass in der Gewinnermittlungsbilanz iSv §§ 4 I, 5 I EStG ein Veräußerungsvorgang anders abgebildet wird, als in der Bilanz nach § 11 I (krit *Schumacher/Neitz-Hackstein* Ubg 2011, 409; *Stimpel* GmbHR 2010, 123). Entgegen der Auffassung der FinVerw (BMF-Schrb vom 11.11.2011, BStBl I 1314 Rn 11.03 iVm Rn 03.04) muss die Übertragungsbilanz nicht in **elektronischer** 15

Form beim FA eingereicht werden, da § 5b EStG nur die Vermögensaufstellung nach § 4 I EStG und die Bilanz nach §§ 5, 5a EStG erwähnt, es sich bei der stl Schlussbilanz aber um eine eigenständige Bilanz handelt (Frotscher/Maas/*Schnitter* Rn 45).

16 Die **Vorlage** einer stl Schlussbilanz ist **nicht erforderl,** wenn sie für inl Besteuerungszwecke nicht benötigt wird (BT-Drs 16/2710, 40; BMF-Schrb vom 11.11.2011, BStBl I 1314 Rn 11.02 iVm Rn 03.02). Ob eine stl Schlussbilanz des übertragenden Rechtsträgers für inl Besteuerungszwecke benötigt wird, ist sowohl aus der Sicht der übertragenden als auch der übernehmenden Körperschaft zu beurteilen. Dies ergibt sich daraus, dass die übertragende Körperschaft im Grds unabhängig davon, ob sie im Inland bereits stpfl ist, eine solche aufstellen muss (BT-Drs 16/2710 ebenso *Plewka/Marquardt,* HdB Umstrukturierung, S 296). Eine stl Schlussbilanz muss auch dann abgeben werden, soweit im Hinblick auf die in § 12 angeordnete Wertverknüpfung der Ansatz bzw die Bew in der stl Schlussbilanz des übertragenden Rechtsträgers ausschließl für die übernehmende Körperschaft von Bedeutung ist. Letzteres liegt nach hM vor (vgl aber auch Rn 122), wenn WG aufgrund der Verschm erstmals einem inl Betrieb des übernehmenden Rechtsträgers zuzuordnen sind (hineinverschmelzen).

17 Abs 1 regelt nicht, auf welchen **Zeitpunkt die stl Schlussbilanz** aufgestellt werden muss. Nach § 2 I ist das Einkommen und das Verm der übertragenden und der übernehmenden Körperschaft so zu ermitteln sind, als ob das Verm der übertragenden Körperschaft mit Ablauf des Stichtages der Bilanz, die dem Vermögensübergang zugrunde liegt (stl Übertragungsstichtag) auf den übernehmenden Rechtsträger übergegangen wäre. Die Bilanz, die diesem Vermögensübergang zugrunde liegt, ist die handelsrechtl Schlussbilanz iSd § 17 II UmwG (vgl § 2 Rn 24). Einer solchen Schlussbilanz bedarf es gem § 122k I UmwG auch bei einer grenzüberschreitenden Verschm nach §§ 122a ff UmwG. Entsprechendes gilt gem § 176 I UmwG für die Fälle der Vermögensübertragung (Vollübertragung). Zu weiteren Einzelheiten vgl Komm zu § 2. Damit ist die stl Schlussbilanz zwingend auf den stl Übertragungsstichtag zu erstellen. Die gilt auch bei der Umw ausl Körperschaften (*Benecke* in PWC, Reform des UmwStR, S 148). Fällt der steuerliche Übertragungsstichtag nicht auf das Ende eines Wirtschaftsjahres entsteht ein Rumpfwirtschaftsjahr (BMF-Schrb vom 11.11.2011, BStBl I 1314 Rn 11.02 iVm Rn 03.01; Frotscher/Maas/*Frotscher* Rn 47).

18 Nicht geklärt ist, welche steuerrechtl Folgen eintreten, wenn eine **stl Schlussbilanz** des übertragenden Rechtsträgers **nicht vorgelegt wird.** Die Nichtvorlage der stl Schlussbilanz führt nicht dazu, dass zwingend das übertragene Verm in der stl Schlussbilanz mit dem gemeinen Wert als angesetzt gilt (wie hier Widmann/Mayer/*Schießl* Rn 31.26; aA RHL/*van Lishaut* § 4 Rn 28; DPPM/*Dötsch* Rn 15; Frotscher/Maas/*Schnitter* § 3 Rn 77; *Hruschka* DStR 2012 Beihefter zu Heft 2, 4). Nach Abs 2 ist der Ansatz und die Bew des übergehenden Verm ausschließl von einem gestellten Antrag und nicht von der Vorlage einer stl Schlussbilanz abhängig. Im Falle der Nichtvorlage einer stl Schlussbilanz muss das FA unter Berücksichtigung des ausgeübten Antragswahlrechts ggf den Wertansatz des Verm nach § 162 AO schätzen. Nur wenn kein Antragswahlrecht ausgeübt wird, sind die übergehenden WG mit dem gemeinen Wert zu bewerten.

19 Der Ansatz und die Bew in der stl Schlussbilanz der übertragenden Körperschaft erfolgt zum Übertragungsstichtag und ausschließl nach Maßgabe des § 11. Der Grds der **Maßgeblichkeit der HB** für die StB existiert insoweit nicht (allgM BT-Drs 16/2010, 34; BMF-Schrb vom 11.11.2011, BStBl I 1314 Rn 11.04; DPPM/

Dötsch Rn 12; Haritz/Menner/*Bärwaldt* Rn 34; Widmann/Mayer/*Schießl* Rn 14.33; RHL/*Rödder* Rn 54; Frotscher/Maas/*Frotscher* Rn 51; *Benecke/Schnitger* IStR 2006, 765; *Dötsch/Pung* DB 2006, 704; *Rödder/Schumacher* DStR 2006, 1525 und DStR 2007, 369; *Haritz* DStR 2006, 977).

5. Ansatz und Bewertung der übergehenden Wirtschaftsgüter in der steuerlichen Schlussbilanz

a) Begriff des Wirtschaftsguts. Bei der Verschm einer Körperschaft auf eine andere Körperschaft sind die übergebenden WG, einschl nicht entgeltl erworbener oder selbstgeschaffener immaterieller WG, in der stl Schlussbilanz der übertragenden Körperschaft mit dem gemeinen Wert „anzusetzen". Unter den Begriff WG fallen sowohl **aktive als auch passive WG** (BMF-Schrb vom 11.11.2011, BStBl I 1314 Rn 11.03 iVm 03.04; DPPM/*Dötsch* Rn 21; *Desens* GmbHR 2007, 1207; *Ley/Bodden* FR 2007, 265, *Benecke* in PWC, Reform des UmwStR, S 151). Für die Bew von Pensionsrückstellungen gilt § 6a EStG. § 12 I regelt den Wert, mit dem die übergehenden WG von dem übernehmenden Rechtsträger fortzuführen sind. Wird dabei auf den Ansatz der übergehenden WG in der stl Schlussbilanz abgestellt, können damit nur alle WG, auch negative gemeint sein. Dies wird bestätigt durch die Regelung betrifft die Ermittlung des Übernahmegewinns (§ 12 II); diese Regelung ist nur verständl, wenn zu den übergehenden WG iSd § 11 auch passive WG gehören. Wenn der Übernahmegewinn/-verlust in der Weise ermittelt wird, dass auf den Wert abgestellt wird, mit dem die übergegangenen WG zu übernehmen sind und diese Werte sich aus der stl Schlussbilanz des übertragenden Rechtsträgers ergeben, muss sich der Ausdruck übergehende WG notwendigerweise auch auf negative WG erstrecken (so auch Widmann/Mayer/*Widmann* § 3 Rn 308). Wollte man anders entscheiden, käme es zu einer systemwidrigen Besteuerung des Übernahmegewinns nach § 8b KStG. Aus § 12 III iVm § 4 II 1 kann geschlossen werden, dass bei Buchwert- oder Zwischenwertansatz auch steuerfreie Rücklagen in der stl Schlussbilanz nicht aufgelöst, sondern fortgeführt werden können, da ansonsten eine stl Rechtsnachfolge insoweit nicht denkbar ist (*Benecke* in PWC, Reform des UmwStR, S 152). Anzusetzen sind damit auch **steuerfreie Rücklagen** nach § 6b EStG, Rücklagen für Ersatzbeschaffungen nach R 6.6. EStR sowie Rücklagen nach § 7g EStG, § 6 UmwStG (BMF-Schrb vom 11.11.2011, BStBl I 1314 Rn 11.03 iVm 03.04). 20

Das Ansatzverbot **originärer immaterieller WG** des Anlagevermögens einschl eines Geschäfts- oder Firmenwert gilt ausweisl von Abs 1 nicht. Auch gelten die stl Ansatzverbote des § 5 EStG nach Meinung der FinVerw nicht (BMF-Schrb vom 11.11.2011, BStBl I 1314 Rn 11.03 iVm 03.04). Dies kann damit begründet werden, dass der Verschmelzungsvorgang auf der Ebene des übertragenden und übernehmenden Rechtsträgers einen tauschähnlichen Vorgang darstellt. 21

Abw vom Grds des Ansatzes der übergehenden WG mit dem gemeinen Wert können auf Antrag auch die stl **BW** des übertragenen Verm oder **ZW** in der stl Schlussbilanz „angesetzt" werden, soweit die in Abs 2 S 1 Nr 1–3 genannten Voraussetzungen vorliegen. 22

Bei Abs 1 handelt es sich bezogen auf die stl Schlussbilanz nach dem Bericht des Finanzausschusses um einen stl **Ansatz- und Bewertungsvorschrift** (BT-Drs 16/3369, 10). Trotz des insoweit ungenauen Wortlautes bezieht sich der Ansatz und die Bew der übergehenden WG nicht nur auf das jew einzelne WG, sondern auch auf die insges übergehende **Sachgesamtheit** in Form des überge- 23 henden Betriebs (vgl BT-Drs 16/2710, 28; BMF-Schrb vom 11.11.2011, BStBl I 1314 Rn 11.04 iVm Rn 03.07; DPPM/*Dötsch* Rn 29; RHL/*Rödder* Rn 76; *Schumacher/Neitz-Hackstein* Ubg 2011, 403; *Rödder* DStR 2011, 1059; *Bogenschütz* Ubg 2011, 393; *Stadler/Elser/Bindl* DB Beilage 1 zu Heft 2, 14). Auch wenn diese Aussage zur Bew von Sachgesamtheiten in der Gesetzesbegründung im Zusammenhang mit den allg Entstrickungsgrundsätzen gemacht wurde, gilt dies für die Entstrickungsnormen des UmwStG entsprechend (vgl § 3 Rn 30). Eine Bew des gesamten BV in seiner Zusammensetzung als Sachgesamtheit muss erfolgen, da ansonsten der Ansatz eines Firmenwertes in der stl Schlussbilanz – so wie sie das Gesetz fordert – überhaupt nicht mögl ist (vgl Rn 41). Firmenwert ist näml der Mehrwert, der in einem Unternehmen über dem Substanzwert der einzelnen materiellen und immateriellen WG abzgl der Schulden hinaus innewohnt („Residualgröße"). Der gemeine Wert der Sachgesamtheit ist nach Meinung der FinVerw im Verhältnis der Teilwerte der übergehenden Wirtschaftsgüter auf die einzelnen WG zu verteilen (BMF-Schrb vom 11.11.2011, BStBl I 1314 Rn 11.04 iVm Rn 03.07). Richtig dürfte aber eine Verteilung des Wertes der Sachgesamtheit im Verhältnis der gemeinen Werte der übergehenden WG sein, da der gemeine Wert der nach § 11 I entscheidende Wert ist.

24 **b) Steuerliche Vorschriften über die Gewinnermittlung.** Bestimmte WG dürfen nach den ertragsteuerl Vorschriften über die Gewinnermittlung in der StB nicht angesetzt werden. Dazu gehören insbes originäre immaterielle WG des Anlagevermögens. Abs 1 ordnet jedoch für die stl Schlussbilanz an, das originäre immaterielle WG des Anlagevermögens anzusetzen sind. IÜ verweist Abs 1 nicht auf die stl Vorschrift über die Gewinnermittlung, sondern bestimmt den gemeinen Wert zum Wertmaßstab. Fragl ist daher, ob und inwieweit § 11 die stl Vorschrift über die Gewinnermittlung verdrängt.

25 § 1 V Nr 4 def den BW. **BW** ist danach der Wert, der sich nach den steuerrechtl Vorschriften über die Gewinnermittlung in einer auf den stl Übertragungsstichtag aufzustellenden StB ergibt bzw ergäbe. Werden in der stl Schlussbilanz gem Abs 2 die BW fortgeführt, gelten die bilanzsteuerrechtl Aktivierungs- und Passivierungsverbote; aktive und passive Vermögensposten sind in der stl Schlussbilanz nach den bilanzsteuerrechtl Regelungen anzusetzen. Gleiches gilt bei der Buchwertfortführung für steuerrechtl Rücklagen nach § 6b EStG uä und stl AP zu den übergehenden WG.

26 Im Grds stellt aber Abs 1 auf eine Bew mit dem **gemeinen Wert** ab, auf die steuerrechtl Vorschriften über die Gewinnermittlung wird nicht verwiesen. Damit müssen nach Abs 1 in der stl Schlussbilanz des übertragenden Rechtsträgers auch solche übergehenden WG mit dem gemeinen Wert angesetzt werden, die nach den stl Vorschriften über die Gewinnermittlung nicht angesetzt werden dürfen (BMF-Schrb vom 11.11.2011, BStBl I 1314 Rn 11.03 iVm 03.06; vgl auch § 3 Rn 33). Diese entsprechen dem Willen des Gesetzgebers. Er beabsichtigt gerade durch die Einführung allg Entstrickungsregelungen, zu denen auch § 11 gehört, unabhängig von den ansonsten bestehenden Gewinnermittlungsgrundsätzen, bei Verlust des dt Besteuerungsrechts, sämtl stillen Reserven (selbstverständl unter Berücksichtigung möglicherweise bestehender stiller Lasten), einer Besteuerung zuzuführen (ultima ratio Besteuerung).

27 Die in der stl Schlussbilanz des übertragenden Rechtsträgers aufgedeckten stillen Reserven erhöhen den BW der übergehenden WG, der übernehmende Rechtsträger muss diese Werte fortführen, diese Werte stellen seine AK dar. Dabei ist zu

berücksichtigen, dass die Verschm einer Körperschaft auf eine PersGes „wesentliche Elemente eines entgeltlichen Tauschgeschäftes enthält" (BFH DStR 2008, 545; vgl § 3 Rn 34). Gleiches gilt auch für die Verschm einer Körperschaft auf eine andere Körperschaft (BMF-Schrb vom 11.11.2011, BStBl I 1314 Rn 00.02; vgl Vor §§ 11–13 Rn 2 mwN). Die Abbildung dieses Anschaffungsvorgang erfolgt im Regelungsbereich der §§ 11, 12 aufgrund der zwingenden Buchwertverknüpfung und der damit verbundenen Sicherstellung der Besteuerung von stillen Reserven im übertragenen Verm bereits in der stl Schlussbilanz des übertragenden Rechtsträgers und nicht erst in der Buchhaltung des übernehmenden Rechtsträgers. In der stl Schlussbilanz des übertragenden Rechtsträgers sind damit im Erg die mit dem gemeinen Wert bewerteten, übergehenden WG so anzusetzen, wie bei einem „normalen" Anschaffungsvorgangs in der Bilanz eines Erwerbers.

Auch der **gemeine Wert von negativen WG** kann höher sein, als deren BW, **28** was insbesondere für die Passivierungsverbote des § 5 EStG gilt. Handelt es sich bspw um Drohverlustrückstellungen iSv § 5 IV a EStG, so entspricht der isolierte gemeine Wert dieser Rückstellung, dem Betrag, der sich ergeben würde, wenn das Passivierungsverbot insoweit nicht gelten würde. Nach Meinung der **FinVerw** gelten die Ansatzverbote des § 5 EStG nicht für die stl Schlussbilanz, es sei denn, dass die Buchwerte fortgeführt werden (BMF-Schrb vom 11.11.2011, BStBl I 1314 Rn 11.03 iVm Rn 03.06), wobei der Ansatz mit dem Buchwert ausgeschlossen ist, wenn der gemeine Wert der übertragenen Sachgesamtheit geringer ist, als dessen Buchwert (BMF-Schrb vom 11.11.2011, BStBl I 1314 Rn 11.06 iVm Rn 03.12). Bei dem übernehmenden Rechtsträger sollen dann aber zu dem der Verschmelzung folgenden Bilanzstichtag die allg Grdse und damit die Ansatzverbote wieder gelten. Nach **hM in der Literatur** (DPPM/*Dötsch* Rn 23; RHL/*Rödder* Rn 67; *ders* DStR 2011, 1059; *Schumacher/Neitz-Hackstein* Ubg 2011, 409; *Stadler/Elser/Bindl* DB 2012 Beilage 1 zu Heft 2, 14; aA Widmann/Mayer/*Widmann* § 20 Rn R 667, der stille Lasten als solche passivieren will) werden diese „Minderwerte" bei der Bew einer Sachgesamtheit durch einen Käufer im Rahmen seiner Kaufpreisfestlegung berücksichtigt und dann steuerbilanziell im Erg im Firmenwert abgebildet. Nichts anderes könne aufgrund des Charakters der Verschm als Anschaffung durch den übernehmenden Rechtsträger gelten, wobei zu berücksichtigen ist, dass dieser Anschaffungsvorgang im Regelungsbereich der §§ 11, 12 bereits in der stl Schlussbilanz des übertragenden Rechtsträgers und nicht erst in der Buchhaltung des übernehmenden Rechtsträgers abgebildet wird. Ein gemeiner Wert des Firmenwertes iSv § 9 II BewG existiert mangels Einzelveräußerbarkeit insoweit nicht (DPPM/*Dötsch* Rn 26; *Jäschke* FR 2010, 10; *Bodden* FR 2007, 66). Die Ermittlung des Firmenwertes erfolgt daher auch iRd Abs 1 nach den allg Grdsen der Ertragswertbewertung (vgl Rn 35). Stille Lasten sind damit in der stl Schlussbilanz nicht anzusetzen, sondern vielmehr entsprechend den allg Bewertungsgrundsätzen bei der Ermittlung des Geschäfts- oder Firmenwertes ertragsmindernd zu berücksichtigen (iE ebenso DPPM/*Dötsch* Rn 23; RHL/*Rödder* Rn 67; *Stadler/Elser/Bindl* DB 2012 Beilage 1 zu Heft 2, 14; *Schaflitzl/Widmayer* BB Special 8/2006, 36; *Ley/Bodden* FR 2007, 265; *Bodden* FR 2007, 66; *Lemaitre/Schönherr* GmbHR 2007, 173).

Sowohl die Meinung der FinVerw als auch die der hM stehen im Widerspruch **29** zur Auffassung des **BFH** (BFH DStR 2012, 452). Geht man zu Recht (vgl Rn 27) davon aus, dass es sich bei der Verschmelzung um ein Veräußerungsgeschäft auf der Ebene des übertragenden und um ein Anschaffungsgeschäft auf der Ebene des übernehmenden Rechtsträgers handelt, ist in der stl Schlussbilanz des übertragenden Rechtsträgers, in der der Anschaffungsvorgang durch den übernehmenden Rechtsträger bereits abgebildet wird (vgl Rn 27), nach Meinung des BFH für stille Lasten, die auf Grund von Ansatz- und Bewertungsverboten bestehen, eine **ungewisse Verbindlichkeit** zu passivieren. Mit Urteil vom 16.12.2009 (BFH BStBl II 2011, 566; ebenso BFH DStR 2012, 452) hat der BFH darauf hingewiesen, dass bei einer Betriebsveräußerung betriebliche Verbindlichkeiten, die beim Veräußerer auf Grund von Rückstellungsverboten nicht passiviert werden durften, beim Erwerber keinem Passivierungsverbot unterworfen sind, wenn er diese Verbindlichkeiten gegen Schuldbefreiung übernommen hat; solche Verbindlichkeiten sind unabhängig von der rechtlichen Einordnung beim übertragenden Rechtsträger in der Person des übernehmenden Rechtsträgers als ungewisse Verbindlichkeiten in der Bilanz des Käufers auszuweisen und von ihm auch an den nachfolgenden Bilanzstichtag mit den Anschaffungskosten oder ihrem höheren Teilwert zu bewerten (ebenso Widmann/Mayer/*Schießl* Rn 14.23.5; zur insoweit geplanten Gesetzesänderung vgl BR-Drs 663/12, 12; *Prinz* Ubg 2013, 57). Diese Auffassung wird mit dem Grds der erfolgsneutralen Behandlung von Anschaffungsvorgängen begründet. Der BFH macht in den angesprochenen Urteilen deutlich, dass für Verbindlichkeiten, für die in der Person des übertragenden Rechtsträgers ein Ansatzverbot gilt, aus der Sicht des übernehmenden Rechtsträgers die für ungewisse Verbindlichkeiten geltenden Grdse anzuwenden sind und damit eine Passivierungspflicht besteht, und zwar nicht nur im Erwerbszeitpunkt, sondern gleichermaßen auch an den nachfolgenden Bilanzstichtagen. Für eine unmittelbare Verrechnung der stillen Lasten durch Abstockung des erworbenen Firmenwerts fehlt es nach Auffassung des BFH (BFH DStR 2012, 452) an einer Rechtsgrundlage. Die stillen Lasten sind damit als ungewisse Verbindlichkeiten auszuweisen, eine Abstockung des Firmenwerts erfolgt nicht. Zu stillen Lasten in Pensionsrückstellungen vgl Rn 44.

30 Die Bewertung der Sachgesamtheit mit dem gemeinen Wert bzw dem Teilwert iSd § 6a EStG in der stl Schlussbilanz erfolgt zum **Verschmelzungsstichtag** (BMF-Schrb vom 11.11.2011, BStBl I 1314 Rn 11.04 iVm 03.09; Widmann/Mayer/*Schießl* Rn 14.21). Wertaufhellungen sind zu berücksichtigen.

6. Ansatz der übergehenden Wirtschaftsgüter mit dem gemeinen Wert

31 **a) Grundsätzliches.** Nach der Gesetzessystematik sind die übergehenden Wirtschaftsgüter als Sachgesamtheit (vgl Rn 23) grdsl in der stl Schlussbilanz des übertragenden Rechtsträgers einheitlich mit dem gemeinen Wert anzusetzen. Die Bewertung mit dem gemeinen Wert hat zum Verschmelzungsstichtag zu erfolgen (BMF-Schrb vom 11.11.2011, BStBl I 1314 Rn 11.04 iVm 03.09; DPPM/*Dötsch* Rn 25). Der gemeine Wert ist die **Obergrenze;** ausgenommen sind nur Bewertungen von Pensionsrückstellungen, für die auch beim Ansatz der gemeinen Werte weiterhin § 6a EStG gilt. Ist der gemeine **Wert der Sachgesamtheit** geringer als die Summe der Buchwerte der übergehenden Wirtschaftsgüter, ist der Ansatz zum Buchwert nach Auffassung der FinVerw ausgeschlossen (BMF-Schrb vom 11.11.2011, BStBl I 1314 Rn 11.06 iVm 03.12; ebenso DPPM/*Dötsch* Rn 31; *Bogenschütz* Ubg 2011, 393; aA *Schumacher/Neitz-Hackstein* Ubg 2011, 409: Buchwert ist die Untergrenze für den Wertansatz), es erfolgt eine entsprechende Abstockung. Wird festgestellt, dass einzelne Wirtschaftsgüter über dem gemeinen Wert angesetzt wurden, so ist der entsprechende Wert nach Meinung der FinVerw nur

zu korrigieren, wenn der Buchwert der Sachgesamtheit über deren gemeinen Wert liegt (DPPM/*Dötsch* Rn 31; aA Widmann/Mayer/*Schießl* Rn 14.37 iVm § 3 Rn 310.1). Dagegen spricht der Wortlaut des § 11 I. Richtig ist zwar, dass das übergehende Vermögen als Sachgesamtheit zu bewerten ist, da andernfalls ein Firmenwert in der stl Schlussbilanz nicht anzusetzen wäre (vgl Rn 23). § 11 I bezieht sich aber auch auf die „übergehenden Wirtschaftsgüter", die mit dem gemeinen Wert anzusetzen sind, was dafür sprechen könnte, dass der gemeine Wert als Höchstwert sich auch auf jedes einzelne Wirtschaftsgut bezieht (ebenso Widmann/Mayer/*Schießl* Rn 14.37 ff; aA Frotscher/Maas/*Schnitter* § 3Rn 99; *Rödder* DStR 2011, 1059).

Beispiel: 32

Die M-GmbH kauft die 100%ige Beteiligung an der T-GmbH. Der gemeine Wert der Anteile an der T-GmbH beträgt EUR 1 Mio. Die M-GmbH bezahlt für diesen Anteil einen Kaufpreis iHv EUR 1,5 Mio, da sie auf ihrer Ebene erhebliche Synergien und damit zusätzliche Erträge erwartet. Nachdem diese Erwartungen tatsächlich eingetreten sind, wird die M-GmbH auf die X-AG verschmolzen. Zu diesem Zeitpunkt soll der gemeine Wert der Beteiligung an der T-GmbH weiterhin EUR 1 Mio betragen. Geht man davon aus, dass der gemeine Wert sich auf jedes einzelne WG bezieht, wäre in der stl Schlussbilanz eine Abstockung des Beteiligungsansatzes auf EUR 1 Mio vorzunehmen, da Synergien und Konzerneffekte bei der Ermittlung des gemeinen Wertes ohne Bedeutung sind (DPPM/*Dötsch* Rn 25).

b) Ermittlung des gemeinen Werts für einzelne Wirtschaftsgüter und für die Sachgesamtheit. Weder das EStG, das KStG noch das UmwStG def den Begriff des gemeinen Wertes. Damit kommt der Erste Teil des BewG für die Bestimmung des gemeinen Werts zur Anwendung (§ 1 BewG). Der gemeine Wert wird nach **§ 9 II BewG** in erster Linie durch den **Preis** bestimmt, der im **gewöhnl Geschäftsverkehr** (vgl Rn 34) nach der Beschaffenheit des WG bei einer Veräußerung zu erzielen wäre, wobei **ungewöhnl** (vgl Rn 39) oder **persönl Verhältnisse** (vgl Rn 39) nicht zu berücksichtigen sind. Maßgebend ist gem § 9 II 1 BewG der erzielbare Verkaufspreis, wobei Veräußerungskosten unbeachtl sind (Widmann/Mayer/*Widmann* § 20 Rn R 645). Maßgebender Zeitpunkt für die Bewertung ist der Verschmelzungsstichtag. Als Bewertungsmethode kommen zur Bewertung eines **einzelnen WG** primär die Vergleichsmethode, dann die Ertragswertmethode und hilfsweise die Sachwertmethode in Betracht (Widmann/Mayer/*Widmann* § 20 Rn R 646). 33

Grdsl maßgebend sind die für das zu bewertende WG erzielbaren Verkaufspreise, soweit der Verkaufspreis im gewöhnl Geschäftsverkehr nach der Beschaffenheit des WG bei Veräußerungen zu erzielen ist **(Vergleichswertmethode).** Der gemeine Wert kann auch aus Verkäufen nahezu vollständig vglbarer WG abgeleitet werden. Ein einzelner Verkauf bietet idR kein ausreichender Vergleichsmaßstab (BFH BStBl II 1987, 769). Liegen mehrere voneinander abweichende Vergleichspreise vor, ist ein Durchschnittswert zu bilden (Gürsching/Stenger/*Knittel* BewG § 9 Rn 42). 34

Ergibt sich der gemeine Wert nicht aus Vergleichspreisen, ist er unter Heranziehung der **Ertragswertmethode** zu ermitteln (Widmann/Mayer/*Widmann* § 20 Rn R 649). Schwierigkeiten bei einer ggf notw Schätzung sind durch eine verstärkte Anwendung des Vorsichtsprinzips zu Gunsten des Stpfl zu begegnen (Widmann/Mayer/*Widmann* § 20 Rn R 649). Die Ertragswertmethode kommt als Bewertungsmethode bei WG in Betracht, die zukünftige Erträge erwirtschaftet (Gürsching/Stenger/*Knittel* BewG § 9 Rn 51). Dies sind zB Erfindungen, Patente, 35

Warenzeichen usw (vgl BFH BStBl II 1970, 484). Der gemeine Wert wird durch Kapitalisierung der Zukunftserträge ermittelt (Gürsching/Stenger/*Knittel* BewG § 9 Rn 51). Zum Firmenwert vgl Rn 41.

36 Existieren keine Marktpreise für gleiche oder vglbare WG und scheidet die Ertragswertmethode aus, kommt die **Sachwertmethode** zur Anwendung (FG Sachsen EFG 2003, 25). Der gemeine Wert wird hierbei auf Grundlage der durchschnittl HK für vglbare WG zu ermittelt (Gürsching/Stenger/*Knittel* BewG § 9 Rn 58). Die zu berücksichtigenden Kosten umfassen dabei idR die durchschnittl Material-, Fertigungs- und Verwaltungskosten (Widmann/Mayer/*Widmann* § 20 Rn R 651). Zwischenzeitl Preisänderungen der bei der Herstellung verwendeten Güter sind ebenso zu berücksichtigen wie der technische Fortschritt (Gürsching/Stenger/*Knittel* BewG § 9 Rn 60).

37 Unter **gewöhnl Geschäftsverkehr** iSd § 9 II 1 BewG ist der Handel nach marktwirtschaftl Grdsen mit identischen oder vglbaren zu verstehen (BFH BStBl II 1981, 353). Maßgebend ist das Marktgeschehen an dem Ort, an dem eine Veräußerung des zu bewertenden WG wahrscheinl ist. Befindet sich ein WG im Ausland, so ist das Marktgeschehen dort von Relevanz (Gürsching/Stenger/*Knittel* BewG § 9 Rn 67). Bei Bar- oder Kreditgeschäften handelt es sich um Geschäfte im gewöhnl Geschäftsverkehr (BFH BStBl III 1960, 492). Der Kauf bzw Verkauf aus der Insolvenzmasse stellt keinen gewöhnl Geschäftsverkehr dar (FG Münster EFG 1999, 247).

38 Es sind bei der Bew **alle Umstände zu berücksichtigen,** die den Preis des WG beeinflussen (§ 9 II 2 BewG). Solche können wirtschaftl, rechtl oder tats Art sein (Gürsching/Stenger/*Knittel* BewG § 9 Rn 82). Als rechtl Umstände kommen dingl (Widmann/Mayer/*Widmann* § 20 Rn R 654) idR aber nicht schuldrechtl (vgl Gürsching/Stenger/*Knittel* BewG § 9 Rn 84) Beschränkungen in Betracht. Lärm- und Geruchsbelästigungen stellen tats Umstände dar.

39 Nach § 9 II 3 BewG sind **ungewöhnl oder persönl Verhältnisse** nicht zu berücksichtigen. Ein überhöhter Kaufpreis, der seinen Grund in spekulativen Erwägungen hat oder aber in unübl Zahlungsbedingungen, kann nicht als Vergleichsmaßstab herangezogen werden (Gürsching/Stenger/*Knittel* BewG § 9 Rn 90). Ein Preis ist durch persönl Umstände beeinflusst, wenn für seine Bemessung persönl Umstände auf Seiten des Käufers oder Verkäufers zumindest mitentscheidend waren (Gürsching/Stenger/*Knittel* BewG § 9 Rn 96). Nach § 9 III 1 BewG gelten als persönl Verhältnisse auch Verfügungsbeschränkungen, die in der Person des Stpfl oder seines Rechtsnachfolgers begründet sind (krit insoweit Gürsching/Stenger/*Knittel* BewG § 9 Rn 103; Widmann/Mayer/*Widmann* § 20 Rn R 657).

40 Der gemeine Wert erfasst nicht die **USt** (Gürsching/Stenger/*Knittel* BewG § 9 Rn 2; Widmann/Mayer/*Widmann* § 20 Rn R 658). Im Ggs zum Begriff des Teilwerts geht der gemeine Wert nicht von der Fortführung des Betriebs durch den Erwerber aus (BFH BStBl II 1990, 117; DPPM/*Dötsch* Rn 25). Der gemeine Wert umfasst auch einen Gewinnaufschlag auf die Herstellungskosten (DPPM/*Dötsch* Rn 25; vgl BT-Drs 16/2710, 45). Synergien- und Konzerneffekte sind bei der Ermittlung des gemeinen Wertes eines Wirtschaftsgutes nicht zu berücksichtigen (DPPM/*Dötsch* Rn 25; *Rödder/Schumacher* DStR 2006, 1481).

41 Die Finanzverwaltung geht zutreffend davon aus, dass die **Ermittlung des gemeinen Wertes** übergehenden aktiven und passiven Vermögens (im Grds) als **Sachgesamtheit** erfolgen muss (BMF-Schrb vom 11.11.2011, BStBl I 1314 Rn 11.04 iVm 03.07; DPPM/*Dötsch* Rn 29; RHL/*Rödder* Rn 76; Frotscher/

Maas/*Schnitter* § 3 Rn 95 *Schumacher/Neitz-Hackstein* Ubg 2011, 409; *Rödder* DStR 2011, 1059; *Bogenschütz* Ubg 2011, 393; *Stadler/Elser/Bindl* DB Beilage 1 zu Heft 2, 14). Gem § 11 I ist nämlich in der stl Schlussbilanz auch ein **selbst geschaffener Firmenwert** mit dem gemeinen Wert anzusetzen. Diesem fehlt es jedoch grdsl an der Einzelveräußerbarkeit. Der Firmenwert ist der Mehrwert, der einem gewerblichen Unternehmen über den Substanzwert der einzelnen materiellen und immateriellen Wirtschaftsgüter abzüglich Schulden inne wohnt (vgl BFH BStBl II 1996, 576; BFH BStBl I 2001, 477). Er ist dem Grunde und der Höhe nach durch die Gewinnaussichten bestimmt, die, losgelöst von der Person des Unternehmers auf Grund besonderer, dem Unternehmen zukommenden Vorteile (zB Ruf, Kundenkreis usw) höher oder gesicherter erscheint als bei einem anderen Unternehmen mit sonst vglbaren Wirtschaftsgütern. Der Firmenwert ist damit an den Betrieb gebunden und kann nicht ohne diesen veräußert werden (BFH BStBl II 1994, 903; BFH DStR 1998, 887). Ein Einzelveräußerungspreis bezogen auf den Geschäfts-/Firmenwert existiert damit nicht. Der Ansatz eines Firmenwerts in der stl Schlussbilanz des übertragenden Rechtsträgers setzt damit voraus, dass es zu einer Bewertung der Sachgesamtheit in Form des übertragenen Betriebes kommen muss.

Der **gemeine Wert der Sachgesamtheit** ist zunächst aus Verkäufen abzuleiten. Dies dürfte in der Praxis nur möglich sein, wenn kurz vor der Verschmelzung das Unternehmen, sei es auch mittelbar über den Kauf der Anteile an dem übertragenden Rechtsträger, entgeltlich von einem Dritten erworben wurde. Liegen solche Verkäufe nicht vor, kann anhand eines am allgemein anerkannten Ertrags- oder Zahlungsstrom orientierten Verfahrens die entsprechende Ermittlung des Wertes erfolgen, welches ein gedachter Erwerber des Betriebs der übertragenden Körperschaft bei der Bemessung des Kaufpreises zu Grunde legen würde (BMF-Schrb vom 11.11.2011, BStBl I 1314 Rn 11.04 iVm 03.07; DPPM/*Dötsch* Rn 29; RHL/*Rödder* Rn 75 ff; *Bogenschütz* Ubg 2011, 393; *Stadler/Elser/Bindl* DB 2012 Beilage 1 zu Heft 2, 14). Diese Sichtweise entspricht § 109 I 2 BewG. Gem § 11 II 4 BewG kommt auch das vereinfachte Ertragswertverfahren iSd §§ 199–203 zur Anwendung (BMF-Schrb vom 11.11.2011, BStBl I 1314 Rn 11.04 iVm 03.07; BMF-Schrb vom 22.7.2011, BStBl I 859; DPPM/*Dötsch* Rn 29; *Bogenschütz* Ubg 2011, 393; *Neu/Schiffers/Watermeyer* GmbHR 2011, 729; krit *Rödder/Rogall* Ubg 2011, 753). Die FinVerw akzeptiert das vereinfachte Ertragswertverfahren jedoch nicht bei komplexen Konzernstrukturen (gemeinsamer Ländererlass vom 17.5.2011, BStBl I 606). 42

§ 109 II 2 BewG verweist zutreffend auf § 11 II BewG, woraus sich die **Rangfolge der Bewertung** ergibt. Zunächst ist zu ermitteln, ob sich der gemeine Wert aus Verkäufen unter fremden Dritten ableiten lässt, die weniger als ein Jahr zurückliegen. Im Regelfall ergibt sich aber die Bewertung der Sachgesamtheit unter Berücksichtigung der **Ertragsaussichten** des übertragenden Rechtsträgers oder einer anderen anerkannten, auch im gewöhnlichen Geschäftsverkehr für außersteuerliche Zwecke üblichen Methode, wobei der Substanzwert des übertragenen Vermögens gem § 11 II 3 BewG nicht unterschritten werden darf (*Bogenschütz* Ubg 2011, 393; *Rödder* DStR 2011, 1089; *Schumacher/Neitz-Hackstein* Ubg 2011, 409; *Drosdzol* DStR 2011, 1258; vgl auch *Neu/Schiffers/Watermeyer* GmbHR 2011, 731; krit IDW-Stellungnahme Ubg 2011, 549; zur Geltung der Liquidationswerte vgl *Bogenschütz* Ubg 2011, 393; *Piltz* DStR 2009, 1830). Die Bewertung erfolgt nach den Verhältnissen zum stl Übertragungsstichtag (vgl Rn 30). Die Bewertung der übergehenden Sachgesamtheit mit dem gemeinen Wert erfolgt 43 unabhängig davon, wie das übergehende Vermögen vor der Verschmelzung steuerbilanziell beim übertragenden Rechtsträger abgebildet war, insbesondere bleiben für die Bewertung der Sachgesamtheit die Ansatzverbote des § 5 EStG unberücksichtigt (DPPM/*Dötsch* Rn 30).

44 Bezüglich der Aufteilung des gemeinen Werts der Sachgesamtheit geht die FinVerw davon aus, dass in analoger Anwendung zu § 6 I Nr 7 EStG das Verhältnis der Teilwerte der übergehenden Wirtschaftsgüter entscheidend ist (BMF-Schrb vom 11.11.2011, BStBl I 1314 Rn 11.04 iVm 03.09; ebenso DPPM/*Dötsch* Rn 30). Richtig dürfte es aber sein, eine **Verteilung des Werts der Sachgesamtheit** im Verhältnis der gemeinen Werte der übergehenden Wirtschaftsgüter vorzunehmen, da der gemeine Wert der nach § 11 I entscheidende Wert ist (ebenso *Schumacher/Neitz-Hackstein* Ubg 2011, 409). Soweit stille Reserven in dem übertragenen aktiven Vermögen vorhanden sind, kommt es damit zu einer Aufdeckung der stillen Reserven. Dies gilt auch für originäre immaterielle Wirtschaftsgüter, insbesondere eines Firmenwertes. Nach Meinung der FinVerw sind im Grds stille Lasten zu passivieren, insbesondere auch soweit nach § 5 EStG ein Ansatzverbot besteht (vgl Rn 28 f). Der Bewertungsvorbehalt für Pensionsrückstellungen, nämlich diese höchstens mit dem Teilwert nach § 6a EStG anzusetzen, ist nach Auffassung der FinVerw in jedem Fall zu berücksichtigen (BMF-Schrb vom 11.11.2011, BStBl I 1314 Rn 11.04 iVm 03.07), was bedeuten soll, dass ein tatsächlich höherer gemeiner Wert der Pensionsverpflichtung stl nicht den gemeinen Wert iSv § 11 I mindern soll (BMF-Schrb vom 11.11.2011, BStBl I 1314 Rn 11.04 iVm 03.08; aA *Schaflitzl/Widmayer* BB Special 8/2006, 36; *Ley/Bodden* FR 2007 265). Diese Auffassung der FinVerw führt zu einer Übermaßbesteuerung (*Rödder* DStR 2011, 1059) und ist mit dem ansonsten von der FinVerw anzuwendenden anerkannten Ertragswert oder zahlungsorientierten Verfahren, welche ein gedachter Erwerber des Betriebs der übertragenden Körperschaft bei der Bemessung des Kaufpreises zu Grunde legen würde, nicht in Übereinstimmung zu bringen, da bei diesen Bewertungsmethoden der im Vergleich zum Teilwert einer Pensionsrückstellung iSd § 6a EStG höhere tatsächliche Gemeinwert dieser Verpflichtung im Kaufpreis berücksichtigt würde. Geht man mit der hM in der Literatur davon aus, dass die sich aus dem Bilanzierungsverbot des § 5 EStG ergebenden stillen Lasten beim Firmenwert zu berücksichtigen sind (vgl Rn 28), käme es insoweit nicht zu einer Passivierung der stillen Lasten, vielmehr finden diese ihren Niederschlag in einem geringeren Firmenwert. Sowohl die Meinung der FinVerw als auch die der hM steht im Widerspruch zur Auffassung des BFH (DStR 2012, 452), der davon ausgeht, dass für stille Lasten, die auf Grund von Ansatz- und Bewertungsvorbehalten besteht, eine unangemessene Verbindlichkeit zu passivieren ist. Ob dies auch für stille Lasten bei den **Pensionsrückstellungen** gilt, ist jedoch offen, da § 11 I insoweit eine ausdrückliche Regelung der Bewertung von Pensionsrückstellungen enthält (Widmann/Mayer/*Schießl* Rn 14.24). Zu dem Problem, wie zu verfahren ist, wenn der gemeine Wert der Sachgesamtheit über dem Buchwert liegt, einzelne Wirtschaftsgüter aber einen gemeinen Wert unterhalb des Buchwerts haben, vgl Rn 31 f.

45 Ist der gemeine Wert der Sachgesamtheit niedriger als die Summe der Buchwerte des übertragenen Vermögens, scheidet nach Auffassung der FinVerw ein Ansatz zum Buchwert aus (BMF-Schrb vom 11.11.2011, BStBl I 1314 Rn 11.06 iVm 03.12; ebenso DPPM/*Dötsch* Rn 31; aA *Schumacher/Neitz-Hackstein* Ubg 2011, 409: Buchwert ist die Untergrenze für den Wertansatz; vgl dazu auch Rn 30). Eine Abstockung der übergehenden Wirtschaftsgüter scheidet insoweit aus, als deren Buchwert dem gemeinen Wert entspricht. Wegen der Nichtgeltung der stl Ansatzverbote des § 5 EStG muss nach Auffassung der FinVerw die insoweit bestehende Last passiviert werden (BMF-Schrb vom 11.11.2011, BStBl I 1314 Rn 11.04 iVm 03.06). Dadurch kann ein **„negativer Firmenwert"** entstehen und zwar in Form eines negativen Ausgleichspostens; gleiches gilt, wenn man mit der hM in der Literatur davon ausgeht, dass stille Lasten unmittelbar beim Firmenwert zu berücksichtigen sind bzw insoweit der Rspr folgend (vgl Rn 29) eine ungewisse Verbindlichkeit zu passivieren ist (vgl zum negativen Ausgleichsposten BMF DStR 2006, 1113; FG Düsseldorf DStR 2011, 112; FG Schleswig-Holstein EFG 2004, 1324; *Lemaitre-Schönherr* GmbHR 2007, 173; *Desens* GmbHR 2007, 1202; DPPM/*Dötsch* Rn 31). Der passive Ausgleichsposten ist gem § 12 I vom übernehmenden Rechtsträger fortzuführen. Nicht abschließend geklärt ist, ob dieser Ausgleichsposten entsprechend § 7 I 3 EStG gewinnerhöhend aufzulösen ist (L. Schmidt/*Weber-Grellet* EStG § 5 Rn 226; vgl auch *Möhrle* DStR 1999, 1414) oder aber erst bei Veräußerung oder Aufgabe des Betriebs gewinnerhöhend aufgelöst werden muss (DPPM/*Dötsch* Rn 31; vgl auch *Preißer* DStR 2011, 133; FG Düsseldorf DStR 2011, 112).

Beim Ansatz mit dem gemeinen Wert sind **steuerfreie Rücklagen** und stille Reserven, die aufgrund von Überbewertung von Passiva entstanden sind, aufzulösen (BMF-Schrb vom 11.11.2011, BStBl I 1314 Rn 11.03 iVm 03.04; Widmann/Mayer/*Widmann* § 20 Rn R 670 f). **46**

Gehört zum übergehenden Verm ein **Mitunternehmeranteil** und wird durch die übertragende Körperschaft der gemeine Wert in der stl Schlussbilanz angesetzt, so kommt es über die Bildung einer Ergänzungsbilanz zwingend zu einem entsprechenden Wertansatz bei der Mitunternehmerschaft; ein eigenständiges Wahlrecht kommt dieser nicht zu (Widmann/Mayer/*Widmann* § 3 Rn R 345; DPPM/*Dötsch* Rn 43, so wohl auch FinVerw BMF-Schrb vom 11.11.2011, BStBl I 1314 Rn 03.27; vgl aber BFH BStBl II 2004, 804; aA RHL/*Herlinghaus* § 20 Rn 151). Gehört zum übergehenden Verm ein Mitunternehmeranteil an einer Mitunternehmerschaft, die ihrerseits an einer Mitunternehmerschaft beteiligt ist **(doppelstöckige PersGes),** so sind, soweit stille Reserven in der UnterGes vorhanden sind, entsprechende Aufstockungen auch bezogen auf das Vermögen bei der UnterGes vorzunehmen (vgl zur stl Abbildung *Mische* BB 2010, 2946). Bereits bestehende Ergänzungsbilanzen beim Mitunternehmeranteil werden durch die neu zu bildende Ergänzungsbilanz ersetzt. Der gemeine Wert entspricht bei **börsennotierten Wertpapieren** nach § 11 I BewG dem Kurswert, Paketzuschläge sind gem § 11 III BewG zu berücksichtigen (BMF-Schrb vom 17.5.2011, BStBl I 606). Anteile an KapGes sind im Übrigen für ertragsteuerl Zwecke mit dem gemeinen Wert anzusetzen, der sich auch aus zeitnahen Verkäufen ableiten lässt, die weniger als ein Jahr zurückliegen (Vergleichswertmethode, vgl Rn 32). Liegen solche Verkäufe nicht vor, kommt das Ertragswertverfahren und nicht das sog Stuttgarter Verfahren zur Anwendung (Widmann/Mayer/*Widmann* § 20 Rn R 666; vgl auch RHL/*Rödder* Rn 174). Soweit die Anteile nicht börsennotiert sind, dürften daher die Bew der Beteiligung an der übernehmenden Ges idR nach dem Ertragswertverfahren oder eine andere anerkannte Methode zur Anwendung (§ 11 II 2 BewG; BMF-Schrb vom 17.5.2011, BStBl I 606). **47**

WG, die nicht auf den übernehmenden Rechtsträger **übergehen** (zB eigene Anteile der übertragenden Körperschaft), werden in der stl Schlussbilanz nicht angesetzt, sondern eine logische Sekunde vor dem Verschmelzungsstichtag beim übertragenden Rechtsträger erfolgsneutral ausgebucht. **48**

7. Ansatz der übergehenden Wirtschaftsgüter mit dem Buchwert

49 Ein Buchwertansatz der übergehenden WG ist gem Abs 2 S 1 auf Antrag zulässig, soweit (Nr 1) sichergestellt ist, dass die WG bei der übernehmenden Körperschaft der Besteuerung mit KSt unterliegen (vgl Rn 92 ff), (Nr 2) das inl Besteuerungsrecht bzgl der übertragenen WG nicht beschränkt wird (vgl Rn 106 ff) und (Nr 3) eine Gegenleistung nicht gewährt wird oder in Gesellschaftsrechten besteht (vgl Rn 127). BW ist nach § 1 V Nr 4 der Wert, der sich nach den stl Vorschriften über die Gewinnermittlung in einer für den stl Übertragungsstichtag aufzustellende StB ergibt oder ergäbe. Unterscheiden sich die BW im Hinblick auf die KSt und die GewSt, sind diese unterschiedlichen BW fortzuführen Der Grds der Maßgeblichkeit der Handelsbilanz für die Steuerbilanz gilt nicht (allgM; vgl Rn 19). Zu den angesprochenen stl Gewinnermittlungsvorschriften gehören insbes die §§ 5 II–VI, 7 EStG. Maßgebl ist insoweit nicht die vom übertragenden Rechtsträger vorgenommene tats Bilanzierung, sondern die in seiner Person nach den genannten stl Gewinnermittlungsvorschriften zulässige Bilanzierung zum Verschmelzungsstichtag. Die dt Gewinnermittlungsvorschriften gelten auch für **ausl Rechtsträger,** selbst wenn sie keine Betriebsstätte in Deutschland haben, sie aber verpflichtet sind, eine stl Schlussbilanz zu erstellen (vgl Rn 15). Dies führt in der Praxis zu erheblichen Problemen, insbesondere wenn der übertragende Rechtsträger bereits längere Zeit besteht. Im BMF-Schrb vom 11.11.2011 (BStBl I 1314) wurden eine notwendige Vereinfachungsregelungen nicht vorgesehen.

50 Liegen zum stl Übertragungsstichtag die Voraussetzungen einer Teilwertabschreibung bei den einzelnen WG vor, so können diese WG mit dem Teilwert angesetzt werden.

51 Soweit die Voraussetzungen des Abs 2 S 1 vorliegen und der Antrag auf Buchwertfortführung gestellt wird, muss der Ansatz mit dem BW **einheitl** erfolgen. Es ist nicht zul, dass ein WG „überbewertet", ein anderes dagegen „unterbewertet" wird (Saldierungsverbot).

52 Ist der gemeine Wert der Sachgesamtheit geringer als die Summe der Buchwerte der übergehenden Wirtschaftsgüter, ist der Ansatz zum Buchwert nach Auffassung der FinVerw ausgeschlossen (BMF-Schrb vom 11.11.2011, BStBl I 1314 Rn 11.06 iVm 03.12; ebenso DPPM/*Dötsch* Rn 31; *Bogenschütz* Ubg 2011, 393; aA *Schumacher/Neitz-Hackstein* Ubg 2011, 409). Zum Grundsatz der Einzelbewertung vgl Rn 32 f. Nach Auffassung der FinVerw gelten die stl Ansatzverbote des § 5 EStG für die stl Schlussbilanz des übertragenden Rechtsträgers nicht (BMF-Schrb vom 11.11.2011, BStBl I 1314 Rn 11.03 iVm 03.06). In der stl Schlussbilanz würden damit stille Lasten in anderen Wirtschaftsgütern als den Pensionsrückstellungen (vgl dazu Rn 28 f, 44) passiviert werden. Zu den Auswirkungen beim übernehmenden Rechtsträger vgl § 12 Rn 32). Geht man mit der hM in der Literatur (vgl Rn 28) davon aus, dass die Ansatzverbote des § 5 EStG auch für die stl Schlussbilanz gelten, sind die entsprechenden stillen Lasten einschließlich solcher in Pensionsrückstellungen über den Firmenwert zu korrigieren. Sowohl die Meinung der FinVerw als auch die der hM steht im Widerspruch zur Auffassung des BFH (DStR 2012, 452), wonach für stille Lasten, die auf Grund von Ansatz und Bewertungsverboten bestehen, eine ungewisse Verbindlichkeit zu passivieren ist (vgl Rn 29).

53 Dadurch kann ggf auch ein negativer Firmenwert in Form eines stl Ausgleichspostens (vgl Rn 45) entstehen. Liegt der Buchwert eines Wirtschaftsguts über

dem gemeinen Wert, so geht die FinVerw davon aus, dass es nur dann zu einer Abstockung des Buchwerts kommt, wenn der gemeine Wert der übertragenen Sachgesamtheit geringer ist als die Summe der Buchwerte der übergehenden Wirtschaftsgüter. Dagegen spricht der Wortlaut des Abs 2 iVm Abs 1, der von „übergehenden Wirtschaftsgütern" spricht, die höchstens mit dem gemeinen Wert anzusetzen sind (vgl Rn 32; Widmann/Mayer/*Widmann* § 3 Rn 310.1 ff; aA *Schumacher/Neitz-Hackstein* Ubg 2011, 409). 48

Liegen zum Umwandlungsstichtag die Voraussetzungen einer Teilwertabschreibung bei einzelnen übergehenden WG vor, so können diese WG in der stl Schlussbilanz mit dem **TW** angesetzt werden. In der stl Schlussbilanz sind zudem evtl **Wertaufholungen** iSv § 6 I 1 Nr 1 S 4, Nr 2 S 2 f EStG vorzunehmen. Unterlassene Wertaufholungen auf WG sind nachträgl zu korrigieren, soweit für den übertragenden Rechtsträger noch keine bestandskräftige Veranlagung vorliegt oder noch eine Änderung nach § 172 AO in Betracht kommt. 54

Ändern sich die Ansätze in der stl Schlussbilanz des übertragenden Rechtsträgers, so löst dies eine Folgeänderung beim übernehmenden Rechtsträger aus. 55

Gehört zum übergehenden Verm ein **Mitunternehmeranteil** und wird durch die übertragende Körperschaft der BW in der stl Schlussbilanz angesetzt, so kommt es auch zu einem entsprechenden Wertansatz bei der Mitunternehmerschaft; ein eigenständiges Wahlrecht kommt dieser nicht zu (Widmann/Mayer/*Widmann* § 3 Rn 345; DPPM/*Dötsch* Rn 43; so wohl auch FinVerw BMF-Schrb vom 11.11.2011, BStBl I 1314 Rn 03.27; vgl aber BFH BStBl II 2004, 804 aA RHL/*Herlinghaus* § 20 Rn 151). Entsprechendes gilt, wenn zum übergehenden Verm ein Mitunternehmeranteil an einer Mitunternehmerschaft gehört, die ihrerseits an einer Mitunternehmerschaft beteiligt ist **(doppelstöckige PersGes).** Zum stl BW eines Mitunternehmeranteils gehören auch eine etwaig bestehende Ergänzungsbilanz sowie eine Sonderbilanz (BMF-Schrb vom 11.11.2011, BStBl I 1314 Rn 11.05). 56

Ist die übertragende Körperschaft an der übernehmenden Körperschaft beteiligt (sog **Downstream-Verschm** der Mutter- auf die Tochterkörperschaft) sind auch bei Buchwertansatz, die Anteile an der übernehmenden Tochterkörperschaft gem Abs 2 S 2 in der Schlussbilanz der übertragenden Mutterkörperschaft mindestens mit dem BW erhöht um steuerwirksam vorgenommene Abschreibungen sowie sonstige Abzüge insbes nach § 6b EStG, höchstens jedoch mit dem gemeinen Wert, anzusetzen (zu weiteren Einzelheiten vgl Rn 147 ff). Eine Bew unterhalb des BW ist zwingend (Abstockung), wenn der gemeine Wert der Anteile geringer ist ab deren BW (vgl Rn 52). 57

8. Ansatz mit Zwischenwerten

Alt und unter denselben Voraussetzungen wie der Buchwertansatz (vgl Rn 49) können auf Antrag hin auch ZW in der stl Schlussbilanz angesetzt werden. Das Antragswahlrecht zum Zwischenwertansatz bzgl der einzelnen WG des übergehenden Verm muss einheitl ausgeübt werden, soweit die Voraussetzungen des Abs 2 S 1 vorliegen. Die BW sind im Falle des Zwischenwertansatzes **gleichmäßig und verhältnismäßig** aufzustocken. Es ist nicht zul, einzelne WG mit dem BW, andere mit dem gemeinen Wert, wieder andere mit ZW anzusetzen (DPPM/*Dötsch* Rn 13; RHL/*Rödder* Rn 157; Frotscher/Maas/*Frotscher* Rn 17.4; vgl auch zum UmwStG aF BMF-Schrb vom 25.3.1998, BStBl I 268 Rn 11.18; aA Haritz/Menner/*Bärwaldt* Rn 43). Um zu einer gleichmäßigen Aufstockung zu kommen, 58 müssen die stillen Reserven bei der übertragenen Sachgesamtheit, einschließl originäre immaterielle WG (vgl Rn 59), um einen einheitl Prozentsatz aufgelöst werden, der dem Verhältnis des Aufstockungsbetrages zum Gesamtbetrag der vorhandenen stillen Reserven des übergehenden Verm entsprechen (vgl dazu § 3 Rn 63 f). Entsprechendes gilt, wenn sich die BW im Hinblick auf KSt und GewSt unterscheiden. Nach Meinung der FinVerw gelten die Ansatzverbote des § 5 EStG für die stl Schlussbilanz iSd § 11 nicht, sodass diese bei Zwischenwertansatz – ohne Berücksichtigung der **stillen Lasten** in den Pensionsrückstellungen – anteilig zu passivieren sind (vgl Rn 28). Nach hM in der Literatur sind die stillen Lasten verhältnismäßig beim Firmenwert zu berücksichtigen, die Rspr geht von einer Passivierung einer ungewissen Verbindlichkeit aus (Rn 29). Dies gilt auch für in Deutschland nicht steuerverstricktes Verm, wenn insoweit die Voraussetzungen des Abs 2 S 1 vorliegen. Zu **Teilwertabschreibungen** und Wertaufholungen vgl Rn 50. Gehört zum BV der übertragenden Körperschaft ein **Mitunternehmeranteil,** so sind beim Zwischenwertansatz auch die stillen Reserven in diesem Mitunternehmeranteile, dh in den WG der PersGes, an der die übertragende Körperschaft beteiligt ist, in demselben Verhältnis aufzudecken, wie die stillen Reserven iÜ Verm des übertragenden Rechtsträgers; dies gilt auch für originäre immaterielle WG der Mitunternehmerschaft. Die Aufstockung der stillen Reserven erfolgt in einer Ergänzungsbilanz der Mitunternehmerschaft, ein eigenständiges Wahlrecht kommt dieser nicht zu (vgl Rn 56).

59 Bisher ging die Finanzverwaltung beim Ansatz zum Zwischenwert von der sog **modifizierten Stufentheorie** aus (BMF-Schrb vom 25.3.1998, BStBl I 268 Rn 22.08). Danach war ein selbst geschaffener Firmenwert nur in den Fällen zu berücksichtigen, in denen die übrigen bilanzierten und nicht bilanzierten Wirtschaftsgüter bereits auf den Teilwert (jetzt: gemeiner Wert) aufgestockt wurden, aber das Aufstockungsvolumen noch nicht ausgeschöpft war. Diese Meinung hat die FinVerw aufgegeben und geht nunmehr in Übereinstimmung mit der hM davon aus, dass beim Zwischenwertansatz auch der Firmenwert anteilig aufzustocken ist (BMF-Schrb vom 11.11.2011, BStBl I 1314 Rn 11.11 iVm Rn 03.25; ebenso DPPM/*Dötsch* Rn 42; RHL/*Rödder* Rn 157). Zur Übergangsregelung vgl BMF-Schrb vom 11.11.2011, BStBl I 1314 Rn S 03. Die Auffassung der FinVerw kann im Ergebnis überzeugen, da Abs 2 von den „übergehenden Wirtschaftsgütern einschließlich nicht entgeltlich erworbener oder selbstgeschaffener immaterieller Wirtschaftsgüter" spricht, wozu auch der Firmenwert gehört (ebenso RHL/*Rödder* Rn 157). Zu stillen Lasten vgl Rn 58.

9. Ausübung des Antragswahlrechts, Bilanzberichtigung

60 **a) Ausübung des Antragswahlrechts.** Auf Antrag können bei Vorliegen der Voraussetzungen des Abs 2 die übergehenden WG mit BW oder einem ZW angesetzt werden. Der Antrag hat keine Wirkung, soweit WG aufgrund zwingender Vorschriften mit dem gemeinen Wert anzusetzen sind (Widmann/Mayer/*Schießl* Rn 31.40). Der Antrag ist grdsl von der übertragenden Körperschaft zu stellen bzw von dem übernehmenden Rechtsträger als deren Gesamtrechtsnachfolger (BMF-Schrb vom 11.11.2011, BStBl I 1314 Rn 11.12 iVm Rn 03.28; DPPM/*Dötsch* Rn 35; *Koch* BB 2011, 1067). Maßgebend ist allein der rechtzeitig wirksam gestellte oder aber der nicht gestellte Antrag; auf eine etwaige Bilanzierung kommt es nicht an, ebenso nicht auf die Vorlage einer stl Schlussbilanz (str vgl Rn 18). Setzt der übertragende Rechtsträger die WG unter dem gemeinen

Wert an, obwohl ein Antrag nicht gestellt wurde, ist der Ansatz unrichtig und muss berichtigt werden. Das Antragswahlrecht kann nur einheitl für die übergehenden WG ausgeübt werden. Ob der gestellte Antrag vertragl Vereinbarungen widerspricht, ist für seine Wirksamkeit ohne Bedeutung (DPPM/*Dötsch* § 3 Rn 29; *Schmitt/Schloßmacher* DB 2010, 522; vgl auch *Koch* BB 2011, 1067); ein vereinbarungswidrig gestellter Antrag kann jedoch zu Schadenersatzansprüchen führen. Wird kein Antrag gestellt, so ist das Verm in der stl Schlussbilanz zwingend mit dem gemeinen Wert anzusetzen. Das Antragswahlrecht kann unabhängig von der Höhe der beim übernehmenden Rechtsträger vorgenommenen KapErh ausgeübt werden.

Liegen zum Umwandlungsstichtag die Voraussetzungen einer **Teilwertabschreibung** bei einzelnen übergehenden WG vor, so können diese WG in der stl Schlussbilanz mit dem TW angesetzt werden. In der stl Schlussbilanz sind zudem evtl Wertaufholungen iSv § 6 I 1 Nr 1 S 4, Nr 2 S 2 f EStG vorzunehmen. WG, deren gemeiner Wert unterhalb des BW liegt, sind in der stl Schlussbilanz abzustocken (str vgl Rn 31 f). Die Teilwertabschreibung, Wertaufholung und Abstockung sind eine logische Sekunde vor der anteiligen Aufstockung der stillen Reserven vorzunehmen. 61

b) Frist für den Antrag. Der Antrag ist spätestens bis zur erstmaligen Abgabe der stl Schlussbilanz zu stellen (Abs 3 iVm § 3 II 2). Eine spätere Antragstellung ist nicht wirksam mögl, jedoch eine solche bereits vor Abgabe der stl Schlussbilanz. Eine Antragstellung zusammen mit der Abgabe der stl Schlussbilanz ist aber nach der Gesetzesbegründung ausreichend (BT-Drs 16/2710, 37; allgM vgl nur BMF-Schrb vom 11.11.2011, BStBl I 1314 Rn 11.12 iVm Rn 03.28; Widmann/Mayer/*Schießl* Rn 31.24; Frotscher/Maas/*Frotscher* Rn 30). Der Antrag muss damit spätestens erfolgen, wenn die stl Schlussbilanz des übertragenden Rechtsträgers so in den Bereich des zuständigen FA gelangt, dass es unter normalen Umständen die Möglichkeit hat, davon Kenntnis zu nehmen. Die Ausübung des Wahlrechts löst keine besondere Aufzeichnungs- und Dokumentationspflicht aus; § 5 I 2, 3 EStG sind nicht anzuwenden (BMF-Schrb vom 13.2.2010, BStBl I 339 Rn 19). 62

Die Frist für die Stellung des Antrags ist auch dann abgelaufen, wenn die stl Schlussbilanz unrichtige Ansätze enthält (Widmann/Mayer/*Schießl* Rn 31.25). 63

c) Form und Inhalt des Antrags. Einer besonderen **Form** bedarf der Antrag nicht, er kann auch mündlich oder konkludent, zB durch Abgabe der Steuererklärung, gestellt werden (vgl nur BMF-Schrb vom 11.11.2011, BStBl I 1314 Rn 11.12 iVm Rn 03.29; DPPM/*Dötsch* Rn 36). Für die Auslegung des Antrags gelten die allg zivilrechtlichen Grdse. Nur beim Zwischenwertansatz muss nach Meinung der FinVerw ausdrücklich angegeben werden, in welcher Höhe oder zu welchem Prozentsatz die stillen Reserven aufzudecken sind (BMF-Schrb vom 11.11.2011, BStBl I 1314; Frotscher/Maas/*Frotscher* Rn 93). Ein unklarer Antrag gilt als nicht gestellt (Widmann/Mayer/*Widmann* § 20 Rn R 446). Mögl ist es, die Antragstellung auf einen absoluten Betrag der stillen Reserven in der stl Schlussbilanz zu beziehen oder bei Zwischenwertansatz einen Prozentsatz anzugeben. Die Antragstellung ist **bedingungsfeindl** (allgM BMF-Schrb vom 11.11.2011, BStBl I 1314; Widmann/Mayer/*Schießl* Rn 31.38; Frotscher/Maas/*Frotscher* Rn 92). Nicht mögl ist es, den Antrag an außerhalb des Verschmelzungsvorgangs liegende Umstände zu knüpfen; geschieht dies, so gilt der Antrag als nicht gestellt (Widmann/Mayer/*Schießl* Rn 31.38). Ein Antrag, der den Ansatz der übergehenden WG von einem vorhandenen Verlustvortrag abhängig macht 64 (bedingter Antrag), wäre damit nicht mögl, es käme damit zu einem Ansatz der WG mit dem gemeinen Wert (Frotscher/Maas/*Frotscher* Rn 93).

65 **d) Zuständiges Finanzamt.** Der Antrag ist bei dem für die Ertragsbesteuerung der übertragenden Körperschaft nach § 20 AO zuständigen FA zu stellen. Ist für die Besteuerung des übertragenden Rechtsträgers ein anderes FA zuständig als für den übernehmenden Rechtsträger, kommt es in Folge der Verschm zu einem Zuständigkeitswechsel nach § 26 I AO (*Beermann/Gosch/Schmieszek* AO § 26 Rn 7; ebenso BMF-Schrb vom 11.11.2011, BStBl I 1314 Rn 11.12 iVm Rn 03.27), was bei der Antragsstellung zu berücksichtigen ist (ebenso RHL/*Rödder* Rn 97). Unberührt hiervon bleibt die Möglichkeit, dass das bisher für den übernehmenden Rechtsträger zuständige FA nach § 26 S 2 AO bzw § 27 AO die Zuständigkeit behält. Nicht gesetzl geregelt ist der Fall der Verschm einer ausl Körperschaft als übertragende Rechtsträgerin, insoweit findet § 26 I AO Anwendung, dh das FA des übernehmenden Rechtsträgers wird für die Antragstellung zuständig (RHL/*Rödder* Rn 98). Gehört zum übertragenen Vermögen auch ein MU-Anteil, hat dies keine Auswirkungen auf die Zuständigkeit des FA (BMF-Schrb vom 11.11.2011, BStBl I 1314 Rn 11.12 iVm Rn 03.27; DPPM/*Dötsch* Rn 35; *Schmitt/Schloßmacher* DB 2010, 522; Frotscher/Maas/*Schnitter* § 3 Rn 113).

66 **e) Keine Rücknahme.** Der einmal wirksam gestellte Antrag nach Abs 2 S 1 kann weder **zurückgenommen** (BMF-Schrb vom 11.11.2011, BStBl I 1314 Rn 11.12 iVm Rn 03.23), geändert, noch wegen Irrtums **angefochten** werden (Widmann/Mayer/*Schießl* Rn 31.39). Das gilt auch, wenn die stl Schlussbilanz des übertragenden Rechtsträgers noch nicht beim zuständigen Finanzamt eingereicht wurde (DPPM/*Dötsch* § 3 Rn 29; Haritz/Menner/*Bärwaldt* Rn 35 aA Haritz/Menner/*Brinkhaus* § 3 Rn 102; Frotscher/Maas/*Schnitter* § 3 Rn 117). Geht man entgegen der hier vertretenen Meinung davon aus, dass eine Anfechtung möglich ist (vgl FG Berlin-Brandenburg EFG 2009, 1695; *Gosch* BFH-Pr 2008, 486; *Koch* BB 2010, 2619), ist zu beachten, dass dann die ursprüngliche Erklärung anfechtbar ist, sodass kein Antrag gestellt wurde. Wurde bereits vor der Anfechtungserklärung die stl Schlussbilanz abgegeben, so hat dies zur Folge, dass es zu einem Ansatz der übergehenden Wirtschaftsgüter mit dem gemeinen Wert kommt. Der Antrag kann auch nicht mit **Zustimmung des FA** geändert werden. Es handelt sich bei dem Antragserfordernis um ein gesetzl Tb-Merkmal. Bereits mit der Antragstellung ist der Anspruch aus dem Steuerschuldverhältnis entstanden und der durch die Antragstellung verwirklichte Sachverhalt kann rückwirkend nicht mehr geändert werden (vgl BFH DStRE 2005, 984; BFH/NV 2006, 1099).

67 Das Antragswahlrecht wird durch die dafür **zuständigen Organe** des übertragenden Rechtsträgers ausgeübt. Dies sind bspw der Vorstand bei der AG, der persönl haftende Ges bei der KGaA, der Geschäftsführer bei der GmbH usw. Nach Eintragung der Umw in das Register geht das Wahlrecht nach Abs 3 iVm § 3 II 2 auf das bei der übernehmenden Körperschaft zuständige Organ über. Stellvertretung ist möglich; zumindest eine zeitnahe Genehmigung der Stellvertretung dürfte mit Rückwirkung möglich sein.

68 **f) Bilanzberichtigung.** Fehlerhafte Bilanzansätze sind nach § 4 II 1 EStG zu berichtigen, und zwar bis zur Einreichung der Bilanz ohne Einschränkung, nach Einreichung muss der Fehler, der zu einer Steuerkürzung führen kann, gem § 153 AO bis zum Ablauf der Festsetzungsfrist richtig gestellt werden. Nach Ablauf der Festsetzungsfrist ist die Berichtigung ausgeschlossen (zu Einzelheiten vgl

L. Schmidt/*Heinicke* EStG § 4 Rn 680 ff; § 3 Rn 74). Auch im Rahmen von § 11 ist davon auszugehen, dass eine Bilanzberichtigung möglich ist, wenn die übertragende Körperschaft das Vermögen mit dem gemeinen Wert ansetzt und sich zB im Rahmen einer Betriebsprüfung ergibt, dass der gemeine Wert höher oder niedriger anzusetzen ist, als im Einzelfall geschehen (BMF-Schrb vom 11.11.2011, BStBl I 1314 Rn 11.12 iVm Rn 03.30). Ändert sich der Ansatz oder die Bewertung der stl Schlussbilanz des übertragenden Rechtsträgers nachträglich, zB im Rahmen einer Betriebsprüfung, ist die Übernahmebilanz der übernehmenden Körperschaft entsprechend zu ändern. Weichen die Ansätze in der stl Schlussbilanz von denen durch einen wirksamen Antrag bestimmten Werten ab, sind sie entsprechend dem Antrag zu berichtigen. Eine Änderung der Wahlrechtsausübung im Wege der Bilanzberichtigung ist damit nicht möglich.

Nach Auffassung der FinVerw (BMF-Schrb vom 11.11.2011, BStBl I 1314 Rn 11.12 iVm Rn 03.30) soll bei einem **Zwischenwertansatz** der entsprechende Wertansatz nicht mehr über eine Bilanzberichtigung korrigiert werden können, sofern dieser Wert oberhalb des Buchwerts und unterhalb des gemeinen Wertes liegt. Dies ist nur richtig, soweit der Antrag auf Zwischenwertansatz sich auf einen bestimmten Betrag bezogen hat. Auch bei einem Antrag auf Zwischenwertansatz kann eine Bilanzberichtigung notwendig sein, wenn in dem Antrag ein Prozentsatz angegeben wurde, um den die stillen Reserven im übergehenden Vermögen aufgedeckt werden sollten, in Abweichung von der Bilanzierung in der stl Schlussbilanz der Umfang der stillen Reserven sich aber später als unrichtig erweist (vgl dazu das Beispiel in § 3 Rn 74a). 69

10. Einzelne Posten der steuerlichen Schlussbilanz

a) Ausländisches Vermögen. In die stl Schlussbilanz des übertragenden Rechtsträgers ist auch ausl BV auszuweisen. Dies gilt unabhängig davon, ob Deutschland insoweit ein Besteuerungsrecht hat oder nicht (DPPM/*Dötsch* Rn 24; Haritz/Menner/*Bärwaldt* Rn 49; Widmann/Mayer/*Schießl* Rn 50.12). Sind die Voraussetzungen des Abs 2 S 1 erfüllt (vgl dazu Rn 92 ff), bezieht sich das Antragswahlrecht auch auf das ausl BV des übertragenden Rechtsträgers. Es gilt das Einheitlichkeitserfordernis, dh die übergehenden WG sind in der stl Schlussbilanz der übertragenden Körperschaft einheitl entweder mit dem BW, dem gemeinen Wert oder einem ZW anzusetzen (vgl aber auch Widmann/Mayer/*Widmann* § 3 Rn R 651). Dies gilt auch für WG, die erst mit der Verschm im Inland steuerverstrickt werden (str vgl dazu § 4 Rn 27), sowie für WG, die einer DBA-Freistellungsbetriebsstätte zuzuordnen sind (DPPM/*Dötsch* Rn 39; krit insoweit *Rödder/Schumacher* DStR 2006,1525; *Schaflitzl/Widmayer* BB Special 8/2006, 40). Zur Frage, was geschehen sollte, falls der ausl Staat das Institut der Gesamtrechtsnachfolge nicht anerkennt, vgl Rn 12. Hat die übertragende Körperschaft ausl Betriebsstättenvermögen und besteht insoweit eine DBA-Freistellung, so hat Deutschland kein Besteuerungsrecht des sich bei Ansatz von Zwischenwerten bzw gemeinen Werten ergebenden Übertragungsgewinns. Liegt das ausl Vermögen des übertragenden Rechtsträgers in einem Staat ohne DBA-Freistellung, ändert dies im Grds in der Regel nichts daran, dass das ausl Betriebsvermögen in Deutschland steuerverhaftet bleibt. Kommt es zu einer Doppelbesteuerung, wird dies durch Anrechnung der ausl Steuer nach § 26 gemindert bzw beseitigt. Kommt es aus dt Sicht bezogen auf das ausl Vermögen wegen der Buchwertfortführung in der stl Schlussbilanz nicht zu einer Gewinnrealisierung, geht jedoch der ausl Staat, 70 in dem das Vermögen liegt, von einer Aufdeckung der stillen Reserven in diesem Vermögen aus, so kann die ausl Steuer nicht angerechnet werden (vgl *Schaumburg* GmbHR 1996, 414). Bei einer später, der dt Steuer unterliegenden Realisierung der stillen Reserven kommt es dann zu einer zweiten Besteuerung.

71 **b) Ausstehende Einlagen.** Nach Auffassung der FinVerw (vgl BMF-Schrb vom 11.11.2011, BStBl I 1314 Rn 03.05; ebenso DPPM/*Pung/Möhlenbrock* § 3 Rn 56; RHL/*Rödder* Rn 162; vgl auch DPPM/*Pung/Möhlenbrock* § 3 Rn 56) sind ausstehende Einlagen einer KapGes mangels Verkehrsfähigkeit keine WG, sondern Wertberichtigungsposten zum Grund- oder Stammkapital. Sie sollen daher in der stl Schlussbilanz der übertragenden KapGes nicht zu berücksichtigen sein. Da ausstehende Einlagen echte Forderungen der übertragenden KapGes gegen ihre Gesellschafter sind, auf welche die Ges nicht verzichten kann, die abgetreten, verpfändet und gepfändet werden können und daher im Wege der Gesamtrechtsnachfolge auf die übernehmende Körperschaft übergehen, sind diese auch in der stl Schlussbilanz zu berücksichtigen (vgl Haritz/Menner/*Brinkhaus* § 3 Rn 94, § 187; Widmann/Mayer/*Widmann* § 3 Rn R 145; Frotscher/Maas/*Schnitter* § 3 Rn 193). Die Einzahlungsforderungen sind auch dann in der Schlussbilanz zu aktivieren, wenn sie sich gegen die übernehmende Körperschaft richten, da es zu einer Konfusion iSd § 6 erst unmittelbar nach der Eintragung der Umw in das HR kommt. Zu den Auswirkungen bei der Ermittlung des Übernahmeergebnisses vgl § 12 Rn 22.

72 **c) Beteiligungen.** Ist die übertragende Körperschaft an einer **Mitunternehmerschaft** beteiligt, so wirkt sich das Antragswahlrecht auch auf diesen Mitunternehmeranteil aus. Kommt es zu einem Zwischenwert- bzw gemeinen Wertansatz, so sind die stillen Reserven, die auf den übertragenden Rechtsträger entfallen, aufzustocken. Dies gilt auch für originäre immaterielle WG, insbes einem selbstgeschaffenen Firmenwert (vgl dazu Rn 41). Die Aufstockung der stillen Reserven erfolgt insoweit in einer Ergänzungsbilanz der Mitunternehmerschaft. Die Antragstellung durch die übertragende Körperschaft ist für die Mitunternehmerschaft bindend (DPPM/*Dötsch* Rn 35; Widmann/Mayer/*Widmann* § 3 Rn 345; *Schmitt/Schloßmacher* DB 2010, 522; wohl auch BMF-Schrb vom 11.11.2011, BStBl I 1314 Rn 11.12 iVm Rn 27).

73 Setzt die übertragende Körperschaft in ihrer stl Schlussbilanz eine **Beteiligung an einer anderen Körperschaft** mit einem über dem BW liegenden Wert an, so findet § 8b II KStG Anwendung, da es sich bei der Verschm einer Körperschaft auf eine andere Körperschaft um einen Anschaffungs- und Veräußerungsvorgang handelt (Haritz/Menner/*Brinkhaus* § 3 Rn 183; RHL/*Rödder* Rn 162; DPPM/*Dötsch* Rn 39). § 8b III 1 KStG ist zu beachten.

74 **d) Beteiligung der übertragenden Körperschaft an der übernehmenden Körperschaft (Downstream-Merger).** Hält die übertragende Körperschaft Anteile an der übernehmenden Körperschaft, die nach dem Vermögensübergang **eigene Anteile** der übernehmenden Körperschaft werden, so bezieht sich das Antragswahlrecht der übertragenden Körperschaft auch auf diese Anteile, da sie zum übergehenden Verm iSd Abs 1 gehören. Die Körperschaft braucht die in diesen Anteilen enthaltenen stillen Reserven bei Vorliegen der Voraussetzungen des Abs 2 S 1 selbst dann nicht zwangsweise aufzudecken, wenn die übernehmende Ges diese Anteile einzieht. Die Einziehung ist ein körperschaftsrechtl

neutraler gesellschaftsrechtl Vorgang und schmälert nicht das tats Verm (DPPM/*Dötsch* Vor §§ 11–13 Rn 16).

75 Werden die **Anteile,** die der übertragende Rechtsträger am übernehmenden Rechtsträger hält, **als Gegenleistung den Gesellschaftern der übertragenden Ges** für ihre iRd Verschm untergehenden Anteile an der übertragenden Ges gewährt, erwerben die Gesellschafter des übertragenden Rechtsträgers diese direkt; sie werden zu keinem Zeitpunkt Verm der übernehmenden Ges. Aus der Regelung des § 20 I Nr 1 UmwG ergibt sich, dass die bisherigen Anteilsinhaber des übertragenden Rechtsträgers die Anteile an dem übernehmenden Rechtsträger im Wege des Direkterwerbs erhalten (BMF-Schrb vom 11.11.2011, BStBl I 1314 Rn 11.18; BFH BStBl II 2011, 315; DPPM/*Dötsch* Rn 15; Widmann/Mayer/*Schießl* Vor § 11 Rn 101; Haritz/Menner/*Bärwaldt* Rn 15; *Schaflitzl/Götz* DB 2012 Beilage 1 zu Heft 2, 25; *Schumacher/Neitz-Hackstein* Ubg 2011, 403). Die Eintragung der Verschm bewirkt gem § 20 I Nr 1 UmwG, dass die Anteilsinhaber der übertragenden Körperschaft Anteilsinhaber des übernehmenden Rechtsträgers werden. Ein Durchgangserwerb ist § 20 I Nr 1 UmwG nicht zu entnehmen. Die Anteile des übertragenden Rechtsträgers an dem übernehmenden Rechtsträger werden damit im Zeitpunkt der Eintragung der Verschm unmittelbar an die Anteilseigner ausgekehrt. Da die Anteile damit keine „übergegangenen WG" iSd Abs 1 darstellen, bezieht sich das Wahlrecht des Abs 2 nicht auf Anteile des übertragenden Rechtsträgers am übernehmenden Rechtsträger, wenn diese Anteile an die Ges des übertragenden Rechtsträgers als Gegenleistung ausgekehrt werden. Zum Fall der Abwärtsverschmelzung, wenn ausl Anteilseigner am übertragenden Rechtsträgers beteiligt sind, vgl Rn 124 ff.

76 Die FinVerw (OFD Koblenz GmbHR 2006, 503; OFD Hannover DB 2007, 428; ebenso DPPM/*Dötsch* Rn 30) geht davon aus, dass beim Downstream-Merger mit Schuldenüberhang eine vGA vorliegt, soweit es beim übernehmenden Rechtsträger in Folge der Verschm zu einer unzulässigen Unterdeckung des Stammkapitals kommt. Dies kann nicht überzeugen, denn die Vorschriften des § 12 verdrängen die Grdse zur vGA (ebenso im Erg *Wassermeyer* Der Konzern 2005, 424; *Rödder* DStR 2006, 684). Zu Wertverschiebungen auf Anteilseignerebene vgl Rn 158 ff.

77 **e) Eigene Anteile.** Besitzt die übertragende Körperschaft am stl Übertragungsstichtag eigene Anteile, so gehen diese mit der Umw unter. Sie werden daher nicht auf die übernehmende Körperschaft übertragen. In der stl Schlussbilanz der übertragenden Körperschaft sind die eigenen Anteile damit nicht mehr zu erfassen (vgl BMF-Schrb vom 11.11.2011, BStBl I 1314 Rn 11.03 iVm Rn 03.05; DPPM/*Dötsch* Rn 39). Werden eigene Anteile des übernehmenden Rechtsträgers als Gegenleistung an die Anteilseigner des übertragenden Rechtsträgers ausgegeben, kommt es zu einer Gewinnrealisierung hinsichtl der ausgegebenen Anteile (vgl Rn 132).

78 **f) Firmenwert/Geschäftswert.** Das Ansatzverbot originärer immaterieller WG des Anlagevermögens einschl eines Geschäfts- oder Firmenwerts gilt ausweisl des Abs 1 nicht. Dies ist konsequent, da der Verschmelzungsvorgang sich aus der Sicht des übernehmenden Rechtsträgers als Anschaffung darstellt. Stille Lasten, die in der stl Schlussbilanz des übertragenden Rechtsträgers nicht passiviert werden dürfen, sind nach hM in der Literatur bei der Ermittlung des Firmenwertes zu berücksichtigen (vgl Rn 28f). Ggf kann auch ein negativer Firmenwert in Form eines passiven Ausgleichspostens entstehen. Die Rechtsprechung des BFH lehnt

eine Abstockung des Firmenwertes wegen stiller Lasten zu Recht ab (vgl dazu Rn 28 f). Werden die Wirtschaftsgüter in der stl Schlussbilanz mit einem Zwischenwert angesetzt, so kommt es auch bezogen auf originäre immaterielle Wirtschaftsgüter, insbesondere eines Firmenwerts, zu einer anteiligen Aufstockung. Die sog **modifizierte Stufentheorie,** nach der ein selbst geschaffener Firmenwert nur in den Fällen zu berücksichtigen ist, in denen die übrigen bilanzierten und nicht bilanzierten Wirtschaftsgüter (einschl der immateriellen Wirtschaftsgüter) bereits auf den gemeinen Wert aufgestockt wurden, hat die FinVerw aufgegeben (BMF-Schrb vom 11.11.2011, BStBl I 1314 Rn 11.11 iVm Rn 03.26, 03.04; ebenso DPPM/*Dötsch* Rn 34; RHL/*Rödder* Rn 58; aA Haritz/Menner/*Bärwaldt* Rn 37; *Bodden* FR 2007, 6; zur Übergangsregelung vgl BMF-Schrb vom 11.11.2011, BStBl I 1314 Rn S.03). Der Ansatz eines Geschäfts- oder Firmenwertes erfolgt nach der Auffassung der FinVerw auch dann, wenn der Betrieb durch den übernehmenden Rechtsträger nicht fortgeführt wird (BMF-Schrb vom 11.11.2011, BStBl I 1314 Rn 11.03). Hat die **übertragende Körperschaft** einen Geschäfts- oder **Firmenwert entgeltlich erworben** und ist dieser in der stl Schlussbilanz ausgewiesen, so muss dieser vom übernehmenden Rechtsträger mit dem bei der übertragenden Körperschaft bilanzierten Buchwert übernommen werden. Fraglich ist aber, ob eine Aufstockung des Buchwerts des derivativen Firmenwerts möglich ist. Letzteres dürfte zweifelhaft sein, da sich der entgeltlich erworbene Geschäftswert allmählich verflüchtigt und durch einen selbst geschaffenen Geschäftswert ersetzt wird (Einheitstheorie). Dies hat nach Meinung der FinVerw zur Folge, dass Wertab- und -zunahme sich nicht trennen lassen, sodass eine Aufstockung des Buchwertes des derivativen Firmenwerts vorgenommen werden muss, dann aber insgesamt ein originärer Geschäfts- oder Firmenwert vorliegt, der insgesamt über 15 Jahre abgeschrieben wird. Dies überzeugt nicht. Auf Grund der gesetzlich vorgeschriebenen Rechtsnachfolge hat der übernehmende Rechtsträger den derivativen Firmenwert vorzuschreiben und daneben einen originären Firmenwert zu aktivieren.

79 **g) Forderungen und Verbindlichkeiten.** Forderungen und Verbindlichkeiten zwischen der übertragenden Körperschaft und der übernehmenden Körperschaft erlöschen eine logische Sekunde nach Eintragung der Verschm in das HR. Sie sind damit in der stl Schlussbilanz der übertragenden Körperschaft weiterhin zu aktivieren. Zu einer Konfusion kommt es erst in der stl Übernahmebilanz der übernehmenden Körperschaft (BMF-Schrb vom 11.11.2011, BStBl I 1314 Rn 06.01). Wurde die Forderung in der Vergangenheit wertberichtigt, so ist zu prüfen, ob zum Verschmelzungsstichtag die Voraussetzungen für eine **Zuschreibung gem § 6 I Nr 2 S 3 iVm Nr 1 S 4 EStG** vorliegen. Hat der übertragende Rechtsträger eine abgeschriebene Forderung bilanziert, so muss er noch in der stl Schlussbilanz die Teilwertabschreibung rückgängig machen, falls die Voraussetzungen der Zuschreibung zum Umwandlungsstichtag vorliegen. In diesem Fall entsteht beim übernehmenden Rechtsträger insoweit kein Übernahmefolgegewinn. Das Gleiche gilt auch, wenn die übernehmende Körperschaft eine Forderung ggü dem übertragenden Rechtsträger teilwertberichtigt hat. Ist die übernehmende Körperschaft verpflichtet, gem § 6 I Nr 2 S 3 iVm Nr 1 S 4 EStG die Wertminderung rückgängig zu machen, so ist ein daraus entstehender Gewinn kein Übernahmefolgegewinn; eine Rücklagenbildung ist insoweit ausgeschlossen. Allein die Tats, dass es durch die Verschm zu einer Konfusion kommt, führt nicht dazu, dass eine wertberichtigte Forderung wieder werthaltig wird. Wurde die

Abschreibung einer Forderung nach § 8b III 4 ff KStG stl nicht anerkannt, so stellt der im Rahmen einer Verschmelzung insoweit entstehende Übernahmefolgegewinn keinen Gewinn aus einer Wertaufholung nach § 6 I Nr 2 S 3 EStG dar, der nach § 8b III 8 KStG außer Ansatz bleiben würde, die Regelung ist aber analog auf diesen Fall anzuwenden (ebenso *Behrendt/Klages* GmbHR 2010, 190; *Töben* FR 2010, 249; aA BMF-Schrb vom 11.11.2011, BStBl I 1314 Rn 06.02; DPPM/*Dötsch* Rn 39; *Krohn/Greulich* DStR 2008, 646).

h) Forderungsverzicht mit Besserungsschein. Verzichtet ein Nichtgesellschafter auf eine Forderung ggü der übertragenden Körperschaft mit Besserungsschein, so ist in der stl Schlussbilanz der übertragenden Körperschaft eine Schuld nicht mehr auszuweisen. Die bedingte Verpflichtung aus dem Forderungsverzicht mit Besserungsschein geht jedoch im Wege der Gesamtrechtsnachfolge auf die übernehmende Körperschaft über (RHL/*Birkemeier* § 3 Rn 65; Frotscher/Maas/*Schnitter* § 3 Rn 200). Sobald diese Gewinne erwirtschaftet, muss die Verbindlichkeit eingebucht werden. Es entsteht dann ein stl Aufwand (BMF-Schrb vom 2.12.2003, BStBl I 648; DPPM/*Dötsch* Rn 39; *Schwedhelm/Obling/Binnewies* GmbHR 2004, 1489 mwN). **80**

Verzichtet ein Gesellschafter oder eine diesem nahe stehende Person auf seine Forderung, muss danach diff werden, ob die Forderung werthaltig ist oder nicht. Soweit die Forderung nicht werthaltig ist, gelten die gleichen Grdse wie beim fremden Dritten. Hinsichtl des werthaltigen Teils liegt eine Einlage vor. Im Besserungsfall wird insoweit nicht von einer Ausschüttung, sondern von einer Rückgewähr der Einlage ausgegangen (BMF-Schrb vom 2.12.2003, BStBl I 648; DPPM/*Dötsch* Rn 39; RHL/*Rödder* Rn 162). **81**

i) Grunderwerbsteuer. Der Übergang von Grundstücken auf Grund einer Verschmelzung stellt einen Erwerbsvorgang dar, der gem § 1 I Nr 3 GrEStG grdsl der Grunderwerbsteuer unterliegt. Da die Grunderwerbsteuer bei der Verschmelzung zur Aufnahme mit der Eintragung der Verschmelzung in das Register des Sitzes des übernehmenden Rechtsträgers, bei der Verschmelzung zur Neugründung im Zeitpunkt der Eintragung der neuen Gesellschaft im Handelsregister entsteht, kann der übertragende Rechtsträger insoweit keine Rückstellung bilden (vgl BMF-Schrb vom 18.1.2010, BStBl I 70). **82**

j) Körperschaftsteuerguthaben/Körperschaftsteuererhöhung. Der Anspruch auf ratierl Auszahlung des KSt-Guthabens ist in abgezinster Höhe in der stl Schlussbilanz des übertragenden Rechtsträgers zu aktivieren. Bezüglich der Körperschaftsteuererhöhung gilt Folgendes: **83**

Bei einem stl Übertragungsstichtag nach dem 31.12.2006 gilt die Neuregelung des § 38 IV–X KStG. Sie sieht vor, dass die KapGes 3% des EK 02 ausschüttungsunabhängig in zehn gleichen Jahresraten in den Jahren 2008–2017 entrichten muss. Dieser pauschale Erhöhungsbetrag entsteht am 1.1.2007 und ist in der StB abgezinst zu passivieren. Der Aufwand ist bei der Einkommensermittlung hinzuzurechnen (§ 38 X KStG; zu weiteren Einzelheiten vgl *Neumann/Simpel* GmbHR 2008, 57). Die Verpflichtung zur Zahlung des pauschalierten Erhöhungsbetrags (§ 38 V KStG) geht auf den übernehmenden Rechtsträger über. **84**

k) Organschaft. Wird ein Organträger auf einen anderen Rechtsträger verschmolzen, tritt der übernehmende Rechtsträger in den bestehenden Gewinnabführungsvertrag grdsl ein (BMF-Schrb vom 11.11.2011, BStBl I 1314 Rn Org 01; DPPM/*Dötsch* Anh Rn 4 mwN). Für den übernehmenden Rechtsträger stellt **85**

die Verschmelzung jedoch einen wichtigen Grund dar, den EAV zu kündigen oder im gegenseitigen Einvernehmen zu beenden (BMF-Schrb vom 11.11.2011, BStBl I 1314 Rn Org 12). Nach Auffassung der FinVerw (BMF-Schrb vom 26.8.2003, BStBl I 437 Rn 43) stellen die aktiven und passiven Ausgleichsposten Korrekturposten auf den Beteiligungsbuchwert dar. Zweck der Bildung von Ausgleichsposten ist es sicherzustellen, dass die innerhalb der Organschaft erzielten Gewinne oder Verluste nur einmal der Besteuerung unterworfen werden. Ausgleichsposten werden nur dann gebildet, wenn es zu sog Minder- oder Mehrabführungen kommt, die ihre Ursache in der organschaftlichen Zeit haben. Die FinVerw geht zu Recht davon aus, dass die Verschmelzung auf der Ebene des übertragenden Rechtsträgers eine Veräußerung darstellt (BMF-Schrb vom 11.11.2011, BStBl I 1314 Rn 00.02) mit der Folge, dass grdsl die Ausgleichsposten erfolgswirksam aufzulösen sind. Erfolgt die Verschmelzung zum Buchwert und wird das Organschaftsverhältnis vom übernehmenden Rechtsträger fortgeführt, ordnet die FinVerw die Beibehaltung des Ausgleichspostens an. Wird in der stl Schlussbilanz der gemeine Wert angesetzt, so ist in jedem Fall der Ausgleichsposten in voller Höhe aufzulösen. Bei Zwischenwertansatz sind bei fortbestehender Organschaft die Ausgleichsposten anteilig, bei Nichtfortführung in voller Höhe aufzulösen (vgl dazu insgesamt BMF-Schrb vom 11.11.2011, BStBl I 1314 Rn Org 05).

86 **l) Passivierungsverbote in der steuerlichen Schlussbilanz.** Nach Meinung der FinVerw gelten die Ansatzverbote des § 5 nicht für die stl Schlussbilanz, es sei denn, dass die Buchwerte fortgeführt werden (BMF-Schrb vom 11.11.2011, BStBl I 1314 Rn 11.03 iVm Rn 03.06), wobei der Ansatz mit dem Buchwert ausgeschlossen ist, wenn der gemeine Wert der übertragenen Sachgesamtheit geringer ist als der Buchwert (BMF-Schrb vom 11.11.2011, BStBl I 1314 Rn 11.06 iVm Rn 03.12). Nach hM in der Literatur (DPPM/*Dötsch* Rn 23; RHL/*Rödder* Rn 67; *ders* DStR 2011, 1059; *Schumacher/Neitz-Hackstein* Ubg 2011, 409; *Stadler/Elser/Bindl* DB 2012 Beilage 1 zu Heft 2, 14; aA Widmann/Mayer/*Widmann* § 20 Rn 667, der stille Lasten als solches passivieren will) werden diese Minderwerte bei der Bewertung einer Sachgesamtheit durch den Käufer im Firmenwert berücksichtigt. Sowohl die Meinung der FinVerw als auch die der hM steht im Widerspruch zur Auffassung des BFH (DStR 2012, 452), wonach für stille Lasten, die auf Grund von Ansatz- und Bewertungsverboten bestehen, eine ungewisse Verbindlichkeit zu passivieren ist. Offen ist dabei aber, ob es zu einer solchen ungewissen Verbindlichkeit auch dann kommt, soweit die stillen Lasten ihren wirtschaftlichen Grund in Pensionsrückstellungen haben, da insoweit § 11 Abs 1 eine spezielle Regelung vorsieht (vgl Rn 28 f, 44).

87 **m) Pensionsrückstellungen.** Nach Abs 1 S 2 sind Pensionsrückstellungen nicht mit dem gemeinen Wert, sondern mit dem Wert nach § 6a EStG in der stl Schlussbilanz anzusetzen. Pensionsrückstellungen iSd Abs 1 S 2 sind nur solche iSd § 6a EStG; vgl dazu L. Schmidt/*Weber-Grellet* § 6a Rn 7 ff; zur Krit vgl *Rödder/Schumacher* DStR 2006, 1481). Durch die gesetzl Anordnung in Abs 1 S 2 werden stille Lasten bei der Bew der Pensionsrückstellungen nicht berücksichtigt. Da sich jedoch auch diese stillen Lasten im Ertragswert des Unternehmens niederschlagen, müssen diese stillen Lasten nach hM in der Literatur im Firmenwert berücksichtigt werden (RHL/*Rödder* Rn 85; *Ley/Bodden* FR 2007, 265; *Rödder* DStR 2011, 1053; *Schumacher/Neitz-Hackstein* Ubg 2011, 409; DPPM/*Pung/Möhlenbrock* § 3 Rn 16; *Schaflitzl/Widmayer* BB Special 8/2006,

39; aA BMF-Schrb vom 11.11.2011, BStBl I 1314 Rn 11.04 iVm Rn 03.07 f.). Die Rechtsprechung des BFH (DStR 2012, 452) geht im Grds davon aus, dass stille Lasten als ungewisse Verbindlichkeiten zu passivieren sind (vgl Rn 29). Ob dies auch für stille Lasten in Pensionsrückstellungen gilt ist aber fraglich, da § 11 I insoweit eine Spezialregelung vorsieht.

n) Steuerfreie Rücklagen. Steuerfreie Rücklagen sind bei Buchwertansatz **88** in der stl Schlussbilanz auszuweisen; bei Zwischenwertansatz sind sie anteilig aufzulösen (BMF-Schrb vom 11.11.2011, BStBl I 1314 Rn 11.03 iVm Rn 03.04; DPPM/*Dötsch* Rn 39; vgl auch BFH FR 2013, 218).

o) Umwandlungskosten der übertragenden Körperschaft. Ausschlagge- **89** bend für die Zuordnung von Verschmelzungskosten ist, in wessen Sphäre bei den an der Umw beteiligten Rechtsträgern diese entstanden sind. Dabei hat jeder Beteiligte die auf ihn entfallenden Kosten selbst zu tragen (BFH DStR 1998, 1420; DPPM/*Dötsch* Rn 13; im Grds ebenso BMF-Schrb vom 11.11.2011, BStBl I 1314 Rn 03.34). Die teilw im Schrifttum vertretene Auffassung, wonach bzgl der Verschmelzungskosten grdsl ein Zuordnungswahlrecht besteht (vgl *Christiansen* FS Widmann, 2000, 231; *Neumann* DStR 1997, 2041; *Dieterlen/Schaden* BB 1997, 2297), wurde vom BFH ausdrückl abgelehnt. Die Zuordnung richtet sich nach dem **obj wirtschaftl Veranlassungsprinzip** und steht nach Auffassung des BFH (DStR 1998, 1420) nicht zur Disposition der an der Verschm Beteiligten.

Eine gesetzliche Regelung der stl Behandlung von Umwandlungskosten findet **90** sich nur für den übernehmenden Rechtsträger (§ 12 II 1), wobei bzgl der Zuordnung der Kosten insoweit keine Aussage gemacht wird. Bei der übertragenden Körperschaft sind solche Kosten zu berücksichtigen, die durch die Verschm in seiner Person verursacht sind. Dazu gehören auch Kosten der Vorbereitungsphase wie Beratungskosten oder Kosten einer verbindlichen Auskunft, wobei § 10 Nr 2 KStG iVm § 3 IV AO zu beachten sind (*Stimpel* GmbHR 2012, 199). Auch Kosten des Verschmelzungsbeschlusses, der Anmeldung und der Eintragung des Beschlusses, Beurkundungskosten, Kosten für die Beratung, Kosten der Gesellschafterversammlung, auf der dem Verschmelzungsvertrag zugestimmt wurde, die Kosten für die Erstellung der stl Schlussbilanz iSv § 11 I, die Hälfte der Kosten für die Erstellung des Verschmelzungsvertrages bzw des Entwurfs ua sind Umwandlungskosten (vgl BFH DStR 1998, 1420; Widmann/Mayer/*Widmann* § 3 Rn 175). Kosten mindern den lfd Gewinn des übertragenden Rechtsträgers. Sind sie am stl Übertragungsstichtag noch nicht beglichen worden, sind sie in der stl Schlussbilanz als Schuld zu passivieren.

Nach Meinung der FinVerw sollen bei der Verschmelzung einer Körperschaft **91** auf eine PersGes nicht objektbezogene Kosten, die dem übertragenden Rechtsträger nach dem objektiven wirtschaftlichen Veranlassungsprinzip zuzuordnen sind, dem übernehmenden Rechtsträger zuzuordnen sein, wenn sie nach dem stl Übertragungsstichtag entstanden sind (BMF-Schrb vom 11.11.2011, BStBl I 1314 Rn 04.34). Dies kann nicht überzeugen (ebenso *Bogenschütz* Ubg 2011, 393) und steht im Widerspruch zur Rechtsprechung des BFH (DStR 1998, 1420). Diese durch den übertragenden Rechtsträger verursachten Kosten sind, wenn sie im Rückwirkungszeitraum entstehen, in der stl Schlussbilanz des übertragenden Rechtsträgers als Rückstellungen zu passivieren (Widmann/Mayer/*Widmann* § 3 Rn 174; *Orth* GmbHR 1998, 513). Inwieweit Kosten nach dem zivilrechtlichen Vollzug der Verschmelzung noch Umwandlungskosten darstellen, ist im Einzelnen str (vgl *Stimpel* GmbHR 2012, 199).

11. Sicherstellung der späteren Körperschaftsbesteuerung der übergehenden WG bei der übernehmenden Körperschaft, Abs 2

92 **a) Grundsatz.** Der Antrag auf Buchwert- oder Zwischenwertansatz in der stl Schlussbilanz der übertragenden Körperschaft ist bei zusätzlichem Vorliegen der übrigen Voraussetzungen des Abs 2 S 1 nur dann wirksam mögl, **soweit** sichergestellt ist, dass die in dem übergegangenen Verm enthaltenen stillen Reserven bzw nach hM auch die aus der Nutzung des übergehenden Verm erzielten Erträge (RHL/*Rödder* Rn 104; DPPM/*Dötsch* Rn 44; Frotscher/Maas/*Frotscher* Rn 104; vgl auch Widmann/Mayer/*Schießl* Rn 36; BMF-Schrb vom 11.11.2011, BStBl I 1314 Rn 11.07 iVm Rn 03.17) später bei der übernehmenden Körperschaft der KSt unterliegen. KSt iSd Abs 2 S 1 Nr 1 ist nicht nur die inl, sondern auch die **ausl KSt** (DPPM/*Dötsch* Rn 48; vgl auch Widmann/Mayer/*Schießl* Rn 32; BMF-Schrb vom 11.11.2011, BStBl I 1314 Rn 11.07 iVm Rn 03.17; RHL/*Rödder* Rn 107; *Benecke* in PWC, Reform des UmwStR, S 156). Eine Sicherstellung der späteren Besteuerung mit KSt ist damit auch dann gegeben, wenn das übergehende Verm bei der übernehmenden Körperschaft grdsl ausl KSt unterliegt; in diesem Fall stellt sich jedoch die Frage, ob die Voraussetzungen des Abs 2 S 1 Nr 2 erfüllt sind. Entscheidend für die Sicherstellung der späteren Besteuerung mit inl oder ausl KSt ist der stl Übertragungsstichtag; zu diesem Zeitpunkt müssen die übergehenden WG der Besteuerung mit KSt beim übernehmenden Rechtsträger unterliegen. Irrelevant für die Ausübung des Antragswahlrechts ist dagegen, wenn sich diese Situation nach dem Verschmelzungsstichtag ändert (DPPM/*Dötsch* Rn 44; RHL/*Rödder* Rn 110; Widmann/Mayer/*Schießl* Rn 44; *Benecke* in PWC, Reform des UmwStR, S 156; aA Blümich/*Klingberg* Rn 30). Ist die Besteuerung bei der übernehmenden Körperschaft nicht sichergestellt, sind die stillen Reserven anlässl des Vermögensübergangs insoweit aufzudecken und zu besteuern. Sicherstellung idS bedeutet dabei aber nicht, dass die durch die Auflösung der stillen Reserven entstehende Gewinnerhöhung bei der übernehmenden Körperschaft tats zu einer KSt-Zahllast führt. Es reicht vielmehr grdsl aus, wenn die realisierten Gewinne bei der Ermittlung des Einkommens der übernehmenden Körperschaft überhaupt erfasst werden (RHL/*Rödder* Rn 105; Widmann/Mayer/*Schießl* Rn 32; *Schaflitzl/Götz* DB Beilage 1 zu Heft 2, 25; *Neu/Schiffers/Watermeyer* GmbHR 2011, 729; Blümich/*Klingberg* Rn 23). Von einer Sicherstellung der Besteuerung ist damit auch dann auszugehen, wenn die spätere Aufdeckung der stillen Reserven bei der übernehmenden Körperschaft zu keiner KSt-Zahllast führt, weil der durch die Aufdeckung der stillen Reserven entstehende Gewinn mit einem Verlustvortrag verrechnet wird (vgl DPPM/*Dötsch* Rn 44; Widmann/Mayer/*Schießl* Rn 39; Haritz/Menner/*Bärwaldt* Rn 39).

93 Abs 2 bezieht sich **nur auf die KSt,** es spielt daher keine Rolle, ob die Besteuerung der stillen Reserven für die GewSt sichergestellt ist (BMF-Schrb vom 11.11.2011, BStBl I 1314 Rn 11.07 iVm Rn 03.17; Widmann/Mayer/*Schießl* Rn 32; Haritz/Menner/*Bärwaldt* Rn 39; DPPM/*Dötsch* Rn 45; RHL/*Rödder* Rn 108).

94 Für eine Sicherstellung nach Abs 2 S 1 Nr 1 genügt es grdsl, wenn die aufgelösten stillen Reserven bei der Einkommensermittlung der übernehmenden Körperschaft nach § 8 KStG als Einkommen gelten. Besitzt der übertragende Rechtsträger Anteile iSd § 8b II KStG, bei deren Veräußerung bzw bei Ausschüttungen die erzielten Gewinne nicht bei der Ermittlung des Einkommens berücksichtigt wer-

den, so liegt eine Sicherstellung iSv Abs 2 S 1 Nr 1 vor (DPPM/*Dötsch* Rn 46; Widmann/Mayer/*Schießl* Rn 42; RHL/*Rödder* Rn 105).

Abs 2 S 1 Nr 1 bezieht sich ausschließl auf die **Gesellschaftsebene;** es soll sichergestellt werden, dass die stillen Reserven in WG, die iRd Verschm von der übertragenden Körperschaft auf die übernehmende Körperschaft übergehen, bei der übernehmenden Körperschaft der KSt unterliegen. Voraussetzung für die Steuerneutralität des Verschmelzungsvorgangs **auf Gesellschaftsebene** ist damit **nicht** die **Sicherstellung der Besteuerung der stillen Reserven in den Anteilen** an der übernehmenden Ges (DPPM/*Dötsch* Rn 47; Widmann/Mayer/*Schießl* Rn 43; *Rödder/Wochinger* FR 1999, 1). 95

Die Besteuerung der stillen Reserven im übergehenden Verm wird auf der Ebene des übernehmenden Rechtsträgers grdsl dadurch sichergestellt, dass der übernehmende Rechtsträger gem § 12 I 1 iVm § 4 I zur Fortführung der von der übertragenden Körperschaft in deren Schlussbilanz angesetzten Werte verpflichtet ist **(Buchwertverknüpfung).** Übernimmt die übernehmende Körperschaft diese Werte nicht, so kommt es zu einem unzutreffenden Ansatz in ihrer Bilanz, der wegen § 12 zu ändern ist. 96

b) Steuerbefreiung der übernehmenden Körperschaft. Die spätere Besteuerung mit KSt ist nicht sichergestellt, wenn die übernehmende Körperschaft persönl von der KSt befreit ist (vgl § 5 KStG). Eine REIT als solche ist von der KSt freigestellt (§ 16 I REITG). Die übertragende Körperschaft muss daher in der stl Schlussbilanz die gemeinen Werte ansetzen (BMF-Schrb vom 11.11.2011, BStBl I 1314 Rn 11.07; DPPM/*Dötsch* Rn 49; RHL/*Rödder* Rn 105; *Thiel/Eversberg/van Lishaut/Neumann* GmbHR 1998, 397). Zu einer Aufdeckung der stillen Reserven in der Schlussbilanz der übertragenden Körperschaft kommt es auch dann, wenn das Verm in den nicht stpfl Bereich einer jur Person des öffentl Rechts übergeht und es sich bei dem übertragenen Verm nicht um einbringungsgeborene Anteile handelt (BMF-Schrb vom 11.11.2011, BStBl I 1314 Rn 11.07; DPPM/*Dötsch* Rn 49; Widmann/Mayer/*Schießl* Rn 37). 97

c) Eigene Anteile. Besitzt die übertragende Körperschaft am stl Übertragungsstichtag eigene Anteile, so gehen diese mit der Umw unter und damit nicht auf den übernehmenden Rechtsträger über. Die eigenen Anteile sind bereits in der stl Schlussbilanz der übertragenden Körperschaft nicht mehr zu erfassen. Abs 2 S 1 Nr 1 findet insoweit keine Anwendung, da er sich nur auf das übergehende Verm bezieht, die eigenen Anteile an der übertragenden Körperschaft aber nicht auf die übernehmende Körperschaft übergehen. 98

d) Anteile der übertragenden Körperschaft an der Übernehmerin („Downstream-Merger“). Zum Verm der übertragenden Körperschaft können auch Anteile an der übernehmende KapGes gehören. Die übertragende Ges ist damit an der aufnehmenden KapGes beteiligt. Handelsrechtl ist der Downstream-Merger zwar nicht ausdrückl geregelt, wird aber im Prinzip durch § 54 I 2 Nr 2, § 68 I 2 Nr 2 UmwG als zulässig angesehen. Auch beim sog Downstream-Merger ist eine Verschm mit und ohne KapErh denkbar. 99

Gehören zum Verm der übertragenden Körperschaft auch Anteile an der übernehmende KapGes und werden diese im Zuge der Verschm tats zu **eigenen Anteilen** der übernehmenden KapGes, so besteht nach derzeit hA unter den Voraussetzungen des Abs 2 nicht die Notwendigkeit, die stillen Reserven in diesen Anteilen beim übertragenden Rechtsträger aufzudecken. Dies gilt selbst dann, 100 wenn die übernehmende Ges die Anteile einzieht, da dies körperschaftsteuerrechtl ein neutraler gesellschaftsrechtl Vorgang ist und das tats Verm des übernehmenden Rechtsträgers sich nicht schmälert. Teilw wird demggü in der Lit (vgl *Herrmann/Heuer/Raupach* § 14 UmwStG 1977 Rn 39) die Auffassung vertreten, dass die Besteuerung der stillen Reserven in der durch die Verschm zu eigenen Anteilen werdenden Beteiligung des übernehmenden Rechtsträgers nicht sichergestellt ist, wenn der übernehmende Rechtsträger die Anteile nicht wieder am Markt platziert, sondern vielmehr einzieht, weil die in der Beteiligung steckenden stillen Reserven stl dann nicht mehr erfasst würden.

101 Werden die **Anteile,** die der übertragende Rechtsträger am übernehmenden Rechtsträger hält, den Gesellschaftern der übertragenden Ges **als Gegenleistung** für ihre iRd Verschm untergehenden Anteile an der übertragenden Ges gegeben, so werden diese Anteile nach hM (vgl Rn 75) ohne Durchgangserwerb durch den übernehmenden Rechtsträger an die Gesellschafter ausgekehrt. Da die Anteile damit keine „übergehenden WG" iSd § 11 darstellen, kommt es nicht auf eine Sicherstellung der Besteuerung der stillen Reserven mit KSt bzgl der Anteile des übertragenden Rechtsträgers am übernehmenden Rechtsträger an.

102 **e) Wechselseitige Beteiligungen.** Sind übertragende und übernehmende Körperschaften wechselseitig beteiligt, so ist jede Körperschaft zum einen MutterGes, zum anderen TochterGes der anderen. Da die Vorschriften der §§ 11–13 jew isoliert sowohl beim Downstream-Merger als auch beim Upstream-Merger (vgl § 12) Anwendung finden, sind keine Gründe ersichtl, den Ansatz von BW, ZW oder gemeinem Wert auch bei einer wechselseitigen Beteiligung zweier Körperschaften untereinander nicht zu gewähren (ebenso DPPM/*Dötsch* Vor §§ 11–13 Rn 17; RHL/*Rödder* Rn 47; *Streck/Posdziech* GmbHR 1995, 359).

103 **f) Verschmelzung auf eine Körperschaft und atypisch Still.** Die übergehenden WG müssen zum Zeitpunkt des Verschmelzungsstichtags „später" bei der übernehmenden Körperschaft der Besteuerung mit KSt unterliegen. Ohne Bedeutung ist, ob sich diese Voraussetzung später ändert. Bei der durch § 11 II Nr 1 geforderten Sicherstellung der Besteuerung der übergehenden WG mit KSt kommt es nach hM auf die grdsl Körperschaftsteuerpflicht an (RHL/*Rödder* Rn 105; Widmann/Mayer/*Schießl* Rn 32; Frotscher/Maas/*Frotscher* Rn 111; *Schaflitzl/Götz* DB 2012 Beilage 1 zu Heft 2, 25; *Neu/Schiffers/Watermeyer* GmbHR 2011, 729). Kommt es zu einer Verschm einer KapGes auf eine KapGes & atypisch Still, wobei der stille Teilhaber keine Körperschaft ist, erfolgt die Übertragung für eine logische Sekunde in den kstl Bereich der übernehmenden Körperschaft. Dem folgt gedankl in einem Zweitschritt die Überführung in eine atypisch stille Mitunternehmerschaft. Aufgrund dieser Reihenfolge liegen die Voraussetzungen des Abs 2 S 1 Nr 1 vor. Die FinVerw stellt im Gegensatz dazu nunmehr nicht mehr auf die generelle Körperschaftsteuerpflicht des übernehmenden Rechtsträgers ab, sondern vielmehr darauf, ob die übertragenen Wirtschaftsgüter konkret beim übernehmenden Rechtsträger der Körperschaftsteuer unterliegen (vgl BMF-Schrb vom 11.11.2011, BStBl I 1314 Rn 11.08; ebenso DPPM/*Dötsch* Rn 50 f). Danach wäre die Besteuerung des übergehenden Vermögens mit Körperschaftsteuer allenfalls dann sichergestellt, wenn auf eine Körperschaft verschmolzen wird und der an der Körperschaft beteiligte atypisch Stille seinerseits der Körperschaftsteuer unterliegt, wobei auch dann keine Sicherstellung „bei der übernehmenden Körperschaft" gegeben wäre. Handelt es sich bei dem atypisch Stillen um eine natürliche Person, so wäre insoweit jedenfalls nach

Meinung der FinVerw die Besteuerung der übergehenden Wirtschaftsgüter mit Körperschaftsteuer nicht sichergestellt, es käme zu einer Aufdeckung der stillen Reserven in der stl Schlussbilanz des übertragenden Rechtsträgers.

g) Verschmelzung auf eine Organgesellschaft. Wird die übertragende KapGes auf eine OrganGes verschm, reicht es für die Anwendung des Abs 2 S 1 Nr 1 aus, wenn die OrganGes grdsl kstl ist. Wie das bei der OrganGes ermittelte Einkommen auf der Ebene des Organträgers besteuert wird, ist ohne Relevanz (RHL/*Rödder* Rn 106; Widmann/Mayer/*Schießl* Rn 32; *Schaflitzl/Götz* DB 2012 Beilage 1 zu Heft 2, 25; *Neu/Schiffers/Watermeyer* GmbHR 2011, 729; *Rödder* DStR 2011, 1059). Demgegenüber stellt die FinVerw auf die konkreten bzw tats Gegebenheiten ab (BMF-Schrb vom 11.11.2011, BStBl I 1314 Rn 11.08; ebenso DPPM/*Dötsch* Rn 50; Frotscher/Maas/*Frotscher* Rn 106). Eine Sicherstellung der übergehenden Wirtschaftsgüter mit Körperschaftsteuer sei nur gegeben, wenn bei der Verschmelzung auf eine OrganGes deren Organträger kstpfl ist. Unterliegt das Einkommen beim Organträger der Einkommensteuer, so sei eine Aufdeckung der stillen Reserven bei den übergehenden Wirtschaftsgütern nur auf Grund einer **Billigkeitsmaßnahme** möglich (vgl zum Problem der Billigkeit im Hinblick auf die GewSt § 22 Rn 35c); ein Buch- oder Zwischenwertansatz sei nur möglich, wenn alle an der Umwandlung beteiligten Rechtsträger, dh der übertragende und der übernehmende Rechtsträger sowie deren Anteilseigner, in einem übereinstimmenden schriftlichen Antrag sich damit einverstanden erklären, dass auf die aus der Verschmelzung resultierten organschaftlichen Mehrabführungen § 14 III 1 KStG anzuwenden sei. Da sich die Auffassung der FinVerw insoweit geändert hat, sieht der Umwandlungssteuererlass eine Übergangsregelung vor (vgl BMF-Schrb vom 11.11.2011, BStBl I 1314 Rn S 06). Vgl zur Kritik an der Auffassung der FinVerw *Schaflitzl/Götz* DB 2012 Beilage 1 zu Heft 2, 25; *Sistermann* DStR 2012 Beihefter zu Heft 2, 9; *Drüen* DStR 2012 Beihefter zu Heft 2, 22; *Rödder* DStR 2011, 1059; *Hageböke/Stangl* GmbHR 2011, 744). 104

h) Keine Sicherstellung der Besteuerung mit KSt. Abs 2 S 1 Nr 1 erlaubt den Buchwert- bzw Zwischenwertansatz nur, soweit sichergestellt ist, dass die in dem übergehenden Verm enthaltenen stillen Reserven bzw laufenden Gewinne (vgl Rn 92) später bei der übernehmenden Körperschaft der KSt unterliegen. Ist dies nicht der Fall, sind die übergehenden WG insoweit in der Schlussbilanz der übertragenden Ges zwingend mit dem gemeinen Wert anzusetzen. Dies gilt auch für **originäre immaterielle WG** einschl eines Geschäfts- und Firmenwertes. 105

12. Kein Ausschluss oder Beschränkung des deutschen Besteuerungsrechts für den Gewinn aus der Veräußerung der übertragenen Wirtschaftsgüter bei der übernehmenden Körperschaft

a) Grundsätzliches. Eine antragsabhängige Bew der bei der Verschm übergehenden WG mit dem BW oder einem höheren ZW ist – neben den sonstigen Voraussetzungen des Abs 2 S 1 – nur insoweit zulässig, als das Recht der BRD hinsichtl der Besteuerung des Gewinns aus der Veräußerung der übergehenden WG bei dem übernehmenden Rechtsträger durch die Verschm nicht ausgeschlossen oder beschränkt wird. Zur Vereinbarkeit der Entstrickungsregelung mit EU-Recht vgl Vor §§ 11–13 Rn 9 ff. Ob das Recht zur Besteuerung von Veräußerungsgewinnen bei den übergehenden WG ausgeschlossen oder beschränkt wird, 106 entscheidet sich damit nach den Verhältnissen bei dem übernehmenden Rechtsträger zum Verschmelzungsstichtag (vgl Rn 108 aE). Ob ein Zuordnungsakt des übernehmenden Rechtsträgers insoweit von Bedeutung ist, wird unterschiedl beantwortet (vgl Rn 118 f). Abs 2 S 1 Nr 2 spricht von „übertragenen WG", gemeint sind die übergehenden WG iSd Abs 1. Es kommt ausschließl auf das Besteuerungsrecht der BRD hinsichtl eines Veräußerungsgewinnes der übergehenden WG an, es spielt keine Rolle, wem nach der Verschm das Recht zur Besteuerung von Erträgen aus der Nutzung der WG zusteht (BMF-Schrb vom 11.11.2011, BStBl I 1314 Rn 11.09; RHL/*Rödder* Rn 117; Frotscher/Maas/*Frotscher* Rn 123). Der Ausschluss bzw die Beschränkung des dt Besteuerungsrechts bezieht sich ausschließl auf die KSt, auf die **GewSt** kommt es insoweit nicht an (BMF-Schrb vom 11.11.2011, BStBl I 1314 Rn 11.09 iVm Rn 03.18; Frotscher/Maas/*Frotscher* Rn 112; *Rödder/Schumacher* DStR 2006, 1525).

107 Eine Beschränkung oder ein Ausschluss des dt Besteuerungsrechts kann nur dann vorliegen, wenn **vor der Verschm** auch ein **dt Besteuerungsrecht bestanden hat** (BT-Drs 16/2710, 38; BMF-Schrb vom 11.11.2011, BStBl I 1314 Rn 11.09 iVm Rn 03.19; DPPM/*Dötsch* Rn 54; Widmann/Mayer/*Schießl* Rn 50.11; Haritz/Menner/*Bärwaldt* Rn 47; Frotscher/Maas/*Frotscher* Rn 125; *Lemaitre/Schönherr* GmbHR 2007, 173; *Schafflitzl/Widmayer* BB Special 8/2006, 41; *Trossen* FR 2006, 617). Ein solches dt Besteuerungsrecht existiert, wenn die übergehenden WG inl BV sind oder ausl BV in einem Nicht-DBA-Staat bzw in einem DBA-Staat mit Anrechnungsmethode bzw DBA-Staat mit Freistellungsmethode bei Eingreifen des § 20 II AStG. Zudem hat Deutschland das Besteuerungsrecht hinsichtl inl unbewegl Verm. Zu einer Beschränkung des dt Besteuerungsrechts kommt es nicht, soweit Deutschland bereits bei der übertragenden Körperschaft an der Besteuerung der stillen Reserven der übergehenden WG gehindert war (BT-Drs 16/2710, 38; RHL/*Rödder* Rn 119; *Winkeljohann/Fuhrmann* S 753).

108 Streitig ist, wann das dt Besteuerungsrecht beeinträchtigt wird, insbesondere vor dem Hintergrund, dass der BFH die **Theorie der finalen Entnahme** im Jahr 2008 aufgegeben hat (BFH BStBl II 2009, 464; BFH/NV 2010, 432; BFH/NV 2010, 346). Die Rechtsprechung geht in diesem Zusammenhang davon aus, dass es nicht zu einem Ausschluss oder einer Beschränkung des dt Besteuerungsrechts bezogen auf in Deutschland gelegte stille Reserven kommt, wenn Wirtschaftsgüter ins Ausland verbracht werden und in Deutschland eine Betriebsstätte verbleibt. Die FinVerw wendet diese Rechtsprechung nicht an (BMF-Schrb vom 20.5.2009, BStBl I 671; vgl auch EuGH DStR 2012, 2334 – National Grid Indus). Durch das JStG 2010 sind § 4 I EStG und § 12 I KStG geändert worden, wonach die Zuordnung eines Wirtschaftsguts zu einer ausl Betriebsstätte als Regelfall zu einem Verlust oder einer Beschränkung des dt Besteuerungsrechts führt (vgl dazu *Körner* IStR 2009, 741; *Schönfeld* IStR 2010, 133; *Mitschke* Ubg 2010, 355; *Mitschke/Körner* IStR 2010, 95, 208; Widmann/Mayer/*Schießl* Rn 50.08 ff). Nach Auffassung der FinVerw sind bei der Prüfung des § 11 II 1 Nr 2 diese durch das JStG 2010 vorgenommenen Änderungen der allgemeinen Entstrickungsvorschriften des § 4 I 3 EStG, § 12 I KStG zu beachten, obwohl die umwandlungssteuerrechtlichen Entstrickungsvorschriften nicht vglbar angepasst wurden. Nach § 4 I 4 EStG und § 12 I 2 KStG liegt ein Ausschluss oder eine Beschränkung des dt Besteuerungsrechts hinsichtlich des Gewinns aus der Veräußerung eines Wirtschaftsguts insbesondere vor, wenn ein bisher einer inl Betriebsstätte des Steuerpflichtigen zuzuordnendes Wirtschaftsgut einer ausl Betriebsstätte zuzuordnen ist (vgl BMF-Schrb vom 11.11.2011, BStBl I 1314 Rn 11.09 iVm Rn 03.18). Da § 11 II 1 Nr 2 im Verhältnis zu den allgemeinen Entstrickungsvorschriften eine speziellere Vorschrift ist, kann diese Auffassung nicht überzeugen (ebenso Frotscher/Maas/*Frotscher* Rn 123; *Stadler/Elser/Bindl* DB 2012 Beilage 1 zu Heft 2, 14; *Ungemach* Ubg 2011, 251; vgl auch DPPM/*Pung/Möhlenbrock* § 3 Rn 38a; aA Widmann/Mayer/*Fuhrmann* § 24 Rn 749). Daher ist bei der Verschmelzung einer Körperschaft auf eine andere Körperschaft immer konkret zu prüfen und nicht nur zu vermuten, ob bzw inwieweit das dt Besteuerungsrecht entfällt oder eingeschränkt wird. Das dt Besteuerungsrecht wird in folgenden Fällen ausgeschlossen oder beschränkt:

- Das dt Besteuerungsrecht entfällt durch die Verschmelzung vollumfänglich, wenn nach inl Steuerrecht das Besteuerungsrecht entfällt bzw das dt Besteuerungsrecht zwar grdsl erhalten bleibt, aber auf Grund DBA anders als vor der Verschmelzung beim übernehmenden Rechtsträger durch Freistellung vermieden wird (BMF-Schrb vom 11.11.2011, BStBl I 1314 Rn 11.09 iVm Rn 03.18; Widmann/Mayer/*Schießl* Rn 50.5).
- Das dt Besteuerungsrecht wird beschränkt, wenn vor der Umwandlung ein dt Besteuerungsrecht bestanden und nach der Umwandlung ein der Höhe oder dem Umfang nach im Vergleich dazu eingeschränktes dt Besteuerungsrecht fortbesteht (BMF-Schrb vom 11.11.2011, BStBl I 1314 Rn 11.09 iVm Rn 03.18; Widmann/Mayer/*Schießl* Rn 50.08).

Ob bereits die abstrakte Gefahr eines Ausschlusses oder einer Beschränkung **108a** den Ansatz der übergehenden WG mit dem gemeinen Wert zur Folge hat oder eine tats Berücksichtigung der ausl Steuer notwendig ist, ist nicht abschließend geklärt (vgl Herrmann/Heuer/Raupach/*Kolbe* § 12 KStG Rn J 06–16; *Wassermeyer* DB 2006, 1176; *Rödder/Schumacher* DStR 2006, 1481). Abs 2 Nr 2 betrifft nach richtiger Meinung nur einen konkreten Verlust oder eine **konkrete Beschränkung,** die bloße abstrakte Möglichkeit einer Beschränkung ist nicht tatbestandsmäßig (vgl dazu aber auch Widmann/Mayer/*Schießl* Rn 50.10: Die Überführung und Zuordnung eines WG zu einer ausl Betriebsstätte stellt einen Verlust des dt Besteuerungsrechts dar). Maßgebl ist, ob im Falle einer gedachten Veräußerung eine logische Sekunde nach dem Einbringungsstichtag das dt Besteuerungsrecht nach Maßgabe des zu diesem Zeitpunkt geltenden nationalen und zwischenstaatl Rechts ausgeschlossen oder beschränkt ist. Die Regelung stellt darauf ab, ob das Besteuerungsrecht der BRD „ausgeschlossen oder beschränkt wird", daraus lässt sich schließen, dass es nicht darauf ankommt, ob das Besteuerungsrecht theoretisch ausgeschlossen oder beschränkt sein könnte. Zudem will der Gesetzgeber mit der Einführung von Entstrickungsklausel, zu denen Abs 2 Nr 2 zählt, das dt Besteuerungsrecht sichern (BT-Drs 16/2710, 2). Im Falle der **Anrechnung** bzw des **Abzugs ausl Steuer** ist das dt Steueraufkommen dann nicht in Gefahr, wenn eine ausl anzurechnende oder abzuziehende Steuer nicht festgesetzt wird (*Becker-Pennrich* IStR 2007, 684). Zudem verstößt es gegen den Grds der Verhältnismäßigkeit, wenn nur die theoretische Beschränkung des dt Besteuerungsrechts zur Auflösung der stillen Reserven im übertragenen Verm führt, da dem Fiskus nichts verloren geht, der Stpfl ohne Liquiditätszufluss dennoch eine Besteuerung hinnehmen muss. Nicht geklärt ist weiter, ob eine Beschränkung des dt Besteuerungsrechts dann vorliegt, wenn die ausl Steuer, zB nach § 34c II, III EStG, die **stl Bemessungsgrundlage reduziert** (so BMF-Schrb vom 11.11.2011, BStBl I 1314 Rn 11.09 iVm Rn 03.19; Herrmann/Heuer/Raupach/*Kolbe* § 12 KStG Rn J 06–16; *Becker-Pennrich* IStR 2007, 684;

Blumenberg/Lechner BB Special 8/2006, 26 f; aA für den Fall des § 34c EStG *Wassermeyer* DB 2006, 1176; *Biliteswki* FR 2007, 57). Der Abzug ausl Steuer ist mE tatbestandsmäßig eine Beschränkung iSd Abs 2 Nr 2, denn das Steueraufkommen des Staates wird durch den Abzug geringer. Zu einer **Beschränkung des dt Besteuerungsrechts** kann es kommen, wenn nach der Verschm die Einkünfte aus einer ausl Betriebsstätte nur noch über die **Hinzurechnungsbesteuerung** nach AStG erfasst werden, während sie vor der Verschm deshalb erfasst werden konnten, weil aus der Betriebsstätte passive Einkünfte iSd DBA oder iSd § 20 II AStG erzielt wurden. Die Erfassung innerhalb der Hinzurechnungsbesteuerung hängt näml gegenüber der unmittelbaren Erfassung als passive Einkünfte von weiteren Voraussetzungen ab (Widmann/Mayer/*Widmann* § 20 Rn R 481). Geht man davon aus, dass die Hinzurechnungsbesteuerung gegen EU-Recht verstößt (vgl EuGH DB 2006, 2045) liegt in jedem Fall ein Wegfall des dt Besteuerungsrechts vor (Widmann/Mayer/*Widmann* § 20 Rn R 481). Keine Beschränkung des dt Besteuerungsrechts liegt vor, wenn im Fall der Freistellung Art 23A OECD-MA die Möglichkeit der Anwendung des **Progressionsvorbehaltes** entfällt, denn unabhängig von der Anwendung des Progressionsvorbehalts besteht bei der Freistellungsmethode iSv Art 23A OECD-MA kein Besteuerungsrecht, was damit auch nicht beschränkt werden kann (Herrmann/Heuer/Raupach/*Kolbe* § 12 KStG Rn J 06–16; *Stadler/Elser* BB Special 8/2006, 20). Fragl ist, ob die Nichtanwendbarkeit der **§§ 7 ff AStG** nach der Umw eine Beschränkung des dt Besteuerungsrechts darstellt (vgl § 3 Rn 87). Verbleibt das ursprüngliche Besteuerungsrecht aufgrund einer sog Rückfallklausel (vgl BFH/NV 2008, 677) in Deutschland, liegt weder ein Ausschluss noch eine Beschränkung des Besteuerungsrechts vor. **Maßgebl Zeitpunkt** dafür, ob die spätere Besteuerung eines Veräußerungsgewinns der übergehenden WG sichergestellt ist, ist der stl Übertragungsstichtag, denn bereits ab diesem Zeitpunkt würde ein Veräußerungsgewinn beim übernehmenden Rechtsträger ermittelt werden (BMF-Schrb vom 11.11.2011, BStBl I 1314 Rn 11.09 iVm Rn 03.18; DPPM/*Dötsch* Rn 59; Widmann/Mayer/*Schießl* Rn 50.2; RHL/*Rödder* Rn 121; *Benecke* in PWC, Reform des UmwStR, S 158). Bestand zum stl Übertragungsstichtag noch das dt Besteuerungsrecht hinsichtl der übergehenden WG und wird dieses erst nach dem Verschmelzungsstichtag beschränkt, erfolgt die Entstrickung nach § 12 KStG (DPPM/*Dötsch* Rn 59; *Breuninger* FS Schaumburg, 2009, 587).

109 **b) Inlandsverschmelzung ohne Auslandsbezug.** Werden zwei in Deutschland unbeschränkt stpfl Körperschaften miteinander verschmolzen und besitzt die übertragende Körperschaft ausschließl inl BV, ergibt sich iRd Verschm keine Beschränkung des dt Besteuerungsrechts. Abs 2 S 1 Nr 2 steht damit einem antragsgemäßen Ansatz der übergehenden WG in der stl Schlussbilanz der übertragenden Körperschaft mit dem BW oder einem ZW nicht entgegen. Ohne Bedeutung ist dabei, ob an der übertragenden oder übernehmenden Ges im Ausland ansässige Gesellschafter beteiligt sind.

110 **c) Inlandsverschmelzung mit Auslandsbezug.** Wird eine inl Körperschaft, die auch ausl Betriebsstättenvermögen besitzt, auf eine andere inl Körperschaft verschmolzen, so wird dadurch in aller Regel das dt Besteuerungsrecht weder ausgeschlossen noch beschränkt. Existiert eine DBA-Freistellung, hat Deutschland hinsichtl des ausl Betriebsstättenvermögens ohnehin kein Besteuerungsrecht; der bei Ansatz von ZW bzw gemeinen Werten sich ergebender Übertragungsgewinn darf nach dem entsprechenden DBA nicht besteuert werden (Widmann/Mayer/

Schießl Rn 50.30). Besteht keine DBA-Freistellung, ändert sich durch die Verschm nichts daran, dass das ausl Betriebsstättenvermögen in Deutschland steuerverhaftet bleibt (Widmann/Mayer/*Schießl* Rn 50.30). Etwas anderes ist denkbar, wenn vor der Verschm ein Besteuerungsrecht mit Anrechnungsverpflichtung bestand, der übernehmende Rechtsträger in einem DBA-Staat bereits über eine Betriebsstätte verfügt, aus der aktive Einkünfte erzielt werden und durch die Verschm die Voraussetzung für das Vorliegen passiver Einkünfte auch hinsichtl des übertragenen Verm wegfällt (Widmann/Mayer/*Widmann* § 20 Rn R 475).

Wertet der ausl Staat den in Deutschland vorgenommenen Verschmelzungsvorgang als Veräußerungstatbestand, so kann es im ausl Staat trotz Buchwertfortführung in der dt stl Schlussbilanz des übertragenden Rechtsträgers im Ausland zu einer Gewinnrealisierung kommen; in diesem Fall sind die im Ausland entstehenden Steuern im Inland mangels Vorliegen inl Einkünfte nicht anrechenbar (DPPM/*Dötsch* Rn 64). 111

Kennt das Recht des **ausl Staates** den Vermögensübergang **im Wege der Gesamtrechtsnachfolge nicht an,** so kann das ausl Verm im Wege der Einzelrechtsnachfolge auf die übernehmende Körperschaft übertragen werden. Geschieht dies im zeitl Zusammenhang mit der Verschm, so sind die Einzelübertragungen in die Regelung des UmwStG mit einzubeziehen (vgl § 3 Rn 93). Besteht bezogen auf das ausl Verm ein dt Besteuerungsrecht (Anrechnungsbetriebsstätte) und wird das ausl Verm nicht auf die übernehmende Körperschaft übertragen bzw fehlt es an einer gewissen zeitl Nähe, wird das im Ausland gelegene Verm steuerrechtl nicht in den Umwandlungsvorgang einbezogen; der Vorgang wird dann so behandelt als verlege die übertragende Körperschaft hinsichtl des ausl Verm ihre Geschäftsleitung in das Ausland, sodass unter den Voraussetzungen des § 12 I KStG die stillen Reserven in dem ausl Verm aufzulösen und der dt KSt zu unterwerfen sind. 112

Zu beachten ist, dass das Antragsrecht iSd Abs 2 nur einheitl bezogen auf das übergehende Verm ausgeübt werden kann (vgl Rn 60). 113

d) Hinausverschmelzung. Zu einem Ausschluss bzw einer Beschränkung des dt Besteuerungsrechts kann es bei grenzüberschreitender Hinausverschmelzung einer inl Körperschaft auf eine EU bzw eine EWR-Auslandskörperschaft kommen. Die Verschm auf eine in einem Drittstaat ansässige Körperschaft ist nicht nach §§ 11 ff mögl. Inl Immobilienvermögen bleibt bei der Verschm stets gem § 49 I Nr 2 f EStG iVm § 8 I KStG und Art 6 OECD-MA steuerverstrickt; unerhebl ist insoweit, dass das bloße Halten von Immobilienvermögen einer ausl Ges per se keine inl Betriebsstätte begründet (vgl BFH BStBl II 2004, 344; BFH BStBl II 1988, 653; FG Hessen EFG 2000, 218; DPPM/*Dötsch* Rn 64). Dies führt nur dazu, dass das Immobilienvermögen nicht mehr der GewSt unterliegt, was für die Anwendung des Abs 2 S 1 Nr 2 keine Rolle spielt (vgl Rn 108). Zur Anwendung des § 12 V, falls der übernehmende Rechtsträger in Deutschland nicht beschränkt steuerpflichtig ist, vgl § 12 Rn 102. Verbleibt nach der Verschm in Deutschland eine **dt Betriebsstätte,** hängt die Besteuerung der übergehenden WG davon ab, welche WG dieser in Deutschland verbleibenden Betriebsstätte und welche dem ausl Stammhaus tats zugeordnet werden. Entscheidend ist insoweit, welcher Betriebsstätte das einzelne WG dient, der Geschäftsleitungsbetriebsstätte („Stammhaus") oder einer anderen Betriebsstätte (vgl Debatin/*Wassermeyer* DBA-MA Art 7 Rn 240, Stand Sept 2012). Dieses tats Dazugehören zu einer Betriebsstätte wird iS einer funktionalen Zuordnung interpretiert (vgl BFH DStRE 2007, 473; krit *Blumers* DB 2007, 312). Zur Anwendung des § 12 V dort. 114

115 Probleme entstehen dann, wenn mangels funktionaler Bedeutung eines WG dieses nicht zwangsläufig einer bestimmten Betriebsstätte zugeordnet werden kann. Dies gilt bspw für den Geschäftswert, Beteiligungen, Patente etc, die nach hM grdsl dem ausl Stammhaus zugeordnet werden; sog **Zentralfunktion des Stammhauses** (vgl BMF-Schrb vom 11.11.2011, BStBl I 1314 Rn 11.09 iVm Rn 3.20 iVm BMF-Schrb vom 24.12.1999, BStBl I 1999, 1076 Rn 2.4, zuletzt geändert durch BMF-Schrb vom 25.8.2009, BStBl I 888; vgl auch *Schaumburg* GmbHR 2010, 1341; *Breuninger* FS Schaumburg, 2009, 587; *Schönfeld* IStR 2011, 497; *Blumers* DB 2006, 856; speziell zur Holding vgl *Kessler/Hueck* IStR 2006, 433). Bei solchen WG, die mangels funktionaler Zuordnung zu einer Betriebsstätte, dem Stammhaus zugerechnet werden, stellt sich die **Frage, wann es zu einer Entstrickung kommt.**

116 **Beispiel:**
Die in Deutschland unbeschränkt stpfl D-GmbH wird rückwirkend auf den 31.12. 2010 auf eine ausl EU-KapGes verschmolzen. Diese Rückwirkung wird auch vom EU-Auslandsstaat anerkannt. Die Verschmelzungsbeschlüsse uä werden am 1.7.2011 gefasst, die Eintragung in die entsprechenden Register erfolgt am 1.8.2011. Am 2.8.2011 nehmen die Geschäftsführer der D-GmbH ihre geschäftsführende Tätigkeit bei der EU-KapGes im EU-Ausland auf. Zum übertragenen Verm der D-GmbH gehören Patente und ein Geschäftswert; diese können keiner Betriebsstätte der ehemaligen D-GmbH funktional zugeordnet werden. Nach § 2 I wird das Einkommen und Verm der übertragenden D-GmbH und der übernehmenden EU-KapGes so ermittelt, als ob das übergehende Verm bereits am Verschmelzungsstichtag auf den übernehmenden Rechtsträger übergegangen wäre. Die „Zentralfunktion des Stammhauses" bzgl des übertragenen Betriebs wechselt jedoch erst am 2.8.2011 ins EU-Ausland. Da es sich insoweit um einen tats Vorgang handelt, kommt es erst zu diesem Zeitpunkt zu der Entstrickung der dem Stammhaus insoweit zuzuordnenden WG, und zwar durch die übernehmende EU-KapGes, auf die diese WG bereits zum Verschmelzungsstichtag als übergegangen gelten. Dann kommt es aber zu einer Entstrickung dieser WG nach dem Verschmelzungsstichtag (ebenso BMF-Schrb vom 11.11.2011, BStBl I 1314 Rn 02.15; DPPM/*Dötsch* Rn 59; *Stadler/Elser/Bindl* DB 2012 Beilage 1 zu Heft 2,14; *Schönfeld* IStR 2011, 497; *Breuninger* FS Schaumburg, 2009, 587), in der stl Schlussbilanz können diese WG – unter den sonstigen Voraussetzungen des Abs 2 – mit dem BW oder einem ZW angesetzt werden. Rechtsgrundlage für die Entstrickung ist dann § 12 KStG. Das Vorstehende gilt auch, wenn in Deutschland keine Betriebsstätte nach der Hinausverschmelzung zurückbleibt (aA DPPM/*Dötsch* Rn 61).

117 Das dt Besteuerungsrecht wird bei der Hinausverschmelzung grdsl dann nicht ausgeschlossen bzw beschränkt, wenn die ausl Betriebsstätte des übertragenden Rechtsträgers in einem ausl Staat mit DBA-Freistellungsmethode liegt (DPPM/*Dötsch* Rn 64). Hat der übertragenden Rechtsträger eine **ausl Betriebsstätte** in einem Nicht-DBA-Staat, einem Staat in dem nach DBA die Anrechnungsmethode gilt oder eine im Ausland belegene Betriebsstätte, für die § 20 II AStG gilt, verliert Deutschland sein Besteuerungsrecht, da dieses Betriebsstättenvermögen nach der Verschm dem übernehmenden Rechtsträger zusteht und somit Deutschland hinsichtl des übertragenen Verm kein Besteuerungsrecht hat (Widmann/Mayer/*Schießl* Rn 50.54; DPPM/*Dötsch* Rn 61). Auch insoweit stellt sich die Frage, wann es zu einem Verlust bzw Beschränkung des dt Besteuerungsrechts kommt. Da Deutschland am Übertragungsstichtag insoweit sein Besteuerungsrecht verliert, erfolgt die Entstrickung zu diesem Stichtag auf Grund der Verschm gem Abs 2 I Nr 2 (DPPM/*Dötsch* Rn 61; *Klingberg/Nitzschke* Ubg 2011, 451). Im Falle von EU-Betriebsstätten ist Abs 3 iVm § 3 III zu beachten (vgl Rn 157).

Ob das Besteuerungsrecht der übergehenden WG durch die Verschm ausgeschlossen oder beschränkt wird, entscheidet sich nach den Verhältnissen bei dem übernehmenden Rechtsträger. Bleibt erst durch einen **Zuordnungsakt** des übernehmenden Rechtsträgers das dt Besteuerungsrecht bestehen, so ist fragl, ob bei einer entsprechenden Zuordnung zu einer dt Betriebsstätte die Voraussetzungen des Abs 2 S 1 Nr 2 gegeben sind. 118

Beispiel: 119
Die in Deutschland unbeschränkt stpfl D-GmbH wird auf die in Luxemburg unbeschränkt stpfl Y-SA verschmolzen. Im Anschluss an die Verschm ordnet die Lux-SA WG, die keiner dt Betriebsstätte funktional zuzuordnen sind, ihrer Betriebsstätte in Deutschland zu. Erfolgt die Zuordnung der WG zur dt Betriebsstätte bevor in tats Hinsicht die Geschäftsleitung der D-GmbH nach Luxemburg verlegt wurde, wird dass Besteuerungsrecht der BRD weder ausgeschlossen noch beschränkt (vgl Rn 116).

e) Hereinverschmelzung. Wird eine ausl Körperschaft auf eine in Deutschland unbeschränkt stpfl Körperschaft verschmolzen, so wird das inl Besteuerungsrecht weder ausgeschlossen noch eingeschränkt, soweit der übertragende, ausl Rechtsträger inl Betriebsstättenvermögen bzw inl Immobilienvermögen besitzt. Bei dem Hereinverschmelzen stellt sich in aller Regel die **sog Verstrickungsfrage,** soweit für WG des übertragenden Rechtsträgers erstmalig das Besteuerungsrecht Deutschlands begründet wird (vgl sazu § 3 Rn 13 f). Eine stl Schlussbilanz iSd § 11 I ist wegen der Ermittlung des Übernahmegewinns aufzustellen (DPPM/*Dötsch* Rn 64; Widmann/Mayer/*Schießl* Rn 50.39). Für die im EU-/EWR-Ausland ansässige übertragende Körperschaft ist erstmalig ein Einlagekonto zu ermitteln (vgl § 12 Rn 9; Widmann/Mayer/*Schießl* Rn 50.41). 120

Wird durch die Verschm das Besteuerungsrecht Deutschlands für WG begründet, die mangels funktionaler Bedeutung eines WG nicht zwangsläufig einer bestimmten Betriebsstätte zugeordnet werden können, was bspw für den Geschäftswert, Beteiligungen, Patente etc gelten kann, die nach hM grdsl dem Stammhaus zugeordnet werden (sog Zentralfunktion des Stammhaus; vgl BMF-Schrb vom 11.11.2011, BStBl I 1314 Rn 11.09 iVm Rn 03.20 iVm BMF-Schrb vom 24.12.1999, BStBl I 1076 Rn 2.4 sowie BFH/NV 2004, 711), kommt es nach der hier vertretenen Auffassung (vgl Rn 116) erst dann zu einer Verstrickung, wenn die Geschäftsführung des übertragenden Rechtsträgers tats nach Deutschland verlagert wird. 121

Beispiel: 122
Die im EU-Ausland unbeschränkt stpfl EU-KapGes wird rückwirkend auf den 31.12.2010 auf die dt D-GmbH verschmolzen. Diese Rückwirkung wird auch vom EU-Auslandsstaat anerkannt. Die Verschmelzungsbeschlüsse uä werden am 1.7.2011 gefasst, die Eintragung in die entsprechenden Register erfolgt am 1.8.2011. Am 2.8.2011 nehmen die Geschäftsführer der EU-KapGes ihre geschäftsführende Tätigkeit bei der D-GmbH in Deutschland auf. Zum übertragenen Verm der EU-KapGes gehören Patente und ein Geschäftswert; diese können keiner Betriebsstätte der ehemaligen EU-KapGes funktional zugeordnet werden. Nach § 2 I ist das Einkommen und Verm der übertragenden EU-KapGes sowie der übernehmenden D-GmbH so zu ermitteln, als ob das übergehende Verm bereits am Verschmelzungsstichtag auf den übernehmenden Rechtsträger übergegangen wäre. Die „Zentralfunktion des Stammhauses" bzgl des übertragenen Betriebs wechselt jedoch erst am 2.8.2011 nach Deutschland. Da es sich insoweit um einen tats Vorgang handelt, dürfte es erst zu diesem Zeitpunkt zu der Verstrickung der dem Stammhaus insoweit zuzuordnenden WG kommen, und zwar bei der übernehmenden D-GmbH, auf die diese WG bereits zum Verschmelzungsstichtag als übergegangen gelten. Dann kommt es aber zu einer Verstrickung dieser WG nach dem Verschmelzungsstichtag. In der stl Schlussbilanz könnten diese WG – unter den sonstigen

Voraussetzungen des Abs 2 – mit dem BW oder einem ZW angesetzt werden, was insbes für die Ermittlung des Übernahmegewinns (vgl § 12 II) von Bedeutung ist.

123 **f) Reine ausländische Verschmelzung.** Soweit eine ausl Körperschaft auf eine andere ausl Körperschaft verschmolzen wird, findet Abs 2 S 1 Nr 2 idR Anwendung, soweit es sich um inl Immobilienvermögen bzw inl Betriebsstättenvermögen handelt. Lagen beim übertragenden Rechtsträger die Voraussetzungen der §§ 7 ff AStG vor (Niedrigsteuergebiet) und sind diese Voraussetzungen beim übernehmenden Rechtsträger nicht mehr gegeben, so führt die Umw nach hM nicht zu einer Beschränkung oder eines Ausschlusses des dt Besteuerungsrechts (vgl Rn 108, § 3 Rn 87).

124 **g) Downstream-Merger.** Abs 2 S 1 Nr 2 bezieht sich ausschließl auf die übergehenden WG iSd § 11. Für diese übergehende WG darf das Besteuerungsrecht bei der übernehmenden Körperschaft nicht ausgeschlossen oder beschränkt sein. Für WG des übertragenden Rechtsträgers, die nicht auf den übernehmenden Rechtsträger übergehen, gelten die Voraussetzungen des Abs 2 S 1 Nr 2 nicht. Dazu gehören eigene Anteile des übertragenden Rechtsträgers (vgl Rn 77) und ggf auch Anteile des übertragenden Rechtsträgers am übernehmenden Rechtsträger (Downstream-Merger; vgl Rn 99 ff). Sie werden beim übertragenden Rechtsträger erfolgsneutral ausgebucht.

125 Es stellt sich die Frage, ob es beim Downstream-Merger noch in der Person des übertragenden Rechtsträgers ausnahmsweise zu einer Aufdeckung der stillen Reserven in den Anteilen am übernehmenden Rechtsträger kommen kann, wenn das Besteuerungsrecht der BRD hinsichtl dieser Anteile durch die Verschm ausgeschlossen oder beschränkt wird: Werden die Anteile, die der übertragende Rechtsträger am übernehmenden Rechtsträger erhält, als Gegenleistung den Gesellschaftern des übertragenden Rechtsträgers für ihre im Rahmen der Verschmelzung untergehenden Anteile an der übertragenden Gesellschaft gewährt, erwerben die Gesellschafter des übertragenden Rechtsträgers diese direkt, sie werden zu keinem Zeitpunkt Vermögen des übernehmenden Rechtsträgers (BMF-Schrb vom 11.11.2011, BStBl I 1314 Rn 11.18; BFH BStBl II 2011, 315; DPPM/*Dötsch* Rn 15; Widmann/Mayer/*Schießl* Vor § 11 Rn 101; Haritz/Menner/*Bärwaldt* Rn 15; *Schaflitzl/Götz* DB Beilage 1 zu Heft 2, 25; *Schumacher/Neitz-Hackstein* Ubg 2011, 409; *Schmitt/Schloßmacher* DStR 2010, 673). Dazu im Widerspruch steht die Meinung der FinVerw, dass im Falle der Verschmelzung der MutterGes auf die TochterGes die Anteile an der TochterGes nach § 11 II 2 in der stl Schlussbilanz des übertragenden Rechtsträgers nur dann mit einem Wert unterhalb des gemeinen Werts angesetzt werden können, wenn die übrigen Voraussetzungen des § 11 II 1 Nr 1 und Nr 2 vorliegen. Statt auf die übernehmende Körperschaft ist nach Meinung der FinVerw bezogen auf die Anteile an der TochterGes auf die übernehmenden Anteilseigner der MutterGes abzustellen (BMF-Schrb vom 11.11.2011, BStBl I 1314 Rn 11.19; ebenso DPPM/*Dötsch* Rn 65). Da § 11 II 1 Nr 2 aber gerade auf das dt Besteuerungsrecht bei der übernehmenden Körperschaft abstellt, kann diese Auffassung nicht überzeugen (RHL/*Rödder* Rn 112, 133; *Schaflitzl/Götz* DB Beilage 1 zu Heft 2, 25; *Rödder* DStR 2011, 1059; *Rödder/Schaden* Ubg 2011, 40; *Schumacher/Neitz-Hackstein* Ubg 2011, 409; *Kessler/Philipp* DB 2011, 1658; *Schönfeld* IStR 2011, 497; *Schmitt/Schloßmacher* DStR 2010, 673).

126 **Beispiel:**

Die in Deutschland unbeschränkt stpfl M-GmbH wird auf ihre 100%ige Tochter, die in Deutschland unbeschränkt stpfl T-GmbH verschmolzen. Alleiniger Gesellschafter der M-

GmbH ist die Corp Y, die in den USA ansässig ist. IRd Verschm der M-GmbH auf die T-GmbH kommt es zu keiner KapErh bei der T-GmbH, vielmehr werden die Anteile der übertragenden M-GmbH an der aufnehmenden T-GmbH der alleinigen Gesellschafterin der M-GmbH, der Corp Y, als Abfindung gewährt. Durch die Verschm der M-GmbH auf die T-GmbH verliert Deutschland das unmittelbare Besteuerungsrecht hinsichtl der stillen Reserven der Anteile an der T-GmbH im Fall der Veräußerung der Anteile an der T-GmbH durch die amerikanische Corp Y (vgl Art 13 DBA D/USA). Abs 2 S 1 Nr 2 findet keine Anwendung, da die Anteile an der T-GmbH auch nicht für eine logische Sekunde zu eigenen Anteilen werden (vgl Rn 75). § 13 findet auf diesen Fall keine Anwendung, da diese Vorschrift die stl Erfassung der stillen Reserven in den Anteilen an der schwindenden MutterGes (M-GmbH) zum Gegenstand hat (vgl § 13 Rn 36 f), wie sich aus Abs 2 S 2 ergibt. Es kommt auch nach § 12 KStG in der Person des übertragenden Rechtsträgers nicht zu einer Besteuerung, da diese Regelung durch § 11 verdrängt wird. Im Gegensatz dazu käme es nach Meinung der FinVerw in der Person der M-GmbH zu einer steuerpflichtigen Aufdeckung der stillen Reserven in den Anteilen an der T-GmbH (vgl auch *Schaflitzl/Götz* DB 2012 Beilage 1 zu Heft 2, 25).

13. Keine Gegenleistung, Gegenleistung in Gesellschaftsrechten; Abs 2 S 1 Nr 3

a) Grundsätzliches. Das Antragswahlrecht des Abs 2 ist nach Abs 2 S 1 Nr 3 nur gegeben, soweit für den Vermögensübergang keine Gegenleistung bzw eine solche Gegenleistung gewährt wird, die in Anteilen an der übernehmenden Körperschaft bestehen. 127

b) Keine Gegenleistung für den Vermögensübergang. Das Antragswahlrecht des Abs 2 zum Buchwert- oder Zwischenwertansatz besteht, soweit für den Vermögensübergang eine Gegenleistung nicht gewährt wird. Damit ist von vornherein der Vermögensübergang **(Vollübertragung)** iSv §§ 174 I, 175 ff UmwG ausgeschlossen (BMF-Schrb vom 11.11.2011, BStBl I 1314 Rn 11.14; Widmann/Mayer/*Schießl* Rn 61), da dieser nur mögl ist, wenn eine Gegenleistung an die Anteilseigner des übertragenden Rechtsträgers gewährt wird, die nicht in Anteilen oder Mitgliedschaften besteht (§ 174 I UmwG). 128

Eine Gegenleistung iSv Abs 2 Nr 3 setzt voraus, dass den verbleibenden Anteilseignern des übertragenden Rechtsträgers oder diesen nahe stehenden Personen ein Vermögensvorteil im Zusammenhang mit der Verschm gewährt wird (BMF-Schrb vom 11.11.2011, BStBl I 1314 Rn 11.10 iVm Rn 03.21). Eine Gegenleistung iSd Abs 2 Nr 3 wird nicht gewährt, soweit der übernehmende Rechtsträger am übertragenden Rechtsträger beteiligt ist, und zwar iHd bisherigen Beteiligung **(Upstream-Merger),** obwohl zivilrechtl in diesen Fällen eine Gegenleistung in Form der Aufgabe von Anteilen am übertragenden Rechtsträger vorliegt (BMF-Schrb vom 11.11.2011, BStBl I 1314 Rn 11.10 iVm Rn 03.21; FG Baden-Württemberg EFG 1998, 1529; RHL/*Rödder* Rn 139; DPPM/*Dötsch* Rn 67; Frotscher/Maas/*Frotscher* Rn 157). Eine Gegenleistung iSv Abs 2 Nr 3 setzt näml voraus, dass der übernehmende Rechtsträger sowohl etwas aufwendet, um die WG des übertragenden Rechtsträgers zu erlangen, als auch, dass dieser Aufwand zu einer Vermögensmehrung beim übertragenden Rechtsträger bzw deren Ges führt. 129

Auch beim **Downstream-Merger** wendet der übernehmende Rechtsträger aus seinem Verm nichts auf, um die WG des übertragenden Rechtsträgers zu erlangen, sofern die Anteilseigner des übertragenden Rechtsträgers die vom übertragenden Rechtsträger gehaltenen Anteile am übernehmenden Rechtsträger erhalten; es liegt ein Fall der Verschm ohne Gewährung einer Gegenleistung iSd 130

Abs 2 S 1 Nr 3 vor (RHL/*Rödder* Rn 139; DPPM/*Dötsch* Rn 67; aA Widmann/Mayer/*Schießl* Rn 108). Gleiches gilt, wenn **SchwesterGes** miteinander verschmolzen werden und die übernehmende Körperschaft nach § 54 I UmwG auf eine KapErh verzichtet (Frotscher/Maas/*Frotscher* Rn 157). Soweit bei einer Verschm nach ausl Recht eine KapErh nicht vorgeschrieben ist, erfolgt die Verschm ohne Gewährung einer Gegenleistung iSd Abs 2 S 1 Nr 3.

131 **c) Gegenleistung in Gesellschaftsrechten.** Das Antragswahlrecht des Abs 2 gilt – neben den sonstigen Voraussetzungen – auch dann, wenn als Gegenleistung für die Vermögensübertragung Gesellschaftsrechte gewährt werden.

132 Abs 2 S 1 Nr 3 spricht zwar von „Gesellschaftsrechten", gemeint sind aber **Gesellschaftsrechte** und **Mitgliedschaftsrechte.** Bei den Gesellschaftsrechten bzw Mitgliedschaftsrechten muss es sich um solche am übernehmenden Rechtsträger handeln (DPPM/*Dötsch* Rn 68; RHL/*Rödder* Rn 142; Haritz/Menner/*Bärwaldt* Rn 54; Frotscher/Maas/*Frotscher* Rn 160), wobei es sich bei den Gesellschaftsrechten nicht um **neue Anteile** aus einer KapErh handeln muss. Die Gewährung bereits **bestehender eigener Anteile** zur Erfüllung der in Abs 1 S 1 Nr 2 genannten Voraussetzungen genügt (RHL/*Rödder* Rn 141; DPPM/*Dötsch* Rn 68; *Widmann*/Mayer/*Schießl* Rn 107; Frotscher/Maas/*Frotscher* Rn 160; *Buchna* DStZ 1995, 449; Herrmann/Heuer/Raupach/*Hübl* § 14 UmwStG 1977 Rn 72). Werden eigene Anteile des übernehmenden Rechtsträgers ausgegeben, so führt dies wegen Abs 2 S 1 Nr 3 bei dem übergehenden Verm nicht zur Aufdeckung von stillen Reserven in der stl Schlussbilanz des übertragenden Rechtsträgers, der übernehmende Rechtsträger muss gem § 12 I 1 diese Werte fortführen. Dennoch müsste es eigentl zu einer Aufdeckung der stillen Reserven in den **eigenen Anteilen** kommen, die an die Anteilseigner des übertragenden Rechtsträgers ausgegeben werden, da insoweit aus steuerrechtl Sicht ein Tauschgeschäft vorliegt (DPPM/*Dötsch* § 12 Rn 34). Ein Teil der Lit (Haritz/Menner/*Wisniewski* § 12 Rn 24) verneint jedoch das Entstehen eines Gewinns mit dem Hinweis, es könne keinen Unterschied machen, ob die den Gesellschaftern des übertragenden Rechtsträgers gewährten Anteile aus einer KapErh stammen, oder ob es sich um eigene Anteile des übertragenden Rechtsträgers gehandelt hat. Eine ausdrückl gesetzl Grundlage für die Steuerneutralität der Ausgabe eigener Anteile, die als Gegenleistung den Anteilseignern des übertragenden Rechtsträgers gewährt werden, ist aber nicht ersichtl, sodass es nicht ausgeschlossen werden kann, dass die FinVerw im Hinblick auf das BMF-Schrb vom 2.12.1998 (DStR 1998, 2011 Rn 25) vom Entstehen eines **Veräußerungsgewinns** ausgehen könnte (DPPM/*Dötsch* § 12 Rn 34; RHL/*Rödder* Rn 143). Ob **Genussscheine** unter den Begriff der „Gesellschaftsrechte" fallen, ist streitig (vgl Widmann/Mayer/*Schießl* Rn 76 einerseits und DPPM/*Dötsch* Rn 69; Frotscher/Maas/*Schnitter* Rn 161; Haritz/Menner/*Bärwaldt* Rn 55 andererseits). Werden einem Gesellschafter des übertragenden Rechtsträgers als Gegenleistung für die Verschm Genussrechte gewährt und wird diese Verschm in das HR eingetragen, so erlangt dieser Gesellschafter Gesellschaftsrechte iSd Abs 2 S 1 Nr 3. Die Vorschrift des § 17 EStG def, was unter Anteilen an einer KapGes und damit auch indirekt, was unter Gesellschaftsrechten zu verstehen ist, wobei Genussscheine als Anteile an einer KapGes aufgefasst werden. Es ist kein Grund ersichtl, iRd Abs 2 S 1 Nr 3 anders zu verfahren (so DPPM/*Dötsch* Rn 69).

133 Werden neben Gesellschaftsrechten auch andere Gegenleistungen, wie zB **bare Zuzahlungen** (vgl Rn 135 ff), an die Gesellschafter des übertragenden Rechtsträgers erbracht, so schließt dies die Anwendbarkeit des Abs 2 nicht vollständig aus. In diesem Fall ist eine anteilige Anwendung des Abs 2 weiterhin mögl. Das Gesetz schließt solche Mischfälle nicht aus, da das Wahlrecht ausgeübt werden kann, soweit die Voraussetzungen des Abs 2 gegeben sind (allgM vgl BMF-Schrb vom 11.11.2011, BStBl I 1314 Rn 11.10 iVm Rn 03.23).

Empfänger der Gesellschaftsrechte am übernehmenden Rechtsträger müssen **134** die bisherigen Inhaber von Rechten an der übertragenden Körperschaft sein. Leistungen an Dritte stellen keine Gewährung von Gesellschaftsrechten iSd Vorschrift dar, es sei denn, die Gewährung an den Dritten erfolgt wirtschaftl auf Rechnung des bisherigen Rechtsinhabers am übertragenden Rechtsträger (vgl Rn 136).

14. Gegenleistung, die nicht in Gesellschaftsrechten besteht

Soweit eine Gegenleistung gewährt wird, die nicht in Gesellschaftsrechten **135** besteht, gilt das Antragswahlrecht des Abs 2 nicht. Das Gesetz äußert sich aber nicht dazu, an wen, für was und durch wen Zahlungen geleistet werden müssen, damit eine Gegenleistung iSd Vorschrift vorliegt.

Ebenso wie im Regelungsbereich des § 3 sind Gegenleistungen iSd Abs 2 Nr 3 **136** nur solche, die von dem übernehmenden Rechtsträger oder diesem nahe stehende Personen im Rahmen der Verschmelzung erbracht werden (BMF-Schrb vom 11.11.2011, BStBl I 1314 Rn 11.10 iVm Rn 03.21). Diese Gegenleistung muss an die verbleibenden Gesellschafter des übertragenden Rechtsträgers oder diesen nahe stehenden Personen erfolgen (BMF-Schrb vom 11.11.2011, BStBl I 1314 Rn 11.10 iVm Rn 03.21; DPPM/*Dötsch* Rn 73 f; Haritz/Menner/*Bärwaldt* Rn 58). Zum Teil wird davon ausgegangen, dass auch eine Gegenleistung an den übertragenden Rechtsträger eine Gegenleistung iSd Abs 2 S 1 Nr 3 ist (Widmann/Mayer/*Schießl* Rn 68). Verbleibende Gesellschafter in diesem Sinne sind solche, die an der Verschmelzung teilnehmen und damit Gesellschafter des übernehmenden Rechtsträgers werden (DPPM/*Dötsch* Rn 75; Haritz/Menner/*Bärwaldt* Rn 58; Frotscher/Maas/*Frotscher* Rn 156). Es ist nicht erforderlich, dass die Gegenleistung auf Grund umwandlungsrechtlicher Regelungen erfolgt (BMF-Schrb vom 11.11.2011, BStBl I 1314 Rn 11.10 iVm Rn 03.21; DPPM/*Dötsch* Rn 73). Wird der übertragende Rechtsträger auf einen Anteilseigner verschmolzen, scheidet eine Gegenleistung aus (vgl dazu Rn 129).

Von einer Gegenleistung iSd Abs 2 S 1 Nr 3 ist auszugehen, wenn eine **Zuzahlung,** **137** zB in Form eines Spitzenausgleichs nach § 54 IV oder § 68 III UmwG, gezahlt wird (BMF-Schrb vom 11.11.2011, BStBl I 1314 Rn 11.10 iVm 03.21; DPPM/*Dötsch* Rn 73; Haritz/Menner/*Bärwaldt* Rn 56; RHL/*Rödder* Rn 146; Frotscher/Maas/*Frotscher* Rn 156). Gleiches gilt, wenn der übernehmende Rechtsträger den Anteilseignern des übertragenden Rechtsträgers bzw deren nahe stehenden Personen ein Darlehen im Rahmen der Umwandlung gewährt.

Keine Gegenleistung iSd Abs 2 S 1 Nr 3 stellt die **Barabfindung** iSd § 29, 125 **138** und 207 an einen der Umwandlung widersprechenden Anteilseigner dar (BMF-Schrb vom 11.11.2011, BStBl I 1314 Rn 11.10 iVm Rn 3.22; DPPM/*Dötsch* Rn 75; RHL/*Rödder* Rn 146; Haritz/Menner/*Bärwaldt* Rn 53; aA *Thiel/Eversberg/van Lishaut/Neumann* GmbHR 1998, 387). § 12 II 3 verweist auf § 5 I. Bei einem Anteilseigner, der gegen Barabfindung ausscheidet, wird daher unterstellt, dass der der Verschmelzung widersprechende Anteilseigner Anteile an der übertragenden Körperschaft veräußert und nicht solche an der übernehmenden Körperschaft. Die Fiktion hat zur Konsequenz, dass die übernehmende Körperschaft die Abfindung nicht deshalb leistet, um Wirtschaftsgüter der übertragenden Körperschaft zu erlangen, sondern vielmehr die Abfindung deshalb bezahlt wird, um den Anteil des ausscheidenden Gesellschafters zu erwerben. Unter diesen Voraussetzungen liegt damit eine Gegenleistung iSd Abs 2 S 1 Nr 3 nicht vor, da aus stl Sicht die übernehmende Körperschaft Anteile an der übertragenden Körperschaft erwirbt. Für den abgefundenen Gesellschafter an der übertragenden Körperschaft stellt die Abfindung aus stl Sicht einen Veräußerungserlös für einen Anteil an der übertragenden Körperschaft dar. Eine Barabfindung in diesem Sinne soll auch dann gegeben sein, wenn der übernehmende Rechtsträger den Gesellschaftern des übertragenden Rechtsträgers, die Gesellschafter des übernehmenden Rechtsträgers wurden, nach der Umwandlung ein Abfindungsangebot macht, welches diese annehmen (FG Düsseldorf DStRE 2009, 5).

139 Zahlungen zwischen den Gesellschaftern des übertragenden und des übernehmenden Rechtsträgers, um Wertunterschiede auszugleichen, stellen nach richtiger Meinung keine sonstige Gegenleistung dar (DPPM/*Dötsch* Rn 77; Widmann/Mayer/*Schießl* Rn 88; aA möglicherweise BMF-Schrb vom 11.11.2011, BStBl I 1314 Rn 11.10 iVm Rn 03.21: nahe stehende Personen). **Rechte Dritter** an Anteilen des übertragenden Rechtsträgers, die sich von Gesetzes wegen an den neuen Anteilen am übernehmenden Rechtsträger fortsetzen, stelle keine sonstige Gegenleistung dar. Gleiches gilt, wenn solche Rechte auf Grund einer schuldrechtlichen Vereinbarung, auch wenn diese erst im Zusammenhang mit der Verschmelzung geschlossen wird, sich an den Anteilen am übernehmenden Rechtsträgerfortsetzen sollen (zB Vorkaufsrechte, Nießbrauch uä).

140 Soweit eine Gegenleistung iSd Abs 2 Nr 3 erfolgt, die nicht in Gesellschaftsrechten besteht, hat dies zur Folge, dass die übergehenden Wirtschaftsgüter in der stl Schlussbilanz des übertragenden Rechtsträgers insoweit mit dem gemeinen Wert der Gegenleistung anzusetzen sind (BMF-Schrb vom 11.11.2011, BStBl I 1314 Rn 11.10 iVm Rn 03.21; DPPM/*Dötsch* Rn 78; Haritz/Menner/*Bärwaldt* Rn 60). Daraus ergibt sich ein Übertragungsgewinn in Höhe der Differenz zwischen dem Wert der sonstigen Gegenleistung abzüglich der auf die Gegenleistung entfallenden Buchwerte der übertragenen Wirtschaftsgüter. Der anteilige Buchwert ergibt sich aus dem Verhältnis des Gesamtwertes der Gegenleistung zum Wert der Sachgesamtheit, die übertragen wird. In Höhe des Übertragungsgewinns sind die Wirtschaftsgüter in der stl Schlussbilanz des übertragenden Rechtsträgers aufzustocken. Nach Auffassung der FinVerw ermittelt sich der Aufstockungsbetrag aus dem Verhältnis des Übertragungsgewinns zu den gesamten stillen Reserven und stillen Lasten, jedoch mit Ausnahme der stillen Lasten in den Pensionsrückstellungen (BMF-Schrb vom 11.11.2011, BStBl I 1314 Rn 11.10 iVm Rn 03.24 mit einem entsprechenden Beispiel). Nach der hier vertretenen Auffassung wird der Aufstockungsbetrag bezogen auf die einzelnen übergehenden Wirtschaftsgüter wie folgt ermittelt.

141 Die sich ergebende Verhältniszahl aus

$$\frac{\textbf{Gesamtgegenleistung}}{\textbf{Gesamtwert}}$$

wird bei der Ermittlung des hinsichtl der einzelnen WG anzusetzenden Werts wie folgt berücksichtigt:

BW lt allg Gewinnermittlungsvorschriften
./. auf Gegenleistung entfallender BW
+ auf das WG entfallender Teil der Gegenleistung
Die auf die Gegenleistung entfallenden Teile des BW werden durch Anwendung der Verhältniszahl ermittelt:

$$\frac{\textbf{Gesamtgegenleistung} \times \textbf{BW}}{\textbf{Gesamtwert}}$$

Der auf das einzelne WG entfallende Teil der Gegenleistung wird ebenfalls durch die Anwendung der Verhältniszahl ermittelt:

$$\frac{\textbf{Gesamtgegenleistung} \times \textbf{GW des einzelnen WG}}{\textbf{Gesamtwert}}$$

142 Der Gesamtwert (gemeiner Wert) des übergehenden Verm beträgt 240, die Gegenleistung beträgt 48 = 20%. Dann ergeben sich folgende Werte:

	BW	gW	auf Gegenleistung entfallender BW	auf das WG entfallender Teil der Gegenleistung	anzusetzender Wert des einzelnen WG
Firmenwert	–	40	–	8	8
orig immaterielle WG	–	20	–	4	4
Anlagevermögen	50	100	10	20	60
Umlaufvermögen	30	80	6	16	40
	80	240	16	48	112

143 Die Aufstockung erfolgt **quotal** im Verhältnis der Gegenleistung zum gemeinen Wert (RHL/*Rödder* Rn 147). Die Gegenleistung ist gleichmäßig auf alle übergegangenen WG zu verteilen. Die sog **modifizierte Stufentheorie,** nach der die Aufstockung in einer ersten Stufe bei bereits bilanzierten Wirtschaftsgütern und den (auch nicht angesetzten) immateriellen Wirtschaftsgütern erfolgt und erst in einem zweiten Schritt bei einem nicht angesetzten Geschäfts- oder Firmenwert erfolgt, hat die FinVerw zu Recht aufgegeben (ebenso RHL/*Rödder* Rn 147; DPPM/*Pung/Möhlenbrock* § 3 Rn 51; Widmann/Mayer/*Schießl* Rn 203; aA *Bodden* FR 2007, 6; zur Übergangsregelung vgl BMF-Schrb vom 11.11.2011, BStBl I 1314 Rn S03).

144 Die FinVerw geht des Weiteren davon aus, dass bei den Anteilseignern des übertragenden Rechtsträgers ein **Veräußerungserlös bezogen auf die Anteile des übertragenden Rechtsträgers** entsteht, soweit eine Gegenleistung iSd Abs 2 Nr 3 gewährt wird, die nicht in Gesellschaftsrechten besteht (BMF-Schrb vom 11.11.2011, BStBl I 1314 Rn 11.10 iVm 03.21; ebenso DPPM/*Dötsch* § 13 Rn 18 f; Widmann/Mayer/*Schießl* § 13 Rn 24 ff; str vgl § 3 Rn 110).

145 Kommt es zu einer **Zahlung durch die übertragende Körperschaft** an ihre bisherigen Anteilseigner, so liegt auf der Ebene des Anteilseigners je nach den Umständen des Einzelfalls der Erwerb eigener Anteile, eine vGA oder eine andere Ausschüttung vor (vgl *Dötsch/van Lishaut/Wochinger* DB Beilage 7/1998, 25).

15. Rückwirkung

146 Die §§ 11–13 enthalten keine eigenen Regelungen über die stl Rückbeziehung, es gilt insoweit § 2. Zu den einzelnen Voraussetzungen und stl Auswirkungen der Rückwirkung vgl Komm zu § 2.

16. Der Beteiligungskorrekturgewinn/-verlust bei einer Abwärtsverschmelzung, Abs 2 S 2 und 3

147 Im Falle der Abwärtsverschmelzung einer Mutter- auf ihre TochterGes sind nach Abs 2 S 2 Anteile am übernehmenden Rechtsträger in der stl Schlussbilanz des übertragenden Rechtsträgers mit dem BW, erhöht um Teilwertabschreibung, die in früheren Jahren steuerwirksam vorgenommen – und zwischenzeitl nicht rückgängig gemacht wurden –, sowie um steuerwirksame Abzüge nach § 6b EStG und ähnl Abzüge, höchstens jedoch mit dem gemeinen Wert, anzusetzen. Ein sich daraus ergebender sog Beteiligungskorrekturgewinn/-verlust (vgl Rn 152) ist Bestandteil des Übertragungsgewinns (DPPM/*Dötsch* Rn 85).

148 Steuerwirksame Abschreibungen iSd Abs 2 S 2 konnten bis zu Einführung des § 8b III KStG vorgenommen werden. Andere Abzüge iSd Abs 2 S 1 sind zB die früher mögl Abzüge nach § 30 BergbauRatG, Abzüge nach 6.6. EStR.

149 Nach § 1 V Nr 4 ist der BW iSd § 11 II 2 der Wert, der sich nach den stl Vorschriften über die Gewinnermittlung in einer für den stl Übertragungsstichtag aufzustellenden StB ergibt oder ergäbe. Daraus muss geschlossen werden, dass zum stl Übertragungsstichtag zunächst das Wertaufholungsgebot des § 6 I 1 Nr 1 S 4, Nr 2 S 2 f EStG durchgeführt werden muss, bevor es zu Zuschreibungen nach Abs 2 S 2 kommt (BMF-Schrb vom 11.11.2011, BStBl I 1314 Rn 11.17; RHL/*Rödder* Rn 170; DPPM/*Dötsch* Rn 83). Sollte die Wertaufholung zwischen dem letzten Bilanzstichtag des übertragenden Rechtsträgers und dem Verschmelzungsstichtag eingetreten sein, so ist die Wertaufholung iSd § 6 I 1 Nr 1 S 4, Nr 2 S 2 f EStG vorzunehmen, BW iSd Abs 2 S 2 ist näml gem § 1 V Nr 4 „der Wert, der sich nach den steuerrechtl Vorschriften über die Gewinnermittlung in einer für den stl Übertragungsstichtag aufzustellenden StB ergibt oder **ergäbe**" (BMF-Schrb vom 11.11.2011, BStBl I 1314 Rn 11.17; DPPM/*Dötsch* Rn 83; Widmann/Mayer/*Widmann* § 3 Rn 173.1; Frotscher/Maas/*Schnitter* § 3 Rn 38). Wird bereits durch die Wertaufholung iSd § 6 I 1 Nr 1 S 4, Nr 2 S 2 f EStG der gemeine Wert erreicht, so bleibt für die Anwendung des Abs 2 S 2 kein Raum mehr (RHL/*Rödder* Rn 170; DPPM/*Dötsch* Rn 83; Widmann/Mayer/*Schießl* Rn 287).

150 Wurde auf die Anteile am übernehmenden Rechtsträger sowohl eine steuerwirksame als auch eine **nicht steuerwirksame Teilwertabschreibung** vorgenommen, stellt sich das Problem, welche dieser Teilwertabschreibungen zuerst rückgängig gemacht werden muss, wenn der gemeine Wert der Anteile niedriger ist als die Summe der vorgenommenen Teilwertabschreibungen. Ein vglbares Problem stellt sich im Anwendungsbereich des § 6 I 1 Nr 1 S 4, Nr 2 S 2 f EStG iVm § 8b II 4 KStG (Wertaufholung). Insoweit wird vertreten, dass zunächst die zeitl jüngste, dh steuerunwirksame Teilwertabschreibung aufzuholen ist, bevor die ältere steuerwirksame Teilwertabschreibung rückgängig gemacht wird (BFH BStBl II 2010, 760; *Förster/Felchner* DB 2006, 1072; *Zieren/Adrian* DB 2006, 301). Für diese Meinung spricht, dass es für das stl Erg keinen Unterschied machen kann, ob der Anteilswert nach der steuerwirksamen Wertminderung konstant bleibt oder ob eine weitere steuerneutrale Wertminderung erfährt, die ausschließl wieder durch eine Wertsteigerung ausgeglichen wird. Nach Abs 2 S 2 sind Minde-

rungen „die in früheren Jahren steuerwirksam vorgenommen worden sind" rückgängig zu machen. Auf Grund dieser Formulierung des Gesetzes sind daher nach hM die in früheren Jahren vorgenommenen steuerwirksamen Abschreibungen und Abzüge rückgängig zu machen, erst danach die nicht steuerwirksam vorgenommenen Minderungen (BMF-Schrb vom 11.11.2011, BStBl I 1314 Rn 11.17; DPPM/*Dötsch* Rn 82; RHL/*Rödder* Rn 169; Widmann/Mayer/*Schießl* Rn 283; aA *Förster/Felchner* DB 2006, 1672; *Bogenschütz* Ubg 2011, 393; IDW WPg 2011, 852). Wegen der Vorrangigkeit der Wertaufholung nach § 6 EStG (vgl Rn 149) stellt sich die Frage der vorstehend dargestellten Reihenfolge idR nicht.

Der gemeine Wert bildet die Obergrenze der Zuschreibung nach Abs 2 S 2. 151
Der gemeine Wert entspricht bei börsennotierten Wertpapieren nach § 11 I BewG dem Kurswert, Paketzuschläge sind gem § 11 III BewG zu berücksichtigen (DPPM/*Dötsch* Rn 84; RHL/*Rödder* Rn 174; BMF-Schrb vom 17.5.2011, BStBl I 606). Im Übrigen ermittelt sich der gemeine Wert gem § 11 II BewG. Zu beachten ist jedoch, dass das vereinfachte Ertragswertverfahren iSd §§ 109–203 BewG bei komplexeren Konzernstrukturen nach Auffassung der FinVerw nicht gilt (vgl gemeinsamer Ländererlass vom 17.5.2011, BStBl I 606). Kommt es zu einem höheren Wertansatz gem Abs 2 S 2, so ergibt sich ein Beteiligungskorrekturgewinn durch Gegenüberstellung des aufgrund von Abs 2 S 2 ermittelten Wert mit dem entsprechenden BW. Dieser Beteiligungskorrekturgewinn ist gem § 8b II 4, 5 KStG voll stpfl. Er wirkt sich sowohl körperschaftssteuerrechtl als auch gewerbesteuerrechtl aus (RHL/*Rödder* Rn 178).

Nach seinem Wortlaut regelt Abs 2 S 2 nicht nur die Obergrenze einer 152
Zuschreibung, sondern bestimmt auch, dass die Anteile an der übernehmenden Körperschaft höchstens mit dem gemeinen Wert anzusetzen sind. Liegt der gemeine Wert der Anteile an der übernehmenden Körperschaft unter dem BW, so muss eine logische Sekunde vor der Verschm eine **Abstockung** der Anteile vorgenommen werden (wie hier *Krohn/Greulich* DStR 2008, 646; Frotscher/Maas/*Schnitter* § 4 Rn 40; Haase/Hruschka/*Schönherr/Krüger* § 3 Rn 51; aA DPPM/*Pung* § 4 Rn 14a; Widmann/Mayer/*Schießl* Rn 283; RHL/*van Lishaut* § 4 Rn 44), in jedem Fall muss eine Abstockung auf den gemeinen Wert aufgrund von Abs 2 S 1 iVm Abs 1 erfolgen. Dies gilt auch, wenn die Wertminderung voraussichtl nicht dauerhaft war und damit eine Teilwertabschreibung insoweit ausscheidet. Der Grds der Maßgeblichkeit der HB für die StB gilt nicht. Bestätigt wird dieses Ergebnis durch die Systematik des UmwStG, sowie den Wertungen des Gesetzgebers. Im UmwStG idF des SEStEG wird näml für alle Bewertungssituationen der Ansatz des gemeinen Werts als Bewertungsobergrenze angeordnet, so zB in § 3 I 1, II 1, § 11 I 1, § 20 II 1–2, § 21 I 1–2, § 23 I, III 1 und § 24 II 1–2 (Frotscher/Maas/*Schnitter* § 3 Rn 40; aA DPPM/*Pung* § 4 Rn 14a). Auf den **Beteiligungskorrekturverlust** ist § 8b KStG anzuwenden. Die Abstockung bewirkt, dass sich ein höherer Übernahmegewinn und ein niedrigerer Übernahmeverlust ergibt.

17. Ermittlung und Besteuerung eines Übertragungsgewinns

a) Besteuerung des Übertragungsgewinns. Übt die übertragende Körper- 153
schaft ein ihr nach Abs 2 zustehendes Antragswahlrecht dahingehend aus, dass sie entweder ZW ansetzt, oder kommt es zum Ansatz mit dem gemeinen Wert, entsteht mit Ablauf des stl Übertragungsstichtages ein Übertragungsgewinn zum stl Übertragungsstichtag (Widmann/Mayer/*Schießl* Rn 258), der ggf gegenüber

der übernehmenden Körperschaft als Rechtsnachfolger festgesetzt wird (BFH HFR 2008, 1171; DPPM/*Dötsch* Rn 18). Zur Möglichkeit des Entstehens eines Übertragungsverlustes vgl Rn 52.

154 Der Übertragungsgewinn unterliegt bei der übertragenden Körperschaft – soweit nicht eine DBA-Freistellung eingreift – der **Besteuerung nach allg Vorschriften** des KStG und gem § 19 I der GewSt (DPPM/*Dötsch* Rn 18; Widmann/Mayer/*Schießl* Rn 257 ff; RHL/*Rödder* Rn 87). DBA-Freistellungen sind zu beachten. Der Übertragungsgewinn kann nach allg Grdsen um einen Verlustabzug gekürzt werden, wobei die Grdse der sog Mindestbesteuerung keine Anwendung finden (aA DPPM/*Pung/Möhlenbrock* § 3 Rn 52a; vgl auch BFH DStR 2010, 2179; BMF-Schrb vom 19.10.2011, BStBl I 974). Entsteht der Übertragungsgewinn durch die Aufdeckung stiller Reserven in einem Mitunternehmerteil, an dem die übertragende Körperschaft beteiligt ist, so kann er durch einen verrechenbaren Verlust iSv § 15a EStG neutralisiert werden (RHL/*Rödder* Rn 87; Widmann/Mayer/*Schießl* Rn 270.1). Setzt die übertragende Körperschaft in ihrer stl Schlussbilanz eine Beteiligung an einer anderen Körperschaft mit einem über dem BW liegenden Wert an, so findet § 8b KStG Anwendung (RHL/*Rödder* Rn 87; DPPM/*Dötsch* Rn 18; Widmann/Mayer/*Schießl* Rn 265; BMF-Schrb vom 28.4.2003, BStBl I 292 Rn 23; *Füger/Rieger* FR 2003, 543). § 8b IV KStG aF ist anwendbar (Widmann/Mayer/*Schießl* Rn 265). Die Bildung einer Rücklage nach § 4g EStG kommt auch in den Fällen des Abs 2 Nr 2 nicht in Betracht (Widmann/Mayer/*Schießl* Rn 265.1). Der Übertragungsgewinn erhöht das in der StB ausgewiesene EK der übertragenden Körperschaft, da er in der stl Schlussbilanz des übertragenden Rechtsträgers zu berücksichtigen ist. Der Übertragungsgewinn wird, da es sich aus stl Sicht um Veräußerungsgewinn handelt, von einem **GAV** erfasst (RHL/*Rödder* Rn 88; aA BMF-Schrb vom 11.11.2011, BStBl I 1314 Rn 25; DPPM/*Dötsch* Rn 20; *Kessler/Weber/Aberle* Ubg 2008, 209; Widmann/Mayer/*Schießl* Rn 266).

155 Führt die Umwandlung für im Ausland gelegenes Vermögen im Ausland zu einer Gewinnrealisierung, ist die dadurch im Ausland entstehende Steuer nach allg Grdsen des § 26 KStG auf die KStG des übertragenen Gewinns anrechenbar. Wegen des Leerlaufens der Anrechnung in den Fällen, in denen der Buchwert in der stl Schlussbilanz des übertragenden Rechtsträgers angesetzt wird, vgl Rn 70. Wegen der Anrechnung fiktiver ausl Steuer vgl Rn 157. Ist die übertragende Körperschaft nach § 5 I KStG von der Körperschaftsteuer befreit, ist der Übertragungsgewinn steuerfrei.

156 **b) Ermittlung des Übertragungsgewinns.** Der Übertragungsgewinn ergibt sich rechnerisch aus der Diff zwischen den Ansätzen in der stl Schlussbilanz gem Abs 1, 2 und der StB auf den Übertragungsstichtag unter Fortschreibung der bisherigen stl BW. Die Diff entspricht dem Übertragungsgewinn. Er kann nach folgendem Schema berechnet werden:

+ übergehendes Verm zu ZW oder gW einschl Beteiligungskorrekturgewinn iSv Abs 2 S 2
– BW der übergehenden WG

= Buchgewinn
– Kosten und Aufwand der Verschm

= Übertragungsgewinn/-verlust vor KSt/GewSt

– GewSt auf Übertragungsgewinn (ab 2008 gem § 4 V lit b EStG als nicht abzugsfähige BA wieder hinzuzurechnen)
– KSt auf Übertragungsgewinn (ist gem § 10 II KStG als nicht abzugsfähige BA wieder hinzuzurechnen)

= Übertragungsgewinn
Zur Berücksichtigung von Umwandlungskosten vgl Rn 89 f.

18. Grenzüberschreitende Verschmelzung innerhalb der EU

Nach Abs 3 gilt für den übertragenden Rechtsträger bei einer Verschm § 3 III entsprechend. Abs 3 iVm § 3 III betreffen den Fall der grenzüberschreitenden Hinausverschmelzung einer unbeschränkt stpfl Körperschaft ins EU-Ausland bei Vorhandensein einer in einem anderen EU-Mitgliedsstaat gelegene Betriebsstätte, für die Deutschland nicht auf sein Besteuerungsrecht verzichtet hat und das jew DBA bzw § 20 II AStG die Freistellungsmethode ausschließt. Durch die Hinausverschmelzung kann Deutschland bzgl der Betriebsstätte sein Besteuerungsrecht verlieren (vgl Rn 114 ff), das übertragene Verm in der Betriebsstätte ist dann in der stl Schlussbilanz mit dem gemeinen Wert anzusetzen. Entsprechend Art 10 II FusionsRL, der in § 3 III umgesetzt worden ist, ist auf die insoweit erhobene inl Steuer eine fiktive ausl Steuer anzurechnen. Die Anrechnung dieser fiktiven ausl Steuer erfolgt nach den Grdsen des § 26 KStG mit dem Betrag ausl Steuer, der nach den Rechtsvorschriften des anderen Mitgliedstaats erhoben worden wäre, wenn das übergehende Verm zum Zeitpunkt der Übertragung zum gemeinen Wert veräußert worden wäre. Erhebt der andere EU-Mitgliedstaat anlässl der Verschm tats Steuern, so erfolgt eine Anrechnung dieser Steuer nach den Grdsen des § 26 KStG (RHL/*Rödder* Rn 182). Zur Ermittlung des Betrages der anrechenbaren ausl Steuer ist idR ein Auskunftsersuchen an den ausl Betriebsstättenstaat erforderlich (BMF-Schrb vom 11.11.2011, BStBl I 1314 Rn 11.13 iVm Rn 03.32). **157**

19. Keine verdeckte Gewinnausschüttung der übertragenden Körperschaft in Folge der Verschmelzung

Die Verschm einer Körperschaft auf eine andere Körperschaft stellt aus der Sicht der übertragenden Ges ein veräußerungsgleiches Geschäft dar (vgl Vor §§ 11–13 Rn 2). Die sich daraus eigentl ergebenen stl Konsequenzen der Aufdeckung der stillen Reserven im übertragenen Verm kann jedoch durch die Vorschriften des § 11 vermieden werden. Die als Gegenleistung für die Übertragung des Verm durch den übernehmenden Rechtsträger gewährten Anteile sind zu keinem Zeitpunkt bei der übertragenden Körperschaft zu erfassen, sie werden unmittelbar den Gesellschaftern der übertragenden Körperschaft gewährt. Auf der Ebene der Gesellschafter der übertragenden Körperschaft vollzieht sich die Verschm unter den Voraussetzungen des § 13 II steuerneutral, obwohl die Gesellschafter Anteile am übertragenden Rechtsträger gegen solche am übernehmenden Rechtsträger tauschen. Es stellt sich die Frage, ob die Steuerneutralität eines Verschmelzungsvorgangs iSd §§ 11 ff aufgrund der allg Grde zur verdeckten Einlage bzw vGA möglicherweise zu einer Aufdeckung von stillen Reserven führt, obwohl gem den Voraussetzungen der §§ 11–13 die Verschm steuerneutral ist. **158**

Allgemein wird davon ausgegangen, dass der Vermögensübergang durch Verschm einer Körperschaft auf eine andere Körperschaft grdsl keine vGA der **159** übertragenden Ges darstellt. Dies gelte auch dann, wenn das Verm der übertragenden Ges mehr wert ist, als die von der übernehmenden Ges den Anteilseigner der übertragenden Ges neu gewährten Anteile und die Gesellschafter der übertragenden und übernehmenden Ges identisch sind (ebenso im Erg BMF-Schrb vom 11.11.2011, BStBl I 1314 Rn 13.09 iVm Rn 13.03; *Kroschweski* GmbHR 2002, 761; *Schmitt* BB 2002, 435). *Füger/Rieger* (FS Widmann, 2000, 287) vertreten, dass die Verschm einer Körperschaft auf eine andere Körperschaft im Grds eine vGA auf der Ebene des übertragenden Rechtsträgers auslöst, wenn die Gesellschafter des übertragenden Rechtsträgers zu Gunsten eines anderen Gesellschafters eine Vermögenseinbuße iRd Verschm hinnehmen (vgl dazu auch BFH GmbHR 2005, 240: Grdse der vGA gehen dem Bewertungswahlrecht nach § 24 vor; ebenso *Briese* GmbHR 2005, 207). Aus Gründen der Billigkeit sollen die Rechtsfolgen der vGA jedoch nicht eintreten, wenn dem Fiskus aufgrund der Verlagerung der stillen Reserven keine stl Nachteile entstünden. Zu solchen stl Nachteilen könnte es insbes bei Auslandsberührungen kommen. Zur Verschm einer MutterKapGes auf ihre TochterKapGes mit Schuldenüberhang vgl Rn 76.

160 Richtig ist, dass die Verschm einer Körperschaft auf eine andere Körperschaft im Grds die Voraussetzung einer vGA beim übertragenden Rechtsträger erfüllt. Die übertragende Körperschaft überträgt ihr gesamtes Verm auf einen anderen Rechtsträger, die als Gegenleistung gewährten Anteile erhält aber nicht der übertragende Rechtsträger, sondern vielmehr deren Gesellschafter. Der Grund dieser Vermögensminderung beim übertragenden Rechtsträger liegt im Gesellschaftsverhältnis, die Gesellschafter stimmen der Verschm durch Beschluss zu. Soweit die übertragende Körperschaft die BW fortführt und keine Gegenleistung erhält, hat die Verschm auch Auswirkungen auf die Höhe des Einkommens des übertragenden Rechtsträgers. Die Rechtsfolgen einer vGA **auf der Ebene des übertragenden Rechtsträgers** treten aber nicht ein, da das UmwStG davon ausgeht, dass die speziellen Vorschriften des § 11 die allg Grdse zur vGA auf der Ebene des übertragenden Rechtsträgers ausschließen. Die Steuerneutralität des Verschmelzungsvorgangs erfolgt unabhängig davon, ob die Gesellschafter der übernehmenden Ges und übertragenden Ges identisch sind oder ob es zu Wertverschiebungen auf der Gesellschaftsebene kommt. Davon geht offensichtlich auch die Rechtsprechung des BFH aus (BStBl II 2011, 799). Kommt es im Rahmen einer Verschmelzung auf der **Ebene der Gesellschafter** zu interpersonalen Wertverschiebungen, liegen nach Auffassung des BFH verdeckte Einlagen auf Anteilseignerebene in der Form vor, dass entweder Geschäftsanteile des übernehmenden oder des übertragenden Rechtsträgers verdeckt eingelegt werden (vgl § 13 Rn 14). Da der BFH als Gegenstand der verdeckten Einlage Anteile und nicht Gewinnausschüttungsansprüche ansieht, scheidet wohl auch nach Auffassung des Gerichts seine verdeckte Gewinnausschüttung des übertragenden Rechtsträgers aus (ebenso wohl BMF-Schrb vom 11.11.2011, BStBl I 1314 Rn 13.03; vgl auch *Bode* FR 2011, 336; Widmann/Mayer/*Schießl* § 13 Rn 307; DPPM/*Dötsch* Vor §§ 11–13 Rn 29).

20. Verschmelzung und Anwachsung

161 In der Lit (*Krebs/Bödefeld* GmbHR 1996, 347; DPPM/*Dötsch* Vor §§ 11–13 Rn 29) wird teilweise die Frage gestellt, ob der Verschmelzungsvorgang auch dann steuerneutral mögl ist, wenn zum BV der übertragenden sowie der übernehmenden Körperschaft eine Beteiligung an einer zweigliedrigen PersGes gehört und diese PersGes durch den Verschmelzungsvorgang, dh durch den Untergang des übertragenden Rechtsträgers, aufgelöst wird.

Beispiel: 162
Die M-GmbH ist alleinige Gesellschafterin sowohl der A- als auch der B-GmbH. Die A-GmbH soll auf die B-GmbH verschmolzen werden. Sowohl die A- als auch die B-GmbH sind jew mit 50 vH an der Y-OHG beteiligt. IRd Verschm geht der Gesellschaftsanteil an der OHG auf die B-GmbH über und eine logische Sekunde nach der Verschm kommt es zu einer Anwachsung des Verm der OHG bei der übernehmenden B-GmbH.

Kommt es zu einer Auflösung einer Mitunternehmerschaft und zu einer **Anwachsung** von deren Verm auf eine KapGes, so wird teilweise in der Lit davon ausgegangen, dass der aus der Mitunternehmerschaft ausscheidende Gesellschafter eine verdeckte Einlage in die übernehmende KapGes vorgenommen hat, sofern der ausscheidende Gesellschafter keine neuen Anteile an der übernehmenden KapGes erhalten hat (vgl *Wacker* BB Beilage 8/1998, 17). Selbst wenn man im Anwachsungsprozess auf eine KapGes eine verdeckte Einlage sehen sollte, wenn der aus der PersGes ausscheidende Gesellschafter keine neuen Gesellschaftsanteile erhält, so führt dies jedoch nicht dazu, dass es zu einer Gewinnrealisierung kommt, falls ein solcher Anwachsungsprozess die Rechtsfolge einer Verschm ist. Für die Verschm einer Körperschaft auf eine andere Körperschaft regeln die §§ 11–13 abschl deren Rechtsfolgen. Der Vorgang ist damit unter den Voraussetzungen dieser Vorschrift steuerneutral mögl (ebenso *Krebs/Bödefeld* GmbHR 1996, 347; DPPM/*Dötsch* Vor §§ 11–13 Rn 29; vgl auch FG Düsseldorf EFG 2011, 477). Zur Frage, wem die Einkünfte der PersGes zuzurechnen sind, wenn die Gesellschafterstellung erst im Rückwirkungszeitraum begründet wurde, vgl *Schmid/Dietel* DStR 2008, 529. 163

§ 12 Auswirkungen auf den Gewinn der übernehmenden Körperschaft

(1) [1]**Die übernehmende Körperschaft hat die auf sie übergegangenen Wirtschaftsgüter mit dem in der steuerlichen Schlussbilanz der übertragenden Körperschaft enthaltenen Wert im Sinne des § 11 zu übernehmen.** [2]**§ 4 Abs. 1 Satz 2 und 3 gilt entsprechend.**

(2) [1]**Bei der übernehmenden Körperschaft bleibt ein Gewinn oder ein Verlust in Höhe des Unterschieds zwischen dem Buchwert der Anteile an der übertragenden Körperschaft und dem Wert, mit dem die übergegangenen Wirtschaftsgüter zu übernehmen sind, abzüglich der Kosten für den Vermögensübergang, außer Ansatz.** [2]**§ 8b des Körperschaftsteuergesetzes ist anzuwenden, soweit der Gewinn im Sinne des Satzes 1 abzüglich der anteilig darauf entfallenden Kosten für den Vermögensübergang, dem Anteil der übernehmenden Körperschaft an der übertragenden Körperschaft entspricht.** [3]**§ 5 Abs. 1 gilt entsprechend.**

(3) **Die übernehmende Körperschaft tritt in die steuerliche Rechtsstellung der übertragenden Körperschaft ein; § 4 Abs. 2 und 3 gilt entsprechend.**

(4) **§ 6 gilt sinngemäß für den Teil des Gewinns aus der Vereinigung von Forderungen und Verbindlichkeiten, der der Beteiligung der übernehmenden Körperschaft am Grund- oder Stammkapital der übertragenden Körperschaft entspricht.**

(5) **Im Falle des Vermögensübergangs in den nicht steuerpflichtigen oder steuerbefreiten Bereich der übernehmenden Körperschaft gilt das in der Steuerbilanz ausgewiesene Eigenkapital abzüglich des Bestands des steuerlichen Einlagekontos im Sinne des § 27 des Körperschaftsteuergesetzes, der sich nach Anwendung des § 29 Abs. 1 des Körperschaftsteuergesetzes ergibt, als Einnahme im Sinne des § 20 Abs. 1 Nr. 1 des Einkommensteuergesetzes.**

Schrifttum: Schrifttum bis 2005 siehe 5. Auflage; *Hagemann/Jakob/Ropohl/Viebrock,* SEStEG: Das neue Konzept der Verstrickung und Entstrickung sowie die Neufassung des UmwStG, NWB-Sonderheft 1/2007; *Benecke/Schnittger,* Letzte Änderung der Neuregelung des UmwStG und der Entstrickungsnorm durch das SEStEG, IStR 2007, 22; *Binnewies,* Grenzüberschreitende Wirkung des SEStEG, GmbHR-StB 2007, 117; *Bilitewsky,* Gesetz über steuerliche Begleitmaßnahmen zur Einführung der europäischen Gesellschaft und zur Änderung weiterer steuerlicher Vorschriften (SEStEG), FR 2007, 57; *Brähler/Heerdt,* Steuerneutralität bei grenzüberschreitenden Verschmelzungen unter Beteiligung hybrider Gesellschaften, StuW 2007, 260; *Desens,* Gemeiner Wert bei Umwandlung, GmbHR 2007, 1202; *Ley/Bodden,* Verschmelzung und Spaltung von inländischen Kapitalgesellschaften nach dem SEStEG (§§ 11–15 UmwStG nF), FR 2007, 265; *Kessler/Weber/Aberle,* Übertragungsgewinn bei Verschmelzung und vororganschaftliche Verluste einer Organgesellschaft, Ubg 2008, 209; *Krohn/Greulich,* Ausgewählte Einzelprobleme des Umwandlungssteuerrechts aus der Praxis, DStR 2008, 646; *Schell,* Kapitalertragsteuerpflicht bei grenzüberschreitenden Verschmelzungen einer deutschen Kapitalgesellschaft auf eine EU/EWR-Kapitalgesellschaft?, IStR 2008, 397; *Teiche,* Maßgeblichkeit bei Umwandlungen – trotz SEStEG?, DStR 2008, 1557; *Breuninger,* Die Zentralfunktion des Stammhauses bei grenzüberschreitender Verschmelzung, FS Schaumburg, 2009, 587; *Kußmaul/Richter/Heyd,* Ausgewählte Probleme der Hinausverschmelzung von Kapitalgesellschaften aus Deutschland, IStR 2010, 73; *Schaumburg,* Steuerliche Restriktionen bei internationalen Umwandlungen, GmbHR 2010, 1341; *Bogenschütz,* Umwandlungen von Kapital- in Personengesellschaften, Ubg 2011, 393; *Rödder,* Verschmelzung von Kapital- auf Kapitalgesellschaften – Kritische Anmerkungen zu den einschlägigen Textziffern des Umwandlungssteuer-Erlass-Entwurfs vom 2.5.2011, DStR 2011, 1059; *Schumacher/Neitz-Hackstein,* Verschmelzung und Spaltung zwischen inländischen Kapitalgesellschaften, Ubg 2011, 409; *Ernst,* Das gewerbesteuerliche Schachtelprivileg bei Umwandlungsvorgängen, Ubg 2012, 678; *Hruschka,* Umwandlung Kapital- auf Personengesellschaften (§§ 3 ff UmwStG), DStR 2012 Beihefter zu Heft 2, 14; *Schaflitzl/Götz,* Verschmelzung zwischen Kapitalgesellschaften, Spaltung von Kapitalgesellschaften und damit verbundene gewerbesteuerliche Regelungen, DB 2012, Beilage 1 zu Heft 2, 25; *Sistermann,* Umwandlung Kapital- auf Kapitalgesellschaften (§§ 11 ff. UmwStG), DStR 2012 Beihefter zu Heft 2, 9; *Stadler/Elser/Bindl,* Vermögensübertragung bei Verschmelzungen auf eine Personengesellschaft oder eine natürliche Person und Formwechsel einer Kapitalgesellschaft in eine Personengesellschaft - Kritische Anmerkungen zum Umwandlungssteuererlass, DB 2012, Beilage zu Heft 1, 14; *Benz/Jetter,* Die Neuregelung zur Steuerpflicht von Streubesitzdividenden, DStR 2013, 489.

Übersicht

1. Allgemeines

1 Während § 11 die Auswirkung auf den Gewinn der übertragenden Körperschaft im Falle der Verschm einer Körperschaft auf eine andere Körperschaft nach dem UmwG, die ertragsteuerl Folgen vglbarer ausl Vorgänge und die ertragsteuerl Folgen von der Gründung von SE und SCE gem Art 17 SE-VO bzw des Art 19 SCE-VO regelt, bezieht sich § 12 auf die Auswirkung der Verschm, der Vermögensübertragung in Form der Vollübertragung bzw vglbarer ausl Vorgänge bei der **übernehmenden Körperschaft.** Durch das SEStEG ist der Anwendungsbereich des § 12 auf europäische Verschm ausgedehnt worden, er erfasst damit nicht nur Inlandsverschmelzungen, sondern auch grenzüberschreitende Hinaus- und Hereinverschmelzungen bzw Auslandsverschmelzungen innerh der EU bzw des EWR, nicht jedoch in bzw aus Drittstaaten. Sofern es sich um Verschm nach ausl Recht handelt, muss diese Verschm nach Auffassung des Gesetzgebers (BT-Drs 16/710, 35) ihrem Wesen nach einer Verschm des dt UmwG entsprechen. Eine Vergleichbarkeitsprüfung der relevanten Strukturmerkmale des ausl Umwandlungsvorgangs ist daher notw (vgl dazu ausführl § 1 Rn 31 ff). §§ 11–13 gelten sowohl für die Verschm **zur Neugründung** als auch für die Verschm **durch Aufnahme** (BMF-Schrb vom 11.11.2011, BStBl I 1314 Rn 01.08). § 12 gilt für nat Umw außerhalb des UmwG, wenn sie durch ein anderes Bundesgesetz oder Landesgesetz ausdrückl vorgesehen und wenn diese Art der Umw mit einer Verschm iSd § 2 UmwG vglbar ist. Es existieren landesrechtl Vorschriften, die die Vereinigung öffentl-rechtl Kreditinstitute oder öffentl-rechtl Versicherungsunternehmen im Wege der Gesamtrechtsnachfolge zulassen. Solche Verschm können damit erfolgsneutral gestaltet werden; § 12 findet auf die Vereinigung öffentl-rechtl Kreditinstitute und öffentl-rechtl Versicherungsunternehmen Anwendung (Widmann/Mayer/*Widmann* § 1 Rn 263; BMF-Schrb vom 11.11.2011, BStBl I 1314 Rn 01.07, 11.16). Die Verschm werden zivilrechtl mit der Eintragung im jew Register wirksam. Aufgrund der Eintragung steht für die Steuerbehörde der Vermögensübergang bindend fest. Dies gilt auch für ausl Verschmelzungsvorgänge. Mängel der Umw, die durch die Registereintragung geheilt werden, sind aus stl Sicht grdsl unbeachtl (Widmann/Mayer/*Widmann* § 1 Rn 203; DPPM/*Möhlenbrock* § 1 Rn 123; enger BMF-Schrb vom 11.11.2011, BStBl I 1314 Rn 01.06, 01.23). Bei ausl Verschm hat jedoch die FinVerw das Prüfungsrecht dahingehend, ob eine Vergleichbarkeit des ausl Umwandlungsvorgangs mit einer inl Verschm gegeben ist (BMF-Schrb vom 11.11.2011, BStBl I 1314 Rn 01.24).

2 Kommt es zu einer Verschm einer Körperschaft auf eine andere Körperschaft, so sind gem **§ 2** das Einkommen und das Verm der übernehmenden Körperschaft so zu ermitteln, als ob das Verm der übertragenden Körperschaft mit Ablauf des stl Übertragungsstichtages auf die übernehmende Körperschaft übergegangen wäre (zu weiteren Einzelheiten vgl § 2; BFH GmbHR 2004, 263). Die sich aus § 12 ergebenden stl Auswirkungen treten am stl Übertragungsstichtag ein. **Abs 1 S 1** bestimmt in diesem Zusammenhang, dass die übernehmende Körperschaft an die Wertansätze der übergegangenen WG aus der stl Schlussbilanz der übertragen-

den Körperschaft gebunden ist (Wertverknüpfung). Die Wertverknüpfung erfolgt zum stl Übertragungsstichtag (RHL/*Rödder* Rn 15). Bei Verschm durch **Neugründung** hat die übernehmende Körperschaft auf den stl Übertragungsstichtag eine Eröffnungsbilanz aufzustellen. Kommt es zur Verschm **durch Aufnahme,** ist der Vermögensübergang ein lfd Geschäftsvorfall, zum Übertragungsstichtag, wird keine eigene stl Bilanz aufgestellt, der Vermögensübergang wird vielmehr im nächst folgenden stl Jahresabschluss abgebildet (BMF-Schrb vom 11.11.2011, BStBl I 1314 Rn 12.02 iVm Rn 04.03; DPPM/*Dötsch* Rn 4; RHL/*Rödder* Rn 16).

Werden Gesellschaftern des übertragenden Rechtsträgers aus einer KapErh beim übernehmenden Rechtsträger Gesellschaftsanteile gewährt und unterschreitet der in der stl Schlussbilanz des übertragenden Rechtsträgers angesetzte Wert des übertragenen Verm den Nennwert der neuen Anteile, so ist dieser stl Minusbetrag in Form eines stl **APs** auf der Aktivseite der StB des übernehmenden Rechtsträgers auszuweisen. Eine Aufstockung in der stl Schlussbilanz des übertragenden Rechtsträgers ist nicht notw (RHL/*Rödder* Rn 47). 3

Durch den übernehmenden Rechtsträger sind sämtl „Positionen" aus der stl Schlussbilanz des übertragenden Rechtsträgers zu übernehmen. Dazu gehören nicht nur aktive und passive WG, sondern auch steuerfreie Rücklagen nach § 6 b, Rücklagen für Ersatzbeschaffungen nach 6.6. EStR sowie Rücklagen nach § 7g EStG, § 6 UmwStG; Gleiches gilt für RAP uä (BMF-Schrb vom 11.11.2011, BStBl I 1314 Rn 12.02 iVm 04.01; DPPM/*Dötsch* Rn 9). Zum Problem der verdeckten Einlage bei der übernehmenden Körperschaft in Folge der Verschm vgl § 11 Rn 158 ff; § 13 Rn 14. Zum Anwachsungsprozess als Folge der Verschm vgl § 11 Rn 161 ff. 4

Abs 1 S 2 regelt durch Verweis auf § 4 I 2, 3 die Nachversteuerung einer früheren Teilwertabschreibung bzw § 6b EStG Übertragung für den Fall der Verschm einer TochterGes auf die MutterGes. **Abs 2** betrifft die stl Behandlung eines Übernahmegewinns oder -verlustes sowie die Behandlung der Kosten für den Vermögensübergang. **Abs 3** regelt iVm § 4 II 1, 2 den Eintritt der übernehmenden Körperschaft in die stl Rechtsstellung der übertragenden Körperschaft. Verrechenbare Verluste, verbleibende Verlustvorträge, von der übertragenden Körperschaft nicht ausgeglichene negative Einkünfte, ein Zinsvortrag nach § 4h I 5 EStG und ein EBITDA-Vortrag nach § 4h I 3 EStG sind vom Übergang ausgenommen. **Abs 4** regelt iVm § 6 den sog Übernahmefolgegewinn, Abs 5 der Vorschrift enthält Regelungen für den Sonderfall des Vermögensübergangs in den nicht stpfl oder steuerbefreiten Bereich einer übernehmenden Körperschaft. 5

§ 29 KStG ergänzt § 12. Ein verbleibender Anspruch auf Auszahlung des Körperschaftsteuerguthabens iSd § 37 V KStG geht iRd Verschm durch Gesamtrechtsnachfolge auf die übernehmende Körperschaft über. Die Verpflichtung zur Zahlung des pauschalierten Erhöhungsbetrags (§ 38 V KStG) geht auf den übernehmenden Rechtsträger über. 6

2. Übernehmender Rechtsträger

Bei der übernehmenden Körperschaft muss es sich um eine nach dem Recht eines EU- oder EWR-Staates gegründete Ges iSd Art 54 AEUV (früher Art 48 EGV) oder des Art 34 EWR-Abkommens (vgl § 1 Rn 57 ff) handeln. Die Ges muss ihren Sitz und ihre Geschäftsleitung (vgl § 1 Rn 62 ff) im Hoheitsgebiet 7 eines Mitgliedsstaates der EU oder eines Staates, auf den das EWR-Abkommen Anwendung findet, haben.

8 Die von § 12 erfassten Umwandlungsvorgänge betreffen Körperschaften. Körperschaften sind KapGes (SE, AG, KGaA, GmbH), eG, eingetragene Vereine, genossenschaftl Prüfungsverbände, VVaG sowie vglbare ausl Rechtsträger. Vglbare ausl Rechtsträger liegen vor, wenn es sich hierbei nach dem Gesamtbild um eine mit den dt Körperschaften vglbare Ges handelt (**Typenvergleich,** vgl § 1 Rn 17 ff). Auf die stl Einordnung des ausl Rechtsträgers im Ansässigkeitsstaat kommt es beim Typenvergleich nicht an (zu weiteren Einzelheiten vgl § 11 Rn 9 ff). Ein entsprechender Qualifikationskonflikt ergibt sich bei den sog **hybriden Ges,** die in ihrem Sitzstaat als stl intransparent behandelt werden, wo hingegen aus dt Sicht eine PersGes und damit ein transparenter Rechtsträger vorliegt. Beispiel für hybride Ges sind die französische societé civiles, die ungarische közkereseti társaság und die niederländische commanditaire vennotschap (vgl insoweit *Hey/Bauersfeld* IStR 2005, 649). Aufgrund der Beurteilung hybrider Ges als transparente Einheiten wird eine Umw einer solchen Ges nicht durch die §§ 11–13 gefasst (*Brähler/Heerdt* StuW 2007, 260). Die Steuerfreiheit der übernehmenden Körperschaft steht der Anwendung des § 12 nicht entgegen; es kann jedoch in diesen Fällen gem § 11 II 1 Nr 1 zu einer Gewinnrealisierung bei der übertragenden Körperschaft kommen. Auch die **europäische AG** und die europäische Gen kommen als übernehmende Rechtsträger in Frage. Kommt es zu einer Verschm einer KapGes auf eine KGaA, wird § 12 angewendet, soweit das „Kommanditkapital“ betroffen ist. Besteht eine atypisch stille Beteiligung an der übernehmenden Körperschaft, so findet § 12 Anwendung (vgl § 11 Rn 11).

9 Die durch das Gesetz gestellten Forderungen an den übernehmenden Rechtsträger müssen spätestens dem Zeitpunkt der Eintragung der Umw in das maßgebl Register gegeben sein, auf den stl Übertragungsstichtag iSd § 2 I kommt es insoweit nicht an (vgl § 11 Rn 12). Nach Meinung der FinVerw müssen die persönlichen Anwendungsvoraussetzungen spätestens am stl Übertragungsstichtag vorliegen. Bei der Verschmelzung zur Neugründung sei aber auf den Zeitpunkt der zivilrechtlichen Wirksamkeit der Gründung abzustellen (BMF-Schrb vom 11.11.2011, BStBl I 1314 Rn 01.52; *Käser* DStR 2012 Beihefter zu Heft 2, 3). Richtig ist aber, dass der stl Übertragungsstichtag ohne Bedeutung ist, da § 1 II für die Frage der Festlegung des Anwendungsbereichs auf die zivilrechtlichen Vorgaben abstellt. Ab dem Zeitpunkt der Eintragung der Verschmelzung müssen damit die Anwendungsvoraussetzungen erfüllt sein.

9a Eine **aufgelöste KapGes** kann ebenso wie die VorGes übernehmender Rechtsträger sein, sofern die Fortsetzung dieses Rechtsträgers beschlossen werden kann (vgl § 11 Rn 14).

3. Wertansätze der Übernehmerin

10 **a) Wertverknüpfung im Steuerrecht, Ausnahmen.** Die übernehmende Körperschaft hat die auf sie übergegangenen WG mit dem in der Schlussbilanz der übertragenden Körperschaft enthaltenen Wert gem Abs 1 zu übernehmen (Wertverknüpfung). Gleiches gilt für die Bilanzansätze in der stl Schlussbilanz, bei denen es an der Wirtschaftsguteigenschaft fehlt (BMF-Schrb vom 11.11.2011, BStBl I 1314 Rn 12.02 iVm Rn 04.1; DPPM/*Dötsch* Rn 9). Die Buchwertverknüpfung gilt unabhängig davon, ob der übertragende Rechtsträger in der stl Schlussbilanz auf entsprechenden Antrag hin die Buchwerte oder Zwischenwerte

angesetzt hat oder eine Bewertung mit dem gemeinen Wert erfolgte. Ändern sich später die Wertansätze in der Übertragungsbilanz, zB aufgrund einer stl Außenprüfung, sind die Bilanzansätze beim übernehmenden Rechtsträger nach § 175 I Nr 2 AO zu berichtigen. Das Prinzip der **Wertverknüpfung** gewährleistet, dass die spätere Besteuerung der in den übergegangenen WG enthaltenen stillen Reserven der übernehmenden Körperschaft sichergestellt ist. Zur erstmals in Deutschland durch den Verschmelzungsvorgang eintretenden **Verstrickung von WG** vgl § 11 Rn 120; § 4 Rn 13, 27.

Nach Meinung der FinVerw gelten für die stl Schlussbilanz des übertragenden Rechtsträgers die **Ansatzverbote des § 5 EStG** nicht, es sei denn, dass die Buchwerte fortgeführt werden. (BMF-Schrb vom 11.11.2011, BStBl I 1314 Rn 11.03 iVm Rn 03.06), wobei der Ansatz mit dem Buchwert ausgeschlossen ist, wenn der gemeine Wert der übertragenen Sachgesamtheit geringer ist als dessen Buchwert (BMF-Schrb vom 11.11.2011, BStBl I 1314 Rn 11.06 iVm Rn 03.12; zur Kritik an dieser Sichtweise vgl § 11 Rn 31 f, 52). Der übernehmende Rechtsträger hat nach Meinung der FinVerw diese entgegen dem Ansatzverbot ausgewiesenen Passiva zu übernehmen, muss diese aber zum nächsten regulären Bilanzstichtag erfolgswirksam auflösen, es sei denn, es handelt sich um in der stl Schlussbilanz des übertragenden Rechtsträgers aktivierte immaterielle Wirtschaftsgüter, insbesondere um einen Firmenwert; diese sind durch den übernehmenden Rechtsträger über die Nutzungsdauer abzuschreiben. Dass die entgegen dem Ansatzverbot in der stl Schlussbilanz des übertragenden Rechtsträgers angesetzte Passiva durch den übernehmenden Rechtsträger zum nächsten Bilanzstichtag erfolgswirksam aufzulösen sind, wird in der Literatur zu Recht kritisiert (*Dötsch* DStR 2011, 1062; *Bogenschütz* Ubg 2011, 399; Rödder DStR 2011, 1062; *Schumacher/Neitz-Hackstein* Ubg 2011, 409; *Stadler/Elser/Bindl* DB 2012 Beilage 1 zu Heft 2, 14). Zunächst ist darauf hinzuweisen, dass auch die FinVerw davon ausgeht, dass es sich bei der Verschmelzung aus der Sicht des übernehmenden Rechtsträgers um einen Anschaffungsvorgang handelt (BMF-Schrb vom 11.11.2011, BStBl I 1314 Rn 00.02). Dann widerspricht aber dieses Auflösungsgebot der Rechtsprechung der Finanzgerichte (BFH DStR 2012, 452; BFH BStBl II 2011, 566; FG Düsseldorf EFG 2011, 34; FG Münster vom 15.6.2011 – 9 K 1292/07 K). Mit Urteil vom 16.12.2009 (BFH BStBl II 2011, 566; ebenso BFH DStR 2012, 452) hat der BFH darauf hingewiesen, dass bei einer Betriebsveräußerung betriebliche Verbindlichkeiten, die beim Veräußerer auf Grund von Rückstellungsverboten nicht passiviert werden durften, beim Erwerber kein Passivierungsverbot unterworfen sind, wenn er diese Verbindlichkeiten gegen Schuldbefreiung übernommen hat; solche betrieblichen Verbindlichkeiten sind unabhängig von der rechtlichen Einordnung beim übertragenden Rechtsträger in der Person des übernehmenden Rechtsträgers als ungewisse Verbindlichkeiten in der Bilanz des Käufers auszuweisen und von ihm auch an den nachfolgenden Bilanzstichtagen mit den Anschaffungskosten oder ihrem höheren Teilwert zu bewerten. Diese Auffassung wird mit dem Grundsatz der erfolgsneutralen Behandlung von Anschaffungsvorgängen begründet. Auch wenn nach Meinung der FinVerw die in der stl Schlussbilanz des übertragenden Rechtsträgers entgegen dem Ansatzverbot ausgewiesenen Passiva in der stl Übernahmebilanz gem § 12 II zunächst übernommen werden, dann aber zum darauf folgenden Bilanzstichtag wegen der dann – nach Meinung der FinVerw – wieder geltenden stl Ansatz- und Bewertungsvorbehalte aufzulösen sind (vgl dazu auch BMF-Schrb vom 24.6.2011, BStBl I 627), steht dies im Widerspruch zur Rechtsprechung des BFH und der hM in der 11

Literatur (vgl Frotscher/Maas/*Frotscher* Rn 27; Haase/Hruschka/*Schönherr/Krüger* § 3 Rn 55; *Schlotter/Pinkernell* GmbHR 2011, 689; *Künkel/Zwirner* DStR 2011, 1840; *Höhn/Gebert* DB 2011, 1775; *Siegel* FR 2011, 781; *Bogenschütz* Ubg 2011, 393; *Stadler/Elser/Bindl* DB 2012 Beilage 1 zu Heft 2, 14). Der BFH macht in den angesprochenen Urteilen deutlich, dass für Verbindlichkeiten, für die in der Person des übertragenden Rechtsträgers ein Ansatzverbot gilt, aus der Sicht des übernehmenden Rechtsträgers die für ungewisse Verbindlichkeiten geltenden Grundsätze anzuwenden sind und damit eine Passivierungspflicht besteht, und zwar nicht nur im Erwerbszeitpunkt, sondern gleichermaßen auch an den nachfolgenden Bilanzstichtagen. Die hM in der Literatur (vgl § 11 Rn 28) geht davon aus, dass solche stille Lasten im Firmenwert zu berücksichtigen sind, das dargestellte Problem der Folgebewertung stellt sich damit nicht. Auch diese Auffassung, nach der die stillen Reserven unmittelbar im Firmenwert zu berücksichtigen seien, steht im Widerspruch zur Rechtsprechung des BFH (DStR 2012, 452). Für eine unmittelbare Verrechnung der stillen Lasten durch Abstockung des erworbenen Firmenwerts fehlt es nämlich an einer Rechtsgrundlage. Die stillen Lasten sind vielmehr als ungewisse Verbindlichkeiten auszuweisen, eine Abstockung des Firmenwertes erfolgt damit nicht. Der Gesetzgeber plant eine Neuregelung bzgl angeschaffter stiller Lasten (vgl BR-Drs 663/12, 12; *Prinz* Ubg 2013, 57). Zu stillen Lasten in Pensionsrückstellungen vgl § 11 Rn 44.

12 **b) Keine Wertverknüpfung im Handelsrecht.** Die übertragende Körperschaft hat auf den Verschmelzungsstichtag eine handelsrechtl Schlussbilanz nach § 17 II UmwG aufzustellen. Für diese Bilanz gelten die Vorschriften über den Jahresabschluss und deren Prüfung entsprechend, stille Reserven dürfen nicht aufgedeckt werden (vgl Komm § 17 UmwG). Zulässig ist ledigl eine Wertaufholung nach § 253 V bzw § 280 I HGB. Vor Inkrafttreten des UmwG musste der übernehmende Rechtsträger nach § 348 I AktG 1965 bzw § 27 I KapErhG die Wertansätze in der Schlussbilanz des übertragenden Rechtsträgers übernehmen. In der Begr des RegE zum UmwG (BT-Drs 12/6699, 93) wird ausgeführt, dass diese zwingende Buchwertverknüpfung eine Durchbrechung des in § 253 I HGB geregelten Anschaffungskostenprinzips darstelle und daher mit § 24 UmwG dem übernehmenden Rechtsträger das Wahlrecht eingeräumt werden soll, in seiner Jahresbilanz als AK iSd § 253 I HGB auch die in der Schlussbilanz des übertragenden Rechtsträgers angesetzten Werte anzusetzen. Alt zur Buchwertfortführung besteht aber auch die Möglichkeit, die übernommenen Vermögensgegenstände und Schulden mit den tats AK in der Übernahmebilanz zu bilanzieren. Im Erg besteht daher aufgrund der Regelung des § 24 UmwG keine zwingende Wertverknüpfung zwischen der handelsrechtl Schlussbilanz des übertragenden Rechtsträgers und der Bilanz der übernehmenden Körperschaft.

13 **c) Keine Maßgeblichkeit der HB für die StB.** Der übernehmende Rechtsträger hat die auf ihn übertragenen Wirtschaftsgüter mit Wirkung zum stl Übertragungsstichtag zwingend mit den Wertansätzen zu übernehmen, die die übertragende Körperschaft in der stl Schlussbilanz angesetzt hat (unbestritten vgl nur BMF-Schrb vom 11.11.2011, BStBl I 1314 Rn 12.01). Dies gilt unabhängig davon, wie der übernehmende Rechtsträger sein handelsbilanzielles Wahlrecht gem § 24 UmwG ausgeübt hat, der Grundsatz der Maßgeblichkeit der Handelsbilanz für die Steuerbilanz gilt nicht. Zum UmwStG 1995 vertrat die FinVerw noch die sog **phasenverschobene Wertaufholung** (vgl BMF-Schrb vom 25.3.1998, BStBl I 268 Rn 03.02). Setzte der übernehmende Rechtsträger in seiner Jahresbi-

lanz gem § 24 UmwG höhere Werte an als in der handelsrechtlichen Schlussbilanz der übertragenden Körperschaft, so waren nach Meinung der FinVerw die Wirtschaftsgüter in dem der Umwandlung folgenden Bilanzstichtag auch in der Steuerbilanz der übernehmenden Personengesellschaft PersGes insoweit bis zur Höhe der stl Anschaffungs- oder Herstellungskosten der übertragenden Körperschaft gemindert um AfA erfolgswirksam aufzustocken. Daran hält die FinVerw offensichtlich in Übereinstimmung mit der ganz überwiegenden Auffassung in der Literatur nicht mehr fest (vgl BMF-Schrb vom 11.11.2011, BStBl I 1314 Rn 12.02 iVm Rn 04.04; DPPM/*Dötsch* Rn 11; Frotscher/Maas/*Frotscher* Rn 16; *Dörfler/Adrian* Ubg 2009, 385; *Behrends* BB 2009, 318; *Ley/Bodden* FR 2007, 265; zum UmwStG 1995 vgl BFH BStBl II 2009, 187).

4. Beteiligungskorrekturgewinn/-verlust bei der Aufwärtsverschmelzung, Abs 1 S 2

Für die stl Behandlung von Anteilen des übernehmenden Rechtsträgers an dem übertragenden Rechtsträger verweist Abs 1 S 2 auf § 4 I 2, 3. Nach § 4 I 2 sind Anteile an der übertragenden Körperschaft beim übernehmenden Rechtsträger zum stl Übertragungsstichtag mit dem BW erhöht um Abschreibungen, die in früheren Jahren steuerwirksam vorgenommen worden sind – und zwischenzeitl nicht rückgängig gemacht wurden –, sowie um Abzüge nach § 6b EStG und ähnl Abzüge (§ 30 BergbauRatG; 6.6. EStR), höchstens jedoch mit dem gemeinen Wert anzusetzen. Insoweit erhöht sich der laufende Gewinn des übernehmenden Rechtsträgers (BMF-Schrb vom 11.11.2011, BStBl I 1314 Rn 12.03). Wie lange die noch nicht rückgängig gemachte Teilwert-AfA oder der Abzug nach § 6b EStG zurückliegt, ist ohne Bedeutung (DPPM/*Dötsch* Rn 20). **14**

Die Wertkorrektur nach Abs I 2 iVm § 4 I 2 gilt nur für Anteile, die der übernehmende Rechtsträger am übertragenden Rechtsträger zum stl Übertragungsstichtag hält, § 12 II 3 iVm § 5 I ist dabei zu beachten. Wird die MutterGes auf die TochterGes verschmolzen, so findet § 11 I 2, 3 Anwendung. Hat eine MutterGes im Vorfeld eines Sidestream-Mergers zwischen zwei TochterGes die Beteiligung an einer TochterGes durch Abschreibungen wertberichtigt und wird diese TochterGes auf ihre SchwesterGes verschmolzen, kommt es zum Zeitpunkt dieser Verschm nicht zu einer Hinzurechnung nach Abs 1 S 2; es kann jedoch auf der Ebene der MutterGes bezogen auf die Anteile am übernehmenden Rechtsträger zu einer „Rechtsnachfolge" nach § 13 II kommen. Zur Hinzurechnungsbesteuerung beim Downstream-Merger bzw Sidestream-Merger vor Inkrafttreten des UmwStG idF des SEStEG vgl 4 Aufl § 12 Rn 42 ff. Gelangten die Anteile des übertragenden Rechtsträgers aufgrund eines Umwandlungs- oder Einbringungsvorgangs in das Verm des übernehmenden Rechtsträgers, so findet Abs 1 S 2 auch für diese Anteile Anwendung, soweit es iRd damaligen Umw bzw Einbringung zu einer stl Rechtsnachfolge kam. Bei der Frage der Steuerwirksamkeit kommt es aufgrund des systematischen Zusammenhangs in § 12 ausschließl auf die KSt an (DPPM/*Dötsch* Rn 18; RHL/*Rödder* Rn 53). **15**

Nach § 1 V Nr 4 ist der BW iSd § 12 I 2 iVm § 4 I 2 der Wert, der sich nach den stl Vorschriften über die Gewinnermittlung in einer für den stl Übertragungsstichtag aufzustellenden StB ergibt oder ergäbe. Daraus muss geschlossen werden, dass zum stl Übertragungsstichtag zunächst das **Wertaufholungsgebot des § 6 I 1 Nr 1 S 4, Nr 2 S 2 f EStG** iVm § 8b II 4 KStG durchgeführt werden muss, bevor es zu Zuschreibungen nach Abs 1 S 2 kommt (BMF-Schrb vom 11.11.2011, **16**

BStBl I 1314 Rn 12.03; DPPM/*Dötsch* Rn 16; RHL/*Rödder* Rn 54). Sollte die Wertaufholung zwischen dem letzten Bilanzstichtag des übernehmenden Rechtsträgers und dem Verschmelzungsstichtag eingetreten sein, so ist die Wertaufholung iSd § 6 I Nr 2 S 2 EStG iVm § 8b II 4 KStG vorzunehmen, BW iSd Abs 1 S 2 iVm § 4 I 2 ist näml gem § 1 V Nr 4 „der Wert, der sich nach den steuerlichen Vorschriften über die Gewinnermittlung in einer für den steuerlichen Übertragungsstichtag aufzustellenden StB ergibt oder **ergäbe**" (BMF-Schrb vom 11.11.2011, BStBl I 1314 Rn 12.03; DPPM/*Dötsch* Rn 18; RHL/*van Lishaut* § 4 Rn 42; vgl auch RHL/*Rödder* Rn 54; Widmann/Mayer/*Widmann* § 4 Rn 173.1). Wird bereits durch die Wertaufholung iSd § 6 I S 4 Nr 2 S 2 EStG iVm § 8b II 4 KStG der gemeine Wert erreicht, so bleibt für die Anwendung des Abs 1 S 2 iVm § 4 I 2 kein Raum mehr (BMF-Schrb vom 11.11.2011, BStBl I 1314 Rn 12.03; RHL/*Rödder* Rn 54).

17 Wurden auf die Anteile am übertragenden Rechtsträger sowohl eine **steuerwirksame** als auch eine **nicht steuerwirksame Teilwertabschreibung** vorgenommen, stellt sich das Problem, welche dieser Teilwertabschreibung zuerst rückgängig gemacht werden muss, wenn der gemeine Wert der Anteile niedriger ist als die Summe der vorgenommenen Teilwertabschreibungen. Ein vglbares Problem stellt sich im Anwendungsbereich des § 6 I 1 Nr 1 S 4, Nr 2 S 2 EStG. Insoweit wird vertreten, dass zunächst die zeitl jüngste, dh steuerunwirksame Teilwertabschreibung aufzuholen ist, bevor die ältere steuerwirksame Teilwertabschreibung rückgängig gemacht wird (BFH BStBl II 2010, 760; *Förster/Felchner* DB 2006, 1072; *Zieren/Adrian* DB 2006, 301). Für diese Meinung spricht, dass es für das stl Erg keinen Unterschied machen kann, ob der Anteilswert nach der steuerwirksamen Wertminderung konstant bleibt oder ob er eine weitere steuerneutrale Wertminderung erfährt, die anschl wieder durch eine entsprechende Wertsteigerung ausgeglichen wird. Nach § 4 I 2 sind Minderungen „die in früheren Jahren steuerwirksam vorgenommen worden sind" rückgängig zu machen. Auf Grund dieser Formulierung des Gesetzes sind daher nach hM die in früheren Jahren vorgenommenen steuerwirksamen Abschreibungen und Abzüge rückgängig zu machen, erst dann die nichtsteuerwirksam vorgenommenen Minderungen (BMF-Schrb vom 11.11.2011, BStBl I 1314 Rn 12.03 iVm Rn 04.07; DPPM/*Dötsch* Rn 21; Widmann/Mayer/*Widmann* § 4 Rn 173.1; vgl auch *Bogenschütz* Ubg 2011, 393; IDW WPg 2011, 852). Wegen der Vorrangigkeit der Wertaufholung nach § 6 Nr 1 S 4, Nr 2 S 2 EStG iVm § 8b II 4 KStG stellt sich die Frage der vorstehend dargestellten Reihenfolge in der Regel nicht. Der gemeine Wert bildet die **Obergrenze der Zuschreibung** nach Abs 1 S 2 iVm § 4 I 2. Zum Begriff des gemeinen Werts vgl § 11 Rn 151 ff.

18 Kommt es zu einem höheren Wertansatz gem Abs 1 S 2 iVm § 4 I 2, so ergibt sich ein Beteiligungskorrekturgewinn durch Gegenüberstellung des aufgrund von diesen Vorschriften ermittelten Wertes mit dem entsprechenden BW. Dieser Beteiligungskorrekturgewinn ist gem Abs 1 S 2, 4 I 3 iVm § 8b IV 4 KStG bei Körperschaften „voll" stpfl (BMF-Schrb vom 11.11.2011, BStBl I 1314 Rn 12.03 iVm Rn 04.08; er ist nicht Teil des Übernahmeergebnisses DPPM/*Dötsch* Rn 24). Die resultierende StPfl wirkt sich nicht nur kstl, sondern auch gewstl aus (RHL/*Rödder* Rn 59). Die Erhöhung des BW der Anteile am übertragenden Rechtsträger bewirkt, dass sich ein niedrigerer Übernahmegewinn bzw ein höherer Übernahmeverlust nach Abs 2 ergibt (DPPM/*Dötsch* Rn 25; RHL/*Rödder* Rn 59).

19 Nach seinem Wortlaut regelt Abs 1 S 2 iVm § 4 I 2 nicht nur die Obergrenze einer Zuschreibung, sondern bestimmt auch, dass die Anteile an der übertragenden Körperschaft **höchstens mit dem gemeinen Wert anzusetzen** sind. Liegt der gemeine Wert der Anteile an der übertragenden Körperschaft unter dem Buchwert, so muss eine logische Sekunde vor der Verschmelzung eine Abstockung der Anteile vorgenommen werden (*Krohn/Greulich* DStR 2008, 646; Frotscher/Maas/*Schnitter* § 4 Rn 40; Haase/Hruschka/*Schönherr/Krüger* § 3 Rn 51; aA BMF-Schrb vom 11.11.2011, BStBl I 1314 Rn 12.03 iVm Rn 04.06; DPPM/*Pung* § 4 Rn 14a; RHL/*van Lishaut* § 4 Rn 44). Dies gilt auch, wenn die Wertminderung voraussichtl nicht dauerhaft war und damit eine Teilwertabschreibung insoweit ausscheidet. Der Grds der Maßgeblichkeit der HB für die StB gilt nicht. Bestätigt wird dieses Ergebnis durch die Systematik des UmwStG, sowie den Wertungen des Gesetzgebers. Im UmwStG idF des SEStEG wird näml für alle Bewertungssituationen der Ansatz des gemeinen Wertes als Bewertungsobergrenze angeordnet, so zB in § 3 I 1, II 1, § 11 I 1, § 20 II 1–2, § 21 I 1–2, § 23 I, III 1 und § 24 II 1–2 (Frotscher/Maas/*Schnitter* § 4 Rn 40; aA DPPM/*Pung* § 4 Rn 14a). Auf den **Beteiligungskorrekturverlust** ist § 8b KStG anzuwenden. Die Abstockung bewirkt, dass sich ein höherer Übernahmegewinn und ein niedrigerer Übernahmeverlust ergibt.

5. Einzelfälle der Bilanzierung

a) Ausgabe eigener Anteile durch die übernehmende Körperschaft. 20
Nicht geregelt ist die Frage, ob die Ausgabe eigener Anteile aus der Sicht der übernehmenden Körperschaft einen Gewinn auslöst. Ein steuerfreier Übernahmegewinn iSd Abs 2 S 1 liegt jedenfalls nicht vor, da diese Vorschrift nur gilt, soweit der übernehmende Rechtsträger am übertragenden Rechtsträger beteiligt ist. Die eigenen Anteile werden aufgewendet, um das Eigentum am Verm des übertragenden Rechtsträgers zu erlangen. Es kommt damit auf der Ebene des übernehmenden Rechtsträgers zu einem Tausch. Im Grds werden damit stille Reserven in den eigenen Anteilen aufgedeckt, es entsteht ein lfd Gewinn (Widmann/Mayer/*Schießl* Rn 63; RHL/*Rödder* Rn 47). Da aus der Sicht des übernehmenden Rechtsträgers diese Anteile quasi veräußert werden, um das Verm des übertragenden Rechtsträgers zu erlangen, ist § 8b KStG anwendbar. Der Gewinn ist zB dann nicht steuerfrei, wenn die Anteile einbringungsgeboren iSv § 21 aF sind und die entsprechende Sperrfrist noch nicht abgelaufen ist; § 22 II ist zu beachten.

b) Ausländisches Vermögen. Der Wertansatz des ausl Verm in der Schlussbi- 21
lanz der übertragenden Körperschaft muss von der übernehmenden Körperschaft fortgeführt werden. Wird eine ausl Körperschaft auf eine in Deutschland unbeschränkt stpfl Körperschaft verschmolzen, so wird das inl Besteuerungsrecht weder ausgeschlossen noch beschränkt, soweit der übertragende ausl Rechtsträger ausl Betriebsstättenvermögen besitzt. Bei dem Hereinverschmelzen stellt sich idR die sog **Verstrickungsfrage,** soweit für WG des übertragenden Rechtsträgers erstmalig das Besteuerungsrecht von Deutschland begründet wird (vgl § 4 Rn 27). Wird durch die Verschm das Besteuerungsrecht Deutschland für WG begründet, die mangels funktionaler Bedeutung eines WG nicht zwangsläufig einer bestimmten Betriebsstätte zugeordnet werden können, was bspw für den Geschäftswert, Beteiligung, Patente, etc gelten kann, die nach hM grdsl dem Stammhaus zugeordnet werden (sog Zentralfunktion des Stammhauses, vgl BMF-Schrb vom 24.12.1999, BStBl I 1076 Rn 2.4 sowie BFH/NV 2004, 711), kommt es nach der hier vertretenen Auffassung (vgl § 11 Rn 120 ff) erst dann zu einer Verstrickung, wenn die

Geschäftsführung des übertragenden Rechtsträgers tats nach Deutschland verlegt wird.

22 c) **Ausstehende Einlagen.** Da ausstehende Einlagen echte Forderungen der übertragenden Körperschaft gegen ihre Ges sind, und zwar unabhängig davon, ob sie bereits eingefordert wurden oder nicht, gehen diese im Wege der Gesamtrechtsnachfolge auf die übernehmende Körperschaft über (aA BMF-Schrb vom 11.11.2011, BStBl I 1314 Rn 03.05). Die entsprechenden Werte der stl Schlussbilanz des übertragenden Rechtsträgers sind von der übernehmenden Körperschaft fortzuführen (vgl § 11 Rn 71). Die auf den übernehmenden Rechtsträger übergehenden außenstehenden Einlagen beeinflussen jedoch das Übernahmeergebnis nicht. Das gezeichnete Kapital ist um die eingeforderte sowie die nicht eingeforderte ausstehende Einlage zu kürzen, soweit diese nicht vom gezeichneten Kapital nach § 272 I 3 HGB abgesetzt wurde (BMF-Schrb vom 11.11.2011, BStBl I 1314 Rn 03.05). Die Anschaffungskosten der Anteile beim übertragenden Rechtsträger sind zudem um die ausstehenden Einlagen zu korrigieren (BMF-Schrb vom 11.11.2011, BStBl I 1314 Rn 04.31; Frotscher/Maas/*Schnitter* § 3 Rn 55).

23 d) **Beteiligung der übertragenden Körperschaft an der übernehmenden Körperschaft (Downstream-Merger).** Hält die übertragende Körperschaft Anteile an der übernehmenden Körperschaft, so werden diese Anteile eigene Anteile, soweit sie den Gesellschaftern der übertragenden Ges nicht als Gegenleistung für ihre iRd Verschm untergehenden Anteile an der übertragenen Ges gewährt werden. Werden die Anteile, die der übertragenden Rechtsträger am übernehmenden Rechtsträger hält, als Gegenleistung den Gesellschaftern der übertragenden Ges für ihre iRd Verschm untergehenden Anteile an der übertragenden Ges gewährt, erwerben die Gesellschafter des übertragenden Rechtsträgers diese direkt; sie werden zu keinem Zeitpunkt Verm des übernehmenden Rechtsträgers (BMF-Schrb vom 11.11.2011, BStBl I 1314 Rn 11.18; BFH BStBl II 2011, 314; DPPM/*Dötsch* § 11 Rn 15; Widmann/Mayer/*Schießl* Vor § 11 Rn 101; Haritz/Menner/*Bärwaldt* § 11 Rn 15; RHL/*Rödder* Rn 47). Die FinVerw (OFD Koblenz GmbHR 2006, 503; OFD Hannover DB 2007, 428; ebenso DPPM/*Dötsch* § 11 Rn 30) geht davon aus, dass beim Downstream-Merger mit Schuldenüberhang eine vGA auf der Ebene des übernehmenden Rechtsträgers vorliegt, soweit es beim übernehmenden Rechtsträger in Folge der Verschm zu einer unzulässigen Unterdeckung des Stammkapitals kommt. Dies kann nicht überzeugen, denn die Vorschriften des § 12 verdrängt die Grdse zur VGA (*Rödder* DStR 2006, 684).

24 e) **Eigene Anteile.** Besitzt die übertragende Körperschaft am stl Übertragungsstichtag eigene Anteile, so gehen diese mit der Umw unter. Sie werden nicht auf die übernehmende Körperschaft übertragen, sondern bereits in der stl Schlussbilanz der übertragenden Körperschaft nicht mehr erfasst (vgl § 11 Rn 77).

25 f) **Firmenwert.** Hat die übertragende Körperschaft in der stl Schlussbilanz einen Geschäfts- oder Firmenwert aktiviert, so hat die übernehmende Körperschaft diesen fortzuführen. Werden die Wirtschaftsgüter in der stl Schlussbilanz mit einem Zwischenwert angesetzt, so kommt es auch bezogen auf originäre immaterielle Wirtschaftsgüter insbesondere eines Firmenwerts zu einer anteiligen Aufstockung. Die sog **modifizierte Stufentheorie,** nach der ein selbstgeschaffener Firmenwert nur in den Fällen zu berücksichtigen ist, in denen die übrigen bilanzierten und nicht bilanzierten Wirtschaftsgüter einschließlich immaterieller

Wirtschaftsgüter bereits auf den gemeinen Wert aufgestockt wurden, hat die FinVerw aufgegeben (BMF-Schrb vom 11.11.2011, BStBl I 1314 Rn 11.11 iVm Rn 03.26, 03.04; DPPM/*Dötsch* § 11 Rn 34; RHL/*Rödder* § 11 Rn 58; aA Haritz/Menner/*Bärwaldt* § 11 Rn 37; zur Übergangsregelung vgl BMF-Schrb vom 11.11.2011, BStBl I 1314 Rn 11.11 iVm Rn 03.26, 03.04). Stille Lasten sind nach Meinung der FinVerw in der stl Schlussbilanz des übertragenden Rechtsträgers zu passivieren (nach hM in der Literatur bei der Ermittlung des Firmenwertes zu berücksichtigen; vgl dazu § 11 Rn 28 f). Der BFH (BStBl II 2011, 566; BFH DStR 2012, 452) vertritt demgegenüber zu Recht die Auffassung, dass betriebliche Verbindlichkeiten, welche beim Veräußerer auf Grund steuerrechtlicher Ansatzverbote in der stl Schlussbilanz nicht bilanziert worden sind, beim übernehmenden Rechtsträger keinen Passivierungsverboten unterworfen sind, sondern als ungewisse Verbindlichkeiten auszuweisen und vom übernehmenden Rechtsträger auch an den nachfolgenden Bilanzstichtagen mit ihren Anschaffungskosten oder höherem Teilwert zu bewerten sind. Die in der stl Schlussbilanz des übertragenden Rechtsträgers in den in § 5 EStG angesetzten Wirtschaftsgüter sind nach Auffassung der FinVerw in der stl Schlussbilanz des übernehmenden Rechtsträgers zwar auszuweisen, aber in der Folgebilanz unter Anwendung des § 5 EStG ertragswirksam aufzulösen (vgl Rn 78). Dies gilt jedoch nicht für einen in der stl Schlussbilanz nach § 11 I anzusetzenden originären Geschäfts- oder Firmenwert der übertragenden Körperschaft; dieser wird durch den übernehmenden Rechtsträger fortgeführt. Dieser hat den Geschäfts- oder Firmenwert entsprechend den allgemeinen Grundsätzen nach § 7 I EStG über 15 Jahre abzuschreiben. Hat die übertragende Körperschaft einen Geschäfts- oder Firmenwert entgeltlich erworben und ist dieser in der stl Schlussbilanz ausgewiesen, so muss dieser vom übernehmenden Rechtsträger mit dem bei der übertragenden Körperschaft bilanzierten Buchwert übernommen werden. Fraglich ist aber, ob eine Aufstockung des Buchwertes des derivativen Firmenwerts möglich ist. Letzteres dürfte zweifelhaft sein, da sich der entgeltlich erworbene Geschäftswert allmählich verflüchtigt und durch einen selbstgeschaffenen Geschäftswert ersetzt wird (Einheitstheorie). Dies hat nach Meinung der FinVerw zur Konsequenz, dass Wertab- und -zunahmen sich nicht trennen lassen, sodass eine Aufstockung des Buchwertes des derivativen Firmenwerts vorgenommen werden muss, dann aber insgesamt ein **originärer Geschäfts- oder Firmenwert** vorliegen soll, der insgesamt über 15 Jahre abgeschrieben wird. Dies überzeugt nicht. Auf Grund der gesetzlich vorgeschriebenen Rechtsnachfolge hat der übernehmende Rechtsträger den **derivativen Firmenwert** fortzuschreiben und daneben einen originären Geschäftswert zu aktivieren.

g) Forderungen und Verbindlichkeiten. Bestehen zwischen der übertragenden Körperschaft und der übernehmenden Körperschaft Forderungen und Verb, so erlöschen diese eine logische Sekunde nach der Eintragung der Umw in das HR des übernehmenden Rechtsträgers. Es kommt zu einer Konfusion auf der Ebene der übernehmenden Körperschaft. Wurde die Abschreibung einer Forderung nach § 8b III 4 ff KStG stl nicht anerkannt, so stellt der im Rahmen einer Verschmelzung insoweit entstehende Übernahmefolgegewinn keinen Gewinn aus einer Wertaufholung nach § 6 I Nr 2 S 3 EStG dar, der nach § 8b III 8 KStG außer Ansatz bleiben würde, die Regelung ist aber analog auf diesen Fall anzuwenden (ebenso *Behrendt/Klages* GmbHR 2010, 190; *Töben* FR 2010, 249; aA DPPM/*Dötsch* § 11 Rn 39; *Krohn/Greulich* DStR 2008, 646). 26

h) Forderungsverzicht mit Besserungsschein. Wird durch einen Nicht-Gesellschafter auf eine Forderung ggü der übertragenden Körperschaft mit Besse- 27 rungsschein verzichtet, so geht diese bedingte Verpflichtung aus dem Forderungsverzicht mit Besserungsschein im Wege der Gesamtrechtsnachfolge auf die übernehmende Körperschaft über. Sobald die Voraussetzungen des Besserungsscheins vorliegen, müssen die Verbindlichkeiten beim übernehmenden Rechtsträger eingebucht werden; es entsteht ein steuerwirksamer Aufwand (BMF-Schrb vom 2.12.2003, BStBl I 648); verzichtet ein Gesellschafter oder eine diesem nahe stehende Person, muss danach diff werden, ob die Forderung werthaltig ist oder nicht. Soweit die Forderung nicht werthaltig ist, gelten die gleichen Grdse wie beim fremden Dritten. Hinsichtl des werthaltigen Teils liegt eine Einlage vor. Im Besserungsfall wird insoweit nicht von einer Ausschüttung, sondern von einer Rückgewähr der Einlage ausgegangen (BMF-Schrb vom 2.12.2003, BStBl I 648; DPPM/*Dötsch* § 11 Rn 39).

28 **i) Geschäftsvorfälle im Rückwirkungszeitraum.** Kam es im Rückwirkungszeitraum zwischen der übertragenden und der übernehmenden Körperschaft zu Lfg und Leistungen, so muss die dadurch ggf in der Buchhaltung ausgewiesene Gewinnrealisation stl rückgängig gemacht werden. Die übernehmende Körperschaft hat auch in diesen Fällen den in der stl Schlussbilanz der übertragenden Körperschaft angesetzten Wert fortzuführen. Geschäfte mit Dritten gelten ab dem Verschmelzungsstichtag als Geschäfte des übernehmenden Rechtsträgers.

29 **j) Grunderwerbsteuer.** Der Übergang von Grundstücken auf Grund einer Verschmelzung stellt einen Erwerbsvorgang dar, der gem § 1 I Nr 3 GrEStG grdsl der Grunderwerbsteuer unterliegt. Da die Grunderwerbsteuer bei der Verschmelzung zur Aufnahme mit der Eintragung der Verschmelzung in das Register des Sitzes des übernehmenden Rechtsträgers, bei der Verschmelzung zur Neugründung im Zeitpunkt der Eintragung der neuen Ges im Handelsregister entstehen, kann der übertragende Rechtsträger insoweit keine Rückstellung bilden. Es liegen vielmehr objektbezogene Kosten vor, die ausschließlich Aufwand des übernehmenden Rechtsträgers darstellen und dort zu aktivieren sind (vgl BMF-Schrb vom 11.11.2011, BStBl I 1314 Rn 04.34). Die im Rahmen der Verschmelzung anfallende Grunderwerbsteuer iSd § 1 III GrEStG stellen nach Auffassung des BFH (BStBl II 2011, 761) keine Anschaffungskosten auf die erworbene Beteiligung dar, sondern sind Betriebsausgaben. Nach Auffassung der FinVerw (BMF-Schrb vom 11.11.2011, BStBl I 1314 Rn 04.34) handelt es sich um Umwandlungskosten des übernehmenden Rechtsträgers.

30 **k) Körperschaftsteuerguthaben/Körperschaftsteuererhöhung.** Ein aktivierter verbleibender Anspruch auf Auszahlung des Steuerguthabens iSd § 37 V KStG der übertragenden Körperschaft geht im Wege der Gesamtrechtsnachfolge auf die übernehmende Körperschaft über. Der Ansatz des KSt-Guthabens sowie die Aufzinsungsbeträge führen nach § 37 VII KStG zu keinen Einkünften auf Ebene der übertragenden und übernehmenden Körperschaft. Bei einem stl Übertragungsstichtag nach dem 31.12.2006 gilt die Neuregelung des § 38 IV-X KStG. Sie sieht vor, dass die KapGes 3% des EK 02 ausschüttungsunabhängig in zehn gleichen Jahresraten in den Jahren 2008–2017 entrichten muss. Dieser pauschale Erhöhungsbetrag entsteht am 1.1.2007 und ist in der StB abgezinst zu passivieren. Der Aufwand ist bei der Einkommensermittlung hinzuzurechnen (§ 38 X KStG; zu weiteren Einzelheiten vgl *Neumann/Simpel* GmbHR 2008, 57). Die Verpflichtung zur Zahlung des pauschalierten Erhöhungsbetrags geht auf den übernehmenden Rechtsträger über.

l) Organschaft. Wird ein Organträger auf einen anderen Rechtsträger verschmolzen, tritt der übernehmende Rechtsträger in den bestehenden Gewinnabführungsvertrag grdsl ein (BMF-Schrb vom 11.11.2011, BStBl I 1314 Rn Org 01; DPPM/*Dötsch* Anh Rn 4 mwN). Für den übernehmenden Rechtsträger stellt die Verschmelzung jedoch einen wichtigen Grund dar, den EAV zu kündigen oder im gegenseitigen Einvernehmen zu beenden (BMF-Schrb vom 11.11.2011, BStBl I 1314 Rn Org 12). Nach Auffassung der FinVerw (BMF-Schrb vom 26.8.2003, BStBl I 437 Rn 43) stellen die aktiven und passiven Ausgleichsposten Korrekturposten auf den Beteiligungsbuchwert dar. Zweck der Bildung von Ausgleichsposten ist es sicherzustellen, dass die innerhalb der Organschaft erzielten Gewinne oder Verluste nur einmal der Besteuerung unterworfen werden. Die FinVerw geht zu Recht davon aus, dass die Verschmelzung auf der Ebene des übertragenden Rechtsträgers eine Veräußerung darstellt (BMF-Schrb vom 11.11.2011, BStBl I 1314 Rn 00.02) mit der Folge, dass grdsl die Ausgleichsposten erfolgswirksam aufzulösen sind. Erfolgt die Verschmelzung des Organträgers jedoch zu Buchwerten und wird das Organschaftsverhältnis vom übernehmenden Rechtsträger fortgeführt, ordnet die FinVerw die Beibehaltung des Ausgleichspostens an. Wird in der stl Schlussbilanz der gemeine Wert angesetzt, so ist in jedem Fall der Ausgleichsposten in voller Höhe aufzulösen. Bei Zwischenwertansatz sind bei fortbestehender Organschaft die Ausgleichsposten anteilig, bei Nichtfortführung der Organschaft in voller Höhe aufzulösen (vgl dazu BMF-Schrb vom 11.11.2011, BStBl I 1314 Rn Org 05). Ist übertragender Rechtsträger eine OrganGes, so wird ein bestehender EAV beendet (vgl Rn 87). Auf dieses Organschaftsverhältnis entfallende organschaftliche Ausgleichsposten sind nach § 14 IV 2 KStG stets in voller Höhe aufzulösen (BMF-Schrb vom 11.11.2011, BStBl I 1314 Rn Org 21). 31

m) Passivierungsverbote in der steuerlichen Schlussbilanz. Nach Meinung der FinVerw gelten die Ansatzverbote des § 5 EStG nicht für die stl Schlussbilanz, es sei denn, dass die Buchwerte fortgeführt werden (BMF-Schrb vom 11.11.2011, BStBl I 1314 Rn 11.02 iVm Rn 03.06), wobei der Ansatz mit dem Buchwert ausgeschlossen ist, wenn der gemeine Wert der übertragenen Sachgesamtheit geringer ist als dessen Buchwert (BMF-Schrb vom 11.11.2011, BStBl I 1314 Rn 11.06 iVm Rn 03.12). Nach hM in der Literatur (vgl § 11 Rn 86) werden diese Minderwerte bei der Bewertung einer Sachgesamtheit im Firmenwert berücksichtigt. Der BFH (BStBl II 2011, 566; BFH DStR 2012, 452) vertritt demgegenüber zu Recht die Auffassung, dass betriebliche Verbindlichkeiten, welche beim Veräußerer auf Grund steuerrechtlicher Ansatzverbote in der stl Schlussbilanz nicht bilanziert worden sind, beim übernehmenden Rechtsträger keinem Passivierungsverbot unterliegen, sondern als ungewisse Verbindlichkeiten auszuweisen und von dem übernehmenden Rechtsträger auch an den nachfolgenden Bilanzstichtagen mit ihren Anschaffungskosten oder höheren Teilwert zu bewerten sind. Unter Anwendung der Rechtsprechung des BFH werden die stillen Lasten, die als ungewisse Verbindlichkeiten in der Person des übertragenden Rechtsträgers ausgewiesen wurden, durch den übernehmenden Rechtsträger fortgeführt. 32

n) Steuerfreie Rücklagen. Steuerfreie Rücklagen nach § 6b EStG, Rücklagen für Ersatzbeschaffungen nach 6.6 EStR sind nach Abs 3 iVm § 4 I 1 bei Buchwertansatz durch den übernehmenden Rechtsträger fortzuführen (BMF-Schrb vom 11.11.2011, BStBl I 1314 Rn 11.03 iVm Rn 03.04). 33

34 **o) Steuerliches Minuskapital.** Wird die übernehmende Körperschaft als Gegenleistung für die Vermögensübertragung neue aus einer KapErh entstehende Gesellschaftsrechte an die Anteilseigner der übertragenden Körperschaft, deren Nennwert höher ist als das Nettobuchwertvermögen des übertragenden Rechtsträgers, so wie es sich aus der stl Schlussbilanz des übertragenden Rechtsträgers ergibt, führt dies nicht zu einer Aufstockung der stillen Reserven im übertragenen Verm beim übernehmenden Rechtsträger. Der Differenzbetrag ist vielmehr als stl Minuskapital auf der Aktivseite auszuweisen. Dieses stl Minuskapital kann nicht abgeschrieben werden, ist jedoch ggf mit künftig entstehenden stl Mehrkapital verrechenbar (Widmann/Mayer/*Schießl* Rn 62; RHL/*Rödder* Rn 47).

35 **p) Umwandlungskosten des übernehmenden Rechtsträgers.** Die Zuordnung der Verschmelzungskosten richtet sich danach, in wessen Sphäre der an der Umw beteiligten Rechtsträger diese entstanden sind. Jeder Beteiligte hat die auf ihn entfallenden Kosten selbst zu tragen (BFH DStR 1998, 1420; Widmann/Mayer/*Widmann* § 3 Rn 174; im Grundsatz ebenso BMF-Schrb vom 11.11.2011, BStBl I 1314 Rn 03.34). Die Kostenzuordnung richtet sich grdsl nach dem obj wirtschaftl Veranlassungsprinzip und steht nach Auffassung des BFH (DStR 1998, 1420) nicht zur Disposition der an der Verschm beteiligten Rechtsträger (BFH DStR 1998, 1420; vgl ausführlich dazu *Stimpel* GmbHR 2012, 199). Nach Meinung der FinVerw (BMF-Schrb vom 11.11.2011, BStBl I 1314 Rn 04.34) sollen nicht objektbezogene Kosten, die bei der Verschmelzung einer Körperschaft auf eine PersGes dem übertragenden Rechtsträger nach dem Veranlassungsprinzip zuzuordnen sind, dem übernehmenden Rechtsträger zuzuordnen sein, wenn sie nach dem stl Übertragungsstichtag entstanden sind. Dies kann nicht überzeugen (*Bogenschütz* Ubg 2011, 393) und steht im Widerspruch zur Rechtsprechung des BFH (DStR 1998, 1420). Die durch den übertragenden Rechtsträger verursachten Kosten sind, wenn sie im Rückwirkungszeitraum entstehen, in der stl Schlussbilanz als Rückstellung zu passivieren (Widmann/Mayer/*Widmann* § 3 Rn 174).

36 Eine gesetzliche Regelung der stl Behandlung von Umwandlungskosten für den übernehmenden Rechtsträger findet sich in Abs 2 S 2. Die Vorschrift besagt, dass Umwandlungskosten des übernehmenden Rechtsträgers, die laufende Betriebsausgaben sind, bei der Ermittlung des Übernahmeergebnisses berücksichtigt werden müssen. Bezüglich der Zuordnung von Kosten trifft die Vorschrift keine Regelung. Zu den laufenden Umwandlungskosten gehören externe Rechts- und Beratungskosten, Kosten für die Einholung einer verbindlichen Auskunft durch den übernehmenden Rechtsträger, wobei § 10 Nr 2 KStG iVm § 3 IV AO zu beachten sind (vgl *Stimpel* GmbHR 2012, 199). Zu den weiteren Kosten, die beim übernehmenden Rechtsträger entstehen, zählen insbesondere die Hälfte der Kosten für die Erstellung des Verschmelzungsvertrages, die Beurkundungskosten für den Verschmelzungsvertrag zur Hälfte, die Kosten des Verschmelzungsbeschlusses, der Anmeldung und der Eintragung des Beschlusses, die Kosten für die Ermittlung des Übernahmeergebnisses uä. Inwieweit Kosten nach dem zivilrechtlichen Vollzug der Verschmelzung noch Umwandlungskosten darstellen, ist im Einzelnen strittig (vgl *Stimpel* GmbHR 2012, 199). Solche nach der Eintragung der Verschmelzung in das Handelsregister entstehenden Kosten stellen nur dann Umwandlungskosten dar, wenn ein unmittelbarer Zusammenhang dieser Kosten mit der Umwandlung gegeben ist (zu weitgehend *Stimpel* GmbHR 2012, 199). Für objektbezogene Kosten findet Abs 2 S 1 keine Anwendung (vgl BMF-Schrb vom 11.11.2011, BStBl I 1314 Rn 04.34), sie sind vielmehr als Anschaffungskos-

ten zu aktivieren, da es sich bei dem Verschmelzungsvorgang um ein Anschaffungsgeschäft handelt. Zu solchen objektbezogenen Kosten gehört insbesondere die Grunderwerbsteuer, die ausschließlich Aufwand des übernehmenden Rechtsträgers darstellt (BMF-Schrb vom 18.1.2010, BStBl I 70; BFH BStBl II 1998, 168). Die im Rahmen der Verschmelzung anfallende Grunderwerbsteuer iSd § 1 III GrEStG wird nach Auffassung des BFH (BStBl II 2011, 761) nicht zu Anschaffungskosten auf die erworbene Beteiligung. Nach Auffassung der FinVerw (BMF-Schrb vom 11.11.2011, BStBl I 1314 Rn 04.34) handelt es sich um Umwandlungskosten, für die Abs 2 S 1 gilt.

q) Verdeckte Gewinnausschüttung, verdeckte Einlage. Vgl dazu Rn 103. 37

6. Übernahmeergebnisse im Überblick

Ist die übernehmende Körperschaft an der übertragenden Körperschaft beteiligt 38 und entspricht der Wert der Beteiligung dem Nettobuchwertvermögen der übertragenden Körperschaft, so wie es sich aus der Schlussbilanz ergibt, löst die Verschm auf der Seite der übernehmenden Körperschaft grdsl kein **Übernahmeergebnis** in Form eines Übernahmegewinns oder -verlusts aus. In der Praxis ist dies jedoch der Ausnahmefall. In aller Regel entsteht bei der Verschm einer Körperschaft auf eine andere Körperschaft ein Übernahmeergebnis iHd Diff zwischen dem Wert, mit dem das übergegangene Verm bei der Übernehmerin anzusetzen ist und dem BW der durch die Verschm untergehenden Anteile. Ob ein Übernahmegewinn idS auch dann entsteht, wenn bzw soweit die übernehmende Körperschaft an der übertragenden Körperschaft nicht beteiligt ist, ist umstr (vgl Rn 43).

Soweit der für die Ermittlung des Übernahmeergebnisses zu berücksichtigende 39 BW der Anteile geringer als die historischen AK ist, zuvor also eine Teilwertabschreibung auf die Beteiligung am übertragenden Rechtsträger oder ein Übertrag nach § 6b EStG stattgefunden hat, wird diese Korrektur des Beteiligungswertes nach Abs 1 S 2 iVm § 4 I 2 stpfl rückabgewickelt. Es entsteht ein sog **Beteiligungskorrekturgewinn** nach der hier vertretenen Meinung ggf auch ein Verlust (vgl Rn 19). Dieser stpfl Beteiligungskorrekturgewinn entsteht eine logische Sekunde vor Ablauf des stl Übertragungsstichtages beim übernehmenden Rechtsträger. § 11 I 2 kommt zur Anwendung, wenn eine Mutter- auf ihre TochterGes verschmolzen wird. Der Beteiligungskorrekturgewinn kann nicht mit einem evtl entstehenden Übernahmeverlust saldiert werden.

Führt die Verschm zum Erlöschen von Forderungen und Verb, die zwischen 40 den an der Verschm beteiligten Körperschaft bestanden haben, oder kommt es zu einer Auflösung von RSt, entsteht auf der Ebene des übernehmenden Rechtsträgers eine logische Sekunde nach Ablauf des Umwandlungsstichtages ein **Übernahmefolgegewinn,** der als lfd Gewinn den allg Besteuerungsgrundsätzen der KSt und GewSt unterliegt (vgl Rn 26).

7. Übernahmegewinn/-verlust, Abs 2

a) Übernahmegewinn/-verlust iSv Abs 2 S 1. Nach Abs 2 S 1 bleibt bei 41 der Ermittlung des Gewinns der übernehmenden Körperschaft ein Gewinn oder ein Verlust iHd Unterschieds zwischen dem ggf durch die Wertaufholung gem Abs 1 S 2 iVm § 4 I 2, 3 erhöhten oder auf den gemeinen Wert abzustockenden BW der Anteile und dem Wert, mit dem die übergegangenen WG aus der stl

Schlussbilanz des übertragenden Rechtsträgers zu übernehmen sind, außer Ansatz. Dies gilt gem § 19 I auch für die GewSt. Dass der Gewinn außer Ansatz bleibt, bedeutet im Erg, dass der Übernahmegewinn/-verlust zunächst innerh des Jahresabschlusses zu ermitteln und sodann außerhalb der Bilanz zu eliminieren ist (BMF-Schrb vom 25.3.1998, BStBl I 268 Rn 12.03; Widmann/Mayer/*Schießl* Rn 27; Haritz/Menner/*Wisniewski* Rn 19; Blümich/*Klingberg* Rn 26; RHL/*Rödder* Rn 79).

42 Abs 2 S 1 ist vom Wortlaut her auf den Fall zugeschnitten, dass der übernehmende Rechtsträger am stl Übertragungsstichtag sämtl Anteile am übertragenden Rechtsträger hält, wobei Anteile an der übertragenden Körperschaft, die erst nach dem stl Übertragungsstichtag angeschafft wurden, zum stl Übertragungsstichtag als angeschafft gelten (Abs 3 S 3 iVm § 5 I).

43 Nicht abschl geklärt ist die Frage, ob ein Übernahmegewinn/-verlust nur dann und insoweit entsteht, als der übernehmende Rechtsträger an der übertragenden Körperschaft beteiligt ist (so RHL/*Rödder* Rn 64; Widmann/Mayer/*Schießl* Rn 267.14; Haritz/Menner/*Wisniewski* Rn 37; Blümich/*Klingenberg* Rn 21 ff; Frotscher/Maas/*Frotscher* Rn 41 ff; *Schumacher/Neitz-Hackstein* Ubg 2011, 409. Demgegenüber geht der BFH (DStR 2013, 582) und die FinVerw (BMF-Schrb vom 11.11.2011, BStBl I 1314 Rn 12.05; ebenso DPPM/*Dötsch* Rn 37; ausführlich zu dem Gesamtproblem *Graf* (JbFAStR) 2010/2011, 270 ff) davon aus, dass ein Übernahmeergebnis iSd Abs 2 S 1 in allen Fällen der Auf-, Ab- und Seitwärtsverschmelzung – ungeachtet einer Beteiligung an der übertragenden Körperschaft – zu ermitteln ist. Dieser Auffassung kann nicht gefolgt werden. Zutreffend wird darauf hingewiesen, dass bei der Verschmelzung der Mutter durch den Wegfall der eigenen Anteile ein Buchverlust entsteht, der als gesellschaftsrechtlicher Vorgang das Einkommen der KapGes nicht mindert (Widmann/Mayer/*Schießl* Rn 267.14). Hinzu kommt, dass durch Abs 2 S 1 aF nach dem Willen des Gesetzgebers erreicht werden sollte, dass neben der Besteuerung des Gewinns der übertragenden Körperschaft die Besteuerung der in den untergehenden Anteilen des übernehmenden Rechtsträgers am übertragenden Rechtsträger ruhenden stillen Reserven nicht eintritt (BT-Drs 12/6885, 21; BT-Drs 7/4803, 29).

44 Daran hat sich auch durch die Neufassung des Abs 2 S 1 durch das SEStEG nichts geändert (ebenso *Ley/Bodden* FR 2007, 265). Soweit der übernehmende Rechtsträger an der übernehmenden Körperschaft beteiligt ist, gehen diese Anteile am übertragenden Rechtsträger unter. Das Besteuerungsrecht der BRD hinsichtl des Gewinns aus der Veräußerung dieser Anteile ist damit ausgeschlossen, was – ohne die Regelung des Abs 2 S 1 – ggf eine Besteuerung nach § 12 I KStG zur Folge hätte. Abs 2 S 1 bestimmt damit wie bereits bisher, dass es zu einer Aufdeckung der stillen Reserven in den Anteilen, die der übernehmende Rechtsträger am übertragenden Rechtsträger hält, nicht kommt. Daraus ergibt sich, dass ein Übernahmegewinn/-verlust nur dann und insoweit entsteht, als der übernehmende Rechtsträger an der übertragenden Körperschaft beteiligt ist (aA BFH DStR 2013, 582; BMF-Schrb vom 11.11.2011, BStBl I 1314 Rn 12.05; DPPM/*Dötsch* Rn 39; wie hier RHL/*Rödder* Rn 64 ff; Haritz/Menner/*Wisniewski* Rn 37 ff; Widmann/Mayer/*Schießl* Rn 61). Nur wenn man die Beteiligungsquote des übernehmenden Rechtsträgers am übertragenden Rechtsträger bereits bei der Ermittlung des Übernahmeergebnisses iSd § Abs 2 S 1 berücksichtigt, wird iRd Abs 2 S 2 ein mit der Zielsetzung dieser Norm entsprechendes Erg besteuert (vgl Rn 49 f). Kommt es iRd Verschm bei dem übernehmenden Rechtsträger zu einer **KapErh,** entsteht kein Übernahmegewinn iSd Abs 2 S 1. Die Vermögensmehrung beim übernehmenden Rechtsträger stellt keinen Gewinn sondern eine Einlage dar, die bei ihrer Einkommensermittlung in Übereinstimmung mit den allg Gewinnermittlungsgrundsätzen nach § 8 I KStG iVm §§ 4 ff EStG nicht zu berücksichtigen ist (ebenso Widmann/Mayer/*Schießl* Rn 61; Haritz/Menner/*Wisniewski* Rn 43; RHL/*Rödder* Rn 64). Ist der Übernahmewert höher als der Nennbetrag bzw Ausgabebetrag der neuen Anteile am übernehmenden Rechtsträger, so ist dieser Mehrbetrag bei der Ermittlung des Einkommens des übernehmenden Rechtsträgers abzusetzen, es liegt ein steuerfreier Agiogewinn vor (Widmann/Mayer/*Schießl* Rn 61; Haritz/Menner/*Wisniewski* Rn 42; RHL/*Rödder* Rn 64; Frotscher/Maas/*Frotscher* Rn 42; aA DPPM/*Dötsch* Rn 39; vgl auch *Perlwein* GmbHR 2008, 747). Gewährt die übernehmende Körperschaft als Gegenleistung für die Vermögensübertragung neue aus der KapErh entstehende Gesellschaftsrechte an die Anteilseigner der übertragenden Körperschaft, deren Nennwert höher ist als das Nettobuchwertvermögen des übertragenden Rechtsträgers, so wie er sich aus der stl Schlussbilanz des übertragenden Rechtsträgers ergibt, führt dies nicht zu einer Aufstockung der stillen Reserven in der stl Übernahmebilanz; der Differenzbetrag ist vielmehr als **stl Minuskapital** auf der Aktivseite auszuweisen. Dieser AP kann nicht abgeschrieben werden, ist jedoch ggf mit künftig entstehendem stl Mehrkapital verrechenbar (Widmann/Mayer/*Schießl* Rn 62; Haritz/Menner/*Wisniewski* Rn 43). Weder der Agiogewinn noch das stl Minuskapital haben wegen § 13 Auswirkungen auf die AK der neu gewährten Anteile am übernehmenden Rechtsträger.

Hat die übernehmende Körperschaft eigene Anteile als Gegenleistung an die Gesellschafter des übertragenden Rechtsträgers ausgegeben, so entsteht in der Person des übernehmenden Rechtsträgers kein Übernahmegewinn iSd Abs 2 S 1, sondern vielmehr ein Veräußerungsgewinn (vgl Rn 20). 45

Der **BW der Anteile** an der übertragenden Körperschaft ist der Wert, der sich nach den stl Vorschriften über die Gewinnermittlung in einer für den Übertragungsstichtag aufzustellenden StB ergibt oder ergäbe (§ 1 V Nr 4), wobei zunächst die erweiterte Wertaufholung nach Abs 1 S 2 iVm § 4 I 2 bzw eine Abstockung auf den gemeinen Wert (vgl Rn 19) vorzunehmen ist. Ändert sich dieser Wert durch offene oder verdeckte Einlagen des übernehmenden Rechtsträgers, die nach dem Verschmelzungsstichtag durchgeführt werden, so hat dies für die Ermittlung des Übernahmeergebnisses keine Auswirkungen. Gleiches gilt, falls der übernehmende Rechtsträger nach dem stl Übertragungsstichtag auf eine werthaltige Forderung verzichtet; diese geht zum Verschmelzungsstichtag durch Konfusion unter. Zur KapErh gegen Einlage oder KapErh aus Gesellschaftsmitteln vgl die Ausführungen unter § 4 Rn 107. Leistungen des übernehmenden Rechtsträgers an Dritte im Rückwirkungszeitraum können Einfluss auf den relevanten BW haben, was insbes für den Fall des Erwerbs von Anteilen am übertragenden Rechtsträger gilt (Abs 2 S 3 iVm § 5 I). **Besitzt der übernehmende Rechtsträger mehrere Anteile** an der übertragenden Körperschaft und haben diese unterschiedl BW, ist für die Ermittlung des Übernahmeergebnisses im Grundsatz von einem einheitl BW auszugehen sein (RHL/*Rödder* Rn 69; ebenso zu § 4 BMF-Schrb vom 11.11.2011, BStBl I 1314 Rn 04.21). Dagegen spricht nicht, dass Anteile an KapGes, die der Stpfl zu unterschiedl Zeiten und AK erworben hat, grdsl ihre Selbstständigkeit behalten (BFH BStBl II 2004, 556; L. Schmidt/*Weber-Grellet* EStG § 17 Rn 162); Abs 2 stellt den BW der Anteile insgesamt ab; es wird nicht für jeden Anteil isoliert ein Übernahmeergebnis ermittelt. Zu einer **anteilsbezogenen Betrachtungsweise** kommt es ausnahmsweise dann, soweit die Anteile unter- 46 schiedlichen Bedingungen unterliegen und diese für die Besteuerung des Übernahmeergebnisses von Relevanz sind (vgl BMF-Schrb vom 11.11.2011, BStBl I 1314 Rn 04.21.

47 **b) Besteuerung des Übernahmeergebnisses, Abs 2 S 2.** Nach Abs 2 S 1 bleibt der Übernahmegewinn bzw Übernahmeverlust, abzgl der Kosten für den Vermögensübergang, bei der Ermittlung des Gewinns der übernehmenden Körperschaft außer Ansatz. Gem Abs 2 S 2 ist auf den „Gewinn" iSd Abs 2 S 1, abzgl der anteilig auf den Vermögensübergangs entfallenden Kosten, § 8b KStG anzuwenden, soweit dieser Gewinn dem Anteil der übernehmenden an der übertragenden Körperschaft entspricht. Soweit der übernehmende Rechtsträger nicht an dem übertragenden Rechtsträger beteiligt ist (Seitwärtsverschmelzung, Abwärtsverschmelzung), findet Abs 2 S 2 damit keine Anwendung (RHL/*Rödder* Rn 71; Widmann/Mayer/*Schießl* Rn 61; Rn 267.23; Haritz/Menner/*Wisniewski* Rn 37; *Ley/Bodden* FR 2007, 265; *Klingberg* in PWC, Reform des UmwStR, S 190; aA BMF-Schrb vom 11.11.2011, BStBl I 1314 Rn 12.05; DPPM/*Dötsch* Rn 39), ein stpfl Gewinn entsteht insoweit nicht, die Rechtsfolgen auf der Anteilseignerebene ergeben sich in diesen Fällen aus § 13 UmwStG.

48 Auf den Teil des **Gewinns** iSd Abs 2 S 1, der dem Anteil der übernehmenden Körperschaft an der übertragenden Körperschaft entspricht, findet § 8b KStG Anwendung (Abs 2 S 2). Aufgrund dieses Verweises gelten im Grds 5% des Übernahmegewinns als nicht abzugsfähige BA. Der Verschmelzungsvorgang wird damit aus der Sicht des übernehmenden Rechtsträgers im Regelungsbereich des Abs 2 S 2 bezogen auf die durch ihn am übertragenden Rechtsträger gehaltenen Anteile einem Veräußerungsvorgang gleichgestellt (so auch BT-Drs 16/2710, 41 und BT-Drs 16/3369, 10). Rechtstechnisch liegt insoweit aber keine Veräußerung ieS vor, der übernehmende Rechtsträger wendet zwar die Anteile am übertragenden Rechtsträger auf, um die WG des übertragenden Rechtsträgers zu erlangen, er überträgt diese Anteile aber nicht an einen Dritten (BFH BStBl II 1985, 64; BFH BStBl II 1989, 271).

49 § 8b KStG soll anzuwenden sein, „soweit der Gewinn iSd Satzes 1 . . . dem Anteil der übernehmenden Körperschaft entspricht." Geht man – entgegen der hier vertretenen Meinung (vgl 42 ff) davon aus, dass nach Abs 2 S 1 das Übernahmeergebnis unabhängig von der Beteiligungsquote des übernehmenden Rechtsträgers am übertragenden Rechtsträger zu ermitteln ist und auf diesen Gewinn des übernehmenden Rechtsträgers anteilig § 8b KStG anzuwenden ist, es gibt sich ein unsystematisch zu hoher Gewinn für den übernehmenden Rechtsträger (ebenso *Plewka*/Marquardt, HdB Umstrukturierung, S 306; *Hagemann/Jakob/Ropohl/Viebrock* NWB-Sonderheft 1/2007, 26).

50 **Beispiel:**

Die M-GmbH ist zu 50% am StK der T-GmbH beteiligt. Diese Anteile stehen bei der M-GmbH mit EUR 100 000 zu Buche. Das Nettobuchwertvermögen der T-GmbH soll EUR 1 000 000 betragen. Würde die T-GmbH auf die M-GmbH verschmolzen, so würde sich ein Übernahmegewinn iSd Abs 2 S 1 in Höhe von EUR 900 000 ergeben, an dem die M-GmbH zu 50% beteiligt wäre (so BMF-Schrb vom 11.11.2011, BStBl I 1314 Rn 12.06). Korrekt ist aber, den steuerrelevanten Übernahmegewinn so zu errechnen, indem man die Differenzbetrag zwischen dem anteilig auf die M-GmbH entfallenden Teil des Nettobuchwertvermögens der T-GmbH (EUR 500 000) mit dem BW der Anteile der M-GmbH an der T-GmbH (EUR 100 000) ermittelt. Damit ergibt sich ein anteiliger Übernahmegewinn in Höhe von EUR 400 000 und nicht ein solcher von EUR 450 000. Betrachtet man die Vorschrift des Abs 2 S 2 vor dem Hintergrund, dass der Gesetzgeber eine steuerfreie Ausschüttung der Gewinnrücklagen ohne eine 5%ige steuerfreie Ausschüttung nach § 8b III 1 KStG im Zuge der Verschm verhindern wollte (*Hagemann/Jakob/Ropohl/Viebrock* NWB-Sonderheft 1/2007, 26; *Plewka/Marquardt,* HdB Umstrukturierung, S 306), so muss der anteilige Übernahmegewinn im Beispiel EUR 400 000 betragen (ebenso Widmann/Mayer/*Schießl* Rn 267.24; *Ley/Bodden* FR 2007, 273). Zu diesem Erg gelangt man aber, wenn ein Übernahmegewinn/-verlust iSd Abs 2 S 1 nur dann und insoweit entsteht, als der übernehmende Rechtsträger an der übertragenden Körperschaft beteiligt ist.

Diese Besteuerungsfolge dürften bei grenzüberschreitenden Verschm mit Art 7 **FusionsRL** unvereinbar sein, wenn die dort vorausgesetzte Mindestbeteiligungsquote (seit 2009 10%) gegeben ist (ausführl dazu *Ley/Bodden* FR 2007, 265; Haritz/Menner/*Wisniewski* Rn 58; RHL/*Rödder* Rn 87; *Klingberg* in PWC, Reform des UmwStR, S 190; aA DPPM/*Dötsch* Rn 45). Auf rein nationale Verschm findet Art 7 FusionsRL keine Anwendung. Gem Art 1 lit a der FusionsRL hat jeder Mitgliedstaat die Richtlinie auf Fusionen anzuwenden, „wenn daran Gesellschaften aus zwei oder mehr Mitgliedstaaten beteiligt sind". Die FusionsRL ist daher im Grds auf rein nationale Sachverhalt nicht anwendbar. Der EuGH hat allerdings in zwei Fällen Bestimmungen der FusionsRL ausgelegt, obwohl den Streitfällen rein innerstaatl Sachverhalte zugrunde lagen. (EuGH vom 17.7.1997 – C-28/95 – *Leur-Bloem,* zum Anteilstausch in den Niederlanden; EuGH vom 15.1.2002 – C-43/00 – *Andersen og Jensen,* zur Teilbetriebseinbringung in Dänemark). Gegenstand dieser Entscheidungen waren Vorschriften des niederländischen bzw dänischen Rechts, die in Umsetzung der FusionsRL ergangen waren. Dabei hatte sich der nationale Gesetzgeber entschieden, rein innerstaatliche Sachverhalte und unter die Richtlinie fallende (grenzüberschreitende) Sachverhalte gleich zu behandeln. Der nationale Gesetzgeber hatte daher die für innerstaatl Sachverhalte geltenden Rechtsvorschriften dem Gemeinschaftsrecht angeglichen, um Wettbewerbsverzerrungen und Benachteiligungen der eigenen Staatsangehörigen zu vermeiden. Dabei hatte der nationale Gesetzgeber in der Gesetzesbegründung auf die FusionsRL verwiesen und Teile der FusionsRL wortgleich in das nationale Gesetz übernommen. In solchen Fällen besteht nach Ansicht des EuGH ein klares Interesse der Gemeinschaft daran, dass die aus dem Gemeinschaftsrecht übernommenen Bestimmungen oder Begriffe unabhängig davon, unter welchen Voraussetzungen sie angewandt werden, einheitl ausgelegt werden, um künftige Auslegungsunterschiede zu verhindern. Aus diesem Grund sei der Gerichtshof für die Auslegung der Bestimmungen der FusionsRL zuständig, auch wenn sie den rein innerstaatl Ausgangssachverhalt nicht unmittelbar regelt. Der dt Gesetzgeber hat jedoch bei Erlass des SEStEG eine solche „Überumsetzung" der FusionsRL nicht beabsichtigt. Der Gesetzgeber wollte die FusionsRL ausdrückl nur in deren tatsächlichem Anwendungsbereich (grenzüberschreitende Sachverhalte) umsetzen (vgl dazu § 20 Rn 82 ff). Für § 12 II UmwStG ist nicht erkennbar, dass der dt Gesetzgeber bei der Kodifizierung gerade dieser Vorschrift Begriffsbestimmungen oder Regelungsinhalte der FusionsRL allgemeingültig ins nationale dt Steuerrecht übernehmen wollte. Abs 2 S 1 bestand sogar bereits vor Erlass des SEStEG. In der Gesetzesbegründung zum Entwurf des SEStEG (BT-Drs 16/2710, 41, zu Abs 2) bringt der Gesetzgeber zum Ausdruck, dass er die Vorgaben des Art 7 der FusionsRL beachten und umsetzen wollte: „Bei der übernehmenden Körperschaft bleibt das Übernahmeergebnis wie bisher steuerlich außer Ansatz. Dies entspricht auch den Vorgaben des Art 7 FusionsRL." Dass Art 7 der FusionsRL über deren Anwendungsbereich hinaus auch für alle rein innerstaatl Verschmelzungsfälle gelten soll, lässt sich der Gesetzesbegründung nicht 51 entnehmen. Obwohl im Anwendungsbereich der FusionsRL ein Verstoß gegen die Richtlinie vorliegt, ist Abs 2 dadurch nicht insgesamt unwirksam oder nichtig. Ein Verstoß gegen die FusionsRL führt ledigl zur Unanwendbarkeit des Abs 2 im Anwendungsbereich der Richtlinie.

52 Handelt es sich bei der übernehmenden Körperschaft um ein **Kreditinstitut** oder ein **Lebens- oder Krankenversicherungsunternehmen,** so stellt sich die Frage, ob § 8b VII und VIII KStG auch iRd Abs 2 S 2 mit der Folge zur Anwendung kommen, dass der anteilige Übernahmegewinn abzgl der Kosten für den Vermögensübergang voll stpfl ist. In der Lit (RHL/*Rödder* Rn 89 ff; *Klingberg* in PWC, Reform des UmwStR, S 191) wird dies verneint. Nach Abs 2 S 1 bleibe ein Übernahmegewinn – wie ein Übernahmeverlust – bei der Ermittlung des Einkommens außer Ansatz. Ein Erg, dass „außer Ansatz" bleibe und bei der Ermittlung des Einkommens keine Berücksichtigung finde, könne insoweit auch kein steuerpflichtiges Erg entstehen lassen. Für die Anwendung des § 8b VII, VIII KStG bleibe daher kein Raum. Da § 8b VII und VIII KStG die Anwendung der Abs 1–6 gerade ausschließe, könne zudem auch § 8b III KStG nicht zur Anwendung kommen. Diese Auffassung steht im Widerspruch zum Willen des Gesetzgebers. Dieser wollte durch den Verweis in Abs 2 S 2 auf § 8b KStG dem Umstand Rechnung tragen, „dass der Übertragungsvorgang insoweit einem Veräußerungsvorgang gleichsteht. Die Regelungen zum Betriebsausgabenabzugsverbot sowie Sonderregelung für Kreditinstitute, Versicherungsunternehmen etc gelten auch für diesen Teil des Übernahmegewinns" (BT-Drs 16/3369, 10). Ist die übernehmende Körperschaft ein Kreditinstitut oder ein Lebens- oder Krankenversicherungsunternehmen iSd § 8b VII oder VIII KStG, bedeutet dies entsprechend dem Willen des Gesetzgebers, dass ein Übernahmegewinn nicht steuerfrei ist (ebenso BMF-Schrb vom 11.11.2011, BStBl I 1314 Rn 12.06; Widmann/Mayer/*Schießl* Rn 267.31; DPPM/*Dötsch* Rn 77; *Ley/Bodden* FR 2007, 65; *Benecke/Schnittger* IStR 2007, 22).

53 Da Abs 2 S 2 den **Übernahmeverlust** nicht anspricht, bleibt es nach Auffassung der FinVerw (BMF-Schrb vom 11.11.2011, BStBl I 1314 Rn 12.06) und Teilen der Lit insoweit bei der Regelung des Abs 2 S 1, wonach der Verlust nicht stl zu berücksichtigen sei (RHL/*Rödder* Rn 93; Widmann/Mayer/*Schießl* Rn 267.32 ff; DPPM/*Dötsch* Rn 47; *Klingenberg* in PWC, Reform des UmwStR, S 192; aA Frotscher/Maas/*Frotscher* Rn 72; *Benecke/Schnittger* IStR 2007, 22; *Ley/Bodden* FR 2007, 265). Dies kann nicht überzeugen, soweit die übernehmende Körperschaft ein Kreditinstitut oder ein Versicherungsunternehmen iSd § 8b VII oder VIII KStG ist, der Verweis in Abs 2 S 2 auf § 8b KStG führt dazu, dass auch ein Übernahmeverlust auf der Ebene des übernehmenden Rechtsträgers berücksichtigt werden muss (ebenso FG Baden-Württemberg Bescheid vom 9.7.2012 – 6 K 5258/09, Rev/R58/12). Das ergibt sich aus folgenden Überlegungen:

54 Nach dem Willen des Gesetzgebers sollte und soll durch Abs 2 S 1 sichergestellt werden, dass es iRd Verschm einer TochterGes auf ihre MutterGes nicht zu einer Besteuerung der in den untergehenden Anteilen des übernehmenden Rechtsträgers am übertragenden Rechtsträger ruhenden stillen Reserven kommt (vgl Rn 43 f). Zudem regelt Abs 2 S 1, dass jede nur buchmäßige Vermögensänderung auf der Ebene des übernehmenden Anteilseigners ohne stl Auswirkungen bleibt, dies gilt sowohl für buchmäßige Gewinne wie auch Verluste. Soweit Abs 2 S 1 anordnet, dass stille Reserven in den untergehenden Anteilen des übertragenden Rechtsträgers nicht aufgedeckt werden, wiederholt S 2 diesen Regelungsinhalt, schränkt jedoch die Folgen einer buchmäßigen Vermögensänderung auf der Ebene des übernehmenden Rechtsträgers ein und verdrängt damit die Regelung des Abs 2 S 1 (ebenso DPPM/*Dötsch* Rn 33). Der Gesetzgeber wollte diese buchmäßige Vermögensänderung beim übernehmenden Rechtsträger ebenso besteuern wie einen Veräußerungsvorgang (BT-Drs 16/3369, 10). Zwar verwendet Abs 2 S 2 ausschließl den Begriff „Gewinn", was jedoch nicht zwangsläufig dazu führt, dass Verluste unberücksichtigt bleiben, denn der Gesetzgeber verwendet in einer Vielzahl von steuerrechtl Vorschriften den Begriff Gewinn, der zumeist auch begriffl „Verluste" umfasst (vgl L. Schmidt/*Heinicke* EStG § 4 Rn 2). Die Verwendung des Begriffs „Gewinn" in der Regelung des Abs 2 S 2 steht damit einer Berücksichtigung von Verlusten nicht zwingend entgegen. Nach der hier vertretenen Meinung ist ein Übernahmegewinn beim Kreditinstitut oder ein Lebens- oder Krankenversicherungsunternehmen iSd § 8b VII oder VIII KStG stpfl. Würde man aber einen Übernahmeverlust unberücksichtigt lassen, so bedarf diese ungleiche Behandlung von Vermögensmehrungen und Vermögensminderung einer Rechtfertigung im Hinblick auf das obj Nettoprinzip. Eine solche Rechtfertigung ist nicht ersichtl.

Der Besteuerungsmechanismus gem §§ 8b VIII, 21 KStG wird durchbrochen, wenn ein (stl) Übernahmeverlust gem Abs 2 S 1 außer Ansatz bleibt. Dies gilt sowohl in dem Fall, dass die übernehmende Körperschaft einen handelsbilanziellen Übernahmeverlust ausweist, als auch im Fall der Vermeidung des Übernahmeverlusts durch Höherbewertung der übertragenen Vermögensgegenstände: Hat sich der übernehmende Rechtsträger dafür entschieden, die BW gem § 24 UmwG fortzuführen (Wahlrecht zur Buchwertverknüpfung) und entsteht handelsrechtl ein Übernahmeverlust in Höhe von EUR 10 Mio (Differenz zwischen dem Wert, mit dem der übernehmende Rechtsträger die übergegangene Aktiva und Passiva zu übernehmen hat, und dem BW der Beteiligung am übertragenden Rechtsträger), wird der handelsrechtl Übernahmeverlust als außerordentl Aufwendung behandelt. Dadurch wird die Zuführung zur RfB verringert, wodurch die steuerwirksamen BA entsprechend gemindert werden. Denn Grundlage für die Zuführungen zur RfB ist das nach Handelsrecht ermittelte Jahresergebnis. In der StB führt der übernehmenden Rechtsträger gem § 11 II; Abs 1 S 1 die BW der übernommenen WG fort. Dadurch entsteht stl ebenfalls ein Übernahmeverlust in Höhe von EUR 10 Mio. Wird dieser Übernahmeverlust nicht steuermindernd berücksichtigt, so entsteht ein doppelter Steuernachteil: Dem übernehmenden Rechtsträger wird außerbilanziell der Übernahmeverlusts gem Abs 2 S 1 hinzugerechnet, der handelsbilanziell in voller Höhe aufwandswirksam ist. Das stl Ergebnis ist damit in Höhe des Übernahmeverlustes höher als das handelsrechtl Ergebnis. Es tritt genau der Zustand ein, den der Gesetzgeber mit der Einfügung des § 8b VIII KStG vermeiden wollte. Im Ergebnis kommt es zu einer Besteuerung von nicht realisierten „Scheingewinnen". Ein „Scheingewinn" liegt deshalb vor, weil die sich in den Anschaffungskosten der Anteile am übertragenden Rechtsträger widerspiegelnden stillen Reserven in den WG des Rechtsträgers besteuert werden, ohne dass die stillen Reserven in den übergehenden WG tats aufgedeckt werden. Werden sie später beim übernehmenden Rechtsträger realisiert, kommt es insoweit zu einer Doppelbesteuerung. Hat bspw der übernehmende Rechtsträger vor der Verschmelzung und ohne Berücksichtigung der sog Rückstellungen für Beitragserstattungen ein Ergebnis von EUR 10 Mio und entsteht durch die Verschmelzung der TochterGes auf die MutterGes ein Verschmelzungsverlust in Höhe von EUR 9 Mio, so entsteht zunächst ein handelsrechtlicher Gewinn vor Steuern 55 in Höhe von EUR 1 Mio und ein stl Gewinn in Höhe von EUR 10 Mio. Unterstellt man eine Ertragsteuerbelastung von 30%, entstehen Steuern in Höhe von EUR 3 Mio, was zu einem handelsrechtl Verlust in Höhe von EUR 2 Mio führt.

56 Nichts anderes ergibt sich, wenn die Verschm handelsrechtl erfolgsneutral vollzogen wird, indem es zur Aufstockung der übergehenden WG kommt und dadurch der Ausweis eines Übernahmeverlusts in der HB des übernehmenden Rechtsträgers vermieden wird. Die in der HB vorgenommene Wertaufstockung der übergegangenen Vermögensgegenstände führt zu einer Erhöhung des handelsrechtl AfA Volumens. In der Folgezeit entsteht ein erhöhter handelsrechtl AfA Aufwand, der das handelsrechtl Jahresergebnis mindert. Entsprechend verringern sich in den Folgejahren auch die Zuführungen zur RfB. Denn Grundlage für die Zuführungen zur RfB ist das nach Handelsrecht ermittelte Jahresergebnis für das selbst abgeschlossene Geschäft. Werden in der StB die BW der übernommenen WG fortgeführt, entsteht dadurch stl ein Übernahmeverlust in entsprechender Höhe. Der handelsrechtl entstehende AfA-Mehraufwand wird in der StB nicht nachvollzogen, weil das stl Abschreibungsvolumen infolge der Buchwertverknüpfung geringer ist. In der HB ergibt sich eine Mehrabschreibung gegenüber der StB. Die MehrAfA vermindert zwar das handelsrechtl Jahresergebnis, nicht aber den stl Gewinn. Auch in diesem Fall muss also einen Ertrag versteuern, der handelsrechtl nicht erzielt wird. Zugleich kann der übernehmende Rechtsträger stl nur den durch die handelsrechtl Mehrabschreibungen verminderten Betrag der Zuführung zur RfB als BA gem § 21 II KStG abziehen. Der Umfang der stl abzugsfähigen BA wird durch einen Umstand gemindert, der sich in der StB nicht widerspiegelt. Im Ergebnis entsteht wiederum ein doppelter stl Nachteil: Erstens wirkt sich die handelsrechtl MehrAfA stl nicht gewinnmindernd aus. Zweitens wird die Höhe der steuerwirksamen BA vermindert. Dieser doppelte Steuernachteil kann in den Folgejahren nach der Verschm nicht mehr kompensiert werden; er kann einzig durch Berücksichtigung des Übernahmeverlusts im Rahmen der Verschmelzung vermieden werden. Anderenfalls müsste der übernehmende Rechtsträger einen Ertrag versteuern, den er handelsrechtl nicht erzielt hat, was der Gesetzgeber durch § 8b VIII KStG vermeiden wollte. Das systematische Argument, dass die Nichtberücksichtigung des Übernahmeverlusts gem Abs 2 S 1 den Besteuerungsmechanismus der §§ 8b VIII, 21 KStG außer Kraft setzen würde, greift damit auch im Fall der Aufstockung mit dem Ziel der Vermeidung eines Übernahmeverlusts.

57 Besitzt die übernehmende Körperschaft Anteile iSd **§ 8b Abs 4 KStG aF,** entsteht kein voll stpfl Übernahmegewinn. Abs 2 S 2 verweist nur auf § 8b KStG idF des SEStEG und nicht auf § 34 VII a KStG, der für die von § 8b IV KStG aF betroffenen Anteile dessen Geltung auch für die Zukunft vorschreibt. Das Übernahmeergebnis bei einbringungsgeborenen Anteilen iSd § 8b IV KStG aF wird damit nach den allg Regelungen des § 8b II, III 1, 3 KStG behandelt (ebenso RHL/*Rödder* Rn 12; Haritz/Menner/*Wisniewski* Rn 59; *Ley/Bodden* FR 2007, 265; vgl auch Widmann/Mayer/*Schießl* Rn 267.27 ff; aA DPPM/*Dötsch* Rn 46; *Hagemann/Jakob/Ropohl/Viebrock* NWB-Sonderheft 1/2007, 17; *Förster/Felchner* DB 2006, 1072).

58 Nicht abschließend geklärt ist die Anwendung des § 8b KStG, wenn es sich bei der übernehmenden Körperschaft um eine OrganGes handelt. Nach Auffassung der FinVerw (BMF-Schrb vom 11.11.2011, BStBl I 1314 Rn 12.07) ist bei der Anwendung Abs 2 S 2 bei einer Aufwärtsverschmelzung § 15 S 1 Nr 2 KStG zu beachten. Ist Organträger eine natürliche Person bzw eine PersGes, an der natürliche

Personen als Mitunternehmer beteiligt sind, soll anstelle des § 8b KStG § 3 Nr 40 und § 3c II EStG Anwendung finden. Krit hierzu *Rödder* DStR 2011, 1059; RHL/*Rödder* Rn 91; Haritz/Menner/*Wisniewski* Rn 60; vgl auch DPPM/*Dötsch* Rn 45).

c) Umwandlungskosten und Übernahmeergebnis. Die Umwandlungskosten (vgl dazu Rn 35) des übernehmenden Rechtsträgers mindern nach Abs 2 S 2 den Übernahmegewinn bzw erhöhen einen Übernahmeverlust. Soweit nach Abzug der Umwandlungskosten ein Übernahmegewinn verbleibt, ist § 8b KStG anzuwenden, daher kann es insoweit zu einer zusätzl Pauschalierung nicht abzugsfähiger Ausgaben mit 5% kommen, was jedoch nur für die prozentuale Beteiligung der Übernehmerin an dem übertragenden Rechtsträger entsprechenden Teil des Übernahmegewinns gilt (str vgl Rn 43 f; BMF-Schrb vom 11.11.2011, BStBl I 1314 Rn 12.06; BFH vom 9.1.2013 – IV 24/12). 59

d) Rückwirkungsfiktion, Abs 2 S 3 iVm § 5 I. Wurden durch die übernehmende Körperschaft nach dem stl Übertragungsstichtag, aber vor Eintragung der Verschm in das Register der übernehmende Körperschaft, Anteile an der übertragenden Körperschaft angeschafft oder findet der übernehmende Rechtsträger einen Anteilseigner an der übertragenden Körperschaft ab, der der Verschm widersprochen hat, ist der Übernahmegewinn/-verlust beim übernehmenden Rechtsträger so zu ermitteln, als ob dieser die Anteile am stl Übertragungsstichtag bereits angeschafft hätte. 60

8. Übernahmefolgegewinn, Abs 4 iVm § 6

Am stl Übertragungsstichtag können zwischen der übertragenden Körperschaft und der übernehmenden Körperschaft Forderungen und Verbindlichkeiten existieren. Mit der Eintragung der Verschm in das HR des übernehmenden Rechtsträgers geht das Verm des übertragenden Rechtsträgers auf den übernehmenden Rechtsträger über. Gegenseitige Forderungen und Verbindlichkeiten erlöschen zivilrechtl infolge von Konfusion. Eine Konfusion kann auch dann vorkommen, wenn Forderungen und Verbindlichkeiten zwischen mehreren übertragenden Körperschaften bestehen, die gemeinsam auf eine übernehmende Körperschaft verschmolzen werden. 61

Ein **Übernahmefolgegewinn** entsteht, wenn die Forderung und die korrespondierenden Schulden bei der übertragenden Körperschaft und der übernehmenden Körperschaft zu unterschiedl Werten angesetzt sind oder zwischen den an der Umw beteiligten Rechtsträgern ungewisse Verbindlichkeiten bestanden, einer der Rechtsträger dafür eine RSt gebildet hat und in der Bilanz des anderen Rechtsträger insoweit keine Forderung ausgewiesen wurde. Zu einer Konfusion kommt es aus stl Sicht eine logische Sekunde **nach dem stl Übertragungsstichtag.** In der Schlussbilanz des übertragenden Rechtsträgers sind die Forderungen bzw die Schulden gegen den übernehmenden Rechtsträger noch auszuweisen. Der Übernahmefolgegewinn entsteht damit bei der übernehmenden Körperschaft eine logische Sekunde nach Ablauf des stl Übertragungsstichtages; es handelt sich um einen laufenden Gewinn, der nach allgemeinen Grundsätzen der KSt und GewSt unterliegt (vgl nur DPPM/*Dötsch* Rn 66). Entscheidend für die Höhe des Übernahmefolgegewinns sind die zum Zeitpunkt des Übertragungsstichtages bestehenden Wertdifferenzen zwischen den Forderungen und den Verbindlichkeiten zwischen den an der Umw beteiligten Rechtsträgern bzw die zu diesem Zeitpunkt bilanzierten RSt. Wurde die Forderung in der Vergangenheit wertbe- 62 richtigt, so ist zu prüfen, ob zum Verschmelzungsstichtag die Voraussetzungen für eine **Zuschreibung gem Abs 1 Nr 2 S 3 iVm Nr 1 S 4 EStG** vorliegen. Hat der übertragende Rechtsträger eine abgeschriebene Forderung bilanziert, so muss er noch in der stl Schlussbilanz die Teilwertabschreibung rückgängig machen, falls die Voraussetzungen der Zuschreibung zum Umwandlungsstichtag vorliegen. In diesem Fall entsteht beim übertragenden Rechtsträger insoweit kein Übernahmefolgegewinn. Das Gleiche gilt auch, wenn der übernehmende Rechtsträger eine Forderung ggü dem übertragenden Rechtsträger teilwertberichtigt hat. Ist der übernehmende Rechtsträger verpflichtet, gem § 6 I Nr 2 S 3 iVm Nr 1 S 4 EStG die Wertminderung rückgängig zu machen, so ist ein daraus entstehender Gewinn kein Übernahmefolgegewinn, eine Rücklagenbildung ist insoweit ausgeschlossen. Allein die Tats, dass es durch die Verschm zu einer Konfusion kommt, führt nicht dazu, dass eine wertberichtigte Forderung wieder werthaltig wird. Seit dem 1.1.2008 (zur Rechtslage davor vgl FG Niedersachsen BB 2008, 1661) fallen auch Gewinnminderungen im Zusammenhang mit **kapitalersetzenden Darlehen** unter das Abzugsverbot des **§ 8b III 3 KStG;** Gewinne aus dem Ansatz der Darlehensforderung aus Zuschreibungen bleiben bei der Ermittlung des Einkommens außer Ansatz, soweit auf die vorangegangene TW-AfA § 8 III 3 KStG anzuwenden war. Der Übernahmefolgegewinn stellt zwar keinen Gewinn aus einer Wertaufholung nach § 6 I Nr 2 EStG dar, der nach 8b III 8 KStG außer Ansatz bleiben würde, die Regelung ist aber analog auf diesen Fall anzuwenden (vgl Rn 26; Widmann/Mayer/*Widmann* § 6 Rn 205.1; *Behrendt/Klages* GmbHR 2010, 190; *Töben* FR 2010, 24; aA BMF-Schrb vom 11.11.2011, BStBl I 1314 Rn 06.02; DPPM/*Pung* § 6 Rn 16; *Krohn/Greulich* DStR 2008, 646).

63 **Abs 4** erklärt **§ 6** sinngemäß für anwendbar, jedoch mit folgenden **Einschränkungen:**

64 Ist die übernehmende Körperschaft nicht die alleinige Anteilseignerin der übertragenden Körperschaft, gilt § 6 nur für denjenigen Teil des Übernahmefolgegewinns/-verlusts, der dem Verhältnis der Beteiligung der Übernehmerin am Kap der übertragenden Körperschaft entspricht (DPPM/*Dötsch* Rn 67; Frotscher/Maas/*Frotscher* Rn 129). Maßgebend für die Höhe der Beteiligung ist dabei der Zeitpunkt der Eintragung der Umw in das HR, sodass die auch nach dem stl Übertragungsstichtag liegende Beteiligungsänderung zu berücksichtigen ist (Abs 4 S 1 iVm § 5 I).

65 § 6 gilt nur für den Teil des Gewinns aus der Vereinigung von Forderungen und Verbindlichkeiten, nicht aber aus der Auflösung von RSt. Eine gewinnmindernde Rücklage nach § 6 kann deshalb nur für den Übernahmefolgegewinn aus der Vereinigung von Forderungen und Verbindlichkeiten gebildet werden, nicht aber aus der Auflösung von RSt.

66 Die gebildete Rücklage ist für die Dauer von drei Jahren der Rücklagenbildung folgenden Wj zu bilden und vom Zeitpunkt ihrer Bildung an mit mindestens einem Drittel pro Jahr aufzulösen. § 6 III ist zu beachten. Zu weiteren Einzelheiten vgl die Komm zu § 6.

9. Eintritt in die steuerliche Rechtsstellung, Abs 3

67 **a) Anschaffungsvorgang und Umfang der Rechtsnachfolge.** Die Verschm einer Körperschaft auf eine andere Körperschaft stellt sich aus der Sicht des übernehmenden Rechtsträgers als **Anschaffungsvorgang** dar (vgl BFH BStBl II 2002, 875; 2003, 10; BFH/NV 2004, 137; FG Baden-Württemberg

EFG 1998, 1529; BMF-Schrb vom 11.11.2011, BStBl I 1314 Rn 00.02; DPPM/*Pung* § 4 Rn 21; *Hageböke* Ubg 2011, 689; aA RHL/*Rödder* Rn 97; Widmann/Mayer/*Schießl* Rn 393; Haritz/Menner/*Bohnhardt* § 4 Rn 140). Der übernehmende Rechtsträger übernimmt das BV der übertragenden Körperschaft und wendet, soweit er an der übertragenden Körperschaft beteiligt ist, seine untergehenden Anteile an dieser Körperschaft als Gegenleistung auf (FG Baden-Württemberg EFG 1998, 1529). Kommt es beim übernehmenden Rechtsträger zu einer KapErh, wird durch die Verschm die zuvor begründete Einlageverpflichtung zum Erlöschen gebracht, der übernehmende Rechtsträger wendet somit die Einlageforderung auf, um das auf ihn übergehende Verm zu erlangen. Dem Anschaffungsgeschäft aus der Sicht des übernehmenden Rechtsträgers steht nicht entgegen, dass sich der Vermögensübergang im Wege der Gesamtrechtsnachfolge vollzieht (aA Haritz/Menner/*Bohnhardt* § 4 Rn 140). Durch die Gesamtrechtsnachfolge als Vfg im rechtstechnischen Sinne gehen zwar unmittelbar Rechte und Pflichten über, eine solche Vfg ist aber abstrakt, dh losgelöst von der schuldrechtl Vereinbarung. Ob eine Vfg entgeltl erfolgt und aus der Sicht des übernehmenden Rechtsträgers ein Anschaffungsgeschäft vorliegt, hängt von dem der Verschm zugrunde liegenden Kausalgeschäft ab (*Hahn* DStZ 1998, 561; ebenso BFH/NV 2004, 167). Der Verschmelzungsvertrag und die entsprechenden Gesellschafterbeschlüsse sind als rechtl Grundlage der Umw auf einen Leistungsaustausch gerichtet. Vor diesem Hintergrund verwundert es nicht, dass auch das HandelsR in § 24 UmwG davon ausgeht, dass die übergehenden WG durch die übernehmende Körperschaft angeschafft werden (vgl dazu ausführl *Schmitt,* Grundlagen des UmwG, Teil 5 VII 3 b, im Erscheinen).

Die sich normalerweise aus dem entgeltl Vorgang ergebenden steuerrechtl Konsequenzen sind jedoch aufgrund der §§ 11–13 in erhebl Umfang eingeschränkt. **68**
Der übernehmende Rechtsträger tritt trotz Anschaffung gem § 12 III grdsl **in die Rechtsstellung der übertragenden Körperschaft** ein. Dies gilt auch dann, wenn die übergegangenen WG in der stl Schlussbilanz der übertragenden Körperschaft mit einem über dem BW liegenden Wert angesetzt wurden (BMF-Schrb vom 11.11.2011, BStBl I 1314 Rn 12.04 iVm Rn 04.10; RHL/*Rödder* Rn 97).

Trotz des durch Abs 3 angeordneten Eintritts in die Rechtsstellung des übertra- **69**
genden Rechtsträgers kommt es **nicht zu einer Vereinigung der Leistungsfähigkeiten beider Rechtsträger** in der Person des übernehmenden Rechtsträgers. Der übernehmende Rechtsträger tritt zwar nach Abs 3 in die Rechtsstellung der übertragenden Körperschaft ein, Abs 3 erklärt aber § 4 II, III für entsprechend anwendbar. In § 4 II 1 wird konkretisiert, dass die Rechtsnachfolge insbes für die „Bew der übernommenen WG, der AfA und der den stl Gewinn mindernde Rücklage" gilt. Soweit der Gesetzgeber die Rechtsnachfolge konkretisiert, handelt es sich immer um objektbezogene steuerrechtl relevante Umstände, die den jeweiligen, im Wege der Verschm übergehenden WG anhaften (vgl BT-Drs 14/2070, 24). Zu einer Rechtsnachfolge kommt es nicht, soweit verrechenbare **Verluste,** verbleibende Verlustvorträge oder von der übertragenden Körperschaft nicht ausgeglichene negative Einkünfte, ein Zinsvortrag nach § 4h I 5 EStG und ein EBITDA-Vortrag nach § 4h I 3 EStG des übertragenden Rechtsträgers betroffen sind (vgl auch Rn 93 f). Zu § 8c KStG vgl Rn 93. Die bis zum stl Übertragungsstichtag durch den übertragenden Rechtsträger verwirklichten Besteuerungsgrundlagen sind ihm zuzurechnen, er ist bis zum Ablauf des stl Übertragungsstichtags zu veranlagen. Ein bis zum stl Übertragungsstichtag durch den übertragenden

Rechtsträger erzielter Gewinn kann damit nicht mit einem vom übernehmenden Rechtsträger erwirtschafteten Verlust verrechnet werden (BFH/NV 2008, 1538). Zu Verlusten des übertragenden Rechtsträgers nach dem Verschmelzungsstichtag vgl Rn 93. Zum Hinzurechnungsvolumen nach § 2a III EStG aF vgl FG München EFG 2011, 1117.

70 **b) AfA.** Die übernehmende Körperschaft führt die BW der übertragenden Körperschaft gem Abs 2 S 1 iVm § 4 I fort. Objektbezogene Kosten, wie zB die GrESt stellen zusätzl AK der übertragenen WG dar und sind entsprechend zu aktivieren (BMF-Schrb vom 11.11.2011, BStBl I 1314 Rn 12.04 iVm Rn 04.34; vgl Rn 30, 35; BFH FR 2004, 774). Wurde durch die übertragende Körperschaft ein Gebäude angeschafft, so gehören Aufwendungen des übernehmenden Rechtsträgers für Instandsetzungs- oder Modernisierungsmaßnahmen, die innerh von drei Jahren nach der Anschaffung des Gebäudes geführt werden, zu den mögl anschaffungsnahen Aufwendungen iSd § 6 I Nr 1a EStG (RHL/*Rödder* Rn 100). Die **übernommenen BW** stellen wegen der Rechtsnachfolge **nicht die Anschaffungspreise** der übernehmende Körperschaft dar, sondern vielmehr tritt die übernehmende Körperschaft bzgl der Bew der übernommenen WG und der **AfA** in die Rechtsstellung der übertragenden Körperschaft ein (Frotscher/Maas/*Frotscher* Rn 91). Gleiches gilt für eine ggf steuerrechtl relevante **Gründer- oder Herstellereigenschaft** der übertragenden Körperschaft (Frotscher/Maas/*Schnitter* § 4 Rn 83). Die von der übertragenden Körperschaft gewählte **Abschreibungsmethode** ist durch die übernehmende Körperschaft fortzuführen, da insoweit der übertragende Rechtsträger ein Wahlrecht ausgeübt und sich hinsichtl seiner Rechtsposition festgelegt hat. Die übernehmende Körperschaft kann deshalb hinsichtl der auf sie übergegangenen WG nicht von einer linearen AfA, die von der übertragenden Körperschaft gewählt worden ist, auf die Abschreibung entfallenden Jahresbeträgen übergehen (vgl FG Hamburg EFG 2003, 57; § 4 Rn 58 f). Hat die übertragende Körperschaft ein WG degressiv abgeschrieben, so muss der übernehmende Rechtsträger die entsprechende Abschreibungsmethode mit dem zugrunde gelegten Prozentsatz fortführen.

71 Nicht abschl geklärt ist, ob die übernehmende Körperschaft an die von der übertragenden Körperschaft zugrunde gelegten **betriebsgewöhnl Nutzungsdauer** der übertragenen WG gebunden ist (vgl § 4 Rn 60). Die FinVerw (vgl BMF-Schrb vom 11.11.2011, BStBl I 1314 Rn 04.34; Widmann/Mayer/*Widmann* § 4 Rn 870; vgl auch BFH DStR 2008, 611; FG Hamburg EFG 2003, 57; DPPM/*Pung* § 4 Rn 35; Haritz/Menner/*Bohnhardt* § 4 Rn 170; Frotscher/Maas/*Schnitter* § 4 Rn 86) geht davon aus, dass jedenfalls in den Fällen, in denen der übertragende Rechtsträger die BW aufstockt, die Restnutzungsdauer der WG zum Umwandlungsstichtag neu zu bestimmen ist. Dieser Auffassung wird von Teilen der Lit mit der Begr abgelehnt, dass der Wortlaut des § 4 eine neue Schätzung der Restnutzungsdauer nicht hergebe (Widmann/Mayer/*Widmann* § 4 Rn 878), sodass aufgrund stl Rechtsnachfolge der übernehmende Rechtsträger an den von der übertragenden Körperschaft zugrunde gelegten Abschreibungszeitraum gebunden ist.

72 Zu einer Rechtsnachfolge in ausländische Abschreibungsmethoden kommt es jedoch nicht, soweit die übergehenden WG durch die Verschm, bzw im unmittelbaren Anschluss daran (vgl § 11 Rn 120 ff), dem dt Recht unterliegen. Zur Abschreibung der WG bei der übernehmenden Körperschaft, falls die übertragende Körperschaft in ihrer stl Schlussbilanz nicht die BW fortgeführt hat, vgl § 4 Rn 79 ff.

c) Absetzung für außergewöhnliche technische und wirtschaftliche Abnutzung. Hat die übertragende Körperschaft Abschreibungen für außergewöhnl technische oder wirtschaftl Abnutzung (§ 7 I 7 EStG) vorgenommen, so tritt die übernehmende Körperschaft in diese Rechtsstellung ein. § 7 I 7 schreibt vor, dass in den Fällen der Gewinnermittlung nach §§ 4, 5 EStG eine gewinnerhöhende Zuschreibung und damit eine Erhöhung der AfA-Bemessungsgrundlage vorzunehmen ist, wenn der Grund für die außergewöhnl Abschreibung entfallen ist. Eine solche Zuschreibung muss auch die übernehmende Körperschaft vornehmen, wenn die Voraussetzungen für die außergewöhnl Abschreibung nach dem Umwandlungsstichtag entfallen (Widmann/Mayer/*Widmann* § 4 Rn 870.01). Der Betrag der Zuschreibung ergibt sich aus der Diff des BW zum Zeitpunkt der Rückgängigmachung der Abschreibung für außergewöhnl Abnutzung und den unter Berücksichtigung der normalen AfA fortgeführten Anschaffungs- oder Herstellungskosten des entsprechenden WG; vgl iÜ § 4 Rn 73 f. 73

d) Sonderabschreibung. Die übernehmende Körperschaft tritt hinsichtl der Möglichkeit einer Sonderabschreibung in die Rechtsstellung der übertragenden Körperschaft ein. Sie kann damit Sonder-AfA in der Höhe und in dem Zeitraum vornehmen, wie es die übertragende Körperschaft hätte tun können (BMF-Schrb vom 14.7.1995, DB 1995, 1439; Widmann/Mayer/*Widmann* § 4 Rn 864, 1027.1; Frotscher/Maas/*Frotscher* Rn 91). 74

Kommt es iRd Verschm der Körperschaft auf eine andere Körperschaft zur Aufdeckung stiller Reserven in der Schlussbilanz des übertragenden Rechtsträgers, so hat dies grdsl keinen Einfluss auf die Sonderabschreibung, sondern ledigl auf die normale AfA (Widmann/Mayer/*Widmann* § 4 Rn 885). 75

e) Inanspruchnahme von Bewertungsfreiheiten, Fortführung eines Sammelpostens, Bewertungseinheit. Bezüglich der Inanspruchnahme einer Bewertungsfreiheit (vgl § 7 f EStG, § 82 f EStDV) oder eines Bewertungsabschlages (vgl § 80 EStDV) tritt die übernehmende Körperschaft in die Rechtsstellung der übertragenden Körperschaft ein (Haritz/Menner/*Bohnhardt* § 4 Rn 154 f; DPPM/*Pung* § 4 Rn 18; Frotscher/Maas/*Frotscher* Rn 91). Hat der übertragende Rechtsträger die Bewertungsfreiheit gem § 6 II EStG nicht in Anspruch genommen, so ist die übernehmende Körperschaft daran gebunden. Gleiches gilt, wenn der übertragende Rechtsträger einen Sammelposten gem § 6 IIa EStG nicht gebildet hat. Bestand in der Person des übertragenden Rechtsträgers ein Sammelposten gem § 6 IIa EStG, geht dieser auf den übernehmenden Rechtsträger über. Hat der übertragende Rechtsträger eine Bewertungseinheit gem § 5 Ia S 2 EStG gebildet, muss der übernehmende Rechtsträger diesen handelsrechtlichen und steuerrechtlichen Buchwertansatz fortführen (DPPM/*Pung* § 4 Rn 18; *Helios/Meinert* Ubg 2011, 592). Wie zu verfahren ist, wenn stl die Buchwerte aber handelsrechtlich Zeitwerte angesetzt wurden, ist nicht abschließend geklärt (vgl einerseits DPPM/*Pung* § 4 Rn 18 und andererseits Ubg 2011, 592). 76

f) Gewinnmindernde Rücklage. Die übernehmende Körperschaft kann die bei der übertragenden Körperschaft gebildeten gewinnmindernden Rücklagen fortführen, auch wenn die für die Schaffung der Rücklage erforderl Voraussetzungen nur bei der übertragenden Körperschaft vorlagen (vgl weiter § 4 Rn 68). 77

g) Teilwertabschreibung und Wertaufholung. Die übernehmende Körperschaft hat gem Abs 1 S 1 iVm § 4 I die auf sie übergegangenen WG mit den in der stl Schlussbilanz der übertragenden Körperschaft enthaltenen Werten zu 78 übernehmen. Diese Werte stellen wegen der Rechtsnachfolge nicht die stl AK der übernehmenden Körperschaft dar (vgl Widmann/Mayer/*Widmann* § 4 Rn 910; DPPM/*Pung* § 4 Rn 18), vielmehr gelten aufgrund des Eintritts der übernehmenden Körperschaft in die Rechtsstellung der übertragenden Körperschaft die **ursprüngl bzw fortgeführten AK und HK** der übernommenen WG bei der übertragende Körperschaft als AK bzw HK des übernehmenden Rechtsträgers (BMF-Schrb vom 11.11.2011, BStBl I 1314 Rn 12.04 iVm 04.09; Widmann/Mayer/*Widmann* § 4 Rn 318; RHL/*Birkemeier* § 4 Rn 50).

79 Liegen die Voraussetzungen der Rückgängigmachung der Teilwertabschreibung bereits zum Umwandlungsstichtag vor, so muss die Rückgängigmachung noch in der Schlussbilanz der übertragenden Körperschaft erfolgen. Die übernehmende Körperschaft ist zu einer Wertaufholung verpflichtet, wenn nach vorangegangener TW-AfA durch die übertragende Körperschaft der Grund für die TW-AfA inzwischen ganz oder teilw weggefallen ist oder wegen vorübergehender Wertminderung eine solche nicht mehr zulässig ist und auch nicht beibehalten werden darf (BMF-Schrb vom 11.11.2011, BStBl I 1314 Rn 12.04 iVm Rn 04.11). Dies gilt auch, wenn bzw soweit die übergehenden WG in der stl Schlussbilanz des übertragenden Rechtsträgers mit dem gemeinen Wert angesetzt wurden, nachfolgend aber noch weitere Wertaufholungen stattfinden (BMF-Schrb vom 11.11.2011, BStBl I 1314 Rn 12.04 iVm Rn 04.10; DPPM/*Pung* § 4 Rn 20; RHL/*van Lishaut* § 4 Rn 53; aA *Benecke* in PWC, Reform des UmwStR, S 165), denn auch in diesem Fall tritt der übernehmende Rechtsträger die Rechtsstellung des übertragenden Rechtsträgers ein. Der übernehmende Rechtsträger muss daher gem § 6 I Nr 1 S 4, Nr 2 S 3 EStG jährl nachweisen, dass der von der übertragenden Körperschaft bzw von ihr fortgeführte Wert in dieser Höhe beibehalten werden darf. Bei der Ermittlung der Wertobergrenze sind Abschreibungen, erhöhte Absetzung, Absetzungen, Sonderabschreibungen sowie Abzüge gewinnmindernder Rücklagen sowohl des übertragenden Rechtsträgers (bis zum stl Übertragungsstichtag) als auch des übernehmenden Rechtsträgers (ab dem stl Übertragungsstichtag bis zum Wertaufholungsstichtag) zu berücksichtigen. Vgl dazu das Beispiel § 4 Rn 73.

80 **h) Besitzzeitanrechnung.** Nach Abs 3 iVm § 4 II 3 ist der Zeitraum der Zugehörigkeit eines WG zum BV der übertragenden Körperschaft der übernehmenden Körperschaft zuzurechnen, wenn die Zugehörigkeit zum BV für die Besteuerung bedeutsam ist. Dies betrifft insbes neben den Vorbesitzzeiten (§ 9 Nr 2a und Nr 7 GewStG, DBA Schachtelprivilegien, § 6b IV 1 Nr 2 EStG) auch bei Behaltensfristen (§ 2 I 1 Nr 2 InvZulG, § 8b IV KStG aF), die durch die Umw nicht unterbrochen werden (RHL/*Rödder* Rn 100). Vgl auch Rn 92.

81 **i) Einlagekonto.** Die stl Folgen der Verschm von Körperschaften auf andere Körperschaften auf das Einlagekonto sind in § 29 KStG geregelt (vgl dazu Rn 95 ff).

82 **j) Organschaftsverhältnisse. aa) Verschmelzung des Organträgers auf eine andere Körperschaft.** Wird der Organträger auf einen anderen Rechtsträger verschmolzen, tritt der übernehmende Rechtsträger in einen bestehenden EAV ein (BMF-Schrb vom 11.11.2011, BStBl I 1314 Rn Org 01; OLG Karlsruhe ZIP 1991, 101; LG Bonn GmbHR 1996, 774; DPPM/*Dötsch* Anh Rn 4; RHL/*Rödder* Rn 101; Haritz/Menner/*Wisniewski* Rn 90). Die bei der Berechnung der fünfjährigen **Mindestlaufzeit** (§ 14 I 1 Nr 3 KStG) werden die Laufzeiten bei

der übertragenden und übernehmenden Körperschaft zusammengerechnet (BMF-Schrb vom 11.11.2011, BStBl I 1314 Rn Org 11; DPPM/*Dötsch* Anh Rn 10; Haritz/Menner/*Wisniewski* Rn 90). Für den **Organträgerwechsel,** dem ein **Fortbestand der Organschaft** zu Grunde liegt, gilt: Das Ergebnis für das abgelaufene Wj wird noch dem alten Organträger als den übertragenden Rechtsträger zugerechnet, sofern der stl Übertragungsstichtag der Verschmelzung auf das Ende des Wj der OrganGes fällt (BMF-Schrb vom 11.11.2011, BStBl I 1314 Rn Org 19; DPPM/*Dötsch* Anh Rn 4, 53). Haben die OrganGes und der Organträger ein kalenderjahrgleiches Wj und erfolgt die Verschmelzung auf einen neuen Rechtsträger zum 1.1.02 mit stl Übertragungsstichtag 31.12.01, ist das Organeinkommen in 01 noch dem bisherigen Organträger zuzurechnen. Erfolgt die Verschmelzung unterjährig unter Fortbestand des Organschaftsverhältnisses, erfolgt die Einkommenszurechnung bei derjenigen MutterGes, die zum Schluss des Wj der OrganGes der Organträger ist (BMF-Schrb vom 11.11.2011, BStBl I 1314 Rn Org 19; DPPM/*Dötsch* Anh Rn 52). Wird der Organträger auf die OrganGes verschmolzen, so endet die Organschaft mit Wirkung zum stl Übertragungsstichtag (BMF-Schrb vom 11.11.2011, BStBl I 1314 Rn Org 04; DPPM/*Dötsch* Anh Rn 14). Bei Beendigung des Gewinnabführungsvertrages vor Ablauf von fünf Jahren ist in diesen Fällen ein wichtiger Grund iSd § 14 I 1 Nr 3 S 2 KStG gegeben (BMF-Schrb vom 11.11.2011, BStBl I 1314 Rn Org 04).

Wird der Organträger auf einen anderen Rechtsträger verschmolzen, so stellt **83** dies einen wichtigen Grund dar, den **EAV** vorzeitig zu **kündigen** oder im gegenseitigen Einvernehmen aufzuheben (BMF-Schrb vom 11.11.2011, BStBl I 1314 Rn Org 12, Org 4; DPPM/*Dötsch* Anh Rn 11; RHL/*Rödder* Rn 101). Die Kündigung aus wichtigem Grund wirkt stl auf den Beginn des betreffenden Wj zurück (§ 14 I 1 Nr 3 S 1 KStG), zivilrechtlich wirkt er nur mit ex nunc (*Hüffer* AktG § 296 Rn 2–4). Fällt der zivilrechtliche und steuerrechtliche Zeitpunkt des Wirksamwerdens der Kündigung des EAV auseinander, ist die handelsrechtliche Gewinnabführung an den früheren Organträger stl als Gewinnausschüttung zu beurteilen (DPPM/*Dötsch* Anh Rn 11). Ein wichtiger Grund ist allerdings dann nicht anzunehmen, wenn die Beendigung des EAV vor Ablauf der in § 14 I 1 Nr 3 KStG vorgesehenen Fünf-Jahres-Zeitraums schon im Zeitpunkt des Vertragsabschlusses feststand (DPPM/*Dötsch* Anh Rn 11).

Im Falle einer Verschmelzung des Organträgers auf eine andere Körperschaft **84** ordnet Abs 3 HS 1 eine spezifische steuerrechtliche Rechtsnachfolge an, die „umfassend" ist (BFH BStBl II 2011, 529). Die von dem Organträger bis zum Verschmelzungsstichtag realisierte **finanzielle Eingliederung** ist damit dem übernehmenden Rechtsträger ohne weitere Einschränkung zuzurechnen, insbesondere für den Zeitraum vom stl Übertragungsstichtag bis zur Eintragung in das Handelsregister. Soweit die FinVerw (BMF-Schrb vom 11.11.2011, BStBl 1 1314 Rn Org 02 f) darüber hinaus für die stl Anerkennung einer durchgängigen Organschaft fordert, dass den übernehmenden Rechtsträger nach § 2 die Beteiligung an der Organschaft stl rückwirkend zum Beginn des Wj der OrganGes zuzurechnen ist, kann dies mangels rechtlicher Grundlage nicht überzeugen und steht im Widerspruch zur Rechtsprechung des BFH (vgl BFH BStBl II 2011, 529; *Rödder* DStR 2011, 1053; *Rödder/Rogall* Ubg 2011, 753; DPPM/*Dötsch* Anh Rn 22). Nur eine dem übertragenden Rechtsträger gegenüber bereits bestehende finanzielle Eingliederung kann dem übernehmenden Rechtsträger zugerechnet werden. Werden durch die Verschmelzung in der Person des übernehmenden Rechtsträgers erst die Voraussetzungen der finanziellen Eingliederung erfüllt, wirkt diese dem übernehmenden Rechtsträger zuzurechnende finanzielle Eingliederung nicht auf den Verschmelzungsstichtag zurück (vgl BMF-Schrb vom 11.11.2011, BStBl I 1314 Rn Org 03; DPPM/*Dötsch* Anh Rn 27; Frotscher/Maas/*Frotscher* KStG § 14 Rn 919).

85 Zur Auswirkung der Verschmelzung des Organträgers auf einen organschaftlichen Ausgleichsposten vgl Rn 89.

86 **bb) Verschmelzung einer Körperschaft auf einen Organträger.** Wird ein dritter Rechtsträger auf den Organträger als übernehmender Rechtsträger verschmolzen, so hat dies auf den Fortbestand eines EAV keinen Einfluss und berührt das Organschaftsverhältnis nicht (BMF-Schrb vom 11.11.2011, BStBl I 1314 Rn 20; DPPM/*Dötsch* Rn 4; Haritz/Menner/*Wisniewski* Rn 91). Etwas anderes gilt nur dann, wenn die OrganGes auf den Organträger verschmolzen wird. In diesem Fall endet der EAV zum stl Übertragungsstichtag (DPPM/*Dötsch* Anh Rn 3, 14).

87 **cc) Verschmelzung der Organgesellschaft auf einen dritten Rechtsträger.** Wird die OrganGes auf einen andere Körperschaft verschmolzen, so endet ein bestehender EAV (BMF-Schrb vom 11.11.2011, BStBl I 1314 Rn Org 21, 23; DPPM/*Dötsch* Anh Rn 12; OLG Karlsruhe DB 1994, 1917; vgl auch Gosch/*Neumann* § 14 KStG Rn 288). Die Organschaft endet zum stl Übertragungsstichtag (DPPM/*Dötsch* Anh Rn 12; Frotscher/Maas/*Frotscher* KStG § 14 Rn 87; vgl auch BMF-Schrb vom 11.11.2011, BStBl I 1314 Rn Org 21). Auf dieses Organschaftsverhältnis entfallende Organschaftsausgleichsposten sind nach § 14 IV 2 KStG stets in voller Höhe aufzulösen (BMF-Schrb vom 11.11.2011, BStBl I 1314 Rn Org 21). Entsteht ein Übertragungsgewinn, so wird dieser nach der hier vertretenen Auffassung (vgl § 11 Rn 154) von dem EAV erfasst.

88 Wird eine OrganGes auf eine Schwesterkapitalgesellschaft verschmolzen, kann durch Abschluss eines neuen EAV mit der übernehmenden SchwesterGes im Verhältnis zur MutterGes ein Organschaftsverhältnis begründet werden, wenn die MutterGes bereits seit dem Beginn des Wj der übernehmenden Körperschaft in ausreichendem Maße an dieser finanziell beteiligt war (RHL/*Herlinghaus* Anh 3 Rn 52). Wird die OrganGes auf eine Körperschaft verschmolzen, an welcher der Organträger der übertragenden Ges bisher nicht beteiligt war, ist eine rückbezogene Zurechnung der finanziellen Eingliederung am übernehmenden Rechtsträger nach Auffassung der FinVerw nicht möglich, ein Organschaftsverhältnis kann erst mit Beginn desjenigen des Wj begründet werden, für welches während des gesamten Wj eine finanzielle Eingliederung gegeben war (BMF-Schrb vom 11.11.2011, BStBl I 1314 Rn Org 21). Richtig ist in diesem Zusammenhang, dass der Regelungsbereich des § 13 weder § 2 I noch § 5 I grdsl Anwendung finden, dh der Gesellschafter des übertragenden Rechtsträgers wird erst mit der Eintragung der Verschmelzung in das Handelsregister und nicht schon bereits zum stl Übertragungsstichtag Gesellschafter des übernehmenden Rechtsträgers. Zu beachten ist jedoch, dass nach § 13 II 2 die Anteile am übernehmenden Rechtsträger an die Stelle des Anteils am übertragenden Rechtsträger treten. Daraus wird in der Literatur der Schluss gezogen, dass eine nahtlose Anschlussorganschaft möglich ist (RHL/*Rödder* Rn 101; *Rödder* DStR 2011, 1053).

89 **dd) Verschmelzung einer Körperschaft auf eine Organgesellschaft.** Besteht nach der Verschmelzung auf die OrganGes die finanzielle Eingliederung fort, so bleibt die bestehende Organschaft durch die Umwandlung unberührt

(BMF-Schrb vom 11.11.2011, BStBl I 1314 Rn Org 29, DPPM/*Dötsch* Anh Rn 48; RHL/*Herlinghaus* Anh 3 Rn 53). Durch die Verschmelzung auf die OrganGes kann in der Person der OrganGes ein Übernahmegewinn bzw -verlust entstehen. Wird eine TochterGes auf ihre MutterOrganGes verschmolzen, kann ein Übernahmegewinn dann entstehen, wenn das übertragende Nettobuchwertvermögen höher ist als der Buchwertansatz der Anteile des übernehmenden Rechtsträgers am übertragenden Rechtsträger. Dieser Übernahmegewinn unterliegt der handelsrechtlichen Gewinnabführung, da er laufendes Betriebsergebnis ist (BMF-Schrb vom 11.11.2011, BStBl I 1314 Rn Org 30; BFH/NV 2001, 1455; DPPM/*Dötsch* Anh Rn 58; Frotscher/Maas/*Frotscher* § 14 KStG Rn 284). Entsteht ein Übernahmeverlust, wirkt dieser sich handelsrechtlich ergebnismindernd aus und unterliegt der Ausgleichsverpflichtung durch den Organträger nach § 302 AktG (BMF-Schrb vom 11.11.2011, BStBl I 1314 Rn Org 32). Ein Übernahmegewinn bzw -verlust bleibt nach Abs 2 S 1 bei der Einkommensermittlung der übernehmenden OrganGes stl außer Ansatz und wird insoweit außerbilanziell korrigiert. Sofern das Übernahmeergebnis zu einer Mehr- oder Minderabführung führt, also Bewertungsunterschiede zwischen Handels- und Steuerbilanz vorliegen, geht die FinVerw davon aus, dass es zu Mehr- oder Minderabführungen kommt, die ihre Ursache in vororganschaftlichen Zeiten hat und bejaht nach § 14 III 1, 2 KStG eine Gewinnausschüttung bzw Einlage (vgl BMF-Schrb vom 11.11.2011, BStBl I 1314 Rn Org 33). Soweit die übernehmende OrganGes nicht am übertragenden Rechtsträger beteiligt ist, kommt es in der Regel in der Person des übernehmenden Rechtsträgers im Rahmen der Verschmelzung zur Ausgabe neuer Anteile. Soweit der „Übernahmegewinn" zur Aufstockung des Nennkapitals zwecks Ausgabe neuer Anteile erfolgt oder eine Einstellung in die Kapitalrücklage nach § 272 II Nr 1 HGB kommen muss, unterliegt dieser „Übernahmegewinn" nicht der Gewinnabführungspflicht (BMF-Schrb vom 11.11.2011, BStBl I 1314).

Wird eine Körperschaft auf eine Organschaft verschmolzen, so können sich Probleme im Zusammenhang mit § 14 III KStG (Mehr- oder Minderabführung mit Verursachung in vororganschaftlichen Zeiten) und § 14 IV KStG (Mehr- oder Minderabführung mit Ursache in organschaftlicher Zeit) organschaftliche Ausgleichsposten ergeben (vgl dazu ausführlich DPPM/*Dötsch* Anh Rn 60 ff; *Vogel* DB 2011, 1239; *Rödder* DStR 2011, 1053; *Kröner* BB Special 1.2011, 24; *Dötsch* Ubg 2011, 20; *Vogel* Ubg 2010, 618; BMF-Schrb vom 11.11.2011, BStBl I 1314 Rn Org 33 f; *Schmitt/Schloßmacher* UmwStE 2011 S 402; *Schumacher* FS Schaumburg, 2009, 477). **90**

k) Gesellschafterfremdfinanzierung, § 8a KStG. Vgl dazu Vorauflage § 12 Rn 89–91; *Prinz* FR 1995, 772; *Orth* DB 1995, 1985. **91**

l) Zusammenrechnung von Anteilen. Ob es zu einer rückwirkenden Zusammenrechnung von Anteile kommt, die der übertragende und der übernehmende Rechtsträger an einer gemeinsamen TochterGes halten, ist nicht abschl geklärt. Diese Frage ist insbes dann von Bedeutung, wenn sowohl der übertragende als auch der übernehmende Rechtsträger eine Minderheitsbeteiligung besitzen und durch die Verschm erst die Voraussetzungen bspw des § 14 I 1 Nr 1 KStG, des § 9 Nr 2a GewStG oder die Voraussetzungen des § 8b IV KStG nF (vgl dazu auch *Benz/Jetter* DStR 2013, 489) in der Person des übernehmenden Rechtsträgers geschaffen werden. Der Wortlaut des § 2 spricht für eine rückwirkende Zusammenrechnung (ebenso RHL/*van Lishaut* § 2 Rn 41; Widmann/Mayer/*Schießl* Rn 800 iVm § 4 Rn 845; *Ernst* Ubg 2012, 678; vgl auch Haritz/ **92**

Menner/*Biliteuski* § 23 Rn 31). Ob die FinVerw eine rückwirkende Zusammenrechnung anerkennt, ist aber im Hinblick auf die zu §§ 20 V, VI, 23 I (vgl BMF-Schrb vom 26.8.2003, BStBl II 437 Rn 12; BMF-Schrb vom 11.11.2011, BStBl I 1314 Rn Org 03.51 zur finanziellen Eingliederung) vertretene Meinung zur rückwirkenden Begründung von Eingliederungsvoraussetzungen zweifelhaft (vgl auch § 19 Rn 15).

10. Kein Übergang von Verlusten und Zinsvorträgen, Abs 3 iVm § 4 II 2

93 Die übernehmende Körperschaft tritt gem Abs 3 HS 1 grdsl in die stl Rechtsstellung des übertragenden Rechtsträgers ein. Nach Abs 3 HS 2 iVm § 4 II 2 gehen verrechenbare Verluste, verbleibende Verlustvorträge, vom übertragenden Rechtsträger nicht ausgeglichene negative Einkünfte, ein Zinsvortrag nach § 4h I 5 EStG und ein EBITDA-Vortrag nach § 4h I 3 EStG nicht auf die übernehmende Körperschaft über. Bei den **„verrechenbaren Verlusten"** handelt es sich um solche iSd §§ 15a IV, 15b IV EStG. **„Verbleibende Verlustvorträge"** sind alle förml festgestellten Abzugsbeträge, die insbes nach §§ 2a, 10d, 15 IV, 15a EStG, § 10 III 5 AStG iVm § 10d EStG. Vom übertragenden Rechtsträger **„nicht ausgeglichene negative Einkünfte"** sind lfd Verluste des übertragenden Rechtsträgers, die noch nicht in einem verbleibenden Verlustvortrag förml festgestellt wurden. Dabei handelt es sich um einen lfd, im Wj der Verschm erlittenen Verlust des übertragenden Rechtsträgers, die vor dem stl Übertragungsstichtag erwirtschaftet wurden (RHL/*Rödder* Rn 104; DPPM/*Pung* § 4 Rn 25; vgl auch BFH BStBl II 2006, 380 sowie BMF-Schrb vom 7.4.2006, BStBl I 344). Umstritten ist, ob Abs 3 iVm § 4 II 2 auch laufende Verluste von der der Übertragerin nachgeordneten PersGes erfasst (vgl DPPM/*Pung* § 4 Rn 25; *Heinz/Wilke* GmbHR 2010, 360). Lfd Verlust des übertragenden Rechtsträgers nach dem stl Übertragungsstichtag sind gem § 2 I 1 bereits dem übernehmenden Rechtsträger zuzurechnen (DPPM/*Pung* § 4 Rn 25; Haritz/Menner/*Bohnhardt* § 4 Rn 206; RHL/*van Lishaut/Birkemeier* § 4 Rn 62; unverständlich BMF-Schrb vom 11.11.2011, BStBl I 1314 Rn 02.40; vgl dazu *Dietrich/Kaeser* in FGS/BDI UmwStE S 121 f). Das Übergangsverbot gilt nach § 19 II auch für die GewSt, und zwar hinsichtl eines Gewerbeverlustes iSd § 10a GewStG und der Fehlbeträge des lfd Erhebungszeitraums der übertragenden Körperschaft. Bei der Verschm auf eine VerlustGes kann es zu einem schädlichen Beteiligungserwerb iSv § 8c KStG beim übernehmenden Rechtsträger kommen (BMF-Schrb vom 4.7.2008, BStBl I 736 Rn 7). Gehören zum übertragenen Verm Anteile an einer Körperschaft, ist insoweit § 8c KStG zu beachten (Widmann/Mayer/*Widmann* § 4 Rn 1073.8; BMF-Schrb vom 4.7.2008, BStBl I 736 Rn 7; vgl auch *Schick/Franz* DB 2008, 1987).

94 Der übertragende Rechtsträger kann die durch ihn noch nicht verbrauchten Verlustabzüge ggf durch Buchwertaufstockung in der stl Schlussbilanz und durch Verrechnung mit dem dabei entstehenden Übertragungsgewinn noch ausnutzen. Zu berücksichtigen ist dabei allerdings die Kappung des Verlustabzugs wegen der in § 10d II EStG geregelten Mindestbesteuerung, die jedoch im Hinblick auf das objektive Nettoprinzip nicht zur Anwendung kommt (vgl § 4 Rn 56).

11. Gliederung des Eigenkapitals der übernehmenden Körperschaft

Schrifttum: *Blumenberg/Lechner,* Der Regierungsentwurf des SEStEG: Neuerungen beim Einlagekonto, Körperschaftsteuerminderung und -erhöhung, BB Special 8/2006; *Winkeljo-*

hann/Fuhrmann, SEStEG: Einlagekonto, KSt-Guthaben und Nachversteuerung von EK 02-Beträgen auf dem Weg nach Europa, DB 2006, 1862; *Dötsch/Pung,* SEStEG – Die Änderung des KStG, DB 2006, 2648; *Rott,* Überblick über das SEStEG, INF 2007, 97; *Schießl,* Erstmalige Feststellung eines stl Einlagekontos von ausländischen Körperschaften im Fall der Hereinverschmelzung (§ 29 Abs 6 KStG), DStZ 2008, 852; *Stadler/Jetta,* Grenzüberschreitende Verschmelzung von Kapitalgesellschaften und steuerliches Einlagekonto, IStR 2009, 336; *Klingenberg/Nitzschke,* Grenzüberschreitende Umwandlung am Beispiel grenzüberschreitender Verschmelzung, Ubg 2011, 451.

In dem stl Einlagekonto iSd § 27 I 1 KStG wird die nicht in das Nennkapital geleistete Einlage ausgewiesen. Kommt es zu Rückzahlungen aus dem Einlagekonto, so liegt eine Rückgewähr von Einlagen an die Ges vor, die nicht der Dividendenbesteuerung unterliegen. Nach § 27 I 3 KStG gilt für Leistungen der KapGes an die Anteilseigner erst der ausschüttbare Gewinn und dann das stl Einlagekonto als verwendet (Einlagerückgewähr). Als ausschüttbare Gewinne gelten dabei nach § 27 I 5 KStG das um das gezeichnete Kap geminderte in der StB ausgewiesene EK abzgl des Bestands des stl Einlagekontos. Kommt es zu einer KapErh aus Gesellschaftsmitteln, so kann es nach Maßgabe des § 28 I KStG dazu kommen, dass auch Gewinnrücklagen in Nennkapital umgewandelt werden. Diese sind gesondert nach § 28 I 3 KStG auszuweisen. § 29 KStG trifft die Kapitalveränderungen bei Umwandlungen. Durch die Vorschrift soll sichergestellt werden, dass der ausschüttbare Gewinn durch Umw nicht verfälscht wird. Nach § 29 I KStG gilt bei der Verschm das Nennkapital der übertragenden Körperschaft zum stl Übertragungsstichtag fiktiv als auf 0 herabgesetzt. Soweit im Nennkapital Einlagen gebunden sind, werden sie dem Einlagekonto gutgeschrieben. Bei der Verschm einer KapGes auf eine unbeschränkt stpfl Körperschaft ist der Bestand des stl Einlagekontos des übertragenden Rechtsträgers dem stl Einlagekonto des übernehmenden Rechtsträgers hinzuzurechnen (§ 29 II 1 KStG). Soweit die an der Verschm beteiligten Körperschaften untereinander beteiligt sind, wird das Einlageguthaben nach Maßgabe des § 29 II 2, 3 KStG gekürzt. Im Anschluss daran werden die Nennkapitalien der an der Umw beteiligten Körperschaften aneinander angepasst (§ 29 IV KStG). **95**

§ 29 I–IV KStG gilt für KapGes und über § 29 V KStG sinngemäß auch für andere unbeschränkt stpfl Körperschaften und Personenvereinigungen, die Leistung iSd § 20 I Nr 1, 9, 10 EStG gewähren können. § 29 VI KStG trifft eine Regelung für grenzüberschreitende **Hineinverschmelzung** ausl Körperschaften, für die eine stl Einlagekonto bisher nicht festgestellt wurde und ordnet eine entsprechende Anwendung des § 29 I–V KStG an. § 29 VI betrifft Körperschaften und Personenvereinigungen aus einem anderen Mitgliedsstaat der EU (§ 29 VI 2 iVm § 27 VIII KStG). Zum Fall des **Herausverschmelzens** vgl auch Rn 102. **96**

Der Bestand des stl Einlagekontos ist bei der übertragenden Körperschaft letztmals auf den stl Übertragungsstichtag festzustellen (vgl BMF-Schrb vom 11.11.2011, BStBl I 1314 Rn K 04). Bei der Verschm zur Aufnahme berücksichtigt die übernehmende Körperschaft das zugehende Einlageguthaben zum Schluss desjenigen Wj, in das der stl Übertragungsstichtag fällt (BMF-Schrb vom 11.11.2011, BStBl I 1314 Rn K 09). Das zugehende Einlageguthaben kann daher ab dem folgenden Wj unter den Voraussetzungen des § 27 I 3 KStG für eine Ausschüttung verwendet werden. Kommt es zu einer Verschm zur Neugründung, so hat die übernehmende Körperschaft kein „vorangegangenes Wj" iSd § 27 I 3 KStG. Für diese Fälle soll nunmehr § 27 II 3 KStG zur Anwendung kommen. Danach ist der „bei Eintritt in die StPfl" vorhandene Einlagebestand gesondert festzustellen und gilt als Bestand des stl Einlagekontos aE des vorangegangenen **97**

Wj (vgl *Benecke/Staats* FR 2010, 893). Die Regelung bezieht sich eigentl auf den Zuzug von Körperschaften aus dem Ausland (RHL/*van Lishaut* Anh 2 Rn 22), sie soll aber ausweisl der Gesetzesbegründung (BT-Drs 16/2710, 32) auch für die Fälle der Neugründung gelten.

98 Der Zugang von Einlageguthaben der übertragenden Körperschaft ist bei der übernehmenden Körperschaft für eine etwaige **Anpassung des Nennkapitals** zu verwenden (§ 29 IV iVm § 28 I KStG). Aufgrund von § 2 erfolgt die Anpassung zum Schluss des Wj, in dem der stl Übertragungsstichtag liegt. Verbleibt nach der Nennkapitalanpassung noch ein Bestand auf dem Einlagekonto, so ist dieser „Mehrbestand" gem § 29 IV iVm § 28 III KStG mit einem etwaigen vorhandenen Sonderausweis des übernehmenden Rechtsträgers zu verrechnen. Reicht das Einlagekonto des übertragenden Rechtsträgers nicht aus, um die Nennkapitalerhöhung zu decken, so resultiert daraus ein Sonderausweis (RHL/*van Lishaut* Anh 2 Rn 26). Wird eine TochterGes auf ihre MutterGes verschmolzen, unterbleibt eine Hinzurechnung des Bestandes des stl Einlagekontos des übertragenden Rechtsträgers zu dem stl Einlagekontos des übernehmenden Rechtsträgers im Verhältnis des Anteils des übertragenden Rechtsträgers am übernehmenden Rechtsträger (§ 29 II 2 KStG, vgl dazu BMF-Schrb vom 11.11.2011, BStBl I 1314 Rn K 10; *Rödder* DStR 2002, 710). Hat der übernehmende Rechtsträger im Rückwirkungszeitraum Anteile am übertragenden Rechtsträger erworben, ist dies für § 29 II 2 KStG zu berücksichtigen, und zwar so, als wäre der Erwerb bereits zum Stichtag erfolgt (RHL/*van Lishaut* Anh 2 Rn 29).

99 Wird eine MutterGes auf ihre TochterGes verschmolzen, ist § 29 II 3 KStG zu beachten (BMF-Schrb vom 11.11.2011, BStBl I 1314 Rn K 12). Nach dieser Regelung mindert sich der Bestand des Einlagekontos des übernehmenden Rechtsträgers anteilig im Verhältnis des Anteils des übertragenden Rechtsträgers am übernehmenden Rechtsträger.

100 Kommt es zu einem Hereinverschmelzen aus dem Ausland, so ist zu berücksichtigen, dass eine nicht in Deutschland unbeschränkt stpfl Körperschaft nicht verpflichtet ist, ein Einlagekonto iSd § 27 I 1, KStG zu führen (vgl auch § 27 VIII KStG).

101 Ein aktivierter verbleibender Anspruch auf Auszahlung des Steuerguthabens iSd § 37 V KStG der übertragenden Körperschaft geht im Wege der Gesamtrechtsnachfolge auf die übernehmende Körperschaft über. Der Ansatz des KSt-Guthabens sowie die Aufzinsungsbeträge führen nach § 37 VII KStG zu keinen Einkünften auf Ebene der übertragenden und übernehmenden Körperschaft. Bei einem stl Übertragungsstichtag nach dem 31.12.2006 gilt die Neuregelung des § 38 IV–X KStG. Sie sieht vor, dass die KapGes 3% des EK 02 ausschüttungsunabhängig in zehn gleichen Jahresraten in den Jahren 2008–2017 entrichten muss. Dieser pauschale Erhöhungsbetrag entsteht am 1.1.2007 und ist in der StB abgezinst zu passivieren. Der Aufwand ist bei der Einkommensermittlung hinzuzurechnen (§ 38 X KStG; zu weiteren Einzelheiten vgl *Neumann/Simpel* GmbHR 2008, 57). Die Verpflichtung zur Zahlung des pauschalierten Erhöhungsbetrags geht auf den übernehmenden Rechtsträger über.

12. Vermögensübergang in den nicht steuerpflichtigen oder steuerbefreiten Bereich der übernehmenden Körperschaft

102 Ist der übernehmende Rechtsträger eine Körperschaft, die nicht stpfl oder die (teilw) steuerbefreit ist und geht das Verm des übertragenden Rechtsträgers in den nicht stpfl (zB jur Personen des öffentl Rechts, wenn kein Übergang auf einen Betrieb gewerbl Art erfolgt) oder steuerbefreiten Bereich (Übergang auf einen gem § 5 I KStG steuerbefreiten Bereich), findet Abs 5 Anwendung. Wird eine KapGes auf eine im Inland auch **nicht beschränkt steuerpflichtige** Körperschaft verschmolzen, findet Abs 5 keine Anwendung, der übernehmende Rechtsträger ist in diesem Fall nicht von der Steuer befreit, sondern vielmehr nicht steuerbar (Frotscher/Maas/*Schnitter* Rn 135; vgl auch *Schell* IStR 2008, 397; *Figna/Fürstenau* BB Special 1/2010, 12). Abs 5 fingiert eine Totalausschüttung. Als ausgeschüttet gilt das in der StB der übertragenden Körperschaft ausgewiesene EK abzgl des Standes des stl Einlagekontos (§ 27 KStG), der sich nach der fiktiven Nennkapitalherabsetzung (§ 29 I iVm § 28 II KStG) ergibt. Die entsprechenden Positionen sind jew auf den Übertragungsstichtag zu ermitteln. Die übernehmende Körperschaft muss die auf sie übergegangenen offenen Reserven einschl des Teils des Nennkapitals, der aus einer Umw von offenen Gewinnrücklagen stammt, versteuern. Diese fiktiven Einnahmen iSd § 20 I Nr 1 EStG iVm § 12 V gelten dem übernehmenden Rechtsträger mit Ablauf des stl Übertragungsstichtag als zugeflossen (RHL/*Rödder* Rn 123). Für diese Bezüge ist nach § 43 I 1 Nr 1 EStG KapESt einzubehalten. Diese Verpflichtung zum Kapitalertragsteuerabzug geht iRd Gesamtrechtsnachfolge auf die übernehmende Körperschaft über (DPPM/*Dötsch* Rn 69). Maßgebender Zeitpunkt für die Einbehaltung der KapESt ist nicht der stl Übertragungsstichtag, was praktisch unmögl ist, da die Verschm regelm rückwirkend erfolgt (RHL/*Rödder* Rn 124). Die Abführungsverpflichtung entsteht im Zeitpunkt der Eintragung der Verschm in das HR (DPPM/*Dötsch* Rn 69; RHL/*Rödder* Rn 124; Widmann/Mayer/*Schießl* Rn 825).

13. Keine verdeckte Einlage bei der übernehmenden Körperschaft in Folge der Verschmelzung

Allgemein wird davon ausgegangen, dass der Vermögensübergang durch Verschmelzung einer Körperschaft auf eine andere Körperschaft grdsl weder für den übertragenden noch für den übernehmenden Rechtsträger eine verdeckte Gewinnausschüttung bzw verdeckte Einlage darstellt (vgl § 11 Rn 159 f). Dies gilt auch dann, wenn das Vermögen der übertragenden Ges mehr wert ist, als die von der übernehmenden Ges und den Anteilseignern der übertragenden Ges neu gewährten Anteile und die Gesellschafter der übertragenden und übernehmenden Ges nicht personenidentisch sind. In diesem Fall kann es bei solchen interpersonalen Wertverschiebungen auf Gesellschafterebene zu verdeckten Einlagen bzw verdeckten Gewinnausschüttungen auf Anteilseignerebene kommen (vgl dazu § 13 Rn 14 ff). **103**

Die FinVerw (OFD Koblenz GmbHR 2006, 503; OFD Hannover DB 2007, 428) geht davon aus, dass beim Downstream-Merger mit Schuldenüberhang eine vGA vorliegt, soweit es beim übernehmenden Rechtsträger in Folge der Verschm zu einer unzulässigen Unterdeckung des Stammkapitals kommt. Dies kann nicht überzeugen, denn § 12 verdrängt nach der hier vertretenen Meinung die Grdse zur vGA (ebenso im Erg *Wassermeyer* Der Konzern 2005, 424; *Rödder/Wochinger* DStR 2006, 684; vgl auch FG Münster EFG 2005, 1561). **104**

§ 13 Besteuerung der Anteilseigner der übertragenden Körperschaft

(1) **Die Anteile an der übertragenden Körperschaft gelten als zum gemeinen Wert veräußert und die an ihre Stelle tretenden Anteile an der übernehmenden Körperschaft gelten als mit diesem Wert angeschafft.**

(2) [1] **Abweichend von Absatz 1 sind auf Antrag die Anteile an der übernehmenden Körperschaft mit dem Buchwert der Anteile an der übertragenden Körperschaft anzusetzen, wenn**

1. das Recht der Bundesrepublik Deutschland hinsichtlich der Besteuerung des Gewinns aus der Veräußerung der Anteile an der übernehmenden Körperschaft nicht ausgeschlossen oder beschränkt wird oder

2. die Mitgliedstaaten der Europäischen Union bei einer Verschmelzung Artikel 8 der Richtlinie 90/434/EWG anzuwenden haben; in diesem Fall ist der Gewinn aus einer späteren Veräußerung der erworbenen Anteile ungeachtet der Bestimmungen eines Abkommens zur Vermeidung der Doppelbesteuerung in der gleichen Art und Weise zu besteuern, wie die Veräußerung der Anteile an der übertragenden Körperschaft zu besteuern wäre. [2] § 15 Abs. 1a Satz 2 des Einkommensteuergesetzes ist entsprechend anzuwenden.

[3] **Die Anteile an der übernehmenden Körperschaft treten steuerlich an die Stelle der Anteile an der übertragenden Körperschaft. Gehören die Anteile an der übertragenden Körperschaft nicht zu einem Betriebsvermögen, treten an die Stelle des Buchwerts die Anschaffungskosten.**

Schrifttum: Schrifttum bis 2006 siehe 5. Auflage; *Hagemann/Jakob/Ropohl/Viebrock,* SEStEG, Das neue Konzept der Verstrickung und Entstrickung sowie die Neufassung des UmwStG, NWB-Sonderheft 1/2007; *Ley/Bodden,* Verschmelzung und Spaltung von inländischen Kapitalgesellschaften nach dem SEStEG (§§ 11–15 UmwStG nF), FR 2007, 265; *Prinz zu Hohenlohe/Rautenstrauch/Adrian,* Der Entwurf des SEStEG: Geplante Änderungen bei inländischen Verschmelzungen – Entscheidungshilfen für geplante Umwandlungen anhand einer Vorteilhaftigkeitsbetrachtung, GmbHR 2006, 623; *Schroer/Starke,* Die Beteiligungshöhen unabhängiger Schachtelprivilegierung in der GewSt nach Verschmelzungen, FR 2007, 488; *Dötsch,* Minderung und Mehrabführung mit Verursachung in organschaftlichen Zeiten – Bildung und Auflösung steuerlicher Ausgleichsposten zur Organbeteiligung nach Inkrafttreten des § 14 Abs 4 KStG idF des JStG 2008 –, Ubg 2008, 117; *Schmitt/Schloßmacher,* Antrag auf Buchwertansatz nach § 13 Abs 2 UmwStG, DB 2009, 1425; *Krumm,* Die Verschmelzung von Schwesterkapitalgesellschaften ohne Anteilsgewährung, GmbHR 2010, 24; *Rödder,* Verschmelzung von Kapital- auf Kapitalgesellschaften, DStR 2011, 1053; *Schumacher/Neitz-Hackstein,* Verschmelzung und Spaltung zwischen inländischen Kapitalgesellschaften, Ubg 2011, 409; *Heinemann,* Verschmelzung von Kapitalgesellschaften nach dem UmwStE 2011, GmbHR 2012, 133; *Schaflitzel/Götz,* Verschmelzung zwischen Kapitalgesellschaften, Spaltung von Kapitalgesellschaften und damit verbundene gewerbesteuerliche Regelungen, DB 2012 Beilage 1 zu Heft 2, 25; *Sistermann,* Umwandlung von Kapital- auf Kapitalgesellschaften (§§ 11 ff UmwStG) DStR 2012 Beihefter zu Heft 2, 9; *Benz/Jetter,* Die Neuregelung zur Steuerpflicht von Streubesitzdividenden, DStR 2013, 489.

Übersicht

1. Allgemeines

a) Regelungsinhalt. Während § 11 die stl Folgen der Verschm und der Vermögensübertragung im Wege der Vollübertragung einer Körperschaft auf eine andere bezogen auf die übertragende Ges, § 12 die stl Folgen bei der aufnehmenden Körperschaft regelt, betrifft § 13 die stl Wirkungen der Verschm für die Anteilseigner der übertragenden Ges, die Anteilseigner der Übernehmerin werden. § 13 findet nur Anwendung auf Anteile am übertragenden Rechtsträger, die im BV gehalten werden, die Anteile iSv § 17 EStG oder § 21 UmwStG aF sind. Für alle übrigen Anteile am übertragenden Rechtsträger gilt § 20 IVa 1, 2 EStG (BMF-Schrb vom 11.11.2011, BStBl I 1314 Rn 13.01; DPPM/*Dötsch* Rn 4; Widmann/Mayer/*Schießl* Rn 2.4 f; Frotscher/Maas/*Frotscher* Rn 8). 1

Die Anteile an der übertragenden Körperschaft gelten nach **Abs 1** grdsl als im Zuge der Verschm zum gemeinen Wert veräußert und korrespondierend hierzu die an ihre Stelle tretenden Anteile an der übernehmenden Körperschaft als mit diesem Wert angeschafft. Die Anteile an der übernehmenden Körperschaft können jedoch auf Antrag des betreffenden Anteilseigners gem **Abs 2 S 1** mit dem BW bzw den AK der Anteile an der übertragenden Körperschaft angesetzt werden, wenn (1) das dt Besteuerungsrecht hinsichtl des Gewinns aus der Veräußerung der Anteile an der übernehmenden Körperschaft nicht ausgeschlossen oder beschränkt wird oder (2) die Mitgliedsstaaten der EU bei einer Verschm Art 8 VI FusionsRL anzuwenden haben; in diesem Fall versteuert Deutschland den Gewinn aus einer späteren Veräußerung der Anteile an der übernehmenden Körperschaft ungeachtet der Bestimmungen eines DBAs in gleicher Art und Weise, wie die Veräußerung der Anteile an der übertragenden Körperschaft zu besteuern wären. Wird das Antragswahlrecht, die BW bzw AK fortzuführen, ausgeübt, treten die Anteile an der übernehmenden Körperschaft an die Stelle der Anteile an der übertragenden Körperschaft, also in deren stl Verhältnisse ein. Ein Antrag auf **Zwischenwertansatz** ist gesetzl nicht vorgesehen und damit unzulässig (BMF-Schrb vom 11.11.2011, BStBl I 1314 Rn 13.10; RHL/*Trossen* Rn 1; DPPM/*Dötsch* Rn 26; Haritz/Menner/*Schroer* Rn 3; *Dötsch/Pung* DB 2006, 2704; *Ley/Bodden* FR 2007, 265). 2

3 Das Antragswahlrecht des Abs 2 wird **durch jeden Anteilseigner eigenständig ausgeübt,** der Antrag ist für alle Anteile eines Anteilseigners einheitlich zu stellen (str vgl Rn 31). Die BW bzw AK können auch fortgeführt werden, wenn auf Ebene des übertragenden Rechtsträgers BW, ZW oder der gemeine Wert in der stl Schlussbilanz angesetzt wird bzw die Voraussetzungen des § 11 II nicht vorliegen (BMF-Schrb vom 11.11.2011, BStBl I 1314 Rn 13.08; DPPM/*Dötsch* Rn 3; RHL/*Trossen* Rn 4; Haritz/Menner/*Schroer* Rn 4).

4 § 13 gilt nicht nur für rein inl, sondern auch für der Verschm vglbare Umw sowie Hinaus- und Hereinverschmelzungen im **EU/EWR-Raum** (§ 1 I Nr 1, 2). Die Anteilseigner des übertragenden Rechtsträgers müssen jedoch mit ihren Anteilen in Deutschland unbeschränkt oder beschränkt stpfl sein (DPPM/*Dötsch* Rn 12). § 13 kommt damit auch zur Anwendung bei Verschm zweier Körperschaften in einem oder in mehreren EU/EWR-Drittstaaten, soweit ein in Deutschland unbeschränkt bzw beschränkt stpfl Ges beteiligt ist. Auf Verschm in einem Drittstaat ist § 13 über **§ 12 II 2 KStG** anzuwenden (DPPM/*Dötsch* Rn 15). Über den Wortlaut des § 12 II 2 KStG hinaus, soll § 13 auch für grenzüberschreitende Verschm zwischen verschiedenen Drittstaaten zur Anwendung kommen (vgl BT-Drs 16/3369 zu § 12 KStG; RHL/*Trossen* Rn 6; Haritz/Menner/*Schroer* Rn 8; *Schaflitzl/Widmayer* BB Special 8/2006, 48; *Dötsch/Pung* DB 2006, 2648) nicht allerdings die Hinausverschmelzung oder Hereinverschmelzung zwischen einem Drittstaat und einem EU/EWR-Staat (RHL/*Trossen* Rn 6).

5 **b) Anschaffungs- und Veräußerungsgeschäfte; Umfang der gesetzlichen Fiktion.** Nach **Abs 1** gelten die Anteile an der übertragenden Körperschaft als zum gemeinen Wert veräußert und die an ihre Stelle tretenden Anteile an der übernehmenden Körperschaft als mit diesem Wert angeschafft. In der Lit (DPPM/*Dötsch* Rn 21; Haritz/Menner/*Schroer* Rn 21; Frotscher/Maas/*Frotscher* Rn 18; ebenso BMF-Schrb vom 11.11.2011, BStBl I 1314 Rn 13.05; vgl aber auch Rn 00.03; *Hageböke* Ubg 2011, 689; *Ley/Bodden* FR 2007, 265; Haritz/Menner/*Bärwaldt* Rn 2; aA RHL/*Trossen* Rn 8; BFH BStBl II 2009, 13) wird die Auffassung vertreten, § 13 I **fingiere** eine Anteilsveräußerung. Die Anteilsinhaber des übertragenden Rechtsträgers wenden ihre Anteile am übertragenden Rechtsträger auf, um Anteile am übernehmenden Rechtsträger zu erhalten oder zumindest eine Werterhöhung bereits an der Übernehmerin gehaltenen Anteile zu erfahren; sie veräußern diese aber nicht. Veräußerung bedeutet näml die entgeltl Übertragung des zivilrechtl oder wirtschaftl Eigentums eines WG auf einen anderen Rechtsträger (BFH DStR 2006, 2206). Zu einer solchen Übertragung der Anteile am übertragenden Rechtsträger auf einen anderen Rechtsträger kommt es jedoch iRd Verschm nicht. Vor diesem Hintergrund fingiert Abs 1 aus der Sicht der Anteilseigner des übertragenden Rechtsträgers ein Veräußerungsgeschäft. Soweit der übernehmende Rechtsträger eigene Anteile an die Ges des übertragenden Rechtsträgers ausgibt, liegt ein abgeleiteter Erwerb und damit eine Anschaffung vor. Ob rechtstechnisch eine Anschaffung vorliegt, wenn die übernehmende Körperschaft ihr Kap erhöht und die Anteilseigner des übertragenden Rechtsträgers diese neuen Anteile als Gegenleistung erhalten, erscheint fragl, da ein abgeleiteter Erwerb nicht gegeben ist (vgl BFH BStBl II 2007, 60; FG Münster EFG 2008, 392; *Hageböke* Ubg 2011, 689; aA BFH BStBl II 2009, 13), die Anteile wurden nicht durch einen Dritten übertragen; sollte man eine Anschaffung für solche Fälle verneinen, fingiert Abs 1 eine solche.

6 **Abs 2** erlaubt auf Antrag bei Vorliegen der dort genannten Voraussetzungen die Fortführung der BW bzw AK. In diesem Fall treten die Anteile an der über-

nehmenden Körperschaft stl grdsl (vgl § 8b IV 2 KStG nF) an die Stelle der Anteile an der übertragenden Körperschaft. Dieses „an die Stelle treten" bedeutet, dass die Beteiligung am übernehmenden Rechtsträger (quotenmäßig vgl Rn 50) **„wesensidentisch"** mit den Anteilen am übertragenden Rechtsträger ist (*Hageböke* Ubg 2011, 689). Die Anteile am übernehmenden Rechtsträger besitzen **quotal** die gleiche stl Qualifikation, die den Anteilen am übertragenden Rechtsträger zukam. Ein Veräußerung- und Anschaffungsvorgang liegt unter den Voraussetzungen des Abs 2 nicht vor (ebenso RHL/*Trossen* Rn 45; aA BMF-Schrb vom 11.11.2011, BStBl I 1314 Rn 00.02).

c) Anwendungsbereich. § 13 findet nur auf Anteile im Betriebsvermögen, Anteile iSd § 17 EStG und alte einbringungsgeborene Anteile iSd § 21 I aF Anwendung. Für alle übrigen Anteile wird § 13 durch **§ 20 IVa 1, 2 EStG** verdrängt (allgemeine Auffassung BMF-Schrb vom 11.11.2011, BStBl I 1314 Rn 13.01; DPPM/*Dötsch* Rn 17; *Heinemann* GmbHR 2012, 133; *Schaflitzl/Götz* DB 2012 Beilage 1 zu Heft 2, 25). Abs 2 S 2 findet zudem auf Schachtelbeteiligungen iSv § 8b IV KStG nF grdsl keine Anwendung (vgl *Benz/Jetter* DStR 2013, 489). Ob Anteile in diesem Sinne vorliegen, richtet sich nach dem Zeitpunkt des zivilrechtlichen Wirksamwerdens der Verschmelzung, dh den Zeitpunkt der Eintragung in das Handelsregister, da die Rückwirkungsfiktion des § 2 I auf Anteilseignerebene nicht gilt (vgl BMF-Schrb vom 11.11.2011, BStBl I 1314 Rn 13.06; DPPM/*Dötsch* Rn 25; Frotscher/Maas/*Frotscher* Rn 20). Soweit der übernehmende Rechtsträger zum Verschmelzungsstichtag am übertragenden Rechtsträger beteiligt ist, kommt ausschließlich § 12 II und nicht § 13 zur Anwendung (vgl Rn 11). § 13 gilt weiter nicht, soweit den Gesellschaftern des übertragenden Rechtsträgers eine Gegenleistung gewährt wird, die nicht in Gesellschaftsrechten besteht (vgl Rn 15). Zudem soll § 13 auch dann nicht gelten, soweit es auf Grund der Umwandlung zu einer Wertverschiebung zwischen den Anteilen der beteiligten Anteilseigner kommt (vgl dazu Rn 14). Aufgrund des erweiterten Anwendungsbereichs des UmwStG gilt § 13 auch für Anteilseigner, die an EU-/EWR-KapGes beteiligt sind (vgl Rn 4). Zudem erklärt § 12 II KStG für die dort genannten Verschmelzungen § 13 für anwendbar. 7

§ 13 findet nach § 1 I Nr 3 auch auf die Vereinigung öffentl-rechtl Kreditinstitute sowie öffentl-rechtl Versicherungsunternehmen Anwendung (BMF-Schrb vom 11.11.2011, BStBl I 1314 Rn 11.16; aA DPPM/*Dötsch* Vor §§ 11–13 Rn 28 bzgl der Vereinigung von Sparkassen). Da bei der **Vollübertragung** die bisherigen Anteilseigner des übertragenden Rechtsträgers nicht mit Anteilen oder Mitgliedschaftsrechten abgefunden werden, sondern eine Barabfindung erhalten, gilt § 13 insoweit nicht (DPPM/*Dötsch* Rn 10; Haritz/Menner/*Schroer* Rn 5; Widmann/Mayer/*Schießl* Rn 8). 8

Bei den Anteilen an der übernehmenden Körperschaft, die iRd Verschm an die Anteilsinhaber der übertragenden Körperschaft gewährt werden, muss es sich nicht um neue Anteile handeln (BMF-Schrb vom 11.11.2011, BStBl I 1314 Rn 13.09; DPPM/*Dötsch* Rn 5; Widmann/Mayer/*Schießl* Rn 5; Semler/Stengel/*Moszak* Anh UmwStG Rn 149). Werden **eigene Anteile** des übernehmenden Rechtsträgers iRd Verschm den Anteilsinhabern des übertragenden Rechtsträgers als Gegenleistung gewährt, so kann es insoweit zu einer Aufdeckung der stillen Reserven der ausgegebenen eigenen Anteile des übertragenden Rechtsträgers in dessen Person kommen (vgl § 12 Rn 20). Werden Schwesterkapitalgesellschaften miteinander verschmolzen, so kann unter gewissen Voraussetzungen (vgl §§ 54 I, 9

68 I UmwStG) auf eine **Kapitalerhöhung verzichtet** werden. § 13 ist auch auf diesen Fall anzuwenden, sofern es nicht zu einer interpersonalen Wertverschiebung auf Anteilseignerebene kommt (BMF-Schrb vom 11.11.2011, BStBl I 1314 Rn 13.09; DPPM/*Dötsch* Rn 8; RHL/*Trossen* Rn 47 ff; Frotscher/Maas/*Frotscher* Rn 67; Haritz/Menner/*Schroer* Rn 19; *Schaflitzl/Götz* DB 2012 Beilage 1 zu Heft 2 Rn 25; *Sistermann* DStR 2012 Beihefter zu Heft 2, 9).

10 § 13 spricht zwar von Anteilen, er findet aber ungeachtet dieses Wortlautes auch Anwendung, wenn iRd Umw **„Mitgliedschaften"** ausgegeben werden oder untergehen, zB bei der Verschm von Versicherungsvereinen auf Gegenseitigkeit oder bei Gen (BMF-Schrb vom 11.11.2011, BStBl I 1314 Rn 13.12; RHL/*Trossen* Rn 12; DPPM/*Dötsch* Rn 10; Haritz/Menner/*Schroer* Rn 6; Frotscher/Maas/*Frotscher* Rn 4). Treten an die Stelle von Mitgliedschaften Anteile, so sollen nach Meinung der FinVerw (BMF-Schrb vom 11.11.2011, BStBl I 1314 Rn 13.12; ebenso DPPM/*Dötsch* Rn 10) die AK der Anteile EUR 0 betragen, was jedoch nicht überzeugt, da die Höhe der AK sich nach § 13 richtet. Nur wenn keine AK bezogen auf die Rechte am übertragenden Rechtsträger vorliegen, ist von AK in Höhe von EUR 0 auszugehen.

11 **d) Upstream-Merger.** Wird die TochterGes auf ihre MutterGes verschmolzen, kommt § 13 nicht zur Anwendung, weil die Anteilseigner der übernehmenden MutterGes keine Anteile an der übertragenden Körperschaft aufgeben und es zudem zu keiner Wertsteigerung bei ihren Anteilen kommt. Soweit die MutterGes an der TochterGes beteiligt ist, gilt ausschließl § 12 II (BMF-Schrb vom 11.11.2011, BStBl I 1314 Rn 13.01; RHL/*Trossen* Rn 9; Frotscher/Maas/*Frotscher* Rn 6; DPPM/*Dötsch* Rn 6; Widmann/Mayer/*Schießl* Rn 9).

12 **e) Downstream-Merger.** Beim Downstream-Merger wird die MutterGes auf die TochterGes verschmolzen. § 13 findet im Fall des Downstream-Mergers für die Anteilseigner der übertragenden MutterGes Anwendung (BMF-Schrb vom 11.11.2011, BStBl I 1314 Rn 11.19; DPPM/*Dötsch* Rn 7; RHL/*Trossen* Rn 9; Frotscher/Maas/*Frotscher* Rn 7; *Schmitt/Schloßmacher* DStR 2010, 673). Soweit es jedoch um die Sicherstellung der stillen Reserven in der zum BV der übertragenden MutterGes gehörenden Beteiligungen an der TochterGes geht, findet nicht § 13, sondern vielmehr § 11 Anwendung (vgl dazu den Beispielsfall bei Rn 37 und § 11 Rn 124 ff).

13 **f) Sidestream-Merger.** § 13 setzt im Grunde voraus, dass die Anteilseigner der übertragenden Körperschaft als Gegenleistung für den Untergang der Anteile an der übertragenden Körperschaft Anteile an der übernehmenden Körperschaft erhalten. Ist der Gesellschafter des übertragenden Rechtsträgers bereits vor der Verschm am übernehmenden Rechtsträger beteiligt, und werden iRd Verschm keine Anteile am übernehmenden Rechtsträger auszugeben oder aber Anteile, deren Wert den untergehenden Anteilen am übertragenden Rechtsträger nicht entspricht, so findet aufgrund der bei den bereits bestehenden Anteilen eintretenden Werterhöhung § 13 Anwendung (vgl Rn 19, 27). Unter den Voraussetzungen des Abs 2 ist damit auch eine BW-Fortführung möglich, wenn Schwestergesellschaften verschmolzen und Anteile an dem übernehmenden Rechtsträger nicht ausgegeben werden (BMF-Schrb vom 11.11.2011, BStBl I 1314 Rn 13.03; DPPM/*Dötsch* Rn 38; siehe dazu auch *Pupeter/Schnittker* FR 2008, 160).

14 **g) Interpersonale Wertverschiebung auf Gesellschafterebene (nicht verhältniswahrende Verschmelzung).** Nach allgM (BMF-Schrb vom 11.11.2011,

BStBl I 1314 Rn 13.03; BFH BStBl II 2011, 799; DPPM/*Dötsch* Rn 9; Widmann/Mayer/*Schießl* Rn 306; *Sistermann* DStR 2012 Beihefter zu Heft 2, 9; RHL/*Rödder* § 12 Rn 47; *Schumacher/Neitz-Hackstein* Ubg 2011, 409; *Schaflitzl/Götz* DB 2012 Beilage 1 zu Heft 2, 25; krit *Mentel* SteuK 2011, 193) soll § 13 keine Anwendung finden, soweit es infolge der Verschmelzung zu einer Wertverschiebung auf Ebene der Anteilseigner kommt (vgl auch § 11 Rn 158 f; § 12 Rn 103). Solche Wertverlagerungen sind nach allgemeinen Grundsätzen entweder verdeckte Gewinnausschüttungen in Form der Sachauskehrung zum gemeinen Wert oder aber verdeckte Einlagen. Gegenstand der Vorteilszuwendung sind Kapitalgesellschaftsanteile (BFH BStBl II 2011, 799; *Sistermann* DStR 2012 Beihefter zu Heft 2, 9; *Schumacher/Neitz-Hackstein* Ubg 2011, 409; *Rödder/Schmidt-Fahrenbacher* UmwStE 2011, 264 f). Gemeint sind nur **Wertverschiebungen** auf Anteilseignerebene **zwischen verschiedenen Anteilseignern.** Eine Wertverschiebung in diesem Sinne liegt damit nicht vor, wenn das Vermögen des übertragenden Rechtsträgers mehr wert ist, als die von der übernehmenden Gesellschaft gewährten Anteile und es zu keiner interpersonalen Wertverschiebung auf Anteilseignerebene kommt (vgl BMF-Schrb vom 11.11.2011, BStBl I 1314 Rn 13.09; Frotscher/Maas/*Frotscher* Rn 10 f).

Beispiel: 14a

Der unbeschränkte Steuerpflichtige A hält sämtliche Anteile an der A-GmbH und der B-GmbH. Der A hat diese Gesellschaften bar vor einigen Jahren gegründet. Das Stammkapital der Gesellschaft beträgt jeweils EUR 25 000. Der Verkehrswert der Beteiligung an der A-GmbH beläuft sich auf EUR 500 000, der an der B-GmbH auf EUR 1 Mio. Die A-GmbH soll auf die B-GmbH verschmolzen werden, wobei das Stammkapital der B-GmbH um EUR 100 erhöht werden soll. In diesem Fall ist § 13 anwendbar, da es zu keiner interpersonalen Wertverschiebung auf Anteilseignerebene kommt. Eine interpersonale Wertverschiebung auf Anteilseignerebene ist nur gegeben, wenn im Rahmen der Verschmelzung ein Anteilseigner einen Wertverlust zu Gunsten eines anderen Anteilseigners erfährt.

Beispiel: 14b

Der unbeschränkt steuerpflichtige A hält sämtliche Anteile an der B-GmbH sowie an der C-GmbH. Die C-GmbH ist alleiniger Gesellschafter der D-GmbH. Der Verkehrswert der Beteiligung des A an der B-GmbH soll sich auf EUR 1 Mio belaufen. Der Verkehrswert der Beteiligung des A an der C-GmbH und der Verkehrswert der Beteiligung der C-GmbH an der D-GmbH soll jeweils EUR 500 000 betragen. Das Nennkapital der D-GmbH beläuft sich auf EUR 50 000. Die B-GmbH soll auf die D-GmbH verschmolzen werden, wobei sich das Stammkapital der D-GmbH von EUR 50 000 um EUR 50 000 auf EUR 100 000 erhöht. Durch die Verschmelzung der B-GmbH auf die D-GmbH hat sich der Wert der Beteiligung der C-GmbH an der D-GmbH um EUR 250 000 erhöht. Es kam damit auf der Ebene der Anteilseigner der übernehmenden D-GmbH zu einer interpersonalen Wertverschiebung, sodass nach hM § 13 insoweit keine Anwendung findet, vielmehr die allgemeinen Grundsätze gelten. Es kommt zu einer verdeckten Einlage. Eine solche liegt vor, wenn ein Gesellschafter einer Kapitalgesellschaft dieser einen Vermögensgegenstand zuwendet, die Zuwendung außerhalb der gesellschaftsrechtlichen Einlage und ohne wertentsprechende Gegenleistung erfolgt und die Zuwendung ihre Ursache im Gesellschaftsverhältnis hat. Auf Grund der Verschmelzung der B-GmbH auf die D-GmbH hat sich der Wert des Anteils der C-GmbH an der D-GmbH und damit der Wert des Anteils an der C-GmbH zu Lasten des Anteils des A an der B-GmbH erhöht. Diese Erhöhung des Wertes der Anteile an der C-GmbH erfolgte nicht im Rahmen einer gesellschaftsrechtlichen Einlage. Es kann unterstellt werden, dass die Wertverschiebung zwischen dem ursprünglichen Anteil des A an der B-GmbH und dem Anteil an der C-GmbH nur im Hinblick auf das bestehende Gesellschaftsverhältnis zwischen A und C geduldet wurde. Die Voraussetzungen einer verdeckten Einlage liegen damit vor. Wäre im Beispielsfall die D-GmbH auf die B-GmbH verschmolzen worden und wäre dadurch der Anteil des A an der B-GmbH wertvoller geworden, so hätte nach Auffassung der hM die C-GmbH Anteile an der D-GmbH verdeckt an A ausgeschüttet (vgl auch § 11 Rn 158 ff).

15 **h) Bare Zuzahlungen, Barabfindung.** Scheidet ein Anteilseigner des übertragenden Rechtsträgers im Zusammenhang mit der Verschm gg **Barabfindung** gem § 29 UmwG aus, so findet § 13 keine Anwendung. Der ausscheidende Anteilsinhaber erzielt iHd Diff zwischen dem BW bzw den AK der Anteile und der erhaltenen Barabfindung einen Veräußerungsgewinn (DPPM/*Dötsch* Rn 18; RHL/*Trossen* Rn 11; Haritz/Menner/*Schroer* Rn 16; Widmann/Mayer/*Schießl* Rn 237; BMF-Schrb vom 11.11.2011, BStBl I 1314 Rn 13.02). Der Veräußerungsgewinn ist nach den allg Grdsen zu besteuern. Der Gewinn aufgrund einer Barabfindung eines ausscheidenden Gesellschafters iSd § 29 UmwG entsteht am stl Übertragungsstichtag. Nach § 12 II 3 iVm § 5 I gelten diese Anteile durch die übernehmende Körperschaft für die Ermittlung des Übernahmeergebnisses nämlich zum stl Übertragungsstichtag angeschafft. Nichts anderes kann dann für den Gewinn des ausscheidenden Gesellschafters gelten (aA Widmann/Mayer/*Schießl* Rn 245: Dingl Übertragung ist entscheidend; ebenso wohl auch RHL/*Trossen* Rn 11).

16 Kommt es auf der Ebene der Anteilseigner zu Ausgleichszahlungen, unterliegen diese den allg ertragsteuerrechtl Regelungen (DPPM/*Dötsch* Rn 14). Ist das Umtauschverhältnis der Anteile zu niedrig bemessen, kann neben der Gewährung von Anteilen an der übernehmenden Körperschaft auch eine **bare Zuzahlung** an den Anteilsinhaber im Verschmelzungsvertrag vereinbart werden. Dieses steht der Anwendbarkeit von § 13 im Hinblick auf die gewährten Anteile im Grundsatz nicht entgegen (BMF-Schrb vom 11.11.2011, BStBl I 1314 Rn 13.02; DPPM/*Dötsch* Rn 15; Haritz/Menner/*Schroer* Rn 11). Solche Zahlungen durch die übernehmende Körperschaft stellen keine Ausschüttung dar und führen beim Anteilseigner nicht zu Einnahmen aus KapVerm. Vielmehr liegt auf der Ebene des verbleibenden Anteilseigners ein anteiliges Veräußerungsgeschäft vor (BMF-Schrb vom 11.11.2011, BStBl I 1314 Rn 13.02; DPPM/*Dötsch* Rn 15; RHL/*Trossen* Rn 11; Haritz/Menner/*Schroer* Rn 13; Widmann/Mayer/*Schießl* Rn 240; Frotscher/Maas/*Frotscher* Rn 79; *Bien* ua DStR Beilage zu Heft 17/1998, 28). Ein Veräußerungsgewinn entsteht jedoch nicht iHd baren Zuzahlung, vielmehr ist die bare Zuzahlung dem anteiligen BW/AK gegenüberzustellen, der gewinnmindernd berücksichtigt wird (BMF-Schrb vom 11.11.2011, BStBl I 1314 Rn 13.02; DPPM/*Dötsch* Rn 19; Haritz/Menner/*Schroer* Rn 14; Widmann/Mayer/*Schießl* Rn 238). Der anteilige BW/AK ergibt sich aus dem Verhältnis des Wertes der nicht in Anteile bestehenden Gegenleistung zum gemeinen Wert der gesamten Anteile am übertragenden Rechtsträger (Frotscher/Maas/*Frotscher* Rn 80). Soweit es nicht zu einer Gewinnrealisierung kommt, findet Abs 2 Anwendung. Werden im Verschmelzungsvertrag bare Zuzahlungen vereinbart, so entsteht der Gewinn/Verlust mit der für die Umw maßgebenden Eintragung der Umw in das HR (Widmann/Mayer/*Schießl* Rn 246).

16a Ebenso wie die bare Zuzahlung werden auch Zahlungen behandelt, die iRd **Verbesserung des Umtauschverhältnisses** (§§ 15, 34, 176, 305 ff UmwG) erfolgen. Auch solche Leistungen stehen der Anwendbarkeit von § 13 im Hinblick auf die gewährten Anteile im Grundsatz nicht entgegen (Haritz/Menner/*Schroer* Rn 12). Bei solchen Zuzahlungen entsteht der Gewinn/Verlust mit der Rechtskraft der Entscheidung im Spruchverfahren (Widmann/Mayer/*Schießl* Rn 246).

2. Anteilstausch zum gemeinen Wert, Abs 1

17 **a) Veräußerung und Anschaffung zum gemeinen Wert.** Nach Abs 1 gelten die Anteile an der übertragenden Körperschaft als zum gemeinen Wert **veräu-**

ßert und die an ihre Stelle tretenden Anteile an der übernehmenden Körperschaft gelten als mit diesem Wert **angeschafft.**

Der **gemeine Wert** bestimmt sich nach dem BewG. Er entspricht bei börsennotierten Wertpapieren nach § 11 I BewG dem Kurswert, Paketzuschläge sind gem § 11 III BewG zu berücksichtigen. Soweit ein Börsenkurs nicht existiert, ist der gemeine Wert gem § 11 II BewG zunächst aus Verkäufen unter fremden Dritten abzuleiten, die weniger als ein Jahr zurückliegen, im Übrigen unter Berücksichtigung der Ertragsaussichten der KapGes oder einer anderen anerkannten, auch im gewöhnlichen Geschäftsverkehr für nicht stl Zwecke üblichen Methode zu ermitteln (§ 11 II 2 BewG). Gem § 11 II 4 BewG sind die §§ 199–203 BewG zu berücksichtigen. 18

Nach dem Gesetzeswortlaut ist der **gemeine Wert der untergehenden Anteile** maßgebend und nicht der gemeine Wert, der als Gegenleistung erlangten Anteile an der übernehmenden Körperschaft (BMF-Schrb vom 11.11.2011, BStBl I 1314 Rn 13.05; DPPM/*Dötsch* Rn 21; Haritz/Menner/*Schroer* Rn 23; Frotscher/Maas/*Frotscher* Rn 24; aA RHL/*Trossen* Rn 19). Der gemeine Wert der Anteile am übertragenden Rechtsträger bestimmt den Veräußerungspreis der untergehenden Anteile und die AK der erhaltenen Anteile. Werden SchwesterGes miteinander verschmolzen, so muss der Wert der am übernehmenden Rechtsträger erhaltenen Anteile nicht dem Wert der am übertragenden Rechtsträger untergehenden Anteile entsprechen (vgl Rn14), die übernehmende SchwesterKapGes kann unter den Voraussetzungen des § 54 I 3 UmwG sogar auf eine KapErh gänzl verzichten. In diesen Fällen kommt es zu einer Werterhöhung der Anteile am übernehmenden Rechtsträger, die bereits von den Gesellschaftern des übertragenden Rechtsträgers an dem übernehmenden Rechtsträger gehalten wurden. Diese Werterhöhung gilt als Anschaffung iSd § 13 (BMF-Schrb vom 11.11.2011, BStBl I 1314 Rn 13.05; vgl Rn 9). Wird eine **OrganGes** auf eine andere KapGes verschmolzen, gelten die Anteile als zum gemeinen Wert als veräußert, ein organschaftl Ausgleichsposten ist gem § 14 IV 2 KStG gewinnwirksam aufzulösen. 19

Da im Regelungsbereich des § 13 weder § 2 I noch § 5 I grdsl (vgl Rn 15) anwendbar sind, vollzieht sich auch steuerrechtl die **Anteilsveräußerung** der Anteile am übertragenden Rechtsträger **bzw Anschaffung** der Anteile am übernehmenden Rechtsträger **mit der Eintragung der Verschm ins HR** (BMF-Schrb vom 11.11.2011, BStBl I 1314 Rn 13.06; DPPM/*Dötsch* Rn 11; Haritz/Menner/*Schroer* Rn 29; RHL/*Trossen* Rn 20) und nicht etwa schon zum stl Übertragungsstichtag. 20

b) Besteuerung eines Veräußerungsgewinns. Der sich mit der Eintragung der Verschm im HR aufgrund der Anteilsveräußerung ergebende Gewinn unterliegt nach allg Grdsen (§§ 17, 20 II, 23 Nr 3 EStG, § 21 aF oder § 4 I, 5 EStG) der **Besteuerung.** § 8b KStG, §§ 3 Nr 40, 20 II, IV EStG und die Regelung im DBA sind anzuwenden (RHL/*Trossen* Rn 21; DPPM/*Dötsch* Rn 22; Widmann/Mayer/*Schießl* Rn 15.5 ff). Veräußerungskosten sind nach den allg Grdsen (§§ 17 II 1, 20 IV EStG, § 8b II 2 KStG usw zu berücksichtigen (ebenso RHL/*Trossen* Rn 22). Wurden Anteile, die nicht unter § 17 EStG fallen, im PV gekauft und kommt es zu einer Verschm innerh der Spekulationsfrist iSv § 23 EStG aF, kann ein stpfl Gewinn erzielt werden. Handelt es sich bei den Anteilen des übertragenden Rechtsträgers um einbringungsgeborene iSd **§ 21 aF** und ist die siebenjährige Sperrfrist im Zeitpunkt der Eintragung der Verschm im HR noch nicht abgelaufen, findet § 8b IV KStG aF iVm § 34 VII a KStG bzw § 3 Nr 40 iVm § 52 IVb 21

EStG Anwendung. Nicht abschließend geklärt ist, ob bzgl der Berechnung der Sperrfrist § 108 III AO zu beachten ist (vgl BFH BStBl II 2012, 599; BFH BStBl II 2003, 2; Tipke/Kruse/*Tipke* AO/FGO § 108 AO Rn 8, 22; aA Hübschmann/Hepp/Spitaler/*Söhn* AO § 108 Rn 65). Hält eine natürl Person einbringungsgeborene Anteile iSd § 21 aF im PV, unterliegt nach den allg Grdsen des GewG der Gewinn nicht der GewSt. Nach allgM (BFH BStBl II 1982, 738; BMF-Schrb vom 25.3.1998, BStBl I 268 Rn 21.13; Glanegger/Güroff/*Wagner* GewStG § 7 Anh R 319) ist die Veräußerung einbringungsgeborener Anteile, die zu einem BV gehören, gewerbesteuerfrei, wenn auch die Veräußerung des eingebrachten Betrieb-, Teilbetrieb- oder Mitunternehmeranteils, die als Gegenleistung für die einbringungsgeborenen Anteile übertragen wurden, gewerbesteuerfrei gewesen wäre. Die Gewerbesteuerfreiheit erstreckt sich auch auf die nach der Sacheinlage erwirtschafteten stillen Reserven in den Anteilen (vgl auch OFD Koblenz vom 27.12.2004, DStR 2005, 194 sowie Vorauflage § 21 Rn 147 ff).

22 Die Veräußerungsfiktion des Abs 1 soll auch im Regelungsbereich des **§ 22 I, II** gelten (vgl BMF-Schrb vom 11.11.2011, BStBl I 1314 Rn 00.03; § 22 Rn 42).

23 **c) Keine Rechtsnachfolge bezogen auf die „an ihre Stelle tretenden Anteile“.** Im Falle des Abs 1 kommt es nicht zu einer Rechtsnachfolge, die stl Merkmale bei den Anteilen an der übertragenden Körperschaft, wie zB Besitzzeiten, latente Wertaufholungsverpflichtungen etc, gehen nicht auf die „an ihre Stelle tretenden Anteile an der übernehmenden Körperschaft“ über (RHL/*Trossen* Rn 23; DPPM/*Dötsch* Rn 24; Frotscher/Maas/*Frotscher* Rn 22), die „an ihre Stelle tretenden Anteile“ gelten als angeschafft. Da die Anteilseigner des übertragenden Rechtsträgers ihre Anteile am übernehmenden Rechtsträger aufgrund des Abs 1 anschaffen, wird durch die Verschm eine neue Spekulationsfrist iSv § 23 EStG aF in Gang gesetzt, es sei denn, ein Antrag nach Abs 2 wird gestellt (RHL/*Trossen* Rn 22; BFH BStBl II 2009, 13; DPPM/*Dötsch* Rn 22). Die Spekulationsfrist beginnt nicht zum stl Übertragungsstichtag (so DPPM/*Dötsch* Rn 22), sondern im Zeitpunkt der Eintragung der Umw in das HR, da zu diesem Zeitpunkt zivilrechtl die Anteile an dem übernehmenden Rechtsträger angeschafft werden. Nach Inkrafttreten des URefG 2008 ist § 20 II a 4 EStG zu beachten. Die Anschaffung wird steuerrechtl nicht auf den Verschmelzungsstichtag zurückbezogen, § 2 I findet keine Anwendung, da er sich nur auf das Einkommen und das Verm der übertragenden und der übernehmenden Körperschaft bezieht (Haritz/Menner/*Schroer* Rn 29; RHL/*Trossen* Rn 20).

24 Die Anteile am übertragenden Rechtsträger gehen unter und die „an ihre Stelle tretenden Anteile an der übernehmenden Körperschaft“ gelten nach Abs 1 mit dem gemeinen Wert der untergehenden Anteile an der übertragenden Körperschaft als angeschafft. Ursprüngl sollte Abs 1 wie folgt lauten: „Die Anteile an der übertragenden Körperschaft gelten als zum gemeinen Wert veräußert, die Anteile an der übernehmenden Körperschaft als zum gemeinen Wert angeschafft“. Es stellt sich die Frage, was das Gesetz meint, wenn es von **„an ihre Stelle tretenden Anteile an der übernehmenden Körperschaft“** spricht. Dabei ist zu beachten, dass nach dem Wortlaut des Abs 2 die Anteile an der übernehmenden Körperschaft insgesamt stl an die Stelle der untergehenden Anteile der übertragenden Körperschaft treten, eine solche Formulierung jedoch bei Abs 1 nicht gewählt wurde. Der Gesetzgeber geht wohl davon aus, dass im Regelungsbereich des Abs 1 nicht alle Anteile am übernehmenden Rechtsträger an die Stelle der untergehenden Anteile treten, sondern insoweit eine **„isolierende Betrachtungsweise“** notw ist. Danach ist wie folgt zu diff:

Entspricht der gemeine Wert der untergehenden Anteile am übertragenden Rechtsträger dem Wert der als Gegenleistung erhaltenen Anteile am übernehmenden Rechtsträger, so treten nur die als Gegenleistung erhaltenen Anteile an die Stelle der untergegangenen Anteile. 25

Beispiel: 26
Die M-GmbH ist jew zu 100% am StK der A-GmbH und der B-GmbH beteiligt. Die B-GmbH soll auf die A-GmbH verschmolzen werden. Das StK der A-GmbH soll EUR 25 000 betragen, die Anteile an der A-GmbH stehen bei der M-GmbH mit EUR 25 000 zu Buche, der gemeine Wert der Anteile an der A-GmbH soll EUR 500 000 betragen. IRd Verschm wird das StK der A-GmbH von EUR 25 000 (Anteil 1) um EUR 50 000 (Anteil 2) auf EUR 75 000 erhöht. Der gemeine Wert der Anteile an der B-GmbH soll EUR 1 Mio betragen. Nach der Verschm besitzt die M-GmbH insges Anteile an der übernehmenden A-GmbH zum gemeinen Wert in Höhe von EUR 1,5 Mio. Der bei der übernehmenden A-GmbH aus der KapErh neu entstandenen Anteil 2 tritt an die Stelle der Anteile an der übertragenden Körperschaft. Die AK des Anteils 2 betragen gem Abs 1 EUR 1 000 000 (= gemeiner Wert der Anteile an der B-GmbH). Der BW der Anteile 1 beträgt weiterhin EUR 25 000.

Werden **SchwesterGes** miteinander verschmolzen, so muss der Wert der am übernehmenden Rechtsträger erhaltenen Anteile nicht dem Wert der am übertragenden Rechtsträger untergehenden Anteile entsprechen (RHL/*Trossen* Rn 8; *Kroschewski* GmbHR 2002, 761; *Schmitt* BB 2000, 435); die übernehmende SchwesterKapGes kann unter den Voraussetzungen des § 54 I 3 UmwG sogar auf eine KapErh gänzl verzichten. In diesen Fällen kommt es zu einer Werterhöhung der Anteile am übernehmenden Rechtsträger, die bereits von den Gesellschaftern des übertragenden Rechtsträgers an dem übernehmenden Rechtsträger gehalten wurden. Auch diese Werterhöhung gilt als Anschaffung iSd § 13. Alt kann der gemeine Wert der erhaltenen Anteile am übernehmenden Rechtsträger auch größer sein, als der gemeine Wert der Anteile am übertragenden Rechtsträger. 27

Beispiel: 28
Die M-GmbH ist jew zu 100% am StK der A-GmbH und der B-GmbH beteiligt. Die B-GmbH soll auf die A-GmbH verschmolzen werden. Das StK der A-GmbH soll EUR 25 000 betragen, die Anteile an der A-GmbH stehen bei der M-GmbH mit EUR 25 000 zu Buche, der gemeine Wert der Anteile an der A-GmbH soll EUR 500 000 betragen. IRd Verschm wird das StK der A-GmbH von EUR 25 000 (Anteil 1) um EUR 25 000 (Anteil 2) auf EUR 50 000 erhöht. Der gemeine Wert der Anteile an der B-GmbH soll EUR 1 Mio betragen. Nach der Verschm besitzt die M-GmbH insges Anteile an der übernehmenden A-GmbH zum gemeinen Wert in Höhe von EUR 1,5 Mio. Die bei der übernehmenden A-GmbH aus der KapErh neu entstandenen Anteile 2 treten (primär) an die Stelle der Anteile an der übertragenden Körperschaft. Ihre AK betragen gem Abs 1 EUR 750 000 (= gemeiner Wert der Anteile 2). Es kommt bezogen auf die Anteile 1 zu einer Werterhöhung. Die AK dieser Anteile erhöhen sich um EUR 250 000 (gemeiner Wert des Anteils an der B-GmbH abzgl gemeiner Wert der Anteile 2 an der A-GmbH) auf EUR 275 000 (aA Haritz/Menner/*Schroer* Rn 19).

Ist der gemeine Wert der erhaltenen Anteile am übernehmenden Rechtsträger größer als der gemeine Wert der Anteile am übertragenden Rechtsträger, so ergibt sich Folgendes: 29

Beispiel:
Die M-GmbH ist jew zu 100% am StK der A-GmbH und der B-GmbH beteiligt. Die B-GmbH soll auf die A-GmbH verschmolzen werden. Das StK der A-GmbH soll EUR 25 000 betragen, die Anteile an der A-GmbH stehen bei der M-GmbH mit EUR 25 000 zu Buche, der gemeine Wert der Anteile an der A-GmbH soll EUR 500 000 betragen. IRd Verschm

wird das StK der A-GmbH von EUR 25 000 (Anteil 1) um EUR 75 000 (Anteil 2) auf EUR 100 000 erhöht. Der gemeine Wert der Anteile an der B-GmbH soll EUR 1 Mio betragen. Nach der Verschm besitzt die M-GmbH insges Anteile an der übernehmenden A-GmbH zum gemeinen Wert in Höhe von EUR 1,5 Mio. Die bei der übernehmenden A-GmbH aus der KapErh neu entstandenen Anteile 2 treten an die Stelle der Anteile an der übertragenden Körperschaft. Ihre AK betragen gem Abs 1 EUR 1 000 000 (= gemeiner Wert der Anteile an der B-GmbH; tats gemeiner Wert der Anteile 2 nach der Verschm EUR 1.125 000). Es kommt bezogen auf die Anteile 1 zu einer Wertreduzierung. Der BW dieser Anteile bleibt davon jedoch unberührt, da der gemeine Wert dieser Anteile noch über dem BW liegt.

30 Diese „isolierende Betrachtungsweise" ist für jeden Anteilseigner des übertragenden Rechtsträgers gesondert durchzuführen. Besitzt ein Anteilseigner mehrere Anteile am übertragenden Rechtsträger, so sind diese Anteile bezogen auf den gegebenen Anschaffungsvorgang als Einheit zu betrachten.

3. Auf Antrag Ansatz des Buchwertes, Abs 2

31 **a) Allgemeines.** Nach Abs 2 können auf entsprechenden Antrag hin die Anteile an der übernehmenden Körperschaft mit dem BW bzw bei Anteilen des PV nach Abs 2 S 3 mit den AK der Anteile an der übertragenden Körperschaft angesetzt werden, wenn (1) das Recht der BRD hinsichtl der Besteuerung der Anteile an der übernehmenden Körperschaft nicht ausgeschlossen oder beschränkt wird oder (2) Deutschland als EU-Mitgliedstaat bei der Verschm Art 8 der FusionsRL anzuwenden hat. Die in Abs 2 S 1 Nr 1 und Nr 2 genannten Voraussetzungen müssen nicht kumulativ vorliegen, es reicht aus, wenn eine der Voraussetzungen in Nr 1 oder Nr 2 gegeben ist (DPPM/*Dötsch* Rn 27). Abs 2 S 2 findet auf Schachtelbeteiligungen iSv **§ 8b IV KStG nF** im Grds keine Anwendung (vgl *Benz/Jetter* DStR 2013, 489).

32 Abs 2 gilt für unbeschränkt oder beschränkt stpfl Anteilseigner unabhängig davon, ob auf der Ebene der übertragenden Körperschaft § 11 II angewendet worden ist (BT-Drs 16/2710, 41; vgl Rn 3). Das Wahlrecht nach Abs 2 wird durch jeden Anteilseigner eigenständig ausgeübt. Besitzt ein Anteilseigner mehrere Anteile an der übertragenden Körperschaft, kann das Wahlrecht nach Abs 1 bzw Abs 2 für die Anteile nur einheitl ausgeübt werden (DPPM/*Dötsch* Rn 28; RHL/*Trossen* Rn 29; Frotscher/Maas/*Frotscher* Rn 65; aA Widmann/Mayer/*Schießl* Rn 1512; *Klingberg* in PWC, Reform des UmwStR, Rn 1382). Unter den Voraussetzungen des Abs 2 ist eine BW-Fortführung auch möglich, wenn Schwestergesellschaften verschmolzen und Anteile am übernehmenden Rechtsträger nicht ausgegeben werden (BMF-Schrb vom 11.11.2011, BStBl I 1314 Rn 13.09; DPPM/*Dötsch* Rn 38; vgl *Pupeter/Schnittker* FR 2008, 160).

33 **b) Antragswahlrecht.** Auf Antrag können bei Vorliegen der Voraussetzungen des Abs 2 Nr 1 oder Nr 2 die Anteile an der übernehmenden Körperschaft mit dem BW der Anteile an der übertragenden Körperschaft angesetzt werden. Zum Teil wird die Meinung vertreten, dass Wahlrecht dürfte gegen Art 8 FusionsRL verstoßen (so Haritz/Menner/*Schroer* Rn 34; aA Widmann/Mayer/*Schießl* Rn 15.14). Der Antrag hat keine Wirkung, soweit die Voraussetzungen des Abs 2 Nr 1 oder Nr 2 nicht vorliegen (Widmann/Mayer/*Schießl* Rn 15.14). Der Antrag ist von dem jew Anteilseigner zu stellen, und zwar bei dem für ihn zuständigen FA. Hält eine Gesamthandgemeinschaft Anteile an der übertragenden Körperschaft in ihrem BV, so wird der Antrag durch das vertretungsberechtigte Organ ausgeübt

und zwar mit Wirkung für alle MU. Befinden sich Anteile an der übertragenden Körperschaft im SBV einer Mitunternehmerschaft, wird der Antrag durch den einzelnen MU, bei dem für die Gesamthandsgemeinschaft zuständigen FA gestellt (DPPM/*Dötsch* Rn 28). Werden Anteile zT im Gesamthandsvermögen und zT im SBV gehalten, können die Anträge unterschiedlich ausgeübt werden (DPPM/*Dötsch* Rn 28). Werden Anteile durch eine vermögensverwaltende PersGes gehalten, hat jeder Ges der PersGes das Antragswahlrecht eigenständig auszuüben (§ 39 II Nr 2 AO). Der Antrag ist **nicht befristet** und kann damit bis zur Bestandskraft der Veranlagung des betroffenen Anteilseigners erfolgen (RHL/*Trossen* Rn 26; Widmann/Mayer/*Schießl* Rn 15.17). Er bedarf keiner besonderen Form und kann damit **konkludent** gestellt werden (Frotscher/Maas/*Frotscher* Rn 66). In der Regel dürfte der Antrag durch der Einreichung der Bilanz bei Anteilen im BV bzw mit der Einreichung der Einkommensteuererklärung bei Anteilen im PV gestellt worden sein (DPPM/*Dötsch* Rn 22; RHL/*Trossen* Rn 26), wenn das FA die Abgabe der Erklärung nach objektiven Kriterien als entsprechende Antragstellung verstehen durfte. Unklare Anträge gelten als nicht gestellt. Die Antragstellung ist **bedingungsfeindl** (BMF-Schrb vom 11.11.2011, BStBl I 1314 Rn 13.10; DPPM/*Dötsch* Rn 30). Ein Antrag auf ZW-Ansatz ist unwirksam (Widmann/Mayer/*Schießl* Rn 15.16).

Der einmal wirksam gestellte Antrag nach Abs 2 kann weder zurückgenommen noch geändert noch wegen Irrtums angefochten werden. Es handelt sich näml bei dem Antragserfordernis um ein steuerbegründendes Tb-Merkmal. Bereits mit der Antragstellung ist der Anspruch aus dem Steuerschuldverhältnis entstanden, der durch die Antragstellung verwirklichte Sachverhalt kann rückwirkend nicht mehr geändert werden (BMF-Schrb vom 11.11.2011, BStBl I 1314 Rn 13.10; DPPM/*Dötsch* Rn 29; Widmann/Mayer/*Schießl* Rn 15.32; vgl BFH DStRE 2005, 984; BFH/NV 2006, 1099; offen RHL/*Trossen* Rn 26; kritisch Frotscher/Maas/*Frotscher* Rn 66). Wegen Irrtums soll der Antrag angefochten werden können (Widmann/Mayer/*Schießl* Rn 15.32). **34**

c) Buchwert. Der BW der Anteile am übertragenden Rechtsträger ist nach § 1 V Nr 4 analog der Wert, der sich nach den stl Vorschriften über die Gewinnermittlung in einer für den Stichtag des Anteilstausches aufzustellende StB ergibt oder ergäbe. Dieser Stichtag entspricht dem Tag der Eintragung der Verschm in das HR (Widmann/Mayer/*Schießl* Rn 15.41; RHL/*Trossen* Rn 27; DPPM/*Dötsch* Rn 35). Liegen zu diesem Stichtag die Voraussetzungen einer Teilwertabschreibung vor, so kann diese durchgeführt werden, evtl Wertaufholungen iSv § 6 I Nr 1 S 4, Nr 2 S 2 EStG sind vorzunehmen. Liegt der gemeine Wert unterhalb des BW, so ist keine Abstockung vorzunehmen. **35**

d) Keine Einschränkung des deutschen Besteuerungsrechts, Abs 2 S 1 Nr 1. Nach Abs 2 S 1 Nr 1 sind auf Antrag die Anteile an der übernehmenden Körperschaft mit dem BW der Anteile an der übertragenden Körperschaft anzusetzen, wenn das Recht der BRD hinsichtl der Besteuerung des Gewinns aus der Veräußerung der Anteile an der übernehmenden Körperschaft nicht ausgeschlossen oder beschränkt wird (vgl dazu § 11 Rn 106 ff). Es kommt auf die konkrete und nicht auf den abstrakten Ausschluss bzw Beschränkung des dt Besteuerungsrechts an (DPPM/*Dötsch* Rn 36; *Schmitt/Schloßmacher* DB 2009, 1425; aA Widmann/Mayer/*Schießl* Rn 15.47), und zwar zum Zeitpunkt der Eintragung der Verschmelzung in das HR (vgl Rn 20; Widmann/Mayer/*Schießl* Rn 15.44; RHL/*Trossen* Rn 20; aA Haritz/Menner/*Schroer* Rn 48). Hatte Deutschland vor der **36**

Verschm kein Besteuerungsrecht an den Anteilen des übertragenden Rechtsträgers, so wird dieses durch die Verschm weder ausgeschlossen noch beschränkt (ebenso RHL/*Trossen* Rn 32; Widmann/Mayer/*Schießl* Rn 14.48). Abs 2 Nr 1 stellt zwar auf die Sicherstellung der Besteuerung des Gewinns aus der Veräußerung der Anteile an der **„übernehmenden Körperschaft“** ab. Da aber § 13 die Besteuerung der stillen Reserven in den Anteilen am übertragenden Rechtsträger sicherstellen will, kommt es gedankl zunächst zu einer Surrogation nach Abs 2 S 2 und erst danach sind die Voraussetzungen des Abs 2 S 1 Nr 1 zu prüfen (Widmann/Mayer/*Schießl* Rn 15.45; Frotscher/Maas/*Frotscher* Rn 42).

37 **Beispiel:**

Die in Deutschland unbeschränkt stpfl M-GmbH wird auf ihre 100%ige Tochter, die in Deutschland unbeschränkt stpfl T-GmbH verschmolzen. Alleiniger Gesellschafter der M-GmbH ist die Corp Y, die in den USA ansässig ist. IRd Verschm der M-GmbH auf die T-GmbH kommt es zu keiner KapErh bei der T-GmbH, vielmehr werden die Anteile der übertragenden M-GmbH an der übernehmenden T-GmbH der alleinigen Gesellschafterin der M-GmbH, der Corp Y, als Abfindung gewährt. Durch die Verschm der M-GmbH auf die T-GmbH verliert Deutschland das unmittelbare Besteuerungsrecht hinsichtl der stillen Reserven der Anteile an der T-GmbH im Fall der Veräußerung der Anteile an der T-GmbH durch die amerikanische Corp Y (vgl Art 13 DBA D/USA). § 11 II 1 Nr 2 findet nach der hier vertretenen Meinung (vgl § 11 Rn 125, aA BMF-Schrb vom 11.11.2011, BStBl I 1314 Rn 11.19) keine Anwendung, da die Anteile an der T-GmbH auch nicht für eine logische Sekunde zu eigenen Anteilen werden. § 13 findet auf diesen Fall keine Anwendung, da diese Vorschrift die stl Erfassung der stillen Reserven in den Anteilen an der schwindenden MutterGes (M-GmbH) zum Gegenstand hat, die Besteuerung der stillen Reserven in den WG des übertragenden Rechtsträgers soll durch § 11 II 2 sichergestellt werden.

38 **Beispiel:**

Die in Deutschland unbeschränkt stpfl M-GmbH wird auf ihre 100%ige Tochter, die in Deutschland unbeschränkt stpfl T-GmbH verschmolzen. Alleiniger Gesellschafter der M-GmbH ist der in Deutschland unbeschränkt stpfl P, der Anteile iSd § 17 EStG besitzt. Die Anteile an der T-GmbH sind solche iSd § 21 aF, die siebenjährige Sperrfrist ist noch nicht abgelaufen. Nach Abs 2 S 1 Nr 1 sind auf Antrag die Anteile an der übernehmenden Körperschaft mit den AK der Anteile an der übertragenden Körperschaft anzusetzen, das Recht der BRD hinsichtl der Besteuerung des Gewinns aus der Veräußerung der Anteile an der übernehmenden Körperschaft wird nach Anwendung des Abs 2 S 2 nicht ausgeschlossen oder beschränkt. Aufgrund der Verschm werden die Anteile an der T-GmbH zu solchen iSv § 17 EStG (Abs 2 S 2).

39 Das dt Besteuerungsrecht wird ausgeschlossen, wenn es hinsichtl der Anteile am übertragenden Rechtsträger bestand, aber hinsichtl der Anteile an dem übernehmenden Rechtsträger durch ein DBA mit Freistellungsmethode einem anderen Staat zugewiesen ist. Zu einem Ausschluss des dt Besteuerungsrechts kommt es auch, wenn vor der Verschm ein Besteuerungsrecht mit Anrechnungsverpflichtung bestand und nach der Verschm kein Besteuerungsrecht mehr existiert. Eine Beschränkung des dt Besteuerungsrechts liegt vor, wenn vor der Verschm ein dt Besteuerungsrecht ohne Pflicht zur Anrechnung ausl Steuer bestand und nachher kein Besteuerungsrecht oder ein Besteuerungsrecht mit Anrechnungsverpflichtung.

40 **Beispiel:**

Der in Deutschland unbeschränkt stpfl D ist an der in Deutschland unbeschränkt stpfl D-GmbH iSv § 17 EStG beteiligt. Die D-GmbH verschmilzt auf die in Österreich unbeschränkt stpfl Ö-GmbH bei der es sich um eine Grundstücksgesellschaft iSv Art 13 II DBA handelt. Dies hat zur Folge, dass für Gewinne aus der Veräußerung von Anteilen an österreichischen Immobiliengesellschaften iSd Art 13 II DBA nach Art 23 I b dd Deutschland/Österreich die

Doppelbesteuerung nach der Anrechnungsmethode zu vermeiden ist. Durch die Verschm der D-GmbH auf die österreichische Grundstücks-GmbH wird das dt Besteuerungsrecht beschränkt. Der Vorgang ist daher nicht nach Abs 2 S 1 Nr 1 begünstigt. Zur Anwendung von Abs 2 S 1 Nr 2 vgl Rn 41 ff.

e) Anwendung des Art 8 der FusionsRL; Abs 2 S 1 Nr 2. Abs 2 S 1 Nr 2 erweitert die Möglichkeit einer steuerneutralen Verschm auf Anteilseignerebene. Selbst wenn die Voraussetzungen des Abs 2 S 1 Nr 1 nicht erfüllt sind, Deutschland also hinsichtl der Besteuerung seines Gewinns aus der Veräußerung der Anteile an der übernehmenden Körperschaft ausgeschlossen oder beschränkt wird, kann aufgrund von Abs 2 S 1 Nr 2 der Vorgang dennoch steuerneutral auf Anteilseignerebene sein, und zwar dann, wenn Deutschland Art 8 der FusionsRL auf den Verschmelzungsvorgang anzuwenden hat. **41**

Nach Art 8 I FusionsRL „darf die Zuteilung von Anteilen am Gesellschaftskapital der übernehmenden oder erwerbenden Gesellschaft an einen Gesellschafter … aufgrund einer Fusion … für sich allein keine Besteuerung des Veräußerungsgewinns dieses Gesellschafters auslösen". Voraussetzung dafür ist jedoch, dass der Gesellschafter den als Gegenleistung erhaltenen Anteilen keinen höheren Wert beimisst als den am übertragenden Rechtsträger untergehenden Anteilen (Art 8 IV FusionsRL). Bare Zuzahlungen dürfen jedoch besteuert werden (Art 8 IX FusionsRL). **42**

Abs 1 S 1 Nr 2 gilt nur für den EU- nicht aber für den EWR-Raum, weil die FusionsRL bei Letzterem keine Anwendung findet (DPPM/*Dötsch* Rn 50; RHL/*Trossen* Rn 41). **43**

Abs 2 S 1 Nr 1 iVm Art 8 I FusionsRL verbietet Deutschland die Besteuerung, wenn bei Verschm innerh des EU-Raumes das Besteuerungsrecht für Anteile an der übernehmenden Körperschaft beschränkt oder ausgeschlossen ist. Dies kann insbes dann der Fall sein, wenn zwischen Deutschland und dem Ansässigkeitsstaat der übernehmenden Körperschaft von dem OECD-MA abweichende DBAs abgeschlossen wurden. Dies ist im Verhältnis zu Tschechien, der Slowakei und Zypern der Fall. Zu beachten sind ferner die Sonderregelungen bzgl Grundstücksgesellschaften (vgl das Beispiel Rn 40). Art 8 der FusionsRL findet gem Art 1 Buchst a FusionsRL bei Inlandsumwandlungen keine Anwendung (Widmann/Mayer/*Schießl* Rn 15.78). **44**

Beispiel: **45**

Der in Deutschland unbeschränkt stpfl D ist an denen in Österreich ansässigen Ö 1 GmbH und Ö 2 GmbH beteiligt. Die Ö 1 GmbH soll auf die Ö 2 GmbH verschmolzen werden, wobei es sich bei der Ö 2 GmbH (vor und nach der Verschm) um eine Grundstücks-GmbH iSv Art 13 II DBA Deutschland/Österreich handelt. Für die Gewinne aus der Veräußerung von Anteilen an der österreichischen Immobiliengesellschaft iSd Art 13 II DBA ist nach Art 23 I b bb Deutschland/Österreich die Doppelbesteuerung nach der Anrechnungsmethode zu vermeiden. Es kommt damit zu einer Beschränkung des dt Besteuerungsrechts iSd Abs 2 S 1 Nr 1. Abs 2 S 1 Nr 2 iVm Art 8 FusionsRL findet aber gem Art 1 lit a FusionsRL keine Anwendung.

Zum Ausgleich für den Verlust des dt Besteuerungsrechts erlaubt es Art 8 VI FusionsRL, dass Deutschland als Wohnsitzstaat des Anteilseigners den Gewinn aus einer späteren Veräußerung der erworbenen Anteile an der übernehmenden Körperschaft in gleicher Weise besteuert wie den Gewinn aus einer Veräußerung der Anteile am übertragenden Rechtsträger. Deutschland hat durch Abs 2 S 1 Nr 2 von dieser Ausnahme Gebrauch gemacht. Gewinne aus einer späteren Veräu- **46** ßerung der erworbenen Anteile sind unabhängig von den DBA-Regelungen in der gleichen Art und Weise zu besteuern, wie der Veräußerung der Anteile an der übertragenden Körperschaft zu besteuern wäre.

47 Nach Abs 2 S 1 Nr 1 S 2 ist § 15 I a 2 EStG entsprechend anzuwenden. Nach § 15 I a 2 EStG werden (1) die verdeckte Einlage, (2) die Auflösung, (3) die Kapitalherabsetzung, (4) die Kapitalrückzahlung und (5) Ausschüttung/Rückzahlung von Beträgen aus dem stl Einlagekonto iSd § 27 KStG bzw allg für die Auflösung und Rückzahlung von Kapitalrücklagen nach Maßgabe des ausl Rechts (RHL/*Trossen* Rn 43; DPPM/*Dötsch* Rn 54; Auskehrung von Beträgen aus dem stl Einlagekonto der ausl Körperschaft nur möglich in den in § 27 VIII KStG genannten Fällen) einer Veräußerung gleichgestellt (vgl hierzu auch § 22 Rn 74 ff).

48 **f) Rechtsfolgen einer wirksamen Antragstellung nach Abs 2.** In den Fällen des Abs 2 S 1 treten die Anteile an der übernehmenden Körperschaft stl an die Stelle der Anteile an der übertragenden Körperschaft (BT-Drs 16/2710, 41). Obwohl dies durch Abs 2 S 1 nicht ausdrückl geregelt ist, hat dies zunächst zur Folge, dass es in den untergehenden Anteilen am übertragenden Rechtsträger nicht zu einer stpfl Aufdeckung der stillen Reserven kommt bzw die Anteile nicht als veräußert gelten (Haritz/Menner/*Schroer* Rn 33). Abs 2 S 2 regelt zudem, dass bezogen auf den jeweiligen Gesellschafter des übertragenden Rechtsträgers die stl Merkmale der Anteile am übertragenden Rechtsträger auf Anteile desselben Gesellschafters am übernehmenden Rechtsträger übergehen. Die hat vorbehaltlich **§ 8b IV KStG nF** (vgl dazu *Benz/Jetter* DStR 2013, 489 mit Beispielen) insbes folgende Konsequenz (vgl auch die Beispiele in BMF-Schrb vom 11.11.2011, BStBl I 1314 Rn 13.11):

i) Eine Wertaufholungsverpflichtung nach § 6 I Nr 1 4 EStG bleibt bei im BV gehaltenen Anteilen erhalten (BT-Drs 16/2710, 41).
ii) Ein Sperrbetrag iSd § 50c EStG geht auf die Anteile am übernehmenden Rechtsträger über.
iii) Besaß ein Gesellschafter am übertragenden Rechtsträger Anteile iSd § 9 Nr 2a GewStG, so sind die Anteile am übernehmenden Rechtsträger in jedem Fall quotal solche iSd § 9 Nr 2a GewStG (*Schroer/Stark* FR 2007, 488; DPPM/*Dötsch* Rn 56; Widmann/Mayer/*Schießl* Rn 15.80; vgl Rn 5 f).
iv) Die Besitzzeit der Anteile am übertragenden Rechtsträger sind den Anteilen am übernehmenden Rechtsträger zuzurechnen (zB § 9 Nr 2a GewStG, § 6b X EStG).
v) Die Sieben-Jahres-Frist iSd § 22, § 8b IV KStG aF läuft weiter.
vi) War der Anteilseigner an der übertragenden Körperschaft iSd § 17 EStG beteiligt, gelten auch die Anteile an der übernehmenden Körperschaft als solche iSd § 17 EStG, auch wenn diese Beteiligung nicht mehr als 1% beträgt (sog **verschmelzungsgeborene Anteile**); (BT-Drs 16/2710, 41). Unklar ist allerdings, ob die Anteile an der übernehmenden Körperschaft, die nicht mehr als 1% betragen dauerhaft verstrickt bleiben (offen RHL/*Trossen* Rn 46), oder schon mit dem Anteilstausch die zum Wegfall der Steuerverhaftung iSd § 17 EStG führenden Fünf-Jahres-Frist zu laufen beginnt. Aufgrund der angeordneten Rechtsnachfolge verlieren die Anteile Quotal erst dann ihre Verstrickung, wenn die Grenze zurückberechnet auf die Verhältnisse bei der übertragenden Körperschaft unterschritten werden (Widmann/Mayer/*Schießl* Rn 15.80 mwN). Ob eine Beteiligung iSd § 17 EStG bei dem übertragenden Rechtsträger gegeben ist, entscheidet sich nach den Verhältnissen im Zeit-

punkt der Eintragung der Umw in das HR. Es reicht insoweit aus, dass der Anteil innerh der letzten fünf Jahre vor der Eintragung der Verschm in das HR die Voraussetzung des § 17 EStG erfüllt hat.

vii) Eine **unwesentl Beteiligung** am übertragenden Rechtsträger kann zu einer wesentl Beteiligung beim übernehmenden Rechtsträger erstarken. Denkbar ist dieser Fall, wenn der Anteilseigner des übertragenden Rechtsträgers auch an der übernehmenden Ges beteiligt ist. Die neuen Anteile sind dann quotal nicht wesentl iSd § 17 EStG (Widmann/Mayer/*Schießl* Rn 15.82).

Nach Abs 2 treten – im Ggs zu Abs 1 – die Anteile eines Gesellschafters an der übernehmenden Körperschaft stl an die Stelle der Anteile an der übertragenden Körperschaft. Zu einer Rechtsnachfolge kommt es grdsl **anteilseignerbezogen.** Besitzt ein Anteilseigner **mehrere Anteile mit unterschiedlicher steuerrechtlicher Qualifikation,** erfolgt daneben auch eine **anteilsbezogene Betrachtungsweise.** Bei der Verschmelzung einer TochterGes auf ihre hundertprozentige MutterGes kommt es zu keiner Rechtsnachfolge auf Ebene der Anteilseigner der MutterGes. 49

War ein Anteilseigner des übertragenden Rechtsträgers auch an der übernehmenden Ges beteiligt, treten nach dem Gesetzeswortlaut auch die bereits vor der Verschm vorhandenen Anteile dieses Gesellschafters am übernehmenden Rechtsträger an die Stelle der Anteile am übertragenden Rechtsträger. Da aber auch die vor der Verschm bereits bestehenden Anteile am übernehmenden Rechtsträger nach Abs 2 die Rechtsnachfolge bezogen auf stl Merkmale betreffend die Anteile an der übertragenden Ges antreten, die ursprüngl Anteile am übernehmenden Rechtsträger aber eigene stl Merkmale besitzt, können sich die stl Merkmale der Anteile an der übertragenden Körperschaft nur **quotal** auf sämtl Anteile des jew Anteilseigners an der übernehmenden Körperschaft fortsetzen (DPPM/*Dötsch* Rn 59; Widmann/Mayer/*Schießl* Rn 15.80). Eine quotale Berücksichtigung der stl Merkmale sowohl der Anteile am übertragenden als auch der ursprüngl Anteile am übernehmenden Rechtsträger bezogen auf sämtl nach der Verschm bestehenden Anteile am übernehmenden Rechtsträger eines Gesellschafters erfolgt aufgrund der von Abs 2 angeordneten einheitl Betrachtungsweise so, als hätte der Gesellschafters am übernehmenden Rechtsträger nur noch einen Anteil (DPPM/*Dötsch* Rn 59; Widmann/Mayer/*Schießl* Rn 15.80). Wie die quotale Aufteilung zu erfolgen hat, ist abhängig von dem jew relevanten stl Merkmal. Die das stl Merkmal determinierende Größe (zB Beteiligungshöhe, stille Reserven usw) bestimmt die quotale Aufteilung. Dies hat bspw folgende Konsequenzen: 50

Beispiel: 51
Die M-GmbH ist jew zu 100% am StK der A-GmbH und der B-GmbH beteiligt. Die B-GmbH soll auf die A-GmbH verschmolzen werden. Das StK der A-GmbH und der B-GmbH soll jew EUR 25 000 betragen. Die Anteile an der A-GmbH stehen mit EUR 25 000 und die Anteile an der B-GmbH mit EUR 75 000 zu Buche. IRd Verschm wird das StK der A-GmbH von EUR 25 000 (Anteil 1) um EUR 25 000 (Anteil 2) auf EUR 50 000 erhöht. Da sowohl Anteil 1 als auch Anteil 2 an der übernehmenden A-GmbH an die Stelle der Anteile an der B-GmbH treten, dürften beide Anteile nach der Verschm je einen BW von EUR 50 000 haben. Wird das StK um EUR 50 000 erhöht, hätte der Anteil 1 einen BW von EUR 33 333,33 (= 100 000 / 75 000 * 25 000) und der Anteil 2 einen solchen von 66.666,67 (= 100 000 / 75 000 * 50 000).

Beispiel: 52
Die M-GmbH ist jew zu 100% am StK der A-GmbH und der B-GmbH beteiligt. Die B-GmbH soll auf die A-GmbH verschmolzen werden. Das StK der A-GmbH soll EUR 25 000

betragen, ebenso das StK der B-GmbH. Der gemeine Wert der Anteile an der A-GmbH soll EUR 500 000 betragen und der gemeine Wert der Anteile an der B-GmbH EUR 1 Mio. Der BW der Anteile entspricht dem StK (Bargründung). Bei den Anteilen an der B-GmbH handelt es sich um solche iSd § 22. IRd Verschm wird das StK der A-GmbH von EUR 25 000 (Anteil 1) um EUR 25 000 (Anteil 2) auf EUR 50 000 erhöht. Da sowohl der Anteil 1 als auch der Anteil 2 an die Stelle der Beteiligung am übertragenden Rechtsträger treten, dürften sowohl der Anteil 1 als auch der Anteil 2 zu ⅔ als Anteil iSd § 22 gelten (vgl dazu auch § 22 Rn 42). Diese Quote ergibt sich im Beispiel aus dem Verhältnis der stillen Reserven der beiden Anteile zueinander.

53 **Beispiel:**
Die M-GmbH ist zu 5% am StK der A-GmbH und mit 20% am StK der B-GmbH zum 1.1.2007 beteiligt. Die B-GmbH wird auf die A-GmbH verschmolzen, wobei bezogen auf die M-GmbH das StK der A-GmbH wertentsprechend so erhöht wird, dass die M-GmbH nach der Verschm mit 7% am StK der A-GmbH beteiligt ist. Auf diese 7%ige Beteiligung ist § 9 Nr 2a GewStG quotal in Höhe von insges $^{2}/_{7}$ anzuwenden, und zwar solange bis bspw durch Veräußerung der Beteiligung der M-GmbH an der A-GmbH die ursprüngl Beteiligung an der übertragenden B-GmbH rechnerisch auf unter 15% gesunken wäre (*Schroer/Starke* FR 2007, 488; Widmann/Mayer/*Schießl* Rn 15.80).

54 **Beispiel:**
Die M-GmbH ist zu 5% am StK der A-GmbH und mit 20% am StK der B-GmbH zum 1.1.2007 beteiligt. Die A-GmbH wird auf die B-GmbH verschmolzen, wobei bezogen auf die M-GmbH das StK der B-GmbH wertentsprechend so erhöht wird, dass die M-GmbH nach der Verschm mit 22% am StK der B-GmbH beteiligt ist. Auf diese 22%ige Beteiligung ist § 9 Nr 2a GewStG quotal in Höhe von insgesamt $^{20}/_{22}$ anzuwenden, und zwar solange bis bspw durch Ankauf der Beteiligung der M-GmbH an der B-GmbH die ursprüngl Beteiligung an der übertragenden A-GmbH rechnerisch auf über 15% gestiegen wäre.

55 **g) Organschaft.** Wird eine OrganGes auf eine andere KapGes verschmolzen und werden die BW fortgeführt, ist in der StB des Organträgers der bisher als Zusatzposten zu den untergehenden Anteilen an der übertragenden OrganGes ausgewiesene Ausgleichsposten künftig als Zusatzposten zu der an die Stelle tretenden Beteiligung an den Anteilen am übernehmenden Rechtsträger auszuweisen, und zwar auch dann, wenn mit dem übernehmenden Rechtsträger das Organschaftsverhältnis nicht fortbesteht (*Dötsch* Ubg 2008, 117; Widmann/Mayer/*Schießl* Rn 15.80)

56 **h) Fortführung der Anschaffungskosten, Abs 2 S 3.** Gehören die Anteile an der übertragenden Körperschaft nicht zu einem BV, treten im Fall der Antragstellung die AK an die Stelle des BW, wenn die Voraussetzungen des Abs 2 vorliegen.

57 **i) Interpersonelle Qualifikationsverlagerung.** Abs 2 S 2 regelt, dass bezogen auf jeden Gesellschafter des übertragenden Rechtsträgers die stl Merkmale seiner Anteile am übertragenden Rechtsträger auf die Anteile dieses Gesellschafters am übernehmenden Rechtsträger übergehen. Im Rahmen der Verschm einer Körperschaft auf eine andere Körperschaft kann es aber auch zu einer interpersonellen Qualifikationsverlagerung kommen, dh die stl Merkmale des Anteils eines Gesellschafters am übertragenden Rechtsträger setzen sich nicht nur an seinen Anteilen am übernehmenden Rechtsträger fort, sondern auch auf Anteile anderer Gesellschafter des übernehmenden Rechtsträgers. Diese Qualifikationsnachfolge ergibt sich jedoch nicht aus Abs 2 S 2, sondern richtet sich nach anderen steuerrechtlichen Vorschriften wie bspw § 22 VI, VII (DPPM/*Dötsch* Rn 57; vgl auch Widmann/Mayer/*Schießl* Rn 15.80).

Beispiel: 58

Vater V ist alleiniger Gesellschafter der V-GmbH und sein Sohn S alleiniger Gesellschafter der S-GmbH. Bei den Anteilen an der V-GmbH handelt es sich um solche iSd § 22 I. Die V-GmbH soll auf die S-GmbH verschmolzen werden. Die im Rahmen der Verschm der V-GmbH auf die S-GmbH vorgenommene Kapitalerhöhung bei der S-GmbH ist so bemessen, dass es zu einer Verlagerung von stillen Reserven zu Gunsten des Anteils des S an der S-GmbH kommt. Soweit V an der S-GmbH beteiligt wird, treten diese Anteile nach Abs 2 S 2 in die Qualifikation ein, Anteil iSd § 22 I zu sein. Soweit es zu einer Verlagerung von stillen Reserven zu Gunsten der Beteiligung des S an der S-GmbH kommt, hat diese Qualifikationsverlagerung seine Grundlage in § 22 VI, VII.

§ 14 *(weggefallen)*

Vierter Teil. Aufspaltung, Abspaltung und Vermögensübertragung (Teilübertragung)

Vorbemerkungen zu §§ 15, 16

1. Allgemeines

1 Der Vierte Teil des UmwStG besteht aus den §§ 15, 16. Sie regeln die umwandlungsstl Behandlung der **Auf- und Abspaltung** (§ 123 I, II UmwG) sowie der Teilübertragung (§ 174 II UmwG) von **Körperschaften** (§ 1 I; vgl hierzu näher § 1 Rn 13 ff).

2 Das UmwG 1995 regelte **erstmals** umfassend die **Spaltung** von Rechtsträgern verschiedener Rechtsformen durch Gesamtrechtsnachfolge (Sonderrechtsnachfolge). Zuvor war die Spaltung durch Sonderrechtsnachfolge nur für Treuhandunternehmen und für landwirtschaftl Produktionsgenossenschaften normiert (vgl Vor §§ 123–173 UmwG Rn 2, 12 f). Parallel wurde erstmals mit dem UmwStG 1995 eine gesetzl Regelung für die steuerneutrale Auf- und Abspaltung von Körperschaften geschaffen (vgl hierzu auch § 15 Rn 1).

3 Das UmwG kennt **drei Spaltungsarten.** Nach § 123 I UmwG kann ein übertragender Rechtsträger unter Auflösung ohne Abwicklung sein gesamtes Verm auf mindestens zwei andere Rechtsträger gegen Gewährung von Anteilen oder Mitgliedschaften dieser Rechtsträger an die Anteilsinhaber des übertragenden Rechtsträgers **aufspalten.** Der Rechtsträger erlischt bei dieser Form der Spaltung. Demggü bleibt der übertragende Rechtsträger bei der **Abspaltung** (§ 123 II UmwG) bestehen. Er überträgt ledigl einen oder mehrere Teile seines Verm auf mindestens einen anderen Rechtsträger gegen Gewährung von Anteilen oder Mitgliedschaften dieses Rechtsträgers an die Anteilsinhaber des übertragenden Rechtsträgers. Die **Ausgliederung** unterscheidet sich von den vorstehenden Spaltungsformen dadurch, dass die Gegenleistung in Form der Anteile an dem übernehmenden Rechtsträger nicht den Anteilsinhabern des übertragenden Rechtsträgers, sondern dem übertragenden Rechtsträger selbst gewährt wird, § 123 III UmwG. Die Ausgliederung ist nicht von §§ 15, 16 erfasst (§ 1 I 2). Sie ist stl ein Einbringungstatbestand iSd §§ 20 ff (vgl § 1 Rn 90 ff).

4 Die **Vermögensübertragung** ist in § 174 UmwG def. Diese Umwandlungsart lehnt sich an die Verschm (Vollübertragung iSv § 174 I UmwG) bzw an die Spaltung (Teilübertragung iSv § 174 II UmwG) an. Von der Verschmelzung/Spaltung unterscheidet sich die Vermögensübertragung (Teilübertragung) dadurch, dass als Gegenleistung nicht Anteile oder Mitgliedschaften, sondern meist Geldleistungen gewährt werden. Daher sind bei einer Vermögensübertragung regelmäßig die Voraussetzungen für eine Buchwertfortführung nach § 11 II 1 Nr 3 nicht erfüllt (vgl § 11 Rn 128 und § 15 Rn 26). Die Vermögensübertragung steht als Umwandlungsform nur Rechtsträgern bestimmter Rechtsformen zur Vfg (vgl § 175 UmwG).

5 Sowohl die Spaltung als auch die Teilübertragung sind grdsl als Spaltung/Teilübertragung **zur Aufnahme** auf einen bestehenden Rechtsträger und als Spaltung/Teilübertragung **zur Neugründung** auf einen anlässl der Umw neu gegründeten Rechtsträger mögl. Zu Kombinationsmöglichkeiten vgl § 123 UmwG Rn 13.

6 Anlässlich der Neufassung des UmwStG durch das **SEStEG** sind §§ 15, 16 nur geringfügig angepasst worden. Steuersystematisch wesentl ist, dass bei einem

Verstoß gegen die Teilbetriebsvoraussetzungen (§ 15 Rn 49 ff) auf Ebene der Anteilsinhaber nunmehr keine Liquidations- oder Sachausschüttungsbesteuerung erfolgt, sondern aufgrund der generellen Geltung von § 13 (vgl § 15 I 1) eine Veräußerungsgewinnbesteuerung stattfindet. Die Streichung von § 15 II aF (vgl § 15 Rn 112) hat wohl keine materiellen Auswirkungen. Die Missbrauchsregelungen von § 15 III aF sind – entgegen einem Vorentwurf – wortlautgetreu in § 15 II übernommen worden. Zu der Frage der Maßgeblichkeit des europäischen **Teilbetriebsbegriffs** der **FusionsRL** vgl § 15 Rn 56. Zur Behandlung **grenzüberschreitender Spaltungen** vgl § 15 Rn 28.

2. Regelungsgegenstand und Aufbau

Die §§ 15, 16 erfassen nur einen Teil der handelsrechtl mögl Spaltungen bzw 7
Teilübertragungen. Zunächst gelten diese Normen nur für die **Auf- und Abspaltung,** nicht hingegen für die Ausgliederung, § 1 I 2 (vgl § 1 Rn 90 ff). Bei der Ausgliederung wird die Gegenleistung für die Vermögensübertragung dem übertragenden Rechtsträger selbst gewährt (§ 123 III UmwG; Rn 3). Dies ist stl ein Einbringungstatbestand, der in den Regelungsbereich von §§ 20 f, 24 fällt (vgl § 1 Rn 90 ff).

Ferner setzen die §§ 15, 16 die Auf- oder Abspaltung einer übertragenden 8
Körperschaft bzw die Teilübertragung aus dem Verm einer Körperschaft voraus (§ 1 I 1 Nr 1; vgl hierzu näher § 1 Rn 15).

Zivilrechtl bestehen bei Spaltungen kaum Einschränkungen hinsichtl der **Auf-** 9
teilung des Verm. Es können auch einzelne Gegenstände, selbst einzelne Verbindlichkeiten übertragen werden (vgl § 126 UmwG Rn 64). Dem folgt das StR nur eingeschränkt. Zwar ordnet § 15 I 1 für die Aufspaltung oder Abspaltung oder Teilübertragung einer Körperschaft auf andere Körperschaften die generelle Geltung der §§ 11–13 an, die Möglichkeit der Fortführung der BW/AK sowohl des übertragenen Verm als auch der „getauschten“ Anteile nach § 11 II und § 13 II ist indes nur eröffnet, wenn (fiktive) Teilbetriebe übertragen werden und bei Abspaltungen auch ein (fiktiver) Teilbetrieb zurückbleibt. Entsprechendes gilt für Auf- und Abspaltungen von Körperschaften auf PersGes, wonach über die Verweiskette in § 16 das Bewertungswahlrecht nach § 3 II nur bei der Übertragung/Zurückbehaltung eines (fiktiven) Teilbetriebs gilt (vgl § 16 Rn 15). Neben den echten Teilbetrieben gelten nach § 15 I 3 auch Mitunternehmeranteile und 100%ige Beteiligungen an einer KapGes als (fiktive) Teilbetriebe. Hierzu im Einzelnen § 15 Rn 49 ff. Zivilrechtl besteht eine derartige Beschränkung nicht. Nach §§ 123 ff, 174 ff UmwG können auch einzelne WG im Wege der Sonderrechtsnachfolge durch eine Spaltung bzw Teilübertragung auf andere Rechtsträger übertragen werden (vgl hierzu § 126 UmwG Rn 60 ff). Der Gesetzgeber sah sich zu dieser Abkoppelung des StR vom HandelsR veranlasst, weil ansonsten die Gefahr bestünde, dass in Zukunft „Einzelveräußerungen im Wege der Einzelrechtsnachfolge“ mit der Folge der Besteuerung der in den einzelnen WG enthaltenen stillen Reserven praktisch ausgeschlossen seien (RegEBegr BT-Drs 12/6865 zu § 15). Mit dem **SEStEG** erfolgte die **steuersystematische Änderung,** dass bei Verstoß gegen das Teilbetriebserfordernis auf Anteilsinhaberebene nunmehr eine Veräußerungsgewinnbesteuerung und nicht mehr eine Besteuerung als Liquidation oder Sachausschüttung erfolgt (vgl hierzu § 15 Rn 108).

Diese wenigstens für eine steuerneutrale Übertragung bestehende Beschrän- 10
kung auf die Übertragung/Zurückbehaltung von (fiktiven) Teilbetrieben (Nicht-

anwendung der §§ 11 II, 13 II gem § 15 I 2) ist innerh der §§ 3–19 (Zweiter bis Siebter Teil des UmwStG) ein **Systembruch,** da diese Normen ausweisl § 1 I das stl Annexrecht zum UmwG sind. Sieht man den Grund der Gewährung der steuerneutralen Umwandlungsmöglichkeiten (Vermeidung der Besteuerung der stillen Reserven) durch §§ 3–19 allein darin, dass die Besteuerung der stillen Reserven zugunsten des dt Fiskus weiterhin gesichert ist, ist die Beschränkung in § 15 I auch rechtssystematisch widersinnig und allein fiskalisch motiviert (so *Crezelius* FS Widmann, 2000, 257 ff). Das UmwStG stellt aber nicht nur auf die Sicherung des dt Besteuerungsrechts ab. Auch die §§ 20, 24 verlangen für die Erreichung der Steuerneutralität (keine Aufdeckung der stillen Reserven) die Übertragung einer Sachgesamtheit in Form eines Betriebs, Teilbetriebs oder fiktiven Teilbetriebs. Das UmwStG als **Sonderrecht zur Aufgabe- bzw Liquidationsbesteuerung** (vgl auch Einf Rn 21 ff) ist auch davon geprägt, dass das Privileg der zunächst aufgeschobenen Besteuerung der stillen Reserven nur dann gewährt wird, wenn das unternehmerisch gebundene Verm beim neuen Rechtsträger als Einheit weiterhin unternehmerisch genutzt wird. Demzufolge muss wegen der spaltungsbedingten Aufteilung des Verm die Steuerneutralität der Vermögensübertragung an engere Voraussetzungen als bei der Verschm (§§ 3–10, 11–13) und beim Formwechsel (§ 9) geknüpft werden. Der Umstand, dass sich das **Teilbetriebserfordernis** in der Praxis (neben § 15 II) als **Spaltungsbremse** herausgestellt hat, hängt auch mit dem Verständnis des Teilbetriebsbegriffs und mit der restriktiven Haltung der FinVerw zusammen (dazu im Einzelnen § 15 Rn 49 ff). Das Gesetz böte Möglichkeiten, die durchaus praxistaugl sind.

11 Weitere Einschränkungen hinsichtl der Qualität der fiktiven Teilbetriebe (Mitunternehmeranteile und 100%ige Beteiligungen an KapGes) und damit ergänzende Anforderungen an die Steuerneutralität enthält **§ 15 II 1.** Die Vorschrift ist eine spezialgesetzl **Missbrauchsregelung,** die verhindern will, dass zur Ermöglichung der steuerneutralen Spaltung Vermögensgegenstände, die kein Teilbetrieb sind, durch vorbereitende Maßnahmen in fiktive Teilbetriebe umgewandelt werden. Die Missbräuchlichkeit derartiger Gestaltungen wird pauschal durch eine zeitl Grenze von drei Jahren festgelegt. Vgl hierzu § 15 Rn 117.

12 Weitere spezialgesetzl **Missbrauchsregelungen** enthalten **§ 15 II 2–5.** Die Steuerneutralität des Vermögensübergangs wird – auch nachwirkend – nicht gewährt, wenn die Auf- oder Abspaltung einer Veräußerung des (fiktiven) Teilbetriebs durch die übertragende Körperschaft gleichkommt. Diese innerh von fünf Jahren nach dem stl Übertragungsstichtag geltenden Beschränkungen haben sich in der Praxis ebenfalls als Spaltungshindernis herausgestellt. Vgl hierzu § 15 Rn 133 ff. Außerdem setzt eine Trennung von Gesellschafterstämmen voraus, dass die Beteiligungen an der übertragenden Körperschaft bereits fünf Jahre bestanden haben. Vgl hierzu § 15 Rn 216 ff.

13 **§ 15** behandelt die Auf- und Abspaltung bzw Teilübertragung **von Körperschaften auf Körperschaften** (vgl ergänzend § 1 Rn 12 ff). Zivilrechtl handelt es sich hierbei um eine Teilverschmelzung, da zwar nicht das gesamte, aber (jew) ein Teil des Verm auf einen oder mehrere Rechtsträger übergeht und – ebenso wie bei der Verschm – im Grds die Anteilsinhaber des übertragenden Rechtsträgers als Gegenleistung Anteile an den übernehmenden Rechtsträgern erhalten. Folgerichtig verweist § 15 I 1 vollumfängl („gelten entsprechend") auf die §§ 11–13, also auf die für die Verschm von Körperschaften untereinander geltenden Regelungen. Eine Ergänzung zu § 12 III, auf den § 15 I 1 verweist, enthält § 15 III. Da nicht das gesamte Verm der Körperschaft übertragen wird, bedurfte es einer weiteren

Bestimmung, in welchem Verhältnis sich verrechenbare Verluste, verbleibende Verlustvorträge, nicht ausgeglichene negative Einkünfte und ein Zinsvortrag nach einer Abspaltung beim fortbestehenden übertragenden Rechtsträger mindern.

§ 16 UmwStG regelt die Auf- und Abspaltung einer **Körperschaft** auf eine **PersGes** (die Teilübertragung auf eine PersGes ist zivilrechtl nicht mögl). § 16 **S 1** verweist zunächst auf § 15. Auch bei der Auf- bzw Abspaltung einer Körperschaft auf eine PersGes gilt grdsl das Teilbetriebserfordernis und gelten die Missbrauchsvorschriften nach § 15 II. Liegen diese Voraussetzungen vor, verweist § 16 S 1 entsprechend der zivilrechtl Wertung der Auf- und Abspaltung als Teilverschmelzung iÜ auf §§ 3–8, 10 aF. Es sind mithin bezogen auf das übergehende Verm die Regelungen für die Verschm einer Körperschaft auf eine PersGes entsprechend anwendbar. § 16 **S 2** enthält eine ergänzende Regelung für die entsprechende Anwendung von § 10 aF, da bei der Abspaltung die Körperschaft nicht aufgelöst wird; trotz zwischenzeitlicher Aufhebung ist der Verweis geblieben (dazu § 16 Rn 33). 14

Außerhalb des UmwStG ist bei einer Auf- bzw Abspaltung einer Körperschaft **§ 29 KStG** zu beachten (zu § 38a KStG idF vor der Änderung durch das StSenkG vgl 4. Aufl 2006, § 15 Rn 311 ff). § 29 III KStG regelt die Aufteilung des stl Einlagekontos (dazu § 15 Rn 300). § 40 II KStG aF bestimmte die Aufteilung und den Übergang des Körperschaftsteuererhöhungspotenzials nach § 38 KStG. Die Vorschrift ist aufgrund der systematischen Umstellung der Behandlung des Körperschaftsteuererhöhungspotenzials (ratierl Zahlung) durch Gesetz vom 20.12.2007 (BGBl I 3150) aufgehoben worden. Zur partiellen Weitergeltung vgl § 34 XVI KStG. 15

Zur **handelsbilanziellen** Behandlung der Spaltung vgl § 17 UmwG Rn 49 ff und § 24 UmwG Rn 93 ff. Ebenso wie bei der Verschm gilt bei von §§ 15, 16 erfassten Spaltung der Grds der **Maßgeblichkeit** nicht (hierzu § 17 UmwG Rn 66 und § 24 UmwG Rn 108). 16

§ 15 Aufspaltung, Abspaltung und Teilübertragung auf andere Körperschaften

(1) [1] **Geht Vermögen einer Körperschaft durch Aufspaltung oder Abspaltung oder durch Teilübertragung auf andere Körperschaften über, gelten die §§ 11 bis 13 vorbehaltlich des Satzes 2 und des § 16 entsprechend.** [2] **§ 11 Abs. 2 und § 13 Abs. 2 sind nur anzuwenden, wenn auf die Übernehmerinnen ein Teilbetrieb übertragen wird und im Falle der Abspaltung oder Teilübertragung bei der übertragenden Körperschaft ein Teilbetrieb verbleibt.** [3] **Als Teilbetrieb gilt auch ein Mitunternehmeranteil oder die Beteiligung an einer Kapitalgesellschaft, die das gesamte Nennkapital der Gesellschaft umfasst.**

(2) [1] **§ 11 Abs. 2 ist auf Mitunternehmeranteile und Beteiligungen im Sinne des Absatzes 1 nicht anzuwenden, wenn sie innerhalb eines Zeitraums von drei Jahren vor dem steuerlichen Übertragungsstichtag durch Übertragung von Wirtschaftsgütern, die kein Teilbetrieb sind, erworben oder aufgestockt worden sind.** [2] **§ 11 Abs. 2 ist ebenfalls nicht anzuwenden, wenn durch die Spaltung die Veräußerung an außenstehende Personen vollzogen wird.** [3] **Das Gleiche gilt, wenn durch die Spaltung die Voraussetzungen für eine Veräußerung geschaffen werden.** [4] **Davon ist auszugehen, wenn innerhalb von fünf Jahren nach dem steuerlichen Über-**

tragungsstichtag Anteile an einer an der Spaltung beteiligten Körperschaft, die mehr als 20 Prozent der vor Wirksamwerden der Spaltung an der Körperschaft bestehenden Anteile ausmachen, veräußert werden. [5]Bei der Trennung von Gesellschafterstämmen setzt die Anwendung des § 11 Abs. 2 außerdem voraus, dass die Beteiligungen an der übertragenden Körperschaft mindestens fünf Jahre vor dem steuerlichen Übertragungsstichtag bestanden haben.

(3) **Bei einer Abspaltung mindern sich verrechenbare Verluste, verbleibende Verlustvorträge, nicht ausgeglichene negative Einkünfte, ein Zinsvortrag nach § 4h Absatz 1 Satz 5 des Einkommensteuergesetzes und ein EBITDA-Vortrag nach § 4h Absatz 1 Satz 3 des Einkommensteuergesetzes der übertragenden Körperschaft in dem Verhältnis, in dem bei Zugrundelegung des gemeinen Werts das Vermögen auf eine andere Körperschaft übergeht.**

Schrifttum (zu §§ 15, 16): Schrifttum bis 1994 siehe 3. Auflage; Schrifttum bis 2000 siehe 4. Auflage; *Thömmes,* Teilbetriebsbegriff der EG-Fusionsrichtlinie, FS Widmann, 2000, 583; *Haarmann,* Der Begriff des Teilbetriebs im deutschen Steuerrecht, FS Widmann, 2000, 375; *Crezelius,* Überlegungen zu einem Allgemeinen Teil des Umwandlungssteuerrechts, FS Widmann, 2000, 241; *Strobl-Haarmann,* Der Teilbetrieb der Fusionsrichtlinie und seine Umsetzung im deutschen Recht, FS Widmann, 2000, 552; *Blumers,* Die Teilbetriebe des Umwandlungssteuerrechts, DB 2001, 722; *Hierstetter/Schwarz,* Übertragung einer verlustbehafteten KG-Beteiligung zwischen Kapitalgesellschaften durch Verschmelzung oder Spaltung, DB 2002, 1963; *Neumann,* Der Teilbetrieb. Gründe für seine Reformbedürftigkeit, EStB 2002, 437; *Neyer,* Veräußerungssperre nach steuerneutraler Spaltung: Missbrauchsfolgen ohne Missbrauchstatbestand?, DStR 2002, 2200; *Pfaar/Welke,* Verschmelzungen und Spaltungen auf Organgesellschaften – Auswirkungen von Mehr und Minderabführungen an den Organträger durch steuerneutrales Übernahmeergebnis, GmbHR 2002, 516; *Schumacher,* Aktuelles Beratungs-Know-how Umwandlungssteuerrecht, DStR 2002, 2066; *Brandenberg,* Anteile des Kommanditisten an einer Komplementär-GmbH als funktional wesentliche Betriebsgrundlage, DB 2003, 2563; *Haritz/Asmus,* Bewertung abgespaltener Beteiligungen börsennotierter Kapitalgesellschaften auf der Ebene der Anteilseigener, DStR 2003, 2052; *Haritz/Wisniewski,* Abspaltung von Kapitalgesellschaftsbeteiligungen – Entschärfung der Missbrauchsvorschriften in § 15 Abs. 3 UmwStG, FR 2003, 549; *Oho/Remmel,* Die Abspaltung eines mit Verlusten behafteten Teilbetriebs mit anschließender Anteilsveräußerung im Bank-Konzern, BB 2003, 2539; *Menner/Broer,* Steuerliche Gestaltungsmöglichkeiten bei Umstrukturierungen im Konzern – Alternativen zur Spaltung von Kapitalgesellschaften unter besonderer Berücksichtigung von Sachdividenden, DB 2003, 1075; *dies,* Begünstigte Betriebsteile im Ertrag- und Umsatzsteuerrecht, BB 2003, 229; *Schwarz,* Steuerliche Wechselwirkung zwischen Spaltung und vorweggenommener Erbfolge, ZEV 2003, 272; *Ehlermann/Löhr,* Steuerfallen bei mittelbaren Anteilsübertragungen im Konzern, DStR 2003, 1509; *Esters/Marenbach,* Die Trennung von GmbH-Gesellschafterstämmen im Vorfeld einer Beteiligung von Finanzinvestoren – gesellschafts- und steuerrechtliche Problempunkte, GmbHR 2003, 1979; *Dieterlein/Golücke,* Veräußerung aller Anteile nach Spaltung einer Kapitalgesellschaft, GmbHR 2004, 1264; *Dötsch/Pung,* UmwStG §§ 29, 40 Abs. 1 und 2 KStG: Das Einführungsschreiben des BMF vom 16.12.2003, DB 2004, 208; *Haritz/Wisniewski,* Das BMF-Schreiben zum Umwandlungssteuergesetz, GmbHR 2004, 150; *Nagel/Thies,* Die nichtverhältniswahrende Abspaltung als Gestaltungsinstrument im Rahmen von Unternehmenszusammenschlüssen, GmbHR 2004, 83; *Prikl/Schneck,* Die Qualifikation der Vertriebsfunktion als Teilbetrieb nach dem Umwandlungssteuerrecht, GmbHR 2004, 1274; *Dötsch/Pung,* Richtlinie-Umsetzungs-Gesetz: Die Änderungen des EStG, des KStG und des GewStG, DB 2005, 10; *Rogall,* Sonderbetriebsvermögen und der Konflikt zwischen Einbringung eines Teilbetriebs und Einbringung eines Teil-Mitunternehmeranteils nach §§ 20 und 24 UmwStG, DB 2005, 410; *Schindler,* Generalthema II: Die Änderungen der Fusionsbesteuerungsrichtlinie, IStR 2005, 551; *Gille,* Missbrauchstypisierungen im neuen Umwandlungssteuerrecht: Verstoß gegen die Fusionsrichtlinie?, IStR 2006, 194; *Hahn,* Die Veräußerung spaltungsgeborener Anteile, GmbHR 2006, 462; *Körner,* Anmerkungen zum SEStEG-Entwurf vom 21.4.2006, IStR 2006, 469; *Rogall,* Die Abspaltung aus Kapitalgesellschaften und die Zuordnung neutralen Vermögens, DB 2006, 66; *Schwarz,* Die umwandlungssteuerliche Behandlung einer allein zum Zwecke der anschließenden Veräußerung vollzogenen Abspaltung, GmbHR 2006, 1144; *Ott,* Verschmelzung und Spaltung von Kapitalgesellschaften nach dem SEStEG, INF 2007, 465; *Ley/Bodden,* Verschmelzung und Spaltung von inländischen Kapitalgesellschaften nach dem SEStEG (§§ 11–15 UmwStG n. F.), FR 2007, 265; *Rödder/Schumacher,* Das SEStEG – Überblick über die endgültige Fassung und die Änderungen gegenüber dem Regierungsentwurf, DStR 2007, 369; *Schumacher/Neumann,* Ausgewählte Zweifelsfragen zur Auf- und Abspaltung von Kapitalgesellschaften und Einbringung von Unternehmensteilen in Kapitalgesellschaften, DStR 2008, 325; *Drüen,* „Präzisierung" und „Effektuierung" des § 42 AO durch das Jahressteuergesetz 2008?, Ubg 2008, 31; *Weier,* Der deutsche Teilbetrieb wird europäisch, DStR 2008, 1002; *Scholten/Griemla,* Zuordnung von Einzelwirtschaftsgütern zu fiktiven Teilbetrieben nach Tz. 15.09 des UmwSt-Erlasses, DStR 2008, 1172; *Goebel/Ungemach/Seidenfeld,* Der Teilbetrieb im Ertragsteuerrecht – ein praxisrelevanter Überblick, DStZ 2009, 354; *Perwein,* Schenkungsteuerliche Fragen bei der sog. Spaltung zu Null, DStR 2009, 1892; *Löffler/Hansen,* Veräußerung von Anteilen an der Muttergesellschaft nach upstream-Abspaltung als Anwendungsfall von § 15 Abs. 2 Satz 4 UmwStG?, DB 2010, 1369; *Blumers,* Teilbetriebe und wesentliche Betriebsgrundlage, DB 2010, 1670; *Gebert,* Das doppelte Teilbetriebserfordernis des § 15 UmwStG – Gemeinsam genutzte Betriebsimmobilien als Hindernis für die Steuerneutralität der Abspaltung?; DStR 2010, 1774; *Stangl/Grundke,* Zeitpunkt des Vorliegens eines Teilbetriebs – Neue Einschränkungen durch den geplanten UmwSt-Erlass?, DB 2010, 1851; *Schulze zur Wiesche,* Zur wesentlichen Betriebsgrundlage eines Mitunternehmeranteils – Problemstellungen bei Beteiligung an einer Komplementär-GmbH, DB 2010, 638; *Heurung/Engel/Schröder,* Auf- und Abspaltung von Körperschaften – Analyse des Entwurfs eines BMF-Schreibens zur Anwendung des UmwStG 2006, GmbHR 2011, 617; *Schumacher/Neitz-Hackstein,* Verschmelzung und Spaltung zwischen inländischen Kapitalgesellschaften, Ubg 2011, 409; *Schmitt,* Auf- und Abspaltung von Kapitalgesellschaften – Anmerkungen zum Entwurf des Umwandlungssteuererlasses, DStR 2011, 1108; *Hageböke,* Sind alle Umwandlungen „Veräußerungen"? – Kritische Anmerkungen zur neuen Ausgangsthese der Finanzverwaltung im UmwStEE, Ubg 2011, 689; *Schaden/Ropohl,* Verschmelzung und Auf-/Abspaltung von Kapital- auf Kapitalgesellschaften, BB Special 2011, 11; *Blumers,* Der Teilbetriebsbegriff im neuen Umwandlungssteuererlass-Entwurf, BB 2011, 2204; *Rödder/Rogall,* Fortschreibung des Entwurfs des neuen Umwandlungssteuererlasses – Anmerkungen zur Version vom 9.9.2011, Ubg 2011, 753; *Kessler/Philipp,* Steuerlicher Übertragungsstichtag als maßgeblicher Zeitpunkt für das Vorliegen der Teilbetriebsvoraussetzung? – Anmerkungen zur geplanten Änderung der Verwaltungsauffassung, DStR 2011, 1065; *Pitzal,* Übergang von Rücklagen nach § 6b EStG bei Abspaltungen von Körperschaften und Einbringungen von Kapitalgesellschaften, DStR 2011, 2373; *Rasche,* Einbringung von Unternehmensteilen in Kapitalgesellschaften oder Genossenschaften nach dem UmwSt-Erlass 2011, GmbHR 2012, 149; *Neumann,* Spaltung von Kapitalgesellschaften nach dem UmwSt-Erlass 2011, GmbHR 2012, 141; *Schell/Krohn,* Ausgewählte praxisrelevante „Fallstricke" des UmwStE 2011 (Teil 2), DB 2012, 1119; *Schneider/Ruoff/Sistermann,* Brennpunkte des Umwandlungssteuer-Erlasses 2011, FR 2012, 1; *Kroener/Momen,* Neuerungen des UmwSt-Erlasses 2011 – Ein Überblick, DB 2012, 71; *Schwedhelm,* Neue Restriktionen bei der Auf- und Abspaltung von Kapitalgesellschaften, GmbH-StB 2012, 249; *Schaflitzl/Götz,* Verschmelzungen zwischen Kapitalgesellschaften, Spaltungen von Kapitalgesellschaften und damit verbundene gewerbesteuerliche Regelungen, DB Beilage 1/2012, 25; *Stahl,* Beratungspraktische Hinweise zur Spaltung von Kapitalgesellschaften nach dem neuen UmwStErlass, KÖSDI 2012, 17815; *Beutel,* Die Spaltung von Kapitalgesellschaften nach dem neuen Umwandlungssteuer-Erlass, SteuK 2012, 1; *Claß/Weggenmann,* Ein neues Teilbetriebsverständnis im Umwandlungssteuerrecht – entscheidet zukünftig der EuGH?, BB 2012, 552; *Sistermann,* Umwandlung Kapital- auf Kapitalgesellschaften (§§ 11 ff. UmwStG), Beihefter zu DStR 2/2012, 9; *Feldgen,* Der Teilbetrieb im Steuerrecht, Ubg 2012, 459; vgl im Übrigen das Schrifttum zu §§ 11–13.

Übersicht

1. Allgemeines

1 § 15 regelt die **Auf- und Abspaltung** (§ 123 I, II UmwG) sowie die entsprechenden Formen der **Teilübertragung** (§ 174 II UmwG) **von Körperschaften auf Körperschaften** (zur Spaltung auf PersGes vgl § 16). Die **Ausgliederung** (§ 123 III UmwG), die dritte vom UmwG vorgegebene Variante der Spaltung, ist stl ein Einbringungstatbestand und wird nicht von §§ 15, 16, sondern von §§ 20 f, 24 erfasst (§ 1 I 2; vgl hierzu § 1 Rn 90 ff und Vor §§ 15, 16 Rn 3). Der Zweite bis Fünfte Teil des UmwStG, mithin auch die §§ 15, 16 (Vierte Teil), regeln ausschließl die stl Folgen (zu den betroffenen **Steuerarten** (vgl § 1 Rn 10) von Umw nach dem **UmwG** und vglbarer ausländischer Vorgänge sowie nach der SE-VO und der SCE-VO (vgl zur Anwendbarkeit von § 15 auch § 1 Rn 12 ff). Demzufolge erfasst § 15 nur **Auf-** und **Abspaltungen** bzw **Teilübertragungen** durch Gesamtrechtsnachfolge (Sonderrechtsnachfolge) nach §§ 123 ff, 174 ff UmwG und ggf grenzüberschreitende und ausländische Spaltungen (vgl dazu 28). Die Gründung einer SE oder SCE durch eine Auf- oder Abspaltung ist indes nicht mögl (vgl § 124 UmwG Rn 13, 17). Andere Gestaltungen zur Spaltung von Körperschaften, die vor Inkrafttreten des UmwG 1995 gebräuchl waren, fallen nicht in den Regelungsbereich von § 15. Sie sind umwandlungsstl nicht privilegiert und daher nach den allg Steuergesetzen zu behandeln. Der sog **Spaltungserlass** (BMF-Schrb vom 9.1.1992, BStBl I 47) ist seit Inkrafttreten des UmwStG 1995 nicht mehr anwendbar.

2 **Welche Körperschaften** beteiligt sein können, folgt aus § 1 I 1 Nr 1, 4. Bei ausschließl nach dem UmwG zu beurteilenden Auf- und Abspaltungen inländischer Rechtsträger ist damit die Beteiligtenfähigkeit maßgebl (vgl §§ 124, 125 UmwG; § 1 Rn 15 ff und Rn 31 ff). Ergänzend eröffnet § 1 I 1 Nr 1 den Anwendungsbereich von § 15 für vglbare ausländische Vorgänge und für Umw nach der SE-VO und der SCE-VO. Denkbar wären allenfalls grenzüberschreitende Spaltungen nach (auch)

dem UmwG oder vglbare ausländische Vorgänge (vgl dazu 28), da die Auf- und Abspaltung keine von der SE-VO/SCE-VO vorgegebene Form der Gründung einer SE/SCE ist (§ 124 UmwG Rn 13, 17). Bei grenzüberschreitenden/ausländischen Auf- oder Abspaltungen sind zusätzl die Anforderungen nach § 1 II hinsichtl der beteiligten Rechtsträger zu beachten (vgl hierzu § 1 Rn 56 ff).

§ 15 ordnet unter gewissen Voraussetzungen die **entsprechende Anwendung** der **§§ 11–13** an. Diese Verweisung auf die Vorschriften über die Verschm von Körperschaften untereinander bietet sich an, da die Auf- und Abspaltung und die entspr Formen der Teilübertragung zivilrechtl als **Teilverschmelzung** zu werten sind (vgl auch Vor §§ 15, 16 Rn 13). Während bei einer Verschm das gesamte Verm des übertragenden Rechtsträgers auf den übernehmenden Rechtsträger gegen Gewährung von Anteilen/Mitgliedschaften am übernehmenden Rechtsträger an die Anteilsinhaber des übertragenden Rechtsträgers übergeht, beschränkt sich bei der Auf- oder Abspaltung bzw bei der Teilübertragung der (jew) Vermögensübergang auf einen Teil des Gesamtvermögens des übertragenden Rechtsträgers; es werden also Teile des Verm des übertragenden Rechtsträgers gegen Gewährung von Gesellschaftsrechten oder gegen eine andere Gegenleistung (Teilübertragung) mit dem übernehmenden Rechtsträger verschmolzen. 3

Während nach früherer Rechtslage § 15 aF insgesamt nur anwendbar war, wenn (fiktive) Teilbetriebe übertragen und – bei Abspaltungen – zurückbehalten worden sind, ordnet § 15 I 1 nF (Änderung durch das SEStEG) generell die Geltung der §§ 11–13 für die Vermögensübertragung einer Körperschaft auf eine Körperschaft durch Auf-/Abspaltung und Teilübertragung an. Ledigl die Anwendung der §§ 11 II und 13 II (Bewertungswahlrecht) setzt voraus, dass ein (fiktiver) stl Teilbetrieb übertragen und – bei der Abspaltung – zurückbehalten wird, Abs 1 S 2. Neben den echten Teilbetrieben gelten auch Mitunternehmeranteile und 100%ige Beteiligungen an KapGes als **fiktive** Teilbetriebe, Abs 1 S 3. Die bedeutet eine Einschränkung im Vgl zu den zivilrechtl Möglichkeiten. Denn die §§ 123 ff, 174 ff UmwG setzen nicht die Übertragung von Sachgesamtheiten oder bestimmten Vermögensgegenständen (Mitunternehmeranteile, 100%ige Beteiligungen an KapGes) voraus (vgl § 126 UmwG Rn 60 ff; vgl auch Rn 47 f und Vor §§ 15, 16 Rn 8 f). Folge eines Verstoßes gegen das **Teilbetriebserfordernis** ist, dass die übertragende Körperschaft das übergehende Verm in der stl Schlussbilanz mit dem gemeinen Wert anzusetzen hat (kein Wahlrecht zur Buchwertfortführung oder zum Zwischenwertansatz nach § 11 II) und die Anteilsinhaber einer Veräußerungsgewinnbesteuerung unterliegen (kein steuerneutraler „Tausch" von Anteilen nach § 13 II). 4

Nach **Abs 2 aF** hatte der übertragende Rechtsträger auf den stl Übertragungsstichtag eine StB zu erstellen. Hintergrund dieser Regelung war, dass bei der **Abspaltung** die übertragende Körperschaft fortbesteht, mithin eine stl „Schlussbilanz", die § 11 voraussetzt, nicht zu erstellen wäre. Die Vorschrift wurde im Zuge der Neufassung des UmwStG durch das SEStEG ersatzlos gestrichen. Vgl im Einzelnen Rn 111 ff. 5

Abs 2 S 1 (vor SEStEG Abs 3 S 1 aF) enthält eine weitere Einschränkung hinsichtl der für die Anwendung von § 11 II (Steuerneutralität) notw Qualifikation der **fiktiven** Teilbetriebe, Mitunternehmeranteile und 100%igen Beteiligungen an einer KapGes. Betroffen sind zeitl vorgelagerte Gestaltungen zur Schaffung von fiktiven Teilbetrieben. Die Regelung hat damit den Charakter einer spezialgesetzl **Missbrauchsregelung.** 6

Ebenfalls spezialgesetzl **Missbrauchsregelungen** enthalten **Abs 2 S 2–5** (bisher Abs 3 S 2–5 aF), die teilw auch an nach der Spaltung vollzogene Sachverhalte 7

(Nachwirkungszeitraum) anknüpfen. Diese Vorschriften sollen verhindern, dass Spaltungen zur Umgehung der Besteuerung der Veräußerung von Verm durch die übertragende Körperschaft vorgenommen werden.

8 **Abs 3** ergänzt den Verweis in Abs 1 auf § 12, in dem bei Abspaltungen (der übertragende Rechtsträger erlischt nicht) der Maßstab für die Minderung der verrechenbaren Verluste, verbleibenden Verlustvorträge, nicht ausgeglichenen negativen Einkünfte und eines Zinsvortrags festgelegt wird.

9 Die eigentl umwandlungsstl Behandlung der Auf-, Abspaltung oder Teilübertragung folgt aus der **entsprechenden Anwendung der §§ 11–13.** § 11 regelt die stl Folgen für die **übertragende Körperschaft.** Im Wesentl wird – entsprechend der Regelung bei der Verschm von Körperschaften – der übertragenden Körperschaft das **Ansatz- und Bewertungswahlrecht** eingeräumt, bei Vorliegen der Anforderungen von § 15 I, II und der weiteren Voraussetzungen von § 11 II die WG des übertragenen Vermögensteils in der stl „Schlussbilanz" statt mit dem gemeinen Wert mit den fortentwickelten BW oder mit einem ZW anzusetzen. Das Wahlrecht zur Buchwertfortführung ermögl die **steuerneutrale** Spaltung (Vermeidung der Besteuerung stiller Reserven). Vgl hierzu Rn 247 ff.

10 Die stl Erfassung des übergehenden Verm bei der **übernehmenden Körperschaft** wird durch die entsprechende Anwendung von **§ 12** festgelegt und hinsichtl des Maßstabs der Minderung der Verlustpositionen und des Zinsvortrags durch Abs 3 ergänzt. Schließl bestimmt sich die stl Behandlung bei den **Anteilsinhabern** der übertragenden Körperschaft nach den entsprechend anwendbaren Regelungen in **§ 13,** wobei die Steuerneutralität auf Anteilsinhaberebene (Anwendung von § 13 II) ebenfalls die Übertragung/Zurückbehaltung von (fiktiven) Teilbetrieben voraussetzt.

11 Bei den von § 15 erfassten Auf- und Abspaltungen bzw Teilübertragungen von Körperschaften sind außerhalb des UmwStG ergänzend § 29 KStG und ggf § 40 II KStG aF (vgl Rn 305; zu § 38a KStG idF vor dem StSenkG vgl 4. Aufl 2006, Rn 311 ff) zu beachten. Die Vorschriften regeln die Aufteilung des **stl Einlagekontos** und des Körperschaftsteuererhöhungspotenzials (vgl Rn 299 ff).

12 Zusammenfassend **setzt** eine **steuerneutrale** Auf- oder Abspaltung bzw Teilübertragung von Körperschaften auf Körperschaften **voraus:**

13 – Die Vermögensübertragung muss durch eine Auf-/Abspaltung oder eine entsprechende Form der Teilübertragung (vgl aber Rn 26) oder einen vglbaren ausländischen Vorgang stattfinden, § 1 I 1 Nr 1.

14 – Gegenstand der Vermögensübertragung muss ein echter oder fiktiver Teilbetrieb sein; bei der Abspaltung muss auch bei der übertragenden Körperschaft ein Teilbetrieb verbleiben.

15 – Bei Mitunternehmeranteilen und 100%igen Anteilen an einer KapGes dürfen im Zeitraum von drei Jahren vor dem stl Übertragungsstichtag missbräuchl Gestaltungen iSv Abs 2 S 1 nicht erfolgt sein.

16 – Die Missbrauchsregelungen nach Abs 2 S 2–5 dürfen – auch im Nachwirkungszeitraum von fünf Jahren – nicht erfüllt sein.

17 – Die Voraussetzungen von §§ 11 II und 13 II für das Wahlrecht zur Buchwertfortführung müssen gegeben sein.

2. Umwandlungsarten

18 **a) Bezugnahme auf das Umwandlungsgesetz.** § 15 gilt – ebenso wie § 16 – bei inländischen Vorgängen (zu grenzüberschreitenden/ausländischen Sachverhalten vgl Rn 28) nur für Auf- und Abspaltungen iSv **§ 123 I, II UmwG** und für Teilübertragungen iSv **§ 174 II Nr 1 und Nr 2 UmwG.** Dies ergibt sich bereits aus dem Wortlaut von Abs 1 S 1, folgt aber ausdrückl aus § 1 I 1 Nr 1 (vgl § 1 Rn 12 ff). Andere Gestaltungen, die wirtschaftl einer Auf- oder Abspaltung gleichkommen, insbes solche im Wege der Einzelrechtsübertragung, werden nicht erfasst und sind damit stl nicht privilegiert. Der sog **Spaltungserlass** (BMF-Schrb vom 9.1.1992, BStBl I 47) gilt für die vor Inkrafttreten des UmwG 1995 gebräuchl Hilfskonstruktionen seit Inkrafttreten des UmwStG 1995 nicht mehr. Eine Erweiterung auf **landesrechtl Vorschriften** hinsichtl der Auf- oder Abspaltung/Teilübertragung, etwa von öffentl-rechtl Kreditinstituten und öffentl-rechtl Versicherungsunternehmen, ist momentan wohl mangels entsprechenden Regelungen nicht notw, wäre im Bedarfsfalle aber durch § 1 I 1 Nr 3 eröffnet (vgl § 1 Rn 51; BMF-Schrb vom 11.11.2011, BStBl I 1314 Rn 01.07).

§ 15 setzt ebenso wie die anderen Vorschriften des UmwStG eine **wirksame** 19
Auf- oder Abspaltung bzw Teilübertragung voraus. Die Finanzbehörden sind hierbei grdsl an die registergerichtl Entscheidung gebunden. Nach § 131 II UmwG, der für Teilübertragungen entsprechend gilt (§ 179 I UmwG), sind die Wirkungen der Auf- und Abspaltung nach deren Wirksamwerden (§ 131 I 1 UmwG: Eintragung in das Register des Sitzes des übertragenden Rechtsträgers) **unumkehrbar** (hierzu § 131 UmwG Rn 112 ff). Dies ist selbst bei Vorliegen schwerer Mängel auch stl zu beachten (hierzu § 1 Rn 150 ff).

Die **Bindungswirkung** erstreckt sich jedoch nur auf die **zivilrechtl Wirkungen** 20
der Spaltung. Die Erfüllung der eigenen Tatbestandsvoraussetzungen der §§ 15, 11–13 ist hiervon unberührt. Insbes ist allein stl zu prüfen, ob das übertragene und ggf das zurückbleibende Verm echte oder fiktive Teilbetriebe iSv Abs 1 S 2, 3 sind. Aus der zivilrechtl Wirksamkeit kann dies nicht abgeleitet werden, da die Auf- und Abspaltung bzw Teilübertragung zivilrechtl nicht die Übertragung von Sachgesamtheiten voraussetzt (vgl § 126 UmwG Rn 60 ff).

b) Auf- und Abspaltung. Ein Anwendungsfall von § 15 ist die **Aufspaltung** 21
einer Körperschaft auf eine andere Körperschaft. Aus § 1 I 1 Nr 1 folgt, dass damit **ausschließl** eine Aufspaltung iSv § 123 I UmwG (oder ein vglbarer ausländischer Vorgang; dazu Rn 28) gemeint ist. Danach kann die übertragende Körperschaft unter Auflösung ohne Abwicklung ihr Verm durch gleichzeitige Übertragung der Vermögensteile jew als Gesamtheit auf mindestens zwei andere Rechtsträger gegen Gewährung von Anteilen oder Mitgliedschaften an den übernehmenden Rechtsträgern an die Anteilsinhaber der übertragenden Körperschaft aufspalten. Die entscheidenden Wesensmerkmale der Aufspaltung sind also die Auflösung der übertragenden Körperschaft, die Übertragung der jew Vermögensteile im Wege der Gesamtrechtsnachfolge (Sonderrechtsnachfolge) und die Gewährung von Anteilen oder Mitgliedschaften an den übernehmenden Körperschaften an die Anteilsinhaber der übertragenden Körperschaft. Vgl zur Definition und zum Wesen der Aufspaltung § 123 UmwG Rn 3 ff, 6 ff.

§ 15 erfasst ferner **Abspaltungen** von Vermögensteilen einer Körperschaft auf 22
andere Körperschaften iSv § 123 II UmwG oder nach vglbaren ausländischen Vorschriften (Rn 28). Im Gegensatz zur Aufspaltung bleibt bei der Abspaltung die übertragende Körperschaft bestehen. Der übertragende Rechtsträger überträgt ledigl einen oder mehrere Teile seines Verm jew als Gesamtheit auf mindestens einen übernehmenden Rechtsträger gegen Gewährung von Anteilen oder Mitgliedschaften an den übernehmenden Rechtsträgern an die Anteilsinhaber des übertragenden Rechtsträgers. Vgl hierzu § 123 UmwG Rn 3 ff, 9 ff.

23 Die weitere Spaltungsform des UmwG, die **Ausgliederung** nach § 123 III UmwG, wird nicht von § 15 erfasst, § 1 I 2 (vgl Rn 1, Vor §§ 15, 16 Rn 3 und § 1 Rn 90 ff). Die Ausgliederung unterscheidet sich von der Auf- und Abspaltung durch die Gewährung der Gegenleistung in Form der Anteile/Mitgliedschaften an den übernehmenden Rechtsträgern an den übertragenden Rechtsträger selbst. Stl ist dies ein Einbringungstatbestand, der von §§ 20 ff erfasst sein kann.

24 Auf- und Abspaltungen können nach § 123 I, II UmwG sowohl durch Übertragung der Teilvermögen auf bestehende Rechtsträger **(Spaltung zur Aufnahme)** als auch durch Übertragung auf anlässl der Umw neu gegründete Rechtsträger **(Spaltung zur Neugründung)** erfolgen. § 123 IV UmwG lässt ausdrückl auch Kombinationen von Spaltungen zur Aufnahme und Spaltungen zur Neugründung zu (§ 123 UmwG Rn 13). § 15 unterscheidet nicht zwischen Spaltungen zur Aufnahme und zur Neugründung. Bedeutung hat dies nur für die Erfassung des Vermögensübergangs. Bei der Auf- und Abspaltung zur Neugründung ist auf den stl Übertragungsstichtag (vgl § 2) eine **stl Eröffnungsbilanz** des neu gegründeten Rechtsträgers zu erstellen (vgl auch Rn 111). Zur stl Rückwirkung bei Umw zur Neugründung vgl § 2 Rn 26 f).

25 **c) Teilübertragung.** Neben der Auf- und Abspaltung von Körperschaften erfasst § 15 auch Teilübertragungen iSv § 174 II Nr 1 und Nr 2 UmwG. Dies folgt aus dem Wortlaut von Abs 1 S 1 und aus § 1 I 1 Nr 4. Die der Ausgliederung entsprechende Form der Teilübertragung nach § 174 II Nr 3 UmwG ist ebenso wie die Ausgliederung selbst keine von § 15 geregelte Umwandlungsart (Rn 23).

26 Die **Teilübertragungen** nach § 174 II Nr 1 und Nr 2 UmwG **unterscheiden** sich von der Auf- und Abspaltung (Rn 21 ff) ledigl durch die Art der für die Vermögensübertragung gewährten Gegenleistung. Während bei der Auf- und Abspaltung die Anteilsinhaber des übertragenden Rechtsträgers als Gegenleistung Beteiligungen an den übernehmenden Rechtsträgern erhalten, ist Wesensmerkmal der Teilübertragung die Gewährung einer Gegenleistung, die nicht aus Anteilen/Mitgliedschaften besteht. Demzufolge können Teilübertragungen **regelmäßig nicht steuerneutral** durchgeführt werden, da § 11 II 1 Nr 3, auf den § 15 I 1 verweist, voraussetzt, dass keine Gegenleistung oder eine ledigl in Gesellschaftsrechten bestehende Gegenleistung gewährt wird (BMF-Schrb vom 11.11.2011, BStBl I 1314 Rn 11.14; RHL/*Schumacher* Rn 22; Widmann/Mayer/*Schießl* Vor 4. Teil Rn 41, § 15 UmwStG Rn 549; SBB/*Schönberger* § 24 Rn 15, 7; Semler/Stengel/*Moszka* Anh UmwStG Rn 52; vgl auch § 11 Rn 4, 128). Eine steuerneutrale Teilübertragung ist daher nur mögl, wenn die zweite Variante von § 11 II 1 Nr 3 erfüllt ist, also eine Gegenleistung nicht gewährt wird. Denkbar ist dies bei Teilübertragungen von Körperschaften auf ihren alleinigen Anteilsinhaber (**Beispiel:** KapGes, deren sämtl Anteile vom Bund, einem Land oder einer Gebietskörperschaft gehalten werden; vgl auch BMF-Schrb vom 11.11.2011, BStBl I 1314 Rn 11.15; Lademann/*Köth* Rn 37; Haase/Hruschka/*Weggenmann*/*Bernheim* Rn 2; § 11 Rn 4).

27 Die Teilübertragung ist zivilrechtl nur auf bestehende Rechtsträger, also nur zur Aufnahme mögl. Die der Ausgliederung entsprechende Teilübertragung nach § 174 II 3 UmwG ist nicht von §§ 15, 16 (Rn 1) und mangels Anteilsgewährung auch nicht von §§ 20, 24 erfasst.

28 **d) Grenzüberschreitende Vorgänge, ausländische Vorgänge.** Nach § 1 I 1 Nr 1 gilt § 15 auch für mit Auf- und Abspaltungen iSv § 123 I und II UmwG vglbare ausländische Vorgänge sowie nach der SE-VO und der SCE-VO. Auch die stl FusionsRL (RL 2009/133/EG vom 19.10.2009, ABl EU Nr L 310, 34) erfasst die Aufspaltung und Abspaltung (Art 1 lit a, Art 2 lit b und c FusionsRL). Anders als für Verschm (vgl §§ 122a ff UmwG) fehlen indes ausdrückl zivilrechtl Bestimmungen für (EU-)grenzüberschreitende Spaltungen. Dennoch müssen aufgrund der Niederlassungsfreiheit grenzüberschreitende Spaltungen von EU-Rechtsträgern grdsl mögl sein (vgl hierzu § 1 UmwG Rn 45 ff). In diesen Fällen ist stl § 15 anwendbar, wenn die grenzüberschreitende Auf- oder Abspaltung hinsichtl des inländischen Rechtsträgers nach §§ 123 ff UmwG und hinsichtl des ausländischen Rechtsträgers nach den Rechtsvorschriften für einen vglbaren ausländischen Vorgang (vgl zur Kombination der Rechtsvorschriften § 1 UmwG Rn 57 ff) zu beurteilen ist (§ 1 I 1 Nr 1; vgl dazu § 1 Rn 30) und die beteiligten Rechtsträger die Qualifikation nach § 1 II erfüllen (vgl § 1 Rn 56 ff; vgl auch Rn 35).

Die Öffnung des Anwendungsbereichs des UmwStG in § 1 I 1 Nr 1 auf vglbare ausländische Vorgänge hat indes nicht nur für grenzüberschreitende Spaltungen Bedeutung. § 15 erfasst auch **ausschließl nach ausländischen Rechtsordnungen** zu beurteilende Spaltungen von EU-Rechtsträgern iSv § 1 II (vgl § 1 Rn 31 ff), die inländisches Verm haben (etwa eine inländische Betriebsstätte) oder an denen im Inland stpfl Personen beteiligt sind. Unter den Voraussetzungen von § 1 I 1 Nr 1, II (vgl § 1 Rn 12 ff und Rn 56 ff) und den weiteren Voraussetzungen von §§ 15, 11–13 kann dieser Vorgang aus dt Sicht steuerneutral erfolgen (ebenso DPPM/*Dötsch/Pung* Rn 9; Haritz/Menner/*Asmus* Rn 32; *Rödder/Schumacher* DStR 2007, 369, 370). Ausländische Spaltungen in Drittstaaten sind nicht erfasst; auch § 12 II KStG erfasst nur Verschm (DPPM/*Dötsch/Pung* Rn 9). 29

Die in § 1 I 1 Nr 1 ebenfalls in Bezug genommenen SE-VO und SCE-VO haben hingegen für § 15 keine Bedeutung, da Auf- und Abspaltungen keine zulässigen Formen zur Gründung einer SE bzw SCE sind (Rn 2). 30

3. Beteiligte Rechtsträger

a) Körperschaft als übertragender Rechtsträger. § 15 regelt **ausschließl** die Aufspaltung, Abspaltung und die Teilübertragung einer **Körperschaft** auf eine andere Körperschaft (vgl demggü § 16: auf eine PersGes). Welche Körperschaften dies sein können, folgt für **inländische Rechtsträger** aus § 1 I 1 Nr 1 iVm §§ 124, 3 UmwG, die die an einer Auf-/Abspaltung bzw Teilübertragung beteiligungsfähigen Rechtsträger festlegen. Danach kommen als übertragende Körperschaften in Betracht: KapGes (GmbH, AG, KGaA, bestehende SE; zur Beteiligtenfähigkeit von SE vgl § 124 UmwG Rn 12), eG, eV, wirtschaftl Vereine, genossenschaftl Prüfungsverbände, VVaG und öffentl-rechtl Versicherungsunternehmen. Vgl hierzu § 124 UmwG Rn 10 ff und § 175 UmwG. Vgl ergänzend § 1 Rn 15 ff. 31

§ 15 setzt voraus, dass die übertragende Körperschaft wirksam **entstanden** ist (Rechtsfähigkeit). Eine **VorgründungsGes** kann ebenso wenig wie eine **VorGes** übertragende Körperschaft (vgl insoweit Widmann/Mayer/*Widmann* Vor 5. Teil Rn 6: bei VorgründungsGes ggf Auf- oder Abspaltung als OHG) sein. Sie entsteht als KapGes erst mit der Eintragung im HR und ist noch nicht spaltungsfähig (§ 124 UmwG Rn 10; Widmann/Mayer/*Schießl* Vor 4. Teil Rn 6 f; vgl auch § 11 Rn 13). Die ggf schon bestehende KStPfl der VorGes (BFH BStBl II 1993, 352) ändert hieran nichts. Auch eG entstehen erst mit der Eintragung im Register, 32

§ 13 GenG. Eine entsprechende Wirkung hat die Eintragung eines Vereins in das Vereinsregister nach § 21 BGB. Für wirtschaftl Vereine vgl § 22 BGB.

33 Demggü sind **aufgelöste Körperschaften** kraft ausdrückl Regelung (§ 124 II iVm § 3 III UmwG) befähigt, übertragende Rechtsträger bei einer Auf-/Abspaltung und bei einer Teilübertragung zu sein (vgl § 124 UmwG Rn 53 ff). Die aufgelösten Körperschaften sind bis zum vollständigen Abschluss der Liquidation stl noch als Körperschaften zu behandeln (KStR 51 II). Sie unterfallen damit dem Anwendungsbereich von § 15.

34 Zur Beteiligung von hybriden Rechtsformen, insbes von **KGaA** und von KapGes mit **atypisch stillen** Beteiligungen, vgl § 1 Rn 136 ff.

35 **Ausländische Rechtsträger** können ebenso von § 15 erfasst sein. Die frühere Beschränkung auf unbeschränkt stpfl Rechtsträger (§ 1 V aF) ist mit der Neufassung des UmwStG durch das SEStEG weggefallen. Der Anwendungsbereich des Zweiten bis Fünften Teils des UmwStG und damit von § 15 bestimmt sich nach § 1 I 1 Nr 1, II. Danach muss die ausländische übertragende Körperschaft zunächst fähig sein, an einer Auf- und Abspaltung iSv § 1 I 1 Nr 1 beteiligt zu sein. Ein nach einer (EU-/EWR-) ausländischen Rechtsordnung gegründeter Rechtsträger kann nicht Beteiligter an einer Auf- oder Abspaltung nach § 123 I und II UmwG sein, selbst wenn sich der Verwaltungssitz dieses Rechtsträgers im Inland befindet (vgl dazu § 1 UmwG Rn 35). (EU-/EWR-)ausländische Körperschaften können jedoch Beteiligte von grenzüberschreitenden Spaltungen (zu deren Zulässigkeit vgl § 1 UmwG Rn 45 ff und oben Rn 28) sein. Ferner können ausländische Körperschaften Beteiligte an einem einer Auf- und Abspaltung vglbaren ausländischen Vorgang sein (§ 1 I 1 Nr 1; vgl dazu § 1 Rn 31 ff und Rn 29). In diesen Fällen müssen zusätzl die Voraussetzungen nach § 1 II erfüllt sein. § 15 ist damit nur auf Körperschaften anwendbar, die nach den Rechtsvorschriften eines EU- oder EWR-Staats gegründet sind, deren Sitz und Ort der Geschäftsleitung sich innerh des Hoheitsgebiets eines EU- oder EWR-Staates befindet und die Ges iSd Art 54 AEUV (früher: Art 48 EGV) oder Art 34 EWR-Abkommen sind (vgl näher § 1 Rn 56 ff). Die Frage, ob die EU-ausländischen Rechtsgebilde als Körperschaften iSv § 15 einzustufen sind, richtet sich nach dem **Rechtstypenvergleich** (dazu im Einzelnen § 1 Rn 17). **Andere ausländische Körperschaften** (insbes aus Drittstaaten) werden mangels Eröffnung des Anwendungsbereichs durch § 1 I, II nicht von § 15 erfasst, selbst wenn sie beschränkt stpfl sind.

36 Maßgebl **Zeitpunkt** für die Erfüllung der Voraussetzungen nach § 1 I, II ist die Eintragung der Umw im Register der übertragenden Körperschaft. Der stl Übertragungsstichtag nach § 2 ist nicht maßgebl, da nur eine Rückbeziehung der stl Wirkung auf diesen Zeitpunkt erfolgt. Für die Erfüllung der Tatbestandsvoraussetzungen kommt es auf den Zeitpunkt des zivilrechtl Wirksamwerdens der Umw an (aA BMF-Schrb vom 11.11.2011, BStBl I 1314 Rn 01.52, 01.55: nur bei Umw zur Neugründung Wirksamwerden der Umw, iÜ stl Übertragungsstichtag und bei im Rückwirkungszeitraum gegründeten Rechtsträger das Wirksamwerden der Gründung; vgl dazu näher § 1 Rn 70).

37 Inländische **steuerbefreite** Körperschaften erfüllen indes grdsl die Voraussetzungen von § 1 I, II und sind damit von § 15 erfasst (zur Frage, ob steuerbefreite Ges iSv Art 54 AEUV/Art 34 EWR-Abkommen sind, vgl § 1 Rn 16, 59). Zu den Auswirkungen der Vermögensübertragung auf eine steuerbefreite übernehmende Körperschaft vgl Rn 40.

38 **b) Körperschaft als übernehmender Rechtsträger.** § 15 setzt nach Abs 1 S 1 ferner voraus, dass die Vermögensübertragung **auf andere Körperschaften**

erfolgt. Auf- und Abspaltungen von Körperschaften auf PersGes werden nicht von § 15, sondern von § 16 erfasst. Als übernehmende **inländische** Rechtsträger kommen bei einer Auf- und Abspaltung KapGes (GmbH, AG, KGaA, SE; zur Beteiligtenfähigkeit einer bestehenden SE vgl § 124 UmwG Rn 13), eG, eV, genossenschaftl Prüfungsverbände und VVaG in Betracht (vgl hierzu § 124 UmwG Rn 2 ff). Übernehmende Rechtsträger bei einer Teilübertragung nach § 174 II Nr 1 und 2 UmwG können nach § 175 UmwG die öffentl Hand, VVaG, Versicherungs-AG und öffentl-rechtl Versicherungsunternehmen sein. Zur Beteiligung **ausländischer Körperschaften** vgl Rn 35.

VorGes können zwar kstpfl sein (BFH BStBl II 1993, 352), sie sind aber nicht beteiligungsfähiger Rechtsträger bei einer Spaltung/Teilübertragung, §§ 124, 175 UmwG (Widmann/Mayer/*Schießl* Vor 4. Teil Rn 7; vgl auch Rn 32 und § 124 UmwG Rn 10). Obwohl sich § 3 III UmwG (iVm § 124 II UmwG) ausdrückl nur auf übertragende Rechtsträger bezieht, können **aufgelöste Körperschaften** auch als übernehmende Rechtsträger an einer Auf- und Abspaltung/Teilübertragung beteiligt sein. IdR muss allerdings ein tats Fortsetzungsbeschluss gefasst werden. Zu weiteren Einzelheiten vgl § 124 UmwG Rn 74. 39

§§ 15, 11 sind auch anwendbar, wenn die übernehmende Körperschaft **steuerbefreit** ist (etwa nach § 5 KStG; BMF-Schrb vom 11.11.2011, BStBl I 1314 Rn 11.07; Widmann/Mayer/*Widmann* § 1 Rn 199; GKT/*Knopf/Hill* § 1 Rn 33; vgl auch Rn 37). Zur Frage, ob steuerbefreite Körperschaften Ges iSv Art 56 AEUV/Art 34 EWR-Abkommen sind, vgl § 1 Rn 59. Die Auf- oder Abspaltung bzw Teilübertragung kann in diesem Fall aber nicht steuerneutral (Buchwertfortführung) durchgeführt werden, da die Voraussetzung von § 11 II 1 Nr 1 (Sicherstellung der späteren Besteuerung der stillen Reserven) nicht erfüllt ist. Vgl hierzu § 11 Rn 97. Das Wahlrecht zur Buchwertfortführung besteht auch nicht, wenn das Teilvermögen in die nicht stpfl Sphäre einer jur Person des öffentl Rechts übergeht (etwa Teilübertragung iSv § 175 Nr 1 UmwG); anderes gilt, wenn das übergehende Vermögen bei der übernehmenden Körperschaft einen stpfl wirtschaftlichen Geschäftsbetrieb bildet oder zu einem bereits vorher bestehenden stpfl wirtschaftlichen Geschäftsbetrieb gehört (BMF-Schrb vom 11.11.2011, BStBl I 1314 Rn 11.07). 40

c) Übersichten. Eine Zusammenstellung der von § 15 (und § 16) erfassten Auf- und Abspaltungen sowie Teilübertragungen unter Beteiligung von **inländischen Rechtsträgern** zeigen die nachfolgenden **Übersichten:** 41

Übersicht über die Möglichkeiten der Teilübertragung § 15 UmwStG 42

Übernehmender/neuer Rechtsträger	Öffentl Hand	VVaG	Öffentl-rechtl Vers-Unternehmer	Versicherungs-AG
Übertragender Rechtsträger	UmwStG	UmwStG	UmwStG	UmwStG
GmbH/AG/KGaA/SE	15	–	–	–
Versicherungs-AG	–	15	15	–
VVaG	–	–	15	15
öffentl-rechtl VersUnternehmer	–	15	–	15
– = zivilrechtl nicht mögl (vgl § 175 UmwG)				

43 **Übersicht über die Möglichkeiten der Aufspaltung/Abspaltung §§ 15, 16 UmwStG**

Übernehmender/ neuer Rechtsträger	PersH Ges, PartG	GmbH	AG/ KGaA SE	eG	eV	Gen Prü- fungs- ver- bände	VVaG
Übertragender Rechtsträger	Umw- StG	Umw- StG	Umw- StG	Umw- StG	Umw- StG	Umw- StG	Umw- StG
GmbH	16	15	15	15	–	15	–
AG/KGaA/SE	16	15	15	15	–	15	–
eG	16	15	15	15	–	15	–
eV/wirtschaftl Verein	16	15	15	15	15	–	–
Gen Prüfungsver- bände	–	–	–	–	15	–	–
VVaG	–	–	15	–	–	15	15
– = zivilrechtl nicht mögl							

4. Qualifikation des übergehenden Vermögens

44 **a) Teilbetrieb als Tatbestandsvoraussetzung für Bewertungswahlrecht.** Nach Abs 1 S 1 sind die §§ 11–13 unabhängig davon entsprechend anwendbar, ob (fiktive) Teilbetriebe übertragen werden bzw zurückbleiben. Die entsprechende Anwendung von § 11 II und § 13 II erfordert nach Abs 1 S 2 indes, dass auf die übernehmenden Körperschaften ein Teilbetrieb übertragen wird. Bei einer Abspaltung (die übertragende Körperschaft bleibt bestehen, § 123 II UmwG) und bei einer der Abspaltung entsprechenden Teilübertragung (§ 174 II Nr 2 UmwG) muss zusätzl bei der übertragenden Körperschaft ein Teilbetrieb verbleiben. Als Teilbetrieb gelten nach Abs 1 S 3 auch Mitunternehmeranteile und 100%ige Beteiligungen an einer KapGes. Nur unter diesen Voraussetzungen kann die Auf- oder Abspaltung sowohl auf Ebene der übertragenden Körperschaft als auch auf Ebene der Anteilsinhaber **steuerneutral** (ohne Aufdeckung stiller Reserven) durchgeführt werden, da hierfür die Bewertungswahlrechte nach § 11 II und § 13 II anwendbar sein müssen.

45 Dies ist eine materielle Änderung im Vgl zur Rechtslage vor der Neufassung des UmwStG durch das SEStEG. Nach § 15 I aF waren die §§ 11–13 insges nicht anwendbar, wenn das Teilbetriebserfordernis nicht erfüllt war (vgl auch BMF-Schrb vom 25.4.1998, BStBl I 268 Rn 15.01). Bedeutung hat dies für die Rechtsfolgen bei einem Verstoß gegen das Teilbetriebserfordernis (vgl Rn 108). Insoweit ist nunmehr teilw eine Gleichstellung mit den Rechtsfolgen eines Verstoßes gegen die Missbrauchsregelungen in Abs 2 (Nichtanwendung von § 11 II) eingetreten.

46 Abs 1 S 2 begründet mit dem Teilbetriebserfordernis im Vgl zur zivilrechtl Situation **zusätzl Anforderungen** an die Auf- und Abspaltung bzw Teilübertragung, wenn sie steuerneutral (auf der Ebene der übertragenden Körperschaft und der Anteilsinhaber) oder mit Ansatz des übergehenden Verm mit Zwischenwerten in der stl Schlussbilanz durchgeführt werden soll (vgl auch Rn 4). Das Teilbetriebserfordernis geht darauf zurück, dass das UmwStG nicht nur auf die Sicherung der

Besteuerung der stillen Reserven abstellt, sondern das Privileg der Vermeidung einer Aufgabe- oder Liquidationsbesteuerung nur dann gewährt, wenn die bislang in der Person des übertragenden Rechtsträgers ausgeübte unternehmerische Tätigkeit im Wesentl in der Person des übernehmenden Rechtsträgers fortgeführt wird (vgl hierzu Vor §§ 15, 16 Rn 9).

b) Verhältnis zum Zivilrecht. Das in Abs 1 festgelegte Teilbetriebserfordernis korrespondiert nicht mit der zivilrechtl Situation (vgl auch Rn 4). Zivilrechtl können grdsl auch einzelne Vermögensgegenstände, selbst einzelne Verbindlichkeiten, übertragen werden. Die Übertragung eines (stl) Teilbetriebs oder einer anders definierten Sachgesamtheit ist nicht Wirksamkeitsvoraussetzung. Die in § 126 I Nr 9 UmwG erwähnten Begriffe „Betrieb und Betriebsteile" haben einen arbeitsrechtl Hintergrund und führen zu keiner Beschränkung der zivilrechtl Aufteilungsfreiheit. Vgl hierzu § 126 UmwG Rn 60 ff. 47

Die strengeren steuerrechtl Anforderungen (Teilbetriebserfordernis) beeinflussen fast immer die zivilrechtl Gestaltung. Regelmäßig ist es das Bestreben der beteiligten Rechtsträger, den Anwendungsbereich der §§ 11 II und 13 II zu eröffnen. Demzufolge werden in der Praxis bei Spaltungen bei Vorhandensein von nicht unerhebl stillen Reserven fast immer (echte oder fiktive) Teilbetriebe übertragen bzw zurückbehalten (vgl auch RHL/*Schumacher* Rn 110: Von entscheidender Bedeutung für die tats Durchführbarkeit). Aus den Abgrenzungs- und Bestimmungsschwierigkeiten, ob tats ein Teilbetrieb übertragen bzw zurückbehalten wird, resultieren jedoch erhebl Unsicherheiten. Aufgrund der unterschiedl zivilrechtl und steuerrechtl Anforderungen tritt durch die konstitutive Eintragung der Umw eine Bindung für die Finanzbehörde nicht ein (vgl auch Rn 20). Die Erfüllung des Teilbetriebserfordernisses unterliegt in vollem Umfang der Überprüfung durch die Finanzbehörde und notfalls durch die Finanzrechtsprechung. Oftmals wird eine vorherige Abstimmung mit der FinVerw notw sein. 48

5. Echter Teilbetrieb iSv Abs 1 S 2

a) Problemstellung. Voraussetzung für die entsprechende Anwendung der §§ 11 II und 13 II (Bewertungswahlrechte) ist, dass durch die Auf- oder Abspaltung bzw Teilübertragung ein Teilbetrieb oder mehrere Teilbetriebe auf einen oder mehrere übernehmende Rechtsträger übertragen werden; bei Abspaltungen muss auch bei der übertragenden Körperschaft ein Teilbetrieb verbleiben (zum doppelten Teilbetriebserfordernis vgl Rn 62). Der Umfang der Vermögensübertragung richtet sich nach den Festlegungen im Spaltungsvertrag nach § 126 I Nr 9 UmwG (vgl § 126 UmwG Rn 60 ff). Der **Begriff** des Teilbetriebs ist weder im UmwStG (Abs 1 S 1, §§ 20 I 1, 23 I 1, 24 I) noch in anderen Steuergesetzen (zB §§ 6 III, 16 EStG) gesetzl def (zum Teilbetriebsbegriff der Fusions-RL vgl Rn 56). Dies erstaunt nicht, da eine gesetzl Definition (oder Definitionen) letztl nicht mehr leisten könnte als die von der Rspr, von der FinVerw und von der Lehre herausgebildeten Merkmale. Im Gegenteil bietet das Fehlen einer gesetzl Definition den Vorteil, den Begriff des Teilbetriebs dem ständigen Wandel der tats Verhältnisse in den Unternehmen (Bildung neuartiger betriebswirtschaftl Strukturen) Rechnung zu tragen. Damit bleibt auch die Möglichkeit offen, den verschiedentl in den Steuergesetzen auftauchenden Teilbetriebsbegriff jew **normspezifisch** auszulegen. Dies gilt nicht nur für die eigentl Begriffsdefinition, sondern auch für die Frage, welche WG übertragen werden müssen (dazu Rn 66 ff, 68 ff) und in 49 welcher Form (Übertragung des wirtschaftl Eigentums oder bloße Nutzungsüberlassung) die Übertragung erfolgen muss (dazu Rn 73 ff).

50 Weder der Begriff des Teilbetriebs noch die damit eng zusammenhängenden Fragen, welche WG konstitutiv für den Teilbetrieb sind (etwa wesentl Betriebsgrundlagen) und welche Form der Übertragung notw ist, sind abschließend geklärt. Die Diskussion wurde in der Vergangenheit etwa durch das Inkrafttreten von §§ 15, 16 (vgl etwa *Blumers* DB 1995, 496; *Hörger/Schulz* DStR 1998, 233), aber auch durch die zeitweilige Abschaffung der stl Privilegierung der Teilbetriebsveräußerung durch das StEntlG 1999/2000/2002 (vgl *Rödder/Beckmann* DStR 1999, 751; *Rödder/Wochinger* FR 2000, 1; *Haarmann* FS Widmann, 2000, 375) und zuletzt durch die Öffnung des UmwStG für EU-/EWR-grenzüberschreitende Vorgänge aufgrund neuer zivilrechtl Möglichkeiten und der damit verbundenen erweiterten Geltung der FusionsRL (RL 2009/133/EG vom 19.10.2009, ABl EU Nr L 310, 34; vgl Rn 56) immer wieder belebt. Dies wird auch in Zukunft so sein, da betriebswirtschaftl Strukturen einem permanenten Wandel unterworfen sind und die sicherl zunehmende Zahl grenzüberschreitender Umstrukturierungen neue Fragen aufwerfen werden. Aktuell von besonderer Bedeutung ist, dass die **FinVerw** nach den Änderungen durch das SEStEG (vgl allerdings die Übergangsreglung in BMF-Schrb vom 11.11.2011, BStBl I 1314 Rn S.05) generell – also auch in reinen Inlandsfällen – von der Geltung des **Teilbetriebsbegriffs der FusionsRL** ausgeht (BMF-Schrb vom 11.11.2011, BStBl I 1314 Rn 15.02; dazu Rn 56).

51 In der Diskussion wird indes nicht immer exakt zwischen der Definition des Teilbetriebs und den Anforderungen an die Übertragung eines Teilbetriebs unterschieden. Für die Rechtsanwendung von Abs 1 ist zu diff. Ausgangspunkt ist die Frage, ob bei der übertragenden Körperschaft überhaupt Teilbetriebe existieren, die durch die Auf- oder Abspaltung/Teilübertragung auf die übernehmenden Körperschaften übertragen werden bzw bei der übertragenden Körperschaft verbleiben können. Hierfür ist der Teilbetriebsbegriff maßgebl (dazu Rn 52 ff). Erst nach Feststellung der Existenz von Teilbetrieben kommt es darauf an, ob die jew Teilbetriebe übertragen worden sind bzw das verbleibende Verm bei der übertragenden Körperschaft noch einen Teilbetrieb bildet (ebenso Semler/Stengel/*Moszka* Anh UmwStG Rn 456). In diesem Zusammenhang ist es bedeutsam, welche WG übertragen werden müssen bzw zurückbleiben müssen (wesentl Betriebsgrundlagen, wirtschaftlich zuordenbare WG) und in welcher Form die Übertragung erfolgen muss. Vgl hierzu Rn 66 ff, 68 ff und Rn 73 ff.

52 **b) Begriff des Teilbetriebs. aa) Bisheriges Verständnis (nationaler Teilbetriebsbegriff).** Für den Teilbetrieb iSv **§ 16 EStG** hat sich zwischenzeitl eine gefestigte **Definition** herausgebildet. Danach ist ein Teilbetrieb ein mit einer gewissen Selbstständigkeit ausgestatteter, organisch geschlossener Teil des Gesamtbetriebs, der für sich allein lebensfähig ist (vgl etwa BFH BStBl II 2011, 467; BFH BStBl II 2007, 772; BFH GrS BStBl II 2000, 123; BFH BStBl II 1996, 409; 1995, 403; R 16 III EStR; L. Schmidt/*Wacker* EStG § 16 Rn 143; *Haarmann* FS Widmann, 2000, 365, 385 ff). Diese Definition beruht auf dem Verständnis, dass ein Teilbetrieb grdsl die wesentl Merkmale eines Betriebs im stl Sinne erfüllen muss (BFH BStBl II 1968, § 123; vgl auch R 16 III 1 EStR). Eine völlig selbstständige Organisation mit eigener Buchführung ist allerdings nicht notw (BFH BStBl 1984, 486; FG Köln DStRE 2000, 854; R 16 III 2 EStR). Die Möglichkeit der technischen Aufteilung des Betriebs genügt nicht (R 16 III 3 EStR).

Zur Ausfüllung der vorstehenden Definition stellt die Rspr auf bestimmte wesentl, im Einzelfall aber unterschiedl gewichtige **Kriterien** ab. Die **selbstständige Lebensfähigkeit** setze voraus, dass in dem Teilbetrieb seiner Struktur nach eigenständig eine bestimmte Tätigkeit ausgeübt werden könne (BFH BStBl II 1976, 415). Gewinnerzielung ist nicht stets erforderl (BFH BStBl II 1996, 409). IdR müssen aber eigene Kunden- und Einkaufsbeziehungen vorhanden sein (BFH/NV 1992, 516; BFH BStBl II 1990, 55; 1984, 486; vgl auch BFH/NV 1998, 1209; *Oho/Remmel* BB 2003, 2539, 2541). 53

Die Kriterien für die **gewisse Selbstständigkeit** müssen ein Anhaltspunkt dafür sein, dass sich die Betätigung des Teilbetriebs von den übrigen gewerbl Betätigungen abhebt und unterscheidet (BFH BStBl II 1979, 557). Dies ist einzelfallbezogen und nach dem Gesamtbild der beim Veräußerer bestehenden Verhältnisse zu bestimmen (BFH/NV 1999, 38). Zu dem Erfordernis der originär gewerbl Tätigkeit und den Anforderungen bei einer Betriebsaufspaltung vgl auch BFH BStBl II 2005, 395. **Wesentl Merkmale** sind die räuml Trennung und die Nutzung jew anderer Betriebsmittel (BFH BStBl II 1996, 409: eigene Räume; *Oho/Remmel* BB 2003, 2539, 2541), der Einsatz unterschiedl Personals (BFH BStBl II 1983, 113; 1989, 653), eine eigene Buchführung/Kostenrechnung (BFH BStBl II 1980, 51; zu Besonderheiten bei Banken: *Oho/Remmel* BB 2003, 2539, 2541), eine selbstständige Preisgestaltung (BFH BStBl II 1989, 376; vgl auch BFH/NV 1998, 1209, wonach es ggf nicht notw ist, dass eigenes Personal bei der Preisgestaltung der Ware mitwirkt). Für die Gewichtung der Merkmale im konkreten Einzelfall ist es insbes bedeutsam, ob es sich um einen Fertigungs-, Handels- oder Dienstleistungsbetrieb handelt (BFH/NV 1992, 516; FG Köln EFG 2000, 622). Vgl ergänzend § 20 Rn 85, 104 ff mit Beispielen aus der Rspr. 54

Dem dritten Merkmal **organisch geschlossener Teil** des Gesamtbetriebs kommt bei Vorliegen der vorstehenden Kriterien regelmäßig keine eigenständige Bedeutung zu (ebenso *Haarmann* FS Widmann, 2000, 377). Bedeutung hat dieses Merkmal für die Abgrenzung zwischen Teilbetrieben einerseits und mehreren selbstständigen Gewerbebetrieben einer natürl Person andererseits (Einzelunternehmer mit verschiedenen Betrieben; vgl L. Schmidt/*Wacker* EStG § 16 Rn 146). 55

bb) Teilbetriebsbegriff der Fusionsrichtlinie. Nach **bisheriger** Ansicht der **FinVerw** und der hM in der Lit wie auch der Rspr galt der nationale Teilbetriebsbegriff (Rn 52 ff) **einheitl für alle Steuernormen** und damit auch für das UmwStG, also auch für Abs 1 (vgl nur BMF-Schrb vom 25.3.1998, BStBl II 268 Rn 15.02, BFH BStBl II 2011, 467). Davon ist die FinVerw mit dem UmwStE 2011 (vgl BMF-Schrb vom 11.11.2011, BStBl I 1314 Rn 15.02) abgerückt. Danach sei ein Teilbetrieb iSv § 15 die Gesamtheit der in einem Unternehmensteil einer Gesellschaft vorhandenen aktiven und passiven Wirtschaftsgüter, die in organisatorischer Hinsicht einen selbstständigen Betrieb, dh eine aus eigenen Mitteln funktionsfähige Einheit, darstellen. Dies ist die Definition des **Teilbetriebs** in Art 2 lit j der **FusionsRL** (RL 2009/133/EG vom 19.10.2009, ABl EU Nr L 310, 34). Ob der Gesetzgeber des SEStEG mit der Neufassung des UmwStG tats generell – also auch für Inlandsfälle – die Anwendung des europäischen Teilbetriebsbegriffs anordnen wollte, ist indes zweifelhaft (vgl hierzu im Einzelnen **§ 20 Rn 79 ff;** *Schmitt* DStR 2011, 1108). Denn eine Verpflichtung des Gesetzgebers zur Umsetzung der FusionsRL und damit letztlich ein Anspruch des Steuerpflichtigen besteht nur für grenzüberschreitende Umw und vglbare ausländische Vorgänge iSv § 1 I 1 Nr 1, da die FusionsRL nur auf Umw anwendbar ist, wenn 56 daran Gesellschaften aus zwei oder mehr Mitgliedstaaten beteiligt sind (Art 1 lit a FusionsRL; vgl allerdings die Entscheidung EuGH IStR 2002, 94 –Andersen og Jensen, die einen nationalen dänischen Fall betraf). Demzufolge ging die wohl bislang hM davon aus, dass für nationale Umw nach der Neufassung des UmwStG durch das SEStEG weiterhin der nationale Teilbetriebsbegriff anzuwenden ist bzw der nationale Teilbetriebsbegriff weiterhin anwendbar ist, wenn dies günstiger ist (vgl dazu etwa RHL/*Schumacher* Rn 125; *Rasche* GmbHR 2012, 149, 153 und § 20 Rn 84; vgl auch den Meinungsübersicht bei DPPM/*Dötsch/Pung* Rn 67).

57 Die **FusionsRL** (RL 2009/133/EG vom 19.10.2009, ABl EU Nr L 310, 34) erfasst im Grds (für grenzüberschreitende Vorgänge) auch die in §§ 15, 16 geregelten Auf- und Abspaltungen und wendet hierauf den Teilbetriebsbegriff der Richtlinie an. Denn Art 2 lit c FusionsRL def die **Abspaltung** als Vorgang, durch den eine Ges, ohne sich aufzulösen, einen oder mehrere Teilbetriebe auf eine oder mehrere bereits bestehende oder neu gegründete Ges gegen Gewährung von Anteilen am Gesellschaftskapital der übernehmenden Ges an ihre eigenen Gesellschafter anteilig überträgt, wobei mindestens ein Teilbetrieb in der einbringenden Ges verbleiben muss. Ob auch die **Aufspaltung** (in der Terminologie der FusionsRL: Spaltung) nach den Vorgaben der FusionsRL die Übertragung von Teilbetrieben voraussetzt, ist umstritten (vgl etwa *Körner* IStR 2006, 469, 471; *Gille* IStR 2007, 194, 196). Denn die Definition der „Spaltung" (Aufspaltung) in Art 2 lit b FusionsRL erwähnt nicht die Übertragung von Teilbetrieben anlässl der Aufteilung des gesamten Aktiv- und Passivvermögens. Indes folgt mittelbar aus der Definition der übernehmenden Ges in Art 2 lit g FusionsRL (Ges, die das Aktiv- und Passivvermögen oder einen oder mehrere Teilbetriebe von der einbringenden Ges übernimmt), dass auch bei der Aufspaltung iSd FusionsRL das Teilbetrieberfordernis gilt (RHL/*Schumacher* Rn 124).

58 Damit ist – bei unterstellter Geltung des Teilbetriebsbegriffs der FusionsRL, vgl Rn 56 und § 20 Rn 79 ff – von besonderer Bedeutung, welche **Unterschiede** zwischen dem (bisherigen) nationalen Teilbetriebsbegriff und dem Teilbetriebsbegriff der FusionsRL bestehen. Dies ist in vielerlei Hinsicht noch nicht geklärt (vgl iE § 20 Rn 87 ff). Der BFH hat sich bisher nur zu Teilaspekten und auch nur in einem obiter dictum geäußert (vgl BFH BStBl II 2011, 467: bloße Nutzungsüberlassung wäre auch bei Anwendung des Teilbetriebsbegriffs der FusionsRL nicht ausreichend). Der EuGH hat insbesondere betont, dass ein Teilbetrieb als solcher funktionsfähig sein müsse, ohne dass es hierfür zusätzlicher Investitionen oder Einbringungen bedürfe (EuGH IStR 2002, 94 Rn 35– Andersen og Jensen). Ferner ist bedeutsam, welche ggf anderen Anforderungen an eine **Teilbetriebsübertragung** zu stellen sind (vgl hierzu Rn 66 ff, 68 ff). Für die Anwendung von §§ 15, 16 kommt noch ergänzend hinzu, dass nach Abs 1 S 2, 3 **auch Mitunternehmeranteile** und 100%ige Beteiligungen an KapGes als **fiktive Teilbetriebe** gelten, diese aber nicht von der Fusionsrichtlinie erfasst sind (dazu auch Rn 88, 96).

59 Des Weiteren ist für die Rechtsanwendung von Bedeutung, welche **Anforderungen an eine Teilbetriebsübertragung** zu stellen sind. Bislang war nach Ansicht der Rechtsprechung (BFH BStBl II 2011, 467), der FinVerw (BMF-Schrb vom 25.3.1998, BStBl I 268 Rn 15.07 ff) und der hM in der Literatur für eine Teilbetriebsübertragung die Übertragung der wesentlichen Betriebsgrundlagen notw, aber auch ausreichend. Der EuGH hat demgegenüber festgestellt, eine Einbringung im Sinne der FusionsRL setze voraus, dass die aktiven und passiven

WG eines Teilbetriebs in ihrer Gesamtheit übertragen werden (EuGH IStR 2002, 94 Rn 25– Andersen og Jensen).

Die **FinVerw** folgert hieraus, dass zu einem Teilbetrieb alle funktional wesentlichen Betriebsgrundlagen sowie diesem Teilbetrieb nach wirtschaftlichen Zusammenhängen zuordenbare Wirtschaftsgüter gehören. Die Voraussetzungen eines Teilbetriebs seien nach Maßgabe der einschlägigen Rechtsprechung unter Zugrundelegung der funktionalen Betrachtungsweise aus der Perspektive des übertragenden Rechtsträgers zu beurteilen (BMF-Schrb vom 11.11.2011, BStBl I 1314 Rn 15.02). Demzufolge müssen für die **Übertragung** eines Teilbetriebs nicht nur sämtliche funktional wesentlichen Betriebsgrundlagen, sondern auch die nach wirtschaftlichen Zusammenhängen zuordenbaren WG übertragen werden (BMF-Schrb vom 11.11.2011, BStBl I 1314 Rn 15.07). Lediglich BV, das weder zu den funktional wesentlichen Betriebsgrundlagen noch zu den nach wirtschaftlichen Zusammenhängen zuordenbaren Wirtschaftsgütern gehört, könne jeden der Teilbetriebe zugeordnet werden (BMF-Schrb vom 11.11.2011, BStBl I 1314 Rn 15.09). 100%igen Beteiligungen an KapGes oder einem Mitunternehmeranteil könnten hingegen nur die WG einschließlich der Schulden zugeordnet werden, die in unmittelbarem wirtschaftlichen Zusammenhang mit der Beteiligung oder dem Mitunternehmeranteil stehen (BMF-Schrb vom 11.11.2011, BStBl I 1314 Rn 15.11). **60**

Vgl ergänzend § 20 Rn 88 ff und zu den **Anforderungen im Einzelnen** Rn 66 ff, 68 ff, 73 ff. **61**

c) Doppeltes Teilbetriebserfordernis. S 2 verlangt für die Anwendung von § 11 II und § 13 II, dass auf die Übernehmerinnen ein Teilbetrieb übertragen wird *und* im Falle der Abspaltung oder Teilübertragung bei der übertragenden Körperschaft ein Teilbetrieb verbleibt (sog doppeltes Teilbetriebserfordernis; vgl RegEBegr BT-Drs 16/2710 zu § 15 I). Bei mehreren übernehmenden Körperschaften (bei § 16: PersGes) muss auf jede Übernehmerin (mindestens) ein Teilbetrieb übergehen (RHL/*Schumacher* Rn 111; DPPM/*Dötsch/Pung* Rn 53; Widmann/Mayer/*Schießl* Rn 27). Ebenso ist das Erfordernis der Übertragung eines Teilbetriebs erfüllt, wenn auf eine übernehmende Körperschaft mehrere Teilbetriebe übergehen (RHL/*Schumacher* Rn 111). **62**

Dieses im Grds auch nach § 15 I aF bestehende doppelte Teilbetriebserfordernis ist anlässl der Neufassung durch das **SEStEG** sprachl modifiziert worden. § 15 I 2 aF lautete: „Im Falle der Abspaltung oder Teilübertragung muss das der übertragenden Körperschaft verbleibende Verm ebenfalls zu einem Teilbetrieb gehören". Nunmehr muss nach Abs 1 S 2 „ bei der übertragenden Körperschaft ein Teilbetrieb verbleiben". Bezeichnenderweise hat die FinVerw diesen sprachlichen Unterschied nicht aufgegriffen und spricht weiterhin – wie schon im BMF-Schrb vom 25.3.1998, BStBl I 268 Rn 15.01 – davon, dass das zurückbleibende Vermögen ebenfalls zu einem Teilbetrieb „gehören" müsse (BMF-Schrb vom 11.11.2011, BStBl I 1314 Rn 15.01). Die FinVerw interpretiert Abs 1 S 2 weiterhin dahingehend, dass das Zurückbleiben von WG, die keinem Teilbetrieb zuzuordnen sind, schädl ist. Es dürfe nach diesem Verständnis mithin nur ein Teilbetrieb (ein Nur-Teilbetrieb) zurückbleiben (vgl das Beispiel bei BMF-Schrb vom 11.11.2011, BStBl I 1314 Rn 15.02). **Praktische Probleme** bereitet dies bei Vorhandensein fiktiver Teilbetriebe (Mitunternehmeranteile und 100%ige KapGes-Beteiligungen, Abs 1 S 3), da nach Auffassung der FinVerw (BMF-Schrb vom 11.11.2011, BStBl I 1314 Rn 15.11) fiktiven Teilbetrieben nur eingeschränkt **63** (neutrale) WG zugeordnet werden können (vgl auch *Neumann* GmbHR 2012, 141, 142; dazu Rn 96, 102).

64 Aufgrund der Änderung des Wortlauts wird demgegenüber teilw vertreten, dass es unschädl sei, wenn andere WG neben einem Teilbetrieb zurückbleiben, ledigl das übertragene Verm müsse ein „Nur-Teilbetrieb" sein (*Ley/Bodden* FR 2007, 265, 279; *Ott* INF 2007, 465, 471). Dies ist indes fragl. Wenigstens eine differenzierte Behandlung des übertragenen und des verbleibenden Verm ist aus dem Wortlaut nicht ableitbar (ebenso RHL/*Schumacher* Rn 113; *Schumacher/Neumann* DStR 2008, 325). Aus der Wortlautänderung könnte zwar gefolgert werden, dass das Ausschließlichkeitserfordernis weder beim übertragenen noch beim zurückbleibenden Verm gilt. Die Gesetzesmaterialien bieten hierfür aber keine Stütze, denn aus ihnen lässt sich ein Wille des Gesetzgebers zu einer materiellen Änderung nicht ableiten. In der RegEBegr (BT-Drs 16/2710 zu § 15 I) heißt es, dass der Ansatz eines Wertes unter dem gemeinen Wert nach wie vor die Übertragung und den Verbleib eines Teilbetriebs voraussetze. Im Bericht des Finanzausschusses (BT-Drs 16/3369) wird der Fortbestand der bestehenden Rechtslage wenigstens für spaltungshindernde WG ebenfalls angenommen (spaltungshindernde WG sind nach dem Verständnis der FinVerw allerdings nur wesentl Betriebsgrundlagen, die von mehreren Teilbetrieben eines Unternehmens genutzt werden, vgl BMF-Schrb vom 11.11.2011, BStBl I 1314 Rn 15.08; zuvor BMF-Schrb vom 25.3.1998, BStBl I 268 Rn 15.07; vgl auch *Schumacher/Neumann* DStR 2008, 325, 326). Teilweise wird auch aus der FusionsRL (RL 2009/133/EG vom 19.10.2009, ABl EU Nr L 310, 34) gefolgert, dass nur mindestens ein Teilbetrieb zurückbleiben müsse, das Zurückbleiben weiterer Wirtschaftsgüter hingegen unschädlich sei (Widmann/Mayer/*Schießl* Rn 62.5; krit im Hinblick auf die FusionsRL auch *Blumers* BB 2011, 2204, 2206). Dies würde aber voraussetzen, dass der Gesetzgeber tats bei § 15 die FusionsRL vollständig umsetzen wollte (vgl dazu Rn 56 und § 20 Rn 84 ff). Demzufolge ist unverändert vom doppelten „Nur-Teilbetriebserfordernis", also sowohl hinsichtlich des übertragenen als auch des zurückbleibenden Vermögens, auszugehen (BMF-Schrb vom 11.11.2011, BStBl I 1314 Rn 15.02, vgl dort das Beispiel; DPPM/*Dötsch/Pung* Rn 55, 56).

65 Die **eigentl Problematik** (ebenso *Neumann* GmbHR 2012, 141, 142) ist indes, ob neutrale WG (also nicht wesentl Betriebsgrundlagen; vgl zu den nach wirtschaftlichen Zusammenhängen zuordenbaren WG Rn 68 ff) beliebig sowohl echten als fiktiven Teilbetrieben zugeordnet werden können. Dies ist anzunehmen (ebenso RHL/*Schumacher* Rn 114). Eine sachgerechte Unterscheidung zwischen echten und fiktiven Teilbetrieben lässt sich in diesem Zusammenhang – auch unter Berücksichtigung des Teilbetriebsbegriff der FusionsRL – nicht begründen (vgl hierzu Rn 79, 96, 102). Demzufolge ist das doppelte Teilbetriebserfordernis in Abs 1 S 2 auch erfüllt, wenn echte oder fiktive Teilbetriebe übertragen und zurückbehalten werden und die neutralen WG und Schulden den übertragenen oder zurückbleibenden echten oder fiktiven Teilbetrieben zugeordnet werden (aA BMF-Schrb vom 11.11.2011, BStBl I 1314 Rn 15.02).

66 **d) Begriff der wesentlichen Betriebsgrundlagen.** Vom Teilbetriebsbegriff (Rn 52 ff) zu unterscheiden sind die Anforderungen an die **Teilbetriebsübertragung.** Abs 1 S 2 setzt voraus, dass jew mindestens ein Teilbetrieb (vgl Rn 62) durch Auf- oder Abspaltung/Teilübertragung **insges** auf die übernehmenden Körperschaften übertragen wird. Dies bedeutet mindestens, dass die dem Teilbetrieb zugeordneten **wesentl Betriebsgrundlagen** auf eine übernehmende Körperschaft übergehen müssen; des Weiteren müssen bei der Abspaltung/bei der entsprechenden Form der Teilübertragung die wesentl Betriebsgrundlagen des zurückbleibenden Teilbetriebs bei der übertragenden Körperschaft verbleiben (BFH BStBl II 2011, 467; RHL/*Schumacher* Rn 142; *Blumers* DB 1995, 496; *Blumers/Siegels* DB 1996, 7; Lutter/*Schaumburg/Schumacher* Anh 1 nach § 151 Rn 17; GKT/*Knopf/Hill* Rn 20; *Thiel* DStR 1995, 240). Dies ist aus der **Sicht der übertragenden Körperschaft** zu beurteilen (BFH BStBl II 2011, 467; BMF-Schrb vom 11.11.2011, BStBl I 1314 Rn 15.02). Davon geht unverändert auch die FinVerw aus (BMF-Schrb vom 11.11.2011, BStBl I 1314 Rn 15.02, 15.07, verlangt aber zusätzlich, dass auch alle nach wirtschaftlichen Zusammenhängen zuordenbaren WG übertragen werden bzw zurückbleiben (vgl Rn 68 ff). Die wesentl Betriebsgrundlagen eines Teilbetriebs können nicht auf mehrere übernehmende Rechtsträger verteilt werden, sondern müssen **insges auf eine** übernehmende **Körperschaft** übertragen werden (vgl bereits Rn 62; RHL/*Schumacher* Rn 111; Widmann/Mayer/*Schießl* Rn 28; Blümich/*Klingberg* Rn 50; Herzig/*Förster* DB 1995, 338, 342).

Der **Begriff** der **wesentl Betriebsgrundlagen** ist **normspezifisch** und damit bei § 15 anders als im Zusammenhang mit § 16 EStG auszulegen (BFH BStBl II 2011, 467; BMF-Schrb vom 16.8.2000, BStBl I 1253; RHL/*Schumacher* Rn 142; *Blumers* DB 1995, 496; Bien ua/*Hörger* DStR Beilage zu Heft 17/1998, 29; *Hörger/Schulz* DStR 1998, 233; *Rödder/Beckmann* DStR 1999, 751; *Haarmann* FS Widmann, 2000, 375). Während bei § 16 EStG funktional nicht bedeutsame WG, in denen aber erhebl stille Reserven gebunden sind, ebenfalls wesentl Betriebsgrundlagen sind (quantitative Sichtweise), gilt für §§ 15, 16, 20, 24, eine **ausschließl funktionale Betrachtungsweise.** Ein WG ist nicht schon allein deshalb eine wesentl Betriebsgrundlage, weil es erhebl stille Reserven hat. Davon geht unverändert auch die FinVerw aus (BMF-Schrb vom 11.11.2011, BStBl I 1314 Rn 15.02, 15.07 ff; zuvor bereits BMF-Schrb vom 16.8.2000, BStBl I 1253). Die rein funktionale und damit vom Verständnis bei § 16 EStG abw Sichtweise ist darin begründet, dass §§ 15, 20 zwar einen Spezialfall der Teilbetriebsveräußerung regeln, hierbei aber berücksichtigt werden muss, dass das UmwStG die Fortführung des bisherigen unternehmerischen Engagements in einer anderen Rechtsform ohne stl Auswirkungen hinsichtl der stillen Reserven ermögl will (vgl Einf Rn 21 ff). Demggü ist bei § 16 EStG auf die geballte Besteuerung der stillen Reserven abzustellen. **Wesentl Betriebsgrundlagen sind** damit alle WG, die zur Erreichung des Betriebszwecks erforderl sind und denen ein besonderes wirtschaftl Gewicht für die Betriebsführung zukommt (BFH BStBl II 1998, 388) bzw alle WG, die für den Betriebsablauf ein erhebliches Gewicht haben, mithin für die Fortführung des Betriebs notw sind oder dem Betrieb das Gepräge geben (BFH BStBl II 2011, 467; vgl auch Lutter/*Schaumburg/Schumacher* Anh 1 nach § 151 Rn 17; RHL/*Schumacher* Rn 143). 67

e) Nach wirtschaftlichen Zusammenhängen zuordenbare Wirtschaftsgüter. Die **FinVerw** verlangt für eine Teilbetriebsübertragung nicht nur die Übertragung sämtlicher funktional wesentlicher Betriebsgrundlagen, sondern auch die Übertragung der nach wirtschaftlichen Zusammenhängen zuordenbaren WG (BMF-Schrb vom 11.11.2011, BStBl I 1314 Rn 15.07). Nichts anderes kann nach dem Verständnis der FinVerw für nach einer Abspaltung zurückbleibende Teilbetriebe gelten. Dieses Erfordernis scheint die FinVerw aus dem Teilbetriebsbegriff der FusionRL (RL 2009/133/EG vom 19.10.2009, ABl EU Nr L 310, 34) 68 abzuleiten, wonach ein Teilbetrieb die Gesamtheit der in einem Unternehmensteil einer Gesellschaft vorhandenen aktiven und passiven WG, die in organisatorischer Hinsicht einen selbstständigen Betrieb, dh eine aus eigenen Mitteln funktionsfähige Einheit, darstellen, ist (vgl bereits Rn 56). Dies ist aus der Perspektive des übertragenden Rechtsträgers zu beurteilen (BMF-Schrb vom 11.11.2011, BStBl I 1314 Rn 15.07). Die **genauen Voraussetzungen,** nach denen ein WG nach wirtschaftlichen Zusammenhängen zuordenbar ist, werden von der FinVerw nicht näher erläutert. Ausgehend von der Anknüpfung der FinVerw an den Teilbetriebsbegriff der FusionsRL dürften hierzu auch **Verbindlichkeiten** zählen (vgl die Definition des Teilbetriebs nach der FusionsRL, Rn 56: Aktive und passive WG). Zu den (funktional wesentlichen Betriebsgrundlagen sowie) nach wirtschaftlichen Zusammenhängen zuordenbaren WG können auch **Anteile** an **KapGes** gehören (BMF-Schrb vom 11.11.2011, BStBl I 1314 Rn 15.02; dazu Rn 103). Letztlich dürfte bei der Sichtweise der FinVerw der Begriff der funktional wesentlichen Betriebsgrundlage keine eigenständige Bedeutung mehr haben, da funktional wesentliche Betriebsgrundlagen immer auch nach wirtschaftlichen Zusammenhängen zuordenbare WG sein werden (vgl aber BMF-Schrb vom 11.11.2011, BStBl I 1314 Rn 15.08, wo nur auf funktional wesentliche Betriebsgrundlagen abgestellt wird; dazu Rn 75 ff).

69 Letztlich kann auf der Basis des Teilbetriebsbegriffs der FusionsRL, wonach ein Teilbetrieb für sich funktionsfähig sein muss (EuGH IStR 2002, 94 – Andersen og Jensen; vgl Rn 58), wie auch beim Begriff der wesentlichen Betriebsgrundlage (vgl Rn 67) nur eine **funktionale Betrachtung** wesentlich sein (so auch *Neumann* GmbHR 2012, 141, 143; wohl auch *Schell/Krohn* DB 2012, 1119, 1121). **Aktive WG** sind damit zuordenbar, wenn sie der Tätigkeit des Teilbetriebs dienen oder sie Folge der Tätigkeit des Teilbetriebs sind (etwa Forderungen aus Lieferungen und Leistungen oder fertige und unfertige Erzeugnisse oder sonstige Vorräte). **Passive WG** dürften dann einem Teilbetrieb zuordenbar sein, wenn sie durch die Tätigkeit des Teilbetriebs verursacht wurden (Verbindlichkeiten aus Lieferungen und Leistungen, Gewährleistungsrückstellungen, ggf Prozessrückstellungen) oder wenn sie zur Finanzierung von WG des Teilbetriebs verwandt wurden. Ob auch Steuerschulden oder Steuerrückstellungen (Ust?) zuordenbar sind, ist fraglich, da sie regelmäßig durch die Ergebnisse aller Teilbetriebe beeinflusst sind. Zweifelhaft sind auch allgemein der Finanzierung des gesamten Unternehmens dienende Verbindlichkeiten. Zur Zuordnung von **Pensionsrückstellungen** vgl BMF-Schrb vom 11.11.2011, BStBl I 1314 Rn 15.10 und Rn 82. Unklar ist die Zuordnung etwa von **liquiden oder liquiditätsnahen Mitteln,** zumal hier vielfach eine „Vermischung" eintritt (dazu etwa *Schell/Krohn* DB 2012, 1119, 1121 f; vgl auch *Rödder/Rogall* Ubg 2011, 753, 756).

70 Im Detail sind viele Fragen ungeklärt. Erschwerend kommt hinzu, dass die Praxis noch keine Vorstellung hat, mit welchen **Genauigkeitsgrad** die Zuordnung zu erfolgen hat bzw von der FinVerw geprüft wird (vgl *Rödder/Rogall* Ubg 2011, 753, 756: Jeder Kugelschreiber und jeder Schreibtisch?; vgl auch DPPM/*Dötsch/Pung* Rn 85). Angesichts der schwerwiegenden Folgen einer fehlerhaften Zuordnung – Verstoß gegen das Teilbetriebserfordernis und damit Nichtanwendung der §§ 11 II, 13 II; vgl Rn 108; vgl auch DPPM/*Dötsch/Pung* Rn 90, die eine Gewichtung fordern – werden damit Spaltungen nochmals unvorhersehbarer. Auch Anträge auf verbindliche Auskünfte, die eigentlich umso notwendiger werden, werden durch den notw Detaillierungsgrad der Sachverhaltsbeschreibung erschwert und zugleich wird hierdurch ihre Bindungswirkung gefährdet. Bei einer strengen Sichtweise der FinVerw dürften kaum mehr neutrale Wirtschaftsgüter, also Wirtschaftsgüter, die weder funktional wesentlich noch nach wirtschaftlichen Zusammenhängen zuordenbar sind, existieren.

Indes ist schon die **These der FinVerw,** aus dem Teilbetriebsbegriff der FusionsRL folge, dass **alle** nach wirtschaftlichen Zusammenhängen zuordenbaren WG *übertragen* oder *zurückbehalten* werden müssen, **unzutreffend.** Auch in diesem Fall wird nicht ausreichend zwischen dem Teilbetriebsbegriff (das Bestehen eines Teilbetriebs) und den Anforderungen an eine Teilbetriebsübertragung unterschieden (vgl Rn 51). Zwar besteht („ist") ein Teilbetrieb iSd FusionsRL aus der Gesamtheit der in einem Unternehmensteil vorhandenen aktiven und passiven WG, daraus lässt sich aber noch nicht die Schlussfolgerung ziehen, dass auch alle WG, die zum Teilbetrieb gehören, übertragen werden müssen. Denn auch nach der Definition der FusionsRL ist entscheidend, dass eine „aus eigenen Mitteln **funktionsfähige** Einheit" (Art 2 lit j FusionsRL) übergeht. Mithin ist es auch auf der Grundlage der FusionRL für eine Teilbetriebsübertragung ausreichend, wenn diejenigen WG übergehen – die ähnlich wesentlichen Betriebsgrundlagen (vgl Rn 67) – für die Erreichung des Betriebszwecks erforderl sind und denen ein besonderes wirtschaftl Gewicht für die Betriebsführung zukommt. Denn mit diesen Wirtschaftsgütern kann die aus eigenen Mitteln funktionsfähige Einheit fortgeführt werden (vgl auch *Schmitt* DStR 2011, 1108, 1109; wohl ebenso *Blumers* BB 2011, 2204, 2207; vgl auch *Goebel/Ungemach/Seidenfeld* DStZ 2009, 354, 360). Dieses selbstständige Funktionieren des Betriebs ist in erster Linie unter einem funktionellen Aspekt zu sehen. Die übertragenen Unternehmensteile müssen als selbstständiges Unternehmen funktionsfähig sein, ohne dass sie hierfür zusätzlicher Investitionen oder Einbringungen bedürfen (EuGH IStR 2002, 94 Rn 35 – Andersen og Jensen). Maßgeblich ist damit nicht eine Zuordnung nach wirtschaftlichen Zusammenhängen, sondern die Bedeutung bzw die **Wesentlichkeit der WG für die Funktionsfähigkeit** des Teilbetriebs. 71

Zu den danach für die Funktionsfähigkeit wesentlichen WG können allerdings auch Passiva, also **Verbindlichkeiten** gehören (EuGH IStR 2002, 94 – Andersen og Jensen; vgl auch Rn 82). Auch nach Auffassung des BFH (BStBl II 2011, 467) bestehen im Grundsatz keine anderen Anforderungen an eine Teilbetriebsübertragung, wenn der Teilbetriebsbegriff der FusionsRL zugrunde gelegt wird. Im **Ergebnis** bedeutet dies, dass auch bei unterstellter Absicht des Gesetzgebers (vgl dazu Rn 56), im UmwStG und auch bei § 15, bei dem immerhin von der FusionRL nicht erfasste fiktive Teilbetriebe dem echten Teilbetrieb gleichgestellt sind (Abs 1 S 3; dazu auch RHL/*Schumacher* Rn 126), den Teilbetriebsbegriff der FusionsRL festzuschreiben, für eine Teilbetriebs**übertragung** die Übertragung bzw Zurückbehaltung derjenigen WG (einschl Passiva) notw ist, die die Funktionsfähigkeit der Einheit ausmachen. Mit Ausnahme der grdsl Berücksichtigung von Passiva dürften dann aber keine nennenswerte Unterschiede zum Begriff der wesentlichen WG (vgl Rn 66) bestehen. Andere WG können echten und fiktiven (dazu Rn 96, 102) zugeordnet werden. 72

f) Übertragung der Wirtschaftsgüter. Abs 1 S 1 verlangt, dass auf die übernehmende Körperschaft ein Teilbetrieb **übertragen** wird. Demzufolge muss das zivilrechtl oder wenigstens das wirtschaftl Eigentum (§ 39 II Nr 1 AO) an den wesentl Betriebsgrundlagen bzw an den für die Funktionsfähigkeit notw WG (Rn 71), die diesem Teilbetrieb zugeordnet sind, auf die übernehmende Körperschaft übergehen (BFH BStBl II 2011, 467; BMF-Schrb vom 11.11.2011, BStBl I 73

1314 Rn 15.07; RHL/*Schumacher* Rn 142). Die Übertragung des **wirtschaftl Eigentums** ist ausreichend (BFH BStBl II 2011, 467; BMF-Schrb vom 11.11.2011, BStBl I 1314 Rn 15.07). Die bloße – auch langfristig gesicherte – **Nutzungsüberlassung,** etwa durch Vermietung oder Verpachtung, reicht hingegen nicht (BFH BStBl II 2011, 467; BFH BStBl II 1996, 342 zu § 20; BMF-Schrb vom 11.11.2011, BStBl I 1314 Rn 15.07; RHL/*Schumacher* Rn 145; Widmann/Mayer/*Schießl* Rn 26; DPPM/*Dötsch/Pung* Rn 63; aA Semler/Stengel/*Moszka* Anh UmwStG Rn 462; *Rödder/Beckmann* DStR 1999, 751; *Haarmann* FS Widmann, 2000, 375; SBB/*Sagasser/Schöneberger* § 20 Rn 16; *Herzig* DB 2000, 2236; diff *Blumers* BB 2011, 2204, 2207). Zwar ist der Teilbetriebsbegriff (auch derjenige der FusionsRL) ebenso wie derjenige des Betriebs **tätigkeitsorientiert** (vgl auch BFH BStBl II 2011, 467). Hieraus folgt jedoch nicht, dass eine Nutzungsüberlassung der wesentl Betriebsgrundlagen genügt. Die von § 15 erfassten Auf- und Abspaltungen bzw Teilübertragungen stellen ebenso wie Verschm und Einbringungen nach §§ 20, 24 **tauschähnl Anschaffungs- und Veräußerungsgeschäfte** dar (BFH BStBl II 2004, 686 zu § 20; BMF-Schrb vom 11.11.2011, BStBl I 1314 Rn 02.02). Demzufolge regelt § 15 (ebenso wie §§ 20, 24) den Fall einer privilegierten Teilbetriebsveräußerung. Die Vermeidung der Besteuerung der stillen Reserven ist deshalb nur gerechtfertigt, wenn die übertragende Körperschaft die Tätigkeit, die sie mit den dem Teilbetrieb zugeordneten wesentl Betriebsgrundlagen bislang entfaltet hat, endgültig einstellt, während der übernehmende Rechtsträger sie in gleichem Umfang fortsetzt. Überträgt die übertragende Körperschaft nicht das wirtschaftl Eigentum an sämtl wesentl Betriebsgrundlagen des Teilbetriebs, sondern räumt sie insoweit nur ein obligatorisches Nutzungsrecht ein, beendet sie die gewerbl Tätigkeit mit den wesentl Betriebsgrundlagen des Teilbetriebs nicht. Dann kann nicht von einer Übertragung des Teilbetriebs durch die übertragende Körperschaft und einer Fortführung durch die übernehmende Körperschaft gesprochen werden (BFH BStBl II 2011, 467). Dies steht nicht im Widerspruch zur ausschließl **funktional-orientierten** Bestimmung, ob ein WG eine wesentl Betriebsgrundlage oder für die Funktionsfähigkeit notw ist (hierzu Rn 66, 71). Die Notwendigkeit der **Übertragung** des (wirtschaftl) Eigentums folgt vielmehr gerade aus der funktionalen Betrachtungsweise. Denn nur durch eine Übertragung des wirtschaftl Eigentums wird die bisherige **Funktion** für die gewerbl Tätigkeit bei der übertragenden Körperschaft beendet und bei der übernehmenden Körperschaft fortgeführt. Der Umstand, dass ein (Teil-)Betrieb grdsl auch mit WG geführt werden kann, die nicht im Eigentum des Unternehmens stehen (bspw ausschließl geleaste oder gemietete Gegenstände), führt zu keiner anderen Beurteilung. Denn zu Besteuerungszwecken ist immer nur auf die tats im (wirtschaftl) Eigentum stehenden Gegenstände abzustellen, da nur die stillen Reserven in diesen WG steuerverhaftet sind. Für die **Bestimmung** der wesentl Betriebsgrundlagen und der nach wirtschaftlichen Zusammenhängen zuordenbaren WG besteht demnach ein aus dem Normzweck und den Rechtsfolgen erhebl Unterschied zwischen § 16 I EStG einerseits und den Normen des UmwG andererseits (dazu Rn 67); für die **Übertragung** gilt dies nicht.

74 Eine bloße Nutzungsüberlassung ist auch bei Zugrundelegung des Teilbetriebsbegriffs der **FusionsRL** (RL 2009/133/EG vom 19.10.2009, ABl EU Nr L 310, 34) nicht ausreichend (BFH BStBl II 2011, 467; aA etwa *Blumers* DB 2001, 722, 725; vgl aber *Blumers* BB 2011, 2204, 2207: anders bei alleiniger Nutzung durch den Teilbetrieb; *Neumann* EStB 2002, 437, 441; *Thömmes* FS Widmann, 2000, 583, 598; diff auch *Goebel/Ungemach/Seidenfeld* DStZ 2009, 354, 360). Auch der

EuGH geht davon aus, dass die aktiven und passiven WG eines Teilbetriebs in ihrer Gesamtheit übertragen werden müssen (EuGH IStR 2002, 94 Rn 25 – Andersen og Jensen). Schließlich ist der Wortlaut von Art 2 lit b, c und g FusionsRL zu beachten, der von einem „Übertragen" bzw „Übernehmen" spricht (zutr RHL/*Schumacher* Rn 145). Insoweit besteht auch bei unmittelbarer Geltung der FusionsRL kein Unterschied.

75 **g) Spaltungshindernde Wirtschaftsgüter.** Die FinVerw def in Rn 15.08 des BMF-Schrb vom 11.11.2011, BStBl I 1314 sog **spaltungshindernde WG.** Nach Ansicht der FinVerw bestehe ein Spaltungshindernis, wenn eine **wesentl Betriebsgrundlage** von mehreren Teilbetrieben eines Unternehmens genutzt werde. Anders als früher (BMF-Schrb vom 25.3.1998, BStBl I 268 Rn 15.07) wird aber nicht mehr bestritten, dass dennoch Teilbetriebe vorliegen (können). Demzufolge müssten **Grundstücke** zivilrechtl **real** bis zum Zeitpunkt des Spaltungsbeschlusses aufgeteilt werden. Sei der übertragenden Körperschaft eine reale Teilung des Grundstücks nicht zumutbar, bestünden im Einzelfall aus Billigkeitsgründen keine Bedenken, eine ideelle Teilung (Buchteilseigentum) im Verhältnis der tats Nutzung unmittelbar nach der Spaltung ausreichen zu lassen. Auch der Gesetzgeber geht von der mögl Existenz spaltungshindernder WG unverändert aus (Bericht Finanzausschuss BT-Drs 16/3369 zu § 15 I 2). Im Grds nimmt auch der BFH auf der Grundlage des Erfordernisses der Übertragung aller wesentlichen Betriebsgrundlagen an, dass derartige spaltungshindernde WG bestehen können (BFH BStBl II 2011, 467). Die von der FinVerw beschriebene Situation war und ist Anlass, die Teilbetriebsübertragung iSd UmwStG anders, näml nutzungsorientiert, zu interpretieren und eine Nutzungsüberlassung ausreichen zu lassen (vgl *Blumers* DB 1995, 496).

76 Unabhängig hiervon (zur – nicht ausreichenden – Nutzungsüberlassung vgl Rn 72) ist der **FinVerw nicht zuzustimmen.** Zunächst ist festzuhalten, dass Teilbetriebe auch dann vorliegen, wenn wesentl Betriebsgrundlagen von mehreren Teilbetrieben genutzt werden (vgl aber noch BMF-Schrb vom 25.3.1998, BStBl I 268 Rn 15.07). Nach der Rspr des BFH ist es etwa für die organisatorische Verselbstständigung eines Teilbetriebs ausreichend, wenn die jew Teilbetriebe in eigenen Räumlichkeiten untergebracht sind. Die gemeinsame Nutzung desselben Betriebsgrundstücks (einer wesentl Betriebsgrundlage) steht der Annahme mehrerer selbstständiger Teilbetriebe nicht entgegen (BFH BStBl II 2011, 467; BFH BStBl II 1996, 409, 410). Nichts anderes dürfte sich aus dem Teilbetriebsbegriff der FusionsRL (RL 2009/133/EG vom 19.10.2009, ABl EU Nr L 310, 34) ergeben. Soweit der BFH (BStBl II 1996, 409, 410) dennoch die Voraussetzung einer Teilbetriebsveräußerung iSv §§ 16, 34 EStG mangels Übertragung der wesentl Betriebsgrundlage gemeinsam mit dem veräußerten Teilbetrieb verneint, erfolgt dies erkennbar vor dem Hintergrund des **Normzwecks** von §§ 16, 34 EStG. Denn in der Entscheidung wird betont, dass die steuerbegünstigte Veräußerung voraussetze, dass alle wesentl Betriebsgrundlagen an einen Erwerber veräußert und dadurch die in dem veräußerten Teilbetrieb gebildeten stillen Reserven von Bedeutung in einem einheitl Vorgang aufgelöst werden (BFH BStBl II 1996, 409, 411). Die (geballte) Besteuerung der stillen Reserven ist jedoch für die Teilbetriebsveräußerung durch Auf- oder Abspaltung/Teilübertragung/Einbringung nicht konstitutiv (BFH BStBl II 2011, 467; BFH BStBl II 1998, 104; vgl Rn 67). Voraussetzung für die Gewährung dieses Steuerprivilegs ist, dass die übertragende Körperschaft ihre bislang in dem Teilbetrieb ausgeübte gewerbl Betäti-

gung beendet und diese mittels der wesentl Betriebsgrundlagen auf die übernehmende Körperschaft überträgt. Dieser **Normzweck** – Förderung der Fortführung der gewerbl Tätigkeit durch den übernehmenden Rechtsträger – erlaubt es, **WG,** die für mehrere Teilbetriebe wesentl Betriebsgrundlage sind, im Falle der Auf- oder Abspaltung **dem** Teilbetrieb, der der sie überwiegend nutzt, **zuzuordnen** (ausdrücklich offengelassen von BFH BStBl II 2011, 467).

77 Dies bedeutet, dass für eine Teilbetriebsübertragung iSv Abs 1 S 1 das (wirtschaftl) Eigentum an allen wesentl Betriebsgrundlagen bzw an für die Funktionsfähigkeit notw WG (Rn 66, 71), die nur dem übertragenen Teilbetrieb zuzuordnen sind, auf den übernehmenden Rechtsträger übergehen müssen bzw – bei einer Abspaltung – alle wesentl Betriebsgrundlagen bzw für die Funktionsfähigkeit notw WG, die nur dem verbleibenden Teilbetrieb zugeordnet werden können, bei der übertragenden Körperschaft verbleiben müssen. Wesentl Betriebsgrundlagen bzw für die Funktionsfähigkeit notw WG, die **mehreren** Teilbetrieben dienen, können anlässl der Auf- und Abspaltung/Teilübertragung dem Teilbetrieb zugeordnet werden, der sie überwiegend nutzt (ebenso *Krebs* BB 1998, 2082). Dies gilt unabhängig davon, ob dem jew anderen Teilbetrieb ein (gesichertes) Nutzungsrecht eingeräumt wird.

78 Dennoch muss sich die **Praxis** auf die restriktive Sichtweise der Verwaltung (Rn 75) einstellen und bei Grundstücken die „reale Teilung" durchführen. Regelmäßig setzt dies eine intensive Vorabstimmung mit der FinVerw bzw – zur Erlangung von Rechtssicherheit – eine **verbindl Auskunft** voraus (ebenso Widmann/Mayer/*Schießl* Rn 24). Dies gilt etwa für die Frage, ob eine reale Teilung „nicht zumutbar" (vgl BMF-Schrb vom 11.11.2011, BStBl I 1314 Rn 15.08; dazu auch Haritz/Menner/*Asmus* Rn 73) ist. Leider lässt sich feststellen, dass die Verfahren auf Erteilung einer verbindl Auskunft in Umwandlungsfällen meist sehr zeitaufwändig sind und nicht immer eine Auskunft auch erteilt wird. Bedenkl ist zudem, dass die FinVerw (BMF-Schrb vom 11.11.2011, BStBl I 1314 Rn 15.08) eine zivilrechtl reale Teilung verlangt, nachdem sie an anderer Stelle (BMF-Schrb vom 11.11.2011, BStBl I 1314 Rn 15.07) die Begründung wirtschaftlichen Eigentums für ausreichend erachtet. Für die stl Zuordnung eines WG ist aber nach § 39 II Nr 1 AO das **wirtschaftl Eigentum** vorrangig. Dies gilt ohne ernsthafte Zweifel auch für das UmwStG (Lutter/*Schaumburg/Schumacher* Anh 1 nach § 151 Rn 17; RHL/*Schumacher* Rn 146; vgl aber Rn 69). Die „reale Teilung" durch Einräumung des **wirtschaftl (Mit-)Eigentum** ist also ausreichend (vgl auch *Gebert* DStR 2010, 1774).

79 Die Praxis muss ferner beachten, dass die FinVerw die Bildung von Bruchteilseigentum (aus Billigkeitsgründen im Einzelfall) **ausdrücklich nur** für **Grundstücke** vorsieht (BMF-Schrb vom 11.11.2011, BStBl I 1314 Rn 15.08). Hieraus kann gefolgert, dass die FinVerw für andere wesentliche Betriebsgrundlagen eine ideelle Teilung oder die Bildung von (wirtschaftlichen) Bruchteilseigentum nicht anerkennt (DPPM/*Dötsch/Pung* Rn 86; *Schneider/Ruoff/Sistermann* FR 2012, 1, 6). Keine Aussage trifft die FinVerw auch zu Wirtschaftsgütern, die nach **wirtschaftlichen Zusammenhängen** mehreren Teilbetrieben zuzuordnen sind, ohne zugleich wesentliche Betriebsgrundlage zu sein. Wenigstens hier muss man von einer freien Zuordenbarkeit ausgehen (so auch *Neumann* GmbHR 2012, 141, 144 f; wohl auch *Schneider/Ruoff/Sistermann* FR 2012, 1, 5 f).

80 **h) Neutrales Vermögen.** WG, die bei keinem Teilbetrieb zu den wesentl Betriebsgrundlagen gehören und auch nicht für die Funktionsfähigkeit notw sind (vgl Rn 67 und Rn 71) (sog neutrales Verm), können **grdsl jedem** übertragenen bzw jedem zurückbleibenden Teilbetrieb **zugeordnet** werden (im Grundsatz auch BMF-Schrb vom 11.11.2011, BStBl I 1314 Rn 15.09, allerdings neutrale WG enger definierend; dazu Rn 68 ff; RHL/*Schumacher* Rn 150; Widmann/Mayer/*Schießl* Rn 45; Blümich/*Klingberg* Rn 55; Haritz/Menner/*Asmus* Rn 74; Lutter/*Schaumburg/Schumacher* Anh 1 nach § 151 Rn 17; Semler/Stengel/*Moszka* Anh UmwStG Rn 466; Herzig/*Förster* DB 1995, 338, 343; *Thiel* DStR 1995, 237, 240; *Schwedhelm/Streck/Mack* GmbHR 1995, 101; *Blumers/Siegels* DB 1996, 7; *Bien ua/Hörger* DStR Beilage zu Heft 17/1998, 30). Bei der Zuordnung zu echten Teilbetrieben (zur Behandlung bei fiktiven Teilbetrieben vgl Rn 85 f, 91 f) kommt es auf einen sachl oder rechtl Zusammenhang nicht an (*Blumers/Siegels* DB 1996, 7).

Neutrales Verm **sind WG,** die entweder keinem Teilbetrieb zugeordnet sind oder zu einem Teilbetrieb oder zu mehreren Teilbetrieben gehören, dort aber keine wesentl Betriebsgrundlage darstellen und auch nicht für die Funktionsfähigkeit notw sind (vgl Rn 67 und Rn 71). Dies sind vor allem **liquide Mittel** und sonstige Vermögensgegenstände des **Umlaufvermögens.** Im Einzelfall können auch andere Vermögensgegenstände des Anlage- und Umlaufvermögens zum neutralen Verm zählen (Haritz/Menner/*Asmus* Rn 74). **Kundenforderungen** sind im Allgemeinen nicht wesentl Betriebsgrundlage (BFH BStBl II 1973, 219). Ob der **Warenbestand** zu den wesentl Betriebsgrundlagen zählt, richtet sich nach den Umständen des Einzelfalls (vgl L. Schmidt/*Wacker* EStG § 16 Rn 160; Widmann/Mayer/*Schießl* Rn 46). **81**

Auch **Verbindlichkeiten** sind grdsl keine wesentlichen Betriebsgrundlagen. Sie können aber Einfluss auf die Funktionsfähigkeit des Teilbetriebs haben (vgl Rn 71; zur Zuordnung zu fiktiven Teilbetrieben vgl Rn 96, 102). Hier ist im Einzelfall zu entscheiden, ob eine Trennung der Verbindlichkeit vom Teilbetrieb, dem sie zugeordnet ist (vgl auch 68 ff), die eigenständige (ohne weitere Zuführung von außen) Funktionsfähigkeit des übergehenden **oder** auch des zurückbleibenden Teilbetriebs beeinträchtigt wird. Denn die übertragenen Unternehmensteile müssen als selbstständiges Unternehmen funktionsfähig sein, ohne dass sie hierfür zusätzlicher Investitionen oder Einbringungen bedürfen (EuGH IStR 2002, 94 Rn 35 – Andersen og Jensen). Dies könnte etwa dann nicht mehr gewährleistet sein, wenn die Darlehensvaluta zurückbehalten und die Darlehensverbindlichkeit übertragen wird (vgl EuGH IStR 2002, 94 Rn 35 – Andersen og Jensen). **Pensionsrückstellungen** gehören danach zu dem Teilbetrieb, in dem die ArbN, denen die Versorgungszusage gewährt wurde, tätig sind oder tätig waren (BMF-Schrb vom 11.11.2011, BStBl I 1314 Rn 15.10; für aktive Mitarbeiter ebenso RHL/*Schumacher* Rn 154). Zivilrechtl ist die Zuordnungsfreiheit bei Versorgungszusagen ggü ArbN in einem bestehenden ArbVerh wegen **§ 613a BGB** ohnehin oft eingeschränkt (vgl § 131 UmwG Rn 81). **82**

Die Zuordnung erfolgt wie generell die Aufteilung des übergehenden Verm durch die **Festlegungen** im **Spaltungsvertrag,** § 126 I 9 UmwG. Zur Behandlung „vergessener" Aktiva und Passiva vgl § 131 UmwG Rn 116 ff. Zum Zeitpunkt vgl Rn 85. **83**

i) Teilbetrieb im Aufbau. Nach früherer Sichtweise der FinVerw genügte ein Teilbetrieb im Aufbau für die Erfüllung des Teilbetriebserfordernisses nach Abs 1 S 1 und 2 (BMF-Schrb vom 25.3.1998, BStBl I 268 Rn 15.10; so auch RHL/*Schumacher* Rn 133; Widmann/Mayer/*Schießl* Rn 34). Ein Teilbetrieb im **84**

Aufbau liegt vor, wenn die wesentl Betriebsgrundlagen bereits vorhanden sind und bei zielgerichteter Weiterverfolgung des Aufbauplanes ein selbstständig lebensfähiger Organismus zu erwarten ist (grundlegend BFH BStBl II 1989, 458; vgl auch H 16 Abs 3 EStH). Nicht notw ist die Aufnahme der werbenden Tätigkeit. Die Figur des Teilbetriebs im Aufbau kann ein hilfreiches Gestaltungsinstrument sein, um frühzeitig eine steuerneutrale Spaltung durchzuführen. Es muss allerdings eine ernsthafte Absicht vorhanden sein (*Blumers* BB 1995, 1821, 1822). Von dieser Auffassung ist die FinVerw mit dem UmwStE 2011 unter Hinweis auf den Teilbetriebsbegriff der FusionsRL abgerückt (BMF-Schrb vom 11.11.2011, BStBl I 1314 Rn 15.03). Zur **Übergangsregelung** vgl BMF-Schrb vom 11.11.2011, BStBl I 1314 Rn S.05. Dies ist auf dieser Grundlage konsequent (so wohl auch *Kessler/Philipp* DStR 2011, 1065, 1067 f; *Stangl/Grundke* DB 2010, 1851, 1854; zweifelnd *Beutel* SteuK 2012, 1; vgl auch § 20 Rn 104). Anderenfalls – auf der Grundlage des **nationalen Teilbetriebsbegriffs** – würde es der Rspr des BFH widersprechen (BFH GmbHR 2011, 92; so auch *Kessler/Philipp* DStR 2011, 1065, 1067).

85 **j) Zeitpunkt.** Die zu übertragenden bzw verbleibenden Teilbetriebe müssen im Zeitpunkt des **Wirksamwerdens** der Spaltung bestehen (BFH BStBl II 2011, 467 zum Zeitpunkt der Qualifikation als wesentliche Betriebsgrundlage; ebenso BFH DStR 2012, 648; BFH DStR 2010, 802; vgl auch BFH GmbHR 2011, 92; Lutter/*Schaumburg/Schumacher* Anh 1 nach § 151 Rn 12; RHL/*Schumacher* Rn 155; *Kessler/Philipp* DStR 2011, 1065, 1066; Lademann/*Köth* Rn 48, 63; *Beutel* SteuK 2012, 1; *Bien ua/Hörger* DStR Beilage zu Heft 17/1998, 30). Die **FinVerw** hielt bislang das Bestehen der Teilbetriebe spätestens zum Zeitpunkt der Fassung des Spaltungsbeschlusses für ausreichend (BMF-Schrb vom 25.3.1998, BStBl I 268 Rn 15.10). Nach nunmehriger Ansicht (zur Übergangsregelung vgl BMF-Schrb vom 11.11.2011, BStBl I 1314 Rn S.05) müssen die Teilbetriebsvoraussetzungen zum stl Übertragungsstichtag (§ 2) vorliegen (BMF-Schrb vom 11.11.2011, BStBl I 1314 Rn 15.03). Ergänzend bestimmt BMF-Schrb vom 11.11.2011, BStBl I 1314 Rn 02.14, dass es für das Vorliegen eines Teilbetriebs auf die Verhältnisse am stl Übertragungsstichtag ankommt. Lediglich die Zuordnung neutraler WG und die reale Teilung von spaltungshindernden WG könne bis zur Fassung der Spaltungsbeschlüsse erfolgen (BMF-Schrb vom 11.11.2011, BStBl I 1314 Rn 15.08 f). Diese neue Sichtweise der FinVerw ist **unzutreffend.** Mit dem Teilbetriebsbegriff der **FusionsRL** (RL 2009/133/EG vom 19.10.2009, ABl EU Nr L 310, 34) kann sie nicht begründet werden, da die FusionsRL keine Aussage zur Rückwirkung enthält (*Kessler/Philipp* DStR 2011, 1065, 1067 mit dem Hinweis, dass eine Erschwerung ein Verstoß gegen die FusionsRL wäre; *Stangl/Grundke* DB 2010, 1851, 1854; *Schaflitzl/Götz* DB Beilage 1/2012, 25, 33). Schließlich kann die Ansicht der FinVerw auch nicht mit der **Rückwirkung** auf den stl Übertragungsstichtag begründet werden. Denn § 2 bewirkt nach dem ausdrücklichen Wortlaut und nach dem Sinn und Zweck nur eine Rückbeziehung der Rechtsfolgen. Das Vorliegen eines Teilbetriebs ist hingegen eine Frage der Tatbestandserfüllung (Haase/Hruschka/*Weggenmann/Bernheim* Rn 27; *Kessler/Philipp* DStR 2011, 1065, 1067; *Stangl/Grundke* DB 2010, 1851, 1853; *Schmitt* DStR 2011, 1108, 1111; *Schneider/Ruoff/Sistermann* FR 2012, 1, 5 f; *Feldgen* Ubg 2012, 459, 464). Nach Ansicht der FinVerw müssen am stl Übertragungsstichtag nicht nur die Teilbetriebe vorhanden sein, zu diesem Zeitpunkt müssen die WG mit Ausnahme der neutralen **WG**

(BMF-Schrb vom 11.11.2011, BStBl I 1314 Rn 15.09) auch den Teilbetrieben **zugeordnet** worden sein. Unschädlich sei nur eine Änderung des Nutzungszusammenhangs nach dem stl Übertragungsstichtag (BMF-Schrb vom 11.11.2011, BStBl I 1314 Rn 15.09). Damit müssten konsequenterweise im Rückwirkungszeitraum hinzuerworbene Wirtschaftsgüter (wesentliche Betriebsgrundlagen oder nach wirtschaftlichen Zusammenhängen zuordenbare WG) nicht zugeordnet werden, auch wenn sie zivilrechtlich von der Spaltung erfasst werden. Teilw wird hieraus allerdings die Schlussfolgerung gezogen, dass ein im Rückwirkungszeitraum hinzuerworbener Teilbetrieb nicht abgespalten werde könne (*Neumann* GmbHR 2012, 141, 143 f: gemeint ist wohl: nicht steuerneutral abgespalten werden könne; denn die zivilrechtl Übertragbarkeit ist nicht zweifelhaft). Ferner ist unklar, wie die Zuordnung am stl Übertragungsstichtag dokumentiert werden soll. Ein entsprechendes Problem taucht auf, wenn die FinVerw bei **fiktiven Teilbetrieben** (Mitunternehmeranteilen und 100%igen Beteiligungen an KapGes) verlangt, dass diese bereits am stl Übertragungsstichtag vorgelegen haben (BMF-Schrb vom 11.11.2011, BStBl I 1314 Rn 15.04, 15.05). Auch hierfür besteht keine Stütze im Gesetz, da § 15 auf diejenigen WG anzuwenden ist, die tats übergehen oder zurückbleiben. Lediglich die Rechtsfolgen werden nach § 2 zurückbezogen.

Im Ergebnis wird die Sichtweise der FinVerw Auf- und Abspaltungen um ein Jahr verzögern (vgl auch *Stangl/Grundke* DB 2010, 1851; *Schneider/Ruoff/Sistermann* FR 2012, 1, 6; *Schaflitzl/Götz* DB Beilage 1/2012, 25, 33), da in der Praxis regelmäßig die endgültigen Voraussetzungen für das Vorliegen von Teilbetrieben (etwa Abbildung im Rechnungswesen) und für eine Teilbetriebsübertragung (zB die Beseitigung spaltungshindernder Wirtschaftsgüter) erst in der Zeit nach dem stl Übertragungsstichtag bis zum Spaltungsbeschluss geschaffen werden können. Daher war die frühere Sichtweise der FinVerw, dass die Teilbetriebe spätestens zum Zeitpunkt der Fassung des Spaltungsbeschlusses bestehen (BMF-Schrb vom 25.3.1998, BStBl I 268 Rn 15.10) zwar ebenfalls nicht gesetzeskonform (vgl Rn 85: Wirksamwerden der Spaltung), aber praxistauglich (vgl auch Lademann/*Köth* Rn 48). Denn die **Aufteilung** des übergehenden und verbleibenden Verm und damit die **Zuordnung zu den Teilbetrieben** erfolgt im Spaltungsvertrag (§ 126 I Nr 9 UmwG). Daher müssen bis zum Zeitpunkt des Spaltungsbeschlusses tats die Teilbetriebe existieren und die Zuordnung der WG bzw der mehreren Teilbetrieben dienenden wesentl Betriebsgrundlagen (Rn 75 ff) erfolgt sein, da der Spaltungsvertrag die übertragende Körperschaft ab Beschlussfassung einseitig bindend und damit grdsl nicht mehr geändert werden kann (vgl auch Haase/Hruschka/*Weggenmann/Bernheim* Rn 28). Auch bei einer Beschlussfassung auf der Grundlage eines Entwurfs (vgl § 126 I UmwG) sind die Organe verpflichtet, den Entwurf ohne materielle Änderungen umzusetzen (vgl hierzu § 126 UmwG Rn 7 ff). 86

Die echten Teilbetriebe können auch kurz vor dem maßgeblichen Zeitpunkt geschaffen werden (Widmann/Mayer/*Schießl* Rn 33; SBB/*Sagasser/Schöneberger* § 20 Rn 17; Lademann/*Köth* Rn 48). Die Missbrauchsvorschrift nach Abs 3 S 1 gilt ausdrückl nur für Mitunternehmeranteile und 100%ige Anteile an KapGes (fiktive Teilbetriebe); dazu Rn 117. Ebenso können bis zu diesem Zeitpunkt WG, die wesentliche Betriebsgrundlagen oder nach wirtschaftlichen Zusammenhängen zuordenbar sind, auch veräußert werden. Die **Gesamtplanrechtsprechung** greift insoweit nicht (BFH DStR 2012, 648). 87

6. Mitunternehmeranteil

88 **a) Grundsatz.** Nach der ausdrückl Bestimmung in Abs 1 S 3 **gelten** auch Mitunternehmeranteile als Teilbetriebe iSv Abs 1 S 1 und 2. Die Gleichstellung mit dem Teilbetrieb entspricht den Regelungen in §§ 20, 24 (wenngleich dort nicht als Fiktion ausgestaltet) und in § 16 EStG (dort allerdings nur der gesamte Mitunternehmeranteil). Demzufolge können aus dem Verm der übertragenden Körperschaft Mitunternehmeranteile grdsl durch Auf- und Abspaltung bzw Teilübertragung auf andere Körperschaften übertragen werden bzw Mitunternehmeranteile zurückbehalten werden. Zum Bruchteil eines Mitunternehmeranteils vgl Rn 90. Entgegen der Aussage der FinVerw im Entwurf des UmwStE vom 2.5.2011 (dort Rn 15.05) enthält das BMF-Schrb vom 11.11.2011, BStBl I 1314 indes nicht mehr die Ansicht, dass auch ein **Mitunternehmeranteil wesentliche Betriebsgrundlage** eines Teilbetriebs sein kann und in diesem Fall kein selbstständiger fiktiver Teilbetrieb mehr ist (dazu auch *Schaflitzl/Götz* DB Beilage 1/2012, 25, 33). Die **FusionsRL** (RL 2009/133/EG vom 19.10.2009, ABl EU Nr L 310, 34) enthält keine Bestimmungen zu fiktiven Teilbetrieben.

89 **b) Begriff des Mitunternehmeranteils.** Der Begriff des Mitunternehmeranteils stimmt mit demjenigen in §§ 20 I 1, 24 I überein (Haritz/Menner/*Asmus* Rn 83). Mitunternehmeranteil iSv Abs 1 S 3 ist ein Anteil der übertragenden Körperschaft an einer Mitunternehmerschaft, die eine **gewerbl,** eine **LuF**-Tätigkeit oder eine **freiberufl** Tätigkeit mit Gewinnerzielungsabsicht zum Gegenstand hat. Auch die Beteiligung an einer iSv § 15 III 2 EStG gewerbl geprägten oder an einer gewerbl infizierten PersGes führt grdsl zu einer Mitunternehmerschaft (Widmann/Mayer/*Schießl* Rn 63; Haritz/Menner/*Asmus* Rn 83; Haase/Hruschka/*Weggenmann/Bernheim* Rn 49). Ebenso sind Anteile an **ausländischen Mitunternehmerschaften** erfasst (Haase/Hruschka/*Weggenmann/Bernheim* Rn 50). Insoweit ist eine Typenvergleich vorzunehmen (vgl § 1 Rn 23). Aufgrund der Parallelität der Begriffe vgl zu den Arten und zu den weiteren Anforderungen an den Mitunternehmeranteil § 20 Rn 132 ff. Zum **Zeitpunkt** des Vorhandenseins des Mitunternehmeranteils vgl Rn 85 ff.

90 **c) Bruchteil eines Mitunternehmeranteils.** Auch der Bruchteil eines Mitunternehmeranteils ist ein fiktiver Teilbetrieb iSv Abs 1 S 3 (BMF-Schrb vom 11.11.2011, BStBl I 1314 Rn 15.04; RHL/*Schumacher* Rn 159; Widmann/Mayer/*Schießl* Rn 65; Haritz/Menner/*Asmus* Rn 87; SBB/*Sagasser/Schöneberger* § 20 Rn 19; DPPM/*Dötsch/Pung* Rn 72). Er kann erfolgsneutral abgespalten werden. Der bei der übertragenden Körperschaft zurückbleibende Teil des Mitunternehmeranteils ist ebenfalls ein fiktiver Teilbetrieb (RHL/*Schumacher* Rn 159; Haritz/Menner/*Asmus* Rn 87; Lademann/*Köth* Rn 77). Diese ergänzende Aussage enthält BMF-Schrb vom 11.11.2011, BStBl I 1314 Rn 15.04 im Gegensatz zum BMF-Schrb vom 25.3.1998, BStBl I 268 Rn 15.04 zwar nicht mehr, dies dürfte aber nicht auf eine geänderte Sichtweise zurückgehen. Der Umstand, dass Veräußerungs-/Einbringungsgewinne seit 2002 (UntStFG) bei Teilen von Mitunternehmeranteilen nicht mehr begünstigt sind (§ 16 I Nr 2 EStG, §§ 20 IV 1, 24 III 2), ändert hieran nichts (Widmann/Mayer/*Schießl* Rn 65). Im Gegenteil: der Gesetzgeber bestätigte mit den wiederholten Änderungen im UmwStG, dass Teile von Mitunternehmeranteilen taugl Übertragungsobjekte sind (zur Vorsicht ratend Semler/Stengel/*Moszka* Anh UmwStG Rn 473). Vgl ergänzend § 20 Rn 154. Zur anteiligen Übertragung von SBV vgl Rn 94.

d) Sonderbetriebsvermögen. Zum Mitunternehmeranteil gehört auch das **SBV** (BFH BStBl II 2001, 316; BFH DStR 2000, 1768; BFH BStBl II 1998, 383; 1994, 458). Zum SBV zählen WG, die im zivilrechtl oder wirtschaftl Eigentum (§ 39 II 1 AO) eines MU (übertragende Körperschaft) stehen, wenn sie dazu geeignet und dazu bestimmt sind, dem Betrieb der Mitunternehmerschaft zu dienen (SBV I) oder der Beteiligung des MU zumindest förderl sind (SBV II). Vgl hierzu etwa L. Schmidt/*Wacker* EStG § 15 Rn 506. Auch Verbindlichkeiten können SBV sein. **91**

SBV, das eine **wesentl Betriebsgrundlage** des Mitunternehmeranteils ist, **muss** ebenso wie bei echten Teilbetrieben (Rn 69 ff) gemeinsam mit dem Mitunternehmeranteil übertragen werden oder gemeinsam mit dem zurückbleibenden Mitunternehmeranteil bei der übertragenden Körperschaft verbleiben (Widmann/Mayer/*Schießl* Rn 66; DPPM/*Dötsch/Pung* Rn 72; Lutter/*Schaumburg/Schumacher* Anh 1 nach § 151 Rn 18; vgl auch BMF-Schrb vom 11.11.2011, BStBl I 1314 Rn 15.04). Wesentl Betriebsgrundlagen werden regelmäßig nur solche des **SBV I** sein (Haritz/Menner/*Asmus* Rn 85; DPPM/*Dötsch/Pung* Rn 72; Widmann/Mayer/*Schießl* Rn 69; Haase/Hruschka/*Weggenmann/Bernheim* Rn 70). Dies ist aber immer einzelfallbezogen zu prüfen. Praktisch sehr bedeutsam ist dies für die Beteiligung eines Kommanditisten an der Komplementär-GmbH (dazu BFH BStBl II 2010, 471; OFD Rheinland DB 2011, 1302; *Schulze zur Wiesche* DB 2010, 638) bzw die Beteiligung des atypisch stillen Gesellschafters bei einer GmbH & atypisch still (vgl etwa DPPM/*Dötsch/Pung* Rn 72). Ob ein WG des SBV wesentl Betriebsgrundlage ist, richtet sich wie beim echten Teilbetrieb **ausschließl** nach **funktionalen Gesichtspunkten** (Rn 66 f; vgl auch BMF-Schrb vom 16.8.2000, BStBl I 1253). Demggü können WG des SBV, die keine wesentl Betriebsgrundlage sind (neutrales Verm), beliebig zugeordnet werden (aA *Neumann* GmbHR 2012, 141, 146; vgl Rn 96 ff). Ferner können WG einschließl Schulden, die in unmittelbaren wirtschaftl Zusammenhang mit dem Mitunternehmeranteil stehen, diesem zugeordnet und damit mitübertragen bzw zurückbehalten werden (BMF-Schrb vom 11.11.2011, BStBl I 1314 Rn 15.11); aufgrund des unmittelbaren wirtschaftl Zusammenhangs werden diese WG regelmäßig SBV sein. Darüber hinaus können aber auch sämtliche WG des **SBV,** auch wenn sie **keine wesentliche Betriebsgrundlage** sind, immer mit dem Mitunternehmeranteil übertragen werden oder mit diesem zurückbleiben. Dies ist keine Frage der Zuordnung von WG, da die WG des SBV **Bestandteil des Mitunternehmeranteils** sind (vgl auch *Neumann* GmbHR 2012, 141, 146). **92**

Verbindlichkeiten im SBV sind keine wesentl Betriebsgrundlage (vgl Rn 82). Sie können mit dem Mitunternehmeranteil übertragen, im Grds aber anderen übergehenden Teilbetrieben oder fiktiven Teilbetrieben zugeordnet oder zurückbehalten werden (vgl aber Rn 82: keine Zuordnung zu echten Teilbetrieben, wenn dadurch die Funktionsfähigkeit beeinträchtigt wird). **93**

Bei der Übertragung eines **Bruchteils** eines Mitunternehmeranteils (dazu Rn 90) muss das **SBV** nicht anteilig mitübertragen werden (wie hier Widmann/Mayer/*Schießl* Rn 67; Lutter/*Schaumburg/Schumacher* Anh 1 nach § 151 Rn 18; RHL/*Schumacher* Rn 163; aA BMF-Schrb vom 11.11.2011, BStBl I 1314 Rn 15.04; DPPM/*Dötsch/Pung* Rn 73; Haritz/Menner/*Asmus* Rn 87; Lademann/*Köth* Rn 79; *Rogall* DB 2006, 66, 67), denn in diesem Fall behält das WG die Qualität des SBV bei dem verbleibenden Mitunternehmeranteil. Dies gilt auch, obwohl der BFH für die Tarifbegünstigung nach §§ 16, 34 EStG bei der **94**

Veräußerung auch die quotale Übertragung der wesentl Betriebsgrundlagen des SBV verlangt (BFH DStR 2000, 1768; BStBl II 2001, 26). Die im Vgl zu §§ 16, 34 EStG unterschiedl Behandlung rechtfertigt sich aus dem Umstand, dass es bei § 15 nicht auf die geballte Versteuerung der stillen Reserven, sondern auf die Fortsetzung des unternehmerischen Engagements ankommt (vgl 75). Bei der Übertragung eines Teils eines Mitunternehmeranteils ist dies sowohl hinsichtl des übertragenen als auch hinsichtl des zurückbleibenden Teils gegeben. Das SBV bleibt damit auch bei nicht quotal gleicher Übertragung unternehmerisch gebunden. Ein zum SBV eines Mitunternehmeranteils zählendes WG, das zugleich wesentl Betriebsgrundlage des Mitunternehmeranteils und eines anderen (echten oder fiktiven) Teilbetriebs ist (sog **spaltungshinderndes WG,** etwa ein Grundstück), kann nach den in Rn 75 ff angeführten Grdsen einem (echten oder fiktiven) Teilbetrieb zugeordnet werden. Insoweit bestehen Unterschiede zwischen echten Teilbetrieb und Mitunternehmeranteilen nicht.

95 Zur Behandlung einer 100%igen Beteiligung an einer KapGes als wesentl Betriebsgrundlage eines Mitunternehmeranteils vgl Rn 103.

96 **e) Zuordnung von neutralem Vermögen.** Neutrales Verm (zum Begriff Rn 80 f) kann beliebig auch einem Mitunternehmeranteil zugeordnet werden (wie hier SBB/*Sagasser/Schöneberger* § 20 Rn 26; *Blumers/Siegels* DB 1996, 7, 8; Haritz/Menner/*Asmus* Rn 88). Dies setzt nicht voraus, dass die WG zuvor gewillkürtes SBV werden (so aber wohl Widmann/Mayer/*Schießl* Rn 69), was aber regelmäßig der Fall sein wird. Abs 1 verlangt, dass echte oder fiktive Teilbetriebe übertragen werden und – bei der Abspaltung – zurückbleiben. Damit muss zwingend eine Zuordnung von neutralem Verm erfolgen. Eine **unterschiedl Behandlung** von echten Teilbetrieben iSv Abs 1 S 1 und fiktiven Teilbetrieben iSv Abs 1 S 3 lässt sich **dem Gesetz nicht ableiten.** Sie ist auch durch den Gesetzeszweck nicht gerechtfertigt, denn das neutrale Verm prägt definitionsgemäß nicht den Teilbetrieb (vgl Rn 66 ff). Aus dem Teilbetriebsbegriff der FusionsRL (dazu Rn 52 ff) kann hierzu nichts abgeleitet werden, da diese fiktive Teilbetriebe iSv Abs 1 S 3 nicht erfasst. Der nat Gesetzgeber hat insoweit den Anwendungsbereich für steuerneutrale Spaltungen erweitert.

97 Die Ansicht der **FinVerw** können einem Mitunternehmeranteil oder einer 100%igen Beteiligung an einer KapGes nur WG einschließl Schulden zugeordnet werden, die in unmittelbarem wirtschaftl Zusammenhang mit der Beteiligung oder dem Mitunternehmeranteil stehen (BMF-Schrb vom 11.11.2011, BStBl I 1314 Rn 15.11; ebenso RHL/*Schumacher* Rn 166, vgl allerdings dort Rn 167), ist daher unzutreffend. Nach Meinung der FinVerw sind dies bei einer 100%igen Beteiligung an einer KapGes alle WG, die für die Verwaltung der Beteiligung erforderl sind (zB Erträgniskonten, Einrichtung). Diese Darstellung der FinVerw gibt selbst auf der Grundlage ihrer restriktiven Haltung der Gestaltungspraxis keine Sicherheit (vgl auch Widmann/Mayer/*Schießl* Rn 95 ff). Es bleibt unklar, was unter einem unmittelbaren wirtschaftl Zusammenhang zu verstehen ist. Eine vorherige verbindl Auskunft ist anzuraten. Insbes bei der Zuordnung von **Verbindlichkeiten** (vgl Rn 93) besteht die Gefahr, dass eine **zusätzl Gegenleistung** (nicht in Gesellschaftsrechten, § 11 I 1 Nr 2) und damit insoweit eine Gewinnrealisierung angenommen wird (vgl Widmann/Mayer/*Schießl* Rn 103). Dies gilt allerdings nicht, wenn die Verbindlichkeit als passives SBV einzustufen ist und damit als Bestandteil des Mitunternehmeranteils übertragen wird.

7. Hundertprozentige Beteiligung an Kapitalgesellschaft

a) Grundsatz. Neben einem Mitunternehmeranteil (dazu Rn 88 ff) gelten nach der ausdrückl Anordnung in Abs 1 S 3 auch Beteiligungen an KapGes, die das gesamte Nennkapital der Ges umfassen, als **fiktive** Teilbetriebe. Demzufolge können derartige Beteiligungen grdsl im Wege der Auf- und Abspaltung/Teilübertragung von der übertragenden Körperschaft steuerneutral auf eine übernehmende Körperschaft übertragen werden bzw hindert deren Zurückbehaltung nicht die steuerneutrale Übertragung anderer echter oder fiktiver Teilbetriebe. 98

b) Beteiligung an Kapitalgesellschaft. Abs 1 S 3 erfasst nur Beteiligungen an **KapGes,** nicht an anderen Körperschaften. KapGes sind nach der Legaldefinition von § 1 I 1 KStG AG, SE, KGaA und GmbH. Auch die UG (haftungsbeschränkt) ist eine GmbH. Entsprechend der kstl Behandlung (BFH BStBl II 1993, 352) sind Anteile an einer **VorGes** (ab dem notariellen Gründungsakt bis zur Eintragung im HR) bereits als Anteile an einer KapGes aufzufassen (Haase/Hruschka/*Weggenmann/Bernheim* Rn 54; vgl auch § 21 Rn 20 ff). 99

Die Beteiligung muss – anders als bei § 21; vgl hierzu § 21 Rn 42 – das **gesamte Nennkapital** umfassen; eigene Anteile der KapGes werden hierbei nicht berücksichtigt (RHL/*Schumacher* Rn 172; Haritz/Menner/*Asmus* Rn 89; SBB/*Sagasser/Schöneberger* § 20 Rn 21; GKT/*Knopf/Hill* Rn 23; Lutter/*Schaumburg/Schumacher* Anh 1 nach § 151 Rn 18; Blümich/*Klingberg* Rn 62). Zur **Aufstockung** einer Beteiligung an einer KapGes innerh von drei Jahren vor dem stl Übertragungsstichtag vgl Rn 117 ff. Maßgebl ist das wirtschaftl Eigentum iSv § 39 II Nr 1 AO. Demzufolge liegt eine 100%ige Beteiligung auch dann vor, wenn die Anteile vollständig oder teilw von einem **Treuhänder** für die übertragende Körperschaft (= Treugeberin) gehalten werden. In diesem Fall muss im Spaltungsvertrag das Treuhandverhältnis übertragen werden (Haritz/Menner/*Asmus* Rn 90; Widmann/Mayer/*Schießl* Rn 86; DPPM/*Dötsch/Pung* Rn 74; SBB/*Sagasser/Schöneberger* § 20 Rn 21). Umgekehrt liegt eine 100%ige Beteiligung der übertragenden Körperschaft nicht vor, sofern sie die Anteile treuhänderisch für einen Dritten hält (Haritz/Menner/*Asmus* Rn 90; Widmann/Mayer/*Schießl* Rn 86). Der Begriff der Beteiligung ist nicht iSv § 271 I HGB zu verstehen. Abs 1 S 3 stellt nur auf die zivilrechtl Gesellschafterstellung ab (Haritz/Menner/*Asmus* Rn 89; vgl auch OFD Köln DStR 1989, 394). Teilw wird auch eine mittelbare 100%ige Beteiligung als taugl fiktiver Teilbetrieb angesehen (RHL/*Schumacher* Rn 172; aA DPPM/*Dötsch/Pung* Rn 75). 100

Begünstigt ist nur die **vollständige Übertragung** der 100%igen Beteiligung auf eine übernehmende Körperschaft. Eine Aufteilung der Beteiligung auf verschiedene Körperschaften kommt ebenso wenig wie die Übertragung ledigl eines Teils der Beteiligung in Betracht (ebenso RHL/*Schumacher* Rn 171; Haritz/Menner/*Asmus* Rn 89; SBB/*Sagasser/Schöneberger* § 20 Rn 21; Widmann/Mayer/*Schießl* Rn 90). Auch Beteiligungen an steuerbefreiten Körperschaften werden erfasst (SBB/*Sagasser/Schöneberger* § 20 Rn 21; Widmann/Mayer/*Schießl* Rn 88). Schließl unterscheidet Abs 1 S 3 – wie auch § 21 – nicht zwischen Anteilen an **in- und ausländischen** KapGes (Haritz/Menner/*Asmus* Rn 89; Widmann/Mayer/*Schießl* Rn 88; DPPM/*Dötsch/Pung* Rn 74; RHL/*Schumacher* Rn 168; Semler/Stengel/*Moszka* Anh UmwStG Rn 474; Haase/Hruschka/*Weggenmann/Bernheim* Rn 54; GKT/*Knopf/Hill* Rn 22; *Herzig/Förster* DB 1995, 338, 342). Die ausländische KapGes, deren Anteile übertragen/zurückbehalten werden, muss nicht beschränkt stpfl sein. Maßgebl ist, ob die ausländische Ges mit einer dt KapGes 101 vglbar ist (Typenvergleich), sie also wie eine jur Person körperschaftl strukturiert ist und die Beteiligung GesR wie eine dt KapGes vermittelt (vgl hierzu näher § 1 Rn 17). Eine Beschränkung auf ausländische EU-KapGes ist aus dem Gesetz nicht ableitbar (RHL/*Schumacher* Rn 168). Vgl auch § 21 Rn 21.

102 **c) Zuordnung von neutralem Vermögen.** Hinsichtl der Zuordnung von neutralem Verm zu 100%igen Beteiligungen an KapGes gelten dieselben Erwägungen wie bei Mitunternehmeranteilen (vgl Rn 96). Weder nach dem Gesetzestext noch nach dem Normzweck ist eine unterschiedl Behandlung von echten und fiktiven Teilbetrieben gerechtfertigt (vgl aber BMF-Schrb vom 11.11.2011, BStBl I 1314 Rn 15.11; dazu Rn 103; aA auch Widmann/Mayer/*Schießl* Rn 95 ff; RHL/*Schumacher* Rn 174, vgl aber dort Rn 175). Demzufolge können neutrale WG, also WG, die keinem Teilbetrieb zugeordnet sind bzw bei einem Teilbetrieb keine wesentl Betriebsgrundlage oder für die Funktionsfähigkeit notw sind (vgl Rn 67, 71), beliebig einer zu übertragenden oder zurückbleibenden 100%igen Beteiligung an einer KapGes zugeordnet werden (ebenso *Blumers/Siegel* DB 1996, 7, 8 f; Haritz/Menner/*Asmus* Rn 57; *Köster/Prinz* GmbHR 1997, 336, 341; *Stegemann* DStR 2002, 1549, 1551). Zum maßgebl **Zeitpunkt** vgl Rn 85 ff. Bei der Zuordnung von **Verbindlichkeiten** ist allerdings zu beachten, dass die Schuldbefreiung – anders als bei Mitunternehmeranteilen, vgl Rn 97 – regelmäßig eine andere Gegenleistung iSv § 11 II 1 Nr 3 ist.

103 Die Ansicht der **FinVerw,** eine 100%ige Beteiligung an einer KapGes, die **wesentl Betriebsgrundlage eines** Teilbetriebs ist, stelle keinen Teilbetrieb dar (BMF-Schrb vom 11.11.2011, BStBl I 1314 Rn 15.06; ebenso Widmann/Mayer/*Schießl* Rn 91; DPPM/*Dötsch/Pung* Rn 76), ist abzulehnen (so auch *Blumers* BB 1997, 1876, 1878; Haritz/Menner/*Asmus* Rn 71; Semler/Stengel/*Moszka* Rn 467; *Blümich/Klingberg* Rn 62; *Stegemann* DStR 2002, 1549, 1551; vgl auch § 20 Rn 26). Diese Meinung missachtet, dass Abs 1 S 3 die 100%ige Beteiligung an einer KapGes ausdrückl einem Teilbetrieb gleichstellt. Demzufolge ist Abs 1 S 3 lex specialis ggü Abs 1 S 1.

8. Zurückbleibendes Vermögen

104 Nach Abs 1 S 2 muss bei der **Abspaltung** bzw bei der der Abspaltung entsprechenden Teilübertragung das der übertragenden Körperschaft **verbleibende Verm** ebenfalls zu einem Teilbetrieb gehören. Zum **doppelten Teilbetrieberfordernis** vgl auch Rn 62 ff. Bei der Aufspaltung und der der Aufspaltung entsprechenden Form der Teilübertragung kann diese Situation nicht eintreten, da der übertragende Rechtsträger erlischt (§§ 123 I, 174 II 1 UmwG). Der Begriff des Teilbetriebs in Abs 1 S 2 umfasst sowohl den echten Teilbetrieb nach Abs 1 S 1 als auch die fiktiven Teilbetrieb nach Abs 1 S 3 (ebenso Widmann/Mayer/*Schießl* Rn 107; *Herzig/Förster* DB 1995, 338, 342; *Herzig/Momen* DB 1994, 2157, 2160). Demnach sind die Voraussetzungen von Abs 1 S 2, 3 erfüllt, wenn die übertragende Körperschaft einen echten Teilbetrieb überträgt und ein oder mehrere fiktive Teilbetriebe bei der übertragenden Körperschaft zurückbleiben (im Grds auch BMF-Schrb vom 11.11.2011, BStBl I 1314 Rn 15.02; vgl das Beispiel). Ebenso ist bei der Übertragung eines Teils eines Mitunternehmeranteils der zurückbleibende Teil ein (fiktiver) Teilbetrieb (vgl Rn 90).

105 Der Wortlaut von Abs 1 S 3 ist allerdings zu eng. Ausreichend ist es, wenn ein **Betrieb** zurückbleibt. Dies wäre etwa der Fall, wenn die übertragende Körperschaft nur einen echten Betrieb und daneben ledigl fiktive Teilbetriebe iSv Abs 1

S 3 hat. Auch in diesem Fall kann sie die fiktiven Teilbetriebe übertragen, wenn der Betrieb zurückbleibt bzw den gesamten Betrieb übertragen und die fiktiven Teilbetriebe zurückbehalten, denn die übertragende Körperschaft hat im Rechtssinne mehrere Teilbetriebe.

Die Zurückbehaltung eines echten oder fiktiven Teilbetriebs setzt ebenso wie dessen Übertragung voraus, dass die übertragende Körperschaft das (wirtschaftl) Eigentum an allen dem verbleibenden Teilbetrieb zugeordneten **wesentl Betriebsgrundlagen** behält (Widmann/Mayer/*Schießl* Rn 108; vgl dazu Rn 66 ff, 69 ff, 71 f, 91). Wesentl Betriebsgrundlagen, die einem verbleibenden und einem übergehenden Teilbetrieb als wesentl Betriebsgrundlage zuzurechnen sind (sog spaltungshindernde WG), können einem Teilbetrieb zugeordnet werden, können demnach sowohl übertragen als auch zurückbehalten werden (vgl aber Rn 75 ff). **Neutrales Verm** kann einem zurückbehaltenen Teilbetrieb ebenso wie einem übergehenden Teilbetrieb zugeordnet werden (vgl bereits Rn 79 ff, 96 ff, 102 f). Auch einem Mitunternehmeranteil und einer 100%igen Beteiligung an einer KapGes als zurückbehaltenem Teilbetrieb können WG des neutralen Verm zugeordnet werden (Rn 96 ff und Rn 102 f). **106**

Die Zuordnung des neutralen Verm erfolgt durch die Aufnahme bzw Nichtaufnahme im **Spaltungsvertrag,** § 126 I Nr 9 UmwG. Eines besonderen Widmungsaktes bedarf es nicht (vgl aber etwa Widmann/Mayer/*Schießl* Rn 120, der bei einem zurückbleibenden Mitunternehmeranteil eine Zuordnung zum SBV verlangt). Vgl auch Rn 83. **107**

9. Rechtsfolgen des Fehlens der Teilbetriebsvoraussetzungen

Entgegen der früheren Rechtslage vor der Änderung durch das SEStEG führt eine Nichterfüllung des doppelten Teilbetriebserfordernisses (dazu Rn 44 ff) nicht dazu, dass die §§ 11–13 überhaupt nicht anwendbar sind. Rechtsfolge eines Verstoßes gegen das doppelte Teilbetriebserfordernis ist nach Abs 1 S 2, dass § 11 II und § 13 II, mithin die **Bewertungswahlrechte,** nicht anzuwenden sind (BMF-Schrb vom 11.11.2011, BStBl I 1314 Rn 15.12). IÜ verbleibt es bei der entsprechenden Geltung von §§ 11–13 (BMF-Schrb vom 11.11.2011, BStBl I 1314 Rn 15.13; vgl hierzu im Einzelnen Rn 244 ff). Auch die stl **Rückwirkung** tritt ein (BFH BStBl II 2011, 467; BMF-Schrb vom 11.11.2011, BStBl I 1314 Rn 15.13). Demzufolge hat die übertragende Körperschaft das **übergehende Verm** nach § 11 I zwingend mit dem gemeinen Wert anzusetzen (BMF-Schrb vom 11.11.2011, BStBl I 1314 Rn 15.12). Das Bewertungswahlrecht nach § 11 II kann nicht ausgeübt werden (dazu Rn 247). Eine auf der Ebene der übertragenden Körperschaft steuerneutrale Auf- oder Abspaltung scheidet damit aus. Bei einer Abspaltung sind die stillen Reserven aber nur im übertragenen Vermögen aufzudecken (BMF-Schrb vom 11.11.2011, BStBl I 1314 Rn 15.12; vgl dazu Rn 245). Auf **Anteilsinhaberebene** gilt im Grds § 13 I, wonach eine Veräußerung der Anteile an der übertragenden Körperschaft zum gemeinen Wert und eine Anschaffung der als Gegenleistung erhaltenen Anteile zum gemeinen Wert fingiert wird (vgl näher Rn 281). Diese Rechtsfolge tritt bei einem Verstoß gegen das Teilbetriebserfordernis unabhängig davon ein, ob eine Auf- oder Abspaltung vorliegt. Der Anteilsinhaber hat mithin keine Kapitalerträge iSv § 20 EStG, er erzielt vielmehr einen (fiktiven) **Veräußerungsgewinn.** Für beschränkt stpfl Gesellschafter ist dies bedeutsam, weil bei Bestehen eines DBA Deutschland regelmäßig kein Besteuerungsrecht hat (Art 13 Abs 5 OECD-MA; *Rödder/Schumacher* DStR 2007, 369, **108**

374). Bei einer **Abspaltung** führt die entsprechende Anwendung von § 13 I dazu, dass eine Teilveräußerung fingiert wird (BMF-Schrb vom 11.11.2011, BStBl I 1314 Rn 15.12). Als Veräußerungspreis gilt der gemeine Wert des als Gegenleistung erhaltenen Anteils; dieser lässt sich vielfach, aber nicht zwingend aus dem gemeinen Wert des übertragenen Verm (so BMF-Schrb vom 11.11.2011, BStBl I 1314 Rn 15.12) ableiten. Zur Aufteilung des BW bzw der AK vgl Rn 291). Für Gesellschafter iSv § 20 II 1 Nr 1 greift **§ 20 IVa** EStG (BMF-Schrb vom 11.11.2011, BStBl I 1314 Rn 15.12).

10. Bilanzen bei der Spaltung

109 **a) Handelsbilanzen. aa) Übertragende Körperschaft.** Die übertragende Körperschaft hat nach §§ 125, 17 II UmwG auf den Zeitpunkt unmittelbar vor dem Spaltungsstichtag (§ 126 I Nr 6 UmwG; vgl hierzu § 17 UmwG Rn 37 ff) eine handelsrechtl Schlussbilanz zu erstellen. Für diese Schlussbilanz gelten die Vorschriften über die Jahresbilanz (als Bestandteil des handelsrechtl Jahresabschlusses) und deren Prüfung entsprechend, § 17 II 2 UmwG. Zu den Anforderungen an die Schlussbilanz vgl § 17 UmwG Rn 8 ff. Zu den bei der Spaltung zu beachtenden Besonderheiten vgl § 17 UmwG Rn 49 ff.

110 **bb) Übernehmende Körperschaft.** Die übernehmende Körperschaft erfasst den Vermögensübergang anlässl der Auf-/Abspaltung/Teilübertragung handelsbilanziell im Zeitpunkt des Übergangs des wirtschaftl Eigentums, spätestens mit Wirksamwerden der Spaltung (§ 131 I UmwG), als **lfd Geschäftsvorfall** (vgl § 24 UmwG Rn 4). Demnach wird der Vermögenserwerb im ersten auf diesen Zeitpunkt folgenden regulären Jahresabschluss der übernehmenden Körperschaft abgebildet (vgl § 24 UmwG Rn 4 ff). Ledigl bei einer Spaltung **zur Neugründung** muss die übernehmende Körperschaft eine Eröffnungsbilanz erstellen (vgl § 24 UmwG Rn 7 ff). Zur Bilanzierung in der Interimszeit vgl § 17 UmwG Rn 67 ff. Die übernehmende Körperschaft hat handelsbilanziell nach §§ 125, 24 UmwG das **Wahlrecht,** das übergehende Verm nach den allg Grdsen oder unter Fortführung der BW der Schlussbilanz iSv § 17 II UmwG zu erfassen. Vgl § 24 UmwG Rn 20 ff. Zu den Besonderheiten der Spaltung vgl insbes § 24 UmwG Rn 93 ff.

111 **b) Steuerbilanzen. aa) Übertragende Körperschaft.** Abs 1 S 1 verweist auf §§ 11–13. Unter den weiteren Voraussetzungen nach Abs 1 S 2 (Übertragung/ Zurückbehaltung eines Teilbetriebs) und bei Nichteingreifen der Missbrauchsregelungen nach Abs 2 können in der **stl Schlussbilanz** für das letzte Wj der übertragenden Körperschaft Bewertungswahlrechte ausgeübt werden. Vgl hierzu Rn 244 ff und § 11 Rn 15 ff, 20 ff. **Stichtag** der stl Schlussbilanz ist der stl Übertragungsstichtag (vgl § 2 Rn 9; DPPM/*Dötsch/Pung* Rn 223).

112 **Abs 2** aF (vor Änderung durch das SEStEG) ordnete ausdrückl an, dass die übertragende Körperschaft auf den stl Übertragungsstichtag eine StB aufzustellen hat. Die Regelung ist mit der Neufassung des UmwStG durch das SEStEG ersatzlos gestrichen worden. Die Erforderlichkeit einer stl Schlussbilanz resultiert aber unverändert aus der in Abs 1 S 1 angeordneten entsprechenden Geltung von § 11. Bei **Aufspaltungen** treten Besonderheiten im Vgl zur Verschm (unmittelbare Anwendung von § 11) nicht auf, da die übertragende Körperschaft erlischt. Abs 2 aF hatte demzufolge eigenständige Bedeutung nur für die **Abspaltung** (§ 123 II UmwG) und für die der Abspaltung entsprechende Form der Teilübertragung

(§ 174 II Nr 2 UmwG), da in diesen Fällen der übertragende Rechtsträger nicht erlischt.

Stimmt der stl Übertragungsstichtag mit dem Ende des Wj überein, bedeutet die entsprechende Anwendung von § 11 bei einer **Abspaltung,** dass die Bew des Verm mit dem gemeinen Wert oder die Ausübung der Wahlrechte nach § 11 II in der StB des (fortbestehenden) übertragenden Rechtsträgers zum Ende des Wj auszuüben ist (wohl auch RHL/*Schumacher* Rn 76) Nach aA (BMF-Schrb vom 11.11.2011, BStBl I 1314 Rn 15.14) ist bei der Abspaltung eines Teilbetriebs eine stl Schlussbilanz auf den stl Übertragungsstichtag isoliert nur für den abgespaltenen Teilbetrieb zu erstellen (ebenso Haritz/Menner/*Asmus* Rn 37; wohl auch DPPM/*Dötsch/Pung* Rn 40, unklar Rn 223). Dies dürfte damit zusammenhängen, dass nach Ansicht der FinVerw die stl Schlussbilanz iSv § 11 keine Steuerbilanz iSv §§ 4 I, 5 I EStG ist (BMF-Schrb vom 11.11.2011, BStBl I 1314 Rn 11.02 iVm 03.01; dazu § 3 Rn 22). Aus dem Gesetz lässt sich die Abgabe einer eigenen Schlussbilanz für die abgespaltenen Teil nicht ableiten, da die Bilanz nur der Ermittlung des Übertragungsgewinns und der Festlegung der Werte für den übernehmenden Rechtsträger (§ 12 I 1) dient. Dies kann auch eine Gesamtbilanz leisten, die damit für die entsprechende Anwendung von § 11 genügt. Daher sollte auch die Gesamtbilanz der übertragenden Körperschaft nach §§ 4 I, 5 I EStG mit Entsprechenserklärung (BMF-Schrb vom 11.11.2011, BStBl I 1314 Rn 11.02 iVm 03.01) ausreichend sein. **113**

Problematisch ist indes, wenn der stl **Übertragungsstichtag** vom Ende des **Wj abweicht.** Nach dem Wegfall von Abs 2 aF stellt sich die Frage, ob allein aus der entsprechenden Anwendung von § 11 I das Erfordernis der Aufstellung einer stl „Schlussbilanz" folgt. Hierfür spricht, dass § 11 I anders als § 11 I aF nicht mehr von einer stl Schlussbilanz „für das letzte Wj der übertragenden Körperschaft" spricht (zutreffend RHL/*Schumacher* Rn 76). Allerdings lässt sich aus der entsprechenden Anwendung nicht ableiten, dass ein stl RumpfWj entsteht (wie hier RHL/*Schumacher* Rn 76; offengelassen von DPPM/*Dötsch/Pung* Rn 223). Die Grdse der Verschm (vgl BFH BStBl II 2006, 469) können aufgrund des Fortbestehens des übertragenden Rechtsträgers bei der Abspaltung nicht übertragen werden. ME bedeutet entsprechende Anwendung in diesem Fall nicht, dass tats eine stl „Schlussbilanz" auf den stl Übertragungsstichtag aufzustellen ist (aA RHL/*Schumacher* Rn 76; DPPM/*Dötsch/Pung* Rn 223). Das übergehende Verm (vgl dazu Rn 114) ist vielmehr für die Ermittlung des Übertragungsgewinns (vgl § 11 Rn 145 ff) so zu bewerten, als würde auf den stl Übertragungsstichtag eine Schlussbilanz aufgestellt werden. Das stl Ergebnis einschließl des auf die Abspaltung zurückgehenden Ergebnisses wird indes erst iRd Gewinnermittlung für das gesamte Verm bis zum Ende des Wj erfasst (so auch RHL/*Schumacher* Rn 76). Dies kann Einfluss auf den verbleibenden Verlustvortrag haben (RHL/*Schumacher* Rn 76; zum Verlustvortrag vgl Rn 276). Angesichts der **aA der FinVerw** (BMF-Schrb vom 11.11.2011, BStBl I 1314 Rn 15.14) ist die Praxis allerdings gezwungen, auf den vom Wj abweichenden stl Übertragungsstichtag eine nur das übergehende Verm umfassende Teil-Schlussbilanz aufzustellen. Zur **handelsbilanziellen** Situation vgl § 17 UmwG Rn 50 ff. Zur teilbetriebsbezogenen Ausübung der Wahlrechte nach § 11 I vgl Rn 252 ff. Die stl Schlussbilanz (ggf die Berechnung wie in einer Schlussbilanz; vgl Rn 113) ist auch maßgebl für die Überleitung des stl Einlagenkontos (dazu Rn 299). **114**

bb) Übernehmende Körperschaft. Für die übernehmende Körperschaft besteht bei einer Spaltung **zur Aufnahme** keine Verpflichtung, auf den stl Über- **115**

tragungsstichtag (vgl § 2) eine stl **Übernahmebilanz** zu erstellen. Der Vermögensübergang ist stl ebenso wie handelsbilanziell (dazu § 24 UmwG Rn 4 ff) ein **lfd Geschäftsvorfall** (Haritz/Menner/*Asmus* Rn 45; DPPM/*Dötsch/Pung* Rn 237). Stimmt der stl Übertragungsstichtag mit dem regulären Abschlussstichtag überein, wird der Vermögensübergang stl aufgrund der Rückwirkung nach § 2 I bereits in der auf diesen Stichtag aufzustellenden StB erfasst. Anderenfalls wird der Vermögensübergangs im nächsten auf den stl Übertragungsstichtag folgenden Abschluss (StB) erfasst.

116 Bei einer Spaltung **zur Neugründung** hat die übernehmende Körperschaft hingegen auf den stl Übertragungsstichtag eine stl Eröffnungsbilanz aufzustellen DPPM/*Dötsch/Pung* Rn 237). Vgl iÜ § 12 Rn 2 ff.

11. Weitere Anforderungen an fiktive Teilbetriebe, Abs 2 S 1

117 **a) Allgemeines.** Abs 2 S 1 enthält eine Einschränkung der Verweisung in Abs 1 auf § 11 II. Danach ist § 11 II nicht auf Mitunternehmeranteile und Beteiligungen iSv Abs 1 anzuwenden, wenn sie innerh eines Zeitraums von drei Jahren vor dem stl Übertragungsstichtag durch Übertragung von WG, die kein Teilbetrieb sind, erworben oder aufgestockt worden sind. Dies ist – ebenso wie weiteren Bestimmungen in Abs 2 – eine **gesetzl Missbrauchsregelung,** die – von der Aufnahme in Abs 2 statt bisher in Abs 3 abgesehen – anlässl der Neufassung des UmwStG durch das SEStEG inhaltl unverändert geblieben ist. Zum Verhältnis zu § 42 AO vgl Rn 241. Dort auch zur Frage der Vereinbarkeit mit der FusionsRL. Es soll verhindert werden, dass einzelne WG, die kein Teilbetrieb sind, durch vorherige Übertragung auf Mitunternehmerschaften/KapGes steuerneutral vom Verm der übertragenden Körperschaft abgespalten werden können (vgl RegEBegr BT-Drs 12/6885 zu § 15; vgl auch BMF-Schrb vom 11.11.2011, BStBl I 1314 Rn 15.16). Der Gesetzgeber befürchtete insbes vorbereitende Gestaltungen, die eine steuerneutrale Übertragung der Einzelwirtschaftsgüter ermögl (bspw eine nach § 21 I 2 steuerneutrale Einbringung einer nicht 100%igen Beteiligung an einer KapGes in eine neu gegründete KapGes; die als Gegenleistung gewährte 100%ige Beteiligung an der übernehmenden KapGes wäre sodann ein Teilbetrieb iSv Abs 1 S 3). Vgl auch die Beispiele im BMF-Schrb vom 25.3.1998, BStBl I 268 Rn 15.16.

118 Die Missbrauchsregelung betrifft ausdrückl **nur Mitunternehmeranteile und 100%ige Beteiligungen an KapGes;** echte Teilbetriebe iSv Abs 1 S 1 können auch kurz vor der Spaltung begründet werden (vgl Rn 85). Sie ist zudem zeitl auf Übertragungen innerh von drei Jahren vor dem stl Übertragungsstichtag befristet.

119 Die Missbrauchsregelung kommt nur zur Anwendung, wenn iÜ die Anforderungen von Abs 1 erfüllt sind. **Rechtsfolge** ist, dass das Bewertungswahlrecht nach § 11 II nicht besteht. Anders als bei der Nichterfüllung des Teilbetriebserfordernisses nach Abs 1 bleibt § 13 II anwendbar (Rn 131).

120 **b) Übertragung fiktiver Teilbetriebe.** Der Anwendungsbereich der Missbrauchsvorschrift ist begrenzt. Nach dem klaren Wortlaut bezieht sich Abs 2 S 1 nur auf **fiktive** Teilbetriebe iSv Abs 1 S 3 (BMF-Schrb vom 11.11.2011, BStBl I 1314 Rn 15.16; Haritz/Menner/*Asmus* Rn 116; GKT/*Knopf/Hill* Rn 31; *Herzig/Förster* DB 1995, 338, 343). Echte Teilbetriebe können rechtlich bis zum Wirksamwerden, praktisch hingegen nur bis zur Fassung des Umwandlungsbeschlusses bei der übertragenden Körperschaft (nach Ansicht der FinVerw bis zum stl Übertragungsstichtag, vgl Rn 85 ff) gebildet werden; Entsprechendes gilt für die Zuordnung von WG zu den Teilbetrieben. Ob fiktive Teilbetriebe, die wesentl Betriebsgrundlage eines echten Teilbetriebs sind, von der Missbrauchsregelung nicht erfasst werden, ist zweifelhaft (so aber Haritz/Menner/*Asmus* Rn 116; *Herzig/Förster* DB 1995, 338, 343; Lutter/*Schaumburg/Schumacher* Anh 1 nach § 151 Rn 28; Widmann/Mayer/*Widmann* Rn 177: wie hier für Mitunternehmeranteile, anders für 100%ige Beteiligung an KapGes; ebenso DPPM/*Dötsch/Pung* Rn 104). Denn nach Abs 1 S 3 gelten Mitunternehmeranteile und 100%ige Beteiligungen an KapGes immer als Teilbetrieb. Sie können daher auch dann isoliert übertragen bzw zurückbehalten werden, wenn sie wesentl Betriebsgrundlage eines echten Teilbetriebs sind (Rn 90). Daher sind sie auch bei Abs 2 S 1 selbstständig zu beurteilen.

Die von Abs 2 S 1 erfassten Mitunternehmeranteile bzw 100%igen Beteiligungen an KapGes müssen **übertragen** werden. Die Zurückbehaltung von iSv Abs 2 S 1 erworbenen oder aufgestockten Mitunternehmeranteilen/100%igen Beteiligungen an KapGes bei der übertragenden Körperschaft (Abspaltung) schließt das Bewertungswahlrecht nach § 11 II nicht aus (ganz hM; vgl etwa Haritz/Menner/*Asmus* Rn 114; Widmann/Mayer/*Schießl* Rn 219; *Hörger* FR 1994, 765, 767; *Rödder* DStR 1995, 322, 324; *Herzig/Förster* DB 1995, 338, 344; Lutter/*Schaumburg/Schumacher* Anh 1 nach § 151 Rn 28; SBB/*Sagasser/Schöneberger* § 20 Rn 42; Blümich/*Klingberg* Rn 75; Semler/Stengel/*Moszka* Anh UmwStG Rn 484; RHL/*Schumacher* Rn 198; *Schumacher/Neitz-Hackstein* Ubg 2011, 409, 417; *Heurung/Engel/Schröder* GmbHR 2011, 617, 621; aA BMF-Schrb vom 11.11.2011, BStBl I 1314 Rn 15.17; DPPM/*Dötsch/Pung* Rn 103; *Thiel* DStR 1995, 237, 241). Zwar heißt es in der RegEBegr (BT-Drs 12/6885 zu § 15), dass sich die Missbrauchsvorschrift in Abs 3 S 1 (= Abs 2 S 1 nF) auf das übergehende und das verbleibende Verm beziehe. Diese Absicht wurde im Gesetzeswortlaut aber nicht ausreichend verankert. Da § 11 II das Bewertungswahlrecht immer nur für das übertragene Verm einräumt (dazu Rn 131) und Abs 2 S 1 nach dem klaren Wortlaut die **Anwendung von § 11 II** ledigl **„auf"** fiktive Teilbetriebe ausschließt, setzt die Missbrauchsvorschrift nach Abs 2 S 1 die Übertragung eines derartigen Teilbetriebs voraus. Die gegenteilige Ansicht der FinVerw geht vermutlich auf die frühere Regelung im Spaltungserlass (BStBl I 1992, 47, Anm 2 lit e) zurück. Hierbei verkennt sie aber, dass Abs 2 S 1 anders als die frühere Regelung im Spaltungserlass nicht die Qualifikation als Teilbetrieb, sondern lediglich die Anwendung von § 11 II ausschließt (vgl auch Haritz/Menner/*Asmus* Rn 114; RHL/*Schumacher* Rn 198). Zur Klarstellung sei darauf hingewiesen, dass auch die FinVerw bei Zurückbleiben von iSv Abs 2 S 1 schädlichen fiktiven Teilbetrieben nicht im zurückbleibenden Verm die stillen Reserven aufdeckt; betroffen vom Ausschluss der Anwendung von § 11 II ist das übergehende Verm (BMF-Schrb vom 11.11.2011, BStBl I 1314 Rn 15.21; dazu auch Haritz/Menner/*Asmus* Rn 114). 121

c) Erwerb oder Aufstockung. Schädl ist der **Erwerb** oder die **Aufstockung** eines Mitunternehmeranteils oder einer 100%igen Beteiligung an einer KapGes **durch Übertragung** von WG, die **kein** Teilbetrieb sind, innerh von drei Jahren vor dem stl Übertragungsstichtag. 122

Der Begriff **Erwerb** bezeichnet die erstmalige Anschaffung, derjenige der **Aufstockung** den Hinzuerwerb von Anteilen an einer Mitunternehmerschaft oder an einer KapGes (Haritz/Menner/*Asmus* Rn 120; RHL/*Schumacher* Rn 199; Haase/Hruschka/*Weggenmann/Bernheim* Rn 116; Widmann/Mayer/*Schießl* Rn 188: Aufstockung betrifft Einbringung in PersGes, bei der der Einbringender bereits MU ist). Auch die Übertragung spaltungshindernder WG auf eine KapGes, an der 123 bereits zuvor ein 100%ige Beteiligung bestand, gegen Gewährung einer neuen Beteiligung (Sachkapitalerhöhung) führt zur Anwendung von Abs 2 S 1.

124 **Beispiel:**
Die übertragende Körperschaft überträgt innerh von drei Jahren vor dem stl Übertragungsstichtag Einzelwirtschaftsgüter, die keinen Teilbetrieb bilden, im Wege der SachKapErh auf eine TochterKapGes, deren alleiniger Anteilsinhaber sie ist. Der neu gewährte Anteil aus der SachKapErh ist eine schädl „Aufstockung" iSv Abs 2 S 1. Denn die Missbrauchsvorschrift knüpft nicht an die Bildung von Teilbetrieben, sondern an die Übertragung von einzelnen WG, die für sich nicht steuerneutral ab- oder aufgespalten werden könnten, an (aA Widmann/Mayer/*Schießl* Rn 188: keine Aufstockung, da dieser Begriff nur die Erhöhung der Beteiligung an einer Mitunternehmerschaft umfasse – vgl oben Rn 123; kein Erwerb einer 100%ige Beteiligung, da zuvor schon eine 100%ige Beteiligung bestand). Das Erg lässt sich allerdings durch eine Übertragung mittels verdeckter Einlage vermeiden (vgl Rn 126).

125 Der Erwerb oder die Aufstockung muss **durch Übertragung** von WG, die keinen Teilbetrieb bilden, erfolgt sein. Demzufolge muss die übertragende Körperschaft den Mitunternehmeranteil oder die Beteiligung an der KapGes als **Gegenleistung** für die Übertragung der WG erhalten haben. Unschädl ist ein entgeltl oder unentgeltl (Hinzu-)Erwerb der Beteiligung (MU-Anteil oder 100%ige Beteiligung an KapGes), der nicht auf die Übertragung von WG zurückgeht. Hierzu zählen etwa der **Kauf** oder der Erwerb durch **Schenkung** bzw **Erbanfall** einer (weiteren) Beteiligung von einem Dritten (BMF-Schrb vom 11.11.2011, BStBl I 1314 Rn 15.20; Haritz/Menner/*Asmus* Rn 119; Lademann/*Köth* Rn 125; Haase/Hruschka/*Weggenmann/Bernheim* Rn 116; Widmann/Mayer/*Schießl* Rn 192 f; *Herzig/Förster* DB 1995, 338, 344; GKT/*Knopf/Hill* Rn 33; SBB/*Sagasser/Schöneberger* § 20 Rn 38; Lutter/*Schaumburg/Schumacher* Anh 1 nach § 151 Rn 28; Blümich/*Klingberg* Rn 75; DPPM/*Dötsch/Pung* Rn 108; RHL/*Schumacher* Rn 200). Ebenso wenig greift die Missbrauchsvorschrift ein, wenn der Erwerb oder die Aufstockung auf die Überführung der (weiteren) Beteiligung durch einen Dritten in das Verm der übertragenden Körperschaft zurückgeht. Dies ist bspw der Fall, wenn ein Anteilsinhaber der übertragenden Körperschaft den Mitunternehmeranteil bzw die Beteiligung an der KapGes innerh von drei Jahren vor dem stl Übertragungsstichtag in die übertragende Körperschaft eingelegt oder eingebracht hat (BMF-Schrb vom 11.11.2011, BStBl I 1314 Rn 15.19). Auch in diesem Fall erfolgt der Erwerb bzw die Aufstockung nicht durch Übertragung von WG durch die übertragende Körperschaft. Schließl ist der **Verkauf von Einzelwirtschaftsgütern** durch die übertragende Körperschaft an die Mitunternehmerschaft bzw an die KapGes unschädl (RHL/*Schumacher* Rn 200; SBB/*Sagasser/Schöneberger* § 20 Rn 40; Widmann/Mayer/*Schießl* Rn 185; *Haritz/Wisniewski* FR 2003, 549, 552), selbst wenn anschließend die Kaufpreisforderung eingelegt wird (Widmann/Mayer/*Schießl* Rn 185; *Haritz/Wisniewski* FR 2003, 549, 552).

126 Weder ein Erwerb noch eine Aufstockung liegt vor, wenn die übertragende Körperschaft Einzelwirtschaftsgüter durch eine **verdeckte Einlage** (also ohne Gewährung von Gesellschaftsrechten) in eine **KapGes** überführt (so noch BMF-Schrb vom 25.3.1998, BStBl I 268 Rn 15.18; Widmann/Mayer/*Schießl* Rn 182; GKT/*Knopf/Hill* Rn 33; DPPM/*Dötsch/Pung* Rn 110; Haritz/Menner/*Asmus* Rn 122; *Herzig/Förster* DB 1995, 338, 344; *Heurung/Engel/Schröder* GmbHR 2011, 617, 621 f, die wegen des Fehlens einer Aussage im BMF-Schrb vom 11.11.2011, BStBl I 1314 von einem geänderten Verständnis der FinVerw ausgehen; anders insoweit *Schaflitzl/Götz* DB Beilage 1/2012, 25, 35; vgl auch Lade-

mann/*Köth* Rn 127). Daher ist auch ein Verkauf der WG (Rn 125) unter dem Verkehrswert unschädlich, weil iÜ eine verdeckte Einlage vorliegt (Haritz/Menner/*Asmus* Rn 122, 124). Nichts anderes gilt für **verdeckte Einlagen** in eine **PersGes** (wie hier RHL/*Schumacher* Rn 199, 204; *Rogall* DB 2006, 66, 70; Haase/Hruschka/*Weggenmann/Bernheim* Rn 120; Widmann/Mayer/*Schießl* Rn 182; *Bien ua/Hörger* DStR Beilage zu Heft 17/1998, 20; aA BMF-Schrb vom 11.11.2011, BStBl I 1314 Rn 15.18; GKT/*Knopf/Hill* Rn 33; *Herzig/Förster* DB 1995, 338, 344). Eine verdeckte Einlage – also ohne Gewährung bzw Erhöhung von Gesellschaftsrechten in Form einer (höheren) Beteiligung am Verm, am Erg und an den Stimmen – ist kein tauschähnl Anschaffungs- und Veräußerungsgeschäft (L. Schmidt/*Kulosa* EStG § 6 Rn 741). Demnach kann auch bei der verdeckten Einlage in eine PersGes nicht von einem Erwerb oder einer Aufstockung ausgegangen werden. Ob die Überführung steuerneutral (vgl § 6 V 3 EStG) oder unter Aufdeckung der stillen Reserven (verdeckte Einlage in eine KapGes, § 6 VI 2 EStG) erfolgt, ist für die Anwendung der Missbrauchsvorschrift unerhebl (dazu Rn 128).

Schließl ist auch die **Überführung** von WG (Einlage) in das **SBV** einer Mitunternehmerschaft durch die übertragende Körperschaft nicht schädl (wie hier Widmann/Mayer/*Schießl* Rn 189; RHL/*Schumacher* Rn 200; *Rogall* DB 2006, 66, 70; Haase/Hruschka/*Weggenmann/Bernheim* Rn 120; aA BMF-Schrb vom 11.11.2011, BStBl I 1314 Rn 15.18 mit dem weiteren Erfordernis, dass die WG stille Reserven enthalten; GKT/*Knopf/Hill* Rn 33; Haritz/Menner/*Asmus* Rn 121, Rn 87; *Herzig/Förster* DB 1995, 338, 344; DPPM/*Dötsch/Pung* Rn 109). Zwar umfasst der Mitunternehmeranteil nicht nur den Anteil am Gesamthandsvermögen, sondern auch das SBV (BFH DStR 2000, 1768, 1769), der Mitunternehmeranteil wird aber durch die Einlage in das SBV (also ohne Gewährung von Gesellschaftsrechten) nicht aufgestockt, da die Einlage in das SBV kein Anschaffungs- und Veräußerungsgeschäft ist. Ebenso fehlt es an einer Übertragung der schädl WG, da kein Eigentumswechsel stattfindet (Widmann/Mayer/*Schießl* Rn 189; *Rogall* DB 2006, 66, 70). Eine mögl Absicht des Gesetzgebers, zu Umgehungszwecken auch die Einlage in das SBV zu erfassen, hat im Gesetzeswortlaut keinen Niederschlag gefunden. Der Umstand, dass WG, die wesentl Betriebsgrundlage eines Mitunternehmeranteils sind, gemeinsam mit dem Mitunternehmeranteil übertragen bzw zurückbehalten werden müssen (Rn 92), rechtfertigt es nicht, die Einlage in das SBV als Aufstockung aufzufassen (so aber *Herzig/Förster* DB 1995, 338, 344). **127**

Nach dem Gesetzeswortlaut ist es unerhebl, ob die Einbringung der Einzelwirtschaftsgüter **steuerneutral** erfolgt ist. Bei einer Überführung der WG **zum TW/gemeinen Wert** ist ein **Missbrauchsfall** allerdings **nicht** gegeben. Denn Abs 2 S 1 bezweckt die Verhinderung der steuerneutralen Übertragung einzelner WG, die keinen Teilbetrieb bilden (Rn 117). Die Vorschrift will hingegen nicht die Übertragung von fiktiven Teilbetrieben erschweren. Soweit bereits die Überführung der Einzelwirtschaftsgüter anlässl des Erwerbs oder der Aufstockung des Mitunternehmeranteils bzw der 100%igen Beteiligung an einer KapGes zur Aufdeckung der stillen Reserven in den WG führt, ist der Normzweck erfüllt. Diesem Normzweck entsprechend ist Abs 2 S 1 durch **teleologische Reduktion** so auszulegen, dass die Überführung der WG zum TW/gemeinen Wert innerh des Drei-Jahres-Zeitraums nicht schädl ist (jetzt auch BMF-Schrb vom 11.11.2011, BStBl I 1314 Rn 15.16, 15.18; Lutter/*Schaumburg/Schumacher* Anh 1 nach § 151 Rn 28; RHL/*Schumacher* Rn 205; SBB/*Sagasser/Schöneberger* § 20 Rn 40; Haritz/ **128**

Menner/*Asmus* Rn 120; *Herzig/Förster* DB 1995, 338, 344; GKT/*Knopf/Hill* Rn 34; Lademann/*Köth* Rn 130; aA Widmann/Mayer/*Schießl* Rn 208). Natürlich ist damit auch die Überführung von WG ohne stille Reserven (etwa Geld) unschädlich, auch wenn dadurch die Beteiligung erworben oder aufgestockt wird (*Neumann* GmbHR 2012, 141, 147).

129 **d) Wirtschaftsgüter, die kein Teilbetrieb sind.** Schädl ist ledigl der Erwerb und die Aufstockung durch die Übertragung von WG, die kein Teilbetrieb sind. Der Begriff des Teilbetriebs entspricht demjenigen von Abs 1. Auch fiktive Teilbetriebe iSv Abs 1 S 3 werden erfasst (RHL/*Schumacher* Rn 201; Widmann/Mayer/*Schießl* Rn 199; GKT/*Knopf/Hill* Rn 33; Lademann/*Köth* Rn 122). Demzufolge ist die Missbrauchsvorschrift nicht anwendbar, wenn innerh des Drei-Jahres-Zeitraums der Mitunternehmeranteil oder die 100%ige Beteiligung durch die Einbringung eines Betriebs (hierzu Widmann/Mayer/*Schießl* Rn 200), eines Teilbetriebs, eines Mitunternehmeranteils oder einer 100%igen Beteiligung an einer KapGes erworben oder aufgestockt worden ist. Schädl ist mithin nur die Übertragung einzelner WG (auch des neutralen Verm) einschließl Beteiligungen an KapGes, die nicht das gesamte Nennkapital umfassen. Demzufolge liegt ein schädl Erwerb vor, wenn die übertragende Körperschaft innerh des Drei-Jahres-Zeitraums eine nicht 100%ige Beteiligung an einer KapGes nach § 21 zu BW oder ZW (zum Ansatz mit dem gemeinen Wert vgl Rn 128) gegen Gewährung einer 100%igen Beteiligung auf eine andere KapGes überträgt (vgl das Beispiel im BMF-Schrb vom 25.3.1998, BStBl I 268 Rn 15.16; vgl auch Rn 117). Der Erwerb eines Mitunternehmeranteils oder einer 100%igen Beteiligung an einer KapGes durch einen **Formwechsel** oder eine **erweiterte Anwachsung** (**Beispiel 1:** die übertragende Körperschaft ist an einer GmbH zu 50% beteiligt, die GmbH wird in eine OHG formgewechselt. **Beispiel 2:** die übertragende Körperschaft ist einziger Kommanditist einer GmbH & Co KG, die formwechselnd in eine GmbH unter Austritt der Komplementär-GmbH umgewandelt wird. **Beispiel 3:** Wie zuvor, aber die übertragende Körperschaft bringt ihre Kommanditbeteiligung gegen Gewährung eines neuen Anteils in die Komplementär-GmbH ein) beruht auf einer Veräußerung der GmbH-Beteiligung und einer Anschaffung des Mitunternehmeranteils (Beispiel 1; §§ 9 iVm 3 ff) bzw auf der Einbringung eines Mitunternehmeranteils (Beispiel 2 und 3; §§ 25, 20) und ist damit mangels Erwerb oder Aufstockung durch Übertragung von einzelnen WG nicht schädl (Widmann/Mayer/*Schießl* Rn 190; Haase/Hruschka/*Weggenmann/Bernheim* Rn 118; aA DPPM/*Dötsch/Pung* Rn 111).

130 **e) Drei-Jahres-Zeitraum.** Der Erwerb oder die Aufstockung eines Mitunternehmeranteils/einer 100%igen Beteiligung an einer KapGes durch Übertragung von Einzelwirtschaftsgütern ist nur schädl, wenn der Erwerb oder die Aufstockung innerh eines Zeitraums von drei Jahren vor dem stl Übertragungsstichtag stattgefunden hat. Zum stl Übertragungsstichtag vgl § 2. Maßgebl ist nicht der Zeitpunkt der Übertragung der WG, sondern derjenige des Erwerbs oder der Aufstockung des Mitunternehmeranteils/der 100%igen Beteiligung an der KapGes. Damit kommt es auf den Zeitpunkt der zivilrechtl oder wirtschaftlichen (§ 39 AO) Inhaberschaft an der (neuen) Beteiligung an (Widmann/Mayer/*Schießl* Rn 207; RHL/*Schumacher* Rn 206). Bei KapGes ist auf die Eintragung der Gründung bzw der KapErh im HR abzustellen (Widmann/Mayer/*Schießl* Rn 207; DPPM/*Dötsch/Pung* Rn 101).

f) Rechtsfolgen. Abs 2 S 1 schließt ledigl die entsprechende Anwendung von § 11 II aus. IÜ bleibt es bei der entsprechenden Anwendung der §§ 11–13 (BMF-Schrb vom 11.11.2011, BStBl I 1314 Rn 15.21). Auch die stl Rückwirkung bleibt unberührt (BMF-Schrb vom 11.11.2011, BStBl I 1314 Rn 15.21; vgl auch BFH BStBl II 2011, 467). Ein Verstoß gegen die Missbrauchsregelungen lässt also – anders als bei einem Verstoß gegen das doppelte Teilbetriebserfordernis (vgl Rn 108) – die Ebene der Anteilsinhaber unberührt. Die Bew erfolgt dann nach § 11 I mit dem gemeinen Wert (dazu näher § 11 Rn 31 ff). Diese Rechtsfolge tritt nach dem klaren Wortlaut („auf Mitunternehmeranteile und Beteiligungen") **nur** hinsichtl der **übertragenen fiktiven** Teilbetriebe, bei denen ein schädl Erwerb oder eine schädl Aufstockung stattgefunden hat, ein (Haritz/Menner/*Asmus* Rn 117; Widmann/Mayer/*Schießl* Rn 211; DPPM/*Dötsch/Pung* Rn 112; Haase/Hruschka/*Weggenmann/Bernheim* Rn 124; *Herzig/Förster* DB 1995, 338, 344; GKT/*Knopf/Hill* Rn 32; *Schwedhelm/Streck/Mack* GmbHR 1995, 100, 102; wohl auch *Thiel* DStR 1995, 237, 241). IÜ bleibt die Steuerneutralität der Spaltung (Bewertungswahlrecht nach § 11 II) gewahrt (unklar insoweit BMF-Schrb vom 11.11.2011, BStBl I 1314 Rn 15.21). Dies bedeutet insbes, dass die WG anderer übertragener echter und fiktiver Teilbetriebe, die nicht von Abs 2 S 1 erfasst werden, von der übertragenden Körperschaft unter den weiteren Voraussetzungen nach § 11 II mit dem BW oder einem ZW in der Schlussbilanz angesetzt werden können. Beim zurückbleibenden Verm tritt eine Realisation ohnehin nicht ein, weswegen zwingend die BW fortzuführen sind (BMF-Schrb vom 11.11.2011, BStBl I 1314 Rn 15.21; DPPM/*Dötsch/Pung* Rn 112). Wird ein iSv Abs 2 S 1 schädl erworbene(r) oder aufgestockte(r) Mitunternehmeranteil bzw 100%ige Beteiligung an einer KapGes zurückbehalten, ist der Tatbestand der Missbrauchsvorschrift nicht erfüllt (str; vgl Rn 121). 131

Für **Teilübertragungen** hat der Ausschluss von § 11 II regelmäßig keine Bedeutung, da das Wahlrecht meist ohnehin nicht besteht (vgl Rn 26). Zur Besteuerung des **Übertragungsgewinnes** vgl § 11 Rn 153 ff. Bei einer von Abs 2 S 1 erfassten Übertragung einer 100%igen Beteiligung an der KapGes kann insbes die 95%ige Steuerfreiheit nach § 8b KStG eintreten (Widmann/Mayer/*Schießl* Rn 214; *Haritz/Wisniewski* FR 2003, 544, 551; vgl auch BMF-Schrb vom 28.4.2003, BStBl I 292 Rn 23; DPPM/*Dötsch/Pung* Rn 45; aA *Pung* DB 2000, 1835, 1838). 132

12. Missbräuchliche Anteilsveräußerungen, Abs 2 S 2–4

a) Allgemeines. Abs 2 S 2–4 enthalten **zwei weitere gesetzl Missbrauchstatbestände,** bei deren Eingreifen der übertragenden Körperschaft das Ansatz- und Bewertungswahlrecht nach § 11 II nicht zusteht (zu den Rechtsfolgen im Einzelnen Rn 211 ff). Diese **setzen voraus,** dass 133

– durch die Spaltung die Veräußerung an außenstehende Personen vollzogen wird **(Abs 2 S 2)** oder 134
– durch die Spaltung die Voraussetzung für eine Veräußerung geschaffen werden **(Abs 2 S 3);** hiervon ist auszugehen, wenn innerh von fünf Jahren nach dem stl Übertragungsstichtag Anteile an einer an der Spaltung beteiligten Körperschaft veräußert werden, die mehr als 20% der vor Wirksamwerden der Spaltung an der Körperschaft bestehenden Anteile ausmachen **(Abs 2 S 4).** 135

Die Regelungen in Abs 2 S 2–4 **sollen verhindern,** dass anstelle einer stpfl Veräußerung eines Teilbetriebs, eines Mitunternehmeranteils oder einer 100%igen 136

Beteiligung an einer KapGes durch die übertragende Körperschaft eine steuerneutrale Abspaltung und danach eine – ggf nicht stpfl; dazu Rn 148 – Veräußerung der Anteile durchgeführt wird (RegEBegr BT-Drs 12/6885 zu § 15).

137 Die Vorschriften sind in verschiedener Hinsicht unklar und schaffen damit Unsicherheiten (vgl auch Widmann/Mayer/*Schießl* Rn 222: „eine Meisterleistung des Gesetzgebers"). Einige Problembereiche sind von der FinVerw im UmwStG-Erlass 1998 (BMF-Schrb vom 25.3.1998, BStBl I 268) wie auch im UmwStG-Erlass 2011 (BMF-Schrb vom 11.11.2011, BStBl I 1314) unbeantwortet geblieben. Aufgrund des langen Nachwirkungszeitraums von fünf Jahren für die Missbrauchsregelungen in Abs 2 S 3, 4 können für die beteiligten Rechtsträger unvorhersehbare Situationen eintreten. Die schädl Veräußerungsquote von 20% ist für PublikumsGes, insbes für börsennotierte Unternehmen, ein oft unüberwindbares Hindernis (dazu Rn 197). Neben dem Teilbetriebserfordernis nach Abs 1 sind daher die Missbrauchsregelungen in Abs 2 S 2–5 in der Praxis eine **Spaltungsbremse.**

138 **b) Vollzug der Veräußerung an außenstehende Personen, Abs 2 S 2.** Nach Abs 2 S 2 steht der übertragenden Körperschaft das Ansatz- und Bewertungswahlrecht nach § 11 II nicht zu, wenn durch die Spaltung die Veräußerung an außenstehende Personen vollzogen wird. Die Vorschrift ist unklar und hat nach zutr hM **keinen eigenständigen Anwendungsbereich** (Widmann/Mayer/*Schießl* Rn 223 ff, 230; Haritz/Menner/*Asmus* Rn 134 ff; GKT/*Knopf/Hill* Rn 37; SBB/*Sagasser/Schöneberger* § 20 Rn 48; *Momen* DStR 1997, 355, 356 f; *Krebs* BB 1997, 1817, 1818 f; Frotscher/Maas/*Frotscher* Rn 195; DPPM/*Dötsch/Pung* Rn 153; aA Lutter/*Schaumburg/Schumacher* UmwG Anh 1 nach § 151 Rn 29 Fn 7; RHL/*Schumacher* Rn 217). Denn ein Vollzug der Veräußerung **durch** die **Spaltung an außenstehende Personen** kann zivilrechtl nicht eintreten. Dies setzt immer vor- oder nachgelagerte weitere Übertragungsakte voraus. Vgl aber Rn 142.

139 Nach dem Zweck der Vorschrift kann sich das Merkmal Veräußerung nur auf die Veräußerung eines Teilbetriebs, fiktiven Mitunternehmeranteils oder einer 100%igen Beteiligung an einer KapGes beziehen. Denn die Vorschrift will verhindern, dass durch eine Spaltung die Besteuerung einer Teilbetriebsveräußerung (echte und fiktive Teilbetriebe) durch die übertragende Körperschaft selbst umgangen wird (vgl Rn 136). Mit dem Begriff der Veräußerung kann nicht eine unmittelbare Veräußerung des Teilbetriebs im stl Sinne gemeint sein. Denn Umw mit Vermögensübertragungen, damit auch Auf- und Abspaltungen, sind entgeltl Veräußerungs- und Anschaffungsgeschäfte, die ledigl ggü den allg Steuergesetzen durch die Regelungen im UmwStG privilegiert sind. Die übernehmende Körperschaft wäre bei diesem Verständnis kraft ihrer eigenen Rechtspersönlichkeit und der ihr zukommenden Steuersubjektqualität auch eine außenstehende Person, mithin wäre jede Spaltung eine schädl Veräußerung. Die Regelung in Abs 2 S 2 stellt daher nach ihrem Normzweck darauf ab, ob im **wirtschaftl Erg** durch die Abspaltung eine der **Veräußerung** eines echten oder fiktiven Teilbetriebs durch die übertragende Körperschaft **vglbare Situation** entsteht (vgl auch Widmann/Mayer/*Schießl* Rn 223; Haase/Hruschka/*Weggenmann/Bernheim* Rn 128; aA etwa DPPM/*Dötsch/Pung* Rn 153: Anteilsveräußerung).

140 Eine derart vglbare Situation kann durch eine Auf- oder Abspaltung nicht eintreten. Bei der Auf- oder Abspaltung **zur Neugründung** sind an der übernehmenden Körperschaft zwingend nur – wenigstens teilw, vgl § 128 UmwG – die

Anteilsinhaber der übertragenden Körperschaft beteiligt. Denn ein Hinzutreten bislang nicht beteiligter Anteilsinhaber anlässl der Spaltung ist zivilrechtl nicht mögl (vgl hierzu § 124 UmwG Rn 6). Demnach kann durch diese Form der Spaltung eine Veräußerung (im wirtschaftl Sinne) an außenstehende Personen nicht erfolgen, da die bisherigen Anteilsinhaber der übertragenden Körperschaft jedenfalls nicht außenstehende Personen (dazu Rn 199) sind (ebenso Widmann/Mayer/*Schießl* Rn 223).

Aber auch bei einer Spaltung **zur Aufnahme** tritt bei wirtschaftl Betrachtungsweise nicht eine Veräußerung an außenstehende Personen ein. Zwar können an der bereits bestehenden übernehmenden Körperschaft auch Anteilsinhaber beteiligt sein, die keine Anteile an der übertragenden Körperschaft halten. Die Anteilsinhaber der übertragenden Körperschaft werden aber an der übernehmenden Körperschaft entsprechend dem Wert des von der übertragenden Körperschaft übertragenen Verm beteiligt (vgl hierzu § 126 UmwG Rn 19 ff), sodass im wirtschaftl Sinne eine Veräußerung an die anderen Anteilsinhaber der übernehmenden Körperschaft nicht stattfindet (so auch Haritz/Menner/*Asmus* Rn 1138; *Krebs* BB 1997, 1817, 1818). **141**

Eine Veräußerung an außenstehende Dritte **könnte nur** angenommen werden, wenn – bewusst – den Anteilsinhabern des übertragenden Rechtsträgers eine im Verhältnis zum übertragenen Verm zu geringe Beteiligung eingeräumt wurde und hierfür ein Ausgleich zwischen den Anteilsinhabern der übertragenden Körperschaft und den außenstehenden Anteilsinhabern der übernehmenden Körperschaft erfolgt (so etwa RHL/*Schumacher* Rn 219; Lutter/*Schaumburg/Schumacher* Anh 1 nach § 151 Rn 29 Fn 7; *Schumacher* DStR 2003, 2066). Dies ist zwar zugleich eine (Teil-)Veräußerung der Beteiligung am übertragenden Rechtsträger, wenigstens seit der Begünstigung von Veräußerungsgewinnen (§ 3 Nr 40 EStG, § 8b KStG) könnte die Gestaltung aber als missbräuchl angesehen werden. Treffender dürfte sein, dies als Fallgruppe von Abs 2 S 3, 4 einzustufen (DPPM/*Dötsch/Pung* Rn 154). **142**

Selbst bei einer **nichtverhältniswahrenden** Spaltung kommt es nicht zu einer Veräußerung an außenstehende Personen. Die nichtverhältniswahrende Spaltung zeichnet sich dadurch aus, dass nicht alle Anteilsinhaber der übertragenden Körperschaft mit den gleichen Beteiligungsquoten an den übernehmenden Körperschaften beteiligt werden bzw auch Veränderungen in den Beteiligungsverhältnissen bei der übertragenden Körperschaft eintreten können (vgl § 128 UmwG). Dennoch können auch bei der nichtverhältniswahrenden Spaltung nur bislang schon an der übertragenden Körperschaft beteiligte Anteilsinhaber Anteile an den an der Spaltung beteiligten Rechtsträger gewährt werden; ein Hinzutritt weiterer Gesellschafter scheidet aus (vgl § 124 UmwG Rn 6; insoweit wohl aA Haritz/Menner/*Asmus* Rn 136). **143**

Das in der RegEBegr (BT-Drs 12/6885 zu § 15 UmwStG) angeführte **Beispiel** ist kein Vollzug der Veräußerung an außenstehende Personen durch die Spaltung. Es lautet wie folgt: **144**

„Eine inländische GmbH M, deren alleinige Gesellschafterin die ausländische Holding H ist, beherrscht zwei inländische Tochtergesellschaften T1 und T2. Die Beteiligungen beider Gesellschaften sind gleich viel wert und enthalten erhebliche stille Reserven. M möchte die Anteile an T2 an X (inl Ges) veräußern. Die Veräußerung der Beteiligung an T2 durch M würde KSt und GewSt auslösen. Die Ausschüttung des Veräußerungserlöses an H würde zwar zu einer Minderung der KSt führen (36 vom Hundert). Die KSt würde jedoch definitiv, da H nicht anrechnungsberechtigt ist. Dazu käme die Kapitalertragsteuer. Um diese Steuerbelastung zu vermeiden, wird folgender Weg über eine Spaltung gewählt: Vor der Spaltung wird die Beteiligung an M strukturiert, indem zuerst H an X die Hälfte seiner Beteiligung an M veräußert. Die Veräußerung der Beteiligung an M durch H unterliegt aufgrund DBA-Bestimmungen nicht der inländischen Besteuerung. Danach erfolgt die Spaltung von M (Trennung der Gesellschafter-Stämme H und X im Wege der Abspaltung). M bringt die Beteiligung an T2 in die neu gegründete GmbH gegen Gewährung von Gesellschaftsrechten ein. Anschließend tauscht M mit X die von der H-GmbH erhaltenen Anteile gegen eigene Anteile und zieht die eigenen Anteile, ohne eine entsprechende Kapitalherabsetzung, ein."

145 Die Veräußerung erfolgt in dem Beispiel gerade nicht durch die Abspaltung. Zunächst beschreibt das Beispiel keine von § 15 erfasste Auf- oder Abspaltung, sondern eine von § 21 geregelte Ausgliederung, denn die Gegenleistung für die Übertragung der Beteiligung an T2 in Form der Beteiligung an der Y-GmbH wird der GmbH M und nicht deren Anteilsinhaber, der Holding H, gewährt (vgl § 123 III UmwG; ebenso *Krebs* BB 1997, 1817, 1819). Die Gestaltung könnte aber auch so durchgeführt werden, dass die Anteilsinhaber der GmbH M, die Holding H und X, eine nichtverhältniswahrende Spaltung der GmbH M durch Übertragung des Teilbetriebs T2 auf die GmbH Y vereinbaren. Hierbei werden X sämtl Anteile an Y eingeräumt, während seine bisherige Beteiligung an der GmbH M auf H übergeht (so auch Widmann/Mayer/*Schießl* Rn 231; vgl hierzu § 128 UmwG Rn 18 ff). Auch dann erfolgt keine Veräußerung **durch Spaltung** an **außenstehende Personen** (dazu Rn 199), da X bereits zuvor Anteilsinhaber der GmbH M war. Einen Vollzug der Veräußerung des Teilbetriebs T2 tritt daher nur durch die Kombination der Beteiligung des X an der GmbH M mit der anschl Abspaltung ein. Damit beschreibt das Beispiel den von Abs 2 S 5 (Trennung von Gesellschafterstämmen) geregelten Missbrauchsfall (ebenso Widmann/Mayer/*Schießl* Rn 232; GKT/*Knopf/Hill* Rn 37; vgl zu dem Beispiel auch *Krebs* BB 1997, 1817, 1819; *Momen* DStR 1997, 355).

146 Im Erg beschränkt sich daher die Bedeutung von Abs 2 S 2 auf die Funktion als **Einleitungssatz** zu den nachfolgenden S 3 und 4 (ebenso Haritz/Menner/*Asmus* Rn 138; SBB/*Sagasser/Schöneberger* § 20 Rn 48; DPPM/*Dötsch/Pung* Rn 154; ähnl auch RHL/*Schumacher* Rn 217).

13. Vorbereitung der Veräußerung, Abs 2 S 3–4

147 **a) Zweck der Regelung.** Abs 2 S 3 knüpft hinsichtl der Rechtsfolge an den vorstehenden S 2 an. § 11 II ist nicht anzuwenden („das Gleiche gilt"), wenn durch die Spaltung die Voraussetzungen für eine Veräußerung geschaffen werden (zur Bedeutung von Abs 2 S 2 als Einleitungssatz vgl Rn 133 ff). Davon ist nach Abs 2 S 4 auszugehen, wenn innerh von fünf Jahren nach dem stl Übertragungsstichtag Anteile an einer an der Spaltung beteiligten Körperschaft, die mehr als 20% der vor Wirksamwerden der Spaltung an der Körperschaft bestehenden Anteile ausmachen, veräußert werden.

148 Die einheitl (vgl Rn 133 ff) Regelung in Abs 2 S 2–4 **bezweckt,** die Umgehung der Besteuerung einer **Teilbetriebsveräußerung** (echte oder fiktive Teilbetriebe iSv Abs 1) durch die übertragende Körperschaft mittels steuerneutraler Spaltung und anschließender Veräußerung der Anteile an einer beteiligten Körperschaft zu verhindern. Die Teilbetriebsveräußerung durch die übertragende Körperschaft wäre idR kstpfl und auch bei Veräußerung eines Mitunternehmeranteils (§ 7 S 2 GewStG idF durch das UntStFG – seit 2002) gewstpfl. Demggü ist die Veräußerung von Anteilen an der übertragenden Körperschaft oder an den übernehmenden Körperschaften (beteiligte Rechtsträger; dazu Rn 167 ff) ggf steuerfrei bzw stl privilegiert. Bei Inkrafttreten von § 15 dachte der Gesetzgeber insbes an Anteilsveräußerungen durch Steuerausländer, bei denen der Veräußerungsgewinn durch DBA-Bestimmungen nicht der dt Besteuerung unterliegt, und durch steuerbefreite Körperschaften (vgl RegEBegr BT-Drs 12/6885 zu § 15). Die damalige Erstreckung auf alle Veräußerungsfälle war bedenkl. Die zwischenzeitl Privilegierung von Anteilsveräußerungen durch Steuerinländer nach § 3 Nr 40 EStG und § 8b II KStG hat indes entsprechende Gestaltungen attraktiver gemacht und damit nachträgl zur grdsl Rechtfertigung der Missbrauchsregelung beigetragen.

b) Eigenständige Bedeutung von Abs 2 S 3. aa) Veräußerungsabsicht. 149
Nach dem Gesetzeswortlaut und -aufbau ist unklar, ob Abs 2 S 3 eine eigenständige Bedeutung hat und demnach der Tatbestand der Schaffung der Voraussetzung für eine Veräußerung auch ohne nachfolgende Veräußerung von Anteilen innerh von fünf Jahren erfüllt sein kann. Dies ist im Erg nicht der Fall. Abs 2 S 3 und 4 bilden gemeinsam eine **einheitl** Missbrauchsregelung (mit Abs 2 S 2 als Einleitungssatz, vgl Rn 133 ff), deren Erfüllung tatbestandl voraussetzt, dass innerh von fünf Jahren Anteilsveräußerungen in der von S 4 geforderten Höhe erfolgen (aA Widmann/Mayer/*Schießl* Rn 294: wenn durch die Auf-/Abspaltung die Voraussetzungen für die Veräußerung geschaffen werden, sind auch Veräußerungen außerhalb des Fünf-Jahres-Zeitraums oder von weniger als 20% schädl; *Krebs* BB 1997, 1817, 1819 f; wie hier RHL/*Schumacher* Rn 221; DPPM/*Dötsch/Pung* Rn 157, 159, 161; *Dötsch/van Lishaut/Wochinger* DB Beilage 7/1998, 32; wohl auch BFH BStBl II 2006, 391; vgl auch BMF-Schrb vom 11.11.2011, BStBl I 1314 Rn 15.24, 15.32). Jede Auf-/Abspaltung von Teilbetrieben bzw deren Zurückbehaltung schafft objektiv die Voraussetzung für die spätere Anteilsveräußerung und damit im wirtschaftl Sinne (dazu Rn 139) die Voraussetzung für die Veräußerung eines Teilbetriebs mittels Veräußerung der Anteile an der Körperschaft, die den Teilbetrieb erhalten hat bzw bei der der Teilbetrieb zurückbehalten wurde. Damit würde jede Auf-/Abspaltung den Tatbestand erfüllen. Die Missbrauchsregelung in Abs 2 S 3 stellt daher auf die mit der Spaltung verbundene **Veräußerungsabsicht** ab (so auch Haritz/Menner/*Asmus* Rn 146). Die bloße Veräußerungsabsicht zum Zeitpunkt der Spaltung reicht aber für die Erfüllung der Missbrauchsregelung nicht aus (aA *Neumann* GmbHR 2012, 141, 148). Denn solange die Veräußerung nicht erfolgt, ist der vom Gesetzgeber befürchtete Steuerausfall (Rn 148) nicht eingetreten. Die **bloße Gefährdung** ist keine Rechtfertigung für die Besteuerung der stillen Reserven, da im wirtschaftl Sinne eine Realisation noch nicht eingetreten ist, demnach kein Grund besteht, die grdsl Privilegierung der Vermögensübertragung durch die Spaltung zu versagen.

bb) Nachfolgende Veräußerungen. Der Missbrauchstatbestand setzt dem- 150
nach **zwingend** eine **anschließende Veräußerung** voraus (DPPM/*Dötsch/Pung* Rn 159; Widmann/Mayer/*Schießl* Rn 293, vgl aber Rn 294; vgl auch BFH BStBl II 2206, 391; aA wohl *Krebs* BB 1997, 1817, 1819 f: Die Veräußerungsabsicht könne sich auch aus Vorliegen anderer Umstände, etwa Vorvertrag, diesbzgl Schriftwechsel, ergeben; vgl auch *Herzig/Förster* DB 1995, 338, 345: S 4 sei ein Regelbeispiel). Die weiteren Voraussetzungen einer schädl Veräußerung regelt Abs 2 **S 4.** Danach erfüllen die nach der Spaltung erfolgenden Veräußerungen

von Anteilen an einer an der Spaltung beteiligten Körperschaft **nur dann** den Missbrauchstatbestand, wenn sie innerh von fünf Jahren nach dem stl Übertragungsstichtag stattfinden und wertmäßig mehr als 20% der ursprüngl Anteile ausmachen (DPPM/*Dötsch/Pung* Rn 161; Blümich/*Klingberg* Rn 87; *Breuninger/Schade* GmbHR 2006, 219; *Schwarz* GmbHR 2006, 1144; vgl auch BMF-Schrb vom 11.11.2011, BStBl I 1314 Rn 15.32; aA Widmann/Mayer/*Schießl* Rn 294). Diese Regelung hinsichtl der nachfolgenden Veräußerungen ist zudem **abschließend.** Dies folgt zunächst aus dem Wortlaut, der keine Anhaltspunkte dafür bietet, dass neben dem geregelten Sachverhalt weitere Veräußerungen schädl sein können. Die Regelung lautet, „davon ist auszugehen" und nicht, davon ist „etwa" oder „insbes" auszugehen. Der Gesetzgeber hat mithin die übl Gesetzestechnik bei Regelbeispielen (vgl etwa § 8 IV KStG aF) nicht angewandt (BFH BStBl II 2006, 391; aA Widmann/Mayer/*Schießl* Rn 294 unter Hinweis auf Abs 2 S 2; dazu Rn 138 ff). Auch der Gesetzeszweck rechtfertigt nicht eine Erweiterung auf andere Veräußerungstatbestände. Abs 2 S 4 dient der Rechtssicherheit, indem eine gesetzl Beweisregel für das Vorhandensein oder Nichtvorhandensein einer Veräußerungsabsicht geschaffen wird.

151 **cc) Unwiderlegbare Vermutung.** Abs 2 S 4 enthält demnach eine **gesetzl Fiktion** oder **gesetzl Vermutung,** die **abschließend** und **unwiderlegbar** (BFH BStBl II 2006, 391; BMF-Schrb vom 11.11.2011, BStBl I 1314 Rn 15.27; aA Haritz/Menner/*Asmus* Rn 146: widerlegbare Vermutung) ist. Dies bedeutet, dass ohne eine anschließende Veräußerung iSv Abs 2 S 4 auch eine zunächst bestehende (dokumentierte) tats Veräußerungsabsicht für sich alleine nicht schädl ist (aA *Krebs* BB 1997, 1817, 1819 f; ebenso Veräußerung als Voraussetzung annehmend Widmann/Mayer/*Schießl* Rn 293; DPPM/*Dötsch/Pung* Rn 161; *Breuninger/Schade* GmbHR 2006, 219; *Schwarz* GmbHR 2006, 1144). Darüber hinaus sind weder Veräußerungen von weniger als 20% der Anteile (iSv Abs 2 S 4) innerh von fünf Jahren noch Veräußerungen in beliebiger Höhe nach Ablauf der Fünf-Jahres-Frist schädl (BMF-Schrb vom 11.11.2011, BStBl I 1314 Rn 15.32: Veräußerungen nach Ablauf der Fünf-Jahres-Frist sind unschädl; ebenso *Dötsch/van Lishaut/Wochinger* DB Beilage 7/1998, 32; DPPM/*Dötsch/Pung* Rn 161, 162; GKT/*Knopf/Hill* Rn 50; *Schaumburg/Rödder* UmwG/UmwStG Rn 56; *Herzig/Förster* DB 1995, 338, 345; aA Widmann/Mayer/*Schießl* Rn 294; *Neumann* GmbHR 2012, 141, 14: auch Veräußerungen nach Ablauf von fünf Jahren bei Spaltung zur Veräußerung). Vgl auch Rn 241.

152 Nach dem Wortlaut von Abs 2 S 4 ist die gesetzl Vermutung **unwiderlegbar** (BFH BStBl II 2006, 391). Die (nachträgl) Versagung des Wahlrechts nach § 11 II tritt auch ein, wenn die Veräußerung ursprüngl nicht geplant war und etwa aufgrund äußerer Umstände (wirtschaftl Notlage, Erkrankung oder Tod des Gesellschafters etc) unter (wirtschaftl) Zwang erfolgt (ebenso FG Düsseldorf GmbHR 2004, 1292; *Thiel* DStR 1995, 237, 242 Fn 32; GKT/*Knopf/Hill* Rn 50; DPPM/*Dötsch/Pung* Rn 130; aA Widmann/Mayer/*Widmann* Rn 298; Haritz/Menner/*Asmus* Rn 146; *Herzig/Momen* DB 1994, 2210, 2211; *Bien ua/Hörger* DStR Beilage zu Heft 17/1998, 30; RHL/*Schumacher* Rn 223: im Einzelfall teleologische Reduktion; vgl auch den Diskurs bei *Schumacher/Neumann* DStR 2008, 325, 329). Im Einzelfall können Billigkeitsmaßnahmen nach §§ 163, 227 AO in Betracht kommen (*Thiel* DStR 1995, 237, 242 Fn 32). Eine Erweiterung der Missbrauchsvorschrift auf ähnl gelagerte Sachverhalte über § 42 AO scheidet aus (dazu Rn 239). Zur Bedeutung der **EU-rechtlichen Schranken** und der **FusionsRL** vgl Rn 243.

c) Begriff der Veräußerung. aa) Entgeltliche Übertragungen. Unter Veräußerung ist die **entgeltl Übertragung** der zivilrechtl Inhaberschaft oder wenigstens des wirtschaftl Eigentums iSv § 39 II Nr 1 S 1 AO an Anteilen an einem der beteiligten Rechtsträger zu verstehen (Widmann/Mayer/*Schießl* Rn 311; Haritz/Menner/*Asmus* Rn 148 f; SBB/*Sagasser/Schöneberger* § 20 Rn 52; DPPM/*Dötsch/Pung* Rn 125 f; RHL/*Schumacher* Rn 225; *Hörger* FR 1994, 765, 768; Lademann/*Köth* Rn 132). Der Abschluss eines schuldrechtl Vertrages reicht vor dem Übergang des (wenigstens wirtschaftl) Eigentums nicht aus. Für den Übergang des **wirtschaftl Eigentums** gelten die allg Grdse. Er setzt voraus, dass der Erwerber die tats Herrschaft über die Anteile in der Art ausübt, sodass er den zivilrechtl Inhaber im Regelfall für die gewöhnl Nutzungsdauer von der Einwirkung **ausschließen** kann (BFH/NV 2012, 1099). Zum Übergang des wirtschaftl Eigentums durch Optionsrechte vgl BFH BStBl II 2007, 296; BFH BStBl II 2007, 937; Haritz/Menner/*Asmus* Rn 150 f und *Seibt* DStR 2000, 2061. Unerhebl ist, ob die Veräußerung **stpfl** ist oder überhaupt ein Gewinn entsteht (Widmann/Mayer/*Schießl* Rn 315; DPPM/*Dötsch/Pung* Rn 129; Lademann/*Köth* Rn 132). 153

bb) Unentgeltliche Übertragungen. Unentgeltl Übertragungen sind keine Veräußerungen iSv Abs 2 S 3, 4 (BMF-Schrb vom 11.11.2011, BStBl I 1314 Rn 15.23; SBB/*Sagasser/Schöneberger* § 20 Rn 52; Haritz/Menner/*Asmus* Rn 156; Widmann/Mayer/*Schießl* Rn 395; *Hörger* FR 1994, 765, 768; RHL/*Schumacher* Rn 226). Daher schaden Übertragungen durch **Erbfall** oder durch **Schenkung** nicht. Zur Unentgeltlichkeit von Vermögensübertragungen im Wege der vorweggenommenen Erbfolge bzw gegen wiederkehrende Leistungen vgl L. Schmidt/*Wacker* EStG § 16 Rn 45 ff. Auch Übertragungen im Zusammenhang mit **Erbauseinandersetzungen** sind unentgeltl, wenn Ausgleichszahlungen nicht erfolgen (BMF-Schrb vom 11.11.2011, BStBl I 1314 Rn 15.23; im Einzelnen L. Schmidt/*Wacker* EStG § 16 Rn 605 ff). Nach einer unentgeltl Veräußerung sind **spätere** entgeltl **Veräußerungen** durch den Rechtsnachfolger unter den weiteren Voraussetzungen von Abs 2 S 4 wiederum schädl (Widmann/Mayer/*Schießl* Rn 397; *Dötsch/van Lishaut/Wochinger* DB Beilage 7/1998, 31). 154

Bei **teilentgeltl** Veräußerungen ist eine Aufteilung in einen entgeltl und einen unentgeltl Teil vorzunehmen (Widmann/Mayer/*Schießl* Rn 394; Blümich/*Klingberg* Rn 81; *Schwarz* ZEV 2003, 272, 276; *Bien ua/Hörger* DStR Beilage zu Heft 17/1998, 31; *ders* FR 1994, 765, 768; Haritz/Menner/*Asmus* Rn 156). Demzufolge ist für die Bestimmung der schädl Quote von 20% (dazu Rn 174 ff) der teilentgeltl übertragene Anteil rechnerisch in einen entgeltl und in einen unentgeltl übertragenen Teilanteil aufzuteilen; nur der entgeltl Anteil zählt (Widmann/Mayer/*Schießl* Rn 394). 155

cc) Realteilung. Ebenfalls nicht Veräußerung ist die Übertragung iRe Realteilung nach § 16 III 2 ff EStG ohne Ausgleichsleistung (BMF-Schrb vom 25.3.1998, BStBl I 268 Rn 15.23: Schädl sei Realteilung, die nicht zum BW erfolgt; so nicht mehr in BMF-Schrb vom 11.11.2011, BStBl I 1314 Rn 15.23 DPPM/*Dötsch/Pung* Rn 134; Frotscher/Maas/*Frotscher* Rn 168; *Dötsch/van Lishaut/Wochinger* DB Beilage 7/1998, 31; aA Widmann/Mayer/*Schießl* Rn 386: Veräußerung unabhängig davon, ob BW, ZW oder TW angesetzt werden oder ein Spitzenausgleich erfolgt; vgl auch BMF-Schrb vom 11.11.2011, BStBl I 1314 Rn 22.20 und 22.41). Dies gilt unabhängig davon, ob die Übertragung zum BW oder nach § 16 III 3, 4 EStG zum gemeinen Wert erfolgt. Denn die Realteilung ist eine unentgeltl Übertragung, die der Betriebsaufgabe gleichgestellt ist (L. Schmidt/*Wacker* EStG 156

§ 16 Rn 535). Die Realteilung **mit Ausgleichszahlungen** ist hingegen eine teilentgeltl Veräußerung. Ebenso keine Veräußerung ist die **Entnahme** eines Anteils an einer beteiligten Körperschaft aus einem BV (Einzelunternehmen oder Mitunternehmerschaft einschließl SBV; ebenso Widmann/Mayer/*Schießl* Rn 373). Gleiches gilt für die **Betriebsaufgabe.**

157 **dd) Kapitalerhöhungen.** KapErh bei einer an der Spaltung beteiligten Körperschaft innerh der Fünf-Jahres-Frist sind unschädl, wenn bislang nicht beteiligte Anteilsinhaber ein **angemessenes Aufgeld** (Agio) leisten (BMF-Schrb vom 11.11.2011, BStBl I 1314 Rn 15.25; RHL/*Schumacher* Rn 227; Widmann/Mayer/*Schießl* Rn 359; Haritz/Menner/*Asmus* Rn 157; SBB/*Sagasser/Schöneberger* § 20 Rn 52; Lademann/*Köth* Rn 133; GKT/*Knopf/Hill* Rn 47; *Bien ua/Hörger* DStR Beilage zu Heft 17/1998, 31; *Rödder* DStR 1995, 322, 324). Unter diesen Voraussetzungen sind KapErh keine Veräußerungsvorgänge (BFH BStBl II 1992, 761, 763, 764). Anderes gilt, wenn die nachfolgende KapErh unter Aufnahme neuer Gesellschafter wirtschaftl als Veräußerung von Anteilen durch die Gesellschafter zu werten ist (BMF-Schrb vom 11.11.2011, BStBl I 1314 Rn 15.25). Hiervon ist auszugehen, wenn das Agio im unmittelbaren Zusammenhang mit dem Hinzutreten der neuen Gesellschafter an die bisherigen Gesellschafter ausbezahlt wird (vgl BFH BStBl II 1993, 477; *Bien ua/Hörger* DStR Beilage zu Heft 17/1998, 31). Dies ist im Einzelfall zu prüfen. Die FinVerw (BMF-Schrb vom 11.11.2011, BStBl I 1314 Rn 15.25) stellt auf die Auszahlung des Agios innerh des Fünf-Jahres-Zeitraums nach Abs 2 S 4 ab (ebenso Haritz/Menner/*Asmus* Rn 157; Widmann/Mayer/*Schießl* Rn 360; dies ist zu schematisch (wie hier *Bien ua/Hörger* DStR Beilage zu Heft 17/1998, 31). Ebenso ist ein **Bezugsrechtsverkauf** als Veräußerung zu werten (Haritz/Menner/*Asmus* Rn 157; Widmann/Mayer/*Schießl* Rn 365; DPPM/*Dötsch/Pung* Rn 132). Eine gleichmäßige **Kapitalherabsetzung** ist keine Veräußerung (Haritz/Menner/*Asmus* Rn 155; Widmann/Mayer/*Schießl* Rn 379).

158 KapErh unter ausschließl **Beteiligung** der **bisherigen Anteilsinhaber** sind niemals schädl Veräußerungen. Dies gilt selbst dann, wenn nur einzelne Anteilsinhaber an der KapErh teilnehmen und ein angemessenes Agio hierfür nicht geleistet wird und/oder für den Verzicht auf das Bezugsrecht unter den Gesellschaftern ein Ausgleich geleistet wird. Denn in diesem Fall läge allenfalls eine Veräußerung an die bisherigen Anteilsinhaber und damit nicht an außenstehende Personen vor (dazu Rn 198 ff; ebenso RHL/*Schumacher* Rn 227; aA Widmann/Mayer/*Schießl* Rn 378). Zur Bedeutung von KapErh bei Anteilsinhabern der beteiligten Körperschaften (ggf mittelbare Anteilsveräußerung) vgl Rn 171. Schließl ist die Übertragung von Anteilen an einer beteiligten Körperschaft durch eine **verdeckte Einlage** keine schädl Veräußerung (vgl BFH BStBl II 1989, 271; ebenso Widmann/Mayer/*Schießl* Rn 401; *Bien ua/Hörger* DStR Beilage zu Heft 17/1998, 31; RHL/*Schumacher* Rn 226; aA Haritz/Menner/*Asmus* Rn 154; DPPM/*Dötsch/Pung* Rn 128).

159 **ee) Umwandlung.** Eine schädl Veräußerung der Anteile an einem beteiligten Rechtsträger kann vorliegen, wenn eine an der Spaltung beteiligte Körperschaft nach der Spaltung wiederum selbst als übertragender Rechtsträger an einer Verschm, Auf- oder Abspaltung beteiligt ist und den Anteilsinhabern als Gegenleistung Anteile an den übernehmenden Rechtsträgern gewährt werden (BMF-Schrb vom 11.11.2011, BStBl I 1314 Rn 15.24: aber unklar, ob die Umw des Anteilsinhabers gemeint ist, da kein Verweis auf Rn 00.03; vgl dazu Rn 161;

idS aber OFD Nürnberg GmbHR 2000, 519; Widmann/Mayer/*Schießl* Rn 402; Lutter/*Schaumburg/Schumacher* Anh 1 nach § 151 Rn 31; *Dötsch/van Lishaut/Wochinger* DB Beilage 7/1998, 31; aA wohl Haritz/Menner/*Asmus* Rn 153; RHL/*Schumacher* Rn 229 f; *Schmitt* DStR 2011, 1108, 1112). Eine tats Veräußerung (Übertragung der Anteile am übertragenden Rechtsträger auf einen anderen Rechtsträger) findet zwar nicht statt (vgl auch § 13 Rn 5). Indes liegt sowohl bei einer Seitwärtsverschmelzung als auch bei einem Upstream- oder Downstream-Merger ein tauschähnl Umsatz vor, der nach § 13 I einer Veräußerung gleichgestellt wird (aA RHL/*Schumacher* Rn 230). Auch der Upstream-Merger ist seiner Natur nach tauschähnl. Weitere Voraussetzung ist allerdings, dass die Veräußerung an **außenstehende Dritte** erfolgt (dazu Rn 198). Unschädl ist daher die Umw auf einen übernehmenden Rechtsträger, an dem keine anderen Anteilseigner beteiligt sind (RHL/*Schumacher* Rn 229; Haritz/Menner/*Asmus* Rn 153).

Veräußerung ist auch die **Einbringung** eines Anteils an einer an der Spaltung **160**
beteiligten Körperschaft **in** eine **KapGes** oder **in** eine **PersGes** gegen Gewährung von Gesellschaftsrechten (vgl BFH BStBl II 2000, 230; BMF-Schrb vom 11.11.2011, BStBl I 1314 Rn 15.24; vgl auch BMF-Schrb vom 11.7.2011, BStBl I 713 und BMF-Schrb vom 8.12.2011, BStBl I 1279). Der Veräußerungscharakter ist unabhängig davon, ob die Einbringung nach §§ 21, 24 oder § 6 V EStG steuerneutral erfolgen kann (ebenso RHL/*Schumacher* Rn 231; Widmann/Mayer/*Schießl* Rn 371; Haritz/Menner/*Asmus* Rn 154; *Dötsch/van Lishaut/Wochinger* DB Beilage 7/1998, 31). Eine andere Frage ist, ob durch die Umw eine Anteilsveräußerung an eine **außenstehende Person** erfolgt (dazu Rn 198 ff). Keine Anteilsübertragung und damit keine Veräußerung bewirkt ein **Formwechsel** einer an der Spaltung beteiligten Körperschaft nach der Spaltung (ebenso Widmann/Mayer/*Schießl* Rn 375; Haritz/Menner/*Asmus* Rn 153; Haase/Hruschka/*Weggenmann/Bernheim* Rn 142; *Schmitt* DStR 2011, 1108, 1112; *Hageböke* Ubg 2011, 689, 702; *Heurung/Engel/Schröder* GmbHR 2011, 617, 622). Denn beim Formwechsel bleiben die Identität des Rechtsträgers und damit die Identität der Beteiligungen gewahrt. §§ 14, 25 ordnen ledigl die stl Fiktion einer Vermögensübertragung an. Vgl allerdings BMF-Schrb vom 11.11.2011, BStBl I 1314 Rn 00.02, 22.07 (dazu ausführl *Hageböke* Ubg 2011, 689).

Auch die Beteiligung eines **Anteilsinhabers als übertragender Rechtsträ- 161**
ger an einer nachfolgenden Verschm, Spaltung oder Teilübertragung ist grdsl Veräußerung iSv Abs 2 S 3, 4 (OFD Nürnberg GmbHR 2000, 519; BMF-Schrb vom 11.11.2011, BStBl I 1314 Rn 15.24 iVm 00.02; Widmann/Mayer/*Schießl* Rn 403; DPPM/*Dötsch/Pung* Rn 133; Lutter/*Schaumburg/Schumacher* Anh 1 nach § 151 Rn 31; *Schmitt* DStR 2011, 1108, 1112; *Dötsch/van Lishaut/Wochinger* DB Beilage 7/1998, 31). Denn der Vermögensübergang anlässl einer Verschm, Spaltung oder Vermögensübertragung ist ein entgeltl Veräußerungs- und Anschaffungsgeschäft (BMF-Schrb vom 11.11.2011, BStBl I 1314 Rn 00.02; vgl hierzu § 24 UmwG Rn 10 ff). Ob die Übertragung steuerneutral oder unter Aufdeckung der stillen Reserven erfolgt, ist unerhebl (Widmann/Mayer/*Schießl* Rn 403). Voraussetzung ist allerdings, dass anlässl der Umw des Anteilsinhabers die Beteiligung an einer an der Spaltung beteiligten Körperschaft übertragen wird. Dies ist nicht der Fall, soweit die Beteiligung bei einer Spaltung oder Teilübertragung zurückbleibt (*Haritz* GmbHR 2000, 520). Mangels Übertragung ist auch ein **Formwechsel** eines Gesellschafters keine Veräußerung (*Schmitt* DStR 2011, 1108, 1112; *Schaflitzl/Götz* DB Beilage 1/2012, 25, 35 f; aA BMF-Schrb vom 11.11.2011, BStBl I 1314 Rn 15.24, 00.02; dazu ausführl *Hageböke* Ubg 2011,

689). Weitere Voraussetzung ist, dass die Umw des Anteilsinhabers eine Veräußerung an außenstehende Personen darstellt (dazu Rn 198), also diese die Anteile am übernehmenden Rechtsträger erhalten (OFD Nürnberg GmbHR 2000, 519; *Schumacher* DStR 2002, 2066, 2067; *Haritz* GmbHR 2000, 519).

162 **ff) Liquidation.** Die Liquidation einer beteiligten Körperschaft stellt keine Veräußerung dar (Haritz/Menner/*Asmus* Rn 155; Widmann/Mayer/*Schießl* Rn 381).

163 **gg) Mittelbare Veräußerungen.** Vgl dazu Rn 171.

164 **hh) Barabfindungen.** Das Ausscheiden eines Anteilsinhabers gegen Barabfindung (§ 29 UmwG) ist grdsl eine Veräußerung des Anteils (Widmann/Mayer/*Schießl* Rn 356). Weiter ist aber zu prüfen, ob eine Veräußerung an außenstehende Personen (dazu Rn 198) erfolgt. Daher ist die Veräußerung unschädl, soweit sich die rechnerische Beteiligungsquote von Anteilsinhabern des übernehmenden Rechtsträgers erhöht, die bereits am übertragenden Rechtsträger beteiligt waren.

165 **ii) Eigene Anteile.** Der **Erwerb** eigener Anteile durch einen der beteiligten Rechtsträger ist Anteilsveräußerung (Widmann/Mayer/*Schießl* Rn 368). Eine Veräußerung an außenstehende Personen erfolgt aber nur insoweit, wie sich die rechnerische Beteiligungsquote von Personen erhöht, die nicht zuvor am übertragenden Rechtsträger beteiligt waren (vgl Rn 198). Entsprechendes gilt für die **Veräußerung** von eigenen Anteilen an außenstehende Personen, da dies wirtschaftl einer Anteilsveräußerung gleichkommt (vgl auch Widmann/Mayer/*Schießl* Rn 367).

166 **jj) Einziehung.** Die Einziehung eines Anteils an einem beteiligten Rechtsträger bewirkt eine Erhöhung der Beteiligungsquote der übrigen Anteilsinhaber und ist daher Veräußerung iSv Abs 2 S 4 (Widmann/Mayer/*Schießl* Rn 372; Haritz/Menner/*Asmus* Rn 115: entgeltl Einziehung). Schädl ist dies, soweit die Beteiligungsquote zugunsten außenstehender Personen (dazu Rn 198) steigt.

167 **d) Anteile der beteiligten Rechtsträger.** Die Missbrauchsregelung in Abs 2 S 3, 4 knüpft an die Veräußerung von Anteilen an den an der Spaltung beteiligten Rechtsträgern an. **Kein Missbrauchsfall** ist die **Veräußerung** von **einzelnen WG** oder von echten oder fiktiven Teilbetrieben **durch** die beteiligten Körperschaften (BMF-Schrb vom 11.11.2011, BStBl I 1314 Rn 15.28; Widmann/Mayer/*Schießl* Rn 398 f; GKT/*Knopf/Hill* Rn 48; DPPM/*Dötsch/Pung* Rn 124; Haase/Hruschka/*Weggenmann/Bernheim* Rn 139; *Thiel* DStR 1995, 237, 242; *Bien ua/Hörger* DStR Beilage zu Heft 17/1998, 31). Dies war zum Spaltungserlass (BMF-Schrb vom 9.1.1992, BStBl I 47) noch umstritten (vgl *Wochinger* DB 1992, 163, 169), folgt aber neben dem Wortlaut zweifelsfrei auch daraus, dass bei der Veräußerung von Einzelwirtschaftsgütern/Teilbetrieben durch eine der beteiligten Körperschaften die Besteuerung eintritt, deren Umgehung Abs 2 S 3, 4 verhindern will (vgl Rn 148).

168 Anteile an einer an der Spaltung **beteiligten Körperschaft** sind sowohl Anteile an den übernehmenden Körperschaften wie auch Anteile an der übertragenden Körperschaft (BFH BStBl II 2006, 391; BMF-Schrb vom 11.11.2011, BStBl I 1314 Rn 15.27; Widmann/Mayer/*Schießl* Rn 306; RHL/*Schumacher* Rn 235; DPPM/*Dötsch/Pung* Rn 163; *Herzig/Förster* DB 1995, 338, 345). Eine Beschränkung auf die Anteile an den übernehmenden Körperschaften (so *Krebs* BB 1997, 1817, 1820) verstößt gegen den klaren Gesetzeswortlaut und ist vom Gesetzes-

zweck nicht gedeckt, denn die Umgehung der Besteuerung einer Teilbetriebsveräußerung durch die übertragende Körperschaft (vgl Rn 145) könnte auch durch Veräußerung der Anteile an der übertragenden Körperschaft erreicht werden, wenn der „zu veräußernde" Teilbetrieb bei ihr verbliebe (vgl auch BFH BStBl II 2006, 391).

Eine aus dem Normzweck resultierende, **einschränkende Auslegung** ist bei Auf- und Abspaltungen **zur Aufnahme,** also auf einen bestehenden Rechtsträger, geboten. Anteile iSv Abs 2 S 3, 4 sind bei Spaltung zur Aufnahme neben den Anteilen am übertragenden Rechtsträger grdsl **nur** die den Anteilsinhabern des übertragenden Rechtsträgers **gewährten Anteile** an den übernehmenden Rechtsträgern (so zutr Widmann/Mayer/*Schießl* Rn 343; Haritz/Menner/*Asmus* Rn 168; SBB/*Sagasser/Schöneberger* § 20 Rn 60; Lutter/*Schaumburg/Schumacher* Anh 1 nach § 151 Rn 32; RHL/*Schumacher* Rn 237; *Bien ua/Hörger* DStR Beilage zu Heft 17/1998, 31). **Unschädl** ist die Veräußerung von Anteilen an den übernehmenden Körperschaften durch Anteilsinhaber, die nicht an der übertragenden Körperschaft beteiligt waren. Denn die Missbrauchsvorschrift will nur verhindern, dass anstelle einer Teilbetriebsveräußerung Anteile veräußert werden, die wirtschaftl betrachtet den (echten oder fiktiven) Teilbetrieb repräsentieren (Rn 148). Dies sind bei einer Spaltung zur Aufnahme nur die den Anteilsinhabern der übertragenden Körperschaft gewährten Anteile. **Schädl** ist allerdings auch die Veräußerung von bereits zuvor bestehenden Anteilen an der übernehmenden Körperschaft, wenn sie durch Anteilsinhaber, die auch an der übertragenden Körperschaft beteiligt waren, erfolgt (aA RHL/*Schumacher* Rn 237). 169

Beispiel: 170
An der übertragenden GmbH X sind A und B zu gleichen Teilen beteiligt. Die GmbH X spaltet einen Teilbetrieb auf die bereits bestehende GmbH Y ab, an der A und B ebenfalls jew hälftig beteiligt sind. Als Gegenleistung werden A und B neue Anteile an der GmbH Y gewährt. In diesem Fall kann es nach dem Normzweck keinen Unterschied machen, ob A und/oder B neue oder bereits zuvor bestehende Anteile an der GmbH Y veräußern.

Die veräußerten Anteile müssen an den beteiligten Rechtstrn bestehen. Die Veräußerung von Anteilen an Anteilsinhabern der beteiligten Rechtsträger **(mittelbare Anteilsveräußerung)** fällt nicht in den Anwendungsbereich von Abs 2 S 3, 4 (RHL/*Schumacher* Rn 233; DPPM/*Dötsch/Pung* Rn 127; Widmann/Mayer/*Schießl* Rn 383; Haase/Hruschka/*Weggenmann/Bernheim* Rn 142; *Haritz* GmbHR 2000, 519, 520; *Ehlermann/Löhr* DStR 2003, 1509, 1514; *Neyer* DStR 2002, 2200, 2204; *Schumacher* DStR 2002, 2066, 2067; *Fey/Neyer* IStR 1998, 161, 165; *Blumers* DB 2000, 589, 594; *Thies* DB 1999, 2179, 2182: Die dort genannten „unmittelbaren Anteile an der C-GmbH" sind aber wohl der übertragene fiktive Teilbetrieb und nicht Anteile an einem beteiligten Rechtsträger, vgl das Beispiel S 2179 f; vgl auch OFD Nürnberg GmbHR 2000, 519: Veräußerung, wenn Anteilsinhaber verschmolzen/gespalten wird und die neuen Anteile am übernehmenden Rechtsträger an außenstehende Personen fallen; in diesem Fall bewirkt die Umw aber eine Veräußerung der Anteile an den beteiligten Rechtsträger, vgl Rn 161). Dies folgt aus dem insoweit klaren Wortlaut: die Anteilsinhaber sind nicht „an der Spaltung beteiligte Körperschaften". Zwar können auch durch mittelbare Anteilsveräußerungen Situationen eintreten, die Abs 2 S 2–4 verhindern will. In diesem Fall kann eine Korrektur aber nur über § 42 AO erfolgen (*Blumers* DB 2000, 589, 594; zur Bedeutung von § 42 AO neben den Missbrauchsfällen von Abs 2 vgl Rn 241 f). Dies scheint auch die Ansicht der **FinVerw** zu 171 sein, da sie bei einer mittelbaren Veräußerung nach der Übertragung mittels einer Umstrukturierung innerh von verbundenen Unternehmen nicht die mittelbare Veräußerung, sondern die Übertragung durch die Umstrukturierung für schädl hält (BMF-Schrb vom 11.11.2011, BStBl I 1314 Rn 15.26; dazu Rn 208). Vgl iÜ auch BMF-Schrb vom 11.11.2011, BStBl I 1314 Rn 15.28: durch die Gesellschafter. Da mittelbare Anteilsveräußerungen nicht zum Anwendungsbereich zählen, ist es unerhebl, auf welche Weise (entgeltl oder unentgeltl Veräußerung, Umw, KapErh etc) die Anteile an den Anteilsinhaber übertragen werden. Es kommt insoweit auch nicht darauf an, ob die Übertragung an außenstehende Personen oder nicht erfolgt (vgl aber OFD Nürnberg GmbHR 2000, 519).

172 Anteile an einer an der Spaltung beteiligten Körperschaft sind auch **eigene Anteile** dieser Körperschaften. Vgl auch Rn 165. Dies gilt sowohl für die übertragende Körperschaft wie auch für übernehmende Körperschaften. Denn eigene Anteile erhöhen die rechnerischen Beteiligungsquoten der Anteilsinhaber.

173 **Beispiel:**
An einer GmbH mit einem StK von EUR 100 000 sind drei Gesellschafter mit jew einem Geschäftsanteil von EUR 25 000 beteiligt; die Ges hält eigene Geschäftsanteile iHv ebenfalls EUR 25 000. Die Gesellschafter sind zu je einem Drittel an der GmbH beteiligt. Damit tritt durch die Veräußerung der eigenen Anteile (an außenstehende Personen, dazu Rn 198 ff) diejenige wirtschaftl Verlagerung ein, die als missbräuchl angesehen wird (zum Gesetzeszweck Rn 148).

174 Bei einer Spaltung zur Aufnahme ist die Veräußerung von Anteilen an einer übernehmenden Körperschaft durch einen Anteilsinhaber, der an der übertragenden Körperschaft nicht beteiligt war, unschädl (vgl bereits Rn 169). Die Veräußerung von eigenen Anteilen ist daher in eine schädl und in eine unschädl Quote aufzuteilen.

175 **Beispiel:**
Die B-GmbH (StK: EUR 60 000) ist übernehmende Körperschaft bei einer Abspaltung. Vor der Spaltung hält der Alleingesellschafter B einen Geschäftsanteil iHv EUR 50 000, die B-GmbH hält einen eigenen Geschäftsanteil iHv EUR 10 000. Anlässl der Spaltung wird ein neu geschaffener Geschäftsanteil iHv EUR 50 000 dem einzigen Anteilsinhaber der übertragenden A-GmbH, dem A, gewährt. Nach der Spaltung sind A und B jew hälftig an der B-GmbH beteiligt. Eine Veräußerung des eigenen Anteils durch die B-GmbH ist hälftig dem A zuzurechnen und damit schädl iSv Abs 2 S 3, 4.

176 Die Missbrauchsvorschrift umfasst nicht die **Veräußerung** von Anteilen an einer anderen KapGes **durch** eine an der Spaltung **beteiligte Körperschaft** (BMF-Schrb vom 11.11.2011, BStBl I 1314 Rn 15.28; Widmann/Mayer/*Schießl* Rn 399). Dies gilt auch für die Veräußerung einer als fiktiver Teilbetrieb (Abs 1 S 3) geltenden 100%igen Beteiligung an einer KapGes (zur Unschädlichkeit der Veräußerung von WG und Teilbetrieben durch die beteiligten Körperschaften bereits Rn 167).

177 **e) Bagatellgrenze (20%). aa) Grundsatz.** Nicht jede Veräußerung ist schädl Voraussetzung ist, dass **insges** Anteile veräußert werden, die **mehr als 20%** der vor Wirksamwerden der Spaltung an der Körperschaft bestehenden Anteile **ausmachen.** Die Quote von 20% (in der RegEBegr noch 10%) soll verhindern, dass zB bei PublikumsGes die Veräußerung eines einzigen Anteils zum Verlust der Steuerneutralität führt (RegEBegr BT-Drs 12/6885 zu § 15). Dieses Ziel wird durch die Quote von 20% nur unzulängl erreicht. Die Missbrauchsregelung ist daher bei Beteiligung von PublikumsGes, insbes von börsennotierten Ges, nur schwer handhabbar und äußert problematisch (dazu Rn 197).

Die Missbrauchsregelung bezieht sich auf die Veräußerung von Anteilen an **allen beteiligten Körperschaften** (BFH BStBl I 2006, 391; BMF-Schrb vom 11.11.2011, BStBl I 1314 Rn 15.27; Rn 167 ff). Bei deren Veräußerung ist jew zu bestimmen, welchen Wert die veräußerten Anteile im Verhältnis zum Gesamtwert aller Anteile an der übertragenden Körperschaft vor der Spaltung **repräsentieren** (Haritz/Menner/*Asmus* Rn 165). Als Vergleichsmaßstab (= 100%) für das Überschreiten der 20%-Grenze ist mithin allein auf die gesamten Anteile an der übertragenden Körperschaft vor der Spaltung abzustellen (BMF-Schrb vom 11.11.2011, BStBl I 1314 Rn 15.29; Widmann/Mayer/*Widmann* Rn 321). **178**

Beispiel: **179**
Die A-GmbH mit zwei wertgleichen Teilbetrieben wird auf die jew neu gegründete B-GmbH und C-GmbH aufgespalten. Die Anteile an der B-GmbH und an der C-GmbH repräsentieren jew 50% des Wertes der gesamten Anteile an der A-GmbH vor der Spaltung. Demzufolge wird die schädl Quote von 20% etwa überschritten, wenn mehr als 40% der Anteile an der B-GmbH oder an der C-GmbH oder bspw 30% der Anteile an der B-GmbH und mehr als 10% der Anteile an der C-GmbH (zur Zusammenrechnung von verschiedenen Anteilsveräußerungen Rn 191 ff) veräußert werden.

bb) Ermittlung der Bagatellgrenze. Zur Bestimmung der Bagatellgrenze muss der Wert der Anteile an der übertragenden Körperschaft vor der Spaltung (= 100%) und die Aufteilung dieses Wertes auf die verbleibenden Anteile an der übertragenden Körperschaft nach der Spaltung und/oder auf die Anteile an den übernehmenden Körperschaften ermittelt werden. Maßgebl ist ausschließl der jew **gemeine Wert** (RHL/*Schumacher* Rn 239; DPPM/*Dötsch/Pung* Rn 174; Semler/Stengel/*Moszka* Anh UmwStG Rn 506; SBB/*Sagasser/Schöneberger* § 20 Rn 54; vgl auch Widmann/Mayer/*Schießl* Rn 322: tatsächlicher Wert; ebenso Haritz/Menner/*Asmus* Rn 165; Verkehrswert;). Denn nur durch die Bestimmung des gemeinen Werts der ursprüngl Anteile an der übertragenden Körperschaft (vor der Spaltung) und der übertragenen Teilbetriebe ist eine sachgerechte Aufteilung der Werte auf die verbleibenden Anteile an der übertragenden Körperschaft und/oder auf die Anteile an den übernehmenden Körperschaften mögl. Die jew **Nennkapitalien** der beteiligten Körperschaften sind ohne Bedeutung, da sie keinen Rückschluss auf die Wertverhältnisse (stille Reserven, Ertragswert) zulassen (BMF-Schrb vom 11.11.2011, BStBl I 1314 Rn 15.29; Haritz/Menner/*Asmus* Rn 165; Widmann/Mayer/*Widmann* Rn 323; *Hörger* FR 1994, 765, 769). Entsprechendes gilt für das gesamte **EK** (*Hörger* FR 1994, 765, 769). **180**

Maßgebl ist der gemeine Wert der Anteile an der übertragenden Körperschaft **zum stl Übertragungsstichtag** (RHL/*Schumacher* Rn 239; Haritz/Menner/*Asmus* Rn 165, 166; *Schaumburg/Rödder* UmwG/UmwStG Rn 55; Lutter/*Schaumburg/Schumacher* Anh 1 nach § 151 Rn 32; Semler/Stengel/*Moszka* Anh UmwStG Rn 506; Haase/Hruschka/*Weggenmann/Bernheim* Rn 146; aA Widmann/Mayer/*Schießl* Rn 328; *Bien ua/Hörger* DStR Beilage zu Heft 17/1998, 31; *Hörger* FR 1994, 765, 769; GKT/*Knopf/Hill* Rn 52: Wirksamwerden der Spaltung; wohl auch SBB/*Sagasser/Schöneberger* § 20 Rn 54). Denn der stl Übertragungsstichtag liegt unmittelbar vor dem Spaltungsstichtag iSv § 126 I Nr 6 UmwG (vgl § 2 Rn 17 ff) und stimmt damit mit dem Zeitpunkt überein, auf den die Wertverhältnisse für die Bestimmung des Umtauschverhältnisses (§ 126 I Nr 3 UmwG) ermittelt werden (vgl § 5 UmwG Rn 24). Dieser für die Beteiligungsver- **181** hältnisse maßgebl Zeitpunkt ist nach dem Sinn und Zweck der Regelung (Rn 147) auch der geeignete Zeitpunkt für die Festlegung der Wertverhältnisse zur Anwendung der Missbrauchsregelung, da die Missbrauchsregelung darauf abstellt, ob die Anteilsinhaber des übertragenden Rechtsträgers wirtschaftl betrachtet einen Teilbetrieb veräußern. Der Wortlaut („vor Wirksamwerden") steht dem nicht entgegen (so aber Widmann/Mayer/*Schießl* Rn 328). Damit ist nicht zwingend das zivilrechtl Wirksamwerden gemeint. Stl wird der Vermögensübergang am stl Übertragungsstichtag fingiert (vgl § 2 Rn 8), sodass zu diesem Zeitpunkt vom stl Wirksamwerden auszugehen ist.

182 Demzufolge bleiben **spätere Wertveränderungen** unberücksichtigt (BMF-Schrb vom 11.11.2011, BStBl I 1314 Rn 15.29; Lutter/*Schaumburg* UmwG Anh 1 nach § 151 Rn 32; GKT/*Knopf/Hill* Rn 52; Widmann/Mayer/*Schießl* Rn 329; *Bien ua/Hörger* DStR Beilage zu Heft 17/1998, 31; *Hörger* FR 1994, 765, 769; DPPM/*Dötsch/Pung* Rn 174). Dies gilt sowohl für Werterhöhungen als auch für Wertminderungen (Widmann/Mayer/*Schießl* Rn 329). Insbes ist **nicht** der **tats Veräußerungspreis** der innerh der Fünf-Jahres-Frist veräußerten Anteile maßgebl (Widmann/Mayer/*Schießl* Rn 330). Es ist vielmehr eine (fiktive) Wertrelation zum stl Übertragungsstichtag zu ermitteln und festzuschreiben (vgl auch Haritz/Menner/*Asmus* Rn 165).

183 Die **Aufteilung** der fiktiven Anteilswerte auf die Anteile an der übertragenden Körperschaft nach der Abspaltung und/oder auf die Anteile an den übernehmenden Körperschaften nach der Auf- und Abspaltung ergibt sich **nicht** aus dem **Umtauschverhältnis** (so aber BMF-Schrb vom 11.11.2011, BStBl I 1314 Rn 15.29; SBB/*Sagasser/Schöneberger* § 20 Rn 54; *Thiel* DStR 1995, 237, 242). Maßgebl ist allein das Wertverhältnis der jew übergehenden bzw der übergehenden und verbleibenden (fiktiven oder echten) Teilbetriebe, bezogen auf den Wert der Anteile an der übertragenden Körperschaft vor der Spaltung (ebenso Lutter/*Schaumburg/Schumacher* Anh 1 nach § 151 Rn 32; vgl auch DPPM/*Dötsch/Pung* Rn 173; Widmann/Mayer/*Schießl* Rn 327, 971 f; Haase/Hruschka/*Weggenmann/Bernheim* Rn 147; Steuerfachausschuss des IDW WPg 1995, 57, 54: Bewertung nach Stuttgarter Verfahren). Das Umtauschverhältnis ist ein untaugl Maßstab, weil es das Verhältnis zwischen dem übergehenden Teilvermögen und dem beim übernehmenden Rechtsträger nach der Spaltung vorhandenen Verm ausdrückt (vgl § 126 UmwG Rn 19 ff), aber keinen Rückschluss auf die Wertverhältnisse zwischen den übertragenen bzw verbleibenden Teilbetrieben und damit auf die Verkörperung („ausmachen") der jew Werte in den Anteilen zulässt.

184 **Beispiel 1:**
Die A 1-AG besitzt zwei Teilbetriebe mit einem gemeinen Wert von EUR 1 Mio (T1) und EUR 2 Mio (T2). Durch Aufspaltung überträgt die A 1-AG ihren Teilbetrieb T1 auf die bestehende B-AG (gemeiner Wert vor der Spaltung: EUR 1 Mio) und ihren Teilbetrieb T2 auf die bestehende C-AG (gemeiner Wert vor der Spaltung: EUR 8 Mio). Das Grundkapital aller beteiligten AG ist vor der Spaltung in jew 100 000 Stückaktien aufgeteilt. Die als Gegenleistung zu gewährenden Anteile werden durch KapErh geschaffen.

185 **Beispiel 2:**
Die A 2-AG besitzt zwei Teilbetriebe mit einem gemeinen Wert von EUR 2 Mio (T1) und EUR 1 Mio (T2). Durch Aufspaltung überträgt die A 2-AG ihren Teilbetrieb T1 auf die bestehende B-AG (gemeiner Wert vor der Spaltung: EUR 1 Mio) und ihren Teilbetrieb T2 auf die bestehende C-AG (gemeiner Wert vor der Spaltung: EUR 4 Mio). Das Grundkapital der A2-AG und der C-AG ist vor der Spaltung in jew 100 000 Stückaktien, dasjenige der

B-AG in 50 000 Stückaktien aufgeteilt. Die als Gegenleistung zu gewährenden Anteile werden durch KapErh geschaffen.

Bei einer korrekten Bestimmung des Umtauschverhältnisses werden sowohl den Anteilsinhabern der A 1-AG als auch denjenigen der A 2-AG 100 000 Aktien der B-AG und 25 000 Aktien der C-AG gewährt. Das Umtauschverhältnis lautet damit, dass für jew 4 Aktien der A 1-AG bzw der A 2-AG 4 Aktien der B-AG und 1 Aktie der C-AG gewährt werden. **186**

Aus diesen identischen Umtauschverhältnissen lässt sich nicht ermitteln, welchen Wert die Aktien an der B-AG und an der C-AG im Verhältnis zum Wert der ursprüngl Aktien an der A-AG repräsentieren. Denn die Bagatellgrenze von 20% (gemeiner Wert bezogen auf die Aktien an der A-AG: EUR 0,6 Mio) wird im Beispiel 1 bei der Veräußerung von 60 000 Aktien an der B-AG und von 7 500 Aktien an der C-AG erreicht. Im Beispiel 2 genügt bereits die Veräußerung von mehr als 30 000 Aktien an der B-AG für die Überschreitung der Bagatellgrenze, während mehr als 15 000 Aktien der C-AG veräußert werden müssen. Richtig ist allerd, dass die für die Bestimmung der korrekten Umtauschverhältnisse durchgeführte **Bew der** Teilbetriebe für die Bestimmung des Aufteilungsmaßstabes heranzuziehen ist. Denn im Beispiel 1 müssen die von der B-AG gewährten Aktien insges einen Wert von einem Drittel und die von der C-AG gewährten Aktien insges einen Wert von zwei Dritteln (= Wertverhältnis der Teilbetriebe T1 und T2) der ursprüngl Aktien an der A-AG repräsentieren, während im Beispiel 2 die umgekehrten Wertrelationen bestehen. **187**

Zur **Ermittlung der Bagatellgrenzen** ist demnach wie folgt vorzugehen: **188**

- Zunächst ist der gemeine Wert sämtl Anteile an der übertragenden Körperschaft zum stl Übertragungsstichtag festzustellen.
- Bei der **Abspaltung** ist ferner zum stl Übertragungsstichtag der (fiktive) gemeine Wert der Anteile an der übertragenden Körperschaft nach der Abspaltung, mithin unter Berücksichtigung des Wertverlustes durch die Vermögensübertragung, festzustellen. Zudem ist der (fiktive) gemeine Wert jew aller Anteile an den übernehmenden Körperschaften unter Berücksichtigung des Vermögenszugangs durch die Abspaltung zum stl Übertragungsstichtag zu bestimmen.
- Bei einer **Aufspaltung** sind nur die (fiktiven) gemeinen Werte der Anteile an den übernehmenden Körperschaften unter Berücksichtigung des Vermögenszugangs durch die Aufspaltung zum stl Übertragungsstichtag zu ermitteln. **189**
- Die **Bagatellgrenze** ist **überschritten,** wenn Anteile an der übertragenden Körperschaft und/oder an den übernehmenden Körperschaften veräußert werden, die zusammen nach ihrem rechnerischen gemeinen Wert zum stl Übertragungsstichtag **mehr als 20%** des gemeinen Werts aller Anteile an der übertragenden Körperschaft vor der Spaltung zum stl Übertragungsstichtag ausmachen. **190**

cc) Zusammenrechnung der Veräußerungen. Zur Ermittlung des Überschreitens der schädl 20%-Grenze sind **mehrere Veräußerungen** innerh des Fünf-Jahres-Zeitraums (dazu Rn 209 ff) durch denselben oder durch verschiedene Anteilsinhaber der übertragenden Körperschaft (nur deren Anteile zählen, vgl Rn 169) **zusammenzurechnen** (BMF-Schrb vom 11.11.2011, BStBl I 1314 Rn 15.30 f; Widmann/Mayer/*Schießl* Rn 348; Haritz/Menner/*Asmus* Rn 167; GKT/*Knopf/Hill* Rn 53; Lutter/*Schaumburg/Schumacher* Anh 1 nach § 151 Rn 33; DPPM/*Dötsch/Pung* Rn 173; RHL/*Schumacher* Rn 242; *Thiel* DStR 1995, 237, **191**

242; *Hörger* FR 1994, 765, 769; vgl auch BFH BStBl I 2006, 391). Auch die Veräußerung von Anteilen **an mehreren** beteiligten **Körperschaften** wird **zusammengerechnet** (Haritz/Menner/*Asmus* Rn 167; Lutter/*Schaumburg/Schumacher* Anh 1 nach § 151 Rn 33;; *Hörger* FR 1994, 765, 769; vgl auch BFH BStBl I 2006, 391; aA SBB/*Sagasser/Schöneberger* § 20 Rn 55; DPPM/*Dötsch/Pung* Rn 177; *Schwedhelm/Streck/Mack* GmbHR 1995, 100, 102). Zwar ist der Wortlaut von Abs 2 S 4 insoweit nicht eindeutig (ebenso Widmann/Mayer/*Schießl* Rn 349; darauf stützen sich SBB/*Sagasser/Schöneberger* § 20 Rn 55 und *Schwedhelm/Streck/Mack* GmbHR 1995, 100, 102). Klarer wäre die Formulierung gewesen, dass die Veräußerung der Anteile an **den** beteiligten Körperschaften schädl sei. Der Wortlaut lässt aber auch die Interpretation zu, dass die Veräußerungen bei allen beteiligten Körperschaften zusammenzurechnen sind. Gestützt wird dies durch den Gesetzeszweck (vgl Rn 147). Denn der Gesetzgeber sah Anteilsveräußerungen generell als schädl an und nahm die Bagatellgrenze ledigl auf, damit nicht bereits „zB bei Publikumsgesellschaften die Veräußerung eines einzigen Anteils innerhalb von fünf Jahren nach der Spaltung zum Verlust der steuerneutralen Spaltung nach § 15 führt" (RegEBegr BT-Drs 12/6885 zu § 15). Vor diesem Hintergrund ist die Ausnahme der Unschädlichkeit aufgrund des Nichterreichens der Bagatellgrenze restriktiv zu interpretieren. Eine Anwendung der Bagatellgrenze bei jeder beteiligten Körperschaft würde dem abstrakt-generell bestimmten Gesetzeszweck, mittelbare Teilbetriebsveräußerungen durch (stfreie) Anteilsveräußerungen zu verhindern (Rn 147), zuwider laufen (ebenso Widmann/Mayer/*Schießl* Rn 349).

192 **Beispiel:**
Die übertragende Körperschaft hat fünf gleich wertvolle Teilbetriebe. Sie überträgt durch Aufspaltung jeden Teilbetrieb auf eine jew neu gegründete Körperschaft. Bezöge man die Bagatellgrenze auf jede einzelne übernehmende Körperschaft, könnten im Anschluss sämtl Anteile aller beteiligten übernehmenden Körperschaften veräußert werden, ohne dass ein Missbrauchsfall vorläge.

193 Soweit aufgrund der Wertverhältnisse sämtl Anteile an einer an der Spaltung beteiligten Körperschaft ohne Überschreiten der Bagatellgrenze veräußert werden können, ist dies aufgrund des klaren Wortlauts unschädl (ebenso Widmann/Mayer/*Schießl* Rn 350; SBB/*Sagasser/Schöneberger* § 20 Rn 55), obwohl dadurch der Umgehungstatbestand (mittelbare Teilbetriebsveräußerung; vgl Rn 147) eintritt, der verhindert werden soll.

194 **Beispiel:**
Die übertragende A-GmbH spaltet einen Teilbetrieb, der 20% ihres Gesamtwertes ausmacht, auf die neu gegründete B-GmbH ab. Im Anschluss daran können sämtl Anteile an der B-GmbH veräußert werden. Erst bei der Veräußerung von weiteren Anteilen an der A-GmbH innerh von fünf Jahren liegt ein schädl Missbrauchsfall vor. Insoweit ist die abstrakt-generelle Regelung vorrangig, auch wenn im Einzelfall die Umgehung eintritt, die verhindert werden soll. § 42 AO kann in diesem Fall nicht neben Abs 2 S 3, 4 angewandt werden (dazu Rn 241 f).

195 Wird **derselbe Anteil mehrmals** veräußert, zählt nur die erste Veräußerung (Haritz/Menner/*Asmus* Rn 167; Widmann/Mayer/*Schießl* Rn 317; RHL/*Schumacher* Rn 242; Lademann/*Köth* Rn 141; Lutter/*Schaumburg/Schumacher* Anh 1 nach § 151 Rn 33; GKT/*Knopf/Hill* Rn 54; Blümich/*Klingberg* Rn 91; DPPM/*Dötsch/Pung* Rn 178; *Herzig/Förster* DB 1995, 338, 345). Denn durch die Veräußerung desselben Anteils wird der Gesetzeszweck (Verhinderung der mittelbaren Teilbetriebsveräußerung Rn 147) nicht gefährdet.

Unerhebl ist, ob anlässl der Abspaltung überhaupt **Anteile gewährt** werden. Die Missbrauchsklausel in Abs 2 S 3, 4 greift etwa auch ein, wenn auf eine 100%ige SchwesterGes unter Verzicht auf eine Anteilsgewährung (§§ 54 I 3, 68 I 3 UmwG) abgespalten wird. Zwar wird nach einer Ab- oder Aufspaltung zur Aufnahme die Veräußerung von zuvor schon bestehenden Anteilen an den übernehmenden Rechtsträger nicht gezählt; dies gilt allerdings nur, soweit Personen veräußern, die nicht an der übertragenden Körperschaft beteiligt waren (Rn 169). Dies verlangt der Gesetzeszweck, der eine mittelbare Veräußerung eines Teilbetriebs verhindern will (Rn 147). Anders ist der Fall zu beurteilen, wenn von einer 100%igen TochterGes ein Teilbetrieb auf die MutterGes abgespalten wird (partieller **Upstream-Merger** ohne Anteilsgewährung). Nach einer derartigen Abspaltung ist nur die Veräußerung von Anteilen an der übertragenden TochterGes bei Überschreiten der Bagatellgrenze schädl, während die Veräußerung von Anteilen an der übernehmenden MutterGes nicht mitgezählt wird. Der Gesetzeszweck der Verhinderung einer mittelbaren Veräußerung eines Teilbetriebs (Rn 147) ist nicht betroffen, da der Teilbetrieb vor (mittelbar) und nach (unmittelbar) der Abspaltung zum Vermögen der übertragenden Körperschaft gehört und damit die stillen Reserven unverändert in den Anteilen an der übertragenden Körperschaft erfasst sind (vgl *Löffler/Hansen* DB 2010, 1369, 1372). Die Anteilsinhaber der übertragenden Körperschaft verbessern ihre Situation nicht. Da Abs 2 S 2–4 eine abstrakte Missbrauchsvorschrift ist, ist sie teleologisch zu reduzieren, um eine überschießende Tendenz zu verhindern (ausführl dazu *Löffler/Hansen* DB 2010, 1369; Lutter/*Schaumburg/Schumacher* Anh 1 nach § 151 Rn 33; RHL/*Schumacher* Rn 237; Haritz/Menner/*Asmus* Rn 168; *Bien ua/Hörger* DStR Beilage zu Heft 17/1998, 32; *Schumacher/Neitz-Hackstein* Ubg 2011, 409, 417; anders noch Vorauflage und Widmann/Mayer/*Schießl* Rn 344; DPPM/*Dötsch/Pung* Rn 166; Frotscher/Maas/*Frotscher* Rn 207. 196

Die Beschränkung auf 20% kann in Einzelfällen die steuerneutrale Spaltung unmögl machen. Bei **PublikumsGes** und insbes bei Beteiligung von **börsennotierten Ges** können der Spaltung nachfolgende Anteilsveräußerungen nur schwer oder überhaupt nicht kontrolliert bzw verhindert werden. Dennoch enthält Abs 2 S 3, 4 keine „Börsenklausel", die eine unterschiedl Behandlung zuließe (GKT/*Knopf/Hill* Rn 51; DPPM/*Dötsch/Pung* Rn 157; *Thiel* DStR 1995, 237, 242; krit auch Haritz/Menner/*Asmus* Rn 170). Die Spaltung einer börsennotierten Ges als übertragender Rechtsträger mit breit gestreutem Anteilsbesitz ist damit ein unkalkulierbares Risiko (vgl das Beispiel bei Widmann/Mayer/*Schießl* Rn 342; DPPM/*Dötsch/Pung* Rn 179; SBB/*Sagasser/Schöneberger* § 20 Rn 59; zu Nachweisschwierigkeiten der FinVerw vgl SBB/*Sagasser/Schöneberger* § 20 Rn 56; *Bien ua/Hörger* DStR Beilage zu Heft 17/1998, 32). Bei der Spaltung auf eine börsennotierte Ges als übernehmender Rechtsträger tritt eine gewisse Entspannung dadurch ein, dass nur die an die Anteilsinhaber der übertragenden Körperschaft gewährten Aktien und schon vorher bestehende Aktien dieser Anteilsinhaber an der übernehmenden Ges für die Überschreitung der Schädlichkeitsgrenze zählen (vgl Rn 169; hierzu auch *Bien ua/Hörger* DStR Beilage zu Heft 17/1998, 31). Eine Billigkeitsregelung im Erlasswege liegt bislang nicht vor. Der UmwSt-Erlass (BMF-Schrb vom 11.11.2011, BStBl I 1314) enthält keine Aussage zu dieser Problematik. IÜ wird in der Praxis versucht, durch **Vinkulierungsklauseln** oä den Eintritt eines Missbrauchsfalls zu verhindern (vgl auch DPPM/*Dötsch/Pung* Rn 180: Schicksalsgemeinschaft). Sinnvoll ist auch eine Regelung über die Verteilung der wirtschaftl Belastung bei Eintritt eines Missbrauchsfalls. 197

198 **f) Außenstehende Personen. aa) Grundsatz.** Nur Veräußerungen an **außenstehende Personen** werden gezählt und sind bei Überschreiten der Bagatellgrenze schädl (RHL/*Schumacher* Rn 211; Haritz/Menner/*Asmus* Rn 152; SBB/*Sagasser/Schöneberger* § 20 Rn 51; GKT/*Knopf/Hill* Rn 38; DPPM/*Dötsch/Pung* Rn 140; *Oho/Remmel* BB 2003, 2539, 2542; *Schumacher* DStR 2002, 2066; *Thies* DB 1999, 2179, 2181; *Dötsch/van Lishaut/Wochinger* DB Beilage 7/1998, 30; *Herzig/Förster* DB 1995, 338, 345; *Fey/Neyer* GmbHR 1999, 274; *Thiel* DStR 1995, 237, 242; aA Widmann/Mayer/*Schießl* Rn 320, 295); auch die FinVerw scheint davon auszugehen (vgl BMF-Schrb vom 11.11.2011, BStBl I 1314 Rn 15.26; OFD Nürnberg GmbHR 2000, 519). Dies folgt zunächst daraus, dass Abs 2 S 2, der anders als Abs 2 S 3, 4 ausdrückl auf die Veräußerung an außenstehende Personen abstellt, keine eigenständige Bedeutung hat und Einleitungssatz für die folgenden S 3, 4 ist (Rn 133 ff; insofern aA Widmann/Mayer/*Schießl* Rn 320, 295). Darüber hinaus wäre eine unterschiedl Behandlung des Vollzugs der Veräußerung durch die Spaltung (Abs 2 S 2) und der bloßen Vorbereitung (Abs 2 S 3, 4) nicht begründet (ebenso SBB/*Sagasser/Schöneberger* § 20 Rn 51; *Fey/Neyer* GmbHR 1999, 274, 278). Anhaltspunkte, dass der Gesetzgeber insoweit eine Verschärfung ggü der Regelung im Spaltungserlass (BMF-Schrb vom 9.1.1992, BStBl I 47) wollte, existieren iÜ nicht (GKT/*Knopf/Hill* Rn 38). Der Wortlaut ist offen (anders wohl *Thies* DB 1999, 2179, 2181, die die einleitenden Worte „Das Gleiche gilt" nicht nur auf die Rechtsfolge, sondern auch auf die Tb-Merkmale bezieht) und deckt auch die vorstehende Interpretation (RHL/*Schumacher* Rn 211).

199 **bb) Bisherige Anteilsinhaber.** Außenstehende Personen sind jedenfalls **nicht** die weiteren **Anteilsinhaber der übertragenden Körperschaft** zum Zeitpunkt des Wirksamwerdens der Spaltung (BMF-Schrb vom 11.11.2011, BStBl I 1314 Rn 15.28; RHL/*Schumacher* Rn 212; DPPM/*Dötsch/Pung* Rn 140; SBB/*Sagasser/Schöneberger* § 20 Rn 49; Haritz/Menner/*Asmus* Rn 140; GKT/*Knopf/Hill* Rn 41; Lutter/*Schaumburg/Schumacher* Anh 1 nach § 151 Rn 31; Widmann/Mayer/*Schießl* Rn 237; *Herzig/Förster* DB 1995, 338, 345;). Damit ist auch ein Anteilsinhaber der übertragenden Körperschaft, der aufgrund einer nichtverhältniswahrenden Spaltung an der Körperschaft, deren Anteile veräußert werden, nicht mehr beteiligt ist, als nicht außenstehende Personen zu qualifizieren (GKT/*Knopf/Hill* Rn 41). Maßgebl **Zeitpunkt** für das Bestehen der Beteiligung des Erwerbers ist der stl Übertragungsstichtag (BMF-Schrb vom 11.11.2011, BStBl I 1314 Rn 15.27; *Schmitt* DStR 2011, 1108, 1112; aA RHL/*Schumacher* Rn 212; *Schumacher/Neitz-Hackstein* Ubg 2011, 409, 415), da Erwerbe und Veräußerungen von Anteilen im Interimszeitraum (Zeitraum vom stl Übertragungsstichtag bis zum zivilrechtl Wirksamwerden der Spaltung durch Registereintragung) bei §§ 15, 13 nicht auf den stl Übertragungsstichtag zurückbezogen werden. Demzufolge sind Veräußerungen an einen Anteilsinhaber, der seine Beteiligung an der übertragenden Körperschaft im Interimszeitraum erworben hat, schädl.

200 Der Erwerb **eigener Anteile** durch die beteiligten Körperschaften ist nach Auf- und Abspaltungen zur Neugründung unschädl, da sie rechnerisch nur die Anteilsquote der bisherigen Anteilsinhaber erhöht. Bei einem Erwerb eigener Anteile durch eine übernehmende Körperschaft nach einer Spaltung zur Aufnahme ist die Veräußerung (durch einen bisherigen Anteilsinhaber der übertragenden Körperschaft, vgl Rn 169) nur insoweit zu zählen, als sich die rechnerische Beteiligungsquote der zuvor nicht an der übertragenden Körperschaft beteiligten

Anteilsinhaber erhöht (DPPM/*Dötsch/Pung* Rn 143). Entsprechendes gilt für die entgeltl **Einziehung** von Anteilen. Vgl dazu auch Rn 165 f.

Die Veränderungen in den Beteiligungsverhältnissen an der übertragenden Körperschaft durch eine **nichtverhältniswahrende Spaltung** sind mangels Übertragung an außenstehende Personen keine schädl Veräußerung (Haritz/Menner/*Asmus* Rn 142; DPPM/*Dötsch/Pung* Rn 154; *Haritz/Wagner* DStR 1997, 181, 182). 201

cc) Konzernveräußerungen. Zum Kreis der außenstehenden Personen zählen zudem **nicht Unternehmen eines Konzerns,** zu dem ein Anteilsinhaber der übertragenden Körperschaft gehört (BMF-Schrb vom 11.11.2011, BStBl I 1314 Rn 15.26 hinsichtl Umstrukturierungen; Haritz/Menner/*Asmus* Rn 143; Lutter/*Schaumburg* UmwG Anh 1 nach § 151 Rn 31; DPPM/*Dötsch/Pung* Rn 146; GKT/*Knopf/Hill* Rn 44; *Dötsch/van Lishaut/Wochinger* DB Beilage 7/1998, 30; *Thiel* DStR 1995, 237, 242; *Herzig/Förster* DB 1995, 338, 345; *Fey/Neyer* IStR 1998, 161, 164; *Blumers* DB 2000, 589, 592 f). Abzustellen ist auf die Konzernzugehörigkeit des veräußernden Anteilsinhabers der übertragenden Körperschaft (nicht auf diejenige der übertragenden Körperschaft; so aber SBB/*Sagasser/Schöneberger* § 20 Rn 49) und des Erwerbers selbst (DPPM/*Dötsch/Pung* Rn 146). Unschädl sind also Veräußerungen zwischen verbundenen Unternehmen (RHL/*Schumacher* Rn 214). Unschädl sind **nicht nur Umstrukturierungen** zwischen nicht außenstehenden Personen (so aber BMF-Schrb vom 11.11.2011, BStBl I 1314 Rn 15.26), sondern alle Vorgänge, die **Veräußerungen** (vgl Rn 153 ff) darstellen. Das Gesetz gibt keine Anhaltspunkte für eine derartige Differenzierung. Juristische Personen des öffentl Rechts und deren Betriebe gewerbl Art sind Konzernen gleichzusetzen (BMF-Schrb vom 11.11.2011, BStBl I 1314 Rn 15.26). 202

Beispiel: 203

An der übertragenden A-GmbH und an der durch verhältniswahrende Abspaltung zur Neugründung entstandenen B-GmbH ist ein zum Z-Konzern zählendes Unternehmen mit jew 21% beteiligt. Die restl 79% werden von einer Person gehalten, die nicht zum Konzern zählt. Die Veräußerung der 79%-Beteiligung an das Konzernunternehmen, das bereits die unmittelbare Beteiligung an der A-GmbH und an der B-GmbH hält, ist unschädl, da dies eine Veräußerung an einen bisherigen Anteilsinhaber darstellt (Rn 199). Aber auch die Veräußerung an jedes andere Unternehmen des Konzerns ist unschädl, da die Konzernunternehmen nicht außenstehende Person sind. Ebenso wenig ist eine entgeltl Übertragung der 21%igen Anteile auf ein anderes Konzernunternehmen schädl.

Für die Abgrenzung ist eine Orientierung am Begriff der **verbundenen Unternehmen** iSv § 271 II HGB sinnvoll (so wohl auch BMF-Schrb vom 11.11.2011, BStBl I 1314 Rn 15.26; Haritz/Menner/*Asmus* Rn 142; SBB/*Sagasser/Schöneberger* § 20 Rn 49; DPPM/*Dötsch/Pung* Rn 146: einschränkend für ausländische Gesellschaften; *Schumacher* DStR 2002, 2066; *Blumers* DB 2000, 589, 592 f). Dies kann aber nur eine Auslegungshilfe sein (vgl auch Haase/Hruschka/*Weggenmann/Bernheim* Rn 130). Das Gesetz verwendet den Begriff „außenstehende Personen" und nimmt selbst keinen Bezug auf den ohnehin unterschiedl gebräuchl Begriff „verbundene Unternehmen" (vgl etwa § 15 AktG, § 271 II HGB). Eine Anknüpfung an den Begriff des ausstehenden Aktionärs iSv §§ 304, 305 AktG scheidet wegen der völlig unterschiedl Konstellationen ohnehin aus (ebenso Widmann/Mayer/*Schießl* Rn 240). 204

205 Nach dem Zweck von Abs 2 S 2–4 (Verhinderung der Umgehung einer Teilbetriebsveräußerung, vgl Rn 147) kann Veräußerung an eine außenstehende Person nur bedeuten, dass nicht nur ein rechtl, sondern auch ein wirtschaftl Anteilsinhaberwechsel stattfinden muss (wohl ebenso *Schumacher* DStR 2002, 2066, 2067; RHL/*Schumacher* Rn 213). Daran fehlt es, wenn die Anteile zwischen verbundenen Unternehmen iSv §§ 271 II, 290 HGB übertragen werden. Das entscheidende Kriterium kann aber wegen der unterschiedl Regelungsgegenstände der Vorschrift – einerseits Konzernrechnungslegung, andererseits Missbrauchsverhinderung – nicht sein, ob Veräußerer und Erwerber bei einer Vollkonsolidierung in einem Konzernabschluss einbezogen sind oder werden könnten (so aber DPPM/*Dötsch/Pung* Rn 146). Ein **wirtschaftl Anteilsinhaberwechsel** liegt vielmehr dann nicht vor, wenn der Erwerber an dem veräußernden Anteilsinhaber selbst – mittelbar oder unmittelbar – mehrheitl beteiligt ist oder an dem veräußernden Anteilsinhaber und dem Erwerber dieselbe Person oder mehrere Personen beteiligungsidentisch mehrheitl beteiligt sind (ebenso RHL/*Schumacher* Rn 213; *Schumacher* DStR 2002, 2066, 2067; aA Widmann/Mayer/*Schießl* Rn 245). Wegen der Maßgeblichkeit des wirtschaftl Anteilsinhaberwechsels kommt es nicht auf die Mehrheit der Stimmrechte, sondern auf die Kapitalmehrheit an.

206 IdS ist der Begriff „außenstehende Personen" anders als derjenige der verbundenen Unternehmen iSv §§ 271 II, 290 HGB **rechtsformunabhängig.** Keine Veräußerung an eine außenstehende Person sind deshalb etwa die Veräußerung an eine **natürl Person,** die mehrheitl an dem Veräußerer beteiligt ist, oder an einen anderen Rechtsträger, an dem dieselben natürl Personen beteiligungsidentisch mehrheitl beteiligt sind (so auch *Schumacher* DStR 2002, 2066, 2067), obwohl die Voraussetzungen von §§ 271 II, 240 HGB hier nicht vorliegen. Keine außenstehende Person ist daher auch eine **ausländische** natürl oder jur **Person** (*Oho/Remmel* BB 2003, 2539, 2541; *Blumers* DB 2000, 589; *Thies* DB 1999, 2179; *Schumacher* DStR 2002, 2066), die mittelbar oder unmittelbar mehrheitl am Veräußerer beteiligt ist, oder an einen Rechtsträger, zu dem die Verbundenheit im vorstehenden Sinne durch eine ausländische Person vermittelt wird. Dies gilt unabhängig davon, ob die Voraussetzungen von §§ 291, 292 HGB erfüllt sind oder erfüllt werden könnten (krit DPPM/*Dötsch/Pung* Rn 146).

207 Außenstehende Personen sind hingegen ledigl **nahe stehende Personen** (etwa Angehörige iSv § 15 AO oder iSv § 1 II AStG), wenn sie weder im vorstehenden Sinne (Rn 204 ff) verbundene Unternehmen noch bereits zum Zeitpunkt der Spaltung Anteilsinhaber der übertragenden Körperschaft sind (Widmann/Mayer/*Schießl* Rn 241; Lademann/*Köth* Rn 137; *Dötsch/van Lishaut/Wochinger* DB Beilage 7/1998, 30; vgl aber RHL/*Schumacher* Rn 213).

208 Veräußerungen **nach einer unschädlichen Veräußerung** an einen Mitgesellschafter oder ein Konzernunternehmen sind im Grds unverändert Veräußerungen von Anteilen an einem beteiligten Rechtsträger und damit bei Überschreiten der Bagatellgrenze (Rn 177 ff) innerh des Fünf-Jahres-Zeitraums (Rn 209 ff) schädlich. Nach neuerer Ansicht der FinVerw (zur zeitlichen Anwendung vgl BMF-Schrb vom 11.11.2011, BStBl I 1314 Rn S.07) ist eine Umstrukturierung innerh verbundener Unternehmen und eine Veräußerung innerh des bisherigen Gesellschafterkreises nur dann keine schädliche Veräußerung, wenn im Anschluss an diesen Vorgang keine unmittelbare oder mittelbare Veräußerung an eine außenstehende Person erfolgt (BMF-Schrb vom 11.11.2011, BStBl I 1314 Rn 15.26). Danach ist es etwa nicht (mehr) möglich, Anteile an einem beteiligten Rechtsträger in eine verbundene KapGes zu BW einzubringen und anschließend die Anteile

an dieser Gesellschaft an eine außenstehende Person zu veräußern (vgl auch DPPM/*Dötsch/Pung* Rn 146; *Neumann* GmbHR 2012, 141, 148). Eine zeitliche Grenze nennt die FinVerw nicht; jedenfalls dürften anschließende Veräußerungen nach Ablauf der Fünf-Jahres-Frist unschädlich sein, da dann auch unmittelbare Veräußerungen unschädlich wären (BMF-Schrb vom 11.11.2011, BStBl I 1314 Rn 15.32; vgl Rn 151). Ohnehin bleibt unklar, worauf sich die Ansicht der FinVerw stützt. Denn mittelbare Anteilsveräußerungen sind an sich nicht schädlich, da § 15 II 4 UmwStG ausdrücklich auf die Anteile an einer an der Spaltung beteiligten Körperschaft abstellt (vgl Rn 171). Die von der FinVerw dargestellte Situation kann indes im Einzelfall ein Missbrauchsfall iSv § 42 AO sein (aA DPPM/*Dötsch/Pung* Rn 146: BMF-Schrb vom 11.11.2011, BStBl I 1314 Rn 15.26 sei Billigkeitsregelung, die insofern eingeschränkt werde).

g) Fünf-Jahres-Zeitraum. Schädl sind nach Abs 2 S 4 nur Veräußerungen innerh von fünf Jahren ab dem stl Übertragungsstichtag. Nach Ablauf des Fünf-Jahres-Zeitraums können Anteile an den beteiligten Körperschaften in beliebiger Höhe auch an außenstehende Personen ohne Beeinflussung des Bewertungswahlrechts nach § 11 II veräußert werden (BMF-Schrb vom 11.11.2011, BStBl I 1314 Rn 15.32; vgl hierzu bereits Rn 151). Maßgebl ist der Zeitpunkt der dingl Übertragung des Anteils; ausreichend ist allerdings die Übertragung des wirtschaftl Eigentums iSv § 39 II 1 AO (vgl auch Rn 153). **209**

Veräußerungen innerh des **Rückwirkungszeitraums** zwischen dem stl Übertragungsstichtag und dem zivilrechtl Wirksamwerden der Spaltung durch Eintragung im Register (§ 131 I UmwG) zählen zu den schädl Veräußerungen (Widmann/Mayer/*Schießl* Rn 389; DPPM/*Dötsch/Pung* Rn 148; *Schmitt* DStR 2011, 1108, 1113; aA Haritz/Menner/*Asmus* Rn 161; RHL/*Schumacher* Rn 245). Dies gilt auch für Veräußerungen von Anteilen an einem übernehmenden Rechtsträger. Diese Veräußerungen werden nicht stl fiktiv auf den stl Übertragungsstichtag zurückbezogen, da § 2 auf der Anteilsinhaberebene keine Rückwirkung bewirkt (vgl § 2 Rn 2 und Rn 199). Entsprechendes gilt für Anteilsveräußerungen aufgrund des Ausscheidens von Anteilsinhabern gegen **Barabfindung** (vgl §§ 29 ff UmwG). In diesen Fällen ist aber zu prüfen, inwieweit eine Veräußerung an außenstehende Dritte erfolgt (Rn 198). **210**

h) Rechtsfolgen. aa) Verlust des Wahlrechts. Werden die Voraussetzungen der Missbrauchsregelung in Abs 2 S 2–4 innerh des Fünf-Jahres-Zeitraums erfüllt, steht der übertragenden Körperschaft das Bewertungswahlrecht nach § 11 II nicht zu. Es sind demzufolge – nachträgl – **alle übergehenden** echten oder fiktiven Teilbetriebe in der stl Schlussbilanz der übertragenden Körperschaft nach § 11 I 1 mit dem **gemeinen Wert** anzusetzen (BMF-Schrb vom 11.11.2011, BStBl I 1314 Rn 15.33). Vgl hierzu § 11 Rn 31 ff. Bei der Übertragung von Anteilen an KapGes greift ggf § 8b KStG. Das (bei einer Abspaltung) bei der übertragenden Körperschaft **verbleibende Verm** ist nicht betroffen (BMF-Schrb vom 11.11.2011, BStBl I 1314 Rn 15.33; vgl auch 15.21; SBB/*Sagasser/Schöneberger* § 20 Rn 61; DPPM/*Dötsch/Pung* Rn 182). Das Bewertungswahlrecht nach § 11 II bezieht sich nur auf das übergehende Verm. Das verbleibende Verm ist in der stl Schlussbilanz immer mit den Werten anzusetzen, die sich zu diesem Stichtag nach den stl Gewinnermittlungsvorschriften ergeben würden (Fortschreibung der BW). **211**

Eine Beschränkung des Ausschlusses des Wahlrechts auf diejenigen Vermögensteile, die auf Körperschaften übertragen wurden, deren Anteile veräußert worden sind, lässt sich nicht begründen (so aber SBB/*Sagasser/Schöneberger* § 20 Rn 61; **212**

Schwedhelm/Streck/Mack GmbHR 1995, 100, 102; wie hier Widmann/Mayer/*Schießl* Rn 409, 413; DPPM/*Dötsch/Pung* Rn 181; Haase/Hruschka/*Weggenmann/Bernheim* Rn 151). Dies folgt zunächst aus dem **Wortlaut,** der generell die Anwendung von § 11 II für die Spaltung ausschließt („Das Gleiche gilt"). IÜ diff auch der Tatbestand der Missbrauchsregelung nicht zwischen den beteiligten Rechtsträgern. Die Veräußerung von Anteilen an mehreren beteiligten Rechtsträgern wird zusammengerechnet (Rn 191 ff; insofern aA SBB/*Sagasser/Schöneberger* § 20 Rn 55; *Schwedhelm/Streck/Mack* GmbHR 1995, 100, 102). Aber auch der **Gesetzeszweck** (Rn 147) verlangt einen Ausschluss des Ansatz- und Bewertungswahlrechts für alle übergehenden Teilbetriebe, da anderenfalls sanktionslos eine mittelbare Teilbetriebsveräußerung durch Veräußerung der Anteile an der übertragenden Körperschaft nach der Abspaltung vorgenommen werden könnte. Diese Umgehung der Umgehungsvorschrift war vom Gesetzgeber nicht beabsichtigt und ist teleologisch nicht zu rechtfertigen.

213 IÜ bleiben § 12 und auch § 13 – anders als bei Fehlen des Teilbetriebserfordernisses (vgl Rn 108) auch § 13 II – unverändert anwendbar (BMF-Schrb vom 11.11.2011, BStBl I 1314 Rn 15.33). Auch die stl Rückwirkung bleibt unberührt (BMF-Schrb vom 11.11.2011, BStBl I 1314 Rn 15.33; vgl auch BFH BStBl II 2011, 467). Durch den höheren Wertansatz des übergehenden Verm wird allerdings die Bew des übergehenden Verm bei den übernehmenden Körperschaften Abs 1 S 1, § 12 I 1 beeinflusst.

214 **bb) Rückwirkender Wegfall.** Die Besonderheit der Missbrauchsregelung nach Abs 2 S 3, 4 ist, dass die Voraussetzungen für die Anwendung von § 11 II **rückwirkend** wegfallen. Hat die übertragende Körperschaft die übergehenden Vermögensgegenstände bislang nicht nach § 11 I mit dem gemeinen Wert bewertet, müssen nachträgl die Ansätze und Bew in der stl Schlussbilanz sowie die damit verknüpften (§ 12 I 1) Wertansätze bei den übernehmenden Rechtsträgern korrigiert werden.

215 **Steuerbescheide** sind nach § 175 I 1 Nr 2 AO zu ändern (BMF-Schrb vom 11.11.2011, BStBl I 1314 Rn 15.34; Widmann/Mayer/*Schießl* Rn 420; DPPM/*Dötsch/Pung* Rn 183), soweit die FinVerw nicht ohnehin eine vorläufige Steuerfestsetzung nach § 165 AO vorgenommen hat (vgl *Thiel* DStR 1995, 237, 242; vgl auch § 1 Rn 154). Die Festsetzungsverjährungsfrist beginnt mit Ablauf des Kj, in dem die schädl Veräußerung erfolgt, § 175 I 2 AO. Bei mehreren Veräußerungen beginnt die Verjährung mit dem Ende des Kj, in dem diejenige Veräußerung erfolgt, die zum Überschreiten der Bagatellgrenze führt (BMF-Schrb vom 11.11.2011, BStBl I 1314 Rn 15.35). Unmittelbarer **Steuerschuldner** ist die übertragende Körperschaft. Die anderen beteiligten Körperschaften haften gem § 133 I 1 UmwG als Gesamtschuldner (Widmann/Mayer/*Schießl* Rn 426; DPPM/*Dötsch/Pung* Rn 184; *Dötsch/van Lishaut/Wochinger* DB Beilage 7/1998, 32). Die Steuerverbindlichkeiten sind bei der übertragenden Körperschaft bereits **begründet** gewesen (vgl § 133 UmwG Rn 10 ff). Sie unterliegen demzufolge bei den übernehmenden Körperschaften der Nachhaftungsbegrenzung (§ 133 UmwG Rn 33 ff). Bei einer Aufspaltung haftet diejenige übernehmende Körperschaft, der die Steuerschuld im Spaltungsvertrag zugewiesen worden ist, unmittelbar und damit zeitl unbegrenzt. Ist keine Zuweisung erfolgt, greifen die Grdse über „vergessene Verbindlichkeiten" ein (vgl § 131 UmwG Rn 125 ff). Zu weiteren Einzelheiten und zur Behandlung von Ausgleichsverpflichtungen vgl Widmann/Mayer/*Schießl* Rn 431 ff. Zur **Bekanntgabe von Steuerbescheiden** in Spaltungsfällen vgl AEAO zu § 122 Rn 2.15.

14. Trennung von Gesellschafterstämmen, Abs 2 S 5

a) Allgemeines. Eine weitere Missbrauchsvorschrift enthält Abs 2 S 5. Bei der **216** Trennung von Gesellschafterstämmen besteht für die übertragende Körperschaft das Bewertungswahlrecht nach § 11 II nur, wenn die Beteiligungen an der übertragenden Körperschaft mindestens fünf Jahre vor dem stl Übertragungsstichtag bestanden haben. Die Vorschrift knüpft an die handelsrechtl Möglichkeiten einer sog **nichtverhältniswahrenden** Spaltung an, die zu einer Neuordnung der Beteiligungsverhältnisse innerh des Kreises der bisherigen Anteilsinhaber führen kann (vgl § 128 UmwG). Sie bereitet erhebl Probleme und schafft Unsicherheiten, da fast alle Tatbestandsmerkmale (Trennung, Gesellschafterstamm, Bestehen der Beteiligungen) auslegungsbedürftig sind. Viele Einzelfragen sind nicht abschließend geklärt. Die FinVerw hat bislang nur punktuell Stellung bezogen (vgl BMF-Schrb vom 11.11.2011, BStBl I 1314 Rn 15.36 ff).

Angesichts des unzulängl Wortlauts kommt dem **Zweck** der Vorschrift besondere Bedeutung zu. **217** Die Gesetzesmaterialien geben hierüber keinen Aufschluss. Der Zweck erschließt sich aber aus einer Gesamtschau von Abs 2 S 2–5. Ebenso wie die Regelungen in Abs 2 S 2–4 dient die Missbrauchsvorschrift in Abs 2 S 5 der Umgehung einer (stpfl) Teilbetriebsveräußerung durch die übertragende Körperschaft mittels einer steuerneutralen Auf- oder Abspaltung (Rn 147). Abs 2 S 5 will verhindern, dass eine mittelbare Teilbetriebsveräußerung dadurch erfolgt, dass ein neuer Gesellschafter kurz vor der Spaltung hinzutritt, sodann eine nichtverhältniswahrende Spaltung durchgeführt und hierbei dem hinzutretenden Gesellschafter die Anteile derjenigen Körperschaft zugeordnet werden, auf die der zu „veräußernde" Teilbetrieb übertragen worden ist bzw bei der dieser Teilbetrieb zurückbehalten wurde (SBB/*Sagasser/Schöneberger* § 20 Rn 63; Lutter/*Schaumburg/Schumacher* Anh 1 nach § 151 Rn 37; *Schaumburg/Rödder* UmwG/UmwStG Rn 57; RHL/*Schumacher* 248).

b) Begriff des Gesellschafterstammes. Abs 2 S 5 setzt die Trennung von **218** **Gesellschafterstämmen** voraus, ohne diesen Begriff zu def. Auch das UmwG, insbes § 128 UmwG, ua Gesetze enthalten keine Bestimmung, was unter einem Gesellschafterstamm zu verstehen ist. Die Zulässigkeit einer nichtverhältniswahrenden Spaltung, die der einzige Anwendungsfall von Abs 2 S 5 ist (Rn 228 ff), setzt nur die Zustimmung aller beteiligten Anteilsinhaber, nicht jedoch eine Trennung von Gesellschafterstämmen voraus (vgl § 128 UmwG).

Der Begriff des Gesellschafterstammes ist **nicht gleichbedeutend** mit demje- **219** nigen des **Gesellschafters** (so aber *Wiese* GmbHR 1997, 60, 61), denn es ist anzunehmen, dass anderenfalls der Gesetzgeber auch den Begriff Gesellschafter verwendet hätte (aA wohl BMF-Schrb vom 11.11.2011, BStBl I 1314 Rn 15.37, da dessen Ansicht nach eine Trennung von Gesellschafterstämmen (bereits dann) vorliege, wenn nach der Auf- oder Abspaltung **nicht mehr alle** Anteilsinhaber an allen beteiligten Rechtsträgern beteiligt sind; ebenso Lutter/*Schaumburg/Schumacher* Anh 1 nach § 151 Rn 37 Fn 5 und Widmann/Mayer/*Schießl* Rn 453 Fn 5). Wäre der Begriff Gesellschafterstamm mit demjenigen des Gesellschafters gleichzusetzen, würde die Trennung von Gesellschafterstämmen (wenigstens die vollständige Trennung; dazu Rn 233) voraussetzen, dass nach der Spaltung an jeder beteiligten Körperschaft nur noch jew einer der ursprüngl Anteilsinhaber der übertragenden Körperschaft beteiligt ist.

Gesellschafterstamm kann aber auch eine **einzelne** natürl oder jur **Person** **220** sein (Haritz/Menner/*Asmus* Rn 179; Widmann/Mayer/*Schießl* Rn 458; DPPM/

Dötsch/Pung Rn 189). Dies folgt zwingend aus dem Gesetzeszweck, da anderenfalls bereits bei einfachen Sachverhaltskonstellationen die mittelbare Teilbetriebsveräußerung nicht verhindert werden könnte.

221 **Beispiel:**
Der bisherige Alleingesellschafter A veräußert eine Beteiligung an der A-GmbH an den mit ihm in keiner Weise verbundenen Gesellschafter B. Im Anschluss wird die A-GmbH auf die B-GmbH und die C-GmbH aufgespalten, wobei die Beteiligung an der B-GmbH **ausschließl** dem A und die Beteiligung an der C-GmbH **ausschließl** dem B zugeordnet wird. A und B müssen jew Gesellschafterstämme sein, damit in dem Beispiel eine Trennung von Gesellschafterstämmen vorliegt (ebenso Widmann/Mayer/*Schießl* Rn 459).

222 Demzufolge setzt der Begriff des Gesellschafterstammes **nicht** eine **Mehrheit** oder **Gruppe** von Gesellschaftern voraus, die sich entweder selbst als einander zugehörig begreifen oder von anderen als zusammengehörend angesehen werden (so aber Haritz/Menner/*Asmus* Rn 179; ebenso DPPM/*Dötsch/Pung* Rn 188; Lutter/*Schaumburg/Schumacher* Anh 1 nach § 151 Rn 37 Fn 5). Der Begriff des Gesellschafterstammes leitet sich **ausschließl** aus der Verfolgung **gleichgerichteter Interessen** ab (weiter RHL/*Schumacher* Rn 251: gewisses Zugehörigkeitsverhältnis, etwa durch Zugehörigkeit zu einem Familienstamm, zu einem Konzern, aber auch durch sonstige gleichgerichtete Interessen). Unterschiedl Gesellschafterstämme existieren daher, wenn verschiedene Anteilsinhaber oder Gruppen von Anteilsinhabern **unterschiedl Interessen** hinsichtl der **Fortführung des bislang gemeinsamen unternehmerischen Engagements in Bezug auf die** Teilbetriebe haben (Haase/Hruschka/*Weggenmann/Bernheim* Rn 154 f). Einen Gesellschafterstamm bilden diejenigen Anteilsinhaber, die insoweit gleichgerichtete Interessen verfolgen.

223 **Beispiel:**
A ist mit 50% und B1 und B2 sind mit jew 25% an der AB-GmbH beteiligt. Die AB-GmbH, die zwei Teilbetriebe besitzt, wird aufgespalten. A übernimmt sämtl Anteile an der aus der Spaltung hervorgehenden A-GmbH, während B 1 und B 2 sämtl Anteile an der ebenfalls aus der Spaltung hervorgehenden B-GmbH zugeordnet werden. A einerseits und B 1 und B 2 anderseits sind jew Gesellschafterstämme, da sie hinsichtl der Fortführung des unternehmerischen Engagements in den Teilbetrieben unterschiedl Interessen verfolgen. Die Trennung ist bei Beitritt eines Gesellschafters innerh der Fünf-Jahres-Frist (dazu Rn 234 ff) schädl.

224 **Beispiel:**
(nach SBB/*Sagasser/Schöneberger* § 20 Rn 68): Am Nennkapital der X-GmbH sind vier Gesellschafter (A, B, C, D) mit jew 25% beteiligt. A hat seinen Anteil vor weniger als fünf Jahren erworben. Die X-GmbH wird auf zwei KapGes, die Y-GmbH und die Z-GmbH, zur Neugründung aufgespalten. Auf die Z-GmbH geht ein relativ unbedeutender Teilbetrieb der X-GmbH über, dessen Verkehrswert ledigl rd 15% des gesamten Werts der X-GmbH ausmacht. Da A die Fortführung dieses Teilbetriebs als nicht mehr rentabel erachtet, möchte er ledigl an der Y-GmbH beteiligt bleiben. Die Beteiligungen an den neu gegründeten Ges Y-GmbH und Z-GmbH sollen wie folgt sein:
Y-GmbH: A 29,5%, B, C und D: jew 23,5%.
Z-GmbH: B, C und D mit jew einem Drittel.
Der Fall beschreibt eine Trennung von Gesellschafterstämmen (aA SBB/*Sagasser/Schöneberger* § 20 Rn 69). A (Gesellschafterstamm 1) einerseits und B, C und D (Gesellschafterstamm 2) andererseits verfolgen hinsichtl des auf die Z-GmbH übergehenden Teilbetriebs unterschiedl Interessen. Dass wirtschaftl betrachtet der auf die Y-GmbH übertragene Teilbetrieb durch die Spaltung nicht an den A veräußert worden ist (so SBB/*Sagasser/Schöneberger* § 20 Rn 69), ändert die Beurteilung nicht. Dies ist ledigl Folge des abstrakt-generellen Charakters der Missbrauchsvorschrift, die im Einzelfall auch nicht missbräuchl Gestaltungen erfasst.

Nicht jede Trennung der Gesellschafter anlässl der Spaltung ist zugleich eine Trennung von Gesellschafterstämmen. Dies ist dann nicht der Fall, wenn durch die Trennung **keine unterschiedl Interessen** hinsichtl der Fortführung des unternehmerischen Engagements in Bezug auf die Teilbetriebe der übertragenden Körperschaft verfolgt werden. Daher liegt mangels unterschiedl Stämme keine Trennung von Gesellschafterstämmen vor, wenn die Anteile an den an der Spaltung beteiligten Rechtsträgern **mittelbar** – auf übergeordneter Ebene – **unverändert der gleichen Person oder den gleichen Personen zustehen.** Derartige Konstellationen treten insbes bei Auf- und Abspaltungen von untergeordneten **KonzernGes** auf (im Erg ebenso *Herzig/Förster* DB 1995, 338, 346; GKT/*Knopf/Hill* Rn 57; *Ott* INF 1996, 46, 76, 79; *Thies* DB 1999, 2179, 2183; RHL/*Schumacher* Rn 252; DPPM/*Dötsch/Pung* Rn 199; aA BMF-Schrb vom 11.11.2011, BStBl I 1314 Rn 15.37; Widmann/Mayer/*Schießl* Rn 460). 225

Beispiel: 226

An der übertragenden X-GmbH sind jew hälftig die B-GmbH und die C-GmbH beteiligt. Einziger Anteilsinhaber sowohl der B-GmbH als auch der C-GmbH ist die A-AG (Konzernmutter). Die X-GmbH wird auf die Y-GmbH und auf die Z-GmbH durch Übertragung jew eines Teilbetriebs aufgespalten. Die Anteile an der Y-GmbH werden ausschließl von der B-GmbH, diejenigen an der Z-GmbH ausschließl von der C-GmbH übernommen. Die B-GmbH und die C-GmbH als unmittelbare Anteilsinhaber der X-GmbH verfolgen bei der Spaltung keine unterschiedl Interessen. Aufgrund der Konzernzugehörigkeit wird bei der Aufspaltung ausschließl das einheitl Konzerninteresse der A-AG verfolgt. Demzufolge sind die B-GmbH und die C-GmbH ein einheitl Gesellschafterstamm. Bei der Aufspaltung werden zwar die Gesellschafter getrennt, es erfolgt aber nicht eine Trennung von Gesellschafterstämmen.

Die Ansicht der FinVerw, dass eine Trennung von Gesellschafterstämmen vorliege, wenn nach der Spaltung nicht mehr alle Anteilsinhaber an allen Körperschaften beteiligt sind (BMF-Schrb vom 11.11.2011, BStBl I 1314 Rn 15.37), ist daher unzutreffend. Die Trennung von Gesellschafterstämmen setzt einerseits weniger als die Trennung von Gesellschaftern voraus, da nicht alle Anteilsinhaber nach der Spaltung alleine an unterschiedl Rechtsträgern beteiligt sein müssen. Andererseits ist nicht jede Trennung der Gesellschafter auch eine Trennung von Gesellschafterstämmen. 227

c) Trennung von Gesellschafterstämmen. aa) Nichtverhältniswahrende Spaltung. Die Missbrauchsregelung in Abs 2 S 5 setzt eine **Trennung** von Gesellschafterstämmen voraus. Aus dem Wortlaut ergibt sich nicht ausdrückl, auf welche Weise die Trennung stattfinden muss. Ein Anwendungsfall ist zweifelsohne die Trennung von Gesellschafterstämmen durch eine **nichtverhältniswahrende Spaltung.** Die nichtverhältniswahrende Spaltung zeichnet sich dadurch aus, dass die bisherigen Beteiligungsverhältnisse an der übertragenden Körperschaft nach der Spaltung an den beteiligten Körperschaften nicht fortgesetzt werden. Bei einer nichtverhältniswahrenden Spaltung können einzelne Anteilsinhaber der übertragenden Körperschaft an einzelnen übernehmenden Körperschaften überhaupt nicht beteiligt werden; weiterhin können – zwischenzeitl vom Gesetzgeber „klargestellt" – ohne nachfolgende Handlungen auch die Beteiligungsverhältnisse bei der übertragenden Körperschaft verändert werden. Zu weiteren Einzelheiten vgl die Komm zu § 128 UmwG. 228

bb) Trennung durch nachfolgende Veräußerungen. Nur Trennungen durch Auf- oder Abspaltung sind schädl (Widmann/Mayer/*Schießl* Rn 469; RHL/ 229

Schumacher Rn 255; DPPM/*Dötsch/Pung* Rn 198; Lutter/*Schaumburg/Schumacher* Anh 1 nach § 151 Rn 39; Haase/Hruschka/*Weggenmann/Bernheim* Rn 156). S 5 ist eigenständig und ergänzt nicht S 2–4, die für Veräußerungen abschl sind. Auch das Wort „außerdem" schafft keinen Bezug zu den voranstehenden Sätzen, sondern nur zu den sonstigen Voraussetzungen von § 11 II (zutr Widmann/Mayer/*Schießl* Rn 469).

230 Dies ermöglicht Gestaltungen, die im Erg Teilbetriebsveräußerungen darstellen (vgl auch DPPM/*Dötsch/Pung* Rn 198).

231 **Beispiel:**
Der Gesellschafter Z erwirbt kurz vor der Spaltung von den bisherigen Anteilsinhabern A und B eine geringfügige Beteiligung an der AB-GmbH (zwei Teilbetriebe). Die AB-GmbH führt eine Abspaltung durch, indem ein Teilbetrieb auf die neu gegründete Z-GmbH übertragen wird. An der Z-GmbH sind zunächst A, B und Z entsprechend ihrer Beteiligungsquoten an der AB-GmbH beteiligt (verhältniswahrende Spaltung). Nach der Spaltung erwirbt Z von A und B die restl Beteiligungen an der Z-GmbH.

232 Das Beispiel beschreibt keinen Missbrauchsfall nach Abs 2 S 3, 4, da Z bereits vor der Spaltung Anteilsinhaber der AB-GmbH war und damit nicht eine außenstehende Person ist (Rn 198). Auch werden Gesellschafterstämme nicht getrennt, da alle Gesellschafter beteiligungsidentisch Anteile am übernehmenden Rechtsträger erhalten (verhältniswahrende Spaltung); Ein Missbrauchsfall nach S 5 liegt also nicht vor. Im Einzelfall ist § 42 AO zu prüfen, der trotz Bestehen spezieller Missbrauchsvorschriften erfüllt sein kann (vgl dazu auch Rn 241).

233 **cc) Vollständige Trennung.** Die Trennung der Gesellschafterstämme durch die nichtverhältniswahrende Spaltung muss **vollständig** erfolgen. Soweit nur Anteilsverschiebungen erfolgen und alle Gesellschafterstämme an wenigstens **noch einem** beteiligten Rechtsträger beteiligt sind, greift Abs 2 S 5 nicht ein (Haritz/Menner/*Asmus* Rn 182; RHL/*Schumacher* Rn 253; Lutter/*Schaumburg/Schumacher* UmwG Anh 1 nach § 151 Rn 39; SBB/*Sagasser/Schöneberger* § 20 Rn 70; Haase/Hruschka/*Weggenmann/Bernheim* Rn 156; grdsl auch Widmann/Mayer/*Schießl* Rn 462, zweifelnd bei nur geringfügigen Restbeteiligungen des anderen Stammes, Rn 463; ähnl *Herzig/Förster* DB 1995, 338, 346: Trennung auch dann, wenn der noch beteiligte Gesellschafterstamm ggü dem überwiegend beteiligten Gesellschafterstamm und im Vgl zu den bisherigen Rechten keine nennenswerten eigenen Mitwirkungs- und Widerspruchsrechte entfalten kann; Blümich/*Klingberg* Rn 100). Die Ansicht der FinVerw scheint insofern enger zu sein, als eine Trennung von Gesellschafterstämmen bereits dann vorliege, „wenn im Fall der Aufspaltung an den übernehmenden Körperschaften und im Fall der Abspaltung an der übernehmenden und an der übertragenden Körperschaft nicht mehr alle Anteilsinhaber der übertragenden Körperschaft beteiligt sind" (BMF-Schrb vom 11.11.2011, BStBl I 1314 Rn 15.37). Mithin verlangt die FinVerw, dass **an allen** beteiligten Rechtsträgern **noch alle** Anteilsinhaber der übertragenden Körperschaft beteiligt sind (vgl auch DPPM/*Dötsch/Pung* Rn 193, allerdings darauf abstellend, ob an einer beteiligten Körperschaft nicht mehr alle **Gesellschafterstämme** beteiligt sind; vgl dort auch Rn 196, 197). Die vollständige Trennung ist dem Begriff der Trennung aber immanent. Abs 2 S 5 bestimmt anders als Abs 2 S 4 keine Quote. Auch aus dem Gesetzeszweck lässt sich keine typische Quote für einen Missbrauch ableiten. Eine einschränkende Auslegung hat weder im Wortlaut noch in der Gesetzesbegründung eine Stütze (vgl RegEBegr BT-Drs 12/6885 zu § 15). Im Einzelfall bleibt der Rückgriff auf § 42 AO (vgl aber Rn 241) offen (im Erg ebenso Haritz/Menner/*Asmus* Rn 183; zu den dort genannten Gestaltungen bereits Rn 229 ff). Im Grds lässt sich die Anwendung von Abs 2 S 5 mithin leicht vermeiden, wenn anlässlich der nichtverhältniswahrenden Spaltung alle Gesellschafter der übertragenden Körperschaft an allen beteiligten Rechtsträgern (so BMF-Schrb vom 11.11.2011, BStBl I 1314 Rn 15.37) mit abweichenden geringen Anteilen beteiligt bleiben (vgl auch DPPM/*Dötsch/Pung* Rn 193). Zur späteren Bereinigung durch Anteilsveräußerungen vgl Rn 299 ff.

d) Innerhalb von fünf Jahren. Die Trennung von Gesellschafterstämmen ist unschädl, wenn die Beteiligungen an der übertragenden Körperschaft mindestens fünf Jahre vor dem stl Übertragungsstichtag bestanden haben. Damit stellt Abs 2 S 5 **nicht** auf eine bestimmte **Beteiligungsquote** ab. Die Beteiligung muss innerh des Fünf-Jahres-Zeitraums vor dem stl Übertragungsstichtag nur **dem Grunde nach** bestanden haben (BMF-Schrb vom 11.11.2011, BStBl I 1314 Rn 15.36; GKT/*Knopf/Hill* Rn 59; RHL/*Schumacher* Rn 258; Lutter/*Schaumburg/Schumacher* Anh 1 nach § 151 Rn 38; SBB/*Sagasser/Schöneberger* § 20 Rn 64; Widmann/Mayer/*Schießl* Rn 483; DPPM/*Dötsch/Pung* Rn 202; *Herzig/Förster* DB 1995, 338, 346; *Schwedhelm/Streck/Mack* GmbHR 1995, 100, 102). Maßgebend ist, dass der **Gesellschafterstamm** innerh der Fünf-Jahres-Frist dem Grunde nach beteiligt war (wie hier Haritz/Menner/*Asmus* Rn 187; RHL/*Schumacher* Rn 258; aA Widmann/Mayer/*Widmann* Rn 472; aA wohl auch die FinVerw, die im BMF-Schrb vom 11.11.2011, BStBl I 1314 Rn 15.36 auf den einzelnen Gesellschafter abzustellen scheint; vgl auch DPPM/*Dötsch/Pung* Rn 202, 189, wonach ein neu eintretender Anteilsinhaber immer einen neuen Gesellschafterstamm bildet). Daher ist es unrichtig, wenn die FinVerw innerh verbundener Unternehmen iSv § 271 II HGB die Vorbesitzzeit eines anderen verbundenen Unternehmens nicht anrechnet (BMF-Schrb vom 11.11.2011, BStBl I 1314 Rn 15.39). 234

Beispiel: 235

An der X-GmbH (zwei Teilbetriebe) ist die natürl Person A seit zehn Jahren und seit drei Jahren die zu einem Konzern gehörende B-GmbH jew hälftig beteiligt. Die Beteiligung an der X-GmbH hat die B-GmbH vor drei Jahren von der ebenfalls zum Konzern gehörenden C-GmbH erworben. Zum Zeitpunkt des Erwerbs bestand die Beteiligung der C-GmbH an der X-GmbH seit fünf Jahren. Die X-GmbH spaltet ihre Teilbetriebe auf die neu gegründete Y-GmbH und auf die neu gegründete Z-GmbH. Die Anteile an der Y-GmbH werden ausschließl von A, diejenigen an der Z-GmbH ausschließl von der B-GmbH übernommen. Die Spaltung stellt eine Trennung von Gesellschafterstämmen dar, da A und die B-GmbH unterschiedl Interessen verfolgen (Rn 222 ff). Der von der B-GmbH repräsentierte Gesellschafterstamm ist aber nicht erst seit drei, sondern bereits seit acht Jahren beteiligt, da sowohl die B-GmbH als auch die C-GmbH einheitl die Konzerninteressen vertreten haben (*Schumacher* DStR 2002, 2066, 2068; im Erg auch SBB/*Sagasser/Schöneberger* § 20 Rn 64, die darauf abstellen, ob eine außenstehende Person hinzugetreten ist; aA Widmann/Mayer/*Schießl* Rn 493).

Da die Beteiligung dem Grunde nach ausreicht, ist ein Hinzuerwerb weiterer Anteile durch **KapErh** unbeachtl, wenn die ursprüngl Beteiligung seit mehr als fünf Jahren bestand (Haritz/Menner/*Asmus* Rn 187 f; Widmann/Mayer/*Schießl* Rn 488). Besteht die übertragende Körperschaft **noch keine fünf Jahre,** ist es ausreichend, dass die zum Zeitpunkt der Spaltung beteiligten Gesellschafterstämme die Gründungsgesellschafter sind (Haritz/Menner/*Asmus* Rn 190; Widmann/Mayer/*Schießl* Rn 490; RHL/*Schumacher* Rn 257; Lutter/*Schaumburg/Schumacher* Anh 1 nach § 151 Rn 38; aA BMF-Schrb vom 11.11.2011, BStBl I 1314 Rn 15.38). In diesem Fall ist der befürchtete Missbrauch offensichtl ausgeschlos- 236 sen. Ist die übertragende Körperschaft innerh der letzten fünf Jahre durch **Formwechsel** einer PersGes entstanden, ist die Zeit der Beteiligung der Gesellschafterstämme an der PersGes zu berücksichtigen (BMF-Schrb vom 11.11.2011, BStBl I 1314 Rn 15.40).

237 Bei einem **unentgeltl Erwerb** innerh der Fünf-Jahres-Frist ist die Vorbesitzzeit des Rechtsvorgängers anzurechnen (Haritz/Menner/*Asmus* Rn 189; *Wiese* GmbHR 1997, 60, 62; RHL/*Schumacher* Rn 260; Haase/Hruschka/*Weggenmann*/*Bernheim* Rn 160; aA Widmann/Mayer/*Schießl* Rn 495; vgl auch DPPM/*Dötsch*/*Pung* Rn 200: nur Gesamtrechtsnachfolge (zB Erbfall)). Dies gilt nicht nur für den unentgeltl Erwerb durch **Erbfall** (dafür auch Widmann/Mayer/*Widmann* Rn 476), sondern für alle Arten der unentgeltl Übertragung (zur unentgeltl Übertragung vgl Rn 154). Die **Anrechnung** der **Vorbesitzzeit** eines Rechtsvorgängers des Gesellschafterstammes erfolgt darüber hinaus, wenn dies **spezialgesetzl** angeordnet ist (Haase/Hruschka/*Weggenmann*/*Bernheim* Rn 160). Eine derartige Regelung enthalten etwa §§ 4 II 3 und 12 III und 23 I. Demzufolge sind bei Gesellschafterstämmen, die ihre Beteiligung an der übertragenden Körperschaft durch eine Verschm oder Spaltung nach §§ 3 ff, 11 ff, 15 f erworben haben, die Vorbesitzzeiten des übertragenden Rechtsträgers anzurechnen. Zur Anrechnung von Vorbesitzzeiten bei Einbringungen nach §§ 20 ff vgl § 23.

238 Eine Anrechnung der Besitzzeit kann auch erfolgen, soweit die übertragende Körperschaft vor der Spaltung selbst übernehmender Rechtsträger einer Verschm oder Spaltung war und ein nach **§ 13 zu beurteilender Anteilstausch** stattgefunden hat. Denn § 13 II 2 ordnet bei einer Buchwertfortführung an, dass die Anteile an der übernehmenden Körperschaft stl an die Stelle der Anteile an der übertragenden Körperschaft treten (vgl § 13 Rn 48). Anderes gilt in den Fällen nach § 13 I (Ansatz mit dem gemeinen Wert). Insoweit liegt ein tauschähnl Vorgang vor, der gesetzl als Anschaffungsfiktion ausgestaltet ist (vgl auch RHL/*Schumacher* Rn 260).

239 Ausgangspunkt für die **Fristberechnung** ist nach Abs 2 S 5 der stl Übertragungsstichtag. Von diesem Zeitpunkt ist nach §§ 108 AO, 187 I, 188 II BGB zurückzurechnen (vgl RHL/*Schumacher* Rn 261).

240 **e) Rechtsfolgen.** Die Erfüllung des Missbrauchstatbestands nach Abs 2 S 5 schließt für die übertragende Körperschaft das Bewertungswahlrecht nach § 11 II hinsichtl **aller übergehenden** Teilbetriebe aus (DPPM/*Dötsch*/*Pung* Rn 205; Widmann/Mayer/*Schießl* Rn 501); im zurückbleibenden Verm sind die stillen Reserven nicht zu realisieren. Die Rechtsfolgen stimmen mit demjenigen bei einem Verstoß gegen die Missbrauchsvorschrift nach Abs 3 S 3, 4 überein (vgl Rn 211 ff).

15. Anwendung von § 42 AO, Einfluss der FusionsRL

241 Abs 2 enthält **gesetzl Missbrauchsregelungen.** Daneben gilt § 42 AO. § 42 AO wurde abermals und gerade vor dem Hintergrund des Verhältnisses der allgemeinen Missbrauchsvorschrift zu speziellen Regelungen durch das JStG 2008 geändert. „Klargestellt" (zur Methodik *Drüen* Ubg 2008, 31) ist nunmehr durch § 42 I 2 AO, dass bei Erfüllung der Tatbestandsvoraussetzungen der speziellen Missbrauchsregelung (hier: Abs 2) sich die Rechtsfolgen ausschließl aus der speziellen Regelung ergeben (*Drüen* Ubg 2008, 33). Vor dem Hintergrund der nunmehrigen Regelung in § 42 I 3 AO idF des JStG 2008 stellt sich indes die Frage, ob bei Nichterfüllung eines Tb-Merkmals der speziellen Missbrauchsvorschrift ein

Rückgriff auf die allgemeine Missbrauchsvorschrift mögl bleibt. Gesetzgeberische Absicht war dies bereits bei § 42 II AO idF des StÄndG 2001 (BGBl I 3794). Diese Änderung wurde jedoch vielfach als zur Zielerreichung untauglich angesehen (vgl BFH BStBl II 2003, 50). ME ist der Kern der Problematik durch die verschiedenen Gesetzesfassungen allerdings unverändert geblieben. Im Einzelfall ist zu prüfen, ob und in welchem Umfang der Gesetzgeber durch die Schaffung einer spezialgesetzl Missbrauchsvorschrift einen Sachverhalt wertend als Missbrauch eingestuft hat. Unterfällt ein Lebenssachverhalt (eine Gestaltung) grdsl dem von der Missbrauchsnorm umschriebenen Tatbestand, fehlt jedoch ein einzelnes Tb-Merkmal, hat der Gesetzgeber seinen Wertungsspielraum ausgeübt. Eine subsidiäre Anwendung der allgemeinen Missbrauchsnorm würde gegen das Gebot der Widerspruchsfreiheit verstoßen (*Drüen* Ubg 2008, 31). Hier ist die spezielle Missbrauchsvorschrift abschließend (BFH BStBl II 2003, 50; *Drüen* Ubg 2008, 31; vgl auch § 4 Rn 151 ff). Dies gilt insbes für in speziellen Missbrauchsregelungen – wie hier – angeordnete Fristen. Erfolgt eine grdsl vom Gesetzgeber als missbräuchl eingestufte Gestaltung außerhalb der Fristen, scheidet eine Nichtanerkennung der Gestaltung nach § 42 AO aus (zutr daher BMF-Schrb vom 11.11.2011, BStBl I 1314 Rn 15.32; vgl dazu Rn 151, 209). Vor diesem Hintergrund war es aber auch bedenkl, wenn die FinVerw einen möglicherweise nach § 42 AO zu beurteilenden Missbrauch darin sah, soweit bei einer Betriebsaufspaltung eine Übertragung zu BW mögl sei und durch die Betriebsaufspaltung spaltungsfähige Teilbetriebe geschaffen würden (BMF-Schrb vom 25.3.1998, BStBl I 268 Rn 15.41). Denn für die Schaffung spaltungsfähiger Teilbetriebe enthält Abs 2 S 1 eine spezialgesetzl Missbrauchsvorschrift, die als abschließend gelten kann. Das von der FinVerw angeführte Beispiel hat zwischenzeitl allerdings aufgrund der Einschränkung der Möglichkeit, zur Begründung einer Betriebsaufspaltung einzelne WG steuerneutral auf eine KapGes zu übertragen, kaum noch Bedeutung; es wurde auch in den UmwSt-Erlass (BMF-Schrb vom 11.11.2011, BStBl I 1314) nicht übernommen.

Soweit der von einer speziellen Missbrauchsvorschrift grdsl umschriebene Lebenssachverhalt nicht betroffen ist, unterliegen Umw jedoch der allg Missbrauchsvorschrift des § 42 AO. Entsprechendes gilt, soweit Gestaltungen dazu dienen, die Anwendung der Missbrauchsregelungen in Abs 2 zu umgehen (vgl etwa Rn 171, 232 f; auch Widmann/Mayer/*Schießl* Rn 508; RHL/*Schumacher* Rn 192). Rechtsfolge von § 42 AO ist in diesen Fällen, dass die spezialgesetzl Missbrauchsregelung nach Abs 3 anzuwenden ist. **242**

Eine davon zu unterscheidende Problematik ist die Frage, ob die Missbrauchsregelungen in Abs 2 mit der FusionsRL (RL 2009/133/EG vom 19.10.2009, ABl EU Nr L 310, 34) vereinbar sind. Nach Art 15 I lit a FusionsRL kann ein Mitgliedstaat die Anwendung der Begünstigungen ganz oder teilw versagen oder rückgängig machen, wenn diese als hauptsächlichen Beweggrund oder als einer der hauptsächlichen Beweggründe die Steuerhinterziehung oder -umgehung haben; vom Vorliegen eines solchen Beweggrundes kann ausgegangen werden, wenn die Umstrukturierung nicht auf vernünftigen wirtschaftl Gründen – insbes der Umstrukturierung oder der Rationalisierung der beteiligten Ges – beruht. Nach der Rspr des EuGH (*Leur/Bloem* Slg 1997 I – 4161 Rn 41, 44) bedeutet dies, dass in jedem Einzelfall eine gerichtl nachprüfbare globale Untersuchung stattfinden muss. Eine generelle systematische Einstufung bestimmter Vorgänge und ein damit verbundener Ausschluss von den Begünstigungen der FusionsRL wäre nicht mit der FusionsRL vereinbar. Vor diesem Hintergrund sind die Missbrauchsvorschriften in Abs 2 – soweit die FusionsRL Anwendung findet **243**

(Rn 56 f) – ein Verstoß gegen die FusionsRL, da sie als typisierende Missbrauchsregelungen keinen Gegenbeweis zulassen (so auch RHL/*Schumacher* Rn 209; Haritz/Menner/*Asmus* Rn 152 ff; *Sistermann* Beihefter zu DStR 2/2012, 9, 13; *Hahn* GmbHR 2006, 462, 464; *Gille* IStR 2007, 194, 196 f).

16. Entsprechende Anwendung von § 11

244 **a) Grundsatz.** Nach Abs 1 S 1 gelten für die Vermögensübertragung von einer Körperschaft auf eine andere Körperschaft durch Aufspaltung, Abspaltung oder Teilübertragung die §§ 11–13 entsprechend. Die Erfüllung des doppelten Teilbetriebserfordernisses (dazu Rn 44 ff) ist ledigl Voraussetzung für die Anwendung der §§ 11 II und 13 II (zu den Rechtsfolgen der Nichterfüllung des Teilbetriebserfordernisses vgl Rn 108). Ebenso schließt ein Verstoß gegen eine Missbrauchsvorschrift nach Abs 2 nur die Anwendung von § 11 II, nicht jedoch der sonstigen Regelungen in §§ 11–13 aus (zu den Rechtsfolgen vgl Rn 131, 211, 240). Die stl Folgen der Auf-/Abspaltung bzw Teilübertragung für die **übertragende Körperschaft** werden damit durch die entsprechende Anwendung von § 11 bestimmt. Danach hat die übertragende Körperschaft die übergehenden WG, einschließl nicht entgeltl erworbener oder selbst geschaffener immaterieller WG, in seiner stl Schlussbilanz mit dem gemeinen Wert anzusetzen (§ 11 I 1). Unter gewissen Voraussetzungen und auf Antrag können die übergehenden WG abw hiervon einheitl mit dem BW oder einem ZW angesetzt werden (§ 11 II). Die Besonderheit bei Auf- und Abspaltungen im Vgl zu Verschm besteht darin, dass eine Aufteilung der WG auf verschiedene Rechtsträger erfolgt (bei Aufspaltungen auf mindestens zwei übernehmende Körperschaften, bei Abspaltungen erfolgt eine Übertragung auf mindestens eine übernehmende Körperschaft, während Teile des Verm zurückbleiben). Zur **stl Schlussbilanz** bei Auf- und Abspaltungen vgl Rn 111 ff.

245 Die **entsprechende Anwendung** bedeutet, dass die Rechtsfolgen von § 11 (Ansatz mit dem gemeinen Wert, ggf Ausübung des Wahlrechts nach § 11 II) nur für den übergehenden Teil des Verm eintreten. Das bei einer Abspaltung verbleibende Verm ist zwingend – unabhängig von der Ausübung des Wahlrechts – mit den BW fortzuführen, da ein Realisierungstatbestand nicht eintritt (RHL/*Schumacher* Rn 77; DPPM/*Dötsch/Pung* Rn 43; vgl auch Rn 108 und 248). Der durch den Vermögensabgang eintretende bilanzielle Gewinn oder Verlust ist aufgrund seiner gesellschaftsrechtl Veranlassung iRd Gewinnermittlung außerbilanziell zu neutralisieren (RHL/*Schumacher* Rn 77; DPPM/*Dötsch/Pung* Rn 220).

246 Zum Ansatz der übergehenden WG mit dem **gemeinen Wert** nach § 11 I vgl zunächst § 11 Rn 31. Besonderheiten treten hinsichtl des Ansatzes eines **Firmenwerts** ein. Auch ein Teilbetrieb kann einen Geschäftswert haben (BFH BStBl II 1987, 455; BFH BStBl II 1996, 576). Dieser ist nicht mit dem Bruchteil des Geschäftswertes des Gesamtunternehmens anzunehmen. Er ist als der Betrag zu ermitteln, um den dem (gedachten) Erwerber der Erwerb des Teilbetriebs mehr wert war als die Summe der Werte der Einzelwirtschaftsgüter, die in ihrer Gesamtheit noch keinen funktionsfähigen Betrieb darstellen (BFH BStBl II 1987, 455). Demzufolge ist bei einer Abspaltung nur unter diesen Voraussetzungen – also bei tats Übergang eines Firmenwerts – nach § 11 I ein Firmenwert anzusetzen (ebenso RHL/*Schumacher* Rn 78). Bei einer **Aufspaltung** ist der Firmenwert nur anzusetzen, wenn der einheitl Firmenwert tats auf einen oder mehrere übernehmende Körperschaften übergeht, er sich also nicht im Zuge der Aufspaltung verflüchtigt,

bzw, wenn unterschiedl Firmenwerte auf verschiedene Rechtsträger übergehen (Lademann/*Köth* Rn 168; Haase/Hruschka/*Weggenmann/Bernheim* Rn 89). Vgl allerdings BMF-Schrb vom 11.11.2011, BStBl I 1314 Rn 11.03.

b) Wahlrecht nach § 11 II. Die Ausübung des Bewertungswahlrechts nach § 11 II hat **drei Voraussetzungen:** Zum einen muss das Teilbetriebserfordernis nach Abs 1 S 2, 3 erfüllt sein (dazu im Einzelnen Rn 44 ff); zum anderen darf kein Missbrauchstatbestand nach Abs 2 gegeben sein (zu den Rechtsfolgen bei Vorliegen eines Missbrauchsfalls vgl Rn 131, 211, 240). Sind diese Voraussetzungen nicht erfüllt, verbleibt es bei der Bew nach § 11 I. Schließl müssen die weiteren Voraussetzungen nach § 11 II erfüllt sein. Ist dies der Fall, können die übergehenden WG einheitl mit dem BW oder einem ZW angesetzt werden. Das Wahlrecht setzt einen entsprechenden Antrag voraus (vgl dazu § 11 Rn 60). Das Bewertungswahlrecht gilt nur für die übergehenden WG; das bei der Abspaltung verbleibende Verm ist stets mit den bisherigen BW fortzuführen (Rn 245). Darüber hinaus muss sichergestellt sein, dass die in dem übergehenden Verm enthaltenen stillen Reserven bei der übernehmenden Körperschaft später der KSt unterliegen (§ 11 II 1 Nr 1; dazu im Einzelnen § 11 Rn 92). Das Wahlrecht besteht ferner nur, soweit das Recht der BRD hinsichtl der Besteuerung des Gewinns aus der Veräußerung der übertragenen WG bei der übernehmenden Körperschaft nicht ausgeschlossen oder beschränkt wird (§ 11 II 1 Nr 2; vgl dazu § 11 Rn 106). Zu den Möglichkeiten der grenzüberschreitenden Spaltung vgl Rn 28. Schließl darf für die spaltungsbedingte Vermögensübertragung eine Gegenleistung nicht gewährt werden oder eine Gegenleistung nur in Gesellschaftsrechten bestehen (§ 11 II 1 Nr 3; dazu § 11 Rn 127). Zu den Besonderheiten bei einer nichtverhältniswahrenden Spaltung vgl Rn 254. 247

c) Ausübung des Wahlrechts. Die übertragende Körperschaft kann das aus § 11 I resultierende Ansatz- und Bewertungswahlrecht nur hinsichtl des **übergehenden Verm** ausüben (vgl Rn 245). Das bei einer Abspaltung bei der übertragenden Körperschaft verbleibende Verm ist zwingend mit den (fortentwickelten) BW anzusetzen und zu bewerten (RHL/*Schumacher* Rn 177; DPPM/*Dötsch/Pung* Rn 43; Widmann/Mayer/*Schießl* Rn 536; SBB/*Sagasser/Schöneberger* § 20 Rn 29; Haritz/Menner/*Asmus* Rn 197; *Herzig/Momen* DB 1994, 2157, 258; *Hörger* FR 1994, 765, 766; GKT/*Knopf/Hill* Rn 65). Denn die Verweisung auf § 11 bezieht sich nur auf das übergehende Verm; iÜ fehlt es an einem Realisationstatbestand, der eine Aufstockung der WG rechtfertigen würde (SBB/*Sagasser/Schöneberger* § 20 Rn 29; *Hörger* FR 1994, 765, 766; RHL/*Schumacher* Rn 177). Vgl auch Rn 245. 248

Das Ansatz- und Bewertungswahlrecht nach § 11 I kann **für jeden** übertragenen **Vermögensteil** (Teilbetrieb iSv Abs 1) **unterschiedl** ausgeübt werden (RHL/*Schumacher* Rn 178; Haritz/Menner/*Asmus* Rn 201; Widmann/Mayer/*Schießl* Rn 537; Haase/Hruschka/*Weggenmann/Bernheim* Rn 105; *Hörger* FR 1994, 765, 766; *Herzig/Momen* DB 1994, 2157, 2158; *Herzig/Forster* DB 1995, 338, 347; DPPM/*Dötsch/Pung* Rn 48, 218; SBB/*Sagasser/Schöneberger* § 20 Rn 34; *Schwedhelm/Streck/Mack* GmbHR 1995, 100, 101; im Grds auch Frotscher/Maas/*Frotscher* Rn 246; aA *Thiel* DStR 1995, 237, 239; GKT/*Knopf/Hill* Rn 67; Blümich/*Klingberg* Rn 66). Die gleich gelagerte Ausübung des Wahlrechts für alle übergehenden Teilbetriebe kann nicht aus dem Wort „einheitl" in § 11 II 1 gefolgert werden. Denn Abs 1 S 1 ordnet ledigl die entsprechende Anwendung von § 11 an. Dies bedeutet, dass die spaltungsspezifischen Besonderheiten zu berück- 249 sichtigen sind. Anders als bei der Verschm/Vollübertragung können bei der Spaltung/Teilübertragung verschiedene Teilbetriebe auf verschiedene Rechtsträger übertragen werden. Der Begriff „einheitl" bezieht sich hierbei nur auf das übergehende Teilvermögen, also auf die übergehenden Teilbetriebe iSv Abs 1 (Haritz/Menner/*Asmus* Rn 200; Widmann/Mayer/*Schießl* Rn 537; *Herzig/Momen* DB 1994, 2157, 2158). Denn die Übertragung von Teilbetrieben ist nicht nur Anwendungsvoraussetzung für das Wahlrecht nach § 11 II, die übergehenden (echten oder fiktiven) Teilbetriebe repräsentieren auch die „übergehenden WG" iSv § 11 II 1.

250 Werden auf **einen** übernehmenden **Rechtsträger verschiedene** echte oder fiktive Teilbetriebe übertragen, kann auch hinsichtl dieser Teilbetriebe das Wahlrecht unterschiedl ausgeübt werden (Widmann/Mayer/*Schießl* Rn 537; *Herzig/Förster* DB 1995, 338, 347; RHL/*Schumacher* Rn 178; DPPM/*Dötsch/Pung* Rn 218; Haase/Hruschka/*Weggenmann/Bernheim* Rn 105; insoweit aA Frotscher/Maas/*Frotscher* Rn 246). Denn § 11 II stellt auf die „übergehenden WG" ab; dies sind bei der nach Abs 1 S 1 angeordneten entsprechenden Anwendung diejenigen des jew übergehenden Teilbetriebs. Da das Gesetz die Übertragung der Teilbetriebe auf verschiedene Rechtsträger zulässt, kann weder aus dem Gesetzeswortlaut noch aus dem Gesetzeszweck eine einheitl Ausübung des Wahlrechts bei der Übertragung verschiedener Teilbetriebe auf einen Rechtsträger abgeleitet werden.

251 Hinsichtl der **WG des jew** Teilbetriebs kann das Wahlrecht allerdings nur **einheitl** ausgeübt werden (Frotscher/Maas/*Frotscher* Rn 246; DPPM/*Dötsch/Pung* Rn 218; *Herzig/Förster* DB 1995, 338, 347; *Herzig/Momen* DB 1994, 2157, 2158; Widmann/Mayer/*Schießl* Rn 540). Insoweit gilt die Regelung in § 11 II 1, dass das Wahlrecht einheitl auszuüben ist. Demzufolge müssen die WG des jew Teilbetriebs entweder insges mit dem BW angesetzt oder mit einem einheitl Prozentsatz aufgestockt werden (vgl § 11 Rn 51, 58 ff).

252 Die isolierte Betrachtung des jew übergehenden Teilbetriebs führt iÜ dazu, dass das Vorliegen der **weiteren Voraussetzungen von § 11 II 1** (Sicherstellung der Besteuerung stiller Reserven, keine Gegenleistung oder Gegenleistung nur in Gesellschaftsrechten; Rn 247) **für jeden übergehenden** Teilbetrieb **isoliert** geprüft werden muss. Liegen diese Voraussetzungen bei einzelnen Teilbetrieben nicht vor (vielfach bezogen auf alle Teilbetriebe, die auf einen übernehmenden Rechtsträger übergehen), entfällt das Ansatz- und Bewertungswahlrecht nur für diese Vermögensteile (Haritz/Menner/*Asmus* Rn 200 f; Widmann/Mayer/*Schießl* Rn 547, 553). Zur Behandlung von Mischfällen, bei denen auch eine nicht in Gesellschaftsrechten bestehende Gegenleistung gewährt wird (insbes bare Zuzahlungen), vgl § 11 Rn 135 ff. Zur Prüfung des Erfordernisses der Beibehaltung des **inländischen Besteuerungsrechts** vgl § 11 Rn 106.

253 Die Wahlrechte setzen einen Antrag (§ 11 II 1) voraus und werden in der **stl Schlussbilanz** der übertragenden Körperschaft abgebildet. Der Grds der Maßgeblichkeit der HB für die StB gilt nicht (vgl § 11 Rn 1 und § 17 UmwG Rn 66). Zur stl Schlussbilanz der übertragenden Körperschaft vgl Rn 111 ff.

254 **d) Nichtverhältniswahrende Spaltung.** Die nichtverhältniswahrende Spaltung zeichnet sich durch eine nicht den ursprüngl Beteiligungsverhältnissen an der übertragenden Körperschaft entsprechende Gewährung von Anteilen an der übertragenden Körperschaft und an den übernehmenden Körperschaften an die Anteilsinhaber der übertragenden Körperschaft aus. Eine nichtverhältniswahrende Spaltung kann auch so durchgeführt werden, dass einzelne Anteilsinhaber an ein-

zelnen beteiligten Rechtsträgern nach der Spaltung überhaupt nicht mehr beteiligt sind. Zu den mögl Konstellationen vgl § 128 UmwG.

Nach Inkrafttreten des UmwG war zunächst umstritten, ob unmittelbar durch die Spaltung eine Veränderung der **Beteiligungsverhältnisse** beim **übertragenden Rechtsträger** eintreten kann. Zwischenzeitl ist durch entsprechende Änderung von §§ 126 I Nr 10, 131 I Nr 3 UmwG klargestellt (vgl dazu *Neye* DB 1998, 1652), dass auch die **Anteilsübertragungen** bei dem **übertragenden Rechtsträger** eine **unmittelbare Folge** der Spaltung sind (vgl § 128 UmwG Rn 18 f und § 131 UmwG Rn 102). **255**

Dennoch ist die **stl Behandlung** der nichtverhältniswahrenden Spaltung, insbes bei einer Trennung von Gesellschafterstämmen, nicht abschließend geklärt (vgl bereits Rn 216 ff). Teilw wird angenommen, die Gewährung einer weiteren Beteiligung an der übertragenden Körperschaft oder die rechnerische Erhöhung der Beteiligungsquote durch den Wegfall anderer Anteile sei eine schädl Gegenleistung iSv § 11 I 1 Nr 2, da insofern nicht Gesellschaftsrechte an den übernehmenden Rechtsträger gewährt werden (*Haritz/Wagner* DStR 1997, 181, 183; vgl auch *Rogall* DB 2006, 66, 68: Erg könnte auch durch Aufspaltung erreicht werden). **256**

Diese Auffassung ist wenigstens in den Fällen unzutr, in denen Anteile am übertragenden Rechtsträger als Spaltungsfolge übertragen werden (wohl auch BMF-Schrb vom 11.11.2011, BStBl I 1314 Rn 15.44: ggf Vorteilszuwendung unter den Anteilsinhabern; ebenso RHL/*Schumacher* Rn 184; DPPM/*Dötsch/Pung* Rn 251; Widmann/Mayer/*Schießl* Rn 556; *Rogall* DB 2006, 66, 68). Die Gewährung von **Gesellschaftsrechten an** der **übertragenden Körperschaft** bei einer nichtverhältniswahrenden Spaltung ist eine **unschädl** Gegenleistung iSv § 11 II 1 Nr 3. Zwar verlangt § 11 II 1 Nr 3 bei der unmittelbaren Anwendung auf Verschm/Vermögensübertragungen die Gewährung von Gesellschaftsrechten an der übernehmenden Körperschaft (vgl § 11 Rn 132), da als unmittelbare Folge der Verschm nur Anteile an der übernehmenden Körperschaft gewährt werden können. Anderes gilt nach §§ 126 I Nr 10, 131 I Nr 3 für die Spaltung (Rn 255). Auch aus § 123 UmwG lässt sich nicht ableiten, dass Gesellschaftsrechte iSv § 11 II 1 Nr 3 nur solche an übernehmenden Körperschaften und nicht auch Anteile an der übertragenden Körperschaft sein können. Zwar gehört zum Wesensmerkmal der Spaltung die Gewährung von Gesellschaftsrechten an den übernehmenden Rechtsträger, die Definition in § 123 UmwG wird für die nichtverhältniswahrende Spaltung allerdings durch §§ 126 I Nr 10, 131 I Nr 3 überlagert. Aus der Gesamtschau der Vorschrift wird deutl, dass auch die Gesellschaftsrechte am übertragenden Rechtsträger zur anlässl der Spaltung gewährten Gegenleistung zählen. Dies ist bei der entsprechenden Anwendung von § 11 II 1 Nr 3 zu beachten (DPPM/*Dötsch/Pung* Rn 251; *Walpert* DStR 1998, 361, 362; vgl auch *Momen* DStR 1997, 355, 356; *Rödder* DStR 1997, 483; *Wochinger* FS Widmann, 2000, 639, 649). Kommt es anlässlich der nichtverhältniswahrenden Spaltung zu **Wertverschiebungen** zwischen den Gesellschaftern und werden diese zwischen den Gesellschaftern ausgeglichen (vgl dazu § 128 UmwG Rn 22 ff), liegen regelmäßig Anteilsveräußerungen vor. Zu beachten ist ferner, dass die FinVerw bei nichtverhältniswahrenden Spaltungen mit Wertverschiebungen zugunsten der anderen Gesellschafter oder diesen nahe stehenden Personen einen schenkungstpfl Vorgang annimmt (BMF-Schrb vom 11.11.2011, BStBl I 1314 Rn 15.44; vgl dazu auch *Perwein* DStR 2009, 1892; DPPM/*Dötsch/Pung* Rn 252; *Beutel* SteuK 2012, 1). Diese können – Entnahme aus einem BV – wiederum auch ertragstl Folgen **257** haben (DPPM/*Dötsch/Pung* Rn 252). Ebenso können bei Wertverschiebungen verdeckte Einlagen und verdeckte Gewinnausschüttungen vorliegen, die den Regelungen des UmwStG vorgehen (BFH BStBl II 2011, 799; BMF-Schrb vom 11.11.2011, BStBl I 1314 Rn 15.44, 13.03; ausführlich dazu *Heurung/Engel/Schröder* GmbHR 2011, 617, 626 ff). Vgl auch Rn 295.

258 Nichts anderes gilt, wenn die Anpassung der Beteiligungsverhältnisse beim übertragenden Rechtsträger auf andere Weise, etwa durch **Einziehung, Kapitalherabsetzung, rechtsgeschäftl Übertragung** von Anteilen, erfolgt, obwohl zivilrechtl eine Notwendigkeit hierzu nicht mehr besteht (vgl § 128 UmwG Rn 18 f und § 131 UmwG Rn 102). Auch in diesem Fall wird keine andere Gegenleistung gewährt, da nur Anteilsveränderungen bei den „beteiligten“ Rechtsträgern eintreten (Widmann/Mayer/*Schießl* Rn 556; *Rödder* DStR 1997, 483; *Wochinger* FS Widmann, 2000, 639, 649; RHL/*Schumacher* Rn 185; Haritz/Menner/*Asmus* Rn 202; zweifelnd Semler/Stengel/*Moszka* Anh UmwStG Rn 518). Jedenfalls bei der übertragenden Körperschaft tritt daher eine Gewinnrealisierung nicht ein. Mangels zivilrechtl Notwendigkeit derartiger Gestaltungen bilden sie aber keine Einheit mit der Spaltung. Daher können auf Anteilsinhaberebene Veräußerungen anzunehmen sein. Vgl Rn 257, 296.

259 **e) Teilübertragungen.** Bei Teilübertragungen wird definitionsgemäß eine Gegenleistung gewährt, die nicht in Gesellschaftsrechten besteht (vgl § 174 II UmwG). Demzufolge verstoßen Teilübertragungen regelmäßig gegen § 11 II 1 Nr 3. Eine Teilübertragung ist steuerneutral nur durchführbar, soweit eine Gegenleistung nicht gewährt wird, weil die Vermögensübertragung auf den Anteilsinhaber der übertragenden Körperschaft erfolgt. Vgl hierzu im Einzelnen Rn 26.

260 **f) Wertaufholung bei Abwärtsspaltung.** Nach § 11 II 2 sind die Anteile an der übernehmenden Körperschaft in der stl Schlussbilanz mindestens mit dem BW, erhöht um Abschreibungen sowie um Abzüge nach § 6b EStG und ähnl Abzüge, die in früheren Jahren steuerwirksam vorgenommen worden sind, höchstens mit dem gemeinen Wert, anzusetzen. Der originäre Anwendungsbereich der Vorschrift sind Abwärtsverschmelzungen (Downstream-Merger; vgl § 11 Rn 139). Es können jedoch auch Abwärtsspaltungen vorgenommen werden. Eine entsprechende Anwendung von § 11 II 2 ist indes nur bei einer Aufspaltung, bei der die Anteile an den übernehmenden Körperschaften entweder eigene Anteile werden oder an die Anteilsinhaber der übertragenden Körperschaft gewährt werden, gerechtfertigt. Bei einer **Abwärtsabspaltung** bleibt jedoch die Beteiligung der übertragenden Körperschaft an der übernehmenden Körperschaft grdsl unberührt; es ändert sich ledigl deren Beteiligungsquote. Der Wert und damit das Wertaufholungspotenzial bleiben bei korrekter Ermittlung des Umtauschverhältnisses unberührt. Aufgrund der mit der Verschm nicht vglbaren Situation ist in diesen Fällen § 11 II 2 nicht entsprechend anzuwenden (zutr RHL/*Schumacher* Rn 181 f; diff Widmann/Mayer/*Schießl* Rn 580).

261 **g) Entsprechende Anwendung von § 11 III.** Vgl hierzu § 11 Rn 157.

17. Entsprechende Anwendung von § 12

262 **a) Grundsatz.** Abs 1 S 1 ordnet unabhängig von der Erfüllung des doppelten Teilbetriebserfordernisses nach Abs 1 S 2, 3 die entsprechende Anwendung von § 12 an. Dies gilt auch, soweit ein Missbrauchsfall nach Abs 2 vorliegt (zu den Rechtsfolgen vgl Rn 131, 211, 240). § 12 regelt die stl Auswirkungen des spal-

tungsbedingten Übergangs von Verm bei den **übernehmenden Körperschaften.** Auch in dieser Hinsicht ist die grdsl übereinstimmende Behandlung von Verschm/Vermögensübertragung einerseits und Auf-/Abspaltung bzw Teilübertragung andererseits gerechtfertigt, da die Spaltung/Teilübertragung eine **Teilverschmelzung** ist (Rn 3).

Die Regelungen in § 12 sind davon geprägt, dass die übernehmenden Körperschaften im Wesentl ohne eigene Wahlrechte in die stl Rechtspositionen der übertragenden Körperschaft eintreten. Für Spaltungen/Teilübertragungen führt die in Abs 1 S 1 angeordnete **entsprechende Anwendung** dazu, dass der Eintritt in die stl Rechtspositionen für jede übernehmende Körperschaft in Bezug auf das jew übergehende Teilvermögen (Teilbetrieb) nachzuvollziehen ist. Grdsl treten bei Spaltungen/Teilübertragungen von Körperschaften auf Körperschaften die gleichen Fragestellungen wie bei Verschm zwischen Körperschaften auf. Daher ist umfassend auf die Komm von § 12 zu verweisen. Die **Besonderheiten** resultieren größtenteils daraus, dass eine Aufteilung auf verschiedene übernehmende Körperschaften bzw auf übernehmende Körperschaften und auf die übertragende Körperschaft vorzunehmen ist. 263

b) Wertansätze der übernehmenden Körperschaften, § 12 I. Nach § 12 I 1 hat jede übernehmende Körperschaft die auf sie übergegangenen WG mit den in der Schlussbilanz der übertragenden Körperschaft enthaltenen Werten zu übernehmen. Die übernehmenden Körperschaften sind zwingend an die Wahlrechtsausübung hinsichtl der einzelnen auf sie übergehenden Teilvermögen (zur isolierten Wahlrechtsausübung vgl Rn 248 ff) gebunden. Durch die Wertverknüpfung ist grdsl sichergestellt, dass die stillen Reserven weiterhin steuerverhaftet sind. 264

Die Erfassung des Vermögensübergangs ist für jede übernehmende Körperschaft **getrennt** zu bestimmen. Zur **handelsbilanziellen** Erfassung des Vermögensübergangs vgl § 12 Rn 12 ff und § 24 UmwG Rn 4 ff. 265

c) Wertaufholung bei Aufwärtsspaltung, § 12 I 2. § 12 I 2 verweist auf § 4 I 2 und 3. Danach hat die übernehmende Körperschaft die Anteile an der übertragenden Körperschaft zum stl Übertragungsstichtag mit dem BW, erhöht um steuerwirksam vorgenommene Abschreibungen sowie um Abzüge nach § 6b EStG und ähnl Abzüge, höchstens mit dem gemeinen Wert anzusetzen. Ein dabei entstehender Gewinn ist unprivilegiert stpfl. Die Regelung ist an die Stelle der bisherigen Bestimmung zu einem sog Beteiligungskorrekturgewinn nach § 12 II 3 aF getreten. Vgl hierzu im Einzelnen § 12 Rn 14 ff. Bei Aufwärtsspaltungen bestehen aber **Besonderheiten.** Denn bei einer **Abspaltung** geht der übertragende Rechtsträger und damit die Beteiligung des übernehmenden Rechtsträgers am übertragenden Rechtsträger regelmäßig nicht vollständig unter (denkbare Ausnahme: nichtverhältniswahrende Abspaltung, bei der die Anteile an der übertragenden Körperschaft ausschließl den weiteren Gesellschaftern zugeordnet werden). Bei einer **Aufspaltung** erfolgt die Übertragung auf mindestens zwei übernehmende Körperschaften (Ausnahme für einen mit der Aufwärtsverschmelzung vglbaren Fall: Aufspaltung auf zwei MutterGes; RHL/*Schumacher* Rn 83). 266

Demzufolge führt die entsprechende Anwendung von § 12 I 2 dazu, dass der Beteiligungskorrekturgewinn bei einem partiellen Upstream-Merger nur **anteilig** zu ermitteln ist (RHL/*Schumacher* Rn 84; SBB/*Sagasser/Schöneberger* § 20 Rn 75; DPPM/*Dötsch/Pung* Rn 240; Haase/Hruschka/*Weggenmann/Bernheim* Rn 92; zur Rechtslage vor SEStEG vgl 4. Aufl Rn 266). Maßgebl ist ebenso wie bei der Ermittlung des Übernahmeergebnisses (vgl Rn 268) das Verhältnis des Werts der 267

Beteiligung an der übertragenden Körperschaft nach der Spaltung zum Wert der Beteiligung vor der Spaltung.

268 **d) Übernahmeergebnis, Übernahmefolgegewinn, § 12 II, IV.** Nach der entsprechend anwendbaren Regelung in § 12 II 1 bleibt bei der übernehmenden Körperschaft ein Gewinn oder Verlust in Höhe des Unterschieds zwischen dem BW der Anteile an der übertragenden Körperschaft und dem Wert, mit dem die übergegangenen WG zu übernehmen sind, abzgl der Kosten für den Vermögensübergang, außer Ansatz. Auf einen Übernahmegewinn ist § 8b KStG jedoch anzuwenden, soweit der Übernahmegewinn abzgl der anteilig darauf entfallenden Kosten für den Vermögensübergang dem Anteil der übernehmenden Körperschaft an der übertragenden Körperschaft entspricht (§ 12 II 2). Vgl hierzu im Einzelnen § 12 Rn 38 ff. Ein derartiger Übernahmegewinn bzw/-verlust entsteht, soweit die übernehmende Körperschaft an der übertragenden Körperschaft beteiligt ist (partieller **Upstream-Merger;** aA BMF-Schrb vom 11.11.2011, BStBl I 1314 Rn 12.05: in allen Fällen; dazu § 12 Rn 43). In Abspaltungsfällen ist das Übernahmeergebnis nur anteilig zu ermitteln, wenn die übernehmende Körperschaft auch nach der Spaltung noch an der übertragenden Körperschaft beteiligt ist (RHL/*Schumacher* Rn 86). Dann kommt es zu einer für die Ermittlung des Übernahmeergebnisses zu berücksichtigenden **Buchwertverringerung** in dem Verhältnis des Werts der Beteiligung vor der Spaltung zum Wert der Beteiligung nach der Spaltung (ebenso Widmann/Mayer/*Schießl* Rn 623; *Thiel* DStR 1995, 276, 279; anders SBB/*Sagasser/Schöneberger* § 20 Rn 76: Verhältnis der gemeinen Werte der übertragenen Vermögensteile zu dem vor der Spaltung bei der übertragenden Körperschaft vorhandenen Vermögen; ebenso DPPM/*Dötsch/Pung* Rn 241).

269 **Beispiel:**

Die übernehmende A-GmbH ist alleinige Anteilsinhaberin der übertragenden B-GmbH. Der BW der Beteiligung an der B-GmbH beträgt EUR 1 000 000. Die B-GmbH spaltet einen Teilbetrieb, der 40% des gesamten Werts der B-GmbH ausmacht, auf die A-GmbH ab. Das übergehende Reinbetriebsvermögen zu BW beträgt EUR 1 200 000. Das Übernahmeergebnis rechnet sich wie folgt:

BW der Beteiligung an der B-GmbH:		EUR	1 000 000
Buchwertreduzierung durch die Abspaltung (40%):		EUR	400 000
Wert des übergehenden Verm:		EUR	1 200 000
abzgl Buchwertreduzierung:	./.	EUR	400 000
Übernahmegewinn:		EUR	800 000

270 Soweit einzelne Vermögensteile auf den Anteilsinhaber und weitere Vermögensteile auf andere Körperschaften übertragen werden, ist ebenfalls der BW der Beteiligung zu reduzieren. Die Höhe des verbleibenden Betrages (Anteilstausch) richtet sich nach § 13 (dazu Rn 281 ff).

271 Auch bei Auf- und Abspaltungen kann es zu einem **Übernahmefolgegewinn** nach § 12 IV iVm § 6 aufgrund der Konfusion von Forderungen und Verbindlichkeiten kommen (vgl hierzu § 12 Rn 61 ff). Maßgebl ist, ob durch die Übertragung der Forderungen oder der Verbindlichkeiten von der übertragenden Körperschaft auf die jew übernehmende Körperschaft die Konfusion entsteht.

272 **e) Eintritt in steuerliche Rechtspositionen, § 12 III.** Zivilrechtl gehen bei der Auf-/Abspaltung bzw Teilübertragung ebenso wie bei der Verschm die im Spaltungsvertrag bestimmten WG durch **Gesamtrechtsnachfolge** (Sonderrechtsnachfolge) auf die übernehmenden Körperschaften über (vgl § 131 UmwG Rn 4 ff). Die Vermögensübertragung durch Gesamtrechtsnachfolge bedeutet

jedoch nicht, dass der übernehmende Rechtsträger generell in jede Rechtsposition des übertragenden Rechtsträgers eintritt. Denn die zivilrechtl Gesamtrechtsnachfolge ist eine besondere Form der sachenrechtlichen Übertragung. Aus ihr folgt nicht, dass der übernehmende Rechtsträger auch **stl** in die jew **Rechtsposition des Rechtsvorgängers** eintritt (Haase/Hruschka/*Weggenmann/Bernheim* Rn 96). Hierzu bedarf es einer ausdrückl gesetzl Anordnung (vgl hierzu § 1 Rn 143 ff und § 12 Rn 67 ff).

Eine derartige Anordnung des Eintritts der übernehmenden Körperschaft in die stl Rechtspositionen der übertragenden Körperschaft enthält die entsprechende anwendbare (Abs 1 S 1) Regelung in § 12 III. Obwohl Auf- und Abspaltungen bzw Teilübertragungen aus der Sicht der beteiligten Rechtsträger entgeltl Veräußerungs- und Anschaffungsgeschäfte sind (hierzu § 12 Rn 67 und § 24 UmwG Rn 10 ff), ordnet diese Vorschrift unabhängig von der Ausübung der Wahlrechte in der stl Schlussbilanz den **generellen Eintritt** in die **Rechtsstellung der übertragenden Körperschaft an.** **273**

Zu Einzelheiten des Eintritts in stl Rechtspositionen vgl § 12 Rn 67 ff. Anders als bei einer Verschm kann es bei einer Auf- oder Abspaltung bzw Teilübertragung aber **nicht** zu einem Eintritt in **alle Rechtspositionen** der übertragenden Körperschaft kommen, da nicht das gesamte Verm, sondern nur jew Vermögensteile auf die übernehmenden Körperschaften übergehen. Die Regelung nach § 12 III gilt **objektbezogen.** Die übernehmende Körperschaft tritt nur hinsichtl der auf sie übergehenden WG und Rechtsverhältnisse in die damit verbundenen stl Rechtspositionen (etwa AfA, Besitzzeit etc) ein. Zu einem übergehenden Investitionsabzugsbetrag vgl BMF-Schrb vom 11.11.2011, BStBl I 1314 Rn 16.04. **274**

Soweit ein WG oder ein Rechtsverhältnis nicht als Ganzes auf eine übernehmende Körperschaft übergeht, muss eine **Aufteilung** stattfinden. Bei mit einem WG verbundenen Rechtspositionen ist Maßstab für die Aufteilung der jew übergehende anteilige Wert des WG. Bei stl Rechtsverhältnissen, die rechtsträgerbezogen sind, fehlt es mit Ausnahme der Regelung in Abs 3 (Aufteilung von Verlustpositionen) an einer gesetzl Bestimmung. Insoweit hat allerdings die Regelung in Abs 3 Modellcharakter; die Aufteilung ist in entsprechender Anwendung von Abs 3 vorzunehmen. Zu weiteren Einzelheiten vgl Rn 276 ff. **275**

f) Aufteilung von Verlustpositionen. Nach Abs 1 S 1 gilt § 12 III HS 2 iVm § 4 II 2 entsprechend. Danach gehen trotz des generellen Eintritts in die stl Rechtstellung (Rn 272) verrechenbare Verluste, verbleibende Verlustvorträge, nicht ausgeglichene negative Einkünfte, ein Zinsvortrag nach § 4h I 5 EStG und ein EBITDA-Vortrag nach § 4h I 3 EStG nicht auf den übernehmenden Rechtsträger über. Vgl hierzu im Einzelnen § 12 Rn 93 ff. Bei der Abspaltung besteht die Besonderheit, dass die diese Rechtspositionen innehabende übertragende Körperschaft fortbesteht. Daher ordnet **Abs 3** an, dass sich diese Verlustpositionen bzw ein Zins-/EBITDA-Vortrag der übertragenden Körperschaft in dem Verhältnis mindern, in dem bei Zugrundelegung des gemeinen Werts das Verm auf eine andere Körperschaft übergeht. Die Regelung entspricht methodisch § 16 S 3 aF. Zur Übergangsregelung bis zur Anpassung von Abs 3 durch das Unternehmensteuerreformgesetz 2008 vgl RHL/*Schumacher* Rn 265 f. Zu den Anforderungen an den teilweisen **Übergang von Verlustvorträgen** nach der früheren Rechtslage vgl BFH DStR 2012, 962. **276**

Maßgebl für die Aufteilung sind die gemeinen Werte der jew übergehenden bzw zurückbleibenden Vermögensteile der übertragenden Körperschaft. Es hat **277** also eine Bew nach § 9 II BewG stattzufinden (DPPM/*Dötsch/Pung* Rn 231). Hierbei sei nach Ansicht der FinVerw in der Regel auf den sog Spaltungsschlüssel abzustellen (BMF-Schrb vom 11.11.2011, BStBl I 1314 Rn 15.41). Soweit damit das Umtauschverhältnis gemeint ist (vgl DPPM/*Dötsch/Pung* Rn 233), ist dieses eine untaugliche Kennzahl, da das Umtauschverhältnis im eigentlichen Sinne (§ 126 I Nr 3; vgl dazu § 126 UmwG Rn 19 ff) vom Verhältnis des übergehenden Vermögens zum Vermögen des übernehmenden Rechtsträgers beeinflusst ist. Genutzt werden können aber zumindestens Teile der Bew für die Ermittlung des Umtauschverhältnisses. Ob und in welchem Umfang der Verlust verursachende Teilbetrieb oder Betriebsteil übergeht oder zurückbleibt, ist unbeachtl (RHL/*Schumacher* Rn 267; DPPM/*Dötsch/Pung* Rn 231; Haase/Hruschka/*Weggenmann/Bernheim* Rn 164).

278 Auch die Aufteilung eines **Gewerbesteuerverlustvortrages** iSv § 10a GewStG richtet sich gem § 19 II nach dem in Abs 3 geregelten Aufteilungsmaßstab. Vgl auch § 19 Rn 17 ff.

279 Zu Besonderheiten bei einer unterjährigen Abspaltung vgl RHL/*Schumacher* Rn 268 ff. Nach Ansicht der FinVerw geht auch ein laufender Verlust anteilig unter (BMF-Schrb vom 11.11.2011, BStBl I 1314 Rn 15.41).

280 **g) Vermögensübergang iSv § 12 V.** § 12 V regelt Besonderheiten des Vermögensübergangs auf eine Körperschaft, deren Leistungen bei den Gesellschaftern zu Einnahmen iSv § 20 I 1 EStG gehören, soweit diese an der übertragenden Körperschaft beteiligt sind. Vgl im Einzelnen hierzu § 12 Rn 102. Bei der Spaltung treten diese Besonderheiten anteilig hinsichtl des auf eine derartige Körperschaft übergehenden Vermögensteils ein. Ein gesetzl angeordneter Maßstab fehlt. Zutreffend dürfte es sein, Abs 3 entsprechend anzuwenden (Verhältnis der gemeinen Werte des übergehenden Verm zum gemeinen Wert des Gesamtvermögens vor der Spaltung; ebenso RHL/*Schumacher* Rn 90).

18. Entsprechende Anwendung von § 13

281 **a) Grundsatz.** Abs 1 S 1 verweist vollumfängl auch auf § 13 und regelt damit die stl Behandlung der Auf-/Abspaltung (zur Teilübertragung vgl Rn 285) auf der **Ebene der Anteilsinhaber.** Lediglich die Anwendung des Wahlrechts nach § 13 II ist von der Erfüllung des doppelten Teilbetriebserfordernisses nach Abs 1 S 2, 3 (dazu Rn 44 ff) abhängig. Ein Verstoß gegen die Missbrauchsvorschriften nach Abs 2 lässt hingegen die Verweisung auf die gesamte Regelung von § 13 unberührt (zu den Rechtsfolgen vgl Rn 131, 211, 240).

282 **§ 13 I** fingiert („gelten als") eine Veräußerung der Anteile an der übertragenden Körperschaft und eine Anschaffung der an ihre Stelle tretenden Anteile an der übernehmenden Körperschaft zum gemeinen Wert. Vgl hierzu im Einzelnen § 13 Rn 5 ff, 17 ff. Unter den weiteren Voraussetzungen von **§ 13 II 1** sind auf Antrag die Anteile an der übernehmenden Körperschaft mit dem BW der Anteile an der übertragenden Körperschaft anzusetzen (vgl hierzu im Einzelnen § 13 Rn 31 ff). Dies bewirkt, obwohl dies im Wortlaut von § 13 II 1 nicht ausdrückl angeordnet wird, dass der Anteilstausch auf der Ebene der Anteilsinhaber ohne Aufdeckung der stillen Reserven in den Anteilen erfolgen kann. Ferner ordnet § 13 II 2 an, dass die Anteile an der übernehmenden Körperschaft stl an die Stelle der Anteile an der übertragenden Körperschaft treten; vgl aber § 8b IV 2 KStG. Für Gesellschafter iSv § 20 II 1 Nr 1 greift **§ 20 IVa** EStG (BMF-Schrb vom 11.11.2011, BStBl I 1314 Rn 15.12).

Zu den Rechtsfolgen eines Verstoßes gegen das **doppelte Teilbetriebserfordernis** vgl Rn 108. 283

Zu weiteren Einzelheiten vgl zunächst die Komm von § 13. Bei Auf- und Abspaltungen treten **Besonderheiten** insoweit auf, als nicht zwingend ein vollständiger Anteilstausch stattfindet. Bei **Abspaltungen** treten grdsl die Anteile an der übernehmenden Körperschaft neben die Anteile an der übertragenden Körperschaft, die allerdings durch die Vermögensübertragung einen inneren Wertverlust erleiden. Aufgrund der Möglichkeit einer **nichtverhältniswahrenden Spaltung** können ferner die Anteile unabhängig von den bisherigen Beteiligungsverhältnissen auch nur einzelnen Anteilsinhabern zugeordnet werden; in diesem Fall sind zudem Übertragungen von Anteilen an der übertragenden Körperschaft zwischen deren Anteilsinhabern anlässl der Auf- und Abspaltung möglich (vgl § 128 UmwG Rn 18 ff). 284

Die Verweisung auf § 13 hat für **Teilübertragungen** keine Bedeutung. Denn § 13 setzt die Gewährung von Gesellschaftsrechten voraus, während bei Teilübertragungen definitionsgemäß (vgl § 174 II UmwG) eine nicht in Gesellschaftsrechten bestehende Gegenleistung gewährt wird (vgl auch § 13 Rn 8). 285

Die Steuerneutralität auf der Gesellschafterebene ist vom Eingreifen der **Missbrauchsklauseln** nach Abs 2 unabhängig. Diese führen nur zu einem Übertragungsgewinn bei der übertragenden Körperschaft (vgl Rn 131, 211, 240). 286

b) Aufteilungsmaßstab. Bei der Anwendung von § 13 treten Besonderheiten nicht auf, soweit den Anteilsinhabern der übertragenden Körperschaft nur Anteile an einem beteiligten Rechtsträger zugeordnet werden (nichtverhältniswahrende Spaltung; dies gilt auch, wenn einzelnen Anteilsinhabern nur Anteile an der übertragenden Körperschaft zugeordnet werden). In diesem Fall gelten nach § 13 I die (bisherigen) Anteile an der übertragenden Körperschaft als zum gemeinen Wert veräußert und die als Gegenleistung erhaltenen Anteile an einem der beteiligten Körperschaften als zu diesem gemeinen Wert (vgl dazu § 13 Rn 17 ff) angeschafft. Die Veräußerungs- und Anschaffungsfiktion gilt auch bei einer nichtverhältniswahrenden Aufspaltung zu Null (zum Begriff vgl § 128 UmwG Rn 12 und das nachfolgende Beispiel) hinsichtl der Anteile an der übertragenden Körperschaft. Wird das Wahlrecht nach § 13 II 1 ausgeübt, erfolgt der Anteilstausch steuerneutral zu den bisherigen BW. In beiden Fällen bedarf es keiner Aufteilung der gemeinen Werte/bzw AK/BW. 287

Beispiel: 288
An der AB-GmbH sind jew hälftig die Gesellschafter A und B beteiligt. Nach der Aufspaltung der AB-GmbH erhält A alle Anteile an der A-GmbH und B die Anteile an der B-GmbH. Bei Ausübung des Wahlrechts nach § 13 II setzen sich die BW/die AK der Beteiligungen von A und B an der AB-GmbH jew an den Beteiligungen an der A-GmbH und an der B-GmbH ungeteilt fort.

Entsprechendes gilt bei **nichtverhältniswahrenden Abspaltung,** die zu einer Trennung von Gesellschafterstämmen (zu den besonderen Anforderungen vgl Rn 216 ff) führen. 289

Beispiel: 290
Die AB-GmbH, an der A und B beteiligt sind, spaltet einen Teilbetrieb auf die neu gegründete B-GmbH ab. B übernimmt sämtl Anteile an der B-GmbH, während anlässl der Abspaltung die Anteile des B an der AB-GmbH auf den A übertragen werden. In diesem Fall werden bei Ausübung des Wahlrechts nach § 13 II die AK/die BW der Beteiligung des B an der AB-GmbH auf die Beteiligung an der B-GmbH übertragen. Die AK/die BW der

Beteiligung des A an der AB-GmbH bleiben/bleibt trotz des Erwerbs einer weiteren Beteiligung an der AB-GmbH unverändert.

291 Wenn einzelne oder alle Anteilsinhaber nach der Auf- oder Abspaltung an mehreren beteiligten Rechtsträgern beteiligt sind, muss eine **Aufteilung** der gemeinen Werte bzw BW/AK erfolgen. Bei einer Abspaltung unter Beibehaltung der Beteiligung an der übertragenden Körperschaft (insbes bei einer verhältniswahrenden Abspaltung) tritt bei Nichtausübung des Wahlrechts nach § 13 II nur eine teilw Veräußerungsfiktion nach § 13 I ein (RHL/*Schumacher* Rn 93). Das UmwStG regelt den **Aufteilungsmaßstab** nicht. Zutreffend ist die Aufteilung nach dem gemeinen Wert der Anteile (wie hier Haase/Hruschka/*Weggenmann/Bernheim* Rn 99; *Bien ua/Hörger* DStR Beilage zu Heft 17/1998, 32; *Herzig/Momen* DB 1994, 2210; *Thiel* DStR 1995, 276, 279). Eine analoge Anwendung von Abs 3, also eine Aufteilung nach dem Wertverhältnis der Vermögensteile (vgl Rn 276 ff), ist auf der Anteilsinhaberebene nicht sachgerecht (so aber RHL/*Schumacher* Rn 92, 93, 73; Lutter/*Schaumburg/Schumacher* Anh 1 nach § 151 Rn 94; vgl auch BMF-Schrb vom 25.3.1998, BStBl I 268 Rn 15.51: Maßgeblichkeit des Umtauschverhältnisses; vgl auch DPPM/*Dötsch/Pung* Rn 38). Denn weder die Wertverhältnisse, die im Umtauschverhältnis zum Ausdruck kommen, noch die gemeinen Werte der Vermögensteile ermögl einen Rückschluss auf die **Aufteilung** der Anteile unter den Anteilsinhabern der übertragenden Körperschaft iSv § 126 I Nr 10 UmwG (vgl hierzu § 126 UmwG Rn 101 ff und § 128 UmwG Rn 4 ff). Dies gilt insbes für eine nichtverhältniswahrende Spaltung.

292 **Beispiel:**

An der AB-GmbH sind A und B jew hälftig beteiligt. Die AB-GmbH besitzt zwei etwa gleich wertvolle Teilbetriebe. Je ein Teilbetrieb wird durch Aufspaltung auf die neu gegründete B-GmbH und auf die neu gegründete C-GmbH übertragen. Der Gesellschafter A erhält 10% der Anteile an der B-GmbH und 90% der Anteile an der C-GmbH, während der Gesellschafter B 90% der Anteile an der B-GmbH und 10% der Anteile an der C-GmbH bekommt. In diesem Beispiel ist die Aufteilung der BW/AK der Anteile nach dem Verhältnis der übertragenen Vermögensteile (50%: 50%) offensichtl nicht sachgerecht. Maßstab kann nur das Verhältnis des Werts der Beteiligungen nach der Spaltung zueinander sein. Mangels anderer gesetzl Regelung ist nach den allg Grdsen demzufolge das Verhältnis der gemeinen Werte der Anteile zu berücksichtigen.

293 Auch ein **Sperrbetrag nach § 50c EStG aF** und die **Wertaufholungsverpflichtung nach § 6 I Nr 1 S 4 EStG** muss in diesem Verhältnis aufgeteilt werden, soweit das Bewertungswahlrecht nach § 13 II angewandt wird. Zur Qualifikationsübertragung nach § 13 II 2 vgl § 13 Rn 51.

294 Bei der Übertragung von Vermögensteilen auf den Anteilsinhaber (partieller **Upstream-Merger**) werden Gesellschaftsrechte nicht gewährt. In diesem Fall ist der BW der fortbestehenden Beteiligung am übertragenden Rechtsträger zu mindern (BMF-Schrb vom 25.3.1998, BStBl I 268 Rn 15.51; GKT/*Knopf/Hill* Rn 81 f; *Thiel* DStR 1995, 276, 279 f). Maßgebl ist der gemeine Wert des Anteils an der übertragenden Körperschaft nach der Abspaltung.

295 **c) Nichtverhältniswahrende Spaltung.** Zur Steuerneutralität der nichtverhältniswahrenden Spaltung vgl auch Rn 254 ff. Zum Aufteilungsmaßstab vgl auch Rn 287 ff. Bei Spaltungen können als Gegenleistung für die Vermögensübertragung nicht nur Anteile an den übernehmenden Körperschaften, sondern auch Anteile an der übertragenden Körperschaft – etwa zur Trennung von Gesellschafterstämmen – gewährt werden. Auch diese Anteilsgewährungen werden von § 13

erfasst und können demzufolge unter den Voraussetzungen von § 13 II grdsl steuerneutral erfolgen (RHL/*Schumacher* Rn 94; Lutter/*Schaumburg/Schumacher* Anh 1 nach § 151 Rn 93; Widmann/Mayer/*Schießl* Rn 1062 f).

Soweit die Veränderung der Beteiligungsverhältnisse an der übertragenden Körperschaft nicht unmittelbar durch die Spaltung erfolgt (etwa nachfolgende Einziehung der Anteile, Kapitalherabsetzung, Anteilsübertragungen; dazu bereits Rn 258), ist indes zweifelhaft, ob diese Vorgänge noch unter § 13 zu subsumieren sind (so Widmann/Mayer/*Schießl* Rn 1066 mwN). §§ 15 iVm 11–13 knüpfen an Umw nach dem UmwG (vgl § 1 I 1 Nr 1). Wenigstens seit der gesetzgeberischen Klarstellung in §§ 126 I Nr 10, 131 I Nr 3 UmwG, dass als unmittelbare Rechtsfolge der Spaltung auch Anteile an der übertragenden Körperschaft übertragen werden können (vgl dazu § 131 UmwG Rn 102), können die nachgelagerten Maßnahmen nicht mehr der zivilrechtl Umw zugeordnet werden. Demzufolge greift für sie das UmwStG nicht ein. Vgl auch Rn 258. **296**

d) Barabfindung/bare Zuzahlungen. Ein gegen Barabfindung anlässl der Spaltung ausscheidender Gesellschafter (vgl § 29 UmwG) erzielt iHd Diff zwischen dem BW/AK der Anteile und der erhaltenen Barabfindung einen Veräußerungsgewinn (zum stl Zeitpunkt des Ausscheidens vgl § 2 Rn 100); § 13 findet keine Anwendung (RHL/*Schumacher* Rn 95; Lutter/*Schaumburg/Schumacher* Anh 1 nach § 151 Rn 95; vgl auch § 13 Rn 15). **297**

Entsprechendes gilt bei der Leistung von **baren Zuzahlungen** zur Angleichung des Umtauschverhältnisses (vgl § 126 I 3 UmwG). Diese sind als anteiliges Veräußerungsentgelt zu werten (BMF-Schrb vom 11.11.2011, BStBl I 1314 Rn 13.02; vgl näher § 13 Rn 15). Sie mindern die AK/den BW der erhaltenen Anteile. **298**

19. Steuerliches Einlagenkonto, Körperschaftsteuerguthaben, -zahllast

a) Allgemeines. Die Auf- und Abspaltung bedingt ebenso wie die Verschm (vgl § 12 Rn 95 ff) eine Anpassung des stl Einlagenkontos und ggf des Sonderausweises. Die Regelungen sind nicht im UmwStG, sondern im **KStG** enthalten. Im Vgl zur Verschm besteht allerdings die Besonderheit, dass das stl Einlagenkonto auf mehrere Rechtsträger aufzuteilen ist (bei Aufspaltungen auf mehrere übernehmende Körperschaften, bei Abspaltungen auf die übertragende Körperschaft und die übernehmenden Körperschaften). **299**

b) Aufteilung des Einlagenkontos. Bei einer Auf- oder Abspaltung muss der Bestand des stl Einlagenkontos (§ 27 KStG) zum stl Übertragungsstichtag (RHL/*Schumacher* Rn 98) auf die übernehmenden Körperschaften (Aufspaltung) bzw auf die übertragende Körperschaft und die übernehmenden Körperschaften (Abspaltung) aufgeteilt werden. Die entsprechende Regelung enthält **§ 29 KStG.** **300**

Die Aufteilung und Anpassung der stl Einlagenkontos erfolgt immer in einem **dreistufigen** Verfahren (*Dötsch/Pung* DB 2004, 208, 213; DPPM/*Dötsch* § 29 KStG Rn 6; vgl auch BMF-Schrb vom 11.11.2011, BStBl I 1314 Rn K.01). Im **ersten Schritt** ist – sowohl bei der Auf- als auch bei der Abspaltung – nach § 29 I KStG bei der übertragenden Körperschaft das Nennkapital fiktiv herabzusetzen und dabei gem § 28 II 1 KStG ein eventueller Sonderausweis iSv § 28 I 3 KStG aufzulösen (BMF-Schrb vom 11.11.2011, BStBl I 1314 Rn K.03). In den Fällen der sog **Abwärtsspaltung** (Vermögensübertragung von Mutter auf Tochter) ist **301** die fiktive Nennkapitalherabsetzung und Auflösung des Sonderausweises auch bei der übernehmenden Körperschaft vorzunehmen (BMF-Schrb vom 11.11.2011, BStBl I 1314 Rn K.12). Gesetzl ist dies erst mit Wirkung zum 1.1.2005 geregelt (§ 29 I, III 3, iVm II 3 KStG nF; EU-RLUmsG BGBl I 2004, 3316). Die FinVerw ging bereits zuvor von einer entsprechenden Anwendung von § 29 I, II 1 KStG aF aus (BMF-Schrb vom 16.12.2003, BStBl I 786 Rn 39; dazu *Dötsch/Pung* DB 2004, 208, 214 ff), da andernfalls virtuelle Bestände beim Einlagenkonto entstünden.

302 Sodann erfolgt im **zweiten Schritt** eine Hinzurechnung des Bestandes des stl Einlagenkontos bei der übernehmenden Körperschaft (§ 29 III KStG). Anders als bei der Verschm ist bei Auf- und Abspaltungen eine Aufteilung vorzunehmen. Bei Aufspaltungen werden die gesamten Bestände auf die übernehmenden Rechtsträger verteilt, während bei Abspaltungen neben der Verteilung auf die übernehmenden Rechtsträger eine entsprechende Verringerung beim übertragenden Rechtsträger eintritt. Als Maßstab bestimmt § 29 III 1, 2 das Verhältnis der übergehenden Vermögensteile zu dem bei der übertragenden Körperschaft vor der Übertragung bestehenden Verm, wie es idR in den Angaben zum Umtauschverhältnis zum Ausdruck kommt, hilfsweise nach dem Verhältnis der gemeinen Werte (vgl auch BMF-Schrb vom 11.11.2011, BStBl I 1314 Rn K.17). Dieser Aufteilungsmaßstab entspricht demjenigen nach § 15 IV 1 aF.

303 Eine Hinzurechnung des stl Einlagenkontos (§ 27 KStG nach Anwendung von § 28 II 1 KStG) unterbleibt indes in dem Verhältnis, in dem die übernehmende an der übertragenden Körperschaft beteiligt ist (§ 29 II 2, III 3 KStG – **Aufwärtsspaltung;** vgl dazu BMF-Schrb vom 11.11.2011, BStBl I 1314 Rn K.10). Bei der **Abwärtsspaltung** mindert sich das Einlagenkonto der übernehmenden Körperschaft im Verhältnis des Anteils der übertragenden Körperschaft an den übernehmenden Körperschaften, § 29 II 3, III 3 KStG (dazu BMF-Schrb vom 11.11.2011, BStBl I 1314 Rn K.12 ff).

304 Schließl ist im **dritten Schritt** eine Anpassung des Nennkapitals und ggf die Neubildung oder Anpassung eines Sonderausweises (§§ 29 IV, 28 I, III KStG) bei der übernehmenden Körperschaft vorzunehmen. Bei Abspaltung muss nun auch beim übertragenden Rechtsträger eine Erhöhung des fiktiv auf Null herabgesetzten Nennkapitals (Rn 301) auf den verbleibenden Kapitalbetrag und ggf die Neubildung eines Sonderausweises durchgeführt werden.

305 **c) Körperschaftsteuerguthaben, -zahllast.** Die Behandlung eines Körperschaftsteuerguthabens iSv § 37 KStG (aF) und eines Körperschaftsteuererhöhungsbetrags iSv § 38 KStG (aF) regelte bislang § 40 KStG aF. Nachdem mit dem SEStEG die Behandlung des Körperschaftsteuerguthabens auf eine ratierl Auszahlung und mit dem JStG 2008 diejenige des Körperschaftsteuererhöhungsbetrags auf eine ratierl Bezahlung umgestellt worden ist, ist § 40 KStG ersatzlos gestrichen worden. Zur partiellen Weitergeltung vgl § 34 XVI KStG. Der Anspruch auf Auszahlung des Körperschaftsteuerguthabens nach § 37 V KStG wie auch die Zahllast nach § 38 VI KStG ist iRd Spaltung den Rechtsträgern zuzuweisen (zur Behandlung von vergessenen Aktiva und Passiva vgl § 131 UmwG Rn 116 ff; zur gesamtschuldnerischen Haftung vgl § 133 UmwG.

§ 16 Aufspaltung oder Abspaltung auf eine Personengesellschaft

[1] Soweit Vermögen einer Körperschaft durch Aufspaltung oder Abspaltung auf eine Personengesellschaft übergeht, gelten die §§ 3 bis 8, 10

und 15 entsprechend. [2] § 10 ist für den in § 40 Abs. 2 Satz 3 des Körperschaftsteuergesetzes bezeichneten Teil des Betrags im Sinne des § 38 des Körperschaftsteuergesetzes anzuwenden.

Schrifttum: *Mahlow/Franzen,* Ertragsteuerliche Berücksichtigung von Gewinnausschüttungen bei der steuerneutralen Umwandlung von Körperschaften auf Körperschaften sowie zur Rückwirkungsfiktion, GmbHR 2000, 12; *Pfaar/Welke,* Verschmelzungen und Spaltungen auf Organgesellschaften Auswirkungen von Mehr und Minderabführungen an den Organträger durch steuerneutrales Übernahmeergebnis, GmbHR 2002, 516; *Esters/Marenbach,* Die Trennung von GmbH-Gesellschafterstämmen im Vorfeld einer Beteiligung von Finanzinvestoren – gesellschafts- und steuerrechtliche Problempunkte, GmbHR 2003, 979; *Dötsch/Pung* UmwStG, §§ 29, 40 I und II KStG: Das Einführungsschreiben des BMF vom 16.12.2003, DB 2004, 208; *Haritz/Wisniewski,* Das BMF-Schreiben zum Umwandlungssteuergesetz, GmbHR 2004, 150; *Nagel/Thies,* Die nicht verhältniswahrende Abspaltung als Gestaltungsinstrument im Rahmen von Unternehmenszusammenschlüssen, GmbHR 2004, 83; siehe Schrifttum zu §§ 15, 3–8, 10 UmwStG.

Übersicht

1. Allgemeines

Während § 15 die Auf- und Abspaltung/Teilübertragung von Körperschaften auf Körperschaften regelt, befasst sich § 16 mit der **Auf- und Abspaltung** (§ 123 I, II UmwG) **von Körperschaften auf PersGes.** Anders als bei § 15 werden Fälle der Teilübertragung (§ 174 II UmwG) von § 16 nicht erfasst, da zivilrechtl eine Teilübertragung auf eine PersGes nicht vorgesehen ist. Die **Ausgliederung** von Vermögensteilen (§ 123 III UmwG) ist stl ein Einbringungstatbestand, dessen Rechtsfolgen sich nach § 24 und nicht nach § 16 richten. Vgl ergänzend § 15 Rn 23 und § 1 Rn 90 ff. 1

2 § 16 regelt selbst wenig. Die Tatbestandsvoraussetzungen und die Rechtsfolgen ergeben sich im Wesentl aus der Verweisung in S 1 auf §§ 3–8, 10 und 15. Diese auch als Baukastenprinzip bezeichnete Regelungstechnik entspricht grdsl derjenigen von § 15 (§ 15 Rn 9 ff). Mit der Verweisung auf §§ 3–8, 10 wird auch bei § 16 der Umstand berücksichtigt, dass Auf- und Abspaltungen zivilrechtl als **Teilverschmelzungen** zu werten sind (§ 15 Rn 3). Für Unklarheiten sorgt bei § 16 allerdings der dort enthaltene Verweis auf § 15, da diese Norm nicht nur Tatbestandsvoraussetzungen enthält, sondern selbst wiederum auf §§ 11–13 verweist (dazu Rn 10).

3 Dem Grundprinzip des UmwStG folgend ermögl S 1 durch die entsprechende Anwendung von §§ 3 II, 4 I die **Steuerneutralität** einer Auf-/Abspaltung von Vermögensteilen einer Körperschaft auf eine PersGes, in dem der übertragenden Körperschaft das Wahlrecht zur Buchwertfortführung in der stl Schlussbilanz eingeräumt wird und die übernehmende PersGes an diese Werte gebunden ist. Bei der Auf- und Abspaltung von Verm einer Körperschaft auf eine PersGes tritt allerdings ein Wechsel der **Besteuerungssysteme** ein. Steuerneutralität bedeutet in diesem Zusammenhang ledigl, dass eine Besteuerung der **stillen Reserven** vermieden werden kann. Demggü erfolgt aufgrund des Systemwechsels grdsl eine Besteuerung der offenen Reserven (näher Rn 21 ff).

4 Die Regelung in **S 2** ergänzt die Verweisung auf § 10 aF, in dem mittelbar durch die Bezugnahme auf § 40 II 3 KStG (früher § 38a I 3 KStG aF) ein **Aufteilungsmaßstab** festgelegt wird. Nachdem § 10 durch das JStG 2008 aufgehoben worden ist, geht der Verweis ins Leere.

5 Eine **steuerneutrale** Auf- oder Abspaltung von Vermögensteilen von einer Körperschaft auf eine PersGes setzt nach den entsprechend anwendbaren Vorschriften damit **zusammenfassend** voraus (vgl auch BMF-Schrb vom 11.11.2011, BStBl I 1314 Rn 16.02):

- Die Vermögensübertragung muss durch eine Auf- oder Abspaltung nach § 123 I, II UmwG oder einem vglbaren ausländischen Vorgang (hierzu § 15 Rn 285 f) erfolgen (§ 1 I 1 Nr 1; dazu § 1 Rn 12 ff);
- aus der Verweisung auf § 15 folgt, dass Gegenstand der Vermögensübertragung ein echter oder fiktiver Teilbetrieb sein muss. Bei der Abspaltung muss bei der übertragenden Körperschaft ein Teilbetrieb verbleiben (dazu Rn 11);
- die entsprechend anwendbaren Missbrauchsregelungen nach § 15 II dürfen nicht erfüllt sein (dazu Rn 15 ff);
- die Voraussetzungen von § 3 für die Ausübung des Wahlrechts zur Buchwertfortführung in der stl Schlussbilanz müssen gegeben sein (dazu Rn 21 ff).

2. Umwandlungsarten

6 Ebenso wie § 15 gilt § 16 nur für Auf- und Abspaltungen **iSv § 123 I, II** UmwG. Teilübertragungen sind zivilrechtl auf PersGes nicht vorgesehen (vgl § 175 UmwG). Vgl – auch zu vglbaren ausländischen Vorgängen und grenzüberschreitenden Auf- und Abspaltungen – iÜ § 15 Rn 18 ff.

3. Beteiligte Rechtsträger

7 **a) Körperschaft als übertragender Rechtsträger.** § 16 setzt ebenso wie § 15 und die sonstigen im Zweiten bis Fünften Teil des UmwStG geregelten Umwandlungsfälle **eine Körperschaft** als übertragenden Rechtsträger voraus.

Unterschiede zu § 15 bestehen nicht. Vgl dort – auch zur Beteiligung ausländischer Rechtsträger – Rn 31, 35.

b) Personengesellschaft als übernehmender Rechtsträger. § 16 regelt die Auf- und Abspaltung von Vermögensteilen einer Körperschaft **auf eine PersGes.** Die mögl Rechtsformen werden für **inländische Rechtsträger** nicht durch das UmwStG bestimmt, sondern folgen aus der Beteiligungsfähigkeit von Rechtsträgern bestimmter Rechtsformen bei Auf- und Abspaltungen nach § 123 I, II UmwG. Nach § 124 I iVm § 3 I Nr 1 UmwG können PersGes in der Rechtsform der **OHG,** der **KG** und der **PartGes** als übernehmende Rechtsträger beteiligt sein. Die GbR ist kein beteiligungsfähiger Rechtsträger. Vgl näher § 124 UmwG Rn 3 ff. Zur Behandlung von hybriden Rechtsformen wie der KGaA und atypisch stillen Beteiligungen vgl § 1 Rn 136 ff. Zur Beteiligung von aufgelösten PersGes vgl § 124 UmwG Rn 74. 8

Nach § 1 II 1 Nr 1 kommen als übernehmende Rechtsträger des Weiteren PersGes iSv Art 54 AEUV/Art 34 EWR-Vertrag in Betracht, die nach den Rechtsvorschriften eines EU-/EWR-Staats gegründet worden sind und in einem dieser Staaten den Sitz und Ort der Geschäftsleitung haben (vgl näher § 1 Rn 56 ff). Für die Beurteilung des EU-/EWR-ausländischen Rechtsgebildes als PersGes ist ein Typenvergleich durchzuführen (Lademann/*Staiger* Rn 1; vgl § 1 Rn 23). Vgl ergänzend § 3 Rn 19. Zur Möglichkeit grenzüberschreitender Spaltungen vgl § 15 Rn 28. 9

4. Entsprechende Anwendung von § 15 I

a) Grundsatz. § 15 I 1 bestimmt, dass die – bei § 16 nicht anwendbaren; dazu Rn 16 – §§ 11–13 entsprechend gelten. Die Bewertungswahlrechte nach § 11 II und § 13 II sind indes nur anzuwenden, wenn echte oder fiktive Teilbetriebe übertragen werden und bei einer Abspaltung bei der übertragenden Körperschaft ein (echter oder fiktiver) Teilbetrieb verbleibt (§ 15 I 2, 3). Nach dem – anlässl der Neufassung durch das SEStEG insoweit unveränderten – unglückl Wortlaut von S 1 ist zweifelhaft, welche Bedeutung die Verweisung auf § 15 hat. Einerseits ordnet S 1 die entsprechende Anwendung der §§ 3–8, 10 an, soweit **Verm** übertragen wird, andererseits verweist die Vorschrift uneingeschränkt auf § 15. Diese Ungenauigkeit war bereits im Gesetzgebungsverfahren zum UmwStG 1995 Gegenstand der Kritik des BR (vgl Stellungnahme des BR BT-Drs 12/7265 zu § 16). Aus den weiteren Gesetzesmaterialien, insbes aus der Gegenäußerung der BReg (BT-Drs 12/7265 zu § 16), folgt allerdings unzweifelhaft die gesetzgeberische Absicht, durch den Verweis auf § 15 aF auch zu regeln, dass die entsprechende Anwendung der §§ 3–8, 10 und damit die Steuerneutralität von der Übertragung bzw Zurückbehaltung von Teilbetrieben iSv § 15 I abhängt. Dies ist zu beachten, zumal diese Auslegung mit dem Wortlaut in Einklang zu bringen ist (so auch die ganz hM; vgl etwa Widmann/Mayer/*Schießl* Rn 15; Lutter/*Schaumburg/Schumacher* Anh 1 nach § 151 Rn 11; SBB/*Sagasser/Schöneberger* § 20 Rn 114; GKT/*Knopf/Hill* Rn 3 f; DPPM/*Dötsch/Pung* Rn 5; *Dötsch/van Lishaut/Wochinger* DB Beilage 7/1998, 33; *Schwedhelm/Streck/Mack* GmbHR 1995, 100, 106; krit Haritz/Menner/*Asmus* Rn 10 ff; gegen Teilbetriebserfordernis *Blumers/Siegels* DB 1996, 7). Diese historische Ansicht des Gesetzgebers ist auch nach der systematischen Änderung von § 15 zu beachten. Nachdem § 15 I nicht mehr die generelle Anwendung der §§ 11–13, sondern ledigl der Bewertungswahlrechte nach § 11 II und § 13 II von der Erfüllung des Teilbetriebserfordernisses abhängig macht (vgl 10

§ 15 Rn 44), bedeutet die entsprechende Anwendung in S 1, dass die §§ 3–8 in jedem Fall gelten und nur das Bewertungswahlrecht nach § 3 II von der Erfüllung des Teilbetriebserfordernisses abhängig ist (idS auch RHL/*Schumacher* Rn 13; DPPM/*Dötsch/Pung* Rn 7; Lademann/*Staiger* Rn 15; vgl auch BMF-Schrb vom 11.11.2011, BStBl I 1314 Rn 16.02). Vgl iÜ Rn 11, 21 ff.

11 **b) Teilbetriebserfordernis.** Entgegen der Rechtslage vor den Änderungen durch das SEStEG schließt ein Verstoß gegen das (doppelte) Teilbetriebserfordernis im unmittelbaren Anwendungsbereich von § 15 nicht die entsprechende Geltung der §§ 11–13, sondern nur die Ausübung der Bewertungswahlrecht nach § 11 II und § 13 II aus (vgl § 15 Rn 44, 108). Diese systematische Umstellung ist auch iRd in S 1 enthaltenen Verweisung zu beachten (vgl auch Rn 10). Denn der Verweis auf § 15 soll gewährleisten, dass nur bei Beachtung des Teilbetriebserfordernisses die Auf- oder Abspaltung steuerneutral iSd Vermeidung der Besteuerung stiller Reserven erfolgen kann. Demzufolge gelten die §§ 3–8 bei allen von § 16 erfassten Auf- und Abspaltungen entsprechend. Sofern allerdings das doppelte Teilbetriebserfordernis missachtet wird, greift das Bewertungswahlrecht nach § 3 II nicht (BMF-Schrb vom 11.11.2011, BStBl I 1314 Rn 16.02; RHL/*Schumacher* Rn 13; DPPM/*Dötsch/Pung* Rn 7). Der in § 15 I 2 bei einem Verstoß gegen das Teilbetriebserfordernis ebenfalls ausgeschlossene Verweis auf § 13 II findet bei § 16 keine Entsprechung. Denn die Regelung der Besteuerung der Anteilsinhaber nach § 4 IV ff, V und VII folgt einer anderen Systematik (zutr RHL/*Schumacher* Rn 13; vgl auch Semler/Stengel/*Moszka* Anh UmwStG Rn 551a). Vgl hierzu auch Rn 25 ff.

12 **c) Verweisung auf §§ 11–13.** Obwohl S 1 uneingeschränkt auf § 15 verweist, gilt die in § 15 I 1 angeordnete entsprechende Anwendung von §§ 11–13 im Anwendungsbereich von § 16 gleichwohl nicht (BMF-Schrb vom 11.11.2011, BStBl I 1314 Rn 16.01). Dies folgt zunächst aus dem **Wortlaut** von § 15 I 1, nach dem die §§ 11–13 ledigl „vorbehaltl des § 16" entsprechend gelten. Damit wird ausgedrückt, dass diese Rechtsfolge nur bei der unmittelbaren Anwendung von § 15, nicht aber bei der durch § 16 entsprechende angeordneten Anwendung eintritt (Widmann/Mayer/*Schießl* Rn 8; Haritz/Menner/*Asmus* Rn 3; DPPM/*Dötsch/Pung* Rn 5; RHL/*Schumacher* Rn 9; SBB/*Sagasser/Schöneberger* § 20 Rn 114; aA GKT/*Knopf/Hill* Rn 7). Die entsprechende Anwendung der §§ 11–13 würde zudem nicht der **Gesetzessystematik** entsprechen. Denn die §§ 11–13 behandeln die Vermögensübertragung von einer Körperschaft auf eine Körperschaft. Die entsprechende Anwendung dieser Normen in den Fallgruppen des § 15 macht Sinn, da auch Auf- und Abspaltungen von Körperschaften auf Körperschaften Vermögensübertragungen zwischen Körperschaften darstellen. Demggü behandelt § 16 Vermögensübertragungen von Körperschaften auf PersGes, die insoweit den von §§ 3 ff erfassten Umw entsprechen. Einziger Unterschied ist, dass nicht das gesamte, sondern nur ein Teil des Verm der Körperschaft auf die PersGes übergeht. Eine Ausnahme (entsprechende Anwendung von § 13) kann eintreten, wenn anlässl einer nichtverhältniswahrenden Abspaltung einzelnen Anteilsinhabern der übertragenden Körperschaft zusätzl Anteile an dieser Körperschaft (vgl dazu § 15 Rn 287, 295) gewährt werden (zutr RHL/*Schumacher* Rn 10; vgl auch DPPM/*Dötsch/Pung* Rn 5).

13 **d) Rechtsfolgen eines Verstoßes gegen § 15 I.** Die Rechtsfolgen einer Nichterfüllung der Voraussetzungen von § 15 I haben sich durch die Änderung

der Systematik von § 15 durch das SEStEG gewandelt. Es ist zu unterscheiden: Sofern die Auf- oder Abspaltung überhaupt nicht von § 15 I 1 erfasst ist (etwa eine einer Auf- oder Abspaltung vglbare Gestaltung im Wege der Einzelrechtsnachfolge außerhalb des UmwG, oder bei Nichterfüllung der Voraussetzungen von § 1 I, II), sind die §§ 3–8 nicht entsprechend anwendbar. Die stl Behandlung dieser Gestaltung richtet sich nach den allg Steuergesetzen (vgl dazu 4. Aufl 2006, § 16 Rn 16, § 15 Rn 55 ff). Ein Verstoß gegen das Teilbetriebserfordernis (§ 15 I 2, 3) lässt hingegen die entsprechende Anwendung der §§ 3–8 unberührt. In entsprechender Anwendung von § 15 I 2 hat die übertragende Körperschaft indes nicht das Bewertungswahlrecht nach § 3 II; die übergehenden WG (nicht die zurückbleibenden, vgl § 15 Rn 245) sind zwingend mit dem gemeinen Wert (§ 3 I) anzusetzen (BMF-Schrb vom 11.11.2011, BStBl I 1314 Rn 16.01, 16.02; DPPM/*Dötsch/Pung* Rn 7; SBB/*Sagasser/Schöneberger* § 20 Rn 114, 117; Widmann/Mayer/*Schießl* Rn 18; vgl Rn 29). Zu den Folgen eines Verstoßes gegen die Missbrauchsregelung in § 15 II vgl Rn 15.

5. Steuerliche Schlussbilanz

§ 15 II aF ordnete die Aufstellung einer StB auf den stl Übertragungsstichtag **14**
durch die übertragende Körperschaft an. Hintergrund war, dass bei einer Abspaltung die übertragende Körperschaft fortbesteht. Die Vorschrift ist zum Zuge der Neufassung von § 15 durch das SEStEG ersatzlos weggefallen. Das Erfordernis einer stl Schlussbilanz folgt indes aus dem Verweis auf § 3. Die Ausführungen in § 15 Rn 111 ff gelten entsprechend.

6. Verweisung auf § 15 II

a) Grundsatz. Durch die Verweisung in S 1 finden auch die **Missbrauchsre- 15**
gelungen in § 15 II entsprechende Anwendung (BMF-Schrb vom 11.11.2011, BStBl I 1314 Rn 16.02; RHL/*Schumacher* Rn 16; DPPM/*Dötsch/Pung* Rn 9; SBB/*Sagasser/Schöneberger* § 20 Rn 124; GKT/*Knopf/Hill* Rn 4; Widmann/Mayer/*Schießl* Rn 78; Blümich/*Klingberg* Rn 24; Lutter/*Schaumburg/Schumacher* Anh 1 nach § 151 Rn 27; *Hörger* FR 1994, 765, 768). Dies folgt neben dem uneingeschränkten Verweis auf § 15 auch aus den Gesetzesmaterialien (Rn 10). Zu den in § 15 II enthaltenen Missbrauchsregelungen vgl im Einzelnen § 15 Rn 117, 133, 147, 216. Die **Veräußerungssperre** (§ 15 Rn 147 ff) bezieht sich in diesem Fall auch auf die anlässl der Auf- und Abspaltung gewährten Anteile an den übernehmenden PersGes (ebenso Widmann/Mayer/*Schießl* Rn 85; insoweit aA RHL/*Schumacher* Rn 17: nur Anteile an der übertragenden Körperschaft bei Abspaltung).

b) Rechtsfolge. Unmittelbare Rechtsfolge des Eintritts eines Missbrauchsfalls **16**
nach § 15 II ist, dass das stl Ansatz- und Bewertungswahlrecht nach § 11 II nicht gilt. Das übergehende Verm ist daher in der stl Schlussbilanz der übertragenden Körperschaft nach § 11 I mit dem gemeinen Wert anzusetzen und zu bewerten (zu den Rechtsfolgen vgl § 15 Rn 131, 211, 240).

Da im Anwendungsbereich von § 16 weder § 11 I noch § 11 II gelten (Rn 12), **17**
bedeutet die in S 1 angeordnete **entsprechende Anwendung** von § 15 II, dass bei einem Verstoß gegen die Missbrauchsregelungen der übertragenden Körperschaft das **Wahlrecht nach § 3 II nicht** zusteht (RHL/*Schumacher* Rn 18; DPPM/*Dötsch/Pung* Rn 9; SBB/*Sagasser/Schöneberger* § 20 Rn 124; Lutter/

Schaumburg/Schumacher Anh 1 nach § 151 Rn 27; Widmann/Mayer/*Schießl* Rn 80; GKT/*Knopf/Hill* Rn 4; aA Haritz/Menner/*Asmus* Rn 22 ff: Verweisung laufe leer). Denn entsprechende Anwendung heißt, dass die spezifischen Besonderheiten zu berücksichtigen sind. Da bei den Fallgruppen von § 16 die §§ 3–8 und nicht die §§ 11–13 anzuwenden sind, hat die entsprechende Anwendung von § 15 II zur Folge, dass bei einem Verstoß gegen eine Missbrauchsregelung die § 11 II entsprechende Vorschrift, mithin § 3 II, nicht gilt. Zur vglbaren Situation eines Verstoßes gegen das Teilbetriebserfordernis vgl Rn 11. Zum Umfang des zu bewertenden Verm bei einem Verstoß gegen die Missbrauchsregelung vgl § 15 Rn 131, 211, 240.

18 IÜ bleibt es bei der entsprechenden Anwendung der §§ 3–8 (vgl auch Rn 13).

7. Entsprechende Anwendung von § 15 III

19 S 1 verweist auch auf § 15 III. Danach mindern sich bei einer Abspaltung verrechenbare Verluste, verbleibende Verlustvorträge, nicht ausgeglichene negative Einkünfte und ein Zins- sowie EBITDA-Vvortrag in dem Verhältnis, in dem bei Zugrundelegung des gemeinen Werts das Verm auf eine andere Körperschaft übergeht (vgl hierzu § 15 Rn 276). Dies gilt auch bei einer Abspaltung auf eine PersGes. Ein Verlustübergang auf die PersGes findet nicht statt (§ 4 II 2).

20 Für vortragsfähige Fehlbeträge nach § 10a GewStG gilt § 15 III entsprechend, § 19 II. Ein anteiliger Übergang auf die übernehmende PersGes erfolgt nicht, § 18 I 2.

8. Entsprechende Anwendung der §§ 3–8, 10

21 **a) Grundsatz.** S 1 ordnet für vom UmwStG erfasste Auf- und Abspaltungen von Körperschaften auf PersGes (vgl auch § 1 Rn 12 ff) die entsprechende Anwendung der §§ 3–8, 10 an. Die Vorschriften behandeln unmittelbar die vollständige Vermögensübertragung (Verschm) von einer Körperschaft auf eine PersGes. Ferner ist § 2 (Rückwirkung) anwendbar, der grdsl für alle Umw des Zweiten bis Fünften Teils gilt (vgl § 2 Rn 1 ff). Ebenso gilt nach § 1 I 1 Nr 1 für gewstl Zwecke auch § 18 (Rn 35 f).

22 Die entsprechende Anwendung der Verschmelzungsvorschriften auf die Auf- und Abspaltung ist mögl, da der Vermögensübergang bei einer Auf- und Abspaltung als **Teilverschmelzung** aufzufassen ist (Rn 2). Demzufolge treten grdsl die gleichen Problemstellungen auf. Die Besonderheit bei der Auf- und Abspaltung ist, dass nicht das gesamte Verm der übertragenden Körperschaft auf eine PersGes übergeht. Bei der Aufspaltung wird das Verm der übertragenden Körperschaft auf mindestens zwei übernehmende Rechtsträger aufgeteilt (§ 123 I UmwG). Die Abspaltung zeichnet sich dadurch aus, dass Teile des Verm auf mindestens einen anderen Rechtsträger übertragen werden, während ein Restvermögen bei der übertragenden Körperschaft zurückbleibt. Zum ausschließl stl Erfordernis (Steuerneutralität) der Übertragung von echten oder fiktiven Teilbetrieben vgl Rn 10 f und § 15 Rn 44 ff. Diese **Aufteilung des Verm** bedingt, dass die Rechtsfolgen nach §§ 3–8 nicht vollumfängl, sondern nur in Bezug auf die jew übergehenden Vermögensteile eintreten.

23 Die §§ 3–8 folgen dem grundlegenden Aufbau des UmwStG, indem die stl Folgen der Umw für die Einkünfte und das Verm (zu den betroffenen Steuerarten vgl § 1 Rn 10) für den übertragenden Rechtsträger, den übernehmenden Rechtsträger und die Anteilsinhaber geregelt werden. **§ 3** betrifft den übertragenden

Rechtsträger und räumt unter gewissen Voraussetzungen nach § 3 II ein **stl Ansatz- und Bewertungswahlrecht** für die übergehenden WG ein. Durch die Möglichkeit der Buchwertfortführung in der stl Schlussbilanz wird die Steuerneutralität gewährleistet. **§ 4** I–III behandeln die übernehmende PersGes, wobei die einkommensteuerl Folgen der Umw aufgrund der fehlenden Steuersubjektsqualität einer PersGes unmittelbar die Anteilsinhaber treffen (§§ 4 IV ff, 5, 7). Nach § 4 I hat die übernehmende PersGes zunächst die WG grdsl mit den in der stl Schlussbilanz übertragenden Körperschaft ausgewiesenen Werten zu übernehmen. Sie tritt zudem im gewissen Umfang in die stl Rechtspositionen der übertragenden Körperschaft ein (§ 4 II, III). Sodann sind für alle Anteilsinhaber die Einkünfte nach § 7 und unter den Voraussetzungen von §§ 4 IV, 5 ein grdsl stpfl (aber gewerbesteuerfreies, § 18 II) **Übernahmeergebnis** zu ermitteln. Hierdurch wird die Besteuerung der bislang auf der Ebene der Anteilsinhaber nicht erfassten offenen Reserven der Körperschaft sichergestellt. Soweit die übernehmende PersGes nicht selbst an der übertragenden Körperschaft beteiligt ist, fingiert **§ 5** zu stl Zwecken für verschiedene Fallgruppen eine Einlage der Anteile in die PersGes.

§ 6 behandelt den sog Übernahmefolgegewinn, während nach **§ 7** jedem **24** Anteilsinhaber die offenen Rücklagen anteilig als Einnahmen aus KapVerm zugerechnet werden (zur Berücksichtigung der Einkünfte nach § 7 bei der Ermittlung des Übernahmeergebnisses vgl § 4 V, VI). **§ 8** regelt den Sonderfall des Vermögensübergangs auf eine PersGes ohne BV. Schließl bestimmte **§ 10 aF** die Behandlung des Körperschaftsteuererhöhungspotenzials nach § 38 KStG. Die Vorschrift ist mit dem JStG 2008 aufgehoben worden.

b) Entsprechende Anwendung von § 3. Nach § 3 I hat die übertragende **25** Körperschaft die übergehenden WG in der stl Schlussbilanz (zur Schlussbilanz vgl § 15 Rn 111 ff) einschließl nicht entgeltl erworbener und selbst geschaffener immaterieller WG mit dem gemeinen Wert anzusetzen. Unter den weiteren Voraussetzungen von § 3 II besteht auf Antrag das Wahlrecht, die übergehenden WG einheitl mit dem BW oder einem ZW anzusetzen. Voraussetzung ist, dass das Verm der übertragenden Körperschaft BV der übernehmenden PersGes wird. Vgl im Einzelnen die Komm zu § 3. Zum Übergang auf eine PersGes ohne BV vgl § 8.

Bei Vermögensübertragungen durch **Abspaltung** besteht das Bew- und **26** Ansatzwahlrecht nur hinsichtl der **übergehenden WG;** das bei der übertragenden Körperschaft verbleibende Verm ist zwingend mit den fortentwickelten BW nach allg Grdsen zu bilanzieren (RHL/*Schumacher* Rn 22; Haritz/Menner/*Asmus* Rn 29; SBB/*Sagasser/Schöneberger* § 20 Rn 118; GKT/*Knopf/Hill* Rn 7; Lutter/*Schaumburg/Schumacher* Anh 1 nach § 151 Rn 21; Widmann/Mayer/*Schießl* Rn 29; vgl auch § 15 Rn 245). Das Wahlrecht kann hinsichtl **verschiedener Vermögensteile unterschiedl** ausgeübt werden (§ 15 Rn 248). Auch bei mehreren Vermögensteilen (Teilbetrieben), die auf eine übernehmende PersGes übertragen werden (Widmann/Mayer/*Schießl* Rn 30; Haritz/Menner/*Asmus* Rn 29), kann das Wahlrecht unterschiedl ausgeübt werden. Hinsichtl der WG eines Teilbetriebs kommt hingegen nur eine gleichmäßige Aufstockung in Betracht. Die Ausführungen in § 15 Rn 248 ff gelten entsprechend.

c) Entsprechende Anwendung von §§ 4, 5. § 16 S 1 ordnet die entspre- **27** chende Anwendung von § 4 an. Nach § 4 I hat die übernehmende PersGes die auf sie übergegangenen WG zunächst zwingend mit dem von der übertragenden Körperschaft in der stl Schlussbilanz gewählten Wert zu übernehmen (im Einzelnen § 4 Rn 11 ff). Ferner tritt nach Maßgabe von §§ 16 S 1, 4 II, III die übernehmende Körperschaft bzgl des übernommenen Verm in bestimmte stl Rechtsstellungen der übertragenden Körperschaft ein (im Einzelnen § 4 Rn 53 ff). Insoweit treten Besonderheiten bei einer Auf-/Abspaltung nur insoweit auf, als sich die Rechtsfolgen ausschließl auf das übergehende Verm beziehen.

28 Ferner ist ein **Übernahmeergebnis** zu ermitteln. Das Übernahmeergebnis entspricht zunächst dem Unterschiedsbetrag zwischen dem Wert, mit dem die übergegangenen WG zu übernehmen sind, und dem BW der Anteile an der übertragenden Körperschaft, §§ 16 S 1, 4 IV 1. Hierbei geht das Gesetz im Grundfall davon aus, dass die übernehmende PersGes selbst Anteilsinhaber der übertragenden Körperschaft ist (§ 4 IV 3). Ist dies nicht der Fall, fingieren die Regelungen in § 5 II–III, die nach S 1 entsprechend gelten, zu stl Zwecken die Einlage der Anteile an der übertragenden Körperschaft in die übernehmende PersGes mit den AK bzw mit dem BW, wenn es sich um Anteile iSv § 17 EStG (§ 5 II) oder um Anteile in einem BV (§ 5 III) handelt. Für andere Anteilsinhaber wird ein Übernahmeergebnis nicht ermittelt (§ 4 IV 3). Die weitere Behandlung des Übernahmeergebnisses und insbes die Berücksichtigung der Einkünfte nach § 7 regeln § 4 V–VII. Vgl im Einzelnen § 4 Rn 93 ff.

29 Bei der nach S 1 angeordneten **entsprechenden Anwendung** von § 4 IV, V ist ledigl ein **anteiliger BW** der Anteile an der übertragenden Körperschaft zu ermitteln, da das Verm der übertragenden Körperschaft auf mehrere übernehmende Rechtsträger übergeht (Aufspaltung/Abspaltung) bzw Vermögensteile bei der übertragenden Körperschaft (Abspaltung) zurückbleiben (RHL/*Schumacher* Rn 24; DPPM/*Dötsch/Pung* Rn 13). Das UmwStG bestimmt für die Aufteilung der BW keinen **Maßstab.** Anders als bei der nach § 15 I 1 angeordneten entsprechenden Anwendung von § 13 (vgl § 15 Rn 287) ist nicht auf das Verhältnis der gemeinen Werte der Anteile, sondern auf das Verhältnis der Werte der übertragenen Vermögensteile bzw der übertragenen und zurückbleibenden Vermögensteile abzustellen (DPPM/*Dötsch/Pung* Rn 13; RHL/*Schumacher* Rn 21; Haritz/Menner/*Asmus* Rn 48; SBB/*Sagasser/Schöneberger* § 20 Rn 138; Widmann/Mayer/*Schießl* Rn 37; *Dötsch/van Lishaut/Wochinger* DB Beilage 7/1998, 33).

30 Das Umwandlungsergebnis erhöhte sich um einen anteiligen Sperrbetrag nach § 50c EStG aF (im Einzelnen § 4 Rn 118 ff). Für die Aufteilung des Sperrbetrages gilt der vorstehende (Rn 29) **Aufteilungsmaßstab** entsprechend (Widmann/Mayer/*Schießl* Rn 54).

31 **d) Entsprechende Anwendung von § 6.** § 6 regelt den sog **Übernahmefolgegewinn,** der durch die Konfusion von Forderungen und Verbindlichkeiten in Folge des Vermögensübergangs eintreten kann. Ein derartiger Übernahmefolgegewinn kann auch bei einer Auf- oder Abspaltung entstehen, weswegen S 1 auf § 6 vollumfängl verweist. Zu Einzelheiten vgl die Komm von § 6.

32 **e) Entsprechende Anwendung von § 7.** Nach § 7 sind bei der Umw auf eine PersGes jedem Anteilsinhaber anteilig die offenen Gewinnrücklagen als Einkünfte nach § 20 I 1 EStG (Dividendeneinkünfte) zuzurechnen. Bei der von S 1 angeordneten entsprechenden Anwendung gilt dies nur für die Anteilsinhaber, die tats in Folge der Auf- oder Abspaltung Anteile an der PersGes erhalten (RHL/*Schumacher* Rn 25). Der Aufteilungsmaßstab entspricht demjenigen bei der Ermittlung des Übernahmeergebnisses (Rn 33). Er orientiert sich mithin am Verhältnis der gemeinen Werte der übertragenen bzw zurückbehaltenen Vermögensteile.

f) Entsprechende Anwendung von § 10 aF. § 10 idF des SEStEG bestimmte zunächst, dass sich die Körperschaftsteuerschuld einer übertragenden Körperschaft bei der Verschm einer Körperschaft auf eine PersGes oder natürl Person um den unbelasteten Teilbetrag iSd § 38 KStG erhöht (fiktive Vollausschüttung). Da bei einer Abspaltung die übertragende Körperschaft bestehen bleibt, traten die Rechtsfolgen des § 10 nur für den Teil des unbelasteten Teilbetrags ein, um den sich aufgrund der Spaltung der Bestand des Teilbetrags nach § 38 KStG mindert. S 2 verweist zur Bestimmung des Aufteilungsmaßstabes auf § 40 II 3, wonach das Verhältnis der übergehenden Vermögensteile zu den vor der Spaltung bestehenden Verm maßgebl ist. **33**

Sowohl § 10 UmwStG als auch § 40 KStG sind mit dem JStG 2008 ersatzlos aufgehoben worden. Die Verweisung in S 2 geht seither ins Leere (SBB/*Sagasser/Schöneberger* § 20 Rn 142). **34**

9. Anwendung von § 18

§ 18 ist bei der Auf-/Abspaltung einer Körperschaft auf eine PersGes anwendbar (§ 1 I 1 Nr 1). Auch § 18 I 1 bestimmt, dass § 16 und damit die §§ 3–8 für die Ermittlung des Gewerbeertrags gelten, wenngleich ein Übernahmegewinn oder -verlust nicht zu erfassen ist (§ 18 II). Vgl im Einzelnen § 18 Rn 9 ff. **35**

Auch **§ 18 III** gilt. Innerh von fünf Jahren sind sowohl die Veräußerung/Aufgabe des Betriebs bzw eines Teilbetriebs durch die PersGes als auch eines Anteils an der PersGes gewstpfl (im Einzelnen § 18 Rn 31 ff). Bei Auf-/Abspaltungen bedarf es indes einer Abgrenzung zu Veräußerungsfällen iSv § 15 II 2–4. Hat die übertragende Körperschaft aufgrund des Eintritts eines derartigen Missbrauchsfalles die stillen Reserven aufzudecken, unterliegt dieser Übertragungsgewinn bereits der GewSt. Der Besteuerung nach § 18 III unterliegen damit nur die aufgedeckten stillen Reserven, die nicht bereits im Übertragungsgewinn der übertragenden Körperschaft erfasst waren, also die neu hinzugekommenen stillen Reserven und diejenigen in anderen WG oder PersGes (zutr Widmann/Mayer/*Schießl* Rn 131; SBB/*Sagasser/Schöneberger* § 20 Rn 154; RHL/*Schumacher* Rn 17). Wenn trotz der Veräußerung kein Missbrauchsfall iSv § 15 II vorliegt (unterhalb der Bagatellgrenze), greift nur § 18 III. **36**

Fünfter Teil. Gewerbesteuer

§ 17 *(weggefallen)*

§ 18 Gewerbesteuer bei Vermögensübergang auf eine Personengesellschaft oder auf eine natürliche Person sowie bei Formwechsel in eine Personengesellschaft

(1) [1] **Die §§ 3 bis 9 und 16 gelten bei Vermögensübergang auf eine Personengesellschaft oder auf eine natürliche Person sowie bei Formwechsel in eine Personengesellschaft auch für die Ermittlung des Gewerbeertrags.** [2] **Der maßgebende Gewerbeertrag der übernehmenden Personengesellschaft oder natürlichen Person kann nicht um Fehlbeträge des laufenden Erhebungszeitraums und die vortragsfähigen Fehlbeträge der übertragenden Körperschaft im Sinne des § 10a des Gewerbesteuergesetzes gekürzt werden.**

(2) [1] **Ein Übernahmegewinn oder Übernahmeverlust ist nicht zu erfassen.** [2] **In Fällen des § 5 Abs. 2 ist ein Gewinn nach § 7 nicht zu erfassen.**

(3) [1] **Wird der Betrieb der Personengesellschaft oder der natürlichen Person innerhalb von fünf Jahren nach der Umwandlung aufgegeben oder veräußert, unterliegt ein Aufgabe- oder Veräußerungsgewinn der Gewerbesteuer, auch soweit er auf das Betriebsvermögen entfällt, das bereits vor der Umwandlung im Betrieb der übernehmenden Personengesellschaft oder der natürlichen Person vorhanden war.** [2] **Satz 1 gilt entsprechend, soweit ein Teilbetrieb oder ein Anteil an der Personengesellschaft aufgegeben oder veräußert wird.** [3] **Der auf den Aufgabe- oder Veräußerungsgewinnen im Sinne der Sätze 1 und 2 beruhende Teil des Gewerbesteuer-Messbetrags ist bei der Ermäßigung der Einkommensteuer nach § 35 des Einkommensteuergesetzes nicht zu berücksichtigen.**

Schrifttum: Schrifttum bis 2005 siehe 5. Auflage; *Förster/Felchner,* Umwandlungen von Kapitalgesellschaften in Personengesellschaften nach dem Referentenentwurf zum SEStEG, DB 2006, 1072; *Bartelt,* Umfang der gewstl verhafteten stillen Reserven in Fällen des § 18 UmwStG, DStR 2006, 1109; *Bock,* Infektionsschutz für Betriebsaufspaltungen, StB 2006, 222; *Benecke/Schnittger,* Letzte Änderung der Neuregelung des UmwStG und der Entstrickungsnorm durch das SEStEG, IStR 2007, 24; *Behrendt/Arjes,* Das Verhältnis der Ausschüttungsfiktion (§ 7 UmwStG) zur Einlagefiktion (§ 5 Abs. 2 UmwStG); *Hagemann/Jakob/Ropohl/Viebrock,* SEStEG, NWB-Sonderheft 1/2007; *Lemaitre/Schönherr,* Die Umwandlung von Kapitalgesellschaften in Personengesellschaften durch Verschmelzung und Formwechsel nach der Neufassung des UmwStG durch das SEStEG, GmbHR 2007, 173; *Trossen,* Umfang der Gewerbesteuerpflicht nach § 18 Abs. 3 UmwStG bei Veräußerung und Aufgabe von Mitunternehmeranteilen, DB 2007, 1373; *Drüen,* „Präzisierung" und „Effektuierung" des § 42 AO durch das Jahressteuergesetz 2008?, UbG 2008, 31; *Krohn/Greulich,* Ausgewählte Einzelprobleme des neuen Umwandlungssteuerrechts aus der Praxis, DStR 2008, 646; *Wernsmann/Desens,* Gleichheitswidrige Gewerbesteuernachbelastung durch ein Nichtanwendungsgesetz. Zur Verfassungswidrigkeit des § 18 Abs. 3 UmwStG idF des JStG 2008, DStR 2008, 221; *Neu/Hamacher,* Anwendung des § 18 Abs. 3 UmwStG bei Veräußerungen eines Unternehmens oder Mitunternehmeranteils gegen wiederkehrende Bezüge, DStR 2010, 1453; *Neu/Schiffers/Watermeyer,* Praxisrelevante Schwerpunkte aus dem Umwandlungssteuererlass-Entwurf, GmbHR 2011, 729; *Ernst,* Das gewerbesteuerliche Schachtelprivileg bei Umwandlungsvorgängen Ubg 2012, 678; *Neu/Hamacher,* Die Gewerbesteuerfalle des § 18 Abs. 3 UmwStG nach dem Umwandlungssteuererlass 2011, GmbHR 2012, 280.

Übersicht

1. Allgemeines

a) Gewerbesteuerpflicht. Jedes stehende Gewerbe unterliegt gem § 2 I GewStG der GewSt. Gewerbebetriebe iSd der GewSt können natürl Personen, PersGes, KapGes, Gen, VVaG, jur Personen des öffentl Rechts und jur Personen des Privatrechts sowie nicht rechtsfähige Vereine unterhalten (vgl ausführl Glanegger/Güroff/*Güroff* GewStG § 2 Rn 4 ff). Das GewStG bestimmt, ob eine GewStPfl für die übertragende Körperschaft oder die übernehmende PersGes besteht. Ist dies der Fall, so wird der Gewerbeertrag der übertragenden Körperschaft bzw der übernehmenden PersGes gem § 7 GewStG ermittelt. Der Gewerbeertrag ist demgemäß der nach den Vorschriften des EStG oder des KStG zu ermittelnde Gewinn aus Gewerbebetrieb vermehrt und vermindert um die in §§ 8, 9 GewStG bezeichneten Beträge. Der Erhebungszeitraum für die GewSt ist gem § 14 GewStG das Kj. Besteht die GewStPfl nicht während des ganzen Jahres, so tritt an die Stelle des Kj der Zeitraum der StPfl, wobei maßgebend der Gewerbeertrag nach § 10 GewStG der im Kj bezogene, bei abw Wj der Gewerbeertrag aus dem Wj, das im Erhebungszeitraum endet, ist. Die GewStPfl iSd § 14 GewStG endet nach § 2 V GewStG, sofern ein völliger Unternehmerwechsel vorliegt und der Gewerbebetrieb durch den bisherigen Unternehmer als eingestellt gilt. Zu einem **Unternehmerwechsel** kommt es auch in den Fällen der Gesamtrechtsnachfolge in Form der Verschm, ebenso wie beim Formwechsel einer Körperschaft oder Gen in eine PersGes (Glanegger/Güroff/*Glanegger* GewStG Anh zu § 7 Rn 59). 1

2 **§ 18** knüpft an die gewstl Vorschrift an und ist ggü § 7 GewStG **lex specialis** (BFH/NV 2009, 818; Widmann/Mayer/*Widmann* Rn 5; Frotscher/Maas/*Schnitter* Rn 3; Blümich/*Klingberg* Rn 2). Er begründet aber **keinen neuen gewstl Tatbestand** (DPPM/*Pung* Rn 3; RHL/*Trossen* Rn 4; Widmann/Mayer/*Widmann* Rn 5; Haritz/Menner/*Bohnhardt* Rn 25). Etwas anderes gilt nur für Abs 3, der eine Ausnahme von dem gewstl Grds statuiert, nach dem nur lfd Gewinne der GewSt unterliegen (BFH DStRE 2007, 551; DPPM/*Pung* Rn 33; RHL/*Trossen* Rn 4; Haritz/Menner/*Bohnhardt* Rn 120; Frotscher/Maas/*Schnitter* Rn 6).

3 § 18 regelt die gewstl Folgen einer Verschm oder Spaltung in Form der Auf- und Abspaltung von einer Körperschaft auf eine PersGes bzw natürl Person sowie beim Formwechsel in eine PersGes und bestimmt dabei, dass die §§ 3–9 und 16 auch für die Ermittlung des Gewerbeertrages nach § 2 V GewStG iVm § 7 GewStG gelten.

4 **b) Inhalt der Vorschrift.** Gem **Abs 1 S 1** gelten beim Vermögensübergang von einer Körperschaft auf eine PersGes oder eine natürl Person ebenso wie beim Formwechsel von einer Körperschaft in eine PersGes die §§ 3–9 und 16 für die Ermittlung des Gewerbeertrages. Nach **Abs 1 S 2** kann bei der Verschm, der Auf- und Abspaltung bzw beim Formwechsel von einer Körperschaft in eine PersGes/natürl Person der Gewerbeertrag der übernehmenden PersGes oder natürl Person nicht um Fehlbeträge des laufenden Erhebungszeitraums und die vortragsfähigen Fehlbeträge der übertragenden Körperschaft iSd § 10a GewStG gekürzt werden. Abs 1 begründet **keine eigenständige Sicherstellung der Gewerbebesteuerung** der stillen Reserven, sodass das Antragswahlrecht des § 3 uneingeschränkt auch dann gilt, wenn die gewstl Erfassung der stillen Reserven beim übernehmenden Rechtsträger nicht gesichert ist (BMF-Schrb vom 11.11.2011, BStBl I 1314 Rn 18.01; DPPM/*Pung* Rn 4; Frotscher/Maas/*Schnitter* Rn 13; Haritz/Menner/*Bohnhardt* Rn 42; Widmann/Mayer/*Widmann* Rn 19).

5 **Abs 2 S 1** bestimmt, dass ein Übernahmegewinn oder -verlust gewstl nicht zu erfassen ist. Nach S 2 des Abs 2 sind in den Fällen, in denen der übernehmende Rechtsträger bzw die MU des übernehmenden Rechtsträgers am übertragenden Rechtsträger iSv § 17 EStG beteiligt waren, die Bezüge iSd § 7 gewstl nicht zu erfassen.

6 **Abs 3** der Vorschrift enthält eine Missbrauchsverhinderungsregelung. Danach unterliegt ein Gewinn aus der Veräußerung oder Aufgabe des Betriebs bzw Teilbetriebs des übernehmenden Rechtsträgers oder eines Anteils an der übernehmenden PersGes innerh von fünf Jahren nach der Umw der GewSt. Es spielt insoweit keine Rolle, ob für die Veräußerung/Aufgabe ein triftiger Grund vorliegt oder nicht. Ob die übernehmende PersGes oder die übernehmende natürl Person selbst gewstpfl ist, ist iRd Abs 3 ohne Bedeutung (BMF-Schrb vom 11.11.2011, BStBl I 1314 Rn 18.11; Haritz/Menner/*Bohnhardt* Rn 135; Frotscher/Maas/*Schnitter* Rn 6). Abs 3 S 3 bestimmt, dass § 35 EStG keine Anwendung findet.

7 **c) Verhältnis zwischen § 18 und § 19.** § 18 betrifft den Vermögensübergang durch Verschm, Auf- oder Abspaltung sowie den Formwechsel einer Körperschaft auf/in eine PersGes bzw natürl Person und ergänzt damit die §§ 3–9 und 16 für die Ermittlung der GewSt der übertragenden Körperschaft und der übernehmenden PersGes bzw natürl Person. § 19 regelt den Vermögensübergang, insbes die Verschm, Auf- oder Abspaltung von einer Körperschaft auf eine andere Körperschaft in Ergänzung zu §§ 11–13, 15.

d) Persönlicher Geltungsbereich. § 18 bezieht sich sowohl auf die übertragende Körperschaft als auch auf die übernehmende PersGes bzw natürl Person. Dies ergibt sich daraus, dass § 18 sowohl auf §§ 3, 16 als auch auf §§ 4–9 verweist. 8

2. Gewerbesteuerpflicht des Übertragungsgewinns, Abs 1

Abs 1 verweist auf § 3, der die Wertansätze in der stl Schlussbilanz der übertragenden Körperschaft regelt. Ein sich bei der übertragenden Körperschaft nach Maßgabe des § 3 ergebender Übertragungsgewinn unterliegt grdsl der GewSt, es sei denn, die übertragende Körperschaft bzw der formwechselnde Rechtsträger unterliegt als solcher nicht der GewSt (Widmann/Mayer/*Widmann* Rn 8); dies ergibt sich daraus, dass Abs 1 keinen eigenen gewstl Tatbestand schafft, sondern ledigl eine Aussage bzgl der Ermittlung der gewstl Besteuerungsgrundlage betrifft (vgl Rn 2). Eine Kürzung des Gewerbeertrages kommt nach § 9 Nr 1 S 2, § 9 Nr 3 GewStG in Betracht (DPPM/*Pung* Rn 6; RHL/*Trossen* Rn 17; Frotscher/Maas/*Schnitter* Rn 23; Widmann/Mayer/*Widmann* Rn 12). § 9 Nr 1 S 5 GewStG ist zu beachten (DPPM/*Pung* Rn 1 ff; Frotscher/Maas/*Schnitter* Rn 23). Entsteht der Übertragungsgewinn durch die Aufdeckung stiller Reserven in Anteilen an einer PersGes, an der die übertragende Körperschaft beteiligt ist, unterliegt ein Übertragungsgewinn aufgrund der Vorschrift des **§ 7 S 2 GewStG** der GewSt (DPPM/*Pung* Rn 6; Widmann/Mayer/*Widmann* Rn 131; Frotscher/Maas/*Schnitter* Rn 17). Entfällt der Übertragungsgewinn auf einbringungsgeborene Anteile iSd § 21 aF entsteht nur dann eine GewStPfl, wenn die Einbringung, die zu den einbringungsgeborenen Anteilen geführt hat, nach dem 31.12.2001 erfolgt ist (OFD Koblenz vom 27.12.2004, DStR 2005, 194; DPPM/*Pung* Rn 6). 9

Der Übertragungsgewinn wird, da es sich aus stl Sicht um einen Veräußerungsgewinn handelt, von einem **GAV** erfasst (str, vgl § 3 Rn 150). 10

Entsteht der Übertragungsgewinn durch die Aufdeckung stiller Reserven in **Anteilen an einer KapGes** und wäre ein Veräußerungsgewinn bezogen auf die Anteile an einer KapGes nach § 8b II KStG idF des StSenkG steuerfrei, so ist der dadurch entstehende Übertragungsgewinn als Veräußerungsgewinn nicht nur von der KSt, sondern auch von der GewSt befreit (Frotscher/Maas/*Schnitter* Rn 17; DPPM/*Pung* Rn 6). § 8b III 1 KStG ist zu beachten. Ein Übertragungsgewinn ist jedoch insoweit gewstpfl, als ein Anwendungsfall des § 8b II 4, 5 KStG, § 8b IV KStG aF, § 8b VII oder VIII KStG gegeben ist (DPPM/*Pung* Rn 6; Frotscher/Maas/*Schnitter* Rn 17). 11

Der Übertragungsgewinn unterliegt nicht der GewSt, wenn es sich bei dem übertragenden Rechtsträger um eine ausl Körperschaft ohne inl Betriebsstätte handelt (DPPM/*Pung* Rn 8). 12

Der Übertragungsgewinn **entsteht zum stl Übertragungsstichtag.** Der Anfall der GewSt kann dadurch entfallen, dass die übertragende Körperschaft über einen lfd Verlust im Erhebungszeitraum bzw über einen Gewerbeverlust gem § 10a GewStG verfügt (Widmann/Mayer/*Widmann* Rn 21). Die Gewerbesteuerschuld entsteht in der Person des übertragenden Rechtsträgers, geht jedoch im Wege der Gesamtrechtsnachfolge auf den übernehmenden Rechtsträger über. Wird die Körperschaft formwechselnd in eine PersGes umgewandelt, wird Letztere ohne weiteres Schuldnerin der GewSt. Die Gewerbesteuer ist bei Umwandlungen, bei dem der Übertragungsgewinn in einem Erhebungszeitraum anfällt, der nach dem 31.12.2007 endet, gem § 4 V Buchst b EStG keine Betriebsausgabe der umgewandelten Körperschaft. Wurde bei der umgewandelten Körperschaft wegen der 13

Gewerbesteuer eine Rückstellung gebildet, so ist der entsprechende Betrag außerhalb der Bilanz dem Einkommen wieder hinzuzurechnen (OFD Rheinland DB 2009, 1046; Widmann/Mayer/*Widmann* Rn 22). Da für die Berechnung des Übernahmeergebnisses die Ansätze in der stl Schlussbilanz maßgebend sind, vermindert die Gewerbesteuer den Übernahmegewinn bzw erhöht den Übernahmeverlust (Widmann/Mayer/*Widmann* Rn 22; DPPM/*Pung* Rn 7). Die später durch den übernehmenden Rechtsträger zu zahlende Gewerbesteuerschuld ist ein gewinnneutraler Vorgang.

3. Eintritt in die steuerliche Rechtsstellung

14 Die entsprechende Anwendung des § 4 II, III hat nur bzgl der **Besitzzeitanrechnung** eine eigenständige Bedeutung (Widmann/Mayer/*Widmann* § 18 Rn 32; DPPM/*Pung* Rn 9; RHL/*Trossen* Rn 24). Die Besitzzeit des übertragenden Rechtsträgers und des übernehmenden Rechtsträgers werden zusammengerechnet, was insbes iRd § 8 Nr 5 und 9 Nr 2a GewStG von Relevanz ist (*Ernst* Ubg 2012, 678). Nicht abschl geklärt ist, ob es auch zu einer rückwirkenden Zusammenrechnung bisher nicht schachtelbegünstigter Beteiligungen (zB 7 vH + 9 vH) kommt (ausführlich dazu *Ernst* Ubg 2012, 678); die FinVerw akzeptiert eine rückwirkende Zusammenrechnung wohl nicht (vgl BMF-Schrb vom 11.11.2011, BStBl I 1314 Rn Org 03 zur rückwirkenden Begründung einer Organschaft; RHL/*Trossen* Rn 24).

15 Der Übergang lfd gewstl Fehlbeträge und des vortragsfähigen Gewerbeverlustes nach **§ 10a GewStG** wird durch § 4 II 2 und § 18 I 2 ausgeschlossen. Abs 1 S 2 hat damit in erster Linie klarstellende Bedeutung (ebenso RHL/*Trossen* Rn 34). Ein Übergang eines evtl Zinsvortrags nach **§ 4h EStG** erfolgt nicht. **Lfd Verluste** des übertragenden Rechtsträgers **nach dem Umwandlungsstichtag** werden bereits aufgrund der Rückwirkung dem übernehmenden Rechtsträger zugerechnet, dennoch sollen sie gem § 2 IV 2 nicht mit positiven Einkünften des übernehmenden Rechtsträgers ausgeglichen werden können (str vgl BMF-Schrb vom 11.11.2011, BStBl I 1314 Rn 18.02 iVm Rn 02.40; § 4 Rn 77). Gehören zum übergehenden Verm auch Anteile an einer PersGes, die über einen Fehlbetrag nach § 10a GewStG verfügt, so entfällt der vortragsfähige Gewerbeverlust, soweit durch die Verschm die Unternehmeridentität bezogen auf die TochterPersGes verloren geht (DPPM/*Pung* Rn 9; Widmann/Mayer/*Widmann* Rn 39; aA *Hierstetter* DB 2010, 1089). Die Unternehmeridentität bezogen auf die TochterPersGes bleibt aber bei einer formwechselnden Umw der MutterGes gewährt (RHL/*Trossen* Rn 36). Im Fall der Beteiligung des übertragenden Rechtsträgers an einer doppelstöckigen PersGes hat die Verschm der Körperschaft keinen Einfluss auf der Ebene der UnterGes (RHL/*Trossen* § 19 Rn 32).

16 Ein bei der **übernehmenden PersGes** vor der Verschm bereits vorhandener Fehlbetrag besteht nur fort, wenn sowohl die Unternehmensidentität als auch die Unternehmeridentität gewahrt bleibt. Die Unternehmeridentität des übernehmenden Rechtsträgers wird eingeschränkt, soweit ihr die Gesellschafter der übertragenden Körperschaft in Folge der Umw als neuer Gesellschafter beitreten (RHL/*Trossen* Rn 36; Widmann/Mayer/*Widmann* Rn 39).

4. Gewerbesteuerliche Behandlung der Einkünfte iSd § 7

17 **a) Überblick.** Abs 1 S 1 erklärt für die GewSt auch § 7 für entsprechend anwendbar. § 7 bestimmt, dass die offenen Rücklagen der übertragenden Körper-

schaft (EK abzgl Bestand des stl Einlagekontos) allen Anteilseignern des übertragenden Rechtsträgers prozentual entsprechend ihrer Beteiligung am Nennkapital als Einkünfte aus Kapitalvermögen zuzurechnen sind, und zwar unabhängig davon, ob für die Anteilseigner nach §§ 4, 5 auch ein Anteil am Übernahmegewinn bzw -verlust ermittelt wird.

b) Für Anteilseigner wird Übernahmeergebnis nicht ermittelt. Soweit für einen Anteilseigner ein **Übernahmeergebnis nicht ermittelt wird,** erzielt er Einkünfte aus Kapitalvermögen iSd § 20 I Nr 1 EStG, die nicht der GewSt unterliegen. Der Hinweis in Abs 1 S 1 geht insoweit für diese Anteilseigner, für die ein Übernahmeergebnis nicht ermittelt wird, ins Leere (DPPM/*Pung* Rn 16; RHL/*Trossen* Rn 27; Widmann/Mayer/*Widmann* Rn 117; Haritz/Menner/*Bohnhardt* Rn 90; Frotscher/Maas/*Schnitter* Rn 48). 18

c) Für Anteilseigner wird Übernahmeergebnis ermittelt. aa) Überblick. Soweit die Anteile an der übertragenden Körperschaft zum Gesamthand- oder Sonderbetriebsvermögen der übernehmenden PersGes gehören oder aufgrund von nach § 5 II, III in das BV der übernehmenden PersGes eingelegt gelten, entstehen auf der Ebene der übernehmenden PersGes aufgrund von § 20 VIII EStG gewerbl Einkünfte, wenn die übernehmende PersGes einen stpfl Gewerbebetrieb unterhält (hM vgl § 7 Rn 17; ebenso RHL/*Trossen* Rn 21; DPPM/*Pung* Rn 17; *Krohn/Greulich* DStR 2008, 646; wohl auch BMF-Schrb vom 11.11.2011, BStBl I 1314 Rn 18.04; *Hagemann/Jakob/Ropohl/Viebrock* NWB-Sonderheft 1/2007, 18; aA *Behrendt/Arjes* DB 2007, 824). Dass die Einkunftsart der übernehmenden PersGes maßgebl ist, ergibt sich insbes aus dem Umkehrschluss des Abs 2 S 2 iVm den Einlage- und Überführungsfiktionen in § 5 II, III. Die Einlagefiktion des § 5 II, III gilt nach hM auch für Einkünfte iSd § 7 (DPPM/*Pung* Rn 17; RHL/*Birkemeier* Rn 20; Widmann/Mayer/*Widmann* Rn 1171; Frotscher/Maas/*Schnitter* Rn 37; *Krohn/Greulich* DStR 2008, 646; aA Haritz/Menner/*Bohnhardt* Rn 91; *Förster/Felchner* DB 2006, 1072; *Behrendt/Arjes* DB 2007, 824; *Hagemann/Jakob/Ropohl/Viebrock* NWB-Sonderheft 1/2007, 20). Das Vorstehende gilt sowohl für unbeschränkt als auch für beschränkt stpfl Anteilseigner des übertragenden Rechtsträgers, sofern bei Letzteren Deutschland das Besteuerungsrecht zusteht, dh ein DBA nicht besteht oder das DBA dem Ansässigkeitsstaat der Körperschaft das Besteuerungsrecht zuweist, sodass sich die beschränkte StPfl aus § 49 I Nr 2a EStG ergibt (vgl dazu § 4 Rn 127). Der Quellensteuerabzug nach § 50 V 1 EStG hat dann keine abgeltende Wirkung (DPPM/*Pung* § 4 Rn 5; *Hagemann/Jakob/Ropohl/Viebrock* NWB-Sonderheft 1/2007, 50; vgl RHL/*van Lishaut* § 4 Rn 115; aA *Förster/Felchner* DB 2006, 1072). 19

Die Einkünfte iSd § 7 stellen damit bei Anteilseignern des übertragenden Rechtsträgers, für die ein Übernahmeergebnis ermittelt wird, gewerbl Einkünfte dar, die im Grds der GewSt unterliegen, wenn die übernehmende PersGes gewerbl Einkünfte erzielt. Nach **Abs 2 S 2** unterliegen die Einkünfte bei der übernehmenden PersGes nicht der GewSt, soweit die Anteile an der übertragenden Körperschaft nach § 5 II für die Ermittlung des Übernahmeergebnisses als in das BV der übernehmenden PersGes eingelegt gelten. In der Lit wird diese Ausnahmeregelung damit erklärt, dass im Anwendungsbereich des § 5 II sowohl die Veräußerung der Anteile an der übertragenden Körperschaft durch die bisherigen Gesellschafter als auch eine Ausschüttung der offenen Gewinnrücklagen an diese, nicht der GewSt unterlegen hätten, da die Anteile PV der Anteilseigner sind (vgl *Benecke/Schnittger* IStR 2007, 24). Sollte dies der Grund sein, so hätte es nahe gelegen, 20

Anteile, die ein Gesellschafter der übertragenden Körperschaft vor der Umw in einem freiberufl oder luf BV gehalten hat, auch von der GewStPfl auszunehmen (vgl dazu RHL/*Trossen* Rn 22), was jedoch nicht geschehen ist.

21 Soweit an der übernehmenden PersGes eine Körperschaft als MU beteiligt ist, werden die Einkünfte iSd § 7 nach § 8b KStG, soweit eine natürl Person Anteilseigner der übernehmenden PersGes ist, nach § 3 Nr 40, § 3c II EStG der Einkommen- bzw KSt unterworfen. § 8b KStG, § 3 Nr 40, § 3c II EStG sind gem § 7 S 4 GewStG bei der übernehmenden PersGes iRd Ermittlung des Gewerbeertrages zu beachten. Für Abs 1 S 1 hat dies folgende Konsequenz:

22 **bb) Natürliche Person.** Soweit eine natürl Person als MU an der übernehmenden PersGes beteiligt ist, sind die Bezüge iSd § 7 im Grds zur Hälfte, ab 1.1.2009 idR zu 60% im Gewerbeertrag erhalten. Eine Kürzung des Gewerbeertrages um diesen Betrag erfolgt unter den Voraussetzungen der §§ 9 Nr 2a, 9 Nr 7 GewStG (DPPM/*Pung* Rn 17; *Förster/Felchner* DB 2006, 1072).

23 Eine Kürzung nach § 9 Nr 2a, Nr 7 GewStG erfolgt, wenn die übernehmende PersGes an der übertragenden Körperschaft zu Beginn des Erhebungszeitraums eine Schachtelbeteiligung von mindestens 10 vH, seit 2008 von mindestens 15 vH besitzt. Erhebungszeitraum ist grdsl das Kj. Wenn der übernehmende Rechtsträger erst durch die Umw in die GewSt eintritt, entsteht gem § 14 S 3 GewStG ein abgekürzter Erhebungszeitraum; dann kommt es auf die Beteiligungsverhältnisse am Übertragungsstichtag an. Auf Grund des abgekürzten Erhebungszeitraums sind die Voraussetzungen des § 9 Nr 2a bzw Nr 7 GewStG auf der Ebene der übernehmenden PersGes erfüllt, wenn es sich um eine Verschmelzung zur Neugründung bzw um einen Formwechsel handelt (DPPM/*Pung* Rn 17; Widmann/Mayer/*Widmann* Rn 117.4; Frotscher/Maas/*Schnitter* Rn 43; *Köhler/Käshammer* GmbHR 2012, 301). Eine Kürzung nach § 9 Nr 2a oder 9 Nr 7 erfolgt auch, wenn nicht die übernehmende PersGes die Beteiligung an der übertragenden Körperschaft in Höhe von 15 vH zum Beginn des Erhebungszeitraums gehalten hat, diese Voraussetzungen aber durch die Gesellschafter des übertragenden Rechtsträgers erfüllt werden, dessen Anteile nach § 5 III für die Ermittlung des Übernahmeergebnisses in das BV der übernehmenden PersGes als eingelegt gelten (RHL/*Trossen* Rn 24; DPPM/*Pung* Rn 17; aA BMF-Schrb vom 11.11.2011, BStBl I 1314 Rn 18.04). Dies ergibt sich aus einer analogen Anwendung des § 4 II 3 (aA *Benecke* in PWC, Reform des UmwStR, Rn 1141). Eine entsprechende Anwendung der Besitzzeitanrechnung gem § 4 II 3 ist notw, da nach dieser Vorschrift nur die Besitzzeit des übertragenden Rechtsträgers dem übernehmenden Rechtsträger zugerechnet wird, nicht aber der Besitzzeit von Gesellschaftern des übertragenden Rechtsträgers. War die übernehmende PersGes am übertragenden Rechtsträger mit mehr als 15 vH zum Beginn des Erhebungszeitraums beteiligt, ein Gesellschafter des übertragenden Rechtsträgers aber zum Beginn des Erhebungszeitraums mit weniger als 15 vH, so findet § 9 Nr 2a GewStG dennoch auf diese Anteile Anwendung, wenn die Anteile gem § 5 III von der Einlagefiktion erfasst sind (*Krohn/Greulich* DStR 2008, 646). Nicht abschl geklärt ist, ob es auch zu einer rückwirkenden Zusammenrechnung bisher nicht schachtelbegünstigter Beteiligungen (zB 7 vH + 9 vH) kommt (vgl *Ernst* Ubg 2012, 678); die FinVerw dürfte eine rückwirkende Zusammenrechnung nicht akzeptieren (DPPM/*Pung* Rn 17; RHL/*Trossen* Rn 24; Frotscher/Maas/*Mutscher* § 23 Rn 43; vgl auch BMF-Schrb vom 11.11.2011, BStBl I 1314 Rn Org 03 zur rückwirkenden Begründung einer Organschaft).

24 Erfüllt die Beteiligungen an der übertragenden KapGes nicht die Voraussetzungen des § 9 Nr 2a oder § 9 Nr 7 GewStG, sind die im Gewerbeertrag nicht enthaltenen Bezüge nach § 8 Nr 5 GewStG dem Gewerbeertrag hinzuzurechnen (Widmann/Mayer/*Widmann* Rn 117.3). Die dann ausgelöste GewSt ist ggf gem § 35 EStG in pauschalierter Form auf die ESt der übernehmenden natürl Person bzw bei der ESt der MU der übernehmenden PersGes anrechenbar (Widmann/Mayer/*Widmann* Rn 117.3; RHL/*Trossen* Rn 26; Frotscher/Maas/*Schnitter* Rn 47; *Förster/Felchner* DB 2006, 1072).

25 **cc) Körperschaft.** Ist an der übernehmenden PersGes eine Körperschaft als MU beteiligt, sind in den Fällen des § 8b I, V die Bezüge iSd § 7 nicht im Gewerbeertrag enthalten (§ 7 S 4 GewStG). Soweit die Beteiligung an der übertragenden Körperschaft nicht die Voraussetzungen des § 9 Nr 2a oder § 9 Nr 7 GewStG erfüllt, sind die im Gewerbeertrag nicht erhaltenen Bezüge nach § 8 Nr 5 GewStG dem Gewerbeertrag hinzuzurechnen (RHL/*Trossen* Rn 26). Erfüllt die Beteiligung die Voraussetzungen des § 9 Nr 2a oder § 9 Nr 7 GewStG, wird der Gewerbeertrag nicht mehr korrigiert. Eine Kürzung der nicht abzugsfähigen BA iHv 5 vH der Bezüge nach § 8 V KStG kommt nicht in Betracht (§ 9 Nr 2a S 3, Nr 7 S 3 GewStG).

26 Liegen die Voraussetzungen des § 8b VII, VIII KStG vor, sind die vollen Bezüge iSd § 7 im Gewerbeertrag enthalten. Unter den Voraussetzungen des § 9 Nr 2a, Nr 7 oder Nr 8 GewStG ist der Gewerbeertrag um diese Beträge zu kürzen.

27 Handelt es sich bei der Körperschaft um eine OrganGes, so soll aufgrund der Vorrangigkeit des § 7 S 4 GewStG ggü § 7 S 1 GewStG die Regelung des § 15 S 1 Nr 2 KStG keine Anwendung finden (DPPM/*Pung* Rn 18).

5. Übernahmefolgegewinn iSd § 6

28 Der Übernahmefolgegewinn, der eine logische Sekunde nach dem Umwandlungsstichtag beim übernehmenden Rechtsträger durch Konfusion entsteht, unterliegt bei der Umw auf einen gewerbl Betrieb der GewSt (BMF-Schrb vom 11.11.2011, BStBl I 1314 Rn 18.03; DPPM/*Pung* Rn 12; Widmann/Mayer/*Widmann* Rn 108). Die Möglichkeit der Neutralisierung des Übernahmefolgegewinns durch eine den Gewinn mindernde Rücklage ist auch bei der GewSt zu berücksichtigen. Fragl ist, ob der Übernahmefolgegewinn auch dann der GewSt unterliegt, wenn er auf einer Gewinnminderung beruht, die zu einem Zeitpunkt eintrat, als die Übernehmerin nicht gewstpfl war (vgl dazu Widmann/Mayer/*Widmann* Rn 115; RHL/*Trossen* Rn 33).

6. Nichtansatz eines Übernahmegewinns oder -verlustes

29 Abs 2 S 1 bestimmt, dass ein Übernahmegewinn/-verlust bei der GewSt auf der Ebene der übernehmenden PersGes bzw der übernehmenden natürl Person nicht zu erfassen ist. Es handelt sich um eine sachliche Befreiungsvorschrift (BFH BStBl II 2011, 393; Widmann/Mayer/*Widmann* Rn 126). Abs 2 S 1 hat nur dann Bedeutung, wenn der übernehmende Rechtsträger gewstpfl ist (DPPM/*Pung* Rn 27). Betreibt der übernehmende Rechtsträger kein Unternehmen iSd GewStG (zB freiberufl Tätigkeit, LuF) ergeben sich keine gewstl Auswirkungen. Der Übernahmegewinn/-verlust ist nach Abs 1 S 1 iVm § 4 IV–VII zu ermitteln, sodass die offenen Rücklagen des übertragenden Rechtsträgers nicht mehr Teil des Übernahmeergebnisses sind, sondern nach § 7 besteuert werden (vgl Rn 22 ff).

Dies hat zur Folge, dass die Kapitaleinkünfte iSd § 7, soweit die Voraussetzungen des § 9 Nr 2a, Nr 7 GewStG nicht vorliegen, in jedem Fall der GewSt unterworfen sind (Widmann/Mayer/*Widmann* Rn 126). Der Übernahmegewinn/-verlust iSd §§ 4 IV–VII wirkt sich nicht auf die Steuerermäßigung nach § 35 S 3 EStG aus (BMF-Schrb vom 24.2.2009, BStBl I 440; vom 22.12.2009, BStBl I 2010, 43; vom 25.11.2010, BStBl I 1314; RHL/*Trossen* Rn 29; DPPM/*Pung* Rn 31; vgl auch BMF-Schrb vom 19.9.2007, BStBl I 701 Rn 10 für VZ 2004 bis VZ 2007).

30 Ist ein MU der übernehmenden PersGes seinerseits auch gewstpfl und wird ihm iRd einheitl und gesonderten Gewinnfeststellung ein Gewerbeertrag zugewiesen, so ist auf seiner Ebene § 9 Nr 2 bzw § 8 Nr 8 zu berücksichtigen (RHL/*Trossen* Rn 31; DPPM/*Pung* Rn 30; Widmann/Mayer/*Widmann* Rn 128.3).

7. Aufgabe und Veräußerung, Abs 3

31 **a) Zweck der Vorschrift.** Abs 3 soll verhindern, dass eine Körperschaft durch vorbereitende Umw in eine PersGes gewstfrei liquidiert oder veräußert werden kann. Bei der PersGes ist näml der Gewinn aus der Veräußerung oder der Aufgabe eines Betriebs oder Teilbetriebs von der GewSt freigestellt, soweit er auf eine natürl Person als unmittelbar beteiligter MU entfällt (§ 7 S 2 GewStG). Rechtsfolge von Abs 3 ist, dass dieser an sich gewstfreie Auflösungs- oder Veräußerungsgewinn der GewSt unterliegt, wenn der Betrieb, Teilbetrieb oder ein Anteil an der PersGes innerh einer Frist von fünf Jahren nach dem stl Übertragungsstichtag aufgegeben oder veräußert wird (BMF-Schrb vom 11.11.2011, BStBl I 1314 Rn 18.05; DPPM/*Pung* Rn 33; Haritz/Menner/*Bohnhardt* Rn 124; Widmann/Mayer/*Widmann* Rn 138). Durch Abs 3 soll die gewstl Verstrickung stiller Reserven bei den WG der übertragenden Körperschaft innerh der gesetzl Frist aufrechterhalten bleiben. Abs 3 stellt damit eine Ausnahme von dem (ursprüngl) Grds dar, wonach nur lfd Gewinne der GewSt bei einer PersGes unterliegen. Sie besteuert nicht rückwirkend einen Übernahmegewinn bei der PersGes, sondern einen späteren Gewinn aus der Veräußerung bzw Aufgabe (BFH DStRE 2007, 551). Aus diesem Zweck des Abs 3 ergibt sich, dass es für dessen Anwendung ohne Bedeutung ist, ob die Anteile an der übertragenden Körperschaft gewerbesteuerrechtl verstrickt waren (BFH/NV 2004, 384; BFH BStBl II 2004, 474; aA *Roser* FR 2005, 178). Abs 3 kommt damit ungeachtet dessen zu tragen, ob die Anteile an der umgewandelten Körperschaft zum PV (BFH BStBl II 2004, 474), BV (BFH DStR 2006, 175) oder zum SBV (BFH DStRE 2007, 551) gehört haben.

32 Eine Sicherstellung der GewSt bezogen auf die stillen Reserven der übertragenden Körperschaft kann nur erreicht werden, wenn die nach Abs 3 S 1, 2 ausgelöste GewSt nicht auf die Einkommensteuer der übernehmende natürl Person bzw den Gesellschaftern der übernehmenden PersGes angerechnet werden kann. Abs 3 S 3 schließt daher die Anrechnung nach § 35 EStG aus (BMF-Schrb vom 12.11.2007, BStBl I 108 Rn 9; RHL/*Trossen* Rn 74; *Neu/Hamacher* GmbHR 2012, 280).

33 Abs 3 begründet einen **eigenständigen gewstl Sondertatbestand** zur Vermeidung von Missbräuchen. Abs 3 findet auch dann Anwendung, wenn der Veräußerungsgewinn bereits nach allg Grdsen der GewSt unterliegt, da Abs 3 S 3 für einen Gewinn iSd Abs 3 S 1, 2 die Anwendung des § 35 EStG generell ausschließt. Unterliegt ein Gewinn sowohl nach § 7 S 1, 2 GewStG als auch nach Abs 3 der GewSt, ist Abs 3 vorrangig anzuwenden (BMF-Schrb vom 11.11.2011, BStBl I 1314 Rn 18.09; DPPM/*Pung* Rn 74; Widmann/Mayer/*Widmann* Rn 238.2; Frotscher/Maas/*Schnitter* Rn 130; aA Haritz/Menner/*Bohnhardt* Rn 191).

Abs 3 ist ggü § 42 AO idF des Jahressteuergesetz 2008 lex specialis (Frotscher/Maas/*Schnitter* Rn 71; Widmann/Mayer/*Widmann* Rn 239; aA DPPM/*Pung* Rn 34). Vor der Annahme eines Missbrauches nach § 42 II AO hat die Finanzbehörde nach § 42 I 2 AO zu prüfen, ob das im Einzelfall anzuwendende Einzelsteuergesetz, dh hier Abs 3, eine Regelung enthält, die der Verhinderung der Steuerumgehung dient. Sind die Tatbestandsvoraussetzungen dieser Vorschrift erfüllt, ergeben sich die Rechtsfolgen ausschließl aus dieser Regelung des Einzelsteuergesetzes, § 42 II AO findet keine Anwendung (*Wedelstedt* DB 2007, 2558). Ist der Tatbestand der spezialgesetzl Norm nicht erfüllt, ist nach § 42 I 3 AO Abs 2 der Vorschrift zu prüfen. Nach § 42 II AO liegt ein Missbrauch vor, wenn eine zu einem gesetzl nicht vorgesehenen Steuervorteil beim Stpfl oder einem Dritten führende unangemessene rechtl Gestaltung gewählt wird, für die keine nach dem Gesamtbild der Verhältnisse beachtl außersteuerl Gründe durch den Stpfl nachgewiesen werden. Auch die Neuregelung des § 42 I 2, 3 AO begegnet der Rspr des BFH, nach der der spezielleren Vorschrift im Einzelsteuergesetz im Hinblick auf die allg Regelung des § 42 I bisheriger Fassung eine Abschirmwirkung zukommt (vgl BFH BStBl II 2003, 50; BFH BStBl II 2006, 118); soweit der Spezialtatbestand nicht erfüllt ist, kann nach dieser Rspr auch § 42 AO unter dem Gesichtspunkt der Spezialität nicht zur Anwendung kommen (wie hier Haritz/Menner/*Bohnhardt* Rn 120; vgl Tipke/Kruse/*Kruse/Drüen* AO/FGO § 42 AO Rn 20; aA DPPM/*Pung* Rn 34). Es bleibt abzuwarten, ob die Rspr neben speziellen Missbrauchsvorschriften über § 42 II AO strengere Maßstäbe an die stl Anerkennung von Gestaltungen stellen wird (vgl FG Thüringen EFG 2013, 274). Auch zukünftig ist aber der Rechtsanwender gezwungen, den normativen Maßstab des umgangenen Gesetzes und den der flankierenden speziellen Missbrauchsvorschriften zur Auslegung des § 42 II AO heranziehen (vgl Tipke/Kruse/*Kruse/Drüen* AO/FGO § 42 AO Rn 20b; ebenso im Erg BFH BStBl II 2003, 50; FG Thüringen EFG 2013, 274). Hat der Gesetzgeber durch eine Spezialvorschrift einen missbrauchsverdächtigen Bereich als solchen erkannt und gesetzl abgesteckt, legt er für diesen Bereich die Maßstäbe fest und sichert eine einheitl Rechtsanwendung. Würde man über solche bereichsspezifischen Konkretisierungen über § 42 II AO strenge Maßstäbe und andere Rechtsfolgen knüpfen, so wird gegen das Gebot der Widerspruchsfreiheit verstoßen und Spezialvorschriften inhaltl sinnentleert (Tipke/Kruse/*Kruse/Drüen* AO/FGO § 42 AO Rn 20b). Nur wenn die Auslegung einer Spezialvorschrift ergibt, dass sie den missbrauchsanfälligen Bereich nicht abschl konkretisieren will bzw wenn die Spezialvorschrift ihrerseits missbraucht wird, kann § 42 II AO Anwendung finden (vgl *Drüen* Ubg 2008, 31; Tipke/Kruse/*Kruse/Drüen* AO/FGO § 42 AO Rn 20b; Klein/*Brockmeyer* AO § 42 Rn 88; *Fischer* FR 2000, 452; BFH BStBl II 2003, 50). 34

b) Sachlicher Geltungsbereich. Abs 3 begründet im Ggs zu den übrigen Regelungen des § 18 eine **eigene GewStPfl** (BMF-Schrb vom 11.11.2011, BStBl I 1314 Rn 18.11; Haritz/Menner/*Bohnhardt* Rn 120; DPPM/*Pung* Rn 33; RHL/*Trossen* Rn 39; OFD Frankfurt aM vom 16.8.2000, FR 2000, 1056; *Patt* FR 2000, 1115). Ein Aufgabe- bzw Veräußerungsgewinn unterliegt danach der GewSt, wenn der Betrieb, Teilbetrieb oder ein Mitunternehmeranteil an der übernehmende PersGes innerh von fünf Jahren nach der Umw aufgegeben oder veräußert wird. Gleiches gilt, falls die übernehmende natürl Person innerh der Fünf-Jahres-Frist ihren Betrieb aufgibt bzw veräußert. Die Fünf-Jahres-Frist beginnt mit dem **stl Übertragungsstichtag** (BMF-Schrb vom 35

11.11.2011, BStBl I 1314 Rn 18.05 iVm Rn 06.10; BFM BStBl II 2012, 703; FG Hessen EFG 2009, 1885; RHL/*Trossen* Rn 68; DPPM/*Pung* Rn 44; Widmann/Mayer/*Widmann* Rn 213). Zur Frage, ob bzgl des Endes dieser Frist § 108 III AO zur Anwendung kommt (vgl § 22 Rn 49 mwN). Der Gewinn ist innerh der Fünf-Jahres-Frist auch dann der GewSt zu unterwerfen, wenn die übernehmende **PersGes** oder natürl Person als solche **nicht der GewSt unterliegt** (BMF-Schrb vom 11.11.2011, BStBl I 1314 Rn 18.11; Widmann/Mayer/*Widmann* Rn 229; Haritz/Menner/*Bohnhardt* Rn 135; DPPM/*Pung* Rn 49). Abs 3 findet demnach auch Anwendung, wenn das Verm der übertragenden Körperschaft bei der entstehenden PersGes BV wird, das der LuF bzw der selbstständigen Arbeit dient. Abs 3 findet jedoch keine Anwendung bei übernehmenden Rechtsträgern ohne BV (BMF-Schrb vom 11.11.2011, BStBl I 1314 Rn 18.05; Widmann/Mayer/*Widmann* Rn 145; DPPM/*Pung* Rn 49; RHL/*Trossen* Rn 42; Frotscher/Maas/*Schnitter* Rn 79; *Neu/Hamacher* GmbHR 2012, 280; zur ZebraGes vgl Rn 48) und in den Fällen, in denen der übertragende Rechtsträger die WG mit dem gemeinen Wert angesetzt hat (RHL/*Trossen* Rn 41; *Neu/Hamacher* GmbHR 2012, 280; aA DPPM/*Pung* Rn 47; Widmann/Mayer/*Widmann* Rn 226; zur alten Rechtslage vgl BMF-Schrb vom 25.3.1998, BStBl I 268 Rn 18.07). Die Anwendung des Abs 3 setzt eine **Missbrauchsabsicht** nicht voraus, anders als die Vorgängerregelung kommt Abs 3 auch dann zur Anwendung, wenn für die Veräußerung bzw Betriebsaufgabe ein **triftiger Grund** gegeben ist (Widmann/Mayer/*Widmann* Rn 223; DPPM/*Pung* Rn 46; Frotscher/Maas/*Schnitter* Rn 117; Herrmann/Heuer/Raupach/*Patt* R 20; BFH DStZ 2002, 449 mit Anm *Wacker*). Abs 3 erfasst die Veräußerung oder Aufgabe nach der Umwandlung, nicht hingegen ein zeitliches Zusammenfallen beider Vorgänge (FG Hessen EFG 2009, 1885).

36 Abs 3 erfasst die stillen Reserven **im Zeitpunkt der Veräußerung oder Aufgabe,** nicht im Zeitpunkt der Umw (BFM BStBl II 2012, 703; BFH FR 2008, 33; BMF-Schrb vom 11.11.2011, BStBl I 1314 Rn 18.05; DPPM/*Pung* Rn 45; RHL/*Trossen* Rn 55; Widmann/Mayer/*Widmann* Rn 224). Damit unterliegen der „Nachversteuerung" auch neue, nach dem Umwandlungsstichtag gebildete stille Reserven (BFH FR 2008, 39; BFH BStBl II 2004, 474; BMF-Schrb vom 11.11.2011, BStBl I 1314 Rn 18.05; Widmann/Mayer/*Widmann* Rn 227; DPPM/*Pung* Rn 4; aA für die Zeiträume vor Inkrafttreten des JStG 2008 Haritz/Menner/*Bohnhardt* Rn 172).

37 Str war bisher, ob sich die GewStPfl nach Abs 3 auch auf das **bei der übernehmenden PersGes** oder natürl Person **bereits vorhandene BV** erstreckt (vgl *Söffing* FR 2005, 1007; Widmann/Mayer/*Widmann* Rn 156). Der BFH (BFM BStBl II 2012, 703; BFH DB 2006, 257; BFH/NV 2007, 793; vgl nunmehr auch OFD Münster vom 18.3.2008, BB 2008, 824) verneint eine GewStPfl für solche stillen Reserven, die nachweisbar in den WG vorhanden sind, die bereits vor der Umw zum BV des übernehmenden Rechtsträgers gehört haben und widersprach damit der bis dahin von der FinVerw vertretenen gegenteiligen Auffassung. Durch das Jahressteuergesetz 2008 wurde Abs 3 dahingehend geändert, dass nunmehr ausdrückl der gesamte Auflösungs- oder Veräußerungsgewinn der GewSt auch insoweit unterliegt, als er auf BV des übernehmenden Rechtsträgers entfällt. Abs 3 S 1 idF des Jahressteuergesetzes 2008 ist erstmals auf Umw anzuwenden, bei denen die Anmeldung zur Eintragung in das für die Wirksamkeit der Umw maßgebende öffentl Register nach dem 31.12.2007 erfolgt. Die FinVerw (BMF-Schrb vom 11.11.2011, BStBl I 1314 Rn 18.09) geht davon aus, dass stille Reserven, die bereits vor der Umwandlung in dem Betrieb des aufnehmenden Rechtsträgers vorhanden waren, der Gewerbesteuer unterliegen, wenn die Anmeldung zur Eintragung in das maßgebende öffentliche Register nach dem 31.12.2007 erfolgt ist. Dagegen werden im Hinblick auf die Rechtsprechung des BVerfG zur nachträglichen Verstrickung stiller Reserven nach § 17 EStG (vgl BVerfG GmbHR 2010, 1045) zu Recht verfassungsrechtliche Bedenken geäußert (*Haarmann* JbFSt 2011/2012, 267; *Neu/Hamacher* GmbHR 2012, 280; vgl auch *Wernsmann/Desens* DStR 2008, 221). Von Abs 3 S 1 nicht erfasste sind solche stillen Reserven im Betriebsvermögen, welches erst **nach dem Umwandlungsvorgang** auf den übernehmenden Rechtsträger **übertragen** wurde (Widmann/Mayer/*Widmann* Rn 227.2; Frotscher/Maas/*Schnitter* Rn 126; *Neu/Hamacher* GmbHR 2012, 280; aA DPPM/*Pung* Rn 56; wohl auch aA BMF-Schrb vom 11.11.2011, BStBl I 1314 Rn 18.09).

Gehört das übergehende Verm zu einer **ausl Betriebsstätte,** ist auf den insoweit entstehenden Gewinn aus der Veräußerung bzw Aufgabe GewSt nicht zu erheben. Voraussetzung ist aber, dass das Verm auch noch im Zeitpunkt der Veräußerung oder Aufgabe zu einer ausl Betriebsstätte gehört (RHL/*Trossen* Rn 58; DPPM/*Pung* Rn 57; Widmann/Mayer/*Widmann* Rn 159). **38**

Im Hinblick auf den Sinn und Zweck des Abs 3 unterliegt der **Gewinn** der übernehmenden PersGes dann nicht der GewSt nach Abs 3, wenn er – **bei Fortbestehen der umgewandelten KapGes** – bei dieser auch der **GewSt nicht unterlegen hätte** (RHL/*Trossen* Rn 43; vgl auch DPPM/*Pung* Rn 58; Widmann/Mayer/*Widmann* Rn 161: Abs 3 findet nur Anwendung, wenn sowohl die übertragende Körperschaft als auch die übernehmende PersGes von der GewSt befreit sind). Die erstmalige stl Verstrickung stiller Reserven durch die Anwendung des § 18 steht in Widerspruch zu dem mit einer Missbrauchsvorschrift verfolgten Ziel, eine Gleichmäßigkeit der Besteuerung zu erreichen (Rn 31). **39**

Gehören zum Verm der übernehmenden PersGes auch Anteile an einer KapGes, deren Veräußerung bei natürl Personen als Anteilseigner bzw MU der PersGes nach **§ 3 Nr 40 EStG** dem Halbeinkünfte-/Teileinkünfteverfahren und bei Körperschaft als MU der PersGes nach **§ 8b VI KStG** der Steuerfreistellung unterliegen, so war ursprüngl zweifelhaft, ob diese Befreiung auch für den Veräußerungsgewinn nach Abs 3 gilt. Der durch das RL-Umsetzungsgesetz mit Wirkung ab dem Erhebungszeitraum 2004 eingefügte S 4 des § 7 GewStG regelt nunmehr, dass § 3 Nr 40 und § 3c II EStG bei der Ermittlung des Gewerbeertrags einer Mitunternehmerschaft anzuwenden sind, soweit bei einer Mitunternehmerschaft natürl Personen unmittelbar oder mittelbar über eine oder mehrere andere PersGes beteiligt sind; iÜ ist, so der S 4 des § 7 GewStG, § 8b KStG anzuwenden. Dies gilt auch für Zwecke des Abs 3 (DPPM/*Pung* Rn 60; RHL/*Trossen* Rn 71; Widmann/Mayer/*Widmann* Rn 228.1). **40**

Gehört zum Vermögen der übernehmenden PersGes (OberGes) ein Anteil an einer anderen Mitunternehmerschaft (UnterGes), so wird ein Veräußerungsgewinn von Abs 3 erfasst, wenn die OberGes den Anteil an der UnterGes veräußert (Widmann/Mayer/*Widmann* Rn 179; DPPM/*Pung* Rn 59). Wird ein Anteil an der übernehmenden PersGes (OberGes) veräußert, ist PersGes iSd Abs 3 zwar die OberGes, der Gewinn aus der Veräußerung der Anteile an der OberGes enthält jedoch ggf auch stille Reserven an der UnterGes. Dieser anteilige Gewinn wird durch Abs 3 erfasst (Widmann/Mayer/*Widmann* Rn 180.1; *Neu/Hamacher* GmbHR 2012, 280). Ist Gesellschafter der übernehmenden bzw entstehenden PersGes (UnterGes) eine andere PersGes (OberGes) und wird der **41**

Anteil an der OberGes veräußert, ist der insoweit anteilig auf die stillen Reserven der Beteiligung an der UnterGes entstehende Veräußerungsgewinn nicht von Abs 3 erfasst (Widmann/Mayer/*Widmann* Rn 180; *Neu/Hamacher* GmbHR 2012, 280); es fehlt an einer dem §§ 15 I Nr 2 S 2 EStG entsprechender Regelung in Abs 3 (so auch OFD Koblenz DB 2005, 78; DPPM/*Pung* Rn 67; RHL/*Trossen* Rn 66).

42 Durch das StEntlG 1999/2000/2002 vom 24.3.1999 (BGBl I 402) wurde in Abs 4 S 1 der Begriff **„Vermögensübergang"** durch den Begriff **„Umw" ersetzt.** Diese Gesetzesänderung hat klarstellende Wirkung, sodass auch für die Rechtslage vor dem 1.1.1999 der Formwechsel von Abs 3 erfasst wird (BFH/NV 2008, 109; BFH/NV 2007, 793; BFH BStBl II 2004, 474; Widmann/Mayer/*Widmann* Rn 144; aA *Rose* FR 2005, 1 mwN). IRd § 9 wird näml die formwechselnde Umw aus ertragstl Sicht wie eine übertragende Umw behandelt. Im Übrigen entspricht es dem Sinn und Zweck der Vorschrift, auch bei der formwechselnden Umw, die innerh des Fünf-Jahres-Zeitraums realisierten stillen Reserven der GewSt zu unterwerfen.

43 **c) Veräußerung oder Aufgabe eines Betriebs bzw Teilbetriebs durch den übernehmenden Rechtsträger. Abs 3 S 1** knüpft hinsichtl der GewStPfl ua an die Veräußerung eines **Betriebs** durch den übernehmenden Rechtsträger an. Der Begriff des Betriebs ist wie in § 16 I 1 EStG auszulegen (Haritz/Menner/*Bohnhardt* Rn 144; Widmann/Mayer/*Widmann* Rn 164; Frotscher/Maas/*Schnitter* Rn 34; DPPM/*Pung* Rn 35; RHL/*Trossen* Rn 45; aA wohl Blümich/*Klingberg* Rn 34). Die Veräußerung eines Betriebs liegt vor, wenn sämtl wesentl Betriebsgrundlagen des Betriebs gegen Entgelt in der Weise auf den Erwerber übertragen werden, dass der Betrieb als geschäftl Organismus fortgeführt werden kann. Der Begriff wesentl ist funktional-quantitativ zu bestimmen.

44 Auch bei der Veräußerung bzw Aufgabe eines **Teilbetriebs** unterliegt der dadurch entstehende Auflösungs- oder Veräußerungsgewinn innerh des Fünf-Jahres-Zeitraums der GewSt. Die Veräußerung eines Teilbetriebs setzt voraus, dass sämtl wesentl Betriebsgrundlagen, die den Teilbetrieb bilden, übertragen werden. Der Begriff des Teilbetriebs ist nach hM wie in § 16 I 1 EStG auszulegen (DPPM/*Pung* Rn 64; Widmann/Mayer/*Widmann* Rn 164). Danach liegt eine Veräußerung eines Teilbetriebs vor, wenn sämtl wesentl Betriebsgrundlagen des Teilbetriebs gegen Entgelt in der Weise auf den Erwerber übertragen werden, dass der Teilbetrieb als geschäftl Organismus fortgeführt werden kann. Der Begriff wesentl ist funktional-quantitativ zu bestimmen.

45 Wird ein Teilbetrieb des übernehmenden Rechtsträgers veräußert, so unterliegt dieser Veräußerungsgewinn nur dann der GewSt, wenn der Teilbetrieb zu dem übergehenden Verm gehört hat und die Anmeldung zur Eintragung in das für die Wirksamkeit der Umw maßgebende öffentl Register vor dem 1.1.2008 erfolgte. Da Abs 3 S 1 für die Veräußerung eines Teilbetriebs nur entsprechend gilt, dürfte dies auch für die Zeiträume danach gelten.

46 Die **FinVerw** geht offensichtlich davon aus, dass **Teilbetrieb** iSd Abs 3 in der fusionsrechtlichen Ausprägung zu verstehen ist (BMF-Schrb vom 11.11.2011, BStBl I 1314 Rn 18.05 iVm Rn 15.02). Die FinVerw stellt damit nicht auf die funktional-quantitative Betrachtungsweise ab. Dieses fusionsrechtliche Teilbetriebsverständnis hat insbesondere für die Veräußerung bzw Aufgabe eines Teilbetriebs im Zusammenhang mit Abs 3 erhebliche Auswirkungen. Wird nämlich nur ein dem Teilbetrieb wirtschaftlich zuordenbares positives oder negatives WG

zurückbehalten, liegt keine Teilbetriebsveräußerung vor, Abs 3 findet keine Anwendung (krit DPPM/*Pung* Rn 64 mit dem Hinweis bei Abs 3 gehe es nicht um die Umstrukturierung als solche, sondern um die Aufgabe oder Veräußerung eines Teilbetriebs, was durch die Fusionsrichtlinie nicht geregelt ist).

d) Veräußerung oder Aufgabe eines Anteils an der Personengesell- schaft. Ein Veräußerungs- bzw Aufgabegewinn unterliegt gem Abs 3 S 2 der GewSt, wenn ein Anteil an der übernehmenden bzw entstehenden PersGes veräußert wird. Abs 3 S 2 bezieht sich auf die Veräußerung von Anteilen an der übernehmenden bzw entstehenden PersGes (vgl auch Rn 41). 47

Wurde auf eine **ZebraGes** verschmolzen (vgl § 8 Rn 10) und wird der im BV 48 gehaltene Anteil an der übernehmenden PersGes innerh von fünf Jahren nach der Umw aufgegeben oder veräußert, so findet Abs 3 S 2 Alt 2 Anwendung, da diese Regelung von einem „Anteil an einer PersGes" und nicht von einem Mitunternehmeranteil spricht (aA RHL/*Trossen* § 8 Rn 43; vgl auch Frotscher/Maas/*Schnitter* Rn 79). Die FinVerw geht davon aus, dass bei der Verschmelzung auf eine ZebraGes das Vermögen des übertragenden Rechtsträgers in keinem Fall Betriebsvermögen der übernehmenden PersGes wird (BMF-Schrb vom 11.11.2011, BStBl I 1314 Rn 03.16). Veräußert ein Gesellschafter einer ZebraGes seinen Anteil an dieser Ges, so dürfte nach Auffassung der FinVerw Abs 3 keine Anwendung finden (vgl BMF-Schrb vom 11.11.2011, BStBl I 1314 Rn 18.05; ebenso Frotscher/Maas/*Schnitter* Rn 79).

Abs 3 S 2 erfasst auch den Fall der Veräußerung eines **Teils eines Mitunter- nehmeranteils** (BMF-Schrb vom 11.11.2011, BStBl I 1314 Rn 18.06; BFH/NV 2008, 109; DPPM/*Pung* Rn 68; RHL/*Trossen* Rn 65; Widmann/Mayer/*Widmann* Rn 181). War der Gesellschafter des übertragenden Rechtsträgers bereits vor der Verschm MU der übernehmenden PersGes und wurde die Umw vor dem 1.1.2008 beim maßgebl öffentl Register angemeldet, so erfasst der Missbrauchstatbestand des Abs 3 nicht den gesamten Mitunternehmeranteil, sondern greift quotal nur insoweit ein, als der veräußerte oder aufgegebene Mitunternehmeranteil die Gegenleistung für den an der übertragenden Körperschaft untergehenden Anteil wertmäßig repräsentiert. Erfolgte die Anmeldung erst danach, dürfte Abs 3 S 2 auf den gesamten Gewinn Anwendung finden. 49

Zum Mitunternehmeranteil gehört nicht nur das Gesamthandvermögen, son- 50 dern auch das SBV. Soweit bereits vor der Umw SBV bei der übernehmenden PersGes bestanden hat, unterliegt dieser anteilige Veräußerungs- bzw Aufgabegewinn nicht der Besteuerung mit GewSt gem Abs 3 S 2, wenn die Anmeldung der Umw zur Eintragung in das zuständige öffentl Register vor dem 1.1.2008 erfolgte. Erfolgte die Anmeldung erst danach, dürfte Abs 3 S 2 auf den gesamten Gewinn Anwendung finden. Wird ausschließlich das Sonderbetriebsvermögen veräußert, so findet Abs 3 keine Anwendung. Gleiches gilt, wenn der Mitunternehmeranteil ohne das Sonderbetriebsvermögen veräußert wird (*Neu/Hamacher* GmbHR 2012, 280). Entsprechendes gilt, wenn der Teil eines Mitunternehmeranteils veräußert wird. Werden 50% eines Mitunternehmeranteils und nur 30% des Sonderbetriebsvermögens veräußert, so findet Abs 3 nur insoweit Anwendung, als der Gewinn sich auf die 30% des übertragenden Mitunternehmeranteils bezieht, denn nur insoweit wurde der Teil eines Mitunternehmeranteils übertragen.

e) Veräußerung/Aufgabe. Veräußerung bedeutet die **entgeltl Übertra- 51 gung** des rechtl oder wirtschaftl Eigentums durch den übernehmenden Rechtsträger bezogen auf einen Betrieb, Teilbetrieb bzw entgeltl Übertragung eines Mitunternehmeranteils. Es ist ohne Bedeutung, ob die Veräußerung wegen einer Zwangs- oder Notlage erfolgt ist. Die FinVerw (BMF-Schrb vom 11.11.2011, BStBl I 1314 Rn 00.02) geht davon aus, dass Umwandlungsvorgänge grdsl Veräußerungen darstellen, sodass die entsprechenden Sachverhalte unter Abs 3 fallen (BMF-Schrb vom 11.11.2011, BStBl I 1314 Rn 18.07). Ein gewstpfl Gewinn entsteht aber nur dann, wenn im Rahmen der Einbringung bzw Umwandlung es tats zu einer Aufdeckung von stillen Reserven kommt (Widmann/Mayer/*Widmann* Rn 195; Frotscher/Maas/*Schnitter* Rn 88). Bei der Veräußerung gegen wiederkehrende Bezüge gilt Abs 3, das Wahlrecht nach R 16 XI EStR 2011 aber nicht (BMF-Schrb vom 11.11.2011, BStBl I 1314 Rn 18.06; FG Köln DStRE 2011, 894; DPPM/*Pung* Rn 35; aA *Neu/Hamacher* GmbHR 2012, 280; *Neu/Schiffers/Watermeyer* GmbHR 2011, 729). Besteht die Gegenleistung aus umsatz- oder **gewinnabhängigen Bezügen,** soll Abs 3 keine Anwendung finden, da nachträgliche Einkünfte vorliegen und damit kein Veräußerungsgewinn erzielt wird (*Neu/Hamacher* GmbHR 2012, 280). Erfolgt die Übertragung gegen Versorgungsleistungen, kommt es nicht zu einer Aufdeckung von stillen Reserven, sodass ein gewstpfl Gewinn nicht entsteht (*Neu/Hamacher* GmbHR 2012, 280; vgl BMF-Schrb vom 11.3.2010, BStBl I 227 Rn 5, Rn 23). Nach Auffassung des FG Niedersachsen (EFG 2009, 1691) steht die Veräußerung sämtlicher Mitunternehmeranteile in einem sachlichen und zeitlichen Zusammenhang der Veräußerung des Betriebs gleich. Kommt es zu einer vollentgeltlichen Übertragung, findet auf den Erwerber die fünfjährige Sperrfrist des Abs 3 keine Anwendung, eine Rechtsnachfolge scheidet insoweit mangels gesetzlicher Grundlage aus (*Neu/Hamacher* GmbHR 2012, 280; zur Besonderheit der Einbringung vgl Rn 54).

52 Die **unentgeltliche Übertragung** nach § 6 III EStG ist keine Veräußerung. Der unentgeltliche Rechtsnachfolger soll jedoch für den Rest der Fünf-Jahres-Frist des Abs 3 in die Rechtsstellung seines Rechtsvorgängers eintreten (BMF-Schrb vom 11.11.2011, BStBl I 1314 Rn 18.08; DPPM/*Pung* Rn 36; Haritz/Menner/*Bohnhardt* Rn 156; RHL/*Trossen* Rn 46; Frotscher/Maas/*Schnitter* Rn 86; vgl auch zur unentgeltlichen Übertragung eines Mitunternehmeranteils im Wege des Erbfalls BFH BStBl II 2004, 474). Dem kann nicht gefolgt werden, da § 6 III EStG eine solche Rechtsnachfolge nicht vorsieht (zu Recht zweifelnd daher Widmann/Mayer/*Widmann* Rn 188). Werden nicht sämtliche funktional wesentlichen Betriebsgrundlagen (vgl BMF-Schrb vom 3.3.2005, BStBl I 458) übertragen, gilt § 6 III EStG nicht. Hinsichtlich der aufgedeckten stillen Reserven soll Abs 3 anwendbar sein (BMF-Schrb vom 11.11.2011, BStBl I 1314 Rn 18.08). Zum Entstehen eines Gewinns auf Grund von § 6 III 2 EStG vgl *Neu/Hamacher* GmbHR 2012, 280.

53 Kommt es zu einer **teilentgeltlichen Übertragung,** findet § 6 III EStG Anwendung, wenn der Kaufpreis unter dem Buchwert des übertragenen Vermögens liegt, Abs 3 gilt nicht. Ist der Kaufpreis höher als der Buchwert, unterliegt die Differenz der Steuer nach Abs 3 (BMF-Schrb vom 11.11.2011, BStBl I 1314 Rn 18.08; DPPM/*Pung* Rn 37; Frotscher/Maas/*Schnitter* Rn 87; *Neu/Hamacher* GmbHR 2012, 280). Nach überwiegender Auffassung in der Literatur (DPPM/*Pung* Rn 37; *Wacker* DStZ 2002, 458; *Neu/Hamacher* GmbHR 2012, 280; offengelassen durch BFH BStBl II 2004, 474) soll der teilentgeltliche Rechtsnachfolger für den Rest der Fünf-Jahres-Frist in die Sanktionen des Abs 3 eintreten (ebenso

Widmann/Mayer/*Widmann* Rn 190; Frotscher/Maas/*Schnitter* Rn 87; vgl aber Rn 52).

Wird ein Betrieb, Teilbetrieb oder Mitunternehmeranteil **gegen Gewährung von Gesellschaftsrechten** in eine KapGes oder PersGes nach §§ 20, 24 eingebracht, so liegt ein Veräußerungsgeschäft vor. Soweit ein Gewinn entsteht, findet Abs 3 Anwendung (BMF-Schrb vom 11.11.2011, BStBl I 1314 Rn 18.07; DPPM/*Pung* Rn 38). Dies gilt unabhängig davon, ob die stl Einbringung sich zivilrechtlich im Wege der Gesamt-, Sonder- oder Einzelrechtsnachfolge vollzieht. Der übernehmende Rechtsträger ist für den Rest der Fünf-Jahres-Frist der Vorschrift des Abs 3 unterworfen, es sei denn, die Einbringung erfolgt im Wege der Einzelrechtsnachfolge unter Ansatz des gemeinen Wertes (BMF-Schrb vom 11.11.2011, BStBl I 1314 Rn 18.07). Entsprechendes soll für den Formwechsel iSd § 25 gelten (DPPM/*Pung* Rn 38; Widmann/Mayer/*Widmann* Rn 194 ff; aA Haritz/Menner/*Bohnhardt* Rn 157), was nicht zweifelsfrei ist, da der Formwechsel zwar stl eine Vermögensübertragung darstellt, ein Veräußerungsgeschäft aber im eigentlichen Sinne nicht vorliegt (vgl § 22 Rn 46). Veräußert der Einbringende innerhalb der Sieben-Jahres-Frist des § 22 die als Gegenleistung erhaltenen Anteile, entsteht ein **Einbringungsgewinn I**. Dieser soll unter Abs 3 fallen, sofern die Fünf-Jahres-Frist dieser Vorschrift zum Einbringungsstichtag noch nicht abgelaufen ist (DPPM/*Pung* Rn 38; RHL/*Trossen* Rn 47; Frotscher/Maas/*Schnitter* Rn 88; aA *Plewka/Herr* BB 2009, 2736). Bei der Einbringung eines Betriebs, Teilbetriebs oder Mitunternehmeranteils in eine PersGes gilt das Gesagte entsprechend. Abs 3 findet auch insoweit Anwendung, als der Einbringende an der übernehmenden PersGes beteiligt ist (BMF-Schrb vom 11.11.2011, BStBl I 1314 Rn 18.09; RHL/*Trossen* Rn 48; vgl auch DPPM/*Pung* Rn 39; Widmann/Mayer/*Widmann* Rn 196). 54

Kommt es zu einer **verdeckten Einlage** eines Betriebs, Teilbetriebs oder Mitunternehmeranteils in eine KapGes, unterliegt der dadurch entstehende Gewinn der GewSt nach Abs 3, da eine Betriebsaufgabe vorliegt (BMF-Schrb vom 11.11.2011, BStBl I 1314 Rn 18.08; Frotscher/Maas/*Schnitter* Rn 95; DPPM/*Pung* Rn 41; vgl auch BFH BStBl II 2006, 457). Wird ein Betrieb, Teilbetrieb oder Mitunternehmeranteil verdeckt in eine PersGes eingelegt, liegt ein unentgeltl Erwerb vor, ein gewstpfl Gewinn entsteht nicht (DPPM/*Pung* Rn 41; Frotscher/Maas/*Schnitter* Rn 95). Die Überführung von einzelnen Wirtschaftsgütern nach § 6 V EStG ist keine Veräußerung, soweit sie unentgeltlich erfolgt; der rückwirkende Teilwertansatz nach § 6 V 4 ff EStG fällt nicht unter Abs 3 (DPPM/*Pung* Rn 41; Widmann/Mayer/*Widmann* Rn 183; aA RHL/*Trossen* Rn 49), da in diesem Fall die Veräußerung eines WG und nicht eines Betriebs oder Teilbetriebs gegeben ist. 54a

Wird eine **PersGes real geteilt,** so entsteht kein gewstpfl Gewinn, wenn die Realteilung sich gem § 16 III 2 EStG steuerneutral vollzieht (Widmann/Mayer/*Widmann* Rn 204; DPPM/*Pung* Rn 77; Haritz/Menner/*Bohnhardt* Rn 162). Nach hA (Widmann/Mayer/*Widmann* Rn 204; DPPM/*Pung* Rn 77) soll der übernehmende Mitunternehmer jedoch in die Rechtstellung der PersGes eintreten und damit die Fünf-Jahres-Frist des Abs 3 fortführen. Dem kann nicht gefolgt werden, da § 16 III 2 EStG eine solche Rechtsnachfolge nicht anordnet. Soweit die Realteilung sich nicht steuerneutral vollzieht, weil beispielsweise ein Spitzenausgleich geleistet wird, findet Abs 3 Anwendung (Widmann/Mayer/*Widmann* Rn 205). Soweit bei der Realteilung einzelne Wirtschaftsgüter übertragen worden sind und es auf Grund des § 16 II 3 EStG nachträglich zu einer Gewinnrealisierung 55 kommt, gilt Abs 3 nicht, da hier nur einzelne Wirtschaftsgüter und nicht ein Betrieb, Teilbetrieb oder Mitunternehmeranteil aufgegeben bzw veräußert wird (Widmann/Mayer/*Widmann* Rn 206.1; DPPM/*Pung* Rn 77; aA Haritz/Menner/*Bohnhardt* Rn 162; RHL/*Trossen* Rn 52).

56 **Scheidet eine natürl Person als Gesellschafter** innerh der Fünf-Jahres-Frist aus der übernehmenden PersGes gegen Abfindung **aus,** so liegt eine Veräußerung seines Anteils an der übernehmenden PersGes vor. Der dadurch entstehende Veräußerungsgewinn ist ggf nach Abs 3 gewstpfl (Widmann/Mayer/*Widmann* Rn 207; aA *Bien ua* DStR Beilage zu Heft 17/1998, 34, da bei der PersGes das Verm verbleibt und diese fortgeführt wird).

57 Eine **Betriebsaufgabe** liegt vor, wenn die bisherige gewerbl Tätigkeit endgültig eingestellt wird. Die Betriebsaufgabe setzt des Weiteren voraus, dass alle wesentl Betriebsgrundlagen in einem einheitl Vorgang in das PV überführt oder aber an verschiedene Erwerber veräußert oder teilweise veräußert oder in das PV überführt wird. Von einer Betriebsaufgabe ist nicht auszugehen, wenn nur einige WG aus dem BV der übernehmenden PersGes entnommen werden, da es unter diesen Voraussetzungen nicht zu einer Aufgabe eines Betriebs oder Teilbetriebs kommt (Widmann/Mayer/*Widmann* Rn 210; DPPM/*Pung* Rn 42 f; *Siebert* DStR 2000, 758; *Bien ua* DStR Beilage zu Heft 17/1998, 34; vgl auch *Patt* FR 2000, 1115 der mit der Begr, bei Abs 3 handele es sich um eine gewstl Vorschrift, die eine StPfl auslösende Veräußerung bzw Aufgabe nach GewStR bestimmt). Zu einer GewStPfl nach Abs 3 kommt es erst dann, wenn innerh der Fünf-Jahres-Frist das gesamte Verm der übernehmenden PersGes sukzessiv entnommen wird (Widmann/Mayer/*Widmann* Rn 218; *Bien ua* DStR Beilage zu Heft 17/1998, 34). Kommt es außerhalb des Fünf-Jahres-Zeitraums zur Entnahme der letzten wesentl Betriebsgrundlage, findet Abs 3 keine Anwendung, da der schädl Zeitraum verstrichen ist (Widmann/Mayer/*Widmann* Rn 218; *Siebert* DStR 2000, 758, der jedoch fälschlicherweise davon ausgeht, dass insoweit ggf § 42 AO zur Anwendung kommt; vgl dazu Rn 34; aA BMF-Schrb vom 11.11.2011, BStBl I 1314 Rn 18.05 iVm Rn 06.10).

58 Abs 3 kommt auch dann zur Anwendung, wenn die Veräußerung oder Aufgabe aus triftigem Grund erfolgt (BFH BStBl II 2004, 474; DPPM/*Pung* Rn 46; Widmann/Mayer/*Widmann* Rn 223).

59 **f) Steuerliche Folgen.** Abs 3 bezieht sich auf den Aufgabe- bzw Veräußerungsgewinn, der zum Zeitpunkt der Veräußerung/Aufgabe des Betriebs, Teilbetriebs bzw Mitunternehmeranteils zu ermitteln ist (BMF-Schrb vom 11.11.2011, BStBl I 1314 Rn 18.09; BFH FR 2006, 422; RHL/*Trossen* Rn 55; Widmann/Mayer/*Widmann* Rn 224; DPPM/*Pung* Rn 45). Zu einer nachträgl Versteuerung des Umwandlungsvorgangs selbst kommt es nicht. Der auf den Aufgabe- oder Veräußerungsgewinn iSd Abs 3 S 1, 2 beruhende Teil des Gewerbesteuermessbetrags ist bei der Ermäßigung der Einkommensteuer nicht zu berücksichtigen (Abs 3 S 3). Die Vorschrift hat nach Auffassung des BFH klarstellende Wirkung (BFH BStBl II 2010, 912). Unterliegt ein Gewinn sowohl nach § 7 S 1, 2 GewStG als auch nach Abs 3 der Gewerbesteuer, so ist Abs 3 vorrangig anzuwenden (FG Rheinland-Pfalz EFG 2012, 771; BMF-Schrb vom 11.11.2011, BStBl I 1314 Rn 18.09; DPPM/*Pung* Rn 74; Frotscher/Maas/*Schnitter* Rn 130; Widmann/Mayer/*Widmann* Rn 238.2; *Neu/Hamacher* GmbHR 2012, 280; aA Haritz/Menner/*Bohnhardt* Rn 191). Kommt es zu einer Betriebsaufgabe nach § 16 IIIa EStG, kann die auf diesen Gewinn entfallende festgesetzte Einkommensteuer in EU-/

EWR-Fällen nach § 36 V EStG zinslos auf fünf Jahre gestreckt werden. Im Grds wird eine etwaige Gewerbesteuer wegen der insoweit ausgelösten Steuerermäßigung bei der Ermittlung der festzusetzenden Einkommensteuer mindernd berücksichtigt. Findet jedoch bezogen auf die Entstrickung Abs 3 Anwendung, scheidet nach Abs 3 S 3 eine Gewerbesteuerermäßigung aus. Abs 3 sieht keine Stundung für die Gewerbesteuer vor (vgl dazu auch *Neu/Hamacher* GmbHR 2012, 280). Auch im Regelungsbereich des Abs 3 ist der Freibetrag nach § 16 IV EStG zu berücksichtigen (FG Münster EFG 2012, 993).

Abs 3 stellt ausschließl auf Veräußerungs- bzw Aufgabe**gewinne** ab, die Vorschrift erwähnt nicht Verluste, obwohl das Gesetz ansonsten zwischen Gewinnen und Verlusten sprachl diff (vgl § 4 IV 1; Abs 2). Entstehen damit durch die Veräußerung oder Aufgabe Verluste, so sollen diese beim Gewerbeertrag nicht berücksichtigt werden (BMF-Schrb vom 11.11.2011, BStBl I 1314 Rn 18.10; Widmann/Mayer/*Widmann* Rn 233; DPPM/*Pung* Rn 48; Haritz/Menner/*Bohnhardt* Rn 181; aA *Neu/Schiffers/Watermeyer* GmbHR 2011, 729). **60**

Die erweiterte GewStPfl trifft den übernehmenden Rechtsträger, er ist **Steuerschuldner,** und zwar selbst dann, wenn er iÜ nicht gewstpfl ist (BMF-Schrb vom 11.11.2011, BStBl I 1314 Rn 18.11; RHL/*Trossen* Rn 70; FG Hamburg EFG 2009, 1383; Widmann/Mayer/*Widmann* Rn 238). **61**

§ 19 Gewerbesteuer bei Vermögensübergang auf eine andere Körperschaft

(1) **Geht das Vermögen der übertragenden Körperschaft auf eine andere Körperschaft über, gelten die §§ 11 bis 15 auch für die Ermittlung des Gewerbeertrags.**

(2) **Für die vortragsfähigen Fehlbeträge der übertragenden Körperschaft im Sinne des § 10a des Gewerbesteuergesetzes gelten § 12 Abs. 3 und § 15 Abs. 3 entsprechend.**

Schrifttum: Schrifttum bis 2000 siehe 4. Auflage sowie zu § 18; *Hierstetter/Schwarz,* Übertragung einer verlustbehafteten KG-Beteiligung zwischen Kapitalgesellschaften durch Verschmelzung oder Spaltung, DB 2002, 1963; *Dötsch/Pung,* Richtlinien-Umsetzungsgesetz: Die Änderung des EStG, des KStG und des GewStG, DB 2005, 10; *Schoer/Starke,* Die beteiligungshöhenunabhängige Schachtelprivilegierung in der Gewerbesteuer nach Verschmelzung, FR 2007, 488; *Behrendt/Arjes,* Gewerbesteuerliche Unternehmeridentität bei Verschmelzung von Kapitalgesellschaften, DStR 2008, 811; *Ernst,* Das gewerbesteuerliche Schachtelprivileg bei Umwandlungsvorgängen, Ubg 2012, 678.

1. Allgemeines

a) Gewerbesteuerpflicht. Jedes stehende Gewerbe unterliegt gem **§ 2 I GewStG** der GewSt. Nach § 2 II 1 GewStG gilt als Gewerbebetrieb stets und im vollen Umfang die Tätigkeit der KapGes (SE, AG, GmbH, KGaA), eG, VVaG. Gem § 2 III 2 GewStG gilt als Gewerbebetrieb auch die Tätigkeit der sonstigen jur Personen des Privatrechts und der nicht rechtsfähigen Vereine, soweit sie einen wirtschaftl Geschäftsbetrieb unterhalten. Das GewStG bestimmt, ob eine GewStPfl für die übertragende oder übernehmende Körperschaft besteht. Ist dies der Fall, so wird der Gewerbeertrag der übertragenden Körperschaft bzw der übernehmenden Körperschaft gem § 7 GewStG ermittelt. Der Gewerbeertrag ist demgemäß der nach den Vorschriften des KStG zu ermittelnde Gewinn aus **1**

Gewerbebetrieb vermehrt und vermindert um die in §§ 8, 9 GewStG bezeichneten Beträge. Der Erhebungszeitraum für die GewSt ist gem § 14 GewStG das Kj. Besteht die GewStPfl nicht während des ganzen Jahres, so tritt an die Stelle des Kj der Zeitraum der StPfl, wobei maßgebend der Gewerbeertrag nach § 10 GewStG der im Kj bezogene, bei abw Wj der Gewerbeertrag aus dem Wj, das im Erhebungszeitraum endet, ist. Die GewStPfl iSd § 14 GewStG endet nach § 2 V GewStG, sofern ein völliger **Unternehmerwechsel** vorliegt und der Gewerbebetrieb durch den bisherigen Unternehmer als eingestellt gilt. Zu einem Unternehmenswechsel kommt es auch in den Fällen der Gesamtrechtsnachfolge in Form der Verschm einer Körperschaft auf eine andere Körperschaft. Beim Formwechsel einer Körperschaft in eine andere Körperschaft kommt es zu keinem Unternehmerwechsel; § 2 V GewStG liegt nicht vor.

2 **§ 19** knüpft an die gewstl Vorschrift an und ist **ggü der Vorschrift des § 7 GewStG lex specialis** (RHL/*Trossen* Rn 5; DPPM/*Möhlenbrock* Rn 1). Sie begründet keinen neuen gewstl Tatbestand (RHL/*Trossen* Rn 5; Haritz/Menner/*Wisnieswki* Rn 9). § 19 trifft ledigl eine Aussage über die Ermittlung der Besteuerungsgrundlage (Haritz/Menner/*Wisnieswki* Rn 9).

3 § 19 regelt die gewstl Auswirkungen einer Verschm oder Vermögensübertragung (Vollübertragung) oder Spaltung in Form der Auf- und Abspaltung von einer Körperschaft auf eine andere Körperschaft und bestimmt dabei, dass die §§ 11–13, 15 auch für die Ermittlung des Gewerbeertrages nach § 2 V GewStG iVm § 7 GewStG gelten. § 19 betrifft sowohl die **übertragende Körperschaft,** wie sich aus §§ 11, 15 ergibt, die **übernehmende Körperschaft,** wie sich aus der Verweisung auf § 12 ergibt (Frotscher/Maas/*Schnitter* Rn 2; Blümich/*Klingberg* Rn 11), als auch die Anteilseigner der übertragenden Körperschaft (§ 19 iVm § 13).

4 **b) Inhalt der Vorschrift.** Abs 1 bestimmt, dass die §§ 11–13, 15 auch für die Ermittlung des Gewerbeertrages nach § 2 V GewStG iVm § 7 GewStG gelten.

5 Abs 2 regelt – deklaratorisch – die Folgen für die vortragsfähigen Gewerbeverluste iSd § 10a GewStG. Durch den bereits in Abs 1 vorgenommenen Verweis auf § 12, der in Abs 3 auf § 4 II 2 verweist, ist die entsprechende Aussage bereits dort enthalten (RHL/*Trossen* Rn 30).

6 **c) Verhältnis zwischen § 19 und § 18.** § 19 regelt den Vermögensübergang, insbes die Verschm, Auf- oder Abspaltung von einer Körperschaft auf eine andere Körperschaft in Ergänzung zu §§ 11–13, 15. § 18 betrifft demggü den Vermögensübergang durch Verschm, Auf- oder Abspaltung sowie den Formwechsel einer Körperschaft auf/in eine PersGes bzw natürl Person und ergänzt damit die §§ 3–9, 15, 16 für die Ermittlung der GewSt der übertragenden Körperschaft und der übernehmenden PersGes bzw natürl Person.

7 **d) Persönlicher Geltungsbereich.** § 19 bezieht sich sowohl auf die **übertragende** und die **übernehmende Körperschaft,** als auch auf die Anteilseigner der übertragenden Körperschaft. Dies ergibt sich daraus, dass § 19 wohl auf §§ 11 und 15 als auch auf §§ 12, 13 verweist (BMF-Schrb vom 11.11.2011, BStBl I 1314 Rn 19.01; Widmann/Mayer/*Schießl* Rn 4; DPPM/*Möhlenbrock* Rn 2).

2. Gewerbesteuerpflicht des Übertragungsgewinns

8 § 19 verweist auf § 11, der die Wertansätze in der stl Schlussbilanz der übertragenden Körperschaft regelt. Ein sich bei der übertragenden Körperschaft erge-

bende **Übertragungsgewinn** unterliegt gem Abs 1 grdsl der GewSt, und zwar unabhängig davon, ob es zu einer zwangsweisen Aufstockung der Wertansätze in der stl Schlussbilanz kommt oder ein höherer Wertansatz durch Ausübung des Wahlrechts sich ergibt (RHL/*Trossen* Rn 15).

§ 19 begründet keinen neuen GewSt-Tatbestand. Nach Abs 1 werden solche **Gewinne nicht zum Gewerbeertrag** gerechnet, die als solche nicht zum Gewerbeertrag **gehören** (RHL/*Trossen* Rn 5; DPPM/*Möhlenbrock* Rn 4; Widmann/Mayer/*Widmann* Rn 7). Setzt die übertragende Körperschaft in ihrer stl Schlussbilanz eine Beteiligung an einer anderen Körperschaft mit einem über dem BW liegenden Wert an, so findet § 8b KStG Anwendung (BMF-Schrb vom 28.4.2003, BStBl I 292 Rn 23; RHL/*Trossen* Rn 17). Verwaltet und nutzt die übertragende Körperschaft eigenen Grundbesitz iSd § 9 Nr 1 S 2 GewStG, greift die Gewerbeertragsteuerkürzung auch hinsichtl des Übertragungsgewinns (RHL/*Trossen* Rn 17; Haritz/Menner/*Wisniewski* Rn 12; Widmann/Mayer/*Schießl* Rn 11; Frotscher/Maas/*Schnitter* Rn 16). Für den Fall, dass Grundbesitz innerh von 3 Jahren vor der Aufdeckung der stillen Reserven unter dem TW das BV überführt worden ist, regelt § 9 Nr 1 S 5 Nr 2 GewStG idF des RL-Umsetzungsgesetzes vom 15.12.2004 (BGBl I 3310), dass die erweiterte Kürzung nach den S 2 und 3 des § 9 Nr 1 GewStG insoweit nicht zu gewähren ist, als der Gewerbeertrag auf stillen Reserven fällt, die bis zur Übertragung der Grundstücke auf den veräußernden Gewerbebetrieb entstanden sind; diese gesetzl Regelung gilt auch für die steuerneutrale Übertragung des Grundbesitzes in einer KapGes nach § 20 (vgl *Dötsch/Pung* DB 2005, 10). Aus § 9 Nr 3 GewStG ergibt sich, dass die Aufdeckung stiller Reserven in ausl Betriebsstätten nicht der GewSt unterliegt (Widmann/Mayer/*Schießl* Rn 12; Haritz/Menner/*Wisniewski* Rn 11; DPPM/*Möhlenbrock* Rn 5). § 7 S 2 GewStG gilt für Anteile an PersGes. 9

Der Übertragungsgewinn entsteht zum stl Übertragungsstichtag (RHL/*Trossen* Rn 17). Der Anfall der GewSt kann dadurch entfallen, dass die übertragende Körperschaft einen lfd Verlust im Erhebungszeitraum erzielt bzw über gewstl Verluste gem § 10a GewStG verfügt (Widmann/Mayer/*Schießl* Rn 13). Die Gewerbesteuerschuld entsteht in der Person des übertragenden Rechtsträgers, geht jedoch im Wege der Gesamtrechtsnachfolge auf den übernehmenden Rechtsträger über. 10

Ein im Fall der Aufwärtsverschmelzung entstehender Beteiligungskorrekturgewinn nach § 11 II 2 löst nach § 11 II 3 iVm § 8b II 4 f KStG ggf GewSt aus (RHL/*Trossen* Rn 16; DPPM/*Möhlenbrock* Rn 3; Haritz/Menner/*Wisniewski* Rn 8). 11

3. Gewerbesteuerliche Erfassung des Übernahmegewinns

Ein Übernahmegewinn/-Verlust ist nach Abs 1 S 1 iVm § 12 III auch für Zwecke der Ermittlung des Gewerbeertrages grdsl außer Ansatz zu lassen (Widmann/Mayer/*Schießl* Rn 17; DPPM/*Möhlenbrock* Rn 6). 12

Ein auch für die GewSt bedeutsamer Übernahmegewinn entsteht im Falle der Aufwärtsverschmelzung nach § 12 II 2 iVm § 8b III 1 KStG (fünfprozentige Besteuerung) bzw in den Fällen des § 12 II 2 iVm **§ 8b VII, VIII KStG** (vgl Komm zu § 12 Rn 41 ff). 13

Wird die TochterGes auf die MutterGes verschmolzen, sind die Anteile an der übertragenden Körperschaft bei der übernehmenden Körperschaft mit dem BW, erhöht, um in früheren Jahren steuerwirksam vorgenommene Abschreibungen 14 und Abzüge nach § 6b EStG uä Abzügen höchstens aber mit dem gemeinen Wert anzusetzen (vgl § 12 Rn 14 ff). Dieser sog **Beteiligungskorrekturgewinn** unterliegt grdsl der GewSt (DPPM/*Möhlenbrock* Rn 7; RHL/*Trossen* Rn 20).

15 Nach Abs 1 iVm § 12 III, § 4 II, III tritt die übernehmende Körperschaft auch für die Ermittlung des Gewerbeertrages in die stl Rechtsstellung der übertragenden Körperschaft ein. Dies hat insbes Bedeutung für die Besitzzeitanrechnung im Hinblick auf die Regelungen in **§§ 8 Nr 5, 9 Nr 2a, Nr 7 GewStG** (vgl *Ernst* Ubg 2012, 678) und die weitere Abschreibung der übergebenen WG beim übernehmenden Rechtsträger. Nicht abschl geklärt ist, ob es auch zu einer rückwirkenden Zusammenrechnung bisher nicht schachtelbegünstigter Beteiligung (zB 7% plus 9%) kommt (vgl *Ernst* Ubg 2012, 678), die FinVerw dürfte eine rückwirkende Zusammenrechnung nicht akzeptieren (vgl RHL/*Trossen* § 18 Rn 24). Zum Nichtübergang von gewstl Verlustvorträgen vgl Rn 17. Ein evtl Zinsvortrag iSd § 4h EStG geht nicht über.

16 **Übernahmefolgegewinn iSd § 6** stellt keinen steuerfreien Übernahmegewinn iSd Abs 1 iVm § 12 II 1 dar. Der Übernahmefolgegewinn, der eine logische Sekunde nach dem Umwandlungsstichtag beim übernehmenden Rechtsträger durch Konfusion entsteht, unterliegt bei der Umw auf einen gewerbl Betrieb der GewSt (vgl BMF-Schrb vom 11.11.2011, BStBl I 1314 Rn 06.02; RHL/*Trossen* Rn 24; DPPM/*Möhlenbrock* Rn 8; Haritz/Menner/*Wisniewski* Rn 26). Die durch den Übernahmefolgegewinn entstehende Gewerbesteuerbelastung mindert nicht den Übernahmegewinn.

4. Minderung vortragsfähiger Fehlbeträge iSd § 10a GewStG

17 Abs 2 regelt – deklaratorisch – die Folgen für die vortragsfähigen Gewerbeverluste des übertragenden Rechtsträgers iSd § 10a GewStG. Durch den in Abs 1 vorgenommenen Verweis auf § 12, der in Abs 3 auf § 4 II 2 verweist, ist die entsprechende Aussage des Abs 2 bereits in Abs 1 enthalten (RHL/*Trossen* Rn 30). Nach § 12 III iVm § 4 III 2 gehen bei der Verschmelzung verrechenbare Verluste, verbleibende Verlustvorträge, nicht ausgeglichene negative Einkünfte, ein Zinsvortrag nach § 4h I 5 EStG und ein EBITDA-Vortrag nach § 4h I 3 EStG der übertragenden Körperschaft nicht auf den übernehmenden Rechtsträger über. Entsprechendes gilt für die Aufspaltung einer Körperschaft. Es gehen damit sowohl vortragsfähige Fehlbeträge als auch Fehlbeträge des laufenden Erhebungszeitraums unter (DPPM/*Möhlenbrock* Rn 11). Ist die übertragende Körperschaft an einer nachgeordneten Körperschaft beteiligt, kann es zu einem sog schädlichen Beteiligungserwerb nach § 8c I KStG kommen. Bis zum schädlichen Beteiligungserwerb nicht ausgeglichene oder abgezogene negative Einkünfte der nachgeordneten Körperschaft gehen damit quotal oder vollumfänglich ggf verloren. Bezogen auf die gewstl Fehlbeträge der nachgeordneten Körperschaft ist § 10a S 1 GewStG anzuwenden (DPPM/*Möhlenbrock* Rn 13; BMF-Schrb vom 4.7.2008, BStBl I 736 Rn 11). Ist die übertragende Körperschaft an eine PersGes beteiligt, richtet sich das Schicksal des gewstl Fehlbetrags der Mitunternehmerschaft nach § 10a S 10 GewStG idF des JStG 2009. Wurde bis zum Inkrafttreten des JStG 2009 eine KapGes, die Mitunternehmer einer PersGes war, auf eine andere KapGes verschmolzen, minderte sich der gewstl Fehlbetrag in der PersGes um den nach § 10a S 4, 5 GewStG auf die KapGes entfallenden Betrag (DPPM/*Möhlenbrock* Rn 16; Haritz/Menner/*Wischnewski* Rn 35).

18 In Fällen der **Aufspaltung** gehen die nicht ausgeglichenen Verluste des übertragenden Rechtsträgers nach Abs 1 iVm §§ 12 III, 15 III, 4 II 2 unter. In den Fällen der Abspaltung bleibt dagegen für den übertragenden Rechtsträger der auf das zurückbehaltene Verm entfallende Teil des Fehlbetrags bestehen (vgl Komm zu § 15).

5. Besteuerung der Anteilseigner der übertragenden Körperschaft

19 Abs 1 verweist auf § 13. Bei einem Anteilseigner des übertragenden Rechtsträgers ist ein gewstpfl Gewinn im Zusammenhang mit einer Verschm nur denkbar, wenn der Anteilseigner seine Beteiligung in einem gewerbl BV hält (DPPM/*Möhlenbrock* Rn 7). Kommt es durch entsprechende Ausübung des Antragswahlrechts zu einer Buchwertverknüpfung auf der Ebene des Anteilseigners, entsteht kein gewstpfl Gewinn. Werden stille Reserven in den Anteilen des übertragenden Rechtsträgers aufgedeckt und gehören diese Anteile zu einem inl Gewerbebetrieb, unterliegt der realisierte Gewinn der GewSt, soweit nicht § 8b KStG oder § 3 Nr 40 EStG eingreifen (RHL/*Trossen* Rn 27).

20 Bei Ausübung des Wahlrechts nach § 13 II treten die Anteile an der übernehmenden Körperschaft an die Stelle der Anteile an der übertragenden Körperschaft. Die Besitzzeit der Anteile an der übertragenden Körperschaft ist den Anteilen an der übernehmenden Körperschaft für Zwecke des § 9 Nr 2a GewStG zuzurechnen (vgl *Schroer/Starcke* FR 2007, 488). Nicht abschl geklärt ist, ob es auch zu einer rückwirkenden Zusammenrechnung bisher nicht schachtelbegünstigter Beteiligung (zB 7% plus 9%) kommt (vgl *Ernst* Ubg 2012, 678), die FinVerw dürfte eine rückwirkende Zusammenrechnung nicht akzeptieren (vgl RHL/*Trossen* § 18 Rn 24).

Sechster Teil. Einbringung von Unternehmensteilen in eine Kapitalgesellschaft oder Genossenschaft und Anteilstausch

Vorbemerkungen zu §§ 20–23

1. Regelungsinhalt des Sechsten Teils

1 Der Sechste Teil des UmwStG (§§ 20–23) betrifft die sog Einbringungstatbestände, dh die Einbringung eines Betriebs, Teilbetriebs oder Mitunternehmeranteils oder von Anteilen an einer KapGes in eine KapGes oder eine Gen gegen Gewährung neuer Anteile am übernehmenden Rechtsträger. Die Einbringung kann zivilrechtl sowohl im Wege der Einzelrechtsnachfolge als auch im Wege der Gesamtrechtsnachfolge erfolgen.

2 Der **Anwendungsbereich der §§ 20 ff** wurde durch das SEStEG erweitert (vgl dazu § 20 Rn 2 ff; § 21 Rn 11 ff), sie gelten insbes auch für grenzüberschreitende Einbringungen unter Beteiligung von Rechtsträgern, die EU/EWR-Ges oder in der EU oder dem EWR ansässige natürl Personen sind. Soweit der einbringende Rechtsträger in einem Drittstaat ansässig ist, kann eine steuerneutrale Einbringung unter den sonstigen Voraussetzungen erfolgen, wenn das dt Recht der Besteuerung des Gewinns aus der Veräußerung der im Rahmen als Gegenleistung erhaltenen Anteile weder ausgeschlossen noch beschränkt ist (§ 1 IV Nr 2 lit b). Als übernehmende Rechtsträger kommen nicht mehr nur unbeschränkt stpfl KapGes (vgl § 20 I aF) oder in einem EU-Staat ansässige KapGes (vgl § 23 I-III aF) in Betracht, vielmehr sind zukünftig auch Einbringungen in einem EWR-Staat ansässige KapGes steuerneutral mögl. Eine steuerneutrale Einbringung in Drittstaaten-KapGes ist aber auch weiterhin steuerneutral nicht zulässig (§ 1 IV Nr 1 iVm II Nr 1).

3 § 20 aF regelte die Einbringung eines Betriebs, Teilbetriebs, Mitunternehmeranteils und die Einbringung von mehrheitsvermittelnden Anteilen an einer KapGes in eine andere unbeschränkt stpfl KapGes gegen Gewährung neuer Anteile. Durch das SEStEG wird nunmehr die Einbringung eines Betriebs, Teilbetriebs oder Mitunternehmeranteils durch § 20 und der Anteilstausch durch § 21 geregelt. Sofern Anteile an einer KapGes zu einem Betrieb, Teilbetrieb oder Mitunternehmeranteil gehören und zusammen damit eingebracht werden, finden für diese Anteile § 20 bzgl der Rechtsfolgen § 22 II Anwendung (vgl Rn 26).

4 **§§ 20 II 1, 21 I 1** bestimmen den Grds, dass die eingebrachten WG bzw die übertragenen Anteile grdsl mit dem gemeinen Wert anzusetzen sind. Auf Antrag ist ein Buchwert- oder Zwischenwertansatz mögl, wenn die gesetzl Voraussetzungen erfüllt sind, insbes bei der Sacheinbringung iSd § 20 das dt Besteuerungsrecht bezogen auf die Veräußerung der eingebrachten WG nicht ausgeschlossen oder beschränkt wird. Ein steuerneutraler Anteilstausch ist auf entsprechenden Antrag hin mögl, wenn der übernehmende Rechtsträger nach der Einbringung aufgrund ihrer Beteiligung einschl der eingebrachten Anteile nachweisl unmittelbar die Mehrheit der Stimmrechte an der erworbenen Gesellschaft hat (qualifizierter Anteilstausch, § 21 I 2).

5 Für die Besteuerung des Einbringenden ist der Wertansatz des eingebrachten Verm bzw der eingebrachten Anteile bei der übernehmenden KapGes maßgebend. Etwas anderes gilt beim Anteilstausch über die Grenze, wenn für die einge-

brachten Anteile nach der Einbringung das Recht der BRD hinsichtl der Besteuerung des Gewinns aus der Veräußerung dieses Anteils ausgeschlossen oder beschränkt ist, bzw der Anteilstausch aufgrund Art 8 der FusionsRL nicht besteuert werden darf; in diesen Fällen ist eine grenzüberschreitende Buchwertverknüpfung nicht mehr Voraussetzung für die Steuerneutralität (§ 21 II 3).

Die Besteuerungsfolgen der Einbringung auf der Ebene der Anteilseigner sind nunmehr auch in **§ 22** geregelt. Das ursprüngliche Konzept der einbringungsgeborenen Anteile wurde im Grds aufgegeben. Die als Gegenleistung für die Einbringung nach **§ 20** gewährten Anteile am übernehmenden Rechtsträger können – vorbehaltl der Regelung in Abs 3 S 4 – zukünftig nach den allg Grdsen (§ 17 VI iVm § 3 Nr 40 EStG, § 8 b II KStG) veräußert werden. Kommt es zu einer Veräußerung dieser als Gegenleistung für eine Einbringung nach § 20 erhaltenen Anteile innerh einer Sperrfrist von sieben Jahren, so sind die stillen Reserven zum Einbringungszeitpunkt nachträgl zu ermitteln. Zu einer Besteuerung dieser stillen Reserven kommt es bezogen auf den Einbringungszeitpunkt, es liegt ein rückwirkendes Ereignis iSd § 175 I Nr 2 AO vor. Der zum Einbringungszeitpunkt ermittelte Einbringungsgewinn ist der Betrag, um den der gemeine Wert des eingebrachten BV (Betrieb, Teilbetrieb, Mitunternehmeranteil) im Einbringungszeitpunkt nach Abzug der Kosten für den Vermögensübergang, den Wert, mit dem die übernehmende Ges dieses eingebrachte BV angesetzt hat, übersteigt. Dieser Gewinn reduziert sich hinsichtl seiner Besteuerung für jedes, seit dem Einbringungszeitpunkt abgelaufenen Zeitjahr, um ein Siebtel **(„Einbringungsgewinn I“).** Der Einbringungsgewinn I gilt als Veräußerungsgewinn iSd § 16 EStG und als nachträgl AK der bei der ursprüngl Einbringung erhaltenen Anteile (§ 22 I 4). Nach **§ 23 II** kann der übernehmende Rechtsträger den versteuerten Einbringungsgewinn I auf Antrag „als Erhöhungsbetrag ansetzen“, und zwar im Wj der Veräußerung der Anteile. Dies bedeutet, dass der entsprechende Wert in der StB des übernehmenden Rechtsträgers bei den jew WG gewinnmindernd hinzuaktiviert werden kann. Ein Erhöhungsbetrag ist jedoch nur anzusetzen, soweit das eingebrachte BV im Zeitpunkt der Veräußerung der Anteile noch zum BV gehört hat, es sei denn, dieses wurde zum gemeinen Wert übertragen und der Einbringende hat die auf die Einbringung entfallende Steuer entrichtet. IÜ ergeben sich die Auswirkungen einer Einbringung bzgl des übernehmenden Rechtsträgers aus **§ 23 I, III–VI.** Danach tritt der übernehmende Rechtsträger hinsichtl des übertragenen Verm in die stl Rechtsstellung des Einbringenden ein. Dies betrifft die Bewertung des übernommenen Verm, die Fortführung der Abschreibung sowie die Rücklagen. 6

In den Fällen des qualifizierten Anteilstausch iSd **§ 21 I** kommt es zu einer rückwirkenden Besteuerung des Einbringungsvorgangs, soweit iRe Anteilstauschs unter dem gemeinen Wert eingebrachte Anteile innerh eines Zeitraums von sieben Jahren nach dem Einbringungszeitpunkt durch den übernehmenden Rechtsträger veräußert werden und der Einbringende keine durch § 8 II KStG begünstigte Person ist. Auch hier stellt die Veräußerung der erhaltenen Anteile ein rückwirkendes Ereignis iSd § 175 I 1 Nr 2 AO dar. Es entsteht ein sog **Einbringungsgewinn II.** Dieser Einbringungsgewinn II ist der Betrag, um den der gemeine Wert der eingebrachten Anteile im Einbringungszeitpunkt nach Abzug der Kosten für den Vermögensübergang den Wert, mit dem der Einbringende die erhaltenen Anteile eingesetzt hat, übersteigt, vermindert um jew ein Siebtel für jedes seit dem Einbringungszeitpunkt abgelaufenen Zeitjahres. Der im Zeitpunkt der Anteilsveräußerung maßgebende Einbringungsgewinn gilt beim Einbringen als Gewinn aus der Veräußerung von Anteilen und als nachträgl AK der erhaltenen 7

Anteile. Gem § 22 II 4 erhöhen sich nachträgl die AK der Anteile entsprechend dem Einbringungsgewinn II.

8 Der Grds der Maßgeblichkeit der HB für die StB wurde auch für die Fälle der Einbringung aufgegeben.

2. Steuersystematische Grundsätze

9 Die Einbringung iSv §§ 20 ff stellt aus der Sicht des Einbringenden einen tauschähnl Veräußerungsakt und aus der Sicht des übernehmenden Rechtsträgers ein Anschaffungsgeschäft dar (BFH BStBl II 2010, 1094; BFH/NV 2010, 2072; BFH/NV 2011, 1850; BMF-Schrb vom 11.11.2011, BStBl I 1314 Rn 20.01; DPPM/*Patt* Vor §§ 20–23 Rn 52; RHL/*Herlinghaus* Rn 2). Die §§ 20 ff ermöglichen es jedoch unter den dort näher beschriebenen Voraussetzungen, den Einbringungsvorgang steuerneutral zu gestalten; dh in der Person des Einbringenden entsteht kein stpfl Veräußerungsgewinn. Damit werden die sich nach allg stl Grdsen ergebenen Rechtsfolgen durch die §§ 20 ff modifiziert. Die §§ 20 ff stellen somit systematisch eine Ausnahme zu dem Grds dar, dass eine Veräußerung zur Aufdeckung von stillen Reserven führt (RHL/*Herlinghaus* Rn 3). Aufgrund ihres Ausnahmecharakters sind die Regelungen der §§ 20 ff nur dann anwendbar, wenn die Voraussetzungen der Sacheinlage gem § 20 I bzw des Anteilstauschs gem § 21 I vorliegen, eine analoge Anwendung der Regelungen auf andere Sachverhalte (zB verdeckte Einlagen) scheidet aus (vgl BT-Drs 16/2710, 36; BFH BStBl II 2006, 457; BMF-Schrb vom 11.11.2011, BStBl I 1314 Rn E 20.10; DPPM/*Patt* Vor §§ 20–23 Rn 12; RHL/*Herlinghaus* Rn 6; vgl auch FG München EFG 2011, 1387: analoge Anwendung des § 20 V, VI im Falle der Einbringung einzelner WG).

3. Auswirkungen der Einbringung auf bereits verwirklichte Sachverhalte

10 Zu beachten ist, dass die Einbringung ggf eine **neue Beurteilung bereits verwirklichter Sachverhalte** in der Person des Einbringenden haben kann, da es iRd Einbringung zu einem Wechsel von BV auf einen anderen Rechtsträger kommt und der Einbringungsvorgang sich als tauschähnl Geschäft darstellt. Die Einbringung kann insbes Auswirkungen auf gesetzl angeordnete **Sperr- und Behaltensfristen** haben (§§ 6 III 2, 6 V 4, 6 V 6, 16 III 3, 16 V EStG, §§ 6 III, 18 III, 22 I, 24 V UmwStG, §§ 5 III, 6 III 2 GrEStG, § 13 a V ErbStG). Wurde die Begünstigung wegen nicht entnommener Gewinne gem **§ 34 a EStG** in Anspruch genommen, kommt es zur Nachversteuerung gem § 34 a VI 1 Nr 2 EStG, und zwar unabhängig von der Ausübung des Antragswahlrechts nach Abs 2, wenn der Betrieb, bei dem diese Begünstigung in Anspruch genommen wurde, in eine KapGes eingebracht wird. Gleiches gilt bei der Einbringung eines Mitunternehmeranteils, soweit die Begünstigung nach § 34 a EStG in Anspruch genommen wurde.

§ 20 Einbringung von Unternehmensteilen in eine Kapitalgesellschaft oder Genossenschaft

(1) **Wird ein Betrieb oder Teilbetrieb oder ein Mitunternehmeranteil in eine Kapitalgesellschaft oder eine Genossenschaft (übernehmende Gesellschaft) eingebracht und erhält der Einbringende dafür neue Anteile an der**

Gesellschaft (Sacheinlage), gelten für die Bewertung des eingebrachten Betriebsvermögens und der neuen Gesellschaftsanteile die nachfolgenden Absätze.

(2) [1] **Die übernehmende Gesellschaft hat das eingebrachte Betriebsvermögen mit dem gemeinen Wert anzusetzen; für die Bewertung von Pensionsrückstellungen gilt § 6a des Einkommensteuergesetzes.** [2] **Abweichend von Satz 1 kann das übernommene Betriebsvermögen auf Antrag einheitlich mit dem Buchwert oder einem höheren Wert, höchstens jedoch mit dem Wert im Sinne des Satzes 1, angesetzt werden, soweit**

1. **sichergestellt ist, dass es später bei der übernehmenden Körperschaft der Besteuerung mit Körperschaftsteuer unterliegt,**
2. **die Passivposten des eingebrachten Betriebsvermögens die Aktivposten nicht übersteigen; dabei ist das Eigenkapital nicht zu berücksichtigen,**
3. **das Recht der Bundesrepublik Deutschland hinsichtlich der Besteuerung des Gewinns aus der Veräußerung des eingebrachten Betriebsvermögens bei der übernehmenden Gesellschaft nicht ausgeschlossen oder beschränkt wird.**

[3] **Der Antrag ist spätestens bis zur erstmaligen Abgabe der steuerlichen Schlussbilanz bei dem für die Besteuerung der übernehmenden Gesellschaft zuständigen Finanzamt zu stellen.** [4] **Erhält der Einbringende neben den Gesellschaftsanteilen auch andere Wirtschaftsgüter, deren gemeiner Wert den Buchwert des eingebrachten Betriebsvermögens übersteigt, hat die übernehmende Gesellschaft das eingebrachte Betriebsvermögen mindestens mit dem gemeinen Wert der anderen Wirtschaftsgüter anzusetzen.**

(3) [1] **Der Wert, mit dem die übernehmende Gesellschaft das eingebrachte Betriebsvermögen ansetzt, gilt für den Einbringenden als Veräußerungspreis und als Anschaffungskosten der Gesellschaftsanteile.** [2] **Ist das Recht der Bundesrepublik Deutschland hinsichtlich der Besteuerung des Gewinns aus der Veräußerung des eingebrachten Betriebsvermögens im Zeitpunkt der Einbringung ausgeschlossen und wird dieses auch nicht durch die Einbringung begründet, gilt für den Einbringenden insoweit der gemeine Wert des Betriebsvermögens im Zeitpunkt der Einbringung als Anschaffungskosten der Anteile.** [3] **Soweit neben den Gesellschaftsanteilen auch andere Wirtschaftsgüter gewährt werden, ist deren gemeiner Wert bei der Bemessung der Anschaffungskosten der Gesellschaftsanteile von dem sich nach den Sätzen 1 und 2 ergebenden Wert abzuziehen.** [4] **Umfasst das eingebrachte Betriebsvermögen auch einbringungsgeborene Anteile im Sinne von § 21 Abs. 1 in der Fassung der Bekanntmachung vom 15. Oktober 2002 (BGBl. I S. 4133, 2003 I S. 738), geändert durch Artikel 3 des Gesetzes vom 16. Mai 2003 (BGBl. I S. 660), gelten die erhaltenen Anteile insoweit auch als einbringungsgeboren im Sinne von § 21 Abs. 1 in der Fassung der Bekanntmachung vom 15. Oktober 2002 (BGBl. I S. 4133, 2003 I S. 738), geändert durch Artikel 3 des Gesetzes vom 16. Mai 2003 (BGBl. I S. 660).**

(4) [1] **Auf einen bei der Sacheinlage entstehenden Veräußerungsgewinn ist § 16 Abs. 4 des Einkommensteuergesetzes nur anzuwenden, wenn der Einbringende eine natürliche Person ist, es sich nicht um die Einbringung von Teilen eines Mitunternehmeranteils handelt und die übernehmende Gesellschaft das eingebrachte Betriebsvermögen mit dem gemeinen Wert**

ansetzt. [2]In diesen Fällen ist § 34 Abs. 1 und 3 des Einkommensteuergesetzes nur anzuwenden, soweit der Veräußerungsgewinn nicht nach § 3 Nr. 40 Satz 1 in Verbindung mit § 3c Abs. 2 des Einkommensteuergesetzes teilweise steuerbefreit ist.

(5) **[1]Das Einkommen und das Vermögen des Einbringenden und der übernehmenden Gesellschaft sind auf Antrag so zu ermitteln, als ob das eingebrachte Betriebsvermögen mit Ablauf des steuerlichen Übertragungsstichtags (Absatz 6) auf die Übernehmerin übergegangen wäre. [2]Dies gilt hinsichtlich des Einkommens und des Gewerbeertrags nicht für Entnahmen und Einlagen, die nach dem steuerlichen Übertragungsstichtag erfolgen. [3]Die Anschaffungskosten der Anteile (Absatz 3) sind um den Buchwert der Entnahmen zu vermindern und um den sich nach § 6 Abs. 1 Nr. 5 des Einkommensteuergesetzes ergebenden Wert der Einlagen zu erhöhen.**

(6) **[1]Als steuerlicher Übertragungsstichtag (Einbringungszeitpunkt) darf in den Fällen der Sacheinlage durch Verschmelzung im Sinne des § 2 des Umwandlungsgesetzes der Stichtag angesehen werden, für den die Schlussbilanz jedes der übertragenden Unternehmen im Sinne des § 17 Abs. 2 des Umwandlungsgesetzes aufgestellt ist; dieser Stichtag darf höchstens acht Monate vor der Anmeldung der Verschmelzung zur Eintragung in das Handelsregister liegen. [2]Entsprechendes gilt, wenn Vermögen im Wege der Sacheinlage durch Aufspaltung, Abspaltung oder Ausgliederung nach § 123 des Umwandlungsgesetzes auf die übernehmende Gesellschaft übergeht. [3]In anderen Fällen der Sacheinlage darf die Einbringung auf einen Tag zurückbezogen werden, der höchstens acht Monate vor dem Tag des Abschlusses des Einbringungsvertrags liegt und höchstens acht Monate vor dem Zeitpunkt liegt, an dem das eingebrachte Betriebsvermögen auf die übernehmende Gesellschaft übergeht. [4]§ 2 Abs. 3 und 4 gilt entsprechend.**

(7) **§ 3 Abs. 3 ist entsprechend anzuwenden.**

(8) **Ist eine gebietsfremde einbringende oder erworbene Gesellschaft im Sinne von Artikel 3 der Richtlinie 90/434/EWG als steuerlich transparent anzusehen, ist auf Grund Artikel 10a der Richtlinie 90/434/EWG die ausländische Steuer, die nach den Rechtsvorschriften des anderen Mitgliedstaats der Europäischen Union erhoben worden wäre, wenn die einer in einem anderen Mitgliedstaat belegenen Betriebsstätte zuzurechnenden eingebrachten Wirtschaftsgüter zum gemeinen Wert veräußert worden wären, auf die auf den Einbringungsgewinn entfallende Körperschaftsteuer oder Einkommensteuer unter entsprechender Anwendung von § 26 Abs. 6 des Körperschaftsteuergesetzes und von den §§ 34c und 50 Abs. 6 des Einkommensteuergesetzes anzurechnen.**

(9) **Ein Zinsvortrag nach § 4h Abs. 1 Satz 5 des Einkommensteuergesetzes und ein EBITDA-Vortrag nach § 4h Absatz 1 Satz 3 des Einkommensteuergesetzes des eingebrachten Betriebs gehen nicht auf die übernehmende Gesellschaft über.**

Schrifttum: *Benz/Rosenberg*, Einbringungsvorgänge nach dem RegE des SEStEG, BB Special 8/2006, 51; *Dötsch/Pung* SEStEG: Die Änderung des UmwStG, DB 2006, 2704, 2763; *Hahn*, Kritische Erläuterungen und Überlegungen zum Entwurf des SEStEG, IStR 2006, 797; *Haritz*, Bewertung im Umwandlungssteuerrecht, DStR 2006, 977; *Hörtnagl*, Europäisierung des UmwStR – SEStEG, Stbg 2006, 471; *Patt*, Die steuerliche Behandlung der Einbringung von Unternehmensteilen in eine Kapitalgesellschaft oder europäische Genossenschaft und des Anteilstausch nach dem SEStEG, Der Konzern 2006, 730; *Reiche*, Zur Einordnung von Beteiligungen als wesentliche Betriebsgrundlagen im UmwStR, DStR 2006, 1205; *Ritzer/Rogall/Stangl*, Die Einbringung in eine Kapitalgesellschaft nach dem SEStEG – Grundzüge der geplanten Neuregelung für Inlandssachverhalte, WPg 2006, 1210; *Rödder/Schumacher*, Das kommende SEStEG – Teil II: Das geplante neue UmwStG, DStR 2006, 1525; *Trossen*, Aufgabe der Maßgeblichkeit bei Umwandlungsvorgängen, FR 2006, 617; *Benecke/Schnittger*, Letzte Änderung der Neuregelung des UmwStG und der Entstrickungsnormen durch das SEStEG, IStR 2007, 22; *Förster/Wendland*, Einbringung von Unternehmensteilen in Kapitalgesellschaften – Auswirkungen des SEStEG auf Umwandlungsvorgänge, BB 2007, 631; *Hagemann/Jakob/Ropohl/Viebrock*, SEStEG – Das neue Konzept der Verstrickung und Entstrickung sowie die Neufassung des UmwStG, NWB-Sonderheft 1/2007; *Herlinghaus*, Sacheinbringungen nach dem SEStEG: Verschaffung des wirtschaftlichen Eigentums fällt unter §§ 1 Abs. 3, 20 Abs. 1 UmwStG!, FR 2007, 286; *Ley*, Einbringungen nach §§ 20, 24 UmwStG idF des SEStEG, FR 2007, 109; *Orth*, Einbringung eines wirtschaftlichen Geschäftsbetriebs oder eines Betriebs gewerblicher Art in eine Kapitalgesellschaft nach dem UmwStG idF des SEStEG, DB 2007, 419; *Schönherr/Lemaitre*, Grundzüge und ausgewählte Aspekte bei Einbringung in Kapitalgesellschaften nach dem SEStEG, GmbHR 2007, 459; *Blumers*, Europäische Umwandlungen mit Teilbetrieben, BB 2008, 2041; *Kowallik/Merklein/Scheipers*, Ertragsteuerliche Beurteilung der Anwachsung nach der Änderung des UmwStG aufgrund des SEStEG, DStR 2008, 173; *Schulze zur Wiesche*, Anteile an einer Betriebs-GmbH und an einer Komplementär-GmbH als wesentliche Betriebsgrundlage des Sonderbetriebsvermögens, GmbHR 2008, 238; *Schumacher/Hageböcke*, Umwandlungssteuerrechtliche Rückwirkungsfiktion und Übertragung von Anteilen im Rahmen des § 8 c KStG, DB 2008, 493; *Schumacher/Neumann*, Ausgewählte Zweifelsfragen zur Auf- und Abspaltung von Kapitalgesellschaften und Einbringung von Unternehmensteilen in Kapitalgesellschaften, DStR 2008, 325; *Hendricks/Rogall/Schönfeld,* Probleme der behördlichen Zuständigkeit für die Erteilung verbindlicher Auskünfte in Umwandlungsfällen nach dem Umwandlungssteuergesetz, Ubg 2009, 197; *Blumers* Teilbetriebe und wesentliche Betriebsgrundlage, DB 2010, 1670; *Desens,* Steuerrechtliche Zweifelsfragen bei der Einbringung in Kapitalgesellschaften, DStR 2010 Beihefter zu Heft 46, 80; *Meining/Glutsch,* Immobilien als Teilbetrieb i. S. d. UmwStR, GmbHR 2010, 738; *Panzer/Gebert*, Leistungen zwischen zu spaltenden Rechtsträgern im Rückwirkungszeitraum - Wie weit reicht die Rückwirkungsfiktion?, DStR 2010, 520; *Schmitt/Schloßmacher,* Das Antragswahlrecht im UmwStG am Beispiel einer Einbringung nach § 20 UmwStG, DB 2010, 522; *Schumacher*, Kann ein Mitunternehmeranteil eine wesentliche Betriebsgrundlage für Zwecke des Umwandlungssteuerrechts darstellen?, DStR 2010, 1606; *Stangl/Grundke,* Die Beteiligung an der Komplementär-GmbH bei § 20, DStR 2010, 1871; *Benz/Rosenberg,* Ausgewählte Problemfragen im Zusammenhang mit Einbringung nach §§ 20 ff. UmwStG, DB 2011, 1354; *Greil,* Ein neues Teilbetriebsverständnis im Steuerrecht, StuW 2011, 84; *Hageböke/Stangl,* Umwandlung auf Organgesellschaften: Kopplungserklärung im Zusammenhang mit Billigkeitsregelungen?, GmbHR 2011, 744; *Beinert* mit Anmerkung von Möhlenbrock, Teilbetriebsbegriff nach Umwandlungssteuergesetz, StbJb 2011/2012, 153; *Benz/Rosenberg,* Einbringung von Unternehmensanteilen in Kapitalgesellschaften und Anteilstausch (§§ 20-23 UmwStG), DB Beilage 1/2012 zu Heft 2, 38; *Ernst,* Das gewerbesteuerliche Schachtelprivileg bei Umwandlungsvorgängen, Ubg 2012, 678; *Feldgen,* Der Teilbetrieb im Steuerrecht, Ubg 2012, 459; *Förster,* Der finale Umwandlungssteuererlass 2011 - Wichtige Abweichungen gegenüber der Entwurfsfassung, GmbHR 2012, 237; *Kaeser,* Einbringungstatbestände (§§ 20 ff. UmwStG), DStR 2012 Beihefter zu Heft 2, 13; *Kamphaus/Birnbaum,* Die Personengesellschaft als Einbringende, Ubg 2012, 293; *Neumann*, Spaltung von Kapitalgesellschaften nach dem UmwStE 2011, GmbHR 2012, 141; *Rasche*, Einbringung von Unternehmensteilen in Kapitalgesellschaften oder Genossenschaften nach dem UmwStE 2011, GmbHR 2012, 149; *Patt,* Steuerfreier Buchwertverkauf durch Einbringung nach §§ 20, 21 UmwStG, EStB 2012, 420; *Schneider/Ruoff/Sistermann*, Brennpunkte des Umwandlungssteuererlasses 2011, FR 2012, 1; *Stangl*, Ausgewählte Zweifels- und Praxisfragen zur Einbringung nach dem Umwandlungssteuererlass 2011, GmbHR 2012, 253; *Hageböke/Hendricks,* Behördliche Zuständigkeit bei verbindlichen Auskünften nach § 20 UmwStG, Der Konzern 2013, 106.

Übersicht

1. Regelungsinhalt

1 Nach **Abs 1** können Betriebe, Teilbetriebe, Mitunternehmeranteile oder Teile eines Mitunternehmeranteils gegen Gewährung neuer Anteile in eine KapGes oder Gen eingebracht werden. Die sich daraus ergebenen Rechtsfolgen regeln die Abs 2–8. Der Begriff des Teilbetriebs wird durch das Gesetz nicht definiert. Ob der **Teilbetriebsbegriff des Art 2 lit e der FusionsRL** zukünftig nicht nur bei von der FusionsRL erfassten Sachverhalten, sondern auch bei rein innerdeutschen Einbringungen Anwendung finden soll, ist nicht abschl geklärt (vgl dazu Rn 79 ff). Nach den Vorstellungen des Gesetzgebers (BT-Drs 16/2710, 42) gilt eine zu einem BV gehörende 100%ige Beteiligung an einer KapGes nicht als Teilbetrieb iSd Abs 1.

2 Abs 1 bestimmt nicht, wer **Einbringender** iSd Vorschrift sein kann. Einbringender ist der Rechtsträger, dem die Gegenleistung, dh die neuen Anteile am übernehmenden Rechtsträger zustehen (BMF-Schrb vom 11.11.2011, BStBl I 1314 Rn 20.02; *Benz/Rosenberg* DB Beilage 1/2012 zu Heft 2, 38; *Förster* GmbHR 2012, 237; zu weiteren Einzelheiten vgl Rn 176 ff). Als einbringende Rechtsträger kommen nach § 1 IV 1 Nr 2 lit a, II Nr 1 zunächst in der EU/EWR ansässige natürl Personen oder Ges in Betracht. Hierzu gehören natürl Personen mit Wohnsitz oder gewöhnl Aufenthalt in einem EU/EWR-Mitgliedstaat, die nicht aufgrund eines DBA mit einem Drittstaat als außerh des Hoheitsgebiets der EU/EWR-Staaten ansässig angesehen werden, sowie Ges iSv Art 54 AEUV oder Art 34 EWR-Abkommen, die nach den Rechtsvorschriften eines EU/EWR-Mitgliedstaats gegründet wurden und deren Sitz und Ort der Geschäftsleitung sich innerh des Hoheitsgebiets eines dieser Staaten befindet. Ist Einbringender eine PersGes, so greifen die Einbringungsregelungen nur ein, soweit an der PersGes Körperschaften oder Personenvereinigungen oder Vermögensmassen oder natürl Personen unmittelbar oder mittelbar über eine oder mehrere PersGes beteiligt sind, die die Voraussetzungen iSv § 1 II 1 Nr 1 und 2 erfüllen. Liegen die Voraussetzungen des § 1 IV 2 Nr 2 lit a in der Person des Einbringenden nicht vor (drittstaatansässige oder EU/EWR ansässige PersGes mit Drittstaaten-MU), so findet gem § 1 IV 1 Nr 2 lit b die Regelung des § 20 Anwendung, wenn das Recht der BRD hinsichtl der Besteuerung des Gewinns aus der Veräußerung der erhaltenen Anteile im Zeitpunkt des stl Übertragungsstichtags nicht ausgeschlossen oder beschränkt wird.

3 Die steuerneutrale Einbringung eines Betriebs, Teilbetriebs oder Mitunternehmeranteils setzt weiter voraus, dass die **übernehmende Ges** eine KapGes oder Gen iSv Art 54 AEUV oder Art 34 EWR-Abkommen ist, die nach den Vorschriften eines EU/EWR-Staates gegründet wurde und deren Sitz und Ort der Geschäftsleitung sich innerh des Hoheitsgebiets einer dieser Staaten befindet (§ 1 IV 1 Nr 1, II 1 Nr 1).

Auf ihre unbeschränkte oder beschränkte StPfl kommt es nicht an. Ohne Bedeutung ist auch, wo das eingebrachte Verm gelegen ist. Eine steuerneutrale Einbringung in Drittstaaten-KapGes oder -Gen ist nicht mögl (§ 1 IV Nr 1 iVm II Nr 1).

4 Nach **§ 1 III ist § 20 anzuwenden** auf Verschm, Aufspaltung und Abspaltung von PersGes und PartGes nach §§ 2, 123 I, II, UmwG, auf die Ausgliederung von Vermögensteilen gem § 123 III UmwG und auf den Formwechsel einer PersGes in eine KapGes oder Gen gem § 190 I UmwG sowie auf vglbare ausl Vorgänge. Darüber hinaus kann die Einbringung durch Einzelrechtsnachfolge in eine KapGes oder Gen erfolgen, wobei nach hM (vgl Rn 21) die Übertragung des wirtschaftl Eigentums an den betroffenen Wirtschaftsgütern ausreicht.

5 Nach **Abs 2** hat der übernehmende Rechtsträger das eingebrachte BV grdsl mit dem gemeinen Wert anzusetzen (S 1, 1. HS). Eine Ausnahme gilt lediglich für Pensionsrückstellungen, die mit den Werten nach § 6 a EStG anzusetzen sind (S 1, 2. HS). Auf Antrag hin kann das übernommene BV mit dem Buchwert oder einem ZW angesetzt werden, soweit sichergestellt ist, dass es später bei der übernehmenden Körperschaft der Besteuerung mit KSt unterliegt (S 2 Nr 1), die Passivposten des eingebrachten BV die Aktivposten nicht übersteigen; dabei ist das EK nicht zu berücksichtigen (S 2 Nr 2) und das dt Besteuerungsrecht hinsichtl der Besteuerung des Gewinns aus der Veräußerung des eingebrachten BV bei der übernehmenden Ges nicht ausgeschlossen oder beschränkt (S 2 Nr 3).

6 Abs 2 S 3 enthält Regelungen zum **Antragswahlrecht.** Abs 2 S 4 betrifft den Fall, dass der Einbringende neben neuen Anteilen auch andere WG enthält. Der **Grds der Maßgeblichkeit** der HB für die StB wurde aufgegeben (BT-Drs 16/2710, 43; zu weiteren Einzelheiten vgl Rn 268).

7 Der Wertansatz durch den übernehmenden Rechtsträger bestimmt den **Veräußerungsgewinn** des Einbringenden und die **AK** der neuen Anteile in der Person des Einbringenden **(Abs 3 S 1).** Ausnahmsweise gilt der gemeine Wert des BV im Einbringungszeitpunkt als AK der erhaltenen Anteile, wenn das Recht der BRD hinsichtl der Besteuerung des Gewinns aus der Veräußerung des eingebrachten BV zum Zeitpunkt der Einbringung ausgeschlossen war und dies durch die Einbringung auch nicht begründet wird (Abs 3 S 2). Durch diese Regelung soll verhindert werden, dass stille Reserven auf der Anteilseignerebene zumindest teilw verstrickt werden, obwohl die BRD bezogen auf diese stillen Reserven, vor der Einbringung kein Besteuerungsrecht besaß. Soweit neben den Anteilen am übernehmenden Rechtsträger dem Einbringenden auch andere WG gewährt wurden, ist deren gemeiner Wert bei der Messung der AK der als Gegenleistung erhaltenen Anteile abzuziehen (Abs 3 S 3). Umfasst das eingebrachte BV auch einbringungsgeborene Anteile iSd § 21 I aF, gelten die als Gegenleistung erhaltenen Anteile insoweit auch als einbringungsgeboren iSd § 21 I aF (Abs 3 S 4). Setzt die übernehmende KapGes das auf sie übertragene BV mit dem gemeinen Wert oder ZW an, so entsteht ein **Einbringungsgewinn** in der Person des Einbringenden. Dieser ist unter den Voraussetzungen des **Abs 4** nach §§ 16, 34 EStG begünstigt.

8 Abs 5, 6 enthalten eine stl Rückwirkungsregel. Dabei sieht **Abs 5** vor, dass auf Antrag Einkommen und Verm sowohl des Einbringenden als auch des übernehmenden Rechtsträgers so zu ermitteln sind, als ob das BV mit Ablauf des Übertragungsstichtags iSd Abs 6 übergegangen wäre. Abs 5 S 2 und S 3 enthalten allerdings davon Ausnahmen bei Einlagen bzw Entnahmen nach dem Übertragungsstichtag aber vor Eintragung der Umw/KapErh in das zuständige Register. **Abs 6** def für die jew einschlägigen Einbringungsfälle den stl Übertragungsstichtag. § 2 III, IV ist insoweit entsprechend anzuwenden.

Abs 7 verweist auf § 3 III. Dabei geht es um die Fälle, in denen zum eingebrachten BV eine in einem anderen Mitgliedsstaat gelegene Betriebsstätte gehört, hinsichtl der das dt Besteuerungsrecht durch den Einbringungsvorgang beschränkt wird. Deutschland darf dann den Einbringungsgewinn besteuern, die fiktive ausl Steuer auf den Einbringungsgewinn ist aber anzurechnen. 9

Abs 8 enthält eine Sonderregelung für den Fall, dass einbringende Ges eine in einem anderen Mitgliedstaat ansässige und von der FusionsRL geschützte Ges ist, die nach dt StR als transparent gilt. 10

Abs 9 bestimmt, dass ein Zinsvortrag nach § 4 h I 5 EStG und ein EBITDA-Vortrag nach § 4 h I 3 EStG des eingebrachten Betriebs nicht auf den übernehmenden Rechtsträger übergeht. 11

Einbringungsobjekt: ein Betrieb

2. Der Betrieb als Ganzes

Abs 1 S 1 erfasst die Einbringung eines **Betriebs** in eine KapGes. Das UmwStG enthält keine Begriffsbestimmung des Betriebs. Die Einbringung eines Betriebs in eine KapGes stellt nach hM einen **tauschähnl Veräußerungsvorgang** dar, näml den Fall der Veräußerung gegen Gewährung neuer Anteilsrechte (BFH BStBl II 2010, 1094; BFH/NV 2010, 2072; BFM-Schrb vom 11.11.2011, BStBl I 1314 Rn 20.01; BFH GmbHR 2003, 50; RHL/*Herlinghaus* Rn 2; DPPM/*Patt* Vor §§ 20–23 Rn 52). Dies gilt unabhängig davon, ob sich die Einbringung zivilrechtl in Form der Einzelrechtsnachfolge bzw Sonder- oder Gesamtrechtsnachfolge vollzieht (BFH FR 2004, 272; DPPM/*Patt* Rn 52; aA noch FG Köln EFG 2003, 339). Eine Einbringung gegen Gewährung von Gesellschaftsrechten würde nach der Grundregel des § 16 EStG im Zeitpunkt der Übertragung des wirtschaftl Eigentums zur Aufdeckung der stillen Reserven führen. § 20 setzt diese Rechtsfolge auf Antrag außer Kraft, dh Einbringungsfälle iSd § 20 sind ggü der Grundregel des § 16 EStG privilegiert. Da die Einbringung eines Betriebs grdsl eine Betriebsveräußerung iSd § 16 EStG darstellt und damit auch von der Veräußerung einzelner WG abzugrenzen ist, wurde zum UmwStG 1995 zunächst vertreten, der Begriff „Betrieb" sei im UmwR ebenso auszulegen wie im EStG (BMF-Schrb vom 25.3.1998, BStBl I 268 Rn 20.08, teilw überholt durch BMF-Schrb vom 16.8.2000, DStR 2000, 1603). Nach Auffassung der Rspr (BFH BStBl II 2010, 471; BFH BStBl II 2010, 808) und großen Teilen der Lit muss der Betriebsbegriff insbes der Begriff **„Wesentl Betriebsgrundlage" normspezifisch ausgelegt** werden (L. Schmidt/*Wacker* EStG § 16 Rn 101; Haritz/Menner/*Menner* Rn 135; RHL/*Herlinghaus* Rn 25; DPPM/*Patt* Rn 43; BT-Drs 16/2710, 42; *Förster* GmbHR 2012, 237; *Desens* DStR 2010 Beihefter zu Heft 46, 80). Die FinVerw hat sich dieser Meinung bzgl der Einbringung eines Betriebs (zum Teilbetrieb vgl Rn 88 ff) angeschlossen (BMF-Schrb vom 11.11.2011, BStBl I 1314 Rn 20.06). 12

Im Erg muss der Begriff des Betriebs unter Berücksichtigung der Gesetzessystematik und der mit dem UmwStG beabsichtigten Ziele normspezifisch ausgelegt werden. Ein Betrieb als Ganzes ist dann Gegenstand der Sacheinlage, wenn eine Sachgesamtheit in der sie verbindenden Organisation eingebracht wird, wenn also **alle funktional wesentl Betriebsgrundlagen** in einem einheitl Vorgang auf die übernehmende KapGes übertragen werden. Zudem muss der Einbringende nach Übertragung seine **bisherige Tätigkeit iRd eingebrachten Betriebs beenden** 13

(BFH BStBl II 1996, 527; 1994, 856; L. Schmidt/*Wacker* EStG § 16 Rn 97; ausführl dazu *Tiedtke/Wälzholz* DStR 1999, 217). Dies ergibt sich aus Folgendem:

14 Was unter **Gewerbebetrieb** iSd EStG zu verstehen ist, **def § 15 II EStG.** Es handelt sich um einen mit Gewinnerzielungsabsicht unternommene, selbstständige und nachhaltige Tätigkeit, die sich als Beteiligung am allg wirtschaftl Verkehr darstellt, wenn die Betätigung weder als Ausübung von LuF noch als Ausübung eines freien Berufes bzw einer sonstigen selbstständigen Tätigkeit anzusehen ist. Es lässt sich feststellen, dass das EStG den Begriff des Gewerbebetriebs **tätigkeitsorientiert** def (ausführl dazu *Schmitt,* Zur interpersonalen Übertragung stiller Reserven beim Erbfall im Einkommensteuerrecht, S 54 ff). Die Übertragung des Betriebs setzt damit die Beendigung dieser konkreten Betätigung durch den Einbringenden voraus. Der Gewerbebetrieb hat jedoch auch einen **Objektbezug.** Gewerbl Einkünfte werden in aller Regel sowohl durch eine spezifische Tätigkeit des Unternehmers als auch mit Hilfe des Einsatzes von Kap erwirtschaftet. Beides zusammen bildet die wirtschaftl und stl Grundlage der Einkommensentstehung. Diese Bikausalität der Einkommensentstehung ist der eigentl Grund dafür, Wertveränderungen im BV bei der Ermittlung der Gewinneinkünfte zu berücksichtigen (vgl BFH BStBl II 1996, 527; Kirchhof/Söhn/Mellinghoff/*Kirchhof* EStG § 2 Rn A 105 f). Erforderl für die Einbringung des Betriebs ist somit neben der Einstellung der konkreten gewerbl, freiberufl oder luf Tätigkeit durch den Einbringenden auch die Übertragung des Betriebs als selbstständiger Organismus des Wirtschaftslebens, der im Zeitpunkt der Einbringung besteht und als solcher von der aufnehmenden KapGes **fortgeführt werden kann** (BFH BStBl II 1982, 707; 1992, 380; Bordewin/Brandt/*Merkert* Rn 10; aA *Blumers* DB 1995, 496: Der Betrieb muss fortgeführt werden). Die Übertragung des Betriebs setzt dabei die Einbringung sämtl funktional wesentl Betriebsgrundlagen voraus. Diese funktionale Sichtweise ist darin begründet, dass das UmwStG die Fortführung des bisherigen unternehmerischen Engagements in einer anderen Rechtsform ohne stl Auswirkungen hinsichtl der stillen Reserven ermögl will (Haritz/Menner/*Menner* Rn 135). Insoweit unterscheidet sich das UmwStG von § 16 EStG, der primär eine begünstigte Besteuerung bei der Aufdeckung der stillen Reserven auf einen Schlag beabsichtigt.

15 Auch ein erst **entstehender Betrieb,** der noch nicht werbend tätig ist, kann als Betrieb iSd Abs 1 S 1 eingebracht werden, wenn die wesentl Betriebsgrundlagen bereits vorhanden sind (vgl BFH/NV 2011, 10; DPPM/*Patt* Rn 25; RHL/*Herlinghaus* Rn 23; FG Düsseldorf DStRE 2000, 1136, wonach nicht unbedingt alle wesentl Betriebsgrundlagen vorhanden sein müssen) und bei zielgerichteter Weiterverfolgung des Aufbauplans ein selbstständig lebensfähiger Organismus zu erwarten ist (BFH BStBl II 1989, 458 [zum Teilbetrieb]; Widmann/Mayer/*Widmann* Rn 7; DPPM/*Patt* Rn 26; aA wohl BMF-Schrb vom 11.11.2011, BStBl I 1314 Rn 20.06, da insoweit bezogen auf den Zeitpunkt des Vorliegens eines Betriebs (vgl dazu Rn 27) auf Rn 15.03 UmwStE Bezug genommen wird). Gleiches gilt für einen **auslaufenden** oder einen **verpachteten Betrieb** (BFH/NV 2010, 1450; FG Münster EFG 2009, 1425), solange die wesentl Betriebsgrundlagen noch vorhanden sind und der Betriebsinhaber den Willen zur Betriebsaufgabe noch nicht geäußert hat (Widmann/Mayer/*Widmann* Rn 7; Bordewin/Brandt/*Merkert* Rn 11 mwN; DPPM/*Patt* Rn 25).

16 Betrieb iSd § 20 ist nicht nur der **gewerbl Betrieb,** worunter auch Betriebe gewerbl Art von jur Personen des öffentl Rechts iSv § 1 I 6, § 4 KStG zu rechnen sind, sondern auch ein **luf Betrieb** sowie ein **freiberufl Unternehmen** (Widmann/Mayer/*Widmann* Rn 2; RHL/*Herlinghaus* Rn 28; DPPM/*Patt* Rn 23; Haritz/Menner/*Menner* Rn 121; Frotscher/Maas/*Mutscher* Rn 79). Die Art der Gewinnermittlung ist für die Anwendung des Abs 1 ohne Bedeutung (DPPM/*Patt* Rn 24; RHL/*Herlinghaus* Rn 28). Unabhängig von der konkreten Tätigkeit erfüllt den Betriebsbegriff auch eine **gewerbl geprägte PersGes** iSv § 15 III 2 EStG (ebenso Widmann/Mayer/*Widmann* Rn 3; vgl auch Frotscher/Maas/*Mutscher* Rn 89). Das gilt auch für das an sich vermögensverwaltende Besitzunternehmen iRe **Betriebsaufspaltung** (BFH BStBl II 2001, 321; Widmann/Mayer/*Widmann* Rn 8 aE; Haritz/Menner/*Menner* Rn 147 ff; DPPM/*Patt* Rn 26). Eine Einbringung eines Betriebs iSv Abs 1 S 1 ist auch dann gegeben, wenn eine KapGes – unter den weiteren Voraussetzungen von § 20 – Verm in eine andere KapGes einbringt, das bei einer natürl Person oder einer PersGes PV darstellt bzw zu Einkünfte aus VuV oder KapVerm führen würde (DPPM/*Patt* Rn 28; RHL/*Herlinghaus* Rn 30; anders Widmann/Mayer/*Widmann* Rn 5; Haritz/Menner/*Menner* Rn 10 mit der Behauptung, die Vorschrift erfasse nicht einen Gewerbebetrieb kraft Rechtsform). Die Begründung, bei einer (einbringenden) KapGes sei Betrieb iSv Abs 1 S 1 nur anzunehmen, wenn die Sacheinlage bei einer Einzelperson kein PV darstellen würde, was auch gelte, wenn eine KapGes ledigl Grundbesitz einbringe, der, gehörte er einer natürl Person, zu Einkünfte aus VuV führe, ist nicht überzeugend. Die Tätigkeit einer KapGes gilt stets und in vollem Umfang als Gewerbebetrieb (vgl FG Baden-Württemberg EFG 2000, 1405). Dem entspricht BFH BStBl II 1991, 250, wonach die Tätigkeit einer KapGes in vollem Umfang einen Gewerbebetrieb darstellt, auch wenn die Tätigkeiten nicht unter die Einkunftsarten von § 2 I EStG fallen. Bei Einbringung von Vermögen durch eine ausländische KapGes ist aber zu beachten, dass die Fiktion des § 8 II KStG ggf nicht gilt (Frotscher/Maas/*Mutscher* Rn 98). Auch eine KapGes, deren Haupttätigkeit sich darauf beschränkt, Beteiligungen an anderen KapGes zu halten, unterhält nach Auffassung der FinVerw einen Geschäftsbetrieb; das Halten der Beteiligungen an einer KapGes reicht dafür aus. Die zit abw Auffassung steht nicht in Übereinstimmung mit Sinn und Regelungszweck von Abs 1, widerspricht außerdem dem Grds einheitl Rechtsauslegung und der Gesetzesbegründung (RegEBegr BT-Drs 12/6885, A, Allg Begr), wonach betriebswirtschaftl erwünschte und handelsrechtl mögl Umstrukturierungen nicht durch stl Folgen behindert werden, die ohne die besondere Regelung des UmwStR eintreten würden. Die die abw Auffassung vertretenden Autoren widersprechen sich, wenn sie die Übertragung des Verm einer gewerbl geprägten PersGes als Betriebseinbringung iSv Abs 1 S 1 zulassen (so Widmann/Mayer/*Widmann* Rn 3) und (zutr) bei der Betriebsaufspaltung einen Betrieb iSd Abs 1 S 1 beim Besitzunternehmen annehmen (zB Widmann/Mayer/*Widmann* Rn 8 aE; Bordewin/Brandt/*Merkert* Rn 11). Gegenstand einer Betriebseinbringung können auch Betriebe gewerbl Art von jur Personen des öffentl Rechts (*Orth* DB 2007, 419; DPPM/*Patt* Rn 29; RHL/*Herlinghaus* Rn 31), öffentl Unternehmen oder wirtschaftl Geschäftsbetriebe einer Körperschaft nach § 14 AO sein (BFH/NV 2003, 277; *Orth* DB 2007, 419; DPPM/*Patt* Rn 29) und selbst steuerbefreite Betriebe sein (DPPM/*Patt* Rn 29; RHL/*Herlinghaus* Rn 31).

Die **Fortsetzung des eingebrachten Betriebs** durch die übernehmende 17
KapGes verlangt das Gesetz nicht, so dass sie den eingebrachten Betrieb nicht fortführen muss (Haritz/Menner/*Menner* Rn 136; DPPM/*Patt* Rn 676; Widmann/Mayer/*Widmann* Rn 11; RHL/*Herlinghaus* Rn 29; aA *Blumers* DB 1995, 496).

18 Während eine natürl Person mehrere Betriebe iSv Abs 1 S 1 führen kann (zB BFH BStBl II 1989, 901; BFH/NV 1990, 261; DPPM/*Patt* Rn 35; RHL/*Herlinghaus* Rn 35), können PersGes und KapGes **nur einen** Betrieb iSv Abs 1 S 1, innerh dieses Betriebs aber mehrere Teilbetriebe, betreiben (Bordewin/Brandt/*Merkert* Rn 12; aA Widmann/Mayer/*Widmann* Rn 5). Der **Betrieb einer PersGes** umfasst auch das in der Sonderbilanz eines Gesellschafters ausgewiesene **SBV** (BFH BStBl II 1998, 104; 1995, 890 mwN; BMF-Schrb vom 11.11.2011, BStBl I 1314 Rn 20.07; DPPM/*Patt* Rn 40; Frotscher/Maas/*Mutscher* Rn 81; Haritz/Menner/*Menner* Rn 136; L. Schmidt/*Wacker* EStG § 16 Rn 112; *Kaeser* DStR 2012 Beihefter zu Heft 2, 13).

3. Übertragung aller wesentlichen Betriebsgrundlagen

19 Die FinVerw (BMF-Schrb vom 11.11.2011, BStBl I 1314 Rn 20.05) bestimmt, dass der **Gegenstand der Einbringung** sich nach dem zu Grunde liegenden Rechtsgeschäft richtet, und zwar unabhängig davon, wer Einbringender iSd § 20 (vgl dazu Rn 176 ff) ist (ebenso Widmann/Mayer/*Widmann* Rn 90, 94; *Förster* GmbHR 2002, 237; DPPM/*Patt* Rn 169a; krit *Hötzel/Kaeser* in FGS/BDI UmwStE 2011, 323). Diese Sichtweise hat insbes für die Umstrukturierung von PersGes Bedeutung. Wird bspw eine PersGes auf eine KapGes verschmolzen und im zeitlichen und sachlichen Zusammenhang eine wesentliche Betriebsgrundlage des SBV nur eines Gesellschafters auf den übernehmenden Rechtsträger nicht mitübertragen, kommt es zu einer Aufdeckung sämtlicher stiller Reserven im übertragenen Verm. Gleiches sollte nach Auffassung der FinVerw gelten, wenn der gesamte Betrieb einer PersGes ausgegliedert und in diesem Zusammenhang nur eine wesentliche Betriebsgrundlage des SBV auf den übernehmenden Rechtsträger nicht mitübertragen wird, und zwar unabhängig davon, wer Einbringender in diesem Fall ist (ebenso *Kaeser* DStR 2012 Beihefter zu Heft 2, 13; kritisch Raschke GmbHR 2012, 149). Wird im Gegensatz dazu die Mitunternehmerschaft nicht auf eine GmbH verschmolzen bzw gliedert die PersGes nicht ihren gesamten Betrieb auf eine KapGes aus, sondern bringen die einzelnen Gesellschafter der PersGes ihren Mitunternehmeranteil in die übernehmende KapGes ein, so käme es insoweit nur zu einer gewinnrealisierenden Aufdeckung von stillen Reserven bei dem Gesellschafter, dessen SBV zurückbehalten wurde.

20 Die **Voraussetzungen eines Betriebes** müssen nach Auffassung der FinVerw bereits zum **stl Einbringungsstichtag** vorliegen (BMF-Schrb vom 11.11.2011, BStBl I 1314 Rn 20.06 iVm. Rn 15.03). Maßgeblicher Zeitpunkt für die Beurteilung, ob ein Wirtschaftsgut wesentliche Betriebsgrundlage darstellt, müsste folglich auch dieser stl Übertragungsstichtag sein und nicht der Zeitpunkt der Fassung des Umwandlungsbeschlusses oder, wenn es eines solchen nicht bedarf, der Abschluss des Einbringungsvertrages. Diese Sichtweise der FinVerw hätte zur Konsequenz, dass Veränderungen im übertragenen Verm des Betriebes im Rückwirkungszeitraum keine Auswirkungen auf den Einbringungsvorgang haben. Wird bspw im Rückwirkungszeitraum eine wesentliche Betriebsgrundlage des eingebrachten Betriebes auf einen anderen Rechtsträger übertragen, so steht dies der Steuerneutralität des Einbringungsvorgangs nicht entgegen, da die Übertragung auf Rechnung der übernehmende KapGes erfolgt und für die Steuerneutralität des Einbringungsvorgangs es ohne Bedeutung ist, ob der eingebrachte Betrieb fortgeführt wird, wesentliche Betriebsgrundlagen veräußert werden uä (vgl Rn 17; *Schell/Krohn* DB 2012, 1119; *Dietrich/Kaeser* in FGS/BDI UmwStE 2011,

97f; krit *Neumann* GmbHR 2012, 141). Der Auffassung der FinVerw ist im Ergebnis nicht zu folgen. Maßgebender Zeitpunkt für die Beurteilung, ob ein Betrieb vorliegt oder ein Wirtschaftsgut eine wesentliche Betriebsgrundlage darstellt (vgl Rn 31), ist grundsätzlich der **Zeitpunkt der Fassung des Umwandlungsbeschlusses** oder, wenn es eines solchen nicht bedarf, der **Abschluss des Einbringungsvertrages** bzw der Übergang des wirtschaftlichen Eigentums, wenn dieser erst zu einem späteren Zeitpunkt übergeht (ebenso Widmann/Mayer/*Widmann* Rn 30; RHL/*Herlinghaus* Rn 42; *Benz/Rosenberg* DB Beilage 1/2012 zu Heft 2, 38; *Desens* DStR 2010 Beihefter zu Heft 4, 80; *Kaeser* DStR 2012 Beihefter zu Heft 2, 9; ebenso wohl auch BFH DStR 2010, 1517; BFH BStBl II 2010, 471). Die FinVerw verkennt, dass die Rückbeziehung in § 20 V, VI sich nur auf die Wirkung der Umwandlung, nicht aber auf die Tatbestandsvoraussetzungen der Umwandlung bezieht (aA *Neumann* GmbHR 2012, 141).

Der Betrieb muss im Ganzen eingebracht werden, was bedeutet, dass alle **21**
wesentl Grundlagen des Betriebs auf die KapGes/Gen übergehen. Nach bisher ganz überwiegender Auffassung (BMF-Schrb vom 11.11.2011, BStBl I 1314 Rn 01.43 Rn 20.13; Widmann/Mayer/*Widmann* Rn 9; *Weber/Hahne* Ubg 2011, 420; vgl auch BFH/NV 2012, 902 zu § 24) bedeutet Einbringung nicht unbedingt die Übertragung des bürgerl-rechtl Eigentums, es genügt vielmehr, dass der übernehmende Rechtsträger als **wirtschaftl Eigentümer** iSd § 39 II Nr 1 AO nach der Einbringung anzusehen ist. Unter der Geltung des § 1 III wird dies nunmehr in Frage gestellt. So vertritt *Patt* (DPPM/*Patt* Rn 7; ebenso *Winkeljohann/Fuhrmann* S 830) die Meinung, dass die Verschaffung des wirtschaftl Eigentums keine nach Abs 1 begünstigte Sacheinlage mehr wäre. § 1 III Nr 4 knüpfe näml ausschließl auf Rechtsvorgänge an, welche einen „zivilrechtl Rechtsträgerwechsel" voraussetzen. Diese Auffassung kann nicht überzeugen (ebenso BMF-Schrb vom 11.11.2011, BStBl I 1314 Rn 01.43; RHL/*Herlinghaus* Rn 39; Widmann/Mayer/*Widmann* Rn 236; Frotscher/Maas/*Mutscher* Rn 77; OFD Hannover vom 30.1.2007, DB 2007, 888; *Herlinghaus* FR 2007, 286; *Schumacher/Neumann* DStR 2008, 325; *Förster/Wendland* BB 2007, 631; *Schönherr/Lemaitre* GmbHR 2007, 459). Richtig ist zwar, dass § 1 III Nr 4 auf eine Einzelrechtsnachfolge abstellt. Der Begriff dient jedoch dazu, solche Vorgänge zu beschreiben, die nicht von § 1 III Nr 1–3 erfasst sind, dh keine Gesamtrechtsnachfolge, partiell Gesamtrechtsnachfolge oder einen Formwechsel darstellt, sondern durch Übertragung einzelner WG verwirklicht werden. Auch spricht § 27 I 2 dafür, dass die Übertragung des wirtschaftl Eigentums an den eingebrachten WG die Voraussetzung des Abs 1 erfüllt. Wenn der Gesetzgeber das neue UmwStG angewendet wissen will, „wenn das wirtschaftl Eigentum an den eingebrachten WG nach dem 12.12.2006 übergegangen ist", so will er offensichtl weiterhin für die Einbringungsfälle auf die Übertragung des wirtschaftl Eigentums abstellen.

Die Anwendung des § 20 setzt voraus, dass bei der Einbringung eines Betriebes **22**
sämtliche funktional wesentlichen Betriebsgrundlagen auf den übernehmenden Rechtsträger übertragen werden. Werden **funktional wesentliche Betriebsgrundlagen** im zeitlichen und wirtschaftlichen Zusammenhang mit der Einbringung in eine Kapitalgesellschaft **in ein anderes Verm überführt,** so sind nach Auffassung der FinVerw (BMF-Schrb vom 11.11.2011, BStBl I 1314 Rn 20.07) die Grdse des BFH Urteils vom 11.12.2001 (BStBl II 2004, 447) und vom 25.2.2010 (BStBl II 2010, 726) zu beachten. Das bedeutet, wird in einem zeitlichen und sachlichen Zusammenhang mit der Betriebseinbringung eine funktio-

nal-wesentliche Betriebsgrundlage noch vor der Einbringung (vgl Rn 20) auf einen anderen Rechtsträger übertragen, kommt es in dem eingebrachten Verm zu einer Aufdeckung von stillen Reserven. Nach Auffassung des BFH (BStBl II 2010, 471) ist jedoch die Überführung einer wesentlichen Betriebsgrundlage in ein anderes BV anzuerkennen, sofern sie auf Dauer erfolgt und deshalb andere wirtschaftliche Folgen auslöst, als die Einbeziehung des betreffenden Wirtschaftsgut in den Einbringungsvorgang; § 20 ist unter diesen Voraussetzungen anwendbar (vgl dazu *Benz/Rosenberg* DB Beilage 1/2012 zu Heft 2, 38; *Kaeser* DStR 2012 Beihefter zu Heft 2, 13; *Jebsen* BB 2010, 1192; *Schulze zur Wiesche* DStZ 2011, 513). Der X. Senat des BFH geht davon aus, dass die Anwendbarkeit des § 24 I weder der Regelung des § 42 AO noch der Rechtsfigur des Gesamtplans entgegensteht, wenn vor der Einbringung eine wesentliche Betriebsgrundlage des einzubringenden Betriebs unter Aufdeckung der stillen Reserven veräußert wird und die Veräußerung auf Dauer angelegt ist (BFH/NV 2012, 902; Frotscher/Maas/*Mutscher* Rn 76).

23 Nach richtiger Meinung kann die bloße **Vermietung oder Verpachtung** durch den Einbringenden an die KapGes die Übertragung nicht ersetzen (BMF-Schrb vom 11.11.2011, BStBl I 1314 Rn 20.06; BFH BStBl II 2011, 467; DPPM/*Patt* Rn 8; Haritz/Menner/*Menner* Rn 136; aA *Rödder/Beckmann* DStR 1999, 751; *Götz* DStZ 1997, 551; *Blumers* DB 1995, 496; offen RHL/*Herlinghaus* Rn 38). Die Einbringung stellt einen tauschähnl Veräußerungsakt bzw ein Anschaffungsgeschäft dar (vgl Vor §§ 20–23 Rn 9), deren eigentl eintretenden Rechtsfolgen durch § 20 außer Kraft gesetzt werden. Die Einbringung setzt damit ebenso wie die Veräußerung die Beendigung der bisherigen konkreten gewerbl, freiberufl bzw luf Tätigkeit beim Einbringenden und damit die Übertragung des Verm voraus. Die Einbringung des Betriebs setzt nicht voraus, dass **Miet- bzw Pachtverhältnisse,** die der Einbringende über WG abgeschlossen hat, von der übernehmenden KapGes fortgesetzt werden (Widmann/Mayer/*Widmann* Rn 9; Haritz/Menner/*Menner* Rn 136; aA Bordewin/Brandt/*Merkert* Rn 10; *Blumers* DB 1995, 496; vgl auch Rn 25).

24 Ein Betrieb wird als Ganzes dann eingebracht, wenn sämtl wesentl Betriebsgrundlagen auf die übernehmende KapGes übertragen werden, die Mitübertragung von **WG,** die lediglich **nach wirtschaftlichen Zusammenhängen dem Betrieb zuordenbar sind,** ist auch nach Meinung der FinVerw nicht notwendig (BMF-Schrb vom 11.11.2011, BStBl I 1314 Rn 20.06; so auch *Stangl* GmbHR 2012, 253; *Rasche* GmbHR 2012, 149; *Schneider/Ruoff/Sistermann* FR 2012, 1; *Hötzel/Kaeser* in FGS/BDI UmwStE 2011, 324). Ob alle wesentl Betriebsgrundlagen übertragen werden, richtet sich nach ursprüngl Auffassung der FinVerw nach denselben Kriterien wie bei der Vorschrift des § 16 EStG (BMF-Schrb vom 25.3.1998, BStBl I 268 Rn 20.08). Danach müssten auch funktional unbedeutende WG mit erhebl stillen Reserven als wesentl Betriebsgrundlage auf die übernehmende KapGes übertragen werden, selbst wenn diese WG keinerlei Funktion für den Betrieb ausüben. Obwohl die Einbringung iRd § 20 ledigl ein Spezialfall der Betriebsveräußerung darstellt, muss jedoch berücksichtigt werden, dass § 20 die Fortführung des bisherigen unternehmerischen Engagements in eine andere Rechtsform ohne stl Auswirkungen ermögl will (Haritz/Menner/*Menner* Rn 135). Mit diesem Zweck ist es nicht vereinbar, ggf wirtschaftl nicht nachvollziehbare Übertragung quantitativ bedeutsamer WG zur Voraussetzung der Begünstigung nach § 20 zu machen. Ob ein WG iRd § 20 eine wesentl Betriebsgrundlage darstellt, richtet sich damit ausschließl nach der **funktionalen Betrachtungs-**

weise (BFH BStBl II 2010, 471; BFH BStBl II 2010, 808; BMF-Schrb vom 11.11.2011, BStBl I 1314 Rn 20.06; DPPM/*Patt* Rn 43; Haritz/Menner/*Menner* Rn 135; RHL/*Herlinghaus* Rn 26; Frotscher/Maas/*Mutscher* Rn 76). Die funktionale Betrachtungsweise erfolgt aus der Sicht des individuell zu beurteilenden Betriebs, der übertragen werden soll, und zwar grdsl aus der Sicht des Einbringenden (BFH DStR 2010, 802). Eine abschl Def dahingehend, was funktional wesentl Betriebsgrundlagen sind, ist damit stets von den Umständen des Einzelfalls abhängig (BFH BStBl II 1998, 388; RHL/*Herlinghaus* Rn 20; vgl auch Widmann/Mayer/*Widmann* Rn 13 ff). Unter Berücksichtigung der gebotenen Einzelfallbetrachtung sind wesentl Betriebsgrundlagen eines Betriebs jedenfalls diejenigen WG, die **zur Erreichung des Betriebszwecks erforderl** sind und denen ein **besonderes wirtschaftl Gewicht** für die Betriebsführung zukommt (vgl BFH BStBl II 1994, 15; RHL/*Herlinghaus* Rn 37).

Einer steuerneutralen Einbringung eines Betriebs steht nicht entgegen, dass neben den wesentlichen Betriebsgrundlagen auch nicht wesentliche Betriebsgrundlagen bzw neutrales Verm mitübertragen wird. Bei der Einbringung muss, anders als bei der Spaltung nach § 15 I 2 das **zurückbleibende Verm** nicht die Teilbetriebseigenschaft haben (DPPM/*Patt* Rn 110; *Benz/Rosenberg* DB Beilage 1/2012 zu Heft 2, 38; *Dötsch/van Lishaut/Wochinger* DB Beilage 7/1998, 41). 24a

Nach stRspr des BFH (BFH/NV 2006, 1812; BFH BStBl II 2003, 878; BFH BStBl II 1987, 808) sind **WG** nicht nur Sachen und Rechte iSd BGB, sondern auch tats Zustände und konkrete Möglichkeiten, damit sämtl Vorteile für den Betrieb, deren Erlangung sich der Kaufmann etwas kosten lässt, die einer besonderen Bewertung zugängl sind, idR einen Nutzen für mehrere Wj erbringen und jedenfalls mit dem Betrieb übertragen werden können. Darunter fallen, wie die Regelung des § 5 II EStG erkennen lässt, grdsl auch nicht körperl immaterielle WG. Dies wirft die Frage auf, ob **Rechte aus Pacht- oder Leasingverträgen** über die Nutzung wesentl WG im Betrieb, aus **Lizenzverträgen** über die Nutzung wichtiger **Softwareprogramme,** Leitungsnetze oder Kommunikationssysteme, Rechte aus Dienstanbieterverträgen, Händlerverträgen, Kundenverträgen, Verträgen mit Großabnehmern, behördl Genehmigung, Konzession, Arbeitsverträge des qualifizierten Personals uÄ als Geschäftswert bildende Faktoren zu den wesentl Betriebsgrundlagen iSd § 20 gehören (so DPPM/*Patt* Rn 63; aA zu Arbeitsverträgen *Kamlah* BB 2003, 109; vgl auch Kirchhof/Söhn/Mellinghoff/*Reiß* EStG § 16 Rn B 238). Zu beachten ist insoweit zunächst, dass diese Rechtspositionen zum Teil keine „gesicherte Rechtsposition" gewähren (vgl L. Schmidt/*Weber-Grellet* EStG § 5 Rn 176) und zum Teil weder einzeln noch mit einem Betrieb übertragen werden können (Kirchhof/Söhn/Mellinghoff/*Reiß* EStG Rn B 274; zu Arbeitsverträgen *Kamlah* BB 2003, 109), was bereits das Vorliegen eines WG zweifelhaft erscheinen lässt. Aber selbst wenn man im konkreten Einzelfall von einem WG ausgehen muss, dürfte einen einzelnen Rechtsverhältnis nur ausnahmsweise ein besonderes wirtschaftl Gewicht für die Betriebsführung zukommen, was insbes dann gilt, wenn die entsprechende Leistung jederzeit ersetzbar ist. 25

Bei der Einbringung eines Betriebs sind auch die dazugehörigen **Anteile an KapGes/Gen** mit einzubringen, sofern sie wesentl Betriebsgrundlage des Betriebs darstellen (BMF-Schrb vom 11.11.2011, BStBl I 1314 Rn 20.06; BFH DStR 2010, 269; DPPM/*Patt* Rn 60; RHL/*Herlinghaus* Rn 32; *Frotscher,* Internationalisierung des ErtragStR, Rn 334; *Heß/Schnittger* in PWC, Reform des UmwStR, S 220; Widmann/Mayer/*Widmann* Rn 10; vgl auch Rn 35). Die Frage, ob dies auch gilt, wenn es sich um eine **100%ige Beteiligung** handelt, 26 ist nicht ausdrückl im Gesetz behandelt. Dagegen könnte sprechen, dass nach § 16 I 1 EStG eine 100%ige Beteiligung an einer KapGes als Teilbetrieb gilt, was zur Folge hat, dass die 100%ige Beteiligung eine eigenständige betriebl Einheit ist und damit iRd Einbringung eines Betriebs nicht mit übertragen werden muss (vgl aber BFH DStR 2008, 2001); nach Auffassung des Gesetzgebers stellt eine 100%ige Beteiligung an einer KapGes kein Teilbetrieb iSd Abs 1 dar (BT-Drs 16/2710, 42; ebenso Haritz/Menner/*Menner* Rn 107; DPPM/*Patt* Rn 32; vgl auch BFH BStBl II 2003, 464 zu § 24). Wird ein Betrieb mit dazugehörigen Anteilen an einer KapGes oder Gen eingebracht, liegt insges ein **einheitl Einbringungsvorgang** nach Abs 1 vor, sofern sie wesentl Betriebsgrundlage des Betriebs darstellt (DPPM/*Patt* Rn 32; RHL/*Herlinghaus* Rn 32). Selbst wenn die Anteile an der KapGes wesentl Betriebsgrundlage eines Betriebs sind, können diese Anteile unter den Voraussetzungen des § 21 **isoliert,** dh ohne den Betrieb steuerneutral auf einen übernehmenden Rechtsträger übertragen werden (ebenso DPPM/*Patt* Rn 33; *Haritz* DStR 2000, 1537; vgl auch RHL/*Herlinghaus* Rn 32).

27 Ist die **mehrheitsvermittelnde Beteiligung** an einer KapGes/Gen **keine wesentl Betriebsgrundlage** des eingebrachten Betriebs, aber notwendiges oder gewillkürtes BV, stellt sich die im Erg zu bejahende Frage, ob auch bei einem **sachl und zeitl zusammenhängenden** Einbringungsvorgang für die Einbringung der Beteiligung § 20 angewendet wird (Frotscher/Maas/*Mutscher* Rn 74; DPPM/*Patt* Rn 32). Handelt es sich um einen einheitl bzw sachl und zeitl zusammenhängenden Einbringungsvorgang, kann aber eine „Aufspaltung" des Einbringungsvorgangs in eine Sacheinlage iSd § 20 und in einen Anteilstausch iSd § 21, **bezogen auf die als Gegenleistung** gewährten Anteile, im Hinblick auf § 22 I 5 iVm § 22 II bzw § 20 III 4 sinnvoll sein (vgl Rn 206; § 22 Rn 66 f; DPPM/*Patt* Rn 32 f).

28 **Beispiel:**

Die X-AG bringt ihren Betrieb zu Buchwerten in die zu gründende Y-AG ein. Zu dem übertragenen Vermögen gehört die 100%ige Beteiligung an der Z-GmbH, die keine funktional wesentliche Betriebsgrundlage darstellt. Der BW des übertragenen Verm beträgt EUR 200 000, es existieren stille Reserven iHv EUR 300 000. Der BW der Anteile soll EUR 100 000, die stillen Reserven EUR 150 000 betragen. Zwei Jahre nach der Einbringung beabsichtigt die X-AG die Veräußerung von 30% der Aktien an der Y-AG. Es stellt sich die Frage, ob diese Veräußerung anteilig einen Einbringungsgewinn I auslöst, oder ob ein Teil der erhaltenen Anteile veräußert werden kann, ohne dass der Einbringungsgewinn I zu versteuern ist. Ein Einbringungsgewinn I wäre dann nicht zu versteuern, wenn bei der Einbringung die übertragenen Anteile an den Z-GmbH konkreten, als Gegenleistung gewährten Aktien am übernehmenden Rechtsträger zugeordnet werden können (vgl dazu Rn 207).

29 Gehören zu einem Betrieb **Mitunternehmeranteile,** so sind diese eigenständige betriebl Einheiten. Diese müssen nicht gemeinsam mit dem Betrieb übertragen werden. Bei einem Mitunternehmeranteil handelt es sich nämlich nicht um ein Wirtschaftsgut (BFH BStBl II 2010, 726; BFH DStR 2003, 1743; Littmann/Bitz/Pust/*Hoffmann* EStG § 6 Rn 551; DPPM/*Patt* Rn 34; *Schmitt* DStR 2011, 1108; Schumacher DStR 2010, 1606), so dass dieser Anteil keinem Betrieb zugeordnet werden kann, weder als funktional-wesentlich noch als funktional-unwesentliche Betriebsgrundlage. Davon geht auch die FinVerw aus, wenn sie die Auffassung vertritt, dass, sollte ein Betrieb eingebracht werden, zu dessen BV ein oder mehrere Mitunternehmeranteile gehören, die Einbringung des Betriebs und die Einbringung des bzw der Mitunternehmeranteile jew als gesonderte Einbringungsvorgänge zu behandeln sind (BMF-Schrb vom 11.11.2011, BStBl I 1314 Rn

20.12; ebenso RHL/*Herlinghaus* Rn 33; DPPM/*Patt* Rn 34; Bordewin/Brandt/*Merkert* Rn 30; vgl auch Widmann/Mayer/*Widmann* Rn 10, der insoweit einen einheitl Vorgang annimmt).

Eine Einbringung iSd § 20 setzt voraus, dass die wesentl Betriebsgrundlagen des einzubringenden Betriebs **in einem einheitl Vorgang** auf den übernehmenden Rechtsträger übertragen werden (Widmann/Mayer/*Widmann* Rn 32; RHL/*Herlinghaus* Rn 42). Erfolgt die Übertragung der WG im Wege der Einzelrechtsnachfolge, müssen die einzelnen Übertragungsakte inhaltl und zeitl so miteinander verknüpft sein, dass sie sich noch als einheitl Vorgang darstellen. Nicht unbedingt notw ist die Übertragung in eine einheitl Urkunde oder am selben Tag (RHL/*Herlinghaus* Rn 42; DPPM/*Patt* Rn 65). 30

Maßgebender Zeitpunkt für die Beurteilung, ob ein WG eine wesentl Betriebsgrundlage darstellt, ist nach Meinung der FinVerw (BMF-Schrb vom 11.11.2011, BStBl I 1314 Rn 20.06 iVm Rn 15.03) der stl Einbringungsstichtag. Dem kann nicht gefolgt werden (vgl dazu auch Rn 20), da die Rückbeziehung in Abs 5, 6 sich nur auf die Wirkung der Umwandlung, nicht aber auf die Tatbestandsvoraussetzungen der Umwandlung bezieht (ebenso *Benz/Rosenberg* DB Beilage 1/2012 zu Heft 3, 38; *Kessler/Philipp* DStR 2011, 1065). Maßgebender Zeitpunkt für die Beurteilung, ob ein WG eine wesentliche Betriebsgrundlage darstellt, ist vielmehr grundsätzl der Zeitpunkt der Fassung des Umwandlungsbeschlusses oder, wenn es eines solchen nicht bedarf, der Abschluss des Einbringungsvertrages bzw der Übergang des wirtschaftl Eigentums, wenn dieses erst zu einem späteren Zeitpunkt übergeht (Widmann/Mayer/*Widmann* Rn 30; RHL/*Herlinghaus* Rn 42). 31

Die Rspr des BFH hat für die Abgrenzung der wesentl Betriebsgrundlage eines Betriebs weder eine abstrakte Def entwickelt noch eine abschl Festlegung der insoweit relevanten Kriterien vorgenommen. Maßgebend sind die tats Umstände des Einzelfalls unter Berücksichtigung der bes Verhältnisse des jew Betriebs. Danach sind funktional wesentl Betriebsgrundlagen eines Betriebs jedenfalls diejenigen WG, die zur Erreichung des Betriebszwecks erforderl sind und denen ein bes wirtschaftl Gewicht für die Betriebsführung zukommen. Für die Erteilung einer **verbindl Auskunft** in Einbringungsfällen nach § 20 ist nach der Änderung des Anwendungserlasses zur AO vom 11.12.2007 (BStBl I 894 Rn 3.3) das FA zuständig, „das bei Verwirklichung des dem Antrag zugrunde liegenden Sachverhalts für die Besteuerung örtl zuständig sein würde." Für den Einbringenden hat eine verbindl Auskunft damit dann die gewünschte Wirkung, wenn er bei dem für ihn zuständigen FA bzw, sofern er an einer PersGes beteiligt ist, bei dem für diese PersGes zuständigen FA betreffend die einheitl und gesonderte Gewinnfeststellung, einen entsprechenden Antrag stellt (ebenso DPPM/*Patt* Vor §§ 20–23 Rn 15). Die FinVerw geht jedoch weiterhin davon aus, dass zuständig für die Erteilung einer verbindl Auskunft in Einbringungsfällen gem § 20 das **FA der aufnehmenden KapGes** örtlich zuständig ist (Bay Landesamt für Steuern Az S 0224.2.1-21/1 St 42; Treffen der AO-Referatsleiter Az IV A 3-S0070/09/10006; vgl *Hageböke/Hendricks* Der Konzern 2013, 106). Die FinVerw geht des Weiteren davon aus, dass bei Beantragung der verbindl Auskunft durch den Einbringenden bei dem für ihn zuständigen FA eine erteilte Auskunft unverbindlich sei, was im Hinblick auf § 125 AO nicht überzeugen kann (vgl *Hendricks/Rogall/Schönfeld* Ubg 2009, 197). 32

Nachfolgend einige Einzelbeispiele (vgl auch BFH BStBl II 1998, 388 mit weiteren zahlreichen Beispielen): 33

34 **Adressen/Adresskarteien**

Wesentl Betriebsgrundlage nur in Ausnahmefällen (RHL/*Herlinghaus* Rn 43), zB bei Adresshändlern oder wenn es sich um Kundenadressen handelt (DPPM/*Patt* Rn 63), wobei auch in diesen Fällen nicht die einzelne Adresse, sondern nur die Gesamtheit der Adressen eine wesentl Betriebsgrundlage darstellt.

35 **Beteiligungen**

Wesentl Betriebsgrundlage nur, wenn die Beteiligung bzw das dadurch repräsentierte Unternehmen den Betrieb des Anteilsinhabers fördert oder ergänzt und gleichsam eine unselbstständige Betriebsabteilung darstellt (DPPM/*Patt* Rn 60; RHL/*Herlinghaus* Rn 47). So ist bspw eine Beteiligung an einer TochterGes funktional wesentl, wenn sie den Absatz von Produkten gewährleistet oder aber wenn zwischen dem Betrieb und der TochterKapGes enge geschäftl Beziehungen bestehen, sodass die Beteiligung an der KapGes obj erkennbar unmittelbar dem Betrieb dient (DPPM/*Patt* Rn 60) und die Beteiligung keine wirtschaftl unbedeutende Funktion hat. Nicht jedes notw BV ist auch funktional wesentl Betriebsgrundlage (BFH BStBl II 2010, 471; OFD Rheinland FR 2011, 489; DPPM/*Patt* Rn 60; RHL/*Herlinghaus* Rn 47). Auch Anteile im SBV II können wesentl Betriebsgrundlage sein (FG Münster GmbHR 2011, 102; OFD Rheinland FR 2011, 489; BFH DStR 1998, 76 bzgl §§ 16, 34 EStG; DPPM/*Patt* Rn 136 mwN; aA BFH BStBl II 1996, 342; vgl Rn 70). Bestehen enge geschäftl Beziehungen zu einer EnkelGes, so können auch die Anteile an der MutterKapGes wesentl Betriebsgrundlage sein, und zwar dann, wenn über die Anteile an der MutterGes ein wesentl wirtschaftl Einfluss auf die TochterGes ausgeübt werden kann (vgl auch RHL/*Herlinghaus* Rn 47). Die Beteiligung des Besitzunternehmens an der BetriebsKapGes **(Betriebsaufspaltung)** ist einer wesentl Betriebsgrundlage (BFH BStBl II 2007, 772; DPPM/*Patt* Rn 62; *Schulze zur Wiesche* GmbHR 2008, 238) ebenso idR die Beteiligung an einer KapGes, mit der eine Organschaft besteht (BFH BStBl II 1991, 623, anders DPPM/*Patt* Rn 60). Ob und unter welchen Voraussetzungen die Beteiligung eines Kommanditisten an der **Komplementär-GmbH** zu den funktional wesentlichen Betriebsgrundlagen eines Mitunternehmeranteils bzw bei der Einbringung eines Betriebes durch eine PersGes möglicherweise auch zu einer funktional-wesentlichen Betriebsgrundlage des eingebrachten Betriebes gehören (vgl Rn 70), ist nicht abschließend geklärt (vgl Widmann/Mayer/*Widmann* Rn 119; DPPM/*Patt* Rn 137 mwN; L. Schmidt/*Wacker* EStG § 15 Rn 714 mwN; RHL/*Herlinghaus* Rn 48). Der BFH (BStBl II 2010, 471; vgl auch BFH DStR 2010, 802) geht davon aus, dass die Beteiligung eines Kommanditisten an der Komplementär-GmbH nicht nur deshalb schon eine funktional-wesentliche Betriebsgrundlage **des Mitunternehmeranteils** (vgl Rn 70) ist, weil sie zum SBV II des Mitunternehmeranteils zählt. Eine funktionale Wesentlichkeit können allenfalls daraus abgeleitet werden, dass die Beteiligung an der Komplementär-GmbH im konkreten Einzelfall die Stellung des Mitunternehmers im Rahmen der Mitunternehmerschaft nachhaltig stärkt. Eine solche Beurteilung komme dann in Betracht, wenn sie den Einfluss des Mitunternehmers auf die Geschäftsführung der Mitunternehmerschaft grundlegend erweitert. Daran fehle es jedoch, wenn der MU in der Komplementär-GmbH nicht seinen geschäftlichen Betätigungswillen durchsetzen kann (vgl zu dieser Problematik auch FG Münster GmbHR 2011, 102; FG Niedersachsen DStRE 2009, 1110; OFD Rheinland vom 23.3.2011, FR 2011, 489; *Nitzschke* DStR 2011, 1068; *Bron* DStZ 2011, 392; *Schwedhelm/Talaska* DStR 2010, 1505; *Schulze zur Wiesche* DStZ 2010, 441; *Stangl/Grundke* DStR 2010, 1871; *Wacker* NWB 30/2010, 2383; *Goebel/Unge-*

mach/Jacobs DStZ 2010, 340; *Wendt* FR 2010, 386). ZT wird angenommen, dass die Beteiligung an der Komplementär-GmbH bei einer vermögensverwaltenden aber gewerblich geprägten GmbH eine funktional wesentliche Betriebsgrundlage ist (Frotscher/Maas/*Mutscher* Rn 82). Ein Mitunternehmeranteil kann keine wesentliche Betriebsgrundlage sein (vgl Rn 29). Gehören zum BV des eingebrachten Betriebs Anteile an der übernehmenden KapGes, so werden diese Anteile, wenn sie in die KapGes mit eingebracht werden, zu **eigenen Anteilen** der KapGes. Um derart komplexe und zudem zivil- sowie handelsrechtlich durchaus problematische (vgl § 33 GmbHG) Rechtsfolgen zu vermeiden, lässt die FinVerw in diesen Fällen eine Buchwertfortführung auch dann zu, wenn derartige Anteile nicht mit in die übernehmende KapGes eingebracht werden (BMF-Schrb vom 11.11.2011, BStBl I 1314 Rn 20.09). Die zurückbehaltenen Anteile an der KapGes gelten in diesem Fall künftig in vollem Umfang als aus einer Sacheinlage zum BW erworbener Anteile (BMF-Schrb vom 11.11.2011, BStBl I 1314 Rn 20.09; ebenso BFH BStBl II 2008, 533; FG Münster GmbHR 2011, 102; DPPM/*Patt* Rn 71; Widmann/Mayer/*Widmann* Rn 742–744), ein Entnahmegewinn entsteht nicht (Frotscher/Maas/*Mutscher* Rn 83). Diese Grundsätze ergeben sich nach richtiger Auffassung bereits aus einer sachgerechten Auslegung der gesetzlichen Tatbestände der §§ 20, 21; es handelt sich nicht etwa um eine Billigkeitsregelung iSd § 163 S 2 AO (FG Münster GmbHR 2011, 102; *Wacker* BB Beilage 8/1998 zu Heft 26, 10; aA DPPM/*Patt* Rn 62, 141; zu der sich aus einer Billigkeitsregelung ergebenden gewstl Problematik vgl § 22 Rn 35c). Werden Anteile eingebracht und verfügt die KapGes bzw Gen, an der die eingebrachten Anteile bestehen, über einen Verlustabzug, ist **§ 8 c KStG** zu beachten (BMF-Schrb vom 4.7.2008, BStBl I 736 Rn 3 ff; Widmann/Mayer/*Widmann* § 23 Rn 578.9).

Betriebseinrichtung 36

Maschinen und Einrichtungsgegenstände sind funktional wesentl Betriebsgrundlagen, soweit sie für die Fortführung des Betriebs unentbehrl oder nicht jederzeit ersetzbar sind (BFH BStBl II 1996, 527; 1998, 388; RHL/*Herlinghaus* Rn 43; DPPM/*Patt* Rn 47). Wesentl Grundlagen eines Betriebs sind WG des Anlagevermögens, die zur Erreichung des Betriebszwecks erforderl sind und die ein bes Gewicht für die Betriebsführung haben, es sei denn, es handelt sich um einzelne kurzfristig wieder beschaffbare WG (BFH/NV 2004, 1262; L. Schmidt/*Wacker* EStG § 16 Rn 103). Auch Serienfabrikate können wesentl Betriebsgrundlagen sein (DPPM/*Patt* Rn 47; BFH BStBl II 1989, 1014). Wesentl. Betriebsgrundlage eines Autohauses sind das speziell für den Betrieb hergerichtete Betriebsgrundstück samt Gebäude und Aufbauten sowie die fest mit dem Grund und Boden verbundenen Betriebsvorrichtungen. Demgegenüber gehören die bewegl Anlagegüter, insbes Werkzeuge und Geräte, regelmäßig nicht zu den wesentl Betriebsgrundlagen (BStBl II 2008, 202; BFH BStBl II 2010, 222).

Bibliothek 37

Bibliothek ist im Regelfall keine wesentl Betriebsgrundlage, außer sie geht in ihrem Umfang über das normale Maß hinaus (RHL/*Herlinghaus* Rn 43; Widmann/Mayer/*Widmann* Rn 16 gut ausgestattete Bibliothek eines Freiberuflers).

Darlehensforderungen/-verbindlichkeiten 38

Nicht zu den wesentl Betriebsgrundlagen eines Betriebs gehören Forderungen und Verb (RHL/*Herlinghaus* Rn 46; DPPM/*Patt* Rn 63; Widmann/Mayer/*Widmann* Rn 16, 56; Haritz/Menner/*Menner* Rn 144; BFH DStR 2013, 356 zu § 24). Etwas anderes soll ausnahmsweise gelten, wenn die Forderung gegenüber dem einzubringenden Betrieb strategische Bedeutung hat (DPPM/*Patt* Rn 63), was zB der Fall sein soll, wenn die Höhe der Forderung eine wirtschaftl Einflussnahme auf den einzubringenden Betrieb ermöglicht. Verb des einzubringenden Betriebs sind keine Mittel des Betriebs, sondern dienen allein dessen Finanzierung; eine Ausnahme soll aber für Schulden eines Kreditinstituts ggü ihren Kunden gelten (Widmann/Mayer/*Widmann* Rn 16, 56). Die für die zurückbehaltenen Verb geleisteten Schuldzinsen sind grdsl Werbungskosten bzw BA bei den Einkünfte aus den erlangten Kapitalgesellschaftsanteilen (BFH BStBl II 1999, 209; DPPM/*Patt* Rn 140). Unterschreitet der gemeine Wert der erlangten Kapitalgesellschaftsanteile den Wert der zurückbehaltenen Betriebsschulden, stellen die fortan entstehenden Schuldzinsen bei der natürl Person als Einbringendem zum einen Teil Werbungskosten bei den Einkünften aus KapVerm, zum anderen Teil nachträgl BA im Zshg mit der Beteiligung am Betrieb der Mitunternehmerschaft dar (BFH BStBl II 1999, 209; DPPM/*Patt* Rn 140).

39 **Dienstleistungen**

Keine wesentl Betriebsgrundlage, da kein WG (weder Sache noch Recht im bürgerlrechtl Sinn noch sonstiger wirtschaftl Vorteil, der durch Aufwendungen erlangt und nach der Verkehrsauffassung selbstständig bewertungsfähig ist, vgl L. Schmidt/*Weber-Grellet* EStG § 5 Rn 187). Daher ist auch die Tätigkeit eines Freiberuflers keine wesentl Betriebsgrundlage (RHL/*Herlinghaus* Rn 46; Widmann/Mayer/*Widmann* Rn 16).

40 **Erbbaurecht**

Das Erbbaurecht ist ein grundstücksgleiches (§ 11 ErbbauVO), veräußerl sowie vererbl Recht (§ 1 ErbbauVO), ein darauf errichtetes Bauwerk dessen wesentl Bestandteil (§ 12 ErbbauVO). Erbbaurecht bzw aufgrund des Erbbaurechts errichtetes Gebäude kann somit unter denselben Voraussetzungen wie ein Grundstück wesentl Betriebsgrundlage sein; siehe daher Grundstück.

41 **Erfindungen**

Siehe Lizenz.

42 **Fahrzeuge**

Wesentl Betriebsgrundlage bei Transport-, Reise-, Taxi-, Flug- sowie Gütertransportunternehmen hinsichtl der Omnibusse, Taxen, Flugzeuge bzw Lkw/Tankzüge (DPPM/*Patt* Rn 47). Gleiches gilt auch beim Fahrzeugpark eines Filialunternehmens und bei Transport- und Ladefahrzeugen eines Kieswerks oder eines Steinbruchbetrieb; für ein Schlosserei- und Metallbauunternehmen haben Geschäftswagen von ihrer Funktion her ein wesentl Gewicht für die Betriebsführung, weil ein Unternehmen dieser Art zu seiner Führung auch solcher WG bedarf (BFH BStBl II 1998, 388). Ein Schulungswagen einer Fahrschule ist demggü nicht unbedingt eine wesentl Betriebsgrundlage (BFH BStBl II 2003, 838).

43 Auch Teile des Fahrzeugparks können wesentl Betriebsgrundlage sein, zB vier von sieben Omnibussen eines Omnibusunternehmers (BFH BStBl II 1998, 388), nicht aber einer von fünf Omnibussen (FG Berlin EFG 1964, 331).

44 **Garagen**

Bei einem Garagenbetrieb sind die Garagen wesentl Betriebsgrundlage (BFH BStBl III 1960, 50).

45 **Gaststätten**

Gaststätteninventar soll grdsl wesentl Betriebsgrundlage sein (FG Hamburg EFG 2002, 267; vgl aber auch DPPM/*Patt* Rn 47).

46 **Gebäude**

Siehe Grundstück, bebautes.

Geschäftswert 47

Zu den wesentl Betriebsgrundlagen gehört der Geschäftswert (BFH BStBl II 1986, 311; 1997, 236; aA RHL/*Herlinghaus* Rn 45) sowie ggf immaterielle WG, wie bspw ungeschützte Erfindungen (BFH/NV 1999, 630; BFH BB 1998, 2617; BFH BStBl II 1992, 415; Fernverkehrsgenehmigungen BFH BStBl 1992, 420, sowie auch immaterielle Werte, die üblicherweise in den Geschäftswert eingehen, wie zB Geschäftsbeziehungen, der Kundenstamm (BFH DStR 2005, 554; BFH BStBl 1997, 236; L. Schmidt/*Wacker* EStG § 16 Rn 104 mwN; H 139 VII EStR). Eine Nebentätigkeit, die in den letzten drei Jahren weniger als 10 vH der gesamten Einnahmen eines Betriebs ausmachte, hat kein besonderes wirtschaftl Gewicht für den Betrieb, ein insoweit vorhandener immaterieller Wert ist keine wesentl Betriebsgrundlage (BFH DStR 2005, 554; vgl auch BFH BStBl II 2009, 803).

Grundstück, bebautes 48

Für die Frage, ob ein dem Betriebsinhaber gehörendes betriebl Grundstück wesentl Betriebsgrundlage ist, muss auf sein wirtschaftl Gewicht für den Betrieb abgestellt werden. Ein Betriebsgrundstück ist danach nur dann keine wesentl Betriebsgrundlage, wenn es für den Betrieb nach der tats Nutzung keine oder nur geringe oder untergeordnete Bedeutung besitzt (BFH DB 2008, 672; BFH BStBl II 2006, 804; 2003, 757; 1998, 388 mwN; RHL/*Herlinghaus* Rn 44; DPPM/*Patt* Rn 59). Eine wirtschaftl Bedeutung ist bereits dann anzunehmen, wenn der Betrieb auf das Betriebsgrundstück angewiesen ist, weil er ohne ein Grundstück dieser Art nicht fortgeführt werden könnte. Das einzelne Geschäftslokal eines Filialeinzelhandelsbetriebs ist idR auch dann eine wesentl Betriebsgrundlage, wenn auf das Geschäftslokal weniger als 10% der gesamten Nutzfläche des Unternehmens entfällt (BFH BStBl II 2009, 803). Stellt ein Büroraum den Mittelpunkt der Geschäftsleitung eines Unternehmens dar, so liegt eine funktional wesentl Betriebsgrundlage vor (BFH BStBl II 2006, 80). Daneben ist unerhebl, ob das Grundstück auch von anderen Unternehmen genutzt werden könnte, ob ein vglbares Grundstück gemietet oder gekauft werden oder ob die betriebl Tätigkeit auch auf einem anderen Grundstück weitergeführt werden könnte (BFH DB 2008, 672; BFH BStBl II 2006, 2182; vgl BFH/NV 2004, 180). Auch ein „Allerweltsgebäude" kann funktional wesentl Betriebsgrundlage sein (BFH BStBl II 2006, 804). Ein Büro- und Verwaltungsgebäude ist jedenfalls dann eine wesentl Betriebsgrundlage, wenn es die räuml und funktionale Grundlage für die Geschäftstätigkeit bildet (BFH/NV 2003, 1321; 2001, 894; BFH DStR 2000, 1864; vgl auch FG Brandenburg EFG 2000, 549; *Richter/Stangl* BB 2000, 1166; BMF-Schrb vom 18.9.2001, FR 2001, 1074). Ein Büro- oder Verwaltungsgrundstück ist nach Auffassung des BFH wesentl Betriebsgrundlage, wenn der Betrieb für sein Unternehmen ein Büro- und/oder Verwaltungsgebäude benötigt, das Gebäude für diesen Zweck geeignet ist und das Unternehmen ohne das Gebäude nur bei einer einschneidenden Änderung seiner Organisation fortgeführt werden könnte und es nicht nur von untergeordneter wirtschaftl Bedeutung ist. Nicht erforderl ist, dass das Gebäude in der Weise hergerichtet ist, dass es ohne baul Veränderungen für ein anderes Unternehmen nicht verwertbar wäre. Diese Grdse gelten auch dann, wenn ein Büro- oder Verwaltungsgebäude nur teilw für eigenbetriebl Zwecke (zB eine Etage) und iÜ von einem anderen Unternehmen genutzt wird (vgl BFH/NV 2001, 438). Für die Wertung eines Büros als wesentl Betriebsgrundlage ist nicht erforderl, dass in den Räumen unmittelbar Geschäftsleitungstätigkeiten ausgeübt werden (BStBl II 2007, 1397). Die Produktionshalle ist wesentl Betriebsgrundlage (BFH/NV 2000, 484). Wesentl Betriebsgrundlage eines Autohauses sind das speziell für den Betrieb hergerichtete Betriebsgrundstück samt Gebäude und Aufbauten sowie die fest mit dem Grund und Boden verbundenen Betriebsvorrichtungen. Demgegenüber gehören die bewegl Anlagegüter, insbes Werkzeuge und Geräte regelmäßig nicht zu den wesentl Betriebsgrundlagen (BFH DStRE 2008, 212).

49 **Grundstück, landwirtschaftlich genutztes**

Ob luf genutzter Boden wesentl Betriebsgrundlage ist, richtet sich nach dem Verhältnis zwischen der Gesamtfläche des Betriebs und dem jew Grundstück. Eine feste Verhältniszahl kann nicht festgelegt werden, da es auf den jew Einzelfall ankommt; zu berücksichtigen sind Lage, Fruchtbarkeit etc des betrifft Grundstücks (BFH BStBl II 1985, 508; 1990, 428; vgl auch BFH BStBl II 2003, 16).

50 **Grundstück, unbebautes**

Unbebaute Grundstücke sind jedenfalls dann keine wesentl Betriebsgrundlage, wenn sie von geringer Bedeutung für den Betrieb nach der tats oder beabsichtigten Nutzung sind (BFH BStBl II 1998, 478; 1998, 388), außer wenn sie entsprechend den Betriebsbedürfnissen gestaltet sind, so zB bei einem Kfz-Handel mit Reparaturbetrieb (BFH BStBl II 1981, 376; 1987, 858; 1989, 1014). Zu Grundstücken für Lager- und Vorführzwecke vgl BFH/NV 2003, 1321; BFH BStBl II 1998, 478. Reservegelände, das in absehbarer Zeit betriebl genutzt wird, kann wesentl Betriebsgrundlage sein (FG Nürnberg EFG 1975, 13; DPPM/*Patt* Rn 58). Werden Grundstücke ausgebeutet (zB aufgrund Öl-, Mineral-, Basalt-, Kohlenvorkommen, Kieslager, Mineralquellen), ist grdsl von wesentl Betriebsgrundlagen auszugehen (Bordewin/Brandt/*Merkert* Rn 14).

51 **Ideeller Anteil an wesentl Betriebsgrundlage**

Auch ein ideeller Anteil an einer wesentl Betriebsgrundlage ist wesentl Betriebsgrundlage (BFH BStBl II 2006, 172; vgl auch RHL/*Herlinghaus* Rn 49; *Götz* DStZ 1997, 551; Widmann/Mayer/*Widmann* Rn 80; Haritz/Menner/*Menner* Rn 139 ff). Die FinVerw verlangt bzgl der Zuordnung wesentl Betriebsgrundlagen, die durch mehrere Teilbetriebe eines Betriebs genutzt werden, dass die Grundstücke zivilrechtl real geteilt werden müssen. Ist eine solche reale Teilung nicht zumutbar, bestehen aus Billigkeitsgründen im Einzelfall keine Bedenken, eine ideelle Teilung (Bruchteilseigentum) im Verhältnis der tats Nutzung ausreichen zu lassen (BMF-Schrb vom 25.3.1998, BStBl I 268 Rn 15.07; vgl auch Haritz/Menner/*Menner* Rn 141). Daraus kann geschlossen werden, dass auch nach Auffassung der FinVerw ein ideeller Anteil eine wesentl Betriebsgrundlage sein kann. Zu den sich daraus ergebenden Problemen vgl *Götz* DStZ 1997, 551.

52 **Immaterielle WG**

Immaterielle WG können wesentl Betriebsgrundlagen eines Betriebs sein, und zwar unabhängig davon, ob diese WG bilanziert werden oder wegen § 5 II EStG nicht aktiviert werden durften (BFH DStR 2005, 554; FG Düsseldorf GmbHR 2011, 1229; DPPM/*Patt* Rn 49). Immaterielle WG sind wesentl Betriebsgrundlage, wenn sie zur Erreichung des Betriebszwecks erforderl sind und ein bes wirtschaftl Gewicht für die Betriebsführung haben. Ein bes wirtschaftl Gewicht für den Betrieb ist gegeben, wenn die Umsätze des Unternehmens in erhebl Umfang auf die Verwertung des Rechts oder sonstiger WG beruhen (BFH DStR 2005, 554; BFH/NV 1995, 154: FG Düsseldorf GmbHR 2011, 1229; Lehrmethode; BFH/NV 1990, 58: Patent; BFH BStBl II 1973, 869: Konzept). Dies ist bei einem Umsatzanteil von 25 vH jedenfalls gegeben. Eine Nebentätigkeit, die in den letzten drei Jahren weniger als 10 vH der gesamten Einnahmen eines

Betriebs ausmachte, hat kein bes wirtschaftl Gewicht für den Betrieb (BFH DStR 2005, 554; vgl aber auch BFH BStBl II 2009, 803). Unerhebl ist, ob im Betrieb das Recht, Patent etc im Betriebsablauf selbst genutzt wird oder nur durch Weiterüberlassung im Wege der Lizenzvergabe verwertet wird (DPPM/*Patt* Rn 51). Ungeschützte Erfindungen müssen grdsl mit absoluter Wirkung ausgestattet sein (so DPPM/*Patt* Rn 50). Rechte am Namen und an Zeichen, die als selbstgeschaffene immaterielle Wirtschaftsgüter im SBV nicht bilanzierungsfähig sind und durch die PersGes im Einverständnis mit dem Rechtsinhaber genutzt werden und funktional eine erhebliche Bedeutung haben, sind funktional wesentl Betriebsgrundlage (BFH GmbHR 2011, 1229).

Inventar 53

Lebendes und totes Inventar eines landwirtschaftl Betriebs ist wesentl Betriebsgrundlage (BFH/NV 1999, 1073; BFH BStBl II 1988, 260; RHL/*Herlinghaus* Rn 43). Gaststätteninventar ist grdsl wesentl Betriebsgrundlage (FG Hamburg EFG 2002, 267; vgl auch DPPM/*Patt* Rn 47). Wesentl Betriebsgrundlage eines Autohauses sind das speziell für den Betrieb hergerichtete Betriebsgrundstück samt Gebäude und Aufbauten sowie die fest mit dem Grund und Boden verbundenen Betriebsvorrichtungen. Demgegenüber gehören die bewegl Anlagegüter, insbes Werkzeuge und Geräte regelmäßig nicht zu den wesentl Betriebsgrundlagen (BFH DStRE 2008, 212; BFH BStBl II 2010, 222).

Konzessionen 54

Fernverkehrsgenehmigung für Lastzug ist wesentl Betriebsgrundlage (BFH BStBl II 1997, 236; 1990, 420; RHL/*Herlinghaus* Rn 45), ebenso Kiesausbeuterecht für Kiesgrube (FG Nürnberg EFG 1978, 322) und Schutzrechte (BFH/NV 1999, 630).

Kundenstamm 55

Kundenstamm ist wesentl Betriebsgrundlage (BFH BStBl II 1997, 573: Versicherungsvertretung; BFH BStBl II 1976, 672: Einzelhandel; BFH BStBl II 1982, 348: Reederei; BFH BStBl II 1985, 245: Druckerei; RHL/*Herlinghaus* Rn 45). Einer Übertragung der wesentl Grundlagen einer freiberufl Praxis steht nicht entgegen, dass einzelne Mandate zurückbehalten werden, auf die in den letzten drei Jahren weniger als 10% der gesamten Einnahmen entfielen, BFH BStBl II 1994, 927; 1993, 182; L. Schmidt/*Wacker* EStG § 18 Rn 233; weitergehend FinVerw DB 2007, 314; nach FG Hamburg EFG 1995, 73, steht entgegen, wenn 50% des Kundenstamms zurückbehalten werden (BFH BStBl II 1989, 357: Spedition; BFH BStBl II 1992, 457: Arzt).

Ladenlokal 56

Ladenlokal im Einzelhandel ist wesentl Betriebsgrundlage, wenn das Gebäude die örtl und sachl Grundlage der betriebl Organisation bildet, die Eigenart des Betriebs bestimmt und die Ausübung des Gewerbes ohne ein entsprechendes Objekt nicht mögl ist; dies ist regelm der Fall, da eine Verlegung des Betriebs Veränderungen des Kundenkreises, des Warenangebots, des Warenabsatzes und der Wettbewerbslage mit sich bringt (BFH BStBl II 1992, 723 mwN). Das einzelne Geschäftslokal eines Filialeinzelhandelsbetriebes ist in aller Regel auch dann eine wesentl Betriebsgrundlage, wenn auf das Geschäftslokal weniger als 10% der gesamten Nutzfläche des Unternehmens entfällt. Zu Kunden und Büroräume eines Reisebüros vgl FG Nürnberg DStRE 1999, 335.

Lagerplätze 57

Siehe Grundstück, unbebautes.

58 **Liquide Mittel**
Geldmittel für sich betrachtet sind keine wesentl Betriebsgrundlagen, ebenso wenig Wertpapiere oder Forderungen (L. Schmidt/*Wacker* EStG § 16 Rn 106; DPPM/*Patt* Rn 63).

59 **Lizenz**
Basiert die gewerbl Tätigkeit des Betriebs ganz oder in erhebl Umfang auf gewerbl Schutzrechten (Patenten, Gebrauchsmustern, Warenzeichen) sowie deren vertragl begründete Auswertung (Lizenzüberlassung), sind die gewerbl Schutzrechte und die Lizenzen wesentl Betriebsgrundlage (vgl BFH/NV 1999, 630; BFH BB 1998, 2617; L. Schmidt/*Wacker* EStG § 15 Rn 808; RHL/*Herlinghaus* Rn 45).

60 **Mandantschaft**
Siehe Kundenstamm.

61 **Nebentätigkeit**
Eine Nebentätigkeit, die in den letzten drei Jahren weniger als 10 vH der gesamten Einnahmen eines Betriebs ausmachte, hat kein bes wirtschaftl Gewicht für den Betrieb, ein insoweit vorhandener immaterieller Wert ist keine wesentl Betriebsgrundlage (BFH DStR 2005, 554). Werden durch die Nebentätigkeit mehr als 26 vH der gesamten Einnahmen eines Betriebs erwirtschaftet, so ist dieser Beitrag der Nebentätigkeit zum Geschäftswert des Gesamtbetriebs nicht von untergeordneter Bedeutung, der Nebentätigkeitsbereich muss mit dem Betrieb eingebracht werden.

62 **Praxiswert**
Bei einer Freiberuflerpraxis stellt der Praxiswert stets eine wesentl Betriebsgrundlage dar (L. Schmidt/*Wacker* EStG § 18 Rn 233; vgl BFH BStBl II 2003, 838; *Schulze zur Wiesche* BB 1995, 593, 599; aA RHL/*Herlinghaus* Rn 45). Eine Nebentätigkeit, die in den letzten drei Jahren mehr als 26 vH der gesamten Einnahmen eines Betriebs ausmachte, hat ein besonderes wirtschaftl Gewicht für den Betrieb, ein insoweit vorhandener immaterieller Wert ist eine wesentl Betriebsgrundlage (BFH DStR 2005, 554: Zahnarztpraxis und Dentallabor).

63 **Schiff**
Schiffe sind wesentl Betriebsgrundlage (BFH BStBl II 1976, 670), vor allem bei Partenreedereien (BFH BStBl II 1986, 53), nicht aber wenn Reeder Kunden mit anderen Schiffen weiterbetreut (BFH BStBl II 1985, 348).

64 **Sonderbetriebsvermögen**
WG, die, wenn sie zum Gesamthandsvermögen gehören, wesentl Betriebsgrundlage sind, sind auch dann wesentl Betriebsgrundlage, wenn sie im SBV eines Mitunternehmers stehen (hM BFH BStBl II 2010, 471; BFH BStBl II 1996, 342; FG Düsseldorf GmbHR 2011, 1229; BFM-Schrb vom 11.11.2011, BStBl I 1314 Rn 20.06; OFD Rheinland FR 2011, 489; RHL/*Herlinghaus* Rn 48). Nach *Reiß* (in Kirchhof/Söhn/Mellinghoff EStG § 16 B 248) kann SBV niemals wesentl Betriebsgrundlage des Betriebs der Ges sein. Vgl auch *Nitzschke* DStR 2011, 1068). Vgl auch Rn 69.

65 **Vorräte**
Siehe Warenbestand.

66 **Warenbestand**
Warenbestand als Bestandteil des Umlaufvermögens ist ausnahmsweise dann wesentl Betriebsgrundlage, wenn er in seiner konkreten Zusammensetzung nicht kurzfristig wiederbeschaffbar ist (BFH BStBl II 1976, 672), zB im Einzelhandel

mit hochwertigen Waren (Teppich, Schmuck; siehe BFH BStBl II 1989, 602; L. Schmidt/*Wacker* EStG § 16 Rn 106; RHL/*Herlinghaus* Rn 43).

Wertpapiere 67

Siehe liquide Mittel.

Zahnarztpraxis 68

Das einer Zahnarztpraxis angeschlossene Dentallabor ohne eigene Kundenkreis stellt keinen Teilbetrieb dar, sondern ist vielmehr wesentl Betriebsgrundlage der freiberufl Zahnarztpraxis (BFH DStR 2005, 554; FG Köln EFG 2003, 473).

4. Sonderbetriebsvermögen als wesentliche Betriebsgrundlage

Gehören WG nicht zum Gesamthandsvermögen einer Mitunternehmerschaft, sondern stehen sie im zivilrechtl und wirtschaftl oder ausschließl im wirtschaftl Eigentum eines Mitunternehmers, sind sie (notw oder gewillkürtes) **SBV**, wenn sie dazu geeignet und auch bestimmt sind, dem Betrieb der Mitunternehmerschaft oder bei atypisch stiller Ges dem Betrieb des Geschäftsinhabers (SBV) oder ledigl der Beteiligung des Mitunternehmers an der Mitunternehmerschaft (SBV II) zu dienen (BFH BB 1998, 197; L. Schmidt/*Wacker* EStG § 15 Rn 506 mwN). SBV ist beim Einzelunternehmen und bei der KapGes nicht mögl, so dass iRv Abs 1 allein die Fälle relevant werden können, bei denen 69

- eine Mitunternehmerschaft ihren Betrieb/Teilbetrieb in eine KapGes einbringt (BMF-Schrb vom 11.11.2011, BStBl I 1314 Rn 20.06; vgl auch Rn 19, 176 ff),
- Mitunternehmeranteile (einzelne oder alle) in eine KapGes eingebracht werden,
- eine Mitunternehmerschaft nach den Vorschriften des UmwG in eine KapGes umgewandelt wird,
- und Anteile an KapGes, die als SBV einer Mitunternehmerschaft zu werten sind (etwa einer GmbH & Co KG), in eine andere KapGes eingebracht werden.

Nach Auffassung der FinVerw (vgl BMF-Schrb vom 11.11.2011, BStBl I 1314 Rn 20.06; OFD Rheinland FR 2011, 489), der Rspr (BFH BStBl II 1996, 342) und der hA im Schrifttum (Widmann/Mayer/*Widmann* Rn 98; RHL/*Herlinghaus* Rn 48; Haritz/Menner/*Menner* Rn 67; Frotscher/Maas/*Mutscher* Rn 81; Bordewin/Brandt/*Merkert* Rn 33; L. Schmidt/*Wacker* EStG § 16 Rn 112) müssen WG des SBV, sofern sie wesentl Grundlagen des Betriebs sind, mit dem Gesamthandsvermögen auf die aufnehmende KapGes übertragen werden. Ob die WG des SBV wesentl Betriebsgrundlage sind, richtet sich nach der **funktionalen Betrachtungsweise** (vgl dazu Rn 13 ff). Zu den wesentl Betriebsgrundlagen des SBV gehört idR das **SBV I,** zB ein der PersGes zur betriebl Nutzung überlassenes Grundstück (BFH BStBl II 1996, 342). Streitig ist, ob **SBV II** überhaupt eine wesentliche Betriebsgrundlage sein kann, wovon die hM jedenfalls bezogen auf einen Mitunternehmeranteil ausgeht (BFH BStBl II 2010, 471; FG Niedersachsen BB 2009, 771; Haritz/Menner/*Menner* Rn 168; DPPM/*Patt* Rn 136; RHL/*Herlinghaus* Rn 110; Frotscher/Maas/*Mutscher* Rn 81; BMF-Schrb vom 16.8.2000, BStBl I 1253; aA BFH BStBl II 1996, 342; *Nitzschke* DStR 2011, 1068). Die Beteiligung eines Kommanditisten an einer Komplementär-GmbH ist nicht allein deshalb eine funktional wesentliche Betriebsgrundlage des Mitunternehmeranteils, weil sie zum SBV II des Mitunternehmeranteils zählt (BFH BStBl II 2010, 471), sondern allenfalls dann, wenn sie den Einfluss des Mitunternehmers auf die Geschäftsführung der KG grundlegend erweitert. Unter diesen Voraussetzungen liegt zwar eine funktional wesentliche Betriebsgrundlage bezogen auf den 70

Mitunternehmeranteil vor, nicht jedoch bezogen auf den Betrieb der PersGes. Anteile an einer Komplementär-GmbH können daher nur dann wesentliche Betriebsgrundlage des Betriebes sein, wenn die Beteiligung bzw das dadurch repräsentierte Unternehmen den Betrieb der Kommanditgesellschaft fördert oder ergänzt und gleichsam eine unselbstständige Betriebsbeteiligung darstellt (vgl Rn 35).

71 Nach richtiger Auffassung muss das SBV, sofern es **wesentl Betriebsgrundlage** ist, in Form der **Übertragung des wirtschaftl Eigentums auf die KapGes** übergehen (so BMF-Schrb vom 11.11.2011, BStBl I 1314 Rn 01.23; 20.13; BFH BStBl II 1996, 343 [welcher sogar von der zivilrechtl Übertragung spricht]; Widmann/Mayer/*Widmann* Rn 9; RHL/*Herlinghaus* Rn 39; Haritz/Menner/*Menner* Rn 72; *Schumacher/Neumann* DStR 2008, 325; DPPM/*Patt* vgl Rn 19); die bloße Nutzungsüberlassung ist nicht ausreichend, um eine Einbringung iSd Abs 1 zu bejahen (so aber *Rödder/Beckmann* DStR 1999, 751; *Götz* DStZ 1997, 551; *Dehmer* UmwSt-Erlaß 1998 Rn 20.08; *Blumers* DB 1995, 496; *Herzig* DB 2000, 2236; vgl dazu Rn 23).

72 Erfolgt die Einbringung des Betriebs der PersGes nach den **Vorschriften des UmwG** in Form der Verschm, Ausgliederung oder des Formwechsels, nimmt das **SBV** des einzelnen Mitunternehmers nicht unmittelbar an der Umw teil, dh es wird nicht im Zuge der Umw auf die KapGes mitübertragen. In diesem Fall muss das SBV durch gesonderte Vereinbarung zwischen dem wirtschaftl Eigentümer und der übernehmenden KapGes auf letztere zum selben Stichtag übertragen werden (ebenso DPPM/*Patt* Rn 164; Haritz/Menner/*Menner* Rn 148; RHL/*Herlinghaus* Rn 110). Die Übertragung der WG des SBV muss dabei zusammen mit der Umw einen einheitl Übertragungsakt darstellen. Eine Übertragung des SBV in das Gesamthandsvermögen vor der Umw sollte wegen **§ 6 V 6 EStG** vermieden werden (vgl Rn 101; DPPM/*Patt* Rn 165; Haritz/Menner/*Menner* Rn 148; *Stangl* GmbHR 2012, 254; *Brandenberg* DStZ 2002, 511, 594; Lutter/*Schaumburg/Jesse* Holding-HdB § 13 Rn 134; RHL/*Rabback* § 25 Rn 51: ob die Übertragung vor oder nach der Umw erfolgt, ist ohne Bedeutung).

5. Zurückbehaltung von Wirtschaftsgütern bei der Einbringung eines Betriebs

73 **a) Zurückbehaltung nicht wesentlicher Betriebsgrundlagen.** Werden bei der Einbringung eines Betriebs (zum Teilbetrieb vgl Rn 79) WG zurückbehalten, die **nicht wesentl** Betriebsgrundlagen sind, hindert dies die Anwendung der Vorschriften des Sechsten Teils in Bezug auf das eingebrachte BV nicht (BFH BStBl II 1996, 342; Haritz/Menner/*Menner* Rn 152 f; RHL/*Herlinghaus* Rn 41; Widmann/Mayer/*Widmann* Rn 12). Bei der Einbringung muss, anders als bei der Spaltung nach § 15 I 2, das **zurückbleibende Verm keine Teilbetriebseigenschaft** haben (DPPM/*Patt* Rn 110; *Benz/Rosenberg* DB Beilage 1/2012 zu Heft 2, 38).

74 Das stl Schicksal der zurückbehaltenen nicht wesentl Betriebsgrundlagen hängt davon ab, ob die WG im Zeitpunkt des Wirksamwerdens der Einbringung weiterhin BV sind. In diesem Fall werden stille Reserven nicht realisiert (BMF-Schrb vom 11.11.2011, BStBl I 1314 Rn 20.09; Haritz/Menner/*Menner* Rn 152; RHL/*Herlinghaus* Rn 41). Werden die WG PV, so kommt es zur Realisierung der in ihnen enthaltenen stillen Reserven iHd Differenzbetrages zwischen dem gemeinen Wert und dem BW zum Einbringungsstichtag (BMF-Schrb vom 11.11.2011,

BStBl I 1314 Rn 20.08; Haritz/Menner/*Menner* Rn 153). Eine Entnahme aus dem BV soll jedoch in dem Fall ausscheiden, wenn die WG nur betriebl genutzt werden können, zB bei Umlaufvermögen (Haritz/Menner/*Menner* Rn 152; RHL/*Herlinghaus* Rn 41). Der Gewinn aus einer zeitl und wirtschaftl mit der Einbringung eines Betriebs, Teilbetriebs oder Mitunternehmeranteils in eine KapGes zusammenhängenden **Entnahme** ist nur dann nach Abs 5 S 1 UmwStG iVm § 34 EStG **begünstigt,** wenn die KapGes das eingebrachte BV mit dem gemeinen Wert ansetzt (Haritz/Menner/*Menner* Rn 153; RHL/*Herlinghaus* Rn 41).

b) Zurückbehaltung wesentlicher Betriebsgrundlagen. Behält der Einbringende WG zurück, die **wesentl Betriebsgrundlage** sind, ist nach **Auffassung der hM** (BMF-Schrb vom 11.11.2011, BStBl I 1314 Rn 20.06 f; Haritz/Menner/*Menner* Rn 151; RHL/*Herlinghaus* Rn 40; DPPM/*Patt* Rn 40) eine Betriebseinbringung iSv § 20 nicht anzunehmen, sondern vielmehr die **Übertragung von einzelnen WG.** Dies führt nach allg Vorschriften zu einer **Gewinnrealisierung** der **eingebrachten WG**, sofern nicht die übertragenen WG einen Teilbetrieb darstellen. Bei den **nicht eingebrachten WG** ist von einer Privatentnahme auszugehen, sofern sie nicht weiterhin im BV verbleiben (BMF-Schrb vom 11.11.2011, BStBl I 1314 Rn 20.08). Der daraus resultierende Gewinn ist dann nach §§ 34, 16 IV, 17 III EStG **begünstigt,** wenn insges von einer Betriebsaufgabe/Betriebsveräußerung beim Einbringenden auszugehen ist (Haritz/Menner/*Menner* Rn 151; RHL/*Herlinghaus* Rn 40). Anderes – lfd Gewinnbesteuerung – ist anzunehmen, wenn Einbringender eine KapGes ist, die die Begünstigungen nicht in Anspruch nehmen kann. **Maßgebender Zeitpunkt** dafür, ob ein WG eine **wesentl Betriebsgrundlage** des eingebrachten Betriebs darstellt, ist nach der hier vertretenen Meinung der Zeitpunkt der Fassung des Umwandlungsbeschlusses oder, wenn es eines solchen nicht bedarf, der Abschluss des Einbringungsvertrages (str vgl Rn 31; aA BMF-Schrb vom 11.11.2011, BStBl I 1314 Rn 20.06 iVm Rn 15.03). Nach Auffassung der FinVerw (BMF-Schrb vom 11.11.2011, BStBl I 1314 Rn 20.07) sind die Grundsätze der Gesamtplanrechtsprechung zu prüfen, wenn funktional wesentliche Betriebsgrundlagen eines Betriebes im zeitlichen und wirtschaftlichen Zusammenhang mit der Einbringung in ein anderes BV überführt oder übertragen werden (vgl dazu Rn 22). Zum Fall der Nichteinbringung von Anteilen am übernehmenden Rechtsträger vgl Rn 35, 78. 75

d) Zurückbehaltung von betrieblichen Verbindlichkeiten. Verb des MU gegenüber der PersGes gehören bei der Einbringung eines Betriebs nicht zu den wesentl Betriebsgrundlagen; sie können zurückbehalten werden, ohne dass dies die Anwendung des § 20 ausschließt (DPPM/*Patt* Rn 63; RHL/*Herlinghaus* Rn 46; Haritz/Menner/*Menner* Rn 144). Verb sind keine Mittel des Betriebs, sondern dienen allein dessen Finanzierung; eine Ausnahme soll aber für Schulden eines Kreditinstituts ggü seinen Kunden gelten (vgl Rn 38). Behält der Einbringende betriebl begründete Verb zurück, so können die auf die zurückbehaltenen Schulden entfallenden und gezahlten Zinsen Werbungskosten bei den Einkünften aus den erlangten Kapitalgesellschaftsanteilen sein. Die Verb sind nunmehr durch die Anschaffung der Anteile veranlasst (DPPM/*Patt* Rn 140). Unterschreitet der gemeine Wert der erlangten Kapitalgesellschaftsanteile den Wert der zurückbehaltenen Betriebsschulden, stellen die fortan entstehenden Schuldzinsen zum einen Teil Werbungskosten bei den Einkünften aus KapVerm dar, sofern die Anteile im PV gehalten werden, und zum anderen Teil nachträgl BA im Zshg mit dem 76 ehemaligen eingebrachten Unternehmen (BFH FR 1999, 204; DPPM/*Patt* Rn 140).

77 **e) Zurückbehaltung von Wirtschaftsgütern des Sonderbetriebsvermögens.** Bringt eine PersGes einen Betrieb aus dem Gesamthandsvermögen und gegen Gewährung neuer Anteile in eine KapGes ein, so muss der MU auch sein SBV auf die KapGes übertragen, sofern es sich um eine funktional wesentliche Betriebsgrundlage handelt (vgl Rn 69 ff). Behält der MU in diesem Fall die funktional wesentliche Betriebsgrundlage zurück, so kommt es zu einer Aufdeckung sämtlicher stiller Reserven im übertragenen Betrieb, und zwar zum Umwandlungsstichtag. Handelt es sich bei dem SBV um eine unwesentliche Betriebsgrundlage, verliert das bisherige SBV des Mitunternehmeranteils ggf die Eigenschaft, BV zu sein und wird PV (BFH BStBl II 1988, 829), und zwar zum Umwandlungsstichtag (BMF-Schrb vom 11.11.2011, BStBl I 1314 Rn 20.08; Haritz/Menner/*Menner* Rn 153). Zum Fall der Nichteinbringung von Anteilen am übernehmenden Rechtsträger vgl Rn 35, 78.

78 **f) Zurückbehaltung von Anteilen an der Übernehmerin.** Gehören zum BV des eingebrachten Betriebs **Anteile an der Übernehmerin,** werden diese zu eigenen Anteilen der Übernehmerin. Der Erwerb eigener Anteile ist durch § 33 GmbHG und durch §§ 71 ff AktG eingeschränkt. Selbst wenn nach den einschlägigen handelsrechtl Vorschriften der Erwerb eigener Anteile durch die Übernehmerin mögl ist, ist die Einbringung aus Gründen von Abs 1 nicht erforderl. Denn der Einbringende würde als Gegenleistung (neue) Anteile an der Übernehmerin erhalten und dafür die bisherigen, die dann zu eigenen Anteilen der Übernehmerin würden, hingeben. Aus **Vereinfachungsgründen** ist es deshalb nicht zu beanstanden, wenn die Anteile an der Übernehmerin **nicht eingebracht,** also zurückbehalten werden. Dies ergibt sich aus einer sachgerechten Auslegung der gesetzlichen Tatbestände der §§ 20, 21. Es handelt sich also nicht um eine Billigkeitsregelung iSd § 163 S 2 AO (FG Münster GmbHR 2011, 102; *Wacker* BB Beilage 8/1998 zu Heft 26, 10; aA DPPM/*Patt* Rn 62, 141; zu den sich aus einer Billigkeitsregelung ergebenen gewstl Problemen vgl § 22 Rn 35c). Gleichwohl gelten die nicht eingebrachten Anteile nicht als entnommen; es liegen **Anteile iSv § 22 I** vor (BMF-Schrb vom 11.11.2011, BStBl I 1314 Rn 20.09; vgl auch RHL/*Herlinghaus* Rn 40). Würde man auch im Geltungsbereich des SEStEG fingieren, dass die zurückbehaltenen Anteile in die übernehmende KapGes eingebracht wurden, so wäre für sie eigentl ein Einbringungsgewinn II zu ermitteln, der aber nicht entstehen kann, da die zurückbehaltenen Anteile nicht durch den übernehmenden Rechtsträger veräußert werden können. Die im Zuge der Einbringung ausgegebenen neuen Anteile sind solche iSd § 22 I 1, bei deren Veräußerung ein Einbringungsgewinn I entsteht.

Einbringung eines Teilbetriebs

Schrifttum: Schrifttum bis 2007 siehe 5. Auflage; *Blumers*, Europäische Umwandlung mit Teilbetrieben, BB 2008, 2041; *Goebel/Ungemach/Seidenfang*, Der Teilbetrieb im Ertragsteuerrecht – Ein praxisrelevanter Überblick, DStZ 2009, 354; *Blumers*, Teilbetriebe und wesentliche Betriebsgrundlagen, DB 2010, 1670; *Desens*, Steuerrechtliche Zweifelsfragen bei Einbringungen in Kapitalgesellschaften, Beihefter zu DStR 46/2010, 80; *Stangl/Grundke*, Zeitpunkt des Vorliegens eines Teilbetriebs, DB 2010, 1851; *Meining/Glutsch*, Immobilien als

Teilbetrieb im Sinne des Umwandlungssteuerrechts, GmbHR 2010, 735; *Beinert*, Teilbetriebsbegriff nach Umwandlungssteuergesetz, StbJb 2011/2012, 153; *Benz/Rosenberg*, Ausgewählte Problemfragen im Zusammenhang mit Einbringung nach §§ 20 ff. UmwStG, DB 2011, 1354; *Blumers*, Der Teilbetriebsbegriff im neuen Umwandlungssteuererlass-Entwurf, BB 2011, 2204; *Claß/Weggenmann*, Ein neues Teilbetriebsverständnis im Umwandlungssteuerrecht – entscheidet zukünftig der EuGH?!, BB 2012, 552; *Schmitt*, Auf- und Abspaltung von Kapitalgesellschaften, DStR 2011, 1008; *Feldgen*, Der Teilbetrieb im Steuerrecht, Ubg 2012, 459; *Förster*, Der finale Umwandlungssteuererlass 2011 – Wichtige Abweichung gegenüber der Entwurfsfassung, GmbHR 2012, 237; *Heurung/Engel/Schröder*, Ausgewählte Zweifels- und Praxisfragen zur Spaltung nach dem Umwandlungssteuererlass 2011, GmbHR 2012, 273; *Neumann*, Spaltung von Kapitalgesellschaften nach dem Umwandlungssteuererlass 2011, GmbHR 2012, 141; *Rasche*, Einbringung von Unternehmensteilen in Kapitalgesellschaften oder Genossenschaften nach dem Umwandlungssteuererlass 2011, GmbHR 2012, 149; *Schaflitzl/Götz*, Verschmelzung zwischen Kapitalgesellschaften, Spaltung von Kapitalgesellschaften und damit verbundene gewerbesteuerliche Regelungen, DB Beilage 1/2012 zu Heft 2, 25; *Schneider/Ruhoff/Sistermann*, Brennpunkte des Umwandlungssteuererlasses 2011, FR 2012, 5; *Schell/Krohn*, Ausgewählte praxisrelevante „Fallstricke" des Umwandlungssteuererlasses 2011 (Teil II) – Zum Europäischen Teilbetriebsverständnis der Finanzverwaltung, DB 2012, 1119.

6. Teilbetrieb

a) Teilbetrieb iSd § 20. Der Begriff des **Teilbetrieb** wird weder im UmwStG (§§ 15 I 1, 20 I 1, 21 I 3, 23 I 1, 24 I) noch in den anderen nat Normen, in denen er enthalten ist (zB §§ 6 III, 16 EStG, § 8 Nr 1, 2 und 7 GewStG), def (vgl aber § 6 II EnWG). Demggü wird der Begriff des Teilbetriebs in Art 2 lit j FusionsRL als die Gesamtheit der in einem Unternehmensteil einer Ges vorhandenen aktiven und passiven WG, die in organisatorischer Hinsicht einen selbstständigen Betrieb bilden, dh eine aus eigenen Mitteln funktionsfähige Einheit, umschrieben. 79

Der Teilbetriebsbegriff des Art 2 lit j FusionsRL ist nach allgM auf die Fälle anzuwenden, die in den Anwendungsbereich der FusionsRL fallen, also bei Einbringung, an denen Ges aus zwei oder mehreren EU-Staaten beteiligt sind (vgl nur *Desens* DStR 2010 Beihefter zu Heft 46, 80; Frotscher/Maas/*Mutscher* Rn 122). Zum alten UmwStG wurden bei Einbringungen, die nicht von der FusionsRL erfasst werden, die zu § 16 EStG entwickelten Grundsätze herangezogen, jedoch insoweit eingeschränkt, als unter wesentlichen Betriebsgrundlagen nur die funktional wesentlichen Betriebsgrundlagen verstanden wurden. Nicht abschließend geklärt ist, ob unter Anwendung des UmwStG 2006 auch bei Umwandlungen, die nicht in den Anwendungsbereich der FusionsRL fallen, dh bei innerstaatlichen Einbringungen oder solchen von natürl Personen, der **Teilbetriebsbegriff der FusionsRL** Anwendung findet. Zum Teil wird die Auffassung vertreten, dass der Teilbetriebsbegriff des § 20 nur bei grenzüberschreitenden Vorgängen nach europäischen Kriterien auszulegen ist, iÜ aber die nat Kriterien gelten (Widmann/Mayer/*Widmann* Rn R 5). Nach der Gegenauffassung (RHL/*Herlinghaus* Rn 59; DPPM/*Patt* Rn 76; Haritz/Menner/*Menner* Rn 104; *Clasz/Weggenmann* BB 2012, 552; *Kaeser* DStR 2012 Beihefter zu Heft 2, 13; *Rasche* GmbHR 2012, 149; *Blumers* BB 2011, 2204; *ders* DB 2010, 1670; ausführl *Desens* DStR 2010 Beihefter zu Heft 46, 80) ist der Teilbetriebsbegriff iSv § 20 im Grundsatz einheitlich iSd Art 2 lit j FusionsRL zu verstehen. Soweit der nat Teilbegriff jedoch im Vergleich zum europäischen Teilbegriff günstiger sei, soll jedoch auch der günstigere nat Teilbetriebsbegriff gelten. Letzteres wird damit begründet, dass die FusionsRL Fusionen begünstigen soll, es den Mitgliedstaaten aber nicht verbiete, eine einheitliche umgesetzte Begünstigung im selben gesetzli- 80 chen Tatbestand noch weiter auszudehnen (RHL/*Herlinghaus* Rn 59; Haritz/Menner/*Menner* Rn 99; *Beinert* StbJb 2011/2012, 153; *Desens* DStR 2010 Beihefter zu Heft 46, 80; *Schumacher/Neumann* DStR 2008, 325; *Blumers* BB 2011, 2204; aA *Rasche* GmbHR 2012, 149).

81 Weder aus den Normen des UmwStG noch aus der Begr des SEStEGs ergibt sich aber, dass der **Gesetzgeber** den Teilbetriebsbegriff im Regelungsbereich des § 20 generell in Anlehnung an die FusionsRL ausgelegt wissen will (Frotscher/Maas/*Mutscher* Rn 120; aA *Desens* DStR 2010 Beihefter zu Heft 46, 80; *Claß/Weggemann* BB 2012, 552). Gem Art 1 lit a der FusionsRL hat jeder Mitgliedstaat die RL auf Fusionen anzuwenden, „wenn daran Ges aus zwei oder mehr Mitgliedstaaten beteiligt sind". Die FusionsRL ist daher im Ausgangspunkt auf rein innerdeutsche Vorgänge nicht anwendbar. Der EuGH hat allerdings in zwei Fällen Bestimmungen der FusionsRL ausgelegt, obwohl den Streitfällen rein innerstaatl Sachverhalte zugrunde lagen (EuGH Urteil vom 17.7.1997 - C-28/95 - Leur-Bloem zum Anteilstausch in den Niederlanden; EuGH Urteil vom 15.1.2002 - C-43/00, - Andersen og Jensen zur Teilbetriebseinbringung in Dänemark). Gegenstand dieser Entscheidung waren Vorschriften des niederländischen bzw dänischen Rechts, die in Umsetzung der FusionsRL ergangen waren. Dabei hatte sich der nat Gesetzgeber entschieden, rein innerstaatl Sachverhalte und unter die RL fallende (grenzüberschreitende) Sachverhalte gleich zu behandeln. Der nat Gesetzgeber hatte daher die für innerstaatl Sachverhalte geltenden Rechtsvorschriften dem Gemeinschaftsrecht angeglichen, um Wettbewerbsverzerrungen und Benachteiligungen der eigenen Staatsangehörigen zu vermeiden. Dabei hatte der nat Gesetzgeber in der Gesetzesbegründung auf die FusionsRL verwiesen und Teile der FusionsRL wortgleich in das nat Gesetz übernommen. In solchen Fällen besteht nach Ansicht des EuGH ein klares Interesse der Gemeinschaft daran, dass die aus dem Gemeinschaftsrecht übernommenen Bestimmungen oder Begriffe unabhängig davon, unter welchen Voraussetzungen sie angewandt werden, einheitl ausgelegt werden, um künftige Auslegungsunterschiede zu verhindern. Aus diesem Grund sei der Gerichtshof für die Auslegung der Bestimmungen der FusionsRL zuständig, auch wenn sie den rein innerstaatl Ausgangssachverhalt nicht unmittelbar regelt.

82 Der dt Gesetzgeber hat jedoch bei Erlass des SEStEG eine solche „Überumsetzung" der FusionsRL nicht beabsichtigt. Der Gesetzgeber wollte die FusionsRL ausdrückl nur in deren tats Anwendungsbereich (grenzüberschreitende Sachverhalte) umsetzen. In der Gesetzesbegründung zum Entwurf eines Gesetzes über stl Begleitmaßnahmen zur Einführung der Europäischen Ges und zur Änderung weiterer steuerrechtl Vorschriften (SEStEG), BT-Drs 16/2710, 1, Gliederungspunkt B. heißt es wörtl:

> „Mit dem Gesetz über steuerliche Begleitmaßnahmen zur Einführung der Europäischen Gesellschaft und zur Änderung weiterer steuerrechtlicher Vorschriften (SEStEG) werden die Einführung der Europäischen Gesellschaft (SE) und der Europäischen Genossenschaft (SCE) steuerlich begleitet sowie die Richtlinie 2005/19/EG des Rates vom 17. Februar 2005 zur Änderung der Richtlinie 90/434/EWG über das gemeinsame Steuersystem für Fusionen, Spaltungen, die Einbringung von Unternehmensteilen und den Austausch von Anteilen, die Gesellschaften verschiedener Mitgliedstaaten betreffen, in nationales Recht umgesetzt. ... Der Gesetzentwurf beseitigt steuerliche Hemmnisse für die als Folge der zunehmenden internationalen wirtschaftlichen Verflechtung immer wichtiger werdende grenzüberschreitende Reorganisation von Unternehmen und verbessert die Möglichkeiten der freien Wahl der Rechtsform."

Zwar erwähnt der Bericht des Finanzausschusses zum Entwurf des SEStEG (BT-Drs 16/3369, 1, Gliederungspunkt II) eine Gleichbehandlung von inl und grenzüberschreitenden Umstrukturierungen: **83**

„Mit dem Gesetzentwurf ist vorgesehen, künftig europaweit die gleichen steuerlichen Grundsätze für inländische wie für grenzüberschreitende Umstrukturierungen von Unternehmen anzuwenden."

Daraus kann jedoch nicht geschlossen werden, dass der dt Gesetzgeber eine Geltung der FusionsRL auch für innerstaatl Sachverhalte erreichen wollte. Anders als in den vom EuGH entschiedenen og Fällen hat der dt Gesetzgeber in der Gesetzesbegründung zum SEStEG nicht auf eine Geltung der FusionsRL auch in rein nat Fällen verwiesen und hat die FusionsRL insbes die Def des Teilbetriebs auch nicht wortgleich ins UmwStG übernommen. Das Gegenteil ist der Fall. In der Gesetzesbegründung heißt es, dass für die Beurteilung der Frage, ob ein WG eine wesentl Betriebsgrundlage eines Teilbetriebs darstellt, die funktionale Betrachtungsweise maßgebl sein soll (BT-Drs 16/2710, 42). Daraus lässt sich schließen, dass der Gesetzgeber weiterhin eine „gespaltene" Auslegung des Teilbetriebs beabsichtigt hat (aA *Desens* DStR 2010 Beihefter zu Heft 46, 83). Hätte der Gesetzgeber tatsächlich in vollem Umfang die FusionsRL umsetzen wollen um „künftig die gleichen stl Grundsätze für inländische wie grenzüberschreitende Umstrukturierungen von Unternehmen anzuwenden" (vgl BT-Drs 16/3369, 1 Gliederungspunkt II), so hätte er auch die pauschalierenden Missbrauchsvorschriften wie zB § 22 nicht in das Gesetz aufgenommen. Zudem hätte es nahe gelegen, dass im Regelungsbereich des § 20 nicht mehr an der Gewährung von neuen Anteilen am übernehmenden Rechtsträger als Voraussetzung für die „Erfolgsneutralität des Einbringungsvorgangs" festgehalten worden wäre, eine solche Voraussetzung kennt die FusionsRL nämlich nicht (vgl Rn 204). Soweit daher ein Sachverhalt von der FusionsRL erfasst wird, ist der Begriff iSd Art 2 lit j FusionsRL auszulegen, iÜ nach den bisherigen Grdsen der Rspr (wie hier Widmann/Mayer/*Widmann* Rn 5; Frotscher/Maas/*Mutscher* Rn 122). Nicht abschließend geklärt ist in diesem Zusammenhang, ob und in welchem Umfang der „nationale Teilbetriebsbegriff" Anwendung finden kann, soweit dieser im Vergleich zum europäischen Teilbetriebsbegriff für den Steuerpflichtigen günstiger ist (vgl dazu *Rasche* GmbHR 2012, 149; RHL/*Herlinghaus* Rn 59; RHL/*Schumacher* § 15 Rn 126; *Neumann* GmbHR 2012, 141; *Beinert* StbJb 2011/2012, 153). Soweit nach nationalem Verständnis der Teilbetriebsbegriff günstiger ist als der europäische Teilbetriebsbegriff, könnte darin der EuGH einen Verstoß gegen die Niederlassungsfreiheit sehen (*Rasche* GmbHR 2012, 149). **84**

b) Nationaler Teilbegriff. Nach der Rspr des BFH (BFH BStBl II 2003, 464; BFH BStBl II 2007, 772; ausführl *Feldgen* Ubg 2012, 459) ist unter einem Teilbetrieb ein organisatorisch geschlossener, mit einer gewissen Selbstständigkeit ausgestatteter Teil eines Gesamtbetriebs zu verstehen, der – für sich betrachtet – alle Merkmale eines Betriebs iSd EStG bzw im Regelungsbereich des § 20 aufgrund der funktionalen Betrachtungsweise (vgl Rn 24) aufweist und als solcher lebensfähig ist (BFH DStRE 2002, 423; BFH DStZ 2000, 135; BFH BStBl II 1996, 409; L. Schmidt/*Wacker* EStG § 16 Rn 143). Ob ein Betriebsteil die für die Annahme eines Teilbetriebs erforderl Voraussetzungen erfüllt, ist nach dem Gesamtbild der Verhältnisse **aus der Sicht des Einbringenden** zu entscheiden. Auf Grund einer erheblichen Schnittmenge mit den anderen Merkmalen des Teilbetriebes wird der **„organisatorischen Geschlossenheit"** nur eine geringe **85**

Bedeutung beigemessen (vgl L. Schmidt/*Wacker* EStG § 16 Rn 146; *Feldgen* Ubg 2012, 459; *Blumers* DB 2001, 722). Zum Teil wird auf Grund der Anforderung einer organisatorischen Geschlossenheit gefordert, dass die in Frage stehende Betriebseinheit räumlich von anderen Betriebseinheiten des Gesamtunternehmens getrennt sein muss. Eine **gewisse Selbstständigkeit** erfordert, dass die verschiedenen WG zusammen einer Betätigung dienen, die sich von der übrigen gewerblichen Betätigung abhebt und unterscheidet (BFH BStBl II 1979, 537; BFH/NV 2007, 1661; L. Schmidt/*Wacker* EStG § 16 Rn 148; *Feldgen* Ubg 2012, 459). Den Abgrenzungsmerkmalen zB räuml Trennung vom Hauptbetrieb, gesonderte Buchführung (vgl BFH DStRE 2008, 415), eigenes Personal, eigene Verwaltung, selbstständige Organisation, eigenes Anlagevermögen, ungleiche betriebl Tätigkeit, eigener Kundenstamm kommt je nach dem, ob es sich um eine Fertigungs-, Handels- oder Dienstleistungsbetrieb, einen freiberufl Betrieb oder einen luf Betrieb handelt, unterschiedl Gewicht zu (vgl BFH BStBl II 1990, 55). Eine völlige selbstständige Organisation mit eigener Buchführung ist für die Annahme eines Teilbetriebs nicht unbedingt erforderl (BFH BStBl II 2007, 772; BFH/NV 2005, 31; BFH DStZ 2000, 135; BFH BStBl II 1984, 486). Als wesentl Kriterien gelten ua eine getrennte Verwaltung und eine gesonderte Betriebsabrechnung, insbes Kostenrechnung (BFH BStBl II 1980, 51), räuml Trennung von anderen Betriebsteilen (BFH BStBl II 1996, 409: eigene Räume), Einsatz unterschiedl Personals (BFH/NV 2005, 31; BFH BStBl II 1983, 113), abgegrenzter Kundenstamm (BFH DStRE 2002, 423) sowie eigenständige Preisgestaltung (BFH BStBl II 1989, 376; vgl aber auch BFH/NV 1998, 1209; BFH DStZ 2000, 135 wonach es ggf nicht notw ist, dass eigenes Personal bei der Preisgestaltung der Ware mitwirkt); **keine Teilbetriebe** sind innerbetriebl Organisationseinheiten, die nicht selbst am Markt Leistungen anbieten (L. Schmidt/*Wacker* EStG § 16 Rn 143; FG Hessen EFG 2003, 1383). Ein Teilbetrieb ist dann **lebensfähig,** wenn von ihm seiner Struktur nach eine eigenständige betriebliche Tätigkeit ausgeübt werden kann (BFH BStBl II 1976, 415; L. Schmidt/*Wacker* EStG § 16 Rn 148; *Feldgen* Ubg 2012, 459). Nicht erforderl ist, dass stets Gewinn erzielt wird (BFH BStBl II 1996, 409; L. Schmidt/*Wacker* EStG § 16 Rn 147; *Feldgen* Ubg 2012, 459). Entscheidend ist, dass nach der obj wirtschaftl Struktur der zu beurteilenden Betriebseinheit eine eigenständige betriebl Tätigkeit ausgeübt werden konnte. Für die Annahme eines Teilbetriebs genügt nicht die Möglichkeit der technischen Aufteilung des Betriebs (R 139 II EStR). Ein Teilbetrieb liegt auch dann vor, wenn dieser zwar die werbende Tätigkeit noch nicht aufgenommen hat, die wesentl Betriebsgrundlagen jedoch bereits vorhanden sind (vgl FG Düsseldorf DStRE 2000, 1136 wonach nicht unbedingt alle wesentl Betriebsgrundlagen vorhanden sein müssen) und bei zielgerichteter Weiterverfolgung des Aufbauplans ein selbstständig lebensfähiger Organismus zu erwarten ist (BFH BStBl II 1989, 458; 1992, 380; RHL/*Herlinghaus* Rn 69); ein solcher **Teilbetrieb im Aufbau** kann ebenfalls im Wege der Auf-/Abspaltung bzw Vermögensübertragung (Teilübertragung) übertragen werden (*Blumers* BB 1995, 1821). Bei der Beurteilung ist auf Art und Umfang des Betriebs abzustellen, die einzelnen Merkmale sind unterschiedl zu gewichten (BFH BStBl II 1979, 557).

86 Bei dem Teilbetrieb iSd Abs 1 S 1 kann es sich um einen **luf** Teilbetrieb iSd § 13 EStG, einen gewerbl Teilbetrieb iSd § 16 EStG, um eine **freiberufl** Teilpraxis iSd § 18 III EStG (wegen der Besonderheiten im Hinblick auf die Personenbezogenheit der selbstständigen Arbeit vgl L. Schmidt/*Wacker* EStG § 18 Rn 250) oder den Teilbetrieb einer Körperschaft handeln (DPPM/*Patt* Rn 79; RHL/*Herlinghaus* Rn 76).

c) Europäischer Teilbetriebsbegriff. Nach Art 2 lit j FusionsRL ist der Teilbetrieb definiert als die Gesamtheit der in einem Unternehmensteil einer Ges vorhandenen aktiven und passiven WG, die in organisatorischer Hinsicht einen selbstständigen Betrieb, dh einen aus eigenen Mitteln funktionsfähige Einheit darstellt. Ob bzw in welchem Umfang sich der europäische Teilbetriebsbegriff von dem nat Teilbetriebsbegriff unterscheidet, ist im Einzelnen streitig (vgl etwa Frotscher/Maas/*Mutscher* Rn 114 ff). Im Urteil des BFH vom 7.4.2010 (BStBl II 2011, 467) geht der BFH für den Fall einer Abspaltung gem § 15 im Grundsatz davon aus, dass der europäische und der nat Teilbetriebsbegriff im Wesentlichen übereinstimmen. *Widmann* (Widmann/Mayer/*Widmann* UmwStE 2011 Rn 20.06) bezweifelt die praktische Bedeutung der teilweisen Nichtübereinstimmung des nat und des europäischen Teilbetriebsbegriffes, da auch die deutsche Rechtsprechung den einzelnen Erfordernissen des nationalen Teilbetriebsbegriffs unterschiedliches Gewicht beimesse. Der EuGH hat sich im Urteil vom 13.9.2001 (FR 2001, 298) mit dem Teilbetriebsbegriff iSd FusionsRL beschäftigt. Das Gericht betont dabei insbes die Funktionsfähigkeit als Wesensmerkmal eines Teilbetriebsbegriffs iSd FusionsRL. Einen „selbständigen Betrieb" bilden demnach Einheiten, die als selbstständiges Unternehmen funktionsfähig sein können, ohne dass sie hierfür zusätzlicher Investitionen bedürfen. Eine Grenze der eigenen Funktionsfähigkeit wird durch das Gericht angenommen, wo die finanziellen Verhältnisse dazu führen, dass die übernehmende Ges aus finanziellen Gründen voraussichtlich nicht überleben kann. Der EuGH geht zudem davon aus, dass Aktiva und Passiva eines bestehenden Teilbetriebs nicht willkürlich voneinander getrennt werden dürfen. Inwieweit sich der nat und der europäische Teilbetriebsbegriff im Einzelnen unterscheiden, ist nicht abschließend geklärt. Im Einzelnen sollen **folgende Unterschiede** bestehen: 87

- Der Teilbetrieb muss als solches funktionsfähig sein, ohne dass es zusätzlicher Investitionen oder Einbringungen bedarf (EuGH FR 2002, 298; Haritz/Menner/*Menner* Rn 94; Widmann/Mayer/*Widmann* UmwStE 2011 Rn 20.06; Frotscher/Maas/*Mutscher* Rn 118 f; *Beinert* StbJb 2011/2012, 183). Die Funktionsfähigkeit muss in technischer, kaufmännischer und finanzieller Hinsicht gegeben sein (Haritz/Menner/*Menner* Rn 94), auf die finanziellen Aspekte ist erst in zweiter Linie abzustellen. Es reicht aus, dass zur Fortführung des Teilbetriebs die übernehmende Ges sich unter marktüblichen Bedingungen finanzieren kann.
- Für die Bestimmung des europäischen Teilbetriebs ist es nicht notwendig, dass sich die Tätigkeit dieses Betriebs ggü der Tätigkeit des übrigen einbringenden Unternehmens unterscheidet, es reicht eine organisatorische Verselbständigung aus (DPPM/*Patt* Rn 90; RHL/*Herlinghaus* Rn 59; Widmann/Mayer/*Widmann* UmwStE 2011 Rn 20.06; Frotscher/Maas/*Mutscher* Rn 119; *Beinert* StbJb 2011/2012, 153; *Feldgen* Ubg 2012, 459).
- Von einer Einbringung des Teilbetriebs nach der FusionsRL soll auch dann auszugehen sein, wenn WG teilw an den übernehmenden Rechtsträger nur „vermietet" werden, sofern eine dauerhafte Nutzung für die Funktionsfähigkeit des eingebrachten Teilbetriebs sichergestellt ist (*Beinert* StbJb 2011/2012, 153; *Benz/Rosenberg* DB 2011, 1354; aA BFH BStBl II 2011, 467; DPPM/*Patt* Rn 63; *Neumann* GmbHR 2012, 141; Widmann/Mayer/*Widmann* UmwStE 2011 Rn 20.06; offen *Desens* DStR 2010 Beihefter zu Heft 46, 80).

- Die Teilbetriebseinbringung nach der FusionsRL setzt die Einbringung sämtlicher aktiver und passiver WG des Teilbetriebs voraus, einerlei ob sie für den Teilbetrieb funktional wesentlich sind oder nicht (EuGH FR 2002, 298); dies gilt insbes nicht nur für Finanzmittel, sondern auch für Verbindlichkeiten des Teilbetriebs (DPPM/*Patt* Rn 93; Haritz/Menner/*Menner* Rn 101; RHL/*Herlinghaus* Rn 59; *Rasche* GmbHR 2012, 149; aA *Beinert* StbJb 2011/2012, 153).
- Ein Teilbetrieb im Aufbau stellt keinen Teilbetrieb iSd FusionsRL dar (DPPM/*Patt* Rn 95; RHL/*Herlinghaus* Rn 59).
- Ob die Voraussetzungen eines Teilbetriebs iSd FusionsRL gegeben sind, richtet sich nach hM nach den Verhältnissen in der Person des Einbringenden (DPPM/*Patt* Rn 92; RHL/*Herlinghaus* Rn 68; *Patt/Rupp/Aßmann* UmwStE 2011, 87; aA *Beinert* StbJb 2011/2012, 153; *Blumers* BB 2008, 2044).

88 **d) Teilbetriebsverständnis der FinVerw.** Nach Auffassung der FinVerw (BMF-Schrb vom 11.11.2011, BStBl I 1314 Rn 20.06 iVm Rn 15.02 f, Rn 15.07–15.10) entspricht der in § 20 verwendete Begriff des Teilbetriebs dem in der **FusionsRL.** Teilbetrieb ist damit die Gesamtheit der in einem Unternehmensteil einer Ges vorhandenen aktiven und passiven WG, die in organisatorischer Hinsicht einen selbstständigen Betrieb, dh eine aus eigenen Mittel funktionsfähige Einheit darstellen. Zu diesem Teilbetrieb gehören sowohl alle **funktional wesentlichen Betriebsgrundlagen** sowie die diesem Teilbetrieb nach wirtschaftlichen Zusammenhängen **zuzuordnenden WG.** Die Voraussetzungen eines Teilbetriebs sind nach Auffassung der FinVerw „nach Maßgabe der einschlägigen Rechtsprechung unter Zugrundelegung der funktionalen Betrachtungsweise aus der Perspektive des übertragenden Rechtsträgers zu beurteilen (EuGH Urteil vom 15.1.2002 - C-43/00, EuGHE I 379; BFH Urteil vom 7.4.2011- I R 96/08, BStBl II 467)". Der Hinweis auf das BFH-Urteil vom 7.4.2011 ist überraschend, da das Gericht in seiner Entscheidung ausschließlich auf die funktional wesentlichen Betriebsgrundlagen abstellt (ebenso *Neumann* GmbHR 2012, 141). Wann und unter welchen Voraussetzungen ein WG einem Teilbetrieb nach wirtschaftlichen Zusammenhängen zuordenbar ist, wird von der FinVerw nicht näher erläutert. Die Zuordnung nicht wesentlicher Betriebsgrundlagen dürfte aber nach wirtschaftl Gesichtspunkten unter Berücksichtigung der funktionalen Betrachtungsweise erfolgen (*Neumann* GmbHR 2012, 141; *Schell/Krohn* DB 2012, 1119). Dient damit ein aktives WG der betriebl Tätigkeit eines Teilbetriebs, ist es diesem Teilbetrieb nach Auffassung der FinVerw wohl zuzuordnen. Passive WG, die durch die betriebl Tätigkeit veranlasst sind, gehören unter wirtschaftl Betrachtungsweise zu diesem Teilbetrieb. Forderungen aus Lieferung und Leistung sind dem Teilbetrieb zuzuordnen, wenn sie durch die Tätigkeit dieses Teilbetriebs erwirtschaftet wurden (*Schell/Krohn* DB 2012, 1119; *Schmitt* DStR 2011, 1108). Verbindlichkeiten, die aufgewendet wurden, um WG eines Teilbetriebs anzuschaffen, sind diesem Teilbetrieb zuzuordnen. Entsprechendes gilt für Verbindlichkeiten, die dazu verwandt wurden, Aufwandspositionen des Teilbetriebs zu finanzieren (*Schell/Krohn* DB 2012, 1119; *Beinert/Benecke* FR 2010, 1009; *Möhlenbrock* StbJb 2011/2012, 153). Notwendig dürfte eine unmittelbare Zuordnung sein, eine mittelbare wirtschaftl Zuordnung sollte nicht ausreichen. Gliedert bspw eine Mitunternehmerschaft einen Teilbetrieb aus und hat ein MU dieser Mitunternehmerschaft vorher einen Anteil an der Mitunternehmerschaft käuflich erworben und den Kaufpreis fremdfinanziert, ist diese Verbindlichkeit nicht anteilig mit dem Teilbetrieb zu übertragen, ein unmittelbarer Bezug zu dem Teilbetrieb fehlt. Auch sollte gewill-

kürtes BV grundsätzlich frei zuordenbar sein (*Schell/Krohn* DB 2012, 1119). Wird eine nicht wesentliche Betriebsgrundlage von mehreren Teilbetrieben genutzt, soll dieses WG einem der nutzenden Teilbetriebe frei zugeordnet werden können (vgl *Neumann* GmbHR 2012, 141; *Schell/Krohn* DB 2012, 1119; Patt/Rupp/*Aßmann* UmwStE 2011, 88). Ob Bank und Kassenbestände oder Substitute hiervon (etwa Cash-Pool-Forderung) frei zugeordnet werden können, ist nicht abschließend geklärt (vgl dazu *Schell/Krohn* DB 2012, 1119; *Rödder/Rogall* Ubg 2011, 753; Patt/Rupp/*Aßmann* UmwStE 2011, 89). Nach Auffassung der FinVerw stellt der **Teilbetrieb im Aufbau** keinen Teilbetrieb iSd § 20 dar (BMF-Schrb vom 11.11.2011, BStBl I 1314 Rn 20.06 iVm Rn 15.03).

Die Auffassung der FinVerw kann im Ergebnis nicht überzeugen. Auch bei **89**
Anwendung des europäischen Teilbetriebsbegriffs ist es nicht notwendig, dass alle WG, die nach wirtschaftl Zusammenhängen dem Teilbetrieb zuordenbar sind, im Rahmen der Einbringung eines Teilbetriebs auf den übernehmenden Rechtsträger mitübertragen werden müssen. Richtig ist zwar, dass der Teilbetrieb iSd Art 2 lit j FusionsRL die Gesamtheit der in einem Unternehmensteil einer Ges vorhandenen aktiven und passiven WG umfasst. Diese WG müssen aber in organisatorischer Hinsicht einen selbstständigen Betrieb darstellen, dieser muss eine aus eigenen Mitteln funktionsfähige Einheit bilden. Entscheidend für den europäischen Teilbetriebsbegriff ist damit die Funktionsfähigkeit des übertragenen Unternehmensteils (EuGH FR 2002, 298; BFH BStBl II 2011, 467; *Goebel/Ungemach/Seidfand* DStZ 2009, 360), nicht aber die Übertragung eines jeden einzelnen WG, welches im wirtschaftlichen Zusammenhang mit einem Teilbetrieb steht.

e) Zeitpunkt der Existenz des Teilbetriebs. Die Voraussetzungen eines **90**
Teilbetriebs müssen nach Auffassung der FinVerw bereits zum stl Einbringungsstichtag vorliegen (BMF-Schrb vom 11.11.2011, BStBl I 1314 Rn 20.06 iVm Rn 15.03). Maßgeblicher Zeitpunkt für die Beurteilung, ob ein WG eine wesentl Betriebsgrundlage darstellt oder aber dem Teilbetrieb zuordenbar ist, müsse folglich auch dieser stl Übertragungsstichtag und nicht der Zeitpunkt der Fassung des Einbringungsbeschlusses oder, wenn es eines solchen nicht bedarf, der Abschluss des Einbringungsvertrages sein. Diese Sichtweise der FinVerw hat zur Konsequenz, dass Veränderungen im übertragenen Verm des Teilbetriebs im Rückwirkungszeitraum keine Auswirkung auf den Einbringungsvorgang haben (vgl Rn 20, 31). Wird bspw im Rückwirkungszeitraum eine wesentliche Betriebsgrundlage des eingebrachten Teilbetriebs veräußert, so steht dies der Steuerneutralität des Einbringungsvorgangs nicht entgegen, da die Veräußerung auf Rechnung des übernehmenden Rechtsträgers erfolgt und für die Steuerneutralität des Einbringungsvorgangs es ohne Bedeutung ist, ob der eingebrachte Teilbetrieb fortgeführt wird, wesentliche Betriebsgrundlagen veräußert werden uÄ (vgl Rn 17). Nach Auffassung von *Neumann* (GmbHR 2012, 141) hat die Meinung der FinVerw zur Folge, dass ein Teilbetrieb, der im Rückwirkungszeitraum von dritter Seite zugekauft worden ist, nicht mit stl Rückwirkung auf einen Zeitpunkt, der vor dem Ankauf liegt, übertragen werden kann. Die Auffassung der FinVerw ist im Ergebnis nicht überzeugend. Maßgebender Zeitpunkt für die Beurteilung, ob ein Teilbetrieb vorliegt oder ein WG eine wesentliche Betriebsgrundlage darstellt oder dem Teilbetrieb wirtschaftlich zuordenbar ist, ist grundsätzlich der Zeitpunkt der Fassung des Umwandlungsbeschlusses oder, wenn es eines solchen nicht bedarf, der Abschluss des Einbringungsvertrags bzw der Übergang des wirtschaftl Eigentums, wenn dieser erst zu einem späteren Zeitpunkt übergeht (vgl Rn 20).

Die FinVerw verkennt, dass die Rückbeziehung in § 20 V, VI sich nur auf die Wirkung der Umwandlung, nicht aber auf die Tatbestandsvoraussetzung der Umwandlung beziehen (aA *Neumann* GmbHR 2012, 141).

91 **f) Übertragung der maßgeblichen Wirtschaftsgüter.** Der Teilbetrieb muss als Ganzes eingebracht werden, was bedeutet, dass die wesentl Betriebsgrundlagen bzw unter Berücksichtigung der Auffassung der FinVerw auch die WG, die dem Teilbetrieb wirtschaftl zuordenbar sind, auf die KapGes übergehen. Die KapGes muss wirtschaftl Eigentümer iSd § 39 I 1 AO werden (BMF-Schrb vom 11.11.2011, BStBl I 1314 Rn 01.43, Rn 20.13; RHL/*Herlinghaus* Rn 39; Widmann/Mayer/*Widmann* Rn 236; Haritz/Menner/*Menner* Rn 72; *Weber/Hane* Ubg 2011, 420; *Neumann* GmbHR 2012, 141; aA DPPM/*Patt* Rn 7, der die Übertragung zivilrechtlichen Eigentums verlangt; zu weiteren Einzelheiten vgl Rn 21).

92 Die Anwendung des § 20 setzt voraus, dass bei der Einbringung eines Teilbetriebs sämtliche funktional wesentl Betriebsgrundlagen bzw nach Auffassung der Finanzverwaltung (vgl Rn 88) auch die einem Teilbetrieb zuordenbare WG auf den übernehmenden Rechtsträger übertragen werden. Werden solche WG im zeitl und wirtschaftl Zusammenhang mit der Einbringung in eine KapGes in ein anderes Verm überführt, so sind nach Auffassung der FinVerw die Anwendung der BFH-Urteile vom 11.12.2001 (BStBl II 2004, 747) und vom 25.2.2010 (BStBl II 726) zu beachten. Dies bedeutet, wird in einem zeitl und sachl Zusammenhang mit der Einbringung eine funktional-wesentl Betriebsgrundlage bzw eine dem Teilbetrieb zuordenbares WG noch vor der Einbringung auf einen anderen Rechtsträger übertragen, kommt es in dem eingebrachten Verm zu einer Aufdeckung von stillen Reserven. Nach Auffassung des BFH (BStBl II 2010, 471) ist jedoch die Überführung einer wesentl Betriebsgrundlage in ein anderes BV anzuerkennen, sofern sie auf Dauer erfolgt und deshalb andere wirtschaftl Folgen auslöst, als die Einbeziehung des betreffenden WG in den Einbringungsvorgang; § 20 ist unter diesen Voraussetzungen anwendbar (vgl dazu *Benz/Rosenberg* DB Beilage 1/2012 zu Heft 2, 38; *Kaeser* DStR 2012 Beihefter zu Heft 2, 13; *Jebsen* BB 2010, 1192; *Schulze zur Wiesche* DStZ 2011, 513). Der X. Senat des BFH geht davon aus, dass die Anwendbarkeit des § 24 I weder der Vorschrift des § 42 AO noch der Rechtsfigur des Gesamtplans entgegenstehen, wenn vor der Einbringung eine wesentl Betriebsgrundlage des einzubringenden Betriebs unter Aufdeckung der stillen Reserven veräußert wird und die Veräußerung auf Dauer angelegt ist (BFH BStBl II 2012, 638).

93 Nach richtiger Meinung kann die bloße **Vermietung oder Verpachtung** von WG durch den übernehmenden Rechtsträger die eigentliche notwendige Übertragung des wirtschaftl Eigentums nicht ersetzen (BMF-Schrb vom 11.11.2011, BStBl I 1314 Rn 8; BFH BStBl II 2011, 467; DPPM/*Patt* Rn 8; Haritz/Menner/*Menner* Rn 136; Widmann/Mayer/*Widmann* UmwStE 2011 Rn 20.06; *Neumann* GmbHR 2012, 141; aA *Beinert* StbJb 2011/2012, 153; *Blumers* BB 2011, 2204; *Benz/Rosenberg* DB 2011, 1354). Gegen die bloße Vermietung und Verpachtung der entsprechenden WG spricht, dass es sich bei der Einbringung um einen tauschähnl Veräußerungsvorgang bzw um ein Anschaffungsgeschäft handelt, welches zur Aufdeckung von stillen Reserven führt, die durch ein solches Geschäft aber eigentl eintretenden Rechtsfolgen durch § 20 außer Kraft gesetzt werden. Die Einbringung des Teilbetriebs setzt nach richtiger Auffassung nicht voraus, dass **Miet- bzw Pachtverhältnisse,** die der Einbringende über die WG geschlossen hat, von der übernehmenden KapGes fortgesetzt werden (Widmann/

Mayer/*Widmann* Rn 9; Haritz/Menner/*Menner* Rn 136; aA *Blumers* DB 1995, 496; vgl auch Rn 25). Bei der Einbringung eines Teilbetriebs sind auch die dazugehörigen Anteile an einer KapGes/Gen miteinzubringen, sofern sie wesentl Betriebsgrundlage des Teilbetriebs darstellen bzw nach Auffassung der FinVerw auch dann, wenn es sich bei den Anteilen an der KapGes um ein nach wirtschaftl Zusammenhängen zuordenbares WG handelt (BMF-Schrb vom 11.11.2011, BStBl I 1314 Rn 20.06; BFH DStR 2010, 269; DPPM/*Patt* Rn 60; RHL/*Herlinghaus* Rn 32; zu weiteren Einzelheiten vgl Rn 26 ff; 35).

Gehören zu dem Teilbetrieb auch **Mitunternehmeranteile,** so sind diese eigenständige betriebliche Einheiten, selbst wenn sie eine funktional wesentl Betriebsgrundlage des Teilbetriebs darstellen oder aber der Mitunternehmeranteil dem Teilbetrieb wirtschaftl zuordenbar ist. Bei einem Mitunternehmeranteil handelt es sich nämlich nicht um ein WG (BFH BStBl II 2010, 726; BFH DStR 2003, 1743; Littmann/Bitz/Pust/*Hoffmann* EStG § 6 Rn 551; DPPM/*Patt* Rn 34; *Schmitt* DStR 2011, 1108), so dass dieser Anteil keinem Teilbetrieb zugeordnet werden kann, weder als funktional wesentl noch als funktional unwesentl Betriebsgrundlage (vgl Rn 35). Davon geht auch die FinVerw aus, wenn sie die Auffassung vertritt, dass, sollte ein Betrieb oder Teilbetrieb eingebracht werden, zu dessen BV ein oder mehrere Mitunternehmeranteile gehören, die Einbringung des Betriebs bzw Teilbetriebs und die Einbringung des bzw der Mitunternehmeranteile jeweils als gesonderte Einbringungsvorgänge zu behandeln sind (BMF-Schrb vom 11.11.2011, BStBl I 1314 Rn 20.12; ebenso RHL/*Herlinghaus* Rn 33; DPPM/*Patt* Rn 34). 94

Der steuerneutralen Einbringung eines Teilbetriebs steht nicht entgegen, dass **neutrales Verm,** welches in keiner Funktion zum vorhandenen Teilbetrieb steht, mitübertragen oder zurückbehalten wird (vgl auch Rn 98). 95

Das Bestehen eines Teilbetriebs setzt jedenfalls nach nationalem Verständnis begrifflich voraus, dass das Unternehmen daneben noch über einen weiteren Teilbetrieb verfügt (DPPM/*Patt* Rn 78). Besitzt eine PersGes eine **betriebl Einheit und** einen **Mitunternehmeranteil,** so stellt diese betriebl Einheit keinen Teilbetrieb, sondern einen Betrieb iSd § 20 dar. 96

Stellt ein WG eine funktional-wesentliche Betriebsgrundlage **sowohl beim übertragenden** als auch beim **verbleibenden Teilbetrieb** dar, so steht dies der Annahme von Teilbetrieben nicht entgegen (ebenso DPPM/*Patt* Rn 110 unter Hinweis auf BFH BStBl I 1996, 409). Wird dieses WG nicht voll bzw anteilig mitübertragen, so kommt es zur Aufdeckung der stillen Reserven im übertragenen Teilbetrieb (DPPM/*Patt* Rn 110; *Benz/Rosenberg* DB Beilage 1/2012 zu Heft 2, 38). Nach Auffassung der FinVerw gelten bei der Einbringung eines Teilbetriebs die Rn 15.07-15.10 entsprechend (BMF-Schrb vom 11.11.2011, BStBl I 1314 Rn 20.06). Bei diesem Verweis ist zu beachten, dass bei der Einbringung anders als bei der Spaltung nach § 15 das zurückbleibende Verm nicht selbst Teilbetriebseigenschaft haben muss (DPPM/*Patt* Rn 110). Der steuerneutralen Einbringung steht es damit nicht entgegen, dass der Einbringende das gesamte gemischt genutzte WG dem übertragenden Teilbetrieb zuordnet und mit diesem auf die KapGes überträgt. Das gemischte WG kann jedoch nach Auffassung der FinVerw bis zum Zeitpunkt der Fassung des Einbringungsbeschlusses zivilrechtl real aufgeteilt werden bzw aus Billigkeitsgründen im Einzelfall eine ideelle Teilung im Verhältnis der tats Nutzung ausreichend sein (BMF-Schrb vom 11.11.2011, BStBl I 1314 Rn 20.06 iVm Rn 17.08; ebenso DPPM/*Patt* Rn 110; zum Problem der Billigkeit im Hinblick auf die GewSt vgl § 22 Rn 35c). 97

98 Wird ein funktional nicht wesentl, aber zuordenbares WG von mehreren Teilbetrieben genutzt, so kann dieses WG einem der nutzenden Teilbetriebe zugeordnet werden, wobei offen ist, ob die Zuordnung nach der überwiegenden Nutzung notwendig ist (*Neumann* GmbHR 2012, 141).

99 Ob ein Teilbetrieb vorliegt, richtet sich nach hA nach der **Sicht des Einbringenden,** maßgebend sind damit die Gegebenheiten beim Einbringen und nicht bei der übernehmenden KapGes (BFH BStBl II 2011, 467; DPPM/*Patt* Rn 111; RHL/*Herlinghaus* Rn 68, Haritz/Menner/*Menner* Rn 105). Dies gilt nach herrschender, wenn auch strittiger Meinung auch bei Anwendung des europäischen Teilbetriebsbegriffs (vgl dazu Rn 87).

100 Wird ein **Teilbetrieb durch eine PersGes** auf eine KapGes **ausgegliedert** bzw eingebracht, sind auch WG, die im SBV eines MU stehen, mit auf den übernehmenden Rechtsträger zu übertragen, sofern sie funktional wesentl Betriebsgrundlage des einzubringenden Betriebs sind bzw es sich um dem Teilbetrieb wirtschaftl zuordenbare WG handelt (BMF-Schrb vom 11.11.2011, BStBl I 1314 Rn 20.06; BFH BStBl II 2010, 471; vgl auch Rn 69 ff). Dies gilt unabhängig davon, ob die PersGes oder die hinter der PersGes stehenden MU Einbringende iSd § 20 sind. Wird ein Teilbetrieb aus einer GmbH & Co KG ausgegliedert und stellen die Anteile an der Komplementär GmbH eine funktional wesentl Betriebsgrundlage des Mitunternehmeranteils dar, so dürfte dieser Anteil an der GmbH nicht zwangsläufig auch eine funktional wesentl Betriebsgrundlage des Teilbetriebs sein (vgl Rn 70).

101 Soweit SBV mitübertragen wird, reicht es für die Steuerneutralität aus, dass dieses im zeitl und sachl Zusammenhang mit der Übertragung des Teilbetriebs durch die PersGes erfolgt (*Stangl* GmbHR 2012, 253). Eine vorherige Übertragung des SBV auf die PersGes sollte wegen § 6 V6 EStG nicht erfolgen (vgl Rn 72; DPPM/*Patt* Rn 165; *Stangl* GmbHR 2012, 254). Ist Einbringender die Personengesellschaft, sollte es ausreichend sein, wenn die Übertragung des SBV nicht gegen gesonderte Ausgabe neuer Anteile an den MU erfolgt. Eine gesonderte Ausgabe neuer Anteile am übernehmenden Rechtsträger an den Inhaber des SBV ist aber auch möglich (Frotscher/Maas/*Mutscher* Rn 65a). Auch dürfte es der Steuerneutralität nicht entgegenstehen, wenn die Übertragung des SBV dadurch ausgeglichen wird, dass durch Änderung des Gesellschaftsvertrages der einbringenden PersGes dieser Mehrwert dem als SBV übertragenden Ges wirtschaftl zu Gute kommt.

102 Die Feststellungslast, ob tats ein Teilbetrieb vorliegt, trifft den Einbringenden. Zur Erteilung einer **verbindl Auskunft** vgl Rn 32).

103 Einen Sonderfall einer gesetzl Teilbetriebsfiktion enthält **§ 6 II 1 EnWG.** Dadurch soll es den Energieversorgungsunternehmen ermöglicht werden, in den Genuss der steuerneutralen Umwandlungsmaßnahmen iSd UmwStG zu kommen, auch wenn die von der Rspr aufgestellten Voraussetzungen eines Teilbetriebs nicht vorliegen. Die Teilbetriebsfiktion des § 6 II 1 EnWG gilt nur für diejenigen WG, die in wirtschaftl engem Zshg mit der operationellen oder rechtl Entflechtung sowie unmittelbar aufgrund des Organisationsaktes der Entflechtung übertragen werden. Die Entflechtungsbestimmungen des EnWG betreffen grdsl nur Strom- und Gasnetze. Die Mitübertragung der Bereiche Wasser und Fernwärme werden jedoch ebenfalls von der Teilbetriebsfiktion des § 6 II 1 EnWG erfasst (*Behrendt/Schlereth* BB 2006, 20.50 mit Hinweis auf BMF-Schrb an die Verbände vom 8.5.2006 – IV B 2 S 1909–11/06). Zur Schaffung betriebswirtschaftl sinnvoller Strukturen ist es grdsl mögl, auch weitere WG, die in engem wirtschaftl und/

oder technischen Zshg mit den Netzen stehen, dem fiktiven Teilbetrieb zuzuordnen. Dies gilt für sämtl neutrale WG, die den Netzen funktional dienen können, dass diese eine wesentl Betriebsgrundlage sind, ist nicht erforderl (*Behrendt/Schlereth* BB 2006, 20.50). Die durch § 6 EnWG vorgenommene gesetzl Fiktion ist zeitl begrenzt, und zwar für Netzbetreiber (§ 7 III EnWG) bis zum 31.12.2008, für die übrigen Energieversorgungsunternehmen bis zum 31.12.2007. Die Steuerbegünstigung erlischt nach Ablauf dieser Zeiträume (*Salje* EnWG § 6 Rn 24).

7. Einzelbeispiele aus der Rechtsprechung zum nationalen „Teilbetriebsbegriff"

Aufbau – Teilbetrieb 104

Ein Teilbetrieb liegt vor, wenn im Aufbau mit der werbenden Tätigkeit noch nicht begonnen wurde, die wesentl Betriebsgrundlagen bereits vorhanden sind und bei zielgerichteter Weiterverfolgung des Aufbauplans ein selbstständig lebensfähiger Organismus zu erwarten ist (BFH BStBl II 1989, 458). Nach Auffassung des FG Düsseldorf (DStRE 2000, 1136) kann ein Teilbetrieb im Aufbau bereits auch dann vorliegen, wenn noch nicht sämtl wesentl Betriebsgrundlagen vorhanden sind. Nach Auffassung der FinVerw erfüllt ein Teilbetrieb im Aufbau nicht die Voraussetzungen des Teilbetriebs iSd § 20 (BMF-Schrb vom 11.11.2011, BStBl I 1314 Rn 20.06 iVm Rn 15.03; aA Widmann/Mayer/*Widmann* Rn 80; DPPM/*Patt* Rn 106).

Besitzunternehmen 105

Eine Grundstücksvermietung kann in Gestalt eines Teilbetriebs ausgeübt werden, wenn sie – wie im Fall der Betriebsaufspaltung – für sich gesehen die Voraussetzung eines Gewerbebetriebs erfüllt und wenn sie sich als gesonderter Verwaltungskomplex aus dem Gesamtbild des Besitzunternehmens heraushebt (BFH BStBl II 2005, 395; DPPM/*Patt* Rn 114; zur Gewerblichkeit als Voraussetzung für einen Teilbetrieb vgl Rn 113). Diese Voraussetzungen sind zB bei der Verpachtung eines Grundstücks an mehrere Betriebsgesellschaften erfüllt. Im Fall der Betriebsaufspaltung zwischen einem Besitzunternehmen und mehreren Betriebsgesellschaften liegt demnach ein Teilbetrieb vor, wenn an eine Betriebsgesellschaft räuml abgegrenzte Grundstücksteile, die ausschließl dieser Ges zuzuordnen sind, durch gesonderten Vertrag vermietet werden (BFH/NV 1998, 690). Auch wenn ein Grundstück als Ganzes an eine „Vermietungsbetreibergesellschaft" vermietet wird, kann ein Teilbetrieb vorliegen. Die Anteile an der Betriebskapitalgesellschaft sind wesentl Betriebsgrundlage des Besitzunternehmens (BFH BStBl II 2007, 772; *Schulze zur Wiesche* GmbHR 2008, 238). Wird ein Teilbetrieb in die Betriebskapitalgesellschaft eingebracht, können jedoch die Anteile an der Betriebskapitalgesellschaft zurückbehalten werden (vgl Rn 78).

Beteiligungen 106

Eine 100%ige Beteiligung an einer KapGes, die im BV gehalten wird, gilt als Teilbetrieb gemäß gesetzl Fiktion (§ 16 I 1 HS 2 EStG). Nach Auffassung des Gesetzgebers (BT-Drs 16/2710, 42; BFH DStR 2008, 2001) stellt eine **100%ige Beteiligung an einer KapGes** im Regelungsbereich des § 20 keinen Teilbetrieb dar, da § 21 für die Beteiligung an einer KapGes eine speziellere Regelung darstellt (DPPM/*Patt* Rn 103; RHL/*Herlinghaus* Rn 23). Wird ein Teilbetrieb mit dazugehörigen Anteilen an einer KapGes oder Gen eingebracht, liegt insges ein einheitl Einbringungsvorgang nach Abs 1 vor. Selbst wenn die Anteile an einer KapGes wesentl Betriebsgrundlage eines Teilbetriebs sind, können diese Anteile unter den Voraussetzungen des § 21 isoliert steuerneutral auf einen übernehmenden Rechtsträger übertragen werden (ebenso DPPM/*Patt* Rn 33). Zur Verwaltung von Beteiligungen als Teilbetrieb vgl BFH DStRE 2008, 415.

107 **Brauereigaststätte**

Bei einer Brauerei ist eine von ihr betriebene Gastwirtschaft grdsl ein selbstständiger Teilbetrieb (BFH BStBl III 1967, 47; L. Schmidt/*Wacker* EStG § 16 Rn 160).

108 **Dienstleistungsunternehmen**

Eine bei einem Dienstleistungsunternehmen ausgegliederte Verwaltungsabteilung ist ggf Teilbetrieb, wenn sie einen eigenen Kundenkreis hat und ihr Wirkungskreis von demjenigen des Hauptbetriebs örtl abgrenzbar ist (DPPM/*Patt* Rn 86; BFH BStBl II 1975, 832 für Hausverwaltung; vgl auch *Haarmann* FS Widmann, 2000, 375).

109 **Druckerei**

Bei einem Zeitungsverlag, der auch eine Druckerei betreibt, können zwei Teilbetriebe vorliegen (L. Schmidt/*Wacker* EStG § 16 Rn 160 mwN).

110 **Filiale**

Filialen sind idR Teilbetriebe (L. Schmidt/*Wacker* EStG § 16 Rn 160). Eine Einzelhandelsfiliale ist Teilbetrieb, wenn die Filialleitung beim Wareneinkauf und bei der Preisgestaltung mitwirkt (BFH BStBl II 1980, 51; H 16 III EStR), es sei denn, die Ein- und Verkaufspreise können nicht beeinflusst (BFH/NV 1998, 1208; vgl BFH DStZ 2000, 135; *Tiedtke/Wälzholz* DStZ 2000, 127) oder eigenständig Waren eingekauft (BFH/NV 1992, 516) werden. Unerhebl ist, ob die Filiale von einem Angestellten oder Handelsvertreter geleitet wird (BFH BStBl II 1979, 15). Verkauft eine Einzelhandelsfiliale Waren, die von der Zentrale zugewiesen werden, ist die Filiale trotz eigener Kassenführung kein Teilbetrieb (BFH/NV 1992, 516; vgl BFH DStZ 2000, 135; RHL/*Herlinghaus* Rn 75). Mehrere Friseurläden in einer Stadt können Teilbetrieb sein (BFH BStBl II 1980, 642). Eine Fahrschulfiliale kann Teilbetrieb sein (BFH BStBl II 1990, 55).

111 **Forstwirtschaftsbetriebe**

Beim forstwirtschaftl Betrieb ist die laufende Bewirtschaftung im Grundsatz von untergeordneter Bedeutung, den forstwirtschaftl Betrieb verkörpert das Forstareal mit seinem Baumbestand an sich (DPPM/*Patt* Rn 79; L. Schmidt/*Kulosa* EStG § 14 Rn 7). Im Verhältnis zur landwirtschaftl Nutzung ist ein vom selben Steuerpflichtigen betriebener forstwirtschaftl Betrieb stets Teilbetrieb (BFH/NV 1996, 316; L. Schmidt/*Kulosa* EStG § 14 Rn 7). Wird eine Teilfläche eines Waldbestandes eingebracht, liegt ein Teilbetrieb vor, falls diese Fläche von ihrer Größe her geeignet ist, als selbstständiges und lebensfähiges Forstrevier geführt zu werden, und zwar unabhängig davon, ob die eingebrachte Fläche einen eigenen Betriebsplan oder Betriebsabrechnung hat (DPPM/*Patt* Rn 112). Dies soll aus der Sicht des Erwerbers zu beurteilen sein (DPPM/*Patt* Rn 112).

112 **Gaststätte**

Räuml getrennte Gaststätten sind idR Teilbetriebe (BFH BStBl II 1998, 735). Wird neben einer Bäckerei ein Café auf einem Grundstück Betrieb, stellt die Einbringung des Cafés keine Teilbetriebseinbringung dar, wenn das Grundstück bei der Bäckerei verbleibt (BFH/NV 1999, 1329; BFH BStBl III 1967, 724; aA *Herzig* DB 2000, 2236).

113 **Gewerblicher Charakter des Teilbetriebs**

Im Gegensatz zum Betrieb muss der Teilbetrieb – isoliert betrachtet – nach hM alle Merkmale eines Betriebs erfüllen, was bedeutet, dass die Tätigkeit im

Teilbetrieb gewerbl, freiberufl oder luf Charakter haben muss (BFH BStBl II 2005, 395; BFH/NV 1999, 176; FG Köln DStRE 2012, 612; L. Schmidt/*Wacker* EStG § 16 Rn 147; DPPM/*Patt* Rn 88; krit *Tiedtke/Wälzholz* FR 1999, 117). Die Gewerblichkeit des Teilbetriebs darf sich damit nicht aus der Rechtsform (zB Tätigkeit einer gewerbl geprägten oder infizierten PersGes nach § 15 III 1 und 2 EStG oder einer Körperschaft gem § 8 II KStG) ausschließl ergeben (vgl aber *Meining/Glutsch* GmbHR 2010, 735; offengelassen durch BFH/NV 2011, 10). Hat ein Unternehmen neben seiner eigengewerbl Betätigung noch einen abgegrenzten vermögensverwaltenden Bereich (zB Vermietung von Grundstücken, Verwaltung von Beteiligung an KapGes), so stellt dieser vermögensverwaltende Bereich keinen Teilbetrieb dar. Etwas anderes gilt nur, wenn der vermögensverwaltende Bereich innerh einer Betriebsaufspaltung betrieben wird (BFH BStBl II 2005, 395) oder aber die Verwaltung der KapGes-Anteile iRe geschäftsleitenden Holding vorgenommen wird.

Grundstück 114

Grdsl sind Grundstücke keine Teilbetriebe, sondern idR wesentl Betriebsgrundlage eines Betriebs oder Teilbetriebs (BFH GmbHR 2000, 1205). Ein Geschäftsgrundstück mit Infrastruktur ist ohne die zum Unternehmen gehörenden Aktiva kein Teilbetrieb (FG Baden-Württemberg EFG 1987, 50, rkr). Das Grundstück einer Kiesgrube ist ohne persönl und materielle Produktionsgüter kein Teilbetrieb (FG Nürnberg EFG 1978, 322, rkr), ebenso wenig das Grundstück eines Steinbruchs (BFH/NV 1987, 275). Eine Grundstücksverwaltung kann nur dann Teilbetrieb sein, wenn die Vermietungstätigkeit im Rahmen des Gesamtbetriebs ein gewisses Eigenleben geführt hat (BFH BStBl III 1967, 730; FG Köln DStRE 2012, 612). Zudem muss die Grundstücksverwaltung auch außerhalb des Gewerbetriebs gewerbl Charakter haben (vgl Rn 113). Die Grundstücksvermietung muss für sich gesehen, wie zB im Fall der Betriebsaufspaltung die Voraussetzungen eines Gewerbebetriebs erfüllen und sich als gesonderter Verwaltungskomplex aus dem Gesamtbetrieb herausheben (BFH BStBl II 2005, 395; FG Köln DStRE 2012, 612; vgl auch *Meining/Glutsch* GmbHR 2010, 735). Zur Betriebsaufspaltung vgl „Besitzunternehmen".

Handelsvertreter 115

Einzelne Bezirke sind im Regelfall keine Teilbetriebe (L. Schmidt/*Wacker* EStG § 16 Rn 160).

Handwerker 116

Mehrere Betriebszweige sind Teilbetriebe, wenn sie sich in ihrer Ausgestaltung unterscheiden und einen verschiedenen Kundenstamm haben. Unerhebl ist, dass die Gewinne gemeinsam ermittelt werden (BFH BStBl II 1989, 653: Mastenstreicher).

Hotel 117

Örtl getrennte Hotels mit eigenen wesentl Betriebsgrundlagen sind Teilbetriebe (FG Niedersachsen EFG 1987, 304, rkr; siehe auch BFH BStBl III 1964, 504). Ein einer Brauerei gehörendes Hotel kann Teilbetrieb sein (BFH BStBl II 1987, 691).

Kino 118

Räuml getrennte Kinos sind Teilbetriebe (FG Saarland EFG 1973, 378).

Kraftwerke, verleastet 119

Kraftwerke und industrielle Großanlagen, die verleast werden, sind keine Teilbetriebe, wenn sie kein eigenes Betriebspersonal haben (FinVerw Baden-Württemberg BB 1985, 1711).

120 **Lagerstätten**

Lagerstätten sind keine Teilbetriebe, auch wenn sie räuml getrennt sind und jew eigene Lagerverwalter haben; Teilbetriebe nur dann, wenn eigenständige Betriebseinrichtung, eigener Kundenstamm und räuml Trennung von anderen Lagern (BFH StRK EStG § 16 Rn 90).

121 **Landwirtschaftsbetrieb**

Das gesamte lebende und tote Inventar ist kein Teilbetrieb (BFH BStBl II 1976, 415), außer wenn dieses ausschließl wesentl BV eines Landwirtschaftsbetriebs ist, zB wenn Boden gepachtet ist (BFH BStBl II 1990, 373). Das Wohngebäude allein ist kein Teilbetrieb (BFH BStBl II 1968, 411). Eine Gärtnerei, die neben Blumenläden betrieben wird, kann Teilbetrieb sein (BFH BStBl II 1979, 732). Eine Obstplantage, die sich auf dem Grundstück einer Gärtnerei befindet, ist kein Teilbetrieb, wenn sie mangels Wirtschaftsgebäuden uä nicht von der Gärtnerei abgetrennt ist (BFH BStBl II 1970, 807). Weinbau und Weinhandel können Teilbetriebe sein (BFH BStBl III 1967, 391). Schweinemast neben Viehhandel kann Teilbetrieb sein (BFH BStBl II 1984, 829). Im Verhältnis zur landwirtschaftl Nutzung ist ein vom selben Steuerpflichtigen betriebener forstwirtschaftl Betrieb stets Teilbetrieb (BFH/NV 1996, 316; L. Schmidt/*Kulosa* EStG § 14 Rn 7).

122 **Praxis eines Selbstständigen**

Teilbetrieb bei der Praxis eines Selbstständigen sind mögl, sog Teilpraxis (BFH/NV 2005, 31; BFH BStBl II 1990, 55 mwN). Eine Teilpraxis eines freiberufl Tätigen liegt vor, wenn er mehrere selbstständige, wesentl verschiedene Tätigkeiten mit verschiedenen Kundenkreisen ausübt (BFH/NV 2005, 31; L. Schmidt/*Wacker* EStG § 18 Rn 250). Dies kann gegeben sein bei einem Rechtsanwalt und Repetitor, nicht jedoch bei einem Dentallabor, einer Zahnarztpraxis (BFH DStR 2005, 554; FG Köln EFG 2003, 473; BFH BStBl II 1994, 352) sowie in Bezug auf kassenärztl und private Patienten (BFH/NV 1997, 746). Eine Teilpraxis kann auch dann vorliegen, wenn die Tätigkeit bei Gleichartigkeit im Rahmen organisatorisch selbstständiger Büros mit besonderem Personal in voneinander entfernten örtl Wirkungskreisen mit getrennten Mandantenkreisen ausgeübt wird (BFH/NV 2005, 31; BFH DStR 1993, 236; L. Schmidt/*Wacker* EStG § 18 Rn 250; vgl auch BFH FR 2000, 1137). Bei einem Zugleich an verschiedenen Orten als Arzt für Allgemeinmedizin und als Arbeitsmediziner tätigen Arzt sind die Tätigkeiten wesensverschieden, es können zwei Teilpraxen vorliegen (BFH DB 2005, 396; FG Rheinland-Pfalz EFG 2003, 860). Werden Buchführung und Beratung eines Steuerbevollmächtigten in einer einheitl Praxis durchgeführt, ist keines von beiden Teilbetrieb (BFH BStBl II 1970, 566). Auch ein Rechtsanwalt, der Steuerberater ist, kann zwei Teilbetriebe haben, wenn beide Praxen organisatorisch und hinsichtl der Mandantschaft getrennt sind (FG Schleswig-Holstein EFG 2007, 1174). Betreibt ein Steuerbevollmächtigter neben einer landwirtschaftl Buchstelle eine Steuerpraxis für Gewerbetreibende in demselben örtl Wirkungskreis, liegt kein Teilbetrieb vor, auch wenn die Tätigkeit in getrennten Büroräumen erfolgt (BFH BStBl II 1978, 563).

123 **Produktionsunternehmen**

Mehrere Produktionszweige sind keine Teilbetriebe, wenn nur gemeinsame Maschinen für beide Zweige zur Vfg stehen (BFH BStBl II 1972, 118; DPPM/*Patt* Rn 85). Ist ein Zweigbetrieb vom Produktionsunternehmen derart abgetrennt, dass es Verkauf und Kundendienst betreibt, handelt es sich um einen Teilbetrieb (BFH BStBl II 1973, 838). Ein Betonwerk ist kein Teilbetrieb, wenn es durch einen Betonpumpenbetrieb ergänzt wird (FG Münster EFG 1998, 1465).

Eine Torfgewinnung ist kein Teilbetrieb, wenn sie über keine eigene Abbaumaschine verfügt und diese vom Hauptbetrieb gestellt wird (BFH BStBl II 1989, 458). Neben einem Steinbruch mit Verarbeitungsbetrieb kann ein Sägewerk Teilbetrieb sein (BFH BStBl II 1982, 62).

Schausteller **124**

Mehrere Kinderparks an verschiedenen Orten mit verschiedenem Kundenstamm sind Teilbetriebe (BFH/NV 1990, 699). Einzelne Fahrgeschäfte sind idR keine Teilbetriebe (FG Köln EFG 1998, 296).

Schiffe **125**

Mehrere Schiffe sind im Regelfall keine Teilbetriebe (BFH BStBl II 1973, 361). Ein im Bau befindl Schiff ist gleichfalls kein Teilbetrieb (BFH BStBl III 1966, 271). Ein Schiff stellt ledigl zusammen mit einem selbstständigen Zweigunternehmen einen Teilbetrieb dar (L. Schmidt/*Wacker* EStG § 16 Rn 160).

Sonderbetriebsvermögen **126**

SBV stellt nicht schon deshalb einen Teilbetrieb dar, weil es im Eigentum eines Gesellschafters steht (BFH BStBl II 1979, 554). Mehrere WG des SBV können jedoch unter den allg Voraussetzungen einen Teilbetrieb darstellen (L. Schmidt/*Wacker* EStG § 16 Rn 160).

Tankstelle **127**

Eine von einer anderen Tankstelle völlig abgegrenzte Tankstellenfiliale ist Teilbetrieb (BFH BStBl II 1989, 973). Die einzelne Tankstelle eines Kraftfahrzeug-Großhandelsunternehmens bildet nicht schon deshalb einen Teilbetrieb, weil sie von einem Pächter betrieben wird (vgl aber *Tiedtke/Wälzholz* DStZ 2000, 127; BFH DStZ 2000, 135).

Taxi **128**

Hat ein Unternehmer mehrere Taxen, ist ein Taxi samt Konzession kein Teilbetrieb (BFH BStBl II 1973, 361). Dies gilt auch, wenn die Überschüsse für die Taxen getrennt errechnet werden (FG Berlin EFG 1972, 237, rkr). Zu den Voraussetzungen, unter denen ein Taxi- und ein Mietwagenunternehmen iRd Gesamtbetriebs als mit der notw „gewissen Selbstständigkeit" ausgestattete Teilbetrieb angesehen werden kann, vgl FG Nürnberg EFG 1992, 600.

Verlag **129**

Ein Verlag ist im Verhältnis zu einer Redaktion kein Teilbetrieb, wenn beide organisatorisch verbunden und die Erfolgsanstrengungen auf die Herstellung eines Druckerzeugnisses gerichtet sind (BFH BStBl II 1983, 113). Betreut ein Verlag mehrere Fachgebiete, so ist die verlegerische Betreuung eines Fachgebiets Teilbetrieb, wenn sie innerh des Gesamtbetriebs organisatorisch selbstständig und abgeschlossen, dh für sich allein lebensfähig ist (BFH BStBl II 1984, 486). Wird neben einem Verlag eine Druckerei betrieben, sind Verlag und Druckerei Teilbetrieb, wenn außer vorbereitenden Arbeiten keine Aufträge des Verlags von der Druckerei durchgeführt werden (BFH BStBl II 1977, 45).

Versicherungsbestand **130**

Sind Versicherungsbestände aus verschiedenen Versicherungssparten nicht organisatorisch getrennt, können sie kein Teilbetrieb sein (BFHE 96, 227; vgl auch FG Bremen EFG 2003, 1385).

Zweigniederlassung **131**

Eine Zweigniederlassung iSv § 13 HGB ist regelm Teilbetrieb (RFH RStBl 1930, 39; L. Schmidt/*Wacker* EStG § 16 Rn 160). Bei einem Güterfernverkehrsunternehmen wird der örtl Wirkungskreis wesentl von dem Standort des Unternehmens bestimmt. Daher ist eine Niederlassung, wenn sie einen ausreichend abgrenzbaren Kundenkreis hat, als Teilbetrieb anzuerkennen (BFH/NV 1994, 694; RHL/*Herlinghaus* Rn 75; siehe auch Filiale). Zur Zweigniederlassung eines Fahrschulbetriebs ohne eigenes Schulungsfahrzeug vgl BFH BStBl II 2003, 838.

Mitunternehmeranteil

8. Einbringung eines Mitunternehmeranteils

132 **a)** Gegenstand einer Einbringung nach Abs 1 kann auch ein **Mitunternehmeranteil** sein. Maßgebender Zeitpunkt für die Beurteilung, ob ein Mitunternehmeranteil vorliegt oder ein WG eine funktional wesentliche Betriebsgrundlage darstellt, ist grdsl der **Zeitpunkt der Fassung des Umwandlungsbeschlusses** oder, wenn es eines solchen nicht bedarf, der **Abschluss des Einbringungsvertrages** bzw der Übergang des wirtschaftlichen Eigentums, wenn dieser erst zu einem späteren Zeitpunkt übergeht (vgl Rn 20, 31). Der Mitunternehmeranteil (= Anteil an einer Mitunternehmerschaft im stl Sinne) ist weder in § 20 noch etwa in §§ 15, 16 EStG def. Er ist nicht inhaltsgleich mit dem Begriff des Gesellschaftsanteils bzw Geschäftsanteils als Inbegriff für die Gesamtheit aller Rechte und Pflichten eines Gesellschafters aus einem Gesellschaftsverhältnis einschl eines etwa vorhandenen, aber nicht notw Gesellschaftsvermögens (RHL/*Herlinghaus* Rn 83). Gleiches gilt für die verschiedenen zivilrechtl Gemeinschaften (Erbengemeinschaft und Gütergemeinschaft als Gemeinschaften mit einem der PersGes ähnl Gesamthandsvermögen; Gemeinschaft nach Bruchteilen an Rechten aller Art, sofern sie eine Mehrheit von bruchteilsmäßig Berechtigten zulassen, §§ 741 ff BGB). Der Einbringende kann gesellschaftsrechtl nicht mehrere Mitgliedschaften an einer PersGes haben. Daraus folgt, dass der Mitunternehmeranteil an einer Mitunternehmerschaft im Grds **unteilbar** ist. Es liegen damit nicht mehrere Mitunternehmeranteile an derselben Mitunternehmerschaft vor, wenn der übertragende Rechtsträger seine Beteiligungen sukzessive erworben hat (DPPM/*Patt* Rn 123; RHL/*Herlinghaus* Rn 109). Die Einbringung eines Mitunternehmeranteils stellt damit nur eine Sacheinlage iSd Abs 1 dar. Wird ein Mitunternehmeranteil zusammen mit einem Betrieb oder Teilbetrieb eingebracht, so liegt bezogen auf den Mitunternehmeranteil ein gesonderter Einbringungsvorgang vor (vgl Rn 29; BMF-Schrb vom 11.11.2011, BStBl I 1314 Rn 20.12; DPPM/*Patt* Rn 123; aA Widmann/Mayer/*Widmann* Rn 10). Wird ein Anteil an einer Mitunternehmerschaft eingebracht, zu deren BV die Beteiligung an einer anderen Mitunternehmerschaft gehört **(doppelstöckige PersGes),** liegt nur ein Einbringungsvorgang vor, die mittelbare Übertragung des Anteils an der UnterGes stellt keinen gesonderten Einbringungsvorgang dar (BMF-Schrb vom 11.11.2011, BStBl I 1314 Rn 20.12; DPPM/*Patt* Rn 123; Widmann/Mayer/*Widmann* UmwStE 2011 Rn 20.12; vgl auch L. Schmidt/*Wacker* EStG § 16 Rn 401, 407, 582). Werden durch einen Steuerpflichtigen Mitunternehmeranteile an unterschiedl Mitunternehmerschaften eingebracht, liegen mehrere Einbringungsvorgänge vor (BMF-Schrb vom 11.11.2011, BStBl I 1314 Rn 20.12; DPPM/*Patt* Rn 123; Widmann/Mayer/*Widmann* Rn 90; Haritz/Menner/*Menner* Rn 163). Mehrere Einbringungsvorgänge sind gegeben, wenn ein MU neben seiner Mitunternehmerbeteiligung an einer PersGes bei einem anderen MU dieser PersGes aufgrund einer Unterbeteiligung, Nießbrauchsbestellung uä eine weitere Mitunternehmerstellung inne hat und beide Rechtspositionen eingebracht werden.

Dem Normzweck des Abs 1 entsprechend ist ein Mitunternehmeranteil der Anteil einer natürl oder jur Person oder einer PersGes an einer Mitunternehmerschaft, die 133
- einen **Gewerbebetrieb,**
- die **LuF** oder
- eine **freiberufl Tätigkeit**

zum Gegenstand hat und mit Gewinnerzielungsabsicht tätig ist (DPPM/*Patt* Rn 116; RHL/*Herlinghaus* Rn 83). Mitunternehmerschaft idS kann allerd auch bei einer dem Gegenstand nach **vermögensverwaltenden** PersGes/Gemeinschaft vorliegen, sofern sie **gewerbl geprägt** iSv § 15 III 2 EStG ist (DPPM/*Patt* Rn 117; RHL/*Herlinghaus* Rn 83; Blümich/*Nitzschke* Rn 5; Frotscher/Maas/*Mutscher* Rn 125). Keinen Mitunternehmeranteil soll ein Anteil an einer PersGes darstellen, die weder gewerbl tätig noch gewerbl geprägt ist, auch wenn der Gesellschaftsanteil beim Gesellschafter BV darstellt (**ZebraGes,** vgl BFH/NV 2001, 1195; BFH BStBl 1997, 39; vgl auch OFD Berlin DB 2004, 1235; L. Schmidt/*Wacker* EStG § 15 Rn 206; Blümich/*Nitzschke* Rn 5; aA *Fichtelmann* INF 1998, 78). Ist eine PersGes teilw gewerbl tätig, stellt grdsl (zur Abfärbetheorie bei äußerst geringfügiger gewerbl Tätigkeit vgl BFH BStBl II 2000, 229; L. Schmidt/*Wacker* EStG § 15 Rn 188) der gesamte Gesellschaftsanteil einschl SBV den Mitunternehmeranteil dar, weil die Tätigkeit der Ges dann in vollem Umfang als Gewerbebetrieb gilt (§ 15 III 1 EStG). Ausnahmsweise stellen WG des Gesamthandsvermögens einer PersGes kein BV dar, wenn ihre Zugehörigkeit zum BV nicht (mehr) betriebl veranlasst ist (vgl BFH BStBl II 1998, 652; L. Schmidt/*Wacker* EStG § 15 Rn 496). Letzteres gilt auch für eine **Erbengemeinschaft,** welche einen sog Mischnachlass aus BV und PV besitzt (L. Schmidt/*Wacker* EStG § 16 Rn 603). In diesen Fällen umfasst der Mitunternehmeranteil nicht den gesamten Erbanteil, sondern nur den Anteil am BV (L. Schmidt/*Wacker* EStG § 15 Rn 187; RHL/*Herlinghaus* Rn 96). Wird ein solcher Gesellschaftsanteil in eine KapGes gegen Gewährung von Gesellschaftsrechten eingebracht, gilt bezogen auf das PV die Vorschrift des § 20 nicht. Um welche Rechtsformen es sich bezogen auf die Mitunternehmerschaft handelt, bestimmt – für den Gewerbebetrieb – § 15 I S 2 Nr 2 EStG, näml die OHG, KG und andere Ges, bei der der Gesellschafter als Unternehmer (MU) des Betriebs anzusehen ist. Als solche „andere Ges" sind nicht KapGes, sondern nur den ausdrückl genannten PhG vglbaren andere **PersGes** anzusehen, ebenso aber diesen PersGes wirtschaftl vglbare Gemeinschaftsverhältnisse (BFH GrS BStBl II 1984, 751; L. Schmidt/*Wacker* EStG § 15 Rn 169, 172);

Folgende zivilrechtl Ges-/Gemeinschaftsverhältnisse können danach MU sein: 134
- GbR, OHG, KG einschl GmbH & Co KG,
- die Partenreederei,
- die atypisch stille Ges in den Rechtsformen der stillen Beteiligung an einer PersGes oder an einer KapGes,
- die Gemeinschaft iSd §§ 741 ff BGB (vgl OFD Kiel FR 1999, 1015),
- die ehel Gütergemeinschaft,
- die Erbengemeinschaft,
- die VorGes vor einer KapGes, falls KapGes nicht entsteht (BFH/NV 2003, 1304),
- die VorgründungsGes,
- der Nießbrauch an einem Personengesellschaftsanteil

sofern und soweit sie gewerbl, freiberufl oder im Bereich des LuF tätig sind oder, soweit mögl, gewerbl geprägt sind iSv § 15 III Nr 2 EStG. Entsprechendes gilt auch für

– die europ wirtschaftl Interessenvereinigung (EWIV) und
– die PartGes iSd PartGG.

135 Ein Mitunternehmeranteil kann auch die Beteiligung an einer **ausl gewerbl PersGes** (Frotscher/Maas/*Mutscher* Rn 127) oder jur Person, wenn diese nach den Wertungen des dt Steuerrechts als Mitunternehmerschaft zu qualifizieren ist (Frotscher/Maas/*Mutscher* Rn 128). Ob die Ges/Gemeinschaft überhaupt Verm besitzt oder nur Gesamthandsvermögen oder – in den Fällen der InnenGes – Verm des nach außen Handelnden, ist nicht relevant.

136 **b)** Da auch **InnenGes** oder vglbare **Innengemeinschaftsverhältnisse** MU sein können (vgl BFH DStR 2001, 1589; L. Schmidt/*Wacker* EStG § 15 Rn 324), können Mitunternehmeranteile iSv Abs 1 auch von Rechtsträgern eingebracht werden, die zivilrechtl nicht Gesellschafter/Gemeinschafter der AußenGes/Außengemeinschaft sind. Neben den übrigen Kriterien des Mitunternehmerbegriffs (Mitunternehmerrisiko, Mitunternehmerinitiative) müssen die fragl Rechtsbeziehungen, auch wenn sie als Kredit-, Pacht-, Dienst- oder Beratungsvertrag gekennzeichnet sind, als Gesellschaftsverhältnis oder gesellschaftsähnl Gemeinschaftsverhältnis zu werten sein; maßgebl ist das wirkl Gewollte, nicht die eigene rechtl Würdigung der Beteiligten (BFH BStBl II 1996, 66; L. Schmidt/*Wacker* EStG § 15 Rn 280). Von bes Bedeutung ist die Qualifikation bei **Ehegatteninnengesellschaften** (dazu bspw BFH/NV 1993, 538 und BGH NJW-RR 1990, 736). Die Rspr nimmt verdeckte **Mitunternehmerschaft** (faktische Mitunternehmerschaft) nur noch in Ausnahmefällen an; Voraussetzung ist – neben der Auslegung des nur vorgegebenen Rechtsverhältnisses als Ges oder gleichgestellte Gemeinschaft – eine **Gewinnbeteiligung** der Beteiligten aufgrund eines Gesellschaftsverhältnisses, woran es fehlt, wenn in sog Austauschverträgen in Form von Pacht-, Dienstverträgen ua nur eine Umsatzbeteiligung oder eine gewinnabhängige Vergütung in übl leistungsgerechter Höhe vereinbart ist (BFH BStBl II 1994, 282; 1997, 272; BFH/NV 1999, 295, FG Düsseldorf EFG 2003, 457; FG Brandenburg EFG 2003, 1301; RHL/*Herlinghaus* Rn 87, 93; vgl iÜ zu weiteren Einzelheiten L. Schmidt/*Wacker* EStG § 15 Rn 280 ff).

137 **c)** Ein unmittelbares Ges-/Gemeinschaftsverhältnis ist nicht erforderl in den Fällen der **Treuhand,** sofern Gegenstand des zugrunde liegenden schuldrechtl Vertrages ein Anteil an einer Mitunternehmerschaft (PersGes, gleichgestellte Gemeinschaft) ist; zivilrechtl ist zwar allein der Treuhänder Gesellschafter/Gemeinschafter (BFH BStBl II 1995, 714 allg Auffassung), aus stl Sicht ist allerd der Treugeber MU, sofern der Treuhänder die Gesellschaftsrechte zwar in eigenem Namen, aber im Innenverhältnis nach Weisung des Treugebers und ausschließl auf dessen Rechnung ausübt (vgl zB GrS BStBl II 1991, 691). Der Treugeber ist jedoch nur dann MU, wenn der Treuhänder als Gesellschafter eine Rechtsstellung innehat, die, würde er auf eigene Rechnung handeln, ihn als MU erscheinen ließe (vgl zu weiteren Einzelheiten L. Schmidt/*Wacker* EStG § 15 Rn 295 ff). Allg Voraussetzung der stl Anerkennung eines Treuhandverhältnisses ist, dass der Abschluss des Treuhandverhältnisses nachgewiesen und dieses tats durchgeführt ist (BFH DStR 2001, 1153). Hält der Kommanditist einer KG diese Kommanditbeteiligung treuhänderisch für den Komplementär und besteht die Ges nur aus diesen beiden Gesellschaftern, so liegt nach hM ein Einzelunternehmen des phG vor (BFH BStBl II 2010, 751; BFH BStBl II 1993, 574; L. Schmidt/*Wacker* EStG § 15 Rn 170).

138 **d)** Auch nach Bestellung eines **Nießbrauchs am Gesellschaftsanteil** selbst behält nach Ansicht des BFH (BFH DStR 1994, 1803) der Anteilsinhaber grdsl einen hinreichenden Bestand an vermögensrechtl Substanz des nießbrauchsbelasteten Gesellschaftsanteils und einen hinreichenden Bestand an gesellschaftsrechtl Mitwirkungsrechten zurück, die seine bisherige Stellung als Gesellschafter und MU aufrechterhalten. Er trägt nach Ansicht des BFH auch nach Bestellung des Nießbrauchs grdsl weiterhin ein Unternehmerrisiko, und er kann auch weiterhin Unternehmerinitiative ausüben (vgl auch FG Baden-Württemberg EFG 2006, 1672). Diese Grdse gelten im Erg nicht nur für das dingl Nießbrauchsrecht, sondern auch für ein **obligatorisch eingeräumtes Nutzungsrecht** am Gesellschaftsanteil (BFH DStR 1994, 1806). Etwas anderes gilt, wenn der Vorbehaltsnießbraucher alle Gesellschaftsrechte wahrnehmen soll (BFH BStBl II 2010, 555; L. Schmidt/*Wacker* EStG § 15 Rn 309). Neben dem Nießbrauchbesteller ist bei Geltung des gesetzl Nießbrauch-Regelstatus auch der Nießbraucher MU (BFH BStBl II 1995, 241; L. Schmidt/*Wacker* EStG § 15 Rn 306 ff; vgl auch *Gschwendtner* NJW 1995, 1875). Der Nießbraucher am sog Gewinnstammrecht ist nicht MU (L. Schmidt/*Wacker* EStG § 15 Rn 314).

e) Ist eine PersGes als **OHG oder KG** in das HR eingetragen, so wurde früher widerlegbar vermutet, dass ein Gewerbebetrieb iSd § 15 I 1 Nr 1, II EStG vorliegt. Seit dem 1.7.1998 kann nach §§ 105 II, 161 II HGB idF des HRefG eine PersGes auch nur eigenes Verm verwalten. Steuerrechtl liegt jedoch eine Mitunternehmerschaft nur vor, sofern diese einen Gewerbebetrieb, luf Betrieb oder eine freiberufl Tätigkeit ausübt bzw gewerbl geprägt ist. **139**

f) Wegen § 15 III Nr 1 EStG gilt die Tätigkeit einer gewerbl tätigen oder gewerbl geprägten PersGes bzw Gemeinschaft, die mit Einkunftserzielungsabsicht handelt, in vollem Umfang als Gewerbebetrieb, so dass bei einer gewerbl tätigen PersGes, die darüber hinaus freiberufl, luf oder vermögensverwaltende Tätigkeitsmerkmale erfüllt, der gesamte Anteil als Mitunternehmeranteil iSv Abs 1 zu betrachten ist. Diese sog **Abfärbetheorie** gilt auch für eine sog InnenGes in Form der atypisch stillen Ges (BFH FR 1995, 20; aA FG Köln EFG 1994, 203) nicht aber bei einer PersGes, die zB neben freiberufl auch luf oder vermögensverwaltende Tätigkeiten betreibt; auf diese Tätigkeitskombinationen ist § 15 III EStG nicht anwendbar, vglbare Regelungen enthält das EStG für die aufgeführten anderen Bereiche außerh der gewerbl Tätigkeit nicht (BFH BStBl II 2007, 378; L. Schmidt/*Wacker* EStG § 15 Rn 191). Nach Auffassung des BFH (BStBl II 2000, 229) greift nach Maßgabe des Verhältnismäßigkeitsgrundsatzes bei einem äußerst geringen Anteil der originär gewerbl Tätigkeit die umqualifizierende Wirkung des § 15 III Nr 1 EStG nicht ein (vgl L. Schmidt/*Wacker* EStG § 15 Rn 188). Beteiligt sich eine vermögensverwaltende PerGes (OberGes) mit Einkünften aus VuV an einer gewerbl tätigen anderen PerGes (UnterGes), so hat das nach § 15 III Nr 1 EStG zur Folge, dass die gesamten Einkünfte der OberGes als Einkünfte aus Gewerbebetrieb gelten. Die Abfärbetheorie gilt nur für PersGes (RHL/*Herlinghaus* Rn 91) und nicht für die teilw gewerbl tätige Erbengemeinschaft (BFH BStBl II 1987, 120; L. Schmidt/*Wacker* EStG § 15 Rn 603) sowie die ehel Gütergemeinschaft. In diesem Fall ist der Mitunternehmeranteil nicht der gesamte Erbanteil, sondern nur der Anteil am BV; Gleiches gilt, wenn eine PersGes sowohl BV als auch PV besitzt. **140**

g) Nach § 15 III 2 EStG gilt die mit Einkunftserzielungsabsicht unternommene Betätigung der nicht gewerbl tätigen PersGes, an der eine oder mehrere KapGes unmittelbar oder mittelbar beteiligt ist, kraft gesetzl Fiktion als Gewerbebetrieb **(gewerbl geprägte PersGes),** sofern bei der PersGes ausschließl eine oder mehrere KapGes bzw gewerbl geprägte PersGes iSd § 15 III 2 S 1 phG sind und nur **141**

diese oder Personen, die nicht Gesellschafter sind, zur Geschäftsführung befugt sind (vgl dazu ausführl L. Schmidt/*Wacker* EStG § 15 Rn 211 ff). Entscheidend ist die Geschäftsführung bei der PersGes, so dass eine GmbH & Co KG, bei der nur die einzige Komplementär-GmbH zur Geschäftsführung befugt ist, unter § 15 III Nr 2 EStG fällt, wenn Geschäftsführer der GmbH eine natürl Pers ist, die an der KG als Kommanditist beteiligt ist (BFH BStBl II 1996, 523). Diese Grundsätze gelten auch für die **sog Einheits-GmbH & Co KG** (vgl EStR 15.08 VI 6; L. Schmidt/*Wacker* EStG § 15 Rn 223). Der BGH (DStR 1999, 1704; DStR 2001, 310; DStR 2003, 747; dazu *K. Schmidt* NJW 2003, 1897) hat entschieden, dass ein Gesellschafter einer GbR für die rechtsgeschäftl Schulden der GbR grdsl auch persönl und unbeschränkt mit seinem Verm haftet. Durch Beschränkung der Vertretungsmacht des geschäftsführenden Gesellschafters trete eine Beschränkung der Haftung auf das Gesellschaftsvermögen nicht ein. Die damit ursprüngl sowohl von der Rspr (BFH BStBl II 1994, 492) als auch von der FinVerw vertretene Auffassung, dass eine **GmbH & Co GbR mbH** gem § 15 III Nr 2 EStG gewerbl geprägt sein kann, ist danach nicht mehr haltbar (vgl BMF-Schrb vom 18.7.2000, DB 2000, 1593; L. Schmidt/*Wacker* EStG § 15 Rn 227); dabei bleibt es auch, wenn individual- oder formalvertragl Haftungsbeschränkungen vereinbart werden (FG Hamburg EFG 2009, 589; FG München EFG 2009, 253; aA *Gronau/Konold* DStR 2009, 1965). Auch eine atypisch stille Ges, bei der Inhaber des Handelsgeschäfts nicht eine gewerbl tätige KapGes ist, kann gewerbl geprägte PersGes idS sein (vgl BFH BStBl II 1998, 328). Die gewerbl geprägte PersGes gilt in vollem Umfang einkommensteuerrechtl als Gewerbebetrieb, die Gesellschafter sind unter den dafür erforderl Voraussetzungen MU und erzielen Einkünfte aus Gewerbebetrieb. Auch die gewerbl geprägte PersGes kann ausnahmsweise PV besitzen. Zur GmbH & Co KG vor Eintragung ins HR vgl *Stahl* NJW 2000, 3100.

142 **h) MU** ist nach stRspr und allg Auffassung, wer iRe Gesellschaftsverhältnisses oder eines damit vglbaren Gemeinschaftsverhältnisses (zB Erben-, Güter-, Bruchteilsgemeinschaft, BFH GrS BStBl II 1984, 751; BFH GrS DStR 1991, 506; BFH DStR 1998, 843; vgl aber *P. Fischer* FR 1998, 813) zusammen mit anderen Personen **Unternehmerinitiative** (Mitunternehmerinitiative) entfalten kann und ein **Unternehmerrisiko** (Mitunternehmerrisiko) trägt (BFH GrS BStBl II 1984, 751, 769; BFH BStBl II 1989, 722; BFH DStR 1994, 1803). Sowohl Mitunternehmerinitiative als auch Mitunternehmerrisiko müssen – wenn auch in unterschiedl Ausprägung – vorliegen (BFH DStR 2000, 193). Beide Merkmale müssen auf dem Gesellschaftsvertrag beruhen (BFH BStBl II 1994, 282; str vgl L. Schmidt/*Wacker* EStG § 15 Rn 258, 344). Nur wer an unternehmerischen Entscheidungen wie ein leitender Angestellter, phG oder Geschäftsführer teilnehmen kann, zumindest aber Einfluss-, Kontroll- und Widerspruchsrechte besitzt, wie sie nach §§ 164, 166 HGB für einen Kommanditisten ausgestaltet sind, entfaltet Mitunternehmerinitiative (BFH GrS BStBl II 1984, 751; BFH BStBl II 1997, 272; BFH DStR 1998, 843). Mitunternehmerrisiko trägt derjenige, der am Erfolg oder Misserfolg eines Betriebs zumindest durch Teilhabe am Verm bei Auflösung der Ges beteiligt ist; regelm ist aber Beteiligung an Gewinn und Verlust sowie an stillen Reserven inkl eines Geschäftswerts Indiz für das Mitunternehmerrisiko (zB BFH GrS BStBl II 1984, 751; BFH BStBl II 1998, 480). Wird eine Beteiligung an einer PersGes, insbes ein Kommanditanteil nur für eine logische Sekunde erworben, so kann der Erwerber mangels Mitunternehmerrisiko kein MU sein (FG Hamburg EFG 2001 331; FG München EFG 2009, 184).

Wesentl Abweichungen vom Regelstatut des HGB für das Erscheinungsbild eines Gesellschafters einer OHG, eines Kommanditisten einer KG führen zur Ablehnung der Mitunternehmerschaft, insbes bei Abweichungen von der Gewinn- und Verlustregelung, der Vermögensbeteiligung, der Teilhabe an den stillen Reserven, der Mitwirkungs- und Kontrollrechte und bei der Schuldenhaftung. Grdsl ist MU, wer nach außen unbeschränkt für die Gesellschaftsschulden haftet (BFH BStBl II 1985, 85), auch bei Freistellungsanspruch (BFH/NV 1999, 1196; BFH BStBl II 1987, 553; BFH BB 1988, 750). Wer nicht am Gewinn beteiligt ist und/oder ledigl eine feste Vergütung erhält, ohne am Verlust (ggf nur bis zur Höhe seiner Einlage) beteiligt zu sein, ist idR nicht MU (BFH BStBl 2000, 183). Ein Kommanditist, der nach dem Gesellschaftsvertrag nur eine übl Verzinsung seiner Kommanditeinlage erhält und auch an den stillen Reserven des Anlagevermögen einschl eines Geschäftswertes nicht beteiligt ist, ist deshalb auch dann nicht MU, wenn seine gesellschaftsrechtl Mitwirkungsrechte denjenigen eines Kommanditisten entsprechen (BFH DStR 2000, 193). Wer nur eine Umsatzbeteiligung erhält, ist nicht MU (BFH DStR 2000, 1594). MU ist ebenfalls nicht, wer vom Stimmrecht ausgeschlossen oder selbst im schwerwiegenden Fall der Änderung des Gesellschaftsvertrages den oder die Mehrheitsgesellschafter nicht an einer wirksamen Beschlussfassung hindern kann (vgl BFH BStBl II 1989, 762). Auch wenn einzelne Gesellschafter nicht MU sind, ist das Gesamthandsvermögen dennoch insges BV (BFH BStBl II 2000, 183; L. Schmidt/*Wacker* EStG § 15 Rn 274). **143**

MU können natürl und jur Personen unabhängig von ihrer Geschäftsfähigkeit oder ihrer beschränkten oder unbeschränkten StPfl sein, BFH BStBl II 1988, 663. **144**

Doppelstöckige Personengesellschaft: **145**

Ist an einer PersGes (Unterpersonengesellschaft) eine andere PersGes (Oberpersonengesellschaft) beteiligt (sog doppelstöckige PersGes), sind gem § 15 I 1 Nr 2 S 2 EStG neben der OberGes auch deren Gesellschafter als MU des Betriebs der Unterpersonengesellschaft anzusehen, wenn er selbst MU der OberGes ist und die OberGes ihrerseits MU in der UnterGes, wenn also mit anderen Worten die Mitunternehmerkette ununterbrochen von der Unterpersonengesellschaft bis zum letztbetroffenen Beteiligten geht (L. Schmidt/*Wacker* EStG § 15 Rn 610 ff; aA *Behrens/Quatmann* DStR 2002, 481). Hat die OberGes den Mitunternehmeranteil an der UnterGes entgeltlich erworben, so muss bei entsprechenden AK die OberGes, bezogen auf ihren Anteil an der UnterGes, eine entsprechende **Ergänzungsbilanz** bilden. Zudem muss die OberGes, bezogen auf ihren Anteil an der UnterGes eine Sonderbilanz erstellen, soweit sie bspw der UnterGes WG zur Nutzung überlässt (vgl dazu L. Schmidt/*Wacker* EStG § 15 Rn 619 mwN). Erwirbt ein Steuerpflichtiger entgeltl Anteile an der OberGes, so hat der neue Gesellschafter der OberGes bei dieser eine Ergänzungsbilanz zu bilden, soweit der Mehrwert sich auf WG bezieht, die zum Gesamthandsvermögen der OberGes gehören; dies gilt auch für solche WG, die SBV der OberGes bei der UnterGes sind. Soweit sich die Mehrwerte auf WG im Gesamthandsvermögen der UnterGes beziehen, ist bei dieser UnterGes eine weitere Ergänzungsbilanz zu bilden, wobei jedoch strittig ist, ob diese Ergänzungsbilanz für den neuen Gesellschafter der OberGes als MU der UnterGes (BFH DStR 2004, 1327; *Wacker* JbFfSt 2006/2007, 314) oder für die OberGes als Gesellschafter der UnterGes (*Mische* BB 2010, 2946) gebildet wird.

Bringt ein **Gesellschafter der OberGes** seinen **Anteil an der OberGes** nach Maßgabe des § 20 in eine KapGes gegen Gewährung neuer Anteile vor, so liegt **146** nach Auffassung der FinVerw die Einbringung eines Mitunternehmeranteils durch den Einbringenden vor; die nur mittelbare Übertragung des Anteils an der UnterGes stellt in diesem Fall keinen gesonderten Einbringungsvorgang iSv § 20 dar (BMF-Schrb vom 11.11.2011, BStBl I 1314 Rn 20.13; Widmann/Mayer/*Widmann* Rn 59; strittig vgl L. Schmidt/*Wacker* EStG § 16 Rn 407; kritisch *Frotscher* UmwStE 2011 Anm zu Rn 139). Das Antragswahlrecht auf Buchwertfortführung, Zwischenwert oder gemeiner Wertansatz kann daher nur einheitlich hinsichtlich des Mitunternehmeranteils an der OberGes und der UnterGes ausgeübt werden (Widmann/Mayer/*Widmann* Rn 59). Der übernehmende Rechtsträger führt bei Buchwertansatz die Ergänzungsbilanz des Einbringenden, sowohl bezogen auf den Mitunternehmeranteil an der OberGes als auch bezogen auf den Mitunternehmeranteil an der UnterGes fort. Soweit zum Mitunternehmeranteil an der OberGes auch SBV gehört, welches eine wesentl Betriebsgrundlage darstellt (vgl dazu Rn 69 ff, 148) ist dieses SBV im Rahmen des § 20 mitzuübertragen. Gleiches sollte gelten, sofern für den Einbringenden, bezogen auf den Anteil an der UnterGes eine wesentl Betriebsgrundlage SBV darstellt; auch dieses SBV nimmt an dem Einbringungsvorgang nach Maßgabe des § 20 teil.

147 Bringt die Oberpersonengesellschaft ihren **Mitunternehmeranteil an der Unterpersonengesellschaft** ein, wird nach Auffassung der FinVerw auch steuerrechtl ein Mitunternehmeranteil an der Unterpersonengesellschaft durch die Oberpersonengesellschaft übertragen, Einbringender ist die Oberpersonengesellschaft, soweit ihr die Anteile am übernehmenden Rechtsträger zustehen (BMF-Schrb vom 11.11.2011, BStBl I 1314 Rn 20.03; Widmann/Mayer/*Widmann* Rn R 60). Soweit für die OberGes bei der UnterGes SBV ausgewiesen ist und dieses eine wesentl Betriebsgrundlage darstellt, muss zur Steuerneutralität des Vorgangs auch dieses SBV miteingebracht werden. Der übernehmende Rechtsträger führt die Ergänzungsbilanz der OberGes bei dem Mitunternehmeranteil an der UnterGes fort. Ist ein MU der OberGes nicht unmittelbar an der UnterGes beteiligt, sondern gilt er gem § 15 I 1 Nr 2 HS 2 EStG auch als MU an der UnterGes und hat dieser Gesellschafter bei der UnterGes eine Ergänzungsbilanz, so wird auch diese durch den übernehmenden Rechtsträger fortgeführt. Ist der MU an der OberGes nicht unmittelbar an der UnterGes beteiligt, gilt er aber gem § 15 I 1 Nr 2 HS 2 EStG als MU auch an der UnterGes, und hat dieser MU an der OberGes SBV bei der UnterGes, welches eine wesentl Betriebsgrundlage für die UnterGes darstellt (der MU der OberGes hat unmittelbar ein Grundstück als wesentl Betriebsgrundlage an die UnterGes vermietet), so dürfte es notwendig sein, dass auch dieses SBV auf die übernehmende KapGes im zeitl und sachl Zusammenhang mit der Einbringung des Mitunternehmeranteils durch die OberGes an der UnterGes auf den übernehmenden Rechtsträger mitübertragen wird. Der Steuerneutralität des Einbringungsvorgangs sollte es nicht entgegenstehen, wenn dieses SBV des Gesellschafters an der OberGes, bezogen auf die UnterGes, verdeckt in den übernehmenden Rechtsträger eingebracht wird (vgl *Stangl* GmbHR 2012, 253). Nicht abschließend geklärt ist aber, ob in diesem Fall für die Übertragung des SBV dem Gesellschafter an der OberGes unmittelbar Anteile an dem übernehmenden Rechtsträger gewährt werden können (vgl *Stangl* GmbHR 2012, 253). Es sollte aber mögl sein, dass die Einbringung des Mitunternehmeranteils an der UnterGes und die Übertragung des SBV des Mitunternehmers der OberGes, bezogen auf die UnterGes, als einheitlicher Vorgang unter § 20 fällt; sofern an der OberGes mehrere MU beteiligt sind, könnte ein Wertausgleich zwischen diesen Gesellschaftern und dem Gesellschafter, der das SBV auf die

KapGes überträgt, durch Anpassung des Gesellschaftsvertrags an der OberGes ausgeglichen werden, ohne die Steuerneutralität des Einbringungsvorgangs in Frage zu stellen.

9. Mitunternehmeranteile und Sonderbetriebsvermögen

a) WG, die zivilrechtl und wirtschaftl, oder nur wirtschaftl Eigentum eines Mitunternehmers darstellen, sind SBV, wenn sie dazu geeignet und bestimmt sind, den Betrieb der PersGes zu dienen (SBV I) oder die Beteiligung des Gesellschafter an der PersGes zumindest förderl sind (SBV II). Zum Mitunternehmeranteil gehört nicht nur der Anteil am Gesellschaftsvermögen in Form des Gesamthandsvermögens, sondern auch das SBV (BFH BStBl II 2001, 316; BFH/NV 2000, 1554; DPPM/*Patt* Rn 124; RHL/*Herlinghaus* Rn 110; Frotscher/Maas/*Mutscher* Rn 125; L. Schmidt/*Wacker* EStG § 15 Rn 506 mwN). WG, die Personen gehören, die nicht Mitunternehmer sind, können kein SBV sein (L. Schmidt/*Wacker* EStG § 15 Rn 511). Kein SBV liegt vor, wenn WG, die zum gewerbl Gesamthandsvermögen einer ganz oder teilw identischen gewerbl tätigen oder gewerbl geprägten PersGes gehören, ihrer Schwesterpersonengesellschaft zur Nutzung überlassen wird (BFH BStBl II 1998, 328). Diese WG sind BV des eigenen Gewerbebetriebs der leistenden PersGes. **Schwesterpersonengesellschaften,** die nur als BesitzGes iRe mitunternehmerischen Betriebsaufspaltung gewerbl tätig sind, stehen einer eigengewerbl tätigen oder geprägten PersGes insoweit gleich (L. Schmidt/*Wacker* EStG § 15 Rn 533). Die Rspr des BFH (BFH/NV 2002, 185; BFH/NV 2005, 377; BFH BStBl II 2006, 173) geht davon aus, dass zwischen den Miteigentümern einer **Bruchteilsgemeinschaft,** die WG erworben hat, um diese einer von ihnen beherrschten Betriebspersonengesellschaft als wesentl Betriebsgrundlage zur Nutzung zu überlassen, es regelm zumindest konkludent zu einer vereinbarten GbR kommt, wenn die Nutzungsüberlassung gegen Entgelt erfolgt. Die Miteigentumsanteile an den überlassenen WG sind in einem solchen Fall SBV I der Bruchteilseigentümer bei der konkludent gegründeten GbR. Die Überlassung von WG seitens einer ganz oder teilw personenidentischen Miteigentümergemeinschaft an einer **Freiberufler-GbR** begründet aber keine mitunternehmerische Betriebsaufspaltung (BFH BStBl II 2006, 173; vgl auch FG Münster EFG 2009, 106; *Korn* KÖSDI 2007, 15711). Zur **grenzüberschreitenden mitunternehmerischen Betriebsaufspaltung** vgl Debatin/*Wassermeyer* DBA Art 7 MARN 34, Stand Sept 2012; *Kempermann* FS Flick, 445, 454; *Ruf* IStR 2006, 232). 148

Wird ein Mitunternehmeranteil in eine KapGes gem Abs 1 S 1 eingebracht, so ist im Grundsatz das SBV zu beachten (BMF-Schrb vom 11.11.2011, BStBl I 1314 Rn 20.10 iVm Rn 20.6; DPPM/*Patt* Rn 124; RHL/*Herlinghaus* Rn 110; Haritz/Menner/*Menner* Rn 164; Widmann/Mayer/*Widmann* Rn 98; *Stangl* GmbHR 2012, 253). Unstreitig ist, dass WG, die eine funktionale wesentl Betriebsgrundlage des Betriebs bzw Teilbetriebs der Mitunternehmerschaft darstellen, im Zusammenhang mit der Einbringung des Mitunternehmeranteils mitübertragen werden müssen (vgl Rn 69). Werden **nicht zu den wesentl Betriebsgrundlagen** zählende WG des SBV nicht auf die übernehmende KapGes übertragen, so findet nach herrschender Auffassung § 20 dennoch Anwendung (BFH BStBl II 1988 374; RHL/*Herlinghaus* Rn 110; DPPM/*Patt* Rn 124; *Stangl* GmbHR 2012, 253). Dies dürfte auch der Meinung der FinVerw entsprechen (*Stangl* GmbHR 2012, 253; ebenso DPPM/*Patt* Rn 124; zweifelnd Widmann/ 149

Mayer/*Widmann* UmwStE 2011 Rn 20.10). Dem steht nicht entgegen, dass im UmwStE im Zusammenhang mit der Einbringung eines Mitunternehmeranteils in eine KapGes auch auf die Ausführung zum Europäischen Teilbetriebsbegriff verwiesen wird (vgl BMF-Schrb vom 11.11.2011, BStBl I 1314 Rn 20.10 iVm Rn 20.06 iVm Rn 15.02). Im Gegensatz zum Teilbetrieb ist der Mitunternehmeranteil nicht in der FusionsRL definiert, er ist auch nicht wie in § 15 I 2 einem Teilbetrieb gleichgestellt, sondern vielmehr neben dem Betrieb und Teilbetrieb ein eigenständiges Einbringungsobjekt. Die Einbringung eines Mintunternehmeranteils fordert daher nur, dass die sich im SBV befindlichen funktional wesentl Betriebsgrundlagen mitübertragen werden müssen. Eine Mitübertragung solcher WG, die lediglich im wirtschaftl Zusammenhang mit dem Mitunternehmeranteil stehen und SBV eines Mitunternehmeranteils darstellen, müssen nicht mitübertragen werden (DPPM/*Patt* Rn 124; *Stangl* GmbHR 2012, 253; *Kaeser* DStR 2012 Beihefter zu Heft 2, 13; *Förster* GmbHR 2012, 237).

150 **c)** Nach Auffassung der FinVerw (BMF-Schrb vom 11.11.2011, BStBl I 1314 Rn 20.11 iVm Rn 20.06; vgl auch Rn 149), der Rspr (BFH BStBl II 2010, 808; BFH BStBl II 2010, 471; BFH BStBl II 1996, 342) und der hA im Schrifttum (Widmann/Mayer/*Widmann* Rn 98; RHL/*Herlinghaus* Rn 110; Haritz/Menner/*Menner* Rn 164; Frotscher/Maas/*Mutscher* Rn 125) müssen WG des SBV, sofern sie wesentl Grundlage des Betriebs sind, mit dem Mitunternehmeranteil auf die aufnehmende KapGes übertragen werden. Ob die WG des SBV wesentl Betriebsgrundlage sind, richtet sich nach richtiger Auffassung nach der **funktionalen Betrachtungsweise** (vgl dazu Rn 20). Zu den funktional wesentl Betriebsgrundlagen des SBV gehören regelm diejenigen mit einem wesentl Gewicht für das Unternehmen ausgestatteten WG, eines Mitunternehmers stehen und dem Betrieb der Ges dienen **(SBV I).** WG, die für die Beteiligung des Gesellschafters an der Ges nur förderl sind und damit SBV II darstellen, können auf Grund ihrer wirtschaftl Bedeutung funktional wesentl Betriebsgrundlage sein (BFH BStBl II 2010, 471; FG Münster GmbHR 2011, 102; L. Schmidt/*Wacker* EStG § 16 Rn 414; DPPM/*Patt* Rn 136; RHL/*Herlinghaus* Rn 110; Haritz/Menner/*Menner* Rn 168; aA noch BFH BStBl II 1996, 342; Frotscher/Maas/*Mutscher* Rn 126). Zu der Frage, ob Anteile an einer Komplementär-GmbH wesentl Betriebsgrundlage sein können vgl Rn 35 mwN. Gewillkürtes SBV zählt unter funktionalen Gesichtspunkten regelm nicht zu den wesentl Betriebsgrundlagen (RHL/*Herlinghaus* Rn 111; DPPM/*Patt* Rn 138; Haritz/Menner/*Menner* Rn 170). Zur Übertragung neutralen Vermögens vgl Rn 95. Zum relevanten Zeitpunkt des Vorliegens einer wesentl Betriebsgrundlage vgl Rn 132. Zur Überführung wesentl Betriebsgrundlagen im zeitl und wirtschaftl Zusammenhang der Einbringung in ein anderes Betriebsvermögen vgl Rn 22.

151 Negative WG in Form von **Verb** stellen ebenso wie Forderungen keine wesentl Betriebsgrundlage dar (DPPM/*Patt* Rn 135; vgl aber Rn 38). Handelt es sich bei den Verb um SBV, so müssen diese nicht auf die KapGes mitübertragen werden (vgl aber auch Widmann/Mayer/*Widmann* UmwStE 2011 Rn 20.10). Die später insoweit entstehenden Schuldzinsen sind grdsl Werbungskosten bei den Einkünften aus KapVerm (vgl BFH BStBl II 1992, 404; vgl auch BFH GmbHR 2000, 617). Wurde der Mitunternehmeranteil gegen Übernahme einer Rentenverpflichtung übernommen, so muss diese Rentenverpflichtung nicht iRd Einbringung mit auf die KapGes übertragen werden; die Rentenverpflichtung wird erfolgsneutral in das PV überführt. Kommt es nach Überführung der **Rentenverpflichtung** zu einem vorzeitigen Wegfall, so ist dieser Vorgang steuerneutral (krit insoweit

Ott GStB 2000, 375). Werden nicht sämtl wesentl Betriebsgrundlagen des SBV iRd Einbringung des Mitunternehmeranteils auf die KapGes zumindest zu wirtschaftl Eigentum übertragen (vgl dazu Rn 21), findet § 20 keine Anwendung, es sei denn, die wesentl Betriebsgrundlage ist eine Beteiligung am übernehmenden Rechtsträger (vgl Rn 78).

Werden WG des SBV, welche wesentl Betriebsgrundlagen darstellen, der übernehmenden KapGes durch **Gebrauchsüberlassungs- oder Nutzungsvertrag** zur Vfg gestellt, so stellt dies keinen Fall des § 20 dar (vgl Rn 23; BMF-Schrb vom 11.11.2011, BStBl I 1314 Rn 20.10 iVm Rn 20.06; BFH BStBl II 2011, 467; Widmann/Mayer/*Widmann* Rn R 6 iVm Rn 98; DPPM/*Patt* Rn 124; aA *Herzig* DB 2000, 2236; *Rödder/Beckmann* DStR 1999, 751; *Götz* DStZ 1997, 551). 152

Erfolgt eine **Umw nach den Vorschrift(en) des UmwG** und nimmt das SBV des einzelnen Mitunternehmeranteils nicht unmittelbar an der Umw teil, so muss des SBV durch gesonderte Vereinbarung zwischen dem MU und der übernehmenden KapGes auf letztere zum selben Stichtag und im zeitl Zshg mit der Umw übertragen werden. Eine Übertragung des SBV in das Gesamthandsvermögen vor der Umw sollte wegen § 6 V 6 EStG vermieden werden (*Stangl* GmbHR 2012, 253; *Brandenberg* DStZ 2002, 511, 594; Lutter/*Schaumburg/Jesse* Holding-HdB § 13 Rn 134; *Kloster/Kloster* GmbHR 2002, 717). 153

10. Bruchteile von Mitunternehmeranteilen

Auch ein **Bruchteil eines Mitunternehmeranteils** kann nach Abs 1 in eine KapGes eingebracht werden (BMF-Schrb vom 11.11.2011, BStBl I 1314 Rn 20.11; BFH/NV 2011, 258; DPPM/*Patt* Rn 142; RHL/*Herlinghaus* Rn 111; Haritz/Menner/*Menner* Rn 180; Widmann/Mayer/*Widmann* Rn 94; Frotscher/Maas/*Mutscher* Rn 130). Dies ergibt sich aus Abs 4 S 1. Danach darf die Vergünstigung des § 16 IV EStG auf einen entstehenden Veräußerungsgewinn nicht angewendet werden, wenn nur der Teil eines Mitunternehmeranteils eingebracht wird. Eine solche Einschränkung der Begünstigung des Gewinns hätte keine Bedeutung, wenn schon die Einbringung eines Bruchteils eines Mitunternehmeranteils von Abs 1 nicht erfasst würde (ebenso DPPM/*Patt* Rn 142). Zudem hat der Gesetzgeber in der Gesetzesbegründung (BT-Drs 16/2710, 42) ausdrückl die Einbringung eines Bruchteils eines Mitunternehmeranteils als Einbringung iSd Abs 1 angesehen. 154

Nach herrschender Auffassung (DPPM/*Patt* Rn 144; RHL/*Herlinghaus* Rn 111; Haritz/Menner/*Menner* Rn 181; vgl auch *Rogall* DB 2005, 410; aA Frotscher/Maas/*Mutscher* Rn 130) muss bei der Übertragung eines Bruchteils eines Mitunternehmeranteils auch der entsprechende Teil des **SBV** mit übertragen werden, sofern es sich dabei um eine wesentl Betriebsgrundlage handelt. 155

Bringt demnach ein Kommanditist, der an der KG mit 60% beteiligt ist, die Hälfte seines Mitunternehmeranteils in eine KapGes ein und besitzt er ein Grundstück im Alleineigentum, welches wesentl Betriebsgrundlage ist, müsste wirtschaftl die Hälfte dieses Grundstücks, und zwar durch Begründung von Bruchteilseigentum, auf die übernehmende KapGes übertragen werden. Kommt es nicht zu einem quotal gleich hohem Anteil am SBV, sondern wird prozentual mehr SBV übertragen, so ist dieser Vorgang nur insoweit nach § 20 steuerneutral, als der Anteil am SBV der Quote des übertragenen Gesellschaftsanteils entspricht, bei dem darüber hinausgehenden Anteil kommt es zu einer Aufdeckung stiller Reser- 156 ven (unklar Frotscher/Maas/*Mutscher* Rn 130). Wird demggü ein geringerer Anteil am SBV übertragen, als es der Quote des übertragenen Gesellschaftsanteils entspricht, liegt die Einbringung eines Bruchteils eines Mitunternehmeranteils nur insoweit vor, wie sich die Quote des übertragenen Gesellschaftsanteils und des SBV decken (ebenso DPPM/*Patt* Rn 144; RHL/*Herlinghaus* Rn 112; Haritz/Menner/*Menner* Rn 181; vgl auch *Rogall* DB 2005, 410).

11. Kommanditgesellschaft auf Aktien, Anteil des persönlich haftenden Gesellschafters

157 Auch der Anteil eines phG einer KGaA ist Mitunternehmeranteil, § 15 I 1 Nr 3 und § 16 I Nr 3 EStG. Ebenso wie der Betrieb der KGaA oder einer ihrer Teilbetriebe kann damit auch der Mitunternehmeranteil des phG auf eine KapGes übertragen werden (RHL/*Herlinghaus* Rn 94; DPPM/*Patt* Rn 117; Blümich/*Nitzschke* Rn 57; Widmann/Mayer/*Widmann* Rn 140). Persönlich haftende Gesellschafter einer KGaA können nicht nur natürl Personen, sondern auch jur Personen oder PersGes sein (BGH DStR 1997, 1012; L. Schmidt/*Wacker* EStG § 15 Rn 890). Überlässt der phG einer KGaA dieser Grundstücke, so liegt insoweit SBV vor. Besitzt der phG Kommanditaktien an der KGaA, stellen diese kein SBV dar (BFH BStBl II 1989, 881; vgl auch *Schaumburg* DStZ 1998, 525).

12. Stille Beteiligung

158 **a) Stille Beteiligung als Gegenstand einer Sacheinlage.** Eine stille Ges ist eine gesellschaftsrechtl Vermögensbeteiligung an einem Handelsgewerbe eines anderen, bei der die Einlage in das Verm des Inhabers des Handelsgeschäfts übergeht und der stille Gesellschafter am Gewinn des Handelsgewerbes beteiligt ist (§§ 230 ff HGB). Mangels eines gemeinsamen gesamthänderisch gebundenen Verm ist die stille Ges ledigl InnenGes, die nach außen grdsl nicht in Erscheinung tritt. Von einer **atypisch stillen Ges** wird gesprochen, wenn der Gesellschaftsvertrag von der gesetzl Struktur der stillen Ges abw Gewinnanteile aus einer stillen Beteiligung an einem Handelsgewerbe vorsieht und der Gesellschafter als MU anzusehen ist. Letzteres ist der Fall, wenn durch den Gesellschaftsvertrag dem stillen Gesellschafter eine Rechtsstellung eingeräumt wird, die sich derart von den gesetzl Vorgaben unterscheidet, dass sie nach dem Gesamtbild dem Typ des MU entspricht (BFH BStBl II 1996, 269; OFD Frankfurt aM DStR 2001, 1159; ausführlich dazu L. Schmidt/*Wacker* EStG § 15 Rn 340 ff). Zu beachten ist, dass aufgrund des Gebotes der Gesamtbetrachtung die Mitunternehmerstellung eines Beteiligten nicht nur anhand des Vertrages über die stille Ges zu beurteilen ist, sondern vielmehr eine Gesamtbetrachtung vorzunehmen ist, in der die wirtschaftl und rechtl Beziehung zwischen dem stillen Gesellschafter und der Ges mit einzubeziehen sind (OFD Frankfurt aM DStR 2001, 1159). Auf die vertragl Bezeichnung als MU kommt es nicht an (BFH/NV 2003, 601). Ein stiller Gesellschafter ist dann MU, wenn er Mitunternehmerrisiko trägt und Mitunternehmerinitiative entfaltet. Es müssen zwar beide Merkmale vorliegen, sie können aber mehr oder weniger stark ausgeprägt sein. Eine schwach ausgeprägte Mitunternehmerinitiative reicht für die Annahme einer Mitunternehmerstellung aus, wenn das Mitunternehmerrisiko besonders stark ausgeprägt ist und umgekehrt (BFH DStR 1991, 457; zu den Einzelheiten vgl L. Schmidt/*Wacker* EStG § 15 Rn 340 ff). Ist der **atypisch stille Gesellschafter** MU im ertragstl Sinne, kann die atypisch stille Beteiligung Gegenstand einer Einbringung iSv Abs 1 sein (RHL/*Herlinghaus*

Rn 97; Widmann/Mayer/*Widmann* Rn 78; DPPM/*Patt* Rn 117; Frotscher/Maas/*Mutscher* Rn 134).

159 **b) Fallkonstellationen.** Bringt nicht der atypisch stille Gesellschafter, sondern der Inhaber eines Betriebs diesen in die KapGes gegen Gewährung von Gesellschaftsrechten ein, so kann vereinbart werden, dass sich die stille Beteiligung an dem Betrieb der aufnehmenden KapGes fortsetzt. Es treten dann keine ertragstl Auswirkungen ein, insbes kommt es nicht zu einer Gewinnrealisierung (RHL/*Herlinghaus* Rn 97; Widmann/Mayer/*Widmann* Rn 78). Bringt der atypisch stille Gesellschafter seine Beteiligung nach Maßgabe des Abs 1 gegen Gewährung von Gesellschaftsrechten auf den Geschäftsinhaber als aufnehmende Ges ein, wird die atypisch stille Ges zwar durch Konfusion beendet, es kommt aber nicht zur Aufdeckung von stillen Reserven (RHL/*Herlinghaus* Rn 97).

160 Wird der Betrieb, an dem die atypisch stille Beteiligung begründet wurde, gegen Gewährung von Gesellschaftsrechten in die KapGes eingebracht und erhält der atypisch stille Gesellschafter zukünftig eine Ergebnisbeteiligung aus dem Anteil an der KapGes, ohne dass ihm aber Kapitalgesellschaftsanteile gewährt werden, so wird die Mitunternehmerschaft der stillen Beteiligung aufgelöst und in eine typische Unterbeteiligung an den Kapitalanteilen umgewandelt (FG Düsseldorf EFG 2001, 1383). Es liegt somit eine Aufgabe des Mitunternehmeranteils vor mit der Konsequenz, dass die stillen Reserven aufgedeckt werden (RHL/*Herlinghaus* Rn 37).

13. Unterbeteiligung

161 Die Unterbeteiligung ist eine Sonderform der InnenGes des bürgerl Rechts, die an einem Gesellschaftsanteil (PersGes oder KapGes), nicht aber an der Ges selbst besteht. Sie kann ohne bes Mitwirkung durch die Mitgesellschafter wirksam begründet werden, ist der stillen Ges ähnl und dem Bestand nach mit dem Schicksal der Hauptbeteiligung verknüpft (BGHZ 50, 315 ff). Da zwischen dem Gesellschafter und dem Unterbeteiligten ein **Gesellschaftsverhältnis** besteht, kann die **Unterbeteiligung an einer gewerbl PersGes als Mitunternehmerschaft** ausgestaltet sein (L. Schmidt/*Wacker* EStG § 15 Rn 365). Nach Begr der UnterbeteiligungsGes besteht die HauptGes neben der UnterbeteiligungsGes (BGHZ 50, 316; BFH BStBl II 1979, 768). Steuerrechtl ist der Unterbeteiligte an einem gewerbl Personengesellschaftsanteil sowohl im Verhältnis zum Hauptbeteiligten (BFH BStBl II 1992, 512), aber auch nach § 15 I 2 S 2 EStG mittelbar im Verhältnis zur HauptGes MU (BFH BStBl II 1998, 137), falls seine Rechtsstellung vertragl so ausgestaltet ist, dass der Gewerbebetrieb der HauptGes mittelbar anteilig auch für Rechnung des Unterbeteiligten betrieben wird und dieser den Voraussetzungen des Typus eines MU genügt (vgl BFH BStBl II 1996, 269). Für die Mitunternehmerinitiative genügen Kontrollrechte ggü dem Hauptbeteiligten (BFH BStBl II 1998, 137; krit *Bodden* FR 2002, 559). Wird eine **Unterbeteiligung an einem GmbH-Anteil** begründet, so entsteht dadurch keine Mitunternehmerschaft des Unterbeteiligten, dieser erzielt vielmehr Einkünfte aus KapVerm (BFH BStBl II 2006, 253). Wird eine Unterbeteiligung am Anteil einer **gewerbl geprägten PersGes** begründet, die selbst keine gewerbl Tätigkeit ausübt, so soll der Unterbeteiligte selbst kein MU sein (L. Schmidt/*Wacker* EStG § 15 Rn 367; RHL/*Herlinghaus* Rn 98; vgl aber OFD Frankfurt aM DStR 2001, 1159).

162 Abs 1 ist anzuwenden, wenn der atypisch Unterbeteiligte seine als Mitunternehmeranteil zu qualifizierende Beteiligung in die übernehmende KapGes einbringt

(BFH BStBl II 1982, 546; 1982, 646). Entsprechendes gilt, wenn die Unterbeteiligung gleichzeitig mit dem Anteil, an dem sie besteht, eingebracht wird und sowohl der Unterbeteiligte als auch der Hauptbeteiligte Anteile an der übernehmenden KapGes erhalten; die bisherige UnterbeteiligungsGes erlischt (RHL/*Herlinghaus* Rn 98). Das gilt nicht im Fall der Umw nach den Vorschrift(en) des UmwG, da grdsl nur die Gesellschafter der umzuwandelnden PersGes Gesellschafter der übernehmenden KapGes werden können (vgl §§ 2, 123 UmwG), es sei denn, der atypisch Unterbeteiligte bringt seinen Mitunternehmeranteil spätestens zum selben Umwandlungsstichtag gegen Gewährung von Gesellschaftsrechten in die übernehmende KapGes ein. Zur Umw der HauptGes vgl *Schindhelm* DStR 2003, 1444.

163 Werden nur dem Hauptbeteiligten Gesellschaftsrechte an der übernehmenden KapGes gewährt, erlischt die UnterbeteiligungsGes oder setzt sich als (zwingend typische) Unterbeteiligung an den gewährten Gesellschaftsrechten der übernehmenden KapGes fort; Folge ist die Realisierung eines **Aufgabegewinns** iHd Diff des Wertes der Unterbeteiligung an den gewährten Gesellschaftsrechten und dem bisherigen Kapitalkonto des Unterbeteiligten (RHL/*Herlinghaus* Rn 98).

14. Ausländische gewerbliche Personengesellschaft; transparente Kapitalgesellschaft

164 Die Beteiligung an einer ausl gewerbl PersGes kann ein Mitunternehmeranteil bilden, wenn der Gesellschafter Mitunternehmerrisiko und Mitunternehmerinitiative hat und die Ges über eine inl Betriebsstätte verfügt oder der Einbringende Inländer ist (DPPM/*Patt* Rn 118; RHL/*Herlinghaus* Rn 101). Nachdem das UmwStG auch grenzüberschreitende Sachverhalte erfasst, kommt es nach der hier vertretenen Meinung (vgl § 24 Rn 117; Haritz/Menner/*Menner* Rn 176) nur noch darauf an, dass der Gesellschafter Mitunternehmerrisiko und Mitunternehmerinitiative hat. Der ausl Rechtsträger muss aber nach dem Gesamtbild mit einer dt PersGes vglbar sein (Typenvergleich). Auf die stl Einordnung des ausl Rechtsträgers im Ansässigkeitsstaat kommt es insoweit nicht an. Damit können auch Anteile an sog hybriden Ges, die in ihren Sitzstaat als stl intransparent behandelt werden, wohingegen aus dt Sicht eine PersGes und damit ein transparenter Rechtsträger vorliegt (*Brähler/Heerdt* StuW 2007, 260; *Hey/Bauersfeld* IStR 2005, 649) einen Mitunternehmeranteil darstellen (DPPM/*Patt* Rn 118; RHL/*Herlinghaus* Rn 100; vgl aber auch Frotscher/Maas/*Mutscher* Rn 129).

15. Partnerschaftsgesellschaft; EWIV

165 Die PartGes ist eine PersGes, die rechts-, grundbuch- und parteifähig ist. Die PartGes erzielt idR Einkünfte aus selbstständiger Tätigkeit iSv § 18 EStG, wenn alle Partner eine freiberufl Qualifikation haben und leitend und eigenverantwortl tätig sind (RHL/*Herlinghaus* Rn 95; L. Schmidt/*Wacker* EStG § 15 Rn 334). Die Beteiligung an der PartGes ist als Mitunternehmeranteil iSd Abs 1 anzusehen, wenn der Gesellschafter Mitunternehmerinitiative und Mitunternehmerrisiko trägt (RHL/*Herlinghaus* Rn 117).

166 Die Europ Wirtschaftl Interessensvereinigung (EWIV) ist eine supranationale Gesellschaftsform innerh der EU, welche auf der Verordnung EWG/2137/85 (ABl EG Nr L 199, 1 ff) basiert. Hat die EWIV ihren Sitz in Deutschland, gelten ergänzend die Vorschriften des EWIV-Ausführungsgesetzes (BGBl I 1988, 514) bzw die Vorschriften zur OHG entsprechend. Soweit die EWIV die Voraussetzungen eines Gewerbebetriebs iSd § 15 EStG erfüllt, kann die Beteiligung an der EWIV als Mitunternehmeranteil iSd Abs 1 angesehen werden (RHL/*Herlinghaus* Rn 95).

16. Nießbrauch

Nießbrauch ist die dingl Belastung einer Sache, eines Rechts oder eines Verm; er berechtigt den Nießbraucher, die Nutzungen zu ziehen (§§ 1030 ff BGB). Neben dem **Unternehmensnießbrauch** ist der Nießbrauch an einem **Anteil** (KapGes, PersGes) als Nießbrauch an Rechten iSv §§ 1068 ff BGB zul (BGH NJW 1999, 571). Das gilt auch für den Anteil an einer PersGes; dabei ist im Ggs zur früher hA (vgl *Schulze zur Wiesche* BB 2004, 355) nicht die Vollrechtsübertragung auf den Nießbraucher erforderl, vielmehr kann nach heute überwiegender Auffassung der Inhalt des Nießbrauchs schuldrechtl bestimmt werden. Der Nießbraucher wird danach nicht Gesellschafter (BFH BStBl II 1995, 244; BGH NJW 1999, 571), gleichwohl verteilen sich – das gesellschaftsrechtl Abspaltungsverbot gilt insoweit nicht – die Gesellschafterrechte zwischen Gesellschafter und Nießbraucher (für Letzteren lfd Geschäftsführung, Informations- und Kontrollrechte, Erträge). Zum Streitstand vgl L. Schmidt/*Wacker* EStG § 15 Rn 305 ff). 167

Auch nach Bestellung eines Nießbrauchs am Gesellschaftsanteil selbst behält nach Ansicht des BFH (BFH BStBl II 1995, 241) der Anteilsinhaber grdsl einen hinreichenden Bestand an vermögensrechtl Substanz des nießbrauchsbelasteten Gesellschaftsanteils und einen hinreichenden Bestand an gesellschaftsrechtl Mitwirkungsrechten zurück, die seine bisherige Stellung als Gesellschafter und MU aufrechterhalten. Anders ist es, wenn der Nießbraucher alle Gesellschaftsrechte wahrnehmen soll (BFH BStBl II 2010, 555; vgl auch *Wälzholz* DStR 2010, 1786). Dem Nießbrauchsberechtigten stehen grdsl Fruchtziehungsrechte zu, die jedoch auf den gesellschaftsrechtl entnahmefähigen Ertrag beschränkt sind; darüber hinausgehende Ansprüche auf Zahlung von Gewinn stehen dem Nießbraucher nicht zu (BGHZ 58, 316). Insbes erhält der Nießbrauchsberechtigte nicht den Ertrag, der sich aus der Realisierung der stillen Reserven des Anlagevermögens ergibt; die Ausschüttung stiller Reserven stellt eine Anteilsminderung dar und gebührt deshalb dem Anteilsinhaber und nicht dem Nießbrauchsberechtigten (BFH BStBl II 1995, 241). Der Nießbrauchsbesteller hat auch nach der Nießbrauchsbestellung weiterhin grdsl Mitunternehmerinitiative. Soweit dem Nießbraucher der Gesellschaftsanteil nicht treuhänderisch übertragen worden ist, stehen ihm die Mitwirkungsrechte des Gesellschafters bei Beschlüssen der Ges über die lfd Angelegenheiten der Ges und die zur Sicherung seines Fruchtziehungsrechts notw Kontroll- und Informationsrechte zu. Dem Nießbrauchsbesteller wird die Kompetenz, bei Beschlüssen, welche die Grundlage der Ges betrifft, selbst abzustimmen, durch die Einräumung eines Nießbrauchs an seinem Anteil grdsl nicht genommen (BGH NJW 1999, 571; BFH BStBl II 1995, 241). Neben dem Nießbrauchsbesteller ist der Nießbraucher dann MU, wenn er aufgrund der im Einzelfall getroffenen Abrede oder mangels solcher gesetzl (vgl dazu *Gschwendtner* NJW 1995, 1875) eine rechtl und tats Stellung erlangt, die den Voraussetzungen des Typusbegriffes des Mitunternehmers entspricht. Neben dem Recht auf Gewinnbeteiligung und einer ggf vereinbarten Verlustbeteiligung ist dazu weiter erforderl, dass dem Nießbraucher wenigstens ein Teil der mit der Mitgliedschaft verbundenen Verwaltungsrechte zukommen, bspw Stimmrechte hinsichtl lfd Geschäfte der PersGes (vgl BFH DStR 2010, 1374; FG Baden-Württemberg EFG 168

2006, 793; FG Köln EFG 2003, 587; G. *Söffing/Jordan* BB 2004, 535; *Schön* StbJb 1996/1997, 66; L. Schmidt/*Wacker* EStG § 15 Rn 306 f).

Übernehmender Rechtsträger

17. Kapitalgesellschaft, Genossenschaft

169 Übernehmende Ges können KapGes und Gen sein. Nach dem Gesetz zur Einführung der SCE und zur Änderung des Genossenschaftsrechts vom 14.8.2006 sind gesellschaftsrechtl bei Gen erstmals Sacheinlagen als Einzahlungen auf Geschäftsanteile zugel (§ 7 a III GenG). Alle anderen Körperschaften, Personenvereinigungen und Vermögensmassen scheiden als übernehmender Rechtsträger aus; eine analoge Anwendung kommt insoweit nicht in Betracht (RHL/*Herlinghaus* Rn 115; Blümich/*Nitzschke* Rn 67).

170 Das Gesetz verlangt nicht, dass die übernehmende KapGes/Gen vor der Einbringung bereits rechtl bestanden hat. Deshalb kann die übernehmende KapGes auch erst mit der Einbringung gegründet werden und später mit der Eintragung entstehen. Die Rückbeziehung des Einbringungsvorganges hängt nicht davon ab, ob die übernehmende KapGes zum stl Übertragungsstichtag bereits existierte oder nicht (BMF-Schrb vom 11.11.2011, BStBl I 1314 Rn 20.15 iVm Rn 02.11; RHL/*Herlinghaus* Rn 116; DPPM/*Patt* Rn 155; Blümich/*Nitzschke* Rn 69; Widmann/Mayer/*Widmann* Rn 393). Eine **Vorgründungsgesellschaft** (eine zukünftige KapGes vor notarieller Beurkundung des Gesellschaftsvertrages) kann nicht übernehmende KapGes sein, da sie als PersGes zu werten ist, mit der Folge, dass sie – falls sie gewerbl tätig wird – stl als Mitunternehmerschaft iSv § 15 I Nr 2 EStG behandelt wird (BFH BStBl II 1990, 91). Entsprechendes gilt nach herrschender Auffassung auch für die Aufgabe oder das Scheitern der beabsichtigten Gründung einer KapGes (BFH BStBl III 1952, 172; FG Hamburg EFG 1989, 594; aA *Streck* BB 1972, 261). Hingegen kann die **VorGes** (das ist die Ges zwischen notarieller Beurkundung und Entstehung durch Eintragung in das HR) übernehmender Rechtsträger iSv Abs 1 sein, da sie der mit der Gründung beabsichtigten KapGes näher steht als der PersGes und folgl wie die KapGes kstpfl ist (BFH BStBl II 1993, 352; Widmann/Mayer/*Widmann* § 21 Rn 555; Bordewin/Brandt/*Merkert* Rn 84). Steuerrechtl treten die Wirkung der Einbringung unabhängig von der zivilrechtl Übertragung zum stl Übertragungsstichtag ein.

171 IRv Abs 1 ist es unerhebl, ob es sich bei dem übernehmenden Rechtsträger um eine aktive Ges oder um einen bloßen Mantel handelt (RHL/*Herlinghaus* Rn 116). Abs 1 ist unabhängig davon anwendbar, ob die übernehmende Ges **unbeschränkt** oder **beschränkt kstpfl** ist (BMF-Schrb vom 11.11.2011, BStBl I 1314 Rn 01.54; DPPM/*Patt* Rn 9; Widmann/Mayer/*Widmann* Rn R 26; RHL/*Herlinghaus* Rn 115).

172 Übernehmender Rechtsträger kann grdsl jede in- oder ausl KapGes oder Gen sein, soweit diese die Ansässigkeitserfordernisse des § 1 IV 1 Nr 1 iVm II 1 Nr 1 erfüllt (BT-Drs 16/2710, 42; Widmann/Mayer/*Widmann* Rn R 7 ff; DPPM/*Patt* Rn 155; RHL/*Herlinghaus* Rn 115). Nach **§ 1 IV 1 Nr 1** kommen nur in- oder ausl KapGes oder Gen iSd § 1 II 1 Nr 1 als übernehmende Rechtsträger in Betracht. Der übernehmende Rechtsträger muss damit nach den Rechtsvorschriften eines Mitgliedstaates der EU oder des EWR gegründet worden sein und in einem der Mitgliedstaaten auch ihren Sitz und Ort der Geschäftsleitung haben (BMF-Schrb

vom 11.11.2011, BStBl I 1314 Rn 01; Widmann/Mayer/*Widmann* Rn R 12 ff; RHL/*Herlinghaus* Rn 118; Blümich/*Nitzschke* Rn 67). Die Geschäftsleitung muss sich nicht in dem Staat befinden, nach dessen Recht die KapGes bzw Gen gegründet worden ist (RHL/*Herlinghaus* Rn 118; Frotscher/Maas/*Mutscher* Rn 70; ebenso BMF-Schrb vom 11.11.2011, BStBl I 1314 Rn 01.49). Die persönl Anwendungsvoraussetzungen müssen nach Auffassung der FinVerw (BMF-Schrb vom 11.11.2011, BStBl I 1314 Rn 01.55) am stl Übertragungsstichtag vorliegen. Wurde der übernehmende Rechtsträger im stl Rückwirkungszeitraum neu gegründet, ist für diesen auf den Zeitpunkt der zivilrechtl Wirksamkeit der Gründung abzustellen. Bei der Einbringung zur Neugründung ist der Zeitpunkt der zivilrechtl Wirksamkeit der Einbringung maßgebend (BMF-Schrb vom 11.11.2011, BStBl I 1314 Rn 01.55 iVm Rn 01.52; zu weiteren Einzelheiten vgl § 1 Rn 70).

Als übernehmende KapGes kommen in Betracht, die **AG** und die **GmbH.** 173
Soweit übernehmender Rechtsträger die **KGaA** ist, liegt die Gewährung neuer Anteile an der Ges iSd Abs 1 nur insoweit vor, als der Einbringende dafür Aktien erhält. Erfolgt die Einbringung eines Betriebs, Teilbetriebs oder Mitunternehmeranteils nicht in das Grundkapital der KGaA, sondern als Vermögenseinlage des phG, scheidet die Anwendung des § 20 aus (Haritz/Menner/*Menner* Rn 142). Ebenso erfasst wird die **europäische Ges** (Widmann/Mayer/*Widmann* Rn 8; DPPM/*Patt* Rn 155; RHL/*Herlinghaus* Rn 116; *Frotscher,* Internationalisierung des ErtragStR, Rn 343). § 20 findet auch für ausl übernehmende Ges Anwendung, wenn sie dem Typus der in § 1 I Nr 1 KStG genannten Ges entsprechen (vgl § 1 Rn 23; RHL/*Herlinghaus* Rn 116; DPPM/*Patt* Rn 155).

Übernehmender Rechtsträger kann vorbehaltl der Ansässigkeitserfordernisse in 174
§ 1 IV 1 Nr 1 iVm II 1 Nr 1 auch eine Gen sein. Neben europäischen Gen kommen inl und nach den Grdsen des Typenvergleichs inl Gen vglbare ausl Gen als übernehmender Rechtsträger in Betracht (Widmann/Mayer/*Widmann* Rn R 10 f, 16; RHL/*Herlinghaus* Rn 117; DPPM/*Patt* Rn 155; Blümich/*Nitzschke* Rn 67).

Obwohl der Gesetzestext von einer KapGes oder einer Gen spricht, in die ein 175
Betrieb, Teilbetrieb oder Mitunternehmeranteil eingebracht werden kann, ist § 20 auch bei Einbringung einer Vermögensmasse nach Teilung auf **mehrere übernehmende Rechtsträger** anwendbar. Das setzt voraus, dass ggü jedem übernehmenden Rechtsträger die Voraussetzungen des § 20 erfüllt sind; denkbar wäre zB die Einbringung mehrerer Teilbetriebe in mehrere übernehmende Rechtsträger. Gleiches gilt für die Einbringung mehrerer Mitunternehmeranteile bzw Teile von Mitunternehmeranteilen (Widmann/Mayer/*Widmann* Rn 418; Blümich/*Nitzschke* Rn 70).

Der Einbringende

18. Natürliche Person

Einbringender kann eine natürl Person sein, die in Deutschland unbeschränkt 176
stpfl ist, oder wenn sie entweder den Wohnsitz oder den gewöhnl Aufenthaltsort in einem EU- oder EWR-Staat hat und nicht aufgrund eines DBA mit einem Drittstaat als außerh der EU- bzw EWR-Raumes ansässig gilt (BT-Drs 16/2710, 42; Widmann/Mayer/*Widmann* Rn R 30; RHL/*Herlinghaus* Rn 122; DPPM/

Patt Rn 14). Hat eine natürl Person ihren Wohnsitz und gewöhnl Aufenthalt außerh der EU/des EWR-Bereichs, kommt Abs 1 zur Anwendung, wenn Deutschland das Besteuerungsrecht hinsichtl des Gewinns aus der Veräußerung der erhaltenen Anteile zusteht (§ 1 IV 1 Nr 1 lit b). Die Prüfung, ob das Besteuerungsrecht Deutschlands ausgeschlossen oder beschränkt ist, erfolgt zum stl Übertragungsstichtag zeitpunktbezogen (DPPM/*Patt* Rn 14; RHL/*Herlinghaus* Rn 123). Ob das Besteuerungsrecht nach dem Einbringungsstichtag verloren geht, ist für Zwecke des persönl Anwendungsbereichs des § 20 ohne Bedeutung (DPPM/*Patt* Rn 14; Haritz/Menner/*Menner* Rn 57; vgl aber § 22 I 6 Nr 6).

19. Körperschaft, Personenvereinigungen und Vermögensmasse

177 Einbringende können nach § 1 IV 1 Nr 2 Ges iSd Art 54 AEUV/Art 34 EWRV sein, die nach den Vorschriften eines Mitgliedstaates der EU oder des EWR gegründet worden sind und auch im Hoheitsgebiet eines dieser Staaten ihren Sitz und den Ort der Geschäftsleitung haben. Von § 1 IV 1 Nr 2 lit a, aa iVm § 1 II 1 Nr 1 sind zunächst alle Körperschaften, Personenvereinigungen und Vermögensmassen nach § 1 KStG erfasst (RHL/*Herlinghaus* Rn 121; Widmann/Mayer/*Widmann* Rn R 31 ff; Blümich/*Nitzschke* Rn 65). Dazu zählen insbes die KapGes und Gen einschl der SE und der SCE, wenn sie die Ansässigkeitserfordernisse erfüllen. Auch steuerbefreite Körperschaften können übertragende Rechtsträger sein (Widmann/Mayer/*Widmann* Rn R 40; RHL/*Herlinghaus* Rn 121; Blümich/*Nitzschke* Rn 65), ebenso wie jur Personen des öffentl und Privatrechts, soweit diese einen Erwerbszweck verfolgen. Einbringende können daher insbes sein VVaG, rechtsfähige Vereine und rechtsfähige Stiftungen sowie Betriebe gewerbl Art von jur Personen des öffentl Rechts (Widmann/Mayer/*Widmann* Rn R 32 f). Bringt eine jur Person des öffentl Rechts einen von ihr betriebenen Betrieb gewerbl Art iSv § 1 IV Nr 6 KStG ein, so ist sie selbst als Einbringende iSv § 20 anzusehen (Widmann/Mayer/*Widmann* Rn R 32; BMF-Schrb vom 11.11.2011, BStBl I 1314 Rn 01.53). Ist die Körperschaft an einer Mitunternehmerschaft beteiligt, deren Gegenstand bei ihr selbst einen Betrieb gewerbl Art im vorbezeichneten Sinne darstellen würde, gilt die Beteiligung als selbstständiger Betrieb gewerbl Art (BFH BStBl II 1984, 726; Widmann/Mayer/*Widmann* Rn R 34). Auch in diesem Fall ist Einbringender die Körperschaft selbst. Ob ein nicht rechtsfähiger Verein Einbringende sein können, ist nicht abschl geklärt (dagegen *Orth* DB 2007 419; RHL/*Herlinghaus* Rn 121; DPPM/*Patt* Rn 14; aA Widmann/Mayer/*Widmann* Rn R 38 f).

178 Liegen die Voraussetzungen des § 1 II 1 Nr 2 in der Person des Einbringenden nicht vor, kommt der Sechste Teil des UmwStG dennoch zur Anwendung, wenn das Besteuerungsrecht hinsichtl des Gewinns aus der Veräußerung der erhaltenen Anteile nicht ausgeschlossen oder beschränkt wird (§ 1 IV 1 Nr 1 lit b). Die Prüfung erfolgt zeitpunktbezogen auf den stl Übertragungsstichtag (DPPM/*Patt* Rn 14; Haritz/Menner/*Menner* Rn 57; RHL/*Herlinghaus* Rn 123).

20. Mitunternehmer und Mitunternehmerschaft als Einbringender

179 Einbringender iSv Abs 1 kann ein MU oder eine **Mitunternehmerschaft** sein. § 1 IV 1 Nr 1 lit a aa iVm II 1 Nr 1 erfasst auch PersGes oder transparente Ges (vgl § 3 Rn 19) als einbringende Rechtsträger, soweit an der PersGes Körperschaften, Personenvereinigungen, Vermögensmassen oder natürl Personen unmittelbar oder mittelbar über eine oder mehrere PersGes beteiligt sind, welche ihrerseits kumulativ die Voraussetzungen des § 1 II 2 Nr 1, Nr 2 erfüllen (BMF-Schrb vom 11.11.2011, BStBl I 1314 Rn 01.53; vgl § 1 Rn 123 ff). Liegen die Voraussetzungen nicht vor, werden die stl Konsequenzen bei den jeweiligen MU gezogen (BT-Drs 16/2710, 42; DPPM/*Patt* Rn 169; RHL/*Herlinghaus* Rn 121).

a) Mitunternehmer als Einbringender. Ist der **Einbringende** MU, kann 180
eine Einbringung nur vorliegen, wenn er seinen Mitunternehmeranteil, einen Bruchteil davon, eine in seinem SBV stehende Beteiligung an einer anderen KapGes oder einen in seinem SBV stehenden Betrieb oder Teilbetrieb einbringt. In diesen Fällen tritt entweder die übernehmende KapGes als MU an die Stelle des Einbringenden oder sie tritt als weiterer MU neben den Einbringenden; denkbar ist weiter, dass die gewährten Geschäftsanteile **SBV** des Einbringenden bei der ursprüngl und weiterbestehenden Mitunternehmerschaft werden.

b) Mitunternehmerschaft als Einbringende. Ob bzw unter welchen Voraus- 181
setzungen eine Mitunternehmerschaft als solche Einbringende iSd § 20 sein kann, ist im Einzelnen umstritten. Im UmwStE 1998 (BMF-Schrb vom 25.3.1998, BStBl I 268 Rn 20.05) ging die FinVerw davon aus, dass bei der Einbringung durch einen PersGes unabhängig von der zivilrechtl Rechtslage jeweils die an dieser PersGes beteiligten natürl/jur Personen Einbringende iSd § 20 I seien. Diese Auffassung hat die FinVerw aufgegeben. Nunmehr ist nach Auffassung der FinVerw einbringender Rechtsträger der Rechtsträger, dem die Gegenleistung zusteht (BMF-Schrb vom 11.11.2011, BStBl I 1314 Rn 20.02; krit *Rasche* GmbHR 2012, 149). Gegenleistungen idS sind die am übernehmenden Rechtsträger neu gewährten Anteile. Nicht ganz klar ist, ob sich das Zustehen dieser Anteile aus der Sicht der FinVerw nach zivilrechtl oder aber steuerrechtl Vorgaben richtet. So soll nach Auffassung der FinVerw Einbringender iSd § 20 der MU einer PersGes sein, wenn die PersGes, deren BV übertragen wird, in Folge der Einbringung aufgelöst wird und die Anteile an der übernehmenden KapGes daher zivilrechtl den MU zusteht. Beispielhaft wird hier die Verschmelzung einer PersGes auf eine KapGes genannt (vgl BMF-Schrb vom 11.11.2011, BStBl I 1314 Rn 20.03 S 1, 2). Andererseits wird aber auch ausgeführt, dass die übertragende PersGes als Einbringende gilt, wenn sie als Mitunternehmerschaft nach der Einbringung fortbesteht und ihr die Anteile am übertragenden Rechtsträger gewährt werden; insoweit wird auf die Ausgliederung auf eine KapGes Bezug genommen (BMF-Schrb vom 11.11.2011, BStBl I 1314 Rn 20.03 Abs 2 S 2). Nach richtiger Auffassung tritt die zivilrechtl Betrachtungsweise hinter der **steuerrechtl Betrachtungsweise** zurück. Gliedert eine Mitunternehmerschaft ihren gesamten Betrieb auf eine Tochterkapitalgesellschaft aus, so sind nach richtiger Auffassung die hinter der Mitunternehmerschaft stehenden MU als Einbringende anzusehen, selbst wenn die neuen Anteile am übernehmenden Rechtsträger der PersGes als Gegenleistung gewährt werden. In diesem Fall sind nämlich die neuen Anteile am übernehmenden Rechtsträger zwar zivilrechtl Gesamthandsvermögen der übertragenden PersGes, aber steuerrechtl gem § 39 II Nr 2 AO unmittelbar den hinter der PersGes stehenden Gesellschaftern in ihrer Beteiligungsquote zuzurechnen (DPPM/*Patt* Rn 169a; Widmann/Mayer/*Widmann*n Rn 46; RHL/*Herlinghaus* Rn 36; Frotscher/Maas/*Mutscher* Rn 66 f; vgl auch BFH BStBl II 1996, 342).

Einbringender iSd § 20 ist damit eine Mitunternehmerschaft, wenn sie einen 182
Betrieb, Teilbetrieb oder einen Mitunternehmeranteil auf den übernehmenden Rechtsträger überträgt, die neuen Anteile am übernehmenden Rechtsträger erhält

und nach der Einbringung als Mitunternehmerschaft fortbesteht (DPPM/*Patt* Rn 169a; Widmann/Mayer/*Widmann* Rn 49 ff; RHL/*Herlinghaus* Rn 34; Haritz/Menner/*Menner* Rn 42, 46).

183 Wird eine PersGes auf eine KapGes verschmolzen, so stehen nicht nur zivilrechtl, sondern auch steuerrechtl die neuen Anteile am übernehmenden Rechtsträger den Mitunternehmern der übertragenden PersGes zu, sie sind damit Einbringende iSd § 20 (BMF-Schrb vom 11.11.2011, BStBl I 1314 Rn 20.03). Da der Einbringungsgegenstand sich nach dem zu Grunde liegenden Rechtsgeschäft richtet ((BMF-Schrb vom 11.11.2011, BStBl I 1314 Rn 20.05), bringen in diesem Fall die MU jedoch nicht ihren Mitunternehmeranteil ein, Einbringungsgegenstand ist vielmehr der durch die PersGes übertragene Betrieb (vgl dazu auch Rn 19; krit *Rasche* GmbHR 2012, 149).

184 Wird von einer PersGes Verm auf eine KapGes abgespalten und erhalten damit die MU der übertragenden PersGes nicht nur zivilrechtl, sondern auch steuerrechtl die neuen Anteile am übernehmenden Rechtsträger, sind sie selbst Einbringende; auch in diesem Fall werden jedoch nicht Teile eines Mitunternehmeranteils eingebracht, sondern das übertragene Verm, so wie es sich bei der übertragenden PersGes steuerrechtl darstellt (zB Teilbetrieb usw; zur nicht verhältniswahrenden Abspaltung von Verm durch eine PersGes auf eine KapGes vgl *Stangl* GmbHR 2012, 253; *Benz/Rosenberg* DB Beilage 1/2012 zu Heft 2, 38).

185 Liegt eine **Einbringung durch die Mitunternehmerschaft** als solche vor, so ergeben sich daraus **folgende Konsequenzen:**

- Das Wahlrecht auf Buchwert, Zwischenwert und der Ansatz mit dem gemeinen Wert kann nur einheitl bezogen auf das gesamte übertragene Verm ausgeübt werden (offengelassen von *Schneider/Ruoff/Sistermann* FR 2012, 1); eine unterschiedl Aufstockung pro Mitunternehmeranteil scheidet dann aus. Etwas anderes gilt nur dann, wenn die Mitunternehmerschaft mehrere Einbringungen vornimmt (Widmann/Mayer/*Widmann* Rn R 54).
- Wird SBV zurückgehalten, welches eine wesentl Grundlage des Betriebs oder Teilbetriebs des Gesamthandsvermögens darstellt, so findet § 20 insges keine Anwendung (vgl dazu Rn 19). Wird ein Teilbetrieb I ausgegliedert, so ist wesentl SBV, welches diesem Betrieb zuzuordnen ist, auf den übernehmenden Rechtsträger mit zu übertragen, wesentl SBV, was einem anderen Teilbetrieb zugeordnet wird, muss nicht mit übertragen werden (Widmann/Mayer/*Widmann* Rn R 51; *Kalser* DStR 2012 Beihefter zu Heft 2, 13; *Kamphaus/Birnbaum* Ubg 2012, 293; aM wohl *Schneider/Ruoff/Sistermann* FR 2012, 1; vgl dazu auch Rn 100 f).
- Eine Aufstockung von BW gem Abs 2 S Nr 2, Abs 2 S 4 richtet sich nicht danach, ob beim einzelnen Gesellschafter für seinen Anteil diese Voraussetzungen gegeben sind, sondern nach dem insgesamt übertragenen Verm (Widmann/Mayer/*Widmann* Rn R 50, 53; *Kamphaus/Birnbaum* Ubg 2012, 293; zu den sich daraus ergebenden Problemen vgl Rn 338 f).
- Bringt bei einer doppelstöckigen PersGes die Oberpersonengesellschaft Anteile an der Unterpersonengesellschaft ein, so ist Einbringender die Oberpersonengesellschaft und nicht deren Gesellschafter (BMF-Schrb vom 11.11.2011, BStBl I 1314 Rn 20.03; Widmann/Mayer/*Widmann* Rn R 60). Bringt die Unterpersonengesellschaft einen Teilbetrieb, oder einen Mitunternehmeranteil nach Maßgabe des § 20 in einen übernehmenden Rechtsträger ein, so gilt die UnterGes als Einbringender. Zur doppelstöckigen PersGes vgl auch Rn 132.

– Kommt es zu einer Buchwertverknüpfung, so sind aufgrund der Regelungen in § 15 I 2 EStG die Sonder- und Ergänzungsbilanzen des Einbringenden zwingend zu berücksichtigen. Der Ansatz der WG in der StB der KapGes muss also einschl des in der Ergänzungsbilanz ausgewiesenen Mehr- oder Minderkapitals erfolgen (vgl dazu *Ott* GStB 2000, 375).

Einbringungstatbestände

21. Übersicht

Einbringung iSv Abs 1 bedeutet die **Verschaffung des zivilrechtl Eigentums** bzw des **wirtschaftl Eigentums** (BMF-Schrb vom 11.11.2011, BStBl I 1314 Rn 01.43, str; vgl Rn 21) an denjenigen WG, die in ihrer Gesamtheit einen Betrieb oder Teilbetrieb ausmachen, oder die Abtretung eines **Mitunternehmeranteils.** Die Einbringung der WG muss in einem einheitl Vorgang erfolgen (RHL/*Herlinghaus* Rn 127; DPPM/*Patt* Rn 163; Blümich/*Nitzschke* Rn 27). Die Einbringung ist dadurch gekennzeichnet, dass die Vermögensübertragung **gegen Gewährung neuer Anteile** an der übernehmenden KapGes erfolgen muss. Damit erfüllen nur solche Vermögensübertragungen den Begriff der Einbringung, die zivilrechtl Gegenstand einer **Sachgründung** (vgl § 5 IV GmbHG, § 27 AktG) oder einer **KapErh gegen Sacheinlage** (vgl § 56 GmbHG, § 183 AktG) bzw einer **Umw** mit KapErh der übernehmenden KapGes nach den unter §§ 20, 25 zu subsumierenden Umwandlungsvorgängen des UmwG sein können. Keine Einbringung iSd § 20 liegt vor, wenn bei der Gründung oder KapErh zunächst eine Einzahlungsforderung auf Geld begründet wird, ohne dass von vornherein die Übertragung einer Sacheinlage vorgesehen war, und später eine Sacheinlage unter Verrechnung der Einzahlungsforderung auf die KapGes übertragen wird (Widmann/Mayer/*Widmann* Rn R 147). Eine Einbringung liegt jedoch vor, wenn bei einer Sachgründung bzw Sachkapitalerhöhung auch ein Aufgeld vereinbart wird. 186

Eingebracht ist ein Betrieb, Teilbetrieb etc iSv § 20 auch dann, wenn der **Einbringende** neben der Übertragung solcher organisatorischen Einheiten **Zuzahlungen** oder **weitere Leistungen** erbringen muss, um die Gesellschaftsanteile zu erhalten (Widmann/Mayer/*Widmann* Rn R 81). 187

22. Einbringung durch Umwandlung oder Einzelrechtsnachfolge

§ 1 III Nr 1–5 regelt abschl (BT-Drs 16/2710, 36; BMF-Schrb vom 11.11.2011, BStBl I 1314 Rn 01.43; DPPM/*Patt* Rn 157; RHL/*Herlinghaus* Rn 129; Frotscher/Maas/*Mutscher* Rn 149; Blümich/*Nitzschke* Rn 26), für welche Vorgänge der Sechste bis Achte Teil des UmwStG gilt. Dabei handelt es sich um folgende Fälle (vgl im Einzelnen § 1 Rn 78 ff): 188

- Nr 1: Die Verschm, die Aufspaltung und Abspaltung iSd §§ 2, 123 I, II UmwG von PersGes und PartGes oder vglbarer ausl Vorgänge;
- Nr 2: Die Ausgliederung von Vermögensteilen iSd § 123 III UmwG oder vglbare ausl Vorgänge;
- Nr 3: Der Formwechsel einer PersGes in eine KapGes oder Gen iSd § 190 I UmwG oder vglbare ausl Vorgänge;

– Nr 4: Die Einbringung von BV durch Einzelrechtsnachfolge in eine KapGes, eine Gen oder PersGes;
– Nr 5: Der Austausch von Anteilen.

Die Einbringung kann damit zivilrechtl durch Einzelrechtsübertragung oder aber Gesamtrechts- bzw Sonderrechtsnachfolge erfolgen.

189 Wird aufgrund des UmwG oder vglbarer ausl Vorgänge umgewandelt, verdrängen diese die übrigen zivilrechtl Einbringungsmodalitäten, soweit die im Einzeleigentum bzw im Gesamthandsvermögen stehenden WG durch Gesamtrechtsnachfolge übergehen, nicht aber die **Tatbestandsvoraussetzungen von Abs 1** (zB Betrieb, Teilbetrieb, Gewährung neuer Anteile usw). Erfolgt die Einbringung des Betriebs der PersGes nach den Vorschriften des UmwG oder vglbarer ausl Vorgänge in Form der Verschm, Spaltung oder des Formwechsels, nimmt das **SBV** des einzelnen MU nicht unmittelbar an der Umw teil, dh es wird nicht im Zuge der Umw mit auf die KapGes übertragen, da es nicht Teil des Gesamthandsvermögens ist. In diesem Fall muss das SBV, sofern insoweit eine wesentl Betriebsgrundlage vorliegt, durch gesonderte Vereinbarung zwischen dem wirtschaftl Eigentümer und der übernehmenden KapGes auf Letztere zum selben Stichtag in einem einheitl Vorgang übertragen werden (DPPM/*Patt* Rn 164).

190 Bei der **Aufspaltung** überträgt die PersGes zivilrechtl ihr gesamtes Verm auf zwei oder mehrere andere Rechtsträger, wobei die übertragende PersGes untergeht. Demggü bleibt bei der Abspaltung die übertragende PersGes bestehen, sie überträgt nur einen Teil ihres Verm auf einen oder mehrere diesen Teil des Verm übernehmende andere Rechtsträger. Zum alten UmwStG war nicht abschl geklärt, ob bei der Auf- oder Abspaltung eine PersGes mit BV die Vorschriften der §§ 20, 24 oder aber (auch) die Grdse der Realteilung nach § 16 III 2 EStG zur Anwendung kommen (vgl BT-Drs 12/6885, 25; Widmann/Mayer/*Engl* Anh 10 Rn 376 ff; Herrmann/Heuer/Raupach/*Kulosa* § 16 EStG Rn 441; Littmann/Bitz/Pust/*Hörger* EStG § 16 Rn 197 l; Lutter/*Schaumburg/Jesse* Holding-HdB § 13 Rn 191; *Schulze zur Wiesche* DStZ 2004, 366). Nach den gesetzl Regelungen im UmwStG 2006 wird die Auf- und Abspaltung einer PhG oder einer PartGes auf eine andere PhG, PartGes oder KapGes thematisch durch §§ 20, 24 erfasst (BMF-Schrb vom 11.11.2011, BStBl I 1314 Rn 01.44, Rn 20.03; DPPM/*Patt* Rn 161; Haritz/Menner/*Menner* Rn 12).

191 § 1 III bestimmt zudem, dass der Sechste Teil des UmwStG auch für Auf- und Abspaltungen iSd UmwG von Personenhandelsgesellschaften, Partnerschaftsgesellschaften oder vglbarer ausl Vorgänge gilt. Damit ist § 20 in diesen Fällen vorrangig anwendbar.

192 Die Steuerneutralität des Auf- bzw Abspaltungsvorgang einer PersGes auf eine KapGes setzt aber voraus, dass ein Teilbetrieb oder Mitunternehmeranteil übertragen wird und das Antragswahlrecht entsprechend ausgeübt wird. Ob das beim übertragenden Rechtsträger verbleibende Verm einen Teilbetrieb darstellt, ist ohne Bedeutung. Wird eine PersGes auf- bzw abgespalten und liegen die Voraussetzungen des § 20 nicht vor, weil bspw das übergehende BV kein Teilbetrieb darstellt, findet § 20 keine Anwendung.

23. Einbringung durch Anwachsung

193 **a) Einfache Anwachsung.** Scheidet ein Gesellschafter aus einer PersGes aus, wächst sein Anteil am Gesellschaftsvermögen den übrigen Gesellschaftern zu; der Ausscheidende erhält dafür von den verbleibenden Gesellschaftern grdsl eine

Abfindung. Die im Gesellschaftsanteil verkörperten **Vermögenswerte gehen unmittelbar auf die verbleibenden Gesellschafter über,** Einzelübertragungen sind rechtl nicht mögl (BGHZ 32, 307, 317, 318; 50, 307, 309. Nach herrschender Auffassung vollzieht sich die Anwachsung durch **Gesamtrechtsnachfolge** (Widmann/Mayer/*Widmann* Rn 103; DPPM/*Patt* Rn 6; RHL/*Herlinghaus* Rn 39; *Orth* DStR 1999, 1011; aA BMF-Schrb vom 11.11.2011, BStBl I 1314 Rn 01.44).

Hauptanwendungsfall der Anwachsung ist in der Praxis die „Umw" einer **194** GmbH & Co KG durch Ausscheiden der Kommanditisten ohne Abfindungszahlung durch die übernehmende bisherige Komplementär-GmbH (**einfache Anwachsung,** sog klassisches Anwachsungsmodell; vgl L. Schmidt/*Wacker* EStG § 16 Rn 513; *Orth* DStR 1999, 1053). Da die ausscheidenden Gesellschafter **keine neuen Anteile an der übernehmenden KapGes** erhalten, sind §§ 20 ff nicht anwendbar (BMF-Schrb vom 11.11.2011, BStBl I 1314 Rn E 20.10; Widmann/Mayer/*Widmann* Rn R 106; vgl auch L. Schmidt/*Wacker* EStG § 16 Rn 513, der davon ausgeht, dass eine einfache Anwachsung bzw eine verdeckte Einlage vorliegt, falls der ausscheidende Gesellschafter eine Abfindung erhält, die niedriger als der Verkehrswert ist). Erhält der ausscheidende Gesellschafter eine **Barabfindung,** erzielt er einen Veräußerungsgewinn, sofern das Abfindungsguthaben den BW seines Mitunternehmeranteils übersteigt. Ein derartiger Veräußerungsgewinn ist estpfl bzw kstpfl (§ 16 I 2 EStG). Erhält der ausscheidende Gesellschafter überhaupt keine Gegenleistung, obwohl er vermögensmäßig an der KG beteiligt war, so wurde früher teilw vertreten, es werde kein Gewinn realisiert; die Anteile an der Komplementär-GmbH blieben BV, ihre AK seien um den BW der untergegangenen KG-Anteile zu erhöhen (*Knobbe-Keuk* § 22 VIII 3 f). Diese Auffassung ist im Hinblick auf die Neufassung des § 6 VI 2 EStG nicht mehr aufrechtzuerhalten. Die verdeckte Einlage stellt eine Aufgabe des Mitunternehmeranteils dar (FG Baden-Württemberg GmbHR 2011, 776), wobei bei der Ermittlung des Aufgabepreises auch der gemeine Wert der GmbH-Anteile anzusetzen ist, die SBV waren (OFD Berlin vom 11.11.2002, StEK § 15 I Nr 2 EStG Nr 1003; L. Schmidt/*Wacker* EStG § 16 Rn 513 mwN).

b) Erweiterte Anwachsung. § 20 ist hingegen **anwendbar,** wenn die Gesell- **195** schafter der PersGes nicht entschädigungslos ausscheiden, sondern vielmehr ihre **Gesellschaftsanteile** (idR Kommanditanteile) iRe **KapErh** in die bisherige Komplementär-GmbH einbringen **(erweiterte Anwachsung);** in diesem Fall werden **neue Gesellschaftsanteile als Gegenleistung** für die Übertragerin von Mitunternehmeranteilen gewährt (BMF-Schrb vom 11.11.2011, BStBl I 1314 Rn 01.44; Widmann/Mayer/*Widmann* Rn R 107; RHL/*Herlinghaus* Rn 39; Frotscher/Maas/*Mutscher* Rn 159; *Kowallik/Merklein/Siepers* DStR 2008, 173; *Hagemann/Jakob/Ropohl/Viebrock* NWB-Sonderheft 1/2001, 34; L. Schmidt/*Wacker* EStG § 16 Rn 513). Die teilw in der Lit vertretene Auffassung (DPPM/*Patt* Rn 6), die erweiterte Anwachsung falle begriffl nicht unter die „Verschm" oder „Spaltung" iSd UmwG und sei auch keine Einzelrechtsübertragung und könne damit wegen des abschl Charakters des § 1 III nicht durch § 20 erfasst sein, kann nicht überzeugen. Zunächst ist nicht erkennbar, dass der Gesetzgeber die bisher allg akzeptierte Meinung, auch die erweiterte Anwachsung falle unter § 20, aufgeben wollte. Das Gesetz spricht zwar in § 1 III Nr 4 von „Einzelrechtsnachfolge", der Begriff dient jedoch offensichtl nur der Abgrenzung zu den in der Vorschrift vorangegangenen Umw iSd UmwG bzw vglbare ausl Vorgänge. Bei der erweiterten Anwachsung erfolgt zunächst die Übertragung des Mitunternehmeranteils auf den übernehmenden Rechtsträger gegen Ausgabe neuer Anteile, was in den Regelungsbereich des § 20 fällt (RHL/*Herlinghaus* Rn 39; *Schumacher/Neumann* DStR 2008, 325). Erst eine logische Sekunde danach kommt es zu einem Anwachsungsvorgang, der aber nach bisheriger Meinung sich stets steuerneutral vollzieht (OFD Berlin DB 2002, 1966; Widmann/Mayer/*Widmann* Rn R 108; RHL/*Herlinghaus* Rn 39; *Kowallik/Merklein/Siepers* DStR 2008, 173; *Schumacher/Neumann* DStR 2008, 325). Wieso der Gesetzgeber dieses bisherige Verständnis aufgegeben haben soll, ist nicht ersichtl.

196 Soweit der übernehmende Rechtsträger bereits an der PersGes beteiligt war, deren Verm im Wege der Anwachsung auf ihn übergeht, sind in jedem Fall die Buchwerte fortzuführen, es fehlt insoweit an einem Anschaffungsvorgang (Widmann/Mayer/*Widmann* Rn R 108; vgl auch OFD Berlin DB 2002, 1966).

24. Einbringung durch Einzelrechtsübertragung

197 Geht das Verm nicht durch Gesamtrechtsnachfolge oder durch **Anwachsung** (vgl BMF-Schrb vom 11.11.2011, BStBl I 1314 Rn 01.43) auf die übernehmende KapGes über, sind die den Betrieb oder Teilbetrieb ausmachenden WG **einzeln nach den jew geltenden zivilrechtl Übertragungsvorschriften** zu übertragen (RHL/*Herlinghaus* Rn 127); für die Übertragung von Mitunternehmeranteilen bzw Teilen davon und von Beteiligungen an KapGes sind darüber hinaus vertragl vereinbarte Form- und sonstige Vorschriften zu beachten. Grdsl genügt die verkehrsübl Sammelbezeichnung (siehe die einschlägige Rspr und Lit zB zu § 5 Baumbach/Hueck/*Hueck/Fastrich* GmbHG § 5 Rn 14 ff; Lutter/Hommelhoff/*Bayer* GmbHG § 5 Rn 12). Die Übertragung der WG muss zwar nicht zwingend in einem Akt erfolgen, die Übertragung muss aber auf einem einheitl Willensentschluss beruhen und in einem hinreichend engen zeitl und sachl Zshg erfolgen (RHL/*Herlinghaus* Rn 127; DPPM/*Patt* Rn 163; Widmann/Mayer/*Widmann* Rn R 109; Blümich/*Nitzschke* Rn 27).

25. Formwechselnde Umwandlung

198 Beim Formwechsel gehen die betroffenen WG nicht von einem Rechtsträger auf einen anderen über; sie verbleiben vielmehr bei dem bisherigen Rechtsträger, dessen Rechtskleid sich ledigl ändert. §§ 20 ff sind deshalb grdsl unmittelbar mangels eines Vermögensübergangs nicht anwendbar, sondern erst durch § 25, der einen Vermögensübergang für stl Zwecke fingiert (vgl Komm zu § 25).

26. Verschleierte Sachgründung/Sachkapitalerhöhung

199 Die Vorschriften über Kapitalaufbringung und Kapitalerhaltung bei KapGes dürfen nicht umgangen werden. Die in der Praxis dennoch häufigen Umgehungsversuche werden als **verdeckte oder verschleierte Sacheinlage** bezeichnet; kennzeichnend dafür ist, dass mit einer Bareinlage der Effekt einer Sacheinlage herbeigeführt werden soll, ohne die gesetzl vorgesehenen Offenlegungs-, Bewertungs- und Kontrollvorschriften einzuhalten (Lutter/Hommelhoff/*Bayer* GmbHG § 19 Rn 54 ff; Baumbach/Hueck/*Hueck/Fastrich* GmbHG § 19 Rn 45 ff; BGH NJW 1982, 2444). Der klassische Umgehungsfall ist derjenige, dass in sachl und zeitl Zshg die KapGes bar gegründet/eine KapErh bar vorgenommen wird, danach zeitnah ein (Teil-)Betrieb auf die KapGes übertragen wird, wobei die aus der schuldrechtl Übertragung des (Teil-)Betriebs resultierende Forderung des Einbringenden entweder mit der Bareinlageforderung der KapGes verrechnet oder getilgt bzw durch den Kaufvertrag dem Einbringenden erst die Bezahlung seiner Einlageschuld ermögl wird, also zwar **formell Bareinlagen** vereinbart sind, der Betrag der Bareinlage aber materiell nur **Vergütung für Sachleistung** ist und zB durch Verrechnung oder durch bloßes Hin- und Herzahlen „geleistet" wird (BGH DB 2003, 1984).

Für die Zeiträume **vor dem Inkrafttreten des MoMiG** (BGBl I 2008, 2026) **200**
vertrat der BGH die Meinung, dass bei der verdeckten Sacheinlage in eine GmbH nicht nur das Verpflichtungs- sondern zugleich auch das Erfüllungsgeschäft nichtig ist (BGH DB 2003, 1894). Der Gesellschafter hatte danach nicht nur einen Kondiktionsanspruch aus § 812 I 1 BGB auf Rückübertragung der verkauften Sache, er war vielmehr zivilrechtlicher Eigentümer des übertragenen Verm und besaß einen Herausgabeanspruch gegen den übernehmenden Rechtsträger nach § 985 BGB. Da für diese Zeiträume keine zivilrechtlich wirksame Sacheinlage vorlag, fiel die verdeckte Sacheinlage nicht unter § 20 (Haritz/Menner/*Menner* Rn 195; Widmann/Mayer/*Widmann* Rn 141). Nach § 19 IV GmbHG idF des MoMiG wird bei einer verdeckten Sacheinlage iSd § 19 IV 1 GmbHG der Gesellschafter von seiner Einlageverpflichtung nicht befreit, die schuld- und sachenrechtl Verträge, die der Übertragung des Vermögens zu Grunde liegen, sind jedoch nach § 19 IV 2 GmbHG gültig. Auf die fortbestehende Geldeinlage des Gesellschafter wird der Wert des Vermögensgegenstandes im Zeitpunkt der Anmeldung der Ges zur Eintragung in das HR oder im Zeitpunkt seiner Überlassung an die Ges angerechnet, wobei die Anrechnung nicht vor Eintragung der Ges in das HR erfolgt. Deckt sich die Einlageschuld und der Wert des verdeckt eingelegten Vermögens betragsmäßig, so ist die Einlage erbracht. Die Rechtsnatur dieser vom Gesetz angeordneten Anrechnung ist nicht abschließend geklärt (vgl *Maier-Reimer/Wenzel* ZIP 2009, 1449; *Ulmer* ZIP 2009, 293; *Pentz* GmbHR 2010, 673). Nach Auffassung der FinVerw ist § 20 auf die verdeckte Sacheinlage/verdeckte Sachkapitalerhöhung auch unter Berücksichtigung des § 19 IV GmbHG nicht anwendbar (BMF-Schrb vom 11.11.2011, BStBl I 1314 Rn E 210; ebenso DPPM/*Patt* Rn 182; aA Haritz/Menner/*Menner* Rn 196; *Fischer* Ubg 2008, 684; *Wachter* DB 2010, 2137; offengelassen durch FG Baden-Württemberg GmbHR 2011, 776).

27. Wirtschaftliches Eigentum, Nutzungsüberlassung

Was im Einzelnen Gegenstand der Sacheinlage ist, bestimmt sich nach der Sach- **201**
einlagevereinbarung des Gesellschaftsvertrages bzw des KapErhB; diese Sacheinlagevereinbarung begründet zusammen mit der Übernahme der Stammeinlage unmittelbar die mitgliedschaftl Verpflichtung zur Einlage der betroffenen Vermögenswerte in Form der vereinbarten Sachleistung. Gegenstand der Sacheinlage können Sachen, Rechte und sonstige vermögenswerte Positionen sein, wobei maßgebend die sog funktionale Betrachtungsweise, nach heute hM nicht mehr die Bilanzierungsfähigkeit ist. Die Möglichkeit zur Aufnahme in die Eröffnungsbilanz muss vorliegen, ebenso die Übertragbarkeit zumindest auf die übernehmende KapGes; allg Verkehrsfähigkeit ist allerd nicht erforderl. Erfüllt ist die Einlageverpflichtung dann, wenn der Einbringungsgegenstand der Ges zur Verwendung für ihre Zwecke frei zur Vfg steht und iRd Unternehmens der übernehmenden KapGes den Gläubigerinteressen nutzbar gemacht werden kann (Baumbach/Hueck/*Hueck/Fastrich* GmbHG § 5 Rn 22 f). Einlagefähig sind danach alle übertragbaren

Gegenstände, soweit der Ges dadurch reales, verwertbares Verm zufließt, insbes Sachen, Rechte (Forderungen und Ansprüche aller Art), sonstige Rechte, insbes beschränkt dingl Rechte und Immaterialgüterrechte, Sachgesamtheiten und **obligatorische Nutzungsrechte** (vgl Baumbach/Hueck/*Hueck/Fastrich* GmbHG § 5 Rn 23 ff). Nicht einlagefähig sind höchstpersönl oder Ansprüche auf Dienstleistungen ggü Gesellschaftern oder gegen Dritte (Baumbach/Hueck/*Hueck/Fastrich* GmbHG § 5 Rn 24).

202 Neben der Übereignung ist nach hM auch die **Nutzungsüberlassung** iSe dauerhaften schuldrechtl Verpflichtung des Einlegers ggü der KapGes mögl (Baumbach/Hueck/*Hueck/Fastrich* GmbHG § 5 Rn 25). Das gilt in jedem Fall dann, wenn die Nutzungsrechte dingl gesichert sind (Nießbrauch, beschränkte persönl Dienstbarkeit etc, BGHZ 45, 338). Nichts anderes gilt für beschränkt dingl Rechte, wie zB Erbbaurechte, Grundpfandrechte etc, gleichgültig, ob sie an einer Sache des Einlegers oder am Eigentum eines Dritten bestehen. Ein bestehendes Nießbrauchsrecht kann nicht übertragen werden; Einlage ist aber durch Überlassung der Ausübung mögl; Gleiches gilt bei beschränkt persönl Dienstbarkeiten (vgl §§ 1059, 1092 BGB; Baumbach/Hueck/*Hueck/Fastrich* GmbHG § 5 Rn 25).

203 Aus stl Sicht muss der Betrieb, Teilbetrieb usw gegen Gewährung von Gesellschaftsrechten in die KapGes eingebracht werden, was bedeutet, dass die **wesentl Betriebsgrundlagen des Betriebs, Teilbetriebs (vgl dazu aber Rn 88 f) und eines Mitunternehmeranteils** auf die KapGes übergehen. Einbringung bedeutet dabei nicht unbedingt Übertragung des bürgerl-rechtl Eigentums, es genügt vielmehr, dass die KapGes nach Einbringung als **wirtschaftl Eigentümer** iSd § 39 I 1 AO anzusehen ist (vgl Rn 21). Nach hA kann die bloße **Vermietung** oder Verpachtung durch den Einbringenden an die aufnehmende KapGes die Übertragung nicht ersetzen (BMF-Schrb vom 11.11.2011, BStBl I 1314 Rn 20.06; BFH BStBl II 2011, 467; DPPM/*Patt* Rn 8; Haritz/Menner/*Menner* Rn 136; aA *Herzig* DB 2000, 2236; *Rödder/Beckmann* DStR 1999, 751; *Götz* DStZ 1997, 551). Zwar ist der Gewerbebetrieb gem § 15 II EStG tätigkeitsorientiert def (vgl dazu Rn 14). Daraus kann jedoch nicht geschlossen werden, dass die bloße Nutzungsüberlassung als Einbringung iSd § 20 aufgefasst werden kann (aA *Herzig* DB 2000, 2236). Die Einbringung stellt einen tauschähnl Veräußerungsakt dar (BFH BStBl II 2010, 1094; BFH/NV 2010, 2072; 2011, 1850; BMF-Schrb vom 11.11.2011, BStBl I 1314 Rn 20.01; DPPM/*Patt* Vorb §§ 20–23 Rn 52; RHL/*Herlinghaus* Rn 2). Dies ist unabhängig davon, ob die Einbringung sich zivilrechtl in Form der Einzelrechtsnachfolge bzw der Sonder- oder Gesamtrechtsnachfolge vollzieht. In den Einbringungsfällen iSd § 20 werden die sich eigentl aus § 16 EStG ergebenden Rechtsfolgen einer Veräußerung außer Kraft gesetzt, Einbringungsfälle iSd § 20 sind danach ggü der Grundregel des § 16 EStG privilegiert. Die Einbringung setzt damit ebenso wie die Veräußerung die Übertragung der WG voraus.

Gewährung neuer Anteile

28. Neue Anteile an der Gesellschaft

204 Eine Sacheinlage iSv Abs 1 liegt nur vor, wenn die übernehmende KapGes/Gen als **Gegenleistung** für die Einbringung („dafür") zumindest zT neue Anteile an der übernehmenden Ges gewährt, Abs 1. Ob die Anteile neu sind, ist aus der

Sicht der aufnehmenden Ges zu entscheiden, dh es muss insoweit eine neue Rechtsbeziehung entstehen (Haritz/Menner/*Menner* Rn 186 Rn 143). **Neue Anteile** idS sind solche, die erstmals bei der Sachgründung der übernehmenden KapGes/Gen bzw bei einer KapErh durch Sacheinlagen entstehen und ausgegeben werden (BMF-Schrb vom 11.11.2011, BStBl I 1314 Rn E 20.09; BFH BStBl II 2010, 1094; BFH BStBl II 2006, 457; Widmann/Mayer/*Widmann* Rn R 134; DPPM/*Patt* Rn 170; RHL/*Herlinghaus* Rn 130; Haritz/Menner/*Menner* Rn 187). Die gesellschaftsrechtl Ausgestaltung der Anteile ist grdsl unmaßgebl. Nicht erforderl ist daher, dass die Anteile Stimmrechte gewähren (DPPM/*Patt* Rn 170; Frotscher/Maas/*Mutscher* Rn 172). Von Gesellschaftern übernommene KapErh-Beträge können auch ihren bisherigen Gesellschaftsanteilen durch **Aufstockung des Nennbetrages** zugeschlagen werden, sofern der vorhandene Gesellschaftsanteil voll eingezahlt ist (BGHZ 63, 116; Baumbach/Hueck/*Zöllner* GmbHG § 55 Rn 28). Da auch insoweit eine neue Rechtsbeziehung aus der Sicht der aufnehmenden Ges entsteht, liegen neue Anteile iSv Abs 1 vor (RHL/*Herlinghaus* Rn 132; DPPM/*Patt* Rn 171; aA Frotscher/Maas/*Mutscher* Rn 171). Nach dem Gesetz zur Einführung der SCE und zur Änderung des Genossenschaftsrechts vom 14.8.2006 sind gesellschaftsrechtl bei Gen erstmals Sacheinlagen als Einzahlungen auf Geschäftsanteile zugelassen (§ 7 a III GenG). Soweit der Einbringungsvorgang von der FusionsRL erfasst ist, also Ges aus verschiedenen Mitgliedsstaaten beteiligt sind, kann nach den Vorgaben der FusionsRL eine Gewährung neuer Anteile nicht zur Voraussetzung für die Erfolgsneutralität gemacht werden; insoweit verstößt die Regelung in § 20 gegen die FusionsRL (Widmann/Mayer/*Mayer* Rn R 135; DPPM/*Patt* Rn 170b; Haritz/Menner/*Menner* Rn 189; Frotscher/Maas/*Mutscher* Rn 171). Der Verstoß gegen die FusionsRL hat aber nicht zur Folge, dass das Tatbestandsmerkmal der Gewährung neuer Anteile insgesamt unwirksam oder nichtig ist. Ein Verstoß gegen die FusionsRL führt lediglich zur Unanwendbarkeit dieses Merkmals im Anwendungsbereich der Richtlinie; es wird in grenzüberschreitenden Fällen aufgrund des Anwendungsvorrangs des Europarechts durch die Vorgaben der FusionsRL verdrängt (vgl EuGH Urteil vom 4.4.1968 – Rs 34/67, EuGHE 1968, 373; EuGH Urteil vom 9.3.1978 – Rs 106/77; *Simmentahl* EuGHE 1978, 629; *Geiger* EGV Art 10 Rn 31). Im Übrigen bleibt es als wirksames Bundesrecht bestehen und ist in rein innerstaatl Fällen zu beachten (DPPM/*Patt* Rn 170b). Die Einbringung kann auf der Ebene des übernehmenden Rechtsträgers zu einem schädlichen Beteiligungserwerb iSv **§ 8c KStG** führen (BMF-Schrb vom 4.7.2008, BStBl I 736 Rn 7).

Neben den Gesellschaftsanteilen können auch **andere WG** gewährt werden **205**
(vgl Abs 2). Es besteht auch die Möglichkeit, das eingebrachte BV teilw statt durch Ausgabe neuer Anteile durch Zuführung zu den **offenen Rücklagen** zu belegen (Widmann/Mayer/*Widmann* Rn R 163; BMF-Schrb vom 11.11.2011, BStBl I 1314 Rn E 20.11; DPPM/*Patt* Rn 187; vgl auch Rn 213). Auf die Höhe der Beteiligungsquote kommt es nicht an, es genügt jede noch so geringe Beteiligung (Widmann/Mayer/*Widmann* Rn R 137; DPPM/*Patt* Rn 187; RHL/*Herlinghaus* Rn 133; vgl auch Rn 213 ff). Eine Einbringung gegen Gewährung neuer Anteile liegt auch dann vor, wenn der Einbringungsgegenstand als reines Aufgeld neben der Bareinlage zu übertragen ist (BMF-Schrb vom 11.11.2011, BStBl I 1314 Rn 01.44; BFH BStBl II 210, 1094; vgl dazu ausführl § 21 Rn 28).

Bei der AG kann der einzelne Aktionär eine beliebige Zahl von Aktien über- **206**
nehmen, bei der GmbH darf der Gesellschafter bei der Gründung (§ 5 II GmbHG) und bei der KapErh (§ 55 IV GmbHG) mehrere Gesellschaftsanteile übernehmen.

Wird durch eine Person ein Betrieb eingebracht, zu dessen BV auch ein Mitunternehmeranteil gehört, so sind die Einbringung des Betriebs und die Einbringung des Mitunternehmeranteils jew als **gesonderte Einbringungsvorgänge** zu behandeln (BMF-Schrb vom 11.11.2011, BStBl I 1314 Rn 20.12). Es ist in diesem Fall nicht notw, durch mehrere hintereinander geschaltete KapErh zu erreichen, dass mehrere Stammeinlagen entstehen, vielmehr können die aus stl Sicht jew gesonderte Einbringungsvorgänge durch Gewährung einer neuen Stammeinlage steuerneutral gestaltet werden (RHL/*Herlinghaus* Rn 132; Widmann/Mayer/*Widmann* Rn R 79). Bei aus stl Sicht jew gesonderten Einbringungsvorgängen ist mE eine Zuordnung der einzelnen Einbringungsvorgänge auf einzelne Aktien oder einzelne Geschäftsanteile unnötig (ebenso iE FG Sachsen EFG 2011, 2027). Etwas anderes kann gelten, wenn eine mehrheitsvermittelnde Beteiligung an einer KapGes zusammen mit einem Betrieb, Teilbetrieb oder Mitunternehmeranteil auf eine andere KapGes übertragen wird und die mehrheitsvermittelnde Beteiligung keine wesentl Betriebsgrundlage des eingebrachten Betriebs, Teilbetriebs oder Mitunternehmeranteils darstellt, da insoweit unterschiedl Sachverhalte die Steuerneutralität der Einbringungen nach §§ 20, 21 innerh der siebenjährigen Sperrfrist rückwirkend (teilw) beeinträchtigen kann (vgl auch Rn 27 f). Selbst wenn es sich um einen einheitl Einbringungsvorgang handelt, könnte eine „Aufspaltung" des Einbringungsvorgangs in eine Sacheinlage iSd § 20 und in einen Anteilstausch iSd § 21 bezogen auf die als Gegenleistung gewährten Anteile im Hinblick auf § 22 I 5 iVm § 22 II bzw § 20 III 4 sinnvoll sein.

207 **Beispiel:**

Die X-AG bringt einen Teilbetrieb und die 100%-Beteiligung an der Z-GmbH zu Buchwerten in die zu gründende Y-AG ein. Der BW des übertragenen Verm beträgt EUR 200 000, es existieren stille Reserven iHv EUR 300 000. Der BW der Anteile soll EUR 100 000, die stillen Reserven EUR 150 000 betragen. Zwei Jahre nach der Einbringung beabsichtigt die X-AG die Veräußerung von 30% der Aktien an der Y-AG. Es stellt sich die Frage, ob diese Veräußerung anteilig einen Einbringungsgewinn I auslöst, oder ob ein Teil der erhaltenen Anteile veräußert werden kann, ohne dass der Einbringungsgewinn I zu versteuern ist. Ein Einbringungsgewinn I wäre dann nicht zu versteuern, wenn bei der Einbringung die übertragenen Anteile an den KapGes konkreten, als Gegenleistung gewährten Aktien am übernehmenden Rechtsträger zugeordnet werden können (vgl dazu § 22 Rn 67 f; BFH BStBl II 2008, 533). Ein vglbares Problem gab es nach alter Rechtslage im Hinblick auf die Anwendung des § 8 b IV KStG bei der Miteinbringung von Anteilen. Die FinVerw hat im BMF-Schrb vom 5.1.2004 (BStBl I 44) die Anwendung des § 8 b IV KStG verneint, wenn (1.) eine mehrheitsvermittelnde Beteiligung übertragen wurde, (2.) die Anteile keine wesentl Betriebsgrundlage darstellt, (3.) die für die übertragenen Anteile gewährten Anteile genau identifizierbar waren und (4.) die für die übertragenen Anteile gewährten Anteile nach Verkehrswertverhältnissen bemessen waren. Im Beispielsfall bietet es sich an, zunächst die 100%-Beteiligung an der Z-GmbH nach Maßgabe des § 21 in die Y-AG einzubringen (vgl Rn 26) und erst später den Teilbetrieb nach § 20. Ob diese Grdse auch gelten, wenn die übertragenen Anteile eine wesentl Betriebsgrundlage des übertragenen Verm darstellen, ist nicht abschließend geklärt (dagegen DPPM/*Patt* § 21 Rn 10; dafür RHL/*Stangl* § 22 Rn 99).

208 Werden **schon bestehende Anteile** an der übernehmenden Ges, seien sie ausgegeben oder zurückerworben gewährt, handelt es sich **nicht um neue Anteile** iSv Abs 1, gleichgültig, ob sie von Gesellschaftern oder von der Ges selbst (eigene Anteile) gehalten werden (einhellige Auffassung, zB Widmann/Mayer/*Widmann* Rn R 150; DPPM/*Patt* Rn 173; Haritz/Menner/*Menner* Rn 199; Frotscher/Maas/*Mutscher* Rn 169).

Neu iSd Abs 1 sind damit Anteile, die aus folgenden zivilrechtl Vorgängen entstanden sind: 209
- Sachgründung einer aufnehmenden KapGes nach § 27 AktG, § 5 IV GmbHG bzw einer Gen nach § 7 a III GenG;
- KapErh gegen Sacheinlage, § 183 AktG, § 56 GmbHG, einschl bedingter KapErh und einschl der Begebung genehmigten Kap, §§ 192 ff, 202 ff AktG;
- aus den unter § 20 fallenden Umwandlungsvorgängen nach den Vorschriften des UmwG oder vglbarer ausl Vorgänge, falls es zu einer KapErh kommt;
- die Sacheinlage auf das Kommanditkapital einer KGaA gegen Gewährung von Gesellschaftsrechten; die Einräumung der Rechtsstellung eines phG einer KGaA oder Verbesserung dieser Rechtsstellung aufgrund der Sacheinlage wird von § 20 nicht erfasst (str vgl Widmann/Mayer/*Widmann* Rn 476; RHL/*Herlinghaus* Rn 9).

Dagegen werden nicht neue Anteile iSv Abs 1 für die eingebrachten WG gewährt mit 210
- der Hingabe schon vor der Einbringung vorhandener Anteile, seien es eigene oder von Gesellschaftern gehaltene Anteile an der übernehmenden KapGes (zur Aufstockung des Nennbetrages vgl Rn 204); allerd müssen Anteile, die die Überträgerin an der Übernehmerin hält und die dort zu eigenen Anteilen würden, aus Vereinfachungsgründen nicht mit eingebracht werden; sie sind dann Anteile iSv § 22 I (vgl Rn 78);
- der Einräumung einer typisch oder atypisch stillen Beteiligung (Letzteres kann von § 24 UmwStG erfasst sein);
- der Gewährung von Genussscheinen (DPPM/*Patt* Rn 172; Haritz/Menner/*Menner* Rn 204; Widmann/Mayer/Widmann Rn R 150);
- der verschleierten Sachgründung/Sachkapitalerhöhung, dazu Rn 199 f;
- der verdeckten Einlage (BMF-Schrb vom 11.11.2011, BStBl I 1314 Rn E 20.10; FG Baden-Württemberg GmbHR 2011, 776; RHL/*Herlinghaus* Rn 132; DPPM/*Patt* Rn 172; Frotscher/Maas/*Mutscher* Rn 157).

Erfolgt die Einbringung zivilrechtl durch Umw und wird beim übernehmenden Rechtsträger zB aufgrund eines entsprechenden gesetzl Verbots das Kap nicht erhöht, findet Abs 1 keine Anwendung (BMF-Schrb vom 11.11.2011, BStBl I 1314 Rn E 20.10; RHL/*Herlinghaus* Rn 132; DPPM/*Patt* Rn 176). Wird eine TochterPersGes mit ihrem Betrieb auf ihre MutterGes umgewandelt, liegt insoweit aber ein grdsl ertrag-steuerneutraler Anwachsungsvorgang vor, soweit die MutterGes an der TochterPersGes vermögensmäßig beteiligt ist (RHL/*Herlinghaus* Rn 132). 211

29. Beteiligungshöhe und weitere Gegenleistungen

a) Beteiligungshöhe. Abs 1 verlangt nicht, dass Anteile mit einem Mindestnennbetrag gewährt werden müssen, er untersagt auch nicht, dass der Nennwert dem BW bzw – bei Ansatz von ZW oder gemeinem Wert – diesen Werten entsprechen muss (BMF-Schrb vom 11.11.2011, BStBl I 1314 Rn E 20.11; BFH BStBl II 2010, 1094; FG Baden-Württemberg EFG 2011, 1933; FG Münster EFG 2009, 1423; RHL/*Herlinghaus* Rn 133; Widmann/Mayer/*Widmann* Rn R 137; DPPM/*Patt* Rn 187). Damit ist auch die sog **Überpari-Emission zulässig;** der Differenzbetrag zwischen dem niedrigeren Nennbetrag der neuen Anteile (und der sonstigen WG iSd Abs 2 S 4) und dem BW der Sacheinlage können den **offenen Rücklagen** iSd § 27 KStG zugewiesen werden (BMF-Schrb vom 212

11.11.2011, BStBl I 1314 Rn R E 20.11; BFH BStBl II 2010, 1094; DPPM/*Patt* Rn 187). Ist der übernehmende Rechtsträger beschränkt stpfl, findet keine Eigenkapitalgliederung statt, weil dieser grdsl nicht von §§ 27 ff KStG erfasst wird. Im Rahmen des § 27 VIII KStG ist der Zugang zum stl EK zu berücksichtigen. Die Zuführung zu den offenen Rücklagen stellt keine sonstige Gegenleistung iSv Abs 2 S 4 dar (BMF-Schrb vom 11.11.2011, BStBl I 1314 Rn E 20.11; DPPM/*Patt* Rn 187).

213 Es stellt sich die Frage, ob die iRd Einbringung gewährten Gesellschaftsrechte wertmäßig dem eingebrachten Verm entsprechen müssen. Dabei geht es um das Problem, ob eine **offene Einlage** in eine Ges **gleichzeitig eine verdeckte Einlage** in die näml Ges sein kann. Würde man davon ausgehen, so käme es zu einer Aufdeckung von stillen Reserven iRd Einbringung, soweit das übertragene Verm einen höheren gemeinen Wert besitzt, als der Wert der erhaltenen neuen Anteile. Der I. Senat des BFH hat in seiner Entscheidung vom 15.10.1997 (BFH/NV 1998, 624; ebenso BFH DStR 2009, 2661; vgl auch *Weber-Grellet* DB 1998, 1532) die Auffassung vertreten, die verdeckte Einlage sei verdeckt, weil eine Kapitaleinlage nicht gegen Gewährung von Gesellschaftsrechten erfolgt (ebenso L. Schmidt/*Kulosa* EStG § 6 Rn 735 ff: verdeckte Einlagen sind Einlagen ohne Entgelt in der Form von Anteilsrechten). Aus dieser Formulierung kann gefolgert werden, dass eine verdeckte Einlage in die übernehmende KapGes dann nicht vorliegt, wenn von der Ges als Gegenleistung für die Einlage neue Gesellschaftsanteile gewährt wurden, und zwar unabhängig davon, ob der Wert der gewährten Gesellschaftsrechte hinter dem Wert des übertragenen Verm zurückbleibt (RHL/*Herlinghaus* Rn 133; *Füger/Rieger* FS Widmann, 2000, 287).

214 Stellen die neu gewährten Anteile **keine angemessene Gegenleistung** dar, so kann es nach Auffassung in der Lit (Widmann/Mayer/*Widmann* Rn R 207; vgl dazu auch BFH GmbHR 2005, 240: Grdse der vGA gehen dem Bewertungswahlrechts nach § 24 vor; ebenso *Briese* GmbHR 2005, 207) aber zu einer verdeckten Einlage auf der Ebene eines Mitgesellschafters oder zu vGA kommen, wenn der Mitgesellschafter eine KapGes ist, an der der Einbringende wiederum beteiligt ist. Bei Wertverschiebungen zwischen den Anteilseignern des übernehmenden Rechtsträgers kann es zudem zu freigebigen Zuwendungen kommen (vgl BMF-Schrb vom 11.11.2011, BStBl I 1314 Rn 13.03)

215 **Beispiel:**

E ist an der X-GmbH zu 100% beteiligt. Er besitzt außerdem einen Betrieb, mit einem Nettobuchwertvermögen von 100 und einem Verkehrswert von 500. Zusammen mit der X-GmbH gründet E die Z-AG, an der er und die X-GmbH jew mit 50 vH am StK beteiligt sind. E bringt seinen Betrieb zum BW gegen Gewährung von Gesellschaftsrechten ein, die X-GmbH zahlt einen Betrag iHv 100. Die Z-AG führt die BW gem Abs 1 S 1 UmwStG fort. Durch die Einbringung des Unternehmens in die Z-AG wird die X-GmbH indirekt begünstigt, da diese nur 100 Geldeinheiten eingebracht hat, der Anteile an der Z-AG jedoch nach vollzogener Einbringung einen Verkehrswert von 600 hat, so dass der auf die X-GmbH entfallende anteilige Wert 300 beträgt.

216 Im Zusammenhang mit § 13 geht die FinVerw (BMF-Schrb vom 11.11.2011, BStBl I 1314 Rn 13.03; ebenso BFH BStBl II 2011, 799; Widmann/Mayer/*Schießl* § 13 Rn 306; DPPM/*Dötsch* § 13 Rn 9; *Sistermann* DStR 2012 Beihefter zu Heft 2, 9) davon aus, dass diese Vorschrift keine Anwendung findet, soweit es in Folge der Verschmelzung zu einer interpersonalen Wertverschiebung auf der Ebene der Anteilseigner kommt. Solche Wertverlagerungen sind nach allg Grundsätzen entweder verdeckte Gewinnausschüttungen in Form der Sachauskehrung zum gemeinen Wert oder aber verdeckte Einlagen. Gegenstand der Vorteilszuwendungen sind dabei die Kapitalgesellschaftsanteile am übertragenden bzw übernehmenden Rechtsträger und nicht das durch die Verschmelzung übergehende Verm (BFH BStBl II 2011, 799; *Sistermann* DStR 2012 Beihefter zu Heft 2, 9; *Schumacher/Neitz-Hackstein* Ubg 2011, 409; vgl dazu auch § 13 Rn 14, § 11 Rn 150, § 12 Rn 103). Übertragen auf die Einbringungsfälle bedeutet dies, dass es auch im Rahmen der Einbringung nach § 20 bei interpersonalen Wertverschiebungen zu verdeckten Gewinnausschüttungen bzw zu verdeckten Einlagen kommen kann, soweit ein Mitgesellschafter des übernehmenden Rechtsträgers eine KapGes ist, an der der Einbringende oder eine ihm nahe stehende Person beteiligt ist. Im vorliegenden Beispielsfall würden unter Zugrundelegung der dargestellten Meinung der E Anteile bzw Bezugsrechte an der Z-AG im Werte von 300 verdeckt in die X-GmbH einlegen. Hätte nicht der E, sondern die X-GmbH im dargestellten Beispielsfall einen Betrieb im Werte von 500 der E aber ein Barvermögen im Werte von 100 in die Z-AG eingebracht, käme es zu einer verdeckten Gewinnausschüttung auf der Ebene der X-GmbH.

Liegt der gemeine Wert des übertragenen Verm unter dem gemeinen Wert der 217
als Gegenleistung erhaltenen Anteile an der übernehmenden KapGes, so liegt keine **vGA** an den Gesellschafter vor. Die übernehmende KapGes wendet für das übertragene Verm nichts aus ihrem eigenen Verm auf. Es liegen ledigl Zuwendungen der anderen Gesellschafter an den insoweit begünstigen Einbringenden vor (BFH BStBl II 1975, 230; vgl auch FG Köln DStRE 2004, 1029).

b) Zusätzliche Gegenleistungen. Abs 1 wird nicht dadurch ausgeschlossen, 218
dass die übernehmende KapGes neben neuen Anteilen **weitere Gegenleistungen** in Geld oder in Sachwerten gewähren (seien es alte eigene Anteile des übernehmenden Rechtsträgers, sonstige Beteiligungen, Sachwerte, Darlehensansprüche oder sonstige Rechte; vgl Rn 353 ff; BMF-Schrb vom 11.11.2011, BStBl I 1314 Rn E 20.11; Widmann/Mayer/*Widmann* Rn R 151; RHL/*Herlinghaus* Rn 134; DPPM/*Patt* Rn 187). Nach dem Wortlaut des Abs 2 S 4 muss es sich bei den weiteren Gegenleistungen um **WG** handeln, sonstige rein schuldrechtl Absprachen, die nicht bilanzierungsfähig sind, stellen keine weitere Gegenleistung iSd Abs 2 S 4 dar (Lutter/*Schaumburg/Jesse* Holding-HdB § 13 Rn 104). Sind die als Gegenleistung für die Einbringung erhaltenen neuen **Anteile mit Sonderrechten** ausgestattet (zB Vorzugsaktien) liegt darin keine sonstige Gegenleistung. Nach Abs 2 S 4 darf der gemeine Wert der anderen WG den BW des eingebrachten BV nicht übersteigen, ansonsten hat eine Aufstockung der BW zu erfolgen. Im Erg gestattet daher § 20 einen teilw Verkauf des eingebrachten BV, ohne dass ErtrSt anfallen. Zu beachten ist jedoch, dass nach den handelsrechtl Vorschrift(en) teilw die Möglichkeit der Zuzahlungen begrenzt ist (vgl § 54 IV UmwG). Keine neben den neuen Anteilen gewährte Gegenleistung stellt die **Übernahme von Verb** dar, die zu einem Betrieb, Teilbetrieb oder Mitunternehmeranteil gehören (Einheitstheorie; DPPM/*Patt* Rn 187; Frotscher/Maas/*Mutscher* Rn 180). Die Belastung des übertragenen Verm mit einem dingl Nutzungsrecht stellt keine sonstige Gegenleistung dar (vgl BFH HFR 2005, 304). Soweit der EK-Zugang den Nominalbetrag der gewährten Gesellschaftsrechte und der sonstigen WG übersteigt, ist der Differenzbetrag dem Einlagekonto gem § 27 KStG zuzuordnen (vgl Rn 212; BMF-Schrb vom 4.6.2003, BStBl II 366 Rn 6). Die Dotierung einer offenen Rücklage (vgl Rn 212) ist damit keine zusätzliche Gegenleistung iSv Abs 2 S 4 (DPPM/*Patt* Rn 187).

219 Zum Teil wird die Auffassung vertreten, eine zusätzl Gegenleistung für die Einbringung iSd § 20 könnte auch **von dritter Seite** geleistet werden (vgl Rn 360 f; DPPM/*Patt* Rn 187; Widmann/Mayer/*Widmann* Rn 153; Haritz/Menner/*Menner* Rn 374; aA RHL/*Herlinghaus* Rn 182: sonstige Gegenleistung nur, wenn diese für Rechnung der übernehmenden Gesellschaft erfolgt). Im Regelungsbereich des § 3 II Nr 2 geht die FinVerw davon aus, dass Gegenleistungen iSd Vorschriften nur vorliegen, die von dem übernehmenden Rechtsträger oder diesem nahe stehenden Personen im Rahmen der Verschmelzung einer KapGes auf PersGes erbracht werden; gleiches gilt bei der Verschmelzung einer KapGes auf eine andere KapGes (BMF-Schrb vom 11.11.2011, BStBl I 1314 Rn 03.21 und Rn 11.10). Übertragen auf die Einbringung würde dies bedeuten, dass nur Gegenleistungen des übernehmenden Rechtsträgers an den Einbringenden bzw diesem nahe stehende Personen sonstige Gegenleistungen iSd § 20 II 4 sein können. Damit sind Zahlungen, die dem Einbringenden von dritter Seite gewährt werden, keine sonstige Gegenleistung iSd Vorschrift. Bestehen an der einzubringenden Sachgesamtheit **Rechte Dritter** (zB Nießbrauchsrecht oder Vorkaufsrecht an einem Mitunternehmeranteil) und soll dieser sich aufgrund schuldrechtlicher Vereinbarung an die im Rahmen der Einbringung neu gewährten Anteile am übernehmenden Rechtsträger fortsetzen, ist darin keine sonstige Gegenleistung zu sehen.

30. Einbringungsgeborene Anteile iSd § 21 aF

220 Umfasst das eingebrachte BV auch einbringungsgeborene Anteile iSv § 21 I aF, gelten nach **Abs 3 S 4** die erhaltenen Anteile insoweit auch als einbringungsgeborene Anteile iSd § 21 I aF. Nach § 21 I 1 aF sind einbringungsgeborene Anteile Anteile an einer KapGes, die der Veräußerer oder dessen Rechtsvorgänger (bei unentgeltl Erwerb) aufgrund einer Sacheinlage gem Abs 1 aF oder § 23 I-IV aF erworben hat, wenn bei der Sacheinlage das eingebrachte Verm bei der übernehmenden KapGes unterhalb des TW angesetzt worden ist.

221 **Abs 1 aF** betraf die Einbringung eines Betriebs, Teilbetriebs, Mitunternehmeranteils, Teile eines Mitunternehmeranteils oder eine mehrheitsbegründende Beteiligung an einer KapGes. § 23 regelte folgende Einbringungsfälle: (1) die Einbringung eines Betriebs oder Teilbetriebs durch eine inl KapGes in eine ausl EU-KapGes zur Bildung oder Erweiterung einer inl Betriebsstätte des übernehmenden Rechtsträgers gegen Gewährung neuer Anteile (§ 23 I aF); (2) die Einbringung einer inl Betriebsstätte mit Teil- oder Betriebseigenschaft durch eine ausl EU-KapGes in eine inl oder ausl EU-KapGes (§ 23 II); (3) die Einbringung einer ausl Betriebsstätte mit Teil- bzw Betriebseigenschaft durch eine inl KapGes in eine ausl EU-KapGes gegen Gewährung neuer Anteile (§ 23 III aF) und (4) den Austausch von Anteilen bei dem eine Ges am Gesellschaftskapital einer anderen Ges eine Beteiligung erwirbt, die ihr die Mehrheit der Stimmrechte verleiht, und zwar gegen Gewährung von Anteilen an der erwerbenden Ges sowie ggf eine bare Zuzahlung (§ 23 IV aF).

222 Die Def der einbringungsgeborenen Anteile durch § 21 I 1 aF wurde durch § 13 III aF bzw § 15 I 1 aF iVm § 13 III aF für die Fälle der Verschm bzw Auf- und Abspaltung gesetzl erweitert. Außerdem hat die Rspr die Legaldefinition der einbringungsgeborenen Anteile ausgedehnt (BFH BStBl II 1992, 761, 763, 764; BFH/NV 1997, 314; FG Baden-Württemberg EFG 2007, 1207). Danach sind Anteile an einer KapGes iSv § 21 I aF steuerverstrickt, die zwar nicht unmittelbar

durch eine Sacheinlage nach §§ 20, 23 aF erworben worden sind, aber anlässl einer Gründung oder einer KapErh ohne Gegenleistung durch die Übertragung stiller Reserven an originären einbringungsgeborenen Anteile entstehen. Man spricht insoweit auch von derivativen einbringungsgeborenen Anteilen (vgl *Herzig/Rieck* DStR 1998, 97) oder von mitverstrickten Anteilen (vgl § 10 VO nach § 180 II AO). Die FinVerw (BMF-Schrb vom 25.3.1998, BStBl I 268 Rn 21.14) und große Teile der Lit (vgl nur Widmann/Mayer/*Widmann* Rn 25 ff) haben sich diese Auffassungen im Erg angeschlossen.

Durch Abs 3 S 4 soll sichergestellt werden, dass bei der späteren Veräußerung der als Gegenleistung für die Übertragung von Anteilen iSd § 21 aF erhaltenen Anteile insoweit auch § 8 b IV KStG aF (§ 34 VIIa KStG) bzw § 3 Nr 40 S 3 und S 4 EStG aF (§ 52 IVb 2 EStG) Anwendung finden und die dort geregelten Sperrfristen nicht unterlaufen werden können (RHL/*Herlinghaus* Rn 197; DPPM/*Patt* Rn 142; Blümich/*Nitzschke* Rn 99; *Damas* DStZ 2007, 129; *Hagemann/Jakob/Ropohl/Viebrock* NWB-Sonderheft 1/2007, 40; *Frotscher*, Internationalisierung des ErtragStR, Rn 358). Aus diesem Grund sollen keine einbringungsgeborenen Anteile gem Abs 3 S 4 entstehen, wenn in den übertragenen einbringungsgeborenen Anteilen **sämtl stillen Reserven iRd Einbringung aufgedeckt werden** (Widmann/Mayer/*Widmann* Rn R 1128; DPPM/*Patt* Rn 146; *Benz/Rosenberg* BB Special 8/2006, 61; *Förster/Wendland* BB 2007, 631). Letzteres ist im Erg richtig, wobei bei Aufdeckung sämtlicher stiller Reserven in den übertragenen Anteilen iSv § 21 aF diese ihre Eigenschaft der Einbringungsgeborenheit verlieren und damit keine einbringungsgeborenen Anteile eingebracht werden. 223

Unter den Voraussetzungen des **Abs 3 S 4** gelten die erhaltenen Anteile insoweit auch als einbringungsgeborene Anteile. Auf die erhaltenen Anteile iSd Abs 3 S 4 ist § 8b IV KStG aF (§ 34 VIIa KStG), § 3 Nr 40 S 3, 4 EStG aF (§ 52 IVb 2 EStG) und § 5 IV aF (§ 27 III Nr 1) anwendbar, nicht aber die Ersatzrealisationstatbestände des **§ 21 II 1 Nr 1–4 aF**, da nach § 27 III Nr 3 diese Regelung nur für solche Anteile gelten, die auf einen Einbringungsvorgang beruhen, auf den gem § 27 II das UmwStG aF anwendbar war. Insoweit gelten für einbringungsgeborene Anteile iSv Abs 3 S 4 mangels Anwendbarkeit des § 21 II Nr 1–4 aF die allg Regelungen, wie zB § 6 AStG (aA BMF-Schrb vom 11.11.2011, BStBl I 1314 Rn 20.38; Haritz/Menner/*Menner* Rn 529; DPPM/*Patt* Rn 146.) 224

Werden einbringungsgeborene Anteile iSd § 21 I 1 aF zusammen mit einem Betrieb, Teilbetrieb oder Mitunternehmeranteil in eine KapGes bzw Gen eingebracht, sollen aufgrund der in § 23 I angeordneten Rechtsnachfolge sowohl die eingebrachten Anteile als auch gem Abs 2 S 4 die erhaltenen Anteile insoweit solche iSv § 21 I 1 aF sein. Davon ging wohl auch der Gesetzgeber aus (BT-Drs 16/3369, 11). Es soll daher zu einem **Doppelbesteuerungsproblem** kommen (BMF-Schrb vom 11.11.2011, BStBl I 1314 Rn 27.06; RHL/*Herlinghaus* Rn 197; Widmann/Mayer/*Widmann* Rn R 1129; Blümich/*Nitzschke* Rn 99). Ein Doppelbesteuerungsproblem liegt indes nicht vor, nur die als Gegenleistung erhaltenen Anteile sind (anteilig) solche iSd § 21 aF. Die eingebrachten Anteile verlieren ihre Eigenschaft der Einbringungsgeborenheit, wenn sie gegen Gewährung von Gesellschaftsrechten in eine KapGes/Gen eingebracht werden, da es sich bei diesem Vorgang um einen tauschähnl Veräußerungsvorgang handelt (vgl dazu Rn 12). Etwas anderes könnte nur gelten, wenn es zu einer Rechtsnachfolge in diese Qualifikation kommt. Eine Einbringung gegen Gewährung von Gesellschaftsrechten würde nach der Grundregel des § 21 aF im Zeitpunkt der Übertragung des wirtschaftl Eigentums zur Aufdeckung der stillen Reserven 225 führen. § 20 setzt diese Rechtsfolge außer kraft, dh Einbringungsfälle iSd § 20 sind ggü der Grundregel des § 21 aF privilegiert, und zwar dadurch, dass je nach Wahlrechtsausübung unabhängig davon, dass ein Veräußerungsgeschäft vorliegt, ein stpfl Veräußerungsgewinn nicht entsteht. Eine Rechtsnachfolge gem § 23 I scheidet aber bei einbringungsgeborenen Anteilen, bei denen im Zeitpunkt der Einbringung die siebenjährige Sperrfrist iSv § 3 Nr 40 S 3 und S 4 EStG aF bzw § 8 b IV KStG aF noch nicht abgelaufen war, aus, da § 23 wegen § 27 IV, auf Anteile, bei denen die siebenjährige Sperrfrist iSv § 3 Nr 40 S 3 und S 4 EStG aF bzw § 8 b IV KStG aF noch nicht abgelaufen ist, nicht anzuwenden ist. War die siebenjährige Sperrfrist iSv § 3 Nr 40 S 3 und S 4 EStG aF bzw § 8 b IV KStG aF im Zeitpunkt der Einbringung abgelaufen, kommt es zu einer Rechtsnachfolge.

226 Soweit die eingebrachten, ursprüngl einbringungsgeborenen Anteile innerh der siebenjährigen Sperrfrist des § 22 II veräußert bzw ein der Veräußerung gleichgestellter Sachverhalt verwirklicht wird (§ 22 II 6), entsteht ein Einbringungsgewinn II (§ 22 I 5, II), der nach allg Grdsen besteuert wird, falls im Zeitpunkt der Einbringung die siebenjährige Sperrfrist iSv § 3 Nr 40 S 3 und S 4 EStG aF bzw § 8 b IV KStG aF bereits abgelaufen war (so wohl auch RHL/*Rabback* § 27 Rn 247; aA DPPM/*Patt* Rn 15). War im Zeitpunkt der Einbringung die siebenjährige Sperrfrist iSv § 3 Nr 40 S 3 und S 4 EStG aF bzw § 8 b IV KStG aF noch nicht abgelaufen, und werden die ursprüngl einbringungsgeborenen Anteile innerh der siebenjährigen Sperrfrist des § 22 II veräußert bzw wird ein der Veräußerung gleichgestellter Sachverhalt verwirklicht (§ 22 II 6), entsteht kein Einbringungsgewinn II, da im Zeitpunkt der Einbringung in der Person des Einbringenden einbringungsgeborene Anteile vorlagen und damit gem § 27 IV die Regelung des § 22 keine Anwendung findet (aA BMF-Schrb vom 11.11.2011, BStBl I 1314 Rn 27.12; DPPM/*Patt* § 27 Rn 20).

227 **Beispiel:**
X hält 100 % der Anteile an der X-GmbH im BV seines Einzelunternehmens. Die X-GmbH wurde 2005 durch Einbringung eines Teilbetriebs zu BW (§ 20 aF) gegründet. Im Jahre 2010 bringt X die Beteiligung an der X-GmbH zusammen mit dem Einzelunternehmen zu BW nach Maßgabe des § 20 steuerneutral in die Y-GmbH ein. Im Jahre 2014 veräußert die Y-GmbH die Beteiligung an der X-GmbH mit Gewinn. Da nach der hier vertretenen Auffassung die Anteile an der X-GmbH mangels Rechtsnachfolge auf Grund der Einbringung ihre Qualifikation der Einbringungsgeborenheit verlieren, unterliegt der durch die Y-GmbH erzielte Veräußerungsgewinn nicht der Besteuerung nach § 8b IV 1 Nr 1 KStG aF. Zu diesem Ergebnis kommt auch die FinVerw, die davon ausgeht, dass der übernehmende Rechtsträger in die Einbringungsgeborenheit der eingebrachten Anteile eintritt (BMF-Schrb vom 11.11.2011, BStBl I 1314 Rn 27.06), aber auf Grund des Ablaufs der siebenjährigen Sperrfrist der Gewinn aus der Veräußerung der eingebrachten Anteile nach § 8b II, III 1 KStG bei der übernehmenden Y-GmbH steuerfrei ist. Nach der hier vertretenen Auffassung entsteht auch in diesem Fall kein Einbringungsgewinn II, da § 22 I 5 iVm II wegen § 27 IV keine Anwendung findet Die FinVerw (BMF-Schrb vom 11.11.2011, BStBl I 1314 Rn 27.12) geht demggü davon aus, dass nach Ablauf der Sperrfrist iSd § 21 aF § 22 II zur Anwendung kommt mit der Folge, dass im vorliegenden Beispiel ein voll stpfl Einbringungsgewinn II im Jahre 2010 entsteht (BMF-Schrb vom 11.11.2011, BStBl I 1314 Rn 27.12 ebenso DPPM/*Patt* Rn 20; vgl auch *Pinkernell* FR 2011, 568).

228 Ob die als Gegenleistung gewährten fiktiven Anteile iSd § 21 aF in die für die eingebrachten Anteile lfd **siebenjährige Sperrfrist** eintreten, es also insoweit zu einer **Rechtsnachfolge** kommt, ist gesetzl nicht unmittelbar geregelt, dürfte jedoch dem Willen des Gesetzgebers entsprochen haben. Durch Abs 3 S 4 soll näml sichergestellt werden, dass es im Fall der unmittelbaren oder mittelbaren Veräußerung von Anteilen innerh der Sperrfrist, die auf eine Einbringung im alten Recht beruht (einbringungsgeborene Anteile), weiterhin zu einer vollen Besteuerung des Veräußerungsgewinns aus den Anteilen kommt (BT-Drs 16/3369, 11). Der Gesetzgeber bezieht sich ausdrückl auf die Sperrfrist, die auf einer Einbringung im alten Recht beruht, woraus geschlossen werden kann, dass durch die Regelung des Abs 3 S 4 selbst keine neue Sperrfrist in Gang gesetzt wird (BMF-Schrb vom 11.11.2011, BStBl I 1314 Rn 20.39; Widmann/Mayer/*Widmann* Rn R 1130; Frotscher/Maas/*Mutscher* Rn 336; Blümich/*Nitzschke* Rn 99; *Förster/Wendland* BB 2007, 631).

Die für die Sacheinlage erhaltenen Anteile gelten **„insoweit“** als einbringungsgeborene Anteile iSd § 21 aF, als das eingebrachte BV einbringungsgeborener Anteile iSd § 21 aF umfasst hat. Daher muss für die als Gegenleistung erhaltenen Anteile im Grds eine Verstrickungsquote ermittelt werden (vgl BFH BStBl II 2008, 533). Die Aufteilung muss sicherstellen, dass wertmäßig nur diejenigen stiller Reserven in die nach Abs 3 S 4 fiktiven einbringungsgeborenen Anteile eingehen, die auch zuvor in den einbringungsgeborenen Anteilen nach § 21 aF steuerverstrickt waren (RHL/*Herlinghaus* Rn 199; DPPM/*Patt* Rn 147). Für die Aufteilung ist in den Fällen einer quotalen Verstrickung nicht der gemeine Wert der eingebrachten Anteile iSd § 21 aF im Verhältnis zum gemeinen Wert der übrigen eingebrachten WG maßgebend (so aber Haritz/Menner/*Menner* Rn 530; RHL/*Herlinghaus* Rn 199; Frotscher/Maas/*Mutscher* Rn 331), sondern vielmehr das Verhältnis der stillen Reserven in den einbringungsgeborenen Anteilen auf der einen Seite und den stillen Reserven die insges eingebracht wurden auf der anderen Seite maßgebend (DPPM/*Patt* Rn 147). Der Aufteilungsmaßstab ist zwingend (DPPM/*Patt* Rn 147). 229

Beispiel: 230

E gründet eine X-AG mit einem Grundkapital von EUR 70 000 (Sachgründung). Er bringt einen Betrieb (BW EUR 40 000, gemeiner Wert EUR 200 000) und diesem Betrieb als wesentl Betriebsgrundlage dienende Anteile iSd § 21 aF (BW EUR 50 000, gemeiner Wert EUR 500 000) mit dem BW als Sacheinlage ein. Die AK der Aktien an der X-AG betragen gem Abs 3 EUR 90 000. Die **quotale Verstrickung** iSd § 21 aF bezogen auf alle Aktien wird in der Weise ermittelt, das das Verhältnis der stillen Reserven in den einbringungsgeborenen Anteilen (EUR 450 000) auf der einen Seite und den stillen Reserven die insges eingebracht wurden (EUR 610 000) auf der anderen Seite gegenübergestellt wird. Damit sind die Aktien zu 73,77 049 vH (450 000/610 000) nach § 21 aF quotal verstrickt. Veräußert E seine Aktien unmittelbar nach der Sacheinlage, erzielt er einen Veräußerungserlös von EUR 700 000 (Summe aus gemeinem Wert des insges eingebrachten Verm) und einen Veräußerungsgewinn iHv EUR 610 000. Davon entfällt 73,77 049 vH auf die Verstricktheit iSd § 21 aF. Veräußert E seine Aktien unmittelbar nach der Sacheinlage, erzielt er damit einen Gewinn iSv § 3 Nr 40 S 3 EStG iHv ca EUR 450 000. Dieser Gewinn entspricht dem Gewinn, den E erzielt hätte, wenn er die eingebrachten Anteile iSd § 21 aF vor der Einbringung veräußert hätte.

Nicht geklärt ist, ob die **Qualifikation der Einbringungsgeborenheit** für die als Gegenleistung gewährten Anteile grdsl **einzelnen Anteilen zugeordnet** werden kann (vgl BFH BStBl II 2008, 536; FG Baden-Württemberg EFG 2007, 1207 zu § 21 aF). Dagegen spricht, dass dem Gesetz ein diesbzgl Wahlrecht nicht entnommen werden kann. Es ist insbesondere nicht geregelt, wem gegenüber und nach welchen Regeln es auszuüben ist. Eine Zuordnung ist jedenfalls nur dann mögl, wenn die für die übertragenen einbringungsgeborenen Anteile gewährten Anteile am übernehmenden Rechtsträger genau identifizierbar sind und die für 231 die übertragenen Anteile gewährten Anteile nach dem Verkehrswert bemessen waren. Zudem muss dann iRd Sacheinlage bestimmt werden, welche erhaltenen Anteile auf die Einbringung von Anteilen iSd § 21 aF zurückzuführen sind. Dies dürfte nur mögl sein, wenn mehrere Anteile iRd Einbringung ausgegeben werden. Bereits die quotale Verstrickung auch nur einer Aktie erscheint problematisch, da zB im Gegensatz zu Grundstücken eine in einer Aktie verkörpertes Beteiligungsrecht sich grdsl nicht in wirtschaftl unterschiedl nutzbare und bewertbare Funktionseinheiten aufteilen lässt, was eine Zergliederung in mehrere WG rechtfertigen könnte. In dem oben dargestellt Beispiel hätte dies für E zur Folge, dass bei entsprechender Zuweisung der eingebrachten Anteile iSv § 21 aF ca 51 639 Aktien der X-AG (70 000 x 450 000/610 000) solche iSd § 21 aF. Der Nominalbetrag der Anteile iSd § 21 aF wird in der Weise ermittelt, das dem Nominalbetrag der Anteile insges (EUR 70 000) das Verhältnis der stillen Reserven in den einbringungsgeborenen Anteilen (EUR 450 000) auf der einen Seite und den stillen Reserven die insges eingebracht wurden (EUR 610 000) auf der anderen Seite gegenübergestellt wird. Die AK dieser Anteile betragen ca EUR 66 393 (90 000 x 51 639/70 000). Veräußert E seine Aktien unmittelbar nach der Sacheinlage, erzielt er einen Veräußerungserlös von EUR 700 000 (Summe aus gemeinem Wert des insges eingebrachten Verm). Davon entfällt auf die Anteile iSd § 21 aF ein Betrag iHv ca EUR 516 639. Eine Aktie an der X-AG wäre quotal verstrickt.

232 Soweit stille Reserven von einbringungsgeborenen Anteilen iSd § 21 aF bei der Einbringung auch auf **Altanteile** durch **Wertabspaltung** übergehen, kommt es gem Abs 3 S 4 im Grds zu einer quotalen Verstrickung sämtl Altanteile, da die stillen Reserven auf all diese Anteile im gleichen Maße überspringen (vgl BFH BStBl II 2008, 536; FG Baden-Württemberg EFG 2007, 1207 zu § 21 aF; *Schmidt/Heinz* GmbHR 2005, 525). Ob es auch zu einem anteiligen Übergang der AK im Zuge der Abspaltung der stillen Reserven auf die Altanteile kommt, ist nicht abschl geklärt. Die hM zu § 21 aF (Widmann/Mayer/*Widmann* § 21 aF Rn 30; DPPM/*Patt* Rn 153a; *Herzig/Rieck* DStR 1998, 97; ebenso BMF-Schrb vom 25.3.1998, BStBl I 268 Rn 21.14) ging davon aus, dass im Zuge der Abspaltung stiller Reserven auf nicht einbringungsgeborene Anteile iSd § 21 aF es auch zu einer anteiligen Übertragung von AK kommt. Begründet wird dies damit, dass wegen der Unentgeltlichkeit des Erwerbsvorgangs bezogen auf die abgespaltenen stillen Reserven die Anteilseigner, die Alt-Anteilseigner nicht nur in den Status der steuerverstrickten Anteile iSd § 21 I 1 eintreten, sondern auch in die anteiligen AK des Rechtsvorgängers übergehen. Kommt es demggü bei einer KapGes, deren Anteile einbringungsgeboren iSd § 21 aF ist, zu einer Barkapitalerhöhung mit einem Aufgeld, das den Verkehrswert der neuen Anteile übersteigt, soll es nach Auffassung des BFH (BFH/NV 2010, 375) nicht zu einer Reduzierung der Verhaftungsquote der einbringungsgeborenen Altanteile und auch nicht zu einem Transfer der AK auf die Altanteile kommen (ebenso DPPM/*Patt* Rn 150).

233 Findet bei einer KapGes, an der Anteile iSd Abs 3 S 4 bestehen, eine **KapErh** statt, die durch eine **Bareinlage** oder durch eine **Sacheinlage** iSd §§ 20 I, 21 belegt wird, und kommt es zu einer Abspaltung von stillen Reserven von den Anteilen iSd Abs 3 S 4 auf andere Anteile, sind diese stillen Reserven grdsl nicht zu realisieren, wenn sie auf junge Anteile desselben Gesellschafters übergehen, und das Besteuerungsrecht der BRD hinsichtl dieser überspringenden stillen Reserven sichergestellt ist. Es kommt im Grds zu einer quotalen Verstrickung iSd § 21 aF sämtl anderer Anteile, soweit die stillen Reserven auf diese Anteile im gleichen Maße überspringen (vgl BFH BStBl II 2008, 533; FG Baden-Württemberg EFG

2007, 1207 zu § 21 aF; *Schmidt/Heinz* GmbHR 2005, 525; vgl auch BMF-Schrb vom 11.11.2011, BStBl I 1314 Rn 22.46).

Zeitpunkt der Einbringung und Rückwirkung

31. Zeitpunkt der Sacheinlage

Von dem Zeitpunkt an, zu dem die Sacheinlage iSv Abs 1 stl wirksam erbracht ist, endet die Zurechnung des eingebrachten Verm beim Einbringenden und beginnt die erstmalige Zurechnung bei der übernehmenden KapGes/Gen nach der für sie geltenden stl Vorschrift (Widmann/Mayer/*Widmann* Rn R 236; Haritz/Menner/*Menner* Rn 536; DPPM/*Patt* Rn 301; RHL/*Herlinghaus* Rn 301; Blümich/*Nitzschke* Rn 108; BMF-Schrb vom 25.3.1998, BStBl I 268 Rn 20.20). Auf den gleichen Zeitpunkt ist ein etwaiger Einbringungsgewinn festzustellen. Die **Bestimmung des Zeitpunkts der Sacheinlage** ist deshalb für Zwecke der Besteuerung des Einbringenden und der übernehmenden KapGes von Bedeutung. 234

Auf den zivilrechtl Eigentums- bzw Inhaberwechsel (bei Umw nach dem UmwG ist dies die Eintragung in das HR, in den übrigen Fällen Einigung und Übergabe, §§ 925, 929 BGB) kommt es stl nicht an; vielmehr genügt die **Übertragung des wirtschaftl Eigentums** auf die übernehmende KapGes (BMF-Schrb vom 11.11.2011, BStBl I 1314 Rn 20.13; Widmann/Mayer/*Widmann* Rn R 236; RHL/*Herlinghaus* Rn 223; DPPM/*Patt* Rn 301; Haritz/Menner/*Menner* Rn 538; Blümich/*Nitzschke* Rn 107; OFD Hannover DB 2007, 888). Die zu übertragenen WG müssen in einem **einheitl Vorgang** eingebracht werden (BFH BStBl III 1965, 88; II 1977, 283; RHL/*Herlinghaus* Rn 223), ein **gleichzeitiger Rechtsübergang** ist weder erforderl noch in der Praxis erreichbar, es ist ausreichend, wenn die Übertragung auf einen einheitl Willensentschluss (zB Einbringungsvertrag) beruht und zwischen den einzelnen Übertragungsakten ein zeitl und sachl Zshg besteht (RHL/*Herlinghaus* Rn 223; Haritz/Menner/*Menner* Rn 543). Da die KapGes in den Fällen der Einzelrechtsübertragung stl bereits mit Errichtung (das ist der formgerechte Vertragsabschluss), nicht erst mit der Eintragung in das HR, entsteht, kann das wirtschaftl Eigentum auch bereits auf die **VorGes übertragen** werden (Widmann/Mayer/*Widmann* Rn 555), falls die Eintragung in das HR nachfolgt. Nach Auffassung des FG München (EFG 2011, 1387) soll eine rückwirkende Ausgliederung nicht nur eines Betriebs, Teilbetriebs oder Mitunternehmeranteils, sondern auch von einzelnen WG möglich sein. 235

Die **Übertragung des wirtschaftl Eigentums erfolgt regelm** zu dem Zeitpunkt, zu dem nach dem Willen der Beteiligten und nach der tats Durchführung Besitz und Gefahr, Nutzen und Lasten auf den übernehmenden Rechtsträger übergegangen sind (BMF-Schrb vom 11.11.2011, BStBl I 1314 Rn 20.13; Widmann/Mayer/*Widmann* Rn R 236; RHL/*Herlinghaus* Rn 223; Blümich/*Nitzschke* Rn 107; BMF-Schrb vom 25.3.1998, BStBl I 268 Rn 20.18). Dies ist in der Praxis regelm mit Abschluss des Einbringungsvertrages der Fall. Bedarf der Vertrag jedoch zu seiner Wirksamkeit noch der Zustimmung bspw durch Anteilseigner, so kann das wirtschaftl Eigentum erst mit der entsprechenden Zustimmung übergehen. Eine zivilrechtl Genehmigung wirkt auf den Zeitpunkt des Vertragsabschlusses grdsl zurück (vgl L. Schmidt/*Weber-Grellet* EStG § 2 Rn 43). Fehlt es an einer vertragl Regelung, so kann im Grds davon ausgegangen werden, dass spätes- 236 tens mit der Anmeldung der KapGes bzw mit der Anmeldung der KapErh zur Eintragung in das HR ein Übergang des wirtschaftl Eigentums vorliegt (Widmann/Mayer/*Widmann* Rn R 236; DPPM/*Patt* Rn 301; Blümich/*Nitzschke* Rn 108). Die Eintragung in das HR, nicht die Beurkundung des Umwandlungsbeschlusses, ist allerd maßgebl, wenn bei einer Umw nach dem UmwG nicht ein Rückbeziehungsantrag nach Abs 6 gestellt wird (vgl BMF-Schrb vom 11.11.2011, BStBl I 1314 Rn 20.13; DPPM/*Patt* Rn 301; Widmann/Mayer/*Widmann* Rn R 251; vgl auch Haritz/Menner/*Menner* Rn 545f).

32. Rückbeziehung bei Umwandlung nach UmwG, Abs 5 S 1, Abs 6

237 Erfolgt die Einbringung durch Umw aufgrund handelsrechtl Vorschriften, so beginnt die achtmonatige Frist für die **Rückbeziehung** mit der Anmeldung der Umw beim HR. Da zum Zeitpunkt der Anmeldung auch der Umwandlungsvertrag wirksam geschlossen und die Umwandlungsbeschlüsse nebst den notw Zustimmungserklärungen wirksam gefasst sein müssen, müssen diese neben der eigentl Anmeldung der Umw beim Registergericht eingereicht werden. Weitere Unterlagen können hingegen nachgereicht werden (vgl dazu § 17 UmwG Rn 44; Widmann/Mayer/*Widmann* Rn R 236; RHL/*Herlinghaus* Rn 233; DPPM/*Patt* Rn 308; Haritz/Menner/*Menner* Rn 561). Der stl Übertragungsstichtag wird innerh der Acht-Monats-Frist ab der Anmeldung durch den Stichtag der Schlussbilanz iSd § 17 II UmwG der übertragenden PhG oder PartGes bestimmt. Der Übertragungsstichtag kann auch auf einen **Zeitpunkt innerh eines Tages** gelegt werden (str wie hier FG Köln DStR 2005, 890; Widmann/Mayer/*Widmann* Rn R 294; RHL/*Herlinghaus* Rn 233; Haritz/Menner/*Menner* Rn 560; offengelassen BFH/NV 2008, 1550; vgl auch § 2 Rn 24). Liegt der Stichtag der handelsrechtl Umwandlungsbilanz außerh der Acht-Monats-Frist bezogen auf die Anmeldung der Umw und kommt es zu der Eintragung der Umw in das HR, so ist zwar aus handelsrechtl Sicht die Umw wirksam, stl Umwandlungsstichtag ist in diesem Fall aber der Tag der Eintragung der Umw in das HR (Widmann/Mayer/*Widmann* Rn R 293; RHL/*Herlinghaus* Rn 233; DPPM/*Patt* Rn 308; Haritz/Menner/*Menner* Rn 561; vgl auch § 2 Rn 20). Sind an der Verschm mehrere übertragende Rechtsträger beteiligt, so ist für jeden übertragenden Rechtsträger die Wahl eines unterschiedl Stichtags mögl (Widmann/Mayer/*Mayer* Rn R 241; RHL/*Herlinghaus* Rn 233; Haritz/Menner/*Menner* Rn 562; aA DPPM/*Patt* Rn 308). Die dargestellten Grdsen gelten nicht nur für die Verschm, sondern auch für die Spaltung in Form der Auf-, Abspaltung oder Ausgliederung.

33. Rückbeziehung bei Umwandlung außerhalb des UmwG, Abs 6 S 3

238 Bei Sacheinlagen iSv Abs 1 außerh der Verschm, Aufspaltung, Abspaltung oder Ausgliederung nach den Regeln des UmwG, dh in allen Fällen der **Einzelrechtsübertragung,** der **(erweiterten) Anwachsung** und insbes bei **Umw aufgrund ausl Rechtsvorschriften** kann, die Einbringung auf einen Tag zurückbezogen werden, der

- höchstens acht Monate vor dem Abschlusstag des Einbringungsvertrages und
- höchstens acht Monate vor dem Zeitpunkt liegt, an dem das eingebrachte BV auf die KapGes übergeht.

239 Damit beginnt die Rückbeziehung grdsl im Zeitpunkt des Abschlusses des Einbringungsvertrages. Geht jedoch das wirtschaftl Eigentum am übertragenen Verm nicht mit Abschluss dieses Vertrages, sondern erst später auf die übernehmende KapGes über, ist gem Abs 6 S 3 dieser letztgenannte Zeitpunkt maßgebend. Auf Schlussbilanz oder Zwischenbilanzen des Einbringenden oder umgekehrt auf Eröffnungs- oder Übernahmebilanzen der übernehmenden KapGes kann bei den „anderen Fällen der Sacheinlage" iSv Abs 6 S 3 nicht abgestellt werden, da der Sacheinlage nur bei einem Teil der in Betracht kommenden Einbringungsvorgänge Bilanzen zugrunde gelegt werden müssen (DPPM/*Patt* Rn 310; Haritz/Menner/*Menner* Rn 567). Anders als bei den dem Sechsten Teil zuzuordnenden Einbringungen nach den Regeln des UmwG kann damit – ausgehend von den in Abs 6 S 3 genannten Bezugszeitpunkt – ein beliebiger Zeitpunkt als stl Übertragungsstichtag (innerh der jew Acht-Monats-Fristen) gewählt werden (BMF-Schrb vom 11.11.2011, BStBl I 1314 Rn 20.13; RHL/*Herlinghaus* Rn 235).

34. Steuerliche Auswirkungen der Rückbeziehung, Abs 5

240 Abs 5 bestimmt, dass das Einkommen und das Verm des Einbringenden und der übernehmenden KapGes/Gen in den Fällen der **Rückbeziehung** auf **Antrag** so zu ermitteln ist, als ob das eingebrachte BV mit Ablauf des stl Übertragungsstichtags iSv Abs 6 auf die Übernehmerin übergegangen wäre. Abs 5 fingiert einen rückwirkenden Vermögensübergang mit allen stl Konsequenzen für die Steuern nach dem Einkommen und dem Verm sowohl für den Einbringenden als auch die übernehmende KapGes (BMF-Schrb vom 11.11.2011, BStBl I 1314 Rn 20.14, 20.15). Die stl Rückwirkung setzt nicht voraus, dass der übernehmende Rechtsträger zum stl Einbringungsstichtag bereits zivilrechtlich bestand (BMF-Schrb vom 11.11.2011, BStBl I 1314 Rn 20.15 iVm Rn 02.11; DPPM/*Patt* Rn 311; Haritz/Menner/*Menner* Rn 557). Die Rechtsfolgen aller ertragstl relevanten Vorgänge werden nach dem stl Übertragungsstichtag nicht mehr beim Einbringenden erfasst, es liegen insoweit Geschäfte der übernehmenden KapGes vor (RHL/*Herlinghaus* Rn 228; DPPM/*Patt* Rn 311; Blümich/*Nitzschke* Rn 108). Dies gilt sowohl für Rechtsgeschäfte des Einbringenden mit Dritten (RHL/*Herlinghaus* Rn 228; DPPM/*Patt* Rn 311; Blümich/*Nitzschke* Rn 112) als auch für solche mit der übernehmenden KapGes (Widmann/Mayer/*Widmann* Rn R 372; Blümich/*Nitzschke* Rn 112). **Lieferungen** und Leistungen **zwischen dem Einbringenden** und der **übernehmenden KapGes** müssen damit in ihrer Gewinnauswirkung stl neutralisiert werden (aA offensichtl *Krause* BB 1999, 1246). Veräußert damit bspw eine KG am 1.3.07 ein Grundstück mit dem BW EUR 100 000 zum Kaufpreis EUR 500 000 an eine GmbH und wird die KG rückwirkend auf den 1.1.07 im Wege der erweiterten Anwachsung auf die GmbH übertragen, so muss die GmbH das Grundstück bei gewählter Buchwertverknüpfung mit EUR 100 000 in der stl Aufnahmebilanz bilanzieren. Die von der KG am 1.3.07 realisierten Gewinne sind stl zu neutralisieren. Da handelsrechtl keine Rückwirkung existiert und § 24 UmwG nicht zur Anwendung kommt, muss die GmbH in ihrer HB das Grundstück mit EUR 500 000 ansetzen, da insoweit AK bei der GmbH vorliegen. Zu einer mögl **Leistungsverrechnung,** wenn nur ein Teilbetrieb eingebracht wird, bezogen auf interne Leistungen vgl *Panzer/Gebert* DStR 2010, 520; *Rogall* DB 2010, 1035. Nur die tats verwirklichten Sachverhalte werden ab dem Einbringungsstichtag dem übernehmenden Rechtsträger zuge-

rechnet. Eine Rückbeziehung der Geschäftsvorfälle auf den Einbringungsstichtag erfolgt aber nicht, der **zeitliche Ablauf der Geschäftsvorfälle bleibt unverändert** (RHL/*Herlinghaus* Rn 228; DPPM/*Patt* Rn 313). Die zivilrechtl Leistungsbeziehungen zwischen der übernehmenden KapGes und deren Gesellschafter, insbes auch dem Einbringenden, werden erst mit ihrem zivilrechtl Abschluss wirksam. Werden mit dem übernehmenden Rechtsträger im Rückwirkungszeitraum Verträge abgeschlossen, wirken diese nicht auf den stl Übertragungsstichtag zurück (BFM-Schrb vom 11.11.2011, BStBl I 1314 Rn 20.16; DPPM/*Patt* Rn 313). Vertragliche Leistungsbeziehung zwischen dem einbringenden MU und der PersGes, deren Mitunternehmeranteile nach § 20 in eine KapGes eingebracht werden, und deren Verm im Anschluss daran der KapGes anwächst, sind anders zu beurteilen. In diesem Fall führt die rückwirkende Einbringung dazu, dass die Leistungsbeziehungen stl bereits so behandelt werden, als hätten sie zwischen den Gesellschaftern und der KapGes bestanden. Eine Umqualifizierung der Einkünfte nach § 15 I 1 Nr 2 EStG im Rückwirkungszeitraum findet nicht mehr statt. Soweit Entgelte für diese Leistungsbeziehungen unangemessen sind, findet § 20 V 3 Anwendung, von einer verdeckten Gewinnausschüttung ist damit nicht auszugehen (BFM-Schrb vom 11.11.2011, BStBl I 1314 Rn 20.16; DPPM/*Patt* Rn 314). Werden die Verträge zwischen dem MU und der Mitunternehmerschaft nach dem stl Übertragungsstichtag abgeschlossen, gelten die dargestellten Grundsätze ab dem tats Vertragsabschluss (DPPM/*Patt* Rn 314). Die Anerkennung der Leistungsbeziehung setzt neben einem wirksamen Vertragsschluss zwischen der PersGes und ihren Gesellschaftern weiter voraus, dass der Vertrag tats durchgeführt wird und nach der Einbringung fortbesteht (BFM-Schrb vom 11.11.2011, BStBl I 1314 Rn 20.15; DPPM/*Patt* Rn 314; RHL/*Herlinghaus* Rn 228). Die Rückwirkungsfiktion soll nach Meinung der FinVerw (BMF-Schrb vom 4.7.2008, BStBl I 736 Rn 15; aA *Schumacher/Hageböcke* DB 2008, 493) nicht für die Anwendung des § 8 c KStG gelten.

241 Wird ein **Einzelunternehmen** eingebracht, können Zahlungen in Form von Entnahmen der übernehmenden KapGes frühestens vom Zeitpunkt der notariellen Beurkundung der KapErh/Neugründung der KapGes als BA der Übernehmerin berücksichtigt werden, sofern zivilrechtl wie steuerrechtl wirksame Vereinbarungen mit der entstehenden KapGes (VorGes) abgeschlossen und diese tats durchgeführt wurden. Erfolgte Zahlungen durch das „Einzelunternehmen" vor diesem Zeitpunkt sind weiterhin als Entnahmen anzusehen.

242 Die Rückbeziehung ist die rechtl Folge der Sacheinlage nach Abs 1 und hat daher nach hM keine Auswirkungen auf die **Sacheinlagevoraussetzungen** in Form der Qualifikation des übertragenen Verm als Betrieb, Teilbetrieb, Mitunternehmeranteil uä (RHL/*Herlinghaus* Rn 226; DPPM/*Patt* Rn 303; Blümich/*Nitzschke* Rn 108). Demggü geht die FinVerw davon aus, dass die Voraussetzungen für einen Betrieb, Teilbetrieb oder Mitunternehmeranteil bereits am stl Einbringungsstichtag und nicht erst zum Umwandlungsbeschluss oder bei dem Abschluss des Einbringungsvertrags vorliegen müssen (BMF-Schrb vom 11.11.2011, BStBl I 1314 Rn 20.14 und Rn S 04). Nach Auffassung der FinVerw reicht es jedoch aus, wenn die Voraussetzungen nicht in der Person des Einbringenden, sondern durch einen Dritten erfüllt wurden (vgl BFM-Schrb vom 11.11.2011, BStBl I 1314 Rn 20.16; vgl dazu auch Rn 251). Die stl Auswirkungen bzgl **Einkommen und Verm** erstrecken sich nicht nur auf Einkommensteuer, Körperschaftsteuer, sondern auch auf **GewErtrSt** (FG Hamburg DStRE 2003, 38; DPPM/*Patt* Rn 312; Blümich/*Nitzschke* Rn 111; Haritz/Menner/*Menner* Rn 272) und für die bewertungsrechtl Zurechnungsfeststellung; sie gilt daher auch für die GrSt (FG Nürnberg EFG 1998, 922; BMF-Schrb vom 25.11.1998, S 3106–12-St 334 V; Widmann/Mayer/*Widmann* Rn R 267; Blümich/*Nitzschke* Rn 111). Steuern, die nicht das Einkommen oder Verm betreffen (USt, GrESt, ErbSt), fallen nicht unter die stl Rückwirkung (Widmann/Mayer/*Widmann* Rn 583; DPPM/*Patt* Rn 311; Blümich/*Nitzschke* Rn 112).

Der stl Einbringungsstichtag bestimmt den **Bewertungszeitpunkt** der einge- 243
brachten WG (DPPM/*Patt* Rn 311). Dem Einbringenden sind die als Gegenleistung für das eingebrachte Verm gewährten **Anteile am übernehmenden Rechtsträger** als dem Einbringungsstichtag zuzurechnen (BMF-Schrb vom 11.11.2011, BStBl I 1314 Rn 20.14; DPPM/*Patt* Rn 311; *Hageböke* Ubg 2010, 41).

Mit dem rückbezogenen Übertragungsstichtag beginnt die **„Sperrfrist des 244**
§ 22 I 1, II 1“ (RHL/*Herlinghaus* Rn 226; DPPM/*Patt* Rn 311).

Ist das Einkommen beim Einbringenden und bei der übernehmenden KapGes 245
zu ermitteln, als wäre die Sacheinlage mit Ablauf des gewählten stl Übertragungsstichtags in die KapGes eingebracht worden, so sind für die Zeit nach dem gewählten Stichtag die für die **Gewinnermittlung der KapGes/Gen** geltenden Vorschriften anzuwenden, das zivilrechtl noch von der PersGes erwirtschaftete Erg wird stl als Erg der KapGes beurteilt und bei dieser besteuert (vgl BMF-Schrb vom 11.11.2011, BStBl I 1314 Rn 20.15; DPPM/*Patt* Rn 312). Dies gilt auch dann, wenn der übernehmende Rechtsträger zum Einbringungsstichtag zivilrechtl nicht existent war (BMF-Schrb vom 11.11.2011, BStBl I 1314 Rn 20.15 iVm Rn 02.11). Hat der übertragende Rechtsträger seinen Gewinn nach **§ 4 III EStG** ermittelt, muss zum Einbringungsstichtag eine Umstellung auf den Betriebsvermögensvergleich erfolgen (RHL/*Herlinghaus* Rn 227), der Einbringende hat einen Übergangsgewinn ggf zu versteuern. Der Übergangsgewinn ist nicht Teil eines ggf entstehenden Einbringungsgewinns (BFH BStBl II 2002, 287). Werden anlässl der Einbringung Forderungen zurückbehalten, so entsteht insoweit ein Übergangsgewinn ggf nicht (BFH/NV 2008, 385; FG Münster EFG 2009, 1315).

Die Rückbeziehung erfasst hinsichtl des Einkommens und des Gewerbeertrages 246
nicht Entnahmen und Einlagen nach dem stl Übertragungsstichtag, Abs 5 S 2. Insbes sollen Entnahmen nicht als vGA aus der stl bereits realisierten KapGes an den Einbringenden beurteilt werden, sie mindern nach Abs 5 S 3 ledigl die AK der dem Einbringenden neu gewährten Anteile. Entsprechendes gilt für Einlagen; sie erhöhen die AK der neu gewährten Anteile um die nach den TW berechneten Einlagewerte, Abs 5 S 2, 3. Die Ausnahmeregelung für Einlagen und Entnahmen kann im Einzelfall zu erhebl Problemen führen, die abschl nicht geklärt sind (vgl Widmann/Mayer/*Widmann* Rn R 312 ff; RHL/*Herlinghaus* Rn 238; DPPM/*Patt* Rn 319 ff; Haritz/Menner/*Menner* Rn 691 ff; *Patt/Rasche* DStR 1995, 1529; *Rödder* DStR 1996, 860). Nach dem Gesetzeswortlaut erfasst die Sonderregelung zwar nur das Einkommen, nicht aber das Verm. Dies hat zur Konsequenz, dass die Einlagen/Entnahmen nicht als zum Zeitpunkt des abw stl Übertragungsstichtags als Erfolg gelten. Die Entnahmen und Einlagen sind aber nicht der übernehmenden KapGes zuzurechnen, die PersGes gilt insoweit noch als existent. Aus dem Bericht des Finanzausschusses zu § 17 VII UmwStG 1969 (abgedruckt in *Glade/Steinfeld* UmwStG 1969 Rn 442) ergibt sich, dass Entnahmen und Einlagen, die nach dem Umwandlungsstichtag vorgenommen wurden, insges von der Rückwirkung, dh also auch bezogen auf das übergehende Verm, ausgenommen werden

sollten (Widmann/Mayer/*Widmann* Rn R 312; RHL/*Herlinghaus* Rn 239; DPPM/*Patt* Rn 319; Haritz/Menner/*Menner* Rn 692).

247 Die nach dem Einbringungsstichtag aber vor der Eintragung der Umw bzw der tats Übertragung beim übertragenden Rechtsträger getätigten Entnahmen oder Einlagen gelten steuerrechtl als noch beim übertragenden Rechtsträger vorgenommen (Widmann/Mayer/*Widmann* Rn R 312; RHL/*Herlinghaus* Rn 239; DPPM/*Patt* Rn 319). Entsteht ein Entnahmegewinn, so ist dieser zum Zeitpunkt der tats Entnahmehandlung durch den Einbringenden zu versteuern. Einlagen in das Verm des übertragenden Rechtsträgers sind gem § 6 I Nr 5 EStG zu bewerten (Widmann/Mayer/*Widmann* Rn 312; RHL/*Herlinghaus* Rn 239; DPPM/*Patt* Rn 320). Zu beachten ist, dass die Übertragung von WG gem **§ 6 V 3 EStG** keine Einlage oder Entnahme darstellt, wenn die Übertragung gegen Gewährung oder Minderung von Gesellschaftsrechten erfolgt; diese Vorgänge fallen nicht unter Abs 5 S 2 (vgl auch DPPM/*Patt* Rn 320). Zudem ist im Regelungsbereich des § 6 V EStG dessen S 6 zu beachten. Eine Einlage oder Entnahme iSd Abs 5 S 2 liegt vor, wenn im Rückwirkungszeitraum das inl Besteuerungsrecht des Gewinns aus der Veräußerung eines WG im BV des übertragenden Rechtsträgers begründet (§ 4 I 8 EStG) oder ausgeschlossen oder beschränkt (§ 4 I 3 EStG) wird (DPPM/*Patt* Rn 320; Haritz/Menner/*Menner* Rn 692).

248 **Bilanzmäßig** wird die nach dem Einbringungsstichtag aber vor der Eintragung der Umw bzw der tats Übertragung beim übertragenden Rechtsträger getätigten Entnahmen oder Einlagen in der Form dargestellt, dass in der Aufnahmebilanz des übernehmenden Rechtsträgers ein aktiver (Einlage) bzw passiver (Entnahme) Korrektivposten anzusetzen ist, der dann zum Zeitpunkt der tats Einlage/Entnahme mit diesem zu verrechnen ist (Widmann/Mayer/*Widmann* Rn R 312, 315; RHL/*Herlinghaus* Rn 238; DPPM/*Patt* Rn 319; Haritz/Menner/*Menner* Rn 693).

249 Ist der BW aller Entnahmen saldiert mit dem Wert der Einlagen, die im Rückbezugszeitraum vorgenommen worden sind, höher als der BW der Sacheinlage zum stl Übertragungsstichtag, ist fragl, ob die Vorschrift(en) des Abs 2 S 2 Nr 2 Anwendung findet, mit der Folge, dass dann das eingebrachte Verm mit einem über dem BW liegenden Wert angesetzt werden müsste. Gegen die Anwendung von **Abs 2 S 2 Nr 2** wird eingewendet, dass Abs 5 S 2, 3 am tats Entnahmezeitpunkt nichts ändert, so dass zum Einbringungsstichtag kein negatives BV vorliegt (RHL/*Herlinghaus* Rn 239; Widmann/Mayer/*Widmann* Rn R 553; Haritz/Menner/*Menner* Rn 706). Letzteres hätte nicht nur zur Folge, dass es zu negativen AK bei den als Gegenleistung gewährten Anteilen kommen kann (Widmann/Mayer/*Widmann* Rn R 320), sondern auch, dass es nicht mögl ist, ein zum Einbringungsstichtag negatives Nettobuchwertvermögen, welches nach Maßgabe des Abs 1 in eine KapGes eingebracht werden soll, durch Einlagen nach dem Einbringungsstichtag auszugleichen. Gem Abs 3 S 1 bestimmen sich die AK nach dem Wert, mit dem die eingebrachten WG in der Bilanz des übernehmenden Rechtsträgers angesetzt werden. Nach Abs 5 S 3 beeinflussen die Entnahmen und die Einlagen nach dem Einbringungsstichtag aber vor Eintragung der KapErh die AK der als Gegenleistung für die Einbringung gewährten Anteile. Dieser Zshg spricht dafür auch im Regelungsbereich des Abs 2 Nr 2 davon auszugehen, dass Entnahmen und Einlagen sich auf den BW des übertragenen Verm auswirken (so BMF-Schrb vom 11.11.2011, BStBl I 1314 Rn 20.19; FG Nürnberg vom 30.6.2009 – I 21/2006; DPPM/*Patt* Rn 255).

Nach Auffassung der FinVerw (BFM-Schrb vom 11.11.2011, BStBl I 1314 Rn Org 08) kann bei der Einbringung der Beteiligung an einer Organgesellschaft zusammen mit einem Betrieb oder Teilbetrieb dem übernehmenden Rechtsträger eine ggü dem übertragenden Rechtsträger bestehende **finanzielle Eingliederung** mit Wirkung ab dem stl Übertragungsstichtag ggf zugerechnet werden. Zu weiteren Einzelheiten auch bezogen auf sog **Schachtelprivilegien** vgl § 23 Rn 33 f. 250

Die stl Rückwirkung setzt eine Einbringung iSv Abs 1 voraus. Scheidet ein MU – egal aus welchem Grund, sei es auch durch Tod – vor der Einbringung aus der PersGes aus, nimmt er an der Einbringung und damit an der stl Rückwirkung nicht teil. Für solche Gesellschafter, die **im Rückwirkungszeitraum aus der Mitunternehmerschaft ausscheiden,** findet § 15 I 1 Nr 2 EStG weiterhin Anwendung (BMF-Schrb vom 11.11.2011, BStBl I 1314 Rn 20.16; Haritz/Menner/*Menner* Rn 707; DPPM/*Patt* Rn 328). Der Erwerber des Mitunternehmeranteils kann die Einbringung des Mitunternehmeranteils in die KapGes auf einen Zeitpunkt zurückbeziehen, der vor dem Erwerb liegt (DPPM/*Patt* Rn 328; Widmann/Mayer/*Widmann* Rn 615; Haritz/Menner/*Menner* Rn 708). Maßgebender BW des Mitunternehmeranteils sind dann die AK, bei unentgeltl Rechtsnachfolge (Schenkung, Erbfall) der Wert iSv § 6 III EStG. Da die Rückwirkung für den ausscheidenden MU nicht gilt, hat er und nicht die übernehmende KapGes den auf ihn entfallenden Gewinnanteil bis zum Ausscheidungszeitpunkt zu versteuern. Bei der Einkommensermittlung der übernehmenden KapGes sind die Erg aus den Geschäftsvorfällen, die noch dem ausscheidenden MU zuzurechnen sind, herauszunehmen (DPPM/*Patt* Rn 328). Wird der Mitunternehmeranteil entgeltl im Rückwirkungszeitraum übertragen, so erzielt der ausscheidende MU ggf einen Veräußerungsgewinn iSv § 16 EStG. Anderes gilt für einen nach **§§ 29 ff UmwG** gegen Barabfindung Ausscheidenden. Er scheidet zivilrechtl und damit auch stl erst aus der KapGes aus. Eine § 5 I Alt 2 entsprechende Vorschrift fehlt bei §§ 20 ff (Widmann/Mayer/*Widmann* Rn 298; *Renner,* Die Rückwirkung im UmwStG, S 109). Der gegen Barabfindung nach §§ 29 UmwG ausscheidende Gesellschafter erzielt dann einen Einbringungsgewinn iSv § 22 (DPPM/*Patt* § 22 Rn 31; aA *Renner,* Die Rückwirkung im UmwStG, S 109). 251

§ 52 Abs 47 S 4 EStG regelt eine **„Rückwirkungssperre"** im Hinblick auf die Anwendung von § 34 EStG. Ist Einbringender eine natürl Person und wird für den in seiner Person entstehenden Einbringungsgewinn die Tarifermäßigung nach § 34 EStG beantragt, so gelten die **außerordentl** Einkünfte **iSd § 34 EStG** gem § 52 VII 4 EStG als nach dem 31.12. des Vorjahres erzielt, wenn die Einbringung im Folgejahr zivilrechtl vollzogen wurde, aber mit Rückwirkung auf das Vorjahr (DPPM/*Patt* Rn 333). Sie sind in dem VZ, der dem stl Übertragungsstichtag folgt, unter Anwendung des § 34 EStG zu versteuern. Auf die sachl Steuerbefreiung der §§ 16 IV, 17 III EStG hat § 52 VII 4 EStG keine Auswirkung. 252

Eine Rückwirkungssperre enthält auch Abs 6 S 4 iVm **§ 2 III, IV.** Bei grenzüberschreitenden Sacheinlagen ist die Rückwirkung nach Abs 6 S 4 iVm § 2 III ausgeschlossen, soweit durch die Rückbeziehung sog „weiße Einkünfte" entstehen würden (DPPM/*Patt* Rn 337; *Schaflitz/Widmayer* BB Special 8/2006, 36). Durch diesen Verweis wird die Rückbeziehung nicht generell ausgeschlossen, sondern nur insoweit beschränkt, als sich im Rückwirkungszeitraum „weiße Einkünfte" ergeben. 253

Abs 6 S 4 bestimmt für Einbringungsfälle, dass **§ 2 IV** entsprechend gelten soll. 254
Die entsprechende Anwendung setzt voraus, dass in der Person des Einbringenden

verrechenbare Verluste, verbleibende Verlustvorträge, nicht ausgeglichene negative Einkünfte oder ein Zinsvortrag existieren muss. Des Weiteren muss im Rahmen der Einbringung ein Einbringungsgewinn entstehen.

255 Abs 6 S 4 iVm § 2 IV bestimmt in diesem Zusammenhang, dass eine Verlustnutzung in der Person des Einbringenden ausscheidet, wenn diese Verlustnutzung nur auf Grund der Rückbeziehung der gewinnrealisierenden Einbringung möglich ist (Haritz/Menner/*Menner* Rn 600; *Rödder/Schönfeld* DStR 2009, 560). Nach dem Bericht des Finanzausschusses (BT-Drs 16/11108, 40 ff) sollte eine rückwirkende Verlustnutzung oder der Erhalt eines Zinsvortrages durch rückwirkende Gestaltung nicht möglich sein, „obwohl der Verlust oder Zinsvortrag wegen § 8c KStG bereits untergegangen ist". § 2 IV erhält jedoch keine unmittelbare Bezugnahme auf § 8c KStG, der Wille des Gesetzgebers findet jedoch in § 27 IX seinen Niederschlag, der bezogen auf die erstmalige Anwendung dieser Vorschrift auf einen schädl Beteiligungserwerb abstellt, so dass nach hA die Einschränkung der Verlustnutzung nur dann gerechtfertigt ist, wenn ein Fall des § 8c KStG vorliegt, § 2 IV ist daher insoweit **teleologisch zu reduzieren** (Haritz/Menner/*Menner* Rn 602; *Suchanek* Ubg 2009, 178; *Rödder/Schönfeld* DStR 2009, 560; DPPM/*Patt* Rn 239a).

256 Der Gesetzgeber wollte folgende Konstellationen verhindern:

Beispiel:
A ist alleiniger Gesellschafter der A-GmbH, die A im Mai 02 veräußert, wodurch die A-GmbH ihre stl Verluste iSd § 8c KStG nicht mehr verwerten kann. Um dies zu verhindern, gliedert die A-GmbH ihren Betrieb rückwirkend auf den 31.12.01 auf ihre Tochter-GmbH aus, wobei der Antrag auf Zwischenwertansatz durch den übernehmenden Rechtsträger gestellt wird. In der Person der A-GmbH entsteht damit zum 31.12.01 ein Einbringungsgewinn, der auf Grund Verlustverrechnung jedoch nicht besteuert werden muss. Dieses soll und wird durch Abs 6 S 4 iVm § 2 IV verhindert.

257 Abs 6 S 4 iVm § 2 IV 2 nimmt Bezug auf die Verwertung negativer Einkünfte, die im Zeitraum zwischen dem rückbezogenen stl Einbringungsstichtag und dem schädlichen Ereignis iSd § 8c KStG in Form einer Beteiligungsübertragung angefallen sind. Diese Verluste, die nach dem Einbringungsstichtag entstanden sind, werden auf Grund der stl Rückwirkung bereits dem übernehmenden Rechtsträger zugerechnet, dh diese Verluste können mit einem Einbringungsgewinn des Einbringenden nicht mehr verrechnet werden. Diese Verluste dürften damit vom Regelungsbereich des Abs 6 S 4 iVm § 2 IV nicht erfasst werden, sie können vielmehr mit positiven Einkünften des übernehmenden Rechtsträgers verrechnet werden (ebenso Haritz/Menner/*Menner* Rn 601; *Suchanek* Ubg 2009, 178; aA DPPM/*Patt* Rn 239a; *Beinert/Benecke* Ubg 2009, 169).

Zu weiteren Einzelheiten der Rückwirkung vgl § 2 Rn 149.

35. Antrag auf Rückbeziehung, Abs 5 S 1

258 Die Rückbeziehung auf den Umwandlungsstichtag setzt einen **Antrag** voraus. Wird er nicht gestellt, ist der Übergang des wirtschaftl Eigentums bzw der Tag des Abschlusses des Einbringungsvertrages, spätestens aber die Eintragung in das HR bei der Übernehmerin als stl Umwandlungsstichtag anzunehmen. Der Antrag auf Rückbeziehung ist nach hA (BMF-Schrb vom 11.11.2011, BStBl I 1314 Rn 20.15; Widmann/Mayer/*Widmann* Rn R 276; RHL/*Herlinghaus* Rn 225; DPPM/*Patt* Rn 304; Haritz/Menner/*Menner* Rn 577) durch die **aufnehmende KapGes** zu stellen. Da auch diese über den Wertansatz der übertragenen WG entscheiden muss und die Frage, zu welchem Zeitpunkt dieser Wert zu ermitteln ist, logisch mit der Frage, welcher Wert angesetzt wird, verbunden ist. Zuständig für die Entgegennahme des Antrags ist das FA, bei dem der übernehmende Rechtsträger veranlagt wird; ist der übernehmende Rechtsträger eine ausl Ges, ist der Antrag bei dem für ihn zuständigen FA zu stellen (Widmann/Mayer/*Widmann* Rn R 277, 279). Das Gesetz enthält keine Befristung, insbes nicht eine Ausschlussfrist. Der Antrag soll daher bis zur Beendigung der **letzten Tatsacheninstanz** gestellt werden können, in der über die Besteuerung des Vermögensübergangs der übernehmenden KapGes entschieden wird (RHL/*Herlinghaus* Rn 225; vgl auch Widmann/Mayer/*Widmann* Rn 606, der davon ausgeht, dass im finanzgerichtl Verfahren der Antrag nur noch im Wege der Klageänderung gem § 67 FGO nachgeholt werden kann). Nach Auffassung der FinVerw (BMF-Schrb vom 11.11.2011, BStBl I 114 Rn 20.14; ebenso auch zum neuen Recht DPPM/*Patt* Rn 305; Blümich/*Nitzschke* Rn 109) muss der übernehmende Rechtsträger bereits in der Steuererklärung oder in der Bilanz für das Wj, in dem die Einbringung stattgefunden hat, der Einbringungszeitpunkt durch die KapGes wählen.

Fragl ist, ob ein einmal wirksam gestellter **Antrag später geändert** werden 259 kann (vgl Widmann/Mayer/*Widmann* Rn R 302; RHL/*Herlinghaus* Rn 225). Es handelt sich bei dem Antragserfordernis um ein steuerbegründendes Tb-Merkmal; es wird näml festgelegt, zu welchem Zeitpunkt sich ein Einbringungsvorgang stl vollzieht und die damit verbundenen stl Folgen für den übertragenden und übernehmenden Rechtsträger eintreten. Bereits mit der Antragstellung ist der Anspruch aus den Steuerschuldverhältnissen entstanden; der durch die Antragstellung verwirklichte Sachverhalt kann rückwirkend nicht mehr geändert werden (DPPM/*Patt* Rn 305; vgl BFH DStR E 2005, 984; BFH/NV 2006, 1099).

An eine bestimmte **Form** ist der Antrag nicht gebunden, es genügt auch kon- 260 kludentes Handeln (FG Hamburg DStRE 2003, 38, bestätigt durch BFH BStBl II 2004, 534; Widmann/Mayer/*Widmann* Rn R 281; RHL/*Herlinghaus* Rn 225; DPPM/*Patt* Rn 305; ebenso wohl BMF-Schrb vom 11.11.2011, BStBl I 1314 Rn 2014), bspw wenn in den entsprechenden Steuererklärungen rückwirkend Erträge oder Verm in Ansatz gebracht werden. Einer Zustimmung durch das FA bedarf es nicht.

Der Antrag kann nur einheitl für die Einkommensteuer bzw KSt und die GewSt 261 gestellt werden (Widmann/Mayer/*Widmann* Rn R 285).

Ansatz des eingebrachten Betriebsvermögens, Abs 2

36. Ansatz und Bewertung des eingebrachten Betriebsvermögens durch den übernehmenden Rechtsträger

a) Antragswahlrecht. Nach Abs 2 hat der übernehmende Rechtsträger das 262 eingebrachte BV grdsl mit dem gemeinen Wert anzusetzen. Für Pensionsrückstellungen tritt allerdings nach Abs 2 S 1 HS 2 an die Stelle des gemeinen Wertes der Wert nach § 6 a EStG. Auf Antrag kann jedoch unter den in Abs 2 S 2 Nr 1–3 genannten Voraussetzungen das übernommene BV mit dem BW oder einem höheren Wert, höchstens jedoch mit dem gemeinen Wert angesetzt werden **(Antragswahlrecht).**

263 Maßgebend für den Ansatz und die Bewertung ist ausschließl der Antrag bzw die Nichtstellung des Antrags (BMF-Schrb vom 11.11.2011, BStBl I 1314 Rn 20.18). Auf die steuerrechtl und handelsrechtl Bilanzierung bei der übernehmenden Ges kommt es nicht an (Widmann/Mayer/*Widmann* Rn 415; *Schneider/Ruoff/Sistermann* FR 2012, 1; aA wohl Blümich/*Nitzschke* Rn 79; DPPM/*Patt* Rn 211). Wurde ein wirksamer Antrag auf Buchwertfortführung gestellt und werden die WG in der StB mit dem gemeinen Wert angesetzt, ist dieser Ansatz unrichtig und muss korrigiert werden.

264 Das Gesetz selbst räumt dem **Einbringenden kein Mitwirkungsrecht** bei der Ausübung des Wahlrechts ein, das damit ausschließl bei dem übernehmenden Rechtsträger liegt (BMF-Schrb vom 11.11.2011, BStBl I 1314 Rn 20.21). Die Ausübung des Wahlrechts best

- den **Veräußerungspreis** des Einbringenden, Abs 3 S 1, und damit den etwaigen Einbringungsgewinn mit den daran anknüpfenden Besteuerungsfolgen,
- die **AK** der neuen Geschäftsanteile beim Einbringenden, Abs 3 S 1, und
- die Höhe der **AfA-Bemessungsgrundlage** bei der übernehmenden KapGes.

265 Das **Wahlrecht** kann allerd **nur uneingeschränkt** ausgeübt werden, **soweit** folgende Voraussetzungen gegeben sind:

- Es muss sichergestellt sein, dass das übernommene Verm später bei der übernehmenden Körperschaft der Besteuerung mit KSt unterliegt (vgl Rn 327).
- Die Passivposten des eingebrachten BV dürfen die Aktivposten nicht übersteigen; dabei ist das EK nicht zu berücksichtigen (vgl Rn 331).
- Das Recht der BRD hinsichtl der Besteuerung des Gewinns aus der Veräußerung des eingebrachten BV bei der übernehmenden Ges nicht ausgeschlossen oder beschränkt wird (Rn 341).
- Erhält der Einbringende neben neuen Geschäftsanteilen des übernehmenden Rechtsträgers andere WG, sind die WG der Sacheinlage zumindest mit dem gemeinen Wert dieser anderen WG anzusetzen, sofern dieser über dem BW des eingebrachten BV liegt, Abs 2 S 4.
- Der gemeine Wert der einzelnen eingebrachten WG dürfen nicht überschritten werden, Abs 2 S 2.
- Wird durch den Einbringungsvorgang das dt Besteuerungsrecht hinsichtl des Gewinns aus der Veräußerung des eingebrachten BV oder Teilen davon erstmalig begründet, so ist nach dem Willen des Gesetzgebers (BT-Drs 16/2710, 43) für diese WG, unabhängig von der konkreten Ausübung des Antragswahlrechts, der gemeine Wert in der stl Schlussbilanz des übernehmenden Rechtsträgers anzusetzen (DPPM/*Patt* Rn 228; Haritz/Menner/*Menner* Rn 250; *Kahle/Vogel* Ubg 2012, 493).

266 Das Antragswahlrecht gilt grdsl unabhängig davon, ob im Zeitpunkt der Einbringung das **Besteuerungsrecht für die als Gegenleistung ausgegebenen Anteile** am übernehmenden Rechtsträger besteht (Widmann/Mayer/*Widmann* Rn R 611; DPPM/*Patt* Rn 229). Die Sicherstellung des Besteuerungsrechts für die als Gegenleistung erhaltenen Anteile ist nur dann von Bedeutung, wenn auf den Einbringungsvorgang nicht der von § 1 IV 1 Nr 2 lit a vorausgesetzte EU/EWR-Bezug gegeben ist. Werden die als Gegenleistung gewährten Anteile innerh von sieben Jahren nach dem Einbringungsstichtag veräußert, so kommt es gem § 22 I zu einer nachträgl Besteuerung des Einbringungsvorgangs, und zwar unabhängig davon, ob für die als Gegenleistung für die Einbringung gewährten Anteile für Deutschland ein Besteuerungsrecht bestand.

Das Antragswahlrecht bezieht sich auf die **einzelne Sacheinlage** iSd Abs 1; es kann innerh einer Sacheinlage nicht unterschiedl ausgeübt werden. Werden mehrere Sacheinlagen erbracht, gilt für jede Sacheinlage ein eigenes Antragswahlrecht, welches unabhängig vom Ansatz der anderen Sacheinlage ausgeübt wird. Letzteres gilt auch dann, wenn die Sacheinlagen aufgrund eines einheitl Vorgangs erbracht werden, selbst wenn sie von einem Einbringenden stammen. **267**

Bei dem Antragswahlrecht handelt es sich um ein autonomes stl Wahlrecht, das unabhängig von der HB ausgeübt wird, der **Grds der Maßgeblichkeit** der HB für die StB ist nicht zu berücksichtigen (allgM BT-Drs 16/271, 43; BMF-Schrb vom 11.11.2011, BStBl I 1314 Rn 20.20; RHL/*Herlinghaus* Rn 147; DPPM/*Patt* Rn 210; *Benz/Rosenberg* BB Special 8/2006, 56; *Schönherr/Lemaitre* GmbHR 2007, 459; *Winkeljohann/Fuhrmann* S 844; *Ritzer/Rogall/Stangl* WPg 2006, 1210). Durch die Aufgabe des Grdses der Maßgeblichkeit der HB für die StB wird es zukünftig vermehrt zu Abweichungen zwischen der Handels- und StB kommen. Ohne Bedeutung für die Ausübung des Antragswahlrechts ist auch die Höhe der neu ausgegebenen Anteile des übertragenden Rechtsträgers (Widmann/Mayer/*Widmann* Rn R 455). Die FinVerw unterstellt implizit, dass iRe KapErh bei dem übernehmenden Rechtsträger handelsrechtl diese KapErh buchmäßig gedeckt werden muss (vgl BMF-Schrb vom 11.11.2011, BStBl I 1314 Rn 20.20; ebenso *Müller* WPg 1996, 857). Zu beachten ist, dass in der Lit (Semler/Stengel/*Moszka* UmwG Rn 81; Lutter/*Priester* UmwG § 24 Rn 83) eine Buchwertaufstockung zur Deckung der KapErh für den Fall der Verschm für nicht notw erachtet, sofern es sich nur um einen formellen Fehlbetrag handelt. Durch die registerl Pflicht zur Prüfung der Sacheinlage und der ersatzweise greifenden Haftung werde dem Kapitalaufbringungsgebot ausreichend Rechnung getragen, § 24 UmwG sei insoweit nicht theologisch zu reduzieren. **268**

Haben die **WG in der StB** des übernehmenden Rechtstägers einen **höheren Wert als in der HB,** sind diese Beträge wirtschaftl Aufgeld und in dem stl Einlagekonto zu erfassen (*Ott* GStB 2000, 375). Die zukünftigen stl Mehrabschreibungen im Vgl zum handelsrechtl JA führen dazu, dass der handelsrechtl Jahresüberschuss höher ist als der stl Gewinn. Zur Erfassung von latenten Steuern bei Abweichungen zwischen HB und StB vgl *Kastrup/Middendorf* BB 2010, 815. Zu berücksichtigen ist, dass Gewinnausschüttungen, die aus dem stl Einlagekonto nach § 27 KStG gespeist werden, beim Empfänger grdsl nicht zu den steuerbaren Einnahmen nach Abs 1 Nr 1 EStG gehören. Zur Anwendbarkeit des § 22 im Zshg mit Ausschüttungen aus dem stl Einlagekonto vgl § 22 Rn 90 ff). **269**

Soweit der Ansatz der Sacheinlage der StB der übernehmenden Ges den Ansatz der Sacheinlage in der HB der übernehmenden Ges unterschreitet, ist ein **stl AP** zu bilden (BMF-Schrb vom 25.3.1998, BStBl I 268 Rn 20.27; RHL/*Herlinghaus* Rn 147; vgl auch Widmann/Mayer/*Widmann* Rn 171; aA Blümich/*Nitzschke* Rn 90; *Ritzer/Rogall/Stangl* WPg 2006, 1210, die den AP nicht mehr für notw erachten). Nach Auffassung der FinVerw ist ein solcher AP nunmehr nur noch dann erforderlich, wenn der BW des eingebrachten Betriebs, Teilbetriebs oder Mitunternehmeranteils niedriger ist als das in der HB ausgewiesene gezeichnete Kap (BMF-Schrb vom 11.11.2011, BStBl I 1314 Rn 20.20). Der stl AP hat keinen Einfluss auf die spätere Auflösung und Versteuerung der im eingebrachten BV enthaltenen stillen Reserven (BMF-Schrb vom 11.11.2011, BStBl I 1314 Rn 20.20). Zudem hat er keine Auswirkung auf die AK der im Rahmen der Einbringung als Gegenleistung neu gewährten Anteile (BMF-Schrb vom 11.11.2011, BStBl I 1314 Rn 20.20). Der stl AP ist nicht Bestandteil des BV iSd § 4 I 1 EStG, **270** sondern ein bloßer „Luftposten"; er nimmt nicht am Betriebsvermögenvergleich teil. Er ist nicht abschreibungsfähig (Widmann/Mayer/*Widmann* Rn 172) und hat nach richtiger Auffassung keinen Einfluss auf das stl Einlagekonto (Widmann/Mayer/*Widmann* Rn R 174; Dötsch/Jost/Pung/Witt/*Dötsch* KStG nF § 27 Rn 11 a; Blümich/*Nitzschke* Rn 90; *Voß* BB 2003, 880; *Franz* GmbHR 2003, 818; aA *Müller/Maiterth* BB 2001, 1768).

271 **b) Eingebrachtes Betriebsvermögen.** Im Gegensatz zu den §§ 3, 11, die von den übergehenden WG einschließl nicht entgeltlich erworbener und selbst geschaffener immaterieller WG sprechen, bezieht sich Abs 2 auf das „eingebrachte BV" bzw „übernommene BV". Bereits zum UmwStG 1995 wurde die Auffassung vertreten, dass - neben einer Einzelbewertung des eingebrachten BV - die **Bewertung** der übertragenen **Sachgesamtheit** in Form des Betriebs, Teilbetriebs oder Mitunternehmeranteils erfolgen muss (BFH GmbHR 2003, 50; BMF-Schrb vom 25.3.1998, BStBl I 268 Rn 22.11; Bordewin/Brandt/*Merkert* Rn 90; GKT/*Tulloch* Rn 51). Auch zum UmwStG 2006 wird allg die Meinung vertreten, dass im Rahmen der Einbringung des Betriebs, Teilbetriebs oder Mitunternehmeranteils die BW nicht bezogen auf jedes einzelne übergehende WG, sondern bezogen auf die Gesamtheit der übergehenden aktiven und passiven WG zu erfolgen hat, dh es erfolgt eine BW als Sachgesamtheit (BMF-Schrb vom 11.11.2011, BStBl I 1314 Rn 20.17 iVm Rn 3.07; DPPM/*Patt* Rn 190; RHL/*Herlinghaus* Rn 138; Haritz/Menner/*Menner* Rn 354). Dies ergibt sich zum einen daraus, dass es sich bei § 20 auch um eine spezielle Entstrickungsvorschrift handelt und der Gesetzgeber davon ausgeht, dass bei solchen Entstrickungen die BW von Gesamtheiten zu erfolgen hat. Hinzu kommt, dass nur eine BW des gesamten BVs in Form einer Sachgesamtheit dazu führen kann, dass in der stl Schlussbilanz des übernehmenden Rechtsträgers ein Firmenwert angesetzt werden kann. Firmenwert ist nämlich der Mehrwert, der in einem Unternehmen über dem Substanzwert der einzelnen materiellen und immateriellen WG abzüglich der Schulden hinaus innewohnt („Residualgröße"). Der gemeine Wert der Sachgesamtheit ist nach Meinung der FinVerw im Verhältnis der TW der übergehenden WG auf die einzelnen WG zu verteilen (BMF-Schrb vom 11.11.2011, BStBl I 1314 Rn 20.17 iVm 03.09).

272 Unter dem Begriff des eingebrachten BV fallen sowohl **aktive** als auch **passive WG.** Anzusetzen sind auch **stfreie Rücklagen** nach § 6 b EStG, Rücklagen für Ersatzbeschaffung nach A 35 EStR sowie Rücklagen nach § 7 g EStG (vgl BFH FR 2013, 218), § 6 UmwStG (BMF-Schrb vom 11.11.2011, BStBl I 1314 Rn 20.20 iVm Rn 03.04).

273 Das Ansatzverbot **originärer immaterieller WG** des Anlagevermögens einschl eines Geschäfts- oder Firmenwertes gilt nicht (BT-Drs 16/2710, 43; BMF-Schrb vom 11.11.2011, BStBl I 1314 Rn 20.20 iVm Rn 03.04; RHL/*Herlinghaus* Rn 138; DPPM/*Patt* Rn 201; Blümich/*Nitzschke* Rn 78; Widmann/Mayer/*Widmann* Rn 672; *Ley* FR 2007, 109; aA *Förster/Wendland* BB 2007, 631; *Strunk* Stbg 2006, 266). Auch gelten nach Meinung der FinVerw die Aktivierungs- und Passivierungsverbote beim Ansatz der WG über den BW nicht (BMF-Schrb vom 11.11.2011, BStBl I 1314 Rn 20.20). Dies ist die Konsequenz daraus, dass die Einbringung eines Betriebs, Teilbetriebs oder Mitunternehmeranteils einen tauschähnl Vorgang darstellt und die Einbringung im Grds zu einer gewinnrealisierenden Aufdeckung aller stillen Reserven führt (BFH FR 2004, 274; BFH DStRE 2003, 37; BMF-Schrb vom 11.11.2011, BStBl I 1314 Rn 20.01; *Hahn* DStZ 1998, 561; Widmann/Mayer/*Widmann* Vor § 1 Rn 44 f). Dies gilt unabhängig

davon, ob sich der Vermögensübergang im Wege der Gesamt- oder Einzelrechtsnachfolge vollzieht (BFH FR 2004, 274; *Hahn* DStZ 1998, 561). Von dem Grds der stpfl Aufdeckung stiller Reserven wird bei entsprechender Ausübung des Antragswahlrechts aufgrund von Abs 2 abgewichen.

c) Steuerliche Vorschriften über die Gewinnermittlung. Bestimmte WG dürfen nach den ertragstl Vorschriften über die Gewinnermittlung in der StB nicht angesetzt werden. Abs 2 S 1 verweist nicht auf die stl Vorschriften über die Gewinnermittlung, sondern bestimmt den gemeinen Wert zum Wertmaßstab. Fragl ist daher, ob und inwieweit Abs 2 die Vorschriften über die Gewinnermittlung verdrängt. **274**

Abs 2 S 2 lässt es jedoch zu, dass unter den dort normierten Voraussetzungen auf Antrag hin das übergehende Verm auch mit dem **BW** angesetzt werden kann. § 1 V Nr 4 def den BW. BW ist danach der Wert, der sich nach den stl Vorschriften über die Gewinnermittlung in eine auf den stl Übertragungsstichtag aufzustellenden StB ergibt bzw ergäbe. Werden damit in der stl Bilanz des übernehmenden Rechtsträgers die BW fortgeführt, gelten die bilanzsteuerrechtl Aktivierungs- und Passivierungsverbote, aktive und passive WG sind nach den bilanzsteuerrechtl Regelungen anzusetzen. Gleiches gilt bei Buchwertfortführung für stl Rücklagen nach § 6 b EStG und stl AP zu den übergehenden WG. **275**

Im Grds stellt aber Abs 2 S 1 eine Bewertung mit dem **gemeinen Wert** ab, auf die stl Vorschriften über die Gewinnermittlung wird nicht verwiesen. Damit müssten in der StB des übernehmenden Rechtsträgers auch solche übergehende WG mit dem gemeinen Wert angesetzt werden, die nach den stl Vorschriften über die Gewinnermittlung nicht angesetzt werden dürfen (BMF-Schrb vom 11.11.2011, BStBl I 1314 Rn 20.20; DPPM/*Patt* Rn 200; Haritz/Menner/*Menner* Rn 354; Widmann/Mayer/*Widmann* Rn R 672; *Kahle/Vogel* Ubg 2012, 493; *Rödder* DStR 2011, 1061; *Siegel* FR 2011, 781). Dies entspricht im Grds dem Willen des Gesetzgebers. Er beabsichtigt gerade durch die Einführung allg Entstrickungsregelungen, zu denen auch Abs 2 S 2 Nr 3 gehört, unabhängig von den ansonsten bestehenden Gewinnermittlungsgrundsätzen, bei Verlust des dt Besteuerungsrechts sämtl stillen Reserven, selbstverständl unter Berücksichtigung möglicherweise bestehender stiller Lasten, mit Ausnahme der stillen Lasten in Pensionsrückstellungen (Abs 2 S 1), einer Besteuerung zuzuführen (ultima ratio Besteuerung). Hinzu kommt: **276**

Bei der Einbringung handelt es sich um einen tauschähnl Vorgang und aus der Sicht des übernehmenden Rechtsträgers um eine Anschaffung (vgl Vor §§ 20–23 Rn 9). In der StB des übernehmenden Rechtsträgers sind damit im Erg die mit dem gemeinen Wert zu bewertenden, übergehenden WG so anzusetzen, wie bei einem „normalen“ Anschaffungsvorgang (vgl FG Rheinland-Pfalz EFG 2002, 25). **277**

Auch der gemeine Wert von **negativen WG** kann höher sein als der BW, was insbes für die Passivierungsverbote des § 5 EStG gilt. Handelt es sich bspw um Verlustrückstellungen iSv § 5 IVa EStG, so entspricht der isolierte gemeine Wert dieser Rückstellung dem Betrag, der sich ergeben würde, wenn das Passivierungsverbot insoweit nicht gelten würde. Nach Meinung der **FinVerw** gelten die Ansatzverbote des § 5 EStG nicht für die übergehenden WG im Einbringungszeitpunkt, es sei denn, die Buchwerte werden fortgeführt (BMF-Schrb vom 11.11.2011, BStBl I 1314 Rn 20.20). Bei § 20 handelt es sich um eine eigenständige stl Ansatz- und Bewertungsvorschrift, die grdsl eine Bewertung der eingebrachten WG mit dem gemeinen Wert vorsieht (BMF-Schrb vom 11.11.2011, **278**

BStBl I 1314 Rn 20.20 iVm Rn 03.04). Beim übernehmenden Rechtsträger soll aber im Anschluss an die Einbringung in der ersten regulären Folgebilanz iSd § 4 I § 5 I EStG diese Suspendierung der Passivierungsverbote des § 5 EStG nicht mehr gelten (BMF-Schrb vom 11.11.2011, BStBl I 1314 Rn 20.20 iVm Rn 04.16). Die im Einbringungszeitpunkt entgegen dem stl Ansatzverbot des § 5 EStG passivierten Rückstellungen oder Verbindlichkeiten sind damit beim übernehmenden Rechtsträger nach der Einbringung erfolgswirksam aufzulösen, was in der Person des übernehmenden Rechtsträgers zu einem stpfl Ertrag führt (BMF-Schrb vom 11.11.2011, BStBl I 1314 Rn 20.20 iVm Rn 04.16; vgl dazu auch *Stadler/Elser/Bindl* DB Beilage 1/2012 zu Heft 2, 14; *Stimpel* GmbHR 2012, 124; *Bogenschütz* Ubg 2011, 399; *Rödder* DStR 2011, 1061; *Kahle/Vogel* Ubg 2012, 493). „Nur" der im Einbringungszeitpunkt aktivierte originäre Geschäfts- oder Firmenwert der übertragenen Sachgesamtheit sei durch den übernehmenden Rechtsträger nicht sofort abzuschreiben (BMF-Schrb vom 11.11.2011, BStBl I 1314 Rn 20.20 iVm Rn 04.16). Nach **hM in der Lit** (vgl *Rödder* DStR 2011, 1661, DPPM/*Pung* § 3 Rn 13; *Stadler/Elser/Bindl* DB Beilage 1/2012 zu Heft 2, 14; aA Widmann/Mayer/*Widmann* Rn R 667, der stille Lasten als solche passivieren will) werden diese Minderwerte bei der BW einer Sachgesamtheit durch einen Käufer im Firmenwert berücksichtigt. Nichts anderes könne auf Grund der Einordnung der Einbringung als Anschaffungsvorgang gelten.

279 Sowohl die Meinung der FinVerw als auch die der hM steht im Widerspruch zur Auffassung des **BFH** (vgl BFH DStR 2011, 492; BFH BStBl II 2011, 566; BFH/NV 2012, 635; hierzu im Einzelnen *Bareis* FR 2012, 385; *Siegle* FR 2012, 388; *Schlotter* BB 2012, 951; *Prinz* FR 2011, 1015). Geht man zu Recht davon aus, dass es sich bei der Einbringung auf der Ebene des übernehmenden Rechtsträgers um ein Anschaffungsgeschäft handelt (vgl dazu vor § 20 Rn 9), sind nach Meinung des BFH auf Grund dieses Anschaffungsvorgangs stille Lasten, die auf Grund von Ansatz- und Bewertungsvorbehalten bestehen, als ungewisse Verbindlichkeiten zu passivieren. Mit Urteil vom 16.12.2009 (BFH BStBl II 2011, 566; ebenso BFH DStR 2012, 452) hat der BFH darauf hingewiesen, dass bei einer Betriebsveräußerung betriebl Verbindlichkeiten, die beim Veräußerer auf Grund von Rückstellungsverboten nicht passiviert werden dürfen, beim Erwerber keinem Passivierungsverbot unterworfen sind, wenn er diese Verbindlichkeiten gegen Schuldbefreiung übernommen hat; solche betriebl Verbindlichkeiten sind unabhängig von der rechtl Einordnung beim übertragenden Rechtsträger in der Person des übernehmenden Rechtsträgers als ungewisse Verbindlichkeiten auszuweisen und vom übernehmenden Rechtsträger auch an den nachfolgenden Bilanzstichtagen mit den AK oder ihrem höheren TW zu bewerten. Diese Auffassung wird mit dem Grundsatz der erfolgsneutralen Behandlung von Anschaffungsvorgängen begründet. Der BFH macht in den angesprochenen Urteilen deutlich, dass für Verbindlichkeiten, für die in der Person des übertragenden Rechtsträgers ein Ansatzverbot gilt, aus der Sicht des übernehmenden Rechtsträgers die für ungewisse Verbindlichkeiten geltenden Grundsätze anzuwenden sind und damit eine Passivierungspflicht besteht. Der BFH (BFH DStR 2012, 452) hat sich auch gegen die unmittelbare Verrechnung der stillen Lasten durch Abstockung des erworbenen Firmenwerts wegen einer fehlenden Rechtsgrundlage ausgesprochen. Damit sind in der stl Schlussbilanz zum Einbringungszeitpunkt des übertragenden Rechtsträgers stille Lasten als ungewisse Verbindlichkeiten zu passivieren und in der Folgebilanz fortzuführen (zur geplanten Neuregelung der Bilanzierung angeschaffter stiller Lasten vgl BR-Drs 663/12, 12; *Prinz* Ubg 2013, 57). Offen ist aber, wie die Rspr des BFH im Regelungsbereich des § 20 die stillen Lasten in Bezug auf die Pensionsverpflichtungen beurteilt, da das Gesetz ausdrücklich bestimmt, dass Pensionsverpflichtungen höchstens mit dem TW nach § 6a EStG anzusetzen sind. Nach Auffassung in der Lit sind solche stille Lasten beim Geschäfts- oder Firmenwert zu berücksichtigen (DPPM/*Patt* Rn 169a, Rn 199; RHL/*Herlinghaus* Rn *143*; *Rödder* DStR 2011, 1061; *Stadler/Elser/Bindl* DB Beilage 1/2012 zu Heft 2, 14). Die **Bewertung** der Sachgesamtheit erfolgt zum **Einbringungsstichtag** (allgM vgl BMF-Schrb vom 11.11.2011, BStBl I 1314 Rn 20.170 iVm Rn 03.09).

37. Ansatz der übergehenden Wirtschaftsgüter mit dem gemeinen Wert

a) Grundsätzliches. Nach Abs 2 S 1 HS 1 ist grdsl das eingebrachte BV (Betrieb, Teilbetrieb, Mitunternehmeranteil) mit dem gemeinen Wert anzusetzen. Zum Ansatz mit dem gemeinen Wert kommt es zwingend, soweit durch den Einbringungsvorgang das dt **Besteuerungsrecht erstmalig begründet wird** (BT-Drs 16/2710, 43; DPPM/*Patt* Rn 228; Blümich/*Nitzschke* Rn 78; *Ley* FR 2007, 109; *Förster/Wendland* BB 2007, 631; aA RHL/*Herlinghaus* Rn 167). Die Begr des dt Besteuerungsrechts stellt eine Einlage dar, so dass diese mit dem gemeinen Wert zu bewerten ist (§ 4 I 5 iVm § 6 I Nr 5a EStG). Eine Ausnahme vom Ansatz mit dem gemeinen Wert sieht Abs 2 S 1 für die Bewertung von Pensionsrückstellungen vor, sie sind mit dem Steuerbilanzwert nach § 6 a EStG zu übernehmen. **280**

Nach der Gesetzessystematik sind die übergebenen WG als Sachgesamtheit (vgl Rn 271) grdsl in der stl Schlussbilanz des übernehmenden Rechtsträgers einheitlich mit dem gemeinen Wert anzusetzen. Die Bewertung mit dem gemeinen Wert hat zum Einbringungsstichtag zu erfolgen (BMF-Schrb vom 11.11.2011, BStBl I 1314 Rn 20.17 iVm Rn 03.09). **281**

Der gemeine Wert ist die Obergrenze; ausgenommen sind nur Bewertungen von Pensionsrückstellungen, für die auch beim Ansatz der gemeinen Werte weiterhin § 6a EStG gilt. Ist der gemeine Wert der Sachgesamtheit geringer als die Summe der BW der übertragenen WG, ist der Ansatz zum BW nach Auffassung der FinVerw ausgeschlossen (BMF-Schrb vom 11.11.2011, BStBl I 1314 Rn 20.18 iVm Rn 03.12 (ebenso DPPM/*Patt* Rn 203; *Bogenschütz* Ubg 2011, 393; aA *Schumacher/Neitz-Hackstein* Ubg 2011, 409: BW ist die Untergrenze für den Wertansatz), es erfolgt eine entsprechende Abstockung. Wird festgestellt, dass einzelne WG auf den gemeinen Wert abgestockt wurden, so ist der entsprechende Wert nach Meinung der FinVerw zu korrigieren, wenn der gemeine Wert der Sachgesamtheit in seiner Gesamtheit den Gesamtbuchwert der Sacheinlage nicht unterschreitet (ebenso DPPM/*Patt* Rn 203; *Bogenschütz* Ubg 2011, 393; aA Widmann/Mayer/*Widmann* § 3 Rn 310.1 f). Richtig ist zwar, dass das übergehende Verm als Sachgesamtheit zu bewerten ist, da andernfalls ein Firmenwert in der stl Schlussbilanz des übertragenden Rechtsträgers nicht anzusetzen wäre, der Grundsatz der Einzelbewertung der WG ist jedoch nicht aufgehoben, da auch bei der Bewertung der Sachgesamtheit der entsprechende Wert auf die einzelnen WG aufzuteilen ist, was dafür sprechen könnte, dass der gemeine Wert sich auch als Höchstgrenze auf jedes einzelne WG bezieht (Widmann/Mayer/*Widmann* § 3 Rn 301.1; Widmann/Mayer/*Schießl* § 11 Rn 14.37 ff; Frotscher/Maas/*Schnitter* § 3 Rn 99; *Rödder* DStR 2011, 1059). **282**

283 **Beispiel:**
E kauft die 100 %ige Beteiligung an der T-GmbH. Der gemeine Wert der Anteile an der T-GmbH beträgt EUR 1 Mio. E bezahlt für diese Anteile einen Kaufpreis iHv EUR 1,5 Mio, da er für sich in seinem betriebenen Unternehmen erhebliche Synergien und damit zusätzliche Erträge erwartet. Nachdem diese Erträge tatsächlich eingetreten sind, bringt E einen Teilbetrieb, zu dem auch die Anteile an der T-GmbH gehören, in die M-GmbH gegen Gewährung von Gesellschaftsrechten ein. In diesem Zeitpunkt soll der gemeine Wert der Beteiligung an der T-GmbH weiterhin EUR 1 Mio betragen. Geht man davon aus, dass der gemeine Wert als Höchstgrenze sich auch auf jedes einzelne WG bezieht, wäre in der stl Schlussbilanz des übernehmenden Rechtsträgers eine Abstockung des Beteiligungsansatzes auf EUR 1 Mio vorzunehmen, da Synergien und Konzerneffekte bei der Ermittlung des gemeinen Wertes der Beteiligung ohne Bedeutung sind (DPPM/*Dötsch* § 11 Rn 25). Zu möglichen Auswirkungen bei § 22 II 1 vgl § 22 Rn 110.

284 Weder das EStG, das KStG noch das UmwStG def den Begriff des gemeinen Werts. Damit kommt der Erste Teil des **BewG** für die Bestimmung des gemeinen Werts zur Anwendung (BT-Drs 16/2710, 43; DPPM/*Patt* Rn 199; RHL/*Herlinghaus* Rn 141; *Heß/Schnittger* in PWC Reform des UmwStR, Rn 1538). Der gemeine Wert eines WG wird nach § 9 II BewG in erster Linie durch den Preis bestimmt, der im gewöhnl Geschäftsverkehr nach der Beschaffenheit des WG bei einer Veräußerung zu erzielen wäre, wobei ungewöhnl oder persönl Verhältnisse nicht zu berücksichtigen sind. Als persönl Verhältnisse sind nach § 9 III BewG auch Verfügungsbeschränkungen anzusehen, die in der Person des Stpfl oder eines Rechtsvorgängers begründet sind (zur Kritik an § 9 III vgl Gürsching/Stenger/*Knittel* BewG § 9 Rn 103; Kreutziger/Lindberg/Schaffner/*Kreutziger* BewG § 9 Rn 18). Als Bewertungsmethode kommen primär die **Vergleichswertmethode,** dann die **Ertragswertmethode** und hilfsweise die **Sachwertmethode** in Betracht (Widmann/Mayer/*Widmann* Rn R 646). Zu weiteren Einzelheiten vgl die Komm in § 3 Rn 33 ff.

285 **b) Die Ermittlung des gemeinen Werts für einzelne WG und die Sachgesamtheit.** Die FinVerw geht zutr davon aus, dass die Ermittlung des gemeinen Wertes des übergehenden aktiven und passiven Vermögens im Grundsatz als Sachgesamtheit erfolgen muss (BMF-Schrb vom 11.11.2011, BStBl I 1314 Rn 20.17 iVm Rn 03.07; ebenso DPPM/*Patt* Rn 199; *Bogenschütz* Ubg 2011, 393; *Stadler/Elser/Bindl* DB Beilage 1/2012 zu Heft 2, 14; *Kahle/Vogel* Ubg 2012, 493). In der stl Schlussbilanz des übernehmenden Rechtsträgers ist damit auch ein in der Person des Einbringenden selbst geschaffener **Firmenwert** mit dem gemeinen Wert anzusetzen. Der Firmenwert ist der Mehrwert, der einem gewerbl Unternehmen über die Substanz der einzelnen materiellen und immateriellen WG abzüglich Schulden innewohnt (vgl BFH BStBl II 2001, 477; BFH BStBl II 1996, 576). Er ist der Höhe nach durch die Gewinnaussichten bestimmt, die, losgelöst von der Person des Unternehmers, aufgrund besonderer, dem Unternehmen zukommender Vorteile (zB Ruf, Kundenkreis usw) höher oder gesicherter erscheint als bei einem anderen Unternehmen mit sonst vglbaren WG. Der Firmenwert ist damit an den Betrieb gebunden und kann nicht ohne diesen veräußert werden. Ein Einzelveräußerungspreis bezogen auf den Geschäfts-/Firmenwert existiert damit nicht. Der Ansatz eines Firmenwerts in der stl Schlussbilanz des übernehmenden Rechtsträgers setzt damit voraus, dass es zu einer Bewertung der Sachgesamtheit in Form des übertragenen Betriebs, Teilbetriebs oder Mitunternehmeranteils kommen muss.

Der **gemeine Wert der Sachgesamtheit** ist zunächst aus Verkäufen abzuleiten (vgl § 3 Rn 42). Dies dürfte in der Praxis nur möglich sein, wenn kurz vor der Einbringung der Betrieb, Teilbetrieb oder Mitunternehmeranteil entgeltlich von einem Dritten erworben wurde. Liegen solche Verkäufe nicht vor, kann anhand eines allgemein anerkannten ertrags- oder zahlungsstromorientierten Verfahrens die entsprechende Ermittlung des Wertes erfolgen, welches ein gedachter Erwerber des eingebrachten Betriebs bei der Bemessung des **Kaufpreises** zu Grunde legen würde (BMF-Schrb vom 11.11.2011, BStBl I 1314 Rn 20.17 iVm Rn 03.07; DPPM/*Patt* Rn 200; *Bogeschütz* Ubg 2011, 393; *Stadler/Elser/Bindl* DB Beilage 1/2012 zu Heft 2, 14). Diese Sichtweise entspricht § 109 I 2 BewG iVm § 11 II BewG. Gem § 11 II 4 BewG kommt auch das vereinfachte **Ertragswertverfahren** iSd §§ 199-203 BewG zur Anwendung (BMF-Schrb vom 11.11.2011, BStBl I 1314 Rn 20.17 iVm Rn 03.07; *Bogenschütz* Ubg 2011, 393; *Neu/Schiffers/Watermeyer* GmbHR 2011, 729; krit *Rödder/Rogall* Ubg 2011, 753). Die FinVerw akzeptiert das vereinfachte Ertragswertverfahren jedoch nicht bei komplexen Konzernstrukturen (Gemeinsamer Ländererlass vom 17.5.2011, BStBl I 606). 286

Der **Substanzwert** des übertragenen Verm darf gem § 11 III 3 BewG nicht unterschritten werden (*Bogenschütz* Ubg 2011, 393; *Rödder* DStR 2011, 1089; *Schumacher/Neitz-Hackstein* Ubg 2011, 409; *Drosdzol* DStR 2011, 1258; vgl auch *Neu/Schiffers/Watermeyer* GmbHR 2011, 731; krit IDW-Stellungnahme Ubg 2011, 549; zur Geltung der Liquidationswerte vgl *Bogenschütz* Ubg 2011, 393; *Piltz* DStR 2009, 1830). Die Bewertung erfolgt nach den Verhältnissen zum stl Übertragungsstichtag (vgl Rn 279). Die Bewertung der übergehenden Sachgesamtheit mit dem gemeinen Wert erfolgt unabhängig davon, wie das übergehende Verm vor der Einbringung steuerbilanziell beim einbringenden Rechtsträger abgebildet wurde, insbes bleiben für die Bewertung der Sachgesamtheit die Ansatzverbote des § 5 EStG unberücksichtigt (vgl Rn 278). 287

Die FinVerw geht davon aus, dass der gemeine Wert der Sachgesamtheit in analoger Anwendung zu § 6 I Nr 7 EStG im Verhältnis der TW der übergehenden WG auf die Einzelwirtschaftsgüter zu verteilen ist (BMF-Schrb vom 11.11.2011, BStBl I 1314 Rn 20.17 iVm Rn 03.09; ebenso DPPM/*Pung* § 3 Rn 13). Richtig dürfte es aber sein, eine **Verteilung des Werts der Sachgesamtheit** im Verhältnis der gemeinen Werte der übergehenden WG vorzunehmen, da der gemeine Wert der nach Abs 2 entscheidende Wert ist (ebenso *Schumacher/Neitz-Hackstein* Ubg 2011, 409). Soweit stille Reserven in dem übertragenen aktiven Verm vorhanden sind, kommt es damit zu einer Aufdeckung der stillen Reserven. Dies gilt auch für originäre immaterielle WG, insbes des Firmenwerts. Nach Auffassung der FinVerw sind im Grundsatz stille Lasten zu passivieren, insbes auch soweit nach § 5 EStG ein Ansatzverbot besteht (vgl Rn 278). Der Bewertungsvorbehalt für Pensionsrückstellungen, nämlich diese höchstens mit dem TW nach § 6a EStG anzusetzen, ist nach Auffassung der FinVerw in jedem Fall zu berücksichtigen (BMF-Schrb vom 11.11.2011, BStBl I 1314 Rn 20.17 iVm Rn 03.07), was bedeutet, dass ein tats höherer gemeiner Wert der Pensionsverpflichtungen stl nicht den gemeinen Wert des Unternehmens iSv Abs 2 mindern soll (BMF-Schrb vom 11.11.2011, BStBl I 1314 Rn 20.17 iVm Rn 03.08; aA DPPM/*Patt* Rn 199; *Rödder* DStR 2011, 1089; *Kahle/Vogel* Ubg 2012, 493 mwN). Diese Auffassung der FinVerw führt zu einer Übermaßbesteuerung (*Rödder* DStR 2011, 1089) und ist mit den ansonsten von der FinVerw anzuwendenden anerkannten ertrags- oder zahlungsorientierten Verfahren, welches ein gedachter Erwerber des Betriebs, Teilbetriebs oder Mitunternehmeranteils bei der Bemessung des Kaufpreises zu Grunde legen würde, nicht 288 in Übereinstimmung zu bringen. Geht man mit der hM in der Lit davon aus, dass die sich aus dem Bilanzierungsverbot des § 5 EStG ergebenden stillen Lasten beim Firmenwert zu berücksichtigen sind (vgl Rn 278), käme es insoweit nicht zu einer Passivierung der stillen Lasten, vielmehr finden diese ihren Niederschlag in einem geringeren Firmenwert. Die Rechtsprechung des BFH geht davon aus, dass bezüglich der stillen Lasten eine ungewisse Verbindlichkeit zu passivieren ist (vgl Rn 279). Ob dies auch für stille Lasten in Pensionsrückstellungen gilt, ist jedoch offen (vgl Rn 279, § 11 Rn 44). Zu dem Problem, wie zu verfahren ist, wenn der gemeine Wert der Sachgesamtheit über dem BW liegt, einzelne WG aber einen gemeinen Wert unterhalb des BW haben vgl Rn 282.

289 Beim Ansatz mit dem gemeinen Wert sind **stfreie Rücklagen** (Widmann/Mayer/*Widmann* Rn R 671; BMF-Schrb vom 11.11.2011, BStBl I 1314 Rn 20.20 iVm Rn 03.04) ebenso wie stille Reserven, die durch Überbewertung von Passivposten entstanden sind, aufzulösen (Widmann/Mayer/*Widmann* Rn R 670 f).

290 Wird ein **Mitunternehmeranteil** isoliert oder gemeinsam mit einem Betrieb oder Teilbetrieb eingebracht und wird bezogen auf den Mitunternehmeranteil (vgl dazu Rn 29) der gemeine Wert angesetzt, kommt es zu der entsprechenden Aufstockung in der stl Ergänzungsbilanz. Der Mitunternehmerschaft steht insoweit kein eigenständiges Wahlrecht zu (BMF-Schrb vom 11.11.2011, BStBl I 1314 Rn 20.22; Widmann/Mayer/*Widmann* Rn R 452; *Schmitt/Schloßmacher* DB 2010, 522; *Desens* DStR 2010 Beiheft zu Heft 46, 80; DPPM/*Pung* § 3 Rn 58; aA DPPM/*Patt* Rn 209a; RHL/*Herlinghaus* Rn 151; Haritz/Menner/*Menner* Rn 295; *Honert/Fleischmann* EStB 2011, 265; vgl auch BFH BStBl II 2004, 804). Wird ein Anteil an einer Mitunternehmerschaft eingebracht, zu deren BV die Beteiligung an einer anderen Mitunternehmerschaft gehört **(doppelstöckige PersGes),** so liegt nach Auffassung der FinVerw (BMF-Schrb vom 11.11.2011, BStBl I 1314 Rn 20.12; vgl auch Rn 145) ein einheitlich zu beurteilender Einbringungsvorgang vor, der nur mittelbar übertragene Anteil an der Unterpersonengesellschaft stellt keinen gesonderten Einbringungsvorgang iSd § 20 dar. Kommt es insoweit zu einem Ansatz des eingebrachten Mitunternehmeranteils mit dem gemeinen Wert, so sind, soweit stille Reserven in der MutterGes vorhanden sind, entsprechende Aufstockungen auch bezogen auf den Mitunternehmeranteil an der TochterGes, und zwar durch eine entsprechende Ergänzungsbilanz, zu erstellen (vgl Rn 146).

291 Der gemeine Wert entspricht bei börsennotierten Wertpapieren nach § 11 I BewG dem Kurswert, Paketzuschläge sind gem § 11 III BewG zu berücksichtigen (BMF-Schrb vom 17.5.2011, BStBl I 606). Anteile an KapGes sind iÜ für ertragstl Zwecke mit dem gemeinen Wert anzusetzen, der sich aus Verkäufen ableiten lässt, die weniger als ein Jahr zurückliegen (Vergleichswertmethode vgl § 11 Rn 34). Liegen solche Verkäufe nicht vor, kommt das Ertragswertverfahren oder eine andere anerkannte Methode zur Anwendung (§ 11 II 2 BewG).

38. Ansatz der übergehenden Wirtschaftsgüter mit dem Buchwert

292 Ein Buchwertansatz der übertragenen WG ist gem Abs 2 S 2 auf Antrag zul, soweit (Nr 1) sichergestellt ist, dass es später bei der übernehmenden Körperschaft der Besteuerung mit KSt unterliegt (vgl Rn 327), (Nr 2) die Passivposten des eingebrachten BV die Aktivposten nicht übersteigen; dabei ist das EK nicht zu berücksichtigen (vgl Rn 331) und (Nr 3) das Recht der BRD hinsichtl der Besteuerung des Gewinns aus der Veräußerung des eingebrachten BV bei der übernehmenden Ges nicht ausgeschlossen oder beschränkt wird (vgl Rn 341). BW ist nach § 1 V Nr 4 der Wert, der sich nach den stl Vorschriften über die Gewinnermittlung in einer für den stl Übertragungsstichtag aufzustellenden Steuerbilanz ergibt oder ergäbe. Unterscheiden sich die BW im Hinblick auf die ESt/KSt und die GewSt, sind diese unterschiedlichen BW fortzuführen. Wenn das Gesetz auf einer **Einbringungsbilanz** abstellt, so bedeutet dies nicht, dass in allen Einbringungsfällen eine Einbringungsbilanz aufgestellt werden muss (Widmann/Mayer/*Widmann* Rn R 465; RHL/*Herlinghaus* Rn 174; DPPM/*Patt* Rn 196). Eine Einbringungsbilanz ist nur dann aufzustellen, wenn dies gesetzl vorgeschrieben ist, zB in den Fällen des Abs 6 S 1, 2. Zu den in § 1 V Nr 4 angesprochenen Gewinnermittlungsvorschriften gehören insbes die §§ 5 II-VI, VII EStG (RHL/*Herlinghaus* Rn 173; DPPM/*Patt* Rn 194). Maßgebend ist insoweit nicht die vom einbringenden Rechtsträger vorgenommene tats Bilanzierung, sondern die in seiner Person nach den genannten stl Gewinnermittlungsvorschriften zul Bilanzierung zum Einbringungsstichtag (RHL/*Herlinghaus* Rn 173). Die deutschen Gewinnermittlungsvorschriften gelten auch für ausländische Rechtsträger (vgl § 11 Rn 49).

Soweit die Voraussetzungen des Abs 2 S 2 vorliegen und der Antrag auf Buch- **293**
wertfortführung gestellt wird, muss der Ansatz mit dem BW **einheitl** erfolgen (BMF-Schrb vom 11.11.2011, BStBl I 1314 Rn 20.18 iVm Rn 03.13). Es ist nicht zul, dass ein WG „überbewertet" ein anderes dagegen „unterbewertet" wird und im Saldo damit die bisherigen BW wieder erreicht werden. Entscheidend ist der BW zum Einbringungsstichtag.

Liegen zum Einbringungsstichtag die Voraussetzungen einer **Teilwertab-** **294**
schreibung bei einzelnen übertragenen WG vor, so können diese WG in der „stl Schlussbilanz" des Einbringenden mit dem TW angesetzt werden. Noch in der Person des Einbringenden sind evtl **Wertaufholungen** iSv § 6 I 1 Nr 1 S 4, Nr 2 S 2 f EStG vorzunehmen. Unterlassene Wertaufholungen auf WG sind nachträgl zu korrigieren, soweit für den Einbringenden noch keine bestandskräftige Veranlagung vorliegt oder noch eine Änderung nach § 172 AO in Betracht kommt. Gleiches gilt bei einer unterlassenen Wertaufholung (RHL/*Herlinghaus* Rn 173). Ändern sich die Ansätze in der „stl Schlussbilanz" des Einbringenden, so löst dies eine Folgeänderung beim übernehmenden Rechtsträger aus.

Ist der gemeine Wert der Sachgesamtheit geringer als die Summe der BW der **295**
übergehenden WG, ist der **Ansatz zum BW ausgeschlossen** (BMF-Schrb vom 11.11.2011, BStBl I 1314 Rn 20.18 iVm Rn 03.12; ebenso DPPM/*Patt* Rn 203; *Bogenschütz* Ubg 2011, 393; aA *Schumacher/Neitz-Hackstein* Ubg 2011, 409). Nach Auffassung der FinVerw gelten die stl Ansatzverbote des § 5 EStG für die stl Schlussbilanz des übernehmenden Rechtsträgers im Einbringungszeitpunkt nicht (BMF-Schrb vom 11.11.2011, BStBl I 1314 Rn 20.20). In der stl Schlussbilanz würden damit stille Lasten in anderen WG als in Pensionsrückstellungen (vgl dazu Rn 278) zu passivieren sein. Zu den Auswirkungen für die Folgebilanzierung vgl Rn 278. Geht man mit der hM in der Lit (vgl Rn 278) davon aus, dass die Ansatzverbote des § 5 EStG auch für die stl Schlussbilanz des übernehmenden Rechtsträgers gelten, sind die entsprechenden stillen Lasten einschließlich solcher in Pensionsrückstellungen über den Firmenwert zu korrigieren. Dadurch kann auch ein negativer Firmenwert in Form eines stl AP entstehen. Diese Auffassung, nach der stille Lasten unmittelbar beim Firmenwert zu berücksichtigen sind, steht im Widerspruch zur Rspr des BFH (BFH DStR 2012, 452). Für eine unmittelbare Verrechnung der stillen Lasten durch Abstockung des erworbenen Firmenwerts

fehlt es an einer Rechtsgrundlage. Die stillen Lasten sind vielmehr als ungewisse Verbindlichkeiten auszuweisen, eine Abstockung des Firmenwerts erfolgt damit nicht. Ob dies auch für stille Lasten in Pensionsrückstellungen gilt, ist jedoch offen (vgl dazu Rn 279). Liegt der BW eines WG über dem gemeinen Wert, so geht die FinVerw davon aus, dass es nur dann zu einer Abstockung des BW kommt, wenn der gemeine Wert der übertragenen Sachgesamtheit geringer ist als die Summe der BW der übergehenden WG. Dagegen könnte der Wortlaut des Abs 2 sprechen, der anordnet, dass die übergehenden WG höchstens mit dem gemeinen Wert anzusetzen sind (vgl dazu Rn 282).

296 Wird ein **Mitunternehmeranteil** eingebracht und übt der übernehmenden Rechtsträger das Antragswahlrecht dahingehend aus, die BW fortzuführen, so kommt es zu einem entsprechenden Wertansatz bei der Mitunternehmerschaft, ein eigenständiges Wahlrecht kommt dieser nicht zu (vgl Rn 290). Entsprechendes gilt, wenn ein Mitunternehmeranteil an einer Mitunternehmerschaft eingebracht wird, die ihrerseits an einer Mitunternehmerschaft beteiligt ist **(doppelstöckige PersGes).** Zum stl BV eines Mitunternehmeranteils gehören auch eine etwaige bestehende Ergänzungsbilanz sowie eine Sonderbilanz (BMF-Schrb vom 11.11.2011, BStBl I 1314 Rn 20.18 iVm Rn 03.10; DPPM/*Patt* Rn 195).

297 Zu einem Ansatz mit dem gemeinen Wert durch den übernehmenden Rechtsträger kommt es in jedem Fall, soweit durch den Einbringungsvorgang ein dt Besteuerungsrecht erstmals begründet wird (BT-Drs 16/2710, 43; DPPM/*Patt* Rn 228, 197; *Ley* FR 2007, 109; *Förster/Wendland* BB 2007, 631; aA RHL/*Herlinghaus* Rn 167). Dies ändert jedoch nichts an dem grdsl Buchwertansatz. Soweit durch die Einbringung das Besteuerungsrecht der BRD gem Abs 2 S 2 Nr 3 verloren, so sind diese WG mit dem gemeinen Wert anzusetzen, iÜ kann der BW fortgeführt werden, ein Zwischenwertansatz liegt insges nicht vor (DPPM/*Patt* Rn 197; vgl auch *Ley* FR 2007, 109). Soweit für einen Einbringenden das UmwStG keine Anwendung findet, ist eine gesellschafterbezogene Betrachtungsweise vorzunehmen (vgl Rn 425)

298 Wird Verm einer PersGes in eine KapGes/Gen nach § 20 eingebracht, so kann dies **unabhängig von § 20 zu einer Gewinnrealisierung** bei der übertragenden PersGes **führen** (vgl Vor §§ 20-23 Rn 10). Dies ist zB der Fall, wenn gem § 6 V 3 EStG einzelne WG zu BW von einem BV oder SBV eines Mitunternehmers in das Gesamthandsvermögen der Mitunternehmerschaft übertragen worden sind (vgl dazu BMF-Schrb vom 7.6.2001, BStBl I 367). Die Einbringung von Verm einer Mitunternehmerschaft bzw die Einbringung des Mitunternehmeranteils in eine KapGes auch unter Ansatz des BW bzw ZW löst innerh der Sperrfrist die Rechtsfolgen des § 6 V 5 EStG aus (*van Lishaut* DB 2000, 1784).

299 Die Einbringung bzw der Formwechsel einer PersGes in eine KapGes/Gen beendet das unternehmerische Engagement in der PersGes. Hat die PersGes die Thesaurierungsbegünstigung iSd **§ 34 a EStG** in Anspruch genommen, so löst die Einbringung nach Abs 6 dieser Regelung die Nachversteuerung aus (krit insoweit *Hey* DStR 2007, 925; Schaumburg/Rödder/*Rogall,* Unternehmensteuerreform 2008, 434).

39. Ansatz des eingebrachten Betriebsvermögens mit Zwischenwerten

300 **a) Ansatz von Zwischenwerten.** Alt und unter denselben Voraussetzungen wie der Buchwertansatz (vgl Rn 292) können auf Antrag hin auch ZW durch den übernehmenden Rechtsträger angesetzt werden. Setzt der übernehmende Rechtsträger das eingebrachte BV mit einem Wert an, der höher ist als der BW, aber unter dem gemeinen Wert liegt, so ist die Diff zwischen dem höheren Wert und dem BW **(Aufstockungsbetrag)** auf die eingebrachten WG gleichmäßig zu verteilen (BMF-Schrb vom 11.11.2011, BStBl I 1314 Rn 20.18 iVm 03.25; RHL/*Herlinghaus* Rn 176; DPPM/*Patt* Rn 206; BFH BStBl II 2002, 784; BMF-Schrb vom 25.3.1998, BStBl I 268 Rn 22.08; aA Haritz/Menner/*Menner* Rn 342). Entsprechendes gilt, wenn sich die BW im Hinblick auf die KSt/ESt und GewSt unterscheiden. Kommt es auch zur Übertragung von SBV, muss auch insoweit anteilig eine Aufstockung durchgeführt werden. Stille Lasten sind verhältnismäßig zu berücksichtigen.

Liegen zum Umwandlungsstichtag die Voraussetzungen einer **Teilwertabschreibung** bei einzelnen übergehenden WG vor, so können diese WG noch in der Person des Einbringenden mit dem TW anzusetzen sein. In der stl Schlussbilanz sind zudem **Wertaufholungen** iSv § 6 I 1 Nr 1 S 4, Nr 2 S 2 f EStG vorzunehmen. Unterlassene Wertaufholungen auf WG sind nachträgl zu korrigieren, soweit für den übertragenden Rechtsträger noch keine bestandskräftige Veranlagung vorliegt oder noch eine Änderung nach § 172 AO in Betracht kommt. Ändern sich die Ansätze in der stl Schlussbilanz des übertragenden Rechtsträgers, so löst dies eine Folgeänderung beim übernehmenden Rechtsträger aus. Dies kann auch Auswirkungen auf die gleichmäßige Verteilung der aufgedeckten stillen Reserven haben. 301

Um die **gleichmäßige Aufstockung** der stillen Reserven durchführen zu können, müssen die mit den stillen Reserven behafteten WG, Rücklagen uä und die Höhe der stillen Reserven zum Einbringungsstichtag festgestellt werden, ebenso stille Lasten mit Ausnahme solcher in Pensionsrückstellungen (str vgl Rn 278 f). Der Gesamtbetrag der stillen Reserven ergibt sich aus der Diff des BW des eingebrachten Verm und dem gemeinen Wert der Sacheinlage (DPPM/*Patt* Rn 207). Die stillen Reserven in den einzelnen WG sind gleichmäßig um den Prozentsatz aufzulösen, der dem Verhältnis des Aufstockungsbetrags zum Gesamtbetrag der vorhandenen stillen Reserven des eingebrachten BV entspricht (BMF-Schrb vom 11.11.2011, BStBl I 1314 Rn 20.18 iVm Rn 03.25; RHL/*Herlinghaus* Rn 177; DPPM/*Patt* Rn 206; Widmann/Mayer/*Widmann* Rn R 620; Blümich/*Nitzschke* Rn 87). 302

Beispiel: 303

Die stl BW des eingebrachten BV betragen insges EUR 250 000, der gemeine Wert EUR 500 000. Die stillen Reserven iHv insges EUR 250 000 sind mit EUR 50 000 bei Grund und Boden, EUR 100 000 bei Gebäuden, EUR 50 000 bei Maschinen, EUR 50 000 bei den Vorräten enthalten. Der Aufstockungsbetrag soll EUR 100 000 betragen; der Aufstockungsbetrag steht damit zum Gesamtbetrag der vorhandenen stillen Reserven im Verhältnis von 100 000 : 250 000. Die stillen Reserven sind damit um 40% aufzustocken. Die Aufteilung lautet im Beispielsfall danach: Aufstockung bei Grund und Boden um EUR 20 000, bei Gebäuden um EUR 40 000, bei Maschinen und Warenbeständen um je EUR 20 000. Die stl Buchwerte sind beim übernehmenden Rechtsträger damit mit EUR 350 000 anzusetzen.

Unabhängig von der Ausübung des Antragswahlrecht kommt es zum **Ansatz mit dem gemeinen Wert** durch den übernehmenden Rechtsträger, soweit durch den Einbringungsvorgang ein dt Besteuerungsrecht erstmals begründet wird (DPPM/*Patt* § 20 Rn 228; Blümich/*Nitzschke* Rn 78; *Ley* FR 2007, 109; *Förster/Wendland* BB 2007, 631 aA RHL/*Herlinghaus* Rn 167). Ein Ansatz der eingebrachten WG mit dem gemeinen Wert ist auch insoweit vorzunehmen, als das 304 inl Besteuerungsrecht gem Abs 2 S 2 Nr 3 ausgeschlossen oder beschränkt wird. Diese zwangsweise Aufdeckung der stillen Reserven erfolgt eine logische Sekunde vor der gleichmäßigen Aufdeckung der ansonsten eingebrachten WG.

305 Wird ein **Mitunternehmeranteil** eingebracht und wählt der übernehmende Rechtsträger den Zwischenwertansatz, so kommt es auch zu einem entsprechenden Wertansatz bei der Mitunternehmerschaft, und zwar in einer entsprechenden Ergänzungsbilanz; ein eigenständiges Wahlrecht kommt der Mitunternehmerschaft aber nicht zu (vgl Rn 290). Entsprechendes gilt, wenn ein Mitunternehmeranteil an einer Mitunternehmerschaft eingebracht wird, zu deren Verm ihrerseits eine Mitunternehmerbeteiligung gehört **(doppelstöckige PersGes).** Die anteilige Aufstockung bezieht sich auch auf eine ggf bereits vorhandene Ergänzungsbilanz sowie eine Sonderbilanz.

306 **b) Materielle und immaterielle Wirtschaftsgüter, insbesondere Geschäfts- und Firmenwerte.** Die Einbringung eines Betriebs, Teilbetriebs oder Mitunternehmeranteils in eine KapGes stellt aus der Sicht des Einbringenden einen tauschähnl Veräußerungsakt in Form einer Betriebsveräußerung und in der Person des übernehmenden Rechtsträgers ein Anschaffungsgeschäft dar (vgl Vor §§ 20–23 Rn 9). Dies gilt unabhängig davon, ob sich der Vermögensübergang im Wege der Gesamt- oder Einzelrechtsnachfolge vollzieht (BFH FR 2004, 274; *Hahn* DStZ 1998, 561; vgl auch *Fatouros* DStR 2006, 272). Demnach sind mit der hM (vgl Rn 302) auch beim Zwischenwertansatz grdsl alle stillen Reserven anteilig aufzudecken.

307 Bei der Aufstockung ist sowohl das Anlagevermögen einschl der vom Einbringenden hergestellten immateriellen Anlagegüter und der originäre Geschäftswert (BMF-Schrb vom 11.11.2011, BStBl I 1314 Rn 20.18 iVm Rn 03.25; BFH GmbHR 2003, 50; RHL/*Herlinghaus* Rn 177; DPPM/*Patt* Rn 207; aA Widmann/Mayer/*Widmann* Rn R 621; Haritz/Menner/*Menner* Rn 343) als auch das Umlaufvermögen zu berücksichtigen. Wird ein Zwischenwertansatz gewählt, ist nach bisheriger Auffassung der FinVerw (BMF-Schrb vom 25.3.1998, BStBl I 268 Rn 22.08: **sog modifizierte Stufentheorie**) ein bestehender selbstgeschaffener Geschäftswert nur zu berücksichtigen, wenn die übrigen WG und Schulden mit dem gemeinen Wert angesetzt sind, aber ggü dem Wert, mit dem das eingebrachte BV vom übernehmenden Rechtsträger angesetzt werden soll bzw angesetzt werden muss noch ein Differenzbetrag verbleibt; dieser Differenzbetrag ist dann durch den Ansatz des Geschäftswertes aufzufüllen (ebenso Haritz/Menner/*Menner* Rn 343; vgl auch Widmann/Mayer/*Widmann* Rn R 621). Eine solche Differenzierung bezogen auf stille Reserven beim selbstgeschaffenen Geschäftswert und sonstigen stillen Reserven ist dem Gesetz nicht zu entnehmen und kann höchstens mit dem das dt Bilanzrecht dominierenden Vorsichtsprinzip begründet werden. Da aber der Grds der Maßgeblichkeit der HB in Umwandlungsfällen nicht gilt, ist nach richtiger Auffassung ein Geschäftswert nach den allg Grdsen der gleichmäßigen und verhältnismäßigen Aufstockung gleichwertig mit den übrigen WG zu behandeln (BMF-Schrb vom 11.11.2011, BStBl I 1314 Rn 20.18 iVm Rn 03.25, zur Übergangsregelung vgl Rn S 03; RHL/*Herlinghaus* Rn 177; DPPM/*Patt* Rn 207; Herrmann/Heuer/Raupach/*Patt* § 16 EStG Rn 211).

308 **c) Auflösung steuerfreier Rücklagen.** In die anteilige Aufstockung mit einbezogen werden müssen auch steuerfreie Rücklagen und sonstige stille Reserven, die bspw durch Überbewertung von Passiva entstanden sind (BMF-Schrb vom 11.11.2011, BStBl I 1314 Rn 20.18 iVm Rn 03.25; RHL/*Herlinghaus* Rn 177;

DPPM/*Patt* Rn 207; Haritz/Menner/*Menner* Rn 342; aA Widmann/Mayer/*Widmann* Rn 625, der insoweit dem übernehmenden Rechtsträger ein Wahlrecht einräumt).

40. Ausübung des Antragswahlrechts; Bilanzberichtigung

a) Ausübung des Antragswahlrechts. Auf Antrag können bei Vorliegen der Voraussetzung des Abs 2 S 2 die übergehenden WG mit dem BW oder einem ZW angesetzt werden. Unabhängig von der Ausübung des Wahlrechts kommt es aber zu einem Ansatz mit dem gemeinen Wert, wenn durch den Einbringungsvorgang ein dt Besteuerungsrecht erstmalig begründet wird (str vgl Rn 280). Der Antrag hat keine Auswirkungen, soweit WG aufgrund zwingender Vorschrift(en) mit dem gemeinen Wert anzusetzen sind (Frotscher/Maas/*Mutscher* Rn 237). Abs 2 S 2 bestimmt nicht ausdrückl, wer den Antrag auf abw Bewertung zu stellen hat. Nach hA (BMF-Schrb vom 11.11.2011, BStBl I 1314 Rn 20.21; BFH/NV 2011, 437; Haritz/Menner/*Menner* Rn 292; Widmann/Mayer/*Widmann* Rn R 417; RHL/*Herlinghaus* Rn 149; DPPM/*Patt* Rn 209; *Kahler/Vogel* Ubg 2012, 493; vgl auch Frotscher/Maas/*Mutscher* Rn 239) wird der Antrag durch den **übernehmenden Rechtsträger** gestellt. Davon ging auch der Gesetzgeber aus (BT-Drs 16/2710, 43). Maßgebend für die Ausübung des Antragswahlrechts ist allein der rechtzeitig und wirksam gestellte oder aber der nicht gestellte Antrag; auf eine etwaige Bilanzierung kommt es nicht an (Widmann/Mayer/*Widmann* Rn R 415; aA auch DPPM/*Patt* Rn 211; vgl auch § 11 Rn 18). Setzt zB der übernehmende Rechtsträger die WG mit dem gemeinen Wert an, obwohl ausdrücklich ein Antrag auf Buchwertfortführung gestellt wurde, ist der Ansatz unrichtig und muss geändert werden. Das Antragswahlrecht wird für die dafür nach Maßgabe des jeweils anzuwendenden Rechts durch das zuständige, dh vertretungsberechtigte Organ des übernehmenden Rechtsträgers ausgeübt. Stellvertretung ist möglich; zumindest eine zeitnahe Genehmigung der Stellvertretung dürfte mit Rückwirkung möglich sein. 309

Ob der durch den übernehmenden Rechtsträger gestellte Antrag **vertragl Vereinbarungen** mit dem Einbringenden **widerspricht,** ist für seine Wirksamkeit ohne Bedeutung. Ein vereinbarungswidrig gestellter Antrag kann jedoch Schadenersatzanspruch auslösen (BMF-Schrb vom 11.11.2011, BStBl I 1314 Rn 20.32; BFH DStR 2012, 31; RHL/*Herlinghaus* Rn 149; DPPM/*Patt* Rn 209; Haritz/Menner/*Menner* Rn 293). Nach Auffassung des BFH kann im Rahmen der Besteuerung des Einbringenden nicht geprüft werden, ob der von der übernehmenden KapGes angesetzte Wert zutr ermittelt worden ist. Der **Einbringende ist** insoweit grdsl an den entsprechenden Wert **gebunden.** Er kann insbes nicht mit einem Rechtsbehelf gegen den ihn betreffenden Einkommensteuerbescheid geltend machen, dass der bei der aufnehmenden Ges angesetzte Wert überhöht sei und sich daraus für ihn eine überhöhte Steuerfestsetzung ergebe (BFH DStR 2011, 2248; 2011, 1611; BFH BStBl II 2008, 536). Im Fall der Einbringung eines Betriebs, Teilbetriebs oder einem Mitunternehmeranteil kann aber der Einbringende im Wege der sog **Drittanfechtung** geltend machen, die seiner Steuerfestsetzung zu Grunde gelegten Werte des eingebrachten Vermögens seien zu hoch; dem übernehmenden Rechtsträger fehlt insoweit die Klagebefugnis (BFH DStR 2011, 2248). 310

Der Antrag nach Abs 2 S 2 kann nur einheitl für **einen Einbringungsvorgang** ausgeübt werden. Eine selektive Aufstockung einzelner WG der Sacheinlage ist 311 nicht zul. Wird bei einem einheitl Einbringungsvorgang ein Antrag auf selektive Aufstockung gestellt, so ist dieser unwirksam. Bei der Einbringung eines Mitunternehmeranteils mit dazugehörigem SBV kann das Antragswahlrecht nur hinsichtl des übertragenden Mitunternehmeranteils und des SBV einheitl ausgeübt werden (Widmann/Mayer/*Widmann* Rn R 413).

312 Hingegen kann das Wahlrecht aus Abs 2 S 1 **unterschiedl** ausgeübt werden, wenn in eine übernehmende KapGes **mehrere** Betriebe, Teilbetriebe, Mitunternehmeranteile eingebracht werden (RHL/*Herlinghaus* Rn 153; Haritz/Menner/*Menner* Rn 304). Eine unterschiedl Wahlrechtsausübung ist auch insoweit mögl, als die einzelnen Sacheinlagen in Form unterschiedl Einbringungsvorgänge von einem Einbringenden stammen (DPPM/*Patt* Rn 192; RHL/*Herlinghaus* Rn 153; Haritz/Menner/*Menner* Rn 304). Bringt eine Mitunternehmerschaft ihren Betrieb, Teilbetrieb usw in die KapGes ein, so kann das Wahlrecht, die Sacheinlage mit dem BW, TW oder einem ZW anzusetzen, von der KapGes nicht für jeden Mitunternehmeranteil unterschiedl ausgeübt werden, da nach der hier vertretenen Meinung Einbringende nicht die einzelnen MU, sondern die Mitunternehmerschaft selbst ist (vgl Rn 181 ff). Da für jede Sacheinlage die Voraussetzungen von § 20 zu prüfen sind, kann es nicht darauf ankommen, ob die Sacheinlagen gleichzeitig oder mit zeitl Abstand und damit vollständig unabhängig voneinander geleistet werden; jede Sacheinlage hat ihr eigenes stl Schicksal. Dem steht nicht entgegen, dass nach der hier vertretenen Auffassung iRd Abs 2 S 3 bezogen auf einen Einbringenden zwischen den einzelnen Sacheinlagen ein Ausgleich vorzunehmen ist (vgl Rn 333). Gleiches gilt für die Übertragung mehrerer Mitunternehmeranteile durch einen Einbringenden; innerh eines Mitunternehmeranteils muss aber auch bezogen auf das SBV des betrifft Gesellschafters einheitl bewertet werden. Kommt es zu einem wirtschaftl einheitl Einbringungsvorgang durch mehrere einbringende Personen, so kann der übernehmende Rechtsträger bezogen auf jeden Einbringenden das ihr zustehende Wahlrecht unterschiedl ausüben (OFD Berlin vom 7.5.1999, GmbHR 1999, 833; *Herzig* DB 2000, 2236).

313 Das Antragswahlrecht nach Abs 2 S 2 kann unabhängig von einer Bilanzierung in der HB ausgeübt werden. Der **Grds der Maßgeblichkeit** der HB für die StB ist nicht zu beachten (BMF-Schrb vom 11.11.2011, BStBl I 1314 Rn 20.20; BT-Drs 16/2710, 69; DPPM/*Patt* Rn 210; RHL/*Herlinghaus* Rn 147; *Förster/Wendland* BB 2007, 631; *Ritzer/Rogall/Stangl* WPg 2006, 1210). Zur Bildung eines sog AP bei Wertabweichung vgl Rn 270.

314 **b) Frist für den Antrag.** Der Antrag ist spätestens bis zur erstmaligen Abgabe der stl Schlussbilanz der übernehmenden Ges bei dem für die Besteuerung dieser Ges zuständigen FA zu stellen (Abs 2 S 3). Die stl Schlussbilanz ist auch maßgebend, wenn eine Einbringung zur Neugründung erfolgt und die Eröffnungsbilanz nicht gleichzeitig die normale stl Schlussbilanz ist (vgl aber auch Haritz/Menner/*Behrens* § 21 Rn 197; *Förster/Wendland* BB 2007, 631). **Stl Schlussbilanz** ist die reguläre stl Bilanz iSv §§ 4, 5 EStG in der das übernommene BV erstmalig angesetzt wird bzw hätte angesetzt werden müssen. Eine spätere Antragstellung ist nicht wirksam mögl (BMF-Schrb vom 11.11.2011, BStBl I 1314 Rn 20.21), jedoch eine solche bereits vor Abgabe der stl Schlussbilanz (RHL/*Herlinghaus* Rn 154). Aufgrund der Formulierung des Gesetzes – „spätestens bis zur erstmaligen Abgabe der stl Schlussbilanz" – sollte der Antrag vor Abgabe der stl Schlussbilanz erfolgen, eine Antragstellung zusammen mit der Abgabe der stl Schlussbilanz ist aber nach der Gesetzesbegründung ausreichend (BT-Drs 16/

2710, 36; ebenso RHL/*Herlinghaus* Rn 154; DPPM/*Patt* Rn 211; Frotscher/Maas/*Mutscher* Rn 244; wohl auch BMF-Schrb vom 11.11.2011, BStBl I 1314 Rn 20.21). Der Antrag muss damit spätestens erfolgen, wenn die stl Schlussbilanz der übernehmenden Ges so in den Bereich des zuständigen FA gelangt, dass es unter normalen Umständen die Möglichkeit hat, davon Kenntnis zu nehmen. Bei der Verschmelzung einer Körperschaft auf eine PersGes bzw eine andere Körperschaft geht die FinVerw davon aus, dass es sich bei der stl Schlussbilanz des übertragenden Rechtsträgers um eine eigenständige Bilanz handelt, die sich von der Bilanz iSd §§ 4 I, 5 I EStG unterscheidet (vgl BMF-Schrb vom 11.11.2011, BStBl I 1314 Rn 03.01). Bei der Einbringung in eine KapGes iSd § 20 wird eine solche gesonderte **Schlussbilanz** nicht erstellt, vielmehr wird in der **Bilanz iSd §§ 4 I, 5 I EStG** die Einbringung abgebildet. Die unterschiedliche Behandlung zwischen den Fällen der §§ 3-16 und den Einbringungsfällen ist dadurch zu rechtfertigen, dass in den Einbringungsfällen der Anschaffungsvorgang in der Bilanz des Anschaffenden dh des übernehmenden Rechtsträgers abgebildet wird, in den Fällen der §§ 3-16 aber in der stl Schlussbilanz des übertragenden Rechtsträgers, in dem in den „normalen" Steuerbilanzen ein solcher Vorgang nicht abgebildet wird (vgl zu dieser Problematik *Käser* DStR 2012 Beihefter zu Heft 2, 15; *Förster* GmbHR 2012, 243; *Koerner/Momen* DB 2012, 73). **Keine stl Schlussbilanz** iSd § 20 ist eine durch den Steuerpflichtigen als „vorläufig" bezeichnete oder als Entwurf gekennzeichnete Bilanz, auch wenn sie der Steuererklärung beigefügt wird (DPPM/*Patt* Rn 211). Eine Steuerbilanz, die ohne Wissen und Wollen des übernehmenden Rechtsträgers abgegeben wurde, ist keine Steuerbilanz iSd § 20 (DPPM/*Patt* Rn 211). Wird ein Mitunternehmeranteil eingebracht, so muss der Antrag auf Buchwertfortführung durch den übernehmenden Rechtsträger vor Abgabe seiner stl Schlussbilanz gestellt worden sein (vgl dazu auch DPPM/*Patt* Rn 212).

Die Frist für die Stellung des Antrags soll mit Abgabe der stl Schlussbilanz des übernehmenden Rechtsträgers (zur Überleitungsrechnung iSv § 60 II 1 EStDV vgl BFH BStBl II 2008, 916; *Neu/Schiffers/Watermeyer* GmbHR 2011, 729; *Ott* StuB 2012, 135; *Krohn/Greulich* DStR 2008, 646) unabhängig davon abgelaufen sein, wann der Einbringungsvertrag geschlossen, die notw Beschlüsse gefasst oder die Umw wirksam wird (Widmann/Mayer/*Widmann* Rn R 423). Wird zB die stl Schlussbilanz des übernehmenden Rechtsträgers zum 31.12.2007 (Kj entspricht Wj) am 15.5.2008 beim zuständigen FA eingereicht und am 15.8.2008 rückwirkend auf den 31.12.2007 die Einbringung beschlossen (Einbringungsstichtag; vgl Frotscher/Maas/*Mutscher* Rn 243a), soll dann kein Antrag mehr auf Buch- oder Zwischenwertansatz gestellt werden können (vgl aber *Krohn/Greulich* DStR 2008, 646). 315

c) Form und Inhalt des Antrags. Einer bes Form bedarf der Antrag nicht, er kann auch konkludent zB durch Abgabe der Steuererklärung gestellt werden (RHL/*Herlinghaus* Rn 150; DPPM/*Patt* Rn 211; *Hagemann/Jakob/Ropohl/Viebrock* NWB-Sonderheft 1/2007, 36). Für die Auslegung des Antrages gelten die allgemeinen zivilrechtl Grundsätze. Nur beim Zwischenwertansatz muss nach Auffassung der FinVerw ausdrückl angegeben werden, in welcher Höhe oder zu welchem Prozentsatz die stillen Reserven aufzudecken sind (BMF-Schrb vom 11.11.2011, BStBl I 1314 Rn 20.21 iVm Rn 03.29). Ein unklarer Antrag gilt jedoch als nicht gestellt. Mögl ist es die Antragstellung auf einen absoluten Betrag der stillen Reserven zu beziehen oder bei Zwischenwertansatz einen Prozentsatz anzugeben. Die 316

Antragstellung ist **bedingungsfeindl.** (BMF-Schrb vom 11.11.2011, BStBl I Rn 20.21 iVm Rn 03.29) Nicht mögl ist es, den Antrag an außerh des Einbringungsvorgangs liegenden Umstände anzuknüpfen, geschieht dies, gilt der Antrag als nicht gestellt (Widmann/Mayer/*Widmann* Rn R 447; Frotscher/Maas/*Frotscher* § 11 Rn 33).

317 **d) Zuständiges Finanzamt.** Der Antrag ist bei dem für die Besteuerung des übernehmenden Rechtsträgers nach § 20 AO zuständigen FA zu stellen (vgl nur RHL/*Herlinghaus* Rn 154; DPPM/*Patt* Rn 211; Widmann/Mayer/*Widmann* Rn R 440). Hat der übernehmende Rechtsträger weder Sitz noch Ort der Geschäftsleitung in Deutschland, so ist das FA zuständig, das nach der Einbringung für die Besteuerung der eingebrachten Betriebsstätte bzw das FA, das für die Besteuerung des eingebrachten Mitunternehmeranteils zuständig ist (Widmann/Mayer/*Widmann* Rn R 440).

318 **e) Bindungswirkung des Antrags.** Der einmal wirksam gestellte Antrag nach Abs 2 S 2 kann weder zurückgenommen, geändert noch wegen Irrtums **angefochten** werden (vgl BMF-Schrb vom 11.11.2011, BStBl I 1314 Rn 20.24; Widmann/Mayer/*Widmann* Rn 448; RHL/*Herlinghaus* Rn 155; DPPM/*Patt* Rn 213), auch dann nicht, wenn er vor Abgabe der stl Schlussbilanz erfolgte (BMF-Schrb vom 11.11.2011, BStBl I 1314 Rn 20.21; aA *Hötzel/Kaeser* in FGS/BDI UmwStE 2011, 351; Frotscher/Maas/*Mutscher* Rn 245; *Frotscher* UmwStE Anm zu Rn 20.24). Geht man entgegen der hier vertretenen Meinung davon aus, dass eine Anfechtung möglich ist (vgl FG Brandenburg Berlin EFG 2009, 1695; *Gosch* BFH PR 2008, 485; *Koch* BB 2009, 600) ist zu beachten, dass dann die ursprüngliche Erklärung anfechtbar ist, so dass kein Antrag gestellt wurde. Wurde bereits vor der Anfechtungserklärung die stl Schlussbilanz abgeben, so hat dies zur Folge, dass es zu einem Ansatz der eingebrachten WG mit dem gemeinen Wert kommt. Eine Änderung des Antrags ist auch nicht mit Zustimmung des FA mögl (DPPM/*Patt* Rn 209; *Kahle/Vogel* Ubg 2012, 493). Es handelt sich bei dem Antragserfordernis um ein gesetzl Tb-Merkmal. Bereits mit der Antragstellung ist der entsprechende Anspruch aus dem Steuerschuldverhältnis entstanden und der durch die Antragstellung verwirklichte Sachverhalt kann rückwirkend nicht mehr geändert werden (vgl BFH DStRE 2005, 984; BFH/NV 2006, 1099). Dementsprechend scheidet auch eine Bilanzänderung aus (Frotscher/Maas/*Mutscher* Rn 245).

319 Da das Antragswahlrecht dem übernehmenden Rechtsträger zusteht, ist bei der Einbringung eines **Mitunternehmeranteils** die PersGes an die Ausübung des Antragswahlrechts gebunden; ein eigenständiges Wahlrecht kommt ihr nicht zu (BMF-Schrb vom 11.11.2011, BStBl I 1314 Rn 20.22; Widmann/Mayer/*Widmann* Rn R 452; aA RHL/*Herlinghaus* Rn 151; DPPM/*Patt* Rn 209a).

320 **f) Bilanzberichtigung.** Fehlerhafte Bilanzansätze sind nach § 4 II 1 EStG zu berichtigen, und zwar bis zur Einreichung der Bilanz ohne Einschränkung, nach Einreichung muss der Fehler, der zu einer Steuerverkürzung führen kann, gem § 153 AO bis zum Ablauf der Festsetzungsfrist richtig gestellt werden; nach Ablauf der Festsetzungsfrist ist die Berichtigung ausgeschlossen (vgl zu Einzelheiten L. Schmidt/*Heinicke* § 4 Rn 680 ff). Wurden von dem Einbringenden die nach Abs 2 S 2 iVm § 1 V Nr 4 bestimmten Grdse der lfd stl Gewinnermittlung in der stl Schlussbilanz nicht beachtet und ist aufgrund eingetretener Festsetzungsverjährung eine Korrektur dieser fehlerhaften Bilanzansätze ausgeschlossen, können die von dem aufnehmenden Rechtsträger in ihrer stl Schlussbilanz übernommenen und

richtigen Buchansätze im Wege einer Bilanzberichtigung iSd stl zutr Werte nicht geändert werden (BFH BStBl II 1984, 384; BFH/NV 2002, 628). Ändern sich die Buchwertansätze des eingebrachten BV nachträgl zB aufgrund einer BP und hat der übernehmende Rechtsträger zum Ausdruck gebracht, dass er die BW fortführen will, ist die Bilanz des übernehmenden Rechtsträgers ebenfalls entsprechend zu berichtigen (BFH DStRE 2002, 279). Eine Bilanzberichtigung ist mögl, wenn der übernehmende Rechtsträger das eingebrachte BV mit dem gemeinen Wert ansetzen wollte und sich später (zB aufgrund einer Außenprüfung) ergibt, dass die gemeinen Werte tats höher oder niedriger anzusetzen sind als bisher geschehen (BMF-Schrb vom 11.11.2011, BStBl I 1314 Rn 20.24). Weichen die Ansätze in der stl Schlussbilanz des übernehmenden Rechtsträgers von den durch wirksamen Antrag bestimmten Werte ab, sind sie entsprechend dem Antrag zu berichtigen (BMF-Schrb vom 11.11.2011, BStBl I 1314 Rn 20.24 iVm Rn 03.30). Eine Änderung der Wahlrechtsausübung im Wege der Bilanzberichtigung ist nicht möglich. Die Bilanzberichtigung führt zu einer Korrektur der **Veranlagung des Einbringenden** gem § 175 I 1 Nr 2 AO. Zu beachten ist, dass ein unklarer Antrag als nicht gestellt gilt, mit der Folge, dass der gemeine Wert anzusetzen ist. In diesen Fällen ist die Bilanz zu berichtigen, wenn in der Bilanz des übernehmenden Rechtsträgers BW oder ZW angesetzt wurden.

Nach Auffassung der FinVerw (BMF-Schrb vom 11.11.2011, BStBl I 1314 321 Rn 20.24) soll bei einem **Zwischenwertansatz** der entsprechende Wertansatz nicht mehr über eine Bilanzberichtigung korrigiert werden können, sofern dieser oberhalb des BW und unterhalb des gemeinen Wertes liegt. Dies ist nur richtig, soweit der Antrag auf Zwischenwertansatz sich auf einen bestimmten Antrag bezogen hat. Auch bei einem Antrag auf Zwischenwertansatz kann eine Bilanzberichtigung notwendig sein, wenn in dem Antrag ein Prozentsatz angegeben wurde, um den die stillen Reserven im übergehenden Verm aufgedeckt werden sollten, in Abweichung von der Bilanzierung in der stl Schlussbilanz der Umfang der stillen Reserven im übertragenen Verm sich jedoch später als unrichtig erweist.

Beispiel: 322
Die X-GmbH will einen Teilbetrieb in die Y-GmbH einbringen. Die X-GmbH verfügt über einen Verlustvortrag in Höhe von EUR 500 000. Vor diesem Hintergrund wird der Antrag auf Zwischenwertansatz gewählt und zwar in der Form, dass 50% der stillen Reserven aufgedeckt werden sollen. Im Rahmen einer späteren Betriebsprüfung stellt sich heraus, dass die stillen Reserven in dem übertragenen Verm nicht EUR 1 Mio betragen, wie ursprünglich angenommen, sondern EUR 1,5 Mio. In diesem Fall muss nachträglich ein Zwischenwertansatz iHv EUR 750 000 angenommen werden, eine Bilanzberichtigung ist vorzunehmen, es entsteht rückwirkend ein Einbringungsgewinn iHv EUR 250 000.

41. Einschränkung des Antragswahlrechts

Das **Antragswahlrecht** wird beschränkt, **soweit** 323
- nicht sichergestellt ist, dass das übernommene Verm später bei der übernehmenden Körperschaft der Besteuerung mit KSt unterliegt (Abs 2 S 2 Nr 1),
- die Passivposten des eingebrachten BV dürfen die Aktivposten nicht übersteigen; dabei ist das EK nicht zu berücksichtigen (Abs 2 S 2 Nr 2),
- das Recht der BRD hinsichtl der Besteuerung des Gewinns aus der Veräußerung des eingebrachten BV bei der übernehmenden Ges nicht ausgeschlossen oder beschränkt wird (Abs 2 S 2 Nr 3),
- der Einbringende neben neuen Geschäftsanteilen des übernehmenden Rechtsträgers andere WG erhält, denn dann sind die WG der Sacheinlage zumindest

mit dem gemeinen Wert dieser anderen WG anzusetzen, sofern dieser über dem BW des eingebrachten BV liegt (Abs 2 S 4).

324 Der gemeine Wert der einzelnen eingebrachten WG dürfen nicht überschritten werden, Abs 2 S 2.

325 Wird durch den Einbringungsvorgang das **dt Besteuerungsrecht** hinsichtl des Gewinns aus der Veräußerung des eingebrachten BV oder Teilen davon **erstmalig begründet,** so ist nach dem Willen des Gesetzgebers (BT-Drs 16/2710, 43) für diese WG, unabhängig von der konkreten Ausübung des Antragswahlrechts, durch den übernehmenden Rechtsträger der gemeine Wert anzusetzen (DPPM/*Patt* Rn 228; Haritz/Menner/*Menner* Rn 250; Blümich/*Nitzschke* Rn 78; *Kahle/Vogel* Ubg 2012, 493; *Förster/Wendland* BB 2007, 631; aA RHL/*Herlinghaus* Rn 167).

326 Das Antragswahlrecht gilt grdsl unabhängig davon, ob im Zeitpunkt der Einbringung das **Besteuerungsrecht für die als Gegenleistung ausgegebenen Anteile** am übernehmenden Rechtsträger besteht (Widmann/Mayer/*Widmann* Rn R 611; DPPM/*Patt* Rn 229). Die Sicherstellung des Besteuerungsrechts für die als Gegenleistung erhaltenen Anteile ist nur dann von Bedeutung, wenn auf den Einbringungsvorgang nicht der von § 1 IV 1 Nr 2 lit a vorausgesetzte EU/EWR-Bezug gegeben ist. Werden die als Gegenleistung gewährten Anteile innerh von sieben Jahren nach dem Einbringungsstichtag veräußert oder ein Ersatzrealisationstatbestand erfüllt, so kommt es gem § 22 I zu einer nachträgl Besteuerung des Einbringungsvorgangs, und zwar unabhängig davon, ob für die als Gegenleistung für die Einbringung gewährten Anteile für Deutschland ein Besteuerungsrecht bestand.

42. Sicherstellung der späteren Körperschaftsbesteuerung des eingebrachten Betriebsvermögens beim übernehmenden Rechtsträger (Abs 2 S 2 Nr 1)

327 **a) Grundsatz.** Der Antrag auf Buch- oder Zwischenwertansatz in der stl Schlussbilanz des übernehmenden Rechtsträgers ist bei zusätzl Vorliegen der iÜ Voraussetzungen des Abs 2 nur dann wirksam mögl, **soweit sichergestellt ist,** dass die in dem übertragenen Verm enthaltenen stillen Reserven bzw die aus der Nutzung des übergehenden Verm erzielten Erträge später bei der übernehmenden KapGes/Gen der KSt unterliegen. KSt iSd Abs 2 S 2 Nr 1 ist nicht nur die **inl,** sondern auch die **ausl KSt** (BMF-Schrb vom 11.11.2011, BStBl I 1314 Rn 20.19 iVm Rn 03.17; DPPM/*Patt* Rn 225; RHL/*Herlinghaus* Rn 160 Fn 5; *Frotscher,* Internationalisierung des ErtragStR, Rn 350; aA Widmann/Mayer/*Widmann* Rn R 550; Frotscher/Maas/*Mutscher* Rn 202). Eine Sicherstellung der späteren Besteuerung mit KSt ist damit auch dann gegeben, wenn das übergehende Verm bei der übernehmenden Körperschaft grdsl ausl KSt unterliegt; in diesem Fall stellt sich jedoch die Frage, ob die Voraussetzungen des Abs 2 S 2 Nr 3 erfüllt sind. Entscheidend für die Sicherstellung der späteren Besteuerung mit inl oder ausl KSt ist der **stl Übertragungsstichtag** (aA RHL/*Herlinghaus* Rn 160; DPPM/*Patt* Rn 225; Haritz/Menner/*Menner* Rn 241: **zeitraumbezogene Betrachtungsweise;** wie hier RHL/*Rödder* § 11 Rn 110; Widmann/Mayer/*Schießl* § 11 Rn 44; vgl auch Rn 329). Auf die Sicherstellung der Besteuerung mit GewSt kommt es nicht an (vgl nur BMF-Schrb vom 11.11.2011, BStBl I 1314 Rn 20.19 iVm Rn 03.17). Ist die Besteuerung bei der übernehmenden Körperschaft mit KSt nicht sichergestellt, sind die stillen Reserven anlässl der Einbringung insoweit aufzudecken und zu besteuern. Sicherstellung idS bedeutet dabei nicht, dass die Erträge bzw stille Reserven bei dem eingebrachten Verm bei der übernehmenden Körperschaft tats zu einer KSt-Zahllast führen. Es reicht vielmehr grdsl

aus, dass Gewinne bei der Ermittlung des Einkommens der übernehmenden Körperschaft überhaupt erfasst werden (RHL/*Herlinghaus* Rn 160; Haritz/Menner/*Menner* Rn 240). Von einer Sicherstellung der Besteuerung mit KSt ist damit auch dann auszugehen, wenn die spätere Aufdeckung der stillen Reserven bei der übernehmenden Körperschaft zu keiner KSt-Zahllast führt, weil der durch die Aufdeckung der stillen Reserven entstehende Gewinn mit einem Verlustvortrag verrechnet wird (RHL/*Herlinghaus* Rn 160; Haritz/Menner/*Menner* Rn 240). Nicht von Abs 2 S 2 Nr 1 wird der Fall erfasst, dass zu der eingebrachten Sacheinlage ein Anteil an einer KapGes gehört, dessen Veräußerung bei der übernehmenden Ges gem § 8 b KStG stfrei ist (Widmann/Mayer/*Widmann* Rn R 541; RHL/*Herlinghaus* Rn 160; Haritz/Menner/*Menner* Rn 240; Frotscher/Maas/*Mutscher* Rn 204).

b) Steuerbefreiung der übernehmenden Körperschaft. Die spätere Besteuerung mit KSt ist nicht sichergestellt, wenn die übernehmende Körperschaft persönl von der KSt befreit ist (RHL/*Herlinghaus* Rn 160; *Damas* DStZ 2007, 129). Der Fall dürfte jedoch eher ein Ausnahmefall sein, weil bei der Einbringung eines Betriebs, Teilbetriebs oder eines Mitunternehmeranteils in eine steuerbefreite Ges bei dieser regelm ein wirtschaftl Geschäftsbetrieb vorliegt, der der KSt unterliegt (Widmann/Mayer/*Widmann* Rn R 541; DPPM/*Patt* Rn 225). Abs 2 S 2 Nr 1 kann indes eingreifen, wenn die Einbringung in ein REIT erfolgt, da der REIT als solcher gem § 16 I REITG von der KSt befreit ist (BMF-Schrb vom 11.11.2011, BStBl I 1314 Rn 20.19 iVm 03.17; Widmann/Mayer/*Widmann* Rn R 541; *Benecke/Schnittger* IStR 2007, 22). 328

c) Einbringung auf eine Körperschaft und atypisch Stille. Die eingebrachten WG müssen zum Zeitpunkt des Einbringungsstichtags „später" bei der übernehmenden Körperschaft der Besteuerung mit KSt unterliegen. Ohne Bedeutung ist, ob sich diese Voraussetzung später ändert (aA RHL/*Herlinghaus* Rn 160; DPPM/*Patt* Rn 225; Haritz/Menner/*Menner* Rn 241; wie hier RHL/*Rödder* § 11 Rn 110; Widmann/Mayer/*Schießl* § 11 Rn 44). Kommt es zu der Einbringung eines Betriebs, Teilbetriebs bzw Mitunternehmeranteils in eine KapGes und atypisch Stille, wobei der stille Teilhaber keine Körperschaft ist, erfolgt die Übertragung des Verm für eine logische Sekunde in den kstl Bereich der übernehmenden Körperschaft. Dem folgt gedankl in einem zweiten Schritt die Überführung in eine atypisch stille Mitunternehmerschaft. Aufgrund dieser Reihenfolge liegen die Voraussetzungen des Abs 2 S 2 Nr 1 vor (ebenso RHL/*Herlinghaus* § 11 Rn 111; Widmann/Mayer/*Schießl* § 11 Rn 32; *Schaflitzl/Götz* DB Beilage 1/2012 zu Heft 2, 25). Die FinVerw stellt im Gegensatz dazu nicht mehr auf die generelle Körperschaftsteuerpflicht des übernehmenden Rechtsträgers ab, sondern vielmehr darauf, ob die übertragenen WG konkret beim übernehmenden Rechtsträger der KSt unterliegen (vgl BMF-Schrb vom 11.11.2011, BStBl I 1314 Rn 11.08; ebenso DPPM/*Dötsch* Rn 50 f). Danach wäre die Besteuerung des übergehenden Vermögens mit KSt allenfalls dann sichergestellt, wenn das Verm in eine KapGes eingebracht wird und der an der KapGes beteiligte atyptisch Stille seinerseits der KSt unterliegt, wobei dann auch keine Sicherstellung bei der übernehmenden Körperschaft gegeben wäre. Handelt es sich bei dem atypisch Stillen um eine natürl Person, so wäre insoweit jedenfalls nach Meinung der FinVerw die Besteuerung der übergehenden WG mit KSt nicht sichergestellt, es käme zu einer Aufdeckung der stillen Reserven im eingebrachten Verm, soweit die atypisch stille Beteiligung sich auch auf das eingebrachte Verm bezieht. Geht man entgegen der hier vertretenen Auffassung (vgl Rn 327) davon aus, dass die Beurteilung, ob die WG der Sacheinlage der Besteuerung mit KSt unterliegen, nicht nur 329 zeitpunktbezogen, sondern zeitraumbezogen zu beurteilen ist (RHL/*Herlinghaus* Rn 160; DPPM/*Patt* Rn 225; Haritz/Menner/*Menner* Rn 241; RHL/*Herlinghaus* § 11 Rn 110; Widmann/Mayer/*Schießl* § 11 Rn 44) und stellt man weiterhin darauf ab, dass die übertragenen WG konkret beim übernehmenden Rechtsträger der KSt unterliegen müssen, so würde die nachträgl Begründung einer atypisch stillen Beteiligung zwischen dem übernehmenden Rechtsträger und einer natürlichen Person dazu führen, dass nachträglich der Einbringungsvorgang nicht mehr steuerneutral wäre. Da von den Vertretern der zeitraumbezogenen Betrachtungsweise der in Frage stehende Zeitraum nicht einmal zeitlich begrenzt wird, käme es ggf zeitlich unbegrenzt rückwirkend zu stl Konsequenzen beim Einbringenden, was vom Gesetzgeber so sicherlich nicht beabsichtigt ist; das UmwStG würde Umwandlungen nicht erleichtern, sondern vielmehr zu unkalkulierbaren Risiken führen.

330 **d) Einbringung in eine Organgesellschaft.** Wird ein Betrieb, Teilbetrieb oder ein Mitunternehmeranteil in eine OrganGes eingebracht, reicht es für die Anwendung des Abs 2 S 2 Nr 1 aus, wenn die OrganGes grdsl kstpfl ist. Wie das bei der OrganGes ermittelte Einkommen auf der Ebene des Organträgers besteuert wird, ist ohne Relevanz (RHL/*Herlinghaus* § 11 Rn 106; Widmann/Mayer/*Schießl* § 11 Rn 32; *Schaflitzl/Götz* DB Beilage 1/2012 zu Heft 2, 25; *Noll/Schiffers/Watermeyer* GmbHR 2011, 729; *Rödder* DStR 2011, 1059). Demggü stellt die FinVerw auf die konkreten bzw tats Gegebenheiten ab (BMF-Schrb vom 11.11.2011, BStBl I 1314 Rn 20.19; ebenso DPPM/*Patt* Rn 225). Eine Sicherstellung der übergehenden WG mit KSt sei nur gegeben, wenn bei der Einbringung in eine OrganGes deren Organträger kstpfl ist. Unterliegt das Einkommen beim Organträger der ESt, so sei eine Aufdeckung der stillen Reserven bei den übergehenden WG nur aus Gründen einer Billigkeitsmaßnahme möglich. Ein Buch- oder Zwischenwertansatz sei nur möglich, wenn sich alle an der Einbringung Beteiligten übereinstimmend schriftl damit einverstanden erklären, dass auf die aus der Einbringung resultierenden Mehrabführungen § 14 III 1 KStG anzuwenden ist. Da sich die Auffassung der FinVerw insoweit geändert hat, sieht der UmwStE eine Übergangsregelung vor (vgl BMF-Schrb vom 11.11.2011, BStBl I 1314 Rn S 06). Vgl zur Kritik an dieser Auffassung der FinVerw *Schaflitzl/Götz* DB Beilage 1/2012 zu Heft 2, 25; *Sistermann* DStR 2012 Beihefter zu Heft 2, 9; *Drüen* DStR 2012 Beihefter zu Heft 2, 22; *Rödder* DStR 2011, 1059; *Hageböke/Stangl* GmbHR 2011, 744. Zum Problem der zeitraumbezogenen Betrachtungsweise gelten die Ausführungen unter Rn 329 entsprechend. Da es sich nach Auffassung der FinVerw um eine Billigkeitsmaßnahme handelt, stellt sich die Frage, inwieweit das FA diese Billigkeitsmaßnahme im Hinblick auf die GewSt vornehmen kann, vgl dazu § 22 Rn 35c.

43. Negatives steuerliches Kapital (Abs 2 S 2 Nr 2)

331 Nach Abs 2 S 2 Nr 2 hat die übernehmende KapGes/Gen das eingebrachte BV mindestens so anzusetzen, dass sich Aktiv- und Passivposten ausgleichen, wenn die Passivposten des eingebrachten BV die Aktivposten übersteigen. Allerd dürfen die gemeinen Werte der einzelnen WG nicht überschritten werden, Abs 2 S 2. Die Vorschrift schränkt das grdsl Antragswahlrecht gem Abs 2 S 2 bei Sacheinlagen ein, wenn und soweit die Passivposten des eingebrachten BV dessen Aktivposten übersteigen. Maßgebend ist das **stl EK** (Widmann/Mayer/*Widmann* Rn R 453, RHL/*Herlinghaus* Rn 162; DPPM/*Patt* Rn 216), ein positives EK in der HB ist insoweit ohne Bedeutung. Ein positives st EK muss sich nicht ergeben, es genügt der Nettoansatz des eingebrachten BV mit EUR 0 (Widmann/Mayer/*Widmann*

Rn R 453. RHL/*Herlinghaus* Rn 162; DPPM/*Patt* Rn 216; *Förster/Wendland* BB 2007, 631; Haritz/Menner/*Menner* Rn 195). Soweit eine Aufdeckung von stillen Reserven zum Ausgleich des negativen Kapitals erforderl ist, sind alle stillen Reserven in den einzelnen WG, einschl eines ggf bestehenden originären Firmenwerts, **gleichmäßig um den Prozentsatz** aufzulösen, der dem Verhältnis des notw Aufstockungsbetrags zum Gesamtbetrag der vorhandenen stillen Reserven des eingebrachten BV entspricht (RHL/*Herlinghaus* Rn 162).

Zu den maßgebenden Aktivposten gehören auch die **WG, die** aufgrund der Einbringung erstmals in Deutschland **steuerverstrickt werden.** Sie sind nach dem Willen des Gesetzgebers (BT-Drs 16/2710, 43) unabhängig von der konkreten Ausübung des Antragswahlrechts, der gemeine Wert anzusetzen (DPPM/*Patt* Rn 228; Blümich/*Nitzschke* Rn 78; *Kahle/Vogel* Ubg 2012, 493; *Ley* FR 2007, 109; *Förster/Wendland* BB 2007, 631; aA RHL/*Herlinghaus* Rn 167) und mit diesem Wert im Regelungsbereich des Abs 2 S 2 Nr 2 zu berücksichtigen (Widmann/Mayer/*Widmann* Rn R 558; vgl RHL/*Herlinghaus* Rn 167; aA DPPM/*Patt* Rn 216). Eine negatives EK kann nicht durch die bloße Begründung einer Einzahlungsforderung ausgeglichen werden, da im stl Kapitalkonto ledigl tats Zahlungen ihren Niederschlag finden (Widmann/Mayer/*Widmann* Rn R 557). Zur Einlage im Rückwirkungszeitraum vgl Rn 249. Gehört zum eingebrachten BV eine Verbindlichkeit oder Forderung, die nach der Einbringung durch **Konfusion** erlischt, ist die Schuld bzw Forderung bei der Frage, ob ein negatives Kap übertragen wird, zu berücksichtigen (Widmann/Mayer/*Widmann* Rn R 545). Positive und negative **Ergänzungsbilanzen** sind zu berücksichtigen, soweit sie sich auf eingebrachte WG beziehen (Widmann/Mayer/*Widmann* Rn R 565). Eine **stfreie Rücklage** ist ein Passivposten, der zu einem negativen Kap iSv Abs 2 S 2 Nr 2 führen kann (*Zentrale Gutachtendienst* GmbHR 2001, 471; Widmann/Mayer/*Widmann* Rn R 575; DPPM/*Patt* Rn 216). In Fällen der rückwirkenden Einbringung kann ein negatives Kap auch dadurch entstehen, dass in dem Zeitraum zwischen dem rückbezogenen Umwandlungsstichtag und der Eintragung der Einbringung im HR Entnahmen (ggf saldiert mit Einlagen) aus dem BV getätigt werden; dementsprechend kann ein negatives EK durch Einlagen ausgeglichen werden (str vgl Rn 249). 332

Werden in einem einheitl Vorgang **mehrere Sacheinlagen** iSv Abs 1 übertragen, so ist das Wahlrecht und damit auch Abs 2 S 2 Nr 2 für jeden Sacheinlagegegenstand gesondert zu prüfen; ein Ausgleich zwischen den einzelnen Sacheinlagegegenständen erfolgt grdsl nicht. Etwas anderes gilt aber dann, wenn durch dieselbe Person in einem einheitl Vorgang mehrere Sacheinlagegegenstände übertragen werden. In diesem Fall kann ein Ausgleich zwischen positiven und negativen Sacheinlagegegenständen vorgenommen werden, denn in diesem Fall hat der Einbringende neben dem erhaltenen Anteil an der übernehmenden KapGes insges keinen Ausgleich für ein negatives Kap erhalten (vgl BT-Drs 5/3186, 15; FG Sachsen EFG 2011, 2027; Widmann/Mayer/*Widmann* Rn R 561; aA RHL/*Herlinghaus* Rn 162; DPPM/*Patt* Rn 218; Frotscher/Maas/*Mutscher* Rn 212), was nach Meinung des Gesetzgebers der Grund dafür war, die Übernahme eines negativen Kap zu besteuern. Eine Aufstockung kommt nur insoweit in Betracht, als der BW des durch einen Einbringenden insges eingebrachten BV insgesamt negativ ist (Widmann/Mayer/*Widmann* Rn 837). 333

Wenn trotz einer Aufwertung bis zum gemeinen Wert ein negatives Vermögenssaldo vorliegt, ist eine Einbringung nach § 20 handelsrechtl nicht mögl; in diesem Fall muss zunächst durch entsprechende Einlage ein Ausgleich vorgenommen werden (Widmann/Mayer/*Widmann* Rn R 550; Bordewin/Brandt/*Merkert* Rn 98). 334

335 **Beispiel** für eine Aufstockung:

Aktiva		**Passiva**	
Grund und Boden	EUR 100 000	Verbindlichkeiten	EUR 1 100 000
Gebäude	EUR 250 000		
Maschinen/maschinelle Anlagen	EUR 400 000		
sonstige Aktiva	EUR 250 000		
Kap A	EUR 50 000		
Kap B	EUR 50 000		
	EUR 1 100 000		**EUR 1 100 000**

In den Aktiva sollen folgende stille Reserven enthalten sein:

Grund und Boden	EUR 250 000
Gebäude	EUR 200 000
Maschinen/maschinelle Anlagen	EUR 50 000
	EUR 500 000

Zunächst ist nach Abs 2 S 2 Nr 2 das Kap auf EUR 0 aufzustocken:

Aktiva		**Passiva**	
Grund und Boden	EUR 150 000	Verbindlichkeiten	EUR 1 100 000
Gebäude	EUR 290 000		
Maschinen/maschinelle Anlagen	EUR 410 000		
sonstige Aktiva	EUR 250 000		
	EUR 1 100 000		**EUR 1 100 000**

Die stillen Reserven (aufzustocken waren EUR 100 000) wurden verhältnismäßig bei den WG aufgestockt. Durch diese Aufstockung hat das übertragene Verm einen Nettobuchwert von EUR 0. Soll das Verm in eine neu zu gründende AG eingebracht werden, so muss deren Grundkapital mindestens EUR 50 000 betragen. Die stl Eröffnungsbilanz dieser AG hat unter Berücksichtigung von Abs 2 S 2 folgendes Bild:

Aktiva		**Passiva**	
Grund und Boden	EUR 150 000	GK	EUR 50 000
Gebäude	EUR 290 000	Verbindlichkeiten	EUR 1 100 000
Maschinen/maschinelle Anlagen	EUR 410 000		
sonstige Aktiva	EUR 250 000		
AP	EUR 50 000		
	EUR 1 150 000		**EUR 1 150 000**

Bei der Aufstockung auf EUR 0 gem Abs 2 S 2 Nr 2 ist ein **Einbringungsgewinn** iHv EUR 100 000 zu versteuern. Soll das vermieden werden, muss das negative Kapitalkonto durch **Einlagen** ausgeglichen werden (vgl Rn 332).

336 **Negativer Mitunternehmeranteil.** Wird ein Mitunternehmeranteil eingebracht, so ist das Kap dieses MU entscheidend für die Frage, ob die Passivposten des eingebrachten BV die Aktivposten übersteigen (Abs 2 S 2 Nr 2). Das Kap des MU ist die Summe aus seinem stl Kapitalkonto aus der Gesamthandsbilanz, der Ergänzungsbilanzen und der Sonderbilanzen, sofern das SBV mit eingebracht wird (ebenso Widmann/Mayer/*Widmann* Rn 565; DPPM/*Patt* Rn 217). Ergibt sich

bei der Einbringung eines Mitunternehmeranteils ein negatives (Gesamt-)Kapitalkonto für den Einbringenden, kann die nach Abs 2 S 2 Nr 2 notw Aufstockung nur bis zu der Höhe durchgeführt werden, zu dem der Einbringende an den stillen Reserven der Mitunternehmerschaft beteiligt ist (ebenso Widmann/Mayer/*Widmann* Rn 828).

Wird ein Mitunternehmeranteil eingebracht und die aufnehmende KapGes Gesellschafterin/Mitunternehmerin, so ist die erforderl Aufstockung eines negativen Mitunternehmeranteils in einer **Ergänzungsbilanz** des einbringenden MU durchzuführen, dessen Anteil in die KapGes eingebracht wurde (vgl BFH DStR 2003, 1743); dabei ist der Aufstockungsbetrag verhältnismäßig auf die einzelnen WG der Mitunternehmerschaft in der Ergänzungsbilanz zu verteilen (Widmann/Mayer/*Widmann* Rn 828). 337

Negatives Kapital bei Einbringung durch Mitunternehmerschaft. Bringt eine PersGes ihren Betrieb in eine KapGes gegen Gewährung von Gesellschaftsrechten ein, ist nach hM Gegenstand der Einbringung ein Betrieb und nicht ein Mitunternehmeranteil, auch wenn die neuen Anteile am übernehmenden Rechtsträger unmittelbar den Gesellschafter der einbringenden PersGes gewährt werden (vgl Rn 19). Damit sollte für die Anwendung von Abs 2 S 2 Nr 2 nicht auf den einzelnen (positiven oder negativen) Mitunternehmeranteil abzustellen sein, sondern auf die Summe des insges eingebrachten BV der PersGes. 338

Beispiel: 339

StB der A + B OHG; Gesellschafter: A und B je 50%. Die OHG soll ihren Betrieb in eine AG einbringen. StB der OHG:

Aktiva			Passiva		
Aktiva	EUR	250 000	Kap A	EUR	70 000
negatives Kap B	EUR	20 000	Verbindlichkeiten	EUR	200 000
	EUR	**270 000**		**EUR**	**270 000**

Die stillen Reserven betragen EUR 250 000. Das Grundkapital der aufnehmenden AG soll EUR 50 000 betragen. Da ausreichendes Kap (Aktiva EUR 250 000; Passiva EUR 200 000) vorhanden ist, sind Aufstockungen nicht erforderl. In diesem Zshg nicht zu entscheiden ist der Ausgleich zwischen den Gesellschaftern.

Eine durch Abs 2 S 2 Nr 2 vorgeschriebene Aufstockung wäre nur vorzunehmen, wenn die **StB** der Mitunternehmerschaft in Abwandlung des obigen Beispiel folgendes Bild zeigte:

Aktiva			Passiva		
Aktiva	EUR	250 000	Kap A	EUR	20 000
Kap B	EUR	70 000	Verbindlichkeiten	EUR	300 000
	EUR	**320 000**		**EUR**	**320 000**

In diesem Fall wäre zunächst nach Abs 2 S 2 Nr 2 ein Ausgleich **durch Aufstockung** um EUR 50 000 auf ein Kap von EUR 0 vorzunehmen; der anschl Ausweis eines Grundkapitals von EUR 50 000 könnte stl neutral durch Ansatz eines AP dargestellt werden.

Wird nicht der Betrieb durch die PersGes eingebracht, sondern übertragen die Gesellschafter der PersGes ihren Mitunternehmeranteil, sind Aufstockungen nach Abs 2 S 2 Nr 2 für jeden einzelnen negativen Mitunternehmeranteil vorzunehmen. Im ersten Beispiel in Rn 339 mussten in der Person des B stille Reserven iHv EUR 20 000 aufgedeckt werden. 340

44. Ausschluss oder Beschränkung des deutschen Besteuerungsrechts hinsichtlich des eingebrachten BVs (Abs 2 S 2 Nr 3)

341 Eine antragsabhängige Bewertung bei dem eingebrachten BV mit dem BW oder einem höheren ZW ist – neben den sonstigen Voraussetzungen des Abs 2 S 2 – nur insoweit zul, als das Recht der BRD hinsichtl der Besteuerung des Gewinns aus der Veräußerung des eingebrachten BV bei der übernehmenden Ges nicht ausgeschlossen oder beschränkt wird. Zur Vereinbarkeit der Entstrickungsregelung mit EU-Recht vgl Vor §§ 11–13 Rn 9 ff; FG Hamburg DStR 2012, 791; FG Köln EFG 2012, 117. Ob das Recht zur Besteuerung von **Veräußerungsgewinnen** bei den übertragenen WG ausgeschlossen oder beschränkt wird, entscheidet sich damit nach den Verhältnissen beim übernehmenden Rechtsträger zum Einbringungsstichtag (vgl Rn 346). Es kommt ausschließl auf das Besteuerungsrecht der BRD hinsichtl eines Veräußerungsgewinns der übergehenden WG an, es spielt keine Rolle, wem nach der Einbringung das Recht zur Besteuerung von Erträgen aus der Nutzung der WG zusteht. Auch das Besteuerungsrecht der BRD hinsichtl der erhaltenen Anteile ist in diesem Zusammenhang ohne Bedeutung. Der Ausschluss bzw die Beschränkung des dt Besteuerungsrechts bezieht sich ausschließl auf die **KSt,** auf die **GewSt** kommt es insoweit nicht an (BMF-Schrb vom 11.11.2011, BStBl I 1314 Rn 20.19 iVm Rn 03.18).

342 Eine Beschränkung oder ein Ausschluss des dt Besteuerungsrechts kann nur dann vorliegen, wenn **vor der Einbringung** auch **ein dt Besteuerungsrecht bestanden hat** (vgl BT-Drs 16/2710, 43; BMF-Schrb vom 11.11.2011, BStBl I 1314 Rn 20.19 iVm Rn 03.19; Blümich/*Nitzschke* Rn 83; Frotscher/Maas/*Mutscher* Rn 235; DPPM/*Patt* Rn 227). Ein solches dt Besteuerungsrecht existiert, wenn die eingebrachten WG inl BV sind oder ausl BV in einem Nicht-DBA-Staat bzw in einem DBA-Staat mit Anrechnungsmethode bzw in einem DBA-Staat mit Freistellungsmethode bei Eingreifen des § 20 II AStG. Eine Beschränkung des dt Besteuerungsrechts iSv Abs 2 S 2 liegt nur dann vor, wenn die Verringerung des dt Veräußerungsgewinnbesteuerungsanspruchs auf der Verlagerung stl Anknüpfungspunkte ins Ausland beruht (*Becker-Pennrich* IStR 2007, 684). Bringt eine natürl Person ua Anteile an eine KapGes in eine andere KapGes ein, so reduziert sich im Laufe der Zeit durch die Einbringung die Höhe des Steueranspruchs des dt Fiskus im Hinblick auf einen Veräußerungsgewinn, weil die Anteile nach der Einbringung nicht mehr nach dem Halbeinkünfteverfahren, sondern nach § 8 b II KStG zu versteuern sind. Dies bedeutet jedoch nicht eine Beschränkung des Besteuerungsrechts iSd Abs 2 S 2 (*Becker-Pennrich* IStR 2007, 684).

343 Streitig ist, wann das dt Besteuerungsrecht beeinträchtigt wird, insbes vor dem Hintergrund, dass der BFH die **Theorie der finalen Entnahme** im Jahre 2008 aufgegeben hat (BFH BStBl II 2009, 464; BFH/NV 2010, 432; BFH/NV 2010, 346). Die Rspr geht in diesem Zusammenhang davon aus, dass es nicht zu einem Ausschluss oder einer Beschränkung des dt Besteuerungsrechts, bezogen auf die in Deutschland gelegten stillen Reserven kommt, wenn WG ins Ausland verbracht werden und in Deutschland eine Betriebsstätte verbleibt. Die FinVerw wendet diese Rspr nicht an (BMF-Schrb vom 20.5.2009, BStBl I 671; vgl auch EuGH DStR 2011, 2334- National Grid Indus). Durch das JStG 2010 sind § 4 I EStG und § 12 I KStG geändert worden, wonach die Zuordnung eines WG zu einer ausl Betriebsstätte als Regelfall zu einem Verlust oder einer Beeinträchtigung des dt Besteuerungsrechts führt (vgl dazu hierzu *Körner* IStR 2009, 741; *Schönfeld*

IStR 2010, 133; *Mitschke* Ubg 2010, 355; *Mitschke/Körner* IStR 2010, 95, 208; Haritz/Menner/*Menner* Rn 266; Widmann/Mayer/*Schießl* § 11 Rn 50.08 ff). Nach Auffassung der FinVerw sind bei der Prüfung des Abs 2 S 2 Nr 3 diese durch das JStG 2010 vorgenommenen Änderungen der allg Entstrickungsvorschriften des § 4 I 3 EStG, § 12 I KStG zu beachten, obwohl die umwandlungssteuerrechtl Entstrickungsvorschriften nicht vglbar angepasst wurden. Nach § 4 I 4 EStG und § 12 I 2 KStG liegt ein Ausschluss oder eine Beschränkung des dt Besteuerungsrechts hinsichtlich des Gewinns aus der Veräußerung eines WG insbes vor, wenn ein bisher einer inl Betriebsstätte des Steuerpflichtigen zuzuordnendes WG einer ausl Betriebsstätte zuzuordnen ist (BMF-Schrb vom 11.11.2011, BStBl I 2011, 1314 Rn 20.19 iVm Rn 03.18). Da Abs 2 S 2 Nr 3 im Verhältnis zu den allg Entstrickungsvorschriften eine spezielle Vorschrift ist, kann diese Auffassung nicht überzeugen (ebenso Frotscher/Maas/*Frotscher* § 11 Rn 123; *Stadler/Elser/Bindl* DB Beilage 1/2012 zu Heft 2, 14; *Ungemach* Ubg 2011, 251; aA zB Widmann/Mayer/*Fuhrmann* § 24 Rn 749). Daher ist bei der Einbringung in eine KapGes immer konkret zu prüfen und nicht nur zu vermuten, ob bzw inwieweit das dt Besteuerungsrecht entfällt oder eingeschränkt wird.

Das dt Besteuerungsrecht wird in folgenden Fällen ausgeschlossen oder **344**
beschränkt:

- Das dt Besteuerungsrecht entfällt durch die Einbringung voll umfänglich, wenn nach inl Steuerrecht das Besteuerungsrecht entfällt bzw das dt Besteuerungsrecht zwar grdsl erhalten bleibt, aber auf Grund DBA anders als vor der Einbringung beim übernehmenden Rechtsträger durch Freistellung vermieden wird (BMF-Schrb vom 11.11.2011, BStBl I 1314 Rn 20.19 iVm Rn 03.18).
- Das Besteuerungsrecht wird beschränkt, wenn vor der Einbringung ein dt Besteuerungsrecht bestanden und nach der Umwandlung ein der Höhe oder dem Umfang nach im Vergleich dazu eingeschränktes dt Besteuerungsrecht fortbesteht (BMF-Schrb vom 11.11.2011, BStBl I 1314 Rn 20.19 iVm Rn 03.18).

Ob bereits die **abstrakte Gefahr** eines Ausschlusses oder einer Beschränkung **345**
den Ansatz des eingebrachten BV mit dem gemeinen Wert zur Folge hat oder eine tats Berücksichtigung der ausl Steuer notw ist, ist nicht abschl geklärt (vgl Haritz/Menner/*Menner* Rn 267; Haritz/Menner/*Behrens* § 21 Rn 263; *Becker-Pennrich* IStR 2007, 684; *Mutscher* IStR 2007, 799; *Rödder/Schumacher* DStR 2006, 1481; Herrmann/Heuer/Raupach/*Kolbe* § 12 KStG Rn J 06–16; *Wassermeyer* DB 2006, 1176). Abs 2 Nr 3 betrifft nach richtiger Meinung nur **einen konkreten Ausschluss bzw eine konkrete Beschränkung** (Haritz/Menner/*Behrens* § 21 Rn 263; aA DPPM/*Patt* § 21 Rn 58; Frotscher/Maas/*Mutscher* Rn 228; Haritz/Menner/*Menner* Rn 267; Widmann/Mayer/*Fuhrmann* § 24 Rn 760); die bloße abstrakte Möglichkeit eines Ausschlusses oder einer Beschränkung ist nicht tatbestandsmäßig. Maßgebl ist, ob im Falle einer gedachten Veräußerung zum Einbringungsstichtag das dt Besteuerungsrecht nach Maßgabe des zu diesem Zeitpunkt geltenden nationalen und zwischenstaatl Rechts ausgeschlossen oder beschränkt ist. Die Regelung stellt darauf ab, ob das Besteuerungsrecht der BRD „ausgeschlossen oder beschränkt wird", daraus lässt sich schließen, dass es nicht darauf ankommt, ob das Besteuerungsrecht theoretisch ausgeschlossen oder beschränkt sein könnte. Zudem will der Gesetzgeber mit der Einführung von Entstrickungsklauseln, zu denen Abs 2 Nr 3 zählt, das dt Besteuerungsrecht sichern (BT-Drs 16/2710, 2). Im Falle der Anrechnung (bzw des Abzugs ausl Steuer) ist das dt Steueraufkommen dann nicht in Gefahr, wenn

eine ausl anzurechnende oder abzuziehende Steuer nicht festgesetzt wird (*Becker-Pennrich* IStR 2007, 684). Zudem verstößt es gegen den Grds der Verhältnismäßigkeit, wenn nur die theoretische Beschränkung des dt Besteuerungsrechts zur Auflösung der stillen Reserven im übertragenen Vermögen führt, da dem Fiskus nichts verloren geht, der Stpfl ohne Liquiditätszufluss dennoch eine Besteuerung hinnehmen muss. Nicht geklärt ist weiter, ob eine Beschränkung des dt Besteuerungsrechts dann vorliegt, wenn die **ausländische Steuer** zB nach § 26 VI KStG iVm § 34 c II, III EStG die stl Bemessungsgrundlage reduziert (so BMF-Schrb vom 11.11.2011, BStBl I 1314 Rn 20.19 iVm Rn 03.19; Haritz/Menner/*Menner* Rn 268; Herrmann/Heuer/Raupach/*Kolbe* § 12 KStG Rn J 06–16; *Becker-Pennrich* IStR 2007, 684; *Blumenberg/Lechner* BB Special 2006 8, 26 f; aA für den Fall des § 34 c EStG *Wassermeyer* DB 2006, 1176; *Bilitewski* FR 2007, 57). Der **Abzug ausländischer Steuer** ist mE tatbestandsmäßig eine Beschränkung iSd Abs 2 Nr 3, denn das Steueraufkommen des Staates wird durch den Abzug geringer. Verbleibt das ursprüngliche Besteuerungsrecht aufgrund einer sog Rückfallklausel (vgl BFH/NV 2008, 677) in Deutschland, liegt weder ein Ausschluss noch eine Beschränkung des Besteuerungsrechts vor. Keine Beschränkung liegt vor, wenn im Fall der Freistellung die Möglichkeit der Anwendung des Progressionsvorbehaltes entfällt (Widmann/Mayer/*Widmann* Rn R 484; Frotscher/Maas/*Mutscher* Rn 221 ff).

346 **Maßgebl Zeitpunkt** dafür, ob die spätere Besteuerung eines Veräußerungsgewinns des übertragenen BV sichergestellt ist, ist der **stl Einbringungsstichtag,** denn bereits ab diesem Zeitpunkt würde ein Veräußerungsgewinn in der Person des übernehmenden Rechtsträgers ermittelt werden (BMF-Schrb vom 11.11.2011, BStBl I 1314 Rn 20.15). Bestand zum stl Einbringungsstichtag noch das dt Besteuerungsrecht hinsichtl des eingebrachten BV und wird dieses erst nach dem Einbringungsstichtag beschränkt, erfolgt die Entstrickung nach allg Grdsen (vgl auch *Becker-Pennrich* IStR 2007, 684; DPPM/*Dötsch* § 11 Rn 59).

347 § 20 findet grdsl auch hinsichtl des im **Ausland gelegenen Verm** Anwendung, soweit die Voraussetzungen des § 20 vorliegen (Widmann/Mayer/*Widmann* Rn R 472). Das ausl Verm muss damit zu einem in- oder ausl Betrieb, Teilbetrieb oder einem Mitunternehmeranteil gehören. Dieser Betrieb, Teilbetrieb oder Mitunternehmeranteil muss gegen Gewährung von neuen Gesellschaftsrechten in eine KapGes/Gen eingebracht werden. Hat Deutschland hinsichtl des im Ausland gelegenen Verm ein Besteuerungsrecht, weil dieses Verm sich in einem Nicht-DBA-Staat bzw in einem DBA-Staat mit Anrechnungsmethode befindet, und wird dieses Verm in eine inl KapGes/Gen eingebracht, kommt Abs 2 S 2 Nr 3 grdsl nicht zur Anwendung, da Deutschland das Besteuerungsrecht hinsichtl des Gewinns aus der Veräußerung der zu den Betriebsstätten gehörenden WG auch nach der Einbringung hat. Etwas anderes ist nur denkbar, wenn vor der Einbringung ein Besteuerungsrecht mit Anrechnungsverpflichtung bestand, der übernehmende Rechtsträger in einem DBA-Staat bereits über eine Betriebsstätte verfügt, aus der aktive Einkünfte erzielt werden und durch die Einbringung die Voraussetzung für das vorliegend passive Einkünfte auch hinsichtl des eingebrachten Verm wegfällt (Widmann/Mayer/*Widmann* Rn R 475).

348 Zu einem Ausschluss bzw einer Beschränkung des dt Besteuerungsrechts kann es bei einer **grenzüberschreitenden Einbringung** in eine EU- bzw EWR-Auslandskapitalgesellschaft/Gen kommen. Inl Immobilienvermögen bleibt bei der Einbringung stets gem § 49 I Nr 2 f EStG iVm § 8 I KStG und Art 6 OECD-MA steuerverstrickt, unerhebl ist insoweit, dass das bloße Halten von

Immobilienvermögen ausl Ges per se keine inl Betriebsstätte begründet (vgl BFH BStBl II 2004, 344; BFH BStBl II 1998, 653; FG Hessen FG 2000, 218; DPPM/*Dötsch* § 11 Rn 64). Dies führt nur dazu, dass Immobilienvermögen nicht mehr der GewSt unterliegt, was für die Anwendung des Abs 2 S 2 Nr 3 keine Rolle spielt (vgl Rn 341). Verbleibt nach der Einbringung in Deutschland eine dt Betriebsstätte, hängt die Besteuerung der eingebrachten WG davon ab, welche WG dieser in Deutschland verbleibende Betriebsstätte und welcher dem ausl Stammhaus tats zugeordnet werden. Dies hängt davon ab, welcher Betriebsstätte das einzelne WG dient, der Geschäftsleitungsbetriebsstätte („Stammhaus") oder einer anderen Betriebsstätte (vgl Debatin/*Wassermeyer* DBA-MA Art 7 Rn 20, Stand Sept 2012). Dieses tats Dazugehören zu einer Betriebsstätte wird im Sinne einer funktionalen Zuordnung interpretiert (vgl BFH DStRE 2007, 473; krit *Blumers* DB 2007, 312).

Probleme entstehen, wenn mangels funktionaler Bedeutung eines WG dieses **349**
nicht zwangsläufig einer bestimmt Betriebsstätte zugeordnet werden kann. Dies gilt bspw für den Geschäftswert, Beteiligungen, Patente etc, die nach hM grdsl dem ausl Stammhaus zugeordnet werden; sog Zentralfunktion des Stammhauses (vgl BMF-Schrb vom 11.11.2011, BStBl I 1314 Rn 10.19 iVm Rn 03.20 iVm BMF-Schrb vom 24.12.1999, BStBl I 1076 Rn 2.4; *Schaumburg* GmbHR 2010, 1341; *Breuninger* FS Schaumburg, 587; *Schönfeld* IStR 2011, 497; *Blumers* DB 2006, 856; speziell zur Holding *Kessler/Hueck* IStR 2006, 433). Bei solchen WG, die mangels funktionaler Zuordnung zu einer Betriebsstätte dem Stammhaus zugerechnet werden, stellt sich die Frage, **wann es zu einer Entstrickung kommt.**

Beispiel: **350**
Der in Deutschland unbeschränkt stpfl E bringt sein Einzelunternehmen rückwirkend auf den 31.12.2010 auf eine ausl EU-KapGes ein. Diese Rückwirkung wird auch vom EU-Auslandsstaat anerkannt. Der Einbringungsvertrag wird am 1.7.2011 geschlossen, die Übertragung des wirtschaftl Eigentums erfolgt am selben Tag. Am 2.7.2011 verzieht E ins EU-Ausland und übernimmt die Geschäftsführung der EU-KapGes. Zum übertragenen Verm des Einzelunternehmens gehören auch Patente und ein Geschäftswert. Nach Abs 5 S 1 wird das Einkommen und das Verm des Einbringenden und der übernehmenden Ges auf Antrag so ermittelt, als ob das eingebrachte BV mit Ablauf des Einbringungsstichtags (31.12.2010) auf den übernehmenden Rechtsträger übergegangen wäre. Die „Zentralfunktion des Stammhaus" bzgl des übertragenen Einzelunternehmens wechselt jedoch erst am 2.7.2011 ins EU-Ausland. Da es sich insoweit um einen tats Vorgang handelt, kommt es erst zu diesem Zeitpunkt zu einer Entstrickung der dem Stammhaus insoweit zugeordneten WG, und zwar durch die übernehmende EU-KapGes, auf die diese WG bereits zum Einbringungsstichtag (BMF-Schrb vom 11.11.2011, BStBl I 1314 Rn 02.15; *Stadler/Elser/Bindl* DB Beilage 1/2012 zu Heft 2, 14; *Schönfeld* IStR 2011, 497; *Breuninger* FS Schaumburg, 2009, 587) als übergegangen gelten. Dann kommt es aber zu einer Entstrickung dieser WG nach dem Einbringungsstichtag, in der „stl Schlussbilanz" des übernehmenden Rechtsträgers zum 31.12.2010 können diese WG unter den sonstigen Voraussetzungen des Abs 2 S 2 mit dem BW oder einem ZW angesetzt werden. Rechtsgrundlage für die Entstrickung sind dann die allg Entstrickungsregelungen. Das Vorstehende gilt auch, wenn in Deutschland keine Betriebsstätte nach der Einbringung zurückbleibt (vgl aber auch DPPM/*Dötsch* § 11 Rn 61).

Das dt Besteuerungsrecht wird bei der Einbringung in eine EU-EWR-Aus- **351**
landskapitalgesellschaft grdsl dann nicht ausgeschlossen bzw beschränkt, wenn einen ausl Betriebsstätte des einbringenden Rechtsträgers in einem ausl Staat mit DBA-Freistellungsmethode liegt (RHL/*Herlinghaus* Rn 168; *Benz/Rosenberg*

BB Special 8/2006, 55). Hat der einbringende Rechtsträger eine ausl Betriebsstätte in einem Nicht-DBA-Staat, einem Staat mit dem nach DBA die Anrechnungsmethode gilt oder eine im Ausland gelegene Betriebsstätte, für die § 20 II AStG gilt, verliert Deutschland sein Besteuerungsrecht, da dieses Betriebsstättenvermögen nach der Einbringung dem übernehmenden Rechtsträger zusteht und somit Deutschland hinsichtl des übertragenen Verm kein Besteuerungsrecht mehr hat (Widmann/Mayer/*Widmann* Rn R 481; RHL/*Herlinghaus* Rn 168; *Hagemann/Jakob/Ropohl/Viebrock* NWB-Sonderheft 1/2007, 37 im Falle von EU-Betriebsstätten ist Abs 7 iVm § 3 III zu beachten).

352 Zu einer Beschränkung des dt Besteuerungsrechts kann es kommen, wenn nach der Einbringung die Einkünfte aus einer ausl Betriebsstätte nur noch über die **Hinzurechnungsbesteuerung** nach AStG erfasst werden, während sie vor der Einbringung deshalb erfasst werden konnten, weil aus der Betriebsstätte passive Einkünfte iSd DBA oder iSd § 20 II AStG erzielt wurden. Die Erfassung innerh der Hinzurechnungsbesteuerung hängt näml ggü der unmittelbaren Erfassung als passive Einkünfte von weiteren Voraussetzungen ab (Widmann/Mayer/*Widmann* Rn R 481). Geht man davon aus, dass die Hinzurechnungsbesteuerung gegen EU-Recht verstößt (vgl EuGH DB 2006, 2045), liegt in jedem Fall ein Wegfall des dt Besteuerungsrechts vor (Widmann/Mayer/*Widmann* Rn R 481). Keine Beschränkung des dt Besteuerungsrechts liegt vor, wenn im Fall der Freistellung Art 23 A OECD-MA die Möglichkeit der Anwendung des **Progressionsvorbehalts** entfällt, denn unabhängig von der Anwendung des Progressionsvorbehalts besteht bei der Freistellungsmethode iSv Art 23 A OECD-MA kein Besteuerungsrecht, was damit auch nicht beschränkt werden kann (Herrmann/Heuer/Raupach/*Kolbe* § 12 KStG Rn J 06–16; *Stadler/Elser* BB Special 8/2006, 20). Verbleibt das ursprüngl Besteuerungsrecht aufgrund einer sog Rückfallklausel (vgl BFH/NV 2008, 677) in Deutschland, liegt weder ein Ausschluss noch eine Beschränkung des Besteuerungsrechts vor. Ob das Besteuerungsrecht der eingebrachten WG ausgeschlossen oder beschränkt wird, entscheidet sich nach den **Verhältnissen beim übernehmenden Rechtsträger.**

45. Gewährung anderer Wirtschaftsgüter, Abs 2 S 4

353 Eine weitere Einschränkung des Wahlrechts nach Abs 2 S 2 enthält Abs 2 S 4 (vgl auch Rn 218 f), ohne aber die Ausübung des Wahlrechts selbst dadurch in Frage zu stellen: Erhält der Einbringende neben den neuen Gesellschaftsanteilen **andere WG,** deren gemeiner Wert den BW des eingebrachten BV übersteigt, muss der übernehmende Rechtsträger das eingebrachte BV mindestens mit dem **gemeinen Wert der anderen WG** ansetzen (Widmann/Mayer/*Widmann* Rn R 591); die gemeinen Werte der einzelnen WG dürfen nicht überschritten werden, Abs 2 S 2. Ist der gemeine Wert der Zusatzleistung höher als die gemeinen Werte des übertragenen Verm, liegt insoweit eine vGA vor (Widmann/Mayer/*Widmann* Rn R590; RHL/*Herlinghaus* Rn 181; DPPM/*Patt* Rn 219). Die Dotierung einer offenen Rücklage ist keine zusätzliche Gegenleistung iSv Abs 2 S 4 (vgl Rn 212, 218). Ist entsprechend diesen Grdsen eine Aufstockung der in den übergehenden WG enthaltenen stillen Reserven notw, erfolgt die **Aufstockung** für alle WG einschl eines originären Firmenwerts gleichmäßig (RHL/*Herlinghaus* Rn 181; DPPM/*Patt* Rn 219). Liegt der gemeine Wert der zusätzl zu den Gesellschaftsrechten gewährten anderen WG unter dem BW des eingebrachten BV, können BW fortgeführt werden, und eine Aufstockung ist nicht erforderl.

Beispiel: 354
A bringt sein Einzelunternehmen in die bestehende B-GmbH ein. Bei den beiden Unternehmen sind folgende Werte vorhanden:

BW	EUR 250 000
gemeiner Wert	EUR 400 000

A soll neue Gesellschaftsrechte aus einer durchzuführenden KapErh iHv EUR 25 000 und eine Zuzahlung von EUR 100 000 bar von der B-GmbH erhalten. Der Wert der zusätzl zu den Gesellschaftsrechten gewährten weiteren WG (Barzahlung iHv EUR 100 000) ist niedriger als der BW des eingebrachten BV (EUR 250 000). Abs 2 S 4 greift deshalb nicht ein, so dass die Beteiligten von ihrem Wahlrecht nach Abs 2 S 1 uneingeschränkt Gebrauch machen können.

Ein Zwang zur Aufstockung besteht allerd dann, wenn der gemeine Wert der zusätzl Leistung den BW übersteigt. 355

Beispiel: 356
Im obigen Beispielfall soll A für die Einbringung neue GmbH-Anteile iHv EUR 10 000 und eine Barzuzahlung von EUR 280 000 erhalten. Der gemeine Wert der zusätzl gewährten WG beträgt EUR 280 000 und liegt um EUR 30 000 über dem BW des eingebrachten BV; die B-GmbH muss das BV also mit insges EUR 280 000 ansetzen.

Gehen mit dem Betrieb, Teilbetrieb bzw Mitunternehmeranteil **betriebl Verb** 357 auf die aufnehmende KapGes über, ist darin **keine Gewährung anderer WG** zu sehen (vgl Rn 219; Widmann/Mayer/*Widmann* Rn R 585; Haritz/Menner/*Menner* Rn 373). Anderes gilt für die Übernahme privater Verb der Gesellschafter durch die aufnehmende Ges (Widmann/Mayer/*Widmann* Rn 585; Haritz/Menner/*Menner* Rn 373). Fragl ist in diesem Zshg, ob sämtl Verb, bei denen der Schuldzinsenabzug gem **§ 4 IVa EStG** ausgeschlossen ist, auch eine **Privatverbindlichkeit** idS darstellen. ME stellen Verb, deren Zinsen vom BA-Abzug nach § 4 IVa EStG ausgeschlossen sind, betriebl Verb dar. § 4 IVa EStG bezieht sich näml nur auf Zinszahlungen, die BA darstellen, verbietet aber deren Abzug (Widmann/Mayer/*Widmann* Rn R584).

Als „andere WG“, die neben neuen Gesellschaftsanteilen gewährt werden, 358 kommen insbes in Frage (vgl auch *Patt* EStB 2012, 420):
- Einräumung von **Darlehensforderungen** zugunsten des Einbringenden gegen die übernehmende KapGes;
- Gewährung einer typischen oder atypischen **stillen Beteiligung** zugunsten des Einbringenden an der übernehmenden KapGes;
- Gewährung von Genussscheinen, auch wenn mit ihnen das Recht auf Beteiligung am Gewinn und Liquidationserlös verbunden ist (Widmann/Mayer/*Widmann* Rn R 582);
- Abtretung eigener **(alter) Gesellschaftsanteile;**
- **Barabfindungen;**
- Hingabe von Sachwerten.

Die Bewertung der anderen WG erfolgt zum Einbringungsstichtag mit dem 359 gemeinen Wert, so dass unverzinsl Darlehensforderungen mit dem Barwert anzusetzen sind.

Die anderen WG müssen grdsl von der übernehmenden KapGes unmittelbar 360 an die Einbringenden geleistet werden. Werden sie von Dritten, insbes von den Gesellschaftern der übernehmenden KapGes **für Rechnung** der übernehmenden KapGes geleistet, handelt es sich nicht um die Veräußerung von Anteilen durch den Einbringenden bzw um den Erwerb von Mitunternehmeranteilen durch die leistenden Dritten, sondern um einen Anwendungsfall von § 20 (RHL/*Herlinghaus* Rn 182; vgl auch DPPM/*Patt* Rn 221; Haritz/Menner/*Menner* Rn 374). Die Leistung des Gesellschafters der Übernehmerin wird insoweit wie eine **Einlage** in die KapGes und die anschl Gegenleistung der KapGes an den Einbringenden behandelt. Die Einlage erhöht die ursprüngl AK des leistenden Gesellschafters.

361 Erfolgt die Leistung **nicht für Rechnung** der übernehmenden KapGes, liegt keine sonstige Gegenleistung vor. Eine solche Leistung, die der Einbringende von einem Dritten erhält, wird nicht für den eingebrachten Betrieb, sondern aus sonstigen Gründen gemacht, die mit der Einbringung des Betriebs nur mittelbar zusammenhängen. IÜ hat der übernehmende Rechtsträger insoweit keinen Aufwand. So sind Zahlungen zwischen dem Einbringenden und den Gesellschaftern des übernehmenden Rechtsträgers, bspw um Wertverschiebungen auszugleichen, keine sonstige Gegenleistung durch den übernehmenden Rechtsträger, der Einbringende veräußert vielmehr anteilig das durch ihn insoweit für Rechnung des Zahlenden eingebrachte Verm (aA DPPM/*Patt* Rn 221; Haritz/Menner/*Menner* Rn 374; vgl auch DPPM/*Dötsch* § 11 Rn 77; Widmann/Mayer/*Schießl* § 11 Rn 88; BMF-Schrb vom 11.11.2011, BStBl I 1314 Rn 11.10 iVm Rn 03.21).

362 Nach Abs 2 S 4 muss es sich bei den weiteren Gegenleistungen um **WG** handeln, sonstige rein schuldrechtliche Absprachen, die nicht bilanzierungsfähig sind, stellen keine weitere Gegenleistung iSd Abs 2 S 4 dar (Lutter/*Schaumburg*/*Jesse* Holding-HdB § 13 Rn 104). Die Belastung des übertragenen Verm mit lediglichem Nutzungsrecht stellt keine sonstige Gegenleistung dar (vgl BFH HFR 2005, 304). Soweit der EK-Zugang den Nominalbetrag der gewährten Gesellschaftsrechte und der iÜ gewohnten sonstigen Leistung übersteigt, ist der Differenzbetrag dem Einlagekonto gem § 27 KStG zuzuordnen, die Dotierung der offenen Rücklage ist keine zusätzl Gegenleistung (vgl Rn 212, 218).

363 **Rechte Dritter** am übertragenen Verm (Nießbrauchsrecht an einem eingebrachten Mitunternehmeranteil, Vorkaufsrechte), die sich von Gesetzes wegen an den neuen Anteilen am übernehmenden Rechtsträger fortsetzen, stellen keine sonstige Gegenleistung dar. Gleiches gilt, wenn solche Rechte auf Grund einer schuldrechtl Vereinbarung, auch wenn diese erst im Zusammenhang mit der Einbringung geschlossen werden, sich an den Anteilen am übernehmenden Rechtsträger fortsetzen. Eine Gewährung anderer WG iSd Abs 2 S 4 liegt auch nicht vor, soweit die neuen Anteile am übernehmenden Rechtsträger mit besonderen Rechten, zB Gewinnrechten oder Stimmrechten, ausgestattet sind.

364 Werden bei der einbringenden Mitunternehmerschaft **Privatkonten** der Gesellschafter geführt, die als stl **EK** zu beurteilen sind, greift Abs 2 S 4 (und Abs 4 S 2) thematisch ein, wenn für diese Privatkonten andere WG (Darlehensforderung, typische oder atypische stille Beteiligung) neben neuen Gesellschaftsrechten gewährt werden. Das gilt aber nicht, wenn die Privatkonten stl als **Fremdkapital** zu beurteilen sind (zur Abgrenzung BV/PV vgl L. Schmidt/*Wacker* EStG § 15 Rn 484 ff, insbes Rn 540 ff).

365 § 20 sieht eine Höchstgrenze für die Nebenleistungen – anders als § 23 IV aF – nicht vor, so dass die Relation zwischen der Ausgabe neuer Anteile und den daneben gewährten Zusatzleistungen ohne Bedeutung ist (RHL/*Herlinghaus* Rn 182; vgl auch *Patt* EStB 2012, 420).

366 Die Pensionsrückstellung wird von dem übernehmenden Rechtsträger weitergeführt, wobei strittig ist, wie die Bewertung zu erfolgen hat (vgl (BMF-Schrb vom 11.11.2011, BStBl I 1314 Rn 20.30).

46. Pensionszusagen zu Gunsten von Mitunternehmern

Die Verpflichtung aus einer Pensionszusage, die ein Gesellschafter einer PersGes für seine Tätigkeit als Geschäftsführer dieser Ges erhalten hat, war nach **ursprünglicher Auffassung** der FinVerw eine Gewinnverteilungsabrede. Die Pensionszusage wurde gem § 15 I Nr 2 EStG als Tätigkeitsentgelt angesehen, welches den Gewinn der Gese nicht mindern durfte, eine Pensionsrückstellung konnte damit in der Gesamthandsbilanz der PersGes nicht gebildet werden oder bei einer Passivierung der Pensionszusage in der Gesamthandsbilanz musste die dadurch entstehende Gewinnminderung durch anteilige Aktivierung einer entsprechenden Forderung in der Sonderbilanz eines jeden Gesellschafters anteilig neutralisiert werden. Mit **BMF-Schrb vom 29.1.2008** (BStBl I 317) hat die FinVerw – der Rspr des BFH (BStBl II 2008, 174) folgend – diese Auffassung aufgegeben und geht seitdem davon aus, dass die Ges in der Gesamthandsbilanz eine Pensionsrückstellung nach § 6a EStG zu bilden hat. Der aus der Zusage jeweils begünstigte Gesellschafter muss in der Sonderbilanz eine korrespondierende Forderung ausweisen (§ 15 I 1 Nr 2 EStG). Laufende Pensionszahlungen sind auf der Ebene der PersGes als BA abzugsfähig, bei dem Empfänger der Pensionsleistung als Sonderbetriebseinnahme zu erfassen. Ist die Pensionszusage, die ein Gesellschafter für seine Tätigkeiten als Geschäftsführer einer PersGes erhalten hat, bereits vor Beginn des Wj, das nach dem 31.12.2007 endet, erteilt worden, kann der jeweilige Gesellschafter nach Auffassung der FinVerw (BMF-Schrb vom 9.1.2008, BStBl I 317 Rn 20) die Pensionszusage weiterhin entweder als stl unbeachtl Gewinnverteilungsabrede behandeln oder aber bei Passivierung der Pensionsverpflichtung in der Gesamthandelsbilanz die anteilige Aktivierung der Ansprüche in den Sonderbilanzen sämtlicher MU vornehmen **(Übergangsregelung).** 367

Bringen MU ihre Mitunternehmeranteile an einer PersGes ein und hat diese PersGes trotz Zusage keine Pensionsrückstellung gebildet (vgl dazu BMF-Schrb vom 29.1.2008, BStBl I 317 Rn 20) muss die übernehmende KapGes diese bei der PersGes noch nicht passivierte Pensionsrückstellung erstmalig einbuchen. In dieser Übernahme der Pensionsverpflichtung durch die KapGes im Rahmen der Einbringung sieht die FinVerw eine zusätzlich zu der Ausgabe neuer Anteile gewährte Gegenleistung iSd Abs 2 S 4, welche das BV der KapGes in der Eröffnungsbilanz mindert. Außer den Anteilen an der übernehmenden KapGes erhält der Einbringende damit zusätzlich einen Pensionsanspruch, dessen gemeiner Wert von den AK der Gesellschaftsanteile abzuziehen ist (BMF-Schrb vom 11.11.2011, BStBl I 2011, 1314 Rn 20.29 iVm BMF-Schrb vom 29.1.2008, BStBl I 317; BMF-Schrb vom 25.3.1998, BStBl I 268 Rn 20.41 - Rn 20.47, ebenso DPPM/*Dötsch* Rn 222; *Benz/Rosenberg* DB Beilage 1/2012 zu Heft 2, 38). 368

Wird von der Übergangsregel des BMF-Schrb vom 29.1.2008 (BStBl I 317 Rn 20) Gebrauch gemacht, so wird nach Auffassung der FinVerw dem Gesellschafter-Geschäftsführer durch den übernehmenden Rechtsträger eine neue Pensionszusage erstmalig erteilt. Die Pensionszahlungen sind zT Einkünfte aus Leibrente (§ 22 Nr 1 lit a EStG), zT nachträgliche Einkünfte aus nichtselbstständiger Arbeit (§ 19 EStG), wenn der frühere MU ArbN der KapGes wird und die Pensionszusage auch für die auf Grund des Dienstverhältnisses mit der KapGes geleistete Dienste gilt. Die Aufteilung erfolgt entweder nach versicherungsmathematischen Grundsätzen oder aus Vereinfachungsgrundsätzen im Verhältnis der Dienstzeiträume (BMF-Schrb vom 11.11.2011, BStBl I 1314 Rn 20.32). 369

370 Wurde von der Übergangsregelung des BMF-Schrb vom 9.1.2008 (BStBl I 317 Rn 20) in der Form Gebrauch gemacht, dass die Pensionsverpflichtung in der Gesamthandelsbilanz der Mitunternehmerschaft passiviert wurde und die anteilige Aktivierung der Ansprüche in den Sonderbilanzen aller Gesellschafter vorgenommen wurde, entsteht bei den Gesellschaftern, die nicht durch die Pensionszusage begünstigt sind, ein Aufwand (*Benz/Rosenberg* DB Beilage 1/2012 zu Heft 2, 38) und bei dem begünstigten MU ein stpfl Ertrag auf Grund der Erhöhung seiner Forderung aus der Pensionszusage, wobei der Entnahmegewinn auf 15 Jahre verteilt werden kann (vgl BMF-Schrb vom 11.11.2011, BStBl I 1314 Rn 20.33).

371 Wurde in der Gesamthandelsbilanz der Mitunternehmerschaft auch steuerrechtlich eine Pensionsrückstellung nach § 6a EStG gebildet und die entsprechende Zusage bei dem begünstigten Gesellschafter in der Sonderbilanz als eine korrespondierende Forderung ausgewiesen, tritt im Rahmen der Einbringung gegen Gewährung von Gesellschaftsrechten der übernehmende Rechtsträger als Rechtsnachfolger in die Rechtstellung der PersGes ein und übernimmt die von ihr gebildete Pensionsrückstellung. Für die Bewertung der Pensionsrückstellung gilt § 6a EStG (BMF-Schrb vom 11.11.2011, BStBl I 1314 Rn 20.30; DPPM/*Dötsch* Rn 222). Der in der Sonderbilanz des begünstigten Mitunternehmers ausgewiesene Pensionsanspruch stellt keine wesentl Betriebsgrundlage dar und wird nicht auf den übernehmenden Rechtsträger übertragen, sondern vielmehr aus dem BV entnommen. Ob insoweit ein Entnahmegewinn entsteht ist strittig (vgl DPPM/*Patt* Rn 222; FG Köln EFG 2009, 572; *Benz/Rosenberg* DB Beilage 1/2012 zu Heft 2, 38). In jedem Fall kann ein Entnahmegewinn nach Auffassung der FinVerw vermieden werden, wenn der einbringende MU einen Antrag stellt, dass die Forderung aus der Pensionszusage als nicht entnommen gilt (BMF-Schrb vom 11.11.2011, BStBl I 1314 Rn 20.28). Beim Eintritt des Versorgungsfalls sind die Zahlungen entweder nach versicherungsmathematischen Grundsätzen oder aber aus Vereinfachungsgründen im Verhältnis der Erdienungszeiträume vor oder nach der Umwandlung aufzuteilen. Soweit diese Versorgungsleistungen auf die Zeit bei der PersGes entfallen, liegen Einkünfte iSd § 15 I 1 Nr 2 iVm § 24 EStG vor. Für die Zeit als Gesellschafter/Geschäftsführer bei der KapGes sind Einnahmen iSd § 19 EStG gegeben.

Veräußerungspreis und Anschaffungskosten, Abs 4

47. Veräußerungspreis

372 Der **Veräußerungs**preis als Ausgangsgröße für die Ermittlung des Einbringungsgewinns ergibt sich grdsl aus dem **Ansatz der eingebrachten WG** durch die übernehmende KapGes/Gen, davon abweichende Vereinbarungen sind ohne Einfluss (BMF-Schrb vom 11.11.2011, BStBl I 1314 Rn 20.23; Widmann/Mayer/*Widmann* Rn R 404; RHL/*Herlinghaus* Rn 188; Haritz/Menner/*Menner* Rn 423). Der Wertansatz bei dem übernehmenden Rechtsträger ist nach hM in der Lit für den Einbringenden aber nur insoweit bindend, als die KapGes/Gen sich bei der Bewertung **innerh der gesetzl Bewertungsgrenzen bewegt** (Widmann/Mayer/*Widmann* Rn R 401; RHL/*Herlinghaus* Rn 188; DPPM/*Patt* Rn 250; Haritz/Menner/*Menner* Rn 423; offengelassen durch BFH BStBl II 2008, 536). Ein Ansatz durch die übernehmende KapGes hat danach keine Auswirkung auf den Veräußerungspreis, wenn die Übernehmerin gesetzl ge-

zwungen ist, einen bestimmten Ansatz der Sacheinlage zugrunde zu legen (nach Abs 2 S 2 Nr 1 und Nr 3 Ansatz mit dem gemeinen Wert; den Ansatz zum Ausgleich eines negativen Kapitalkontos gem Abs 2 S 2 Nr 2; den Ansatz nach Abs 2 S 4 oder falls der gemeine Wert überschritten wird), denn die Besteuerung kann sich nur insoweit auf die Disposition durch den übernehmenden Rechtsträger beziehen, als diesem eine entsprechende überhaupt zukommt. Nach Auffassung der FinVerw ist für die Besteuerung des Einbringenden ausschließlich der sich aus Abs 2 ergebene Wertansatz bei der übernehmenden Ges maßgebend (BMF-Schrb vom 11.11.2011, BStBl I 1314 Rn 20.23), ob der Wertansatz gegen gesetzl Vorschriften verstößt, dürfte nach Auffassung der FinVerw damit unerheblich sein. Die in Abs 3 S 1 angeordnete Anbindung der Besteuerung des Einbringenden an die von der aufnehmenden Ges angesetzten Werte bewirkt, dass eine spätere Änderung der Höhe dieses Werts auf die Besteuerung des Einbringenden durchschlägt, die Veranlagung des Einbringenden ist ggf gem **§ 175 I 1 Nr 2 AO** zu ändern (BMF-Schrb vom 11.11.2011, BStBl I 1314 Rn 20.23; BFH BStBl II 2011, 815). Dies gilt nicht nur dann, wenn die aufnehmende Ges in der Folge ihre StB ändert. Vielmehr genügt dafür, dass dem übernehmenden Rechtsträger ggü ein Steuerbescheid ergeht, der – bei Beibehaltung der angesetzten Wertentscheidung dem Grunde nach – auf den Ansatz anderer als der ursprünglich von ihr angesetzten Werte beruht (BFH BStBl II 2011, 815). Im Rahmen der Besteuerung des Einbringenden kann nach Auffassung des BFH (DStR 2011, 2248) nicht geprüft werden, ob der von der übernehmenden KapGes angesetzte Wert zutr ermittelt worden ist. Der Einbringende kann insbes nicht mit Rechtsbehelf gegen den ihn betreffenden Einkommensteuerbescheid geltend machen, dass der bei der aufnehmenden KapGes angesetzte Wert überhöht sei und sich daraus für ihn eine überhöhte Steuerfestsetzung ergibt (BFH DStR 2011, 2248; BFH DStR 2011, 1611; BFH BStBl II 2008, 536). Im Falle der Einbringung eines Betriebs, Teilbetriebs oder Mitunternehmeranteils kann der übernehmende Rechtsträger weder durch Anfechtungs- noch durch Feststellungsklage geltend machen, die seiner Steuerfestsetzung zu Grunde gelegten Werte des eingebrachten Vermögens seien zu hoch. Ein solches Begehren kann aber der Einbringende im Wege der **sog Drittanfechtung** durchsetzen (BFH DStR 2011, 2248; DPPM/*Patt* Rn 250; *Kahle/Vogel* Ubg 2012, 493).

Als Veräußerungspreis ist das eingebrachte Nettovermögen in der Höhe, wie 373
es in der StB der übernehmenden KapGes im Jahr der Einbringung angesetzt ist, zu beurteilen; ein aktiver **AP** (vgl Rn 270) erhöht den Veräußerungspreis iSv Abs 3 S 1 nicht (so auch BMF-Schrb vom 11.11.2011, BStBl I 1314 Rn 20.20). Unerhebl ist es, ob der Ansatz in der StB der übernehmenden KapGes/Gen **freiwillig** erfolgte oder durch **zwingende gesetzl** Vorschrift(en) bestimmt worden ist. Werden WG in eine KapGes eingebracht und erhält dadurch Deutschland erstmalig das Recht auf Besteuerung mit KSt bezogen auf diese WG, die vorher im Inland nicht verstrickt waren, hat die übernehmende Ges die WG insoweit mit dem gemeinen Wert anzusetzen (vgl dazu Rn 265); dieser sich insoweit ergebende erhöhte Ansatz erhöht nicht den Veräußerungspreis iSd Abs 3 S 1 (DPPM/*Patt* Rn 250; Haritz/Menner/*Menner* Rn 425). Bei Einbringung durch eine Mitunternehmerschaft oder bei Einbringung von Mitunternehmeranteilen sind die Ansätze in **Ergänzungs- oder Sonderbilanzen erhöhend oder vermindernd** zu berücksichtigen (RHL/*Herlinghaus* Rn 188; Haritz/Menner/*Menner* Rn 213; GKT/*Tulloch* Rn 59).

48. Anschaffungskosten der Gesellschaftsanteile, Abs 3 S 1, 2

374 **a) Allgemeines.** Der Wert, mit dem die KapGes das eingebrachte BV ansetzt, gilt für den Einbringenden als **AK der Gesellschaftsanteile,** Abs 3 S 1. Dieser Wert bildet jedoch nur die Ausgangsgröße. Wenn neben den neuen Anteilen andere WG gewährt werden, mindert dieser Wert die AK der neuen Anteile.

375 Maßgebl ist allein der von der **übernehmenden KapGes angesetzte Wert,** einschließl der Werte aus der Sonder- und Ergänzungsbilanz, abweichende Vereinbarungen sind ohne Einfluss, führen allenfalls zu Schadenersatzansprüchen des Einbringenden (Widmann/Mayer/*Widmann* Rn R 404; RHL/*Herlinghaus* Rn 190; BMF-Schrb vom 11.11.2011, BStBl I 1314 Rn 20.23; Haritz/Menner/*Menner* Rn 221; vgl auch BFH DB 2006, 1704). Ein **stl AP** (vgl Rn 270) ist ohne Einfluss auf die Bestimmung der AK (BMF-Schrb vom 11.11.2011, BStBl I 1314 Rn 20.23; Widmann/Mayer/*Widmann* Rn R 173). Ein Ansatz durch die übernehmende KapGes soll keine Auswirkung auf die AK haben, wenn die Übernehmerin gesetzl gezwungen ist, einen bestimmten Ansatz der Sacheinlage zugrunde zu legen (nach Abs 2 S 2 Nr 1 und Nr 3 Ansatz mit dem gemeinen Wert den Ansatz zum Ausgleich eines negativen Kapitalkontos gem Abs 2 S 2 Nr 2; den Ansatz nach Abs 2 S 4 oder falls der gemeine Wert überschritten wird), denn die Besteuerung kann sich nur insoweit auf die Disposition durch den übernehmenden Rechtsträger beziehen, als diesem eine entsprechende überhaupt zukommt (Widmann/Mayer/*Widmann* Rn R 401; aA RHL/*Herlinghaus* Rn 190; DPPM/*Patt* Rn 295; BMF-Schrb vom 11.11.2011, BStBl I 1314 Rn 20.23; vgl auch Rn 372; FG Hessen EFG 2006, 304; BFH BStBl II 2008, 536). Die in Abs 3 S 1 angeordnete Anbindung der Besteuerung des Einbringenden an die von der aufnehmenden Ges angesetzten Werte bewirkt, dass eine spätere **Änderung der Höhe jener Werte** ebenfalls auf die Besteuerung des Einbringenden durchschlägt, dh es ändern sich auch die AK der als Gegenleistung gewährten neuen Anteile. Dies gilt nicht nur dann, wenn die aufnehmende Ges in der Folge ihre Steuerbilanz ändert, es genügt vielmehr, dass dem übernehmenden Rechtsträger ggü ein Steuerbescheid ergeht, der - bei Beibehaltung der angesetzten Wertentscheidungen dem Grunde nach - auf dem Ansatz anderer als der ursprünglich von ihr angesetzten Werte beruht (BFH BStBl II 2011, 815). Ggf sind Veranlagungen beim Einbringenden gem § 175 I Nr 2 AO zu ändern.

376 Aus dem von der übernehmenden KapGes angesetzten Wert sind die AK für die neuen Gesellschaftsanteile auch dann zu ermitteln, wenn nicht der gesamte Nettowert der Sacheinlagen (Reinvermögen) durch den Nominalbetrag der neuen Gesellschaftsanteile belegt ist, sondern auch, wenn ein Teil des Nettowerts einer offenen **Rücklage** zugeführt wird (ebenso RHL/*Herlinghaus* Rn 190) und soweit stl EK vorliegt.

377 Durch die Ermittlung der AK der neuen Gesellschaftsanteile mit dem Wert, mit dem der übernehmende Rechtsträger das eingebrachte BV in ihrer StB angesetzt hat, ist die Übertragung der in den eingebrachten WG etwa vorhandenen stillen Reserven auf die neuen Gesellschaftsanteile und damit die spätere Besteuerung der stillen Reserven beim Einbringenden sichergestellt (RHL/*Herlinghaus* Rn 190). Dem Grds der Individualbesteuerung wird durch diese Regelungstechnik in modifizierter Form Rechnung getragen (vgl ausführl dazu *Schmitt*, Grundlagen des UmwStG, Teil 11 II, im Erscheinen).

378 Nach der Einbringung des Verm unter Buchwertfortführung ist ein bei Aufdeckung der im übertragenen Verm vorhandenen stillen Reserven entstehender

Gewinn als Einkommen der KapGes und nicht mehr als Einkommen des Einbringenden zu versteuern. Andererseits bestimmt der Ansatz des übertragenen Verm auch die AK der neuen Gesellschaftsanteile. Es kommt damit zu einer **Verdoppelung der stillen Reserven.** Der in der Lit (vgl *Haritz* DStR 2004, 889; *Luckey* DB 1981, 389) erhobene Vorwurf, diese Verdoppelung der stillen Reserven sei systemwidrig, kann bereits deshalb nicht überzeugen, da die Wertverknüpfung auf der Ebene des Einbringenden den Grds der Individualbesteuerung entspricht. Die Verdopplung der stillen Reserven auf der Ebene des Einbringenden und der übernehmenden KapGes führt zudem nicht zu einer Verdopplung der Besteuerung und ist weiterhin Voraussetzung dafür, dass in einer Vielzahl von Fällen überhaupt eine Einmalbesteuerung der stillen Reserven tats vorgenommen werden kann (vgl dazu *Schmitt,* Grundlagen des UmwStG, Teil 11 VI, im Erscheinen).

b) Erhöhungen oder Verminderungen der Anschaffungskosten. aa) Wird ein Betrieb, Teilbetrieb oder Mitunternehmeranteil eingebracht und die Sacheinlage unter dem gemeinen Wert angesetzt, können sich die **AK nachträgl erhöhen,** wenn die erhaltenen Anteile innerh von sieben Jahren nach dem Einbringungsstichtag veräußert werden (§ 22 I 4). Gehören zu dem eingebrachten Betrieb, Teilbetrieb oder Mitunternehmeranteil Beteiligungen an einer KapGes als wesentl Betriebsgrundlage, ist Einbringender eine nicht nach § 8 b II KStG begünstigte Person und werden diese miteingebrachten Beteiligungen durch den übernehmenden Rechtsträger innerh von sieben Jahren nach dem Einbringungsstichtag veräußert, so entstehen in Höhe des Einbringungsgewinns II (§ 22 II 1) nachträgl AK der als Gegenleistung erhaltenen Anteile (§ 22 II 4). **379**

bb) Die AK der gewährten Anteile sollen sich erhöhen, soweit die aufnehmende KapGes die auf sie übergehenden Vermögensgegenstände zum BW ansetzt und der Einbringende deshalb die ihn treffenden **Kosten der Umw** vom Einbringungsgewinn nicht abziehen kann (Widmann/Mayer/*Widmann* Rn R 728). Nach anderer Auffassung sind diese Kosten vom lfd Gewinn des Einbringenden abzuziehen bzw mindern einen Einbringungsgewinn (vgl Haritz/Menner/*Menner* Rn 427; DPPM/*Patt* Rn 252; *Kahle/Vogel* Ubg 2012, 493). Trägt der Einbringende Kosten der Einbringung, die dem übernehmenden Rechtsträger zuzuordnen sind, erhöhen diese Kosten die AK der Anteile (DPPM/*Patt* Rn 298). Objektbezogene Kosten, wozu auch die bei der Einbringung anfallende GrESt gehört, können auch nicht aus Vereinfachungsgründen sofort als BA abgezogen werden. Sie stellen zusätzl AK der WG dar und sind dementsprechend zu aktivieren (BFH FR 2004, 272; BMF-Schrb vom 11.11.2011, BStBl I 1314 Rn 23.01; DPPM/*Patt* Rn 235; Widmann/Mayer/*Widmann* Rn R 721; aA noch für den Fall der Verschm FG Köln EFG 2003, 339). Sofern der übernehmende Rechtsträger diese zu aktivieren hat, erhöhen sie nicht die AK der als Gegenleistung gewährten Anteile des Einbringenden (Widmann/Mayer/*Widmann* Rn R 1133). Die GrESt ist eigener Aufwand der übernehmenden Rechtsträger und nicht Bestandteil des Sacheinlagegegenstandes. **380**

cc) Erbringt der Einbringende weitere Leistungen im Zshg mit der Einbringung (Barzuzahlungen, Sachleistungen, sonstige Einlagen, Ausgleichsleistungen an andere Einbringende; Forderungsverzichte, Zuschüsse etc), erhöhen diese Leistungen die AK (RHL/*Herlinghaus* Rn 189; BFH DStR 2000, 1387). **381**

dd) Die AK vermindern sich um den BW von Entnahmen und erhöhen sich um einen nach § 6 I Nr 5 EStG zu ermittelnden Wert von Einlagen, falls und soweit diese in der Zeit zwischen Umwandlungsstichtag und Eintragungstag **382**

erfolgt sind (Abs 5 S 2; vgl dazu Rn 249; RHL/*Herlinghaus* Rn 189; DPPM/*Patt* Rn 299.

383 **c) Anschaffungskosten bei Mitunternehmeranteilen und Mitunternehmerschaften.** Bei einer Einbringung iSv Abs 1 durch eine Mitunternehmerschaft bzw einem MU sind bei der Ermittlung der AK auch die Ergänzungs- und Sonderbilanzen der MU zu berücksichtigen (RHL/*Herlinghaus* Rn 190). Die Höhe der AK kann wesentl davon abhängen, ob die Mitunternehmerschaft als solche Einbringender ist oder ob die Mitunternehmerschaft einzeln als Einbringende anzusehen sind, da dann für jeden einzelnen MU zu prüfen ist, ob für ihn gem Abs 2 S 2 Nr 2, Abs 3 eine Pflicht zur Aufstockung besteht bzw für jeden Einbringungsvorgang gesondert das Antragswahlrecht durch die aufnehmende KapGes/Gen ausgeübt werden kann.

384 **aa)** Sind die **einzelnen MU als Einbringende** zu beurteilen, ergeben sich die AK der neuen Gesellschaftsanteile des einzelnen Einbringenden aus dem für den eingebrachten MU gewählten Ansatz bei der übernehmenden KapGes.

385 **Beispiel:**

A und der außerhalb der EU/EWR ansässige B sind als Gesellschafter an der A&B OHG jew zur Hälfte beteiligt. Das Kapitalkonto von A beträgt EUR 40 000, das Kapitalkonto des B EUR 100 000. Am Gewinn und Verlust sind beide zu gleichen Teilen beteiligt. Die stillen Reserven bezogen auf B betragen EUR 100 000. Die A&B OHG soll möglichst erfolgsneutral in die A&B GmbH umgewandelt werden. Der Anteil des Gesellschafters B ist mit EUR 200 000, anzusetzen, § 20 findet keine Anwendung (§§ 1 IV Nr 2 lit b). Der Veräußerungsgewinn, der dem Gesellschafter B zuzurechnen ist, beträgt EUR 100 000 (§ 16 I EStG; vgl Rn 424 f). Für A betragen die AK der Anteile an der A&B GmbH EUR 40 000 (Ansatz zum BW, Abs 2); für den Gesellschafter B betragen die AK EUR 200 000.

386 **bb)** Geht man dagegen davon aus, dass eine **Mitunternehmerschaft als solche Einbringende** ist, entsprechen die AK dem Ansatz der Sacheinlage bei der aufnehmenden KapGes/Gen. Die Ansätze etwaiger Ergänzungs- und Sonderbilanzen erhöhen bzw vermindern (bei negativen Werten der Ergänzungsbilanz) im Erg die AK für diejenigen MU, für die die Ergänzungs- oder Sonderbilanzen erstellt sind soweit die Mitunternehmerschaft bestehen bleibt, weil bspw nur ein Teilbetrieb eingebracht wird.

387 **Beispiel:**

Die Gesellschafter A und B sind an der A&B OHG beteiligt; die OHG bringt einen Teilbetrieb zu BW in eine neu zu gründende A-GmbH ein. Die Anteile an der A-GmbH werden der A&B OHG gewährt.

Einbringungsbilanz der A&B OHG

Aktiva		**Passiva**	
Teilbetrieb 1	400 000	Kapitalkonto A	160 000
Teilbetrieb 2	200 000	Kapitalkonto B	240 000
		Schulden	
		– Teilbetrieb 1	120 000
		– Teilbetrieb 2	80 000
	600 000		**600 000**

Die stillen Reserven sollen im Teilbetrieb 1 200 000 betragen, die Gewinnverteilung erfolgt im Verhältnis 50 : 50. Für B besteht folgende Ergänzungsbilanz:

Ergänzungsbilanz B:

Aktiva		**Passiva**	
Teilbetrieb 1	60 000	MehrKap B	60 000

Aufnahmebilanz der A-GmbH

Aktiva		**Passiva**	
Teilbetrieb 1	460 000	StK	50 000
		Schulden	120 000
		Rücklagen	290 000
	460 000		**460 000**

Eine Vermögensübersicht der A&B OHG unmittelbar nach der Einbringung würde wie folgt aussehen:

A&B OHG

Aktiva		**Passiva**	
Teilbetrieb 2	200 000	Kapitalkonto A	160 000
Anteile an der A-GmbH	280 000	Kapitalkonto B	240 000
		Schulden Teilbetrieb 2	80 000
	480 000		**480 000**

Ergänzungsbilanz B:

Aktiva		**Passiva**	
Anteile an der A-GmbH	60 000	MehrKap B	60 000

Der Ansatz und die Bewertung des „eingebrachten BVs" bzw „übernommenen BVs" durch den übernehmenden Rechtsträger richtet sich danach, was Gegenstand der Einbringung ist. Auf die Person desjenigen, der die als Gegenleistung durch den übernehmenden Rechtsträger ausgegebenen Anteile erhält, kommt es nicht entscheidend an (vgl Rn 19, 176 ff). Wird damit durch eine Mitunternehmerschaft der gesamte Betrieb auf den übernehmenden Rechtsträger übertragen, ist dies als Einbringung eines Betriebes zu beurteilen und nicht als Einbringung von Mitunternehmeranteilen (BMF-Schrb vom 11.11.2011, BStBl I 1314 Rn 20.05; DPPM/*Patt* Rn 39; vgl dazu bereits Rn 19), der übernehmende Rechtsträger übt damit sein Antragswahlrecht bezogen auf den eingebrachten Betrieb aus. Bei der Übertragung des Betriebs durch die PersGes kommt es damit auf alle Aktiv- und Passivposten des Betriebes insges an, maßgebend ist insoweit damit, das Kapitalkonto aus der Gesamthandelsbilanz der Mitunternehmerschaft zuzüglich/abzüglich der Ergänzungsbilanzen der einzelnen MU und zuzüglich des Netto-Buchwertvermögens aus der Sonderbilanz, soweit SBV auf den übernehmenden Rechtsträger miteingebracht wird. Es stellt sich die Frage, welche Auswirkung die **„Isolierung" des Einbringungsgegenstands im Verhältnis zur Person des Einbringenden** hat, und zwar bezogen auf die Höhe der als Gegenleistung erhaltenen Anteile am übernehmenden Rechtsträger. Im Grundsatz richtet sich dies danach, was der Einbringende aufgewendet hat um die neuen Anteile zu erhalten. 388

Beispiel: 389

Die Gesellschafter A und B sind an der A&B OHG beteiligt. Diese OHG soll auf die A&B GmbH verschmolzen werden. Das Kapitalkonto des A aus der Gesamthandelsbilanz soll EUR 160 000 betragen, er hat weiteres „Ergänzungskapital" aus der Sonderbilanz iHv EUR

10 000 aus einer positiven Ergänzungsbilanz iHv EUR 55 000. B hat ausschließlich ein Kapitalkonto in der Gesamthandelsbilanz iHv EUR 240 000. Damit wird im Rahmen der Verschmelzung ein Netto-Buchwertvermögen durch die A&B OHG iHv EUR 460 000 übertragen. Die Verschmelzung soll unter Fortführung der Buchwerte erfolgen. Die als Gegenleistung im Rahmen der Verschmelzung ausgegebenen Anteile am übernehmenden Rechtsträger haben entsprechend dem Anschaffungskostenprinzip bezogen auf A AK iHv EUR 220 000 und bezogen auf B AK iHv EUR 240 000 betragen.

390 Ist Einbringender eine Mitunternehmerschaft, so ist gleichwohl für den **persönl Anwendungsbereich des UmwStG** und damit auch bezogen auf § 20 auf den einzelnen MU abzustellen (vgl § 1 IV Nr 2 lit a, b). Der MU der einbringenden Mitunternehmerschaft muss im EU/EWR-Raum ansässig sein oder aber das Besteuerungsrecht an den neuen Anteilen am übernehmenden Rechtsträger muss nach der Einbringung in Deutschland liegen. Liegen auch bei der Einbringung durch eine Mitunternehmerschaft bei einem einzelnen MU des übertragenden Rechtsträgers diese Voraussetzungen nicht vor und ist damit das UmwStG auf ihn nicht anwendbar, so entsteht nach der hier vertretenen Auffassung der Einbringungsgewinn nur in der Person des Mitunternehmers, bei dem die persönl Anwendungsvoraussetzungen des § 20 nicht vorliegen (vgl Rn 425). Ausweislich der Gesetzesbegründung sollen nämlich bei der Einbringung durch PersGes die stl Konsequenzen bei den jeweiligen Mitunternehmern zu ziehen sein (BT-Drs 16/2000, 710, 42; *Kamphaus/Birnbaum* Ubg 2012, 293). Dies führt mE im Ergebnis dazu, dass die mangels persönlichen Anwendungsbereichs des § 20 ausgeschlossene Buchwertfortführung sich ausschließlich die AK der neuen Anteile für den MU erhöhen, bei dem die persönlichen Anwendungsvoraussetzungen des § 20 fehlen.

391 **Beispiel:**
Die Gesellschafter A und B sind an der A&B OHG beteiligt. Die A&B OHG soll, soweit möglich, steuerneutral auf die A&B GmbH verschmolzen werden. Das Kapitalkonto von A und B soll jeweils EUR 100 000 betragen. Der Gesellschafter A ist in der Schweiz ansässig, so dass das Besteuerungsrecht an den erhaltenen Anteilen nach der Verschmelzung nicht mehr in Deutschland liegt (vgl dazu auch *Kamphaus/Birnbaum* Ubg 2012, 285). Im übertragenen Verm kommt es deshalb zu einer Aufdeckung von stillen Reserven iHv EUR 50 000. Dieser Betrag iHv EUR 50 000 erhöht ausschließlich die AK des in der Schweiz ansässigen A.

392 Es kann aber auch Situationen geben, in denen eine **individuelle Zuordnung der AK** entsprechend dem Anschaffungskostenprinzip auf Grund spezieller steuerrechtl Vorgaben **nicht möglich ist.** Die speziellen steuerrechtlichen Vorgaben sollen dann das Anschaffungskostenprinzip überlagern.

393 **Beispiel:**
Die Gesellschafter A und B sind an der A&B OHG beteiligt. Die A&B OHG soll auf die A&B GmbH verschmolzen werden. Der Gesellschafter A hat ein Kapitalkonto iHv EUR 100 000. Der Gesellschafter B ein negatives Kap iHv EUR 50 000. Das Kap des eingebrachten Betriebes ist damit im Ergebnis positiv. Betrachtet man im vorliegenden Fall die übertragende PersGes als Einbringender, ist für die Anwendung des Abs 2 S 2 Nr 2 nur darauf abzustellen, dass das eingebrachte Verm insges positiv ist. Es kommt damit nicht zu einer Aufdeckung von stillen Reserven im übertragenen Verm, da das übertragene Verm insges einen positiven Wert iHv EUR 50 000 hat. Die AK der als Gegenleistung für die Verschmelzung erhaltenen Anteile kann gem Abs 3 S 1 insges nur EUR 50 000 betragen. Da Abs 2 S 2 Nr 2 insbesondere auch das Entstehen negativer AK verhindern will, können die AK der an B ausgegebenen Anteile nicht negativ sein. Wie dieses Problem zu lösen ist bzw die AK zu verteilen sind, ist nicht abschließend geklärt (vgl aber *Kamphaus/Birnbaum* Ubg 2012, 293).

d) Gemeiner Wert als AK der neuen Anteile bei Ausschluss des deutschen Besteuerungsrechts (Abs 2 S 2). Ist das Recht der BRD hinsichtl der Besteuerung des Gewinns aus der Veräußerung des eingebrachten BV zum Zeitpunkt der Einbringung ausgeschlossen und wird es auch nicht durch die Einbringung begründet, gilt nach Abs 3 S 2 für den Einbringenden insoweit der gemeine Wert des BV zum Zeitpunkt der Einbringung als AK der Anteile. Die Gesetzesformulierung ist insoweit ungenau, als sich die als Gegenleistung gewährten AK nach dem gemeinen Wert dieser in Abs 3 S 2 genannten WG richtet, sondern sich vielmehr die AK erhaltenen Anteile nach Abs 3 S 1 um den gemeinen Wert dieser WG zum stl Einbringungsstichtag erhöhen (DPPM/*Patt* Rn 296). Es ist nicht geklärt, ob dieser „Erhöhungsbetrag" sich als auf sämtl als Gegenleistung gewährten Anteile des jeweils Einbringenden (Rn 395) auswirkt oder aber dieser einzelnen Anteilen zugeordnet werden kann. Letzteres ist jedenfalls nur dann mögl, wenn die für die iSd Abs 2 S 2 übertragenen WG gewährten Anteile am übernehmenden Rechtsträger genau identifizierbar sind und die für das iSd Abs 3 S 2 übertragenen Verm gewährten Anteilen nach dem Verkehrswert im Verhältnis zu den sonstigen übertragenen Verm bemessen werden. Zudem muss dann iRd Sacheinlage bestimmt werden, welche erhaltenen Anteile auf die WG iSd Abs 3 S 2 zurückzuführen sind. Werden WG im Rahmen der Einbringung erstmalig in Deutschland verstrickt, so hat der übernehmende Rechtsträger diese mit dem gemeinen Wert anzusetzen (vgl Rn 325), was nach Abs 3 S 1 Auswirkungen für die AK der neuen Anteile hat. 394

Abs 3 S 2 wirkt sich nur auf diejenigen Einbringenden aus, bei dem die entsprechenden Voraussetzungen vorliegen. Es soll sichergestellt werden, dass auf der Besteuerungsebene des Einbringenden in Gestalt der aus der Sacheinlage erhaltenen Anteile keine stillen Reserven im Inland steuerverstrickt werden, die vor der Einbringung außerh der BRD angewachsen sind (DPPM/*Patt* Rn 296; Blümich/*Nitzschke* Rn 97; ebenso BMF-Schrb vom 11.11.2011, BStBl I 1314 Rn 20.34). 395

e) AK bei Gewährung anderer Wirtschaftsgüter, Abs 3 S 3. Werden für die Sacheinlage nicht nur neue Gesellschaftsanteile gewährt, sondern auch noch andere WG, so ist deren gemeiner Wert von den AK der Gesellschaftsanteile abzuziehen, Abs 3 S 3. Zur Gewährung anderer WG vgl Rn 353; als andere WG kommen im Wesentl Darlehen, stille Beteiligungen, Übernahme von privaten Verbindlichkeiten, Sachzuwendungen, insbes Ausgabe eigener Altanteile der übernehmenden KapGes, in Betracht. Folge dieses Abzugs ist, dass sich die in den neuen Gesellschaftsanteilen enthaltenen stillen Reserven um den Wert der anderen, daneben gewährten WG erhöhen; die Versteuerung dieser stillen Reserven wird bis zu einer späteren Veräußerung der Anteile aufgeschoben. Werden dem Einbringenden neben den neuen Anteilen auch andere WG gewährt, so muss die Sacheinlage nach Abs 2 S 2 Nr 2 mindestens mit dem gemeinen Wert der anderen WG angesetzt werden. Die AK der neuen Anteile können somit nicht unter EUR 0 absinken. 396

f) Einbringungsgeborene Anteile iSd § 21 I aF. Umfasst das eingebrachte BV auch einbringungsgeborene Anteile iSv § 21 I aF, gelten nach **Abs 3 S 4** die erhaltenen Anteile insoweit auch als einbringungsgeborene Anteile iSd § 21 I aF. Nach § 21 I 1 aF sind einbringungsgeborene Anteile, Anteile an einer KapGes, die der Veräußerer oder dessen Rechtsvorgänger (bei unentgeltl Erwerb) auf einer Sacheinlage gem § 20 I aF oder § 23 I-IV aF erworben hat, wenn bei 397 der Sacheinlage das eingebrachte Verm bei der übernehmenden KapGes unterhalb des TW angesetzt worden ist. Durch Abs 3 S 4 soll sichergestellt werden, dass bei der späteren Veräußerung der als Gegenleistung für die Übertragung von Anteilen iSd § 21 aF erhaltenen Anteile insoweit auch § 8 b IV KStG aF (§ 34 VIIa KStG) bzw § 3 Nr 40 S 3 und S 4 EStG aF (§ 52 IVb 2 EStG) Anwendung finden und die dort geregelten Sperrfristen nicht unterlaufen werden können (RHL/*Herlinghaus* Rn 197; DPPM/*Patt* Rn 142; Blümich/*Nitzschke* Rn 99; *Damas* DStZ 2007, 129; *Hagemann/Jakob/Ropohl/Viebrock* NWB-Sonderheft 1/2007, 40; *Frotscher*, Internationalisierung des ErtragStR, Rn 358). Auch aus diesem Grund dürften keine einbringungsgeborenen Anteile gem Abs 3 S 4 entstehen, wenn in den übertragenen einbringungsgeborenen Anteilen **sämtl stillen Reserven iRd Einbringung aufgedeckt werden** (vgl Rn 223; *Benz/Rosenberg* BB Special 8/2006, 61; *Förster/Wendland* BB 2007, 631).

398 Die für die Sacheinlage erhaltenen Anteile gelten **„insoweit"** als einbringungsgeborene Anteile iSd § 21 aF als das eingebrachte BV einbringungsgeborener Anteile iSd § 21 aF umfasst hat. Daher muss für die als Gegenleistung erhaltenen Anteile im Grds eine Verstrickungsquote ermittelt werden. Die Aufteilung muss sicherstellen, dass wertmäßig nur diejenigen stiller Reserven in die nach Abs 3 S 4 fiktiven einbringungsgeborenen Anteile eingehen, die auch zuvor in den einbringungsgeborenen Anteilen nach § 21 aF steuerverstrickt waren (RHL/*Herlinghaus* Rn 199; DPPM/*Patt* Rn 147). Zu weiteren Einzelheiten vgl Rn 220 ff.

399 **g) Änderung der Anschaffungskosten.** Die AK nach Abs 3 sind auf den Umwandlungsstichtag zu ermitteln. Ihre Höhe kann sich allerd nach diesem Stichtag entsprechend den allg Grdsen zB aufgrund verdeckter Einlagen, Ausschüttungen unter Verwendung des stl Einlagekontos uä (ausführl dazu Widmann/Mayer/*Widmann* Rn 1156 ff) ändern. Auswirkungen hat diese Veränderung aber ledigl bei der Höhe des Gewinns, der bei der Veräußerung der Anteile erzielt wird.

Veräußerungsgewinn/Einbringungsgewinn und Einbringungsverlust

49. Ermittlung des Veräußerungsgewinns/Einbringungsgewinns

400 **a) Grundlagen der Ermittlung.** Veräußerungsgewinn/Einbringungsgewinn ist der Betrag, um den der Veräußerungspreis iSv Abs 3 S 1 nach Abzug der Einbringungskosten den BW des eingebrachten BV (§ 16 II EStG) übersteigt. Bei der Einbringung durch eine Mitunternehmerschaft oder bei der Einbringung von Mitunternehmeranteilen sind die Ansätze in der Ergänzungsbilanz zu berücksichtigen (Haritz/Menner/*Menner* Rn 426; RHL/*Herlinghaus* Rn 188; Widmann/Mayer/*Widmann* Rn R 732 f; GKT/*Tulloch* Rn 59). Der Einbringungsgewinn entsteht im Einbringungszeitpunkt iSd Abs 5, 6 (Widmann/Mayer/*Widmann* Rn R 744; Haritz/Menner/*Menner* Rn 439).

401 Der **Veräußerungspreis** als Ausgangsgröße für die Ermittlung des Einbringungsgewinns ergibt sich grdsl aus dem Ansatz der eingebrachten WG durch die übernehmende KapGes/Gen, davon abw Vereinbarungen sind ohne Einfluss (BMF-Schrb vom 11.11.2011, BStBl I 1314 Rn 20.23; Widmann/Mayer/*Widmann* Rn R 404; RHL/*Herlinghaus* Rn 188; vgl auch BFH DB 2006, 1704).

Der Wertansatz bei dem übernehmenden Rechtsträger ist für den Einbringenden aber nach hM in der Literatur nur insoweit bindend, als die KapGes/Gen sich bei der Bewertung innerh der gesetzl Bewertungsgrenzen bewegt (vgl dazu bereits unter Rn 372; Widmann/Mayer/*Widmann* Rn R 401; RHL/*Herlinghaus* Rn 188; DPPM/*Patt* Rn 250; offengelassen durch BFH/NV 2008, 686; aA BMF-Schrb vom 11.11.2011, BStBl I 1314 Rn 20.23). Ein Ansatz durch die übernehmende KapGes hat danach keine Auswirkung auf den Veräußerungspreis, wenn die Übernehmerin gesetzl gezwungen ist, einen bestimmten Ansatz der Sacheinlage zugrunde zu legen (nach Abs 2 S 2 Nr 1 und Nr 3 Ansatz mit dem gemeinen Wert; den Ansatz zum Ausgleich eines negativen Kapitalkontos gem Abs 2 S 2 Nr 2; den Ansatz nach Abs 2 S 4 oder falls der gemeine Wert überschritten wird), dies aber nicht macht, denn die Besteuerung kann sich nur insoweit auf die Disposition durch den übernehmenden Rechtsträger beziehen, als diesem eine entsprechende überhaupt zukommt. Erhält Deutschland auf Grund der Einbringung erstmalig das Besteuerungsrecht an eingebrachten WG, hat nach der hier vertretenen Auffassung (Haritz/Menner/*Menner* Rn 250; DPPM/*Patt* Rn 228; aA RHL/*Herlinghaus* Rn 167) der übernehmende Rechtsträger den gemeinen Wert anzusetzen; diese auf Grund der Verstrickung eintretenden erhöhten Werte sind nicht Bestandteil des Veräußerungspreises (DPPM/*Patt* Rn 250; Haritz/Menner/*Menner* Rn 425).

402 Ob ein Einbringungsgewinn entstanden ist, ergibt sich aus der rechnerischen Gegenüberstellung der von der übernehmenden KapGes/Gen bilanzierten Werte der übernommenen WG mit deren bisherigen BW. Ein Einbringungsgewinn kann nach der gesetzl Regelung in Abs 3 nur entstehen, wenn die übernehmende KapGes/Gen die übertragenen WG nicht zu ihren bisherigen BW, sondern zu (neuen) ZW oder gemeinem Wert bilanziert. Ein **AP** (vgl Rn 270) beeinflusst einen etwaigen Einbringungsgewinn nicht; er ist ledigl zu Zwecken des Bilanzausgleichs gebildet, damit bloßer „Luftposten“, folgl bei der Ermittlung des Veräußerungsgewinns/Einbringungsgewinns nicht zu berücksichtigen (BMF-Schrb vom 11.11.2011, BStBl I 1314 Rn 20.20).Gegenseitige Forderungen und Verbindlichkeiten des Einbringenden und der übernehmenden KapGes gehen durch die Sacheinlage durch Konfusion unter; der **Konfusionsgewinn** entsteht erst bei der übernehmenden KapGes.

403 Der Einbringungsgewinn ist vom lfd Gewinn des Einbringenden abzugrenzen. Hat der Einbringende den Gewinn bezogen auf das eingebrachte BV nach **§ 4 III EStG** ermittelt, muss die Gewinnermittlung zum stl Übertragungsstichtag auf den Betriebsvermögenvergleich umgestellt werden (BFH DStR 2013, 356; BFH BStBl II 2002, 287; DPPM/*Patt* Rn 241), da die Einbringung den Tatbestand des § 16 I 1 EStG erfüllt und damit § 16 II EStG für die Ermittlung des Veräußerungsgewinns gilt. Erfolgt dieser Übergang zum Bestandsvergleich im Zshg mit der Einbringung eines Betriebs, so erhöht ein dabei entstehender **Übergangsgewinn** den lfd Gewinn des einbringenden Stpfl im letzten Wj vor der Einbringung. Eine Verteilung des Übergangsgewinn aus Billigkeitsgründen auf das Jahr des Übergangs und die beiden folgenden Jahre ist nicht mögl (BFH BStBl II 2002, 287; DPPM/*Patt* Rn 241; OFD Hannover DB 2007, 772 zu § 24). Werden anlässl der Einbringung Forderungen zurückbehalten, so entsteht insoweit ein Übergangsgewinn nicht (BFH DStR 2013, 356; BFH/NV 2008, 385; FG Münster EFG 2009, 1915; aA DPPM/*Patt* Rn 241).

404 **Kosten,** die im Zshg mit der Einbringung entstehen und **den Einbringenden** belasten, können grdsl als BA abgezogen werden (DPPM/*Patt* Rn 234;

RHL/*Herlinghaus* Rn 204; *Mühle* DStZ 2006, 63; vgl aber auch Rn 380). Wird das eingebrachte BV zum gemeinen Wert oder ZW angesetzt, mindern die Umwandlungskosten des Einbringenden den entstehenden Einbringungsgewinn bzw führen zu einem Einbringungsverlust (BMF-Schrb vom 11.11.2011, BStBl I 1314 Rn 20.25; Haritz/Menner/*Menner* Rn 367 f; DPPM/*Patt* Rn 254; Haritz/Menner/*Menner* Rn 366; *Kahle/Vogel* Ubg 2012, 493; vgl auch Widmann/Mayer/*Widmann* Rn R 509f). Dies gilt auch für Kosten des Einbringenden im Rückwirkungszeitraum. Der **übernehmende Rechtsträger** kann die ihn treffenden Kosten sofort als BA abziehen, es sei denn, es handelt sich um AK und AK-Nebenkosten (DPPM/*Patt* Rn 234; RHL/*Herlinghaus* Rn 204; Widmann/Mayer/*Widmann* Rn R 718; *Orth* GmbHR 1998, 511). **Objektbezogene** Kosten, wozu auch die bei der Einbringung anfallende GrESt gehört (zur GrESt bei Anteilsvereinigung vgl BFH BStBl II 2011, 761) können auch nicht aus Vereinfachungsgründen sofort als BA abgezogen werden. Sie stellen zusätzl **AK der WG** dar und sind entsprechend zu aktivieren, und zwar auch dann, wenn sich die Einbringung im Wege der Gesamtrechtsnachfolge vollzieht (BMF-Schrb vom 11.11.2011, BStBl I 1314 Rn 23.01; BFH FR 2004, 272; DPPM/*Patt* Rn 235; RHL/*Herlinghaus* Rn 204; Widmann/Mayer/*Widmann* Rn R 721; krit *Orth* GmbHR 1998, 511, der bei einer Einbringung zum BW oder zum ZW oder bei der Einbringung iRd Gesamtrechtsnachfolge einen sofortigen Abzug auch der objektbezogenen Kosten befürwortet). Die Aktivierung hat unabhängig davon zu erfolgen, wie die Sacheinlage angesetzt (BW, ZW, gemeiner Wert) wird (Widmann/Mayer/*Widmann* Rn R 721; aA *Mühle* DStZ 2006, 63). Diese zusätzl AK der WG, welche bei der KapGes aktiviert werden müssen, erhöhen nicht gem Abs 3 S 1 den Einbringungsgewinn und damit auch nicht die AK der neu gewährten Anteile, die **GrESt** ist eigener Aufwand der übernehmenden Rechtsträger und nicht Bestandteil des Sacheinlagegegenstandes. Im Falle der Gründung oder KapErh bei einer AG, GmbH müssen die Kosten in der Satzung festgelegt werden (BGH GmbHR 1989, 250). Soweit sie nicht festgelegt sind und die Kosten von der übernehmenden KapGes getragen werden, liegt eine vGA vor (BFH BStBl II 2000, 545). Zu den Einbringungskosten gehören externe Rechts- und Beratungskosten, soweit ein ummittelbarer Zusammenhang zwischen diesen Kosten und der Einbringung besteht. Soweit nur Vorbereitungsmaßnahmen getroffen werden, ohne dass ein endgültiger Entschluss besteht, eine Einbringung vorzunehmen, dürfte es sich nicht um Einbringungskosten, sondern um laufende BA handeln. Bei den Kosten für die Einholung einer verbindl Auskunft ist § 12 I Nr 3 EStG, § 10 Nr 2 KStG iVm § 3 IV AO zu beachten; zu diesen Kosten für die Einholung einer verbindl Auskunft gehören aber nur die unmittelbar insoweit entstehenden Kosten. Soweit Kosten entstehen, die notwendig sind, um den Sachverhalt aufzuklären um die Steuerneutralität des Vorgangs damit beurteilen zu können, handelt es sich um Einbringungskosten, sie fallen nicht unter das Abzugsverbot des § 12 I Nr 3 EStG bzw § 10 Nr 2 KStG. Inwieweit Kosten nach dem zivilrechtl Vollzug der Einbringung noch Einbringungskosten darstellen können, ist im Einzelnen strittig (vgl *Stimpel* GmbHR 2012, 199). Eine vertragl Absprache zwischen dem Einbringenden und der aufnehmenden KapGes, durch die eine **Verschiebung der Kostentragung** erreicht wird, ist nicht stl anzuerkennen (DPPM/*Patt* Rn 233; RHL/*Herlinghaus* Rn 204; offengelassen durch BFH BStBl II 1998, 168). Zu einer vGA kommt es dann, wenn der übernehmende Rechtsträger Kosten des Einbringenden trägt (Widmann/Mayer/*Widmann* Rn R 717).

Zu beachten ist jedoch, dass die Einbringung ggf eine **neue Beurteilung bereits verwirklichter Sachverhalte** in der Person des Einbringenden haben kann, da es iRd Einbringung zu einem Wechsel von BV auf einen anderen Rechtsträger kommt und der Einbringungsvorgang sich als tauschähnl Geschäft darstellt (*Kahle/Vogel* Ubg 2012, 493). Die Einbringung kann insbes Auswirkung auf gesetzl angeordnete Sperr- und Behaltensfristen haben (§§ 6 III 2, 6 V 4, 6 V 6, 16 III 3, 16 V EStG, §§ 6 III, 18 III, 22 I, 24 V UmwStG, §§ 5 III, 6 III 2 GrEStG, § 13 a V ErbStG). Wurde die Begünstigung wegen nicht entnommener Gewinne gem **§ 34 a EStG** in Anspruch genommen, kommt es zur Nachversteuerung gem § 34 a VI EStG, und zwar unabhängig von der Ausübung des Antragswahlrechts nach Abs 2, wenn der Betrieb, bei dem diese Begünstigung in Anspruch genommen wurde, in eine KapGes eingebracht wird. Gleiches gilt bei der Einbringung eines Mitunternehmeranteils, hinsichtl deren Gewinne die Begünstigung nach § 34a EStG in Anspruch genommen wurde. 405

b) Übertragung von Sonderbetriebsvermögen. Wird zusammen mit einem Betrieb, Teilbetrieb oder Mitunternehmeranteilen einer PersGes auch im zivilrechtl Eigentum eines Mitunternehmers stehendes SBV (gleichgültig, ob es wesentl oder unwesentl Betriebsgrundlage ist) übertragen, sind die entsprechenden WG bei der Ermittlung des Veräußerungsgewinns/Einbringungsgewinns zu berücksichtigen (Widmann/Mayer/*Widmann* Rn R732 f). Ein Einbringungsgewinn kann sich damit auch bei Einbringung von SBV nur ergeben, wenn die bisherigen Ansätze in den Sonderbilanzen durch die Ansätze bei der übernehmenden KapGes/Gen überschritten werden. 406

c) Minderung des Einbringungsgewinns durch nicht ausgeglichene verrechenbare Verluste iSv § 15 a EStG. Wird ein KG-Anteil gem § 20 in eine KapGes gegen Gewährung von Gesellschaftsrechten eingebracht, so liegt eine entgeltl Veräußerung vor. Setzt die übernehmende KapGes die auf sie übergehenden Vermögenswerte mit gemeinem Wert oder ZW an, vermindert ein verrechenbarer Verlust den Einbringungsgewinn (vgl Widmann/Mayer/*Widmann* Rn R 734; L. Schmidt/*Wacker* EStG § 15 a Rn 236 f). 407

d) Zurückbehaltung von Wirtschaftsgütern. Nicht zum Einbringungsgewinn ieS gehört der Entnahmegewinn, der entsteht, wenn iRd Einbringung nicht wesentl Betriebsgrundlagen zurückbehalten und ins PV überführt werden (Widmann/Mayer/*Widmann* Rn R 739; DPPM/*Patt* Rn 247; aA Bordewin/Brandt/*Merkert* Rn 121). Die zurückbehaltenen WG können aber auch BV beim Einbringenden bleiben, etwa weil nur ein Teilbetrieb eingebracht wird und die zurückbehaltenen WG betriebl verhaftet bleiben bzw bei zurückbehaltenen Forderungen nicht ins PV überführt werden (BFH DStR 2013, 356). In diesem Fall werden die BW der zurückbehaltenen WG unverändert fortgeführt. 408

e) Wertaufholung. Nicht zum Veräußerungsgewinn/Einbringungsgewinn iSv Abs 4, sondern zum lfd Erg des Einbringenden gehört der Gewinn, der dadurch entsteht, dass einzelne WG iRd § 6 I Nr 1 S 4, Nr 2 S 3 EStG nach einer vorangegangenen Teilwertabschreibung wieder aufgewertet werden (Bordewin/Brandt/*Merkert* Rn 120; Widmann/Mayer/*Widmann* Rn 738). 409

f) Auflösung steuerfreier Rücklagen. Teil des Einbringungsgewinns ist auch derjenige Gewinn, der sich aus der Auflösung steuerfreier Rücklagen jeder Art ergibt. Ein Grds des Inhaltes, dass die zu Lasten des lfd Gewinns gebildeten 410 steuerfreien Rücklagen stets zugunsten des lfd Gewinns aufgelöst werden müssen, existiert nicht. Die Auflösung einer Ansparrücklage nach § 7 g III EStG im Zshg mit der Einbringung nach § 20 erhöht einen tarifbegünstigten Einbringungsgewinn (BMF-Schrb vom 11.11.2011, BStBl I 1314 Rn 20.27; BFH FR 2005, 488). Ein lfd Gewinn anlässl der Auflösung einer Rücklage entsteht im Zshg mit einer Einbringung nur, wenn die zeitl Voraussetzungen für die Fortführung der Rücklage vor dem Einbringungsstichtag entfallen sind (vgl BFH FR 2005, 488).

411 **g) Einkunftsart/Verfahren.** Die Einkunftsart des Einbringungsgewinns/Einbringungsverlusts folgt aus der Einkunftsart, der die Einkünfte aus dem übertragenen Betrieb, Teilbetrieb, Mitunternehmeranteil oder Anteil an einer KapGes zuzuordnen sind: Es handelt es sich um Einkünfte aus Gewerbebetrieb, selbstständiger Arbeit oder LuF (allgM DPPM/*Patt* Rn 259; Haritz/Menner/*Menner* Rn 445).

412 Wird durch ein Einzelunternehmen oder einer Körperschaft BV nach Maßgabe des § 20 eingebracht, ist der Einbringungsgewinn iRd der Einkommensteuer- bzw Körperschaftsteuerveranlagung zu berücksichtigen (vgl auch Rn 419 ff). Im Fall der Einbringung von BV einer PersGes wird iRd Gewinnfeststellung über die Höhe des Einbringungsgewinns entschieden (DPPM/*Patt* Rn 259; Haritz/Menner/*Menner* Rn 445). Ist Einbringungsstichtag der 1.1. eines Jahres, so muss für diesen Feststellungszeitraum auch eine Gewinnfeststellung durchgeführt werden (BFH BStBl II 1993, 666).

50. Einbringungsverlust

413 Die **stl Schlussbilanz** des Einbringenden, die zugleich Einbringungsbilanz ist, stellt die Grundlage für die Berechnung des Veräußerungsgewinns/Einbringungsgewinns und damit auch des Einbringungsverlustes dar. Sind zum Stichtag der Einbringungsbilanz die bisherigen Bewertungsansätze zu verändern, erhöht oder vermindert sich ein **lfd Gewinn** bzw **Verlust;** Auswirkungen auf einen Einbringungsgewinn/Einbringungsverlust ergeben sich dadurch nicht. Ein Einbringungsverlust kann deshalb insbes nicht dadurch entstehen, dass bei Einbringung eines Betriebs, Teilbetriebs, Mitunternehmeranteils oder von Anteilen an KapGes aus einem BV **Teilwertabschreibungen** vorgenommen werden müssen (ebenso Bordewin/Brandt/*Merkert* Rn 121; Widmann/Mayer/*Widmann* Rn 1129; vgl auch Haritz/Menner/*Menner* Rn 224).

414 Ein Einbringungsverlust entsteht, wenn der übernehmende Rechtsträger die BW der Sacheinlage fortführt und in der Pers des Einbringenden **Einbringungskosten** entstanden sind. Gleiches gilt beim Zwischenwertansatz oder beim Ansatz mit dem gemeinen Wert, wenn die aufgedeckten stillen Reserven geringer sind als die Einbringungskosten (DPPM/*Patt* Rn 254; Haritz/Menner/*Menner* Rn 368; aA Widmann/Mayer/*Widmann* Rn R 509 f). Des Weiteren kann ein Einbringungsverlust entstehen, wenn der gemeine Wert des übertragenen Vermögens geringer ist als der BW des übertragenen Vermögens, da in diesem Fall der übernehmende Rechtsträger den niedrigeren gemeinen Wert ansetzen muss (ebenso DPPM/*Patt* Rn 254; Widmann/Mayer/*Widmann* Rn R 1103). 391

415 Der Einbringungsverlust ist stl mit anderen positiven Einkünfte des Stpfl **verrechenbar,** der ihn erlitten hat, also des Einbringenden; § 10 d EStG erfasst alle nicht ausgeglichenen Verluste sämtl Einkunftsarten einschl der **Einbrin-**

gungsverluste (L. Schmidt/*Heinicke* EStG § 10 d Rn 2). IRv **§ 10 d EStG kann ein Einbringungsverlust vor- und rückgetragen** werden (Widmann/Mayer/*Widmann* Rn R 1111; Haritz/Menner/*Menner* Rn 437; DPPM/*Patt* Rn 264). Nach Auffassung von *Patt* (DPPM/*Patt* Rn 271) sollen Einbringungsverluste, die aufgrund von Einbringungskosten entstehen, stl wegen § 8 b III 3 KStG unberücksichtigt bleiben, soweit Anteile iSd § 8 b II 1 KStG betroffen sind.

51. Beschränkte Steuerpflicht; DBA, Anrechnung ausländischer Steuer

a) Beschränkte Steuerpflicht. Ist der Einbringende beschränkt stpfl, kann der Einbringungsgewinn bzw -verlust dann zu keiner dt Besteuerung führen, wenn der Einbringungsgewinn bzw -verlust nicht zu den inl Einkünfte iSd § 49 EStG zählt (Widmann/Mayer/*Widmann* Rn R 749; DPPM/*Patt* Rn 264). 416

b) Doppelbesteuerungsabkommen. Auch aufgrund eines DBAs kann der Einbringungsgewinn bzw -verlust von der dt Besteuerung ausgenommen sein. Dies ist der Fall, soweit die Sacheinlage in einer Betriebsstätte besteht, die in einem anderen Staat gelegen ist und das maßgebl DBA die Freistellung vorsieht und weder eine Aktivitätsklausel noch eine sog Subject to tax-Klausel enthält (vgl zur Auslegung einer Subject to tax-Klausel BFH BStBl II 2004, 260; FG München EFG 2007, 356). Ausgeschlossen ist die dt Besteuerung auch, wenn neben der Vereinbarung einer Freistellung eine Aktivitätsklausel besteht und eine aktive Tätigkeit vorliegt (Widmann/Mayer/*Widmann* Rn R 751). Werden zusammen mit der Sacheinlage Anteile an einer inl KapGes eingebracht, ist der Einbringungsgewinn/-verlust von der dt Besteuerung ausgeschlossen, wenn das DBA das Besteuerungsrecht dem Wohnsitzstaat des Einbringenden zuweist und der Einbringende nach dem DBA den Wohnsitz nicht in Deutschland hat (Widmann/Mayer/*Widmann* Rn R 754). 417

c) Anrechnung ausländischer Steuer. Zu einer Anrechnung der ausl Steuer kommt es, wenn es mit dem Staat, in dem die eingebrachte Betriebsstätte liegt, kein DBA abgeschlossen wurde oder die eingebrachte Betriebsstätte in einem DBA-Staat liegt und vereinbart wurde, dass bei passiven Einkünfte, die aus der Betriebsstätte erzielt werden, eine Anrechnung erfolgen soll. Zur Anrechnung kommt es weiterhin in den Fällen des Abs 2 AStG (Widmann/Mayer/*Widmann* Rn R 756). Zur fiktiven Anrechnung ausl Steuern nach Abs 7, 8 vgl Rn 442 ff. 418

52. Besteuerung des Einbringungsgewinns, Abs 4

a) Einkommensteuerpflicht bei Einbringung durch eine natürliche Person. Ob bzw in welchem Umfang der Einbringungsgewinn stpfl ist, wird nicht durch das UmwStG geregelt, es gelten insoweit die allg Vorschriften (EStG, GewStG, DBA). Da die **Einbringung** nach Abs 1 einen **Veräußerungsvorgang** darstellt (vgl Vor §§ 20–23 Rn 9), stellt der Einbringungsgewinn einen Veräußerungsgewinn dar. 419

Bei der Einbringung eines **Betriebs, Teilbetriebs oder Mitunternehmeranteils** sind auch die dazugehörigen Anteile an einer Körperschaft, Personenvereinigung oder Vermögensmasse mit einzubringen, sofern sie wesentl Betriebsgrundlage des Betriebs, Teilbetriebs oder Mitunternehmeranteils sind. Die Steuerfreiheit des § 3 Nr 40 EStG bezieht sich bei solchen Einbringungsvorgän- 420 gen auf die übertragenen Beteiligung an einer Körperschaft, Personenvereinigung oder Vermögensmasse, deren Leistung zur Einnahme iSd Abs 1 S 1 EStG gehören. Dabei handelt es sich insbes um Anteile an einer KapGes. In diesem Fall ergibt sich die Steuerbefreiung aus § 3 Nr 40 S 1 b EStG, da die Sacheinlage nach Abs 1 einen Fall des § 16 EStG darstellt, sofern gewerbl BV betroffen ist. Veräußerungspreis bezogen auf die übertragenen Beteiligung ist der Wertansatz dieser Beteiligung bei der aufnehmenden KapGes. Der Bewertungsansatz der aufnehmenden KapGes für die auf sie übertragenen Anteile an der KapGes sind gem § 3 Nr 40 1 b zur Hälfte ab VZ 2009 zu 40% als Veräußerungspreis iSd § 16 II EStG steuerfrei gestellt. Nach § 3 c II 1 EStG sind die Hälfte ab VZ 2009 zu 40% des BW der Beteiligung und die Einbringungskosten bei der Ermittlung des Einbringungsgewinns nicht abzugsfähig. Werden **einbringungsgeborene Anteile** durch eine natürl Person innerh der siebenjährigen Sperrfrist des § 3 Nr 40 S 3, 4 EStG aF eingebracht und liegen die Voraussetzungen des S 4 dieser Norm aF nicht vor (vgl § 52 IVb 2 EStG), muss bei der Berechnung des Einbringungsgewinns der volle Veräußerungspreis iSd Abs 3 S 1 angesetzt werden, da die hälftige Steuerbefreiung des § 3 Nr 40 EStG nicht gilt. Nicht abschließend geklärt ist, ob bzgl der Berechnung der Sperrfrist § 108 III AO zu beachten ist (vgl BFH BStBl II 2012, 599; BFH BStBl II 2003, 2; Tipke/Kruse/*Tipke* AO/FGO § 108 AO Rn 8, 22; aA Hübschmann/Hepp/Spitaler/*Söhn* AO § 108 Rn 65).

421 Wird ein **freiberufl oder luf Betrieb**, Teilbetrieb oder Mitunternehmeranteil in eine KapGes eingebracht, gelten für die insoweit auch übertragene Anteile an einer KapGes die gemachten Ausführungen zum gewerbl Betrieb entsprechend (RHL/*Herlinghaus* Rn 212); vgl auch DPPM/*Patt* Rn 267).

422 **b) Körperschaftsteuerpflicht des Einbringungsgewinns bei Körperschaft.** Auch eine Körperschaft kann Einbringender iSd § 20 sein. Entsteht iRd Einbringung ein Einbringungsgewinn, gelten für die StPfl dieses Gewinns die allg Vorschriften (KStG, GewStG, DBA). Eine Steuerfreiheit für den Einbringungsgewinn kann sich aus **§ 8 b KStG** ergeben, soweit dieser auf die Realisierung stiller Reserven von Anteilen an Körperschaft, Personenvereinigungen oder Vermögensmassen entfällt, deren Leistung zu Einnahmen iSd § 20 I 1, 2, 9 und 10 a EStG gehören. Die Steuerfreiheit des § 8 b II KStG gilt auch, soweit die Körperschaft ein Mitunternehmeranteil einbringt und der Einbringungsgewinn iRd Gewinnfeststellung der PersGes der Körperschaft zugerechnet wird (BMF-Schrb vom 28.4.2003, BStBl I 292 Rn 55; DPPM/*Patt* Rn 269) oder § 8 VI KStG anzuwenden ist. Allerdings gelten wegen § 8 III 1 KStG 5% des entsprechenden Gewinns als Ausgaben, die nicht als BA abgezogen werden dürfen (zu verfassungsrechtl Bedenken vgl FG Niedersachsen EFG 2008, 263). Es können auch Einbringungsverluste entstehen (RHL/*Herlinghaus* Rn 213; nach Auffassung von *Patt* (DPPM/*Patt* Rn 271), solche Einbringungsverluste, die aufgrund von Einbringungskosten entstehen, sollen stl wegen § 8 b III 3 KStG unberücksichtigt bleiben, soweit Anteile iSd § 8 b II 1 KStG betroffen sind.

423 Die Steuerfreiheit von Einbringungsgewinnen bezogen auf übertragene Anteile sind ausgeschlossen, wenn es sich bei den eingebrachten Anteilen um einbringungsgeborene Anteile iSd § 21 I 1 aF handelt und die Rückausnahme gem § 8 b IV 2 KStG aF nicht vorliegen (vgl § 34 VII a KStG). Nicht abschließend geklärt ist, ob bzgl der Berechnung der Sperrfrist § 108 III AO zu beachten ist (vgl BFH BStBl II 2012, 599; BFH BStBl II 2003, 2; Tipke/Kruse/*Tipke*

AO/FGO § 108 Rn 8, 22; aA Hübschmann/Hepp/Spitaler/*Söhn* AO § 108 Rn 65). Eine Steuerfreiheit des Einbringungsgewinns ist auch dann nicht gegeben, wenn die Voraussetzungen des § 8 b II 4, 5, 8 b VII, VIII KStG vorliegen.

c) KStPfl/EKStPfl bei Einbringung durch eine Mitunternehmerschaft. 424
Bringt eine gewerbl Mitunternehmerschaft ihren Betrieb/Teilbetrieb in eine KapGes nach Maßgabe des Abs 1 S 1 ein, ist über die Höhe des Einbringungsgewinns im Gewinnfeststellungsverfahren (§ 180 I Nr 2 lit a AO) zu entscheiden. Soweit Ergänzungsbilanzen existieren bzw SBV mitübertragen wird, ist dieses entsprechend zu berücksichtigen (Widmann/Mayer/*Widmann* Rn R 732 f.). Auch der Entnahmegewinn aus der Zurückbehaltung von nicht wesentl WG anlässlich der Einbringung wird in die einheitliche und gesonderte Gewinnfeststellung einbezogen (DPPM/*Patt* Rn 259; Haritz/Menner/*Menner* Rn 445). Der Einbringungsgewinn wird den MU nach allg Grdsen, dh entsprechend der Gewinnverteilung im Gesellschaftsvertrag zugerechnet.

Etwas anderes gilt, wenn die **Mitunternehmerschaft als solche Einbringende** ist, aber für einen MU der persönl Anwendungsbereich des § 20 nicht gegeben ist. Dies ist der Fall, wenn der MU der einbringenden Mitunternehmerschaft weder im EU/EWR-Raum ansässig ist und das Besteuerungsrecht an den neuen Anteilen des übernehmenden Rechtsträgers nach der Einbringung nicht in Deutschland liegt. In diesem Fall ist der Einbringungsgewinn nur dem im Drittstaat ansässigen MU und nicht anteilig allen MU stl zuzurechnen (ebenso RHL/*Herlinghaus* Rn 34; *Kamphaus/Birnbaum* Ubg 2012, 293; vgl auch *Franz/Winkler/Polatzky* BB Beilage 1/2011 zu Heft 35, 15). Ausweislich der Gesetzesbegründung soll nämlich bei der Einbringung der PersGes die stl Konsequenzen bei dem jeweiligen MU zu ziehen sein. Hinzu kommt, dass bei der Zurechnung eines solchen Einbringungsgewinns bei allen MU es ggf zu Besteuerungslücken kommen kann (vgl dazu *Kamphaus/Birnbaum* Ubg 2012, 293). 425

d) Veräußerungsfreibetrag, § 16 IV EStG. Nach § 20 IV 1 ist § 16 IV EStG auf einen entsprechenden Antrag hin „nur anzuwenden", wenn der Einbringende eine natürl Person ist, es sich nicht um die Einbringung von Teilen eines Mitunternehmeranteils handelt und der übernehmende Rechtsträger das eingebrachte BV mit dem gemeinen Wert ansetzt. Ob es zu einem freiwilligen oder aber zu einem zwingend gesetzl vorgeschriebenen Ansatz mit dem gemeinen Wert beim übernehmenden Rechtsträger kommt, ist ohne Bedeutung, entscheidend ist, dass sämtl stille Reserven einschl eines originären Geschäfts- oder Firmenwerts aufgedeckt werden (RHL/*Herlinghaus* Rn 216; DPPM/*Patt* Rn 275). 426

Gehören zum übertragenen Betrieb, Teilbetrieb oder Mitunternehmeranteil auch Anteile an einer KapGes, so dass der Einbringungsgewinn insoweit dem Teileinkünfteverfahren unterliegt, stellt sich die Frage, ob der Freibetrag gem § 16 IV EStG vorrangig dem stpfl Gewinnanteil aus der Anteilseinbringung zugeordnet werden kann oder ob der Freibetrag auf den Einbringungsgewinn, soweit die Tarifermäßigung zu berücksichtigen ist, und den stpfl Teil des Einbringungsgewinns, soweit das Halbeinkünfteverfahren anzuwenden ist, aufgeteilt werden muss. Der BFH geht davon aus, dass der Freibetrag vorrangig von dem dem Teileinkünfteverfahren unterliegenden Einbringungsgewinn abgezogen werden kann (BFH BStBl II 2010, 1011; DPPM/*Patt* Rn 282; L. Schmidt/*Wacker* EStG § 16 Rn 587; aA BMF-Schrb vom 20.12.2005, BStBl I 2006, 7). Wird der Einbringungsgewinn gem § 6 b EStG neutralisiert, kommt hinsichtl 427 des verbleibenden Einbringungsgewinn § 16 IV EStG in Betracht (Widmann/Mayer/*Widmann* Rn R 864; L. Schmidt/*Wacker* EStG § 16 Rn 586). Auch kommt der Freibetrag hinsichtl des Gewinns, der durch die Auflösung steuerfreier Rücklagen entsteht, zur Anwendung (Widmann/Mayer/*Widmann* Rn R 864). Keine Anwendung findet der Freibetrag gem § 16 IV EStG, wenn der Einbringende beschränkt stpfl ist (§ 50 I 3 EStG; FG Düsseldorf EFG 2009, 2024).

428 **e) Außerordentliche Einkünfte, § 34 EStG.** Die Frage der Tarifbegünstigung eines Einbringungsgewinns nach § 34 EStG stellt sich nur, wenn Einbringender eine natürl Person ist, kstpfl Personen können die Tarifvergünstigung des § 34 EStG nicht in Anspruch nehmen (BFH BStBl II 1991, 455; L. Schmidt/*Wacker* EStG § 34 Rn 3). § 34 EStG findet im Grds auch dann Anwendung, wenn eine PersGes einen Betrieb, Teilbetrieb oder Mitunternehmeranteil nach Abs 1 einbringt, soweit an der PersGes natürl Personen als MU beteiligt sind (DPPM/*Patt* Rn 273).

429 § 34 EStG kommt nur dann zur Anwendung, wenn die eingebrachten WG mit dem gemeinen Wert angesetzt werden (Abs 4 S 2). Die Tarifermäßigung nach § 34 I, III EStG kommt, trotz des Ansatz mit dem gemeinen Wert, nicht in Frage, wenn die Sacheinlage in einem Teil eines Mitunternehmeranteils besteht, soweit der Einbringungsgewinn gem § 3 Nr 40 S 1 EStG iVm § 3 c II EStG zT steuerfrei ist oder für einen Teil des Einbringungsgewinns eine Rücklage gem § 6 b, § 6 c EStG gebildet worden ist (DPPM/*Patt* Rn 278; RHL/*Herlinghaus* Rn 219; Widmann/Mayer/*Widmann* Rn R 906). Die Tarifbegünstigung soll des Weiteren dann keine Anwendung finden, wenn ein Unternehmen eingebracht wird, das im gewerbl Grundstückshandel tätig ist, soweit der Einbringungsgewinn auf der Realisierung von stillen Reserven der Grundstücke des Umlaufvermögens entfällt (DPPM/*Patt* Rn 278; vgl auch BFH BStBl II 2010, 171).

430 Zu dem tarifbegünstigten Einbringungsgewinn zählt auch der Betrag, der durch Auflösung steuerfreier Rücklagen entsteht (BMF-Schrb vom 11.11.2011, BStBl I 1314 Rn 20.27; Widmann/Mayer/*Widmann* Rn R 906; DPPM/*Patt* Rn 277; BFH/NV 2007, 824).

431 **f) Übertragung stiller Reserven nach § 6 b EStG.** Da die Einbringung einen Veräußerungstatbestand darstellt (vgl Vor §§ 20–23 Rn 9), ist auf einen entstehenden Einbringungsgewinn § 6 b EStG anzuwenden, soweit der Gewinn auf begünstigte WG im Sinne dieser Vorschrift entfällt (BMF-Schrb vom 11.11.2011, BStBl I 1314 Rn 20.27; L. Schmidt/*Loschelder* EStG § 6 b Rn 28; Bordewin/Brandt/*Merkert* Rn 126; DPPM/*Patt* Rn 261). § 6 b EStG kommt auch zur Anwendung, wenn die Einbringung zu ZW erfolgt (DPPM/*Patt* Rn 261). Werden mehrere Einbringungsvorgänge verwirklicht, bspw deshalb, weil zwei Teilbetriebe eingebracht werden, so kann die Anwendung des § 6 b EStG auf einen Teilbetrieb beschränkt werden. Wird durch den Einbringenden für die außerordentl Einkünfte § 6 b EStG in Anspruch genommen, so entfällt die Anwendung des § 34 EStG (§ 34 I 4, III 6 EStG). Wegen weiterer Einzelheiten vgl die einschlägige Komm zu § 6 b EStG.

53. Einbringungsgewinn und Gewerbeertragsteuer

432 **a) GewStPfl bei natürlicher Person.** Der Einbringungsgewinn nach Abs 1 kann nur dann gewstpfl sein, wenn Gegenstand des übertragenen Verm ein im

Inland betriebener gewerbl BV iSd § 2 I GewStG ist. Das von der übernehmenden KapGes ausgeübte Wahlrecht nach Abs 2 gilt auch für die GewSt. Der GewSt unterliegen jedoch nur die lfd Gewinne aus dem tätigen Betrieb (BFH BStBl II 1997, 224; Glanegger/Güroff/*Peuker* GewStG § 7 Rn 13 ff; RHL/*Herlinghaus* Rn 214; DPPM/*Patt* Rn 284). Gewinne aus der Veräußerung oder Aufgabe eines gewerbl Betriebs scheiden damit bei der Ermittlung des Gewerbeertrages – vorbehaltl der Regelung in § 18 III – aus.

Die Einbringung eines gewerbl Betriebs, Teilbetriebs oder Mitunternehmeranteils durch eine natürl Person stellt eine gewstl Betriebsveräußerung dar. Der Einbringungsgewinn gehört damit beim Einbringenden nicht zum Gewerbeertrag, es sei denn, es liegen die Voraussetzungen des § 18 III vor. Dies gilt unabhängig davon, ob die aufnehmende KapGes ZW oder gemeine Werte ansetzt (Widmann/Mayer/*Widmann* Rn R 1088; DPPM/*Patt* Rn 284). GewStfrei sind auch solche Gewinne, die im Zshg mit der Einbringung aus Entnahmen nicht wesentl Betriebsgrundlagen entstehen, und zwar selbst dann, wenn die Sacheinlage iSd Abs 1 S 1 zum BW erfolgt (Glanegger/Güroff/*Peuker* GewStG § 7 Rn 14; DPPM/*Patt* Rn 284). Zur Einbringung einbringungsgeborener Anteile iSd § 21 aF vgl § 21 Rn 133. **433**

Ist der Einbringungsgewinn gem § 3 Nr 40 S 1 lit a, b iVm § 3 c EStG zur Hälfte bzw ab 2009 zu 40% steuerbefreit, so schlägt diese Steuerbefreiung über § 7 S 4 GewStG auch für die GewSt durch (Widmann/Mayer/*Widmann* Rn R 1095). Bei Einbringung eines Grundstückshandelsbetriebs in eine GmbH ist der Einbringungsgewinn als laufender Gewerbeertrag zu behandeln, soweit er auf die eingebrachten Grundstücke des Umlaufvermögens entfällt (BFH BStBl II 2010, 171; DPPM/*Patt* Rn 285). Bringt eine natürl Person einen Mitunternehmeranteil an einer Mitunternehmerschaft ein, zu deren BV die Beteiligung an einer anderen Mitunternehmerschaft gehört (sog **doppelstöckige PersGes**), so ist die mittelbare Übertragung des Anteils an der Unterpersonengesellschaft kein gesonderter Einbringungsvorgang iSd § 20 (BMF-Schrb vom 11.11.2011, BStBl 1314 Rn 20.12). Die mittelbare Einbringung des Anteils an der UnterGes bleibt insoweit gewstl unbeachtlich, ein Einbringungsgewinn ist damit insges gewerbesteuerfrei (vgl 7.1 III S 4 GewSt-RL). **434**

b) GewStPfl bei Körperschaften. Als Gewerbebetrieb gilt gem § 2 II 1 GewStG stets und im vollen Umfang die Tätigkeit der KapGes, der Erwerbs- und Wirtschaftsgenossenschaft und der VVaG. Bei diesen Stpfl gehört daher auch der iRe Betriebsveräußerung erzielte Gewinn zum Gewerbeertrag (BFH DStR 2001, 2111; Abschn 40 II 1 GewStR; *Lenski/Steinberg* GewStG § 7 Rn 327; krit Glanegger/Güroff/*Peuker* GewStG § 7 Rn 15). Wird daher durch eine KapGes, Erwerbs- und Wirtschaftsgenossenschaft oder durch einen VVaG ein Betrieb, Teilbetrieb, Mitunternehmeranteil gem Abs 1 S 1 eingebracht, gehört ein insoweit entstehender Einbringungsgewinn zum Gewerbeertrag. Werden Beteiligungen an einer KapGes zusammen mit dem Betrieb oder Teilbetrieb nach Abs 1 eingebracht, entsteht ein Gewerbeertrag nach § 7 I GewStG nur, soweit der Einbringungsgewinn, der auf die übertragenen Anteile entfällt, nicht nach § 8 b II KStG steuerbefreit ist. § 8 b II KStG gilt als sachl Steuerbefreiung auch für gewstl Zwecke (Widmann/Mayer/*Widmann* Rn R 1096; DPPM/*Patt* Rn 286). **435**

c) GewStPfl bei gewerblicher Mitunternehmerschaft. Ein gewstpfl lfd Gewinn entsteht, soweit nur ein **Teil eines Mitunternehmeranteils** einge- **436**

bracht wird (Widmann/Mayer/*Widmann* Rn R 1079; DPPM/*Patt* Rn 285; BFH/NV 2007, 601; OFD Düsseldorf FR 2000, 1151; L. Schmidt/*Wacker* EStG § 16 Rn 411; aA *Neyer* BB 2005, 577). Wird ein Betrieb oder Teilbetrieb eines Grundstückshandelsunternehmens eingebracht, so ist der Einbringungsgewinn als lfd Gewerbeertrag zu behandeln, soweit er auf die eingebrachten Grundstücke des Umlaufvermögens entfällt (BFH BStBl II 2010, 171; DPPM/*Patt* Rn 285).

437 Die gewerbl Mitunternehmerschaft ist als solche Gewerbesteuersubjekt. Der Gewinn aus der Einbringung eines Betriebs der Mitunternehmerschaft nach Abs 1 gehört grdsl nicht zum Gewerbeertrag der Mitunternehmerschaft gem § 7 S 1 GewStG, da aufgrund des Objektcharakters der GewSt nur der lfd Gewinn des Geschäftsbetriebs unterliegt (DPPM/*Patt* Rn 289). Dies gilt jedoch nur insoweit, als an der Mitunternehmerschaft natürl Personen unmittelbar beteiligt sind (RHL/*Herlinghaus* Rn 214; DPPM/*Patt* Rn 289). Soweit an der Mitunternehmerschaft hingegen andere Rechtsträger (Körperschaften, Personenvereinigungen, Vermögensmassen oder PersGes) unmittelbar beteiligt sind, greift für die Einbringung § 7 S 2 Nr 1 GewStG mit der Konsequenz, dass der Einbringungsgewinn insoweit in den Gewerbeertrag fällt (RHL/*Herlinghaus* Rn 214; DPPM/*Patt* Rn 289). Dies gilt auch, soweit nicht ein Betrieb, sondern ein Teilbetrieb in eine KapGes eingebracht wird (DPPM/*Patt* Rn 290). Bringt aber eine gewerbl Mitunternehmerschaft einen Mitunternehmeranteil in eine KapGes ein, ist der Einbringungsgewinn gem § 7 S 2 Nr 2 GewStG gewstpfl, weil nur die OberGes ihren Mitunternehmeranteil an der UnterGes einbringt und damit an dieser unmittelbar beteiligt ist; der gewstl Einbringungsgewinn fällt bei der UnterGes an und wird von dieser geschuldet (DPPM/*Patt* Rn 291).

438 Nach § 7 S 4 GewStG gelten die Regelungen der §§ 3 Nr 40 EStG, 8 b II KStG auch für die Ermittlung des Gewerbeertrages (RHL/*Herlinghaus* Rn 214; DPPM/*Patt* Rn 290; Widmann/Mayer/*Widmann* Rn R 1096).

54. Einbringung einer in einem anderen Mitgliedstaat belegenen Betriebsstätte, Abs 7

439 Abs 7 verweist auf § 3 III. Dabei geht es um die Fälle, in denen zum eingebrachten BV eine in einem anderen Mitgliedstaat gelegene Betriebsstätte (BMF-Schrb vom 11.11.2011, BStBl I 1314 Rn 20.34) gehört, hinsichtl der das dt Besteuerungsrecht durch den Einbringungsvorgang beschränkt wird. Das setzt voraus, dass Deutschland nicht auf sein Besteuerungsrecht bezogen auf diese Betriebsstätte verzichtet hat, und das jew DBA bzw § 20 II a AStG die Freistellungsmethode ausschließt. Durch die Einbringung verliert Deutschland bzgl der Betriebsstätte sein Besteuerungsrecht, das übertragene Verm in der Betriebsstätte ist damit in der stl Schlussbilanz mit dem gemeinen Wert anzusetzen. Ist Einbringender eine Körperschaft, so ist die KSt auf den Einbringungsgewinn entsprechend Art 10 II FusionsRL, der im § 3 III umgesetzt worden ist, um eine fiktive ausl Steuer zu ermäßigen, die erhoben würde, wenn das Betriebsstättenvermögen dort zum gemeinen Wert veräußert worden wäre. Die Ermäßigung ist begrenzt auf die auf den Einbringungsgewinn anfallende dt KSt.

440 Abs 7 ordnet die entsprechende Anwendung von § 3 III an. Daraus kann gefolgert werden, dass bei der Einbringung durch eine natürl Person oder eine PerGes, soweit an dieser natürl Personen beteiligt sind, eine Anrechnung entsprechend § 34 c EStG in Betracht kommt (RHL/*Herlinghaus* Rn 242; Blümich/*Nitzschke* Rn 114; *Benz/Rosenberg* BB Special 8/2006, 57).

Erhebt der andere EU-Mitgliedstaat anlässl der Verschm tats Steuern, so erfolgt eine Anrechnung dieser Steuern nach den Grdsen des § 26 KStG bzw des § 34 c EStG. 441

55. Fiktive Steueranrechnung bei transparenter Gesellschaft, Abs 8

Abs 8 erfasst den Fall der Einbringung einer Betriebsstätte durch eine in einem anderen EU-Staat ansässigen Ges, die in Deutschland für stl Zwecke als transparent anzusehen ist (sog hybride Ges; vgl dazu § 3 Rn 19). Sind an einer solchen transparenten Ges im Inland unbeschränkt Stpfl beteiligt, hat Deutschland an dem ausl Betriebsstättenvermögen ein Besteuerungsrecht, wenn die Doppelbesteuerung durch Anrechnung der ausl Steuer vermieden wird. Bringt eine solche transparente Ges ihre ausl Betriebsstätte in eine KapGes ein, geht das dt Besteuerungsrecht insoweit verloren. Dieses ausl Betriebsstättenvermögen ist gem § Abs 2 S 2 Nr 3 für Zwecke der Besteuerung des unbeschränkt stpfl Gesellschafters zwingend mit dem gemeinen Wert anzusetzen. Es entsteht ein Einbringungsgewinn. Die auf diesen Einbringungsgewinn entfallende KSt bzw Einkommensteuer ist unter entsprechender Anwendung von §§ 26 VI KStG bzw §§ 34 c, 50 VI EStG zu ermäßigen, die erhoben würde, wenn das Betriebsstättenvermögen dort zum gemeinen Wert veräußert worden wäre (RHL/*Herlinghaus* Rn 246; DPPM/*Patt* Rn 339; Blümich/*Nitzschke* Rn 115). 442

Darüber hinaus erfasst Abs 8 die Einbringung der Beteiligung an der transparenten Ges durch den inl Anteilseigner (DPPM/*Patt* Rn 340). Nach dt Verständnis liegt insoweit eine Einbringung eines Mitunternehmeranteils vor, die zur Besteuerung der stillen Reserven führt. Auch in diesem Fall kommt es zu einer fiktiven Anrechnung nach Abs 8 (Blümich/*Nitzschke* Rn 115). 443

56. Kein Übergang eines Zinsvortrages, Abs 9

Durch das Unternehmensteuerreformgesetz 2008 vom 14.8.2007 (BGBl I 1912) wurde die sog Zinsschranke durch § 4 h EStG, § 8 a KStG eingeführt. Aufgrund dieser Regelung sind nicht abzugsfähige Zinsaufwendungen eines Betriebs auf das folgende Wj fortzutragen. Abs 9 regelt, dass durch eine Einbringung der **Zinsvortrag** nicht auf die übernehmende Ges übergeht. Der Zinsvortrag verbleibt nicht bei dem Einbringenden (§ 4 h V 1 EStG), wenn der Betrieb, der den Zinsvortrag verursacht hat, insgesamt eingebracht wird. Bei der Einbringung eines Teilbetriebs geht der Zinsvortrag selbst dann nicht unter, wenn der Zinsvortrag mit dem eingebrachten Teilbetrieb zusammenhängt (Widmann/Mayer/*Widmann* § 23 Rn 588.1). Nicht geklärt ist, ob im Falle der Einbringung eines Teilbetriebs der Zinsvertrag anteilig übergeht (so *Stangl/Hageböcke* in Schaumburg/Rödder Unternehmenssteuerreform 2008, S 513) oder vollumfängl beim Einbringenden verbleibt (Widmann/Mayer/*Widmann* § 23 Rn 588.1; DPPM/*Patt* Rn 755). Abs 9 spricht vom Zinsvortrag des eingebrachten Betriebs. Nach Auffassung von *Patt* (DPPM/*Patt* Rn 341) geht bei einer Einbringung eines Mitunternehmeranteils der Zinsvortrag anteilig unter (aA Haritz/Menner/*Menner* Rn 753). Abs 9 idF des Wachstumsbeschleunigungsgesetzes bestimmt zudem, dass ein verbleibender **EBITDA-Vortrag** nicht auf die übernehmende Ges übergeht, es gelten die gleichen Grdse wie beim Zinsvortrag. 444

§ 21 Bewertung der Anteile beim Anteilstausch

(1) [1] Werden Anteile an einer Kapitalgesellschaft oder einer Genossenschaft (erworbene Gesellschaft) in eine Kapitalgesellschaft oder Genossenschaft (übernehmende Gesellschaft) gegen Gewährung neuer Anteile an der übernehmenden Gesellschaft eingebracht (Anteilstausch), hat die übernehmende Gesellschaft die eingebrachten Anteile mit dem gemeinen Wert anzusetzen. [2] Abweichend von Satz 1 können die eingebrachten Anteile auf Antrag mit dem Buchwert oder einem höheren Wert, höchstens jedoch mit dem gemeinen Wert, angesetzt werden, wenn die übernehmende Gesellschaft nach der Einbringung auf Grund ihrer Beteiligung einschließlich der eingebrachten Anteile nachweisbar unmittelbar die Mehrheit der Stimmrechte an der erworbenen Gesellschaft hat (qualifizierter Anteilstausch); § 20 Abs. 2 Satz 3 gilt entsprechend. [3] Erhält der Einbringende neben den Gesellschaftsanteilen auch andere Wirtschaftsgüter, deren gemeiner Wert den Buchwert der eingebrachten Anteile übersteigt, hat die übernehmende Gesellschaft die eingebrachten Anteile mindestens mit dem gemeinen Wert der anderen Wirtschaftsgüter anzusetzen.

(2) [1] Der Wert, mit dem die übernehmende Gesellschaft die eingebrachten Anteile ansetzt, gilt für den Einbringenden als Veräußerungspreis der eingebrachten Anteile und als Anschaffungskosten der erhaltenen Anteile. [2] Abweichend von Satz 1 gilt für den Einbringenden der gemeine Wert der eingebrachten Anteile als Veräußerungspreis und als Anschaffungskosten der erhaltenen Anteile, wenn für die eingebrachten Anteile nach der Einbringung das Recht der Bundesrepublik Deutschland hinsichtlich der Besteuerung des Gewinns aus der Veräußerung dieser Anteile ausgeschlossen oder beschränkt ist; dies gilt auch, wenn das Recht der Bundesrepublik Deutschland hinsichtlich der Besteuerung des Gewinns aus der Veräußerung der erhaltenen Anteile ausgeschlossen oder beschränkt ist. [3] Auf Antrag gilt in den Fällen des Satzes 2 unter den Voraussetzungen des Absatzes 1 Satz 2 der Buchwert oder ein höherer Wert, höchstens der gemeine Wert, als Veräußerungspreis der eingebrachten Anteile und als Anschaffungskosten der erhaltenen Anteile, wenn

1. das Recht der Bundesrepublik Deutschland hinsichtlich der Besteuerung des Gewinns aus der Veräußerung der erhaltenen Anteile nicht ausgeschlossen oder beschränkt ist oder
2. der Gewinn aus dem Anteilstausch auf Grund Artikel 8 der Richtlinie 90/434/EWG nicht besteuert werden darf; in diesem Fall ist der Gewinn aus einer späteren Veräußerung der erhaltenen Anteile ungeachtet der Bestimmungen eines Abkommens zur Vermeidung der Doppelbesteuerung in der gleichen Art und Weise zu besteuern, wie die Veräußerung der Anteile an der erworbenen Gesellschaft zu besteuern gewesen wäre; § 15 Abs. 1 a Satz 2 des Einkommensteuergesetzes ist entsprechend anzuwenden.

[4] Der Antrag ist spätestens bis zur erstmaligen Abgabe der Steuererklärung bei dem für die Besteuerung des Einbringenden zuständigen Finanzamt zu stellen. [5] Haben die eingebrachten Anteile beim Einbringenden nicht zu einem Betriebsvermögen gehört, treten an die Stelle

des Buchwerts die Anschaffungskosten. [6] § 20 Abs. 3 Satz 3 und 4 gilt entsprechend.

(3) [1] **Auf den beim Anteilstausch entstehenden Veräußerungsgewinn ist § 17 Abs. 3 des Einkommensteuergesetzes nur anzuwenden, wenn der Einbringende eine natürliche Person ist und die übernehmende Gesellschaft die eingebrachten Anteile nach Absatz 1 Satz 1 oder in den Fällen des Absatzes 2 Satz 2 der Einbringende mit dem gemeinen Wert ansetzt; dies gilt für die Anwendung von § 16 Abs. 4 des Einkommensteuergesetzes unter der Voraussetzung, dass eine im Betriebsvermögen gehaltene Beteiligung an einer Kapitalgesellschaft eingebracht wird, die das gesamte Nennkapital der Kapitalgesellschaft umfasst. [2] § 34 Abs. 1 des Einkommensteuergesetzes findet keine Anwendung.**

Schrifttum: *Becker-Pennrich*, Die Sofortversteuerung nach § 21 Abs. 2 Satz 2 beim grenzüberschreitenden Anteilstausch, IStR 2007, 684; *Benecke/Schnittger*, Letzte Änderungen der Neuregelung des UmwStG und der Entstrickungsnormen durch das SEStEG, IStR 2007, 22; *Förster/Wendland*, Einbringung von Unternehmensteilen in Kapitalgesellschaften – Auswirkungen des SEStEG auf Umwandlungsvorgänge, BB 2007, 631; *Hagemann/Jakob/Ropohl/Viebrock*, SEStEG – Das neue Konzept der Verstrickung und Entstrickung sowie die Neufassung des UmwStG, NWB-Sonderheft 1/2007; *Herlinghaus*, Sacheinbringungen nach dem SEStEG: Verschaffung des wirtschaftlichen Eigentums fällt unter §§ 1 Abs. 3, 20 Abs. 1 UmwStG!, FR 2007, 286; *Ley*, Einbringungen nach §§ 20, 24 UmwStG idF des SEStEG, FR 2007, 109; *Orth*, Einbringung eines wirtschaftlichen Geschäftsbetriebs oder eines Betriebs gewerblicher Art in eine Kapitalgesellschaft nach dem UmwStG idF des SEStEG, DB 2007, 419; *Schönherr/Lemaitre*, Grundzüge und ausgewählte Aspekte bei Einbringung in Kapitalgesellschaften nach dem SEStEG, GmbHR 2007, 459; *Kowallik/Merklein/Scheipers*, Ertragsteuerliche Beurteilung der Anwachsung nach der Änderung des UmwStG aufgrund des SEStEG, DStR 2008, 173; *Rulf*, Ausübung des Bewertungswahlrechts des § 21 UmwStG und die Einbringung mehrerer mehrheitsvermittelnder Beteiligungen an verschiedenen Kapitalgesellschaften; GmbHR 2008, 243; *Schwarz*, Zweifelsfragen bei der Einlage von Kapitalgesellschaften in Kapitalgesellschaften, insbesondere Wertaufholungsproblematik, FR 2008, 548; *Desens*, Steuerrechtliche Zweifelsfragen bei der Einbringung in Kapitalgesellschaften, DStR 2010 Beiheft zu Heft 46, 80; *Schmitt*, Das Antragswahlrecht im UmwStG am Beispiel einer Einbringung nach § 20 UmwStG, DB 2010, 522; *Benz/Rosenberg*, Ausgewählte Problemfragen im Zusammenhang mit Einbringung nach §§ 20 ff. UmwStG, DB 2011, 1354; *Beinert*, Auswirkungen von Umwandlungen auf Kleingesellschafter nach dem UmwSt-Erlass 2011, GmbHR 2012, 291; *Benz/Rosenberg*, Einbringung von Unternehmensanteilen in Kapitalgesellschaften und Anteilstausch (§§ 20 bis 23 UmwStG), DB 2012, Beilage 1 zu Heft 2, 38; *Förster*, Der finale Umwandlungssteuererlass 2011 – Wichtige Abweichungen gegenüber der Entwurfsfassung, GmbHR 2012, 237; *Kaeser*, Einbringungstatbestände (§§ 20 ff. UmwStG), DStR 2012 Beiheft zu Heft 2, 13; *Kahle/Vogel*, Steuerbilanzielle Aspekte bei Einbringung von Unternehmensteilen in Kapitalgesellschaften, Ubg 2012, 493; *Kamphaus/Birnbaum*, Die Personengesellschaft als Einbringende, Ubg 2012, 293; *Neumann*, Spaltung von Kapitalgesellschaften nach dem UmwStE 2011, GmbHR 2012, 141; *Rasche*, Einbringung von Unternehmensteilen in Kapitalgesellschaften oder Genossenschaften nach dem UmwStE 2011, GmbHR 2012, 149; *Schneider/Ruoff/Sistermann*, Brennpunkte des Umwandlungssteuererlasses 2011, FR 2012, 1; *Stangl*, Ausgewählte Zweifels- und Praxisfragen zur Einbringung nach dem Umwandlungssteuererlass 2011, GmbHR 2012, 253.

Übersicht

1. Überblick über die Vorschrift

1 Abs 1 S 1 def den Anteilstausch. Ein solcher ist danach die Übertragung von Anteilen an einer KapGes oder einer Gen **(erworbene Ges)** in eine KapGes oder Gen **(übernehmende Ges)** gegen Gewährung neuer Anteile an der übernehmenden Ges. Im Grds muss die übernehmende Ges die eingebrachten Anteile mit dem gemeinen Wert ansetzen.

2 Abs 1 S 1 bestimmt nicht, wer **Einbringender** iSd Vorschrift sein kann. Der persönl Anwendungsbereich des § 21 ergibt sich aus § 1 IV. Die subj Einschränkung des § 1 IV 1 Nr 2 gelten nicht für den Anteilstausch iSd § 21, weil die Anwendungsvorschrift insoweit nur auf Vorgänge nach § 1 III Nr 1–4 Bezug nimmt und der sachl Anwendungsbereich beim Anteilstausch sich alleine nach § 1 III Nr 5 bestimmt. Daraus kann geschlossen werden, dass Einbringende alle natürl Personen, Körperschaften, Personenvereinigungen, Vermögensmassen und PersGes sein können, die im Inland, im ausl EU/EWR-Bereich oder in Drittstaaten ansässig sind (einhellige Auffassung: BMF-Schrb vom 11.11.2011, BStBl I 1314 Rn 21.03; Haritz/Menner/*Behrens* Rn 86 ff; DPPM/*Patt* Rn 8; RHL/*Rabback* Rn 18; Blümich/*Nitzschke* Rn 17; Frotscher/Maas/*Mutscher* Rn 2).

3 Abs 1 S 2 enthält die Legaldefinition für den **qualifizierten Anteilstausch.** Ein solcher liegt vor, wenn die übernehmende Ges nach der Einbringung aufgrund ihrer Beteiligung einschl der eingebrachten Anteile nachweisbar unmittelbar die Mehrheit der Stimmrechte an der erworbenen Ges hat. Liegen diese Voraussetzungen vor, hat der übernehmende Rechtsträger das Antragswahlrecht, die eingebrachten Anteile auch mit dem BW oder einem ZW anzusetzen. Das Antragswahlrecht ist spätestens bis zur erstmaligen Abgabe der stl Schlussbilanz bei dem für die Besteuerung der übernehmenden Ges zuständigen FA zu stellen (Abs 1 S 2 HS 2 iVm § 20 II 3). Der Grds der Maßgeblichkeit der HB für die StB wurde aufgegeben.

4 Erhält der Einbringende neben den neuen Anteilen am übernehmenden Rechtsträger auch andere WG, deren gemeiner Wert den BW der eingebrachten Anteile übersteigt, so hat der übernehmende Rechtsträger die eingebrachten Anteile mindestens mit dem gemeinen Wert der anderen WG anzusetzen (Abs 1 S 3).

5 Der Wertansatz durch den übernehmenden Rechtsträger bestimmt im Grds den Veräußerungsgewinn des Einbringenden und die AK der neuen Anteile in

der Person des Einbringenden (Abs 2 S 1, **Grds der Wertverknüpfung**). Eine Ausnahme vom Grds der Wertverknüpfung sieht Abs 2 S 2 für den Fall vor, dass entweder für die eingebrachten Anteile nach der Einbringung oder für die erhaltenen Anteile das dt Besteuerungsrecht für den Gewinn aus der Veräußerung dieser Anteile ausgeschlossen oder beschränkt ist. Für den Einbringenden gilt dann der gemeine Wert der eingebrachten Anteile als Veräußerungspreis und als AK der erhaltenen Anteile. S 3 des Abs 2 enthält insoweit eine Ausnahme zu der Regelung in Abs 2 S 2. Auf Antrag gilt bei einem qualifizierten Anteilstausch der BW oder ein höherer Wert, höchstens der gemeine Wert, als Veräußerungspreis der eingebrachten Anteile und als AK der erhaltenen Anteile, wenn entweder das Recht der BRD hinsichtl der Besteuerung des Gewinns aus der Veräußerung der erhaltenen Anteile nicht ausgeschlossen oder beschränkt ist oder für die Fälle, in denen wegen Art 8 FusionsRL der Gewinn aus dem Anteilstausch nicht besteuert werden darf. Für den letztgenannten Fall behält sich Deutschland ungeachtet bestehender DBA die Besteuerung bei tats Veräußerung der Anteile vor. Abs 2 S 4 enthält Detailvorschriften zum Antragswahlrecht nach Abs 2 S 3. Soweit die eingebrachten Anteile beim Einbringenden nicht zu einem BV gehört haben, treten an die Stelle des BW die AK (Abs 2 S 5). Abs 2 S 6 erklärt § 20 III 3, 4 für entsprechend anwendbar.

6 Abs 3 bestimmt, unter welchen Voraussetzungen die §§ 17 III, 16 IV EStG auf einen beim Anteilstausch entstehenden Einbringungsgewinn Anwendung finden. Abs 3 S 2 bestimmt, dass § 34 I EStG nicht anwendbar ist.

2. Verhältnis zu § 20

7 § 21 erfasst den **Anteilstausch.** Dieser liegt vor, wenn Anteile an einer KapGes oder Gen in eine KapGes oder Gen gegen Gewährung neuer Anteile an dem übernehmenden Rechtsträger eingebracht werden. Der Vorgang kann für den Einbringenden nur dann steuerneutral gestaltet werden, wenn eine mehrheitsvermittelnde oder mehrheitsverstärkende Beteiligung eingebracht wird **(qualifizierter Anteilstausch).** Auf welche Weise sich dieser Anteilstausch vollzieht, wird gesetzl nicht def und auch nicht auf bestimmte Vorgänge beschränkt. Der Anwendungsbereich des § 21 ist damit weit gefasst, so dass alle Vorgänge, die zu einer stl Zurechnung der Anteile an der erworbenen Ges bei der übernehmenden Ges gegen Gewährung neuer Anteile an dieser führen, thematisch erfasst werden (Haritz/Menner/*Behrens* Rn 42; DPPM/*Patt* Rn 2 f; RHL/*Rabback* Rn 8). Die Einbringung kann sich demnach auch dadurch vollziehen, dass dem übernehmenden Rechtsträger das **wirtschaftl Eigentum** an den Anteilen der erworbenen Ges eingeräumt wird (Haritz/Menner/*Behrens* Rn 46; DPPM/*Patt* Rn 4; RHL/*Rabback* Rn 8; Frotscher/Maas/*Mutscher* Rn 38).

8 Bei der Einbringung eines **Betriebs, Teilbetriebs** oder **Mitunternehmeranteils** in eine KapGes bzw Gen sind auch die dem Betrieb, Teilbetrieb oder Mitunternehmeranteil zuzuordnenden Anteile an einer KapGes mit einzubringen, sofern sie wesentl Betriebsgrundlage des übertragenen Verm darstellen (vgl § 20 Rn 26 f). Es liegt dann ein **einheitl Einbringungsvorgang** nach § 20 I vor (BMF-Schrb vom 11.11.2011, BStBl I 1314 Rn 21.01; DPPM/*Patt* Rn 10 f; RHL/*Rabback* Rn 9). Gleiches gilt, wenn Anteile an einer KapGes zusammen mit einem Betrieb, Teibetrieb oder Mitunternehmeranteil übertragen werden und insoweit eine nicht wesentliche Betriebsgrundlage vorliegt (ebenso DPPM/*Patt* Rn 10; differenzierend jedoch für den Teilbetrieb in Rn 11). Dies hat zur Folge, dass die miteinge-

brachten Anteile auch unter dem gemeinen Wert angesetzt werden können, wenn kein qualifizierter Anteilstausch vorliegt. Sind Anteile an einer KapGes/Gen wesentl Betriebsgrundlage eines Betriebs, Teilbetriebs oder Mitunternehmeranteils, so können diese Anteile unter den Voraussetzungen des § 21 isoliert, dh ohne den Betrieb, Teilbetrieb oder Mitunternehmeranteil steuerneutral auf eine KapGes/Gen übertragen werden (DPPM/*Patt* § 20 Rn 33; *Haritz* DStR 2000, 1537; vgl auch RHL/*Herlinghaus* § 20 Rn 32). Die **100%ige Beteiligung** an einer KapGes stellt nach herrschender Auffassung keinen Teilbetrieb iSd § 20 I dar (BT-Drs 16/2710, 42; Haritz/Menner/*Behrens* Rn 6; Widmann/Mayer/*Widmann* Rn 7; *Patt* FR 2004, 561; DPPM/*ders* § 20 Rn 32; vgl auch BFH BStBl II 2009, 464 zu § 24).

Ist die mehrheitsvermittelnde Beteiligung an einer KapGes bzw Gen keine wesentl Betriebsgrundlage des eingebrachten Betriebs, Teilbetriebs oder Mitunternehmeranteils, aber notwendiges oder gewillkürtes BV, stellt sich die Frage, ob auch bei einem **sachl und zeitl zusammenhängenden Einbringungsvorgang** für die übertragene Beteiligung § 21 ausschließl, oder zusätzl auch § 20 anzuwenden ist (vgl § 20 Rn 27, 207; Widmann/Mayer/*Widmann* Rn 6; vgl auch DPPM/*Patt* Rn 10; Haritz/Menner/*Behrens* Rn 9 f). **9**

3. Verhältnis zu § 20 IVa EStG

§ 21 gilt nur für Anteilseigner, deren Anteile sich im BV befinden, die iSd § 17 EStG beteiligt sind oder die einbringungsgeborene Anteile iSv § 21 I aF besitzen (BMF-Schrb vom 11.11.2011, BStBl I 1314 Rn 21.03; *Benz/Rosenberg* DB Beilage 1/2012 zu Heft 2, 38; *Beinert* GmbHR 2012, 291). Für alle übrigen Anteile gilt vorrangig § 20 IVa EStG. Nach § 20 IVa EStG gelten die ursprünglichen AK für die eingebrachten Anteile als AK der im Rahmen des Anteilstausch gewährten Anteile. Nach § 20 XIII EStG gilt Abs 4a dieser Vorschrift nämlich nicht für Anteile, bei deren Verkauf gewerbliche Einkünfte entstehen. Dazu zählen auch Anteile iSd § 17 EStG und einbringungsgeborene Anteile iSd § 21 aF. Soweit damit Anteile an der erworbenen Ges durch § 20 IVa EStG erfasst werden, müssen als Gegenleistung keine neuen Anteile ausgegeben werden, es reicht aus, wenn der übernehmende Rechtsträger insoweit eigene Anteile gewährt (*Benz/Rosenberg* DB Beilage 1/2012 zu Heft 2, 38). Für die Steuerneutralität solcher Anteile ist es ohne Bedeutung, wie der übernehmende Rechtsträger die eingebrachten Anteile ansetzt, ob ein qualifizierter oder ein einfacher Anteilstausch gegeben ist. Nach richtiger Auffassung (*Beinert* GmbHR 2012, 291) kann der übernehmende Rechtsträger bezogen auf Anteile iSd § 20 VIa 1 EStG auch dann den gemeinen Wert ansetzen, wenn iÜ durch eine andere Einbringende ein qualifizierter Anteilstausch iSd Abs 1 durchgeführt wird und der übernehmende Rechtsträger insoweit Buchwerte oder Zwischenwerte ansetzen will. Wurden Anteile iSd § 20 IVa EStG eingebracht, so entsteht insoweit auch kein Einbringungsgewinn II, wenn der übernehmende Rechtsträger die insoweit auf ihn übertragenen Anteile veräußert oder ein Ersatzrealisationstatbestand innerhalb der siebenjährigen Sperrfrist erfüllt wird (*Beinert* GmbHR 2012, 291). **10**

4. Der Einbringende

Abs 1 S 1 bestimmt nicht, wer **Einbringender** iSd Vorschrift sein kann. Der persönl Anwendungsbereich des § 21 ergibt sich aus § 1 IV. Die subj Einschrän- **11** kung des § 1 IV 1 Nr 2 gelten nicht für den Anteilstausch iSd § 21, weil die Anwendungsvorschrift insoweit nur auf Vorgänge nach § 1 III Nr 1–4 Bezug nimmt und der sachl Anwendungsbereich beim Anteilstausch sich alleine nach § 1 III Nr 5 bestimmt. Daraus kann geschlossen werden, dass Einbringende alle natürl Personen, Körperschaften, Personenvereinigungen, Vermögensmassen und PersGes sein können, die im Inland, im ausl EU/EWR-Bereich oder in Drittstaaten ansässig sind (allgM BMF-Schrb vom 11.11.2011, BStBl I 1314 Rn 21.03; Haritz/Menner/*Behrens* Rn 86; DPPM/*Patt* Rn 8; RHL/*Rabback* Rn 18; Blümich/*Nitzschke* Rn 17; Frotscher/Maas/*Mutscher* Rn 2). Ob der Einbringende in Deutschland unbeschränkt oder beschränkt stpfl ist, ist ohne Bedeutung.

12 Rechtsfähige und nicht rechtsfähige Vereine und Stiftungen kommen als Einbringende in Betracht, jedenfalls soweit ausl Gen im Anhang der FusionsRL aufgeführt sind (Widmann/Mayer/*Widmann* Rn 37 f).

13 Wird ein Betrieb, Teilbetrieb oder Mitunternehmeranteil durch eine Mitunternehmerschaft in eine KapGes eingebracht, so kann Einbringender auch **die Mitunternehmerschaft** sein (vgl § 20 Rn 181). Nichts anderes gilt im Regelungsbereich des § 21 (ebenso Haritz/Menner/*Behrens* Rn 88; DPPM/*Patt* Rn 48; vgl auch BT-Drs 16/2710, 45). Werden Anteile an einer KapGes oder Gen in eine gewerblich bzw gewerblich geprägte PersGes gehalten und überträgt diese PersGes die Anteile im Wege eines qualifizierten Anteilstauschs, so liegt nur ein Anteilstausch vor, der übernehmende Rechtsträger kann insoweit das Wahlrecht auf Buchwertfortführung, Zwischenwertansatz oder Ansatz mit dem gemeinen Wert nur einheitlich ausüben (DPPM/*Patt* Rn 48).

14 Werden die Anteile an der erworbenen Ges vor der Einbringung in einer **vermögensverwaltenden Gesamthandsgemeinschaft** gehalten, so werden diese den Gesellschaftern anteilig gem § 39 II Nr 2 AO für stl Zwecke zugerechnet (BFH BStBl II 2004, 898; BFH/NV 2001, 17). Einbringende sind daher die Gesellschafter der vermögensverwaltenden Gesamthand (Haritz/Menner/*Behrens* Rn 89; DPPM/*Patt* Rn 48). Der Einbringungsvorgang ist unter den Voraussetzungen des § 21 im Erg steuerneutral, wenn die als Gegenleistung für die Übertragung der Anteile neu ausgegebenen Anteile am übernehmenden Rechtsträger wiederum gesamthänderisches Verm darstellen und bezogen auf die „einbringende" Gesamthand und die Gesamthand, die die neuen Anteile am übernehmenden Rechtsträger erhält, Quoten und Personenidentität besteht (vgl L. Schmidt/*Weber-Grellet* EStG § 17 Rn 113, 115).

5. Der übernehmende Rechtsträger

15 Übernehmende Ges können **KapGes** und **Gen** sein. Nach dem Gesetz zur Einführung der SE und zur Änderung des Genossenschaftsrechts vom 14. 8.2006 sind gesellschaftsrechtl bei Gen erstmals Sacheinlagen als Einzahlung auf Gesellschaftsanteile zugelassen (§ 7 a III GenG). Alle anderen Körperschaften, Personenvereinigungen und Vermögensmassen scheiden als übernehmender Rechtsträger aus, eine analoge Anwendung der Vorschrift kommt nicht in Betracht.

16 Der übernehmende Rechtsträger muss in Deutschland **nicht unbeschränkt stpfl** sein (vgl nur BMF-Schrb vom 11.11.2011, BStBl I 1314 Rn 01.54). Übernehmender Rechtsträger kann grdsl jede in- oder ausl KapGes oder Gen sein, soweit diese die **Erfordernisse** des § 1 IV 1 Nr 1 iVm II 1 Nr 1 erfüllt (BT-Drs 16/2710, 42; RHL/*Rabback* Rn 42; Blümich/*Nitzschke* Rn 15; Frotscher/Maas/*Mutscher* Rn 26). Nach § 1 IV 1 Nr 1 kommen nur in- oder ausl KapGes oder Gen iSd § 1 II 1 Nr 1 als übernehmender Rechtsträger in Betracht. Der übernehmende Rechtsträger muss damit nach den Rechtsvorschriften eines Mitgliedstaates der EU oder des EWR gegründet worden sein und in einem der Mitgliedstaaten auch ihren Sitz und Ort der Geschäftsleitung haben. Die Geschäftsleitung muss sich nicht in dem Staat befinden, nach dessen Recht die KapGes bzw Gen gegründet worden ist (Frotscher/Maas/*Mutscher* § 21 Rn 70; ebenso BMF-Schrb vom 11.11.2011, BStBl I 1314 Rn 01.49). Ist eine GmbH oder AG nach dt Recht gegründet worden und hat sie ihren Verwaltungssitz in einem EU-/EWR-Staat verlegt, bleibt sie als solche KapGes bestehen, sie kann übernehmender Rechtsträger iSd Abs 1 sein. Verlegt eine AG, GmbH ihren Verwaltungssitz in einen Drittstaat, kann sie grdsl nicht übernehmender Rechtsträger iSd Abs 1 S 1 sein. Verlegt eine KapGes, die nach dem Recht eines anderen EU-/EWR-Staats gegründet wurde, ihren Verwaltungssitz nach Deutschland, bleibt sie als KapGes des Gründungsstaats bestehen (EuGH GmbHR 2002, 1137) und kann übernehmender Rechtsträger iSd Abs 1 sein.

Als übernehmende **KapGes** kommen in Betracht, die AG und die GmbH. **17**
Soweit übernehmender Rechtsträger die KGaA ist, liegt die Gewährung neuer Anteile an der Ges iSd Abs 1 nur insoweit vor, als der Einbringende dafür Aktien erhält. Als übernehmender Rechtsträger erfasst wird auch die europäische Ges. § 21 findet auch für ausl übernehmende Ges Anwendung, wenn sie dem Typus der in § 1 I Nr 1 KStG genannten Ges entsprechen. Eine **Vor-GründungsGes** (eine zukünftige KapGes vor notarieller Beurkundung des Gesellschaftsvertrags) kann nicht übernehmende KapGes sein, da sie als PersGes zu werten ist, mit der Folge, dass sie – falls sie gewerbl tätig wird – stl als Mitunternehmerschaft iSd § 15 I Nr 2 EStG behandelt wird (BFH BStBl II 1990, 91). Entsprechendes gilt nach herrschender Auffassung auch für die Aufgabe oder das Scheitern der beabsichtigten Gründung einer KapGes (BFH BStBl III 1952, 172; FG Hamburg EFG 1989, 594). Hingegen kann die **VorGes** (das ist die Ges zwischen notarieller Beurkundung und Entstehung durch Eintragung in das HR) übernehmender Rechtsträger iSd § 21 sein, da sie der mit der Gründung beabsichtigten KapGes näher steht als der PersGes und folgl wie die KapGes kstpfl ist (BFH BStBl II 1993, 352; Widmann/Mayer/*Widmann* Rn 555). IRd § 21 ist es unerhebl, ob es sich beim übernehmenden Rechtsträger um eine aktive Ges oder um einen bloßen **Mantel** handelt.

Übernehmender Rechtsträger kann vorbehaltl der Ansässigkeitserfordernisse in **18**
§ 1 IV 1 Nr 1 iVm II 1 Nr 1 auch eine **Gen** sein. Neben europäischen Gen kommen inl und nach den Grdsen des Typenvergleichs inl Gen vglbare ausl Gen als übernehmende Rechtsträger in Betracht.

Ob eine ausl KapGes/Gen vorliegt, ergibt sich aus einem **Typenvergleich** mit **19**
der unter § 1 I Nr 1 KStG fallenden KapGes bzw Gen iSd § 1 I Nr 2 KStG. IRd Typenvergleichs für die ausl Ges ist nach dt StR zu entscheiden, ob eine Ges eine KapGes bzw Gen iSd § 1 I Nr 1, Nr 2 KStG vglbar ist oder nicht. Soweit die übernehmende Ges im Anhang der FusionsRL aufgeführt ist, jedoch nach dt Verständnis eine transparente Mitunternehmerschaft ist, fällt die Einbringung nicht unter § 21, die FusionsRL wurde insoweit nicht zutr umgesetzt (Widmann/Mayer/*Widmann* Rn 26). Zu weiteren Einzelheiten vgl Komm zu § 1.

6. Gegenstand der Einbringung (erworbene Gesellschaft)

Die Einbringung von Anteilen an einer KapGes oder Gen **(erworbene Ges)** **20**
in eine KapGes oder Gen **(übernehmende Ges)** gegen Gewährung neuer

Anteile an der übernehmenden Ges stellt einen Anteilstausch iSd Abs 1 S 1 dar. § 21 erfasst damit auch die Einbringung von Anteilen an einer KapGes/Gen unabhängig davon, ob es sich um mehrheitsvermittelnde Beteiligungen handelt (Frotscher/Maas/*Mutscher* Rn 29). Erst für die in Abs 1 S 2 geregelte Möglichkeit einer steuerneutralen Einbringung durch Buchwertverknüpfung setzt das Gesetz einer Übertragung mehrheitsvermittelnder Anteile voraus (qualifizierter Anteilstausch). Werden Anteile eingebracht und verfügt die KapGes/Gen, an der die eingebrachten Anteile bestehen, über einen Verlustabzug, ist **§ 8 c KStG** zu beachten (BMF-Schrb vom 2.7.2008, BStBl I 736 Rn 3 ff; Widmann/Mayer/*Widmann* § 23 Rn 578.9).

21 Der Begriff **Anteile an KapGes oder Gen** (erworbene Ges) ist im UmwStG nicht def. Besondere Anforderungen an die Anteile an einer KapGes oder Gen enthält weder § 21 noch § 1 III Nr 5. Damit können Anteile an jeder in- und ausl KapGes oder dt bzw europäischen Gen übertragen werden, auch Anteile an in Drittstaaten ansässigen Ges (BMF-Schrb vom 11.11.2011, BStBl I 1314 Rn 21.05; DPPM/*Patt* Rn 24; RHL/*Rabback* Rn 34; Blümich/*Nitzschke* Rn 27; Frotscher/Maas/*Mutscher* Rn 33; *Hagemann/Jakob/Ropohl/Viebrock* NWB-Sonderheft 1/2007, 49). Die Einbringung von Anteilen an einer ausl Gen ist von Abs 1 S 1 iVm § 1 I Nr 2 KStG erfasst (BMF-Schrb vom 11.11.2011, BStBl I 1314 Rn 21.05; DPPM/*Patt* Rn 24; aA Widmann/Mayer/*Widmann* Rn 19 einschränkend für ausländische Genossenschaften). Ob eine ausl KapGes/Gen vorliegt, deren Anteile nach Abs 1 S 1 eingebracht werden sollen, ergibt sich aus einem Typenvergleich mit dem unter § 1 I Nr 1 KStG fallenden KapGes bzw Gen iSd § 1 I Nr 2 KStG. IRd Typenvergleichs für die ausl Ges ist nach dt StR zu entscheiden, ob eine Ges eine KapGes bzw Gen iSd § 1 I Nr 1, Nr 2 KStG vglbar ist oder nicht (BMF-Schrb vom 11.11.2011, BStBl I 1314 Rn 21.05 iVm Rn 01.27). Für die erforderl Beurteilung der Rechtsfähigkeit kommt es auf das Recht des ausl Staats an (DPPM/*Patt* Rn 24). Wird die Beteiligung an einer ausl „KapGes" auf die übernehmende Ges übertragen und ist die erworbene Ges, deren Anteile übertragen werden, nach dem Recht der BRD als transparente Ges zu beurteilen (vgl dazu § 3 Rn 19), ist kein Anteilstausch iSd Abs 1 gegeben (Haritz/Menner/*Behrens* Rn 118: Blümich/*Nitzschke* Rn 27; *Ley* FR 2007, 109).

22 Anteile an einer **KapGes** liegen vor, soweit die sich aus den Anteilen ergebenden Rechte durch einen Anteil am Nennkapital repräsentiert werden (Widmann/Mayer/*Widmann* § 20 Rn 174; DPPM/*Patt* Rn 25; Haritz/Menner/*Behrens* Rn 116). In Anlehnung an die Grdse im KStG sind auch die Anteile an einer **VorGes** bereits Anteile an einer KapGes iSd Abs 1 S 1, wenn die KapGes durch Eintragung in das HR später tats entsteht. Gleiches gilt, wenn bei einer KapGes das Stamm- bzw Grundkapital erhöht wurde, die neuen Anteile übernommen bzw Zeichnungsverträge abgeschlossen wurden (ebenso Haritz/Menner/*Behrens* Rn 116; DPPM/*Patt* Rn 26, der bereits ein Bezugsrecht vor Ausübung als Anteile iSd Abs 1 S 1 auffasst; vgl insoweit BFH DB DStR 2008, 862: Bezugsrechte sind keine Anteile iSd § 8 b II KStG). Dies ergibt sich aus einer Gesamtschau des § 21. Abs 1 S 1 setzt als Gegenleistung für die Übertragung eines Anteils an der erworbenen Ges voraus, dass der Einbringende dafür als Gegenleistung „neue Anteile" an der Ges erhält. Es kommt damit iRd Einbringung zu einer Sachgründung der KapGes bzw zu einer Sachkapitalerhöhung. Obwohl diese Anteile zivilrechtl erst mit der Eintragung der KapGes bzw der KapErh in das HR entstehen (BGH NZG 2005, 263), stellen diese Anteile die Gegenleistung für das übertragene Verm dar, selbst wenn sie zivilrechtl erst später entstehen. Nichts anderes

kann für die Anteile iSd Abs 1 S 1 gelten, so dass auch (künftige) Anteile an einer VorGes bzw (künftige) Anteile aus einer KapErh, welche bereits wirksam beschlossen wurde, Anteile iSd Abs 1 S 1 sind. Zum Gesellschafterwechsel bei der VorGes vgl BGH NZG 2005, 263. § 191 AktG ist zu beachten. Gegenstand der Einbringung können auch Anteile an einer steuerbefreiten KapGes sein (Widmann/Mayer/*Widmann* § 20 Rn 175; Blümich/*Nitzschke* Rn 27).

Keine Anteile iSd Abs 1 S 1 sind stille Beteiligungen an einer KapGes, kapitalersetzende Gesellschafterforderungen, die Beteiligung des phG an der KGaA (DPPM/*Patt* Rn 24; Widmann/Mayer/*Widmann* § 20 Rn 174, 178; Haritz/Menner/*Behrens* Rn 116) sowie Genussrechte (DPPM/*Patt* Rn 25; vgl auch RHL/*Rabback* Rn 32; Haritz/Menner/*Behrens* Rn 116). 23

Abs 1 S 1, 2 enthält unmittelbar keine Regelung darüber, ob die Beteiligung an der erworbenen Ges zum **PV** oder zum **BV** des Einbringenden gehört haben muss. Aus Abs 2 S 5 lässt sich schließen, dass die eingebrachten Anteile auch außerh des BV stammen können (DPPM/*Patt* Rn 28; Frotscher/Maas/*Mutscher* Rn 29). Aus dem Sinn und Zweck des Abs 1 ergibt sich, dass auch einbringungsgeborene Anteile iSd § 21 aF, verschmelzungsgeborene Anteile an einer KapGes iSd § 13 und Anteile, die innerh der Frist des § 23 I 2 EStG eingebracht werden, thematisch in den Regelungsbereich des Abs 1 fallen (Widmann/Mayer/*Widmann* § 20 Rn 168; Frotscher/Maas/*Mutscher* Rn 29; OFD Berlin vom 7.5.1999, GmbHR 1999, 833; BMF-Schrb vom 25.3.1998, BStBl I 263 Rn 20.16 mit Verweis auf Rn 21.04). Seit Inkrafttreten des **§ 20 IVa EStG** ist § 21 nur auf Anteile im BV, Anteile im Privatvermögen iSd § 17 EStG und auf einbringungsgeborene Anteile iSd § 21 aF anzuwenden (vgl dazu Rn 10). 24

Fragl ist, ob Abs 1 auch dann Anwendung findet, wenn der Anteil an einer KapGes/Gen, der **nicht in Deutschland steuerverstrickt** ist, obwohl der Anteilseigner in Deutschland unbeschränkt stpfl ist, eingebracht wird. Der Wortlaut des Gesetzes schließt die Anwendung der Vorschrift auf diese Anteile nicht aus (DPPM/*Patt* Rn 28). Nicht stl verstrickte Beteiligungen im PV können daher vorbehaltlich § 20 IVa EStG mit dem gemeinen Wert angesetzt werden. Es kommt aber in keinem Fall zur grdsl Steuerverstrickung der im Gegenzug gewährten Anteile, soweit die übertragenen Anteile nicht die Voraussetzungen des § 17 EStG erfüllen (§ 17 VI Nr 2 EStG; DPPM/*Patt* Rn 28; Haritz/Menner/*Behrens* Rn 120). Eine vglbare Problematik, wie die Einbringung einer nicht wesentl Beteiligung des PV, ergibt sich, wenn der Einbringende eine jur Person des öffentl Rechts ist und die Beteiligung zum Hoheitsbereich gehört oder wenn eine steuerbefreite Körperschaft die Beteiligung außerh eines wirtschaftl Geschäftsbetriebs hält. Auch hier empfiehlt sich der Ansatz mit dem gemeinen Wert (DPPM/*Patt* Rn 29). Werden Anteile von einem nicht im Inland ansässigen Anteilseigner nach Maßgabe des Abs 1 eingebracht, bei denen der Gewinn aus der Veräußerung der übertragenen Anteile aufgrund bestehender DBA ausschließl im Ansässigkeitsstaat besteuert werden darf, erfolgt nach der hier vertretenen Auffassung (vgl Rn 69) der Ansatz der eingebrachten Anteile immer mit dem gemeinen Wert. Daher sollte nichts anderes für im Inland ansässige Anteilseigner gelten, die keine in Deutschland steuerverstrickten Anteile besitzen. 25

7. Einbringungstatbestände, Gewährung neuer Anteile

Der Begriff der **„Einbringung“** wird im Gesetz nicht näher def. Es handelt sich um einen **steuerrechtl Begriff** (RHL/*Rabback* Rn 44; DPPM/*Patt* Rn 7), 26 der aller rechtl Vorgänge der Eigentumsübertragung, insbes der Übertragung des Volleigentums wie auch des wirtschaftl Eigentums erfasst (RHL/*Rabback* Rn 44; DPPM/*Patt* Rn 4; Frotscher/Maas/*Mutscher* Rn 38; Haritz/Menner/*Behrens* Rn 46). Die Übertragung kann im Wege der Einzelrechtsnachfolge durchgeführt werden. Ein Anteilstausch iSd § 21 kann sich aber auch durch Gesamtrechtsnachfolge oder Sonderrechtsnachfolge vollziehen. Soweit die übernehmende Ges im Anhang der FusionsRL aufgeführt ist, diese jedoch nach dt Verständnis eine transparente Mitunternehmerschaft ist, fällt die Einbringung nicht unter § 21, die FusionsRL wurde insoweit nicht zutr umgesetzt (Widmann/Mayer/*Widmann* Rn 46; DPPM/*Patt* Rn 2 f; RHL/*Rabback* Rn 45; Blümich/*Nitzschke* Rn 25; *Winkeljohann/Fuhrmann* S 835). Das § 1 III Nr 5 ledigl vom Austausch von Anteilen spricht und nicht auf das UmwG bzw vglbare ausl Vorgänge Bezug nimmt, wie dies in § 1 III Nr 1–4 geschieht, steht dem nicht entgegen (DPPM/*Patt* Rn 2; vgl auch BMF-Schrb vom 11.11.2011, BStBl I 1314 Rn 01.46): Die Anteile an der erworbenen Ges müssen dem Einbringenden vor Durchführung des Anteilstausches stl zuzurechnen sein. Maßgebend hierfür ist das wirtschaftliche Eigentum (BMF-Schrb vom 11.11.2011, BStBl I 1314 Rn 21.06; DPPM/*Patt* Rn 30).

27 Zum Formwechsel vgl Komm zu § 25. Zur verschleierten Sachgründung bzw **verschleierte Sacheinlage** gelten die Ausführungen zu § 20 Rn 199 ff entsprechend.

28 Eine Sacheinlage iSd Abs 1 S 1 liegt nur vor, wenn der übernehmende Rechtsträger als Gegenleistung für die Einbringung zumindest zT **neue Anteile** am übernehmenden Rechtsträger gewährt. Die neuen Anteile müssen daher die Gegenleistung für das übertragene Verm sein. Eine Einbringung liegt vor, wenn bei einer Sachgründung bzw Sachkapitalerhöhung auch ein Aufgeld vereinbart wird. Es ist sogar ausreichend, wenn die Sacheinlage nur **als Aufgeld** erbracht wird (BMF-Schrb vom 11.11.2011, BStBl I 1314 Rn E 20.09 iVm Rn 01.46, Rn 01.44; BFH BStBl II 2010, 1093; BFH/NV 2012, 1015; FB Münster EFG 2009, 1423; ausführl FG Baden-Württemberg EFG 201, 1933). Es besteht damit die Möglichkeit, dass eingebrachte Verm teilw statt durch Ausgabe neuer Anteile durch **Zuführung zu offenen Rücklagen** zu belegen (BMF-Schrb vom 11.11.2011, BStBl I 1314 Rn E 20.11; DPPM/*Patt* Rn 21 iVm § 20 Rn 187; Widmann/Mayer/*Widmann* Rn 76; vgl auch BFH Der Konzern 2007, 632). Die Zuführung zu den offenen Rücklagen stellt keine sonstige Gegenleistung iSv Abs 1 S 3 dar (BMF-Schrb vom 11.11.2011, BStBl I 1314 Rn E 20.11; vgl § 20 Rn 212, 218). Dies gilt auch, wenn der übernehmende Rechtsträger in einem anderen Mitgliedsstaat der EU der unbeschränkten Steuerpflicht unterliegt (vgl § 27 VIII KStG). Die Einbringung kann auf der Ebene des übernehmenden Rechtsträgers zu einem schädl Beteiligungserwerb führen (BMF-Schrb vom 4.7.2008, BStBl I 736 Rn 7). Auf die **Höhe der Beteiligungsquote** kommt es nicht an, es genügt jede noch so geringe Beteiligung (vgl § 20 Rn 213 f).

29 Keine Einbringung iSd § 21 liegt vor, wenn bei der Gründung oder KapErh zunächst eine Einzahlungsforderung auf Geld begründet wird, ohne dass von vornherein die Übertragung einer Sacheinlage vorgesehen war, und später eine Sacheinlage unter Verrechnung der Einzahlungsforderung auf den übernehmenden Rechtsträger übertragen wird. Werden **schon bestehende Anteile** am übernehmenden Rechtsträger, seien sie ausgegeben oder zurückerworben gewährt, handelt es sich nicht um neue Anteile iSd Abs 1 S 1, gleichgültig, ob sie von Gesellschaftern oder von der Ges selbst (eigene Anteile) gehalten werden (DPPM/*Patt* Rn 41; RHL/*Rabback* Rn 50).

Ob die Anteile neu sind, ist aus der Sicht der aufnehmenden Ges zu entscheiden, dh es muss insoweit eine neue Rechtsbeziehung entstehen. **Neue Anteile** idS **sind** solche, die erstmals bei der Sachgründung des übernehmenden Rechtsträgers (§§ 5 IV GmbHG, 27 AktG, 7a GenG) bzw bei einer KapErh durch Sacheinlage (§§ 56 GmbHG; 183, 192 ff, 202 AktG) entstehen und ausgegeben werden (BMF-Schrb vom 11.11.2011, BStBl I 1314 Rn 01.46; BFH BStBl II 2006, 457; RHL/*Rabback* Rn 48; BMF-Schrb vom 25.3.1998, BStBl I 268 Rn 20.03). Die gesellschaftsrechtl Ausgestaltung der Anteile ist grdsl unmaßgebl. Nicht erforderl ist daher, dass die Anteile Stimmrechte gewähren (vgl Widmann/Mayer/*Widmann* § 20 Rn R 134; DPPM/*Patt* Rn 41). Von Gesellschaftern übernommene Kapitalerhöhungsbeträge können auch ihren bisherigen Gesellschaftsanteilen durch **Aufstockung des Nennbetrags** zugeschlagen werden, sofern der vorhandene Geschäftsanteil voll einbezahlt ist (str vgl § 20 Rn 204). Da auch insoweit eine neue Rechtsbeziehung aus Sicht der aufnehmenden Ges entsteht, liegen neue Anteile iSd Abs 1 S 1 vor. Soweit der Einbringungsvorgang von der **FusionsRL erfasst** ist, also Ges aus verschiedenen Mitgliedstaaten beteiligt sind, kann nach den Vorgaben der FusionsRL eine Gewährung neuer Anteile nicht zur Voraussetzung für die Erfolgsneutralität gemacht werden; insoweit verstößt die Regelung in Abs 1 gegen die FusionsRL (Widmann/Mayer/*Widmann* Rn 49; Frotscher/Maas/*Mutscher* Rn 56). Neben den Gesellschaftsanteilen können auch andere WG gewährt werden (Rn 34, 70 ff). 30

Neu iSd Abs 1 S 1 sind damit Anteile, die aus folgenden zivilrechtl Vorgängen entstanden sind: 31

- Sachgründung einer aufnehmenden KapGes nach § 27 AktG, § 5 IV GmbHG bzw einer Gen nach § 7 a III GenG;
- KapErh gegen Sacheinlage (§ 56 GmbHG; §§ 183, 192 ff, 202 ff AktG);
- Anteile aufgrund einer Ausgliederung nach § 123 I Nr 3 UmwG (*Benz/Rosenberg* BB Special 8/2006, 58);
- Sacheinlage auf das Kommanditkapital einer KGaA gegen Gewährung neuer Anteile (Widmann/Mayer/*Widmann* § 20 Rn 476; RHL/*Rabback* Rn 48).

Anteilsgewährungen nach ausländischem Recht werden von Abs 1 erfasst, wenn sie den og Rechtsvorgängen vglbar sind.

Dagegen werden keine neuen Anteile iSv Abs 1 S 1 für die eingebrachten WG gewährt bei 32

- der Hingabe schon vor der Einbringung vorhandene Anteile, seien es eigene oder von Gesellschaftern gehaltene Anteile am übernehmenden Rechtsträger (zur Aufstockung des Nennbetrags vgl Rn 30);
- die Einräumung einer typischen oder atypisch stillen Beteiligung;
- die Gewährung von Genussrechten (DPPM/*Patt* Rn 25; RHL/*Rabback* Rn 50);
- die Einräumung einer Darlehensforderung.

Abs 1 S 1 verlangt weder, dass die Anteile mit einem Mindestnennbetrag gewährt werden müssen, noch, dass der Nennwert den BW bzw bei Ansatz von Zwischenwerten oder gemeinen Werten diesen Werten entsprechen muss. Damit ist auch die **sog Überpariemission** zulässig; der Differenzbetrag zwischen dem niedrigeren Nennbetrag der neuen Anteile (und der sonstigen WG iSd Abs 1 S 3) und dem BW der Sacheinlage können den offenen Rücklagen iSd § 27 KStG zugewiesen werden (vgl BMF-Schrb vom 11.11.2011, BStBl I 1314 Rn E 20.11). Zur Frage, ob die iRd Einbringung gewährten Gesellschaftsrechte wertmäßig dem eingebrachten Verm entsprechen müssen, gelten die Ausführungen zu § 20 33

Rn 212 ff entsprechend. Die Einbringung kann auf der Ebene des übernehmenden Rechtsträgers zu einem schädlichen Beteiligungserwerb iSv § 8 c KStG führen (BMF-Schrb vom 4.7.2008, BStBl I 736 Rn 7).

34 Abs 1 wird nicht dadurch ausgeschlossen, dass der übernehmende Rechtsträger oder Dritte neben neuen Anteilen **weitere Gegenleistungen** in Geld oder in Sachwerten gewähren (BMF-Schrb vom 11.11.2011, BStBl I 1314 Rn E 20.11; vgl auch Rn 70. Nach Abs 1 S 3 darf der gemeine Wert der anderen WG den BW des eingebrachten Verm nicht übersteigen, ansonsten hat eine Aufstockung der Buchwerte zu erfolgen. Zu beachten ist jedoch, dass nach den handelsrechtl Vorschriften teilw die Möglichkeit der Zuzahlung begrenzt ist (vgl § 54 IV UmwG). Eine neben dem neuen Anteil gewährte Gegenleistung stellt auch die Übernahme von Verb dar, selbst wenn diese Schuld für den Erwerb der Beteiligung aufgenommen worden ist (DPPM/*Patt* Rn 27). Werden die Verb zurückbehalten, steht diese Verb dann im Zshg mit dem Erwerb der neuen Anteile. Vgl iÜ Rn 70 ff.

8. Zeitpunkt des Anteilstauschs

35 Im Ggs zu § 20 V enthält § 21 keine Regelung zum Zeitpunkt des Anteilstauschs. Es gelten daher die allg Grdse, eine Rückbeziehung der Einbringung von Anteilen ist außerh des Regelungsbereichs des § 20 (vgl Rn 8 f) nicht mögl (Widmann/Mayer/*Widmann* Rn 99; RHL/*Rabback* Rn 52; DPPM/*Patt* Rn 42 f; *Ley* FR 2006, 109; aA *Schwarz* FR 2008, 598). Zu Sondersituationen beim Formwechsel vgl § 25 Rn 40 f. Eine stl Rückwirkung lässt sich auch nicht aus § 2 herleiten, obwohl die Regelung anscheinend auch für die Einbringungsvorschriften des Sechsten bis Achten Teils gilt. Dies ergibt sich mE daraus, dass § 21 gerade keine dem § 20 V, VI entsprechende Regelung enthält (ebenso RHL/*Rabback* Rn 53).

36 Da eine **Rückbeziehung** des Anteilstauschs **nicht mögl** ist, vollzieht sich der Anteilstausch im Zeitpunkt der Übertragung der Anteile auf den übernehmenden Rechtsträger. Entscheidend ist dabei grdsl der Übergang des **wirtschaftl Eigentums** (BMF-Schrb vom 11.11.2011, BStBl I 1314 Rn 21.17; Widmann/Mayer/*Widmann* Rn 96; RHL/*Rabback* Rn 54; DPPM/*Patt* Rn 43). Auch die als Gegenleistung erhaltenen neuen Anteile entstehen aus stl Sicht zu diesem Zeitpunkt und nicht erst mit Eintragung der Kapitalerhöhung ins Handelsregister (BMF-Schrb vom 11.11.2011, BStBl I 1314 Rn 21.17; DPPM/*Patt* Rn 74; *Hageböke* Ubg 2010, 41).

37 Kommt es zu einer Gründung oder KapErh einer dt KapGes, so geht das wirtschaftl Eigentum grdsl vor der Anmeldung an das HR über (vgl § 57 I iVm §§ 36 a II, 183 II iVm § 36 a AktG, §§ 7 III, 56 a GmbHG).

38 Die Sacheinlage kann nicht zu einem späteren Zeitpunkt als der Anmeldung einer Gründung oder KapErh einer dt KapGes stl als bewirkt angesehen werden (Widmann/Mayer/*Widmann* Rn 100).

Wertansatz bei einem übernehmenden Rechtsträger

9. Grundsatz: gemeiner Wert

39 Liegen die Voraussetzungen eines Anteilstauschs iSd Abs 1 S 1 vor, so „hat" der übernehmende Rechtsträger die eingebrachten Anteile mit dem gemeinen

Wert anzusetzen. Der gemeine Wert ist auf den Einbringungsstichtag zu ermitteln (BMF-Schrb vom 11.11.2011, BStBl I 1314 Rn 21.08). Der Ansatz mit dem gemeinen Wert ist der gesetzl Regelfall, nur unter den gesetzl bestimmten Voraussetzungen kann auf **entsprechenden Antrag hin der BW oder ein ZW angesetzt werden. Der Grds** der **Maßgeblichkeit** der HB für die StB gilt nicht (BMF-Schrb vom 11.11.2011, BStBl I 1314 Rn 21.07; Haritz/Menner/*Behrens* Rn 202; DPPM/*Patt* Rn 46). Ein nach § 5 I 2 EStG erforderliches Verzeichnis bei abweichenden Bewertungsansätzen ist bei Anteilstausch nicht zu führen (BMF-Schrb vom 12.3.2010, BStBl I 239 Rn 19; DPPM/*Patt* Rn 46).

Weder das EStG, das KStG noch das UmwStG def den **Begriff des gemeinen Werts.** Damit kommt der Erste Teil des BewG für die Bestimmung des gemeinen Werts zur Anwendung. Die Bewertung von Anteilen ist in § 11 BewG geregelt. Anteile an KapGes sind iÜ für ertragstl Zwecke mit dem gemeinen Wert anzusetzen, der sich aus zeitnahen Verkäufen ableiten lässt, die weniger als ein Jahr zurückliegen (Vergleichswertmethode, vgl § 3 Rn 39). Liegen solche Verkäufe nicht vor, kommt das Ertragswertverfahren und nicht das sog Stuttgarter Verfahren zur Anwendung. Soweit die Anteile nicht börsennotiert sind, sind die eingebrachten Anteile idR nach dem Ertragswertverfahren oder eine andere anerkannte Methode zu bewerten (§ 11 II 2 BewG). Nach Auffassung der FinVerw (BMF-Schrb vom 11.11.2011, BStBl I 1314 Rn 03.07) sind die gleichlautenden Erlasse der Obersten Finanzbehörden der Länder zur Anwendung der §§ 11, 95-109 und 199 BewG vom 17.5.2011, BStBl I 2011, 606 anwendbar. 40

10. Antragswahlrecht: Buchwert- oder Zwischenwertansatz

a) Allgemeines. Abw von der Regelbewertung nach Abs 1 S 1 besteht auf entsprechenden Antrag hin bei Vorliegen eines sog qualifizierten Anteilstauschs die Möglichkeit, die BW der übertragenen Anteile fortzuführen bzw einen Zwischenwertansatz zu wählen. Der **Grds der Maßgeblichkeit** der HB für die StB gilt insoweit nicht (BMF-Schrb vom 11.11.2011, BStBl I 1314 Rn 21.11; DPPM/*Patt* Rn 46; RHL/*Rabback* Rn 76; vgl auch Gesetzesbegründung zu § 20 II 2 BT-Drs 16/2710, 43). Haben die eingebrachten Anteile zum PV des Einbringenden gehört, treten an die Stelle des BW die stl AK (Abs 2 S 5). Stichtag für die Ermittlung des BW iSd § 1 V Nr 4 ist der Zeitpunkt des Anteilstausches (vgl Rn 35 f). Liegt der gemeine Wert der Anteile unter dem Buchwert, ist der gemeine Wert anzusetzen (BMF-Schrb vom 11.11.2011, BStBl I 1314 Rn 21.09; Frotscher/Maas/*Mutscher* Rn 99a). 41

b) Voraussetzungen des Antragswahlrechts. aa) Mehrheit der Stimmrechte an der erworbenen Gesellschaft. Die Beteiligung an der KapGes/Gen, welche nach Abs 1 S 2 steuerneutral eingebracht werden soll, muss so beschaffen sein, dass die aufnehmende Ges im Zeitpunkt der Bewirkung der Sacheinlage **unmittelbar die Mehrheit der Stimmen** an der KapGes/Gen hat, deren Anteile eingebracht werden. Nicht erforderl ist, dass die übernehmende Ges bereits vor der Einbringung an der Ges, deren Anteile eingebracht werden, beteiligt war (Haritz/Menner/*Behrens* Rn 154; Widmann/Mayer/*Widmann* Rn 118; RHL/*Rabback* Rn 68). 42

Abs 1 S 2 stellt nicht auf die Kapitalmehrheit, sondern ausschließl auf die Mehrheit der Stimmrechte ab. Stimmt die Beteiligung am Kap der Ges nicht mit den Stimmrechten überein, ist nur der Umfang der Stimmrechte ausschlaggebend (RHL/*Rabback* Rn 62; DPPM/*Patt* Rn 32; Blümich/*Nitzschke* Rn 36; Haritz/ 43

Menner/*Behrens* Rn 152). Abs 1 S 2 ist nicht nur auf die Fälle beschränkt, in denen ein die Stimmenmehrheit repräsentierender Anteil erst eingebracht oder diese erst hergestellt wird, sondern auch dann, wenn die übernehmende KapGes bereits die Mehrheit der Stimmrechte an der KapGes hält, deren Anteile eingebracht werden (BMF-Schrb vom 11.11.2011, BStBl I 1314 Rn 21.09; Widmann/Mayer/*Widmann* Rn 120; DPPM/*Patt* Rn 32; RHL/*Rabback* Rn 68 Bordewin/Brandt/*Merkert* Rn 39; Frotscher/Maas/*Mutscher* Rn 107); in diesem Fall kann die Beteiligung beliebig aufgestockt werden, es können dann auch stimmrechtslose Anteile eingebracht werden (Widmann/Mayer/*Widmann* Rn 120; DPPM/*Patt* Rn 32). Es genügt des Weiteren, wenn **mehrere natürl Personen/jur Personen Anteile einbringen,** die nicht einzeln, sondern nur insges die Voraussetzungen des Abs 1 S 2 erfüllen, sofern die Einbringung auf einem einheitlichen Vorgang beruhen (BMF-Schrb vom 11.11.2011, BStBl I 1314 Rn 21.09; BFH BStBl II 2011, 815; Widmann/Mayer/*Widmann* Rn 122; DPPM/*Patt* Rn 33; RHL/*Rabback* Rn 68; Frotscher/Maas/*Mutscher* Rn 111). Die hM geht davon aus, dass in diesem Fall die Einbringung auf einen einheitl Gründungs- oder KapErhVorgang beruhen muss (DPPM/*Patt* Rn 33; Haritz/Menner/*Behrens* Rn 156; RHL/*Rabback* Rn 68; Frotscher/Maas/*Mutscher* Rn 111). Ein rein zeitl Zshg dürfte aber bereits ausreichend sein (Widmann/Mayer/*Widmann* Rn 123; wohl auch BMF-Schrb vom 11.11.2011, BStBl I 1314 Rn 21.09). Ob in einem solchen Fall die aufnehmende KapGes ihr **Antragswahlrecht** bezogen auf die auf sie **übertragenen Anteile unterschiedl ausüben** kann, ist nicht abschließend geklärt. Da jedoch unterschiedl Einbringende und damit auch entsprechend der Anzahl der Einbringenden unterschiedl Einbringungsvorgänge gegeben sind, kann die aufnehmende KapGes für jeden Einbringungsvorgang gesondert wählen, ob sie insoweit die BW bzw AK fortführt oder einen höheren Ansatz wählt (RHL/*Rabback* Rn 68; DPPM/*Patt* Rn 48; Haritz/Menner/*Behrens* Rn 156). Von einem Einbringungsvorgang ist auszugehen, wenn ein Einbringender mehrere Beteiligungen an der erworbenen Ges in einem einheitl Vorgang überträgt. Im letztgenannten Fall kann das Antragswahlrecht nur einheitl ausgeübt werden (RHL/*Rabback* Rn 74). Werden von einem Einbringenden mehrere mehrheitsvermittelnde Beteiligungen an verschiedenen erworbenen Ges eingebracht, kann der übernehmende Rechtsträger das Antragswahlrecht für jede Beteiligung gesondert ausüben (str vgl *Rulf* GmbHR 2008, 243 str).

44 Nach heute hM (vgl Rn 13) kann auch eine mitunternehmerisch tätige PersGes als solche Einbringende sein. In diesem Fall liegt nur ein einzelner Anteilstausch vor, das Antragswahlrecht kann nur einheitlich ausgeübt werden (DPPM/*Patt* Rn 48; Haritz/Menner/*Behrens* Rn 88; vgl auch BMF-Schrb vom 11.11.2011, BStBl I 1314 Rn 20.05). Werden Anteile durch eine vermögensverwaltende PersGes eingebracht, gelten die Gesellschafter als Einbringende (vgl Rn 14; Haritz/Menner/*Behrens* Rn 89), es liegen mehrere Einbringungsvorgänge vor, so dass der übernehmende Rechtsträger das Wahlrecht unterschiedlich ausüben kann.

45 Die **Voraussetzung der mehrheitsvermittelnden Beteiligung** muss eine logische Sekunde nach dem **Zeitpunkt** des Anteilstausches (vgl Rn 35) vorliegen (Frotscher/Maas/*Mutscher* Rn 107; Haritz/Menner/*Behrens* Rn 161; DPPM/*Patt* Rn 39). Auf den Abschluss des Einbringungsvertrages oder den Zeitpunkt des Ausgliederungsbeschlusses kommt es nicht an (Blümich/*Nitzschke* Rn 36). Geht die Stimmrechtsmehrheit nach der Einbringung durch Veräußerung von Anteilen wieder verloren, so hat dies nachträgl keine Auswirkungen auf den Einbringungsvorgang (Widmann/Mayer/*Widmann* § 20 Rn 212; RHL/*Rabback* Rn 70;

DPPM/*Patt* Rn 40; Haritz/Menner/*Behrens* Rn 162; *Milatz/Lüttiken* GmbHR 2001, 560). Eine gesetzl Regelung iSd Verbleibens der nach § 21 zu BW/ZW in eine KapGes eingebrachten Anteile existiert aber mit § 22 II.

Beispiel 1: **46**
B (natürl Person) bringt 55% seiner Anteile an der A-GmbH in die C-GmbH ein. Kap- und Stimmbeteiligung sind identisch.

Die C-GmbH erwirbt mit dem Einbringungsvorgang die Stimmrechtsmehrheit an der A GmbH. Gleiches gilt, wenn mehrere Einbringende die Stimmrechtsmehrheit in einem einheitl oder zumindest in einem wirtschaftl Zshg stehenden Einbringungsvorgang verschaffen (vgl Rn 43): **47**

Beispiel 2:
B (natürl Person) und X-AG halten 30 bzw 25% der Anteile an der A-GmbH, die sie in einem wirtschaftl Zshg auf die C-GmbH übertragen. Kap- und Stimmbeteiligung sind identisch.

Abs 1 S 2 erstreckt sich auch auf Fälle, bei denen der übernehmende Rechtsträger bereits – minderheitl oder mehrheitl – an der erworbenen Ges beteiligt ist: **48**

Beispiel 3:
Die C-GmbH ist bereits mit 40% am Kap der A-GmbH beteiligt; B überträgt an C-GmbH weitere 15%. Kap- und Stimmrechtsbeteiligung sind identisch.

Beispiel 4:
C-GmbH ist bereits mit 55% an der A-GmbH beteiligt; C bringt weitere 15% in die C-GmbH ein. Kap- und Stimmrechtsbeteiligung sind identisch.

Da das Gesetz ausschließl auf die **Stimmrechte** abstellt und weder die Kapitalmehrheit noch die Übereinstimmung zwischen Kap- und Stimmrechtsbeteiligung verlangt, ist Abs 1 S 2 auch auf Fälle anzuwenden, die den folgenden Beispielfällen 5 und 6 entspricht: **49**

Beispiel 5:
B (natürl Person) ist am Nominalkapital der A-GmbH mit 25% und aufgrund nicht höchstpersönl Satzungsregel mit 51% der Stimmrechte beteiligt (vgl Rn 50). B bringt seinen Anteil in die bisher nicht an der A-GmbH beteiligte C-AG ein.

Beispiel 6:
X-AG ist an A-GmbH zu 65% am Nominalkapital und zu 40% an den Stimmrechten beteiligt. X-AG bringt den Anteil in die C-GmbH, die – mit oder ohne von der Kapitalbeteiligung abw Stimmrechtsbeteiligung – bereits 15% der Stimmen der A- GmbH hält, ein.

Soweit Anteile an einer **GmbH** übertragen werden, bei der von der Kapitalbeteiligung weitestgehend abw Stimmrechtsregelungen zulässig sind, entscheidet sich die Anwendung von Abs 1 S 2 nach den Satzungsregeln. Problematischer ist dies allerd für die **AG:** Das Stimmrecht folgt grdsl den Aktiennennbeträgen, bei Stückaktien nach deren Zahl, § 134 AktG; ledigl für Vorzugsaktien kann das Stimmrecht ausgeschlossen werden. Trotz der Möglichkeit des Wiederauflebens der Stimmrechte bei Nichtzahlung des Vorzugsbetrages nach § 140 AktG fallen damit **Vorzugsaktien** ohne Stimmrecht aus dem Anwendungsbereich von Abs 1 S 2 heraus, soweit die übernehmende KapGes die Stimmrechtsmehrheit noch nicht hat oder gleichzeitig mit der Einbringung (von stimmberechtigten anderen Anteilen) erwirbt (Haritz/Menner/*Behrens* Rn 159); Vorzugsaktien sind aber – da das Stimmrecht entsprechend § 140 AktG wieder aufleben kann – dann Einbringungs- **50** objekte iSv Abs 1 S 2, wenn aufgrund wiederholter Nichtzahlung der Vorzugsbeträge das Stimmrecht wieder aufgelebt ist (Widmann/Mayer/*Widmann* Rn 128).

51 Bei der **AG** ist außerdem die durch § 134 I 2 AktG eröffnete Möglichkeit der **Stimmrechtsbeschränkung** für Aktienpakete zu beachten. Folge davon ist, dass bei entsprechenden Satzungsregelungen der AG, deren Aktien eingebracht werden sollen, weder die übernehmende KapGes die Stimmrechtsmehrheit erwerben noch der Einbringende diese verschaffen kann. Ein entsprechender Anteilstausch wäre damit nicht nach Abs 1 S 2 steuerneutral mögl. Sofern eine vollständige Leistung der Einlage nicht erfolgt ist, muss § 134 II AktG beachtet werden.

52 Die Stimmrechtsmehrheit des übernehmenden Rechtsträgers muss in ihrer Beteiligung einschl der übernommenen Anteile **unmittelbar begründet** sein, und zwar **durch Gesetz oder Satzung** (RHL/*Rabback* Rn 65; DPPM/*Patt* Rn 34; Widmann/Mayer/*Widmann* § 20 Rn 197; Frotscher/Maas/*Mutscher* Rn 108). Die aufnehmende KapGes muss die unmittelbare Stimmenmehrheit bei der erworbenen Ges innehaben oder erlangen. Stimmrechte, welche der aufnehmenden Ges nur mittelbar über andere Tochter- oder EnkelGes zustehen, sind insoweit nicht zu berücksichtigen (RHL/*Rabback* Rn 67; DPPM/*Patt* Rn 37; Widmann/Mayer/*Widmann* § 20 Rn R 205; Haritz/Menner/*Behrens* Rn 157).

53 Unter Abs 1 S 2 fallen nur solche Anteile an der erworbenen Ges, die unmittelbar – wenngleich mit mögl Abweichungen vom Nominalkapital – Stimmrechte vermitteln. Das Erfordernis der **Unmittelbarkeit** schließt außerh des Gesellschaftsvertrages liegende, zu Stimmrechtsmehrheiten verhelfende Vereinbarungen (Stimmbindungen, Konsortialverträge etc) aus. Werden die Stimmrechte durch schuldrechtl Stimmbindungsverträge, **Vetoverträge** von MinderheitsGes oÄ eingeschränkt, so ist dies für die Ermittlung der Stimmenmehrheit ohne Bedeutung (Widmann/Mayer/*Widmann* Rn 138; RHL/*Rabback* Rn 65; DPPM/*Patt* Rn 34; Frotscher/Maas/*Mutscher* Rn 108; *Thiel/Eversberg/van Lishaut/Neumann* GmbHR 1998, 443). Ein dem übernehmenden Rechtsträger nach der Einbringung nicht zustehendes gesellschaftsvertragl bestehendes Vetorecht, steht der Anwendung eines qualifizierten Anteilstausches entgegen (Widmann/Mayer/*Widmann* § 20 Rn R 199). Besteht an dem eingebrachten Anteil ein Nießbrauch, so steht dies der Anwendung des Abs 1 S 2 grdsl nicht entgegen (Widmann/Mayer/*Widmann* § 20 Rn R 202; RHL/*Rabback* Rn 65). Entsprechendes gilt, wenn sich – etwa bei bestehender atypisch stiller Beteiligung – Abstimmungsmehrheiten nur mittelbar über die stille Beteiligung ergeben können. Im Falle eines **Treuhandverhältnisses** steht das Stimmrecht dem Treuhänder und nicht dem Treugeber zu (Scholz/*K. Schmidt* GmbHG § 47 Rn 18; Widmann/Mayer/*Widmann* § 20 Rn R 201). Werden die Anteile auf den übernehmenden Rechtsträger übertragen und setzt sich das Treuhandverhältnis an den neuen Anteilen fort (vgl dazu Widmann/Mayer/*Widmann* § 20 Rn R 201; Frotscher/Maas/*Mutscher* Rn 109), kann der Vorgang unter denn Voraussetzungen des Abs 1 S 2 ohne Aufdeckung von stillen Reserven vollzogen werden. Die bloße Übertragung des **wirtschaftlichen Eigentums** führt nicht auch zur Übertragung des Stimmrechts, es ist unmittelbar mit der Mitgliedschaft, dh dem Vollrecht am Anteil verbunden (Frotscher/Maas/*Mutscher* Rn 109). Der Begründung oder Verstärkung von Stimmrechtsmehrheiten bei der übernehmenden KapGes stehen allerd **Konzernverträge** iSv §§ 15 ff, 291 ff AktG nicht im Wege, da sie die Stimmrechtsmehrheit nicht tangieren. Wäre Abs 1 S 2 anders auszulegen, wäre jedwede Umstrukturierung innerh von Konzerngruppen unter Anwendung des UmwStG unmögl.

Bei Anteilen an ausl Rechtsträgern ist das GesR des ausl Staates für die Frage maßgebend, ob dem übernehmenden Rechtsträger die Mehrheit der Stimmrechte zustehen (Widmann/Mayer/*Widmann* § 20 Rn R 209). **54**

Die Einbringung nach Abs 1 S 2 muss **nachweisbar** erfolgen, der Einbringende trägt die Darlegungs- und Beweislast. Dies bedeutet insbes für Auslandsfälle, dass der Einbringende die maßgebl Vorschrift(en) des ausl Rechts benennen muss, aus denen sich die Stimmenmehrheit ergibt (Haritz/Menner/*Behrens* Rn 160; RHL/*Rabback* Rn 69). **55**

bb) Antragswahlrecht. Liegen die Voraussetzungen des Abs 1 S 2 vor, können die eingebrachten Anteile beim übernehmenden Rechtsträger auf entsprechenden Antrag hin grdsl (vgl Rn 65, 69 f) mit dem BW oder einem höheren Wert, höchstens jedoch mit dem gemeinen Wert angesetzt werden. Liegen **mehrere Einbringungsvorgänge** vor (vgl Rn 43 f), kann das Antragswahlrecht für jeden Einbringungsvorgang unterschiedl ausgeübt werden. Der **Grds der Maßgeblichkeit** der HB für die StB gilt iRd Abs 1 S 2 nicht (DPPM/*Patt* Rn 48). **56**

Maßgebend für die Bewertung ist ausschließl **der Antrag** bzw die Nichtstellung des Antrags. Auf die stl und handelsrechtl Bilanzierung bei der übernehmenden Ges kommt es nicht an (str vgl § 20 Rn 309). Wurde ein wirksamer Antrag auf Buchwertfortführung gestellt und werden die WG in der StB mit dem gemeinen Wert angesetzt, ist dieser Ansatz unrichtig und muss korrigiert werden. Der Antrag hat keine Wirkung, soweit die übertragenen Anteile aufgrund zwingender Vorschriften (vgl zB Abs 1 S 3) mit einem vom Antrag abw Wert anzusetzen sind. Abs 1 S 2 bestimmt nicht ausdrückl, wer den Antrag auf abw Bewertung zu stellen hat. Nach ganz herrschender Auffassung (RHL/*Rabback* Rn 77; DPPM/*Patt* Rn 49) wird der Antrag durch den **übernehmenden Rechtsträger** gestellt. Dies ergibt sich insbes durch den Verweis in Abs 1 S 2 HS 2 auf § 20 II 3, durch den bestimmt wird, dass der Antrag auf Bewertung der Sacheinlage unterhalb des gemeinen Werts spätestens bis zur erstmaligen Abgabe der stl Schlussbilanz bei dem für die Besteuerung der übernehmenden Ges zuständigen FA zu stellen ist (vgl § 20 Rn 309). Nach der Gesetzesbegründung soll dadurch klargestellt werden, dass der Antrag auf Buch- oder Zwischenwertansatz von der übernehmenden Ges bei dem für sie zuständigen FA zu stellen ist (BT-Drs 16/3369, 26). Ob der durch den übernehmenden Rechtsträger gestellte Antrag **vertragl Vereinbarungen** mit dem Einbringenden widerspricht, ist für seine Wirksamkeit ohne Bedeutung. Ein vereinbarungswidrig gestellter Antrag kann jedoch Schadenersatzansprüche auslösen (BFH BStBl II 2008, 536; Widmann/Mayer/*Widmann* Rn 168; RHL/*Rabback* Rn 77; DPPM/*Patt* Rn 55; Haritz/Menner/*Behrens* Rn 193). Nach Auffassung des BFH kann im Rahmen der Besteuerung des Einbringenden nicht geprüft werden, ob der von der übernehmenden KapGes angesetzte Wert zutreffend ermittelt worden ist. Der Einbringende ist insoweit grdsl an den entsprechenden Wert gebunden. Er kann insbes nicht mit einem Rechtsbehelf gegen den ihn betreffenden Einkommensteuerbescheid oder Körperschaftsteuerbescheid geltend machen, dass der bei der aufnehmenden Ges angesetzte Wert überhöht sei und sich daraus für ihn eine überhöhte Steuerfestsetzung ergebe (BFH DStR 2011, 2248; BFH DStR 2011, 1611; BFH BStBl II 2008, 536). Der Einbringende kann aber im Wege der **sog Drittanfechtung** geltend machen, die seiner Steuerfestsetzung zu Grunde gelegten Werte der eingebrachten Beteiligung seien zu hoch; dem übernehmenden Rechtsträger fehlt insoweit die Klagebefugnis (BFH DStR 2011, 2248). **57**

58 Der Antrag ist **spätestens** bis zur erstmaligen Abgabe der stl Schlussbilanz der übernehmenden Ges bei dem für die Besteuerung dieser Ges zuständigen FA zu stellen (Abs 1 S 1 HS 2 iVm § 20 II 3; zur Überleitungsrechnung iSv § 60 II 1 EStDV vgl *Krohn/Greulich* DStR 2008, 646). Die stl Schlussbilanz ist auch maßgebend, wenn eine Einbringung zur Neugründung erfolgt und die Eröffnungsbilanz nicht ausnahmsweise gleichzeitig die normale stl Schlussbilanz ist (vgl aber auch Haritz/Menner/*Behrens* Rn 195; *Förster/Wendland* BB 2007, 631). Das Antragswahlrecht wird nach Maßgabe des jeweils anzuwendenden Rechts durch das zuständige, dh vertretungsberechtigte Organ des übernehmenden Rechtsträgers ausgeübt. Stellvertretung ist mögl; zumindest eine zeitnahe Genehmigung der Stellvertretung dürfte mit Rückwirkung mögl sein. Eine spätere Antragstellung ist nicht wirksam mögl, jedoch eine solche bereits vor Abgabe der stl Schlussbilanz (BMF-Schrb vom 11.11.2011, BStBl I 1314 Rn 21.12 iVm Rn 20.21). Aufgrund der Formulierung des Gesetzes „spätestens bis zur erstmaligen Abgabe der steuerlichen Schlussbilanz“ sollte der Antrag vor Abgabe der stl Schlussbilanz erfolgen, eine Antragstellung zusammen mit der Abgabe der stl Schlussbilanz ist aber nach der Gesetzesbegründung ausreichend (BT-Drs 16/2710, 36; ebenso RHL/*Rabback* Rn 79; DPPM/*Patt* Rn 49; wohl auch BMF-Schrb vom 11.11.2011, BStBl I 1314 Rn 20.21). Der Antrag muss damit spätestens erfolgen, wenn die stl Schlussbilanz bzw so in den Machtbereich des zuständigen FA gelangt, dass es unter normalen Umständen die Möglichkeit hat, davon Kenntnis zu nehmen. Bei der Verschmelzung einer Körperschaft auf eine PersGes bzw eine andere Körperschaft geht die FinVerw davon aus, dass es sich bei der stl Schlussbilanz des übernehmenden Rechtsträgers um eine eigenständige Bilanz handelt, die sich von der Bilanz iSd § 4 I § 5 I EStG unterscheidet (vgl BMF-Schrb vom 11.11.2011, BStBl I 1314 Rn 03.01). Bei der Einbringung in eine KapGes iSd § 21 wird eine solche gesonderte **Schlussbilanz** des übernehmenden Rechtsträgers nicht erstellt, vielmehr wird in der **Bilanz iSd § 4 I § 5 I EStG** die Einbringung abgebildet. Die unterschiedliche Behandlung zwischen den Fällen der §§ 3-16 und den Einbringungsfällen ist dadurch zu rechtfertigen, dass in den Einbringungsfällen der Anschaffungsvorgang in der Bilanz des anschaffenden, dh des übernehmenden Rechtsträgers abgebildet wird, in den Fällen der §§ 3–16 aber in der stl Schlussbilanz des übertragenden Rechtsträgers, in dem in einer „normalen“ Steuerbilanz ein solcher Vorgang aber nicht abgebildet wird (vgl dazu *Kaeser* DStR 2012 Beihefter zu Heft 2, 15; GmbHR 2012, 243; *Köerner/Mommen* DB 2012, 73). Keine stl Schlussbilanz iSd § 21 ist eine durch den Steuerpflichtigen als „vorläufig“ bezeichnete oder als Entwurf gekennzeichnete Bilanz, auch wenn sie der Steuererklärung beigefügt ist (DPPM/*Patt* § 20 Rn 211). Eine Steuerbilanz, die ohne Wissen und Wollen des übernehmenden Rechtsträgers abgegeben wurde, ist keine Steuerbilanz iSd § 21 (DPPM/*Patt* § 20 Rn 211).

59 Einer besonderen **Form** bedarf der Antrag nicht, er kann auch konkludent, zB durch Abgabe der Steuererklärung, gestellt werden (RHL/*Rabback* Rn 78; DPPM/*Patt* Rn 49; *Hagemann/Jakob/Ropohl/Viebrock* NWB-Sonderheft 1/2007, 36). Für die Auslegung des Antrags gelten die allg, zivilrechtl Grdse (Haritz/Menner/*Behrens* Rn 194). Nur beim Zwischenwertansatz muss nach Auffassung der FinVerw ausdrückl angegeben werden, in welcher Höhe oder zu welchem Prozentsatz die stillen Reserven aufzudecken sind (BMF-Schrb vom 11.11.2011, BStBl I 1314 Rn 21.12 iVm Rn 20.21, Rn 03.29). Ein unklarer Antrag gilt jedoch als nicht gestellt, es sei denn, der Inhalt kann durch Auslegung ermittelt werden. Die Antragstellung ist **bedingungsfeindl** (BMF-Schrb vom 11.11.2011, BStBl I

1314 Rn 21.12 iVm Rn 20.21, Rn 03.29). Nicht mögl ist es, den Antrag an außerh des Einbringungsvorgang liegende Umstände anzuknüpfen, geschieht dies, gilt der Antrag als nicht gestellt (Widmann/Mayer/*Widmann* § 20 Rn R 219).

Der Antrag ist bei dem für die Besteuerung des übernehmenden Rechtsträgers **60**
nach § 20 AO zuständigen FA zu stellen (BMF-Schrb vom 11.11.2011, BStBl I 1314 Rn 21.12 iVm Rn 20.21; DPPM/*Patt* Rn 49). Hat der übernehmende Rechtsträger weder Sitz noch Ort der Geschäftsleitung in Deutschland, ist das FA zuständig, das nach der Einbringung für die Besteuerung des eingebrachten Verm zuständig ist (Blümich/*Nitzschke* Rn 40).

Der einmal wirksam gestellte Antrag nach Abs 1 S 2 kann weder **zurückge-** **61**
nommen, geändert noch wegen Irrtums **angefochten** werden (Widmann/Mayer/*Widmann* § 20 Rn R 220; DPPM/*Patt* Rn 80). Geht man entgegen der hier vertretenen Meinung davon aus, dass eine Anfechtung mögl ist (vgl FG Brandenburg-Berlin EFG 2009, 1695; *Gosch* BFH PR 2008, 485; *Koch* BB 2009, 600), ist zu beachten, dass dann die ursprüngliche Erklärung angefochten wird, so dass kein Antrag gestellt wurde. Wurde bereits vor der Anfechtungserklärung die stl Schlussbilanz abgegeben, so hat dies zur Folge, dass es zu einem Ansatz der eingebrachten Anteile mit dem gemeinen Wert kommt. Eine **Änderung des Antrags** ist auch nicht mit Zustimmung des FA mögl (vgl § 20 Rn 318) und auch dann nicht, wenn die stl Schlussbilanz noch nicht abgegeben wurde (BMF-Schrb vom 11.11.2011, BStBl I 1314 Rn 21.12 iVm Rn 20.21; aA *Hötzel/Kaeser* in FGS/BDI UmwStE 2011, 351; Frotscher/Maas/*Mutscher* § 20 Rn 245). Es handelt sich bei dem Antragserfordernis um ein gesetzl Tb-Merkmal. Bereits mit der Antragsstellung ist der entsprechende Anspruch aus dem Steuerschuldverhältnis entstanden und der durch die Antragstellung verwirklichte Sachverhalt kann rückwirkend nicht mehr geändert werden (vgl BFH DStRE 2005, 984; BFH/NV 2006, 1099). Dementsprechend scheidet auch eine Bilanzänderung aus. Demggü ist eine **Bilanzberichtigung** (§ 4 II 2 EStG), dh die Korrektur eines fehlerhaften Bilanzansatzes jederzeit unter Beachtung der Festsetzungsfrist mögl (vgl dazu § 20 Rn 320). Ändern sich die BW des eingebrachten Verm nachträgl, zB aufgrund einer BP, oder hat der übernehmende Rechtsträger zum Ausdruck gebracht, dass er die BW fortführen will, ist die Bilanz des übernehmenden Rechtsträgers entsprechend zu berichtigen (vgl BFH DStRE 2002, 279). Eine Bilanzberichtigung ist vorzunehmen, wenn der übernehmende Rechtsträger die eingebrachten Anteile mit dem gemeinen Wert ansetzen wollte und sich später (zB aufgrund einer Außenprüfung) ergibt, dass der gemeine Wert tats höher oder niedriger anzusetzen ist, als bisher geschehen (BMF-Schrb vom 11.11.2011, BStBl I 1314 Rn 21.12 iVm Rn 20.24). Weichen die Ansätze in der stl Schlussbilanz des übernehmenden Rechtsträgers von den durch wirksamen Antrag bestimmten Werte ab, sind sie entsprechend dem Antrag zu berichtigen (BMF-Schrb vom 11.11.2011, BStBl I 1314 Rn 21.12 iVm Rn 20.24, Rn 03.30). Eine Änderung der Wahlrechtsausübung im Wege der Bilanzberichtigung ist nicht mögl. Die Bilanzberichtigung führt zu einer Korrektur der Veranlagung des Einbringenden gem § 175 I 2 AO. Zu beachten ist, dass ein unklarer Antrag als nicht gestellt gilt, mit der Folge, dass der gemeine Wert anzusetzen ist. In diesen Fällen ist die Bilanz zu berichtigen, wenn in der Bilanz des übernehmenden Rechtsträgers BW oder ZW angesetzt wurden. Nach Auffassung der FinVerw (BMF-Schrb vom 11.11.2011, BStBl I 1314 Rn 21.12 iVm Rn 20.24) soll bei einem **Zwischenwertansatz** der entsprechende Wertansatz nicht mehr über eine Bilanzberichtigung korrigiert werden können, sofern dieser oberhalb des Buchwerts und unter-

halb des gemeinen Wertes liegt. Das ist nur richtig, soweit der Antrag auf Zwischenwertansatz sich auf einen bestimmten Betrag bezogen hat. Auch bei einem Antrag auf Zwischenwertansatz kann eine Bilanzberichtigung notwendig sein, wenn in dem Antrag ein Prozentsatz angegeben wurde, um den die stillen Reserven im eingebrachten Anteil aufgedeckt werden sollten, in Abweichung von der Bilanzierung in der stl Schlussbilanz der Umfang der stillen Reserven sich jedoch später als unrichtig erweist.

61a **Beispiel:**
E will seine 100%ige Beteiligung an der T-GmbH in die M-GmbH einbringen, wobei es zu einer Aufdeckung von stillen Reserven iHv EUR 500 000 kommen soll. Vor diesem Hintergrund wird der Antrag auf Zwischenwertansatz gewählt, und zwar in der Form, dass 50% der stillen Reserven im eingebrachten Anteil aufgedeckt werden sollen. Im Rahmen einer späteren Betriebsprüfung stellt sich heraus, dass die stillen Reserven in dem eingebrachten Anteil nicht wie vermutet EUR 1 Mio betragen, sondern EUR 1,5 Mio. In diesem Fall muss nachträglich ein Zwischenwertansatz iHv EUR 750 000 angenommen werden, eine Bilanzberichtigung ist vorzunehmen, es entsteht rückwirkend ein Einbringungsgewinn in entsprechender Höhe.

62 **c) Rechtsfolgen bei Ansatz mit Buch- oder Zwischenwert.** Liegt ein qualifizierter Anteilstausch iSv Abs 1 S 2 vor, so kann der übernehmende Rechtsträger auf entsprechenden Antrag hin die eingebrachten Anteile mit dem BW oder einem ZW, höchstens jedoch mit dem gemeinen Wert ansetzen.

63 BW ist nach § 1 V Nr 4 der Wert, der sich nach den stl Vorschriften die Gewinnermittlung in einer für den stl Einbringungsstichtag aufzustellenden StB ergibt oder ergäbe. Wenn das Gesetz auf einer Einbringungsbilanz abstellt, bedeutet dies nicht, dass eine solche auch tats aufgrund der Regelung des § 1 V Nr 4 aufgestellt werden muss. Maßgebend für den BW iSv Abs 1 S 2 iVm § 1 V Nr 4 ist nicht die vom einbringenden Rechtsträger vorgenommene tats Bilanzierung, sondern die in seiner Person nach den stl Gewinnermittlungsvorschriften zul Bilanzierung zum Einbringungsstichtag. Befinden sich die Anteile in einem ausl BV, ist nicht der BW nach dem in Betracht kommenden ausl StR sondern die dt Vorschrift maßgebend (Widmann/Mayer/*Widmann* Rn 162).

64 Besitzt der Einbringende mehrere Geschäftsanteile bzw Aktien an der erworbenen Ges, so muss der Ansatz mit dem BW einheitl erfolgen. Es ist nicht zul, dass zB einzelne Aktien überbewertet, andere dagegen unterbewertet werden und im Saldo damit der bisherige BW wieder erreicht wird. Entscheidend ist der BW im Zeitpunkt der Einbringung (vgl Rn 35).

65 Eine Bewertung unterhalb des BW ist grdsl nicht mögl. Etwas anderes gilt nur, wenn der gemeine Wert der übertragenen Anteile unter deren BW liegt, da der gemeine Wert der höchst zul Wert ist, bestimmt dieser den Wertansatz (vgl § 20 Rn 324). Ggf ist eine Abstockung durch den übernehmenden Rechtsträger vorzunehmen.

66 Liegen zum Einbringungsstichtag die Voraussetzungen einer **Teilwertabschreibung** bei den übertragenen Anteilen vor, so können diese in der „stl Schlussbilanz" des Einbringenden mit dem TW angesetzt werden. In der Person des Einbringenden sind evtl Wertaufholungen iSv § 6 I 1 Nr 1 S 4, Nr 2 S 2 f EStG vorzunehmen. Unterlassene Wertaufholungen auf WG sind nachträgl zu korrigieren, soweit für den Einbringenden noch keine bestandskräftige Veranlagung vorliegt oder noch eine Änderung nach § 172 AO in Betracht kommt.

Ändern sich die Ansätze in der „stl Schlussbilanz" des Einbringenden, so löst dies eine Folgeänderung beim übernehmenden Rechtsträger aus.

67 Alt und unter denselben Voraussetzungen wie der Buchwertansatz können auf Antrag hin auch **Zwischenwerte** durch den übernehmenden Rechtsträger angesetzt werden. In der Wahl des Zwischenwertansatzes ist die übernehmende Ges grdsl frei. Überträgt ein Einbringender mehrere Geschäftsanteile an der erworbenen Ges, die unterschiedl BW haben, müssen die stillen Reserven in den übertragenen Anteilen gleichmäßig aufgestockt werden. Der Gesamtbetrag der stillen Reserven ergibt sich dabei aus der Diff zwischen dem BW und dem gemeinen Wert der einzelnen Anteile. Die stillen Reserven in den einzelnen Anteilen sind gleichmäßig um den Prozentsatz aufzulösen, der dem Verhältnis des Aufstockungsbetrags zum Gesamtbetrag der vorhandenen stillen Reserven der eingebrachten Anteile entspricht.

68 Bei dem Antragswahlrecht handelt es sich um ein **autonomes stl Wahlrecht,** das unabhängig von der HB ausgeübt wird, der Grds der Maßgeblichkeit der HB für die StB ist nicht zu berücksichtigen (allgM vgl BT-Drs 16/2710 Rn 43; BMF-Schrb vom 11.11.2011, BStBl I 1314 Rn 21.11; RHL/*Rabback* Rn 76; DPPM/*Patt* Rn 46; vgl auch *Ritzer/Rogall/Stangl* WPg 2006, 1210; *Trossen* FR 2006, 617). Durch die Aufgabe des Grdses der Maßgeblichkeit der HB für die StB wird es zukünftig vermehrt zur Abweichung zwischen Handels- und Steuerbilanz kommen. Ohne Bedeutung für die Ausübung des Antragswahlrechts ist auch die Höhe der neu ausgegebenen Anteile des übernehmenden Rechtsträgers. Die FinVerw unterstellte bisher implizit, dass iRe KapErh bei dem übernehmenden Rechtsträger handelsrechtl diese KapErh buchmäßig gedeckt werden muss (vgl BMF-Schrb vom 11.11.2011, BStBl I 1314 Rn 21.11 iVm 20.20). Haben die übertragenen Anteile in der StB des übernehmenden Rechtsträgers einen höheren Wert als in der HB, sind die Beträge wirtschaftl Aufgeld und im stl Einlagekonto zu erfassen. Soweit der Ansatz der Anteile in der StB der übernehmenden Ges den Ansatz der Sacheinlage in der HB der übernehmenden Ges unterschreitet, kann ein **stl AP** gebildet werden (vgl § 20 Rn 270) Der stl AP ist nicht Bestandteil des Betriebsvermögensvergleichs iSd § 4 I 1 EStG, sondern ein bloßer „Luftposten".

69 **d) Einschränkung des Antragswahlrechts. aa) Begründung des deutschen Besteuerungsrechts.** Nach wohl überwiegender M kommt es im Regelungsbereich des § 20 zu einem Ansatz des übertragenen Betriebs, Teilbetriebs bzw Mitunternehmeranteils mit dem gemeinen Wert, soweit durch den Einbringungsvorgang ein dt Besteuerungsrecht erstmals begründet wird (vgl § 20 Rn 280). Nichts anderes kann im Regelungsbereich des § 21 gelten (BT-Drs 16/3369, 12; Haritz/Menner/*Behrens* Rn 183).

70 **bb) Gewährung von anderen Wirtschaftsgütern, Abs 1 S 3.** Erhält der Einbringende neben dem neuen Anteil an der übernehmenden Ges zusätzl andere WG, so hat die übernehmende Ges nach Abs 1 S 3 der übernehmende Rechtsträger die eingebrachten Anteile mindestens mit dem gemeinen Wert der anderen WG anzusetzen, wenn der gemeine Wert dieser WG den BW der eingebrachten Anteile übersteigt. Dabei darf jedoch der gemeine Wert der eingebrachten Anteile nicht überschritten werden, der gemeine Wert der eingebrachten Anteile bildet die Obergrenze der Bewertung. Ist der gemeine Wert der anderen WG höher als der gemeine Wert der eingebrachten Anteile, liegt insoweit eine vGA vor (vgl Widmann/Mayer/*Widmann* § 20 Rn R 590; RHL/*Herlinghaus* § 20 Rn 181). Die

Dotierung einer offenen Rücklage ist keine zusätzl Gegenleistung (vgl Rn 28; § 20 Rn 212, 218). Ist eine Aufstockung nach Abs 1 S 3 vorzunehmen, so muss die Aufstockung gleichmäßig erfolgen, wenn mehrere Anteile an der erworbenen Ges mit unterschiedl BW durch einen Einbringenden übertragen werden (vgl Rn 67). Liegt der gemeine Wert der zusätzl zu den Gesellschaftsrechten gewährten anderen WG unter dem BW der eingebrachten Anteile, können die BW fortgeführt werden, eine Aufstockung ist nicht erforderl.

71 Wird die Beteiligung an einer KapGes/Gen zusammen mit einer Verbindlichkeit, die für den Erwerb dieser Beteiligung aufgenommen worden ist, eingebracht, gehört die Verb nicht zum Sacheinlagegegenstand, es liegt vielmehr eine Gewährung anderer WG iSd Abs 1 S 3 vor (DPPM/*Patt* Rn 27; vgl auch Frotscher/Maas/*Mutscher* Rn 139). Wird die Schuld nicht auf den übernehmenden Rechtsträger übertragen, steht die Verb im Zshg mit dem Erwerb der neuen Anteile am übernehmenden Rechtsträger.

72 Als „andere WG", die neben neuen Gesellschaftsanteilen gewährt werden, kommen insbes in Frage:
- Einräumung von Darlehensforderung zugunsten des Einbringenden durch den übernehmenden Rechtsträger;
- Gewährung einer typischen oder atypisch stillen Beteiligung zugunsten des Einbringenden an dem übernehmenden Rechtsträger;
- Gewährung von Genussscheinen, auch wenn mit ihnen das Recht auf Beteiligung am Gewinn und Liquidationserlös verbunden ist;
- Abtretung eigener (alter) Geschäftsanteile;
- Barabfindungen;
- Hingabe von Sachwerten.

Die Bewertung der anderen WG erfolgt zum Einbringungszeitpunkt mit dem gemeinen Wert, so dass unverzinsl Darlehensforderungen mit dem Barwert anzusetzen sind.

73 Die anderen WG müssen grdsl **von dem übernehmenden Rechtsträger** unmittelbar an den Einbringenden geleistet werden. Werden sie von Dritten, insbes von den Gesellschaftern des übernehmenden Rechtsträgers, **für Rechnung** des übernehmenden Rechtsträgers geleistet, handelt es sich nicht um die Veräußerung von Anteilen durch den Einbringenden bzw um den Erwerb der erworbenen Anteile durch leistende Dritte, sondern um einen Anwendungsfall von Abs 1 S 3 (vgl § 20 Rn 360). Die Leistung des Gesellschafters des übernehmenden Rechtsträgers wird insoweit wie eine Einlage in den übernehmenden Rechtsträger und die anschl Gegenleistung des übernehmenden Rechtsträgers an den Einbringenden behandelt. Die Einlage erhöht die ursprüngl AK des leistenden Gesellschafters. Erfolgt die Leistung **nicht für Rechnung** der übernehmenden KapGes, liegt nach der hier vertretenen Meinung (vgl § 20 Rn 361) keine sonstige Gegenleistung vor. Eine solche Leistung, die der Einbringende von einem Dritten erhält, wird nicht für die eingebrachten Anteile, sondern aus sonstigen Gründen gewählt, die mit der Einbringung der Anteile nur mittelbar zusammenhängen. IÜ hat der übernehmende Rechtsträger insoweit keinen Aufwand. So sind Zahlungen zwischen dem Einbringenden und den Gesellschaftern des übernehmenden Rechtsträgers, bspw um Wertverschiebungen auszugleichen, keine sonstigen Gegenleistungen durch den übernehmenden Rechtsträger, der Einbringende veräußert vielmehr anteilig das durch ihn insoweit für Rechnung des Zahlenden eingebrachte Vermögen (aA DPPM/*Patt* § 20 Rn 221; Haritz/Menner/*Menner* § 20 Rn 374; vgl auch DPPM/

Dötsch § 11 Rn 77; Widmann/Mayer/*Schießl* § 11 Rn 88; BMF-Schrb vom 11.11.2011, BStBl I 1314 Rn 11.10 iVm Rn 03.21).

Nach Abs 2 S. 3 muss es sich bei den weiteren Gegenleistungen um **WG** handeln, sonstige reine schuldrechtliche Absprachen, die nicht bilanzierungsfähig sind, stellen keine sonstige Gegenleistung iSd Abs 1 S 3 dar (Lutter/*Schaumburg/Jesse* Holding-HdB § 13 Rn 104). Die Belastung der eingebrachten Anteile mit lediglich einem Nutzungsrecht stellt keine sonstige Gegenleistung dar (vgl BFH HFR 2005, 304). Soweit der EK-Zugang den Nominalbetrag der gewährten Gesellschaftsrechte und der ansonsten gewährten WG übersteigt, ist der Differenzbetrag dem Einlagekonto gem § 27 KStG zuzuordnen, die Dotierung der offenen Rücklage ist keine zusätzliche Gegenleistung (vgl § 20 Rn 362, 212, 218). **73a**

Rechte Dritter am eingebrachten Anteil (zB Nießbrauchsrecht, Vorkaufsrechte), die sich von Gesetzes wegen an den neuen Anteilen am übernehmenden Rechtsträger fortsetzen, stellen keine sonstige Gegenleistung dar. Gleiches gilt, wenn solche Rechte auf Grund einer schuldrechtlichen Vereinbarung, auch wenn diese erst im Zusammenhang mit der Einbringung geschlossen werden, sich an den Anteilen am übernehmenden Rechtsträger fortsetzen. Eine Gewährung anderer WG iSd Abs 1 S 3 liegt auch nicht vor, soweit die Anteile am übernehmenden Rechtsträger mit besonderen Rechten, zB Gewinnrechten oder Stimmrechten, ausgestattet sind. **74**

Eine wertmäßige Einschränkung hinsichtl der Nebenleistung, also eine Höchstbegrenzung, besteht aus nationaler steuerrechtl Sicht grdsl nicht (vgl aber Rn 70 bzgl verdeckter Gewinnausschüttung). **75**

Soweit § 21 auf die **FusionsRL** verweist (Abs 2 S 3 Nr 2), ist Art 2 lit e zu beachten, wonach die bare Zuzahlung 10% des Nennbetrags der ausgegebenen Anteile nicht überschreiten darf. Zu berücksichtigen ist weiter, dass nach den handelsrechtl Vorschriften teilw die Möglichkeit der Zuzahlung begrenzt ist (vgl zB § 54 IV UmwG). **76**

Veräußerungspreis für die eingebrachten Anteile und Anschaffungskosten der gewährten Anteile, Abs 2

11. Überblick

Abs 2 S 1 regelt den Grds der **strikten Wertverknüpfung**. Danach gilt der Wert, mit dem der übernehmende Rechtsträger die eingebrachten Anteile angesetzt hat, beim Einbringenden als Veräußerungspreis und als AK der neuen Anteile. **77**

Der Grds der strikten Wertverknüpfung wird für grenzüberschreitende Anteilseinbringungen aufgegeben. Nach Abs 2 S 2 gilt für den Einbringenden der gemeine Wert der eingebrachten Anteile als Veräußerungspreis und als AK der erhaltenen Anteile, wenn für die eingebrachten oder erhaltenen Anteile nach der Einbringung das Recht der BRD hinsichtl der Besteuerung des Gewinns aus der Veräußerung dieser Anteile ausgeschlossen oder beschränkt wird. Folge ist eine Besteuerung der in den eingebrachten Anteilen enthaltenen stillen Reserven. **78**

Abs 2 S 3 regelt eine Rückausnahme zu Abs 2 S 2. Auf Antrag gilt in den Fällen des Abs 2 S 2 beim qualifizierten Anteilstausch (Abs 1 S 2) der BW oder ein höherer Wert, höchstens jedoch der gemeine Wert als Veräußerungspreis der eingebrachten Anteile und als AK der erhaltenen Anteile, wenn das dt Besteuerungsrecht am Gewinn aus der Veräußerung der erhaltenen Anteile nicht ausge- **79** schlossen oder beschränkt ist oder Art 8 I der FusionsRL Anwendung findet. Im letztgenannten Fall wird dann im Fall einer späteren Veräußerung der neuen Anteile der Gewinn ungeachtet eines DBA besteuert (vgl auch Art 8 VI FusionsRL).

80 Abs 2 S 4 regelt Besonderheiten des nach Abs 2 S 3 erforderl Antrags. Abs 2 S 5 bezieht sich auf den Fall, dass die eingebrachten Anteile nicht zum BV des Einbringenden gehört haben. Abs 2 S 6 erklärt § 20 III 3 und 4 für entsprechend anwendbar.

12. Strikte Wertverknüpfung

81 Nach Abs 2 S 1 besteht im Grds eine Wertverknüpfung zwischen dem Ansatz der eingebrachten Anteile in der StB des übernehmenden Rechtsträgers für den Veräußerungspreis der eingebrachten Anteile und den AK der erhaltenen Anteile des Einbringenden. Abs 2 S 1 gilt für jeden Anteilstausch, also sowohl für den einfachen als auch für den qualifizierten Anteilstausch (RHL/*Rabback* Rn 96; DPPM/*Patt* Rn 56).

82 Der **Veräußerungspreis** ergibt sich grdsl aus dem **Ansatz der eingebrachten Anteile** der erworbenen Ges durch den übernehmenden Rechtsträger, davon abw Vereinbarungen sind ohne Bedeutung (BMF-Schrb vom 11.11.2011, BStBl I 1314 Rn 21.13 iVm Rn 20.23; DPPM/*Patt* Rn 56; Haritz/Menner/*Behrens* Rn 242; BFH BStBl II 2008, 536). Der Wertansatz beim übernehmenden Rechtsträger ist nach hM in der Lit für den Einbringenden aber nur insoweit bindend, als der übernehmende Rechtsträger sich bei der Bewertung innerh der gesetzl Bewertungsgrenzen bewegt und nicht offenkundig davon abweicht (vgl § 20 Rn 372; RHL/*Rabback* Rn 97; Widmann/Mayer/*Widmann* § 20 Rn R 401; Haritz/Menner/*Menner* § 20 Rn 423; vgl FG Hessen EFG 2006, 304; offengelassen durch BFH BStBl II 2008, 536). Ein Ansatz durch den übernehmenden Rechtsträger hat danach keine Auswirkung auf den Veräußerungspreis, wenn der übernehmende Rechtsträger gesetzl gezwungen ist, einen bestimmten Ansatz der Sacheinlage zugrunde zu legen. Nach Auffassung der FinVerw ist für die Besteuerung des Einbringenden grdsl (dh vorbehaltlich Abs 2 S 3, S 2 ff) der sich aus Abs 2 S 1 ergebende Wertansatz bei der übernehmenden Ges maßgebend (BMF-Schrb vom 11.11.2011, BStBl I 1314 Rn 21.12 iVm Rn 20.23), ob der Wertansatz damit gegen gesetzl Vorschriften verstößt, dürfte nach Auffassung der FinVerw unerheblich sein. Die in Abs 2 S 1 angeordnete Anbindung der Besteuerung des Einbringenden an die von der aufnehmenden Ges angesetzten Werte bewirkt, dass eine spätere Änderung der Höhe dieses Wertes auf die Besteuerung des Einbringenden durchschlägt, die Veranlagung des Einbringenden ist damit ggf gem **§ 175 I 1 Nr 2 AO** zu ändern (BMF-Schrb vom 11.11.2011, BStBl I 1314 Rn 21.12 iVm Rn 20.23; BFH BStBl II 2011, 815). Dies gilt nicht nur dann, wenn die aufnehmende Ges in der Folge ihre Steuerbilanz ändert. Vielmehr genügt dafür, dass dem übernehmenden Rechtsträger ggü ein Steuerbescheid ergeht, der - bei Beibehaltung der angesetzten Wertentscheidung dem Grunde nach - auf anderer als der ursprünglich von ihr angesetzten Werte beruht (BFH BStBl II 2011, 815). Im Rahmen der Besteuerung des Einbringenden kann nach Auffassung des BFH (DStR 2011, 2248) nicht geprüft werden, ob der von der übernehmenden KapGes angesetzte Wert zutreffend ermittelt worden ist. Der Einbringende kann insbes nicht mit Rechtsbehelf gegen den ihn betreffenden Einkommensteuerbescheid geltend machen, dass der bei der aufnehmenden KapGes angesetzte Wert überhöht sei und sich daraus für ihn eine überhöhte Steuerfestsetzung ergibt (BFH DStR 2011, 2248, BFH DStR 2011, 1611; BFH BStBl II 2008, 536). Im Falle der Einbringung kann der übernehmende Rechtsträger weder durch Anfechtungs- noch durch Feststellungsklage geltend machen, die seiner Steuerfestsetzung zu Grunde gelegten Werte des eingebrachten Vermögens seien zu hoch. Ein solches Begehren kann aber der Einbringende im Wege der sog **Drittanfechtung** durchsetzen (BFH DStR 2011, 2248; DPPM/*Patt* § 20 Rn 250; *Kahle/Vogel* UbG 2012, 493). Ein aktiver stl **AP** (vgl § 20 Rn 373) erhöht den Veräußerungspreis/AK iSv Abs 2 S 1 nicht (BMF-Schrb vom 11.11.2011, BStBl I 1314 Rn 20.23). Unerhebl ist, ob der Ansatz in der StB des übernehmenden Rechtsträgers freiwillig erfolgt oder durch zwingende gesetzl Vorschriften bestimmt worden ist.

Der Wert, mit dem der übernehmende Rechtsträger die eingebrachten **82a** Anteile ansetzt, gilt für den Einbringenden nach Abs 2 S 1 als **AK** der erhaltenen Gesellschaftsanteile. Dieser Wert bildet jedoch nur die Ausgangsgröße. Wenn neben den neuen Anteilen andere WG gewährt werden (Abs 1 S 3), mindert der gemeine Wert dieser WG die AK der neuen Anteile. Aus dem vom übernehmenden Rechtsträger angesetzten Wert sind die AK für die neuen Geschäftsanteile nicht nur dann zu ermitteln, wenn der gesamte Wert der Sacheinlage durch den Nominalbetrag der neuen Geschäftsanteile belegt ist, sondern auch, wenn ein Teil einer offenen Rücklage zugeführt wird. Durch die Ermittlung der AK der neuen Anteile mit dem Wert, mit dem der übernehmende Rechtsträger die eingebrachten Anteile in seiner StB angesetzt hat, ist die Übertragung der in den eingebrachten Anteilen etwa vorhandenen stillen Reserven auf die neuen Geschäftsanteile und damit die spätere Besteuerung der stillen Reserven beim Einbringenden sichergestellt. Es kommt im Erg zu einer Verdopplung der stillen Reserven (vgl dazu auch § 20 Rn 378). Die **AK** können sich **nachträgl erhöhen oder vermindern** (vgl dazu auch § 20 Rn 380 ff). Werden die als Gegenleistung erhaltenen Anteile innerh von sieben Jahren nach dem Einbringungszeitpunkt veräußert, so entsteht ein Einbringungsgewinn II (§ 22 II 1), der zu nachträgl AK der als Gegenleistung erhaltenen Anteile führt (§ 22 II 4). Trägt der Einbringende Kosten der Einbringung, die dem übernehmenden Rechtsträger zuzuordnen sind, erhöhen diese Kosten die AK der Anteile. Besitzt die erworbene Ges Grundstücke und löst der Einbringungsvorgang **GrESt** aus, so führt dies nach herrschender Auffassung nicht zu Anschaffungsnebenkosten iSd § 255 I HGB in der Person des übernehmenden Rechtsträgers (BFH BStBl II 761; BMF-Schrb vom 11.11.2011, BStBl I 1314 Rn 04.35).

Kommt es aufgrund einer BP beim übernehmenden Rechtsträger zu einer **83** Änderung des Wertansatzes, so kommt es aufgrund von Abs 2 S 1 auch zu einer Änderung des Veräußerungspreis und der AK der neuen Anteile.

13. Ausnahme von der Wertverknüpfung bei Ausschluss oder Beschränkung des deutschen Besteuerungsrechts, Abs 2 S 2

a) Überblick. Unabhängig vom Wertansatz des übernehmenden Rechtsträgers **84** gilt für den Einbringenden der gemeine Wert der eingebrachten Anteile als Veräußerungspreis der eingebrachten und als AK der erhaltenen Anteile, wenn entweder das dt Besteuerungsrecht am Gewinn aus der Veräußerung der eingebrachten oder der erhaltenen Anteile ausgeschlossen oder beschränkt ist (Abs 2 S 2). Durch Abs 2 S 2 soll das Besteuerungsrecht der BRD hinsichtl der stillen Reserven in den eingebrachten Anteilen und den erhaltenen Anteilen sichergestellt werden (RHL/*Rabback* Rn 101; *Becker-Pennrich* IStR 2007, 684).

85 Abs 2 S 2 spricht davon, dass das Recht der BRD ausgeschlossen oder beschränkt „ist". Der Gesetzeswortlaut ist insoweit ungenau (*Becker-Pennrich* IStR 2007, 684). Abs 2 S 2 hat zum Ziel, das Besteuerungsrecht der BRD sicherzustellen (BT-Drs 16/2710, 1; RHL/*Rabback* Rn 101; *Becker-Pennrich* IStR 2007, 684). Der Tatbestand des Abs 2 S 2 ist nur dann erfüllt, wenn das Recht der BRD hinsichtl der Besteuerung des Gewinns aus der Veräußerung der eingebrachten bzw erhaltenen Anteile nach der Einbringung ausgeschlossen oder beschränkt wird. Dies setzt voraus, dass **vor der Einbringung ein Besteuerungsrecht der BRD** an den eingebrachten Anteilen **bestanden hat** (Haritz/Menner/*Behrens* Rn 262; DPPM/*Patt* Rn 60; Frotscher/Maas/*Frotscher* Rn 163 f). Das Besteuerungsrecht der BRD muss daher vor und nach dem Anteilstausch verglichen werden (Haritz/Menner/*Behrens* Rn 262; DPPM/*Patt* Rn 60; Frotscher/Maas/*Frotscher* Rn 164 f; *Pennrich* IStR 2007, 684).

86 Streitig ist, wann das dt Besteuerungsrecht beeinträchtigt wird, insbes vor dem Hintergrund, dass der BFH die **Theorie der finalen Entnahme** im Jahr 2008 aufgegeben hat (BFH BStBl II 2009, 464; BFH/NV 2010, 432; BFH/NV 2010, 346). Die Rspr geht in diesem Zusammenhang davon aus, dass es nicht zu einem Ausschluss oder einer Beschränkung des dt Besteuerungsrechts bezogen auf die in Deutschland gelegten stillen Reserven kommt, wenn WG ins Ausland verbracht werden und in Deutschland eine Betriebsstätte verbleibt. Die FinVerw wendet diese Rspr nicht an (BMF-Schrb vom 20.5.2009, BStBl I 671; vgl auch EuGH DStR 2012, 2334 - National Grid Indus). Durch das JStG 2010 sind § 4 I EStG und § 12 I KStG geändert worden, wonach die Zuordnung eines WG zu einer ausl Betriebsstätte zu dem Verlust oder einer Beschränkung des dt Besteuerungsrechts führt (vgl dazu *Koerner* IStR 2009, 741; *Schönfeld* IStR 2010, 133; *Mitschke* UbG 2010, 355; *Mitschke/Koerner* IStR 2010, 95, 208; Haritz/Menner/*Behrens* Rn 274). Nach Auffassung der FinVerw sind bei der Prüfung des § 20 II 2 Nr 3 diese durch das JStG 2010 vorgenommenen Änderungen der allg Entstrickungsvorschrift des § 4 I 3 EStG, § 12 I KStG zu beachten, obwohl die umwandlungssteuerlichen Entstrickungsvorschriften nicht vglbar angepasst wurden. Nach § 4 I 4 EStG und § 12 I 2 KStG liegt ein Ausschluss oder eine Beschränkung des dt Besteuerungsrechts hinsichtl des Gewinns aus der Veräußerung eines WG insbes vor, wenn ein bisher einer inl Betriebsstätte des Steuerpflichtigen zuzuordnendes WG einer ausl Betriebsstätte zuzuordnen ist (vgl BMF-Schrb vom 11.11.2011, BStBl I 1314 Rn 20.19 iVm Rn 03.18). Es ist davon auszugehen, dass die FinVerw im Regelungsbereich des § 21 ähnlich verfahren wird. Ein solches Problem entsteht bspw dann, wenn eine mehrheitsbegründende Beteiligung an einer KapGes in eine in Deutschland unbeschränkt stpfl andere KapGes eingebracht wird und diese andere KapGes eine Betriebsstätte im Ausland besitzt. Da jedoch die Entstrickungsvorschriften des UmwStG im Verhältnis zu den allgemeinen Entstrickungsvorschriften eine speziellere Vorschrift enthalten, kann diese Auffassung nicht überzeugen (ebenso Haritz/Menner/*Behrens* Rn 274; Frotscher/Maas/*Frotscher* § 11 Rn 123; *Stadler/Elser/Bindl* DB Beilage 1/2012 zu Heft 2, 14; *Ungemach* UbG 2011, 251). Daher ist bei der Einbringung in eine KapGes immer konkret zu prüfen und nicht nur zu vermuten, ob bzw inwieweit das dt Besteuerungsrecht entfällt oder eingeschränkt wird. Das dt **Besteuerungsrecht** wird in folgenden Fällen **ausgeschlossen** oder **beschränkt:**

– Das dt Besteuerungsrecht entfällt durch die Einbringung vollumfänglich, wenn nach inl Steuerrecht das Besteuerungsrecht entfällt bzw das dt Besteuerungsrecht zwar grdsl erhalten bleibt, aber auf Grund DBA anders als vor der Einbringung beim übernehmenden Rechtsträger durch Freistellung vermieden wird (vgl BMF-Schrb vom 11.11.2011, BStBl I 1314 Rn 20.19 iVm Rn 03.18).
– Das Besteuerungsrecht wird beschränkt, wenn vor der Einbringung ein dt Besteuerungsrecht bestanden und nach der Umwandlung ein der Höhe oder dem Umfang nach im Vergleich dazu eingeschränktes dt Besteuerungsrecht fortbesteht (vgl BMF-Schrb vom 11.11.2011, BStBl I 1314 Rn 20.19 iVm Rn 03.18).

Ob bereits die abstrakte Gefahr eines Ausschlusses oder einer Beschränkung oder nur eine tats Berücksichtigung ausl Steuer tatbestandsmäßig ist, ist nicht abschließend geklärt (vgl dazu Nachw bei § 20 Rn 345). Nach der hier vertretenen Auffassung betrifft Abs 2 nur **einen konkreten Ausschluss bzw eine konkrete Beschränkung,** die bloße abstrakte Möglichkeit eines Ausschlusses oder einer Beschränkung ist nicht tatbestandsmäßig (vgl § 20 Rn 345). 87

Maßgebl Zeitpunkt dafür, ob das dt Besteuerungsrecht ausgeschlossen oder beschränkt wird, ist der Einbringungszeitpunkt. Wird das dt Besteuerungsrecht hinsichtl der eingebrachten oder erhaltenen Anteile erst nach dem Einbringungszeitpunkt beschränkt, erfolgt die Entstrickung nach § 12 KStG, § 4 I 3 EStG uä. 88

Eine Beschränkung des dt Besteuerungsrechts iSv Abs 2 S 2 liegt nur dann vor, wenn die Verringerung des dt Veräußerungsgewinnbesteuerungsanspruchs auf der **Verlagerung stl Anknüpfungspunkte ins Ausland beruht** (*Becker-Pennrich* IStR 2007, 684). Bringt eine natürl Person bspw Anteile an eine KapGes in eine andere KapGes ein, so reduziert sich durch die Einbringung die Höhe des Steueranspruchs des dt Fiskus im Hinblick auf einen Veräußerungsgewinn, weil ein Veräußerungsgewinn nach der Einbringung nicht mehr nach dem Halbeinkünfteverfahren, sondern nach § 8 b II KStG zu versteuern ist. Dies bedeutet jedoch nicht eine Beschränkung des Besteuerungsrechts iSd Abs 2 S 2 (*Becker-Pennrich* IStR 2007, 684; DPPM/*Patt* Rn 59). Das dt Besteuerungsrecht wird auch nicht iSv Abs 2 S 2 ausgeschlossen oder beschränkt, wenn der übernehmende Rechtsträger gem § 5 KStG steuerbefreit ist (DPPM/*Patt* Rn 60; Haritz/Menner/*Behrens* Rn 265). 89

b) Ausschluss oder Beschränkung des Besteuerungsrechts hinsichtlich der eingebrachten Anteile. Im Regelfall wird durch die Einbringung von Anteilen an KapGes oder Gen durch eine im Inland mit diesen Anteilen unbeschränkt oder beschränkt stpfl Anteilseigner in eine nicht im Inland ansässige Ges das dt Besteuerungsrecht im Hinblick auf die angebrachten Anteile ausgeschlossen oder beschränkt. 90

c) Ausschluss oder Beschränkung des Besteuerungsrechts hinsichtlich der erhaltenen Anteile. Eine Wertverknüpfung nach Abs 2 S 1 scheidet nach Abs 2 S 2 HS 2 für den Fall aus, dass das dt Besteuerungsrecht hinsichtl des Gewinns aus der Veräußerung der erhaltenen neuen Anteile ausgeschlossen oder beschränkt wird. Da die DBAs weitgehend ein Besteuerungsrecht im Sitzstaat des Anteilseigners vorsehen, bleibt das Besteuerungsrecht hinsichtl der erhaltenen neuen Anteile im Grds bestehen (§ 17 VI, VII EStG). Bedeutung hat die Regelung des Abs 2 S 2 HS 2 jedoch für die DBA, die das Besteuerungsrecht für den Gewinn aus der Veräußerung von Anteilen dem Ansässigkeitsstaat der Ges, deren Anteile verkauft werden, zuweist (RHL/*Rabback* Rn 106; Blümich/ 91

Nitzschke Rn 46; Haritz/Menner/*Behrens* Rn 271 ff; *Benz/Rosenberg* BB Special 8/2006, 60). Dabei handelt es sich insbes um die Doppelbesteuerungs-DBAs mit der tschechischen Republik, der slowakischen Republik, Bulgarien, Zypern (vgl Art 13 III der entsprechenden DBA; vgl BMF-Schrb vom 11.11.2011, BStBl I 1314 Rn 21.15), zudem sind die Ausnahmen für sog Immobiliengesellschaften zu beachten, bei denen das Besteuerungsrecht im Ansässigkeitsstaat der Ges zusteht (zB Art 13 II DBA mit Österreich und Malta).

92 **d) Rechtsfolgen.** Wird durch die Einbringung das Besteuerungsrecht der BRD für den Veräußerungsgewinn aus den eingebrachten oder erhaltenen Anteilen ausgeschlossen oder beschränkt, gilt der gemeine Wert als **Veräußerungspreis** der eingebrachten Anteile und als **AK** der erhaltenen neuen Anteile für den Einbringenden, es sei denn, die Voraussetzungen des Abs 2 S 3 liegen vor.

14. Antrag auf Buch- oder Zwischenwertansatz bei grenzüberschreitendem Anteilstausch, Abs 2 S 3

93 **a) Überblick.** Abs 2 S 2 ordnet an, dass der übernehmende Rechtsträger die auf ihn übertragenen Anteile mit dem gemeinen Wert anzusetzen hat, wenn das Besteuerungsrecht der BRD für den Veräußerungsgewinn aus den eingebrachten Anteilen oder den erhaltenen neuen Anteilen ausgeschlossen oder beschränkt wird. Abs 2 S 3 bildet dazu eine Ausnahme:

94 Der Einbringende kann auf Antrag die BW der eingebrachten Anteile oder ZW als Veräußerungspreis und als AK der erhaltenen Anteile ansetzen, wenn entweder das Recht der BRD aus der Veräußerung der erhaltenen neuen Anteile nicht ausgeschlossen oder beschränkt ist (Abs 2 S 3 Nr 1) oder wenn wegen Art 8 FusionsRL eine Besteuerung des Anteilstausches unzulässig ist, wobei im letztgenannten Fall bei der Veräußerung der erhaltenen Anteile der Veräußerungsgewinn so besteuert wird, wie die Veräußerung der Anteile, die eingebracht wurden, zu besteuern gewesen wären (Abs 2 S 3 Nr 2). Abs 2 S 3 gilt nur beim grenzüberschreitenden Anteilstausch (Haritz/Menner/*Behrens* Rn 293).

95 **b) Qualifizierter Anteilstausch.** Abs 2 S 3 nimmt Bezug auf Abs 1 S 2, dh nur soweit ein qualifizierter Anteilstausch vorliegt, findet Abs 2 S 3 Anwendung. Liegen die Voraussetzungen des qualifizierten Anteilstauschs iSd Abs 1 S 2 nicht vor, hat der übernehmende Rechtsträger die auf ihn übertragenen Anteile mit dem gemeinen Wert anzusetzen. Der gemeine Wert bildet für den Einbringenden den Veräußerungspreis für die eingebrachten Anteile und die AK für die neuen Anteile.

96 **c) Kein Ausschluss/keine Beschränkung eines inländischen Besteuerungsrechts an den erhaltenen Anteilen, Abs 2 S 3 Nr 1.** Unabhängig vom Wertansatz der eingebrachten Anteile durch den übernehmenden Rechtsträger hat der Einbringende nach Abs 2 S 3 Nr 1 auf entsprechenden Antrag hin die Möglichkeit, die als Gegenleistung gewährten neuen Anteile am übernehmenden Rechtsträger mit dem BW oder einem ZW höchstens jedoch mit dem gemeinen Wert zu bewerten, wenn das Recht der BRD hinsichtl der Besteuerung des Gewinns aus der Veräußerung der erhaltenen Anteile nicht ausgeschlossen oder beschränkt ist (vgl dazu Rn 85 ff). Das Besteuerungsrecht der Bundesrepublik Deutschland muss daher vor und nach dem Anteilstausch verglichen werden (DPPM/*Patt* Rn 60; Haritz/Menner/*Behrens* Rn 262; Frotscher/Maas/*Frotscher* Rn 163 f). Bei der Einbringung der Anteile durch eine im Inland unbeschränkt

stpfl Anteilseigner wird im Regelfall das Besteuerungsrecht der erhaltenen Anteile nicht ausgeschlossen oder beschränkt, da grdsl dem Ansässigkeitsstaat des Anteilseigners das Besteuerungsrecht für den Veräußerungsgewinn diese Anteile zugewiesen ist (vgl Art 13 V OECD-MA, zu Ausnahme vgl Rn 91). Ist Einbringender ein beschränkt Stpfl und werden Anteile an einer KapGes/Gen in eine ausl Ges eingebracht, besteht ein dt Besteuerungsrecht bei der Veräußerung der erhaltenen Anteile, wenn diese nach der Einbringung einer inl Betriebsstätte funktional zugeordnet werden.

d) Anteilstausch darf gem Art 8 FusionsRL nicht besteuert werden, Abs 2 S 3 Nr 2. Nach Art 8 I iVm Art 2 lit e und Art 3 FusionsRL darf der Anteilstausch keine Besteuerung auslösen, wenn an dem Anteilstausch EU-Ges iSd Art 3 FusionsRL mit Ausnahme sog transparenter Ges (vgl Rn 19) beteiligt sind. Unter einem Anteilstausch iSd FusionsRL ist der Vorgang zu verstehen, „durch den eine Gesellschaft am Gesellschaftskapital einer anderen Gesellschaft eine Beteiligung, die ihr die Mehrheit der Stimmrechte verleiht, oder – sofern sie die Mehrheit der Stimmrechte bereits hält – eine weitere Beteiligung dadurch erwirbt, dass die Gesellschafter der anderen Ges im Austausch für ihre Anteile Anteile am Gesellschaftskapital der erwerbenden Ges und ggf eine bare Zuzahlung erhalten; letztere darf 10% des Nennwerts oder – bei Fehlen eines Nennwerts – des rechnerischen Werts der im Zuge des Austauschs ausgegebenen Anteile nicht überschreiten“. Außerdem müssen an dem Anteilstausch Ges aus mindestens zwei oder mehr Mitgliedstaaten beteiligt sein (Art 1 lit a FusionsRL). Erhält der Einbringende keine „bare Zuzahlung“, sondern neben den Anteilen am übernehmenden Rechtsträger sonstige Gegenleistungen, ergibt sich die Steuerneutralität als des Anteilstausches nicht aus Abs 2 S 3 Nr 2, auch wenn die sonstige Gegenleistung geringer ist als 10% des Nennwertes oder des rechnerischen Wertes der im Zuge des Anteilstausches ausgegebenen Anteile (DPPM/*Patt* Rn 60, 63; Frotscher/Maas/*Frotscher* Rn 185 ff; Haritz/Menner/*Behrens* Rn 298 mit weiteren Beispielen). 97

Beispiel: 98

Die in Deutschland unbeschränkt stpfl D-AG bringt eine 100%ige Beteiligung an der in Deutschland unbeschränkt stpfl D-GmbH in eine österreichische KapGes gegen Gewährung von Gesellschaftsrechten ein. Bei dem übernehmenden Rechtsträger soll es sich um eine sog Grundstücks-GmbH iSv Art 13 II DBA Deutschland/Österreich handeln. Dies hat folgende Auswirkungen:

Für Gewinne aus der Veräußerung von Anteilen an der österreichischen Immobiliengesellschaft iSd Art 13 II DBA Deutschland/Österreich ist nach Art 23 I a dd DBA Deutschland/Österreich die Doppelbesteuerung nach der Anrechnungsmethode zu vermeiden. Durch die Einbringung der Anteile an der dt D-GmbH in die österreichische Grundstücksgesellschaft wird damit das dt Besteuerungsrecht iSd Abs 2 S 3 Nr 1 beschränkt. Zu einer Aufdeckung von stillen Reserven kommt es dennoch nicht, da der Anteilstausch aufgrund Art 8 FusionsRL nicht besteuert werden darf.

Beispiel: 99

Die in Deutschland unbeschränkt stpfl D-GmbH bringt eine 100%ige Beteiligung an der dt X-GmbH in eine tschechische s. r. o. gegen Gewährung von Gesellschaftsrechten ein. Das Kap der tschechischen s. r. o. wird um 1 Mio erhöht. Die tschechische s. r. o. gewährt der D-GmbH neben der neuen Anteile auch eine bare Zuzahlung iHv 500 000. Wegen des DBAs Deutschland/Tschechien ist das dt Besteuerungsrecht hinsichtl der erhaltenen neuen Anteile an der tschechischen s. r. o. iSv Abs 2 S 3 Nr 1 beschränkt (vgl BMF-Schrb vom 11.11.2011, BStBl I 1314 Rn 21.15). Eine Beschränkung des inl Besteuerungsrechts liegt vor, weil im Inland hinsichtl der eingebrachten Beteiligung das uneingeschränkte Besteuerungsrecht ohne

Anrechnungsverpflichtung bestand und nach dem Anteilstausch im Inland die erworbenen Anteile nur einer Besteuerung mit Anrechnung der tschechischen Steuer gegeben ist (Art 13 III, Art 23 iVm Nr 3 DBA Deutschland/Tschechoslowakei, welches für die tschechische Republik fort gilt).

100 Eine Minderbewertung kann sich daher nicht auf Abs 2 S 2 Nr 1 stützen. Ein Antrag unter Berufung auf Abs 2 S 3 Nr 2 ist nicht mögl, weil eine „bare Zuzahlung" iSd Art 2 lit e erfolgte, die 10% des Nennbetrags der im Zuge des Anteilstauschs ausgegebenen Anteile überschritten wurde.

101 Kommt es aufgrund der Regelung in Abs 2 S 3 Nr 2 zu einem Ansatz der als Gegenleistung gewährten neuen Anteile am übernehmenden Rechtsträger mit dem BW oder einem ZW, unterliegt der Gewinn aus einer späteren Veräußerung der erhaltenen Anteile ungeachtet einer möglicherweise entgegenstehenden Bestimmung eines DBAs so der Besteuerung in Deutschland, wie die Veräußerung der Anteile an der erworbenen Ges zu besteuern gewesen wäre. Diese Regelung entspricht Art 8 VI FusionsRL (DPPM/*Patt* Rn 60; RHL/*Rabback* Rn 115; Haritz/Menner/*Behrens* Rn 299). Abs 2 S 3 Nr 2 findet auch Anwendung, wenn der Einbringende beschränkt stpfl ist. Die spätere Besteuerung der gewährten Anteile wird durch § 49 I Nr 2 lit e, bb EStG sichergestellt.

102 Abs 2 S 3 Nr 2 HS 2 verweist auf § 15 Ia 2 EStG. Dadurch wird auch in den Fällen der verdeckten Einlage der erhaltenen Anteile in eine KapGes, der Liquidation der Ges, an der die erhaltenen Anteile bestehen, sowie der Kapitalherabsetzung und der Einlagenrückgewähr die Besteuerung sichergestellt (BT-Drs 16/3369, 27; RHL/*Rabback* Rn 116; DPPM/*Patt* Rn 60). Problematisch ist die Zurückzahlung aus dem stl Einlagekonto, da bei Ges in einem anderen EU-Mitgliedstaat ein stl Einlagekonto nur auf Antrag zu berücksichtigen ist (§ 27 VIII KStG), wodurch eine Einlagenausschüttung/-rückzahlung nur in Betracht kommt, wenn ein entsprechender Antrag gestellt wurde (vgl § 22 Rn 94; Widmann/Mayer/*Widmann* § 22 Rn 71). Die spätere Besteuerung wird durch § 49 I Nr 2 lit e, bb EStG sichergestellt (Haritz/Menner/*Behrens* Rn 300).

103 **e) Einbringungsgeborene Anteile iSv § 21 aF.** Liegt ein grenzüberschreitender qualifizierter Anteilstausch iSv Abs 2 S 3 vor, handelt es sich bei den eingebrachten Anteilen um solche iSd § 21 aF und wird durch den Anteilstausch das Besteuerungsrecht der BRD hinsichtl des Gewinns aus der Veräußerung der eingebrachten Anteile ggf ausgeschlossen, so kommt es nicht zu einer Gewinnrealisierung bei den eingebrachten Anteilen iSd § 21 aF. Für Anteilen iSd § 21 aF gilt nach § 27 III Nr 3 zwar weiterhin **§ 21 II 1 Nr 2 aF.** Danach treten die Rechtsfolgen einer Veräußerung bezogen auf einbringungsgeborene Anteile iSd § 21 aF auch dann ein, wenn das Besteuerungsrecht der BRD hinsichtl des Gewinns aus der Veräußerung der Anteile ausgeschlossen wird. Nach § 21 II 2 aF tritt in diesen Fällen an die Stelle des Veräußerungspreises der Anteile ihr gemeiner Wert. Allerdings hat Abs 2 S 3 als speziellere Vorschrift Vorrang (vgl Widmann/Mayer/*Widmann* Rn 103 zu § 23 IV aF). In jedem Fall sollte die Einbringung von einbringungsgeborenen Anteilen iSv § 21 aF unter den Voraussetzungen des Abs 2 S 3 Nr 2 iVm Art 8 FusionsRL steuerneutral mögl sein (DPPM/*Patt* Rn 67; *Schmitt/Schlossmacher* DStR 2008, 2242).

104 **f) Antrag des Einbringenden.** Voraussetzung für die Bewertung mit dem BW oder ZW ist ein vom Einbringenden zu stellender Antrag (BT-Drs 16/2710, 45; BMF-Schrb vom 11.11.2011, BStBl I 1314 Rn 21.15; DPPM/*Patt* Rn 64; RHL/*Rabback* Rn 118; Haritz/Menner/*Behrens* Rn 301). Der Antrag kann bezogen auf einen Einbringungsvorgang nur einheitl ausgeübt werden. Der Antrag ist gem Abs 2 S 4 spätestens bis zur erstmaligen Abgabe der Steuererklärung bei dem für die Besteuerung des Einbringenden zuständigen FA zu stellen. Dabei kommt es für die Abgabe der Steuererklärung auf den VZ an, in dem die Einbringung erfolgt (Haritz/Menner/*Behrens* Rn 301). Eine spätere Antragsstellung ist nicht wirksam mögl, jedoch eine solche bereits vor Abgabe der Steuererklärung (vgl iÜ Rn 56 ff). Einer besonderen Form bedarf der Antrag nicht. Er kann auch konkludent gestellt werden, zB dadurch, dass der Einbringende keinen stpfl Gewinn aus der Veräußerung von Anteilen erklärt (RHL/*Rabback* Rn 119; DPPM/*Patt* Rn 64). Ein unklarer Antrag gilt jedoch als nicht gestellt. Die Antragsstellung ist bedingungsfeindl. Nicht mögl ist es, den Antrag an außerh des Einbringungsvorgangs liegende Umstände anzuknüpfen; geschieht dies, gilt der Antrag als nicht gestellt. Der einmal wirksam gestellte Antrag nach Abs 2 S 3 kann auch mit Zustimmung des FA weder zurückgenommen noch geändert werden (aA RHL/*Rabback* Rn 112; DPPM/*Patt* Rn 64; Haritz/Menner/*Behrens* Rn 305). Es handelt sich bei dem Antragserfordernis um ein gesetzl Tb-Merkmal. Bereits mit der Antragsstellung ist der entsprechende Anspruch aus dem Steuerverhältnis entstanden und der durch die Antragstellung verwirklichte Sachverhalt kann rückwirkend nicht mehr geändert werden (vgl BFH DStRE 2005, 984; BFH/NV 2006, 1099).

g) Rechtsfolgen. Liegen die Voraussetzungen des Abs 2 S 3 vor und wird ein entsprechender Antrag wirksam gestellt, so müssen die erhaltenen Anteile gemäß dem Antrag mit einem unter dem gemeinen Wert der eingebrachten Anteile liegenden Wert angesetzt werden. Je nach Ausübung des Antragswahlrechts entsteht kein Einbringungsgewinn. **105**

15. Anschaffungskosten bei Einbringung von Beteiligungen aus dem Privatvermögen, Abs 2 S 5

Werden Anteile aus dem PV eingebracht, treten an die Stelle des BW des Einbringenden dessen AK. Zum Sonderfall mögl negativer AK vgl DPPM/*Patt* Rn 51. Liegen die AK über dem gemeinen Wert der Anteile, so ist der gemeine Wert und nicht die AK der relevante Wert. Die AK der neuen Anteile vermindern sich nach Abs 2 S 6 um den gemeinen Wert der neben Gesellschaftsanteilen an dem übernehmenden Rechtsträger gewährten anderen WG (vgl dazu § 20 Rn 372 ff). **106**

16. Einbringungsgeborene Anteile iSv § 21 aF

Handelt es sich bei der eingebrachten Beteiligung um einbringungsgeborene Anteile iSv § 21 aF, gelten nach Abs 2 S 6 iVm § 20 III 4 die erworbenen Anteile auch als einbringungsgeborene Anteile iSd § 21 aF. Zum Verhältnis zwischen Abs 2 S 3 und § 21 II Nr 2 aF vgl Rn 103. Durch § 20 III 4 soll sichergestellt werden, dass bei der späteren Veräußerung der als Gegenleistung für die Übertragung von Anteilen iSd § 21 aF erhaltenen Anteile insoweit auch § 8 b IV KStG aF (§ 34 VIIa KStG) bzw § 3 Nr 40 S 3 und S 4 EStG aF (§ 52 IVb 2 EStG) Anwendung finden und die dort geregelte Sperrfrist nicht unterlaufen werden kann (vgl dazu § 20 Rn 226). Keine einbringungsgeborenen Anteile nach Abs 2 S 6 iVm § 20 III 4 entstehen, wenn in den übertragenen einbringungsgeborenen Anteilen sämtl stillen Reserven iRd Einbringung aufgedeckt werden (vgl § 20 Rn 223; Wid- **107** mann/Mayer/*Widmann* Rn R 382; DPPM/*Patt* § 20 Rn 146; *Benz/Rosenberg* BB Special 8/2006, 61).

108 Nach § 20 III 4 gelten die erhaltenen Anteile insoweit als einbringungsgeborene Anteile. Auf die erhaltenen Anteile iSd Abs 2 S 6 iVm § 20 III 4 sind § 8 b IV KStG aF, § 3 Nr 40 S 3, 4 EStG aF und § 5 IV aF anwendbar, nicht aber die Ersatzrealisationstatbestände des § 21 II 1 Nr 1–4 aF. Nach § 27 III Nr 3 gilt § 21 II 1 Nr 1–4 aF nur für solche Anteile, die auf einem Einbringungsvorgang beruhen, auf dem gem § 27 II das UmwStG aF anwendbar war (aA BMF-Schrb vom 11.11.2011, BStBl I 1314 Rn 20.38; Haritz/Menner/*Menner* § 20 Rn 529; DPPM/*Patt* § 20 Rn 529). Insoweit gelten dann für einbringungsgeborene Anteile iSv § 20 III 4 mangels Anwendbarkeit des § 21 II Nr 1–4 aF die allg Regelung, wie zB § 6 AStG.

109 Werden einbringungsgeborene Anteile iSd § 21 I aF in KapGes bzw Gen eingebracht, sollen aufgrund der in § 23 I angeordneten Rechtsnachfolge sowohl die eingebrachten Anteile als auch gem § 20 III 4 die erhaltenen Anteile insoweit solche iSd § 21 I aF sein. Davon ging wohl auch der Gesetzgeber aus (BT-Drs 16/3369, 11). Es soll daher zu einem **Doppelbesteuerungsproblem** kommen (vgl § 20 Rn 225). Ein Doppelbesteuerungsproblem liegt indes nicht vor, nur die als Gegenleistung erhaltenen Anteile sind (anteilig) solche iSd § 21 aF (aA Widmann/Mayer/*Widmann* § 20 Rn R 383). Die eingebrachten Anteile verlieren diese Eigenschaft, wenn sie gegen Gewährung von Gesellschaftsrechten in einer KapGes eingebracht werden. Bei der Einbringung handelt es sich um einen Veräußerungsvorgang. Eine Rechtsnachfolge gem § 23 I scheidet aber bei einbringungsgeborenen Anteilen, bei denen im Zeitpunkt der Einbringung die siebenjährige Sperrfrist iSv § 3 Nr 40 S 3 und S 4 EStG aF bzw § 8 b IV KStG aF noch nicht abgelaufen war, aus, da § 23 wegen § 27 IV auf Anteile, bei denen die siebenjährige Sperrfrist iSv § 3 Nr 40 S 3 und S 4 EStG aF bzw § 8 b IV KStG aF noch nicht abgelaufen ist, nicht anzuwenden ist (Haritz/Menner/*Behrens* Rn 326). War die siebenjährige Sperrfrist iSv § 3 Nr 40 S 3 und S 4 EStG aF bzw § 8 b IV KStG aF im Zeitpunkt der Einbringung abgelaufen, kommt es nach der hier vertretenen Meinung (vgl § 23 Rn 16) zu einer Rechtsnachfolge.

110 Soweit die eingebrachten, ursprüngl einbringungsgeborenen Anteile innerh der siebenjährigen Sperrfrist des § 22 II veräußert bzw ein der Veräußerung gleichgestellter Sachverhalt verwirklicht wird (§ 22 II 6), entsteht ein Einbringungsgewinn II (§ 22 I 5, II), der nach allg Grdsen besteuert wird, falls im Zeitpunkt der Einbringung die siebenjährige Sperrfrist iSv § 3 Nr 40 S 3 und S 4 EStG aF bzw § 8 b IV KStG aF bereits abgelaufen war (so wohl auch RHL/*Rabback* § 27 Rn 247). War im Zeitpunkt der Einbringung die siebenjährige Sperrfrist iSv § 3 Nr 40 S 3 und S 4 EStG aF bzw § 8 b IV KStG aF noch nicht abgelaufen, und werden die ursprüngl einbringungsgeborenen Anteile innerh der siebenjährigen Sperrfrist des § 22 II veräußert bzw wird ein der Veräußerung gleichgestellter Sachverhalt verwirklicht (§ 22 II 6), entsteht kein Einbringungsgewinn II, da im Zeitpunkt der Einbringung in der Person des Einbringenden einbringungsgeborene Anteile vorlagen und damit gem § 27 IV die Regelung des § 22 keine Anwendung findet (aA BMF-Schrb vom 11.11.2011, BStBl I 1314 Rn 20.40, Rn 27.12; DPPM/*Patt* § 27 Rn 20; vgl auch RHL/*Stangl* § 22 Rn 150).

111 Ob die als Gegenleistung gewährten fiktiven Anteile iSd § 21 aF in die für die eingebrachten Anteile lfd **siebenjährige Sperrfrist** eintreten, es also insoweit zu einer Rechtsnachfolge kommt, ist gesetzl nicht unmittelbar geregelt, dürfte jedoch dem Willen des Gesetzgebers entsprochen haben. Durch § 20 III 4 soll näml sichergestellt werden, dass es im Fall der unmittelbaren oder mittelbaren Veräußerung von Anteilen innerh der Sperrfrist, die auf einer Einbringung im alten Recht beruht (einbringungsgeborene Anteile), es weiterhin zu einer vollen Besteuerung des Veräußerungsgewinns aus den Anteilen kommt (BT-Drs 16/3369, 11). Der Gesetzgeber bezieht sich ausdrückl auf die Sperrfrist, die auf einer Einbringung nach altem Recht beruht, woraus geschlossen werden kann, dass durch die Regelung des § 20 III 4 selbst keine neue Sperrfrist in Gang gesetzt wird (BMF-Schrb vom 11.11.2011, BStBl I 1314 Rn 20.39, Rn 27.05; DPPM/*Patt* § 20 Rn 146; Haritz/Menner/*Behrens* Rn 325; Widmann/Mayer/*Widmann* Rn R 383; *Förster/Wendland* BB 2007, 631).

Die für die Sacheinlage erhaltenen Anteile gelten „insoweit" als einbringungsgeborene Anteile iSd § 21 aF als die eingebrachten Anteile einbringungsgeboren iSd § 21 aF sind. Überträgt der Einbringende sowohl einbringungsgeborene Anteile als auch solche, die diese Qualifikation nicht haben, muss für die als Gegenleistung erhaltenen Anteile im Grds eine Verstrickungsquote ermittelt werden. Die Aufteilung muss sicherstellen, dass wertmäßig nur diejenigen stillen Reserven in die nach § 20 III 4 fiktiven einbringungsgeborenen Anteile eingehen, die auch zuvor in den einbringungsgeborenen Anteilen nach § 21 aF verstrickt waren. Zu weiteren Einzelheiten vgl § 20 Rn 229 ff. **112**

Veräußerungsgewinn/Einbringungsgewinn und Einbringungsverlust

17. Ermittlung des Veräußerungsgewinns/Einbringungsgewinns

Veräußerungsgewinn/Einbringungsgewinn ist der Betrag, um den der Veräußerungspreis iSv Abs 2 S 1 nach Abzug der Einbringungskosten den BW der übertragenen Anteile bzw deren AK (Abs 2 S 5) übersteigt. Der Einbringungsgewinn entsteht im Einbringungszeitpunkt (vgl Rn 35 ff). **113**

Der **Veräußerungspreis** (vgl dazu bereits Rn 82) als Ausgangsgröße für die Ermittlung des Einbringungsgewinns ergibt sich gem **Abs 2 S 1** aus dem Ansatz der eingebrachten Anteile durch den übernehmenden Rechtsträger, davon abw Vereinbarungen sind ohne Einfluss. Ob dieser Ansatz auf eine freiwillige Entscheidung des Einbringenden beruht oder nicht, ist unerhebl. Zu weiteren Einzelheiten vgl § 20 Rn 374 ff. Wird das Antragswahlrecht nach Abs 2 S 3 durch den Einbringenden wirksam ausgeübt, so ist der beantragte BW oder ZW die Ausgangsgröße für die Ermittlung des Einbringungsgewinns. Ist das Besteuerungsrecht der Bundesrepublik Deutschland hinsichtl des Gewinns aus der Veräußerung der eingebrachten Anteile ausgeschlossen oder beschränkt, erfolgt die Bewertung der eingebrachten Anteile beim Einbringenden nach Abs 2 S 2 mit dem gemeinen Wert. Die gleiche Rechtsfolge tritt ein, wenn das Besteuerungsrecht der Bundesrepublik Deutschland hinsichtl des Gewinns aus der Veräußerung der erhaltenen Anteile ausgeschlossen oder beschränkt ist. In Fällen des Abs 2 S 2 wird dem Einbringenden nach Abs 2 S 3 ein Wahlrecht eingeräumt, als Veräußerungspreis für die eingebrachten Anteile und als AK der erhaltenen Anteile den Buch- oder Zwischenwert anzusetzen, sofern ein Antrag gestellt wird und die Voraussetzungen des Abs 2 S 3 vorliegen (zu weiteren Einzelheiten vgl Rn 91 ff). **114**

Kosten, die im Zshg mit der Einbringung entstehen und den Einbringenden belasten, können grdsl abzugsfähige BA sein (DPPM/*Patt* Rn 70). Werden die **115**

eingebrachten Anteile mit dem gemeinen Wert oder einem ZW angesetzt, mindern die Umwandlungskosten des Einbringenden den entstehenden Einbringungsgewinn bzw führen zu einem Einbringungsverlust (vgl § 20 Rn 380, 404 ff). Der übernehmende Rechtsträger kann die ihn treffenden Kosten als BA abziehen, es sei denn, es handelt sich um AK oder Anschaffungsnebenkosten (DPPM/*Patt* Rn 70; RHL/*Herlinghaus* § 20 Rn 204; Widmann/Mayer/*Widmann* Rn 284 iVm § 20 Rn R 718). Eine vertragl Absprache zwischen dem Einbringenden und dem übernehmenden Rechtsträger, durch die eine **Verschiebung der Kostentragung** erreicht wird, ist stl nicht anzuerkennen (RHL/*Herlinghaus* § 20 Rn 204; offengelassen durch BFH BStBl II 1998, 168). Zu weiteren Einzelheiten vgl § 20 Rn 404 ff.

116 Zu beachten ist, dass die **Einbringung ggf eine neue Beurteilung bereits verwirklichter Sachverhalte** in der Person des Einbringenden haben kann, da es iRd Einbringung zu einem Wechsel von Verm auf einen anderen Rechtsträger kommt und der Einbringungsvorgang sich als tauschähnl Geschäft darstellt. Die Einbringung kann insbes Auswirkung auf gesetzl angeordnete Sperr- und Behaltensfristen haben (vgl § 20 Rn 381).

117 Nicht zum Einbringungsgewinn iSv Abs 2, sondern zum lfd Erg des Einbringenden gehört der Gewinn, der dadurch entsteht, dass bei den eingebrachten Anteilen eine vorangegangene Teilwertabschreibung wieder rückgängig gemacht werden muss (vgl § 20 Rn 404).

18. Einkunftsart

118 Die Einkunftsart des Einbringungsgewinns folgt aus der Einkunftsart, dem die Einkünfte aus dem eingebrachten Anteil zuzuordnen sind. Werden Anteile eingebracht, die vor der Einbringung in einem BV gehalten wurden, kann es sich je nach Art des BV um Einkünfte aus LuF, Gewerbebetrieb oder selbstständiger Arbeit handeln. Handelt es sich um eine Beteiligung iSd § 17 EStG, die im Inland oder ausl PV oder aber in einem ausl BV vor der Einbringung gehalten wurden, liegen Einkünfte iSd § 17 vor (BMF-Schrb vom 11.11.2011, BStBl I 1314 Rn 21.16; DPPM/*Patt* Rn 75; Widmann/Mayer/*Widmann* Rn 295; Bordewin/Brandt/*Merkert* § 20 Rn 122).

119 Werden durch eine natürl Person einbringungsgeborene Anteile im PV gehalten, sollen die Gewinne aus der Aufdeckung der stillen Reserven in den einbringungsgeborenen Anteilen nach allgM zu der Einkunftsart gehören, der das übertragene Verm zuzuordnen war, das zum Erwerb der Anteile in die KapGes eingebracht worden ist (Widmann/Mayer/*Widmann* Rn 296; ebenso für die GewSt BFH BStBl II 1982, 738). Wurde bspw freiberufl BV nach § 20 I aF unter Geltung des alten UmwStG zum BW gegen Gewährung von Gesellschaftsrechten in eine KapGes eingebracht, fällt nach dieser Auffassung der bei einer späteren Einbringung der Anteile entstehender Einbringungsgewinn unter die Einkunftsart des § 18 EStG. Dieser **Repräsentationsgedanke** dürfte zumindest seit der Einführung des Halb- bzw Teileinkünfteverfahrens nicht mehr vertretbar sein. Werden einbringungsgeborene Anteile veräußert, so richtet sich die Besteuerung eines insoweit erzielten Gewinns nach dem Halbeinkünfteverfahren, es sei denn, die Veräußerung erfolgt nicht später als sieben Jahre nach dem Zeitpunkt der Einbringung. Nur innerh der siebenjährigen Frist wird der Veräußerungsgewinn nach § 3 Nr 40 S 3, 4 EStG aF bzw § 8 b IV KStG aF einer vollen Besteuerung zugeführt. Hätte der Gesetzgeber an dem „Repräsentationsgedanken" festgehalten, wäre der Gewinn aus der Veräußerung einbringungsgeborener Anteile zeitl unbegrenzt außerh des Halbeinkünfteverfahrens in voller Höhe zu besteuern, da dann aus stl Sicht keine Anteile an einer KapGes, sondern das eingebrachte Verm veräußert würde. Dass dies bei der Einordnung des Veräußerungsgewinns bzgl der Einkunftsart anders sein soll, ist dem Gesetz nicht zu entnehmen. Der Verweis in § 21 I 1 aF muss daher so verstanden werden, dass der Gewinn aus der Veräußerung einbringungsgeborener Anteile immer zu einem gewerbl Gewinn iSd § 16 EStG führt. Werden einbringungsgeborene Anteile aus dem BV heraus eingebracht, liegen jedenfalls Einkünfte aus Gewerbebetrieb vor.

Soweit die übertragenen Anteile in der Pers des Einbringenden kein BV darstell- 120
ten, es sich nicht um Anteile iSd § 17 EStG oder um einbringungsgeborene Anteile iSd § 21 aF handelt, ist § 20 IVa 1, 2 EStG lex specialis ggü § 21; ein Einbringungsgewinn entsteht nicht (BMF-Schrb vom 11.11.2011, BStBl I 1314 Rn 21.02; vgl dazu Rn 10).

19. Einbringungsverlust

Wird die eingebrachte Beteiligung in einem BV gehalten, und sind zum Zeit- 121
punkt der Einbringung die bisherigen Bewertungsansätze zu verändern, erhöht oder vermindert sich ein lfd Gewinn bzw Verlust, Auswirkungen auf den Einbringungsgewinn/-verlust ergeben sich dadurch nicht.

Ein Einbringungsverlust kann daher idR nur entstehen, soweit die Einbrin- 122
gungskosten des Einbringenden den Veräußerungspreis iSd Abs 2 übersteigen. Nach Auffassung von *Patt* (DPPM/*Patt* Rn 81) ist ein Einbringungsverlust, der aufgrund von Einbringungskosten entsteht, stl wegen § 8 b III 3 KStG nicht zu berücksichtigen, soweit Anteile iSd § 8 b II 1 KStG betroffen sind. Ein Einbringungsverlust liegt auch vor, wenn der gemeine Wert der eingebrachten Anteile unter dem BW/AK liegt (DPPM/*Patt* Rn 79; Haritz/Menner/*Behrens* Rn 345).

20. Beschränkte Steuerpflicht, DBA

a) Beschränkte Steuerpflicht. Ist der Einbringende beschränkt stpfl, kann 123
der Einbringungsgewinn bzw -verlust dann zu keiner dt Besteuerung führen, wenn der Einbringungsgewinn bzw -verlust nicht zu den inl Einkünften iSd § 49 EStG zählt (Widmann/Mayer/*Widmann* Rn 300).

b) Doppelbesteuerungsabkommen. Werden Anteile an einer inl KapGes 124
eingebracht, ist der Einbringungsgewinn/-verlust von der dt Besteuerung ausgeschlossen, wenn das DBA das Besteuerungsrecht dem Wohnsitzstaat des Einbringenden zuweist und der Einbringende nach DBA den Wohnsitz nicht in Deutschland hat (Widmann/Mayer/*Widmann* Rn 301). Zur Anrechnung ausl Steuern vgl § 20 Rn 418.

21. Besteuerung des Einbringungsgewinns

a) Einkommensteuerpflicht bei Einbringung durch natürliche Person. 125
Ob bzw in welchem Umfang der Einbringungsgewinn stpfl ist, wird nicht durch das UmwStG geregelt; es gelten insoweit die allg Vorschriften (EStG, GewStG, DBA). Da die Einbringung nach § 21 einen Veräußerungsvorgang darstellt, kommen das Halbeinkünfteverfahren bzw Teileinkünfteverfahren (ab VZ 2009, § 52 a III EStG) zur Anwendung, wenn Anteile an einer KapGes/Gen gegen Gewährung von Gesellschaftsrechten in eine andere KapGes/Gen nach Maßgabe des § 21

durch eine natürl Person eingebracht werden und die BW/AK in der Person des Einbringenden nach Maßgabe des Abs 2 nicht fortgeführt werden. Gleiches gilt, wenn Einbringender eine Mitunternehmerschaft ist, soweit eine natürl Person an dieser beteiligt ist. § 20 IVa EStG ist zu beachten (vgl Rn 10). Werden **einbringungsgeborene Anteile** durch eine natürl Person innerh der siebenjährigen Sperrfrist des § 3 Nr 40 S 3, 4 EStG aF eingebracht, ist der Einbringungsgewinn voll stpfl. Nicht abschließend geklärt ist, ob bzgl der Berechnung der Sperrfrist § 108 III AO zu beachten ist (vgl BFH BStBl II 2012, 599; BFH BStBl II 2003, 2; BFH BStBl II 2012, 599; Tipke/Kruse/*Tipke* AO/FGO § 108 AO Rn 8, 22; Hübschmann/Hepp/Spitaler/*Söhn* AO § 108 Rn 65).

126 **b) Körperschaftsteuerpflicht des Einbringungsgewinns bei Körperschaften.** Entsteht iRd Einbringung von Anteilen an einer KapGes/Gen durch eine andere Körperschaft ein Einbringungsgewinn, gelten für die StPfl dieses Gewinnes die allg Vorschriften (KStG, GewStG, DBA). Eine Steuerfreiheit für den Einbringungsgewinn kann sich aus § 8 b KStG ergeben, soweit dieser auf die Realisierung stiller Reserven von Anteilen an Körperschaften, Personenvereinigungen oder Vermögensmassen entfällt, deren Leistung zur Einnahme iSd § 20 I 1, 2, 9 und 10a EStG gehören. Die Steuerfreiheit des § 8 b II KStG gilt auch, wenn Einbringender eine Mitunternehmerschaft ist und soweit an dieser eine Körperschaft beteiligt ist. Allerdings gelten wegen § 8 III 1 KStG 5% des entsprechenden Gewinns als Ausgaben, die nicht als BA abgezogen werden dürfen. Es können auch Einbringungsverluste entstehen. Nach Auffassung von *Patt* (DPPM/*Patt* Rn 81) bleiben Einbringungsverluste, die aufgrund von Einbringungskosten entstehen, stl wegen § 8 b III 3 KStG unberücksichtigt, soweit Anteile iSd § 8 b II 1 KStG betroffen sind. Die Steuerfreiheit von Einbringungsgewinnen bezogen auf übertragene Anteile ist ausgeschlossen, wenn es sich bei den eingebrachten Anteilen um einbringungsgeborene Anteile iSd § 21 I 1 aF handelt und die Rückausnahme gem § 8 b IV 2 KStG nicht vorliegen (vgl § 34 VIIa KStG). Nicht abschließend geklärt ist, ob bzgl der Berechnung der Sperrfrist § 108 III AO zu beachten ist (vgl BFH BStBl II 2012, 599; BFH BStBl II 2003, 2; BFH BStBl II 2012, 599; Tipke/Kruse/*Kruse* AO/FGO § 108 AO Rn 8, 22; Hübschmann/Hepp/Spitaler/*Söhn* AO § 108 Rn 65). Eine Steuerfreiheit des Einbringungsgewinns ist auch dann nicht gegeben, wenn die Voraussetzungen des § 8 b II 4, 5, 8 b VII, VIII KStG vorliegen.

127 **c) Veräußerungsfreibetrag, § 17 III EStG.** Der Veräußerungsfreibetrag nach § 17 III EStG kann vom Einbringenden in Anspruch genommen werden, wenn der übernehmende Rechtsträger die eingebrachten Anteile nach Abs 1 S 1 oder in den Fällen des Abs 2 S 2 der Einbringende die erhaltenen Anteile mit dem gemeinen Wert ansetzt. Ob dieser Ansatz auf einer freiwilligen Entscheidung des Einbringenden beruht oder nicht, ist unerhebl, solange im Erg sämtl stille Reserven aufgedeckt werden (RHL/*Rabback* Rn 135; DPPM/*Patt* Rn 82). Bei dem Einbringenden muss es sich um eine natürl Person handeln. Der Freibetrag des § 17 III EStG ist unabhängig davon zu gewähren, dass der Veräußerungsgewinn der Halbeinkünftebesteuerung bzw der Teileinkünftebesteuerung unterliegt. Die Regelung von § 17 I, III EStG betrifft ausschließl im PV gehaltene Beteiligungen an in- oder ausl KapGes ohne Rücksicht darauf, ob diese unbeschränkt kstpfl sind, sofern der Einbringende unbeschränkt stpfl ist (BFH DStR 2000, 1687; BFH BStBl II 89, 794). Ist der Veräußerer nur beschränkt stpfl, erfasst § 17 EStG nur Anteile an einer KapGes, die ihren Sitz oder Geschäftsleitung im Inland hat

(§ 49 I Nr 2 lit e EStG), sofern sie nicht zum BV einer inl Betriebsstätte des Einbringenden gehören. Unerhebl ist, ob die eingebrachten Anteile BV einer ausl Betriebsstätte sind; nach isolierender Betrachtungsweise greift § 17 iVm § 49 I Nr 2 lit e EStG auch in diesen Fällen ein (L. Schmidt/*Weber-Grellet* EStG § 17 Rn 8).

Einbringungsgeborene Anteile iSv § 21 aF werden von § 17 III EStG nicht erfasst; insoweit ist § 21 vorrangig. Einbringungsgeborene Anteile sind allerdings bei der Frage, ob eine Beteiligung iSv § 17 I EStG vorliegt, einzubeziehen (BFH BStBl II 1994, 222; RHL/*Rabback* Rn 136). 128

d) Veräußerungsfreibetrag, § 16 IV EStG. Nach Abs 3 S 1 ist § 16 IV EStG auf einen Einbringungsgewinn anzuwenden, soweit der Einbringende eine natürl Person ist und die eingebrachten Anteile von der übernehmenden KapGes/Gen nach Abs 1 S 1 oder in den Fällen des Abs 2 S 3 von dem Einbringenden mit dem gemeinen Wert angesetzt werden. Die eingebrachten Anteile müssen zu einem BV des Einbringenden gehört haben, lagen die eingebrachten Anteile im PV, so scheidet die Anwendung des § 16 IV EStG aus. Die eingebrachten Anteile müssen das gesamte Nennkapital der KapGes umfassen. Bei einer Sacheinlage von Anteilen an einer KapGes aus einem BV mit einer Beteiligungshöhe von unter 100% wird der Freibetrag nach § 16 IV EStG nicht gewährt. Der Freibetrag nach § 16 IV EStG wird nur auf Antrag gewährt, er steht ausschließl einer natürl Person zu, und zwar nur einmal im Leben. Keine Anwendung findet der Freibetrag gem § 16 IV EStG, wenn der Einbringende beschränkt stpfl ist (§ 50 I 4 EStG). 129

e) Ausschluss der Tarifvergünstigung gem § 34 EStG. Abs 3 S 2 bestimmt, dass die Steuerbegünstigung des § 34 I EStG keine Anwendung findet. Abs 2 S 3 schließt nicht die Steuerbegünstigung nach § 34 III EStG aus. Werden einbringungsgeborene Anteile iSd § 21 aF unter Aufdeckung sämtl stiller Reserven eingebracht, ist der entstehende Einbringungsgewinn gem § 34 III EStG begünstigt, wenn das Halbeinkünfteverfahren keine Anwendung findet (vgl *Benz/Rosenberg* BB Special 2006/8, 51; Haritz/Menner/*Behrens* Rn 366). 130

f) Anwendung des § 6 b EStG. Da die Einbringung ein Veräußerungstatbestand darstellt, ist auf den entstehenden Einbringungsgewinn § 6 b EStG anzuwenden, soweit er auf begünstigte WG iS dieser Vorschrift (§ 6 b X EStG) entfällt. 131

22. Einbringungsgewinn und Gewerbesteuer

a) Gewerbesteuerpflicht bei natürlichen Personen. Ist der Einbringende eine natürl Person, kann ein ggf entstehender Einbringungsgewinn nur dann der GewSt unterfallen, wenn die eingebrachten Anteile gewerbl BV iSd § 2 I GewStG waren (DPPM/*Patt* § 20 Rn 284; RHL/*Rabback* Rn 132). Das ausgeübte Antragswahlrecht nach Abs 2 S 3 gilt auch für die GewSt. Ist der Einbringungsgewinn gem § 3 Nr 40 S 1 lit a, b iVm § 3 c EStG zur Hälfte bzw ab 2009 zu 40% steuerbefreit, so schlägt diese Steuerbefreiung über § 7 S 4 GewStG auch für die GewSt durch (Widmann/Mayer/*Widmann* § 20 Rn R 1095; DPPM/*Patt* Rn 85). 132

Der Einbringungsgewinn bezogen auf einbringungsgeborene Anteile iSd § 21 aF, die zu einem BV gehören, ist nach hM gewerbesteuerfrei, wenn auch die Veräußerung des eingebrachten Betriebs, Teilbetriebs oder Mitunternehmeranteils, die als Gegenleistung für die einbringungsgeborenen Anteile übertragen wurden, gewerbesteuerfrei gewesen wäre. Die Gewerbesteuerfreiheit erstreckt sich auch auf die nach der Sacheinlage erwirtschafteten stillen Reserven in den Antei- 133 len (vgl BMF-Schrb vom 25.3.1998, BStBl I 268 Rn 21.13; OFD Koblenz DStR 2005, 194; RHL/*Rabback* Rn 132).

134 **b) Gewerbesteuerpflicht bei Körperschaften.** Als Gewerbebetrieb gilt gem § 2 II 1 GewStG (DPPM/*Patt* Rn 85) stets und in vollem Umfang die Tätigkeit der KapGes, der Erwerbs- und Wirtschaftsgenossenschaften. Bei diesen Stpfl gehört auch der iRe Einbringung erzielte Einbringungsgewinn zum Gewerbeertrag. Eine evtl Befreiung nach § 8 b KStG gilt auch für die GewSt. Im Einzelfall kann eine gewstl Befreiung gegeben sein, wenn bestimmte einbringungsgeborene Anteile Gegenstand der Einbringung sind (vgl OFD Koblenz DStR 2005, 194).

§ 22 Besteuerung des Anteilseigners

(1) [1] **Soweit in den Fällen einer Sacheinlage unter dem gemeinen Wert (§ 20 Abs. 2 Satz 2) der Einbringende die erhaltenen Anteile innerhalb eines Zeitraums von sieben Jahren nach dem Einbringungszeitpunkt veräußert, ist der Gewinn aus der Einbringung rückwirkend im Wirtschaftsjahr der Einbringung als Gewinn des Einbringenden im Sinne von § 16 des Einkommensteuergesetzes zu versteuern (Einbringungsgewinn I); § 16 Abs. 4 und § 34 des Einkommensteuergesetzes sind nicht anzuwenden.** [2] **Die Veräußerung der erhaltenen Anteile gilt insoweit als rückwirkendes Ereignis im Sinne von § 175 Abs. 1 Satz 1 Nr. 2 der Abgabenordnung.** [3] **Einbringungsgewinn I ist der Betrag, um den der gemeine Wert des eingebrachten Betriebsvermögens im Einbringungszeitpunkt nach Abzug der Kosten für den Vermögensübergang den Wert, mit dem die übernehmende Gesellschaft dieses eingebrachte Betriebsvermögen angesetzt hat, übersteigt, vermindert um jeweils ein Siebtel für jedes seit dem Einbringungszeitpunkt abgelaufene Zeitjahr.** [4] **Der Einbringungsgewinn I gilt als nachträgliche Anschaffungskosten der erhaltenen Anteile.** [5] **Umfasst das eingebrachte Betriebsvermögen auch Anteile an Kapitalgesellschaften oder Genossenschaften, ist insoweit § 22 Abs. 2 anzuwenden; ist in diesen Fällen das Recht der Bundesrepublik Deutschland hinsichtlich der Besteuerung des Gewinns aus der Veräußerung der erhaltenen Anteile ausgeschlossen oder beschränkt, sind daneben auch die Sätze 1 bis 4 anzuwenden.** [6] **Die Sätze 1 bis 5 gelten entsprechend, wenn**

1. **der Einbringende die erhaltenen Anteile unmittelbar oder mittelbar unentgeltlich auf eine Kapitalgesellschaft oder eine Genossenschaft überträgt,**
2. **der Einbringende die erhaltenen Anteile entgeltlich überträgt, es sei denn er weist nach, dass die Übertragung durch einen Vorgang im Sinne des § 20 Abs. 1 oder § 21 Abs. 1 oder auf Grund vergleichbarer ausländischer Vorgänge zu Buchwerten erfolgte,**
3. **die Kapitalgesellschaft, an der die Anteile bestehen, aufgelöst und abgewickelt wird oder das Kapital dieser Gesellschaft herabgesetzt und an die Anteilseigner zurückgezahlt wird oder Beträge aus dem steuerlichen Einlagekonto im Sinne des § 27 des Körperschaftsteuergesetzes ausgeschüttet oder zurückgezahlt werden,**
4. **der Einbringende die erhaltenen Anteile durch einen Vorgang im Sinne des § 21 Abs. 1 oder einen Vorgang im Sinne des § 20 Abs. 1 oder auf Grund vergleichbarer ausländischer Vorgänge zum Buchwert in eine**

Kapitalgesellschaft oder eine Genossenschaft eingebracht hat und diese Anteile anschließend unmittelbar oder mittelbar veräußert oder durch einen Vorgang im Sinne der Nummer 1 oder 2 unmittelbar oder mittelbar übertragen werden, es sei denn, er weist nach, dass diese Anteile zu Buchwerten übertragen wurden (Ketteneinbringung),

5. **der Einbringende die erhaltenen Anteile in eine Kapitalgesellschaft oder eine Genossenschaft durch einen Vorgang im Sinne des § 20 Abs. 1 oder einen Vorgang im Sinne des § 21 Abs. 1 oder auf Grund vergleichbarer ausländischer Vorgänge zu Buchwerten einbringt und die aus dieser Einbringung erhaltenen Anteile anschließend unmittelbar oder mittelbar veräußert oder durch einen Vorgang im Sinne der Nummer 1 oder 2 unmittelbar oder mittelbar übertragen werden, es sei denn er weist nach, dass die Einbringung zu Buchwerten erfolgte, oder**
6. **für den Einbringenden oder die übernehmende Gesellschaft im Sinne der Nummer 4 die Voraussetzungen im Sinne von § 1 Abs. 4 nicht mehr erfüllt sind.**

[7] Satz 4 gilt in den Fällen des Satzes 6 Nr. 4 und 5 auch hinsichtlich der Anschaffungskosten der auf einer Weitereinbringung dieser Anteile (§ 20 Abs. 1 und § 21 Abs. 1 Satz 2) zum Buchwert beruhenden Anteile.

(2) **[1] Soweit im Rahmen einer Sacheinlage (§ 20 Abs. 1) oder eines Anteilstausches (§ 21 Abs. 1) unter dem gemeinen Wert eingebrachte Anteile innerhalb eines Zeitraums von sieben Jahren nach dem Einbringungszeitpunkt durch die übernehmende Gesellschaft unmittelbar oder mittelbar veräußert werden und soweit beim Einbringenden der Gewinn aus der Veräußerung dieser Anteile im Einbringungszeitpunkt nicht nach § 8b Abs. 2 des Körperschaftsteuergesetzes steuerfrei gewesen wäre, ist der Gewinn aus der Einbringung im Wirtschaftsjahr der Einbringung rückwirkend als Gewinn des Einbringenden aus der Veräußerung von Anteilen zu versteuern (Einbringungsgewinn II); § 16 Abs. 4 und § 34 des Einkommensteuergesetzes sind nicht anzuwenden. [2] Absatz 1 Satz 2 gilt entsprechend. [3] Einbringungsgewinn II ist der Betrag, um den der gemeine Wert der eingebrachten Anteile im Einbringungszeitpunkt nach Abzug der Kosten für den Vermögensübergang den Wert, mit dem der Einbringende die erhaltenen Anteile angesetzt hat, übersteigt, vermindert um jeweils ein Siebtel für jedes seit dem Einbringungszeitpunkt abgelaufene Zeitjahr. [4] Der Einbringungsgewinn II gilt als nachträgliche Anschaffungskosten der erhaltenen Anteile. [5] Sätze 1 bis 4 sind nicht anzuwenden, soweit der Einbringende die erhaltenen Anteile veräußert hat; dies gilt auch in den Fällen von § 6 des Außensteuergesetzes vom 8. September 1972 (BGBl. I S. 1713), das zuletzt durch Artikel 7 des Gesetzes vom 7. Dezember 2006 (BGBl. I S. 2782) geändert worden ist, in der jeweils geltenden Fassung, wenn und soweit die Steuer nicht gestundet wird. [6] Sätze 1 bis 5 gelten entsprechend, wenn die übernehmende Gesellschaft die eingebrachten Anteile ihrerseits durch einen Vorgang nach Absatz 1 Satz 6 Nr. 1 bis 5 weiter überträgt oder für diese die Voraussetzungen nach § 1 Abs. 4 nicht mehr erfüllt sind. [7] Absatz 1 Satz 7 ist entsprechend anzuwenden.**

(3) **[1] Der Einbringende hat in den dem Einbringungszeitpunkt folgenden sieben Jahren jährlich spätestens bis zum 31. Mai den Nachweis darü-**

ber zu erbringen, wem mit Ablauf des Tages, der dem maßgebenden Einbringungszeitpunkt entspricht,

1. in den Fällen des Absatzes 1 die erhaltenen Anteile und die auf diesen Anteilen beruhenden Anteile und

2. in den Fällen des Absatzes 2 die eingebrachten Anteile und die auf diesen Anteilen beruhenden Anteile

zuzurechnen sind. [2]Erbringt er den Nachweis nicht, gelten die Anteile im Sinne des Absatzes 1 oder des Absatzes 2 an dem Tag, der dem Einbringungszeitpunkt folgt oder der in den Folgejahren diesem Kalendertag entspricht, als veräußert.

(4) **Ist der Veräußerer von Anteilen nach Absatz 1**

1. eine juristische Person des öffentlichen Rechts, gilt in den Fällen des Absatzes 1 der Gewinn aus der Veräußerung der erhaltenen Anteile als in einem Betrieb gewerblicher Art dieser Körperschaft entstanden,

2. von der Körperschaftsteuer befreit, gilt in den Fällen des Absatzes 1 der Gewinn aus der Veräußerung der erhaltenen Anteile als in einem wirtschaftlichen Geschäftsbetrieb dieser Körperschaft entstanden.

(5) **Das für den Einbringenden zuständige Finanzamt bescheinigt der übernehmenden Gesellschaft auf deren Antrag die Höhe des zu versteuernden Einbringungsgewinns, die darauf entfallende festgesetzte Steuer und den darauf entrichteten Betrag; nachträgliche Minderungen des versteuerten Einbringungsgewinns sowie die darauf entfallende festgesetzte Steuer und der darauf entrichtete Betrag sind dem für die übernehmende Gesellschaft zuständigen Finanzamt von Amts wegen mitzuteilen.**

(6) **In den Fällen der unentgeltlichen Rechtsnachfolge gilt der Rechtsnachfolger des Einbringenden als Einbringender im Sinne der Absätze 1 bis 5 und der Rechtsnachfolger der übernehmenden Gesellschaft als übernehmende Gesellschaft im Sinne des Absatzes 2.**

(7) **Werden in den Fällen einer Sacheinlage (§ 20 Abs. 1) oder eines Anteilstauschs (§ 21 Abs. 1) unter dem gemeinen Wert stille Reserven auf Grund einer Gesellschaftsgründung oder Kapitalerhöhung von den erhaltenen oder eingebrachten Anteilen oder von auf diesen Anteilen beruhenden Anteilen auf andere Anteile verlagert, gelten diese Anteile insoweit auch als erhaltene oder eingebrachte Anteile oder als auf diesen Anteilen beruhende Anteile im Sinne des Absatzes 1 oder 2 (Mitverstrickung von Anteilen).**

Schrifttum: *Benecke/Schnitger*, Neuregelung des Umwandlungssteuergesetzes und der Entstrickungsnorm durch das SEStEG, IStR 2006, 765; *Benz/Rosenberg*, Einbringungsvorgänge nach dem RegE des SEStEG, BB Special 8/2006, 51; *Dörfler/Rautenstrauch/Adrian*, Einbringung in eine Kapitalgesellschaft nach dem SEStEG-Entwurf, BB 2006, 1711; *Dötsch/Pung*, SEStEG: Die Änderungen des UmwStG (Teil II), DB 2006, 2763; *Patt*, Die steuerliche Behandlung der Einbringung von Unternehmensteilen in eine Kapitalgesellschaft oder europäische Genossenschaft und des Anteilstauschs nach SEStEG, Der Konzern 2006, 730; *Ritzer/Rogall/Stangl*, Die Einbringung in eine Kapitalgesellschaft nach dem SEStEG, WPg 2006, 1210; *Rödder/Schumacher*, Das kommende SEStEG, Teil II: Das geplante neue Umwandlungssteuergesetz, DStR 2006, 1525; *Förster/Wendland*, Einbringung von Unternehmensteilen in Kapitalgesellschaft, BB 2007, 631; *Forst/Radmer*, Einbringung von Anteilen an einer Kapitalgesellschaft in eine Kapitalgesellschaft (Anteilstausch) – Änderung des Umwandlungssteuerrechts durch das SEStEG, EStB 2007, 112; *Hagemann/Jakob/Ropohl/Viebrock*, SEStEG – Das neue Konzept der Verstrickung und Entstrickung sowie die Neufassung des Umwandlungssteuergesetzes, NWB-Sonderheft 1/2007; *Haritz*, Die Langlebigkeit einbringungsgeborener Anteile, GmbHR 2007, 169; *Hörtnagl*, Die Einbringung von Betrieben, Teilbetrieben und Mitunternehmeranteilen in eine Kapitalgesellschaft (§ 20 UmwStG) nach dem SEStEG, Stbg 2007, 257; *Ley*, Einbringung nach §§ 20, 24 Umwandlungssteuergesetz idF des SEStEG, FR 2007, 109; *Orth*, Einbringung eines wirtschaftlichen Geschäftsbetriebs oder eines Betriebs gewerblicher Art in eine Kapitalgesellschaft nach dem UmwStG idF des SEStEG, DB 2007, 419; *Rödder/Schumacher*, Das SEStEG – Überblick über die endgültige Fassung und die Änderung gegenüber dem RegE, DStR 2007, 369; *Schönherr/Lemaitre*, Grundzüge und ausgewählte Aspekte bei Einbringungen in Kapitalgesellschaften nach dem SEStEG, GmbHR 2007, 459; *Söffing/Lange*, Die neue Nachweispflicht des § 22 Abs. 3 UmwStG, DStR 2007, 1607; *Baßler*, Anteile aus Einbringungen im Anwendungsbereich des § 6 AStG, FR 2008, 218; *Krohn/Greulich*, Ausgewählte Einzelprobleme des neuen Umwandlungssteuerrechts aus der Praxis, DStR 2008, 646; *Rödder/Stangl*, Einbringungsgewinn I: „Automatische" schädl Einlagenrückgewähr bei Organschaft?, Ubg 2008, 39; *Schumacher/Neumann*, Ausgewählte Zweifelsfragen zur Auf- und Abspaltung von Kapitalgesellschaften und die Einbringung von Unternehmensteilen in Kapitalgesellschaften, DStR 2008, 325; *Wassermeyer*, Entstrickung versus Veräußerung und Nutzungsüberlassung steuerrechtlich gesehen, IStR 2008, 176; *Grau*, Ausgewählte Einzelfragen im Bereich der Veräußerungsersatztatbestände des § 22 UmwStG (idF des SEStEG), Ubg 2009, 691; *Haritz*, Neue Umwandlungssteuererlasse in Vorbereitung – Teil II: Einbringung von Unternehmensteilen in GmbH, GmbHR 2009, 1251; *Schmitt/Schlossmacher*, Mitverstrickte Anteile im Sinne des § 22 Abs. 7 UmwStG, DStR 2009, 828; *Stangl*, Ausgewählte Einzelfragen im Bereich der Veräußerungsersatztatbestände des § 22 UmwStG (idF des SEStEG) – Ergänzende Anmerkungen aus der Sicht der Beratungspraxis, Ubg 2009, 698; *Willibald/Ege*, Einlagenrückgewähr nach Einbringung von (Teil-)Betrieben in Kapitalgesellschaften, DStZ 2009, 83; *Benecke/Schnittker*, Umwandlung von Personengesellschaften als Veräußerungstatbestand? – Ein Diskussionsbeitrag, FR 2010, 555; *Desens*, Steuerrechtliche Zweifelsfragen bei Einbringung in Kapitalgesellschaften, Beihefter zu DStR 46/2010, 80; *Knief/Birnbaum*, Keine steuerfreie Veräußerung von nach § 22 VII UmwStG „mitverstrickten" Anteilen?, DB 2010, 2527; *Kutt/Jehke*, Steuerliche Fallen bei Folge-Umstrukturierungen innerhalb der siebenjährigen Sperrfrist gem. § 22 UmwStG, BB 2010, 474; *Behrendt/Gaffron/Krohn*, Zur Einbringung von Mitunternehmeranteilen durch natürliche Personen, DB 2011, 1072; *Benz/Rosenberg*, Ausgewählte Problemfragen im Zusammenhang mit Einbringungen nach §§ 20 ff. UmwStG, DB 2011, 1354; *Crezelius*, Nachsteuertatbestände und Umwandlungssteuerrecht, FR 2011, 401; *Grau*, Ausgewählte Einzelfragen im Bereich der Veräußerungstatbestände des § 22 UmwStG unter Berücksichtigung des Entwurfs des Umwandlungssteuererlasses 2011, Ubg 2011, 603; *Hageböke*, Sind alle Umwandlungen „Veräußerungen" - Kritische Anmerkung zur neuen Ausgangsthese der Finanzverwaltung im Umwandlungssteuererlassentwurf, Ubg 2011, 689; *Benz/Rosenberg*, Einbringungen von Unternehmensteilen in eine Kapitalgesellschaft und Anteilstausch (§§ 20 – 23 UmwStG) - Ausgewählte Zweifelsfragen des neuen Umwandlungssteuererlasses -, DB Beilage 1/2012 zu Heft 2, 38; *Hageböke/Stangl*, BMF-Schreiben als „allgemeine Verwaltungsvorschriften" i.S.v. § 184 Abs. 2 Satz 1 AO? – Anmerkung zum BFH-Urteil – I R 24/11 zum Sanierungserlass, Ubg 2012, 598; *Kaeser*, Einbringungstatbestände (§§ 20 ff. UmwStG), DStR 2012 Beihefter zu Heft 2, 13; *Schell/Krohn*, Ausgewählte praxisrelevante „Fallstricke" des Umwandlungssteuererlasses 2011 (Teil III), DB 2012, 1172; *Stangl*, Ausgewählte Zweifels- und Praxisfragen zur Einbringung nach dem Umwandlungssteuererlass 2011, GmbHR 2012, 253.

Übersicht

1. Allgemeines

a) Überblick. § 22 ergänzt die Regelungen zur Besteuerung der Einbringung auf der Ebene der Anteilseigner bei Sacheinlagen (§ 20) und beim Anteilstausch (§ 21). § 22 wurde in das Gesetz aufgenommen, weil die Veräußerung der als Gegenleistung erhaltenen Anteile am übernehmenden Rechtsträger idR günstigere Besteuerungsfolgen auslöst als die Veräußerung des gem § 20 eingebrachten Verm. Das Gleiche gilt für die Veräußerung eingebrachter Anteile beim Anteilstausch durch den übernehmenden Rechtsträger, wenn beim Einbringenden der Gewinn aus der Veräußerung dieser Anteile nicht nach § 8 II KStG steuerfrei gewesen wäre. Das bisherige Konzept der einbringungsgeborenen Anteile wurde im Grds aufgegeben (vgl § 20 Rn 220 ff; § 21 Rn 107 ff). Die durch die Sacheinlage oder Einbringung einer Beteiligung an einer KapGes erworbenen Anteile werden unabhängig von der Beteiligungshöhe zukünftig durch § 17 EStG stl erfasst. § 22 schafft keinen eigenen Besteuerungstatbestand, vielmehr werden durch ihn die Rechtsfolgen des Einbringungsvorgangs nachträgl geändert. 1

Die als Gegenleistung für die Einbringung nach **§ 20 (Sacheinlage)** gewährten Anteile am übernehmenden Rechtsträger können – vorbehaltl der Regelung in § 20 III 4 – zukünftig nach den allg Grdsen (§ 3 Nr 40 EStG, § 8 b II KStG) veräußert werden. Soweit es zu einer Veräußerung dieser als Gegenleistung für 2 eine Einbringung nach § 20 erhaltenen Anteile innerh einer Sperrfrist von sieben Jahren kommt und die übertragenen WG beim übernehmenden Rechtsträger nicht mit dem gemeinen Wert angesetzt wurden, sind nach Abs 1 die stillen Reserven zum Einbringungszeitpunkt nachträgl zu ermitteln. Zu einer Besteuerung dieser stillen Reserven kommt es bezogen auf den Einbringungszeitpunkt; es liegt ein rückwirkendes Ereignis iSd § 175 I Nr 2 AO vor. Der zum Einbringungszeitpunkt ermittelte Einbringungsgewinn ist der Betrag, um den der gemeine Wert des eingebrachten BV (Betrieb, Teilbetrieb, Mitunternehmeranteil) im Einbringungszeitpunkt nach Abzug der Kosten für den Vermögensübergang, den Wert, mit dem die übernehmende Ges dieses eingebrachte BV angesetzt hat, übersteigt. Dieser Gewinn reduziert sich hinsichtl seiner Besteuerung für jedes, seit dem Einbringungszeitpunkt abgelaufenen Zeitjahr, um ein Siebtel **(Einbringungsgewinn I).** Der Einbringungsgewinn I gilt als Veräußerungsgewinn iSd § 16 EStG und als nachträgl AK der bei der ursprüngl Einbringung erhaltenen Anteile (§ 22 I 4). Abs 1 S 6 regelt Ersatzrealisierungstatbestände, bei denen es auch ohne Anteilsveräußerung iSd Abs 1 S 1 zu einer Besteuerung des Einbringungsgewinns I kommt. Nach § 23 II kann der übernehmende Rechtsträger den versteuerten Einbringungsgewinn I auf Antrag „als **Erhöhungsbetrag** ansetzen", und zwar im Wj der Veräußerung der Anteile. Dies bedeutet, dass der entsprechende Wert in der StB des übernehmenden Rechtsträgers bei den jew WG gewinnneutral hinzuaktiviert werden kann. Ein Erhöhungsbetrag ist jedoch nur anzusetzen, soweit das eingebrachte BV im Zeitpunkt der Veräußerung der Anteile noch zum BV gehört hat, es sei denn, dieses wurde zum gemeinen Wert übertragen und der Einbringende die auf die Einbringung entfallende Steuer entrichtet hat.

3 In den Fällen des **qualifizierten Anteilstausch iSd § 21 I** kommt es zu einer rückwirkenden Besteuerung des Einbringungsvorgangs, soweit iRe Anteilstausches unter dem gemeinen Wert eingebrachte Anteile innerh eines Zeitraums von sieben Jahren nach dem Einbringungszeitpunkt durch den übernehmenden Rechtsträger veräußert werden und beim Einbringenden der Gewinn aus der Veräußerung dieser Anteile im Einbringungszeitraum nicht nach § 8 II KStG steuerfrei gewesen wäre. Auch hier stellt die Veräußerung der eingebrachten Anteile ein rückwirkendes Ereignis iSd § 175 I 1 Nr 2 AO dar. Es entsteht ein sog **Einbringungsgewinn II.** Dieser Einbringungsgewinn II ist der Betrag, um den der gemeine Wert der eingebrachten Anteile im Einbringungszeitpunkt nach Abzug der Kosten für den Vermögensübergang den Wert, mit dem der Einbringende die erhaltenen Anteile eingesetzt hat, übersteigt, vermindert um jeweils ein Siebtel für jedes seit dem Einbringungszeitpunkt abgelaufenen Zeitjahres. Der im Zeitpunkt der Anteilsveräußerung maßgebende Einbringungsgewinn gilt beim Einbringen als Gewinn aus der Veräußerung von Anteilen und als nachträgl AK der erhaltenen Anteile. Gem § 2 II erhöhen sich bei dem übernehmenden Rechtsträger nachträgl die AK der eingebrachten Anteile entsprechend dem Einbringungsgewinn II.

4 **Abs 3** legt dem Einbringenden umfassende Nachweispflichten auf: So hat er in den dem Einbringungszeitraum folgenden sieben Jahren jährl, spätestens bis zum 31. Mai den Nachw darüber zu erbringen, wem mit Ablauf des Tages, der dem Einbringungszeitpunkt entspricht, in den Fällen der Sacheinlage iSd § 20 die erhaltenen Anteile und die auf diesen Anteilen beruhenden Anteile und in den Fällen des qualifizierten Anteilstausches (§ 21) die eingebrachten Anteile und die

auf diesen Anteilen beruhenden Anteile zuzurechnen sind. Wird der Nachw nicht erbracht, gelten die Anteile iSd Abs 1, 2 als veräußert.

Abs 4 regelt die Steuerverhaftung von erhaltenen Anteilen iSd Abs 1 bei jur Personen des öffentl Rechts und bei von der KSt befreiten Körperschaften. 5

Abs 5 beinhaltet Regelungen zur Bescheinigung der auf den Einbringungsgewinn entfallenden und entrichteten Steuer, was im Hinblick auf § 23 II von Bedeutung ist. 6

Abs 6 regelt die Folgen einer unentgeltl Rechtsnachfolge und bestimmt, dass der Rechtsnachfolger des Einbringenden als Einbringender iSd Abs 1–5 und der Rechtsnachfolge der übernehmenden Ges als übernehmender Ges iSd Abs 2 gilt. 7

In **Abs 7** ist nunmehr geregelt, dass in den Fällen einer Sacheinlage oder eines Anteilstausches unter dem gemeinen Wert andere Anteile mitverstrickt werden, sofern auf diese stille Reserven aufgrund einer Gesellschaftsgründung oder KapErh von den erhaltenen oder eingebrachten Anteilen oder von auf diesen Anteilen beruhenden Anteile verlagert werden. 8

b) Typisierende Missbrauchsvorschrift. Bei § 22 handelt es sich um eine typisierende, unwiderlegbare Missbrauchsvorschrift (BT-Drs 16/2710, 46; RHL/*Stangl* Rn 7; DPPM/*Patt* Rn 1; *Hörtnagl* Stbg 2007, 257). Es stellt sich daher die Frage, ob und inwieweit § 22 als einzelsteuerl Missbrauchsregelungen die Regelung des § 42 AO verdrängen. § 42 I 2 AO greift das Konkurrenzproblem der Generalklausel des § 42 AO zu speziellen Missbrauchsvorschriften auf (vgl dazu *Drüen* Ubg 2008, 31; *Fischer* FR 2008, 306). Wenn sich der Gesetzgeber zur Bekämpfung von unerwünschten Gestaltungen Sondervorschriften bedient, dann wird insoweit die gesetzgeberische Wertung grdsl abschl konkretisiert und die Grenzen der zulässigen Steuergestaltung präzise markiert. Unter diesen Voraussetzungen kann **neben der Sondervorschrift** die Vorschrift **des § 42 AO nicht mehr angewendet werden,** da Gestaltungen, die außerhalb der Sondervorschrift liegen, nicht mehr unangemessen iSd § 42 II AO sein können (vgl dazu *Drüen* Ubg 2008, 31; BFH BStBl II 2010, 1104; BFH BStBl II 2003, 50; BFH FR 2000, 446; BFH BStBl II 1990, 474; FG Thürigen EFG 2013, 274; FG Münster EFG 2007, 722; DPPM/*Patt* Vor §§ 20–23 Rn 47; *Pezzer* FR 2000, 450; vgl BMF-Schrb vom 6.10.2000, DStR 2000, 2043). Grdsl trägt näml der Staat nach dem Prinzip der Tatbestandsmäßigkeit der Besteuerung das Risiko, dass nicht alle Sachverhalte tatbestandskonkretisierend umschrieben sind (vgl dazu *Fischer* FR 2000, 451). Bleiben insoweit Regelungslücken, so ist es Sache des Gesetzgebers, diese in der auch insoweit vorrangigen Spezialregelung zu schließen (vgl BFH FR 2000, 446). Dies gilt insbes vor dem Hintergrund, dass durch eine extensive Auslegung des § 42 AO und unter Berücksichtigung der Spezialvorschrift die durch das UmwStG geschaffenen erweiterten Umwandlungsmöglichkeiten in das Gegenteil verkehrt würden (vgl dazu BFH/NV 1998 R 151). 9

Für die Anwendung des **§ 42 AO** iRd der Einbringungsregelungen bleibt wegen der Regelungen in § 22 kein Raum. Die nunmehr in § 42 I 3 AO getroffene Regelung ändert daran nichts (*Drüen* Ubg 2008, 31; aA RHL/*van Lishaut* § 5 Rn 42; DPPM/*Patt* Vor §§ 20–23 Rn 47; FG Thürigen EFG 2013, 274). Den spezielleren Vorschriften kommen im Hinblick auf die allg Regelungen eine Abschirmwirkung zu (BFH BStBl II 2003, 50 mwN; *Drüen* Ubg 2008, 31). § 42 I 3 AO steht der hier vertretenen Auffassung nicht entgegen, da § 42 II AO keinen eigenen normativen Maßstab für die Angemessenheit einer Gestaltung enthält. Der Rechtsanwender ist daher gezwungen, den normativen Maßstab des umgan- 10 genen Gesetzes und den der flankierenden speziellen Missbrauchsvorschriften zur Auslegung des § 42 AO heranziehen (Tipke/Kruse/*Kruse/Drüen* AO/FGO § 42 AO Rn 20 b; ebenso im Erg BFH BStBl II 2003, 50; FG Thürigen EFG 2013, 274). Hat der Gesetzgeber durch eine Spezialvorschrift einen missbrauchsverdächtigen Bereich als solchen erkannt und gesetzl abgesteckt, legt er für diesen Bereich die Maßstäbe fest und sichert damit eine einheitl Rechtsanwendung. Würde man über solche bereichsspezifischen Konkretisierungen über § 42 II AO strenge Maßstäbe und andere Rechtsfolgen knüpfen, so wird gegen das Gebot der Widerspruchsfreiheit verstoßen und Spezialvorschriften inhaltl sinnentleert (Tipke/Kruse/*Kruse/Drüen* AO/FGO § 42 AO Rn 20b). Nur wenn die Auslegung einer Spezialvorschrift ergibt, dass sie den missbrauchsanfälligen Bereich nicht abschl konkretisieren will bzw wenn die Spezialvorschrift ihrerseits missbraucht wird, kann § 42 AO Anwendung finden (vgl *Drüen* Ubg 2008, 31; *Fischer* FR 2000, 452; BFH BStBl II 2003, 50). Insbesondere nach Ablauf der siebenjährigen Sperrfrist kann keine missbräuchl Verknüpfung zwischen der Einbringung und einer Anteilsveräußerung nicht mehr angenommen werden, ein Rückgriff auf § 42 AO ist insoweit jedenfalls ausgeschlossen (RHL/*Stangl* Rn 15).

11 § 22 gilt auch für ausl und grenzüberschreitende Einbringungen. Die Regelung ist in der Lit auf heftige Kritik gestoßen und wird in der derzeit gültigen Fassung zu Recht als **richtlinienwidrig** eingestuft (RHL/*Stangl* Rn 16; Haritz/Menner/*Bilitewski* Rn 53; DPPM/*Patt* Rn 19c; *Graw* FR 2010, 837; aA Widmann/Mayer/*Widmann* Rn 192). Art 15 I FusionsRL ermächtigt die Mitgliedstaaten, von der Anwendung der FusionsRL ganz oder teilw abzusehen, wenn die Einbringung von Anteilen als hauptsächl Beweggrund oder als einer der hauptsächl Beweggründe die Steuerhinterziehung oder -umgehung hat. Vom Vorliegen eines solchen Beweggrundes kann ausgegangen werden, wenn der Anteilstausch nicht auf vernünftigen wirtschaftl Gründen – insbes der Umstrukturierung oder der Rationalisierung der beteiligten Ges – beruht. Die Versagung der Begünstigung durch die FusionsRL unter Berufung auf Art 15 I der RL bzw auf eine insoweit durch den nat Gesetzgeber aufgrund der RL-Vorschriften erlassenen Regelung verlangt nach den Ausführungen des EuGH in dem Urteil in der Angelegenheit Leur Bloem (EuGH IStR 1997, 539) eine strenge Einzelfallbetrachtung. Daher sind pauschalierte Missbrauchsvermutungen, so wie sie in § 22 für Weiterveräußerungen innerh von sieben Jahren aufgestellt werden, mit der FusionsRL nicht vereinbar. Obwohl im Anwendungsbereich der FusionsRL ein Verstoß gegen die Richtlinie vorliegt, so wird § 22 dadurch nicht insgesamt unwirksam oder nichtig. Ein Verstoß gegen die FusionsRL führt ledigl zur Unanwendbarkeit des § 22 im Anwendungsbereich der Richtlinie; die Vorschrift wird in grenzüberschreitenden Fällen durch die FusionsRL verdrängt aufgrund des Anwendungsvorrangs des Europarechts (vgl EuGH Rs 34/67, EuGHE 1968, 373; EuGH Urteil vom 9.3.1978 - Rs 106/77; *Simmentahl* EuGHE 1978, 629; *Geiger* EGV Art 10 Rn 31). Auch bei einem Verstoß gegen die FusionsRL bleibt § 22 als wirksames Bundesrecht bestehen und ist in rein innerstaatl Fällen anzuwenden (DPPM/*Patt* Rn 19c).

Besteuerung des Anteilseigners bei Sacheinlagen, Abs 1

2. Erhaltene Anteile iSv Abs 1 S 1

12 Abs 1 kommt zur Anwendung, wenn es zu einer Veräußerung der als Gegenleistung für die Einbringung **nach § 20 erhaltenen Anteile** innerh einer Frist von

sieben Jahren kommt und die übertragenen WG beim übernehmenden Rechtsträger nicht mit dem gemeinen Wert angesetzt wurden. **Abs 7** dehnt den Anwendungsbereich des Abs 1 auch auf Anteile aus, auf die stille Reserven von den gewährten Anteilen durch „Wertabspaltung“ bei eine Gesellschaftsgründung oder KapErh übergegangen sind (vgl Rn 180 ff). Umfasst das eingebrachte BV auch Anteile an einer KapGes oder Gen, gilt für diese eingebrachten WG nach Abs 1 S 5 im Grds die Regelung des Abs 2. Die Qualifikation als erhaltene Anteile ist unabhängig von der **Höhe der Beteiligung** und unabhängig davon, ob sie **PV** oder **BV** darstellt.

Bei der Sacheinlage muss es sich um eine solche iSd § 20 I bzw des § 25 handeln (DPPM/*Patt* Rn 6a; RHL/*Stangl* Rn 21; Widmann/Mayer/*Widmann* Rn 11; Frotscher/Maas/*Mutscher* Rn 23). Wurde eine Sachgesamtheit eingebracht, die nicht die Voraussetzungen des § 20 erfüllt, aber dennoch ein Ansatz unter dem gemeinen Wert erfolgte, kann ein Einbringungsgewinn I nicht entstehen (Widmann/Mayer/*Widmann* Rn 11; BFH BStBl II 2011, 808 zu § 21 UmwStG aF). Fand die Sacheinlage noch unter Geltung des vor dem SEStEG gültigen Normen statt, entstehen keine erhaltenen Anteile iSd Abs 1 S 1. Abs 1 S 1–4 gelten unabhängig davon, ob es sich bei der Sacheinlage um eine reine **nat** oder eine **ausl** oder **grenzüberschreitende Sacheinlage** handelt (RHL/*Stangl* Rn 21). Die Rechtsfolgen des Abs 1 greifen auch dann, wenn die als Gegenleistung gewährten Anteile im **Inland nicht stl verstrickt** sind (Blümich/*Nitzschke* Rn 20; DPPM/*Patt* Rn 20). 13

Abs 1 ist nur anwendbar, soweit iRe Sacheinlage erworbene Anteile veräußert werden, und beim übernehmenden Rechtsträger die Sacheinlage **unter dem gemeinen Wert** iSd § 20 II 2 angesetzt wurde. Aus der Bezugnahme in Abs 1 S 1 auf § 20 II 2 wird deutl, dass von einem Ansatz mit dem gemeinen Wert iSd Vorschrift auch dann auszugehen ist, wenn die Pensionsrückstellungen nicht mit dem gemeinen Wert sondern gem § 6 a EStG bewertet wurden (RHL/*Stangl* Rn 22). Der Ansatz unter dem gemeinen Wert setzt einen entsprechenden Antrag des übernehmenden Rechtsträgers voraus (§ 20 II 2). Entspricht der BW des eingebrachten Verm im Einbringungszeitpunkt dem gemeinen Wert, liegt ein Ansatz mit dem gemeinen Wert vor (aA Widmann/Mayer/*Widmann* Rn 13: Ansatz unterhalb des gemeinen Wertes, wenn ein Antrag auf BW oder ZW gestellt wurde). Geht man davon aus, dass der **Wertansatz** bei dem übernehmenden Rechtsträger für den Einbringenden **nur insoweit bindend** ist, als der übernehmende Rechtsträger sich bei der Bewertung innerh der gesetzl Bewertungsgrenzen bewegt (vgl § 20 Rn 372), so hat der Ansatz durch den übernehmenden Rechtsträger für die Anwendung des Abs 1 keine Bedeutung, wenn der übernehmende Rechtsträger gesetzl gezwungen ist, einen bestimmten Ansatz der Sacheinlage zugrunde zu legen, denn die Besteuerung kann sich nur insoweit auf die Disposition durch den übernehmenden Rechtsträger beziehen, als diesem eine entsprechende überhaupt zukommt. Ist nach den gesetzl Vorgaben beim übernehmenden Rechtsträger zwingend der gemeine Wert anzusetzen, so entstehen dann keine sperrfristverhafteten Anteile, selbst wenn der übernehmende Rechtsträger einen Ansatz unter oder über dem gemeinen Wert gewählt hat (Widmann/Mayer/*Widmann* Rn 14; Frotscher/Maas/*Mutscher* Rn 26; aA DPPM/*Patt* Rn 18). Dies gilt selbst dann, wenn die entsprechende Bewertung beim übernehmenden Rechtsträger nicht mehr korrigiert werden kann (RHL/*Stangl* Rn 23). IÜ kommt es auf den tats Wertansatz beim übernehmenden Rechtsträger an, wobei jedoch fehlerhafte Bilanzansätze nach § 4 II 1 EStG 14 berichtigt werden müssen. Kommt es zu dieser Korrektur, und wird der gemeine Wert angesetzt, entstehen keine sperrfristbehafteten Anteile (RHL/*Stangl* Rn 23; DPPM/*Patt* Rn 18). Die Bilanzberichtigung führt zu einer Korrektur der Veranlagung des Einbringenden gem § 175 I 2 AO.

15 Ein Ansatz unter dem gemeinen Wert liegt auch dann vor, wenn nur für einen Teil der Sacheinlage der BW oder ZW angesetzt wurde und für andere WG der gemeine Wert (Widmann/Mayer/*Widmann* Rn 17; DPPM/*Patt* Rn 16; Frotscher/Maas/*Mutscher* Rn 27). Letzteres ist bspw nach der hier vertretenen Meinung (§ 20 Rn 265) mögl, soweit durch den Einbringungsvorgang das dt Besteuerungsrecht hinsichtl des Gewinns aus der Veräußerung des eingebrachten BV erstmalig begründet.

16 War der Einbringende **bereits vor der Sacheinlage** am übernehmenden Rechtsträger **beteiligt,** so sind diese Anteile keine iSd Abs 1 S 1, es sei denn, anlässl der Sacheinlage unter dem gemeinen Wert kommt es zu einem Übergang stiller Reserven gem Abs 7 (DPPM/*Patt* Rn 6a). Keine Anteile iSv Abs 1 S 1 liegen vor, wenn es nach der Sacheinlage zu weiteren Kapitalerhöhungen beim übernehmenden Rechtsträger kommt, die nicht von §§ 20, 21 erfasst sind und keine Rechtsnachfolge insoweit gegeben ist (Abs 7, § 13 II). Gehören zum BV des eingebrachten Betriebs **Anteile an der Übernehmerin,** werden diese zu eigenen Anteilen der Übernehmerin. Der Erwerb eigener Anteile ist durch § 33 GmbHG und durch §§ 71 ff AktG eingeschränkt. Selbst wenn nach den einschlägigen handelsrechtl Vorschriften der Erwerb eigener Anteile durch die Übernehmerin mögl ist, ist deren Einbringung nach der hier vertretenen Meinung nicht erforderl (vgl § 20 Rn 35, 78; BMF-Schrb vom 11.11.2011, BStBl I 1314 Rn 20.09). Denn der Einbringende würde als Gegenleistung (neue) Anteile an der Übernehmerin erhalten und dafür die bisherigen, die dann zu eigenen Anteilen der Übernehmerin würden, hingeben. Aus Vereinfachungsgründen ist es deshalb nicht zu beanstanden, wenn die Anteile an der Übernehmerin nicht eingebracht, also zurückbehalten werden. Gleichwohl gelten die nicht eingebrachten Anteile nicht als entnommen. Würde man auch im Geltungsbereich des SEStEG fingieren, dass die zurückbehaltenen Anteile in die übernehmende KapGes eingebracht wurden, so wäre für sie eigentl ein Einbringungsgewinn II zu ermitteln, der aber nicht entstehen kann, da die zurückbehaltenen Anteile nicht durch den übernehmenden Rechtsträger veräußert werden können. Die im Zuge der Einbringung ausgegebenen neuen Anteile sind solche iSd Abs 1 S 1, bei deren Veräußerung ein Einbringungsgewinn I entsteht. Soweit stille Reserven auf die nicht eingebrachten Anteile überspringen, handelt es sich (quotal) um Anteile iSd Abs 1 S 1 (RHL/*Herlinghaus* § 20 Rn 40; aA BMF-Schrb vom 11.11.2011, BStBl I 1314 Rn 20.09; *Schumacher/Neumann* DStR 2008, 325: Altanteile sind in jedem Fall insges nach Abs 1 steuerverstrickt).

17 Werden als Gegenleistung für die Sacheinlage auch eigene Anteile durch den übernehmenden Rechtsträger gewährt, so liegen insoweit keine erhaltenen Anteile, sondern eine **sonstige Gegenleistung iSv § 20 II 4** vor (RHL/*Stangl* Rn 68a; DPPM/*Patt* Rn 6a). Die **verschleierte Sachgründung** bzw Sachkapitalerhöhung fällt nicht in den Regelungsbereich des § 20 (§ 20 Rn 199 ff); erhaltene Anteile iSd Abs 1 S 1 entstehen nicht (Widmann/Mayer/*Widmann* Rn 25).

18 Mangels entsprechend gesetzl Fiktion führt die **formwechselnde Umw einer KapGes in eine KapGes anderer Rechtsform** auf Anteilseigner zu keiner Vermögensübertragung (*Benecke/Schnittker* FR 2010, 555), die Anteile des Rechtsträgers neuer Rechtsform sind erhaltene Anteile iSd Abs 1 S 1, wenn am formwechselnden Rechtsträger solche bestanden.

Werden die erhaltenen Anteile **verkauft,** verlieren sie die Eigenschaft, Anteile iSd Abs 1 zu sein. Dies gilt unabhängig davon, ob ein Veräußerungsgewinn entsteht. In der Person des Käufers gelten dann die allg Vorschriften über die Behandlung von Anteilen an KapGes/Gen (RHL/*Stangl* Rn 75). Werden Anteile an einer KapGes veräußert, die erhaltene Anteile iSd Abs 1 S 1 besitzt, entsteht kein Einbringungsgewinn I (RHL/*Stangl* Rn 63). Hat eine PersGes eine Sacheinlage iSd § 20 vorgenommen (vgl § 20 Rn 181 ff) und dadurch Anteile iSd Abs 1 S 1 erhalten, führt die **Veräußerung eines Mitunternehmeranteils** an dieser PersGes nach der hier vertretenen Meinung nicht zu einem Einbringungsgewinn I, da Einbringender die Mitunternehmerschaft ist und diese die erhaltenen Anteile nicht veräußert (*Benz/Rosenberg* DB Beilage 1/2012 zu Heft 2, 38; *Neu/Schiffers/Watermeyer* GmbHR 2011, 729; *Weber/Hahne* Ubg 2011, 420). Demggü geht die FinVerw davon aus, dass die rückwirkende Besteuerung des Einbringungsvorgangs auch dann ausgelöst wird, wenn eine PersGes als Einbringende anzusehen ist, ein MU dieser einbringenden PersGes sein MU-Anteil an dieser veräußert (BMF-Schrb vom 11.11.2011, BStBl I 1314 Rn 22.02; vgl dazu Rn 21; ebenso Frotscher/Maas/*Mutscher* Rn 30). Die Auffassung der FinVerw kann nicht überzeugen, da diese vom Wortlaut des Abs 1 S 1 nicht gedeckt ist; dieser stellt näml auf eine Veräußerung durch den Einbringenden selbst ab, eine nur mittelbare Veräußerung der sperrfristverhafteten Anteile löst nach dem Gesetzeswortlaut aber den Einbringungsgewinn I nicht aus. 19

3. Einbringender iSd Abs 1 S 1

Die Besteuerungsfolgen des Abs 1 treffen im Grds **den Einbringenden.** Einbringender kann eine **natürl Person** sein, die in Deutschland unbeschränkt stpfl ist, oder wenn sie entweder den Wohnsitz oder den gewöhnl Aufenthaltsort in einem EU- oder EWR-Staat hat und nicht aufgrund eines DBA mit einem Drittstaat als außerh der EU- bzw EWR-Raumes ansässig gilt (BT-Drs 16/2710, 42; vgl § 20 Rn 176). Hat eine natürl Person ihren Wohnsitz und gewöhnl Aufenthalt außerh der EU/des EWR-Bereichs, kommt Abs 1 zur Anwendung, wenn Deutschland das Besteuerungsrecht hinsichtl des Gewinns aus der Veräußerung der erhaltenen Anteile zusteht (§ 1 IV 1 Nr 1 lit b). Einbringende können nach § 1 IV 1 Nr 2 **Ges iSd Art 54 AEUV/Art 34 EWRV** sein. Die Ges muss nach den Vorschriften eines Mitgliedstaates der EU oder des EWR gegründet worden sein und auch im Hoheitsgebiet eines dieser Staaten ihren Sitz und den Ort der Geschäftsleitung haben (vgl § 20 Rn 177). 20

Einbringender iSv Abs 1 kann ein MU oder eine **Mitunternehmerschaft** (vgl § 20 Rn 181) sein. § 1 IV 1 Nr 1 **lit** a aa iVm II 1 Nr 1 erfasst auch PersGes oder transparente Ges (vgl § 3 Rn 19) als einbringende Rechtsträger, soweit an der PersGes Körperschaften, Personenvereinigungen, Vermögensmassen oder natürl Personen unmittelbar oder mittelbar über eine oder mehrere PersGes beteiligt sind, welche ihrerseits kumulativ die Voraussetzungen des § 1 II 2 Nr 1, Nr 2 erfüllen (vgl § 1 Rn 123 ff). Ist Einbringender eine PersGes, so ist nach Auffassung der FinVerw eine rückwirkende Besteuerung des Einbringungsgewinns nicht nur dann gegeben, wenn die PersGes selbst die sperrfristverhafteten Anteile veräußert, sondern auch dann, wenn ein MU der PersGes seinen MU-Anteil an der einbringenden PersGes entgeltlich überträgt (BMF-Schrb vom 11.11.2011, BStBl I 1314 21

Rn 22.02). Die FinVerw nimmt insoweit auf das Transparenzprinzip Bezug. Die Auffassung der FinVerw kann im Ergebnis jedoch nicht überzeugen, nur wenn die PersGes selbst die erhaltenen Anteile veräußert, entsteht ein Einbringungsgewinn I. Wird ein Mitunternehmeranteil veräußert, so erfolgt die Veräußerung der erhaltenen Anteile nicht durch den Einbringenden, eine nur mittelbare Veräußerung der sperrfristverhafteten Anteile löst nach dem Gesetzeswortlaut des Abs 1 S 1 im Gegensatz zu bspw Abs 2 S 1 den Einbringungsgewinn I gerade nicht aus. Durch das JStG 2009 (BGBl I 2008, 2794) wurde im Regelungsbereich des Abs 2 S 1 nach Auffassung des Gesetzgebers klarstellend die unmittelbare Veräußerung einer mittelbaren gleichgestellt. Nach der hier vertretenen Auffassung handelt es sich jedoch nicht um eine Klarstellung (vgl dazu Rn 109).

22 Werden die Anteile **entgeltl verkauft** oder liegt ein der Veräußerung gleichgestellter Tatbestand Abs 1 S 6 vor, verlieren sie die Eigenschaft, Anteile iSd Abs 1 zu sein, es gelten dann in der Person des Käufers die allg Vorschrift über die Behandlung von Anteilen an KapGes/Gen (DPPM/*Patt* Rn 4; RHL/*Stangl* Rn 75). Ob ein Veräußerungsgewinn entsteht, ist insoweit ohne Bedeutung. Werden verstrickte Anteile unentgeltl übertragen, verlieren die Anteile nicht ihre Eigenschaft, Anteile iSd Abs 1 S 1 zu sein, der **unentgeltl Rechtsnachfolger** gilt nach Abs 6 als Einbringender iSd Abs 1 (vgl Rn 174 ff). Gleiches gilt, wenn es zu einer **Wertabspaltung iSd Abs 7** kommt, soweit unentgeltl stille Reserven auf andere Anteile „überspringen" (vgl Rn 180 ff).

23 Scheidet ein MU vor der Einbringung aus der PersGes aus, nimmt er an der Einbringung und damit an der stl Rückwirkung nicht teil. Für solche Gesellschafter, die **im Rückwirkungszeitraum aus der Mitunternehmerschaft ausscheiden,** findet § 15 I 1 Nr 2 EStG weiterhin Anwendung (BMF-Schrb vom 11.11.2011, BStBl I 1314 Rn 20.16), er ist nicht Einbringender iSv Abs 1 S 1. Der Erwerber des Mitunternehmeranteils kann die Einbringung des Mitunternehmeranteils in die KapGes auf einen Zeitpunkt zurückbeziehen, der vor dem Erwerb liegt (vgl § 20 Rn 251); er ist Einbringender iSd Abs 1. Etwas anderes gilt für einen nach **§§ 29 ff UmwG** gegen Barabfindung Ausscheidenden. Er scheidet zivilrechtl und damit auch stl erst aus dem übernehmenden Rechtsträger aus. Eine § 5 I Alt 2 entsprechende Vorschrift fehlt bei §§ 20 ff (*Renner,* Die Rückwirkung im Umwandlungssteuergesetz, S 109). Der gegen Barabfindung nach § 29 UmwG ausscheidende Gesellschafter erzielt dann einen Einbringungsgewinn iSv Abs 1 (DPPM/*Patt* Rn 31).

4. Veräußerung der erhaltenen Anteile

24 **a) Begriff der Veräußerung.** Abs 1 findet Anwendung, wenn die erhaltenen bzw mitverstrickten Anteile (Abs 7) durch den Einbringenden, seinen unentgeltl Rechtsnachfolger (Abs 6; vgl Rn 174 ff) oder durch den Inhaber mitverstrickter Anteile (vgl Rn 180 ff) veräußert werden (BMF-Schrb vom 11.11.2011, BStBl I 1314 Rn 22.03). **Veräußerung** ist dabei die entgeltl Übertragung des wirtschaftl Eigentums an den Anteilen von einer Person auf einen anderen Rechtsträger (allgM BFH BStBl II 1993, 228; BFH BStBl II 2007, 258; BMF-Schrb vom 11.11.2011, BStBl I 1314 Rn 22.07; Haritz/Menner/*Bilitewski* Rn 21 ff; Widmann/Mayer/*Widmann* Rn 18; DPPM/*Patt* Rn 28; Blümich/*Nitzschke* Rn 34; RHL/*Stangl* Rn 26; Frotscher/Maas/*Mutscher* Rn 66 ff; Widmann/Mayer/*Widmann* § 21 aF Rn 164). Ob die Übertragung freiwillig oder unfreiwillig aufgrund eines Rechtsgeschäfts oder eines hoheitl Eingriffs erfolgt, ist ohne Bedeutung

(BFH BStBl II 2000, 424; DPPM/*Patt* Rn 31; Blümich/*Nitzschke* Rn 34). Ohne Relevanz ist auch, ob ein Veräußerungsgewinn erzielt wird. Ist die Übertragung der Anteile von einer Genehmigung der KapGes, deren Anteile übertragen werden, abhängig (vgl § 17 GmbHG für Teilgeschäftsanteile), wird die Veräußerung erst mit der Genehmigung wirksam (BFH BStBl II 1995, 870). Wird von einem vorbehaltenen Rücktrittsrecht Gebrauch gemacht (BFH BStBl II 1994, 648) oder entfällt eine Veräußerung durch Eintritt einer auflösenden Bedingung (BFH BStBl II 2004, 107), wirkt dies gem § 175 I 1 Nr 2 AO auf den Zeitpunkt der Veräußerung zurück. Ob die Rückübertragung durch Wandlung ein neuer Vorgang ist, wird unterschiedl gesehen (BFH BStBl II 2000, 424; BFH DStR 2006, 1835; *Fischer* FR 2000, 393). In **Abs 1 S 6** werden eine Reihe von Tatbeständen gesetzl festgeschrieben, die einer Veräußerung der erhaltenen Anteile gleichgestellt sind bzw eine solche ausschließen (Abs 1 S 6 Nr 2).

Geht man davon aus, dass Einbringender auch eine **Mitunternehmerschaft** 25 sein kann, so führt die Veräußerung der Mitunternehmeranteile nicht zu einer Veräußerung der erhaltenen Anteile (vgl Rn 21; aA BMF-Schrb vom 11.11.2011, BStBl I 1314 Rn 22.02), im Gegensatz zu Abs 1 S 6 Nr 4, Nr 5 ist in Abs 1 S 1 die mittelbare Veräußerung nicht aufgeführt.

Wird **ein Teil der erhaltenen Anteile veräußert,** kommt es zu einer anteili- 26 gen Besteuerung des Einbringungsgewinns, und zwar im Verhältnis der veräußerten Anteile zu den insges erhaltenen Anteilen (BMF-Schrb vom 11.11.2011, BStBl I 1314 Rn 22.04; Widmann/Mayer/*Widmann* Rn 27; DPPM/*Patt* Rn 54; RHL/*Stangl* Rn 62). Soweit nach Abs 7 quotal verstrickte Anteile (vgl Rn 180) veräußert werden, ist auf das Verhältnis der auf diesen Anteil übergesprungenen stillen Reserven zu den im Zeitpunkt der Einbringung insges in der Sacheinlage vorhandenen stillen Reserven abzustellen.

b) Typische Fälle der Veräußerung. Veräußerung ist die Anteilsübertragung 27 aufgrund eines **Kaufvertrages.** Auch **Tauschvorgänge** iSd § 480 BGB stellen einen entgeltl Veräußerungsvorgang dar (DPPM/*Patt* Rn 31; RHL/*Stangl* Rn 34; Widmann/Mayer/*Widmann* Rn 18; Frotscher/Maas/*Mutscher* Rn 69). Die verdeckte Einlage (Frotscher/Maas/*Mutscher* Rn 81) sowie der Untergang der Anteile durch Kapitalherabsetzung oder Auflösung und Abwicklung der Ges sind keine Veräußerung (aA Widmann/Mayer/*Widmann* Rn 18), dieser aber unter den Voraussetzungen des Abs 1 S 6 gleichgestellt. Noch keine Veräußerung ist die Einräumung einer Kauf- oder Verkaufsoption (BFH BStBl II 2007, 937). Zur Doppeloption vgl BFH DStR 2006, 2163.

c) Übertragung gegen Entgelt. Für die Übertragung der erhaltenen Anteile 28 muss eine Gegenleistung erbracht werden, wobei die Art des Entgeltes grdsl ohne Bedeutung ist. Werden **obj wertlose Anteile** ohne Gegenleistung zwischen Fremden übertragen, ist dies idR ein entgeltl Veräußerungsgeschäft (BFH BStBl II 1993, 34; BFH DStR 1998, 73; FG Baden-Württemberg EFG 2005, 105; Frotscher/Maas/*Mutscher* Rn 73). Werden die erhaltenen Anteile **unentgeltl** übertragen (vgl dazu Rn 174 ff), so verlieren die Anteile nicht ihre stl Eigenschaft, erhaltene Anteile zu sein. Keine Veräußerung ist die unentgeltl Übertragung unter Nießbrauchsvorbehalt. Der **Anwachsungsvorgang** stellt aus stl Sicht keine Veräußerung dar, soweit der aus einer PersGes ausscheidende Gesellschafter nicht am Verm der PersGes beteiligt war (OFD Berlin DStR 2002, 1811; Widmann/Mayer/*Widmann* Rn 18; L. Schmidt/*Kulosa* EStG § 6 Rn 654; *Schumacher/Neumann* DStR 2008, 325). Eine Veräußerung liegt nicht vor, wenn die erhaltenen

Anteile durch eine vGA erworben wurden (BMF-Schrb vom 11.11.2011, BStBl I 1314 Rn 22.20; DPPM/*Patt* Rn 40; Widmann/Mayer/*Widmann* Rn 18; RHL/*Stangl* Rn 35). Etwas anderes soll gelten, wenn die Anteile im Rahmen einer Sachdividende ausgeschüttet werden (Widmann/Mayer/*Widmann* Rn 18; aA DPPM/*Patt* Rn 40). Entspricht die Gegenleistung nicht dem Wert der erhaltenen Anteile und liegt somit ein **teilentgeltl Geschäft** vor, so ist dieses Geschäft nach dem Verhältnis des Wertes der übertragenen Anteile zur Gegenleistung in ein voll entgeltl Veräußerungsgeschäft und ein voll unentgeltl Geschäft aufzuteilen (DPPM/*Patt* Rn 30; RHL/*Stangl* Rn 40; Blümich/*Nitzschke* Rn 38; Frotscher/Maas/*Mutscher* Rn 76). Ledigl hinsichtl des unentgeltl Teils tritt der Rechtsnachfolger in die Stellung des Rechtsvorgängers ein (Abs 6), der damit insoweit erhaltene Anteile erwirbt. Es gilt damit die sog Trennungstheorie (DPPM/*Patt* Rn 30; RHL/*Stangl* Rn 27).

29 Werden **Bezugsrechte** veräußert, so liegt nach hM eine Teilveräußerung von Gesellschaftsanteilen vor (DPPM/*Patt* Rn 29; RHL/*Stangl* Rn 36; Widmann/Mayer/*Widmann* Rn 18; Haritz/Menner/*Bilitewski* Rn 27; Frotscher/Maas/*Mutscher* Rn 70). Das Bezugsrecht hat näml die Aufgabe, der Ges die Ausgabe neuer Aktien zu einem Kurs zu ermögl, der erhebl unter dem Kurs der alten Aktien liegt. Werden neue Aktien zu einem niedrigeren Kurs ausgegeben, als die alten Aktien notiert werden, so bildet sich nach der KapErh ein Mittelkurs, der unter dem Kurs der Altaktien und über dem Emissionskurs der Jungaktien liegt. Bei der neuen Notierung erzielt also der Inhaber der Jungaktien sofort einen Kursgewinn, während der Inhaber der alten Aktien einen entsprechenden Kursverlust hinnehmen muss. Dem Bezugsrecht fällt hier die Aufgabe eines Korrektivs zu. Wird es veräußert, erhält der bezugsberechtigte Aktionär einen Ausgleich iHd bei ihm ansonsten eintretenden Verlustes. Die nach Bezugsrechtskauf durch Ausübung des Bezugsrechts erworbenen Gesellschaftsanteile sind entgeltl erworben und stellen damit grdsl keine erhaltenen Anteile iSd Abs 1 dar. Vorstehendes gilt nach bisheriger Meinung entsprechend, wenn ein Anteilseigner gegen Entgelt auf die Ausübung des Bezugsrechts verzichtet (RHL/*Stangl* Rn 36). Ob daran festzuhalten ist, erscheint fragl, da der BFH (DStR 2008, 862) nunmehr die Auffassung vertritt, dass die Veräußerung eines durch eine KapErh entstandenes Bezugsrecht kein Anteil an einer Körperschaft iSd § 8 b II KStG darstellt. Eine Veräußerung der erhaltenen Anteile liegt nicht vor, wenn sich Dritte an der Ges, an der die erhaltenen Anteile bestehen, gegen ein **angemessenes Aufgeld** neu beteiligen. Von einer Veräußerung ist auszugehen, wenn der neu hinzutretende Gesellschafter ein Agio leistet, das im sachl (zeitl) Zusammenhang mit der KapErh entweder an die Altgesellschafter ausbezahlt wird oder diesen auf andere Art zufließt (BFH/NV 2008, 363). Die Ausübung des Bezugsrechts ist keine Veräußerung iSd Abs 1 (OFD Hannover DB 2007, 491; Widmann/Mayer/*Widmann* Rn 18; DPPM/*Patt* Rn 29; Haritz/Menner/*Bilitewski* Rn 27; RHL/*Stangl* Rn 36).

30 Der Gesellschafter veräußert seine Anteile auch dann, wenn er sie an die Ges verkauft, an der die Anteile bestehen und diese damit **eigene Anteile erwirbt** (RHL/*Stangl* Rn 35; DPPM/*Patt* Rn 31; Widmann/Mayer/*Widmann* Rn 18; Haritz/Menner/*Bilitewski* Rn 26). Erfolgt die zwangsweise Einziehung von Anteilen an einer AG gegen Entgelt unter gleichzeitiger Kapitalherabsetzung gem § 237 I, II AktG, so liegt keine Veräußerung vor, vielmehr findet Abs 1 S 6 Nr 3 Anwendung (Widmann/Mayer/*Widmann* Rn 18; vgl auch RHL/*Stangl* Rn 35).

31 Der **Ausschluss** oder der **Austritt eines Gesellschafters** aus der Ges gegen Entgelt ist Veräußerung iSd Abs 1 S 1. Gleiches gilt für einen nach **§§ 29 ff**

UmwG gegen Barabfindung Ausscheidenden. Er scheidet zivilrechtl und damit auch stl erst aus dem übernehmenden Rechtsträger aus. Eine § 5 I Alt 2 entsprechende Vorschrift fehlt bei §§ 20 ff (DPPM/*Patt* Rn 31; RHL/*Stangl* Rn 37; *Renner*, Die Rückwirkung im Umwandlungssteuergesetz, S 109). Der gegen Barabfindung nach §§ 29 UmwG ausscheidende Gesellschafter verursacht dann einen Einbringungsgewinn iSv Abs 1 (DPPM/*Patt* Rn 31; RHL/*Stangl* Rn 37; aA *Renner* Die Rückwirkungen im Umwandlungssteuergesetz, S 109).

Auch iRd Erbauseinandersetzung kann es zu entgeltl Veräußerungen kommen, 32 insbes dann, wenn ein Miterbe an den anderen Erben aus eigenem Verm eine Abfindung zahlt, weil der Wert der von ihm übernommenen Beteiligung höher ist als es seiner Erbquote entspricht (RHL/*Stangl* Rn 46; Widmann/Mayer/*Widmann* Rn 18). Keine Veräußerung ist die **Realteilung ohne Spitzenausgleich** (BMF-Schrb vom 11.11.2011, BStBl I 1314 Rn 22.20; DPPM/*Patt* Rn 40; Frotscher/Maas/*Mutscher* Rn 97), sie wird vom EStG als Betriebsaufgabe und nicht als Veräußerung steuerrechtl eingeordnet, obwohl die Ges zivilrechtl auf einen Auskehrungsanspruch leistet (RHL/*Stangl* Rn 46; vgl auch BT-Drs 16/3369, 14; aA Widmann/Mayer/*Widmann* Rn 18).

d) Entnahme/Einlage. Die schlichte Entnahme der Anteile aus dem BV ist 33 keine Veräußerung (Blümich/*Nitzschke* Rn 35; Frotscher/Maas/*Mutscher* Rn 88). Keine Veräußerung ist die schlichte Einlage iSv § 4 I 5 EStG und § 6 I Nr 5 EStG in das BV, gleichgültig, ob die Überführung der Anteile aus dem PV in das BV eines Einzelunternehmens oder in das SBV eines Gesellschafters einer PersGes erfolgt (Widmann/Mayer/*Widmann* Rn 18). Gleiches gilt für die Überführung von WG zwischen unterschiedl BV desselben Stpfl nach § 6 V 1, 2 EStG (BMF-Schrb vom 11.11.2011, BStBl I 1314 Rn 22.20; Widmann/Mayer/*Widmann* Rn 18). Die erstmalige Begründung des dt Besteuerungsrechts ist keine Veräußerung. Erfolgt die Entnahme aus dem Gesamthandsvermögen einer PersGes gegen Minderung des Kapitalkontos I, so soll eine Veräußerung vorliegen (Frotscher/Maas/*Mutscher* Rn 89); keine Veräußerung ist gegeben, wenn die gesamthänderische Rücklage gemindert wird.

e) Übertragung auf Personengesellschaft. Werden die erhaltenen Anteile 34 in das Gesamthandsvermögen einer PersGes mit BV übertragen, an der der Einbringende beteiligt ist, ist dies eine Veräußerung iSd Abs 1 S 1, sofern der Einbringende eine nach dem Verkehrswert der Anteile bemessene Bar- oder Sachvergütung erhält (BFH BStBl II 1977, 145). Werden die Anteile aus dem PV gegen Gewährung neuer Gesellschaftsanteile in das betriebl Gesamthandsvermögen übertragen, ist von einem Veräußerungsgeschäft auszugehen (BMF-Schrb vom 11.11.2011, BStBl I 1314 Rn 22.22; BFH BStBl II 2000, 230; Widmann/Mayer/*Widmann* Rn 31; DPPM/*Patt* Rn 32; Haritz/Menner/*Bilitewski* Rn 34; RHL/*Stangl* Rn 44; *Goebel/Ungemach/Busenius* DStZ 2011, 426; Widmann/Mayer/*Widmann* § 21 Rn 434; *Stegemann* BB 2003, 73; krit *Daragan* DStR 2000, 573), werden keine neuen Anteile gewährt und das übertragene Nettobuchwertvermögen auf eine gesamthänderisch gebundene Rücklage gebucht, liegt keine Veräußerung vor (BMF-Schrb vom 11.7.2011, BStBl I 713). Erfolgt die Übertragung der Anteile aus dem BV in das Gesamthandsvermögen einer PersGes nach Maßgabe des § 6 V 3 ff EStG, ohne dass Gesellschaftsrechte gewährt werden, liegt eine verdeckte Einlage vor und damit kein Veräußerungsgeschäft (BMF-Schrb vom 11.11.2011, BStBl I 1314 Rn 22.20; Widmann/Mayer/*Widmann* Rn 30; DPPM/*Patt* Rn 40; *Schell/Krohn* DB 2012, 1172); erfolgt die Übertragung gegen Gewährung von

Gesellschaftsrechten, liegt ein Veräußerungsgeschäft iSd Abs 1 S 1 vor (BMF-Schrb vom 11.11.2011, BStBl I 1314 Rn 22.22; BFH DStR 2008, 761; DPPM/*Patt* Rn 32a; Widmann/Mayer/*Widmann* Rn 31; Haritz/Menner/*Biliteuwski* Rn 34; RHL/*Stangl* Rn 44), und zwar auch dann, wenn der übernehmende Rechtsträger die BW fortführt. Werden nach der verdeckten Einlage in eine PersGes die eingelegten Anteile durch die übernehmende PersGes veräußert, entsteht ein Einbringungsgewinn I, die PersGes ist unentgeltl Rechtsnachfolgerin, sie gilt gem Abs 6 als Einbringender. Werden nach der verdeckten Einlage in eine PerGes die Anteile an dieser PerGes veräußert, entsteht kein Einbringungsgewinn I (str vgl Rn 19; aA BMF-Schrb vom 11.11.2011, BStBl I 1314 Rn 22.02).

35 Werden die erhaltenen Anteile in das Gesamthandsvermögen einer PersGes ohne BV übertragen, gleichgültig ob gegen Gewährung von Gesellschaftsrechten oder Bar- oder Sachvergütung, liegt nur insoweit anteilig eine Veräußerung vor, als der Einbringende nicht an der PersGes beteiligt ist; Gleiches gilt für den umgekehrten Vorgang (RHL/*Stangl* Rn 47; vgl auch BFH DStR 2008, 1131: keine Anschaffung durch PersGes).

35a **f) Umwandlungsvorgänge. aa) Die Einordnung der Umwandlungsfälle nach Auffassung der FinVerw.** Die **FinVerw** geht in Übereinstimmung mit der allM (vgl Rn 24) davon aus, dass Veräußerung jede Übertragung gegen Entgelt ist (BMF-Schrb vom 11.11.2011, BStBl I 1314 Rn 22.07). Zu einer solchen entgeltlichen Übertragung soll es nach Auffassung der FinVerw (BMF-Schrb vom 11.11.2011, BStBl I 1314 Rn 00.02, Rn 22.07, 22.25) bei der Umwandlung und Einbringung sowohl auf der Ebene des übertragenden Rechtsträgers sowie auf der Ebene der Anteilseigner der übertragenen Körperschaft bei der Verschmelzung dieser Körperschaft kommen. Zudem stelle der Formwechsel einer KapGes in eine PersGes und umgekehrt einen Veräußerungsvorgang dar. Die Auffassung der FinVerw wird unter Verweis auf diverse BFH-Urteile gestützt, die zwar nicht einheitlich sind, aber den **Umwandlungsvorgang grdsl als Veräußerungsvorgang** qualifizieren (grundlegend dazu *Hageböke* Ubg 2011, 689; ebenso *Benz/Rosenberg* DB Beilage 1/2012 zu Heft 2, 38; *Schell/Krohn* DB 2012, 1172; *Benz/Rosenberg* DB 2011, 1354; *Graw* Ubg 2009, 691; *Stangl* Ubg 2009, 698 mwN). Diese Aufassung der FinVerw führt dazu, dass jeder Einbringung in eine KapGes nachfolgende Umwandlung oder Einbringung sowohl auf der Ebene des Einbringenden als auch des übernehmenden Rechtsträgers eine schädliche Veräußerung iSd Abs 1 darstellen kann, welche die rückwirkende Besteuerung für den Einbringenden auslöst. Dies gilt nach Auffassung der FinVerw jedoch dann nicht, wenn der Einbringende oder dessen unentgeltlicher Rechtsnachfolger nachweist, dass die sperrfristverhafteten Anteile im Wege der Sacheinlage (§ 20 I) oder des Anteilstauschs (§ 21 I) bzw auf Grund mit diesen Vorgängen vglbaren ausl Vorgängen zum BW übertragen wurde (Abs 1 S 6 Nr 2). Bei allen anderen Umwandlungsarten kommt es grdsl zu einer schädlichen Veräußerung, und zwar selbst dann, wenn die Umwandlung zum BW erfolgt. Aus **Billigkeitsgründen** könne jedoch im Einzelfall auch bei Umwandlungen zu BW von einer rückwirkenden Einbringungsbesteuerung abgesehen werden, wenn alle folgenden Voraussetzungen vorliegen:

- Übereinstimmender Antrag aller Personen, bei denen ansonsten infolge des Umwandlungsvorgangs ein Einbringungsgewinn rückwirkend zu versteuern wäre,
- keine stl Statusverbesserung,

- keine Verlagerung von stillen Reserven von sperrfristverhafteten Anteilen auf Anteile eines Dritten,
- kein Ausschluss oder Beschränkung des dt Besteuerungsrechts,
- Einverständniserklärung der Antragsteller, dass auf alle unmittelbaren oder mittelbaren Anteile an einer an der Umwandlung beteiligten Ges Abs 1 und 2 entsprechend anzuwenden sind.

Hinzukommen muss, dass die Umwandlung im konkreten Einzelfall in jeder Hinsicht mit den in Abs 1 S 6 Nr 2, 4 und 5 geregelten Fällen vglbar ist. Eine solche Vergleichbarkeit einer Umwandlung ist zB dann nicht gegeben, wenn sie ohne Gewährung von Anteilen oder Mitgliedschaften an einer KapGes oder Gen erfolgt. Die Billigkeitsregelung kann somit dann nicht in Anspruch genommen werden, wenn die sperrfristverhafteten Anteile in eine PersGes nach § 24 UmwStG eingebracht werden. Zudem scheidet eine Billigkeitsregelung aus, wenn in einer Gesamtschau die Umwandlung der Veräußerung des eingebrachten Vermögens dient. 35b

Die Meinung der FinVerw wird in der **Lit** zu Recht kritisiert (vgl grundlegend *Hageböke* Ubg 2011, 689; *Benz/Rosenberg* DB Beilage 1/2012 zu Heft 2, 38; *Schell/Krohn* DB 2012, 1172; *Benz/Rosenberg* DB 2011, 1354; *Kutt/Jehke* BB 2010, 474 jew mwN). Die Auffassung der FinVerw ist zT widersprüchlich. Zum einen ist darauf hinzuweisen, dass eine Umwandlung nicht immer zu einer entgeltlichen Übertragung der sperrfristverhafteten Anteile und damit zu einer Veräußerung führt (vgl Rn 36 ff). Zum anderen bestehen Bedenken im Hinblick auf die Voraussetzung, von der die FinVerw die Billigkeitsmaßnahme abhängig macht. Nach Meinung der FinVerw (BMF-Schrb vom 11.11.2011, BStBl I 1314 Rn 22.32) ist eine Billigkeitsmaßnahme nur dann zu ergreifen, wenn alle Personen, bei denen ansonsten infolge des Umwandlungsvorgangs ein Einbringungsgewinn rückwirkend zu versteuern wäre, sich damit einverstanden erklären, dass auf unmittelbare oder mittelbare Anteile an einer an der Umwandlung beteiligten Ges Abs 1 und Abs 2 entsprechend anzuwenden ist. Es bestehen erhebliche Zweifel, ob die Billigkeitsmaßnahme von einem Verhalten des Steuerpflichtigen abhängig gemacht werden könne (Hübschmann/Hepp/Spitaler/*Söhn* AO § 120 Rn 169; *Benz/Rosenberg* DB Beilage 1/2012 zu Heft 2, 38). Zudem ergeben sich erhebliche praktische Probleme, wenn man davon ausgeht, dass es auf Grund der Billigkeitsmaßnahme zu einer **„gespaltenen Zuständigkeit"** kommt, und zwar in der Form, dass die Landesfinanzbehörden für entsprechende Maßnahmen betreffend die ESt und die KSt zuständig seien, soweit jedoch die **GewSt** in Frage steht, die Billigkeitszuständigkeit bei den ertragskompetenten Gemeinden läge (vgl BFH DStR 2012, 1544 zum sog Sanierungserlass; *Gosch* BFH PR 2012, 346). Da es sich bei dem UmwStE weder um eine allgemeine Verwaltungsvorschrift der BR noch um eine allgemeine Verwaltungsvorschrift einzelner Landesbehörden iSd § 184 II AO handelt, könnte sich die Zuständigkeit der Landesfinanzbehörden nur aus den sog Transformationserlassen ergeben, die anordnen, dass im BStBl I veröffentlichte Schreiben und Erlasse durch die Obersten Finanzbehörden unmittelbar anzuwenden sind (*Desens*, Bindung der Finanzverwaltung an die Rechtsprechung, Habil Tübingen 2011, 47; vgl FinMin Nordrhein-Westfalen Erlass vom 13.7.1997, ESt-Kartei NW Vorblatt; FinMin Baden-Württemberg Erlass vom 3.7.1997, AO-Kartei WW vor § 1 AO Karte 1; FinMin Niedersachsen FR 1999, 1334; vgl aber *Gosch* BFH PR 2012, 346). Vgl zu dieser Problematik auch *Hageböke/Stangl* Ubg 2012, 598; *Benz/Rosenberg* DB Beilage 1/2012 zu Heft 2, 38. 35c

35d Nach der hier vertretenen Auffassung muss im Einzelfall genau geprüft werden, ob durch einen der Einbringung folgenden Umwandlungsvorgang tats ein Veräußerungsvorgang vorliegt (ebenso *Benz/Rosenberg* DB Beilage 1/2012 zu Heft 2, 38; *Hageböke* Ubg 2011, 689). Im Einzelnen ergibt sich daraus Folgendes:

36 **bb) Verschmelzung, Auf- und Abspaltung einer Körperschaft auf eine Personengesellschaft.** Die Verschm, Auf- und Abspaltung oder ein vglbarer ausl Vorgang einer **Körperschaft, an der erhaltene Anteile iSd Abs 1 S 1 bestehen,** auf eine PersGes bzw den Alleingesellschafter (natürl Person), ist aus der Sicht des Anteilseigners keine Veräußerung seiner Anteile am übertragenden Rechtsträger (Widmann/Mayer/*Widmann* Rn 142; *Kutt/Jehke* BB 2010, 474). Die Anteile werden zwar aufgewendet, um die Anteile an der übernehmenden PersGes zu erlangen, sie werden aber nicht auf einen anderen Rechtsträger übertragen, sondern gehen iRd Verschm unter (BFH BStBl II 1985, 64; *Kutt/Jehke* BB 2010, 474; ebenso zu §§ 11–13 *Schell/Krohn* DB 2012, 1172; *Beneke/Rosenberg* DB Beilage 1/2012 zu Heft 2, 38; *Schumacher/Neumann* DStR 2008, 325; Frotscher/Maas/*Mutscher* Rn 115 ff). Die Überführung der erhaltenen Anteile nach § 5 II, III in das BV der übernehmenden PersGes stellt keine Übertragung und damit auch keine Veräußerung dar (RHL/*Stangl* Rn 61). Soweit die übernehmende PersGes am übertragenden Rechtsträger erhaltene Anteile iSd Abs 1 S 1 im Gesamthandsvermögen hält, gehen auch diese Anteile unter und werden nicht übertragen. Entsprechendes gilt für die Verschm auf den Alleingesellschafter (natürl Person; Frotscher/Maas/*Mutscher* Rn 109). Dies gilt unabhängig davon, welcher Wert in der stl Schlussbilanz des übertragenden Rechtsträgers angesetzt wird.

37 Wird **eine Körperschaft, in deren Verm sich erhaltene Anteile befinden,** auf eine PersGes oder ihren Alleingesellschafter (natürl Person) **verschm bzw kommt es zu einer Auf- oder Abspaltung** oder liegt ein vglbarer ausl Vorgang vor, so liegt darin nach hM aus der Sicht des übertragenden Rechtsträgers ein tauschähnl Vorgang und damit eine rechtsgeschäftl Veräußerung (BFH BStBl II 2004, 686; BFH BStBl II 1998, 168; BFH DStR 1998, 1420; BMF-Schrb vom 11.11.2011, BStBl I 1314 Rn 22.22; *Hageböke* Ubg 2011, 689; *Graw* Ubg 2009, 691). Im Beschluss vom 17.12.2007 (DStR 2008, 545) charakterisiert der Große Senat des BFH die Umw als Vorgang, der „wesentl Elemente eines Tauschgeschäftes enthält", von einem Veräußerungsgeschäft wird nicht gesprochen.

38 In der Begründung zum UmwStG idF des SEStEG (BT-Drs 16/2710, 47) wird zu § 22 Folgendes ausgeführt: „Einer Veräußerung im Sinne des Absatzes 1 steht auch die Übertragung der erhaltenen Anteile im Rahmen eines Umwandlungsvorganges gleich (z. B. die Abspaltung einer im Rahmen einer Einbringung erhaltenen 100-Prozent- Beteiligung nach § 15 UmwStG)". Anzumerken ist, dass der Gesetzgeber offensichtl nicht von einer Veräußerung der iRe Umw übertragenen WG ausgeht, sondern vielmehr die übertragene Umw einer Veräußerung der übergehenden WG nur gleichstellt, mit der Folge, dass eine Veräußerung damit im eigentl Sinne nicht vorliegt. Dies hat dann aber zur Folge, dass eine Umw in Form der Verschm iSv §§ 3–8, 11–13 bzw einer Spaltung gem §§ 15, 16 oder ein vglbarer ausl Vorgang keinen Einbringungsgewinn I auslösen kann, da diese Formen der Umw keine Veräußerung der übertragenen WG im eigentl Sinne ist, sondern nur einer Veräußerung gleich steht, aber nicht nach Abs 1 S 6, dh aufgrund einer ausdrückl gesetzl Regelung, einer Veräußerung gleichgestellt wurde (im Einzelnen ebenso Widmann/Mayer/*Widmann* Rn 146). Insoweit kommt es dann zu einer Rechtsnachfolge aufgrund von § 4 II 1. Nach Meinung von *Patt* (DPPM/*Patt* Rn 21) entsteht wegen der angeordneten Rechtsnachfolge bezogen auf das übergehende Verm kein Einbringungsgewinn I. Andere (Bordewin/Brandt/*Merkert* § 21 aF Rn 23) nehmen ein Veräußerungsgeschäft nur dann an, wenn die übertragende KapGes ihr Verm mit dem gemeinen Wert ansetzt. Es wird weiter vertreten, den Veräußerungsbegriff normenspezifisch auszulegen (RHL/*Stangl* Rn 53 mit ausführl Beispiel; *Kutt/Jehke* BB 2010, 474), wobei der Missbrauchsgedanke des § 22 dieser Auslegung zugrunde gelegt wird: Es sei danach zu fragen, ob die sich nach der Umw ergebene Struktur auch ohne die Einbringung steuerneutral erreicht werden konnte. Wenn dies so ist, könne der vorangegangene Einbringungsvorgang nicht missbräuchl sein, die spätere Umw löse damit keinen Einbringungsgewinn I aus.

cc) Formwechsel einer KapGes in eine PersGes. Die formwechselnde Umw führt handelsrechtl zu keiner Vermögensübertragung. Aufgrund des unterschiedl Besteuerungskonzeptes zwischen einer KapGes und ihren Gesellschaftern im Vergleich zur PersGes **fingiert** jedoch das **UmwStG** einen **Vermögensübergang** (BT-Drs 12/6885, 26; BFH BStBl II 2008, 73; RHL/*Birkemeier* Rn 16; BFH BStBl II 2006, 568 für den Formwechsel einer KG in eine GmbH). Der Formwechsel einer KapGes in eine PersGes wird daher aus steuerrechtl Sicht wie die Verschm einer KapGes auf eine PersGes behandelt. Die Vorschrift des § 9 verweist in S 1 auf die §§ 3–8, 10. § 9 S 2 bestimmt, dass die KapGes für stl Zwecke auf den Zeitpunkt, in dem der Formwechsel wirksam wird, eine **Übertragungsbilanz** und die Ges neuer Rechtsform eine **Eröffnungsbilanz** aufzustellen hat. 39

Wird eine KapGes, an der erhaltene Anteile bestehen, in eine PersGes formwechselnd umgewandelt, so hat dies nicht zur Folge, dass ein Einbringungsgewinn I nachträgl entsteht; die Anteile an der KapGes werden nicht auf einen Dritten übertragen (ebenso BFH BStBl II 2000, 430 zu § 20; wohl auch Widmann/Mayer/*Widmann* Rn 146; Frotscher/Maas/*Mutscher* Rn 118; aA BMF-Schrb vom 11.11.2011, BStBl I 1314 Rn 06.04). 40

Wird **eine KapGes, in deren Verm sich erhaltene Anteile befinden,** formwechselnd in eine PersGes umgewandelt, so wird zwar durch das Gesetz eine Vermögensübertragung fingiert, darin liegt aber keine Veräußerung des übertragenen Verm, da ein Entgelt für die fingierte Vermögensübertragung nicht geleistet wird und durch § 9 keine entgeltl Veräußerung, sondern nur eine Vermögensübertragung fingiert wird (Widmann/Mayer/*Widmann* Rn 143; *Hageböke* Ubg 2011, 689; aA BMF-Schrb vom 11.11.2011, BStBl I 1314 Rn 00.02). Im Ggs zur Verschm führt der Formwechsel gerade nicht zum Erlöschen einer Einlageforderung des übernehmenden Rechtsträgers durch den steuerrechtl fingierten Vermögensübergang, so dass ein Veräußerungsgeschäft ausscheidet (vgl aber auch BFH BStBl II 2008, 73, der von einem tauschähnl entgeltl Rechtsträgerwechsel im Zshg mit § 25 ausgeht). 41

dd) Verschmelzung, Auf- und Abspaltung einer Körperschaft auf eine andere Körperschaft. Die Verschm, die Auf- und Abspaltung oder ein vglbarer ausl Vorgang einer Körperschaft, an der erhaltene Anteile iSd Abs 1 S 1 bestehen, auf eine Körperschaft nach § 2 UmwG oder vglbare ausl Vorgänge, sind aus der Sicht des Anteilseigners grdsl keine Veräußerung der Anteile am übertragenden Rechtsträger (Widmann/Mayer/*Widmann* Rn 146; Frotscher/Maas/*Mutscher* Rn 118; *Schell/Krohn* DB 2012, 1172; *Benz/Rosenberg* DB Beilage 1/2012 zu Heft 2, 38; *Hageböke* Ubg 2011, 689; BFH BStBl II 2009, 13; aA BMF-Schrb vom 42

11.11.2011, BStBl I 1314 Rn 22.22; *Graw* Ubg 2009, 691). Gegen eine Veräußerung spricht, dass die Anteile am übertragenden Rechtsträger iRd Verschm nicht auf einen Dritten übertragen werden, sondern untergehen. Soweit der übernehmende Rechtsträger nicht am übertragenden Rechtsträger beteiligt ist, bestimmt § 13 I aber, dass die Anteile am übertragenden Rechtsträger als veräußert gelten. Diese Fiktion soll nicht im Regelungsbereich des Abs 1 S 1 gelten (Widmann/Mayer/*Widmann* Rn 146; Frotscher/Maas/*Mutscher* Rn 118; vgl auch *Benz/Rosenberg* BB Special 8/2006, 45, 51, 63; *Bauernschmitt/Blöchle* BB 2007, 743), da die Anteile am übertragenden Rechtsträger nicht auf einen Dritten übertragen werden, sondern untergehen. Soweit nach § 13 II die Anteile am übertragenden Rechtsträger mit dem BW angesetzt werden, liegt keine Veräußerung vor, da Anteile am übernehmenden Rechtsträger an die Stelle der Anteile am übertragenden Rechtsträger treten und diese damit „wesensidentisch" sind (*Hageböke* Ubg 2011, 689). Die siebenjährige Sperrfrist läuft damit bei den Anteilen des übernehmenden Rechtsträgers weiter. Soweit bare Zuzahlungen geleistet werden, liegen anteilig Veräußerungsgeschäfte vor (§ 13 Rn 15 ff). Die Anteile am übernehmenden Rechtsträger werden weder veräußert noch wird eine Veräußerung durch das Gesetz fingiert.

43 Wird **eine Körperschaft, in deren Verm sich erhaltene Anteile befinden,** auf eine andere Körperschaft oder ihren Alleingesellschafter (natürl Person) **verschmolzen bzw kommt es zu einer Auf- oder Abspaltung,** gelten die Ausführungen unter Rn 37 f entsprechend. Insoweit kommt es zu einer Rechtsnachfolge gem § 12 III 1.

44 **ee) Formwechselnde Umwandlung einer KapGes in eine KapGes anderer Rechtsform.** Mangels entsprechend gesetzl Fiktion führt die **formwechselnde Umw einer KapGes in eine KapGes anderer Rechtsform** weder auf Anteilseigner- noch auf Gesellschaftsebene zu keiner Vermögensübertragung (*Benecke/Schnittker* FR 2010, 555). Befinden sich bei der Umw einer KapGes in eine KapGes anderer Rechtsform in deren Verm einbringungsgeborene Anteile, bleibt die bes stl Qualifikation der Anteile in jedem Fall erhalten. Gleiches gilt für die Umw einer PersGes in eine PerGes anderer Rechtsform.

45 **ff) Einbringung nach §§ 20, 21.** Die Einbringung iSv §§ 20 ff oder vglbare ausl Vorgänge stellt aus der Sicht des Einbringenden einen tauschähnl Veräußerungsakt und aus der Sicht des übernehmenden Rechtsträgers ein Anschaffungsgeschäft dar (BFH FR 2004, 274; BFH DStRE 2003, 37; RHL/*Herlinghaus* § 20 Rn 2). Aus Abs 1 S 6 Nr 2 ist jedoch abzuleiten, dass die Einbringung der erhaltenen Anteile zu BW keinen Einbringungsgewinn I auslöst und damit insoweit auch keine Veräußerung iSv Abs 1 S 1 gegeben ist (RHL/*Stangl* Rn 53; Blümich/*Nitzschke* Rn 39; *Blumenberg/Schäfer* in PWC, Reform des UmwStR, Rn 1669; im Erg auch DPPM/*Patt* Rn 41, der von einer Billigkeitslösung spricht).

46 **gg) Formwechsel einer PersGes in eine KapGes.** Die formwechselnde Umw führt handelsrechtl zu keiner Vermögensübertragung. Aufgrund des unterschiedl Besteuerungskonzeptes zwischen einer PersGes im Vergleich zur KapGes und ihren Gesellschaftern **fingiert** jedoch das **UmwStG** einen **Vermögensübergang** (BT-Drs 12/6885, 26; BFH BStBl II 2006, 568). Wird **eine PerGes, in deren Verm sich erhaltene Anteile befinden,** formwechselnd in eine KapGes umgewandelt, so wird zwar durch das Gesetz eine Vermögensübertragung fingiert, darin liegt aber keine Veräußerung des übertragenen Verm, da ein Entgelt für die

fingierte Vermögensübertragung nicht geleistet wird und durch § 25 keine entgeltl Veräußerung, sondern nur eine Vermögensübertragung fingiert wird. Im Ggs zur Verschm führt der Formwechsel gerade nicht zum Erlöschen einer Einlageforderung des übernehmenden Rechtsträgers durch den steuerrechtl fingierten Vermögensübergang, so dass ein Veräußerungsvorgang ausscheidet (*Benecke/Schnittker* FR 2010, 555, die insoweit Abs 1 S 6 Nr 1 anwenden; aA DPPM/*Patt* Rn 32a; Widmann/Mayer/*Widmann* Rn 56; *Hageböke* Ubg 2011, 698). Erfolgt der Formwechsel unter Buchwertfortführung, entsteht zudem gem Abs 1 S 6 Nr 2 kein Einbringungsgewinn I.

hh) Einbringung nach § 24. Die Einbringung in eine PersGes gegen Gewäh- 47
rung von Gesellschaftsrechten, ist aus der Sicht des Einbringenden ein **tauschähnl Veräußerungsvorgang** und aus der Sicht des übernehmenden Rechtsträgers ein Anschaffungsgeschäft (BFH/NV 2008, 296; BFH BStBl II 1984, 458; 1988, 374; BMF-Schrb vom 11.11.2011, BStBl I 1314 Rn 00.02; vgl § 24 Rn 1). Dies gilt unabhängig davon, ob die Einbringung sich zivilrechtl im Wege der Einzelrechtsnachfolge bzw der Sonder- oder Gesamtrechtsnachfolge vollzieht, ob eine Mitunternehmerstellung iRd Einbringung erstmalig gewährt oder ein bereits vorhandener Gesellschaftsanteil erhöht wird. Keine Veräußerung ist gegeben, wenn die Beteiligung verdeckt in eine PersGes eingelegt wird (vgl Rn 33 f, 77). Werden Anteile an einer Mitunternehmerschaft, zu deren Gesamthandsvermögen erhaltene Anteile iSd Abs 1 S 1 gehören, in eine andere Mitunternehmerschaft eingebracht, so entsteht kein Einbringungsgewinn I (str vgl Rn 34; aA BMF-Schrb vom 11.11.2011 BStBl I 1314 Rn 20.02).

g) Entstrickung. Werden erhaltene Anteile iSd Abs 1 S 1 nach den Regelun- 48
gen des **§ 4 I 3 EStG, § 6 AStG** (vgl dazu *Baßler* FR 2008, 219) entstrickt, liegt keine entgeltl Übertragung der erhaltenen Anteile auf einen anderen Rechtsträger und damit keine Veräußerung vor, ein Einbringungsgewinn I kann sich dann nur aus Abs 1 S 6 Nr 6 ergeben (vgl auch Rn 103 f). Wird das Besteuerungsrecht Deutschlands an den erhaltenen Anteilen anlässl der Sitzverlegung einer Körperschaft beschränkt, fingiert § 12 I KStG eine Veräußerung dieser Anteile, eine Veräußerung iSd Abs 1 S 1 liegt jedoch nicht vor, da es nicht zur Übertragung der Anteile auf einen anderen Rechtsträger kommt (RHL/*Stangl* Rn 41; Widmann/Mayer/*Widmann* Rn 35). Abs 1 S 6 Nr 6 verdrängt die Regelung des § 12 KStG, §§ 20, 22 I betrifft grdsl nur die Sicherstellung der stillen Reserven in dem Einbringungsgegenstand, nicht aber in den als Gegenleistung erhaltenen Anteilen.

5. Sperrfrist von sieben Jahren

Die erhaltenen Anteile müssen innerh eines Zeitraums von sieben Jahren nach 49
dem Einbringungszeitpunkt veräußert werden, damit die Rechtsfolgen des Abs 1 eintreten. Wird die Veräußerung nach Ablauf dieses Zeitraums vorgenommen, kommt es nicht zu einer Versteuerung des Einbringungsgewinnes I (RHL/*Stangl* Rn 77; DPPM/*Patt* Rn 19; Widmann/Mayer/*Widmann* Rn 19). Die Frist beginnt mit dem Einbringungszeitpunkt zu laufen (vgl § 20 Rn 234 ff). Wird der Einbringungsvorgang auf einen Einbringungsstichtag zurückbezogen, ist der Einbringungsstichtag der Zeitpunkt, zu dem die siebenjährige Sperrfrist zu laufen beginnt (RHL/*Stangl* Rn 77; DPPM/*Patt* Rn 19; Widmann/Mayer/*Widmann* Rn 19). Die Frist wird nach Zeitjahren berechnet (DPPM/*Patt* Rn 19; RHL/*Stangl* Rn 77). Nicht abschließend geklärt ist, ob bzgl der Berechnung der Sperrfrist § 108

III AO zu beachten ist (vgl BFH BStBl II 2012, 599; BFH BStBl II 2003, 2; Tipke/Kruse/*Tipke* AO/FGO § 108 AO Rn 8, 22; Hübschmann/Hepp/Spitaler/*Söhn* AO § 108 Rn 65; Widmann/Mayer/*Widmann* Rn 19). Geht die Beteiligung auf einen unentgeltl Rechtsnachfolger iSd Abs 6 über, beginnt die siebenjährige Sperrfrist nicht neu zu laufen, der Rechtsnachfolger führt die Frist des Rechtsvorgängers fort (DPPM/*Patt* Rn 19; RHL/*Stangl* Rn 78). Die siebenjährige Sperrfrist gilt auch für die Ersatztatbestände des Abs 1 S 6.

6. Rückwirkende Besteuerung des Einbringungsgewinns I

50 Werden die erhaltenen Anteile innerh der siebenjährigen Sperrfrist veräußert oder liegt ein der Veräußerung gleichgestellter Vorgang nach Abs 1 S 6 vor, wird der Gewinn aus der Einbringung rückwirkend im VZ des stl Übertragungsstichtags besteuert (BMF-Schrb vom 11.11.2011, BStBl I 1314 Rn 22.07; Widmann/Mayer/*Widmann* Rn 163; DPPM/*Patt* Rn 54; RHL/*Stangl* Rn 79; Frotscher/Maas/*Mutscher* Rn 216; Blümich/*Nitzschke* Rn 41). Der „Gewinn aus der Einbringung" wird als „Einbringungsgewinn I" def und erfährt durch Abs 1 S 3 eine nähere gesetzl Regelung (vgl Rn 52 ff). Die Veräußerung der erhaltenen Anteile innerh der Sperrfrist gilt gem Abs 1 S 2 als rückwirkendes Ereignis iSd § 175 I 1 Nr 2 AO (Widmann/Mayer/*Widmann* Rn 163; DPPM/*Patt* Rn 63). Die mit der Veräußerung der erhaltenen Anteile sich ergebenden Konsequenzen bezogen auf den Einbringungsgewinn I werden damit **im Wj der Einbringung** in der Person des Einbringenden bzw dessen unentgeltl Rechtsnachfolger (vgl Rn 174; aA BMF-Schrb vom 11.11.2011, BStBl I 1314 Rn 22.41; DPPM/*Patt* Rn 63; Widmann/Mayer/*Widmann* Rn 174; offengelassen durch RHL/*Stangl* Rn 205) gezogen. Bringt eine Mitunternehmerschaft ihren Betrieb/Teilbetrieb in eine KapGes nach Maßgabe des § 20 I 1 ein, ist über die Höhe und die Zurechnung des Einbringungsgewinns zum Einbringungsstichtag im Gewinnfeststellungsverfahren (§ 180 I Nr 2 lit a AO) zu entscheiden. Soweit Ergänzungsbilanzen existierten bzw SBV mitübertragen wurde, ist dies entsprechend zu berücksichtigen (Widmann/Mayer/*Widmann* § 20 Rn R 732 f). Nach der hier vertretenen Auffassung (vgl § 20 Rn 424; krit *Stangl* GmbHR 2012, 253; aA *Benz/Rosenberg* DB Beilage 1/2012 zu Heft 2, 38) wird den MU der Einbringungsgewinn nach allg Grundsätzen, dh entsprechend der Gewinnverteilung im Gesellschaftsvertrag, zugerechnet, ggf ist eine ergänzende Vertragsauslegung des Gesellschaftsvertrags notwendig, sofern der Gesellschaftsvertrag nicht ausdrücklich die nachfolgend dargestellte Problematik regelt. Zu MU, die wegen ihrer Ansässigkeit nicht in den persönlichen Anwendungsbereich des § 20 fallen, vgl § 20 Rn 425. Eine Verzinsung der Steuernachforderung auf den nachträgl angesetzten Einbringungsgewinn I fällt im Grds nicht an, da der maßgebende Zinslauf erst 15 Monate nach Ablauf des Kj beginnt, in dem das rückwirkende Ereignis eingetreten ist (§ 233a IIa AO). Das rückwirkende Ereignis bezieht sich auch auf die nachträgl AK für die erhaltenen Anteile (vgl Rn 58; BMF-Schrb vom 11.11.2011, BStBl I 1314 Rn 20.10; Widmann/Mayer/*Widmann* Rn 186; Haritz/Menner/*Bilitewski* Rn 110; RHL/*Stangl* Rn 80; Frotscher/Maas/*Mutscher* Rn 229; aA DPPM/*Patt* Rn 61b; Blümich/*Nitzschke* Rn 54).

51 Der Einbringungsgewinn I unterliegt nur insoweit der dt Besteuerung, als die Besteuerung der Sacheinlage im Einbringungszeitpunkt Deutschland zusteht (Widmann/Mayer/*Widmann* Rn 169; vgl auch § 20 Rn 416 ff). War der Einbringende mit dem Einbringungsgegenstand in Deutschland **beschränkt stpfl,** so hat

die Rückwirkung zur Konsequenz, dass die Versteuerung des Einbringungsgewinns I noch dem mit dem Einbringungsgegenstand verbundene dt StPfl unterfällt (RHL/*Stangl* Rn 81; DPPM/*Patt* Rn 59; Widmann/Mayer/*Widmann* Rn 165). Ggf ist eine ausl Steuer anzurechnen (Widmann/Mayer/*Widmann* Rn 166).

7. Ermittlung des Einbringungsgewinns I, Abs 1 S 3

Der Einbringungsgewinn I ist gem Abs 1 S 3 die Diff zwischen dem gemeinen Wert des übertragenen Verm im Zeitpunkt der Einbringung abzgl der Kosten des Vermögensübergangs und dem Wertansatz der übernehmenden Ges im Zeitpunkt der Einbringung vermindert um ein Siebtel für jedes abgelaufene Zeitjahr nach dem Einbringungszeitpunkt. Soweit sich im eingebrachten BV Anteile an KapGes befunden haben und soweit diese nach Abs 1 S 5 nicht im Einbringungsgewinn I, sondern im Einbringungsgewinn II zu erfassen sind, ist der Einbringungsgewinn I der gemeine Wert, der sich ohne die betroffenen Kapitalgesellschaftsanteile ergibt (BMF-Schrb vom 11.11.2011, BStBl I 1314 Rn 22.08; RHL/*Stangl* Rn 87; DPPM/*Patt* Rn 55; *Förster/Wendland* BB 2007, 631; *Ley* FR 2007, 109). Ist das Besteuerungsrecht Deutschlands hinsichtl des Gewinns aus der Veräußerung der erhaltenen Anteile ausgeschlossen oder beschränkt, umfasst der Einbringungsgewinn I aber auch die stillen Reerven der iRd Sacheinlage miteingebrachten Anteile (BMF-Schrb vom 11.11.2011, BStBl I 1314 Rn 22.11). Der Einbringungsgewinn I lässt sich damit wie folgt ermitteln: 52

Gemeiner Wert des eingebrachten BV im Einbringungszeitpunkt
– gemeiner Wert der durch Abs 1 S 5 erfassten Anteile an KapGes
– Kosten der Vermögensübertragung
– Wertansatz der übernehmenden Ges abzgl der durch Abs 1 S 5 erfassten Anteile an KapGes

= Zwischensumme
– 1/7 der Zwischensumme für jedes abgelaufene Zeitjahr seit dem Einbringungszeitpunkt

= Einbringungsgewinn I

Werden **nicht sämtl erhaltenen Anteile iSd Abs 1 S 1 veräußert,** sondern nur ein Teil, so wird nicht der gesamte Einbringungsgewinn I, sondern nur ein anteiliger Einbringungsgewinn I ermittelt (Frotscher/Maas/*Mutscher* Rn 219). 53

Der gemeine Wert des eingebrachten BV im Einbringungszeitpunkt ggf abzgl des gemeinen Werts der Anteile, die nach Abs 1 S 5 bei der Ermittlung des Einbringungsgewinns II von Relevanz sind, stellt die Ausgangsgröße für die Ermittlung des Einbringungsgewinns I dar. Abs 1 S 3 spricht ausschließl vom gemeinen Wert des eingebrachten BV. Soweit jedoch zum übertragenen Verm auch Pensionsrückstellungen gehören, sind diese gem § 6 a EStG zu bewerten (Widmann/Mayer/*Widmann* Rn 154; DPPM/*Patt* Rn 55). Abs 1 S 1 spricht ebenso wie Abs 1 S 3 vom gemeinen Wert, verweist aber insoweit auf § 20 II 2 (wie hier DPPM/*Patt* Rn 55; offengelassen durch RHL/*Stangl* Rn 88). Nach der hier vertretenen Auffassung (vgl § 20 Rn 325) sind WG, die durch die Einbringung erstmals in Deutschland verstrickt werden, immer mit dem gemeinem Wert anzusetzen, so dass diese WG sich nicht auf die Höhe des Einbringungsgewinns I auswirken (vgl auch DPPM/*Patt* Rn 56). 54

55 Die **Kosten der Vermögensübertragung** (vgl § 20 Rn 404) mindern den Einbringungsgewinn I. Werden nicht sämtliche Anteile iSd Abs 1 S 1 veräußert, sind die Kosten bzgl der Ermittlung des Einbringungsgewinns I nur anteilig zu berücksichtigen. Kosten der Vermögensübertragung sind die Kosten der Einbringung, die vom Einbringenden zu tragen waren, nicht die Kosten der Veräußerung der erhaltenen Anteile (Widmann/Mayer/*Widmann* Rn 155). Dies hat einen zu niedrigen Ansatz der nachträgl AK der erhaltenen Anteile und der Wertaufstockung des eingebrachten BV beim übernehmenden Rechtsträger im Vergleich zur Einbringung mit dem gemeinen Wert zur Folge (DPPM/*Patt* Rn 65; RHL/*Stangl* Rn 90; Widmann/Mayer/*Widmann* Rn 155). Die Veräußerungskosten wirken sich nur insoweit steuermindernd aus, wie der Einbringungsgewinn I selbst stpfl ist (*Dötsch/Pung* DB 2006, 2763). Hat der Einbringende die Kosten der Einbringung im Wj der Einbringung stl in seiner Gewinnermittlung berücksichtigt, so ist dies rückwirkend zu korrigieren.

56 Der gemeine Wert des eingebrachten BV zum Einbringungszeitpunkt (abzüglich der durch Abs 1 S 5 erfassten Anteile an KapGes), abzgl der Kosten der Einbringung um den Wertansatz der übernehmenden Gesellschaft (abzgl der durch Abs 1 S 5 erfassten Anteile an KapGes), ist für jedes seit dem Einbringungszeitpunkt abgelaufene Zeitjahr **um ein Siebtel zu vermindern.** Einbringungszeitpunkt iSd Abs 1 S 3 ist der stl Übertragungsstichtag iSd § 20 VI 1 (RHL/*Stangl* Rn 91; DPPM/*Patt* Rn 57; *Strahl* KÖSDI 2007, 15 442). Maßgebl Zeitpunkt für die Veräußerung der Beteiligung ist die Übertragung des wirtschaftl Eigentums an den gewährten Anteilen (Widmann/Mayer/*Widmann* Rn 19). Werden die erhaltenen Anteile rückwirkend unter (teilweiser) Aufdeckung der stillen Reserven in eine andere KapGes oder Gen eingebracht, ist der Einbringungsstichtag entscheidend. Durch diese sog Siebtel-Regelung sollte nach dem Willen des Gesetzgebers in pauschalierender Form die Missbrauchsregelung in Art 15 I FusionsRL berücksichtigt werden (BT-Drs 16/2710, 46; vgl dazu auch Rn 11).

57 Die Systematik der Besteuerung des Einbringungsgewinns I kann im Ergebnis dazu führen, dass in der Person des Einbringenden die im eingebrachten Verm vorhandenen stillen Reserven nicht besteuert werden. Dies ist der Fall, wenn der Einbringende im EU- bzw EWR-Raum ansässig ist, der Ansässigkeitsstaat die als Gegenleistung für die Einbringung erhaltenen Anteile mit dem gemeinen Wert bewertet und die Veräußerung der erhaltenen Anteile nach Ablauf der siebenjährigen Sperrfrist erfolgt (Widmann/Mayer/*Widmann* Rn 190).

8. Besteuerung des Einbringungsgewinns I, nachträgliche AK

58 Ist der Einbringende eine estpfl **natürl Person,** ist der Einbringungsgewinn I ein Gewinne iSd § 16 EStG. Wurde ein luf Betrieb oder ein freiberufl Betrieb nach Maßgabe des § 20 eingebracht, entstehen Einkünfte aus §§ 13 oder 18 III EStG (DPPM/*Patt* Rn 59; Widmann/Mayer/*Widmann* Rn 160). Die Versteuerung des Einbringungsgewinns erfolgt in der Person des Einbringenden bzw dessen unentgeltl Rechtsnachfolger, der nach Abs 6 als Einbringender gilt (vgl Rn 174; aA BMF-Schrb vom 11.11.2011, BStBl 1314 Rn 22.41; Widmann/Mayer/*Widmann* Rn 17; DPPM/*Patt* Rn 63; offengelassen durch RHL/*Stangl* Rn 82). Zur Zurechnung des Einbringungsgewinns, wenn Einbringender eine PersGes ist, vgl Rn 50; § 20 Rn 424 f. Der Einbringungsgewinn I unterliegt nur insoweit der dt Besteuerung, als die Besteuerung der Sacheinlage im Einbringungszeitpunkt Deutschland zusteht (vgl Rn 51, § 20 Rn 416). Der Einbringungs-

gewinn I führt nach Abs 1 S 4 zu **nachträgl AK** „der erhaltenen Anteile". Die AK der erhaltenen Anteile erhöhen sich nach der hier vertretenen Auffassung (vgl Rn 50) rückwirkend zum Einbringungsstichtag, und zwar unabhängig davon, ob die Steuer auf den Einbringungsgewinn entrichtet wurde oder nicht. Ein besonderer Nachw oder ein entsprechender Antrag ist nach Abs 1 S 4 nicht erforderl (RHL/*Stangl* Rn 94; *Förster/Wendland* BB 2007, 631; *Ley* FR 2007, 109). Nach Abs 1 S 1 2 HS sind die Regelungen der §§ 16 IV, 34 EStG auf den Einbringungsgewinn nicht anzuwenden (Widmann/Mayer/*Widmann* Rn 161; krit insoweit bei Veräußerung der erhaltenen Anteile innerh des ersten Jahres DPPM/*Patt* Rn 60; RHL/*Stangl* Rn 83; *Desens* DStR 2010 Beihefter zu Heft 46, 80).

Wird nur ein **Teil der erhaltenen Anteile** veräußert, so führt dies auch nur zu einer anteiligen Versteuerung des Einbringungsgewinns I, denn nach Abs 1 S 1 kommt es nur zu einer entsprechenden Besteuerung, „soweit" die erhaltenen Anteile veräußert werden. Nicht abschl geklärt ist in diesem Zshg, ob der anteilige Einbringungsgewinn I zu **nachträgl AK** nur für die veräußerten erhaltenen Anteile führt oder aber auf alle iRd Sacheinlage erhaltenen Anteile zu verteilen ist. Die hM geht davon aus, dass insoweit nachträgl AK ausschließl für die veräußerten Anteile entstehen (BMF-Schrb vom 11.11.2011, BStBl I 1314 Rn 22.04; Widmann/Mayer/*Widmann* Rn 186; DPPM/*Patt* Rn 61; RHL/*Stangl* Rn 95; aA *Strahl* KÖSDI 2007, 15442; *Krohn/Greulich* DStR 2008, 646). Dies wird damit begründet, dass Abs 1 S 1 nur auf die veräußerten Anteile abstellt, so dass die nachfolgenden Sätze des Abs 1 sich nur auf die veräußerten Anteile beziehen kann (Widmann/Mayer/*Widmann* Rn 186). **59**

Ist Einbringender eine **kstpfl Person,** so unterliegt der Einbringungsgewinn I der KSt. Er ist ggü dem Einbringenden bzw dessen unentgeltl Rechtsnachfolger festzusetzen (vgl Rn 174). Wird nur ein Teil der erhaltenen Anteile veräußert, so entsteht nur ein anteiliger Einbringungsgewinn I. Der Einbringungsgewinn I führt zu nachträgl AK auf die erhaltenen Anteile (Abs 1 S 4). Werden nur Teile der erhaltenen Anteile veräußert, so führt dies auch nur anteilig zu einer Versteuerung des Einbringungsgewinns I, es erhöhen sich dann nachträgl die AK der veräußerten Anteile (vgl Rn 59). **60**

Entgegen der Auffassung der FinVerw (BMF-Schrb vom 11.11.2011, BStBl I 1314 Rn 22.07) ist auf den Einbringungsgewinn I **§§ 6b, 6c EStG** anzuwenden, soweit dieser Gewinn auf die entsprechenden begünstigten WG der Sacheinlage entfallen (ebenso DPPM/*Patt* Rn 59; Frotscher/Maas/*Mutscher* Rn 224; *Benz/Rosenberg* DB Beilage 1/2012 zu Heft 2, 38; *Orth* DStR 2011, 1541). Dies gilt auch, wenn der Einbringungsgewinn I auf Grund der Anwendung der sog Siebtel-Regelung nicht zur nachträglichen Aufdeckung sämtlicher stiller Reserven im übertragenen Vermögen führt (ebenso DPPM/*Patt* Rn 59). Die Veräußerung der sperrfristverhafteten Anteile innerhalb der siebenjährigen Frist führt dazu, dass rückwirkend ein Einbringungsgewinn entsteht. Die ursprüngliche Einbringung stellt aber einen Veräußerungsvorgang dar, bei dem grdsl §§ 6b, 6c EStG anzuwenden sind (BMF-Schrb vom 11.11.2011, BStBl I 1314 Rn 20.26), so dass eine nachträgliche Gewinnrealisierung von stillen Reserven in Form des Einbringungsgewinns I nicht anders behandelt werden kann. **61**

Der Einbringungsgewinn I löst nachträglich auch **GewSt** aus, wenn die Veräußerung des eingebrachten Vermögens im Zeitpunkt der Einbringung gewerbesteuerpflichtig gewesen wäre (Widmann/Mayer/*Widmann* Rn 162; DPPM/*Patt* Rn 59a; RHL/*Stangl* Rn 85; *Behrendt/Gaffron/Krohn* DB 2012, 1072; im Grundsatz ebenso BMF-Schrb vom 11.11.2011, BStBl I 1314 Rn 22.07). Der Einbrin- **61a** gungsgewinn I unterliegt damit zB nicht der GewSt, wenn eine natürliche Person ihren gesamt Mitunternehmeranteil im Wege des § 20 eingebracht hat und dieser Einbringende die sperrfristverhafteten Anteile an der übernehmenden KapGes innerhalb der Sperrfrist veräußert. Die GewSt-Freiheit wird nicht dadurch in Frage gestellt, dass bei der Ermittlung des Einbringungsgewinns I die sog Siebtel-Regelung zur Anwendung kommt (BMF-Schrb vom 11.11.2011, BStBl I 1314 Rn 22.07; DPPM/*Patt* Rn 59a; *Behrendt/Gaffron/Krohn* DB 2011, 1072). Nach Auffassung der FinVerw soll ein Einbringungsgewinn I in jedem Fall der GewSt unterliegen, wenn nicht sämtliche erhaltenen Anteile in einem einheitlichen Vorgang veräußert werden (BMF-Schrb vom 11.11.2011, BStBl I 1314 Rn 22.07). Dies kann nicht überzeugen, soweit bei der ursprünglichen Einbringung unter Aufdeckung von stillen Reserven der Einbringungsgewinn gewerbesteuerfrei gewesen wäre. Denn auch bei der Veräußerung nur eines Teils des erhaltenen Anteils an der übernehmenden KapGes innerhalb der Sperrfrist hat der Einbringende zum Einbringungszeitpunkt seine gesamte gewerbliche Tätigkeit durch die Einbringung des gesamten Mitunternehmeranteils aufgegeben, der insoweit entstehende Einbringungsgewinn I ist damit gewerbesteuerfrei zu stellen (DPPM/*Patt* Rn 59a; Widmann/Mayer/*Widmann* UmwStE 2011 Rn 22.07; *Behrendt/Gaffron/Krohn* DB 2011, 1072; *Rödder/Rogall* Ubg 2011, 753; wohl auch Frotscher/Maas/*Mutscher* Rn 225).

9. Sacheinlage umfasst auch Anteile an Kapitalgesellschaft oder Genossenschaft, Abs 1 S 5

62 Wird ein Betrieb, Teilbetrieb mit dazugehörigen Anteilen an KapGes oder Gen eingebracht, liegt insges ein einheitl Einbringungsvorgang nach § 20 Abs 1 vor, sofern die Anteile wesentl Betriebsgrundlage der übertragenen Sachgesamtheit darstellen oder aber die Anteile notwendiges oder gewillkürtes BV des eingebrachten Verm sind und in einem sachl und zeitl Zusammenhang mitübertragen werden (vgl § 20 Rn 26 f). Für diesen Fall, näml dass zu den unter den Voraussetzungen des § 20 I eingebrachten BV auch Anteile an KapGes oder Gen gehören, regelt Abs 1 S 5 das Konkurrenzverhältnis zwischen Abs 1 und Abs 2. Soweit das eingebrachte BV sich auf Anteile an einer KapGes oder Gen bezieht, ist insoweit grdsl Abs 2 anzuwenden; die Anwendung des Abs 1 ist nach Abs 1 S 5 ausgeschlossen (allgM vgl nur BMF-Schrb vom 11.11.2011, BStBl I 1314 Rn 22.08), es sei denn, für die zurückbehaltenen Anteile an der übernehmenden Ges ist das Besteuerungsrecht Deutschland hinsichtl des Gewinns aus der Veräußerung der erhaltenen Anteile ausgeschlossen oder beschränkt (BMF-Schrb vom 11.11.2011, BStBl I 1314 Rn 22.11; DPPM/*Patt* Rn 53). Eine Veräußerung der als Gegenleistung für die Übertragung der Sachgesamtheit gewährten Anteile führt insoweit nicht zur Besteuerung des Einbringungsgewinns I. Auslösendes Ereignis ist insoweit vielmehr die Veräußerung der eingebrachten Beteiligung durch den übernehmenden Rechtsträger, mit der Folge eines ggf entstehenden Einbringungsgewinns II (vgl Rn 120 ff). Wird ein Mitunternehmeranteil gemeinsam mit Anteilen an einer KapGes/Gen, die SBV des Mitunternehmeranteils sind, eingebracht, findet Abs 1 S 5 Anwendung. Etwas anderes könnte gelten, wenn ein Mitunternehmeranteil eingebracht wird und die **Anteile an einer KapGes/Gen zum Gesamthandsvermögen gehören.** Eine unmittelbare Zurechnung der WG des Gesamthandsvermögens an die Gesellschafter einer Mitunternehmerschaft erfolgt näml nicht (BFH BStBl II 2003. 700; vgl Widmann/Mayer/*Widmann* Rn 195; aA wohl Fin-

Verw vgl BMF-Schrb vom 11.11.2011, BStBl I 1314 Rn 22.02)), so dass zweifelhaft ist, ob auch Anteile an einer KapGes/Gen die zum Gesamthandsvermögen einer Mitunternehmerschaft gehören, „das eingebrachte BV“ iSd Abs 1 S 5 darstellen; Gegenstand der Einbringung ist vielmehr der Mitunternehmeranteil (vgl Rn 109; BMF-Schrb vom 11.11.2011, BStBl I 1314 Rn 20.10 iVm Rn 20.05). In § 8 b IV 1 Nr 2 KStG aF hat der Gesetzgeber dieses Problem eindeutig in dem Sinne geregelt, dass auch Anteile an einer KapGes, die mittelbar über eine Mitunternehmerschaft eingebracht wurden, sperrfristverhaftet waren. Das mit § 8 b IV 1 Nr 2 KStG aF angestrebte Ziel soll nunmehr mit Abs 1 S 5 erreicht werden, was dafür spricht, dass im Grunde auch Anteile an einer KapGes/Gen von Abs 1 S 5 erfasst werden, die mittelbar über eine Mitunternehmerschaft eingebracht werden. Abs 1 S 5 spricht aber nur vom „eingebrachten Betriebsvermögen“. Dieser Begriff wird auch in § 20 II 1 verwendet und dort so verstanden, dass bei Einbringung eines Mitunternehmeranteils auch eine entsprechende Bewertung des anteiligen Gesamthandsvermögens erfolgen soll. Zu weiteren Einzelheiten vgl Rn 109.

Gehören zum BV des eingebrachten Betriebs, Teilbetriebs **Anteile am übernehmenden Rechtsträger,** müssen diese nach der hier vertretenen Auffassung (vgl § 20 Rn 78) nicht auf den übernehmenden Rechtsträger übertragen werden, auch wenn sie wesentl Betriebsgrundlage der übertragenen Sachgesamtheit sind. Es entstehen, bezogen auf die zurückbehaltenen Anteile, keine eingebrachten Anteile iSd Abs 2. **63**

Für die für die Sacheinlage erhaltenen Anteile gilt „insoweit“ Abs 2, als das eingebrachte BV Anteile an einer KapGes oder Gen umfasst. Dies gilt auch dann, wenn die eingebrachten Anteile keine mehrheitsvermittelnde Beteiligung iSd § 21 I 1 dargestellt haben. Die Höhe des Einbringungsgewinns I ergibt sich aus der Höhe der stillen Reserven im insgesamt eingebrachten Vermögen abzgl der stillen Reserven der miteingebrachten Anteile. **64**

Beispiel: **65**

E gründet eine X-AG mit einem Grundkapital von EUR 70 000 (Sachgründung). Er bringt einen Betrieb (BW EUR 40 000, gemeiner Wert EUR 200 000) und diesem Betrieb als wesentl Betriebsgrundlage dienende Anteile an einer KapGes (BW EUR 50 000, gemeiner Wert EUR 500 000) mit dem BW als Sacheinlage ein. Die AK der Aktien an der X-AG betragen gem § 20 III EUR 90 000. Veräußert E unmittelbar nach der Sacheinlage 100% der als Gegenleistung erhaltenen Aktien, entsteht ein Einbringungsgewinn I iHv EUR 160 000. Veräußert E unmittelbar nach der Sacheinlage 50% der als Gegenleistung erhaltenen Aktien, entsteht ein Einbringungsgewinn I iHv EUR 80 000.

Teilweise wird der Regelung des Abs 1 S 5 entnommen, dass in den Fällen, in denen nicht alle Anteile der aus der Einbringung erhaltenen Anteile veräußert werden, zunächst der Teil der Anteile als veräußert gelten, die auf die eingebrachten Anteile entfallen, da dies für den Einbringenden die günstigste Reihenfolge ist (Widmann/Mayer/*Widmann* Rn 177; vgl auch *Knief/Birnbaum* DB 2010, 2527). **66**

Nicht geklärt ist, ob die Qualifikation „erhaltene Anteile iSd Abs 1 S 1“ für die als Gegenleistung gewährten Anteile grdsl **einzelnen Anteilen zugeordnet werden kann** (vgl dazu § 20 Rn 27 f, 206; DPPM/*Patt* Rn 53; RHL/*Stangl* Rn 99 f; Widmann/Mayer/*Widmann* Rn 177; FG Baden-Württemberg EFG 2007, 1207 und BFH DB 2008, 1078 zu § 21 aF). Dagegen spricht, dass dem Gesetz ein diesbzgl Wahlrecht nicht entnommen werden kann. Es ist insbes nicht geregelt, wem ggü und nach welchen Regeln es auszuüben ist. Eine Zuordnung ist jedenfalls nur dann mögl, wenn die für die übertragenen Anteile einerseits und **67** den „Restbetrieb" andererseits vom übernehmenden Rechtsträger ausgegebenen Anteile genau identifizierbar sind und die für die übertragenen Anteile bzw den Restbetrieb gewährten Anteile nach dem Verkehrswert bemessen waren. Zudem muss dann iRd Sacheinlage bestimmt werden, welche erhaltenen Anteile auf die Einbringung von Anteilen bzw des Restbetriebes zurückzuführen sind. Dies ist nur mögl, wenn der übernehmende Rechtsträger mehrere Anteile iRd Einbringung ausgibt. Zudem ist eine Verstrickungsquote als Aufteilungsmaßstab zu ermitteln, die sicherstellt, dass wertmäßig die stillen Reserven in die nach Abs 2 zu behandelnden Anteile eingehen, die zuvor in den eingebrachten Anteilen an einer KapGes bzw Gen steuerverstrickt waren. Für die Aufteilung ist in diesen Fällen nicht der gemeine Wert der eingebrachten Anteile im Verhältnis zum gemeinen Wert der übrigen eingebrachten WG maßgebend (so aber wohl RHL/*Stangl* Rn 99), sondern vielmehr das Verhältnis der stillen Reserven in den eingebrachten Anteilen an einer KapGes bzw Gen auf der einen Seite und der stillen Reserven der insges eingebracht wurde auf der anderen Seite maßgebend (DPPM/*Patt* Rn 53). Der Aufteilungsmaßstab ist zwingend.

68 **Beispiel:**
E gründet eine X-AG mit einem Grundkapital von EUR 70 000 (Sachgründung). Er bringt einen Betrieb (BW EUR 40 000, gemeiner Wert EUR 200 000) und diesem Betrieb als wesentl Betriebsgrundlage dienende Anteile an einer KapGes (BW EUR 50 000, gemeiner Wert EUR 500 000) mit dem BW als Sacheinlage ein. Die AK der Aktien an der X-AG betragen gem § 20 III EUR 90 000. Die quotale Verstrickung iSd Abs 1 S 5 bezogen auf alle als Gegenleistung erhaltenen Aktien an der X-AG wird in der Weise ermittelt, dass das Verhältnis der stillen Reserven in den eingebrachten Anteilen (EUR 450 000) auf der einen Seite und den stillen Reserven der insges eingebracht wurde (EUR 610 000) auf der anderen Seite ggü gestellt wird. Damit sind die Aktien im Grds quotal zu 71,77 049 vH (450 000 : 610 000) nach Abs 2 zu beurteilen und quotal zu 26,22 951 vH (160 000 : 610 000) nach Abs 1 zu beurteilen. Geht man davon aus, dass die Qualifikation iSv Abs 1 und Abs 2 einzelnen Anteilen zugeordnet werden kann, so hat dies zur Folge, dass bei der entsprechenden Zuweisung für die eingebrachten Anteile an der KapGes ca 51 639 Aktien der X-AG (70 000 x 450 000 : 610 000) nach Abs 2 zu beurteilen wären, eine Aktie quotal verstrickt wäre und der Rest nach Abs 1 zu beurteilen wäre. Bereits die quotale Verstrickung auch nur einer Aktie erscheint problematisch, da zB im Ggs zu Grundstücken eine in einer Aktie verkörpertes Beteiligungsrecht sich grdsl nicht in wirtschaftl unterschiedl nutzbare und bewertbare Funktionseinheiten aufteilen lässt, was eine Zergliederung in mehrere WG rechtfertigen könnte. Die AK der nach Abs 1 bzw Abs 2 zu beurteilenden Anteile sind verhältnismäßig aufzuteilen (vgl auch die Überlegungen hierzu bei RHL/*Stangl* Rn 99; Widmann/Mayer/*Widmann* Rn 177 ff).

69 Ist das Recht der Bundesrepublik Deutschland hinsichtl der Besteuerung des Gewinns aus der Veräußerung der auf einer Sacheinlage mit Kapitalgesellschaftsanteilen zurückzuführenden erhaltenen Anteile ausgeschlossen oder beschränkt (vgl dazu § 21 Rn 91), so gelten gem Abs 1 S 5 HS 2 die Regelungen des **Abs 1 S 1–4 entsprechend.** In diesem Fall entsteht auch ein Einbringungsgewinn I bezogen auf die erhaltenen Anteile, die auf die Einbringung von Anteilen an einer KapGes oder Gen zurückzuführen sind (BMF-Schrb vom 11.11.2011, BStBl I 1314 Rn 22.11). Durch die Regelung des Abs 1 S 5 HS 2 „wird die Wirksamkeit der Missbrauchsklausel sichergestellt, denn ohne diese Regelung können die erhaltenen Anteile, soweit sie auf die mit eingebrachten Anteile entfallen, unmittelbar nach der Einbringung ohne dt Besteuerung veräußert werden" (BT-Drs 16/3369, 29). Ob Abs 1 S 5 HS 2 auch für die einer Veräußerung gleichgestellten Vorgänge iSd Abs 1 S 6 gilt, ist nicht abschl geklärt (vgl DPPM/*Patt* Rn 53a; RHL/*Stangl*

Rn 100; Frotscher/Maas/*Mutscher* Rn 213). Für den Anwendungsbereich des Abs 1 S 5 HS 2 liefert der Bericht des Finanzausschusses folgendes **Beispiel** (BT-Drs 16/3369, 12):

Die in Frankreich ansässige natürl Person X hält eine dt Betriebsstätte. In dieser Betriebsstätte befinden sich Anteile an der dt Y-GmbH, die wegen der Betriebsstättenzugehörigkeit iRd beschränkt StPfl des X in Deutschland steuerverhaftet sind. In 01 bringt X die Betriebsstätte in die Z-GmbH gegen Gewährung von Gesellschaftsrechten ein. Die erhaltenen Anteile an der Z-GmbH zählen nicht mehr zu einer dt Betriebsstätte, womit sie unter Berücksichtigung des DBA-Frankreichs in Deutschland nicht mehr steuerverstrickt sind. 70

Abs 1 S 5 HS 2 gilt nur, wenn das dt Besteuerungsrecht an den erhaltenen Anteilen ausgeschlossen oder beschränkt ist. Insoweit gelten die Ausführungen zu § 21 II 2 entsprechend (vgl § 21 Rn 91). Abs 1 S 5 HS 2 ordnet an, dass dann neben Abs 2 auch Abs 1 S 1–4 anzuwenden sind. Werden damit durch den übernehmenden Rechtsträger die eingebrachten Anteile veräußert, entsteht ein Einbringungsgewinn II, veräußert der Einbringende die erhaltenen Anteile innerh der siebenjährigen Sperrfrist, kommt es zu einer rückwirkenden Besteuerung des Einbringungsgewinn I. Abs 1 S 5 HS 2 gilt unabhängig davon, ob Einbringender eine natürl Person ist oder eine Körperschaft (Blümich/*Nitzschke* Rn 56). 71

Werden **einbringungsgeborene Anteile** iSd § 21 I aF in eine KapGes bzw Gen miteingebracht, verlieren diese nach der hier vertretenen Meinung (vgl § 20 Rn 220 ff) grdsl ihre Qualifikation der Einbringungsgeborenheit, es sei denn, das Gesetz ordnet insoweit eine Rechtsnachfolge an. Eine Rechtsnachfolge gem § 23 I scheidet aber bei einbringungsgeborenen Anteilen aus, bei denen im Zeitpunkt der Einbringung die siebenjährige Sperrfrist iSv § 3 Nr 40 S 3 und S 4 bzw § 8 b IV KStG aF noch nicht abgelaufen war, da § 23 gem § 27 IV auf Anteile, bei denen die siebenjährige Sperrfrist iSv § 3 Nr 40 S 3 und S 4 EStG aF bzw § 8 b IV KStG aF noch nicht abgelaufen ist, nicht angewendet wird (zur Rechtsnachfolge iÜ vgl § 23 Rn 16). Soweit die eingebrachten, ursprüngl einbringungsgeborenen Anteile innerh der siebenjährigen Sperrfrist des Abs 2 veräußert bzw ein der Veräußerung gleichgestellter Sachverhalt verwirklicht wird (Abs 2 S 6), entsteht ein Einbringungsgewinn II, falls im Zeitpunkt der Einbringung die siebenjährige Sperrfrist bereits abgelaufen war (vgl RHL/*Rabback* § 27 Rn 247; aA DPPM/*Patt* § 21 Rn 15). War im Zeitpunkt der Einbringung die siebenjährige Sperrfrist noch nicht abgelaufen, und werden die ursprüngl einbringungsgeborenen Anteile innerh der siebenjährigen Sperrfrist des Abs 2 veräußert bzw wird ein der Veräußerung gleichgestellter Ersatzrealisationstatbestand verwirklicht, entsteht kein Einbringungsgewinn II, da im Zeitpunkt der Einbringung in der Person des Einbringenden einbringungsgeborene Anteile vorlagen und damit gem § 27 IV die Regelung des § 22 keine Anwendung findet (str vgl § 20 Rn 226; aA BMF-Schrb vom 11.11.2011, BStBl I 1314 Rn 27.12). 72

Beispiel: 73

X hält 100% der Anteile an der X-GmbH im BV seines Einzelunternehmens. Die X-GmbH wurde 2005 durch Einbringung eines Teilbetriebs zu BW (§ 20 aF) gegründet. Im Jahre 2008 bringt X die Beteiligung an der X-GmbH zusammen mit dem Einzelunternehmen zu BW nach Maßgabe des § 20 steuerneutral in die Y-GmbH ein. Im Jahr 2009 veräußert die Y-GmbH die Beteiligung an der X-GmbH mit Gewinn. Da die Anteile an der X-GmbH mangels Rechtsnachfolge aufgrund der Einbringung ihre Qualifikation der Einbringungsgeborenheit verlieren, unterliegt der durch die Y-GmbH erzielt Veräußerungsgewinn nicht der Besteuerung nach § 8 b IV 1 Nr 1 KStG aF. Ein Einbringungsgewinn II entsteht nicht, da Abs 1 S 5 iVm Abs 2 wegen § 27 IV keine Anwendung findet.

10. Ersatzrealisationstatbestände, Abs 1 S 6, 7

74 **a) Abs 1 S 6, 7 als abschließende Regelung.** Abs 1 S 6, 7 stellen verschiedene abschl geregelte, eine Erweiterung durch Analogie oder allg stl Erwägung nicht zugängl, Sachverhalte (RHL/*Stangl* Rn 101; DPPM/*Patt* Rn 39; vgl auch zu § 21 II aF BFH/NV 1997, 314) einer Veräußerung nach Abs 1 S 1 gleich. Die in Abs 1 S 6 aufgezählten Tatbestände führen damit rückwirkend zur Besteuerung eines Einbringungsgewinns I, wenn bzw soweit die Tatbestände innerh der **siebenjährigen Sperrfrist** erfüllt werden. Werden nur hinsichtl eines Teils der aus der Sacheinlage stammenden Anteile ein Ersatzrealisierungstatbestand erfüllt, entsteht nur ein anteiliger Einbringungsgewinn I (Widmann/Mayer/*Widmann* Rn 137). Werden die Ersatzrealisationstatbestände nach Ablauf der Sperrfrist erfüllt, kommt es nicht zur Besteuerung eines Einbringungsgewinns I.

75 **b) Unentgeltliche Übertragung, Abs 1 S 1 Nr 1.** Die rückwirkende Besteuerung eines Einbringungsgewinns I wird ausgelöst, wenn die erhaltenen Anteile durch den Einbringenden bzw seinen unentgeltl Rechtsnachfolger (Abs 6) unmittelbar oder mittelbar unentgeltl auf eine in- oder ausländische KapGes oder Gen übertragen werden. Eine unentgeltl Übertragung auf Körperschaften, die nicht KapGes oder Gen sind, ist steuerunschädl (DPPM/*Patt* Rn 40; Widmann/Mayer/*Widmann* Rn 48). Werden die erhaltenen Anteile **teilentgeltl** an eine KapGes/Gen veräußert, findet Abs 1 S 6 Nr 1 Anwendung, soweit die Anteile unentgeltl übertragen werden, der entgeltl Teil wird durch Abs 1 S 1 erfasst; DPPM/Patt Rn 40; RHL/*Stangl* Rn 105).

76 Der bedeutendste Anwendungsfall des Abs 1 S 1 Nr 1 dürfte die **verdeckte Einlage** der erhaltenen Anteile ggf auch zusammen mit einem Betrieb, Teilbetrieb oder Mitunternehmeranteil in eine KapGes oder Gen sein (RHL/*Stangl* Rn 103; DPPM/*Patt* Rn 40; Blümich/*Nitzschke* Rn 60; Frotscher/Maas/*Mutscher* Rn 132; *Förster/Wendland* BB 2007, 631). Ohne Bedeutung ist, ob die erhaltenen Anteile sich vor der verdeckten Einlage im PV oder BV befunden haben. Werden erhaltene Anteile iSd Abs 1 S 1 gegen Gewährung von Gesellschaftsrechten in eine andere KapGes nach Maßgabe der §§ 20, 21 eingebracht, so stellt sich die Frage, ob eine verdeckte Einlage in diesem Fall anzunehmen ist, wenn die als Gegenleistung gewährten Gesellschaftsrechte an der übernehmenden KapGes nicht dem gemeinen Wert des eingebrachten BV entsprechen. Der I. Senat des BFH hat in einer Entscheidung vom 15.10.1997 (BFH/NV 1998, 624; ebenso BFH DStR 2009, 2661; vgl auch *Weber-Grellet* DB 1998, 1532) die Auffassung vertreten, die verdeckte Einlage sei verdeckt, weil eine Kapitaleinlage nicht gegen Gewährung von Gesellschaftsrechten erfolgt (ebenso L. Schmidt/*Kulosa* EStG § 6 Rn 735). Aus dieser Formulierung kann gefolgert werden, dass eine verdeckte Einlage in eine KapGes/Gen dann nicht vorliegt, wenn von der Ges als Gegenleistung für die Einlage neue Gesellschaftsanteile gewährt wurden, und zwar unabhängig davon, ob der Wert der gewährten Gesellschaftsrechte hinter dem Wert des übertragenen Verm zurück bleibt (BFH DStR 2009, 2661; RHL/*Stangl* § 20 Rn 133). Stellen die neu gewährten Anteile keine angemessene Gegenleistung dar, so kann es aber zu einer verdeckten Einlage auf der Ebene eines Mitgesellschafters kommen, insbes dann, wenn der Mitgesellschafter eine KapGes ist, an der der Einbringende wiederum beteiligt ist.

77 **Beispiel:**

E ist an der X-GmbH zu 100% beteiligt. Er besitzt außerdem eine 100%ige Beteiligung an der Y-GmbH, die aus einer unter dem gemeinen Wert (BW = 100 GW = 500) angesetzten

Sacheinlage iSd § 20 I stammen. Die Anteile an der Y-GmbH haben einen gemeinen Wert iHv 500. Zusammen mit der X-GmbH gründet E die Z-AG, an der er und die X-GmbH nach der Einbringung jeweils mit 50vH beteiligt sein sollen. E bringt seine Beteiligung an der Y-GmbH zum BW gegen Gewährung von Gesellschaftsrechten ein, die X-GmbH zahlt einen Betrag iHv 100. Die Z-AG führt die BW gem § 21 fort. Durch die Einbringung der Beteiligung an der Y-GmbH in die Z-AG wird die X-GmbH indirekt begünstigt, da diese nur 100 Geldeinheiten eingebracht hat, der Anteil an der Z-AG jedoch nach vollzogener Einbringung einen Verkehrswert von 600 hat, so dass der auf die X-GmbH entfallende anteilige Wert 300 beträgt. Im Zusammenhang mit § 13 geht die FinVerw (BMF-Schrb vom 11.11.2011, BStBl I 1314 Rn 13.03; ebenso BFH BStBl II 2011, 799; Widmann/Mayer/*Schießl* § 13 Rn 306; DPPM/*Dötsch* § 13 Rn 9; *Sistermann* DStR 2012 Beihefter zu Heft 2, 9) davon aus, dass § 13 keine Anwendung findet, soweit es infolge einer Verschmelzung zu einer interpersonalen Wertverschiebung auf Ebene der Anteilseigner kommt. Solche Wertverlagerungen sind nach allgemeinen Grundsätzen entweder verdeckte Gewinnausschüttungen in Form der Sachauskehrung zum gemeinen Wert oder aber verdeckte Einlagen. Gegenstand der Vorteilszuwendung sind dabei die KapGes-Anteile am übertragenden bzw übernehmenden Rechtsträger und nicht das durch die Verschmelzung übergehende Vermögen (BFH BStBl II 2011, 799; vgl dazu auch § 13 Rn 14, § 11 Rn 150; § 12 Rn 103). Übertragen auf den vorliegenden Einbringungsfall bedeutet dieses, dass es im Rahmen der Einbringung nach § 21 bei der interpersonalen Wertverschiebung zu verdeckten Gewinnausschüttungen bzw zu verdeckten Einlagen kommen kann, soweit ein Ges des übernehmenden Rechtsträgers eine KapGes ist, an der der Einbringende oder ihm nahe stehende Person beteiligt ist. Im vorliegenden Beispielsfall hat unter Zugrundelegung der dargestellten Meinung der E Anteile bzw Bezugsrechte an der Z-AG im Wert von Geldeinheiten 200 verdeckt in die X-GmbH eingelegt. Es entsteht insoweit rückwirkend ein Einbringungsgewinn I bezogen auf den Einbringungsvorgang in die Y-GmbH, wobei streitig ist, ob dieser Gewinn unter Anwendung des Abs 1 S 6 Nr 1 oder Abs 1 S 6 Nr 5 ausgelöst wird (vgl RHL/*Stangl* Rn 104; Widmann/Mayer/*Widmann* Rn 44).

Die **verdeckte Einlage in eine betriebl PersGes** (DPPM/*Patt* Rn 40; *Bauernschmidt/Blöchle* BB 2007, 743) erfüllt den Ersatzrealisierungstatbestand, soweit an der PersGes im Zeitpunkt der verdeckten Einlage eine andere KapGes vermögensmäßig beteiligt ist. Zwar werden die erhaltenen Anteile nicht unmittelbar auf diese KapGes übertragen; eine unmittelbar quotale Zurechnung der erhaltenen Anteile bei den Gesellschaftern erfolgt bei gewerbl tätigen PersGes zwar nicht (BFH BStBl II 2003, 700; BFH BStBl II 1981, 307), es liegt aber eine mittelbare verdeckte Einlage eines Teil der erhaltenen Anteile vor. Werden im Anschluss an die verdeckte Einlage in die PerGes die Anteile an der PersGes verdeckt in eine KapGes/Gen eingebracht, liegt eine mittelbar verdeckte Einlage in eine KapGes vor. Beteiligt sich nach der verdeckten Einlage in eine PersGes ein weiterer Gesellschafter an dieser PersGes gegen angemessene Einlage, liegt keine verdeckte Einlage vor. **78**

Eine unentgeltl Übertragung der erhaltenen Anteile liegt auch dann vor, wenn diese iRe **Sachdividende** oder iRe **verdeckten Gewinnausschüttung** an die MutterKapGes ausgekehrt werden (vgl RHL/*Stangl* Rn 103; DPPM/*Patt* Rn 40; Haritz/Menner/*Bilitewski* Rn 118; Frotscher/Maas/*Mutscher* Rn 132; vgl auch BFH/NV 2007, 1091; *Freikamp* DB 2007, 2220; aA Widmann/Mayer/*Widmann* Rn 34). Werden die erhaltenen Anteile iRe Realteilung unentgeltl (vgl dazu Rn 32) auf eine KapGes übertragen, löst dies einen Ersatzrealisationstatbestand aus (vgl BT-Drs 16/3369, 14; BMF-Schrb vom 11.11.2011, BStBl I 1314 Rn 22.20), soweit die jeweilige Beteiligungsquote vorher anteilig auf die anderen MU entfiel (DPPM/*Patt* Rn 40; Haritz/Menner/*Bilitewski* Rn 119). Die **Anwachsung** stellt keinen unentgeltl Vermögensübergang dar, soweit der übernehmende **79**

Rechtsträger an der PersGes beteiligt war (OFD Berlin DStR 2002, 1811; vgl auch L. Schmidt/*Kulosa* EStG § 6 Rn 735, der von einer unentgeltl Übertragung ausgeht; *Schumacher/Neumann* DStR 2008, 325: § 6 III EStG analog). Erfolgt der Anwachsungsvorgang im Zshg mit einer erweiterten Anwachsung (vgl dazu § 20 Rn 193 ff), wird der gesamte Vorgang durch § 20 erfasst.

80 Abs 1 S 6 Nr 1 erfasst auch die **mittelbar unentgeltl Übertragung.** Dies liegt bspw vor, wenn die erhaltenen Anteile durch den Einbringenden nach § 21 in eine zweite KapGes zu BW übertragen werden und die durch diese zweite Einbringung erhaltenen Anteile auf eine dritte KapGes eingebracht werden, deren Anteile dann unentgeltl auf eine KapGes oder Gen übertragen werden (Widmann/Mayer/*Widmann* Rn 43). Die Gesetzesbegründung (BT-Drs 16/3369, 12) nennt als Beispielsfall die Übertragung von erhaltenen Anteilen durch eine PersGes iRe Realteilung auf eine Mitunternehmerkapitalgesellschaft (vgl Rn 79).

81 **c) Entgeltliche Übertragung, Abs 1 S 6 Nr 2.** Nach Abs 1 S 6 Nr 2 führt die entgeltl Übertragung der erhaltenen Anteile durch den Einbringenden bzw dessen unentgeltl Rechtsnachfolger (Abs 6) zu der Entstehung eines Einbringungsgewinns I, es sei denn, der Einbringende weist nach, dass die Übertragung durch einen Vorgang iSd §§ 20 I, 21 I oder aufgrund vglbarer ausl Vorgänge zu BW erfolgte. Der erste HS in Abs 1 S 6 Nr 2 ist entbehrl, da die entgeltl Übertragung Veräußerung iSd Abs 1 S 1 ist (Frotscher/Maas/*Mutscher* Rn 149). Der Regelungsinhalt des Abs 1 S 6 Nr 2 ergibt sich aus seinem zweiten HS (RHL/*Stangl* Rn 107; Widmann/Mayer/*Widmann* Rn 49; Blümich/*Nitzschke* Rn 61; vgl auch DPPM/*Patt* Rn 41, der für Abs 1 S 6 Nr 2 keinen Anwendungsbereich sieht). Die Einbringung der erhaltenen Anteile im Wege der Sacheinlage iSd § 20 I, des Anteilstauschs iSd § 21 oder vglbare ausl Vorgänge löst einen Einbringungsgewinn I nicht aus, wenn die Übertragung zu BW erfolgt. Geht man mit der hM davon aus, dass der Formwechsel einer PerGes in eine KapGes ein Veräußerungsvorgang ist (vgl Rn 39, 46), so liegt eine Sacheinlage iSd §§ 20, 21 vor (DPPM/*Patt* Rn 41; Haritz/Menner/*Bilitewski* Rn 124; Widmann/Mayer/*Widmann* Rn 56). Vgl ausl Vorgänge liegen vor, wenn die ausl Regelungen mit denen in §§ 20, 21 vglbar sind (Widmann/Mayer/*Widmann* 50). Die **Übertragung erfolgt zu BW,** wenn beim Einbringenden im übertragenen Vermögen keine stillen Reserven aufgedeckt werden (BMF-Schrb vom 11.11.2011, BStBl I 1314 Rn 22.22). Auf den Ansatz bzw die Bewertung der eingebrachten Anteile durch den übernehmenden Rechtsträger kommt es nicht an, wie sich aus § 21 II 3 ergibt, denn hiernach ist die Buchwertverknüpfung auf Ebene des Einbringenden für die Steuerneutralität entscheidend (RHL/*Stangl* Rn 107; DPPM/*Patt* Rn 41; Blümich/*Nitzschke* Rn 62; *Heß/Schnitger* in PWC, Reform des UmwStR, Rn 1669). Die Maßgeblichkeit des Buchwertansatzes auf der Ebene des Einbringenden führt dazu, dass auch bei grenzüberschreitenden Sacheinlagen kein Ersatzrealisationstatbestand eintritt, wenn im Ausland die stl BW der als Gegenleistung gehaltenen Anteile nicht fortgeführt werden (RHL/*Stangl* Rn 107; krit *Heß/Schnitger* in PWC, Reform des UmwStR, Rn 1675). Von einer Buchwertverknüpfung iSd Regelung ist auszugehen, wenn Anteile aus dem PV nach § 21 eingebracht werden und die AK der eingebrachten Anteile den Veräußerungserlös darstellen (Widmann/Mayer/*Widmann* Rn 57).

82 Zum Entstehen eines Einbringungsgewinns I kommt es auch dann nicht, wenn die Übertragung der erhaltenen Anteile nicht nur ausschließl gegen Gewährung von Gesellschaftsrechten erfolgt, sondern auch andere Gegenleistungen gewährt werden und die Grenzen der §§ 20 II 4, 21 I 3, II 3 Nr 2 iVm Art 2 lit d FusionsRL nicht überschritten werden (BMF-Schrb vom 11.11.2011, BStBl I 1314 Rn 22.22; RHL/*Stangl* Rn 107; Haritz/Menner/*Biliteuwski* Rn 126).

Abs 1 S 6 Nr 2 gilt auch für vglbarer ausl Vorschriften. Vglbare ausl Vorgänge liegen vor, wenn Anteile gegen Gewährung (neuer, vgl dazu aber § 20 Rn 204) Anteile am übernehmenden Rechtsträger unter Fortführung der stl BW bzw der stl AK auf der Ebene des Einbringenden erfolgen. **83**

d) Auflösung, Kapitalherabsetzung, Verwendung des Einlagekontos, Abs 1 S 6 Nr 3. Gem Abs 1 S 6 Nr 3 erfolgt die Besteuerung des Einbringungsgewinns I entsprechend Abs 1 S 1–5 auch dann, wenn die KapGes, an der die erhaltenen Anteile bestehen (Widmann/Mayer/*Widmann* Rn 59; RHL/*Stangl* Rn 109), aufgelöst und abgewickelt wird oder das Kap dieser Ges herabgesetzt und an die Anteilseigner zurückbezahlt wird oder Beträge aus dem stl Einlagekonto iSv § 27 KStG ausgeschüttet oder zurückgezahlt werden. Durch diese Regelung soll sichergestellt werden, dass auch bei erhaltenen Anteilen an einer ausl KapGes mit inl Betriebsstätte im Zeitpunkt der Liquidation eine systemkonforme Besteuerung erfolgen kann (BT-Drs 16/3369, 12; zur Kritik an der Regelung vgl Widmann/Mayer/*Widmann* Rn 65; Haritz/Menner/*Bilitewksi* Rn 133). **84**

aa) Auflösung und Abwicklung. Nach Abs 1 S 6 Nr 3 1. Alt kommt es zu einem nachträgl Einbringungsgewinn I, wenn die **Ges aufgelöst und abgewickelt** wird. Für inl KapGes ergeben sich die Auflösungsgründe aus § 262 AktG, §§ 60–62 GmbHG und §§ 1, 2 LöschG. Die zivilrechtl Auslösungsgründe sind für die stl Behandlung maßgebend (BFH/NV 1990, 361; RHL/*Stangl* Rn 110), bei ausl KapGes beurteilen sich die Auflösungsgründe nach dem insoweit maßgebl Recht (BFH BStBl II 1993, 189). Auch eine Sitzverlegung in das Ausland bewirkt gesellschaftsrechtl nach hL eine Auflösung der wegziehenden KapGes (Baumbach/Hueck/*Hueck/Fastrich* GmbHG § 4 a Rn 10; vgl auch EuGH NJW 2002, 3614). Steuerrechtl kommt es bei der Sitzverlegung im EU-Raum jedoch nicht zu einer Auflösung. Zu beachten ist zudem, dass, selbst wenn man in der Verlegung des Sitzes einer KapGes in das Ausland eine zivilrechtl Auflösung der KapGes sieht, die Sitzverlegung nicht zwingend zu einer Abwicklung der Ges iSd Abs 1 S 6 Nr 3 führt. **85**

Zu einer Besteuerung des Einbringungsgewinns nach Abs 1 S 6 Nr 3 kommt es nur, wenn die KapGes aufgelöst und abgewickelt wird. An die Auflösung schließt sich idR die Abwicklung (Liquidation) an (§ 264 AktG; §§ 60, 70 GmbHG). Diese endet mit der Verteilung des Verm an die Gesellschafter. Zu einem Einbringungsgewinn I kommt es nur, wenn die Liquidation innerh der siebenjährigen Sperrfrist erfolgt. Dies ist dann der Fall, wenn innerhalb dieses Zeitraums gesellschaftsrechtl der Anspruch auf Auszahlung eines Abwicklungsguthabens entsteht (vgl L. Schmidt/*Weber-Grellet* EStG § 17 Rn 221; Frotscher/Maas/*Mutscher* Rn 162). Dies alles gilt unabhängig davon, wer bei der Schlussverteilung Ges der KapGes ist (BMF-Schrb vom 11.11.2011, BStBl I 1314 Rn 22.24; DPPM/*Patt* Rn 44). **86**

Gesellschaftsrechtl Auflösung einer KapGes ist auch die **Verschm** einer KapGes auf eine KapGes oder auf eine andere PersGes bzw natürl Person sowie die Aufspaltung einer KapGes. Da bei der Verschm bzw Aufspaltung der Ges, an der die erhaltenen Anteile bestehen, keine Abwicklung erfolgt, greift Abs 1 S 6 Nr 3 insoweit nicht (Widmann/Mayer/*Widmann* 59; RHL/*Stangl* Rn 110; DPPM/*Patt* Rn 45; Frotscher/Maas/*Mutscher* Rn 163a). Das **Insolvenzverfahren** löst **87** mangels Abwicklung (§ 11 VII KStG) den Ersatzrealisationstatbestand nicht aus (BMF-Schrb vom 11.11.2011, BStBl I 1314 Rn 22.24; DPPM/*Patt* Rn 44; Frotscher/Maas/*Mutscher* Rn 163b).

88 **bb) Kapitalherabsetzung.** Ein Einbringungsgewinn I entsteht, wenn das Kap der Ges, an der die erhaltenen Anteile iSd Abs 1 S 1 bestehen, herabgesetzt und auf entsprechenden Beschluss hin an die Anteilseigner zurückgezahlt wird. Voraussetzung ist eine handelsrechtl wirksame Kapitalherabsetzung nach §§ 222–239 AktG (ordentl, vereinfachte oder durch Einziehung von Anteilen) oder nach §§ 58 ff GmbHG und eine sich daran anschl Kapitalrückzahlung (Auskehrung). Die nach dt StR für die Behandlung als Kapitalrückzahlung erforderl handelsrechtl wirksame Kapitalherabsetzung beurteilt sich bei ausl KapGes nach dem insoweit maßgebl Recht (BFH BStBl II 1993, 189). Entscheidend für die Anwendung der Vorschrift ist die Rückzahlung (Auskehrung) an die Anteilseigner, dh das Entstehen des zivilrechtlichen Anspruchs auf Kapitalrückzahlung (BMF-Schrb vom 11.11.2011, BStBl I 1314 Rn 22.24; DPPM/*Patt* Rn 46; Frotscher/Maas/*Mutscher* Rn 166; BFH DStR 2006, 2168; BFH BStBl II 2002, 731), die bloße Absicht zur Auskehrung genügt nicht. Erfolgt die Kapitalherabsetzung, die nicht zu einer Auskehrung von Verm führen, sondern bspw zum Ausgleich von Verlusten erfolgt ist, löst dies die Besteuerungsfolgen nicht aus (Widmann/Mayer/*Widmann* Rn 60).

89 Die Einlagerückgewähr führt nicht unabhängig von ihrer Höhe zu einem vollumfängl Ersatzrealisationstatbestand, da es nach dem entsprechend geltenden Abs 1 S 1 nur zu einer Besteuerung des Einbringungsgewinns I führt, „soweit" eine Veräußerung erfolgt (DPPM/*Patt* Rn 47; Widmann/Mayer/*Widmann* Rn 64; RHL/*Stangl* Rn 115; *Schumacher/Neumann* DStR 2008, 325). Fragl ist dann aber, wie der „veräußerte" Teil zu bestimmen ist. Es gelten insoweit die Ausführungen zur Einlagenrückzahlung (Rn 90 ff) entsprechend.

90 **cc) Verwendung des steuerlichen Einlagekontos.** Gem Abs 1 S 6 Nr 3 erfolgt die Besteuerung des Einbringungsgewinns I entsprechend Abs 1 S 1–5 auch dann, wenn Beträge aus dem stl Einlagekonto iSd § 27 KStG ausgeschüttet oder zurückgezahlt werden. Ob für die Ausschüttung oder Rückzahlung das Einlagekonto verwendet wird, bestimmt sich nach der Verwendungsreihenfolge des § 27 KStG. Ebenso wie bei der **Kapitalherabsetzung** führt die Einlagerückgewähr nicht unabhängig von ihrer Höhe zu einem vollumfängl Ersatzrealisationstatbestand, da der entsprechend geltende Abs 1 S 1 nur zu einer Besteuerung des Einbringungsgewinns I führt, „soweit" eine Veräußerung erfolgt (BMF-Schrb vom 11.11.2011, BStBl I 1314 Rn 125; Widmann/Mayer/*Widmann* Rn 64 ff; DPPM/*Patt* Rn 48; Haritz/Menner/*Bilitewski* Rn 146 ff; RHL/*Stangl* Rn 114 ff; *Benz/Rosenberg* DB Beilage 1/2012 zu Heft 2, 38; *Willibald/Ege* DStZ 2009, 83; *Förster/Wendland* BB 2007, 631; RHL/*Stangl* Rn 115; *Schumacher/Neumann* DStR 2008, 325). Fragl ist dann aber, wie der „veräußerte" Teil zu bestimmen ist. Die Einzelheiten sind insoweit auf Grund des nicht klaren Gesetzeswortlaut umstritten (vgl dazu ausführl Widmann/Mayer/*Widmann* Rn 64).

91 Die FinVerw (BMF-Schrb vom 11.11.2011, BStBl I 1314 Rn 24) geht davon aus, dass es insoweit nur zu einer Einbringungsgewinnbesteuerung kommt, als der tats aus dem stl Einlagekonto iSd § 27 KStG ausgekehrte Betrag den BW bzw die AK der sperrfristverhafteten Anteile im Zeitpunkt der Einlagerückgewähr übersteigen. Der übersteigende Betrag gilt dabei unter Anwendung der Siebtel-Regelung als Einbringungsgewinn, wenn dieser den tats Einbringungsgewinn

(Abs 1 S 3) nicht übersteigt. Der Betrag der schädlichen Auszahlung aus dem stl Einlagekonto ergibt sich, indem der Gesamtbetrag der schädlichen Auszahlung aus dem stl Einlagekonto mit dem Verhältnis des gemeinen Werts des eingebrachten BVs zu dem gemeinen Wert des gesamten BVs der übernehmenden KapGes nach Einbringung bezogen auf den Einbringungsstichtag multipliziert wird. Dies hat zur Folge, dass auch die Auszahlung aus dem stl Einlagekonto, das nicht auf die Einbringung zurückzuführen ist, zu einer rückwirkenden Besteuerung führt. Die FinVerw verdeutlicht diese Grundsätze anhand nachfolgendem Beispiel (BMF-Schrb vom 11.11.2011, BStBl I 1314 Rn 22.24).

Beispiel: 92

A ist seit der Gründung zu 100% an der A-GmbH beteiligt (Nennkapital 50 000 EUR, AK inkl nachträglicher AK 500 000 EUR, gemeiner Wert des BVs EUR 240 000). Zum 31.12.07 ringt er sein Einzelunternehmen (BW EUR 100 000, gemeiner Wert EUR 240 000) gegen Gewährung von Gesellschaftsrechten zum Nennwert von EUR 50 000 in die A-GmbH ein; der übersteigende Betrag wurde der Kapitalrücklage zugeführt. Die A-GmbH führt die BW fort. Im Juni 09 erhält A eine Ausschüttung der A-GmbH iHv EUR 700 000, für die iHv EUR 550 000 das stl Einlagekonto als verwendet gilt.

Lösung:

Nach Abs 1 S 6 Nr 3 kommt es im Fall der Einlagenrückgewähr grdsl zu einer rückwirkenden Besteuerung des Einbringungsgewinns I. Dabei entfällt die Ausschüttung aus dem stl Einlagekonto anteilig (zu 50%) auf die sperrfristbehafteten Anteile. Zunächst mindern sich aufgrund der (anteiligen) Verwendung des stl Einlagekontos für die Ausschüttung an A (steuerneutral) die AK der sperrfristbehafteten Anteile des A iHv 100 000 EUR bis auf 0 EUR. Soweit die Hälfte der aus dem stl Einlagekonto an A ausgekehrten Beträge die AK des A für die sperrfristbehafteten Anteile übersteigt, entsteht ein Einbringungsgewinn I, der rückwirkend in 07 als Gewinn nach § 16 EStG zu versteuern ist:

Auf die sperrfristbehafteten Anteile entfallende Auskehrung aus dem steuerlichen Einlagekonto

	(50% von EUR 550 000)	275 000 EUR
./.	BW der sperrfristbehafteten Anteile	100 000 EUR
=	Einbringungsgewinn I vor Siebtelung	175 000 EUR
	davon 6/7	150 000 EUR

Der zu versteuernde Betrag darf aber den Einbringungsgewinn I iSv Abs 1 S 3 nicht übersteigen (Deckelung)

	gemeiner Wert des eingebrachten BVs im Zeitpunkt der Einbringung (31.12.07)	240 000 EUR
./.	BW der sperrfristbehafteten Anteile	100 000 EUR
=	Einbringungsgewinn I vor Siebtelung	140 000 EUR
davon 6/7 = höchstens zu versteuernder Einbringungsgewinn I		120 000 EUR

In der Lit finden sich bzgl der Ermittlung des Einbringungsgewinns bei der 93 Rückzahlung aus dem stl Einlagekonto unterschiedliche Auffassungen (vgl insbes Widmann/Mayer/*Widmann* Rn 64 ff; DPPM/*Patt* Rn 48; Haritz/Menner/*Bilitewski* Rn 146; RHL/*Stangl* Rn 114 ff; *Benz/Rosenberg* DB Beilage 1/2012 zu Heft 2, 38; *Willibald/Ege* DStZ 2009, 83; *Förster/Wendland* BB 2007, 631). Insbes wird in der Lit die Auffassung vertreten, dass der Teil des stl Einlagekontos, der bereits vor der Einbringung bestanden hat oder aber nach der Einbringung durch weitere Maßnahmen entsteht, eine Nachversteuerung nicht auslöst (vgl Widmann/Mayer/*Widmann* Rn 64; DPPM/*Patt* Rn 48; *Förster/Wendland* BB 2007, 631). Streitig ist insoweit aber, ob die Auszahlung zunächst aus den Beständen des stl Einlagekontos geleistet werden, die nicht im Rahmen der Einbringung entstanden sind (so Widmann/Mayer/*Widmann* Rn 64; *Förster/Wendland* BB 2007, 631) oder aber nach dem Verhältnis der entsprechenden Beträge im Zeitpunkt der Auskehrung für Zwecke der Anwendung des Abs 1 aufzuteilen sind (DPPM/*Patt* Rn 48). Die entsprechenden Grundsätze sollen in den Fällen von Mehrabführungen iSd § 14 III, IV KStG gelten, soweit dafür das stl Einlagekonto iSd § 27 KStG als verwendet gilt (vgl aber Rn 94). In den Fällen der organschaftlichen Mehrabführung ist dabei der BW der sperrfristverhafteten Anteile im Zeitpunkt der Mehrabführung um aktive und passive AP iSv § 14 IV zu korrigieren (BMF-Schrb vom 11.11.2011, BStBl I 1314 Rn 22.24).

94 Ob eine **organschaftl Mehrabführung,** die gem § 27 VI KStG das Einlagekonto mindert, als eine Einlagerückzahlung iSd Abs 1 S 6 Nr 3 angesehen werden muss, ist nicht abschl geklärt (ausführl dazu *Rödder/Stangl* Ubg 2008, 39). Durch das JStG 2008 wurde die bisher in R 63 KStR geregelte Ausgleichspostensystematik gesetzl geregelt (vgl dazu auch BFH BStBl II 2007, 796). Eine gesetzl Grundlage dahingehend, dass organschaftl verursachte Mehrabführungen als Einlagerückzahlung zu behandeln sind, ist nicht ersichtl, durch solche organschaftl Mehrabführung wird damit der Einbringungsgewinn I nicht ausgelöst (*Rödder/Stangl* Ubg 2008, 39; RHL/*Stangl* Rn 113; *Schumacher/Neumann* DStR 2008, 325; aA Widmann/Mayer/*Widmann* Rn 64 f, der von eine Ausschüttung ausgeht, jedoch darauf hinweist, dass Minderungen des stl Einlagekontos, die ihr Ursache in vororganschaftl Zeiten haben Gewinnausschüttungen sind).

95 **e) Veräußerungssperre nach Abs 1 S 6 Nr 4.** Ein veräußerungsgleiches Ereignis nach Abs 1 S 6 Nr 4 ist gegeben, wenn die aufgrund einer ersten Einbringung erhaltenen Anteile iSd Abs 1 S 1 auf eine andere KapGes/Gen gem §§ 20, 21 oder aufgrund vglbarer ausl Vorgänge übertragen werden (Folgeeinbringung I) und die **eingebrachten Anteile** anschl

- unmittelbar oder mittelbar veräußert oder
- unmittelbar oder mittelbar unentgeltl auf eine andere KapGes oder Gen übertragen werden (Folgeeinbringung II) und der Einbringende nicht nachweist, dass die Folgeeinbringung II zu BW erfolgte (Ketteneinbringung).

96 Der Tatbestand des Abs 1 S 6 Nr 4 setzt zunächst voraus, dass die erhaltenen Anteile iSd Abs 1 S 1 steuerneutral nach Maßgabe des Abs 1 S 6 Nr 2 auf einen „anderen Rechtsträger" übertragen wurden (Folgeeinbringung I). Die Ersatzrealisation tritt bei der unmittelbaren oder mittelbaren Veräußerung der erhaltenen und später eingebrachten Anteile ein. Damit sanktioniert Abs 1 S 6 Nr 4 zunächst die Veräußerung der in den „anderen Rechtsträgern" durch die Folgeeinbringung I eingebrachten Anteile durch diesen. Abs 1 S 6 Nr 4 sanktioniert jedoch auch die **mittelbare Veräußerung.** Dem Wortlaut dieser Regelung entsprechend wäre Abs 1 S 6 Nr 4 auch erfüllt, wenn die aus der Folgeeinbringung I erhaltenen Anteile anschl durch den Einbringenden selbst oder Anteile an Ges veräußert werden, die unmittelbare oder mittelbare Ges des einbringenden Rechtsträgers sind. Die hM geht zu Recht davon aus, dass Abs 1 S 5 Nr 4 nur dann erfüllt wird, wenn der übernehmende Rechtsträger der zweiten Einbringung in die die sperrfristverhafteten Anteile eingebracht wurden, diese unmittelbar oder mittelbar veräußert (BMF-Schrb vom 11.11.2011, BStBl I 1314 Rn 22.25; DPPM/*Patt* Rn 49; Widmann/Mayer/*Widmann* Rn 84 f). Eine mittelbare Veräußerung iSd Abs 1 S 4 Nr 4 liegt damit nur dann vor, wenn durch die übernehmende Ges, in die die sperrfristverhafteten Anteile eingebracht wurden, diese sperrfristverhafteten

Anteile auf eine TochterGes nach Maßgabe des Abs 1 S 6 Nr 2 (Folgeeinbringung II) und dann diese neuen aus der Folgeeinbringung II entstandenen Anteile veräußert werden. Werden die aus der Folgeeinbringung I erhaltenen neuen Anteile durch den Einbringenden selbst veräußert, findet Abs 1 S 4 Nr 4 keine Anwendung, da insoweit die speziellere Regelung des Abs 1 S 6 Nr 5 vorgeht (DPPM/*Patt* Rn 49; Widmann/Mayer/*Widmann* Rn 83; ebenso auch im Ergebnis BMF-Schrb vom 11.11.2011, BStBl I 1314 Rn 22.25). Keine mittelbare Veräußerung ist zudem gegeben, wenn Einbringender der Folgeeinbringung I eine KapGes ist und deren Anteile unmittelbar oder mittelbar durch „OberGes" veräußert werden (DPPM/*Patt* Rn 49; Widmann/Mayer/*Widmann* Rn 84; ebenso BMF-Schrb vom 11.11.2011, BStBl I 1314 Rn 22.25; vgl auch BMF-Schrb vom 16.12.2003, BStBl I 786 Rn 22).

Der Ersatzrealisationstatbestand des Abs 1 S 6 Nr 4 kann neben einer Veräußerung auch durch unentgeltl oder entgeltl unmittelbare oder mittelbare Übertragung der durch die Folgeeinbringung I übertragenen Anteile eintreten. Wie bei der mittelbaren Veräußerung sollte von einer mittelbar unentgeltl oder entgeltl Übertragung nur dann ausgegangen werden, falls die übernehmende Ges oder ihr nachfolgende Ges diesen Übertragungsvorgang vornehmen. **97**

Der Tatbestand des Abs 1 S 6 Nr 4 setzt voraus, dass die erhaltenen Anteile iSd Abs 1 S 1 steuerneutral nach Maßgabe des Abs 1 S 6 Nr 2 auf einen anderen Rechtsträger übertragen wurden (Folgeeinbringung I). Überträgt dieser die Anteile dann auf einen weiteren Rechtsträger (Folgeeinbringung II) kommt es nicht zum Entstehen eines Einbringungsgewinn I, wenn nachgewiesen wird, dass die Folgeeinbringung II zu BW erfolgte. Abs 1 S 6 Nr 4 verweist auf Abs 1 S 6 Nr 2, so dass mit diesen Buchwertübertragungen nur Übertragungen iSd §§ 20, 21 oder vglbare ausl Vorgänge angesprochen werden (RHL/*Stangl* Rn 121; aA Blümich/*Nitzschke* Rn 67; *Bauernschmitt/Blöchle* BB 2007, 743; vgl auch Widmann/Mayer/*Widmann* Rn 100). Die Übertragung erfolgt zu BW, wenn beim Einbringenden stille Reserven nicht aufzudecken sind (BMF-Schrb vom 11.11.2011, BStBl I 1314 Rn 22.22; vgl auch Rn 81). Damit entsteht ein Einbringungsgewinn I nicht, wenn neben der Gewährung neuer Anteile am übernehmenden Rechtsträger andere Gegenleistungen gewährt werden und wenn die Grenzen der §§ 20 II 4, 21 I 3, II 3 Nr 2 iVm Art 2 lit d FusionsRL nicht überschritten werden. Den Nachw der Buchwertübertragung der Folgeeinbringung II muss der Einbringende erbringen, in dessen Person ohne entsprechenden Nachw der Einbringungsgewinn I zu besteuern wäre (RHL/*Stangl* Rn 121; DPPM/*Patt* Rn 49). **98**

f) Veräußerungssperre nach Abs 1 S 6 Nr 5. Ein veräußerungsgleiches Ereignis nach Abs 1 S 6 Nr 5 ist gegeben, wenn die aufgrund einer ersten Einbringung erhaltenen Anteile iSd Abs 1 S 1 auf eine andere KapGes/Gen gem §§ 20, 21 oder aufgrund vglbarer ausl Vorgänge übertragen werden (Folgeeinbringung I) und die aus der Einbringung **erhaltenen Anteile** anschl **99**

- unmittelbar oder mittelbar veräußert oder
- unmittelbar oder mittelbar unentgeltl auf eine andere KapGes oder Gen übertragen werden (Folgeeinbringung II), und der Einbringende nicht nachweist, dass die Folgeeinbringung II zu BW erfolgte.

Der Tatbestand des Abs 1 S 6 Nr 5 setzt zunächst voraus, dass die erhaltenen Anteile iSd Abs 1 S 1 steuerneutral nach Maßgabe des Abs 1 S 6 Nr 2 auf einen anderen Rechtsträger übertragen wurden (Folgeeinbringung I) und der Einbrin- **100** gende dafür „neue Anteile an dem anderen Rechtsträger" erhält. Die Ersatzrealisation tritt bei der unmittelbaren oder mittelbaren Veräußerung der „neuen Anteile an dem anderen Rechtsträger", dh der Anteile, die im Rahmen der Folgeeinbringung ausgegeben wurden, innerh der ursprüngl Sperrfrist ein. Damit sanktioniert Abs 1 S 6 Nr 5 zunächst die Veräußerung der „neuen Anteile an dem anderen Rechtsträger" durch den Einbringenden. Abs 1 S 6 Nr 5 sanktioniert jedoch auch die **mittelbare Veräußerung.** Dem Wortlaut dieser Regelung entsprechend wäre Abs 1 S 6 Nr 5 auch erfüllt, wenn der Einbringende eine KapGes ist und diese Anteile am Einbringenden oder dieser übergeordneten Ges veräußert werden. Die hM (DPPM/*Patt* Rn 49; Widmann/Mayer/*Widmann* Rn 117) lehnt dies jedoch zu Recht ab; die unmittelbare oder mittelbare Veräußerung muss durch den Einbringenden erfolgen, die mittelbare Veräußerung durch einen Ges des Einbringenden wird durch Abs 1 S 6 Nr 5 nicht erfasst.

101 Der Ersatzrealisationstatbestand des Abs 1 S 6 Nr 5 kann neben einer Veräußerung auch durch unentgeltl oder entgeltl unmittelbare oder mittelbare Übertragung eintreten. Wie bei der mittelbaren Veräußerung sollte von einer mittelbar unentgeltl oder entgeltl Übertragung nur dann ausgegangen werden, falls der Einbringende oder ihm nachfolgende Ges diesen Übertragungsvorgang vornehmen.

102 Der Tatbestand des Abs 1 S 6 Nr 5 setzt voraus, dass die erhaltenen Anteile iSd Abs 1 S 1 steuerneutral nach Maßgabe des Abs 1 S 6 Nr 2 auf einen anderen Rechtsträger übertragen wurden (Folgeeinbringung I) und der Einbringende dafür „neue Anteile an dem anderen Rechtsträger" erhält. Die Ersatzrealisation tritt bei der unmittelbaren oder mittelbaren entgeltl Übertragung der „neuen Anteile an dem anderen Rechtsträger" innerh der ursprüngl Sperrfrist ein. Damit sanktioniert Abs 1 S 6 Nr 5 zunächst die entgeltl Übertragung der „neuen Anteile an dem anderen Rechtsträger" durch den Einbringenden. Überträgt dieser die „neuen Anteile an dem anderen Rechtsträger" dann auf einen weiteren Rechtsträger (Folgeeinbringung II), kommt es nicht zum Entstehen eines Einbringungsgewinn I, wenn nachgewiesen wird, dass die Folgeeinbringung II zu BW erfolgte. Abs 1 S 6 Nr 5 verweist auf Abs 1 S 6 Nr 2, so dass mit diesen Buchwertübertragungen nur Übertragungen iSd §§ 20, 21 oder vglbare ausl Vorgänge angesprochen werden (RHL/*Stangl* Rn 121; aA Blümich/*Nitzschke* Rn 67; *Bauernschmitt/Blöchle* BB 2007, 743). Die Übertragung erfolgt zu BW, wenn beim Einbringenden stille Reserven nicht aufzudecken sind (BMF-Schrb vom 11.11.2011, BStBl I 1314 Rn 22.22; vgl auch Rn 81. Damit entsteht ein Einbringungsgewinn I auch dann nicht, wenn neben der Gewährung neuer Anteile am übernehmenden Rechtsträger andere Gegenleistungen gewährt werden und insoweit die Grenzen der §§ 20 II 4, 21 I 3, II 3 Nr 2 iVm Art 2 lit d FusionsRL nicht überschritten werden.

103 **g) Verlust der Ansässigkeitsvoraussetzungen, Abs 1 S 6 Nr 6.** Erfüllt der Einbringende oder in den Fällen der Ketteneinbringung auch die übernehmende Ges oder ein unentgeltlicher Rechtsnachfolger in den Fällen der Sacheinlage die Voraussetzungen des § 1 IV innerhalb der siebenjährigen Sperrfrist nicht mehr, führt dies nach Abs 1 S 6 Nr 6 zur rückwirkenden Besteuerung des Einbringungsgewinns I (BMF-Schrb vom 11.11.2011, BStBl I 1314 Rn 22.27; DPPM/*Patt* Rn 50; RHL/*Stangl* Rn 127f; Widmann/Mayer/*Widmann* Rn 139). Ohne Bedeutung ist, wieso die Voraussetzungen des § 1 IV nicht mehr vorliegen. Kommt es zu einer unentgeltlichen Rechtsnachfolge, so tritt der Rechtsnachfolger in die siebenjährige Sperrfrist ein und muss in seiner Person die Voraussetzungen des § 1 IV erfüllen, ansonsten kommt es zu einer Ersatzrealisation nach Abs 1 S 6 Nr 6 (DPPM/*Patt* Rn 50).

Nach hM (vgl § 20 Rn 181) kann Einbringender auch eine Mitunternehmerschaft sein. Die persönl Voraussetzungen an den Einbringenden nach § 1 IV knüpft dessen ungeachtet nach § 1 IV 1 Nr 2 lit a aa an die hinter der Mitunternehmerschaft stehende EU-KapGes oder natürl Person an. Ob die Voraussetzungen des Abs 1 S 6 Nr 6 gegeben sind, ist damit (zumindest auch) mitunternehmerbezogen zu prüfen (BMF-Schrb vom 11.11.2011, BStBl I 1314 Rn 01.53; Widmann/Mayer/*Widmann* Rn 139; RHL/*Stangl* Rn 129; DPPM/*Patt* Rn 50; Haritz/Menner/*Bilitewski* Rn 170). Liegen in der Person eines MU die Voraussetzungen des § 1 IV 1 Nr 2 lit a nicht mehr vor, weil er bspw in das EU-Ausland verzieht, kommt es dennoch nicht zu einer anteiligen Ersatzrealisation, wenn die erhaltenen Anteile sich weiterhin in einem inl BV der ansässigen PersGes befinden und damit Deutschland noch das uneingeschränkte Besteuerungsrecht bzgl des Gewinns aus der späteren Veräußerung der erhaltenen Anteile hat (DPPM/*Patt* Rn 50; Haritz/Menner/*Bilitewski* Rn 170; Widmann/Mayer/*Widmann* Rn 139; offengelassen durch RHL/*Stangl* Rn 129). Nach der hier vertretenen Auffassung entsteht der Einbringungsgewinn I bezogen auf die ESt bzw KSt nur bzgl des Gesellschafters, bei dem die Voraussetzungen des EU- bzw EWR-Bezugs entfallen (vgl § 20 Rn 425; ebenso Widmann/Mayer/*Widmann* Rn 139). Verliert die PersGes, die Einbringende ist, die Ansässigkeitsvoraussetzungen des § 1 IV 1 Nr 2 lit a aa, soll es nach Auffassung von *Patt* (DPPM/*Patt* Rn 50) zu einer Ersatzrealisation gem Abs 1 S 6 Nr 6 für alle Ges kommen. 104

h) Nachträgliche Anschaffungskosten gem Abs 1 S 7. Der Einbringungsgewinn I erhöht nach Abs 1 S 4 nachträgl die AK der erhaltenen Anteile (vgl Rn 58). In den Fällen des Abs 1 S 6 Nr 4 und Nr 5 gilt dies auch hinsichtl der AK der auf eine Weitereinbringung dieser Anteile zum BW beruhenden Anteile. Dies gilt jedoch nach dem Gesetzeswortlaut nur, wenn die Ketteneinbringung aufgrund der §§ 20 I, 21 I 2 durchgeführt wurde; Abs 1 S 7 verweist nicht auf vglbare ausl Vorgänge; insoweit dürfte eine durch Analogie zu schließende Regelungslücke vorliegen (ebenso BMF-Schrb vom 11.11.2011, BStBl I 1314 Rn 22.10). 105

Besteuerung des Anteilseigners bei Anteilstausch oder durch Sacheinlagen eingebrachte Anteile, Abs 2

11. Durch Anteilstausch oder Sacheinlage eingebrachte Anteile

Abs 2 kommt zur Anwendung, wenn soweit nach den Vorschriften der §§ 20, 21 unter dem gemeinen Wert eingebrachte Anteile durch die übernehmende Ges innerhalb eines Zeitraums von sieben Jahren nach dem Einbringungszeitpunkt unmittelbar oder mittelbar veräußert werden und soweit beim Einbringenden der Gewinn aus der Veräußerung dieser Anteile im Einbringungszeitpunkt nicht nach § 8b II KStG steuerfrei gewesen wäre. Fand die Sacheinlage noch unter Geltung der vor dem SEStEG gültigen Normen statt, sind keine eingebrachten Anteile iSd Abs 2 entstanden (Widmann/Mayer/*Widmann* Rn 195). 106

Es muss sich um **Anteile an** einer in- oder ausländischen **KapGes oder Gen** handeln. Ob ein ausländischer Rechtsträger eine KapGes bzw Gen ist, richtet sich nach dem Typenvergleich (vgl § 21 Rn 21). Auch Anteile an einer sog Vorge- 107 sellschaft sind Anteile an einer KapGes. Ob die Anteile an der erworbenen Ges zum Privatvermögen oder BV des Einbringenden gehört haben, ist ohne Bedeutung (vgl zu näheren Einzelheiten § 21 Rn 24). Zur Einbringung einbringungsgeborener Anteile iSd § 21 I aF vgl Rn 72).

108 Abs 2 gilt unabhängig davon, ob die Sacheinlage oder der Anteilstausch rein national oder grenzüberschreitend erfolgte (RHL/*Stangl* Rn 138). Werden Anteile im Rahmen der Einbringung erstmalig in Deutschland steuerverstrickt, sind diese Anteile nach der hier vertretenen Auffassung mit dem gemeinen Wert anzusetzen (vgl § 20 Rn 280; § 21 Rn 69), auf diese Anteile findet Abs 2 keine Anwendung. Gehören zum BV des eingebrachten Betriebs, Teilbetriebs, Mitunternehmeranteils Teile am übernehmenden Rechtsträger, müssen diese nicht mit eingebracht werden, selbst wenn sie wesentliche Betriebsgrundlage der Sachgesamtheit sind (vgl § 20 Rn 78). Bezogen auf die zurückbehaltenen Anteile liegen keine eingebrachten Anteile iSd Abs 2 vor.

109 Wird ein **Betrieb**, **Teilbetrieb**, **Mitunternehmeranteil** mit dazugehörigen Anteilen an einer KapGes oder Gen eingebracht, liegt insgesamt ein einheitlicher Einbringungsvorgang nach § 20 I vor. Soweit das eingebrachte BV sich auf Anteile an einer KapGes oder Gen bezieht, ist aber gem Abs 1 S 5 die Regelung des Abs 2 anzuwenden (allM, vgl nur BMF-Schrb vom 11.11.2011, BStBl I 1314 Rn 22.08). Wird ein Mitunternehmeranteil gemeinsam mit Anteilen an einer KapGes, die SBV des Mitunternehmeranteils sind, eingebracht, findet gem Abs 1 S 5 die Regelung des Abs 2 Anwendung. Etwas anderes könnte gelten, wenn ein Mitunternehmeranteil eingebracht wird und die **Anteile an einer KapGes/Gen zum Gesamthandsvermögen** gehören. Eine unmittelbare Zurechnung der WG des Gesamthandsvermögens an die Ges einer Mitunternehmerschaft erfolgt näml nicht (Widmann/Mayer/*Widmann* Rn 195; FG Münster EFG 2012, 2057; aA wohl die FinVerw vgl BMF-Schrb vom 11.11.2011, BStBl I 1314 Rn 22.02; BT-Drs 16/11108), so dass zweifelhaft ist, ob auch Anteile an einer KapGes/Gen die zum Gesamthandsvermögen einer Mitunternehmerschaft gehören „und das eingebrachte BV" iSd Abs 1 S 5 darstellen, denn Gegenstand der Einbringung ist ausschließlich ein Mitunternehmeranteil (BMF-Schrb vom 11.11.2011, BStBl I 1314 Rn 20.10 iVm Rn 20.09). In § 8b IV I Nr 2 KStG aF hat der Gesetzgeber dieses Problem eindeutig idS geregelt, dass auch Anteile an einer KapGes, die mittelbar über eine Mitunternehmerschaft eingebracht wurden, sperrfristverhaftet waren. Das mit § 8b IV I Nr 2 KStG aF angestrebte Ziel soll unter Geltung des SEStEG nunmehr mit Abs 1 S 5 erreicht werden, was dafür spricht, dass im Grundsatz auch Anteile an einer KapGes/Gen von Abs 1 S 5 erfasst werden, die mittelbar über eine Mitunternehmerschaft eingebracht werden. Dafür spricht auch, dass der Begriff „eingebrachtes BV" in § 20 II 1 verwendet wird und dort so zu verstehen ist, dass bei der Einbringung eines Mitunternehmeranteils auch eine entsprechende Bewertung des anteiligen Gesamthandsvermögens erfolgen muss. Dies ändert aber nichts daran, dass Gegenstand der Einbringung ausschließlich der Mitunternehmeranteil ist, nicht aber die nur mittelbar übertragenen Anteile an einer KapGes, Abs 2 S 1 aber auf einen eingebrachten Anteil abstellt und nicht auf einen mittelbar eingebrachten Anteil. Daraus wird in der Lit (Widmann/Mayer/*Widmann* Rn 195; Frotscher/Maas/*Mutscher* Rn 246; ebenso FG Münster EFG 2012, 2057; aA wohl die FinVerw BMF-Schrb vom 11.11.2011, BStBl I 1314 Rn 22.02; BT-Drs 16/11108) der Schluss gezogen, dass keine Einbringung eines Anteils an einer KapGes vorliegt, wenn die Mitunternehmeranteile an einer

Mitunternehmerschaft eingebracht werden und diese Mitunternehmerschaft infolge der Einbringung nicht erlischt. Diese Auffassung hat zur Folge, dass Abs 2 keine Anwendung findet, wenn die übernehmende KapGes den eingebrachten Mitunternehmeranteil veräußert, da der übernehmende Rechtsträger keinen eingebrachten Anteil veräußert. Selbst wenn der Gesetzgeber etwas anderes durch die Änderung der Vorschrift durch das JStG 2009 gewollt hätte (vgl BT-Drs 16/10494), so hat dies im Gesetzeswortlaut keinen Niederschlag gefunden. Veräußert die übernehmende KapGes den Anteil an der eingebrachten Mitunternehmerschaft, findet Abs 1 und nicht Abs 2 Anwendung. Etwas anderes soll gelten, wenn sämtliche Anteile an der Mitunternehmerschaft übertragen werden und damit das Vermögen dieser Mitunternehmerschaft der übernehmenden KapGes/Gen anwächst (Widmann/Mayer/*Widmann* Rn 195; Haritz/Menner/*Bilitewski* Rn 176).

Abs 2 S 1 ist nur anzuwenden, soweit die Sacheinlage auf Grund der Regelung der §§ 20, 21 erfolgte und **die Anteilsübertragung „unter dem gemeinen Wert“** erfolgte (vgl auch Rn 130). Wird das übertragene Vermögen unterhalb des gemeinen Werts angesetzt, liegen aber weder die Voraussetzungen des § 20 noch die des § 21 vor, findet Abs 2 keine Anwendung (Widmann/Mayer/*Widmann* Rn 193; vgl auch BFH BStBl II 2011, 808 zu § 21 UmwStG aF). Erfolgte die Anteilseinbringung im Wege einer Sacheinlage gem § 20 I, liegt eine Einbringung unter dem gemeinen Wert vor, wenn der übernehmende Rechtsträger die eingebrachten Anteile unter dem gemeinen Wert in seiner stl Schlussbilanz ansetzt. Wird eine Sachgesamtheit zB ein Betrieb zusammen mit Anteilen an einer KapGes eingebracht und werden insoweit die BW ohne Aufdeckung vorhandener stiller Reserven fortgeführt, so ist Abs 2 S 1 nicht anwendbar, wenn der Buchwert der eingebrachten Anteile dem gemeinen Wert entsprechen oder der BW über dem gemeinen Wert lag (vgl dazu Rn 132; § 20 Rn 282 f). Zur Bindungswirkung des Wertansatzes beim übernehmenden Rechtsträger, wenn dieser sich bei der Bewertung außerhalb der gesetzlichen Bewertungsgrenzen bewegt, vgl Rn 14. Entspricht der BW des eingebrachten Vermögens im Einbringungszeitraum dem gemeinen Wert, liegt ein Ansatz mit dem gemeinen Wert vor (aA Widmann/Mayer/*Widmann* Rn 13: Ansatz unterhalb des gemeinen Werts, wenn ein Antrag auf BW oder ZW gestellt wurde). **110**

Liegt ein Anteilstausch iSd § 21 vor, ist Abs 2 auch dann anzuwenden, wenn die übernehmende Ges die eingebrachten Anteile mit dem gemeinen Wert angesetzt hat, aber abweichend davon der Einbringende die AK der erhaltenen Anteile mit einem niedrigeren Wert gem **Abs 2 S 3** bewertet (BMF-Schrb vom 11.11.2011, BStBl I 1314; DPPM/*Patt* Rn 17; RHL/*Stangl* Rn 139). Dies ergibt sich aus Abs 2 S 3, wonach ein Einbringungsgewinn II sich aus der Differenz zwischen dem gemeinen Wert der eingebrachten Anteile (nach Abzug der Kosten für den Vermögensübergang) und dem Wert ergibt, mit dem der Einbringende die erhaltenen Anteile angesetzt hat. **111**

12. Einbringender iSd Abs 2 S 1

Abs 2 idF vor der Änderung durch das JStG 2009 (BGBl I 2008, 2794) kam nach seinem Wortlaut nur zur Anwendung, wenn die Einbringung durch eine nicht durch § 8b II KStG begünstigte Person erfolgte. Da der Wortlaut des Gesetzes nur abstrakt auf eine durch § 8b II KStG begünstigte Person abstellte, ohne auf die Begünstigung der konkret übertragenen Anteile Bezug zu nehmen, war Abs 2 **112** auch dann nicht anzuwenden, soweit Einbringender eine durch § 8b II KStG begünstigte Person war, aber der Einbringende in Bezug auf die konkret eingebrachten Anteile bspw auf Grund von § 8b IV 1 Nr 2 KStG aF oder des § 8b VII, VIII KStG die Steuerfreiheit nach § 8b II KStG nicht nutzen konnte (ebenso Widmann/Mayer/*Widmann* Rn 197; RHL/*Stangl* Rn 140; *Rödder/Schumacher* DStR 2006, 1525; *Strahl* KÖSDI 2007, 15452; aA DPPM/*Patt* Rn 73; Blümich/*Nitzschke* Rn 75; Haritz/Menner/*Bilitewski* Rn 177).

113 Die durch das JStG 2009 geänderte Fassung des Abs 2 S 1 sieht nunmehr vor, dass die eingebrachten Anteile zum Zeitpunkt der Einbringung beim Einbringenden nicht nach § 8b II KStG steuerfrei gewesen wäre. Nach der Gesetzesbegründung (vgl BT-Drs 16/10494) soll es sich um eine Klarstellung handeln. Zutreffend weist *Widmann* (Widmann/Mayer/*Widmann* Rn 196) darauf hin, dass dies nicht der Fall ist und die Neufassung des Gesetzes damit insoweit keine Anwendung findet, als die Veräußerung oder der Veräußerung gleichgestellte Vorgänge bezogen auf die eingebrachten Anteile vor dem 29.11.2008 erfolgte, falls das BVerfG insoweit eine echte Rückwirkung vorsieht und die Anwendung deshalb verbieten wird.

114 Nach Änderung des Abs 2 durch das JStG 2009 ist für die Anwendung dieser Norm damit entscheidend, ob der Gewinn aus der Veräußerung der eingebrachten Anteile im Einbringungszeitpunkt nicht nach § 8b II KStG steuerfrei gewesen wäre. Damit kommt ein Einbringungsgewinn in Betracht, wenn Einbringender eine natürl Person ist. Gleiches gilt für die Einbringung durch eine PersGes, soweit an der PersGes natürl Personen beteiligt sind.

115 Abs 2 findet aber nunmehr auch dann Anwendung, wenn Einbringender eine durch § 8b II KStG begünstigte Person ist, bei den eingebrachten Anteilen es sich aber um solche iSd § 8b IV 1 Nr 2 KStG aF (Widmann/Mayer/*Widmann* Rn 197.1; DPPM/*Patt* Rn 73c) oder des § 8b VII, VIII KStG handelt.

116 Ein Einbringungsgewinn II entsteht damit dann nicht, wenn der Einbringende eine Körperschaft oder Personenvereinigung ist, deren Gewinn aus der Veräußerung der eingebrachten Anteile im Einbringungszeitpunkt nach § 8b II KStG steuerfrei gewesen wäre. Der Umstand, dass gem § 8b III 1 KStG 5vH des Gewinns als nicht abzugsfähige Betriebsausgaben gelten, steht der Steuerfreiheit nicht entgegen (Widmann/Mayer/*Widmann* Rn 197).

117 Ist Einbringender eine **OrganGes,** findet § 8b II KStG gem § 15 S 1 Nr 2 KStG auf die OrganGes keine Anwendung mit der Folge, dass nach dem Gesetzeswortlaut Abs 2 Anwendung finden würde. Zu Recht wird jedoch von der hM (Widmann/Mayer/*Widmann* Rn 199; DPPM/*Patt* Rn 73; Haritz/Menner/*Bilitewski* Rn 180) auf Grund einer teleologischen Reduktion insoweit auf die Besteuerung des Organträgers abgestellt, so dass Abs 2 keine Anwendung findet, wenn beim Organträger der Gewinn aus der Veräußerung der durch die OrganGes eingebrachten Anteile im Einbringungszeitpunkt nach § 8b II KStG steuerfrei gewesen wäre.

118 Ist Einbringender eine **Mitunternehmerschaft,** ist der Einbringende ein nicht von § 8b II KStG Begünstigter; nach herrschender Auffassung ist insoweit Abs 2 nicht anzuwenden, soweit an der einbringenden Mitunternehmerschaft eine Person beteiligt ist, bei der der Gewinn aus der Veräußerung der eingebrachten Anteile im Einbringungszeitraum nach § 8b II KStG steuerfrei gewesen wäre (BMF-Schrb vom 11.11.2011, BStBl I 1314 Rn 22.02; DPPM/*Patt* Rn 72a; Haritz/Menner/*Bilitewski* Rn 177; aA Widmann/Mayer/*Widmann* Rn 198).

Abs 2 S 1 gilt unabhängig davon, ob die übernehmende Ges eine in- oder ausl Ges ist und ob der Gewinn aus der Veräußerung der erhaltenen Anteile in Inland besteuert oder nicht besteuert wird (DPPM/*Patt* Rn 74; RHL/*Stangl* Rn 141; Haritz/Menner/*Bilitewski* Rn 179; Widmann/Mayer/*Widmann* Rn 206). **119**

13. Veräußerung der eingebrachten Anteile

Abs 2 findet Anwendung, wenn die eingebrachten Anteile durch die übernehmende Ges innerh der Sperrfrist von sieben Jahren veräußert werden. Abs 2 idF vor der Änderung durch das JStG 2009 (BGBl I 2008, 2794) kam nach seinem Wortlaut nur zur Anwendung, wenn die Einbringung durch eine nicht durch § 8b II KStG begünstigte Pers erfolgte. Da der Wortlaut des Gesetzes nur abstrakt auf eine durch § 8b II KStG begünstigte Pers abstellte, ohne auf die Begünstigung der konkret übertragenen Anteile Bezug zu nehmen, war Abs 2 auch dann nicht anzuwenden, soweit Einbringender eine durch § 8b II begünstigte Person war, aber der Einbringende in Bezug auf die konkret eingebrachten Anteile bspw auf Grund von § 8b IV 1 Nr 2 KStG aF oder des § 8b VII, VIII KStG die Steuerfreiheit nach § 8b II KStG nicht nutzen konnte (str vgl Rn 112). **120**

Die durch das JStG 2009 geänderte Fassung des Abs 2 S 2 sieht nunmehr vor, dass die eingebrachten Anteile zum Zeitpunkt der Einbringung beim Einbringenden nicht nach § 8b II KStG steuerfrei gewesen wäre. Nach der Gesetzesbegründung (vgl BT-Drs 16/10494) soll es sich um eine Klarstellung handeln, was jedoch ggf nicht der Fall ist (vgl Rn 113). **121**

Nach Änderung des Abs 2 durch das JStG 2009 ist für die Anwendung dieser Norm damit entscheidend, ob der Gewinn aus der Veräußerung der eingebrachten Anteile im Einbringungszeitpunkt nicht nach § 8b II KStG steuerfrei gewesen wäre. Damit kommt ein Einbringungsgewinn in Betracht, wenn Einbringender eine natürl Person ist. Gleiches gilt für die Einbringung durch eine PersGes, soweit an der PersGes natürl Personen beteiligt sind. **122**

Abs 2 findet aber nunmehr auch dann Anwendung, wenn Einbringender eine durch **§ 8b II KStG** begünstigte Person ist, bei den eingebrachten Anteilen es sich aber um solche iSd § 8b IV 1 Nr 2 KStG aF (vgl dazu Rn 114 f; Widmann/Mayer/*Widmann* Rn 197.1; DPPM/*Patt* Rn 73c) oder des § 8b VII, VIII KStG handelt. Ein Einbringungsgewinn II entsteht damit dann nicht, wenn der Einbringende eine Körperschaft oder Personenvereinigung ist, deren Gewinn aus der Veräußerung der eingebrachten Anteile im Einbringungszeitpunkt nach § 8b II KStG steuerfrei gewesen wäre. Der Umstand, dass gem § 8b III 1 KStG 5 vH des Gewinns als nicht abzugsfähige Betriebsausgaben gelten, steht der Steuerfreiheit nicht entgegen (Widmann/Mayer/*Widmann* Rn 197). Zur Einbringung durch eine **Organgesellschaft** vgl Rn 117, oder durch eine **Mitunternehmerschaft** vgl Rn 118. Die Veräußerung ist dabei die entgeltl Übertragung des wirtschaftl Eigentums an die eingebrachten Anteile durch den übernehmenden Rechtsträger bzw dessen Rechtsnachfolger auf einen anderen Rechtsträger. Der **Veräußerungsbegriff** des Abs 2 entspricht dem des Abs 1 S 1, so dass auf die diesbzgl Ausführungen verwiesen wird (vgl Rn 24 ff). Abs 2 S 6 verweist auf Abs 1 S 6 Nr 1–5, wodurch eine Reihe von Tatbeständen gesetzl festgeschrieben werden, die eine Veräußerung der eingebrachten Anteile gleichgestellt sind bzw eine solche ausschließen (Abs 2 S 6 iVm Abs 1 S 6 Nr 2). **123**

Schädl ist die Veräußerung der eingebrachten Anteile, dh der Anteile, die iRd Sacheinlage bzw des Anteilstauschs auf den übernehmenden Rechtsträger zu **124** einem Wert unter dem gemeinen Wert übertragen wurden. Gleiches gilt, soweit die Sperrfristverhaftung der eingebrachten Anteile auf andere Anteile übergeht. Die Veräußerung muss **durch die übernehmende Ges** bzw dessen Rechtsnachfolger unmittelbar oder mittelbar erfolgen, wobei es insoweit irrelevant ist, ob es sich bei dem übernehmenden Rechtsträger um eine inl oder ausl Ges handelt. Keine mittelbare Veräußerung der eingebrachten Anteile iSv Abs 2 S 1 liegt vor, wenn Anteile an der übernehmenden oder dieser übergeordneten Ges veräußert werden (BMF-Schrb vom 11.11.2011, BStBl I 1314 Rn 22.24; DPPM/*Patt* Rn 70a; Haritz/Menner/*Bilitewski* Rn 184). Die Entstehung des Einbringungsgewinn II ist unabhängig davon, wie sich die Veräußerung der Anteile oder die Verwirklichung eines Ersatzrealisierungstatbestand bei der übernehmenden Ges auswirkt (Widmann/Mayer/*Widmann* Rn 206).

125 Werden Anteile an einer KapGes oder Gen zT durch Rechtsträger eingebracht, bei denen der Gewinn aus der Veräußerung dieser Anteile im Zeitpunkt der Einbringung nach § 8b II KStG steuerfrei und durch andere, bei denen diese Voraussetzung nicht vorlag, eingebracht, so entsteht ein Einbringungsgewinn II nur dann, wenn der übernehmende Rechtsträger Anteile, die im Zeitpunkt der Einbringung nicht nach § 8b II KStG steuerfrei veräußert werden können, veräußert. Werden diese eingebrachten Anteile zusammengelegt oder aber ist Einbringender eine PersGes, an der auch nicht durch § 8b II KStG begünstigte Person beteiligt sind, so kommt es zu einer **quotalen Verstrickung** dieser eingebrachten Anteile für die Ermittlung des Einbringungsgewinns II.

14. Sperrfrist von sieben Jahren

126 Die eingebrachten Anteile müssen innerh eines Zeitraums von sieben Jahren nach dem Einbringungszeitpunkt veräußert werden, damit die Rechtsfolgen des Abs 2 eintreten. Wird die Veräußerung nach Ablauf dieser Frist vorgenommen, kommt es nicht zu einer Versteuerung des Einbringungsgewinns II. Die Frist beginnt mit dem Einbringungszeitpunkt zu laufen Zum Einbringungszeitpunkt vgl § 20 Rn 234; § 21 Rn 35. Wird bei einer Sacheinlage der Einbringungsvorgang auf einen Einbringungsstichtag zurückbezogen, ist der Einbringungsstichtag der Zeitpunkt, zu dem die siebenjährige Sperrfrist zu laufen beginnt (RHL/*Stangl* Rn 146). Maßgeblich für den Veräußerungszeitpunkt ist der Übergang des wirtschaftl Eigentums an den eingebrachten Anteilen. Die Frist wird nach Zeitjahren berechnet. Nicht abschließend geklärt ist, ob bzgl der Berechnung der Sperrfrist § 108 III AO zu beachten ist (vgl BFH BStBl II 2012, 599; BFH BStBl II 2003, 2; Tipke/Kruse/*Tipke* AO/FGO § 108 AO Rn 8, 22; Widmann/Mayer/*Widmann* Rn 208; Hübschmann/Hepp/Spitaler/*Söhn* AO § 108 Rn 65). Geht der eingebrachte Anteil auf eine unentgeltl Rechtsnachfolge iSd Abs 6 über, beginnt die siebenjährige Sperrfrist nicht neu zu laufen, der Rechtsnachfolge führt die Frist des Rechtsvorgängers fort. Die siebenjährige Sperrfrist gilt auch für die Ersatztatbestände des Abs 2 S 6 iVm Abs 1 S 6.

15. Rückwirkende Besteuerung des Einbringungsgewinns II

127 Werden die eingebrachten Anteile durch den übernehmende Rechtsträger bzw dessen Rechtsnachfolger innerh der siebenjährigen Sperrfrist unmittelbar oder mittelbar veräußert oder liegt ein der Veräußerung gleichgestellter Vorgang nach Abs 2 S 6 iVm Abs 1 S 6 vor, wird der Gewinn aus der Einbringung rückwirkend im VZ des Einbringungszeitpunkts bzw bei Rückwirkung des stl Übertragungsstichtags besteuert. Soweit nur ein Teil veräußert wird, entsteht ein anteiliger Einbringungsgewinn II (Widmann/Mayer/*Widmann* Rn 210). Der Gewinn aus der Einbringung wird als **„Einbringungsgewinn II"** def und erfährt durch Abs 2 S 3 eine nähere gesetzl Regelung (vgl Rn 130). Die Veräußerung der eingebrachten Anteile innerh der Sperrfrist gilt gem Abs 2 S 2 iVm Abs 1 S 2 als rückwirkendes Ereignis iSd § 175 I 1 Nr 2 AO (Widmann/Mayer/*Widmann* Rn 325; DPPM/*Patt* Rn 79). Die mit der Veräußerung der eingebrachten Anteile sich ergebenen Konsequenzen bezogen auf den Einbringungsgewinn II werden im Wj der Einbringung in der Person des Einbringenden bzw dessen unentgeltl Rechtsnachfolger gezogen (vgl Rn 174). Eine Verzinsung der Steuernachforderung auf den nachträgl angesetzten Einbringungsgewinn II fällt im Grds nicht an, da der maßgebende Zinslauf erst 15 Monate nach Ablauf des Kj beginnt, indem das rückwirkende Ereignis eintritt (§ 233a IIa AO). Das rückwirkende Ereignis bezieht sich auch auf die nachträgl AK für die erhaltenen Anteile (str vgl Rn 58; wie hier RHL/*Stangl* Rn 147; Widmann/Mayer/*Widmann* Rn 337; vgl auch DPPM/*Patt* Rn 61).

Der Einbringungsgewinn II unterliegt nur insoweit der dt Besteuerung, als die **128** Besteuerung des Anteilstauschs im Einbringungszeitpunkt Deutschland zusteht. War der Einbringende mit den eingebrachten Anteilen in Deutschland **beschränkt stpfl,** so hat die Rückwirkung zur Konsequenz, dass die Versteuerung des Einbringungsgewinns II noch die mit dem Einbringungsgegenstand verbundenen dt StPfl unterfällt. Ggf ist eine ausl Steuer anzurechnen (Widmann/Mayer/*Widmann* Rn 166).

Werden **einbringungsgeborene Anteile** iSd § 21 I aF in eine KapGes bzw **129** Gen eingebracht, verlieren diese nach der hier vertretenen Meinung (vgl § 21 Rn 107) grdsl ihre Qualifikation der Einbringungsgeborenheit, es sei denn, das Gesetz ordnet insoweit eine Rechtsnachfolge an. Eine Rechtsnachfolge gem § 23 I scheidet aber bei einbringungsgeborenen Anteilen aus, bei denen im Zeitpunkt der Einbringung die siebenjährige Sperrfrist iSv § 3 Nr 40 S 3 und S 4 bzw § 8 b IV KStG aF noch nicht abgelaufen war, da § 23 gem § 27 IV auf Anteile, bei denen die siebenjährige Sperrfrist iSv § 3 Nr 40 S 3 und S 4 EStG aF bzw § 8 b IV KStG aF noch nicht abgelaufen ist, nicht angewendet wird (zur Rechtsnachfolge iÜ vgl § 23 Rn 16). Soweit die eingebrachten, ursprüngl einbringungsgeborenen Anteile innerh der siebenjährigen Sperrfrist des Abs 2 veräußert bzw ein der Veräußerung gleichgestellter Sachverhalt verwirklicht wird (Abs 2 S 6), entsteht ein Einbringungsgewinn II, falls im Zeitpunkt der Einbringung die siebenjährige Sperrfrist iSv § 3 Nr 40 S 3 und S 4 EStG aF bereits abgelaufen war (vgl RHL/*Rabback* § 27 Rn 247; aA DPPM/*Patt* § 21 Rn 15). War im Zeitpunkt der Einbringung die siebenjährige Sperrfrist iSv § 3 Nr 40 S 3 und S 4 EStG aF noch nicht abgelaufen, und werden die ursprüngl einbringungsgeborenen Anteile innerh der siebenjährigen Sperrfrist des Abs 2 veräußert bzw wird ein der Veräußerung gleichgestellter Ersatzrealisationstatbestand verwirklicht, entsteht kein Einbringungsgewinn II, da im Zeitpunkt der Einbringung in der Person des Einbringenden einbringungsgeborene Anteile vorlagen und damit gem § 27 IV die Regelung des § 22 keine Anwendung findet (aA BMF-Schrb vom 11.11.2011, BStBl I 1314 Rn 2040; DPPM/*Patt* § 27 Rn 20).

16. Ermittlung des Einbringungsgewinns II, Abs 2 S 3

Der Einbringungsgewinn II ist nach Meinung der Finanzverwaltung (BMF- **130** Schrb vom 11.11.2011, BStBl I 1314 Rn 22.14) gem Abs 1 S 3 die Diff zwischen dem gemeinen Wert der eingebrachten Anteile im Zeitpunkt der Einbringung abzgl der Kosten des Vermögensübergangs und dem Wertansatz **der als Gegenleistung erhaltenen Anteile** (vgl aber Rn 110) durch den Einbringenden im Zeitpunkt der Einbringung vermindert um ein Siebtel für jedes abgelaufene Zeitjahr nach dem Einbringungszeitpunkt. Bei der Einbringung durch Anteilstausch iSv § 21 ist damit der Wertansatz der erhaltenen Anteile beim Einbringenden maßgebend (vgl Rn 111). Der Einbringungsgewinn II lässt sich bei einem Anteilstausch iSv § 21 wie folgt ermitteln (BMF-Schrb vom 11.11.2011, BStBl I 1314 Rn 22.14):

Gemeiner Wert der eingebrachten Anteile im Einbringungszeitpunkt
– Kosten der Einbringung
– Wertansatz der als Gegenleistung erhaltenen Anteile durch den Einbringenden, maximal aber die stillen Reserven in den eingebrachten Anteilen (vgl Rn 111)

= Zwischensumme
– 1/7 der Zwischensumme für jedes abgelaufene Zeitjahr seit dem Einbringungszeitpunkt

---

= Einbringungsgewinn II

131 Werden nicht sämtl eingebrachten Anteile iSd Abs 2 S 2 veräußert, sondern nur ein Teil, so wird nicht der gesamte Einbringungsgewinn II, sondern nur ein anteiliger Einbringungsgewinn II ermittelt (Widmann/Mayer/*Widmann* Rn 210). Liegen mehrere Einbringungsvorgänge vor, ist der Einbringungsgewinn für jeden Einbringungsvorgang gesondert zu ermitteln.

132 Um eine Übermaßbesteuerung zu verhindern, ist bei der Berechnung des Einbringungsgewinn II der Wertansatz der erhaltenen Anteile durch den Einbringenden um den gemeinen Wert der sonstigen Gegenleistung iSd § 20 III 3 iVm § 21 II 6 zu erhöhen (BMF-Schrb vom 11.11.2011, BStBl I 1314 Rn 22.12; DPPM/*Patt* Rn 78a mit einem instruktiven Beispiel). Wird eine Sachgesamtheit, zB ein Betrieb zusammen mit Anteilen an einer KapGes eingebracht und werden insoweit die Buchwerte ohne Aufdeckung vorhandener stiller Reserven fortgeführt, so ist nach der hier vertretenen Auffassung (vgl Rn 110) Abs 2 S 1 nicht anwendbar, wenn der Buchwert der eingebrachten Anteile dem gemeinen Wert entspricht oder der Buchwert über dem gemeinen Wert lag (vgl dazu § 20 Rn 282 f). Auch nach Auffassung der FinVerw entsteht insoweit ein Einbringungsgewinn II nicht, wenn diese Anteile veräußert werden, da maximal die stillen Reserven in den eingebrachten Anteilen vom gemeinen Wert der eingebrachten Anteile im Einbringungszeitpunkt abgezogen werden. Nach der hier vertretenen Auffassung (vgl § 21 Rn 69) sind bereits im Zeitpunkt der Einbringung Anteile, die durch die Einbringung erstmals in Deutschland verstrickt werden, immer mit dem gemeinen Wert anzusetzen, so dass diese Anteile sich auf die Höhe des Einbringungsgewinns II im Erg nicht auswirken (vgl § 21 II 1).

133 Die Kosten der Einbringung (vgl § 21 Rn 115, § 20 Rn 404 ff) mindern den Einbringungsgewinn II. Dies hat einen zu niedrigen Ansatz der nachträgl AK der erhaltenen Anteile (vgl Abs 2 S 4) zur Folge. Die Veräußerungskosten wirken sich damit nur insoweit steuermindernd aus, wie der Einbringungsgewinn II selbst stpfl ist. Hat der Einbringende die Kosten der Einbringung im Wj der Einbringung stl berücksichtigt, so ist dies rückwirkend zu korrigieren.

Der Unterschiedsbetrag zwischen dem Wert, mit dem der Einbringende die erhaltenen Anteile angesetzt hat, maximal aber iHd stillen Reserven in den eingebrachten Anteilen, abzgl des um die Kosten der Einbringung verminderten gemeinen Werts der eingebrachten Anteile zum Einbringungszeitpunkt (vgl § 21 Rn 35 ff) ist für jedes seit dem Einbringungszeitpunkt abgelaufene Zeitjahr **um ein Siebtel zu vermindern.** Maßgebender Zeitpunkt für die Veräußerung der eingebrachten Beteiligung ist die Übertragung des wirtschaftl Eigentums (RHL/*Stangl* Rn 156; Widmann/Mayer/*Widmann* Rn 208). Werden die Anteile rückwirkend unter (teilweiser) Aufdeckung der stillen Reserven in eine andere KapGes oder Gen eingebracht, ist der Einbringungsstichtag entscheidend. 134

17. Besteuerung des Einbringungsgewinns, nachträgliche Anschaffungskosten

Ist der Einbringende eine estpfl natürl Person, unterliegt der Einbringungsgewinn II als Gewinn aus der Veräußerung von Anteilen an einer KapGes bzw Gen der Einkommensteuer. Auf diesen Gewinn findet das Halbeinkünfteverfahren bzw das Teileinkünfteverfahren Anwendung. Werden einbringungsgeborene Anteile iSv § 21 aF innerhalb der siebenjährigen Sperrfrist eingebracht, findet § 22 keine Anwendung (vgl Rn 129). Der Einbringungsgewinn II unterliegt nur insoweit der dt Besteuerung, als die Besteuerung des Anteilstausches im Einbringungszeitpunkt Deutschland zusteht (vgl Rn 128). Nach Abs 2 S 1 2. HS sind die Regelungen des § 16 IV EStG auf den Einbringungsgewinn II nicht anzuwenden. Ist Einbringender eine durch § 8 b II KStG begünstigte Person, kann seit dem JStG 2009 (vgl Rn 113) ein Einbringungsgewinn II entstehen, soweit der der regulären KSt unterläge. Nach der hier vertretenen Meinung (vgl Rn 61) findet § 6b EStG auf den Einbringungsgewinn II thematisch Anwendung (aF BMF-Schrb vom 11.11.2011, BStBl I 1314 Rn 22.13; Widmann/Mayer/*Widmann* Rn 323). Nach der hier vertretenen Meinung (vgl Rn 132) kann auch ein Einbringungsverlust II entstehen. 135

Soweit ein Einbringungsgewinn II entsteht, unterliegt dieser nach den allg Grundsätzen der GewSt (vgl § 21 Rn 132 ff). Das Halbeinkünfteverfahren bzw Teileinkünfteverfahren schlägt sich auf die GewSt nieder. Soweit im Zeitpunkt der Sacheinlage bei der Aufdeckung der stillen Reserven in den eingebrachten Anteilen keine GewSt angefallen wäre, ist auch der Einbringungsgewinn II gewerbesteuerfrei (ebenso RHL/*Stangl* Rn 151). Der Einbringungsgewinn II führt nach Abs 2 S 4 zu **nachträgl AK** der erhaltenen Anteile. Die AK der erhaltenen Anteile erhöhen sich nach der hier vertretenen Auffassung (vgl Rn 58) rückwirkend zum Einbringungsstichtag, und zwar unabhängig davon, ob die Steuer auf den Einbringungsgewinn entrichtet wurde oder nicht. Ein besonderer Nachw oder ein entsprechender Antrag ist nach Abs 2 S 4 nicht erforderl. 136

Wird **nur ein Teil** der eingebrachten Anteile **veräußert,** so führt dies auch nur zu einer anteiligen Versteuerung des Einbringungsgewinns II, denn nach Abs 2 S 1 kommt es nur zu einer entsprechenden Besteuerung, soweit „die eingebrachten Anteile veräußert werden". Nicht abschl geklärt ist in diesem Zshg, ob der anteilige Einbringungsgewinn II zu nachträgl AK zwingend sich auf sämtl erhaltenen Anteile verteilt oder ob insoweit eine gezielte Zuordnung bei den veräußerten Anteilen mögl ist (vgl Rn 59; RHL/*Stangl* Rn 158; DPPM/*Patt* Rn 81). 137

18. Ausschluss der Anwendung des Abs 2, Abs 2 S 5

138 Es kommt nicht zu einer rückwirkenden Besteuerung des Einbringungsgewinns II und zu nachträgl AK in entsprechender Höhe bezogen auf die erhaltenen Anteile beim Einbringenden, wenn und soweit der Einbringende die erhaltenen Anteile **veräußert** hat oder es zu einer **Wegzugsbesteuerung** nach § 6 AStG kommt, wenn und soweit die „Wegzugssteuer" nicht gestundet wird (BMF-Schrb vom 11.11.2011, BStBl I 1314 Rn 22.17). Dies gilt auch im Hinblick auf die Ersatzrealisationstatbestände, Abs 2 S 6 verweist auch auf Abs 2 S 5 (RHL/*Stangl* Rn 159; Widmann/Mayer/*Widmann* Rn 331; DPPM/*Patt* Rn 75). Abs 2 S 1–4 sind nur insoweit nicht anzuwenden, als es zu einer vorherigen Veräußerung der erhaltenen Anteile kommt. Hat der Einbringende daher nur einen Teil der erhaltenen Anteile veräußert, so entsteht auch nur insoweit kein Einbringungsgewinn II (Widmann/Mayer/*Widmann* Rn 331). Entsprechendes gilt bei einer teilentgeltl Veräußerung für den entgeltl übertragenen Teil (DPPM/*Patt* Rn 75).

139 Die Ausnahme der Besteuerung des Einbringungsgewinns gem Abs 2 S 5 gilt nur für die Veräußerung (vgl dazu Rn 24 ff), die Ersatzrealisationstatbestände bzw soweit § 6 AStG anzuwenden ist und soweit die hieraus resultierenden Steuern nicht gestundet werden. Werden die stillen Reserven in den erhaltenen Anteilen auf andere Art und Weise stpfl aufgedeckt, zB durch **Entnahme** uÄ, führt eine spätere Veräußerung der eingebrachten Anteile durch den übernehmende Rechtsträger trotzdem rückwirkend zum Entstehen eines Einbringungsgewinns II für den Einbringenden (DPPM/*Patt* Rn 75; RHL/*Stangl* Rn 160).

19. Ersatzrealisationstatbestände, Abs 2 S 6, 7 iVm Abs 1 S 6, 7

140 **a) Abs 2 S 6, 7 als abschließende Regelung.** Abs 2 S 6, 7 stellen verschiedene abschl geregelte, eine Erweiterung durch Analogie oder allg stl Erwägung nicht zugängl Sachverhalte einer Veräußerung nach Abs 2 S 1 gleich. Die entsprechende Anwendung des Abs 1 S 6 bedeutet, dass die Ersatztatbestände sich auf den übernehmenden Rechtsträger und die eingebrachten Anteile beziehen (BMF-Schrb vom 11.11.2011, BStBl I 1314 Rn 22.19; Widmann/Mayer/*Widmann* Rn 216; DPPM/*Patt* Rn 71; Frotscher/Maas/*Mutscher* Rn 272). Die in Abs 2 S 6 iVm Abs 1 S 6 aufgeführten Tatbestände führen rückwirkend zur Besteuerung eines Einbringungsgewinns II, wenn bzw soweit die Tatbestände innerh der siebenjährigen Sperrfrist erfüllt werden. Werden die Ersatzrealisationstatbestände nach Ablauf der Sperrfrist erfüllt, kommt es nicht zu einer Besteuerung eines Einbringungsgewinns II.

141 **b) Unentgeltliche Übertragung.** Die rückwirkende Besteuerung eines Einbringungsgewinns II wird ausgelöst, wenn die eingebrachten Anteile durch den übernehmenden Rechtsträger bzw dessen unentgeltl Rechtsnachfolger (Abs 6) unentgeltl auf eine andere KapGes oder Gen übertragen werden. Eine unentgeltl Übertragung auf Körperschaften, die nicht KapGes oder Gen sind, ist bezogen auf das Entstehen eines Einbringungsgewinns steuerunschädl. Die verdeckte Einlage in eine betriebl PersGes erfüllt den Ersatzrealisierungstatbestand nicht, es sei denn, an der PersGes ist eine andere KapGes vermögensmäßig (vgl Rn 78). Werden die übertragenen Anteile **teilentgeltl** an eine KapGes/Gen veräußert, findet Abs 2 S 6 iVm Abs 1 S 6 Nr 1 Anwendung, soweit die Anteile unentgeltl übertragen werden. Der bedeutendste Anwendungsfall des Abs 1 S 6 iVm Abs 1 S 1 Nr 1 dürfte die **verdeckte Einlage** der eingebrachten Anteile durch den übernehmen-

den Rechtsträger in eine KapGes oder Gen sein. Werden die eingebrachten Anteile durch den übernehmenden Rechtsträger in eine andere KapGes nach Maßgabe des § 21 eingebracht, liegt auch dann keine verdeckte Einlage vor, wenn die als Gegenleistung für die Übertragung der Anteile erhaltenen Anteile dem übernehmenden Rechtsträger nicht dem Wert der übertragenen Anteile entsprechen (vgl Rn 77). Zur **Sachdividende, verdeckten Gewinnausschüttung** und **mittelbar unentgeltl Übertragung** gelten die Ausführungen unter Rn 79 entspr.

c) Entgeltliche Übertragung. Nach Abs 1 S 6 iVm Abs 1 S 6 Nr 2 führt die entgeltl Übertragung der eingebrachten Anteile durch den übernehmenden Rechtsträger bzw dessen unentgeltl Rechtsnachfolger (Abs 6) zu der Entstehung eines Einbringungsgewinns II, es sei denn, der ursprüngl Einbringende weist nach, dass die Übertragung durch einen Vorgang iSd §§ 20 I, 21 I oder aufgrund vglbarer ausl Vorgänge (Folgeeinbringung) zu BW erfolgte. Die Folgeeinbringung erfolgt zu BW, wenn beim Einbringenden stille Reserven nicht aufzudecken sind (vgl Rn 82). Auf den Ansatz bzw die Bewertung der eingebrachten Anteile durch den übernehmenden Rechtsträger kommt es nicht an (vgl Rn 82; ebenso RHL/*Stangl* Rn 166; vgl auch Blümich/*Nitzschke* Rn 67). Ein Einbringungsgewinn II entsteht nicht, wenn eine Buchwertübertragung gegeben ist, neben der Gewährung neuer Anteile am übernehmenden Rechtsträger andere Gegenleistungen gewährt und die Grenzen des §§ 20 II 4, 21 I 3, II 3 Nr 2 iVm Art 2 lit d FusionsRL nicht überschritten werden (vgl Rn 82). Die Beweislast dafür, dass die Folgeeinbringung zu BW erfolgte, trägt der ursprüngl Einbringende (bzw dessen Rechtsnachfolger), der den Einbringungsgewinn II zu versteuern hat (RHL/*Stangl* Rn 167). 142

d) Auflösung, Kapitalherabsetzung, Verwendung des Einlagekontos. 143
Abs 2 S 6 erklärt Abs 1 S 6 Nr 1–5 für entsprechend anwendbar, wenn „die übernehmende Ges die eingebrachten Anteile ihrerseits … weiter überträgt". Abs 1 S 6 Nr 3 betrifft aber keine Übertragung der eingebrachten Anteile durch den übernehmenden Rechtsträger, vielmehr die Auflösung und Abwicklung einer KapGes, deren Anteile sperrfristverhaftet sind, die Kapitalherabsetzung bei dieser KapGes und eine Ausschüttung/Rückzahlung aus dem stl Einlagekonto. Daher wird die Auffassung vertreten, Abs 1 S 6 Nr 3 sei im Regelungsbereich des Abs 2 nicht anwendbar (RHL/*Stangl* Rn 168). Nach aM (BMF-Schrb vom 11.11.2011, BStBl I 1314 Rn 22.14; DPPM/*Patt* Rn 71; Widmann/Mayer/*Widmann* Rn 236 ff) sollen die Fälle angesprochen werden, in der die Ges, deren Anteile unter den gemeinen Wert durch einen nicht „gem § 8 b II KStG" Begünstigten eingebracht wurden,

– aufgelöst und abgewickelt wird (vgl Rn 85 ff),
– das Kap herabgesetzt und auf entsprechenden Beschluss hin an die Anteilseigner zurückbezahlt wird (vgl Rn 88 ff) oder
– Beträge aus dem stl Einlagekonto iSd § 27 KStG ausgeschüttet oder zurückgezahlt werden (vgl Rn 90 ff).

e) Veräußerungssperre nach Abs 2 S 6 iVm Abs 1 S 6 Nr 4. Ein veräußerungsgleiches Ereignis nach Abs 2 S 6 iVm Abs 1 S 6 Nr 4 ist gegeben, wenn die aufgrund einer ersten Einbringung eingebrachten Anteile iSd Abs 2 S 1 auf eine andere KapGes/Gen gem §§ 20, 21 oder aufgrund vglbarer ausl Vorgänge übertragen werden (Folgeeinbringung I) und die eingebrachten Anteile anschl 144

– unmittelbar oder mittelbar veräußert oder

– unmittelbar oder mittelbar unentgeltl auf eine andere KapGes oder Gen übertragen werden (Folgeeinbringung II) und der Einbringende nicht nachweist, dass die Folgeeinbringung II zu BW erfolgt (Ketteneinbringung).

145 Der Tatbestand des Abs 2 S 6 iVm Abs 1 S 6 Nr 4 setzt zunächst voraus, dass die eingebrachten Anteile iSd Abs 2 S 1 steuerneutral nach Maßgabe des Abs 2 S 6 iVm Abs 1 S 6 Nr 2 auf einen „anderen Rechtsträger" übertragen wurden (Folgeeinbringung I). Die Ersatzrealisation tritt bei der unmittelbaren oder mittelbaren Veräußerung der eingebrachten Anteile ein. Damit sanktioniert Abs 2 S 6 iVm Abs 1 S 6 Nr 4 zunächst die Veräußerung der in den „anderen Rechtsträger" eingebrachten Anteile durch diesen. Abs 2 S 6 iVm Abs 1 S 6 Nr 4 sanktioniert jedoch auch die mittelbare Veräußerung. Dem Wortlaut dieser Regelung entsprechend wäre Abs 2 S 6 iVm Abs 1 S 6 Nr 4 auch erfüllt, wenn die aus der letzten Einbringung erhaltenen Anteile am „anderen Rechtsträger" anschl durch den Einbringenden selbst oder dieser übergeordneten Ges veräußern werden. Nach der hier vertretenen Meinung (vgl Rn 96; ebenso BMF-Schrb vom 11.11.2011, BStBl I 1314 Rn 22.24; Widmann/Mayer/*Widmann* Rn 257) sollte von einer mittelbaren Veräußerung nur dann ausgegangen werden, falls die übernehmende Ges oder ihr nachfolgende Ges diesen Übertragungsvorgang vornehmen.

146 Der Ersatzrealisationstatbestand des Abs 2 S 6 iVm Abs 1 S 6 Nr 4 kann neben der Veräußerung auch durch unentgeltl oder entgeltl unmittelbaren oder mittelbaren Übertragung erfüllt werden. Wie bei der mittelbaren Veräußerung sollte von einer mittelbar unentgeltl oder entgeltl Übertragung nur dann ausgegangen werden, falls der übernehmende Rechtsträger oder ihm nachfolgende Ges diesen Übertragungsvorgang vornehmen.

147 Der Tatbestand des Abs 2 S 6 iVm Abs 1 S 6 Nr 4 setzt voraus, dass die eingebrachten Anteile iSd Abs 2 S 2 steuerneutral nach Maßgabe des Abs 2 S 6 iVm Abs 1 S 6 Nr 2 auf einen anderen Rechtsträger übertragen wurden. Überträgt dieser die Anteile dann auf einen weiteren Rechtsträger (Folgeeinbringung II), kommt es nicht zum Entstehen eines Einbringungsgewinns II, wenn nachgewiesen wird, dass die Folgeeinbringung II zu BW erfolgte. Abs 2 S 6 iVm Abs 1 S 6 Nr 4 verweist auf Abs 1 S 6 Nr 2, so dass mit diesen Buchwertübertragungen nur Übertragungen iSd §§ 20, 21 oder vglbare ausl Vorgänge angesprochen werden (RHL/*Stangl* Rn 121; aA Blümich/*Nitzschke* Rn 67; *Bauernschmitt/Blöchle* BB 2007, 743). Die Übertragung erfolgt zu BW, wenn beim Einbringenden stille Reserven nicht aufzudecken sind. Auf den Ansatz bzw die Bewertung der eingebrachten Anteile durch den übernehmenden Rechtsträger (vgl § 21 II 3) der Folgeeinbringung kommt es ggf nicht an (vgl Rn 102). Diesen Nachw der Buchwertübertragung muss der Einbringende erbringen, in dessen Person ohne entsprechenden Nachw der Einbringungsgewinn II zu besteuern wäre (vgl dazu auch RHL/*Stangl* Rn 170, der davon ausgeht, dass der Einbringende oder die übernehmende Ges den Nachw wirksam erbringen kann).

148 **Beispiel:**
A ist zu 100% am StK der E-GmbH beteiligt. Er überträgt diese Beteiligung an der E-GmbH nach Maßgabe des § 21 steuerneutral auf die M-GmbH. Im Anschluss daran überträgt die M-GmbH die auf sie übertragene Beteiligung an der E-GmbH steuerneutral nach Maßgabe des § 21 auf die T-GmbH. Ein Einbringungsgewinn II in der Person des A entsteht nach Maßgabe des Abs 2 S 6 iVm Abs 1 S 6 Nr 4 , wenn die T-GmbH die Anteile an der E-GmbH unmittelbar oder mittelbar veräußert, unentgeltl oder entgeltl überträgt, es sei denn A kann nachweisen, dass die Übertragung der Anteile durch die C-GmbH nach Maßgabe der §§ 20, 21 oder vglbarer ausl Vorgänge zu BW erfolgte.

f) Veräußerungssperre nach Abs 2 S 6 iVm Abs 1 S 6 Nr 5. Ein veräußerungsgleiches Ereignis nach Abs 2 S 6 iVm Abs 1 S 6 Nr 5 ist gegeben, wenn die aufgrund einer ersten Einbringung eingebrachten Anteile iSd Abs 2 S 1 auf eine andere KapGes/Gen gem §§ 20, 21 oder aufgrund vglbarer ausl Vorgänge übertragen werden (Folgeeinbringung I) und der Einbringende die aus der Einbringung erhaltenen Anteile anschl 149

- unmittelbar oder mittelbar veräußert oder
- unmittelbar oder mittelbar unentgeltl auf eine andere KapGes oder Gen überträgt (Folgeeinbringung II) und der Einbringende nicht nachweist, dass die Folgeeinbringung II zu BW erfolgte.

Der Tatbestand des Abs 2 S 6 iVm Abs 1 S 6 Nr 5 setzt zunächst voraus, dass die eingebrachten Anteile iSd Abs 2 S 1 steuerneutral nach Maßgabe des Abs 2 S 6 iVm Abs 1 S 6 Nr 2 auf einen „anderen Rechtsträger" übertragen wurden (Folgeeinbringen I) und der Einbringende dafür neue Anteile an dem „anderen Rechtsträger" erhält. Die Ersatzrealisation tritt bei der unmittelbaren oder mittelbaren Veräußerung der neuen Anteile an dem „anderen Rechtsträger" innerh der ursprüngl Sperrfrist ein. Damit sanktioniert Abs 2 S 6 iVm Abs 1 S 6 Nr 5 zunächst die Veräußerung der „neuen Anteile an dem anderen Rechtsträger" durch den Einbringenden der Folgeeinbringung I. Abs 2 S 6 iVm Abs 1 S 6 Nr 5 sanktioniert jedoch auch die mittelbare Veräußerung. Dem Wortlaut dieser Regelung entsprechend wäre Abs 2 S 6 iVm Abs 1 S 6 Nr 5 auch erfüllt, wenn Anteile am Einbringenden der Folgeeinbringung I oder diesem übergeordnete Ges veräußert werden. Von einer mittelbaren Veräußerung kann nach der hier vertretenen Meinung (vgl Rn 102; ebenso Widmann/Mayer/*Widmann* Rn 290) nur dann ausgegangen werden, falls der Einbringende der Folgeeinbringung I oder ihm nachfolgende Ges diese Veräußerung vornehmen. 150

Der Ersatzrealisationstatbestand des Abs 2 S 6 iVm Abs 1 S 6 Nr 5 kann neben einer Veräußerung auch durch unentgeltl oder entgeltl unmittelbaren oder mittelbaren Übertragung eintreten. Wie bei der mittelbaren Veräußerung sollte von einer mittelbar unentgeltl oder entgeltl Übertragung nur dann ausgegangen werden, falls der Einbringende der Folgeeinbringung I oder ihm nachfolgende Ges diesen Übertragungsvorgang vornehmen. 151

Der Tatbestand des Abs 2 S 6 iVm Abs 1 S 6 Nr 5 setzt voraus, dass die eingebrachten Anteile iSd Abs 2 S 1 steuerneutral nach Maßgabe des Abs 2 S 6 iVm Abs 1 S 6 Nr 2 auf einen anderen Rechtsträger übertragen wurden und der Einbringende dafür „neue Anteile an dem anderen Rechtsträger" erhält. Die Ersatzrealisation tritt bei der unmittelbar oder mittelbar entgeltl Übertragung der „neuen Anteile an dem anderen Rechtsträger" innerh der ursprüngl Sperrfrist ein. Damit sanktioniert Abs 1 S 6 Nr 5 zunächst die entgeltl Übertragung der „neuen Anteile" an dem anderen Rechtsträger" durch den Einbringenden. Überträgt dieser die „neuen Anteile an dem anderen Rechtsträger" dann auf einen weiteren Rechtsträger (Folgeeinbringung II) kommt es nicht zum Entstehen eines Einbringungsgewinns II, wenn nachgewiesen wird, dass die Folgeeinbringung II zu BW erfolgte. Abs 2 S 6 iVm Abs 1 S 6 Nr 5 verweist auf Abs 1 S 6 Nr 2, so dass mit diesen Buchwertübertragungen nur Übertragungen iSd §§ 20, 21 oder vglbarer ausl Vorgänge angesprochen werden. Die Übertragung erfolgt zu BW, wenn beim Einbringenden stille Reserven nicht aufzudecken sind. Auf den Ansatz bzw die Bewertung der eingebrachten Anteile durch den übernehmenden Rechtsträger (vgl 21 II 3) der Folgeeinbringung kommt es nicht an (vgl Rn 102). Diesen Nachw der Buchwertübertragung muss der Einbringende erbringen, in dessen 152

Person ohne entsprechenden Nachw der Einbringungsgewinn II zu besteuern wäre.

153 **g) Erfüllung der Voraussetzungen nach § 1 IV.** Abs 2 S 6 stellt auf die persönl Anforderungen beim übernehmenden Rechtsträger der Einbringung oder der übernehmenden Ges aus der Folgeeinbringung (Abs 2 S 6 iVm Abs 1 S 6 Nr 4) ab. Der jew übernehmende Rechtsträger, der die Anteile iSd Abs 2 S 1 hält, muss die Voraussetzungen des § 1 IV erfüllen. Auf den ursprüngl Einbringenden kommt es insoweit nicht an (RHL/*Stangl* Rn 175). Hauptanwendungsfall des Abs 1 S 6 iVm § 1 IV ist der Wegzug des übernehmenden Rechtsträgers aus dem Gemeinschaftsgebiet bzw dem EWR-Raum. Kommt es zu einer unentgeltl Rechtsnachfolge, tritt der Rechtsnachfolger in die siebenjährige Sperrfrist ein und muss in seiner Person die Voraussetzungen des § 1 IV erfüllen.

154 **h) Nachträgliche AK, Abs 2 S 7.** Abs 2 S 7 erklärt Abs 1 S 7 für entsprechend anwendbar. Der Einbringungsgewinn II erhöht nach Abs 2 S 4 die nachträgl AK der erhaltenen Anteile. In den Fällen des Abs 2 S 6 iVm Abs 1 S 6 Nr 4 und Nr 5 erhöhen sich gem Abs 2 S 7 iVm Abs 1 S 7 die auf einer Einbringung beruhenden Anteile. Die AK der ursprüngl eingebrachten Anteile richtet sich nach § 23 II 3 (Widmann/Mayer/*Widmann* Rn 250).

20. Zusammentreffen eines Einbringungsgewinns I und Einbringungsgewinns II

155 Im RegE (BT-Drs 16/2710, 19) fand sich eine Regelung zum Konkurrenzverhältnis zwischen der Besteuerung eines Einbringungsgewinns I und eines Einbringungsgewinns II. § 22 II 4 UmwStG-E ordnete für die Fälle, in denen sowohl die Voraussetzungen des Abs 1 als auch des Abs 2 erfüllt waren, an, dass Abs 1 der Anwendung des Abs 2 vorgeht. Dieses Regelung wurde nicht in das UmwStG aufgenommen, da „aufgrund der rückwirkenden Besteuerung des Einbringungsgewinns im jeweiligen Einbringungszeitpunkt eine Kollision hinsichtl der Reihenfolge der Besteuerung nach Abs 1 und 2 nicht mehr eintreten kann" (BT-Drs 16/3369, 13). Gemeint sind die Fälle der Folgeeinbringung, bei denen ein Vorgang zugleich die Besteuerung des Einbringungsgewinns I und die des Einbringungsgewinns II auslöst. Wird bspw ein Betrieb, Teilbetrieb oder Mitunternehmeranteil in eine KapGes I eingebracht und dann in einem weiteren Schritt die als Gegenleistung für die Einbringung erhaltenen Anteile an der KapGes in eine weitere KapGes II eingebracht und veräußert anschl die KapGes II die eingebrachten Anteile innerh der siebenjährigen Sperrfrist bezogen auf die erste Einbringung, löst die Veräußerung gleichzeitig die Besteuerung eines Einbringungsgewinns I nach Abs 1 S 6 Nr 4 und eines Einbringungsgewinns II gem Abs 2 S 1 aus. In einem solchen Fall sind die Rechtsfolgen nach der zeitl Reihenfolge der Einbringungen zu ziehen (DPPM/*Patt* Rn 83; RHL/*Stangl* Rn 179; Haritz/Menner/*Bilitewski* Rn 159; *Dötsch/Pung* DB 2006, 2763).

156 **Beispiel** (nach *Dötsch/Pung* DB 2006, 2771):

„A bringt am 1.1.2007 sein Einzelunternehmen (gemeiner Wert: EUR 500 000, BW: EUR 100 000) in die A-GmbH zu Buchwerten ein. Am 1.2.2008 bringt er die Anteile an der A-GmbH (gemeiner Wert: EUR 700 000) zu AK (EUR 100 000) in die B-GmbH ein. Die B-GmbH veräußert die Anteile an der A-GmbH am 1.3.2009 für EUR 1 Mio. Die Veräußerung der Anteile an der A-GmbH löst die Entstehung eines Einbringungsgewinns I (Abs 1 S 6 Nr 4) und eines Einbringungsgewinns II (Abs 2 S 1) aus. Der für das Jahr 2007 zu erfassende Einbringungsgewinn I beträgt EUR 400 000 x 6/7 = EUR 342 857. Hierbei handelt es sich um einen bei A entstehenden voll stpfl Gewinn iSd § 16 EStG. Bei Entrichtung der Steuer auf den Einbringungsgewinn I erhöhen sich die Wertansätze für das eingebrachte BV bei der A-GmbH für das Jahr 2009. Nach Abs 1 S 4 hat A nachträgl AK auf die Beteiligung an der A-GmbH iHv EUR 342 857, so dass die von der B-GmbH iRd Einbringung in 2008 fortzuführenden AK des A für die Anteile an der A-GmbH nicht EUR 100 000, sondern EUR 442 857 betragen. Als Reflexwirkung erhöhen sich auch die AK des A für die Anteile an der B-GmbH um EUR 342 857 auf EUR 442 857. Der für das Jahr 2008 zu erfassende Einbringungsgewinn II beträgt (EUR 700 000 ./. EUR 442 857 =) EUR 257 143 x 6/7 = EUR 220 408. Dieser bei A zu erfassende Gewinn iSd § 17 EStG ist zur Hälfte stpfl und führt zu zusätzl nachträgl AK für die Anteile an der B-GmbH iHv EUR 220 408 so dass die fortgeschriebenen AK EUR 663 265 betragen. Bei der B-GmbH kann bei der Ermittlung des Veräußerungsgewinns iSd § 8 b II 2 KStG in 2009 als BW der Anteile an der A-GmbH den Betrag von EUR 442 857 (durch den Einbringungsgewinn I korrigierte AK des A) zzgl des Einbringungsgewinns II iHv EUR 220 408 = EUR 663 265 abziehen, wenn die Steuer auf den Einbringungsgewinn II entrichtet ist und dies durch eine Bescheinigung nachgewiesen wurde. Kann der Nachw erbracht werden, entsteht bei der B-GmbH ein nach § 8 b II iVm III 1 KStG zu 95% steuerfreier Gewinn iHv EUR 336 735. Wird die Bescheinigung nicht vorgelegt, entsteht ein zu 95% steuerfreier Gewinn iHv EUR 557 143, da in diesem Fall als BW der Anteile nur ein Betrag iHv EUR 442 857 berücksichtigt werden kann."

21. Nachweispflicht des Einbringenden, Abs 3

Abs 3 S 1 Nr 1 bestimmt die Nachweispflicht in den **Fällen des Abs 1** für die erhaltenen Anteile und die auf diesen Anteilen beruhenden Anteile. **„Erhaltene Anteile"** sind die durch die originäre Einbringung iSv § 20 erworbenen Anteile bzw mitverstrickte Anteile iSd Abs 7 (BMF-Schrb vom 11.11.2011, BStBl I 1314 Rn 22.28; Haritz/Menner/*Bilitewski* Rn 213; DPPM/*Patt* Rn 86). Mit den auf den erhaltene Anteile beruhende Anteile iSd Abs 3 S 2 Nr 1 sind die iRv Folgeeinbringungen (Abs 1 S 6 Nr 2, 4, 5) erhaltenen Anteile gemeint. In den Fällen der Folgeeinbringung hat der Einbringende damit nicht nur die Zurechnung der durch ihn erworbenen Anteile iSd Abs 1 S 1 nachzuweisen, sondern gleichzeitig auch die Zurechnung der in die übernehmende Ges eingebrachten Anteile (DPPM/*Patt* Rn 86; RHL/*Stangl* Rn 182; Frotscher/Maas/*Mutscher* Rn 307). Der Nachw muss unabhängig davon erbracht werden, ob es sich um reine Inlandsfälle oder um grenzüberschreitende Einbringungsfälle handelt (DPPM/*Patt* Rn 85). Ist Einbringender eine Mitunternehmerschaft, so muss nach Auffassung der FinVerw nicht nur nachgewiesen werden, wem die sperrfristverhafteten Anteile gehören, sondern es soll auch ein Nachw notwendig sein, wem die Mitunternehmeranteile gehören (BMF-Schrb vom 11.11.2011, BStBl I 1314 Rn 22.28). Diese Auffassung ist zwar konsequent, wenn man wie die FinVerw davon ausgeht, dass bei der Veräußerung eines Mitunternehmeranteils gleichzeitig die zum Gesamthandsvermögen der PersGes gehörenden sperrfristverhafteten Anteile entgeltlich übertragen werden. Selbst unter diesen Voraussetzungen kann jedoch der FinVerw nicht gefolgt werden, für eine Nachweispflicht bezogen auf die Mitunternehmeranteile fehlt es an einer gesetzlichen Grundlage (ebenso *Benz/Rosenberg* DB Beilage 1/2012 zu Heft 2, 38; *Franz/Winkler/Polatzky* BB Special 1/2011, 15). 157

In den **Fällen des Abs 2** besteht die Nachweispflicht gem **Abs 3 S 1 Nr 2** für die **eingebrachten Anteile** und die auf diese Anteile beruhenden Anteile. „Beruhende Anteile" idS sind die aus einer Weitereinbringung erhaltenen Anteile, so dass sich die Nachweispflicht des Einbringenden ggf auf mehrere Anteile bei unterschiedl Rechtsträgern erstreckt (RHL/*Stangl* Rn 183; DPPM/*Patt* Rn 86; *Söffing/Lange* DStR 2007, 1607). Da Abs 3 Nr 2 auf Abs 2 verweist, besteht eine 158

Nachweispflicht nach richtiger Auffassung nicht, wenn die Einbringung von Anteilen mit dem gemeinen Wert erfolgte, der Einbringende eine nach § 8 b II KStG begünstigte Person ist, er alle erhaltenen Anteile bereits veräußert hat oder eine Besteuerung nach § 6 AStG ohne Stundung erfolgt ist (OFD Koblenz DStR 2008, 408; DPPM/*Patt* Rn 84a; RHL/*Stangl* Rn 18; Widmann/Mayer/*Widmann* Rn 346).

159 Erfolgt die Einbringung eines Betriebs, Teilbetriebs oder Mitunternehmeranteils zusammen mit Anteilen an einer KapGes oder Gen zum BW oder zum ZW, hat der Einbringende sowohl die Nachweispflicht nach Abs 3 S 1 Nr 1 als auch nach Nr 2 zu erfüllen (DPPM/*Patt* Rn 87).

160 **Nachweispflichtig** ist der Einbringende. Einbringender ist im Falle des Abs 2 S 1 Nr 1 die Person, die den Einbringungsgegenstand übertragen und damit die Anteile iSd Abs 1 S 1 erhalten hat. Wird ein Betrieb, Teilbetrieb durch eine PersGes eingebracht, ist die PersGes nachweispflichtig (BMF-Schrb vom 11.11.2011, BStBl I 1314 Rn 22.28; *Benz/Rosenberg* DB Beilage 1/2012 zu Heft 2, 38; vgl auch Frotscher/Maas/*Mutscher* Rn 319). In den Fällen des Abs 3 S 1 Nr 2 ist die Person nachweispflichtig, der die Anteile auf den übernehmenden Rechtsträger übertragen hat. Die Nachweispflicht des Einbringenden bezieht sich nicht nur auf die erhaltenen bzw eingebrachten Anteile, sondern auf die auf diesen Anteilen beruhenden Anteile. Bei einer **unentgeltl Übertragung** der Anteile gilt der Rechtsnachfolger des Einbringenden als Einbringender (Abs 6) und muss daher die entsprechenden Nachweispflichten in eigener Person als Rechtsnachfolger erfüllen (BMF-Schrb vom 11.11.2011, BStBl I 1314 Rn 22.28; Widmann/Mayer/*Widmann* Rn 369; DPPM/*Patt* Rn 89; RHL/*Stangl* Rn 184; Frotscher/Maas/*Mutscher* Rn 318). In den Fällen von mitverstrickten Anteilen iSd Abs 7 muss neben dem Einbringenden auch der Anteilseigner der mitverstrickten Anteile die Nachweispflicht erfüllen (BMF-Schrb vom 11.11.2011, BStBl I 1314 Rn 22.28; DPPM/*Patt* Rn 89; Haritz/Menner/*Bilitewski* Rn 214; Blümich/*Nitzschke* Rn 88). Sind mehrere Personen nachweispflichtig und erfüllt einer der Nachweispflichtigen seine Verpflichtung nicht, so entsteht nur insoweit nachträgl ein Einbringungsgewinn (vgl Beispiel bei DPPM/*Patt* Rn 92). Erfüllt der unentgeltliche Rechtsnachfolger die Nachweispflicht nicht, entsteht gem Abs 6 in seiner Person der nachträgl der Einbringungsgewinn I, denn der unentgeltliche Rechtsnachfolger gilt als Einbringender iSd Abs 1–5 (aA BMF-Schrb vom 11.11.2011, BStBl I 1314 Rn 22.41; Widmann/Mayer/*Widmann* Rn 369; DPPM/*Patt* Rn 90.92; Bordewin/Brandt/*Graw* Rn 328).

161 Der Nachw ist **„jährl spätestens bis zum 31. Mai"** zu erbringen. Fällt der 31. Mai auf einen Sonnabend, einen am Sitz des FA staatl Feiertag oder einen Sonntag, ist der Nachw gem § 108 I AO iVm § 193 BGB am nächsten Werktag zu führen (Widmann/Mayer/*Widmann* Rn 347). Nach dem Willen des Gesetzgebers handelt es sich hierbei nicht um eine Ausschlussfrist (BT-Drs 16/2710, 49; idS auch RHL/*Stangl* Rn 185; *Strahl* KÖSDI 2007 15455; *Hagemann/Jakob/Ropohl/Viebrock* NWB-Sonderheft 1/2007, 40), dem widerspricht ein Teil der Lit (DPPM/*Patt* Rn 91; *Förster/Wendland* DB 2007, 631). Die FinVerw (BMF-Schrb vom 11.11.2011, BStBl I 1314 Rn 22.33) geht davon aus, dass die Nachweisfrist nicht verlängert werden kann. Erbringt der Einbringende den Nachw erst nach Ablauf der Frist, „können" die Angaben aber noch berücksichtigt werden, wenn eine Änderung der betroffenen Bescheide verfahrensrechtl mögl ist. Dies bedeutet, dass im Fall eines Rechtsbehelfsverfahrens der Nachw längstens noch bis zum Abschluss des Klageverfahrens erbracht werden kann.

Zuständiges FA für die Erbringung des Nachw ist das für die Besteuerung des Einbringenden zuständige FA (BMF-Schrb vom 11.11.2011, BStBl I 1314 Rn 22.29; RHL/*Stangl* Rn 190; Widmann/Mayer/*Widmann* Rn 378; Blümich/*Nitzschke* Rn 88; DPPM/*Patt* Rn 90). Der unentgeltl Rechtsnachfolger hat den Nachw bei dem für ihn zuständigen FA abzugeben (aA BMF-Schrb vom 11.11.2011, BStBl I 1314 Rn 22.29; DPPM/*Patt* Rn 90; Widmann/Mayer/*Widmann* Rn 378). Scheidet der Einbringende nach der Einbringung aus der unbeschränkten StPfl aus, ist der Nachw beim FA iSd § 6 VII AStG zu erbringen (BMF-Schrb vom 11.11.2011, BStBl I 1314 Rn 22.29; Frotscher/Maas/*Mutscher* Rn 320). War der Einbringende vor der Einbringung in Deutschland beschränkt stpfl, hat er den Nachw bei dem für den VZ der Einbringung zuständigen FA zu erbringen (BMF-Schrb vom11.11.2011, BStBl I 1314 Rn 22.29). 162

Die **Art des Nachw** ist gesetzl nicht bestimmt. In den Fällen der Sacheinlage hat der Einbringende eine schriftl Erklärung darüber abzugeben, wem seit der Einbringung die erhaltenen Anteile als wirtschaftl Eigentümer zuzurechnen sind. Sind die Anteile zum maßgebenden Zeitpunkt dem Einbringenden zuzurechnen, hat er darüber hinaus nach Meinung der FinVerw eine Bestätigung der übernehmenden Ges über seine Gesellschafterstellung vorzulegen (BMF-Schrb vom 11.11.2011, BStBl I 1314 Rn 22.30; krit *Franz/Winter/Polatzky* BB Special 1/2011, 15). Ist Einbringender eine Mitunternehmerschaft, so hat sie auch nachzuweisen, wem die Mitunternehmeranteile zuzurechnen sind (BMF-Schrb vom 11.11.2011, BStBl I 1314 Rn 22.28). In allen anderen Fällen hat er nachzuweisen, an wen und auf welche Weise die Anteile übertragen worden sind. In den Fällen des Anteilstausches ist eine entsprechende Bestätigung der übernehmenden Ges über das wirtschaftl Eigentum an den eingebrachten Anteilen und zur Gesellschafterstellung ausreichend; die Gesellschafterstellung kann auch durch Vorlage der StB der übernehmenden Ges nachgewiesen werden. Der Nachw der Gesellschafterstellung kann auch anderweitig, zB durch Vorlage eines Auszugs aus dem Aktienregister (§ 67 AktG), einer Gesellschafterliste (§ 40 GmbHG), einer Mitgliederliste (§ 15 II GenG) oder der Vorlage einer Steuerbilanz, zum jeweiligen Stichtag erbracht werden (BMF-Schrb vom 11.11.2011, BStBl I 1314 Rn 22.30). 163

Der Einbringende hat den Nachw in den dem Einbringungszeitpunkt folgenden **sieben Jahren,** und zwar jährl, zu erbringen. Dabei ist nachzuweisen, wem mit Ablauf des Tages, der dem maßgebenden Einbringungszeitraum entspricht, die betroffenen Anteile zuzurechnen sind, dh wer wirtschaftl Eigentümer der Anteile ist (BMF-Schrb vom 11.11.2011, BStBl I 1314 Rn 22.30; RHL/*Stangl* Rn 187; *Söffing/Lange* DStR 2007, 1607). Nach herrschender Auffassung ist der erstmalige Nachw grdsl bis zum 31.5. zu erbringen, welcher ein Jahr nach dem stl Einbringungsstichtag liegt (BMF-Schrb vom 11.11.2011, BStBl I 1314 Rn 22.30; DPPM/*Patt* Rn 91; RHL/*Stangl* Rn 188; aA *Förster/Wendland* DB 2007, 631). Für den Fall, dass das erste „Überwachungsjahr" nach dem 31.5. des der Einbringung folgende Kj endet, ist der Nachw spätestens zum 31.5. des Folgejahrs zu erbringen (BMF-Schrb vom 11.11.2011, BStBl I 1314 Rn 22.31; DPPM/*Patt* Rn 91; RHL/*Stangl* Rn 188) dh: Erfolgte die Einbringung zum 1.7.2007 beginnt der Überwachungszeitraum am 2.7.2007 und endet am 1.7.2008. Da der Einbringende den Nachw, wem die Anteile am 1.7.2008 zuzurechnen sind, aus tats Gründen nicht zum 31.5.2008 erbringen kann, ist er spätestens zum 31.5.2009 zu erbringen. Der Nachw ist auch noch zu erbringen, wenn zwischen dem Ablauf des Tages, der dem maßgebenden Einbringungszeitraum entspricht, und dem 164

31.5. die Anteile veräußert wurden (Widmann/Mayer/*Widmann* Rn 372; *Söffing/Lange* DStR 2007, 1607).

165 Wurde der **Nachw** für einen „Überwachungszeitraum" **erbracht,** mindert sich ein später entstehender Einbringungsgewinn pro Überwachungszeitraum um jew ein Siebtel. Wird der **Nachw** durch den Einbringenden **nicht** oder nicht rechtzeitig **erbracht,** gelten die Anteile nach Abs 3 S 2 iSd Abs 1, 2 an dem Tag als veräußert, der dem Einbringungszeitpunkt folgt. Damit gilt die Veräußerungsfiktion jew nur für das Zeitjahr, für das der Nachw nicht erbracht wird. Der Nachw gilt nicht als erbracht, wenn er inhaltl unzutreffend ist (Widmann/Mayer/*Widmann* Rn 381).

166 **Beispiel** nach BMF-Schrb vom 11.11.2011, BStBl I 1314 Rn 22.28:
A hat seinen Betrieb zum 1.3.2007 (Einbringungszeitpunkt) zu BW gegen Gewährung von Anteilen in die X-GmbH eingebracht (§ 20 II). Den Nachw, wem die Anteile an der X-GmbH zum 1.3.2008 zuzurechnen sind, hat er zum 31.5.2008 erbracht. Ein Nachw, wem die Anteile an der X-GmbH zum 1.3.2009 zuzurechnen sind, wurde bis zum 31.5.2009 nicht vorgelegt. Nach Abs 3 S 1 hat A erstmals bis zum 31.5.2008 nachzuweisen, wem die Anteile an der X-GmbH zum 1.3.2008 zuzurechnen sind. Dieser Nachw wurde erbracht (Überwachungszeitraum vom 2.3.2007 bis zum 1.3.2008). Da A jedoch den bis zum 31.5.2009 vorzulegenden Nachw, wem die Anteile an der X-GmbH zum 1.3.2009 zuzurechnen sind (Überwachungszeitraum vom 2.3.2008 bis 1.3.2009) nicht erbracht hat, gelten die Anteile nach Abs 3 S 2 als am 2.3.2008 veräußert. Als Folge hiervon ist eine rückwirkende Besteuerung des Einbringungsgewinns I zum 1.3.2007 durchzuführen (OFD Frankfurt aM DStR 2008, 408).

167 In den Fällen des Abs 1 gilt die Veräußerungsfiktion für die erhaltenen Anteile und in den Fällen des Abs 2 für die eingebrachten Anteile. Umstr ist, ob die Veräußerungsfiktion des Abs 3 nicht nur die rückwirkende Besteuerung des Einbringungsgewinns, sondern auch die Besteuerung des **Gewinns aus der – fiktiven – Veräußerung der Anteile** (im Beispiel Rn 166 Veräußerungsgewinn zum 2.3.2008) zur Folge hat (so BMF-Schrb vom 11.11.2011, BStBl I 1314 Rn 22.32; *Dötsch/Pung* DB 2006, 2763; *Strahl* KÖSDI 2007, 15442; aA zu Recht RHL/*Stangl* Rn 193; DPPM/*Patt* Rn 93; Widmann/Mayer/*Widmann* Rn 373; Frotscher/Maas/*Mutscher* Rn 322; *Desens* Beihefter zu DStR 46/2010, 80; *Förster/Wendland* BB 2007, 631; *Söffing/Lange* DStR 2007, 1607; *Rödder/Schumacher* DStR 2007, 369). Aus der Systematik des Abs 3 S 2 ergibt sich, dass die Regelung nur Bedeutung haben soll für die Besteuerung eines mögl Einbringungsgewinns, nicht jedoch bei einer Versteuerung eines fiktiven Veräußerungsgewinns. Gegen die Versteuerung eines fiktiven Veräußerungsgewinns spricht insbesondere, dass der fiktive Veräußerungspreis nicht gesetzl def ist.

22. Juristische Personen des öffentlichen Rechts und steuerbefreite Körperschaften als Veräußerer, Abs 4

168 Jur Personen des öffentl Rechts und von der KSt befreite Körperschaften können Einbringende einer Sacheinlage in eine KapGes nach Abs 1 sein. Jur Personen des öffentl Rechts sind nach § 1 I Nr 6 KStG nur mit ihrem Betrieb gewerbl Art kstpfl. Kein Betrieb gewerbl Art stellt die reine Vermögensverwaltung dar. Darunter fällt die Nutzung des Verm durch Anlage von KapVerm, aber auch das Halten von Beteiligungen an KapGes. Daran knüpft Abs 4 an. Abs 4 bezieht sich ausschließl auf Einbringungen iSd Abs 1. Dh, es muss sich um eine Sacheinlage iSd § 20 I handeln, die zu BW oder ZW erfolgte.

169 Abs 4 ist nicht einschlägig für die Fälle des Anteilstausches bzw soweit zur Sacheinlage Anteile an einer KapGes oder Gen gehört haben (Widmann/Mayer/*Widmann* Rn 384).

170 Werden die erhaltenen Anteile iSd Abs 1 S 1 durch die einbringende jur Person des öffentl Rechts bzw die von der KSt befreite Körperschaft innerh der Sperrfrist von sieben Jahren veräußert, entsteht gem Abs 1 ein **Einbringungsgewinn I** in der Person des Einbringenden. Dieser Gewinn wird nach Maßgabe des Abs 1 rückwirkend besteuert, was dazu führt, dass dieser bei den einbringenden jur Personen des öffentl Rechts noch im Betrieb gewerbl Art bzw bei einbringenden steuerbefreiten Körperschaften noch im wirtschaftl Geschäftsbetrieb erfolgt und damit noch in der steuerverhafteten Sphäre. Ob der Einbringungsgewinn I Veräußerungsgewinn iSd § 20 I Nr 10 lit b S 1 EStG ist, wird unterschiedl beantwortet (vgl dazu *Orth* DB 2007, 419; Widmann/Mayer/*Widmann* Rn 386; DPPM/*Patt* Rn 59).

171 Abs 4 Nr 1 und Nr 2 beziehen sich ausschließl auf den **Anteilsveräußerungsgewinn.** Abs 1 erfasst die stillen Reserven im Zeitpunkt der Einbringung; die Abschmelzungsregelung des Abs 1 S 1 bewirkt aber, dass nicht alle stillen Reserven im eingebrachten Verm der Besteuerung unterworfen werden. Abs 4 Nr 1 und Nr 2 ordnet im Erg auch die Besteuerung der nicht durch Abs 1 erfassten stillen Reserven im Zeitpunkt der Veräußerung in Form der Besteuerung eines Gewinns aus der Anteilsveräußerung. Der Anteilsveräußerungsgewinn mindert sich nicht um jeweils ein Siebtel für jedes seit dem Einbringungsstichtag abgelaufene Zeitjahr (Widmann/Mayer/*Widmann* Rn 388). Nach Abs 4 Nr 1 gilt der Gewinn aus der Veräußerung der erhaltenen Anteile als in einem Betrieb gewerbl Art der jur Person des öffentl Rechts entstanden. Nach Abs 4 Nr 2 gilt der Gewinn aus der Veräußerung der erhaltenen Anteile als in einem wirtschaftl Geschäftsbetrieb der steuerbefreiten Körperschaft entstanden. Abs 4 bezieht sich auf Abs 1, so dass die Steuerverhaftung nach Abs 4 bezogen auf den Anteilsveräußerungsgewinn nur während der siebenjährigen Sperrfrist gilt; wird nach **Ablauf der Sperrfrist** veräußert, findet Abs 4 keine Anwendung. Der innerh der Sperrfrist stpfl Anteilsveräußerungsgewinn unterliegt den Regelungen des § 8 b KStG (BMF-Schrb vom 11.11.2011, BStBl I 1314 Rn 22.35; Widmann/Mayer/*Widmann* Rn 389). Ob der Anteilsveräußerungsgewinn der GewSt unterliegt, ist nicht abschl geklärt (dagegen *Orth* DB 2007, 419; Widmann/Mayer/*Widmann* Rn 389; dafür DPPM/*Patt* Rn 95). Unabhängig von der Geltung des § 8 b II KStG kommt es nach § 8 I KStG, §§ 20 I Nr 10 lit b S 1, 43 I 1 Nr 7 c EStG zu einem Kapitalertragsteuer-Abzug. Die Ausnahme des § 44 a VII 1 EStG ist zu beachten. Abs 4 bezieht sich nur auf eine Veräußerung, dh Vorgänge iSv Abs 1 S 6 lösen zwar einen Einbringungsgewinn, nicht aber einen Veräußerungsgewinn iSv Abs 4 aus (Widmann/Mayer/*Widmann* Rn 390).

23. Bescheinigung des Einbringungsgewinns, Abs 5

172 Das für den Einbringenden zuständige FA hat auf Antrag der übernehmenden Ges die Höhe des zu versteuernden Einbringungsgewinns, die darauf entfallende festgesetzte Steuer und den darauf entrichteten Betrag zu bescheinigen. Der Antrag ist formfrei mögl (RHL/*Stangl* Rn 200). Die Bescheinigung ist Voraussetzung für die Aufstockung der BW der übernehmenden Ges (§ 23 II). Ob die Zuständigkeit des FA des Einbringenden auch dann erhalten bleibt, wenn es zu einer unentgeltl Rechtsnachfolge gem Abs 6 kommt, ist nicht abschl geklärt.

Soweit Abs 6 auch auf Abs 5 verweist, muss der Antrag an das FA des Rechtsnachfolge gerichtet werden und auch dieses die Bescheinigung erstellen (aA DPPM/*Patt* Rn 102 mit dem Hinweis, dass das FA des Rechtsnachfolgers nicht über die entsprechenden Informationen verfügt; Widmann/Mayer/*Widmann* Rn 410; offengelassen durch Frotscher/Maas/*Mutscher* Rn 332). Ist Einbringender eine PersGes, muss die Bescheinigung betreffend die ESt bei dem für den einzelnen MU zuständigen FA beantragt werden (Widmann/Mayer/*Widmann* Rn 409; DPPM/*Patt* Rn 102). Bei der entrichteten Steuer handelt es sich um die ESt und KSt, nach umstrittener Meinung aber nicht um die GewSt (DPPM/*Patt* Rn 104; RHL/*Stangl* Rn 97; wohl auch BMF-Schrb vom 11.11.2011, BStBl I 1314 Rn 22.38; aA Widmann/Mayer/*Widmann* Rn 415; vgl § 23 Rn 39). Die Steuer ist nicht entrichtet bei Stundung, AdV, Erlass (Widmann/Mayer/*Widmann* Rn 422, aA RHL/*Ritzer* § 23 Rn 99) oder Verjährung (Widmann/Mayer/*Widmann* Rn 423; RHL/*Ritzer* § 23 Rn 98). Die Bescheinigung ist Grundlagenbescheid für die Veranlagung des übernehmenden Rechtsträgers (BMF-Schrb vom 11.11.2011, BStBl I 1314 Rn 23.10; Widmann/Mayer/*Widmann* Rn 429; vgl § 23 Rn 44).

173 Nach Abs 5 2. HS sind nachträgl Minderungen des versteuerten Einbringungsgewinns sowie die darauf entfallenden festgesetzten Steuern und der darauf entrichtete Betrag dem für die übernehmende Ges zuständigen FA von Amts wegen mitzuteilen (BMF-Schrb vom 11.11.2011, BStBl I 1314 Rn 22.40).

24. Unentgeltliche Rechtsnachfolge, Abs 6

174 Abs 6 regelt mögl ertragstl Folgen in den Fällen der unentgeltl Rechtsnachfolge im Hinblick auf den Einbringungsgewinn I und II. Zu einer unentgeltl Rechtsnachfolge kommt es bei der **unentgeltl Übertragung** von Anteilen iSd des Abs 1, Abs 2 voraus. Eine unentgeltl Übertragung liegt vor, wenn die erhaltenen bzw die eingebrachten Anteile nach dem Willen der Vertragsparteien ohne Gegenleistung übertragen werden. Dies ist insbes der Fall bei der reinen Schenkung, Sachvermächtnis und der Erbfolge. Zu einer unentgeltl Rechtsnachfolge kommt es auch in den Fällen des Abs 7 (vgl Rn 181; BMF-Schrb vom 11.11.2011, BStBl I 1314 Rn 22.43; Frotscher/Maas/*Mutscher* Rn 354). Entspricht der Wert der Gegenleistung nicht dem Wert der erhaltenen Anteile und liegt somit ein **teilentgeltl Geschäft** vor, so ist dieses Geschäft nach dem Verhältnis des Wertes der übertragenen Anteile zur Gegenleistung in ein voll entgeltl Veräußerungsgeschäft und ein voll unentgeltl Geschäft aufzuteilen. Ledigl hinsichtl des unentgeltl Teils tritt die Rechtsnachfolge in die Rechtsstellung des Rechtsvorgängers ein (Widmann/Mayer/*Widmann* Rn 447; DPPM/*Patt* Rn 30; RHL/*Stangl* Rn 203; Frotscher/Maas/*Mutscher* Rn 340).

175 Kommt es zu einer Übertragung der erhaltenen oder eingebrachten Anteile aus dem BV in das Gesamthandsvermögen einer PersGes nach Maßgabe des **§ 6 V 3 ff EStG,** ohne dass Gesellschaftsrechte gewährt werden, liegt eine verdeckte Einlage vor, eine Gegenleistung für die Übertragung der Anteile wird nicht gewährt, so dass es zur unentgeltl Rechtsnachfolge kommt (vgl Rn 33, 77; ebenso BMF-Schrb vom 11.11.2011, BStBl I 1314 Rn 22.41). Wird eine KapGes, in deren Verm sich Anteilen iSd des Abs 1, Abs 2 befinden, **formwechselnd** in eine PersGes umgewandelt bzw eine PersGes, in deren Verm sich Anteilen iSd des Abs 1, Abs 2 befinden, formwechselnd in eine KapGes umgewandelt, so wird durch das Gesetz eine Vermögensübertragung fingiert. Aufgrund von §§ 9, 25 soll sich die Rechtsnachfolge aus § 4 II 1 (Widmann/Mayer/*Widmann* Rn 453) bzw

§ 23 ergeben. Sieht man in dem Formwechsel eine unentgeltl Rechtsnachfolge gilt Abs 6. Soweit es zu einer Verschm, Auf- und Abspaltung einer Körperschaft auf eine andere Körperschaft kommt und gem **§ 13 II** die Anteile am übertragenden Rechtsträger mit dem BW angesetzt werden, liegt keine Veräußerung vor, da die Anteile am übernehmenden Rechtsträger an die Stelle der Anteile am übertragenden Rechtsträger treten und diese damit „wesensidentisch" sind. Die Anteile am übertragenden Rechtsträger werden weder veräußert noch wird eine Veräußerung durch das Gesetz fingiert. Aufgrund der Wesensidentität kommt es nicht zu einer Rechtsnachfolge iSd des Abs 6, vielmehr ergeben sich die Rechtsfolgen aus § 13 II.

Wird eine Körperschaft, in deren Verm sich Anteile iSd Abs 1 bzw Abs 2 **176** befinden, auf einen anderen Rechtsträger **verschmolzen** bzw kommt es zu einer Auf- oder Abspaltung oder liegt ein vglbarer ausl Vorgang vor, so liegt darin nach der hier vertretenen Auffassung keine unentgeltl Übertragung (so aber Blümich/*Nitzschke* Rn 93), und zwar unabhängig davon, ob man in diesem Verschmelzungsvorgang eine Veräußerung iSd Abs 1 S 1 bzw Abs 2 S 2 sieht oder nicht (vgl dazu Rn 36 f). Die Vermögensübertragung ist jedenfalls ein veräußerungsgleicher Vorgang und damit nicht unentgeltl; Abs 6 findet keine Anwendung. Dies gilt auch für die Einbringungsfälle nach §§ 20, 21 und 24 (wie hier RHL/*Stangl* Rn 204). Soweit man davon ausgeht, dass die übertragende Umw nicht den Einbringungsgewinn I, II auslöst (vgl Rn 38), kommt es nach §§ 4 II, III, 12 III, 23 oder 24 IV zu einer Rechtsnachfolge (vgl Widmann/Mayer/*Widmann* Rn 453).

Zu einer Rechtsnachfolge kommt es nicht, wenn bereits die unentgeltl Übertra- **177** gung die Versteuerung des Einbringungsgewinns auslöst, wie dies zB bei der verdeckten Einlage in eine KapGes der Fall ist (BMF-Schrb vom 11.11.2011, BStBl I 1314 Rn 22.03, Rn 22.28; DPPM/*Patt* Rn 106; RHL/*Stangl* Rn 204; Widmann/Mayer/*Widmann* Rn 445).

Liegt eine unentgeltl Rechtsnachfolge iSd Abs 6 vor, **gilt der unentgeltl** **178** **Rechtsnachfolger des Einbringenden** für die Anwendung des Abs 1–5 **als Einbringender.** Den unentgeltl Rechtsnachfolger treffen die Nachweispflichten nach Abs 3 und er tritt bei erhaltenen Anteilen die siebenjährige Sperrfrist des Rechtsvorgängers ein (BMF-Schrb vom 11.11.2011, BStBl I 1314 Rn 22.03; Rn 22.28; DPPM/*Patt* Rn 106; Frotscher/Maas/*Mutscher* Rn 347). Veräußert er die für eine Sacheinlage erhaltenen Anteile, kommt es zu einer nachträgl Besteuerung des Einbringungsvorgangs. Die Besteuerungsfolgen treten nach der hier vertretenen Auffassung beim Rechtsnachfolger ein, denn der unentgeltl Rechtsnachfolger gilt als Einbringender iSv Abs 1–5 (ebenso Bordewin/Brandt/*Graw* Rn 307; *Schell/Krohn* DB 2012, 1172; Blümich/*Nitzschke* Rn 93; aA BMF-Schrb vom 11.11.2011, BStBl I 1314 Rn 22.41; DPPM/*Patt* Rn 106; Widmann/Mayer/*Widmann* Rn 174); offengelassen durch RHL/*Stangl* Rn 205).

Der **unentgeltl Rechtsnachfolger der übernehmenden Ges** eines Anteils- **179** tausch oder einer Einbringung von Anteilen iRe Sacheinlage gilt als übernehmende Ges iSd Abs 2. Auch für ihn beginnt keine neue Sperrfrist zu laufen (DPPM/*Patt* Rn 107). Veräußert der unentgeltl Rechtsnachfolger die eingebrachten Anteile, so hat das die gleichen Folgen, wie die Veräußerung der Anteile durch die übernehmende Ges. Zu beachten ist jedoch, dass für den unentgeltl Rechtsnachfolger der übernehmenden Ges eines Anteilstausch oder einer Einbringung von Anteilen iRe Sacheinlage nicht auf Abs 5 verwiesen wird, sondern nur auf Abs 2 (krit Haritz/Menner/*Bilitewski* Rn 262).

25. Mitverstrickte Anteile, Abs 7

180 **a) Überblick.** Mit Abs 7 will der Gesetzgeber die von der Rspr aufgestellten Grdse zu den sog derivativen einbringungsgeborenen Anteilen gesetzl „verankern" und auf Anteile iSd Abs 1 und Abs 2 übertragen (BT-Drs 16/3369, 13). Diese Grdse der Rspr beinhalten Folgendes: Soweit stille Reserven von einbringungsgeborenen Anteilen iSd § 21aF abgespalten und ohne Ausgleichsvergütung den Wert anderer Anteile erhöhen, sind auch die so bereicherten Anteile nach Meinung des BFH quotal einbringungsgeboren (vgl BFH BStBl II 1992, 761, 763, 764; BFH/NV 1997, 314; BFH BStBl II 2008, 533; ebenso BMF-Schrb vom 25.3.1998, BStBl I 268 Rn 21.14; *Herzig/Rieck* DStR 1998, 97). Diese so bereicherten Anteile werden auch als derivative einbringungsgeborene Anteile bezeichnet. Die Steuerverhaftung iSd § 21 aF setzt sich dabei nach Auffassung der Rspr zunächst in einem jedenfalls wirtschaftl Bezugsrecht und als dann in den daraus abgeleiteten jungen Anteilen fort (BFH BStBl II 1992, 761). Dabei ist es nach Meinung der Rspr ohne Bedeutung, ob der ursprüngl Gesellschafter von einem Bezugsrecht ausgeschlossen ist, ob er auf ein eigenes Bezugsrecht zu Gunsten des Dritten unentgeltl verzichtet oder ob das Bezugsrecht unentgeltl auf einen Dritten übertragen wurde. In all diesen Fällen sei willentl und wissentl Substanz von einbringungsgeborenen Anteilen auf junge Anteile übergegangen. Die von der Rspr entwickelte Wertabspaltungstheorie, die mit Abs 7 nunmehr für Anteile iSd Abs 1 und Abs 2 eine gesetzl Grundlage gefunden hat, war im Erg überzeugend. Die Rspr sieht in einem verselbstständigten Bezugsrecht das „Transportmittel", dass sowohl für den Übergang der stillen Reserven, als auch für die Qualifikation des § 21 aF verantwortl sein soll. Hierbei handelte es sich jedoch um eine „reine Rechtsbehauptung". Fand bspw unter Geltung des alten Umwandlungssteuergesetzes bei einer KapGes, deren Gesellschafter bisher keine einbringungsgeborene Anteile iSd § 21 aF hielt, eine KapErh durch Sacheinlage gem § 20 I aF statt, die zu BW oder ZW erfolgte und gingen dabei stille Reserven unentgeltl auf Anteile des Einbringenden oder auf Anteile einer dritten Person über, so kann das von der Rspr angenommene verselbstständigte Bezugsrecht als Transportmittel für die übergehenden stillen Reserven und damit die Qualifikation der Einbringungsgeborenheit auf die Altanteile nicht begründet werden. Nur den Gesellschaftern der Altanteile steht ein Bezugsrecht zu. Die Altanteile und damit auch die entsprechenden Bezugsrechte besitzen aber nicht die Qualifikation der Einbringungsgeborenheit. Die Grdse der Rspr sind nunmehr gesetzl abgesichert.

181 Die Wertabspaltungstheorie regelt einen Vorgang, bei dem stille Reserven von Anteilen abgespalten werden (entreicherte Anteile) und ohne Ausgleichsvergütung, dh also unentgeltl den Wert anderer Anteile erhöhen (vgl zuletzt BFH BStBl II 2008, 534 nwN). Es kommt damit zu einer unentgeltl Übertragung von Werten von einem entreicherten auf einen bereicherten Anteil und damit zu einer unentgeltl Rechtsnachfolge, auch dann, wenn keine Anteilseigenidendität bzgl entreichertem und bereichertem Anteil besteht. Der Anteilseigner, auf dessen Anteil unentgeltl stille Reserven überspringen, besitzt danach mitverstrickte Anteile.

182 **b) Mitverstrickte Anteile.** Abs 7 geht von der Verlagerung von stillen Reserven auf „andere Anteile" aus. Soweit stille Reserven von erhaltenen Anteilen iSd Abs 1, von eingebrachten Anteilen iSd Abs 2 bzw von auf diesen Anteilen beruhende Anteile unentgeltl auf diese anderen Anteile überspringen, gelten auch diese so bereicherten Anteile als erhaltenen Anteilen iSd Abs 1, von eingebrachten

Anteilen iSd Abs 2 bzw von auf diesen Anteilen beruhende Anteile (Frotscher/Maas/*Mutscher* Rn 354). Das Gesetz bezeichnet diese Anteile auch als mitverstrickte Anteile. Ein Recht zur Aufteilung der „Mitverstricktheit" in der Form, das die Mitverstricktheit sich nur auf einzelne „Anteile" bezieht, besteht nicht (vgl BFH BStBl II 2008, 534).

Da Abs 7 die Grdse der Rspr kodifizieren wollte und diese Rspr auf dem Gedanken einer Bezugsrechtsabspaltung basiert (BFH/NV 1997, 314; BFH BStBl II 1999, 638; BFH DB 2001, 739; BFH GmbHR 2003, 920; FG Baden-Württemberg GmbHR 1997, 754), kommt es im Zuge der Abspaltung stiller Reserven auf die dann mitverstrickten Anteile auch zu einem anteiligen Übergang von **AK** der entreicherten Anteile (BMF-Schrb vom 11.11.2011, BStBl I 1314 Rn 22.43; DPPM/*Patt* Rn 11; Haritz/Menner/*Bilitewski* Rn 294 f). Soweit AK auf mitverstrickte Anteile übergehen, entstehen bei den entreicherten Anteilen neue stille Reserven, die auf die mitverstrickten Anteile überspringenden stillen Reserven, werden entsprechend reduziert. Dies ist dann bei der Ermittlung des Einbringungsgewinns entsprechend zu berücksichtigen. 183

Beispiel: 184

Die X-GmbH besitzt ein StK iHv EUR 50 000, den Anteil (Anteil 1) hat V gegen Sacheinlage seines Einzelunternehmens zum BW von EUR 40 000 erworben. Die Einbringung erfolgte zum 31.12.01. Der gemeine Wert der Sacheinlage beläuft sich 31.12.01 auf EUR 400 000. Das StK der X-GmbH wird am 1.2.02 um nominal EUR 50 000 auf EUR 100 000 erhöht werden. Den neu gebildeten Geschäftsanteil (Anteil 2) übernimmt V gegen Bareinlage iHv EUR 100 000. Im Jahr 04 veräußert V den Anteil 2. Durch die KapErh zum 1.2.02 erhöht sich der Verkehrswert der GmbH auf EUR 500 000, die iHv jew EUR 250 000 auf Anteil 1 und Anteil 2 entfallen. Es kommt zu einer Wertverschiebung die darauf zurückzuführen ist, dass von dem Anteil 1 EUR 150 000 (EUR 400 000 abzgl EUR 250 000) stille Reserven unentgeltl auf den Anteil 2 übergegangen sind. Bei dem Anteil 1 verblieben damit stille Reserven iHv 210 000. Dementsprechend ist der Anteil 2 bereichert worden. Damit kommt es auch zu einer Verlagerung von AK vom entreicherten Anteil 1 auf den mitverstrickten Anteil 2, und zwar iHv EUR 15 000 (EUR 40 000 × EUR 150 000/EUR 400 000), so dass sich die bei Anteil 1 zu berücksichtigenden AK entsprechend auf EUR 25 000 mindern. Dh auf den Anteil 2 sind im Erg EUR 135 000 (EUR 150 000 – EUR 15 000) stille Reserven übergesprungen. Nach Abs 1 iVm Abs 7 führt die Veräußerung des Anteils 2 innerh von sieben Jahren bezogen auf den Einbringungszeitpunkt (31.12.01) zu einer rückwirkenden Besteuerung des Gewinns aus der Einbringung, der jährl um ein Siebtel abnimmt. Damit entsteht ein Einbringungsgewinn I iHv EUR 96 428 (EUR 135 000 × 5/7 = EUR 96 429). **Kontrollrechnung:** Im Jahr 04 veräußert V den Anteil 1. Die AK des Anteils 1 betragen EUR 25 000 (EUR 40 000 – EUR 15 000), dh auf den Anteil entfiele aus dem eingebrachten Einzelunternehmen stille Reserven iHv EUR 225 000 (EUR 210 000 + EUR 15 000). Nach Abs 1 führt die Veräußerung des Anteils 1 innerh von sieben Jahren bezogen auf den Einbringungszeitpunkt (31.12.01) zu einer rückwirkenden Besteuerung des Gewinns aus der Einbringung, der jährl um 5/7 abnimmt. Damit entsteht ein Einbringungsgewinn I iHv EUR 160 714 (EUR 225 000 × 5/7 = EUR 160 714). Hätte V beide Anteile in 04 verkauft, hätte der Einbringungsgewinn I EUR 257 143 (EUR 400 000 – EUR 40 000 = EUR 360 000 x 5/7 = 257 143) betragen.

c) Verzicht auf stille Reserven. Nach Auffassung der Rspr (BFH BStBl II 1992, 761 ff; BFH/NV 1997, 314; aA FG München EFG 1998, 461; ebenso BMF-Schrb vom 25.3.1998, BStBl I 268 Rn 21.14; Widmann/Mayer/*Widmann* § 21 aF Rn 25 ff; *Herzig/Rieck* DStR 1998, 97; aA DPPM/*Patt* § 21 aF Rn 37) entstanden nach der Wertabspaltungstheorie nur dann sog derivative einbringungsgeborene Anteile, wenn bei einer KapErh stille Reserven von einer Sacheinlage iSv § 20 unentgeltl und willentl auf Alt- und auf Junganteile einer dritten 185

Person erworbene Anteile eines Dritten oder auf junge, durch die Bareinlage erworbene Anteile desselben Gesellschafter übergegangen sind. Entscheidend für das Entstehen der derivativen einbringungsgeborenen Anteile war, dass es zu einem **unentgeltl unmittelbaren und willentl Übergang einbringungsgeborener Substanz** in Form von stillen Reserven kommt. Mit Abs 7 will der Gesetzgeber die von der Rspr aufgestellten Grdse zu den sog derivativen einbringungsgeborenen Anteilen gesetzl „verankern" und auf Anteile iSd Abs 1 und Abs 2 übertragen (BT-Drs 16/3369, 13), so dass mitverstrickte Anteile iSd Abs 7 nur entstehen, wenn es zu einem **unentgeltl unmittelbaren und willentl Übergang steuerrelevanter Substanz** in Form von stillen Reserven von erhaltenen oder eingebrachten Anteilen oder von auf diesen beruhenden Anteilen kommt (Haritz/Menner/*Bilitewski* Rn 276; wohl auch Widmann/Mayer/*Widmann* Rn 454; aA DPPM/*Patt* Rn 9). Soweit es zu einer unentgeltl Übertragung dieser Substanz von erhaltenen Anteilen iSd Abs 1 auf andere Anteile kommt liegt eine unentgeltl Rechtsnachfolge iSd Abs 6 vor (aA RHL/*Stangl* Rn 217; DPPM/*Patt* Rn 111).

186 **d) Angemessenes Entgelt oder Aufgeld.** Wird für die aus einer KapErh hervorgehenden jungen Anteile ein Entgelt entrichtet, das dem anteiligen Verkehrswert entspricht, spalten sich im Ggs zu einer Ausgabe unterhalb des Kurswerts stille Reserven aus den ursprüngl Anteilen nicht ab. In diesem Fall entstehen keine mitverstrickten Anteile (BMF-Schrb vom 11.11.2011, BStBl I 1314 Rn 22.43; DPPM/*Patt* Rn 9). Ist ein Wechsel von Substanz von erhaltenen Anteilen iSd Abs 1, von eingebrachten Anteilen iSd Abs 2 bzw von auf diesen Anteilen beruhende Anteile auf andere Anteile nicht beabsichtigt, entstehen mitverstrickte Anteile nicht; es fehlt an dem willentl Übergang einbringungsgeborener Substanz in Form von stillen Reserven (str vgl Rn 185). Davon ist im Zweifelsfall auszugehen, wenn fremde Dritte an der KapErh teilnehmen (Haritz/Menner/*Bilitewski* Rn 277).

187 **e) Verlagerungsvorgänge im Überblick. aa) Die unentgeltliche Verlagerung von stillen Reserven auf Anteile Dritter.** Findet bei einer KapGes, an der erhaltenen Anteilen iSd Abs 1 bzw von auf diesen Anteilen beruhende Anteile (entreicherte Anteile) bestehen, eine KapErh statt, sind stille Reserven in entreicherten Anteilen nicht zu realisieren, wenn sie unentgeltl und willentl auf junge Anteile eines Dritten übergehen (mitvertrikte Anteile). Allerd befinden sich diese jungen Anteile insoweit im Status der entreicherten Anteile iSv Abs 1, auch wenn sie nicht durch Sacheinlage iSv § 20, sondern vielmehr zB durch Bareinzahlung oder Sacheinlage außerh des Anwendungsbereichs von § 20 entstanden sind (BMF-Schrb vom 11.11.2011, BStBl I 1314 Rn 22.43). In Anlehnung an die Rspr des BFH (BFH BStBl II 1992, 761) geht Abs 7 in diesem Zshg davon aus, dass der Status der entreicherten Anteile zunächst in einem wirtschaftl Bezugsrecht und alsdann in den daraus abgeleiteten jungen Anteilen sich fortsetzt. Für die stl Beurteilung ist es unerhebl, ob der einbringende Gesellschafter mit seinem Bezugsrecht ausgeschlossen war, ob er auf das Bezugsrecht zugunsten des Dritten verzichtet oder ob er es auf den Dritten unentgeltl übertragen hat. In allen Fällen ist wissentl und willentl Substanz von den entreicherten Anteilen auf junge Anteile übergegangen (BFH BStBl II 1992, 761, 763; vgl auch RHL/*Stangl* Rn 212).

188 **Beispiel:**

A ist alleiniger Gesellschafter der X-GmbH mit einer Stammeinlage iHv EUR 50 000 (Anteil 1). Die X-GmbH wurde bar gegründet. Zum 31.12.01 hat die Beteiligung an der

X-GmbH einen gemeinen Wert iHv EUR 200 000. E, die Ehefrau des A, bringt ihr Einzelunternehmens zum BW von EUR 100 000 nach Maßgabe des § 20 in die X-GmbH ein. Die Einbringung erfolgte zum 31.12.01. Der gemeine Wert der Sacheinlage beläuft sich 31.12.01 auf EUR 800 000. Das StK der X-GmbH wird um nominal EUR 50 000 (Anteil 2) auf EUR 100 000 erhöht. Im Jahr 04 veräußert A den Anteil 1. Durch die KapErh zum 31.12.01 erhöht sich der Verkehrswert der GmbH auf EUR 1 000 000, die iHv jew EUR 500 000 auf Anteil 1 und Anteil 2 entfallen. Es kommt zu einer Wertverschiebung die darauf zurückzuführen ist, dass von dem Anteil 2 EUR 300 000 stille Reserven unentgeltl auf den Anteil 1 übergegangen sind. Bei dem Anteil 2 verblieben damit stille Reserven iHv EUR 400 000. Dementsprechend ist der Anteil 1 bereichert worden. Damit kommt es auch zu einer Verlagerung von AK vom entreicherten Anteil 2 auf den mitverstrickten Anteil 1; und zwar iHv EUR 37 500 (EUR 100 000 × EUR 300 000/EUR 800 000), so dass sich die bei Anteil 1 zu berücksichtigenden AK entsprechend auf EUR 87 500 erhöhen. Dh auf den Anteil 1 sind im Erg EUR 262 500 (EUR 300 000 – EUR 37 500) stille Reserven übergesprungen. Nach Abs 1 iVm Abs 7 führt die Veräußerung des Anteils 1 innerh von sieben Jahren bezogen auf den Einbringungszeitpunkt (31.12.01) zu einer rückwirkenden Besteuerung des Gewinns aus der Einbringung, der jährl um ein Siebtel abnimmt. Damit entsteht ein Einbringungsgewinn I iHv EUR 187 500 (EUR 262 500 × 5/7 = EUR 187 500). **Kontrollrechnung:** Im Jahr 04 veräußert E den Anteil 1. Die AK des Anteils 1 betragen EUR 62 500 (EUR 100 000 – EUR 37 500), dh auf den Anteil entfiehle aus dem eingebrachten Einzelunternehmen stille Reserven iHv EUR 437 500 (EUR 400 000 + EUR 37 500). Nach Abs 1 führt die Veräußerung des Anteils 2 innerh von sieben Jahren bezogen auf den Einbringungszeitpunkt (31.12.01) zu einer rückwirkenden Besteuerung des Gewinns aus der Einbringung, der jährl um ein Siebtel abnimmt. Damit entsteht ein Einbringungsgewinn I iHv EUR 312 500 (EUR 437 500 × 5/7). Hätten A und E beide Anteile in 04 verkauft, hätte der Einbringungsgewinn I EUR 500 000 (EUR 800 000 – EUR 100 000 = EUR 700 000 × 5/7) betragen.

bb) Der Übergang stiller Reserven auf junge Anteile desselben Gesellschafters. Findet bei einer KapGes, an der erhaltenen Anteilen iSd Abs 1, eingebrachte Anteilen iSd Abs 2 bzw von auf diesen Anteilen beruhende Anteile (entreicherte Anteile) bestehen, eine KapErh statt, die durch Bareinlage belegt wird, sind stille Reserven in den entreicherten Anteilen nicht zu realisieren, wenn sie auf junge Anteile desselben Gesellschafters übergehen, es kommt nach der hier vertretenen Meinung (Rn 185) zu einer unentgeltl Rechtsnachfolge. Der Übergang stiller Reserven infolge Nichtausübung eines Bezugsrechts oder unentgeltl Übertragung eines solchen stellt keine Veräußerung von Anteilen oder von wirtschaftl Eigentum dar; es fehlt an einem Rechtssubjektwechsel. Der Inhaber des entreicherten Altanteils ist zugleich Inhaber der jungen Anteile samt enthaltener stiller Reserven (vgl BFH BStBl II 1992, 764). Werden die neuen Anteile zu einem Kurs ausgegeben, der unter dem Verkehrswert des neuen Geschäftsanteils (unter Berücksichtigung übergehender stiller Reserven) liegt, verlieren die entreicherten Altanteile durch Wertabspaltung an Substanz, die zunächst auf das Bezugsrecht, sodann auf die jungen Anteile übergeht (vgl BFH BStBl II 1992, 764, 765; 1975, 505, 509). Es entstehen nach Abs 7 mitverstrickte Anteile. 189

Beispiel: 190

A brachte seine 100% Beteiligung an der T-GmbH in die M-GmbH nach Maßgabe des § 21 zu BW (EUR 100 000) ein. Die T-GmbH besitzt ein StK iHv EUR 100 000. Die Einbringung erfolgte zum 31.12.01. Der gemeine Wert der Anteile an der T-GmbH beläuft sich 31.12.01 auf EUR 800 000. Das StK der T-GmbH wird am 1.2.02 um nominal EUR 50 000 auf EUR 150 000 erhöht. Den neu gebildeten Geschäftsanteil (Anteil 2) übernimmt die M-GmbH gegen Bareinlage iHv EUR 100 000. Im Jahr 04 veräußert die M-GmbH den Anteil 2. Durch die KapErh zum 1.2.02 erhöht sich der Verkehrswert der GmbH auf EUR 900 000, die iHv EUR 600 000 auf Anteil 1 und iHv EUR 300 000 auf Anteil 2 entfallen. Es kommt zu einer Wertverschiebung die darauf zurückzuführen ist, dass von dem Anteil 1 EUR 200 000 (EUR 300 000 abzgl EUR 100 000) stille Reserven unentgeltl auf den Anteil 2 übergegangen sind. Bei dem Anteil 1 verblieben damit stille Reserven iHv EUR 500 000. Dementsprechend ist der Anteil 2 bereichert worden. Damit kommt es auch zu einer Verlagerung von AK vom entreicherten Anteil 1 auf den mitverstrickten Anteil 2; und zwar iHv EUR 25 000 (EUR 100 000 × EUR 200 000/ EUR 800 000), so dass sich die bei Anteil 2 zu berücksichtigenden AK entsprechend auf EUR 125 000 erhöhen. Dh auf den Anteil 2 sind im Erg EUR 175 000 (EUR 200 000 – EUR 25 000) stille Reserven übergesprungen. Nach Abs 2 iVm Abs 7 führt die Veräußerung des Anteils 2 innerh von sieben Jahren bezogen auf den Einbringungszeitpunkt (31.12.01) zu einer rückwirkenden Besteuerung des Gewinns aus der Einbringung, der jährl um ein Siebtel abnimmt. Damit entsteht ein Einbringungsgewinn II iHv EUR 125 000 (EUR 175 000 × 5/7). **Kontrollrechnung:** Im Jahr 04 veräußert die M-GmbH den Anteil 1. Die AK des Anteils 1 betragen EUR 75 000 (EUR 100 000 – EUR 25 000), dh auf den Anteil entfiehle aus dem eingebrachten Einzelunternehmen stille Reserven iHv EUR 525 000 (EUR 500 000 + EUR 25 000). Nach Abs 2 führt die Veräußerung des Anteils 1 innerh von sieben Jahren bezogen auf den Einbringungszeitpunkt (31.12.01) zu einer rückwirkenden Besteuerung des Gewinns aus der Einbringung, der jährl um ein Siebtel abnimmt. Damit entsteht ein Einbringungsgewinn I iHv EUR 375 000 (EUR 525 000 × 5/7). Hätte V beide Anteile in 04 verkauft, hätte der Einbringungsgewinn I EUR 500 000 (EUR 800 000 – EUR 100 000 = EUR 700 000 x 5/7 = EUR 500 000) betragen.

191 **cc) Kapitalerhöhung aus Gesellschaftsmitteln, §§ 57 c ff GmbHG, §§ 207 ff AktG.** Eine KapErh ist auch aus Kap- und Gewinnrücklagen mögl, §§ 207 ff AktG für die AG, §§ 57 c ff GmbHG für die GmbH (vgl FG Baden-Württemberg EFG 2004, 53). Durch die Vorschrift des § 1 KapErhStG ist diese KapErh aus dem Bereich der Einkünftebesteuerung herausgenommen. Die KapErh aus Gesellschaftsmitteln führt insbes auch nicht zu der Entstehung eines Einbringungsgewinns. Waren die bisherigen Anteile nur zT solche iSd Abs 1 oder Abs 2, überträgt sich diese Qualifikation auf die aufgestockten Anteile (RHL/*Stangl* Rn 215). Im Falle der KapErh aus Gesellschaftsmitteln kommt es gem **§ 3 KapErhStG** zu einem anteiligen Übergang der AK der Altanteile auf die neu gewährten Anteile. Als AK der vor der Erhöhung des Nennkapitals erworbenen Anteile und der auf sie entfallenden neuen Anteilsrechte gelten die Beträge, die sich für die einzelnen Anteilsrechte ergeben, wenn die AK der vor der Erhöhung des Nennkapitals erworbenen Anteilsrechte auf diese und die auf sie entfallenden neuen Anteilsrechte nach dem Verhältnis der Anteile am Nennkapital verteilt werden (vgl § 3 KapErhStG). Hat der Gesellschafter, der an der kapitalerhöhenden Ges Anteile iSd Abs 1 oder Abs 2 hält, an der KapErh nicht teilgenommen und seine entsprechenden Bezugsrechte verkauft, so entsteht insoweit ein Einbringungsgewinn.

192 **f) Rechtsfolgen.** Die Veräußerung bzw die Ersatzrealisation mitverstrickter Anteile löst die Besteuerung eines Einbringungsgewinn I, II aus, soweit die Anteile mitverstrickt sind (vgl Rn 180 ff) und die siebenjährige Sperrfrist noch nicht verstrichen ist, wobei durch die Mitverstrickung keine neue Sperrfrist zu laufen beginnt (DPPM/*Patt* Rn 111). Nach der hier vertretenen Meinung ist der Anteilseigner, auf dessen Anteil unentgeltl stille Reserven überspringen insoweit **unentgeltl Rechtsnachfolger** und gilt damit als Rechtsnachfolger des Einbringenden selbst als Einbringender iSd Abs 1–5 zu behandeln. Den unentgeltl Rechtsnachfolger von erhaltenen Anteilen iSd Abs 1 treffen auch die **Nachweispflichten** nach Abs 3 (BMF-Schrb vom 11.11.2011, BStBl I 1314 Rn 22.28; RHL/*Stangl*

Rn 219). Veräußert der Rechtsnachfolger die gem Abs 7 iVm Abs 1 mitverstrickten Anteile oder erfüllt er die Nachweispflicht nicht, kommt es zu einer nachträgl Besteuerung des Einbringungsvorgangs. Die Besteuerungsfolgen treten nach der hier vertretenen Auffassung beim Rechtsnachfolger des Einbringenden ein (wie hier Blümich/*Nitzschke* Rn 93; vgl auch *Schell/Krohn* DB 2012, 1172; aA BMF-Schrb vom 11.11.2011, BStBl I 1314 Rn 22.43; DPPM/*Patt* Rn 112; Bordewin/Brandt/*Graw* Rn 328; RHL/*Stangl* Rn 217). Der Einbringungsgewinn I führt nach Abs 1 S 4 zu **nachträgl AK,** nach hM (RHL/*Stangl* Rn 218) bei den mitverstrickten veräußerten Anteilen. Der Einbringungsgewinn II führt zu nachträgl AK der erhaltenen Anteile (Abs 2 S 4).

§ 23 Auswirkungen bei der übernehmenden Gesellschaft

(1) **Setzt die übernehmende Gesellschaft das eingebrachte Betriebsvermögen mit einem unter dem gemeinen Wert liegenden Wert (§ 20 Abs. 2 Satz 2, § 21 Abs. 1 Satz 2) an, gelten § 4 Abs. 2 Satz 3 und § 12 Abs. 3 erster Halbsatz entsprechend.**

(2) [1] **In den Fällen des § 22 Abs. 1 kann die übernehmende Gesellschaft auf Antrag den versteuerten Einbringungsgewinn im Wirtschaftsjahr der Veräußerung der Anteile oder eines gleichgestellten Ereignisses (§ 22 Abs. 1 Satz 1 und Satz 6 Nr. 1 bis 6) als Erhöhungsbetrag ansetzen, soweit der Einbringende die auf den Einbringungsgewinn entfallende Steuer entrichtet hat und dies durch Vorlage einer Bescheinigung des zuständigen Finanzamts im Sinne von § 22 Abs. 5 nachgewiesen wurde; der Ansatz des Erhöhungsbetrags bleibt ohne Auswirkung auf den Gewinn.** [2] **Satz 1 ist nur anzuwenden, soweit das eingebrachte Betriebsvermögen in den Fällen des § 22 Abs. 1 noch zum Betriebsvermögen der übernehmenden Gesellschaft gehört, es sei denn, dieses wurde zum gemeinen Wert übertragen.** [3] **Wurden die veräußerten Anteile auf Grund einer Einbringung von Anteilen nach § 20 Abs. 1 oder § 21 Abs. 1 (§ 22 Abs. 2) erworben, erhöhen sich die Anschaffungskosten der eingebrachten Anteile in Höhe des versteuerten Einbringungsgewinns, soweit der Einbringende die auf den Einbringungsgewinn entfallende Steuer entrichtet hat; Satz 1 und § 22 Abs. 1 Satz 7 gelten entsprechend.**

(3) [1] **Setzt die übernehmende Gesellschaft das eingebrachte Betriebsvermögen mit einem über dem Buchwert, aber unter dem gemeinen Wert liegenden Wert an, gilt § 12 Abs. 3 erster Halbsatz entsprechend mit der folgenden Maßgabe:**

1. **Die Absetzungen für Abnutzung oder Substanzverringerung nach § 7 Abs. 1, 4, 5 und 6 des Einkommensteuergesetzes sind vom Zeitpunkt der Einbringung an nach den Anschaffungs- oder Herstellungskosten des Einbringenden, vermehrt um den Unterschiedsbetrag zwischen dem Buchwert der einzelnen Wirtschaftsgüter und dem Wert, mit dem die Kapitalgesellschaft die Wirtschaftsgüter ansetzt, zu bemessen.**
2. **Bei den Absetzungen für Abnutzung nach § 7 Abs. 2 des Einkommensteuergesetzes tritt im Zeitpunkt der Einbringung an die Stelle des Buchwerts der einzelnen Wirtschaftsgüter der Wert, mit dem die Kapitalgesellschaft die Wirtschaftsgüter ansetzt.**

[2] Bei einer Erhöhung der Anschaffungskosten oder Herstellungskosten auf Grund rückwirkender Besteuerung des Einbringungsgewinns (Absatz 2) gilt dies mit der Maßgabe, dass an die Stelle des Zeitpunkts der Einbringung der Beginn des Wirtschaftsjahrs tritt, in welches das die Besteuerung des Einbringungsgewinns auslösende Ereignis fällt.

(4) **Setzt die übernehmende Gesellschaft das eingebrachte Betriebsvermögen mit dem gemeinen Wert an, gelten die eingebrachten Wirtschaftsgüter als im Zeitpunkt der Einbringung von der Kapitalgesellschaft angeschafft, wenn die Einbringung des Betriebsvermögens im Wege der Einzelrechtsnachfolge erfolgt; erfolgt die Einbringung des Betriebsvermögens im Wege der Gesamtrechtsnachfolge nach den Vorschriften des Umwandlungsgesetzes, gilt Absatz 3 entsprechend.**

(5) **Der maßgebende Gewerbeertrag der übernehmenden Gesellschaft kann nicht um die vortragsfähigen Fehlbeträge des Einbringenden im Sinne des § 10a des Gewerbesteuergesetzes gekürzt werden.**

(6) **§ 6 Abs. 1 und 3 gilt entsprechend.**

Schrifttum: *Dörfler/Rautenstrauch/Adrian*, Die Einbringung in eine Kapitalgesellschaft nach dem SEStEG-Entwurf, BB 2006, 1711; *Dötsch/Pung*, SEStEG: Die Änderung des UmwStG (Teil II), DB 2006, 2763; *Ritzer/Rogall/Stangl*, Die Einbringung in eine Kapitalgesellschaft nach dem SEStEG, WPg 2006, 1210; *Rödder/Schumacher*, Das kommende SEStEG – das geplante neue UmwStG, DStR 2006, 1525; *Förster/Wendland*, Einbringung von Unternehmensteilen in Kapitalgesellschaften, BB 2007, 631; *Ley*, Die Einbringung nach §§ 20, 24 UmwStG idF des SEStEG, FR 2007, 109; *Strahl*, Einbringung in eine Kapitalgesellschaft nach dem neuen Umwandlungssteuer-Recht, KÖSDI 2007, 15 442; *Patt*, Einbringung betrieblicher Einheiten durch Kapitalgesellschaften – Verwertung gewerbesteuerlicher Verluste, EStB 2010, 146; *Ernst*, Das gewerbesteuerliche Schachtelprivileg bei Umwandlungsvorgängen, Ubg 2012, 678; *Benz/Rosenberg* DB Beilage 1/2012 zu Heft 2, 38.

Übersicht

1. Überblick über die Vorschrift

a) Regelungsbereich. § 23 regelt die Auswirkung der Sacheinlage bzw des Anteilstausches aus der Sicht des übernehmenden Rechtsträgers in Abhängigkeit vom gewählten Wertansatz. Nach § 24 IV gelten die Abs 1, 3 und 4 auch für die Einbringung von BV in eine PersGes. § 23 findet auch in den Fällen des Formwechsels einer PersGes in eine KapGes/Gen iSd § 190 UmwG oder auf vglbar ausl Vorgänge entsprechend Anwendung. Die Vorschrift gilt sowohl für die KSt als auch für die GewSt. Gem § 27 IV kommt § 23 nicht zur Anwendung für einbringungsgeborene Anteile iSd § 21 aF, soweit hinsichtl des Gewinns aus der Veräußerung der Anteile oder einem gleichstehenden Ereignis iSd § 22 I die Steuerfreiheit nach § 8 b IV KStG aF oder nach § 3 Nr 40 S 3, 4 EStG aF ausgeschlossen ist. 1

b) Inhalt der Regelung im Überblick. Abs 1 regelt unabhängig davon, ob die Sacheinlage oder der Anteilstausch (vgl Rn 16) im Wege der Einzel- oder Gesamtrechtsnachfolge vollzogen wird, die stl Folgen für den übernehmenden Rechtsträger bei einem Wertansatz der eingebrachten WG unter dem gemeinen Wert. Der übernehmende Rechtsträger tritt nach Abs 1 iVm § 12 III 1. HS in 2 die stl Rechtsstellung des Einbringenden ein, es kommt zudem zu einer Besitzzeitanrechnung (§ 4 II 3).

3 **Abs 2** knüpft an die nachträgl Besteuerung eines Einbringungsgewinns gem § 22 an. Kommt es gem § 22 zu einer Besteuerung des Einbringungsgewinns I oder II, vermeidet Abs 2 die Verdoppelung der stillen Reserven auf der Ebene des Einbringenden und des übernehmenden Rechtsträgers, soweit der Einbringende die Entrichtung der auf den Einbringungsgewinn entfallenden Steuer nachweist und das eingebrachte Verm noch beim übernehmenden Rechtsträger vorhanden ist. Auf Antrag des übernehmenden Rechtsträgers kann dann der ursprüngl angesetzte Wert der übernommenen WG um einen Erhöhungsbetrag, der dem besteuerten Einbringungsgewinn entspricht, aufgestockt werden.

4 **Abs 3** trifft eine Regelung für den Fall, dass der übernehmende Rechtsträger das eingebrachte BV mit einem über dem BW, aber unter dem gemeinen Wert liegenden Wert ansetzt (Einbringung zu ZW). Bei einem solchen Zwischenwertansatz regelt Abs 3 Nr 1 und Nr 2 die Besonderheiten der Behandlung des Aufstockungsbetrags für die AfA oder AfS.

5 **Abs 4** bezieht sich auf den Fall, dass es beim übernehmenden Rechtsträger zu einem Wertansatz mit dem gemeinen Wert kommt. Erfolgt die Einbringung im Wege der Einzelrechtsnachfolge, gilt das eingebrachte BV durch den Einbringenden als veräußert und durch die übernehmende Ges als angeschafft. Der übernehmende Rechtsträger ist an die Abschreibungsmethode des Einbringenden damit nicht gebunden. Erfolgt die Einbringung im Wege der Gesamtrechtsnachfolge nach dem UmwG, wird Abs 3 für entsprechend anwendbar erklärt.

6 **Abs 5** stellt klar, dass ein vortragsfähiger Fehlbetrag des Einbringenden iSd § 10 a GewStG nicht auf den übernehmenden Rechtsträger übergeht.

7 **Abs 6** betrifft den sog Einbringungsfolgegewinn. Entsteht in Folge der Einbringung durch die Vereinigung von Forderungen oder Verb oder durch eine mit dem Vermögensübergang bedingte Auflösung von RSt ein sog Einbringungsfolgegewinn, ist darauf § 6 I, III entsprechend anzuwenden.

8 **c) Verfahrensrecht.** § 23 ist keine verfahrensrechtl Vorschrift; es gelten insoweit grdsl die allg Regelungen; die durch den Verweis auf § 12 III HS 1 angeordnete Rechtsnachfolge erfasst nur materiell-rechtl Fragen (DPPM/*Patt* Rn 16). Bzgl der Verfahrensrechtl Folge der Einbringung muss unterschieden werden, ob das Verm des Einbringenden im Wege der Gesamtrechtsnachfolge oder der Einzelrechtsnachfolge vom Einbringenden auf den übernehmenden Rechtsträger übergeht (vgl Tipke/Kruse/*Kruse* AO/FGO § 45 AO Rn 2 ff; Hübschmann/Hepp/Spitaler/*Boeker* AO/FGO § 45 Rn 7).

9 Liegt **Gesamtrechtsnachfolge** vor, und geht damit die Steuerschuld des Rechtsvorgängers auf den Rechtsnachfolger über (§ 45 I AO), müssen Steuerbescheide etc, die nach Eintragung der Umw den VZ vor dem stl Übertragungsstichtag betreffen, an den übernehmenden Rechtsträger gerichtet und diesem zugestellt werden. Der Gesamtrechtsnachfolger muss grdsl namentl bezeichnet werden (BFH BStBl II 1986, 230; Tipke/Kruse/*Kruse* AO/FGO § 45 AO Rn 18). Es reicht jedoch aus, wenn der Bescheid an den Rechtsvorgänger „zu Händen des Rechtsnachfolgers XY" gerichtet wird, wenn erkennbar ist, dass der Adressat als Rechtsnachfolger in Anspruch genommen werden soll (BFH BStBl II 1986, 230; Tipke/Kruse/*Kruse* AO/FGO § 45 AO Rn 18). Eine Außenprüfung für eine umgewandelte PersGes ist selbst dann mögl, wenn diese nach Umw erloschen ist (FG Bremen EFG 1983, 384). Die Prüfungsanordnung ist an die übernehmende KapGes als Rechtsnachfolgerin zu richten und

bekanntzugeben (OFD München S 0402–4/9 St 311, vom 19.2.1991; Widmann/Mayer/*Widmann* Rn 206). Der übernehmende Rechtsträger tritt in ein schwebendes Rechtsbehelfsverfahren des übertragenden Rechtsträgers ein. Gegen einen (Gewinn-)Feststellungsbescheid hat der übernehmende Rechtsträger jedoch kein eigenes Klagerecht, die Klagebefugnis geht nicht auf den Rechtsnachfolger über. Nach Vollbeendigung der PersGes kann ein solcher Bescheid nur noch von den früheren Gesellschaftern, deren Mitgliedschaft die Zeit berührt, die den anzugreifenden Feststellungsbescheid betrifft, angegriffen bzw ein schwebendes Verfahren fortgeführt werden (BFH BStBl II 2006, 847; BFH/NV 2001, 819; BFH/NV 1992, 324; BFH BStBl II 1995, 863). Der Einspruch oder die Klage der PersGes kann ggf als Klage der ehemaligen Gesellschafter ausgelegt werden (BFH/NV 2005, 162). Im Ggs zum Gewinnfeststellungsbescheid erlischt die Klagebefugnis gegen den Gewerbesteuermessbescheid nicht mit der Vollbeendigung der PersGes; die Klagebefugnis geht auf den Gesamtrechtsnachfolger über, ein schwebendes Verfahren wird durch diesen fortgeführt (BFH BStBl II 2006, 847). Der Unterschied zur Klagebefugnis gegen den Gewinnfeststellungsbescheid besteht darin, dass bei einem Rechtsbehelf gegen den Gewerbesteuermessebescheid die PersGes ein eigenes Klagerecht hat, da sie selbst Steuerschuldnerin der GewSt ist. Soweit bei der Spaltung der einbringende Rechtsträger nicht aufgelöst wird, bleibt er Steuerschuldner und auch Beteiligter eines anhängigen Aktivprozesses (BFH BStBl II 2006, 432; BFH/NV 2003, 267; vgl auch AEAO zu § 122 Nr 2.12.8, Nr 2.15). Beim **Formwechsel** kommt es weder zu einer Vermögensübertragung noch zu einer Gesamtrechtsnachfolge, die Identität des Rechtsträgers bleibt bestehen, verfahrensrechtl ist § 45 I AO entsprechend anzuwenden (AEAO zu § 45 Nr 3). Steuerbescheide, die an die PersGes gerichtet werden, sind wirksam, auch wenn formwechselnd in eine KapGes umgewandelt wurde (Widmann/Mayer/*Widmann* Rn 207).

Wird Verm im Wege der **Einzelrechtsnachfolge** auf den übernehmenden Rechtsträger übertragen, so besteht die PersGes bis zur Beendigung aller Rechtsbeziehungen zum FA fort (BFH BStBl II 1993, 81; DPPM/*Patt* Rn 19; vgl auch AEAO zu § 122 Nr 2.7.1; ausführl dazu Tipke/Kruse/*Drüen* AO/FGO § 33 AO Rn 70). Dieser Grds gilt nicht, wenn ein Gesellschafter das Vermögen der Ges ohne Liquidation durch Ausscheiden der übrigen Gesellschafter übernimmt (BFH/NV 1994, 354), wie dies im Fall der erwartenden Anwachsung ist (Widmann/Mayer/*Widmann* Rn 213). Da die PersGes nach dem Ausscheiden des vorletzten Gesellschafters steuerrechtl nicht mehr existent ist, kann sie auch nicht mehr Adressat eines Steuerbescheides oder einer Prüfungsanordnung sein (BFH BStBl II 2006, 404; Widmann/Mayer/*Widmann* Rn 213 iVm Rn 206). VA, die die stl Verhältnisse der ehemaligen PersGes betreffen, sind dem Gesellschafter, der das Unternehmen fortführt, in seiner Eigenschaft als Rechtsnachfolger der Ges bekannt zu geben (AEAO Rn 274, 2.12.2 zu § 122). § 15 HGB ändert daran nichts, da diese Regelung durch die spezialgesetzl Regelungen der AO, FGO verdrängt werden (vgl OLG Hamm NJW RR 1998, 470; Baumbach/*Hopt* HGB § 15 Rn 8; *Berger* DStR 1975, 175). 10

Ansatz des übertragenen Vermögens unter dem gemeinen Wert, Abs 1

2. Wertansatz unter dem gemeinen Wert

Setzt der übernehmende Rechtsträger das eingebrachte BV mit einem unter 11
dem gemeinen Wert liegenden Wert an, gelten nach der in Abs 1 enthaltenen

Verweisung auf §§ 4 II 3, 12 III HS 1 sinngemäß. Es kommt damit zu einer stl Rechtsnachfolge. Dies gilt unabhängig davon, ob sich die Einbringung im Wege der Gesamt-, Sonder- oder Einzelrechtsnachfolge vollzieht. Abs 1 findet somit beim **Buchwertansatz** bzw beim **Zwischenwertansatz** Anwendung. Der Ansatz zum BW oder ZW setzt einen entsprechenden Antrag des übernehmenden Rechtsträgers voraus (vgl § 20 Rn 262 ff). Kommt es zu einem Ansatz des übergehenden Verm mit dem gemeinen Wert, ergeben sich unabhängig davon, ob der Ansatz freiwillig oder aufgrund zwingender Vorschriften erfolgte, die sich aus der Einbringung ergebenden Rechtsfolgen für den übernehmenden Rechtsträger aus Abs 4 (RHL/*Ritzer* Rn 20).

12 Entscheidend ist alleine der entsprechende Antrag (vgl § 20 Rn 263) und der sich daraus ergebene Ansatz in der **StB** des übernehmenden Rechtsträgers, die Bewertung in der HB ist ohne Bedeutung (allgM vgl § 20 Rn 268; BT-Drs 6/271, 43; BMF-Schrb vom 11.11.2011, BStBl I 1314 Rn 20.20; RHL/*Herlinghaus* § 20 Rn 147; DPPM/*Patt* Rn 210). Nach Auffassung der Rspr des BFH (vgl zuletzt BFH DStR 2011, 2248 mwN) kann im Rahmen der Besteuerung des Einbringenden nicht geprüft werden, ob der übernehmende Rechtsträger die angesetzten Werte zutreffend ermittelt hat. Der Einbringende ist insoweit grdsl an die entsprechenden Werte des übernehmenden Rechtsträgers gebunden. Er kann insbes nicht gegen den ihn betreffenden Einkommensteuerbescheid geltend machen, dass der bei dem aufnehmenden Rechtsträger angesetzte Wert überhöht sei und sich darauf für ihn eine überhöhte Steuerfestsetzung ergebe (BFH DStR 2011, 2248; BFH DStR 2011, 1611; BFH BStBl II 2008, 536). Geht der Einbringende davon aus, dass die bei der Steuerfestsetzung zu Grunde gelegten Werte des eingebrachten Vermögens zu hoch sind, kann er sein Begehren im Wege der sog **Drittanfechtung** durchsetzen (BFH DStR 2011, 2248), der übernehmende Rechtsträger kann dies weder durch Anfechtungs- noch durch Feststellungsklage geltend machen, eine solche Klage wäre unzulässig. Soweit der Ansatz der Sacheinlage der Steuerbilanz der übernehmenden Ges den Ansatz der Sacheinlage in der Handelsbilanz der übernehmenden Ges unterschreitet, war nach bisheriger Meinung der FinVerw ein **stl AP** zu bilden (BMF-Schrb vom 25.3.1998, BStBl I 268 Rn 20.27). Nunmehr soll ein solcher AP nur noch dann erforderlich sein, wenn der BW des eingebrachten Betriebs, Teilbetriebs oder Mitunternehmeranteils niedriger ist als das in der Handelsbilanz ausgewiesene gezeichnete Kapital (BMF-Schrb vom 11.11.2011, BStBl I 1314 Rn 20.20). Der stl AP hat keinen Einfluss auf die spätere Auflösung und Versteuerung der im eingebrachten BV erhaltenen stillen Reserven (BMF-Schrb vom 11.11.2011, BStBl I 1314 Rn 20.20). Zudem hat er keine Auswirkungen auf die Anschaffungskosten der im Rahmen der Einbringung als Gegenleistung gehaltenen neuen Anteile (BMF-Schrb vom 11.11.2011, BStBl I 1314 Rn 20.20). Kommt es aber rückwirkend zu einer Besteuerung des Einbringungsgewinn I und einer Buchwertaufstockung, ist diese Buchwertaufstockung zunächst mit dem AP zu verrechnen (BMF-Schrb vom 11.11.2011, BStBl I 1314 Rn 23.07). Der stl Ansatz der Sacheinlage durch den übernehmenden Rechtsträger abzügl des Nennwertes der ausgegebenen Gesellschaftsrechte und der sonstigen Gegenleistung, ist im stl Einlagekonto zu erfassen (vgl § 20 Rn 205; Widmann/Mayer/*Widmann* Rn 7). Entscheidend ist insoweit der stl Einbringungsstichtag, auch wenn der Zugang erst zum Ende des Wj zu berücksichtigen ist, in dem dieser Stichtag liegt (vgl § 27 I 1, 2 KStG). Ist der übernehmende Rechtsträger beschränkt stpfl, findet keine Eigenkapitalgliederung statt, zur Ermittlung einer Einlagenrückgewähr kommt auf Antrag § 27 VIII KStG zur Anwendung (Widmann/Mayer/*Widmann* Rn 16).

Abs 1 nimmt Bezug auf § 20 II 2. Daraus ergibt sich, dass für den Wertansatz unterhalb des gemeinen Werts, der Antrag und der sich daraus ergebene **erstmalige Ansatz** in der StB des übernehmenden Rechtsträgers entscheidend ist (RHL/*Ritzer* Rn 22; DPPM/*Patt* Rn 21). Kommt es zu späteren Änderung dieses Ansatzes, zB aufgrund einer Buchwertaufstockung nach Abs 2, so hat dies für die Anwendung des Abs 1 grdsl (vgl aber Abs 3 S 2) keine Bedeutung (Widmann/Mayer/*Widmann* Rn 18; DPPM/*Patt* Rn 21; RHL/*Ritzer* Rn 22). Etwas anderes gilt, wenn ein zwingender Ansatz des übertragenen Verm mit dem gemeinen Wert bestanden hat und die Bilanz des übernehmenden Rechtsträgers entsprechend geändert wird. 13

Wird durch den Einbringungsvorgang das dt **Besteuerungsrecht** hinsichtl des Gewinns aus der Veräußerung des eingebrachten BV oder Teilen davon **erstmalig begründet,** so ist nach dem Willen des Gesetzgebers (BT-Drs 16/2710, 43), für diese WG, unabhängig von der konkreten Ausübung des Antragswahlrechts, der gemeine Wert anzusetzen (str vgl § 20 Rn 265). Da es für diese WG damit zu einem Ansatz mit dem gemeinen Wert kommt, findet Abs 1 auf diese WG keine Anwendung, es gilt vielmehr Abs 4 (Frotscher/Maas/*Mutscher* Rn 23; aA DPPM/*Patt* Rn 21). 14

Da die Einbringung aus der Sicht des übernehmenden Rechtsträgers ein Anschaffungsgeschäft darstellt (BFH BStBl II 2010, 1094; BFH/NV 2010, 2072; BFH/NV 2011, 1850; BMF-Schrb vom 11.11.2011, BStBl I 1314 Rn 20.01; DPPM/*Patt* Vor §§ 20 – 23 Rn 52; RHL/*Herlinghaus* § 20 Rn 2), stellen **objektbezogene Kosten,** wozu auch die bei der Einbringung möglicherweise entstehende GrESt gehört, AK dieser WG dar und sind entsprechend zu aktivieren (BFH FR 2004, 274; BMF-Schrb vom 11.11.2011, BStBl I 1314 Rn 23.01; RHL/*Ritzer* Rn 26; Widmann/Mayer/*Widmann* Rn 11; vgl auch *Fatouros* DStR 2003, 272). Dieser Aktivierung steht jedoch nicht eine Buchwertfortführung bzw ein Zwischenwertansatz entgegen, da keine stillen Reserven im übertragenen Verm aufgedeckt werden (DPPM/*Patt* Rn 29; Frotscher/Maas/*Mutscher* Rn 24). Die GrESt entsteht, weil der Einbringungsvorgang ein Erwerbsvorgang iSd § 1 GrEStG ist. Die GrESt gehört nicht zum BW oder ZW des übertragenen Verm, sondern stellt eine originäre Aufwendung des übernehmenden Rechtsträgers dar. 15

Abs 1 verwies ursprünglich nur auf § 20 II 2, so dass nicht der Fall ausdrücklich angesprochen wurde, bei dem Anteile isoliert nach **§ 21** eingebracht wurden. Daher war umstritten, ob es beim qualifizierten Anteilstausch iSd § 21 auch zu einer Rechtsnachfolge gekommen ist, was dem Willen des Gesetzgebers entsprochen hätte (für eine Rechtsnachfolge RHL/*Ritzer* Rn 24; siehe auch 5. Aufl 2009, § 23 Rn 16; aA Widmann/Mayer/*Widmann* Rn 19; DPPM/*Patt* Rn 25; Haritz/Menner/*Bilitewski* Rn 15 ff). Durch das JStG 2009 vom 19.12.2008 (BGBl I 2008, 2794) wurde in Abs 1 der bisherige Klammerzusatz insoweit erweitert, als nunmehr auch auf § 21 I 2 Bezug genommen wird. Diese Gesetzesänderung hat nach der hier vertretenen Auffassung nur klarstellenden Charakter (BT-Drs 16/1494, 23; RHL/*Ritzer* Rn 24; aA Widmann/Mayer/*Widmann* Rn 119; DPPM/*Patt* Rn 25; Haritz/Menner/*Bilitewski* Rn 15 ff). Zu einer Rechtsnachfolge kommt es auch, wenn dem Einbringenden iRd Anteilstausches neben den neuen Anteilen auch eine sonstige Gegenleistung gem § 20 I 3 gewährt wird, die nicht den gemeinen Wert der übertragenen Anteile erreicht (DPPM/*Patt* Rn 26). 16

3. Steuerliche Rechtsnachfolge

17 **a) Umfang der steuerlichen Rechtsnachfolge.** Die Verweisung in Abs 1 auf § 12 III 1 HS bewirkt einen Eintritt des übernehmenden Rechtsträgers in die stl Rechtstellung des Einbringenden. Dies gilt unabhängig davon, ob es zu einer Buchwertfortführung oder zu einem Zwischenwertansatz kommt. Für den Zwischenwertansatz enthält Abs 3 Modifizierungen (RHL/*Ritzer* Rn 32). Zu einer Rechtsnachfolge kommt es nur im Hinblick auf das übernommene BV (BT-Drs 16/2710, 50) und damit – wie bereits in der Vergangenheit – nur bzgl objektbezogener steuerrechtl relevanter Besteuerungsmerkmale, die den eingebrachten WG anhaften (vgl § 12 Rn 67 ff). Dies gilt gleichermaßen für die Einbringung durch Gesamtrechtsnachfolge, erweiterter Anwachsung und Einzelrechtsnachfolge. Eine Vereinigung der Leistungsfähigkeit des einbringenden und des übernehmenden Rechtsträgers erfolgt nicht. Der Eintritt ist jedoch nicht umfassend. Die Steuerfreiheit von KSt und GewSt (zB § 8b II KStG) beurteilt sich allein nach den bei dem übernehmenden Rechtsträger vorliegenden Voraussetzungen (Widmann/Mayer/*Widmann* Rn 173.1; vgl auch § 4 Rn 57). Obwohl das Schachtelprivileg nach DBA's natürl Personen nicht zusteht, kann dieses durch die Einbringung entstehen.

18 Obwohl Abs 1 nur auf § 12 III HS 1 verweist, erfolgt aufgrund der wirtschaftsgutbezogenen Betrachtungsweise kein Eintritt des übernehmenden Rechtsträgers in verrechenbare Verluste; verbleibende Verlustvorträge, vom übertragenden Rechtsträger nicht ausgeglichene negative Einkünfte, ein Zinsvortrag nach § 4 h I 5 EStG und einen EBITDA-Vortrag nach § 4h I 3 EStG (vgl § 20 Rn 444) gehen nicht auf den übernehmenden Rechtsträger über. Bei den **„verrechenbaren Verlusten"** handelt es sich um solche iSd § 15 a IV oder iSd § 15 b IV EStG. **„Verbleibende Verlustvorträge"** sind alle förml festgestellten Abzugsbeträge, insbes nach §§ 2 a, 10 d, 15 IV, 15 a EStG, § 10 III 5 AStG iVm § 10 d EStG. Vom übertragenden Rechtsträger „nicht ausgeglichene negative Einkünfte" sind lfd Verluste des übertragenden Rechtsträgers, die noch nicht in einem verbleibenden Verlustvortrag förml festgestellt wurden. Dabei handelt es sich um einen lfd, im Wj der Verschm erlittenen Verluste des übertragenden Rechtsträgers, die vor dem stl Übertragungsstichtag erlitten wurden (vgl auch BFH BStBl II 2006, 380 sowie BMF-Schrb vom 7.4.2006, BStBl I 344). Lfd Verluste des übertragenden Rechtsträgers nach dem stl Einbringungsstichtag sind bereits dem übernehmenden Rechtsträger zuzurechnen (vgl dazu § 20 Rn 257). Bei der Einbringung in eine Verlustgesellschaft kann es zu einem schädl Beteiligungserwerb beim übernehmenden Rechtsträger kommen (BMF-Schrb vom 4.7.2008, BStBl I 736 Rn 7).

19 Nach Meinung der FinVerw gelten die **Ansatzverbote des § 5** EStG nicht für die übergehenden WG im Einbringungszeitpunkt, es sei denn, die Buchwerte werden fortgeführt (BMF-Schrb vom 11.11.2011, BStBl I 1314 Rn 20.20). Bei § 20 handelt es sich um eine eigenständige stl Ansatz- und Bewertungsvorschrift, die grdsl eine Bewertung der eingebrachten WG mit dem gemeinen Wert vorsieht (BMF-Schrb vom 11.11.2011, BStBl I 1314 Rn 20.20 iVm Rn 03.04). Beim übernehmenden Rechtsträger soll aber im Anschluss an die Einbringung in der ersten regulären Folgebilanz iSd § 4 I § 5 I EStG diese Suspendierung der Passivierungsverbote des § 5 nicht mehr gelten (BMF-Schrb vom 11.11.2011, BStBl I 1314 Rn 20.20 iVm Rn 04.16). Die im Einbringungszeitpunkt entgegen dem stl Ansatzverbot des § 5 EStG passivierten Rückstellungen oder Verbindlichkeiten sind damit beim übernehmenden Rechtsträger nach der Einbringung erfolgswirk-

sam aufzulösen, was in der Person des übernehmenden Rechtsträgers zu einem stpfl Ertrag führt; das soll nur nicht für im Einbringungszeitraum aktivierte originäre Geschäfts- oder Firmenwerte der übertragenen Sachgesamtheit gelten (BMF-Schrb vom 11.11.2011, BStBl I 1314 Rn 20.20 iVm Rn 04.16; vgl auch § 20 Rn 278 ff). Nach hM in der Lit (vgl *Rödder* DStR 2011, 1661; DPPM/*Pung* § 3 Rn 13; *Stadler/Elser/Bindl* DB Beilage 1/2012 zu Heft 2, 14; aA Widmann/Mayer/*Widmann* § 20 Rn R 667) sollen diese stille Lasten im Firmenwert zu berücksichtigen sein. Sowohl die Meinung der FinVerw als auch die der hM steht im Widerspruch zur Auffassung des BFH (vgl BFH DStR 2011, 492; BFH BStBl II 2011, 566; BFH/NV 2012, 635; hierzu im Einzelnen *Bareis* FR 2012, 385; *Sigle* FR 2012, 388; *Schlotter* BB 2012, 951). Da die Einbringung sich in der Person des übernehmenden Rechtsträgers als Anschaffungsgeschäft darstellt (vgl § 20 Rn 9), sind nach Meinung des BFH auf Grund dieses Anschaffungsvorgangs stille Lasten, die auf Grund von Ansatz- und Bewertungsvorbehalten bestehen, als ungewisse Verbindlichkeiten zu passivieren und in der Folgebilanz fortzuführen. Ob dies auch für stille Lasten in Bezug auf Pensionsverpflichtungen gilt, ist jedoch offen (vgl dazu § 20 Rn 279). Der Gesetzgeber plant eine Neuregelung bzgl angeschaffter stiller Lasten (vgl BR-Drs 663/12, 12; *Prinz* Ubg 2013, 57).

b) Rechtsnachfolge bei Buchwertfortführung. Werden die BW fortgeführt, tritt der übernehmende Rechtsträger in die Rechtsstellung des Einbringenden ein. Objektbezogene Kosten, wie zB die GrESt, stellen nach der hier vertretenen Auffassung zusätzl AK der übertragenen WG dar und sind entsprechend zu aktivieren, was einer Buchwertfortführung jedoch nicht entgegensteht (vgl Rn 15; BFH FR 2004, 774). Wurde durch den Einbringenden ein Gebäude angeschafft, so gehören Aufwendungen des übernehmenden Rechtsträgers für Instandsetzungs- oder Modernisierungsmaßnahmen, die innerh von drei Jahren nach der Anschaffung des Gebäudes geführt werden, zu den mögl anschaffungsnahen Aufwendungen iSd § 6 I Nr 1a EStG (Widmann/Mayer/*Widmann* Rn 59). Diese Aktivierung steht einer Buchwertfortführung nicht entgegen. Diese **übernommenen BW** stellen wegen der Rechtsnachfolge **nicht die Anschaffungspreise** des übernehmenden Rechtsträgers dar, sondern vielmehr tritt der übernehmende Rechtsträger bzgl der Bewertung der übernommenen WG und der **AfA** in die Rechtsstellung des einbringenden Rechtsträgers ein (allgM BMF-Schrb vom 11.11.2011, BStBl I 1314 Rn 23.06; Widmann/Mayer/*Widmann* Rn 21; DPPM/*Patt* Rn 30). Gleiches gilt für eine ggf steuerrechtl relevante **Gründer- oder Herstellereigenschaft** des Einbringenden (vgl § 12 Rn 70). Die vom Einbringenden gewählte **Abschreibungsmethode** ist durch den übernehmenden Rechtsträger fortzuführen, da insoweit der übertragende Rechtsträger ein Wahlrecht ausgeübt und sich hinsichtl seiner Rechtsposition festgelegt hat (BMF-Schrb vom 11.11.2011, BStBl I 1314 Rn 23.06; Widmann/Mayer/*Widmann* Rn 22; DPPM/*Patt* Rn 30). Der übernehmende Rechtsträger kann deshalb hinsichtl der auf ihn übergegangenen WG nicht von einer linearen AfA, die von dem Einbringenden gewählt worden ist, auf die Abschreibung entfallenden Jahresbeträgen übergehen (vgl FG Hamburg EFG 2003, 57; § 4 Rn 58 f mwN). Hat der Einbringende ein WG degressiv abgeschrieben, so muss der übernehmende Rechtsträger die entsprechende Abschreibungsmethode mit dem zugrunde gelegten Hundertsatz fortführen (Widmann/Mayer/*Widmann* Rn 22). 20

Hat der Einbringende **Abschreibungen für außergewöhnl technische oder wirtschaftl Abnutzung** (§ 7 I 6 EStG) vorgenommen, so tritt die übernehmende 21

Körperschaft in diese Rechtsstellung ein. § 7 I 6 EStG schreibt vor, dass in den Fällen der Gewinnermittlung nach §§ 4, 5 EStG eine gewinnerhöhende Zuschreibung und damit eine Erhöhung der AfA-Bemessungsgrundlage vorzunehmen ist, wenn der Grund für die außergewöhnl Abschreibung entfallen ist. Eine solche Zuschreibung muss auch der übernehmende Rechtsträger vornehmen, wenn die Voraussetzungen für die außergewöhnl Abschreibung nach dem Einbringungsstichtag entfallen ist (Widmann/Mayer/*Widmann* Rn 24; DPPM/*Patt* Rn 32). Der Betrag der Zuschreibung ergibt sich aus der Diff des BW zum Zeitpunkt der Rückgängigmachung der Abschreibung für außergewöhnl Abnutzung und den unter Berücksichtigung der normalen AfA fortgeführten Anschaffungs- oder Herstellungskosten des entsprechenden WG; vgl iÜ § 4 Rn 73 f.

22 Der übernehmende Rechtsträger tritt hinsichtl der Möglichkeit einer **Sonderabschreibung** in die Rechtsstellung des Einbringenden ein (vgl § 12 Rn 74). Er kann damit Sonder-AfA in der Höhe und in dem Zeitraum vornehmen, wie es die übertragende Körperschaft hätte tun können (BMF-Schrb vom 14.7.1995, DB 1995, 1439).

23 Die fortgeführten BW stellen wegen der Rechtsnachfolge nicht die stl AK des übernehmenden Rechtsträgers dar, vielmehr gelten aufgrund des Eintritts des übernehmenden Rechtsträgers in die Rechtsstellung des Einbringenden die **ursprüngl bzw fortgeführten AK und HK** der übernommenen WG des Einbringenden als AK bzw HK bei dem übernehmenden Rechtsträger.

24 Liegen die Voraussetzungen der Rückgängigmachung der **TW-AfA** bereits zum Einbringungsstichtag vor, so muss die Rückgängigmachung noch in der Schlussbilanz des Einbringenden erfolgen. Der übernehmende Rechtsträger ist zu einer Wertaufholung verpflichtet, wenn nach vorangegangener TW-AfA durch den Einbringenden der Grund für die TW-AfA inzwischen ganz oder teilw weggefallen ist oder wegen vorübergehender Wertminderung eine solche nicht mehr zul ist und auch nicht beibehalten werden darf (vgl § 12 Rn 78 f; Widmann/Mayer/*Widmann* Rn 38 f). Der übernehmende Rechtsträger muss daher gem § 6 I Nr 1 S 4, Nr 2 S 3 EStG jährl nachweisen, dass der von dem Einbringenden bzw von ihr fortgeführte Wert in dieser Höhe beibehalten werden darf. Die AK des Einbringenden stellen insoweit die Wertobergrenze dar, was auch gilt, wenn der gemeine Wert im Zeitpunkt der Einbringung unter dieser Wertobergrenze liegt (vgl RHL/*Ritzer* Rn 35). Bei der Ermittlung der Wertobergrenze sind Abschreibungen, erhöhte Absetzung, Absetzungen, Sonderabschreibungen sowie Abzüge gewinnmindernde Rücklagen sowohl des Einbringenden (bis zum stl Einbringungsstichtag) als auch des übernehmenden Rechtsträgers (ab dem stl Einbringungsstichtag bis zum Wertaufholungsstichtag) zu berücksichtigen. Vgl dazu das Beispiel § 4 Rn 73 f.

25 Hat der einbringende Rechtsträger bei der Einbringung eines Betriebs die **Bewertungsfreiheit** gem § 6 II EStG in Anspruch genommen, so ist der übernehmende Rechtsträger daran gebunden (DPPM/*Patt* Rn 33; Widmann/Mayer/*Widmann* Rn 27). Gleiches gilt, wenn der übertragende Rechtsträger einen Sammelposten gem § 6 II a EStG nicht gebildet hat. Wurde ein Sammelposten iSd § 6 IIa EStG gebildet, geht dieser bei der Einbringung eines Betriebs auf den übernehmenden Rechtsträger über. Etwas anderes soll gelten, wenn bei der Einbringung eines Betriebs beim Einbringenden Restvermögen verbleibt, der Sammelposten soll dann im verbleibenden BV des Einbringenden auszuweisen sein (BMF-Schrb vom 30.9.2010, BStBl I 755 Rn 21; DPPM/*Patt* Rn 33). Auch bei der Einbringung eines Teilbetriebs soll der Sammelposten unverändert beim

Einbringenden verbleiben (BMF-Schrb vom 30.9.2010, BStBl I 755 Rn 22f; DPPM/*Patt* Rn 33). Wird ein Mitunternehmeranteil oder der Teil eines Mitunternehmeranteils einer weiterbestehenden PersGes eingebracht, so bleibt der Sammelposten in der Gesamthandsbilanz der Mitunternehmerschaft unverändert. Wird nur der Teil eines Mitunternehmeranteils einer weiterbestehenden PersGes übertragen und das SBV nicht oder quotenentsprechend mitübertragen, soll der Sammelposten ungeschmälert beim Einbringenden verbleiben (BMF-Schrb vom 30.9.2010, BStBl I 755 Rn 24f; DPPM/*Patt* Rn 33).

Nach § 22 I iVm § 12 III HS 1 übernimmt die aufnehmende KapGes die im eingebrachten BV enthaltenen **steuerfreien Rücklagen** (zB Reinvestitionsrücklage gem § 6 b III EStG; Zuschussrücklage gem R 6.5 II EStR oder Rücklage für Ersatzbeschaffung gem R 6.6 EStR). Die Einbringung führt nicht zur zwangsweisen Auflösung der Rücklage, der übernehmende Rechtsträger tritt vielmehr in die Rechtsstellung des Einbringenden, der die Rücklage gebildet hat, ein (DPPM/*Patt* Rn 41; Widmann/Mayer/*Widmann* Rn 30; Haritz/Menner/*Bilitewski* Rn 37), wenn bei Rücklage mit übertragen wird (vgl EStR § 6b 2 X). Die übernehmende KapGes führt die steuerfreie Rücklage selbst dann fort, wenn sie wegen ihrer Rechtsform oder – im Falle der Einbringung auf eine bestehende KapGes – wegen ihrer Unternehmensart oder – eine derartige Rücklage vom Gesetz nicht vorgesehen war. So kann bspw die aufnehmende KapGes eine vom Einbringenden gebildete Rücklage gem § 6 b X 5 EStG fortführen, obwohl nur natürl Personen oder PersGes, soweit natürl Personen beteiligt sind, die Steuervergünstigung des § 6 b X EStG in Anspruch nehmen können (RHL/*Ritzer* Rn 42; Widmann/Mayer/*Widmann* Rn 33). Fragl ist, ob die stl Rechtsnachfolge so weit geht, dass die aufnehmende KapGes den Rücklagenbetrag nach § 6 b X EStG auf eigene Reinvestitionsobjekte nach Maßgabe dieser Vorschrift übertragen kann (vgl DPPM/*Patt* Rn 42; RHL/*Ritzer* Rn 42; Widmann/Mayer/*Widmann* Rn 33; *Förster* DStR 2001, 1913). Die Fortführung der Rücklage für Ersatzbeschaffung soll voraussetzen, dass das ausgeschiedene WG zu dem eingebrachten Teilbetrieb gehört, widrigenfalls sei die Rücklage aufzulösen (Widmann/Mayer/*Widmann* Rn 35). Die Rechtsnachfolge in die Rücklage erschöpft sich jedoch nicht nur in der Übernahme dieser Rücklage in der StB der KapGes, vielmehr muss die übernehmende KapGes die Rücklage bspw durch Zeitablauf unter Anrechnung der Zeitdauer der Rücklagenbildung beim Einbringenden auflösen. Eine geänderte Bescheinigung iSd § 22 V führt zu einer Berichtigung der Veranlagung des übernehmenden Rechtsträgers gem § 175 I 1 Nr 1 AO (BMF-Schrb vom 11.11.2011, BStBl I 1314 Rn 23.10; Widmann/Mayer/*Widmann* Rn 609; aA wohl DPPM/*Patt* Rn 122). Wird eine Rücklage aufgelöst und ist der Auflösungsbetrag zu verzinsen, wird die Zeitdauer der Rücklagenbildung beim Einbringenden mitgerechnet. 26

Gehört zum übertragenen Verm auch eine **Pensionsrückstellung**, tritt der übernehmende Rechtsträger insoweit in die stl Rechtsstellung ein. Zu weiteren Einzelheiten vgl § 20 Rn 367 ff. 27

Abs 1 scheidet aber bei **einbringungsgeborenen Anteilen,** bei denen im Zeitpunkt der Einbringung die siebenjährige Sperrfrist iSv § 3 Nr 40 S 3 und S 4 EStG aF bzw § 8 b IV KStG aF noch nicht abgelaufen war, aus, da § 23 wegen § 27 IV auf Anteile, bei denen die siebenjährige Sperrfrist iSv § 3 Nr 40 S 3 und S 4 EStG aF bzw § 8 b IV KStG aF noch nicht abgelaufen ist, nicht anzuwenden ist. War die siebenjährige Sperrfrist iSv § 3 Nr 40 S 3 und S 4 EStG aF bzw 28

§ 8 b IV KStG aF im Zeitpunkt der Einbringung abgelaufen, kommt es zu einer Rechtsnachfolge (vgl Rn 16).

4. Anrechnung von Besitzzeiten

29 **a) Grundsatz.** Setzt die übernehmende KapGes das eingebrachte BV **mit dem BW** oder einem **ZW** (DPPM/*Patt* Rn 23; Widmann/Mayer/*Widmann* Rn 240) an, gilt nach der Verweisung in Abs 1 § 4 II 3 sinngemäß. Danach kommt es zu einer Besitzzeitanrechnung, was bedeutet, dass der KapGes Vorbesitzzeiten des Einbringenden zugute kommen bzw weitere Besitzzeiten der KapGes auf für den Einbringenden geltenden Verbleibensfristen angerechnet werden (BMF-Schrb vom 11.11.2011, BStBl I 1314 Rn 23.06; DPPM/*Patt* Rn 40). Die Besitzzeitanrechnung erfolgt aufgrund von Abs 1 iVm § 4 II 3. Sie ergibt sich nicht bereits aus der stl Rechtsnachfolge nach Abs 1 iVm § 12 III HS 1, da diese sich auf objektbezogene steuerrechtl relevante Besteuerungsmerkmale bezieht, die den jew übertragenen WG anhaften (DPPM/*Patt* Rn 38). Durch die Besitzzeitanrechnung wird der übernehmende Rechtsträger so gestellt, als hätten sich die eingebrachten WG bereits während der Besitzzeit durch den Einbringenden im BV des übernehmenden Rechtsträgers befunden (RHL/*Ritzer* Rn 46). Zu einer Besitzzeitanrechnung idS kommt es aufgrund des weiten Gesetzeswortlautes selbst dann, wenn der Einbringende die übertragenen Anteile im PV gehalten hat (wie hier RHL/*Ritzer* Rn 52; Widmann/Mayer/*Widmann* Rn 45; aA DPPM/*Patt* Rn 86; FG München EFG 1992, 201) oder iRd § 43b II 4 EStG der Einbringende nicht von der Mutter-Tochter-Richtlinie erfasst wird (Widmann/Mayer/*Widmann* Rn 49).

30 IRd Besitzzeitanrechnung sind insbes folgende Fälle von wesentl Bedeutung:

– § 6 b IV EStG (sechsjährige ununterbrochene Betriebszugehörigkeit einer inl Betriebsstätte),
– § 43 b EStG,
– § 2 InvZulG (dreijährige Verbleibensfrist der angeschafften oder hergestellten WG; vgl BMF-Schrb vom 20.1.2006, BStBl I 119 Rn 59),
– § 8 b IV KStG (siebenjährige Sperrfrist aF),
– § 14 Nr 1 KStG (ununterbrochene Beteiligung des Organträgers vom Beginn des Wj an; vgl zur isolierten Anteilseinbringung Rn 16; Widmann/Mayer/*Widmann* Rn 50, 19),
– § 9 Nr 2 a GewStG (Beteiligung an einer inl TochterKapGes mit mindestens 15% zu Beginn des Erhebungszeitraums, gewstl Schachtelprivileg; vgl Rn 34; Widmann/Mayer/*Widmann* Rn 43),
– § 9 Nr 7 GewStG (internationales gewstl Schachtelprivileg; vgl zur isolierten Anteilseinbringung Rn 16; Widmann/Mayer/*Widmann* Rn 43),

31 Die Vorschrift gilt sowohl für **Einzelrechtsübertragung** als auch für Gesamtrechtsnachfolge (RHL/*Ritzer* Rn 46). Auch bei nur geringfügiger Beteiligung des Einbringenden an der übernehmenden KapGes ist dessen Vorbesitzzeit anzurechnen (*Richter/Winter* DStR 1974, 310).

32 Veräußert die übernehmende KapGes die eingebrachten begünstigten WG vor Ende der Verbleibenszeit, sind die Veranlagungen des Einbringenden zu berichtigen, soweit stl Begünstigungen in Anspruch genommen worden sind, § 175 I 1 Nr 2 AO (DPPM/*Patt* Rn 40).

33 **b) Besitzzeitanrechnung bei Organschaft.** Eine Organschaft setzt voraus, dass der Organträger an der OrganGes von Beginn ihres Wj an ununterbrochen

in einem solchen Maße beteiligt ist, dass ihm die Mehrheit der Stimmrechte aus den Anteilen an der OrganGes zusteht. Geht das gesamte Vermögen des Organträgers durch Verschmelzung auf eine KapGes im Wege der Einbringung über, tritt der übernehmende Rechtsträger in den EAV ein (BMF-Schrb vom 11.11.2011, BStBl I 1314 Rn Org 01; DPPM/*Patt* Anh Rn 2; RHL/*Herlinghaus* Anh Rn 43). Diese Rechtsfolge ergibt sich steuerrechtlich nicht aus dem zivilrechtlichen Grundsatz der Gesamtrechtsnachfolge, sondern vielmehr aus Abs 1 iVm § 12 III HS 1, wonach die übernehmende KapGes in die Rechtstellung des Einbringenden eintritt. Geht die Beteiligung an der OrganGes im Wege der Ausgliederung auf ein anderes gewerbliches Unternehmen iSd § 14 I 1 Nr 2 KStG über, wird dem übernehmenden Rechtsträger eine ggü dem übertragenden Rechtsträger bestehende finanzielle Eingliederung mit Wirkung ab dem stl Übertragungsstichtag nach Auffassung der FinVerw zugerechnet (BMF-Schrb vom 11.11.2011, BStBl I 1314 Rn Org 08), wobei im Einbringungsvertrag geregelt sein muss, dass der übernehmende Rechtsträger in den EAV eintritt (Widmann/Mayer/*Widmann* UmwStE 2011 Org 08). Erfolgt die Einbringung im Wege der Einzelrechtsnachfolge, muss von der übernehmenden Ges ein neuer EAV abgeschlossen werden; trotz des neuen Vertrages tritt die übernehmende Ges in vollem Umfang in die Rechtstellung des Einbringenden ein (Widmann/Mayer/*Widmann* Rn 122). Soweit die FinVerw darauf abstellt, dass eine ggü dem übertragenden Rechtsträger bestehende finanzielle Eingliederung mit Wirkung ab dem stl Übertragungsstichtag zugerechnet wird (BMF-Schrb vom 11.11.2011, BStBl I 1314 Rn Org 08; ebenso Widmann/Mayer/*Widmann* Rn 46) ist dies nicht richtig. Die stl Zurechnung der finanziellen Eingliederung ergibt sich vielmehr aus dem Gedanken der spezifischen Rechtsnachfolge des § 12 III HS 1 iVm § 23 I, so dass eine Rückwirkungsfiktion nicht notwendig ist (DPPM/*Patt* § 20 Rn 335; vgl BFH BStBl II 2011, 529; *Rödder* DStR 2011, 1053). Entscheidend für die finanzielle Eingliederung ist damit, dass der einbringende Rechtsträger die Beteiligung an der TochterGes mindestens ab dem Beginn des Wj hält; liegen diese Voraussetzungen vor, so kann auch bei der Anteilseinbringung, die unterjährig erfolgt, eine finanzielle Eingliederung gegeben sein, wenn die einbringende KapGes die Beteiligung an der TochterGes mindestens ab dem Beginn des Wj hält (DPPM/*Patt* Rn 335; vgl auch Widmann/Mayer/*Widmann* Rn 46).

c) Besitzzeitanrechnung und Zusammenrechnung von Anteilen. Für die Inanspruchnahme der nat Schachtelprivilegien (§§ 9 Nr 2 a; 9 Nr 7 GewStG) und der Schachtelprivilegien nach DBA sind ua Mindestbesitzzeiten der jeweiligen Beteiligungen vorausgesetzt (idR ab Beginn des Erhebungszeitraums bzw 12 Monate). Die Anrechnung der Vorbesitzzeit bei der übernehmenden KapGes folgt aus Abs 1 iVm § 4 II 3 (BMF-Schrb vom 11.11.2011, BStBl I 1314 Rn 23.06 iVm Rn 04.15), sowohl wenn das einbringende Unternehmen der Rechtsform nach selbst die Voraussetzungen für die Inanspruchnahme des jeweiligen Schachtelprivilegs etc erfüllte als auch, falls allein die übernehmende KapGes, nicht aber auch der Einbringende, die persönl Voraussetzungen für die Inanspruchnahme des einschlägigen Schachtelprivilegs erfüllt, wenn also zB der Einbringende Einzelunternehmer oder MU ist, das einschlägige Schachtelprivileg aber nur von einer KapGes in Anspruch genommen werden kann. Auch das folgt unmittelbar aus Abs 1 iVm § 4 II 3; der Zeitraum der Zugehörigkeit zum BV und damit der entsprechende Besitzzeitraum des Einbringenden wird näml dem Wortlaut der Normen entsprechend dem notw Besitzzeitraum der übernehmenden KapGes 34 angerechnet. Die Übernehmerin wird dadurch so gestellt, als habe sie die WG des BV bereits besessen, als sie sich noch im BV des Einbringenden befanden (Haritz/Menner/ *Bilitewski* Rn 29 ff; aA wohl *Glade/Steinfeld* Rn 1281). Zu einer Besitzzeitanrechnung idS kommt es aufgrund des weiten Gesetzeswortlautes selbst dann, wenn der Einbringende die übertragenen Anteile im PV gehalten hat (wie hier RHL/*Ritzer* Rn 52; Widmann/Mayer/*Widmann* Rn 45; aA DPPM/*Patt* Rn 84; FG München EFG 1992, 201).

35 Ob es zu einer rückwirkenden Zusammenrechnung von Anteilen kommt, die der übertragende und der übernehmende Rechtsträger an einer gemeinsamen TochterGes halten, ist nicht abschl geklärt (dafür RHL/*Ritzer* Rn 52; Widmann/Mayer/*Widmann* Rn 43; *Ernst* Ubg 2012, 678; vgl auch BMF-Schrb vom 26.8.2003, BStBl II 437 Rn 12). Diese Frage ist insbes dann von Bedeutung, wenn sowohl der übertragende als auch der übernehmende Rechtsträger eine Minderheitsbeteiligung besitzen und durch die Einbringung erst die Voraussetzungen bspw des § 14 I 1 Nr 1 KStG, des § 9 Nr 2a GewStG oder die Voraussetzungen des § 8b IV KStG nF (vgl dazu *Benz/Jetter* DStR 2013, 489) in der Person des übernehmenden Rechtsträgers geschaffen werden. Geht man davon aus, dass Grundlage der Zurechnung der Anteile des übertragenden Rechtsträgers beim übernehmenden Rechtsträger die stl Rechtsnachfolge gem Abs 1 iVm § 12 II HS 1 ist, scheidet eine rückwirkende Zusammenrechnung der Minderheitsbeteiligungen aus (aA Frotscher/Maas/*Mutscher* Rn 43).

Aufstockung nach Einbringung, Abs 2

5. Wertaufstockung aufgrund nachträglicher Besteuerung des Einbringungsgewinns I

36 **a) Überblick.** In den Fällen des § 22 I kann die übernehmende Ges den versteuerten Einbringungsgewinn I im Wj der Veräußerung der Anteile oder eines gleichgestellten Ereignisses als Erhöhungsbetrag ansetzen. Dieses setzt einen entsprechenden Antrag der übernehmenden Ges voraus und einen Nachw iSd § 22 V, dass der Einbringende bzw dessen unentgeltl Rechtsnachfolger (§ 22 VI; vgl § 22 Rn 172 f) die auf den einbringenden Gewinn entfallende Steuer entrichtet hat.

37 **b) Fälle des § 22 I.** Abs 2 S 1 regelt die Fälle des § 22 I. Er beschränkt sich damit auf den Einbringungsgewinn I. Soweit zusammen mit einem Betrieb, Teilbetrieb oder Mitunternehmeranteil auch Anteile an einer KapGes oder Gen als Bestandteil der übertragenen Sachgesamtheit eingebracht werden, ist gem § 22 I 5 die Regelung des § 22 II anzuwenden, so dass insoweit Abs 2 S 1 nicht eingreift (RHL/*Ritzer* Rn 64). Der Grund für die Entstehung des Einbringungsgewinns I ist für die Anwendung des Abs 2 S 1 ohne Bedeutung, dh Abs 2 S 1 kommt zur Anwendung, wenn die erhaltenen Anteile iSd § 22 I veräußert oder eines der Veräußerung gleichgestelltes Ereignis gegeben ist. Obwohl Abs 2 S 1 in einem Klammerzusatz nur auf § 22 I 1, 6 Nr 1–6 Bezug nimmt, ist Abs 2 S 1 auch anzuwenden, wenn der Einbringende bzw dessen Rechtsnachfolger den Nachw nach § 22 III nicht (rechtzeitig) erbringt, da nach § 22 III 2 in diesem Fall die erhaltenen Anteile als veräußert gelten (DPPM/*Patt* Rn 113; Haritz/Menner/*Bilitewski* Rn 81; RHL/*Ritzer*, Rn 65; Widmann/Mayer/*Widmann* Rn 603).

c) Antragswahlrecht. Zu einer Aufstockung kommt es nur, wenn der übernehmende Rechtsträger dies bei dem für ihn zuständigen FA beantragt (BMF-Schrb vom 11.11.2011, BStBl I 1314 Rn 23.06; DPPM/*Patt* Rn 112; RHL/*Ritzer* Rn 72). Entgegen der Meinung der FinVerw (BMF-Schrb vom 11.11.2011, BStBl I 1314 Rn 23.07) ist es nicht notwendig, dass die Höhe und die Zuordnung des Aufstockungsbetrages sich eindeutig aus dem Antrag ergeben muss, da Abs 2 S 1 eine solche Anforderung an den Antrag nicht stellt. Der Antrag ist nicht fristgebunden und kann daher bis zur Bestandskraft des Steuerbescheides gestellt werden, welches das Wj betrifft, in welchem der Erhöhungsbetrag zu erfassen ist (Widmann/Mayer/*Widmann* Rn 607). Der Antrag bedarf keiner bes Form, er kann auch konkludent gestellt werde, indem eine Steuerbilanz eingereicht wird, aus dem sich die Auswirkungen des Einbringungsgewinns I beim übernehmenden Rechtsträger ergeben (Widmann/Mayer/*Widmann* Rn 606.1; DPPM/*Patt* Rn 112; Haritz/Menner/*Bilitewski* Rn 94; Frotscher/Maas/*Mutscher* Rn 158). Der Antrag kann nicht auf einzelne WG oder auf einen bestimmten Betrag begrenzt werden (Frotscher/Maas/*Mutscher* Rn 156). Ein einmal wirksam gestellter Antrag kann weder zurückgenommen, noch wegen Irrtums angefochten werden. Eine Änderung des Antrags ist auch nicht mit Zustimmung des FA mögl. 38

d) Entrichtung der Steuer auf den Einbringungsgewinn I, Vorlage einer Bescheinigung iSv § 22 V. Zu einer Aufstockung des eingebrachten Verm kommt es nur, wenn die Steuer aus dem nachträgl Einbringungsgewinn I durch den Einbringenden bzw dessen Rechtsnachfolger entrichtet wurde und dadurch der Steueranspruch erloschen ist. Steuer iSd Abs 1 S 2 ist die **Einkommensteuer und die KSt,** nicht aber die GewSt, denn diese ist auch nicht Gegenstand der Bescheinigung iSd § 22 V, da die Bezahlung der GewSt nicht durch das für den Einbringenden zuständige FA erbracht wird (DPPM/*Patt* Rn 116; RHL/*Ritzer* Rn 97; Frotscher/Maas/*Mutscher* Rn 162; wohl auch BMF-Schrb vom 11.11.2011, BStBl I 1314 Rn 22.38; aA Widmann/Mayer/*Widmann* § 22 Rn 415; Haritz/Menner/*Bilitewski* Rn 84). Zur Steuer iSd Abs 2 S 1 gehören nicht die stl Nebenleistungen iSd § 3 III AO (DPPM/*Patt* Rn 116; Frotscher/Maas/*Mutscher* Rn 162). Die Steuer ist entrichtet, wenn diese durch den Einbringenden oder dessen Rechtsnachfolger gezahlt wurde oder durch Aufrechnung erlischt (DPPM/*Patt* Rn 116; vgl iÜ § 22 Rn 168). Von einer Steuerentrichtung iSd Vorschrift ist auch dann auszugehen, wenn der Einbringende in den Genuss einer persönl Steuerbefreiung kommt und daher ein Einbringungsgewinn iSd § 20 steuerbefreit gewesen wäre (RHL/*Ritzer* Rn 84; Widmann/Mayer/*Widmann* Rn 604). 39

Erlischt der Steueranspruch aufgrund von Festsetzungsverjährung, liegt kein Fall der Entrichtung iSd Abs 2 S 1 vor (RHL/*Ritzer* Rn 86; DPPM/*Patt* Rn 117; Frotscher/Maas/*Mutscher* Rn 165); umstritten ist, ob dies auch für die Zahlungsverjährung gilt (so Widmann/Mayer/*Widmann* Rn 423; aA DPPM/*Patt* Rn 116; RHL/*Ritzer* Rn 98). Gleiches gilt, wenn die Steuer gestundet oder niedergeschlagen bzw Aussetzung der Vollziehung gewährt wird (DPPM/*Patt* Rn 115; Frotscher/Maas/*Mutscher* Rn 165). Ist das Einbringungsjahr ein Verlustjahr und mindert der Verlust den Einbringungsgewinn I, liegt eine Steuerentrichtung iSd Abs 2 erst vor, wenn der Verlustfeststellungsbescheid geändert worden ist (BMF-Schrb vom 11.11.2011, BStBl I 1314 Rn 23.12; DPPM/*Patt* Rn 114; Haritz/Menner/*Bilitewski* Rn 83). Ist das Einkommen in dem für die Einbringung maßgeblichen Veranlagungszeitraum positiv, ergibt sich jedoch auf Grund eines Verlustvor- oder -rücktrags keine festzusetzende Steuer, gilt die Steuer ebenfalls mit Bekanntgabe 40 des geänderten Verlustfeststellungsbescheides als entrichtet. Auf die Entrichtung der sich auf Grund der Verringerung des rück- oder -vortragsfähigen Verlustes im Verlustrück- oder -vortragsjahr beim Einbringenden ergebende Steuer kommt es nicht an (BMF-Schrb vom 11.11.2011, BStBl I 1314 Rn 23.12; Haritz/Menner/*Bilitewski* Rn 83; Widmann/Mayer/*Widmann* Rn 604). Verbleibt trotz des Verlustes bzw der Verlustverrechnung noch ein positives Einkommen, kann davon ausgegangen werden, dass die Verluste vorrangig mit dem Einbringungsgewinn I bzw II als verrechnet gelten (Widmann/Mayer/*Widmann* § 22 Rn 424; aA BMF-Schrb vom 11.11.2011, BStBl I 1314 Rn 23.12: Tilgung erfolgt nur anteilig).

41 Zu einer Wertaufstockung kommt es nur, **soweit** die Steuer entrichtet wurde. Wird die Steuer auf den Einbringungsgewinn nur teilw entrichtet, kommt es nach Meinung der FinVerw zu einer verhältnismäßigen Aufstockung, wobei sich das Verhältnis zwischen der in dem fragl VZ insges geschuldeten ESt/KSt und der auf den Einbringungsgewinn I entfallende ESt/KSt ergibt (BMF-Schrb vom 11.11.2011, BStBl I 13.14 Rn 23.12; DPPM/*Patt* Rn 121; aA Widmann/Mayer/*Widmann* Rn 418: es gilt die Meistbegünstigung im Sinne einer vorrangigen Entrichtung auf den Einbringungsgewinn I). Ist der Einbringende eine OrganGes, ist Voraussetzung für die Buchwertaufstockung die Entrichtung der Steuer durch den Organträger; in Verlustfällen kommt es auf die Berücksichtigung des Einbringungsgewinns im jeweiligen Verlustfeststellungsbescheid des Organträgers an (BMF-Schrb vom 11.11.2011, BStBl I 1314 Rn 23.13). Ist Einbringender iSd § 20 eine Mitunternehmerschaft, so entsteht auf der Ebene des Einbringenden, wenn diese die als Gegenleistung erhaltenen Anteile innerhalb der Sperrfrist von sieben Jahren veräußert, ggf nur eine GewSt, die KSt bzw ESt fällt auf der Ebene der MU an. Obwohl Einbringender in diesen Fällen die PersGes ist, geht die FinVerw auf Grund des sog Transparenzprinzips davon aus, dass im Hinblick auf die Entrichtung der Steuer eine gesellschafterbezogene Betrachtungsweise zu erfolgen hat (BMF-Schrb vom 11.11.2011, BStBl I 1314 Rn 22.02). Da diese damit eine Bescheinigung iSv § 22 V vorlegen müssen, kommt es damit wohl auch darauf an, dass die MU die entsprechende ESt bzw KSt entrichtet haben.

42 Die Steuerentrichtung muss durch Vorlage einer **Bescheinigung iSd § 22 V** nachgewiesen werden (vgl Rn 44). Ein anderer Nachw ist nicht ausreichend (Frotscher/Maas/*Mutscher* Rn 161; DPPM/*Patt* Rn 118). Wurde die Steuer auf den Einbringungsgewinn I nur teilw beglichen und erfolgt später eine weitere Tilgung, ist die Vorlage einer weiteren Bescheinigung iSd § 22 V notw. Gleiches gilt, wenn die sich auf den Einbringungsgewinn I ergebene ESt/KSt nachträgl erhöht (DPPM/*Patt* Rn 113). Eine geänderte Bescheinigung iSd § 22 V führt zu einer Berichtigung der Veranlagung des übernehmenden Rechtsträgers gem § 175 I 1 Nr 1 AO (BMF-Schrb vom 11.11.2011, BStBl I 1314 Rn 23.10; Widmann/Mayer/*Widmann* Rn 609; aA wohl DPPM/*Patt* Rn 122; Frotscher/Maas/*Mutscher* Rn 161).

43, 44 **e) Im Wirtschaftsjahr der Veräußerung der Anteile oder des gleichgestellten Ereignisses.** Der versteuerte Einbringungsgewinn kann im Wj der Veräußerung der Anteile oder eines gleichgestellten Ereignisses (§ 22 I 1, VI Nr 1–6) als Erhöhungsbetrag angesetzt werden. Der Erhöhungsbetrag ist damit nicht zum Einbringungszeitpunkt anzusetzen, sondern aufgrund von Abs 3 S 2 zu Beginn des Wj, in dem die schädl Veräußerung oder ein gleichgestellter Tatbestand erfüllt wird (BMF-Schrb vom 11.11.2011, BStBl I 1314 Rn 23.16; DPPM/*Patt* Rn 134; RHL/*Ritzer* Rn 77; Blümich/*Nitzschke* Rn 39; aA Widmann/Mayer/

Widmann Rn 632: zum Zeitpunkt der Anteilsveräußerung bzw sobald die gleichgestellten Ereignisse eintreten).

f) Bilanzsteuerrechtliche Behandlung des Aufstockungsbetrags. Die Wertaufstockung erfolgt in der StB des übernehmenden Rechtsträgers. Gehörte zum eingebrachten BV auch ein Mitunternehmeranteil, ist der Aufstockungsbetrag in einer positiven Ergänzungsbilanz bei der PersGes zu berücksichtigen. Auf die HB des übernehmenden Rechtsträgers hat der Aufstockungsbetrag keine Auswirkung. Wurde iRd Einbringung ein aktiv stl AP gebildet (vgl Rn 12), so reduziert der Aufstockungsbetrag diesen, was jedoch nichts daran ändert, dass sich grdsl in gleicher Höhe das stl Einlagenkonto des übernehmenden Rechtsträgers erhöht (BMF-Schrb vom 11.11.2011, BStBl I 1314 Rn 23.07; Haritz/Menner/*Bilitewski* Rn 119; DPPM/*Patt* Rn 128; Widmann/Mayer/*Widmann* Rn 627). **45**

In der StB des übernehmenden Rechtsträgers bzw soweit Gegenstand der Einlage ein Mitunternehmeranteil in der positiven Ergänzungsbilanz der entsprechenden PersGes ist, unter den sonstigen Voraussetzungen des Abs 2 S 1 in Höhe des Einbringungsgewinns I ein Erhöhungsbetrag anzusetzen. Der Ansatz des Erhöhungsbetrags bleibt **ohne Auswirkung für den Gewinn** des übernehmenden Rechtsträgers (Abs 2 S 1 HS 2). Er stellt im Erg eine steuerfreie Betriebsvermögensmehrung dar und erhöht das stl Einlagekonto des übernehmenden Rechtsträgers, soweit der Zugang das Nennkapital der erhaltenen Anteile übersteigt (Widmann/Mayer/*Widmann* Rn 631; RHL/*Ritzer* Rn 113; *Dötsch/Pung* DB 2006, 2763; *Förster/Wendland* BB 2007, 633; *Ley* FR 2007, 109; BMF-Schrb vom 11.11.2011, BStBl I 1314 Rn 23.07; DPPM/*Patt* Rn 128; Haritz/Menner/*Bilitewski* Rn 117). **46**

Nach Abs 2 1. Alt ist der Erhöhungsbetrag nur anzusetzen, soweit das eingebrachte BV noch zum BV des aufnehmenden Rechtsträgers gehört. Daraus muss geschlossen werden, dass der Erhöhungsbetrag **wirtschaftsgutbezogene** Auswirkungen hat (BT-Drs 16/2710, 50; BMF-Schrb vom 11.11.2011, BStBl I 1314 Rn 23.08; RHL/*Ritzer* Rn 88; DPPM/Patt Rn 125; *Förster/Wendland* BB 2007, 631; *Ritzer/Rogall/Stangl* WPg 2006, 1210). Die Aufstockung hat **gleichmäßig** und **verhältnismäßig** zu erfolgen (vgl Rn 66 ff; § 20 Rn 300 ff). Die Aufstockung erfolgt iHd stillen Reserven und stillen Lasten eines jeden eingebrachten WG zum Einbringungsstichtag um einen einheitl Prozentsatz (BMF-Schrb vom 11.11.2011, BStBl I 1314 Rn 23.08). Dieser Prozentsatz ergibt sich aus dem Verhältnis sämtl stillen Reserven in den eingebrachten WG, einschl solcher in steuerfreien Rücklagen, die zum Einbringungsstichtag vorhanden waren, und dem Aufstockungsbetrag (RHL/*Ritzer* Rn 88). Soweit der Aufstockungsbetrag auf WG entfällt, die zum BW oder ZW ausgeschieden sind, bleibt der Aufstockungsbetrag stl ohne Auswirkungen, er kann nicht auf die verbleibenden WG verteilt werden (BMF-Schrb vom 11.11.2011, BStBl I 1314 Rn 23.09; RHL/*Ritzer* Rn 141). Wie sich aus Abs 2 S 2 iVm Abs 2 S 1 ergibt, sind die **stillen Reserven zum Einbringungsstichtag** und nicht zu Beginn des Wj, in welches das die Besteuerung des Einbringungsgewinns auslösende Ereignis fällt, von Bedeutung (BMF-Schrb vom 11.11.2011, BStBl I 1314 Rn 23.08), denn auch stille Reserven in WG, die nach der Einbringung zum gemeinen Wert übertragen wurden, sind bei der Aufstockung zu berücksichtigen. Letzteres ist aber nur mögl, wenn gerade nicht auf die stillen Reserven zu Beginn des Wj, in welches das die Besteuerung des Einbringungsgewinns auslösende **47**

Ereignis fällt, abgestellt wird, da die übertragenen WG iSd Abs 2 S 2 HS 2 zu diesem Zeitpunkt nicht mehr vorhanden und deren stille Reserven damit nicht berücksichtigt werden könnten (RHL/*Ritzer* Rn 141). Originäre immaterielle WG einschl eines Geschäftswertes sind bei der Ermittlung der stillen Reserven zu berücksichtigen. Eine **selektive Aufstockung** der eingebrachten WG ist nicht mögl (BMF-Schrb vom 11.11.2011, BStBl I 1314 Rn 23.08; RHL/*Ritzer* Rn 142). Der anteilige Erhöhungsbetrag wird dem BW des betroffenen WG zugeschrieben. Zu einer **Aufstockung** kommt es **nur bei den WG,** die iRd Sacheinlage übertragen wurden und die beim übernehmenden Rechtsträger mit dem BW oder einem ZW angesetzt wurden (DPPM/*Patt* Rn 130). Die Aktivierung des Aufstockungsbetrages kommt nicht nur dem Einbringenden, sondern allen Gesellschaftern des übernehmenden Rechtsträgers zugute (Widmann/Mayer/*Widmann* Rn 628).

48 Für die **weitere stl Behandlung** der Erhöhungsbeträge gilt gem Abs 3 S 2 die Regelung des Abs 3 S 1 entsprechend. Ist der Wertansatz eines WG nach **Aufstockung höher als dessen TW,** so kann im Anschluss an die Aufstockung eine Teilwertabschreibung bezogen auf dieses WG in der Person des übernehmenden Rechtsträgers erfolgen (RHL/*Ritzer* Rn 90).

49 Kommt es innerh eines VZ zu **mehreren schädl Ereignissen,** erfolgt die Aufstockung insges zu Beginn des Wj. Liegen mehrere schädl Ereignisse in unterschiedl VZ vor, kommt es in den unterschiedl Veranlagungszeiträumen jew zu gesonderten Aufstockungen.

50 Abs 1 S 1 findet nur dann Anwendung, soweit das eingebrachte BV in den Fällen des § 22 I **noch zum BV des übernehmenden Rechtsträgers gehört.** Hinsichtl des Zeitpunkt, in welchem das WG noch zum Verm des übernehmenden Rechtsträgers gehören muss, enthält das Gesetz keine Regelungen. Nach Auffassung des Gesetzgebers (BT-Drs 16/2710, 50) ist auf den Zeitpunkt der Anteilsveräußerung oder eines gleichgestellten Ereignisses abzustellen (ebenso BMF-Schrb vom 11.11.2011, BStBl I 1314 Rn 23.07; Widmann/Mayer/*Widmann* Rn 632). Da die Aufstockung gem Abs 3 S 2 zum Beginn des jeweiligen Wj, in das das schädl Ereignis fällt, vorgenommen werden muss (str, vgl Rn 43), stellt ein Teil der Lit (DPPM/*Patt* Rn 140; RHL/*Ritzer* Rn 125; *Blumberg/Schäfer* SEStEG S 204) richtigerweise auf den Beginn des Wj ab, in welches das die Besteuerung des Einbringungsgewinns I auslösende Ereignis fällt.

51 Wurde das aus einer Sacheinlage gem § 20 I erworbene WG noch vor dem relevanten Zeitpunkt (vgl Rn 50) aus dem BV des übernehmenden Rechtsträgers **zum gemeinen Wert übertragen,** kann es nicht mehr zu einer entsprechenden Aufstockung dieses WG kommen, der Aufstockungsbetrag wird dann sofort erfolgswirksam „abgeschrieben" bzw es liegen insoweit sofort abziehbare Betriebsausgaben vor (BMF-Schrb vom 11.11.2011, BStBl I 1314 Rn 23.09; Haritz/Menner/*Bilitewski* Rn 110; DPPM/*Patt* Rn 128; RHL/*Ritzer* Rn 133; *Dörfler/Rautenstrauch/Adrian* BB 2006, 1711; *Ley* FR 2007, 109; *Ritzer/Rogall/Stangl* WPg 2006, 1210; vgl BT-Drs 16/2710, 50: sofort abziehbarer Aufwand). Soweit das eingebrachte WG das Verm des übernehmenden Rechtsträgers im Zeitpunkt der Aufstockung bereits zum gemeinen Wert verlassen hat und der Erhöhungsbetrag insoweit als sofortiger Aufwand behandelt wird, lässt sich dieses Erg dadurch erreichen, dass der Erhöhungsbetrag des ausgeschiedenen WG in einem ersten gedankl Schritt in der Bilanz des übernehmenden Rechtsträgers angesetzt und dem nachfolgend erfolgswirksam abgeschrieben wird (so RHL/*Ritzer* Rn 114; DPPM/*Patt* Rn 133; krit Blümich/*Nitzschke* Rn 38). Diese Vorgehensweise bewirkt, dass in Höhe des Aufstockungsbetrags das stl Einlagekonto des übernehmenden Rechtsträgers erhöht wird und die Abschreibung zu Lasten des lfd Gewinns erfolgt.

Entscheidend dafür, dass die **Übertragung zum gemeinen Wert** erfolgte, **52** ist die Aufdeckung sämtl stiller Reserven im übertragenen WG. Die Übertragung zum gemeinen Wert liegt damit vor, wenn das eingebrachte WG veräußert, unter Aufdeckung der stillen Reserven in eine KapGes, Gen oder PersGes zum gemeinen Wert eingebracht wird. Daran ändert sich nichts, wenn ein stpfl Gewinn wegen § 6b EStG nicht entsteht (Widmann/Mayer/*Widmann* Rn 622; Frotscher/Maas/*Mutscher* Rn 178). Gleiches gilt für die verdeckte Einlage in eine Körperschaft oder für die unentgeltl oder teilentgeltl Übertragung von WG auf einen Gesellschafter, wenn die Diff zum gemeinen Wert stl als vGA behandelt wird (BMF-Schrb vom 11.11.2011, BStBl I 1314 Rn 23.09; Widmann/Mayer/*Widmann* Rn 621; DPPM/*Patt* Rn 133; RHL/*Ritzer* Rn 131; Blümich/*Nitzschke* Rn 36; *Förster/Wendland* BB 2007, 631; vgl aber auch BFH/NV 2007, 2020 wonach in Höhe einer vGA keine Veräußerung vorliegt). Keine Übertragung zum gemeinen Wert liegt in den Fällen des § 6 V S 3 Nr 1 und Nr 2 EStG vor. Die Aufdeckung der stillen Reserven gem § 12 I KStG soll eine Übertragung zum gemeinen Wert darstellen; es fehle zwar an einem Rechtsträgerwechsel, dieser werde aber durch das Gesetz fingiert (RHL/*Ritzer* Rn 131; aA Widmann/Mayer/*Widmann* Rn 617). Auch wenn das eingebrachte WG untergegangen ist, kommt es zu einer Berücksichtigung des Aufstockungsbetrages (BMF-Schrb vom 11.11.2011, BStBl I 1314 Rn 23.09; DPPM/*Patt* Rn 133; RHL/*Ritzer* Rn 133; aA *Blumenberg/Schäfer* SEStEG S 205; Haritz/Menner/*Bilitewski* Rn 115; Widmann/Mayer/*Widmann* Rn 611), denn entweder es gehört noch weiterhin zum BV des übernehmenden Rechtsträgers oder es wurde (zum gemeinen Wert) auf einen anderen Rechtsträger zur Entsorgung übertragen.

Soweit das Ertragsteuerrecht bei der Bewertung eines Vorgangs nicht auf den **53** gemeinen Wert, sondern auf den **TW** (zB § 6 VI 2 EStG) abstellt und der TW unter dem gemeinen Wert liegt, liegt dennoch eine Übertragung zum gemeinen Wert iSd Abs 2 S 2 vor, da das Gesetz davon ausgeht, dass auch bei dieser Bewertung alle stillen Reserven aufgedeckt werden (BMF-Schrb vom 11.11.2011, BStBl I 1314 Rn 23.09; Haritz/Menner/*Bilitewski* Rn 111; aA Widmann/Mayer/*Widmann* Rn 615; RHL/*Ritzer* Rn 131; DPPM/*Patt* Rn 134). Eine vom Gesetzgeber vorgeschriebene Bewertung, bei der unterstellt wird, dass alle stillen Reserven aufgedeckt werden, kann nicht zum Nachteil des Stpfl gereichen. Würde man anders entscheiden, wäre Abs 2 S 2 unverhältnismäßig und verfassungskonform in dem dargestellten Sinne auszulegen.

Soweit eingebrachte WG durch den übernehmenden Rechtsträger **unter** **54** **dem gemeinen Wert übertragen wurden,** kann ein Erhöhungsbetrag nicht angesetzt werden, er geht aus stl Sicht verloren. Die stl Berücksichtigung eines Aufstockungsbetrags ist damit zB ausgeschlossen, soweit die eingebrachten WG nach § 6 V S 3 Nr 1 und Nr 2 EStG unter Buchwertfortführung übertragen werden (BMF-Schrb vom 11.11.2011, BStBl I 1314 Rn 23.09; Widmann/Mayer/*Widmann* Rn 616). Erfolgt die Übertragung der WG unter BW- oder Zwischenwertansatz nach Maßgabe des §§ 20, 24, tritt der übernehmende Rechtsträger nach richtiger Auffassung insoweit in die Rechtstellung des übertragenden Rechtsträgers ein; der übernehmende Rechtsträger kann damit den Erhöhungsbetrag ansetzen (wie hier RHL/*Ritzer* Rn 122; *Benz/Rosenberg* DB Beilage 1/2012 zu Heft 2, 38; *Förster/Wendland* BB 2007, 631; aA DPPM/*Patt*

Rn 139; Haritz/Menner/*Bilitewski* Rn 114; Widmann/Mayer/*Widmann* Rn 618 f; wohl auch BMF-Schrb vom 11.11.2011, BStBl I 1314 Rn 23.09; vgl auch BT-Drs 16/2710, 50). Soweit es nicht zu einer Berücksichtigung des Erhöhungsbetrags kommt, bleibt das stl Einlagekonto des übernehmenden Rechtsträgers insoweit unberührt.

6. Wertaufstockung aufgrund nachträglicher Besteuerung des Einbringungsgewinns II, Abs 2 S 3

55 **a) Überblick.** Veräußert der übernehmende Rechtsträger Anteile, die er aufgrund einer Einbringung nach § 20 I oder § 21 I erworben hatte, oder liegt ein gleichgestelltes Ereignis vor, das einen Einbringungsgewinn II auslöst, erhöhen sich die AK der eingebrachten Anteile iHd versteuerten Einbringungsgewinns II, soweit der Einbringende die auf den Einbringungsgewinn II entfallene Steuer entrichtet hat und dies durch eine Bescheinigung des zuständigen FA iSd § 22 V nachgewiesen wird.

56 **b) Fälle des § 22 II.** Abs 2 S 3 regelt die Fälle des § 22 II. Er beschränkt sich auf den Einbringungsgewinn II. Der Grund für die Entstehung des Einbringungsgewinns II ist für die Anwendung des Abs 2 S 3 ohne Bedeutung, dh Abs 2 S 3 kommt zur Anwendung, wenn die übertragenen Anteile iSd § 22 II veräußert oder ein gleichgestelltes Ereignis gegeben ist (BMF-Schrb vom 11.11.2011, BStBl I 1314 Rn 23.11). Obwohl Abs 2 S 3 iVm Abs 2 S 1 in einem Klammerzusatz nur auf § 22 I, 6 Nr 1–6 Bezug nimmt, ist Abs 2 S 3 auch anzuwenden, wenn der Einbringende den Nachw nach § 22 III nicht (rechtzeitig) erbringt, da in diesem Fall nach § 22 III 2 die Anteile als veräußert gelten (Widmann/Mayer/*Widmann* Rn 646). Abs 2 S 3 nimmt unmittelbar auf § 22 II Bezug, so dass nach dieser Vorschrift ein Einbringungsgewinn II entstehen muss.

57 Soweit eingebrachte, ursprüngl einbringungsgeborene Anteile innerh der siebenjährigen Sperrfrist des § 22 II veräußert bzw ein der Veräußerung gleichgestellter Sachverhalt verwirklicht wird (§ 22 II 6), entsteht ein Einbringungsgewinn II (§ 22 I 5, II), der nach allg Grdsen besteuert wird, falls im Zeitpunkt der Einbringung die siebenjährige Sperrfrist iSv § 3 Nr 40 S 3 und S 4 EStG aF bzw § 8 b IV KStG aF bereits abgelaufen war (vgl dazu § 22 Rn 129). War im Zeitpunkt der Einbringung die siebenjährige Sperrfrist iSv § 3 Nr 40 S 3 und S 4 EStG aF bzw § 8 b IV KStG aF noch nicht abgelaufen, und werden die ursprüngl einbringungsgeborenen Anteile innerh der siebenjährigen Sperrfrist des § 22 II veräußert bzw wird ein der Veräußerung gleichgestellter Sachverhalt verwirklicht (§ 22 II 6), entsteht kein Einbringungsgewinn II, so dass Abs 2 S 3 keine Anwendung findet, da im Zeitpunkt der Einbringung in der Person des Einbringenden einbringungsgeborene Anteile vorlagen und damit gem § 27 IV die Regelung des § 22 keine Anwendung findet (str vgl § 22 Rn 129).

58 **c) Antragswahlrecht.** Abs 2 S 3 2. HS verweist auf Abs 2 S 1, so dass die Berücksichtigung des Erhöhungsbetrags antragsgebunden ist (BMF-Schrb vom 11.11.2011, BStBl I 1314 Rn 23.11; RHL/*Ritzer* Rn 163). Der Antrag ist nicht fristgebunden und kann daher bis zur Bestandskraft des Steuerbescheides gestellt werden, welches das Wj betrifft, in welchem der Erhöhungsbetrag zu erfassen ist. Er bedarf keiner bes Form und ist durch den übernehmenden Rechtsträger bei dem für ihn zuständigen FA zu stellen. Ein einmal wirksam gestellter Antrag kann weder zurückgenommen, noch wegen Irrtums angefochten werden. Eine

Änderung des Antrags ist auch nicht mit Zustimmung des FA mögl. Zu weiteren Einzelheiten vgl Rn 38.

d) Entrichtung der Steuer auf den Einbringungsgewinn II, Vorlage einer Bescheinigung iSd § 22 V. Zu einer Erhöhung der AK der eingebrachten Anteile in Höhe des versteuerten Einbringungsgewinns kommt es nur, wenn die Steuer aus dem nachträgl Einbringungsgewinn II durch den Einbringenden entrichtet wurde und dadurch der Steueranspruch erloschen ist. Steuer iSd Abs 2 S 3 ist die Einkommensteuer und die KSt, nicht aber die GewSt, denn diese ist auch nicht Gegenstand der Bescheinigung iSd § 22 V (str; vgl Rn 39). Zu der Steuer iSd Abs 2 S 3 gehören nicht die stl Nebenleistungen iSd § 3 III AO. Die Steuer ist entrichtet, wenn diese durch den Einbringenden gezahlt wird, durch Aufrechnung erlischt, wenn keine Steuer anfällt, weil der Einbringungsgewinn II mit Verlusten oder Verlustvorträgen saldiert wird. Zu weiteren Einzelheiten vgl Rn 39 ff. **59**

Zu einer Erhöhung der AK kommt es nur, soweit die Steuer entrichtet wurde. Wird die Steuer auf den Einbringungsgewinn II nur teilw entrichtet, kommt es nur zur einer verhältnismäßigen Aufstockung der AK, wobei sich das Verhältnis aus der tats entrichteten Steuer zur geschuldeten Steuer auf den rückwirkenden Einbringungsgewinn II ergibt. Zu weiteren Einzelheiten vgl Rn 41. **60**

Die Steuerentrichtung muss durch Vorlage einer Bescheinigung iSd § 22 V nachgewiesen werden. Ein anderer Nachw ist nicht ausreichend. Wurde die Steuer auf den Einbringungsgewinn II nur teilw beglichen und erfolgt später eine weitere Tilgung, ist die Vorlage einer weiteren Bescheinigung iSd § 22 V notw. Gleiches gilt, wenn die sich auf den Einbringungsgewinn II ergebene Steuer nachträgl erhöht. Die im Wj der Veräußerung der Anteile oder des gleichgestellten Ereignisses. Der versteuerte Einbringungsgewinn II kann im Wj der Veräußerung der Anteile oder eines gleichgestellten Ereignisses als erhöhte AK angesetzt werden. Die Erhöhung der AK erfolgt damit nicht zum Einbringungszeitpunkt, sondern zu Beginn des Wj (vgl Rn 43), in dem die schädl Veräußerung oder in der Veräußerung gleichgestellten schädl Ereignisses erfolgt. Zu den verfahrensrechtl Auswirkungen vgl Rn 42. **61**

e) Bilanzsteuerrechtliche Behandlungen. In der StB des übernehmenden Rechtsträgers entstehen iHd Einbringungsgewinns II nachträgl AK bezogen auf die eingebrachten Anteile. Der Erhöhungsbetrag ist eine steuerfreie Betriebsvermögensmehrung und erhöht das **stl Einlagekonto** des übernehmenden Rechtsträgers, soweit der Zugang das Nennkapital als Gegenleistung für die erhaltenen Anteile ausgegebenen Anteile übersteigt. Die AK der eingebrachten Anteile erhöhen sich um den versteuerten Einbringungsgewinn II und zwar unabhängig davon, dass dieser Gewinn bei natürl Personen nach dem Halbeinkünfteverfahren bzw Teileinkünfteverfahren zu besteuern sind (Widmann/Mayer/*Widmann* Rn 650). **62**

Wurden mehrere Geschäftsanteile an der erworbenen Ges eingebracht, die unterschiedl BW haben, muss die Aufstockung **gleichmäßig** und **verhältnismäßig** zu. Die Aufstockung erfolgt um einen einheitl Prozentsatz bezogen auf die stillen Reserven eines jeden Geschäftsanteils zum Einbringungsstichtag. Dieser einheitl Prozentsatz ergibt sich aus dem Verhältnis sämtl stillen Reserven in den eingebrachten Anteilen, die zum Einbringungsstichtag vorhanden waren und dem Aufstockungsbetrag. **63**

Werden die eingebrachten Anteile nur partiell veräußert, wird der Einbringungsgewinn II nur anteilig ausgelöst. Nach dem Wortlaut des Gesetzes erhöhen **64** sich die AK der eingebrachten Anteile insges. Die herrschende Auffassung in der Lit geht davon aus, dass es bei einer partiellen Veräußerung der eingebrachten Anteile nicht zu der Erhöhung der AK aller eingebrachten Anteile kommen, sondern vielmehr soll der Erhöhungsbetrag sich ausschließl auf die veräußerten Anteile beziehen (DPPM/*Patt* Rn 127; Widmann/Mayer/*Widmann* Rn 650; Haritz/Menner/*Bilitewski* Rn 128; RHL/*Ritzer* Rn 156).

65 **f) Ketteneinbringung.** Der nachträgl Einbringungsgewinn II führt zu einer Erhöhung der AK der eingebrachten Anteile. In den Fällen der Weitereinbringung der eingebrachten Anteile zum BW gilt dies auch im Hinblick auf die auf der Weitereinbringung beruhenden Anteile (Abs 2 S 3 HS 2 iVm § 22 I, VII). Der Erhöhungsbetrag kommt damit bei der Weitereinbringung der erhaltenen Anteile zum BW in eine andere KapGes oder Gen gem Abs 2 S 3 HS 2 iVm § 22 I 7 iVm 6 Nr 4, Nr 5 dem übernehmenden Rechtsträger in dessen StB zugute (DPPM/*Patt* Rn 126; RHL/*Ritzer* Rn 171 ff).

7. Ansatz mit Zwischenwerten, Abs 3

66 **a) Eintritt in die Rechtsstellung, Besitzzeitanrechnung, Abs 3 S 1.** Für den Fall, dass der übernehmende Rechtsträger das eingebrachte BV mit einem über dem BW, aber unter dem gemeinen Wert liegenden Wert ansetzt **(Einbringung zu ZW),** verweist Abs 3 auf § 12 III HS 1 (Eintritt in die Rechtsstellung des Einbringenden, vgl im Einzelnen Rn 18 ff), nicht aber auf § 4 II 3. Es kommt aber auch beim Zwischenwertansatz zu einer Anrechnung der Besitzzeit, da Abs 1 und damit auch § 4 II 3 auch für den Zwischenwertansatz gilt (BMF-Schrb vom 11.11.2011, BStBl I 1314 Rn 23.06; DPPM/*Patt* Rn 23; Widmann/Mayer/*Widmann* Rn 233). Abs 3 gilt auch für eingebrachte Beteiligung an einer KapGes/Gen nach § 21. Der durch Bezugnahme auf § 12 III HS 1 hergestellte Eintritt in die Rechtsstellung des Einbringenden gilt allerd mit den Maßgaben von Abs 3 Nr 1 und 2 zur weiteren Bemessung der AfA und der Absetzung für Substanzverringerung (im Einzelnen Rn 77 ff). Abs 1, der auch für den Zwischenwertansatz gilt, nimmt Bezug auf § 20 II 2. Daraus ergibt sich, dass für den Wertansatz unterhalb des gemeinen Werts, der **erstmalige Ansatz** in der StB des übernehmenden Rechtsträgers von Relevanz ist (RHL/*Ritzer* Rn 22; DPPM/*Patt* Rn 21). Entscheidend ist alleine der Ansatz in der **StB** des übernehmenden Rechtsträgers, die Bewertung in der HB ohne Bedeutung (allgM vgl § 20 Rn 268). Werden in der HB höhere Werte als der StB angesetzt, erfolgt ggf ein Ausgleich dieser Wertdifferenz in der StB durch einen entsprechenden stl aktiven AP. Der stl aktive AP stellt weder einen Vermögenswert dar, noch beeinflusst er die künftige stl Behandlung bei der übernehmenden KapGes; er hat keine Auswirkungen auf den Wertansatz in der StB (vgl § 20 Rn 270). Die unterschiedl Behandlung der Zwischenwerteinbringung ggü der Einbringung zum BW bzw zum gemeinen Wert ist durch die stl notw Regelung des **Aufstockungsbetrags** (Unterschiedsbetrag zwischen dem BW der eingebrachten WG und dem Wert, mit dem der übernehmende Rechtsträger die WG ansetzt, Abs 3 Nr 1) grdsl gerechtfertigt.

67 Der Ansatz zu ZW führt zum Eintritt in die stl Rechtsstellung des Einbringenden. Dabei macht es keinen Unterschied, ob die Einbringung durch Einzelrechtsnachfolge oder durch Gesamtrechtsnachfolge realisiert wird. Wird durch den Einbringungsvorgang das dt **Besteuerungsrecht** hinsichtl des Gewinns aus der Veräußerung des eingebrachten BV oder Teilen davon **erstmalig begründet,** so ist nach dem Willen des Gesetzgebers (BT-Drs 16/2710, 43) für diese WG,

unabhängig von der konkreten Ausübung des Antragswahlrechts, der gemeine Wert anzusetzen (str; vgl § 20 Rn 265). Da es für diese WG damit zu einem Ansatz mit dem gemeinen Wert kommt, findet Abs 3 auf diese WG keine Anwendung, es gilt vielmehr Abs 4.

Die Einbringung iSv §§ 20 ff stellt aus der Sicht des übernehmenden Rechtsträgers ein **Anschaffungsgeschäft** dar (BFH BStBl II 2010, 1094; BFH/NV 2010, 2072; BFH/NV 2011, 1850; BMF-Schrb vom 11.11.2011, BStBl I 1314 Rn 20.01; DPPM/*Patt* Vor §§ 20–23 Rn 52). Dies gilt unabhängig davon, ob sich der Vermögensübergang im Wege der Gesamt- oder Einzelrechtsnachfolge vollzieht (BFH FR 2004, 274; *Hahn* DStZ 1998, 561; vgl auch *Fatouros* DStR 2003, 272). **68**

Setzt der übernehmende Rechtsträger das eingebrachte BV mit einem Wert an, der höher ist als der BW, so ist die Diff zwischen dem höheren Wert und dem BW **(Aufstockungsbetrag)** auf die eingebrachten WG gleichmäßig zu verteilen (BMF-Schrb vom 11.11.2011, BStBl I 1314 Rn 23.14; zu weiteren Einzelheiten vgl § 20 Rn 300 ff). Bei der Aufstockung ist sowohl das Anlagevermögen (einschl der vom Einbringenden hergestellten immateriellen Anlagegüter) als auch das Umlaufvermögen zu berücksichtigen. **69**

Beispiel: **70**
Die stl BW des eingebrachten BV betragen insges EUR 250 000, der gemeine Wert EUR 500 000. Die stillen Reserven iHv insges EUR 250 000 sind mit EUR 50 000 bei Grund und Boden, EUR 100 000 bei Gebäuden, EUR 50 000 bei Maschinen, EUR 50 000 bei den Vorräten enthalten. Der Aufstockungsbetrag soll EUR 100 000 betragen; der Aufstockungsbetrag steht damit zum Gesamtbetrag der vorhandenen stillen Reserven im Verhältnis von 100 000 : 250 000. Die stillen Reserven sind damit um 40% aufzustocken. Die Aufteilung lautet im Beispielsfall danach: Aufstockung bei Grund und Boden um EUR 20 000, bei Gebäuden um EUR 40 000, bei Maschinen und Warenbeständen um je EUR 20 000. Die stl BW sind beim übernehmenden Rechtsträger damit mit EUR 350 000 anzusetzen.

Da die Einbringung aus der Sicht des übernehmenden Rechtsträgers ein Anschaffungsgeschäft darstellt, stellen **objektbezogene Kosten,** wozu auch die bei der Einbringung möglicherweise entstehende GrESt gehört, AK dieser WG dar und sind entsprechend zu aktivieren (BMF-Schrb vom 11.11.2011, BStBl I 1314 Rn 23.01; BFH FR 2004, 274; RHL/*Ritzer* Rn 26; vgl auch *Fatouros* DStR 2003, 272). Dieser Aktivierung steht jedoch nicht einem Zwischenwertansatz entgegen, da keine stillen Reserven im übertragenen Verm aufgedeckt werden (DPPM/*Patt* Rn 29). Die GrESt entsteht, weil der Einbringungsvorgang ein Erwerbsvorgang iSd § 1 GrEStG ist. Die GrESt gehört nicht zum BW oder ZW des übertragenen Verm, sondern stellt eine originäre Aufwendung des übernehmenden Rechtsträgers dar. **71**

Bei der Aufstockung ist sowohl das Anlagevermögen einschließlich der vom Einbringenden hergestellten immateriellen Anlagegüter und originäre Geschäftswerte (BMF-Schrb vom 11.11.2011, BStBl I 1314 Rn 20.18 iVm Rn 03.25; zur Übergangsregelung vgl Rn S 03) als auch das Umlaufvermögen zu berücksichtigen; zu weiteren Einzelheiten vgl § 20 Rn 306 f. **72**

Beim Ansatz von ZW sind auch die **steuerfreien Rücklagen** um den einheitl Vomhundertsatz aufzulösen (BMF-Schrb vom 11.11.2011, BStBl I 1314 Rn 23.14; zu weiteren Einzelheiten vgl § 20 Rn 308). **73**

Als Rechtsnachfolgerin unterliegt der übernehmende Rechtsträger auch dem **Wertaufholungsgebot** des § 6 I 1 S 4, Nr 2 S 3 EStG. Eine Wertaufholung in der Person des übernehmenden Rechtsträgers kommt jedoch nur in Frage, wenn nach dem stl Übertragungsstichtag die Werterhöhung eintritt. War der gemeine **74**

Wert bereits zum stl Stichtag höher als der BW, so muss der Einbringende die Wertaufholung noch in der stl Schlussbilanz vornehmen (vgl § 20 Rn 301; Widmann/Mayer/*Widmann* Rn 38 f). Da der übernehmenden KapGes als stl Rechtsnachfolgerin die fortgeführten AK oder HK des Einbringenden zugerechnet werden, stellen diese die Bewertungsobergrenze dar. Zu weiteren Einzelheiten vgl § 4 Rn 71 ff).

75 Zur Einbringung durch eine Mitunternehmerschaft vgl § 20 Rn 181 ff; zur Einbringung von Mitunternehmeranteil vgl § 20 Rn 132 ff. Werden mehrere Mitunternehmeranteile eingebracht, kann für jeden Einbringenden das Antragswahlrecht unabhängig von anderen Einbringenden und damit unterschiedl ausgeübt werden.

76 Obwohl Abs 3 nur auf § 12 III HS 1 verweist, erfolgt aufgrund der wirtschaftsgutbezogenen Betrachtungsweise kein Eintritt des übernehmenden Rechtsträgers in verrechenbare Verluste; verbleibende Verlustvorträge, vom übertragenden Rechtsträger nicht ausgeglichene negative Einkünfte und ein Zinsvortrag nach § 4 h I 5 EStG und einen EBITDA-Vortrag nach § 4 h I 3 EStG (vgl Rn 18).

77 **b) Abschreibung. aa) Überblick.** Setzt der übernehmende Rechtsträger das eingebrachte BV mit ZW an, so gilt die Regelung zur stl Rechtsnachfolge zwar dem Grds nach, jedoch mit gewissen, durch die Wertaufstockung bedingten Abwandlung hinsichtl der Berechnung der Abschreibung auf Gegenstände des abnutzbaren Anlagevermögens.

78 Hat der Einbringende bisher die AfA für bewegl Anlagegüter nach der linearen Methode vorgenommen, sind nach Abs 3 S 1 Nr 1 bei dem übernehmenden Rechtsträger als **AfA-Bemessungsgrundlage** die AK oder HK des Einbringenden vermehrt um den Aufstockungsbetrag zugrunde zu legen. Diese Ermittlung der AfA-Bemessungsgrundlage ist auch für die Gebäude maßgebend, und zwar nicht nur, wenn vorher vom Einbringenden die lineare AfA-Methode angewendet wurde, sondern auch bei degressiver Gebäude-AfA nach § 7 V EStG und der Beibehaltung der degressiven AfA-Methode. Bei Gebäuden kommt noch die durch den Einbringungsvorgang ausgelöste GrESt hinzu (DPPM/*Patt* Rn 56). Während das Gesetz in diesen Fällen die AfA-Bemessungsgrundlage in Abs 3 ausdrückl festlegt, ist zum maßgebend **AfA-Vomhundertsatz** bzw der Festlegung der **Nutzungsdauer** des übertragenen WG expresses verbes nichts gesagt.

79 Unstreitig ist aber, dass der übernehmende Rechtsträger an die vom Einbringenden gewählte **Abschreibungsmethode** gebunden ist, denn insoweit hat der Einbringende ein Wahlrecht ausgeübt und sich hinsichtl einer Rechtsposition festgelegt (BMF-Schrb vom 11.11.2011, BStBl I 1314 Rn 23.15; RHL/*Ritzer* Rn 196; DPPM/*Patt* § 20 Rn 55; Widmann/Mayer/*Widmann* Rn 234; FG Hamburg EFG 2003, 57). Unterschiedl wird die Frage beantwortet, ob der übernehmende Rechtsträger an die gewählte Nutzungsdauer und den AfA-Vomhundertsatz gebunden ist. Die FinVerw geht davon aus, dass die Bemessungsgrundlage für die Abschreibung sich um den Aufstockungsbetrag erhöht, die übernehmende KapGes aber nicht nur an die **Abschreibungsmethode,** sondern auch an die gewählte **Nutzungsdauer** und an den bisher durch den Einbringenden geltend gemachten **Vomhundertsatz** gebunden sei (vgl BMF-Schrb vom 11.11.2011, BStBl I 1314 Rn 23.15). Verblieb bei dieser Vorgehensweise nach der normalen Abschreibungszeit ein Restbuchwert, konnte dieser im letzten Jahr zusätzl zu linearen AfA in Abzug gebracht werden (BMF-Schrb vom 11.11.2011, BStBl I 1314 Rn 23.15). Teilw wird in der Lit die Auffassung vertreten, dass die Bemessungsgrundlage durch den Aufstockungsbetrag erhöht wird, die Abschreibungsmethode und der Abschreibungssatz jedoch unverändert bleiben, so dass sich der Abschreibungszeitraum entsprechend verlängert, soweit es zu einer Überbewertung kommt, ist eine TW-AfA zulässig (Widmann/Mayer/*Widmann* Rn 234, 637; Haritz/Menner/*Bilitewski* Rn 122). Das FG Hamburg (EFG 2003, 57 nrk) und der BFH (DStR 2008, 611) haben zu der mit Abs 3 vglbaren Regelung des § 4 II 1, III die Meinung vertreten, dass bei der Aufstockung der BW nach § 4 die AfA auf bewegl abnutzbare WG nicht unter Heranziehung der bisher der umgewandelten KapGes zugrunde gelegten betriebsgewöhnl Nutzungsdauer zu berechnen sei, vielmehr müsse der durch die Aufstockung zum Ausdruck gebrachte tats höhere Nutzwert eines WG in einer Verlängerung der Abschreibungsdauer seinen Niederschlag finden (ebenso DPPM/*Patt* Rn 57). Die Neuschätzung der Nutzungsdauer überzeugt, da aus der Sicht des übernehmenden Rechtsträgers ein Anschaffungsgeschäft vorliegt. Vgl dazu auch § 4 Rn 79 ff.

bb) Abs 3 S 1 Nr 1. Hat der Einbringende die Absetzung nach § 7 I, IV-VI EStG gewählt, ist der übernehmende Rechtsträger aufgrund der Rechtsnachfolge an diese AfA-Methode gebunden. Die Bemessungsgrundlage ergibt sich aus Abs 3 Nr 1; danach sind die **AK/HK des Einbringenden um den Aufstockungsbetrag zu erhöhen.** Aufstockungsbetrag ist der Unterschiedsbetrag zwischen dem BW der Einbringenden und dem tats Ansatz beim übernehmenden Rechtsträger. Sofern GrESt anfällt, erhöht diese die Bemessungsgrundlage. § 7 I 5 EStG ist zu beachten (DPPM/*Patt* Rn 55; vgl BFH BStBl II 2010, 361). Die FinVerw geht davon aus, dass in den Fällen des Abs 3 Nr 1 sich die Bemessungsgrundlage um den Aufstockungsbetrag erhöht, der vom Einbringenden verwendete AfA-Vomhundertsatz weiter zur Anwendung kommt und die vom Einbringenden geschätzte Nutzungsdauer des übergehenden WG auch für den übernehmenden Rechtsträger maßgebend ist (BMF-Schrb vom 11.11.2011, BStBl I 1314 Rn 23.15; aA DPPM/*Patt* Rn 57; BMF-Schrb vom 11.11.2011, BStBl I 1314 Rn 04.10). 80

Beispiel (in Anlehnung an BMF-Schrb vom 11.11.2011, BStBl I 1314 Rn 23.15): 81
Eine vom Einbringenden für EUR 100 000 erworbene Maschine hatte ursprüngl eine Nutzungsdauer von 10 Jahren und wird jährl mit EUR 10 000 abgeschrieben. Im Zeitpunkt der Einbringung beträgt der Restbuchwert EUR 70 000. Die KapGes setzt die Maschine mit EUR 90 000 an. Ab dem Zeitpunkt der Einbringung ist für die Maschine jährl AfA iHv 10 vH (EUR 100 000 + EUR 20 000 = EUR 120 000 = EUR 12 000) vorzunehmen. Dieses ergibt für die Restnutzungsdauer einen Betrag von EUR 12 000 = EUR 84 000. Im letzten Jahr der Nutzungsdauer ist daher zusätzl zu der linearen AfA iHv EUR 12 000 auch der Restbetrag iHv EUR 6 000 abzuziehen.

Beispiel: 82
Eine für EUR 50 000 erworbene Maschine wurde vom Einbringenden auf fünf Jahre verteilt und jährl mit EUR 10 000 abgeschrieben. Im Zeitpunkt der Einbringung hat die Maschine einen Restbuchwert von 0. Die aufnehmende KapGes setzt die Maschine mit 20 000 an. Da nach Auffassung der FinVerw die aufnehmende KapGes an die durch den Einbringenden geschätzte Nutzungsdauer gebunden und diese im Zeitpunkt der Einbringung bereits abgelaufen ist, kann der Aufstockungsbetrag bei der übernehmenden KapGes sofort ergebniswirksam abgezogen werden.

Wird in den Fällen des § 7 IV 1 EStG auf die vorstehende Weise die volle Absetzung innerh der tats Nutzungsdauer nicht erreicht, kann die AfA nach der Restnutzungsdauer des Gebäudes bemessen werden (BMF-Schrb vom 11.11.2011, BStBl I 1314 Rn 23.15). 83

84 **cc) Degressive AfA, § 7 II EStG; Abs 3 S 1 Nr 2.** Hat der Einbringende die AfA nach fallenden Jahresbeträgen, § 7 II 1 EStG, gewählt, ist der übernehmende Rechtsträger an diese AfA-Methode gebunden. Der übernehmende Rechtsträger kann jedoch als steuerrechtl Rechtsnachfolgerin zur linearen AfA nach § 7 I EStG wechseln (DPPM/*Patt* Rn 54). Es tritt der von dem übernehmenden Rechtsträger gewählte Bewertungsansatz zum Einbringungsstichtag an die Stelle des BW des Einbringenden, Abs 3 Nr 2. Die degressive AfA ist danach vom Einbringungsstichtag an und nach einer in der Lit vertretenen Meinung unter Beibehaltung des vom Einbringenden gewählten AfA-Vomhundertsatzes von dem von dem übernehmenden Rechtsträger angesetzten ZW (als dem neuen BW) vorzunehmen (Widmann/Mayer/*Widmann* Rn 266). Somit erhöhen sich die jährl Abschreibungsbeträge entsprechend.

85 Die FinVerw (BMF-Schrb vom 11.11.2011, BStBl I 1314 Rn 23.15; ebenso DPPM/*Patt* Rn 51) geht demggü zu Recht davon aus, dass in den Fällen des Abs 3 Nr 2 sich der Abschreibungssatz nach einer neu zu schätzenden Restnutzungsdauer im Zeitpunkt der Einbringung ergibt. Im Ggs zu der Auffassung iRd Abs 3 Nr 1 soll nach Meinung der FinVerw hier der übernehmende Rechtsträger nicht in die durch den Einbringenden geschätzte Restnutzungsdauerzeit eintreten. Diese Differenzierung ist nicht überzeugend (RHL/*Ritzer* Rn 212).

86 **Beispiel** (in Anlehnung an BMF-Schrb vom 11.11.2011, BStBl I 1314 Rn 23.15):
Für eine Maschine mit einer Nutzungsdauer von 12 Jahren wird eine AfA nach § 7 II EStG von jährl 20,83 vH durch den Einbringenden vorgenommen. Der Restbuchwert im Zeitpunkt der Einbringung beträgt EUR 70 000. Die aufnehmende KapGes setzt die Maschine mit 90 000 an und schätzt die Restnutzungsdauer auf 8 Jahre. Nach Auffassung der FinVerw kann die Maschine durch die aufnehmende KapGes dann jährl gem § 7 II EStG iHv 25 vH vom jew BW abgeschrieben werden.

87 **dd) Erhöhte AfA, Sonder-AfA, Bewertungsfreiheit.** Der übernehmende Rechtsträger tritt bei Einbringung zu ZW gem Abs 3 iVm § 12 III 1 auch bzgl der Bewertung der übernommenen WG und damit auch hinsichtl der **Bewertungsfreiheit** bei Absetzungen, die an die Stelle der normalen AfA treten (**erhöhte AfA;** zB §§ 7 c, d, h, i, k EStG) und bei Absetzungen, die zusätzl zur Normal-AfA geltend gemacht werden können (**Sonderabschreibungen;** zB §§ 7 f, g EStG), in die Rechtsstellung des Einbringenden ein (Widmann/Mayer/*Widmann* Rn 247; DPPM/*Patt* Rn 61 f). WG, für die erhöhte oder Sonder-AfA in Anspruch genommen worden sind, sind unter Beachtung der die Vergünstigung gewährenden Rechtsvorschriften nicht anders zu behandeln als WG, die der Normal-AfA unterliegen. Die Berechnungsgrundlage für Sonderabschreibungen wird durch die vorgenommene Aufstockung bzw den Aufstockungsbetrag nicht erhöht, wohl aber für die Ermittlung der Normal-AfA, wie sich aus Abs 3 Nr 1 ergibt (DPPM/*Patt* Rn 61 f). Werden dagegen erhöhte Absetzungen vorgenommen, berührt der Aufstockungsbetrag auch die Bemessungsgrundlage für die erhöhte Absetzung, da diese gem § 7 a III EStG an die Stelle der linearen AfA tritt, deren Bemessungsgrundlage zu erhöhen ist (DPPM/*Patt* Rn 61 f).

88 **ee) Geschäftswert/Firmenwert.** Hat der übernehmende Rechtsträger einen **originären Geschäfts- oder Firmenwert** des Einbringenden angesetzt, so ist dieser entsprechend den allg Grdsen nach § 7 I 3 EStG über 15 Jahre abzuschreiben; mangels entsprechenden Ansatzes beim Einbringenden kann keine stl Rechtsposition des Einbringenden fortgeführt werden (DPPM/*Patt* Rn 63). Die gesetzl Fiktion der Nutzungsdauer von 15 Jahren gilt nur für Geschäfts- oder

Firmenwerte von Gewerbebetrieben und luf Betrieben (L. Schmidt/*Wacker* EStG § 18 Rn 202). Die Nutzungsdauer eines **Praxiswertes** einer freiberufl Kanzlei muss im Einzelfall geschätzt werden, sie beträgt in aller Regel 3 bis 5 Jahre (BFH BStBl II 1994, 590; BFH/NV 1995, 385; L. Schmidt/*Wacker* EStG § 18 Rn 202; DPPM/*Patt* Rn 49) und ist über diesen Zeitraum abzuschreiben.

Hat der Einbringende einen **Geschäfts- oder Firmenwert entgeltl erworben,** muss dieser von dem übernehmenden Rechtsträger mit dem bei dem Einbringenden bilanzierten BW übernommen werden. Eine Aufstockung des BW des derivativen Firmenwerts ist nicht mögl (DPPM/*Patt* Rn 64; aA zu § 4 BMF-Schrb vom 11.11.2011, BStBl I 1314 Rn 04.10; vgl dazu § 4 Rn 91). **89**

c) AfA nach rückwirkender Besteuerung des Einbringungsgewinns, Abs 3 S 2. Kommt es zu einer Erhöhung der AK oder HK aufgrund rückwirkender Besteuerung des Einbringungsgewinns gem Abs 2, gilt nach Abs 3 S 2 die Regelung des Abs 3 S 1 mit der Maßgabe, dass an die Stelle des Zeitpunkt der Einbringung der Beginn des Wj tritt, in welches das die Besteuerung des Einbringungsgewinns auslösende Ereignis fällt. Liegt der Beginn des Wj iSd Abs 3 S 2 vor dem Einbringungsstichtag, so ist der Einbringungsstichtag der relevante Zeitpunkt (DPPM/*Patt* Rn 143; aA RHL/*Ritzer* Rn 225). **90**

Beispiel: **91**

Die X-GmbH hat ein Kj gleiches Wj. Mit stl Wirkung zum 1.7. des Jahres 01 bringt der X seinem Betrieb in diese GmbH gegen Gewährung von Gesellschaftsrechten ein und verkauft die als Gegenleistung gewährten Anteile am 30.9.2001.

Wird das den Einbringungsgewinn auslösende schädl Ereignis noch innerh des ersten Zeitjahres nach dem Einbringungszeitpunkt verwirklicht, kommt es damit im Erg zu einem Ansatz der übergebenden WG in der stl Bilanz des übernehmenden Rechtsträgers mit dem gemeinen Wert. Ob und in welchem Umfang es zu einer stl Rechtsnachfolge des übernehmenden Rechtsträgers kommt, richtet sich nach der hier vertretenen Auffassung (ebenso DPPM/*Patt* Rn 137; RHL/*Ritzer* Rn 224; Widmann/Mayer/*Widmann* Rn 18) nach dem bei der ursprüngl Einbringung gewählten Wertansatz der übertragenen WG in der StB des übernehmenden Rechtsträgers. Da Abs 3 S 2 iVm Abs 2 nur Anwendung findet, wenn der übernehmende Rechtsträger ursprüngl BW oder ZW angesetzt hat, kommt es auch in den Fällen, in denen es innerh des ersten Zeitjahres nach dem Einbringungsstichtag zu einem schädl Ereignis iSd Abs 2 kommt, zu einer Rechtsnachfolge des übernehmenden Rechtsträgers, Abs 4 findet keine Anwendung. **92**

8. Einbringung zum gemeinen Wert, Abs 4

a) Überblick. Ein Ansatz mit dem gemeinen Wert iSd Abs 4 liegt vor, wenn alle stillen Reserven und stille Lasten vorbehaltlich solcher in Pensionsrückstellungen iRd Sacheinlage bei der eingebrachten Sachgesamtheit aufgedeckt werden. Dazu gehören auch die immateriellen WG einschl eines originären selbstgeschaffenen Firmenwerts des übertragenden Rechtsträgers (vgl im Einzelnen § 20 Rn 285; BT-Drs 16/2710, 43). Abs 4 gilt auch, wenn iRd § 21 eine Beteiligung an einer KapGes aus dem PV eingebracht wird. **93**

Werden Mitunternehmeranteile eingebracht, sind unterschiedl Wertansätze bei den verschieden eingebrachten Mitunternehmeranteilen mögl; die Anwendung von Abs 4 bei einem einzelnen Mitunternehmeranteil setzt ledigl den Ansatz dieses Mitunternehmeranteils zum gemeinen Wert voraus. Bringt eine Mitunter- **94** nehmerschaft ihren Betrieb oder einen Teilbetrieb in die übernehmende KapGes ein, scheidet ein unterschiedl Wertansatz für die eingebrachten WG aus (vgl § 20 Rn 185). Zur Anwachsung vgl § 20 Rn 193 ff.

95 Die Einbringung als tauschähnl Veräußerungsvorgang hat zur Konsequenz, dass **objektbezogene Kosten,** wozu auch die bei der Einbringung anfallende GrESt gehört, zusätzl AK der WG darstellen und entsprechend zu aktivieren sind (BMF-Schrb vom 11.11.2011, BStBl I 1314 Rn 23.01; BFH FR 2004, 274). Die GrESt ist daher bei der Übernehmerin zusätzl zum gemeinen Wert bei den WG hinzuzuaktivieren. § 20 II 2 steht dem nicht entgegen, da die GrESt anfällt, weil der Einbringungsvorgang ein Erwerbsvorgang iSd § 1 GrEStG darstellt. Die GrESt stellt einen originären Aufwand der übernehmenden KapGes dar (ebenso DPPM/*Patt* Rn 68).

96 Wird bei der Einbringung der gemeine angesetzt, so findet für den übernehmenden Rechtsträger Abs 4 Anwendung. Hinsichtl der Rechtsfolgen aus dem gemeinen Wertansatz ist danach zu unterscheiden, ob die Sacheinlage im Wege der **Einzelrechtsnachfolge** oder im Wege der Gesamtrechtsnachfolge nach den Vorschriften des UmwG erfolgte. Liegt Einzelrechtsnachfolge vor, liegt eine Anschaffung durch die aufnehmende KapGes vor, so dass die weitere Besteuerung sich nach allg Gewinnermittlungsgrundsätzen richtet. Im Falle der **Gesamtrechtsnachfolge** tritt die aufnehmende KapGes die steuerrechtl Rechtsnachfolge in einem gewissen Umfang an, ebenso wie bei der Einbringung zu ZW.

97 **b) Einbringung durch Einzelrechtsnachfolge, Abs 4 HS 1.** Eine Einzelrechtsnachfolge liegt vor, wenn jedes einzelne WG einschl der entsprechenden Verb in der jew für das WG vorgeschriebenen zivilrechtl Form auf die übernehmende KapGes übertragen wird. Von einer Einzelrechtsnachfolge soll auch dann auszugehen sein, wenn das Verm im Wege der **Anwachsung** gem § 738 BGB, § 142 HGB auf den übernehmenden Rechtsträger übergeht (BMF-Schrb vom 11.11.2011, BStBl I 1314 Rn 01.44, Rn 24.06; RHL/*Ritzer* Rn 247; aA Widmann/Mayer/*Widmann* Rn 383; vgl auch BFH BStBl II 2003, 1163; BFH/NV 2001, 178). Erfolgt die Einbringung sowohl im Wege der Gesamtrechtsnachfolge nach den Regelungen des UmwG **als auch** im Wege der Einzelrechtsnachfolge (eine KG wird auf eine GmbH verschmolzen und gleichzeitig das SBV durch Einzelrechtsnachfolge auf die GmbH übertragen), so wird dieser Vorgang einheitl iRd Abs 4 als Vermögensübergang im Wege der Gesamtrechtsnachfolge beurteilt (BMF-Schrb vom 11.11.2011, BStBl I 1314 Rn 23.20; Widmann/Mayer/*Widmann* Rn 229; RHL/*Ritzer* Rn 248; DPPM/*Patt* Rn 76). Bei der auf- und Abspaltung, der Ausgliederung sowie dem Formwechsel erfolgt der Vermögensübergang nicht durch Einzelrechtsnachfolgen, sondern durch Gesamtrechtsnachfolge iSv Abs 4 (DPPM/*Patt* Rn 74).

98 Der Nichteintritt der übernehmenden KapGes in die stl Rechtsstellung des Einbringenden aufgrund der Einbringung im Wege der Einzelrechtsnachfolge bei gemeinem Wertansatz hat im Wesentl folgende Einzelauswirkungen:

99 Die **Abschreibungsmethode** kann die aufnehmende KapGes bei abnutzbaren WG frei wählen, eine Bindung an die durch den einbringenden Rechtsträger erfolgte Abschreibungsmethode besteht nicht. Die übernehmende KapGes hat die Nutzungsdauer für die eingebrachten WG neu zu schätzen, an die Schätzung des Einbringenden ist sie nicht gebunden (BMF-Schrb vom 11.11.2011, BStBl I 1314 Rn 23.21; Widmann/Mayer/*Widmann* Rn 392; DPPM/*Patt* Rn 78; RHL/*Ritzer* Rn 253; BMF-Schrb vom 25.3.1998, BStBl I 268 Rn 22.15). In die Eigenschaft als Hersteller, die der Einbringende hatte, tritt der übernehmende Rechtsträger nicht ein. Liegt der stl Übertragungsstichtag bspw nach dem Jahr der Gebäudeherstellung, so kann die degressive AfA nach § 7 V EStG nicht fortgeführt werden (FG Köln EFG 2001, 962; DPPM/*Patt* Rn 74). Da eine Anschaffung durch den übernehmenden Rechtsträger vorliegt, ist § 6 I Nr 1a EStG bei anschaffungsnahen Aufwendungen zu beachten (RHL/*Ritzer* Rn 255). Die aufnehmende KapGes kann die Bewertungsfreiheit des § 6 II EStG beanspruchen. Zur Einbringung eines Mitunternehmeranteils und der Anwendung von § 6 II EStG vgl Widmann/Mayer/*Widmann* Rn 397. Hat der Einbringende eine **TW-AfA** auf das eingebrachte BV vorgenommen und lagen zum Einbringungszeitraum die Voraussetzungen einer Wertaufholung nicht vor, kommt § 6 I Nr 1 S 4 oder Nr 2 S 3 EStG nicht zur Anwendung. Die durch die aufnehmende KapGes angesetzten gemeinen Wert stellen ihre AK dar. Beim Ansatz mit dem gemeinen Wert sind **steuerfreie Rücklagen** (BMF-Schrb vom 11.11.2011, BStBl I 1314 Rn 23.17; Widmann/Mayer/*Widmann* § 20 Rn R 671; BMF-Schrb vom 25.3.1998, BStBl I 268 Rn 22.11) ebenso wie stille Reserven, die durch Überbewertung von Passivposten entstanden sind, aufzulösen (Widmann/Mayer/*Widmann* § 20 Rn R 670 f). Bei dem übernehmenden Rechtsträger laufen neue Fristen ab dem Zeitpunkt der Einbringung, dh ab dem stl Einbringungsstichtag, so dass bspw § 6 b EStG auf Gewinne aus Veräußerungen von begünstigten WG frühestens dann anzuwenden ist, wenn sie mindestens 6 Jahre nach dem Umwandlungsstichtag realisiert wurden. Für die Bewertung von **Pensionsrückstellungen** gilt § 6 a EStG (§ 20 II 1). Zu weiteren Einzelheiten vgl § 20 Rn 280. Eine **Anrechnung der Besitzzeit** ist nicht mögl, da Abs 4 nicht auf § 4 II 3 verweist. Die Gewährung von **Schachtelvergünstigungen**, die eine Mindestbesitzzeit erfordern, ist davon abhängig, dass die aufnehmende KapGes die gesetzl Fristen in eigener Person erfüllen (Widmann/Mayer/*Widmann* Rn 410).

c) Einbringung durch Gesamtrechtsnachfolge, Abs 4 HS 2. Erfolgt die 100
Sacheinlage bzw der Anteilstausch durch Gesamtrechtsnachfolge nach den Bestimmungen des **UmwG,** nimmt das G den partiellen Eintritt in die stl Rechtsstellung des Einbringenden an, auch wenn die eingebrachten WG zum gemeinen Wert angesetzt werden. Gesamtrechtsnachfolge idS sind zunächst die im UmwG geregelten und in den Anwendungsbereich von §§ 20, 21 fallenden Vorgänge der Gesamt- und der Sonderrechtsnachfolge (RHL/*Ritzer* Rn 265; DPPM/*Patt* Rn 71). Die Vorschrift verlangt die Einbringung des BV im Wege der Gesamtrechtsnachfolge; damit sind dem Wortlaut nach die Fälle des **Formwechsels** der PersGes in eine KapGes, § 25, nicht erfasst, da handelsrechtl ein Vermögensübergang nicht vorliegt; der Formwechsel ist iRd § 23 aber wie eine Einbringung durch Gesamtrechtsnachfolge zu behandeln (DPPM/*Patt* Rn 74; RHL/*Ritzer* Rn 265; Widmann/Mayer/*Widmann* Rn 227). Die nach dem UmwG vglbaren Vorgänge nach ausl Recht werden in § 1 III Nr 1 und Nr 2 einer Umw nach dem UmwG im Einzelnen gleichgestellt, was auch für die Anwendung des Abs 4 Geltung hat, so dass auch Vorgänge nach ausl Rechtsordnungen, die mit einer Umw nach dem UmwG vglbar sind, von Abs 4 HS 2 erfasst werden (Widmann/Mayer/*Widmann* Rn 228; DPPM/*Patt* Rn 75). Erfolgt die Einbringung sowohl im Wege der **Gesamtrechtsnachfolge als auch** im Wege der **Einzelrechtsnachfolge** (eine KG wird auf eine GmbH verschmolzen und gleichzeitig das SBV durch Einzelrechtsnachfolge auf die GmbH übertragen), so wird dieser Vorgang einheitl iRd Abs 4 als Vermögensübergang im Wege der Gesamtrechtsnach-

folge beurteilt (BMF-Schrb vom 11.11.2011, BStBl I 1314 Rn 23.20; Widmann/Mayer/*Widmann* Rn 229; RHL/ *Ritzer* Rn 248; DPPM/*Patt* Rn 76. Gesamtrechtsnachfolge idS soll aber nicht die Einbringung im Wege der (erweiterten) **Anwachsung** entsprechend § 738 BGB sein (BMF-Schrb vom 11.11.2011, BStBl I 1314 Rn 01.44; Rn 24.06; RHL/*Ritzer* Rn 247; aA Widmann/Mayer/*Widmann* Rn 228; vgl auch BFH BStBl II 2003, 1163; BFH/NV 2001, 178).

101 Abs 4 HS 2 verweist bzgl des Umfangs und der Folgen des Eintritts in die stl Rechtsstellung des Einbringenden auf Abs 3, so dass auf die Ausführungen in Rn 66 ff verwiesen wird. Eine Anrechnung von Besitzzeiten und Verbleibenszeiten erfolgt aber nicht, da Abs 4 nur auf Abs 3 iVm § 12 III HS 1 verweist (RHL/*Ritzer* Rn 272; DPPM/*Patt* Rn 85).

9. Verlustvortrag iSd § 10a GewStG

102 Abs 5 erfasst nur die Fehlbeträge, die zu dem übergehenden Verm gehören. Abziehbar bleiben diejenigen Fehlbeträge, die dem aufnehmenden Rechtsträger unabhängig von der Einbringung zuzurechnen waren (Widmann/Mayer/*Widmann* Rn 582; RHL/*Ritzer* Rn 293). Dabei ist jedoch zu beachten, dass gem § 10 a GewStG die Vorschrift des § 8 IV KStG aF bzw § 8 c KStG auf die gewstl Fehlbeträge entsprechend anzuwenden ist (DPPM/*Patt* Rn 97).

103 Ob und inwieweit ein gewstl Fehlbetrag auf der Ebene des Einbringenden weiter verwertet werden kann, richtet sich nach den aus § 10 a GewStG ergebenden allg Grdsen (DPPM/*Patt* Rn 146). Erfolgt die **Einbringung durch eine Körperschaft,** verbleibt ein im eingebrachten Betrieb bzw Teilbetrieb entstandener vortragsfähiger Fehlbetrag iSd § 10 a GewStG beim Einbringenden (R 10a 3 III S 6 GewStR 2009; DPPM/*Patt* Rn 147; RHL/*Ritzer* Rn 280). Der Verlustabzug iSd § 10 a GewStG kann bei der übertragenden Körperschaft selbst dann abgezogen werden, wenn der Verlust nur durch den übertragenden Betrieb/Teilbetrieb verursacht wurde; eine den Verlustabzug voraussetzende Unternehmensidentität ist näml bei einer KapGes stets gegeben (BFH BStBl II 1987, 310; DPPM/*Patt* Rn 147; Haritz/Menner/*Bilitewski* Rn 131; RHL/*Ritzer* Rn 280). Ist **Einbringende eine natürl Person** und überträgt diese ihr Einzelunternehmen in die KapGes/Gen, geht ein vortragsfähiger Fehlbetrag verloren. Gleiches gilt für eine PersGes, wenn diese ihren Betrieb bzw alle Anteile an der PersGes in eine KapGes eingebracht wird und daher der Geschäftsbetrieb der PersGes beendet wird (DPPM/*Patt* Rn 149). Bringt die PersGes einen Teilbetrieb in eine KapGes ein, gelten für die Abzugsfähigkeit des gewstl Verlustvortrags die allg Grdse des § 10 a GewStG insbes die Grdse der Unternehmens- und Unternehmeridentität. Wird ein Teilbetrieb durch eine PersGes in eine KapGes eingebracht, so geht der auf den Teilbetrieb entfallende Verlustvortrag unter (DPPM/*Patt* Rn 149; aA Widmann/Mayer/*Widmann* Rn 581). Wird nach § 20 I 1 ein **Mitunternehmeranteil** einer PersGes in eine KapGes eingebracht, geht der Verlustabzug gem § 10 a GewStG verloren, soweit der Fehlbetrag anteilig auf den ausgeschiedenen Gesellschafter entfällt; entscheidend ist insoweit der Gewinnverteilungsschlüssel (DPPM/*Patt* Rn 149; Haritz/Menner/*Bilitewski* Rn 133; RHL/*Ritzer* Rn 281). Wird nur ein Teil eines Mitunternehmeranteils übertragen, reduziert sich der Verlustabzug lediglich entsprechend dem übertragenen Teilanteil.

104 Da der Formwechsel iRv § 23 wie eine Gesamtrechtsnachfolge zu behandeln ist (vgl Rn 100), tritt die neue KapGes sowohl bei Ansatz zu BW, ZW als auch gemeinem Wert in die Rechtsstellung der formwechselnden PersGes ein. Durch die entsprechende Anwendung der §§ 20–23 können trotz der zivilrechtl und wirtschaftl Identität des Formwechsels die KapGes einkommensteuerl Verlustvorträge nicht verwerten. Gleiches gilt für gewstl Verlustvorträge (§ 10 a GewStG), da in Folge des Formwechsels nach § 25 die für die Geltendmachung des gewstl Verlustvortrag erforderl Unternehmeridentität nicht gewahrt ist (RHL/*Ritzer* Rn 299). Ist aber die umgewandelte PersGes als OberGes an einer gewerbl PersGes beteiligt, kann diese UnterPersGes ein bei ihr anfallenden vortragsfähigen Fehlbetrag iSd § 10 a GewStG fortführen, selbst wenn die OberGes formwechselnd in eine KapGes umgewandelt wird (R 10 a 3 III S 9 Nr 8 S 5 GewStR 2009; OFD Düsseldorf GmbHR 2000, 1218; RHL/*Ritzer* Rn 300; Widmann/Mayer/*Widmann* Rn 581; aA DPPM/*Patt* Rn 99).

10. Einbringungsfolgegewinn, Abs 6 iVm § 6 I, III

Erhöht sich der Gewinn des übernehmenden Rechtsträgers dadurch, dass der Vermögensübergang zum Erlöschen von Forderungen und Verb zwischen dem Einbringenden und der KapGes oder zur Auflösung von RSt führt, darf die übernehmende KapGes insoweit eine den stl Gewinn mindernde Rücklage bilden (Abs 6 iVm § 6 I). Der Übernahme- oder Einbringungsfolgegewinn ist zivilrechtl als **„inkongruente Konfusion"** zu kennzeichnen. Ein Übernahme- bzw Einbringungsfolgegewinn kann entstehen, wenn der übernehmende Rechtsträger vor Einbringung bereits bestanden hat und zwischen ihr und dem Einbringenden gegenseitige Forderungen und Verb bestanden, die bei den beteiligten Vertragspartnern nicht korrespondierend bilanziert sind. Sind beide Ansprüche in gleicher Höhe bilanziert, vollzieht sich die Vereinigung von Verb und Forderungen erfolgsneutral. **105**

Der Übernahme- bzw Einbringungsfolgegewinn wird bei dem übernehmenden Rechtsträger realisiert. Im Erg ist der Übernahme- bzw Einbringungsfolgegewinn voll zu versteuern. Die übernehmende KapGes hat jedoch die Möglichkeit, durch die Bildung einer stl gewinnmindernden Rücklage eine Steuerstundung herbeizuführen. Die Rücklage ist in den folgenden drei Wj ihrer Bildung mit jew einem Drittel gewinnerhöhend aufzulösen (§ 6 I). **106**

Nach Abs 3 entfällt die Anwendbarkeit des § 6 rückwirkend, wenn der übernehmende Rechtsträger den auf sie übergehenden Betrieb innerh von fünf Jahren nach dem stl Übertragungsstichtag in eine andere KapGes einbringt oder ohne triftigen Grund veräußert oder aufgibt (BMF-Schrb vom 11.11.2011, BStBl I 1314 Rn 23.04). **107**

Siebter Teil. Einbringung eines Betriebs, Teilbetriebs oder Mitunternehmeranteils in eine Personengesellschaft

§ 24 Einbringung von Betriebsvermögen in eine Personengesellschaft

(1) **Wird ein Betrieb oder Teilbetrieb oder ein Mitunternehmeranteil in eine Personengesellschaft eingebracht und wird der Einbringende Mitunternehmer der Gesellschaft, gelten für die Bewertung des eingebrachten Betriebsvermögens die Absätze 2 bis 4.**

(2) [1]**Die Personengesellschaft hat das eingebrachte Betriebsvermögen in ihrer Bilanz einschließlich der Ergänzungsbilanzen für ihre Gesellschafter mit dem gemeinen Wert anzusetzen; für die Bewertung von Pensionsrückstellungen gilt § 6 a des Einkommensteuergesetzes.** [2]**Abweichend von Satz 1 kann das übernommene Betriebsvermögen auf Antrag mit dem Buchwert oder einem höheren Wert, höchstens jedoch mit dem Wert im Sinne des Satzes 1, angesetzt werden, soweit das Recht der Bundesrepublik Deutschland hinsichtlich der Besteuerung des eingebrachten Betriebsvermögens nicht ausgeschlossen oder beschränkt wird.** [3]**§ 20 Abs. 2 Satz 3 gilt entsprechend.**

(3) [1]**Der Wert, mit dem das eingebrachte Betriebsvermögen in der Bilanz der Personengesellschaft einschließlich der Ergänzungsbilanzen für ihre Gesellschafter angesetzt wird, gilt für den Einbringenden als Veräußerungspreis.** [2]**§ 16 Abs. 4 des Einkommensteuergesetzes ist nur anzuwenden, wenn das eingebrachte Betriebsvermögen mit dem gemeinen Wert angesetzt wird und es sich nicht um die Einbringung von Teilen eines Mitunternehmeranteils handelt; in diesen Fällen ist § 34 Abs. 1 und 3 des Einkommensteuergesetzes anzuwenden, soweit der Veräußerungsgewinn nicht nach § 3 Nr. 40 Satz 1 Buchstabe b in Verbindung mit § 3 c Abs. 2 des Einkommensteuergesetzes teilweise steuerbefreit ist.** [3]**In den Fällen des Satzes 2 gilt § 16 Abs. 2 Satz 3 des Einkommensteuergesetzes entsprechend.**

(4) **§ 23 Abs. 1, 3, 4 und 6 gilt entsprechend; in den Fällen der Einbringung in eine Personengesellschaft im Wege der Gesamtrechtsnachfolge gilt auch § 20 Abs. 5 und 6 entsprechend.**

(5) **Soweit im Rahmen einer Einbringung nach Absatz 1 unter dem gemeinen Wert eingebrachte Anteile an einer Körperschaft, Personenvereinigung oder Vermögensmasse innerhalb eines Zeitraums von sieben Jahren nach dem Einbringungszeitpunkt durch die übernehmende Personengesellschaft veräußert oder durch einen Vorgang nach § 22 Absatz 1 Satz 6 Nummer 1 bis 5 weiter übertragen werden und soweit beim Einbringenden der Gewinn aus der Veräußerung dieser Anteile im Einbringungszeitpunkt nicht nach § 8b Absatz 2 des Körperschaftsteuergesetzes steuerfrei gewesen wäre, ist § 22 Absatz 2, 3 und 5 bis 7 insoweit entsprechend anzuwenden, als der Gewinn aus der Veräußerung der eingebrachten Anteile auf einen Mitunternehmer entfällt, für den insoweit § 8b Absatz 2 des Körperschaftsteuergesetzes Anwendung findet.**

(6) **§ 20 Abs. 9 gilt entsprechend.**

Schrifttum: *Rogall,* Sonderbetriebsvermögen und der Konflikt zwischen Einbringung eines Teilbetriebs und Einbringung eines Teil-Mitunternehmeranteils nach §§ 20 und 24 UmwStG,

DB 2005, 410; *Haritz*, Bewertung im UmwStR DStR, 2006, 277; *Ley*, Einbringungen nach §§ 20, 24 UmwStG idF des SEStEG, FR 2007, 103, 109; *Herlinghaus*, Sacheinbringung nach dem SEStEG: Verschaffung des wirtschaftlichen Eigentums fällt unter §§ 1 Abs. 3, 20 Abs. 1 UmwStG!, FR 2007, 286; *Rasche*, Stellt eine das gesamte Nennkapital einer Kapitalgesellschaft umfassenden Beteiligung einen (fiktiven) Teilbetrieb iSd § 24 Abs. 1 UmwStG?, GmbHR 2007, 793; *Rogall*, Einbringung ins Darlehenskonto von Personengesellschaften im Zusammenhang mit § 24 UmwStG, DB 2007, 1215; *Remmert/Horn*, Verschmelzung einer Tochter-GmbH & Co. KG auf eine Mutter-GmbH & Co. KG, NWB Fach 13, 4597; *Ettinger/Schmitz*, Einbringung ins Sonderbetriebsvermögen – Anwendbarkeit des § 24 nach dem SEStEG, DStR 2009, 1248; *Mike Hegemann*, Die Komplementär-GmbH bei der Verschmelzung von zwei GmbH & Co. KGs, GmbHR 2009, 702; *Niehus*, Einbringung in Personengesellschaft: Systematische Überlegung zum Anwendungsbereich von § 24 UmwStG unter Berücksichtigung von § 1 Abs 3 UmwStG, FR 2010, 1; *Strahl*, Einbringung in Personengesellschaft, Ubg 2011, 433; *Benz/Rosenberg*, Einbringung von Unternehmensanteilen in Kapitalgesellschaften und Anteilstausch (§§ 20–23 UmwStG), DB Beilage 1/2012 zu Heft 2, 38; *Böwing-Schmalenbrock*, Umwandlung einer atypischen Kommandit-Unternehmerbeteiligung in eine Direktbeteiligung, FR 2012, 121; *Feldgen*, Der Teilbetrieb im Steuerrecht, Ubg 2012, 459; *Förster*, Der finale Umwandlungssteuererlass 2011 – wichtige Abweichungen gegenüber der Entwurfsfassung, GmbHR 2012, 237; *Kaeser*, Einbringungstatbestände, DStR 2012 Beihefter zu Heft 2, 13; *Kamphaus/Birnbaum*, Die Personengesellschaft als Einbringende, Ubg 2012, 293; *Rasche*, Einbringung von Unternehmensteilen in Kapitalgesellschaften oder Genossenschaften nach dem Umwandlungssteuererlass 2011, GmbHR 2012, 149; *Stangl*, Ausgewählte Zweifels- und Praxisfragen zur Einbringung nach dem Umwandlungssteuererlass 2011, GmbHR 2012, 253.

Übersicht

Allgemeines

1. Systematische Einordnung des § 24

1 Überträgt ein Gesellschafter WG seines BV, SBV oder PV, einen Betrieb, Teilbetrieb oder Mitunternehmeranteil in das Gesamthandsvermögen einer PersGes, an der er selbst beteiligt ist, zu fremdüblichen Bedingungen, liegt aus der Sicht des Gesellschafters eine entgeltl Veräußerung vor, die übernehmende PersGes schafft die auf sie übertragenen WG an (BFH BStBl II 2002, 420; L. Schmidt/*Wacker* EStG § 15 Rn 661). Wird ein Betrieb, Teilbetrieb oder Mitunternehmeranteil gegen Gewährung von Gesellschaftsrechten in eine PersGes eingebracht, so liegt aus der Sicht des Einbringenden ein **tauschähnl Veräußerungsvorgang** und aus der Sicht des übernehmenden Rechtsträgers ein Anschaffungsgeschäft vor (BFH BStBl II 2008, 265; BFH BStBl II 2008, 545; BFH BStBl II 1994, 458; BMF-Schrb vom 11.11.2011, BStBl I 1314 Rn 01.47; L. Schmidt/*Wacker* EStG § 15 Rn 663; RHL/*Rasche* Rn 7; DPPM/*Patt* Rn 5; Blümich/*Nitzschke* Rn 8; vgl auch BFH/NV 2000, 34 zur Einbringung ohne Sacheinlage). Dies gilt unabhängig davon, ob die Einbringung sich zivilrechtl im Wege der Einzelrechtsnachfolge bzw der Sonder- oder Gesamtrechtsnachfolge vollzieht, ob eine Mitunternehmerstellung iRd Einbringung erstmalig gewährt oder ein bereits vorhandener Gesellschaftsanteil erhöht wird (FG Hamburg DStR 2004, 1290 mwN).

2 Die Einbringung gegen Gewährung von Gesellschaftsrechten würde nach der Grundregel des § 16 EStG im Zeitpunkt der Übertragung des wirtschaftl Eigentums zur Aufdeckung der stillen Reserven in dem übergehenden Verm führen. § 24 setzt diese Rechtsfolge unter den in der Vorschrift bestimmten Voraussetzungen außer Kraft, dh Einbringungsfälle iSd Vorschrift sind ggü der Grundregel des § 16 EStG privilegiert (Widmann/Mayer/*Fuhrmann* Rn 210).

3 Ein Tauschgeschäft liegt auch dann vor, wenn sich der Vermögensübergang nach dem UmwR im Wege der **Gesamtrechtsnachfolge** oder **Sonderrechtsnachfolge** vollzieht (BMF-Schrb vom 11.11.2011, BStBl I 1314 Rn 00.02; DPPM/*Patt* Rn 5). Bei der Gesamtrechts- bzw Sonderrechtsnachfolge handelt es sich um eine Vfg im rechtstechnischen Sinne, bei der unmittelbare Rechte und Pflichten übertragen werden (*Hahn* DStZ 1998, 561; ebenso BFH BStBl II 2004, 686 zu § 20). Eine solche Vfg ist ebenso wie die Einzelrechtsübertragung abstrakt, dh losgelöst von der schuldrechtl Vereinbarung. Aus der Tats, dass ein Rechtsübergang im Wege der Gesamtrechtsnachfolge iRd UmwG bewirkt wird, den Schluss zu ziehen, es handele sich um keine Veräußerung und keine Anschaffung, kann nicht gefolgt werden (vgl *Schmitt/Hülsmann* BB 2000, 1563; *Hahn* DStZ 1998, 561). Ob eine Vfg entgeltl erfolgt und damit von einem Anschaffungsgeschäft auszugehen ist, hängt von dem zugrunde liegenden Kausalgeschäft ab. Bei der Übertragung des Verm gegen Gewährung von Gesellschaftsrechten bzw Einräumung einer Mitunternehmerstellung liegt ein entgeltl Vorgang vor. Die offene Sacheinlage in eine PersGes liegt einer Vereinbarung des Gegenstands der Sacheinlage und der Höhe der in Geld ausgedrückten Einlageschuld zugrunde, auf die der Einbringende die Sacheinlage leistet, die die Ges mit dem angemessenen Wert der Gegenleistung verrechnet (vgl BFH BStBl II 2000, 230). § 24 ist lex specialis zu § 16 EStG (L. Schmidt/*Wacker* EStG § 16 Rn 203; RHL/*Rasche* Rn 7; DPPM/*Patt* Rn 5; Blümich/*Nitzschke* Rn 8; Widmann/Mayer/*Fuhrmann* Rn 210).

4 § 24 setzt damit einen Veräußerungstatbestand voraus, so dass zu **§ 6 III EStG** kein Konkurrenzverhältnis besteht, da diese Norm gerade die Unentgeltlichkeit der Übertragung voraussetzt (BMF-Schrb vom 11.11.2011, BStBl I 1314 Rn 01.47; Widmann/Mayer/*Fuhrmann* Rn 202; L. Schmidt/*Kulosa* EStG § 6 Rn 658; zur verdeckten Einlage, verdeckten Auskehrung vgl Rn 26). Während Abs 1 die Übertragung qualifizierter Sachgesamtheiten (Betrieb, Teilbetrieb, Mitunternehmeranteil) begünstigt, regelt **§ 6 V EStG** die Übertragung einzelner oder einer Vielzahl von einzelnen WG, ohne dass diese die Voraussetzungen des Betriebs, Teilbetrieb erfüllen (vgl Rn 82 ff; BMF-Schrb vom 8.12.2011, BStBl I 1279). Wird ein Betrieb, Teilbetrieb oder ein Mitunternehmeranteil gegen Gewährung von Gesellschaftsrechten auf eine Mitunternehmerschaft übertragen, so findet vorrangig § 24 Anwendung (BMF-Schrb vom 8.12.2011, BStBl I 1279 Rn 12.6; L. Schmidt/*Kulosa* EStG § 6 Rn 690; vgl auch Widmann/Mayer/*Fuhrmann* Rn 208). Zum Verhältnis zwischen der Regelung des § 24 und den Grdsen zur **Realteilung** vgl Rn 48 ff.

2. Regelungsinhalt und Anwendungsbereich im Überblick

5 **a) Regelungsinhalt. Abs 1** enthält eine abschl Aufzählung aller in Betracht kommenden Einbringungsgegenstände (Betrieb, Teilbetrieb, Mitunternehmeranteil) und bestimmt, dass der einbringende MU des übernehmenden Rechtsträgers wird bzw eine bereits vorhandene Mitunternehmerstellung aufgestockt wird (vgl

Rn 132 ff). Eine analoge Anwendung des § 24 auf andere Sachverhalte scheidet aus (DPPM/*Patt* Rn 7; RHL/*Rasche* Rn 5).

Abs 2 enthält für den übernehmenden Rechtsträger den Grds, dass das übertragene Verm in ihrer Bilanz einschl der Ergänzungsbilanzen für ihre Gesellschafter mit dem gemeinen Wert anzusetzen ist; für die Bewertung von Pensionsrückstellungen gilt § 6 a EStG. Das übernommene BV kann abw davon auf entsprechenden Antrag hin mit dem BW oder einem ZW angesetzt werden, soweit das Recht der BRD hinsichtl der Besteuerung des eingebrachten BV nicht ausgeschlossen oder beschränkt wird. 6

Abs 3 regelt die Rechtsfolgen der Einbringung für den Einbringenden. Im Grds stellt die Einbringung gegen Gewährung einer Mitunternehmerstellung für den Einbringenden einen tauschähnl Rechtsgeschäft dar (vgl Rn 1). Der Wert, mit dem die PersGes das eingebrachte BV ansetzt, gilt für den Einbringenden als dessen Veräußerungspreis. Entsteht ein Einbringungsgewinn, ist der Freibetrag nach § 16 IV EStG anzuwenden, sofern der Einbringende eine natürl Person ist, es sich nicht um die Einbringung eines Teils eines Mitunternehmeranteils handelt und wenn das eingebrachte BV mit dem gemeinen Wert durch die übernehmende PersGes angesetzt wurde. Die Tarifbegünstigung des § 34 I, III EStG wird nicht gewährt, soweit der Veräußerungsgewinn teilw steuerbefreit ist (§ 3 Nr 40 S 1 EStG Halbeinkünfteverfahren bzw ab VZ 2009 Teileinkünfteverfahren). 7

Abs 4 enthält die Rechtsfolgen für den übernehmenden Rechtsträger, er verweist auf § 23 I, III, IV und VI die für entsprechend anwendbar erklärt werden. Erfolgt die Einbringung im Wege der Gesamtrechtsnachfolge, wird eine Rückbeziehungsmöglichkeit eröffnet. 8

Abs 5 beinhaltet eine bes Missbrauchsvorschrift. Werden iRd Einbringung auch Anteile an einer Körperschaft, Personenvereinigung oder Vermögensmassen durch nicht nach § 8 b II KStG Begünstigte eingebracht, ist § 22 II, III, V, VII (Einbringungsgewinn II) entsprechend anzuwenden, soweit der Veräußerungsgewinn auf einen nach § 8 b II KStG begünstigten MU entfällt. Die Sperrfrist beträgt sieben Jahre. 9

Abs 6 verweist für evtl Zinsvorträge und einen EBITDA-Vortrag iSd § 4 h EStG auf § 20 IX. 10

b) Anwendungsbereich. § 24 gilt unabhängig davon, ob die Einbringung sich zivilrechtl im Wege der Einzelrechtsnachfolge bzw der Sonder- oder Gesamtrechtsnachfolge vollzieht. 11

Die als Einbringung iSv § 24 zu qualifizierenden Umw nach UmwG zeigen folgende Übersichten: 12

Verschm und § 24

Über-tragender Rechtsträger	PersGes		GmbH		AG		KGaA		eG		eV		Gen Prüfungs-verbände		VVaG	
	HR	Umw-StG	HR	Umw-StG	HR	Umw-StG	HR	Umw-StG	HR	Umw-StG	HR	Umw-StG	HR	Umw-StG	HR	Umw-StG
Über-nehmender Rechtsträger: **PersGes**	+	24	+	–	+	–	+	–	–	–	–	–	–	–	–	–

HR = Handelsrecht
\+ = ja, mögl
– = nicht nach HR mögl bzw nicht nach § 24 mögl

Die Verschm einer TochterPersGes auf ihre MutterPersGes wird mangels Gewährung einer Mitunternehmerstellung an den Einbringenden nicht durch § 24 erfasst, es liegt ein Anwachsungsvorgang vor (Widmann/Mayer/*Fuhrmann* Rn 141; zu entsprechenden Gestaltungen vgl *Remmert/Horn* NWB Fach 18, 4597).

13 **Auf- und Abspaltung und § 24**

Über-tragender Rechtsträger	PersGes		GmbH		AG		KGaA		eG		eV		Gen Prüfungs-verbände		VVaG	
	HR	Umw-StG	HR	Umw-StG	HR	Umw-StG	HR	Umw-StG	HR	Umw-StG	HR	Umw-StG	HR	Umw-StG	HR	Umw-StG
Über-nehmender Rechtsträger: **PersGes**	+	24	+	–	+	–	+	–	–	–	–	–	–	–	–	–

HR = Handelsrecht
\+ = ja, mögl
– = nicht nach HR mögl bzw nicht nach § 24 mögl
Vgl ausführl dazu Rn 47 ff.

14 **Ausgliederung und § 24**

Über-tragender Rechtsträger	PersGes		GmbH		AG/KGaA		Stiftung/eG		VVaG/ GenPrü-fungsver-bände		eV/ wirtschaftl Vereine		Gebiets-körper-schaften		Einzelkauf-mann	
	HR	Umw-StG	HR	Umw-StG	HR	Umw-StG	HR	Umw-StG	HR	Umw-StG	HR	Umw-StG	HR	Umw-StG	HR	Umw-StG
Über-nehmender Rechtsträger: **PersGes**	+	24	+	24	+	24	+	24	–	–	+	24	+	24	+	24

HR = Handelsrecht
\+ = ja, mögl
– = nicht nach HR mögl bzw nicht nach § 24 mögl

15 Die Vorschrift ist anwendbar auf Einbringungen im Wege der Einzelrechtsnachfolge, insbes

aa) Die **Aufnahme** eines Gesellschafters in ein bestehendes **Einzelunternehmen** gegen Geldeinlage oder gegen Einlage anderer WG (BMF-Schrb vom 11.11.2011, BStBl I 1314 Rn 01.47; Widmann/Mayer/*Fuhrmann* Rn 24; DPPM/*Patt* Rn 20; Frotscher/Maas/*Mutscher* Rn 52; vgl auch BFH BStBl II 1999, 604); zur Zuzahlung in das PV vgl Rn 140 ff. Die unentgeltl Aufnahme einer oder mehrerer natürl Person in ein bestehendes Einzelunternehmen einer natürl Person zur Errichtung einer PersGes ist in § 6 III 1 HS 2 EStG idF des UntStFG geregelt, soweit die Einbringung in die neue PersGes für Rechnung des unentgelt Aufgenommenen erfolgt (BMF-Schrb vom 11.11.2011, BStBl I 1314 Rn 01.47; Widmann/Mayer/*Fuhrmann* Rn 26); § 24 findet Anwendung, soweit der Einzelunternehmer seinen Betrieb für eigene Rechnung einbringt (BFH/NV 2006, 521).

16 **bb)** Die Einbringung eines bestehenden **Einzelunternehmens** in eine **neu gegründete PersGes** (BMF-Schrb vom 11.11.2011, BStBl I 1314 Rn 01.47; DPPM/*Patt* Rn 19).

17 **cc)** Einbringung eines bestehenden **Einzelunternehmens** in eine **bereits bestehende PersGes** (BMF-Schrb vom 11.11.2011, BStBl I 1314 Rn 01.47).

18 **dd)** Zusammenschluss von **mehreren Einzelunternehmen** zu einer durch den Zusammenschluss **neu entstehenden PersGes** (Frotscher/Maas/*Mutscher* Rn 52).

ee) Eintritt eines weiteren Gesellschafters in eine **bestehende PersGes** gegen Geldeinlage oder Einlage anderer WG (BFH BStBl II 2006, 847; BFH BStBl II 1999, 604; abl Kirchhof/Söhn/Mellinghoff/*Reiß* EStG § 15 Rn E 270). In diesem Fall bringen nach Auffassung der FinVerw die bisherigen Gesellschafter der PersGes ihre Mitunternehmeranteile an der bisherigen PersGes in eine neu – durch den neu hinzutretenden Gesellschafter vergrößerte – PersGes ein (BMF-Schrb vom 11.11.2011, BStBl I 1314 Rn 01.47; vgl auch DPPM/*Patt* Rn 24). § 24 ist jedoch nicht anzuwenden, bei einem Beitritt einer GmbH zu einer bestehenden PersG ohne vermögensmäßige Beteiligung (BFH/NV 2008, 296; BMF-Schrb vom 11.11.2011, BStBl I 1314 Rn 01.47; vgl auch BFH/NV 2000, 34; *Märkle* DStR 2000, 797). Der bloße Gesellschafterwechsel fällt nicht unter § 24 (Haritz/Menner/*Schlößer* Rn 19). 19

ff) Vereinigung zweier PersGes durch Einzelrechtsnachfolge dadurch, dass 20
- das BV einer PersGes in die andere gegen Gewährung von Mitunternehmeranteilen an die Gesellschafter der übertragenden PersGes eingebracht wird (Haritz/Menner/*Schlößer* Rn 35);
- die Gesellschafter einer PersGes ihre Mitunternehmeranteile auf die aufnehmende PersGes gegen Gewährung von Mitunternehmeranteilen an der aufnehmenden PersGes einbringen, die aufnehmende PersGes dadurch Gesellschafterin der einbringenden PersGes wird und die beiden PersGes anschl zusammengelegt werden (BMF-Schrb vom 11.11.2011, BStBl I 1314 Rn 01.47; vgl Rn 55 f);
- zwei oder mehr PersGes ihr BV auf eine dritte, durch die Übertragung neu gegründete PersGes übertragen und dafür an die Gesellschafter der übertragenden PersGes Mitunternehmeranteile gewährt werden.

gg) Einbringung in eine Mitunternehmerschaft durch Einzelrechtsnachfolge gegen Einräumung einer **atypisch stillen Beteiligung (**Widmann/Mayer/*Fuhrmann* Rn 61). 21

hh) Einbringung durch Einzelrechtsnachfolge gegen Einräumung einer **atypischen Unterbeteiligung** an einem Mitunternehmeranteil (Widmann/Mayer/*Fuhrmann* Rn 74; Frotscher/Maas/*Mutscher* Rn 52). 22

ii) Entgeltl Änderung der Beteiligungsverhältnisse in der Weise, dass einer der Gesellschafter zusätzl angemessene Einlagen in das Gesamthandsvermögen leistet (BFH BStBl II 2006, 847; BFH/NV 2007, 333; FG Hamburg DStRE 2004, 1290; BMF-Schrb vom 11.11.2011, BStBl I 1314 Rn 01.47; BFH BStBl II 2008, 545; Haritz/Menner/*Schlößer* Rn 19; Widmann/Mayer/*Fuhrmann* Rn 92; L. Schmidt/*Wacker* EStG § 16 Rn 567; aA DPPM/*Patt* Rn 26). Nach Auffassung der FinVerw bringen in diesem Fall die nicht an der Kapitalerhöhung teilnehmenden Gesellschafter der PersGes ihren Mitunternehmeranteil an der bisherigen PersGes in eine neue – durch die Kapitalerhöhung in den Beteiligungsverhältnissen veränderte – PersGes ein. 23

jj) Die Einbringung einer im BV gehaltenen **100%igen Beteiligung** an einer KapGes in eine PersGes gegen Gewährung von Mitunternehmeranteilen an der aufnehmenden PersGes. § 6 V 3 Nr 1 EStG findet insoweit keine Anwendung (str vgl Rn 75 ff; aA BFH DStR 2008, 2001 zum UmwStG 1995). 24

3. Einbringungsfälle, die nicht unter § 24 fallen

Die Einbringung eines Betriebs, Teilbetriebs oder Mitunternehmeranteils nach § 24 stellt einen Veräußerungsvorgang aus der Sicht des Einbringenden und einen 25

Anschaffungsvorgang aus der Sicht der übernehmenden PersGes dar. Mangels einer Veräußerung liegt keine **Einbringung** iSd § 24 vor, wenn der Betrieb, Teilbetrieb oder Mitunternehmeranteil **ausschließl in das SBV** einer PersGes eingebracht wird (vgl Rn 114; BMF-Schrb vom 11.11.2011, BStBl 1314 Rn 24.05; FG Düsseldorf EFG 2003, 1180; RHL/*Rasche* Rn 60; Widmann/Mayer/*Fuhrmann* Rn 205; DPPM/*Patt* Rn 16; Frotscher/Maas/*Mutscher* Rn 57). Zur Einbringung von wesentl Betriebsgrundlage sowohl in das Gesamthands- als auch in das SBV vgl Rn 34.

26 An einer notw Veräußerung fehlt es auch, wenn ein **Betrieb** oder **Mitunternehmeranteil** verdeckt in eine PersGes eingelegt wird, dh dem Einbringenden weder eine Mitunternehmerstellung bei der aufnehmenden PersGes erstmalig gewährt bzw eine bereits bestehende nicht verstärkt wird **(verdeckte Einlage).** Bilanziell wird die Gewährung der Mitunternehmerstellung als Gegenleistung dadurch ausgedrückt, dass das eingebrachte BV dem stl Kapitalkonto des Einbringenden als Gesellschafter der aufnnehmenden PersGes, das nach dem vereinbarten Gesellschaftervertrag die Beteiligung am Gewinn und Verlust, Verm und an den Stimmrechten repräsentiert, gutgeschrieben wird (vgl dazu BFH DStR 2002, 1480; BMF-Schrb vom 26.12.2004, DB 2004, 2667). Bei der verdeckten Einlage handelt es sich nach hM um eine unentgeltl Übertragung, so dass vorgeschlagen wird, § 6 III 1 EStG anzuwenden (Widmann/Mayer/*Fuhrmann* Rn 203; Herrmann/Heuer/Raupach/*Gratz* § 6 EStG Rn 1376; Blümich/*Ehmcke* § 6 EStG Rn 1225; Littmann/Bitz/Pust/*Hörger* EStG § 16 Rn 18; DPPM/*Patt* Rn 41); die Werterhöhung eines bestehenden Mitunternehmeranteils stellt nach einhelliger Auffassung keine Gegenleistung für die Übertragung des Verm dar, sondern ledigl einen Reflex (vgl statt aller DPPM/*Patt* Rn 41). Nach Meinung der FinVerw kann auch § 6 V EStG Anwendung finden (BMF-Schrb vom 8.12.2011, BStBl I 1279 Rn 6). Die verdeckte Einlage einer **100%igen Beteiligung** aus dem BV wird nicht von § 6 III 1 EStG erfasst (vgl L. Schmidt/*Kulosa* EStG § 6 Rn 647; BFH BStBl II 2006, 457), wohl aber durch § 6 V EStG.

27 Wird ein Teilbetrieb oder ein Mitunternehmeranteil an einen MU **ausgekehrt,** ohne dass die Mitunternehmerschaft aufgelöst wird, und wird trotz der Auskehrung weder die Mitunternehmerstellung gemindert noch eine Forderung der Mitunternehmerschaft ggü dem begünstigten MU begründet (zB Verrechnung des ausgekehrten Nettobuchwertvermögens mit einer gesamthänderischen Kapitalrücklage), sollte dieser Vorgang zwar nicht nach § 24 aber gem § 6 V 3 EStG (BMF-Schrb vom 8.12.2011, BStBl I 1279 Rn 6, 12; L. Schmidt/*Kulosa* EStG § 6 Rn 690) und § 6 III EStG steuerneutral unter den entspr Voraussetzungen möglich sein.

28 Werden dem Einbringenden neben der Einräumung oder Verstärkung seiner Mitunternehmerstellung auch **andere Gegenleistungen** aus dem Gesamthandsvermögen der übernehmenden PersGes gewährt, so führt dies zu einer Aufdeckung der stillen Reserven, soweit das übertragene Verm nicht durch die Einräumung einer Mitunternehmerstellung vergütet wird (FG Düsseldorf EFG 2011, 491; BMF-Schrb vom 11.11.2011, BStBl I 1314 Rn 24.07; DPPM/*Patt* Rn 60; RHL/*Rasche* Rn 62; BMF-Schrb vom 25.3.1998, BStBl I 268 Rn 24.08; BFH BStBl II 2005, 554; BFH BStBl II 1995, 599; BFH DStR 2000, 65; FG Niedersachsen EFG 2007, 1298; aA Widmann/Mayer/*Fuhrmann* Rn 525 ff); § 20 II 4 ist auf diesen Vorgang nicht analog anwendbar.

29 Die Übertragung einzelner WG oder einer Vielzahl von WG, die aber nicht die Qualifikation eines Betriebs, Teilbetriebs oder Mitunternehmeranteils haben, kann nicht nach § 24 steuerneutral erfolgen, es gilt vielmehr die Regelung des **§ 6 V** EStG (BMF-Schrb vom 8.12.2011, BStBl I 1279 Rn 6, 12; *Mayer* DStR

2003, 1553). Wird eine **100%ige Beteiligung an einer KapGes** aus dem **PV** in eine PersGes gegen Gewährung eines Mitunternehmeranteils eingebracht, so ist auf diesen Vorgang § 24 nicht anzuwenden (DPPM/*Patt* Rn 56; BFH DStR 1999, 366; BMF-Schrb vom 29.3.2000 DStR 2000, 820).

Wird eine mitunternehmerisch tätige PersGes in eine PersGes anderer Rechts- **30** form **formwechselnd** umgewandelt, so hat dieser Vorgang keine einkommensteuerrechtl Folgen. Es liegt weder eine Einbringung in eine PersGes iSd § 24 noch eine Betriebsaufgabe oder eine Betriebsveräußerung vor (DPPM/*Patt* Rn 73; BMF-Schrb vom 11.11.2011, BStBl I 1314 Rn 01.47; BFH BStBl II 2008, 118; Widmann/Mayer/*Fuhrmann* Rn 154; Littmann/Bitz/Pust/*Hörger* EStG § 16 Rn 145; Blümich/*Stuhrmann* EStG § 16 Rn 151; Kirchhof/Söhn/Mellinghoff/*Reiß* EStG § 15 Rn E 269).

Stl ist die Unterbeteiligungsgesellschaft als Mitunternehmerin der Hauptgesell- **31** schaft anzusehen (BFH BStBl II 1998, 137). Es liegt eine doppelstöckige Personengesellschaftsstruktur vor mit der **Unterbeteiligung** als OberGes. Zwar gibt es bei der atypischen Unterbeteiligung kein Gesamthandsvermögen der Ges. Es tritt aber die Beteiligung des Hauptgesellschafters im Wege schuldrechtl Bindung an die Stelle des Gesamthandsvermögens (BFH vom 2.10.1997 – IV R 75/96, BStBl II 1998, 137). Der Unterbeteiligte ist nach § 15 I 1 Nr 2 S 2 HS 1 EStG (mittelbar) als MU der Hauptgesellschaft anzusehen und infolgedessen den unmittelbar beteiligten Gesellschaftern der Hauptgesellschaft gleichzusetzen (vgl BFH BStBl II 1998, 137; *Bürkle/Schamburg* DStR 1998, 558 f; L. Schmidt/*Wacker* EStG § 15 Rn 365). Da der Begriff der Mitunternehmerschaft iSd § 15 Abs 1 S 1 Nr 2 S 1 EStG nicht nach der konkreten Rechtsform der gesellschaftsrechtl Verbundenheit diff und somit alle zivilrechtl Organisationsformen der Mitunternehmerschaft – also auch Innengesellschaften und Mitunternehmerschaften ohne Gesamthandsvermögen – ertragstl gleich behandelt werden (BFH BStBl II 1990, 561), berührt die bloße Änderung einer Mitunternehmerschaft von einer bestimmten Rechtsform einer PersGes in eine andere Rechtsform einer PersGes die ertragstl Identität der Mitunternehmerschaft nicht (DPPM/*Patt* Rn 73; *Schindhelm/Pickhardt-Poremba/Hilling* DStR 2003, 1472 f; *Bürkle/Schamburg* DStR 1998, 558 f; auch *Schulze zur Wiesche* DStZ 1998, 826; L. Schmidt/*Wacker* EStG § 16 Rn 422). Wechselt der Unterbeteiligte also in die Rechtsstellung eines Hauptbeteiligten, findet ledigl ein ertragsteuerneutraler Wechsel der zivilrechtl Stellung des Mitunternehmers statt (vgl *Bürkle/Schamburg* DStR 1998, 559), da die Identität der Rechtsstellung als MU nach § 15 I 1 Nr 2 EStG erhalten bleibt. Zu einem Realisierungsakt – Betriebsaufgabe oder Betriebsveräußerung – kommt es nicht (vgl L. Schmidt/*Wacker* EStG § 16 Rn 422; *Schindhelm/Pickhardt-Poremba/Hilling* DStR 2003, 1473; *Bürkle/Schamburg* DStR 1998, 558 f; Herrmann/Heuer/Raupach/*Patt* § 16 EStG Rn 248; auch RHL/*Rasche* Rn 9 Fn 1; aA *Böwing-Schmalenbrock* GmbHR 2012, 121). Aus diesem Grund unterliegt die Umw auch nicht als unentgeltl Übertragung einer anteiligen Hauptbeteiligung § 6 III 2 EStG.

Einbringung

4. Einbringung als steuerlicher Begriff

Die stl Rechtsfolgen von § 24 treten ein, wenn und soweit ein **Betrieb, Teilbe-** **32** **trieb oder ein Mitunternehmeranteil auf eigene Rechnung** (BFH BStBl II

1995, 599; Haritz/Menner/*Schlößer* Rn 23) **in eine PersGes** eingebracht und der Einbringende MU der Ges wird bzw seine Mitunternehmerstellung erweitert wird (BMF-Schrb vom 25.3.1998, BStBl I 268 Rn 24.02; BFH BStBl II 1999, 604; FG Hamburg DStR 2004, 1290; Haritz/Menner/*Schlößer* Rn 8; aA Kirchhof/Söhn/Mellinghoff/*Reiß* EStG § 16 Rn C 152). Zur Einbringung in eine PersGes bei der nur der Einbringende MU ist vgl Rn 116.

33 Weder zivilrechtl noch steuerrechtl existiert bis 2006 eine Def des Begriffs Einbringung. Wird ein Betrieb, Teilbetrieb oder Mitunternehmeranteil gegen Gewährung von Gesellschaftsrechten in eine PersGes eingebracht, so liegt aus der Sicht des Einbringenden ein tauschähnl Veräußerungsvorgang und aus der Sicht des übernehmenden Rechtsträgers ein Anschaffungsgeschäft vor (vgl Rn 1). Bei der **Einbringung in eine PersGes gem Abs 1** erforderte die Übertragung der WG bisher, dass diese nach der Einbringung in das mitunternehmerische BV der aufnehmenden PersGes gelangen. Das kann zum einen dadurch geschehen, dass die Vermögensgegenstände zivilrechtl oder wirtschaftl in das gesamthänderisch gebundene Verm der Ges übertragen werden. Zum BV einer Mitunternehmerschaft gehört jedoch nicht nur deren Gesamthandsvermögen, sondern vielmehr auch die WG, die im Eigentum eines MU stehen und SBV bei der Mitunternehmerschaft darstellen (vgl L. Schmidt/*Wacker* EStG § 15 Rn 480 mwN). Nach dem bisherigen Verständnis liegen die Voraussetzungen einer Einbringung iSd § 24 auch dann vor, wenn die WG des Betriebs, Teilbetriebs oder Mitunternehmeranteils teilw in das Gesellschaftsvermögen in Form des Gesamthandsvermögens und teilw in das **SBV** der aufnehmenden PersGes überführt werden (BFH BStBl II 1994, 458; Widmann/Mayer/*Fuhrmann* Rn 244; Haritz/Menner/*Schlößer* Rn 25). Ein Betrieb ist danach in eine PersGes auch dann eingebracht, wenn neben der Übertragung von WG in das Gesamthandsvermögen gegen Gewährung von Gesellschaftsrechten wesentl Betriebsgrundlagen, welche im Alleineigentum eines MU verbleiben, der Ges zur Nutzung überlassen werden. Auch in diesem Fall sind die im Alleineigentum eines Gesellschafters verbleibenden WG BV der Ges, und zwar in Form von SBV (BFH BStBl II 1994, 458).

34 Str ist, ob nach der **Neufassung des UmwStG** daran festgehalten werden kann, dass sowohl die Übertragung von WG des Einbringenden in das Gesamthandsvermögen der Mitunternehmerschaft als auch die **Überführung in das SBV** der Mitunternehmerschaft bzw die Übertragung des **wirtschaftl Eigentums** eine „Einbringung" iSd § 24 darstellt. Der sachl Anwendungsbereich des § 24 wird durch § 1 III festgelegt, der Begriff der Einbringung wird insoweit erstmalig im UmwStG erläutert. Neben den Umw iSd UmwG bzw vglbarer ausl Vorgänge gilt der Siebte Teil des UmwStG nach § 1 III Nr 4 nur für Einbringungen von BV „durch Einzelrechtsnachfolge" in eine PersGes. Daraus wird teilw geschlossen, dass eine zivilrechtl Übertragung der WG in das Gesamthandsvermögen des übernehmenden Rechtsträgers für die Anwendung des § 24 notw sei (DPPM/*Patt* Rn 12 ff). Danach wäre sowohl die Übertragung des wirtschaftl Eigentums als auch die Überführung wesentl WG in das SBV von § 24 nicht umfasst. Diese Auffassung kann im Erg nicht überzeugen (BMF-Schrb vom 11.11.2011, BStBl I 1314 Rn 01.43; Widmann/Mayer/*Fuhrmann* Rn 290; Haritz/Menner/*Schlößer* Rn 14; RHL/*Rasche* Rn 58 f; Blümich/*Nitzschke* Rn 20; *Herlinghaus* FR 2007, 286; *Kellersmann* in PWC, Reform des UmwStR, Rn 1768; *Förster/Wendland* DB 2007, 631; *Schönherr/Lemaitre* GmbHR 2007, 459). Richtig ist zwar, dass § 1 III Nr 4 auf eine Einzelrechtsnachfolge abstellt. Der Begriff dient jedoch ausschließl, solche Vorgänge zu beschreiben, die nicht von § 1 III Nr 1–3

erfasst sind, dh keine Gesamtrechtsnachfolge, partielle Gesamtrechtsnachfolge oder einen Formwechsel darstellen, sondern durch Einzelrechtsnachfolge verwirklicht werden. Auch spricht § 27 I 2 dafür, dass die Übertragung des wirtschaftl Eigentums an den eingebrachten WG die Voraussetzungen des Abs 1 erfüllen. Wenn der Gesetzgeber das neue UmwStG angewendet wissen will, „wenn das wirtschaftl Eigentum an den eingebrachten WG nach dem 12.12.2006 übergegangen ist", so will er offensichtl weiterhin für die Einbringungsfälle auf die Übertragung des wirtschaftl Eigentums abstellen. Die Zielsetzung des UmwStG, näml betriebswirtschaftl sinnvolle Umstrukturierungen nicht aufgrund stl Vorgaben zu behindern bzw auszuschließen, spricht dafür, § 24 auch auf die Fälle anzuwenden, wenn wesentl Betriebsgrundlagen **auch** in das SBV des übernehmenden Rechtsträgers überführt werden (vgl Rn 25). Würde man anders entscheiden, so wäre es bspw bei der Aufnahme eines neuen Mitunternehmers gegen Einlage von Vermögenswerten notw, dass die bisherigen MU ihr SBV im zeitl und sachl Zshg mit der Aufnahme des neuen Gesellschafters in das Gesamthandsvermögen übertragen (vgl dazu Rn 19). Nach alledem lässt sich festhalten, dass die Voraussetzungen einer Einbringung iSd § 24 auch dann vorliegen, wenn die WG des Betriebs, Teilbetriebs oder Mitunternehmeranteils zivilrechtl oder wirtschaftl teilw in das Gesellschaftsvermögen in Form des Gesamthandsvermögens und teilw in das SBV des übernehmenden Rechtsträgers überführt werden.

Die **VuV** eines Betriebs, Teilbetriebs durch den „Einbringenden" an eine Mit- 35
unternehmerschaft, ohne dass es zu einer zivilrechtl öder wirtschaftl Übertragung von WG in das Gesamthandsvermögen der PersGes kommt, stellt keine Einbringung iSd § 24 dar, selbst wenn dadurch sämtl WG des Betriebs, Teilbetriebs SBV der Mitunternehmerschaft werden (Haritz/Menner/*Schlößer* Rn 15). Es fehlt an einem Veräußerungsakt. Durch die Einbringung müssen Gesellschaftsrechte erworben oder erweitert werden, der Zutritt zu einer Ges ohne Erwerb einer vermögensmäßigen Beteiligung genügt nicht (BMF-Schrb vom 11.11.2011, BStBl I 1314 Rn 01.47; RHL/*Rasche* Rn 60; DPPM/*Patt* Rn 16; FG Düsseldorf EFG 2003, 1181; Widmann/Mayer/*Fuhrmann* Rn 86; vgl auch BFH BStBl II 2008, 265). Zur Einbringung ohne Sacheinlage vgl BFH/NV 2008, 296; BFH BStBl II 2006, 847; BFH/NV 2000, 34; *Märkle* DStR 2000, 797.

Die **Einbringung ist vollzogen,** wenn die Sacheinlage tats übergegangen ist, 36
wenn also das wirtschaftl Eigentum (vgl Rn 34) in das Gesamthandsvermögen der aufnehmenden PersGes oder in das SBV des Einbringenden übergegangen ist (BMF-Schrb vom 11.11.2011, BStBl I 1314 Rn 24.05 iVm Rn 20.13). Erfolgt die Einbringung in eine PersGes im Wege der Gesamtrechtsnachfolge oder der Sonderrechtsnachfolge, gilt gem Abs 4 die Vorschrift des § 20 V und VI entsprechend; der Einbringungsvorgang kann zurückbezogen werden. Stellt die Einbringung sich als Kombination von Gesamtrechtsnachfolge und Einzelrechtsnachfolge dar, so nimmt auch die Einzelrechtsnachfolge an der Rückbeziehung teil (DPPM/*Patt* Rn 165; BMF-Schrb vom 11.11.2011, BStBl I 1314 Rn 24.06; *Patt/Rasche* FR 1996, 365). Die Folge der **rückwirkenden Einbringung** besteht darin, dass zum Zeitpunkt des gewählten stl Übertragungsstichtages das eingebrachte Verm als zu diesem Zeitpunkt auf die übernehmende PersGes übergegangen gilt. Die eingebrachten Sacheinlagegegenstände unterliegen ab diesem (rückbezogenen) Übertragungsstichtag der Besteuerung bei der aufnehmenden PersGes, und zwar selbst dann, wenn die PersGes zum Übertragungsstichtag zivilrechtl noch gar nicht existent war (DPPM/*Patt* Rn 173; vgl ausführl zu den sich daraus ergebenden Konsequenzen *Patt/Rasche* FR 1996, 365). Erfolgt die Einbringung im Wege der

Einzelrechtsnachfolge, so wird von Seiten der FinVerw auch im Wege der Billigkeit eine analoge Anwendung der Rückbeziehungsvorschrift des UmwStG abgelehnt (BMF-Schrb vom 11.11.2011, BStBl I 1314 Rn 24.06). Es bleibt bei den engen Grenzen der „Rückwirkung", die aus dem Bereich des § 16 EStG (bis zu sechs Wochen) bekannt ist (vgl BFH/NV 2002, 1083; OFD Karlsruhe DStR 2007, 2306; L. Schmidt/*Wacker* EStG § 16 Rn 443; DPPM/*Patt* Rn 160; Haritz/Menner/*Schlößer* Rn 93).

5. Einbringung aus dem Betriebsvermögen

37 § 24 betrifft nur die Übertragung eines Betriebs, Teilbetriebs bzw eines 100%igen Kapitalgesellschaftsanteils (str vgl Rn 71 ff) im BV oder eines Mitunternehmeranteils zumindest auch in das Gesamthandsvermögen einer PersGes gegen Gewährung oder Erweiterung von Gesellschaftsrechten. § 24 findet nur Anwendung, wenn WG des BV in das BV einer PersGes übertragen bzw überführt werden. Es kann sich um **luf, gewerbl oder freiberufl BV** handeln (DPPM/*Patt* Rn 89; Haritz/Menner/*Schlößer* Rn 26; *Strahl* Ubg 2011, 433).

38 Bei der **Einbringung von WG aus dem PV in das BV** findet § 24 keine Anwendung. Werden einz WG des PV in das BV einer PersGes gegen Gewährung von Gesellschaftsrechten eingebracht, liegt ein tauschähnl Vorgang vor, der beim übertragenden Rechtsträger zu einem stpfl Veräußerungsgeschäft führt, sofern steuerverstricktes PV vorliegt. Die übernehmende PersGes tätigt ein Anschaffungsgeschäft (BFH BStBl II 2002, 506; Haritz/Menner/*Schlößer* Rn 12; DPPM/*Patt* Rn 87; BMF-Schrb vom 29.3.2000, BStBl I 2000, 462; L. Schmidt/*Wacker* EStG § 15 Rn 664; aA *Reiß* DB 2005, 358; *Gruge* DB 2003, 1403). Der Gewinn oder Verlust ist stpfl, soweit die Tatbestände der §§ 17, 20 II, 23 EStG oder des § 21 aF erfüllt sind. Die Entgeltlichkeit der Sacheinlage wird damit begründet, dass jede offene Sacheinlage eine Vereinbarung über den Gegenstand der Sacheinlage und die Höhe der in Geld ausgedrückten Einlageschuld zugrunde liegt, auf die der Gesellschafter die Sacheinlage leistet. Die Ges verrechnet die Sacheinlage mit dem angemessenen Wert gegen ihre Einlageforderung. Mit der Einbringung der Sacheinlage sei die Einlageverpflichtung des Gesellschafters erfüllt. Als Entgelt für die Sacheinlage ist damit der Einbringende von einer Verb, näml der Erbringung der Einlageverpflichtung, befreit worden (BFH BStBl II 2000, 230; BMF-Schrb vom 29.3.2000, DStR 2000, 820; L. Schmidt/*Wacker* EStG § 15 Rn 665; 20; aA *Daragan* DStR 2000, 573; *Schulze zur Wiesche* FR 1999, 519; *Reiß* DB 2005, 358). Geht man mit dem BFH richtigerweise davon aus, dass die Einbringung von PV in betriebl Gesamthandsvermögen gegen Gewährung von Gesellschaftsrechten als tauschähnl Vorgang zu qualifizieren ist, so kommt es gem § 6 VI 1 EStG zwingend zu einer Realisierung der stillen Reserven (ebenso FG Münster EFG 2005, 1189; L. Schmidt/*Wacker* EStG § 15 Rn 664; vgl auch FG Niedersachsen EFG 2006, 1239; aA *Reiß* DB 2005, 358). Die Vorschrift des § 6 V 3 EStG findet auf die Übertragung von Einzelwirtschaftsgütern aus dem PV keine Anwendung (BMF-Schrb vom 8.12.2011, BStBl I 1279 Rn 13). Als Gestaltungsmöglichkeit bietet es sich an, das WG zunächst in das SBV des Gesellschafters einzulegen und dann nach Maßgabe des § 6 V 3 Nr 2 EStG in das Gesamthandsvermögen zu übertragen; bei Grundstücken ist § 23 I 5 Nr 1 EStG zu beachten.

39 Folgt man der Auffassung des BFH, müssen im Hinblick auf §§ 17, 20 II, 23 EStG und § 21 aF Einbringungsvorgänge von Vermögensgegenständen des PV in das BV einer PersGes unterschieden werden:

a) Erfolgt eine Einlage eines WG des PV in das betriebl Gesamthandsvermögen einer PersGes gegen Gewährung von Gesellschaftsrechten bzw gegen Einräumung einer Mitunternehmerstellung, so liegt ein tauschähnl Vorgang vor, der beim einbringenden Gesellschafter zu einer entgeltl Veräußerung iSv §§ 17, 20 II, 23 EStG bzw § 21 und bei der übernehmenden Ges zu einem Anschaffungsgeschäft führt (ebenso DPPM/*Patt* Rn 56; BMF-Schrb vom 29.3.2000, DStR 2000, 820; L. Schmidt/*Wacker* EStG § 15 Rn 665; aA *Reiß* DB 2005, 358). Dabei ist eine Gewährung von Gesellschaftsrechten anzunehmen, wenn die durch die Übertragung eingetretene Erhöhung des Gesellschaftsvermögens dem Kapitalkonto des einbringenden Gesellschafters gutgeschrieben wird, das für die Gewinnverteilung, die Auseinandersetzungsansprüche sowie Entnahmerechte maßgebend ist. Die bloße Gewährung von Stimmrechten stellt allein keine Gegenleistung iSe Entgelts dar, da Stimmrechte allein keine vermögensmäßige Beteiligung an der PersGes vermitteln (BMF-Schrb vom 26.11.2004, DB 2004, 2667; BMF-Schrb vom 29.3.2000, DStR 2000, 820; vgl auch DPPM/*Patt* Rn 57; FG Niedersachsen EFG 2006, 1239). 40

b) Werden WG des PV **in das SBV** einer PersGes eingelegt, so liegt darin keine Veräußerung, weil die Beteiligung nicht auf einen anderen Rechtsträger übergeht. In diesen **Fällen** liegt vielmehr eine Einlage iSd § 6 I 5 EStG vor (DPPM/*Patt* Rn 57). 41

c) Soweit dem Einbringenden **keine Gesellschaftsrechte** und auch **keine sonstige Gegenleistung** (einschl Begründung einer Darlehensforderung bei Buchung auf dem Darlehenskonto) gewährt werden, liegt mangels Gegenleistung eine verdeckte Einlage vor. Sie ist nach § 4 IV 5 iVm § 6 I Nr 5 EStG zu bewerten, auch wenn sie in der StB der Ges das EK erhöht (vgl BMF-Schrb vom 11.7.2011, BStBl I 713; DPPM/*Patt* Rn 57; *Mutscher* DStR 2009, 1625; aA *Wendt* FR 2008, 915). 42

d) Zur Einbringung **einzelner WG** des BV in ein gewerbl BV einer PersGes vgl § 6 V EStG sowie Rn 82 ff. Wird jedoch eine **100%ige Beteiligung an einer KapGes** aus einem BV in eine gewerbl PersGes gegen Gewährung von Gesellschaftsrechten eingebracht, so liegt ein Fall des § 24 vor, da die 100%ige Beteiligung an einer KapGes gem § 16 I 1 EStG als Teilbetrieb gilt (str vgl Rn 75; aA BFH DStR 2008, 2001 zum UmwStG 1995). Dies gilt selbst dann, wenn die 100%ige Beteiligung an einer KapGes beim Einbringenden eine wesentl Betriebsgrundlage eines nicht mitübertragenen Betriebs oder Teilbetriebs darstellt. 43

e) Werden Einzelwirtschaftsgüter aus dem PV in eine vermögensverwaltende PersGes (PersGes hat kein BV) eingebracht, so gilt die Bruchteilsbetrachtung (BFH BStBl II 2005, 324; BFH BStBl II 2004, 987); die WG der Gesamthand sind den Gesellschaftern anteilig zuzurechnen (§ 39 II Nr 2 AO). Die Übertragung von WG, die einem Mitberechtigten allein gehören, auf die vermögensverwaltende PersGes, ist nur insoweit keine Veräußerung, soweit dem übertragenden Gesellschafter die WG nach der Übertragung gem § 39 II Nr 2 AO zuzurechnen sind (L. Schmidt/*Weber-Grellet* EStG § 17 Rn 116; vgl auch BFH DStR 2008, 1131). 44

6. Einbringung durch Einzelrechtsübertragung

Die Einbringung nach § 24 kann durch Einzelrechtsübertragung erfolgen. Hierbei sind für die Eigentumsübertragung die zivilrechtl Vorschriften zu beachten, sofern nicht nur wirtschaftl Eigentum der PersGes begründet wird; die Übertragung des wirtschaftl Eigentums ist für die Einbringung iSd § 24 ausreichend (str 45 vgl Rn 34). Wird eine Sachgesamtheit in Form eines Betriebs oder Teilbetriebs im Wege der Einzelrechtsübertragung in die PersGes eingebracht, so müssen die verschiedenen Vermögensgegenstände in einem einheitl Vorgang übertragen werden (DPPM/*Patt* Rn 103).

46 Eine Einbringung durch Einzelrechtsnachfolge iSd § 24 liegt auch dann insges vor, wenn WG teilw in das Gesamthandsvermögen der übernehmenden PersGes gegen Gewährung von Gesellschaftsrechten übertragen werden, Teile in das SBV der übernehmenden PersGes eingelegt werden (str vgl Rn 34). Die Einbringung der Sachgesamtheit in eine PersGes kann auch durch kombinierte Gesamt- und Einzelrechtsnachfolge erfolgen (DPPM/*Patt* Rn 165; BMF-Schrb vom 11.11.2011, BStBl I 1314 Rn 24.06; *Patt/Rasche* FR 1996, 365). Im Falle Einbringung durch kombinierte Gesamt- und Einzelrechtsnachfolge erfolgt die Rückbeziehung auch für die WG, die im Wege der Einzelrechtsnachfolge übertragen wurden (DPPM/*Patt* Rn 165; BMF-Schrb vom 11.11.2011, BStBl I 1314 Rn 24.06).

7. Einbringung durch Gesamt-/Sonderrechtsnachfolge

47 Die Einbringung eines Betriebs, Teilbetriebs oder Mitunternehmeranteils kann im Wege der handelsrechtl Gesamtrechts-/ bzw Sonderrechtsnachfolge nach dem UmwG durch Verschm, Spaltung oder durch vglbare ausl Vorgänge erfolgen (§ 1 III Nr 1 und 2). Folgende Umw werden dabei erfasst:
- die Verschm von PhG oder PartGes auf eine PhG oder PartGes (§ 3 I Nr 1, §§ 39 ff, 45 a ff UmwG),
- die Spaltung von PersHandels- oder PartGes in der Form der Aufspaltung (§ 123 I UmwG), Abspaltung (§ 123 II UmwG) und Ausgliederung (§ 123 III UmwG) auf eine PhG oder PartGes (§§ 3 I Nr 1, 125, 135 UmwG),
- andere Ausgliederungstatbestände (§ 123 III UmwG), wenn der übernehmende Rechtsträger eine PhG oder PartGes ist. Zu vglbaren ausl Vorgängen vgl § 1 Rn 82 iVm 31 ff.

48 Bei der **Aufspaltung** überträgt die PersGes zivilrechtl ihr gesamtes Verm auf zwei oder mehrere andere PersGes, wobei die übertragende PersGes untergeht. Demggü bleibt bei der **Abspaltung** die übertragende PersGes bestehen, sie überträgt nur einen Teil ihres Verm auf eine oder mehrere diesen Teil des Verm übernehmende andere PersGes. Zum alten UmwStG war nicht abschl geklärt, ob bei der Auf- oder Abspaltung eine PersGes mit BV die Vorschriften des § 24 oder aber die Grdse der Realteilung nach § 16 III 2 EStG zur Anwendung kommen (vgl BT-Drs 12/6885, 25; Widmann/Mayer/*Engl* Anh 10 Rn 376 ff; Herrmann/Heuer/Raupach/*Kulosa* § 16 EStG Rn 441; Littmann/Bitz/Pust/*Hörger* EStG § 16 Rn 197 l; Lutter/*Schaumburg/Jesse* Holding-HdB § 13 Rn 191; *Schulze zur Wiesche* DStZ 2004, 366). Nach § 1 III Nr 1 wird die Auf- und Abspaltung einer PhG oder einer PartGes auf eine andere PhG oder eine andere PartGes thematisch durch § 24 erfasst (BMF-Schrb vom 11.11.2011, BStBl I 1314 Rn 01.47).

49 Wird eine PersGes auf eine andere PersGes aufgespalten, so wird die übertragende Mitunternehmerschaft nicht in der Gestalt aufgelöst, dass die Gesellschafter der übertragenden Mitunternehmerschaft die WG zunächst übernehmen und dann in die übernehmende PersGes überführen. Dies setzt aber § 16 III 2 EStG im Grds voraus (BMF-Schrb vom 28.2.2006, BStBl I 228; L. Schmidt/*Wacker* EStG § 16 Rn 535; Kirchhof/*Reiß* EStG § 16 Rn 340). Hinzu kommt, dass § 16 EStG unter den Voraussetzungen des § 24 verdrängt wird.

§ 1 III bestimmt ua, dass der Siebte Teil des UmwStG auch für Auf- und Abspaltung iSd UmwG von PhG, PartGes oder vglbarer ausl Vorgänge gilt. Damit ist § 24 in diesen Fällen im Grds anwendbar. Teilw wird jedoch die Meinung vertreten (Semler/Stengel/*Moszka* UmwG Anh § 325 Rn 568 ff), dies gelte nicht für nicht verhältniswahrende Spaltung (vgl dazu § 128 UmwG Rn 4 ff), es fehle insoweit an einer notw synallagmatischen Verknüpfung einer Leistung (eingebrachtes BV) mit einer Gegenleistung (Einräumung einer Mitunternehmerposition). Dem muss entgegengehalten werden, dass das UmwG auch Regelungen zur nicht verhältniswahrenden Spaltung beinhaltet und § 1 III Nr 1 uneingeschränkt auf die Regelungen des UmwG Bezug nimmt. Eine Einschränkung dahingehend, dass § 24 für nicht verhältniswahrende Spaltung nicht gelten soll, ist nicht erkennbar. Auch fehlt es im Erg nicht an der synallagmatischen Verknüpfung zwischen dem eingebrachten BV und der (Verstärkung) einer Mitunternehmerstellung. Wird zB bei einer Mitunternehmerschaft, die vier MU hat und zwei Teilbetriebe besitzt, ein Teilbetrieb in der Form abgespalten, dass zwei Gesellschafter des übertragenden Rechtsträgers aus diesem Ausscheiden und den übertragenen Teilbetrieb in einer neuen Mitunternehmerschaft übernehmen (Abspaltung zur Neugründung), wird den ausscheidenden Gesellschaftern eine neue Mitunternehmerstellung am übernehmenden Rechtsträger gewährt. Die Voraussetzungen einer Einbringung gegen Gewährung oder Verstärkung einer Mitunternehmerstellung können damit vorliegen. Die stl Buchwertfortführung erfolgt entweder durch die Anpassung der Kapitalkonten an die übernommenen BW oder durch das Heranziehen von Ergänzungsbilanzen. 50

Die Steuerneutralität des Auf- bzw Abspaltungsvorgang einer PersGes auf eine andere PersGes nach § 123 I UmwG richtet sich damit nach § 24 (BMF-Schrb vom 11.11.2011, BStBl I 1314 Rn 01.47; FG Münster EFG 2013, 338; Widmann/Mayer/*Fuhrmann* Rn 101 f). Es besteht unter den Voraussetzungen des Abs 2 Antragswahlrecht, die Behaltensfrist des § 16 III 3 EStG sowie die KSt-Klausel des § 16 III 4 EStG sind ohne Relevanz. Der Spaltungsvorgang kann in entsprechender Anwendung des § 24 IV stl bis zu 8 Monaten auf Antrag hin zurückgezogen werden (Lutter/*Schaumburg/Schumacher* UmwG Anh § 151 Rn 115). 51

Wird eine PersGes auf- bzw abgespalten und liegen die Voraussetzungen des § 24 nicht vor, weil bspw das übergehende BV keinen Teilbetrieb darstellt, oder am übernehmenden Rechtsträger keine Mitunternehmensstellung gewährt oder bestärkt wird, findet § 24 keine Anwendung (FG Münster EFG 2013, 338), so dass sich die Steuerneutralität aus den allg Vorschriften der §§ 6 V 3, 16 III 2 EStG ergeben kann (*Winkemann* BB 2004, 130; Blümich/*Stuhrmann* EStG § 16 Rn 270; Lutter/*Schaumburg/Schumacher* UmwG Anh § 151 Rn 105). 52

Die Einbringung der Sacheinlage in einer PersGes kann auch durch **kombinierte Gesamt- und Einzelrechtsnachfolge** erfolgen (DPPM/*Patt* Rn 165; BMF-Schrb vom 11.11.2011, BStBl I 1314 Rn 24.06; ausführl dazu *Patt/Rasche* FR 1996, 365). Wird in diesen Fällen der Antrag auf Rückbeziehung gestellt, so umfasst die Rückbeziehung den gesamten Einbringungsvorgang, also auch den Teil der Sacheinlage, der im Wege der Einzelrechtsnachfolge erfolgte (DPPM/*Patt* Rn 165; BMF-Schrb vom 11.11.2011, BStBl I 1314 Rn 24.06). 53

Beispiel: 54

Die PersGes A wird im Wege der Gesamtrechtsnachfolge auf die PersGes B verschmolzen. Ein Gesellschafter der PersGes A hat dieser ein Grundstück (wesentl Betriebsgrundlage), welches in seinem Alleineigentum steht, zur Nutzung überlassen. Nach der Verschm wird dieses Grundstück an die PersGes B zur dauernden Nutzung vermietet. Hier erfolgt die Einbringung sowohl durch Gesamtrechtsnachfolge (Verschm) als auch durch die Nutzungsüberlassung des Grundstücks.

8. Einbringung durch Anwachsung

55 Scheidet ein Gesellschafter aus einer PersGes aus, wächst sein Anteil am Gesellschaftsvermögen den übrigen Gesellschaftern zu; der Ausscheidende erhält dafür von den verbleibenden Gesellschaftern die vertragl bestimmt Abfindung. Die im Gesellschaftsanteil verkörperten Vermögenswerte gehen unmittelbar auf die verbleibenden Gesellschafter über, Einzelrechtsübertragungen sind rechtl nicht mögl. Gleichwohl handelt es sich nicht um eine (echte) Gesamtrechtsnachfolge; der Vermögensübergang ist ledigl Ausfluss des Gesamthandsprinzips (**Anwachsung,** § 738 I 1 BGB). In den Fällen der **einfachen Anwachsung** scheidet der Gesellschafter aus, § 24 ist damit nicht anwendbar (Widmann/Mayer/*Fuhrmann* Rn 312).

56 Von einer **erweiterten Anwachsung** spricht man, wenn sämtl Gesellschafter einer PersGes 1 ihre Mitunternehmeranteile in die übernehmende PersGes 2 gegen Gewährung von Mitunternehmeranteilen an dieser Ges einbringen und das Gesellschaftsvermögen der PersGes 1 der übernehmenden PersGes 2 anwächst. Nach herrschender Auffassung (BMF-Schrb vom 11.11.2011, BStBl I 1314 Rn 01.44; Widmann/Mayer/*Fuhrmann* Rn 313; Frotscher/Maas/*Mutscher* Rn 58) fällt die erweiterte Anwachsung thematisch in den Regelungsbereich des § 24. Daran hat sich durch die Neufassung des UmwStG durch das SEStEG nichts geändert. Die teilw in der Lit vertretene Auffassung (DPPM/*Patt* Rn 15), die erweiterte Anwachsung falle begriffl nicht unter die „Verschm"oder „Spaltung" iSd UmwG und sei keine Einzelrechtsübertragung und könne damit wegen des abschl Charakters des § 1 III Nr 4 nicht durch § 24 erfasst sein, kann nicht überzeugen. Zunächst ist nicht erkennbar, dass der Gesetzgeber die bisher allg akzeptierte Meinung, auch die erweiterte Anwachsung falle unter § 24, aufgeben wollte. Das Gesetz spricht zwar in § 1 III Nr 4 von „Einzelrechtsnachfolge", der Begriff dient jedoch offensichtl nur der Abgrenzung zu den in der Vorschrift vorangegangenen Umw iSd UmwG bzw vglbare ausl Vorgänge. Bei der erweiterten Anwachsung erfolgt zunächst die Übertragung des Mitunternehmeranteils auf den übernehmenden Rechtsträger gegen Gewährung bzw Erhöhung der Mitunternehmerstellung beim übernehmenden Rechtsträger, was in den Regelungsbereich des § 24 fällt. Erst eine logische Sekunde danach kommt es zu einem Anwachsungsvorgang. Wieso der Gesetzgeber sein bisheriges Verständnis aufgegeben haben soll, ist nicht ersichtl. Soweit der übernehmende Rechtsträger bereits an der PersGes beteiligt war, deren Verm im Wege der Anwachsung auf ihn übergeht, sind in jedem Fall die BW fortzuführen, es fehlt an einem Anschaffungsvorgang (Widmann/Mayer/*Fuhrmann* Rn 314; DPPM/*Patt* Rn 77; L. Schmidt/*Wacker* EStG § 16 Rn 525; OFD Berlin DB 2002, 1966). Entgegen der Auffassung des FG Münster (EFG 1998, 1020) kommt es nicht darauf an, dass die PersGes 1 und PersGes 2 unterschiedl Gesellschafter haben. Abs 3 S 3 macht deutl, dass auch Einbringungen in den Regelungsbereich des § 24 fallen, soweit auf der Seite des Einbringenden und auf der Seite der übernehmenden PersGes die gleichen MU vorhanden sind (BFH BStBl II 1994, 856; Bordewin/Brandt/*Schulze zur Wiesche* Rn 14).

9. Einbringung bei Formwechsel

Der Rechtsformwechsel von einer PersGes in eine PersGes anderer Rechtsform (zB GbR in OHG oder OHG in KG) ist im UmwG weder geregelt noch regelungsbedürftig, ist steuerrechtl irrelevant und deshalb auch im UmwStG nicht geregelt. Die formwechselnde Umw einer PersGes in eine PersGes anderer Rechtsform fällt mangels Vermögensübertragung nicht in den Regelungsbereich des § 24 (BMF-Schrb vom 11.11.2011, BStBl I 1314 Rn 01.47; BFH BStBl II 2008, 118; DPPM/*Patt* Rn 73; L. Schmidt/*Wacker* EStG § 15 Rn 174). Der Formwechsel stellt auch nicht eine Betriebsaufgabe oder die Aufgabe eines Mitunternehmeranteils dar (L. Schmidt/*Wacker* EStG § 16 Rn 416). **57**

Gegenstand der Einbringung

10. Betrieb

Abs 1 erfasst die Einbringung eines **Betriebs** in eine PersGes gegen Einräumung bzw Verstärkung einer Mitunternehmerstellung. Die FinVerw (BMF-Schrb vom 11.11.2011, BStBl I 1314 Rn 24.03 iVm Rn 20.05) bestimmt, dass der Gegenstand der Einbringung sich nach dem zu Grunde liegenden Rechtsgeschäft richtet und zwar unabhängig davon, wer Einbringender iSd § 24 ist (vgl dazu Rn 112; DPPM/*Patt* Rn 89 iVm § 21 Rn 169 h; *Förster* GmbHR 2012, 237; *Schaflitz/Götz* DB Beilage 1/2012 zu Heft 2, 56; krit *Hötzel/Kaeser* in FGS/BDI UmwStE 2011, 323). Diese Sichtweise hat für die Umstrukturierung von PersGes als übertragendem Rechtsträger erhebliche Bedeutung. Gliedert bspw eine gewerblich geprägte GmbH & Co KG ihren Betrieb auf eine TochterPersGes aus, so ist Gegenstand der Einbringung der Betrieb. Wird im Zusammenhang mit der Ausgliederung eine funktional wesentl Betriebsgrundlage des SBV nicht mit auf den übernehmenden Rechtsträger übertragen, kommt es zu einer Aufdeckung sämtlicher stiller Reserven im übertragenen Verm. Der Begriff Betrieb ist inhaltsgleich mit dem entsprechenden Begriff in § 20, so dass auf die Erläuterung zu § 20 verwiesen werden kann (vgl § 20 Rn 12 ff). **Betrieb** iSd EStG und damit auch iSd UmwStG ist eine mit Gewinnerzielungsabsicht unternommene, selbstständige und nachhaltige Tätigkeit, die sich als Beteiligung am allg wirtschaftl Verkehr darstellt (vgl § 15 II EStG). Der Betriebsbegriff ist damit tätigkeitsorientiert def. Er hat jedoch auch einen Objektbezug. Gewerbl, freiberufl Einkünfte sowie Einkünfte aus LuF werden in aller Regel sowohl durch eine spezifische Tätigkeit des Unternehmers als auch mit Hilfe des Einsatzes von Kap erwirtschaftet. Beides zusammen bildet die wirtschaftl und stl Grundlage der Einkommensentstehung. Diese Bikausalität der Einkommensentstehung ist der eigentl Grund dafür, Wertveränderungen im BV bei der Ermittlung der Gewinneinkünfte zu berücksichtigen (vgl BFH BStBl II 1996, 527; Kirchhof/Söhn/Mellinghoff/*Kirchhof* EStG § 2 Rn A 105 f). Betrieb iSd § 24 ist nicht nur der **gewerbl Bertrieb,** sondern auch der **luf Betrieb** sowie ein freiberufl Unternehmen (DPPM/*Patt* Rn 89; Widmann/Mayer/*Fuhrmann* Rn 242; vgl § 20 Rn 16). Auch ein erst **entstehender Betrieb,** der noch nicht werbend tätig ist, kann Betrieb iSv § 24 sein, wenn die wesentl Betriebsgrundlagen bereits vorhanden sind und bei zielgerichteter Weiterverfolgung des Aufbauplans ein selbstständig lebensfähiger Organismus zu erwarten ist (vgl DPPM/*Patt* Rn 89; Widmann/Mayer/*Fuhrmann* Rn 242; aA wohl BMF-Schrb vom 11.11.2011, BStBl I 1314 Rn 24.03 iVm Rn 20.06, 15.03; **58** vgl auch FG Düsseldorf DStRE 2000, 1136, wonach nicht unbedingt alle wesentl Betriebsgrundlagen vorhanden sein müssen). Ein **auslaufender** oder ein **verpachteter** Betrieb kann (FG Münster EFG 2009, 1925; Widmann/Mayer/*Fuhrmann* Rn 242), solange die wesentl Betriebsgrundlagen noch vorhanden sind und der Betriebsinhaber den Willen zur Betriebsaufgabe noch nicht geäußert hat, nach § 24 steuerneutral eingebracht werden. Auch ein **ruhender Gewerbebetrieb** ist nach Auffassung des BFH (BFH/NV 2010, 1450; Widmann/Mayer/*Fuhrmann* Rn 242) Betrieb iSv § 24; Gleiches gilt für das an sich vermögensverwaltende Besitzunternehmen iRe Betriebsaufspaltung (BFH BStBl II 2001, 321). Überträgt der Einbringende einen Betrieb, Teilbetrieb oder Mitunternehmeranteil gegen Gewährung einer Mitunternehmerstellung auf die übernehmende Mitunternehmerschaft und verpflichtet er sich gleichzeitig ggü der Mitunternehmerschaft zu **weiteren Leistungen,** so steht dies einer Einbringung iSd § 24 nicht entgegen, selbst wenn der Einbringende die zusätzl Leistungsverpflichtung nicht unmittelbar erfüllt.

59 Der Betrieb muss im Ganzen eingebracht werden, was bedeutet, dass die **wesentl Grundlagen des Betriebs** in einem einheitl Vorgang in das mitunternehmerische BV der aufnehmenden PersGes übergeht. Zum mitunternehmerischen BV gehört dabei nicht nur das Gesamthandsvermögen der Mitunternehmerschaft, sondern auch das **SBV** (allgM BMF-Schrb vom 11.11.2011, BStBl I 1314 Rn 24.03 iVm Rn 20.06). Der Begriff wesentl Betriebsgrundlage ist normspezifisch auszulegen; ob ein WG iRd § 24 eine wesentl Betriebsgrundlage darstellt, richtet sich ausschließl nach der **funktionalen Betrachtungsweise** (BT-Drs 16/2710, 69; BMF-Schrb vom 11.11.2011, BStBl I 1314 Rn 24.03 iVm Rn 20.06; DPPM/*Patt* Rn 90; vgl dazu § 20 Rn 19 ff, 24). Die Voraussetzungen eines Betriebs müssen nach Auffassung der FinVerw bereits zum **stl Übertragungsstichtag** vorliegen (BMF-Schrb vom 11.11.2011, BStBl I 1314 Rn 24.03 iVm Rn 20.06, 15.03). Maßgeblicher Zeitpunkt für die Beurteilung, ob ein WG wesentl Betriebsgrundlage darstellt, müsste folglich auch dieser stl Übertragungsstichtag und nicht der Zeitpunkt der Fassung des Umwandlungsbeschlusses oder, wenn es eines solchen nicht bedarf, der Abschluss des Einbringungsvertrages sein. Die Auffassung der FinVerw kann im Ergebnis nicht überzeugen, sofern eine Rückbeziehung der Einbringung in eine PersGes gem Abs 4 iVm § 20 V, VI vorgenommen wird, bezieht sich diese Rückbeziehung nur auf die Wirkung der Umwandlung, nicht aber auf die Tatbestandsvoraussetzungen der Umwandlung (vgl dazu § 20 Rn 20, 31; aA *Neumann* GmbHR 2012, 141).

60 Die Anwendung des § 24 setzt voraus, dass bei der Einbringung eines Betriebs sämtliche funktional wesentl Betriebsgrundlagen auf den übernehmenden Rechtsträger übertragen werden. Werden funktional wesentl Betriebsgrundlagen im zeitl und wirtschaftl Zusammenhang mit der Einbringung in eine PersGes in ein anderes Verm überführt, so sind nach Auffassung der FinVerw (BMF-Schrb vom 11.11.2011, BStBl I 1314 Rn 24.03 iVm Rn 20.07) die Anwendung des BFH-Urt vom 11.12.2001 (BStBl II 2004, 447) und vom 25.2.2010 (BStBl II 2010, 726) zu beachten. Das bedeutet, wird in einem zeitlichen und sachlichen Zusammenhang mit der Einbringung eine funktional wesentl Betriebsgrundlage noch vor der Einbringung auf einen anderen Rechtsträger übertragen, kommt es in dem eingebrachten Verm zu einer Aufdeckung von stillen Reserven. Nach Auffassung des BFH (BStBl II 2010, 471) ist jedoch die Überführung einer wesentl Betriebsgrundlage in ein anderes BV anzuerkennen, sofern sie auf Dauer erfolgt und deshalb andere wirtschaftl Folgen auslöst, als die Einbringung des betreffenden WG in den Einbringungsvorgang; § 24 ist unter diesen Voraussetzungen anwendbar (vgl dazu *Benz/Rosenberg* DB Beilage 1/2012 zu Heft 2, 38; *Kaeser* DStR 2012 Beihefter zu Heft 2, 13). Der X. Sentat des BFH geht davon aus, dass die Anwendbarkeit des § 24 weder der Regelung des § 42 AO noch der **Rechtsfigur des Gesamtplans** entgegensteht, wenn vor der Einbringung eine wesentl Betriebsgrundlage des einzubringenden Betriebs unter Aufdeckung der stillen Reserven veräußert wird und die Veräußerung auf Dauer angelegt ist (BFH/NV 2012, 902; vgl weiter § 20 Rn 92).

11. Teilbetrieb

Nicht abschließend geklärt ist, ob auf Grund der Europäisierung des Umwandlungssteuergesetzes der **europäische Teilbetriebsbegriff** auch im Regelungsbereich des § 24 Anwendung findet. Der Teilbetriebsbegriff des Art 2 lit j FusionsRL ist nach ganz hM auf die Fälle anzuwenden, die in den Anwendungsbereich der FusionsRL fallen, also bei Einbringung, an denen Ges aus zwei oder mehreren EU-Staaten beteiligt sind (vgl *Desens* DStR 2010 Beihefter zu Heft 46, 80; Widmann/Mayer/*Fuhrmann* Rn 266 mwN). Der Anwendungsbereich der FusionsRL ist im Rahmen des § 24 jedoch sehr begrenzt. Die FusionsRL findet bspw im Regelungsbereich des § 24 Anwendung, wenn „eine in Portugal belegene passive Betriebsstätte durch eine dt KapGes in eine portugiesische PersGes eingebracht wird, welche im Anhang zur FusionsRL genannt ist" (Widmann/Mayer/*Fuhrmann* Rn 266). Nicht abschließend geklärt ist, ob bei Einbringung, die nicht in den Anwendungsbereich der FusionsRL fallen, dh zB bei innerstaatlichen Einbringungen, der Teilbetriebsbegriff der FusionsRL Anwendung findet (so BMF-Schrb vom 11.11.2011, BStBl I 1314 Rn 24.03 iVm Rn 20.06, 15.02; Haritz/Menner/*Schlößer* Rn 29; aA DPPM/*Patt* Rn 93; Widmann/Mayer/*Fuhrmann* Rn 266). Zu § 20 wird zudem die Auffassung vertreten, dass der nationale Teilbetriebsbegriff insoweit gelten so, als er im Vergleich zum europäischen Teilbetriebsbegriff günstiger ist (*Bienert* StbJb 2011/2012, 153; *Blumers* BB 2011, 2204; aA *Rasche* GmbHR 2012, 149). Zu weiteren Einzelheiten des europäischen Teilbetriebsbegriffs vgl § 20 Rn 79 ff. 61

Nach Auffassung der **FinVerw** (BMF-Schrb vom 11.11.2011, BStBl I 1314 Rn 24.03 iVm Rn 20.06, 15.2 f, 15.07-15.10) entspricht der in § 24 verwendete Begriff des Teilbetriebs dem in der FusionsRL. Teilbetrieb ist damit die Gesamtheit der in einem Unternehmensteil einer Ges vorhandenen aktiven und passiven WG, die in organisatorischer Hinsicht einen selbstständigen Betrieb, dh eine aus eigenen Mitteln funktionsfähige Einheit darstellen. Zu diesem Teilbetrieb gehören nach Auffassung der FinVerw sowohl alle funktionalen wesentl Betriebsgrundlagen sowie die diesem Teilbetrieb nach wirtschaftl Zusammenhängen zuordenbaren WG. Die Voraussetzungen eines Teilbetriebs sind nach Auffassung der FinVerw „nach Maßgabe der einschlägigen Rechtsprechung unter Zugrundelegung der funktionalen Betrachtungsweise aus der Perspektive des übertragenden Rechtsträgers zu beurteilen (EuGH Urteil vom 15.1.2002 C - 43/00, EuGHE I 379; BFH Urteil vom 7.4.2010 - I R 96/08, BStBl II 2011, 467)". Der Hinweis auf das BFH-Urteil vom 7.4.2010 ist überraschend, da das Gericht in seiner Entscheidung ausschließlich auf die funktional wesentl Betriebsgrundlagen abstellt (ebenso *Neumann* GmbHR 2012, 141). Wann und unter welchen Voraussetzungen ein WG einem Teilbetrieb nach wirtschaftl Zusammenhängen zuordenbar ist, wird von der 62

FinVerw nicht näher erläutert. Die Zuordnung nicht wesentl Betriebsgrundlagen dürfte aber nach wirtschaftl Gesichtspunkten unter Berücksichtigung der funktionalen Betrachtungsweise erfolgen (zu weiteren Einzelheiten vgl § 20 Rn 88 f). Die FinVerw geht des Weiteren davon aus, dass der **Teilbetrieb im Aufbau** kein Teilbetrieb iSd § 24 darstellt (BMF-Schrb vom 11.11.2011, BStBl I 1314 Rn 24.03 iVm Rn 20.06, 15.03).

63 Die Auffassung der FinVerw kann nicht überzeugen. Selbst wenn der europäische Teilbetriebsbegriff generell im Regelungsbereich des § 24 Anwendung finden sollte. Richtig ist zwar, dass der Teilbetrieb iSd Art 2 lit j FusionsRL die Gesamtheit der in einem Unternehmensteil einer Ges vorhandenen aktiven und passiven WG umfasst. Diese WG müssen aber in organisatorischer Hinsicht einen selbstständigen Betrieb darstellen, dieser muss eine aus eigenen Mitteln funktionsfähige Einheit bilden. Entscheidend für den europäischen Teilbetriebsbegriff ist damit die Funktionalität des übertragenen Unternehmensteils (EuGH FR 2002, 298; BFH BStBl II 2011, 467), nicht aber die Übertragung eines jeden einzelnen WG, welches im wirtschaftl Zusammenhang mit dem Teilbetrieb steht.

64 Nicht überzeugend ist weiter, dass bei rückwirkender Einbringung die Voraussetzungen eines Teilbetriebs bereits zum stl Übertragungsstichtag vorliegen müssen (BMF-Schrb vom 11.11.2011, BStBl I 1314 Rn 24.03 iVm Rn 20.06, 15.03; zu den sich daraus ergebenden Konsequenzen vgl *Neumann* GmbHR 2012, 141). Maßgebender Zeitpunkt für die Beurteilung, ob ein Teilbetrieb vorliegt oder ein WG eine wesentl Betriebsgrundlage darstellt, oder dem Teilbetrieb wirtschaftlich zuordenbar ist, ist grdsl der Zeitpunkt der Fassung des Umwandlungsbeschlusses bzw der Abschluss des Einbringungsvertrages. Die FinVerw verkennt, dass die Rückbeziehung in Abs 4 iVm § 20 V, VI sich nur auf die Wirkung der Umwandlung, nicht aber auf die Tatbestandsvoraussetzungen beziehen (aA *Neumann* GmbHR 2012, 141).

65 Nach der hier vertretenen Auffassung (vgl § 20 Rn 81 ff) gilt im Regelungsbereich des § 24 weiterhin der **nationale Teilbetriebsbegriff** (vgl dazu § 20 Rn 85 ff). Die Anwendung des § 24 setzt damit voraus, dass bei der Einbringung eines Teilbetriebs sämtliche funktional wesentl Betriebsgrundlagen jedenfalls zT in das Gesamthandsvermögen des übernehmenden Rechtsträgers übertragen werden. Die Übertragung wirtschaftl Eigentums ist insoweit ausreichend. Stellt ein WG eine funktional wesentl Betriebsgrundlage sowohl beim übertragenden als auch beim verbleibenden Teilbetrieb dar, so steht dies der Annahme eines Teilbetriebs nicht entgegen (DPPM/*Patt* § 20 Rn 110). Wird diese funktional wesentl Betriebsgrundlage nicht voll bzw anteilig mit eingebracht, so kommt es im übertragenen Verm zu einer Aufdeckung der stillen Reserven (DPPM/*Patt* § 20 Rn 110). Im Regelungsbereich des § 24 muss aber das zurückbehaltene Verm nicht selbst Teilbetriebseigenschaft haben, so dass es der steuerneutralen Einbringung nicht entgegensteht, dass der Einbringende das gesamte gemischt genutzte WG dem übertragenen Teilbetrieb zuordnet und in den übernehmenden Rechtsträger einbringt (ebenso zu § 20 DPPM/*Patt* Rn 110; *Benz/Rosenberg* DB Beilage 1/2012 zu Heft 2, 38). Der steuerneutralen Einbringung eines Teilbetriebs steht nicht entgegen, dass neutrales Verm, welches in keiner Funktion zum vorhandenen Teilbetrieb steht, mitübertragen oder zurückbehalten wird. Zu weiteren Einzelheiten vgl § 20 Rn 96 f.

66 Ob ein Teilbetrieb vorliegt, ist nach hA aus der Sicht des Einbringenden zu beurteilen. Zu weiteren Einzelheiten vgl § 20 Rn 99, 87.

12. Mitunternehmeranteil und Bruchteile von Mitunternehmeranteilen

Gegenstand der Einbringung nach § 24 kann auch ein Mitunternehmeranteil sein. Zum Zeitpunkt des Vorliegens eines Mitunternehmeranteils vgl Rn 59. Der Mitunternehmeranteil (Anteile an einer Mitunternehmerschaft im stl Sinne) ist weder in § 24 noch in §§ 15, 16 EStG def. Es ist nicht inhaltsgleich mit dem Begriff des Gesellschaftsanteils bzw Geschäftsanteils als Inbegriff für die Gesamtheit aller Rechte und Pflichten eines Gesellschafters aus einem Gesellschaftsverhältnis einschl eines etwa vorhandenen, aber nicht notw Gesellschaftsvermögens. Gleiches gilt für die verschiedenen zivilrechtl Gemeinschaften (Erbengemeinschaft und Gütergemeinschaft als Gemeinschaften mit einem der PersGes ähnl Gesamthandsvermögen, Gemeinschaft nach Bruchteilen an Rechten aller Art, sofern sie eine Mehrheit von bruchteilsmäßig Berechtigten zulassen, §§ 741 ff BGB). Der Einbringende kann gesellschaftsrechtlich nicht mehrere Mitgliedschaften an einer PersGes haben. Daraus folgt, dass der Mitunternehmeranteil an einer Mitunternehmerschaft im Grundsatz unteilbar ist. Es liegen damit nicht mehrere Mitunternehmeranteile an derselben Mitunternehmerschaft vor, wenn der übertragende Rechtsträger seine Beteiligung sukzessiv erworben hat (RHL/*Herlinghaus* § 20 Rn 109; DPPM/*Patt* § 20 Rn 123). Die Einbringung eines Mitunternehmeranteils stellt damit nur eine Sacheinlage iSd Abs 1 dar. Wird ein Mitunternehmeranteil zusammen mit einem Betrieb oder Teilbetrieb eingebracht, so liegt bezogen auf den Mitunternehmeranteil ein gesonderter Einbringungsvorgang vor (vgl § 20 Rn 29; BMF-Schrb vom 11.11.2011, BStBl I 1314 Rn 24.03 iVm Rn 20.12; DPPM/*Patt* § 20 Rn 123; Frotscher/Maas/*Mutscher* Rn 45; aA Widmann/Mayer/*Widmann* § 20 Rn 10). Wird ein Mitunternehmeranteil an einer Mitunternehmerschaft eingebracht, zu deren BV die Beteiligung an einer anderen Mitunternehmerschaft gehört **(doppelstöckige PersGes),** liegt ein Einbringungsvorgang vor, die mittelbare Übertragung des Anteils an der UnterGes stellt keinen gesonderten Einbringungsvorgang dar (vgl § 20 Rn 145; BMF-Schrb vom 11.11.2011, BStBl I 1314 Rn 24.03 iVm Rn 20.12; DPPM/*Patt* § 20 Rn 123; vgl auch L. Schmidt/*Wacker* EStG § 16 Rn 401, 407, 582). Werden durch einen Stpfl Mitunternehmeranteile an unterschiedlichen Mitunternehmerschaften eingebracht, liegen mehrere Einbringungsvorgänge vor (BMF-Schrb vom 11.11.2011, BStBl I 1314 Rn 24.03 iVm Rn 20.12; Haritz/Menner/*Menner* § 20 Rn 163; Widmann/Mayer/*Widmann* § 20 Rn 90). Dem Normzweck des § 24 entsprechend ist Mitunternehmeranteil der Anteil einer natürl oder jur Person oder einer PersGes an einer Mitunternehmerschaft, die einen **Gewerbebetrieb, LuF** oder eine **freiberufl Tätigkeit** zum Gegenstand hat und mit Gewinnerzielungsabsicht tätig ist (DPPM/*Patt* Rn 94). Mitunternehmerschaft idS kann allerd auch bei einer dem Gegenstand nach **vermögensverwaltenden** PersGes/Gemeinschaft vorliegen, sofern sie **gewerbl geprägt** iSv § 15 III Nr 2 EStG ist. Kein Mitunternehmeranteil soll Anteile an einer PersGes darstellen, die weder gewerbl tätig noch gewerbl geprägt ist, auch wenn der Gesellschaftsanteil beim Gesellschafter BV darstellt (**ZebraGes** vgl BFH/NV 2001, 1195; L. Schmidt/*Wacker* EStG § 15 Rn 206; aA *Fichtelmann* INF 1998, 78). Ist eine PersGes teilw gewerbl tätig oder bezieht sie gewerbl Einkünfte iSd § 15 I 1 Nr 2 EStG, stellt grdsl (zur Abfärbetheorie bei äußerst geringfügiger gewerbl Tätigkeit vgl BFH BStBl II 2000, 229) der gesamte Gesellschaftsanteil einschl SBV einen Mitunternehmeranteil dar, weil die Tätigkeit der Ges dann 67 in vollem Umfang als Gewerbebetrieb gilt (§ 15 III Nr 1 EStG). Zu weiteren Einzelheiten vgl § 20 Rn 132 ff.

68 Die Beteiligung an einer **ausl gewerbl PersGes** kann ein Mitunternehmeranteil bilden, wenn der Gesellschafter Mitunternehmerrisiko und Mitunternehmerinitiative hat (DPPM/*Patt* § 20 Rn 118; RHL/*Herlinghaus* § 20 Rn 101). Der ausl Rechtsträger muss aber nach dem Gesamtbild mit einer dt PersGes vglbar sein (Typenvergleich). Weitere Voraussetzung soll sein, dass die ausl PersGes eine inl Betriebsstätte oder inl Gesellschafter hat (RHL/*Rasche* Rn 101; Herrmann/Heuer/Raupach/*Rätke* § 15 EStG Rn 290; L. Schmidt/*Wacker* EStG § 15 Rn 173 jew mwN; vgl FG Düsseldorf EFG 2006, 1438; vgl auch Rn 117). Auf die stl Einordnung des ausl Rechtsträgers im Ansässigkeitsstaat kommt es insoweit nicht an. Damit können auch Anteile an sog hybriden Ges, die in ihren Sitzstaat als stl intransparent behandelt werden, wohingegen aus dt Sicht eine PersGes und damit ein transparenter Rechtsträger vorliegt (*Brähler/Heerdt* StuW 2007, 260; *Hey/Bauersfeld* IStR 2005, 649) einen Mitunternehmeranteil darstellen (DPPM/*Patt* § 20 Rn 118; RHL/*Herlinghaus* § 20 Rn 100).

69 Auch ein **Bruchteil eines Mitunternehmeranteil** kann nach § 24 in eine PersGes eingebracht werden (BMF-Schrb vom 11.11.2011, BStBl I 1314 Rn 24.03 iVm Rn 20.11; Haritz/Menner/*Schlößer* Rn 35; Widmann/Mayer/*Fuhrmann* Rn 279; DPPM/*Patt* Rn 94; RHL/*Rasche* Rn 45). Die Zulässigkeit der Einbringung des Bruchteils eines Mitunternehmeranteils ergibt sich als Umkehrschluss aus Abs 3 S 2.

70 Wird ein Mitunternehmeranteil in eine PersGes eingebracht, müssen WG des **SBV,** sofern sie wesentl Betriebsgrundlage des Betriebs sind, zusammen mit dem Gesellschaftsanteil auf die aufnehmende PersGes übertragen werden (BMF-Schrb vom 11.11.2011, BStBl I 1314 Rn 24.03 iVm Rn 20.10, 20.66; Haritz/Menner/*Schlößer* Rn 32; DPPM/*Patt* Rn 94; RHL/*Rasche* Rn 45). Dafür reicht es nach der hier vertretenen Meinung (vgl Rn 34) aus, dass die WG bei der übernehmenden PersGes wiederum SBV werden. Ob die WG des SBV wesentl Betriebsgrundlage sind, richtet sich nach richtiger Auffassung nach der funktionalen Betrachtungsweise (vgl dazu Rn 59 ff).

71 Nach herrschender Auffassung (DPPM/*Patt* Rn 94; RHL/*Rasche* Rn 45; vgl auch *Rogall* DB 2005, 410; aA Frotscher/Maas/*Mutscher* Rn 42) muss bei der Übertragung eines **Bruchteils eines Mitunternehmeranteils** auch der entsprechende Teil des SBV mit übertragen werden, sofern es sich dabei um eine wesentl Betriebsgrundlage handelt. Bringt demnach ein Kommanditist, der an der KG mit 50% beteiligt ist, die Hälfte seines Mitunternehmeranteils in eine andere Mitunternehmerschaft ein und besitzt er ein Grundstück im Alleineigentum, welches wesentl Betriebsgrundlage ist, müsste wirtschaftl die Hälfte dieses Grundstücks, zB durch Begründung von Bruchteilseigentum, auf die übernehmende Mitunternehmerschaft übertragen werden. Kommt es nicht zu einem quotal gleich hohen Anteil am SBV, sondern wird prozentual mehr SBV übertragen, so ist dieser Vorgang nur insoweit nach § 24 steuerneutral, als der Anteil am SBV der Quote des übertragenen Gesellschaftsanteils entspricht. Bei dem darüber hinausgehenden Anteil kommt es unter Anwendung des § 6 V 3 Nr 3 EStG, sofern es in das Gesamthandsvermögen des übernehmenden Rechtsträgers übertragen wird (Widmann/Mayer/*Fuhrmann* Rn 279), mit der Folge der dreijährigen Sperrfrist, bzw bei Überführung in das SBV des übernehmenden Rechtsträgers gem § 6 V 3 EStG, nicht zu einer Aufdeckung stiller Reserven. Wird demggü ein geringerer Anteil am SBV übertragen, als es der Quote des übertragenen Gesellschaftsanteils entspricht, liegt die Einbringung eines Bruchteils eines Mitunternehmeranteils nur insoweit vor, wie sich die Quote des übertragenen Gesellschaftsanteils und des SBV decken (DPPM/*Patt* Rn 94 iVm § 20 Rn 124 ff; vgl auch *Rogall* DB 2005, 410).

Bringt der Gesellschafter einer PersGes 1 seinen Mitunternehmeranteil in die übernehmende PersGes 2 gegen Gewährung von Gesellschaftsrechten ein, so entsteht eine sog **doppelstöckige PersGes.** Der Einbringende ist aufgrund des § 15 I 2 S 2 EStG durch das kraft gesetzl Fiktion sowohl MU der OberGes als auch MU der UnterGes. Wird mit der Einbringung des Mitunternehmeranteils SBV nicht ebenfalls auf die OberGes übertragen, so verliert es bei der UnterGes nicht die Eigenschaft als SBV, wenn der Gesellschafter der OberGes diese WG zur weiteren Nutzung bei der UnterGes belässt, da der Einbringende aufgrund der gesetzl Fiktion MU der UnterGes bleibt, kommt es zu keiner Entnahme (*Söffing* FR 1992, 185; Haritz/Menner/*Schlößer* Rn 20). Verbleibt jedoch das SBV solches der UnterGes, so ist es fragl, ob eine Einbringung des Mitunternehmeranteils in die OberGes gem § 24 vorliegt, da das SBV nicht mitunternehmerisches BV der aufnehmenden PersGes in Form von SBV geworden ist, was jedoch notw ist, damit eine Einbringung iSd § 24 vorliegt (aA Haritz/Menner/*Schlößer* Rn 20; Widmann/Mayer/*Fuhrmann* Rn 280f). 72

Beispiel: 73

A ist MU bei der PersGes P1. Zum mitunternehmerischen BV der Ges P1 gehört das für den Betrieb funktionell notw Grundstück X, das sich im Alleineigentum des Gesellschafter A befindet. A bringt seinen Mitunternehmeranteil an der Pers-Ges P1 gegen Gewährung von Mitunternehmeranteilen in die PersGes P2 ein. Belässt es der A bei der Vermietung des Grundstücks an die PersGes P1, so wird das Grundstück nicht SBV der PersGes P2 als OberGes. Ob in diesem Fall eine Einbringung iSd § 24 vorliegt, ist offen. A sollte daher sein Grundstück an die OberGes P2 vermieten, die dieses dann weiter an P1 vermietet (aA DPPM/*Patt* Rn 94, 16, der eine Übertragung in das Gesamthandsvermogen wegen für notw erachtet).

Problematisch könnte sich auch der Fall darstellen, dass in dem obigen Beispiel A seinen Mitunternehmeranteil an der PersGes P1 einschl des SBV gegen Gewährung von Mitunternehmeranteilen in die PersGes P2 überträgt. Vermietet die PersGes P2 das Grundstück an die PersGes P1, so stellt das Grundstück SBV bei der PersGes P1 dar (vgl BMF-Schrb vom 28.4.1998, BStBl I 583). Da in diesem Fall jedoch das Grundstück auch gesamthänderisches BV der übernehmenden PersGes (P2) wird, das SBV bezogen auf die PersGes P1 insoweit (nur) vorgeht, liegen die Voraussetzungen einer steuerneutralen Einbringung iSd § 24 mE vor. Gleiches gilt dann aber auch, wenn das SBV der PersGes 1 dem SBV der PersGes 2 nur vorgeht. 74

13. 100%ige Beteiligung an einer Kapitalgesellschaft

Nach seinem Wortlaut erstreckt sich Abs 1 nicht auf die Einbringung einer **100%igen Beteiligung an einer KapGes** in das BV der aufnehmenden PersGes. Gleichwohl ist es hM, dass eine im BV gehaltene 100%ige Beteiligung an einer KapGes als **Teilbetrieb iSv Abs 1** anzusehen ist, zumindest aber als solcher gilt (BT-Drs 16/2710, 50; DPPM/*Patt* Rn 95; BMF-Schrb vom 11.11.2011, BStBl I 1314 Rn 24.02; Blümich/*Nitzschke* Rn 26; *Sieker* DStR 2011 Beihefter zu Heft 31, 85; aA BFH BStBl II 2009, 464; Haritz/Menner/*Schlößer* Rn 37; RHL/*Rasche* Rn 42; *Rasche* GmbHR 2007, 793; BFH DStR 2008, 2001 zum UmwStG 1995). 75

Dies ergibt sich daraus, dass § 24 einen Fall der Betriebs- und Teilbetriebsveräußerung behandelt und damit die Teilbetriebsfiktion des § 16 I 1 Nr 1 S 2 EStG insoweit Anwendung finden muss (DPPM/*Patt* Rn 95). Dass im Regelungsbereich des § 20 etwas anderes gilt, steht dem nicht entgegen, da insoweit durch § 21 eine speziellere Regelung gegeben ist. Eine 100%ige Beteiligung an einer KapGes gilt auch dann als Teilbetrieb iSd § 24, falls die Beteiligung eine wesentl Betriebsgrundlage eines Betriebs oder anderen Teilbetriebs darstellt (*Neu/Schiffers/Watermeyer* GmbHR 2011, 729). Demggü geht die FinVerw davon aus, dass eine 100 %ige Beteiligung an einer KapGes dann keinen Teilbetrieb darstellen soll, wenn sie einem Betrieb, Teilbetrieb oder Mitunternehmeranteil als funktional wesentl Betriebsgrundlage zuzurechnen ist (BMF-Schrb vom 11.11.2011, BStBl I 1314 Rn 24.02 iVm Rn 15.06). Dann handelt es sich um die Einbringung eines einzelnen WG, auf die § 6 V EStG Anwendung findet.

76 100%ige Beteiligung bedeutet, dass sich das **gesamte Nennkapital** einer KapGes in der Hand des Einbringenden befinden muss – ausgenommen eigene Anteile der KapGes (vgl L. Schmidt/*Wacker* EStG § 16 Rn 162; Haritz/Menner/*Schlößer* Rn 39); nicht erforderl ist aber, dass das gesamte Nennkapital in nur einem Geschäftsanteil repräsentiert wird, vielmehr genügt, dass der Einbringende das gesamte Nennkapital – ggf aufgeteilt in zahlreiche Anteile – hält. Da § 24 I eine **Mindesthaltedauer** nicht vorsieht, steht der Anwendung von Abs 1 nicht entgegen, wenn die eingebrachte Beteiligung erst unmittelbar vor der Einbringung erworben oder auf 100% erhöht worden ist; eine dauernde gesellschaftsrechtl Bindung braucht am Einbringungsstichtag nicht bestanden zu haben (DPPM/*Patt* Rn 96; OFD Münster DStR 1989, 150; OFD Köln DStR 1989, 394).

77 **In einer Hand** befinden sich alle Anteile am Nennkapital auch dann, wenn eine **gewerbl PersGes** die Anteile hält, ebenso dann, wenn Einzelanteile im **Bruchteilseigentum** der Gesellschafter einer PersGes stehen, sofern es sich dabei um (Sonder-)BV handelt (DPPM/*Patt* Rn 96; Haritz/Menner/*Schlößer* Rn 41).

78 In einer Hand befindet sich das gesamte Nennkapital auch dann, wenn ein Gesellschafter nur einen Teil der Anteile selbst, die übrigen Anteile bis zur 100%igen Beteiligung für ihn durch einen **Treuhänder** gehalten werden; ebenso, wenn **mehrere Treuhänder** das gesamte Nennkapital für **einen Treugeber** einbringen, § 39 II AO. Hält umgekehrt ein Treuhänder das gesamte Nennkapital **für mehrere Treugeber,** befindet sich das gesamte Nennkapital nicht in einer Hand, sofern nicht die mehreren Treugeber wiederum iSv Rn 77 verbunden sind (Haritz/Menner/*Schlößer* Rn 42).

79 Eine 100%ige Beteiligung wird schließl auch dann nicht eingebracht, wenn der Einbringende zwar alle Anteile hält, davon aber einen Teil ledigl als Treuhänder für einen Dritten, dem nach § 39 II AO das zumindest wirtschaftl Eigentum an treuhänderisch gehaltenen Anteil zuzurechnen ist.

80 Abs 1 ist anzuwenden, wenn eine das gesamte Nennkapital umfassende Beteiligung an einer KapGes eingebracht wird, die im **BV oder SBV** des Einbringenden steht. Die 100%ige Beteiligung muss ebenso wie iRd § 16 EStG (vgl dazu L. Schmidt/*Wacker* EStG § 16 Rn 163) **insges BV** sein (BMF-Schrb vom 11.11.2011, BStBl I 1314 Rn 24.02; DPPM/*Patt* Rn 96). Ob es sich dabei um notw oder gewillkürtes BV handelt, spielt keine Rolle. Bereits durch die Überschrift des § 24 – Einbringung von BV in eine PersGes – wird klargestellt, dass WG des PV nicht nach § 24 eingebracht werden können. IÜ wird die Gleichstellung des Teilbetriebs mit einer 100%igen Beteiligung iRd § 24 der Regelung des § 16 EStG entnommen, so dass die dort aufgestellten Grdse auch iRd § 24 gelten müssen (vgl aber BFH DStR 2008, 2001 zum UmwStG 1995). Das Gesagte gilt entsprechend für einbringungsgeborene Anteile iSd § 21 aF.

Im Falle der Einbringung einer 100%igen Beteiligung des BV in eine PersGes gegen Gewährung von Gesellschaftsrechten tritt § 6 V 3 EStG hinter § 24 zurück. § 6 V 3 EStG findet aber Anwendung, wenn der Einbringende zwar eine 100%ige Beteiligung an einer KapGes in sein BV hält, tats aber nur einen Teil dieser Beteiligung in die PersGes gegen Gewährung von Gesellschaftsrechten einbringt (DPPM/*Patt* Rn 98). **81**

14. Übertragung einzelner Wirtschaftsgüter

§ 24 erfasst nicht die Übertragung **einzelner WG,** also solcher, die nicht in einer zur Sachgesamtheit „Betrieb" oder „Teilbetrieb" verbindenden inneren Organisationsform stehen. Die Übertragung einzelner WG in das stl BV einer Mitunternehmerschaft kann unter den Voraussetzungen des § 6 V EStG steuerneutral erfolgen (vgl dazu BMF-Schrb vom 8.12.2011, BStBl I 1279. **82**

a) Überführung einzelner Wirtschaftsgüter zwischen verschiedenen BV, § 6 Abs 5 S 1, 2 EStG. § 6 V 1 EStG regelt die Überführung von Einzelwirtschaftsgütern zwischen verschiedenen BV eines Stpfl. Die Überführung ist dadurch gekennzeichnet, dass sich die persönl Zurechnung des WG nicht ändert. Das (wirtschaftl) Eigentum des WG geht nicht auf eine andere Person über, es kommt nicht zu einem Rechtsträgerwechsel. **83**

Der Begriff WG umfasst nach der Rspr des BFH (BFH BStBl II 2003, 878; BFH BStBl II 1997; BFH BStBl II 1987, 14) Sachen, Rechte oder tats Zustände, konkrete Möglichkeiten oder Vorteile für den Betrieb, deren Erlangung der Kaufmann sich etwas kosten lässt, die nach der Verkehrsauffassung einer selbstständigen Bewertung zugängl sind, idR eine Nutzung für mehrere Wirtschaftsjahre erbringen und zumindest mit dem Betrieb übertragen werden können. Die Einzelveräußerbarkeit ist dabei zwar keine Voraussetzung für ein WG (BFH BStBl II 1992, 383; BFH BStBl II 1992, 529). Ein WG setzt aber eine irgendwie geartete wirtschaftl Verwertbarkeit voraus, wobei eine Übertragungsmöglichkeit zusammen mit dem Betrieb ausreichend ist (BFH BStBl II 1990, 15; BFH BStBl II 1992, 383). Der Anwendung des § 6 V 1, 2 EStG steht nicht entgegen, dass mehrere WG zeitgleich überführt werden. Dabei ist es nach Auffassung der FinVerw unschädlich, wenn die überführten WG einen Betrieb, Teilbetrieb bilden oder es sich um einen Mitunternehmeranteil handelt (BMF-Schrb vom 8.12.2011, BStBl I 1279 Rn 6). Für die Übertragung einer 100%igen Beteiligung an einer KapGes vgl Rn 75 ff; BFH DStR 2008, 2001. **84**

Es kommt zwingend zu einer Buchwertübertragung, wenn die in den überführten WG enthaltenen stillen Reserven weiterhin im Inland der Besteuerung unterliegen. Entscheidend ist insoweit die einkommens- bzw körperschaftsteuerl Erfassung der stillen Reserven, auf die gewstl Erfassung kommt es nicht an (BFH BStBl II 1989, 187; RHL/*Rasche* Anh 4 Rn 61). Die Buchwertfortführung führt im Erg dazu, dass evtl AfA für das überführte WG nach der bisherigen Bemessungsgrundlage, Methode und Nutzungsdauer anzusetzen ist und dass die Besitzzeiten nach § 6 b IV 1 Nr 2 EStG weiter laufen (L. Schmidt/*Kulosa* EStG § 6 Rn 684). **85**

Diese Grdse gelten für die Überführung eines WG aus dem eigenen BV des Stpfl in dessen SBV bei einer Mitunternehmerschaft und umgekehrt sowie für **86** die Überführung zwischen verschiedenen SBV desselben Stpfl bei verschiedenen Mitunternehmerschaften.

87 **b) Übertragung von Wirtschaftsgütern bei Mitunternehmerschaften, § 6 Abs 5 S 3 ff EStG.** Bei der unentgeltl oder gegen Gewährung/Minderung von Gesellschaftsrechten erfolgten Übertragung ordnet **§ 6 V 3 Nr 1, 2 EStG** die Buchwertfortführung an, wenn einzelne WG

- aus dem BV eines Mitunternehmers in das Gesamthandsvermögen der Mitunternehmerschaft,
- aus dem Gesamthandsvermögen einer Mitunternehmerschaft in das BV eines Mitunternehmers,
- aus dem SBV eines Mitunternehmers in das Gesamthandsvermögen ders Mitunternehmerschaft,
- aus dem Gesamthandsvermögen einer Mitunternehmerschaft in das SBV bei ders Mitunternehmerschaft,
- aus dem SBV eines Mitunternehmers in das Gesamthandsvermögen einer anderen Mitunternehmerschaft oder
- aus dem Gesamthandsvermögen einer Mitunternehmerschaft in das SBV bei einer anderen Mitunternehmerschaft übertragen wird.

88 **§ 6 V 3 Nr 3 EStG** betrifft die Übertragung eines Einzelwirtschaftsguts zwischen den jeweiligen SBV verschiedener MU bei derselben Mitunternehmerschaft, sofern die Übertragung unentgeltl erfolgt. Der Anwendung des § 6 V 3 EStG steht nicht entgegen, dass mehrere WG zeitgleich überführt werden. Dabei ist es unschädlich, wenn die überführten WG einen Betrieb, Teilbetrieb bilden oder es sich insgesamt um einen Mitunternehmeranteil handelt. Vorrangig sind jedoch die Vorschriften des § 6 III EStG oder § 24 UmwStG anzuwenden, wenn die dortigen Voraussetzungen erfüllt sind (BMF-Schrb vom 8.12.2011, BStBl I 1279 Rn 12 iVm Rn 6).

89 Der Gesetzeswortlaut setzt die Beteiligung an einer Mitunternehmerschaft mit Gesamthandsvermögen voraus. Die hM wendet die Regelungen auch auf eine **Mitunternehmerschaft ohne Gesamthandsvermögen** an (zB atypisch stille Ges) an (BMF-Schrb vom 8.12.2011, BStBl I 1279 Rn 9; L. Schmidt/*Kulosa* EStG § 6 Rn 691; *Kloster/Kloster* GmbHR 2002, 717). Es ist ausreichend, wenn durch die Übertragung des Einzelwirtschaftsgutes die Mitunternehmerstellung erstmals begründet wird (L. Schmidt/*Kulosa* EStG § 6 Rn 692). § 6 V 3 EStG ist gekennzeichnet durch den Rechtsträgerwechsel, dh es kommt zu einer Übertragung des WG. Die Übertragung kann unentgeltl oder gegen Gewährung bzw Minderung von Gesellschaftsrechten erfolgen. **Unentgeltlichkeit** liegt vor, wenn dem Übertragenden keinerlei Gegenleistung für die Übertragung des Einzelwirtschaftsguts gewährt wird. Unentgeltlichkeit bedeutet damit verdeckte Einlage bzw verdeckte Entnahme in bzw aus dem Gesamthandsvermögen einer PersGes. Soweit an der übernehmenden PersGes auch KapGes mitunternehmerisch beteiligt sind, kann es zu verdeckten Einlagen bzw verdeckten Gewinnausschüttungen im Hinblick auf die mitunternehmerisch beteiligte KapGes kommen (BMF-Schrb vom 8.12.2011, BStBl I 1279 Rn 9).

90 Die Übertragung von Einzelwirtschaftsgütern aus einem BV in das Gesamthandsvermögen gegen **Gewährung von Gesellschaftsrechten** stellt im Grds einen tauschähnl Vorgang dar (BMF-Schrb vom 8.12.2011, BStBl I 1279 Rn 8; BFH DStR 2008, 761; BFH BStBl II 2000, 230). Die sich daraus gem § 6 VI 1 EStG eigentl ergebende Gewinnrealisierung wird durch § 6 V 3 EStG, der insoweit lex specialis ist (vgl

§ 6 VI 4 EStG), neutralisiert. Eine Übertragung gegen Gewährung von Gesellschaftsrechten liegt vor, wenn die durch die Übertragung eingetretene Erhöhung des Verm der PersGes dem Kapitalkonto des Einbringenden gutgeschrieben wird, das für seine Beteiligung am Gesellschaftsvermögen maßgebend ist (L. Schmidt/*Kulosa* EStG § 6 Rn 698). Dementsprechend liegt eine Übertragung gegen Minderung von Gesellschaftsrechten vor, wenn die durch die Übertragung eines WG von der PersGes auf den MU eingetretene Minderung des Verm der PersGes bei dem für die Beteiligung am Gesellschaftsvermögen maßgebenden Kapitalkonto des Gesellschafters belastet wird, in dessen Verm das WG übertragen wird.

Ist der **Wert der als Gegenleistung** für die Übertragung des WG erhaltenen Gesellschaftsrechte niedriger als der Verkehrswert des eingebrachten WG, liegt ein teilentgeltl Geschäft vor, das insges nach § 6 V 3 EStG steuerneutral zu behandeln ist. Kommt es gemeinsam mit der Übertragung des Einzelwirtschaftsguts auch gleichzeitig zur Übertragung von **Verb,** so liegt nach hM (BMF-Schrb vom 8.12.2011, BStBl I 1279 Rn 15; L. Schmidt/*Kulosa* EStG § 6 Rn 696) ein teilentgeltl Vorgang vor, da die Übernahme der Verb als zusätzl Entgelt gewertet wird. Von einem teilentgeltl Vorgang ist auch dann auszugehen, wenn als Gegenleistung für die Übertragung des einzelnen WG neben der Gewährung von Gesellschaftsrechten weitere Gegenleistungen durch den übernehmenden Rechtsträger gewährt werden; § 6 V 3 EStG ist nur insoweit anwendbar, als die Übertragung gegen Gewährung von Gesellschaftsrechten erfolgt. Der BFH (DStR 2012, 2051) geht demgegenüber davon aus, dass auch die teilentgeltliche Übertragung eines WG des SBV in das Gesamthandsvermögen einer Personengesellschaft nicht zu einer Gewinnrealisierung führt, wenn das Entgelt den BW nicht übersteigt (vgl auch BFH DStR 2012, 1500). Werden Verb, die mit dem übertragenen Einzelwirtschaftsgut zusammenhängen, nicht mitübertragen, liegt insoweit negatives SBV II in der Person des Einbringenden vor (str vgl L. Schmidt/*Kulosa* EStG § 6 Rn 696). 91

Stpfl iSd § 6 V 3 ist jeder MU, dh eine natürl Person, PersGes und KapGes (BMF-Schrb vom 7.2.2002, DB 2002, 660). Liegt eine **mehrstöckige Mitunternehmerschaft** vor, findet § 6 V 3 Nr 1–3 EStG bei der Übertragung eines Einzelwirtschaftsgutes sowohl durch die OberGes als auch durch die MU der OberGes Anwendung (BMF-Schrb vom 8.12.2011, BStBl I 1279 Rn 9; L. Schmidt/*Kulosa* EStG § 6 Rn 691). Ob § 6 V 3 EStG auch für die Übertragung von WG zwischen SchwesterPersGes gilt, ist nicht abschließend geklärt. Während der I. Senat des BFH dies verneint (BFH BStBl II 2010, 471; ebenso BMF-Schrb vom 8.12.2011, BStBl I 1279 Rn 18; *Gosch* DStR 2010, 1773; *Brandenberg* FR 2010, 731) bejaht der IV Senat die Anwendbarkeit (BFH BStBl II 2010, 971). 92

§ 6 V 3 EStG verweist auf § 6 V 1 EStG. Die Buchwertverknüpfung ist damit nur zul, wenn die Besteuerung der stillen Reserven in dem übertragenen WG sichergestellt ist. Liegen die Voraussetzungen des § 6 V 3 EStG vor, kommt es zwingend zu einer Buchwertverknüpfung. In welchem Umfang der aufnehmende Rechtsträger in die Rechtsstellung des übertragenden Rechtsträgers hinsichtl der AfA, der Besitzzeit etc eintritt, ist nicht abschließend geklärt (vgl RHL/*Rasche* Anh 4 Rn 82; L. Schmidt/*Kulosa* EStG § 6 Rn 705). 93

§ 6 V 3 EStG kann auch **neben § 24** zur Anwendung kommen (vgl BMF-Schrb vom 8.12.2011, BStBl I 1279 Rn 12 iVm Rn 6). Wird eine MutterPersGes auf ihre TochterPersGes verschmolzen und gehen dabei auf die TochterPersGes auch WG über, die vor der Verschm zwar zum Gesamthandsvermögen des übertragenden Rechtsträgers gehört haben, aber SBV bei der TochterGes waren, stellt sich die Frage, ob sich die Übertragung des SBV nach § 24 oder nach § 6 V 3 Nr 2 EStG steuerneut- 94 ral vollzieht. Bei einer isolierten Übertragung des SBV auf die TochterPersGes wäre § 6 V 3 Nr 2 EStG anwendbar. Bei der Verschm der OberGes auf die UnterGes verliert das SBV diese stl Qualifikation zum Einbringungsstichtag. Zu einer Überführung des WG des SBV in das stl Gesamthandsvermögen des übertragenden Rechtsträgers nach § 6 V 2 EStG noch vor der Verschm kommt es aber nicht, so dass die WG des SBV noch in dieser Eigenschaft und damit nach § 6 V 3 Nr 2 EStG steuerneutral auf den übernehmenden Rechtsträger übergehen; § 24 ist bezogen auf das SBV anzuwenden, wenn man davon ausgeht, dass der Mitunternehmeranteil der MutterPersGes an der TochterPersGes im Rahmen der Verschm übergeht.

95 **§ 6 V 4 EStG** sieht bei der Übertragung nach § 6 V 3 EStG eine Behaltefrist von drei Jahren vor, gerechnet von der Abgabe der Steuererklärung des Übertragenden für den VZ, in dem die Übertragung nach § 6 V 3 EStG erfolgt ist. Wird das übertragene WG innerh dieser Frist entnommen oder veräußert, ist zwingend rückwirkend der TW bezogen auf das übertragene WG anzusetzen. Von einer (anteiligen) Veräußerung des übertragenen WG ist auch dann auszugehen, wenn innerh der Drei-Jahres-Frist ein Mitunternehmeranteil an der übernehmenden PersGes veräußert (Linklaters/Oppenhoff/Rädler/*Schaflitzel* DB Beilage 1/2002, 30) oder nach §§ 20, 24 eingebracht wird (BMF-Schrb vom 8.12.2011, BStBl I 1279 Rn 33). Ob die anteilige Veräußerung in vollem Umfang die Rechtsfolgen des § 6 V 4 EStG auslösen, ist nicht abschl geklärt.

96 Nach § **6 V 5 EStG** ist der TW anzusetzen, soweit bei einer Übertragung eines WG nach § 6 V 3 EStG der Anteil an einer Körperschaft, Personenvereinigung oder Vermögensmasse an diesem WG unmittelbar oder mittelbar begründet wird oder sich erhöht. In § 6 V 5 EStG ist im Ggs zu § 6 V 4 EStG die Möglichkeit der Korrektur durch eine Ergänzungsbilanz nicht vorgesehen (BMF-Schrb vom 8.12.2011, BStBl I 1279 Rn 28). Nach Meinung der FinVerw (BMF-Schrb vom 8.12.2011, BStBl I 1279 Rn 29) hat ein Buchwertansatz zu erfolgen, wenn eine KapGes aus ihrem BV ein WG unentgeltl oder gegen Gewährung von Gesellschaftsrechten auf eine PersGes überträgt, an der sie zu 100% vermögensmäßig beteiligt ist. § 6 V 5 EStG findet keine Anwendung, wenn die einbringende KapGes das übertragene WG im Alleineigentum hat, an der übernehmenden PersGes neben ihr eine natürl Person beteiligt ist, da insoweit keine Begründung oder Erhöhung des Anteils einer Körperschaft am übertragenen WG erfolgt (BMF-Schrb vom 8.12.2011, BStBl I 1279 Rn 30). Ist die übertragende KapGes mit weniger als 100% an der übernehmenden PersGes beteiligt und sind die weiteren Gesellschafter des übernehmenden Rechtsträgers auch Körperschaften, hat die Übertragung gem § 6 V 3 Nr 1 EStG insoweit zum BW zu erfolgen, als das WG der übertragenden KapGes nach der Übertragung mittelbar zuzurechnen ist (BMF-Schrb vom 8.12.2011, BStBl I 1279 Rn 31).

97 Soweit innerh einer Sperrfrist von sieben Jahren nach der Übertragung des WG nach § 6 V EStG der Anteil an einer Körperschaft, Personenvereinigung oder Vermögensmasse an dem übertragenen WG aus einem anderen Grund unmittelbar oder mittelbar begründet oder dieser sich erhöht, ist rückwirkend auf den Zeitpunkt der Übertragung ebenfalls der TW anzusetzen (§ 6 V 6 EStG).

15. Zurückbehaltung von Wirtschaftsgütern

98 **a) Einbringung eines Betriebs.** § 24 ist nur dann anwendbar, wenn iRd Einbringung eines Betriebs sämtl **wesentl Betriebsgrundlagen** in einem einheitl Vorgang auf die übernehmende PersGes gegen Gewährung von Gesellschaftsrechten

übertragen werden (BMF-Schrb vom 11.11.2011, BStBl I 1314 Rn 24.03 iVm Rn 20.06; RHL/*Rasche* Rn 31, DPPM/*Patt* Rn 9; Frotscher/Maas/*Mutscher* Rn 20b). Der Begriff „wesentl Betriebsgrundlage" ist auch iRd § 24 nach der hier vertretenen Auffassung normspezifisch, dh **funktional** auszulegen (vgl dazu Rn 59; zu weiteren Einzelheiten vgl § 20 Rn 24 ff). Die Einbringung von BV in eine PersGes bzw Mitunternehmerschaft gem Abs 1 erfordert die Überführung der WG in das mitunternehmerische BV der aufnehmenden PersGes. Dazu gehört sowohl das Gesamthandsvermögen der PersGes als auch das entsprechende SBV (str vgl Rn 34). Bringt eine PersGes einen Betrieb aus dem Gesamthandsvermögen in eine Tochter-PersGes ein, so muss der MU der PersGes auch sein SBV auf den übernehmenden Rechtsträger übertragen, sofern es sich um eine funktional wesentl Betriebsgrundlage handelt. Behält der MU in diesem Fall die funktional wesentl Betriebsgrundlage zurück, kommt es zu einer Aufdeckung sämtlicher stiller Reserven im übertragenen Betrieb zum Einbringungsstichtag. Behält der Einbringende WG zurück, die wesentl Betriebsgrundlage des eingebrachten Betriebs sind, ist § 24 damit nicht anwendbar; in diesem Fall liegt die Einbringung einzelner WG vor, die stl Folgen ergeben sich dann aus § 6 V, VI EStG. Maßgebender Zeitpunkt dafür, ob ein WG eine wesentl Betriebsgrundlage des eingebrachten Betriebs ist, ist nach der hier vertretenen Meinung der Zeitpunkt der Fassung des Umwandlungsbeschlusses oder, wenn es eines solchen nicht bedarf, der Abschluss des Einbringungsvertrages (vgl § 20 Rn 31; aA BMF-Schrb vom 11.11.2011, BStBl I 1314 Rn 24.03 iVm Rn 20.06, 15.03). Nach Auffassung der FinVerw (BMF-Schrb vom 11.11.2011, BStBl I 1314 Rn 24.03 iVm Rn 20.07) sind die Grundsätze der Gesamtplanrechtsprechung zu prüfen, wenn funktional wesentl Betriebsgrundlagen eines Betriebs im zeitl und wirtschaftl Zusammenhang mit der Einbringung in ein anders BV überführt oder übertragen werden (vgl dazu Rn 60).

Werden WG zurückbehalten, die **nicht wesentl Betriebsgrundlage** sind, hindert dies die Anwendbarkeit des § 24 in Bezug auf das eingebrachte BV nicht (BFH DStR 2013, 356). Das weitere Schicksal der zurückbehaltenen nicht wesentl Betriebsgrundlagen hängt davon ab, ob die WG im Zeitpunkt des Wirksamwerdens der Einbringung weiterhin betriebl verhaftet sind bzw nicht ausdrücklich ins PV überführt werden (BFH DStR 2013, 356). In diesem Fall werden die stillen Reserven nicht realisiert (vgl BMF-Schrb vom 25.3.1998, BStBl I 268 Rn 24.04 iVm 20.10). Werden die WG PV, so kommt es zu einer Realisierung der in ihnen enthaltenen stillen Reserven iHd Diff zwischen dem gemeinen Wert und dem BW. 99

Kommt es nach dem Gesagten zu einer Aufdeckung von stillen Reserven, so ist dafür der Zeitpunkt maßgebend, in dem das wirtschaftl Eigentum iRd „Einbringung" auf die übernehmende PersGes übergeht. Werden nicht wesentl Betriebsgrundlagen zurückbehalten und stellen diese danach PV dar, so entsteht der Entnahmegewinn im Zeitpunkt der Einbringung bzw bei Rückwirkung des Übertragungsstichtag (BMF-Schrb vom 11.11.2011, BStBl I 1314 Rn 24.03 iVm Rn 20.07). 100

b) Einbringung eines Teilbetriebs. Nach umstrittener Auffassung der FinVerw (BMF-Schrb vom 11.11.2011, BStBl I 1314 Rn 24.03 iVm Rn 20.06, 15.02 f, 15.07-15.010) entspricht der in § 24 verwendete Begriff des Teilbetriebs dem in der FusionsRL (vgl dazu bereits Rn 62). Daraus schließt die FinVerw, dass zum Teilbetrieb sowohl alle funktional wesentl Betriebsgrundlagen sowie die diesem Teilbetrieb nach wirtschaftlichen Zusammenhängen zuordenbaren WG gehören. Die Voraussetzung des Teilbetriebs müssen nach Auffassung der FinVerw bereits 101 zum stl Übertragungsstichtag vorliegen (BMF-Schrb vom 11.11.2011, BStBl I 1314 Rn 24.03 iVm Rn 20.06, 15.03). Nach der hier vertretenen Auffassung kann die Meinung der FinVerw nicht überzeugen, es gilt im Grundsatz der nationale Teilbetriebsbegriff (vgl dazu Rn 65; § 20 Rn 81 ff).

102 Für die Anwendung des § 24 ist es notwendig, dass der Teilbetrieb als Ganzes eingebracht wird, was bedeutet, dass die wesentl Betriebsgrundlagen bzw unter Berücksichtigung der Auffassung der FinVerw auch die WG, die dem Teilbetrieb wirtschaftlich zuordenbar sind, auf die PersGes übergehen. Werden funktional wesentl Betriebsgrundlagen bzw die einem Teilbetrieb zuordenbaren WG im zeitl und wirtschaftl Zusammenhang mit der Einbringung in ein anderes Verm überführt, so sind nach Auffassung der FinVerw die Grundsätze der Gesamtplanrechtsprechung zu beachten (vgl dazu Rn 60). Der steuerneutralen Einbringung eines Teilbetriebs steht es nicht entgegen, dass neutrales Verm, welches in keiner Funktion zum vorhandenen Teilbetrieb besteht, mitübertragen oder zurückbehalten wird. Stellt ein WG eine funktional wesentl Betriebsgrundlage sowohl beim übertragenden als auch beim verbleibenden Teilbetrieb dar, so steht dies der Annahme einer Teilbetriebseinbringung nicht entgegen (DPPM/*Patt* § 20 Rn 110). Wird dieses WG nicht voll bzw anteilig auf den übernehmenden Rechtsträger mitübertragen, so kommt es zu einer Aufdeckung der stillen Reserven im übertragenen Teilbetrieb. Nach Auffassung der FinVerw gelten bei der Einbringung eines Teilbetriebs die Rn 15.07–15.10 entsprechend (BMF-Schrb vom 11.11.2011, BStBl I 1314 Rn 24.03 iVm Rn 20.06). Bei diesem Verweis ist zu beachten, dass bei der Einbringung anders als bei der Spaltung nach § 15 das zurückbehaltene Verm nicht selbst Teilbetriebseigenschaft haben muss (DPPM/*Patt* § 20 Rn 110; *Benz/Rosenberg* DB Beilage 1/2012 zu Heft 2, 38). Der steuerneutralen Einbringung steht es damit nicht entgegen, dass der Einbringende das gesamte gemischt genutzte WG dem übertragenen Teilbetrieb zugeordnet und in den übernehmenden Rechtsträger einbringt. Ob ein Teilbetrieb vorliegt und welche WG funktional wesentl Betriebsgrundlage sind, richtet sich nach der Sicht des Einbringenden. Dies gilt nach herrschender, wenn auch strittiger Meinung, auch bei der Anwendung des europäischen Teilbetriebsbegriffs (vgl dazu § 20 Rn 99, 87).

103 **c) Einbringung eines Mitunternehmeranteils.** Wird ein Mitunternehmeranteil eingebracht, so sind in jedem Fall auch die funktional wesentl Betriebsgrundlagen des SBV mit zu übertragen (BMF-Schrb vom 11.11.2011, BStBl I 1314 Rn 24.03 iVm Rn 20.06; ebenso DPPM/*Patt* § 20 Rn 94; Widmann/Mayer/*Fuhrmann* § 20 Rn 270 ff). Werden nicht zu den funktional wesentl Betriebsgrundlagen zählende WG des SBV nicht auf die übernehmende PersGes mitübertragen, so findet nach hA § 24 dennoch Anwendung (DPPM/*Patt* § 20 Rn 94; Widmann/Mayer/*Fuhrmann* § 20 Rn 272). Dies dürfte auch der Meinung der FinVerw entsprechen (*Stangl* GmbHR 2012, 253; DPPM/*Patt* § 20 Rn 124; zweifelnd Widmann/Mayer/*Widmann* UmwStE Rn 20.10). Dem steht nicht entgegen, dass im UmwStE im Zusammenhang mit der Einbringung eines Mitunternehmeranteils in eine PersGes auch auf die Ausführung zum europäischen Teilbetriebsbegriff verwiesen wird (vgl BMF-Schrb vom 11.11.2011, BStBl I 1314 Rn 24.03 iVm Rn 20.10; 20.06, 15.02). Im Gegensatz zum Teilbetrieb ist der Mitunternehmeranteil nicht in der FusionsRL definiert, er ist auch nicht wie in § 15 I 2 einem Teilbetrieb nur gleichstellt, sondern vielmehr neben dem Betrieb und Teilbetrieb ein eigenständiges Einbringungsobjekt. Die Einbringung eines Mitunternehmeranteils fordert daher nur, dass die sich im SBV befindenden funktional wesentl Betriebsgrundlagen mitübertragen werden müssen. Eine Übertragung solcher WG, die lediglich im wirtschaftl Zusammenhang mit dem Mitunternehmeranteil stehen und SBV eines Mitunternehmeranteils darstellen, müssen nicht mitübertragen werden (DPPM/*Patt* § 20 Rn 124; *Stangl* GmbHR 2012, 253; *Kaeser* DStR 2012 Beihefter zu Heft 2, 13; *Förster* GmbHR 2012, 237). Zu weiteren Einzelheiten vgl auch § 20 Rn 149 ff.

Der Einbringende

16. Natürliche und juristische Personen

Abs 1 enthält zur Person des Einbringenden keine Beschränkungen. Einbringen- **104**
der iSd § 24 können natürl Personen, PersGes, Körperschaften, Personenvereinigungen oder Vermögensmassen sein, sofern sie BV besitzen, aus dem bzw das eingebracht werden kann. Ohne Bedeutung ist, ob der Einbringende unbeschränkt oder beschränkt stpfl ist. Es kommt auch nicht darauf an, ob er in einem EU-/EWR-Staat oder in einem Drittstaat ansässig ist (RHL/*Rasche* Rn 54; DPPM/*Patt* Rn 111; Frotscher/Maas/*Mutscher* Rn 11). Hat eine Körperschaft bzw eine steuerbefreite Körperschaft einen Betrieb etc iSv § 24 eingebracht, ist die als Gegenleistung erhaltene Mitunternehmerstellung als Betrieb gewerbl Art bzw als wirtschaftl Geschäftsbetrieb beim Einbringenden zu beurteilen (DPPM/*Patt* Rn 9).

17. Mitunternehmerschaft als Einbringender

Ob bzw unter welchen Voraussetzungen eine Mitunternehmerschaft als solche **105**
Einbringende iSd § 24 sein kann, ist im Einzelnen umstritten. Im UmwStE 1998 (BMF-Schrb vom 25.3.1998, BStBl I 2068 Rn 24.04 iVm Rn 20.05; ebenso *Patt* DStR 1995, 1081) ging die FinVerw davon aus, dass bei der Einbringung durch eine PersG unabhängig von der zivilrechtlichen Rechtslage die an dieser PersG beteiligten natürlichen/juristischen Personen Einbringende iSd § 24 seien. Diese Auffassung hat die FinVerw aufgegeben. Einbringender Rechtsträger ist vielmehr der Rechtsträger, der auf Grund der Einbringung MU der übernehmenden PersG wird bzw dessen Mitunternehmerstellung erweitert wird (BMF-Schrb vom 11.11.2011, BStBl I 1314 Rn 24.03 iVm Rn 20.03). Zu beachten ist, dass der Gegenstand der Einbringung unabhängig von der Person des Einbringenden zu beurteilen ist (BMF-Schrb vom 11.11.2011, BStBl I 1314 Rn 24.03 iVm Rn 20.03, 20.05).

Einbringender iSd § 24 ist die Mitunternehmerschaft, wenn sie einen Betrieb, **106**
Teilbetrieb oder einen Mitunternehmeranteil auf die übernehmende PersG überträgt, sie MU der übernehmenden PersG wird bzw ihre bisherige Mitunternehmerstellung erweitert wird und die einbringende Mitunternehmerschaft nach der Einbringung als Mitunternehmerschaft fortbesteht (BMF-Schrb vom 11.11.2011, BStBl I 1314 Rn 24.03 iVm Rn 20.03; DPPM/*Patt* Rn 112; Haritz/Menner/*Schlößer* Rn 53 ff). Unter Berücksichtigung der Entwicklung hinsichtlich der stl Behandlung einer PersG als selbstständiges Gewinnermittlungssubjekt ist diese Auffassung überzeugend (krit *Rasche* GmbHR 2012, 149). Die Mitunternehmerschaft kann selbst Einbringender sein, und zwar auch dann, wenn sie ihr gesamtes Verm überträgt.

Bei der **Verschmelzung** einer PersG auf eine andere PersG nach §§ 2 ff, 39 ff **107**
UmwStG geht das Verm der übertragenden PersG als Ganzes auf die übernehmende PersG über; für die untergehenden Gesellschaftsanteile erhalten die Gesellschafter des übertragenden Rechtsträgers Anteile an der übernehmenden PersG. Die Mitunter-

nehmerstellung am übernehmenden Rechtsträger werden den Mitunternehmern der übertragenden PersG gewährt, sie sind Einbringende iSd § 24 (BMF-Schrb vom 11.11.2011, BStBl I 1314 Rn 20.03 iVm Rn 24.03; DPPM/*Patt* Rn 28; Haritz/Menner/*Schlößer* Rn 54). Da der Einbringungsgegenstand sich nach dem zu Grunde liegenden Rechtsgeschäft richtet (BMF-Schrb vom 11.11.2011, BStBl I 1314 Rn 24.03 iVm Rn 20.05), bringen in diesem Fall die MU jedoch nicht ihren Mitunternehmeranteil ein, Einbringungsgegenstand ist vielmehr der durch die PersG übertragene Betrieb (krit *Rasche* GmbHR 2012, 149).

108 Wird von einer PersG Verm auf eine andere PersG **abgespalten** und erhalten damit die MU der übertragenen PersG nicht nur zivilrechtl, sondern auch steuerrechtl die neue Mitunternehmerstellung am übernehmenden Rechtsträger, sind sie selbst Einbringende (BMF-Schrb vom 11.11.2011, BStBl II 1314 Rn 24.03 iVm Rn 20.03; DPPM/*Patt* Rn 32; Haritz/Menner/*Schlößer* Rn 56); auch in diesem Fall werden jedoch nicht Teile eines Mitunternehmeranteils eingebracht, sondern das übertragene Verm, so wie es sich bei der übertragenen PersG darstellt, zB bei der Abspaltung eines Teilbetriebs, wird ein Teilbetrieb eingebracht (BMF-Schrb vom 11.11.2011, BStBl II 1314 Rn 24.03 iVm Rn 20.03; DPPM/*Patt* Rn 32; Haritz/Menner/*Schlößer* Rn 55). In diesem Fall setzt die Steuerneutralität voraus, dass eine wesentl Betriebsgrundlage der abgespaltenen Sachgesamtheit auch in das stl BV des übernehmenden Rechtsträgers übertragen bzw überführt wird.

109 **Gliedert eine Mitunternehmerschaft** einen Betrieb, Teilbetrieb oder Mitunternehmeranteil auf eine Mitunternehmerschaft aus und wird sie im Rahmen dieser Ausgliederung MU des übernehmenden Rechtsträgers bzw erhöht sich ihr Mitunternehmeranteil an dieser, so ist Einbringender die übertragende Mitunternehmerschaft, da sie gem § 15 III 1 EStG als Mitunternehmerschaft weiter existiert (BMF-Schrb vom 11.11.2011, BStBl II 1314 Rn 24.03 iVm Rn 20.03; Haritz/Menner/*Schlößer* Rn 57; DPPM/*Patt* Rn 32). Die Steuerneutralität dieser Ausgliederung setzt jedoch voraus, dass eine wesentl Betriebsgrundlage des SBV des übertragenden Rechtsträgers nach hM auf das BV des übernehmenden Rechtsträgers übertragen bzw überführt werden muss.

110 Einbringender iSd § 24 ist aber der einzelne MU, wenn er seine Mitunternehmeranteile auf die übernehmende PersG überträgt (Haritz/Menner/*Schlößer* Rn 58).

111 Liegt eine **Einbringung durch eine Mitunternehmerschaft** als solche vor, so ergeben sich hieraus folgende **Konsequenzen** (vgl auch § 20 Rn 185):

- Eine Voll- oder Teilrealisierung der stillen Reserven kann nur einheitl bezogen auf das gesamte übergehende Verm vorgenommen werden (Widmann/Mayer/*Fuhrmann* Rn 371); eine unterschiedl Aufstockung pro „Mitunternehmeranteil" scheidet dann aus.
- Wird SBV zurückbehalten, welches eine wesentl Betriebsgrundlage des Betriebs oder Teilbetriebs darstellt, so findet § 24 insges keine Anwendung (Widmann/Mayer/*Fuhrmann* Rn 371; DPPM/*Patt* Rn 32; Haritz/Menner/*Schlößer* Rn 42.71).

Einbringung in eine Personengesellschaft

18. Aufnehmende Personengesellschaft/Mitunternehmerschaft

112 Die eingebrachten WG müssen in das **BV einer PersGes** übergehen. Als aufnehmende PersGes kommt **jede luf gewerbl oder freiberufl tägige Mitun-**

ternehmerschaft in Betracht (einhellige Auffassung vgl nur DPPM/*Patt* Rn 99; Haritz/Menner/*Schlößer* Rn 59; Frotscher/Maas/*Mutscher* Rn 13). Dazu gehören insbes die PhG, PartGes sowie die GbR, die Europäische Wirtschaftliche Interessenvereinigung (EWIV) als Sonderform der OHG, sofern Gewinnabsicht Nebenzweck ist und die übrigen Voraussetzungen eines Gewerbebetriebs vorliegen (BMF-Schrb vom 15.11.1988, DB 1989, 354; L. Schmidt/*Wacker* EStG § 15 Rn 333). Die atypisch stille Ges einschl der GmbH & Still (atypisch) (DPPM/*Patt* Rn 99; Widmann/Mayer/*Fuhrmann* Rn 347; Haritz/Menner/*Schlößer* Rn 59; L. Schmidt/*Wacker* EStG § 15 Rn 340) sowie die atypische Unterbeteiligung an einem Personengesellschaftsanteil (DPPM/*Patt* Rn 99; Widmann/Mayer/*Fuhrmann* Rn 348). Zur Sacheinlage auf das Komplementärkapital einer KGaA vgl *Schütz/Dümischen* DB 2000, 2446; *Farnschläder/Dornschmidt* DB 1999, 1923; *Schaumburg* DStZ 1998, 525. Es reicht aus, dass eine bisher vermögensverwaltende PersGes erst in Folge der Übernahme des übertragenen Verm gewerbl, luf oder freiberufl Einkünfte erzielt (DPPM/*Patt* Rn 100; Widmann/Mayer/*Fuhrmann* Rn 349). Ist die übernehmende PersG vor und nach der Einbringung vermögensverwaltend tätig (zB Einbringung einer 100%igen Beteiligung an einer KapG), liegen die Voraussetzungen des § 24 nicht vor, und zwar unabhängig davon, ob ein Gesellschafter der übernehmenden PersG seine Beteiligung an dieser im BV hält (Widmann/Mayer/*Fuhrmann* Rn 350).

Die Einbringung in eine PersGes bzw Mitunternehmerschaft gem Abs 1 erfor- 113
dert die Überführung der WG in das **mitunternehmerische BV** der aufnehmenden PersGes. Zum mitunternehmerischen BV gehören dabei sowohl das gesamthänderisch gebundene Verm der Ges als auch das der Mitunternehmerschaft zugeordnete SBV (str vgl Rn 34).

Wird der Betrieb, Teilbetrieb oder Mitunternehmeranteil **ausschließl in das** 114
SBV einer PersGes eingebracht, so liegt keine Einbringung iSd § 24 vor, selbst wenn der Einbringende danach MU der „aufnehmenden" PersGes wird (BMF-Schrb vom 11.11.2011, BStBl I 1314 Rn 24.05; Widmann/Mayer/*Fuhrmann* Rn 291; RHL/*Rasche* Rn 60). Zum einen dürfte diese erhaltene Mitunternehmerstellung nicht ihre Ursache in der Einlage in das SBV und der anschl Nutzungsüberlassung haben, sondern vielmehr in einem sonstigen Beitrag, der losgelöst von der Einlage in das SBV zu sehen ist (so Bordewin/Brandt/*Schulze zur Wiesche* Rn 31). § 24 setzt zudem voraus, dass der Einbringende durch die Einbringung die Rechtsstellung eines Gesellschafters und MU der neuen oder erweiterten PersGes erlangt (BFH BStBl II 1995, 599). Weiterhin ist zu berücksichtigen, dass die Einbringung, so wie sie in § 24 verstanden wird, grdsl einen tauschähnl Vorgang darstellt, der nach allg stl Grdsen zur Aufdeckung der stillen Reserven führen würde. § 24 setzt mit der Möglichkeit einer Buchwertfortführung bzw eines Zwischenwertansatzes diese Besteuerungsfolgen vollständig oder zumindest teilw außer Kraft. Von einem solchen Veräußerungsvorgang ist jedoch nur dann auszugehen, wenn tats Vermögenswerte durch den Einbringenden gegen Gewährung von Gesellschaftsrechten in das Gesamthandsvermögen der PersGes übertragen werden. Bei der Sacheinlage in das Gesamthandsvermögen der PersGes kommt es zu einer Vereinbarung über den Gegenstand der Sacheinlage und der Höhe der in Geld ausgedrückten Einlageschuld, auf die der Einbringende die Sacheinlage leistet. Die Ges verrechnet die Sacheinlage mit dem anzusetzenden Wert gegen ihre Einlageforderung. Darin liegt das entgeltl Veräußerungs- bzw Anschaffungsgeschäft (vgl dazu BFH DStR 1999, 366; BMF-Schrb vom 29.3.2000, DStR 2000, 820). Wird ein Betrieb, Teilbetrieb ausschließl in das SBV überführt, so fehlt es an einer Gegenleistung und

damit an einem Realisationstatbestand; dieser wird jedoch in § 24 als Ergänzung zu § 16 EStG vorausgesetzt (vgl Rn 35). Ob es in diesen Fällen zu einer Aufdeckung von stillen Reserven dann kommt, ist anhand der allg Vorschriften (vgl § 6 V 1, 2 EStG) zu entsch (Widmann/Mayer/*Fuhrmann* Rn 291).

115 Die **PersGes muss** bei Einbringung als solche **noch nicht bestanden haben;** es genügt, dass sie durch die Einbringung – zB durch Aufnahme einer natürl Person in ein bisheriges Einzelunternehmen oder durch Verschm durch Übertragung des BV zweier Mitunternehmerschaften auf eine neugegründete PersGes – erst **entsteht** (DPPM/*Patt* Rn 99; Widmann/Mayer/*Fuhrmann* Rn 349; Haritz/Menner/*Schlößer* Rn 12).

116 Nicht abschl geklärt ist die Frage, ob die Voraussetzungen des § 24 vorliegen, wenn betriebl Verm gegen Gewährung von Gesellschaftsrechten auf eine **zivilrechtl existente PersGes** übertragen wird, der **Einbringende aber alleiniger MU** dieser übernehmenden PersGes ist (vgl BFH BStBl II 2010, 751; Widmann/Mayer/*Fuhrmann* Rn 342; DPPM/*Patt* Rn 99; *Kraft/Sönnischen* DB 2011, 1936; *Berg/Trompeter* FR 2003, 903). Ein solcher Fall ist gegeben, wenn der Einbringende Komplementär einer KG ist, der Kommanditist dieser Ges den Kommanditanteil aber treuhänderisch für den Komplementären hält oder wenn der Kommanditist aus anderen Gründen nicht als MU angesehen werden kann. Nach Auffassung des BFH (BStBl II 1993, 574) ist in solchen Fällen eine einheitl und gesonderte Gewinnfeststellung nicht durchzuführen. Daraus kann jedoch nicht unbedingt geschlossen werden, dass keine Einbringung iSd § 24 vorliegt, wenn der Komplementär WG auf die PerGes überträgt. Immerhin ist die PersGes auch einkommensteuerrechtl ggü ihren Gesellschaftern verselbstständigt. Einzelne Geschäftsvorfälle oder WG des Gesamthandsvermögens werden den Gesellschaftern nicht unmittelbar zugerechnet (BFH BStBl II 1991, 307). Rechtsbeziehungen zwischen der PersGes und den Gesellschaftern werden ertragsteuerrechtl im Grds anerkannt (BFH BStBl II 1998, 379). Weiter ist auf die Gesetzesbegründung zu § 6 V 3 EStG zuverweisen, wonach es bei der Änderung der zivilrechtl Rechtszuständigkeit hinsichtl eines WG (so ausdrückl BT-Drs 14/443, 24) zu einer Aufdeckung von stillen Reserven im übertragenen Verm kommt. Eine unmittelbare Zurechnung der WG in der dargestellten Treuhandlösung bezogen auf den Komplementär ist auch nicht aufgrund des § 39 II Nr 2 AO mögl, da die KG eine Bilanz aufstellen muss und die speziellen Vorschriften der §§ 4, 5 EStG die Regelung des § 39 II Nr 2 AO verdrängen (Blümich/*Schweiber* EStG § 5 Rn 514; *Tipke/Kruse* AO/FGO § 39 AO Rn 12). Eine KG, die Einkünfte aus Gewerbebetrieb erzielt, und die tats Bücher führt und Bilanzen aufstellt, muss nach § 5 I EStG die Grdse ordnungsgemäßer Buchführung befolgen. WG, die ihr zivilrechtl und wirtschaftl gehören, müssen in der Bilanz ausgewiesen werden. Aufgrund des Grdses der Maßgeblichkeit der HB für die StB müssen diese WG dann auch in der stl Gesamthandsbilanz aufgenommen werden, eine unmittelbare Zurechnung der WG an den Komplementär scheidet aus (vgl auch BFH BStBl III 1996, 678: Veräußerung des Gesellschaftsanteils an einer PersGes ist nicht gleichbedeutend mit der Veräußerung der WG des Gesamthandsvermögens). Wendet man auf die dargestellten Fälle § 24 nicht an, weil aus ertragstl Sicht ein EU vorliegt (BFH BStBl II 2010, 751; Widmann/Mayer/*Fuhrmann* Rn 342; DPPM/*Patt* Rn 99; *Kraft/Sönnischen* DB 2011, 1936), so ist der zivilrechtl Übertragungsvorgang ohne stl Auswirkungen, da es an einem steuerrechtl Rechtsträgerwechsel fehlt.

19. Ausländische Personengesellschaft, ausländische Mitunternehmer

Auch ausl PersGes, dh Ges, die nach einem Typenvergleich der dt PersGes entsprechen, werden als Mitunternehmerschaft iSd § 15 I 1 Nr 2 S 1 EStG behandelt (Frotscher/Maas/*Mutscher* Rn 14 f). Der ausl Rechtsträger muss aber nach dem Gesamtbild mit einer dt PersGes vglbar sein (Typenvergleich). Weitere Voraussetzung war bisher, dass die ausl PersGes eine inl Betriebsstätte oder inl Gesellschafter hat (Herrmann/Heuer/Raupach/*Rätke* § 15 EStG Rn 290; L. Schmidt/*Wacker* EStG § 15 Rn 173 jew mwN; vgl auch FG Düsseldorf EFG 2006, 1438; RHL/*Herlinghaus* § 20 Rn 101). Daran kann wegen Abs 2 nicht mehr festgehalten werden, entscheident für die Anwendung des § 24 ist allein, dass der übernehmende Rechtsträger nach dem Gesamtbild mit einer alt PersGes vglbar ist (Widmann/Mayer/*Fuhrmann* Rn 357; vgl auch DPPM/*Patt* Rn 99; Haritz/Menner/*Schlößer* Rn 60). Auf die stl Einordnung des ausl Rechtsträgers im Ansässigkeitsstaat kommt es insoweit nicht an. Damit können auch sog hybriden Ges, die in ihren Sitzstaat als stl intransparent behandelt werden, wohingegen aus dt Sicht eine PersGes und damit ein transparenter Rechtsträger vorliegt; (*Brähler/Heerdt* StuW 2007, 260; *Hey/Bauersfeld* IStR 2005, 649) eine Mitunternehmerschaft darstellt (DPPM/*Patt* Rn 99; RHL/*Herlinghaus* § 20 Rn 100; Frotscher/Maas/*Mutscher* Rn 14). 117

§ 24 findet auch Anwendung, wenn ein Betrieb, Teilbetrieb oder Mitunternehmeranteil in eine inl PersGes gegen Gewährung von Gesellschaftsrechten eingebracht wird, an der auch oder ausschließl beschränkt stpfl Personen beteiligt sind (DPPM/*Patt* Rn 99; Frotscher/Maas/*Mutscher* Rn 13). 118

20. Gewährung einer Mitunternehmerstellung

Abs 1 findet nur dann Anwendung, wenn der Einbringende als Gegenleistung für die Einbringung eines Betriebs, Teilbetriebs oder Mitunternehmeranteils **MU bei der aufnehmenden PersGes** wird (vgl dazu auch § 20 Rn 132). MU kann grdsl nur sein, wer zivilrechtl Gesellschafter einer PersGes ist, in Ausnahmefällen aber auch, wer aufgrund eines anderen Rechtsverhältnisses eine einem Gesellschafter wirtschaftl vglbare Stellung innehat bzw der, der wirtschaftl Eigentümer eines Mitunternehmeranteils ist (Widmann/Mayer/*Fuhrmann* Rn 377). Wird dem Einbringenden als Gegenleistung für die Übertragung des Betriebs, Teilbetriebs oder Mitunternehmeranteils ausschließl die Stellung eines Gesellschafter eingeräumt, wird er jedoch aufgrund der vertragl Vereinbarung nicht MU (vgl dazu L. Schmidt/*Wacker* EStG § 15 Rn 266), ist § 24 nicht anwendbar, da die Vorschrift ausdrückl die Mitunternehmereigenschaft des Einbringenden voraussetzt. Wird eine Beteiligung an einer PerG, insbes ein KG-Anteil nur für eine logische Sekunde erworben, so kann der Erwerber mangels Mitunternehmerrisiko kein MU sein (FG München EFG 2009, 184). 119

Eine Einbringung iSd § 24 liegt auch dann vor, wenn der **Einbringende bereits MU** bei der übernehmenden PersGes war, in die die Einbringung erfolgt, und ledigl seine Beteiligung infolge der Sacheinlage erweitert wird (BMF-Schrb vom 11.11.2011, BStBl I 1314 Rn 24.07; Widmann/Mayer/*Fuhrmann* Rn 376; RHL/*Rasche* Rn 61; DPPM/*Patt* Rn 109; Frotscher/Maas/*Mutscher* Rn 72; Haritz/Menner/*Schlößer* Rn 10; FG Hamburg DStR 2004, 1290). Eine **Mindestbeteiligung** sieht § 24 nicht vor, so dass die Einräumung einer Mitunternehmerstellung auch von nur geringem Umfang ausreicht (Widmann/Mayer/*Fuhrmann* 120

Rn 390; RHL/*Rasche* Rn 61; DPPM/*Patt* Rn 109; Haritz/Menner/*Schlößer* Rn 76). Zum Problem, ob eine offene Einlage in eine Ges gleichzeitig eine verdeckte Einlage sein kann, vgl Rn 136 ff.

121 Die Einräumung der Mitunternehmerstellung muss die Gegenleistung für das übertragene Verm des Einbringenden darstellen; die Einräumung der Mitunternehmerstellung nur bei Gelegenheit der Einbringung reicht nicht (BMF-Schrb vom 11.11.2011, BStBl I 1314 Rn 24.07; RHL/*Rasche* Rn 60; DPPM/*Patt* Rn 106). Dies ergibt sich daraus, dass die Einbringung iSd § 24 im Grds einen tauschähnl Vorgang darstellt, der entsprechend den Regelungen des § 16 EStG eigentl zur Aufdeckung der stillen Reserven in dem übergehenden Verm führen würde. § 24 setzt jedoch diese stl Konsequenzen außer Kraft und privilegiert damit die Einbringung eines Betriebs, Teilbetriebs oder Mitunternehmeranteils in eine PersGes (ebenso BFH BStBl II 1994, 458; 1988, 364). Kommt es zu keiner Einbringung einlagefähiger WG in das mitunternehmerische BV der aufnehmenden PersGes, so ist § 24 nicht anwendbar.

122 Ob iRd Einräumung der Mitunternehmerstellung auch dem Einbringenden eine **Vermögensbeteiligung an der aufnehmenden Ges** gewährt werden muss, ist derzeit nicht abschl geklärt. Da § 24 dem Grunde nach jedoch ein Veräußerungsgeschäft in Form der Einbringung eines Betriebs, Teilbetriebs oder Mitunternehmeranteils gegen Gewährung von Gesellschaftsrechten bzw gegen Einräumung einer Mitunternehmerstellung vorsieht, ist auch eine vermögensmäßige Beteiligung des Einbringenden iRd Einbringung grdsl notw (BFH/NV 2008, 296; RHL/*Rasche* Rn 60).

123 Ist eine Person nicht Gesellschafter einer PersGes im zivilrechtl Sinne, hält der Gesellschafter den Anteil an der Mitunternehmerschaft jedoch **treuhänderisch** für diese dritte Person, so kann der Dritte MU sein, sofern der Treuhänder die Gesellschaftsrechte zwar im eigenen Namen aber im Innenverhältnis nach Weisung des Treugebers und ausschließl auf dessen Rechnung ausübt (vgl zB BFH GrS BStBl II 1991, 691). Der Dritte, dh der Treugeber, ist jedoch nur dann MU, wenn der Treuhänder als zivilrechtl Gesellschafter eine Rechtsstellung innehat, die, würde er auf eigene Rechnung handeln, ihn als MU erscheinen ließ (zu weiteren Einzelheiten vgl L. Schmidt/*Wacker* EStG § 15 Rn 295 ff; Widmann/Mayer/*Fuhrmann* Rn 378). Gleiches gilt, wenn eine Person weder zivilrechtl Gesellschafter noch Treugeber aber wirtschaftl Eigentümer des Gesellschaftsanteils ist (vgl dazu L. Schmidt/*Wacker* EStG § 15 Rn 300). Wirtschaftl Eigentum liegt bspw weiterhin beim Schenker, wenn dieser den Mitunternehmeranteil zwar übertragen, aber die Schenkung jederzeit frei widerrufbar gestaltet hat (BFH BStBl II 1989, 877; Widmann/Mayer/*Fuhrmann* Rn 379; Haritz/Menner/*Schlößer* Rn 66).

124 Der **atypisch stille Gesellschafter** (§§ 230 ff HGB) ist MU, sofern seine Rechtsstellung mindestens dem Regelstatut des Kommanditisten entspricht, er also zumindest am lfd Gewinn und Verlust teilnimmt und einen der Beteiligung entsprechenden Anteil am Liquidationserlös inkl dem etwaigen Geschäftswert erhalten soll (Haritz/Menner/*Schlößer* Rn 69: zu Einzelheiten vgl L. Schmidt/*Wacker* EStG § 15 Rn 340 ff; zur fehlerhaften atypisch stillen Ges BFH/NV 1998, 1339).

125 Stl ist der **Unterbeteiligte** an einem gewerbl Personengesellschaftsanteil sowohl im Verhältnis des Hauptbeteiligten (BFH BStBl II 1992, 512), aber auch nach § 15 I 2 S 2 EStG mittelbar im Verhältnis zur HauptGes MU (BFH BStBl II 1998, 137), falls seine Rechtsstellung vertragl so ausgestaltet ist, dass der Gewerbebetrieb der HauptGes mittelbar anteilig auch für Rechnung des Unterbeteiligten betrieben wird und dieses den Voraussetzungen des Typus eines MU genügt (vgl BFH BStBl II 1996, 269; Haritz/Menner/*Schlößer* Rn 70). Zur Umw einer Unterbeteilung in eine unmittelbare Beteiligung vgl Rn 31.

Wird eine Unterbeteiligung an einem GmbH-Anteil begründet, so entsteht **126** dadurch keine Mitunternehmerschaft des Unterbeteiligten, dieser erzielt vielmehr Einkünfte aus KapVerm. Wird eine Unterbeteiligung am Anteil an einer gewerbl PersGes begründet, die selbst keine gewerbl Tätigkeit ausübt, ist der Unterbeteiligte selbst kein MU (L. Schmidt/*Wacker* EStG § 15 Rn 367).

Die **Erbengemeinschaft,** zu deren Verm ein Einzelunternehmen oder Anteile **127** an einer gewerbl tätigen PersGes gehören, ist als mit einer PersGes wirtschaftl vglbare Personenvereinigung nach neuerer Rspr „geborene" Mitunternehmerschaft, und zwar unabhängig von eigener Beschlussfassung über die Fortführung und der Dauer der Fortführung der unternehmerischen Tätigkeit (BFH GrS BStBl II 1990, 837; BMF-Schrb vom 11.1.1993, BStBl I 62 Rn 3; L. Schmidt/*Wacker* EStG § 15 Rn 383). Wird ein Betrieb, Teilbetrieb oder Mitunternehmeranteil in eine **Erbengemeinschaft** eingebracht, die vor der Einbringung bereits ausschließl betriebl Verm hatte, so kann dem Einbringenden dafür eine Mitunternehmerstellung iSd § 24 eingeräumt werden. Bei einer Erbengemeinschaft mit einem Mischnachlass, dh einem Nachlass, der sowohl aus BV als auch aus PV besteht, kommt es zu keiner gewerbl Infizierung des PV, die Abfärbetheorie gilt insoweit nicht (vgl BFH GrS BStBl 1992, 837; BMF-Schrb vom 11.1.1993, BStBl I 62 Rn 4; L. Schmidt/*Wacker* EStG § 15 Rn 187; L. Schmidt/*Wacker* EStG § 16 Rn 603). Tritt jedoch ein weiterer Gesellschafter in die bestehende Erbengemeinschaft gegen Geldeinlage, Einlage anderer WG oder aber eines Betriebs, Teilbetriebs oder Mitunternehmeranteils in die Erbengemeinschaft ein, so ist davon auszugehen, dass die bisherigen Gesellschafter der Erbengemeinschaft ihre Anteil an der Erbengemeinschaft in eine neue, durch den neu hinzutretenden Gesellschafter vergrößerte PersGes einbringen (vgl Rn 19). Soweit die Beteiligung an der Erbengemeinschaft einen Mitunternehmeranteil darstellt, findet § 24 Anwendung, iÜ gelten die allg Regelungen über die Einbringung von PV in eine gewerbl PersGes. Im Anschluss an den Einbringungsvorgang ist eine neue, gewerbl PersGes entstanden, die Erbengemeinschaft wurde aus steuerrechtl Sicht aufgelöst, so dass die Abfärbetheorie in diesem Fall Anwendung findet (vgl auch Widmann/Mayer/*Fuhrmann* Rn 405).

Weder die Gewährung einer **typisch stillen Beteiligung** noch einer **typischen Unterbeteiligung** ist Einräumung einer Mitunternehmerstellung iSv **128** Abs 1 (Haritz/Menner/*Schlößer* Rn 74).

Auch die **gewerbl geprägte Mitunternehmerschaft** iSv § 15 III 2 EStG ist **129** selbst bei ausschließl vermögensverwaltender Tätigkeit in vollem Umfang Gewerbebetrieb, ihre Gesellschafter gelten als MU (zB L. Schmidt/*Wacker* EStG § 15 Rn 231), so dass auch eine Beteiligung an einer gewerbl geprägten Mitunternehmerschaft in den Anwendungsbereich von § 24 fällt (BFH DStR 1994, 1571; L. Schmidt/*Wacker* EStG § 15 Rn 200; Widmann/Mayer/*Fuhrmann* Rn 376; Haritz/Menner/*Schlößer* Rn 72).

Wird ein Betrieb, Teilbetrieb oder Mitunternehmeranteil in eine sog **ZebraGes** **130** (vgl BFH BStBl 1997, 39; L. Schmidt/*Wacker* EStG § 15 Rn 205) iSv § 24 eingebracht, so wird diese Ges durch die Einbringung gewerbl infiziert mit der Konsequenz, dass der Einbringende eine Mitunternehmerstellung erhält.

21. Neuer Mitunternehmeranteil oder Erhöhung der bestehenden Rechte

131 Abs 1 setzt nach seinem Wortlaut voraus, dass der Einbringende MU der aufnehmenden PersGes „wird". Die Mitunternehmerstellung des Einbringenden zeigt sich bilanziell dadurch, dass das eingebrachte BV **dem Kapitalkonto des Gesellschafters gutgeschrieben wird**, welches nach dem Gesellschaftsvertrag maßgebend ist für die Beteiligung am Gewinn und Verlust, an der Höhe des Abfindungsgutachtens sowie den Stimmrechten (BMF-Schrb vom 11.11.2011, BStBl II 1314 Rn 24.07; Widmann/Mayer/*Fuhrmann* Rn 384; DPPM/*Patt* Rn 108). Die Verbuchung auf einem Kapitalkonto und auf einem gesamthänderisch gebundenen Rücklagekonto steht der Anwendung des § 24 nicht entgegen (BMF-Schrb vom 11.11.2011, BStBl II 1314 Rn 24.09; BFH BStBl II 2006, 847; DPPM/*Patt* Rn 108). Gleiches gilt, wenn neben dem „Beteiligungskonto" eine Verbuchung ausschließl auf einem variablen Kapitalkonto erfolgt (DPPM/*Patt* Rn 108). Nach Auffassung der FinVerw (BMF-Schrb vom 11.11.2011, BStBl II 1314 Rn 24.07) reicht auch die ausschließl Buchung auf einem variablen Kapitalkonto aus. Die Verbuchung auf einem Darlehenskonto oder einem anderen Fremdkapitalkonto ist nicht ausreichend (BMF-Schrb vom 11.11.2011, BStBl II 1314 Rn 24.07; DPPM/*Patt* Rn 109; RHL/*Rasche* Rn 62). Zur Abgrenzung zwischen Darlehenskonto und Kapitalkonto vgl BMF-Schrb vom 30.5.1997, BStBl I 627; OFD Hannover vom 7.2.2008, DB 2008, 1350; Widmann/Mayer/*Fuhrmann* Rn 385). Auf die bloße Bezeichnung als Kapital- oder Darlehenskonto kommt es nicht an (BFH/NV 2008, 105). Die ausschließliche Gutschrift des übertragenen Vermögens auf eine gesamthänderisch gebundene Rücklage ist unentgeltlicher Natur, § 24 greift nicht (Widmann/Mayer/*Fuhrmann* Rn 388; vgl auch *Mutscher* DStR 2009, 1625). Erfolgt die Gutschrift ausschließl oder teilw auf ein Darlehenskonto des Einbringenden, so wird ihm eine Mitunternehmerstellung insoweit nicht eingeräumt. Es handelt sich insoweit um ein normales Veräußerungsgeschäft mit der Folge, dass die stillen Reserven vollständig oder teilweise aufzudecken sind.

132 § 24 ist nach hA auch anwendbar, wenn der Einbringende bereits MU war und seinen Mitunternehmeranteil durch die Einbringung eines Betriebs, Teilbetriebs oder **Mitunternehmeranteil weiter aufgestockt wird** (BMF-Schrb vom 11.11.2011, BStBl II 1314 Rn 24.07; FG Münster EFG 2013, 338; Widmann/Mayer/*Fuhrmann* Rn 396; DPPM/*Patt* Rn 109; RHL/*Rasche* Rn 61; Frotscher/Maas/*Mutscher* Rn 72; FG Hamburg DStRE 2004, 1290). Die Gewährung des Mitunternehmeranteils im Rahmen der Einbringung neben einer bereits bestehenden Mitunternehmerstellung hat nicht zur Folge, dass der Einbringende nunmehr zwei Mitunternehmeranteile hat (Widmann/Mayer/*Fuhrmann* Rn 397). Auch in diesem Fall muss das Kapitalkonto, welches die Beteiligung am Gewinn und Verlust, dem Verm und den Stimmrechten repräsentiert, erhöht werden oder aber auf andere Art und Weise weitere Gesellschaftsrechte gewährt werden (BMF-Schrb vom 11.11.2011, BStBl II 1314 Rn 24.07; DPPM/*Patt* Rn 109). In diesem Fall ist die teilw Verbuchung auf einem Beteiligungskapitalkonto und auf einem gesamthänderisch gebundenen Rücklagekonto bzw einem variablen Konto ausreichend (BMF-Schrb vom 11.11.2011, BStBl II 1314 Rn 24.07; DPPM/*Patt* Rn 109). Nach Auffassung der FinVerw (BMF-Schrb vom 11.11.2011, BStBl II 1314 Rn 24.09) soll auch die ausschließliche Buchung auf einem variablen Kapitalkonto ausreichend sein (aA DPPM/*Patt* Rn 109).

Ist der einbringende MU bereits zu 100% am Verm, Gewinn und Verlust des übernehmenden Rechtsträgers beteiligt und besitzt er alle Stimmrechte, muss nach Auffassung der FinVerw das Kapitalkonto, welches die Beteiligung widerspiegelt, erhöht werden. Es dürfte auch die teilw Verbuchung auf einem gesamthänderisch gebundenen Rücklagekonto bzw auf einem variablen Konto bzw die ausschließliche Buchung auf einem variablen Konto ausreichend sein (vgl BMF-Schrb vom 11.11.2011, BStBl II 1314 Rn 24.07). Die bloße Buchung auf ein Darlehenskonto reicht in jedem Fall nicht aus (vgl Rn 131). 133

Zur Anpassung der Kapitalkonten entsprechend den tats Wertverhältnissen vgl Rn 231 ff. 134

22. Höhe der Beteiligung

Abs 1 verlangt ledigl, dass als Gegenleistung für die Sacheinlage eine Mitunternehmerbeteiligung gewährt wird; eine **Mindestbeteiligung** sieht die Vorschrift nicht vor. Daraus folgt, dass die Größe und die Bedeutung des gewährten Mitunternehmeranteils im Verhältnis zu den übrigen MU jedenfalls für die Anwendung des § 24 grdsl ohne Bedeutung sind und dass demgemäß eine **Mitunternehmerstellung von nur geringem Umfang** ausreicht (RHL/*Rasche* Rn 61; DPPM/*Patt* Rn 107; Widmann/Mayer/*Fuhrmann* Rn 390). Unschädlich ist es daher, wenn nur ein „kleiner" Mitunternehmeranteil gewährt wird und der überschießende Betrag in die gesamthänderisch gebundene Rücklage eingestellt wird (BMF-Schrb vom 11.11.2011, BStBl II 1314 Rn 24.07; Widmann/Mayer/*Fuhrmann* Rn 390; vgl auch BFH BStBl II 2009, 464). Als Gegenleistung für die Einbringung des Betriebs, Teilbetriebs, Mitunternehmeranteils muss jedoch in aller Regel eine **vermögensmäßige Beteiligung** an der Mitunternehmerschaft als Gegenleistung eingeräumt werden (BFH/NV 2008, 296; RHL/*Rasche* Rn 60). 135

Es stellt sich die Frage, ob die iRd Einbringung dem Einbringenden gewährten Gesellschaftsrechte wertmäßig dem eingebrachten Verm entsprechen müssen. Dabei stellt sich insbes die Frage des Verhältnisses **zwischen den Ansatz- und Bewertungsvorschriften des UmwStG,** hier in Form des § 24, und den **Grdsen der vGA bzw verdeckten Einlage.** 136

Beispiel: 137

E ist alleiniger Gesellschafter der E-GmbH. Diese ist als Komplementärin mit 10% am Verm der E-GmbH & Co KG beteiligt. Die restl 90% hält E als Kommanditist. IRd Ausgliederung überträgt nunmehr die E-GmbH einen Teilbetrieb (BW EUR 100 000 Verkehrswert EUR 500 000) auf die GmbH & Co KG und erhält als Gegenleistung einen Mitunternehmeranteil im Nominalwert von EUR 100 000, mit der Folge, dass die Kommanditbeteiligung des E um EUR 400 000 an Wert zunimmt.

Im Zusammenhang mit § 13 geht die FinVerw (BMF-Schrb vom 11.11.2011, BStBl II 1314 Rn 13.03; ebenso BFH BStBl II 2011, 799; Widmann/Mayer/*Schießl* § 13 Rn 306; DPPM/*Dötsch* § 13 Rn 9; *Sistermann* DStR 2012 Beihefter zu Heft 2, 9) davon aus, dass diese Vorschrift keine Anwendung findet, soweit es infolge der Verschmelzung zu einer interpersonalen Wertverschiebung auf der Ebene der Anteilseigner kommt. Solche Wertverlagerungen sind nach allgemeinen Grundsätzen entweder verdeckte Gewinnausschüttungen in Form der Sachauskehrung zum gemeinen Wert oder verdeckte Einlagen. Gegenstand der Vorteilszuwendung sind dabei die KapGes-Anteile am übertragenden bzw übernehmenden Rechtsträger und nicht das durch die Verschmelzung übergehende Verm (BFH BStBl II 2011, 799; *Sistermann* DStR 2012 Beihefter zu Heft 2, 9; vgl dazu auch 138

§ 13 Rn 14; § 11 Rn 158; § 12 Rn 103). Übertragen auf die Einbringungsfälle bedeutet dies, dass es auch im Rahmen der Einbringung nach § 24 bei interpersonalen Wertverschiebungen zu verdeckten Gewinnausschüttungen bzw zu verdeckten Einlagen kommen kann, soweit ein Mitgesellschafter der übernehmenden PersGes eine KapGes ist, an der der Einbringende oder eine ihm nahe stehende Person beteiligt ist (vgl auch BFH GmbHR 2005, 240; *Briese* GmbHR 2005, 207). Im vorliegenden Beispielsfall würde unter Zugrundelegung der dargestellten Meinung die E-GmbH eine verdeckte Gewinnausschüttung iHv EUR 400 000 an E vornehmen.

23. Einbringung gegen Vermögensvorteile, die nicht in Gesellschaftsrechten bestehen

139 Werden dem Einbringenden neben der Einräumung oder Verstärkung seiner Mitunternehmerstellung auch **andere Gegenleistungen** aus dem Gesamthandsvermögen der übernehmenden Ges gewährt, so führt dies zu einer Aufdeckung der stillen Reserven, soweit das übertragene Verm nicht durch Einräumung einer Mitunternehmerstellung vergütet wird (BMF-Schrb vom 11.11.2011, BStBl I 1314 Rn 24.07; RHL/*Rasche* Rn 62; DPPM/*Patt* Rn 108; aA Widmann/Mayer/*Fuhrmann* Rn 526; vgl aber auf BFH DStR 2012, 2051 zu § 6 V EStG und teilentgeltlichen Übertragung); § 20 II 5 ist auf diesen Vorgang nicht analog anwendbar (BFH BStBl II 1995, 599; 2000, 123; DPPM/*Patt* Rn 63; *Wacker* BB Beilage 8/2000, 30). Die Belastung des übertragenen Verm mit einem **dingl Nutzungsrecht** zu Gunsten des Einbringenden stellt keine sonstige Gegenleistung dar (vgl BFH BStBl II 2008, 296). Sind die als Gegenleistung für die Einbringung erhaltenen Mitunternehmeranteile am übernehmenden Rechtsträger mit **Sonderrechten** ausgestattet (zB Gewinn vorab), liegt darin im Grundsatz keine sonstige Gegenleistung (Widmann/Mayer/*Fuhrmann* Rn 175). **Rechte Dritte** am übertragenen Verm (Nießbrauchsrecht an einem eingebrachten Mitunternehmeranteil, Vorkaufsrechte), die sich von Gesetzes wegen an den neuen Anteilen am übernehmenden Rechtsträger fortsetzen, stellen keine sonstige Gegenleistung dar. Gleiches gilt, wenn solche Rechte auf Grund einer schuldrechtlichen Vereinbarung sich an den Anteilen am übernehmenden Rechtsträger fortsetzen, auch wenn diese erst im Zusammenhang mit der Einbringung geschlossen werden.

140 Soweit die Einbringung nicht nur gegen Gewährung von Gesellschaftsrechten, sondern auch gegen den Ausweis eines Gesellschafterdarlehens erfolgt, ist § 24 insoweit nicht anwendbar, als nicht Gesellschaftsrechte, sondern **Darlehensforderungen** durch den Einbringenden erworben werden; es liegen Zuzahlungen in das Verm des Einbringenden vor. Der Gewinn des Einbringenden kann nicht durch die Aufstellung einer negativen Ergänzungsbilanz neutralisiert werden (BMF-Schrb vom 11.11.2011, BStBl I 1314 Rn 24.07; Rn 24.09; FG Münster EFG 2013, 338; FG Düsseldorf EFG 2011, 491; DPPM/*Patt* Rn 60; vgl auch Haritz/Menner/*Schlößer* Rn 78; aA Widmann/Mayer/*Fuhrmann* Rn 526; vgl auch *Jäschke* GmbHR 2012, 601). Gleiches gilt, falls die übernehmende PersGes private Verb des Einbringenden übernimmt (BMF-Schrb vom 11.11.2011, BStBl I 1314 Rn 24.09; BFH BStBl II 2005, 554). Ausschlaggebend für die Frage, ob die Einbringung gegen Gewährung von Gesellschaftsrechten erfolgt oder aber gegen Einräumung einer Darlehensforderung ist die **Qualifizierung des Gesellschafterkontos,** auf dem der entsprechende Betrag ver-

bucht wird. Erfolgt die Verbuchung auf einem Kapitalkonto, so liegt keine sonstige Gegenleistung vor, erfolgt sie auf einem Forderungskonto des Gesellschafters, ist § 24 insoweit nicht anwendbar. Die Abgrenzung richtet sich nicht nach der Kontenbezeichnung, sondern im Grds danach, ob Zu- und Abgänge gesellschaftsrechtl oder schuldrechtl Natur sind (vgl Rn 131; BMF-Schrb vom 11.7.2011, BStBl I 713; OFD Hannover DB 2008, 1350).

Erhält der Einbringende neben dem durch die aufnehmende PersGes gewährten Mitunternehmeranteil eine **Ausgleichszahlung durch die anderen MU** der PersGes bzw solche, die zeitgleich in diese mit aufgenommen werden, und fließt die Zuzahlung in das PV des Einbringenden, so liegt nach Auffassung der Rspr (BFH GrS DStR 2000, 64; BStBl II 1995, 599; ebenso BMF-Schrb vom 11.11.2011, BStBl I 1314 Rn 24.08; DPPM/*Patt* Rn 61) eine Gestaltung vor, die steuerrechtl Tatbestände der Veräußerung und der Einbringung von BV miteinander verbindet. Die FinVerw geht in diesem Zshg davon aus, dass der Einbringende Eigentumsanteile an den WG des BV veräußert und die ihm verbleibenden Eigentumsanteile für eigene Rechnung sowie die veräußerten Eigentumsanteile für Rechnung des zuzahlenden Gesellschafters in das BV der PersGes einlegt (BMF-Schrb vom 11.11.2011, BStBl I 1314 Rn 24.08). Die Veräußerung der Anteile an den WG ist nach Auffassung der FinVerw (BMF-Schrb vom 11.11.2011, BStBl II 1314 Rn 24.10) ein Geschäftsvorfall des einzubringenden Betriebs. Der erzielte Veräußerungserlös wird noch vor der Einbringung aus dem BV entnommen, die Einbringung des Betriebs erfolgt nach Entnahme des Veräußerungserlöses. Der durch die Zuzahlung in das PV des Einbringenden entstehende Gewinn kann nicht durch die Erstellung einer negativen Ergänzungsbilanz vermieden werden (BMF-Schrb vom 11.11.2011, BStBl I 1314 Rn 24.09; BFH BStBl II 1995, 599). Eine in das PV fließende Zuzahlung liegt auch dann vor, wenn durch die Zuzahlung eine dem außerbetriebl Bereich zugeordnete Fremdverbindlichkeit getilgt wird (BMF-Schrb vom 11.11.2011, BStBl I 1314 Rn 24.09) oder eine private Verb des Einbringenden übernommen wird (BFH/NV 2005, 767). **141**

Entsteht beim Einbringenden durch die Zuzahlung in das PV ein Veräußerungsgewinn, so ist für den die **Ausgleichszahlung Leistenden** eine positive **Ergänzungsbilanz** zu erstellen (FG Niedersachsen EFG 2007, 1298). Der Betrag der Ausgleichszahlung ist entsprechend den allg Grdsen dem Wert nach auf die eingebrachten WG zu verteilen. **142**

Werden die Kapitalkonten der Gesellschafter, die für die Gewinn- bzw Stimmrechtsverteilung maßgebend sind, nicht entsprechend den Wertverhältnissen der eingebrachten WG festgesetzt und kommt es des Weiteren nicht zu einem Ausgleich wegen des Mehrbetrags an stillen Reserven, kann wegen dieses Vorgangs bei Vorliegen der übrigen Voraussetzungen **Schenkung-, Lohn-, Einkommen-** oder **KSt** entstehen oder eine vGA oder verdeckte Einlage vorliegen (vgl Rn 136 f). Eine stpfl Zuwendung kann auch dann vorliegen, wenn ein anderer Gesellschafter ein negatives Kapitalkonto übernimmt und dieses nicht durch die anteilig auf den abtretenden Gesellschafter entfallenden stillen Reserven gedeckt ist. **143**

Kommt es iRd Einbringung mangels vereinbarter Ausgleichsleistungen zu einer unentgeltl Übertragung von stillen Reserven auf andere Gesellschafter, so sind insoweit die BW fortzuführen, sofern die Voraussetzungen des § 6 III EStG vorliegen (*Märkle* DStR 2000, 797; OFD Düsseldorf NWB F1, 302; BFH DB 2000, 2568). **144**

24. Missbräuchliche Gestaltung

145 Vollzieht sich die Einbringung nicht ausschließl gegen Gewährung von Gesellschaftsrechten, sondern werden daneben Zuzahlungen geleistet, die nicht BV der aufnehmenden PersGes werden, so liegt eine Gestaltung vor, die stl Tatbestände der Veräußerung und der Einbringung von BV miteinander verbindet. Bezogen auf die Ausgleichszahlung in das PV des Einbringenden liegt ein von der Einbringung gem § 24 getrennt zu beurteilender Veräußerungsvorgang vor (vgl dazu Rn 139 ff). Wird die Zuzahlung zunächst BV der PersGes, dann aber später **entnommen,** kann dies den gleichen wirtschaftl Gehalt haben wie eine Zuzahlung, die unmittelbar an den Einbringenden in dessen PV erfolgt (BMF-Schrb vom 11.11.2011, BStBl I 1314 Rn 24.11; Haritz/Menner/*Schlößer* Rn 158; DPPM/*Patt* Rn 63; BFH BStBl II 1995, 599; *Bien ua* DStR Beilage zu Heft 17/1998, 55). Von einem Missbrauch kann jedoch nur dann ausgegangen werden, wenn zwischen den Zuzahlungen und den späteren Entnahmen ein sachl und zeitl Zshg besteht (DPPM/*Patt* Rn 63). Die FinVerw (BMF-Schrb vom 11.11.2011, BStBl I 1314 Rn 24.11) geht von einem solchen Gestaltungsmissbrauch aus, wenn der Einbringende im Anschluss an die Einbringung größere Entnahmen tätigen darf und bei der Bemessung seines Gewinnanteils auf seinen ihm dann noch verbleibenden Kapitalanteil abgestellt wird.

146 **Beispiel:**
A und B gründen eine OHG, die das Einzelunternehmen des A fortführen soll. Das Einzelunternehmen hat einen BW von EUR 100 000 und einen GW von EUR 300 000. A und B sollen an der OHG zu je 50 vH beteiligt sein. B bringt daher in das Gesamthandsvermögen der OHG einen Bargeldbetrag iHv EUR 300 000 ein, wobei ein Betrag von EUR 200 000 in die gesamthänderische Kapitalrücklage eingestellt wird. Aus dieser entnimmt A bereits im Zeitpunkt der Gründung der OHG – wie mit B vereinbart – einen Betrag iHv EUR 150 000. Dieser Vorgang ist so zu behandeln, als hätte A eine Zuzahlung durch B iHv EUR 150 000 direkt in sein PV erhalten.

25. Zeitpunkt der Einbringung; Rückwirkung

147 Die Bestimmung des **Einbringungsstichtags** ist insbes von Bedeutung für
- die Bestimmung des Zeitpunkts der Mitunternehmerstellung;
- die Bestimmung des Zeitpunkts der Zurechnung der Sacheinlage zum BV der aufnehmenden PersGes;
- die Bestimmung des Zeitpunkts, von dem an Gewinn und Verlust bei einer neu entstehenden aufnehmenden PersGes zu ermitteln ist;
- die Bestimmung des Zeitpunkts, auf den eine Einbringungs- bzw eine Eröffnungsbilanz aufzustellen ist;
- die Bestimmung des Zeitpunkts der Wertansätze für die Sacheinlage;
- die Bestimmung der Höhe des etwaigen Einbringungsgewinns beim Einbringenden;
- den Beginn eines (Rumpf-)Wj der aufnehmenden PersGes;
- den Beginn der Sperrfrist iSv Abs 5.

148 Vollzogen ist die Einbringung mit dem **Übergang des wirtschaftl Eigentums der Sacheinlage in das BV** der aufnehmenden PersGes; wesentl Anhaltspunkt für den Übergang ist der Zeitpunkt, von dem an die Sacheinlage für Rechnung der aufnehmenden PersGes geführt wird (BMF-Schrb vom 11.11.2011, BStBl I 1314 Rn 24.06 iVm Rn 20.13; Haritz/Menner/*Schlößer* Rn 91; DPPM/*Patt* Rn 159).

Erfolgt die Einbringung im Wege der **Einzelrechtsnachfolge,** so ist eine Rückbeziehung nur für eine kurze Zeitspanne von max 4–6 Wochen mögl, wenn sie ledigl der technischen Vereinfachung der Besteuerung dient (BFH/NV 2002, 1083; BFH BStBl II 1985, 55; DPPM/*Patt* Rn 160; Haritz/Menner/*Schlößer* Rn 93; Widmann/Mayer/*Fuhrmann* Rn 1444; vgl auch OFD Frankfurt aM FR 1996, 801). Zur Einbringung zum Jahreswechsel vgl BFH BStBl II 2001, 178. Erfolgt die Einbringung iSd Abs 1 im Wege der **Gesamtrechtsnachfolge** (Verschm, Spaltung), kann der Vermögensübergang nach Abs 4 HS 2 unter entsprechender Anwendung des § 20 V, VI bis zu 8 Monaten zurückbezogen werden. Erfasst werden auch vglbare ausl Vorgänge (RHL/*Rasche* Rn 123). Das Prinzip der Rückwirkung besteht darin, dass für Zwecke der Einkommensteuer, der KSt und GewSt ein tats Vermögenstransfer auf die übernehmende PersGes fingiert wird, und zwar zum Ablauf des gewählten stl Übertragungsstichtags. Die Rückwirkung hat Auswirkung sowohl für den Einbringenden als auch die aufnehmende PersGes. Die Rückwirkung setzt einen Antrag der übernehmenden Mitunternehmerschaft voraus (vgl Rn 155). 149

Stellt sich die Einbringung als **Kombination von Gesamtrechtsnachfolge und Einzelrechtsnachfolge** dar, so umfasst die Rückbeziehung den gesamten Einbringungsvorgang, dh die WG, die im Wege der Einzelrechtsnachfolge bspw in das SBV übertragen werden, nehmen an der Rückbeziehung teil (BMF-Schrb vom 11.11.2011, BStBl I 1314 Rn 24.06; Haritz/Menner/*Schlößer* Rn 96; DPPM/*Patt* Rn 165). 150

Die **Anwachsung** stellt nach Auffassung der FinVerw keinen Fall der Gesamtrechtsnachfolge dar (BMF-Schrb vom 11.11.2011, BStBl I 1314 Rn 24.06; DPPM/*Patt* Rn 165; aA Haritz/Menner/*Schlößer* Rn 96; BFH BStBl II 2003, 1163; BFH/NV 2001, 178). 151

Kommt es zu einer **stl Rückwirkung,** so hat der gewählte stl Übertragungsstichtag dieselbe ertragstl Bedeutung wie eine tats Einbringung zu diesem Zeitpunkt. Die Einlagegegenstände unterliegen ab dem Übertragungsstichtag der Besteuerung bei der aufnehmenden PersGes, selbst dann, wenn die PersGes zivilrechtl zu diesem Zeitpunkt noch nicht existent war (DPPM/*Patt* Rn 173; BMF-Schrb vom 11.11.2011, BStBl I 1314 Rn 24.06 iVm Rn 20.15, 02.11; Widmann/Mayer/*Fuhrmann* Rn 1424 ff). Ab dem Übertragungsstichtag ist eine einheitl und gesonderte Gewinnfeststellung unter Berücksichtigung des eingebrachten BV für die aufnehmende PersGes durchzuführen. Der Übertragungsstichtag ist auch entscheidend für den Zeitpunkt der Gewinnrealisierung, sofern die aufnehmende PersGes nicht die BW fortführt. Der Einbringende erlangt rückwirkend die Stellung eines MU (DPPM/*Patt* Rn 170; Widmann/Mayer/*Fuhrmann* Rn 1425). Alle ertragstl relevanten Vorgänge werden nach dem stl Übertragungsstichtag nicht mehr beim Einbringenden erfasst, es liegen insoweit Geschäfte der übernehmenden PersGes vor. Dies gilt sowohl für Rechtsgeschäfte des Einbringenden mit Dritten (DPPM/*Patt* Rn 174) als auch für solche mit der übernehmenden PersGes. **Lfg und Leistung zwischen dem Einbringenden und der übernehmenden PersGes** im Zeitraum der Rückwirkung müssen damit in ihrer Gewinnauswirkung stl neutralisiert werden. Veräußert bspw die A-OHG am 1.3.01 ein Grundstück mit dem BW TEUR 100 zum Kaufpreis TEUR 500 an die B-KG, und wird die OHG rückwirkend auf den 1.1.01 im Wege der Verschm auf die B-KG übertragen, so muss die B-KG das Grundstück bei gewählter Buchwertverknüpfung mit TEUR 100 in der stl Aufnahmebilanz bilanzieren. Die von der einbringenden OHG am 1.3.01 realisierten Gewinn sind stl zu neutralisieren. Zu 152 einer mögl Leisungsverrechnung von internen Leistungen, wenn nur ein Teilbetrieb eingebracht wird vgl *Panzer/Gebert* DStR 2010, 520; *Rogall* DB 2010, 1035. Die zivilrechtlichen Leistungsbeziehungen zwischen einer Mitunternehmerschaft und deren Gesellschafter werden erst mit ihrem zivilrechtlichen Abschluss wirksam. Werden durch MU des übertragenden Rechtsträgers mit dem übernehmenden Rechtsträger im Rückwirkungszeitraum Verträge abgeschlossen, wirken diese nicht auf den stl Übertragungsstichtag zurück (BMF-Schrb vom 11.11.2011, BStBl II 1314 Rn 24.06 iVm Rn 20.16). Weicht der Einbringungsstichtag und das Ende des Geschäftsjahres des Einbringenden voneinander ab, kann ein Rumpfgeschäftsjahr in der Person des Einbringenden entstehen (FG Niedersachsen EFG 2008, 263).

153 Abs 4 HS 2 erklärt § 20 V und VI für entsprechend anwendbar. § 20 V 2 bestimmt, dass entgegen des rückwirkenden Vermögensübergangs die Rückbeziehung hinsichtl der Ermittlung des Einkommens und Gewerbeertrages nicht für **Entnahmen und Einlagen** gilt, die nach dem stl Übertragungsstichtag erfolgen. Nicht abschl geklärt ist, ob auch iRd § 24 Entnahmen und Einlagen nach dem stl Übertragungsstichtag aus der Rückwirkung ausgenommen werden und sich somit beim Einbringenden stl auswirken. Obwohl nach dem Wortlaut insoweit eine Rückwirkung von Entnahmen und Einlagen ausgenommen werden könnte, wird in der Lit (DPPM/*Patt* Rn 171; RHL/*Rasche* Rn 125; Widmann/Mayer/*Fuhrmann* Rn 1462; Haritz/Menner/*Schlößer* Rn 95) die Meinung vertreten, dass Einlagen und Entnahmen des Einbringenden im Rückbezugszeitraum ebenso wie alle anderen Geschäftsvorfälle bei der Ermittlung des Gesamtgewinns der aufnehmenden PersGes stl zu berücksichtigen sind, Abs 4 HS 2 erklärt § 20 V nur für entsprechend anwendbar, § 20 V 2 sei auf die Fälle des § 20 zugeschnitten, da durch diese Regelung eine vGA im Falle der Entnahme verhindert werden soll.

154 Die Rückbeziehung ist die rechtliche Folge der Sacheinlage und hat daher nach hM keine Auswirkung auf die Sacheinlagevoraussetzung in Form der Qualifikation des übertragenen Vermögens als Betrieb, Teilbetrieb oder Mitunternehmeranteil (DPPM/*Patt* Rn 176; RHL/*Herlinghaus* § 20 Rn 226; Widmann/Mayer/*Fuhrmann* Rn 1464). Demggü geht die FinVerw davon aus, dass die Voraussetzungen für einen Betrieb, Teilbetrieb oder Mitunternehmeranteil bereits am stl Einbringungsstichtag und nicht erst zum Umwandlungsbeschluss oder bei dem Abschluss des Einbringungsvertrages vorliegen müssen (BMF-Schrb vom 11.11.2011, BStBl II 1314 Rn 24.06 iVm Rn 20.14). Es reicht jedoch aus, wenn die Voraussetzungen der Sachgesamtheit nicht in der Pers des Einbringenden, sondern durch einen Dritten erfüllt wurden (vgl BMF-Schrb vom 11.11.2011, BStBl II 1314 Rn 20.16 Abs 2). Für einen MU, der im Rückwirkungszeitraum aus dem übertragenden Rechtsträger ausscheidet, gilt die Rückwirkungsfiktion nicht (BMF-Schrb vom 11.11.2011, BStBl II 1314 Rn 24.06 iVm Rn 20.16; vgl dazu auch § 20 Rn 251). Die gesetzl fingierte rückbezogene Vermögensübertragung gilt nicht für alle Steuerarten, die Wirkung tritt nur für Ermittlung des Einkommens und des Verm des Einbringenden und der aufnehmenden Ges ein. Ohne Bedeutung ist die **Rückbeziehung** damit bspw für die **USt** und die **GrESt.**

155 Der **Antrag auf Rückbeziehung** ist (vgl dazu § 20 Rn 258 f) durch die aufnehmende PersGes zu stellen, da diese über den Wertansatz der übertragenen WG entscheiden muss und die Frage, zu welchem Zeitpunkt dieser Wert zu ermitteln ist, logisch mit der Frage, welcher Wert angesetzt wird, verbunden ist (vgl dazu BMF-Schrb vom 11.11.2011, BStBl I 1314 Rn 24.06 iVm Rn 20.14; DPPM/*Patt* Rn 172). Eine Befristung für die Antragstellung enthält das Gesetz nicht. Der

Antrag kann daher bis zur Beendigung der letzten Tatsacheninstanz gestellt werden, in der über die Besteuerung des Vermögensübergangs bei der PersGes iRd einheitl und gesonderten Gewinnfeststellung entschieden wird. Nach Auffassung der FinVerw (BMF-Schrb vom 11.11.2011, BStBl I 1314 Rn 24.06 iVm Rn 20.14) muss die PersGes bereits in der Steuererklärung oder in der Bilanz für das Wj, in dem die Einbringung stattgefunden hat, der Einbringungszeitpunkt durch die aufnehmende PersGes gewählt werden. Fragl ist, ob ein einmal wirksam gestellter **Antrag später geändert** werden kann. Es handelt sich bei dem Antragserfordernis um ein steuerbegründendes Tb-Merkmal, es wird näml festgelegt, zu welchem Zeitpunkt sich ein Einbringungsvorgang stl vollzieht und die damit verbundenen stl Folgen für den übertragenden und übernehmenden Rechtsträger eintreten. Bereits mit der Antragstellung ist der Anspruch aus dem Steuerschuldverhältnis entstanden, der durch die Antragstellung verwirklichte Sachverhalt kann rückwirkend nicht mehr geänderrt werden (DPPM/*Patt* Rn 173; vgl BFH DStRE 2005, 984; BFH/NV 2006, 1099). An eine bestimmte **Form** ist der Antrag nichtgebunden, es genügt auch konkludentes Handeln (FG Hamburg DStRE 2003, 38, bestätigt durch BFH BStBl II 2004, 534), bspw wenn in den entsprechenden Steuererklärungen rückwirkend Erträge oder Verm in Ansatz gebracht werden. Einer Zustimmung durch das FA bedarf es nicht. Der Antrag kann nur einheitl für die Einkommensteuer bzw KSt und die GewSt gestellt werden.

26. Ansatz und Bewertung des eingebrachten BV durch den übernehmenden Rechtsträger

a) Antragswahlrecht. Liegen die Voraussetzungen des Abs 1 vor, so hat der übernehmende Rechtsträger nach Abs 2 S 1 das eingebrachte BV grdsl in ihrer Bilanz einschl der Ergänzungsbilanz für ihre Gesellschafter mit dem gemeinen Wert anzusetzen. Für Pensionsrückstellungen tritt allerdings nach Abs 2 S 1 HS 2 an die Stelle des gemeinen Wertes der Wert nach § 6 a EStG. Auf Antrag kann jedoch unter den in Abs 2 S 2 genannten Voraussetzungen das übernommene BV mit dem BW oder einem höheren Wert, höchstens jedoch mit dem gemeinen Wert angesetzt werden **(Antragswahlrecht).** 156

Maßgebend für den Ansatz und die Bewertung ist ausschließl der Antrag bzw die Nichtstellung des Antrags (BMF-Schrb vom 11.11.2011, BStBl I 1314 Rn 24.03 iVm Rn 20.18). Auf die steuerrechtl und handelsrechtl Bilanzierung bei der übernehmenden Ges kommt es nicht an (BT-Drs 16/2710, 51; RHL/*Rasche* Rn 76; Widmann/Mayer/*Fuhrmann* Rn 993, 837; aA DPPM/*Patt* Rn 118; Blümich/*Nitzschke* Rn 41). Wurde ein wirksamer Antrag auf Buchwertfortführung gestellt und werden die WG in der StB mit dem gemeinen Wert angesetzt, ist dieser Ansatz unrichtig und muss korrigiert werden. 157

Das Gesetz selbst räumt dem **Einbringenden kein Mitwirkungsrecht** bei der Ausübung des Wahlrechts ein, das damit ausschließl bei dem übernehmenden Rechtsträger liegt (BMF-Schrb vom 11.11.2011, BStBl I 1314 Rn 24.03 iVm Rn 20.21; DPPM/*Patt* Rn 116; Widmann/Mayer/*Fuhrmann* Rn 710). Die Ausübung des Wahlrechts bestimmt den **Veräußerungspreis** des Einbringenden, Abs 3 S 1, und damit den etwaigen Einbringungsgewinn mit den daran anknüpfenden Besteuerungsfolgen und die Höhe der **AfA-Bemessungsgrundlage** bei dem übernehmenden Rechtsträger bzw deren MU. Nach Auffassung des BFH (vgl BFH DStR 2011, 2248 mwN) kann im Rahmen der Besteuerung des Einbringenden bei der Einbringung in eine KapGes nicht geprüft werden, ob die 158 übernehmende KapGes die angesetzten Werte zutreffend ermittelt hat. Der Einbringende ist insoweit grdsl an die entsprechenden Werte des übernehmenden Rechtsträgers gebunden. Er kann insbes nicht mit einem Rechtsbehelf gegen den ihn betreffenden ESt-Bescheid geltend machen, dass der bei dem aufnehmenden Rechtsträger angesetzte Wert überhöht sei und sich daraus für ihn eine überhöhte Steuerfestsetzung ergebe (BFH DStR 2011, 248; BFH DStR 2011, 1611). Geht der Einbringende davon aus, dass die bei einer Steuerfestsetzung zu Grunde gelegten Werte des eingebrachten Vermögens zu hoch seien, kann er seinem Begehren im Wege der **sog Drittanfechtung** durchsetzen (BFH DStR 2011, 2248). Nichts anderes gilt für die Einbringung in eine PersG.

159 Das Wahlrecht kann allerd nur uneingeschränkt ausgeübt werden, soweit das Recht der BRD hinsichtl der Besteuerung des Gewinns aus der Veräußerung des eingebrachten BV bei der übernehmenden Ges nicht ausgeschlossen oder beschränkt wird (Rn 208 ff). Der gemeine Wert der einzeln eingebrachten WG dürfen nicht überschritten werden. Wird durch den Einbringungsvorgang das dt Besteuerungsrecht hinsichtl des Gewinns aus der Veräußerung des eingebrachten BV oder Teilen davon erstmalig begründet, so ist nach dem Willen des Gesetzgebers (BT-Drs 16/2710, 43) für diese WG, unabhängig von der konkreten Ausübung des Antragswahlrechts, der gemeine Wert anzusetzen. Werden zusammen mit der Sacheinlage nach Abs 1 WG mitübertragen, die nicht der Sacheinlage zuzuordnen sind, kommt Abs 2 insoweit nicht zur Anwendung.

160 Das Antragswahlrecht bezieht sich auf die einzelne Sacheinlage iSd Abs 1 einschl des zu der Sacheinlage gehörenden SBV; es kann innerh einer Sacheinlage nicht unterschiedl ausgeübt werden. Werden **mehrere Sacheinlagen** erbracht, gilt für jede Sacheinlage ein eigenes Antragswahlrecht, was unabhängig vom Ansatz der anderen Sacheinlage ausgeübt werden kann. Letzteres gilt auch dann, wenn die Sacheinlagen aufgrund eines einheitl Vorgangs erbracht werden, selbst wenn sie von einem Einbringenden stammen.

161 Bei dem Antragswahlrecht handelt es sich um ein autonomes stl Wahlrecht, das unabhängig von der HB ausgeübt wird, der **Grds der Maßgeblichkeit** der HB für die StB ist nicht zu berücksichtigen (allgM BT-Drs 16/2710 Rn 43; BMF-Schrb vom 11.11.2011, BStBl I 1314 Rn 24.03 iVm Rn 20.20; Widmann/Mayer/*Fuhrmann* Rn 630; Haritz/Menner/*Schlößer* Rn 105; DPPM/*Patt* Rn 119).

162 Haben die **WG in der StB** des übernehmenden Rechtsträgers einen **höheren Wert als in der HB,** führen die zukünftigen stl Mehrabschreibungen im Vgl zum handelsrechtl JA dazu, dass der handelsrechtl Jahresüberschuss höher ist als der stl Gewinn. Beim Auseinanderfallen der handelsbilanziellen und steuerbilanziellen Werte stellt sich die Frage nach der Abbildung latenter GewSt gem § 264a I iVm § 274 HGB, sofern an der übernehmenden PersG keine natürliche Person als phG beteiligt ist.

163 **b) Eingebrachtes Betriebsvermögen.** Im Gegensatz zu den §§ 3, 11, die von den übergehenden WG einschließl nicht entgeltlich erworbener und selbst geschaffener immaterieller WG sprechen, bezieht sich Abs 2 auf das „eingebrachte BV" bzw „übernommene BV". Bereits zum UmwStG 1995 wurde die Auffassung vertreten, dass – neben einer Einzelbewertung des eingebrachten BV – die **Bewertung der übertragenen Sachgesamtheit** in Form des Betriebs, Teilbetriebs oder Mitunternehmeranteils erfolgen muss, da bereits damals ein Geschäfts- und Firmenwert zum übertragenen Verm gehört hat. Auch zum UmwStG 2006 wird allgemein die Meinung vertreten, dass im Rahmen der Einbringung des Betriebs, Teilbetriebs oder

Mitunternehmeranteils die Bewertung nicht bezogen auf jedes einzelne übergehende WG, sondern bezogen auf die Gesamtheit der übergehenden aktiven und passiven WG zu erfolgen hat, dh es erfolgt eine Bewertung der Sachgesamtheit (BMF-Schrb vom 11.11.2011, BStBl II 1314 Rn 24.03 iVm Rn 20.17, 03.07; Widmann/Mayer/*Fuhrmann* Rn 661; DPPM/*Patt* Rn 114). Dies ergibt sich zum einen daraus, dass es sich bei § 24 auch um eine spezielle Entstrickungsvorschrift handelt und der Gesetzgeber davon ausgeht, dass bei solchen Entstrickungen die Bewertungen von Sachgesamtheiten zu erfolgen hat. Hinzu kommt, dass nur eine Bewertung des gesamten BV in Form einer Sachgesamtheit dazu führen kann, dass in der stl Schlussbilanz des übernehmenden Rechtsträgers ein Firmenwert angesetzt werden kann. Firmenwert ist nämlich der Mehrwert, der in einem Unternehmen über dem Substanzwert der einzelnen materiellen und immateriellen WG abzüglich der Schulden hinaus inne wohnt („Residualgröße"). Der gemeine Wert der Sachgesamtheit ist nach Meinung der FinVerw im Verhältnis der Teilwerte der übergehenden WG auf die einzelnen WG zu verteilen (BMF-Schrb vom 11.11.2011, BStBl II 1314 Rn 24.03 iVm Rn 20.17, 03.09).

Unter dem Begriff des eingebrachten BV fallen sowohl **aktive** als auch **passive** 164 **WG.** Anzusetzen sind auch **stfreie Rücklagen** nach § 6 b EStG, Rücklagen für Ersatzbeschaffung nach 6.6 EStR sowie Rücklagen nach §§ 7 g EStG (vgl BFH FR 2013, 218), 6 UmwStG (BMF-Schrb vom 11.11.2011, BStBl I 1314 Rn 24.03 iVm Rn 20.20, 03.04).

Das Ansatzverbot **originärer immaterieller WG** des Anlagevermögens einschl 165 eines Geschäfts- oder Firmenwertes gilt nicht (BT-Drs 16/2710, 43; BMF-Schrb vom 11.11.2011, BStBl I 1314 Rn 24.03 iVm Rn 20.20, 03.04; RHL/*Rasche* Rn 70; DPPM/*Patt* Rn 114 iVm § 20 Rn 201; *Ley* FR 2007, 109). Auch gelten nach Meinung der FinVerw die Aktivierungs- und Passivierungsverbote beim Ansatz der WG über den BW nicht (BMF-Schrb vom 11.11.2011, BStBl II 1314 Rn 24.03 iVm Rn 20.20). Dies ist die Konsequenz daraus, dass die Einbringung eines Betriebs, Teilbetriebs oder Mitunternehmeranteils einen tauschähnl Vorgang darstellt und die Einbringung im Grds zu einer gewinnrealisierenden Aufdeckung aller stillen Reserven führt (BFH FR 2004, 274; BFH DStRE 2003, 37; BMF-Schrb vom 11.11.2011, BStBl I 1314 Rn 00.02; DPPM/*Patt* Rn 5; *Hahn* DStZ 1998, 561). Dies gilt unabhängig davon, ob sich der Vermögensübergang im Wege der Gesamt- oder Einzelrechtsnachfolge vollzieht (BFH FR 2004, 274; *Hahn* DStZ 1998, 561). Von dem Grds der stpfl Aufdeckung stiller Reserven wird bei entsprechender Ausübung des Antragswahlrechts aufgrund von Abs 2 abgewichen.

c) Steuerliche Vorschriften über die Gewinnermittlung. Bestimmte WG 166 dürfen nach den ertragstl Vorschriften über die Gewinnermittlung in der StB nicht angesetzt werden. Abs 2 S 1 verweist nicht auf die stl Vorschriften über die Gewinnermittlung, sondern bestimmt den gemeinen Wert zum Wertmaßstab. Fragl ist daher, ob und inwieweit Abs 2 die Vorschriften über die Gewinnermittlung verdrängt.

Abs 2 S 2 lässt es jedoch zu, dass unter den dort normierten Voraussetzungen 167 auf Antrag hin das übergehende Verm auch mit dem BW angesetzt werden kann. § 1 V Nr 4 def den BW. BW ist danach der Wert, der sich nach den stl Vorschriften über die Gewinnermittlung in eine auf den stl Übertragungsstichtag aufzustellenden StB ergibt bzw ergäbe. Werden damit in der stl Bilanz des übernehmenden Rechtsträgers die BW fortgeführt, gelten die bilanzsteuerrechtl Aktivierungs- und Passivierungsverbote, aktive und passive WG sind nach den bilanzsteuerrechtl

Regelungen anzusetzen. Gleiches gilt bei Buchwertfortführung für stl Rücklagen nach § 6 b EStG und stl AP zu den übergehenden WG.

168 Im Grds stellt aber Abs 2 S 1 eine Bewertung mit dem **gemeinen Wert** ab, auf die stl Vorschriften über die Gewinnermittlung wird nicht verwiesen. Damit müssten in der StB des übernehmenden Rechtsträgers auch solche übergehende WG mit dem gemeinen Wert angesetzt werden, die nach den stl Vorschriften über die Gewinnermittlung nicht angesetzt werden dürfen (BMF-Schrb vom 11.11.2011, BStBl I 1314 Rn 24.03 iVm Rn 20.20; DPPM/*Patt* Rn 114 iVm § 20 Rn 200; Widmann/Mayer/*Fuhrmann* Rn 704; *Kahle/Vogel* Ubg 2012, 493. Dies entspricht im Grds dem Willen des Gesetzgebers. Er beabsichtigt gerade durch die Einführung allg Entstrickungsregelungen, zu denen auch Abs 2 S 2 gehört, unabhängig von den ansonsten bestehenden Gewinnermittlungsgrundsätzen, bei Verlust des dt Besteuerungsrechts, sämtl stillen Reserven, selbstverständl unter Berücksichtigung möglicherweise bestehender stiller Lasten eine Besteuerung zuzuführen (ultima ratio Besteuerung). Hinzu kommt: Bei der Einbringung handelt es sich um einen tauschähnl Vorgang und aus der Sicht des übernehmenden Rechtsträgers um eine Anschaffung. In der StB des übernehmenden Rechtsträgers sind damit im Erg die mit dem gemeinen Wert zu bewertenden, übergehenden WG so anzusetzen, wie bei einem „normalen" Anschaffungsvorgang (vgl FG Rheinland-Pfalz EFG 2002, 25).

169 Auch der gemeine Wert von **negativen WG** kann höher sein als der BW, was insbes für die Passivierungsverbote des § 5 EStG gilt. Handelt es sich bspw um Verlustrückstellungen iSv § 5 IVa EStG, so entspricht der isolierte gemeine Wert dieser Rückstellung dem Betrag, der sich ergeben würde, wenn das Passivierungsverbot insoweit nicht gelten würde. Nach Meinung der **FinVerw** gelten die Ansatzverbote des § 5 EStG nicht für die übergehenden WG im Einbringungszeitpunkt, es sei denn, die Buchwerte werden fortgeführt (BMF-Schrb vom 11.11.2011, BStBl II 1314 Rn 24.03 iVm Rn 20.20). Bei § 24 handelt es sich um eine eigenständige stl Ansatz- und Bewertungsvorschrift, die grdsl eine Bewertung der eingebrachten WG mit dem gemeinen Wert vorsieht (BMF-Schrb vom 11.11.2011, BStBl II 1314 Rn 24.03 iVm Rn 20.20, 03.04). Beim übernehmenden Rechtsträger soll aber dann in der ersten regulären Folgebilanz iSd § 4 I, § 5 I EStG diese Suspendierung der Passivierungsverbote des § 5 EStG nicht mehr gelten (BMF-Schrb vom 11.11.2011, BStBl II 1314 Rn 24.03 iVm Rn 20.20, 04.16). Die im Einbringungszeitpunkt entgegen dem stl Ansatzverbot des § 5 EStG passivierten Rückstellungen oder Verbindlichkeiten sind damit beim übernehmenden Rechtsträger im Folgejahr erfolgswirksam aufzulösen, was in der Person des übernehmenden Rechtsträgers bzw deren MU zu einem stpfl Ertrag führt (BMF-Schrb vom 11.11.2011, BStBl II 1314 Rn 24.03 iVm Rn 20.20, 04.16; vgl dazu auch *Stadler/Elser/Bindel* DB Beilage 1/2012 zu Heft 2, 14; *Stimpel* GmbHR 2012, 124; *Bogenschütz* Ubg 2011, 399; *Kahle/Vogel* Ubg 2012, 493; *Rödder* DStR 2011, 1661). „Nur" der im Einbringungszeitpunkt aktivierte originäre Geschäfts- oder Firmenwert der übertragenen Sachgesamtheit sei durch den übernehmenden Rechtsträger nicht sofort abzuschreiben (BMF-Schrb vom 11.11.2011, BStBl II 1314 Rn 24.03 iVm Rn 20.20, 04.16). Nach **hM in der Lit** (*Rödder* DStR 2011, 1661; DPPM/*Pung* § 3 Rn 13; *Stadler/Elser/Bindl* DB Beilage 1/2012 zu Heft 2, 14; aA Widmann/Mayer/*Widmann* § 20 Rn R 667, der stille Lasten als solche passivieren will) werden diese Minderwerte bei der Bewertung einer Sachgesamtheit durch einen Käufer im Firmenwert berücksichtigt. Nichts anderes könne auf Grund der Einordnung der Einbringung als Anschaffungsvorgang gelten.

Sowohl die Meinung der FinVerw als auch die der hM steht im Widerspruch zur **Auffassung des BFH** (vgl BFH DStR 2011, 492; BFH BStBl I 2011, 566; BFH/NV 2012, 635; hierzu im Einzelnen *Bareis* FR 2012, 385; *Siegle* FR 2012, 388; *Schlotter* BB 2012, 951; *Prinz* FR 2011, 1015). Geht man zu Recht davon aus, dass es sich bei der Einbringung auf der Ebene des übernehmenden Rechtsträgers um einen Anschaffungsvorgang handelt (vgl dazu Rn 1), sind auf Grund dieses Anschaffungsvorgangs nach Meinung des BFH für stille Lasten, die auf Grund von Ansatz- und Bewertungsvorbehalten bestehen, eine ungewisse Verbindlichkeit zu passivieren. Mit Urteil vom 16.5.2009 (BFH BStBl II 2011, 566; ebenso BFH DStR 2012, 452) hat der BFH darauf hingewiesen, dass bei einer Betriebsveräußerung betriebl Verbindlichkeiten, die bei dem Veräußerer auf Grund von Rückstellungsverboten nicht passiviert werden dürfen, beim Erwerber keinem Passivierungsverbot unterworfen sind, wenn er diese Verbindlichkeit gegen Schuldbefreiung übernommen hat; solche betrieblichen Verbindlichkeiten sind unabhängig von der rechtlichen Einordnung beim übertragenden Rechtsträger in der Person des übernehmenden Rechtsträgers als ungewisse Verbindlichkeiten auszuweisen und vom übernehmenden Rechtsträger auch an den nachfolgenden Bilanzstichtagen mit den Anschaffungskosten oder ihrem höheren Teilwert zu bewerten. Diese Auffassung wird mit dem Grundsatz der erfolgsneutralen Behandlung von Anschaffungsvorgängen begründet. Der BFH macht in den angesprochenen Urteilen deutlich, dass für Verbindlichkeiten, für die in der Person des übertragenden Rechtsträgers ein Ansatzverbot gilt, aus der Sicht des übernehmenden Rechtsträgers die für ungewisse Verbindlichkeiten geltenden Grundsätze anzuwenden sind und damit eine Passivierungspflicht besteht. Der BFH (DStR 2012, 452) hat sich auch gegen die unmittelbare Verrechnung der stillen Lasten durch Abstockung des erworbenen Firmenwertes wegen einer fehlenden Rechtsgrundlage ausgesprochen. Damit sind in der stl Schlussbilanz des übertragenden Rechtsträgers zum Einbringungszeitpunkt stille Lasten als ungewisse Verbindlichkeiten zu passivieren und in der Folgebilanz fortzuführen. Offen ist aber, wie die Rspr des BFH die stillen Lasten in Bezug auf die Pensionsverpflichtung im Regelungsbereich des § 24 beurteilt, da das Gesetz ausdrücklich bestimmt, dass Pensionsverpflichtungen höchstens mit dem Teilwert nach § 6a EStG anzuwenden sind. Nach Auffassung der Lit sind solche stillen Lasten beim Geschäfts- oder Firmenwert zu berücksichtigen (*Rödder* DStR 2011, 1061; *Stadler/Elser/Bindl* DB Beilage 1/2012 zu Heft 2, 14; DPPM/*Patt* Rn 114 iVm § 20 Rn 199, 169a). Der Gesetzgeber plant eine Neuregelung bzgl angeschaffter stiller Lasten (vgl BR-Drs 663/12, 12; *Prinz* Ubg 2013, 57). 170

Die **Bewertung** der Sachgesamtheit erfolgt zum Einbringungsstichtag (aM vgl nur BMF-Schrb vom 11.11.2011, BStBl I 1314 Rn 24.03 iVm Rn 20.17, 03.09). Wertaufhellungen sind zu berücksichtigen. 171

27. Ansatz der übergehenden Wirtschaftsgüter mit dem gemeinen Wert

a) Grundsätzliches. Liegen die Voraussetzungen des Abs 1 vor, so hat der übernehmende Rechtsträger nach Abs 2 S 1 das eingebrachte BV grdsl in seiner Bilanz einschl der Ergänzungsbilanz für ihre Gesellschafter mit dem gemeinen Wert anzusetzen. Für Pensionsrückstellungen tritt allerdings nach Abs 2 S 1 HS 2 an die Stelle des gemeinen Wertes der Wert nach § 6 a EStG. Zum Ansatz mit dem gemeinen Wert kommt es nach hM im Regelungsbereich des § 20 zwin- 172 gend, soweit durch den Einbringungsvorgang das dt **Besteuerungsrecht erstmalig begründet wird** (BT-Drs 16/2710, 43; Widmann/Mayer/*Fuhrmann* Rn 735; DPPM/*Patt* § 20 Rn 228; Blümich/*Nitzschke* § 20 Rn 78; *Ley* FR 2007, 109; *Förster/Wendland* BB 2007, 631; aA RHL/*Herlinghaus* § 20 Rn 167). Die Begründung des dt Besteuerungsrechts stellt eine Einlage dar, so dass diese mit dem gemeinen Wert zu bewerten ist (§ 4 I 5 iVm § 6 I Nr 5 a EStG). Nichts anderes sollte im Regelungsbereich des § 24 gelten. Die Bewertung mit dem gemeinem Wert hat zum Einbringungsstichtag zu erfolgen (BMF-Schrb vom 11.11.2011, BStBl II 1314 Rn 24.03 iVm Rn 20.17, 03.09). Der gemeine Wert ist die Obergrenze. Ist der gemeine Wert der Sachgesamtheit geringer als die Summe der Buchwerte der übertragenen WG, ist der Ansatz mit dem BW nach Auffassung der FinVerw ausgeschlossen (BMF-Schrb vom 11.11.2011, BStBl II 1314 Rn 24.03 iVm Rn 20.18, 03.12; ebenso DPPM/*Patt* Rn 114 iVm § 20 Rn 203; *Bogenschütz* Ubg 2011, 393; aA *Schumacher/Neitz-Hackstein* Ubg 2011, 409: BW ist die Untergrenze für den Wertansatz), es erfolgt eine entsprechende Abstockung. Wird festgestellt, dass einzelne WG auf den gemeinen Wert abgestockt wurden, so ist der entsprechende Wert nach Meinung der FinVerw zu korrigieren, wenn der gemeine Wert der Sachgesamtheit in seiner Gesamtheit den Gesamtbuchwert der Sacheinlage nicht unterschreitet (ebenso DPPM/*Patt* Rn 114 iVm § 20 Rn 203; *Bogenschütz* Ubg 2011, 393; aA Widmann/Mayer/*Widmann* § 3 Rn 310.1 f). Richtig ist zwar, dass das übergehende Verm als Sachgesamtheit zu bewerten ist, da andernfalls ein Firmenwert in der stl Schlussbilanz des übertragenden Rechtsträgers nicht anzusetzen wäre (vgl Rn 163 ff), der **Grundsatz der Einzelbewertung** der WG ist jedoch nicht aufgehoben, da auch bei der Bewertung der Sachgesamtheit der entsprechende Wert auf die einzelnen WG aufzuteilen ist, was dafür spricht, das der gemeine Wert sich auch als Höchstgrenze auf jedes einzelne WG bezieht (Widmann/Mayer/*Widmann* § 3 Rn 301.1; vgl auch § 20 Rn 282).

173 Weder das EStG, das KStG noch das UmwStG def den Begriff des gemeinen Werts. Damit kommt der Erste Teil des BewG für die Bestimmung des gemeinen Werts zur Anwendung (BT-Drs 16/2710, 43; RHL/*Rasche* Rn 70; DPPM/*Patt* Rn 114; Widmann/Mayer/*Fuhrmann* Rn 638). Der gemeine Wert wird nach § 9 II BewG in erster Linie durch den Preis bestimmt, der im gewöhnl Geschäftsverkehr nach der Beschaffenheit des WG einer Veräußerung zu erzielen wäre, wobei ungewöhnl oder persönl Verhältnisse nicht zu berücksichtigen sind. Als persönl Verhältnisse sind nach § 9 III BewG auch Verfügungsbeschränkungen anzusehen, die in der Person des Stpfl oder eines Rechtsvorgängers begründet sind (zur Krit an § 9 III vgl Gürsching/Stenger/*Knittel* BewG § 9 Rn 103; Kreutziger/Lindberg/Schaffner/*Kreutziger* BewG § 9 Rn 18). Als Bewertungsmethode kommen primär die **Vergleichswertmethode,** dann die **Ertragswertmethode** und hilfsweise die **Sachwertmethode** in Betracht (Widmann/Mayer/*Fuhrmann* Rn 639). Zu weiteren Einzelheiten vgl die Komm in § 11 Rn 33 ff.

174 **b) Die Ermittlung des gemeinen Wertes für einzelne Wirtschaftsgüter und die Sachgesamtheit.** Die FinVerw geht zutreffend davon aus, dass die Ermittlung des gemeinen Wertes des übergehenden aktiven und passiven Vermögens im Grundsatz als Sachgesamtheit erfolgen muss (BMF-Schrb vom 11.11.2011, BStBl I 1314 Rn 24.03 iVm Rn 20.17, 03.07; ebenso DPPM/*Patt* Rn 114 iVm § 20 Rn 199; *Bogenschütz* Ubg 2011, 393; *Stadler/Elser/Bindl* DB Beilage 1/2012 zu Heft 2, 14; *Kahle/Vogel* Ubg 2012, 493). In der stl Schlussbilanz des übernehmenden Rechtsträgers ist damit auch ein in der Person des Einbringenden selbst geschaffener Firmenwert mit dem gemeinen Wert anzusetzen. Der Firmenwert ist der Mehrwert, der einem gewerbl Unternehmen über die Substanz der einzelnen materiellen und immateriellen WG abzüglich Schulden inne wohnt (BFH BStBl II 2001, 477; BFH BStBl II 1996, 576). Er ist der Höhe nach durch die Gewinnaussichten bestimmt, die, losgelöst von der Pers des Unternehmers, auf Grund besonderer, dem Unternehmen zukommender Vorteile (zB Ruf, Kundenkreis usw) höher oder gesicherter erscheint als bei einem anderen Unternehmen mit sonst vglbaren WG. Der Firmenwert ist damit an den Betrieb gebunden und kann nicht ohne diesen veräußert werden. Ein Einzelveräußerungspreis bezogen auf den Geschäfts-/Firmenwert existiert damit nicht. Der Ansatz des Firmenwerts in der stl Schlussbilanz des übernehmenden Rechtsträgers setzt damit voraus, dass es zu einer Bewertung der Sachgesamtheit in Form des übertragenen Betriebs, Teilbetriebs oder Mitunternehmeranteils kommen muss.

Der **gemeine Wert der Sachgesamtheit** ist zunächst aus Verkäufen abzuleiten 175
(Widmann/Mayer/*Fuhrmann* Rn 639). Dies dürfte in der Praxis nur möglich sein, wenn kurz vor der Einbringung der Betrieb, Teilbetrieb oder Mitunternehmeranteil entgeltlich von einem Dritten erworben wurde. Liegen solche Verkäufe nicht vor, kann anhand eines am allgemein anerkannten Ertrags- oder Zahlungsstrom orientierten Verfahrens die Wertermittlung erfolgen, welches ein gedachter Erwerber des eingebrachten Betriebs usw bei der Bemessung des **Kaufpreises** zu Grunde legen würde (BMF-Schrb vom 11.11.2011, BStBl II 1314 Rn 24.03 iVm Rn 20.17, 03.07; DPPM/*Patt* Rn 114 iVm § 20 Rn 200; *Bogenschütz* Ubg 2011, 393; *Stadler/Elser/Bindl* DB Beilage 1/2012 zu Heft 2, 14). Diese Sichtweise entspricht § 109 I 2 BewG iVm § 11 II BewG. Gemäß § 11 II 4 BewG kommt auch das vereinfachte **Ertragswertverfahren** iSd §§ 199–203 BewG zur Anwendung (BMF-Schrb vom 11.11.2011, BStBl II 1314 Rn 24.03 iVm Rn 20.17, 03.07; *Bogenschütz* Ubg 2011, 393; *Neu/Schiffers/Watermeyer* GmbHR 2011, 729; krit *Rödder/Rogall* Ubg 2011, 753). Die FinVerw akzeptiert das vereinfachte Ertragswertverfahren jedoch nicht bei komplexen Konzernstrukturen (gemeinsamer Ländererlass vom 17.5.2011, BStBl I 606). Der **Substanzwert** des übertragenen Vermögens darf dabei gem § 11 III 3 BewG nicht unterschritten werden (*Bogenschütz* Ubg 2011, 393; vgl auch *Neu/Schiffers/Watermeyer* GmbHR 2011, 731; krit IDW-Stellungnahme Ubg 2011, 459; zur Geltung der Liquidationswerte vgl *Bogenschütz* Ubg 2011, 393; *Piltz* DStR 2009, 1830).

Die Bewertung erfolgt nach dem Verhältnis zum stl Übertragungsstichtag. Die 176
Bewertung der übergehenden Sachgesamtheit mit dem gemeinen Wert erfolgt unabhängig davon, wie das übergehende Verm vor der Einbringung steuerbilanziell beim einbringenden Rechtsträger abgebildet wurde, insbes bleiben für die Bewertung der Sachgesamtheit die Ansatzverbote des § 5 EStG unberücksichtigt (vgl Rn 169 f).

Die FinVerw geht davon aus, dass der gemeine Wert der Sachgesamtheit in 177
analoger Anwendung zu § 6 I Nr 7 EStG im Verhältnis der Teilwerte der übergehenden WG auf die Einzelwirtschaftsgüter zu verteilen ist (BMF-Schrb vom 11.11.2011, BStBl II 1314 Rn 24.03 iVm Rn 20.17, 03.09). Richtig dürfte es aber sein, eine **Verteilung des Wertes der Sachgesamtheit** im Verhältnis der gemeinen Werte der übergehenden WG vorzunehmen, da der gemeine Wert nach Abs 2 der entscheidende Wert ist (ebenso *Schumacher/Neitz-Hackstein* Ubg 2011, 409). Soweit stille Reserven in dem übertragenen aktiven Verm vorhanden sind, kommt es damit zu einer Aufdeckung der stillen Reserven. Dies gilt auch

für originäre immaterielle WG, insbes des Firmenwertes. Nach Auffassung der FinVerw sind im Grundsatz stille Lasten zu passivieren, insbes auch soweit nach § 5 EStG ein Ansatzverbot besteht (vgl Rn 169). Der Bewertungsvorbehalt für Pensionsrückstellungen, nämlich diese höchstens mit dem Teilwert nach § 6a EStG anzuwenden, ist nach Auffassung der FinVerw in jedem Fall zu berücksichtigen (BMF-Schrb vom 11.11.2011, BStBl II 1314 Rn 24.03 iVm Rn 20.17, 03.07), was bedeutet, dass ein tats höherer gemeiner Wert der Pensionsverpflichtung stl nicht den gemeinen Wert des Unternehmens iSv § 24 II mindern soll (BMF-Schrb vom 11.11.2011, BStBl II 1314 Rn 24.03 iVm Rn 20.17, 03.08; aA DPPM/*Patt* Rn 114 iVm § 20 Rn 199; *Rödder* DStR 2011, 1089, *Kahle/Vogel* Ubg 2012, 493 mwN). Diese Auffassung der FinVerw führt zu einer Übermaßbesteuerung (*Rödder* DStR 2011, 1089) und ist mit dem ansonsten von der FinVerw anzuwendenden anerkannten ertrags- oder zahlungsorientierten Verfahren, welches ein gedachter Erwerber des Betriebs, Teilbetriebs oder Mitunternehmeranteils bei der Bemessung des Kaufpreises zu Grunde legen würde, nicht in Übereinstimmung zu bringen. Geht man mit der hM in der Lit davon aus, dass die sich aus dem Bilanzierungsverbot des § 5 ergebenden stillen Lasten beim Firmenwert zu berückichtigen sind (vgl Rn 169), käme es insoweit nicht zu einer Passivierung der stillen Lasten, vielmehr finden diese ihren Niederschlag in einem geringeren Firmenwert. Die Rspr des BFH geht davon aus, dass bezügl der stillen Lasten eine ungewisse Verbindlichkeit zu passivieren ist. Ob dies auch für stille Lasten in Pensionsrückstellungen gilt, ist jedoch offen (vgl Rn 170). Zu dem Problem, wie zu verfahren ist, wenn der gemeine Wert der Sachgesamtheit über dem BW liegt, einzelne WG aber einen gemeinen Wert unterhalb des Buchwerts haben vgl § 20 Rn 282.

178 Beim Ansatz mit dem gemeinen Wert sind **stfreie Rücklagen** (BMF-Schrb vom 11.11.2011, BStBl I 1314 Rn 24.03 iVm Rn 20.20, 03.04; Widmann/Mayer/*Widmann* § 20 Rn R 671; BMF-Schrb vom 25.3.1998, BStBl I 268 Rn 22.11) ebenso wie stille Reserven, die durch Überbewertung von Passivposten entstanden sind, aufzulösen (Widmann/Mayer/*Widmann* § 20 Rn R 670 f).

179 Wird ein **Mitunternehmeranteil** isoliert oder gemeinsam mit einem Betrieb oder Teilbetrieb eingebracht und wird bezogen auf den Mitunternehmeranteil der gemeine Wert angesetzt, kommt es zu der entsprechenden Aufstockung in der stl Ergänzungsbilanz. Der Mitunternehmerschaft steht insoweit kein eigenständiges Wahlrecht zu (BMF-Schrb vom 11.11.2011, BStBl I 1314 Rn 24.03 iVm Rn 22; Widmann/Mayer/*Widmann* § 20 Rn R 452; *Schmitt/Schloßmacher* DB 2010, 522; *Desens* DStR 2010 Beihefter zu Heft 46, 80; DPPM/*Pung* § 3 Rn 58; aA DPPM/*Patt* Rn 114 iVm § 20 Rn 209; RHL/*Herlinghaus* § 20 Rn 151; vgl auch BFH BStBl II 2004 804). Wird ein Anteil an einer Mitunterschaft eingebracht, zu deren BV die Beteiligung an einer anderen Mitunternehmerschaft gehört **(doppelstöckige PersG),** so liegt nach Auffassung der FinVerw (BMF-Schrb vom 11.11.2011, BStBl I 1314 Rn 24.03 iVm Rn 20.12) ein einheitlich zu beurteilender Einbringungsvorgang vor, der nur mittelbar übertragene Anteile an der UnterPersGes stellt keinen gesonderten Einbringungsvorgang iSd § 24 dar. Kommt es zu einem Ansatz des eingebrachten Mitunternehmeranteils mit dem gemeinen Wert, so sind, soweit stille Reserven bei der MutterGes vorhanden sind, diese entsprechend aufzudecken, und zwar auch bezogen auf den Mitunternehmeranteil an der TochterGes, bei letzterem in einer Ergänzungsbilanz (vgl auch § 20 Rn 145 ff).

180 Der gemeine Wert entspricht bei börsennotierten Wertpapieren nach § 11 I BewG dem Kurswert, Paketzuschläge sind gem § 11 III BewG zu berücksichtigen

(BMF-Schrb vom 17.5.2011, BStBl I 606). Anteile an KapG sind iÜ für ertragstl Zwecke mit dem gemeinen Wert anzusetzen, der sich aus Verkäufen ableiten lässt, die weniger als ein Jahr zurückliegen (Vergleichswertmethode vgl § 11 Rn 34). Liegen solche Verkäufe nicht vor, kommt das Ertragswertverfahren oder eine andere anerkannte Methode zur Anwendung (§ 11 II 2 BewG).

28. Ansatz der übergehenden Wirtschaftsgüter mit dem Buchwert

Ein Buchwertansatz der übertragenen WG ist gem Abs 2 S 2 auf Antrag zul, 181 soweit das Recht der BRD hinsichtl der Besteuerung des eingebrachten BV bei der übernehmenden Ges nicht ausgeschlossen oder beschränkt wird (vgl Rn 208 ff). BW ist nach § 1 V Nr 4 der Wert, der sich nach den stl Vorschriften über die Gewinnermittlung in einer für den stl Übertragungsstichtag aufzustellenden StB ergibt oder ergäbe. Unterscheiden sich die BW im Hinblick auf die KSt/ESt und die GewSt, sind diese unterschiedlichen BW fortzuführen. Wenn das Gesetz auf einer **Einbringungsbilanz** abstellt, so bedeutet dies nicht, dass in allen Einbringungsfällen eine Einbringungsbilanz aufgestellt werden muss (vgl aber auch DPPM/*Patt* Rn 121, der aber auf die Schlussbilanz des übernehmenden Rechtsträgers abstellt). Eine Einbringungsbilanz ist nur dann aufzustellen, wenn dies gesetzl vorgeschrieben ist, zB in den Fällen des Abs 4 iVm § 20 VI 1, 2. Zu den in § 1 V Nr 4 angesprochenen Gewinnermittlungsvorschriften gehören insbes § 5 II-VI, VII EStG oder wenn der Einbringende seinen Gewinn gem § 4 III EStG ermittelt (vgl BMF-Schrb vom 11.11.2011, BStBl I 1314 Rn 24.03; Widmann/Mayer/*Fuhrmann* Rn 779). Maßgebend ist insoweit nicht die vom einbringenden Rechtsträger vorgenommene tats Bilanzierung, sondern die in seiner Person nach den genannten stl Gewinnermittlungsvorschriften zul Bilanzierung zum Einbringungsstichtag. Die dt Gewinnermittlungsvorschriften gelten auch für ausl Rechtsträger (vgl § 11 Rn 49). Eine Buchwertfortführung ist auch dann möglich, wenn das übertragene Nettobuchwertvermögen negativ ist, die Mindestansatzvorschrift des § 20 II 2 Nr 2 gilt nicht (BMF-Schrb vom 11.11.2011, BStBl I 1314 Rn 24.04; Widmann/Mayer/*Fuhrmann* Rn 783).

Soweit die Voraussetzungen des Abs 2 S 2 vorliegen und der Antrag auf Buch- 182 wertfortführung gestellt wird (vgl Rn 195), muss der Ansatz mit dem BW **einheitl** erfolgen (BMF-Schrb vom 11.11.2011, BStBl I 1314 Rn 24.03 iVm Rn 20.18, 03.13), und zwar auch in der **Sonder- oder Ergänzungsbilanz.** Es ist nicht zul, dass ein WG „überbewertet" ein anderes dagegen „unterbewertet" wird und im Saldo damit die bisherigen BW wieder erreicht werden. Entscheidend ist der BW zum Einbrigungszeitpunkt. Einbringung zu BW liegt danach vor, wenn in der Eröffnungsbilanz der aufnehmenden PersGes zwar gemeine Werte angesetzt, mit negativen Ergänzungsbilanzen jedoch die Ansätze wieder bis zur Höhe des in der Einbringungsbilanz ausgewiesenen BW herabgesetzt werden. Umgekehrt ist nicht von einem Ansatz mit dem BW auszugehen, wenn zwar die Eröffnungsbilanz der aufnehmenden PersGes die BW aus der Einbringungsbilanz ausweist, diese Werte aber durch positive Ergänzungsbilanzen aufgestockt (mit der Folge des Ausweises eines Einbringungsgewinns) wurden. Die Funktion der positiven oder negativen Ergänzungsbilanzen erschöpft sich jedoch nicht in der Ausübung des Ansatz- und Bewertungswahlrechts gem Abs 2 S 1, sie sind vielmehr in der Folgezeit iRd lfd Gewinnermittlung fortzuentwickeln (vgl Rn 217 ff).

183 Liegen zum Einbringungsstichtag die Voraussetzungen einer **Teilwertabschreibung** bei einzeln übertragenen WG vor, so können diese WG in der „stl Schlussbilanz" des Einbringenden mit dem TW angesetzt werden. In der Person des Einbringenden sind evtl **Wertaufholungen** iSv § 6 I 1 Nr 1 S 4, Nr 2 S 2 f EStG vorzunehmen. Unterlassene Wertaufholungen auf WG sind nachträgl zu korrigieren, soweit für den Einbringenden noch keine bestandskräftige Veranlagung vorliegt oder noch eine Änderung nach § 172 AO in Betracht kommt (RHL/*Herlinghaus* § 20 Rn 173). Ändern sich die Ansätze in der „stl Schlussbilanz" des Einbringenden, so löst dies eine Folgeänderung beim übernehmenden Rechtsträger aus. Ist der gemeine Wert der Sachgesamtheit geringer als die Summe der Buchwerte der übergehenden WG, ist der **Ansatz zum BW ausgeschlossen** (BMF-Schrb vom 11.11.2011, BStBl I 1314 Rn 24.03 iVm Rn 20.18, 03.12; ebenso DPPM/*Patt* Rn 114 iVm § 20 Rn 203; *Bogenschütz* Ubg 2011, 393; aA *Schumacher/Neitz-Hackstein* Ubg 2011, 409). Nach Auffassung der FinVerw gelten die stl Ansatzverbote des § 5 EStG für die stl Schlussbilanz der übernehmenden Mitunternehmerschaft im Einbringungszeitpunkt nicht (BMF-Schrb vom 11.11.2011, BStBl I 1314 Rn 20.20). In der stl Schlussbilanz würden damit stille Lasten in anderen WG als in Pensionsrückstellungen (vgl dazu Rn 169) zu passivieren sein. Zu den Auswirkungen für die Folgebilanzierung vgl Rn 169. Geht man mit der hM in der Lit (vgl Rn 169) davon aus, dass die Ansatzverbote des § 5 EStG auch für die stl Schlussbilanz der übernehmenden Rechtsträger gelten, sind die entsprechenden stillen Lasten einschließl solcher in Pensionsrückstellungen über den Firmenwert zu korrigieren. Dadurch kann ein negativer Firmenwert infolge eines stl AP entstehen. Diese Auffassung, nach der stille Lasten unmittelbar beim Firmenwert zu berücksichtigen sind, steht im Widerspruch zur Rspr des BFH (DStR 2012, 452). Für eine unmittelbare Verrechnung der stillen Lasten durch Abstockung des erworbenen Firmenwerts fehlt es an einer Rechtsgrundlage. Die stillen Lasten sind vielmehr als ungewisse Verbindlichkeiten auszuweisen. Eine Abstockung des Firmenwerts erfolgt damit nicht. Ob dies auch für stille Lasten in Pensionsrückstellungen gilt, ist jedoch offen (vgl dazu Rn 170). Liegt der BW eines WG über dem gemeinen Wert, so geht die FinVerw davon aus, dass es nur dann zu einer Abstockung des Buchwerts kommt, wenn der gemeine Wert der übertragenen Sachgesamtheit geringer ist als die Summe der Buchwerte der übergehenden WG; vgl dazu § 20 Rn 282.

184 Wird ein **Mitunternehmeranteil** eingebracht und übt der übernehmende Rechtsträger das Antragswahlrecht dahingehend aus, die BW fortzuführen, so kommt es zu einem entsprechenden Wertansatz bei der Mitunternehmerschaft, ein eigenständiges Wahlrecht kommt dieser nicht zu (str § 20 Rn 290). Entsprechendes gilt, wenn ein Mitunternehmeranteil an einer Mitunternehmerschaft eingebracht wird, die ihrerseits an einer Mitunternehmerschaft beteiligt ist **(doppelstöckige PersGes).** Zum stl BV eines Mitunternehmeranteils gehören auch eine etwaige bestehende Ergänzungsbilanz sowie eine Sonderbilanz (DPPM/*Patt* Rn 195).

185 Zu einem Ansatz mit dem gemeinen Wert kommt es in jedem Fall, wenn durch den Einbringungsvorgang ein dt Besteuerungsrecht erstmals begründet wird (vgl Rn 172). Dies ändert jedoch nichts an dem grdsl Buchwertansatz. Soweit durch die Einbringung das Besteuerungsrecht der BRD verloren geht, sind diese WG mit dem gemeinen Wert anzusetzen, iÜ kann der BW fortgeführt werden, ein Zwischenwertansatz liegt insges nicht vor.

29. Ansatz des eingebrachten Betriebsvermögens mit Zwischenwerten

a) Ansatz von Zwischenwerten. Alt und unter denselben Voraussetzungen wie der Buchwertansatz können auf Antrag hin auch ZW durch den übernehmenden Rechtsträger angesetzt werden. Setzt der übernehmende Rechtsträger das eingebrachte BV mit einem Wert an, der höher ist, als der BW, aber unter dem gemeinen Wert liegt, so ist die Diff zwischen dem höheren Wert und dem BW **(Aufstockungsbetrag)** auf die eingebrachten WG gleichmäßig zu verteilen, und zwar auch in der Sonder- oder Ergänzungsbilanz (BMF-Schrb vom 11.11.2011, BStBl I 1314 Rn 24.03 iVm Rn 20.18; Rn 03.35; DPPM/*Patt* Rn 115; Widmann/Mayer/*Fuhrmann* Rn 208). Stille Lasten sind verhältnismäßig zu berücksichtigen. Entsprechendes gilt, wenn sich die BW im Hinblick auf die ESt/KSt und die GewSt unterscheiden. 186

Liegen zum Umwandlungsstichtag die Voraussetzungen einer **Teilwertabschreibung** bei einzelnen übergehenden WG vor, so können diese WG noch in der Person des Einbringenden mit dem TW angesetzt werden. In der stl Schlussbilanz sind **Wertaufholungen** iSv § 6 I 1 Nr 1 S 4, Nr 2 S 2 f EStG vorzunehmen. Unterlassene Wertaufholungen auf WG sind nachträgl zu korrigieren, soweit für den übertragenden Rechtsträger noch keine bestandskräftige Veranlagung vorliegt oder noch eine Änderung nach § 172 AO in Betracht kommt. Ändern sich die Ansätze in der stl Schlussbilanz des übertragenden Rechtsträgers, so löst dies eine Folgeänderung beim übernehmenden Rechtsträger aus. Dies kann auch Auswirkungen auf die gleichmäßige Verteilung der aufgedeckten stillen Reserven haben. 187

Um die **gleichmäßige Aufstockung** der stillen Reserven durchführen zu können, müssen die mit den stillen Reserven behafteten WG, auch solche im SBV, Rücklagen uä und die Höhe der stillen Reserven zum Einbringungsstichtag festgestellt werden, ebenso stille Lasten, mit Ausnahme solcher in Pensionsrückstellungen (DPPM/*Patt* Rn 115; str vgl § 20 Rn 278 f). Der Gesamtbetrag der stillen Reserven ergibt sich aus der Diff des BW des eingebrachten Verm und dem gemeinen Wert der Sacheinlage. Stille Reserven in einem originären Geschäftswert sind zu berücksichtigen. Die stillen Reserven in den einzelnen WG und steuerfreien Rücklagen uä sind gleichmäßig um den Prozentsatz aufzulösen, der dem Verhältnis des Aufstockungsbetrags zum Gesamtbetrag der vorhandenen stillen Reserven des eingebrachten BV entspricht. (BMF-Schrb vom 11.11.2011, BStBl I 1314 Rn 24.03 iVm Rn 20.18, 03.25; DPPM/*Patt* Rn 115; Widmann/Mayer/*Widmann* § 20 Rn R620) 188

Beispiel: 189
Die stl BW des eingebrachten BV betragen insges EUR 250 000, der gemeine Wert EUR 500 000. Die stillen Reserven iHv insges EUR 250 000 sind mit EUR 50 000 bei Grund und Boden, EUR 100 000 bei Gebäuden, EUR 50 000 bei Maschinen, EUR 50 000 bei den Vorräten enthalten. Der Aufstockungsbetrag soll EUR 100 000 betragen; der Aufstockungsbetrag steht damit zum Gesamtbetrag der vorhandenen stillen Reserven im Verhältnis von 100 000:250 000. Die stillen Reserven sind damit um 40% aufzustocken. Die Aufteilung lautet im Beispielsfall danach: Aufstockung bei Grund und Boden um EUR 20 000, bei Gebäuden um EUR 40 000, bei Maschinen und Warenbeständen um je EUR 20 000. Die stl Buchwerte sind beim übernehmenden Rechtsträger damit mit EUR 350 000 anzusetzen.

Unabhängig von der Ausübung des Antragswahlrecht kommt es zum **Ansatz mit dem gemeinen Wert,** soweit durch den Einbringungsvorgang ein dt Besteuerungsrecht erstmals begründet wird (str vgl Rn 172). Ein Ansatz der eingebrach- 190 ten WG mit dem gemeinen Wert ist auch insoweit vorzunehmen, als das inl Besteuerungsrecht auf Grund der Einbringung ausgeschlossen oder beschränkt wird. Diese zwangsweise Aufdeckung der stillen Reserven erfolgt eine logische Sekunde vor der gleichmäßigen Aufdeckung der ansonsten eingebrachten WG.

191 Wird ein **Mitunternehmeranteil** eingebracht und wählt der übernehmende Rechtsträger den Zwischenwertansatz, so kommt es auch zu einem entsprechenden Wertansatz bei der Mitunternehmerschaft, und zwar in einer entsprechenden Ergänzungsbilanz; ein eigenständiges Wahlrecht kommt der Mitunternehmerschaft aber nicht zu (str vgl § 20 Rn 290; aA DPPM/*Patt* Rn 118). Entsprechendes gilt, wenn ein Mitunternehmeranteil an einer Mitunternehmerschaft eingebracht wird, zu deren Verm ihrerseits eine Mitunternehmerbeteiligung gehört **(doppelstöckige PersGes).** Die anteilige Aufstockung bezieht sich auch auf eine ggf bereits vorhandene Ergänzungsbilanz sowie eine Sonderbilanz.

192 **b) Materielle und immaterielle Wirtschaftsgüter, insbesondere Geschäfts- und Firmenwerte.** Die Einbringung eines Betriebs, Teilbetriebs oder Mitunternehmeranteils in eine PersGes stellt aus der Sicht des Einbringenden einen tauschähnl Veräußerungsakt in Form einer Betriebsveräußerung und in der Person des übernehmenden Rechtsträgers ein Anschaffungsgeschäft dar (BFH FR 2004, 274; BFH DStR 2003, 37; BFH BStBl II 1996, 342; BMF-Schrb vom 11.11.2011, BStBl I 1314 Rn 00.02; *Hahn* DStZ 1998, 561). Dies gilt unabhängig davon, ob sich der Vermögensübergang im Wege der Gesamt- oder Einzelrechtsnachfolge vollzieht (BFH FR 2004, 274; BMF-Schrb vom 11.11.2011, BStBl I 1314 Rn 00.02; *Hahn* DStZ 1998, 561; vgl auch *Fatouros DStR* 2006, 272). Demnach sind mit der hM auch beim Zwischenwertansatz grdsl alle stillen Reserven anteilig aufzudecken.

193 Bei der Aufstockung ist sowohl das Anlagevermögen einschl der vom Einbringenden hergestellten immateriellen Anlagegüter und der originäre Geschäftswert (vgl § 20 Rn 307) als auch das Umlaufvermögen zu berücksichtigen. Wird ein Zwischenwertansatz gewählt, ist nach früherer Auffassung der FinVerw (BMF-Schrb vom 25.3.1998, BStBl I 268 Rn 22.08: **sog modifizierte Stufentheorie**) ein bestehender selbstgeschaffener Geschäftswert nur zu berücksichtigen, wenn die übrigen WG und Schulden mit dem gemeinen Wert angesetzt sind, aber ggü dem Wert, mit dem das eingebrachte BV vom übernehmenden Rechtsträger angesetzt werden soll bzw angesetzt werden muss noch ein Differenzbetrag verbleibt; dieser Differenzbetrag ist dann durch den Ansatz des Geschäftswertes aufzufüllen (ebenso Haritz/Menner/*Schlößer* Rn 123; vgl auch Widmann/Mayer/*Widmann* § 20 Rn R 621). Eine solche Differenzierung bezogen auf stille Reserven beim selbstgeschaffenen Geschäftswert und sonstigen stillen Reserven ist dem Gesetz nicht zu entnehmen ein Geschäftswert nach den allg Grdsen der gleichmäßigen und verhältnismäßigen Aufstockung gleichwertig mit den übrigen WG zu behandeln (BMF-Schrb vom 11.11.2011, BStBl I 1314 Rn 24.03 iVm Rn 20.18; Rn 03.25; zur Übergangsregelung vgl Rn S 03; DPPM/*Patt* § 20 Rn 207).

194 **c) Auflösung steuerfreier Rücklagen.** In die anteilige Aufstockung mit einbezogen werden müssen auch ssteuerfreie Rücklagen und sonstige stille Reserven, die bspw durch Überbewertung von Passiva entstanden sind (vgl § 20 Rn 308).

30. Ausübung des Antragswahlrechts; Bilanzberichtigung

195 **a) Ausübung des Antragswahlrechts.** Auf Antrag können bei Vorliegen der Voraussetzungen des Abs 2 S 2 die eingebrachten WG mit dem BW oder einem

ZW angesetzt werden. Der Antrag hat keine Auswirkungen, soweit WG aufgrund zwingender Vorschriften mit dem gemeinen Wert anzusetzen sind. Abs 2 S 2 bestimmt nicht ausdrückl, wer den Antrag auf abw Bewertung zu stellen hat. Nach ganz herrschender Auffassung (BMF-Schrb vom 11.11.2011, BStBl I 1314 Rn 24.03 iVm Rn 20.21; BFH/NV 2011, 437; Widmann/Mayer/*Fuhrmann* Rn 716; RHL/*Rasche* Rn 172; DPPM/*Patt* Rn 116) wird der Antrag durch den **übernehmenden Rechtsträger** gestellt. Davon ging auch der Gesetzgeber aus (BT-Drs 16/2710, 43). Maßgebend für die Ausübung des Antragswahlrechts ist allein der rechtzeitig und wirksam gestellte oder aber der nicht gestellte Antrag auf eine etwaige Bilanzierung kommt es nicht an (BMF-Schrb vom 11.11.2011, BStBl I 1314 Rn 24.03 iVm Rn 20.21; BT-Drs 16/2710, 51; RHL/*Rasche* Rn 76; aA DPPM/*Patt* Rn 118; Blümich/*Nitzschke* Rn 41; vgl auch § 11 Rn 18). Setzt zB der übernehmende Rechtsträger die WG unter dem gemeinen Wert an, obwohl ein Antrag nicht gestellt wurde, ist der Ansatz unrichtig und muss geändert werden. Das Antragswahlrecht wird nach Maßgabe des jeweils anzuwendenden Rechts durch das zuständige, dh vertretungsberechtigte Organ des übernehmenden Rechtsträgers ausgeübt. Stellvertretung ist möglich; zumindest eine zeitnahe Genehmigung der Stellvertretung dürfte mit Rückwirkung möglich sein. Unabhängig von der Ausübung des Antragswahlrechts kommt es nach hM im Regelungsbereich des § 24 zu einem Ansatz mit dem gemeinen Wert, soweit durch den Einbringungsvorgang ein dt Besteuerungsrecht erstmals begründet wird (str vgl Rn 172).

Ob der durch den übernehmenden Rechtsträger gestellte Antrag **vertragl Vereinbarungen** mit dem Einbringenden **widerspricht,** ist für seine Wirksamkeit ohne Bedeutung. Ein vereinbarungswidrig gestellter Antrag kann jedoch Schadenersatzansprüche auslösen (BMF-Schrb vom 11.11.2011, BStBl I 1314 Rn 24.04 iVm 20.32; BFH BStBl II 2012, 381; Widmann/Mayer/*Fuhrmann* Rn 718; RHL/*Rasche* Rn 71). **196**

Der Antrag nach Abs 2 S 2 kann nur einheitl für **einen Einbringungsvorgang** ausgeübt werden. Eine selektive Aufstockung einzelner WG der Sacheinlage ist nicht zul. Wird bei einem einheitl Einbringungsvorgang ein Antrag auf selektive Aufstockung gestellt, so ist dieser unwirksam. Bei der Einbringung eines Betriebs, Teilbetriebs oder Mitunternehmeranteils mit dazugehörigem SBV kann das Antragswahlrecht nur hinsichtl des übertragenen Mitunternehmeranteils und des SBV einheitl ausgeübt werden (Widmann/Mayer/*Fuhrmann* Rn 730). **197**

Hingegen kann das Wahlrecht aus Abs 2 S 2 **unterschiedl** ausgeübt werden, wenn in eine übernehmende PersGes **mehrere** Betriebe, Teilbetriebe, Mitunternehmeranteile eingebracht werden (Widmann/Mayer/*Fuhrmann* Rn 728; DPPM/*Patt* Rn 117). Eine unterschiedl Wahlrechtsausübung ist auch insoweit mögl, als die einzelnen Sacheinlagen in Form unterschiedl Einbringungsvorgänge (BMF-Schrb vom 11.11.2011, BStBl I 1314 Rn 20.12) von einem Einbringenden stammen. Bringt eine Mitunternehmerschaft ihren Betrieb, Teilbetrieb usw ein, so kann das Wahlrecht, die Sacheinlage mit dem BW, gemeinen Wert oder einem ZW anzusetzen, von der übernehmende Mitunternehmerschaft nicht unterschiedl ausgeübt werden, da nach der hier vertretenen Meinung Einbringende nicht die einzelnen MU, sondern die Mitunternehmerschaft selbst ist (vgl Rn 105 ff; DPPM/*Patt* Rn 117). Da für jede Sacheinlage die Voraussetzungen von Abs 2 S 2 zu prüfen sind, kann es nicht darauf ankommen, ob die Sacheinlagen gleichzeitig oder mit zeitl Abstand und damit vollständig unabhängig voneinander geleistet werden; jede Sacheinlage hat ihr eigenes stl Schicksal. Gleiches gilt für die Übertra- **198** gung mehrerer Mitunternehmeranteile durch einen Einbringenden; innerh eines Mitunternehmeranteils muss aber auch bezogen auf das SBV des betreffenden Gesellschafters einheitl bewertet werden. Kommt es zu einem wirtschaftl einheitl Einbringungsvorgang durch mehrere einbringende Personen, so kann der übernehmende Rechtsträger bezogen auf jeden Einbringenden das ihr zustehende Wahlrecht unterschiedl ausüben.

199 Das Antragswahlrecht nach Abs 2 S 2 kann unabhängig von einer Bilanzierung in der HB ausgeübt werden. Der **Grds der Maßgeblichkeit** der HB für die StB ist nicht zu beachten (BT-Drs 16/2710, 69; BMF-Schrb vom 11.11.2011, BStBl I 1314 Rn 24.03 iVm Rn 20.20; Widmann/Mayer/*Fuhrmann* Rn 731; DPPM/*Patt* Rn 119; RHL/*Rasche* Rn 81).

200 **b) Frist für den Antrag.** Der Antrag ist spätestens bis zur erstmaligen Abgabe der stl Schlussbilanz des übernehmenden Rechtsträgers bei dem für die Besteuerung dieser Ges zuständigen FA zu stellen (Abs 2 S 3 iVm § 20 II 3; zur Überleitungsrechnung iSv § 60 II 1 EStDV vgl *Krohn/Greulich* DStR 2008, 646). Die stl Schlussbilanz ist auch dann maßgebend, wenn eine Einbringung zur Neugründung erfolgt und die Eröffnungsbilanz nicht gleichzeitig die normale stl Schlussbilanz ist (vgl aber auch *Förster/Wendland* BB 2007, 631). **Stl Schlussbilanz** ist die reguläre stl Bilanz iSv §§ 4, 5 EStG, in der das übernommene BV erstmalig angesetzt wird bzw hätte angesetzt werden müssen (Widmann/Mayer/*Fuhrmann* Rn 711). Nicht abschließend geklärt ist die Frage, wann die Antragsfrist endet, wenn der Einbringende und die übernehmende PersGes den Gewinn nach § 4 III EStG ermitteln und die übernehmende PersG auch im Rahmen der Einbringung nicht zur Bilanzierung übergegangen ist (vgl dazu BMF-Schrb vom 11.11.2011, BStBl I 1314 Rn 24.03; Widmann/Mayer/*Fuhrmann* Rn 712 ff). Eine spätere Antragstellung ist nicht wirksam mögl (BMF-Schrb vom 11.11.2011, BStBl I 1314 Rn 24.03 iVm Rn 20.21), jedoch eine solche bereits vor Abgabe der stl Schlussbilanz. Aufgrund der Formulierung des Gesetzes – „spätestens bis zur erstmaligen Abgabe der stl Schlussbillanz" – sollte der Antrag vor Abgabe der stl Schlussbilanz erfolgen, eine Antragstellung zusammen mit der Abgabe der stl Schlussbilanz ist aber nach der Gesetzesbegründung ausreichend (BT-Drs 16/2710, 36; ebenso RHL/*Herlinghaus* § 20 Rn 154; DPPM/*Patt* Rn 118; Frotscher/Maas/*Mutscher* § 20 Rn 244; wohl auch BMF-Schrb vom 11.11.2011, BStBl I 1314 Rn 24.03 iVm 20.12). Der Antrag muss damit spätestens erfolgen, wenn die stl Schlussbilanz des übernehmenden Rechtsträgers (zur Überleitungsrechnung iSv § 60 II 1 EStDV vgl *Krohn/Greulich* DStR 2008, 646) für das Wj der Einbringung, die der Gewinnfeststellungserklärung beigefügt ist, so in den Bereich des zuständigen FA gelangt, dass es unter normalen Umständen die Möglichkeit hat, davon Kenntnis zu nehmen. Bei der Verschmelzung einer Körperschaft auf eine PersG bzw eine andere Körperschaft geht die FinVerw davon aus, dass es sich bei der stl Schlussbilanz des übertragenden Rechtsträgers um eine eigenständige Bilanz handelt, die sich von der Bilanz iSd §§ 4 I, 5 I EStG unterscheidet (BMF-Schrb vom 11.11.2011, BStBl I 1314 Rn 03.01). Bei der Einbringung in eine PersGes iSd § 24 wird eine solche gesonderte Schlussbilanz nicht erstellt, vielmehr wird in der Bilanz iSd §§ 4 I, 5 I EStG die Einbringung beim übernehmenden Rechtsträger abgebildet. Die unterschiedliche Behandlung zwischen den Fällen der §§ 3–16 und in Einbringungsfällen ist dadurch zu rechtfertigen, dass in den Einbringungsfällen der Anschaffungsvorgang in der Bilanz des Anschaffenden, dh des übernehmenden Rechtsträgers abgebildet wird, in den Fällen der §§ 3–16 aber in der stl Schlussbi-

lanz iSv §§ 4, 5 EStG des übertragenden Rechtsträgers ein solcher Vorgang nicht abgebildet wird (vgl dazu auch *Kaeser* DStR 2012 Beihefter zu Heft 2, 15; *Förster* GmbHR 2012, 243; *Kroener/Momen* DB 2012, 73). **Keine stl Schlussbilanz** iSd § 24 ist eine durch den Steuerpflichtigen als „vorläufig" bezeichnete oder als Entwurf gekennzeichnete Bilanz, auch wenn sie der Steuererklärung beigefügt wird (vgl DPPM/*Patt* § 20 Rn 211). Eine Steuerbilanz, die ohne Wissen und Wollen des übernehmenden Rechtsträgers abgegeben wurde, ist keine Steuerbilanz iSd § 24. Wird ein Mitunternehmeranteil eingebracht, so muss der Antrag auf Buchwertfortführung durch den übernehmenden Rechtsträger vor Abgabe seiner stl Schlussbilanz gestellt worden sein (vgl dazu auch DPPM/*Patt* § 20 Rn 212).

Die Frist für die Stellung des Antrags soll mit Abgabe der Bilanz für das Wj der **201** Einbringung unabhängig davon abgelaufen sein, wann der Einbringungsvertrag geschlossen, die notw Beschlüsse gefasst oder die Umw wirksam wird (Widmann/Mayer/*Widmann* § 20 Rn R 423). Wird zB die stl Schlussbilanz des übernehmenden Rechtsträgers zum 31.12.2007 (Kj entspricht Wj) am 15.5.2008 beim zuständigen FA eingereicht und am 15.8.2008 rückwirkend auf den 31.12.2007 die Einbringung durch Verschm beschlossen und angemeldet, soll dann kein Antrag mehr auf Buch- oder Zwischenwertansatz gestellt werden können (vgl aber *Krohn/Greulich* DStR 2008, 646).

c) Form und Inhalt des Antrags. Einer besonderen Form bedarf der Antrag **202** nicht, er kann auch konkludent zB durch Abgabe der Bilanz für das Wj der Einbringung gestellt werden (vgl nur Widmann/Mayer/*Fuhrmann* Rn 720). Für die Auslegung des Antrags gelten die allgemein zivilrechtl Grundsätze. Nur beim Zwischenwertansatz muss nach Auffassung der FinVerw ausdrückl angegeben werden, in welcher Höhe oder zu welchem Prozentsatz die stillen Reserven aufzudecken sind (BMF-Schrb vom 11.11.2011, BStBl I 1314 Rn 24.03 iVm Rn 20.21, 03.29). Ein unklarer Antrag gilt jedoch als nicht gestellt. Mögl ist es, die Antragstellung auf einen absoluten Betrag der stillen Reserven zu beziehen oder bei Zwischenwertansatz einen Prozentsatz anzugeben. Die Antragstellung ist **bedingungsfeindl** (BMF-Schrb vom 11.11.2011, BStBl I Rn 24.03 iVm Rn 20.21, 03.29). Nicht mögl ist es, den Antrag an außerh des Einbringungsvorgangs liegenden Umstände anzuknüpfen; geschieht dies, gilt der Antrag als nicht gestellt (Widmann/Mayer/*Widmann* § 20 Rn R 447).

d) Zuständiges Finanzamt. Der Antrag ist bei dem für die einheitl und **203** gesonderte Gewinnfeststellung des übernehmenden Rechtsträgers zuständigen FA zu stellen (Widmann/Mayer/*Fuhrmann* Rn 710). Hat der übernehmende Rechtsträger weder Sitz noch Ort der Geschäftsleitung in Deutschland, so ist das FA zuständig, dass nach der Einbringung für die Besteuerung der eingebrachten Betriebsstätte bzw das FA, dass für die Besteuerung des eingebrachten Mitunternehmeranteils zuständig ist.

e) Bindungswirkung des Antrags. Der einmal wirksam gestellte Antrag **204** nach Abs 2 S 2 kann weder zurückgenommen, geändert noch wegen Irrtums **angefochten** werden (BMF-Schrb vom 11.11.2011, BStBl I 1314 Rn 24.03 iVm Rn 20.24; Widmann/Mayer/*Fuhrmann* Rn 722; RHL/*Rasche* Rn 76; DPPM/*Patt* Rn 127), auch dann nicht, wenn er vor Abgabe der stl Schlussbilanz erfolgte (BMF-Schrb vom 11.11.2011, BStBl I 1314 Rn 24.03 iVm Rn 20.21; aA *Hötzel/Kaeser* in FGS/BDI-UmwStE 2011, S 351; Frotscher/Maas/*Mutscher*

§ 20 Rn 245). Geht man entgegen der hier vertretenen Meinung davon aus, dass eine Anfechtung mögl ist (vgl dazu FG Brandenburg-Berlin EFG 2009, 1695; *Gosch* BFH PR 2008, 485; *Koch* BB 2009, 600; Widmann/Mayer/*Fuhrmann* Rn 723 ff) ist zu beachten, dass die ursprüngliche Erklärung anfechtbar ist. Wurde bereits vor der Anfechtungserklärung die stl Schlussbilanz abgegeben, so hat dies zur Folge, dass es mangels entsprechenden Antrag zu einem Ansatz der eingebrachten WG mit dem gemeinen Wert kommt (ebenso Widmann/Mayer/*Fuhrmann* Rn 724). Eine Änderung des Antrags ist auch nicht mit Zustimmung des FA mögl (DPPM/*Patt* § 20 Rn 209; *Kahle/Vogel* Ub 2012, 493). Es handelt sich bei dem Antragserfordernis um ein gesetzl Tb-Merkmal. Bereits mit der Antragstellung ist der entsprechende Anspruch aus dem Steuerschuldverhältnis entstanden und der durch die Antragstellung verwirklichte Sachverhalt kann rückwirkend nicht mehr geändert werden (vgl BFH DStRE 2005, 984; BFH/NV 2006, 1099). Dementsprechend scheidet auch eine Bilanzänderung aus (Frotscher/Maas/*Mutscher* § 20 Rn 245).

205 Da das Antragswahlrecht dem übernehmenden Rechtsträger zusteht, ist bei der Einbringung eines **Mitunternehmeranteils** die PersGes an die Ausübung des Antragswahlrechts gebunden, eine eigenständige Entscheidung kommt ihr nicht zu (str vgl § 20 Rn 319).

206 **f) Bilanzberichtigung.** Fehlerhafte Bilanzansätze sind nach § 4 II 1 EStG zu berichtigen, und zwar bis zur Einreichung der Bilanz ohne Einschränkung. Nach Einreichung muss der Fehler, der zu einer Steuerverkürzung führen kann, gem § 153 AO bis zum Ablauf der Festsetzungsfrist gestellt werden. Nach Ablauf der Festsetzungsfrist ist die Berichtigung ausgeschlossen (vgl zu Einzelheiten L. Schmidt/*Heinicke* Rn 680 ff). Wurden von dem Einbringenden die nach Abs 2 S 2 iVm § 1 V Nr 4 bestimmten Grdse der lfd stl Gewinnermittlung in der stl Schlussbilanz nicht beachtet und ist aufgrund eingetretener Festsetzungsverjährung eine Korrektur dieser fehlerhaften Bilanzansätze ausgeschlossen, können die von dem aufnehmenden Rechtsträger in ihrer stl Bilanz übernommenen und richtigen Buchwertansätze im Wege einer Bilanzberichtigung iSd stl zutreffenden Werte nicht geändert werden (BFH BStBl II 1984, 384; BFH/NV 2002, 628). Ändern sich die Buchwertansätze des eingebrachten BV nachträgl, zB aufgrund einer BP, und hat der übernehmende Rechtsträger zum Ausdruck gebracht, dass er die BW fortführen will, ist die Bilanz des übernehmenden Rechtsträgers ebenfalls entsprechend zu berichtigen (BFH DStRE 2002, 279). Eine Bilanzberichtigung ist mögl, wenn der übernehmende Rechtsträger das eingebrachte BV mit dem gemeinen Wert ansetzen wollte und sich später (zB aufgrund einer Außenprüfung) ergibt, dass die gemeinen Werte tats höher oder niedriger anzusetzen sind, als bisher geschehen (BMF-Schrb vom 11.11.2011, BStBl I 1314 Rn 24.03 iVm Rn 20.24). Weichen die Ansätze in der stl Schlussbilanz des übernehmenden Rechtsträgers von dem durch wirksamen Antrag bestimmten Wert ab, sind sie entsprechend dem Antrag zu berichtigen (BMF-Schrb vom 11.11.2011, BStBl I 1314 Rn 24.03 iVm Rn 20.24, 03.30). Eine Änderung der Wahlrechtsausübung im Wege der Bilanzberichtigung ist nicht möglich. Die Bilanzberichtigung führt zu einer Korrektur der **Veranlagung des Einbringenden** gem § 175 I 1 Nr 2 AO. Zu beachten ist, dass ein unklarer Antrag als nicht gestellt gilt, mit der Folge, dass der gemeine Wert anzusetzen ist. In diesen Fällen ist die Bilanz zu berichtigen, wenn in der Bilanz des übernehmenden Rechtsträgers BW oder ZW angesetzt wurden.

Nach Auffassung der FinVerw (BMF-Schrb vom 11.11.2011, BStBl I 1314 Rn 24.03 iVm Rn 20.24) soll bei einem **Zwischenwertansatz** der entsprechende Wertansatz nicht mehr über eine Bilanzberichtigung korrigiert werden können, sofern diese oberhalb des Buchwertes und unterhalb des gemeinen Wertes liegt. Dies ist nur richtig, soweit der Antrag auf Zwischenwertansatz sich auf einen bestimmten Betrag bezogen hat. Auch bei einem Antrag auf Zwischenwertansatz kann eine Bilanzberichtigung notwendig sein, wenn in dem Antrag ein Prozentsatz angegeben wurde, um den die stillen Reserven im übergehenden Verm aufgedeckt werden sollen, in Abweichung von der Bilanzierung in der stl Schlussbilanz der Umfang der stillen Reserven im übertragenen Verm sich jedoch später als unrichtig erweist (vgl dazu Beispiel in § 20 Rn 323). 207

31. Einschränkung des Antragswahlrechts

a) Grundsätzliches. Das **Antragswahlrecht** wird beschränkt, **soweit** das Recht der BRD hinsichtl der Besteuerung des eingebrachten BV nicht ausgeschlossen oder beschränkt wird (Abs 2 S 2). Zur Vereinbarkeit der Entstrickungsregelung mit EU-Recht vgl Vor §§ 11-13 Rn 9 ff. Der gemeine Wert der einzeln eingebrachten WG dürfen nicht überschritten werden, Abs 2 S 2. Wird durch den Einbringungsvorgang das dt Besteuerungsrecht hinsichtl des eingebrachten BV oder Teilen davon erstmalig begründet, so ist nach dem Willen des Gesetzgebers jedenfalls im Regelungsbereich des § 20 (BT-Drs 16/2710, 43), für diese WG, unabhängig von der konkreten Ausübung des Antragswahlrechts, der gemeine Wert anzusetzen (DPPM/*Patt* § 20 Rn 228; Blümich/*Nitzschke* § 20 Rn 78; *Ley* FR 2007, 109; *Förster/Wendland* BB 2007, 631; aA RHL/*Herlinghaus* § 20 Rn 167). Nichts anderes dürfte im Regelungsbereich des § 24 gelten (Widmann/Mayer/*Fuhrmann* Rn 735). 208

b) Gesellschafterbezogene und wirtschaftsgutbezogene Betrachtungsweise. Eine antragsabhängige Bewertung der bei der Einbringung übergehenden WG mit dem BW oder einem höheren ZW ist nur insoweit zul, als das Recht der BRD hinsichtl der Besteuerung des Gewinns des eingebrachten BVs bei den Gesellschaftern der übernehmenden PersGes nicht ausgeschlossen oder beschränkt wird (Widmann/Mayer/*Fuhrmann* Rn 743; RHL/*Rasche* Rn 83). Ob das Recht zur Besteuerung bei den übergehenden WG ausgeschlossen oder beschränkt wird, entscheidet sich damit nach den Verhältnissen der Gesellschafter der übernehmenden PersGes bezogen auf jew eingebrachte WG. Der Verlust bzw die Beschränkung des dt Besteuerungsrechts ist damit **gesellschafterbezogen und wirtschaftsgutbezogen** zu prüfen (RHL/*Rasche* Rn 83; Widmann/Mayer/*Fuhrmann* Rn 755). Diese gesellschafterbezogene Betrachtungsweise kann dazu führen, dass bezogen auf einen Gesellschafter die anteilig übergehenden WG mit dem gemeinen Wert anzusetzen sind und bezogen auf einen anderen Gesellschafter die BW fortgeführt werden können. 209

c) Verlust oder Beschränkung des Besteuerungsrechts. Im Ggs zu §§ 3, 11, 20 kommt es nach dem Wortlaut des Gesetzes nicht nur auf das Besteuerungsrecht der BRD hinsichtl eines Veräußerungsgewinns der übergehenden WG, sondern auf das Recht zur Besteuerung hinsichtl des eingebrachten BV an. Es stellt sich daher die Frage, ob auch die Beschränkung bzw der Ausschluss des Besteuerungrechts von Erträgen aus der Nutzung der WG das Antragswahlrecht ausschließt. Davon ist jedoch im Erg nicht auszugehen (BMF-Schrb vom 11.11.2011, 210

BStBl I 1314 Rn 24.03 iVm Rn 20.19; Widmann/Mayer/*Fuhrmann* Rn 751). Die Gestzesbegründung zu den §§ 3, 11, 20 und 24 lässt keine Differenzierung bzgl des Verlustes/der Beschränkung des dt Besteuerungsrechtes im Hinblick auf Veräußerungsgewinne bzw die lfd Besteuerung erkennen, dies spricht dafür, bei allen Entstrickungsregelungen des UmwStG von einheitl Voraussetzungen auszugehen. Hinzu kommt, dass in anderen Entstrickungsnormen (vgl § 12 I KStG, § 4 I 3 EStG) ausdrückl dann eine Entstrickung angeordnet wird, wenn das Besteuerungsrecht hinsichtl des Gewinns aus der Veräußerung oder der Nutzung ausgeschlossen oder beschränkt wird. Zur Vereinbarkeit der Entstrickungsregelung mit EU-Recht vgl Vor §§ 11–13 Rn 9 ff). Der Ausschluss bzw Beschränkung des dt Besteuerungsrechts bezieht sich ausschließl auf die **Einkommensteuer/KSt,** auf die **GewSt** kommt es insoweit nicht an (Widmann/Mayer/*Fuhrmann* Rn 754; Haritz/Menner/*Schlößer* Rn 113; DPPM/*Patt* Rn 128; RHL/*Rasche* Rn 84). Eine Beschränkung oder ein Ausschluss des dt Besteuerungsrechts iSv Abs 2 S 2 kann nur dann vorliegen, wenn **vor der Einbringung** in der Person des Einbringenden auch ein dt **Besteuerungsrecht** hinsichtl der übergehenden WG bestanden hat (BMF-Schrb vom 11.11.2011, BStBl I 1314 Rn 24.03 iVm Rn 20.19, 03.19).

211 Streitig ist wann das dt Besteuerungsrecht beeinträchtigt wird insbes vor dem Hintergrund, dass der BFH die **Theorie der finalen Entnahme** im Jahr 2008 aufgegeben hat (BFH BStBl II 2009, 464; BFH/NV 2010, 432; BFH/NV 2010, 346). Die Rspr geht in diesem Zusammenhang davon aus, dass es nicht zu einem Ausschluss oder einer Beschränkung des deutschen Besteuerungsrechts, bezogen auf die in Deutschland gelegten stillen Reserven kommt, wenn WG ins Ausland verbracht werden und in Deutschland eine Betriebsstätte verbleibt. Die FinVerw wendet diese Rspr nicht an (BMF-Schrb vom 20.12.2009, BStBl I 671; vgl auch EuGH DStR 2011, 2343 - National Grid Indus). Durch das JStG 2010 sind § 4 I EStG und § 12 I KStG geändert worden. Danach führt die Zuordnung eines WG zu einer ausl Betriebsstätte zu einem Verlust oder einer Beeinträchtigung des dt Besteuerungsrechts (vgl dazu *Koerner* IStR 2009, 741; *Schönfeld* IStR 2010, 133; *Mitschke* Ubg 2010, 355; *Mitschke/Koerner* IStR 2010, 95, 208; Widmann/Mayer/*Fuhrmann* Rn 746). Nach Auffassung der FinVerw sind bei der Prüfung des Abs 2 S 2 diese durch das JStG 2010 vorgenommenen Änderungen der allg Entstrickungsvorschriften des § 4 I 3 EStG, § 12 I KStG zu beachten, obwohl die Vorschriften des UmwStR nicht vglbar angepasst wurden. Nach § 4 I 4 EStG und § 12 I 2 KStG liegt ein Ausschluss oder eine Beschränkung des Besteuerungsrechts hinsichtlich des Gewinns insbes vor, wenn ein bisher einer inl Betriebsstätte des Stpfl zuzuordnendes WG einer ausl Betriebsstätte zuzuordnen ist (BMF-Schrb vom 11.11.2011, BStBl I 1314 Rn 24.03 iVm Rn 20.19, 03.18). Da Abs 2 S 2 im Verhältnis zu den allgemeinen Entstrickungsvorschriften eine spezielle Vorschrift ist, kann diese Auffassung nicht überzeugen (ebenso *Stadler/Elser/Bindl* DB Beilage 1/2012 zu Heft 2, 14; *Ungemach* Ubg 2011, 251; Frotscher/Maas/*Mutscher* § 11 Rn 123; aA zB Widmann/Mayer/*Fuhrmann* Rn 749). Daher ist bei der Einbringung immer konkret zu prüfen und nicht nur zu vermuten, ob bzw inwieweit das deutsche Besteuerungsrecht entfällt oder eingeschränkt wird.

212 Das dt Besteuerungsrecht wird in folgenden Fällen ausgeschlossen oder beschränkt:

213 Das **dt Besteuerungsrecht entfällt** durch die Einbringung vollumfänglich, wenn nach inl Steuerrecht das Besteuerungsrecht entfällt bzw das dt Besteuerungsrecht zwar grdsl erhalten bleibt, aber auf Grund DBA anders als vor der Einbringung beim übernehmenden Rechtsträger durch Freistellung vermieden wird

(BMF-Schrb vom 11.11.2011, BStBl I 1314 Rn 24.03 iVm Rn 20.19, 03.18; Widmann/Mayer/*Fuhrmann* Rn 743).

Das **Besteuerungsrecht wird beschränkt,** wenn vor der Einbringung ein dt Besteuerungsrecht bestanden hat und nach der Einbringung ein der Höhe oder dem Umfang nach im Vergleich dazu eingeschränktes dt Besteuerungsrecht fortbesteht (BMF-Schrb vom 11.11.2011, BStBl I 1314 Rn 24.03 iVm Rn 20.19, 03.18; Widmann/Mayer/*Fuhrmann* Rn 744). 214

Abs 2 S 2 betrifft nach richtiger Meinung (str vgl § 20 Rn 345) nur einen **konkreten Ausschluss oder eine konkrete Beschränkung,** die bloße abstrakte Möglichkeit eines Ausschlusses oder einer Beschränkung ist nicht tatbestandsmäßig. Maßgebl ist, ob im Falle eines konkreten Ausschlusses oder einer gedachten Veräußerung zum Einbringungsstichtag das dt Besteuerungsrecht nach Maßgabe des zu diesem Zeitpunkt geltenden nationalen und zwischenstaatl Rechts ausgeschlossen oder beschränkt ist. Die Regelung stellt darauf ab, ob das Besteuerungsrecht der BRD „ausgeschlossen oder beschränkt wird", daraus lässt sich schließen, dass es nicht darauf ankommt, ob das Besteuerungsrecht theoretisch beschränkt sein könnte. Zudem will der Gesetzgeber mit der Einführung von Entstrickungsklausel, zu denen Abs 2 S 2 zählt, das dt Besteuerungsrecht sichern (BT-Drs 16/2710, 2). Im Falle der Anrechnung bzw des **Abzugs** ausl Steuer ist das dt Steueraufkommen dann nicht in Gefahr, wenn eine ausl anzurechnende oder abzuziehende Steuer nicht festgesetzt wird (*Becker-Pennrich* IStR 2007, 684). Zudem verstößt es gegen den Grds der Verhältnismäßigkeit, wenn nur die theoretische Beschränkung des dt Besteuerungsrechts zur Auflösung der stillen Reserven im übertragenen Verm führt, da dem Fiskus nichts verloren geht, der Stpfl ohne Liquiditätszufluss dennoch eine Besteuerung hinnehmen muss. Nicht geklärt ist weiter, ob eine Beschränkung des dt Besteuerungsrecht dann vorliegt, wenn die ausl Steuer zB nach § 34 c II, III EStG die stl Bemessungsgrundlage reduziert (so BMF-Schrb vom 11.11.2011, BStBl I 1314 Rn 24.03 iVm Rn 20.19, 03.19; Haritz/Menner/*Menner* § 20 Rn 268; Herrmann/Heuer/Raupach/*Kolbe* § 12 KStG Rn J 06–16; *Becker-Pennrich* IStR 2007, 684; *Blumenberg/Lechner* BB Special 8/2006, 26 f; aA für den Fall des § 34 c EStG *Wassermeyer* DB 2006, 1176; *Bilitewski* FR 2007, 57). Der Abzug ausl Steuer ist mE tatbestandsmäßig eine Beschränkung iSd Abs 2 S 2 den das Steueraufkommen des Staates wird durch den Abzug geringer. Keine Beschränkung des dt Besteuerungsrechts liegt vor, wenn im Fall der Freistellung Art 23A OECD-MA die Möglichkeit der Anwendung des Progressionsvorbehaltes entfällt, denn unabhängig von der Anwendung des Progressionsvorbehalts besteht bei der Freistellungsmethode iSv Art 23A OECD-MA kein Besteuerungsrecht, was damit auch nicht beschränkt werden kann (Widmann/Mayer/*Fuhrmann* Rn 761; Herrmann/Heuer/Raupach/*Kolbe* § 12 KStG Rn J 06–16; *Stadler/Elser* BB Special 8/2006, 20). Verbleibt das ursprüngl Besteuerungsrecht aufgrund einer sog Rückfallklausel (vgl BFH/NV 2008, 677) in Deutschland, liegt weder ein Ausschluss noch eine Beschränkung des Besteuerungsrechts vor. 215

Maßgebl Zeitpunkt dafür, ob die spätere Besteuerung eines Veräußerungsgewinns der übergehenden WG sichergestellt ist, ist der **stl Einbringungsstichtag** (BMF-Schrb vom 11.11.2011, BStBl I 1314 Rn 02.15; Widmann/Mayer/*Fuhrmann* Rn 762). Bereits ab diesem Zeitpunkt würden ein Gewinn in der Person des übernehmenden Rechtsträgers ermittelt werden. Bestand nach dem stl Übertragungsstichtag noch das dt Besteuerungsrecht hinsichtl der übergehenden WG und wird dies erst danach beschränkt, erfolgt die Entstrickung nach § 4 I 3 ff 216

EStG, die Bildung eines AP nach § 4 g EStG ist dann mögl (Widmann/Mayer/*Fuhrmann* Rn 762; vgl auch *Becker-Pennrich* IStR 2007, 684).

216a **Beispiel:**
Der in Deutschland unbeschränkt stpfl D ist alleiniger Kommanditist der D-GmbH & Co KG. Die KomplementärGes ist am Verm der KG nicht beteiligt. Zum Gesamthandsvermögen der D-GmbH & Co KG gehören drei 100%ige Beteiligungen an in Luxemburg ansässigen KapGes luxemburgischen Rechts, die jew Großtankstellen betreiben. Die D-GmbH & Co KG gründet zusammen mit ihrer Komplementär-GmbH eine PersGes in Luxemburg, in der die drei 100%igen Beteiligungen an den luxemburgischen KapGes gegen Gewährung einer Mitunternehmerstellung auf die luxemburgische PersGes übertragen werden. Die luxemburgische PersGes hat die Funktion, eine Kontrolle und Koordinierung der einzelnen Arbeitsabläufe vorzunehmen, dadurch bestimmte Synergieeffekte zu nutzen und insbes beim Wareneinkauf die „Marktmacht" der luxemburgischen KapGes „zu bündeln". Aufgabe der luxemburgischen PersGes ist überdies, die Wahrnehmung von Personalangelegenheiten, Fragen der Preispolitik, der Werbung, der Öffentlichkeitsarbeit, des Vertriebs sowie der Unternehmensstrategie. Die luxemburgische PersGes soll damit unterstützend dienstleistende Tätigkeiten für die KapGes und die partielle Wahrnehmung von deren Geschäftsleitungsaufgaben übernehmen. Nach der hier vertretenen Auffassung (vgl Rn 75) handelt es sich bei den 100%igen Beteiligungen an KapGes um Teilbetriebe iSd Abs 1. Da die Einbringung im Wege der Einzelrechtsnachfolge erfolgen soll, ist § 24 anwendbar (§ 1 III Nr 4). Eine Buchwertfortführung kommt nur in Betracht, wenn das dt Besteuerungsrecht hinsichtl des eingebrachten BV, dh der Beteiligung an der luxemburgischen KapGes, wieder ausgeschlossen noch beschränkt wird. Der BFH (BFH/NV 2004, 771; vgl auch *Blumers* DB 2007, 312; *Kinzl* IStR 2005, 693) geht in einem vglbaren Fall davon aus, dass die Anteile an den KapGes nicht tats von der Betriebsstätte der luxemburgischen PersGes „genutzt werden und zu ihrem Betriebsergebnis beitragen", so dass die Beteiligungen nicht der luxemburger Betriebsstätte funktional zugeordnet werden können. Die Voraussetzungen einer Buchwertfortführung liegen damit vor. Zu einer Beschränkung des dt Besteuerungsrechts kann es aber dann kommen, wenn der ausl Staat eine andere Rechtsauffassung vertritt, bezogen auf die eingebrachten Anteile, inl Betriebsstättenvermögen annimmt und die Erträge bzw den Veräußerungsgewinn bezogen auf die Anteile besteuert. Dann könnte näml die dort festgesetzte und gezahlte Steuer bei der Ermittlung der Einkünfte gem § 34 VI 6, III EStG abzuziehen sein.

32. Positive und negative Ergänzungsbilanzen

217 Die bilanzielle Umsetzung des Einbringungsvorgangs erfolgt durch die übernehmende PersGes in der Gesamthandsbilanz einschl der positiven bzw negativen Ergänzungsbilanzen der Ges für das Gesellschaftsvermögen der übernehmenden PersGes sowie in der Sonderbilanz des Einbringenden für die in das SBV eingebrachte WG. Ergänzungsbilanzen enthalten Korrekturposten zu den Wertansätzen in der Gesamthandsbilanz, diese Korrekturposten haben ausschließlich stl Zwecke (Widmann/Mayer/*Fuhrmann* Rn 819). Durch positive und negative Ergänzungsbilanzen können die Wertansätze in der Gesamthandsbilanz für jeden einzelnen Gesellschafter erhöht oder vermindert werden. Die im Rahmen der Einbringung aufgestellten positiven oder negativen Ergänzungsbilanzen haben jedoch nicht nur eine Funktion für die erstmalige Abbildung des Einbringungsvorgangs entsprechend dem ausgeübten Antragswahlrecht, sondern sind in der **Folgezeit** bei der Gewinnermittlung **fortzuentwickeln** (allgM BMF-Schrb vom 11.11.2011, BStBl I 1314 Rn 24.14; DPPM/*Patt* Rn 182 ff). Das Gesetz schreibt keine Methode für die Bildung der Ergänzungsbilanzen vor. Es sind nach allgM zwei Methoden denkbar. Bei der sog **Bruttomethode** kommt es zu einer Aufdeckung der stillen Reserven in der Steuerbilanz der Ges, damit die Kapitalkonten die Beteiligungsverhältnisse zutreffend widerspiegeln. Die im Ergebnis gewollte

Buchwertfortführung erfolgt durch die Aufstellung einer negativen Ergänzungsbilanz für die Personen, die den Betrieb, Teilbetrieb oder Mitunternehmeranteil eingebracht haben. Bei der **Nettomethode** werden die Buchwerte des eingebrachten Betriebsvermögens in der stl Gesamthandsbilanz der PersGes fortgeführt. Der Ausgleich erfolgt durch Kombination von positiven und negativen Ergänzungsbilanzen bei den Mitunternehmern des übernehmenden Rechtsträgers (vgl BMF-Schrb vom 11.11.2011, BStBl I 1314 Rn 1314 Rn 24.14; Widmann/Mayer/*Fuhrmann* Rn 821; L. Schmidt/*Wacker* EStG § 15 Rn 472). Ein Gewinn, der durch Zuzahlung in das PV des Einbringenden entsteht, kann nicht durch die Erstellung einer negativen Ergänzungsbilanz vermieden werden (BMF-Schrb vom 11.11.2011, BStBl I 1314 Rn 24.03; BFH BStBl II 2005, 554; BFH BStBl II 2000, 123; BFH BStBl II 1995, 599). Um das Überspringen von stillen Reserven zwischen den verschiedenen Mitunternehmern der übernehmenden PersG zu verhindern, werden in der Regel Ergänzungsbilanzen erstellt. Von diesem Regelfall geht auch die FinVerw im UmwStE aus. Im UmwStE heißt es (BMF-Schrb vom 11.11.2011, BStBl I 1314 Rn 24.14):

„Bei der Einbringung eines Betriebes, Teilbetriebes oder Mitunternehmeranteils in eine Personengesellschaft werden in der Praxis die Buchwerte des eingebrachten Betriebsvermögens in der Bilanz der Personengesellschaft aufgestockt, um die Kapitalkonten der Gesellschafter im richtigen Verhältnis zueinander auszuweisen (Bruttomethode). Es kommt auch vor, dass ein Gesellschafter als Gesellschaftseinlage einen höheren Beitrag leisten muss, als ihm in der Bilanz der Personengesellschaft als Kapitalkonto gutgeschrieben wird (Nettomethode). In diesen Fällen haben die Gesellschafter der Personengesellschaft Ergänzungsbilanzen zu bilden, soweit ein Antrag nach § 24 Abs 2 Satz 2 UmwStG gestellt wird und dadurch die sofortige Versteuerung eines Veräußerungsgewinn für den Einbringenden vermieden werden soll.“

Für die Erfolgsneutralität der Einbringung ist es aber grdsl nicht erforderlich, 218
dass **stille Reserven** im eingebrachten Verm auch ausschließlich dem Einbringenden zugeordnet werden, sie können ohne die Erfolgsneutralität des Einbringungsvorgangs in Frage zu stellen, auch auf andere Gesellschafter **überspringen** (FG Köln EFG 2012, 90; Widmann/Mayer/*Fuhrmann* Rn 431, 436 aE). Davon geht offensichtlich auch der Gesetzgeber aus, wie sich aus § 24 V ergibt. Durch diese Vorschrift soll sichergestellt werden, dass es zu einer nachträglichen Besteuerung eines Einbringungsgewinns kommt, wenn Gewinne aus der Veräußerung eingebrachter Anteile an Körperschaften im Einbringungszeitpunkt nach § 8b II KStG nicht steuerfrei gewesen wären, solche Anteile gem § 24 I unterhalb des gemeinen Werts in eine PersG eingebracht wurden, diese Anteile innerhalb eines Zeitraums von sieben Jahren nach der Einbringung durch die übernehmende PersG veräußert werden und der Veräußerungsgewinn auf von § 8b II KStG begünstigte MU entfällt. Eine solche Konstellation ist aber in der Regel nur denkbar, wenn es zu einer interpersonalen Verlagerung von stillen Reserven kommt und somit die Ertragsteuerneutralität des Einbringungsvorgangs durch die Verlagerung von stillen Reserven nicht in Frage steht.

Beispiel: 219

Die natürliche Person A und die B-GmbH sind zu jeweils 50% an der AB-OHG beteiligt. A hatte in 01 eine 100%ige Beteiligung an der X-AG in die AB-OHG gem § 24 zum BW iHv EUR 100 000 eingebracht. Der gemeine Wert der Beteiligung an der X-AG betrug im Zeitpunkt der Einbringung EUR 1 Mio. Kurze Zeit später veräußert die AB-OHG die eingebrachten Anteile an der X-AG zum Preis von EUR 1 Mio. Würde man unterstellen, dass der Einbringungsvorgang nur dann steuerneutral möglich ist, wenn eine Verlagerung von stillen Reserven ausscheidet, hätte in dem vorliegenden Fall die AB-OHG in der Gesamthandsbilanz die Aktien an der X-AG mit EUR 1 Mio angesetzt, für A hätte eine negative Ergänzungsbilanz mit einem Minderkapital iHv EUR 900 000 aufgestellt werden müssen. Im Rahmen des Verkaufes der Anteile wäre dann in der Gesamthandsbilanz kein Gewinn entstanden, durch die Auflösung der negativen Ergänzungsbilanz aber ein solcher in der Person des A iHv EUR 900 000. Die Missbrauchsvorschrift macht daher in der Regel nur dann Sinn, wenn es zu einer interpersonalen Übertragung stiller Reserven im vorliegenden Beispiel von der Person A auf die B-GmbH kommen kann. IÜ ist darauf hinzuweisen, dass es in den durch das UmwStG geregelten Fällen oftmals zu einer interpersonalen Verlagerung stiller Reserven auf einen anderen Rechtsträger kommt, so zB bei der Verschmelzung einer Körperschaft auf eine Körperschaft unter Buchwertfortführung. Auch im Regelungsbereich des § 6 V EStG geht der Gesetzgeber im Grundsatz davon aus, dass es zu einer interpersonalen Übertragung stiller Reserven kommen kann, ohne dass dadurch die Steuerneutralität des Einbringungsvorgangs im Grundsatz in Frage steht.

33. Weiterführung von Ergänzungsbilanzen

220, 221 Wie die **Weiterentwicklung der Ergänzungsbilanzen** zu erfolgen hat, war bisher im Einzelnen umstr (vgl L. Schmidt/*Wacker* EStG § 15 Rn 464 mwN). Teilw wurde die Auffassung vertreten, nur die positive Ergänzungsbilanz sei fortzuführen, eine negative Ergänzungsbilanz müsse nicht korrespondierend fortgeschrieben werden (FG Niedersachsen EFG 1994, 858; vgl auch *Pfalzgraf/Meyer* DStR 1995, 1289). Nach Auffassung der FinVerw (BMF-Schrb vom 11.11.2011, BStBl I 1314 Rn 24.14) und der Rspr des BFH (BFH BStBl II 2006, 847; BFH/NV 2000, 34; BStBl II 1996, 68; FG Hamburg DStRE 2004, 1290; RHL/*Rasche* Rn 77; DPPM/*Patt* Rn 182 ff; L. Schmidt/*Wacker* EStG § 15 Rn 472; Widmann/Mayer/*Fuhrmann* Rn 922; *Kellersmann* DB 1997, 2047) müssen die positiven und negativen Ergänzungsbilanzen in der Folgezeit korrespondierend in der lfd Gewinnermittlung bei den einzelnen Gesellschaftern berücksichtigt werden.

222 Die **korrespondierende Behandlung** von positiven und negativen Ergänzungsbilanzen in der lfd Gewinnermittlung führt dazu, dass auf die durch die Mehrwerte der positiven Ergänzungsbilanz erhöhten Ansätze Absetzungen vorgenommen werden, soweit sie auf abnutzbare WG entfallen. Entsprechend der durch die Aufstockung eingetretenen Werterhöhung der Abschreibung werden die Minderwerte der negativen Ergänzungsbilanz gewinnerhöhend aufgelöst.

223 Im Beispiel soll nach durchgeführter Einbringung des Einzelunternehmens die PersGes einen Gewinn iHv 100 000 erwirtschaftet haben. Die fortgeführten BW des eingebrachten Einzelunternehmens sollen ebenso wie der Aufstockungsbetrag mit 5 vH abgeschrieben werden. Danach ergibt sich für die Gesellschafter A und B folgender stpfl Gewinn:

Gewinn der Ges	100 000
. /. AfA Gesamthand 5% von 100 000	– 5 000
	95 000
Anteil des B 50%	47 500
. /. AfA Mehrwert (Aufstockungsbetrag) 5% von 100 000	– 5 000
stl Gewinnanteil des B	42 500
Anteil des A 50%	47 500
+ Auflösung Minderwert (Aufstockungsbetrag) 5% von 100 000	+ 5 000
stl Gewinnanteil des A	52 500

Bzgl des ursprüngl BW des eingebrachten Einzelunternehmen verbleibt es nach allgM bei der vom Einbringenden in Anspruch genommene Abschreibung von 5 vH, da die übernehmende PersGes nach Abs 4 HS 1 iVm § 23 I insoweit in die Abschreibungssituation des Einbringenden eintritt (vgl statt aller DPPM/*Patt* Rn 183). Die **korrespondierende Weiterentwicklung** der positiven und negativen Ergänzungsbilanz führt dazu, dass im Beispiel durch die Auflösung der negativen Ergänzungsbilanz des A diesem ein Gewinnanteil zugerechnet wird, der höher ist als die Hälfte des Gewinns vor Vornahme der AfA in der Gesamthandsbilanz. Es kommt damit zu einer **Nachversteuerung der** bei der Einbringung von A **nicht aufgedeckten stillen Reserven;** dieses Erg wird teilw als unbefriedigend empfunden (BFH BStBl II 2006, 847; DPPM/*Patt* Rn 183; *Pfalzgraf/Meyer* DStR 1995, 1289). Die Abstockung in der negativen Ergänzungsbilanz ist damit nicht bloßer Merkposten in Bezug auf die durch die Einbringung steuerneutral übertragenen stillen Reserven (so aber noch FG Niedersachsen EFG 1994, 858). Sie stellen Korrekturen zu den entsprechenden Wertansätzen in der Gesamthandsbilanz der PersGes und den positiven Ergänzungsbilanzen der anderen Gesellschafter dar. Nach Auffassung der Rspr (BFH BStBl II 2006, 847; BFH/NV 2000, 34; BFH BStBl II 1996, 78; FG Hamburg DStR 2004, 1290; BMF-Schrb vom 25.3.1998, BStBl I 268 Rn 24.14; DPPM/*Patt* Rn 183) sind die Wertansätze in der Gesamthandsbilanz der PersGes und den positiven und negativen Ergänzungsbilanzen der Gesellschafter nicht nur für die Entstehung eines Einbringungsgewinns, sondern auch für die weitere stl Behandlung der eingebrachten WG maßgebend. **224**

Nicht abschl geklärt ist, ob die AfA in der positiven Ergänzungsbilanz in der selben Weise fortzuführen ist, wie beim eingebrachten BV in der Gesamthandsbilanz oder ob die Restnutzungsdauer selbstständig neu bestimmt werden muss (vgl BFH BStBl II 2006, 847; FG Hamburg DStRE 2000, 787; DPPM/*Patt* Rn 183; Littmann/Bitz/Pust/*Hörger* EStG § 16 Rn 169; L. Schmidt/*Wacker* EStG § 15 Rn 465; *Reiß* StuW 1986, 232; *Uelner* DStJG 14 (1991), 139; *Dreissig* BB 1990, 958; Widmann/Mayer/*Fuhrmann* Rn 860). Für eine **Fortführung der Abschreibung in der Ergänzungsbilanz** in Anlehnung an die Abschreibung in der Gesamthandsbilanz spricht der Eintritt der übernehmenden PersGes in die Rechtsstellung des eingebrachten Betriebs (Abs 4 iVm § 23 I). Kommt es aber zu einer Aufdeckung der stillen Reserven in der Gesamthandsbilanz oder in einer positiven Ergänzungsbilanz und wird diese Aufdeckung der stillen Reserven in der Person des Einbringenden durch eine negative Ergänzungsbilanz im Erg wieder rückgängig gemacht, so liegt zwar insgesamt eine Buchwertfortführung vor (Widmann/Mayer/*Fuhrmann* Rn 860). Aus der Sicht der Person, für die die positive Ergänzungsbilanz wirtschaftl errichtet wird, ist aber aus bilanztechnischer Sicht nach wie vor ein Anschaffungsgeschäft gegeben, das in der Zusammenschau der Gesamthandsbilanz und der gebildeten Ergänzungsbilanzen wieder rückgängig gemacht wird. Für die Person, für die die positive Ergänzungsbilanz errichtet wurde, ist die Situation mit der in Abs 4 iVm § 23 IV ausdrückl geregelten Einbringung des übertragenen Verm mit dem gemeinen Wert vglbar. Da in einem solchen Fall ein „normales" Anschaffungsgeschäft vorliegt, kommt es nicht zu einem Eintritt in die Rechtsstellung des Einbringenden, die Restnutzungsdauer ist daher neu zu schätzen, ggf auch eine andere AfA-Methode mögl (*Niehus* StuW 2002, 116; aA L. Schmidt/*Wacker* EStG § 15 Rn 465; Widmann/Mayer/*Fuhrmann* Rn 860; DPPM/*Patt* Rn 184). Sofern es zu einer Aktivierung immaterieller WG des Gesamthandsvermögens in der Ergänzungsbilanz kommt, sind diese entsprechend tats oder fiktiven Nutzungsdauer (vgl § 7 I 3 EStG) abzuschreiben. Für eine isolierte Fortschreibung der Ergänzungsbilanz spricht auch der Grds der Individualbesteue- **225** rung. In der Gesamthandsbilanz der PersGes erfolgt grdsl keine individuelle Bilanzierung für den einzelnen Gesellschafter. Die Bilanzierung wird bestimmt durch die gesellschaftsrechtl Verbundenheit der Gesellschafter. Eine gesellschafterbezogene Bilanzierung kann jedoch demggü entsprechend dem Anschaffungskostenprinzip in der Ergänzungsbilanz vorgenommen werden. Der Einbringende, der eine negative Ergänzungsbilanz gebildet hat, muss die Werte in der negativen Ergänzungsbilanz korrespondierend zur Abschreibung des in der Gesamthandsbilanz bzw der positiven Ergänzungsbilanz vorgenommenen Aufstockungsbetrags vornehmen.

226 Spätere Teilwertabschreibungen sind nach Maßgabe des § 6 I 1, 2 EStG in der positiven Ergänzungsbilanz zul, soweit der Anteil am TW der WG niedriger ist als die Summe aus dem anteiligen BW in der StB und dem BW in der positiven Ergänzungsbilanz (Widmann/Mayer/*Fuhrmann* Rn 882; L. Schmidt/*Wacker* EStG § 15 Rn 467; *Niehus* StuW 2002, 116; aA *Ley* KÖSDI 1992, 9161: TW muss niedriger sein als gesamter BW, StB/Ergänzungsbilanz; *Marks* StuW 1994, 191: Keine TW-AfA in der Ergänzungsbilanz).

227 Überträgt der Gesellschafter, für den eine Ergänzungsbilanz erstellt worden ist, seinen **Mitunternehmeranteil unentgeltl,** so muss sein Rechtsnachfolger die Ergänzungsbilanzen unverändert gem § 6 III EStG fortführen (Widmann/Mayer/*Fuhrmann* Rn 928; Haritz/Menner/*Schlößer* Rn 143).

228 Wird ein Mitunternehmeranteil zu Buchwerten in eine andere PersG eingebracht, so sind die Ergänzungsbilanzen fortzuführen, wobei strittig ist, ob eine Ergänzungsbilanz für den neuen Obergesellschafter als MU der Untergesellschaft oder für die Obergesellschaft als MU der Untergesellschaft zu bilden ist (vgl Widmann/Mayer/*Fuhrmann* Rn 954 f; L. Schmidt/*Wacker* EStG § 15 Rn 471 mwN). Wird ein Mitunternehmeranteil zu Buchwerten eingebracht, führt der Übernehmende die entsprechende Ergänzungsbilanz wohl fort, auch wenn es zur Anwachsung kommt.

229 Bei der **Veräußerung eines Mitunternehmeranteils mit positiver Ergänzungsbilanz** ist iRd Ermittlung des Veräußerungsgewinns nicht nur das sich aus der Gesamthandsbilanz ergebende Kapitalkonto, sondern auch die Wertansätze in der Ergänzungsbilanz zu berücksichtigen. Die korrespondierende negative Ergänzungsbilanz ist nicht zum Zeitpunkt der Veräußerung des Mitunternehmeranteils, welche die positive Ergänzungsbilanz besitzt, gewinnerhöhend aufzulösen, sondern in der Weise fortzuführen, dass in ihr die Veränderungen aus der positiven Ergänzungsbilanz insoweit neutralisiert werden, wie dies der Fall wäre, wenn die Veräußerung des Mitunternehmeranteils mit positiver Ergänzungsbilanz zu BW vorgenommen worden wäre (Widmann/Mayer/*Fuhrmann* Rn 933; Haritz/Menner/*Schlößer* Rn 143).

230 **Veräußert ein MU mit negativer Ergänzungsbilanz** seinen Mitunternehmeranteil, so erhöht der Ansatz in der Ergänzungsbilanz den Veräußerungsgewinn des veräußernden Gesellschafters. Die korrespondierende positive Ergänzungsbilanz ist nicht gewinnmindernd aufzulösen, sondern so fortzuführen, als wäre die negative Ergänzungsbilanz zu BW übertragen worden (ebenso Widmann/Mayer/*Fuhrmann* Rn 945; Haritz/Menner/*Schlößer* Rn 143).

34. Kapitalkontenausgleich bei Einbringung ohne Vollauflösung stiller Reserven

231 Erfolgt die Einbringung zum BW oder ZW und werden diese Werte ausschließl in dem Kapitalkonto des Einbringenden gutgeschrieben, so repräsentiert dieses Kapitalkonto idR **nicht den wahren Wert der eingebrachten WG.** Ist in

diesen Fällen das Kapitalkonto der Gesellschafter für die Gewinnverteilung und Stimmrechtsverteilung der Gesellschafter maßgebend, so sind die Gesellschafter benachteiligt, deren eingebrachte WG mit hohen stillen Reserven behaftet sind.

IRd Einbringung können die Kapitalkonten, welche für die Gewinnverteilung bzw Stimmrechtsverteilung maßgebend sind, den **tats Wertverhältnissen** der eingebrachten WG unter Berücksichtigung einer latenten Steuerbelastung **angepasst werden.** Sollen die Kapitalkonten den Wertverhältnissen der eingebrachten WG entsprechen, so kann dies auf zwei Wegen erreicht werden: 232

a) Entsprechend den **tats Wertverhältnissen der** eingebrachten WG zueinander werden die **Kapitalkonten** der jew Gesellschafter, nach denen sich die Gewinn- und Stimmrechtsverteilung ergibt, betragsmäßig **ins Verhältnis gesetzt.** Die Wertansätze (BW, ZW) des vom jeweiligen Gesellschafter eingebrachten Verm in der Gesellschaftsbilanz bleibt insoweit mit Ausnahme einer unterschiedlichen latenten Steuerbelastung unberücksichtigt. Die Diff zwischen den Wertansätzen der insges eingebrachten WG und dem Nennbetrag der Summe aus den Kapitalkonten wird in eine gesamthänderisch gebundene Rücklage eingestellt. Es kann damit im Erg zur Übertragung stiller Reserven und von AfA-Volumen von einen auf den anderen Gesellschafter kommen (vgl Widmann/Mayer/*Fuhrmann* Rn 436, 517 ff). Für die Erfolgsneutralität der Einbringung ist es grdsl nicht erforderl, dass stille Reserven dem Einbringenden zugeordnet werden; sie können auch auf andere Gesellschafter überspringen (FG Köln EFG 2012, 90; Widmann/Mayer/*Fuhrmann* Rn 436, 517 ff; vgl aber auch *von Campenhausen* DB 2004, 1282). Die technische Umsetzung der Buchwertfortführung erfolgt ähnl wie bei der Realteilung durch eine Kapitalkonten-Anpassung (vgl BMF-Schrb vom 28.2.2006, BStBl I 228; *Winkelmann* BB 2004, 130; L. Schmidt/*Wacker* EStG § 16 Rn 547; aA *Engl* DStR 2002, 119). Geht man davon aus, dass es auch iRd § 24 mögl ist, die Kapitalkonten nicht nach den Verhältnissen der BW der Sacheinlagen, sondern entsprechend dem Verhältnis der wahren Werte festzulegen (ebenso Widmann/Mayer/*Widmann* Rn 175 ff; vgl aber auch BMF-Schrb vom 11.11.2011, BStBl I 1314 Rn 24.15; *von Campenhausen* DB 2004, 1282), so ergibt sich Folgendes: 233

Beispiel: 234

Steuerberater A nimmt B als Sozius in seine Einzelpraxis auf. Der BW der Praxis beträgt EUR 100 000, der Verkehrswert unter Berücksichtigung der latenten Steuerlast auf stillen Reserven beträgt EUR 500 000. B bringt in die Sozietät aus seinem PV ein Grundstück nebst aufstehendem Gebäude zum Verkehrswert von EUR 500 000 ein. In dem Gebäude soll zukünftig die Praxis betrieben werden. Die für die Gewinn- und Stimmrechtsverteilung maßgebenden Kapitalkonten werden mit EUR 100 000 festgesetzt. Der Betrag iHv EUR 400 000 (Verkehrswert des Grundstücks abzgl Kapitalkonto des B) wird in eine gesamthänderisch gebundene Rücklage, die stl EK darstellen, gutgeschrieben.

b) Eine Anpassung der Kapitalkonten der Gesellschafter entsprechend den Wertverhältnissen der eingebrachten WG kann auch durch die Aufstellung von positiven oder negativen **Ergänzungsbilanzen** erfolgen (vgl dazu Rn 217 ff), eine interpersonelle Übertragung stiller Reserven kann dadurch verhindert werden (BMF-Schrb vom 11.11.2011, BStBl I 1314 Rn 24.14). In dem unter Rn 233 dargestellten Beispiel könnte sodann in der Bilanz der Ges das eingebrachte Verm des A mit dem GW (EUR 500 000) angesetzt werden. Das für die Gewinn- und Stimmrechtsverteilung der Gesellschafter maßgebende Kapitalkonto hätte dann einen Wert von jew EUR 500 000 und würde die Beteiligungsverhältnisse zutr widerspiegeln. Der Ansatz des von A eingebrachten Verm mit dem BW erfolgt 235 über eine negative Ergänzungsbilanz des A (vgl BMF-Schrb vom 11.11.2011, BStBl I 1314 Rn 24.14).

236 **c)** Werden die **Kapitalkonten** der Gesellschafter, welche für die Gewinn- und Stimmrechtsverteilung maßgebend sind, **nicht entsprechend den Wertverhältnissen** der eingebrachten WG **ins Verhältnis gesetzt,** so kann ein Wertausgleich zwischen den Gesellschafter wie folgt gestaltet werden:

237 Ein **Ausgleich zwischen den einzelnen Gesellschaftern** im Hinblick auf unterschiedl eingebrachte stille Reserven in das Verm der aufnehmenden PersGes kann durch **höhere Gewinnbeteiligung** derart honoriert werden, dass über das vorgesehene Beteiligungsverhältnis hinaus höhere Gewinnanteile beansprucht werden können, bis die Summe der anteiligen überschießenden Gewinnanteile den angenommenen Gesamtbetrag der überschießenden stillen Reserven erreicht hat. Die Einräumung einer höheren Gewinnbeteiligung wegen der höheren stillen Reserven, die ein Gesellschafter anteilsmäßig mit in die Ges einbringt, stellt nach hA kein Veräußerungsentgelt dar (Widmann/Mayer/*Fuhrmann* Rn 496; Haritz/Menner/*Schlößer* Rn 151). Ein gewinnrealisierender Veräußerungsvorgang liegt jedoch dann vor, wenn die Vorabvergütung sich wirtschaftl als Veräußerungsentgelt darstellt. Davon kann bspw dann ausgegangen werden, wenn die Gesellschafter, die geringere stille Reserven auf die PersGes übertragen haben, von ihren Gewinnanteilen unabhängig von deren konkreter Höhe einen festen Betrag abzugeben haben (vgl dazu *Korn* DStZ (A) 1982, 507).

238 Ein Ausgleich zwischen den Gesellschaftern kann auch in der Form vorgenommen werden, dass die **stillen Reserven,** die auf die PersGes übertragen wurden, **bei deren Realisierung** dem Einbringenden **vergütet** werden. Eine solche Vereinbarung führt nicht zur Aufdeckung stiller Reserven im Zeitpunkt der Einbringung (Haritz/Menner/*Schlößer* Rn 15).

239 Zu einem Wertausgleich zwischen den Einbringenden kann es auch dadurch kommen, dass neben der Einbringung eines Betriebs, Teilbetriebs oder Mitunternehmeranteils gegen Gewährung von Gesellschaftsrechten auf die übernehmende Mitunternehmerschaft, einzelne Gesellschafter sich ggü der Mitunternehmerschaft zu weiteren Leistungen verpflichten bzw weitere Leistungen in das Gesamthandsvermögen der übernehmenden PersGes erbringen (BFH BStBl 1995, 599; FG Köln EFG 2012, 90; Widmann/Mayer/*Fuhrmann* Rn 461 ff; Haritz/Menner/*Schlößer* Rn 152; krit DPPM/*Patt* Rn 26; vgl auch BMF-Schrb vom 11.11.2011, BStBl I 1314 Rn 24.14). Dabei muss nach Meinung des FG Köln (EFG 2012, 90) diese weitere Leistung nicht in das Verm der aufnehmenden Ges gelangen, es genügt, dass sie in irgendein der dt Besteuerung unterliegenden BV gelangt.

Ermittlung und Besteuerung des Einbringungsgewinns

35. Ermittlung des Einbringungsgewinns

240 Nach Abs 3 S 1 gilt der Wert, mit dem das eingebrachte BV in der Bilanz der PersGes einschl der Ergänzungsbilanzen und Sonderbilanzen für ihre Gesellschafter angesetzt wird, für den Einbringenden als Veräußerungspreis. Ein Einbringungsgewinn entsteht deshalb nur, wenn die aufnehmende PersGes in ihrer StB die übernommenen WG über dem bisherigen Wertansatz des Einbringenden ansetzt und die Wertansätze nicht über Ergänzungsbilanzen für die MU der aufnehmenden PersGes korrigiert. Dies gilt sowohl für die ESt/KSt als auch für die

GewSt. Unterscheiden sich die BW im Hinblick auf die ESt/KSt und die GewSt, sind diese unterschiedl BW fortzuführen. Der gem Abs 3 S 1 ermittelte Veräußerungspreis abzgl der Einbringungskosten, die der Einbringende zu tragen hat, und abzgl des BW der eingebrachten WG ergibt den Einbringungsgewinn. Bzgl einer Zuzahlung in PV vgl Rn 139 ff. Ein etwaiger Einbringungsgewinn gehört der Einkunftsart an, nach der das eingebrachte BV besteuert worden ist (Haritz/Menner/*Schlößer* Rn 170; DPPM/*Patt* Rn 141). Da Abs 3 S 1 inhaltl § 20 IV 1 entspricht, kann auf die dortigen Erläuterung entsprechend Bezug genommen werden.

Maßgebend für den Ansatz und die Bewertung der eingebrachten WG ist 241 ausschließl der Antrag bzw die Nichtstellung des **Antrags.** Auf die davon abweichende tats steuerrechtl und handelsrechtl Bilanzierung bei der übernehmenden Ges kommt es im Erg nicht an (BT-Drs 16/2710, 51; str vgl Rn 195, § 11 Rn 18). Wurde zB ein wirksamer Antrag auf Buchwertfortführung gestellt und werden die WG in der StB mit dem gemeinen Wert angesetzt, ist dieser Ansatz unrichtig und muss korrigiert werden. Der Wertansatz bei dem übernehmenden Rechtsträger ist nach hM in der Lit für den Einbringenden nur insoweit maßgebend, als die PersGes sich bei der Bewertung **innerh der gesetzl Bewertungsgrenzen** bewegt und nicht offenkundig davon abweicht. Ein Ansatz durch den übernehmenden Rechtsträger hat keine Auswirkung auf den Veräußerungsgewinn, wenn die Übernehmerin gesetzl gezwungen ist, einen bestimmten Ansatz der Sacheinlage zugrunde zu legen, denn die Besteuerung kann sich nur insoweit auf die Disposition durch den übernehmenden Rechtsträger beziehen, als diesem eine entsprechende überhaupt zukommt (Widmann/Mayer/*Widmann* § 20 Rn R 401; DPPM/*Patt* § 20 Rn 250; Haritz/Menner/*Menner* § 20 Rn 423; aA DPPM/*Patt* Rn 130). Nach Auffassung der FinVerw ist für die Besteuerung des Einbringenden ausschließlich der sich aus Abs 2 ergebende Wertansatz bei der übernehmenden Ges maßgebend (BMF-Schrb vom 11.11.2011, BStBl I 1314 Rn 24.03 iVm Rn 20.23), ob der Wertansatz damit gegen gesetzliche Vorschriften verstößt, dürfte nach Auffassung der FinVerw unerheblich sein. Die in Abs 3 S 1 angeordnete Anbindung der Besteuerung des Einbringenden an die von der aufnehmenden Ges angesetzten Werte bewirkt, dass eine spätere Änderung der Höhe dieses Wertes auf die Besteuerung des Einbringenden durchschlägt, die Veranlagung des Einbringenden ist ggf gem § 175 I 1 Nr 2 AO zu ändern (BFH DStR 2012, 31; BFH BStBl II 2011, 815; BMF-Schrb vom 11.11.2011, BStBl I 1314 Rn 24.03 iVm Rn 20.23; Widmann/Mayer/*Fuhrmann* Rn 992). Dies gilt nicht nur dann, wenn die aufnehmende Ges in der Folge ihre Steuerbilanz ändert. Vielmehr genügt dafür, dass dem übernehmenden Rechtsträger gegenüber ein Steuerbescheid ergeht, der – bei Beibehaltung der angesetzten Wertentscheidung dem Grunde nach – auf anderen als der ursprünglich von ihr angesetzten Werte beruht (BFH BStBl II 2011, 815). Im Rahmen der Besteuerung des Einbringenden kann im Regelungsbereich des § 20 nach Auffassung des BFH (DStR 2011, 2248) nicht geprüft werden, ob der von der übernehmenden KapGes angesetzte Wert zutreffend ermittelt worden ist. Der Einbringende kann insbes nicht mit Rechtsbehelf gegen den ihn betreffenden ESt-Bescheid geltend machen, dass der bei der aufnehmenden KapGes angesetzte Wert überhöht sei und sich daraus für ihn eine überhöhte Steuerfestsetzung ergibt (BFH DStR 2011, 2248; 1611; BFH BStBl II 2008, 536). Im Fall der Einbringung eines Betriebs, Teilbetriebs oder Mitunternehmeranteils kann der übernehmende Rechtsträger weder durch Anfechtungs- noch durch Feststellungsklage geltend machen, die seine Steuerfestsetzung zu

Grunde gelegten Werte des eingebrachten Vermögens seien zu hoch. Ein solches Begehren kann aber der Einbringende im Wege einer sog **Drittanfechtung** durchsetzen (BFH DStR 2011, 2248; *Kahle/Vogel* Ubg 2011, 493). Nichts anderes kann für die Einbringung in eine PersGes gelten.

242 Zur Ermittlung und Kontrolle des Einbringungsgewinns und der Abbildung dieses Vorgangs nachfolgendes **Beispiel** (BMF-Schrb vom 11.11.2011, BStBl I 1314 Rn 24.14).

Beispiel:
Das Einzelunternehmen des A weist ein buchmäßiges EK von EUR 100 000 aus; es sind stille Reserven iHv EUR 200 000 enthalten, der GW beträgt EUR 300 000. Es soll eine PersGes gegründet werden, zu welcher B eine Bareinzahlung von EUR 300 000 leistet. Das buchmäßige EK des Einzelunternehmens soll mit einem ZW von EUR 200 000 angesetzt werden.

Die Eröffnungsbilanz zeigt folgendes Bild:

Eröffnungsbilanz A + B OHG

Aktiva		Passiva	
ZW Aktiva	200 000	Kapitalkonto A	250 000
Barzahlung B	300 000	Kapitalkonto B	250 000
	500 000		500 000

Es werden folgende Ergänzungsbilanzen aufgestellt:

(Positive) Ergänzungsbilanz B

Mehrwert Aktiva	50 000	Mehrkapital	50 000

Negative Ergänzungsbilanz A

Minderkapital	50 000	Minderwert Aktiva	50 000

Unter Berücksichtigung der Gesamtbilanz ermittelt sich der Einbringungsgewinn des A sowohl über die Vermögenswert- wie die Kapitalkontenrechnung wie folgt:

	Vermögenswert Rechnung	Kapitalkontenrechnung
Ansatz bei Einbringung	200 000	250 000
+ Mehrwert Ergänzungsbilanz B	+ 50 000	–
+ Minderwert Ergänzungsbilanz A	– 50 000	– 50 000
ergibt „Veräußerungspreis"	200 000	200 000
– BW vor Einbringung	– 100 000	– 100 000
Einbringungsgewinn A	100 000	100 000

243 Der **Einbringungsgewinn entsteht** im Zeitpunkt der Einbringung. Wird die Einbringung stl zurückbezogen, so ist der Einbringungsstichtag maßgebend (Haritz/Menner/*Schlößer* Rn 164; DPPM/*Patt* Rn 158). Zu **Entnahmen** und **Einlagen** bei Rückbeziehung des Einbringungsvorgangs vgl Rn 153. Da die Einbringung eines KG-Anteils in die aufnehmende PersGes eine Veräußerung des Kommanditanteils darstellt (vgl Rn 1), ist bei ZW- bzw TW-Ansatz der entstehende Einbringungsgewinn durch einen verrechenbaren Verlust des einbringenden Kommanditisten zu mindern (*Rödder/Schumacher* DB 1998, 99; DPPM/*Patt* Rn 239). **Kosten der Umw,** die den Einbringenden belasten, können grdsl sofort als BA beim Einbringungsgewinn abgezogen werden (DPPM/*Patt* Rn 178). Muss der übernehmende Rechtsträger die ihn treffenden Kosten als AK, AK-Nebenkos-

ten oder nachträgl AK beim übernommenen BV aktivieren, so erhöhen diese Kosten den Einbringungsgewinn nicht (vgl dazu § 20 Rn 404). Da die Einbringung gegen Gewährung von Gesellschaftsrechten einen Veräußerungsvorgang darstellt, muss ein Stpfl vor der Einbringung seines Betriebs, Teilbetriebs in eine PersGes von der Einnahme-Überschussrechnung zum Bestandsvergleich nach § 4 I EStG übergehen, § 16 II 2 EStG (BFH DStRE 2008, 359; vgl auch RHL/*Rasche* Rn 74; DPPM/*Patt* Rn 122; Haritz/Menner/*Schlößer* Rn 165; ausführlich Widmann/Mayer/*Fuhrmann* Rn 1033), es entsteht kein Einbringungsgewinn, sondern ein **Übergangsgewinn** (BFH BStBl II 2002, 287) bezogen auf die eingebrachten WG (BFH DStR 2013, 356), in der Person des Einbringenden, der einen laufenden Gewinn darstellt (zur Unzulässigkeit der Verteilung vgl BFH BStBl II 2002, 287) und ggf bei der übernehmende PersGes ein entsprechender Übergangsverlust, der nach dem allg Gewinnverteilungsschlüssel dem MU zuzurechnen ist (DPPM/*Patt* Rn 122). Eine spezielle Stundung des Einbringungsgewinns ist im UmwStG nicht geregelt, es gelten daher die allg Grdse des § 222 AO (Haritz/Menner/*Schlößer* Rn 165; DPPM/*Patt* Rn 134; Widmann/Mayer/*Fuhrmann* Rn 1126). Werden anlässl der Einbringung Forderungen zurückbehalten, so entsteht insoweit ein Übergangsgewinn nicht (BFH DStR 2013, 356; BFH/NV 2008, 385), die Forderung gilt nicht zwangsläufig in das PV als überführt (BFH DStR 2013, 356). Da der Einbringungsgewinn ein Veräußerungsgewinn iSd § 6 b I EStG ist (DPPM/*Patt* Rn 135), kann die Versteuerung des Einbringungsgewinns durch eine Rücklage nach § 6 b EStG unter den dort genannten Voraussetzungen hinausgeschoben werden. Ist der Einbringende eine natürl Person, so verliert er im Fall der Bildung einer 6 b-Rücklage die Tarifbegünstigung des § 34 EStG. Erfolgt die Einbringung unter gemeinen Wertansatz und unter Einzelrechtsnachfolge, so kann die 6 b-Rücklage auf die eingebrachten WG der aufnehmenden PersGes übertragen werden, soweit der Einbringende an der übernehmenden PersGes beteiligt ist (DPPM/*Patt* Rn 135 ff; Haritz/Menner/*Schlößer* Rn 165).

36. Besteuerung des Einbringungsgewinns

a) Einkommensteuer. Der Einbringungsgewinn unterliegt der Einkommen- 244
steuer, soweit Einbringende eine natürl Person oder eine PersGes ist, soweit an dieser PersGes unmittelbar oder mittelbar natürl Personen beteiligt sind. Ein etwaiger Einbringungsgewinn gehört der Einkunftsart an, nach der das eingebrachte BV besteuert worden ist (DPPM/*Patt* Rn 141; Blümich/*Nitzschke* Rn 50; Haritz/Menner/*Schlößer* Rn 170; Widmann/Mayer/*Fuhrmann* Rn 1105). Zur beschränkten StPfl, DBA und Anrechnung ausl Steuer vgl § 20 Rn 416. Wird eine 100%ige Beteiligung an einer KapGes aus dem BV gegen Gewährung einer Mitunternehmerstellung in eine PersGes eingebracht (vgl dazu Rn 75 ff) oder aber ein Betrieb oder Mitunternehmeranteil und gehört zu diesem Betrieb ein Anteil an einer Körperschaft, so ist § 3 Nr 40 EStG und korrespondierend hierzu § 3 c EStG zu beachten. Soweit der Einbringungsgewinn nach § 3 Nr 40 EStG steuerbegünstigt ist, kommt die Tarifermäßigung des § 34 EStG nicht zur Anwendung. Vgl im Übrigen § 20 Rn 420.

Erfolgt die Einbringung des BV zum BW, so ist dies im Grds ein gewinnneutra- 245
ler Vorgang. Ein Gewinn entsteht nur dann, wenn funktional nicht wesentliche WG weder in das BV der übernehmenden PersGes noch in ein anderes BV überführt werden und somit ein Entnahmegewinn iHd Diff zwischen dem gemeinen Wert und dem BW des WG entsteht (DPPM/*Patt* Rn 143). Erfolgt ein

Zwischenwertansatz durch die übernehmende PersGes, so stellt der dadurch entstehende Einbringungsgewinn einen lfd Gewinn dar, die Tarifvergünstigung des § 34 EStG gilt insoweit nicht (BMF-Schrb vom 11.11.2011, BStBl I 1314 Rn 24.15; Haritz/Menner/*Schlößer* Rn 172; DPPM/*Patt* Rn 143).

246 Auf den bei der Einbringung eines Betriebs, Teilbetriebs oder Mitunternehmeranteils in eine PersGes entstehenden Einbringungsgewinn ist gem **Abs 3 iVm §§ 16, 34 EStG tarifbegünstigt,** sofern das eingebrachte BV in der Bilanz der PersGes einschl der Sonder- und Ergänzungsbilanzen der Gesellschafter mit dem gemeinen Wert angesetzt wird. Dabei müssen auch die stillen Reserven in originären immateriellen WG, einschl eines selbstgeschaffenen Firmenwertes aufgelöst werden, und zwar unabhängig davon, ob sich die Einbringung im Wege der Gesamt-, Sonder- oder Einzelrechtsnachfolge vollzieht (BMF-Schrb vom 11.11.2011, BStBl I 1314 Rn 24.15; Haritz/Menner/*Schlößer* Rn 171 ff; DPPM/*Patt* Rn 145). Werden anlässlich der Einbringung nicht wesentl WG in das PV überführt oder aber funktional wesentl bzw funktional unwesentl WG an Dritte veräußert, ist der dabei entstehende Gewinn nur dann gem §§ 16, 34 EStG begünstigt, wenn die Einbringung zum gemeinen Wert erfolgte (Widmann/Mayer/*Fuhrmann* Rn 1264, 1276 ff). Werden anlässlich der Einbringung funktional nicht wesentl Betriebsgrundlagen in ein anderes BV überführt, ist nicht abschließend geklärt, ob der Einbringungsgewinn der eigentlichen Sacheinlage gemäß §§ 16, 34 EStG begünstigt ist (vgl Widmann/Mayer/*Fuhrmann* Rn 1269 f mwN; L. Schmidt/*Wacker* EStG § 34 Rn 13). Zu dem tarifbegünstigten Einbringungsgewinn zählt auch der Betrag, der durch Auflösung steuerfreier Rücklagen entsteht (BMF-Schrb vom 11.11.2011, BStBl I 1314 Rn 24.03 iVm Rn 20.26; Widmann/Mayer/*Fuhrmann* Rn 1309).

247 Wird in voller Höhe Gewinn realisiert, scheidet die **Tarifvergünstigung** gem § 34 EStG dennoch **in den folgenden Fällen aus:**
- für Gewinne aus der Einbringung eines Teils eines Mitunternehmeranteils für Einbringungen (Abs 3 S 2),
- wenn für einen Teil des Einbringungsgewinns eine gewinnmindernde Rücklage nach § 6 b oder § 6 c EStG gebildet worden ist (Abs 2 S 2 iVm § 34 I 4, III 6 EStG),
- soweit in dem Einbringungsgewinn stpfl Gewinnanteile enthalten sind, die teilw nach §§ 3 Nr 40 S 1 b, 3 c II EStG steuerbefreit sind (Abs 3 S 2 HS 2),
- soweit der Einbringungsgewinn einen lfd Gewinn nach Abs 3 S 3 darstellt und
- wenn ein Grundstückshandelsbetrieb eingebracht wird, soweit der Einbringungsgewinn auf Grundstücke des Umlaufvermögens entfällt (DPPM/*Patt* Rn 145; vgl auch BFH BStBl II 2010, 171; BFH/NV 2011, 258).

248 Nach **Abs 3 S 3 iVm § 16 II 3 EStG** gilt bei Einbringungen der Einbringungsgewinn insoweit als nicht begünstigter „lfd" Gewinn, als auf der Seite des Veräußerers und auf der Seite des Erwerbers dies Personen als MU beteiligt sind. Die Begünstigung bei der Einbringung zum gemeinen Wert ist insoweit ausgeschlossen, als wirtschaftl gesehen ein Verkauf an sich selbst vorliegt (BT-Drs 12/7945 zu § 24). Diese Gesetzesfiktion hat zur Folge, dass insoweit eine Tarifbegünstigung nach § 34 EStG ausscheidet. Das maßgebl Beteiligungsverhältnis (zum Steitstand vgl *Rödder* StbJb 1994/1995, 312; Littmann/Bitz/Pust/*Hörger* EStG § 16 Rn 128 b) bestimmt sich entsprechend dem Zweck des Gesetzes nach dem Anteil des Einbringenden am Aufwand, der aufgrund des zusätzl geschaffenen Abschreibungsvolumens auf ihn entfällt, dh bei WG des Gesellschaftsvermögens nach dem für die übernehmende Ges geltenden Gewinnverteilungsschlüssels (BFH BStBl II

2004, 754; L. Schmidt/*Wacker* EStG § 16 Rn 97, 111; BMF-Schrb vom 11.11.2011, BStBl I 1314 Rn 24.16). Entsteht bei der Einbringung zu gemeinen Wert ein Gewinn im SBV des Einbringenden, ist dieser Gewinn nicht tarifbegünstigt, soweit das hieraus geschaffene zusätzl Abschreibungsvolumen im vollen Umfang dem Einbringenden zugute kommt (BFH/NV 2008, 373; BFH BStBl II 2004, 754; BFH BStBl II 2001, 178; DPPM/*Patt* Rn 149; vgl auch L. Schmidt/*Wacker* EStG § 16 Rn 111).

Beispiel nach BMF-Schrb vom 11.11.2011, BStBl I 1314 Rn 24.16: 249
An einer OHG sind vier Gesellschafter zu je einem Viertel beteiligt. Ein fünfter Gesellschafter wird gegen Bareinlage so aufgenommen, dass alle Gesellschafter anschl jew zu einem Fünftel beteiligt sind. Wirtschaftl gesehen gibt jeder der Altgesellschafter ein Fünftel an den neu eintretenden Gesellschafter ab. Er veräußert also zu vier Fünftel „an sich selbst" mit der Konsequenz, dass vier Fünftel des entstehenden Gewinns bei gemeinem Wertansatz nicht begünstigt sind.

Nicht geklärt ist, ob es zul ist, im Grds den gemeinen Wert anzusetzen, gleich- 250
zeitig aber nur den auf einen Gesellschafter entfallenden nicht begünstigten Aufstockungsgewinn durch negative Ergänzungsbilanzen zu neutralisieren (vgl L. Schmidt/*Wacker* EStG § 16 Rn 562 mwN).

Werden einbringungsgeborene Anteile innerh der Sperrfrist von sieben Jahren 251
veräußert, so dass das Halbeinkünfteverfahren keine Anwendung findet, fällt ein Veräußerungsgewinn unter die Steuerbegünstigung des § 34 EStG (BMF-Schrb vom 16.12.2003, BStBl I 786 Rn 21; Widmann/Mayer/*Fuhrmann* Rn 1210 ff). Die Tarifermäßigung des § 34 EStG ergibt sich aufgrund der allg Fiktion des § 27 III Nr 3 iVm § 21 I 1 aF, wonach der Veräußerungsgewinn als außerordentl Einkünfte iSd §§ 16, 34 II 1 EStG gilt. Eine Tarifermäßigung nach § 34 EStG setzt zum einem das Vorhandensein derartiger Einkünfte voraus. Es muss aber weiterhin dazukommen, dass eine zusammengeballte Aufdeckung von stillen Reserven vorliegt (L. Schmidt/*Wacker* EStG § 34 Rn 15 mwN).

Der Freibetrag nach **§ 16 IV EStG** wird bei der Einbringung gewerbl, freiberufl 252
und luf Verm gewährt, wenn es zu einem Ansatz mit dem gemeinen Wert kommt (Abs 3 S 2 HS 1). Dabei müssen auch die stillen Reserven im originären immateriellen WG, einschließl eines selbst geschaffenen Firmenwertes aufgelöst werden (Widmann/Mayer/*Fuhrmann* Rn 1187). Erfolgt die Einbringung eines Bruchteils eines Mitunternehmeranteils, kann der Freibetrag gem § 16 IV in nicht gewährt werden. Die Gewährung des Freibetrags setzt einen Antrag voraus. Gilt der Einbringungsgewinn nach Abs 3 S 3 als lfd Gewinn, so kann für den übrigen Teil des Gewinns der volle Freibetrag gewährt werden; der Einbringungsgewinn, der als lfd Gewinn gilt, ist bei der Kürzung des Freibetrags nach § 16 IV 3 EStG nicht zu berücksichtigen (DPPM/*Patt* Rn 150; Widmann/Mayer/*Fuhrmann* Rn 1363).

Werden die einbringungsgeborenen Anteile nach **Ablauf der Sperrfrist von** 253
7 Jahren veräußert, kommt das Halbeinkünfteverfahren bzw Teileinkünfteverfahren (ab VZ 2009) zur Anwendung. Fragl ist, ob bzgl der Berechnung der Sperrfrist § 108 III AO zu beachten ist (vgl BFH BStBl II 2003, 2; BFH BStBl II 2012, 599; Tipke/Kruse/*Tipke* AO/FGO § 108 AO Rn 8, 22; aA Hübschmann/Hepp/Spitaler/*Söhn* AO § 108 Rn 65). Der stl Teil des Gewinns gilt als solcher iSd § 16 EStG, er ist damit nach **§ 16 IV EStG** begünstigt. Dass die Hälfte dieses Veräußerungsgewinns nach § 3 Nr 40 EStG im Erg steuerbefreit ist, spielt keine Rolle. Erfüllt der Anteilseigner die persönl Voraussetzungen des § 16 IV 1 EStG, führt die nur hälftige Besteuerung nicht zu einem Objektverbrauch, so dass der Freibetrag den Anteilseigner in voller Höhe zusteht. Dies bedeutet faktisch eine

Verdoppelung des Freibetrags (ebenso DPPM/*Patt* Rn 150). Nach Auffassung des BFH (BStBl II 2010, 1011) ist gemäß dem Grundsatz der Meistbegünstigung der Freibetrag vorrangig von dem dem Halb-/Teileinkünfteverfahren unterliegenden Einbringungsgewinn abzuziehen (ebenso DPPM/*Patt* Rn 150).

254 **b) Körperschaftsteuer.** Einbringender iSd § 24 kann auch eine Körperschaft sein. Entsteht ein Einbringungsgewinn, so unterliegt dieser der KSt. Ist Einbringender eines Betriebs, Teilbetriebs oder Mitunternehmeranteils eine PersGes, so ist der Einbringungsgewinn kstpfl, soweit er unmittelbar oder mittelbar über eine andere PersGes auf eine Körperschaft als MU entfällt. Die Tarifermäßigung des § 34 EStG sowie die Freibetragsregelung des § 16 IV EStG kann von der Körperschaft nicht in Anspruch genommen werden. Eine Steuerfreiheit für den Einbringungsgewinn kann sich aus **§ 8 b KStG** ergeben, soweit dieser auf die Realisierung stiller Reserven von Anteilen an Körperschaft, Personenvereinigungen oder Vermögensmassen entfällt, deren Leistung zu Einnahmen iSd § 20 I 1, 2, 9 und § 10 a EStG gehören (DPPM/*Patt* Rn 151; Widmann/Mayer/*Fuhrmann* Rn 1138). Die Steuerfreiheit des § 8 b II KStG gilt auch, soweit die Körperschaft ein Mitunternehmeranteil einbringt und der Einbringungsgewinn iRd Gewinnfeststellung der PersGes der Körperschaft zugerechnet wird (BMF-Schrb vom 28.4.2003, BStBl I 292 Rn 55; Widmann/Mayer/*Fuhrmann* Rn 1138). Allerdings gelten wegen § 8 III 1 KStG 5% des entsprechenden Gewinns als Ausgaben, die nicht als BA abgezogen werden dürfen.

255 Die Steuerfreiheit von Einbringungsgewinnen bezogen auf übertragene Anteile ist ausgeschlossen, wenn es sich bei den eingebrachten Anteilen um einbringungsgeborene Anteile iSd § 21 I 1 aF handelt und die Rückausnahme gem § 8 b IV 2 KStG nicht vorliegen (vgl § 34 VII a KStG). Str ist, ob bzgl der Berechnung der Sperrfrist § 108 III AO zu beachten ist (vgl Rn 253). Eine Steuerfreiheit des Einbringungsgewinns ist auch dann nicht gegeben, wenn die Voraussetzungen des § 8 b II 4, 5, 8 b VII, VIII KStG vorliegen.

256 **c) Gewerbesteuer. aa) Einbringung durch natürliche Personen.** Ist Einbringender natürl Person, gehört der entsprechende Einbringungsgewinn nicht zum Gewerbeertrag iSd § 7 GewStG (vgl § 20 Rn 432; DPPM/*Patt* Rn 143). Entsprechendes gilt, soweit an einer einbringenden PersGes eine natürl Person unmittelbar beteiligt ist (Widmann/Mayer/*Fuhrmann* Rn 1150). Dies gilt unabhängig davon, ob Zwischenwertansatz oder Gemeinwertansatz durch die übernehmende PersGes gewählt wird (vgl § 20 Rn 433; Widmann/Mayer/*Fuhrmann* Rn 1150). Ebenso unterliegt der GewSt nicht der Entnahmegewinn aus der Zurückbehaltung unwesentl WG, dies gilt auch bei Buchwertfortführung. - Zum Gewerbeertrag gehört aber der Teil des Einbringungsgewinns, der bei der Einkommensteuer nach Abs 3 S 3 iVm § 16 II 3 EStG als lfd Gewinn gilt (BFH GmbHR 2004, 1096; BMF-Schrb vom 11.11.2011, BStBl I 1314 Rn 24.17; aA L. Schmidt/*Wacker* EStG § 16 Rn 562 mwN; DPPM/*Patt* Rn 153). Die Anwendung von Abs 3 S 3 iVm § 16 II 3 EStG setzt aber den Ansatz der übergehenden WG mit dem gemeinen Wert voraus (Widmann/Mayer/*Fuhrmann* Rn 1323; Haritz/Menner/*Schlößer* Rn 183); soweit ZW angesetzt werden, unterliegt der Gewinn nicht der GewSt (Widmann/Mayer/*Fuhrmann* Rn 1154; Haritz/Menner/*Schlößer* Rn 183). Wird eine 100%ige Beteiligung an einer KapGes aus dem BV durch eine natürl Person eingebracht, so ist der daraus entstehende Gewinn grdsl gewstpfl (Abschn 39 I Nr 1 S 13 GewStRL; DPPM/*Patt* Rn 153; aA Haritz/Menner/*Schlößer* Rn 160). Etwas anderes gilt jedoch dann, wenn der Betrieb,

Teilbetrieb oder Mitunternehmeranteil, dem die Anteile zugehören, zusammen mit der Beteiligung an der KapGes eingebracht werden (vgl Abschn 39 I Nr 1 S 13 GewStRL; DPPM/*Patt* Rn 154; aA Widmann/Mayer/*Fuhrmann* Rn 1171). Soweit § 3 Nr 40 S 1 b EStG eingreift, ist der auf die Einbringung von Beteiligungen an der KapGes entfallende Einbringungsgewinn von der Bemessungsgrundlage der GewSt hälftig ausgenommen. Wird ein Betrieb eingebracht, der im gewerblichen Grundstückshandel tätig ist, gehört ein insoweit entstehender Einbringungsgewinn zum Gewerbeertrag, soweit er auf Grundstücke des Umlaufvermögens entfällt (BFH BStBl II 2010, 171; BFH/NV 2011, 258; DPPM/*Patt* Rn 154; krit Widmann/Mayer/*Fuhrmann* Rn 168 ff).

Wird ein gewerbl Betrieb oder ein Mitunternehmeranteil zu BW sowie unter 257
Zuzahlung in das PV eingebracht, ist der insoweit entstehende Gewinn nicht gewerbesteuerpflichtig, soweit der Einbringende die unternehmerische Tätigkeit insgesamt aufgegeben hat (Widmann/Mayer/*Fuhrmann* Rn 160 f). Wird ein Mitunternehmeranteil durch eine natürl Person eingebracht, so ist der insoweit entstehende Einbringungsgewinn vorbehaltlich Abs 3 S 3 nicht gewerbesteuerpflichtig. Dies gilt auch soweit bei einer doppel- oder mehrstöckigen PersGes der Gewinn auf stille Reserven an der TochterPersGes entfällt (BFH BStBl II 2011, 511; Blümich/*Drüen* § 7 GewStG Rn 129; Glanegger/Güroff/*Selder* GewStG § 7 Rn 90). Entsteht bei der Einbringung eines Bruchteils eines Mitunternehmeranteils nach § 24 ein Einbringungsgewinn, so rechnet dieser zum Gewerbeertrag (BFH/NV 2007, 601; DPPM/*Patt* Rn 155; OFD Köln vom 18.1.2001 DStR 2001, 708; Widmann/Mayer/*Fuhrmann* Rn 1158; OFD Köln vom 10.9.2002, FR 2002, 1151).

Werden einbringungsgeborene Anteile iSd § 21 aF in eine PersGes unter Aufde- 258
ckung der stillen Reserven eingebracht, so unterliegt der Gewinn aus der Einbringung grdsl dann der GewSt, wenn der Einbringungsvorgang, aus dem die Anteile stammen, bei Ansatz von TW oder ZW GewSt ausgelöst hätte (vgl BFH BStBl II 1982, 738; BMF-Schrb vom 25.3.1998, BStBl I 268 Rn 21.13).

bb) Einbringung durch Körperschaft. Als Gewerbebetrieb gilt gem § 2 II 1 259
GewStG stets und im vollen Umfang die Tätigkeit der KapGes, der Erwerbs- und Wirtschaftsgenossenschaft und der VVaG. Bei diesen Stpfl gehört daher auch der iRe Betriebsveräußerung erzielte Gewinn zum Gewerbeertrag (BFH DStR 2001, 2111; Abschn 40 II 1 GewStR). Wird daher durch eine KapGes, Erwerbs- und Wirtschaftsgenossenschaft oder durch einen VVaG ein Betrieb, Teilbetrieb, Mitunternehmeranteil gem Abs 1 eingebracht, gehört ein insoweit entstehender Einbringungsgewinn zum Gewerbeertrag. Werden Beteiligungen an einer KapGes zusammen mit dem Betrieb oder Teilbetrieb nach Abs 1 eingebracht, entsteht ein Gewerbeertrag nach § 7 I GewStG nur, soweit der Einbringungsgewinn, der auf die übertragenen Anteile entfällt, nicht nach § 8 b II KStG steuerbefreit ist. § 8 b II KStG gilt als sachl Steuerbefreiung auch für gewstl Zwecke (DPPM/*Patt* Rn 156). Werden einbringungsgeborene Anteile innerh der Sperrfrist von 7 Jahren (vgl § 8 b IV KStG) eingebracht, ist die GewStPfl des Einbringungsgewinns davon abhängig, ob der Einbringungsvorgang, aus dem die Anteile stammen, bei Ansatz von TW oder ZW GewSt ausgelöst hätten (vgl Rn 257).

cc) Gewerbesteuerliche Verlustvorträge. (a) Einbringung durch eine 260
natürliche Person. Existieren bei dem übertragenen BV gewstl Verlustvorträge iSd § 10 a GewStG, gehen diese nicht aufgrund spezieller gesetzl Regelungen des UmwStG automatisch auf die übernehmende PersGes über. Es gelten vielmehr

die allg Grdse. Die aufnehmende PersGes kann damit vortragsfähige Fehlbeträge iSd § 10 a GewStG nur dann und insoweit von künftigen positiven Gewerbeerträgen abziehen, als Unternehmer- und Unternehmensidentität vorliegt (vgl dazu R 10a 2 f GewStR; DPPM/*Patt* Rn 204; Widmann/Mayer/*Fuhrmann* Rn 2170). Wird ein Betrieb oder Teilbetrieb in eine PersGes gegen Gewährung von Gesellschaftsrechten eingebracht oder kommt es zu einer Verschm von zwei PersGes, ist es für die Annahme der **Unternehmensidentität** nicht entscheidend, ob der übertragene Betrieb bei der aufnehmenden Ges einen Teilbetrieb darstellt. Es ist vielmehr nach hM ausreichend, wenn die Identität des eingebrachten **Betriebs** innerh der Gesamttätigkeit des aufnehmenden Betriebs gewahrt bleibt. Die Geschäftstätigkeit muss iRd aufnehmenden PersGes in wirtschaftl, organisatorisch und finanzieller Art fortgesetzt werden (DPPM/*Patt* Rn 205). Wird nur ein Teilbetrieb in eine PersGes eingebracht, kann der Einbringende den Gewerbeverlust nicht mehr gewstl verwerten, soweit er auf den übertragenen Teilbetrieb entfällt (BFH/NV 2008, 1960; OFD Münster DStR 2012, 2019; DPPM/*Patt* Rn 206). Ein gewstl Verlust kann, soweit Unternehmens- und Unternehmeridentität gegeben ist, durch die übernehmende PersGes verwertet werden. Auf der Ebene der übernehmenden PersGes kann ein betriebsinterner Verlustausgleich vorgenommen werden, soweit der übernehmende Rechtsträger vor der Einbringung bereits einen Betrieb hatte, der über positive Gewerbeerträge verfügte (DPPM/*Patt* Rn 207).

261 Bei Einzelunternehmen und bei Mitunternehmerschaften ist Voraussetzung für einen Verlustabzug nach § 10a GewStG neben der Unternehmensidentität auch die **Unternehmeridentität.** Wird ein gewerbl Einzelbetrieb in eine PersGes eingebracht, so kann die übernehmende PersGes den Fehlbetrag des eingebrachten Betriebs in der Höhe abziehen, als der Einbringende als MU an der übernehmenden PersGes im jeweiligen Erhebungszeitraum beteiligt ist. Entscheidend ist der gesellschaftsvertragliche Gewinnverteilungsschlüssel, Vorabgewinne und Ergebnisse aus Ergänzungs- und Sonderbilanzen werden nicht berücksichtigt (R 10a.3 Abs 3 S 4 f GewStRiLi 2009; DPPM/*Patt* Rn 208). Wird eine PersGes auf eine beteiligungsidentische SchwesterGes verschmolzen, ist Unternehmeridentität gegeben. Gleiches gilt bei der Abspaltung eines Teilbetriebes auf eine beteiligungsidentische SchwesterPersGes (DPPM/*Patt* Rn 209). Soweit ein neuer Gesellschafter gegen Einlage und Gewährung einer neuen Mitunternehmerstellung einer bestehenden PersGes beitritt, kann der Gewerbesteuerverlust von zukünftigen Gewinnen nur insoweit abgezogen werden, als er nach dem gesellschaftsvertraglichen Gewinnverteilungsschlüssel auf die Altgesellschafter entfällt; die absolute Höhe des abziehbaren Gewerbesteuerverlustes verändert sich nicht (DPPM/*Patt* Rn 209). Wird ein Mitunternehmeranteil in eine bestehende PersGes eingebracht, gehen die gewstl Verlustvorträge bezogen auf die PersGes, deren Mitunternehmeranteil eingebracht wurde, anteilig unter. Bringt eine PersGes einen Betrieb oder Teilbetrieb in eine andere PersGes ein und entsteht dadurch ein Mutter-Tochter-Verhältnis, so kann der gewstl Verlustvortrag durch den übernehmenden Rechtsträger nur insoweit nutzbar gemacht werden, als die einbringende OberGes selbst an dem übernehmenden Rechtsträger als Tochtergesellschaft beteiligt ist (DPPM/*Patt* Rn 209). Kommt es bei der OberGes zu einem Gesellschafterwechsel, führt dies nicht zur Kürzung eines gewstl Verlustabzuges bei der UnterGes (FG Sachsen EFG 2008, 1403).

262 **(b) Einbringung durch eine Kapitalgesellschaft.** Nach § 2 II 1 GewStG gilt die Tätigkeit einer KapGes stets und in vollem Umfang als Gewerbebetrieb, die KapGes hat nur einen einheitlichen Betrieb. Bringt eine KapGes ihren gesamten Betrieb in eine PersGes ein, so ging nach bisheriger Auffassung der FinVerw der vortragsfähige Gewerbeverlust auf die PersGes über (Abschn 68 IV S 6 iVm II GewStRL 1998). Die FinVerw hält an dieser Auffassung nicht mehr fest (FinMin Nordrhein-Westfalen vom 27.1.2012, FR 2012, 238; krit *Suchanek* FR 2012, 296). Ab dem Erhebungszeitraum 2009 geht nunmehr nach Auffassung der FinVerw ein Gewerbesteuerverlust auf die PersGes nicht mit über. Der Gewerbeverlust verbleibt bei der einbringenden KapGes und kann dort weiterhin vorgetragen werden. Teile der Lit lehnen die geänderte Verwaltungsauffassung ab (DPPM/*Patt* Rn 212 ff; Widmann/Mayer/*Fuhrmann* Rn 2185; *Suchanek* FR 2012, 296).

Die für den Verlustabzug erforderl **Unternehmeridentität** soll bei der Ein- **263**
bringung eines Betriebs, einer PersGes in eine andere PersGes gegeben sein, soweit die Gesellschafter der eingebrachten Ges auch Gesellschafter der aufnehmenden Ges sind (BFH BStBl II 1994, 477; Abschn 68 III 4 GewStRL); Entsprechendes gilt bei der Verschm zweier PersGes (BFH BStBl II 1994, 764; Abschn 68 III 5 GewStRL).

37. Anschaffung, Eintritt in die steuerliche Rechtsstellung Abs 4; § 23 Abs 1, 3, 4, 6

a) Überblick. Die **Einbringung** eines Betriebs, Teilbetriebs oder Mitunter- **264**
nehmeranteils in eine PersGes gegen Gewährung von Gesellschaftsrechten bzw Einräumung einer Mitunternehmerstellung stellt einen **tauschähnl Veräußerungsvorgang** und aus der Sicht des übernehmenden Rechtsträgers ein Anschaffungsgeschäft dar (vgl Rn 1). Dies gilt unabhängig davon, ob die Einbringung sich zivilrechtl in Form der Einzelrechtsnachfolge bzw der Sonder- oder Gesamtrechtsnachfolge vollzieht oder ob eine Mitunternehmerstellung iRd Einbringung erstmalig gewährt oder ein bereits vorhandener Gesellschaftsanteil erhöht wird. Abs 4 regelt die Auswirkungen der Einbringung bei der aufnehmenden PersGes durch Verweisung auf § 23 I, III, IV, VI. Entscheidend ist insoweit der Wertansatz (BW, ZW, gemeiner Wert) der eingebrachten WG durch die aufnehmende PersGes in ihrer StB einschl der Ergänzungsbilanzen für die Gesellschafter.

b) Buchwertansatz. Setzt die übernehmende PersGes das eingebrachte BV **265**
mit dem **BW** an, gelten durch entsprechende Verweisung **§§ 4 II 3** und **12 III 1** sinngemäß. BW ist nach § 1 V Nr 4 der Wert, der sich nach den stl Vorschriften über die Gewinnermittlung in einer für den stl Übertragungsstichtag aufzustellenden StB ergibt oder ergäbe. Ein Buchwertansatz ist auch dann gegebenen, wenn die KapGes zunächst die BW aus der stl Schlussbilanz des Einbringenden übernommen hat und später wegen Änderung der BW, zB aufgrund von BP, diese BW sich später ändern und eine entsprechende Bilanzberichtigung beim übernehmenden Rechtsträger erfolgt. Die der übernehmenden KapGes zuzuordnenden Kosten der Einbringung führen grdsl bei dieser zu abzugsfähigen BA. Objektbezogene Kosten, wie zB die **GrESt** stellen **zusätzl AK** der übertragenen WG dar und sind entsprechend zu aktivieren (BFH FR 2004, 274, BMF-Schrb vom 11.11.2011, BStBl I 1314 Rn 23.01; DPPM/*Patt* Rn 178; vgl auch *Fatouros* DStR 2003, 272). Diese Aktivierung steht jedoch nicht einer Buchwertfortführung entgegen, da keine stillen Reserven im übertragenen Verm aufgedeckt werden. Die GrESt entsteht, weil der Einbringungsvorgang ein Erwerbsvorgang iSd § 1 GrEStG darstellt. Die GrESt erhöht nicht den BW des übertragenen Verm aus der Sicht des Einbringenden, sondern stellt eine originäre Aufwendung der übernehmenden

PersGes dar (ebenso DPPM/*Patt* Rn 178). Kommt es iRd Einbringung zu Zuzahlungen in das PV des Einbringenden (vgl dazu Rn 139 ff), so stellt sich dieser Vorgang sowohl als „normale" Veräußerung als auch als Einbringung iSd § 24 dar. Werden bezogen auf den Einbringungsvorgang die BW fortgeführt, so gilt insoweit § 23 I entsprechend. Ob es zu einer Buchwertfortführung kommt, ist unter Einschluss der positiven und negativen Ergänzungsbilanzen zu ermitteln.

266 Die übernehmende PersGes tritt in dem durch Abs 4 iVm §§ 23, 12 III 1, 4 II 3 bestimmten Umfang in die stl Rechtsstellung des Einbringenden bzw in objektbezogene steuerrechtl relevante Besteuerungsmerkmale, die den übertragenen WG anhaften, ein. Ist die Dauer der Zugehörigkeit eines WG zum BV für die Besteuerung bedeutsam, so ist der Zeitraum seiner Zugehörigkeit zum BV des Einbringenden wird der übernehmenden PersGes zuzurechnen (§ 4 II 3). Die im Einbringungszeitpunkt entgegen dem stl Ansatzverbot des § 5 EStG passivierten Rückstellungen oder Verbindlichkeiten sind nach der hier vertretenen Auffassung beim übernehmenden Rechtsträger in den Folgejahren nicht aufzulösen (so aber BMF-Schrb vom 11.11.2011, BStBl I 1314 Rn 24.03 iVm Rn 20.20, 04.16), sondern als ungewisse Verbindlichkeiten fortzuführen (vgl dazu Rn 169 f). Zu weiteren Einzelheiten vgl § 23 Rn 20 ff.

267 Wird ein Mitunternehmeranteil mit **Ergänzungsbilanz** in eine Mitunternehmerschaft nach § 24 eingebracht, so müssen aufgrund der stl Rechtsnachfolge auch die Ansätze in der Ergänzungsbilanz entsprechend fortgeführt werden. Strittig ist, ob die Ergänzungsbilanz für den einbringenden neuen Gesellschafter der OberGes als MU der UnterGes (BFH DStR 2004, 1327; *Wacker* JbFfSt 2006/2007, 317) oder für die OberGes als Ges der UnterGes (*Mitschke* BB 2010, 2946) zu bilden ist.

268 Anlässl der Einbringung können von der aufnehmenden PersGes positive bzw negative Ergänzungsbilanzen gebildet werden, um so im Erg eine Buchwertfortführung zu ermögl (vgl Rn 217 ff). Nach hM (vgl Rn 221 f müssen die positiven und negativen Ergänzungsbilanzen in der Folgezeit korrespondierend in der lfd Gewinnermittlung bei den einzelnen Gesellschaftern berücksichtigt werden. Nicht abschl geklärt ist aber, ob bzgl der AfA in der positiven Ergänzungsbilanz die Restnutzungsdauer selbstständig neu bestimmt werden kann (vgl Rn 225). Für eine Fortführung der Abschreibung in der Ergänzungsbilanz in Anlehnung an die Abschreibung in der Gesamthandsbilanz spricht der Eintritt der übernehmenden Person in die Rechtsstellung des eingebrachten BV. Nach der hier vertretenen Auffassung (vgl dazu Rn 225) kann jedoch für die Person, für die eine positive Ergänzungsbilanz errichtet wurde, die Restnutzungsdauer neu bestimmen und ggf auch eine andere AfA-Methode gewählt werden (ebenso *Niehus* StuW 2002, 116; aA L. Schmidt/*Wacker* EStG § 15 Rn 465). Für eine isolierte Fortschreibung der Ergänzungsbilanz spricht insbes auch der Grds der Individualbesteuerung.

269 Zum Übergang von Verlustvorträgen iSd § 10 a GewStG vgl Rn 256 f.

270 **c) Zwischenwertansatz.** Für den Fall, dass die übernehmende PersGes das eingebrachte BV mit einem über dem BW aber unter dem TW liegenden Wert ansetzt **(Einbringung zum ZW),** verweist Abs 3 iVm § 23 III auf § 12 III 1 (Eintritt in die Rechtsstellung des Einbringenden), die Anrechnung der Besitzzeit ergibt sich aus Abs 1 iVm § 23 I (vgl § 23 Rn 66). Der Differenzbetrag zwischen dem höheren Wert und dem BW **(Aufstockungsbetrag)** ist auf die eingebrachten WG gleichmäßig zu verteilen. Bei der Aufstockung ist grdsl sowohl das Anlagevermögen als auch das Umlaufvermögen zu berücksichtigen. Zu weiteren Einzelheiten vgl § 23 Rn 66 ff.

d) Ansatz mit dem gemeinen Wert. Setzt die übernehmende PersGes das anlässl der Sacheinlage übernommene BV mit dem **GW** an, gilt der Erwerb der einzelnen WG als Anschaffung zum Zeitpunkt der Einbringung, sofern die WG durch **Einzelrechtsnachfolge** auf sie übergegangen sind (Abs 4 iVm § 23 IV HS 1). Die übernehmende PersGes tritt in die stl Rechtsstellung des Einbringenden nicht ein. Die weitere stl Behandlung der Sacheinlage bei der übernehmenden PersGes richtet sich nach den allg Vorschriften (vgl iÜ § 23 Rn 97 ff). 271

Erfolgt die Sacheinlage in die PersGes durch **Gesamtrechtsnachfolge** nach den Bestimmungen des UmwG, so kommt es zu einem Eintritt in die stl Rechtsstellung des Einbringenden, auch wenn die eingebrachten WG mit dem **GW** angesetzt werden (zu den weiteren stl Konsequenzen vgl § 23 Rn 100). 272

e) Konfusion. Erhöht sich der Gewinn der übernehmenden PersGes dadurch, dass der Vermögensübergang zum Erlöschen von Forderungen und Verb zwischen dem Einbringenden und der übernehmenden PersGes oder zur Auflösung von RSt führt, darf die übernehmende PersGes insoweit eine den stl Gewinn mindernde Rücklage bilden (Abs 4 iVm § 23 VI). Der Übernahme- oder Einbringungsfolgegewinn ist zivilrechtl als **inkongruente Konfusion** zu kennzeichnen (vgl dazu § 23 Rn 105). 273

38. Nachträglicher Einbringungsgewinn, Abs 5

a) Überblick. Abs 5 beinhaltet eine besondere Missbrauchsvorschrift. Werden im Rahmen der Einbringung auch Anteile an einer Körperschaft, Personenvereinigung oder Vermögensmasse durch nicht nach § 8 b II KStG Begünstigte eingebracht, ist § 22 II, III, V, VII (Einbringungsgewinn II) entsprechend anzuwenden, soweit die eingebrachten Anteile innerhalb einer Frist von sieben Jahren nach der Einbringung veräußert werden und der Veräußerungsgewinn auf einen nach § 8 b II KStG begünstigten Mitunternehmer entfällt. 274

b) Einbringung von Anteilen an einer Körperschaft. Zum Einbringungsgegenstand müssen Anteile an einer Körperschaft, Personenvereinigungen oder Vermögensmasse gehören (vgl § 21 Rn 22). Bei den Anteilen darf es sich jedoch nicht um einbringungsgeborene Anteile iSd § 21 aF handeln, die zum BW oder ZW eingebracht wurden und die Sperrfrist des § 8 b IV KStG aF bzw nach § 3 Nr 40 S 3 und 4 EStG aF bei der Anteilsveräußerung noch nicht abgelaufen ist (vgl § 27 IV; BMF-Schrb vom 11.11.2011, BStBl I 1314 Rn 24.23; DPPM/*Patt* Rn 227; Widmann/Mayer/*Fuhrmann* Rn 1496). Ist zum Zeitpunkt der Einbringung die siebenjährige Sperrfrist iSv § 3 Nr 40 S 3 und S 4 EStG aF bzw § 8b IV KStG aF noch nicht abgelaufen und werden die ursprünglich einbringungsgeborenen Anteile innerhalb der siebenjährigen Sperrfrist des § 22 II veräußert bzw wird ein der Veräußerung gleichgestellter Sachverhalt verwirklicht, entsteht nach der hier vertretenen Auffassung kein Einbringungsgewinn II, da im Zeitpunkt der Einbringung in der Person des Einbringenden einbringungsgeborene Anteile vorlagen und damit gemäß § 27 IV die Regelung des § 22 keine Anwendung findet (vgl dazu § 20 Rn 226; aA BMF-Schrb vom 11.11.2011, BStBl I 1314 Rn 24.23; DPPM/*Patt* Rn 227). Soweit die eingebrachten, ursprünglich einbringungsgeborenen Anteile innerhalb der siebenjährigen Sperrfrist des § 22 II veräußert bzw ein der Veräußerung gleichgestellter Sachverhalt verwirklicht wird, ent- 275 steht ein Einbringungsgewinn II, der nach allg Grundsätzen besteuert wird, falls im Zeitpunkt der Einbringung die siebenjährige Sperrfrist iSv § 3 Nr 40 S 3 und S 4 EStG aF bzw § 8b IV KStG aF bereits abgelaufen war.

276 **c) Einbringende ist eine nicht durch § 8b II KStG begünstigte Person.** Abs 5 idF vor Änderung durch das Gesetz zur Umsetzung des EuGH-Urteils vom 20.10.2011 (BGBl I 2013, 561) kam nur zur Anwendung, wenn die Einbringung durch eine nicht durch § 8 b II KStG begünstigte Person erfolgte. Erfolgte die Einbringung der Anteile durch eine **natürl Person,** so findet Abs 5 Anwendung. Gleiches gilt für die Einbringung durch eine PerGes, soweit an dieser PerGes natürl Personen beteiligt sind. Nicht abschließend geklärt war bisher, ob auch Einbringung durch kstpfl Personen von Abs 5 erfasst werden, wenn der Einbringende zwar die persönl Voraussetzung des § 8 b II KStG erfüllt, der Einbringende aber für die konkret eingebrachten Anteile die Steuerfreiheit nach § 8 b II KStG nicht nutzen kann (vgl dazu § 22 Rn 112 ff). Der Wortlaut stellte bisher nur abstrakt auf eine durch § 8 b II KStG begünstigte Person ab, ohne auf die Begünstigung der konkret übertragenen Anteile Bezug zu nehmen, so dass Abs 5 keine Anwendung bisher fand, wenn der Einbringende eine durch § 8 b II KStG begünstigte Person ist, ob der Einbringende für die konkret eingebrachten Anteile die Steuerfreiheit nach § 8 b II KStG nicht nutzen kann, war ohne Bedeutung (Widmann/Mayer/*Fuhrmann* Rn 1502; aA BMF-Schrb vom 11.11.2011, BStBl I 1314 Rn 24.24 iVm Rn 22.12; DPPM/*Patt* Rn 228). Die durch das Gesetz zur Umsetzung des EuGH-Urteils vom 20.10.2011 in der Rechtssache C-284/09 (BGBl I 2013, 561) geänderte Fassung sieht nunmehr vor, dass die eingebrachten Anteile zum Zeitpunkt der Einbringung beim Einbringenden nicht nach § 8b II KStG steuerfrei gewesen wären (vgl dazu § 22 Rn 121 ff). Zum zeitlichen Anwendungsbereich vgl § 27 Rn 35 f.

277 **d) Veräußerung iSd Abs 5.** Abs 5 findet Anwendung, wenn die eingebrachten Anteile veräußert werden. Veräußerung ist dabei die entgeltl Übertragung des wirtschaftl Eigentums an den Anteilen von einer Person auf einen anderen Rechtsträger (DPPM/*Patt* Rn 229). Ob die Veräußerung freiwillig oder auf Grund einer Zwangslage erfolgt, ist ohne Bedeutung (Widmann/Mayer/*Fuhrmann* Rn 1510). Zum Begriff der Veräußerung im Einzelnen vgl § 22 Rn 24 ff. Einer Veräußerung gleichgestellt sind gem Abs 5 die Ersatzrealisationstatbestände des § 22 I 6 Nr 1–5; vgl dazu im Erg § 22 Rn 74 ff. Nach Meinung der FinVerw steht die Betriebsaufgabe einer Veräußerung gleich (BMF-Schrb vom 11.11.2011, BStBl I 1314 Rn 2425).

278 **Beispiel** (BT-Drs 16/3369, 14):

Die natürl Person A bringt eine 100%ige Beteiligung an der Y-GmbH (gleich Teilbetrieb, vgl BMF-Schrb vom 11.11.2011, BStBl I 1314 Rn 24.02; L. Schmidt/*Wacker* EStG § 16 Rn 543) nach Abs 2 zum BW in die AB-OHG ein. Gesellschafter der AB-OHG sind zu jeweils 50% der A und die B-GmbH. Danach wird bei der AB-OHG eine Realteilung durchgeführt, bei der die 100%ige Beteiligung an der Y-GmbH auf die B-GmbH übertragen wird. Die Realteilung stellt ein schädl Ereignis iSv § 22 II iVm I 6 Nr 1 dar, was in Höhe der Beteiligung der B-GmbH im Zeitpunkt der Realteilung (50%) zu einer nachträgl Besteuerung des Einbringungsgewinns führen kann. Sieben Jahre nach der Realteilung ist durch die Y-GmbH § 16 V EStG zu beachten.

279 Wird ein Teil der eingebrachten Anteile veräußert, kommt es zu einer anteiligen Besteuerung, und zwar im Verhältnis der veräußerten Anteile zu den insgesamt eingebrachten Anteilen (BMF-Schrb vom 11.11.2011, BStBl I 1314 Rn 24.20;

Widmann/Mayer/*Fuhrmann* Rn 1521). Die Veräußerung der eingebrachten Anteile muss durch die übernehmende PerGes erfolgen bzw die die übernehmende PerGes hat die Ersatzrealisationstatbestände des § 22 I 6 Nr 1–5 zu erfüllen (RHL/*Rasche* Rn 129; Widmann/Mayer/*Fuhrmann* Rn 1508; *Bauernschmitt/Blöchle* BB 2007, 743). Veräußert eine Körperschaft innerhalb der Sperrfrist ihren Mitunternehmeranteil an der PerGes, in der Anteile an einer Körperschaft, Personenvereinigung oder Vermögensmasse eingebracht wurden, findet Abs 5 vom Wortlaut her keine Anwendung (vgl aber BMF-Schrb vom 11.11.2011, BStBl I 1314 Rn 24.25, 24.27; DPPM/*Patt* Rn 231; wie hier Widmann/Mayer/*Fuhrmann* Rn 1527). Dies ergibt sich aus einem Umkehrschluss aus § 18 III 2, der die Veräußerung von Verm an eine PerGes durch diese PerGes eine Veräußerung der Anteile an der PerGes gleichstellt, eine solche Gleichstellung fehlt jedoch in Abs 5.

e) Sperrfrist von sieben Jahren. Die eingebrachten Anteile müssen innerhalb eines Zeitraums von sieben Jahren nach dem Einbringungszeitpunkt veräußert werden, damit die Rechtsfolgen des Abs 5 eintreten (BMF-Schrb vom 11.11.2011, BStBl I 1314 Rn 24.18). Wird die Veräußerung nach Ablauf dieses Zeitraums vorgenommen, kommt es nicht zu einer Besteuerung des Einbringungsgewinns II (DPPM/*Patt* Rn 234). Wird der Einbringungsvorgang auf einen Einbringungsstichtag zurückbezogen, ist der Einbringungsstichtag der Zeitpunkt, zu dem die siebenjährige Sperrfrist zu laufen beginnt (Widmann/Mayer/*Fuhrmann* Rn 1534; DPPM/*Patt* Rn 234). Die Frist wird nach Zeitjahren berechnet. Nicht abschließend geklärt ist, ob bzgl der Berechnung der Sperrfrist § 108 III AO zu beachten ist (vgl BFH BStBl I 2012, 559; BFH BStBl II 2003, 2; Tipke/Kruse/*Tipke* AO/FGO § 108 AO Rn 8, 22; Widmann/Mayer/*Fuhrmann* Rn 1535; Hübschmann/Hepp/Spitaler/*Söhn* AO § 108 Rn 65). Die siebenjährige Sperrfrist gilt auch für die Ersatztatbestände des § 22 I 6. Aus welchem Grund die Veräußerung innerhalb der Sperrfrist vorgenommen wurde, ist ohne Bedeutung (DPPM/*Patt* Rn 234). 280

f) Körperschaft als Mitunternehmer der übernehmenden Personengesellschaft. Abs 5 ist nur anwendbar, soweit an der übernehmenden PerGes, in der die Anteile eingebracht worden sind, eine Körperschaft beteiligt ist. Dabei kann es sich um eine inl oder in einem EU/EWR-Gebiet oder einem Drittland ansässige Körperschaft handeln. Die Körperschaft muss im Zeitpunkt der Veräußerung oder des der Veräußerung gleichgestellten Ereignisses als Mitunternehmer an der die eingebrachten Anteile veräußernden PerGes beteiligt sein und über einen Gewinnanteil an dem Veräußerungsgewinn verfügen. Ohne Belang ist es, ob die begünstigte Körperschaft bereits zum Zeitpunkt der Einbringung MU der übernehmenden PersGes war (Widmann/Mayer/*Fuhrmann* Rn 1542; DPPM/*Patt* Rn 237). Abs 5 findet nur insoweit Anwendung, als der Veräußerungsgewinn auf eine Körperschaft als MU entfällt. Entscheidend für die Beurteilung der Mitunternehmerstellung und der Höhe des Anteils am Veräußerungsgewinn einer nach § 8 b II KStG begünstigten Person ist damit der Zeitpunkt des Entstehens des Veräußerungsgewinns aus den eingebrachten Anteilen bzw dem Zeitpunkt der Realisierung eines der Veräußerung gleichgestellten Vorgangs (DPPM/*Patt* Rn 237). 281

g) Die Rechtsfolgen des Abs 5. § 22 II, III, V–VII sind entsprechend anzuwenden, soweit der Veräußerunggewinn auf die an der übernehmenden PerGes beteiligte Körperschaft entfällt. Damit entsteht rückwirkend zum Einbringungs- 282 stichtag für den Einbringenden ein Einbringungsgewinn II in Höhe des Unterschiedsbetrags zwischen dem gemeinen Wert der eingebrachten Anteile im Einbringungszeitpunkt und dem Wertansatz der Anteile bei der Einbringung abzgl eines Siebtels der stillen Reserven für jedes seit dem Einbringungszeitpunkt bis zum Zeitpunkt der Veräußerung abgelaufenen Zeitjahres und abzgl der Kosten für die Einbringung der Beteiligung. Abs 5 iVm § 22 II ist nur anwendbar, wenn ein „Gewinn aus der Veräußerung" iSd Vorschrift entsteht. Werden die in die PersGes eingebrachten Anteile an einer KapGes durch die übernehmende PersGes zu Buchwerten weiterübertragen, ist damit Abs 5 iVm § 22 II nicht anwendbar (Widmann/Mayer/*Fuhrmann* Rn 1514, 1519).

283 § 22 Abs 2 S 4 bestimmt, dass der Einbringungsgewinn II als nachträgl AK der „erhaltenen" Anteile gilt. Abs 5 klärte diese Regelung für entsprechend anwendbar mit der Folge, dass der Einbringungsgewinn II nachträgl AK des Einbringenden für seinen Anteil an der übernehmenden PerGes darstellt (BMF-Schrb vom 11.11.2011, BStBl I 1314 Rn 24.21; Widmann/Mayer/*Fuhrmann* Rn 1485 ff; RHL/*Rasche* Rn 132, vgl auch DPPM/*Patt* Rn 239). Der Einbringungsgewinn II erhöht somit das Kapitalkonto des Einbringenden bei der übernehmenden PersGes (BMF-Schrb vom 11.11.2011, BStBl I 1314 Rn 24.28), und zwar rückwirkend auf den Zeitpunkt der Einbringung und unabhängig davon, ob die Steuer auf den Einbringungsgewinn entrichtet wurde (Widmann/Mayer/*Fuhrmann* Rn 15.62). Neben der Erhöhung des Kapitalkontos erhöht der Einbringungsgewinn unter den Voraussetzungen des § 23 II auch die „Anschaffungskosten" des von § 8b II KStG begünstigten Mitunternehmers bezüglich der eingebrachten und innerhalb der Sperrfrist veräußerten KapGes-Beteiligung; dies ergibt sich aus Abs 5, der auf § 22 V verweist (BMF-Schrb vom 11.11.2011, BStBl I 1314 Rn 24.28; Widmann/Mayer/*Fuhrmann* Rn 15.65). Zum Teil wird die Auffassung vertreten, dass der Verweis in Abs 5 auf § 22 III so zu verstehen wäre, dass der jährliche Nachw bis zum 31.3. in dem dem Einbringungszeitpunkt folgenden sieben Jahre zu führen sei, wenn MU der aufnehmenden PersGes auch eine von § 8b II KStG begünstigte Körperschaft ist (OFD Koblenz DStR 2008, 408) bzw einem solchen Gesellschafter stille Reserven in den übertragenen Anteilen auf Grund der Einbringung zuzurechnen sind (Widmann/Mayer/*Fuhrmann* Rn 1591).

284 Das für den Einbringenden örtlich zuständige FA hat beim Entstehen eines Einbringungsgewinns gem Abs 5 iVm § 22 V die Höhe des Einbringungsgewinns II, die darauf entfallende festgesetzte Steuer und die entrichtete Steuer zu bescheinigen. Diese Bescheinigung ist nach dem Gesetz Voraussetzung für die Berücksichtigung des Einbringungsgewinns II als nachträgliche Anschaffungskosten der veräußerten Beteiligung (Widmann/Mayer/*Fuhrmann* Rn 1597; DPPM/*Patt* Rn 239). Kommt es zu einer unentgeltlichen Rechtsnachfolge bezogen auf die eingebrachten Anteile, tritt nach Abs 5 iVm § 22 VI der unentgeltliche Rechtsnachfolger in die Rechtstellung des Einbringenden bzw der übernehmenden PersGes ein (vgl dazu § 22 Rn 174 ff; Widmann/Mayer/*Fuhrmann* Rn 1599). IÜ erklärt Abs 5 § 22 VII für anwendbar. Kommt es im Rahmen der Einbringung oder späteren Kapitalerhöhung zur Verlagerung von stillen Reserven auf andere Anteile, so sind diese mitverstrickt (Widmann/Mayer/*Fuhrmann* Rn 1604).

285 Ein nachträgl Einbringungsgewinn II entsteht nur in dem Umfang, in dem der Veräußerungsgewinn den von § 8 b II KStG begünstigten Personen stl zugerechnet wird (BMF-Schrb vom 11.11.2011, BStBl I 1314 Rn 24.21; Widmann/Mayer/Fuhrmann Rn 1485 ff; DPPM/*Patt* Rn 237), wobei **Ergänzungsbilanzen** zu berücksichtigen sind (DPPM/*Patt* Rn 240; Widmann/Mayer/*Fuhrmann* Rn 1486; RHL/*Rasche* Rn 128; *Rödder/Schumacher* DStR 2007, 369).

Beispiel: 286

Die natürl Person A und die B-GmbH sind zu jeweils 50% an der AB OHG beteiligt. A hatte 01 eine 100%ige Beteiligung an der X-AG in die AB OHG gemäß § 24 zum BW iHv EUR 100 000 eingebracht. Der gemeine Wert der Beteiligung an der X-AG betrug im Zeitpunkt der Einbringung EUR 1 Mio. In der Gesamthandelsbilanz wurden die Aktien an der X-AG daher mit EUR 1 Mio angesetzt. Für A wurde eine negative Ergänzungsbilanz mit einem Minderkapital in Höhe von EUR 900 000 geführt. In 03 werden sämtl Aktien an der X-AG zu einem Preis von EUR 1,5 Mio von der AB OHG veräußert. Auf der Ebene der PerGes ergibt sich in der Gesamthandelsbilanz ein Gewinn von EUR 500 000, der in Höhe von jeweils EUR 250 000 dem A- und der B-GmbH zugerechnet wird. Durch Auflösung der Ergänzungsbilanz entsteht in der Person des A ein weiterer Veräußerungsgewinn iHv EUR 900 000, so dass der gesamte stpfl Veräußerungsgewinn sich wie folgt aufteilt: Veräußerungsgewinn in der Person von A EUR 1 150 000 und Veräußerungsgewinn in der Person der B-GmbH EUR 250 000. Damit entfallen auf die B-GmbH ca 17,85% (250 000/1,4 Mio) des Veräußerungsgewinns, da zu diesem Anteil der Gewinn im Jahr der Veräußerung der Beteiligung auf die von § 8 b II KStG begünstigte B-GmbH entfällt. Zu beachten ist, dass der Gewinnanteil der B-GmbH am Veräußerungsgewinn nur aus ihrer Teilhabe an Wertsteigerungen der Beteiligung nach der Einbringung resultiert. Hieraus einen rückwirkenden Einbringungsgewinn zu versteuern, ist nicht nachvollziehbar, so dass nach hM (BMF-Schrb vom 11.11.2011, BStBl I 1314 Rn 24.21; Widmann/Mayer/*Fuhrmann* Rn 1488; DPPM/*Patt* Rn 240; *Rödder/Schumacher* DStR 2007, 369) eine **teleologische Reduktion** des Abs 5 in der Form erfolgt, dass bei der Ermittlung des von § 8 b II KStG begünstigten MU nur die stillen Reserven zu berücksichtigen sind, die bis zum Einbringungszeitpunkt entstanden sind.

Abs 5 erklärt **§ 22 III** für entsprechend anwendbar, soweit unter dem gemeinen Wert eingebrachte Anteile durch die übernehmende PersGes veräußert werden oder ein Ersatzrealisationsakt iSd § 22 I 6 Nr 1–5 vorliegt. Nach dem Wortlaut des Gesetzes entsteht die Nachweispflicht erst mit der Veräußerung bzw dem Vorliegen eines Ersatzrealisationaktes, nicht aber bereits im Anschluss an die Einbringung. Der Verweis auf § 22 III ist insoweit eigentl überflüssig, da im Zeitpunkt der Veräußerung bzw beim Vorliegen der Ersatzrealisationstatbestände die Nachweispflicht endet (ebenso RHL/*Rasche* Rn 133; DPPM/*Patt* Rn 233). 287

39. Kein Übergang eines Zinsvortrages, Abs 6 iVm § 20 IX

Abs 4 iVm § 20 IX bestimmt, dass der Zinsvortrag und ein EBITDA-Vortrag bei der Einbringung eines Betriebs nicht übergeht. Auf Grund des Wortlautes des Gesetzes dürfte dies nicht für die Einbringung eines Mitunternehmeranteils und eines Teilbetriebes gelten (Widmann/Mayer/*Fuhrmann* Rn 16.09 ff). 288

Achter Teil. Formwechsel einer Personengesellschaft in eine Kapitalgesellschaft oder Genossenschaft

§ 25 Entsprechende Anwendung des Sechsten Teils

[1]In den Fällen des Formwechsels einer Personengesellschaft in eine Kapitalgesellschaft oder Genossenschaft im Sinne des § 190 des Umwandlungsgesetzes vom 28. Oktober 1994 (BGBl. I S. 3210, 1995 I S. 428), das zuletzt durch Artikel 10 des Gesetzes vom 9. Dezember 2004 (BGBl. I S. 3214) geändert worden ist, in der jeweils geltenden Fassung oder auf Grund vergleichbarer ausländischer Vorgänge gelten §§ 20 bis 23 entsprechend. [2]§ 9 Satz 2 und 3 ist entsprechend anzuwenden.

Schrifttum: Vgl auch Schrifttum zu §§ 20–23; *Benz/Rosenberg*, Einbringungsvorgänge nach dem RegE des SEStEG, BB Special 8/2006, 51; *Stegemann/Middendorf*, Das Schicksal der Unterbeteiligung bei Formwechsel der Hauptgesellschaft, BB 2006, 1084; *Altendorf*, Formwechsel einer Personengesellschaft in eine Kapitalgesellschaft – Ausgewählte Problemfelder unter Berücksichtigung des Umwandlungssteuererlassentwurfs, GmbH-Stb 2011, 210; *Stangl* Ausgewählte Zweifels- und Praxisfragen zur Einbringung nach dem UmwSt-Erlass 2011, GmbHR 2012, 253.

Übersicht

1. Allgemeines

a) Überblick. § 25 regelt die stl Behandlung des Formwechsels einer PersGes in eine KapGes oder Gen iSd § 190 UmwStG oder aufgrund vglbar ausl Vorgänge und erklärt insoweit §§ 20–23 für entsprechend anwendbar. Das Handelsrecht kennt keine Rückbeziehung des Formwechsels, die in § 2 I, II enthaltene Rückbeziehungsregelung hilft für den Formwechsel nicht weiter, daher normiert S 2 iVm § 9 S 2, 3 eine eigenständige stl Rückwirkungsregelung und erklärt § 2 III, IV für entsprechend anwendbar. 1

b) Wesen der formwechselnden Umwandlung. Für eine formwechselnde Umw ist charakteristisch, dass an ihr nur ein Rechtsträger beteiligt ist, es weder zu einer Gesamtrechtsnachfolge eines Rechtsträgers in das Verm eines anderen Rechtsträgers kommt, noch es der Übertragung einzelner Vermögensgegenstände bedarf. Die formwechselnde Umw wird handelsrechtl durch das Prinzip der Identität des Rechtsträgers, der Kontinuität seines Verm (wirtschaftl Identität) und der Diskontinuität seiner Verfassung bestimmt (BFH BStBl II 1997, 661). 2

Obwohl bei der formwechselnden Umw handelsrechtl die Identität des Rechtsträgers erhalten bleibt, wird steuerrechtl durch den Verweis in § 25 auf die §§ 20–23 eine Vermögensübertragung **fingiert** (BFH BStBl II 2006, 568; FG München EFG 2004, 1334; FG München EFG 2001, 32; RHL/*Rabback* Rn 4; Frotscher/Maas/*Mutscher* Rn 3). Dies hat seinen Grund in der unterschiedl ertragstl Behandlung der KapGes/Gen einerseits und einer PersGes bzw ihrer Anteilseigner andererseits. Die PersGes als solche ist weder einkommen- noch kstpfl, vielmehr haben die Gesellschafter als MU ihren Anteil am Gewinn der PersGes zzgl der in § 15 I 1 Nr 2 HS 2 EStG genannten Vergütung der Besteuerung zu unterwerfen. 3

Liegen die Voraussetzungen von §§ 190 ff UmwG bzw liegen die eines dem dt Formwechsel vglbar ausl Vorgangs vor, verweist § 25 ohne Einschränkung auf die entsprechende Anwendung der §§ 20–23. Bei diesem Verweis handelt es sich nicht um einen Rechtsfolgen-, sondern um einen **Rechtsgrundverweis** (DPPM/*Patt* Rn 17; Haritz/Menner/*Bilitewski* Rn 10; Frotscher/Maas/*Mutscher* Rn 1; RHL/*Rabback* Rn 2), so dass die formwechselnde Umw nur dann steuerneutral mögl ist, soweit die Voraussetzungen der §§ 20, 21 erfüllt sind. Dies hat zur Folge, dass bei der formwechselnden Umw einer PersGes in eine KapGes/Gen auch das SBV iRd Umwandlungsvorgangs mit auf den übernehmenden Rechtsträger übertragen werden muss, sofern es sich um wesentl Betriebsgrundlagen handelt. Der Verweis in § 25 auf die §§ 20–23 gilt nur für die Steuerarten, die von §§ 20 ff betroffen sind, das sind die Steuern vom Einkommen und vom Verm. Für alle übrigen Steuern, insbes die USt und die GrESt gilt die Fiktion einer Vermögensübertragung nicht (DPPM/*Patt* Rn 18; RHL/*Rabback* Rn 1). 4

Die stl Behandlung des Formwechsels einer PersGes in eine KapGes/Gen **als** ein Fall der **Einbringung iSv §§ 20 ff** hat zur Konsequenz, dass nur solche Umwandlungsvorgänge begünstigt sind, die auch unter den Regelungsbereich der §§ 20, 21 hinsichtl des **Sacheinlagegegenstandes** fallen, so dass der Formwechsel einer vermögensverwaltenden PersGes nicht unter § 25 fällt. Werden funktional wesentl Betriebsgrundlagen (vgl § 20 Rn 150) des SBV iRd formwechselnden Umw nicht mit auf den Rechtsträger neuer Rechtsform übertragen, so lässt sich die formwechselnde Umw nicht steuerneutral gestalten. 5

Da handelsrechtl ein Vermögensübergang nicht stattfindet, ist anlässl der formwechselnden Umw eine **HB** nicht aufzustellen (BT-Drs 12/6699, 138; FG München EFG 2004, 1334; DPPM/*Patt* Rn 7). Der Rechtsträger neuer Rechtsform 6 führt die HB des Rechtsträgers alter Rechtsform unter Beachtung der Bilanzkontinuität fort. Bei der ersten regulären Schlussbilanz der auf den Formwechsel folgt, müssen grdsl die handelsrechtl BW des Rechtsträgers alter Rechtsform aus der letzten Jahresbilanz übernommen werden. Die Ansatz- und Bewertungsvorschriften der neuen Rechtsform sind handelsrechtl zu beachten. Es besteht aber für den Rechtsträger neuer Rechtsform weder das Recht noch die Pflicht zur Neubewertung in der HB. Demggü kann unter den gesetzl Voraussetzungen der §§ 20 ff ein eigenständiges Antragswahlrecht in der **StB** ausgeübt. Der Formwechsel wird aus stl Sicht nicht mit der Eintragung im HR wirksam, sondern kann auf einen Zeitpunkt von bis zu acht Monaten zurückbezogen werden; S 2 verweist auf die steuerbilanzielle Abbildung des Formwechsels und einer mögl stl Rückwirkung auf § 9 S 2, 3.

2. Formwechselnde Umwandlung

7 § 25 bezieht sich auf den Formwechsel iSd § 190 UmwG, so dass die §§ 20 ff nur unter den Voraussetzungen der **§§ 190 ff UmwG** zur Anwendung kommen. Wird die formwechselnde Umw in das HR eingetragen, so ist die FinVerw bzgl des Tb-Merkmals „Formwechsel iSd § 190 UmwG" gebunden (vgl auch BMF-Schrb vom 11.11.2011, BStBl I 1314 Rn 01.06). Von § 25 sind aber auch **ausl Vorgänge** erfasst, die dem Formwechsel einer PersGes in eine KapGes bzw Gen gem § 190 UmwG vglbar sind. Vglbar sind „ausl Vorgänge", wenn der formwechselnde Rechtsträger dem Typenvergleich einer PersGes entspricht (vgl § 1 Rn 23), der Rechtsträger neuer Rechtsform iRe Typenvergleichs einer KapGes oder Gen entspricht und der Vorgang der Umw nach ausl Recht seinem Wesen nach dem Formwechsel gem §§ 190 ff UmwG gleichkommt. Zum Wesen des Formwechsels nach dt Recht (vgl Rn 1).

Ausgangsrechtsträger

3. Anwendungsvoraussetzung des § 1 IV S 1 Nr 2

8 § 25 findet auf die formwechselnde Umw einer PersGes in eine KapGes oder Gen iSd UmwG bzw aufgrund vglbar ausl Vorgänge nach § 1 IV 1 Nr 2 lit a aa HS 1 iVm § 1 II 1 Nr 1 nur Anwendung, wenn der Ausgangsrechtsträger eine nach den Rechtsvorschriften eines Mitgliedstaats der EU- oder eines EWR-Staates gegründeten Ges ist, deren Sitz und Ort der Geschäftsleitung sich innerh des Hoheitsgebietes eines dieser Staaten befindet. Zusätzl müssen die Gesellschafter der PersGes folgende Voraussetzungen erfüllen:

9 Soweit eine natürl Person an der PersGes beteiligt ist, muss diese gem § 1 IV1 Nr 2 lit a bb die Voraussetzungen des § 1 II 1 Nr 2 erfüllen, dh sie muss ihren Wohnsitz oder ihren gewöhnl Aufenthalt in einem EU- bzw EWR-Staat haben und darf nicht aufgrund eines DBA mit einem Drittstaat als außerh der EU bzw des EWR ansässig angesehen werden. Soweit an der PersGes eine Körperschaft, Personenvereinigung oder Vermögensmasse beteiligt ist, muss diese gem § 1 IV 1 Nr 2 lit a aa die Voraussetzungen des § 1 II 1 Nr 1 erfüllen. Die beteiligte Körperschaft, Personenvereinigung oder Vermögensmasse muss also ihrerseits nach den Rechtsvorschriften eines EU- oder EWR-Staates gegründet worden sein und ihren Sitz oder ihre Geschäftsleitung in einem EU- bzw EWR-Staat haben. Sind diese Voraussetzungen erfüllt, kommt es auf das dt Besteuerungsrecht hinsichtl

der erhaltenen Anteile nicht an. Liegen die persönl Voraussetzungen des § 1 IV 1 Nr 2 lit a nicht vor, fällt der Formwechsel der PersGes in eine KapGes bzw Gen auch dann unter § 25, wenn das Recht der Bundesrepublik Deutschland hinsichtl der Besteuerung des Gewinns aus der Veräußerung der erhaltenen Anteile nicht ausgeschlossen oder beschränkt ist (§ 1 IV 1 Nr 2 lit b).

4. Formwechselnde Umwandlung einer inländischen Personengesellschaft iSd UmwG

S 1 stellt auf den gesellschaftsrechtl Tatbestand des Formwechsels iSd § 190 UmwG ab. Nach § 190 I UmwG kommen damit als PersGes nur die PhG oder die PartGes in Frage. PersGes ist dabei **KG** und die **OHG.** Da die **EWIW** eine bes Form der OHG ist, gehört sie zu den in § 191 I 1 UmwG genannten PhG (vgl § 191 UmwG Rn 10). Nach §§ 105 II, 161 II HGB können PhG auch nur eigenes Verm verwalten. Einen Gewerbebetrieb iSd § 15 I 1 Nr 2 EStG betreiben jedoch nur PersGes, die gewerbl tätig, gewerbl iSv § 15 II 2 EStG geprägt sind oder gewerbl Einkünfte iSd § 15 I 1 Nr 2 EStG beziehen. Solche PersGes, die ausschließl stl PV verwalten, können grdsl nicht nach § 25 steuerneutral formwechselnd umgewandelt werden. § 25 bezieht sich durch die Tatbestandsverweisung auf die §§ 20 ff grdsl nur auf solche PersGes, die entweder **betriebl Verm** besitzen oder aber **Anteile iSv § 21** im PV halten (vgl § 21 Rn 23 f). 10

Werden durch eine PhG ausschließlich Anteile an einer KapGes/Gen verwaltet, so kann diese PhG steuerneutral nach § 25 in eine KapGes/Gen umgewandelt werden, wenn es iRd formwechselnden Umw zu einem qualifizierten Anteilstausch iSd § 21 I 2 kommt. Dies gilt selbst dann, wenn zum Gesamthandsvermögen der PhG eine Beteiligung an einer KapGes/Gen gehört, die als solche nicht die Voraussetzungen eines qualifizierten Anteilstauschs iSd § 21 I 2 erfüllt, jedoch iRe einheitl Gründungsvorgangs insges mehrheitsvermittelnde Anteile auf den Rechtsträger neuer Rechtsform übertragen werden (vgl BMF-Schrb vom 25.3.1998, BStBl I 268 Rn 20.15). Aus stl Sicht liegt ein Anteilstausch iSd § 21 vor. Ob § 25 auch auf sog **ZebraGes** (vgl dazu L. Schmidt/*Wacker* EStG § 15 Rn 201) Anwendung findet, soweit das Gesamthandsvermögen der nicht gewerbl PersGes auf der Ebene der Gesellschafter BV darstellt, ist nicht abschl geklärt (vgl Rn 21). Auch **aufgelöste PersGes** können nach § 190 UmwG formwechselnd umgewandelt werden, sofern die Gesellschafter nicht eine andere Art der Auseinandersetzung als die Abwicklung oder den Formwechsel vereinbart haben (§ 214 III UmwG) und soweit die Fortsetzung der Ges noch beschlossen werden kann, § 3 III UmwG. **InnenGes** wie zB die stille Ges (auch in Form der atypisch stillen Ges) oder die Unterbeteiligung sind ebenso wenig PhG iSv §§ 190 ff UmwG wie die Ehegatteninnengesellschaft oder die Erbengemeinschaft als solche (DPPM/*Patt* Rn 9). Ebenfalls nicht PersGes iSv § 25 iVm § 191 II 1 UmwG ist die **gewerbl tätige GbR** (DPPM/*Patt* Rn 9). 11

Die **KGaA** kann nach §§ 226, 227, 238 ff UmwG formwechselnd in eine AG oder GmbH umgewandelt werden. Der Anteil eines phG an einer KGaA ist Mitunternehmeranteil, §§ 15 I 1 Nr 3, 16 I 3 EStG. Die § 25 iVm §§ 20 ff sind im Erg nicht analog auf den phG einer KGaA anzuwenden. Dieser scheidet als phG infolge des Formwechsels aus dem Rechtsträger alter Rechtsform aus und erwirbt einen regelm auf Geld gerichteten Auseinandersetzungsanspruch gegen den Rechtsträger neuer Rechtsform. Der phG veräußert damit seine Beteiligung 12 an der KGaA und erhält keine neuen Gesellschaftsrechte am übernehmenden Rechtsträger iSd § 20 (DPPM/*Patt* Rn 32; RHL/*Rabback* Rn 24).

13 Bei dem formwechselnden Rechtsträger alter Rechtsform muss es sich um eine PersGes handeln, die nach den Rechtsvorschriften eines Mitgliedstaats der EU/EWR gegründet ist und sowohl Sitz als auch Ort der Geschäftsleitung in einem Mitgliedstaat der EU/EWR hat.

5. Vergleichbare ausländische Vorgänge und ausländische Personengesellschaften

14 S 1 HS 2 erfasst auch ausl Vorgänge, die dem Formwechsel einer PersGes in eine KapGes oder Gen iSd § 190 UmwG vglbar sind. Vglbar ist der Umwandlungsvorgang nach EU/EWR-ausl Recht, wenn dieser seinem Wesen nach dem Formwechsel nach § 190 UmwG vglbar ist, dh es muss zu einem Wechsel des Rechtsträgers ohne Vermögensübergang kommen. Überdies muss iRe Typenvergleichs der umzuwandelnde Rechtsträger aus dt Sicht eine PersGes vglbar sein.

Zielrechtsträger

6. Anwendungsvoraussetzung des § 1 IV S 1 Nr 1

15 Die formwechselnde Umw einer PersGes in eine KapGes bzw Gen ist nur dann durch § 25 erfasst, wenn der Zielrechtsträger eine Ges iSd § 1 II 1 Nr 1 ist. Die übernehmende KapGes oder Gen muss also nach den Rechtsvorschriften eines EU- bzw EWR-Staates gegründet worden sein und ihren Sitz und Ort der Geschäftsleitung innerh des Hoheitsgebietes eines dieser Staaten haben.

7. Zielrechtsträger: Inländische Kapitalgesellschaft oder Genossenschaft

16 Eine ZielGes iRe formwechselnden Umw iSv § 25 können eine KapGes iSv § 191 I Nr 2 iVm § 3 I Nr 2 UmwG sein; es sind dies die **GmbH,** die **AG,** die **KGaA.** Daneben kann eine ZielGes auch eine **Gen** sein (DPPM/*Patt* Rn 10).

8. Zielgesellschaft: EU-/EWR-ausländische Kapitalgesellschaft oder Genossenschaft

17 Zielrechtsträger der formwechselnden Umw kann auch eine EU-/EWR-ausl KapGes oder Gen sein. Der Zielrechtsträger muss iRe Typenvergleichs einer inl KapGes oder Gen entsprechen (vgl dazu BMF-Schrb vom 24.12.1999, BStBl I 1076 Tabelle 1 und 2).

9. Einbringungsgegenstand

18 **a) Einbringung von Mitunternehmeranteilen.** Wird eine PersGes in eine KapGes/Gen formwechselnd umgewandelt, so sind Einbringende die Gesellschafter der formwechselnden PersGes. Die PersGes, die formwechselnd in eine KapGes/Gen umgewandelt wird, erhält nicht selbst die Anteile an dem übernehmenden Rechtsträger, die Anteile an Zielrechtsträger werden vielmehr den Gesellschaftern der PersGes gewährt, sie sind daher Einbringende iSd § 25 iVm § 20 (BMF-Schrb vom 11.11.2011, BStBl I 1314 Rn 25.01 iVm Rn 20.02;

DPPM/*Patt* Rn 19; RHL/*Rabback* Rn 46). Eine Mitunternehmerschaft kann nur dann als Einbringende angesehen werden, wenn ihr selbst die Anteile an den übernehmenden Rechtsträgern gewährt werden; dies ist im Fall der formwechselnden Umw nicht gegeben.

Fraglich ist, was Gegenstand der Einbringung ist. Der Formwechsel einer Pers- 19
Ges in eine KapGes wird steuerrechtl als Einbringung und damit als übertragende Umwandlung behandelt. Die FinVerw geht davon aus, dass Gegenstand der Einbringung auch ein Betrieb sein kann, wenn Einbringender die MU einer PersGes sind. Dies ist bspw bei der Verschmelzung einer PersGes auf eine KapGes der Fall, bei der Einbringungsgegenstand der Betrieb ist, obwohl als Einbringende die hinter der übertragenden PersGes stehende MU anzusehen sind (BMF-Schrb vom 11.11.2011, BStBl I 1314 Rn 20.02 f, Rn 20.05). Beim Formwechsel einer PersGes in eine KapGes ist Einbringungsgegenstand aber nicht der Betrieb der übertragenden PersGes, sondern eingebracht werden die MU-Anteile der Gesellschafter des übertragenden Rechtsträgers (ebenso FG Münster EFG 2012, 2057; DPPM/*Patt* Rn 20; Haritz/Menner/*Bilitewski* Rn 24; RHL/*Rabback* Rn 46; *Stangl* GmbHR 2012, 253; vgl auch Frotscher/Maas/*Mutscher* Rn 23 f). Beim Formwechsel wird im Gegensatz zur Verschmelzung kein Verschmelzungsvertrag zwischen dem übertragenden und dem übernehmenden Rechtsträger abgeschlossen, es reicht ein Umwandlungsbeschluss durch die Gesellschafter des formwechselnden Rechtsträgers. Diese Gesellschafter tauschen ihre Anteile am formwechselnden Rechtsträger gegen Anteile am Rechtsträger neuer Rechtsform. Dieser Umwandlungsbeschluss ist das der Umwandlung zu Grunde liegende Rechtsgeschäft, damit ist Gegenstand der Einbringung der einzelne Mitunternehmeranteil (ebenso DPPM/*Patt* Rn 20; *Stangl* GmbHR 2012, 253; wohl auch BMF-Schrb vom 11.11.2011, BStBl I 1314 Rn 25.01 iVm Rn 20.05). Demnach kann das Antragswahlrecht, die BW fortzuführen oder höhere Werte, höchstens jedoch den gemeinen Wert anzusetzen, für jeden MU-Anteil getrennt ausgeübt werden (Frotscher/Maas/*Mutscher* Rn 24; *Stangl* GmbHR 2012, 253). Wird im zeitl und sachl Zusammenhang mit der Umwandlung eine wesentliche Betriebsgrundlage des SBV nicht auf den „Zielrechtsträger" übertragen, kommt es nur zu einer Aufdeckung von stillen Reserven bei dem MU, der wirtschaftl Eigentümer dieses SBV war (DPPM/*Patt* Rn 26; Frotscher/Maas/*Mutscher* Rn 24; *Stangl* GmbHR 2012, 253). Ist das Nettobetriebsvermögen des BV des formwechselnden Rechtsträgers insgesamt positiv, so kommt es dennoch zu einer Aufdeckung von stillen Reserven bei dem MU, dessen Kapitalkonto negativ ist. Eine stl Rückbeziehung des Formwechsels kann aber nur einheitlich für alle MU-Anteile vorgenommen werden (vgl Rn 40).

Der Verweis in § 25 auf die Regelung des § 20 ist keine Rechtsfolge, sondern 20
ein **Rechtsgrundverweis,** so dass die Voraussetzungen des § 20 vorliegen müssen, wenn sich die formwechselnde Umw steuerneutral vollziehen soll (vgl Rn 4). Die formwechselnde Umw einer PersGes in eine KapGes/Gen ist rechtstechnisch die Einbringung der Mitunternehmeranteile durch die MU des Ausgangsrechtsträger (vgl Rn 19). Die formwechselnde PersGes muss daher einen Betrieb iSd §§ 13, 15 oder 18 EStG haben (Ausnahme vgl Rn 23). Die gewerbl geprägte PersGes ist Gewerbebetrieb in diesem Sinne (DPPM/*Patt* Rn 20); Gleiches gilt für die gewerbl infizierte Ges und eine PersGes, die gewerbl Einkünfte iSd § 15 I 1 Nr 2 EStG bezieht. Die Einbringung eines Mitunternehmeranteils gem § 25 iVm § 20 I setzt voraus, dass alle funktional wesentl Betriebsgrundlagen auf den übernehmenden Rechtsträger übergehen (vgl § 20 Rn 150). WG, die wirtschaftl Eigentum

eines Mitunternehmers darstellen, sind SBV, wenn sie dazu geeignet und bestimmt sind, dem Betrieb der PersGes zu dienen (SBV I) oder die Beteiligung des Gesellschafters an der PersGes zumindest förderl sind (SBV II). Ist dem BV der formwechselnden PersGes SBV ihrer Ges als funktional wesentl Betriebsgrundlage zuzurechnen, ist dieses SBV mit dem Gesamthandsvermögen auf den Rechtsträger neuer Rechtsform zu übertragen (Haritz/Menner/*Bilitewski* Rn 33; DPPM/*Patt* Rn 24). Das SBV muss in einem zeitl und sachl Zshg mit dem Umwandlungsbeschluss auf den übernehmenden Rechtsträger übertragen werden. Der Sacheinlagevorgang iSd § 20 stellt sich damit als Kombination einer Einzelrechtsnachfolge und der Wirkung der formwechselnden Umw dar. Die Übertragung des SBV muss in der Form des § 6 UmwG (notarielle Urkunde) erfolgen (aA RHL/*Rabback* Rn 51; DPPM/*Patt* Rn 24). Folgt die Übertragung des SBV in einem zeitl und sachl Zshg mit dem Umwandlungsbeschluss auf den übernehmenden Rechtsträger, so liegt insoweit kein Fall des § 6 V 3 ff EStG vor, der Vorgang fällt insges thematisch in den Regelungsbereich des § 25, welcher als Spezialvorschrift § 6 V EStG vorgeht (RHL/*Rabback* Rn 51; DPPM/*Patt* Rn 24; Haritz/Menner/*Bilitewski* Rn 33, der eine bedingt auf den Zeitpunkt der Handelsregistereintragung Übertragung des SBV bevorzugt). Gleiches dürfte gelten, wenn im zeitl und sachl Zshg mit dem Umwandlungsbeschluss das SBV noch auf die übernehmende PersGes übertragen wird (ebenso RHL/*Rabback* Rn 51; DPPM/*Patt* Rn 24).

21 Sind an einer ausschließl vermögensverwaltenden PersGes Gesellschafter beteiligt, die ihre Beteiligung im BV halten, so wird die vermögensverwaltende Tätigkeit der PersGes dadurch auf der Ebene der PersGes zu keinem Gewerbebetrieb (sog **ZebraGes,** vgl L. Schmidt/*Wacker* EStG § 15 Rn 201). Da die PersGes als solche in ihrer gesamthänderischen Verbundenheit ausschließl vermögensverwaltend tätig ist, liegt kein Betrieb iSd § 15 EStG vor. Da die Beteiligung an einer ZebraGes keinen Mitunternehmeranteil erstellt (vgl BFH/NV 2001, 1195; BFH BStBl II 1997, 37; L. Schmidt/*Wacker* EStG § 15 Rn 205), ist die formwechselnde Umw einer ZebraGes in eine KapGes/Gen durch § 25 thematisch nicht erfasst (Haritz/Menner/*Bilitewski* Rn 25).

22 Die formwechselnde Umw der PersGes in die KapGes/Gen stellt die Sacheinlage iSd § 20 I dar. Entscheidung ist insoweit für die Anwendung von § 25 die Eintragung der formwechselnden Umw des HR des übernehmenden Rechtsträgers. An die Eintragung in das HR ist die FinVerw gebunden; Einwendungen gegen die handelsrechtl Ordnungsgemäßheit des Verfahrens mit dem Ziel, die Anwendung von § 25 zu versagen, steht ihr nicht zu (vgl aber BMF-Schrb vom 11.11.2011, BStBl I 1314 Rn 01.06). Ob ein einer dt formwechselnden Umw vglbar ausl Vorgang gegeben ist, entscheidet die FinVerw in eigener Kompetenz.

23 **b) Formwechsel als Anteilstausch (§ 21 I 2).** Besteht die Tätigkeit einer KG oder OHG ausschließl in der Verwaltung von Anteilen an einer KapGes/Gen, führt der Formwechsel der PersGes in eine KapGes/Gen aus stl Sicht zu einem Anteilstausch iSd § 21 I (DPPM/*Patt* Rn 27; Haritz/Menner/*Bilitewski* Rn 22). Sofern nach der Umw der Zielrechtsträger eine mehrheitsvermittelnde Beteiligung iSv § 21 I 2 hält, liegt ein qualifizierter Anteilstausch vor. Die Mehrheit der Stimmrechte beim übernehmenden Rechtsträger kann sich auch dadurch ergeben, dass im zeitl und sachl Zshg mit dem Formwechsel Gesellschafter des Ausgangsrechtsträgers Anteile auf den Zielrechtsträger übertragen (vgl Rn 20).

24 Kein Anteilstausch iSv § 21 ist gegeben, wenn die umzuwandelnde PersGes mit Kapitalbeteiligung BV besitzt und alle wesentl Betriebsgrundlagen dem Zielrechts-

träger eingebracht werden; dieser Vorgang stellt eine Sacheinbringung nach § 20 I dar (DPPM/*Patt* Rn 2 8 f; RHL/*Rabback* Rn 58). Zur Anwendung als § 22 I 5 vgl Rn 18, § 22 Rn 62. Werden nicht alle wesentl Betriebsgrundlagen übertragen, so kann bezogen auf die Kapitalbeteiligung auf § 21 I 2 zurückgegriffen werden (RHL/*Rabback* Rn 58, 51; DPPM/*Patt* Rn 28).

10. Gewährung neuer Anteile

§§ 20, 21 setzen voraus, dass der Einbringende für die Sacheinlage bzw den Anteilstausch **neue Anteile** an der ZielGes erhält. Neue Anteile sind solche, die erstmals bei der Sachgründung des übernehmenden Rechtsträgers entstehen und ausgegeben werden. IRd Formwechsels nach §§ 190 ff UmwG oder vglbar ausl Vorgänge und damit iRv § 25 werden anlässl des Formwechsels neue Anteile ausgegeben, da durch den Formwechsel der PersGes in eine Kap/Gen letztere neu entsteht. 25

Wie auch in den Fällen der §§ 20, 21 ist ein **Mindestnennbetrag** der neuen Anteile nicht vorgeschrieben; maßgebend sind damit allein die einzelgesetzl Bestimmungen über das Nennkapital, zB in § 5 GmbHG bzw § 7 AktG. Eine Überpariemission ist zul; der Differenzbetrag zwischen dem niedrigeren Nennwert der neuen Anteile und dem BW der Sacheinlage (Agio) ist grdsl in den offenen Rücklagen (Kapitalrücklagen) auszuweisen. Soweit das stl Buchwertvermögen das Nennkapital des Rechtsträgers neuer Rechtsform überschreitet, ist dieser Betrag dem stl Einlagekonto iSd § 27 KStG zuzuordnen (vgl BMF-Schrb vom 4.6.2003, BStBl I 366 Rn 6). Das Gebot der Deckung des Nennbetrags der ausgegebenen Anteile ist zu beachten. Ergänzungsbilanzen sind zu berücksichtigen. 26

Zusätzl Gegenleistungen durch den übernehmenden Rechtsträger an die Gesellschafter sind mögl. Bei Zuzahlung iSv § 196 UmwG zum Ausgleich dafür, dass die in dem neuen Rechtsträger eingeräumten Rechte nicht gleichwertig sind mit den Rechten an dem früheren Ausgangsrechtsträger, sind stl als zusätzl neben den Kapitalanteilen am neuen Rechtsträger erhaltene Leistungen zu behandeln (Haritz/Menner/*Bilitewski* Rn 39). Eine sonstige Gegenleistung liegt auch vor, wenn zivilrechtl Verb der PersGes ggü ihren Gesellschaftern stl EK darstellen und dieses stl EK im Anschluss an die formwechselnde Umw bei der KapGes als Verb ausgewiesen wird. Die zusätzl Gegenleistung führt dazu, dass bei der Ermittlung der stl AK der neugewährten Anteile vom Buchwertvermögen des eingebrachten Mitunternehmeranteils, so wie dieser beim aufnehmenden Rechtsträger angesetzt wird, nach § 20 III 3 zusätzl Gegenleistung abgezogen werden muss. Zur sonstigen Gegenleistung bei Leistungen durch Dritte vgl § 20 Rn 218 f. 27

Haben **Rechte Dritter** an den Anteilen vor Formwechsel der PersGes bestanden (Unterbeteiligung, Pfandrechte, Nießbrauch etc), bestehen sie an den an ihre Stelle tretenden Anteilen am übernehmenden Rechtsträger weiter, § 202 I Nr 2 UmwG. Bestand bei einem Mitunternehmeranteil an der formwechselnden PersGes eine mitunternehmerische Unterbeteiligung, setzt sich diese Unterbeteiligung nach dem Formwechsel an der Beteiligung fort. Aus einkommensteuerrechtl Sicht kommt es iRd Umw dann aber zu einer Veräußerung der mitunternehmerischen Beteiligung iSd §§ 16 I 1 Nr 2, 34 EStG zum stl Übertragungsstichtag (DPPM/*Patt* Rn 25). Es wird die mitunternehmerische Unterbeteiligung gegen eine Unterbeteiligung bei dem neuen Anteil am übernehmenden Rechtsträger eingetauscht (vgl § 20 Rn 162 f). 28

11. Anlass und Bewertung des eingebrachten Betriebsvermögens

29 Nach S 1 iVm § 20 II hat der Zielrechtsträger das eingebrachte BV grdsl mit dem gemeinen Wert anzusetzen. Für Pensionsrückstellungen tritt allerdings nach § 20 II 1 HS 2 an die Stelle des gemeinen Werts der Wert nach § 6 a EStG. Auf Antrag kann jedoch unter den in § 20 II 2 Nr 1–3 genannten Voraussetzungen das übernommene BV mit dem BW oder einem höheren Wert, höchstens jedoch mit dem gemeinen Wert angesetzt werden (Antragswahlrecht).

30 Maßgebend für den Ansatz und die Bewertung ist ausschließl der Antrag bzw die Nichtstellung des Antrags durch den Zielrechtsträger (vgl dazu § 20 Rn 263). Auf die steuerrechtl und handelsrechtl Bilanzierung bei der übernehmenden Ges kommt es im Erg nicht an. Wurde ein wirksamer Antrag auf Buchwertfortführung gestellt und werden die WG in der StB mit dem gemeinen Wert angesetzt, ist dieser Ansatz unrichtig und muss korrigiert werden.

31 Das Antragswahlrecht kann allerdings bezogen auf jeden Einbringungsvorgang nur uneingeschränkt ausgeübt werden, soweit folgende Voraussetzungen gegeben sind:

- Es muss sichergestellt sein, dass das übernommene Verm später bei der übernehmenden Körperschaft der Besteuerung mit KSt unterliegt (vgl § 20 Rn 327 ff).
- Die Passivposten des eingebrachten BV dürfen die Aktivposten nicht übersteigen, dabei ist das EK nicht zu berücksichtigen (vgl § 20 Rn 331 ff).
- Das Recht der Bundesrepublik Deutschland hinsichtl der Besteuerung des Gewinns aus der Veräußerung des eingebrachten BV beim Zielrechtsträger darf nicht ausgeschlossen oder beschränkt werden (vgl § 20 Rn 341).
- Erhält der Einbringende neben neuen Gesellschaftsanteilen des übernehmenden Rechtsträgers andere WG, sind die WG der Sacheinlage zumindest mit dem gemeinen Wert dieser anderen WG anzusetzen, sofern diese über dem BW des eingebrachten BV liegen.
- Der gemeine Wert der einzeln eingebrachten WG dürfen nicht überschritten werden (str vgl § 20 Rn 282 f).
- Wird durch den Einbringungsvorgang das dt Besteuerungsrecht hinsichtl des Gewinns aus der Veräußerung des eingebrachten BV oder Teilen davon erstmalig begründet, so ist nach dem Willen des Gesetzgebers für diese WG, unabhängig von der konkreten Ausübung des Antragswahlrechts, der gemeine Wert anzusetzen (vgl § 20 Rn 280).
- Das Antragswahlrecht gilt grdsl unabhängig davon, ob zum Zeitpunkt der Einbringung das Besteuerungsrecht für die als Gegenleistung ausgegebenen Anteile am übernehmenden Rechtsträger besteht. Die Sicherstellung des Besteuerungsrechts für die als Gegenleistung erhaltenen Anteile ist nur dann von Bedeutung, wenn auf den Einbringungsvorgang nicht der von § 1 IV 1 Nr 2 a vorausgesetzte EU/EWR-Bezug gegeben ist.
- Das Antragswahlrecht bezieht sich auf die einzelnen Sacheinlagen, es kann innerh einer Sacheinlage nicht unterschiedl ausgeübt werden. Werden mehrere Sacheinlagen erbracht, was der Fall ist, wenn an dem formwechselnden Rechtsträger mehrere Gesellschafter beteiligt sind (vgl Rn 19), gilt für jede Sacheinlage ein eigenes Antragswahlrecht, was unabhängig vom Ansatz der anderen Sacheinlagen ausgeübt werden kann.
- Bei dem Antragswahlrecht handelt es sich um ein autonomes stl Wahlrecht, das unabhängig von der HB ausgeübt wird (BT-Drs 16/2710, 43; Haritz/Menner/*Bilitewski* Rn 37; weitere Einzelheiten vgl § 20 Rn 309 ff).

32 Wird eine PersGes in eine KapGes umgewandelt, so ist **§ 6 V EStG** zu beachten. Wurde ein einzelnes WG von einem Eigenbetrieb eines MU oder aus dessen SBV in das Gesamthandsvermögen der PersGes unter Buchwertansatz übertragen, so muss nach § 6 V 6 EStG rückwirkend der TW bei dem übertragenen WG angesetzt werden, wenn innerh von 7 Jahren der Anteil einer Körperschaft an dem übertragenen WG unmittelbar oder mittelbar begründet oder erhöht wird. Der Formwechsel der PersGes in die KapGes bedeutet eine derartige Erhöhung des Anteils an einem WG iSd § 6 V 6 EStG (BMF-Schrb vom 8.12.2011, BStBl I 1279 Rn 35; DPPM/*Patt* Rn 49; *Goebel/Ungemacht/Reifarth* DStZ 2011, 561; aA *Hörger/Paulin* GmbHR 2001, 1139). Dieses führt im Erg dazu, dass rückwirkend zum Zeitpunkt der Übertragung des WG auf die PersGes dieses mit dem TW bei der PersGes zu aktivieren ist.

12. Anlass und Bewertung des Anteilstausches

33 Besteht die Tätigkeit einer KG oder OHG ausschließl in der Verwaltung von Anteilen an einer KapGes/Gen, führt der Formwechsel der PersGes in eine KapGes/Gen aus stl Sicht zu einem Anteilstausch iSd § 21 I. Sofern nach der Umw der Zielrechtsträger eine mehrheitsvermittelnde Beteiligung iSv § 21 I 2 hält, liegt ein qualifizierter Anteilstausch vor. Die Mehrheit der Stimmrechte beim übernehmenden Rechtsträger kann sich auch dadurch ergeben, dass im zeitl und sachl Zshg mit dem Formwechsel Gesellschafter des Ausgangsrechtsträgers Anteile auf den Zielrechtsträger übertragen.

34 Liegen die Voraussetzungen des § 21 I 2 vor, können die eingebrachten Anteile beim übernehmenden Rechtsträger auf entsprechenden Antrag hin mit dem BW oder einem höheren Wert, höchstens jedoch mit dem gemeinen Wert angesetzt werden (vgl dazu § 21 Rn 41 ff). Das Antragswahlrecht bezieht sich auf die einzelnen Sacheinlagen, es kann innerh einer Sacheinlage nicht unterschiedl ausgeübt werden. Werden mehrere Sacheinlagen erbracht, was der Fall ist, wenn an dem formwechselnden Rechtsträger mehrere Gesellschafter beteiligt sind, gilt für jede Sacheinlage ein eigenes Antragswahlrecht, was unabhängig vom Ansatz der anderen Sacheinlagen ausgeübt werden kann. Der **Grds der Maßgeblichkeit** der HB für die StB gilt iRd Abs 1 S 2 nicht.

35 Nach hM kommt es im Regelungsbereich des § 20 zu einem Ansatz des übertragenen Betriebs, Teilbetriebs bzw Mitunternehmeranteils mit dem gemeinen Wert, wenn durch den Einbringungsvorgang ein dt Besteuerungsrecht erstmals begründet wird (BT-Drs 16/2710, 43;vgl § 20 Rn 280). Nichts anderes kann im Regelungsbereich des § 25 iVm § 21 gelten (BT-Drs 16/3369, 12).

36 Erhält der Einbringende neben dem neuen Anteil an der übernehmenden Ges zusätzl andere WG, so hat die übernehmende Ges nach § 21 I 3 der übernehmende Rechtsträger die eingebrachten Anteile mindestens mit dem gemeinen Wert der anderen WG anzusetzen, wenn der gemeine Wert dieser WG den BW der eingebrachten Anteile übersteigt. Dabei darf jedoch der gemeine Wert der eingebrachten Anteile nicht überschritten werden, der gemeine Wert der eingebrachten Anteile bildet die Obergrenze der Bewertung.

13. Einbringungsgewinn I, II

37 § 25 verweist insges auf die Regelung der §§ 20–23, nur hinsichtl der Rückwirkung bestehen durch Verweis auf § 9 S 2, 3 Sonderregelungen. Damit gelten für die formwechselnde Umw insbes die Regelungen der §§ 22, 23. Insbes entsteht

unter den Voraussetzungen des § 22 I, II nachträgl ein Einbringungsgewinn I, II (zu weiteren Einzelheiten vgl Komm § 22). Zudem kommt es zu einer stl Rechtsnachfolge gem § 23 (zu weiteren Einzelheiten vgl Komm § 23).

14. Entsprechende Anwendung von § 9 S 2, 3

38 **a) Schlussbilanz des Ausgangsrechtsträgers.** Nach S 2 sind die Regelungen des § 9 S 2, 3 entsprechend auf die formwechselnde Umw einer PersGes in eine KapGes/Gen anwendbar. Damit hat die umzuwandelnde PersGes für stl Zwecke auf den Zeitpunkt, in dem der Formwechsel wirksam wird (vgl Rn 40), eine Übertragungsbilanz und der Zielrechtsträger eine Eröffnungsbilanz aufzustellen (DPPM/*Patt* Rn 34). Die Übertragungsbilanz umfasst sowohl das Gesamthandsvermögen als auch Ergänzungs- und Sonderbilanzen (RHL/*Rabback* Rn 80; DPPM/*Patt* Rn 34). Der Grds der Maßgeblichkeit der HB für die StB existiert insoweit nicht (DPPM/*Patt* Rn 36; Haritz/Menner/*Bilitewski* Rn 37).

39 Gem S 1 iVm § 20 II 1, § 21 I 2 steht dem übernehmenden Rechtsträger unter den gesetzl bestimmten Voraussetzungen das Antragswahlrecht zu. Dieses Antragswahlrecht kann bis zur erstmaligen Abgabe der stl Schlussbilanz des übernehmenden Rechtsträgers ausgeübt werden. Die Eröffnungsbilanz des übernehmenden Rechtsträgers ist insoweit nicht entscheidend (aA Haritz/Menner/*Bilitewski* Rn 38; DPPM/*Patt* Rn 34). Der Wertansatz des übertragenen Verm durch den übernehmenden Rechtsträger bestimmt für den Einbringenden den Veräußerungspreis zugleich die AK der Anteile am neuen Rechtsträger (§ 20 III 1, § 21 II 1; vgl aber auch § 20 Rn 372, 375). In der Person des Einbringenden entsteht ein Veräußerungsgewinn iHd Diff zwischen dem Ansatz in der stl Eröffnungsbilanz des übernehmenden Rechtsträgers und dem Ansatz in der stl Schlussbilanz des Ausgangsrechtsträgers abzgl der Kosten des Einbringenden.

40 **b) Steuerliche Rückbeziehung.** Die §§ 190 ff, 214 ff UmwG sehen die sonst im UmwG übl Rückwirkungsfrist von acht Monaten nicht vor, da der Formwechsel nicht mit einem Vermögensübergang verbunden ist, weshalb auch die Aufstellung einer HB nicht vorgesehen ist. Der Formwechsel wird handelsrechtl im Zeitpunkt der Eintragung der neuen Rechtsform in das Register wirksam (§ 202 I 1 UmwG).

41 Steuerrechtl kann der Übertragungsstichtag bis zu acht Monate vor der Anmeldung des Formwechsels zur Eintragung in ein öffentl Register gem § 25 S 2 iVm § 9 S 3 zurückbezogen werden. Dies gilt auch für die formwechselnde Umw in Gestalt des qualifizierten Anteilstauschs (RHL/*Rabback* Rn 84; DPPM/*Patt* Rn 42; Haritz/Menner/*Bilitewski* Rn 42; Frotscher/Maas/*Mutscher* Rn 54; aA Widmann/Mayer/*Widmann* Rn 37).

42 Der stl Übertragungsstichtag ist der Stichtag, auf den die Übertragungsbilanz sowie die Eröffnungsbilanz aufgestellt werden (§ 9 S 3). Der Stichtag, auf den die Bilanz aufgestellt wird, kann höchstens acht Monate vor der Anmeldung des Formwechsels zur Eintragung in das öffentl Register liegen. Der stl Übertragungsstichtag ist der zurückbezogene Stichtag dieser StB (RHL/*Rabback* Rn 85). Der formwechselnden Umw kann auch die letzte Jahresbilanz als Schlussbilanz zugrunde gelegt werden. Geschieht dies nicht, entsteht bei der PersGes ein stl Rumpfwirtschaftsjahr, die in dem Rumpfwirtschaftsjahr erzielten Erg der PersGes sind den bisherigen Mitunternehmern zuzurechnen.

43 Wird kein Antrag auf Rückbeziehung gestellt, bzw ist ein solcher unwirksam, so vollzieht sich die formwechselnde Umw auch steuerrechtl mit der Eintragung

des Formwechsels im öffentl Register. Die Eintragung stellt den stl Übertragungsstichtag dar. Das Rückbeziehungswahlrecht kann für alle MU nur einheitl ausgeübt werden (RHL/*Rabback* Rn 87; DPPM/*Patt* Rn 41; Haritz/Menner/*Bilitewski* Rn 43).

Erfolgen im Rückwirkungszeitraum Entnahmen oder Einlagen in den formwechselnden Rechtsträgern, findet § 20 V 2, 3 entsprechend Anwendung (RHL/*Rabback* Rn 89; DPPM/*Patt* Rn 43; Haritz/Menner/*Bilitewski* Rn 44; Frotscher/Maas/*Mutscher* Rn 57). Bezüglich Gesellschafter, die im Rückwirkungszeitraum aus dem formwechselnden Rechtsträger ausscheiden, vgl § 20 Rn 251. § 2 III ist entsprechend anwendbar (§ 9 S 3 HS 2). 44

15. Grunderwerbsteuer

Da zivilrechtl ein Vermögensübergang nicht vorliegt, die Regelungen des GrEStG aber weitestgehend zivilrechtl Übertragungsvorgängen folgen, entsteht auch beim „kreuzenden" Formwechsel **GrESt** für im Gesamthandsvermögen der formwechselnden PersGes liegende Grundstücke nicht (BFM BStBl II 1997, 661). 45

Neunter Teil. Verhinderung von Missbräuchen

§ 26 *(weggefallen)*

Zehnter Teil. Anwendungsvorschriften und Ermächtigung

§ 27 Anwendungsvorschriften

(1) [1]Diese Fassung des Gesetzes ist erstmals auf Umwandlungen und Einbringungen anzuwenden, bei denen die Anmeldung zur Eintragung in das für die Wirksamkeit des jeweiligen Vorgangs maßgebende öffentliche Register nach dem 12. Dezember 2006 erfolgt ist. [2]Für Einbringungen, deren Wirksamkeit keine Eintragung in ein öffentliches Register voraussetzt, ist diese Fassung des Gesetzes erstmals anzuwenden, wenn das wirtschaftliche Eigentum an den eingebrachten Wirtschaftsgütern nach dem 12. Dezember 2006 übergegangen ist.

(2) [1]Das Umwandlungssteuergesetz in der Fassung der Bekanntmachung vom 15. Oktober 2002 (BGBl. I S. 4133, 2003 I S. 738), geändert durch Artikel 3 des Gesetzes vom 16. Mai 2003 (BGBl. I S. 660), ist letztmals auf Umwandlungen und Einbringungen anzuwenden, bei denen die Anmeldung zur Eintragung in das für die Wirksamkeit des jeweiligen Vorgangs maßgebende öffentliche Register bis zum 12. Dezember 2006 erfolgt ist. [2]Für Einbringungen, deren Wirksamkeit keine Eintragung in ein öffentliches Register voraussetzt, ist diese Fassung letztmals anzuwenden, wenn das wirtschaftliche Eigentum an den eingebrachten Wirtschaftsgütern bis zum 12. Dezember 2006 übergegangen ist.

(3) Abweichend von Absatz 2 ist

1. **§ 5 Abs. 4 für einbringungsgeborene Anteile im Sinne von § 21 Abs. 1 mit der Maßgabe weiterhin anzuwenden, dass die Anteile zu dem Wert im Sinne von § 5 Abs. 2 oder Abs. 3 in der Fassung des Absatzes 1 als zum steuerlichen Übertragungsstichtag in das Betriebsvermögen des übernehmenden Rechtsträgers überführt gelten,**
2. **§ 20 Abs. 6 in der am 21. Mai 2003 geltenden Fassung für die Fälle des Ausschlusses des Besteuerungsrechts (§ 20 Abs. 3) weiterhin anwendbar, wenn auf die Einbringung Absatz 2 anzuwenden war,**
3. **§ 21 in der am 21. Mai 2003 geltenden Fassung ist für einbringungsgeborene Anteile im Sinne von § 21 Abs. 1, die auf einem Einbringungsvorgang beruhen, auf den Absatz 2 anwendbar war, weiterhin anzuwenden. [2]Für § 21 Abs. 2 Satz 1 Nr. 2 in der am 21. Mai 2003 geltenden Fassung gilt dies mit der Maßgabe, dass eine Stundung der Steuer gemäß § 6 Abs. 5 des Außensteuergesetzes in der Fassung des Gesetzes vom 7. Dezember 2006 (BGBl. I S. 2782) unter den dort genannten Voraussetzungen erfolgt, wenn die Einkommensteuer noch nicht bestandskräftig festgesetzt ist; § 6 Abs. 6 und 7 des Außensteuergesetzes ist entsprechend anzuwenden.**

(4) Abweichend von Absatz 1 sind §§ 22, 23 und 24 Abs. 5 nicht anzuwenden, soweit hinsichtlich des Gewinns aus der Veräußerung der Anteile

oder einem gleichgestellten Ereignis im Sinne von § 22 Abs. 1 die Steuerfreistellung nach § 8 b Abs. 4 des Körperschaftsteuergesetzes in der am 12. Dezember 2006 geltenden Fassung oder nach § 3 Nr. 40 Satz 3 und 4 des Einkommensteuergesetzes in der am 12. Dezember 2006 geltenden Fassung ausgeschlossen ist.

(5) [1] **§ 4 Abs. 2 Satz 2, § 15 Abs. 3, § 20 Abs. 9 und § 24 Abs. 6 in der Fassung des Artikels 5 des Gesetzes vom 14. August 2007 (BGBl. I S. 1912) sind erstmals auf Umwandlungen und Einbringungen anzuwenden, bei denen die Anmeldung zur Eintragung in das für die Wirksamkeit des jeweiligen Vorgangs maßgebende öffentliche Register nach dem 31. Dezember 2007 erfolgt ist.** [2] **Für Einbringungen, deren Wirksamkeit keine Eintragung in ein öffentliches Register voraussetzt, ist diese Fassung des Gesetzes erstmals anzuwenden, wenn das wirtschaftliche Eigentum an den eingebrachten Wirtschaftsgütern nach dem 31. Dezember 2007 übergegangen ist.**

(6) [1] **§ 10 ist letztmals auf Umwandlungen anzuwenden, bei denen der steuerliche Übertragungsstichtag vor dem 1. Januar 2007 liegt.** [2] **§ 10 ist abweichend von Satz 1 weiter anzuwenden in den Fällen, in denen ein Antrag nach § 34 Abs. 16 des Körperschaftsteuergesetzes in der Fassung des Artikels 3 des Gesetzes vom 20. Dezember 2007 (BGBl. I S. 3150) gestellt wurde.**

(7) **§ 18 Abs. 3 Satz 1 in der Fassung des Artikels 4 des Gesetzes vom 20. Dezember 2007 (BGBl. I S. 3150) ist erstmals auf Umwandlungen anzuwenden, bei denen die Anmeldung zur Eintragung in das für die Wirksamkeit der Umwandlung maßgebende öffentliche Register nach dem 31. Dezember 2007 erfolgt ist.**

(8) **§ 4 Abs. 6 Satz 4 bis 6 sowie § 4 Abs. 7 Satz 2 in der Fassung des Artikels 6 des Gesetzes vom 19. Dezember 2008 (BGBl. I S. 2794) sind erstmals auf Umwandlungen anzuwenden, bei denen § 3 Nr. 40 des Einkommensteuergesetzes in der durch Artikel 1 Nr. 3 des Gesetzes vom 14. August 2007 (BGBl. I S. 1912) geänderten Fassung für die Bezüge im Sinne des § 7 anzuwenden ist.**

(9) [1] **§ 2 Abs. 4 und § 20 Abs. 6 Satz 4 in der Fassung des Artikels 6 des Gesetzes vom 19. Dezember 2008 (BGBl. I S. 2794) sind erstmals auf Umwandlungen und Einbringungen anzuwenden, bei denen der schädliche Beteiligungserwerb oder ein anderes die Verlustnutzung ausschließendes Ereignis nach dem 28. November 2008 eintritt.** [2] **§ 2 Abs. 4 und § 20 Abs. 6 Satz 4 in der Fassung des Artikels 6 des Gesetzes vom 19. Dezember 2008 (BGBl. I S. 2794) gelten nicht, wenn sich der Veräußerer und der Erwerber am 28. November 2008 über den später vollzogenen schädlichen Beteiligungserwerb oder ein anderes die Verlustnutzung ausschließendes Ereignis einig sind, der übernehmende Rechtsträger dies anhand schriftlicher Unterlagen nachweist und die Anmeldung zur Eintragung in das für die Wirksamkeit des Vorgangs maßgebende öffentliche Register bzw. bei Einbringungen der Übergang des wirtschaftlichen Eigentums bis zum 31. Dezember 2009 erfolgt.**

(10) **§ 2 Absatz 4 Satz 1, § 4 Absatz 2 Satz 2, § 9 Satz 3, § 15 Absatz 3 und § 20 Absatz 9 in der Fassung des Artikels 4 des Gesetzes vom 22. Dezember 2009 (BGBl. I S. 3950) sind erstmals auf Umwandlungen**

und Einbringungen anzuwenden, deren steuerlicher Übertragungsstichtag in einem Wirtschaftsjahr liegt, für das § 4h Absatz 1, 4 Satz 1 und Absatz 5 Satz 1 und 2 des Einkommensteuergesetzes in der Fassung des Artikels 1 des Gesetzes vom 22. Dezember 2009 (BGBl. I S. 3950) erstmals anzuwenden ist.

(11) **Für Bezüge im Sinne des § 8b Absatz 1 des Körperschaftsteuergesetzes aufgrund einer Umwandlung ist § 8b Absatz 4 des Körperschaftsteuergesetzes in der Fassung des Artikels 1 des Gesetzes vom 21. März 2013 (BGBl. I S. 561) abweichend von § 34 Absatz 7a Satz 2 des Körperschaftsteuergesetzes bereits erstmals vor dem 1. März 2013 anzuwenden, wenn die Anmeldung zur Eintragung in das für die Wirksamkeit des jeweiligen Vorgangs maßgebende öffentliche Register nach dem 28. Februar 2013 erfolgt.**

Übersicht

Inkrafttreten des UmwStG idF des SEStEG

1. Erstmalige Anwendung des UmwStG 2006, wenn die Wirksamkeit der Umwandlung einer Eintragung in das öffentliche Register voraussetzt, Abs 1 S 1

1 Das UmwStG idF des SEStEG ist nach Abs 1 S 1 erstmals auf Umw und Einbringungen anzuwenden, bei denen die Anmeldung zur Eintragung in das für die Wirksamkeit des jeweiligen Vorgangs maßgebl öffentl Register nach dem

12.12.2006 erfolgt ist. Mit diesem Datum stellt der Gesetzgeber auf den Tag der Veröffentlichung der Neufassung des UmwStG im BGBl ab. Abs 1 S 1 gilt für alle Umwandlungsvorgänge, deren Wirksamkeit von einer Eintragung in das öffentl Register abhängt. Öffentl Register sind nach dt Recht das HR, das Genossenschaftsregister und das Partnerschaftsregister. Bei Umw mit Auslandsbezug können auch ausl Register als für die Wirksamkeit des Umwandlungs- oder Einbringungsvorgangs maßgebenden Registers sein (Blümich/*Nitzschke* Rn 3; *Blumenberg/Schäfer* SEStEG S 141). Für die Wirksamkeit der Umw sind nach dem dt UmwG folgende Eintragungen maßgebend:

- **Verschmelzung:** Eintragung in das HR des Sitzes der übernehmenden Ges (§§ 19, 20, 36 I UmwG). Bei grenzüberschreitenden Verschm nach §§ 122 a ff UmwG kommt es auf die Eintragung in das HR der übernehmenden Ges an (§§ 122 l, 122 k UmwG);
- **Auf-, Abspaltung, Ausgliederung:** Eintragung in das HR des Sitzes der übertragenden Ges (§§ 130, 131, 135 I UmwG) und
- **Formwechsel:** Eintragung in das HR des formwechselnden Rechtsträgers bzw wenn dieser nicht eingetragen ist, die Eintragung in das HR des neuen Rechtsträgers (§§ 198, 202 UmwG).

Bei grenzüberschreitenden oder ausl Umw müssen zudem die entsprechenden 2
Regelungen des ausl Rechts beachtet werden, wobei entscheidend ist, welche Registereintragung für die Wirksamkeit der ausl Umw maßgebend ist.

Die bei der Verschm erforderl Anmeldung in das Register des übertragenden 3
Rechtsträgers bzw bei der Spaltung erforderl Anmeldung in das Register des übernehmenden Rechtsträgers ist keine Wirksamkeitsvoraussetzung für die Umw, so dass der Zeitpunkt dieser Anmeldung unerhebl ist (DPPM/*Patt* Rn 2; RHL/*Rabback* Rn 5; Frotscher/Maas/*Mutscher* Rn 14; Blümich/*Nitzschke* Rn 4; aA *Blumenberg/Schäfer* SEStEG S 141).

Eine Anmeldung zur Eintragung iSd Abs 1 S 1 liegt vor, wenn der Antrag 4
nach dem 12.12.2006 24.00 Uhr beim zuständigen Register eingegangen ist. Der Antrag muss so vollständig sein, wie dies für die Fristwahrung nach § 17 II UmwG genügt (vgl § 17 UmwG Rn 44 ff; zur alten Rechtslage FG Köln EFG 2001, 1088).

Soweit eine Einbringung im Wege der Einzelrechtsnachfolge erfolgt – diese ist 5
nur dann wirksam, wenn sie in das HR eingetragen wird (zB Sachkapitalerhöhung) – ist in diesen Fällen für die erstmalige Anwendung des SEStEG entscheidend, zu welchem Zeitpunkt die Anmeldung zum HR erfolgte (DPPM/*Patt* Rn 4; Frotscher/Maas/*Mutscher* Rn 17).

2. Erstmalige Anwendung des UmwStG 2006, wenn die Eintragung in das öffentliche Register keine Wirksamkeit voraussetzt, Abs 1 S 2

Für Einbringungen, deren Wirksamkeit keine Eintragung in das öffentl Register 6
voraussetzt, ist das UmwStG idF des SEStEG erstmals anzuwenden, wenn das wirtschaftl Eigentum an den eingebrachten WG nach dem 12.12.2006 übergegangen ist. Abs 1 S 2 gilt nur für Einbringungsfälle, soweit diese nicht bereits durch Abs 1 S 1 erfasst sind (DPPM/*Patt* Rn 7). Abs 1 S 2 ist damit nur in den Fällen der Einbringung anzuwenden, wenn die Wirksamkeit der Einbringung eine Eintragung in das öffentl Register nicht voraussetzt. Dies kann bspw bei der Einbringung in eine PersGes der Fall sein.

3. Letztmalige Anwendung des UmwStG 1995, Abs 2

7 Das UmwStG 1995 ist letztmals auf Umw anzuwenden, bei denen die Anmeldung in das für die Wirksamkeit des Vorgangs erforderl Register (vgl dazu Rn 1 f) vor dem 13.12.2006 oder, wenn eine Registereintragung nicht wirksam vorausgesetzt ist, bei denen der Übergang des wirtschaftl Eigentums vor dem 13.12.2006 erfolgte. Für solche Umw bleibt das UmwStG 1995 weiterhin anwendbar, wodurch sichergestellt wird, dass die Vorschriften des UmwStG aF nicht nur für den Umwandlungszeitpunkt selbst gilt, sondern es hat auch für die Folgezeit Geltung (DPPM/*Patt* Rn 9; RHL/*Rabback* Rn 12; Blümich/*Nitzschke* Rn 7; *Benecke/Schnitger* IStR 2007, 22). Damit ist bspw Abs 3 Nr 2 eine reine deklaratorische Vorschrift, da § 20 VI UmwStG aF bereits wegen Abs 2 weiter fort gilt, wenn die Einbringung von § 20 UmwStG aF erfasst wurde.

4. Ausnahme von der letztmaligen Anwendung des UmwStG aF, Abs 3

8 Abs 3 modifiziert die Regelung des Abs 2 bzw erklärt die alten Regelungen weiterhin deklaratorisch für anwendbar.

9 **a) Abs 3 Nr 1.** Durch das SEStEG wurde das Konzept der „einbringungsgeborenen Anteile" für Einbringungen nach §§ 20 ff im Grds aufgegeben, so dass in § 5 keine Einlagefiktion mehr für Anteile iSd § 21 aF vorgesehen ist. § 5 IV aF gilt nach Abs 3 Nr 1 mit der Maßgabe fort, dass (alte) einbringungsgeborene Anteile als mit den Werten iSd der Abs 2, 3 in das BV überführt gelten. Durch die Regelung wird sichergestellt, dass auch für einbringungsgeborene Anteile in den Fällen der §§ 3 ff, die nicht bereits nach § 5 II, III erfasst sind, ein Übernahmeergebnis ermittelt wird. Zu beachten ist, dass auch nach dem vollzogenen Konzeptwechsel der §§ 20 ff wegen § 20 II 4 bzw § 21 II 6 künftig weiterhin sog „alte" einbringungsgeborene Anteile entstehen können, für die Abs 3 Nr 1 gilt (DPPM/*Patt* Rn 12).

10 **b) Abs 3 Nr 2.** Nach Abs 3 Nr 2 ist in den Fällen des § 20 III aF die Stundungsregelung des § 20 VI iVm § 21 II 3–6 aF weiterhin anzuwenden. Nach § 20 III aF war bei Einbringungen nach § 20 I aF der TW anzusetzen, wenn das dt Besteuerungsrecht hinsichtl der Veräußerung an den erhaltenen Anteilen im Zeitpunkt der Sacheinlage ausgeschlossen war. In diesem Fall hatte die übernehmende KapGes kein Wahlrecht zu einem Ansatz des übertragenen Verm mit dem BW oder einem ZW; zu einer Aufdeckung der stillen Reserven kam es selbst dann, wenn tats nicht der TW angesetzt wurde (zu weiteren Einzelheiten vgl Vorauflage § 20 Rn 285 ff). In diesen Fällen hatte der Stpfl unter den Voraussetzungen des § 20 VI iVm § 21 III 3–6 aF Anspruch auf Stundung. Die auf den Einbringungsgewinn entfallende Einkommensteuer oder Körperschaftsteuer konnte in jährl Teilbeträgen von mindestens je einem Fünftel entrichtet werden, sofern die Entrichtung der Teilbeträge sichergestellt war. War die Zahlung der Teilbeträge nach objektiven Kriterien als sichergestellt zu betrachten, bestand und besteht auch weiterhin ein Rechtsanspruch auf Stundung, und zwar unabhängig von persönl Gründen der Härte oder Unbilligkeit; Stundungszinsen wurden und werden nicht erhoben.

11 **c) Abs 3 Nr 3.** Nach Abs 3 Nr 3 S 1 ist § 21 in der 21.5.2003 geltenden Fassung für solche einbringungsgeborenen Anteile weiterhin anzuwenden, die

auf eine Einbringung unter Geltung des UmwStG idF vom 15.10.2002 fallende Einbringung beruhen.

aa) Einbringungsgeborene Anteile, Überblick. § 21 aF lautete wie folgt: 12

„§ 21 Besteuerung des Anteilseigners

(1) Werden Anteile an einer Kapitalgesellschaft veräußert, die der Veräußerer oder bei unentgeltlichem Erwerb der Anteile der Rechtsvorgänger durch eine Sacheinlage (§ 20 Abs. 1 und § 23 Abs. 1 bis 4) unter dem Teilwert erworben hat (einbringungsgeborene Anteile), so gilt der Betrag, um den der Veräußerungspreis nach Abzug der Veräußerungskosten die Anschaffungskosten (§ 20 Abs. 4) übersteigt, als Veräußerungsgewinn im Sinne des § 16 des Einkommensteuergesetzes. Sind bei einer Sacheinlage nach § 20 Abs. 1 Satz 2 oder § 23 Abs. 4 aus einem Betriebsvermögen nicht alle Anteile der Kapitalgesellschaft eingebracht worden, so ist § 16 Abs. 4 des Einkommensteuergesetzes nicht anzuwenden.

(2) Die Rechtsfolgen des Absatzes 1 treten auch ohne Veräußerung der Anteile ein, wenn
1. *der Anteilseigner dies beantragt oder*
2. *das Besteuerungsrecht der Bundesrepublik Deutschland hinsichtlich des Gewinns aus der Veräußerung der Anteile ausgeschlossen wird oder*
3. *die Kapitalgesellschaft, an der die Anteile bestehen, aufgelöst und abgewickelt wird oder das Kapital dieser Gesellschaft herabgesetzt und an die Anteilseigner zurückgezahlt wird oder Beträge aus dem steuerlichen Einlagekonto im Sinne des § 27 des Körperschaftsteuergesetzes ausgeschüttet oder zurückgezahlt werden, soweit die Bezüge nicht die Voraussetzungen des § 20 Abs. 1 Nr. 1 oder 2 des Einkommensteuergesetzes erfüllen oder*
4. *der Anteilseigner die Anteile verdeckt in eine Kapitalgesellschaft einlegt.*

Dabei tritt an die Stelle des Veräußerungspreises der Anteile ihr gemeiner Wert. In den Fällen des Satzes 1 Nr. 1, 2 und 4 kann die auf den Veräußerungsgewinn entfallende Einkommen- oder Körperschaftsteuer in jährlichen Teilbeträgen von mindestens je einem Fünftel entrichtet werden, wenn die Entrichtung der Teilbeträge sichergestellt ist. Stundungszinsen werden nicht erhoben. Bei einer Veräußerung von Anteilen während des Stundungszeitraums endet die Stundung mit dem Zeitpunkt der Veräußerung. Satz 5 gilt entsprechend, wenn während des Stundungszeitraums die Kapitalgesellschaft, an der die Anteile bestehen, aufgelöst und abgewickelt wird oder das Kapital dieser Gesellschaft herabgesetzt und an die Anteilseigner zurückgezahlt wird oder wenn eine Umwandlung im Sinne des zweiten oder des vierten Teils des Gesetzes erfolgt ist.

(3) Ist der Veräußerer oder Eigner von Anteilen im Sinne des Absatzes 1 Satz 1
1. *eine juristische Person des öffentlichen Rechts, so gilt der Veräußerungsgewinn als in einem Betrieb gewerblicher Art dieser Körperschaft entstanden,*
2. *von der Körperschaftsteuer befreit, so gilt der Veräußerungsgewinn als in einem wirtschaftlichen Geschäftsbetrieb dieser Körperschaft entstanden.*

(4) Werden Anteile an einer Kapitalgesellschaft im Sinne des Absatzes 1 in ein Betriebsvermögen eingelegt, so sind sie mit ihren Anschaffungskosten (§ 20 Abs. 4) anzusetzen. Ist der Teilwert im Zeitpunkt der Einlage niedriger, so ist dieser anzusetzen; der Unterschiedsbetrag zwischen den Anschaffungskosten und dem niedrigeren Teilwert ist außerhalb der Bilanz vom Gewinn abzusetzen."

Einbringungsgeborene Anteile sind nach der **Legaldefinition des § 21 I 1 aF** 13
damit Anteile an einer KapGes, die der Veräußerer oder dessen Rechtsvorgänger (bei unentgeltl Erwerb) aus einer Sacheinlage gem § 20 I aF oder § 23 I–IV aF erworben hat, wenn bei der Sacheinlage das eingebrachte Verm bei der überneh-

menden KapGes unterhalb des TW angesetzt worden ist. Einbringungsgeborene Anteile entstehen nicht, wenn nur eine dieser Voraussetzungen nicht erfüllt ist. Die Def der einbringungsgeborenen Anteile durch § 21 I 1 aF wird durch § 13 III aF bzw § 15 I 1 aF iVm § 13 III aF für die Fälle der Verschm bzw Auf- und Abspaltung gesetzl erweitert. Außerdem hat die Rspr des BFH die **Legaldefinition** der einbringungsgeborenen Anteile **erweitert** (BFH BStBl II 1992, 761, 763, 764; BFH/NV 1997, 314). Danach sind Anteile an einer KapGes iSv § 21 I steuerverstrickt, die zwar nicht unmittelbar durch eine Sacheinlage erworben worden sind, aber anlässl einer Gesellschaftsgründung oder einer KapErh ohne Gegenleistung durch die Übertragung stiller Reserven an originären einbringungsgeborenen Anteilen entstehen. Man spricht insoweit auch von **derivativen einbringungsgeborenen Anteilen** (*Herzig/Rieck* DStR 1998, 97) oder von mitverstrickten Anteilen (vgl § 10 VO nach § 180 II AO). Die FinVerw (BMF-Schrb vom 25.3.1998, BStBl I 268 Rn 21.14) und große Teile der Lit (*Herzig/Rieck* DStR 1998, 97) haben sich dieser Auffassung im Erg angeschlossen. Die Anwendung des § 21 aF führt zur Gewinnrealisierung iHd Diff zwischen AK iSv § 20 IV aF und Veräußerungspreis (bzw gemeinem Wert) und zur Zuordnung des Gewinns zu den Einkünfte iSv § 16 EStG in folgenden Fällen:
- die einbringungsgeborenen Anteile werden veräußert, § 21 I aF;
- der Anteilseigner beantragt die Besteuerung der stillen Reserven, § 21 II 1 Nr 1 aF;
- das Besteuerungsrecht der BRD wird durch DBA ausgeschlossen, § 21 II 1 Nr 2 aF;
- die übernehmende KapGes wird aufgelöst, liquidiert, ihr Kapital herabgesetzt und zurückbezahlt, § 21 II 1 Nr 3 aF;
- der Anteilseigner legt die einbringungsgeborenen Anteile verdeckt in eine andere KapGes ein, § 21 II 1 Nr 4 aF.

14 Der Gewinn aus einbringungsgeborenen Anteilen erstreckt sich sowohl auf die stillen Reserven, welche im Zeitpunkt der Einbringung bereits vorhanden waren, als auch auf jene stillen Reserven, die erst nach der Einbringung angewachsen sind (BFH/NV 2003, 1456 mwN). § 21 in der 21.5.2003 geltenden Fassung findet auch für Gesellschaftsanteile Anwendung, die schon vor dem Inkrafttreten des **UmwStG 1995** und auch vor dem Inkrafttreten des UmwStG 1969, zB durch die Einbringung eines Betriebs, Teilbetriebs oder Mitunternehmeranteils in eine KapGes gegen Gewährung von Gesellschaftsrechten an der übernehmenden KapGes entstanden sind, sofern bei der Einbringung die stillen Reserven des eingebrachten BV einschl eines Geschäftswertes nicht voll realisiert worden sind (BFH/NV 2003, 1456; BMF-Schrb vom 25.3.1998, BStBl I 268 Rn 21.03; BMF BB 1999, 2069; *Herzig/Rieck* DStR 1998, 97). Zur historischen Entwicklung der steuerrechtl Regelungen über die Einbringung von Unternehmen in KapGes vgl *Schmitt,* Grundlagen des UmwStG, Teil 12, im Erscheinen.

15 Unerhebl ist, ob die Anteile zum **BV** oder **PV** des Einbringenden gehören, wie hoch seine Beteiligungsquote an der übernehmenden KapGes ist, die Höhe der Stimmrechte oder die Zeitspanne zwischen dem erstmaligen Erwerb der Anteile und der Veräußerung der Anteile durch den Erwerber oder seines unentgeltl Rechtsnachfolgers. Es muss sich aber grdsl um eine Sacheinlage nach § 20 I aF bzw § 23 I–IV aF gehandelt haben.

16 **Einbringungsgeborene Anteile sollen nicht entstehen,** wenn nicht steuerverhaftete Anteile in eine KapGes eingebracht werden (BMF-Schrb vom 25.3.1998, BStBl I 268 Rn 21.04). Die übernehmende KapGes muss nach Auffassung der OFD Berlin (GmbHR 1999, 833; ebenso *Haritz* GmbHR 1999, 834) in diesem Fall die auf sie übertragenen Anteile mit dem TW ansetzen. Die als Gegenleistung für die Übertragung der nicht verstrickten Anteile an einer KapGes gewährten Anteile an der übernehmenden KapGes sind damit keine Anteile iSd § 21, für die erworbenen Anteile läuft nur eine Spekulationsfrist iSd § 23 EStG. Diese Auffassung ist zumindest fragl. Die Einbringung von im PV gehaltenen Anteile, die weder nach §§ 23, 17 EStG noch nach § 21 aF steuerverstrickt sind, führt nach dem Wortlaut des § 21 I 1 aF zur Entstehung einbringungsgeborener Anteile, falls die Voraussetzungen des § 20 I 2 aF vorliegen, insbes wenn der aufnehmende Rechtsträger die AK in seiner Bilanz angesetzt hat. Ein Zwang der übernehmenden KapGes, die nicht steuerverstrickten Anteile mit dem TW anzusetzen, ist der Regelung des § 20 aF nicht zu entnehmen. Richtig ist zwar, dass § 21 aF sicherstellen soll, dass die anlässl der Einbringung nicht vollständig aufgedeckten stillen Reserven steuerverhaftet bleiben und einer Besteuerung nicht entgehen, iRd § 21 aF existiert jedoch keine dem § 13 II 3 aF entsprechende Vorschrift.

Einbringungsgeborene Anteile entstehen nicht, wenn die aufnehmende Kap- 17
Ges, freiwillig oder aufgrund der gesetzl Bestimmungen, das übertragene Verm mit dem TW ansetzt. Das Aktivierungsverbot des § 5 II EStG gilt dabei nicht, so dass bei einem Teilwertansatz auch ein originärer Firmenwert des übertragenen Betriebs bzw Teilbetriebs in der Bilanz der übernehmenden KapGes angesetzt werden muss. Grdsl entscheidet die aufnehmende KapGes über den Bewertungsansatz; maßgebend ist dabei der tats Ansatz des eingebrachten BV.

Auch beim Formwechsel einer PersGes in eine KapGes konnten einbringungs- 18
geborene Anteile iSd § 21 aF entstehen. Wird eine KapGes, an der einbringungsgeborene Anteile entstehen, formwechselnd in eine KapGes anderer Rechtsform umgewandelt, so sind die Anteile am Rechtsträger neuer Rechtsform mit der Beteiligung am Ausgangsrechtsträger identisch. Waren die Anteile am Rechtsträger alter Rechtsform einbringungsgeboren, so sind dies auch die Anteile am Rechtsträger neuer Rechtsform.

§ 21 II aF ist als Teil eines geschlossenen Systems **enumerativ** (BFH BStBl II 19
2012, 445)**;** die Schaffung nicht ausdrückl aufgeführter und damit neuer Realisationstatbestände durch Analogie oder durch Berufung auf allg Besteuerungsgrundsätze ist ausgeschlossen. Im dt StR gilt das Prinzip: Keine Steuer ohne Gesetz (*Tipke/Lang* Steuerrecht S 27 ff; *Brinkmann,* Tatbestandsmäßigkeit der Besteuerung, S 4 ff jew mwN). Die Auferlegung der Steuerlast ist somit nur zul, sofern und soweit sie durch Gesetz angeordnet ist (sog Vorbehalt des Gesetzes). Die Exekutive ist darüber hinaus sowohl bei Einzelfallentscheidung als auch iRd Rechtssetzung an das formelle Gesetz gebunden (sog Vorrang des Gesetzes).

bb) Anwendung des § 21 in der 21.5.2003 geltenden Fassung. Nach 20
Abs 3 Nr 3 S 1 ist § 21 in der 21.5.2003 geltenden Fassung für solche einbringungsgeborenen Anteile weiterhin anzuwenden, die auf eine Einbringung unter Geltung des UmwStG idF vom 15.10.2002 fallende Einbringung beruhen. Entsprechendes gilt, wenn aufgrund von Wertabspaltungen von einbringungsgeborenen Anteilen, die auf eine Einbringung unter Geltung des UmwStG idF vom 15.10.2002 fallende Einbringung beruhen, derivative einbringungsgeborene Anteile entstanden sind oder entstehen (zu weiteren Einzelheiten vgl Vorauflage Komm § 21 Rn 63 ff). § 21 in der 21.5.2003 geltenden Fassung findet auch für Gesellschaftsanteile Anwendung, die schon vor dem Inkrafttreten des UmwStG

1995 und auch vor dem Inkrafttreten des UmwStG 1969, zB durch die Einbringung eines Betriebs, Teilbetriebs oder Mitunternehmeranteils in eine KapGes gegen Gewährung von Gesellschaftsrechten an der übernehmenden KapGes entstanden sind, sofern bei der Einbringung die stillen Reserven des eingebrachten BV einschl eines Geschäftswertes nicht voll realisiert worden sind (BFH/NV 2003, 1456; BMF-Schrb vom 25.3.1998, BStBl I 268 Rn 21.03; *Herzig/Rieck* DStR 1998, 97).

21 Nach dem Wortlaut des Abs 3 Nr 3 S 1 gilt § 21 aF eigentl nicht für Anteile nach **§§ 20 III 4, 21 II 6,** die im Gegenzug für einbringungsgeborene Anteile iSd § 21 aF gewährt wurden, da diese Anteile nicht aufgrund einer Umw, auf das das UmwStG idF vom 15.10.2002 anzuwenden ist, entstanden sind. Die hM (DPPM/*Patt* Nr 14; Widmann/Mayer/*Widmann* Rn 12; Frotscher/Maas/*Mutscher* Rn 37; ebenso BMF-Schrb vom 11.11.2011, BStBl I 1314 Rn 27.04) geht davon aus, dass Anteile nach §§ 20 III 4, 21 II 6 als „alt einbringungsgeborene" Anteile gelten.

22 § 21 II S 1 Nr 2 aF bestimmt, dass die Rechtsfolgen der Veräußerung einbringungsgeborener Anteile auch dann eintritt, wenn ein dt Besteuerungsrecht hinsichtl des Gewinns aus der Veräußerung der einbringungsgeborenen Anteile ausgeschlossen wird. Diese Regelung wurde allg als EU-rechtswidrig angesehen (DPPM/*Patt* Rn 16; *Schnitger* FR 2003, 90; *Schwedhelm/Obing/Binnewies* GmbHR 2004, 1489; *van Lishaut* FR 2004, 1301; *Wassermeyer* GmbHR 2004, 613). Vor diesem Hintergrund sieht **Abs 3 Nr 3 S 2** eine entsprechende Anwendung der in **§ 6 AStG** in den Fällen der Wegzugsbesteuerung für Anteile iSd § 17 EStG enthaltene Stundungsregelung vor, wenn die Einkommensteuer noch nicht bestandskräftig festgesetzt ist. Die Regelung gilt nur für Einkommensteuer und nur für natürl Personen, die einbringungsgeborene Anteile halten. In diesen Fällen ist die Steuer zinslos und ohne Sicherheitsleistung zu stunden (BMF-Schrb vom 11.11.2011, BStBl I 1314 Rn 27.13; DPPM/*Patt* Rn 16). Die Vorschriften über die Berücksichtigung von Verlusten (§ 6 VI AStG) und die Verfahrensregelung (§ 6 VII AStG) gelten entsprechend.

23 Liegt ein **grenzüberschreitender qualifizierter Anteilstausch iSv § 21 II 3** vor, handelt es sich bei den eingebrachten Anteilen um solche iSd § 21 aF und wird durch den Anteilstausch das Besteuerungsrecht der BRD hinsichtl des Gewinns aus der Veräußerung der eingebrachten Anteile ggf ausgeschlossen, so kommt es nicht zu einer Gewinnrealisierung bei den eingebrachten Anteilen iSd § 21 aF. Für Anteile iSd § 21 aF gilt nach § 27 III Nr 3 weiterhin § 21 II 1 Nr 2 aF. Danach treten die Rechtsfolgen einer Veräußerung bezogen auf einbringungsgeborene Anteile iSd § 21 aF auch dann ein, wenn das Besteuerungsrecht der BRD hinsichtl des Gewinns aus der Veräußerung der Anteile ausgeschlossen wird. Nach § 21 II 2 aF tritt in diesen Fällen an die Stelle des Veräußerungspreises der Anteile ihr gemeiner Wert. Allerdings hat § 21 II 3 als speziellere Vorschrift Vorrang (vgl Widmann/Mayer/*Widmann* Rn 103 zu § 23 IV aF). In jedem Fall sollte die Einbringung von einbringungsgeborenen Anteilen iSv § 21 aF unter den Voraussetzungen des Abs 2 S 3 Nr 2 iVm Art 8 FusionsRL steuerneutral mögl sein.

5. Ausschluss der Anwendung der §§ 22, 23, 24 V in bestimmten Fällen, Abs 4

24 Nach Abs 4 sind die Regelungen der §§ 22, 23 und 24 V nicht anzuwenden, soweit der Gewinn aus der Veräußerung der Anteile nach § 8 b IV KStG aF bzw nach § 3 Nr 40 S 3 und 4 EStG aF in voller Höhe stpfl ist. Das Konkurrenzverhältnis zwischen den weiterhin geltenden § 8 b IV KStG aF bzw § 3 Nr 40 S 3 und 4 EStG aF und dem § 22 I, II ist zugunsten der erstgenannten Vorschriften gelöst. Abs 4 betrifft nicht nur einbringungsgeborene Anteile iSd § 21, sondern auch alle sonstigen von § 8 b IV KStG aF erfassten Anteile.

Abs 4 hat folgende Konsequenzen: Werden einbringungsgeborene Anteile iSd 25
§ 21 I aF in KapGes bzw Gen eingebracht, soll aufgrund der in § 23 I angeordneten Rechtsnachfolge sowohl die eingebrachten Anteile als auch gem § 20 III 4 die erhaltenen Anteile insoweit solche iSd § 21 I aF sein. Davon ging wohl auch der Gesetzgeber aus (BT-Drs 16/3369, 11). Es soll daher zu einem Doppelbesteuerungsproblem kommen. Ein Doppelbesteuerungsproblem liegt indes nicht vor, nur die als Gegenleistung erhaltenen Anteile sind (anteilig) solche iSd § 21 aF (vgl § 20 Rn 225). Die eingebrachten Anteile verlieren diese Eigenschaft, wenn sie gegen Gewährung von Gesellschaftsrechten in einer KapGes bzw Gen eingebracht werden. Bei der Einbringung handelt es sich zum einen um einen Veräußerungsvorgang. Eine Rechtsnachfolge gem § 23 I scheidet aber bei einbringungsgeborenen Anteilen, bei denen im Zeitpunkt der Einbringung die siebenjährige Sperrfrist iSv § 3 Nr 40 S 3 und S 4 EStG aF bzw § 8 b IV KStG aF noch nicht abgelaufen war, aus, da § 23 wegen Abs 4 auf Anteile, bei denen die siebenjährige Sperrfrist iSv § 3 Nr 40 S 3 und S 4 EStG aF bzw § 8 b IV KStG aF noch nicht abgelaufen ist, nicht anzuwenden ist. War die siebenjährige Sperrfrist iSv § 3 Nr 40 S 3 und S 4 EStG aF bzw § 8 b IV KStG aF im Zeitpunkt der Einbringung abgelaufen, kommt es zu einer Rechtsnachfolge

Soweit die eingebrachten, ursprüngl einbringungsgeborenen Anteile innerh der 26
siebenjährigen Sperrfrist des § 22 II veräußert bzw ein der Veräußerung gleichgestellter Sachverhalt verwirklicht wird (§ 22 II 6), entsteht ein Einbringungsgewinn II (§ 22 I 5, II), der nach allg Grdsen besteuert wird, falls im Zeitpunkt der Einbringung die siebenjährige Sperrfrist iSv § 3 Nr 40 S 3 und S 4 EStG aF bzw § 8 b IV KStG aF bereits abgelaufen war (so wohl auch RHL/*Rabback* § 27 Rn 247). War im Zeitpunkt der Einbringung die siebenjährige Sperrfrist iSv § 3 Nr 40 S 3 und S 4 EStG aF bzw § 8 b IV KStG aF noch nicht abgelaufen, und werden die ursprüngl einbringungsgeborenen Anteile innerh der siebenjährigen Sperrfrist des § 22 II veräußert bzw wird ein der Veräußerung gleichgestellter Sachverhalt verwirklicht (§ 22 II 6), entsteht kein Einbringungsgewinn II, da im Zeitpunkt der Einbringung in der Person des Einbringenden einbringungsgeborene Anteile vorlagen und damit gem Abs 4 die Regelung des § 22 keine Anwendung findet (aA BMF-Schrb vom 11.11.2011, BStBl I 1314 Rn 27.12; DPPM/*Pung* Rn 20; vgl auch RHL/*Stangl* § 22 Rn 150; vgl auch § 20 Rn 226).

6. Unternehmenssteuerreformgesetz vom 14.8.2007

Durch das Unternehmensteuerreformgesetz 2008 vom 14.8.2007 (BGBl I 27
1912) wurde § 27 durch einen Abs 5 ergänzt. Die Regelung bezieht sich auf die durch das Unternehmensteuerreformgesetz 2008 neu eingeführte Regelung über den Betriebsausgabenabzug für Zinsaufwendungen (Zinsschranke) in § 4 h EStG und § 8 a KStG. In Anlehnung an das Inkrafttreten der Regelung der § 4 h EStG und des § 8 a KStG sind die Regelungen in § 4 II 2, § 15 III, § 20 IX und § 24 VI erstmals auf Umw und Einbringungen anzuwenden, bei denen die Anmeldung zur Eintragung in das für die Wirksamkeit des jeweiligen Vorgangs maßgebl öffentl Register (vgl dazu Rn 1 f) nach dem 31.12.2007 erfolgt ist. Für Einbringungen,

deren Wirksamkeit keine Eintragung in ein öffentl Register voraussetzt, gilt diese erstmals, wenn das wirtschaftl Eigentum an den eingebrachten WG nach dem 31.12.2007 übergegangen ist.

7. Jahressteuergesetz 2008 vom 20.12.2007

28 Durch das JStG 2008 vom 20.12.2007 (BGBl I 3150) wurde Abs 6 neu gefasst. § 10 ist danach letztmalig auf Umw anzuwenden, bei denen der stl Übertragungsstichtag vor dem 1.1.2007 liegt. Bei einem stl Übertragungsstichtag nach dem 31.12.2006 gelten die Regelungen des § 38 VI–X KStG. Sie sehen vor, dass der übertragende Rechtsträger 3% des EK 02 ausschüttungsunabhängig in zehn gleichen Jahresraten in den Jahren 2008 bis 2017 entrichten muss.

29 § 10 ist aber weiterhin anzuwenden, wenn ein Antrag nach § 34 XVI KStG abgestellt wurde. Nach dieser Regelung können bei Wohnungsunternehmen von jur Personen des öffentl Rechts und bei steuerbefreiten Körperschaften auf Antrag weiterhin die bisherigen Regelungen zur ausschüttungsabhängigen Körperschaftsteuererhöhung (§§ 38, 40 KStG, § 10 UmwStG) angewendet werden.

30 Durch das JStG 2008 wurde in § 27 ein neuer Abs 6 (jetzt Abs 7) eingefügt. Danach ist § 18 III 1 idF des JStG 2008 erstmals auf Umw anzuwenden, bei denen die Anmeldung zur Eintragung in das für die Wirksamkeit der Umw maßgebende öffentl Register (vgl dazu Rn 16 f) nach dem 31.12.2007 erfolgt ist. Vor der Neufassung des § 18 III 1 war strittig, ob sich die GewStPfl nach § 18 III auch auf das bei der übernehmenden PersGes oder natürl Person bereits vorhandene BV erstreckt. Der BFH (DStR 2006, 175; BFH DStR 2007, 551; BFH DStR 2007, 1261; vgl nunmehr auch OFD Münster vom 18.3.2008, DStR 2008, 873) verneinte eine GewStPfl für solche stille Reserven, die nachweisbar in den WG vorhanden waren, die bereits vor der Umw zum BV des übernehmenden Rechtsträgers gehört haben und widersprach damit der bis dahin von der FinVerw vertretenen gegenteiligen Auffassung. Durch das Jahressteuergesetz 2008 wurde § 18 III dahingehend geändert, dass nunmehr ausdrückl der gesamte Auflösungs- oder Veräußerungsgewinn der GewSt auch insoweit unterliegt, als er auf BV des aufnehmenden Rechtsträgers entfällt (zu verfassungsrechtl Bedenken vgl *Wernsmann/Desens* DStR 2008, 221).

8. Jahressteuergesetz 2009 vom 19.12.2008

31 Durch das JStG 2009 vom 19.12.2008 (BGBl I 2794) wurde § 4 VI 4 geändert, Abs 6 S 5 eingefügt und der bisherige Abs 5 S 5 zu S 6. Zudem wurde § 4 VII S 2 geändert. Damit wurden die Regelungen zum einen an das Teileinkünfteverfahren angepasst, zum anderen wurden Regelungslücken geschlossen. Ursprünglich fehlte es nämlich an einer Regelung im § 4 VI 2, 3, wonach bei natürl Personen in den Fällen, in denen es sich bei den Anteilen am übertragenden Rechtsträger um solche iSd § 3 Nr 4 S 3 und 4 EStG handelt, der Übernahmeverlust bis zur Höhe der nach § 7 UmwStG vollsteuerpflichtigen Bezüge abziehbar ist. Diese Regelungslücke wird nunmehr mit § 4 VI 5 UmwStG idF des JStG 2009 geändert. Ursprünglich war zudem gem § 7 S 2 die Regelung des § 3 Nr 40 S 1 und 2 EStG sowie § 3c EStG anzuwenden, soweit eine natürl Person übernehmender Rechtsträger war bzw MU der übernehmenden PersGes. § 3 Nr 40 S 1 und 2 EStG fanden damit auch Anwendung, wenn es sich bei den Anteilen am übertragenden Rechtsträger um einbringungsgeborene Anteile iSd § 21 aF handelte. § 4 VII 2 idF des JStG 2009 verweist nunmehr auf § 3 Nr 40 EStG

insgesamt, so dass in den Fällen des § 3 Nr 40 S 3 und 4 EStG ein Übernahmegewinn in voller Höhe stpfl ist. Die Neufassung des § 4 VI 4 – 6, VII S 2 ist erstmals auf Umwandlungen anzuwenden, bei denen § 3 Nr 40 EStG in der durch Art 1 Nr 3 des Gesetzes vom 14.8.2007 (BGBl I 1912) geänderten Fassung für die Bezüge iSd § 7 anzuwenden ist. § 3 Nr 40 S 1 und 2 EStG idF des Gesetzes vom 14.8.2007 ist nach § 52a III EStG erstmals ab dem Veranlagungszeitraum 2009 anzuwenden, was bedeutet, dass der stl Übertragungsstichtag nach dem 31.12.2008 liegt.

Durch das JStG 2009 wurde § 2 durch einen Abs 4 ergänzt, ebenso wie § 20 VI durch einen S 4. Diese Neuregelungen sollen verhindern, dass vom Untergang bedrohte Verlustabzüge durch rückwirkende Umwandlungen nutzbar gemacht werden können (vgl dazu § 2 Rn 149, § 20 Rn 254 ff). § 2 IV und § 20 VI 4 sind erstmals auf Umwandlungen und Einbringungen anzuwenden, bei denen das schädliche Ereignis nach dem 28.11.2008 eintritt. Bzgl der Anteilsübertragung ist auf den Übergang des wirtschaftlichen Eigentums abzustellen (DPPM/*Pung* Rn 27). Abweichend von Abs 9 S 1 ist gem S 2 dieser Vorschrift § 2 IV und § 20 VI 4 nicht bereits ab dem 28.11.2008 anzuwenden, wenn der übernehmende Rechtsträger nachweisen kann, dass zwischen dem Erwerber und dem Veräußerer am 28.11.2008 bereits Einigkeit über den Vollzug des schädlichen Ereignisses bestand. Es soll durch Abs 9 S 2 sichergestellt werden, dass Umwandlungen, mit deren Umsetzung bereits vor dem 28.11.2008 begonnen wurde, nicht von der Neuregelung betroffen sind (DPPM/*Pung* Rn 27). 32

Durch das JStG 2009 wurde des Weiteren § 22 II 1 geändert. Die mittelbare Veräußerung der eingebrachten Anteile durch die übernehmende Ges wurde der unmittelbaren Veräußerung gleichgestellt. § 22 II 1 sah in seiner ursprüngl Fassung vor, dass die nachträgl Besteuerung des Einbringungsgewinns durch einen schädlichen Anteilsverkauf dann ausgeschlossen war, wenn „Einbringende keine durch § 8b II KStG begünstigte Person ist". Durch das JStG 2009 wurde nicht mehr auf die einbringende Person, sondern auf die Veräußerung der eingebrachten Anteile abgestellt, die im Einbringungszeitpunkt nach § 8b II KStG hätten steuerfrei veräußert werden können. Des Weiteren wurde der Klammerzusatz in § 23 I durch Aufnahme des § 21 I 2 erweitert. Bzgl dieser Änderungen enthält das JStG 2009 keine eigene Anwendungsregelung, so dass eigentlich § 27 I gilt. Dies kann jedoch nur für klarstellende Änderungen gelten (vgl § 23 Rn 16). Soweit es zu einer Änderung der Rechtslage kommt und eine echte Rückwirkung erfolgt, finden diese Regelungen insoweit keine Anwendung (vgl dazu § 22 Rn 113; Widmann/Mayer/*Widmann* § 22 Rn 196 ff). 33

9. Wachstumsbeschleunigungsgesetz vom 22.12.2009

Durch das Gesetz zur Beschleunigung des Wirtschaftswachstums vom 22.12.2009 (BGBl I 3950) wurden § 2 IV 1, § 4 II 2, § 9 S 3, § 15 II und § 20 IX an die Änderungen bei der Zinsschranke angepasst, soweit diese für das UmwStR relevant sind. Nach Abs 10 sind dieser Neuregelung erstmals auf Umwandlungen und Einbringungen anzuwenden, deren stl Übertragungsstichtag in einem Wj liegt, für das § 4h I, IV 1, V 1, 2 EStG idF des Wachstumsbeschleunigungsgesetzes gem § 52 XIId 4 erstmals anzuwenden sind, nämlich auf Wj, die nach dem 31.12.2009 enden. Entscheidend ist dabei das Wj des übertragenden bzw umwandelnden Rechtsträgers (Widmann/Mayer/*Widmann* Rn 22). 34

10. Gesetz zur Umsetzung des EuGH-Urteils vom 20.10.2011 in der Rechtssache C-284/09

35 Durch das Gesetz zur Umsetzung des EuGH-Urteils vom 20. Oktober 2011 in der Rechtssache C-284/09 vom 21.3.2013 (BGBl I 561) wurde § 24 V 1 geändert. § 24 V 1 sah in seiner ursprünglichen Fassung vor, dass die nachträgliche Besteuerung des Einbringungsgewinns durch eine schädliche Anteilsveräußerung dann ausgeschlossen war, wenn „der Einbringende keine durch § 8b Abs. 2 des Körperschaftsteuergesetzes begünstigte Person war". Durch das Gesetz zur Umsetzung des EuGH-Urteils vom 20. Oktober 2011 wurde nicht mehr auf die einbringende Person, sondern auf die Veräußerung der eingebrachten Anteile abgestellt, die im Einbringungszeitpunkt nach § 8b II KStG hätten steuerfrei veräußert werden können. Insofern wurde § 24 V 1 an § 22 II 1 angepasst. Bezüglich dieser Änderung enthält das Gesetz keine eigene Anwendungsregel, so dass eigentlich § 27 I gilt. Dies kann jedoch nur für klarstellende Änderungen gelten (davon geht *Benz/Jetter* DStR 2013, 489 aus). Da es aber nach der hier vertretenen Auffassung zu einer Änderung der Rechtslage kommt und falls das BVerfG eine echte Rückwirkung annehmen sollte, findet die Neufassung des Gesetzes nur Anwendung, wenn die Veräußerung bezogen auf die eingebrachten Anteile nach Verkündigung des Gesetzes erfolgte.

36 Durch das Gesetz zur Umsetzung des EuGH-Urteils vom 20. Oktober 2011 wurde auch § 8b IV KStG neu gefasst. Nach dieser Vorschrift sind Bezüge iSd § 8b I KStG bei der Ermittlung des Einkommens zu berücksichtigen, wenn die Beteiligung zu Beginn des Kalenderjahres unmittelbar weniger als 10 vH des Grund- oder Stammkapitals betragen haben. § 8b IV KStG ist insbesondere in den Fällen des § 7 UmwStG anzuwenden, wenn die Anmeldung zur Eintragung in das für die Wirksamkeit des Umwandlungsvorgangs maßgebenden öffentlichen Register nach dem 28. Februar 2013 erfolgte.

§ 28 Bekanntmachungserlaubnis

Das Bundesministerium der Finanzen wird ermächtigt, den Wortlaut dieses Gesetzes und der zu diesem Gesetz erlassenen Rechtsverordnungen in der jeweils geltenden Fassung satzweise nummeriert mit neuem Datum und in neuer Paragraphenfolge bekannt zu machen und dabei Unstimmigkeiten im Wortlaut zu beseitigen.

1 § 28 wurde durch das 5. Gesetz zur Änderung des Steuerbeamten-Ausbildungsgesetz und zur Änderung von StG vom 23.7.2002 (BGBl I 2715) erstmals in das UmwStG eingefügt. Die Vorschrift enthält eine allg Ermächtigung der FinVerw zur redaktionellen Änderung von Paragrafen des UmwStG. Entsprechende gesetzl Regelungen finden sich auch in anderen Steuergesetzen.

2 Durch § 28 wird die FinVerw ausschließl ermächtigt, redaktionelle Änderung vorzunehmen, eine Änderung materieller Natur ist jedoch nicht zul (RHL/*Ritzer* Rn 4). Überschreitet die FinVerw die Grenzen des § 28, sind die Änderungen aufgrund fehlender Verkündung des Gesetzes nichtig.

Sachverzeichnis

von Magdalena Sobon

Die fett gesetzten Buchstaben bezeichnen das Gesetz – A Umwandlungsgesetz, B Spruchverfahrensgesetz, C SE-Verordnung, D Umwandlungssteuergesetz, – die fett gesetzten arabischen Zahlen den jeweiligen Paragrafen, die mageren arabischen Zahlen die jeweilige Randnummer

Buchanzeigen